GLOSSARIUM

MEDIÆ ET INFIMÆ LATINITATIS.

TOMUS II.

SIGLÆ BENEDICTINORUM :

¶ Præponitur vocabulis de novo additis.

☞ Præponitur explicationibus quibus aut apertius Cangii sententia explanatur, aut emendatur opinio.

[ ] Includuntur quæ in ipsum textum Cangii inserta sunt.

SIGLÆ NOSTRÆ :

* Additamenta CARPENTERII separatim posita.

[*] Additamenta CARPENTERII Cangiano textui inserta.

** Voces novæ quæ in hac editione accesserunt.

[**] Additamenta Editoris suis locis inserta.

' Iis quæ sunt Adelungii subjectum ADEL.

GLOSSARIUM

MEDIÆ ET INFIMÆ LATINITATIS

CONDITUM A CAROLO DUFRESNE

DOMINO DU CANGE

CUM SUPPLEMENTIS INTEGRIS

MONACHORUM ORDINIS S. BENEDICTI

D. P. CARPENTERII

ADELUNGII, ALIORUM, SUISQUE

DIGESSIT

G. A. L. HENSCHEL.

Tomus Secundus.

PARISIIS,

EXCUDEBANT FIRMIN DIDOT FRATRES,

INSTITUTI REGII FRANCIÆ TYPOGRAPHI.

1842.

GLOSSARIUM

AD SCRIPTORES

MEDIÆ ET INFIMÆ LATINITATIS.

C

C LITTERA numeralis, quæ centum denotat : unde versus :

Non plus quam centum C. littera fertur habere.

Qui apud Ugutionem sic legitur :

Non plus quam centum C. constat habere concxum.

Eidem literæ si recta linea superaddatur, centum millia significat.

** De C littera in diplomatum antiquorum fronte posita vide Heumannum de re diplomat. inde a Carolo M. cap. 1. § 12.

C *in superscriptione cantilenæ, ut cito vel celeriter dicatur, certificat.* Notkerus Balbulus de Notis musicis.

☞ C. interdum mutatur in G. et vicissim : *Gambutta*, pro *Cambutta* ; *Cabella* pro *Gabella*. Sæpissime in K. *Calendæ* vel *Kalendæ*, *Carolus* vel *Karolus* perinde legitur. Haud raro in QU. Sic ab *Incolendo* dicitur *Inquilinus*, *Relinco* pro *Relinquo*, apud Felibianum Hist. Sandion. pag. x. Sed nulla frequentior commutatio est quam cum littera T. *Portio*, *Porcio*, *Nuncius*, *Nuntius*, *etc.* aut cum littera S. *Boicellus*, *Boissellus*, vel *Boisellus*, dulciori pronuntiatione : pro quo fere scribitur C. caudatum. [** Marinius in Papyris Diplomat. pag. 249. b. et 270. b. scribit in antiquissimis chartis C et B vix distingui.]

¶ **CAABLUS**, a Gallico *Cable*, vel *Chable*, Funis, rudens. Chartular. S. Vandregesili tom. 1. pag. 998 : *Concesserint... descarkagium sexaginta doliorum suorum vel aliorum suis instrumentis scilicet Caablis et windasio tantum.* Vide *Cabulus*.

¶ **CAAGIUM.** Vide *Caya*.

CAANUS. Vide *Cham* post *Caganus*.

CABA. Vide *Cava*.

* **CABACETUS**, CABACIUS, Fiscina, corbis, Gall. *Cabas*. Lit. remiss. ann. 1396. in Reg. 150. Chartoph. reg. ch. 231 : *Dictus supplicans reperiit in domo sua unum Cabacetum, in quo erant certi racemi muscati.* Arest. parlam. Paris. ann. 1310. in Reg. *Olim* fol. 161 : *Cum significatum fuisset... quod Petrus de Claromonte miles,... positis Cabaciis plenis lapidibus ad pedes et manus Fizæ domicellæ, eam pendentem sic tenuerit, absque causa rationabili.* Acta MSS. Inquisit. Carcass. ann. 1308. fol. 34. r°. : *Ipsi portaverunt in quodam Cabacio fructus, videlicet ficus, melatas, etc.* Vide infra *Cabassio*.

* **CABACUS**, Eadem notione. Leudæ major. Carcass. MSS. : *Item pro saumata de Cabacis, unum Cabacum.* Ubi versio Gallica ann. 1544 : *D'une saumade de cabas, un cabas.*

** **CABADURA**, Vide *Capitale*, 4.

** **CABAES**, Quilibet, quivis. Chart. Sancii I. reg. Lusit. ann. 1196. ap. S. Rosa de Viterbo, Elucid. tom. 1. pag. 219 : *Cabaes homo qui intraverit in illo termino, causa male faciendi pectet 2 modios.*

* **CABAGIUM**, Census, quem *homines de corpore* seu *de capite* quotannis debebant domino præstare ; nisi idem sit quod *Pastus* et *Procuratio*, quæ in præstationem pecuniariam sæpius commutabatur ; cui interpretationi favet Charta senesc. Tolos. ann. 1323. in Reg. 62. Chartoph. reg. ch. 252 : *Item in Cabagio seu corrogio dictorum locorum de Assoali et de Bartis..... xj. libras, xviij. den. Turon.* Nec repugnant omnino Libert. villæ de Florent. ann. 1358. tom. 8. Ordinat. reg. Franc. pag. 87. art. 3 : *Quod omnes habitatores dictæ villæ..... sint liberi, quieti et immunes a quibuscumque subsidio, imposicione, gabella, redibencia, Cabagio, exactione nobis impendendis.* Libert. civit. Agen. ann. 1369. in Reg. 198. ch. 545 : *Concedimus quod dicti cives... sint quitti... a solucione cujuscumque leudæ, maletoltæ, foragii, Cabagii, doni, mutui, decimæ, etc.* Occurrit præterea in Lit. ann. 1369. tom. 5. earumd. Ordinat. pag. 388. art. 2. et apud *La Faille* tom. 1. Annal. Tolos. pag. 98. Vide *Capitale* 5. et *Conredium*.

* **CABALATICUS**, f. Moletrina, quæ a *caballo* seu equo versatur ; vel Hortus olitorius, aut Ager ubi crescunt *cabalcasci*. Vide mox *Cabalcascus*. Charta ann. 1136. apud Murator. in Antiq. Estens. pag. 288 : *Et iterum offerimus et largimur decimam totius curiæ et districtus Cavallili,.... tam de terris quam de aquis,... molendinis, pistrinis,*

Cabalaticis, circulariis, atque de rebus omnibus, de quibus antiqui dare decimam consueverunt.

* **CABALCASCUS**, f. Cucurbita, fructus species, nostris *Calebasse*. Chron. Domin. de Gravina apud Murator. tom. 12. Script. Ital. col. 653 : *Ecce pervenerunt ad nos quidam intimi nostri amici..... deferentes secum nostro amore panem, et vinum et Cabalcascos nostro cibo.*

¶ **CABALCATA**. Vide in *Caballus*.

CABALE, Capitale, capitalis summa, *Cabal*, Tolosanis, ut est apud Goudelinum, [qui *Cabal* potissimum interpretatur bona et facultates mercatoris, ut sunt merces, aliaque id generis negotiatorem spectantia.] *Cabal*, vel *Cabau*, in Consuetudine Burdegalensi art. 49. 50. 56. et Baionensi tit. 3. art. 21. 22. 23. Statutum Comitis Tolosani ann. 1197. in debitores, apud Catellum in Hist. Tolosana pag. 227 : *Constitutio talis fuit : si aliquis respondeat suo creditori, se non habere aliquid, quod ei possit solvere, quod vicarius si clamorem inde habuerit, eum in castello 8. diebus teneat; et si ad octavam diem creditor potest probare, quod debitor aliquid ei possit persolvere, quod debitor ei persolvat. Si vero creditor hoc probare non potuit, vel noluerit, si debitor ei non satisfecerit, vel cum eo non convenit, quod debitor tradatur creditori, ut habeat et teneat eum in sua potestate, et quod teneat eum in ferris, absque ullo alio malo, quod ei non faciat, scilicet pro Cabale, et non admittat eum ire extra suam domum, et non teneatur ei dare ad comedendum nisi panem et aquam, nisi voluerit, etc.* Ubi *Cabale*, non semel infra occurrit. [Consuetud. Brageriaci art. 114 : *Item si quis tradat alicui bovem, vaccam, roncinum, jumentum, aut alia quæcumque animalia ad nutriendum, et sibi retineat super dictis animalibus certum pretium sive Cabale ad medium lucri sive damni venturi, si lucrum aut damnum pro tempore appareat, id lucrum quod excedet dictum pretium, sive Cabal, seu damnum, si emerserit, inter se communiter dividetur.* Ibid. art. 117 : *Item... si post denunciationem prædictam dicta animalia moriantur, ut supra, dictus nutritor non tenetur de morte ipsorum animalium, sed duntaxat restituere domino prædicto medietatem sui Cabal. Si autem moriantur ob culpam ipsius nutritoris... dictus nutritor domino animalium restituere tenebitur totum Cabal.* [** Gall. *Cheptel*.] Charta ann. 758. in tradit. Fuldens. num. 14 : *Sicut inter nos complacuit atque convenit ut inter argento et Caballis libras duas, et tertiam dimidiam, etc.*] Vide *Capitale* 4. [Et *Investitura* ad fin, *Per guazonem, andelaginem, etc.*] [** Vide Raynouard. Glossar Roman. voce *Cabal*, 61. vol. 1. pag. 325.] * Hinc

* Cabalium Liber, In quo uniuscujusque facultates summatim descriptæ sunt. Charta ann. 1476. inter Probat. tom. 3. Hist. Nem. pag. 330. col. 1 : *Mercatores autem intelliguntur de electione prædicta, qui habent et habebunt in Cabali, in domo communi in libro Cabalium dictæ civitatis, centum libras Turon. pro minori.* Et pag. 331. col. 2 : *Juxta valorem et æstimationem bonorum suorum descriptam in libro pesagii et in libro Cabalium.*

* **CABALGATA**. Vide infra in *Caballus*.

¶ **CABALIS** Mansus. Vide *CaputMansi*.

* **CABALLA**, pro *Gabella*, Tributum, vectigal quodvis. Annal. Genuens. ad ann. 1383. apud Murator. tom. 17. Script. Ital. col. 1121 : *Vox a cancello ex parte ducis prodiit, ut.... penitus deponerentur collectiones seu Caballæ et coltæ.* Vide *Cabella* 1.

CABALLACUM, Cavallaticum, Præstatio avenæ pro *caballis*. Tabularium Prioratus de Domina in Delphinatu : *Ad Natale Domini alterum receptum de quatuor membris de carne, et de tribus denariis pro vino, et de tribus panibus, et sextarium ordei pro Cavallatico, et oblias de duobus membris, etc.* Ibid. fol. 107 : *Et pro porco duos solidos et dimidium, et 4. sextarios avenæ de Caballaco, et unum cartallum de fabis, et duas focacias, etc.* Ita. fol. 108. 109. 110. 113. 114. etc. Fol. 129 : *Willelmus Boscar 10. den. et 1. cartal de civa de Cavalazzo, et taschiam.* Supra : *Ista cabannaria debet 4. sestarios de avena de Cavalazo.* [Vide *Chevallagium*.]

¶ **CABALLADA**. Vide post *Caballus*.

1. **CABALLARIA**, Prædium *servitio militari* obnoxium, apud Marcam in Hist. Benearn. lib. 6. cap. 24. § 10. *Cavareria* Vasconibus; *Cavalhairiou*, Carcassonensibus: aliis, *Chevalerie*; Latinis inferioris ævi *Militia*; Κλῆρος ἱππικός, in veteri Inscriptione apud Seldenum ad Marmora Arundeliana pag. 156. et in libro de Titulis honorariis pag. 839. Sabellicus lib. 9. Hist. Venet. decad. 1. pag. 248. de Creta insula : *Prædia quædam in insula esse constat, quæ equestris Militiæ nomine emeritis traduntur : insulani Caballarias vocant.* Assisiæ Hierosolymitanæ MSS. cap. 167. ubi de hærede agitur, qui anno ætatis decimo quinto feudum tenere potest : *Et se il n'est Chevalier, quant il fait la preuve de son âge, se il fait que sages, il dira au seignor, quant il aura son âge prové, Sire, donnez-moy un respit reinable de moi faire Chevalier pour faire vous le service, que je vous dois de mon fié; et le seignor li doit doner le respit de 40. jours.* Cap. 145 : *Par l'assise ou usage de cestui royaume, fié qui ne doit servir que d'une Chevalerie, ne se part mie entre serors.* Et cap. 147 : *Quant fié eschet à plusiours seurs, qui doivent service de plusiours Chevaliers, le fié par l'assise, ou l'usage de cestui royaume de Hierusalem doit estre parte entre elles, en tel maniere, que si elles sont deus, et il y a deux Chevaliers, chascune doit avoir l'une des Chevaliers, et la maint née des seurs qui ont part fait la partison, et les aisnées choisissent, etc.*

* Feudum quod nemo, præter militem, possidere potest. *Feudum cavalorum*, in Lit. ann. 1369. tom. 5. Ordinat. reg. Franc. pag. 284. *Honor cavallayragius*, in Tabul. S. Vict. Massil. *Chevaliere*, in Charta ann. 1383. apud *Brussel* tom. 2. de Usu feud. pag. 757 : *Item sur la Chevaliere, que tient monsieur Regnault de Duille, chacun an xxx. sols Tournois.*

¶ Cavalheirium, Eadem notione. Transactio inter abbatem et monachos Crassenses ann. 1351. ex libro viridi fol. 53 : *Conventus habet, tenet et possidet botum, fortiam, redditus et proventus agrayrales cum medietate decimæ et primiciæ, et cum jurisdictione alta et bassa in loco et terminalibus S. Martini de Curtibus... et etiam totum illud Cavalheirium, quod fuit uxoris Guillermi Pilifortis domicelli quondam cum suis juribus, quod dicta uxor... habebat in loco et terminalibus de Blumaco.*

* Cavalaria, Eadem notione. Libert. Petræ-assis. ann. 1341. in Reg. 74. Chartoph. reg. ch. 647 : *Item quod habitatores dictæ villæ... possint emere, et donationes recipere, vel ad feudum seu in emphiteosim terras et possessiones quascumque;..... nisi tamen res essent francales, seu de Cavalaria, vel militares.*

* Cavalharium, Cavalherium, Pari significatu. Charta ann. 1389. in Reg. 138. Chartoph. reg. ch. 288 : *Acquisivit capitulum Narbonense a Petro Conilhi omnia jura sibi competentia in et super quodam Cavalherio, sito in termino de Laurano...... Item ab executoribus testamenti domini cardinalis Narbonensis duo Cavalharia parva.*

* Cavallerinum, Eadem acceptione, in Martyrol. MS. eccl. SS. Steph. et Sebast. Narbon. : *Anno nativitatis Domini 1385. fuit ordinatum, quod attentis tantis beneficiis per dominum Petrum de Judicia cardinalem Narbonensem et olim archiepiscopum factis,... et præcipue de quodam optimo Cavallerino, sito in castro S. Marcelli prope Narbonam, etc.*

* Cavallairivum, Simili sensu. Pact. inter archiep. et vicecom. Narbon. ann. 1232. ex Bibl. reg. cot. 2 : *Item petebat dom. Aimericus sibi restitui quoddam Cavallairivum, quod fuit Berengarii de Moniano, et est in termino grangiæ de Terrallo; quod dictum Cavallairivum et grangia dicebat teneri et debere teneri ab eodem domino Aimerico.*

Cavalleria. Apud Aragones Ricis hominibus jus antiquum erat in omnibus civitatibus atque oppidis maxima vectigalia pro Militibus alendis assignari, quæ stipendiariæ portiones vocabantur *Honores* et *Cavalleriæ*. *Portio unius Militis*, apud Lucam Tudensem in Chronico æra 880. [Charta Jacobi Infantis Aragoniæ ann. 1256. laudata tom. 5. SS. Junii pag. 651. qua confirmat et jurat omnia *privilegia, franquitates, Cavallerias, donationes et concessiones, habitatoribus Majoricarum datas et factas ab illustrissimo domino Jacobo Rege Arragonum.*] Usatici Barcinonenses MSS. editi a Raimundo Berengarii et Adelmodi Comit. Barcin. cap. 4 : *Miles vero si Cavallariam dimittit, dum eam tenere possit, nullo modo judicetur, nec emendetur sicut Miles. Cavallariam satis dimittit, qui cavallum et arma non habet, nec fevum de Milite tenet, et in hostes et cavalcadas non vadit, nec ad placitos et curias sicut Miles, nisi senectus eum detinuerit.* Iidem Usatici cap. 18 : *Omnes homines debent firmare directum senioribus suis, ubicumque seniores eorum eis mandaverint in suo; ad Potestatem quoque vicecomites et comites sui per unumquodque castrum cum honore suo per 100. uncias auri Valentiæ; Miles vero per 10. per unamquamque Cavalleriam terræ, per castrum cum adempramento ejus per alias 10. per fevos minores secundum eorum valorem : per hominaticum namque, per mediam Cavalleriam terræ de hoc quod ad fidem pertinebit.* Vitalis Episcopus Oscensis apud Hieron. Blancam in Comment. Rer. Aragon. pag. 730 : *Ille Ricus homo, qui habet* 40. *Cavallerias*, *potest sibi retinere* 4. *etc.* Infra : *Casus autem amissionis honorum et Cavalleriarum sunt hi*, *etc.*

In foris Aragonensib. : *Cavallerias tenentes a dom. Rege tenentur servire domino Regi ubique*, *salvo in mari*, *etc.*

Quadruplex autem olim fuit Cavalleriarum species : quasdam enim *Cavallerias de honor* vocabant, alias *Cavallerias de Mesnada*, *cavallerias acostumbradas dar como de honor* nonnullas ; postremas vero, *Cavallerias acostumbradas dar como de mesnada*. Eadem namque officia, diversa adjuncta ratione, disparibus ordinibus tribuebantur.

Cavalerias de Honor, Stipendia illa nominabant, quibus Rici homines Milites suos, vel Militum filios, *Infanciones* vocatos, afficiebant : eis enim dari poterant, vel debebant, dabanturque vel in pecunia, vel in fructibus, aut vacuis possessionibus, ut cuique Rico homini liberum erat ; ab eo autem quod vectigalia Ricorum hominum *Honores* sunt vocata, et ipsa etiam alimentaria Militum ac Infancionum stipendia, quia in iisdem illis honoribus decernebantur, *Cavallerias de Honor* vocari consueverunt. *Qui autem tenent Cavallerias honoris*, *tenentur servire dom. Regi tempore guerræ per tres menses in anno*, *in eundo*, *stando*, *et redeundo*, in Observ. Foror. Aragon.

Cavalleriæ de Mesnada, prioribus erant dignitate inferiores. Ita autem appellabant singulas eas stipendiarias portiones, quas Reges de regalis patrimonii subsidiis, domesticis suis ac palatinis hominibus impertiebant. Sed de *Mesnadariis* agitur suo loco.

Cavalleriæ Acostumbradas *dar como de Honor*, et *como de Mesnada*, ita dictæ, quod interdum quæ unius generis erant, ad alteram traducerentur : verbi gratia cum *Cavaleria de Honor* fiebat *Cavaleria de Mesnada*, vel e diverso, id est, mutabilis aut immutabilis. Nam *Cavalleriæ de honor* perpetuæ erant, aliæ ad libitum a Rege, a quo nude pendebant, conferebantur. Vide Foros Aragon. lib. 7. tit. *de Cavalleriis*.

Cavallaria occurrit etiam in Charta Caroli C. Imp. ann. 371 pro Monasterio S. Bertini, quæ est prima Chartularii ejusdem Monasterii [** Guerardo 57. pag. 124.] : *His rebus adjecimus ad victum Fratrum villam nomine Hegebort* [** Liegesborth] *cum omni integritate sua*, *ut olim fuit*, *exceptis Cavallariis tribus*. Vide *Militia*, et Michaelem *del Molino* in Repertorio Fororum Aragon. in voce *Cavalluria*.

¶ Cavalleria, Ars equestris. *Ars de Cavalleria* recensetur in Catalogo Operum B. Raymundi Lulli, tom. 5. Junii pag. 699.

* 2. **CABALLARIA**, Cabellaria, Mensura agraria ; an ab Hispanico *Caballon*, porca, striga? an a *Caballus*, quantum scilicet equus uno die arare potest ? Dipl. Frid. I. imper. ann. 1162. apud Murator. tom. 4. Antiq. Ital. med. ævi col. 253 : *Item concedimus et damus eis in feudum Syracusanam civitatem*, *cum pertinentiis suis omnibus*, *et ducentas quinquaginta Cabellarias terræ in valle Nothi ad Caballariam illius terræ* ; *et si forte ibi deerit*, *in terra comitis Simonis*, *quod defuerit*, *compleatur*.

¶ **CABALLARII**, Caballatio, etc. Vide *Caballus*.

* **CABALLARIUS**. Vide infra in *Caballus*.

* **CABALLATA**, Vas vinarium, f. Uter, quod formam *cabalcasci* referat ; de onere quippe equi intelligi posse, ut supra in voce *Caballus*, nequaquam opinor, in Charta ann. 1263. apud Murator. tom. 2. Antiq. Ital. med. ævi col. 475 : *Resignaverunt roccam Fumonis nomine et vice ipsius domini*, *cui ipsa rocca ab Apostolica sede ad custodiendum fuerat commissa*, *cum rebus inferius adnotatis*,.... *undecim vegetes cum quinque Caballatis vini et una de aceto* ; *item tres tini*, *etc.* Vide supra *Cabalcascus*.

* **CABALLATIO**, Caballerius. Vide infra in *Caballus*.

CABALLATRIUM, nude in Gloss. Arabico-Lat. videtur esse *atrium*, in quo exercentur *caballi*, seu equi, nisi legendum sit *Caballarium*, equile, quomodo καβαλλάριον, usurpat Codinus de Offic.

¶ **CABALLERITIA**. Vide in *Caballus*.

CABALLI, *Aves nocturnæ*, *hæ ululæ dicuntur*. Papias. Vide *Cauanna*.

¶ **CABALLICARE**, Caballicatio. Vide *Caballus*.

CABALLINUM, Stercus caballi, seu *fimus caballinus*, uti nuncupatur a Marcello Empir. cap. 8. et. 10. pag. 65. 85. 86. [** *fimum caballinum* Plinio 30, 13, 38.] vel quodvis stercus, κόπρος ; unde *Caballini* cognomen inditum Constantino Copronymo, quod equini stercoris odore et tactu delectaretur. Anastasius ad Synodum VIII. CP : *Stercoralis nominis præsulatum ideo appellat hos*, *quos nominavit*, *quia cum essent Constantini Imperatoris*, *qui dicebatur Caballinus*, *tempore*, *CPoleos Præsules*, *hæresi ejus favorem pessime commodabant*. Idem Anastasius in Hist. Eccl. : *Magicis maleficiis et luxuriis*... *et Caballinis stercoribus atque lotio delectatus*. Theophanes, καβαλλίας κόπρους. Theosterictus in S. Niceta Hegumeno n. 29. de eodem Copronymo : Τοσοῦτον δὲ ἔχαιρεν τῇ δυσωδίᾳ τῆς ἀκαθαρσίας ὁ δυσωδέστατος, ὡς καὶ τα ἀλισγήματα τῶν ἀλόγων χρίεσθαι, καὶ τοῖς σὺν αὐτῷ τοῦτο ποιεῖν παρακελεύεσθαι, οὓς ἐθεράπευεν, κἂν τούτου φιλοφρονούμενος, ταῖς δυσωδίαις ἀεὶ χαίροντας. Alii sic dictum censent, quia, dum baptizaretur, lavacrum stercore inquinaverat, quod Græci ejus ævi καβάλλινα vocabant. Vide Gloss. Meursii, [et Gloss. mediæ Græcit. col. 528. c.]

* **CABALLUM**, idem quod *Cabale*, Capitale, capitalis summa. Lit. Phil. Pulc. ann. 1313 : *Merces eorum*, *et panni marchati occasione et prætextu marchæ prædictæ deconstiterunt de Caballo seu de capitali*, *etc.* Hinc

* Cabalment, Hisp. *Cabalmente*, Integre, perfecte. Tract. pacis ann. 1162. inter Probat. tom. 2. Hist. Occit. col. 584 : *Tamdiu teneas et possideas tu vel tui*, *et redditus tuos facias*, *ita quod in sortem non computentur*, *donec totum damnum in duplum*, *et injuria Cabalment sit restitutum et restauratum*.

1. **CABALLUS**. Isidorus, et ex eo Papias, et Ugutio : *Caballus*, *dictus*, *quod ungula terram cavet*. Ebrardus in Græcismo cap. 9 :

Quod pede tellurem solet ipse cavare, Caballus.

Gloss. Lat. MS. Regium, et Isidori : *Caballus*, *Cabo*, *equus*. *Cabo*, *Caballus*, *sonipes*, *equus*. Vide *Cabo*, 1. Vox nota Juvenali Sat. 11. et aliis Scriptoribus. Sunt tamen qui non quosvis equos sic appellasse Latinos volunt, sed viliores, cujusmodi sunt qui pistrinis, agriculturæ, et vecturis mercium inserviunt. Jo. de Janua, *Caballus*, *vilis equus*. Hesychius : κάβαλλος, ἐργάτης ἵππος. [** Vide Furnal. apud Forcellinum in h. v. et Glossar. med. Græcit. col. 525. et 526. radice Καβάλλης.] S. Hieron. Epist. ad Heliodor. : *Statimque cernamus sagittas pilis*, *tiaras galeis*, *Caballos equis cedere*. Gregorius Turon. lib. 6. Hist. cap. 11 : *Ipsumque super miserabilem imponentes Caballum*, *etc.* Vide Casaubonum in Persium pag. 7. Promiscue tamen Scriptores recentioris ætatis pro quovis equo usurpant. Vide Gregor. M. lib. 8. epist. 46. lib. 9. epist. 38. lib. 10. epist. 30. [Novam Gall. Christ. Instrum. tom. 2. col. 442. Miræum tom. 2. pag. 806. col. 2. etc.] [** Equos militares sæpe ita dicunt, ut Hincmar. Remens. annal. ad ann. 866. ap. Pertz. vol. Scriptor. 1. pag. 472. lin. 43. Charta ann. 1339. ap. Lappenb. Docum. Orig. Hanseat. pag. 360. Plura vide in Indic. general. Polypt. Irminon.]

Caballus Domitus, in Lege Longob. lib. 2. tit. 21. § 6. 7. 25. [** Rothar. 254. 256.] et in Charta Romualdi Ducis Beneventani in Chr. S. Sophiæ pag. 607. [*Caballos centum inter Domitos et domandos*, apud Marten. tom. 1. Anecd. col. 801. *Caballus*, *scutum*, *lancea*, in clientelæ signum quotannis *regi* data, memorantur in duabus Chartis anni 1437. pro ecclesia Magdeburgensi, apud Eccardum in Probat. Hist. Marchionum Orientalium col. 136. et 138.] [** Charta Ludov. Pii ann. 825. pro Ecclesia Brivetensi apud Baluzium in Capit. vol. 2. pag. 1426 : *Ad partem regis annuatim caballum unum cum scuto et lancea præsentassent et in postmodum ab omni exactione vel de functione publica aut privata immunes et liberi essent*. Adde chart. ann. 856. ap. Schœpflin. in Alsat. Diplom. num. 105. vol. 1. pag. 85. Aliam ann. 858. ibid. num. 108. pag. 88. Charta Carol. Simpl. ibid. num. 129. pag. 103 : *Omni anno ob hoc ei dentur inde duo Gaballi*, *sive duo camisilia bona*, *aut etiam quatuor carre vini*.]

Caballus Medianus, in Tradit. Fuld. lib. 1. cap. 149. et in Lege Alaman. cap. 80. § 2. medii pretii. [** Germ. olim *Meid*, *Maide*. Vide Frisch. Lexic. v. *Meide*. Adel.]

Caballus Spadatus, in Lege Salica tit. 40. § 3. castratus.

Caballus Agrestis. Vide *Equifer*.

* Caballus Magnus, idem qui *Dextrarius*, Major et cataphractus, quo potissimum utebantur in præliis. Vita Eduardi II. reg. Angl. pag. 119 : *Dextrarii et Magni Caballi ipsius Petri*, *vel verius domini regis morabantur*.

* Caballus Maletus, Gall. *Cheval malet*, nunc *mallier*, Equus vectorius, *maletæ* seu sarcinæ deferendæ addictus. Lit. remiss. ann. 1394. in Reg. 146. Chartoph. reg. ch. 208 : *Lesquelx avoient un cheval malet*, *que demenoit un appellé Souschier*, *et aussi avoient un autre cheval malet yceulx parroissiens de Nyevil*, *que Guillaume Giraut demenoit pour eulx esbatre*.

* Caballus Padi, perperam pro *Spadatus*, in Testam. Bertichr. episc. Cenoman. tom. 1. Jun. pag. 725. col. 1 : *Donet eis Caballos padi duos, et poledros congregales duos, etc.* Vide *Poledrus*.

Cavallus, apud Nicolaum I. PP. in Resp. ad Consulta Bulgarorum cap. 40. Agobardum in lib. de Dispens. cap. 28. et lib. Contra judicium Dei cap. 2. [in Concil. Legion. ann. 1012. can. xi.] etc.

Caballorum Pastus, Saginationes. Vide *Pastus*.

Caballarii, Equites. Gloss. Lat. Græc. : *Caballarius*, κέλης, ἱππεύς. Gloss. Basil. : Καβαλλάριος, ἔφιππος, ὁ ἐν ἵππῳ καθήμενος, κάβαλλος γὰρ ὁ ἵππος. [Glossar. Isid. : *Caballarius*, *Alaris*, hoc est, Eques qui in ala militat, juxta quod ait Vegetius 11. 1 : *Equitum alii Alares dicuntur, quod a similitudine alarum ab utraque parte protegant.* Equites in castris solebant alas occupare.] Monachus Egolismensis in Carolo M. cap. 18 : *Erantque in ipso 12. Caballarii, qui per 12. fenestras completis horis exibant.* Hincmarus Opusc. 5 : *Per villas, in quibus non solum homines Caballarii, sed etiam ipsi Coccionrs rapinas faciunt.* [Parvum Chartular. S. Victoris Massil. fol. 19 : *Donamus S. Victori... mansum de Casteneto, quem accepimus in emendam pro Gaussimo nostro Caballario qui fuit occisus, ut Monachi orent pro anima ejus.* Tabular. S. Florentii : *Hamo Caballarius de Livriaco multas querelas adversus Monachos de Livriaco habebat.* Tabular. S. Vincentii Cenoman. : *Cui contulerat unum etiam Caballarium cum omni beneficio suo in villa quæ vocatur Arduin etc. Actum regnante Roberto Rege.* Breviarium villarum S. Audomari ex MS. Folquini in Tabulario ejusd. loci : *Hlodeger Caballarius habet mansum dominicatum, etc.* Similia non semel ibidem leguntur.] [** Adde Fragm. Polypt. Sithiens. ap. Guerard. post Irminon. pag. 396. sqq. cap. 15. 13. 1. 5. 16. 18. Editori est Qui cum equo militat vel famulatur. Conf. eundem in Prolegom. ad Chartul. S. Petri Carnotens. § 26. Polyptych. Mauromonaster. ap. Schœpfl. Alsat. Diplom. num. 249. vol. 1. pag 197 : *Mansa 7. et dimidium, que cum caballis serviunt.* Confer mox *Caballicare*, *Arare* et *Caballeritia*.] Vide Otton. Frising. lib. 1. de Gest. Frederici cap. 24. Concilium Narbonense anni 1054. cap. 20. [Ekkehardum Abb. apud Marten. tom. 5. Ampliss. Collect. col. 524.] et V. Cl. Jac. Petitum post Pœnitentiale Theodori pag. 389. Καβαλλάριοι Theophani in Heraclio, Theophylacto Simocattæ lib. 5. cap. 13. auctori Vitæ S. Nili pag. 56. etc. Præsertim vero ita dicti Græcis nuperis *Milites*, seu equestri dignitate donati, quos *Chevaliers* appellamus. Ita Anna Comnena in Alexiade pag. 411. Pachymer. lib. 1. cap. 30. 31. lib. 4. cap. 31. lib. 12. cap. 11. et Cantacuzenus lib. 1. cap. 42. lib. 3. cap. 27. [Vide Gloss. mediæ Græcitatis.]

* Equites nostris *Chevaucheurs*. Villehard. cap. 135 : *En vint bien avant cinq cens mil mars d'argent, et bien dix mil Chevaucheures, que unes que autres.* Hinc *Chevaucheurs* nuncupati sortilegi, quod scopis seu baculo equitantes ad diabolicum conventum se se transvehi somniabant. Lit. remiss. ann. 1478. in Reg. 206. Chartoph. reg. ch. 72 : *Sorcier et Chevaucheur de balay.* Vide *Scobaces*.

* Cavaillerii, Eadem notione, in Charta ann. 1351. ex Reg. N. Chartoph. reg. ch. 26 : *Item gobeletum unum, cum tribus pedibus, ymaginatum de uno gallo sursum et tribus Cavailleriis, cum una vinea.* Ubi Reg. 80. ch. 503. habet, *Cavaillieriis*. *Chevalerot*, eodem sensu, in Invent. MS. jocal. Eduardi I. reg. Angl. ann. 1297 : *Item un pot ki desus le couvercle a un Chevalerot.*

¶ Caballerius, in Charta anni 1008. ex Archivo S. Victoris Massil. : *Donamus unum mansum Caballerii in villa, etc.* Occurrit rursus in Actis SS. Benedict. sæç. 6. part 1. pag. 312.

Caballarii interdum, *qui Caballos habent*, ut est in Capitul. Caroli C. tit. 31. § 26. [** Edict. Pistens. ann. 864. Pertz. pag. 488.], *et cum Comitibus suis in hostem pergere, et debitos paraveredos præstare tenebantur.* Adde Capitul. ann. 807. cap. 6. [** Capitul. Aquens. Pertzio pag. 149.]

Caballarius, qui equos curat, Agaso. Gloss. vetus. : *Caballarius*, ἱπποκόμος.

* *Chevaucheur*, Officium in stabulo regio. Ordinat. hospit. reg. ann. 1317. ex Reg. Cam. Comput. Paris. sign. *Croix* fol. 78. v°. : *Escuierie. Item vallez d'estables et Chevaucheurs viij. qui mangeront à court,... et les quatre seront touzjours à court pour faire l'office de l'escuierie, et les autres quatre seront pour aler hors porter lettres, et leurs chevaus a l'escuierie.*

Cavallerius, Miles, *Cavallero*, Hispanis. Occurrit apud Diago lib. 2. de Comitib. Barcin. cap. 162.

* Caballarius, Miles. Charta ann. 1123. ex Bibl. reg. cot. 17 : *Et si vindere vel inpignorare volueritis, cum nostro consilio faciatis, cui volueritis, præter ad Caballarios et clericos.* Hinc *Chevalereux*, Vir egregii animi, prout militem decet. Le Roman *de Robert le Diable.* MS. :

De sa plaie icrt si dolereux,
Chilz qui taut est Chevalereux,
Que de l'angoisse se plaint fort.

* Caballarius, Cavallarius, Nuncius, tabellarius, Ital. *Cavallaro*, Gall. *Courier.* Epist. card. de Malatestis ann. 1410. apud Marten. tom. 7. Ampl. Collect. col. 1168 : *Die Mercurii hora tardissima appulit Franchus Caballarius magnificentiæ vestræ,.... et mihi breve vestrum detulit.* Annal. Placent. ad ann. 1444. apud Murator. tom. 20. Script. Ital. col. 887 : *D. Franciscus Anguissola rediit cum copia literarum ducalium, quas dixit fuisse consignatas tabellario sive Cavallario.*

* Cavalerii, inter Vicarii ministros recensentur, in Stat. Montis-reg. pag. 3 : *Statutum est, quod dom. vicarius teneatur, et postea usque ad finem sui officii vel regiminis, semper tenere duos milites socios, qui vulgariter appellantur Cavalerii.*

Caballator, *Eques*, in Glossis Arabico-Lat. *Cavalcatore*, Italis.

* Cavallaria, Cæremonia militis inaugurandi. Testam. ann. 1230. apud Cenc. inter Cens. eccl. Rom. : *Item volo quod expensæ ad Cavallariam Monaldi fratris mei, quando fiet miles, communiter fiant, tam de bonis meis, quam de bonis ejusdem Monaldi.*

* Cavalleria, Equitatus. Academ. Crusc. *Cavalleria, milizia a cavallo.* Stat. Montis-reg. pag. 17 : *Ordinatum est pro utilitate et decore reipublicæ præsentis civitatis, quod nulla persona, quæ non sit de nobili genere.... et quod ita constet publice et palam per publicam vocem et famam, possit esse in officio Cavalleriæ et ad illud admitti.*

¶ Caballarium Feretrum, Species lecticæ seu rhedæ *caballis* vectæ. *Feretrum ejus Caballarium, quo infirmus vehi solebat*, in Actis SS. April. tom. 3. pag. 780. *Cum ad prædicandum populo propter debilitatem corporis in Feretro Caballario duarum rotarum duceretur*, ibid. pag. 782. Agitur de S. Erconwaldo Episc. Londin.

* Caballarium Feretrum, Lectica equis imposita, ut interpretantur docti Editores ad S. Ceolfrid. tom. 7. Sept. pag. 136. col. 1 : *Cum ad hoc per infirmitatem deveniret, ut equitare non valens, feretro Caballario veheretur, etc.*

Caballatio, Munus alendi equos publicos, vel pecunia, quæ ad id præstabatur, idem forte, quod *fodrum* sequioribus sæculis dictum, in leg. 14. Cod. de Erogat. mil. annon. (12, 38.) Vide Cujac. et Jacobum Gothofred. ad hanc legem.

¶ Caballata, Quantum caballus ferre solet. Charta anni 1234. Bibl. Sebusianæ pag. 51 : *Ego Rodulphus de Thoria pro remedio animæ meæ... concessi unam Caballatam vini puri, in vinea mea de Mouvant, domui de Valone annuatim persolvendam.*

* Nostris *Chevalée*. Lit. remiss. ann. 1391. in Reg. 142. Chartoph. reg. ch. 189 : *Trois Chevalées de blé, qui valoit pour lors environ vint solz.* Aliæ ann. 1446. in Reg. 176. ch. 490 : *Le suppliant emporta à quatre foiz quatre Chevalées de blé ou environ, qui estoient dedens icellui molin.* Vide supra *Caballata* suo ordine.

Caballicare, Cavallicare, Caballo vehi, equitare, Italis, *Cavalcare*. Lex Salica tit. 25 : *Si quis caballum sine permissu domini sui ascenderit, et eum Caballicaverit.* Edit. Heroldi habet *Caballaverit*. Monachus Sangall. lib. 1. cap. 22 : *Per campum istum Caballicans.* Usurpant Edictum Rothbaris tit. 105. § 17. Lex Langob. lib. 1. tit. 23. § 1. [** Rothar. 345. et 348.] Lex Aleman. tit. 71. Anastas. in Conone PP. Haimo in Homil. Luitprand. lib. 3. Hist. cap. 4. Vita S. Vulmari Abbat. cap. 13. etc. Græci recentiores καβαλλικεύειν dicunt. Vide Gloss. Meursii, Fabroti ad Cedrenum, [et mediæ Græcitatis.] [** Chart. ann. 816. ap. Neugart. Cod. Diplom. Alemann. num. 187. vol. 1. pag. 158 : *Si mihi contigerit ad palatium, vel ad Italiam pergere, tunc semel mihi hominem Cavallicantem ad serviendum et unum cavallum bene onustum provideant.*]

¶ Caballicare, pro Arare, quia *Caballis* aratur. MS. Codex Folquini ex Archivo S. Audomari in Breviario villarum ad hanc Ecclesiam pertinentium : *Isti unaquaque hebdomada faciunt duos dies, si non Caballicant.* Et infra : *Caballicat de terra censali bun. 12.* [** Fragment. Polypt. Sithicus. post Irminonem pag. 398. cap. 7. 13. 20.]

¶ Caballicare Super Aliquem, In eum incurrere, ei bellum inferre. Statuta Suavii S. Severi in Capite Vasconiæ Abb. ann. circiter 1100. inter Anecd. Marten. tom. 1. col. 279 : *Item statutum fuit, quod si Abbas, vel sui, injuriam passi fuerint ab aliquo, et injuriator judicio stare noluerit, et Abbas propter injuriam sibi illatam Caballicare super eum voluerit, vel contra eum exercitum movere, burgenses* (S. Severi) *de præcepto Abbatis, super injuriantes ipsum sequantur : et si quis sine licentia Abbatis a Cavallicatione abfuerit, sex solidos Abbati persolvat.*

* Cavalcare, vox Italica, Equitare, equo insidere, nostris olim *Chevaler.* Chron. Jac. Malvec. apud Murator. tom. 14. Script. Ital. col. 925 : *Postera ergo die Cavalcans antistes cum sacerdotibus, ceterique cives, qui in civitate remanserant, omnes communi consilio Griffum et nonnullos alios a carceribus eripiunt.* [** Henric. VII. Imper. chart. ann. 1312. ap. Murator. Antiq. Ital. vol. 4. col. 625. c : *Et cavalcandum, et predandum dictam civitatem Cremone.* Virgulam post *Cavalcandum* ejecit Pertz. vol. Leg. 2. pag. 525. lin. 54.] Lit. remiss. ann. 1404. in Reg. 158. Chartoph. reg. ch. 355 : *Lequel Robin dist à Jehan de Logie qu'il avoit fait prendre sa jument, et l'avoit fait Chevaler par ses gens.* Sed et *Chevaler* nostri dixerunt, Equum onerare, equo vehere. Lit. remiss. ann. 1478. in Reg. 205. ch. 35 : *Le suppliant aperceut... auprès de S. Mor des foussez des oultardes, esquelles il se adressa pour y tirer,.... il dessella son cheval pour Chevaler lesdites oultardes,.... et lui Chevalant lesdites oultardes, etc* *Chavaler* vero, pro Supinum cadere, more equorum, quod vulgariter dicitur, *Tomber les quatre fers en l'air,* in aliis Lit. ann. 1404. ex Reg. 158. ch. 383. bis : *Laquelle femme print deux pierres et les getta contre icellui suppliant, tant qu'elle l'en attaigny de l'une parmi la teste si grant cop, qu'elle fist Chavaler.* Aliud sonat *Entrechevauchier,* Equi scilicet pedibus calcare, in Lit. remiss. ann. 1375. ex Reg. 106. ch. 387 : *Icellui Defraine retourna la teste de son cheval vers ledit Bennequin, veuillant le Entrechevauchier.*

Caballicata, Incursio, *Cavalcata,* Italis. Luithprandus lib. 4. cap. 14. [** Pertz. vol. Script. 3. pag. 314.] : *Cumque eodem pervenisset, et Caballicatas, ut vulgo aiunt, circumcirca dirigeret.*

Interdum pro equitatione, seu, ut aiunt, Exercitu sumitur, id est, obligatione, qua vassallus in exercitum cum domino superiore pergere tenetur. Charta Joannis Regis Angl. in Monastico Anglicano tom. 2. pag. 1006 : *Aut questum, aut procurationem, aut Cabalcatam, aut exercitum . . . exigere præsumat.*

¶ Cabalcata. Epistola Frederici II. Imp. ann. 1244. in Dissert. Hist. de Comitatu Comacli pag. 119 : *Volumus etiam declarari jura nostra in Marchia et Ducatu... videlicet de exercitu, Cabalcata et parlamento, mercato et procuratione, quæ nos tanquam advocati, patroni et defensores Ecclesiæ habere debemus.* Et infra : *Super declaratione facienda super jure quod habemus in terra Ecclesiæ, petivimus expresse apponi de exercitu, parlamento, Cabalcata, fodro et procuratione.* [** Pertz. vol. Leg. 2. pag. 350. 352. 518.] Vide *Hostis* sub finem.

Caballicatio, Eadem notione. Tabula fundationis S. Severi in Vasconia : *Nec in hostem, nec in Caballicationem esse ducturos.* [Charta Ricardi Regis Angliæ, qua ejusdem S. Severi privilegia confirmat ann. 1190. apud Marten. tom. 1. Anecdot. col. 637 : *Concessi etiam eidem monasterio, ut nullus Archiepiscopus, nec Episcopus, nec ego ipse . . . præsumat . . . immissiones aliquas facere, nec in hostem, nec in Caballicationem ducere milites, vel pedites, etc.*] Decretum Synodale de Trevia Dei post Concilium Islebonense ann. 1080 : *Cæterum in hac pace nullus, nisi Rex aut Comes hujus patriæ Caballicationes aut hostilitatem faciat : et quicunque in Caballicatione aut hostilitate Regis fuerit, etc.*

Caballeritia. Polyptychus S. Remigii Remensis : *Hrobertus ingenuus tenet mansum ingenuilem 1. qui habet censum similiter, facit pro eo Caballeritia.* Id est, pro eo tenetur ire in exercitum, seu in aciem domini, [vel saltem operam caballi præstare.] Vide *Hostis.*

Caballada, Opera caballi. Tabular. Celsiniacense : *Unum sextar. de civada, et 2. sext. vini, et 6. den. pro carne, et Caballadam, et corregium.*

¶ Cavalagium, Eadem notione. Instrum. ann. 1294. Hist. Dalphin. tom. 2. pag. 74 : *Talliis, toltis, quæstis, adempris, vintenis, cavalcatis, stabilitis, mero et mixto imperio, et omnimoda jurisdictione, operibus, manu operibus, cretifodinis, lapidicinis, argenti fodinis, auri fodinis, Cavallagiis, coroatis, fogagiis, etc.*

¶ Calvacada. Charta Oddonis Episc. Vapincensis ann. 1271. inter Instrum. tom. 1. novæ Gall. Chr. col. 88 : *Et prædictis faciet dictus dominus episcopus Calvacadam prædicto domino regi et suis, præmissa sibi denuntiatione ante per tres septimanas.*

¶ Cavalcata. Statuta Ludovici Regis Franc. ann. 1154. apud Marten. tom. 1. Anecd. col. 438 : *Sed et si plures emptores* (præposriturarum, baillivarum, etc.) *fuerint, unus tamen jurisdictionem exerceat, et immunitate gaudeat in Cavalcatis, talliis, seu collectis, et aliis oneribus publicis.* Charta Guigonis Comitis Forensis ann. 1224. tom. 1. Maceriarum Insulæ Barbaræ pag. 136 : *Omnem talliam sive toutam, exercitum sive Cavalcatam.* Statuta Forojul. ann. 1235. ex Archivo S. Victoris Massil. : *Statuimus ut barones et milites et homines faciant domino Comiti Cavalcatas sub hac forma, videlicet ut milites et homines per quadraginta dies expensis propriis in comitatu Provinciæ... contra eos qui dominum Comitem offenderent . . . pro sex focis unus pedes . . . Si dominus Comes obsidere vellet aliquod castrum . . . vel faceret ei inimicus bellum campale, etc.* Vide *Hostis.*

¶ Cavalcata, Pompa equestris, Ital. *Cavalcata,* Hisp. *Cavalgada,* Gall. *Cavalcade.* Processus de B. Jacobo Bitectensi, tom. 3. April. pag. 532 : *Ipseque ascenderit in solarium quoddam, ut videret Cavalcatam.* Vide Vitam B. Oldegarii, tom. 1. Martii. pag. 490.

¶ Calvacata. Charta Philippi Franc. Regis ann. 1331. pro Monachis Bonævallis in Chartulario ejusd. loci : *Necnon in possessione et saisina habendi assiem et Calvacatam, tallias et subventiones ab hominibus Bonævallis.* Arrestum Parlam. 11. Maii ann. 1331. pro iisdem Monachis : *Ad solvendum Comiti Carnotensi centum libras Turon . . . et ad præstandum eidem Calvacatam pro guerra.*

¶ Calvachia, Eadem notione, Gall. *Chevauchée.* Charta Aelidis Ducissæ Britan. ann. 1213 : *Homines dicti Prioris ibunt in exercitu meo et Calvachia mea cum aliis hominibus meis de Lamballia, etc.*

¶ Calvagaria. Charta Andreæ de Calviniaco pro hominibus S. Karterii apud Thomasserium Consuetud. Biturig. pag. 90 : *Immunes erunt talleis, charreis, falcationibus, fenacionibus et omnimodis bienniis, salvis mihi exercitibus et Calvagariis meis, in quibus me sequentur per tres dies tantum.*

¶ Cavalcatus, Eadem significatione. Litteræ Regis Angl. ann. 1324. apud Rymer. tom. 4. pag. 76 : *Præfatus Rex* (Franciæ) *exigit, et a nobis auferre conatur; videlicet immediatam jurisdictionem dicti loci S. Sacerdotis . . . . in quo ressortum, Cavalcatum et omnem superioritatem nos et progenitores nostri habuimus.*

¶ Cavalcatus, Expeditio militaris, incursio. Charta Regis Angl. ann. 1353. apud Rymer. tom. 5. pag. 773 : *Inhibentes ne Cavalcatus aliquos super gentes ipsius Caroli, vel in terris sibi subjectis, faciant, vel prisones aut redemptiones capiant, aut alia dampna vel mala aliqua eis, vel eorum alicui, inferant, durantibus. treugis supradictis.*

¶ Cavalgada, Idem quod *Cavalcata* seu *Caballicata.* Charta Raymundi Comitis Tolosani ann. 1189. apud Acher. tom. 8. Spicil. pag. 204 : *Salvo tamen albergo et Cavalgada, et omne hominium, quod Gardanenses nobis facere debent, etc.* Responsum Concilii Vaurensis ad Petrum Regem Arragonum inter Hisp. tom. 3. pag. 481 : *Ut illa jura quæ habebat in castris aliorum hæreticorum.... sive alberga, sive quista, sive Cavalgada eidem integra remanerent.*

¶ Cavaltheia, Eadem notione. Charta anni 1194. inter Instrum. tom. 3. novæ Gall. Chr. col. 80 : *Philippus quondam Flandriæ Comes... concessit Deo et ecclesiæ nostræ Atrebatensi in manu nostra, quidquid habebat Atrebati in districtu nostro, sibi tamen de assensu nostro retinuit in vita sua, in parte districti quæ dicitur Strata, exercitum, Cavaltheiam, talliam, altam justitiam, etc.*

* Ubi legendum videtur *Cavalcheia.*

¶ Cavangada. Charta fundationis Abbatiæ S. Mariæ apud Santonas inter Instrum. tom. 2. novæ Gall. Christ. col. 480 : *Nos in eo ibi arbergamentum, aut exercitum, quæstam, procurationem aliquam, aut Cavangadam vi aut terrore aliquo ulterius* (non) *habeamus.*

¶ Cavallaticum, Eadem significatione. Charta anni 1235. ex parvo Chartulario S. Victoris Massil. : *Petebat Abbas S. Victoris... ut nobilis vir W. de Turriis cessaret a Cavallatico, et a quistis, et talliis.* Et infra : *Dicimus quod W. de Turriis desistat et girpiscat domino Abbati... Cavallaticum,* et quistas, et toutas, et omnes alias exactiones.

* CABALGATA, CAVALGADA, Equitum manus, Ital. *Cavalcata.* Testam. Raim. Trencav. ann. 1154. inter Probat. tom. 2. Hist. Occit. col. 550 : *Et mala quæ ego feci cum mea Cavalgada in Rossilono domibus Templi et domibus Hospitalis,.... et infractiones quas ego in eadem terra ecclesiis cum eadem Cabalgata, etc.*

* CAVALGADA PACIS, Militum convocatio seu conventus, ut paci jurandæ intersint. Pact. inter archiep. et vicecom. Narbon. ann. 1232. ex Bibl. reg. cot. 2 : *Ad quæstionem præconizationis sic respondet* (vicecomes) *quod archiepiscopus iste nullo tempore quasi possedit, nec antecessor suus, nisi parvo tempore, et tunc non jure archiepiscopi, sed legati et paciarii, eo casu cum propter Cavalgadas pacis necesse erat præconisari.*

* CAVALARIA, CAVALLARIA, Equitum incursio, Ital. *Cavalcata.* Stat. Vercel. lib. 1. pag. 18. v°. : *Si equus mortuus vel magagnatus esset pro sua Cavalaria vel aliena, etc.* Et lib. 3. pag. 59. r°. : *Quod nullo tempore dicti officiales eligantur, nec Cavallaria possit imponi modo aliquo vel ingenio, nisi de voluntate credentiæ coadunatæ in palatio communis,.... aliter nullo modo Cavallaria possit poni.* Pluries ibidem.

* CAVALEATA, Eadem notione. Stat. Forojul. ann. 1233. ex Tabul. S. Vict. Massil. : *Statuimus quod si quis miles equum perdiderit in Cavaleatis, pretium sit mille solidorum Raymundensium.*

* CALVACATUS, Simili significatu. Stat. Montis-reg. pag. 46 : *Item statutum est quod aliquis non possit habere aliquos clientes de eundo ad exercitum vel Calvacatum, nisi super hoc fuerit specialiter ordinatum per consilium civitatis Montis-regalis.*

* CABALLATIO, Equitatio, Gall. *Chevauchée.* Charta Ludov. VI. reg. Franc. ann. 1115. in Tabul. S. Petri Carnot. *Nullus regiæ potestatis minister aliquam justitiam clamare præsumat, ... nec corveiam, nec ire in nostram Caballationem, neque in hostem, etc.*

* CALVAUCHIA, Pari intellectu, in Charta ann. 1214. ex Chartul. Lingon. fol. 68. r°. : *Nec in aliquam Calvauchiam ibunt, nisi de assensu nostro.*

* CHEVALCHEIA, Eadem acceptione. Charta ann. 1223 : *Et in expensis ejus teneor ire, si voluerit, in exercitum et Chevalcheiam suam.*

* CAVALCARIA, Servitium militare cum equo. Charta Ludov. VI. reg. Franc. ann. 1122. in Reg. 62. Chartoph. reg. ch. 200 : *Præcipimus ut tam ipse quam hæres ipsius..... sit liber ab omni servitio, et per nomen ab omni expeditione et Cavalcaria.*

* CAVALCATA, Eadem notione. Pact. inter Carol. comit. Prov. et capit. S. Salvat. Aquens. ann. 1292. ex schedis Pr. *de Mazaugues : Dicebant.... homines dicti burgi teneri ad Cavalcatas personales faciendas ipsi domino regi, prout homines civitatis Aquensis jam dicto domino regi præfatas Cavalcatas facere tenentur.*

* CHEVALCATA, Eodem sensu. Charta Odonis episc. Tull. ann. 1221 : *Præterea idem comes Wademontis....... illos homines ad ipsas Chevalcatas nullatenus transducet, qui tringinta et quinque annos excesserint, etc.*

* CAVALGA, Eadem acceptione, in Conc. Avenion. ann. 1326. cap. 33. apud Labb. tom. 11. Concil. col. 1736 : *Item quod dicti seculares....... hospitalia usibus pauperum deputata, occasione Cavalgarum, talliarum, quæstarum, vel aliarum illicitarum exactionum, quocumque nomine appellentur, nec onerare nec molestare præsumant.*

* CAVALGATA, Pari significatu. Sent. ann. 1275. tom. 3. Ordinat. reg. Franc. pag. 60. art. 1 : *Quod dicta Maria et dictus Artusus vir suus ejus nomine, hæredes seu successores dictæ Mariæ habeant exercitum et Cavalgatam in dicto castro Lemovicensi et forisbariis. Calvaguette,* eodem sensu, in Reg. Cam. Comput. Paris. sign. *Bel* fol. 154. r°. : *Réservé à lui et à ses successeurs la Calvaguette, ressort, punissement de hérésies, etc.*

* CALVATA, Eadem notione, in Placito ann. 918. inter Probat. tom. 2. Hist. Occit. col. 57 : *Unde servicius debet exire circa et quarta Calvata, sicut alii Spanii debent facere de illorum aprisione.*

* CHEVACHEYA, in Charta S. Ludov. ann. 1243. ex Reg. 30. Chartoph. reg. ch. 118 : *Castrum de Mareis et redditus, quos habemus in eo, cum omnibus feodis et Chevacheya totius terræ prædictæ penes nos retinemus.*

* CHEVALCHEIA, Eodem intellectu. Charta ann. 1224. ex Chartul. Campan. fol. 350. col. 2 : *Assignavi domino Jacobo quidquid habebam..... in gistis, in Chevalcheiis, excepta Chevalcheia hominum villæ Monasterii-cellæ.* Alia Phil. abb. Resbac. ann. 1306. in Reg. 56. Chartoph. reg. ch. 571 : *Reddimus immunem........ ab omni..... exercitu, Chevalcheia, custodia et vigilia villæ, turris et gabiolæ.*

* CHEVALISIA, in Charta Agnetis comit. Nivern. ann. 1191. inter Probat. Hist. Antiss. pag. 33. col. 1 : *Omnes illos qui quinque operatoria et cellarium sæpedictæ domus conduxerint, ab exercitu et Chevalisia, et excubatione.... quittavimus.*

* CHEVAUCHATA, Simili significatione. Libert. villæ Andeloti ann. 1269. tom. 8. Ordinat. reg. Franc. pag. 126. art. 9 : *Homines dictæ villæ in exercitum nostrum et Chevauchatam præpositi nostri et nostram ibunt.*

* CHEVAUCHEIA, in Charta ann. 1223. ex Chartul. Campan. fol. 190 : *Homines de Congi episcopi cum eo debent ire in exercitum et in Chevaucheias suas.*

* CHEVAUCHIA, Eodem sensu Lit. ann. 1235. tom. 7. Ordinat. reg. Franc. pag. 466 : *Retinemus.......... Chevauchias nostras et exercitus nostros. L'ost et la Chevauchie,* in Lit. ann. 1264. tom. 5. earumd. Ordinat. pag. 391. At vero pro Locus, in quo congregantur vel ad quem diriguntur equites, accipi videtur hæc vox, in Lit. ann. 1231. ibid. tom. 4. pag. 222. art. 7 : *Quod cum usque ad Chevauchiam venerint, non poterunt ibi ultra quindecim dies retineri.*

* CAVALARICIA, Caballi opera, ut opinor. Stat. Vercel. lib. 3. pag. 59. r°. : *Prædictus notarius per se non possit excusare nisi unam Cavalariciam, et potestas sive rector teneatur quod non permittat ipsum notarium excusare unam Cavalariciam.* Nisi ibi sermo sit de equitatione cum magistratu intra fines illius jurisdictionis.

* CAVALLICATURA, Equitatio. Charta ann. 770. apud Murator. tom. 6. Antiq. Ital. med. ævi col. 209 : *Et hic Luca propter chrisma nos mittebant ad tollendum ab episcopo, et Cavallicaturam cum ipsis presbiteris faciebamus.*

* CAVALCATIVUS, Caballinus, equinus, Ital. *Cavallino.* Charta ann. 1193. apud Murator. tom. 4. Antiq. Ital. med. ævi col. 449 : *De torsello Cavalcativo duos solidos Ferrarienses vel Bononienses, et de soma totidem.*

* CAVALAGIUM, CAVALLAGIUM, Præstatio ex avena pro equis aratoriis, quomodo *Bovagium* pro bobus. Charta ann. 1256. in Reg. S. Ludov. ex Chartoph. reg. fol. 5. v° : *Pro asinaria et jumentis, xxiij. sol. De fromagino, Cavalagio, v. sol. Cavallagium,* in Instr. proces. ann. 1564. ex schedis Pr. *de Mazaugues.*

* CHAVALLAGIUM, Eadem notione. Charta Joan. dalph. Vienn. ann. 1316. in Reg. 154. Chartoph. reg. ch. 219 : *Item unum sextarium avenæ et duos solidos pro Chavallagio, quod percipimus.* Vide hanc vocem suo ordine.

¶ CAMPANELLA DE CAVALCARE, Qua populus convocatur ad *Cavalcatam.* Chron. Parm. ann. 1295 : *Dominus potestas sonari fecit Campanellam de Cavalcare, et... convocavit duo millia de populo.*

** 2. CABALLUS. Vide *Cacabus* 3.

¶ **CABALMUT.** Vide *Capilmut.*

CABANA. Vide *Capanna.*

* **CABANA**, Academ. Hisp. in Diction. *Cabaña*, Caula aut mandra ad minus ducentorum capitum, Latinis Grex vel stabulum, locus ubi armenta nutriuntur, prædium rusticum. Charta ann. 1273. ex Tabul. Cantogil. : *Habeat prior decimam bladorum, lanarum, agnorum et caseorum Cabanarum omnium, etc.* Alia ann. 1294. in Tabul. Gellon. : *Quodque præfati abbatis gentibus duodecim denarios pro quolibet grege seu Cabana a duodecimo vicenario præfati bestiarii ad quindecim solvent.* Vide *Cabannaria* et *Capanna.*

* **CABANACUM**, Stabulum equorum, Gall. *Ecurie, Cabanne* quibusdam in locis. Acta MSS. Inquisit. Carcass. ann. 1308. fol. 39. r°. : *Guillelmus frater suus quadam nocte...... tradidit sibi mulum seu mulam,..... quod animal........ duceret ad Cabanacum, et quod ligaret eum et daret ad comedendum ei.* Lit. remiss. ann. 1462. in Reg. 198. Chartoph. reg. ch. 332 : *Une estable de chevaulx, appellée par le languaige du païs Cabanne.* Ubi de comitatu Asteraci.

¶ **CABANARIA**, ut mox *Cabannaria.* Charta ann. circiter 1030. ex Archivo S. Victoris Massil. : *Dono etiam locellum aptum officinis monasterialibus.... et unum Cabanariam, quam excolit Rainaldus.*

* **CABANARIUS**, Qui gregibus alendis, vel prædio rustico, *Cabana* dicto, præfectus est. Charta Austorgii abb. Montis-albani ann. 1303. ex Tabul. ejusd. monast. : *Elemosinarius....... solvat quolibet anno....... decimam vini, quam quondam elemosinarii dicti monasterii, ratione dictæ elemosinariæ, consueverunt percipere in decimariis sive

territoriis, quæ respondent seu levantur per Cabanarios nostros del Crozes et de Tescone. Vide supra *Cabana* et *Cabanaria*.

CABANESIUS. Vide *Capanna*.

¶ **CABANNALITIUS** Terminus, Meta *cabannariæ*. Chartularium Aptense fol. 118 : *Dono in ipsis Terminis Cabannalitiis de fundis possessionis, etc.*

CABANNARIA, Ædes rustica, *Capanna*, vel *Cabanna*, vel prædium rusticum. Vetus precaria apud V. Cl. Dion. Salvaingum : *Deprecatus est Monachos unam Cabannariam.* Hoc est, in precariam sibi dari postulavit. Tabularium Prioratus de Domina in Delphinatu fol. 17. 18 : *Dedit pro anima sua unam Cabannariam super castrum Auriacense, quam tenet Petrus Cabannellus. Dedit etiam totum alodum suum, quem habebat in Savoia, præter unam Cabannariam, etc.* Infra : *Videlicet Cabannariam unam,.. sitam in loco, qui dicitur, etc.* Rursum : *Ministraliam autem hujus Cabannariæ dedit quidam villicus, etc.* Occurrit ibi non semel. [Guerpitio decimæ tom. 1. Hist. Dalphin. pag. 130 : *Petrus Gorga et ejus uxor..... guerpiverunt Deo et B. Mariæ et S. Vincentio et Episcopo Hugoni... decimam, quam ipsi habebant in Cabannaria, quam tenent de Aimone vetulo.*] Videtur deducta vox a Cannabi ; ut fuerit ager in quo cannabis seritur; indeque prædiis ac ædibus rusticis nomen manserit. Tabular. S. Mauri ad Ligerim : *Pour eux amaiser, pour maisonner, pour faire curtils et Chenevieres, et autres cultivemens.* Vide *Cavannaria*.

Chabanaria. Charta Hugonis Episcopi Gratianopolitani ann. 1094. in Tabulario ejusdem ecclesiæ fol. 19 : *Vendidit mihi unam Chabanariam, quæ est Misereu, pro 170. solidis, etc* Fol. 24 : *Et accepimus de omnibus vineis decimam, quæ sunt subtus viam in omnibus locis, excepto de condaminis Episcopi, vel de Chabanaria, quæ fuit Petri Aldiard, scilicet de terris ac vineis, in quibus nec in condaminis, nec in Chabanaria prædicta non accipimus, etc.* Fol. 25 : *Decima vero de aquis, de pullis, de aliis omnibus carnibus, de chanavis, de omnibus annonis, sive de omnibus rebus, quæ decimari debentur, medietas est Episcopi, medietas est Canonicorum, scilicet de ecclesia S. Imerii, de ecclesia de Buieu, de ecclesia S. Martini, sive de parochiis illarum prædictarum Ecclesiarum, excepto de condaminis Episcopi, sive Chabanaria, quæ fuit Petri Aldiard, scilicet de terris ac vineis, etc.* Fol. 31 : *Excepto de condaminis, quas tunc habebam, et de vinea, quæ fuit de Chabanaria Petri Aldiard.* Fol. 41 : *Nantelmus de Jerra habuit 3. Chabanarias pro Episcopo Hugone Gratianopolitano, qui reddit unaquaque 13. sextarios de civata, et 12. denarios et 1. gallinam, et 1. pulzinum, et opera, et mane-opera.* Fol. 49 : *Ante me confessus est ipsam Chabanariam esse antiquum feudum Cellariæ, etc.* Fol 53 : *Et omnes Chabanariæ prædictæ debent opera et manuum operam, et coroatam, sicut alia terra Episcopi vel Comitis.* Fol. 60 : *Medietatem decimæ milii et panitii, sive leguminis et chanavi, gurpisco et dono, etc.* Fol. 75. *Excepto Chabanariam, in qua est domus mea, quam pater meus dedit B. Laurento, decimam de prædicta Chabanariia.* Fol. 76 : *Excepto unam Chabanariam, sive tenuram, quæ est S. Laurentii Monasterii.* Tabularium Eleemosynæ S. Pauli Viennensis : *Dono sanctæ Viennensi Eleemosynæ de alodo meo unum campum rotundum, et duas sextariatas terræ juxta eundem campum, et duas Cavenarias, et alterum campum, etc.* Alibi : *Unam Chanavariam vendimus et donamus, quæ est sita in villa, qua vocatur Plans.*

¶ Chanvannarius Mansus. Inquisitio de juribus Dalphinalibus tom. 1. Hist. Dalphin. pag. 123 : *Item capiebat sescalcus taschias in Vauz in pluribus Mansis Chanvannariis et bordariis, de quibus tangitur in libro; de aliis vero censibus et juribus quæ capiebat selscalcus in Mansis Chanvannariis et bordariis prædictis, tractatur in libro Domini.*

* **CABANUS**, Tunicæ laxioris et talaris species quæ cæteris vestibus superaddebatur, pallii instar, Ital. *Gabanno*, idem quod *Capa* 1. Vide in hac voce. Chron. Placent. ad ann. 1388. apud Murator. tom. 16. Script. Ital. col. 579 : *Domini Placentiæ portant indumenta de drappis. Qui drappi de grana, vel de veluto, vel de auro, vel de aurato, vel de serico constant pro uno Cabano.... a florenis viginti quinque auri usque in florenos sive ducatos sexaginta auri.* Et col. 580 : *Similiter juvenes homines portant Cabanos..... longos et largos..... per totum usque in terram, et cum pulcris foraturis.*

CABARE, Cavare, fodere. Tabular. Casauriense, anno Ottonis Imp. 16 : *Concedisti mihi Majoni... unum sedium de molino, qui est super lacum... ut habeamus ego Majo licentiam ipsum sedium Cabare, et formas facere, et omnem firmamentum ad ipsum molinum faciendum.* In veteri inscriptione apud Gruterum pag. 622. 1. *Cabatores* pro *Cavatores* dici quidam opinantur.

Scabare, pro *Cavare*, non semel occurrit in Vita S. Eligii lib. 2. cap. 6 : *Mox, ut terram sarculo Scabare cœpit.* Rursum : *Cum paululum ima fossæ declinans in latus cavernæ Scabare humum cœpisset.*

* **CABARETUS**, Caupona, taberna, Gall. *Cabaret*. Lit. remiss. ann. 1375. in Reg. 108. Chartoph. reg. ch. 69 : *In quodam Cabareto in villa nostra Tornacensi situato, etc.* Unde *Cabareteur*, pro *Cabaretier*, Caupo, in aliis Lit. ann. 1427. ex Reg. 173. ch. 721 : *Bertran de Saint Venant, qui souventefois se melloit d'estre Cabareteur et vin vendre, etc.*

* Aliud vero sonat vox Gallica *Cabaret*, Palmulam nempe lusoriam, vulgo *Raquette* vel *Battoir*, in Actis capit. MSS. eccl. Brioc. : *De ancienne coustume ledit vicaire perpetuel est tenu au jour de Pasques, incontinent après Complies, bailler des esteurs, savoir au prelat de ladite église cinq, et aux dignités et chanoines d'icelle église à chacun trois, avecques les Cabarets à les frapper.* Vide *Pelota* 3.

* **CABARGIUM**, idem videtur quod supra *Cabagium*. Libert. villæ de Salvitate ann. 1359. tom. 5. Ordinat. reg. Franc. pag. 386. art. 4 : *Quod habitatores prædicti..... per decem annos continuos a data præsentium computandos, a fogaigio, Cabargio, subventionibus, et alia exactione quacumque, ... erunt quitti, liberi et immunes.* Nihil vero temere hic emendandum esse ostendit Charta Caroli V. ann. 1380. in Memor. E. Cam. Comput. Paris. fol. 19. v°. : *Item oneratur in debitis...... de gruagiis, Cabargiis, vinagiis, galinis, ovis, etc.*

* **CABARIA**, idem quod supra *Cabana*, quomodo etiam fortasse legendum est. Charta ann. 1341. in Reg. 72. Chartoph. reg. ch. 368 : *Animalia grossa et minuta.... immittendi..... licentiam concedimus, ... Cabariis et cortillis in istis et aliis forestis supradictis exceptis.* Vide *Cabannaria*.

* **CABARLENCUS**, Officium monasticum, forte pro *Cambarlencus*, id est *Cambellanus*. Vide infra in hac voce. Comput. ann. 1326. ex Cod. reg. 9434. fol. 48. v°. : *Abbas monasterii S. Joannis Angelitensis, centum quinquaginta florenos auri..... Cabarlencus de la Faxola, triginta libras Turon.*

* **CABASIUS**, Locus, ut videtur, in fluvio *Cabasiis* seu nassis, Italis *Gabbia*, coarctatus piscium capiendorum gratia. Arest. parlam. Paris. ann. 1319. in Reg. 62. Chartoph. reg. ch. 1 : *Item pensio annualis centum solidorum Caturcensium in Cabasio fluminis Tarni, ... extendente se ab una rippa dicti fluminis usque ad aliam.*

* **CABASSIO**, Cabassius, Fiscina, corbis, Gall. *Cabas*. Comput. ann. 1362. inter Probat. tom. 2. Hist. Nem. pag. 244. col. 1 : *Item pro tribus Cabassis emptis pro portando panem caritatis, iiij. grossos et medium.* Et pag. 253. col. 1 : *Solvit Raynaudo Palitie speciatori, pro quodam Cabassioni, quo dictum servitium fuit portatum, etc.* Vide supra *Cabacetus*.

¶ **CABASTRAGIUS.** Litteræ Caroli Regis Jerusalem et Siciliæ ann. 1307. ex Archivo S. Victoris Massil. : *Super petitione immittendi averium extraneum ad pascendum in dicto territorio ad loquerium, petebant dicti parerii quartam partem mutonorum, astorium et Cabastragiorum.* Haud difficile crederem in autographo scriptum fuisse *Cabal. tragorum*, id est, *Caballorum* seu equorum, et *Tragorum*, seu hircorum caprorumve a Græco τράγος; male autem a librario minus attento descriptum fuisse *Cabastragiorum*.

* Vocem male scriptam et pejus interpretatam emenda ex infra dicendis in *Cabestragium*.

CABATGIUM. Vide *Capitale* 5.

* **CABATIUS**, ut supra *Cabassio*. Stat. Avenion. ann. 1243. cap. 144. ex Cod. reg. 4659 : *Statuimus quod in carreria..... aliquis vel aliqua non teneat nec habeat bancam, nec sellam, nec canistrum, nec Cabatium.* *Cabatz rabatu*, vox opprobrii, qua meretrix designatur, in Lit. remiss. ann. 1463. ex Reg. 199. Chartoph. reg. ch. 144.

¶ **CABBALA**, Hebræis קבלה, Doctrina oretenus tradita, et specialius Scientia illa abstrusior, quam Rabbini in Mosis et Prophetarum libris investigant, per litterarum et syllabarum, præsertim nominum Dei, numerum, collationem et transpositionem; unde nascitur, si eis fides, rerum arcanarum multiplex cognitio. Dividitur in Speculativam et Practicam : utraque subtilis sæpe, semper autem inanis et superstitiosa.

¶ CABBALISTÆ, Hujus scientiæ periti.

* CABBIA. Vide infra *Cabia* 2.

CABEÇALARII, Executores testamentorum. Fori Oscenses Jacobi I. Reg. Aragon. ann. 1247. fol. 13 : *De spondalariis, vel Cabeçalariis, aut testibus, qui eos fecit aut constituit, qualicunque loco facit eos, ibi habet se juvare de iis, etc.* Infra : *Et si Cabeçalarii volunt partire, possint partire, etc.* Et fol. 14 : *In quibus testamentis spondalarii debent conscribi, qui Cabeçalarii seu Manumissores ab aliquibus nuncupantur.* In Observantiis Regni Aragon. lib. 5. habetur titulus, *de Tutoribus, Manumissoribus, et Cabeçalariis.*

* Ab Hispanico *Cabecera*, Postremæ voluntatis exequendæ munus, in Diction. Academ. Hispan.

CABELGENSES, ita appellati quidam factiosi in Hollandia sub annum 1350. *Cabillaux*, Joan. Molineto pag. 46. 57. 117. Joan a Leydis lib. 29. cap. 16 : *Anno D. 1350. ortæ sunt, proh dolor! in Hollandia duæ factiones seu partialitates.... homines vero unius factionis assumpserunt nomen a quodam pisce marino, qui dicitur Asellus, i.* Cabbelyau, *ad denotandum, quod sicut piscis ille in mari est devorator aliorum piscium, sic et isti essent domitores suorum adversariorum : et isti dicuntur Cabelgenses.* Alterius vero factionis *homines nominati sunt e contra Hoeckenses, trahentes vocabulum ab hamo, quasi dicerent : Hamus piscem prendere sæpe solet, etc.* Kilianus : *Kabeliau, Kableau, i. Bollick, Asellus piscis.*

* *Cabillaus*, in Lit. Margar. Burg. ann. 1428. ex Cam. Comput. Insul. : *Item est ordonné que nul d'un costé ne d'autre..... ne reprouche à autres aucunes choses passées à l'occasion de cette guerre, ne ne parle doresenavan, de Houc, ne de Cabillau, sur peine d'en estre pugny.* Vide infra *Cabellauwus.*

¶ 1. CABELLA, pro *Gabella*, Gall. *Gabelle*, Olim tributum omne, nunc illud solum, quod sali imponitur. Charta Caroli Regis Franc. Siciliæ et Jerusalem, data Molinis 24. Novemb. ann. 1497 : *Cum eorum castris, fortaliciis.... Cabellis, dohanis earumque juribus.* Computum anni 1333. Hist. Dalphin. pag. 285 : *Pro præconizandis Cabellis Domini pro quinque diebus, et portandis cartulariis de Bellovidere apud Gratianopolim*, II. *flor.* VI. *den. gros.* Ogerius Panis lib. 4. Annal. Genuens. ad ann. 1214 : *Consules juraverunt quod dicti introitus de cetero in perpetuum non possent vendi, excepta Cabella salis domus Messanæ.* Utitur ille non semel. Vide *Gablum.*

* Autissiodori, teste D. *Le Beuf*, eodem nomine appellatur tributum, quod ex vino penditur. Pact. inter Reg. et Genuens. ann. 1396. in Reg. 151. Chartoph. reg. ch. 35 : *Non imponet* (Rex) *nec imponi faciet, per se vel per alios, aliquam collectam, dacitam, ... nec etiam aliquam Cabellam seu munus, quocumque nomine censeantur.*

CABELLA VINI, idem quod alibi *Bannum vini* dicitur. Vide in *Bannum* 1. Pact. inter Arnald. de Villanova et homines de Transio ann. 1283. ex Tabul. D. Venciæ : *Item fuit actum quod dictus dominus Arnaudus possit tenere Cabellam vini in castro de Trans per unum mensem tantum.*

* 2. CABELLA, pro *Caballa*, Equa, jumentum, Gall. *Cavalle.* Tabul. S. Florent. tom. 1. Probat. Hist. brit. col. 438 : *Ob hoc abbas Guillelmus dedit ei unam Cabellam valentem quadraginta solidos.* Vide *Caballus.*

¶ CABELLANARIUS, pro *Capellanarius*, Capellanus. Chartul. Roton. laudatum tom. 2. Hist. Britan. col. 73 : *Habens pro mediatore Doitanau presbyterum Jarnithini Cabellanarium.*

* CABELLARIA. Vide supra *Caballaria* 2.

¶ CABELLARIUM, f. Equile, stabulum *caballorum* seu equorum. Litteræ Philippi Flandriæ Comitis ann. 1188. apud D. *de Lauriere* tom. 2. Ordinat. Reg. Fr. pag. 421 : *Concessi et eis, ut liceat illis in perpetuum furnos et cambas facere, et etiam molendina et Cabellaria.*

* Vel Officina, ubi funes contexuntur; a Fland. *Kabel*, rudens, Gall. *Cable.* [** F. Mola caballina i. e jumentaria.]

¶ CABELLATI, CABELLOTI, *Cabellarum* seu vectigalium et tributorum redemtores. Vide in *Gablum.*

¶ CABELLATOR, Minister, exactor *Cabellarum* apud Bartholom. Scribam lib. 6. Annal. Genuens. ad ann. 1227. Vide *Cabellotus.*

* CABELLAUWUS, Piscis marini genus, asellus, Gall. *Merlus, Cabillau.* Charta Phil. comit. Fland. ann. 1163. in Chartul. 1. Fland. ch. 325. ex Cam. Comput. Insul. : *Mille macarelli, duos den. Centum Cabellauwi, duos denarios.*

* CABELLOTUS, *Cabellæ* exactor vel redemptor, publicanus, Ital. *Cabelliere*, quibus *Gabellotto* est denarius, drachma. Constit. MSS. Caroli reg. Sicil. ann. 1277 : *Eadem pœna dominis terrarum in cabella venditarum injuncta, si Cabelloti, bajuli, vel procuratores eorum, opem aliquam tulerint in prædictis excessibus committendam... .. Quod si prædictus Cabellotus ad prædictam pœnam solvendam non sit ydoneus, nec rem quam invasit, restituere possit, etc.* Alia ejusd. reg. : *Ipsi secreti, Cabelloti vel credenzerii simili modo cabellas et jura secretiæ vendant vel concedant in credentiam.* Vide *Cabellator.*

CABELLUM, Organi musici species. S. Augustinus lib. 3. de Musica cap. 1 : *Velut cum a Symphoniacis Cabella et cymbala peditus feriuntur.*

CABENTIA, Facultates, bona, ex Gallico *Chevance.* Charta ann. 1375. data Avenione : *Et teneatur dare et assignare tantum in dotem et nomine dotis, quantum fuit datum et assignatum matri ipsius Joannis : et aliis vero filiabus dare liceat Cabentiam juxta sui voluntatem.* [Vide *Chevantia.*]

* Lit. Caroli VI. reg. Franc. ann. 1404. inter Probat. tom. 3. Hist. Nem. pag. 184 : col. 2 : *Propter mortalitates, fructuum sterilitates, et alias pestilentias, ... ipsi sunt personis et Cabentiis per plurimum diminuti.* Vide infra *Cabimentum* 2.

¶ CABERNATUS LAPIS, f. Lapis erutus ex caverna. Vide *Tabentum.*

¶ CABERNUM, τρίπημα, *Foramen, caverna*, Supplem. Antiquarii.

* Gloss. Lat. Gr. : *Cabernum*, τρύπημα. Vide *Cavernum.*

* CABES, Caput, Hisp. *Cabeza* : unde *Cabesolhium*, capitis tegumentum seu ornamentum. Charta ann. 1200. ex Tabul. S. Vict : Massil. : *In dicto conflictu et brica.... tenentes sese ad invicem ad Cabesolhia seu ad Cabes, etc.* Hinc *Chabutz* appellatur pars vestis, qua caput immittitur, in Lit. remiss. ann. 1469. ex Reg. 197. Chartoph. reg. ch. 88 : *Et ainsi qu'il le tenoit à la chevessaille ou Chabutz, etc.* Vide infra *Cabessium.*

CABESCHOLIA. Vide *Caput scholæ.*

* CABESSA, Lignum quoddam, forte Cantherius, Gall. *Chevron.* Invent. ann. 1361. ex Tabul. S. Vict. Massil : *Item duas corbas aratri. Item duas Cabessas. Item duas Cabessas. Item duas trabeas.* Vide infra *Cabestrus.*

* CABESSALLUS, Acad. Hispan. in Diction. *Cabezal*, Stratum rusticanum, vel cervical. Inventar. MR. ann. 1379 : *Item una colgia postium cum Cabessallo. Item unum matalassium, etc.*

* CABESSIUM, Capititis tegmen, idem quod *Capitium* 1. Charta ann. 1343. pro consul. Appam. in Reg. 75. Chartoph. reg. ch. 605 : *Dictum fratrem Petrum de Viridario..... per Cabessium acceperunt, intendentes ipsum suffocare.* Vide mox

* CABESSUS, Eodem intellectu. Lit. remiss. ann. 1457. in Reg. 187. Chartoph. reg. ch. 334 : *Dictus Johannes arripuit dictum Oddonem supplicantem ad Cabessum, sorciendo et trahendo eum acriter et malitiose.* Vide supra *Cabes.*

* CABESTRAGIUM, Præstationis species, quæ a subditis domino penditur pro jumentis suis, quibus illi utuntur ad frumenta sua trituranda; quod capistro, Provincialibus *Cabestro*, ducantur, sic dicta, vulgo *Cabestrage* : cujus vocis interpretatio firmatur ex aresto parlam. Prov. ann. 1719. ut me monuit illustris memoriæ Præses *de Mazaugues.* Sentent. arbitr. ann. 1497 : *Licitum sit propria authoritate recipere equas sine præstatione alicujus pastorgagii, Cabestragii ;...... et dicti domini nihil tunc eo casu de calcaturis, pastorgagiis et Cabestragiis exigere possunt.* His adde, eodemque sensu intellige, quod legitur supra voce *Cabestragius.* Vide etiam infra *Calcagium* et *Calcatura.* [** Academicis Matritensibus *Cabestrage* est : *El agasajo que se hace à los vaqueros que han conducido con los cabestros la res vendida. Munusculum pastoribus bovis venditi datum.*]

* CABESTRUS, Cantherius, ni fallor, Gall. *Chevron*, idem quod supra *Cabessa.* Reparat. factæ in senescal. Carcass. ann. 1435 : *Item pro...... quinque Cabestris de coral, quilibet ex longitudine duarum cannarum, etc.* Vide infra *Cabiro.*

* CABET MEDINA. Dipl. Alphonsi VI. in Tract. Hist. chronol. de Liturg. ant. Hisp. tom. 6. Jul. Act. SS. pag. 53: col. 2 : *Non podant inde quidquam nec pro nullo rege subsequente, sive Cabet medina, aut comite vel principe militiæ, de quanto hodie pertinet, dare.* Academ. Hispan. in Diction. *Cabecera*, Dux, præfectus. [** f. legend. *Çabelmedina.* Vide *Zavalmedina.*]

* **CABFOCUS**, an Hædulus, aut vitulus? Charta ann. 1055. ex Tabul. S. Vict. Massil. : *Donamus propter istas vineas unam vaccam et unum Cabfocum.*

¶ 1. **CABIA**, Species sellæ gestatoriæ a *Cavea*, cujus formam quodammodo referebat, sic appellatæ. Nicolaus de Curbio in Vita Innocentii IV. Papæ cap. 15 : *Usque Cortomiliam super mulum in quadam Cabia lignea propter debilitatem ipsius nimiam fuit vectus.* Cap. 30 : *Ipsum Dominum cum tanta exultatione ac tripudio susceperunt, quod nunquam esset dictu facile vel notare; nam fecerunt sibi quoddam artificium in modum quadratæ Cabiæ miro ordine excogitatum, contextum et connexum a lateribus perticis et lignis aliis politis pariter et ornatis, coopertum quoque superius contra solis æstum de scarleto et serico, quod quidem ferebant nobiles milites civitatis; et infra quod veniebat ipse summus Pontifex super equum, ne a circumvenientibus et frequentia populorum, ob plenam devotionem irruentium et eidem occurrentium pressuris aliquibus læderetur.*

¶ 2. **CABIA**, Cavea qua aves concluduntur, Gall. *Cage*. Ital. *Gabbia*. Computum ann. 1333. Hist. Dalphin. tom. 2. pag. 279 : *Pro emenda Cabia cum avibus taren.* II. Ibid. pag. 280 : *Pro reparatione Cabiæ pappagalli* IV. *denar.*

¶ Cabia, Locellus in carcere fabricatus ad instar caveæ. Memoriale Potestatum Regiens. ad ann. 1277 : *Captus est cum* VI. *vel* VII. *de domo sua per partem extrinsecam de Mediolano, et per illos de Como, et in dicta civitate de Como seu in castellis suis detinentur in carceribus... et tres Cabiæ factæ sunt, in quibus prædicti detinentur, scilicet duo in qualibet Cabia.*

* 3. **CABIA**, Cabbia, Machinæ bellicæ species, corbis, qualus, in re nautica est mali specula, Ital. *Gabbia*. Tract. MS. de Re milit. et mach. bell. cap. 23 : *De Cabia et lanterna ambulatoria. Ista machina vocatur arbor cum Cabia, et debet habere rotellas, et est similis acta ad defendendum et offendendum castella et alia fortillitia ..... Lanterna alias Cabbia, in ea homines præliantes stabant.* Cap. 29 : *Navis cum Cabbia, super quam positæ sunt scalæ.* Et cap. 58 : *Carrus cum Cabiis est valde necessarius ad muros castelli sive civitatis causa bataliandi, et in Cabiis stare debent homines armati ad offendendum castellanos sive cives cum ballistis, saxis, igne, etc.* Hinc nostris *Cabaret* dictus quidam locus, instar caveæ cancellis ligneis septus, quo ad cellam vinariam patet aditus. Lit. remiss. ann. 1394. in Reg. 146. Chartoph. reg. ch. 139 : *Icellui sergent entra de fait en un petit Cabaret, que on dit la lanterne, par où l'en va ou celier dudit hostel. Cabaust*, eodem, ut videtur, significatu, in aliis Lit. ann. 1411. ex Reg. 165. ch. 150.

CABIACES, *Nudi*, apud Papiam MS. Editus habet *Cabiedes*, [ut et MS. Ecclesiæ Bituricensis. Gloss. Sangerman. *Cabieles*.] [** Cod. reg. Papiæ 7609. *Capiedes*.]

CABIDARIUS, Lapidarius. Gloss. Gr. Lat. : καβιδάριος, *Cabidarius*, pro *Cavidarius*, qui gemmas excavat; *Cavatores* dicti cælatores, qui planam tabulæ superficiem stylo exarant, non ductus exstantes et eminentes exprimunt; *Graveurs de pierres precieuses*; λιθουργοί Palladio in Hist. Lausiaca cap. 5 : Λιθουργὸς ὃν λέγουσι καβιδάριον. Monet Cujacius in leg. 1. C. de Excusat. artific. lib. 10. pro *Clavicarii*, legi in Codd. MSS. *Cabidarii*, vocemque καβιδάριος haberi etiam in libro 56. Βασιλικῶν ad leg. 12. de cohort. Vide *Cabare*, [** et Glossar. med. Græcit. col. 529. c.]

* **CABIARE**, Cavare, fodere. Glossar. vet. ex Cod. reg. 7646 : *Cabiabit, perforabit.* Vide *Cabare*.

* **CABIEBES**, *Nudi*, *masculinum*, in cod. Glossar. Vide *Cabiaces*.

¶ **CABIEDES**, Cabieles. Vide *Cabiaces*.

¶ **CABILLA**, *Capillatio*. Papias MS.

* **CABILLACIO**, διασυρμός. *Cabillator*, διασύρτης. Gloss. Lat. Gr. Glossar. Lat. Ital. MS : *Cabilatio; la calumpnia. Cabilatus, lo calumpniatore.*

CABILLINUS, Vasis genus. Leges Ethelredi Regis Angl. cap. 23. apud Bromptonum : *Et in sancto Natali Domini duos grisengos pannos, et unum brunum, et* 10. *libras piperis, et chirotecas* 5. *hominum, et duos Cabillinos colennos aceto plenos, et totidem in Pascha.*

¶ **CABILLIS**, διδασκαλία, παίδευσις, in Glossis Lat. Græc.

1. **CABIMENTUM**, ut habetur in Statutis Ordinis Hospital. S. Joan. Hieros. tit. 19. de verbor. signif. § 22, *vocabulum est Gallicum, a cabire, quod significat aliquid assumere, de quo qui se putat rationem probe reddere posse: sic vocatur Commenda, quæ Fratri suo ordine conceditur.* Vide tit. 14. § 55. [et Hierolexicon Macri.]

* 2. **CABIMENTUM**, Facultates, bona, idem quod supra *Cabentia*, Gall. *Chevance*. Lit. remiss. ann. 1363. in Reg. 93. Chartoph. reg. ch. 242 : *Cum ad ipsam Margaretam spectabat et spectat, ut est dictum, alimentatio et educatio dictæ filiæ suæ et Cabimentum ejusdem, etc.*

* **CABIRO**, Cantherius, Gall. *Chevron*, olim *Caveron*. Vide infra *Caveriata*. Charta Phil. V. ann. 1319. in Reg. 59. Chartoph. reg. ch. 250 : *Johannes de Levis possit scindere..... arbores.... ad faciendum columpnas, trabes, Cabirones, et alias fustes.* Charta ann. 1341. in Reg. 12. ch. 368 : *Item fustes, trabes, Cabirones, latas et alia necessaria ad ædifficandum domos et cabanas, ... de dictis nemoribus et forestis acceperant.* Reparat. factæ in senescal. Carcass. ann. 1435 : *Pro ponendo in domo ...... unam vigam et plures Cabirones, etc.* Ubi non semel occurrit. Vide infra *Cabrio*.

* **CABIRONALIS** Clavus, Capitatus, Gall. *Clou à tête, caboche*. Reparat. Carcass. jam laudatæ : *Item Petro Johein ferrario pro vij. clavorum, tam Cabironalium quam aliorum majorum, etc. Cabar*, eadem, ut videtur, notione, in Comput. Rob. de Seris ex Reg. 5. Chartoph. reg. fol. 6. r° : *Une selle à jouster, laquelle fu semée tout à bout de Cabars d'or et appareillée là où il appartenoit, l. solz Par.*

¶ **CABISCHOLARIS**, Cabiscolus. Vide *Caput Scholæ*.

* **CABISCIUS**, Capitis tegmen, idem quod *Capitium* 1. Concil. Terracon. ann. 1282. apud Marten. tom. 7. Ampl. Collect. col. 279 : *Nec aliquas induant seu portent vestes evirgatas, cum Cabiscio fisso in longum.* Vide supra *Cabessus*.

* **CABISCOLIS**, Cabiscolius, Dignitas *scholastici*, qui in ecclesiis cathedralibus et monasteriis scholæ præerat. Charta Petri abb. Gellon. ex Tabul. ejusd. monast. : *Juliofredus abbas ipsius monasterii Gellonensis brevi subsignavit paginato per Ingelbodem presbiterum, Gratmarem decanum, Dumbilem priorem, ... Adelmannum Cabiscolem, etc.* Alia ann. circ. 1035. inter Probat. tom. 2. Hist. Occit. col. 194 : *Anselmus ecclesiæ S. Salvii abbas et Adalbertus præpositus, Leofrancus archidiaconus, R. Cabiscolius, etc.* Vide *Caput scholæ* in *Caput* 3.

¶ **CABISTERCUS**. Vide *Cabus*.

CABLICIA, Rami arborum, vi ventorum, aut tempestate, vel alio casu disjecti : *Bois Chablis*, Gallis. Inquisitio de forisfacturis forestarum in Addit. ad Matth. Paris : *Inquiratur qui acceperint profectum de Cabliciis.* Vide *Arbor jacentiva*, et infra in *Cabulus*.

¶ **CABMASUS**. Vide in *Caput Mansi*.

1. **CABO**. Papias : *Cabo, equus castratus.* Glossæ Isidori : *Cabo, caballus, sonipes, equus.* Hinc efficta vox, *Caballus*. Vide Meursium in κάβων. [** et Isidor. Origin. lib. 12. cap. 8. sect. 4. Conf. *Capus*.]

* Glossar. Gall. Lat. ex Cod. reg. 7684 : *Cabo, Hongre.*

¶ 2. **CABO**, pro *Capo*. Chartular. Landevenecense : *Dedit S. Wingaloeo unum sestarium frumenti, et unum Cabonem, et duo casea, de unaquaque ipsius possessionis in unoquoque anno in pridie Nativitatis Christi.*

¶ **CABOCELLUS**, Parvus *cabus*, minor mensura frumentaria. Index MS. beneficiorum Ecclesiæ Constantiensis fol. 86 : III. *capones et* VI. *gallin. et* IX. *Cabocelli avene annuatim.*

* Et aliorum siccorum mensura, nostris *Caboceau*. Charta ann. 1327. in Reg. 64. Chartoph. reg. ch. 498 : *Unus boissellus frumenti, septem Cabocelli avenæ, unus capo et xx. denarii redditus.* Alia ann. 1326. ibid. ch. 447 : *Item trois boisseaus et trois Cabociaus de fourment, etc.* Rursum alia ann. 1393. in Reg. 145. ch. 273 : *Trois Caboceaulx de froment, un Caboceau de sel, un boissel de froment à la mesure de Barneville.* Vide *Chabocellus*.

* **CABORALIS**, pro *Caporalis*, nostris *Caporal*, Decurio; Hispan. *Caboral*, dux. Memor. D. Cam. Comput. Paris. fol. 71. r°. ad ann. 1364 : *Dominus Cancellarius Franciæ apportavit in Camera Computorum bullas graciosas dom. nostri PP. Urbani V...... continentes qualiter dom. noster Papa monet sub pœna excommunicationis omnes et singulos capitaneos, gardiatores, constabiles seu Caborales et officiarios, etc.*

CABOS, Rhombus, piscis, vulgo, *Chabot*, in Charta Raimundi Comitis Tolosani ann. 1181. apud Catellum pag. 216. [In Amalthea *Cabos*, *Ebrius* ex Suida.]

* *Cabot*, in Mirac. MSS. B. M. V. lib. 1 :

Ki n'est pas graindres d'un Cabot.

* *Caboz* præterea, crumenæ nomen est, in Lit. remiss. ann. 1404. ex Reg. 159. Chartoph. reg. ch. 239 : *Une petite bourse, nommée Caboz, où avoit environ soixante petis boutons d'argent.*

* **CABOTRABS**, Navis. Glossar. vet. ex Cod. reg. 7646 : *Cabotrabe, nave.* Infra : *Cavatrabe, navi, concavo ligno, id est, nave.* [** Lege *cava trabe* ex Virgil. Æneid. lib. 3. vers. 191.]

* 1. **CABRA**, vox Hispanica, Occit. et Prov. *Cabro*, Capra, nostris *Chevre*. Charta ann. 855. in Append. ad Marcam. Hisp. col. 788 : *Dono..... oves et Cabras xxx. et porcos xxvj.* Leudæ minor. Carcass. MSS : *Item de ovibus, et mutonibus, et Cabris, et hircis, de quolibet, j. ob.*

* 2. **CABRA**, Fulcrum ferreum pedibus quatuor instructum, Gall. *Chevrette*. Inventar. MS. ann. 1379 : *Item una Cabra ferrea, etc.* Vide *Capra*.

CABRARIUS, pro *Caprarius*, Caprarum pastor, in Lege Longob. Heroldi tit. 48. § 3. [** 4. Murator. Rothar. 136. ubi *caprarium*.]

CABRETA, [Gall. *Cabriole*, Levis saltus, ad instar capræ vel hædnli, quem Galli vocant *Cabri*. Locus est in] *Baudosa*.

* Instrumenti musici species videtur. Gesta comit. Barcinon. apud Baluz. in Append. ad Marc. Hisp. cap. 7 : *Iste Borellus comes Barchinonæ tradidit comitatus Bisulduni et Ceritaniæ Olibano Cabretæ, qui ideo Cabreta cognominatus est, quia cum iratus aliquid loqueretur, uno sæpius pede quasi cavare videbatur.* [** i. e. terram cavare uti capri ungula.]

* **CABREVATIO**, Liber censualis, in quo census descripti sunt, cum eorumdem literis authenticis, Gall. *Terrier*. Stat. ord. S. Joan. Hierosol. ann. 1584. tom. 2. Cod. Ital. diplom. col. 1850 : *Profiteantur* (Commissarii) *se vidisse integre et diligenter confectos, pro regionis ubi sunt usu, censuales libellos, quos papyros terræ quidam vocant, alii recognoscentias, nonnulli Cabrevationes, etc.* Vide *Capibrevium*, *Cabreum* et infra in *Cacherellus*.

¶ **CABREUM**, in Statutis Equitum Melitens. significat Inventarium bonorum stabilium alicujus Commendæ cum illius ichnographia statusque antiqui et recentis relatione, una cum authentica attestatione [illegible] omnes Priores, [illegible] res in quolibet xxv. [illegible] e et præsentare te- [illegible] ibus *Cabreis*, quo- [illegible] Archivo Commen- [illegible] Conventuali illius linguæ, et tertium in archivo Prioratus. Macri fratres in Hierolexico. Vide *Capibrevium*.

¶ **CABRICIUS**, Hædellus, Gall. *Cabri*. Locum vide in *Carnalagium*.

¶ **CABRICUS**, Eadem notione. Statuta S. Vict. Massil. ann. 1531. per Cardinalem Trivultium : *Debet pitanciarius dare de duobus in duobus religiosis unam levatam, sive unam jecur, vel unum caput Cabrici.* Vide *Cabritus*.

* **CABRILLIGINÆ**, Pelles caprinæ, in vet. Pancharta pedag. art. 14. ex Cam. Comput. Aquens. : *Tres cargæ de Cabrilliginis, pro una scilicet x. solidos.* Vide supra *Cabra* 1. et mox

* **CABRINUS**, Caprinus. Inquisit. ann. 1268. ex schedis Pr. : *de Mazaugues : Dixit quod ipse custodivit avere Cabrinum per 25. annos.* Vide supra *Cabra* 1.

* **CABRIO**, ut supra *Caburo*, Cantherius, Gall. *Chevron*. Charta ann. 1368. ex Tabul. S. Vict. Massil. : *Trabes, Cabriones et ligna scindendo.* Comput. ann. 1479. inter Probat. tom. 3. Hist. Nem. pag. 337. col. 2 : *Pro... sex cannis Cabrionum, circulis et aliis fustibus necessariis, etc. Chabriot*, eadem notione, in Lit. remiss. ann. 1463. ex Reg. 199. Chartoph. reg. ch. 178 : *Lequel varlet de guerre print icellui Chabriot, et en le portant devant son cheval, etc.*

¶ **CABRIONATUS**, Distinctus variis coloribus, quibusdam Gallo-Belgis *Gabriolé*. Locum vide in *Gardacorsium*.

* **CABRITUS**, Hædulus, Gall. *Chevreau* vel *Cabrit*. Comput. ann. 1351. inter Probat. tom. 2. Hist. Nem. pag. 142. col. 2 : *Ex parte dominorum consulum fuerunt præsentati....... tres Cabriti domino thesaurario Nemausi.* Ita etiam leg. videtur pro *Cabricus*.

¶ **CABRO** *quasi vespa longa est.* Papias. [** Glossar. in cod. reg. 7644. *verba longa*.] Idem MS : *Cabro, vermis dictus a cabone, id est, equo, quod ex equo creetur.*

* Haud dubie pro *Crabro*. [** Vide Isidori Origin. lib. 12. cap. 8. sect. 4.]

* **CABROLLO**, Provincialibus, Piscis genus. Vide infra *Glaucus*.

CABSARICIUS. Vetus interpres Juven. Sat. 8. v. 167 : *Inscriptaque lintea, hoc est, pictis velis, popinæ succedit, aut linteis Cabsariciis tergit, vel ubi esculenta publice venduntur.* An *cannabicis*? [** Conf. *Capsarius*, 1. in *Capsa* 1.]

¶ **CABSUM**, pro *Capsum*, Thorax. Vide *Capsum*.

¶ **CABUCA**. Vide *Cambuta*.

** **CABUL**, *indecl. significat displicentiam.* Gemma Gemmarum.

CABULUS, Petrariæ seu ballistæ majoris species. Willelmus Brito lib. 7. Philipp. pag. 182 :

... Sed mox ingentia saxa
Emittit Cabulus.

Vetus Interpres Gallicus Will. Tyrii lib. 6. cap. 15 : *Una inter cæteras machina, etc.* sic vertit, *une grande periere, que l'on claime Chaable, si grosse, etc.*

Chadabula, Idem quod *Cabulus*, Guillel. Armorico de Gest. Philip. Aug. ann. 1202 : *Tribus lapidibus magna petraria, quæ Chadabula vocabatur, emissis.*

Caables nostri vocant silvarum arbores, ventorum vi ad terram dejectas. Regestum Philippi Aug. fol. 124 : *Milites debent habere firmarium suum in nemore ad mortuum nemus, et ad arbores versas, sive Chaable, et ad branchias volatiles, etc.* [* Vel arbores alio quovis modo prostratas, simul et ramos ab arbore avulsos, vulgo *Chablis* in reforestaria. Stat. ann. 1402. tom. 8. Ordinat. reg. Franc. pag. 527. art. 21 : *Que soubz ombre de Caable ou aultrement, l'on ne face vente des chesnes ne d'aultres arbres en estant.* Et art. 27 : *Aulcuns Cables ou arbres abbattus ou secz.* Lit. remiss. ann. 1411. in Reg. 165. Chartoph. reg. ch. 173 : *Le bois nommé Caables, qui chiet par avanture, ou est abatu par malfaiteurs ou autrement.* Vide *Cablicia* et *Chaableium*.]

Sed hodie *Chables* vocamus funes majores et crassiores : quam vocem quidam ab Hebræo *Chabel*, quod est funis, deducunt. Arabibus *Habel* idem sonat, unde *habala*, vincire, nectere. Gesta DD. Ambasiæ cap. 5. n. 1 : *Cabulis impositis ad summa ascenderunt.* [** Glossar. med. Græcit. Append. col. 91 : Κάμηλος, seu potius κάμιλος, Funis crassior nauticus. Hinc forte vox *cable* nostris, quasi *camle*.]

Aliud sonat *Chable*, in Regesto censuum et feodor. Carnotens. fol. 1. in Camera Comput. Paris. ubi de mulctis, *seu emendis : Item d'un sang feit, 15. sols torn. Item d'un Chaable, 60. s. L'en dit que c'est Chaable, quant il appert trois coups orbes.*

* Aliud iterum sonat *Caable* vel *Chable*, et id quidem non obscure, in vet. Consuet. Norman. part. 2. cap. 19. ex Cod. reg. 4651 : *De abatre à terre, que l'en appelle Caable, xviij. s.* Ubi versio Latina : *De prostratione ad terram, quod quadablum* (apud Ludewig. *Cadabalum*) *dicitur, xviij. sol.* In sequentibus vero, idem est quod contusio, Gall. *Meurtrissure*, livor qui ex percussione in carne enascitur. Lit. remiss. ann. 1387. in Reg. 131. Chartoph. reg. ch. 195 : *Pour cause de l'éfusion de sang et du Chable, qui par la bateure dessusditte ensuys s'estoient, le suppliant gaiga.... l'amende, qui estoit de lx. sols Tournois.* Aliæ ann. 1480. in Reg. 206. ch. 684 : *Le suppliant bailla à icellui varlet un cop de son espée sur la teste, sans lui faire aucun Chable ne sang.* Pœnæ ducat. Aurelian. apud Thaumass. pag. 467 : *Qui en chiet de le danger et de ferir autre sans sanc et sans Chaable, et à cinq sols d'amende, et cinq sols au corcié; et se il y a sanc ou Chaable, 60. sols d'amande.* Hinc *Achabler*, Percutere, vulnerare, in Lit. remiss. ann. 1423. ex Reg. 172. ch. 444 : *Raoulin vint au suppliant,...... l'Achabla et tira à terre, etc. Eschableter*, eodem forte sensu, in aliis Lit. ann. 1409. ex Reg. 163. ch. 325 : *Le suppliant frappa de son espée sur la teste un pou au dessus de l'oreille, en Eschabletant du costé dextre.* Vide *Ictus orbus*.

1. **CABUS**, **Cabistercus**. Papias : *Cabistercus, vacuum et inane, vel illud intestinum, quod stercus capit.* [MS. *Cabistercus et Capistercus, etc.*] Joan. de Janua : *Cabus, nomen est mensuræ, de qua Regum lib. 4. cap. 6. quarta pars Cabi, sc. stercoris columbarum, et, ut dicit Josephus, hoc condiebant cibos pro sale. Item in Historiis dicitur. Tradunt quidam nomine stercoris dici vesiculam columbæ, in qua ricipiebantur grana de foris allata.* Κάβος, εἶδος μέτρου, Phavorino. [** Vide Henric. Stephan. thesaur. ling. Gr. in Κάβος, ed. Didot. vol. 4. col. 749.] Vetus Charta Lusitanica apud Anton. Brandaon. lib. 7. cap. 30 : *Proinde quod vos fecistis honorem et Cabum super me, et fecistis mihi servitium bonum et fidele.* Ubi Editor, *com respeito et bon acolhimento.* [** Vide S. Rosa de Viterbo Elucidar. tom. 1. pag. 222. voce Cabo.]

2. **CABUS**, Vestis vel capitis ornatus, Hisp. *Cabo*. Testam. Mafaldæ regin. ann. 1256. tom. 1. Probat. Hist. geneal. domus reg. Portugal. pag. 33 : *Item sorori meæ domnæ Constantiæ mando...... quatuor taucas serici et tres Cabos de auro.* Vide supra *Cabes*.

* **CABUSATOR**, Fraudator, deceptor, Ital. *Gabbatore*, nostris *Cabuseur*. Lit. remiss. ann. 1363. in Reg. 95. Chartoph.

reg. ch. 36 : *Qui præpositus prælibatus respondit, quod ut malus Cabusator veritatem non dicebat.* Aliæ ann. 1370. in Reg. 100. ch. 609 : *Pierre Noblet encommança à dire plusieurs injures et paroles deshonnestes de deux persones, qui n'estoient pas en leur compaignie, ... en disant que il estoient Cabuseurs, hoqueleurs et trompeurs de gens.* Aliæ ann. 1408. in Reg. 162. ch. 302 : *On lui imposoit...... qu'il est trompeur, Cabuseur, joueur de faulx dez et d'iceulx de la pippée.* A verbo *Cabuser*, in errorem inducere, decipere, fraudare, unde *Cabuserie*, pro Fallacia, dixerunt. Lit. remiss. ann. 1378. in Reg. 113. ch. 245 : *Et ce faisoit ledit Robert pour Cabuser ledit exposant, qui est simples homs.* Aliæ ann. 1398. in Reg. 156. ch. 156 : *Alant et Cabusant par le païs les bonnes gens, extorque pluseurs finances.* Aliæ ann. 1400. in Reg. 155. ch. 75 : *Et pour ce que ce sentoit aucunement Cabuzerie, icellui exposant eust dit à Calemel qu'il faisoit mal. Et pour ce qu'il fu trouvé que c'estoit fait par maniere de Cabuserie et déception, etc.* in aliis Lit. ann. 1408. ex Reg. 162. ch. 361. Adde Ordinat. reg. Franc. tom. 8. pag. 443.

* Aliud est *Cabusser*, Curvatura nempe, Gall. *Courbure*, vel eminentia, ut videtur, in Stat. sellar. art. 1. Ex Lib. rub. fol. magno domus publ. Abbavil. : *Que tous ouvriers de selles...... feront selles dont li archon seront cuirié de noeufve toille;....... et n'en porront nulz curier* (sic) *quant il verront des Cabussers.* Academ. Hispan. in Diction. *Cabucada*, Equestris sella in anticam partem inclinata.

¶ **CABUSELLUS**, apud Massilienses *Cabuceau*, Operculum, Gall. *Couvercle*. Vetus Inventarium S. Victoris Massil. : *Item unam naviculam argenteam pro thure tenendo habentem Cabussellum frechissum.*

* **CABUSSARE**, Vitem propagare, Gall. *Provigner*. Charta ann. 1543. in Tabul. S. Vict. Massil. : *Promisit dictus Flotte dictam vineam putare, fodere, claudere, Cabussare per tempus et seizonem debitam.* Tabul. notar. *d'Aubaigne* inter schedas Pr. a S. Vinc.: *Teneatur anno quolibet putare, fodere, reclaudere, Cabussare dictas vineas.*

CABUTA. Vide *Cambuta*.

¶ **CABWARFIDA**. Vide *Cadarfreda*.

¶ **CAÇA**, Venatio. Vide in *Caciare*.

¶ **CACA** Ferri. Vide *Cacaferri*.

¶ **CACABACIUS**, Idem qui mox *Cacabatus*. Vide *Panis Cacabacius*.

* **CACABARE**, Perdicum vox. Vide supra *Baulare*. [** Græcis κακκαβίζειν. Vide Henr. Steph. Thes. ling. Gr. ed. Didot. vol. 4. col. 826. voce Κακκάβα et mox *Caccabare*.]

* **CACABASIUS**, Cacaborum faber, Gall. *Chauderonnier*. Lit remiss. ann. 1357. in Reg. 89. Chartoph. reg. ch. 277 : *Ex parte Jacobi de Basuel Cacabasii de Falencenis nobis significatum fuit quod, etc.* [** *Cacabarius* in Gemma Gemmarum.]

CACABATUS, Denigratus, cacabo fumoso illitus, *Chaudronné*. Paulinus Nolanus Epist. 13 : *Cum ædificia quæ immaculata adhuc operis tui gratia splendent, obscurata næniis insipientiæ meæ, et ut digno versibus meis utar verbo, Cacabata ridentibus multis... aspicies.* Pelagius : *Appenderunt in collum meum Cacabatas ollas, et ansas vasorum.* Fortunatus lib. 6. Poem. 10. de Coco regio :

> Corde niger, fumo pastus, fuligine tinctus;
> Et cujus facies Cacabus alter adest.

Ibidem :

> Cui sua sordentem pinxerunt arma colorem,
> Frixuræ, cucumæ, scafa, patella, tripes.

Althelmus de Laude virg. cap. 43 :

> Sed præstante Deo cæcatur corde malignus,
> Basia Cacabis dum stultus tradidit atris,
> Sic ollis niger, et furva sartagine teter, etc.

Apophtegmata Patrum edita nuper a V. Cl. Jo. Bapt. Cotelerio cap. 4. ubi de dæmone, quem Moyses Monachus expulerat : Ὁ δὲ ἐξελθὼν ἔλεγεν ἑαυτῷ· καλῶς σοι ἐποίησαν, σποδόδερμε, μέλανε. Quæ verba postrema sic vertit Palladius in MS. Corbeiensi : *Cinerate et Cacabate*, uti monet idem vir doctissimus. Vide Rosveidum ad Paulinum, et Filesacum lib. 1. Select. pag. 244.

CACABOLUM. Vide *Catabulum*.

¶ **CACABOSUS**, Homo ventrosus. Locum vide in *Ponticus*.

CACABULUM, Minor cacabus. Occurrit apud Apitium lib. 4. cap. 1. 2. etc.

1. **CACABUS**, Judicium aquæ ferventis. Vide *Aqua fervens*.

¶ 2. **CACABUS**, Genus tributi, f. idem quod *Foagium*. Charta Narjoti Domini de Tuciaco ann. 1110 : *Dimisit Abbati Floriacensi omnes malas consuetudines, quas usurparat, videlicet talliam denariorum, raptum, incendium... vacam de karro, tripedicam, natellam et Cacabum.*

* Inter utensilia coquinæ, quæ subditi domino subministrare debebant, recensetur *Cacabus*; suo proinde nativo sensu intelligendus.

* 3. **CACABUS**, Avis nocturna. Glossar. vet. ex Cod. reg. 7646 : *Cacabos vulgus appellat aves nocturnas.* [** Glossar. in cod. reg. 7644 : *Caballos vulgus appellat aves nocturnas, hec et ulule ab ululatione vocis quam efferunt.* Papias in cod. reg. 7609 : *Caballi, aves nocturnæ, hæ ululæ dicuntur.*]

* 4. **CACABUS**. Glossar. medic. Simon. Januens. ex Cod. reg. 6959 : *Cacabum esse dicitur species strigni, quæ vocatur kekengi.*

CACAFERRI. Matth. Silvaticus : *Scoria ferri, i. squamma ferri, quam fabri ferrarii de fornacibus ejiciunt globatim, Lat. ærugo ferri, dicitur etiam Cacaferri.* [Statuta Arelat. MSS : *Nec scobillæ, nec aliqua turpia vel immunda, nec etiam Caca ferri prohiciant in carreriis;* ubi non fortean male *Caca ferri* legitur diversis vocibus.] Vide Angelum Paleam in Antidotar. Mesuæ cap. 41. extremo.

CACANUS. Vide *Caganus*.

CACARE ad judicium. Ugutio : *Vador, aris, in vadem ponere, i. vadem dare, et ego vador illum, do tibi illum in vadem : vel vadari, i. Cacare ad judicium, ad placitum fidejubere, vel polliceri, etc.*

CACAVELLUS, pro *Cacabellus*, Minor cacabus. Charta plenariæ securitatis, scripta sub Justiniano, apud Brisson. lib. 6. Formul. pag. 647 [** lacinia 2. lin. 11. Champoll. lin. 25.] : *Cacurrella cum manica ferrea vetere pensante libra una semis, Cacavello rupto pensante libra una, etc.* [Mabill. in Supplemento Diplom. pag. 91. legit, *Caccavellus*.] [** Confer Marin. ad hunc locum pag. 270. b.]

* **CACCABARE**, ut supra *Cacabare*. Carmen de Philomela ad calcem Cod. reg. 6816 :

> Caccabat hinc perdix, et graccitat improbus anser,
> Et castus turtur atque columba gemunt.

¶ **CACCUBIRE** dicitur de clamore noctuarum, ut habetur supra in *Baulare*. Auctor Philomelæ dixit eodem sensu *Cucubare*.

CACCULA. Ugutio : *Monedula, avis, quæ vulgo dicitur Gaccula.* Graculus, Gall. *Chucas*.

¶ **CACEA**, Arca, Gall. *Caisse*, in nova Gall. Christ. tom. 3. col. 1142 : *Moniales confessæ fuerunt habuisse 25. florenos et Caceam*, f. muliebris supellectilis plenam. Vide *Cacia*.

* **CACELLUS**. Comput. MS. ann. 1245 : *Pro quodam Cacello, xv. sol. Cachefés*, vectis, in Lit. remiss. ann. 1445. ex Reg. 176. Chartoph. reg. ch. 377 : *Un Cachefés, appellé levier.* [** Quid si *cacellus* esset pro *caucellus*, Germ. *Kachel*, quæ vox olim quodvis vos figulinum denotabat. Vide *Caucellus* et *Caucus*. adel.]

* **CACELTICUS**, *Contentivus*, ex Gloss. in Alex. Iatrosoph. Ms. lib. 2. Passion. cap. 127 : *Fit igitur hæc passio (diabetis seu urinæ effusio) aut ex imbecillitate renum Caceltica virtute amissa, et celtica fortitudine permanente.*

¶ **CACENTUS**, *Gracilis, tabidus*, in Gloss. Sangerman. MS. num. 501. [** Pro *cracentes*. Vide Festum h. v. apud Lindem. pag. 41.]

CACEPOLLUS, Cachepolus, Chacepollus, Lictor, satelles, Anglis, *a Catchpoll*, quæ vox occurrit apud Willelmum Thorn pag. 2153. et 2154. Cambro-Britannis, *Ceispwl*, est lictor [vel pollinctor, a *Cais* vel *Ceis*, unde *Ceisio*, quærere et *Pwll*, fossa, fovea. Est igitur *Ceispwll* juxta vim etymologicam idem quod Quærens fossam : nisi mavis vocem derivatam a *Cace*, mittere, et eodem *Poull*, tuncque idem esset quod Mittens in fossam. Utrumque etymon convenit pollinctori. An exempla lictori, an pollinctori melius conveniant, et quænam, judicet lector.] Gloss. Ælfrici : *Exactor*, hæcc e-vol. Sed nescio an hæc huc spectent. Alii volunt vocem compositam ex *to catch* :, apprehendere, et *pole* vel *polle*, caput. [** Etymon hujus vocis a Cangio productum nimis esse adfectatum quis non videt. Gallis *cacher* olim erat Exigere, percipere, et *Chaçaige*, *Chachage*, Tributum, vectigal, uti Carpentarius auctor est voce *Cachia*, 3. Altera pars vocis *pollus* contracta videtur ex Bedellus; German. infer. *Bodel*, *Bœel*, ita ut *Cacepollus* proprie sit Tributorum exactor. adel.] Leges Ethelredi, apud Bromptonum, cap. 24 : *Si Cacepollum advocet, quod ei teloneum dedit, et ille neget, perneget ad Dei judicium, et in nulla alia ladu.* Lambertus Ardensis in Hist. Comitum Guin. : *Servientes etiam et Cachepoli cum virgis, et asperis virgis, operatores invicem provocantes, etc.*

* Apparitor primarius, impositionum exactor. Charta Renaudi dom. Baugiaci ann. 1232. inter Probat. ult. Hist. Trenorch. pag. 193 : *Invenerunt siquidem præfati arbitratores ab hominibus pro utraque parte juratis, quod in villa Bisvaci nullum debe-*

mus habere Chacepol, nisi tantum præpositum...... Amovemus siquidem in perpetuum le Chacepol, firmiter promittentes quod per nos, nec per alios loco nostri, ibidem Chacepols de cætero instituetur. Lit. remiss. ann. 1385. in Reg. 127. Chartoph. reg. ch. 135 : *Comme ledit Guillaume feust lors Chacepol et sur le gouvernement de la juridiction de la chastellenie dudit lieu de Toussey pour et au nom de nostre amé et feal chevalier le sire de Beaujeu.* Extract. ex Tabul. baron. Bellijoc. ad ann. 1486 : *Sur ce que le prevost de Lymas a accoutumé d'aller diner à Pomiers le jour de S. Barthelemy, avec lui son Chassipole sergent, au presbitere dudit lieu appartenant à M. l'abbé de l'Islebarbe, à cause dudit presbitere, pour cause de la garde dudit presbitere, lequel diner M. l'abbé, ny autres pour lui, ne fit ledit diner audit jour, jaçoit que ledit prevost y fut avec sa compagnie, le clerc de la cour, son Chassipole sergent, etc.*

CHACIPOLLUS, in Bibl. Sebusiana cent. 1. cap. 56. Occurrit non semel in Charta Ludov. Dom. Bellijoci, pro Libertatibus villæ Bellijocensis ann. 1274. Feodum *de Chassipolerie de Dompmartin*, in Probat. Hist. Bressensis pag. 52. species sergenteriæ. [Hist. Dalphin. tom. 1. pag. 147. in Litteris Humberti Dalph. ann. 1296 : *Item donamus et concedimus Chacipollariam dicti loci de Balma prædicto Guillelmo et suis prædictis tenendam et exercendam, perpetuo; quandocunque Guillelmus Chacipollus qui nunc est, decesserit, vel ipsam Chacipollariam resignaverit, aut eum Chacipollariam dimittere ipsum Guillelmum Chacipollum contingerit, casu aliquo seu causa.* Vide Commentaria Trevoltiana Dec. 1709. pag. 2184.]

CHASSIPULLUS. Tabular. Brivatense fol. 197 : *Bajuli, Chassipulus, et custodes Ecclesiæ, gayta, Præco principalis, etc.* Infra : *Bajuli et Chassipulli terrariorum, qui bajulum et Chassipulum ab antiquo habuerunt, etc.*

* CACIPULCUS, Eadem notione. Charta Pontii Terniac. præpositi in Chartul. Cluniac. : *Vendo...... servitium Cacipulci, et vineam juxta fontem Reginæ.*

* CHACIPOLERIA, CHACIPOLLERIA, Officium *Cacepolli*, ejusdemque emolumentum. Charta Seguini episc. Matiscon. ann. 1259. in eod. Chartul. ch. 257 : *Item Jacobus pro Chacipoleria de Blanos dicebat se habere..... sex panellos frumenti; ..... et pro Chacispoleria de Vilers se habere....... sex penellos frumenti pro messe.* Acta capit. eccl. Lugdun. ex Cam. Comput. Paris. ad ann. 1342. fol. 80. v°. col. 2 : *Commiserunt Stephano de Valeint cadurerio Chacipolleriam de Chassey.* Et fol. 81. r°. col. 2 : *Commiserunt Anthonio de S. Ciccario, durante administratione, Chacipolleriam Franchævillæ.*

¶ **CACERIA**, Venatio, Gall. *Chasse.* Charta Philippi Franc. Regis ex Tabulario Compend. ann. 1093 : *Quasdam consuetudines quas dicebat, scilicet cerchiam et Caceriam et advocatiam et cæteras omnes quitas clamavit.* Vide *Caciare.*

* **CACESSIA**, *La vexatione.* Glossar. Lat. Ital. Ms.

* **CACETES**, *Lo malo costumo*, in cod. Glossar.

CACETUM. Turpinus cap. 29 : *Beatum autem Rothlandum super duas mulas Caceto aureo subvectum palleis tectum usque Blavium Karolus deferri fecit.* Ita MS. Codex, ubi editus, *tapeto aureo subvectum, palliis tectum, etc.* præfert.

¶ **CACHEPOLUS.** Vide *Cacepollus.*

CACHERELLUS, Judex pedaneus, Baillivus inferioris ordinis apud Anglos. Willelmus Thorn : *Senescallus et Custodes nostri diligenter inquirant de injuriis per Baillivos et Cacherellos Vicecomitis, nobis vel tenentibus nostris factis.* Idem : *Pauperes tenentes nostri defendantur contra Cacherellos, quantum de jure possunt.* Vetus Charta apud Spelmannum : *Paulus de Stanes fuit tunc Cacherellus de Hundredo de Acstanc.*

* Idem forte qui *Cacepollus*, maxime si Apparitor primarius, vel impositionum exactor, ut supra, intelligatur. Aliud vero est *Cachereau*, Chartularium scilicet seu liber in quo census et possessiones describuntur, in Consuet. Camerac. art. 9. tit. 26 : *En matiere de dixmes ou terrage, pour obtenir sentence sur le possessoire; il suffit produire un cartulaire ou Cachereau authentique.* Vide Glossar. jur. Gall. in hac voce et supra *Cabrevatio.*

* **CACHERIA**, Venatio, nostris etiam *Cacherie* et *Chacerie.* Reg. S. Justi ex Cam. Comput. Paris. fol. 219. r° : *Aquaria Sequanæ et Cacheria, tria servicia ad equum.* Charta Guidonis de Milliaco ann. 1246. in Chartul. Campan. Cam. Comput. Paris. fol. 372. v°. col. 1 : *Thiebaus..... m'ait donée et otroiée la Chacerie en la forest de Rie, tant come je vivré.* Lit. ann. 1287. apud Marten. tom. 1. Anecd. col. 1228 : *Sauf à men dit signeur et à se hoirs contes de Haynnaut ès lius devant nommeis le Cacherie des biestes, etc. Kachiere*, Venator, in Poemat. reg. Navar. tom. 2. pag. 58. Vide *Caciare.*

CACHI, [ut mox *Caci*]. Vetus Scheda de Translatione S. Austremonii tom. 2. Bibl. Labbei pag. 505 : *Ubi pro reverentia B. Martyris plurima reliquit insignia scilicet Cachos crystallinos, et lapides pretiosos, etc.* Sed legendum *scacos.* Vide in hac voce, et in *Caucus.*

¶ 1. **CACHIA**, CACHIARE, Venatio, venari. Vide *Caciare.*

¶ 2. **CACHIA.** Regestum 87. Chartophylacii Regii : *Dominus Aynardus de Bellacomba senior percipit Cachiam, videlicet quatuordecimam partem fructuum pro vinea de Pineto.* Sed legendum *Tachia*, ut ibidem non semel. Vide *Tasca*, Præstatio agraria.

* 3. **CACHIA.** LUDUS CACHIÆ, seu pilæ, a Gall. *Chasse*, Picardis *Cache*, quæ hujusce ludi vox est propria. Lit. remiss. ann. 1353. in Reg. 82. Chartoph. reg. ch. 71 : *Ad ludum palmæ sive Cachiæ causa solacii.. ... ludentes, etc.* [** De etymo vide Glossar. med. Græcit. col. 457. voce Ζάξ.] *Cache* vero, pro Incursio, in Stat. Tornac. ann. 1333. in Reg. 66. ch. 1288 : *Item il nous plaist et voulons que il ait en la ville de Tournay bancloche pour sonner à toutes justices au commandement et à l'ordonnance dudit gouverneur, ... et aussi pour faire Caches en l'empire ou ailleurs.* Sed et pro Persecutio juridica vel mulcta occurrit, in Charta ann. 1355. tom. 2. Hist. Leod. pag. 422 : *Tous ceulx qui feront de jour ou de nuit fait en quel il ait forche, soient tantost de leur fait en la Cache de Seigneur. Chassé*, eodem sensu, in Ch. ann. 1331. ibid. pag. 415 : *Nul qui pour villain cas soit en la Chasse de Seigneur, etc. Kache* rursus ibid. pag. 408. ex Ch. ann. 1316. Non unum perinde sonat verbum *Cacher*; Exigere, percipere significat, in Declarat. 24. feud. franc. Camerac. MS : *Il sont tenus eux deux Cacher le moutonnaige, moiennant toutes fois que on les met en œuvre...... Et pareillement est l'un des moutonniers avec le iiij^e. frans fiefvés, et eux deux ensembles sont tenus de Cacher le moutonnage, dont pour ce il doibt avoir pour sa part au jour S. Jehan deux moutons.* Hinc *Chaçaige* et *Chachage*, Tributum, vectigal, in Charta pacis inter clerum et cives Leod. tom. 2. jam laudatæ. Hist. pag. 399 : *On ovrera à Liege et ens bans deseurdits et en autres lieux, se on les acquiert, de cervoises et des Chachages...... Prendra on les Chaçaiges aux chars, aux cherettes et aux sommiers qui porteront vin et bled.* Pro Offendere, obterere, sauciare, Gall. *Se blesser, écacher*; unde *Cacheure*, offensio, vulnus, contusio, *Blessure, écachement*, legitur in Lit. remiss. ann. 1377. ex Reg. 112. ch. 49 : *Icellui Tripet aida à descharger un tonneau de vin à Fontenay, ouquel il se Cacha très grandement, et dist qu'il cuidoit bien que par celle Cacheure, il mourroit; et que incontinent, ou peu après celle Cacheure il chut au lit, dont il morut.*

* **CACHINNOSA** Vox, Elata cum risu immodico. Erm. Nigellus lib. 1. tom. 6. Collect. Histor. Franc. pag. 20 :

Tum Maurus Durzaz turri conclamat ab alta,
Voce Cachinnosa bombica dicta canens.

Glossar. Lat. Gall. ex Cod. reg. 7692 : *Cachinare, Esquigner.*

¶ **CACI**, Latrunculi, Gall. *Echets.* Mabil. Analect. tom. 3. pag. 341. ex Gestis Guidonis Cenoman. Episcopi : *Juniores per officinas fratrum oberrantes, tandem in cimeterio ad Cacos et aleam ludendo, cotidie et tota die residebant.* Vide *Scaci.*

1. **CACIA**, Capsa, *Chace*, vel *Chasse*, arca. Fridericus. II. Imp. lib. 2. de Arte venandi cap. 33 : *Accipiunt ova gallinarum, et rumpunt ea, et in Cacia vel capice ligneo aut ferrea, quæ tamen sit stagnata, ponunt ea, etc.* Occurrit ibi pluries.

* *Cache*, eodem sensu, in Lit. remiss. ann. 1419. ex Reg. 171. Chartoph. reg. ch. 8 : *Le suppliant prist en la Cache ou coffre d'icellui Henry dix sept grans blancs.*

¶ 2. **CACIA**, Iter, via. Vide in *Chacea.*

¶ 3. **ÇACIA**, Venatio. Vide mox in *Caciare.*

CACIARE, CHACIARE, Venari, Italis *Cacciare*, Gallis *Chasser* vel *Chaçer.* Capitula Caroli C. tit. 43. cap. 32 [** ann. 877. ap. Carisiacum. Pertz. pag. 878.]: *In Odreia villa porcos non accipiat, et non ibi Caciet nisi in transeundo.* Cap. 33 : *Ut Adelelmus de forestibus diligenter sciat, quot porci et feramina in unaquaque a filio nostro. Caciata fuerint.* Liber donationum Ecclesiæ Ratisponensis in Metropoli Salisburgensi tom. 1. pag. 246 : *De venatione ita se condunaverunt, ut utrisque liceret in ista parte commovere, et sic in antea Caciando persequi.* [Chartular. S. Martini Pontisar. ex Litteris Philippi Audacis Regis Francorum : *Inven-*

tum est quod Monachi S. Martini Chaciaverunt cum cornu, clamore et canibus.]

Chacea, Chacia, Chasea, Venatio, Gallis et Anglis *Chace*, unde *Chaceare*, venari, *Chacer*. Charta Edw. II. in tom. 2. Monastici Angl. pag. 102. et 103 : *Ac concessionem, quam eadem Alicia fecit eisdem Ecclesiæ et Canonicis de libera Chacea in omnibus terris et boscis suis in feudo ipsius Aliciæ, ad omnimodas feras Chaciandas et capiendas.* Alia ibidem pag. 107 : *Cum placitum aliquando motum esset... de Chacia habenda in boscis et moris de Hamelak.* Alia anni 1226. in Probat. Hist. Monmorenciacæ pag. 401 : *Chaciam, quam habebam ad magnam bestiam in foresta Cruyæ, videlicet ad cervum, bicham, porcum, capreolum, et damam.*

¶ Cachia. Hist. Beccensis MS. pag. 596. n. 1. ex Archivo ejusdem Monasterii : *Procuratores dicti Conventus, qui pro tempore fuerint, perpetuis temporibus Cachiam unam habeant in propriis boscis ipsorum ad leporem, vulpem et murilegum sine recidis et arcubus; ita quod in boscis dicti Willelmi ingressum non habeant ad Cachiandum, nec etiam in propriis ipsorum ad grossam bestiam, etc.* Charta ann. 1231. apud Miræum tom. 1. pag. 750 : *Nobis et hæredibus nostris altam justitiam et Cachiam venationis in prædicto nemore retinentes.* Charta anni 1231. ex Chartulario S. Martini Pontisar. : *Retenta sibi Chacia in nemore.* Occurrit iterum in Formulari Angl. Thomæ *Madox* pag. 384.

Caça. Fori Oscæ ann. 1247. sub Jacobo I. Rege Aragon. : *De cane de Caça. Si alicujus canis occiderit ipsum, quantamcumque Caçam dominus canis mortui poterit probare, quod una die occiderit canis ejus, tantum Caçam debet emendare dominus canis unaquaque die domino canis mortui, aut quod reddat canem homicidam, quia talis est sua calonia.*

Chacea interdum sumitur pro ipso saltu, et ipsa statione, in qua venationis gratia aluntur feræ, nullo, inquit Spelmannus, cincta sepimento, sed privilegio tuta, vel a Principe concesso, vel præscriptione adepto. Differt autem *Chacea* a *Parco*, quod hic angustior est, et palis aut muro circumclusus; et a *Foresta*, quod hæc multo est extensior, et amplissimis legibus insignita. Monasticum Anglic. tom. 1. pag. 722 : *Pasturam omnium animalium suorum ubique in Chacia nostra de Tudiham,... et de subbosco in dicta Chacia ad terram dictorum Monachorum meliorandam, etc.* Tom. 2. pag. 103 : *In dominicis boscis suis et Chaceis.* Willelm. Thorn : *Habeant liberam warennam in omnibus dominicis terris, ... dum tamen terræ illæ non sint infra Chacias aut warennas nostras.* Fleta lib. 1. cap. 20. § 55 : *Qui appropriaverint sibi liberas Chacias vel warennas sine waranto.* Statutum Edw. III. ann. 21 : *Ut malefactores in forestis, Chaceis, parcis et warennis, etc.* Adde Statutum 2. Westmonaster. cap. 29.

¶ Chaceria, Eadem notione. Chartular. minus S. Benigni Divion. in Instrumento venditionis ann. 1276 : *Item super ea omnia quæ habeo et habere possum et debeo in villa, finagiis et territoriis de Demois, videlicet in terris, pratis, domibus, mansis, nemoribus, aquis, justitia, banno, venaturis, Chaceria, arboribus, juribus, bonis, etc.* *Chacerie* in Litteris Roberti *de Basoches* ann. 1247 : *Je ne puis de ce bos... arbre tranchier, fors que por faire haie à ma Chacerie de bonne foy.* Vide *Cacheria* suo loco.

Fractio Chaceæ Regalis, in Legibus Canuti Regis de forestis cap. 21. 28. 29. Ubi rei dicuntur *fractionis forestæ Regis*, qui venationem regiam quovis delicto in foresta interturbant : Galli dicunt *ruiner les plaisirs du Roy, Entreprendre sur les plaisirs du Roy.*

¶ Chaicia, Venatio. Charta Simonis de Pissiaco ann. 1212. apud Marten. tom. 1. Ampliss. Collect. col. 1105 : *Præterea eidem Domino Regi et hæredibus ejus quitto in perpetuum omnem Chaiciam ejusdem forestæ et bestiam mortuam.*

Cassa, Idem quod *Cacia*, in veteri Inquesta apud Columbum in Episcopis Vasionensibus lib. 2. n. 26. 29. *Cassa salvasina*, ibidem : *Chasse sauvagine.*

Vocabuli etymon censet V. Cl. Ægid. Menagius a *Captare* accersendam in Orig. Gall. et Ital. Certe ἄγραν, *Captionem* et *Venationem*, vertit Gloss. Græc. Lat. Silvius a *Cassibus*, deducit; quippe venatores feras in casses propellunt, et clathratas fenestras, *Chassis* dicimus, quod cassium, seu retium, formam referant. Octavius Ferrarius ab *agere*, vel *agitare*. Alii denique a *Capsum*, vel Cassum, de quibus vocibus infra agimus, quod quippiam clausum denotat : nam *Caceas* parci speciem fuisse docuimus, in quo venatio ferarum peragebatur. Vide *Chacea*, [** et Murator. Antiquit. Italic. vol. 2. col. 1176.]

Chaçare ad Omnes Bestias, in Regesto Philippi Aug. f. 28.

Caçor, et Chaçor, Equus venatorius, *un Chaceur*, in Legibus Norman. Willelmi Nothi cap. 22. 23. quam vocem non intellexit Seldenus. Historia fundat. Kingeswodensis Abbatiæ in agro Glocestrensi in Angl. : *Dederunt mihi... et filio meo, qui adhuc superest, unum Chaçorem, aut unam marcam argenti.* In alia Charta legitur, *unum Caçorem.* Le Roman *du Renard* MS :

Et li veneres vet devant,
Sor un grand Chaceour liart, etc.

Le Roman *de Garin* MS :

Hues ës chauciées et esperons d'or fin,
Si est montés el Chaceor de pris,
Que li dona l'Empereres Pepin.

* **CACILLARE**, Gallinarum vox. Carmen de Philomela ad calcem Cod. reg. 6816 :

Cucurrire solet gallus, gallina Cacillat.

* **CACIPULCUS.** Vide supra in *Cacepollus.*

¶ **CACIQUES**, Caciqui. Concil. Hispan. tom. 4. pag. 261. ann. 1582 : *Vitia Primorum inter Indos, quos illi Caciques aut Curacas vocant, facile dissimulantur, adulteria inquam, ebrietates... dum ad hæc parochi connivent, ut ad sua lucra operam Indorum promptam habeant.* Et pag. 761. col. 1. ann. 1604 : *Quod neque Caciqui seu Indorum Primores, nec Prætores, nec Fiscales, nec alii ministri pro Indorum doctrinis colligant oblationes in domo in domum.*

* **CACITROSUS**, pro Calcitrosus, Gall. *Sujet à ruer.* Charta ann. 1341. in Reg. 74. Chartoph. reg. ch. 363 : *Petrus dictus Choart.... sciens..... quemdam equum ipsius Petri fuisse et esse Cacitrosum, tædiosum et naturæ ferocis, etc.*

* **CACIUS**, Ital. *Cacio*, Caseus. Stat. Vercell. lib. 3. pag. 86. r° : *Et pro qualibet pensa Caciorum, solidos centum Papienses.* Vide infra *Cagius.*

¶ **CACOBUS**, pro *Cacabus*, in Instrumento Massil. ann 1525.

** **CACOCEXIA**, *quod Latini malam corporis habitudinem dicunt*, ap. Pertz. in Glossar. vol. 3. Scriptor. Καχεξία.

* **CACOCHIMIA**, *Superfluitas malorum humorum*, in Gloss. ad Alex. Iatrosoph. Ms. lib. 1. Passion. cap. 3 : *Nam si* (alopecia) *sola videatur Cacochimia, sufficit ad curam, ut sola capitis adhibeatur purgatio.* Mirac. S. Magni abb. tom. 2. Sept. pag. 775. col. 2 : *Maria Müllerin Riedensis parochiæ Hopfensis quinque annos non nephritide modo, sed Cacochymia quoque laborabat.* A Græco, ut notant docti Editores, κακός, malus, et χυμός, succus.

CACODEUS, vox hybrida, Malus seu falsus deus. Chronicon Novalicense cap. 7 : *In quo olim templum ad honorem cujusdam Cacodei, silicet Jovis, etc.*

¶ **CACODOXIA**, Græc. κακοδοξία, Prava opinio, dogma hæreticum, apud Murator. tom. 1. part. 1. pag. 155. col. 2.

¶ Cacodoxus, κακόδοξος, Qui prave sentit, ibidem pag. 157. col. 2.

* **CACOGIA.** Vim vocis explicat Bareleta serm. in fer. 6. hebd. 1. Quadrag. : *Senes sunt cacoges. Est enim Cacogia, in deterius omnia æstimare.*

¶ **CACOPRAGMON**, κακοπράγμων, Maleficus. Candidus Mon. in Vita Venerab. Eigilis abbat. Fuld. in Actis SS. Benedict. sæc. 4. part. 1. pag. 259 :

Cacopragmones hic rite procul expulit a se.

¶ **CACOSI**, Leprosi vel homines miserandæ sortis qui habebantur quasi essent leprosi. Vide *Cagoti.*

¶ **CACOSOMIUM**, Domus leprosorum. Epitome Chronici Casin. apud Murator. tom. 2. pag. 352. col. 2 : *Cum Ecclesiis, villis, xenodochiis, castris, ptochotrophiis, Cacosomiis, brephotrophiis.* Vox ducta a κακός, malus et σῶμα, corpus.

* **CACRA**, perperam pro *Tacra*, tom. 4. Ordinat. reg. Franc. pag. 641. art. 42. ut in hac voce jam monitum est.

* **CACUBIS.** Charta ann. 1366. in Chartul. S. Germ. Prat. : *Quin imo præfatum Gilbertum post et contra requisitiones hujusmodi in dictis ipsius episcopi Cacubibus detinuerunt.* Manifestus error pro *Carceribus.*

* **CACUBIUS**, Cacabus, vas æneum, in quo aqua calefit. Vide infra *Campsacis.* An quia ex ære, quomodo *Quacuel* alias nostri numismata ænea vocabant. Codex Ms. S. Genovef. sign. B. 6. 2. laudatus a D. *Le Beuf* tom. 1. Dissert. pag. 170 :

Lor monoie de keuvre fu,
Dont il riche furent tenu :
Encore en terre les trovon
Et Quacuel si le appellon.

¶ **CACUERE**, παρακαλῆσαι, *Advocare*, in Supplemento Antiquarii.

* Vulc. leg. suspicatur *Coacuere* vel *Calare.* [** Vide *Cacare.*]

* **CACULA**, *Servus militis, vel ligna arida.* Glossar. vet. ex Cod. reg. 7641. Vide *Caculæ* [** et *Cauculus*, 3. Onomastic. : *Cacula*, δοῦλος στρατιωτῶν ἀκόλουθος. Utitur hac voce Plautus. Vide Forcellin.]

CACULATOR. Vide *Cauculatores.*

¶ **CACUMBEARE**, Διαλλάσσειν. Gloss. Lat. Græc. Permutare.

* Haud dubie mendum est pro *Concambiare*, quod observat Cangius in Castigat. ad utrumque Glossar. Vide *Cambiare.*

* **CACUMEN** PRATI, Portio prati, quæ in acumen desinit. Arest. parlam. Paris. ann. 1536 : *Item unum Cacumen prati prope et inter pratum supra specificatum. Item une autre poincte de pré, etc.* ibid. ex Tabul. *de Chissé* in Turon.

CACUMINARE, [Cruci affigere.] Vide *Incrocare.*

¶ **CACZEOLA**, Minor mensura frumentaria. Hist. Dalphin. tom. 1. pag. 97. col. 2. in Instrumento ann. 1309 : *Item a quolibet vendente bladum qui est de extra villam, levatur de uno bicheto una Caczeola raza, et de duobus bichetis una Caczeola cumula, et sic deinceps ascendendo.*

CADA, *Arvina : Oleum de cada, Oleum oxycedri*, in Gloss. Arabico-Lat. Vide Meursium in Κάδος et infra *Cades.*

CADALA, in eodem Gloss. Arabico-Lat. : *Institura, negotiatio pinguedinis, unguinalia, axungiaria.*

¶ **CADABALUM**, Prostratio ad terram. Leges Norman. apud Ludewig. Reliq. MSS. tom. 7. pag. 303 : *De percussione palme* v. *solidos. De percussione pugni* XII. *denarios. De prostratione ad terram, quod Cadabalum dicitur,* XIIX. *solidos.* Vox ducta videtur a Græco καταβάλλειν, Dejicere, prosternere. [* Vide supra *Cabulus.*]

CADABOLUM. Vide *Catabolum.*

CADABUNDUS, *Crebro cadens*, Ugutioni. Caducus.

* **CADAFALSUS**, ut *Cadafalus*, Hispan. *Cadafalso*, Propugnaculum sive pluteus ex ligno compactus, in quo milites latent, idem quod *Catus* 2. unde vocis originatio a Cangio proposita in hac voce, aliis præferenda videtur : maxime cum *Chafaux* prius usitatum fuerit, quam *Échafaut.* Stat. ann. 1356. inter Probat. tom. 2. Hist. Nem. pag. 180. col. 2 : *Primo fieri debent barbucanæ, Cadafalsi, et mantellati in muris.* Vide infra *Chauffallum* et *Chaufaudus.*

* CADAFAL, CADAPALCIUM, CADAFFALE, etc. Eadem notione. Comput. ann. 1362. ibid. pag. 246. col. 2 : *Item solvi iiij. hominibus, qui portaverunt decem pecias fustæ ad portale Coronæ pro Cadefalcio ibidem faciendo, etc.* Infra : *Cadafalcium.* Alter ann. 1364. ibid. pag. 259. col. 2 : *Solvit quatuor palhardis, qui portaverunt postes de quibus guaritæ fuerunt reparatæ ad Cadaffalia, etc.* Et pag. 261. col. 2 : *Pro duabus biguis necessariis ad perficiendum Cadaffale Carmelitarum, etc.* Ordinat. ann. 1381. tom. 3. ejusd. Hist. pag. 46. col. 1 : *Item visitando dictum fortalicium..... ordinavit quod fiat unum Cadefal bonum et sufficiens, longitudinis duarum cannarum in quolibet cadro, altitudinis unius cannæ.* Et col 2 : *Fiat desuper dictam turrim unum Cadafal bonum, amplum et sufficientem.*

¶ **CADAFALUS**, CADAFAUDUS, CADAPALLUS, CADAPHALLUS, CATAFALTUS ab Italico *Catafalco*, Tabulatum, Gall. *Echafaut*, unde etiam nostrum *Catafalque*, Tumulus honorarius. Vox autem Italica videtur esse a Græco Κατὰ et Latino *Palus*, seu *Falæ* Nonio, hoc est, ut ipse exponit, *Turres ligneæ,... quæ in circo apud veteres propter spectatores e lignis erigebantur.* Hæc de vocis origine : intellectus haud omnino idem est. 1°. significat thronum, solium seu locum eminentiorem, ubi Episcopus aut sacerdos nonnulla peragebat sacra munia. Marten. Tr. de antiq. Eccl. Discipl. pag. 192. ubi de Benedictione Ramorum ex Pontificali Narbon. : *Quibus dictis, Dominus faciens officium existens ibidem in Cadafalo, aspergat aquam benedictam super ramos... quo facto descendat de Catafalto.* Et pag. 190 : *Quo cantato* (Evangelio) *fiat sermo :* deinde *Presbyter faciens officium benedicat ramos in modum qui sequitur, legendo voce aliquantulum elevata in Cadapallo.*

* CADAFFALE, Cathedra, suggestum. Comput. ann. 1381. ibid. tom. 3. pag. 34. col. 1 : *Solvi pro ædifficando cathedram sive Cadaffale factum in dicto plano foris* (fori) *bovum, etc.*

* CADEFAUT. Idem Probat. Libert. eccl. Gall. tom. 1. part. 2. pag. 183 : *In palatio magno regali Parisius et in prato viridarii ejusdem juxta Secanam fuerunt factæ quamplures Cadefauz : in altiori stabat dominus rex, etc.*

[** Vide Grimmii Antiquit. Jur. German. pag. 676.]

¶ CADAFAUDUS denotat præterea illam structuram materiariam turrium, in qua campanæ suspenduntur. Vetus Regestum S. Martialis Lemovic. ann. 1222 : *Duo signa fecit quæ constituunt* D. *s.* (hoc est, quingentos solidos) *Item, Catafaudus major signorum constitit* IX. *libr. et* X. *sol.*

¶ CADAPHALLUS denique notione mihi ignota sumitur in Concilio Narbonensi ann. 1430. apud Marten. tom. 4. Anecd. col. 357 : *Licet nos Episcopi nostros habeamus Officiales, qui præsunt justitiæ civiliter et criminaliter, nec de justitia nos intromittamus, propter quod officialis et judex vester appellationum sua mandata debet nostris officialibus dirigere et non nobis : nihilominus dictus officialis et judex appellationum nobis mandat inhibendo sub pœnis pecuniariis et excommunicationis, et nos adjornari facit, licet sciat nos de ipsis causis nullatenus intromisisse, deprimendo statum dignitatis pontificalis, et aliquos ex nobis mandat citari et Cadaphallis ecclesiarum nostrarum, civitatum et diocesum : Item, etc.* Locum hunc me doctiori exponendum vel potius emendandum relinquo. Vide *Chafallus.* [** Gr. καταβαλλής, Accusator. Vide Glossar. med. Græcit. col. 605.]

CADARFREDA, in Lege Longobard. lib 2. tit. 14. § 25. et tit. 23. [**Liuthpr. 76. (6, 23.) et 123. (6. 80.) iidem sunt loci infra laudati.] Ubi Boherius, *per Cadarfredam judicare*, esse ait *ex consuetudine*, et usu apud omnes recepto, non vero ex scripta lege : quod velle videntur Leges ipsæ, ac præsertim Luitprandi Regis tit. 54 : *Quia etsi adfictum in Edicto proprie non fuit, tamen omnes Judices et fideles nostri sic dixerunt, quod Catarfreda* (sic) *antiqua usque nunc fuit*, id est, consuetudo. [Murator. legit, *Cadarfedra.*] Unde emendandus Papias : *Caderfida, id est, versus* : ubi legendum *usus.* Idem Luitprandus in Præfat. ad. tit. 60 : *Alii volebant per usum, alii per arbitrium judicare.* Ugutio: *Guadarfida, consuetudo antiqua.* In Legibus Luitprandi Regis tit. 104. § 4. scribitur *Wadarfida.* [*Cabwarfida* apud Muratorium tom. 1. Scriptor. Ital. part. 2. pag. 78. col. 2. ex codice cathedralis Mutinensis : *Causa ipsa in hoc modo semper et Antecessorum nostrorum tempore, etiam nostro, per Cabwarfidam sic judicatum est.* Alter codex, *Cadarfedam.*] [* Consule Schilteri Glossarium.]

¶ CADARSI, *id est, antiquitus.* Sic apud Murator. tom. 1. part. 2. pag. 66. col. 1. [** Glossar. Longob. in cod. Cavensi : *Guarsida, i. e. consuetudo antiqua.*]

CADASTRUS LAPIS, Saxi species. Charta ann. 1370. ex Tabul. Massil. : *Pro naulo* 220. *lapidum Cadastrarum et* 19. *lausarum de Corona in barca apportatarum, ad opus turrium de Laureto.* Vide infra *Caironus.*

* **CADATORIUS**, Cadivus, qui per se cadit. Guido Vigevano de modo acquirendi et expugnandi T. S. Ms. : *Teneatur pons Cadatorius suspensus parum elevatus cum duabus cordis firmatis supra ponte, sic ordinatis quod quando pons erit apodiatus supra murum, remotis illis cordis, cadat pons Cadatorius intra villam.*

* **CADAVERA**, Ædificiorum rudera, Academ. Hispan. in Diction. Stat. ann. 1350. inter Probat. tom. 2. Hist. Nem. pag. 138. col. 2 : *Quod nulla persona, cuiuscumque conditionis existat, sit ausa eicere scobilhas, neque orduras, sive Cadavera, juxta ecclesiam beatæ Mariæ, nec in platea, etc.*

¶ **CADAX**, Vide *Cadiva insania*, post *Cadivus.*

* **CADAX**, Caducus, fluxus. Glossar. Lat. Ital. Ms. : *Cadax, cadevole.* Vide in *Cadivus.*

* **CADEFAL**, CADEFALCIUM. Vide supra in *Cadafalsus.*

* **CADELETUS**, Lecti compages lignea, nostris *Chalit*, cujus fundus vel asseribus vel funibus extensis paratur : neque enim Hispanico *Cadalecho*, torus frondeus, neque Italico *Cataletto*, lectica, lectulus, quanquam proxima sint voci *Cadeletus*, facile aptari posse existimo quæ leguntur inter Testim. de S. Domin. tom. 1. Aug. pag. 636. col. 2 : *Quandoque inveniebatur* (Dominicus) *in banco dormire, quandoque in terra, et quandoque funibus cathedræ vel Cadeleti.* Et. pag. 641. col. 2 : *Numquam recolit se eum vidisse dormientem in lecto de nocte, licet quidam locus appropriaretur ei ad jacendum, ubi erat solummodo coopertorium extensum super Cadeletum unum sine palea, et sine saccone.* Vide ibi notas doctorum Editorum.

¶ **CADELLARE.** Vide *Capdelare.*

* **CADENERIA**, Provincialibus, Modus agri seu ager defensus ; forte a *Cade*, arbuscula, juniperi species, Garidel. Hist. plant. Aquens. pag. 258. Charta ann. 1481. ex schedis Pr. *de Mazaugues* : *Ad partem dicti nobilis Johannis Russi pervenit una*

Cadeneria pro laborando. Ubi pluries occurrit. Vide infra *Cades.*

¶ **CADENEUS.** Vide *Camaeus.*

* **CADENTIA**, Casus, Gall. *Chute*, Ital. *Cadenza.* Tract. Ms. de Re milit. et mach. bellic. cap. 91 : *Et volvitur dicta rota ab aqua per Cadentiam ejus super rotam; ...... et præfata rota, quando volvitur ab homine sine Cadentia aquæ, est utilissima in ecclesiis ad organa sonantia et laudes Deo reddentia.*

* **CADERE**, Active sumitur pro Dejicere, Gall. *Faire tomber par terre*, in Charta ann. 1096. tom. 1. Probat. Hist. geneal. domus reg. Portugal. pag. 2 : *Qui ejexerit lancea aut alia arma per ira fora de sua casa, sessaginta solidos pro feritum, qui Ceciderit in terra, septem solidos et medium.* *Cayr*, pro Gallico *Cheoir, encourir*, Cadere, incurrere, in Charta ann. 1300. ex Chartul. 23. Corb : *Ne n'en debueveremes Cayr en peine, ne en dommage, etc. Cheite de querelle*, cum quis lite cadit, in Lit. ann. 1425.

¶ **CADERFIDA.** Vide *Cadarfreda.*

* **CADERUM**, Septum, Ital. *Cataràtta*, id quo aliquid clauditur. Stat. Taurini ann. 1360. cap. 129. ex Cod. reg. 4622. A : *Qui ceperit portas, seu Cadera, clavaturas vel porticos in vinea vel hortis alicujus, det pro dampno solidos decem, et damnum domino restituat.*

¶ **CADES**, Species juniperi nothæ. [* Quæ dicitur major bacca, sive major phœnicea, quibusdam oxycedrus, cujus oleum, dicitur oleum *cadæ*; Vide *Cada.*] *Vineam claudere de Cades*, in Transactione S. Victoris Massil ann. 1461. *Socca de Cade*, in Statutis Massil. pag. 519.

CADESA. Joan. de Janua : *Cadesa, scortum. Gen.* 38. *de Jacob dicitur : Quam cum vidisset, suspicatus est Cadesam, id est, scortum.* Vulgata habet meretricem, Græc. πόρνην. [Hebraice קדש *Kadesch* idem est.]

¶ **CADETUS**, Natu minor, a Gallico *Cadet.* Utitur Prosper Sanctacrucius de civilibus Galliæ dissentionibus apud Marten. tom. 5. Ampliss. Collect. col. 1441. Vide *Capdets.*

CADEX, *Caudex, truncus.* Joan. de Janua.

1. **CADI**, Sigilla, *Seaux*, in veteri Gharta apud Bruschium de Monast. Germ. pag. 41.

¶ 2. **CADI**, Cadiam, Cadianus, Idem qui *Cadius.* Acta SS. Aprilis tom. 1. pag. 53. A. de quinque Martyribus Franciscanis in India : *Ivit ad Cadi, quod sonat Episcopum cujusdam civitatis .... Astitit quidam vir de Alexandria, qui rogabat Cadi.*

¶ Cadiam, *juris apud Turcas summus Præses et Interpres*, apud Ludewig. Reliq. MSS. tom. 6. pag. 304. ex Hist. Pacificationis inter Rudolphum II. Imperat. et Imperatorem Turcarum.

¶ Cadianus, *Supremus fueris* (l. juris) *Interpres et Præses cum Alli Bassa Budensi concilio accessit.* Ibidem pag. 308.

* **CADIA**, *Lo fiore del papavero.* Glossar. Lat. Ital. Ms.

¶ **CADIGLA**, An pro *Cavilla*, hoc est, Malleolus pedis, Gall. *Cheville.* Acta SS. Junii tom. 2. pag. 378. E. in Miraculis B. Henrici : *Diodocus ... guttosus et contractus in pede sinistro et Cadigla, et habebat pedem revolutum.*

¶ **CADIMA.** Vide *Cidima.*

* **CADIMIRUS**, Lapidis pretiosi species. Inventar. ann. 1419. ex Tabul. Montisol. : *Unum calicem cum sex Cadimiris, et cum tribus ermaudis, et tribus arboribus, et cum patella argenti.*

¶ **CADINUS.** Vide mox in *Cadius.*

* **CADIOLUS** et Cadulus, *diminut. a Cadus, Baril*, in Glossar. Lat. Gall. ex Cod. reg. 521.

CADIUS, Judex, præfectus, apud Saracenos et Turcos. Wil. Tyrius lib. 10. cap. 16 : *Juridicus, qui juri dicendo præerat, qui etiam lingua eorum Cadius appellatur.* Matth. Paris : *Adducti sunt Procurator civitatis, qui lingua eorum Emir dicebatur, et juridicus, qui Cadius appellabatur.* Ducas Hist. cap. 13 : Ἕνα τῶν αὐτοῦ κριτῶν καὶ νομιμαρίων, ὃν αὐτοὶ καλοῦσι Κάδιν. Adde Vincent. Bellovac. lib. 31. cap. 141. et vide Meursium in Κάδης, et Glossar. med. Græcit. in Κάδις et Καῖτος, col. 532, c.

Cadinus. Epistola Paschalis Fratr. Ord. Minor. apud Wadding. in Annal. Minor. ann. 1342. num. 10 : *Ad quam Mesquitam... sunt congregati Cadini, id est, Episcopi eorum, et Talismani, i. Sacerdotes.* Verum legendum, *Cadii*, ni fallor. Vide *Cadi*, 2.

CADIVUS, Qui per se cadit, unde *Cadiva poma* apud Plinium : præsertim *Caducus*, qui eo morbo laborat, qui hominem cadere facit. Agobardus in epist. ad Bartholomæum : *In quodam loco cœperunt fieri quædam percussiones, ita ut Caderent quidam modo Epilepticorum, etc.* Gloss. Lat. Græc. *Caducus*, ἐπιληπτικός. Sic enim ibi emendandum. Gloss. Lat. MS. Regium : *Caducus a cadendo dictus est, Vecors, Dæmoniaticus, Lunaticus.* Gariopontus lib. 1. cap. 7. de Epilepsia : *Alii Caducum ex eo, quod Cadunt, appellavere.* Marcellus Empiric. cap. 20 : *Etiam Caducis datum prodest : nam si vel duos cyathos Cadivus inde sorbeat, etc.* Marculfus lib. 2. form. 22 : *Vendidi servum juris mei, aut ancillam nomine illam, non furem, non fugitivum, neque Cadivum, sed et mente et omni corpore sanum.* Quæ totidem fere verbis habentur in Formulis veter. apud Bignonium pag. 377. et 380. ubi recte Spelmannus et Lindenbrogius *Cadivum*, Epilepticum interpretantur, quem *Caducum* vocat Firmicus lib. 3. cap. 6. lib. 4. cap. 1. 2. 7. etc. et Lex Bajwar. tit. 15. § 9. ubi ait mancipii aut caballi venditionem irritam fieri non debere, *nisi forte vitium invenerit emptor, quod illi venditor celaverit, hoc est, in mancipio, aut caballo, aut in qualicunque peculio, id est, aut cæcum, aut herniosum, aut Caducum, aut leprosum. Juris enim erat apud veteres*, ait Acron ad Horatii Sat. 3. lib. 2. *ut cum servum distraheret quis, ejus omnia vitia vel animi, vel corporis publicaret, nisi forte amaret litem, quia licebat emptori agere contra venditorem, si inveniebatur postea servus vitiosus.* Ita *Caduci* in Vita MS. Caroli Magni jussu Friderici Imp. exarata lib. 2. cap. 23. Vide *Lunaticus.*

Cadiva Insania, pro Epilepsia, in Vita S. Præjecti cap. 2. num. 6. *Cadiva gutta*, in Glossis Biblicis MSS. *Cadax passio*, apud Alexandrum Iatrosophistam lib 1. Passionum cap. *de Cibis freneticorum.* Isidoro in Gloss. *Cadax*, est *claudus, qui sæpe cadit.*

* **CADIX**, *La fonte*, in Glossar. Lat. Ital. Ms. [** Papias in cod. reg. 7609 : *Cades, ubi fons judicii est.* Est nomen oppidi in monte Naphthali.]

CADONNA. Ugutio : *A cado, hæc Cadonna, id est, acus qua mulier caput scalpit, eo quod cadere faciat immunda.*

* **CADRANS**, Quarta pars, Gall. *Quartier.* Transact. ann. 1501. ex schedis Pr. de *Mazaugues : Quod talis venator...... teneatur portare et tradere eidem domino.... unum Cadrantem sive carterium ejusdem talis animalis posteriorem.*

* **CADRATUS**, pro Quadratus, Gall. *Quarré.* Charta ann. 1382. ex Tabul. Massil. : *Ad rationem cujuslibet cannæ Cadratæ, quatuor florenos auri de camera.* Inventar. Ms. bonor. Joan. de Madalhano ann. 1450 : *Duos parvos coyssinetos Cadratos, copertos cirico albo.*

¶ **CADRELLI**, Tela brevia et spissiora, a forma quadrata sic dicti, nostris *Carreaux.* Informationes civitatis Massil. de passagio transmarino e MS. San-German. : *Secuntur arma necessaria pro galeis... Item* LX. *baliste et* LX. *trogni. Item* VI**. *Cadrelli. Item* CCC. *lanscee, etc.* Vide *Quadrelli.* [** et Jal. Antiq. naval. vol. 2. pag. 328.

¶ **CADRIGÆ**, pro *Quadrigæ*, legitur in codice reddituum Episcopatus Autissiod. MS. : *Cadrigæ quæ vadunt extra urbem oneratæ, etc.* Et apud Rymer. tom. 6. pag. 218. col. A. med. : *Capiat per se, vel per alium, equos, Cadrigas, animalia, etc.* Vide Computum anni 1202. apud D. *Brussel* Tract. de Feodis tom. 2. pag. CLX. ad calcem.

* **CADRILI**, Tela balistarum brevia, spissiora, et formæ quadratæ, unde nomen, idem quod *Cadrelli.* Arest. ann. 1321. 9. Maii ex Reg. *Olim* parlam. Paris. : *Item ad reddendum et restituendum tres magnos guarros, cum Cadrilis pertinentibus ad eosdem.* Vide *Quadrellus* 1.

* **CADRUM**, Quadrum, Gall. *Quarré*, Ordinat. ann. 1381. inter Probat. tom. 3. Hist. Nem. pag. 46. col. 1 : *Fiat unum cadefal bonum et sufficiens, longitudinis duarum cannarum in quolibet Cadro.*

* 1. **CADRUS**, Angulus, Gall. *Angle, coin.* Inquisit. ann. 1268. ex schedis Pr. *de Mazaugues : Et dirigitur ad Cadrum turris S. Martini de palude, et a dicto Cadro protenditur, etc.* Infra : *Usque ad Cadrum ecclesiæ S. Martini, et a dicto Cadro sequendo caminum, etc.* Charta feud. D. Castil. Domb. ann. 1463 : *Super quodam illion, existente in prato prope molendinum, in angulo sive Cadro prati prope planchias d'Epey.*

* 2. **CADRUS**, Modus agri, vel a forma quadrata, vel a quantitate feni in eo crescentis sic dictus. Terrear. Bellijoc. : *Item unum denarium Viennensem...... super quodam parvo prato, seu Cadro parvo prati dicti confitentis, continente sedem quartæ partis unius massotæ feni.* Vulgo *Quartier de pré.* Vide *Quadri.*

* **CADRUVIUM**, pro Quadruvium, Gall. *Carrefour.* Lit. ann. 1342. in Reg. 111. Chartoph. reg. ch. 131 : *In carreria recta campsorum Tholosæ a Cadruvio anheleriorum*

usque ad Cadruvium petræ SS. Petri et Geraldi.

¶ **CADUCA**, *Frusta ex adipe; Cada enim arvina dicitur.* Papias. Vide *Cada* et *Cadula.*

¶ **CADUCANS**, Epilepticus. Acta SS. Junii tom. 2. pag. 1078. in Vita S. Bernardi Menthonensis : *Caducantes, surdi, muti... sanabantur.* Vide *Cadivus.*

1. **CADUCARII**, Iidem, qui *Caduci* et *Cadivi.* S. August. lib. de Beata vita : *Isti homines Caducarii sunt, quo nomine vulgo apud nos vocantur, quos comitialis morbus subvertit.* Infra : *Qui sermone vulgari quidem et male Latino, sed aptissimo sane, ut mihi videtur, Caducarius nominatus est.*

2. **CADUCARII**, Papiæ et Ugutioni dicuntur, quibus caducæ hæreditates contingunt. *Caducarius*, in Gloss. Isid. *Ad quem pertinent, quæ cadunt defuncto aliquo, cui non est qui succedat.* Vide leg. ult. D. de Jure immunitatis, (50, 6, 6.) et mox *Caducum.*

¶ **CADUCITAS** Feudi, dicitur de Feudo, quod cadit in manus Domini propter vassalli feloniam. Sententia Sigismundi III. regis Poloniæ de felonia Ducum Curlandiæ, apud Ludwig. tom. 6. pag. 217 : *Institutam fuisse coram nobis in præsenti generali conventu regni illustri Friderico Curlandiæ et Semigalliæ in Livonia Duci, vassallo et feudatorio nostro, ab instigatore nostro et Reipublicæ causam et actionem, ratione Caducitatis et commissionis feudi Curlandiæ et Semigalliæ, arciumque, et oppidorum, pagorum.. ad Ducatum prædictum spectantium amissionis et privationis.* Vide *Feudum perdere* in voce *Feudum.*

CADUCTOR. Gloss. Græc. Lat. κηρύκιον, ὃ βαςάζουσιν οἱ πρέσβεις, *hic Caduceus.* κηρυκιοφόρος, *Caducifer.* κῆρυξ, ὁ ὑπὲρ εἰρήνης ἀποςελλόμενος, καὶ τὸ κηρύκιον φέρων, *Caductor.* Sed legendum *caduceator.*

1. **CADUCUM**, Hæreditas, *escaeta*, quæ in legitimum hæredem cadit. [Tabularium Calense pag. 62 : *Compromiserunt super controversia.... occasione cujusdam racheti, quod petebat dicta abbatissa a dicta domina ratione feodi de Montefirmolio, quod eidem dominæ obvenerat ex Caduco seu successione defuncti Droconis quondam fratris ipsius dominæ.* Necrolog. Ecclesiæ Autissiod. ad 13. Januar. : *Obitus Bernardi Episc... Dedit* XIIII. *libras super Caducum Yterii Canonici, etc.* Charta ann. 1221. inter Instrum. Hist. Meld. tom. 2. pag. 112 : *Recognoverunt se dedisse... Caducum Reginaldi de Quinciaco, quod continet viginti arpenta terræ, et duo arpenta prati, etc.*] Tabularium Prioratus S. Nicasii de Mellento ann. 1283. fol. 45 : *Jure communi, vel speciali, hæreditagii, vel Caduci, seu aliquo alio jure quocunque, etc.* Charta ann. 1291 : *Petebant pro partagio, nec non et dimidiam Caduci, eschaetam defuncti Joannis de Soliaco Militis.* Alia Hugonis Candavenæ D. *de Beauval* ann. 1206 : *Vendiderunt D. Ingerranno Vicedomino Pinconii quidquid Caduci, vel hæreditatis devolutum erat ad prædictam Agnetem.* Alia ann. 1214. apud Roverium in Reomao pag. 249 : *Campum... qui de Caduco meo erat.* Alia porro notione vox hæc usurpatur apud Jurisconsultos [et Isidorum in Glossis ubi ait : *Bona Caduca, quibus nemo succedat hæres.*]

2. **CADUCUM**, Manus mortua. Tabularium S. Genovefæ Paris. in Charta H. Episcopi Silvanectensis : *Recognoverunt se esse homines de corpore Ecclesiæ S. Genovefæ, et quod ipsi manum mortuam, quæ vocatur Caducum, debent, etc.* Occurrit in eodem Tabulario crebrius. Vide *Manus mortua.* [** Chart. ann. 1285. ap. Haltaus. Glossar. German. voce *Todfall* col. 1788 : *Caducum in morte, quod todval vulgariter appellatur.*]

* 3. **CADUCUM**, Decessio, imminutio, Gall. *Déchet.* Comput. MS. ann. 1244 : *Pro Caduco, ij. sol. vj. den.*

CADUCUS, apud Erchempertum in Hist. Longobard. cap. 8. vox est convicii : *Reddite nobis, ô Caduci viri et proditores, quos nequiter interfecistis.* Vide *Cadivus.*

1. **CADULA**, *orum, Guttæ quæ cadunt ex pingui carne, cum assatur.* Joan. de Janua. [Vetus Glossar. San-German. MS. num. 501 : *Frusta ex adipe.*]

* Glossar. Provinc. Lat. ex Cod. reg. 7657 : *Cadula, gutta, gota, Prov.*

* 2. **CADULA**, Cadivus pessulus; unde nomen. Glossar. Lat. Gall. ex Cod. reg. 7692 : *Cadula, Loquet.*

* **CADULDUM**, *Illa pellicula, quæ removetur a muliere Judæa in circumcisione; et id idem vocatur in hominibus præputium.* Glossar. vet. ex Cod. reg. 521. Vide mox *Cadurcum* 1.

* **CADULUS.** Vide supra *Cadiolus.*

¶ **CADUNATUS**, f. Coadunatus. Bartholom. Scriba lib. 6. Annal. Genuens. ann. 1262 : *Januenses cum tubis, buccinis et chordibus Cadunatis, etc.*

¶ **CADURCENSIS** Denarius, Mallia. Vide *Moneta Baronum.*

* 1. **CADURCUM.** Glossar. Provinc. Lat. ex Cod. reg. 7657 : *Can, Prov. Cadurcum, genitale, verenda.* Vide supra *Caduldum.*

* 2. **CADURCUM**, *Papilio, Pavalhon, Prov.* Glossar. Provinc. Lat. ex Cod. reg. 7657. [** Papias in cod. reg. 7609 : *Tentorium quo merces proteguntur.* Vide Forcellinum.]

* **CADURDUM**, *La sponda del letto, e membri*, in Glossar. Lat. Ital. MS. Vide supra *Cadeletus.* [** Vide Forcellinum in *Cadurcum.*]

* **CADURERIUS**, f. Apparitoris stipator, ab Ital. *Catturare*, capere, captum ducere. Acta capit. eccl. Lugdun. ex Cam. Comput. Paris. ad ann. 1342. fol. 80. v°. col. 2 : *Commiserunt Stephano de Valeint Cadurerio chacipolleriam de Chassey.*

* **CADUX**, Hæreditas, *escaeta*, quæ in legitimum hæredem cadit, idem quod *Caducum* 1. Charta Phil. III. reg. Franc. ann. 1279. ex Tabul. priorat. Perreciaci : *Salvo sibi et hæredibus suis recta Caduce, sive recta eschaeta, et alio jure futuro, etc.*

CÆCIA, σκοτοδινία, in Gloss. Græc. Lat. MS. Editum *Cecia*, habet.

CÆCILINGIUS. *Qui nec loquitur, nec audit.* Gloss. MSS.

CÆCITUDO, Cæcitas, ἀβλεψία, in Glossar. Græc. Lat.

CÆCORA, Capitulare de Villis cap. 44 : *Herbulas siccas vel virides, radices, napos insuper et Cæcoram.* Forte *ceporam, cepas.* [Melius cum Valesio *Cichorea*, Gall. *Chicorée*, quam Græci κιχώρη et κιχώριον appellant. Κουπορός et κουπουρός designant hortulanum, at *cepora* nullibi, quod sciam, legitur.] [** Pertz. Leg. vol. 1. pag. 184. habet *ceram*, atque monet ammanuensem ita correxisse quod primo scripserat *cetera.*]

¶ **CÆCUBA**, Noctua. Vide *Cecua.*

* **CÆCUCITAS**, pro Cæcitas. Acta S. Stanisl. tom. 2. Maii pag. 245. col. 1 : *Biennio integro gravissimum oculorum dolorem mulier, Sobotha nomine, passa, Cæcucitatem contraxit ex languore, potentia visiva ad extremum contenebrata.* Infra semel et iterum *Cæcitas.*

* **CAEDSLANDT**, Pagus Belgicus. Vide infra *Wlpia.*

CÆLATURA, inter ministeria sacra recensetur in Synodo Exoniensi ann. 1287. can. 12 : *Cereus Paschalis, duo cerei id. processionales, celatura super altare, campanella deferenda ad infirmos, etc.* Infra : *Onera omnium ornamentorum prædictorum... supportabunt, libris matutinalibus, unico scilicet psalterio, fenestris vitreis in cancello, et Celatura super majus altare duntaxat exceptis, quæ Rectores vel Vicarii supportabunt.* [** Vita antiq. S. Galli ap. Pertz. vol. Script. 2. pag. 12 : *Volens servare vasculum unum argenteum Celaturis pretiosum ob industriam sacerdotalis ministerii.*] Forte id, quod *tabernaculum* vulgo dicimus : incertum tamen an eadem notione vocem hanc usurpet Laurentius Leodiensis in Episcopis Virdun. pag. 345 : *Tigna, laquearia, tecta, et Celaturam ecclesiæ, cum turri, ... restauravit.* Infra : *Tectum ecclesiæ, Cælaturam, clausuram quoque curiæ reparavit.*

* Idem videtur esse, saltem apud Laur. Leod. quod *Cælum*, concameratio. Vide in hac voce. Pro sepimento ex cratibus facto accipitur, ni fallor, in Comput. ann. 1486. ex Tabul. S. Petri Insul. : *Valsatura sive Celatura, etc.*

** **CÆLESTIM.** Vergil. Grammat. ap. Maium. collect. forma octonaria vol. pag. 72.

¶ **CÆLESTINUS**, Cælicola. Cæliloquus, etc. Vide *Cœlestinus, Cœlicola, etc.*

** **CÆLEUMA.** Rhythmi de S. Otmaro ap. Pertz. Scriptor. vol. 2. pag. 55 :

Littora contingunt, fidei Cæleumata pangunt.

Ubi glossa interlinearis : *Verba David pangunt.*

¶ **CÆLIA.** Vide *Celia.*

* **CÆLIBATUS**, Sanctimonia vel sacerdotium, ut videtur Bollando ad vit. S. Severi tom. 1. Febr. pag. 84. col. 2 : *Exinde cæperunt sanctum ejus* (Severi) *Cælibatum amplius venerari.*

CÆLIO, Cilio, [Cælum, scapellum, Gall. *Burin, Cizelet.*] Papias : *Cælatum, insculptum, a Cælio, quod est ferramenti genus, quod vulgo Cælionem vocant.* [Unus MS. habet, *Cilicionem.*] Alibi : *Cælium, ferramenti genus, unde cælare, id est, sculpere dicitur.* Rursum : *Cilium, unde argentarii vel sculptores operantur, a quo cælata vasa dicimus, qui vulgo Cilio dicitur.*

¶ **CÆMENTARE**, a *Cæmentum*, Ædificare, exstruere. Translat. S. Geminiani Episc. ann. 1106. apud Murator. tom. 6. col. 89 : *Fundamentum Cæmentari, cœptum est eodem anno.*

** **CÆMENTARIUS**, Qui muros struit; ap. Hieronym. epist. 54, 6. Passim apud scriptores medii ævi. Guerardi Chartul. S.

Petri Carnot. part. 2. n. 31. p. 289. num. 35. pag. 293. num. 63. pag. 313. sec. XII.

** **CÆMETRIUM.** Vide *Cœmeterium*.

¶ **CÆNABIUM**, pro *Cœnobium*, apud Moretum de Antiquit. Navarræ pag. 610. ex libro veteri S. Salvatoris Oxiensis.

¶ **CÆNARIUS**, Nomen Officiarii in Monastico S. Dionysii, Gall. *Cenier*. Huic, cura erat cœna hospites reficere, qui eo sese conferebant. Epitaphium F. Joannis *de Verdun* apud Felibian. in Histor. S. Dionysii pag. 582 : *Placuisse etiam illi putamus egregii doctoris F. Joannis de Verdun, quondam hujus domus quarti Prioris et Cœnarii eruditam sapientiam*, etc. Vide *Cœnacularius*. [** Pro *Xenarius*. Vide *Hospitalarius*.]

* **CÆNOPEGIA**, pro *Scenopegia*, vox Græca, Dedicatio. Acta SS. Bened. sæc. 3. part. 1. pag. 477 : *Placet..... sub honore Petri Apostolorum principis dedicari, cujus Cœnopegiam Idus Octobris annuatim instituit iterari.*

¶ **CÆPIA**, pro *Cepa*. [* Vel potius pro Sepia, piscis genus.] Stephanotius tom. 1. Fragm. Hist. ex Codice MS. Grandimontensi : *Alyenor D. G. humilis regina Angliæ, Ducissa Normanniæ et Aquitaniæ Comitissa confirmavit unum milliarium Cæpiarum annis singulis pauperibus fratribus Grandis-montis.*

CÆPTUS, [pro *Septum*, Ambitus.] Traditiones Fuldenses lib. 2. Ch. 43 : *Sicut ad nos jus proprietatis pertinet extra illum Cæptum (id est, bifang) qui est in Giusungon, Cæptum illum foras dimitto.* Et Ch. 77 : *Et in Bunahu talem Cæptum, qualem ibi habuimus.* Vide *Bivang*.

¶ **CÆREMONIARI**, Cæremoniis seu cultu exteriori colere, adorare. Macer in Hierolexico ex Actis S. Cypriani : *Gallienus dixit Cypriano : Jusserunt te sacratissimi Imperatores Cæremoniari.*

* Extat idem locus infra in *Ceremoniari* a Cangio laudatus.

¶ **CÆRILLA**, f. Candela, inq. Janssonius in suis ad Isid. Glossarium collectaneis. Verum in Glossis Isid. legendum non est, ut ipse legit Janssonius, *Lucerna*, *genus cærillæ*, sed cum aliis, *Lucerna*, *Genus cocullæ*, pro quo Grævius censet reponendum, *Lucerna*, *Genus cucullæ* : quam in rem laudat Festum et Scaligerum.

¶ **CÆRIMONIA**, δημήτρια, *Cereris sacra*. Supplem. Antiquarii.

* **CÆROLA**, Cheorolia, Arcula, pyxis. Reg. visitat. Odonis archiep. Rotomag. ex Cod. reg. 1245. fol. 23. v°. : *Injunximus abbati ut diligentius videret et scrutaretur archas monachorum et Cærolas, vel faceret scrutari.* Et fol. 88. r°. : *Habent claves archarum, et de Cheorolis suis. In Cheorolia fratris Rogeri de S. Aniano centum solidi inventi fuerunt.* Vide infra *Cathedrula*.

** **CÆSÆ**, scilicet arbores, Munimenta ex arboribus stratis, interprete Pertzio. Annal. Laurissens. ad ann. 776. Scriptor. vol. 1. pag. 156 : *Saxonum Cæsas seu firmitates subito introivit.* Alii legunt *Casas*, f. radix Germ. *settian*.

** 1. **CÆSAR.** De dignitate Cæsarum in imperio orientali vide Glossar. med. Græcit. col. 542. Inter imperatores Germanicos primus Otto III hac appellatione ornatus videtur. Vide Chronicon Gottwicense pag. 178.

* 2. **CÆSAR**, *Possessio principalis*. Glossar. vet. ex Cod. reg. 7641.

* **CÆSARA**, Uxor Cæsaris seu imperatoris. Erm. Nigellus lib. 4. tom. 6. Collect. Histor. Franc. pag. 61 :

Ecce locum, quo turba potens et Cæsara Judith
Constiterant, Carolus cum quibus ipse puer.

[** Ap. Pertz. vol. Scriptor. 2. vers. 515. *Cæsera*. Græcis Καισαρίσσα. Vide Glossar. med. Græcit. col. 543.]

¶ **CÆSARIA**, *Mulier cauponia*, Ugutioni, ut videre potes in *Clepsedraria* post *Clepsydra*.

CÆSARIANI, Officiales Procuratoris Cæsaris, qui et *Catholiciani* dicuntur in l. penul. § ult. Cod. de Bonis proscript. (9, 49, c. 9. § 2.) Ii rationes fiscales tractabant, et bona ad Principem devoluta veluti vacantia occupabant. Vide Petrum Fabrum lib. 3. Semestr. pag. 364 ; tit. 7. *de Cæsarianis* Codicis Theodosii lib. 10. et Arrianum lib. 3. in Epictet. cap. 24. Ab hac Cæsarianorum appellatione, deductam vocem Gallicam *Sergent*, et Germanicam *Scharjanthen*, opinatur Cujacius ad lib. 7. Cod. de Jure fisci, [quam propius et melius a voce *serviens* accersunt alii.] Vide *Serviens* [** et Glossar. med. Græcit. col. 543.]

Cæsariani. Sanctus Cyprianus Epist. 82 : *Senatores et viri egregii, et Equites Romani,... si ademptis facultatibus Christiani esse perseveraverint, capite quoque mulctentur... Cæsariani quicunque vel prius confessi fuerint, confiscentur et vincti in Cæsarianas possessiones descripti mittantur.*

¶ **CÆSULUM**, κυανόν, *Ceruleum*. Supplem. Antiq.

* **CÆSURA**, Jus cædendi. Charta Balduini comit. Fland. ann. 1063. apud Miræum tom. 1. pag. 151. col. 2 : *Damus... Cæsuram, ubi fruteta occurrunt, ruricolis ad ædificandas sepes.*

¶ **CAEXIA**, Armorum species, f. Cassis, Gal. *Casque*, Hispan. *Caxco*. Appellatio conventus S. Victoris Massil. ad Concilium generale ann. 1424. ex Archivis ejusd. : *Considerantes expensas pro custodia Monasterii S. Victoris necessarias, tam in vallatis quam in ædificiis, bombardis, balistis, trabucis, viratoriis, Caexiis, lanceis et bombardis, curassiis et cassidilibus, loricis et aliis armorum generibus.*

* Idem esse puto quod *Cadrilis* ; cassidis quippe infra mentio fit ; aliud ergo a casside hic agitur. Vide supra *Cadrili*.

* **CAFAGIUM**, f. Domus præcipua, idem quod *Caput mansi*. Charta ann. 767. apud Murator. tom. 5. Antiq. Ital. med. ævi col. 747 : *Locus qui appellatur Duenta, excepto Cafagio illo in integrum ad Cattarutula da Padule, quod nobis reservamus.* Alia ann. 783. ibid. tom. 3. col. 1013 : *Excepto.... Cafagio meo in ipso loco Rasiniano, ubi dicitor ad Suvera;.... excepto Cafagio meo, qui dicitor da Formicianu.* Nisi idem sit quod infra *Capitolium* 1. [** Non esse *caput mansi* evincunt quæ præcedunt in charta ann. 767 : *Dedimus ibidem casa habitationis cum solamento etc.* In altera charta bis occurrit. Utræque de donationibus conscriptæ sunt, hac ecclesiæ, illa feminæ factis. Fortasse radix Germanica, ita ut idem sit quod *Bifang*, septum imprimis feris custodiendis aptum.]

* **CAFALANTES** in scholis Alamannorum, qui occulte subauscultant quid dicatur, quid agatur, corycæi. Goldast. Glossar. in Aleman. pag. 120.

¶ **CAFARDUS**, Caffardus, Gall. *Caffard*, Hypocrita, pietatis simulator. Statuta Andegav. ex concilio Pentecostes anni 1512. pag. 215 : *Per alios filios satanæ Cafardos nuncupatos, etc.* Menoti Serm. Quadragesim. fol. 147. verso col. 1 : *Sed soli Caffardi eas* (indulgentias) *prædicaverunt cum infinitis mendaciis, ut populum decipiant, qui sepe sunt parvi diaboli, quando sunt in taberna; quod non est quæstio nisi de luxuria, de ludo, etc.* Vocis etymon arcessit Menagius ab Arabico *Cafaru*, quo nomine vocatur is, qui suam deserit religionem, ut aliam sequatur. Prima vocis origo est Hebraïcum *Caphar*, Renuntiare : hinc *Capher* eidem Menagio sumitur pro eo, qui fidem catholicam ejuravit.

* Longe verisimilior videtur origo ducta a *Caphardum*, capitis tegumenti species. Vide in hac voce.

CAFFA. Charta Caroli Calvi pro Ecclesia Parisiensi ex Pastorali minori ejusdem Eccles. num. 17. descripta etiam a Sammarthanis : *Tam pro immunitatis anterioris quondam Regibus, quam et pro reliqua instrumenta species Caffarum* (vel *casfarum*) *ipsius dictæ Ecclesiæ Parisiaci, etc.* [Rustici Dombenses *caffam* vocant peram, sacculum. An quid simile posset hic intelligi? Ita Cl. D. *Aubret* in Adversariis. Potius crederem esse genus vasis, qualis est mensura, de qua mox.]

* **CAFFIRUS**, Mensuræ Hispanicæ species, idem quod *Caficium ; Cahiz*, Academ. Hispan. in Diction. vox Arabicæ originis, mensura major aridorum, continens 144. modios. Charta Phil. V. ann. 1318. in Reg. 56. Chartoph. reg. ch. 223 : *Concedimus quod ipse* (Simon de Martini de Raffaille) *quindecim Caffiros frumenti ad mensuram Pampilonensem,....... in et super grenerium seu grenerios Navarræ,... perpetuo possideat.* Vide *Caffium*, *Cafficium* et *Kaficium*.

¶ **CAFFIUM**, Mensuræ seu vasis species. Tabularium S. Victoris Massil. ubi de Barcinone : *Tres casublas de purpura, sex stolas et sex manibles.... septem dolia, quatuor cupos, et octo Caffia de vino, duos tripodes, etc.* Vide *Caficium*.

CAFICIUM, Mensuræ Hispanicæ species. Jacobus I. Rex Aragon. in Constitutionibus Catalaniæ MSS : *In locis Cataloniæ, ubi currit moneta Jaccensis, vendatur Caficium Ilerdæ frumenti ad pretium 25. solid. et in aliis locis ubi sunt diversæ mensuræ, vendatur mensura in illa secundum quantitatem Caficii Ilerdæ.* Chronicon Petri IV. Regis Aragon. lib. 3. cap. 23 : *Nos donaren mil Caffiços de forment.* Raimundus Montaner. in Chron. Aragon. Cap. 236 : *E en Rocafort trames me en bon cavall, e una mula, e 100. Cafisos de civada.* Vide Foros Aragon. lib. 4. de Deposito. [** et S. Rosa de Viterbo Elucidar. tom. 1. pag. 225. voce *Cahiz*.]

* **CAFISA**, Mensuræ liquidorum species, idem quod *Caphisus*. Testam. ann. 1342. tom. 2. Hist. Cassin. pag. 563. col. 2 : *De prædictis fructibus debent habere unusquis-*

que mediam Cafisam de vino ad bibendum. Vide *Caffium.*

* **CAFLANIA**, Perperam pro *Caslania.* Vide infra in hac voce.

¶ **CAFOTIUS**, Vox ab Anastasio Bibliothecario ficta. Vide *Exafoci.*

CAFSIS, ex Græc. καῦσις, calor, καῦμα apud Petr. Chrysol. Serm. 124.

CAGA, Gall. *Cage*, Pyxis. Chron. Fossæ novæ ann. 1196 : *Duodecim cruces argenteæ, et quatuor Cagæ cum reliquiis.* Vide *Capia.*

CAGANUS, Cacanus. Sic Avares, seu Hunni, Reges suos vocabant. Corippus de laud. Just. lib. 3. vers. 345. de Avaribus :

Ergo signa meis Cagan contraria signis
Ferre parat.

Gregorius Turon. lib. 4. Hist. cap. 28 : *Sed et Rex Chunorum, vocabatur autem Caganus : omnes enim Reges gentis illius hoc appellantur nomine.* Poeta Saxonicus lib. 2. de Gest. Caroli Magni ann. 782 :

. . . Pariterque Caganus ad ipsum
Hunnorum misere duces pro pace tenenda.

Sigebertus ann. 520 : *Ab hinc regnum Hunnorum annotare cessabo, qui omnis gentis illius Reges Caganos vocatos lego.* [** Annal. Juvavens. ap. Pertz. vol. Script. 3. pag. 122. ad ann. 805 : *Hoc anno baptizatus est Caganus vocatus Abraham. Cappanus* dicitur in Annal. Xantensib. ap. eund. vol. Scriptor. 2. pag. 224 : *Anno* 805. *Cappanus princeps Hunorum ad Karolum imperatorem venit.*] Occurrit passim apud Paulum Diac. Theophanem, Zonaram, Cedrenum, et alios Scriptores Byzantinos. Vide Glossar. med. Græcit. in Κάνης, et Κνέζης.

** Chaganus. Chronicon Salernitanum ap. Pertz. vol. Script. 3. pag. 523 : *Chaganum vero non prælatum Avarum non Gazanorum aut Nortmannorum nuncupari reperimus, neque principem Vulgarum, set regem vel dominum Vulgarum.* Vide Glossar. med. Græcit. voce Χαγάνος. *Chagan* scriptum apud Corippum in editione Bekkeri.

Cacanus. Paulus Warnefridus lib. 4. de Gest. Langobard. cap. 39 : *Rex Avarorum, quem sua lingua Cacanum appellant.* Sed et Russorum seu Moscovitarum Principes hac dignitate donatos testantur Annales Francorum Bertiniani ann. 839 : *Misit etiam cum eis quosdam, qui se, id est, gentem suam Rhos vocari dicebant : quos Rex illorum Chacanus vocabulo, ad se amicitiæ, sicut asserebant, causa direxerat.* Neque alterius est originis ac notionis vox

Cham, vel Can, qua Tartari Principes suos indigitant, quæ Imperatorem ac Regem sonat, ut auctor est Vincentius Belvac. lib. 32. cap. 10 : *Quem etiam Can, id est, Imperatorem appellabant.* Et cap. 32 : *Qui et Gog Cham, id est Imperator, vel Rex dicitur, sublimatus est in Regno Tartarorum. Caanus*, in Epistola Quoblexi Tartarorum Imperatoris, apud Odoricum Rainaldum in Annalib. Ecclesiast. ann. 1278. num. 20. *Chanis* vel *Hanis*, inquit Leunclavius in Pand. Turcico num. 3. aspiratione forti, appellatio perquam usitata Persis et Tartaris est, apud quos Reges et Principes etiam minorum gentium *Chanes* dicuntur. Atque inde filii Principum *Chanoglani* vocantur. Reperitur in Historiis Græcis et Latinis nomen *Chagani* Avarum, quod idem est cum hoc *Chan*, vel *Chaan*. Nam Avarum, sive Chazarorum patria Chersonesus est Taurica, quæ hodieque suos habet *Chaanes.* Maximus vero Tartarorum omnium *Chan*, cui subjecti sunt *Chanes* cæteri, quique *Chitainus* adpellari solet. Turcici quoque Sultani post Osmanem Casim se *Chanes* dici voluerunt, idque retinent in hodiernum usque diem. Porro qui passim *Cham* vel *Can*, interdum aliquot Scriptoribus

Canis appellatur. Chronicon Nangii ann. 1299. de Usuncassano Tartarorum Rege : *Qui et Magnus Canis dicitur.* Ita Græcis seu Byzantinis Κάνης et Κάνις Tartarorum Princeps dicitur, atque in primis Pachymeri lib. 3. cap. 25. lib. 5. cap. 4. lib. 10. cap. 25. lib. 11. cap. 16. quam vocem dicto libro 5. cap. 4. *Imperatorem* sonare ait : Τζίγγις γὰρ τὸ ὄνομα, ὁ δὲ Κάνις, Βασιλεύς, ut lib. 9. cap. 26. cæteros Toparchas *Canes* etiam vocatos satis declarat : Οἱ γὰρ κατ' ἀνατολὴν τὸν Καζάνην εἶχον, ὡς αὐτοὶ φαῖεν ἂν Κάνιν. Ita Principes Tartaricæ gentis Κανίδες eidem dicuntur lib. 5. cap. 4. quos *Canesios* nuncupat Magister Rogerius in Destruct. Hungariæ cap. 33 : *Alteri vero ipsorum Canesio, id est, majori, volenti prostrato succurrere, etc.* Cap. 35 : *Constituerunt Canesios, id est Ballivos, qui justitiam facerent.* Infra : *Procurator meus de istis dominis erat unus, et pæne mille villas regebat, et erant Canesii fere centum.*

Ab hac igitur origine, aliquot ex Scaligerorum gente, quæ Veronensem Principatum diu possedit, *Canes* appellatos censuit Paulus Jovius, quam vocem nomini proprio interdum præponebant : v. gr. *Can-Franciscus, Can-Grandis, Can-Signorius.* Neque Veronenses Principes dumtaxat id sibi arrogavere pænomen, cum in familia Dandula apud Venetos usurpatum doceat Sansovinus in Venetia lib. 13. sub ann. 1328. qui, ut verbis utar Josephi Scaligeri in Epistola de Vita Julii Patris pag. 19. non ab illo latranti animali dicti sunt; sed quod lingua Winidorum, seu Sclavorum, *Cahan* idem sit, quod *Rex* aut *Princeps.* Quam quidem sententiam non minime firmat ipsa olim Serviæ Principis appellatio ac nomenclatura :

Knes enim appellabatur, seu μέγας Κνέζις, vel Κνένζης πάσης Σερβίας, ut est in Codice Regio MS. 2023. ex quo descripsit Goarus, quæ habet post Codinum de Officiis aulæ Constantinop. pag. 414. 415. Idem autem valet ac *Dominus :* nam ea fuit vocis *Knes* notio apud Sclavos. Ditmarus lib. 7. pag. 106 : *Uxor autem ejus Beleknegini, id est, pulcra domina vocabatur.* [*Knesos* Serviæ Principes appellat etiam Presbyter Diocleates in Hist. Dalmat. Sed et apud Moscovitas ea obtinet appellatio. Sigismundus Herberstenius de Reb. Moscovit. . *Nomen Ducis apud eos dicitur Knez : nec alium majorem titulum unquam habuerunt, adjuncta illa dictione, Magnus. Nam omnes alii qui unicum principatum habent, dicebantur Knez : qui vero plures principatus, atque alios Knez subjectos suo imperio habebant Weliki Knesi, id est, Magni Duces appellabantur.* Deinde addit, *In Croatia Primores similiter Knez vocari.* Apud Thwrocz. in Salomone cap. 50 : *Princeps Bissenorum nomine Kazar.*] Apud Cantacuzenum lib. 2. cap. 5. occurrit Ταμπργάνης Phrygiæ Princeps.

* **CAGASUPTUS**, Idem quod supra *Cadafalsus*, Propugnaculum, sive pluteus ex ligno compactus, sub quo milites latent. Annal. Mutin. apud Murator. tom. 11. Script. Ital. col. 69. ad ann. 1268 : *Dum dicti Mutinenses essent circa dictum castrum, fecerunt duos Cagasuptos ex una parte castri, et cum tribus machinis sive trabuchis die noctuque viriliter expugnarunt per quatuor hebdomadas et ultra.* Vide *Catus* 2. et infra *Cavea* 4.

CAGELUS. Glossæ MSS : *Scelides, Cageli.* Sunt autem Græcis σκελίδες, Pernæ, femora porci.

¶ 1. **CAGIA**, pro *Cavea*, Septum, ut opinor, in silvis, ne feræ possint egredi. Polyptych. Fiscann. ann. 1235 : *Nicolaus de Monte tenet unum bordagium... et debet capere nammia et ducere apud Vitefleur, excubare grangiam,.. relevare fossata, Cagiam facere in bosco et deferre polagium apud Fiscannum.* Suspicor *Cagiam* hic idem esse quod *Chaceam*, saltum ferarum stationi accommodum, de quo supra in *Caciare*, vel Viam, qua animalia aguntur ad pascua, vel forte Ambulacrum, de quo infra in *Chacea* 2.

* Instrumentum capiendis apris idoneum significari hic existimo, quod *Caige* appellatur in Lit. remiss. ann. 1474. ex Reg. 195. Chartoph. reg. ch. 1377 : *Certain engin, appellé Caige, pour prendre les sangliers.* Ubi retis species designatur, plagæ, Gall. *Toile.* Et quidem *Cage* vel *Caige*, Instrumentum est piscandi, seu rete, in Chartul. Latiniac. fol. 210. v°. : *Item les maretz.... esquelz les demourans ès villaiges de Trille, Bardou, etc. sont usagers d'y pouvoir pescher à la main et à la Caige, et non autrement.* Ibid. fol. 208. v°. : *Sans ce que nul y puisse ne doye aller tendre ne pescher, soit à Cage ou verveux, ne à quelque autre angin que ce soit.*

* 2. **CAGIA**, Pyxis, arcula. Inventar. reliq. et ornam. eccl. Paris. ad calcem Necrol. ejusd. eccl. MS. : *Cagia fusca* 1. *Cagete*, in Inventar. Guid. *de Kaours* mag. monet. ann. 1321. ex Reg. A. 2. Cam. Comput. Paris. fol. 12. v°. : *Une Cagete de fust et une bource de toille à fauconnier.*

* **CAGIATUS**, Coagulatus, Gall. *Caillé*, Ital. *Cagliato.* Chron. Modoet. apud Murator. tom. 12. Script. Ital. col. 1184 : *Se rexit volens videre si in calice esset sanguis; et vidit in calice sanguinem Cagiatum.*

* **CAGIUS**, Caseus, Ital. *Cacio.* Stat. Riper. cap. 12. fol. 3. v°. : *Item de qualibet soma præsorii, sive Cagii, de viginti pensibus pro introitu solidi decem.* Vide supra *Cacius.*

¶ **CAGOTI**, de quibus Consuetud. Beneharn. tit. 1. art. 23. tit. 55. art. 45. non fuerunt Monachi, Anachoritæ aut Leprosi, ut quidem opinati sunt, sed genus quoddam hominum cæteris odiosum. De his audiendus est Oihenartus in sua Vasconiæ notitia. Cæterum, inquit, ea quæ Bellefo-restus in Cosmographia, et Paulus Merula part. 2. lib. 3. cap. 38. narrant de eo genere hominum, qui Vasconibus *Cagots*, nonnullis *Capoti*, Burdegalensibus *Gaheti*, Vascis et Navarris *Agoti* dicuntur, ipsos pro lepra infectis haberi aliosque inficere : in facie et actionibus eorum apparere aliquid, quod eos contemptui, detestationique reddat obnoxios, omnibusque halitum et os grave olere, ipse vera præstare nolim; vereor enim ne præjudicatis vulgi opinionibus, potius quam certis experimentis horum fides constet. Non abnuerim tamen illos publico contemptu laborare, et adeo etiam in propria natali humo peregrinorum loco haberi, ut neque ad Reipublicæ munera vel honores ipsis aditus pateat; neque rebus inter ejusdem vici aut pagi incolas promiscue usquequaque uti concedatur. Connubio autem et communi victu cum nostris non tantum iis interdicitur; sed insuper decreto Curiæ Burdigalensis in publicum prodire, præterquam calceati et prætexto vestiti perspicue panni rubri segmento, interposita verberum pœna, prohibentur. In plerisque municipiis semota a vulgo domicilia, in templis quoque segregatas stationes, et peculiares aquæ lustralis hydrias assignatas habent : itaque sordidis et illiberalibus artibus dediti, vilem et abjectam vitam ducunt. Christianorum olim nomine nuncupatos fuisse, e pluribus vetustis monumentis liquet, neque hactenus apud nos ea nomenclatura obsolevit. Ipsi vicissim nostros *Pellutos*, hoc est, pilosos, vel comatos vocant. Unde a nonnullis non inepte conjicitur, eos Gothorum qui olim Aquitaniam habuere, reliquias esse; et tam grave in Vasconibus horum vilium capitum fastidium, a veteris istius gentis in Gothos, perpetuos sui nominis hostes, odio natum. Christianorum etiam appellationem, ab eadem gente nondum Christiana Religione imbuta, Gothis impositam, in hac Gothorum veluti fæce, ad nostram memoriam, integram remansisse. *Pelluti* demum sive *Comati* nominis rationem, ad priscum Aquitanorum comam alendi morem, referendum esse. Hæc ille. De iisdem *Cagotis* plura habet Petrus de Marca lib. 1. Hist. Benehar. cap. 16.

☞ Simile genus hominum exstat in Britannia Minori, quos *Cacosos* appellant, lingua patria *Caqueux, Cacous* vel *Caquins*. De his ita legimus in Statutis Radulphi Episc. Trecor. ann. 1436. apud Lobinell. tom. 2. Hist. Britan. col. 1610. et Marten. tom. 4. Anecd. col. 1142 : *Item, quia cognovimus in dicta civitate et diocesi plures homines utriusque sexus, qui dicuntur esse de lege,* (id est, Judæi) *et in vulgari verbo Cacosi nominantur, quorum conditio et habitatio debet esse separata ab aliis hominibus sanis, puta in esu, potu et aliis participationibus mutuis; nihilominus dicti Cacosi indebite et irreverenter, et ultra quam deceat, se immiscent cohabitationi et communioni ceterorum hominum, et maxime in ecclesiis parochialibus et aliis locis, in quibus divina celebrantur officia, præsumunt precedere alios homines in pacis et Reliquiarum osculo; et exinde contentiones et scandala oriuntur. Et ideo statuimus ut dicti homines legis sive Cacosi debeant in divinis officiis stare et residere in parte inferiori ecclesiarum, et non presumant sanctos calices aut alia vasa ecclesiastica tangere, nec etiam osculum pacis ante alios homines sanos presumant recipere, sed postquam fuerit tradita pax aliis, tradatur eisdem Cacosis, et hoc sub pena* c. *solid.* Refert idem Lobinellus col. 1350. excerptum e Regestis Cancellariæ Britanniæ ann. 1474. et 1475. quo jubentur Cacosi per Ducatum iter agentes, segmentum panni rubri vestibus assuere; mercaturam vero facere prohibentur, præterquam fili et cannabis, quod solam exercerent artem restionum. Ipsis quoque interdicitur agrorum cultu præterquam hortorum suorum. Sed hoc posterius interdictum, quo ad summam egestatem redigebantur, immutatum fuit, Cacosis tractus Macloviensis data licentia agros habitationibus suis viciniores conducendi et colendi, certis tamen atque onerosis conditionibus adjunctis, quas videre potes col. 1362. in Edicto Francisci Ducis Britan. ann. 1477. Cacosorum fortunam miseratus Hevinus celebris Jurisconsultus iniquum esse eorum odium nulloque idoneo innixum fundamento comprobavit, atque decretum non multis ab hinc annis in eorumdem gratiam obtinuit a supremo Britanniæ Senatu; verum cum vix exuat, quæ semel imbiberit animus, eadem fere, quæ olim, hodie durat Cacosæ plebis apud Armoricos alienatio.

* **CAGUALIS**, Canalis lateritius, ut videtur. Reparat. factæ in senescal. Carcass. ann. 1435 : *Eidem* (tegulario) *pro sexdecim magnis Cagualibus terræ, vocatis Grinneres, qualibet ex longitudine quatuor cannarum ab ipso emptis pretio pro qualibet v. sol.*

* **CAHALMEDINA**, Prætor urbis. Vide *Zavalmedina*.

¶ **CAHAN**. Vide *Cham* post *Caganus*.

¶ **CAHARIE**. Vide *Caya*.

¶ **CAHILLA**, Casula Sacerdotalis. Instrum. ann. 1377. ex Archivo S. Victoris Massil. : *Item unam Cahillam veluti rubei cum stola et manipulo.* Credo legendum *Casulla*.

* **CAHOUETUS**, Amictus pars, qua canonici in hyeme caput tegebant ejusque ornatus, seu Capitis tegmen quoddam, idem forte quod *Couet* in Comment. Margaritæ reginæ edit. ann. 1661. pag. 30. Stat. capit. Carnot. ann. 1519 : *Capitulum ordinavit quod canonici presbyteri, qui voluerint deferre Cahouetos sub cappis nigris, deferant; et injunxit quod omnes et singuli canonici presbyteri deferant Cahouetos in processionibus sine cappis nigris. Cahuet de petit gris*, in aliis Stat. ejusd. eccl. Vide supra *Belveria*.

* **CAHOURSINI**, Iidem qui *Caorsini*. Vide in hac voce. Statuta synod. eccl. Carnot. ann. 1368. apud Marten. tom. 7. Ampl. Collect. col. 1364 : *Prohibemus ne quis in domibus, vel in locis et terris ecclesiarum Lombardos, vel alios advenas, qui vulgariter Cahoursini dicuntur, manifestos usurarios recipere præsumant.*

CAHSLITE, Mulctæ species apud Anglos. Vox Saxonica. Concilium Wintoniense ann. 1076 : *Si autem post excommunicationem et satisfactionem venerint, forisfacturam suam, quæ Anglice vocatur Dferhyrnesse, seu Cahslite, pro unaquaque vocatione, Episcopo reddant.*

1. **CAHUA**, Vinum album et debile. Matthæus Silvaticus.

* 2. **CAHUA**, Casa, tugurium, Gall. *Cahute;* nisi forte legendum sit *Calma*. Vide in hac voce. Terrear. castel. *d'Ibois* ex Reg. 24. Chartoph. reg. fol. 33. r°. : *Unum sextarium vini pro quadam Cahua, sita in territorio ecclesiæ Orbelli juxta viam communem. Quahute*, pro *Cahute*, in Lit. remiss. ann. 1391. ex Reg. 141. ch. 159 : *Je lui ferai perdre sa Quahute et son corps; et appelloit sa Quahute, une vieille maison où il demouroit.*

* **CAHUCA**, f. Casula. Testam. Margar. *de Ponteves* dominæ de Trancio ann. 1448. ex Tabul. D. *de Baschi : Item legavit.... florenos viginti quinque currentes, pro una Cahuca sive Cayblo tenenda... ad Dei servitium et beatæ Mariæ Magdalenæ.*

* **CAIA**, Domus, officina. Charta major. et civium Rotomag. ann. 1262. in Reg. S. Justi ex Cam. Comput. Paris. fol. 137. r°. col. 2 : *Item mercatum suum de Rothomago, quod vocatur mercatum de veteri turre, cum hala ad telas, cum omnibus ædificiis, Caiis, plateis, etc.* Vide *Caya*.

CAIA, Caiagium. Vide *Caya*.

¶ **CAIANI**, Caïnitæ, Homines inter Gnosticos perditissimi, qui perditissimos quosque vita functos summo cultu venerabantur, ut Caïnum, a quo nuncupati, Core, Dathan, Abiron, Sodomitas et maxime Judam proditorem. Innumeros fingebant Angelos conspicuos flagitiis, ut haberent quos imitarentur. De his consulendi Tertull. de Præscript. cap. 33. et 47. Hieron. lib. 1. cap. 33. Epiph. Hær. 33. Augustin. de Hær. cap. 18. et Baron. ad annum 145.

¶ **CAIBA** Ferri, f. Clathri ferrei, Gall. *Balustrades*, sic dicti ab Ital. *Gabbia*, Cavea, Gall. *Cage*, quia clathri majorum cavearum formam quodammodo referunt. Regimina Paduæ ad ann. 1381 : *Kal. Jan. dominus Bertolinus de Mazis de Brixia Potestas Paduæ. Hic fecit fieri Caibam ferri propter Clericos. Et factum fuit fundicum bladi.*

CAILLIER. Arrestum Paris. 9. Maii 1321 : *Item 3. cyphos de Caillier pretii* 30. *solid.* Vide *Mazer*.

* Et *Quaillier*, vox vulgaris, Poculi species, cujus materiam et formam suspicari utcumque licet ex sequentibus. Lit. remiss. ann. 1374. in Reg. 105. Chartoph. reg. ch. 286 : *Lesdis prisonniers eussent mis une sainture d'argent, et certains Cailliers ou hanaps en gaige.* Aliæ ann. 1383. in Reg. 124. ch. 64 : *Raoulin Guillet vit quatre hanaps de Caillier ou de petit madre, desquelz l'en servoit en ladite taverne. Pour une begne de Cailliers petiz et grans,..... xij. den.* in Reg. sign. *Pater* Cam. Comput. Paris. fol. 253. v°. *Une douzaine de hanaps de madre ou Quailliers*, in Lit. remiss. ann. 1386. ex Reg. 129. ch. 2. Neque aliud videtur *Couarllier*, in Charta ann. 1357. ex Reg. 89. ch. 103 : *Demie douzaine de henaps de madre, appelez Couarlliers.* Vide infra *Cala*.

* Haud scio an idem sit *Caillier*, inter vadia et jura gent. Comput. in Reg. sign. *Croix* ejusd. Cam. fol. 126. v°. : *Quilibet magistrorum percipit per manum argentarii quasdam mitaines de panno, et quasdam cirothecas de cervo, j. Caillier, j. capellum de feltro.* Ut ut est, pro instrumento ad capiendas coturnices, vulgo *Courcaillet* occurrit, in Lit. remiss. ann. 1425. ex Reg. 173. Chartoph. reg. ch. 264 : *Une roiz et ung Caillier à prendre cailles.* Ubi aperta

est nominis origo. Vide infra *Quagliarolus*.

¶ **CAIRATUS**, pro *Quadratus*, ut conjecto. Statuta Massil. pag. 395 : *Omnes bodii botarum sive vegetum, quæ vendentur de cætero in Massilia a dictis boteriis sint bironati, et quod gargaillus sit Cairatus.*

** **CAIRELIS**, Possessor *Coirelæ*, sive vici quadripartiti. Chart. Sanctii I. Lusit. reg. ann. 1196. ap. S. Rosa de Viterbo pag. 226 : *Et singulas earum coirelarum rendatis nobis 6. 6. quartarii uniuscujusque coirelæ, et sedeant medietatem centeni, et aliam medietatem milio, per mensuram feriæ de Constantim, quæ hodie ibi est. Et unus Cairelis rendatis 2. 2. pelles de conelios, et singulos almudes de pane cocito centeno, et* 1. *almude de cevada.*

CAIRELLUS, [Telum spissius et breve, forma quadrata, Gall. *Carreau.*] Vide *Quadrelli*.

¶ **CAIRO**, f. pro *Carto*, Mensura frumentaria : hic autem si bene conjicio, Modus agri capiens tantum seminis quantum in *Cartone* potest contineri. Donatio Bernardi Atonis ann. 1138. apud Baluz. Hist. Arvern. tom. 2. pag. 489 : *Campum de via majore et duos Caironem de terra, quæ sunt iuxta condaminam Monachis S. Baudilii.*

* **CAIRONUS**, Cayronus, Saxum quadratum vel congeries lapidum, Gall. *Quartier de pierre, moëlon*, Provincialibus *Queyron*. Charta Massil. ann. 1263. ex schedis Pr. *de Mazaugues* : *Quod habeat..... in dicto bedali pro dicto prato duo spasseria construenda, ubi melius et utilius visum fuerit eidem, bonis Caironis lapidis.* Comput. ann. 1373. inter Probat. tom. 2. Hist. Nem. pag. 325. col. 1 : *Pro portando lapides, Cayronos, arenam, et de cauce, etc.* Occurrit præterea ibid. tom. 3. pag. 46. col. 2. et tom. 4. pag. 64. col. 2. Vide *Cayronus*.

¶ **CAISNINUS**, Quercinus, Gall. *de Chesne*. Vide locum in *Cavile*.

¶ **CAISSIA**, Arca, capsa, Gall. *Caisse*. Hist. Dalphin. tom. 2. pag. 510. ex Conventione anni 1345. de Galeis instruendis, in quibus sint cc. *lanceæ*, cccc. *dardi*, xx. *Caissiæ viretonorum, in quarum qualibet ad minus sint* D. *viretoni, etc.* Vide *Cascia*.

* **CAITOR**, Colonus, qui prædium rusticum curat et colit. Charta Lotharii I. imper. ann. 843. apud Murator. tom. 5. Antiq. Ital. med. ævi col. 196 : *Villam.... cum ecclesia... una cum campo, qui vocatur Piscinulæ, et consistit in pago Areciense, cum Caitoribus suis atque omnibus ad se juste etc.* Vide infra *Cajus*, et *Calatores*. [** f. mendum pro *cultoribus*.]

* **CAIUM**, Gall. *Quai*, Area in littore onerandarum atque exonerandarum navium causa. Reg. Phil. Aug. 34. bis ex Chartoph. reg. part. 1. fol. 91. r°. col. 2. ubi de redit. præposit. Ambian. : *In theloneo Caii et in traverso, xliiij. lib.* Vide *Caiagium* in *Caya*.

¶ **CAIUS**, Caia, Dominus, Domina, in libris Hispanicis. Vide Joannem Garsiam de *Aquesta conjugali*.

* **CAJUS**, Gr. γάιος, Mercenarius, idem quod supra *Caitor*, apud Murator. tom. 5. Antiq. Ital. med. ævi col. 829. bis e cod. Cencii Camerarii : *Duas curtes, quæ vocantur Piscaria et Flatianum cum Cajo suo, qui dicitur Tertius, una cum monasterio sanctæ Juliæ.* Vide Martin. Lexic. in hac voce.

* **CAIXIA**, Arca, capsa, Gall. *Caisse*. Charta ann. 1286. inter Instr. tom. 6. Gall. Christ. col. 489 : *Vidi fregi et dirrui quandam capsiam ceu arcam fusti coopertam de argento,..... in qua Caixia seu arca erant ossa corporis S. Eulaliæ virginis.* Occurrit ibidem non semel. Vide *Caissia*.

¶ 1. **CALA**, in Hist. Dalphin. tom. 1. pag. 53. col. 1. in Litteris anni 1340 : *Muniri faciatis et provideri arnesiis pro Cala et destructione arborum, vinearum et bladorum opportunis, utpote de guoys, falcibus, deytraux seu securibus, etc.* Ubi *Cala* videtur esse pro *Tala*, T. in C. mutato, ut alibi non semel. Est autem *Tala* hic idem quod *Vastatio, scissio*, a Saxon. t a l o n, Carpere, detrahere, vel f. a Gallico *Tailler*, Scindere, amputare. Vide *Talare* et *Maleficium*. [** Confer *Calare*.] *Cala* mendose legitur apud Marten. Anecdot. tom. 3. col. 358 :

Indomita stans Cala ferit colloque protervit.

Auctor ipse recte restituit post editionem absolutam, *Indomita stans calce ferit, colloque protervit.*

* 2. **CALA**, Poculi species. Glossar. Lat. Gall. ex Cod. reg. 521 : *Cala, Godet de fust, Gallice. Calarius, ille qui facit calas.* Vide supra *Caillier*.

CALABRA. S. Columbanus Epist. 4 : *Vigilate, quia mare procellosum est, et flagris exasperatur feralibus, quia non a sola minax unda, quæ etiam permota pontum semper cautis spumosis concavæ vorticibus, hyperbolice licet de longe turgescens extollitur, et ante se Calabra sulcatis octo millibus trudit, etc.* Apud Festum de verbis veteribus *Calabra* dicitur *Curia ubi tantum ratio sacrorum gerebatur.* [Verum hic fortean est pro *salebra*.]

* Nostris *Calabre*, Machina bellica expugnatoria, si fides Anonymo, qui circa medium sæculi xiv. de hæresi Albigensium scripsit, apud D. *Vaissete* tom. 3. Hist. Occit. Verum corruptam vocem suspicor a *Carabaga*, quæ idem sonat. Vide in hac voce. [** Vide Raynouardi Glossar. hac voce vol. 1. pag. 287.]

¶ **CALABRE**, f. Pelles ex Calabria, apud Rymer. tom. 7. pag. 356. col. 2 : *Indumentum foderatum cum Calabre.*

¶ **CALABRI**, *Versus obscœni*. Gloss. Isid. Papias habet *Calabrii*.

* **CALABRINUS**, Ex Calabria. Stat. MSS. eccl. Tull. in unum collecta ann. 1497. fol. 10. r°. : *Vicarii vero et capellani scuriolis nigris communibus, non Calabrinis* (utantur). Ejusdem sunt originis, quia ex eadem provincia, Equites levis armaturæ, quos primo *Calabriens*, dehinc *Calabrins*, ac demum *Carabins* diximus. Vide *Calabre*.

¶ **CALABRIS**, *Ventis siccis*. Isid. Gloss. Quia, inquit Grævius, Calabria est æstuosa, ut ab Horatio dicitur 1. 31.

* **CALABUM**, Vestis species. Arest. ann. 1318. in Reg. *Olim* parlam. Paris. pag. 394 : *Per ejusdem curiæ nostræ judicium dictum fuit, quod... Hugo Franca restituet... unum gardecorsium et unum Calabum.* Sed leg. *Colobum*. Vide infra *Colobium*.

* **CALADIA** Via, f. Idem quod *Calcea*, Via strata, Gall. *Chaussée*. Charta ann. 1150. in Chartul. Cluniac. : *A prædicto fonte sit meta et lieva via Roberti Spaniæ usque ad Caladiam de Rocheriis, quæ est via ultra veterem capellam.... in longum usque ad Caladiam viam, quam supra diximus.*

* **CALADRIUS**, vel Caladrio, *Avis totus albus, et invenitur in atriis regiis.* Glossar. Lat. ex Cod. reg. 4120.

CALAFATARE, Resarcire, proprie de navibus, *Calfater*. Legatio Ambassiatorum Ducis Andegav. ad Judicem Sardiniæ ann. 1378 : *Licet duo carpentarii et nonnulli alii de dicta galea incessanter fissuras et dissuturas antedictas toto eorum posse clauderent et Calafatarent.* Gaufredus Malaterra lib. 3. cap. 14 :

Obducunt imas alii lanugine rimas,
Atque picem liquidam properant super addere quidam.

Calefatus, Ital. *Calafate*, Navium stipator, qui navium rimas et comissuras solidat et componit, apud Sanutum lib. 2. part. 4. cap. 15. et 20. καλαφάτης Heroni : unde Michaeli Imp. cognomen inditum apud Zonaram pag. 193. [Statuta Massil. pag. 286 : *Decernimus... quod magistri seu carpentarii d'aissa vel Calafati operantes in mari, etc.* Ibidem pag. 445 : *Statuimus, ut omnis Calafatus qui sit major capitaneus alicujus operis navis, antequam incipiat opus facere dictæ navis, juret etc.*] De vocis etymo, vide Gorop. Bekanum lib. 4. Hermath. pag. 74. [** Murator. Antiq. Ital. vol. 2. col. 1177. e, et Raynouard. Glossar. vol. 1. pag. 288.]

* **CALAGOGUS**, *Purgans coleram*, ex Gloss. ad Alex. Iatrosoph. MS. lib. 1. Passion. cap. 3 : *Quod si flavo vel rubeo fuerit colore* (alopecia laborans) *Calagogum dabo catarticum. Calagoga medicamina*, ibid. cap. 28. Ubi leg. *Colagogus*. [** Κόλη, Tumor et ἀγώγη, quod movet, ciet.]

* **CALALUZIA**, Navis Indica. Maff. Hist. Ind. lib. 9 : *Calaluziis quinque (ejusdem fere magnitudinis utraque actuaria sunt) id negotii dat.* Ita Car. de Aquino in Glossar. milit.

¶ **CALAMACUS**, Calamancus, Calamantus. Vide *Camelaucum*.

* **CALAMAR**, Piscis genus. Tract. de Pisc. ex Cod. reg. 6838. C. cap. 55 : *Loligo magna, ea est quam nostri Calamar appellant, a thecæ scriptoriæ similitudine.*

1. **CALAMARE**, *Calamos post messores colligere*. Ugutio.

¶ 2. **CALAMARE**, ut mox *Calamarium*, apud Rymer. tom. 7. pag. 357 : *Unum Calamare de stanno.*

CALAMARIUM, Vas, in quo asservantur encausta, vel atramenta, atque adeo ipsi, quibus scribimus, calami, unde nomen. W. Brito in Vocab. : *Atramentarium Græce Calamarium, quia in eo calami reponuntur.* Joan. de Janua : *Calamarium, cornu, ubi tenetur encaustum.* S. Hieronym. in cap. 10. Ezechiel. : *Καλαμάριον, ab eo, quod illo calami recondantur. Nos Atramentarium ex eo, quod atramentum habeat, dicimus. Multi significantius Thecas vocant, ab eo, quod thecæ sunt scribentium calamorum.* Petrus Diac. lib. 4. Chron. Casin. cap. 13 : *Calamarium aureum margaritis et pretiosissimis gemmis insignitum.* Nicetas in Manuele lib. 3. num. 4. δοχεῖον ἐρυθροδάνου διάλιθον χρύσεον. Concilium Calchedonense act. 1 : Ἀπήλειψαν αὐτῶν τὰς βίβλους, ... θέλοντες λαβεῖν καὶ τὰ Καλαμάρια.

* Glossar. Lat. Gall. ex Cod. reg. 7679 : *Calamarium, Lieu à mettre plumes. Cornet à aincre*, in altero Gall. Lat. ex Cod. 7684. *Galimart*, apud Rabelais. lib. 1. cap. 14. *Galemart* ridicule, pro Cultro, in Lit. remiss. ann. 1481. ex Reg. 209. Chartoph. reg. ch. 138 : *Où est le villain Cornard, qui a le Galemart, ... voulant dire du suppliant qui avoit un grant cousteau à sa sainture.* Cencius ubi de instituendo scriniario : *Tunc pontifex dat ei pennam cum Calamario, sic dicens : Accipe potestatem condendi cartas publicas secundum leges et bonos mores.*

¶ **CALAMATUS**, CALAMAUCA, CALAMAUCUM. Vide *Camelaucum*.

1. **CALAMELLA**, CALAMELLUS, CALAMAULA, CALAMAULIS, Fistulatorius calamus, quo in bellis etiamnum utuntur Helvetii. Papias : *Calamaula, canna, de qua cantatur. Calamaulis*, in Notis Tyronis pag. 173. Eustathio, Καλαμαύλης, qui calamo in tibiam formato canit. *Calamella*, apud Ugutionem, *Canna, cum qua quis canit, unde Calamellarius, qui ea cantat.* Jacobus de Vitriaco lib. 3. Hist. Orient. et Oliver. Schol. : *Volebant enim sibi facere nomen, cum tubis, Calamellis, et signis multis progressi.* A calamis efficta vox *Calamellus*, fistula, nostris *Chalumeau*, hodie; *Chalemelle*, olim. Chron. MS. Bertrandi *du Guesclin* :

Trompes et Challemelles, et cors Sarazinois.

Alibi :

N'y ot trompe sonnée, ne autre cor bandi,
Ne nulle Challemie, ne bombarde ossi.

CANNAMELLA dixit Dantes in Infern. Cant. 22. Neque aliæ sunt *Calamellæ*, à *flageolis*, seu, uti appellamus, *Flageolets*. Guill. *Guiart* ann. 1270 :

Lors s'oissiez trompes sonner,
Cors, tabours, Flageus, et chevretes.

Idem ann. 1304.

Tabours sonnent, et Flagiex pipent.

Un Roman MS.

Les tropes, li Flajol, li cor, et li tabour.

CALAMAULÆ, *Fistulæ organorum*, Ugutioni.

* Glossar. Lat. Gall. ex Cod. reg. 521 : *Calamaula, fleute Gallice, a Calamus et aula.* Hinc

* CALAMAULARIUS, Qui calamo seu fistula canit, *Chalemelloin*, in Glossar. Lat. Gall. ex Cod. reg. 7692. *Chalemeler*, Fistula canere, in Mirac. B. M. V. MSS. lib. 3. ubi de Orpheo :

Toudiz aloit Chalemelant
La douceurs de ses chalemeaus.

* *Chameller*, eadem notione, tom. 2 Poemat. reg. Navar. pag. 182.

¶ 2. **CALAMELLA**, vel CALAMELLUS. Vita S. Faronis num. 114. inter Acta SS. Benedict. sæc. 2. pag. 621 : *Dum quadam dies infelicem quemdam virum hujus Basilicæ gremiis officio membrorum destitutum obtulisset, et reptantem manibus et Calamellos tibiarum contractum vix ostium ecclesiæ eum intus recepisset.* Mabillonius suspicatur legendum, *Columellis*. Si retinendum est *Calamellis*, crederem hujus miseri tibias sic appellatas fuisse, quod graciles essent, instar calamorum, Gallice *Grêles comme des Flageolets.*

¶ **CALAMELLUS** MELLITUS, Saccharum. Vide *Cannamella* post *Canamella*,

* **CALAMENTUM**, *Lo menatore*, in Glossar. Lat. Ital. MS.

* **CALAMISTRUM**, *Esclice à crépir les cheveus*, in Glossar. Lat. Gall. ex Cod. reg. 7692. Stat. colleg. Navar. ann. 1315. in Lib. rub. Cam. Comput. Paris. fol. 516. r° : *Nullus comam nutriat, nec habeat Calamistrum, nec cucufam; sed tonsuram rotundam deferat et coronam satis largam.* Glossar. Provinc. Lat. ex Cod. reg. 7657 : *Enrigotar, Prov. Calamistrare.* Utitur Plautus. Vide Martin. Lexic. v. *Calamister.*

¶ **CALAMEUS**, *Januarius mensis.* Papias in MS. Bituricensi.

CALAMI. Papiæ : *Hastæ candelabrorum, in modum calamorum factæ.* Vide Exod. cap. 25. 30. 37.

¶ **CALAMINA**, Cadmia, lapis ærarius seu species terræ fossilis, quæ cum cupro commiscetur, ut flavum fiat, Gall. *Calamine.* Consuetud. Lemovic. art. 71 : *Sciendum est, quia de cupro, stamno et plumbo, et de terra Calaminæ, et filo lanæ redduntur centum et sex libræ pro quintali.* [** Chart. Comit. Holsat. ann. 1254. ap. Lappenb. Document. Init. Hanseat. pag. 69 : *De pondere calamini et cretæ denarium.*] Vide *Calammaris.*

* **CALAMITA**, *Bona guta interpretatur, et est quædam species piscis valens contra frigiditatem.* Glossar. vet. ex Cod. reg. 521. Vide alia notione in *Pennensis*, nempe pro acu magnetica; nostris olim *Calamite*, quod, ut docet Diction. Trevolt. ubi primum magnetem ad polum dirigi cognoverint, acum magneticam sic adhibebant, ut inter stipulas aquæ innatantes, ranæ calamitis instar, jacentem collocarent, antequam pyxidis nauticæ coagmentandæ ratio inventa fuerit. [** Conf. Jal. Archæol. Naval. vol. 1. pag. 210.] Vide mox *Calamites.*

** **CALAMITARE**, *Calamitatem inferre.* Gemma Gemmarum.

¶ **CALAMITES**, *Genus ranarum, vocatæ, quoniam inter arundines fructicesque vivunt.* Gloss. San-German. MS. num. 501. [** ex Isidor. Orig. lib. 12. cap. 6. sect. 58.] Vide *Gutta*, 6. Macula.

* Glossar. Lat. Gall. ex Cod. reg. 7692 : *Calamites, Raine de champs.* Occurrit apud Plin. lib. 32. cap. 7. et 10.

* Vocis Gallicæ *Chalemastit* origo mihi incomperta, qua vile quoddam officium significari videtur, in Lit. remiss. ann. 1474. ex Reg. 195. Chartoph. reg. ch. 1276 : *Villain plus que Chalemastit.*

1. **CALAMIZARE**, *Læta cantare, a calamus.* Joan. de Janua, et Gloss. Lat. MS. ex Græco καλαμίζειν. [Papias MS. habet : *Calamisare, Non læta canere.*]

* 2. **CALAMIZARE**, Spicas legere. Glossar. jam laudatum : *Calamizare, chalendeler vel glaner.* Vide *Calamare* 1.

* **CALAMMARIS**, *Lapis purgans oculos ab infirmitate, Gall. Calamine. Por mal des euz* (yeux) *prenez de cette pierre un petit, e raez entor, e letes poudre, e destrempez en vin blanc, e puis si le colez parmi une toalle doublée qu'il n'i aille point de grosse sustance de la pierre, puis en porrez degouter ès euz o une pane ou o autre chose.* Ita ad Glossar. Lat. Gall. ex Cod. reg. 521. *Chalemine*, in Stat. Macer. MSS : *Le cent de Chalemine doit iiij. den. le cent d'alun doit iiij. den.* Vide *Calamina.*

¶ **CALAMULÆ**, *Fistulæ organorum*, Ugutioni.

1. **CALAMUS**, Fistula, qua sanguis Dominicus hauritur. Tabular. Monasterii S. Theofredi Velavensis : *Calices argenteos auroque decoratos sex, cum uno Calamo argenteo.* Vide *Canna argentea* in *Canna* 4.

** 2. **CALAMUS.** Porrigebant calamum Argentoratenses in traditionibus symbolicis. Charta ann. 1311. in Alsatia Diplomat. num. 857. vol. 2. pag. 96 : *Redditus annuos 52. quartalium et 3. sextariorum tritici et siliginis.... reservato sibi usu fructu eorundem ad tempus vite sue.... donavit et per porrectionem Calami tradidit simpliciter et irrevocabiliter etc.* Alia ann. 1314. ibid. num. 877. pag. 107 : *Simundus et Conradus de Frundesberg... vendiderunt, tradiderunt et libere resignaverunt per porrectionem Calami, ut est moris, que more schottationis secundum consuetudinem civitatis et diocesis Argent. pro traditione habetur, Nicolao dicto Zorn sculteto Arg. presenti et ementi pro se et ejus heredibus universis feodi capacibus.... curiam sitam in villa Sesenheim etc.* Vide ibidem num. 893. pag. 114. et num. 897. pag. 116.

** 3. **CALAMUS.** Vide *Penna*, 2. Chronic. Gottwicense pag. 14. Isidor. Origin. lib. 6. cap. 14. sect. 3.

* **CALANCA**, f. Locus humilis, depressus. Inquisit. ann. 1268. ex schedis Pr. *de Mazaugues : Et postea protenditur ad caput Arquembaudi, ubi est quædam Calanca... Et postmodum volvitur per quandam Calancam usque ad claperium de Poma.* Vide infra *Calata* 2.

1. **CALANDRA.** Jacobus de Vitriaco lib. 3. ann. 1218 : *Majores congregati sunt ad Calandram templi, quid facerent, deliberaturi.* Alias *Calandra*, Italis est alaudæ species, quam a *Galerita*, de qua suo loco, dictam putat Octav. Ferrarius. Eadem, quæ *Calandrus.*

* 2. **CALANDRA**, Navigii species, idem quod *Chelandium.* Charta Frider. II. imper. ann. 1225. apud Cencium inter Cens. eccl. Rom. [** Pertz. Leg. vol. 2. pag. 255.] : *Ducemus nobiscum centum Calandras, et tenebimus quinquaginta galeas similiter per totum biennium, si necesse fuerit, bona fide armatas.* Ubi de passagio transmarino. Hinc Jacob. de Vitriaco intelligendus videtur de ea parte ædis sacræ, quæ *Navis* nuncupatur.

* 3. **CALANDRA**, Ornamentum capitis muliebris, Hispan. *Calandrajo*, idem quod mox *Calantica.* Comput. MS. ann. 1245 : *De cucufis pro domina comitissa per Johannem vicecomitem, xxx. sol. De duabus Calandris emptis pro eadem per Morellum, xx. sol.* Vide infra *Caliendrum.*

CALANDRUS, Gryllus, cicada, curculio, vulgo *Calandre*, Italis *Calandra*, apud Fridericum lib. 1. de Venat. cap. 35. Conradus de Monte Puellarum in Vita S. Erardi Episcopi cap. 1 : *Et tanquam Calandrus dulcisonans in myrica, et sicut philomela nocturna silentia decorans.* Ubi Bollandus : *Curculio vulgo Calandra dicitur, Teutonibus Kalander.* Vide V. Cl. Ægid. Menagium in Origin. ling. Franc. et Ital. et *Calandra*, 1. [** Adde Frischium in Lexic. German. voce *Calender.* Adel.]

¶ **CALANGIA.** Vide *Callengia.*

CALANNUS. Vide *Chelandium.*

¶ **CALANTICA**, Tegumentum capitis ad usum mulierum. Blosius Ortyzius in Itinerario Adriani VI. cap. 16 : *Mulieres hujus civitatis ornantur mundo satis honesto, absque palliis, crinibus solutis sub Calanticis.*

* Occurrit præterea in Stat. Avenion. lib. 1. rubr. 34. art. 5. Sed a Glossario vox prorsus amandanda, cum ea usus sit Cicero, Nonio teste. Vide Martin. Lexic. in hac voce et infra *Calota.*

* **CALAPHARIUS**, Qui navium rimas et commissuras solidat et componit, in Gloss. Ubald. ad calcem *Docum. d'amor.* Barber. pag. 257.

1. **CALARE.** Papiæ : *Ponere, vocare.* Gloss. Græc. Lat. MS : ὑποδεσμῶ, *Kalo, cio, voco.* Editum habet *Calcio*, quæ vox ad Græcam refertur. [Fridegodus in Vita S. Wilfridi Episcopi :

Et coiere simul, Berthwaldo jure Calante.

Utitur Gellius.] Vide infra *Calatores.*

2. **CALARE**, Demittere, laxare, descendere. [** Isidor. Origin. lib. 6. cap. 14. sect. 4 : *Apud nautas Calare ponere dicitur.*] Ex Italico *Calare.* Gloss. Græc. Lat. χαλῶ σχοῖνον, *laxo, demitto.* Hist. Cortusiorum lib. 6. cap. 5 : *Calata portæ levatura, seu Saracenesca.* Ibidem : *Captis custodibus, aperuerunt portam S. Joannis, et pontem Calaverunt*, i. pontem demiserunt, *ils ont baissé le pont-levis.* [Jacobi Auriæ Annal. Genuens. lib. 10. ann. 1286. apud Murator. tom. 6. col. 592 : *Ecce naves .... oneratæ.... quibus obviam ivit, et eas fecit Calare.* Col. 604 : *Quumque illi de nave exquisiti essent pluries per mercatores et homines galearum dictarum ut Calare deberent, etc.* Et col. 606 : *Quum galeas Januensium a longe vidissent, velis et arboribus festinanter ad terram Calatis, versus galeas Januenses diverterunt.* Memoriale Potestatum Regiens. ad ann. 1218. apud eumd. Murator. tom. 8. col. 1096 : *Scalas apposuerunt et Calavit super murum civitatis.* Statuta Piscatorum Massil. MSS : *Nullus piscator audeat neque possit Calare certam artem piscandi Tonaira de posta a loco de l'Estaca in mari usque ad gargatam portus Massiliæ;* id est, Retia laxare, quæ dicuntur *Tonaira de posta.* Ibidem : *Neque licitum sit Calare diebus nec vigiliis.*] [** Vide Murator. Antiq. Ital. vol. 2. col. 1177. c.]

CALARIA, Joanni de Janua, *Navis, quæ ligna portat. Calo, ille, qui ligna portat.*

* **CALARIUS.** Vide supra *Cala* 2.

CALASNEO, Conterminus, qui agrum collimitaneum possidet. Lex Bajwar. tit. 21. § 1 : *Nullus de alterius silva, quamvis prius inveniat, aves tollere præsumat, nisi ejus commarchanus fuerit, quem Calasneo dicimus.* [** Grimmius Grammat. German. vol. 2. pag. 735. legendum censet : *Calasuëo* a *Laso*, Pascuum, quasi Compascens. Confer eundem in Antiquit. Juris pag. 498. Graff. Thesaur. Ling. Francicæ vol. 2. col. 294. radice *Lasn*, et mox]

* **CALASNUS**, Conterminatio. Charta ann. 828. apud Meichelbec. tom. 2. Hist. Frising. pag. 279 : *In agris, in pascuis, in vineis, in aquarum decursibus, in omnibus Calasnis et interminis, etc.* Vide *Calasneo.*

* **CALASTICUM**, *Purgatorium*, in Glossar. Lat. Ital. MS. [** Vide Forcellin. in *Chalasticus.*]

* **CALASTICUS**, *Calefactivus*, ex Gloss. ad Alex. Iatrosoph. MS. lib. 1. Passion. cap. 135 : *Qui enim solis usi sunt Calasticis adjutoriis, etc.*

¶ 1. **CALATA** Comicia, ἀρχαιρέσια, δὶς τοῦ ἔτους γενόμενα, *Sacra pontificalia.* Supplem. Antiquarii. Vide *Calatores.*

* 2. **CALATA**, Callata, Via strata, quæ in declivitatem vergit, f. ab Ital. *Calata*, descensus, nostris *Callate* ex Cotgravio. Stat. Avenion. ann. 1243. cap. 53. ex Cod. reg. 4659 : *Teneantur reficere Calatam et levatam Durenciæ.* Et cap. 81 : *Removeantur Callatæ, quæ sunt in civitate, ubicumque sint infra civitatem, de magnis lapidibus, vel aliter periculosæ, et eorumdem arbitrio fiant Calatæ, ubi infra civitatem sibi visum fuerit debere fieri, de lapidibus minutis.* Charta ann. 1229. ad calcem eorumd. stat. : *Quam* (aquam) *accipietis in Callata pontis boni passus citra ipsum pontem, etc.* Vide *Callata.*

* **CALATHUS**, Tumulus, ut notant docti Editores ad Acta S. Joan. episc. tom. 6. Sept. pag. 31. col. 1 : *Quod* (corpus) *postea, sedato pavore, ipso, in loco ejus concives antiquissimo Calatho nimium gementes locaverunt.*

CALATICUM. Papias [Edit. et MS. Bituric.] : *Distychum, genus ordei dictum, quod duos ordines habeat; hoc plerique Calaticum vocant.* Vide eumdem Papiam in *Calaticum.* [** Utroque loco exscripsit Isidor. Origin. lib. 17. cap. 3. sect. 10.]

CALATORES, Festo, *Servi*, ἀπὸ τοῦ καλεῖν, *quod est vocare, quia semper vocari possent ob necessitatem servitutis.* Gloss. Lat. Græc : *Calatores*, δοῦλοι δημόσιοι, περίπολοι. *Calator*, κλήτωρ. *Calatores*, ἐκβιβασταὶ ἱερέων. Gloss. Isidori : *Calator, Minister sacrorum.* [** Vide Forcellin.] Sed aliud sonat apud Leonem Ost. lib. 3. Chr. Casin. cap. 58 : *Gualterius ... reddidit B. Benedicto fluvium Lauri cum tota piscaria sua, et ipsam focem S. Benedicti cum tota piscaria et Calatoribus suis, tam intus, quam foris, cum introitu et exitu suo.* Ubi forte *Calatores*, remiges sunt : nam Italis *Calar remi*, est navigare. [Malim *Piscatores* intelligi a *Calare* 2. quod vide.] [* Vide supra *Caitor..*]

* **CALATRAVÆ** Milites, Ordo sacræ militiæ equestris a Calatrava oppido ad Anam fluvium nuncupatus. Hujus auctores Raimundus Fiterius abbas ordinis Cisterc. et Didacus Velasquius ejusdem socius : multis immunitatibus amplificatus fuit ab Alex. III. PP. Vide Marian. de Reb. Hisp. lib. 10. cap. 6. Ita Carolus de Aquino in Glossar. milit.

¶ **CALATUM**, Lignum piscatorum, seu Piscaria e lignis confecta. Acta SS. Julii tom. 1. pag. 168. in Processu de B. Petro de Luxemburgo : *Molendinarii vero unum Calatum sive lignum piscatorum, quod impediret illud molendinum æstimantes, magnas barras fusteas acceperunt.*

CALATURA, pro *Theclatura* : quod vide.

¶ 1. **CALATUS**, *Poculi genus*, in vet. Glossario San-German. MS. num. 501. [** Vide supra *Cala*, 2.]

* 2. **CALATUS**, Instrumentum rusticum, quo herbas secant, vel colligunt. Charta Joan. de Castel. dom. de S. Hilar. pro habitat. ejusd. ann. 1324. in Reg. 62. Chartoph. reg. ch. 361 : *Eis licebit herbas colligere cum faucillis ferreis seu Calatis in stannis nostris pacifice.*

* **CALAX**, *Adulator*, in Glossar. vet. ex Cod. reg. 7613. Aliud ex Cod. 7641 : *Calax, adulator, parasitus.* Ubi infra : *Colax*, recte.

¶ **CALBÆ.** Vide in *Calbares.*

CALBARES. Chronicon Fontanell. cap. 9 [** Pertz. vol. Scriptor. 2. pag. 283. lin. 36.] : *Unde milites Christi alimoniam consequebantur, inde nunc pastus exhibetur canibus, . . inde armillæ, balthei, et Calbares fabricantur.* Ubi forte legendum *Calbei.* [** Malim *calcares* pro *calcaria.*] Nam Festus *Calbeos* ait esse *armillas, quibus triumphantes utebantur* : unde postmodum quævis ornamenta ita dicta, etiam equorum. Gloss. Lat. Gr. *Calbæ*, κόσμια ἵππων, ubi Rigaltius ad Onosandrum *Calbei* restituendum censet, vel *Calbea*, ut Salmasius ad Hist. Aug. pag. 227. Papias : *Calbæ, armillæ, quæ militibus ob virtutem dantur.*

* Vide Castigationes in utrumque Glossarium v. *Calbæ.* Huc referri utcumque potest verbum *Chalbinder*, quod obscene usurpatur, in Lit. remiss. ann. 1395. ex Reg. 148. Chartoph. reg. ch. 94 : *Comme le suppliant pissoit contre le mur, passa auprès de lui Jehanne femme Colin Fouquart, qui estoit coustumiere de parler assez de légier et lui commença à dire que il avoit un grant.... et que sa femme en seroit la nuit bien Chalbindé.*

CALBASIUS. Hist. Miscella lib. 18. pag. 160 : *Sericum copiosum, ac piper, et Calbasias camisias multas.* Sed reponendum *Carbasias* suadet Theophanes, qui καρβάσια καμίσια habet.

¶ **CALBEUS.** Vide *Calbares.*

CALBINO, *Memor.* Papias.

¶ **CALBISTIA**, *Meror.* Glossar. San-German. MS. num. 501.

* **CALBITIO**, *Meror*, in vet. Glossar. ex Cod. reg. 7646. [** In Gloss. cod. reg. 7644. ut ex Isidoro : *Calbitio, memor.*] Vide *Calbino*, *Calbista* et *Calvitia.*

* **CALÇA**, Calx, Ital. *Calce*, Gall. *Chaux.* Lit. ann. 1367. Tom. 5. Ordinat. reg. Franc. pag. 723. art. 5 : *Etiam erat quæstio cujusdam portalis, situati in muro dicti loci ante portam castri, ... quod fuerat clausum cum Calça et arena per homines dicti loci.*

CALCACREPA. Will. Brito in Vocab. MS : *Saljunca, est quædam herba spinosa, a salio, quod salire faciat calcantes, et propter hoc vulgariter Calcacrepa dicitur, quod calcantes facit crepare.* Glossæ Biblicæ MSS : *Palliolus, Calcacrepa.* At Ruellius lib. 2. de Natura stirpium cap. 117. et lib. 3. cap. 83. *Calcacrepam*, Gall. *Chaucetrape* vocari ait. Hunc consule, si lubet.

* **CALCADIS**, *Atramentum album.* Blanc

d'Espaegne, in Glossar. Lat. Gall. ex Cod. reg. 521.

* **CALCADOYRA**, vox Occitanica, Mactræ species, in qua prius calcantur racemi, quam in cupam projiciantur. Inventar. ann. 1320. ex Tabul. S. Vict. Massil. : *Item unum embut et duas Calcadoyras.* Vulgo *Caucadoires.* Vide *Calcatorium.*

* **CALCADURERIUS.** Vide infra *Calcatura.*

CALCAGIUM, [* Tritura bladorum, quæ apud Provinciales pedibus jumentorum fit; quod jus ita ad dominos feudales in Provincia pertinet, ut eo legitima feudi possessio asseratur. Vide infra *Equalia.* Transact. ann. 1501. ex schedis Pr. *de Mazaugues : Cum equabus per ipsum dominum seu suos providendis, seu quibus Calcagium bladorum et granorum hominum ipsorum Turris Ayguesii ipse magnificus dominus tradiderit.* Vide supra *Cabestragium* et infra *Calcatio* et *Calcatura.* Extat alia notione] in *Calcea.*

CALCALENTERIS. S. Columbanus Epist. 4. de Paschate : *Quid ergo dicis de Pascha* 21. *aut* 22. *lunæ, quod jam (tua tamen pace dictum sit,) non esse Pascha, nimirum tenebrosum, a multis comprobatur Calcalenteris.* Ubi forte legendum *calculatoribus :* nisi *chalcenteris* legatur, id est, viris doctis. Nam χαλκέντερον cognominatum Originem notum. [Hoc est, juxta vim nominis, Pectus æneum : quocirca Cangius nonnihil a scopo videtur aberasse. Ob immensos labores potius, quam ob doctrinam Græci χαλκέντερον dixerunt Origenem, Latini *Laboriosum.* Si *Calcalenteris* mendose scriptum est, mallem *Calendariis,* qui supputant Kalendas et tempora, quam quodvis aliud vocabulum.]

* **CALCANEUM** Erigere, Rebellare, Gall. *Se révolter.* Charta ann. 1281. in Chartul. Hannon. ch. 23. ex Cam. Comput. Insul. : *Cum illustris domina Margareta, tunc Flandriæ comitissa, adversus Romanum imperium..... indevotionis erecto Calcaneo, ipsum imperium sive regem per ingratitudinis vitium adeo provocasset, etc.* [** Epistol. Adriani IV. PP. ad episcop. German. ann. 1158. ap. Hahn. Monument. incdit. vol. 1. pag. 126 : *Vix aliquem de principibus suis, qui forte Calcaneum suum contra eum levaret, possit armis compescere.*]

¶ **CALCANEUS** Locus, f. Locus calculosus. Chartular. S. Crucis Quemperleg. fol. 82. verso : *Et statim iterum* (fossa) *curvat quasi ad caudam ipsius villæ ad ipsam petram jacentem, in quo Calcaneus locus est.*

¶ **CALCANIUM**, Simili notione. Acta SS. Maii tom. 2. pag. 183. in Miraculis S. Joannis Beverlac. : *Tandem per loca palustria gradiens ... plantæ pedum ipsius pellisque interior acutis Calcaniis frutetisque pungentibus ita terebratæ sunt.* In ecgrapho scriptum erat *calonicaniis :* quod correxit Continuator Bollandi.

* Calculus, Gall. *Caillou.*

1. **CALCAR**, Boiæ seu Collarii ferrei species, vel collistrigium, in Miraculis S. Catharinæ Suecicæ num. 12.

Calcarium Redditus. Charta Odonis Archiepisc. Rotomagens. mens. Jul. ann. 1266 : *Redditus in frumento, avena, blado communi, nucibus, denariis, caponibus, gallinis, anseribus, ovis, panibus, garbis, Calcaribus, mutonagiis, etc.* [** Vide infra *Calcaria* in *Calx.*] [Codex MS. Nobiliac. apud Stephanotium Antiquit. Pictav. tom. 3 pag. 528 : *De quibus reddunt viginti et quinque solidos annuatim, et tenent ad homagium planum et ad una Calcaria de placito ad mutationem Abbatis et ad mutationem de patre et filio.* Charta anni 1409. inter Schedas D. *de Mazaugues : Pro præmissis libertatibus ... gratiis ... hæredes ... in signum nostri majoris dominii unum par Calquarium deauratum ... servire teneantur.*]

Calcaria Aurea, Militum propria erant; cum enim armis accingebantur, ipsorum pedibus aptabantur. Joannes Monachus Majoris Monast. de Gaufridi Ducis Normanniæ Militia agens : *Calcaribus aureis pedes ejus astricti sunt.* Hist. Caroli VI. de Ludovici II. Regis Siciliæ et Caroli fratris Militiis : *Eos accingit baltheo militari, et per Dominum de Chauvigniaco Calcaribus deauratis jussit Rex Carolus insigniri. Cavaliere a Spron d'oro,* apud Joan. Villaneum lib. 8. cap. 13. lib. 10. cap. 1. *Eques auratus,* Scriptoribus recentioribus. Raimundus Montanerius in Hist. Aragon. cap. 240 : *Lo Compte bataylla arengada ab* 200. *cavallers Francesos, tots ab Esperons d'or, e molt d'altres del pays, ab les gens de peu vench vers la campanya.* Huc pertinet, quod olim obtinuit proverbium, apud Boncompagnum in Arte dictaminis MS. *Plus fulgent Calcaria, quam altaria.* Ita fuisse veterum Francorum calcaria, auctor est Joannes Puricellus in Monumentis Ambrosianæ Mediolanensis Basilicæ pag. 71. quo loco tumulum detectum et apertum Bernardi Regis Italiæ, Pipini filii, describit : *Sed et Bernardi pedibus ita calceatis Aurata induerunt Calcaria, ex ære, quod nos vulgo* Rame *nominamus. Figuræ tamen illæ erant parum admodum ab hodiernis et nostratibus diversæ : in exterioris cornu extremitate parvum erat et rotundum foramen, e quo superne fibula, inferne autem ansula eodem ex ære pendebant. Ansulæ consuta claviculo erat corrigia e corio, rubri pariter coloris, quæ desub pede per alterum inferioris cornu foramen modice longum deducta, et illi fibulæ inserta, Calcar pedi astringebat. Rotula vero et Calcaris dorso modice prominens senis et perbrevibus circum radiis acuminata vergit deorsum.* Vide Notas nostras ad Stabilim. S. Ludovici lib. 1. cap. 118.

* Aureis etiam, aut saltem deauratis, ornabantur Doctores Universitatis Aurelianensis, quippe qui in suo ordine primi, ut milites in suo; quod discimus ex Stat. ejusd. Universit. ann. 1367. in Cod. reg. 4223. A.. fol. 65. r°. : *In eorum festis solemnibus* (cum) *equitabatur, suis doctoribus solvebantur, videlicet sella, frenum et Calcaria deaurata.*

Calcaria Argentea, Scutiferorum erant. Regestum Homagiorum Nobilium Aquitaniæ ann. 1273. ex Camera Comput. Paris. : *Et si aliquis eorum non esset Miles, debet servire domino regi cum caligis albis de scarleto, et Calcaribus Argentatis.* Chron. Franc. ex Bibl. Memmiana : *Nous avons trouvé la bataille contre le plus vaillant escuier, qui oncques en son temps chaussa Esperons Blancs.*

Calcaria Amputari solebant Militibus, cum degradabantur. Thomas Walsingham. de Andrea *de Harcley,* Comite Carlilensi, exauctorato, et propter læsæ Majestatis crimen suspenso : *Nempe primo degradatus est, Amputatis securi ad talos suos Calcaribus, et sic vicissim discinctus est baltheo militari.* Le Roman *de Garin* MS :

Li Esperons li soit Copé parmi
Prés del talon au branc acier forbi.

Statuta pro Militibus Balneaticis : *Si vous faites chose contre l'ordre de chevalerie, (que Dieu ne veuille) je Couperay vos Esperons de dessus vos talons.* In Stabilimentis S. Ludovici lib. 1. cap. 128. dicitur de ignobili, qui militari cingulo donari se passus esset, quod *le porroit prendre li Rois, ou li Bers, en qui chastellerie ce seroit, et Trencher ses Esperons seur un fumier.* [** Confer Grimmii Antiq. Juris pag. 712.]

Calcaratus, Calcaribus pedes indutus, apud Matth. Paris ann. 1247. pag. 484. Vide *Calcarisatus.*

* *Carcaire,* pro *Eperon,* ut videtur, a Lat. *Calcar,* mutata litera *l* in *r,* in Charta ann. 1370. inter Instr. tom. 11. Gall. Christ. col. 338 : *Il estoit tenu et subget* (l'évèque d'Avranches) *venir descendre de cheval à la porte de ladicte chapelle, et y descendre de dessus son mullet ou mulle, sur lequel ledict sieur évesque est monté, acoustré de sa robe et saion et chausses, housses et Caircaires ou digarts.*

2. **CALCAR**, Prora *galeæ,* quæ lignum præfixum habet, quo ratas hostium transfiguntur percussæ. Vulgo illud *Calcar* dicitur, ait Anonymus auctor Hist. Hierosol. pag. 1167. nostris *Esperon.* [** Vide Jal. Archæol. Naval. vol. 1. pag. 68. 238. 440. vol. 2. pag. 476.]

* 3. **CALCAR**, *Vinum, quod primum libatur e duobus.* Glossar. vet. ex Cod. reg. 7646.

1. **CALCARE** Lectum Alterius, in Lege Bajwar. tit. 7. cap. 1. § 3. Conjugium alterius violare. *Lectulum herilem ascendere,* in leg. 3. C. Theod. de Lib. causa. (4, 8.) Speculum Saxon. lib. 3. art. 45. § 6 : *Uxor, cum mariti lectum ascenderit, etc.* Vide *Calcare.*

¶ Calcare Litem, Eam finire. Clotharii III. Præceptum pro Monasterio S. Dionysii tom. 1. Annal. Benedict. pag. 693. col. 2 : *Quod et in præsenti judicia nostra utrasque partis pro Calcanda lite vise fuerunt accepisse; sed dum in ipsa causatione intenderent, etc.* [** ap. Brequin. num. 141. ubi *calcada;* forte elliptice dictum pro *sole calcato* i. e. die praestituta *ad litem finiendam.*]

Calcare Equam, Equus dicitur, seu admissarius, quando eam init : nostris *Couvrir.* In Curia Generali Catalaniæ, acta Cervariæ sub Petro III. Rege Arag. ann. 1359. MS. statuitur : *Equam, quam ille, cujus fuerit, Calcari fecerit per equum aut ronssinum, non posse pro debito, vel alia causa, pignorari, seu recipi.*

¶ Calcare Solum, in Lege Salic. tit. 40. pag. 74. edit. Eccardi : *Qui vero per vestigium sequitur, quod se agnoscere dicit, illo alio reclamante non offerre per tertiam manum voluerit, nec solum secundum legem*

Calcaverit. Ubi doctiss. editor censet legendum esse, solem collocaverit, i. e. diem constituerit. [** Vide *Collocare.*]

* 2. **CALCARE**, Vestigium alicujus insequi, qua notione dicimus, *Marcher sur les talons de quelqu'un.* Glossar. vet. ex Cod. reg. 7646 : *Calcat, terit, vestigium insequitur ejus.*

* A verbo Calcare, nostri *Caucher* dixerunt, pro In struem ordinare, aggerere, vulgo *Ranger, tasser.* Lit. remiss. ann. 1378. in Reg. 113. Chartoph. reg. ch. 172 : *Icellui suppliant et Marguerite de l'aage de xiiij. ans, estans ensemble avec autres personnes en la granche, là où il Cauchoient un tas de foing, etc.* Lit. ann. 1397. tom. 8. Ordinat. reg. Franc. pag. 186 : *Une estapple de guedes Cauchées et mises en pipes et tonneaux, etc.*

* 3. **CALCARE**, Perambulando anquirere, investigare. Stat. Vallis-Serian. rubr. 69. ex Cod. reg. 4619. fol. 95. r°. : *Communia dictæ vallis.... possit.... eligere calcatores ad Calcandum et perquirendum in et super ipsa communia..... si quis occupaverit, secaverit et restrinxerit aliquas stratas, possessiones et bona ipsorum communium, ... et ad dividendum et separandum communia a divisis et ea terminandum.*

* 4. **CALCARE** solebant terram vel prædium, quod acquirebant vel dimittebant, ut illius limites certo noscerentur. Charta ann. 967. in Chartul. S. Vict. Massil. : *Recognoscebant quia nullum directum non habebant de illis vineis et de ipsis campis, et se guerpierunt, et stipulaverunt, et intra jacentem jactaverunt, et Calcaverunt.* Unde manifestum fit frustra ab Eccardo restitui *solem*, pro *solum*, in Lege Salica tit. 40. laudato voce *Calcare.* Vide *Percalcare.*

** 5. **CALCARE**, ut *Calchare.* Capitul. Nautic. Venet. ap. Pardessus. Collect. Leg. Nautic. vol. 5. pag. 21. cap. 1 : *Patroni navium debent dare naves suas bene corzatas et calcatas de foris, etc.*

* **CALCARI.** Acta S. Rosæ tom. 2. Sept. pag. 443. col. 2 : *Cujus* (sanctæ) *caro calcatur, dum premitur inferius; et cum dimititur, ad statum pristinum revertitur.* Id est, caro hujus Sanctæ, si digitis fuerit compressa, ut viventis corpus, ad tactum recedit et continuo revertitur.

CALCARIA, Calcarienses. Vide *Calx.*

* **CALCARISATUS**, Calcaribus instructus. Charta hominii ann. 1450. ex Cod. reg. 8542. 3 : *Illustris princeps dominus Petrus dux Britanniæ, comes Montisfortis....... procedens ense præcincto, ocreatusque et Calcarisatus, etc.* Vide *Calcaratus* in *Calcar* 1.

¶ **CALCARIUM.** Vide *Calciarium.*

CALCATA, *Atramentum citrinum*, Joanni de Garlandia in Synonymis Chimicis. [Vide *Calcea.*]

* **CALCATÆ.** Hirtius de Bello Hispan. cap. 16 : *Copiæque totæ eruptionem fecerunt, secumque extulerunt Calcatas ad fossas complendas.* Erant itaque *Calcatæ*, si tamen genuina est Hirtii vox, cui nonnulli *cultatas*, vel *culcatas*, aut *crates* subrogant, virgultorum fasciculi, nostris *Fascines.* Vide Glossar. milit. Caroli de Aquino in hac voce.

* **CALCATENUS**, pro Calce tenus. Mirac. S. Audoeni tom. 4. Aug. pag. 833. col. 2 : *Licet tibi, quantum video, pericula Calcatenus incumbant, tu tamen nè trepida.*

* **CALCATIO**, Tritura bladorum, idem quod supra *Calcagium.* Charta ann. 1442. ex schedis Pr. *de Mazaugues : Equas pro calcando blada tempore messium seu Calcationum.* Vide Consil. Bertrandi tom. 4. Cons. 231. pag. 259. et infra *Calcatura.*

* 1. **CALCATOR**, Calcar. Charta ann. 1404. in Reg. feudor. comitat. Pictav. ex Cam. Comput. Paris. fol. 227 : *Ego Simona de Peliz, relicta deffuncti Johannis Meschin, ... tenere confiteor...... ad homagium ligium et ad duo Calcatores deauratos, seu deux esperons dorez, vel quinque solidos de deverio, etc.*

* 2. **CALCATOR**, Inquisitor, qui de re aliqua perambulando anquirit. Locus est supra in *Calcare* 3.

CALCATORIUM, *Torcular.* Ita Gloss. Lat. MS. Reg. Addit Ugutio : *Quia uvæ vel oleum Calcentur, vel extortæ exprimantur.* [Greg. M. lib. 1. Dialog. : *Tunc vir Dei vineam ingressus racemos collegit, ad Calcatorium detulit, etc.* Thomasius in Dictionario suo Lat. Anglico Calcatorium exponit : *a limekillor pit, also the place, were they stampe grapes*, id est, Calcaria fornax, aut fovea, et locus ubi calcant uvas. Amalthea : *Calcatorium, semita in cella vinaria inter duos lacus. Item, locus ubi calx coquitur, et ubi uvæ calcantur.* Vide quæ ex Palladio laudantur in voce *Calcea.*]

* Gloss. Cæsar. Heisterbac. tom. 1. Hist. Trevir. Joan. Nic. ab *Hontheim* pag. 695. col. 1 : *Debent vindemiam colligere, et in carro suo ducere ad Calcatorium.* [** Chart. Donat. ann. 998. ap. Marin. in Papyr. Diplomat. pag. 167. num. 106 : *Medietatem de vinea in disertis posita petiam unam in integrum cum versulariis suis et terra ad calcatorio ponendum et residendum in commune.* Vide quæ ad hunc locum notat doctissimus editor pag.3 23.]

¶ **CALCATUM**, f. Agger. Recognitiones de Vouta Vivariensis Diœcesis in Archivo Principis *de Rohan* num. 18. cap. 41. fol. 49 : *Item, plus pro medietate quorumdam Calcatorum terre scitorum in dicto manso de Riparia confront. cum molendino prædicto et cum aqua Gluvie.* Vide *Calcea.*

* Videtur esse modus agri.

* **CALCATURA**, Idem quod supra *Calcagium*, Tritura bladorum, et præstatio quæ pro ea penditur, Provincialibus *Caucado.* Transact. ann. 1501. ex schedis Pr. *de Mazaugues: Idem dominus asserebat se esse in possessione..... percipiendi ab ipsis hominibus, pro jure Calcaturarum bladorum et granorum quorumvis ipsorum hominum per equas proprias ipsius domini....... decimam patem integram ipsorum bladorum et granorum.* Rursum ibid. : *Nec debeant solvere.... pro jure Calcaturarum...... eigueseriis, seu illo vel illis, quibus tales equæ, seu tale avere rossatinum erit nisi vicesimam saumatam.* Ex quibus emendanda, quæ dicuntur infra ad vocem *Calcaturæ jus;* maxime cum in tota Provincia, teste locupletissimo eodem Præside, nullum extet torcular. Vide præterea Bertrandum in Consil. tom. 3. pag. 251. et tom. 4. pag. 259. Hinc

* Calcadurerius, Qui ejusmodi præstationem exigit, in Sent. arbitr. ann. 1497 : *Ordinamus quod .... quantitatem bladi sic excoti intimare debeant dicto Calcadurerio.*

¶ **CALCATURÆ** Jus, Illud quod domino competit, cum ejus subditi tenentur uvas suas premere in illius *Calcatorio* seu torculari. [* Vide *Calcatura.*] Nova Gall. Christ. tom. 3. col. 1222. ex Instrumento anni 1321 : *Ecclesiæ suæ jura quartonis et Calcaturæ loci de Gatteriis comparavit ab Isnardo de Cornilham anno* 1321. Statuta Eccles. Glandatensis MSS. ann. 1327 : *Præpositus.... habet jurisdictionem in hominibus brevis præposituræ et ab ipsis servitium recipit, et alias schahudias et alia jura in eis et in eorum bonis... habet in frenagiis* (furnagiis) *mauturis, Calcaturis, bannis, et cæteris aliis, prout est assuetum.*

CALCEA, Calceia, Calceata, Calcetum, Via strata, nostris *Chaucée. Itinerarius agger,* Marcellino lib. 19. *Agger* nude, Sidonio Carm. 24. et lib. 1. Epist. 5. [Occurrit pro via strata in Tabulariis Monasteriorum Tironensis et S. Florentii. *Calcea stagni* in nova Gall. Christ. tom. 2. Instrum. col. 421.] [** Vide Guerardum in Prolegom. ad Chartul. S. Petri Carnut. § 8. pag. 12.]

Calceia, in veteri Aresto mox laudando et in veteribus Chartis apud Doubletum in Hist. Sandion. pag. 107. in Probat. Hist. Monmorenciac. pag. 409. in Hist. S. Mariæ Suession. pag. 433. [in nova Gall. Christ. tom. 2. Instrum. col. 71.] etc.

Calceata, in Epist. S. Ludov. de liberatione sua : *Quia fluvius Thaneos non erat vadabilis, propter profunditatem aquarum et riparum altitudinem, fecimus super eum Calceatam, ut per eum pateret transitus exercitui Christiano.* Adde Vincentium Belvac. lib. 32. cap. 99. *Via Calciata, littus Calciatum*, in Charta Ottonis Comitis Viromanduor. ann. 1045. apud Hemereum. [*Cheminus Calciatus*, apud D. *Brussel* Tract. de Feodis tom. 1. pag. 125. ex Regesto Campaniæ fol. 34.]

¶ Calcata. Lambertus Ardensis apud Ludewig. tom. 8. Reliq. MSS. pag. 603 : *Juxta Calcatam quæ duxit apud Nivennam.*

Calcetum. Ingulfus : *De lignis et sabulo Calcetum solidum viatoribus fieri fecit.* Occurrit præterea apud Will. Thorn ann. 1285.

Calceta, in Monastico Angl. tom. 1. pag. 914. tom. 2. pag. 980. tom. 3. pag. 263. 265. et in Fleta lib. 1. cap. 20. § 41.

Calceda, in Chronico Andrensi pag. 408.

¶ Calcedia, in Instrumento anni 1085. Tabularii S. Florentii.

¶ Calcedonia. Charta Radulphi Viromand. Comitis ann. 1163. in Tabulario Compendiensi : *In possessionem molendini associavit, ut idem Albericus suo sumptu stagnum, Calcedoniam et molendinum exstrueret.... molendinum, vivarium atque Calcedoniam in commune debent reparare.* Ibidem iterum atque iterum recurrit.

¶ Calceria, apud Marten. tom. 3. Anecdot. col. 456 : *Stratam publicam de Cameraco ad Atrebatum... fecit, quæ Calceria Brunechildis nominatur.*

¶ Calchia. Tabularium Calense pag. 162 : *Tenemus et possidemus... ortos cum fossatis, Calchias, medietatem prati, etc.*

¶ Calciata, apud eumdem Marten. tom. 1. Anecdot. col. 648 : *Calciata et strata regia, quæ tendit ad villam de Sotavilla.* Hist. Dalph. tom. 1. pag. 97. in Instrum. ann. 1309 : *Stagnum quod nihil valet... nam Calciata rupta fuit, jam diu est... et habet ibi subtus Calciatam stagni unum salicetum.* Occurrit iterum in Chartulario B. M. de Bono Nuntio Aurelianensi, etc.

¶ Calciatus, Calcea seu aggere munitus. Index redituum Monasterii Corbeiens. e Codice MS. ejusdem : *In omnibus aquis nostris et marescis et eorum forisfactis nihil habet, nisi si maresci Calciati fuerint; medietas vicecomitatus nostra est, et altera Balduini de Dours.*

Vocis etymon varie affertur. Spelmannus a *calceando* dictas *Calceias* putat, quod quasi *calceo* muniantur contra injuriam plaustrorum et itinerantium. Somnerus a *calce* deducit, quia ejusmodi viæ calce, quam Galli *Chaux* dicunt, lapidibus muniuntur. Bergerus lib. 3. de Viis Rom. cap. 54. dictas censet a calcibus, seu pedum plantis, quibus teruntur; ut *calles*, a callo pecudum vocati, ut ait Isidorus. Quo spectant illa Dudonis de Actis Normann. lib. 3. pag. 144 : *Pervia, viæque, et semitæ ignorantur, quia a nemine calcibus atteruntur.* Stephanus Paschasius in Disquisit. Francicis lib. 8. cap. 62. corrupte *Chaussée*, pro *Haussée* dictam putat, id est aggere. Alii eodem modo *calceus* appellatas volunt, quo *calcatoria* vocat Palladius lib. 1. de Re rust. cap. 18. Ita enim in cellis vinariis semitas quasdam vocat editiores inter duos lacus : in *basilicis* enim illis *vinariis ut Calcatoria altiore loco constructa sint*, præcipit : *ad quæ inter lacus, qui ad excipienda vina hinc inde depressi sunt, gradibus tribus aut quatuor ascendatur.* Mox addit : *Quod si cupis, locum suum deputabimus. Is Lacus ad Calcatorii similitudinem podiis brevibus et testaceo pavimento solidetur.* Ubi non desunt, qui *calcatoria* hoc loco appellari censent a *calcando*, id est, eundo, vel ab opere calcato, seu loricato, quo conficiebantur. Quo referri possunt ista Sidonii lib. 1. Ep. 5 : *Ad usque aggerem Calcabili silice crustatum.* Ita *Calcabilem silicem* auctor libri de Constructione Ambasiæ n. 2. Vide Turneb. lib. 11. Advers. cap. 2.

* Inter varias hujusce vocis originationes, minime prætermittenda illa, quæ a *Calciata*, subaudiendo *terra*, quasi terra sit aggesta et vectibus densata, accersitur.

Calcagium, Tributum, quod pro calcetis reficiendis a prætereuntibus exigitur, *Droit de chaucée*, nostris; *Cauciage*, in Consuet. Hannoniensi cap. 106. [*Calciage*, in Charta anni 1213. apud Miræum tom. 1. pag. 736. col. 1.] *Calceia*, in Charta Petri Episcopi Atrebatensis ann. 1194. apud Sammarthanos : *Sibi tamen retinuit... altam justitiam, portam, et Calceiam in porta, etc.* Id est, tributum, quod ad urbis portam pro *calceia* exigitur. Regestum Peagiorum Parisiens. : *Chaussée est une coustume, assise et establie anciennement sur chars, sur charettes, sur sommes chargées, auquel li chausseurs prennent leurs Chaussées, à l'un plus, à l'autre moins, lesquelles Chaussées prinses et demandées..... par la raison de faire appareillier les Chaussées, les pons, et les passages dedans la Banlieuë de Paris.* Charta Radulfi D. Codiciaci ann. 1187 : *Dedi medietatem Calcagii mei de Crecy, tali conditione, quod de karro ferrato unum denarium accipiet talis monetæ, qualis per guionagia non accipietur.* Arestum Curiæ Paris. ann. 1308. apud Loisell. in Bellovaco : *Dicentes se esse in saisina capiendi et levandi pecuniam, quæ levari consuevit apud Belvacum pro calceiis faciendis, ac convertendi eandem... in Calceis dictæ villæ reparandis.*

Calceata, Eadem notione. Charta Stephani Episc. Noviom. ann. 1129. in Tabul. Lehunensi : *Ab omni consuetudine, quæ a transeuntibus per eumdem pontem exigitur, præter Calceatam absolvit.* Charta 117. in Tabular. S. Bertini ann. 1327 : *Disoient, que il avoient et devoient avoir et queillir Cauchiage en leur ville et Seigneurie d'Arques.* Vide *Calcegium*, *Calcea* et *Calceiagium* suis locis.

CALCEAMENTA Deferre, Præbere. Gregorius Turon. de Vitis Patr. cap. 16 : *Qui dum esset juvenili ætate florens, a parentibus sponsali vinculo obligatur, cumque, ut ætati huic convenit, amori se puellari præstaret affabilem, et cum poculis frequentibus etiam Calciamenta deferret, contigit, ut etc.* Idem cap. 20 : *Denique dato sponsæ annulo porrigit osculum, præbet Calciamentum, celebrat sponsalium diem festum.* Alludit forte ad id, quod legitur in libro Ruth cap. 4. v. 8 : *Hic autem erat mos antiquitus in Israel inter propinquos, ut si quando alter alteri suo juri cedebat, ut esset firma concessio, solvebat homo Calceamentum suum et Dabat propinquo suo : hoc erat testimonium Cessionis in Israel.* Sed et nescio, an huc spectent, quæ habet Chronicon Regum Manniæ, de Olao Magno Rege Norvagiæ : *Murecardo Regi Hiberniæ misit Calciamenta sua, præcipiens ei, ut ea super humeros suos in die Natalis Domini per medium domus suæ portaret, in conspectu nuntiorum ejus, ut inde intelligeret, se subjectum esse Magno Regi.* Ita forte apud Gregorium Turonensem sponsus sponsæ calceamenta deferebat et præbebat, in obsequii symbolum. [** Vide Grimmii Antiq. Juris pag. 155.]

Calceamenta *secundum Romanum usum* habere jubentur Presbyteri in Capitulari 3. ann. 789. cap. 8. Eginhardus in Vita Caroli M. de eodem Principe : *Longa tunica et chlamyde accinctus, Calceis quoque Romano more formatis induebatur.* Vide *Armiger*, *Campagus*.

¶ **CALCEAMENTARIUS**, Sutor, qui calceos conficit, Gall. *Cordonnier.* Gloss. Græc. Lat. ὑποδηματάριος, *Calceamentarius*, *Caligarius.*

* **CALCEAMENTUM** *in altum projicere*, Superstitionis species, qua de vitæ diuturnitate augurabantur. Vita S. Arnulfi tom. 3. Aug. pag. 238. col. 1 : *Vanum præsagium, imo scelestum sortilegium, initio nuper actæ Quadragesimæ de illo* (filio) *exercuisti, ut quasi mori non posset, cujus Calceamentum in altum projectum ultra trabem supervolasset. Peccatum tibi mansit et filii vita recessit.*

¶ **CALCEARETUS**, Calceus. Computum anni 1333. Hist. Dalph. tom. 2. pag. 277 : *Item die penultimo ejusdem* (Augusti) *liberavit cuidam mulieri fatuæ pro Calcearetis suis in camera Domini taren.* 1. Vide *Calciarettus.*

¶ 1. **CALCEARIUM**, Pensio ad emenda calceamenta. Privilegium Ludovici Imperatoris indultum Abbati et Monachis S. Sulpitii Bitur. : *Præterea concedimus in vestiaria et Calcearia fratrum Monachorum, sicut fuerat olim, omnes feras annuales mercati cum integritate et districtum, etc.* Vide *Calciarium.*

2. **CALCEARIUM**, Ministerium aliorum calceos purgandi in Monasteriis. Vita S. Marinæ : *Et hoc tibi jubeo, ut omnes munditias Monasterii tu solus quotidie facias, et aquam ad necessaria purganda portes, et Calcearium omnibus per singulos dies tu perficias.* Ubi *necessaria* sunt latrinæ. [In MS. legitur *Caldarium* vel *Caliclarium*, quod posset dici, si utravis lectio vera esset, munus vel caldam præparandi, vel caliculos eluendi.]

¶ **CALCEATA.** Vide in *Calcea.*

¶ **CALCEATOR**, Calceatorius, Sutor, in Actis SS. Aprilis tom. 2. ex Miraculis B. Simonis Eremitæ August. : *Petri Calceatoris de Mutina.*

¶ **CALCEDA**, Calcedia, Calcedonia, Calceia. Vide *Calcea.*

** **CALCEDO**, Germ. *Afterleder* in Vocabular. Lat. German. ann. 1482. Adel.

* **CALCEGIUM**, Tributum, quod pro *calceis* seu aggeribus reficiendis a prætereuntibus exigitur. Bulla Urbani PP. pro canon. S. Vulfr. Abbavil. in Lib. nig. 2. ejusd. eccl. fol. 11. v°. : *De hiis quæ vos pro vestris usibus emere, vel ad ecclesiam vestram per terram, vel per aquam vehi facere contigerit, nulli teneamini roagia, vinagia, pedagia, Calcegia...... exhibere.* Vide *Calcagium* in *Calcea.*

***CALCEIA**, Eadem notione, nostris *Chaussée*, et *Chaussie.* Lit. ann. 1378. tom. 6. Ordinat. reg. Franc. pag. 338. art. 18 : *Et qu'ilz ne paient aucun paage, travers, Chaussées ou truages, etc.* Stat. Macer. ad Mosam MSS. : *La maniere comment se doit cueillir la Chaussie en la ville de Maisieres. Primo tous chartons et voiturons forains, soit pour marchans ou pour eux, qui ameneront vins et toutes denrées quelconques, ... doient pour le droit de Chaussie, pour chacun char ij. den.* Charta ann. 1252. ex Chartul. Campan. fol. 295. v°. col. 1 : *Tenet in feodo ab illustri domino Theobaldo, Dei gratia rege Navarræ, Campaniæ et Briæ comite palatino, Calceiam et patellam vinarii sui de Lecheriis, et quod dictæ Calceia et patella dicti vinarii sunt de justicia domini regis supradicti.* Libert. Judæor. ann. 1360. tom. 3. earumd. Ordinat. pag. 478. art. 17 : *Non tenebuntur solvere alicui subditorum nostrorum pedagia, transversa vel Calceyas, nisi antiqua et consueta.* Privil. villæ Domni-Medardi ann. 1246. ibid. tom. 7. pag. 693. art. 44 : *Calceia retinenda est et servanda a majore et scabinis ad proprios usus villæ.* Pro ipsa via strata occurrit in Chartul. Pontisar. : *Calceia Cæsaris ab urbe Pontis ad Rothomagum vel Parisios ducens.* Vide in *Calcea.*

* **CALCEIAGIUM**, ut supra *Calcegium.* Charta Gossuini dom. *de Menin* ann. 1223.

in Chartul. Mont. S. Mart. part. 1. ch. 75 : *Quito in perpetuum ecclesiæ Montis S. Martini in tota terra mea, dominio et districto passagium, Calcciagium et wionagium omnium rerum suarum.* Vide infra *Calciagium.*

¶ **CALCEOLARIUS**, Sutor, in Actis SS. Apr. tom. 1. pag. 132. et tom. 7. Maii pag. 374. Vide *Calzolarius.*

* **CALCERADIGUM**, Merces, pretium; *Chausses*, eodem sensu, in Lit. remiss. ann. 1403. ex Reg. 158. Chartoph. reg. ch. 5 : *Comme le prévost fermier de Bar-sur-Aube eust fait adjourner pardevant lui tous les habitans de Putevillé;...... à laquelle journée il dit ausdiz habitans qu'il venoit querir ses Chausses..... Ledit prévost condempna le suppliant envers lui en dix-huit solz Parisis d'amende.* Charta Ratherii episc. Veron. tom. 6. Anecd. Pezii part. 1. col. 104 : *Voluimus et decrevimus vero, tam ego quam ipsi, ut nullum habeant de istis super se majorem, nisi quem ipsi sibi ex se ipsis elegegerint vel constituerint, qui cum suo juniore omnia illa colligat et, ut diximus, per mensuram et numerum æqualiter dividant. Quod si voluerint eis pro Calceradigo aliquid dare, in ipsorum sit potestate, tantum non sit multum.* Quasi diceret, quo sibi de calceis provideret, hoc est, quid ad vestitum pertinet. Vide *Calciarium* et infra *Calzarus.*

CALCERE, Calceos vel caligas induere. Ordinat. MS. S. Petri Aureæ-val. : *Post matutinas...... ordinati intrabunt dormitorium, ingressique ad lectos suos vadant cum silentio, et inde se Calcent et pausant.* Erant quippe *caligæ*, quibus per noctem utebantur monachi. Vide in *Caliga.* [** Confer *Calciare*, 2.]

¶ **CALCERIA.** Vide *Calcea.*

¶ **CALCES**, *Gallicæ militum.* Glossar. Isid. ad quod Grævius : Excerpta *Calligæ militum*, pro *Caligæ.* Caligas esse militum Romanorum nemo ignorat, sed eas calces dictas esse nemo legit.

* **CALCESTRUM**, Maltha, Gall. *Ciment*, Ital. *Calcestruzzo.* Stat. Vercell. lib. 1. pag. 15. v°. : *Statutum est quod potestas teneatur, infra duos menses ab introitu sui regiminis, compellere consules cujuslibet vicinantiæ facere aptare vias in sua vicinia de terra glarea et Calcestro.*

¶ **CALCETA.** Vide *Calcea.*

CALCETENUS. Lambertus in Vita S. Heriberti Arch. Colon. n. 22 : *Fugit tanquam Calcetenus prosequatur.* Galli dicerent, *comme si on le talonnoit.*

* Leg. divisis vocibus *Calce tenus;* quod Latinis notum est. Vide supra *Calcatenus.*

¶ **CALCEUS**, Tributum in calceis, vel pro calceis solvendum. Charta Philippi II. Marchionis Namurc. ann. 1221. apud Miræum tom. 1. pag. 300. col. 1 : *Ego Philippus Marchio Namurc.... Ecclesiæ S. Albini Namurc. in eleemosynam perpetuam, affectu benigno contuli omnes Calceos qui mihi debebantur omni anno duobus terminis de stallagio Namurcensi; salvis tamen illis qui de jure debentur Scabinis Namurcensibus, et tribus horoscopis, duobus portariis castri, et duobus præconibus villæ, salvis quoque aliis Calceis, si qui judicio Scabinorum Namurcensium alias de jure debeantur. De his quidem Calceis institui, ut omni anno in perpetuum, in die anniversarii parentum meorum piæ memoriæ, Canonicis S. Albini qui præsentes erunt anniversario distribuantur quindecim solidi Valencenensis monetæ.* [** Charta Compositionis ann. 1220. in Alsat. Diplomat. num. 417. vol. 1. pag. 341 : *Burchardus .... promisit et firmavit quod nunquam aliquo jure nomine advocatie, sive alio quocumque prætextu id quod suis antecessoribus eodem jure fungentibus ibidem consuevit exsolvi, scilicet singulis annis pellicium ovinum et duos matutinales Calcios..... foret aliquatenus petiturus.*] Vide *Calciaticum*, [** *Calceradigum*, *Calciagium*, *Baluga*, *Botta* et *Caliga.*]

** De calceorum forma vide Westphal. Monumenta Cimbrica vol. 1. præfat. pag. 23. not. b et c; supra *Calceamenta*, infra *Calopedes* et *Subtalares.*

¶ Calcei Fenestrati, in quibus certæ erant incisuræ, vetantur, utpote qui Monachos dedecebant, in Statutis Capituli generał. Cisterc. ann. 1529. apud Marten. tom. 4. Anecdot. col. 1642.

¶ Calcei Incisi *et serici aut alterius coloris*, simili modo prohibentur Clericis in Concilio Tolet. ann. 1582.

* Calceus Bassus, f. Curtus, laicorum proprius. Stat. conc. Trevir. ann. 1310. cap. 10. tom. 2. Hist. Trevir. Joan. Nic. ab *Hontheim* pag. 76. col. 1 : *Aliqui* (monachi) *etiam laxatis honestatis habenis, in caligis diversorum colorum mixtis et Calceis bassis, ad modum laicorum, ... incedere præsumunt.*

* Calceus Laqueatus, Laqueis seu lorulis exornatus et astrictus. Stat. pro Benedict. provinciæ Rem. ann. 1299 : *Nec Calciamentis utantur..... laqueatis, sive nodatis, etc.* Vide *Laquatus* et *Laqueatæ vestes.*

* Calceus Lunatus, a forma Lunæ crescentis sic dictus. Stat. MSS. eccl. Carnot. ann. 1526 : *Prohibemus etiam ne utantur Lunatis, cornutis et nimis fenestratis Calceis.* [** Vide Murator. Antiq. Ital. vol. 2. col. 427. D. et Glossar. med. Græcit. col. 1310. voce Ρωθώνια; infra *Pigaciæ*, *Poulainia* et *Rostra.*]

* Calceus Vitrei coloris, Cærulei, ni fallor, nostris *Verd de mer.* Chron. Isid. Hispal. ad ann. 964. ex Cod. reg. 4999. A. : *Monachi illi* (S. Martini Turon.) *ut refert S. Odo, nimis deliciose vivebant et sericis* (utebantur) *vestibus; Calciamenta erant vitrei coloris.* [** *Calcei albi* apud Wurdtwein Nova Subsidia Diplomat. vol. 6. pag. 80.]

* *Cauchier*, pro Calceus, *Soulier*, in Vita J. C. MS. ubi de S. Joan. Bapt. :

> Que je vos di par verité,
> Ne sui dignes de desploier
> La corroie de son Cauchier.

Cauchier vero, pro Calceare, calceos præbere, in Ch. ann. 1458. ex Chartul. 21. Corb. fol. 282. v°. *Caucemente* et *Cauchemente*, Calceamentum, vulgo *Chaussure.* L'Ordene *de Chevalerie :*

> Après li a cauches cauchiés,
> De saies brunes et deliés,
> Et li dit, Sire, sans faillanche,
> Par chete Cauchemente noire
> Aiez tout adès en mémoire
> La mort et la terre où girez.

Le Reclus *de Moliens :*

> De s'alesne son œil quassa,
> Dont il cousoit sa Caucemente.

Chaucemente, in Testam. Ingeran. dom. de Couciaco ann. 1290. ex Reg. 62. Chartoph. reg. ch. 190 : *Je lesse pour Dieu et en aumosne huit vins livres Parisis de rente chascun an à touzjours, pour acheter draps et Chaucementes pour vestir et chaucier les poures de ma terre de Brie.*

¶ Pedem Unum in Duobus Calceis Habere. Adagium dictum de homine duas vias ingredienti, ut eam insistat, quam cognoverit utiliorem. Angeli Pechinolii Litteræ ad Innocent. VIII. PP. de legatione Hungarica apud Fontaninum ad calcem Antiquit. Hortæ pag. 485 : *Puto, Pater Beatissime, quod Majestas sua inter spem et metum naviget, et Pedem unum in duobus Calceis habere velit, ad effectum ut videat, quid etc.* [** Aliud adagium : *Si Calceus dividitur nemo calceatur*, in Ekkehard. IV. Cas. S. Galli ap. Pertzium vol. Scriptor. 2. pag. 141. cap. 16. ubi agitur de adjutore abbati dando.]

** Calceus Foederis, Liga et factio rusticana, Germ. *Bundschuh*, in Fascicul. Tempor. Pistorii pag. 109. Adel.

* **CALCHARE**, Stipare, opplere. Guido de Vigev. de Modo acquirendi et expugnandi T. S. MS. cap. 8 : *Postea fortiter inclaveletur navis super curvis illis, et postea Calchentur stopino cum cuniis et maciis.* Vide *Calcare*, 5.

CALCHERA, Fornax, in qua uritur calx, in Contract. Datior. Bergom. lib. 2. cap. 27. 29.

* **CALCHERIA**, f. Fornax, in qua coquitur calx, ut infra *Chalcheria. Charta calcheria*, qua fornax ejusmodi alicui conceditur. Judicium ann. 1131. inter Probat. tom. 2. Hist. Occit. col. 459 : *De censo, et de Calcheriis, et de cartis Calcheriis, et de cartis sponsaliciis, et de lectis mortuorum, etc.* Et col. 460 : *Et censum de vineco, et de Calcheriis, et mortuorum lectos... habeat, etc.* Nisi idem sit quod mox *Calciagium* et programma ejusdem tributi.

¶ **CALCHIA.** Vide in *Calcea.*

1. **CALCIA**, Tibiale, crurum tegmen, ita dictum, quod interdum calceis conjungeretur, et una calcearetur et indueretur: nostris *Chauce*, vel *Chausse; Calza* Italis. Scio aliter videri viris doctis de vocis etymo. Theodulphus lib. 6. Carm. 18 :

> Follicat ampla quibus turgenti Calcia panno,
> Velocique pedi vilis inest caliga.

Vetus Scheda Thuana : *Calcias filtrinas paria* 1. *Calcias venelanas paria* 1. *etc.* [Mabill. legit *renelenas*, pro *venelanas*, in Actis SS. Bened. sæc. 3. part. 1. pag. 102.] De caligis follicantibus Monachorum, agunt S. Ferreolus in Regula cap. 3. et S. Hieronymus in Epist. ad Eustoch. de Virginit.

* *Calcias de scarlato*, in Constit. Feder. reg. Sicil. cap. 89.

¶ 2. **CALCIA**, Calx, Gall. *de la Chaux.* Tabular. S. Florentii : *Hac conventione, ut Monachi fecissent caput ejusdem Ecclesiæ de Calcia et petra.*

¶ 3. **CALCIA**, λάξ, *Calx.* Supplem. Antiquarii; hoc est, Planta pedis, seu ea pars plantæ quæ in digitos desinit.

* **CALCIAGIUM**, Tributum, quod pro

calceis seu aggeribus reficiendis a prætereuntibus exigitur. Charta ann. 1181. in Chartul. S. Joan. Laudun. ch. 82 : *Advocatus etiam reddidit nobis perpetuo possidendam medietatem calciatæ de Creci cum Calciagio, ita quod nos illam medietatem calciatæ bonam et laudabilem præparare debemus... Et si postea eam... bonam non fecerimus, advocatus extunc eandem medietatem calciatæ cum Calciagio in manu sua tenere poterit, quousque bonam eam et laudabilem faciamus.* Charta Joan. ducis Lothar. ann. 1282. in Suppl. ad Miræum pag. 138. col. 1 : *Ab omni thelonei, winagii, Calciagii...... præstatione..... dimitti volumus liberos et absolutos.* Vide supra *Calceiagium*.

¶ **CALCIAMENTA.** Vide *Calceamenta*.

¶ **CALCIAMENTAGIUM**, Tributum a prætereuntibus solvendum pro *calcetis* reficiendis, apud Lobinell. tom. 2. Hist. Britann. pag. 162 : *Item concessit idem Bernardus S. Gildasio medietatem cotagii, et medietatem Calceamentagii.* Vide *Calcagium*, in *Calcea*.

¶ **CALCIAMENTARIUS.** Vide *Caligarius* in *Caliga*.

1. **CALCIARE**, Calceus. Epistola Theodosii Patriarchæ Hierosol. in VIII. Synodo CP. act. 1. ex versione Anastasii Biblioth. : *Poderem et superhumerale cum mitra, Pontificalem stolam S. Jacobi Apostoli,... et sanctum Calciare... transmisi, etc.* Vide *Calciarium*, 2.

¶ 2. **CALCIARE**, pro *Calceare*, apud Mart. Anecdot. tom. 3. col. 1943. in Vita S. Philippi Archiep. Bituric. : *Facta adeo insensata per quatuor annos, quod neminem nec matrem cognoscebat, nec se induere nec Calciare sciebat.* [** Chronic. Salernitan. apud Pertz. vol. Scriptor. 3. pag. 470 : *Adeloaldus crinutus ann. 10. iste primum Calciavit osam parucam.* Ekkehardi IV. Casus S. Galli cap. 16. apud eund. vol. 2. pag. 140 : *Pater ad Calciandum in caminatam ivit.*]

¶ 3. **CALCIARE**, Calcare, calcibus impetere. Acta SS. Martii tom. 2. pag. 166. de S. Francisca Romana : *Alter vero dæmon ascendebat super eum, dum sic raptaretur, et cum pedibus uncis eam Calciabat.* Concilium incerti loci apud Marten. tom. 4. Anecdot. col. 158 : *Ad horas B. Mariæ... cantentur in Ecclesia cum nota et devotione, non insurgendo et Calciando*, hoc est pedibus stando.

* Minus recte, ut opinor, *Calciare* ultimo loco exponitur, *Pedibus stare* : mallem, Pedes agitare, calcibus strepere.

¶ 4. **CALCIARE**, Aggerem seu viam stratam facere. Vide *Calceata* in *Calcea*.

¶ **CALCIARETTUS**, Calceus. Hist. Dalphin. tom. 2. pag. 278 : *Pro paro uno Calciarettorum pro nutrice filii Domini*, gran. xv. Vide *Calcearetus* et *Calziarettus*.

1. **CALCIARIUM**, Certa pecuniæ pensio, quæ in calceos emendos erogabatur. Gregorius M. lib. 1. Epist. 37 : *Volo autem, ut... offeras ad Calciarium puerorum solidos 40. et tritici modios 400.* Id est, ut quidam interpretantur, pro calceis. Sane ita vocem hanc usurpant Sueton. in Vespas. cap. 8. et JC. in leg. 8. D. de Transact. (2, 15.) leg. 21. de Alim. leg. (34, 1.); vetus Interpres Juvenal. Sat. 9. v. 67. Regula Magistri cap. 16. etc. Sed nescio, an generatim hoc loco Gregorii, *Calciarium* non sumatur pro quovis munere, seu quavis pensione, ut apud Leonem III. Sed PP. Epist. 9 : *Interrogate quidem fideles vestros, et omnia vobis nota erunt, eo quod illi, qui vobis eum collaudant, hoc per munera et Calciaria faciunt.* Charta Athanasii III. Episc. Neapolitani : *Et nullum impedimentum nos aut posteri nostri eis facere præsumamus, aut aliquod Calciarium, aut præmium quærere per nullum modum, etc.* Hinc depravata vox *Calzarium* et *Calgarium*, in Diplomate Caroli II. Regis Siciliæ ann. 1303. apud Ughellum in Episcopis Casert. : *Præterquam de forfacturis casertæ, et Calzariis, et transituris, etc.* Mox : *De forfacturis in Limatula, et Calgariis terrarum, etc.* Ibidem : *De Calcariis terrarum.* Charta ann. 1105. apud eumdem Ughellum tom. 7. Ital. sacr. pag. 1072 : *Concedimus etiam, ut ... cum rebus et bestiis eorum, et suis, libere et quiete utatur terris, herbis, aquis, lignis, petris, sine Calzao et affidatura, et omni jure tributario.* Legendum *Calzario*.

2. **CALCIARIUM**, **CALCEARIUS**, Calceus ipse. Joannes Monachus lib. 2. de Vita S. Odonis Abbatis Cluniacensis : *Quid ergo sentiendum est de Calciariis, quæ sunt suo pretio cara, et pavimento Ecclesiæ adhærenda?* Statuta Corbeiensis Monast. lib. 1. cap. 3 : *Soccos filtrinos duos, Calcearios quatuor cum solis novis.* Petrus Venerab. in Statutis Cluniac. cap. 28 : *Pluviis et lutosis diebus Monachi Calciarios suos... luto plerumque infectos ad Claustrum revertentes lavabant.* Occurrit prætereain Regulis Monasticis S. Fructuosi cap. 4. et Magistri cap. 19. et 83. et in Vita S. Vulmari Abbatis Silviacensis cap. 3. Vide *Calciare*, 1.

CALCIARIUS, *Calcearius*, Sutor. Vetus Interpres Juvenal. Sat. 4 : *Calciarii, cum festinant, et ansas caligarum prætereunt nonnullas.*

¶ **CALCIATA**, Via strata. Vide *Calcea*.

CALCIATICUM, Præbitio calceamentorum. Chrodegangus in Regula Canonicor. Metensium cap. 29. Edit. Labbei : *Ut illas capas, et illos sarciles*, (al. *camsiles*) *et illa calceamenta de illos telloneos superius nominatos, quod exinde superat, et de illo Calciatico, quod ille Episcopus annis singulis ad illum Clerum reddere consuevit, et de eorum eleemosyna, quod ad ipsum Clerum specialiter Deus dederit, sint comparata.* [Vide *Calceus*.]

* **CALCIATOR**, *Calcearum* structor vel refector. Comput. ann. 1472. ex Tabul. S. Petri Insul : *Item Johanni Cornette Calciatori cum filio suo, pro reparatione calceyæ claustri, etc. Cauchieur*, eadem notione, in alio ann. 1526. ibid : *A Regnault Cauchieur pour caillaux et pour son salaire d'avoir cauchier devant ladite maison, etc.* Chartul. sign. *Ezechiel*. Corb. ad ann. 1415. fol. 2. r°. : *Marcanda Dumpt. Gilles du Chastellong....... à Jehan Harle Cauchieur de ouvrer aux cauchies de Corbie.*

¶ **CALCIATURA**, Calceamentum, Gall. *Chaussure*. Hist. Dalphin. tom. 1. pag. 140 : *Quinque solidos pro Calciatura sua.* Madox Formul. Anglic. pag. 425 : *Ad Calciaturam pauperum, seu ad calciandos pauperes.* Legitur etiam in Chartulario S. Vincentii Cenoman. fol. 32. et in Computo anni 1202. apud D. *Brussel* de Feudorum usu tom. 2. pag. LVI. ad calcem.

¶ **CALCIATUS.** Vide *Calcea*.

* **CALCIDONIA**, **CALCIDONIUS**, Chalcedonius lapis, vulgo *Calcédoine*, vel *Chalcédoine*. Annal. Mediol. ad ann. 1389. apud Murator. tom. 16. Script. Ital. col. 808 : *Fermalium unum, cum uno lapide Calcidoniæ.* Inventar. MS. thesaur. Sedis Apost. ann. 1295 : *Item unum Calcidonium crossum quasi acutum, inclusum in argento deaurato.*

¶ **CALCIFEX**, Sutor, apud Ludewig. Reliq. MSS. tom. 6. pag. 126. ex Laurentii Byzinii diario belli Hussitici : *Item Sutores vel Calcifices, etc.* Legitur iterum in Onomastico ad calcem tomi 3. Actorum SS. Junii.

CALCIFURNIUM. Vide *Calx*.

¶ **CALCINA**, Vox Italica, Calx, Gall. *de la Chaux.* Occurrit apud Ogerium Panem lib. 4. Annal. Genuens. ad ann. 1215. et Anonymum in Memoriali Potestatum Regiens. ad. ann. 1233.

* Non ut vocis notio, sed ut calcis usus in Re Militari detegatur, subjicio quæ occurrunt in Tract. MS. de Re milit. et mach. bellic. cap. 13 : *Recursum habere debet ad Calcinam bene contritam, et ab altitudine murorum perfractorum civitatum sive castellorum, et super hostes projiciatur dicta Calcina.* Hinc

* **CALCINALIS**, Calcarius, ad calcem pertinens. Charta ann. 1257. in Reg. S. Ludov. ex Chartoph. reg. fol. 52. v°. : *Pro furnis Calcinalibus, ij. solidos Turon.* Vide infra *Calcinarius*.

* **CALCINARIUM**, Rudus, Ital. *Calcinaccio*, nostris *Platras*. Stat. Vercell. lib. 7. pag. 150. v°. : *Item statutum est, quod si quis homo vel aliquis de familia sua aliquas scopaturas, vel letamen, vinacias, rapacias multitium, Calcinarium... in rugiis, vel plateis, vel viis projecerit, etc.*

* **CALCINARIUS**, ut supra *Calcinalis*. Stat. Mantuæ lib. 1. cap. 139. ex Cod. reg. 4620 : *Ordinamus quod... coramen pilosum, assungia, sepum, ... lapides Calcinarii ..... extrahi non possint de territorio Mantuano.*

* **CALCINATIO**, In calcem redactio, Gall. *Calcination*, Ital. *Calcinazione*. Arnauld. in Rosar. MS. lib. 1. cap. 3 : *Sulphureitas adustibilis cum Calcinatione ignis deletur a corporibus, etc.*

* **CALCINATIUM**, Calcis coriis inficiendis adhibitæ purgamenta. Stat. Saluc. collat. 5. cap. 144 : *Teneantur prædicti vacuare de affaitaria ruscatium et Calcinatium. Enchaussumer*, Calce perfundere, in Stat. ann. 1407. tom. 9. Ordinat. reg. Franc. pag. 211. art. 7 : *Que doresnavant tous cuirez seront Enchaussumez, etc.* Vide supra *Calcinarium*.

¶ **CALCINATORIUM** VAS, Ubi, ni fallor, metalla in calcem rediguntur. Vide locum in *Biscota*.

¶ **CALCINATUM** *Majus, quod arte dulce factum est, ut sal; Calcinatum Minus, quod natura, ut saccharum*, in Amalthea. Sunt voces Spagyricæ, pro quibus Rochus *le Baillif* habet *Calcinamentum*.

¶ **CALCINEUS**, Ex calce, vel lateritius, ut vertit Bollandi Continuator, in Actis

SS. April. tom. 3. pag. 480. de S. Alpiano : *Vineam muro Calcineo cinxit.*

CALCIO, Femorale lineum interius, nostris *Calçon.* Hariulfus lib. 3. Chr. Centul. cap. 3 : *Conchæ 2. sandalia cum Caltionibus* 6. Sed legendum *Calcionibus* : [quos lubentius intelligerem udones laneos, lineosve, Gall. *Chaussons*, quam feminalia. Instrum. anni 1217. tom. 3. novæ Gall. Christ. col. 98 : *Sub annuo censu sibi persolvendo per unos videlicet Calciones... quotiens nova Abbatissa a Capitulo constituetur, mihi et hæredi meo duo paria Calcionum pro relevatione dicti mansi solvere tenebuntur.* Charta Agnetis Abbatissæ Strumensis in Artesia ann. 1225 : *Sexaginta sol. ad botas hiemales et sotulares æstivales... et ad Calciones septem libras.*]

CALCIOCALIGA, Calceus in caligæ formam factus. Occurrit in notis Tyronis.

* **CALCIPEDIA**, Calceorum species, ut *Calopedes* in Glossario Stat. eccl. Habac. ann. 1451. apud Oefelium tom. 2. Script. rer. Boicar. pag. 237. col. 1 : *Tempore divinorum in chorum cum Calcipediis, neque cum cornubus aut avibus intersint.* Vide infra *Calopedia.*

¶ **CALCIRE**, Vocare. Vide in *Calare* 1.

¶ **CALCITIO**, mendose, pro *Calcitro, onis*, in Glossis Isid : *Qui ferit Calcibus. Calcitro* legitur hoc sensu apud Plautum et Nonium.

¶ **CALCITIS**, *Gemma aerei coloris*, in Glossis San-german. MSS. num. 501. [** *Chalcites* ex Isidor. Orig. lib. 16. cap. 15. sect. 9.]

* **CALCITRA**, *Chaussée de ville, i. pavimentum*, in Glossar. Call. Lat. ex Cod. reg. 7684.

* 1. **CALCITRARE**, Equo calcar adhibere. Glossar. Lat. Gall. ex Cod. reg. 7679 : *Calcitrare, Esperonner.*

* 2. **CALCITRARE**, Offendere. Glossar. Lat. Gall. Cod. 7692 : *Calcitrare, Trébucher.*

* **CALCITROSUS**, *Callosus*, ex Gloss. ad Alex. Iatrosoph. MS. lib. 2. Passion. cap. 140 : *Hoc medicamen.... ad magnas passiones, i. ad tuberosos, et ad Calcitrosos, et ad lapidosos porros generatos optime facit.*

¶ **CALCLUS**, pro *Calculus*, Lapis. Abbo de Obsidione Lutetiæ apud Chesnium Hist. Norman. pag. 44. col. 2. [** lib. 2. vers. 150.] :

Cæditur allofilo de portatoribus unus
Nomine Gozbertus, Calclo percussor in umbras
Tartareas fugit moriens, etc.

* **CALÇOLARIUS**, Calceolarius, sutor, Ital. *Calzolara*, Gall. *Cordonnier.* Stat. ant. Florent. lib. 4. cap. 19. ex Cod. reg. 4621 : *Quatuordecim minores artes, videlicet ars bechariorum, ars Calçolariorum, etc.*

* **CALCULÆ**, *Lixæ aut servi militum*, in vet. Glossar. ex Cod. reg. 7646. Ubi infra melius *Cauculæ.* Vide in hac voce. [** Gemma Gemmar. : *Calcula, calx, vel est nuncius cursatilis, etiam est quædam gemma.*]

¶ **CALCULARE**, Calculos subducere, computare, Gall. *Calculer, Compter*, non legitur quidem apud melioris notæ Scriptores, sed tam frequenter occurrit apud alios, ut loca pigeat exscribere. Vide, si vis, Sidonium lib. 9. Epist. 7. Prudentium in Hymno S. Laurentii v. 131. Acta SS. Aprilis tom. 2. pag. 47. et Junii tom. 3. pag. LIII. Muratorium Scriptor. Ital. tom. 3. pag. 320. col. 1. D. etc.

CALCULATIO, in Jure Hungarico, Testium Inquisitionis examen; Hungaris : *Az feleletnec forgatasa.* [Apud alios sumitur pro ipsa actione calculandi.]

CALCULATOR. Vide *Abecedarius*, et *Compotista*, [post *Compotus.* Vox *Calculator* omitti potuisset; habetur enim apud Martialem 10. Epigr. 62 :

Nec Calculator, nec notarius velox.]

¶ **CALCULCARE**, pro *Calculare*, apud Marten. Collect. Ampliss. tom. 1. pag. 947 : *Verum etiam cum de hospitio carnis exeundum erit, actus nostros Calculcantes vitæ occupatione studii bene actæ, voluptuosa memoria perfruemur.*

¶ **CALCULO**, *Magister ludi*, Isidoro in Glossis, hoc est, qui docet arithmeticam. S. Aug. lib. 2. de Ordine cap. 12 : *Ergo utilitas numerandi magna necessitate animadversa est, quibus duabus repertis, nata librariorum et Calculonum professio, etc.* Laurentio in Amalthea, *Calculones, Cauculones*, sunt *Grammatistæ prima elementa docentes.* Ulpiano leg. 1. de Extraord. Cognit. § 6. (50, 6.) dicuntur *Calculatores.* Vide *Calculator.*

¶ **CALCULOSITAS**, λιθίασις, *Morbus calcularis.* Supplem. Antiquarii.

CALCULOSUM, pro *dubium*, apud Ermanricum in Vita S. Soli cap. 7.

¶ **CALCULUM**, *Ubi mortui feruntur.* Papias MS. Vide *Caltulum.*

¶ **CALCULUS**, *Minima pars ponderis. Geminis granis lentis appenditur.* Papias MS. Vide *Calcus.*

* **CALCULUS**, *Ratio, Rason, Prov. Unde in Alexandro : Iste habet bonum calculum, i. bonam rationem.* Glossar. Provinc. Lat. ex Cod. reg. 7657.

CALCUM, Calcatio frumenti dum mensuratur. Tabular. Abbatiæ Dalonensis in Lemovicibus fol. 17. ann. 1240 : *Dedit... conventui Dalonis unum sextarium avenæ cumulatum cum uno Calco renduales, etc.* Ita fol. 46. 125. 126. 127. 128. Rursum fol. 81 : *Retento nobis uno modio siliginis, et dimidio avenæ censualibus ad mensuram de Pompedors, siligine semel percussa et rasa, et avena semel una manu Calcata, sed cumulata.* Eodem fol. : *Retentis tantum sex sextariis siliginis rasis et semel Concussis.* Fol. 82 : *Retentis ibidem 12. denariis de acaptamento, et pleno dominio, et uno sextario siliginis Calcato et raso.* Denique fol. 91 : *Frumenti unam eminam rasam cum una Succussione.*

¶ **CALCUS**, *Minima pars ponderis, quarta pars oboli est, constans lentis geminis granis. Appellatur autem Calcus, quod sit parvulus sicut et lapis calculus, qui adeo minimus est, ut sine molestia sui calcetur.* Isid. lib. 16. cap. 24. Vide *Calculus.*

** **CALD**, pro *Calidum* rustice dictum scribit Ekkehard. IV. Cas. S. Galli ap. Pertz. vol. Script. 2. pag. 122.

CALDACIA, *Calda aqua*, συγκερασόν, in Gloss. Gr. Lat. Codex MS. S. Germ. Paris. habet *Caldativa.* Vide *Caldus.*

CALDACINIS, Θερμοσποδιά, in Gloss. Græc. Lat. [id est, Cinis calidus.]

¶ **CALDÆI.** Vide *Chaldæi.*

¶ **CALDARA**, Vox Italica, Hisp. *Caldera*, Gall. *Chaudiere*, Idem quod *Caldaria.* Occurrit in Epistola Innocentii III. PP. tom. 3. Conciliorum Hispan. pag. 456. pro quo Cangius infra legit *Caldaria.*

CALDARARIA. Vide *Calderaria*, in *Caldaria.*

CALDARARIUS, ex Ital. *Caldaraio*; nostris, *Chaudronnier*, Ærarius faber. Anonymus de Rebus gestis Friderici II. Imp. pag. 867. de Manfredo : *Et dum vix credere posset narrationem rumoris ejusmodi, qui ex continua sollicitudine nuntii, vel Caldararii malleus, qui ictum ad cudendum socii non expectat, denuo statim perstrepebat auditum, etc.* [Hist. Dalphin. tom. 2. pag. 277 : *Primo solvit Andreæ juveni Caldarario pro certis vasis hereis factis ad opus pauperum unc.* XI. *turen.* XII.]

¶ **CALDERARIUS**, Eadem significatione, Ital. etiam *Calderaro*, Hisp. *Calderero.* Vita S. Francæ Abb. tom. 3. SS. Aprilis pag. 393 : *Polzagallo Calderario Placentiæ, facienti casam unam pro fundenda manibus aqua etc.*

* Stat. Placent. lib. 6. fol. 83. r°. : *Item provisum est quod Calderarii et alii facientes lebetes, seu aliquos vassellos de ramo, etc.* Vide mox *Caldarifex* et *Calderius.*

* **CALDARE**, Vas ex ære *caldario* seu fusili confectum. Chron. Sublac. apud Murator. tom. 4. Antiq. Ital. med ævi col. 1052 : *Fecit fieri* (Petrus abbas) *unum Caldare, pro aqua benedicta cum aspersorio.*

* **CALDARELLA**, diminut. a *Caldare*, Hispan. *Calderilla*, ibid. col. 1053 : *Unam Caldarellam cum aspersorio.* Vide *Caldaria.*

* **CALDARETIA**, Præstatio, ut videtur, quæ scholaribus fiebat pro *caldariis* habendis. Stat. ant. Cumanæ cap. 31. ex Cod. reg. 4622. fol. 33. v°. : *Quod potestas faciat solvere scolaribus Caldaretiam.*

CALDARIA, **CALDARIUM**, Aenum, vas majus ex ære *caldario* seu fusili confectum, in quo aqua igni admovetur; [** Cupam minorem vel cortinam interpretatur Guerardus in Ind. pecul. Polypt. Irminon.] nostris *Chaudiere*, Italis *Caldaia*, [*Caldaio* et *Caldara*, Hisp. *Caldera.*] Anastasius in S. Hadriano PP. pag. 111 : *Caldaria plena de pulmento erogentur omni die per manus unius fidelissimi Paracellarii eisdem pauperibus, etc.* Robertus Monach. lib. 9. Hist. Hieros. : *Lebetes, et Caldariæ, cacabi, etc.* [S. Willelmus lib. 1. Constit. Hirsaug. cap. 98 : *Cuppa cum oleribus, quando sunt in Caldarium mittenda.* Cogitosus in Vita sanctæ Brigidæ, apud Canisium tom. 5. pag. 628 : *Nam cum illa aliquando in Caldario lardum advenientibus hospitibus coxerat.* Sed Vitruvius utitur voce *Caldarium.*] *Caldaria lignea*, apud Greg. Turon. de Glor. Confess. cap. 98; *Ferrum Caldariarum*, apud Innocent. III. lib. 13. Epist. 61. [Jos. *de Aguirre* legit *Caldararum*, ut paulo ante observabamus.]

¶ **CALDERIA**, in Indice utensilium de Ruminiaco ex Chartulario Compendiensi : *Una Calderia, et unum rotherium etc.* Rolandinus Patavin. de factis in Marchia Tarvisina lib. 7. cap. 7 : *Post captionem ipsius inventa est intrinsecus in quodam angulo domus ejus Calderia quædam super terra po-*

sita, venetialibus plena, quæ capax erat, ut dictum fuit, duorum stariorum et ultra.

Calderiæ ad coquendum salem, *quæ alio nomine Bagernæ vocantur,* in Charta ann. 1037. apud Duchesnium in Probat. Hist. Vergiac. pag. 77. in Testamento Bernonis Abbatis. in Bibl. Clun. pag. 10. in Chron. Hugonis Flaviniac. pag. 270. etc. [Has caldarias olim ferreas fuisse nos docet Præceptum Radulfi regis Burgund. ann. 1029. apud Marten. Anecdot. tom. 1. pag. 147 : *Quatuor Ferreas Caldarias situsque earum in salinis.*]

¶ Caldaria, Eadem notione. Epistola Hugonis Abb. Cluniac. ad Imperatorem ann. 1152. Spicil. Acher. tom. 2. pag. 400: *Rogamus autem obnixe, ut ipsum prioratum et possessiones ejus et Caldariam... restitui faciatis.*

Caldariis Decoquere, Supplicii genus. Lucas Tudensis in Chr. pag. 110 : *Latrones suspendebat, alios igne cremabat, alios Caldariis Decoquebat, alios vivos comburebat.* Heremannus lib. de Restaurat. S. Martini Tornacensis cap. 22. de quodam Milite, qui vaccam pauperculæ feminæ abstulerat: *Protinus vero* (Comes Flandriæ) *vas æneum maximum, quod vulgus lebetem seu Caldariam vocat, publice in foro, videntibus cunctis in sublime appendi, et aqua impleri præcepit, igneque magno supposito, dum nimis ferveret aqua, Militem illum cum omnibus indumentis suis, etiam gladio accinctum, in Caldarium projici fecit, sicque eum in aqua fervente necavit.* Joannes a Leidis lib. 31. Chr. Belg. cap. 43. de quodam falso Episcopo : *Qui judicans, ipsum esse reum mortis, condemnavit mediante sententiâ scabinorum, Bulliendum esse in ferventi aqua.* Le Roman *de Parise la Duchesse* MS :

Ja ne iert si aus hom, si je l'ai en baillie,
Qu'il ne soit ars au feu, ou en Chaudeire bolie.

Philippus *Mouskes* de Caroli Comitis Flandriæ interfectoribus :

Mais puis furent cil enroet,
Boulit, pendut, et trainet.

Hæc porro pœnæ ac supplicii species potissimum decreta in falsarios et monetarum adulteratores. Chronicon Colmariense 1. part. ann. 1279 : *Falsarius monetæ coctus in Caldario Columbariæ.* Et ann. seq. : *In Sultz prope Rebeacum Decoctus fuit monetarius, etc.* Joannes Butilerius lib. 1. cap. 39 : *Ceulx, qui s'enhardissent de faire fausse monnoie, et contrefaire la monnoie du Prince, ou ses quins, sans son autorité, et que de ce ils n'aient lettres, sachez, qu'ils encourent en peine capitale, si comme d'estre Bouilli, etc.* Adde veterem Consuetud. Turonensem tit. ult. art. 1. Vide *Bullire*, 3.

Caldaria Judiciaria. Vide *Aquæ Judicium* in *Aqua*. [** Adde ibi Notit. Werpitionis Abbatissæ S. Mariæ Santonensis factæ ann. 1104. ap. Guerard. post. Irminon. pag. 375.]

Caldarium. Matth. Silvaticus : *Calda, i. Calida. Inde Caldarium, quando simpliciter ponitur, pro calida aqua intelligitur.*

Calderaria, vel Caldararia, Locus, ubi conficiuntur vel asservantur caldariæ, Officina æraria, Hispan. *Caldereria lugar.* Occurrit apud Innoc. III. lib. 13. Ep. 55.

Caldear Idem quod *Caldaria*. Specul. Saxon. lib. 1. art. 24 : *Caldear, seu patellam pro coquenda cerevisia.*

** De *Caldariis* pictis in vexillis *Ricorum hominum* vide S. Rosa de Viterbo Elucidarii tom. 1. pag. 226.

* **CALDARIFEX**, Ærarius faber. Charta ann. 1450 : *Resignarunt Nicolao Knybes Caldarifici civi Argentinensi, etc.*

¶ **CALDARIUS**, Gloss. Lat. Gr. Caldarius θερμοδότης, Qui præbet calidam.

¶ **CALDELLUS**. Vide in *Caldus*.

¶ **CALDERARIA**, Calderia. Vide in *Caldaria*.

¶ **CALDERARIUS**. Vide *Caldararius*.

* **CALDERIUS**, Eodem significatu. Stat. Placent. lib. 6. fol. 69. v°. : *Et hæc omnia fiant, non obstante aliquo statuto ferrariorum seu Calderiorum.* Vide supra *Caldararius*.

* **CALDERO**, Aenum, vas ex ære *caldario* seu fusili confectum, lebes, Gall. *Chauderon*. Regest. episc. Nivern. ann. 1287 : *Unus Caldero de cupro. Unus Caldero æreus... Duo Calderones de cupro.* Vide supra *Caldare*.

* **CALDERONUS**, Eadem notione. Arest. ann. 1345. 6. Aug : *Cocus vero* (habet) *vasa, scilicet .... calderias, calderonos, et cæteras res ad coquinam pertinentes.*

¶ **CALDEUS**. Vide *Chaldæi*.

CALDICER. Fragm. Petronii : *Titus noster magnum animum habet, et est Caldicer ebrius.* Vide *Caldus*, 1.

CALDICUM, *Forisdeambulatorium, quod et Peribulum dicitur.* Gloss. Isid. Ugutio et Papias. [Salmasius ad Spartianum pro *Caldicum* restituit *Chalcidicum*, Græcis ὑπερῷον, mænianum Latinis, Gallis et Italis, *Bulcon* : id dicitur Foris deambulatorium, quod in illo deambulantes foris conspiciantur. Vide Reinesium Var Lect. 3. 5. Sic fere Grævius ad Glossarium Isidori. Excerpta Pithœana pro *Caldicum* habent *Canadium*.]

* **CALDIRARIUS**, ut supra *Caldararius*. Acta beati Amadei tom. 2. Aug. pag. 578. col. 1 : *Quadam die invenit quemdam hominem in modum Caldirarii habentem bulgias, etc.*

¶ **CALDUNA**, Species ferculi. Cod. MS. Consuetud. Eccl. Colon. in Bibl. Cathedralis Atrebat. : *De novem ovibus fiunt fercula quæ vocantur Caldunæ.* [** Germ. *Kaldaunen*, Intestinum, Græc. χολάς. Adel.]

1. **CALDUS**, Genus vasis, aut poculi. Regula Magistri cap. 25 : *Antequam ultimum seræ Caldum bibant.* Ibidem : *Sic ultimum Caldum accipientes surgant.* Cap. 27 : *Post primos meros æstivo tempore ad refectionem tam Sextæ, quam Nonæ, Caldi omnibus quaterni sufficiant.* Habetur item cap. 30. et 53. Effictane vox a *Cadus*, incertum : est enim *Cadus*, Latinis vasis genus, apud Columellam, Martialem, etc. An vero a *Calda* vel *Calidus*, quod in eo potus calidus hauriretur. Gloss. Lat. Græc. : *Calda*, θερμόν. Sed et, ut auctor est Varro lib. 4. de lingna Lat. *Calix, a caldo* dictus, *quad in eo calida puls apponeretur, aut calidum eo biberent.* Calda vero in conviviis veteres usos testantur passim Scriptores, etsi id in dubium revocet Hieron. Mercurialis l. 1. Var. lect. cap. 8. Atque in his Plautus in Milite Glorioso, Suetonius in Tiberio cap. 42. Victor in eod. Tiberio, Martialis lib. 1. Epigr. 12. lib. 8. Epigr. 67. lib. 12. Epigr. 61. lib. 14. Ep. 105. Aristænetus lib. 1. Epist. 3. pag. 18. Eunapius in Proæresio pag. 157. et alii, quos laudant Lipsius lib. 1. Elect. cap. 4. Gretzerus lib. de Vino myrrato cap. 18. etc. Locum vero, ubi calda vendebatur *Thermopolium* vocat idem Plautus in Pseudolo, et in Rudente : quo spectat illud Dionis, scribentis, Claudium vetuisse carnes ac θερμὸν ὕδωρ vendi in foro. Vide Vincentium Brutium lib. *de Calido, frigido, ac temperato antiquorum potu, et quomodo calido in deliciis uterentur,* editum Romæ ann. 1653. et Guillelm. Stuckium lib. 3. Antiquitat. convival. cap. 6. [** Germ. *Gelte*, Helvet. *Kalte*, Adel. Vide Graffii Thesaur. Ling. Franc. vol. 4. col. 184. voce *Gellida*, quæ contracta *gelda* et *gelta* profertur et quam Glossæ antiquæ German. Lat. interpretantur *Crater, galeola, pandula, calicula* et *gallida sive callida*. Confer *Galida* et *Galo*.]

Caldellus, diminutivum a *Caldus*. Regula sancti Cæsarii : *Biberes ad refectionem, id est, in æstate, merum, et tres Caldellos, ad prandium tres tantum.* Ejusdem Regula ad Virgines cap. 16 : *Ad prandium in æstate binos Caldellos, ad refectionem ternos Caldellos accipient.* Regula S. Aureliani ad virg. cap. 40 : *Ad refectionem in æstate mense julio et Augusto Caldellos tres.*

* 2. **CALDUS**, *Chauderon*, in Glossar. Lat. Gall. ex Cod. reg. 521.

CALEBRA. Gloss. Lat. Græc. : *Calebra*, Βουλὴ βασιλική, [id est, Consilium, curia, vel sententia Regis seu Imperatoris.]

* Pro *Calabra*. Vide in hac voce et Scaliger. ad Festum in *Curia*.

¶ **CALECIA**, pro *Calcea* vel *Calceia*, Agger, moles, Gall. *Chaussée*. Chartular. Ecclesiæ B. M. de Bono Nuntio Aurelian. : *Quadraginta solidos ab eo qui molendinum seu Caleciam haberet, requiret.* Conventio anni 1230. apud Marten. tom. 1. Ampliss. Collect. col. 1245 : *Fient expensæ ad conservationem dictarum terrarum et nemorum et castrorum, et ad reparationem domorum, molendinorum, furnorum, granchiarum et Caleciarum, vivariorum et ballivorum.* Vide *Calcea*.

* **CALECTA**. Charta Joan. I. reg. Angl. inter Probat. tom. 2. Annal. Præmonst. col. 7 : *De operationibus castellorum, et parcorum, et pontium, et Calectarum... sint quieti.* Ubi legendum esse *Calceiarum* nemo non videt.

* **CALEFACTOR** Ceræ, vulgo *Chauffecire*, Officium in Cancellaria notissimum, Cerarii præfectus, in Reg. Sign. *Pater* Cam. Comput. Paris. fol. 192. v°. non semel. Vide Tesserellum in Hist. Cancel. Est et *fructuariæ* regiæ officium, ex Reg. sign. *Noster* ejusd. Cam. in Ordinat. hospitii reg. ann. 1285. fol. 58. v° et in alia ann. 1317. ibid. fol. 82. r°. Vide *Fructuarius*.

1. **CALEFACTORIUM**, inter ministeria sacra in Inventario Eccles. Eboracensis in Monastico Anglic. tom. 3. pag. 173 : *Item unum Calefactorium argenti deauratum, cum nodis curiosis insculptis, ponderis unius unciæ. Item unum Califactorium de cupro deaurato cum nodis insculptis, ponderans 10. uncias.*

2. **CALEFACTORIUM**, Locus ubi Monachi calefiunt, Gall. *Chauffoir, Poesle*, de

quo liber Usuum Ord. Cisterciensis cap. 4. 15. 55. 73. Tabularium Vindocinense Ch. 268. ann. 1078 : *Qui, cum corpus epulis refecisset, jussit lectum parari sibi, ut paululam secrete quiesceret : cui mox in Calefactorio parari jussimus.* Chronicon Tudonense lib. 10 : *Duæ domus pauperum, altera æstivalis ad habitandum, altera hiemale Calefactorium ad reficiendum.* [Guidonis Disciplina Farfensis. lib. 2. cap. 1 : *Calefactorium* xxv. *pedes latitudinis, eademque mensura longitudinis.* Marten. tom. 4. Anecdot. col. 1224. ex antiquis Consuetud. Canonicorum Regul. S. Jacobi de Monteforti : *Calefactoria possunt ingredi... ad sotulares ungendos, ad se minuendum, ad calefaciendum.*]

¶ 3. **CALEFACTORIUM**, Certum balnei genus, quo herbæ in aqua coquebantur. Guidonis Disciplina Farfensis lib. 2. cap. 42 : *Famuli ipsius folia præparent, tamen in uno angulo cum magna cautela, et quando Calefactoria facturi sunt, famuli cellararii præparata folia habeant.*

CALEFACTUM, [Idem quod *Calefagium*] in Chronico S. Launomari de Magenciaco num 14 : *In silva sua amplissima, quæ vocatur Borno, unde semper habeatur Calefactum.*

* **CALEFACTUS**, pro *Calefattus*, Qui navium rimas et commissuras solidat et componit, Gall. *Calfat.* Constit. MSS. Caroli reg. Sicil. : *Faciant diligenter videre in reparatione ipsorum* (vasorum) *per judices et notarium, magistros assiæ et Calefactos expertos ad hoc, et in arte maris peritos, etc. Calphadeur*, eadem notione, in Lit. remiss. ann. 1373. ex Reg. 105. Chartoph. reg. ch. 71 : *Alfons Rames de Seville ou royaume de Castelle Calphadeur de galées.* Vide in *Calafatare.*

CALEFAGIUM, Jus annuæ lignationis, quod quis habet in silva, ad familiæ suæ usum, Gallis, *Chauffage.* Charta Ricardi Regis Angliæ : *Confirmamus pasnagium suum, et herbagium, et Calefagium in foresta nostra de Goffet.* Vide Sammarthan. in Abbat. Fontanell. pag. 441. et Probat. Histor. Blesensis pag. 7. [Occurrit præterea in Statutis Monasterii S. Claudii ann. 1448. pag. 79. lin. ult. in Hist. Domus Harcuriæ tom. 4. pag. 1359. et in Charta anni 1202. Alani Comitis, ex Archivo Abbatiæ Belli portus.]

¶ Calfagium, Eadem notione. Charta Guillelmi de Guirchia in Archivo Castri Brientii : *Dedi Canonicis B. M. de Guirchia Calfagium in foresta de Guirchia.* Chartular. S. Vincentii Cenoman. fol. 17 : *Sufficientiam nemoris ad Calfagium Monachorum.* Occurrit iterum in Charta 44. Pancartæ titulorum Monasterii S. Stephani de Vallibus apud Xantones et in Anecdot. Marten. tom. 1. col. 627. in Charta Theobaldi Blesensis Comitis apud Mabill. in Actis SS. Benedict. sæc. 4. pag. 249. etc.

CALEFATARE. Vide *Calafatare.*

* **CALEFETARE**, ut *Calafatare.* Charta ann. 1335. ex Cod. reg. 5956. A. fol. 1. r° : *Naulizaverunt..... unam bonam et sufficientem galeam de cxvj. remis, bene aptatam, stagnam, Calefetatam, spaluratam, etc.*

CALEFICARE, pro *Calefacere*, apud Eckeardum juniorem de Casib. S. Galli cap. 10. pag. 81.

¶ **CALEFIERI**, pro *Calefacere.* Paschasius Radbertus in Vita Walæ Abb. inter Acta SS. Benedict. sec. 4. part. 1. pag. 472 : *Hinc ergo claruit, si quando vice sua hiemalem fratrum Calefiebat domum.* Ibid. : *Nullum igitur, quem non suis Calefieret fomentis, tepentem reliquit.*

* **CALEGA**, Auctio, ut videtur, Gall. *Criée.* Convent. Saonæ pag. 60 : *Quam quidem institutionem dicti ancoragii...... assignant per annum unum dumtaxat operi darsenæ instaurandæ, vendendæ per antianos Saonæ plus cæteris offerenti in publica Calega, cum interventu et assistentia potestatis.* Vide infra *Callega.*

* **CALEGARIUS**, ut *Caligarius*, Sutor, caligarum confector, in Stat. Vercel. lib. 6. pag. 145. v°. et Genuens, lib. 4. cap. 84. pag. 136. v°. Vide *Caliga.*

¶ **CALEMAUCUS**, apud Grævium in notis ad Glossar. Isid. in voce *Galeros*, Genus pilei. Vide *Camelaucum.*

* **CALEMINUS**, Panni species, f. idem quod *Camelotum.* Testam. Hugon. dicti *Chavions* archid. Lingon. ann. 1275. in Chartul. ejusd. eccl. ex Cod. reg. 5188. fol. 57. r° : *Item legamus dom. Matheo presbitero de Albaripa vestem nostram de Calemino albo.*

* **CALENDA**, Martyrologium una cum obituario et ordine officii peragendi. Vide infra *Kalenda* 2.

¶ **CALENDÆ**, Calendi. Vide *Kalendæ.*

CALENDARE. Chronicon Andrense : *Terram, quam Calendaverat dimisit.* Sed legendum *calenguwerat*, id est vindicarat, calumniaverat, ex Gallico *Calenger.*

¶ **CALENDARIUM.** Vide *Kalendarium.*

¶ **CALENDARIUS** Panis. Vide in *Panis.*

¶ **CALENGARE.** Vide *Calendare*, et *Callengia.*

¶ **CALENGEIUM**, Calengia. Vide *Callengia.*

* **CALENGIUM**, Pœna pecuniaria, mulcta, qua damnatur quis pro injuste instituta actione. Feoda Norman. in Reg. S. Justi ex Cam. Comput. Paris. fol. 168. v°. col. 2 : *Richardus Theutonicus habet...... medietatem Calengii, et quartam partem campipartis de Roncieres.* Vide in *Calumnia* 1.

* **CALENUM**, *Cibus calidus et liquidus, Gallice Chaudel*, in Glossar. Lat. Gall. ex Cod. reg. 521. *Calenum, Lo mustio*, in Glossar. Lat. Ital. Ms. Vide *Calidum.*

* Inter nuptiarum festivitates ejusmodi potionem usus erat junioribus viris ejusdem loci propinare; aut saltem eo nomine appellabant id, quod potus gratia a sponso iis largiebatur. Lit. remiss. ann. 1396. in Reg. 150. Chartoph. reg. ch. 183 : *Après le soupper d'icelles noces pour faire le Chaudel ou esbatement, qui se fait au noces d'espousée communément, entrerent en la maison de Jehan Chevalier, où ilz firent boulir ledit Chaudel.* Aliæ ann. 1475. in Reg. 195. ch. 1503 : *Lesquelz compaignos requirent à aucuns des parens et amis des mariés.... que on leur voulsist donner le Chaudeau, comme l'on a coustume donner aux nopces.* Hinc *Chaudelet*, in Lit. remiss. ann. 1388. ex Reg. 135. ch. 123 : *Lequel enfant ladite baisselle print et leva et li fist du Chaudelet ou boulie qu'il menga, et puis le recoucha en son biers.* Vide infra in *Cochetus* 3.

* **CALEOLOGUS**, Conviva, qui est ex familia et domo regia, nostris *Commensal.* Vide *Convivæ regis.* Charta Mich. Paleol. imper. CP. ann. 1404. ex Thes. eccl. Paris. : *Notum facimus quod noster dilectus nepos Caleologus consiliarius servicia nobis et civitati nostræ CP. per illustrem et valentissimum militem dictum Castelmorant fidem catholicam deffendendo facta, etc.* Vide Glossar. med. Græcit. v. Καλεῖν. [** f. leg. *Paleologus.*]

¶ **CALEON**, *Quasi humilis leo.* Gloss. San-German. MS. n. 501.

* Ubi legendum est *Chamæleon.*

* **CALEPCIA**, *La metria e capillo.* Glossar. Lat. Ital. Ms. Vide *Caleptra.*

* **CALEPIS**, *La fornace del ferro.* Ibid.

¶ **CALEPTRA**, *Mitra tegens caput*, Joanni de Janua. Vide *Capedulum.* Ugutio : *Caleptra proprie dicitur cuphia equi.* Vide *Calestra.* [* Vide infra *Callepetra.*]

CALERARE, *Properare, vel ligna portare, a calon lignum*, Joanni de Janua. [** Gloss. in cod. reg. 7644 : *Callerans, properans*, ut ex Glossis.]

CALERARIUS, *Minister ferens ligna*, Joanni de Janua. Vide *Caligarius*, 2.

¶ **CALERE**, *Desidere, otiari.* Barthii Glossar. ex Lisiardi Hist. Palæst.

¶ **CALERIUM**, An machinæ quædam ligneæ a Græco Κᾶλον, lignum? Apud Baluz. Miscell. tom. 6. pag. 365 : *Quæ in balistarum et Caleriorum et machinarum et aliorum armorum, etc.*

* Mendum esse videtur, pro *Carellorum.* Vide supra *Cadrili.*

* **CALESIS.** Vita S. Chrodog. tom. 1. Sept. pag. 771. col. 1 : *Grabatis quoque vehiculisque depositis, et Calesibus abdicatis, gressu libero ac liberiore animo laudes et grates loco sepulcri retulere.* Vocem ambigue scriptam esse monent docti Editores, qua vehiculi genus aut instrumentum, quo gressus firmatur, indicari suspicantur.

¶ **CALESTRA**, *Genus mitræ.* Gloss. Isid. Festus : *Caliptra, Genus vestimenti quo capita operiebant.* Legendum *Calyptra* a Græco Καλύπτρα, quod idem significat. Vide *Calyptra.*

* Haud scio an inde nostris *Calotte*, Capitium, capitis tegmen, idem quod *Birretum*, in Lit. remiss. ann. 1379. ex Reg. 115. Chartoph. reg. ch. 206 : *Ledit Gilet osta à icellui Maron sa Calette ou barette, qu'il avoit sur sa teste.* Ubi ter legitur; quare restituendum esse *Calotte* vix credam. Vide supra *Calantica.*

¶ **CALETRA**, *Ubi vespæ nutriuntur.* Gloss. Isid. In Excerptis additur, *Celetra*, κηλώθρα. Papias : *Caletra, ubi vespæ nascuntur.* De vocis etymo vide Lexicon Martinii.

* **CALETUS**, pro Calathus. Lit. ann. 1352. tom. 4. Ordinat. reg. Franc. pag. 309 : *Caletos, in quibus dicti pisces et alecia afferuntur, diruentes ac lacerantes.*

¶ **CALFAGIUM.** Vide *Calefagium.*

* **CALFARIA**, Cucuma, ut videtur, Gall. *Coquemar.* Inventar. ad calcem Necrol. Paris. Ms : *Unum bacinum, Calfariam cum pede, unam craticulam, etc.* Vide mox

* **CALFATORIUM**, ut *Calfaria*, Massiliensibus *Caufaudou*. Inventar. ann. 1363. ex Tabul. S. Vict. Massil. : *Unum Calfatorium de cupro perforatum et non tenens aquam*. Lit. remiss. ann. 1414. in Reg. 168. Chartoph. reg. ch. 183 : *Unum vas cupri, dictum Calfatorium*. *Chaufour* vero, Camini species, in Lit. remiss. ann. 1390. ex Reg. 138. ch. 243 : *Le suppliant venant vers le Chaufour où les compaignons se chauffoient, etc.*

* **CALFURNATA**, Coctio calcaria. Pactum inter abbat. et consul. Aureliaci ann. 1350. in Reg. 78. Chartoph. reg. ch. 241 : *Qui probi viri pro qualibet Calfurnata seu furnata dictorum laterum..... Decem et octo denarios Turonenses recipient pro laboribus.*

CALFURNIUM. Vide *Calcifurnium* post *Calx*.

¶ **CALGARIUM**. Vide *Calciarium*.

* **CALGIOLA**, f. Clavus ligneus vel ferreus. Charta ann. 1349. tom. 2. Hist. Cassin. pag. 545. col. 2 : *Item dictus dominus abbas promisit eis dare omnia marramina in dicto monasterio, funes, Calgiolas, ferros, etc.* Vide *Cavile*.

* **CALHUS**, Idem quod *Varius*, diversis coloribus distinctus. Inventar. Ms. ann. 1366 : *Univit et annexavit Romanæ ecclesiæ castrum novum Cavallicensis diocesis, quod a dicto abbate* (S. Guillelmi de Desertis) *in feudum tenebatur cum suis juribus, hominibus, territoriis ac pertinenciis universis sub annuo censu unius vaccæ variæ sive Calhæ*. Vide infra *Calidus*.

1. **CALIA**, Coturnix. Glossar. Gr. Lat. Reg. Cod. 85 : Ὄρτυξ, *Coturnix, Cadia*. Ὀρτυγομήτρα, *recte*, [Matrix] *coturnicum et caliarum*. Vide *Qualia*.

* 2. **CALIA**, *est lapis calaniaris, qui vulgo calania dicitur, quo tingitur æs fitque auricalcum*. Glosar. medic. Simon. Januens. ex Cod. reg. 6959.

CALIBA, Chalybs, catena ferrea, ferrum. Historia de exilio S. Martini PP. apud Anastasium Bibl. pag. 95 : *Posuerunt in scamno indutum Calibis et catenis*. Ubi Baron. ann. 651. num 16. pro *Calibis*, habet *ferro*. Althelmus de Laude virg. cap. 25 :

Ecce repente pius nodatos arbiter artus
Eripit e Chalybis, mox stricta ligamina rupit.

* **CALIBEUS**, Ex chalybe seu ferro. Lit. remiss. ann. 1361. in Reg. 91. Chartoph. reg. ch. 26 : *Johannes Mansart ex gantellis ferreis vel Calibeis, et ense suis præfatum Johannem le Borgnet..... percussit*. Vide *Calibosus*.

¶ **CALIBOSUS**, Ex chalybe, apud Muratorium tom. 8. col. 330. Vide *Tulibosus*.

* **CALIBS**, pro Chalybs. Elmham. in vita Henr. V. reg. Angl. cap. 97. pag. 279 : *Missilia galeatis Calibe capitibus, etc.* Vide *Caliba* et infra *Calybs*.

CALIBURNE, Gladius celeberrimi Arthuri Regis Britann. sic dictus, ut ille Caroli Magni apud Turpinum *Durendal*, pag. 688. Hovedenus et Bromptonus in Ricardo I : *Contra Rex Angliæ* (Ric.) *dedit Regi Tancredo gladium illum optimum, quem Caliburne vocant*. [Spelmannus addit, *quem Britones, etc.* Hincque suspicio est vocem esse Britannicam, vel potius hibridam, a Latino *Chalybs* et Britannico *Houarn* Ferrum.] Vide Galfridum Monemuthensem lib. 7. cap. 7. et Florilegum ann. 520.

* Bened. abb. Petroburg. in vita Henr. II. reg. Angl. tom. 2. pag. 642 : *Rex Angliæ dedit ei* (Tancredo regi Siciliæ) *gladium optimum Arcturi, nobilis quondam regis Britonum, quem Britones vocaverunt Caliburnum*.

¶ **CALICA**, pro *Caliga*. Anastasius in Epitome Chronici Casin. apud Murator. Scriptor. Ital. tom. 2. pag. 369. col. 1 : *Hic Ludovicus Italiam dum ingressus fuisset cum Clothario patre ad Casinense cœnobium possessiones universas ablatas restituit, et pannos nativos et grisos, Calicasque cum guindis et ocreas fratribus concessit*.

¶ **CALICELLUS**. Vide *Calix*, 1.

CALICLARE, CALICLARIUM, Abacus, Delphica, mensa, in qua calices reponuntur. Gloss. Lat. Græc. : *Caliclare*, τραπεζόφορον. Gloss. Græc. Lat. : *Caliclarium*, ποτηροθήκη. Κυλικεῖον Luciano in Lexiphane, *Poculorum mensa*, Servio. Suidas : Κυλικεῖον, ἡ θήκη τῶν ποτηρίων. [Vide *Calcearium* 2.]

¶ **CALICODIMIA**, Eadem notione, ut videtur, sed mendose pro *Calicotheca*, si bene conjicit Muratorius tom. 2. pag. 179. col. 1. ubi ex Agnelli libro Pontificali : *Tunc pincerna accipiens ex Calicodimia impleta mero, porrexit pontifici*.

¶ **CALICULUS**. Vide *Calix* 1.

* **CALIDAMEYA**, uno verbo, pro *Calida melleia*, Rixa, quæ improvise facto committitur; *Chaudemelle*, in Stat. Roberti II. reg. Scot. cap. 3. Lit. remiss. ann. 1406. in Reg. 160. Chartoph. reg. ch. 383 : *In hujusmodi Calidameya idem Johannes Goudoyni de uno parvo cutello..... Jacobum Geraudi..... percussit*. Quidquid ex primo impetu, non præcogitato animo fit, calidum, vulgo *Chaud*, dixerunt nostri. Hinc *Chaude cole*, in Lit. remiss. ann. 1389. ex Reg. 137. ch. 43 : *Guillaume Champeaul fust feru dudit coustel par cop de meschief et de Chaude cole. De chaut sang*, eodem sensu, in Lit. ejusd. ann. ibid. ch. 30 : *Mellée, qui estoit meue Chaloureusement et sans aguet*, in aliis ann. 1360. ex Reg. 88. ch. 78. Aliæ rursum ann. 1427. in Reg. 173. ch. 146 : *Le suppliant courroucié et esmeu de ce Chalereusement, etc. Paroles Chaleureuses*, in Lit. ann. 1398. ex Reg. 153. ch. 367. *Eschauffément*, pro Iracunde, in aliis ann. 1400. ex Reg. 163. ch. 316 : *Icellui Jaquet dist moult ireusement et Eschauffément telles paroles, etc. Eschauffeture de jeunesse*, Juvenilis ardor, impetus, in Lit. remiss. ann. 1389. ex Reg. 138. ch. 78. *Eschauffeure*, in aliis ejusd. ann. ibid. ch. 51. *Yre, Eschauffeté et cole*, in Lit. ann. 1454. ex Reg. 184. ch. 506. *Mouvement, de coraige boullant engenré*, in Charta ann. 1398. ex Tabul. eccl. Camerac. Vide *Mesleia*.

* **CALIDARIUS**, Calidus : *Malthæ Calidariæ vel frigidariæ*, apud Pallad. de Re rust. lib. 1. tit. 41.

* **CALIDIOSE**, Callide, fraudulenter. Lit. remiss. ann. 1364. in Reg. 98. Chartoph. reg. ch. 4 : *Idem Johannes tractavit malitiose et Calidiose cum quodam alio homine, qui..... fingens se procuratorem dicti Guillelmi..... ipsum Johannem quittaret ab omnibus, quæ occasione societatis seu comandæ.... tenebat*.

¶ **CALIDUM**, Potionis dulcis genus. Visio Wetini Monachi Augiensis, apud Mabill. in Actis SS. Benedict. sec. 4. part. 1. pag. 293 :

Interea dulcis fertur mihi normula piscis
Asconis calidi, sequitur vas denique musti,
Optatum et Calidum, large de principe missum.

* Vide supra *Calenum*.

* **CALIDUS**, Color equi. Bestiarius Ms. cap. 44 : *Qui* (equi habent) *frontem albam*, *Calidi* (appellantur).

* **CALIDUS-FURNUS**, Gall. *Chauffour*, Fornax caldaria. Charta commun. Tornac. ann. 1187. in Reg. 34. bis Chartoph. reg. fol. 10. v°. col. 2 : *Caritatem beati Christofori, et Calidos furnos, et excubias debent custodire quinque homines legitimi, qui nec scabini nec jurati. Cauffoir* nostris, eadem notione. Charta ann. 1372. in Reg. 105. ch. 74 : *Dedens lesquelx bos a un Cauffoir à faire caux*. Unde *Cauffourier*, qui calci excoquendæ invigilat, in Reg. Corb. 13. sign. *Habacuc* ad ann. 1511. fol. 95. v°. et *Cauffourer*, fornacem caldariam construere, in Chartul. sign. *Ezechiel* ejusd. monast. ad ann. 1419. fol. 74. r° : *Porront braser, fauder et Cauffourer sans empirier lesdis bos, et ne porront riens copper du gros mairieng*. *Chauffour* vero, Tributi genus quod a transeuntibus exigitur, in Lit. remiss. ann. 1461. ex Reg. 198. ch. 242 : *Le suppliant fermier ou ayant le droit de la ferme de la coustume et passage, appellé Chauffour, en la chastellenie de S. Jame de Bevron en la viconté d'Avranches, etc.* Quod ad fornacem caldariam exigeretur fortasse sic dictum.

CALIENDRUM, Operimentum capitis, κόσμιον κεφαλῆς, in Gloss. Lat. Græc. *Birretum : Mitra, vel generaliter, quidquid caput involvit, ut majorem calorem contrahat, et dicitur a Caleo, les*. Ita Joan. de Janua. Papias : *Caliendrum, Capillatura, suppositus crinis pro naturali ornatu capitis, vel quo ad ornandos crines capitis utuntur*. [** Ex Acron. ad. Horat. Sat. lib. 1. sat. 8. vers. 48. Vide Forcellinum in hac voce.] Vita B. Torelli Puppiensis num. 23 : *Pro tegmine capitis habebat Caliendrum, quod hujusmodi fratres gerunt*. Acroni ad Horat. 1. serm. *Caliendrum* est ornamentum capitis muliebris, vel coma ascititia. Vide *Capillatura*.

* Glossar. Lat. Gall. ex Cod. reg. 7692 : *Caliendrum, Aumuce*. Glossar. Lat. Gall. ex Cod. reg. 521 : *Caliendrum, Cliche Gallice, ad faciendum sertum*.

CALIFA. Vide *Chalifa*.

¶ **CALIFACTORIUM**. Vide *Calefactorium*.

CALIGA, Militare olim calceamentum, ςρατιωτικὸν ὑπόδημα, Dioni, sic appellatum, quod pluribus ligulis annecteretur, uti pluribus docent Benedictus Balduinus in Calceo antiquo cap. 13. Casaubon. ad Sueton. et cæteri Criticorum filii.

CALIGA, Monachorum etiam propria fuit, ut patet ex Regula S. Benedicti cap. 62. Cassiano lib. 1. cap. 10. Gregorio M. lib. 1. Dial. cap. 2. 4. Regula S. Pachomii, etc. Vide Menard. ad Concord. Regul. pag. 890. et Haëftenum lib. 5. Disquisit. Monast. tract. 5. disq. 3. et 4. Erant porro caligæ Monachorum elevatæ, ut testantur idem Gregorius Magn. lib. 1. Dial. cap. 4. et Regula Magistri, quemadmodum olim militum, ut Plinius lib. 9. cap. 18. Juvenalis Sat. 3. et 16. Josephus lib. 7. de Bello Judaico, et Egesippus lib. 5. de Excidio Hieros. cap. 30. ubi de cæde Juliani Hecatontarchi. Eædem erant et *follicantes*, id est, laxæ, neque nimis adstrictæ. S. Ferreolus in Regula cap. 32 : *Et hoc curandum est, ne pes ita sit ligamentis temperatius vinculatus, ut non jactantiæ signum multos adstrictus habeat; sed sanctius vinculo laxiori follescat.* [Antiq. Gloss. in Regulam S. Benedicti e Bibl. Abbatiæ S. Amandi : *Caligæ vel a Calo pedum dictæ, vel quia ligantur. Nam socci non ligantur, sed tantum intromittuntur. Calo enim vocatur lignum, sine quo consui calceamenta non possunt*, apud Marten. Itiner. tom. 2. pag. 99.] [** Ex Isidor. Origin. lib. 19. cap. 34. sect. 12. et 6.] Vide supra *in Calcia*, et in *Subtalaris*.

Caliga, præterea propria est Episcoporum : nam priusquam *sandalia* induant, caligis ad genua usque protensis crura revinciunt. Vide Durandum in Ration. lib. 3. cap. 8. [De alia, nec sacra, *caligarum* specie intelligendus est Gregorius Turon. cum ait lib. 6. Hist. Franc. : *Attamen lassatis sociorum equis, solus pertendit episcopus, tanto timore perterritus, ut unam Caligam de pede elapsam colligere non curaret.* Pro *Capellanis* decernitur in Statutis Eccl. Trecor. ann. 1380. apud Marten. tom. 4. Anecd. col. 1128 : *Ut, cum missas celebraverint, Caligas deferant honestas, sub pœna decem solidorum.*]

Calinæ Brugenses. Will. Britto lib. 2. Philipp. :

Brugia, quæ Caligis obnubat crura potentum.

¶ Caligæ Cathenatæ. Statuta Eccl. Cadurc. apud Marten. tom. 4. Anecd. col. 728 : *Prohibemus etiam, ut clerici, præsertim beneficiati Caligis Cathenatis rubeis seu viridibus publice utantur.*

* Caligæ Coloratæ. Annal. Victor. Mss. ad ann. 1315 : *In tunica et caligis coloratis cum maximo concursu populi gaudentis ad patibulum ductus est* (Enjorranus).

* Caligæ Rubeæ, Militum propriæ, in Curia 2. gener. Terracon. sub Jacobo I. rege : *Statuimus quod nullus filius militis, qui non sit miles, ... calcet Caligas rubeas, nisi talis qui secum milites ducat.* [** Interdicuntur clericis ap. Würdtwein. Nov. Subsid. Diplom. vol. 13. pag. 298.]

¶ Caligæ Scacatæ. Statuta Eccl. Tutel. ejusdem tomi col. 794 : *Hoc idem de clericis, præsertim beneficiatis, Caligis Scacatis rubeis ac viridibus publice utentibus dicimus esse censendum.*

* Quadris diversi coloris distinctæ. Vide *Scacatus*.

* Caligæ Semelatæ, Soleis instructæ, ocreæ, Gall. *Bottines*. Stat. Universit. Aurelian. ann. 1367. ex Cod. reg. 4223. A. fol. 65. r° : *Recipientes doctoratus insignia.., in eorum festis solemnibus* (cum) *equitabatur, suis doctoribus solvebantur, videlicet sella, frenum et calcaria deaurata, una cum Caligiis semelatis. Caligæ Semelatæ*, in Stat. colleg. S. Cathar. Tolos. ann. 1394. ex eod. Cod. fol. 180. v°.

¶ Caligæ Sericæ, Turgidæ et Dissectæ prohibentur Clericis in Concilio Mexicano anni 1585.

* Caligæ Solatæ, ut *Semelatæ*. Stat. Mss. eccl. S. Laur. Rom. : *Canonici..... Caligas solatas, et arma offensiva, aut defensiva in dictis processionibus non portent.*

¶ Caligæ Nocturnales. Spicileg. Fontanell. MS. pag. 422. Monachus defunctus, *Corpore lavato, vestitur staminea... et cuculla, Caligis Nocturnalibus et sudario, quod est de eodem panno, de quo staminea et Caligæ, quæ in extremitate non sunt patulæ, sed consutæ.* [** Conf. *Calcei matutinales* in *Calceus*.]

** Caligæ in recognitionem feudalem præstitæ, in Chart. ann. 1327. Westphal. Monument. Cimbric. vol. 4. col. 974. Vide eund. in præfat. ejusd. vol. pag. 59. sqq. et supra *Botta* et *Calceus*.

Caligas Circinare, Fasciolas caligis aptare. Fortunatus in Vita sancti Germani Parisiensis Episcopi cap. 35 : *Cum die Dominico, ut loquimur ex consuetudine, Caligas Circinasset, debilitatem manuum vel pedum incurrit.* Vide *Armiger*, *Fasciola*.

Caligæ Alatæ, quibus aves capiuntur. Pseudo-Ovidius lib. 1 :

Nunc volucrum turmis mihi mos erat insidiari,
Ventilabro moto passim sabulone ligato,
Fila supertracturus eis, si forsitan illic
Oblectarentur; per equum deducere quasdam
Donec in Alatas Caligas et pyramidales
Intrassent, minime rediture.

Infra :

Nunc erat mihi mos pisces captare marinos,
Retibus his, illos hamis, illosque sagena,
Alatis quosdam Caligis in pyramidalem
Conum protensis.

* *Chausses*, eadem notione, in Lit. remiss. ann. 1397. ex Reg. 152. Chartoph. reg. ch. 192 : *Comme le suppliant feust alé pour tendre à lievres et porté Chausses, et eust mis et tendu icelles Chausses, etc.* Retis ergo genus est, quo etiam inter piscandum utuntur, ex Stat. ann. 1402. tom. 8. Ordinat. reg. Franc. pag. 536. art. 74 : *Quant est aux Chausses de quoy l'en peut pescher, etc.*

** Gemma Gemmarum : *Caliga, Germ. ein hosz.... Caligare media longa, Germ. fynster machen; sed Caligare media brevi Germ. hosen anthun; versus :*

Dum caligo caligas auget caligo tenebras.

Confer Monach. Sangall. de Carol. Magn. lib. 2. cap. 8. ubi Galliculæ tibialia significare videntur.

Caligula, Caliga levior, qua in æstate utebantur. Vita S. Fulgentii Episc. Ruspensis num. 38 : *Sic studio humilitatis ambitionem vestium fugiebat, ut nec ipsa calceamenta suscipiens clericorum aut Caligis in tempore hiemis, aut Caligulis in tempore æstatis simpliciter uteretur.* S. Bernardus Epist. 41 : *Jumenta gradiuntur onusta gemmis, et nostra non curatis crura nuda Caligulis.* [*Caligula* vox haud ignota Latinis pro minori caliga militari. Norunt omnes Caium Tiberii nepotem et successorem cognominatum fuisse *Caligulam* a *Caligulis*, quibus adolescentior usus fuerat in exercitu Germanici patris sui. Gregorius Mag. lib. 1. Dialog. cap. 2. de S. Honorato Abb. Fundensi : *Caligulam de sinu protulit, et super extincti pueri pectus posuit.* Bollandus ex versione Zachariæ qui καλλίγιον vertit, *Crepidam* hoc in loco intelligendum putat.] [** Vide *Gallicula*.]

1. Caligarius, Sutor, *Caligarum* confector. Gloss. Græc. Lat. ὑποδηματάριος, *Calciamentarius*, *Caligarius*. Papias : *Caligarius, Artifex, Caligaris vero, clavus.* Mox : *Caligarios, a calo, id est, ligno vocant, unde fiunt : sine iis calciamenta fieri non possunt.* Vetus Inscriptio : *C. Attilius C. F. Justus sutor Caligarius sibi et Corneliæ, etc.* Julius Firmicus Math. lib. 3. cap. 12 : *Coriorum confectores seu Caligarii.* Lib. 4. cap. 7 : *Faciet pellarios, coriarios, Caligarios.* Tabular. Eccles. Autisiodor. fol. 80 : *Vinea Joannis, dicti Notarii, Caligarii.* Adde Lamprid. in Alex. Severo. Καλιγάριοι, Græcis Scriptoribus ævi medii, unde *Porta Caligariorum* Constantinopoli, apud Phranzem lib. 3. cap. 11. et Leunclavium in Pandecte Turcico num. 200. [** Adde Glossar. med. Græcit. col. 550. voce Καλιγάριος et Marin. Pap. Diplomat. pag. 315. col. B.]

2. Caligarius, Ugutioni, dicitur *Minister ferens ligna : caligare, ligna portare, a calon, lignum : unde calo, qui fert ligna.* Vide *Calerare*.

¶ 1. **CALIGARE**, Ligna ferre, ut jamjam dictum est in *Caligarius* 2.

¶ 2. **CALIGARE**, pro *Cæcutire*, vox Latinis notissima; sed eam active sumunt inferioris ævi Scriptores pro Caliginem obducere, tenebras offundere, obscurare. Ildephonsus Epist. ad Quiricium Episc. concil. Hisp. tom. 2. pag. 535 : *Illuminet me prævenienti misericordia, quem Caligavit malorum culpa.* Petr. Chrysolog. Serm. 41 : *Sicut terræ nubes Caligant cælum; sic obscurant animos intemperata convivia.* [** Alio significatu vide supra in *Caliga*.]

* **CALIGARIARIUS**, Idem qui *Caligarius*, *Caligarum* confector, in Inscript. 225. 4. apud Gudium.

¶ **CALIGARIS**, Clavus. Vide supra *Caligarius* 1.

¶ **CALIGATUS**, *id est, miserrimus. Inde Caligatus miles dicitur, qui habet ferreas ocreas, vel caligas de corio. Etiam idem est quod Infirmus* [** l. *qui infimus*] *vel obscurus, etc.* Vocabular. Juris utriusque. Vide *Caliga*. [** E Glossa ad Cod. lib. 5. tit. 4. const. 21. *A caligato milite.* Vide Glossar. med. Græcit. in Καλιγάτες, col. 550. Append. col. 89. et supra *Apocaligus*.]

CALIGO, Alveus. Sanutus lib. 3. part. 11. cap. 9 : *Quia Saraceni de tertio ramo* (Nili,) *qui Rasith dicitur, per Caliginem unum, id est, alveum, quo terram rigant, galeas ad ramum Damiatæ induxerant.*

CALIGOSUS, pro *Caliginosus*, apud Milonem Mon. Elnonensem in Serm. de Translat. corporis sancti Amandi.

¶ **CALIGULA**. Vide in *Caliga*.

* **CALINUS**, *Clarissimus*, in vet. Glossar. ex Cod. reg. 7646.

¶ **CALINUS** Major, Magister hospitalis peregrinorum, ut *Breydenbach* exponit pag. 192. Itinerarii Hierosol. lin. 11 : *Igitur convenientes cum præfecto, seu locum tenente Soldani in Jerusalem et... majori Calino, id est, Magistro hospitalis peregrinorum.* Idem auctor ibidem meminit *Calini* pag. 193. et pag. 195.

¶ Calinus Minor, ibidem pag. 192 : *Item, quod nobis unum de suis familiaribus deputaret, qui nos loco sui comitaretur a Gazera usque ad sanctam Catherinam, et inde usque Chayrum; qui sic deputatus Minor Calinus cognominaretur, cui nos per viam illam de victualibus provideremus juxta condignum et secundum merita ejus.*

* **CALIPHA.** Vide *halifa.*

* **CALIPPES,** Ex chalybe, æneus. Charta apud Meichelbec. tom. 2. Hist. Frising. pag. 31 : *Cum utensiliis erium et Calippeum vasorum, et ligneorum, etc.* Vide supra *Calibeus.*

1. **CALIS,** pro *Callis,* Via. Gloss. Lat. Græc. : *Calles,* τρίβοι, ἀτραποί. *Calle,* Danti et Petrarchæ. Gloss. Isid. : *Callis, viæ tritæ pecorum vestigiis.* Statuta Venetor. ann. 1242. lib. 3. cap. 61 : *Si unus voluerit meliorare Calem vel viam, etc.* Occurrit ibi pluries.

* 2. **CALIS.** Monstra facta apud Chassagniam ann. 1511 : *Franciscus Charbonnerii habet balistam Calibus fulcitam.* Infra : *Unam balistam fulcitam suis utilibus.* Alibi : *utensilibus.* Idem videtur quod *Balista ad duos pedes.* Vide in hac voce.

* **CALISMALA.** Stat. ant. Florent. lib. 5. cap. 19. ex Cod. reg. 4621 : *Septem majores artes, videlicet ars judicum et notariorum, ars mercatorum Calismalæ Francischæ, etc.*

* **CALITRIX,** *Certa simia,* in Glossar. Lat. Ital. Ms. *Callitrix,* apud Plin. lib. 8. cap. 54.

¶ **CALIUS,** σποδός, τέφρα, *Cinis,* in Supplemento Antiquarii. Sic dicitur, quia calet.

1. **CALIX,** *Calices ansati,* majores scilicet. Chronicon Moguntinum pag. 384 : *Calix major, quot marcas habuerit, nescio. Certum autem est, quod spissitudo ejus erat digiti, habebat autem idem Calix duas ansas, quæ poterant manus repplere levantis, sicut solent habere mortarii, in quibus piperata et salsa præparantur.* Ejusmodi fuit calix, quo usus Christus in Cœna, si qua fides Adamnano de Locis SS. lib. 1. cap. 8 : *Inter illam quoque Golgothanam Basilicam et Martyrium, quædam inest exedra, in qua est Calix Domini, quem a se benedictum propria manu in Cœna pridie, quam pateretur, ipse conviva Apostolis tradidit convivantibus : qui argenteus Calix sextarii Gallici mensuram habens, duasque ansulas in se ex utraque parte altrinsecus continens compositas.* Vide Chronicon Fontanell. cap. 18. pag. 236. et Anastasium in Vitis PP. pag. 126. [** E cod. MS. seculi X. quæ sequuntur humanissime meum communicavit Guerardus vir doctissimus : *Scutra est per omnem modum sicut olla facta, similiter de luto facta, sed tantum differt a nostra olla quod scutra ansas habet sicut nostri Calices solent habere in quibus missam cantamus, olla non habet ansas. Calicem orientales vocant vas, quod nos fiolam vocamus.*]

¶ Calix Appensorius, Idem qui *Ansatus*, ut probabiliter conjicit Muratorius tom. 2. pag. 64. col. 2. C. ex Agnelli libro Pontif. : *Et si diligenter inquiras, multus ornatus faralitius majorum vasculorum, tam coronæ quamque et Calices Appensorii, etc.*

Calices Aurei et Argentei in sacris Liturgiis, quando in usu esse cœperint, docet Honorius Augustod. lib. 1. cap. 89 : *Apostoli et eorum successores in quotidianis vestibus et ligneis Calicibus Missas celebrabant... Zephyrinus autem Papa et martyr Aureis vel Argenteis Calicibus et panis offerri instituit.* Horum etiam usus fuit tempore persecutionis, ut docent Acta Concilii Cirtensis apud Augustinum contra Crescent. lib. 3. cap. 29. Walafridus Strabo lib. de Reb. Eccl. cap. 24 : *Bonifacius martyr et Episcopus interrogatus, si liceret in vasis ligneis sacramenta conficere, respondit : Quondam Sacerdotes aurei Ligneis Calicibus utebantur, nunc e contra lignei Sacerdotes Aureis utuntur Calicibus.* [** Calices in Ecclesiarum Thesauris asservati quandoque majores fuisse videntur quam qui usui essent in mysterio divino celebrando; talem *calicem aureum appendentem* 49. *marcas* designat Conrad. Mogunt. Archiep. in chart. ann. 1163. ap. Guden. Cod. Diplom. tom. 1. pag. 242. quem *sibi prestitum assumpsit.* Confer edit. pag. 244. ubi ex antiqua descriptione cimeliorum. Mogunt ecclesiæ : *Habebat idem calix duas ansas... hujus patena gemmis per circuitum decorata.... Hic calix habebat altitudinem unius ulnæ et capere poterat sextarium vini, nec ab omni homine levari poterat a terra commode.* Conf. supra locum ex Chronic. Mogunt. et Würdtwein. Nov. Subsid. tom. 2. præfat. pag. 51.]

Calices Baptismi, in quibus recens baptizatis, post perceptam sanctam Eucharistiam, Dominicus sanguis hauriendus dabatur. Liber Damasi in Innocentio I. PP: *Calices argenteos 5. pensantes libras 3. Calices argenteos Baptismi numero tres pensantes libras 2.*

¶ Calix Diatretus, *Vas torno politum et detornatum,* in Vocabulario Sussannæi, a Græco διάτρητος, Perforatus, vel torno factus.

¶ Calicem Eburneum *cum patena paratum unum; Calicem Vitreum auro paratum unum; Calicem de Nuce et argento et auro paratum unum* legere est in Testamento Everardi Comitis ann. 837. apud Miræum tom. 1. pag. 21.

Calices Lignei primitus fuere ii, quibus usi Apostoli in sacris Liturgiis, uti supra observatum. Vetantur in Epistola Leonis IV. PP. de Cura pastorali, et Canon. Saxon. Edgari cap. 41. Vide Vitam S. Benedicti. Abbat. Anian. num. 13.

Calices Ministeriales, Majores vino pleni, in quos refundebat Archidiaconus guttulam Sanguinis Christi de calice sancto, quo populus *confirmaretur,* id est, communicaretur de Sanguine Dominico seu *complementum acciperet communionis*, ut loquitur Micrologus cap. 19. Ordo Romanus : *Ipse Pontifex confirmatur ab archidiacono in Calice sancto, de quo parum refundit archidiaconus in Majorem Calicem, sive in scyphum, quem tenet acolythus, ut ex eodem sacro vase confirmetur populus : quia vinum etiam non consecratum, sed Sanguine Domini commixtum, sanctificatur per omnem modum.* Quem quidem morem effundendi parum Sanguinis in calicem majorem vino repletum, attigisse videtur S. Remigius Remensis Episcopus apud Hincmarum in illius Vita, in istis versibus, quos circa ejusmodi calicem ministerialem inscribi jussit :

> Hauriat hinc populus vitam de Sanguine sacro
> Injecto, æternus quem fudit vulnere Christus;
> Remigius reddit Domino sua vota sacerdos.

Rabanus Maurus lib. 1. de Instit. Cleric. cap. 7. de Diaconis : *Sicut in Sacerdote consecratio, ita in ministro dispensatio sacramenti est. Ille oblata santificat, hic sanctificata dispensat.* Ado in Vita S. Donati Episcopi : *Cum quadam die Missam celebrasset populo, et de Corpore Christi, ac de Sanguine ipsius populus venerabiliter recrearetur, diaconus quidam nomine Anthimus tradebat sacrum Sanguinem Christi, qui subito paganorum impulsu cecidit, et sacrum Calicem comminuit.* Vide Concil. Neocæsar. cap. 13. et S. Ambrosium lib. 1. de Offic. cap. 41. Anastasius in S. Silvestro pag. 12 : *Calices Ministeriales 5. pens. singuli libras binas.* Infra pag. 13 : *Calices minores Ministeriales 50. pens. singuli libras binas.* Idem in S. Hilaro PP. pag. 29 : *Obtulit Calices argenteos Ministeriales 12. pensantes sing. libr. 2.* Vide *Scyphus.*

Calices Offertorii, videntur fuisse, in quos refundebantur amulæ, quæ a fidelibus offerebantur. Amalricus in Eclogis de Officio Missæ : *Post lectum Evangelium venit subdiaconus, ferens in brachio sinistro Calicem, in quo recipiuntur Amulæ populorum, et super Calicem corporale, quod accipiens diaconus ponit super altare, similiter Calicem post receptas Amulas.* S. Cyprianus de Lapsis : *Ubi vero solennibus adimpletis, Calicem diaconus offerre præsentibus cœpit, etc.* Ita S. Clemens lib. 2. Constitut. Apost. cap. 61. Diaconorum alios oblationi Eucharistiæ intentos esse debere ait. Iidem, qui *Ministeriales*, uti vult Durandus de Ritib. Eccles. lib. 1. cap. 7. Antiq. Fuldenses lib. 2. trad. 38 : *Trado . . . id est, patinas argenteas, et Calices Offertorios, et thuribula, etc.*

* Calix Offerendarius, Idem qui *Offertorius.* Ordo eccl. Ambros. Mediol. ann. circ. 1130. apud Murator. tom. 4. Antiq. Ital. med. ævi col. 882 : *Duo observatores octo minorum custodum portant Calicem offerendarium, in quem colligitur vinum quod offertur.*

Calices Stannei interdicuntur a Leone IV. PP. de Cura pastorali, et in Provinciali Ecclesiæ Cantuar. lib. 3. tit. 23. Vide Vitam S. Benedicti Abbat. Anian. num. 13.

Calices Vitrei. S. Honoratus Massiliensis in Vita S. Hilarii Arelatensis : *Qui eo credidit omnia distrahenda, quousque ad patenas vel Calices Vitreos veniretur.* Vide Miracula S. Stephani Episcopi Calatini in Sanctuario Capuano pag. 184. Ardonem in Vita S. Benedicti Abb. Anian. num 13. Vitam. S. Winoci Abbat. cap. 12. etc. Interdicuntur pariter ab eodem Leone IV. de Cura pastorali.

☞ Calices Vitrei primis Ecclesiæ temporibus in usu fuisse videntur ex Tertulliano lib. de Pudicitia cap. 10. ubi de Calice, in quo pastor depictus erat, quippe facile frangi poterat, loquitur : hæc Calici Vitreo apprime conveniunt. Rem etiam probant illusiones Marci cujusdam hæretici, qui quod in Calice consecraverat, purpureum et rubicundum ut appareret, præstigiis suis efficiebat. Vide Nicetam Choniatem lib. 4. Thesauri cap. 6.

Calices ex Lapide Pretioso. Hist. Abb. Condom. pag. 13. Spicil. Acher. pag. 509 : *Item unum vas argenteum cum lampadibus, in quo est positus Calix Lapidis Pretiosi, cum quo B. Petrus apostolus celebravit primam Missam in Antiochia.* Ejusmodi fuit calix Onychinus, auro et gemmis ornatus, quem Laudunensi Ecclesiæ Francorum Rex donaverat, ut est in Synodo Duziacensi a Cellotio edita parte 4. cap. 5

* *Calicibus* præterea utebantur ad corrogandas fidelium eleemosynas, uti docent Stat. concil. Trevir. ann. 1310. cap. 41. tom. 2. Hist. Trevir. Joan. Nic. ab *Hontheim* pag. 51. col. 2 : *Item prohibemus sub pœna excommunicationis ne quis, cujuscumque conditionis existat, vadat per terram cum Calicibus, absque literis episcopi loci ad petendam pecuniam, quia multæ ex hoc fraudes ac deceptiones committuntur.* Nostris *Calisse*, pro quovis vase, ut colligitur ex Inventar. Ms. eccl. Camerac. ann. 1371 : *Item ad Calisse pour le sel porter benir.*

Calicellus, Parvulus calix. Vita S. Lupicini Abbatis Jurensis num. 12 : *Calicello, quo cyathum aquæ accepturus erat, etc.*

Caliculus, [Parvus calix, apud S. Augustinum lib. 9. Conf. cap. 8. in Actis SS. Benedict. sec. 2. pag. 835. et sec. 3. part. 2. pag. 251.] *A Caliculis*, Cui calicum seu vasorum potoriorum cura est. Passio S. Bercharii, apud Camusatum : *Traditur siquidem per id tempus hunc in eo loco factum aliquando ministrum a Caliculis, in curam promptuarii, rectoris nutu, vicibus succesisse.*

2. **CALIX**. Jacobus de Vitriaco lib. 3. pag. 1126. de filiis Sapphadini : *Quatuor habent redditus de calice, qui omni anno in mense Augusto irrigat totam terram Ægypti.*

* Alveus, idem quod *Caligo*. Charta fundat. abbat. Aquilar. ann. 832. inter Probat. tom. 1. Annal. Præmonst. col. 104 : *De summo vado Carrero usque in fundus Calice antiquo, et itineres discopantes, et fontes aperientes.*

** 3. **CALIX**, Mensura liquidorum, continens sextam partem sextarii. Statut. antiq. S. Petri Corbeiensis ap. Guerard. post. Irminon. pag. 309. lib. 1. cap. 4 : *De potu autem detur quotidie cervisa modius dimidius, id est sextaria 8. de quibus dividuntur sextaria 4. inter illos 12. suprascriptos, ita ut unusquisque accipiat calices 2 ; ex aliis quoque 4. sextariis datur clericis, etc.*

¶ **CALIXTA**. Charta Letgardis Comitissæ inter Instrum. tom. 2. novæ Gall. Christ. col. 8 : *Offerimus... eidem Domino Martino patrono nostro... Calixtam novam cum ecclesia in honore S. Gregorii constructa, et in omnibus rebus ad ipsius potestatem aspicientibus, hoc est, cum villa, etc.* Dionysius Sammarthanus conjicit, nomine *Calixtæ* significari chartam novam, qua jam prius donata confirmantur ; *Calixtam* ad verbum esse *ligamentum*, chartam *Calixtam* seu *ligamentum*, appellari, quod illis ævis concederetur possessio doni vel cessionis alicujus traditione corrigiæ instrumento alligatæ. Verum *Calixta* non tam videtur charta donationis, quam res ipsa donata; deinde parva vel nulla videtur esse *Calixtæ* et *ligamenti* necessitudo : fere crediderim *Calixtam* mendose scriptum esse.

* Idem forte quod supra *Calix* 2.

¶ **CALIXTINI**, apud Bohemos seculo xv. dicti qui Calicem in Eucharistiæ sacramento appetebant, ut refert Prosper Sanctacrucius de Civilibus Galliæ dissentionibus, apud Marten. tom. 5. Ampliss. Collect. col. 1452.

¶ **CALIXTUS**, Summus Pontifex Saracenorum, aliter Calypha. Jacobi de Vitriaco Historia Orientalis apud Marten. tom. 3. Anecd. col. 270 : *Qui tenet regnum de Baldaco, ubi est Papa Saracenorum, qui vocatur Calixtus.*

¶ **CALL**. Vide *Clep.*

¶ 1. **CALLA**, Callis, semita, Ital. *Calle.* Charta ann. 1246. ex parvo Chartul. S. Victoris Massil. pag. 187 : *Usque ad summitatem Callæ bassæ dicti montis, quæ Calla est quasi media inter rupem, etc.*

* 2. **CALLA**, vox Italica, Ostium; unde pro *Exclusa* legitur in Charta ann. 1451. apud Lam. in Delic. erudit. inter not. ad Hodoepor. Charit. part. 3. pag. 865 : *Ad recuperandum et petendum Callas sive piscationes Callarum molendini de Cappiano communis Ficecchi.*

CALLACA. Vide *Calluca.*

* **CALLAGIUM**, Tributum, ut videtur, quod pro *calceis* seu aggeribus reficiendis a prætereuntibus exigitur, idem quod supra *Calciagium*. Lit. Richardi I. reg. Angl. tom. 5. Ordinat. reg. Franc. pag. 317 : *Ita quod ipsi* (canonici de Lucerna) *et homines sui quitti, liberi et soluti....... a theloneo, ... et Callagio...... de omnibus rebus, quas ipsi vel homines sui affidare poterunt suas esse proprias.* Vide *Calcagium* in *Calcea.*

* **CALLARIUM**, f. pro *Caldarium*, Aenum, vas majus ex ære *caldario* seu fusili confectum. Charta ex Tabul. Cassin. : *Ponemus ibi...... j. Callarium majore, e ii. minores, e j. sartagine.* Vide *Caldaria.*

¶ **CALLAS**. Vide *Callus.*

* 1. **CALLATA**. Vide supra *Calata.*

¶ 2. **CALLATA**, Vox Italica, Ambulacrum, Gall. *Promenade.* Locus commodus ad ambulandum animi gratia. Statuta Massil. pag. 443 : *Ordinamus hoc præsenti capitulo, ut nullus de cætero sit ausus mittere, vel imponere fimum, vel terram, vel scobillas... in viis quæ.... protendunt a portali Callatæ usque ad collam.*

* **CALLEFACTUM**, Fornax caldaria, ut opinor. Terrear. Bellijoc. fol. 171. r° : *Pro et super quibusdam domibus, Callefactis, curte, fornerio, orto, etc.* Vide supra *Calidus-furnus.*

¶ **CALLEGA**, Collecta, exactio tributorum et etiam cœtus, ut videtur, ubi de ejusmodi collectis agitur. Ogerius Panis lib. 4. Ann. Genuens. ad ann. 1214 : *Callega denariorum quatuor per libram collectæ maris fuit summa librarum* 38050. Et infra : *Introitus Tyri, scribania Septæ et Buzeæ, quæ possint vendi in publica Callega usque ad annos duos tantum et non plus.* Jacobus Auria lib. 10. eorumd. Annal. ad. ann. 1293 : *Colligebantur etiam a navigantibus et redeuntibus denarii* IV. *per ballam, qui in dicto anno fuerunt venditi pro uno anno tantum in publica Callega libr.* XLIX. *millibus et plus. Reditus etiam communis et pedagia et aliæ Callegæ venditæ fuerunt in publica Callega, dictis denariis* IV. *computatis, lib.* CX. *millibus, sine in eo quod per commune Januæ singulis annis percipitur de venditione salis, quod est librarum* XXX. *millium et plus.*

* Auctio, ni fallor, sic fortasse dicta quod in *calle* seu via publica fit. Stat. Genuens. lib. 4. cap. 22 : *De re vendita in Callega vel auctoritate magistratus. Si res mobilis vendita fuerit in publica Callega, etc.* Pluries ibi. Vide supra *Calega.*

¶ **CALLEGI**, *Semitæ angustæ.* Gloss. Sangerman. MS. num. 501.

CALLENGIA, Calumnia, actio, qua quis rem repetit. *Callenge*, in Consuet. Hannon. cap. 49. 69. et ult. Valentian. art. 6. 12. Hesdin. art. 8. aliis *Challenge.* Monasticum Anglic. tom. 2. pag. 603 : *Remisit nobis Callangiam, quam habuit in vasta terra post parcum.* Vide *Calumnia.*

¶ Calangia, Ead. notione. Charta Godefridi de Lovanio ann. 1238. apud Miræum tom. 1. pag. 421. col. 2.: *Omne jus hæreditarium quod contingebat ei.... ad opus dictæ priorissæ et conventus loci memorati libere resignavit et absolute, omni reclamatione seu Calangia, quæ a dicto Joanne vel suis ad præsens vel in posterum fieri posset, vel exactione qualibet omnino remota.*

¶ Calengeium. Charta Roberti Piscis ex Chartulario S. Fromondi : *Reliqui omne Calengeium, quod ego vel aliqui antecessorum meorum miseramus in ecclesia.*

¶ Calengia, apud Marten. Anecd. tom. 1. col. 1094 : *Nos post illud dictum posuimus in Calengia, sive reclamavimus terram de Waveres.*

* **CALLEPETRA**, *Mitre ou coppiau de mittre, ou de feutre*, in Glossar. Lat. Gall. ex Cod. reg. 7679. Vide *Caleptra.*

¶ 1. **CALLERE**, Per fraudem machinari. Gasp. Barthii Glossar. apud Ludewig. tom. 3. Reliq. MS. pag. 345. ex Hist. Palæst. Fulcherii Carnot.

* 2. **CALLERE**. Glossar. vet. ex Cod. reg. 7646 : *Callit, auxitat, usitatur.* Vide *Callitus.*

¶ **CALLES**, Isidoro in Glossis, *Viæ tritæ pecorum vestigiis.* Vide *Callis.* [** Isidor. Origin. lib. 15. cap. 16. sect. 9. et 10.]

* **CALLETIA**. Stat. Universit. Aurel. ann. 1307. ex Cod. reg. 4223. A. fol. 21. r°. : *Ordinamus quod nullus bedellus..... pro defectu solutionis talliarum, Calletiarum, quamcumque monitionem aliquam.... faciat.* Ubi leg. *Collectarum.*

* *Callectoire*, Ludi genus, Gall. *Galet* in Lit. remiss. ann. 1453. ex Reg. 184. Chartoph. reg. ch. 329 : *Ung gallet de bois, dont on joue aux Callectoires.*

¶ **CALLIA**, *Simia*, in Vocabulario Sussannæi. Vide *Calitrix.*

¶ **CALLIANUS**. Vide *Collianus.*

¶ **CALLIATOR**, f. Qui erat a poculis, quæ nostri *Caillers* vocabant. Vide *Mazer.* Testamentum ann. 1217. ex Chartul. S. Martini Pontisarensis : *Item, lego Theobaldo qui custodit parcum centum sol. Paris. Item Johanni Calliatori centum sol. Paris.*

* Vel qui aucupio *Caliarum* seu coturnicum præerat. Vide supra *Caillier.*

CALLICINATUS. Epitaphium Willelmi Abbatis Metensis in Analectis eruditi Jo. Mabillonii tom. 1. pag. 430 :

Hoc quoque perlecto verborum Callicinato
Vestrorum fratrum Christi sub lege piorum
Plangere didicimus vos lamentabile funus.

Vox usurpata pro *brevi mortuorum*, sed incertæ originis. Vide conjecturam viri doctissimi tom. 1. Monumentor. Eccles. Græcæ pag. 816.

¶ 1. **CALLICULA**, Atramentarium, ut Macro videtur in Hierolexico, significat. Imperfectus homil. 54. in cap. 15. Matth. : *Ante conspectum suum ponit super mensam Calliculam, unde tribus digitis mortem hominum scribit aut vitam.* Carolus Frater suspicatur legendum esse Caliculum.

2. **CALLICULA**, Genus vestis. Vide *Gallica*.

¶ **CALLICULARIUM**, *Medium æstatis vel hyemis*. Gloss. Isid. Viri docti censent scribendum esse *Canicularium*, quod summi æstate in rabiem agantur canes, ut et in intentissimis frigoribus. Vide Grævium ad easd. Gloss.

* **CALLIGARIUS**, Caligarum confector. Stat. Saluc. collat. 3. cap. 92 : *Idem bannum solvant Calligarii seu alii ponentes ruscatium affaiti in viis publicis.* Vide *Caligarius* in *Caliga*.

* **CALLIGATOR**, Eadem fortassis notione. Mirac. S. Hyacinthi tom. 3. Aug. pag. 372. col. 1 : *Mathias Calligator civis Cracoviæ ambulandi usum ex repentino morbo amiserat.*

¶ **CALLIGRAPHUS.** Gr. καλλιγράφος, Scriptor accuratus, apud Paul. Diac. lib. 17.

CALLIOMARCUS, Herba sic dicta Gallis veteribus, quæ Latinis *Equi ungula*. Marcell. Empiric. cap. 16. [Britannis *Callionmarch*, equi testiculi.]

CALLIS, pro via Regia, apud Latinos vix usurpatur : secus apud Scriptores inferioris ætatis. Schedæ antiquæ apud Camdenum in Britannia : *Diebus Honorii et Arcadii facti sunt in Britannia Calles ad mare.* Vetus Charta apud Seldenum ad Eadmerum : *Concordatum est de rectis Callibus, quæ habuerint per civitatem introitum et exitum, quicunque de illis forisfecerit, Regi emendabit. Similiter de Callibus rectis extra civitatem usque ad unam leugam et 3. perticas, et 3. pedes. Si quis ergo infra has publicas vias intus civitatem vel extra foderit, vel palum fixerit, sequitur illum Præpositus Regis, ubicumque abierit, et emendam accipiet ad opus Regis.* Ubi *Callis* idem valet, quod apud nos *Chaucée*. Henricus Huntindon. lib. 1 : *Tantæ autem gratiæ inhabitantibus fuit Britannia, quod quatuor in ea Calles a fine in finem construerent regia sublimatos auctoritate, ne aliquis in eis inimicum invadere auderet.* Warmannus in Vita S. Pirminii cap. 21 : *Et sic ad Horbacense Cœnobium reversus est per suam semitam, quæ ob piæ privilegium memoriæ ad impræsentiarum vocatur sancti Callis Pyrminii.* Tabularium Ecclesiæ Carnotensis ann. 1138. Ch. 74 : *Videlicet a Novo vico, et a calciato Calle Blesensi, qui transit ante Merlaium,* etc. Mox : *Quacumque semita irent vel redirent Carnotum, nisi inciderent in prædictum calciatum Callem ante Vallem brachiorum.* Vide *Tricalium*. Statuta Veneta lib. 3. cap. 61. et Probat. Histor. Blesensis pag. 5. [Concil. Hispan. tom. 4. pag. 764. col. 1. ubi *Callis* est pro Vicus, platea.]

¶ **CALLITUS**, *Usitatus*, in Vet. Glossario Sangerm. MS. num. 501.

* Vide supra *Callere* 2.

¶ **CALLOMELINUS**, f. Flavus splendens, rutilus, a Græco καλὸς et μελίνη, Panicum, a μέλι, Mel. Vales. in lib. 6. Hist. Evagrii cap. 21. pag. 127. ex vetere Charta donationis Ecclesiæ Cornutianensis : *Vela linea paragaudata Persica clavatura Callomelina prasina duo, etc.*

¶ **CALLORUS**, *Malitiosus*. Gloss. Isid. Constantiensis : *Calloso, Maculoso.* Hanc lectionem veriorem putant Martinius et Grævius.

* F. pro *Calidiosus*. Vide supra *Calidiose*.

¶ **CALLUCA**, *Gemma colore viridis.... nascitur in India vel Germania in rupibus gelidis oculi modo extuberans.* Gloss. Sangerman. MS. num. 501. legendum *Callaica* cum Isidoro lib. 16. Orig. cap. 7. vel potius *Callais*, ut apud Plinium.

* Nostris *Jade*, Belgis *Kalswée* vel *Kalfrbée*. *Callois*, non *Callais*, ut videre est in Dissert. Auger. Clutii de Lapide nephritico.

CALLULARE. Jonas in Vita S. Eustasii Abbatis Luxoviensis n. 12 : *Comperendinanti, microloga et frivola Callulanti, Eustasius respondit.* Ubi viri docti *Callulare*, verbum esse effictum a Longobardico vel Teutonico *Kallen*, i. effutire, garrire, censent; vel a *Kakelen*, quod idem sonat : sed legendum *cavillanti* probabilius videtur. [Nisi forte quis malit *Callulanti* esse pro *garrulanti*, blateranti. Quam facile *C.* pro *G.* et *R.* pro *L.* scribatur nemo est qui nesciat.]

¶ **CALLUM PEDIS**, Tarsus sive superior pars pedis. Guidonis Disciplina Farfensis lib. 2. cap. 4 : *Staminia debet talem mensuram habere, ut possit Callum Pedis cincta pertingere.* Galli dicunt *le cou de pied.*

* Leg. forte *Collum pedis*. Vide in *Collum*.

1. **CALLUS**, *Fabrorum foramina*. Papias MS. [Isidorus et Constantiensis Episc. legunt, *Callas* : ad quos Grævius ait, Sed fides sit penes illos. Papias MS. Bituric. etiam habet *Callas*.]

* 2. **CALLUS**, Lapis ex quo calx efficitur, vel Fornax caldaria. Stat. Placent. lib. 6. fol. 72. r°. : *Item statutum est, quod potestas teneatur concedere et concedat fornariis Placentiæ et districtus illum Callum, quem fornarii habebant et soliti erant habere, pro Callo ante potestariam seu regimen dom. Manfredi confanonerii.*

1. **CALMA.** Charta Chlotarii Reg. ann. 627. ex Tabulario S. Benigni apud Perardum pag. 6 : *Et silvas de ipso agro devastassent, et terram exinde aut prata per loca plurima invasissent, vel vineas deplantassent, aut Calmas rupissent, etc.* Alia Caroli M. ann. 790. pag. 13. ibidem : *Sicut ab ipsa jam dicta Orba, partibus Occidentalibus venitur in Calmibus, Merrenses vocabulo, usquequo perveniatur in planitiem parochiæ Segonciacensis.* Notitia vetus apud eumdem pag. 18 : *Albericus dedit de ratione S. Benigni partibus Fulcrici Calmam unam, quæ est in centena Oscarense.... habet ipse campus vel Calma, de uno latere, etc.* Alia pag. 93 : *Verberatorum canabi, quod habetur in Calma juxta molendinum.* Denique alia ann. 1147. pag. 116 : *In fine vero forestæ de Lumini, est pratum ipsorum Militum, quod est inter Calmas de Ance et Blaseio, et prædictam forestam.* Quibus in locis *Calmæ* videntur appellati agri aratorii, in quibus messes esse solent, quæ *Calamis* frumentariis constant, quos inde nostri *Chaumes* vocant. Vide Oct. Ferrarium in Orig. linguæ Ital. in *Calma*.

☞ Alter est locus in Charta Ludovici Regis Francorum super judicio de querelis Godefridi Lingon. Episcopi et Odonis Ducis Burgundiæ ann. 1154. inter Instrum. tom. 4. novæ Gall. Christ. col. 174. cui notio Cangiana non potest accommodari. Sic se habet. *Quæro*, inquit Dux, *ut* Episcopus *destruat mihi Calmam, et fossatum quod factum est apud Mussi.* Ad quod Episcopus respondet post pauca : *Calmam destruere nolo : tum quia frater meus eam ædificavit, ipso Duce juvante, et iturus in Jerosolymam in pace ab eo discessit utpote homo suus : tum quia in alodio S. Mammetis facta est, et ad eum nihil pertinet, et alia munitio in finagio ejus patris* (prius) *fuit et propior Castellioni.* Hic *Calma* videtur esse casa vel etiam munitio quædam sic forte dicta, quod stramentis seu *Calamis* frumentariis tegeretur. Pari modo possunt intelligi exempla pleraque a Cangio laudata.

* Vim vocis non intellexit Cangius, cujus genuinam notionem docent Academici Hispani in Dictionario, quibus *Calma* est Ager exilis et ab omni cultu destitutus, vastus et desertus, atque adeo idem quod *Bruarium* : cui explicationi apprime conveniunt et quæ supra allata sunt et quæ sequuntur; si tamen locum Cangio additum excipias, ubi Prædium seu villa rustica esse videtur, ut et apud *Brussel* de Usu feud. pag. 274. Charta ann. 1035. in Append. ad Marcam Hisp. col. 1060 : *Dono insuper ipsam Calmam cum silvis suis..... Eandem autem Calmam et silvas dono prædictæ domui eo tenore, ut si quid ibi cultum atque laboratum fuerit, omnia serviant sancto Martino, sine cujusquam inquietudine vel blandimento.* Charta ann. 1405. in Reg. feud. comitat. Pictav. ex Cam. Comput. Paris. fol. 65. v°. : *Johannes de Foresta valletus advouho..... unam Calmam, sitam ante portam dicti mei arbergamenti; quæ quidem Calma est appellata Gardia.* Vide *Calmis* et *Calmus*.

* **CALMEN**, Eadem notione. Charta ann. 957. in Append. ad Marcam Hisp. col. 871 : *Et est ipse alodes in valle Confluente* (cum) *aquæ ductibus vel reductibus, Calminibus, cum exiis et regressiis earum.* Alia ann. 1011. ibid. col. 990 : *Confirmamus etiam pascua gregibus vestris, etiam Calmen de Vesius.* Vide infra *Calmus*.

¶ **CHALMA.** Instrum. venditionis ann. 1276. ex Chartulario minori San-Benigniano : *Quare dictas quinque eminas bladi percipiendas et reddendas in dicto granario assedi.... Item super Chalmam sitam au Cerisier noirien, sitam juxta terram Roblini.* Et in altero venditionis Instrumento ejusdem anni : *Et super unam peciam terræ quæ fuit in Chalma, sitam, etc.*

¶ CHALMS, in Charta Joannis de Cresto ann. 1294. apud Baluzium tom. 2. Hist. Arverniæ pag. 520 : *Tradidit mansum de Melet superiorem et subteriorem. ... Item las Chalms de Fenayrols... cum molendinis, furnis, pratis, etc.*

¶ CHAUMA, in Instrumento anni 1276. ex Chartular. minori S. Benigni Divion. : *Super Chaumam quæ partitur cum Perrecier et super omnes arbores ejus.*

¶ CHAUMOTA, ibidem : *Super Chaumotam sitam super virgultum D. Marcelli Militis.*

* 2. **CALMA**, Stipula, Gall. *Chaume.* Charta ann. 1366. in Chartul. S. Johan. de Jardo : *Duæ partes unius granchiæ copertæ de Calma, Gallice Chaume..... Item quædam domus cooperta etiam de Calma.* Hinc *Chaumette*, Instrumentum ferreum, quo calami seu stipulæ secantur, falculæ species. Lit. remiss. ann. 1393. in Reg. 144. Chartoph. reg. ch. 17 : *Ledit Bourgois venoit des champs de cueillir ou Chaumer du chaume,... lequel en haussant une Chaumette qu'il tenoit, qui est un baston long à manche ouquel a au bout un fer, qui est fait en maniere de fauxille, etc.*

CALME. Vide Jonam in S. Columbano cap. 15. et 17.

CALMEDINA, [Prætor urbis.] Vide *Zavalmedina.*

* CALMEDINA, inter Officiales regios recensetur in Hist. desponsat. Frider. III. imper. cum Eleon. Lusit. ann. 1451. tom. 1. Probat. Hist. geneal. domus reg. Portugal. pag. 603 : *Calmedinis aliisque officialibus regis, nec non alcadis, etc.* Vide *Zavalmedina.*

* **CALMEDRIUM**, Indiculus pretiorum rebus vendendis statutorum, idem quod *Calmerium.* Stat. Vallis-Ser. cap. 43. ex Cod. reg. 4619. fol. 113. r°. : *Et quod teneatur servare Calmedrium carnium fiendum per consules suprascripti communis, et non accipere nisi prout in eodem Calmedrio continetur.* Vide infra *Calmerium* et *Carmelinum.*

* **CALMEN.** Vide supra in *Calma.*

CALMERIUM. Statuta Veron. lib. 4. cap. 74 : *Ultra quantitatem ordinatam vel ordinandam in Calmerio faciendo quolibet anno, ... pro ipsis pretiis in dicto Calmerio contentis, etc.* Fuit itaque indiculus pretiorum rebus vendendis statutorum. Contract. Datior. Bergom. lib. 7. cap. 18. vocant *Calmedrium.*

* *Ordinatum est quod nullus becharius, nec aliqua persona audeat nec præsumat vendere aliquas carnes alicui personæ, nisi ad Calmerium ordinatum et sibi datum per potestatem, seu alios officiales ad id deputatos, etc.* in Stat. Vallis-Ser.

¶ **CALMIS**, Culmus, Gall. *Chaume.* Ager demessus, ubi soli supersunt culmi, et ubi licet pecora pascere. Charta anni 871. inter Instr. tom. 1. novæ Hist. Occitan. col. 123 : *Ut cuncta pecora gregum suorum per cunctas colles et Calmes, sive pascuaria, absque ullo homine blandiente pascant.* Vide *Calma* et mox

* **CALMUS**, Dumetum, ager etiam ipse vepribus et dumetis horridus. Charta W. *Marmerel* milit. ann. 1226. ex Tabul. Fossat. : *Concessi insuper eis furniliam Calmorum terræ meæ, qui non erunt in prohibitione.* Alia ann. 1258. in Reg. 31. Chartoph. reg. fol. 100. v°. col. 2 : *Duas quadrigatas Calmorum qualibet hebdomada in foresta de Pauca curia per usuarium percipere consueverant.* Vide supra *Calma* 1. Qua notione intelligenda quoque est vox *Calmis.*

CALNABIS, [CALNAPE, Stragulosum villosum.] Vide *Galnabis* et *Calmus.*

* **CALNERUS**, Aries, interprete Hugone auctore Annal. Præmonst. ad Chartam Guterii Fernandez ann. 1151. inter Probat. tom. 1. col. 393 : *De ovibus el Calnero, et de porcis el porco, si intromissi fuerint, etc.*

¶ **CALO**, Calceus ligneus, Gall. *Sabot.* Acta SS. Junii tom. 5. pag. 167 : *Vigilium Calonibus interemptum fuisse, quo genere calceamenti ferrati gens montana utitur.* Vox nota Festo, eadem notione.

* Ligneus a parte inferiori ; nam superior coriacea est, Gall. *Galoche*, idem quod *Calopedes.*

* **CALOCERTATORIUM**, *supra quam certantur suppia.* Ubi literæ *pp* linea transversali notantur ; f. pro *Suppararia?* Glossar. Lat. Gall. ann. 1352. ex Cod. reg. 4120.

¶ **CALODÆMON**, a Gr. καλὸς et δαίμων, Bonus Angelus. Acta SS. Junii tom. 2. pag. 614. in Vita B. Placidi : *Sicut Calodæmones nomina trahunt* (ab operibus) *quæ exercent ; ita Cacodæmones ab operibus, quæ nequiter operantur, nuncupatur.*

* Conradi Fabular. MS. : *Kalodæmones, sunt dæmones bonum scientes et facientes, id est, boni spiritus et boni angeli ; a kalon, quod est bonum, et dæmon, quod est sciens.*

* **CALOFURCIUM**, *Fourches, gibet*, in Glossar. Gall. Lat. ex Cod. reg. 7684.

CALOGERI, Monachi, præsertim senio et ætate venerandi. Tabularium Monasterii S. Savini Levitanensis : *Congregatis sub Normam Benedicti Patris non mediocriter Calogeris.* Perperam *Cologeris* edit. apud Marcam in Hist. Beneharn. pag. 805. Philippus Mazerius in Vita S. Petri Thomasii Patriarchæ Constantinopolitani n. 130 : *Et alii divisi ab Ecclesia, maxime Græci, et Calogeri eorum.* Vita S. Severi Abbatis Agath. cap. 16 : *Adolescentiores Calogeri tam quotidiani operis, quam labore jejunii victi.* Hist. Cortusiorum lib. 8. cap. 16 : *Ubi est Monasterium, in quo sunt Monachi 1500. Caloceri nominati.* Καλογήρων apud Græcos mentio passim occurrit, Palladium in Hist. Lausiaca cap. 20. Joann. Moschum cap. 27. in Vita S. Nili junioris pag. 16. in Vita S. Basilii junioris n. 20. apud Nicetam in Alexio lib. 3. n. 2. Anonymum de Locis Hierosol. cap. 14. Joannem Cananum pag. 191. in Historia Græco-Barb. Apollonii Tyrii pag. 19. et apud alios Scriptores, laudatos a Meursio. Καλογήρου epitheton Episcopo Thessalonicensi tribuit Palladius in Vita Chrysostomi pag. 26. Vide Steph. Paschasium in Disquisition. Francicis lib. 8. cap. 50. Ita Καλογραίας Moniales vocabant. Corona pretiosa : Καλογρία, *Monialis*, μονάστρα. Joan. Cananus de Bello Constantinop. : Οἱ δὲ Τουρκοκαλόγηροι τὰς Καλογραίας ἡμῶν κέρδος καὶ κούρσος εὐεργεσίαν νὰ ἔχουν. Constantin. in Hist. Apollonii Tyrii :
Καὶ κονομάτην Καλογρία, καὶ κόβη τὰ μαλιάτης.

Τουρκοκαλογήρους Monachos Turcicos, qui vulgo *Dervisii*, vocat etiam Ducas cap. 21 : Τουρκοκαλογήρους ἅπαντας πικρῷ θανάτῳ παρέδωκεν. Cap. 42 : Εἰσῆλθον .. .. ἐν τῇ τῶν Μαγγάνων μονῇ Τουρκοκαλόγηροι. Idem Cananus : Ἦλθεν ὁ Μυρσαΐτης καὶ Πατριάρχης τῶν Τούρκων μετὰ πεντακοσίους Τουρκοκαλογήρους ἐπὶ ἡμιόνου καθήμενος, etc. Adde pag. 193. 195. [** Vide Glossar. med. Græcit. col. 554.]

* **CALOGIUS**, ut *Calogerus*, Monachus, præsertim senio et ætate venerandus. Charta Mich. Paleol. imper. CP. ann. 1403. ex Thes. eccl. Paris. : *Prout attestatus est quidam valens Calogius, Migaly nuncupatus... De consensu et voluntate fratrum et Calogiorum ecclesiæ prædictæ.* Vide *Calogeri.*

* **CALOMATICUS**, *Pileus*, in Gloss. ant. Argent. Vide infra *Caloniacus.*

¶ **CALONES**, *Negotiatores naviculæ quæ ligna militibus portant.* Gloss. Sangerman. MSS. n. 501. Papias MS : *Calones, Naviculæ quæ ligna militibus portant.* Alter ejusd. Papiæ Cod. MS. : *Calones, Negotiatores naviculæ vel cellæ militum, vel homines qui ligna militibus portant.* Hoc ultimo sensu legitur apud Ciceronem. Est a Gr. κᾶλον, Lignum. Vide *Caligæ.*

* Alias hujusce vocis vulgatas notiones, videsis apud Martin. in Lexic. v. *Calo.*

¶ **CALONGIA**, Idem quod *Colongia*, villula, prædiolum. Charta Henrici Campaniæ Comitis ann. 1149 : *Concessi.... grangiam S. Eusebii cum hominibus suis et Calongiis et aliis possessionibus, ac justitiam ejusdem villæ cum atrio.* Vide *Colonus.*

CALONIA. Vide *Calumnia.*

* **CALONIACUS**, *Calorem custodiens, scilicet circa caput, si comme ammithe, ou chapel de bonnet.* Glossar. Lat. Gall. ex Cod. reg. 521. Vide *Calomaticus.*

1. **CALONICA.** Vide *Colonica* in *Colonus.*

* 2. **CALONICA**, Pœna pecuniaria, mulcta pro injuste instituta actione. Charta ann. 1068. in Append. ad Marcam Hispan. col. 1144 : *Cum omnibus juribus et servitiis cunctis, cum Calonicis et placitis, etc.* Vide *Calonia* in *Calumnia* 1.

¶ **CALONICANIUM.** Vide *Calcanium.*

* **CALONIS**, *Gabar militum*, in vet. Glossar. ex Cod. reg. 7641.

CALOPARE, Citato cursu equitare, Gallis *Galoper*, apud Petrum de Crescentiis lib. 9. de Agricult. cap. 6. Vocis etymon a Græco καλπᾶν, vel καλπάζειν, *Currere*, accersit Salmasius ad Capitolin. pag. 245.

¶ **CALOPEDES**, Calcei lignei, aut saltem calcei, quorum pars inferior lignea est, superior vero coriacea, Gall. *Sabots* vel *Galoches.* Buschius de Reformatione Monasteriorum apud Leibnitium tom. 2. Scriptor. Brunswic. pag. 818 : *Vides Judæum in foro seu ante ostium domus tuæ stantem, calceos, panes tuos, Calopedas et similia emere volentem.* [** Papias in cod. reg. 7609 : *Calopediæ, Formæ sutorum dictæ a calo i. ligno, et pede.* Gemma Gemmarum : *Calopes, quasi pes ligneus, Germ. ein holtzschuch ; Calopodium idem, oder ein trippe. Calopifex, ein holtzschumacher.* Vide Forcellinum in *Calopodium.*]

¶ CALOPODES, *Lignei subtales*, in Glossis MSS. [**leg. *subtalares.*]

* CALOPEDIA, Bulla Innoc. VIII. ann.

1484. in Continuat. mag. Bullar. Rom. pag. 288. col. 1 : *Item statuerunt quod nullus in altari officians, vel celebranti assistens, portare præsumat chirothechas in manibus, neque Calopedia seu pativos* (patinos) *nemoreos in pedibus. Calopodium, Escache Gallice*, in Glossar. Lat. Gall. ex Cod. reg. 521.

** CALOPIDES. Statut. eccles. Mogunt. ann. 1290. ap. Guden. in Cod. Diplom. vol. 1. pag. 910 : *Clerici nec portent Calopides corpus dominicum deferendo, vel ecclesias transeundo.*

* KALOPODES. Conradi Fabular. MS. : *Kalopodes, secundum quosdam sunt homines pedibus truncati, qui pro pedibus abscissis ligneos sibi faciunt pedes, a kalon quod est lignum, et pos quod est pes.*

¶ CALOPODIUM, in Regesto Capituli Autissiod. 15. Decembris ann. 1460 : *Non portentur Calopodia in choro sub pœna distributionum unius diei.* Statuta MSS. Capituli S. Audomari : *Item inhibemus ne aliquis deambulet per chorum cum Calopodiis, sive patinis ferratis, vel non ferratis, dum horæ cantantur.* Buschius apud Leibnit. tom. jam laudato pag. 913 : *Portavi ergo Calopodia sua, et libenter etiam portassem pelliceum suum.* Καλοπόδιον vel καλόπους Græcis pes ligneus est seu forma lignea, qua sutores utuntur in calceis faciendis, unde forsitan origo vocis *Galoche*. Vide Menagium ad hanc vocem, et Cangium nostrum ad vocem *Gallica*.

¶ CALOPETA, Calopodiis seu ligneis calceis indutus. Acta SS. Aprilis tom. 2. pag. 469. in Vita S. Guillelmi Polit. : *Quo se verteret infelix non videbat, inter acuta cornua, ob scintillantes oculos, ad virulenta guttura sub rapacibus unguibus, contra Calopetas monstrorum plantas, etc.*

¶ CALORATIOR SOL, *Calorem multum habens.* Gloss. Sangerman. MSS. num. 501. *Calorati impetus*, i. e. calidi, apud Apuleium lib. 6. pag. 182.

CALORTA. Tabularium Casauriense ann. 14. Lud. Imp. Lotharii filii : *Cum silvis, pascuis, stalariis, cetenis, Calortis, rivis, rupinis, etc.*

* CALOSUS, Caudex, Truncus. Guido de Vigevano MS. de modo acquirendi et expugnandi T. S. cap. 2 : *Ut stricta fiat pertica in Calosis sive trunchis.... ipsi Calosi conjungantur cum una cavigia ferri.* Pluries ibi.

¶ CALOTA, Pileolus, verticis tegumen; Gall. *Calotte.* Statuta Massil. pag. 515 : *Statuimus quod omnes Judæi a septem annis supra portent Calotam croceam, vel si noluerint, portent in pectore unam rotam latam et magnam ad modum palmæ hominis. Et similiter omnes Judææ maritatæ undecumque sint, portent orales.* Occurrit ibid. pag. 130.

* Stat. eccl. Aquens. ann. 1259 : *Nulli canonici..... portent per villam Calotam lineam, etc.* Stat. synod. MSS. eccl. Carnot. ann. 1550 : *Clerici in sacris constituti.... calanticas seu Calotas sine capitiis non deferant.*

* CALPA ASINI, Menagio interprete *Trot d'asne*, Ridiculum cognomen cujusdam Guillelmi, qui Chartam Buchardi comit. Vindoc. ann. 1186. subscribit, in Hist. Sabol. pag. 47. Vide *Trepidare.*

¶ CALPÆ, CALPES. Papias : *Calpæ, Armillæ quæ militibus ob virtutem dantur.* Vet. Glossæ : *Calpæ*, κόσμια. Nam mulieres quoque iis utebantur. Laurentius in Amalthea : *Calpa, Clitellariorum mulorum pugna. Motus temperatus et compositus. Quatuor stellæ summa Aquarii dextra.*

¶ CALPES, apud Isidorum in Glossis, *Galeæ militum.* In Excerptis additur, *imo Armillæ.* Festus, Cato, Suetonius legunt *Calbei*, eadem notione. Vide *Calbares.*

* CALPANNA, Tugurium, casula, Ital. *Capanna.* Inquisit. super destruct. bastidæ Sabran. ann. 1363. ex Cod. reg. 5956. A. fol. 81. v°. : *Item domus juxta tinale quædam Calpanna diruta et destructa circa tertiam partem.* Vide *Capanna.*

¶ CALQUERIA, Moletrina ubi quernei cortices *calcantur*, et teruntur, vel officina ubi coria querneo cortice inficiuntur. Statuta Massil. pag. 306 : *Constituimus ut omnes illi qui erunt constituti, tam super ministerio curateriæ quam blancariæ... ne perturbent vel misceant, vel tribulent suas Calquerias, vel torcularia, quando eas, vel ea, curabunt, vel facient curari seu allargari, imo aquam pausatam et claram, quanto plus poterunt inde ejiciant, ne cum aqua prædicta fimus seu lutum in dictis Calqueriis seu torcularibus contentum ad portum possit decurrere.*

* Provincialibus etiamnum *Cauquiero.*

* CALS, Callus. Glossar. Lat. Gall. ex Cod. reg. 521 : *Cals, cis, durities pedis, Gallice Cal.*

* CALSA. Charta ann. 1286. apud Garamp. in Disquisit. de sigil. Garfagn. pag. 53 : *Quandam turrim cum Calsa, domibus, palatiis et accasamentis simul et continue juxta eam positis.* An turris ad pedem aliquo ædificio munita? quod innuere videtur alia Charta ann. 1130. ibid. pag. 52 : *Cum ambitu, qui est circa turrim, quasi quædam incastellatura.* Vide supra *Bisturris.*

* CALSATERIUS, Calceorum artifex, idem qui *Calsolarius.* Codicil. 2. Caroli Andeg. comit. Prov. : *Item legavit dominus noster rex Claudio Damille ejus Calsaterio summam 400. scutorum.*

¶ CALSATTATUS. Vide *Craiera.*

¶ CALSIDONIUS, pro *Chalcedonius*, Gr. χαλκηδών, Gemmæ species. Vide locum in *Scaci* post versus ibi citatos.

* CALSOLARIA, Vicus sutorum. Stat. crimin. Saonæ cap. 17. pag. 23 : *De contracta fabrorum descenditur in Calsolariam, etc.* Vide in *Calsolarius.*

CALSOLARIUS, Calceorum artifex, sutor, Italis *Calzolaio*, qui nostris *Cordonnier.* Bulla Honorii III. PP. ann. 3. apud Ughellum tom. 1. Italiæ sacr. pag. 823 : *Quicunque est vel erit Calsolarius, dabit annuatim Episcopo unum suttellarium ad sensum Episcopi.* Vide *Calciarius.*

CALSOLARIA, Sutrina, sive officina calcearia, Ital. *Calzoleria.* Occurrit in Processu de Vita S. Thomæ.

* CALSONUS, Placentæ species, ab Ital. *Calzoni*, femoralia, quomodo apud nos *Chausson.* Hist. Belli Forojul. apud Murator. tom. 3. Antiq. Ital. med. ævi col. 1212 : *Itaque ipsa die prædicta femina faciens tortas et Calsonos suis compatribus, etc.*

1. CALTA, CALTES, CALTADES. Glossæ Biblicæ MSS : *Caltæ dicuntur, qui divinam legem intelligunt et perficiunt. Caltes est, qui per actum bonum divinis respondet verbis. Caltades vero, qui non solum operibus bonis divinis verbis respondet, sed et in ipsorum verborum mysticos sensus alios introducit.* Vide *Albania.*

¶ 2. CALTA, Tributum per vim et contra jus exactum, fortean pro *Tolta.* [** Seu potius a German. *Gülte*, Vectigal, census. Vide *Culta.* ADEL.] Charta ann. 1062. inter Instrum. tomi 1. novæ Gall. Christ. pag. 57 : *Malos vero usus, Caltas, tortitudines, districtiones fidejussorias et lucra quæ per Simoniacam factionem in eodem Monasterio, et in ejus dominicaturis, mansis, villis et cellis usque ad hoc tempus, nos vel nostri parentes accepimus vel exegimus, omnino relinquentes funditus abrenuntiamus.* Vide *Grossella.*

* 3. CALTA, *Genus floris*, in vet. Glossar. ex Cod. reg. 7641. Gloss. Lat. Gr. MSS : *Calta*, γένος βοτάνης. Vide *Grossella.*

** 4. CALTA, Vas ligneum minus cum manubrio, orcula, Germ. *Gelte*, teste Frischio in Lexic. German. Vide *Gelta, Galeta* et *Galuta.* ADEL.

¶ CALTERIA, CALTERIATUS, Glaber Rodulfus lib. 3. Hist. cap. 9 : *Asserebat igitur idem Abbas, hæc omnia molimina Calteria esse sathanæ, ac si quis horum talibus insigniis Calteriatus ex hoc sæculo migrasset, difficulter a diaboli vinculis posse eripi.* In cultum justo mundiorem invehitur, et in novum atque indecentem vestium morem : quare *Calteria* mihi videtur vestiarium symbolum, Gall. *Livrée.* Sed unde vox illa?

* F. pro *Cauteria* et *Cauteriatus*, hoc est, cauteriis diaboli seu stigmatibus quasi insignitus. Vide *Cauteriare.* Sed et de diaboli insigniis, Gall *Livrées*, intelligi potest ; *Caltre* quippe, pro pannorum arte, occurrit in Ordinat. Phil. ducis Burg. et comit. Fland. ann. 1447. super regimine S. Audom. art. 28 : *Item est aussi ordonné que lesdits mayeurs et échevins..... esliront et commettront...... les personnes nécessaires et en nombre accoutumé à l'eswart du Caltre ou draperie de laditte ville.*

¶ CALTIO. Vide *Calcio.*

* CALTRUS, *Luscio*, in Glossar. Lat. Ital. MS.

¶ 1. CALTUDIA, *Dies festus.* Papias MS. Gloss. Lat. Græc. : *Caltudia*, ἑορτή.

* 2. CALTUDIA, Instrumenti musici species. Prosa in Transfigurat. Domini ex Cod. 92. S. Martial. Lemov. ann. circ. 600. fol. 236 : *Sempiterna virtute cluit cuncta Dominus regens creata, cujus in Caltudia resonemus organica.*

¶ CALTULUM, *ubi mortui feruntur.* Gloss. Sangerman. MS. n. 501. Fusius Papias MS : *Caltulum, Vinculi genus, vel ubi mortui feruntur : a coacto loro dicitur.* Vide *Calculum.*

¶ CALVACADA, CALVACATA, CALVACHIA. Vide in *Caballus.*

* CALVACATUS, CALVATA, CALVAUCHIA. Vide supra in *Caballus.*

¶ CALVÆ, Ποντικὰ πεφρυγμένα, *Nuces*

Avellanæ tostæ. Supplementum Antiquarii.

¶ **CALVAGARIA.** Vide in *Caballus.*

CALVANUS. Vide *Cauanna.*

¶ **CALVARE**, Calvum facere. Verbum hac notione obsoletum : pro *Decipere* legitur apud Papiam. Vide *Cavillare.*

CALVARIA, Detonsio, decalvationis pœna. Ursinus in Vita S. Leodegarii cap. 14 : *Condemnatus ab ipsa Synodo, calvariam accepit in capite, et expulsus segregatur a sancta Congregatione.* Vide *Decalvare.*

CALVARIES, *Sinciput*, in Glossis MSS. ad Alexandrum Iatrosophistam.

CALVARIOLA. Vetus Interpres Juvenal. ad Sat. 5 : *Ut solent in urbe calices fractos, sive Calvariolas componere*, i. fragmenta vel calculi instar Calbariarum.

* **CALVEA**, Mensura frumentaria; Ital. *Calvello*, tritici species. Stat. Cadubrii lib. 1. cap. 16 : *Quod quilibet homo et persona, qui vendunt aliquas res ad pondus, vel ad mensuram, debeant.... portare sive portari facere ad domos ipsorum juratorum Calveas, concios libras, medias, etc.* Correct. eorumd. cap. 75 : *Quilibet hospes tenere debeat in ejus hospitio dictas mensuras a blado justificatas cum jurato, ita quod ex una Calvea fiant decem mensuræ.* Et cap. 134 : *Declarando quod de livellis præteritis obligati, ad dandum Calveas quattuor pro centenario non possint cogi, nec compelli ultra solidos xxx. pro singula Calvea siliginis, et obligati ad tres Calveas non compellantur nec cogantur nisi ad solidos xl. pro singula Calvea. Pro tribus Calveis bladi*, ibid. cap. 54.

¶ **CALVENTES**, *Frustra calumniantes*, in Glossario Sangerman. MS. num. 501.

* **CALVERE**, *Decipere, Decebre, Prov.* in Glossar. Provinc. Lat. ex Cod. reg. 7657. Hinc *Calevres*, Deceptor, fallax, vulgo *Trompeur, dissimulé*, in Mirac. B. M. V. MSS. lib. 1 :

Que vaut quanque dient mes levres,
Puisque mes cuers est si Calevres,
Que toute jour s'en va ribant
Par le païs et regibant.

¶ **CALVETA**, *Montana satis fruticibusque nuda.* Vocabularium Sussannæi. [** Germ *Blösse*. Adel.]

CALVETUM, in veteri Glossario Saxonico, Mersc, exponitur, quæ vox *mariscum*, seu paludem etiam sonat.

¶ **CALVIATUS**, pro *Claviatus*, qui et pro *Clavatus*, Clavis vinctus, vel munitus. Vide locum in *Soccus* post *Soccia.*

¶ **CALVITIA**, *Meror.* Gloss. Sangerm. MS. n. 501. unde corrigendum arbitror Isidori Glossarium, ubi *Calvitio, Memor.*

¶ **CALVITUS**, *Moratus, Calvitus, Frustatus*, Gloss. Sangerman. MS. num. 501.

* Glossar. vet. ex Cod. reg. 7641 : *Calvitur, frustratur, moratur.*

¶ **CALUMBUM**, *Viride.* Vocabularium Sussannæi.

1. **CALUMNIA**, Actio in jure, qua quis rem quampiam sibi per solemnes juris formulas asserere conatur, aut pro qua litem intendit; *Calenge*, in Chron. Flandr. cap. 80. et apud nostros passim. Lex Burgund. tit. 89 : *Liber abscedat, neque Calumniam pro eo, quod ligatus, aut captus est, movere præsumat.* Lex Longobard. lib. 2. tit. 27. [** Liutpr. 131. (6, 78.)] : *Non possumus in una causa duas imponere Calumnias.* Marculfus lib. 1. form. 22 : *Nec hæredes eorum exinde quamlibet Calumniam aut repetitionem ullam penitus habere non debeant.* Formula vetus secundum Legem Roman. cap. 5 : *Quælibet persona, quæ contra hanc venditionem aliquam Calumniam, vel repetitionem generare præsumpserit, illud, quod repetit, non vindicet.* Simeon Dunelmens. ann. 1116 : *Spondens Regi et Archiepiscopo, se, dum viveret, illum non reclamaturum, nec aliquam Calumniam inde moturum.* [*Calumpnia* pro *Calumnia* legitur in Hist. MS. Beccensi pag. 439. et alibi.] [** Constitut. Clarendon. ann. 1164 : *Si Calumnia emerserit inter clericum et laicum.*] *Calumniam inferre, dimittere*, passim in vett. Tabular. apud Beslium pag. 448. 458. 473. [*Calumniæ finem facere*, apud Marten. tom. 3. Anecd. col. 1192. cujus locus est in *Astipulare. Clamare Calumniam quietam* apud Lobinell. in Glossario Hist. Britanniæ.] Vide *Clamor.*

* *Chalenge*, in Charta ann. 1240. ex Chartul. S. Johan. Laudun. : *Ge ai otroiet que tuit cil, qui vouront moure au molin de Henapes, i venront moure sans contredit et sans Chalenge de mi et de mes oirs. Chalenges et demaundes*, in Ch. Eduardi III. reg. Angl. apud Rob. Avesbur. pag. 17.

* Hinc apud nostrates *Chalandas* usurpatum videtur de eo omni, quod in contentione versatur, etiam cum per jocum fit. Lit. remiss. ann. 1450. in Reg. 185. Chartoph. reg. ch. 80 : *Le jeu de la soule ou boulle de Chalandas, qui est ung jeu acoustumé de faire le jour de Noel entre les compaignons du lieu de Coriat en Auvergne, et se diversifie et divise icellui jeu en telle maniere, que les gens mariez sont d'une part, et les non mariez d'autre, et se porte laditte soulle ou boulle d'un lieu à autre, et la se ostent l'un à l'autre pour gaingner le pris, et qui mieulx la porte a le pris dudit jour.* Huc etiam pertinet vox *Calangage* ex tom. 1. Fabul. pag. 27 :

Quiconques fust en Calangage
Que il n'i l'est quelque gage.

Ubi legendum videtur, *Qu'il n'i lest tosjors quelque gage.*

* Calumniam Jurare, Actionem legitimam esse sacramento asserere. Charta ann. 1340. ex Tabul. Flamar. : *Dans.... speciale mandatum..... litem contestandi, jurandi in animam ipsius, tam de Calumpnia, quam de veritate dicenda.* [** Quid sit *de calumnia jurare* vide apud J. C. Confer supra *Aasworen-eed* et *Antejuramentum.*]

* Calumniam Werpire, Actionem institutam dimittere, apud Galland. de Franc. alod. cap. 6. pag. 55. Chartul. Vindoc. fol. 109 : *Facta hæc acquietatio et sedatio Calumniæ anno 1077. ab incarnatione Domini.*

In Calumnia Poni, esse. Tabular. Ecclesiæ Gratianopolitanæ sub Hugone Episcopo fol. 75 : *Notum est Ecclesiæ Gratianopolitanæ filiis, quod diu est, quod decimæ in præfato Episcopatu in Calumniam positæ sunt, et illi, qui sunt laici qui extra jus Ecclesiasticum decimas tenent, in interdictum positi sunt.* Infra : *Ante autem, quam ipse sepulturæ traderetur, fratres eius... decimam, videlicet totam tertiam partem, pro qua frater eorum Pontius in Calumnia erat, reddiderunt et donaverunt Episcopo Hugoni et Ecclesiæ Gratianopolitanæ.*

¶ In Calumnio Tenere, f. legendum *Calumnia.* Chartular. S. Vandregesili tom. 2. pag. 2084 : *Ego Clemens agnomento Picardus... terram S. Wandregesili in Albavia... quam in Calumnio tenebam, quietam et solidam dimitto.*

Calumniare, et Calumniari, Actionem intendere, movere, in jus vocare, nostris *Calenger.* Chron. Flandr. cap. 61 : *Et Calengea la Comté de Flandres comme sienne.* [Chartular. S. Vandregesili tom. 1. pag. 609. ex Charta anni 1283 : *Et ne pourront desor en avant rien reclamair, demandeir, ne Calenger.*] Flodoardus lib. 4. Hist. Rem. cap. 10 : *Hucboldus quidam ... munus ejusdem Abbatis Calumniabatur, et ab Ecclesia Dei genitricis conabatur auferre.* Charta ann. 1060. apud Beslium : *Calumniavit Abbas Odo, qui in Abbatiam successit, et in tantum Calumniando prosequutus est, quod, etc.* Alia apud eumdem : *Willelmus Vicecomes, ... querimoniam inde faciendo Calumniabatur hoc donum, contestans et affirmans, nullatenus debere esse ratum.* Occurrit passim.

** Calumniatus, De cujus domino coram judice causa agitur, litigiosus. Polypt. Irminon. Br. 19. sect. 37. Guer. pag. 205 : *Anseramnus colonus et uxor ejus, nomine Bertrudis, calumniata, habent secum filium* 1. Ibid. sect. 48. pag. 207 : *Bernoinus Calumniatus et uxor ejus colona, nomine Electa, homines S. Germani.* Vide sect. 44. pag. 206. et Brev. 24. sect. 42. pag. 251.

* Chron. Andegav. ad ann. 954. apud Labb. tom. 1. Bibl. MSS. pag. 285 : *Hlotharius filius Hludovici transmarini rex factus est. Idem postmodum Lotharingiam Calumniatus est. Calumniare et derationare justitiam terræ et hospitium eleemosinæ*, in Chartul. Pontisar ch. 87. *Chalenger*, in Contin. Guil. Tyr. apud Marten. tom. 5. Ampl. Collect. col. 750 : *Le roi de France Chalengeoit et demandoit por sien le roiaume de Castelle. Chalengier*, in Ch. Eduardi III. supra laudata. *Chalamer*, eodem significatu, in Ch. ann. 1286. ex Reg. comitat. Montisfort. in Cam. Comput. Par. fol. 11 : *Et si par aucune aventure avenoit que aucun ou aucune demandassent ou Chalamassent ès choses, qui sont dessus nommés, qui à son doeire apartiennent, etc.* Vide infra *Clamare* 2.

¶ Calumpnizare, Eadem notione. Madox Formul. Anglic. pag. 168 : *Quod si forte contingat in eventu, quod prædictus Ricardus de Kirkenny, hæredes vel assignati sui, Calumpnizentur, implacitentur, molestentur, perturbentur in aliquo, seu graventur, etc.*

* Graviorem pœnam adversus eum, qui quarta vice injustam actionem intenderat, decernunt Statuta Casimiri III. ann. 1454. inter Leg. Polon. tom. 1. pag. 252 : *Statuendum censuimus, quod si cuipiam objici contigerit calumnia, calumniatorque ab antiquo nuncupetur, quia videlicet procuravit aut procurat causam calumniosam, luet calumniato se purganti pœnam trium marcarum et judicio trium. Talis autem purgatio ipsis calumniatoribus duntaxat tribus vicibus est*

indicenda. Si vero quarta vice quis inculpatus fuerit, de opere calumniæ amplius ad purgationem admitti non debet; sed pro suo scelere nares sibi præcidi debent, ad instar equi castrati, et eo ipso sit honore privatus, nec jure nobilium per amplius aut eodem aliquatenus se tueri potest.

CALUMNIATOR, Actor. Charta ann. 1080. apud eumdem Beslium : *Calumniator querelam deponit.*

CALUMNIA, CALONIA, Pœna pecuniaria, *Calumniæ* mulcta, qua damnatur, qui calumniandi animo litem intendit, pro injuste instituta actione, vel objecta exceptione, leg. 2. C. de Jurejur. propter calum. dand. (2, 58.) Hispanis *Caloña* et *Caluña*. Concilium Legionense ann. 1012. cap. 4 : *Si autem extra cœmeterium abstulerit rem Ecclesiæ, reddat eam et Calumniam cultoribus ipsius Ecclesiæ, more terræ.* Cap. 5 : *Dividant per mediam Calumniam homicidii.* [Et cap. 41 : *Mandamus ut majorinus vel sayo aut dominus soli ... non intrent in domo alicujus hominis Legione commorantis pro ulla Calumnia, nec portas auferant a domo illius.*] Charta Aldegastri, filii Sylonis Regis Ovetensis ann. 781. apud Sandovall. : *Et quanta Calumnia fuerint, pectent et emendent, etc.* Concil. Coyacense ann. 1050. cap. 7 : *Quale est constitutum in Decretis Adefonsi Regis pro homicidio, pro rauso, pro sajone, aut pro omnibus Calumniis suis.* Charta Ferdinandi Regis æræ 1081 : *Si .... aut plagaverit vel occiderit, nullam Calumniam proinde persolvat.* Alia Sanctii Regis Aragon. æræ 1090. in Hist. Pinnatensi lib. 3. cap. 9 : *Id est, de lezda, de censu, de homicidiis, de judiciis, de Calomnis, et de omnibus omnino rebus, etc.* Charta Urracæ Reginæ Hispaniæ ann. 1116. apud eumdem Sandovallium : *Quod si perseveraverit, et intra terminos hos violenta manu intraverit, quod rapuerit, duplat, et Calumnia Abbati et senioribus exsolvat cum sex millia solidos.* Vitalis Episcopus Oscensis : *Et respondeant eis de Caloniis, hoc est, de pœnis pecuniariis usque ad mediam mortificaturam.* Alibi : *Si quis acceperit Militem de equi habenis, solvet de Calonia quingentos solidos.* Idem : *Habent Infantiones medietatem Caloniæ homicidii.* Occurrit passim in Chartis Hispanicis. Perperam *Cholonea* pro *Calonia*, in veteri Diplomate Oldegarii Episc. Barcinon. scriptum recte observant viri docti ad Vitam ejusdem Oldegarii. Vide Marcam in Historia Beneharn. lib. 4. cap. 4. § 8. et Observant. Regni Aragon. lib. 6. tit. de Conditione Infantionat. §. 23. [** Vide S. Rosa de Viterbo Elucidarii tom. 1. pag. 229.]

¶ CALUMNIAM COMPLERE, Persolvere. Concil. Compostell. ann. 1114. can. 4 : *Pauperes et imbecilles misericorditer Calumnias Compleant, et beneficiis suis penitus non priventur.*

¶ 2. **CALUMNIA**, Injuria. Vita S. Anscharii in Actis SS. Bened. sec. 4. part. 2. pag. 92 : *Dicentes unum quemlibet negotiatorem plus ibi habere, quam sibi oblatum fuisset, et nullo modo se tantam Calumniam sufferre posse.*

¶ 3. **CALUMNIA**, Constitutio, statutum, dispositio. Annal. Benedict. tom. 4. pag. 698. col. 1. ex Donatione S. Flori facta S. Odiloni : *Quicumque autem aliter fecerit, aut contra Calumniam nostram superbo ausu statuta hæc violaverit, et data nostra, vel in futuro danda cassare, aliove detorquere præsumserit, veniant super eum omnes novi et veteris Testamenti maledictiones.*

* 4. **CALUMNIA**, Adversitas, infortunium. Charta ann. 895. tom. 9. Collect. Histor. Franc. pag. 707 : *Quoniam operæ pretium nobis extitit, ut diversas Calumnias hujus sæculi, qualiter Deo et S. Martino servientes levius ferrent, secundum nostræ possibilitatis modum tractaremus, etc.*

¶ **CALUS**, a Græco καλός, Bonus. Vide locum in *Pisticus*.

CALUSUM, pro *Clausum*, Gallis, *Clos*, *Clos de vigne.* Tabularium Monasterii S. Andreæ Viennensis : *Hanc donationem facimus, et adicimus particulam vineæ Orientem versus in nostro Caluso.*

¶ **CALUSUS**, mendose pro *Callosus.* Vide *Plemina.*

¶ **CALUTOR**, *Minister sacrorum.* Gloss. Isid. Sed mendose pro *Calator*. Vide *Calatores.*

¶ **CALVUS**, f. Callidus, cavillosus, fraudulentus, Gall. *Rusé, trompeur.* Ottoboni Scribæ Annal. Genuens. lib. 3. ann. 1195 : *Contigit autem quod, quia Imperator Calvas occasiones quærendo, et simulando se velle adimplere, quæ Januensi promiserat civitati, dicendo quod, quando videret Potestatem Januæ . . . omnia quæ promiserat, in integrum adimpleret.*

* Tritum est adagium : *Calva est occasio;* cujus etiam mentio fit in Reg. visitat. Odon. archiep. Rotomag. ex Cod. reg. 1245. fol. 101. v°. : *Prior Ulterioris portus parum sequebatur claustrum, nimis equitabat quærendo occasiones Calvas.* Vide Adagia Erasmi.

CALX, seu *Calcis præstatio*, et *Calcis excoctio*, inter munera publica recensentur, quibus certa prædia obnoxia erant, quæ *Cespites Calciarii* dicuntur in Novella Valentiniani de Pentapolis, quorum possessores calcem subministrare tenebantur, ut Terracinenses in Campania, leg. 3. Cod. Th. de Calcis coctor. de quibus etiam Symmach. lib. 10. Epist. 52. et Tusci, d. leg. 3. alii eam excoquere, alii vehere, de quibus in leg. 2. 3. Vide Cod. Theod. d. tit. de calcis coctoribus urbis Romæ et Constantinop. (14, 6.) et ibi Jacob. Gothofredum, ut et Michaelam Attaliatam in Synopsi Juris tit. 78.

CALCARIA, apud Ammianum lib. 27. est Calcaria fornax, uti appellatur a Plinio lib. 17. cap. 9. in qua calx excoquitur; vel calx ipsa. Anastasius in Gregorio II. PP : *Hic exordio Pontificatus sui Calcarias decoqui jussit, et ... hujus civitatis muros restaurare decreverat.* Romualdus Salernitanus in Chronico MS. ann. 1149 : *Tunc mandantibus justitiariis, equi indomiti pedibus alligatus, usque ad Calcariam, quæ ante palatium erat, est violenter attractus.* Hinc quidam putant Forcalcariense oppidum in Provincia nuncupari, quasi *Furnum Calcarium*, itaque appellari in Tabular. S. Victoris Massil. aiunt.

CALCARIA, interdum pro ipsa pensitatione, quæ præstabatur pro calcis coctione. Capitulare Sicardi Principis Beneventani ann. 836. § 14 : *Ut nulla nova* (consuetudo) *eis a parte Reipublicæ imponatur, excepta antiqua consuetudine, hoc est, responsaticum, et angarias, et Calcarias.* [** Vide Murator. Antiquit. Ital. vol. 2. col. 83. B.]

CALCARIENSES, in leg. 36. Cod. Th. de Decur. (12, 1, 37.) qui calcis excoquendæ obsequio obstricti erant.

CALCIFURNIUM, in lege Bajwar. tit. 1. cap. 14. § 5. *Calcefurnium* in Edit. Heroldi. Furnus, in quo calx coquitur, Gallis, *Chaufour.* [Charta Engelelmi de Mortemare pro Bertranno Abb. Nobiliac. apud Stephanot. tom. 3. Antiquit. Pictav. MSS. pag. 605 : *Usque ad viam quæ incipit a Plangua usque ad Calfurnium.*]

CALFURNIUM, Calcis coquendæ onus, *Chaufour*, recensetur inter onera et servitia, in Tabulario S. Vitoni Virdunensis : *In vinea fimorare debeant, de tertio in tertium annum Calfurnium facient.* Alibi : *Pro banno den. ad festum S. Joannis, Calfurnium de tertio in tertium.* [Gloss. Basil. et Michael Attalia. tit. 78 : Ποινὴ μετάλλου ἐςὶ τὸ καταδικασθῆναί τινα ἄσβεςον ποιεῖν, ἢ θεῖον ὀρύττειν.]

* **CALYBITA**, Cognomen S. Joannis CP. quod sub tugurio habitarit, a καλύπτω, tego, operio, inquit Bollandus tom. 1. Jan. pag. 1029. col. 2.

* **CALYBS**, pro Chalybs, in Stat. datiar. Riper. cap. 12. fol. 4. v°. Vide supra *Calibs.*

¶ **CALYPHA**, ut *Chalifa*; quod vide.

¶ **CALYPTRA**, Diadematis genus, ab eo, inquit Macer in Hierolexico, quod fert Venetus Dux non absimile. Niceph. Gregor. Hist. 5. cap. 7 : *Calyptram in capite panno, purpura et auro intextam circumdatam gestaret, quatenus sursum vergit ad pyramidem superficiei funditur.* Græcis καλύπτρα est tegmen capitis muliebre.

¶ **CALYRICE**, *Affabilis mulier*, in Vocabulario Sussanæi.

* **CALZAIUS**, CALZARIUS, Ab Ital. *Calzaio* et *Calzare*, Caliga, tibiale. Stat. Andr. abb. ann. 1372. tom. 2. Hist. Cassin. pag. 536. col. 1 : *Sine Calzariis vel stivariis portam monasterii nostri Cassinensis intrare non audeant... Infra competens tempus cucullam sibi emant et Calzaios modo prædicto.* Stat. Placent. lib. 6. fol. 82. v°. : *Item provisum est quod cordoanarii, vel callegarii, vel aliqui alii facientes vel vendentes scarpas vel Calzarios, etc.* Vide *Calciarium.*

¶ **CALZARETTUS**, Calceus. Locus est in *Calzularius.*

CALZARIUM. Vide *Calciarium.*

* **CALZARUS**, CALZATUS, Certa pecuniæ pensio, quasi in calceos emendos erogaretur, sic dicta. Charta ann. 1117. in Access. ad Hist. Cassin. part. 1. pag. 234. col. 1 : *Et concedimus ipsi homines, ut qualemcumque terram de sanum exaudinaverit, in hereditatem habeant ad respondendum, sicut in matinæ consuetudo est, sine Calzaru.* Alia Roberti Capuan. princ. ann. 1132. ibid. pag. 245. col. 2 : *Concedimus quincentos tarenos, quos accipere soliti sumus in omni tertio anno ab hominibus, qui tenent terras de Gualdo pro Calzati.* Vide *Calciarium* et supra *Calceradigum.*

¶ **CALZETARIUS**, Caligarius, ab Italo *Calza*, Tibiale. Acta SS. Julii tom. 3. pag. 828. in Oratione de S. Bonaventura : *Mar-*

garita Gruelle uxor Hugonis Francisci Burgundi Calzetarii, habitatoris Lugdunensis, intenso podagræ dolore cruciabatur.

¶ **CALZIARETTUS**, Calceus, ab Ital. *Calzare*, Calceare. Hist. Dalph. tom. 2. pag. 278 : *Item, pro duobus paribus de Calciarettis pro Domina Dalphina taren.* VII.

¶ **CALZINA**, Ital. *Calcina*, Calx, Gall. *de la Chaux*. Legitur in Chronico Parmensi apud Murator. tom. 9. col. 804.

* **CALZINATUS.** Stat. crimin. Riper. cap. 225. fol. 29. v°. : *Nulla persona audeat.... in ipsis pannis ponere aliquam lanam....... Calzinatam.* An illa quæ inter crura?

¶ **CALZOLARIUS**, Sutor, Italis *Calzolaio*. Legitur in Actis SS. Martii tom. 3. pag. 206. in Miraculis B. Ambrosii Senens. et Aprilis tom. 2. pag. 820. in Miraculis B. Simonis Eremitæ August. necnon SS. Junii tom. 3. pag. 936. de B. Michelina : *Quarto accedere debeant Calzolarii cum eorum pallio.*

¶ **CALZULARIUS**, Idem. Hist. Dalphin. tom. 2. pag. 274 : *Lamberto Calzulario Domini pro paribus viginti quatuor de Calzarettis et una paro de stivalibus de mandato Domini, etc. taren.* XXII.

CAMA. Papias : *Cama, lectus brevis.* Ugutio : *Cama, genus lecti brevis, et circa terram, quod et Cama, atis, invenitur in Ambrosio de Officiis.* Isidorus lib. 19. cap. 22 : *Camisias vocamus, quod in his dormimus in Camis, id est, in nostris stratis.* Gloss. Saxon. Ælfrici : *Cama* : sceort bed við eordan. Ebrardus in Græcismo :

Dormit inops Cama, combussit Pergama cauma.

Hispanis *Cama* est lectus.

* *Cama, atis, la Cariola del leto*, in Glossar. Lat. Ital. MS. Aliud Provinc. Lat. ex Cod. reg. 7657 : *Cama, æ, lectus in terra.*

CAMAEUS, Sardonyx, Gallis *Camayeu*. Vitæ Abbatum S. Albani : *Nobilibus lapidibus insculptis, quas Camaeos vulgariter appellamus.* Infra : *Allati sunt quidam ampli lapides, quos sardios onycheos* (sic leg. pro *onicleos*) *appellamus, et vulgariter Camaeos nuncupamus.* Ubi perperam scriptum *Cadeneos.* [Inventarium Ecclesiæ Aniciensis ann. 1444 : *Item unus anulus auri pontificalis cum uno Camayeu cum quatuor imaginibus.*]

Camahutus, non semel in Visitatione Thesaurariæ S. Pauli Londin. ann. 1295. in tom. 3. Monastici Anglic. [Mabillon Analect. tom. 3. pag. 391. ex Gestis Gaufredi de Loduno Episcopi : *Dedit etiam decem et septem anulos auri, novem cum saphyris ... unum cum Camahuto, etc.*]

* Camahotus, Sardonyx, Gall *Camayeu*. Charta ann. 1315. ex Bibl. reg. : *Item jocalia, videlicet tres Camahotos.* Inventar. MS. S. Capellæ Paris. ann. 1376 : *Item quædam pulcherrima tabuleta auri pro pace danda, ornata lapidibus preciosis, in qua est unus lapis de Camaheu in forma crucifixi.* Aliud ex Reg. Cam. Comput. in ead. Bibl. Cod. 8406. fol. 140. v°. : *Item ung Camahier et le repositoire et le pié.* Vide *Camaeus.*

Camahelus. Arestum Paris. 9. Maii 1321 : *Item lorenos garnitos de serico seminatos de boutonis, et Camahelis pretii* 20. *sol.* De vocis etymo consule Nicol. Guibertum lib. de vasis murrhinis cap. 10. Salmas. ad Solinum pag. 562. Gaffarellum in Curiositatibus inauditis cap. 5. § 1. 2. Octav. Ferrarium in Orig. Ital. V. *Camaglio.* [et Menagium in Gall.]

CAMALAUCUM. Vide *Calamaucum.*

* **CAMALDULES**, Ordo monasticus auctore S. Romualdo, a campo *Malduli*, in quo fundati fuerunt, forte sic appellati. Vide Itin. Ital. Mabill. pag. 181.

¶ **CAMALE**, Humerale, Gall. *Camail.* Vox in recentioribus libris ritualibus satis frequens, sed notior, ut ejus sensum oporteat exemplis confirmari. Vide *Camelaucum.*

¶ **CAMALLOTUM**, Gall. *Camelot*, Pannus e villo caprino contextus. Testamentum 1375. apud Baluz. tom. 2. Hist. Arvern. pag. 616 : *Lego Conventui Fratrum Minorum Claromont, omnes raupas corporis mei, quæ sunt de quibuscumque pannis sericeis et de Camalloto et de satallin, una cum suis foraturis.* Vide *Camelotum.*

¶ **CAMALLUS**, Humerale, Gall. *Camail.* Capitulum generale S. Victoris Massil. ann. 1378 : *Hostalarius habeat quatuor floccos et quatuor alamitias vel Camallos pro hospitibus.* Vide *Camelaucum.*

* Stat. S. Capellæ Bituric. ann. 1407. ex Bibl. reg. : *Cappas nigras ad modum Romanæ curiæ apertas cum Camallis* (deferent) *hyemali tempore.*

* **CAMANSUS**, Idem videtur quod *Caput mansi*, domus præcipua. Vendit. vicecomit. Turennæ ann. 1350. in Reg. 80. Chartoph. reg. ch. 156 : *Cum pedagiis, baragiis,....... mansis, Camansis, bordariis, tenementis, etc.* Vide in *Caput.* 3.

CAMARA, ex Græco καμάρα, Fornix, camera. Vetus Scholiastes Juvenalis Sat. 14. in hæc verba : *Arida cum tota* (*Mundentur parietes vel Camaræ.*) Fragmentum Petronii : *Sophos universi clamamus, et sublatis manibus ad Camaram, juramus Hipparchum Aratumque comparandos illi homines non fuisse.* Adamnanus in Itinerario Terræ sanctæ lib. 1. cap. 23 : *Ecclesiæ interior domus sine tecto, et sine Camara, ad cœlum sub aere nudo patet.*

Camara, Cubiculum, camera, Hispan. *Camara.* Formulæ vett. apud Bignon. cap. 13 : *Dum diceret, eo quod cellaria, vel Camara et granica, quicquid in eis habuit repositum, hoc est, aurum, argentum, drapalia, arma, vinum, annonam, vel vitalia sua, etc.*

Camara, Aquæductus, canalis fornicatus. Gloss. Gr. Lat. : *Camara*, ὑπονόμος. [Gellio 10. 25. species est navigii, pro quo Laurent. in Amalthea legit *Camare.*]

¶ Camara, Vagina. Leges et Consuetud. Furnenses ex Archivo S. Audomari : *In cujuscumque domo canipulus sive machue tortuose inventa fuerit extra Camaram vel cistam emendabit Comiti tres libras. Quicumque arma defensa portaverit intra coram emendabit Comiti tres lib.*

CAMARADUM. Epistola Adriani PP. ad Carolum Magnum in Codice Carolino Epist. 61 : *De Camarado autem, quod est hypocartosa, ad renovandum in Basilica B. Petri Apostoli, nutritoris vestri, prius nobis unum dirigite Magistrum, qui considerare debeat ipsum lignamen, quod ibidem necesse fuerit, ut sicut antiquitus fuit, ita valeat renovari.* Infra : *De ipso lignamine, quod in prædicto hypocartosin, hoc est, Camarado necesse fuerit.* Est autem *hypocartosis*, tectorium, sive crusta, qua parietes et cameræ inducuntur. Gloss. Græco-Lat. : ὑποχάρτωσις, *Tectoria.* De hujus vocis notione ac etymo nonnulla habet Salmasius ad Vopiscum pag. 293. De Tectorio opere egit Vitruvius lib. 2. cap. 4. 8. lib. 5. cap. 10. lib. 7. cap. 3. Accipitur porro hoc loco *Hypocartosis*, pro ipso ligneo fornice et ipsa concameratione, inducta, aut inducenda : cujusmodi ejus fabrica describitur a Vitruvio dicto cap. 3. Est igitur *Camaradum*, pro *Camaratum.* Ab eodem fonte καμάρδαν vocarunt Græci recentiores tentorium, quod in modum cameræ, seu fornicis, arcuatum sit : qua voce utuntur Leo in Tacticis cap. 10. § 12. cap. 20. § 194. et Mauricius lib. 5. cap. 3. Unde nostri *Camarades*, Hispani *Camarada*, vulgo vocant milites, qui sub eodem tecto, aut *tentorio*, et in eadem camara degunt.

¶ **CAMARARIUS**, pro *Camerarius*, de quo infra. *Camararius Regis Franciæ*, apud Murat. tom. 8. col. 1098. in Memor. Potestat. Regiens. ad ann. 1218.

1. **CAMARIUM.** Charta Alfonsi III. Reg. Portugaliæ ann. 1279. apud Brandaonum tom. 4. Monarch. Lusitan. pag. 279. v° : *Quicumque acceperit Camarium, pectet Dom. Regi* 2. *Morabit. et illi, cujus fuerit, medium Morabit.*

* Ab Hispanico *Cama*, Lectus vel lecti umbella. Vide supra *Cama.*

* 2. **CAMARIUM**, perperam pro *Carnarium*, Caro. Consuet. Lugdun. ann. 1206. in Hist. ejusd. civit. pag. 97. col. 1 : *Bacones de Camario suo, qui inter domos integri venduntur, nihil debent.*

CAMARLENGUS, Camerlengus, Italis *Camerlingo*, Camerarius, ærarii quæstor. *Bertoldus Camarlengus Imperatoris*, in Charta Lotharii Imp. ann. 1137. apud Ughellum in Episcopis Veronensibus. Ita usurpant Joannes Villaneus lib. 4. cap. 2. lib. 7. cap. 17. Matth. Villan. lib. 3. cap. 78. et Scriptores Itali passim. [Vide *Camerlengus* suo loco.]

¶ **CAMARLENTUS**, Camerlentus, ut *Camarlengus.* Memoriale anni 1400. apud Marten. tom. 1. Anecdot. col. 1660 : *Scribatur istis qui sunt de consilio illustrissimi Domini Regis Siciliæ.... Item, nobili viro de Crudillis Consiliario et Camarlento. Item, nobili Domino de Apulia Consiliario et Camarlento.* Infra legitur *Camerlentus* et decies repetitur vox *Camarlentus* vel *Camerlentus*, semper præposita voce *Consiliarius*; at ubi habetur *Consiliarius*, non semper adjungitur *Camarlentus*, ex quo conficitur plures fuisse *Consiliarios*, quam *Camarlentos*, atque duplici voce non eamdem, sed diversam significari dignitatem.

¶ **CAMASELE**, f. Lamina denticulata suspendendis in foco lebetibus, Gall. *Cremaillere*, vel *Cremillere*, alias *Cramaillere.* Memoriale bonorum mobilium Prioratus S. Michaelis de Fallio in Archivo S. Victoris Massil. : *Duos tripodes, duos asters et duas lossas, et unum Camasele, unum mortariolum, etc.*

¶ **CAMASIL**, Species lapidis pretiosi, Gall. *Camaïeu*, Hisp. *Camafeo*. Inventarium Abbatis S. Victoris Massil. ann. 1358 : *In mitra inter quatuor grossos lapides est Camasil habens faciem hominis respicientis ad sinistram*. Vide *Camaeus*.

¶ **CAMASINUS**, Ex subtili lino, ut interpretatur Papebrochius; verum an dici potest melote seu pellis ex subtili lino? Potius crediderim *Camasinus* a seq. voce *Camasus* derivari, et *meloten Camasinam* esse pellem qua pro veste seu *camaso* utebantur. Acta SS. Maii tom. 5. pag. 414. in Vita S. Marthæ matris Symeonis : *In visione conspicit Reliquias Justæ intra meloten suam Camasinam e dextera parte suspensas*. Vide *Melote*.

CAMASUS, Vestis species. Gloss. Isid. : *Camasus, amfimallus*. Lexicon Græc. MS. Reg. Cod. 2062 : Κάμασος, καὶ κάμασον, τὸ πικότζουλον. [Testamentum S. Gregorii Nazian. : Βούλομαι αὐτῷ δοθῆναι κάμασον α. στιχάριον α. παλλία β. Quæ Baronius sic vertit : *Volo ei dari Camasium unum, tunicam unam, pallia duo*.] Vide Meursium in Κάμασος.

¶ **CAMAURUM**, Mitra Papalis. Supplement. Vitæ S. Petri Cœlest. num. 158. inter Acta SS. Maii tom. 4. pag. 535 : *Cum Camauro seu mitra papali habenti tres coronas*.

¶ **CAMAX**, Sudis, pertica, κοντός, Gloss. Lat. Gr.

¶ **CAMAYNUS**, Lapis pretiosus, Gall. *Camaïeu*. Hist. Dalphin. tom. 2. pag. 568. col. 1 : *Cum smaltis ac lapidibus, margaritis seu perlis, nec non saffiris, Camaynis*. Vide *Camaeus*.

¶ **CAMAYX**, Idem. Hist. Dalphin. tom. 1. pag. 196. col. 2 : *Lapidem meum pretiosum, qui vocatur Camayx*.

1. **CAMBA**, *Inflexa, tortuosa*, Papiæ. [Britannicè *Cam* vel *Camm* sumitur eadem notione : sed est a Græco, κάμπτω, Inflecto. Vide *Cambus*.]

2. **CAMBA**. Charta ann. 1231. apud Catellum in Hist. Occitan. pag. 901 : *Duo bacini... et quædam Camba ventilabri, et 2. candelabra deaurata, etc.* [Hoc est, ventilabri manubrium. Quod iterum firmatur Instrum. anni 1377. ex archivo sancti Victoris Massiliensis : *Item, unum fuedalh coopertum de veluto rubeo pro defendendo muscis. Item una Camba ventilabri de argento*. Hic agitur de ornamentis Ecclesiasticis, inter quæ recensetur *ventilabrum* ad arcendas muscas, ut in hac voce dicetur. Vide *Canea*.]

3. **CAMBA**, Brassiatorum officina, seu locus, ubi cerevisia coquitur et conficitur, quem vulgo *Brasseriam*, vel *Braxatoriam* nuncupamus. [** Guerardo in Glossar. pecul. Polyptych. Irminon. : Officina ubi cerevisia vel panis coquitur et conficitur.] Charta Ludovici Ultramarini Franc. Regis apud Vassorium in Annalib. Noviomensis Ecclesiæ lib. 3. cap. 48 : *Et cum omni integritate largitus est, excepto sectico uno, cum Camba, etc.* Alia Leonis PP. in lib. 1. Hist. Bellovacens. cap. 18 : *Circa prædictum castrum hospites quindecim, Cambas tres*. Ubi loci perperam Louvetus *Cambam* cum *Cambio* confundit. Passim occurrit, apud Baldricum Noviom. lib. 1. cap. 52. 66. in Statutis antiquis Corbeiensib. lib. 1. cap. 9. [** Guerardo cap. 7. post Irminonem pag. 313. Adde libr. 2. cap. 15. ibid. pag. 333.] ubi *Cambia*, pro *Camba*, apud Loisellum in Bellovaco pag. 246. 253. in Historia Ecclesiastica Abbavillensi cap. 26. in Notit. Eccles. Belg. pag. 80. 99. 113. etc. in Donat. Belg. pag. 397. in Hist. San-Dionysian. Doubleti pag. 724. apud Vassorium in Noviomo pag. 924. in Chronico Andrensi pag. 474. in Gestis Abbat. Gemblacens. pag. 533. [** in Polyptych. Sithiens. cap. 11. post Irminon. pag. 399. in Fiscor. describend. formulis ap. Pertz. vol. Leg. 1. pag. 178. lin. 49.] etc.

* *Cambe à chervoise*, in Charta Phil. comit. Fland. pro Ambianensibus. *Cambe ou oenchine à brasser cervoise ou goudalle*, in Ch. ann. 1428. ex Chartul. 23. Corb. Latiori sensu vox *Onchine* vel *Oncine* accipitur in Consuet. MSS. Camerac. : *Toutes les maisons manaules, qui ne sont Onchines, puet cil qui ens a mes tenir un an et un jor par sacrement...... Oncine c'est fors et Cambe, et molins, et maisons de faleret et maisons de tainlerie*.

Cambagium, [Tributum quod dominis exsolvebant subditi pro coquenda cerevisia.] Chartular. Corbeiense : *Nus ne puet faire Cambe ne brasser chervoise, ne goudale sans son congié*. Id juris *Cambage* appellatur in Consuetudine Bononiensi art. 46. et Herliacensi art. 3. ubi perperam *Gambage* scribitur. Tabularium S. Michaelis Ulterioris portus ann. 1141 : *Monachi totidem Deo servientes et Cambagio panem et cervisiam facient ad suum usum*. [Charta ann. 1250. apud Miræum tom. 2. pag. 1231 : *Tali tamen modo quod serviens Episcopi semper quando voluerit, redditus Episcopi, sive censum, Cambagium, introitum et exitum, et alia jura... ab hospitibus manentibus in dictis terris Episcopi et Canonicorum accipere poterit*. Charta Guidonis Comitis Flandriæ ann. 1237. in Tabulario S. Bartholomæi Bethuniensis : *Item debent habere ibidem dicti Præpositus et Capitulum thelonia, foragia, Cambagia et omnes emendas, etc.*]

* Stat. ann. 1466. in Lib. rub. eccl. S. Vulfr. Abbavil. fol. 195. v°. : *Quod si forsan aliquos canonicos residentiam in nostra dicta ecclesia facturos advenire contingat, nisi ipsa die beati Remigii compareant in capitulo, et in distributione missarum hujusmodi, et in partitione Cambagiorum, ipsa die partiri solitorum, intersint, ipsos sic absentes et interesse negligentes fructibus et emolumentis ex missis et Cambagiis hujusmodi provenientibus omnino carere decrevimus*. Quod referri debet ad Chartam Willelmi comit. Pontiv. ann. 1205. qua iisdem canonicis concedit *signalia in Cambis Abbatisvillæ*. *Cambaige*, in Charta ann. 1208. ex Chartul. 23. Corb : *Jou ay vendu et escangié...... toutes les justices, que jou avoie à Corbye, les Cambaiges, les estallages, etc.* Reg. ejusd. monast. 13. sign. *Habacuc* fol. 27. v°. ad ann. 1510 : *Le droit de tonnelieu et foraige des brassins de chervoises et aultres brouvaiges de la ville et eschevinaige de Corbie, que on soloit anchiennement nommer le droit de Cambaige*. *Cambage*, in Ch. Margar. comit. Fland. ann. 1274. ex Chartul. 1. Fland. ch. 263. in Cam. Comput. Insul. *Gambage*, in Lit. remiss. ann. 1451. ex Reg. 184. Chartoph. reg. ch. 104 : *Disant icellui Girart que il ne paieroit point à cellui Olivier ledit foraige ou Gambage desdiz bruvaiges*. Nihil ergo emendandum in Consuet. Bonon. et Herliac. ut Cangio visum est.

Vocis originem a Germanico *Cam* et *Cammer*, accersit Kilianus. *Cam* etiam hodie Flandris idem sonat, ut auctor est Buzelinus lib. 3. Gallo-Fland. cap. 20. [** Gothos Κάμον Cerevisiam dixisse scribit Priscus in Gothicis, ut monet Cangius in Glossar. med. Græc. col. 564.] At Germani hausisse videntur a Latinis, quibus *Camum* potio est, quæ fit ex hordeo et aliis frugibus, estque cerevisiæ species. Simeon Januensis apud Cujacium lib. 24. Observat. cap. 39 : *Cervesia, Camum, foca*. Alibi : *Camum, sicera, potus factus ex hordeo et aliis rebus calidis, ut zinziber et similia, quæ ponuntur in testaceis parvis bene obturatis, et cum aperiuntur, salit in altum, et vocatur cerevisia*. *Cami* vero soli fere meminere Ulpianus leg. 8. de Tritico, vino vel oleo legat. (33, 6, 9.) et Cælius Aurelianus lib. 3. qui *Camum* eam potionem esse ait, quæ *Lora* Romanis dicitur : sed de Camo, consulendus idem Cujac. lib. 5. Var. cap. 1. [** Adde Edict. Diocletian. ap. Maium Scriptor. vet. coll. Vatic. col. 5. pag. 304 : *Cervessæ Cami italicum sextarium unum den. quattuor*.] Hanc conjecturam nostram firmat, quod

Camma, etiam scribitur, seu ex *camo* Ulpiani, seu ex Germanico *Kam* et *Kammir*, ut est apud Kilianum. Tabularium S. Remigii Remensis in capite Censuum de Marsna : *De Camma 130. maldros de quæstu cervisiæ, et quisquis illic cervisiam fecerit, dabit 4. den*. Occurrit ibi pluries.

Cambam Aperire, Apertam habere dominicam villam, in qua vicatim ac tributim panis ac potus ex hordeo coquebatur, lucro domini. Hæc Browerus lib. 8. Annal. Trevir. ex Cæsarii Abbatis Prumiensis Glossis MSS. pag. 473. 1. Edit. § 4. [** Germ. *Bier aufthun*. Adel.]

* Locum addo ex tom. 1. Hist. Trevir. Joan. Nic. ab *Hontheim* pag. 663. col. 1 : *In qualibet curia potest dom. abbas Cambam suam, sicut et molendinum habere....... In illa Camba tenentur homines ibidem manentes panem fermentatum coquere et cervisiam braxare*.

Cambarius, Brasiator, potifex, seu cerevisiæ confector, Lambert. Ardensis : *Quidam cervisiæ brasiator, vel Cambarius*. Charta Balduini Frandriæ Comitis ann. 1038. apud Buzelinum pag. 527 : *Cocus Ecclesiæ, magister pistorum, Cambarius*. [Charta alterius Balduini Comitis Hannoniæ ann. 1084. inter Instrum. novæ Gall. Christ. tom. 3. col. 22 : *Alardum Cambarium, quem de manu Segardi Ceœs suscepi*. Chron. Watinense apud Marten. tom. 3. Anecd. col. 826 : *Vade, inquit, fili, ad fratres nostros, et Cambarium eorum ante hoc aliquod tempus rebus humanis exemptum intolerabiliter cruciari nuntia, etc.*] Vetus Charta de Teloneis urbis Ambianensis : *Chascune cambre* [* *cambe*] *à œchine des Cambiers de la chité d'Amiens, si ele n'est en franc lieu, doit* *chascune semaine* 3. *septiers de cheroise de Cambage.*

* CAMBERIUS, ut *Cambarius*, *Cambæ* seu cerevisiæ confector, olim nostris *Cambier.* Charta Nicolai I. Camerac. episc. ex Tabul. archiep. ejusd. eccl. : *Molendinarium et furnarium, Camberium, bubulcos atque alios servientes beati Dionysii a tallia et omnimoda exactione quietos clamavit.* Arest. parlam. Paris. ann. 1532. in Lib. rub. S. Vulfr. Abbavil. fol. 215. r°. : *Cum Camberiis et brassatoribus præceptum fieri fecissent. etc.* Lit. remiss. ann. 1385. in Reg. 128. Chartoph. reg. ch. 83 : *Jaquemart le Cambier ou brasseur de cervoise, etc.* Cujus uxor *Camberiere* appellatur ibidem.

* 4. **CAMBA**, Turris; cujus appellationis ratio haud mihi nota est. Inquisit. ann. 1268. ex schedis Pr. *de Mazaugues : Usque ad locum, qui dicitur Berbegal, ubi est quædam turris, quæ vocatur la Camba de Berbegal...... Vidit quod dom. Barralis tenebat munitam Cambam de Berbegal hominibus de Baucio.*

* 5. **CAMBA**, Crurum armatura. Vide infra in *Cambia* 2.

* **CAMBAGNO**, CAMBAJONUS, Perna, Goll. *Jambon. Chambion*, in Charta ann. 1328. inter Probat. ult. Hist. Trenorch. pag. 243 : *Toutes les ventes, tous les Chambions des porqz, et toutes les langues des grosses bestes, que on tue à Tournus.* A veteri Gallico *Chaimbe*, pro *Jambe.* Charta ann. 1309. tom. 1. Probat. Hist. Brit. col. 1222 : *Aura pour ses Chaimbes, stivelez de plates garnis de teles et de fer et d'acier.* Comput. ann. 1488. inter Probat. tom. 4. Hist. Nem. pag. 45. col. 2 : *Item solverunt pariter dicti domini consules pro duobus Cambajonis porci... ponderantibus* 24. *libras, ad rationem octo denariorum pro libra.* Alius ann. 1494. ibid. pag. 61. col. 1 : *Quibus* (armigeris) *fuit ministratum panis, vinum, et certi Cambagnones....... Primo pro sex Cambajonis, etc.* Ejusdem forte originis vox *Chambalon*, Baculus sustinendis utrinque situlis, in Lit. remiss. ann. 1459. ex Reg. 188. Chartoph. reg. ch. 151 : *Le suppliant print ung Chambalon ou courge à porter eau, etc.*

¶ **CAMBAGUS**, pro *Campagus.* Vide in hac voce.

CAMBALE. Vetus Charta, scripta circa ann. 1320. de Infante Majoricar. ex Camera Comput. Paris. : *Et duo frena argenti, et* 2. *aressoni argenti cum strepis et Cambalibus, et picralibus, etc.* forte *pectoralibus.*

* Crurum armatura, Ital. *Gambiera.* Comput. ann. 1334. inter Probat. tom. 2. Hist. Nem. pag. 85. col. 1 : *Item pro aptandis los Cambals en anels de trossa, vj. den.* Vide infra *Cambia* 2.

¶ **CAMBALENTUS**, CAMBELLANATUS, CAMBELLIANIATUS, CAMBELLANTUS. Vide post *Cambellanus.*

* **CAMBARLENTUS**, pro *Camballentus*, idem qui *Cambellanus*, in Ch. Guigon. dalph. ann. 1251. tom. 6. Ordinat. reg. Franc. pag. 257.

* **CAMBATA**, Modus agri, idem quod *Camera* 1. Reg. notarii *d'Aubagne : Vendidit quatuordecim Cambatas vineæ.* Vide infra *Cambra* 3.

¶ **CAMBELLA.** *Cambellarum Miles*, an idem qui *Canibellanus?* Confœderatio inter Henricum Castellæ et Carolum V. Franc. Reges ann. 1369. apud Marten. tom. 1. Anec. col. 1504 : *In præsentia dilectorum Joannis de Bignetes Militis Cambellarum, et Yvonis de Cacembras hostiarii armorum et Nuntiorum dicti Regis Franciæ, etc.*

CAMBELLANUS, Nostris idem qui Romanis *Cubicularius*, vel *Præpositus sacri cubiculi*, diversus a *Camerario*, penes quem cura erat *Cameræ*, seu Thesauri Regii : Cambellano autem fuit cura cubiculi. Le Roman *de Rou* MS :

Toustains qui fut son Chambellains,
De sa chambre mestre gardains.

Le Roman *de Renaut* MS :

Chambellain de ma chambre toujours més en serez.

Le Roman *de Garin* MS :

Les Seneschaux, et tuit li Chambellan
Environ lui chascun son ostel prent.

CAMBELLANI præcipuum munus fuit in vassallorum hominiis admittendis ac recipiendis : domino enim aderant, cum ii ea præstabant, ac ejus vice vasallum rogabant, eidemque respondebant. Præterea hujusce dignitatis jure pallium vasalli eorum erat, uti observat Gallandus lib. de Franco alodio pag. 62. 63. Ordo ad benedicendum Ducem Aquitaniæ, sub finem : *Sicut enim spolia Militum, quando dominis exhibent hominium, transeunt in jus Camerariorum, simili conditione Ducis vestimentum cedit his hostiariis juxta jus consuetudinarium.* Sed id postea in summam pecuniariam ratam ac definitam pro modo feodorum deinceps commutatum fuit, quod *Cambellagium* vocant Consuet. municipales, locis a Raguello indicatis. Regestum S. Justi fol. 13. ex Camera Computor. Paris : *En l'an de l'incarnation de N. S.* 1272. *le Mercredi aprés la Decollution de S. Jean Baptiste à Nogent le Rembert fut ordené par devant le Roy, presens M. l'Abbé de S. Denys, Mons. Jean d'Acre Bouteiller de France, Mons. Erart Chamberier de France, Mons. Maheu de Mailly Chambellan de France, et plusieurs autres, que quiconques fesoit ou avoit fait homage au Roy Philippes qui ores est, dont il ne fu pas donné en homage au Roy Loys son Pere, que li plus poures homs payeroit* 20 *sols de Par. au Maistre Chambellan;* [*Lauriere* legit, *Chamberlenc.*] *Chevalier, et à tous les autres Chambellans, et li autres de* 100. *ll. de terre de quiconque il les tiengne, paieroit* 50. *s. de Parisis, et cil de* 500. *ll. de terre de quiconque il les tiengnent, paieront* 100. *s. de Par. et li Baron et li Evesque paieront* 10. *ll. de Par. ausdits Chambellans.* [Lauriere *Cambellens*, scilicet tom. 1. Ordinat. Regum Franc. pag. 297.]

* *Chamberlain* et *Chamerlain*, in Assis. Jerosol. cap. 272 : *Le seignor et l'ome doivent premierement appeler le Chamerlain dou royaume,..... ou celui qui acoustumierement garde la parole dou seignor.* Et cap. 292 : *Le jour dou coronement le Chamberlain doit venir le matin en la chambre dou roy, et atirer tous les vestemens royaux en la chambre dou roy. Chamellan*, in Testam. Petri comit. Alenc. ann. 1282. pag. 186.

Cambellano præterea Annuli Regii privati, quem *sigillum secreti* vocabant, custodia incubuit, qui inde apud Byzantinos παρακοιμώμενος τῆς σφενδόνης appellatus fuit, ut distingueretur ab alio Officiali aulæ Palatinæ, qui παρακοιμώμενος τοῦ κοιτῶνος dicebatur, uti docuimus ad Villharduinum. Guil. *de Lannoi* Dominus *de Villerval*, in Itinerario suo MS. ad annum 1420 : *Lors par le trespas de Mess. Athies de Brimeu premier Chambellan* (*de Ph. Duc de Bourg.*) *le Seau de secret de mon tres redoubté Seigneur me fu baillié, sans ce que il y eut autre premier Chambellan, couchay devant luy l'espace de trois mois, et porté sa banniere deux fois, la cotte d'armes vestue en bataille avec luy.* [** Chart. Johann duc. Burgund. ann. 1407. ap. Schœpflin. in Alsat. Diplom. num. 1256. vol. 2. pag. 317 : *Cum relatione dilecti et fidelis Cambellani nostri domini Maximini, domini de Ribeaupierre noverimus illos de civitatibus Basiliensi... suos nuncios ad nostram presentiam deputare.* Potestas Philipp. IV. Fr. Reg. ann. 1311. ap. Pertz. vol. Leg. 2. pag. 514. Chart. Carol. Fr. Reg. ann. 1453. in Guden. cod. Diplom. vol. 4. pag. 313.]

Hæc et cætera Cambellanorum munia ac jura attigere etiam, qui de hac dignitate ex professo scripserunt, Joannes Tillius de Regibus Franciæ, et Bardinus in eo opusculo, quod de Cambellani dignitate conscripsit, quæ potissimum complectitur sequens Diploma, quod ex Joannis Beslii Adversariis olim eruimus : *François de Montberon Vicomte d'Aunay et Chambellan de Poitou, etc. Premierement toute fois que je Vicomte seray audit pays de Poitou devers ledit Monseigneur, il me doit faire delivrer pour moy, mes gens de chevaux que j'auray, et selon ce qu'il appartiendra. Item quant ledit Mons. sera audit pays de Poitou, je dois porter, ou faire porter son seel de secret, duquel seel doivent estre seellées toutes les Lettres des hommages, et d'avoir les profits et émolumens des Lettres, qui en doivent estre seellées, et tout ce qui de lui sera à cause dudit Chambellage. Item quand mondit Seigneur viendra premierement à Poitiers, que je dois de mon droit avoir son lit garni de tous les paremens qui seront, esquels il couchera la premiere nuit. Item quand Madame la Comtesse viendra premierement à Poitiers, je la dois mener par le frein, de la porte par où elle entrera à Poitiers, jusques à la salle, et la dois descendre, et le mantel ou chappe qu'elle aura vestu, et le cheval sur lequel elle sera venue, soit destrier, coursier, palefroy, ou autre monture quelconque, en l'estat, et aussi garni comme sera, doit estre et sera mien. Et si ladite Madame venoit en litiere ou en chaire, je la dois semblablement mener jusques à ladite salle, et descendre, et la littiere ou chaire garnie comme elle seroit, et les chevaux demouront et seront miens de mon droit. Item je dois servir ladite Dame de vin la premiere fois, qu'elle sera à table, et le hanap ou couppe, ou autre vaissel, à quoy elle boyvra, sera mien, et de mon droit. Item le lit et les paremens de la chambre de ladite Dame, en laquelle elle couchera la premiere nuit, ainsi garni comme il seroit, seront mien, et de mon droit. Et est le devoir à la maniere de de l'hommage tieux : car je dois faire mon hommage, ledit Monseigneur estant à la Messe, quand il voit à l'offrande, et luy bailler un denier d'or pour tout mon devoir, lequel denier il doit offrir à la Messe, etc. Le 3. Juilet* 1410.

. **Cambellanus Mappæ**, seu *de la Nappa*, et

. **Cambellanus Scutiferie**, seu *della Scuteria reale*, dignitates in Regno Neapolitano, de quibus Scipio Ammiratus in Familiis Neapolitan. tom. 1. pag. 55.

- **Camberlanus**. Gesta Consulum Andegav. cap. 3. n. 2 : *Habebat autem tunc temporis Rex Paranymphum, sive Camberlanium, nomine Ingelgerium.*

¶ **Cambellanatus**, Dignitas Cambellani. Charta Joannis Regis Francorum pro Joanne Vicecom. Meloduni ann. 1351. Hist. Harcur. tom. 4. pag. 1469 : *Quæ antea Comes percipiebat et percipere consueverat, ratione officiorum suorum ad Cambellanatum et Constabulatum Normanniæ spectantium.*

* Suos etiam *Cambellanos* habuere episcopi et abbates, quorum jura et munia *Cambrelaige* et *Chambrelage* dicebatur, quo etiam nomine appellata præstatio in mutationibus domino persoluta. Declarat. MS. 24. franc. feud. comitat. Camerac. : *Quiconque est homme dudit fief, il est l'un des Cambrelens boutillers de M. l'évesque de Cambrai,..... doit avoir à cause de son Cambrelaige boutillier le coeuvrechef.* Charta ann. 1459. ex Chartul. 23. Corb. : *Le fief du Danois de Caux tenu en plain hommage à lx. sols de relief et xxx. sols de Chambrelage. Chambereche* vero, Præstatio est agraria, in Redit. comitat. Namurc. ann. 1289. ex Reg. Cam. Comput. Insul. sign. *Le papier aux aysselles* fol. 37. r°. : *Encor i a li cuens rente de terre k'on apielle de Chambereche, dont li boniers doit par an vj. den.* Vide infra *Chambrelania*.

¶ **Cambellanus** in Monasterio S. Claudii de cujus officio hæc habent Statuta pro Reformatione ejusdem sub Nicolao V. Papa ann. 1448. fol. 72 : *Et primo eidem officio per omnes Nobiles terræ S. Eugendi, Cambellano prædicto, quia est et esse solet eorumdem Nobilium Judex, debentur de annuo censu quinque solidi. Tenetur idem Cambellanus Domino Abbati et suo Monasterio fideliter servire, et pro quibuscumque suis negotiis, ubilibet, quo placuerit, et ei licitum et possibile fuerit, laborare.* Ibidem : *Cambellanus Monasterii, ratione hujusmodi sui officii ministrari facere debet manutergia ad mandatum pauperum Christi.*

¶ **Cambalentus, Cambellantus, Cambentus, Camblentus**, Idem qui *Cambellanus*, in Charta Geraldi Abbatis S. Joannis Angeriac. ann. 1385. ex Chartulario ejusdem Monasterii fol. 464 : *In festo Pentecostes ducenti* (pauperes) *quorum centum eleemosynarius dat panem frumenti, aliis centum Dominus Abbas similiter panem frumenti; Cambalentus dat centum ex istis carnes unius bovis.* Ibidem : *Isti sunt dies in quibus reficiuntur centum pauperes in eleemosyna, qui debent recipere a Cambellanto carnes unius bovis.* Et fol. 459 : *Item ipsa die dare* (debet) *Cambellentus illis centum pauperibus carnes unius bovis.* Ibidem : *Camblentus debet facere per medietatem Quadragesimæ... centum pauperibus cuilibet duo allecia.*

¶ **Cambellaniatus**, Officium Cambellani, in Charta mox laudata Geraldi Abbatis fol. 442. Chartularii citati : *Et fratrem Aymericum... ratione sui Cambellaniatus defendentem ex parte altera.*

* 1. **CAMBELLARIUS**, Idem qui *Cambellanus*, qui est a cubiculo. Reg. episc. Nivern. ann. 1287 : *Cucufæ et corrigiæ defferentium dictum pavonem et pimentum, debent remanere Cambellariis domini episcopi.*

* 2. **CAMBELLARIUS**, adject. *Molendinum cambellarium*, ubi granum, ex quo *camba* seu cerevisia conficitur, molitur; perperam *Caballarium* apud Buzelin. lib. 1. Gallo-Fland. cap. 41. Charta Phil. comit. Fland. ann. 1188. in Reg. 97. Chartoph. reg. ch. 91 : *Liceat illis* (habitatoribus villæ *d'Orchies*) *furnos et cambas facere, et etiam molendina Cambellaria, salvo jure nostro.*

* **CAMBELLATUS**, ut supra *Cambellarius* 1. Charta Geraldi abb. ann. 1334. inter Probat. ult. Hist. Trenorch. pag. 246 : *Et primo declaramus et discernimus dictum marescallum esse et esse debere, dum et quando nobiscum fuerit, Cambellatus seu senescallus hospitii nostri.*

* **CAMBELLUS**. Vide infra *Lambellus* 2.

¶ **CAMBELLINUS**, corrupte pro *Camelinus*, Gall. *Camelin* vel *Camelot*. Hist. Dalph. tom. 2. pag. 283 : *Item, Druetto drapperio pro duabus alenis et tribus quartis de panno Cambellino albo pro Domino.. III. s. VIII. den. gr.* Vide *Camelotum*.

¶ **CAMBERARIUS**, Gallice *Chambrier* vel *Grand Chambrier*, Idem qui *Cambellanus*. Annal. Benedict. tom. 5. pag. 27. num. 66 : *Adscripta sunt regiis litteris signa Hugonis fratris Regis, Radulfi Comitis, tum Guateranni Camberarii, Adelelmi Constabularii. Madox* Formulare Anglic. pag. 242 : *Testes Aluredus de Benneun... Hamelinus Camberarius, Ernoldus Forestarius Regis, etc.*

1. **CAMBERIA**. Charta Theodosii Episcopi Firmani ann. 887. apud Ughell. tom. 2. pag. 747 : *Cum... eorum libertatibus, servitiis, Camberiis, vineis, arboribus, etc.* Forte *Cannaberiis*.

* 2. **CAMBERIA**, *Caliga, calceamentum*, in Glossar. Provinc. Lat. ex Cod. reg. 7657. Vide infra *Discalcire*.

* **CAMBERIUS**, Vide supra in *Camba* 3.

¶ **CAMBERLANUS**, Idem qui *Cambellanus*, apud Lobinellum in Glossario Hist. Britann. et supra in *Cambellanus*.

¶ **CAMBERLARIUS**, Eadem notione. Annal. Benedict. tom. 5. pag. 311 : *Gunterii Camberlarii Regis, Willelmi Camberlarii Reginæ.*

¶ **CAMBERLINGUS**, Officiarius in Monasteriis, idem qui *Camerarius* potius quam *Cambellanus;* hujus enim mentio rarissima in Monasteriis. Concordatio inter Abbatem J. Montis et Conventum de partitione suorum redituum inter se, apud Marten. tom. 1. Anecd. col. 839 : *Si per diem vel post cœnam potum in camera mea voluero, habebo sextarium Camberlingi.*

¶ **CAMBEROTA**, Crurum armatura, Gall. *Jambiere*. Edictum Philippi VI. Francor. Regis ann. 1338 : *Item, Nobilis homo pedes armatus tunica, Camberota et bassineto, capiet duos solidos Turonenses.* Vide *Gamberia*.

¶ 1. **CAMBIA**. Vide mox in *Cambiare*, et superius *Camba* 1.

*2. **CAMBIA**, Crurum armatura, nostris *Jambiere*, Ital. *Gambiera*. *Camba*, in Invent. ann. 1240. apud Cl. V. Garamp. in Dissert. 7. ad Hist. B. Chiaræ pag. 233 : *Item tantas Cambas Francigenas, quod valuerunt viginti duas libras Provenienses.* Lit. remiss. ann. 1336. in Reg. 69. Chartoph. reg. ch. 820 : *De dicto hospitio supertunicalia, enses, Cambias et cirothecas ferri...... secum asportando, etc.* Vide supra *Cambale*.

* **CAMBIALES** Literæ, Gall. *Lettres de change*. Vide in *Literæ*.

CAMBIARE, Rem re permutare, Italis *Cambiare*, Latinis *Cambire*. Siculus Flacc. de Condit. agror. : *Emendo, vendendoque, aut Cambiando, mutandoque similia finitionum genera inveniri possunt.* Occurrit apud Columellam lib. 2. cap. 2. in Lege Salica tit. 39. § 1. tit. 49. in Lege Bajwar. tit. 15. § 8. in Capitul. Caroli C. tit. 28. [** Edict. in Carisiaco Pertz. vol. Leg. 1. pag. 477.] in Lege Athelstani cap. 15. apud Bromptonum, in Chronico Andrensi pag. 459. etc. De vocis etymo vide Oct. Ferrarium in *Cambiare*.

Præcambire. Vetus Charta in Bibliot. Sebusiana pag. 5 : *Non distrahat, non minuat, non Præcambiat, non beneficiet alicui, etc.*

Cambiator, Campsor, nummularius, in Charta Ludov. Regis ann. 1137. in Hist. S. Martini de Campis pag. 28. in Epist. 120. ex Sugerianis, etc. [** Vide Murator. in Antiq. Ital. vol. 2. col. 881. et mox *Cambitor*.]

Scambiator, apud Matth. Paris. pag. 586.

Cambire, Priscianus lib. 10. cap. 9. 52 : *Cambio*, ἀμείβομαι, *ponit Charisius, et ejus Præteritum Campsi : quod* ἀπὸ τοῦ κάμπτω, ἔκαμψα, *Græco esse videtur. Unde et Campso, Campsas, solebant vetustissimi dicere.* Ugutio : *Cambio facit Campsi, Campsu Supinum u. in o. fit Campso, are, id est, frequenter Cambire, et inde Campsor.* Gloss. Græc. Lat. : Ἀνταλλάσσω, *Summuto, Cambio.* Alibi : Ἐναλλάσσω, *Immuto, Muto, Commuto, Cambio, Campsi.* Leges Athelreldi : *Ut nemo Cambiat aliquid sine testimonio Præpositi.* Petrus Blesensis de Eucharistia cap. 9 :

Qui nova vasa creans ea Cambit et aptius ornat.

Utuntur præter veteres Scriptores, Anonymus de Miraculis S. Ludgeri Episc. num. 39. Chronicon Andrense pag. 349. 364. Cæsarius Heisterbach lib. 4. cap. 6. etc. Vide Casaubon. in Notis ad Apuleii Apolog. pag. 137.

Cambitio, Permutatio. Leges Athelstani Regis Angl. apud Brompton. cap. 15 : *Manum mittat dominus ad eam Cambitionem.* Albertus Aquensis lib. 3. cap. 57 : *In auri vel argenti Cambitione.* [Notitia Fundationis Cistercii ann. 1098. inter Instrum. tom. 4. novæ Gall. Christ. col. 233 : *In eadem Cambitione concessit ei et filiis suis ipse Dux quantumcumque vinearum in pago Belnensi possent plantare et colere. Cambitiones quæ factæ sunt inter Ecclesias Dei*, apud Ludewig. tom. 1. Reliq. MSS. pag. 8.] [** Chart. Rudolph. Argentor. Episc. ann. 1170. ap.

6.

Schœpflin. in Alsat. Diplom. num. 311. vol. 1. pag. 258.]

Cambtio, in Charta Waldemari Regis Daniæ ann. 1180. apud Steph. Stephanium in Prolegomenis ad Saxonem Grammaticum pag. 16.

Cambitor, Permutator. Guillelmus Andernensis in Chronico : *Et pro eo, quod bonorum datores, sive Cambitores, tunc temporis sigilla non habebant*, etc. Vide *Campitor*.

¶ Cambitor, Nummularius, Gall. *Changeur, Banquier*. Charta Communiæ Divion. apud Perardum pag. 335 : *Reddent mihi vel præposito meo annuatim... quingentas marchas talis argenti quale Cambitores in nundinis inter se dant et recipiunt*.

¶ Cambitoriæ Litteræ, Gall. *Lettres de change*. Nummularii seu Mensarii chirographum ad pecuniam ab alio mensario alicui alibi numerandam, apud Rymer. tom. 8. pag. 98. col. 1 : *Cum suis gentibus, familiaribus, jocalibus, auro, argento, equis, vesturis, Literis Cambitoriis et aliis bonis, rebus et hernesiis suis*, etc.

Cambitus. Gloss. Græco Lat. : Ἀντικαταλλαγή, *Cambitas, permutatio*. Leg. *Cambitus*, Gallis *Change*, vel nummulariorum officina. Charta Gaufredi Comitis Andegavensis ann. 1047. pro Ecclesia N. D. Santonensis, apud Sammarthanos : *Adjunximus autem donis nostris monetam et monetagium per Cambitum totius Episcopatus Xantonensis*, etc. Alia Ludovici VII. Reg. Franc. ann. 1140. in Tabulario ejusdem Ecclesiæ : *Concedimus tibi et Ecclesiæ B. Mariæ, cui auctore Deo præsides, Cambitus, fractionemque monetæ veteris, si novam fieri jusserimus, perpetualiter habere, sicut Autbertus monetarius, et Willelmus Autberti filius ejus longis temporibus ab Ecclesia B. Mariæ feudali possessione tenuerunt, hac videlicet ratione, ut nullus homo vivens in toto Episcopatu Xantonico absque tua licentia Cambire audeat*. In eodem Tabulario fit mentio in Charta ann. 1141. *Tabularum Cambitus Santonicæ civitatis*.

Cambium, Permutatio, Italis *Cambio*, nostris *Eschange*. Leges Partitæ part. 5. tit. 6. § 1 : *Camio, es dar et otorgar una cosa señalada por otra : y en esta sinificacion Cambiar, vale tan solamente trocar, y permutar una cosa por otra*. [** Verba *y en esta* etc. non habentur in edit. Academ. Matrit.] Lex Longob. lib. 3. tit. 8. § 4. [** Conrad. I. cap. 1.] : *Ut nullus militum Cambium aut precariam aut libellum sine eorum consensu facere præsumat*. Lib. 1. Feud. tit. 22 : *Si quis fecerit investituram, vel Cambium de beneficio sui militis*, etc. Adde lib. 4. tit. 1. [et Chartam commutationis inter Moroaldum Farfensem et Usualdum S. Salvatoris Abbates in Annalibus Bened. tom. 2. pag. 714 : *Et si ipsum Cambium minime facere potuerimus, aliud tantum de terra ad simile illius vobis in congruo vestro dare debeamus*.]

* Ut validæ haberentur prædiorum ecclesiasticorum permutationes requirebatur auctoritas regia, ut legitur apud Oefelium tom. 2. Script. rer. Boicar. pag. 45. col. 1. ex Concamb. Ebersperg. : *Nam juxta antiqua jura omne concambium ecclesiastici prædii, quinque mansos continens, instabile computabatur, nisi regia auctoritate firmaretur*.

Cambia, Eadem notione. Lex Bajwar. cap. 20. tit. 8. Edit. Heroldi : *Commutatio, hoc est quod Cambias vocant*, etc. Vetus Charta apud Henschenium 26. Mart. pag. 634 : *Accepi hovam illam a Luidgero in Cambia contra terram aratoriam rochi supradicti*.

* Cambiatio, Permutatio, Gall. *Echange*. Charta ann. 1151. in Append. ad Marcam Hispan. col. 1313 : *In omnibus vero quæcumque amodo..... emptione, Cambiatione, commutatione, vel aliquo alio modo adquirere potueris*, etc.

Cambium Publicum, Tabula nummularia. Exstat in Regesto 36. Chartophylacii Regii n. 199. Diploma Philippi Pulcri Regis Franc. qua *Cambium Parisiense* in Magno Ponte teneri statuit : *Quod Cambium Parisiis erit et tenebitur super nostrum magnum Pontem solummodo a parte Graviæ, inter Ecclesiam S. Leufredi et majorem arcam, sive defectum ipsius Pontis, prout hactenus ante corruptionem pontis ejusdem quondam lapidei exstitit consuetum. Item quod nulli omnino liceat alibi quam in loco illo Cambiare, seu Cambium tenere Parisiis, etc. Act. Paris. mens. Febr. ann.* 1304. In eodem Regesto Charta 232. 233. 234. *Cambium, sive tabula nummularia* dicitur. Exstat etiam ibidem Statutum ejusdem Philippi ann. 1305. quo ejusmodi tabulas nummularias in quatuordecim Regni locis haberi præcipit. [Codex MS. redituum Episcopatus Autissiod. : *Cambium Autissiod. debet Episcopo die Sabbati ante Natale quatuor libras*. Hist. Mediani Monasterii pag. 368. e veteri Necrologio ejusdem loci : *Obiit D. Valentinus Abbas hujus loci, qui contulit nobis quatuor libras monetæ Argentinensis supra Cambium Argentinense pro anniversario suo*.]

Camium, Idem quod *Cambium*, Permutatio. Charta Sanctii Regis Aragon. apud Hieron. Blancam : *Qualiacumque sanctus Johannes... dono, vel comparatione vel Camio acquisivit*. Hinc *Camiare*, in eadem Charta. Vide Historiam Pinnatensem pag. 269. et Sandovallium in Episcopis Pampilon. pag. 40. 41.

Scamium, in Tabulario Prioratus de Paredo fol. 91 : *Hoc Scamium laudavit nobis domnus Pontius*.

Escambium, Permutatio, Gallis *Eschange*. Charta Ricardi I. Regis Angl. apud Radulfum de Diceto : *In Escambium autem prædicti manerii de Andeli... concessimus... omnia molendina*, etc. Passim. Vide *Cambium*.

Escambiator, Trapezita, argentarius, apud Radulfum de Diceto, et Matth. Paris ann. 1190.

Scambiaria Charta, qua aliquid commutatur, in Tabulario Conchensi in Ruthenis n. 98. 298.

Scampsaria Charta, in eodem Tabulario Ch. 135.

Concambire, Permutare. Tabularium Monasterii Brivatensis apud Justellum, ann. 864 : *Quam exalodes... inter se communicare et Concambire debuissent, quod ita et fecerunt*.

Concambiare, in Lege Salica tit. 39. apud Marculfum lib. 2. form. 23. Eckeardum Jun. de Casib. S. Galli cap. 1. Baldricum lib. 3. Chr. Camerac. cap. 49. [Marten. tom. 1. Collect. Ampliss. col. 228. et col. 281. Miræum tom. 1. pag. 57. col. 1.] etc. Glossæ Philoxeni : *Cacumbeat*, διαλλάσσει, ubi legendum *concambiat*.

Concamiare apud Perardum in Burgundicis pag. 163. *Concammiare*, apud Stephanotium tom. 3. Antiquit. Pictav. MSS. pag. 239. Vide Præceptum Caroli Mag. tom. 1. Collect. Ampliss. col. 36.

Concambium Argenti, in Capit. Car. C. tit. 31. cap. 13. [** Edict. Pistense Pertz. pag. 491.] Odo. de Diogilo lib. 4. de Profect. Ludov. in Orient. : *In tentoriis habebamus congruum, si duraret, Concambium*. Alibi : *Et ipsi forum idoneum, Concambium competens, et alia, quæ nostris utilia visa sunt pro suo Imperatore sacramento simili firmaverunt*. Rursum : *In hac* (terra) *pro voto nobis fuerunt et forum et Concambium*. Occurrit apud Marculfum lib. 1. for. 30. lib. 2. for. 23. in Lege Aleman. tit. 20. in Vita S. Erminoldi Abb. et Mart. cap. 3. n. 11. apud Petr. Damian. in Vita S. Romualdi cap. 8. n. 39. in Chr. Casin. lib. 3. cap. 40. al. 42. lib. 4. cap. 14. 15. apud Jacob. de Vitriaco in Histor. Orient. cap. 73. etc.

Concamium, et Concamiatura, Commutatio. Formulæ veteres apud Bignonium : *Concamiatura inter duos Abbates*. In ipsa formula : *In commutatione vel in Concamio*.

Concambio, Commutatio. Vetus Notitia ann. 834. apud Beslium in Regib. Aquitan. : *Data Concambio in mense Maio*, etc.

Concamberia, Eadem notione, in Tabulario Brivatensi Ch. 210.

Charta Concambaria, in Tabulario Abbat. Conchensis in Ruthenis n. 304.

Contracambium, Gall. *Contreschange*, apud Gregorium VII. PP. lib. 2. Epist. 71.

¶ Concambiatio in Actis S. Gregorii VII. Papæ cap. 2. n. 7. inter Acta SS. Maii tom. 6. pag. 156. et in Præcepto Caroli Calvi tom. 3. Concil. Hisp. pag. 143. col. 2. [** *Cartula Comcambiationis* in Chart. ann. 724. ap. Brunett. Cod. Dipl. Etrur. pag. 471. lin. 26.]

¶ Concamiatio in Contractu inter Monasteria S. Facundi ac S. Petri de Exlonza in regno Legionensi tom. 3. Concil. Hisp. pag. 153. col. 1.

Procamium, Idem quod *Cambium*, Permutatio. Charta ann. 828. apud Perardum in Burgundicis pag. 16. 17 : *Et hoc Procamium inter ipsos factum... stabile permaneat*. Alia ibid. : *Emptionem vel Procamia*, etc.

Procamiare, Permutare. Charta Willelmi Comitis Arvernorum pro fundatione Abbatiæ Cluniacensis : *Non distrahat, non minuat, non Procamiet, non beneficiet*, etc. Vetus Charta apud Perardum in Chartis Burgundicis pag. 20 : *Ut aliquid de terris inter se commutare vel Procamiare deberent*. Occurrit apud eumdem præterea pag. 22. 143. 144. 145. 151.

Concamius, Concammiare. Vetus Notitia apud Beslium in Comitib. Pictavensib. pag. 149 : *Prout Gratiano ipsum locellum Concammiaverat... Postque ipse Concammius fuit factus Gratiano*. [Commutatio. Godelenum Abb. Nobiliac. inter et Conventum S. Juniani apud Stephanotium tom. 3. Antiq. Pictav. MSS. pag. 227 : *Sig. + Hemmenone qui hanc Concammio isto fieri vel adfirmare rogavi... Hic est Concammius quam Emenus fecit in Culnago.*]

¶ Concannium *sibi invicem tradiderunt*, in Chartulario S. Sulpicii Bituricensis fol. 14.

¶ Congamius. Charta anni 1078. apud Stephanotium tom. 3. Antiq. Pictav. MSS. pag. 624 : *Ut tandiu retineret... medietatem recepti de gerberia, usque dum Abbas redderet Petro Congamium valentem.*

Cambio, Idem quod *Cambium*, Hispanis *Cambio*. Tabularium Vindocinense Thuani fol. 1 : *Dicens, quod non dederit ei memoratus Episcopus suam Cambionem pro altaris parte, sicut promiserat.* Et infra : *Ut etiam si non daret ei Episcopus Cambionem, non tamen reverteretur ad altare.* Alia significatione vide h. v. suo ordine.

Cambii, Mensæ *Cambiatorum*. Miracula S. Aigulfi Abbatis Lerinensis, cap. 10 : *Ante fores Ecclesiæ B. Martyris subter mensas, quas Cambios vocant, hospitatus est.*

Campsor. Ugutio : *Nummularius, monetarius, mensarius, Campsor.* Nostris *Changeur*; qui Græcis recentioribus καταλλάκτης, apud Nicetam in Alexio Ang. Thomam Magistr. pag. 5. Edit. Rom. Joan. Cananum pag. 191. etc. Ebrardus in Græcismo cap. 12 :

> Alea ludentis; ludentis mensa : tabella
> Cleri : Campsoris trapezetum liquet esse.

Gobelinus Persona in Cosmodromio ætate 6. cap. 76 : *Campsores etiam pecunias per platearum theatra sparserunt.* [In Statutis Massil. pag. 137. integrum exstat capitulum *de satisdatione a Campsoribus communi seu curiæ Massiliæ præstanda :* quo in capitulo statuitur, *quod nullus possit vel debeat esse Campsor vel nummularius, nisi fuerit civis Massil. et satisderit idonee... per* 300. *marchas, scilicet quod bene et fideliter exerceat officium suum, et tute et secure cum eo contrahatur, etc.* Occurrit rursus apud Stephanotium Fragm. Hist. MSS. tom. 4. in Narratione de rebus gestis apud Clarummontem Ludewig. Reliq. MSS. tom. 4. pag. 248. tom. 7. pag. 89. Rymer. tom. 13. pag. 461. Jos. *de Aguirre* Concil. Hisp. tom. 3. pag. 616. col. 2. Vincent. Mariam in Constitut. Dominican. col. 66. Menotum Serm. in fer. 2. post quartam Dominicam Quadrag. in Catalogo MS. Sodalium Confraternitatis B. M. Deauratæ, in Hist. Dalphin. tom. 2. pag. 516. et apud Leibnitium tom. 2. Scriptor. Brunswic. pag. 57. etc.] Le Roman *de Garin :*

> Li Changeor i vindrent de Paris.

¶ Cambsor, Eadem notione. *Philippus* (Pulcher) *Dei gratia Francorum Rex, notum facimus... quod cum capitaneus, universitas et societates mercatorum et Cambsorum, etc.* apud D. *de Lauriere* tom. 1. Ordinat. Reg. Franc. pag. 326.

* Campsor Planus, Qui in *campsorem* receptus est, campsorumque privilegiis gaudet, puta tabula seu mensa pannis cooperta. Constit. Jacobi II. reg. Aragon. ann. 1301 : *Si aliquis vel aliqui campsores sunt, qui non solvant vel nolint solvere totum id quod debeant bene et plane, sicut planus Campsor consuevit... Qui* (campsor) *de cetero securitatem sub forma non præstiterit supradicta, non audeat tenere in sua tabula tapits, vel alios pannos.*

¶ Campsoriæ Officium, in Statutis Massil. pag. 138.

Exquamiare, Excamiare, Commutare, *Eschanger.* Vetus Charta apud Perardum in Burgundicis pag. 62 : *Ragenardus Vicedominus Exquammiavit..... campum unum.* Infra : *Signum Ragenardi, qui hoc Procamium fieri et firmari rogavit.* Alia apud eumdem pag. 145. *Excamiare, vel commutare* habet. Vide *Camium* supra.

* **CAMBIGIUM.** Charta Guarini episc. Ambian. ann. 1139. inter Probat. tom. 1. Annal. Præmonstr. col. 693 : *Ecclesia quoque S. Firmini de valle, et Cambigium quod dedit Ansbertus ecclesiæ S. Joannis.* Sed leg. *Cambagium*, ut in Bulla Alex. III. PP. ibid. col. 696. nisi idem sit quod mox

* **CAMBILE**, Ager, ni fallor, ubi canabis crescit. [** Fortasse idem ac *campus ;* Germ. infer. *Kamp*, Ager fossa circumdatus. Adel.] Charta Alex. III. PP. ann. 1180. ex Tabul. S. Gauger. Camerac. : *Cambilia libera juxta claustrum vestrum, videlicet Cambile Scoltecoc, Cambile Salomonis, et Cambile Ricardi.* Notitia Lietberti Camerac. episc. : *Alelmus præpositus ejusdem ecclesiæ in Vilario unum Cambile et tres curtillos cum terra arabili.* Vide in *Canava* 2.

¶ **CAMBILEGUS.** Litteræ Froterii Albiensis Episc. ann. 972. in Instrum. novæ Gall. Christ. tom. 1. col. 2 : *Monasterio Galliacensi dono et concedo Vallem Caninam, illos pinos et Cambilegos, et Salheriam.* Hic hæreo post D. Sammarthanum.

¶ 1. **CAMBIO**, pro *Cambium*. Vide in *Cambiare.*

** 2. **CAMBIO.** Nicol. Magni de Gawe de superstitionibus post Grimm. Mythol. pag. XLVI : *Apud vulgares communiter dicitur, quod filii demonum incuborum mulieribus, eorum filiis subtractis, ab ipsis demonibus supponantur...propter quod eciam Cambiones dicuntur; eciam cambiti vel mutuati.* Germ. *Wechselbalg;* inde Galli dicunt *il a été changé en nourrice.* Vide eundem Grimm. pag. 263.

¶ **CAMBIONES**, pro *Campiones*, Pugiles, pugnantes singulari certamine. Acta SS. Junii tom. 1. pag. 308. in Miraculis S. Lifardi : *Cambiones in area relinquuntur, concurrunt communiter, et pugnant acriter.* Vide *Campiones.*

CAMBIPARTIA, Cambipartita, JC. Anglis, *Champertie*, est defensio alterius in judicio a *quota* litis præstita. [Rymer. tom. 13. pag. 233. col. 2 : *Confœderationes impetitiones, deceptiones, extortiones..... manutenentias, Cambipartias, etc.*]

* Charta Henr. VI. reg. Angl. ann. 1452. in Chron. Joan. Whethamst. pag. 320 : *Et insuper...... relaxavimus eisdem abbati et conventui sectam pacis nostræ, quæ ad nos versus ipsos pertinet, pro omnimodis prodicionibus,..... conspiracionibus Cambipartus, etc.* Ubi leg. *Cambipartiis.*

¶ Cambipertia, pro *Cambipartia*, apud Rymer. tom. 7. pag 166. col. 1 : *Confœderationibus, conspirationibus, Cambipertiis, etc.* Eadem iisdem verbis habentur tom. 8. pag. 27. col. 2.

Cambipartores, Champertores, Rastallo dicuntur, qui alienas controversias suis expensis *quotam* pacti rei evictæ prosequuntur. Hæc Cowellus lib. 4. Instit. cap. 18. § 52. vox, inquit, composita a *Cambio* et *pars*, vel a Gallico *Champart.* Vide *Campipars.*

¶ **CAMBIPARTICEPS.** Vide *Campiparticeps.*

¶ **CAMBIRE**, Cambitio, Cambitor, Cambitus, etc. Vide *Cambiare.*

* **CAMBIS**, *Chaveires*, in Glossar. Lat. Gall. ex Cod. reg. 7692. pro Canabis, *Chanvre.* Vide *Canbis.*

¶ **CAMBITOR**, pro *Cambarius*, Brasiator, Confector cerevisiæ, apud Marten. tom. 4. Anecdot. col. 853. in Statutis Synodal. Ecclesiæ Leodiens. ann. 1287 : *Ne Clerici exerceant negotia turpia... officium Cambitoris, carnificis, tabernarii, procenetæ, etc.*

* *Cambiador*, in Lit. Phil. V. ann. 1330. tom. 2. Ordinat. reg. Franc. pag. 56. art. 1. *Cambgeur*, in Ch. ann. 1399. ibid. tom. 9. pag. 483. *Cangeour*, in Vita J. C. MS. ubi de S. Matthæo :

> Là vint nostre signour un jour,
> Et a veu un Cangeour,
> Qui Mahieus estoit apelés.

* **CAMBIUM**, Jus recipiendi, quod cuipiam per vim ablatum fuerit, idem quod *Repræsaliæ ;* quo sensu etiam *Cambio* dicunt Itali. Stat. Taurini ann. 1360. cap. 45. ex Cod. reg. 4622. A. : *Item quod nullum Cambium seu aliqua represalia concedantur alicui super aliquibus rebus vel personis, vel contra personas aliquas, nisi placuerit majori part credentiæ.* Vide aliis notionibus in *Cambiare.*

¶ **CAMBLENTUS**, Idem qui *Cambellanus*, in Monasteriis. Vide *Cambalentus* in *Cambellanus.*

CAMBO, Modus agri, *Campus.* [** Vide *Cambile.* Adel.] Tabularium Brivatense Ch. 239 : *Dederunt... de cultura de villa Cambones duos, qui habent fines de uno latere, etc.* Supra, *Campi duo* dicuntur. Tabularium Prioratus de Paredo fol. 59 : *Dedit Domino in hoc loco in villa Angleduris terram arabilem, quam rustici Cambonem vocant, residetque ipsa terra juxta fluvium Ligeris, etc.* Fol. 61 : *Et in alio loco Cambonem unum dedit, qui terminatur de una parte terra S. Vincentii, de alia Liger fluvius, etc.* Fol. 63 : *Et medietatem de Cambone, qui residet non longe a fluvio, qui vocatur Burbentius, terminatur de tribus partibus S. Salvatoris, de quarta, via publica.* Fol. 25 : *Terram, quam vocant Cambone, cum terra subjacente; etc.* Fol. 26 : *Item in alio loco 1. curtillum, in quo Jothaldus manebat. Et in alio loco Cambonem unum juxta fluvium Borbontiæ, etc.* Tabularium Conchense in Ruthenis Ch. 64 : *Et ultra hos fines Cambonem de Pontvilares, etc.* [Rustici Dumbenses *Cambonem* appellant quemlibet campum fertilem et aquis opportunis irriguum, sive ager cultus sit, sive pratum. Huic notioni conveniunt optime loca citata. Gallis *Cham-bon*, vel *Bon Champ*, Bonus campus.] [** Vide Pertz. not. 35. ad Fiscor. describend. Formulas. vol. Leg. 1. pag. 178.]

Cambonium, Eadem notione, occurrit passim in Tabular. Abbatiæ Dalonensis in Lemovicibus fol. 2, 5. 19. etc. Interdum *Cambo* scribitur.

CAMBOCA. Vide *Cambuta.*

CAMBORTA, Frutex incurvatus, repandus, *Cambrec*, Germanis, unde *Kammerladen*, per quem vites curvantur et repanduntur. Ita Goldastus. Certe *Cambus* in veteri Glossario, καμπτός redditur. *Kant-boort*, Flandris, est *extremæ oræ margo.* Glossarium laudatum a viris doctis : *Cambortæ, quæ sepem desuper firmant.* Hoc est, tres illæ virgæ plexiles, reliquis ramalibus crassiores, quæ superne sepem connexant. Lex Salica tit. 36 : *Si quis tres virgas, cum quibus sepes superligata est, vel retortas, quibus sepes continetur, capulaverit, vel Cambortas excervicaverit, etc.* Lex Ripuar. tit. 43 : *Si quis tres virgas, unde sepis ligatur, vel retortas, unde sepis continetur, capulaverit, aut tres Cambortas involaverit, etc.* Editio Heroldi : *Aut in Cambortas involaverit.* [Eccardus *Cambortas* explicat per baculos incurvos oblique terræ infixos, ut sepem contineant, ne in latus inclinare possit, aut corruere.]

¶ **CAMBOTTA.** Vide in *Cambuta.*

1. **CAMBRA**, Camera, cubiculum, Gallis *Chambre.* Asserus de Reb. gestis Ælfredi : *Cum quodam die ambo in regia Cambra resideremus, undecunque, sicut solito, colloquia habentes.* Et infra : *De aulis et Cambris legalibus, lapideis et ligneis suo jussu mirabiliter constructis. Cambra Abbatis*, in Monastico Anglic. tom. 1. pag. 146.

* Charta ann. 1034. inter Probat. tom. 2. Hist. Occit. col. 189 : *Excepta ipsa sua sala de Petrone episcopo, quæ est in civitate Carcassona, cum ipsas Cambras, et cum ipsas coquinas.*

* 2. **CAMBRA**, Fiscus. Charta Ruperti imper. ann. 1401. apud Lam. in Delic. erudit. inter not. ad Hodoepor. Charit. part. 3. pag. 856 : *Non obstante quod..... in fiscum aut imperialem vel augustalem mensam vel Cambram essent.* Vide infra *Camera* 3.

* 3. **CAMBRA**, Idem quod supra *Cambata*, Modus agri. Chartul. mag. S. Vict. Massil. fol. 26 : *Semphonia de S. Marcello cum filiis suis donant Deo et S. Victori gardia de vineas, quæ sunt in territorio S. Marcelli et S. Juliani de ipsa Cambra terra, quæ est juxta fluvium Vuelnæ.* Vide *Cambo* et *Camera* 1.

¶ 1. **CAMBRERIUS**, Cubicularius, Gall. *Chambrier.* Hist. Dalphin. tom. 2. pag. 313. col. 2 : *Item, quod aliis dominabus cum præfata domina Dalphina existentibus* (ad mensam) *serviatur per omnia, sicut aliis militibus simplicibus et domicellabus, aut de scutiferis et Cambreriis.* Vide *Chambrerius.*

* Testam. Joan. Gasgui episc. Massil. ann. 1345 : *Item lego Bertrando Franconis Cambrerio meo librum Ethicorum, cum commentario Eustacii circum aposito.*

* 2. **CAMBRERIUS**, Officium monasticum a *Camerario* distinctum, cui pannorum cura præcipue erat; unde *Draperius* in quibusdam monasteriis nuncupabatur. Stat. monast. Lirin. ann. 1453 : *Cambrerius, qui tenetur custodire pannos ad ipsum officium pertinentes, prout sunt linteamina, laneæ, matalacia, pulvinaria, coopertoria, bancalia, etc.* Extitit etiam apud Templarios idem officium, ut colligitur ex Instr. ann. 1310. inter Probat. tom. 1. Hist. Nem. pag. 176. col. 1. *Chambarier*, et ejus munus *Chambarerie* appellatur, in Ch. homag. ann. 1328. inter Probat. ult. Hist. Trenorch. pag. 243 : *La tierce partie des louz, que l'on doit pour raison des vendues et des gagies, que l'on fait à Tournus dedans les termes de la Chambarerie...... Comme un des serjants au Chambarier.* Vide infra *Cameraria* 4. et *Chambrelania.*

* **CAMBRETA**, diminut. a *Cambra*, camera, cubiculum. Charta ann. circ. 1174. inter Probat. tom. 3. Hist. Occit. col. 135 : *Hoc fuit factum in villa S. Egidii, in stare comitis prædicti, in illo parlatorio quod est a Circio, in ipso stari, ante hostium illius Cambretæ, quæ est similiter a Circio.*

* **CAMBRISIENSIS**, Cameracensis. Vide infra in *Moneta Baronum.*

¶ **CAMBSOR.** Vide in *Cambiare.*

¶ **CAMBUCA**, CAMBUCARIUS. Vide *Cambuta.*

¶ **CAMBULA**, CAMBULUM, Ital. *Gambula*, Tibiale, ab Italico *Gamba*, Tibia. Hist. Dalphin. tom. 2. pag. 280 : *Pro paro uno Cambularum pro Domina et copertorio de seta pro capite suo flor.* XI. Ibidem paulo superius : *Pro paro uno Cambulorum pro Dom. Burga de mandato Dominæ Dalphinæ flor.* III.

¶ **CAMBULUM**, pro *Canipulus*, Ensis brevior. Hist. Dalphin. tom. 2. pag. 277 : *Item, Stephano de Sancto Germano pro Cambulo suo fracto per Dominum. taren.* 1.

¶ **CAMBUS**, *Inflexu*, (f. inflexus) *tortuosus.* Gloss. Sangerman. MS. num. 501. Græcis κάμπτω, Inflecto. Vide *Camba.*

CAMBUTA, CAMBUTTA, CAMBUCA, GAMBUTTA, Baculus incurvatus, virga pastoralis Episcoporum. Adrevaldus de Miracul. S. Benedicti, lib. 1. cap. 22 : *Baculo, quod gestabat, incurvo, more veterum Antistitum.* Ita enim Pastorum pedum effictum fuit. Scholiastes Theocriti ad Idyll. 4. v. 49. ait, ῥάβδον οὖσαν ὀρθὴν, ἐπεύχεσθαι γενέσθαι καμπύλην, ἵνα μὴ ἔγκυον οὖσαν βλάψῃ τὴν βοῦν.

CAMBUTA. Papias : *Cambuta, sustentamen, vel baculus flexus, pedum, crocia.* Vetus Glossar. Corbeiense : *Cambuta, Baculus Episcoporum.* Testamentum S. Remigii apud Flodoardum : *Argenteam Cambutam figuratam.* Perperam *Cabutam* in MSS. Editio Labbei *Cabulam* habet pro *Cabutam*; Brissonius *Cambutam.* Ordericus Vitalis lib. 3 : *Per Cambutam Ivonis Episcopi Sagiensis exteriorem Abbatiæ potestatem tradidit.* Infra : *Eique per Cambutam Maurilii Archiepiscopi curam Uticensis Abbatiæ commendavit.* Adde pag. 604. 622. 694. 776. 877. [Mabillon. Analect. tom. 3. pag. 390. ex Gestis Gaufredi Episcopi Cenoman.: *Cambutam argenteam magni ponderis deauratam et opere decoram cum baculo pastorali.* Quo in loco Cambuta videtur esse a baculo pastorali distinguenda, f. quia hic vilior erat, illa pretiosior. Vide ibidem pag. 231. in Præcepto Childerici, et pag. 250. in Gestis Josephi Cenoman. Episcopi.]

[* Nequaquam ex Analect. Mabill. distinguenda est *Cambuta* a baculo pastorali; nisi quod *cambuta*, baculi episcopalis pars est incurvata. *Cambutta* vero ex Petro Diacono, Furcilla est subalaris, Gall. *Béquille* vel *Potence.*]

Occurrit non semel apud Scriptores, in Sacrament. Gregorii M. in Ordine Romano, in Vita S. Emeranni apud Canisium tom. 1. in Historia Episcoporum Autisiodor. cap. 63. in Chronico Mauriniacensi lib. 3. in Vita S. Urbani Lingonensis Episcopi cap. 2. apud Wolfardum Presbyter. in Miraculis S. Valburgis lib. 3. Mirac. 5. in Miraculis S. Ursmari n. 5. etc.

CAMBUTTA, in Ordine Romano. Petrus Diac. lib. 4. Chr. Casin. cap. 74 : *Ejusdem claudi Cambuttas ante fores Ecclesiæ suspenderunt.* Ubi quidam Codd. præferunt *Gambuttas*, ut habet Vita S. Constabilis Abb. Cavensis n. 25. Theodorus Campedonensis de S. Magno cap. 12 : *Baculum ipsius, quem vulgo Cambuttam vocant, per manum Diaconi transmiserunt.* [** Vita antiquiss. S. Galli ap. Pertzium vol. Script. 2. pag. 14 : *Gallo.... Cambuttam* (S. Columbani) *transmiserunt dicentes : Præceptor noster jussit nobis adhuc vivens, ut per istum baculum Gallus absolveretur.* Cambutta in sepulchri lecto pendens ibid. pag. 20. lin. 6. Vide mox *Camboca.*] Habetur et cap. 7. et 18. de S. Magno, [necnon in Charta Drogonis Episcopi Terwanensis pro Roderico Abbate S. Bertini ex Archivo hujus Cœnobii, et apud Mabillonium tom. 3. Analect. pag. 77. et 105. in Gestis S. Innocentii Episcopi Cenoman. necnon in Actis SS. Benedict. sec. 3. part. 2. pag. 627.]

CAMBOTTA, in Historia Translat. S. Germani Episc. Parisiensis cap. 15. [et in Vita S. Galli Abb. inter Acta SS. Benedict. sec. 2. pag. 245. Occurrit iterum sec. 3. part. 2. pag. 192. et 627. *Cam-bot* vel *Botcam* Armoricanis Britonibus, Ramus est a summitate recurvus. Hinc ducenda vocis originatio.]

GABUTA, apud Landulfum de S. Paulo in Chronico Mediolanensi cap. 11.

CAMPUTA, apud Crodegangum Metens. Episcop. in Regula Canonic. cap. 26.

** CAMPUTTA in Chart. ann. 748. ap. Schœpflin. Alsat. Diplom. vol. 1. pag. 18. num. 16 : *Si episcopus... ad ipso monasterio venerit cœlebrato officio in honorem ejus episcopi donat ei abbus Camputtam seu telariis.*

CAMBUCCA. Vita S. Desiderii Episcopi Cadurcensis cap. 19 : *Dum baculus B. viri, qui a Gallis Cambucca vocatur, ad caput sepulcri illius sedule dependeret.* Perperam *Cambucia*, in Edit. Sammarthanorum. Adamus Brem. cap. 102 : *Cambuccam pastoralem a Conrado Cæsare meruit.* [Acta SS. Julii tom. 1. pag. 415. de S. Ottone Episcop. Bamberg. : *In medium turbæ sese fortiter intrudens, Cambuccam suam manu gestabat.*]

COMBUCCA, apud Andream lib. 2. Vitæ S. Ottonis, Episcopi Bamberg. cap. 17.

CABUCA, in Actis Visitationis Simonis Archiepisc. Bituric. pag. 208. lib. 4. Miscellan. Baluzii.

CAMBUCA, apud Hugonem a S. Victore in Speculo lib. 1. cap. 2. in Vita S. Winoci Abbat. cap. 13. etc. Visitatio Thesaurariæ ædis S. Pauli Londin. ann. 1295 : *Baculus Ricardi Episcopi tertius, cujus Cambuca de argento deaurato, etc.... baculus ejusdem, cum Cambuca cornea, continens interius vineam circumplectentem leonem de cupro deaurata.* Occurrit ibi pluries, in Monastico Anglic. tom. 3. pag. 314. Vide *Sabuta*, [ubi *Cambuca* vel *cambuca* alio sensu sumitur, scilicet pro Curru seu vehiculo, quo nobiles mulieres alias utebantur. Rocho *le Baillif* in Dictionario Spagyrico, *Cambuca*, *Bubo vel panus inguinis*.]

COMBOCA. Eckeardus Junior de Casib. S. Galli. cap. 3 : *Aram S. Galli adiens, Cambocam suam et magistri ejus multarum virtutum operatricem... rapuit.* [** Apud Pertz. vol. Script. 2. pag. 98. lin. 34. *Cambotam*.] Occurrit etiam in libro Miraculorum S. Quintini cap. 13.

SAMBUCA, apud Durandum lib. 1. Ration. cap. 6. n. 24. lib. 3. cap. 15. n. 2. Willelm. Thorn ann. 1179. pag. 1825. et Will. Hedam in Theodorico Episcopo Trajectensi 31.

CAMBUCARIUS, Qui cambucam aut crucem defert. Gloss. vetus Anglic. laudatum a Spelmanno : *Crocer, Pedarius, Cambucarius, Crucifer*.

¶ **CAMEA.** Vide *Canava* 1.

* **CAMEILIUS.** Vide infra *Cameus.*

* **CAMELA**, Cameli femina. Arest. parlam. Paris. ann. 1331. in Reg. 66. Chartoph. reg. ch. 891 : *Cum Jaquetus Tourneur mercator....... per villam de Albenatio..... transitum faceret, mercaturas suas et unam Camelam ducendo, annulos aureos et argenteos cum lapidibus pretiosis...... Dictus Jaquetus auctoritate sua propria per dictam villam præconisari fecerat, quod quicumque vellet videre dictam Camelam, veniret ad certum locum, et ipsam videret pro uno denario, et quod quicumque ipsam oscularetur supra dorsum morbum caducum ; qui vero de subtus eam transiret, febres perpetuo non sentiret.* *Camel*, pro *Chameau*, vel rudente, Gall. *Cable*, in Bestiario MS :

> L'Ewangile meisme afiche
> Plus griés cose est d'un homs riche
> En la gloire Dieu faire entrer,
> Que de faire un Camel passer
> Parmi la cace d'une aguille.

CAMELARIUS, Qui camelorum curam gerit. B. Dorotheus Doctr. 11 : Ἤρχοντο οὖν οἱ ξένοι, καὶ ἐσπέριζον μετ' αὐτῶν, καὶ πάλιν καμηλάριοι, καὶ ἐποίουν τὴν χρείαν αὐτῶν. Palladius in Hist. Laus. cap. 39 : Χαλκεῖς ἑπτὰ, τέκτονας τέσσαρας, καμηλαρίους δώδεκα, κναφεῖς δεκαπέντε. [*Breydenbach* Itiner. Hierosol. pag. 207 : *Camelarii nostri impedimento nobis fuere suis rixis et contentionibus.*] [** Vide Forcellinum.]

CAMELASIA, a camelis dicta, Munus quoddam personale, ad quod quivis tenebatur, ut nempe camelarius esset, καμηληλάτης, vel camelos exhibere teneretur, ut docet l. 1. D. de Muneribus. [** lib. 50. tit. 4. § 2. fr. 1. et § 11. fr. 18.] Sed vocem hanc a P. Castello insertam in Ammiano Marcellino lib. 17. contendit Valesius, et abesse ab omnibus MSS. Vide Cujac. lib. 9. Observ. cap. 9. et eumdem Valesium ad Eusebii librum de Martyribus Palæstinæ cap. 12. [** Vide Forcellin. in *Camelasia* et *Camelasium*.]

CAMELAUCUM, CALAMAUCUS, CALAMAUCUM, Græcis recentioribus καμελαύκιον, Capitis integumentum, et pilei genus ex camelorum pilis confectum, unde nomen, ut auctor est Cedrenus : Ἔςι δὲ καὶ ἑτέρα κατασκευὴ σπυρίδος, ἀντὶ πίλου τῇ κεφαλῇ τιθεμένη. καλεῖται δὲ παρ' Ἰταλοῖς κάμελα, ἐξ οὗ καὶ καμελαύκια. In eadem etiam sunt sententia, quoad vocis etymon Leo Allatius et Goarus. Papias : *Camelaucus, vestimentum Papæ.* Anastasius in Constantino PP. : *Apostolicus Pontifex cum Camelaucio, ut solitus est Romæ procedere, a palatio egressus, etc.* Idem in Hist. Eccl. : *Occidit Totilam, et vestimenta ejus cruentata, cum Camilaucio lapidibus pretiosis ornato misit Constantinopolim.* Theophanes de eodem Totila : Καμηλαύκιον διάλιθον. Gloss. Gr. MS. Regium, Cod. 1673 : Κίδαρις, κράνος, περίθεμα κεφαλῆς, κιδάρης δὲ εἶδος καμιλαυκίου, ὃ καὶ τιάρα νοεῖται. Lexic. Gr. MS. Reg. Cod. 2062 : Καυμεσία, καμηλαύκιον. Infra : Καυμιλαύκιον, Ῥωμαϊκὴ ἡ λέξις, ῥηθεῖ ἡ δ' ἂν καὶ ἑλληνιςὶ ἀπὸ καῦμα ἐλαύνειν καυμηλαύκιον. [Sussannæus in Vocabulario : *Camelaucium, Galericulus, quia calorem defendat.*] In voce κίθαρις, ἐκ τριχῶν καμελαύκιον. Vide Glossas Basilic. Acta SS. Abrahamii et Mariæ num. 31 : Ἐνδυσάμενος δὲ τὸ ςρατιωτικὸν σχῆμα, καὶ καμαλαύκιον βαθὺ ἐπὶ τὴν κεφαλὴν αὐτοῦ. [** Vide Glossar. med. Græcit. in Καμελαύκιον col. 560.]

At plerique e Latinis Scriptoribus pro *Camelaucium* mutatis literis, *Calamaucum* dixerunt, sicque scribendum contendit Salmasius. Glossæ antiquæ MSS : *Galeros, Calamaucos pelliceos.* Gloss. Isidori : *Galeros, Calamaucos.* Eædem : *Pileum, Calamaucum.* Papias : *Pilleum, Calamaucum ex bysso rotundum, quasi spæra, caput tegens sacerdotale, in occipitio vitta constrictum. Hoc Græci et nostri Tyaram vocant.* Ælfricus : *Calamauca*, hæt, i. galerus. Ugutio : *A caleo, hic Calamacus, i. quoddam genus mitræ strictæ, et dicitur Calamacus, quasi calorem machinans, eo quod stricta sit, et capiti impressa.* Anastasius in Hist. Eccl. : *Præcepit Abdelas radi barbas eorum et fieri Calamaucos cubiti unius et semis.* Beda de Tabernac. lib. 3. cap. 8. et Rufinus hæc verba Josephi lib. 3. cap. 8 : Ὑπὲρ τῆς κεφαλῆς φορεῖ πῖλον ἄκωνον, sic vertunt : *Super caput autem gestat pileum in modum parvuli Calamauci, sive cassidis.* Perperam *Calamati* editum apud Jo. de Janua. Odo Fossat. in Vita Burchardi Comitis Corboliensis : *Dum alicubi voluntas pergendi adesset, depositis monachalibus indumentis, pretiosarum pellium tegmentis exornabatur, Calamaucumque optimum pro capitio humili, capiti imponebatur.* [Perperam in Actis SS. Maii tom. 7. pag. 691 : *Calamantumque optimum.*] [** Tradit. S. Galli ann. 816. ap. Neugart. in Cod. Alem. num. 187. vol. 1. pag. 158 : *Quando vero ad monasterium converti voluero, tunc habeam...... 6. calciamenta et 2. manices et Camalaucum, etc.*]

Auctor est Allatius lib. 3. de Utriusque ecclesiæ conversione cap. 8. n. 12. apud Orientales, Sacerdotes Monachos camelaucis etiamnum uti. Sic autem ab illo describuntur : *Caput operiunt Camelaucio, quod capitis tegmen est ex lana nigricante, ut natura illam dedit, textum, rotundum, altitudine semipalmare, in formam conchæ finiens, qua caput ingreditur, non undequaque rotundatur, sed ubi aures sunt, plagulæ unguntur, quibus aurium incommodis medentur. Nomen habent, ut ipse existimo, quid quid alii dicant, quod ex pilis camelorum ut plurimum texatur.* Camelaucio caput operire Episcopos Armenios, cum sacra peragunt, auctor est Isaacus invectiva secunda in Armenios pag. 414.

Non desunt denique, qui a *Camelaucio*, a nostris dictum putant *Camail*, Italis *Camaglio*, eam vestis partem, quæ olim caput et humeros tegebat, quos inter sunt Theophilus Raynaudus lib. de Pileis, et Cl. Menagius. At cum *Camelaucum* vix legatur humeros texisse, sed solum caput, præterea quod nostri *Camail* vocant, accenseatur vulgo armaturæ : probabilius videtur, hanc vocem effictam ex *Cap de maille*, ut fuerit *Capitium ex maculis* confectum. Nam *Camallum* fuit capitii species hamulis et maculis contexta, quæ totum caput, excepta facie, et humerorum superiorem partem operiebat, cujusmodi passim videre est in veterum Militum nostrorum imaginibus, quæ in sigillis et alibi describuntur, ut apud Edw. Bisseum in Notis ad Uptonum pag. 32. 63. 77. Capitio isti, si quidem integrum esset, levior galea aptabatur. At si *helmus*, vel cassis spissior, caput tegeret, tum *Camallum* ita cassidi annectebatur, ut collum et humeros tegeret, et ab adversariorum ictibus tutaretur. [Froissartes vol. 2. cap. 66 : *Et coula tout outre le Camail, qui estoit de bonnes mailles : et luy entra au col.*] Computum Stephani *de la Fontaine* Argentarii Regii 1. Jan. ann. 1349 : *Pour six onces de soie de diverses couleurs à faire les las à mettre les Camaux ausdits bacinets, etc.* Chronicon MS. Bertrandi Guesclini :

> Et voit ses Chevaliers bien armez de Camail.

Alio loco :

> Bertrand tenoit l'espée, qui le fer ot trenchant,
> Ou Camail li bouta fierement en poussant.

Proinde *Camallum*, nihil aliud fuit quam ea armaturæ species, quam hodie *Haussecol* dicimus, quæ collum tegit, præterquam quod *Camallum* ex hamulis confectum esset ; *haussecollum* vero ex solido ferro sit compactum.

Neque aliter *Camallum* effictum conspicitur in torqui Ordinis equestris *Camalli*, seu *Histricis* dicti, a Carolo Aurelianensi et Vadensi Duce instituti, in cujus ima parte pendet *histrix*, surrectis echinis horrida, virenti humo insistens, cujus collum *Camallo* tegitur : histrici vero impendet Corona Ducalis, uti in Casulis et Dalmaticis, olim ab eodem Duce Cælestinis Parisiensibus donatis videre est. Ordinis vero istius meminere Monstrelletus 1. vol. pag. 60. et cap. 25. 2. vol. pag. 176. Joannes a S. Gelasio in Hist. Ludovici XII. pag. 25. Petrus Sanjulianus in Miscellaneis Hist. pag. 428. Andreas Fauynus in Theatro Honoris pag. 734. ect. Denique ab ejusmodi *Camallis* militaribus nomen mansit epomidi isti, quam deferunt Episcopi, quæ non modo humeros, ut hodie, sed etiam olim caput tegebat : ex quo etiammum capitium eidem annectitur. Vide *Camilla*.

* Glossar. Lat. Gall. ex Cod. reg. 7692 : *Calamacus, petite coife. Cameill* vero ex Ch. ann. 1309. tom. 1. Probat. Hist. Brit. col. 1222. est capitii species, hamulis et maculis contexta, quæ totum caput operiebat, facie excepta. Unde *Encamallié*, ejusmodi hamulis et maculis contextus. Lit. remiss.

ann. 1382. ex Reg. 121. Chartoph. reg. ch. 160 : *Guy de Holetot, dit Porquet, chevalier,..... estoit armé d'un haubergon d'acier, un palet Encamallié sur sa teste, ses mains en ses gantelez, etc.*

¶ **CAMELINUM.** Vide *Camelotum.*

CAMELLUM. Gaufridus Vosiensis in Chronico part. 1. cap. 37. de Monachis sui temporis : *Pro gandengis froccos capellatos absque cuculla, capellos Camello et alios circumdatos pelle ad instar scapularis, pannos irregulares in lectis, esus carnium indiscrete et enormiter insectantur.* Videtur esse nostrum *Camail.* Vide *Camelaucus* post lineam, *Non desunt, etc.* et *Camilla.*

¶ **CAMELLUS.** Vide *Camelus.*

CAMELOTUM, Pannus ex camelorum pilis confectus, cujusmodi fuit ille, de quo Ælianus lib. 17. de Anim. cap. 34. et Fortunatus lib. 4. de Vita S. Martini :

. . . . Modo subit aspera tela,
Hispida Cameli rigido quasi vellere texta.

Statuta Raimundi Comitis Tolosani et Legati PP. contra hæreticos apud Catellum : *Caligis de aliqua bruneta etiam vel nigra, vel etiam stanio forti, vel Camelato, vel aliquo alio colorato panno... non utantur.*

* Lit. Caroli V. reg. Franc. ann. 1367 : *Item quod nulla ipsarum mulierum audeat portare vestes vel caputia panni aurei, vel cirici aut Camelotorum.* Lit. remiss. ann. 1404. in Reg. 158. Chartoph. reg. ch. 342 : *Cinq quartiers de gris, que l'en dit au pais Camelin waidié.*

CAMELINUM. M. Robert. de Sorbona in serm. de Conscientia : *Supertunicale rotundum cum magnis et latis tunicis de Camelino.* Statuta Ord. Præmonstrat. dist. 1. cap. 13 : *Ita quod ipsæ cappæ griseæ non sint Camelinæ.* [Computus reddituum Regis Francorum ann. 1202. apud D. *Brussel* de Usu feudorum tom. 2. pag. CLVI. ad calcem : *Pro capa de Camelino furato de v. octo diebus post medium Augustum c. s.... Pro roba Camelino furata de ver ad omnium Sanctorum VIII. l.*] *Fin Camelin*, apud Joinvillam in S. Ludovico pag. 8. *Camelin d'Amiens*, in Computo Step. *de la Fontaine* ann. 1351. *Camelin de Cambray*, in Poëm. MS. de Vulpe coronato :

De vert de Gand, ne de Douay,
Ne de Camelin de Cambray.

[Statuta pro Opificibus panni urbis Commercii e Cod. MS. ejusdem loci : *Item, Camelins marchans pignez en sain soient fait en XVI. fils que soient à trois filz sur les mains.*] Vide Scalig. contra Cardanum exercit. 189. num. 14. et V. Cl. Menagium in Orig. linguæ Francicæ et Italicæ, et Oct. Ferrarium in *Ciambelotto.* Cambro-Britannis *Camlad* et *Camlod*, est pannus undulatus, cymatilis, qui e pilis camelinis fieri solet.

* Testam. Rostagni de Pratocomit. ann. circ. 1340. in Reg. 3. Armor. gener. part. 2. pag. X : *Raubam de camelino de Malinis vel de Brucellis.*

Olim Monachi vestes e camelorum pilis confectas deferebant. Sulpitius de Vita S. Martini cap. 7. in descriptione Ordinis Monastici a S. Martino instituti : *Plerique Camelorum setis vestiebantur, mollior ibi habitus pro crimine erat.* Paulinus lib. 2. Vitæ ejusdem S. Martini :

Multis vestis erat setis contexta Cameli,
Quæ levibus stimulis vigiles contegeret artus,
Excludens tenuem compuncta carne soporem,
Mollia ne fluxum nutrirent otia corpus,
Lasciva et tenui vestis fluctaret amictu.

Adde eumdem Paulinum in Epist. ad Severum.

* Aliud sonat *Cameline*, quoddam scilicet condimentum, quod sic describitur in Stat. ann. 1394. ex Lib. 1. ordinat. super artif. Paris. Cam. Comput. fol. 327. r°. : *Quiconques s'entremettra de faire sausse appellée Cameline, que il la face de bonne cannelle, bon gingembre, de bons cloux de girofle, de bonne graine de paradis, de bon pain et de bon vinaigre.*

1. **CAMELUS,** in Gloss. Arabic. : *Funiculus, Camellus.* Papiæ, *Funis nauticus.* Vulgo *Chable.* [Vulg. Interpres Matthæi 19. 24 : *Facilius est Camelum per foramen acus transire, quam divitem intrare in regnum cœlorum.* De rudenti, non de animali dictum volunt, ad tollendam sermonis absurditatem. Græcum κάμηλος Camelum animal et rudentem perinde significat. Suidas κάμιλος pro rudente scripsit ad notandam differentiam. Hunc imitantur Recentiores Grammatici, qui η cum ι plerumque confundunt.]

¶ 2. **CAMELUS.** Acta SS. Maii tom. 7. pag. 64. in Vita SS. Voti et Felicis : *Nullus præsumeret in totum illum terminum intrare vel pascere, neque tentorium pecorum figere : quod si aliter fecissent, haberent inibi habitantes potestatem occidendi vaccas, porcos, Camelos sine ulla dubitatione et sine ullo pleyto regali.* Ne putem hic de camelis proprie dictis agi, vetat Hispania, in qua nulli sunt : crediderim ergo potius intelligendas esse capras, quæ vox satis congruit cum Gallica, *Chamois*, Rupicapra.

* Perperam pro *Carnerus*, ut legitur apud Moret. in Antiq. Navar. pag. 302. ab Hispan. *Carnero*, aries.

** **CAMENADIUM.** Vide *Caminata.*

1. **CAMERA,** Modus agri. Tabularium Ecclesiæ Gratianopolitanæ sub Hugone Episcopo fol. 68 : *Ego Silvio de Viren et filii mei Siebodus, Hugo atque Guilfredus, reddimus Hugoni Episcopo Gratianopolitano... tres Cameras de vinea, quæ sunt de fevo Præpositali, in loco ultra pontem, etc.* Occurrit rursum fol. 70 : *Camera de vinea.* Et fol. 72 : *Ego Benedicta uxor Chatberti Verbigarii vendo unam Chameram terræ, cum vinea, quæ in prædicta terra est plantata, etc.* Ibidem : *Est autem prædicta vinea in clauso Episcopali, juxta Cameram Riperti de Valriaz, quæ Camera fuit de prædicta terra data S. Donato, et est versus meridiem conjuncta cum vinea Episcopi.* Tabularium S. Andreæ Viennensis : *Hoc est, Cameras 3. de vinea in villa de Arboriano, etc.* Passim ibi.

2. **CAMERA,** Domus, cubiculum, cœnaculum, conclavis, Gall. *Chambre.* Papias : *Camera a curvitate dicta, est enim volumen introrsum respiciens.* Item : *Camera, quia Camura, i. curva, dicitur lapidea domus.* Iso Magister in Glossis : *Camiron, Græce Curvum, inde Camerata domus, cujus testudo curva est : inde Camelum, animal tortuosum.* [Chronicon Trivetti ad ann. 1277. Spicileg. Acher. tom. 8. pag. 639 : *Joannes Papa XXI. cum sibi vitæ spatium in annos plurimos extendi crederet, et hoc etiam coram aliis assereret, subito cum Camera nova, quam sibi Viterbii circa palatium construxerat, solus corruit, et inter lapides et ligna collisus sexto die post casum, Sacramentis omnibus ecclesiasticis perceptis moritur.* Vita S. Pardulfi Abb. inter Acta SS. Benedict. sæc. 3. part. 1. pag. 575 : *Et ubicumque ipse Lantarius per suum comitatum vel in sua propria loca ambulabat, ipsum semper secum ambulare faciebat, et in sua Camera, ubi suus proprius fiebat lectus, semper eminus virum Dei requiescere faciebat.* Occurrit rursus hac notione in Vita B. Alcuini inter eadem Acta SS. Bened. sec. 4. part. 1. pag. 159. [** Confer *Caminata.* Apud monachos Bernardinos *Cameram* nuncupari cellam abbatis scribit S. Rosa de Viterbo Elucidarii tom. 1. pag. 238. voce *Camara.*]

3. **CAMERA,** Conclavis, ubi thesaurus reponitur et servatur. Ockam cap. *Quid sit Scacarium : Camera est locus, in quem thesaurus recolligitur, vel conclave, in quo pecunia reservatur.* Gesta Dagoberti Regis cap. 33 : *Aras quasdam... cum omnibus teloneis, quemadmodum ad Cameram suam deserviri videbatur, ad eorum basilicam tradidit.* Capitularia Caroli C. tit. 31. cap. 14 [** Edictum Pistense ann. 864. Pertz. pag. 491.] : *Pensam argenti, quam ex Camera nostra accepit.* Eckehardus Junior de Casibus S. Galli cap. 10 : *Camerarius suus illum crebro incusabat secretius, quasi Camera sua dispersiones ejus ferre non posset.* Utuntur passim hac notione Scriptores, Monachus Sangallensis lib. 2. cap 29. Domnizo lib. 1. de Vita Mathildis Comitissæ cap. 4. Petrus de Vineis lib. 1. Epist. 10. lib. 2. Epist. 31. 32. Historia Episcoporum Bremensium pag. 169. Matthæus Paris pag. 255. 857. Monasticum Anglic. tom. 1. pag. 148. etc. Ita Græci vocem κοιτὼν usurpant, uti docuimus ad Alexiadem.

CAMERA, præsertim præterea sumitur pro fisco Imperatoris, vel Regis. Fridericus I. Imp. apud Helmodum lib. 1. cap. 80. et in Hist. Archiepisc. Bremensium ann. 1155 : *Magna requiritis, ó viri Romani, de exinanita Camera nostra.* Testamentum Caroli M. apud Eginhardum : *Quidquid in Camera atque vestiario ejus eo die fuisset inventum.* *Camera Regia*, in Diplomate Hugonis et Lotharii Regum Italiæ apud Joannem a Bosco in Vienna. Hac notione non semel occurrit, in Vita Ludovici Pii ann. 840. in Capitul. Caroli C. tit. 31. cap. 14. [in Privilegio ejusdem Monachis Vedastinis concesso ann. 867. apud Marten. Collect. Ampliss. tom. 1. col. 183.] apud Ingulfum pag. 897. Helmodum lib. 1. cap. 32. Anonymum de Gestis Friderici II. Imp. pag. 765. 794. Thomam Walsinghamum pag. 226. Matthæum Villaneum lib. 9. cap. 46. [in libro nigro Scaccarii pag. 134.] etc. Hinc in Chartis Imperatorum, et Regum crebro hæc formula exarata legitur : *Libras auri 100. mulctetur, medietatem prædicto Monasterio, alteram Cameræ nostræ, etc.* apud Beslium in Historia Comitum Pictav. pag. 251. 260. Guichenonum in Bibliotheca Sebusiana pag. 196. Perardum in Burgundicis pag. 171. 189. 190. etc. [** Vide Indices ad Pertz. vol. Leg. 2. ad Schœpflin. Alsat. Diplomat. etc.]

* Serius quam Cangius putat, ita dictum esse fiscum imperatorum et regum opinatur Muratorius tom. 1. Antiq. Ital. med. ævi col. 932. nec fortasse ea notione acceptam hanc vocem ante Ludovicum II. Aug. Dubiæ enim fidei videntur diplomata, quæ dicuntur a Carolo M. et Ludovico Pio emissa, in quibus *cameræ* fit mentio : [** conf. Heumann. de re diplomat. Imperat. a Carol. M. vol. 1. § 59.] quæ autem ex testamento Caroli M. in hanc rem laudantur, facile de cellario, vestiario, aliisque regiis officinis intelligi possunt. [** Chart. Carol. Calvi ann. 856. ap. Guerard. in Chartul. Sithiens. num. 56. pag. 124 : *Ad Kamaram fratrum in vestiario adicimus Krokashem etc.* Huc pertinet etiam quod supra ex Ekkehardi Casibus S. Galli Cangius affert; de abbate enim ibi sermo est qui cum pauperibus *camisiam et calceos* erogaret *subnudus vel nudipes interdum domum redisset.* Inde minuere ingenuorum dignitatem videbatur et servitutis notam inurere servitium *ad Cameram* imperatoris, apud Monach. S. Gallensem lib. 2. cap. 4. Porro in Testament. Carol. Magni *Cameram* non de fisco intelligendum esse confirmat Auctor vitæ Ludovici Pii cap. 63 : *Ut ministros Cameræ ante se venire faceret et rem familiarem, quæ constabat in ornamentis regalibus, scilicet coronis et armis, vasis, libris, vestibusque sacerdotalibus, per singula describi juberet.*]

CAMERA DENARIORUM, in Francia, Fiscus seu Thesaurus regius. Exstat de hac Camera Statutum sequens Philippi Magni pro Hospitio regio, exaratum in urbe Lorriacensi ann. 1317 : *En la Chambre aux Deniers Maistre Guillaume de Peronne fera les payemens par demy an : et Maistre Brice par autre demy an, et commencera ledit maistre, et ne vendra point à court l'un tant comme l'autre fera l'office. S'il y vient, il n'y prandra riens, et celuy, qui fera l'office, mangera à court, et aura deux provendes d'avoine, fer et clou, et aura pour ses varlez, qui ne mangeront pas à court,* 16. *den. de gaiges par jour, avecques ce* 12. *den. pour foing et autres choses. Maistre Brice ne se mouvera, et aidera à Maistre Guillaume, et auront unes bouges, où il y aura* 2. *clefs, où l'en mettra l'argent, et tout l'argent, qui en ladite Chambre sera receus, ils sont tenus le dire à Maistre Ernoul de Soissons Clerc pour le Roy en ladite Chambre, et ainsi ne pourront-ils faire nuls payemens, que ledit Ernoul n'y soit appelez, etc. Item il plaist au Roy que ledit Ernoul monstre par escrit toutes les semaines la recepte faite en la Chambre, toute la depense de son hostel, et toutes autres mises comptées par ladite Chambre, etc. Il y aura* 2. *sommeliers pour ladite Chambre, qui seront en l'escuerie, et portera un des sommiers les bouges à l'argent par chemin, et ira et vendra pour querre argent. Et l'autre sommier portera les escrits du Clerc de la Chambre en un coffre, et en l'autre coffre les registres et escrits du Contrerolleur, et les deux sommeliers, qui merront les* 2. *sommiers, auront bouche à court, etc.*

CAMERÆ, Provinciæ etiam, aut urbes, quæ immediate Principi suberant, et fisci proprii erant, dictæ. Leges Edwardi Confessoris : *Impetravit temporibus illis Rex a D. Papa, et a Curia Romana, quod confirmata sit Norveia in perpetuum Coronæ Britanniæ, in augmentum regni hujus, vocavitque illam dictus Arthurus Cameram Britanniæ.* Charta Stephani Episcopi Metensis apud Meurissium pag. 415 : *Cum Ecclesia Gorziensis prima Camera sit Metensis Episcopi, et principale membrum Ecclesiæ Metensis.* Matth. Paris ann. 1242. de urbe Santonensi : *Quia ab antiquo jure specialis proprietas Regis Angliæ esse dinoscitur, et Camera.* Vita S. Benedicti XII. PP. apud Bosquetum pag. 52 : *Camerecensem civitatem, quæ est Camera Imperii, voluit intrare.* Chronic. Casauriense lib. 4. de Lothario Imp. : *Cum cognovisset, quod ipsa Abbatia* (Casauriensis) *ab antiquo fuisset Imperialis Camera, promisit se cum D. Augusta venire ad Monasterium, et ei restituere omnia jura sua.* Alio loco de Willelmo Rege Siciliæ : *Mandavit, ut dimitteret quietam Abbatiam S. Clementis, Cameram suam propriam, beneficio cumulatam sui genitoris.* Ita Rigordus ann. 1183. Monasterium S. Dionysii *propriam Cameram* Regis Franciæ vocat, ut Aquas Sextias, Petrus Alectensis Episcopus Senogalliensis in Itinerario Gregorii XI. PP. initio. Tabularium Ausciense, apud Marcam lib. 4. Hist. Beneharn. cap. 7. n. 5 : *Quia suprascriptus locus, ... quamvis in alodio et dominatu dicti Comitis foret, tamen Camera Ausciensis Archiepisc. Ecclesiastico jure semper erat.* Le Roman *de Garin :*

Langres est Chambre l'Empereres Pepin.

Le Roman *de Girard de Vienne* MS. sub finem :

Et vous, beaus Sire, Daus Hernaus de Bellande,
Vos comant je la terre de Provence,
La tor d'Ansois, la cité de Plaisance,
Et Lombardie, que l'on claime ma Chambre,

Sic passim apud Albertum Stadensem ann. 1205. Petrum de Vineis lib. 5. Epist. 82. lib. 6. Epist. 9. Goldastum tom. 1. Constit. Imper. pag. 265. Petrum Diacon. lib. 4. Chronic. Casin. cap. 104. 107. 108. 111. 112. 118. Joan. Villaneum lib. 1. cap. 41. 57. Joan. Columbum in Episcopis Vivariensibus lib. 3. num. 6. Rodericum *da Cunha* in Hist. Episcoporum Portensium 2. parte pag. 31. in Bullario Casinensi tom. 2. pag. 154. 178. 250.

4. CAMERA, pro Curia Imp. aut Regis. Vita sancti Adalberti Pragensis tom. 5. Ant. lection. : *Ad hunc modum plurima servitia egit in Camera.*

¶ 5. CAMERA, Antra exciso sale cavata. Joan. Longinus in Vita B. Kingæ Virg. Julii tom. 5. pag. 743 : *Montes salinos seu zuppas salis.... cum incendisset ignis, latiusque manans incendium, singulas Cameras montium irremediabiliter torreret.*

6. CAMERA, pro officio Camerarii in Monasteriis. Vide Monasticum Anglic. tom. 1. pag. 148.

* Chartul. maj. S. Vict. Massil. pag. 108. v°. : *In villa ipsa de Pontio de Fossis ad ædificium domorum Cameræ.*

7. CAMERA, Officina monetaria Principis. Charta Guillelmi Ducis Aquitaniæ apud Beslium pag. 539 : *Dederunt ac cesserunt tertiam partem Cameræ seu monetæ, sive etiam omnium Teloneorum, etc.* Totidem occurrunt in Chartis Sancii et Berengarii Ducum Vasconiæ in Adversariis MSS. ejusdem Beslii, [atque Richardi Ducis Aquitaniæ in nova Gall. Christ. tom. 2. col. 285. Instrum.] : *Tertiam partem nostræ Cameræ seu monetæ.* Vide *Florenus.*

8. CAMERA, Dotalitium uxoris : vulgo etiam *la Chambre de la femme* appellamus supellectilem, quæ post excessum conjugis eidem addici solet. Pactum nuptiale inter Ludovicum II. Regem Siciliæ et Yolandam filiam Joan. Regis Aragonum ann. 1399 : *Nec non redditus annuos et quascumque villas, loca, et castra pro statu Cameræ, seu dotalitio ipsius Yolandæ, etc.* [Testam. Jacobi Regis Aragon. apud Acherium tom. 9. Spicileg. pag. 252 : *Filiam nostram Dominam Yolant, Dei gratia illustrem Reginam Castellæ, instituimus hæredem in Camera et ornamentis ac aliis, quæ eidem dedimus suarum tempore nuptiarum.*]

* *Chancelle*, eadem notione, in Libert. villæ *d'Aigueperse* ann. 1374. ex Reg. 198. Chartoph. reg. ch. 360 : *Item que se homs d'Aigueperse, qui ait femme ou enffens, estoit ataint vers nous pour cas de crime, la femme ne doit perdre sa Chancelle, ne son doalc.*

¶ 9. CAMERA, f. Opus ligneum elegantius, Gall. *Boiserie, Menuiserie.* Greg. Turon. Hist. lib. 2. cap. 14 : *Et quoniam Camera cellulæ illius prioris eleganti opere fuerat fabricata, indignum duxit Sacerdos, ut opera ejus deperirent, sed in honore beatorum Apostolorum Petri et Pauli aliam construxit basilicam, in qua Cameram illam affixit.*

* Supellex quævis ad ornatum *cameræ*. Inventar. MS. thes. Sedis Apost. ann. 1295 : *Item unam Cameram seu cortinam ex tribus partibus lineam, et ex quarta sericam ad tenendum super et circa lectum.* Neque aliter intelligendus locus citatus in *Camera clericorum.*

* 10. CAMERA, Fornix, Gall. *Voute.* Pontif. Senon. ad usum eccl. Paris. ubi de dedicat. eccl. : *Episcopus stans in medio ecclesiæ spergat aquam ad Orientem et Occidentem et Aquilonem et Austrum et contra Cameram et super pavimentum. Cambry*, eadem acceptione, in Lit. remiss. ann. 1412. ex Reg. 166. Chartoph. reg ch. 260 : *Pluseurs gentilz femmes, qui estoient venues en l'esglise de Gelcrat en pèlerinage, dont les aucunes deprierent au suppliant qu'il leur voulsist donner des pommes, qui estoient pendues en filles par la queue au Cambry d'icelle esglise.*

** 11. CAMERA, Pars ædium ubi opifices operantur, secundum Guerardum in Glossar. Irminon. Cod. S. German. post Irminon. pag. 304 : *Isti accipiunt panem sprimatum.... De prima Camera 4. De secunda Camera 10. De tertia Camera 2.* Statuta antiq. S. Petri Corbeiens. lib. 1. cap. 1 : *Item de laicis. Matricularii 12, laici 30. Ad primam Cameram 6, sutores 3, cavalarii 2, fullo 1. Ad secundam Cameram 17. Ex his ad Cameram 1. fabri grossarii 6. aurifices 2. sutores 2, scutarii 2. pargaminarius 1. saminator 1. fusarii 3. Ad tertiam Cameram 3, etc.*

** 12. CAMERA, Vehiculum, fornicis instar superne tectum, Germ. *Kammerwagen.* Καμάρα vehiculi contecti genus apud Herod. lib. 1. cap. 199. Guilelm. Brito. lib. 12. cap. 34 : *Rotis Camera quaternis, in nihilo* patitur thalamo differre superno. Dicitur *Currus sphæricus* in Buschii Reformat. Monast. tom. 2. Scriptor. Brunswic. pag. 850. ADEL.

* CAMERA ABBATIS, Quidquid immediate abbati subest, cella, præpositura, vel prioratus a monasterio dependens. Lit. remiss. ann. 1453. in Reg. 182. Chartoph. reg. ch. 43 : *Tray près Thouars ou les religieux, abbé et couvent d'Ervau ont ung prieuré ou Chambre d'abbé deppendant de ladite abbaye, ou a continuellement deux ou trois religieux à y faire le service divin pour ce qu'il y a cure et église parroichial.* [** De judicio ante Cameram Abbatis Wissenburgis, Germ. *vor eines apts Kempnaten*, vide Schœpflin. Alsat. Diplom. num. 1253. vol. 2. pag. 315. et Alsat. Illustrat. vol. 2. pag. 393.]

¶ CAMERA APOSTOLICA, Romanis, *Reverenda Camera*, quam spectat cura pecuniarum ac thesauri Ecclesiæ Romanæ. Vide *Camerarius Apostolicus*.

* CAMERA BASSA, Inferior, inter Acta ad Concil. Pisan. ann. 1409. apud Marten. tom. 7. Ampl. Collect. col. 465 : *Præfati domini prælati et personæ accesserunt ad præsentiam prædicti domini nostri regis, in domo sua S. Pauli Parisius existentis, in Camera parlamenti bassa, ubi ipso dom. nostro rege sedente in solio suo regio, etc. Chambre basse*, pro Latrina, secessus, quæ et *Chambre coye* vel *Courtoise*, imo etiam *Chambre* nude dicitur. Ordinat. ann. 1350. tom. 2. Ordinat. reg. Franc. pag. 377. art. 234 : *Pour ce que grande nécessité est d'avoir plus d'ouvriers ès Chambres basses, que l'on dit courtoises, etc.* Lit. remiss. ann. 1349. in Reg. 77. Chartoph. reg. ch. 412 : *Ledit Jaque fust detenuz inhumainement et longuement mis en unes Chambre coye, et chut en l'ordure.* Lib. rub. fol. parvo domus publ. Abbavil. fol. 35. v°. ad ann. 1268 : *Il fu ordené..... que nus ne fache Cambre coie seur iaue là u navile passe.* Ubi in margine : *Des retrais sur l'eaue de Somme.* Lit. remiss. ann. 1453. in Reg. 182. ch. 53 : *Certaines poudres laxatives..... pour le faire aler a Chambre.*

CAMERA CALCEAMENTORUM, in Monasteriis, apud Sugerium de Administrat. sua cap. 15. Vide infra *Camerarius*, Offic. Monast.

CAMERA CLERICORUM, in Francia dicebatur, quæ in Anglia *Garderoba*. [Hoc, ni fallor, sensu sumitur apud Baluzium Hist. Arvern. tom. 2. pag. 183. in Testamento Guidonis Cardinal. de Bolonia ann. 1373 : *Item, Cardinali Gebennensi nepoti meo do et lego Cameram meam novam, quam dedit mihi Dominus Guido de Campo-diverso, et unam aliam Cameram cum liliis.*] Vide Fletam. lib. 2. cap. 14. § 1. [* et *Camera*, 9.]

* CAMERA COLLOCUTIONIS, Locus colloquiis destinatus in monasteriis, vulgo *Parloir*. Charta ann. 1486. inter Probat. tom. 2. Annal. Præmonst. col. 364 : *Datum et actum Coloniæ in loco sive Camera collocutionis, etc.*

¶ CAMERA COMPUTORUM, Gall. *La Chambre des Comptes*. Curia suprema, in qua quidquid ad fiscum seu thesaurum regium pertinet, tractatur. Plures sunt hujusmodi Curiæ in Francia variis temporibus institutæ. Parisiensis, prima tempore et dignitate, Philippo Pulcro suam refert originem.

¶ CAMERA CROSSERIA. Sic in Instrumento ann. 1295. relato tom. 2. Hist. Dalphin. pag. 75. et 76. appellatur locus, in quem tractandorum negotiorum ecclesiasticorum gratia convenit Archiepiscopus Ebredunensis cum suis Canonicis : an *Crosseria* dicta est hæc Camera, quod ibi Canonicis distribui solerent præcipui præbendarum fructus, quos Gallice *Gros* nuncupant? Vide *Camera Panis*.

* CAMERA CROTATA, Subterranea, fornice instructa, in Stat. S. Vict. Massil. ann. 1337. ex Tabul. ejusd. monast.

¶ CAMERA FORNELLI, *Camera cum fornello*. Vide *Fornellum*.

* CAMERA FORNITA, sua supellectile munita. Stat. Vercel. lib. 2. pag. 27. v°. : *Item statutum est, quod si aliquis in ultima voluntate reliquerit, vel in aliquo contractu promiserit uxori suæ Cameram fornitam, vel non fornitam, etc.* Vide *Camera* 8.

* CAMERA GENERALIUM, Jurisdictio, curia eorum, qui colligendis et administrandis subsidiis præfecti erant. Stat. ann. 1373. tom. 5. Ordinat. reg. Franc. pag. 647. art. 2 : *Se c'estoit sel, ilz le bailleront par escript en la Chambre des Généraux.*

** CAMERA IMPERII, IMPERIALIS, Curia suprema olim in imperio Germanico.

** CAMERA LECTI in Ecbasi vers. 689. Germ. olim *Bettikamara* hodie *Kammer* dicunt *Cubiculum*. Vide Graff. Thesaur. Ling. Franc. vol. 4. col. 401. et supra in *Camera*, 2. locum ex vita S. Pardulphi. Gemma Gemmarum : *Camera est locus ubi cubamus.*

* CAMERA LEGIS, vel CAMERA LIGIORUM, Quæ de feudis et ad ea pertinentibus judicat apud Flandros, sic dicta quod ex hominibus *Ligiis* constaret, cui comes ipse Flandriæ præsidebat : hæc jurisdictio perseveravit usque ad ann. 1385. quo Philippus Audax dux Burgundiæ Cameram Computorum Insulensem instituit. Hinc etiam ortum habet supremum Flandriæ Consilium. Vide *Danhoudre*, Sandenis. et alios qui de ea scripserunt.

* CAMERA PACIS, Domus publica, vulgo *Hôtel-de-ville*. Reg. actor. capitul. eccl. Camerac. sign. O. ad ann. 1489 : *Vadat baillivus capituli in Cameram pacis ad requirendum quod revocentur merelli vj. et iij. denariorum.* Vide in *Pax*.

¶ CAMERA PANIS MATUTINALIS, Ubi panis mane Canonicis distribuebatur. Charta anni 1305. inter Instrum. Hist. Meld. pag. 192 : *Et grossos fructus anni decimi percipiet Camera Panis Matutinalis, quia dictus dominus Nicolaus, quando fuit electus Episcopus, foraneus erat, et non fecerat stagium.*

¶ CAMERA PAPAGALLI. Sic appellata in Vaticano palatio camera, ubi habebatur consistorium secretum. Cærem. Rom. l. 1. sect. 9. cap. 3. apud Macrum in Hierolexico.

¶ CAMERA PARAMENTI, f. Camera parata, seu tribunal paratum. Baluz. Hist. Arvern. tom. 2. pag. 204. in Charta Caroli Regis Franc. ann. 1395 : *Acta fuerunt hæc Avenioni infra palatium apostolicum et in Camera Paramenti Domini nostri Papæ coram sanctissimo in Christo Patre et Domino nostro D. Gregorio, digna Dei providentia Papa undecimo.* Charta Vivariensis Ecclesiæ sæculi XV : *Acta fuerunt hæc in civitate Vivariensi in domo Episcopali et in Camera nova Paramenti ejusdem domus, videlicet in aula minori ipsius domus.* Vide *Paramentum* in *Parare*.

* Nostris *Chambre de parade. Camera paramenti domus episcopalis Parisiensis*, in Chartul. episc. Paris. fol. 143. ad ann. 1385. [** Charta Ruperti Imp. ann. 1409. in Guden. cod. Diplomat. vol. 2. pag. 621 : *Datum in castro nostro Heidelberg in Camera Paramenti.*]

* CAMERA PER TERRAM, Subterranea, vel ad solum, Gall. *Rez-de-chaussée*, posita. Charta Joan. dom. *de Oysi* ann. 1206. in Chartul. Mont. S. Mart. ch. 23 : *Actum est hoc apud Crevecuer in Camera mea per terram.*

* CAMERA PLACITORUM pluries memoratur, in Literis Phil. V. ann. 1320. ex Reg. sign. *Noster* Cam. Comput. Paris. fol. 142. r°.

* CAMERA PRIVATA, vulgo *Chambre privée*, Latrina, secessus; pro ipso sedili foricario occurrit, in Lit. remiss. ann. 1390. ex Reg. 138. Chartoph. reg. ch. 272 : *Se assist sur unes Chambres privée, etc.* Vide *Privata*.

* CAMERA REGIA nuncupabatur Provincia vel urbs, quæ immediate regi suberat, et fisci proprii erat. Lit. ann. 1369. tom. 5. Ordinat. reg. Franc. pag. 422 : *Nolentes..... secreta ipsius civitatis* (Carcassonæ) *quæ cara Camera regia et clavis tocius linguæ Occitanæ et una de principalioribus regni Franciæ existit, pandi nec publicari, etc.* Vide in *Camera* 3.

¶ CAMERA REQUESTARUM, apud D. *Brussel* de Feodis tom. 2. ad calcem pag. CXXXI. ex Memoriali Cameræ Comput. Paris. fol. 70. ann. 1364 : *Et dicto negotio Dalphinatus completo, dictus dominus Rex surrexit de Camera Requestarum, quæ tunc sibi fiebant, et ivit ad aliam minorem Cameram bene prope.*

* CAMERA ROTUNDA. Charta ann. 1158. inter Probat. tom. 2. Hist. Occit. col. 568 : *Quæ dona fuerunt peracta in Camera palatii Carcassonæ, quæ vocatur rotunda, quamvis sit quadrata.*

* CAMERA SALIS, Locus seu camera reponendo sali, nostris vulgo *Grenier à sel*. Decretum ann. 1538. ex Tabul. castri *de Chissé* in Turon. : *Item utilitatem et emolumentum Cameræ salis prædicti loci de Neufoiz per nos noviter erectæ.*

CAMERAGIUM, *Stallagium*, Jus exponendi merces in *Camera*, seu *apotheca*. Regestum Constabulariæ Burdegalensis fol. 37 : *Item de quolibet mercatore extraneo veniente, qui emerit et vendiderit ibidem ultra valorem 35. sol. infra annum et unam diem, 16. den. Tur. pro Cameragio. Præterea dicti Archiepiscopus et dominus Montisleonis percipiunt de quolibet mercatore extraneo pro Cameragio 8. den. etc.*

CAMERALIS, Puella amanuensis, *Abra*, *Femme de Chambre, Chambriere*. Eckehardus junior de Casib. S. Galli. cap. 13 : *Cum ei urinam muliercula cujusdam Cameralis pro sua suspiciendam mitteret.* Matth. Paris ann. 1252 : *Instinctu et suasu Reginæ* *uxoris suæ Cameralis.* Vide *Cameraria*, 2. Breviloquus : *Camerarius*, *id est*, *Cubicularius*, *Pedissequus*, *et Cameraria*, *Pedissequa*.

* **CAMERALITER**, In cameram. Chron. Th. Otterbourne pag. 214 : *Quod idem rex* (Ricardus) *nuper apud Salopiam coram se*, *et sibi faventibus*, *fecit venire plures justitiariorum Cameraliter.*

* **CAMERARE**, Cubiculum vel domum contabulare. Charta ann. 1213. in Chartul. Pontiniac. lib. 5. ch. 32 : *Guillelmus comes Nivernensis et Forensis..... requisivit..... a venerabili J. abbate Pontigniaci*, *quod venderet vel daret de nemore suo de Valle pagana ad Camerandum quamdam domum suam.*

1. **CAMERARIA**, Idem quod *Camera*, seu cubiculum in Charta Beatricis Comitissæ Provinciæ ann. 1248. quæ sic clauditur : *Actum fuit hoc in Camerariis dictæ Comitissæ apud Sistarcium.* Vide *Camerarius*.

2. **CAMERARIA**, Idem quod *Cameralis*; *Pedissequa*, in Breviloquo; apud Papiam, *Iris* dicitur fuisse *Cameraria Junonis*. [*Servitrix Cameraria*, in Hist. Dalphin. tom. 2. pag. 405. col. 1. Paulo ante vox *Cameraria* nude ponitur eadem notione, atque pluries ibidem legitur.]

* 3. **CAMERARIA**, Officium, munus *camerarii* in monasteriis. Stat. S. Vict. Massil. ann. 1337. ex Tabul. ejusd. monast. : *Ob defectum facultatum Camerariæ juvenes et infantes monachi fractas et dissolutas et repeciatas cocullas..... consueverint deferre.* Adde Bullam secular. eccl. Magalon. ann. 1536 inter Instr. tom. 6. Gall. Christ. col. 390. etc. [** *Possessiones et jura quecunque ad Camerariam dicti nostri monasterii Morbacensis spectantia*, in chart. ann. 1313. ap. Schœpflin. in Alsat. Diplom. vol. 2. pag. 105. num. 872.] Vide *Camera* 6. supra et in *Camerarius*.

* 4. **CAMERARIA**, Officium apud moniales, cujus munia explicantur in Regula Fontis-Ebraldi cap. 33 : *Cameraria providebit singulis de necessariis ad opus cujuslibet injunctum;...... habet etiam custodiam mapparum*, *lintheaminum*, *capitegiorum*, *vestimentorum tam veterum quam novorum*, *et omnium rerum*, *quæ necessariæ sunt sororibus*, *fratribus*, *et hospitibus pro cubilibus et usu mensarum.* Vide supra *Cambrerius* 2.

* **CAMERARIATUS** Officium, in Stat. comitat. Venaissini Clemente PP. VII. cap. 72. ex Cod. reg. 4660. A. Vide in *Camerarius*.

CAMERARIUS, Dignitas in palatiis Regum, cui Cameræ Regiæ, id est, Thesauri seu Cimeliorum Regis Cura incumbebat. Hujus apud Reges nostros munus sic describit Hincmarus Remensis, de Ordine Palatii cap. 22. : *De honestate vero Palatii seu specialiter ornamento regali*, *nec non et de donis annuis militum*, *absque cibo et potu*, *vel equis*, *ad Reginam præcipue*, *et sub ipsa ad Camerarium pertinebat : et secundum cujusque rei qualitatem*, *ipsorum sollicitudo erat*, *ut tempore congruo semper futura prospicerent*, *ne quid*, *dum opus esset*, *ullatenus opportuno tempore defuisset. De donis vero diversarum legationum*, *ad Camerarium respiciebat*, *nisi forte jubente Rege tale aliquid esset*, *quod Reginæ*, *ad tractandum cum ipso congrueret.* [** Conf. Eichhorn. Histor. jur. Germ. § 25. B. Murator. Antiq. Ital. vol. 1. col. 123. A. et infra *Cubicularius*.] Ockam cap. *Quid sit Scacarium* : *Officium Camerariorum in recepta consistit in tribus*, *scilicet claves arcarum*, *etc. bajulant*, *pecuniam numeratam ponderant*, *et per centenas libras in forulis mittunt.* Gregorius Turon. lib. 4. Hist. cap. 26 : *Dirigens quosdam de Camerariis suis*, *qui exactis a Leontio Episcopo mille aureis*, *reliquos juxta possibilitatem condemnarent Episcopos.* Idem lib. 6. cap. 45 : *Cæteri autem judices et Camerarii*, *qui cum eo properaverant*, *de Pictavo regressi sunt.* Unde patet apud nostros non unicum fuisse in palatio *Camerarium*, nisi ii fuerint *Camerarii Provinciarum*, quos nostri *Nuntios Cameræ* appellabant, uti mox docebimus.

[☞ Quæ autem huic Dignitati annexa fuerint jura discere licet ex Regesto Memorialium Cameræ Computorum not. G. fol. 137 :

Premierement, *le Chamberier à cause de sa Chamberie*, *a plusieurs cens et rentes assis tant en la ville de Paris et environ*, *comme ailleurs*, *à cause desquels cens il a telle justice et contrainte comme à Seigneur foncier appartient.*

Item, *sur le Mestier des Freppiers à Paris*, *a ledit Chamberier les droits qui ensuivent*,

Premierement, *Que aucun ne puet estre Freppier dedans la Banlieuë de Paris*, *c'est assavoir vendeurs ne acheteurs de Robbes vielles*, *linges ou langes*, *ne de aucune espesse de evrain*, [** *cuirien* ap. *Ét. Boileau*, ed. Depping. pag. 195.] *vieil ou nuef*, *se il ne achete icelui mestier du Roy*, *ce est à entendre du Chamberier de France*, *qui ladite Chamberie tient du Roy*, *excepté le Haut-Banier du Roy*, *qui ne doit estre contraint de acheter ledit mestier de Frepperie dudit Chamberier*, *ne de son Maire pour luyp*, *uisqu'il se soit fait Haut Banier du Roy nostredit Seigneur*, *et que de luy il ait acheté le Haut-Ban.*

Item, *Que ledit Haut-Banier est tenu de acheter son dit Haut-Ban du Roy*, *ou de ses Officiers pour luy*, *et non d'autres*, *et si est tenus de estre estagier dedans la Banlieuë de Paris*, *et de payer au Roy*, *ou son Receveur pour luy*, *si-tost qu'il est fait Haut-Banier*, *25. d. et audit Chamberier 14. d.*

Item, *Les Freppiers de Paris*, *leurs Vallez et leurs Apprentifs*, *sont justiciables du Chamberier de France*, *ou de son Maire pour luy*, *de toutes choses qui appartiennent au Mestier de Frepperie*, *de quelque terre ou nation qu'ils soient; c'est assavoir de la marchandise de Frepperie*, *de debte faite en la marchandise dudit mestier*, *de perte ou gaigne faite en icelle marchandise*, *ou d'aucune mesprenture faite audit mestier et marchandise de Frepperie.*

Item, *Et toutes et quantesfois que il advient que aucun dudit mestier de Frepperie injure en jugement le Maire dudit Chamberier*, *ou aucune autre Partie : pour occasion d'icelles injures*, *iceluy Maire condamne les Parties delinquans en aucunes amandes; ou s'il y a aucunes Requestes de gagnées*, *en ce cas iceluy Maire puet deffendre le partir ausdites Parties ainsi delinquans ou condamnez; et se pardessus icelles deffenses iceux delinquans s'en vont*, *ou ne veullent obeïr*, *ou sont refusans ou contredisans de payer icelles amandes*, *audit cas ledit Maire doit ce faire sçavoir au Prevost de Paris*, *lequel Prevost luy doit faire raison et justice.* [** Qui hic *maire* ap. *Ét. Boileau* l. l. dicitur *le mestre qui garde le metier de per le mestre Chamberier le roi.*]

Item, *Le Chamberier de France a sur les Pelletiers la visitat on et correction de la marchandise de Pelleterie*, *se'on ce que il est contenu en l'arrest ou accort sur ce pieça fait entre le Procureur du Roy d'une part*, *et feu Monseigneur de Bourbon jadis Chamberier de France d'autre*, *et fu ledit Arrest donné le deux jours de Mars l'an* 378. (1378.)

Item, *Le Chamberier de France vent le mestier de Cordoüannier à Paris*, *et si crée et fait les Jurez pour ledit mestier : mais si les Cordoüanniers de Paris mesprennent en leurs mestiers*, *ou transgressent ou font aucunes choses contre les Ordennances de leur mestier*, *les amandes en appartiennent au Roy*, *et aussi les rapports des fautes trouvées par les Jurez sur le fait dudit mestier*, *se doivent faire devant le Prevost de Paris*, *et non devant ledit Chamberier*, *ne sondit Maire*, *et en doivent estre les amandes tauxées par ledit Prevost au profit du Roy.*

Item, *Le Chamberier a sur les Seintouriers et Bazanniers de Paris*, *le droit qui s'ensuit*,

C'est assavoir, *que il vent ledit mestier à ceux qui le veulent acheter*, *et doivent 16. s. au Roy*, *tant pour leur lettre*, *comme pour ledit mestier*, *lesquels 16. s. ledit Chamberier et ledit Chambellan reçoivent*, *c'est assavoir ledit Chamberier 6. s. et ledit Chambellan 10. s. Toutes-voyes ils doivent chacun en droit soy au Roy la sepmene peneuse 7. d. parisis*, *lesquels sont receus par les Fermiers du Roy*, *etc.* [** Conf. *Ét. Boileau* pag. 227. 230.]

Item, *Au Roy*, *et au Prevost de Paris pour luy*, *appartient la connoissance*, *correction et visitation des Selliers et Lourmiers*, *et sont les Jurez dudit mestier fais et créez par le Prevost de Paris*, *et si leur donne ou vent ledit Prevost de Paris pour le Roy leurdit mestier*, *et payent d'entrée pour raison d'iceluy 20. s. parisis au profit du Roy*, *et 16. s. parisis au profit dudit Chamberier pour raison du Cordoüan qu'ils mettent en besoigne; mais toutes les amandes appartiennent au Roy.*

Item, *Ledit Chamberier vent le mestier aux Boureliers*, *s'ils veulent ouvrer du Cordoüan : mais toute la connoissance*, *et les amandes dependans dudit mestier*, *appartiennent au Roy*, *avec la punition*, *correction et visitation.*

Item, *le mestier des Gantiers se doit vendre par le Roy et le Chamberier ensemble; et doit cil qui l'achete ledit Mestier 39. d. c'est assavoir au Roy 25. d. et le residu au Chamberier.*

Item, *Les rapports et mal-façons se doivent faire devers le Prevost*, *et quant aucunes amandes y escheant*, *lesquelles sont et doivent estre selon les Registres de 10. s. parisis*, *le Roy y prent 4. s. parisis*, *le Chamberier 4. s. parisis*, *et les Jurez 2. s. parisis.*]

Camerarii vero Regum Franciæ 1. et 2. stirpis aliquot recensentur a Scriptoribus :

Talto, sub Dagoberto Rege, a Ratperto de Casibus S. Galli cap. 1.

Vandalmarus, sub Guntranno Rege, a Fredegario cap. 4.

Reginardus *Præpositus Cameræ regalis* sub Ludovico Pio, in Vita ejusdem Ludov. ann. 817. et in Annalib. Bertinianis, etc.

Tanculfus, sub eodem Ludov. ab Ardone in Vita S. Benedicti Annianensis Abbatis.

Bernardus Comes Barcinonensis et Dux Septimaniæ, in ead. Vita Ludovici Pii, et ab Eginhardo, Nithardo, et aliis ann. 829. 830.

Ingelrannus Comes sub Carolo Calvo, ab Aimoini Continuator. lib. 5. cap. 32. et in Annal. Francor. Bertinianis ann. 875.

Theodoricus sub Ludovico II. in iisdem Annalib. ann. 878. 879.

Alios deinde sub 3. Regum stirpe hac dignitate donatos recensent passim veteres Chartæ, et Scriptores, quorum seriem contexuere aliquot ex nostris Scriptores, quæ quidem dignitas tandem suppressa est a Francisco I. Rege post mortem Caroli Ducis Aurelianensis, filii, qui ea donatus fuerat post obitum Caroli Ducis Burbonensis. Vide Tillium.

[☞ Camerariorum seriem hic attexere operæ prætium duximus, quia, quod ad nostrum institutum vel maxime pertinet, litteras Regias olim subscripserunt. Sub 3. stirpe primus :

* Maurinus *Camerarius* subscribit Chartam Hugonis Capeti regis Franc. tom. 7. Gall. Christ. inter Instr. col. 220.

* Rainaldus vel Raynaudus ann. 1052. inter schedas Mabillonii.

Rainaldus ann. 1060. ex diplomate Henrici I. pro fundatione S. Martini de Campis.

Walerannus qui et Galerandus ann. 1065. et 1085. ex Instrum. S. Joannis Angeriacensis.

*Vel Galerannus ann. 1075. in Lib. nig. S. Petri Abbavil. fol. 298. v°. 1278. ex Chartul. S. Maglor. Paris. ch. 8. 1085. et 1106. ex Chartul. Maurign.

Willelmus ann. 1085.

Wido ann. 1106. ad ann. 1121.

Albericus I. ann. 1127. et 1128.

* Ann. 1125. inter Probat. tom. 1. Annal. Præmonst. col. 9. et 1129. ex Tabul. Carnot.

Manasses ann. 1130.

Hugo ann. 1134.

* Ann. 1131. ex Chartul. S. Steph. Drocens. et 1137. in tom. 5. Ordinat. reg. Franc. pag. 23.

Wido alter ann. 1136.

Matthæus I. ann. 1139. ob. ann. 1151. vel 1152.

* Mathias, idem qui *Matthæus*, ann. 1138. in Reg. 108. Chartoph. reg. ch. 130. 1153. ex Tabul. Colomb. 1156. in Reg. parvo S. Germ. Prat. 1158. ex Chartul. S. Joan. Laudun.

Albericus II. ann. 1162. vivebat. ann. 1181.

Matthæus II. ann. 1160. ex Archivo Bonevallensi, et 1174. [* ann. 1167. in Chartul, Campan. ex Cam. Comput. Paris. ann. 1168. ex Chartul. S. Maglor.]

Reginaldus ann. 1176.

* Rainaldus vel *Reginaldus* ann. 1175. ex Chartul. B. M. Suession. 1176. in Reg. parvo S. Germ. Prat.

Radulphus ann. 1186.

Matthæus III. ann. 1190. et 1207. ob. ante ann. 1214.

* Ann. 1180. ex Tabul. S. Petri Carnot. 1189. in Reg. 108. Chartoph. reg. ch. 130.

* Galterus *domini regis Camerarius*, in Ch. ann. 1190. mense Junio, ex mag. Pastorali Paris. fol. 173.

Ursio ann. 1209.

Bartholomæus de Roya ann. 1206. 1210. 1217. 1226. in Chartis Archivi Bonevallensis et aliis.

* Obiit ann. 1237. 24. Jan. ex Obituar. Ms. abbat. Vallis-gaudii, *Joyenval*.

Johannes] de Bello-monte in ejus locum suffectus est.

Johannes de Nantolio ann. 1240. ad ann. minimum 1248.

Alphonsus de Brienne ann. 1258. ob. ann. 1270.

* Ann. 1254. ex Chartul. Boni-portus.

Erardus Dominus de Valery ann. 1271. ob. ann. 1277.

Robertus II. Dux Burgundiæ ann. 1287. adhuc in vivis ann. 1297.

* Ann. 1277. in Reg. M. Chartoph. reg. ch. 4. 1278. in Lib. 2. ordinat. super artif. Paris. fol. 129. v°.

Johannes II. Drocensis Comes ob. ann. 1309.

Ludovicus I. Dux Borbonius ann. 1312. ob. ann. 1341. [** Convention. Henric. VII. Imper. inter et Philipp. Franc. Reg. ap. Pertz. vol. leg. 2. pag. 513 : *Philippus D. G. Francie rex... notum facimus quod nos carissimum consanguineum et fidelem nostrum Ludovicum de Claremonte Camerarium Franciæ.... Actum apud Livriacum 23. die Januarii ann. Dom.* 1310. (1311.) Ibid. pag. 515 : *Heinricus D. G. Romanorum rex.... notum facimus quod... Ludovicum primogenitum nobilis viri Roberti comitis de Claromonte Camerarium Francie consanguineum nostrum dilectum... anno Dom.* 1311. *die* 23. *mensis septembris*.]

Petrus I. Dux Borbonius ob. ann. 1356.

Ludovicus II. Dux Borbonius ob. ann. 1410.

Philippus Burgundiæ ann. 1410. ob. ann. 1415.

* *Philippus* comes Nivernensis, in Lit. Caroli VI. 29. Aug. ann. 1410. ex Memor. G. Cam. Comput. Paris. fol. 135. v°. : *Faisons, créons, ordonnons et establissons en grant Chamberier de France (nostre trés-cher et très-amé cousin Philippe conte de Nevers et de Rethel) en lieu de feu nostre très-chier oncle le duc de Bourbon derreniere-ment trespassé, qui icellui office ou estat souloit tenir.* Infra fol. 137. r°. : *Philippus comes Nivernensis magnus Camerarius Franciæ.*

Johannes de Chalon III. Arausionensis Princeps. ann. 1415. ob. ann. 1418.

Guillelmus Dominus de Chasteauvillain ann. 1419. ob. ann. 1439.

Carolus I. Dux Borbonius ob. ann. 1456.

Johannes II. Dux Borbonius ann. 1456. ob. ann. 1488.

Petrus II. Dux Borbonius ann. 1488. ob. ann. 1503.

Carolus III. Dux Borbonius ann. 1527.

Henricus Aurelianensis et Engolismensis Dux, deinde Rex sub nomine Henrici II. ann. 1527.

Carolus Aurelianensis Dux ob. 9. Sept. 1545. Quo mortuo suppressa est hæc dignitas, ut jam monuimus.]

Camerarii Provinciarum in Regno Siculo et Neapolitano, dicebantur, ut opinor, qui fiscalium redituum curam habebant, qui in *Cameram* seu fiscum inferebantur. Hinc legere est apud Hugonem Falcandum, *Camerarios Calabriæ, Apuliæ, etc.* Apud Christianum Archiepiscop. Mogunt. in Chronic. Mogunt. : *Camerarius urbis*. Romualdus Salernitanus Archiep. in Chron. MS. ann. 1143 : *Rex autem Rogerius in regno suo perfectæ pacis tranquillitate potitus, pro conservanda pace Camerarios et Justitiarios per totam terram instituit.* Gesta Innocentii III. PP. pag. 18 : *Instituebat Justitiarios, et Camerarios, Secretarios, et Stratigatos*. Idem Falcandus : *Inde redemptionis onus importabile, quæ totam Apuliam Terramque Laboris ultima jam desperatione concusserat, omnino censuit amovendum : scripsitque Magistris Camerariis, ut a nemine deinceps quicquam nomine redemptionis exigerent.* Petrus Diacon. lib. 4. cap. 104. meminit *Canzolini Capuani Principatus Camerarii*. Vide præterea Constit Sicul. lib. 1. tit. 17. 36. 41. 57. 60. 71. 84. 89. 92. et Hist. Longobard. Camilli Peregrini pag. 254. ubi plura de officio Camerarii, seu Magistri Camerarii.

Camerarii porro ejusmodi, iidem videntur, qui sub secunda Regum nostrorum stirpe *Nuntii Cameræ* appellabantur, quibus provinciarum et urbium, quæ ad fiscum regium, *Cameram* dictum, proprie spectabant, cura demandabatur, erantque veluti procuratores fisci in iis provinciis et urbibus, eorumque cum Ducibus æquata habebatur potestas : sic appellati, quod a Camera Regia, seu Camerario Regio in provincias mitterentur, essentque quasi *Missi Cameræ*. Eckehardus Junior de Casibus S. Galli cap. 1 : *Nondum adhuc illo tempore Suevia in Ducatum erat redacta, sed fisco Regio peculiariter parebat, sicut hodie et Francia. Procurabant ambas Cameræ, quos sic vocabant, Nuncii.* Ibidem : *Huic, sicut diximus, cum aliqua Potanium Cameræ Nunciorum juris oppidum pertinentia a Regibus darentur, etc.*

Milites Camerarii dicuntur, qui pro Camerario ministrant, apud Edw. Cokum ad Littletonem.

Camerarius, Officium monasticum, quod describitur in libro Ordinis S. Victoris Parisiensis MS. cap. 10 : *Ad officium Camerarii pertinent omnes census et reditus Monasterii, sive de villis, sive de terris, sive de molendinis, sive de aliis rebus quibuslibet, ut ipse eos tempore statuto et perquirat, et recipiat. Horrea etiam et aratra, et terræ arabiles, et cæteræ culturæ Monasterii, nec non et pecora, et omnes nutrituræ communes ad ejus curam spectant, ut ipse provideat, quæ in his omnibus instaurandis et exercendis sive conservandis necessaria sunt, etc.* Lanfrancus in Decretis pro Ord. S. Benedicti : *Camerarii est, procurare omnia vestimenta et calceamenta, et lectos, et stramenta lectorum... rasoria et forfices, tersoria ad* radendum... dat ferra, quibus ferrantur equi Abbatis et Prioris et omnium hospitum, etc. Hugo Abb. in Statutis Cluniac. : *Statuimus, ut unaquæque provincia unum aut duos habeat Provisores, quos Camerarios appellamus.* Adde pag. 1473. et 1479. Petrus Venerab. lib. 2. de Mirac. cap. 25 : *Camerarii, hoc est, fratrum procuratorio officio functus.* [** Glossæ Cæsarii ad Registr. Prum. ap. Hontheim. Hist. Trevit. Diplom. vol. 1. pag. 663. § 6 : *Ligna recipiet Camerarius conventus et de illis procurabit ignem copiosum fratribus in calefactorio.* Ibid. pag. 664. § 4 : *Femoralia tenentur fœminæ hominum nostrorum suere et Camerario conventus ita consuta villici sive ministri de officio suo debent præsentare; quæ Camerarius regulariter et secundum præceptum abbatis sui debet distribuere et conservare.* Cum his confer quæ habet Guerardus in Prolegomenis Cartul. S. Petri Carnot. pag. 85. § 61. et in Glossar. peculiar. Polypt. Irminon.] Vide Statuta antiqua Abbatiæ Corbeiensis lib. 2. cap. 1. Udalricum de Consuetud. Clun. Monast. lib. 3. cap. 11. Eckehardum Jun. de Casib. S. Galli cap. 5. [** Tradit. S. Gallens. ann. 773. ap. Neugart. Cod. Diplom. Alemann. num. 55. vol. 1. pag. 53.] Innocentium III. PP. lib. 1. Epist. pag. 30. Edit. Venetæ, Browerum in Annalib. Fuld. lib. 1. cap. 11. Monasticum Angl. tom. 1. pag. 148. Tabular. Fossatense fol. 111. 112. [** Delpit. Recognit. Feodor. Aquit. pag. 133.] etc. Vide *Camerista*, *Camerlarius* et *Cubicularius*. [** Membrana Meinhardi Abbatis de juribus Maurimonasterii circa ann. 1144. ap. Schœpflin. Alsat. Diplom. vol. 1. pag. 229 : *Jus Camerarii. Camerarius abbatis in caminata mensis, lectisterniis et relique suppellectili præsideat, equum suum semper paratum habeat, cum abbate equitet, cubitum eunti, surgenti in omnibus subministret, septem agros inbeneficiatos habet, victus sibi ex curia et equo suo pabulum procurabitur. Si qua mense resederint, accipiat. Omnes etiam villici seu ministeriales abbatis cum beneficia sua receperint Camerario aliquid caritatis impendent. In vestitu quoque utriusque vestimenti, linei vel lanei, cum tempus vel res ita se prebuerit, abbas honori suo provideat.* Hic idem videtur qui *Cubicularius* Abbatis; alius vero, nempe qui in *Camera* seu *fisco* Abbatis villicationis officium suscipiebat in Chart. Abbat. Tegerns. ann. 1140. in Monument. Boicis vol. 6. pag. 168 : *Præcipimus omnibus per nos inbeneficiatis et ministerialibus et Camerariis nostris ac universæ familiæ, etc.* Nisi sit qui immediate ad cameram spectabat. Conf. Eichhorn. Hist. Jur. German. § 306. not. k. et infra *Camerlingus*.]

Camerarii dignitas in Ecclesiis Cathedralibus. Vide Statuta Ecclesiæ Londinensis in Monastico Anglic. tom. 3. pag. 340. [** Charta Capitul. Eccles. Hegenensis ann. 1222. apud Schannat. Episcopatus Wormat. vol. 1. pag. 151 : *Testes assignando A. Præpositum, G. Priorem, H. Cellerarium, S. Camerarium et cæteros Ecclesiæ nostræ concanonicos.* In ecclesia Francofordensi idem qui *Cellerarius.* Statuta antiqua hujus ecclesiæ apud Würdtwein. Subsid. Diplom. vol. 1. pag. 30 : *Camerarius seu cellerarius est officiatus temporalis. Hujus officium est proventus bladi et pecunie colligere et distribuere..... hunc capitulum facit et deponit, Ecclesie sit persona sive membrum.... in sui officii ministeriis exemptus est a choro, tamen imponit lectiones, leget, officiet tempore eum contingente seu hoc fieri procurabit etc.* Forma juramenti ibid. pag. 33. In diœcesi Mindensi ejusdem generis officia administravisse videntur *Camerarii*; Chart. ann. 1270. apud eund. vol. 10. pag. 32 : *Quicunque pro tempore ad officium Cameræ fuerint instituti in die B. Silvestri dabunt 15. sol. dominis et vicariis, qui divinis interfuerint.* Ibid. pag. 87. in chart. ann. 1332 : *Johanni dominorum Camerario.* Alia ibid. pag. 98 : *Tribus curie nostre officiatis, Camerario, cellerario et provisori.* At non ejusdem honoris sunt Camerarii, de quibus in charta ann. 1285. ibid. pag. 39 : *Scholares solidum ad prandium, campanarii et Camerarii quilibit eorum 2. denar.* Similia pag. 33. 84. et sæpius. Adde Chart. Colon. ann. 1097. ap. Seibertz. Histor. Ducat. Westphal. vol. 1. num. 32.]

* Camerarius, Pecuniarum et thesauri alicujus civitatis custos, Gall. *Trésorier;* quod officium etiam monachis nonnunquam concessum fuisse discimus ex Charta ann. 1328. apud Lam. in Delic. erudit. inter not. ad Hodoepor. Charit. part. 1. pag. 149 : *Religiosus et honestus vir domnus Leonardus, monacus de ordine Camaldulensi, Camerarius cameræ communis S. Miniatis..... solvit et numeravit..... florenos, quos dictus dom. dux* (Calabriæ) *habere debet et recipere annuatim a communi S. Miniatis pro censu suo.* Hinc

* Camerarius de Acceptis, Redituum coactor, Gall. *Receveur.* Stat. MSS. eccl. S. Laur. Rom. : *Omni anno tertio Kalendas Novembris renovetur camerarius, secundum quod utilius videbitur majori et saniori parti capituli, et omnes fructus ad manus ejus perveniant, videlicet distributiones et casalis. Et eodem die fiat Camerarius de acceptis, qui omni mense faciat rationem, si facienda fuerit.* Vide infra *Camererius.*

Camerarius Apostolicus, Qui pecuniarum et thesauri Ecclesiæ Romanæ curam gerit. Id officii institutum tempore Gregorii VII. PP. Archidiaconi exstincto nomine, tradit Onuphrius Panvinius. [** Vide Murator. Antiquit. Ital. vol. 1. col. 948. E. et 121. C.]

¶ Camerarius Episcopi, Cubicularius, in Translatione S. Gorgonii Mart. inter Acta SS. Benedict. sec. 3. part. 2. pag. 210.

Subcamerarius, Dignitas in Monasteriis, cui incumbit Camerarii vices fungi eo absente, ut et custodia cellarii, granarii, et horrei, et stabuli, et ei subservire, ut est in libro Ordinis S. Victoris Parisiensis MS. cap. 10.

Cameraria, Officium Camerarii, apud Willelm. Thorn. ann. 1146. et 1026. *Officium Cameriæ monasterii*, in Maceriis Insulæ Barbaræ tom. 1. pag. 201. ex Charta anni 1322. et pag. 261. in Bulla Pauli III. Papæ pro sæcularisatione ejusd. Monasterii.] [** Vide *Cameraria* 3 et 4. suo loco.] Le Reclus de *Moliens le Vidame* in *Miserere*, MS :

Qui sen Signor sert sans boisdie,
Ch' est chil qui a nom Esperanche,
A qui append la Chamberie,
Au nom samble sans tricherie.

¶ Cameraria, in Constitut. MSS. Clun. ann. 1301. ex Archivo B. Mariæ Deauratæ Tolosanæ : *Quoad Camerarias seu Provincias Anglie, Hispanie, Lumbardie, Alemannie, et alias consimiles remotas a Cluniaco, et distantes Abbates Cluniacenses sæpe pro visitando personaliter accedere deceret, et locis ejusmodi expediret, propter quod decet et expedit, ut per dictos Abbates ad dicta loca quinque Visitatores generales mittantur pro domibus ordinis in illis partibus visitandis.* Quo in loco *Cameraria* idem fere est quod Provincia, cum hoc tamen discrimine, quod plures in eodem regno Provinciæ, unica dumtaxat esset Cameraria. Deinde *Camerariæ* non videntur institutæ in regno, in quo Caput ordinis exsistebat; nulla quippe memoratur Galliæ Cameraria.

¶ Camerarii, Visitatores, qui Cluniacensis Abbatis vice fungebantur in *Camerariis* seu Provinciis. Eædem Constitutiones MSS. : *In locis vero nobis immediate subjectis, Camerariis nostris per eandem obedientiam firmiter injungentes, ut vel Priores hujusmodi assentes* (absentes) *ad Prioratus suos revocent : vel soli monacho remanenti socium adjungant qui cum eo moretur, quamdiu erunt tales Priores scolares. Insuper cum propter negligentiam et desidiam Visitatorum Ordinis et Camerariorum provinciarum, qui propter timorem, vel alias libere loqui, corrigere, aut referre dampnabiliter pertimescunt, sint in Ordine Cluniacensi quamplures majores, mediocres et minores, qui hoc et consimilia Ordinis nostri statuta observare renuunt, vilipendunt etiam et contempnunt : necnon et in pluribus aliis in suarum animarum periculum, et Ordinis obprobrium excedunt multipliciter, et offendunt : eisdem Visitatoribus et Camerariis conjunctim et divisim per obedientiam præcipimus, etc.*

¶ Camerariatus, Officium Camerarii. Charta Geraldi Abbatis S. Joannis Angeriac. ann. 1385. ex Chartulario ejusd. Monasterii pag. 442 : *Ratione sui cambellaniatus seu Camerariatus officii defendentem ex parte altera ubi* : *Cambellaniatus* et *Camerariatus* idem sonant : at distinguuntur in Statutis Monasterii S. Claudii pag. 72. et 74.

Camerarius, in Regno Anglico, idem, qui in Francico *Cambellanus*, seu *Cubicularius.* Fleta lib. 2. cap. 6. § 2 : *Debet Camerarius decenter disponere pro lecto Regis, et ut cameræ banqueriis ornentur, et quod ignes sufficienter fiant in caminis, etc.* [Eadem notione pluries habetur in Hist. Dalphin. tom. 2. pag. 405. col. 1. etc.] [** Sub Guillelmo I. ejusque successoribus sæpe Camerarii occurrunt inter judices curiæ regiæ. Vide Phillips. Histor. Jur. Angl. vol. 2. pag. 48.]

Camerarii dignitas in Regno Scotiæ, eadem fere est, quæ Justitiarii itinerantis in Regno Angliæ : is enim certis anni tempestatibus totam Scotiam peragrat, et in forefacta burgensium et forinsecorum inquirit, præsertim artificum, ut brasiatorum, pistorum, carnificum, appretiatorum carnium, gustatorum cervisiæ, tabernatorum vini, custumariorum tam parvæ quam magnæ custumæ, custumariorum tronæ, custodum gaugeriæ, piscatorum, molendinariorum, etc. de stateris, ulnis et ponderibus cognoscit, mulctas imponit, etc. Quæ quidem regni peragratio, *Iter Camerariæ*, vel *Camerarii* nuncupatur in Legibus Scoticis a Skenæo editis, in quo ejus cognitio et jurisdictio pluribus describitur. Camerarii Scotici mentio est præterea in Legibus Malcolmi II. cap. 5. et Davidis II. cap. 38.

** Camerarius in Moguntino Electoratu vocabatur Præses antiquissimi judicii secularis. Vide Guden. Cod. Diplom. vol. 2. pag. 436. sqq. pag. 702. not.

** Camerarius, Cubicularius, minister. Ruodlieb fr. 10. vers. 25 :

Tunc heru poscit aquam, Camerarius attulit illam.

Confer *Cameraria*, 2. et Specul. Suabic. art. 31.

** Uti in regia ita in palatiis principum Germaniæ Camerarii munus inter ministeria honoratius subibant. Vide Schannat. Episcop. Wormat. vol. 1. pag. 223. Chart. Henric. Duc. Saxon. ann. 1169. ap. Westphal. Monum. Cimbr. vol. 2. col. 2043. Alia Albert. Comit. Orlamund. ann. 1293. ibid. col. 30. et confer Fürthii librum De ministerialibus pag. 188. sqq. pag. 206. § 135.

* 2. **CAMERARIUS**, Justitiæ minister inferior. Lit. ann. 1307. tom. 6. Ordinat. reg. Franc. pag. 343 : *Quod servientes et Camerarios alios, quam officiales suos in officiis suis delinquentes, punire non poterat* (episcopus Aniciensis).

* 3. **CAMERARIUS**, Camertus, Modus agri, idem quod *Camera* 1. Charta ann. 1171. ex Tabul. Casæ Dei : *Concedo monachis S. Vincentii de Juncheriis duas pecias terrarum laboratarum et unum Camerarium horti in riperia de Cauroncello.... Camertum vel Camerarium horti, etc.* Vide supra *Cambra* 2.

* 4. **CAMERARIUS**, adject. In curvitatem inclinatus, interprete Bollando ad Mirac. S. Walburg. tom. 3. Febr. pag. 534. col. 2 : *Panis alter, qui excessit in pondere, ablatus est et in sinu Camerario devectricis statim repositus.* Nisi idem sit quod mox *Cameratus*.

¶ **CAMERATUS**, Tectus, involutus. Acta SS. Februarii tom. 1. pag. 898. in Miraculis S. Amandi : *Non aliquem quæris verbis uti Cameratis.*

* Hinc forte *Chamerande*, pro Litura, tectorium, Gall. *Enduit*, in Chartul. sign. *Ezéchiel* Corb. ad ann. 1423. fol. 210. r°. : *Lequel mantel sera revestu d'une Chamerande de pennacle, et avera sur ledit mantel deux angles de pierre, qui tenront un escu ouquel seront armoiés les armes de Corbie.*

* **CAMERERIUS**, Vectigalium seu tributorum coactor. Stat. Vercel. lib. 3. pag. 51. r°. : *Et quod aliquis Camererius librorum communis Vercellarum, vel rationatores communis Vercellarum, etc.* Vide supra *Camerarius de acceptis*.

* **CAMERIATUS**, Officium, dignitas *Camerarii*. Charta Arnaldi archiep. Auxit. et camer. Papæ ann. 1365. inter Instr. tom. 6. Gall. Christ. col. 164 : *In cujus rei testimonium præsentes litteras fieri fecimus, et sigilli Cameriatus nostri appensione muniri.* Cæremon. Rom. lib. 1. sec. 12. cap. 1 : *Latinus Ursinus, et qui nunc Cameriatum tenet Raphael S. Georgii cardinales ferulam portare et processionem ordinare consueverunt.*

* **CAMERINI** *dicuntur a quibusdam quidam habitatores Eden, i. paradisi, sanctissimi homines, vivunt annos centum viginti.* Glossar. vet. ex Cod. reg. 7613.

* **CAMERISTA**, Idem qui *Camerarius* monasteriorum. Charta ann. 1462. ex Tabul. S. Magl. : *Solemniter congregati religiosi viri fratres Johannes Aubert prior prioratus de S. Mandé, Johannes François præfati monasterii S. Maglorii Camerista.*

* **CAMERLANUS**, ut *Camerarius*, Præfectus cubiculi, nostris etiam *Chamerlain*. Vide supra *Camerarius* 1. Charta ann. 1377. ex Bibl. reg. : *Mitteret ad nos dom. Petrum Guillermi Cathalani militem consiliarium suum, et Camerlanum sui primogeniti.* Mox *Camerlengus* dicitur. Vide in hac voce.

¶ **CAMERLARIUS**, Idem qui *Camerarius* in Monasteriis. Annal. Bened. tom. 5. pag. 627. col. 1 : *Testes sunt ipse Archiepiscopus Joannes* (*Rotomag.*) *Robertus Camerlarius Abbatis* (*S. Audoeni*) *etc.*

¶ **CAMERLENGUS**, Idem ac *Camerarius* in Hierolexico Macri, Præfectus cubiculi, in Legibus Palatinis Jacobi II. Regis Majoric. inter Acta SS. Junii tom. 3. pag. XXVII : *De Officio Camerlingonum.... Ordinamus igitur ad prædicta præcipuos esse Camerlengos, si quidem quos præcipue nostri lateris comitatus illustret, quique sint ad nostræ personæ custodiam specialiter deputati.* Ibid. pag. XXVIII : *Major Camerlengus, si præsens fuerit, suum debebit officium personaliter exercere, videlicet sigillum nostrum secretum portare, oblationem nobis in Missa, juxta nostram ordinationem super hoc editam, quam in scriptis habeat, debeat tradere; species et confectas, et fructus, et similia ad officium Apothecarii pertinentia, quæ extra mensam comederemus, facto gustu nobis ministrare; necnon semper cum commode fieri potest, prope nos ad pedes lecti nostri jacere; ac in secretis naturæ nobis assistere ut incumbet.* Vide *Camarlengus*. [** Pertz. vol. Leg. 2. pag. 173. lin. 45.]

¶ **CAMERLINGUS**, Qui ex vassallo et serva seu censuali nascitur, sic fortasse dictus, quod ad instar Camerlingi servitio Domini specialius addiceretur. Leges Feudales Ottonis Comitis in Tecklemburg art. 19. pag. 305. tom. 2. Reliq. MSS. Ludewigi : *Item, si Ministerialis servæ vel censuali condormierit, puer qui ex eis nascitur, Camerlingus erit : si vero consequenter cum Ministeriali contraxerit, legitima libertatis jura retinebit.*

* Qui ad *cameram* seu fiscum pertinet. Vide in *Camera* 3. [** De his conf. Mittermaier. Princip. Jur. German. § 91. not. 12. et supra in *Camerarius*.]

* **CAMERTUS**. Vide supra *Camerarius* 3.

¶ 1. **CAMERULA**, Parva camera, cellula ad colloquendum, Gall. *Parloir*. Capitulum generale Cisterc. ann. 1429. apud Marten. tom. 4. Anecd. col. 1578 : *Quamplures monachos et moniales Ordinis nostri suæ salutis immemores, in Camerulis commessationes extraordinarias cum sæcularibus et aliis personis habere ad libitum, horis quibus prandere et cœnare in Conventu consuetum est et hactenus observatum, in dictis Camerulis edunt et bibunt.* Occurrit etiam in Statutis Monasterii S. Claudii pag. 37. Fantoni Hist. Avenion. pag. 177 : *In quo solaris est coquinula cum Camerula.*

* 2. **CAMERULA**, Stabulum porcorum. Charta ann. 1354. in Reg. 82. Chartoph. reg. ch. 195 : *Cum quadam Camerula seu ara porcorum a parte retro seu posteriori dictæ domus.*

* **CAMERUNCULA**, diminut. a *Camera*, Conclavis secretior. Arest. ann. 1350. 12. Mart. in vol. 2. arestor. parlam. Paris. : *Ad quandam Cameruneulam ipsius domus, in qua erant scripta et plura alia secreta dicti baillivi, venientes, etc.*

* **CAMERUS**, *Pigato*, in Glossar. Lat. Ital. MS.

¶ **CAMESANEUS**, Appellativum nomen indumenti juxta Macrum in Hierolexico. Blond. decad. 1. lib. 10 : *Constantino Pontifice ad octavum lapidem Constantinopoli appulso, Tiberius Justiniani Imp. filius et ipse Imperator cum Patriciis et omni nobilitate, Cyrusque Patriarcha cum Clero, obvii processerunt. Pontifex Rom. Camesaneum Papalem amictum indutus, solemni totius Constantinopolitanæ urbis pompa in Regiam est profectus.* Vide *Camisa*. [** In Abbreviatione super Decad. Blondi, ed. princ. est *Camelanco*. Vide *Camelaucum*.]

CAMEUNIÆ, apud Papiam, *Sonæ lectit*, rectius in MS. *Storiæ lecti*. Rursum : *Cameuniæ, vigiliæ in hyeme*, ex Græc. χαμευνίαι. Vide *Chameuniæ*.

* Corrupte prorsus in vet. Glossar. ex Cod. reg. 7646 : *Cameuniæ, historiæ electæ*, pro *Storiæ lecti*.

* **CAMEUS**, Cameilius, Sardonyx, Gall. *Camayeu*. Inventar. MS. thes. Sedis Apost. ann. 1295 : *Item unum annulum pontificium cum uno Cameo in medio, in quo sunt multæ imagines albæ. Item unum annulum cum uno Cameo nigro, in quo est unum caput cum uno circulo.... Item una mitra solemnis cum decem Cameilibus in cruce.* Vide *Camaeus*.

* **CAMFERI**, Qui cameram, seu ea, quæ ad cameram vel cubiculum pertinent deferunt, ut videtur, a Germ. *Kammer*, camera, cubile; quo sensu etiam *Chambre* dicimus. Charta Andreæ reg. Hungar. ann. 1231. apud Cencium inter Cens. eccl. Rom. : *Super domos servientum vel villas, nec nos, nec agasones, nec falconarii, nec Camferi, nec curriferi descendant ipsis invitis.*

CAMFWIG, Duellum decretorium, Germanis *Kampff*, pugna, et Danis *Vig*, homicidium. Decretum Tassilonis Ducis Bajwar. cap. 2. § 6 : *Qui supra dictæ pugnæ, quod Camfwic dicimus, peracto judicio, etc.* Cambro-Britan. *Cammawn* est prælium, pugna, conflictus. [** Vide Graff. Thesaur. Ling. Franc. vol. 1. col. 707.]

* **CAMGAGIUM**, *Cambium*, tabula nummularia seu nummulariorum jus, Gall. *Change*. Charta ann. 1197. ex Tabul. S. Petri Carnot. : *Mei juris esse monachi concesserunt...... pecuniam suam nummo ad nummum et Camgagio multiplicantem.* Vide in *Cambiare*.

CAMIARE, Camium. Vide *Cambiare*.

* **CAMIARE**, ut *Cambiare*, Rem re permutare. Testam. Roger. comit. Carcass. ann. 1010. inter Instr. tom. 6. Gall. Christ. col. 21 : *Ego Rogerius non hoc defaciam, si ego non hæc Camio cum meo gradiente animo.* Charta ann. 1073. in Append. ad Marcam Hispan. col. 1163 : *Qui etiam potestatem non habeant dandi, nec vendendi, nec Camiandi ad damnum sanctæ Mariæ.* Vide *Camium* in *Cambiare*.

CAMICE. Vide *Camisa*.

* **CAMICUS**, *Gran peccatore*, in Glossar. Lat. Ital. MS.

¶ **CAMIGIA**, *Interula linea*, in Onomastico ad calcem tom. 3. Actorum SS. Junii. Vide *Camisa*.

* Vestimenti genus videtur; neque etiam aliud fortassis sonat vox *Chamente*, in Charta ann. 1267. ex Chartul. Campan. fol. 273. col. 2 : *Sommes tenu.... à doner à chacun des convers et des converses, des mesiaux et des meseles quarante solz de Prevenissiens fors de Champaigne por robes et por Chamentes.* Nisi forte legendum sit *Chevances*.

¶ **CAMILABO**, *Pannus utrinque dependens e pileo Patriarchæ.* Lex Græc. apud Macrum in Hierolex. [** Vide Glossar. med. Græcit. voce Καμὴλαβα, col. 562.]

¶ **CAMILAUCIUM**. Vide *Camelaucum*.

1. **CAMILLA**. Theodulfus lib. 6. carm. 18. de Vestibus Episcoporum :

> Pallia Apostolica data tunc de sede vigebant,
> Jusque potestatis vestis et ordo fuit.
> Flava Camilla caput, mentem tegit atra voluntas,
> Aspera lana artus, vestis ovina lupum.

Sed legendum puto *capella*, minor capa, qua caput tegebant : nisi sit idem quod *Camail* dicimus; de Episcopali veste actum supra in *Camelaucus*, et *Camellum*.

* 2. **CAMILLA**, *Sacerdos. Camillus, prominister sacrorum.* Glossar. vet. ex Cod. reg. 7646. *Camilla, la serva. Camillus, lo ministro*, in Glossar. Lat. Ital. MS. [** Vide Forcellin. in *Camillus*.]

¶ **CAMILUS**. Vide *Camelus* 1.

1. **CAMINA**, Charta Lotharii Regis Franc. ann. 977. apud Locrium in Chronico Belgico : *Simili modo mansa duo in prædicta villa, et sedes 2. in terra arabili et bonaria 24. ad opus fratrum ipsius loci, medietatem etiam Caminæ datam ad Andremaro Præposito ipsius loci, etc.* Forte *Camme*, seu *Cambæ*.

2. **CAMINA**. Jura Ecclesiæ Bambergensis pro Advocatia, in Metropoli Salisburgensi tom. 3. pag. 49 : *Lex est famulorum curiæ, qui nec habent beneficium quod deserviant, nec sunt redempti de Camina Episcopi.* [f. pro *Camera*, curia.]

¶ **CAMINADA**. Vide post *Caminata*.

* **CAMINALE**, Fulcrum focarium, Gall. *Chenet*, cujus usus est in caminis. Inventar. MS. bonor. Joan. de Madalhano ann. 1450 : *Item plus duo Caminalia ferri ponderis quadraginta librarum.*

¶ **CAMINARIUS**, Viator, mercator *Caminum* seu iter agens. Charta Caroli Comitis Provinciæ de pignoribus ann. 1290. e MS. D. *Brunet* : (Ne pignoret) *salem et merces per vias publicas venientes, quæ vulgo appellantur de camino, nisi Caminarii vectigal... subtraherent.* Vide *Caminus* 2.

1. **CAMINATA**, Caminatum Camera, conclave, cœnaculum quodvis, in quo caminus exstat; Italis *Caminata*. Gloss. Saxon. Ælfrici : *Caminatum*, fyr-hus, id est, ignis domus. [** Vide Graff. Thesaur. Ling. Franc. vol. 4. col. 400. voce *Cheminata*. Poetis Germ. sec. XIII. *Kemenâte*.] Anastas. Bibliot. in Valentino II. PP. pag. 167 : *Et alia nova* (ædificia) *adjecit, in quibus tres Caminatas fieri jussit.* Monachus Sangall. lib. 1. cap. 33 : *Expletis hymnis matutinalibus, ad Caminatam reversus imperialibus vestimentis pro tempore ornabatur.* Cap. 5 : *Finitis laudibus matutinis, cum Rex ad palatium vel Caminatam dormitoriam calefaciendi se, et ornandi gratia rediret.* [** Ruodlieb. fr. 2. vers. 44 :

> Post hæc rex surgit sic conciliumque diremit;
> Inque Caminatam cum paucis it requietum.

Jura Maurimonaster. ann. 1144. in Alsat. Diplom. vol. 1. pag. 226 : *Illi qui dominicaturas habent, equos hospitum abbatis hospitare debent, et lectos si necesse est ad Caminatam præstare.*] Charta Geraldi Episcopi Cadurcens. ann. 1248 : *Invaserunt domum sive Caminatam Ecclesiæ B. Mariæ de Sobiros.* [Statuta Synod. ejusd. Ecclesiæ apud Marten. tom. 4. Anecd. col. 728 : *Statuimus etiam, quod filii presbyterorum... in Ecclesiis seu Caminatis patrum suorum mittantur, nec nutriti sine aliis clericis officient in divinis.*] Utuntur etiam Helmodus. lib. 1. cap. 13. Ditmarus lib. 2. 4. 5. 6. pag. 22. 41. 53. 76. 80. Eckehardus jun. de Casib. S. Galli cap. 1. 11. 12. 16. Gerhohus Reichersperg. cap. 10. Gaufred. Vosiens. lib. 1. cap. 4. Burchard. Notar. de Excidio Mediolan. pag. 2. 38. Hincmarus tom. 1. pag. 731. tom. 2. pag. 292. Anastas. Bibliothec. in Nicol. I. pag. 217. Chronic. Abbat. S. Trudonis lib. 6. pag. 410. Hermannus *de Lerbeke* in Chron. Comit. Schawenburg. pag. 41. Vita S. Wunebaldi cap. 17. Petrus de Crescentiis lib. 8. de Agric. cap. 3. Bullar. Casinense pag. 54. [Charta Wolkeri Pataviensis Episcopi ann. 1192. apud Ludewig. Reliq. MSS. tom. 4. pag. 247. et 248. Acta SS. Maii tom. 7. pag. 689. ubi de S. Maiolo, et SS. Benedict. sæc. 4. part. 1. pag. 761.] etc. [** Chart. Frider. II. Imper. ann. 1227. ap. Pertz. vol. Leg. 2. pag. 260 : *Acta .. in Caminata Episcopi.* Chart. ann. 967. ap. Murator. Antiq. Ital. vol. 2. col. 418. C : Judicium habitum *in Caminata salæ domus Episcopi.* Confer quæ ibi disserit Muratorius et vide mox *Caminus*, 1. Chart. Joann. Dni Magnopolensis ann. 1236. ap. Westph. Monum. Cimbr. vol. 4. col. 933 : *Acta,.. in aula sive Caminata nostra.* Chart. Senat. Kylon. ann. 1334. ap. eund. vol. 2. col. 117 : *Se 30. marcas in lapideum Camenadium in dote Kylensi per ipsum constructum.... convertisse.* Chart. ann. 1323. ap. Guden. in Cod. Diplom. vol. 3. pag. 209 : *Unam curiam in Hanstein, ubi antiqua Caminata stat.*]

Caminata, ubi Monachi in commune convivantur, seu, ut censet Haeftenus, calefiunt : unde nostri *Cheminée*. Chronicon Fontanell. cap. 15 : *Caminatam fratrum a fundamentis ædificavit.* Cap. 16 : *Fecit domum egregiam construi,.. ubi cameram et Caminatam ædificari mandavit.* [** Tradit. S Gall. ann. 816. ap. Neugart. Cod. Diplom. Alem. vol. 1. pag. 158 : *Quando vero ad monasterium converti voluero, tunc habeam Kaminatam privatim deputatam.*]

Caminada, Eadem forte notione, apud Crodegangum in Regula Canonic. cap. 36 : *Postquam de Refectorio exierint, in Caminada bibant duabus vicibus, aut tribus, etc.* Landinus ad Dantem ait, *caminatas* dici in Lombardia *sale de palagi*, palatiorum œcos.

* Nostris etiam *Caminade*. Lit. remiss. ann. 1454. in Reg. 182. Chartoph. reg. ch. 130 : *Le suppliant et Raymond Jouguet... se transporterent à la Caminade de l'eglise de S. Laurent de Lando,.... où ilz ouvrirent de nuit la porte ;... et y prindrent ung plain sac de blé, certaine quantité de fil, une hoye, gelines, etc.* Hinc *Cambellanus*, quod *Caminatæ* seu cameræ cura ad ipsum pertineat, *Chevalier de cheminée* ridicule appellatur, in Lit. remiss. ann. 1389. ex Reg. 140. ch. 119 : *Icellui Gautier dist de grans, injurieuses et hautaines paroles de Regnaut de Trie, chevalier, chambellan de Pierre de Navarre, en disant qu'il estoit un Chevalier de cheminée, qui se tenoit à la court et servoit son maistre.* Vide infra *Morulare*.

¶ Cammenata Navalis, Navis cœnaculum in quo caminus exstat. Guerra Palatini Comitis apud Marten. tom. 4. Ampliss. Collect. col. 206 : *Magistrum quoque Jarlandum Bisuntinum et magistrum Theodoricum Carnotensem, duos fama et gloria doctores excellentissimos, secum in sua ducens Navali Cammenata, in illorum disputatione et collatione valde delectatus est.*

* 2. **CAMINATA**, Conclave, ubi thesaurus reponitur et servatur. Charta ann. 1126. inter Probat. tom. 2. Hist. Lothar. col. 280 : *Metis in Caminata tua successorumque tuorum accipiat, ac de divisa tibi ecclesiæque tuæ parte fidelitatem faciat.* Vide *Camera* 3.

¶ **CAMINATOR**, Ad caminum seu ignem calefaciens se. Versus Alcuini in Codic. Regio MS. 1236. ad Samuelem Senon. Archiep. :

> Sis memor Albini calidus Caminator ad ignem
> Dum sedeas, etc.

* **CAMINERIUS**, Chaminerius, Mercator, qui vehiculo, *Camion* nuncupato, merces suas per agros vehit. Vide infra *Campolus* 2. Charta ann. 1250. in Reg. S. Ludov. ex Chartoph. reg. fol. 100. v°. : *De blado vero et de sale homines Carcassonæ nichil tenentur dare in prædictis locis in eundo et redeundo, nisi sit Caminerius consuetus.* Libert. Brianc. ann. 1343. tom. 7. Ordinat. reg. Franc. pag. 731. art. 27 : *Quod nullo unquam tempore de cetero officiales aliqui vel nobiles alii quicumque Dalphinatus aliquas bestias adventureriorum vel aliarum quarumlibet personarum Brianczonesii, merchatorum vel Chamineriorum ejusdem baillivicæ Brianczonesii, accipere possint, nec eis liceat, vel detinere pro summeriis ad eundum ad aliquas cavalgatas.* Vide infra *Cheminus* 2.

* **CAMINIUS**, ut *Caminus* 2. Via, iter. Chartul. S. Germ. Prat. sign. tribus crucibus fol. 72. v°. col. 1 : *In rectis vero Caminiis, quando isdem minister metas posuerit, vicarios advocabit.*

* **CAMINUM**, Eadem notione. Stat.

Avenion. MSS. ann. 1243 : *Statuimus quod de liciis vel prope licias, per Camina, vel ambaritis, vel de stantibus dirutis lapides non accipiantur, sine consensu curiæ.*

¶ 1. **CAMINUS**, Idem quod *Caminata.* Acta SS. Junii tom. 1. pag. 779. de B. Bertrando : *Actum Utini in Camino palatii communis, in consilio ad sonum campanæ more solito congregato.*

2. **CAMINUS**, Via, iter; Italis et Hispanis *Camino*, Gallis *Chemin.* Notitia Episcopatuum Hispan. à Wamba Rege confecta : *Oxoma teneat de furca usque ad Aylanzon, quomodo currit in Camino S. Petri, qui vadit ad S. Jacobum.* Usatici Barcinonenses cap. 55 : *Camini et stratæ per terram et per mare sint de Potestate, et per illius defensionem debent esse in pace et treuga per omnes dies et noctes, etc.* Occurrit pluries in Chartis Hispanicis apud Hieron. Blancam, pag. 607. 627. tom. 8. Spicilegii Acheriani pag. 369. in Epist. 57. ex iis, quæ habentur tom. 4. Hist. Franc. in Charta Guntranni Regis apud Sanjulianum in Cabilone pag. 382. in Consilio Avenionensi ann. 1279. can. 1. [in Hist. Dalphin. tom. 2. pag. 94. col. 1. ex Instrum. anni 1271. in Statutis Arelat. MSS. art. 40. Chartis Massil.] [** Chart. ann. 1273. ap. Delpit. Recognit. Feodor. Aquitan. pag. 91 : *De Camino seu de itinere mercadili.*] etc. Vide [*Caminarius* supra, et] Oct. Ferrarium in Orig. Ital. V. *Caminare.* [** Murator. Antiq. Ital. vol. 2. col. 1178. D.]

¶ Chaminus, Idem Chronicon. S. Medardi Suession. apud Acherium tom. 2. Spicil. pag. 794 : *Restitutæ sunt ei quinque civitates cum Chaminis et viis publicis constitutis inter ipsas.*

* 3. **CAMINUS**, Præstatio, ut videtur, pro camino seu foco. Charta ann. 1171. ex Tabul. Casæ Dei : *Concedo monachis sancti Vincentii de Juncheriis...... unam partem estaris;.... de estari non debent quartana, sed Caminum.*

** Gemma Gemmarum : *Caminus, ein schornstein, kemmet oder bachoffen.*

** **CAMIPILEOS**, Plantæ species alias chamaedrys, Germ. *Gamanderlein*, in vet. Vocab. Lat. Germ. Adel.

¶ **CAMIS**, *Lignum sine ferro, quæ cantum dicitur.* Papias MS. forte legendum *Contus.* Arabibus *Camis* idem est ac tunica, eaque voce sæpius utuntur in sua Novi Testamenti versione. Hæc notio congruit cum inferiori voce *Camisa.*

CAMISA, Camisia, Papias ex Scholiaste Lucani : *Interula, interior tunica, hoc est, supparum, quod vulgo dicitur Camisia.* Isidorus : *Camisias vocamus, quod in his dormimus in camis, id est, in stratis nostris.* Paulus Diac. in Epit. Festi : *Supparus, vestimentum puellarum, quod et subucula, id est, Camisia dicitur.* Joan. de Garlandia in Synonimis :

Camisiam vel interulam rem dicimus unam;
Additur his alias subitura Subucula vestes.

[*Camisia glizzina*, apud Anonymum S. Galli in Vita Caroli M.][** *Clizana* ap. Pertz. vol. Script. 2. pag. 747.] *In Camisia discinctus*, in L. Salica tit. 60. Liber. Ord. S. Victoris Paris. cap. 18 : *Duæ interulæ, id est, camisiæ.* Victor Vitensis de Persecut. Vandal. lib. 1 : *De palliis altaris, proh nefas, Camisias sibi et femoralia faciebant.* Guibertus lib. 3. Histor. Hieros. cap. 13 : *Intra lineam interulam, quam nos Camisiam vocamus.* Lib. 7. cap. 41 : *Concisa Camisia, quam subuculam dicunt, hastæ pro vexillo apposuit.* Adde Vitam S. Agricii Episc. Trevir. n. 2. Fortunat. in Vita S. Radegundis cap. 13. Eginhardum in Carolo Magno [** cap. 23. Hincmar. Remens. Annal. ad ann. 862. Pertz. pag. 458. lin. 1. ubi *Camisium.*] Vineam Benedict. cap. 22. etc. Καμίσιον dicunt Græci. Glossæ Basil. : Καμίσιον, ὁ ἐπὶ καμάτων χιτῶν. Ubi loci κάμα pro lecto interpretor. Utitur et Cedrenus pag. 418. Καμίσιν dixit Chronicon Alexandr. pag. 902. [** Vide Glossar. med. Græcit. col. 563. Murator. Antiq. Ital. vol. 2. col. 110. et Val. Schmidt. ad Petri Alfonsi Discipl. Cleric. pag. 134. cap. 15. § 6. De etymo videndi Diez. Grammat. roman. vol. 1. pag. 10. Graff. Thesaur. Ling. Franc. vol. 4. col. 938. Massmann. Glossar. Goth. pag. 138.]

** Chart. Longob. ann. 988. ap. de Blasio Princip. Salern. pag. 124. num. 64 : *Pro staviliscenda hanc mea donatione, nunc a presentis recepi a te... justa legem launegild Camiso unum.*

* Charta ann. 1118. ex Chartul. Campan. fol. 190. v°. col. 1 : *Quindecim libræ in Camisiis ipsarum sanctimonialium* (de Columbari) *et centum solidi in calciamentis expendentur.*

¶ Camisale, Eodem sensu, in Vita S. Udalrici, tom. 2. Julii pag. 120. et in Actis SS. Benedict. sec. 5. pag. 456.

* Camisia, pro Subucula, vel muliebri quodam ornamento, in Mirac. S. Domin. tom. 1. Aug. pag. 651. col. 2 : *Quæ..... beatum Dominicum devotione, qua potuit, invocavit, illique vovit, quod ejus reliquias nudis pedibus et sine Camisia visitaret. Camise*, in Lit. remiss. ann. 1421. ex Reg. 171. Chartoph. reg. ch. 513 : *Un sarcot ou Camise ride ouvré de pers filé. Change*, si tamen legendum non est *Chainse*, in aliis Lit. ann. 1408. ex Reg. 162. ch. 258 : *Sept draps de lit, deux nappes et un Change à femme.*

* Camisiale, Vestis species ad usum monachorum. Charta ann. 1084. tom. 1. Hist. Trevir. Joan. Nic. ab *Hontheim* pag. 434. col. 2 : *Totidem* (duodecim) *Camisialia fratribus pro vestitura persolveret.*

* Camisia, Vestis sacerdotalis, eadem quæ *Rochetus*, et a *superpellicio* distincta. Conc. Trevir. ann. 1238. apud Marten. tom. 7. Ampl. Collect. col. 128 : *Sacerdotum vestis suprema talaris et clausa sit, et quando ad divina accedunt, Camisia, id est rocheto, induantur. Quando ad infirmos vadunt cum Eucharistia, similiter Camisiam habeant, vel superpellicium, vel cappam choralem.*

* Camisius, Alba, in Charta ann. 1266. ex Tabul. S. Vict. Massil. : *Alia planeta de sendato blandecto, Camisio, amicto et manipulo, etc.*

Camisia, Vestis sacerdotalis, eadem, quæ *Alba* dicitur. Alcuinus de Divinis Offic. : *Tunica, linea vestis erat interior, quam Camisam dicimus, vel supparum.* [Vetus expositio divinorum Offic. ad calcem libri Johannis Abrinc. de Offic. Eccles. pag. 416 : *Camisia linea, quæ alba vel Pectoralis vel Talaris nuncupatur, quod ad modum corporis acta totum corpus absque ruga operit.*] Glossæ Biblicæ MSS. : *Poderis, est sacerdotalis linea corpori astricta, et usque ad pedes descendens, unde et nuncupata, quam vulgo Camisiam vocant.* Papias : *Alba, vestis sacerdotalis linea stricta, quæ Camisiam dicitur.* Alibi : *Alba, vestis sacerdotalis usque ad talos, unde et talaris dicitur : dicitur vero a similitudine Camisiæ quotidianæ, quia ligno* (l. *lino*) *sit, stringens superiora et inferiora.* Gregorius Magn. lib. 6. Epist. 27 : *Duas autem Camisias, et 4. oraria vobis transmisi, quæ prædictis viris ex benedictione S. Petri peto humiliter offerri.* S. Hieronym. de veste Sacerdotali ubi de talari tunica : *Volo pro legentis facilitate abuti sermone vulgato. Solent militantes habere lineas, quas Camisias vocant, sic aptas membris, et adstrictas corporibus, ut expediti sint vel ad cursum, vel ad prælia, dirigere clypeum, ensem librare, et quocumque necessitas traxerit.* Petrus Blesensis serm. 41 : *Indutus Camisia linea, quæ communi nomine dicitur Alba.*

[** *Camisas altaris trez*, in Chart. Alfons. III. Reg. Legon. ann. 891. Vide S. Rosa de Viterbo Elucidar. tom. 1. pag. 231. et Append. pag. 19. ubi ex chart. Lusit. ann. 1480. *Camsa mourisca* pro Alba.]

Vestem hanc *Lectorum* propriam. fuisse ait Simeon Thessalonicensis lib. de Sacrament : Ὁ ἀναγνώςης κέκτηται ἔνδυμα τὸ καλούμενον καμίσιον, ὅπερ κατὰ τύπον ψελωνίου ἐςὶ μικροῦ, ἢ ςιχαρίου ἐκ λίνου, τὴν ἀπαρχὴν τῆς ἱερωσύνης δηλοῦν, etc. *Lector veste ornatur, quam Camisium dicunt, quæ ad parvæ casulæ, vel certe tunicæ modum e lino conficitur, primamque Sacerdotii delibationem demonstrat.* Ejusmodi *Camisia*, vel *Camisias* Lectoribus adscribit etiam Codinus de Offic. cap. 6. num. 3. apud quem Gretzerus vestes eas esse opinatur, quas supra vestes, ἐπάνω τῶν ἱματίων, Clerici vulgo deferunt, et *superpellicia*, appellamus. Unde

Camisati dicti istius ordinis Clerici apud Græcos, quorum officium erat, ferre ad altare carbones, et sacris lebetibus calefaciendis occupari, ut illic more solito aqua fervens sacris calicibus tempestive infunderetur, ut est apud Citrium in Responsis, et in Catalogo Official. Ecclesiæ Constantinop. de quo more plura Gretzerus ad Codin. et Goarus ad Euchölog.

¶ Camisea, Eadem notione, apud Marten. tom. 4. Anecdot. col. 544. e Statutis Synod. Eccl. Argentin. : *Superpelliciis quoque et Camiseis albis tempore divinorum utantur.*

* Camisia, Involucrum ex quovis panno. Inventar. S. Capellæ Paris. ann. 1376. ex Bibl. reg. : *Item, unum magnum repositorium.... habens cruces concavatas intrinsecus,..... de quadam Camisia panni aurei coopertum.*

* Camizia, Stragulum, Gall. *Housse de cheval.* Joan. de Cardalhaco serm. in festo S. Nic. : *Habent equi Camizias et coperturas scutorum incisionumque curiositate depictas.*

¶ Camisium Album, Idem. Hist. Dalphin. tom. 2, pag. 274. *Pro una planeta et uno Camisio albo pro capella, unc.* 1. *taren.* XII. Alium locum vide in *Leviga.*

Camisiæ Librorum. Testamentum Riculfi Episcopi Helenensis ann. 915 : *Et wantos paria* 1. *Camisas ad Textum et Missalem* 4. *unum cum auro purpureum.* Statuta antiqua Ord. Cartusiensis 1. part. cap. 41. § 36. de Sacrista : *Librorum Camisias, diversaque tersoria similiter lavat. Manutergia,* quibus libri involvuntur, vocat Theodemarus in Epist. ad Carolum M. Vide *Armigeri* pag. 401. col. 3.

* Librorum tegumenta, nostris etiam *Chemise* et *Chemisete.* Codex MS. 74. S. Martial. Lemovic. : *Hanc Camisiam dedit mihi Bernardus Iterii subarmarius S. Martialis anno* 1197. Inventar. ann. 1492. ad calcem Necrol. MS. eccl. Paris. : *Item ung autre petit messel.... couvert de cuir rouge, garni d'une Chemisete de chevrotin rouge.... Item ung autre petit journal..... garny d'une Chemise de drap de damas vermeil.* Hinc

* Liber Camissiæ appellari videtur, qui ejusmodi *camisia* est coopertus, in Constit. capit. eccl. Barchin. ann. 1423. rubr. 11. ex Cod. reg. 4332 : *Magister grammaticæ... diebus dominicis et festivis, maxime præcipuis, lecturam et accentum legentium in choro dictæ sedis corrigat et emendet, aliaque omnia compleat, quæ in instrumento sui officii scripto in Libro Camissiæ continentur.*

Camisia Romana. Vide *Dalmatica.*

Camisiæ Ultramarinæ. Vide *Berniscrist.*

Camisus, Alba. Leo Ostiens. lib. 3. cap. 73 : *Camisi magni deaurati cum amictis.* 2. Charta ann. 1197. apud Ughell. tom. 7. pag. 1275 : *Unum amictum cum friso magno, unum Camisum cum gramatis et frisis, etc.* [Chronicon Cavense apud Muratorium tom. 7. col. 951 : *Camisos paratos* IV. *cum amictis paratis.*]

Camisialis Vestis, Tunica longior, hodie *Soutane.* Concilium Coloniense ann. 1260. can. 7 : *Sacerdotes autem ipsi, quotiescunque celebraturi sunt Missam, Veste Camisiali sub Albis non careant, ne Albam, quæ consecrata est vestis, ipsorum tunicæ valeant immediate contingere, nec ipsæ tunicæ apparere.* Cap. 8 : *Campanarii, ... nunquam absque Veste Camisiali compareant.*

Camisiæ, Saga militaria, quæ armati milites superinduunt. S. Hieronymus Epist. ad Fabiolam : *Solent militantes habere lineas, quas Camisias vocant, sic aptas membris, et adstrictas corporibus, ut expediti sint vel ad cursum, vel ad prælium, etc.* Vide *Sagum.*

Camisiæ Ferreæ, Loricæ, in Chronico Colmariensi ann. 1298. Vide *Armati.*

* *Chemise de Chartres*, inter armaturas, quas vestire debebant duo milites duello pugnaturi tom. 1. Probat. Histor. Britan. col. 1222.

* *Camisiæ* inter oblationes, quæ Virgini Deiparæ in ecclesia Parisiensi fieri solebant, recensentur in Sent. arbitr. ann. 1335. inter episc. et capit. Paris. ex Reg. 70. Chartoph. reg. ch. 305 : *Item ordinamus et pronunciamus quod torchiæ seu cerei, qui vel quæ offerentur extra funeralia, in altum desuper dictam ymaginem Beatæ Mariæ Virginis, ubi sunt suspensæ Camisiæ prope pulpitum, ubi cantatur Evangelium, erunt semper dicti domini episcopi.*

Camiscia, Idem quod *Camisa*, Italis *Camiscia.* Concilium Budense can. 3: *Statuimus, quod Prælati de cætero, cum equitant, vel etiam in publico pedestres incedunt, habeant et deferant cappas rotundas, sub quibus habeant et deferant Camiscias albas sive rosetas, quas semper sub cappis sive mantellis, ante pectus vel post collum hinc inde connexis, cum in publico, hoc est, extra secreta habitationis eorum ipsos contigerit ire vel stare.*

Camix, Alba ; Italis *Camice*, vel *Camicio*, a Camisia, quam Itali etiam *Camicia* vocant. Testamentum Guallæ Bicherii Cardinalis Vercellensis ann. 1227. apud Augustinum *de la Chieza*, in Hist. Ecclesiæ Pedemont. cap. 36. et Ughellum tom. 4 : *Do... unum apparatum de meis, scilicet planetam, Dalmaticam, tunicam de zameto rubeo, cum Camice, amictu, stola, et manipulo.* Et infra : *Relinquo apparatum Capellani communem, videlicet calicem, planetam, Camicem cum amictu et stola et manipulo.* Histor. Translat. S. Antonini : *Tunica et scapulari, cum manicis ex filaticio similiter albo, et amictu et Camice ex byssino, etc.* Vide Octav. Ferrarium in Orig. Ital. V. *Camice.*

¶ Camisiatus, Indutus *Camisia.* Miracula S. Amalbergæ, tom. 3. Julii pag. 111 : *Vovit feriare quamdiu viveret B. Amelbergæ, et profestum ejus in pane et aqua quolibet anno jejunare, et Camisiatus cum feretro circuire villam ejus.*

Camisile, Camisilis, Camisilus, Camsile, Vestis species, eadem, quæ *Alba*, seu camisia, vel certe tela quævis linea aut cannabina, quomodo *Camisiam* videtur usurpare Cæsarius lib. 8. cap. 32. Catholicon Armoricum : *Camps, Gall. Aube de Prestre, Alba.* [** Chart. ann. 768. in Alsat. Diplom. vol. 1. pag. 40 : *Me... unum Camsile et unum sarcile daturam.*] Monachus Sangall. de Reb. Caroli Magni lib. 2. cap. 29 : *Cumque tot lineæ vestes non essent in promptu, jussit incidi Camisilia, et in modum sepium consui, vel in modum vitium pastinari.* Capitulare 2. ann. 813. cap. 19 : *Et ut feminæ nostræ... habeant ex partibus nostris lanam et linum, et faciant sarcillos et Camisilos, etc.* Charta Ludovici Pii pro Abbatia S. Amandi : *De feno, de formatico, de porcis, de poledris, de Camsilis, de pastis, de vino, et de ovis.* Charta Abbatis Laurishamensis apud Freherum in Originibus Palatin. pag. 39 : *Hubæ singulæ solventes nummos* 30. *in festo S. Michaëlis, in Pascha* 10. *ova et pullum, insuper* 11. *Camisilia, quorum unum Villico assignatur.* Historia de Fratribus conscriptis tom. 2. Rerum Alam. Goldasti pag. 181. 182. [** ann. 908. ap. Neugart. Cod. Diplom. Alem. vol. 1. pag. 549.] : *Quibusdam purpuras Tyriacas, quibusdam autem palliola viridia, cum Camisilibus, seu glizis donavit.* Et mox : *Quarta autem die cuncti* (Monachi) *per ordinem iterata ab eo munera perceperunt, scilicet aut sagum laneum album, aut Camisile subtile ac grande, seu cozzogem, sive lanam opere plumario contextam.* Chronicon Mosomense : *Unum Camisilem, quem optimum habuit de domo sua, sumpsit.* Infra : *Camisilem quem, secum detulerat, ... super corpus Sancti posuit.* Charta Theoderici Abbatis S. Maximini Trevirensis apud Nicol. Zyllesium : *Tali modo placitare cum permisi, scilicet ut ex prædicto bono* 12. *mansos mihi Ecclesiæque redderet, et deinceps singulis annis* 12. *porcos saginatos et totidem Camisilia Fratribus pro vestitura persolveret, etc.* [Annal. Benedict. tom. 2. pag. 752. col. 2. ex Caroli Diplomate pro partitione Monachorum S. Amandi : *Censuimus... ut de villis dominicis nona pars totius supellectilis Monachis tribuatur, hoc est, de annona, legumine, caseo, feno, pullis equinis, porcis, Camisilibus, altilibus, vino.*] [** Chart. Silvestr. PP. ann. 999. in Alsat. Diplom. vol. 1. pag. 142 : *Ut Camisiales* 3. *ob nostri juris respectum annuatim nobis deferantur.*]

¶ Camsila. Tabular. Rothon. : *Adriano Papæ Salomon Brittonum Dux... Misimus* XXX. *Camsilas et* XXX. *laneas drapeas variis coloribus intertinctas.*

Camsilis, Camsellus. Chronicon Fontanell. cap. 16 : *Lintea ad manus tergendas... Camsiles* 3. *ad mappulas faciendas longitudinis ulnarum* 13. Vetus Charta apud Buzelinum lib. 2. Gallo-Fl. cap. 25. et tom. 12. Spicilegii Acheriani : *De vino libræ* 2. *et omni anno in vestimento solidi* 5. *et Camsil.* 1. [Codex MS. Irminonis Abb. San-German. fol. 99. col. 1 : *Solvit unus ex illis de annona in anno mod.* CXXX. *Camsilem unam, pastas quinque.* Et fol. 101. col. 1 : *Angeraldis ancilla... facit Camsilem de lino dominico, pascit pastas* VI.] Ex iis emendandus locus luxatus in Traditionibus Fuld. lib. 2. trad. 38 : *Lectaria, sive villosi, sive manutergia, sive Camselli, sive cujuscunque sint vestimenta, linea, vel lanea.* Perperam Edit. *Canifelli.*

¶ Camsilus, in Codice MS. Irminonis Abb. San-German. fol. 72. verso col. 3 : *Iste sunt Lidie, Teudrada, Hostravolda, Teutberga, Framengadis, etc. omnes iste aut faciant Camsilos de octo alnis, aut solvunt denar.* IIII. [** Guerard. pag. 150. Viro doctissimo auctore alia addo, ex quibus pretium venale Camsilium pro diversis temporibus et eorum mensura cognoscantur. Cod. Lauresham. Diplom. num. 3663. Chart. sec. IX : *Camisile valens unciam unam.* Ibid. num. 3654. sec. X. : *Ancillæ vero ad easdem hubas pertinentes faciunt singulæ Camisile* 60. *ulnarum in longo*, 5. *in lato, de opera dominica.* Ibid. num. 3655 : *Ancillæ singulæ faciunt Camisile aut sarcile* 1. *ad* 10. *ulnas in longum et* 4. *in latum de opera dominica.* Ordinat. Præpos. Erford. ann. 1121. ap. Guden. Cod. Diplom. vol. 1. pag. 50 : *Duo Camisalia unicuique, aut* 7. *solidos pro illis.* Chart. Bonorum Maurimonast. ann. 1120. in Alsat. Diplom. vol. 1. pag. 199 : *Faciunt Camisile* 1. *aut solvunt denarios* 10. Chart. Carol. Simpl. ann. 812. ibid. pag. 103 : *Omni anno ei dentur ob hoc inde duo gaballi, sive duo Camisilia bona aut etiam quatuor carre vini.* Registr. Prumiense, Rumersheim, in Histor. Trevir. Diplomat. Hontheimii vol. 1. pag. 664 : *Fœmina sua debet suere femoralia..... fœminæ præbendariarum unaquaque ebdomada dies duos; unum cum pane et alium sine pane. Sin autem, dimidiam libram lini et dimidium Camsilem.* Ubi Glossa Cæsarii : *Regula indulget monachis in via directis uti femoralibus; et ideo constitutum est ab antiquo, sicut narrat liber* *vetus, quod mansi nostri tenentur annuatim Camsiles facere. Camsil enim est lineus pannus de puro lino compositus, habens in longitudine* 8. *ulnas, et in latitudine* 2. Vide Pottgiesser. de statu servorum pag. 475.

CAMPSILIS. Chrodegangus Episcopus Metens. in Regula Canon. cap. 41 : *Unusquisque Cleri senioris annis singulis tres Campsiles accipiunt.* Quo loco Editio Labbei cap. 29. habet. *sarciles*, infra vero *Camisiles : Camisiles autem accipiant illi Presbyteri et Diaconi annis singulis binos.* [Breviarium villarum S. Bertini in Folcuini gestis MSS. ex Archivo Audomar.: *Servi quatuor faciunt in hebdom. dies* 3. *Ancillæ quatuor faciunt Campsiles* 4.] *Cheinse*, et *Cheinsil*, nostratibus. Vetus Poeta MS :

Trayés-vous arrier,
N'atouchiés pas à mon Chainse,
Sire Chevalier.

Alius :

Et Rogier s'amie apele,
Si l'a par la Chainse pris.

Le Roman *de Garin :*

Qui plus est blanche que nul pans de Cheinsil.

Rursum :

Dras de Cheinsil li ont fet endosser,
Chemises, et braies, chauçes de pailles cler.

Alio loco :

De fil de soie le restreint et cousi,
Si l'envelope el pendant d'un Cheinsil.

Le Roman *de la Violette* MS :

Enfin vint chantant la pucele,
Qui mult iert avenant, et bele,
Mais n'ot vestu c'un Chaisel blanc.

Infra :

Et tert ses iols et sa veue,
Que il avoit tot plain de sanc,
La pucelle son Chainse blanc.

[* Mirac. B. M. V. MSS. lib. 1 :

. . . . Une damoiselle
En un Chainsil moult achesmée
Acourut toute eschavelée.

Vetus Poeta MS :

Un Chainse grant et délié
Ot vestu la prus, la cortoise,
Qui trainoit plus d'une toise.]

CHEINCERIE. Usatica MSS. Vicecomitatus Aquarum Rotomagi : *Chincherie une fois par an* 2. *den.*

☞ Prædictarum harumce vocum omnium originem retegit, applaudente Menagio in Dictionario Etymol. Gall. ad vocem *Chemise*, Scaliger in Paulum Festi abbreviatorem ad vocem *Supparus*, ubi ait : Camisiam usurpat Paulus; verbum suæ ætatis ac suorum hominum elegantia dignum. *Cama* est barbarum vocabulum : id significat Lectum; hodieque in idiotismo suo retinent Hispani : *Camas* enim lectum vocant. Ab eo tunicam lineam nocturnam vocarunt Camisiam. Auctor Isidorus et ipse Hispanus. Vossius *Camisiam* a Gallico *Chemise* ductam credit, sed errat eodem Menagio judice loco citato.

* CAMISELLA, Habitus mutatio, Gall. *Déguisement.* Stat. ord. S. Joan. Hierosol. ann. 1584. tom. 2. Cod. Ital. diplom. col. 1879 : *Eandem pœnam antianitatis incurrat, qui larvas seu Camisellas fecerit.*

* CAMISIUS, CAMISSIA, CAMIZIA. Vide supra in *Camisa.*

CAMIUM. Vide *Cambium* in *Cambiare.*

CAMIX. Vide in *Camisa.*

¶ CAMIXIA, pro *Camisia.* Locum vide in *Bragæ* post *Bracæ.*

¶ CAMIXTUS. Vide *Comixtus.*

CAMLWRW, Mulctatio, forisfactum, Wallis et Boxhornio. Occurrit in Legibus Hoëli Boni Regis Walliæ cap. 24.

CAMMA. Vide *Camba* 1.

¶ CAMMENATA. Vide *Caminata.*

* CAMMIES. Charta apud Meichelbec. tom. 2. Hist. Frising. pag. 26 : *Cum donato episcopo Joseph de artifice malleatoris nostro Aleto, ut cum sibi tempus ad serviendum Cammiedibus, de episcopo asserat.* Ubi Meichelbeckus leg. suspicatur, *Cunctis diebus;* alii opera servilia ædium interpretantur.

CAMOCA, CAMUCUM, Panni serici vel pretiosioris species. Monasticum Anglic. tom. 3. part. 2. pag. 81 : *Unum vestimentum pro ferialibus diebus : album de Camoca, cum casula.* Pag. 86 : *Unum mantellum... de Camoca duplici cum alba taffatin.* Paulus Venetus lib. 2. de Regionib. Oriental. cap. 14 : *Quibus singulis Rex donat aureas zonas magni valoris, et calciamenta de Camuco parata, filo consuta argenteo, etc.* Lege *camuca.* [Inventar. ornament. et Reliq. Eccles. Noviom. ann. 1419. ex Archivo ejusdem : *Item, una pecia panni de Camocas.*] Malaxus in Hist. Patriarch. : Ἐχάριζε καπάσιον ἐνδύμιόν με τὸν καμουχᾶν, καὶ μανδῆ μὲ τοὺς ποταμούς. Computum Stephani de Fontana Argentarii Regii ann. 1351 : *Pour* 62. *aunes de Camocas blanc et vermeil pour faire cotes blanches, surcos et manteaux, etc. Camocas d'Outremer*, apud eumdem. *Velvel Camocas*, in Regesto Peagiorum Bapalmæ MS. Froissart. 2. vol. cap. 74 : *Il sont vestus de veloux et de Camocas fourrez de vair et de gris.* Vide Oct. Ferrarium in *Camoccià.* [** Murator. Antiq. Italic. vol. 2. col. 417. B. Glossar. med. Græcit. col. 564 : Καμουχᾶς, Pannus sericus sive ex bombyce confectus et more Damasceno contextus, Italis *Damasco*, nostris olim *Camocas*, hodie etiamnum *Mocade.*]

* CAMOCATUS, CAMOSCATUS, ut *Camoca*, Panni serici vel pretiosioris species. Lit. Caroli V. reg. Franc. ann. 1367 : *Item quod nulla ipsarum* (mulierum) *audeat portare in suis mantellis, vel aliis vestibus aliquas foderaturas pannorum fratorum, vel de Camocato.* Stat. Ast. ubi de Intrat. portar. : *Camocati de saia solvant pro qualibet libra ponderis libras xxiv.* Inventar. S. Capellæ Paris. ann. 1325. in Reg. I. Chartoph. reg. ch. 7 : *Item una casula, una dalmatica et una tunica de Camoscato nigro, gutato gutis albis pro officio defunctorum.* Charta ann. 1382. ex Tabul. Montis-major. : *Pontius donavit.... casulam panni rubei brocati de auro, nuncupato Camochat. Camoisser* vero et *Camoister*, Alutam, aliamve pellem more pellium rupicaprarum præparare sonat, ni fallor, in Stat. ann. 1390. tom. 7. Ordinat. reg. Franc. pag. 565. art. 10 : *Que nulz ne puist Camoisser basane. Que nulle basenne ne soit Camoisié*, in aliis Stat. art. 6. ex Lib. rub. fol. mag. domus publ. Abbavil. At *Camosé*, idem videtur quod Cælatus, sculptus, Gall. *Ciselé*, in Comput. ann. 1433. tom. 2. Probat. Hist. Brit. col. 1260 : *Une coupe d'argent dorée, hachée et Camosée.* Unde *Camoisié*, pro Saucius, vulneribus affectus, apud Garin. in Poemate :

A ses herberges li Loherans s'en vint,
Camoisié ot et la bouche et le vis,
De leus en leus li sans vermeus en ist.

CAMOCCIA, Rupicaper, Gall. *Chamois.* Declarationes Congregat. S. Justinæ Casinensis ad cap. 55. Regulæ S. Benedicti : *Prohibemus autem usum pellium caprarum aut Camocciarum, aliarumve hujus generis quarumcunque, etc.*

¶ CAMOMILLA, Græc. χαμαίμηλον, Lat. Chamæmelum, Gallice *Camomille.* Herbæ genus unde oleum exprimitur : hinc *Oleum Camomillæ*, in Hist. Dalphin. tom. 2. pag. 524. col. 2. Pseudomacer lib. 2. cap. 15 :

Anthemidem magis commendat laudibus autor.
Asclepius : Chamæmelam, quam nos, vel Camomillam,
Dicimus. Hæc multum redolens est, et brevis herba;
Herbæ tam similis, quam justo nomine vulgus
Dicit Amariscam, quod fœteat et sit amara,
Ut collata sibi vix discernatur odore.

Quem in locum Cornarius : *Anthemis herba, Chamæmelum, quasi humile malum appellata est : quoniam, ut ait Plinius, odorem mali habet. Camomillæ autem appellatio vulgaris est, ex Græca corrupta.*

* Glossar. Lat. Gall. ex Cod. reg 7692 : *Camomilla, Vignoche, une herbe.*

* CAMORIA, Morbus equinus, f. mucosus, Gall. *Morve.* Mirac. S. Dunstani tom. 7. Maii pag. 815. col. 1 : *Equum, quem pestis, quam Camoriam vocant, ad mortem fere affixerat, incolumen restituit.*

CAMPAGUS, Genus calceamenti, quod Regibus et Imperatoribus adscribunt Trebellius in Gallienis, et Capitolinus in Maximino juniore : Prætoribus et Palatinis Scholiastes Juliani Antecessoris in Constit. 17. cap. 63. qui *Campacos* vocat : denique quibusvis aliis, atque adeo ipsis militibus, Chronicon Alexandrinum pag. 666. [** *Campagi militares* in Edict. Dioclet. Vide Forcellinum.]

Postmodum summorum Pontificum proprium fuit. Hypomnesticum de Anastasio Apocrisiario : *Et uno ex Campagis ejus, id est, caligis, quos nullus alius inter homines portat, nisi sanctus Papa Romanus.* Hinc legimus apud Anastasium in Stephano IV. de degradatione Constantini, apostolicæ sedis invasoris, agentem : *Maurianum Subdiaconum orarium de ejus collo abstulisse, et ante pedes ejus projecisse, et Compages* (leg. *Campagos*) *ipsius abscidisse.* Idem mendum occurrit in Glossis MSS : *Compages, sandalium.* Hist. de Exilio S. Martini PP. et Martyris : *Cum ergo incidisset psachnion beati viri Excubitor, et corrigiam Campagiorum ejus, statim tradidit cum Sacellarius Præfecto urbis, etc.* Georgius Metochita Orat. 1. historica ait, Michaëlem Cerularium Patr. Constantinopol. sibi arrogasse calceos phœniceos ἐρυθροβαφεῖς, qui soli summo Pontifici competebant. Idipsum tradit auctor Dialogi de Process. Spiritus S. editus sub nomine Maximi Margunii, scribens, Michaëlem ab Ecclesia Romana secessisse, διὰ τὸ ἱμείρεσθαι αὐτὸν ἐκβαλεῖν τὰ κοκκοβαφεῖ πέδιλα, καὶ κωλυόμενον ὑπὸ τοῦ πάπα τῆς Ῥώμης, ὡς αὐτοῦ μόνου ἔχοντος ἐξουσίαν ἐγκαλλωπίζεσται τούτοις, καὶ μὴ τοῖς ἄλλοις τῶν Πατριαρχῶν ἐξεῖναι τοῦτο ποιεῖν. Denique Balsamon in Meditat. de Patriarch. privileg. pag. 451. de Patriarch. Constantinopol. : οὔτε γὰρ τῷ τῆς βασιλείας λώρῳ κατὰ τὸ τοῦ ἁγίου Κωνσταντίνου νομιζόμενον θέσπισμα καταστέφεται οὐδὲ κοκκοβαφέσι πεδίλοις κατὰ τὸ τυπωθὲν θεατρίζεται, etc. [** Vide Glossar. med. Græcit. col. 565.]

Utebantur præterea *Campagis* Diaconi Romani, Cardinales nempe Diaconatus ordine donati, vel quibus id juris a summo Pontifice indultum erat. Papias : *Campage*, (leg. *Campagi*) *genus calciamenti, quo utebantur Diacones Romani, vel quibus a Pontifice licentia daretur, cæteri non.* [** Hæc in cod. reg. 7609. ut ex Gregorio, cujus locus est infra.] Concilium Tolet. IV : *Campagis vero calceari absque Apostolica licentia non permittitur Diaconis, sicut et mappulis uti, absque ejus auctoritate, quibuslibet Clerici conceditur.* Gregor. M. lib. 7. Indict. 1. Epist. 28 : *Pervenit ad nos, quod Diaconus Ecclesiæ Catinensis calceatus Campagis procedere præsumpsisset.*

Omnium deinde fuit Episcoporum. Theodulfus lib. 5. Carm. Episcoporum ornatum describens :

Linea crusque pedesque tegant talaria, ut apte,
Qui super, addatur, Campagus ipse decens.

Ordo Romanus in Ordinatione Episcopi secundum Gallorum institutiones : *Et induant ipsum Electum Campagos, sandalia, manicas, Dalmaticam, planetam.* Ubi editi libri *Cambagos* habent.

Interdum etiam Abbatum, quibus Episcoporum ornatus a summo Pontifice concedebatur. Bulla Urbani II. PP. ad Hugonem Abbat. Clun. pag. 517 : *Dalmaticæ, Campagorum, chirothecarum, et mitræ usum... tibi concedimus.* Adde Chronicon Benevent. S. Sophiæ pag. 683. Vide Salmasium ad Inscript. Herodis Attici pag. 102. ex Joanne Gazensi.

GAMBAGUS scribitur, pro *Campagus*, in Ordine ad consecrandum Episcopum, in Cod. Thuano n. 773. quasi vox deducatur a *Gamba*, quod crura tegat. Vide *Gamba*, et *Gamacha*.

COMPAGUS, perperam pro *Campagus*, non semel occurrit in Bullario Casinensi tom. 1. pag. 15. 29. tom. 2. pag. 246. etc. Vocis porro *Campagus* etymon, a Gr. καμπή, i. *Crus*, deducunt quidam, quod crura tegeret. Vide *Gamba*.

CAMPALE BELLUM. Vide *Bellum*.

¶ **CAMPALIS** LEX. Vide *Lex*.

1. **CAMPANA**. Papias : *Campana, ponderatio. Hæc tamen 2. lances non habet; sed est virga signata libris et unciis. Unicuique autem ponderi certus est modus propriis nominibus designatus, dicta, quia prius in Campania reperta est.* [MS. Bituric. pro *Campana* legit *Campania.*] [** *et vago pondere mensurata*, addit post *unciis* Glossar. in cod. reg. 7644. et Isidor. Origin. lib. 16. cap. 25. sect. 6. et 7.] Eadem ferme Isidorus lib. 16. cap. 24. Anastasius Biblioth. in Versione Vitæ S. Joannis Eleemosynarii, scriptæ a Leontio Episcopo, cap. 1. n. 6 : *Non permisit mensuram qualemcunque, vel pondus parvum vel magnum in tota civitate ; sed omnia in una Campana statera, modio et artabe, vendere et emere contestabatur.* Vide Glossar. Meursii in Καμπανός, [** et Cangii Glossar. med. Græcit. col. 565.]

2. **CAMPANA**, CAMPANUM, Tintinnabulum æreum, quo Occidentales Latini utuntur ad populum in Ecclesiam convocandum. Tintinnabulis vero usos veteres ad danda rerum aliquarum signa vel ad homines convocandos, pluribus docent Hadrianus Junius lib. 3. Animadversion. cap. 11. Casaubonus in Suetonii August. cap. 91. Rhodiginus lib. 19. cap. 11. Polydor. Virg. de Invent. rer. lib. 3. cap. 18. Baron. ann. 58. n. 104. Haeftenus lib. 7. Disquisit. Monast. tract. 3. disq. 3. § 3. Cardin. Bona lib. 1. Rer. Liturgic. cap. 22. num. 4. et alii. Vide *Cloca*, 2. et *Glocca*.

CAMPANA. Anastasius Bibl. in Steph. III : *Idem Beatissimus Papa fecit super Basilicam B. Petri Apost. turrem, quam ex parte inauravit, et ex parte argento vestivit, in qua tres posuit Campanas, quæ clerum et populum ad officium Dei convocarent.* In Leone VI : *Fecit ibi ipsum campanile, et posuit Campanam cum malleo æreo.* Albertus Aquensis lib. 6. cap. 40 : *Sic divino decenter obsequio restaurato a Duce Catholico, Christianisque principibus, Campanas ex ære cæterisque metallis fieri jusserunt, quarum signum Fratres dum caperent, mox ad Ecclesiam, laudes Psalmorum Missarumque vota celebraturi festinarent, et populus hæc auditurus una properaret : non enim hujuscemodi soni aut signa visa vel audita sunt ante hos dies in Jerusalem.* Occurrit apud Bedam lib. 4. Hist. Eccl. cap. 23. in Vita S. Lupi Trecensis, [** Chronicon Fontanell. ap. Pertz. vol. Scriptor. 2. pag. 284. lin. 24.] etc.

CAMPANUM, neutro genere. Papias : *Campanum, genus æris, a Campania.* Abbo de Bellis Paris. lib. 2 : *Templorum Campana boant.* Monachus Sangallensis de Carolo M. lib. 1. cap. 31 : *Erat autem alius opifex in omni opere æris et vitri cunctis excellentior. Cumque Tancho Monachus S. Galli Campanum optimum conflaret, et ejus sonitum Imperator non mediocriter miraretur, dixit ille præstantissimus in ære Magister : Domine Imperator, jube mihi cuprum multum adferri, et excoquam illud ad purum, et in vicem stanni mihi opus est de argento dari, saltem centum libras, et fundo tibi tale Campanum ut istud in ejus comparatione sit mutum, etc.* Walafridus Strabo lib. 2. de Miracul. S. Galli cap. 4 : *Ecclesiæ Campanum insonuit.* Adde cap. 11. Hist. de Fratrib. conscriptis tom. 2. Alaman. Goldasti : *Campanum quoque miræ magnitudinis et eximiæ sonoritatis loco contradidit.* Utuntur etiam Acta Murensis Monasterii pag. 9. Auctor Vitæ S. Pirminii n. 29. etc. Occitani *Campano* dicunt.

Campana autem proprie est illa, quæ in turribus appensa est, ut observat Beletus cap. 86. et ex eo Durandus.

Tradunt Campanas a Paulino, Nolano in Campania Italica Episcopo, primum inventas, indeque non semel Scriptoribus *Nolas* appellatas : vel sane Paulinum earum usum in Ecclesiam invexisse, cum priscis Latinis Græcisque longe antea esset notus, uti supra indicatum. Alii, ut Panvinius et Polydorus Virgilius, harum inventionem Sabiniano PP. adscribunt, nullo uterque fundamento certo fulti. Honorius Augustod. lib. 1. cap. 142 : *Signa, quæ nunc per Campanas dantur, olim per tubas dabantur. Hæc vasa primum in Nola Campaniæ sunt reperta, unde sic dicta. Majora quippe vasa dicuntur Campanæ, a Campaniæ regione : minora Nolæ a civitate Nola Campaniæ.* Eadem habet Walafridus Strabo lib. de Reb. Eccl. cap. 5. [Johannes de Janua : *Campana dicitur a Campania provincia, quia ejus usus primum ibi repertus est* (vel potius in Ecclesiam introductus). *Inde Campanula et Campanella, ambo diminut. inde etiam Campanarius, qui facit Campanas, Campanaria ejus uxor, vel quæ Campanas facit, et hoc Campanile, turris in qua morantur Campanæ.*] Flodoardus de Pontificib. Roman. in Stephano II :

AEre tubas fuso attollit, quibus agmina plebis
Admoneat laudes et vota referre Tonanti.

CAMPANAS BAPTIZARI, dicimus, huic dicatas usui, quas benedicere et ungere, eisque nomen imponere solet Ecclesia Romana : quam benedictionem *Baptismi* nomine indigitare solent Scriptores, non quod revera baptizentur campanæ eo baptismo, quo remissio peccatorum confertur; sed quia præcipuæ, quæ in puerorum baptismo observantur, ceremoniæ, in iis benedicendis peragantur : unde non tam baptismus, quam baptismi signum, seu symbolum, iis confertur, quemadmodum etiam Ecclesiis, quæ baptizari dicuntur ab Ivone Carnotensi Episcopo de Sacrament. dedicat. cum primum dedicantur. Helgaudus in Roberto Rege : *Signa quinque : unum ex his mirabile, in quo duo millenaria metalli et sexcentæ libræ fuerunt, cui imprimi jussit signum Baptismi de oleo et chrismate facti, sicut Ordo deposcit Ecclesiasticus, et ut vocaretur Robertus, attribueret Spiritus sanctus.* [Sebastianus Perusinus in Vita B. Columbæ Realinæ, tom. 5. Maii pag. 393 : *Eam* (Campanam) *solenniter et devote Baptizavit, sacravit Deo, ac benedicens Claram Columbam intitulavit.*] Vide Chronicon Abbat. S. Trudonis lib. 9. pag. 460. [** Ad Episcopos spectare benedictionem campanarum monet et exemplis firmat Alteserra de Juridict. Ecclesiast. pag. 56. lib. 2. cap. 5. Leonem III. PP. in Saxonia capellam quandam *consecravisse ibique Campanulam reliquisse* scribit Henric. de Hervordia ad ann. Christ. 804.]

Exstat formula baptizandi campanas in Ordine Romano, cujus auctorem antiquissimum esse constat, ex quo, inquit Alcuinus, *novum videri non debet Campanas benedici et ungi, eisque nomen imponi.* Quod vero in Capitulari Caroli M. ann. 787. [** 789.] cap. 18. campanæ quæ *Clocæ*, ibi dicuntur, baptizari vetantur, recte ait Amerbachius prohiberi superstitionem, non vero legitimam et Ecclesiasticam benedictionem. Sed et virorum aut mulierum nomina indi solere campanis, notum ex Helgaudo. Ingulfus : *Fecit ipse fieri duas magnas Campanas, quas Bartholomæum et Bettelinum cognominavit... et duas minores, quas Pegam et Begam appellavit.* Chronicon Montis-Sereni ann. 1206 : *Campanam de 50. centenariis fudit, quam Hellembertus Havelbergensis Episcopus consecravit, Petronellam nomi-*

nans. Vide Institut. Capituli Cisterciens. distinct. 2. cap. 8. et Delrium lib. 6. Disquisit. magic. cap. 2. sub fin. Est et hoc notandum, quod de Ecclesiæ campanis habet Letaldus Mon. lib. de Miracul. S. Maximini Abb. Miciacens. n. 3 : *Signum usibus Ecclesiæ præparari jusserat, quod secundum quorundam morem per tectum Ecclesiæ elevatum est.*

Campanarum Usus in Ecclesia Orientali prorsus ignotus fuit priscis temporibus, in qua populus percussis malleo tabulis ligneis ad preces et officia divina convocari solebat. Jacobus de Vitriaco lib. 1. cap. 77 : *Unde cum omnes alii Orientales Prælati, exceptis dumtaxat Latinis, annulis et mitris Pontificalibus non utantur, nec baculos Pastorales gestent in manibus, nec usum habeant Campanarum; sed percussis baculo vel malleo tabulis populum ad Ecclesiam soliti sunt congregare, hi Maronitæ, in signum obedientiæ, consuetudines et ritus observant Latinorum.* Liber Miraculorum S. Anastasii Martyris : Τάτε ἴερα ξύλα σημάναντες, συνηθροίθησαν ἅπαντες ἐν τῷ πανσέπτῳ ναῷ. Synaxaria ad undecimum diem Septemb. in S. Euphrosyno : Ὡς τὸ ξύλον ἔκρουσε τῆς ἑωθινῆς ὑμνῳδίας, etc. Id multis præterea adstruit Leo Allatius in Dissert. de recentiorum Græcorum templis pag. 104. et seq. etsi fateatur, probetque id ex Michaele Psello et Pachymere lib. 7. cap. 5. lib. 9. cap. 5. 10. cui οἱ τῆς ἐκκλησίας συνακτήριοι κώδωνες dicuntur, postremis saltem temporibus, campanas in usu fuisse apud Græcos, quem accepisse a Venetis sub ann. 874. auctor est Andreas Dandulus in Chron. MS. et ex eo Sabellicus Ennead. 9. lib. 1. [Hinc Balsam. de convoc. ad ædes sacras καμπάναν describit σημαντήριον μετακλήσεως τοῦ λαοῦ εἰς τοὺς ναούς.] Vide Gabrielem Sionitam et Joann. Hesronitam in Tractatu de nonnullis Orientalium urbibus post Geogr. Nubiens. cap. 6. [** Glossar. med. Græcit. col. 565. col. 774. voce Κώδωνες, col. 1025. voce Ξύλον, col. 1359. voce Σήμαντρον, col. 1477. voce Σύμβολον.]

Campanarum Succinctio, cum feria 4. majoris hebdomadæ campanarum funes in altum tolluntur, ut earum cesset pulsatio. Galbertus in Vita Caroli Comitis Flandriæ n. 84 : *Tertio Kl. April. feria 4. in Succinctione Campanarum.* Leges Ostrogothorum de Jure Ecclesiastico cap. 22 : *Nunc ingredietur pax Paschalis die Mercurii, muta hebdomada, quando Campanæ astringuntur.* Vide Ughellum tom. 1. Ital. sacr. pag. 876.

Campanarum sonitum intermissum in luctu colligitur ex Matth. Paris ann. 1172. pag. 88.

Campanarum Pulsationem Presbyteros spectasse ex Capitulari Episcopor. [**Aquis. ann. 801. Pertz. vol. Leg. 1. pag. 87.] cap. 8. et ex Capit. Carol. M. lib. 6. cap. 168. [** 171.] colligitur, ubi statuitur, *ut Sacerdotes Signa Ecclesiarum sonent*, vel *tangant horis canonicis, et competentibus* : sed et Amalarius lib. 3. cap. 1. hoc officium a Presbytero non esse subterfugiendum ait. Certe in Ecclesiis Cathedralibus illud Presbyteros quosdam spectat, quos inde *Clokemannos* vocant, ut in Ecclesia Ambianensi. Vide mox *Campanarius*. [** Chart. Gotfrid. episc. Mindens. ann. 1312. ap. Würdtwein. Subsid. Diplomat. vol. 10. pag. 59 : *Domum quandam... vendidimus... Wylhelmo sacerdoti altaris S. Laurentii in ecclesia nostra Mindensi, cum conditionibus infra scriptis, videlicet quod ipse et sui successores in perpetuum debeant providere ut due majores Campanæ pulsentur in certis festivitatibus*, etc. Chart. ann. 1322. ibid. pag. 88 : *Camerariis et Campanariis solidus et Scholaribus solidus, ut ipsi cum magnis Campanis adjuvent pulsare, cantanti in organis den. 4. etc.*]

Campanarum Pulsatio, in adventu Episcoporum et Abbatum in Ecclesias, quæ iis subditæ sunt, in Charta compositionis inter Archiepiscopum Cantuariensem et Abbat. S. Aug. Cantuar. apud Willelm. Thorn pag. 1882. 1883. Vide V. Compilat. Decretor. tit. 6. cap. 1. Monasticum Anglic. tom. 3. pag. 164. 334. et Matth. Paris ann. 1245. pag. 463. Idem Paris ann. 1240. ait, Ricardum Regem Angliæ Accone *in Campanarum classico et cantu Ecclesiastico receptum fuisse.* Le Roman *de Garin* MS :

Li Loherans à nostre Dame vint,
Et la Roine moult grant joie li fist,
Li Seint sonnerent tost contreval Paris
Nes Dex tonant n'i poit-on oïr.

Vide Gregorium Turon. lib. 6. cap. 11. Rigordum pag. 65. Henricum Huntindon. lib. 7. cap. 381. Matth. Westmonast. pag. 311. 312. 316. Willelmum Neubrig. lib. 3. cap. 19. Concilium Ravennense ann. 1314. cap. 6. Joannem Monachum lib. 1. Hist. Gaufredi Ducis Norman. pag. 21. Alexandrum Abbatem Celesinum lib. 3. de Vita Rogerii Regis Siciliæ cap. 9. Levoldum Northovium in Chronico Markano pag. 29. Chronicon Hannoniense vetus 3. vol. cap. 25. Pachymerem lib. 7. cap. 5. Sguropolum in Histor. Concilii Florent. sect. 4. cap. 12. Froissart. 1. vol. cap. 104. Monstrelletum 1 vol. cap. 107. 202. Augúst. Thuanum lib. 3. Hist. pag. 387. ult. Edit. etc.

* *Campanas* pulsari pro fructibus terræ, ut pro iis scilicet conservandis populus oret, præcipiunt Stat. synod. eccl. Carcass. ann. 1321. ex Cod. reg. 1613 : *Quod sacerdotes parochiales faciant seu fieri faciant unam pulsationem cum duabus campanis simul inter meridiem et nonam qualibet die, a festo Inventionis sanctæ Crucis usque ad festum Exaltationis sanctæ Crucis, pro fructibus terræ conservandis et dandis, et dicant aliquas preces, et injungant parochianis suis quod tunc dicant semel* Pater noster *et* Ave Maria. Lit. remiss. ann. 1468. in Reg. 195. Chartoph. reg. ch. 72 : *Le Dimenche viij*e. *jour du mois de May, pour ce que le temps estoit froit et disposé à la glace, ... le suppliant vigneron acompaigné d'un autre vigneron et autres se disposerent pour prier et louer Dieu, de aler en l'église de Giraumont sonner les Cloches, comme on fait souvant au pais environ, mesmement où il y a vignes, quant on voit le temps disposé à froidure ou autrement.*

* *Campanulam* pulsabat clericus præeundo rectori ecclesiæ infirmos visitanti, ut discimus ex Reg. visitat. Odonis archiep. Rotomag. Cod. reg. 1245. fol. 442 : *Presbiter parrochialis de Novo-mercato nequibat habere clericum seu servientem delaturum Campanulam per villam, dum ipse infirmos visitabat ..... Injunximus priori quod servitorem hujusmodi dicto presbitero inveniret.*

* *Campanam pulsare ad martellum*, id est, iteratis et vibratis ictibus, nostris *Sonner le tocsin*, in Charta ann. 1330. ex Tabul. Massil.

Tradit Continuator Nangii ann. 1378. Carolum IV. Imperatorem, cum in Galliam venit, nullo campanarum sonitu exceptum in urbibus, quod id sit signum dominii : *Et est assavoir, que en ladite ville, et semblablement par toutes les autres villes, où il a esté, tant en venant à Paris, comme en son retour, il n'a esté receu en quelque Eglise à procession, ne cloches sonnées à son venir, ne fait aucun signe de quelque domination ne seigneurie, comme à nul autre, que au Roy, ou à ceux, qui ont la cause de lui, n'appartienne à estre fait au Royaume de France.*

Campanas *Pulsare in detestationem violatorum Pacis*, in Concilio Monspeliensi ann. 1214. cap. 41. tanquam scilicet ab Ecclesia excommunicatorum. Ita ad felicia nuntia campanas pulsatas scribit idem Willelmus Neubrigensis lib. 2. cap. 33. 34.

Campana Bannalis, apud Hocsemium in Hugone Episc. Leod. cap. 23. et 27. dicitur illa, quæ in turribus urbicis, quas *Berfreda* vocant, pendet, quæ recensetur inter jura Communiæ : sic appellata, quod cum pulsatur, quicumque intra *Bannum*, seu districtum urbis commorantur, ad conventus publicos ire teneantur : *Campana, quæ populum solet ad conveniendum urgere*, inquit Radulphus de Diceto ann. 1191. Charta Communiæ Tornacensis ann. 1187 : *Præterea eisdem hominibus concessimus, ut Campanam habeant in civitate in loco idoneo ad pulsandum ad voluntatem eorum pro negotiis villæ.* Libertates concessæ urbi Riomensi in Arvernis a Philippo Rege Franc. ann. 1345 : *Concedimus, quod possint... habere ibidem quandam Campanam pro facto et congregatione dicti Consulatus.* Charta Caroli Comitis Vadensis pro manumissione servorum ejusdem Comitatus 9. April. 1311. ex 47. Regesto Tabularii Regii num. 118 : *Et voulons, que les Bourgeois de ladite ville puissent tous malfetours en ladite ville commune ou banlieue bannir au son de la Campane, si li cas de bannir s'y offre.* Le Roman *d'Aubery* MS. :

La Bancloche retenti et sonna,
Et la quemungne toute s'apparcilla.

Bancloque, in veteri Charta apud Haræum in Castellanis Islensibus pag. 141. Joannes abbas Laudunensis in Speculo Histor. MS. scripto ann. 1388. lib. 12. cap. 26 : *Et fist sonner la Bancloche, et le peuple assembler pour aller combattre. Cloche du Ban*, in Chronico Flandr. cap. 95. *Cloche du Belefroy.* cap. 112. et in Consuet. locali Ambian. cap. 19. **Motbel**, Saxonibus, quæ solebat conventus, qui *Folcmote* dicitur, indici, a voce **mot**, conventus, et **bell**, campana, in Legibus Edwardi Confess. cap. 35. *Campana Communitatis*, apud Continuat. Nangii ann. 1358. *Campana Communiæ*, in Chronico Andrensi ann. 1179. ubi describit, ut Hesdiniensibus ob rebellionem *reipublicæ* seu. Communiæ *dignitas* ablata fuerit a Philippo Augusto, qui præcipuam illius notam *Campanam Communiæ apud Ariam transmisit.* Ita ob seditionem quamdam Laudunenses privati fuerunt jure Communiæ; *Campana, sigillo, ac arca publica*, Aresto ann. 1295. quod habetur in Regesto Parlam. B. fol. 108. Sic etiam Yprensibus olim a Rege Philippo Valesio adempto jure Communiæ ann. 1328. campana a *Belfredo* ablata legitur in Chron. Flandr. cap. 67 : *Commanderent, que tous ceux de la ville leur apportassent leurs armeures, et ils le feirent : puis abatirent leur Cloche, qui pendoit au Belefroy.* [** Frider. II. Imperat. Cassatio Communiæ Cameracensis ann. 1226. ap. Pertz. vol. Leg. 2. pag. 257 : *Quod Campana seu Campanæ et Campanile, quod Bierfrois dicitur, et Communia quam pacem nominant, vel quocumque alio nomine pallietur, in eadem civitate tollantur et destruantur.*] [Simili modo Dux Andegav. apud Lafaillium tom. 1. Annal. Tolos. Probat. pag. 105. decernit : *Quod* (Montispessuli) *Consules seu Consiliarii ac Universitas dictæ villæ nullis unquam temporibus possint Campanam communem habere, nec etiam campanillum.*] Ad ejusmodi *Campanas Bannales* spectant, quæ habet Ditmarus lib. 6. pag. 63 : *Audiens in urbe proxima... Campanas cives ad bellum sonitu hortantes;* nam cum hostes ingruunt, aut conspiciuntur, pulsantur campanæ istæ. Adde Will. Neubrigensem lib. 2. cap. 35. [** Skraa nova Susatensis cap. 27. Gramaye in Taxandria cap. 3. pag. 3 : In civitate Sylva ducis dicta, in turri ædis D. Johannis est major Campana, quam Banalem vocant cujus est inscriptio secul. XV. fusæ :

Nuntio plectendos pravos ignesque tuendos.

Vide *Ignitegium.*]

Campana Dupla. Vide *Nola.*

Campana Fugitiva. Vide Giraldum in Topogr. Hibern. dist. 2. cap. 33.

Campanæ Bajulæ, quæ præ manibus haberi et deferri possunt. Silvester Girald. in Topogr. Hibern. eodem cap. 33 : *Hoc etiam non prætereundum puto, quod Campanas Bajulas, baculosque Sanctorum in superiore parte recurvos, auro et argento vel ære contectos, in magna reverentia tam Hiberniæ et Scotiæ, quam Gwalliæ populus et Clerus habere solent; ita ut sacramenta super hæc longe magis, quam super Evangelia et præstare vereantur, et pejerare.* Adde eumdem in Itinerar. Cambriæ lib. 1. cap. 1. et 2.

* Campana Bibitorum, Cujus appellationis rationem docet Anonym. Ticin. in Laud. Papiæ apud Murator. tom 11. Script. Ital. col. 29 : *Omni sero post signum salutationis Virginis Mariæ, mediante aliquo intervallo, pulsatur Campana, quæ dicitur Bibitorum, eo quod prohibeat ulterius bibere in tabernis, aut apertas esse tabernas.* Ejusdem originis est, quippe quæ ad eumdem finem pulsetur, campanæ nomenclatura, quam *Vigneron* appellant Insulenses; ubi *Vigneron*, idem est atque caupo, Gall. *Cabaretier. Wingnron* habent Statuta Mss. ann. 1364. eccl. S. Petri Insul. : *Item que ly bougons soit boutés assés tost apres Wingnron del heure que on poroit venir du pont de Fius jusques à le maison.*

* Campanæ Consilium, Quod *campanæ* pulsatione convocetur, sic dictum Consilium communiæ seu civitatis. Constit. Senens. ann. 1288. apud Murator. tom. 4. Antiq. Ital. med. ævi col. 85 : *Et de prædictis vel aliquo prædictorum non possit potestas absolvi, vel aliquis alius officialis communis Senensis causa necessitatis, vel aliqua evidenti utilitate per Consilium generale Campanæ communis Senensis vel populi...... Cum consilio, licentia et concordia quatuor partium Consilii Campanæ communis Senensis.*

* Campana Ferrea, in ant. Lib. tradit. apud Meichelbec. tom. 1. Hist. Frising. pag. 126 : *Campanas duas, una ærea et alia ferrea.*

Campanæ Manuales pro Mortuis, in Concilio Mertonensi ann. 1300. cap. 4. et in Monastico Anglic. tom. 3. pag. 333.

* Antiquior est hic usus; conspicitur enim in veteribus aulæis Guillelmi Bastardi Bajocensibus homo portans hujuscemodi campanulam pro funere Eduardi regis Angliæ. Vide Antiq. Gall. D. *de Montfaucon.*

** De usu Campanularum in vestitu honoratiorum multa congessit Westphal. Monum. Cimbric. vol. 2. præfat. pag. 62. not. t.

Campanellum, Campanula, tintinnabulum, in Hist. Cortusiorum lib. 10. cap. 2 : *Est vero Antonius, cujus nomine porci portant Campanella.*

Campanetta, Eadem notione. Vide in *Cascaviellus.*

¶ Campanella, Idem. Charta Odonis Abb. S. Dionysii anni 1231. e Cod. MS. B. Mariæ de Argentolio : *Statuimus quod fratres ibi manentes pro pitantia de Campanella refectorii comparanda habeant singulis diebus tres solidos :* ubi *pitantia* dicitur de *Campanella*, ni fallor, quod campanellæ sonitu fratres convocentur ad pitantiam seu refectorium.

¶ Campanela. Hist. Harcur. tom. 3. pag. 327 : *Fieri curavit tres Campanelas in choro dictæ Ecclesiæ.*

Campanarium, Turris Ecclesiæ, in qua *campanæ* pendent. *Campanaria turris*, Willelmo Armorico in Philippo Augusto ann. 1219. Leo Ost. lib. 3. cap. 28 : *In ejus quoque fronte prope valvas Ecclesiæ de quadratis et maximis saxis mirificam arcem, quæ vulgo Campanarium nuncupatur, erexit.* Utuntur Monachus Sangall. lib. 1. cap. 31. [** 29] Vita Hugon. Abbatis Cluniac. pag. 426. Honorius August. lib. 1. cap. 44. et alii passim. Anonymus de Locis SS. pag. 8 : Ἔχει καὶ καμπανάριον ὡραιότατον κεκλημένον κατὰ τὸν ἅγιον ναόν.

In summitate crucis, quæ campanario vulgo imponitur, galli gallinacei effingi solet figura, quæ Ecclesiarum rectores vigilantiæ admoneat. Quippe, ut ait Honorius August. lib. 1. cap. 144 : *Per gallum admonetur Presbyter Gallus Dei, ut per campanam dormientes ad Matutinas excitet.* Raynerus contra Valdenses cap. 5 : *Mysticum sensum in divinis Scripturis refutant, præcipue in dictis et actis ab Ecclesia traditis : ut quod Gallus super Campanile significat Doctorem.* Eckeardus Jun. de Casib. S. Galli cap. 5 : *Duo ex illis ascendunt Campanarium, cujus cacuminis Gallum aureum putantes, etc.* [** Conf. ibid. cap. 3. Pertz. pag. 99. lin. 42.] Guibertus lib. 1. de Vita sua cap. 22 : *Ictu ruente grandi sono fulminis hoc modo penetratur Ecclesia; Gallum, qui super turri erat, crucem columque, aut dispergit, aut cremat.* Adde Will. Armoricum in Philippo Aug. ann. 1219. Ughellum tom. 4. Italiæ Sacræ pag. 735. et Durandum lib. 1. Ration. cap. 1. n. 22. Vide *Ventilogium.*

¶ Campanal, Eadem notione. Acta SS. April. tom. 3. pag. 460. in Miraculis S. Richarii auctore Angelranno : *His Paschæ in feriis templi Campanal adivit, signi disruptum funem religare rogatus.*

Campanile, Idem quod *Campanarium.* Joan. de Janua : *Campanile, turris, in qua pendent campanæ.* Anastasius in Leone IV. PP. : *Fecit ibi ipsum Campanile, et posuit campanam cum malleo æreo, et cruce exaurata.* Occurrit apud Thwroczium, et alios.

* *Campanier*, in Contin. Guill. Tyrii apud Marten. tom. 5. Ampl. Collect. col. 739 : *Et fu veu en Acre un signe cler come espée du lonc d'une lance et large d'une lune, qui vint devers Orient, et se feri par semblant u Campanier de sainte Crois. Campenart*, in Ch. ann. 1506. ex Lib. nig. S. Petri Abbavil. fol. 108. r° : *Iceulx de ladite confrairie porront, se bon leur semble, mettre et poser ungne cloque sur leur hospital,.... ou lieu où ilz avoient fait erigier une forme de Campenart.*

Campanarius, Custos campanarii, qui campanas pulsare solet : *Campanaio*, Joanni Villaneo lib. 11. cap. 92. et Matth. Villaneo lib. 10. cap. 64. Occurrit apud Cæsarium lib. 2. cap. 12. lib. 5. cap. 56. lib. 7. cap. 21. lib. 8. cap. 25. lib. 9. cap. 51. 60. 65. in Synodo Sodorensi tom. 1. Monast. Angl. pag. 716. in Charta Jacobi Archiepiscopi Upsaliensis ann. 1280. apud Joann. Schefferum ad Chronicon Upsaliense, apud Michaelem Scotum lib. 4. Mensæ Philosophicæ cap. 38. etc. Alias, Joanni de Janua, *Campanarius* est is, *qui facit campanas.*

Campanarii isti vulgo, in Ecclesiis maxime Cathedralibus, ex ordine Cleri sunt, ut in nostra Ecclesia Ambianensi, ubi *Clocmans*, voce Germanicæ originis appellantur. Concilium Coloniense ann. 1260. can. 8 : *Ut Campanarii Ecclesiarum, quorum servitus sive onus circa altare versatur, nunquam absque veste camisiali compareant, firmissime prohibemus.* Vide Excerpta Egberti Archiepiscopi Eborac. cap. 2. et Leges Presbyterorum Northumbrensium cap. 36. Synodus Coloniensis ann. 1300. can. 7 : *Prohibemus item, ne deinceps Campanarii in villis et Ecclesiis parochialibus ibidem assumantur, nisi litterati, qui in defectu respondentis ad altare cum camisiis lineis assistant in Missis deservientes Presbytero, ne ministrator careat socio sibi respondente.* Ita etiam Concilium aliud Coloniense ann. 1310. can. 16. [** In Mindensis Ecclesiæ Diplomatibus Campanarii sæpe memorantur plures et inter infimos ecclesiæ ministros. Würdtwein. Subsid. Diplomat. vol. 10. pag. 23. 33. Nova Subsid. vol. 11. pag. 240. 242. 273. De officio Campanarii videnda Recensio Statut. eccles. Lubec. cap. 13. apud Westphal. Monum. Cimbric. vol. 2. col. 2433. Statut. Antiq. eccles. Francof. ap. Würdtwein. Subsid. Diplom. vol. 1.

pag. 28. Statut. eccles. S. Andreæ Colon. ap. eund. in Nov. Subsid. vol. 2. pag. 138. 177. Vide *Custos*, 1.]

* Glossar. Lat. Gall. ex Cod. reg. 7692: *Campanarius*, *maraglier*. Et quidem ad hujus officium pertinebat campanarum pulsatio. Vide *Cloquemannus* in *Cloca* 2.

** CAMPANARIATUS, Officium *campanarii*. Statut. antiq. Eccles. Francoford. ap. Würdtwein. Subsid. Diplomat. vol. 1. pag. 14: *Custos.... de campanario Ecclesiæ providebit, et vicariam ipsius confert Campanariatum*. Ibid. pag. 29: *Ego N. juro, quod officium Campanariatus seu succustodiæ hujus ecclesiæ fideliter exerceam, etc.* Vide ap. eund. in nov. Subsid. vol. 3. pag. 173. et vol. 4. pag. 188.]

* CAMPANARIA, Officium *campanarii*. Conc. Trevir. ann. 1227. apud Marten. tom. 7. Ampl. Collect. col. 113: *Item, Campanariæ non vendantur, sed gratis alicui honestæ personæ concedantur.*

¶ CAMPANARIA, *Uxor Campanarii, vel quæ facit campanas*, Joanni de Janua.

¶ CAMPANATOR, Idem qui *Campanarius*, sive sumatur pro eo qui pulsat, sive pro eo qui facit campanas. Diarium belli Hussitici apud Ludewig. Reliqq. MSS. tom. 6. pag. 157: *Sacerdos quidam Taboriensis, dictus Wanczek cum Hromadka quodam Campanatore... in silvis tempore carnisprivii pro acquirenda civitate Ustiæ latitant.* Acta SS. April. tom. 2. pag. 710. in Miraculis B. Wernheri: *Joanne Tzingk Campanatore, etc.*

¶ CAMPANISTA, in Vita S. Yvonis inter Acta SS. Maii tom. 4. pag. 598: *Dum Campanista ad Matutinas pulsaret.* Obituar. MS. Eccl. Morin. fol. 21: *Magistro cantus, vicariis Ecclesiæ... 24. sol. Campanistæ 4. sol.* [** Recens Stat. eccles. Lubec. loco supra laudato: *Subcampanista pro portatione feretri et aliis spectantibus ad suum officium, etc.*]

¶ CAMPANULARE, Pulsare campanulam, in Ordinario Nivern. MS. annorum circiter 400.

¶ 3. CAMPANA, *Domus Pauper.* Papias MS. Lege et vide *Capanna*.

* 4. CAMPANA, Tumulus honorarius, pegma funebre, Gall. *Catafalque*, quod formam turris referret sic dicta. Cæremon. Rom. lib. 1. § 15. cap. 1: *Ordinant* (executores) *ut fiat pallium aureum pro lecto sub Campana, sive castro doloris, cum lectica, scamnis pro intorticiis et banchis, in quibus sedeat familia.*

* CAMPANARIA, Idem quod infra *Camparia* 3. Vectigal agro impositum, nostris *Champart*. Vide *Campipars*. Bulla Lucii III. PP. ann. 1184. tom. 1. Hist. Sequan. inter Probat. pag. 101: *Tibertus de Montmoret ecclesiam Pintarum, Campanariam et gerbariam, quæ in quosdam homines monasterii faciebat, ... reliquit.* Alia notione, vide supra in *Campana* 2.

¶ CAMPANEA, CAMPANEUS. Vide *Campania* 1.

1. CAMPANIA, Campestris locus, planus, Italis *Campagna*, Gall. *Campagne*. Gloss. Lat. Græc.: *Campania*, πεδιάς. Innocentius Gromaticus de Casis litterar.: *Nigriores terras invenies, si in Campaniis fuerit. Campanea loca*, apud eumdem. *Campanea Placentina*, apud Ruffinum Monachum Cœnobii S. Sabini. Gregor. Turon. lib. 7. Hist. cap. 35: *Omnisque phalanga in suburbana urbis Campania castra metata est.* Idem de Vitis Patrum cap. 7: *In Campania illa, quæ a parte Aquilonis habetur haud procul a castro.* Visio sancti Baronti num. 18: *Descendimus in amœnam Campaniam.* Otto Frising. lib. 1. de Gest. Friderici cap. 31: *Maximam venationis copiam habente, sed vomere ac rastro pæne experte Campania.* Charta ann. 846. in Tabulario Abb. Belliloci in Lemovicib. num. 49: *Cedimus quoque similiter in illa Campania campum unum, et habet fines de uno latere, etc.* [Præceptum Carlomanni ann. 884. apud Mabill. Diplom. pag. 550: *Sunt autem nomina vel situs ipsarum rerum vel villarum ad ipsos servos Dei pertinentium, in primis mansella in gyro Monasterii* (S. Germani Autissiod.) *sita, et omnes clausi, indominicati, scilicet ille qui adhæret Monasterio, et Campaniæ, plantæ, habundantia, etc.* Eadem habentur in Confirmatione bonorum ejusdem Monasterii ann. 874. apud Acherium Spicil. tom. 2. pag. 588.]

* *Champaigne*, eadem notione, in Lit. remiss. ann. 1450. ex Reg. 186. Chartoph. reg. ch. 35: *Le suppliant entra sur aucuns héritaiges de son pere environ une Champaigne, nommée le Loup pendu.*

CAMPANIÆ nomen Romani olim isti Italiæ regioni, quæ Neapolim et Capuam habet, attribuere, quod plana sit et campestris, uti scribunt Eustathius ad Dionys. Strabo lib. 5. vetus Interpres Horatii, Festus, et alii. Sic in Gallia, isti Belgicæ parti, quæ Remos et Catalaunum continet, *Campaniæ* appellationem inditam constat post Francorum adventum, eadem de causa, ut et aliis aliquot regionibus planis. Hinc

CAMPANIA REMENSIS, appellatur apud eumdem Gregorium Turonens. lib. 4. Hist. cap. 17. lib. 5. cap. 19. Aimoinum lib. 3. cap. 12. 15. 82. in Vita S. Silvini Episcopi num. 12. et in alia Charta Alcuini apud Mabillonium tom. 5. pag. 177. in vita S. Basoli cap. 2. etc. Vide Marlotum in Remensi Metropoli lib. 2. cap. 34. *Campus magnus Remensis*, apud Theganum cap. 16.

CAMPANIA TULLENSIS, apud Fredegar. Schol. cap. 38. Aimoin. lib. 3. cap. 98.

CAMPANIA CATALAUNENSIS, apud eumdem Aimoinum lib. 4. cap. 1.

CAMPANIA VOCLADENSIS, in Collect. Hist. apud Canisium tom. 2. Antiq. lect.

CAMPANIA ARCIACENSIS, apud Fredeg. cap. 19.

CAMPANIA MACIACENSIS, apud Aimoinum lib. 3. cap. 87.

* Apud Aimoin. loco laudato legebatur, *Marciacensis*; quod emendat D. *Bouquet* tom. 3. Collect. Histor. Franc. pag. 109. legitque ex Codd. Mss. ut apud Fredeg. *Arciacensis*.

CAMPANIA CORDUBENSIS, apud Eulogium lib. 2. MS. Memorial. SS. cap. 9.

¶ CAMPANIA, nude, Liguria dicitur a planitie camporum, apud Eddium in Vita S. Wilfridi Episc. cap. 27. uti post Valesium probat Mabillonius in Actis SS. Benedict. sæc. 4. part. 1. pag. 675. et 691.

CAMPANEA, pro *Campania*, occurrit non semel in Historia Cortusiorum, [et apud Albertinum Mussatum.]

¶ 2. CAMPANIA, *Supremum navis tabulatum, ex quo velut campo pugnatur*, in Notis ad Vitam S. Raynerii. tom. 3. Junii pag. 466.

¶ 3. CAMPANIA. Inventarium Ecclesiæ Noviom. ann. 1419: *Item, duo panni pro paramento altaris operati ad leones aureos, unde Campania rubea est*; hoc est, pannus ipse leonibus distinctus ruber est, Galli diceremus, *d'une étoffe à fond rouge*.

* Area, nostris *Champ*, olim *Champagne*. Inventar. eccl. Camerac. ann. 1371. Ms: *Item sex alii panni nigri pares, quorum Campania est de nigro seminata de aquilis et serpentibus argenteis.... Item alii duo pares in pavonibus bene rotatis in Campo rubeo... Item deux napes d'autel, un aube et amit parés de six ymages en Champagne d'or.* Vide *Campus* 8.

¶ 4. CAMPANIA. Stateræ species. Vide *Campana* 1.

* CAMPANIENSIS, Campanus, Gall. *Champenois*. Annal. Victor. Mss. ad ann. 1214. ubi de prælio Bovin.: *Nuntiatum est regi hostes jam fere cum extremis pugnare, scilicet cum vicecomite Meleduni, et arcubalistariis, et Campaniensibus, qui illa die retrocustodiam faciebant.* Infra: *Garinus Silvanectensis electus acies ordinavit, in prima ponens Odonem ducem Burgundiæ.... Item milites Campaniæ strenuos et electos clxxx. istos omnes ipse electus posuit in prima acie, quia de eorum probitate, audacia et virtute certus erat.*

* CAMPANILE, Turricula, ad formam *campanarii* efficta. Inventar. Ms. thes. Sedis Apost. ann. 1295: *Invenimus unum urceum de auro cum manico et rostro et coperculo ac duobus Campanilibus.* Aliud ann. 1389. tom. 3. Cod. Ital. diplom. col. 363: *Campanile unum eboris cum scacchis et merellis cum tabolerio parvo ligni.* Alia notione, vide in *Campana* 2.

¶ CAMPANILE, CAMPANILLUM, CAMPANISTA. Vide *Campana*, 2.

¶ CAMPANIUM, Locus prælii, ut exponit V. Cl. Eccard. in notis ad Leg. Salic. tit. 66. n. 2: *Si quis hominem ingenuum, qui Lege Salica vivit, in hoste in Campanio de companei suorum occiderit... in triplo componat.* Cangius noster paulo aliter explicat, et pro *Campanium* legit *Companium*, Vide in hac voce.

¶ CAMPANULARE. Vide in *Campana*. 2.

* CAMPANUS MORBUS, *similis lepræ, qui in Campania nascitur.* Glossar. vet. ex Cod. reg. 7613. [** Verruca, secundum Schol. Cruqu. ad. Horat. Sat. 5. libr. 1. vers. 62.]

CAMPARCIUM [CAMPARDUS.] Vide *Campipars*.

¶ CAMPARE, *Contendere, Modus purgandi se a calumnia seu perjurio.* Hierolex. Macri. Vide *Campiones*.

¶ 1. CAMPARIA, Munus *Camparii*. Synodus Pergami ann. 1311. rubrica 2. apud Murator. tom. 9. col. 548: *Sancimus, quod aliquis clericus, sive ecclesiastica persona, absque Diœcesani sui licentia officium publicum... exercere vel suscipere de cetero non præsumat, scilicet consulatus, tabellionatus,* gastaldiæ, Campariæ, vicariatus, vicedominatus, etc. Vide Camparicia et Camparius.

* 2. **CAMPARIA**, Merces, emolumentum camparii, seu agrorum custodis. Stat. Taurini ann. 1360. cap. 147. ex Cod. reg. 4622. A : *Camparii non capiant, nec capere possint eorum Campariam in campis, sed ad domum illorum, qui ipsam dare debuerint.* Pro ipso Camparii officio legitur in Stat. Mutin. rubr. 370. pag. 74. v° : *Per eum districtum per quem Campariam exercent, etc.* Vide Camparius.

* 3. **CAMPARIA**, Vectigal agro impositum, idem quod *Agrarium*, Gall. *Champart*. Charta ann. 1205. apud Murator. tom. 4. Antiq. Ital. med. ævi col. 579 : *Vidit Guaschum de Montepulciano stare ibi pro Teutonicis, et colligere datium, et prendimentum, et Campariás, et fructus de donicariis pro comitibus comitatus Senensis.... Colligendo inde datium, prendimentum et Campariam.* Vide supra Campanaria.

* **CAMPARICIA**, Munus, officium camparii, seu camporum custodis. Stat. Vercel. lib. 4. pag. 70. r° : *Teneatur judex damnorum datorum facere promittere jurare camparios civitatis et districtus Vercellarum, quando jurabunt eorum Campariciam, quod etc.* Vide Camparia 1.

CAMPARIUS, Qui *campos*, seu agros servat, et ne vastentur, aut furtis pateant, invigilat : Antonio Nebrissensi, *Campero*. *Camparia*, quod præstatur Campariis pro mercede. Charta ann. 1345 : *Item quod Potestas teneatur omni anno facere colligi et colligere Campariam usque per totum mensem Augusti, et solvere Camparios medietatem in medio Augusti, et aliam medietatem in fine officii Campariæ, et qui solvere noluerint ad terminum sibi datum, solvant pro pœna pro qualibet die post terminum solidum unum.* Infra : *Item quod omnes Camparii de Rocha postquam fuerint electi, teneantur bona fide sine fraude salvare et custodire res et bona dictorum dominorum, ... et quod non vendent buschum, vel ligna alicui extraneo secrete, etc.* De ejusmodi Campariis vide Statuta Mediolan. part. 2. cap. 309. 310. 365. 397. et sqq. In Consuetud. Menetovii ad Carum amnem art. 25. et Altæ rupis cap. 2. *Champaier*, est, cum licentia datur pascendi pecora in *campis*, seu arvis. Vide Jus Vicentin. lib. 1. et Contract. Dator. Bergom. lib. 18. cap. 7. [Vide Camperius.]

* Stat. Pallavic. lib. 2. cap. 7. pag. 81 : *Teneantur ipsa communia, scilicet quilibet per se et in suo communi eligere Camparios, qui custodiant campestria bona, viridia et sicca personarum ejus communis, a quo fuerint electi.* Occurrit præterea in Ch. ann. 1136. apud Murator. in Antiq. Estens. pag. 287. Vide infra Champerius.

¶ **CAMPARS**, Campart, Campartagium, Campartus, etc. Vide Campipars.

* **CAMPARTARE**, In struem ordinare ; nisi f. legendum sit *Comportare*. Reg. S. Justi ex Cam. Comput. Paris. fol. 222. v° : *Item servicia quatuor hominum, qui debent tassare, Campartare, et ponere in granchia.* Id est, Carro vehere.

* **CAMPARTATIO**, Vectigal agro impositum, *agrarium*, idem quod *Campipars*. Charta ann. 1190. in Chartul. S. Maglor. ch. 214 : *Quoniam famuli mei multotiens defraudaverunt decimam prædictæ ecclesiæ, dum colligerent Campartationem meam, concessi et pollicitus sum monachis ipsius ecclesiæ, quod quicumque famulorum meorum collegerit Campartationem meam, etc.* Vide infra Campipartagium.

CAMPATGIUM. Charta Occitanica ann. 1305. in Regesto Philippi Regis Franc. ann. 1301. ex Tabulario Regio n. 75 : *Cum vendis, subvendis, mutatgits, cardis, obleis, et Campatgiis, et cum omnibus aliis juribus, etc.* Apud Oct. Ferrarium in Orig. Ital. *Campatico* dicitur vectigal agro impositum, sive *campis* : agrarium, *Campipars*. [Vide in hac voce.]

¶ **CAMPAYGNIA**, pro *Campania*. Hist. Dalphin. tom. 2. pag. 306. col. 2. sub finem, ex Computo anni 1336 : *Item, tradidit eidem Guillelmo, qui accessit quæsitum unum falconem perditum in Campaygnia de Roma* 11. *floren.*

* **CAMPDERIUS**, Cannabis, fili, lini, aliarumque id genus rerum mercator. Comput. ann. 1362. inter Probat. tom. 2. Hist. Nem. pag. 260. col. 1 : *Solvit... Philiberto Giri Campderio pro duabus larderiis necessariis pontibus Prædicatorum et S. Anthonii, pro stangnandis de nocte pontibus, etc.*

CAMPE, Gr. καμπή, Vermis, qui herbas et arborum frondes infestat, *Chenille*. Fragm. Hist. Longobardor. editum a Camillo Peregrino : *Demum sequuta est plaga Camparum, quæ cunctas teneras fruges, etiam et frondes arborum in quibusdam locis funditus absumpserant. Hirsuta Campe*, apud Columell. lib. 10. [** Vide Forcellinum.]

¶ **CAMPEATOR**. Vide Campiator.

* **CAMPELLIUM**, Locus ita dictus Parisiis a pluribus *campellis* quibus constabat, ubi nunc exstat forum rerum venalium a Philippo Augusto exstructum, vulgo *les Halles*. *Champiaux*, in Stat. ann. 1188. tom. 5. Ordinat. reg. Franc. pag. 106. *Champeaux*, in Ordinat. ann. 1350. ibid. tom. 2. pag. 353. art. 39. Chron. Lemovic. Ms. : *Qui* (Almaricus Carnotensis) *cum pluribus clericis et laicis, jussu regis Philippi, in Campellio Parisius sunt combusti.* [** Conf. *Géraud, Paris sous Philippe-le-Bel*, pag. 359.] Vide mox Campellus.

CAMPELLUS, Campicellus, Campulus, Gall. *Champeau*. Concil. Aurelian. IV. can. 18 : *In Campellis, vel in vineolis.* Charta Hugonis D. *de Oysi*, Castellani Cameracensis, in Tabulario Abbatiæ Montis S. Martini : *Campellos quoque quosdam, antequam censura ista facta fuerat, emerat sibi præfata Ecclesia in territorio de Hargival... in his Campellis a quocunque culti sint.* Vita sancti Amati Abb. cap. 7 : *Abscisso nemore, Campellum fecit.* Hinc locus ita dictus Parisiis, ubi commune cœmeterium fuit. Will. Brito lib. 1. Philipp. :

Parisiis locus est, Campellos nomine dicunt,
In quo communi tumulantur corpora jure,
Quotquot defungi vita contingit in urbe.

[Occurrit apud Mabillonium tom. 3. Analect. pag. 122. et in Cod. MS. Irminonis Abb. San-German. fol. 60. verso col. 1.] [** Brev. XI. init. Guerard. pag. 119.] Vide Rigordum ann. 1180. 1183. *Prez Champeaux*, in Consuetud. Santon. art. 15. Vide Probat. Hist. Bressensis pag. 231.

* Charta ann. 873. tom. 8. Collect. Histor. Franc. pag. 644 : *Et in Banniolo quartas tres et dimidiam, et Campellos quinque, et de prato arpennos quatuor cum silvis.* Nostris *Champelet*, et Picardis *Campelet*. Chartul. Thenol. ann. 1301. ex Cod. reg. 5649. fol. 114. r° : *Item un petit Champelet à la Coinche, qui fut monsignour Jossier.* Reg. Corb. 13. sign. *Habacuc* ad ann. 1511. fol. 117. v° : *Ung Campelet de terre contenant deux journeaulx et demi, ou environ.* Semel et iterum ibidem occurrit.

CAMPICELLUS, apud Innocentium Gromaticum de Casis literar. : *Sub se autem Campicellum habens.*

CAMPENSES, Qui in campis et agris degunt. Acta Proconsularia sub Zenophilo de Traditoribus, apud Baron. ann. 303. num. 27 : *Nundinarius Diaconus dixit : Campenses et harenarii fecerunt illum Episcopum.* Ita etiam dicti Donastistæ hæretici, S. Hieronymo Epist. 57. quos *Campitas* vocat sub finem libri adversus Luciferianos. Vide Campitæ.

* Homines abjecti et viles : unde nostris *Champil* vel *Champis*, Spurius, nothus, ex illegitima et damnanda copula ortus. Lit. remiss. ann. 1457. in Reg. 187. Chartoph. reg. ch. 332 : *Lesquelx vindrent contre les filz et varlets du suppliant, en les appellant Champilz.* Aliæ ann. 1390. in Reg. 139. ch. 75 : *Lequel Dousset respondit.... injurieusement audit Remea qu'il avoit faussement menti, comme mauvais Champis filz de moine. Bastart ou champis moinne filz de abbé*, in aliis ann. 1408. ex Reg. 162. ch. 212. Rursum aliæ ann. 1463. in Reg. 199. ch. 322 : *Champis, qui vault autant à dire que filz de prestre, ou d'un homme ou femme mariez.* Hinc *Champisse*, Meretrix vel mulier adultera, in Lit. remiss. ann. 1394. ex Reg. 146. ch. 117 : *Jehan de Saint Disier appella ledit Jordanet filz de Champisse et maillet, traistre et plusieurs autres paroles injurieuses.*

* **CAMPERERIUS**. Granchia Campereria, In qua fructus ex *campiparte* provenientes reconduntur. Charta ann. 1383. in Reg. 126. Chartoph. reg. ch. 47 : *Duæ minæ granorum capiendæ de singulis modiis granorum obvenientium in granchia Campereria seu decimaria de Ybovillari.*

¶ **CAMPERIUS**, Custos camporum, etiamnum *Campié*, in quibusdam Provinciæ locis. Privilegia Raymundi de Agouto ann. 1348. concessa Johanni de Masalgis, ex Archivo D. *de Mazaugues* : *Constituit banparios suos sive Camperios, etc.* Vide Camperius.

* **CAMPERTUM**, Vectigal agro impositum, idem quod *Campipars*. Charta Phil. Pulc. ann. 1306. in Lib. rub. Cam. Comput. Paris. fol. 285. r°. col. 1 : *Omnia terragia nostra sive Camperta, quæ habebamus et habere debebamus in territorio de Compendio ; .... antequam ad culturam vineæ perducerentur, terragia sive Camperta consueverunt exsolvi.* Vide supra Campanaria et infra Champardum.

CAMPESTRATUS, Campestribus succinctus. Sunt autem *Campestria* succinctoria, quibus ii, qui in campo contendunt, genitalia tantum operiunt : hæc et περιζώματα dicuntur. [** Ita Papias ex Isidor. Origin.

lib. 19. cap. 22. sect. 5. *Campestria, Lumbaria sive precinctoria*, in Glossar. cod. reg. 7644.] S. Augustinus lib. 14. de Civit. Dei cap. 17 : *Campestria Latinum quidem verbum est, sed ex eo dictum, quod juvenes, qui nudi exercebantur in campo, pudenda operiebant : unde, qui ita succincti sunt, Campestratos vulgus appellat.* Luithprandus lib. 6. cap. 4 : *Adducti sunt duo pueri nudi, sed Campestrati, id est, succinctoria habentes.* Joannes Sarisberiensis lib. 8. Policrat. cap. 12 : *Ille nunc utitur penula, nunc Campestri, etc.* Vide lib. 4. Miscellaneorum Baluzii pag. 418.

¶ **CAMPESTRE**, Campestria. Vide *Campestratus*. [** et Forcellin. in *Campester*.]

¶ **CAMPESTRIS**, Idem quod *Campus* vel *Campellus*. Hist. Monasterii Novientensis apud Marten. tom. 3. Anecd. col. 1147 : *Cuno quidam de familia S. Mariæ tradidit S. Mauritio curtim unam, et sex jugera vinearum in villa Odanbach et sex Campestres.* Vide *Campellus*. [** Pro *Campestria*, scribentis vitio aut legentis. Excerpta ex libr. secul. XIV. conscripto, ap. Kindlinger. Anecdot. Monaster. vol. 1. pag. 402 : *Et 13. jugera terre Campestris et silvestris dedit cuilibet aree.*

* Arabilis, arationi idoneus; qua notione *Campestre*, in Ch. ann. 1457. ex Chartul. 21. Corb. fol. 105 : *Terres labourables et Campestres de la seigneurie de Thanes, etc.* Hinc rusticus, qui agros colit, *Campestre* appellatur, in Mirac. B. M. V. Mss. lib. 1 :

Uns vilains, bobelins, Campestres, etc.

¶ Campestre Bellum, in Charta Henrici Ducis Silesiæ ann. 1337. apud Ludewig. Reliq. MSS. tom. 6. [** Vide *Bellum Campale* in *Bellum*. Chart. ann. 1273. ap. Delpit. Recognit. Feodor. Aquitan. pag. 39 : *Debebant dom. regi si mandet campum seu Bellum Campestre, vel ei mandetur, etc.*]

* At vero *Forteresses champestres*, urbium munitionibus opponuntur, in Stat. ann. 1356. tom. 3. Ordinat. reg. Franc. pag. 145. art. 58. *Ville campiestre*, Villa, in Lit. ann. 1359. ibid. tom. 4. pag. 210. art. 12.

* **CAMPETUS**, Campulus. Alcuin. in Gen. 259 : *Thamar in bivio sedens vel Campeto, ubi diligentius debet viator aspicere.* f. pro *Compito*. Vide supra *Campellus*.

CAMPHIO, Camphius, Campio, ex Germanico *Kampff*, certamen. [** Vide Graff. Thesaur. Ling. Franc. vol. 4. col. 407]. Occurrit in Lege Longobard. lib. 2. tit. 55. § 11. [** Rothar. 371.] et 24. [in Legibus Caroli M. cap. 74. apud Muratorium tom. 1. Scriptor. Ital. part. 2. pag. 102. col. 2 : *Ut nemo furem Camphium de mancipiis aut de qualibet causa recipere præsumat.* Hanc legem sic explanat Murator. : Quoties controversia est de mancipiis aliisve causis, ob quas pugna sit tentanda, nemini liceat *Campionem* recipere aut suscipere, qui furti sit arcessitus. Vide *Campiones*.][** Pro *furem camphium* legendum *forcapium* ex Capitol. Longob. ann. 802. cap. 19. Pertz. vol. Leg. 1. pag. 105. Capit. 1. Mabillon. cap. 11.]

* *Champion*, eadem notione, in Lit. remiss. ann. 1419. ex Reg. 171. Chartoph. reg. ch. 95 : *Feu nostre très chier et très amé cousin et Champion le duc de Bourgongne, etc.*

¶ **CAMPI**, Castra, Gall. *Camp*. Marten. tom. 3. Anecd. col. 71. in Epistola Roberti Regis ad Catalanos : *Datum in Campis in obsidione Trapani secundo Septembris* XIII. *Indict.*

CAMPIATOR, Hispanis *Campeador*, Vir generosus, militia præclarus : ita cognominatus apud Hispanos Rodericus Didaci, vulgo *Cid* etiam dictus. Rodericus Tolet. lib. 6. de Reb. Hispan. cap. 16 : *Erat autem cum Rege Sancio Miles strenuus, dictus Rodericus Didaci Campiator.* Adde cap. 19. 29. et in Hist. Arab. cap. ult. Charta Alfonsi VI. Imperatoris Hispan. apud Antonium de *Yepez* in Chron. Ordinis S. Benedicti tom. 3. pag. 403 : *Vobis Roderico Diaz Campeatori, etc.* Alia Eximenæ ejusd. uxoris, æræ 1139. tom. 6. pag. 494 : *Per remedium animæ domini et viri mei Ruderici Campidatoris.* Vetus Poëta apud Sandovallium :

Don Nunno Rasura ome de grand valor,
Vino de su linage el Conde batallador,
El otro dom Layno el buen guerreador,
Vino de aqueste el Cid Campeador.

¶ **CAMPICELLUS**. Vide *Campellus*.

* **CAMPICOLA**, *Che sta in campo*. Glossar. Lat. Ital. Ms. Vide *Campenses*.

* **CAMPICULUS**, Campulus, agellus, Ital. *Campicello*. Chron. Petri Azarii apud Murator. tom. 16. Script. Ital. col. 396 : *Volo quod faciatis mihi restitui Campiculos meos, et alia, quæ mihi rapuit jam dictus castellanus.*

* **CAMPICURSIO**, Vox est militaris, quæ significat ambulationem militum armatorum per plura passuum millia, qua militari gradu ire et redire jubebantur in castra. Vide Veget. lib. 3. cap. 4. Idem fere quod aliis *Decursio*, nisi quod illa maxime fortassis sit peditum, hæc vero equitum exercitatio. Ita Carolus de Aquino in Glossar. milit.

¶ **CAMPIDATOR**. Vide *Campiator*.

CAMPIDOCTORES, Qui scientiam armorum, et omnes armaturæ numeros militibus tradunt. Gloss. Græco-Lat. : *Campidoctor*, ὁπλοδιδάκτης. Vetus Interpres Juvenalis Sat. 5 : *Discit ab hirsuta, a sene Magistro. Capella*, *Campidoctore*. Eucherius Lugd. Episc. in Actis SS. Agaunensium : *Qui cum Exuperio (ut in exercitu appellant) Campidoctore, etc.* Petrus Diac. lib. 4. Chronici Casini cap. 118 : *Adveniente autem Brunone Campidoctore Imperatoris cum exercitu ingressus est Monasterium.* Adde cap. 124. *Campidoctorum* meminerunt Vegetius. lib. 1. cap. 3. et Ammianus lib. 15. ubi consulendi præterea Lindenbrogius et Valesius ad eumdem Ammian. Casaubonus ad Theophrasti Characteres pag. 17. Scaliger ad lib. 4. Manilii, et Salmasius ad Lampridium pag. 232. et seqq. [** Vide Forcellinum.]

Campiductor. Breviloq. : *Campiductor, id est, Pugil, sive ductor, vel Capitaneus.* Vita S. Erminoldi Abb. lib. 1. cap. 9. *Unus talium* (pravorum hominum) *Campiductor infelix, etc.* Historia Episcopor. Frisingensium sub ann. 1381. in Metropoli Salisburgensi : *Cum enim armata manu versus Frisingham properaret, suis quatuor Campiductoribus videbatur, quod eorum hastæ arderent.* Palladius in Vita Chrysostomi : Ἐπισκόπων αὐτὰ κατασκευαζόντων, οἱ οὐκ ᾐσχύνοντο Καμπιδούκτορας ἀντὶ τῶν διακόνων προηγουμένους ἔχοντες, pag. 9. Edit. V. Cl. ac doctissimi Emerici Bigotii. Vide Salmasium ad Lamprid. [** et Glossar. med. Græcit. col. 566. voce Καμπιδούκτωρ.]

* **CAMPIDOLIUM**, Ital. *Campidolio* et *Campidoglio*, Capitolium. Chron. Estense ad ann. 1312. apud Murator. tom. 15. Script. Ital. col. 373 : *Continuo ad invicem præliabantur in Campidolio et in aliis locis per civitatem Romæ.*

¶ **CAMPIDUCTRIX**, in Actis SS. Aprilis tom. 2. pag. 304. de B. Lidwina : *Hanc quasi Campiductricem primicerearn... Deus eduxit in lucem gentis suæ.*

¶ **CAMPIGENARE**, Postrema vox Abbatis, qua veneficum quemdam *Campo* nomine moriens affatus est; ut ei veneficii crimen exprobraret. Gregorii monachi Chron. Farfense, apud Murator. tom. 2. part. 2. col. 458 : *Suspirans voce qua poterat, allocutus est Camponem, dixitque : Campigenans Campo, male quam me Campigenasti; statimque exspiravit.* Allusio est ad ipsum nomen *Campo*, ac fortassis ad *Campigenos*, qui Vegetio lib. 2. cap. 7. sunt *Antesignani, ideo sic nominati, quia eorum opera atque virtute exercitii genus crescit in campo.*

* **CAMPILIUS**, Campestris, planus, vel arabilis, arationi idoneus, qua utraque notione *Campestre* dicunt Itali. Addit. ad Stat. Mutin. pag. 5. v° : *Item alia petia terræ laborativæ et Campiliæ, quæ dicitur la Braida. Item alia petia terræ laborativæ et Campiliæ, quæ dicitur il Campo di Sant-Herigo.* Vide supra *Campestris*.

** **CAMPIMARCHIA**, Ambitus agrorum qui ad villas et vicos pertinent, Germ. *Feld-mark*. Vide Haltaus. hac voce col. 449. Charta ann. 1425. ibid. : *Agrum illum in Campimarchia sive Gultservelde situatum.*

¶ **CAMPINASII**. Libertates Villæ-franchæ in Tractu Petrocoricensi ann. 1358 : *Item, concedimus quod homines dicte Ville, licet extra clausuram dicte Ville, in ejus tamen onere sive territorio commorantes, duos solidos et sex denarios monete Turonensis tantum, sicut ceteri ejusdem Ville municipes vel incole, pro clamore solvere teneantur, Campinasiis tamen in territorio dicte Ville antiquitus constitutis, exclusis ab omni libertate.* Forte legendum *Capmasiis*. Vide *Caput mansi*.

* Qui in campis et agris degunt, glebæ adscripti; unde a privilegiis municipum excluduntur. Vide supra *Campenses*.

1. **CAMPIO**, pro *Cambio*, Permutatio. *Cambionis liber, sive estimii*, in Jure Vicentino lib. 1 : *Debeat bene et rectissime dictos et æstimandos, et in libro Campionis sive estimii civitatis Vicentiæ conscribi facere, etc.*

* Fallitur Cangius; Academicis Cruscanis *Campione*, Liber est rationum, in quo debitores et creditores inscribuntur.

* 2. **CAMPIO**, Exemplar, archetypum, Gall. *Etalon*. Stat. Mantuæ lib. 1. cap. 138. ex Cod. reg. 4620 : *De campione ponderis ducati et monetarum civitatis Mantuæ. Statuimus et ordinamus quod pondus ducati et aliarum monetarum communis, quod pro*

communc teneatur, bullatus esse debeat cimerio magnifici domini, et residere penes massarium ipsum Campionem.

CAMPIONES, Qui in campum, arenamve descendunt, et duello seu monomachia, vel, ut tunc loquebantur, *campo* decertant: Pugiles, athletæ. Gloss. Isidori: *Campiones, gladiatores, pugnatores.* Joan. de Janua: *Campio, gladiator, vel in campo duellum exercens.* Constantinus Afric. lib. 5. Pantechn. cap. 12: *Venatorum et Campionum exercitia refrigerant corpora.* Guill. de Podio-Laurent. cap. 14: *Dicens, quod defectu unius Campionis nequaquam Dei negotium remaneret.*

CAMPIONES præsertim ita dicti, qui pro aliis, qui duellum inire ex lege jubebantur, et quapiam ex iis, quas jus admittit, causis excusabantur, certamen et duellum suscipiebant, cum reus, vel actor, qui accusabatur vel accusabat, ad id teneretur. Leges Willelmi I. Angl. Regis cap. 62: *Si Francigena appellaverit Anglum de perjurio, aut murdro, etc. se defendat, per quod melius voluerit, aut judicio ferri aut duello. Si autem Anglus infirmus fuerit, inveniat alium, qui pro eo faciat.* Ita olim gladiatores ad ludos se vendebant, et *auctorabant*: unde *Auctoratus* in Gloss. Latino-Græco exponitur Μονόμαχος. Ulpianus in Collat. Legis Mosaicæ 9, 2: *Qui depugnandi causa auctoratus erit.* Manilius:

Nunc caput in mortem vendunt et funus arenæ.

Vide Legem Bajwar. tit. 8. cap. 2. § 3. [** 6.] tit. 9. cap. 4. § 4. tit. 11. cap. 5. tit. 12. cap. 9. § 2. tit. 15. cap. 11. § 2. tit. 17. cap. 2. Leg. Longobard. lib. 1. tit. 1. § 7. tit. 3. § 6. [** Rothar. 9. et 203.] Leg. Anglior. tit. 14. Burchardum in Lege familiæ sub finem, [** cap. 31.] Chron. Usperg. pag. 233. Edit. 1540. Aimoinum lib. 4. de Mirac. S. Bened. cap. 11. Ejusmodi vero pugiles, ut homicidæ damnantur, c. 2. de Cleric. pugnant. [** Vide *Duellum.* De *campionibus* qui pro aliis duellum inibant egerunt Murator. Antiq. Ital. vol. 3. col. 644. Grimm. Antiq. Jur. German. pag. 929. Rogge de Judic. German. pag. 207. Phillips. Histor. Jur. Anglic. vol. 2. pag. 124. et 242. et Gaupp. ad Leg. Thuring. pag. 405. qui jure monuit in Edict. Rothar. voce *Campio* non illum indicari qui pugnam init sed pugnam ipsam. Cap. 9. et 198: *Per campionem, id est per pugnam.* Cap. 203: *Per pugnam id est per Campionem.* Aliter in ejusd. Regis cap. 371. ubi vulgo *Camphio*, apud Heroldum tit. 112. *Campio* legitur. Glossar. Longobard. in Cod. Vatic. 5001: *Camfio, Pugna seu Pugnator. Camfius, Pugnator.* In codice Cavensi: *Camphio, Pugna seu Pugnator.* Vide *Camphio.*]

Campiones vero dare poterant, quos juvenilis aut decrepita ætas, seu infirmitas pugnare prohibebat, ut est in Lege Longobard. lib. 2. tit. 56. § 38. 39. [** Otton. II. cap. 10. et 12. Pertz. vol. Leg. 2. pag. 34. cap. 1.] et lib. 1. tit. 10. § 4. [** Henric. I. Imper. cap. 2. Pertz. vol. Leg. 2. pag. 38. Henrici II.] quod pluribus habetur apud Philippum Bellomanerium cap. 61. hisce vernaculis: *Se cil qui appelle, ou est appellés, veut avoir Avoué, qui se combate por li, il doit monstrer son essoine, quant le bataille sera jugié. Et plusor essoine sont, par lesquiex, ou par l'un desquiex on peut avoir Avoé. Li premier des ensoines, si est, se cil, qui veut avoir Avoé, montre, qu'il li faille aucun de ses membres, par lequel il est apperte cose, que li cors en soit plus foibles. Li secons, si est, s'on a passé l'aage de LX. ans. Li tiers ensoines, si est, s'il est accoustumés de maladie, qui vient soudainement, come de goute, arterique ou * dentin. Li quars, si est, s'on est malades de quintaine, de tierchaine ou d'autre maladie apertement, sens fraude. Li quins ensoines, si est, se fame apele, ou est apelée, car fame ne se combat pas.* [* Hæc sic emendo ex MS. codice meo: *Li tiers essoines si est, se on est acoustumés de maladie qui soudainement vient, comme de goute article ou de autre. Li quars essoines si est, se on est malades de tierchaine ou de quartaine ou d'autre maladie apertement veue sans fraude.*] Assisiæ Hierosolymitanæ cap. 39: *Se sont les gens, qui se peuvent deffendre par Champion: feme, home mahaigné, home, qui a passé aage de 60. ans, etc.* Adde Capit. Ludov. Pii ad Legem Salic. § 1. et Leges Guillelmi Nothi cap. 62. Constit. Sicul. lib. 2. cap. 37. De Campionibus mulierum agunt præterea Lex Longobard. lib. 1. tit. 3. § 6. tit. 16. § 2. [** Rothar. 203. 198.] et Honoratus Bonnor 4. part. cap. 15. Exempla vero habentur apud Fredegarium cap. 51. in Vita Ludovici Pii ann. 831. apud Aimoinum lib. 4. cap. 10. Ademarum in Chron. pag. 183. tom. 2. Auctorem M. Chronici Belgici pag. 108. etc.

Campiones præterea dare poterant Milites, seu Magnates, cum aliquem de furto, aut raptu, aut alio maleficio, per quod duellum posset oriri, impetebant, ut est in Statutis Davidis II. Regis Scotiæ cap. 28. Vide Nicolaum Uptonum lib. 2. de Offic. milit. cap. 7.

Campiones dabant etiam Monachi, Canonici, Clerici, etc. neque tamen inconsulto Episcopo, ut est in Concilio Issebonensi cap. 19. Vide Attonem Vercellens. lib. de Pressuris Ecclesiast. tom. 8. Spicilegii Acher. pag. 51. et 55. Duchesnium in Notis ad Bibl. Cluniac. pag. 160. Probat. Hist. Luxemburg. pag. 8. Perardum in Burgundic. pag. 76. etc.

Campiones præterea dare poterant, qui hocce privilegio gaudebant ex indulto Principis: verbi gratia, Dux Austriæ, ut est in Charta Friderici I. Imp. ann. 1156. apud Miræum in Donat. Belg. lib. 2. cap. 52.

Campionem denique generatim dare quivis poterat, si casus, de quo agerctur, vitæ amissionem aut membri mutilationem non inferret, ut est in Consilio Petri de *Fontaines* cap. 22. num. 6.

At Campiones dare non poterant parricidæ, et alii atrocioris criminis accusati, *nisi decrepita ætas aut juvenilis, aut infirmitas pugnare prohiberet,* in Lege Longobardor. lib. 1. tit. 9. § 38. tit. 10. § 4. [** Henrici I. Imper. cap. 3. et 2.] Prædones ac latrones, in Speculo Saxon. lib. 1. art. 48. apud Honorat. Bonnor 4. parte cap. 116. Homines infimæ conditionis, præsertim, si de statu ac libertate controversia esset, in Statutis Davidis II. Regis Scotiæ cap. 82. § 3. Præterea ii, qui a Lege non eximebantur, ut est in Wichbild Magdeburg. art. 82. § 3. ubi, *si ille, contra quem duellum transit, ostendere et justificare, ut juris est, poterit, quod duellator pugil, vel pro pecunia decertans est, duellum per sententiam juridicam recusare poterit.* [** Vide Gauppium loco supra laudato.]

Erant enim *Campiones* ut plurimum mercede conducti. [*Campio conductitius,* in Charta communiæ Ambianensis ann. 1190. apud Baluzium tom. 7. Miscell. pag. 321.] *Pugil conductitius,* in Charta ann. 1150. mox laudanda. Lex Frisionum tit. 14. § 4: *In hac tamen contentione, licet unicuique pro se Campionem mercede conducere.* Speculum Saxon. lib. 1. art. 48. § 2: *Vel pugilem, quem saltem suis poterit ad hoc nummis comparare, habeat.* Wichbild Magdeburg. art. 35. § 4. art. 82: *Duellator, Pugil pro pecunia decertans.* Vide Bracton. lib. 3. tract. 2. cap. 18. § 4. cap. 32. § 7. Fletam lib. 1. cap. 38. § 8. Edw. Bissum ad Uptonum pag. 36. et Foros Bigorenses art. 20. apud Marcam in Hist. Beneharn. lib. 9. cap. 6. Si vero campo conductus occideretur, tum qui eum conduxerat, præter mulctam, quæ ad Regem spectabat, *leudem occisi hominis exsolvere* tenebatur, ex eadem Lege Frision. loco citato.

Cum igitur emptitii ac conductitii essent *Campiones*, ideo inter personas infames habebantur. Wichbild Magdeburg. art. 129: *Percutiat si quis hominem infamem, hoc est, lusorem, vel Pugilem, aut mulierem publicam absque vulnere, etc.* Adde Specul. Saxon. lib. 1. art. 38. § 1. Atque inde statuit Lex Frisionum tit. 5. cap. 1: *Campionem et eum, qui in prælio fuerit occisus, et adulterum et furem, etc.* a quibusvis posse occidi *sine compositione*, aut mulcta: tametsi hoc loco *occisus*, pro *victus* sumi debere videtur.

Ea etiam lege Campiones interdum dominis suis sese addicebant, ut si pugilum opera indigerent pro rebus suis tutandis ac asserendis, hoc munere fungerentur, et *bellum vadiare* pro iis tenerentur, accepta ab eisdem dominis certa, de qua convenerat, pecuniæ quantitate, in duelli casibus persolvenda, ratione cujus Campiones homagium faciebant. Exemplum ejusmodi Campionum homagii ex veteri Charta profert Edw. Bisseus in Notis ad Nicol. Uptonum pag. 36.

Neque tamen semper per semet pugnare tenebantur, sed pugiles dare poterant, qui hocce munere fungerentur. Charta Caroli Comitis Flandr. ann. 1121. pro Abbatia S. Winoci Bergensis apud Miræum in Donat. Belg. lib. 2. cap. 35: *Præterea noverit unusquisque, si opus fuerit jam dictæ Ecclesiæ, Isaac de Formesellis, vel hæres illius, cum sumptu proprio pro ea pugnabit, vel Pugiles providebit, quos de suo nihilominus faciet pugnare, et hoc debet de feodo, quem Joannes de Schotetha de eadem tenuit Ecclesia.* Adde cap. 59. Ejusmodi feodum *feodis serjantiæ* accensetur a Bractono lib. 2. tract. 1. cap. 35. § 6. ubi ait, *admitti quandoque, quod Campiones faciant homagium domino suo, sed hoc esse non debere, nisi tantum pro dominio suo: nec valere homagium, si redditus sit annuus et de Camera, nisi constituatur et proveniat ex certo tenemento.* Et Fleta lib. 3. cap. 16. § 19: *Campiones autem et servientes quan-*

doque homagium faciunt, hoc tamen ratione nudi dominii reputatur.

* Quibus conditionibus et qua ratione id præstabant, docet Charta, quam ex Tabul. Bellovac. protulit D. *Bouquet* inter Probat. tom. 1. Jur. publ. Franc. pag. 437. quamque hic integram exscribere operæ pretium est : *Ego Gaufridus dictus Blondel Pugil. Notum facio omnibus præsentes Litteras inspecturis; quod ego sum homo majorum et parium communiæ Belvacensis et totius communiæ ejusdem pro viginti solidis Par. quolibet anno mihi reddendis, nomine pensionis vel certo mandato meo in festo S. Petri ad vincula in introitu Augusti; et ob* (hoc) *prædictis majoribus et paribus feci legitime homagium; ita videlicet quod pro eisdem armis inductus coram aliquo seu aliquibus comparuerim, mihi tenentur reddere pro servitio meo decem libras Turon. et si avoeriam pro ipsis erga aliquem seu aliquos pro ipsis me accipere contingerit, et etiam pro ipsis armatus comparuerim, mihi tenentur pro servitio meo in viginti libris Turon. Insuper si pro eisdem armatus fuero contra aliquem seu aliquos et me ictus reddere, secundum quod vulgariter dicitur, contingeret, mihi tenentur in l. lib. Turon. et si bellum perficere me contingerit pro eisdem ratione cujuscumque causæ, mihi tenentur in centum lib. Turon. Et per pactum initum et factum inter me et ipsos, facere homagium non possum, nec facere potero de cetero episcopo Belvacensi nec ballivo ejusdem nec ejus præposito nec hominem esse ipsorum, nec etiam pugnare contra hominem ejusdem communiæ, nisi de licentia majorum et parium ejusdem communiæ. Actum apud Belvacum anno Domini* 1256. *in vigilia S. Laurentii.* Vide mox *Campus*, 4.

* Neque aliter intelligendus Anonymus de *Generatione aliquorum civium urbis Paduæ*, apud Murator. tom. 3. Antiq. Ital. med. ævi col. 636 : *Cavacii fuerunt divites populares, tempore Ezerini de Romano, in vice S. Urbani qui ante existerant Campiones ballorum. Talis enim erat antiquorum consuetudo. Si duo nobiles aut potentes homines inter se homicidium comisissent, utraque pars inveniebat sibi unum Campionem pretio : et ordinata die hi duo Campiones intra stangatum, quod juxta portam Baxanelli erat ordinatum, ponebantur, et claudebantur armati clypeis, baculis et Mascharis de ligno, etc.* Ubi larvas interpretatur Muratorius, atque adeo larvatos incedisse *campiones*, quasi rem hactenus inauditam, observat. At clavas voce *Mascharis* hic significari mihi verisimilius videtur : quid enim sunt *mascharæ de ligno?* Sed leg. forte est *massæ*, *mazucæ*, aut quid simile.

Priusquam in arenam descenderent *Campiones*, *corporalia subibant sacramenta, quod juxta probabilem credulitatem eorum credebant dominos, pro quibus pugnam intrabant, veritatem fovere, et non per calumniam, seu per astum, ad accusationem propositam, vel defensionem adhibitam processisse, et quod cum omni virtute et potentia, studio et vigore partes, pro quibus pugnaverint, adjuvabunt*, ut est in Constit. Sicul. lib. 2. tit. 37. § 2. Et in Statutis MSS. Caroli I. Regis Siciliæ cap. 135. Sacramento præterea se purgabant, nullis se herbis aut maleficiis usuros in ipsa pugna, in Lege Longobardor. lib. 2. tit. 55. § 11. [** Rothar. 371.] in veteri Consuetudine Normanniæ cap. 68. etc.

Sed et priusquam in campum descenderent, capite tondebantur. Statutum Ricardi I. Regis Angl. apud Rogerum Hoved. pag. 666. et Bromptonum pag. 1173 : *Latro de furto convictus, tondeatur ad modum Campionis, et pix bulliens super caput ejus effundatur.* Charta Anglicana a Bysseo descripta in notis ad Uptonum pag. 36. qua quidem Henricus de Fernbureg se in *Campionem Ecclesiæ Glastoniensis* offert, pro 30. marcis esterlingorum : *De quibus* 30. *marcis dictus dominus Abbas... mihi solverit in vadiatione dicti duelli* 10. *marcas, in tonsione mea* 5. *marcas, et residuum supradictarum* 30. *marcarum, die armationis meæ, etc.* Assisiæ Hieros. MSS. cap. 101 : *Toutes manieres de gens, autres que Chevaliers, pour quelque quarelle que ce soit, se doivent combattre à pied en bleaut, ou en cotes rouges, et chauces à estrier, et braies et braier, tel com est usé, que Champion à pied les ont, et estre rongnés à la reonde, et avoir chanevas, et bastons de Champions, et qui avoir ne les peut, si ait autres bastons, qui soient d'un lon.* Quod vero hic statuitur de Campionibus, ut supra aures, capillos rotunde adæquatos, et in coronæ figuram attonsos deferant, habetur præterea in veteri Normanniæ Jure municipali cap. 68 : *Et chascun doit avoir les cheveux rongnez par dessus les oreilles.* Quin etiam Miles homicidii, vel furti accusatus, duello pedestri purgare se tenebatur, et *tonsus pariter ad instar Campionis* in arenam descendebat. Eædem Assisiæ : *Les Chevalier, qui se combate por murtre, ou por homicide, se doive combatre à pié, et sans coiffe, et estre roignés à la reonde.*

Campiones pedites pugnabant, nunquam equites. Philippus *de Beaumanoir* cap. 61 : *Se li homme de poesté appelle le Gentilhomme, il se combat à pié à guise de Campion.* Et cap. 63 : *Quant homme de poesté appellent l'un l'autre, il se doivent presenter au jor, qui lor est assigné apres les gages receus, à pié et en armes de Campion.*

Quo vero expeditiores essent *Campiones*, cincti in arenam descendebant. Lex Bajwar. tit. 12. § 8 : *Et si negare voluerit, cum* 12. *sacramentalibus juret, aut cum Campione cincto defendat se, hoc est, pugna duorum.*

Campionum arma, erant fustis seu baculus, et clypeus. Capitula Ludovici Imp. ad Legem Salicam [** cap. 15. Baluz. ann. 819. vol. 1. pag. 603. Pertz. ann. 817. vol. Leg. 1. pag. 213. Ansegis. lib. 4. cap. 28.] : *Eligantur duo ex ipsis, id est, ex utraque parte unus, qui scutis et fustibus in campo decertent.* Lex Longobard. lib. 2. tit. 51. § 10 [** Ludov. Pii 18.] : *Et illi duo discernant cum scutis et fustibus.* Adde lib. 1. tit. 25. § 76. lib. 2. tit. 55. § 29. [** Ludov. Pii 23. Lothar. 1. 31.] Capit. Caroli M. lib. 4. cap. 29. Constitut. Siculæ lib. 2. tit. 37. § 1 : *Statuimus præterea, ut amodo Campiones habeant clavas æquales, non spinosas, nec cum aguzonibus, habentes cornua, nec ex parte fustis ad modum unguis.* Adde Statuta MSS. Caroli I. Regis Siciliæ cap. 120. Saxo Grammaticus lib. 5. Hist. Dan. : *Sin autem quavis de re Pugilem popularis impeteret, ipsum armatus exciperet, cubitali duntaxat stipite pugnaturum.* Charta ann. 1244. ex Tabulario S. Albini Andegav. de Duello per Campionem : *Et vidit Guillelmum... armatum corio uncto de oleo, et habentem clypeum et baculum, prout moris est.* Tabularium S. Sergii Andegavens. : *Cum nec Episcopus, nec proceres, qui aderant, concordiam invenire potuissent, duos Pugiles post Sacramenti fidem, scutis et baculis decertantes magna parte diei, licet inviti conspexerunt.* Tabular. Vindocinense Thuani Ch. 87 : *Fulbertus de Lavarzino, qui censum illum motatici, dum esset in sæculo, annis multis reddiderat, et nunc noster Monachus factus erat, defendi fecit contra illum per quendam nostrum hominem scuto et baculo cum Campione ipsius Constantii decertantem, pro palo illo censum nec se unquam reddidisse, et omnem in perpetuum reclamationem illius palatici superato in ipsa decertatione suo Campione guerpivit.* Tabular. S. Stephani Lemovicens. : *Et convenientia inter Icterium Episcopum, et Aymericum fuit, ut ambo venissent in burgo S. Juniani causa amicitiæ inter ipsos, et per auctoritatem antiquorum hominum de ipsa villa, vel de parochia perquisissent; et si ipsos credere noluissent, bellum inter duos homines cum scuto et baculo firmassent sine ira, et sine deceptione: et ipsa lege in Lemovica civitate, aut in burgo S. Juniani, vel in castro Niolio, ubicunque Episcopo de istis tribus locis placitum fuisset, sine ira, et sine ulla contraria, vel sine deceptione bellum peractum fuisset. Et de ipsis causis, si missus Aimerici victus fuerit, pro ipsis conventis amissionem tenuisset Aimericus contra Episcopum, vel contra Ecclesiam sancti Juniani, omnibus diebus vitæ suæ per fidem, etc.* Britto de Jure Anglicano fol. 41 : *Puis voisent combatre armés sans fer, et sans longue arme, à testes descouvertes et à mains nuës, et piés, ovesque deux bastons cornus d'un longueur; et chascun de eux d'un escu de quatres corners sauns autre arme, dont nul ne puisse autre griever.* Vetus Consuetudo Normanniæ cap. 68 : *Au jour, qui est assis à faire la bataille, se doivent les Champions offrir à la Justice, ains que midy soit passée, tous appareillez en leur cuirées, ou en leurs cotes, avec leurs escus et leurs bastons cornus, armez si comme mestier sera de drap, de cuir, de laine et d'estoupes. Es escus ne és bastons, ne és armeures des jambes ne doit avoir fors fust ou cuir, ou ce, qui est par devant dit : ne il ne peuvent avoir autre instrument à grever l'un l'autre, fors l'escu et le baston.* Præallatis addenda Charta Philippi Regis Franciæ ex Libro Principum : *Philippus D. G. Francor. Rex, dilectæ et fideli suæ B. Comitissæ Trecensi salutem et dilectionem. Noveritis, quod nos consilio bonorum virorum, et pro communi omnium utilitate statuimus, quod Campiones non pugnent de cætero cum baculis, qui excedant longitudinem trium pedum ad pedem manus, sed cum baculis trium pedum,... vel minoris longitudinis, liceat eis pugnare, si voluerint. Proinde vobis mandamus per fidem, quam nobis debetis, vobis requirimus quatinus per totam terram vestram id publice publicari faciatis, et firmiter observari. Act. Parisius* *an. D.* 1215. *mense Augusto.* Adde lib. 2. Miracul. S. Bertini cap. 15. Adrevaldum de Miracul. S. Benedicti cap. 25. Rodulphum Tortarium in Miraculis ejusdem S. Benedicti n. 24. eumdem lib. 5. n. 11. Hist. Pontificum et Comitum Engolismensium cap. 25. Capitula Caroli Mag. lib. 4. cap. 29. Cæsarium lib. 3. cap. 18. Nicol. Uptonum de Offic. milit. lib. 2. cap. 8. Sirmondum ad Gaufridum Vindocinens. pag. 65. præterea veteres Notitias apud Charlonium in Notis ad Hist. Inculismensem Corliæi pag. 41. 43. Angelum Portenarium in Felicitate Patavina lib. 2. cap. 8. etc.

Campionis duello succumbentis pœna, varia fuit. In Capitulo Ludov. Pii ad Legem Salicam decernitur, [* cap. 10. Ansegis. lib. 4. cap. 23. Bened. lib. 1. cap. 296.] ut *Campioni, qui victus fuerit, propter perjurium, quod ante pugnam commisit, dextra manus amputetur.* Eamdem pœnam statuunt Lex Longobard. lib. 2. tit. 51. § 10. [** Ludov. Pii 18.] et Constitut. Siculæ lib. 2. tit. 37. § 3. Philippus Bellomanerius MS. cap. 61 : *Cascuns par le Coustume de Clermont en gages de meuble ou de catix, pot avoir Avée, s'il le requiert, soit qu'il ait ensoine, ou qu'il n'en ait point : et li Campions vaincus a le point copé : car ce n'estoit pour le mehaing, qu'il emporte ausques le barat, se porroit faindre por loier, et se clameroit vaincus, parquoi ses maistres emporteroit la damage et le vilonnie, et cil emporteroit l'argent, et pour ce est bons li jugement du mehaing.* At in crimine capitali longe gravior fuit pœna Campionis, capitis scilicet, ut est in Constitut. Sicul. lib. 2. tit. 37. § 3. in Wichbild Magdeb. art. 82. § 1. etc. Assisiæ Hierosol. cap. 37 : *Si la bataille est de chose, qu'on a mort deservie, et le garant est vaincu, il et celui, pour qui il fait la bataille, seront pendus : et se le garent est tel, que il puisse mettre Champion pour soi, et son Champion est vaincus, il seront tous trois pendus. Et se feme fait l'apeau, et son garent et son Champion est vaincu, elle sera arse, et le garent se combat, et est vaincu, sera pendus ; et se il met Chumpion pour soi, et il est vaincu, il seront tous deux pendus, et la feme arse. Et se la bataille est pour la querele tel, que l'on ne doit mort recevoir, qui en sera attaint, celui ou celle, pour qui il combat, de qui le Champion est vaincu, pert la quarelle, et vois et respons en court, et le Champion doit estre pendus.* [** Vide Glossar. med. Græcit. col. 566. voce Καμπίτης.] Et in cap. 98. statuitur, ut muliere per Campionem de quacumque querela decertante, et Campione devicto, illa in ignem mittatur, et Campio furcæ addicatur. Præterea sepultura Ecclesiastica carebat. Summula Raimundi Ord. Prædic. :

Pro mercede Pugil iniens cum fure duellum,
Si cadit in pugna Pugil, extra nos tumuletur.

Id etiam observatur in eadem Summula de iis, qui in torneamentis læsi interibant.

Campio semel devictus ad monomachiam amplius non admittebatur, nisi ipse ab alio impetitus fuisset, ex Constitut. Sicul. lib. 2. tit. 37. § 1. [et Statutis MSS. Caroli I. Reg. Siciliæ cap. 120.]

Sed et is, cujus Campio victus fuerat, si de capitali crimine non ageretur, re, pro qua pugnatum fuerat, non modo excidebat, sed et manus abscissione mulctabatur. Ita Philipp. Bellomanerius cap. 67 : *Cil, qui combat ou met Campion por li, por autre cas, que por cas de criéme, si comme de faus jugement sans ajouster vilain cas en l'appel, ou por debouter tesmoins de lor tesmoignage, ou por son heritage, s'il est vaincus, il ne pert fors que le querelle, et son ceval, et les armes, que li sires a, et l'amende es homes, se li apiaux fu de fausser jugement : més se le bataille fu de Campion, il pert le poing.* At in Assisiis Hierosol. cap. 62. infamis habebatur, et iis accensebatur, *qui ne pouvoient porter garentie en la haute Court, et qui n'ont vois ne respons en Court,* uti Perjuri, Fidementiti, Proditores, Nothi, et Adulteri. Id etiam habet idem Bellomanerius cap. 13 : *Li Sires, qui ses Campions est recreans, pert respons en Cour.* Vide Wichbild Magd. art. 82. § 1.

* Alia vero erat *campionis* duello succumbentis pœna, alia ejus, pro quo duellum susceperat. Ille membri mutilatione plectebatur, ubi hic mulctabatur pecunia. Lit. ann. 1248. inter Ordinat. reg. Franc. tom. 5. pag. 600. art. 6 : *Victus autem in duello, cent solz et obole persolvet. Pugil vero conductitius, si victus fuerit, pede vel pugno privabitur.* Quod ubique tamen non fuisse observatum ex supra allatis constat.

Sed et omnes Campiones conductitii infames quodammodo habebantur : unde inter Privilegia indulta Rotomagensibus ab Henrico II. Duce Normanniæ ann. 1150. in nova Conciliorum Ecclesiæ Rotomag. Collectione pag. 148. illud est, *quod nullus eorum duellum faciat contra aliquem, qui testificatus sit Pugil conductitius per sacramentum decem legalium civium Rotom.* 5. *intra civitatem et* 5. *de burgo : illi vero decem cives sint in electione Justitiæ.*

Interim dum *Campiones* in arena decertabant, ii, pro quibus dimicabatur, in carcere detinebantur, si quidem de crimine capitali ageretur, ut est apud eumdem Bellomanerium : vel certe, ut est in Assisiis Hierosol. cap. 94 : *Il doit estre en une part dou champ tout descouvert, et se il y a homme ou femme, qui ait fait l'appeau par Champion, il doit estre delés le corps en tel maniere, que il ne nuise ne aide à nul des* 2. *parties, ne en dit, ne en fait, ne en contenance, fore de Dieu proier, en tele maniere, que les Champions ne le puissent oïr.* Vide Legem Bajwar. tit. 2. cap. 12. § 1. et Gregor. Turon. lib. 10. Histor. cap. 10.

In Regesto Joannis de S. Justo, Cameræ Comput. Paris. hæc leguntur, in Scacario Pasch. 1218 : *Judicatum est, quod Campio cruce signatus vadians duellum de catallo, non potest illud facere, petens catallum amittit.* In Scacario Paschæ 1221 : *Præceptum est, quod Pugiles de duello de cætero veniant infra meridiem ad dies sibi positas, alioquin sint in defectu.*

Campionum Oblationes, in Charta Manassis Episc. Lingonensis ann. 1185. quas ii, priusquam in arenam descenderent, Ecclesiis offerebant, quo in duellis Deum sibi propitium conciliarent. Vide Gesta Consulum Andegav. cap. 3. n. 5. et Notas ad Alexiadem pag. 363.

Atque hæc obiter de Campionibus perstrinximus. Sed cum universam hanc materiam accurate omnino exequantur vetera urbis Ambianens. Usatica MSS. ex iis sequentia decerpere operæ pretium visum est, etsi forte prolixiora, ut mores nostros veteres et jam obsoletos inde Lectori addiscere liceat : *Derekief quiconques ait jour de loi de bataille à venir, si comme il doit, il doit venir à son jour dedens miedi, où il perd sa querelle, si n'a contremandé ; et se doit presenter à son avoué et son tesmoing pour tant, come il doit à chelui jour contre son aversaire, et contre son avoüé, se chil a avoüé, et se doit le tesmoing à son avoué et à son aversaire noumer par nom et par seurnom, et chil, qui a le tesmoing levé, se doit ainssy presenter, et li sen avoué, s'il a avoué pourtant, car il doit à chu jour contre son aversaire et encontre son tesmoing et son avoué, se cil a avoué, et doit autresi son adversaire et son tesmoins et son avoué par non et par seurnon nommer, et puent les parties retenir au presenter amendement d'avoué et d'armes, et d'aparelleurs, et de tous aaissemens, et de toutes coses, kil convient à jours de plait, et à loi de bataille, et ainssy tous aaissemens et tous amendemens porroit avoir jusques à che, qu'il aront les grans sairemens jurés, et carchié leur avouërie et leur avoué, et puis ne porroient avoir amendement ne d'avoir ne d'armes ne d'autres coses à cel jour, se jours n'est par droit de justiche alongiez et avant continués, et se chu jours estoit alongiés et avant continués, il porroient avoir tous amendemens plainement de toutes coses, ki convient à jour de plait, et à loi de bataille, puis kil requissent au presenter et au carchier leur avouerie. Et se jours estoit alongiés, il aroient amendement de can kil convient plainement à jour de plait et à loi de bataille, sil l'avoient au presenter retenu ; et sil ainssi retenu ne l'avoient, il ne porroient mie avoir au jour, qui seroit alongiés ou continués à avoir nul amendement : et se retenu au presenter n'avoient ces coses, il n'aroient amendement, fors ainssi come il se seroient presenté, ou avoir ne porroient, ains leur converoit ainsi, come il se seroient presenté à tendre loi, et pursuir loi et camp de bataille. Derekief se les parties, qui sunt en loi et en camp de bataille, se sont pardevant Justiche endroit presentées contre les autres, et veulent aler avant en la querelle, et soient li gage jugié à bataille de chele querele, leur parties doivent jurer expressement ensi come il iert aprés dit. Les deus parties et li tesmoing et li avoué à genous vienront, li tesmoins tout avant doit jurer, kil aporte bons tesmoignage et loial, et sil a contremandé, kil a fais bons contremans et loiaus, et doit prendre chil qui claime, son avoué par puing, et dire, que par chelui, qui est ses avoues, le monstrera et son droit, et s'avouërie à son avoué baillera, et en foi le baisera, et li avoués l'avouerie de chelui retenra, et puis expressement juera, que ses maistres a bon droit en le querelle, et que s'il a contremandé kil a fais bons contremans et loiaus, et que ses tesmoings a tesmoignié pour son maistre bien et loiaument, et bien envers chelui et envers son avoué le monstrera, et par sen cors, et par ses armes en eure do jor mort ou recreant le rendera, se par jour ou par pais faisant ne demeure, et cil seur qui on claime, juera, que chil n'a droit en le querelle, et que il et ses tesmoings a tesmoingné faus, et porté mauvais tesmoingnage et sairement mauvais et desloial, et que sil meimes a fait contremans, kil ne sont ne bon ne loial, et prendera dont chil sen avoué par le poing, et dira que par chelui le monstera et son droit, et son avouërie à son avoué baillera, et son avoué en foi baisera, et li avoués adont juera, que ses maistres a droit en le querelle, et que il a fait bon sairement et loial, et que chil, qui claime seur son maistre, n'a droit en le querelle, et qu'il et ses tesmoins et sen avoué a juré faus, et fait mauvais sairement et desloial, et en prendra l'avoué par le poing destre, et len levera comme parjures et desloiaus et par son corps et par ses armes qui chi sunt en present, telle fera ou mort ou recreant en une eure de jour le rendra, se par respit de jour ou de justice, ou par pais faisant ne remaint. Adonc se trairont les parties ariere, et demouëront li avoué sans leur conseil, et seront li avoué baillié et delivré à la justiche pour faire che ki doivent, et ne porront li avoué avoir conseil ne aide amendement d'armes ne d'autres coses, se chu jours n'est par droit de justiche alongiez et continués, et s'on vait avant en le querelle, le justiche fera jurer ad avoués expresséement, et leur esclaiera qui n'ont brokes ne coutiaus seur aus ne autre armeure, fors les bastons et les escus, qui chi sunt en present, et qui par droit et par loi doivent avoir, et kil n'ont yve ne autre herbe beuë ne mangié, ne n'ont herbes ne brief ne caraudes sur aus, ne fait sor ne sorcherie, ne art ne caraudes, por coi il puissent estre aidés en aucune maniere, ne sen aversaire nuire. Aprés leur doit le Justiche quemander ki facent che qui doivent, adont feront le bataillé. Derekief tant come espousailles durent et con puet espouser, puet en faire bataille d'iretage et de quelconques possessions que che soit, et de toutes autres coses, qui ne sunt de laide euvre, de murdre, d'omechide, de rat, d'arson, de traison, de toutes males euvres puet-on faire bataille fors és haus jors principaus.*

Præallatis addere lubet, quæ in banc rem habet alia vetus ac manuscripta ejusdem urbis Consuetudo : *Selonc l'anchienne coustume d'Amiens s'aucuns demande catel pardevant le Prevost, et chil à qui le dete est demandée, le fornoie, et die qu'il n'orra nul tesmoing fors par loi de bataille, il convient, que chil qui le dete demande, l'aramisse à prouver, et qu'il porche sen wage en le main du Prevost, et ke che soit fais en le presenche de 2. Esquevins, et li Prevos assignera jour au demandeur d'amener ses prueves à le quainzaine, se plus bref jour li demanderres ne veut avoir : mais si bref jour qu'il vaurra avoir, il ara, et au kief de le quinzaine, il venra et amenra sen tesmoing, et le tenra li avocas par le pan du sercot, et li avocas aussi; et se taira tous cois chil qui le dete demande, et li tesmoins aussi, et li avocas parlera, et dira tous les propres mos du claim et de le demande mot à mot, et dira que ches propres mos li tesmoins quel pan il tenra le tesmoigne, et l'offre li tesmoins à prouver par sen sairement que chest verités, et devera li tesmoins tendre sa main as Sains pour jurer. Et si tost come li tesmoins sera agenouilliés pour jurer, et ara se main seur les Sains, chil à qui on demande le dete, ou ses avocas, devera aler avant, et prendre le tesmoing par la main qu'il ara mise seur les Sains, et lever, et dire qu'il est faus tesmoins, et qu'il ne fu onques veus ne ois en lieu ne en estre à che faire qu'il tesmoigne, et qu'il veut jurer contre lui, et l'en puet lever comme faux tesmoing, et en doit porter sen wage en le main du Prevost, et offrir à monstrer ses parolles contre le tesmoing par li et par home, et retenir avoué et amendement d'armes, et de dire et de faire, et de quanques il apartient à loy de bataille pour cors d'oume warder, sauver et deffendre. Et li demanderres ches parolles oies et faites, doit ploier sen wage, et porter en le main du Prevost, et dira qu'il sera sen tesmoing boen et loial par li et par home et doit retenir avoué et amendement et retenanches d'armes, et quanques il apartient à loi de bataille pour cors d'oume sauver, warder et deffendre. Et li Prevost doit les wages rechevoir, et prendre seurté des parties à porsievir droit et loi : et doit li Prevos faire noumer à cascune partie une maison dedans les murs de le vile où il feront leur ostel, là où on puist faire les contremans. Et ches choses faites, li Prevos leur doit assigner jour à quinzaine à ches parties. Et pueent les parties contremander le jour solel luisant, et venir lendemain à leur jour dedens midi. Et se chil qui contremanderoit, estoit veus hors de se maison, puis le contremant fait desques à lendemain que le cours fut departie, il perdroit se querele : se chil s'en aidoit contre cui il aroit contremandé, mais qu'il s'en aidast à le premiere journée aprés ensievant. Et se adonc ne s'en aidoit, jamais ni recouvenroit. Et quant les parties aroient fais tous leurs contremans, ou tant qu'il leur plairoit, il venroient en court orné d'armes de cuir et d'estoupes et de feutre et de toile, et les gambes astelées et warnies de cauches de balaine ou de fust; et leur escu de cuir et de fust et de ners, et sen baston aussi : mais point de fer ne d'achier, ne broques, ne de fust, ne d'os, ne de nule autre despoise ne puet seur li avoir, se n'est le blouque de sen braieul, et cele blouque come on a acoustumé à avoir à braies, si come autre gent les portent : et s'autre cose avoir seur li; il perdroit se querelle. Et convient que chil qui apelle se presente avant par devant le Justiche, et tenra li avocas l'apeleur par le pan du sercot, et le Campion par l'escu, et dira li avocas, Sire, à cui sapoion chaiens de justiche; et li Prevos doit respondre, ou il ou chil qui le justiche tenra, Je tieng le justiche de par le Roy. Et luec il atendra tant que li deffenderes soit venus ou camp, et tenra li avocas le deffendeur par le pan du sercot, et li deffenderres tenra sen tesmoing par le pan du sercot et tenra li deffenderres se main à l'escu du Campion. Et quant avocas à l'apeleur verra que le partie iert devant le justiche, il nomera sen maistre et dira, que maistres avoit jour à le journée contre sen aversaire et contre son tesmoing, et les nomera par non et par seurnon, à prouver par li et par houme, que le demande que ses adversaires fait, n'est boene ne lóiaus, ne li tesmoignages, et recordera les paroles du claim, et le maniere de l'appel et du lever qu'il a fait, si come il est par desseure dit, et requerra au Campion qu'il rechoive l'avouërie du camp et de le bataille, quant ele iert jugie à faire, et li appelleres donra l'avouërie au Campion, et li Campions le rechevera. Et puis si se presentera li maistres et li Campions à faire se bataille par l'avocat. Et aprés li deffenderres se presentera, et li, et sen tesmoing, et sen Campion, et recordera les propres mos de sen claim, et le tesmoignaige de sen tesmoing, et offerra par li ou par sen avoué sen tesmoing à faire boen, et requerra au Campion qu'il prenge l'avouërie de faire le bataille, pour li et pour sen tesmoing, et li Campions le rechevera, et puis se presenteront à faire le bataille, s'ele est jugie, et tout che sera fait par avocat. Et adonc demandera le justiche as parties s'il voelent oïr droit, et li responderont, Ouail : et adonc les parties se trairont d'une part par le congié de le justiche en son camp, et li Prevos conjuerra as jugeurs, soient Esquevin, ou home de Fief, seur leur serment, qu'il jugent le bataille. Et la doivent li jugeur faire jugement de le bataille s'ele est, ou s'ele n'est mie. Et se li jugeur ne voelent faire leur jugement, il pueent prendre leur respit à quinzaine, et ainsi pueent-il avoir trois quinzaines de respit, et un quarantaine, et 7. jours, et aprés trois jours, et à le derraine journée des trois jours il convient qu'il jugent, ou qu'il demeurent en court. Et quant il prendent leur respit, il doivent apeler les parties, et metre jour à quinzaine, et ainsi à tous les respis que li jugeur prenderont, si come il est par desseure dit. Et toutes les fois que les parties se partiront de court, il puent 3. fois contremander, se come il est par desseure dit. Et se li jugeur jugent le bataille, on doit apeler les parties devant aus, et devant le Prevost, et doivent desploir leur jugement, se li jugemens est tels par les parolles du deffendeur qu'il ara propose à deffaire les wages, quil n'i ait nul wage. Se chest de catel, chil qui a deffendu les wages, et qui a demandé le demande, ara se demande : et se chest d'autre cose, si aura-il se demande de quel chose que che soit, et sera absols des wages, et sera contrains chil qui les wages aporte, à le demande con a fait seur li, et si demourra en 60. s. d'amende envers le Roy de Franche. Et si le jugemens est, que le bataille soit, et qu'il y est wages, li Prevos comandera as parties qu'il se traient arriere, et fera li Prevos aporter les Sains, et seront mis par devant li, ou il les tenra en se main s'il veut, et fera apeler les parties, et fera jurer à cheli qui demande, seur Sains, qu'il a loial cause en che qu'il demande, ne que à sen tesmoin on n'a doné ne promis pour porter en le querele autre tesmoignage que boen, et puis li fera les Sains baisier, et puis fera jurer au tesmoing qu'il a porté loyal tesmoignage, et qu'il n'a eu don ne promesse pour porter le, et li fera les Sains baisier. Et aprés il fera jurer le Campion, que il loiaument à sen pooir fera le bataille pour sen maistre et pour le tesmoing, et loiaument a rechut l'avouërie, et li fera les Sains baisier. Et venra li Campions luec endroit as Sains sans escu et sans baston, et les lairra en lieu dedans le camp, et tout chist sairemens seront fais à genous, et se chest de cas de crieme, il n'i a point de tesmoing. Aprés li Prevos appellera l'appelleur, et li fera jurer qu'il a loial cause en sen apel, et baisera les Sains, et puis aprés s'apelera le Campion, et li fera jurer seur Sains, qu'il fera le bataille à sen pooir pour son maistre, et que loiaument il a recheut l'avouërie. Et sera li Campions sans escu et sans baston, aussi come li autres, et puis les fera li Prevos traire arriere. Et aprés li Prevos fera crier par Serjant de par le Roy de Franche, et nommera-on le nom du Roy, et dira li crierres, Oiés, oiés de par le Roy de Franche le ban le Roy, que cascuns et cascune se traie arriere, desques adont que li Prevos ait fait che qu'il appartient à li de s'ofiche de la bataille qui est jugie de ches parties, si les nommera par non et par surnon, le demandeur, le tesmoing, se tesmoing i a, et l'avoué, et l'apeleur et l'avoué. Et chu cri fait, li Prevos rapelera les parties, et leur fera derekief les parties jurer seur Sains, qu'il ont droit cascuns en se cause, et qu'il atendront le droit par bataille, si come il escarra, et puis les doit faire aler arriere, et aprés li Prevos doit aler avec pluiseurs des jugeurs à chelui qui les wages a donnés, et doit reswarder les armes à sen Campion qu'il n'i ait nient de fer ne d'achier, et doit reswarder que li bastons ne li escus ne soient ne quassé ne depichié, ne que li demanderres ne ame de se part n'ait armes nules qu'il puist baillier au Campion; et aussi doit-on faire à l'autre partie. Et aprés che fait, li Prevos doit faire crier de par le Roy, le camp le Roy et le bataille, et qui ne soit nus des lignages as parties qui ait nule arme, et doit prendre li Prevos boene seurté des parties qu'il atendront le droit de la Court. Et che fait li Prevos doit rapeler les parties, et mettre les deux Campions l'un de costé l'autre, et se doivent entretenir par les mains et agenouillier ensanle devant les Sains, et jurer seur Sains, premierement li Campions del apeleur, car il ne set armes ne seur li cose qui soient ne de fer, ne d'acier, et qu'il n'a armes fors de cuir et de fust, et qu'il n'a seur li nule broke, et qu'il ne set ne caraudes ne sorcherie qui doie sen compagnon nuire, fors le forche de sen cors et ses armes. Et ainsi le jura li apeleres, et au tel serment fait li Campions du deffendeur, et li deffenderres et li tesmoins, s'il i est, et li Prevos les fait aler ariere, et aprés li Prevos doit faire le parc et faire asseir gens entour le parc, et doit prendre warde qu'il n'i ait arme des lignaiges as parties. Et se le bataille est de murdre ou des cas de crieme, li Prevos doit envoier les parties en prison, et li Campion doivent demourer, et doivent les parties laissier gent pour aus personnes à cui on puise parler de pais et de concordanche, et doivent recognoistre par devant les jugeurs qu'il aront ferme et estaule che qu'il en feront. Et che fait li Prevos doit prendre les Campions warnis de toutes leurs armes, et les doit mettre ou parc l'un contre l'autre, cascuns au rés du parc, et doit cascuns avoir partie du parc et du solel, si que li uns n'ait nient plus davantage que li autres. Et che fait li Prevos doit faire crier, et doit dire li Serjans par 3. fois, Oiés, tout de route, de par le roy de Franche, et nommera le nom du Roy, qui ne soit si hardis home, ne feme, ne du lignage de l'une partie ne de l'autre qui ne demeure au parc, ne entour, qui ait armes deffendaules, se ne sont les wardes qui sont eswardé à che faire, et qui ne soit si hardis ne si hardie, ne hom de le Court, ne jugerres, ne warde, ne serjans qui entre dedans le parc, ne qui die mot, ne fache signes por cose qu'il voie, ne qu'il oie, se n'est li Prevos qui tient le justiche, et li jugeur qui seront eswardé pour le parc warder. Et se nus entreprenoit en ches coses, ou en aucunes d'ichelles, il seroit en le merchi le Roy de cors et de catel et d'iretage. Et che fait li Prevos doit eswarder par le conseil des jugeurs qui demourra avoec li ou parc pour warder le, et doivent estre nommé, ne ni en doit nient mains avoir de quatre. Et doit li Prevos, ou chil qui tient le justiche, et li eswardeur aler au Campion del appelleur, et demander s'il a quanques mestiers li est, d'armes, d'ointures, et de roigneure; car il ne se fera mie oindre, ne reoigner s'il ne veut. Et se li Campions dist, Oie je suis bien, et ai quanques mestier m'est, ou s'il dist, Je me veuille alaskier, ou estraindre, ou oindre, ou reoigner, li Prevos doit souffrir tant qu'il ait fait. Mais se li Campions et ses appellerres sont sage, toutes ches choses sont faites, ains que le justiche ne li eswardeur i viengnent. Et che fait li Prevos doit comander à l'aparelleur, qu'il voist hors du parc, et ne le doit mie seir au parc. Mais si ensus outre les gens, qu'il ne puist faire signes, ne cose nule dont li Campions se puist aidier d'armes, car li apareillierres en set plus c'autre gent : et ainsi doit-on faire au Campion et à l'appareilleur du deffendeur. Et che fait li prevos doit venir enmi moilon des 2. Campions, et doit nommer cascun par nom, et doit dire si haut, que les wardes du parc l'oient, faites cascuns che que vous devés, et se doivent li Prevos et les wardes traire ariere, et li Champion doivent aler ensanle, et faire cascuns sen devoir. Et quant il sont alé ensanle, combien que che soit un estour ou pluiseurs, li Prevos et les wardes en l'estat qu'ils les voient, les pueent prendre sans mouvoir, et commander qu'ils ne se muevent : mais ils ne doivent nient plus laskier l'un come l'autre, ne faire avantage, et puet-on et doit-on qui veut parler de le pais; et se pais est, on doit les Campions traire l'un ensus de l'autre, et doit li Prevos de par le Roy les cans le Roy, et doit li Prevos oster as Campions leur gros bastons, et leur doit baillier cascun une vergue, qui ait de lonc cascune 3. piés et demy, et tout d'une grosseur et d'une largeur, et d'un bos, et aussi ounie l'une come l'autre, si con les pourroit onniement estimer. Et doit li Prevos comander as Campions et deffendre le broke et le dent, et comander qu'il fachent leur devoir. E chil qui kiet des Campions, est à 60. sols envers le Roy pour le camp, et ses escus et ses gros bastons demeure au Roy, convient que li uns kieche et envers : et s'il voient seur coste, ou à deus, toudis les feroit-on raler ensanle : et s'il getoient jus leus escus par cautele, li Prevos leur feroit reprendre. Mais si uns le perdoit anchois que li autres, on ne li rendroit mie, ne se vergue aussi. Et se pais estoit faite, ains k'ele fust jugie, on geteroit les cans le Roy, si come il est par desseure dit, et en aroit li Rois de droiture, si come il est par desseure expressé. Et se pais n'est, les wardes qui tiennent les Campions en l'estat, s'il est eure de jour con puist veir, se doivent traire arriere, et laissier les Campions convenir; et s'il est nuis, con ne voie goute, on doit les Campions en l'estat con les treuve, mener en prison, et cascun mettre à par li sans desarmer, et sans boire et sans menger, ne sans plaie qu'il aie tenter, ne miere baillier. Mais se le plaie est si crueus qu'il i ait peril de mort, ou qu'il se peust essaner, on li puet bien bender, et si lon puet-on bien donner à couvrir pour che qu'il ne refroident, et les doit-on laissier coukier et dormir s'il voèlent, et lendemain on les doit ramener ou parc, et doit li pars fais et li deerains cris criés, si come il est par desseure dit, et doivent aler ensanle. Et s'il est si grant jours quant le pais ne puet estre con puist veir, on ne les doit pas mener en prison, ne faire les coses dessus dites, ains les doit-on-laisier aler ensanle, et reswarder che qu'il feront l'un à l'autre; et quant il sont ensanle, chil qui est reçreans, doit estre justichiés. Mais il est recreans par deux manieres, l'une par dire, Je me rench recreans et coupaules et atains du fait, ai tort, je et mes maistres en le querelle. Et l'autre maniere de recreans estre, s'est de mort, que chil soit qui recreans est : et chil cui le camp a waigné doit apeler le justiche, et les eswardeurs du camp, et doivent oir le reconnissance desseure dite, ou veir le mort du recreant, et doit chil qui a vencu, prendre à sen baston, ou à ses bras ou à se forche, le mort recreant, et trainer jusques seur leur du parc, et le doit metre hors du parc; mais il ne doit mie issir hors du parc. Mais s'il est vis recreans, il le doit mener par le poing desques seur leur du parc, et mettre hors du parc, et le doit delivrer à le justiche, soit mort ou vis, et puis doit demander à le justiche s'il a bien fait che qu'il dût, et le justiche et li jugeur doivent dire, Ouail, et li Campions doit demander congié d'aler sent, et d'avoir sen escu et sen baston, et con li renge sen maistre et ses pleges quites et delivrés, et sen tesmoing, s'il i est, et la justiche le doit rendre quites et delivrés, et sen puëent aler là ou il voelent sans meffaire. Et le bataille outrée, li Prevos ne doit riens avoir du camp, fors les armes du recreant, se chest de murdre, ou d'omechide, ou de traison, ou de rat, ou de cose où il apartiegne mort. Et se chest de ches coses ou d'aucunes, li Prevos doit justichier cheli, cui les Campions est recreans, et le Campion, de prendre et de trainer ensale. Et se ch'estoit de larrechin, il ne seroit point trainé, mail il seroient pendu. Et se chest de catel ou d'iretage, li Prevos doit constraindre la personne dont li Campions est recreans, à che qu'il delivre à sen aversaire toute se demande; et doit li Prevos avoir 60. sols de cheli cui le Campions est recreans, et s'il n'a dont paier, il le doit tenir és aniaux tant qu'il ait aempli la demande, et paié l'amende, et le doit deliver à cheli, qui fait le demande, et li doit li Prevos ballier les aniaus, et chil, qui a fait le demande, doit paier au Prevos 60. sols, ou faire seur, qu'il li rendera avant qu'il li escape s'il veut. Et s'il ne veut rendre les 60. sols, li Prevos le wardera s'il veut pour ses 60. sols, ou le laira aler sans rien rendre au demandeur de se demande, ne sans li meffaire; et doit li Prevos le Campion, qui est recreans, s'il li plaist et as jugeurs, faire desarmer et mener pendre, et s'il ne plaist à le justice ne as jugeurs, qu'il ne soit pendus, et il reswardent le cause de le petite querelle ou de le grande, il le puent punir par tolir membre quel qu'il leur plaist, et à banir de la chité et de le banlieue seur le hart, pour che que li jugemens en appartient au Majeur et as Esquevins, pour che que chest de catel ou d'yretage, mais que li yretages soit par dedens le banlieue; et se li yretages estoit dehors le banlieue, le justiche et li home le Roy, le pourroient banir du Royaume seur le hart, ou tolir membre, ou pendre, s'il leur plaisoit. Et en cheste maniere doit faire li Rois ou ses comans le justiche, en le presenche des jugeurs : et tele est la coustume anchiene des wages de bataille, qui i veut et puet venir et pour chou que memore d'oume ne puet mie bien retenir tout, et que cheste Lois n'est mie souvent usée, la-on chi notée et mise en escrit.* Præallatis adjungenda omnino quæ habet vetus Consuetudo Normanniæ cap. 68.

Campio Regis. Charta Henrici I. Regis Anglor. in Monast. Angl. tom. 2. pag. 973. subscribitur a *Roberto de Bajocis Campione Regis*. Ita autem appelatur in Anglia *Miles*, qui coronato Rege, dum ille mensæ cum proceribus accumbit, ad monomachiam provocat, quotquot Regem illum esse negant : quam quidem ceremoniam ita describit Thomas Walsinghamus, ubi agit de coronatione Ricardi II. pag. 192 : *Interea præparavit se quidam Miles Dominus Joannes cognomento Dimmock, qui clamabat se habere jus ad defendendum jura Regis illo die, et etiamsi opus esset duello confligendum, si aliquis præsumeret affirmare Regem non habere jus in regno Angliæ.* Froissartes 4. vol. cap. 114. ubi de inauguratione et coronatione Henrici Lancastrensis : *En la moitie de ce disner vint un Chevalier, qui se nommoit Diureth, tout armé, monté sur un cheval tout couvert de mailles de vermeil, Chevalier et cheval, et estoit armé pour gage de bataille, et avoit un Chevalier devant lui, qui portoit sa lance, et avoit ledit Chevalier à son costé l'espée toute nue, et sa dague à l'autre costé; et bailla ledit Chevalier un libelle au Roy, qui fut leu : lequel libelle contenoit, que s'il estoit Chevalier, Escuier, ou Gentilhomme, qui vousist dire ne maintenir, que le Roy Henry ne fust vray Roy, il estoit tout prest de le combattre present le Roy, quand il plairoit au Roy assigner journée : et là fit le Roy crier par un heraud d'armes par six lieux en ladite ville, et aussi en la sale.* Thomas Milles lib. de Nobil. Polit. vel Civili pag. 109. describens ceremoniam coronationis Edwardi VI. Regis Angliæ : *Post secundum ferculorum apparatum, Regius Agonista (Dimmocus cognomine) eques auratus undique armatus, equo insidens bellico, pannis aureis phalerato, paludato feciali comitatus ingressus est, qui primo gressu glomerante superbo ad Regem se contulit ipsumque summa observantia adoratus est. Deinde equum concitando ovantem quater per aulam clangente tuba ad duellum provocavit, si quis nimirum Edwardum ejus nominis VI. Angliæ, Franciæ, et Hiberniæ verum, indubitatum, legitimumque Regem negaret : totiesque chirothecam militarem arrham projecit humi, quam quum nemo attolleret, fecialis ipsi reddidit.* Videtur autem Miles ille *patriam* repræsentare, *quia*, inquit Bracton. lib. 3. tract. 2. cap. 21. § 11. *Rex non pugnat, nec alium habet Campionem, quam patriam.* Id porro muneris *Marmionorum* familiæ competiit, a qua per filiam in Dimocorum gentem in agro Lincolniensi transiisse scribit Camdenus in Descript. Staffordensis Comitatus.

Campio S. Ecclesiæ Romanæ, Id est, defensor et advocatus. Joan. Villaneus lib. 6. cap. 90 : *Propose che Carlo Conte di Angio et di Provenza fosse Campione di sancta Chieza.* Adde lib. 7. cap. 23.

CAMPIPARS, Fructuum fundi, quam colonus partiarius solvit domino, pars et portio : *Agrarium*, vectigal agro impositum. [** Vide *Agrarium*, *Numeragium*, *Terragium* et Guerard. in Proleg. Chartular. S. Petri Carnot. § 134.] Sugerius de Administrat. sua cap. 2 : *In introitu villæ novam curiam, cum granchia nova erigi fecimus, ut in ea Campipars universalis ... et decimæ terrarum reponerentur.* Cap. 10 : *Totius terræ Campipartem... nobis retinuimus.* [Charta Godefridi et Milonis Officialium M. Belvacensis electi ann. 1220. ex Tabulario Corbeiensi : *Terras vero, sicut prius ad Campipartem tenuerat de Ecclesia Corbeiensi, tenebit.*] Vetus Franciæ Consuetudo : *Par les useiges et coustumes des terres tenues à Champart, le Seigneur à qui est deu le Champart, ne doit avoir los ne ventes des terres, qui lui doivent Champart, quand elles sont vendues, se celui Seigneur n'est chief Seigneur, c'est à dire, Seigneur foncier, mais les aura le chief Seigneur foncier. Et ou cas, qui n'y auroit autre chief Seigneur, c'est à dire, Seigneur foncier, celui à qui le Champart est deu, auroit lots et ventes.*

¶ Campars. Charta Walteri abb. Corbeiens. ann. 1202. ex Tabulario ejusd. loci : *Reddidit et in satisfactionem unum modium bladi annuatim recipiendum in quadam terra sua de Nourast... et Campartem, et census suos de Mainencourt nobis in satisfactionem legavit.*

¶ Campipartium. Charta anni 1235. inter Instrum. tomi 4. novæ Gall. Christ. col. 96 : *Item omnes terras ganapii villæ de Mani cum pratis meis ... et omnes census et Campipartum parochiæ ejusdem villæ de Mani.*

Camparcium. Charta Bartholomæi Episcopi Bellovacens. apud Loisellum : *Absque ulla retentione dominii, Camparcii, sive cujuslibet exactionis.*

¶ Campartum, apud Marten. tom. 4. Anecd. col. 176 : *Solutionem campariorum præcedat solutio decimarum, vel saltem qui Camparta percipiunt ea decimare cogantur.*

¶ Campart, in Charta anni 1181. ex Archivo Ecclesiæ Dolensis : *Feudum Badoas reddebat unam minam frumenti et* xii. *den. et decimam, et Campart.*

*· Campipartagium, Charta ann. 1227. ex Chartul. Vallis B. M. Diœc. Paris. : *Concessit ut ecclesia Vallis B. M. teneant quidquid adepti sunt, aut poterunt adipisci in octava parte Campipartagii totius territorii de Noisemont.* Alia Phil. Pulc. ann. 1312. in Reg. 48. Chartoph. reg. ch. 179 : *Item talem campipartem seu Campipartagium, quam et quod ipsi defuncti conjuges super terras dicti loci habere poterant et debebant.* Occurrit prætera in Ch. ann. 1252. ex Chartul. episc. Carnot. Ita quoque legendum est pro *Campiptagium*, in Ch. ann. 1222. inter Instr. tom. 7. Gall. Christ. col. 230. *Champartaige*, in Ch. ann. 1411. ex Pancharta episc. Carnot. : *C'est ce que Jehan Dalonville avecue à tenir de R. P. en Dieu Mgr. l'evesques de Chartres.... Item toutes les rentes de la my-Aoust, que len appelle Champartaiges.* Vide supra *Campartatio*.

Campartagium, in Charta Hugonis de Gornaio tom. 2. Monast. Angl. pag. 979. Alia ann. 1253. in Historia Durdanensi pag. 55 : *Saisines, amende, champart, et Champartages, mesurages, et bourages, et les courses, qui appartiennent audit champart, etc.* [Charta anni 1264. e Tabulario Monasterii Portus Regii : *Campipartis et Campartagii, dominii, census, etc.* Polyptich. Fiscamn. ann. 1235 : *Reddit de qualibet acra terræ unum sextarium frumenti de decima et Campartagio.* Occurrit etiam in Chartulario SS. Trinit. Cadom. fol. 61. 83. etc.]

¶ Campipartitia. Charta anni 1193. Hist. Harcur. tom. 4. pag. 1637 : *Contulit.... dimidium bladii in Campipartitia sua apud Boissemontem... omnes terras arabiles emptas ab eo et earum Campipartitias, terras etiam ab aliis eidem Ecclesiæ in eleemosynam datas et earum Campipartitias, terram etiam essortorum* (essartorum) *cum ejus Campipartitia.*

¶ Campardus. Chartular. S. Vandregesili tom. 2. pag. 1595. ex Charta anni 1261 : *Vendidi iterum Campardum cujusdam peciæ terræ... in qua terra dicti Religiosi Campardum percipiunt, et unum caponem, etc.*

¶ Campipertagium, in Charta anni 1225. ex Archivis B. M. de Argentolio.

Campartus. Ordericus Vitalis lib. 5 : *Reservato tantummodo sibi Camparto.* [Polyptych. Fiscamn. ann. 1235 : *Radulfus de Widemare tenet unam masuram cum duabus acris terre ad decimam et Campartum, et reddit duo quarteria braisis.*] *Campartum Crassi piscis*, in veteri Charta Normannica apud Columbum in Blancalanda, pag. 550.

¶ Campipertio. Charta anni 1205. in Tabulario Calensi pag. 54 : *Nihil posset reclamare vel heredes sui neque in agricultura, neque in Campipertione, neque in decima, etc.*

Campipartiri, Campipartis jure frui. Tabular. Monasterii S. Victoris Paris. Charta 20 : *Campipartiri vero, aut metas figere, vel aliam jurisdictionem exercere, pars una sine consensu alterius non poterit.* *Champarter*, in Consuetudine Stampensi et Aurelian. *Champartir*, in Nivernensi tit.

11. art. 2. Montisargi cap. 3. art. 3. *Terra Campipartibilis*, Campiparti obnoxia, in Charta Isembardi Abbatis S. Mauri Fossat. ann. 1274.

¶ Campipartare, Eodem sensu, in Chartulario S. Vandregesili tom. 1. pag. 1151.

¶ Campartator, Qui eo jure gaudet. Charta anni 1180 : *Unius cujusque partis Camparator sine alterius Campartatore Campartare non audeat.*

¶ Campartura. Vide *Craspiscis.*

Campipartitor, [Cujus officium est mergites *Campipartis* numerare.] Vide *Numeratores.*

CAMPIPARTICEPS, vel Cambiparticeps, et *ad Campipartem capere* dicitur per metaphoram, in re forensi, judex sordibus corruptus, qui quotam partem litis a litigatore, sive reo, accipit vel qui lites alienas suis sumptibus promovet, ut pactam rei, ceu campi evicti, quotam lucretur, quasi campum cum alio partiatur. Prima Statuta Roberti I. Regis Scotiæ cap. 22. § 2 : *Nec terram seu aliquam rem aliam capiat ad Champarte, ad defendendum, differendum, seu prolongandum jus alterius extra formam juris.* Statutum de Conspirationibus ann. 33. Edward. III : *Cambiparticipes sunt, qui per se, vel per alios, placita movent, vel moveri faciunt, et ea suis sumptibus prosequuntur, ad Campipartem, vel pro parte lucri habendam.* Ubi Spelmannus observat in veteri Codice legi *Campiparticipes*, sed aliam lectionem passsim recipi. Vide Statutum primum Westmonasteriense cap. 25. Statut. 2. Westmon. cap. 49 et Articulos super Chartas editos ann. 28. Edw. I. cap. 11. [** Abbreviat. Placitor. sub Edw. I. pag. 245. ap. Eborac. rotul. 54. Vide *Cambipartia.*]

¶ **CAMPIPARTIRI**, Campipartitor, Campipertio. Vide *Campipars*

* **CAMPISCULUS**, adject. Idem quod supra *Campestris*, arabilis. Testam. Wideradi fundat. abbat. Flavin. ann. 606. inter Probat. tom. 1. Hist. Burgund. pag. 2. col. 1 : *Cum domibus, ædificiis, terris Campisculis et incultis.* [** Lege *campis cultis et incultis.*] Vide mox *Campius.*

CAMPIRE. Vide *Campus.*

CAMPITÆ, dicti Donatistæ hæretici, quod in *campis* suos colligerent, qui postmodum quod in montibus conventus agerent ac rupibus, *Montenses*, et *Rupitani* appellati sunt. Vide Hieron. advers. Luciferianos in fine.

¶ **CAMPITER**, *Fundus qui in campo est.* Glossar. San-German. MS. num. 501. Idem habet Papias MS. Bituric. editus vero *Campitum*, ut mox dicetur in hac voce.

CAMPITOR Equus, Cursor, stadiodromus equus, *Cheval de manege, de Course.* Glossæ MSS. : *Campo, verto : hinc Campitor, equus vertibilis.* Dudo de Morib. et actis Norman. lib. 3. pag. 94 : *Concedam vobis... armillas et balteos, loricas, et galeas, atque Campitores Equos, secures ensesque, etc.* Perperam editum *Cambitores.* Rectius pag. 124 : *His dictis torquens Campitorem Equum, et irruens super Regem Ludovicum, per habenas freni cepit eum.* Vide Dissert. 8. ad Joinvillam pag. 185.

CAMPITUM, Papiæ, *Fundus, qui in campo est.* [Vide *Campiter.*]

* **CAMPIUS**, Arabilis; f. pro *Campivus*, quod idem sonat in Stat. Vallis-Serianæ rubr. 188. ex Cod. reg. 4619 : *Si vero iverit in aliquam petiam terræ...... Campivam*, etc. Charta ann. 1100. inter Probat. geneal. domus *de Gondi* pag. 455 : *Unam petiam terræ aratoriæ sive Campiæ positæ in populo S. Laurentii de Campi.*

* **CAMPIVUS.** Vide supra *Campius.*

* **CAMPIZARE**, Ital. *Campeggiare*, Castrametari, expeditionem facere, vel esse in itineribus, Gall. *Camper, Tenir la Campagne*, olim nostris *Campiger.* Chron. Modoet. apud Murator. tom. 12. Script. Ital. col. 1140 : *Aut mittantur ibi milites et pedites, ut possint Campizare contra Mediolanum; aut aliquo modo vel ingenio cum honore Ecclesiæ cum pactis reddatur terra illa.* Acta varia ad Conc. Basil. apud Marten. tom. 8. Ampl. Collect. col. 86 : *Sensit itaque illud persona sua* (Sigismundus) *in hiemali asperitate algoribus Campizando plurimum læsa, et aliis irreparabiliter corporalibus afflicta incommodis.* Ordinat. milit. MS. Caroli ducis Burgund. ann 4473 : *Lequel conductier fera faire ung autre roole de tous les hommes d'armes et gens de trait de sa compaignie, dont il baillera ung double à mondit seigneur, quant il Càmpigera en sa compaignie.* Vide *Campus* 2.

¶ **CAMPMANSIONILIS**, Campmasium. Vide *Caput mansi.*

* **CAMPMASURA**, Idem quod *Caput mansi*, Domus ipsa præcipua, in qua habitat caput familiæ. Charta Gellonensis ann. 1095 : *Nizecius, cognominatus Artmannus, S. Salvatori Gellonensi...,. duas Campmasuras, cum omnibus adjacentiis suis.... donat.* Vide in *Caput* 2.

* **CAMPOBUS**, in VIII. Ord. Rom. apud Mabill. tom. 2. Mus. Ital. et apud Amalar. lib. 2. cap. 18. peo *Campagus.* Vide in hac voce.

* **CAMPODUS**, Prædium rusticum. Charta ann. 1329. in Reg. 66. Chartoph. reg. ch. 317 : *Pro tribus modiis, minus uno copo, frumenti in portionibus, taschis et agreriis Campodorum seu prædiorum, quæ sub feudo dictæ foresfacturæ ab emphiteotis possidentur.* Vide *Campus* 4.

¶ **CAMPOFINIS**, Finis, terminus campi. Vide locum in *Rivora.*

1. **CAMPOLUS**, pro *Campulus.* Hist. Episc. Autisiod. cap. 20 : *Item scutellam anacteam pensantem lib. 2. habet in medio homuncionem, et Campolum cum arbore.* Gregor. Magn. lib. 10. Epist. 12 : *Id est fundos, Campulos, cum conduma una, etc.*

* 2. **CAMPOLUS**, Vehiculi genus, Gall. *Camion, haquet.* Glossar. Lat. Gall. ann. 1352. ex Cod. reg. 4120 : *Campolus, Chamion. Gamion*, eodem intellectu, in Lit. remiss. ann. 1455. ex Reg. 191. Chartoph. reg. ch. 121 : *Le suppliant chargoit ladite terre en ung Gamion, que le filz de Pierre Pageon faisoit mener à son cheval.* Vide infra *Camuleus.*

¶ **CAMPOMAIUS.** Vide *Campus* 9.

¶ **CAMPONES.** Charta ann. 1228. in parvo Chartulario Gemeticensi : *Vendidit et concessit duos Campones ad Natale Domini annuatim.* Legendum *Capones.*

¶ **CAMPORA**, Vox Italica, Campus. Charta anni 1177. apud Murator tom. 2. part. 2. col. 1012 : *Donamus etiam salinam unam in Pantanello S. Nicolai... cum cocitcis, Camporis et vallone.*

* Terminatione Longobardica. Charta ann. 944. apud Ughell. tom. 1. Ital. sacr. col. 551. edit. ann. 1717 : *Et in omnibus quantum ad ipsum beneficium, et ad ipsa Campora, et ad ipsa colonia pertinent, etc.*

* **CAMPPANA**, Campestris locus, planus, Ital. *Campagna.* Vide *Campania* 1. Tract. MS. de Re milit. et mach. bellic. cap. 116 : *Iste locus est ab una parte fluminis isulatus, habet in se arborem et Camppanas, et est reductus prædonum et furum.* Haud scio tamen annon idem sit quod *Capanna*, tugurium, casula. Vide in hac voce.

* **CAMPRESA.** Charta ann. 1203. ex Tabul. S. Andr. Avenion. : *Pro boscararia duas partes duarum Campresarum, bladi quartam partem et decimam.* In alia ann. 1243. ibid. loco *Campresarum*, legitur *Lampredarum.*

* **CAMPRETUM**, Ager vel locus, ut videtur, frugibus abundans. Chron. Patav. ad ann. 1204. apud Murator. tom. 4. Antiq. Ital. med. ævi col. 1125 : *Eo tempore fuit factum Campreti, et fuit maxima ubertas, ita quod frumentum valuit sol. ij. et non ultra.* Et ad ann. 1219. col. 1129 : *Eo tempore completum fuit palatium magnum communis Paduæ, et emtum fuit Campretum a domino Ezelino de Romano.* Vide supra *Campodus.*

¶ **CAMPS.** Vide *Canevarius* in *Caneva* 1.

CAMPSA, Campsarius. Gloss. Gr. Lat. : Κάμπτρα, *Campsa*, καμπτρόποιος, *Campsarius.* In MS. est κάμτρα, καμτρόποιος. Gloss. Lat. Græc. : *Arca et Arcella*, κιβωτός, σωρός, κάμπτρα, λάρναξ. Hesychius : Κάμψα, θήκη, γλωσσόκομον. Alibi : Λάγνα, κάμτρα, κιβωτός. Καμψάκη, in Menæis ad 23. Januar in S. Maysima. Glossar. S. Benedicti cap. de Supellectile : *Capsa*, Κάμπτρια. Ubi legendum κάμπτρα, ut in Gloss. Græco-Lat. Est igitur *Campsa*, idem quod *capsa.* Atque ex iis locis conjicere est, quid vox κάμπτρα, seu κάμπςρα, uti interdum scribitur, nescio an mendose, sonet in vita S. Eudociæ Martyr. cap. 8. n. 24. ubi κάμπτραι ἐσθῆτος σηρικῆς, ἐσθῆτος χρυσοκλάβου, μόσχου σύρακος Ἰνδικοῦ, etc. nihil aliud sunt quam arcæ et capsæ hisce mercimoniis refertæ : nos *Caisses* vulgo dicimus. Apud Hesychium κάμψα, est θήκη, γλωσσοκομεῖον. Vide leg. 3. in fine D. de Offic. Præf. Vigil. (lib 1. tit. 15. fr. 3. § 5.) [et Gloss. mediæ Græcit. in Κάμψα.]

* **CAMPSACIS**, Cacabus, vas æneum, in quo aqua calefit. Hist. convers. S. Josephi comit. tom. 5. Jul. pag. 252. col. 1 : *Aquam postulat : affertur in æneo vase, quod Campsacen vulgo, illic cacubium vocant.* Vide *Campsa.*

* **CAMPSAMENTUM**, perperam scriptum aut lectum, pro *Tampsamentum* seu *Tensamentum*, Præstatio quæ a vassallis aut subditis domino pro protectione exsolvebatur. Chartul. S. Genoves. pag. 283. apud D. *Le Beuf*, tom. 9. Hist. diœc. Paris. pag. 398 : *Ubi non habebat vinagium et Campsamentum.* Vide in *Tensare.*

1. **CAMPSARE**, *Flectere*, Joanni de Janua, ex Græc. Κάμπτειν, flectere, deflectere. Gloss.

Isid. : *Campsat, flectit.* [** *Camsare, Flectere iter*, in Glossar. Vatican. sec. XI. ap. Maium Classic. auct. tom. 7. pag. 534. *Plectere iter*, in cod. reg. 7644. *Item flectere* in Papiæ cod. 7609. Vide Forcellinum.] Regula Magistri cap. 56 : *Cum fratres spiritales sine laico ambulant juncti ad se, Campsantes modice de via, flectant genua.* Vide ibi Menardum. Hinc *Cansare*, pro *cedere*, locum *dare*, flectere, deflectere, apud Dantem Infer. can. 12. in Purgat. can. 15. et Matth. Villaneum lib. 1. cap. 1.

¶ 2. **CAMPSARE**, Frequenter permutare. Vide *Cambire*, post *Cambiare*.

¶ **CAMPSARIUS**. Vide *Campsa*,

CAMPSILIS. Vide *Camisile* post *Camusa*.

¶ **CAMPSOR**, Campsoria. Vide in *Cambiare*.

* **CAMPSOR** Planus. Vide supra in *Cambiare*.

¶ **CAMPTAULES**, a Græc. κάμπτω flecto et αὐλός, tibia vox efficta, Græcis tamen ipsis ignota : quod haud prorsus insolens. Est ergo *Camptaules*, qui tibia canit inflexa. Si plura cupis adi Martinium in Lexico. Vide *Ceratulæ*.

1. **CAMPULUS**, Navis fluviatilis species. Ebrardus in Græcismo cap. 10 :

Campulus, et lembus, seu linter, cimba, carabus.

Sed legendum *Caupulus*. Glossæ Isidori : *Caupilus, navicula brevis. Caupulus, navis.* Vide *Campolus*.

* Glossar. Lat. Gall. ex Cod. reg. 7692 : *Campulus, nef de cordes.*

* 2. **CAMPULUS**, Monetæ species videtur, in Lib. cens. eccl. Rom. : *Abbacia S. M. Cleieddewerh unum marabutinum et unum Campulum singulis annis.*

1. **CAMPUS**, Bellum, prælium. Joannes Biclariensis in Chronico : *Cunicmundus Rex Campo occubuit.* Gregorius Turonens. lib. 5. Hist. cap. 18 : *Quod si differet, Campum præpararet ad bellum.* Fortunatus lib. 9. Poem. 1 :

Omnibus his datus est timor illo judice Campo.

[Diarium belli Hussitici apud Ludewig. Reliq. MSS. tom. 6. pag. 156 : *Dominus autem Bohuslaus de Swambergk ipsos die quadam invadere volens, de Campo cum suis est depulsus, non sine suorum damnis.*]

Campum Obtinere, nostris, *Estre maître du champ de bataille.* Valerius Flaccus :

Dux Campi Martisque potens, etc.

Sidonius Carm. 5 :

Cum spoliis Campum retinent, et Marte fruuntur.

Item paulo ante :

Hostibus expulsis, Campum qui maximus extat,
Jam lustrare vacat.

Campum Tenere, nostris, *Tenir la Campagne.* Will. Brito lib. 8. Philipp. :

Qui cum majorem jam partem exisse vadosis
Illorum vidisset aquis, Campumque tenere, etc.

[Paulo diversa notione sumitur in Breviario Hist. Pisanæ ad annum 1173. apud Murator. tom. 6. col. 188. scilicet pro certaminis locum immoto gradu defendere : *Per totam diem Pisani et Lucani sunt invicem præliati, et utrique certantes viriliter Campum tenuerunt egregie, et neutra pars succubuit, quamvis plures hinc inde occisi fuissent.*]

* Reg. homag. duci Aquit. præstit. ann. 1273. et seq. ex Cam. Comput. Paris. sign. JJ. rub. fol. 28. r°. [** Delpit. Recogn. Feodor. Aquit. pag. 39.] : *Omnes allodiarii seu qui habebant allodia in dicta diocesi* (Vasatensi) *debebant dicto domino regi Angliæ, si mandet, Campum seu bellum campestre .... inter portus et flumen Garonæ. Camp*, eadem notione, apud Villehard. cap. 189 : *Ne plaise dam le Dieu que jamés me soit reproue que je fuye de Camp et laisse l'empereor.*

2. **CAMPUS**, pro *Castris militibus*. Vide *Hringus*.

¶ Campum Levare, Castra movere, Gall. *Lever le Camp.* Parisius in Chron. Veronensi ad ann. 1215 : *Eodem anno Veronenses iverunt in auxilium Mantuanorum ad castrum Gonzagæ obsessum per Cremonenses et Reginos, et per succursum Veronensium Levaverunt Campum ad recuperationem dicti castri, quod est recuperatum per Mantuanos. Deinde Veronam reversi sunt cum honore et victoria.*

* *Champ*, eodem sensu, in Lit. remiss. ann. 1480. ex Reg. 206. Chartoph. reg. ch. 692 : *Perrin le Gros jeune compaignon.... archier de nostre Champ.* Aliæ ejusd. ann. ch. 730 : *L'un des archiers de nostre ordonnance pour la garde de nostre Champ.*

* Campus, Exercitus. Steph. de Infestura MS. ubi de Innoc. VIII. ad ann. 1491 : *Sic rebelles facti sunt ecclesiæ et Papæ obedire recusant; quare Papa misit ad eos Campum ecclesiæ, qui se tandem dederunt Ecclesiæ, quos postea Papa mulctavit.*

3. **CAMPUS**, Duellum ipsum, quod in campo seu arena initur. Charta Roberti Regis Franciæ in Tabulario Monasterii S. Dionysii : *Hoc est bannum hominis vulnerati vel interfecti, et infracturam intra vel extra castellum ipsius Cœnobii, duellum et legem duelli, quod vulgo dicitur Campus*, etc. Baldricus Noviom. lib. 1. cap. 10 : *Ad singulare certamen, quod rustice dicimus Campum, provocaverunt.* Regino lib. 2. de Eccl. discipl. 77 : *De pugna duorum, quod nostri Campum, vocant.* Charta Willelmi Comitis Lutzemburg. ann. 1122 : *Si pugna Campi, id est, duelli, adjudicata fuerit*, etc. Gregorius Turon. lib. 10. Hist. cap. 10 : *Cumque uterque in præsentia Regis intenderent, et Chundo diceret, nunquam a se hæc præsumpta, quæ objiciebantur, Rex Campum dijudicat.* Et mox : *In Campo uterque steterunt.* Adde lib. 2. cap. 27. Charta Caroli Magni pro divisione Imperii cap. 9 : *Tunc volumus, ut ad declarationem rei dubiæ, judicio Crucis Dei voluntas, et rerum veritas inquiratur, nec unquam pro tali causa, cujuslibet generis pugna, vel Campus ad examinationem judicetur.* Chronicon S. Benigni : *Ad hoc denique ventum est, ut respectum caperent utraque pars super ipsam silvam, indeque Campum fieri decreverunt.* Charta Alfonsi Imperatoris Hispaniæ ann. 1086. apud Antonium *de Yepez* tom. 6 : *Homicidium de nocte factum, qui negaverit, si accusatus fuerit, litiget cum illo, qui dixerit; Quia ego vidi : et si ceciderit, petet centum solidos, et quod ultra expendit in armis et operariis, et 60. solidos de Campo.* Tabularium Brivatense Ch. 19 : *Sane si quis mutare voluntates nostras elaboraverit, seu hæres, seu quælibet alia persona, auri libras 10. persolvat, et affirmatio Campi permaneat.* Occurrit passim hac notione, in Capit. Ludov. Imp. ad Legem Salicam § 1. [** Baluz. ann. 819. pag. 601. Pertz. ann. 817. pag. 211. cap. 10.] in Lege Bajwar. tit. 2. § 2. in Lege Anglior. tit. 7. § 4. tit. 14. 15. in Lege Saxon. tit. 15. in Lege Longobard. lib. 2. tit. 2. § 28. tit. 55. § 23. tit. 46. [** lib. 1. tit. 25. § 76. lib. 2. tit. 15. § 11. tit. 28. § 3. tit. 55. § 25. Ludov. Pii 23. 3. Carol. M. 132. 65.] in Capitul. Caroli Mag. l. 3. cap. 46. [** ex addend. ad. leg. Ripuar. ann. 803. cap. 8.] l. 4. cap. 27. [** 23.] Append. cap. 33. [** II, 34.] apud Baldricum in Chron. l. 3. cap. 57. in Charta Bald. Comit. Flandr. ann. 1038. apud Buzelinum lib. 3. Gallo-Flandr. cap. 20. in Charta Roberti Regis Franc. apud Doubletum in Hist. Sandion. pag. 826. etc. Vide *Campiones*.

Duellum autem *Campus* dicitur, quod in area ampliori et undique clausa, quam *Campum* vocabant, iniretur. Hinc *in Campo decertare*, in Capitul. 1. ann. 819. cap. 10. et l. 4. Capitul. cap. 23. Assisiæ Hierosolym. MSS. cap. 96 : *Et ains que la quarantaine soit, le Seignor doit avoir fait faire le Champ de 40. cannes de careure, et bien ygale, et clos de fossé et de palis, qui soit entour passé et lassé de cordes, si que aucun des chevaus ne porte son Seignor hors de Champ, ou qu'il n'en soit getté; tant que pais en soit faite.*

* *Champ*, eadem acceptione, usurparunt nostri. Charta ann. 1321. in Reg. 61. Chartoph. reg. ch. 123 : *De Champ formé, se on en fait paiz, quinze sols d'amende au seigneur; se on en est armez et couz en est ferus, et paiz en est faite, soissante soulz d'amende au seigneur : se li Champs est outrez, cil qui sera vaincuz sera en la volunté du seigneur de corps et d'avoir. Champs à articles*, Duellum quod certis conditionibus stat, apud Jac. *Valere* in Tract. nobilit. MS. *Joustes mortelles et à Champ*, apud Froissart. vol. 4. cap. 6. *Champ d'armes*, in Lit. remiss. ann. 1409. ex Reg. 163. ch. 364. Adde tom. 4. Ordinat. reg. Franc. pag. 297. art. 18.

¶ Campum Duelli Tenere, dicitur de Judice Duello præsidente, in quadam inquesta facta auctoritate Domini Regis Philippi ex Archivo B. Mariæ de Bono Nuncio Rotomag. : *Guillelmus de S. Audoeno habens annos circa septuaginta... dicit, quod vidit quoddam duellum de felonia in terra dictorum Religiosorum.... et quod Senescallus dictorum Religiosorum tenebat Campum duelli, et plures milites et armigeri et alii fuerint ibidem.*

¶ Campo Contendere, Singulare certamen inire, apud Muratorium tom. 1. Scriptor. Ital. part. 2. pag. 101. col. 2. B.

* Campum Prosequi, Duellum peragere. Charta Ludov. VII. reg. Franc. ann. 1152. in Chartul. Maurign. ch. 83. : *Cum abbas Landricus executionem Campi et bellum vellet adducere Maurigniacum Joscelinus contradixit; et hoc dicebat esse sui juris, quod homines sui extra ipsam villam cum hominibus ecclesiæ ad prosequendum Campum non deberent egredi....... Joscelinus Stampas veniens..... illud bellum quod detinuerat, concessit ut quo vellet abbas deduceret.*

Campire, Duellum inire, in campo et

arena monomachia decertare. Chronicon Besuense : *Fidelium suorum factus est conventus, insuper etiam Campiendi est dies statutus.*

4. **CAMPUS**, Ager, modus agri, nostris *Champ*, Italis *Campo*. Origines in Cantica Cantic. Homil. 3 : *Campus planities terræ dicitur, cui cultura adhibetur, et quæ excolitur ab agricolis.* Tabularium S. Remigii Remensis : *Sunt ibi Campi* 17. *ubi seminantur frumenti modii sigili* 30. Alibi : *Sunt ibi aspicientes inter majores et minores Campi* 56. *continentes mapp. centum, ubi possunt seminari de frumento modii* 24. *de sigilo modii* 30. *et semis, de spelta modii* 85. Occurrit ibi pluries. Charta ann. 1153. apud Ughellum in Episcopis Patavinis : *Offero illud feudum vestrum antiquum Camporum triginta sex.* Infra : *Secunda pecia Camporum undecim.* Adde eumd. tom. 5. pag. 742. Occurrit passim in Chartis. Vide *Cambo*.

* Campus Frigidus, Ager pascuus. Charta ann. 1500 : *Anthonius de Lage aü Chat vendidit..... quoddam pasturale seu Campum frigidum, vocatum lo Clau de Lestang.*

5. **CAMPUS**, Mercatus, nundinæ ; quia in *Campo*, et loco publico fiebant. Charta Ecclesiæ Narbonensis ann. 1250 : *Idem Amalricus in diminutionem jurisdictionis nostræ fecit bis teneri Campum de Saracenis venalibus, et aliis quibusdam rebus, de quo Campo habuit* 15. *millia solidorum, et amplius : qui Campus debet esse communis.*

Campus arvus. Vide *Fossinagar*, [** *Arvus Campus* et Marin. Pap. Diplom. pag. 279. not. 21.]

6. **CAMPUS**, Circulus, *Haga*. Vide *Haringus*.

7. **CAMPUS**, Locus juxta urbem, in quo rei ultimo supplicio multabantur. S. Augustinus lib. 1. contra Epist. Parmeniani cap. 8 : *Quinetiam audet conqueri Parmenianus, quod vos Constantinus ad Campum, id est, ad supplicium duci jussit.* Vide *Campus Martii*.

¶ 8. **CAMPUS**, in scutis gentilitiis, Gall. *Champ*; in pannis vero *Fond*, ut cum dicimus *Etoffe a fond d'argent, à fond d'or*, Pannus argenteus aureusve figuris distinctus, apud Rymer. tom. 7. pag. 577 : *Unum lectum de panno aureo de rubeo Campo cum foliis aureis operatis in quodam frecto albo.* Inventar. Ecclesiæ Noviom. ann. 1419 : *Item unus alius pannus aureus novus ad Campum asureum.* Inventar. Ecclesiæ Aniciens. ann. 1444 : *Item pannus aureus in Campo seminatus cum magnis compas, etc.*

9. **CAMPUS** Martii, et Madii, vel Magi, Comitia publica, seu generales Conventus, quos solebant primi Francorum Reges quotannis circa anni principium et Martio mense indicere, qui in patenti campo, et sub dio peragebantur, ex quo *Campi Martii* vulgo appellantur a Scriptoribus. Gregorius Turonens. lib. 2. Hist. Franc. cap. 27. et ex eo Flodoard. lib. 1. Hist. Rem. cap. 13. Aimoin. lib. 1. cap. 12. Auctor Vitæ S. Remigii, et Gesta Francor. cap. 10. de Clodoveo Rege : *Transacto vero anno jussit omnem cum armorum apparatu advenire phalangam, ostensuram in Campo Martio suorum armorum nitorem.* A Marte, quem Pagani Deum belli credebant, dictos ejusmodi Conventus scripsit Flodoardus loco laudato, et Auctor Vitæ S. Remigii Episcopi. Sed potior videtur eorum sententia, qui a Martio mense, quo peragebantur, dictum volunt. Chron. Fredeg. jussu Nibelungi scriptum, de Pipino : *Evoluto anno præfatus Rex a Kal. Mart. omnes Francos, sicut mos Francorum est, Bernaco villa ad se venire præcepit.* Charta Dagoberti Regis in Chron. Fontanell. cap. 1 : *Die Calendarum Martiarum, in Compendio Palatio.* Nec scio, an ab hoc die annos suos auspicarentur Franci, quod certe testari videtur Decretum Tassilonis Bajwar. Ducis cap. 2. § 12 : *Nec in publico mallo transactis tribus Kal. Martiis post hæc ancilla permaneat.* Vide Decretionem Childeberti Regis cap. 8. [** Eichhorn. Histor. Jur. German. § 122. 133. 161. 171.]

Quod vero *publicum mallum* dicitur, *Placitum* appellatur a Fredegario ann. 766. *Conventus* ab Aimoino lib. 4. de Gestis Franc. cap. 67 : *Bituricam veniens, Conventum, more Francico, in Campo egit. Conventus generalis*, ab eodem cap. 68. 70. 71. 85. *Conventus maximus*, in Chron. Moissiac. ann. 777. *Curia Gallorum*, in Diplom. Caroli Crassi. [** Vide Marcam de Concord. lib. 6. cap. 24. § 5. 6. 7.]

Sed id obtinuit prima stante Regum stirpe; postmodum enim, qui Kl. Martiis indicebatur Conventus, ad diem Kl. Maiarum relatus est a Pipino. Fredegar. ann. 766 : *Ibi placitum suum Campo Madio, quod ipse primus pro Campo Martio, pro utilitate Francorum instituit tenens, multis muneribus a Francis et Proceribus suis ditatus est.* Annum, quo hæc primum facta mutatio, notant Annales Francor. veteres tom. 2. Duchesnii pag. 7. Apud Labbeum tom. 2. Biblioth. pag. 734 : *Anno* 755. *venit Tassilo ad Martis Campum, et mutaverunt Martis Campum in mense Maio.* Unde postmodum passim appellatur *Magii Campus*, in Chron. Moissiac. ann. 777. 790. in Chron. Monast. S. Galli ann. 775. 776. 777. 781. et *Campus Madii* apud Fredegar. ann. 761. 766. Mutationis vero causam affert Auctor Vitæ S. Remigii Episc. quod videlicet hac anni tempestate potissimum bellorum expeditiones fierent : *Quem Conventum posteriores Franci Maii Campum, quando Reges ad bella solent procedere, vocari instituerunt.* In his enim publicis Conventibus Reges milites suos recensebant. Gregorius Turonens. loco citato : *Jussit omnem cum armorum apparatu advenire phalangam, ostensuram in Campo Martio suorum armorum nitorem.* Fredegar. ann. 766. de Pipino : *Usque ad Nievernum urbem cum omni exercitu veniens, ibique cum Francis et Proceribus suis placitum suum Campo Madio tenens.* Recensebant, inquam, Reges milites suos, quos nonnisi provecta tempestate in expeditiones educebant, cum ut plurimum *a Julio mense sumerent Gallicani procinctus exordia*, ut est apud Ammianum lib. 17. In iis etiam tractabatur de rebus publicis, et quæ ad Regum et regni statum spectabant. Fredegar. ann. 761 : *Omnes optimates Francorum ad Dura in pago Riguerinse ad Campo Madio pro salute patriæ et utilitate Francorum tractanda placito instituto, ad se venire præcepit.* Reges ipsi a proceribus et subditis dona et xenia accipiebant. Marianus Scot. ann. 750 : *Reges quippe* (Merovingi) *dicebantur; sed potestas Regni tota apud Majorem domus habebatur, excepto quod chartæ et privilegia Regis nomine scribebantur, et ad Martis Campum, qui Rex dicebatur, plaustrum bubus trahentibus vectus, atque in loco eminenti sedens, semel in anno a populis visus, publica dona solenniter sibi oblata suscipiebat, stante coram Majore domus, et quæ deinceps eo anno agenda essent, populis annunciante.* Chron. Hildesheimense eodem an. : *In die autem Martis Campo secundum antiquam consuetudinem dona illis Regibus a populo offerebantur, etc.* Eadem habent Annal. Fuld. sed errant Theophanes pag. 337. Andreas Sylvius ann. 662. et auctor Chron. Turonens. ann. 670. qui dum id ipsum narrant, *Campum Maii*, pro *Campo Martii* habent.

Transierunt postmodum ejusmodi Conventus a Francis ad Anglos. Leges Edwardi Confess. cap. 35 : *Statutum est, quod ibi debent populi omnes et gentes universæ singulis annis, semel in anno scilicet convenire, scilicet in capite Kal. Maii, et se fide et sacramento non fracto ibi in unum, et simul confœderare et consolidare, sicut conjurati fratres, ad defendendum regnum contra alienigenas, et contra inimicos, una cum domino suo Rege, et terras, et honores illius omni fidelitate cum eo servare, et quod illi ut domino suo Regi intra et extra regnum universum Britanniæ fideles esse volunt.* Cui quidem Conventui, etsi Kl. Maii iniretur, mansit tamen *Campi Martii* appellatio. Simeon Dunelm. de Gestis Angl. ann. 1094 : *Denuo in Campo Marcii convenere, ubi illi, qui sacramentis inter illos pacem confirmavere, Regi omnem culpam imposuere.* Eadem habet Bromptonus.

** *Campi* apud Saxones memorantur in Præcepto pro Trutmanno, si huic chartæ fides habenda est : *Ut resideat* (comes) *in curte, ad Campos, in mallo publico, ad universorum causas audiendas, etc.*

10. **CAMPUS** Martius, ita dicta amplior planities juxta majora oppida, in qua incolæ armorum exercitationi operam dabant, instar Camporum Martiorum juxta Romam, (nam octo habuisse auctor est P. Victor) quod pluribus probant Marlianus lib. 6. Topog. Rom. Rosinus lib. 6. Antiq. Rom. cap. 11. et alii. Vetus Inscriptio : *Qua in arcem eitur, Campum ubi ludunt, etc.* [Mauritius lib. 6. Strateg. cap. 2 : ὃν τρόπον ἐν τῷ Μαρτίῳ ποτὲ οἱ καβαλλάριοι ἔπαιζον ἐν τοῖς παραχειμαδίοις, ubi videndus Schefferus. Lactant. de Mortibus Persecut. num. 32 : *Maximinus postmodum scribit quasi nuntians, in Campo Martio proxime celebrato Augustum se ab exercitu nuncupatum.*] *Trevirensis Campi Martii* meminere Golscherus Monachus lib. 1. de Gestis Trevirorum cap. 4 : *Campus autem longitudine et latitudine spatiosus Martis vocabatur, ubi tyrones instruebantur.* De eo etiam agunt Nizo Abbas in Vita S. Basini Archiepiscopi Trevir. num. 5. et Joannes Even in Medulla Gestor. Trevir. fol. 51. *Veronensis*, Hieronymus *d'alla Corte*, in Histor. Veron. lib. 7. pag. 415. et Polycarpus Palermus lib. 1. de Patria Plinii cap. 5. *Tornacensis*, Vita S. Eleutherii Episcopi Tornacens. cap. 2. § 5.

Niciensis in Provincia, Joffredus in ejusdem urbis Notitia cap. 4.

Neque porro aliud fuit vasta illa et patens planities juxta Constantinop. versus Hebdomum, in qua erectum olim sublime Tribunal, ubi inaugurabantur et coronabantur Imperatores, quam κάμπον nude vocant Theodorus Lector Eclog. 1. pag. 181. Zonaras et Cedrenus, ubi de Basilisco, idem Cedrenus pag. 366. et 385. Chronicon Alexandr. pag. 738. Paulus Diac. lib. 14. et 16. et aliquot alii : quippe Constantinus Mag. novam Romam condens, non modo eadem, quæ Roma vetus habuit, ædificia in ea extruxit, sed et Campum addidit. Vide Velserum lib. 5. Rerum Vindelic. et Dissertationem nostram de Hebdomo Constantinopolitano num. 7.

¶ Campum Facere, Spolia dividere; hinc forte ducta locutio, quod hujusmodi divisiones in campis fieri solerent. Caffari Annal. Genuens. lib. 1. apud Murator. tom. 6. col. 253. A: *Postea vero* (deprædata civitate) *Januenses cum galeis et toto exercitu juxta Sulinum in plagia S. Pailerii venerunt, et Campum fecerunt, et de pecunia Campi decimam et quintam galearum primum extraxerunt* (f. extruxerunt.) *Aliud vero quod remansit inter viros de Tomilia diviserunt, et unicuique per partem solid.* XLVIII. *de pictaumis, et lib.* II. *piperis dederunt.* Lanfrancus Pignolus ad ann. 1266. eodem tom. col. 540 : *Et quum applicuisset Messanam, fecit ibi Campum fieri de rebus captis in prænominata civitate, quam ceperat et destrui fecerat. Quo Campo facto partem Galeottis assignavit, et aliis de galeis eis contingentem, et partem retinuit Communi Januæ.*

* Campus Indulgentiæ, *le Champ du pardon*, Locus juxta Rotomagum, sic dictus ob indulgentias iis concessas, qui processionibus ad hunc locum fieri solitis, intersunt. Vide Hist. Rotomag. part. 1. cap. 13. pag. 35. Lit. ann. 1367. tom. 5. Ordinat. reg. Franc. pag. 74 : *Ne in nundiniis, quæ sunt semel in anno in Campo indulgentiæ juxta villam prædictam, etc.*

* Campus Marracus. Charta Lotharii imper. ann. 845. inter Instr. tom. 5. Gall. Christ. col. 465 : *In pago Prisgaudi Nungingavilla, cum....... banno et Campo Mareaco, et omnibus justitiis.* Quæ sic emendanda sunt ex *Laguille* inter Instr. Hist. Alsat. pag. 5. [** Alsat. Diplom. num. 101.]: *In pago Prisgaudi Munhinga villa, cum...... banno et cyppo, marcato et omnibus justitiis.*

* Campus Martis, Locus in agro Dunensi. Vide infra *Mortua-Aqua.*

* In Campo, Gall. *Sur le Champ*, Confestim, extemplo. Stat. Saluciar. collat. 1. cap. 6 : *In causis pedaneis et levibus nulla est visio octorum, et quæ summarie in Campo possunt decidi.* Occurrit præterea apud Gerson. de Potest. ecclesiast. cap. 15.

* Campus Arctus, Gall. *Champ estroit*, Ludi genus, cujus mentio fit in Lit. remiss. ann. 1446. ex Reg. 195. Chartoph. reg. ch. 56 : *Lesquelz compaignons se prindrent à jouer l'un à l'autre à ung jeu, que on dit Champ-estroit.*

* Campus Avenæ, vel *Candavene*, Cognomentum cujusdam Radulfi, in Ch. ann. circ. 1200.

* Campus, pro Cœmeterium, in Serm. de S. Petro Acot. tom. 6. Sept. pag. 655. col. 1.

¶ **CAMPUTA.** Vide *Cambuta.*

¶ **CAMSARE.** Vide *Campsare.*

¶ **CAMSELLUS,** Camsila, Camsile, Camsilis, Camsilus. Vide in *Camisa.*

¶ **CAMTUS.** Vide *Cantus* 2.

* **CAMUATHE,** Polonica vox. Stat. Vladisl. Jagel. ann. 1420 inter Leg. Polon. pag. 80 : *Frequenter solet evenire, quod nobiles seu plebei borea, silvam aut gajum, dictum zapusta, cujuscumque ex industria intrantes, aut casu Camuathe, alias pozarem, succendunt, etc.*

CAMUCUM. Vide *Camoca.*

* **CAMVERCINI,** f. pro *Cawercini*, Mercatores propter fœnerationem usurariam famosi. Concil. Trevir. ann. 1227. apud Marten. tom. 7. Ampl. collect. col. 117 : *Ne pecuniam suam ad Camvercinos vel Judæos ponant propter lucrum.* Et col. 118 : *Item præcipimus districte ut se contra Camvercinos, et alios usurarios, ita habeant ut in generali concilio est statutum.* Vide *Caorcini.*

* **CAMUFAGIUM,** Arboris species, Carpinus, Gall. *Charme.* Glossar. Lat. Gall. ann. 1352. ex Cod. reg. 4120 : *Camufagium, Charme.*

¶ **CAMVIATIO,** pro *Cambiatio*, Permutatio, apud Baluzium tom. 2. Hist. Arverniæ pag. 14. ex Chartulario Abb. S. Hilarii Carcasson. Vide *Cambiare.*

* **CAMULEUS,** Vehiculi genus, traha, Gall. *Traineau, haquet.* Poggii Braccol. Hist. lib. 7. apud Murator. tom. 20. Script. Ital. col. 398 : *Inde ex flumine deductas* (triremes) *junctis turribus machinisque subditis Camuleis, usque ad lacum quemdam parvulum ...... funibus perduxerunt.* Vide supra *Campolus* 2.

¶ **CAMUM,** Species potionis ex hordeo et aliis frugibus confectæ. Ulpian. l. 9. ff. de trit. vin. ol. : *Si quis vinum legaverit... nec Camum, nec cerevisia continebitur, nec hydromeli.* Cujacius Observat. lib. 24. cap. 39. adducit Simeonem Januensem qui doceat, *Camum fieri ex hordeo et aliis frugibus et Fucam Arabice vocari, vulgo in Græcia Phocadium, et esse cerevisiæ speciem.* Verba hæc allegat : *Cerevisia, Camum, Foca.* Item : *Camum, Sicera, Potus factus ex hordeo et aliis rebus calidis, ut sunt zinziber et similia, quæ ponuntur in testaceis parvis bene obturatis, et cum aperiuntur, salit in altum, et vo atur Cerevisia.*

* Quæ ad hanc vocem notantur prætermittenda prorsus erant, ut pote jam observata in *Camba* 3. Vide ibi.

* **CAMURIS.** Glossar. vet. ex Cod. reg. 7641 : *Camuribus, brevibus cornibus.* Vide *Camyrus.* [** Placid. ap. Maium Classic. Auctor. vol. 6. pag. 556 : *Camiris, introrsus respicientibus curva, unde camiris cornibus; contraria patula dicuntur Camiris cornua flexibus rotunda.* Hæc ex Servio. Vide Forcellinum.]

¶ **CAMUZZUM,** Genus panni. Index Onomast. ad calcem tomi 3. Act. SS. Junii.

¶ *Camuza* Hispanis, Rupicaprina pellis.

¶ **CAMYRUS,** Curvus. Humbert. Card. lib. 3. adv. Simoniacos cap. 6. apud Marten. Anecdot. tom. 5. col. 779 : *Quid enim ad laicas pertinet personas Sacramenta ecclesiastica, et pontificalem seu pastoralem gratiam distribuere, Camyros scilicet bacculos et anulos quibus præcipue perficitur, militat et innititur tota Episcopalis consecratio?* Est pro *Camurus*, quod habet Virgil. Georg. 3. ubi vult, ut eligendi bovis sit :

> Tum longo nullus lateri modus, omnia magna,
> Pes etiam, et Camuris hirtæ sub cornibus aures.

Vide ibi Servium.

CAN. Vide Leonardum Fuchsium lib. 1. Paradox. medecin. cap. 35. præterea *Caganus.*

1. **CANA,** Mensura. Vide *Canna.*

¶ 2. **CANA,** Canum, in infeodationibus terrarum, præsertim ab Ecclesia possessarum, est plerumque in usu, pro debito aut reditu, qui solvitur superiori aut domino terræ, et speciatim Episcopis et Ecclesiasticis, sive id sit frumentum, zytum, sive aliud quippiam genus cibi, sal, aut quædam pecuniæ summa. Joannes Skenæus de Verborum significatione pag. 34.

* Idem videtur quod *Canon* 1. Solemnis et antiqua præstatio. Charta David. reg. Scot. in Chartul. eccl. Glasguens. ex Cod. reg. 5540. fol. 10. v°. : *De quibus terris præfata Glasguensis ecclesia redditus et Canum percipere consueverat. Sicut servientes mei Cana et rectitudines meas..... recipiunt*, in Ch. Willelmi itidem reg. Scot. ibid. fol. 75. v°.

* 3. **CANA,** Mensura liquidorum, vas vinarium. *Channée*, in Lit. remiss. ann. 1335. ex Reg. 69. Chartoph. reg. ch. 331 : *Et quant il viennent* (les habitans de Guerreville) *ausdiz pressoers ou l'un d'yceus, le seigneur en prent une Channée de vin franchement, et le remanant de tout le vin du marc moitié à moitié.* An inde etiam vox *Changoint*, qua mensura salis significatur, in aliis Lit. ann. 1459. ex Reg. 188. ch. 114 : *Icellui Laurens demourast exempt et sans rien paier par l'espace de onze ans, excepté deux Changoints de sel par chacun an.* Comput. MS. eccl. S. Vulfr. ann. 1357. fol. 8. r°. : *Pro una Cana vini præsentata uxori Petri Penllon, qua die nupciavit, iij. sol. viij. den.* Vide *Canna* 4.

* 4. **CANA,** Cannabis, ut videtur. Telon. S. Bert. : *De Cana, quam mercator super collum portat, j. den. De Cana, quæ super currum portatur, iiij. den.* Tabul. S. Vict. Massil. : *Donamus totum decimum, quem habemus infra ipsas casas, id est, de carne, de Cana, et de lino. Chavenys*, perperam pro *Chanevys*, vel *Chenevi*, in Lit. ann. 1315. tom. 2. Ordinat. reg. Franc. pag. 600. Vide *Canna* 6.

¶ **CANA** Mellis. Vide *Canamellæ.*

¶ 1. **CANABA,** Penus, cella vinaria. Vita S. Columbæ Abb. tom. 2. Junii pag. 211 : *Unde in eodem loco ante januam Canabæ crux infixa est.* Vide *Canava* 1.

¶ 2. **CANABA,** Cannabis, Gall. *Chanvre.* Hist. MS. S. Cypriani Pictav. fol. 189 : *Decimæ totius parrochiæ, annonæ, leguminum, lini, Canabæ, etc.* Charta anni 1239. apud Stephanotium tom. 3. Antiq. Pictav. MSS. pag. 905 : *Decima vini... Canabarum, etc.* Vide *Canava* 2.

¶ Canabacius, Eadem notione, Tela cannabina, Gall. *Canevas.* Charta Communiæ Balneoli ann. 1208 : *Centenarius de Canabaciis* III. *denar.* Statuta Massil. pag. 391 : *Constituimus... quod nullus qui Canabacios crudos vel albos in Massilia vendendos attulerit, possit vel audeat illos Canabacios vendere nisi per centenaria, nisi forsan eosdem Canabacios venderet ad minutum... addentes præterea huic capitulo, ut centenaria Canabaciorum alborum, nigrorum, et brunorum intelligantur de centum cannis centenariorum.*

¶ CANABASIUM, vel *Canabasius*, apud Rymer. tom. 15. pag. 3. col. 2 : *Canabasio vocato Canvas.* Vide *Canevasium* in *Canava* 2.

¶ CANABARIA, Locus in quo seritur *Cannabum*, Gall. *Cheneviere*. Polyptych. Fiscam. ann. 1235 : *Guillebertus... tenet duas Canabarias, unde reddit* XII. *den.* Vide *Canevaria* in *Canava* 2.

¶ CANABUM BATUTUM, Cannabum tritum, Gall. *Broyé*, Stamen cannabi a cortice separatum. Extenta jurium Comitis Sabaudiæ ann. 1309. Hist. Dalphin. tom. 1. pag. 98. col. 1 : *Quælibet bestia onerata telis... pelliceria aptata, lana lavata, Canabo Batuto, et similibus debet pro pedagio duodecim denarios.*

CANABULA, Vox Agrimensorum, quæ apud Frontinum non semel occurrit : *Finitur arcarum, riparum, Canabularum, sive novercarum, muris, maceriis, etc.* [Canabulæ, loca sunt aspera et inculta. Vide Rigaltii Glossarium Agrim. a Goesio editum pag. 292. Antiquarium Jani Guill. Laurenb.] [** et Forcellin.]

* CANABALE, Ager, in quo cannabum crescit, Gall. *Cheneviere*. Charta ann. 1340. in Reg. 71. Chartoph. reg. ch. 419 : *De annua pensione super quibusdam terris sive Canabalibus, circumcirca dictum columberium situatis.* Infra : *Canabalia sive terras, etc.* Alia ann. 1367. ex Reg. D. de Clairambault : *Quittamus Stephano Daois...... duo Canabalia nostra, unum quorum...... situm est inter Canabale seu terram Guillelmi Sayral, etc.* Vide mox *Canabana*.

* CANABANA, CANABENA, CANABINA, Voces ejusdem notionis et originis atque *Canabale* supra. Obituar. eccl. Lingon. ex Cod. reg. 5191. fol. 204. r°. : *Una cum duabus falcatis, uno jornali terræ, et una Canabena circa dictum molendinum.* Ibid. fol. 229. r°. : *Item super unum amplateatum cum Canabana retro.* Charta ann. 1270. in Chartul. ejusd. eccl. ex Cod. reg. 5188. fol. 172. v°. : *Erardus de Ortis domicellus..... recognovit se..... imperpetuum concessisse Guidoni episcopo Lingonensi...... quartam partem..... Canabinarum.* Vide *Canaba* 2.

* CANABARIUM, ut supra *Canabale*. Testam. Romei de Villanova ann. 1250 : *Item uxori Borgondioni quondam confiteor debere pro Canabariis quinquaginta libras Raymonetas.*

* CANABASERIUS, CANABASSERIUS, nostris *Canabasseur*, Telarum cannabinarum, aliarumve ex cannabe rerum artifex et mercator. Charta ann. 1333. ex Bibl. reg. cot. 2 : *Accedens ad operatorium Bernardi Sepimani Canabaserii Narbonæ, etc.* Comput. ann. 1412. inter Probat. tom. 3. Hist. Nem. pag. 205. col. 1 : *Solverunt Petro de Lernaco Canabasserio pro octo ternalibus ciricis rubei coloris, etc.* Lit. remiss. ann. 1451. in Reg. 185. Chartoph. reg. ch. 176 : *Pierre Lauri marchant Canabasseur, demourant en la ville de Besiers, etc. Chanevacier*, eadem acceptione, in Poemate cui titulus : *Le Dit du Lendit* apud D. *Le Beuf.* tom. 3. Hist. urb. et diœc. Paris. pag. 261. *Chanevassier*, in Costum. Paris. ex Reg. sign. *Pater* Cam. Comput. fol. 256. r°. : *Chanevassiers de chascune piece de toilez, de napes, de touailles, etc. j. den.* Vide *Canava* 2.

* CANABENA. Vide supra *Canabana*.

* CANABERIA, Ager, in quo cannabis crescit, idem quod supra *Canabana*. Lit. admort. Caroli V. ann. 1376. in Reg. 109. Chartoph. reg. ch. 214 : *Item supra quandam Canaberiam apud Angeletum, quam tenet Guillelmus Picardi, sex solidos.* Vide *Canabaria* in *Canaba* 2.

* CANABESUM, Cannabum, Gall. *Chanvre*, Picardis *Canvre*. Charta ann. 1103. tom. 2. de Usu feud. pag. 726 : *Sesteralitium dono vobis de omni blado, et de omni legumine, et de farina, et de linoso et de Canabeso, etc.* Vide supra *Canabosium*.

* CANABETUM, *Canavaria, Cheneviere*, in Glossar. Gall. Lat. ex Cod. Reg. 7684. Vide supra *Canabale*.

* CANABINA. Vide supra *Canabana*.

* CANABIS, ERIS, pro Cannabis. Inventar. S. Capellæ Paris. ann. 1376. ex Bibl. reg. : *Item sunt plures panniculi de lino et Canabere pro ymaginibus in Quadragesima cooperiendis.* Invent. Gall. : *Item plusieurs draps de Chanvre ou de lin, etc.*

* CANABOSIUM, ut supra *Canabesum*, Cannabum. Stat. Montis-reg. pag. 317 : *Statutum est quod quælibet persona, quæ extrahere voluerit de posse civitatis Montisregalis aliquam quantitatem Canabosii...... Possint et valeant impune et sine solutione extrahere Canabosium pro eorum usu.*

* CANABUS, a Gr. κάναβος, Arundo, in qua ludentes pueri equitant. Vita S. Walth. tom. 1. Aug. pag. 251. col. 1 : *Prior natu Simon..... ascendens Canabum velut sonipedem suum, et virgulam quasi lanceam accipiens et vibrans, cum coætaneis suis circa fictitii et imaginarii castelli custodiam et defensionem solicitus, militiam simulabat.* Vide Martin. Lexic. in hac voce.

* CANACA, Ornamentum muliebre. Math. de Aflict. decis. 315 : *Maritus mittit uxori suæ, quando est in domo patris vel fratris,...... Canacam auream, torquem aureum, cathenam auream, manilias aureas.*

¶ CANACHENUS, Fur, Gall. *Voleur. Obserata pandentes Canacheni*, apud Arnobium lib. 6. pag. 208.

¶ CANADA, Vas, lagena, poculum. Testamentum Manigundis Langobardæ ann. 742. apud Mabillon. tom. 2. Annal. Benedict. pag. 704 : *Ut pro omni anno per ferias de Domini Nativitate debeant dare illa Abbatissa, qui pro tempore in ipso Monasterio præordinata erat, perpetuis temporibus usque in perpetuum, candelas duas, valente denarios quatuor, Canadas duas de vinum, seu et oblatas duas, etc.* Vide *Canna* 3.

¶ CANADELLA, Parva Canada. Leges Palatinæ Jacobi II. Regis Majoric. inter Acta SS. Junii tom. 3. pag. LXXII : *Tres calices cum Canadellis suis sint de auro*, hoc est, urceolis ad Missam usurpandis, quos alii *Ampullulas* vocant, Gall. *Burettes*.

¶ 1. CANAGIUM, Idem quod inferius *Canaria*, Gall. *Chienage*. Charta Walteri de Avenis in Hannonia ann. 1311 : *Concedens ei pro villa quæ dicitur de Marignes, quidquid tenui in villa quæ dicitur Bayres, videlicet sanguinem et burinam et altam justitiam, Canagium et panagium.* [** Vide Haltaus. Glossar. German. pag. 979.]

* 2. CANAGIUM, Jus ponendi *cannas* seu palos in fluvio piscium capiendorum gratia, et præstatio quo ob id solvitur. Charta Henr. reg. Angl. pro monachis Montisburg. in Reg. 119. Chartoph. reg. ch. 42 : *Recipiunt..... decimam totius Canagii de aqua de Vernum integre et plenarie.* Vide infra *Canatus* et *Cannitia*.

CANALATUS, Striatus, canalium ductibus instructus, Gall. *Canelé*. Vita S. Isidori Hispalensis Episcopi num. 4 : *In ore putei erat quoddam lignum continuis cordarum sectionibus in aquis hauriendis Canalatum.* Infra : *Ut mihi digneris disserere, rogo, quis, vel ad quid... istius ligni Canales facti fuerunt.* Mox : *Lignum frequenti cordarum ductu in aquis hauriendis Canalatum.*

* CANALE, *Chenal ou goutiere*, in Glossar. Lat. Gall. ex Cod. reg. 7679. *Chanal* apud Dumbenses iisque vicinos dicitur Nemus, silva. Charta ann. 1452. ex Tabul. Torchner. : *In Canali Melin unam meiteratam terræ, etc.*

** CANALEGA, ut *Canagium*, 2. Chart. antiqua in Hispan. sacr. vol. 38. pag. 281 : *Cum mulinis et Canalegis in Cuvia flumine.* Vide S. Rosa de Viterbo Elucidar. tom. 1. pag. 232.

* CANALETA, Infundibulum, seu ejus pars inferior quæ canalem refert. Stat. Saluciar. collat. 5. cap. 128 : *Quod quilibet molinarius, cum suum molendinum martelaverit, teneatur implere Canaletam de suo farinacio, donec sit æqualis.*

¶ CANALETUM, Parvus canalis, aquæductus, Ital. *Canaletto*. Memoriale Potestatum Regiens. ad ann. 1282. apud Muratorium tom. 8. col. 1153 : *Item eodem anno et tempore factum fuit, et muratum unum Canaletum aquæ per mediam plateam communis, et ducebatur ad cameras palatii novi capitanei populi Reginorum, et conductum fuit per stratam Regalem ante domos Dominorum de Lupicinis, et ductum fuit in canale de Cantano, qui vadit ad sanctum Nazarium.*

1. CANALIS, Via publica, δημόσιος ἀγωγός, in Gloss. Lat. Græcis. Lex 15. Cod. Theod. de Cursu publ. (8, 5.) : *Neque tamen sit cujusquam tam insignis audacia, qui parangarias, aut paraveredos in civitatibus ad Canalem audeat commovere, quo minus marmora privatorum vehiculis provincialium transferantur.* Id est, nemo audeat paraveredos, qui ad transversas vias destinati sunt, ad vias publicas *commovere*, seu, ut vulgo loquimur, *faire marcher*, (ita enim hæc vox rursum hac notione usurpatur in leg. 14. eod.) quo minus privati marmoribus convehendis ædium suarum cultui consulere non possint. Is enim sensus est legis istius, si non fallor : neque aliter accipiendi *Canales publici*, in leg. 2. eodem Cod. de Curiosis (6, 29.), quidquid reclamet vir doctissimus

his locis *Canales* intelligi παρόδους seu vias transversarias, quæ in regias seu basilicas influunt. Ita pariter accipienda hæc vox in Concilio Sardic. can. 20 : Ἐὰν ἕκαστος ἡμῶν τῶν ἐν τοῖς παρόδοις, ἤτοι καναλίῳ, καθεστώτων ἐπισκόπων θεασάμενος ἐπίσκοπον, ἐπιζητοίη τὴν αἰτίαν τῆς παρόδου, etc. Id est, ut Episcopi, qui in viis publicis, (ἐν παρόδοις, *dans les passages*) et qua ceteri Episcopi, qui ad Comitatum veniunt, transire solent, eos, si forte per suas diœceses transire contingat, de itineris causa interrogent. Nos diceremus, *les Evesques qui sont sur le chemin de la Cour.* Quo sensu Athanasius Apol. 2. quosdam Episcopos, qui ad Sardicensem Synodum convenerant, ait fuisse ἐν τῷ καναλίῳ τῆς Ἰταλίας, id est, ex parte Italiæ, seu qui ex Italicis viis huc pervenerant. Vocem hanc in Concilio Sardicensi a veteribus haud intellectam arguunt interrogationes aliquot in veteri Codice Canonum Bibl. Regiæ, qui fuit S. Petri Pictavensis : *Illud etiam omnino dinoscere desidero... qualiter illud intelligendum sit, quod in Sardicensi Concilio cap. XI. legitur, ut qui in Canali sunt Episcopi.* [** Cod. reg. 2685. fol. 48 : *Episcopi vero qui in Canalibus sunt, hi sunt qui intra montium claustra civitates habent. Canalis enim dicitur locus in publica via inter montis situs.*] Scribit Constantinus Porphyrogen. lib. de Admin. Imp. cap. 34. Regionem in Dalmatia, *Canalem* appellatam, sic dictam Sclavorum lingua, a voce quæ ἀμαξιάν, seu viam plaustralem sonat, quia, inquit, διὰ τὸ εἶναι τὸν τόπον ἐπίπεδον, πάσας αὐτῶν τὰς δουλείας διὰ ἁμαξῶν ἐκτελοῦσιν. Sed Latinæ vocis vim haud percepit eruditus Princeps. Nec scio, an *Canalis* vox capi debeat pro via publica in Charta anni 1000. apud Ughellum in Episcopis Bergomensibus : *Quicquid decimum exinde annue dominus dederit, exceptis illis, quæ in Canale ad Præpositatum et ad alias Capellas pertinent.* Vide Cujacium lib. 19. Observ. cap. 19. et infra in *Via vicinalis.*

Canales, ubi Monachi pedes lavant. Bernardus Mon. in Consuet. Cluniac. MSS. cap. 77 : *Ad signum majoris Missæ in Claustro nos discalceamus prope Canales, ut lavaturis sint in promptu.*

* 2. **CANALIS**, Cavum, Gall. *Trou, creux.* Guido de Vigev. MS. de Modo expugnandi T. S. cap. 6 : *Et super ipsis duabus perticis sive trabibus fiant duæ Canales in duobus orlis firmatis super ipsis duabus perticis.*

* Canalis Infirmitas, Morbi genus a medicis *Tenesmus* dictum, Continua cupiditas egerendi excrementa, cum interim nihil præter materiam cruentam et mucosam egeratur, ut observant docti Editores. Acta beati Amadei tom. 2. Aug. pag. 588. col. 1 : *Dum... infirmaretur quadam infirmitate, quam vulgus appellat infirmitatem Canalis, medici autem eam appellant infirmitatem tenusmorum quodammodo incurabilem, a qua paucissimi, ut dicitur, curantur et liberantur.*

¶ **CANAMALA**, *id est, Gidomalia.* Papias MS. Vide *Canamellæ.* [** Gloss. antiq. ap. Maium Classic. Auctor. vol. 6. pag. 513 : *Canamaula*, (al. cod. *conamaula*) *Languinem habentes id est cidoniæ.* Cod. reg. 7644 : *Gidomala.* Lege *Cana mala.* Vide Forcellinum in *Cotoneum* et *Cydoneus.*

CANAMELLÆ, Scriptoribus, Arundines, unde elicitur *zacharum*, seu *zuccarum*, vel, uti a plerisque nuncupatur, *mel silvestre;* unde a *canna* et *melle* dictam *Canamellam* putant Fulcherius Carnot. lib. 1. cap. 21. Auctor Hist. Hieros. 2. part. pag. 595. Jacobus de Vitriaco lib. 1. cap. 53. et 84. Brokardus in Descript. Terræ Sanctæ, etc. *Canna mellis* dicitur Constantino Africano lib. 5. Commun. locorum medic. cap. 18. Μέλι τὸ καλάμινον τὸ λεγόμενον σάκχαρι, apud Arrianum in Periplo maris Erythræi. Est autem *Canna*, quod Græcis σύριγξ unde nostri *Canelle* effinxerunt, *casiam indicam* ita vocantes, quod ex cannis eruatur, Græcis Scriptoribus, μάννα καλάμου Ἰνδικοῦ dicta. [** Conf. Isidor. Origin. lib. 17. cap. 7. sect. 58.]

Cannamella, vero est caudex nodosus, spongiosa plenus materia, cortice tenui, dulci succo, qui sic exprimitur. Caudex totus frustatim minutimque conciditur, deinde torculari appressus succum reddit, qui in cacabum mundissimum dimissus, igni supposito concoquitur et expurgatur. Purgatus vero in figulinis vasis reconditur, ubi, cum refrixerit, in saccharum laudatissimum coalescit. Albertus Aquensis lib. 5. cap. 37 : *Calamellos ibidem mellitos per camporum planitiem abundanter repertos, quos vocant Zucra, suxit populus, illorum succo et vix ad saturitatem præ dulcedine expleri hoc gustato volebant. Hoc enim genus herbæ summo labore agricolorum per singulos excolitur annos : deinde tempore messis maturum mortariolis indigenæ contundunt, succum colatum in vasis suis reponentes, quousque coagulatus indurescat sub specie nivis vel salis albi, etc.* Occurrit præterea vox hæc *Zucra* lib. 10. cap. 35. Willelmus Tyrius lib. 13. cap. 3 : *Canamellas, unde pretiosissima usibus, et saluti mortalium necessaria maxime conficitur zachara.* Observat Sanutus lib. 1. part. 1. cap. 2. ejusmodi *Canamellas* et *zuccara* nasci in terris Sultano subjectis, de quibus *ipse magna percipiebat pedagia*, præterea in Cypro, Rhodo, Morea, et Sicilia. De *Cannamellis*, quæ in agro Panormitano in Sicilia nascuntur, sic Hugo Falcandus in Præfat. ad Hist. de Calamit. Sicil. : *Occurret tibi mirandarum seges arundinum, quæ Cannæ mellis ab incolis nuncupantur, nomen hoc ab interioris succi dulcedine sortientes. Harum succus diligenter et moderate decoctus, in speciem mellis traducitur, si vero perfectius excoctus fuerit, in saccari substantiam condensatur.* Molendina porro ad ejusmodi cannas confringendas Siculi voce Saracenica *Massara* vocabant. Charta Guillelmi Regis Sicil. ann. 1176. apud Rocchum Pirrum in Archiep. Montis-Regalis : *Molendinum unum ad molendas Cannas mellis, quod Saracenice dicitur Massara.*

Qui saccharum hodie nominari audit, inquit Salmasius lib. de Saccharo, hanc eamdem appellationem in antiquorum scriptis legit, non exquisito, an res antiqua eadem sit cum nova. Saccharum veterum illud est, quod hodie vocatur apud Indos *Sacar manbu*, quod in arundine Indica arboreæ ac vastæ proceritatis sponte crescit. Quod saccharo hodierno prorsus disconvenit, quod esse factitium constat succo expresso ex arundine parva et molita, qui succus postea coquitur ac cogitur in eam, quam videmus, duritiem. Neque aliud est saccharum ab eo, quod Achmes cap. 243. vocat σαχαρικκινικὸν, τὸ λεγόμενον παλοῦδιν, quod in paludibus ejusmodi arundines nascantur. Vide [Leonardum Fuchsium lib. 1. Paradox. Medicin. cap. 37. et] Salmasium ad Solinum pag. 1312. et in libro de Manna et Saccharo.

Cannetta, seu Cannetum, in laudata Charta ann. 1176. et aliis Siculis, locus est, ubi crescunt ejusmodi *Canamellæ.*

¶ **CANAMENTUM**, Species cantici. Acta SS. Junii tom. 3. pag. 584. de S. Potentino : *Cum hymnis et canticis et cum Canamentis.* Vide *Cantamen.*

¶ **CANANA**, pro *Canava*, Cella vinaria. Acta S. Austregisi i, tom. 5. Maii pag. 230. * : *Custos Cananæ illius, cum introisset in cellarium considerare, si salva essent vasa cum musto.*

* 1. **CANAPA**, Cella vinaria. Gualv. de la Flamma apud Murator. tom. 12. Script. Ital. col. 1033 : *Non erant cellaria sive Canapæ de vino; sed erant contenti solis promptuariis.* Bareleta serm. in fer. 6. hebd. 3. Quadrag. : *In Canapa vadit* (avarus) *mensurat vinum cum harundine in vegete.* Vide *Canava*, 1.

* 2. **CANAPA**, Canepa, Cannabis, vox Italica. Stat. Astæ ubi de Intrat. portar. : *Canapa aspalmata sive destegliata solvat pro quolibet rubo lib. j. Canepa grossa, non laborata solvat pro quolibet rubo sol. xv.* Hinc

* **CANAPALE**, Ager, in quo *canapa* seu cannabis crescit. Stat. Montis-reg. pag. 228 : *Cesiæ.... quæ viderentur nocere vineæ, horto, vel Canapali consortis, debeant removeri.* Occurrit etiam in Stat. Saluc. collat. 7. cap. 193. Vide supra *Canabale.*

* **CANAPARIUS**, Qui cellæ vinariæ curam habet. Stat. colleg. Fuxens. Tolos. ann. 1457. ex Cod. reg. 4223. fol. 235. r°. : *Ordinamus ut in dicto collegio sit unus panaterius, Canaparius sive buticularius, qui ad mandatum rectoris........ diligentiam circa custodiam panis et vini adhibeant.* Vide supra *Canapa* 1.

¶ **CANAPATIUM**, Canaparium. Vide in *Canava* 2.

* **CANAPE**, Funis cannabaceus, rudens. Tract. MS. de Re milit. et mach. bellic. cap. 90 : *Canape capsam levans aqua balneatur : tunc Canape restringitur ac excurtatur, et excurtato Canape campana elevari potest ad locum deputatum.*

* **CANAPERIA**, Gall. *Cheneviere*, Ager, ubi cannabis crescit. Stat. Avellæ ann. 1496. cap. 46. ex Cod. reg. 4624 : *Quæ extraxerit seu exportaverit alienum canapum..... in et de aliena Canaperia, etc.* Vide infra *Canapina.*

* **CANAPERIUM**, Eadem notione. Terrear. Bellijoc. fol. 171. v°. : *Canaperium ejusdem Anthonii de Doza ex Borea.* Charta ann. 1501. ex schedis Pr. *de Mazaugues : Quod ipsi homines servient..... pro qualibet Canaperio, grossum unum.*

¶ **CANAPEUM**, Umbraculum, a Græco Κωνωπεῖον, Genus retis ad excludendos culices in lecto jacentium obtendi solitum; unde Anglicum *Canapy*, non parum deflexo sensu, inquit Skinner, lecti ὑπερπέτασμα, seu Prætentum, umbella, umbraculum, cœlum aut οὐρανίσκον, imminens principum capitibus in pompis, ipsiusque Christi corpori, cum defertur solemniter, Gall. *Dais*. [* Glossar. Provinc. Lat. ex Cod. reg. 7657 : *Canapeum, pro cultibus et mistis reticulata cortina.*] Apud Rymer. tom. 9. pag. 273 : *Etiam unum Canapeum de nigro et rubeo tartaryn depictum cum leonibus et cignis, cum omni apparatu ad portandum in Dominica in Ramis Palmarum supra Corpus Christi.* Nostris *Canapé*, Bisselium est, vel ut alii exponunt, Scimpodium.

* **CANAPEUS**, Cannabinus, Gall. *de Chanvre*. Inventar. S. Capellæ Paris. incerti ann. ex Bibl. reg. : *Item plures panni linei seu Canapei ad involvendum ymagines, etc.* Vide supra *Canapa* 2.

* **CANAPINA**, ut supra *Canaperia*. Charta ann. 1157. apud Cenc. inter Cens. eccl. Rom. : *Cum..... domibus, ortis, Canapinis, etc.* Ubi Murator. edidit *Canipatinis* tom. 1. Antiq. Ital. med. ævi col. 676. Rectius in Ch. ann. 1236. ibid. col. 697 : *Cum.... terris, hortis, vineis et Canapinis, etc.* Pro ipsa Cannabe, vide in *Canava* 2.

¶ **CANAPINA**, Canapinea. Vide in *Canava* 2.

¶ **CANAPIS**, pro *Canabis*, Gall. *Chanvre*, legitur in Præcepto Philippi IV. Franc. Regis ann. 1304. Charta anni 1380. apud Ludewig. tom. 1. Reliq. MSS. Mandato Philippi *Goupil* ann. 1482. ex Archivo B. M. de Bono Nuntio Rotomag. Inventario Eccl. Anic. ann. 1444. Charta Consulum Tolosæ ann. 1192. Consuetud. MSS. ejusd. urbis fol. 29. v°. e Bibl. D. *de Crozat*, et alibi.

¶ **CANAPIUM**, Tela cannabina, Gall. *Canevas*. Acta S. Yvonis, tom. 4. Maii pag. 547 : *Cum quodam coopertorio parvi valoris de Canapio.* Vide *Canava* 2.

¶ **CANAPTURA**, Λυχναψία, *Accensio lychni*. Supplem. Antiquarii. Mendose apud Martinium *Canaplura*. Scaliger in Moretum opinatur *Canapturam* dici, quod ex cannabis stupa accenderetur ignis; pro quo Martinius mallet *Carpturam*, quod lucubrum fieret ex *carptis* linamentis. Hujus, si tanti est, Lexicon consule.

¶ **CANAPUM**, pro *Cannabum*, apud Papiam, et supra in voce *Buringi*. *Canapum brisatum seu tritum*, in Consuetud. Lemovic. art. 71.

¶ 1. **CANAPUS**, Funis, rudens, Ital. *Canape*, Gall. *Cable*. Boncompagnus de Obsidione Anconæ cap. 4. apud Murator. tom. 6. col. 931 : *Intravit quidem repente mare, veniensque natando cum quadam bipede in manu, cœpit abscindere maximum Canapum, qui ex una parte ligatus erat in prora navis.*

¶ 2. **CANAPUS**, Species leguminis, ut videtur. Usus Fuldenses : *Cellerarius in refectorio omni die quadragesimali Canapum cum rapis vel cepis; aut fabas cum pisa contusa ministrabit.* [* F. idem quod Napus.]

CANARDUS, Majoris navigii species. Ordericus Vitalis lib. 8. pag. 703 : *Quatuor naves magnæ, quas Canardos vocant, de Nortwegia in Angliam appulsæ sunt.* [** Vide Jal. Antiq. naval. vol. 2. pag. 261. Island. *Kani*, German. *Kahn*, est Cymba.]

¶ **CANARIA**, Jus, quod domini in vassallorum prædiis habebant, ratione cujus iidem vassalli et subditi canes dominorum excipere et alere tenebantur. Charta Rainaldi Comitis Burgundiæ ann. 1050. in tom. 9. Spicilegii Acheriani : *Dimitto... consuetudinem, quam pater meus et ego accipiebamus ritu temerario in quadam potestate eorum, quæ dicitur Cussiacus, ad equos nostros, sive ad canes, quam vulgo Marescalciam et Canariam appellant. Mansio Canum* dicitur in Charta Amalrici Comitis Ebroïcensis, in Tabul. S. Maglorii Paris. : *De cervorum insuper et cervarum omnium venatione, dextros armos, si præcedenti nocte fuerit Mansio Canum in Monteforti, vel in S. Leodegario, etc.* [Adde Ægid. Gelenium in Colonia, pag. 68.] In Consuetudine Hannoniensi cap. 99. § 1. ubi *Chienesse* dicitur canum agmen, quod nos *Meute de chiens* appellamus, ejusmodi *Canariæ* interdicuntur. Vide *Brennaticum*. Plinio lib. 25. cap. 8. *Canaria*, herbæ species est.

¶ **CANASTELLUS**, Canistrum, corbis : Ital. *Canestro*, *Canastrello*, Gall. *Panier, petit panier*. Statuta Arelat. MSS. art. 34 : *Pro quolibet panerio vel Canastello 5. sol.* Sententia Senescalli Provinciæ ann. 1434. in Statutis MSS. Piscatorum Massil. : *Ordinamus quod piscatores possint reponere et reponi sinant pisces in vasculis quibuslibet, cujuscumque formæ et capacitatis existant sive sint banastoni, Canastelli, etc.*

CANASTER, Μιξοπόλιος, in Gloss. Græc. Lat. [et in supplemento Antiquarii, ubi recte exponitur *Canescens*.]

¶ **CANATGE**, Idem, ut puto, quod *Canaria*. Chartular. Aurel. in Lemovicibus : *Iste mansus dat duas gallinas et duos panes et unum sextarium siliginis Canatge.*

* Sed legendum opinor, *Cavatge*, ita ut idem sit quod *Cavagium*, census capitis. Vide in *Capitale* 5.

CANATIGLIA, Vox Italica, Gall. *Cannetille*, Filum aureum vel argenteum levius. Histor. Translat. S. Antonini : *Planeta ex Ermisino rubeo similiter confecta, et peniculamentis aureis cum ricamis Canatigliæ aureis et argenteis intertexta.*

¶ **CANATOR**. Charta Ludovici Regis Franc. ann. 1160. apud D. *Brussel* tom. 1. de Usu feudorum pag. 536 : *Concessimus ex nunc in posterum Theci uxori Yvoni la Choe et ejus heredibus, magisterium Canatorum, baudreorum, sueorum, mesgeycorum et burseriorum in villa nostra Parisiensi, cum toto jure ipsius magisterii quod habebamus, etc.* Laudatus meritoque laudandus Editor *Canatores* Gallice reddit *Canatiers* ; sed quinam fuerint illi artifices non indicat. Fere crediderim pro *Canatores* legendum *Tanatores*, Coriarii, Gall. *Tanneurs*. Huic lectioni voces sequentium artificum ex corio operantium quam plurimum favent. Vide *Tannare*.

* Male, ni fallor, apud *Brussel*, *Canatorum* ; nec melius, *Cavatorum*, in Glossario v. *Conreatores* : ubi ex priori Charta laudata et ex ipso Chartæ ann. 1160. lemmate, in quo legitur *Conratiers*, promptum erat suspicari legendum esse *Conreatorum* ; quod rursum patebit, si attendatur ad notam abbreviationis literarum *re*, quæ aut ab amanuensi omitti, aut a lectoribus non adverti perfacile potuit.

* **CANATURA**, Mensio ad *cannam*, Gall. *Mesurage*. Stat. Montis-reg. pag. 314 : *Item statutum est quod quælibet persona possit et valeat vendere et mensurare ad minutum dictum pannum, absque eo quod aliquid solvat pro Canatura.* Vide *Canna* 1.

* **CANATUS**, Cannatus, *Cannarum* seu palorum series in fluvio posita, ne pisces ultra possint ascendere, et ut facilius capiantur. Comput. ann. 1494. inter Probat. tom. 4. Hist. Nem. pag. 60. col. 1 : *Ad exequendum contra aliquos de Uchavo instrumentum impedimenti in ripperia Vistri ne pisces possent ascendere, in præjudicium reipublicæ, ad tollendum et frangendum Canatos et quæcumque impedimenta apposita.* Et col. 2 : *Item solverunt..... Petro Barreriæ.... pro suo viatgio facto ad Cannatos. Vistri, etc. Item pariter.... Petrus Casesnovas laborator, quartus consul, accessit ad dictos Cannatos, quia in talibus expertus, etc.* Stat. ant. Florent. lib. 3. cap. 184. ex Cod. reg. 4621 : *Nullus audeat..... mittere vel tenere in flumine Arni.... aliquam sepem vel Cannatum ad impediendum ne pisces possint venire per dictum flumen ad dictam civitatem Florentiæ,....... exceptis Cannatibus et sepibus antedictis.* Vide supra *Canagium* et infra *Cannitia*.

1. **CANAVA**, Cannava, Cella penaria, vel vinaria, Gall. *Cave*, Ital. *Canava*, vel *Canova*, ut habet Joan. Villaneus lib. 10. cap. 22. Isidor. in Gloss. : *Canava, camera,* (vel *Cavea*) *post cœnaculum.* S. Augustin. serm. 61. de Tempore : *Multa sunt quæ de horreo, Canava, vel cellario aliquoties proferre non possumus.* Ennodius Epig. 43. de Inscriptione, *Ante Canavam :*

Sobria cella cadis vinum quod servat onustis
Corpora confirmat gressibus acta suis.
[Infundunt multis irarum pocula flammas :
Mitescunt nostro bellica corda mero.]

Regula S. Cæsarii Arelat. ad Virgines cap. 30 : *Quæ cellario, sive Canavæ, sive vestibus præponuntur.* Adde Regulam S. Aureliani ad Monachos cap. 21. ad Virgines cap. 17. Notas Tyronis pag. 149. etc. Apud Victorem Uticens. lib. 2. de Persecut. Vandal. pag. 18. *Cannava* sumitur pro ergastulo, seu cavea : *Artabatur multitudo ad currendum, vel ubi cannava erat præparata, laboriosam caperet mansionem.*

Canavaria, Quæ *Canavæ* curam habet, apud eumd. Cæsarium Arelat. in Regula ad Virgines cap. 28.

Caneva. Vetus Charta Dalmatica ann. 1069. apud Joan. Lucium lib. 5. de Regno Dalm. cap. 16 : *Quibus in primis ad auxilium et solatium, inferiorem pavimentum cum Caneva turris S. Petri omnibus ejusdem Ecclesiæ creditariis consentientibus, concessimus.* Vide *Feudum de Caneva*.

Canevarius, Custos canevæ. Acta ann. 1333 : *Briminius de Subtus-ripa... Canevarius et Camps communis Cumarum surgens in parlatorio consuluit, quod propter labores et expensas, etc.* Sic in MS. [Acta SS. Junii tom. 1. pag. 769. de S. Gerardo : *Qui Canevarius erat.... dicens turbido animo increpando : In cellario modium grani, in vegete starium vini, nec plus in hospitali est.*] *Caneparius* dicitur in Statutis Mediolan. part. 2. cap. 103. estque custos arcæ publicæ. *Canevarius, seu thesaurarius*, in 1. part. cap. 343. 350. *Canevaros* hodieque Itali vocant Pincernas, vel *Canavatæ* præpositos. [Synodus Pergami ann. 1211. apud Murator. tom. 9. col. 552 : *Et hanc pœnam extendimus ad prælatos et rectores Ecclesiarum non solventes pro ipsis Ecclesiis in totum, ubi ad ipsos pertinere talium solutio consuevit, si ipsos justa causa sive impossibilitas non excusat, de qua infra duos menses plenaria fiat fides, et ad illorum massarios et Canevarios dispensatores reddituum qui potestatem habuerint plenariam hæc solvendi;* scilicet collectas Ecclesiis impositas.]

Canepa, Idem quod *Canava*. Statuta urbis Mediolanens. part. 2. cap. 7 : *Potestas Mediolan. possit tenere Canepam, et vendi facere vinum ad minutum.*

2. **CANAVA**, pro *Canabi*, seu tela canabina, nostris *Canevas*, Ital. *Canapa*. Capitulare de Villis cap. 62 : *Quid de lana, lino, et Canava, etc. Canaba*, in leg. 1. D. de Exercit. act. (14, 1.)

Canapina, Eadem notione, in Bulla Honorii III. PP. apud Ughell. tom. 1. Ital. Sacr. pag. 821. [et in Chronico Farfensi apud Murator. tom. 2. part. 2. col. 420.]

¶ Canapinea, ibidem col. 612.

Canevaria, Nostris, *une Chenneviere*, Ager, ubi canabis crescit, in Charta ann. 1029. apud Perardum pag. 177. Ita enim lego, pro *Cavenaria*. [Vide *Chenevaria*.]

¶ Canaperium, Eadem significatione, in Adversariis D. *Aubret* Dumbensis Historiographi.

Canevasium, apud Will. Thorn. Bulla Honorii III. PP. apud Ughellum tom. 1. Ital. sacr. pag. 823 : *Quicunque erit textor vel textrix Canapatii* (l. canavacii) *in civitate solvat, etc.* Sub appellatione vero Canevaceriæ (*de la Chenevacerie*) comprehenditur universa lintearia supellex, in Computo Stephani *de la Fontaine* Argentarii Regii ann. 1351.

¶ Canevacium. *Cordas, Canevacia, stapulas, etc.* in Litteris anni 1338. apud Rymerum tom. 5. pag. 6.

* **CANAVALE**, ut supra *Canabale*, Gall. *Cheneviere*, Ager, ubi crescit cannabis. Chron. Astense ad ann. 1274. apud Murator. tom. 11. Script. Ital. col. 162 : *In crastinum iverunt Savilianum, et ibi per dies octo steterunt vastando arbores Canavalium et segetes.*

* **CANAVARIUS**, Cellæ vinariæ, *Canava* dictæ, præfectus, pincerna. Charta ann. 730. apud Murator. tom. 5. Antiq. Ital. med. ævi col. 1005 : *Tradedimus tivi Mauricciuni Canavario domni nostri regi sorte de terra nostra, etc.* Vide *Canevarius* in *Canava* 1.

* **CANAVATIUM**, Locus ubi cannabis venditur. Stat. Placent. lib. 4. fol. 41. r°. : *Et non intelligatur hoc in Canavatio, quod tenetur ante stationes.*

* **CANAVAZERIUS**, Cannabinus. Stat. Saluciar. collat. 4. cap. 118 : *Quilibet emens pesum Saluciarum teneatur habere..... pondus Canavazerium, ut pondere Canavazerio semper canapum ponderetur.* Vide supra *Canapeus*.

* **CANAVERA**. Gloss. Cæsar. Heisterbac., in Reg. Prum. tom. 1. Hist. Trevir. Joan. Nic. ab *Hontheim* pag. 671. col. 2 : *Alii xxix. solvunt sicut alii, minus modiis duobus, et Canaveras non habent..... Quid sit Canavera, ignoramus.* Forte idem quod mox

* **CANAVERIA**, Canevria, Ager, ubi cannabis crescit, nostris etiam olim *Caneviere*. Stat. Taurini ann. 1360. cap. 193. ex Cod. reg. 4622. A. : *De ponendo duos custodes hortorum et Canevriarum. Ponantur duo custodes hortorum et Canaveriarum extra civitatem.* Lit. remiss. ann. 1410. in Reg. 164. Chartoph. reg. ch. 257 : *Après ce que icellui Bertaut eust aré et rebiné la Caneviere de Robine, etc.* Vide *Canevaria* in *Canava* 2.

* **CANBERIA**, Tibiale, tibiarum armatura, nostris *Jambiere*. Garnis. inventæ in castro civit. Carcass. ann. 1294 : *Unum par Canberiarum sine cuisseriis.* Vide *Gumberia*.

¶ **CANBIS**, pro *Canabis*. Loci referuntur in *Cerrus*, *Paupada* et *Manada* post *Manata*. Hoc in postremo vocabulo pro *Canbe* legitur *Canbet* eadem notione.

CANCALUS, Anastasius Bibl. in S. Hadriano PP. pag. 110 : *Absidam ipsius Ecclesiæ cernens idem beatus Pontifex jam ruinæ vicinam existentem, Cancalis ferreis eandem absidam confirmari fecit.* Forte *Cancellis*, nisi expresserit Græcum καγκέλοις.

CANCELLARE, Joanni de Janua, *Brachia extendere*. [Jurisconsultis et Scriptoribus ævi medii, Scripturam inductis cancellatim lineis obliterare et delere.] Unde Ebrardus Bethuniensis :

> Est Cancellare, quæ sunt damna notificare
> Nomina per medium quæ signat linea ducta.
> In cruce Cancellat pro nobis brachia Christus.
> Qui mala scripta linit, hic Cancellarius exit.

[Ulpianus in Dig. lib. 28. tit. 4. l. 2 : *Cancellaverat quis tamentum, vel induxerat.* Marcellus l. 3 : *Si omnem scripturam testamenti Cancellasset.* Et lib. 2. tit. 14. l. 74 : *Propter illa verba epistolæ, quibus, omnes cautiones ex quocumque contractu vanæ et pro Cancellato ut haberentur, cautum est.* Formula frequens in veteribus instrumentis : *Non Cancellata, non abolita, nec aliqua sui parte vitiata.* Vide Spicil. Acher. tom. 9. pag. 127. Ludewig. Reliq. MSS. tom. 6. pag. 502. Marten. Anecd. tom. 3. col. 1848. Formulare Anglic. pag. 8. Miracula S. Zitæ, tom. 3. April. pag. 523. etc. Gloss. Isid. : *Cancellat, Concidit, batuit.* Pro quo vir eruditus suspicatur legendum, *Cancellat, inducit, expungit.* Huic suspicioni favent Glossæ Cyrilli : χαράσσω, *Induco, Cancello*; retineri tamen posse *Concidit*, suadet duplex *Cancellandi* modus : primus inductis cancellatim lineis; alter scissuris in decussem scapello factis. Hinc fortean Willelmus Britto :

> Cancello, scribo, Cancello, grammata findo.

Italis *Cancellare*, Gallis *Canceler*, Germanis *Cancelieren*, Delere est et expungere, quod ad similitudinem cancellorum fieri soleant lituræ.]

¶ Cancellare, Brachia decussare, transversim ponere. Capitulum Cisterc. ann. 1481. apud Marten. tom. 4. Anecd. col. 1137 : *Quæ vero cucullas ferre et habere consueverunt, utantur cucullis albis per totum satis latis, sine cauda, cum manicis largis et usque circa genua longis ad Cancellandum more ordinis sedendo et inclinando.*

¶ Cancellare Manus in signum reverentiæ. Epistola Panormitanorum ad Marinum IV. Papam apud Marten. tom. 3. Anecd. col. 34 : *Sanctissimo patri eorum et D. D. M. sanctæ R. E. summo Pontifici, D. N. J. C. in terra vero Vicario, Petri Apostolorum principis successori, ac totius Christianæ religionis antistiti generali, Universitas Siculorum terræ osculum ante pedes et flexis poplitibus ac Manibus Cancellatis. Dudum SS. Pater, etc.*

** *Cancellare, Cancellas construere, Germ. Getteren.* Gemma Gemmarum.

CANCELLARES. Charta Jacobi Regis Aragonum ann. 1230. apud Guesnaium in Annalib. Massiliensib. : *Hoc totum vobis damus ratione trecentarum triginta sex Cancellarium, quas in nostro exercitu nobiscum honorifice cum vestro navigio habuistis, et quia extitistis, in captione civitatis Majoricarum.*

CANCELLARIUS. Joan. de Janua : *Cancellus dicitur interstitium muralium. Et fuit hoc tractum a Palæstina regione, ubi tecta desuper cacuminata non erant, sed jacebant in planum prostrata. Elevantur vero parietes circumquaque ad modum muralium, illa vero interstitia, quæ sunt inter propugnacula, dicuntur proprie Cancelli. Qui vero Epistolas missas recitare volebant populo in regione Palæstinæ antiquitus, ascendebant super tectum, et de cancellis recitabant, et inde inolevit usus, ut qui litteras Principibus missas habent exponere, Cancellarii, usitato nomine, dicantur.*

Cancellarii dicti potissimum, qui ad *Cancellos forenses*, seu judicum, stabant. Papias : *Cancellarius, qui in Cancellis primus est.* Tertullianus : *Januarum Cancellorumque potestates.* Hinc apud Senatorem lib. 11. Epist. 6. *Cancellorum decus*, lib. 12. Epist. 1. *Cancellorum pompa*, dignitas Cancellarii indigitatur, ut *Cancellos agere*, Cancellarii munus obire, dixit, eadem Epist. 1. Ita *Minister a Cancellis*, est Cancellarius Herrico lib. 6. de Vita S. Germani. Ii supplicantes introducebant ad judicem. Idem Senator : *Per se præsentandus accedat, per te nostris auribus desiderium supplicis innotescat.* Jussa eorumdem explebant. Idem : *Jussa nostra sine studio vænalitatis expedias,... qui talem unusquisque ad responsa sua videtur eligere, qualem se cunctis decrevit æstimari. Respice, quo nomine nuncuperis, latere non potes, quod inter Cancellos egeris. Tenes quippe lucidas fores, claustra patentia, fenestratas januas; et quamvis studiose claudas, necesse est, ut te cunctis aperias. Nam si foris steteris, meis emendaris obtutibus; si intus ingrediaris, observantium non potes declinare conspectus.* Ex quibus patet, Cancellarios dictos, quod ad *Cancellos* judicum starent, eorumque jussa ac mandata exequerentur, proindeque eosdem fuisse quodammodo ostiarios. Qua certe notione Cancellarius accipi videtur in Inscript. apud Grut. 647. 6 : *Commodis* omnibus et præda damnata, quam Tribunus, Officium, Cancellarius et Scriba de pecuariis capere consueverunt. Ubi *Tribunus*, judicis vice est, *Officium*, Apparitoris, *Cancellarius*, Ostiarii, et *Scriba*, Notarii. [*Cancellarus* dicitur in Inscriptione de Nonio Maurilio apud Montefalconium in Diar. Ital. pag. 114 : *Qui fuit Cancellarus primi joci campi Boarii annis* XXVI. *in pace.*] [** Marin. Pap. Diplom. pag. 303. not. 8. scribit *Cancellarius* et pro *joci* legendum censet *loci*. Vide eundem. pag. 258. not. 5.] De ejusmodi Cancellariis copiose egit Jacobus Gothofredus ad leg. 3. Cod. Theod. de Assessor. [** Vide Glossar. med. Græcit. voce Καγκελλάριος, col. 531.] Atque hæc quidem ita in Italia obtinuere, secus vero apud nostros. Nam

CANCELLARII Notariorum munus obiere. Unde in Lege Ripuar. tit. 59. § 2. 3. 4. 5. 6. et tit. 88. sunt ii, qui testamenta et acta publica conscribunt. Ita etiam accipiuntur in Lege Longob. lib. 2. tit. 34. § 12. [** 40.] tit. 41. § 1. 6. [** Ludov. P. 6. Lothar. L. 12. et 69.] in Capitul. Caroli M. lib. 3. cap. 43. in Capitulari 3. ann. 803. Capitul. 1. ann. 812. cap. 8. in Capitul. Ludovici Pii ann. 824. cap. 11. apud Holstenium in Concil. Cabilonensi II. ann. 813. cap. 44. etc. [*Qui Scriba erat sive Cancellarius*, in Epistola Roberti Comitis Cayaciæ ann. 1477. apud Marten. tom. 1. Anecd. col. 1844. Vide *Capellani* 1.]

Cancellarii in Regum nostrorum Palatiis idem munus obiere, et eorum Chartas ac præcepta descripsere. Monachus Egolismensis in Vita Caroli M. ann. 769 : *Quod præceptum Cancellarius ejus scripsit.* Concilium Duziacense I. cap. 33 : *Ego autem jussi Odonem ire ad Cancellarium Regis, et accipere ab illo pergamenum et atramentum, ut scriberet illum cito, etc.* Joseph Sacerdos, qui scripsit Historiam Translationis SS. Ragnoberti et Zenonis cap. 18. ita de se loquitur : *Ego Joseph peccator Sacerdos omniumque servorum Christi ultimus, quondam autem Aquitanorum Regis Cancellarius, nunc inclyti Regis Hludovici* (Balbi) *liberalium literarum etsi immeritus præceptor, atque ejusdem sacri Palatii Cancellariorum ministerio functus, etc. Cancellariorum Regiorum*, seu *Palatii*, uti vocantur in Capitul. ann. 823. cap. 24. et ab Hincmaro in Quatern. pag. 381. Edit. Cellotii, mentio est in Capitulis Caroli M. lib. 2. cap. 23. in Capitul. Caroli C. tit. 12. cap. 11. et tit. 28. et in veteribus Tabulis passim. Vide *Archicancellarius*, et *Referendarius*.

☞ Hoc posteriori nomine, regnantibus Merovingicis, appellabantur summi Cancellarii seu Custodes sigillorum regiorum, ut dicetur in eadem voce, ubi et recensebuntur quotquot nobis noti sunt, illustres viri qui eam obtinuerunt dignitatem. Hic autem placet exhibere seriem Cancellariorum, qui regnantibus Carlovingis et Capevingis, ad nostram usque ætatem floruerunt; ut veterum instrumentorum studiosis eorum virorum nomina semper sint in promtu, qui præcipuam habuerunt partem in Diplomatibus conficiendis, subscribendis, et sigillo regio, cujus custodes erant, communiendis. Hunc indicem ab eis mutuabimur Scriptoribus, qui hac de re diligentius scripserunt, Labbæo, Chesnio, Mabillonio, P. Anselmo, etc. omissis tamen auctoribus, quibus utuntur, ut sententias confirment suas, ne in immensum crescat series nostra.

* Observatum velim notarios nonnunquam Cancellariorum nomine appellari, ut et Cancellarios secundi ordinis, notariorum nomenclatura donatos : quod manifestum fit ex multis diplomatibus et præcipue ex Charta ann. 987. in Chartul. 23. Corb. ubi legitur : *Raginoldus Cancellarius ad vicem dom. Adalberonis archiepiscopi summi Cancellarii recognovi et subterfirmavi.* Eodem titulo *Reginaldus* Chartam Hugonis Capeti ann. 988. in Cod. reg. 8542. 6. subscribit, et *Ragenaldus* aliam ejusd. reg. ann. 989. inter Probat. ult. Hist. Trenorch. pag. 120. quem titulum usurpasse opinor præsertim cum notarii, vacante cancellaria, aut summo Cancellario absente, munere Cancellarii fungebantur. Cavendum itaque est ne notarios cum summis Cancellariis interdum confundas. At vero non omnium indistincte notariorum propriam fuisse hanc appellationem, sed ejus duntaxat, qui Chartam describebat, colligitur ex Charta Ludovici Pii ann. 824. in Tabul. Novient. : *Ego Withgerus Cancellarius cognovi. Ego Gumperthus archicapellanus recognovi..... Ego Durandus notarius ad vicem domini Heliæ archicancellarii recognovi.* Consule Tract. novum de Re diplom. tom. 5. pag. 51. etc.

¶ CANCELLARII FRANCIÆ

SUB SECUNDA STIRPE REGUM NOSTRORUM.

Sub Pippino.

Chrodingus anno ejus primo.

Egius annis 2°. et 4°. ejusdem regni.

Widmarus annis 2°. 3°. et 9°.

S. Bonifacius Archiepisc. Mogunt. et Martyr, Archicancellarius ann. 752.

Franco ann. 754.

Volfardus ann. 9°. Pippini Regis.

Adalolfus ann. 14°. ejusdem Regis.

Beddilo ann. 1°. apud Schannatum in Probat. Diœc. Fuld. ann. 9°. apud eumd. in Tradit. Fuld. et ann. 15. apud Duchesnium. Ubique *Hitherius* Notarius.

Hitherius annis 17. et 19. Præter nominatos Regis Pippini Cancellarios Duchesnius meminit *Egidii*, qui *Missus* dicitur an. regni ejusd. 2°. *Egidius Missus recognovit.* Ita, inquit, fortassis dictus *Chrodingi* vel *Egii* Notarius.

Sub Carlomanno Pippini filio.

Maginarius ann. 1°. regni ejus.

Sub Carolo Magno.

Ludebertus vel Luitbertus annis 1°. et 4°. regni ejus. Notarii *Vitigavo* et *Rado*.

Hitherius, qui jam Cancellarii munus obierat sub Pippino, ab anno 1°. ejusd. Caroli ad annum saltem 23m. Notarii *Rado*, *Wigbaldus*, *Optatus* et *Wigbadus* : hic forte idem est ac *Wigbaldus*.

Lutherius apud Schannatum Diœc. Fuld. pag. 236. Notarius *Frado*; sed hi duo forsitan iidem sunt qui *Hitherius* et *Rado*.

Bartholomæus ann. 769. in Charta Launo Inculismensi Episcopo concessa.

Rado Abbas Vedastinus ab anno 11°. saltem ad 40 m. Caroli regnantis. Notarii *Optatus*, *Wicbaldus*, *Gilbertus*, *Erkambaldus*, *Jacob* et *Widolaicus*.

Erkembaldus vel Archembaldus ab anno circiter 30°. Caroli M. Notarii *Genesius* et *Amalbertus*. De Amalberto quasi dubius loquitur Mabillonius ex Diplomate sibi suspecto; sed alia duo Diplomata ab eodem recognita fuisse nos docet Martenius noster Præfat. in tom. 1. Collect. Ampliss. n. 15. Tertium nomine *Suavium* indigitat Schannatus Trad. Fuld. pag. 107.

Engelramnus Archicapellanus, Archiepiscopus Mettensis (sic eo tempore dicti sunt tres Episcopi Mettenses, singulari privilegio pallio decorati) et Cancellarius.

Hieremias ann. 13°. imperii Caroli M. postea Archiepiscopus Senon. Notarius *Witherius*.

Hildebaldus vel Hildeboldus Archicapellanus et Coloniens. Archiepisc. ann. 788. obiit ann. 818.

Eginhardus Caroli M. vitæ scriptor recensetur etiam inter ejus Cancellarios, ut et

Autpertus Abbas. Neuter satis valido fundamento juxta Mabillonium.

Liutgradius vel Lutwardus ann. 1°. imperii Carolini. Notarii *Inquirinus* et *Hernustus*.

Sub Ludovico Pio.

Helizacar Abbas Centulensis ad annum saltem 837. Notarii *Durandus*, *Adalulfus*, *Arnaldus* et *Albo*.

* Helias, pro *Helizacar*, ni fallor, in Charta ann. 824. supra ex Tabul. Nobient. laudata, in qua *Withgerus cancellarius*, seu notarius.

Mileardus ann. 5°. regni Ludovici. Notarius *Audacer*.

Ludovicus ann. 6°. ejusd. regni. Notarii *Æneas* et *Durandus*.

Fridegisus vel Fridugisus ann. 7°. saltem ad ann. 18. imperii ejusdem. Notarii *Durandus*, *Hirminmaris*, *Simeon*, *Adalulfus*, *Sigibertus* et *Meginarius*.

Regemfridus Vienn. Archiep. et Archicancellarius in Diplomate sibi concesso ann. 5°. imperii Ludoviciani.

* Albertus *Cancellarius*, notarii acceptione, in Ch. ann. 829. ex Tabul. Novient. qui *ad vicem Dibthmari archicapellani* recognoscit.

Theodo seu Theudo, Teotove ann. 18. et seqq. Ludovici Aug. Notarii *Hirminmaris* et *Meginarius*.

Hugo Abbas ab ann. 22. ejusd. Notarios habuit *Hirminmarim*, *Meginarium*, *Glorium* et *Danielem* : quibus *Mercarium* addit Diploma relatum in Hist. Trenorchiensi pag. 195. si tamen eo loco, inquit Mabill. pro *Merchario* legendus non est *Meginarius*.

Irmingerus Cancellarius recognovit Diploma Ludovicianum ann. 839. apud Schannatum Tradit. Fuld. pag. 178.

Sub Lothario Imperatore.

Hilduinus Abbas San-German. Archicapell. Ludovici Pii ann. imperii Lotharii in Italia 18. in Francia 6. saltem ad annum ejusdem imperii in Italia 26. in Francia 14. Notarii *Rainaldus*, *Remigius*, *Frothmundus*, *Daniel*, et *Rudmundus*.

Agilmarus ann. 1°. et seqq. Lotharii regnantis in Francia. Notarii *Remigius*,

Tichamdus, Ercamboldus et Luitharus : quibus addendi Firmandus ex Martenio Præfat. in tom. 1. Collect. Ampliss. n. 15. et Eichardus ex Præcepto Fuldensibus indulto, apud Schannatum Trad. Fuld. pag. 183.

Sub Pippino Rege Aquitaniæ.

Hilduinus, idem qui supra sub Lothario. Notarios habuit *Nicolaum*, *Jovium* et *Petrum* Subdiaconos.

Aldricus, cujus Notarii fuere *Johannes*, *Sigebertus*, et *Sasbodus*, Diaconi.

Dodo Notarium habuit *Isaac* Clericum, apud Martenium Præfat. in tom. 1. Collect. Ampliss. num. 15.

Hermoldus vel Ermoldus, *Isaac* habuit Notarium.

Sub Ludovico Germanico.

Grimaldus vel Grimoldus. Notarios habuit *Otgarium* et *Hebathardum*.

Ratlareus. Notarius *Hubertus* : cui addendus *Comeatus* ex Schannato Tradit. Fuld. pag. 180.

Reginbertus, apud eund. Schannatum pag. 194.

Adalbertus ibidem pag. 206. Dubitari potest, an hi duo posteriores Cancellarii fuerint, an Notarii inferiores : Cancellariis accensemus, quod ad nullius alterius vicem Præcepta recognoscant Ludoviciana.

Luitbertus Archicapellanus. Notarius *Ebehardus*. Schannatus Tradit. Fuld. pag. 208.

Hugbertus Archicapellanus eodem usus est Notario, qui *Heburkardus* scribitur apud Schannatum Diœc. Fuld. pag. 240. His Cancellariis *Ludovicum* adjungit Martenius Præf. in tom. 1. Collect. Ampliss. num. 15.

Sub Ludovico II. Imperatore filio Lotharii.

Tractemirus. Notarios habuit *Simpertum* et *Dructemium*.

* Dructemirus *sacri palatii notarius* Chartam ann. 852. recognoscit, apud Murator. tom. 3. Antiq. Ital. med. ævi col. 170. Is ipse est qui alibi *Archinotarius* et *Arhicancellarius* appellatur; sed iis titulis minime donabantur summi cancellarii, nisi ab inferioribus cancellariis notariisve : porro hanc Chartams olus Dructemirus recognoscit; nihilominus ergo inter summos cancellarios est referendus, ac proinde delendus ex numero notariorum Tractemiri, qui non alius est ab ipso Dructemiro. Vide supra *Archinotarius* et Tract. de Re diplom. jam laudatum pag. 52.

Sub Carolo Calvo.

Ebroinus de quo non satis constat apud eruditos, licet fuerit Archicapellanus, ut dicetur in *Capellani* 1.

Ludovicus ab ann. 1. Caroli Calvi ad 27. Notariis usus est *Jona*, *Ænea*, *Luca*, *Bartholomæo*, *Ragenfredo*, *Gilleberto*, *Sigeberto*, *Gauzleno*, *Hildeboldo*, *Soslclo*, *Meginario*, *Deormaro*, *Rotfredo*, *Ildrico*, *Adalgario*, *Folcalco*, *Adalsario*, *Gonthario*, vel *Conchario*, [* *Bonardiaro* ex Ch. ann. 845. inter Probat. ult. Hist. Trenorch. pag. 84.] *Eilifrido* et *Gauzelino*. Hic

Gauzelinus seu Gauzlinus, vel Gozlenus, Ludovici frater, ei successit, atque Notarios habuit *Adalgarium*, *Hildeboldum*, *Mancionem*, *Gammonem*, *Ebbonem*, *Audachrum*, *Garinum*, *Adalgrinum*, *Siffredum* et *Wlphradum*. Vide seriem Archicapellanorum in *Capellani* 1.

* Bertraus *Cancellarius*, in Ch. 17. Kal. Febr. ann. 3°. regni, indict. VI. ex Chartul. eccl. Vienn. col. 1. fol. 75. v°.

* Tilpinus *summus Cancellarius*, ad cujus vicem recognoscit *Eynardus notarius* Chartam ann. 860. ex Tabul. Floriac. Sed quis hic *Tilpinus*?

Sub Ludovico Balbo.

Gauzlinus Cancellarii munus obire perseveravit toto hujus Regis tempore, hoc est, biennio. Notarii *Wlphardus* et *Wigbaldus* : quibus Mabillonius addit *Audachrum* ex Chronico Centulensi.

Sub Carlomanno Ludovici Balbi filio.

Wulfardus, cujus Notarii *Albertus* et *Norbertus*.

Sub Carolo Crasso.

Liutwardus Episcopus Vercellensis et Liutpertus Episcopus Moguntiacensis : horum Notarii *Amalbertus*, *Segoïnus*, *Salomon* et *Inguirinus*.

Sub Odone.

Ebolus Notarium habuit *Troannum*.

* Iidem sunt, qui *Ebbo* et *Rohannus* vocantur in Ch. ejusd. Odonis ex Tabul. capit. Carnot. ubi legitur : *Rohannus notarius ad vicem Ebbonis recognovi*. Ubinam bene, ex aliis Chartis dijudicandum est.

Gualterus Notario usus est *Herveo*.

Adalgarius, cujus Notarius fuit *Ernulfus*.

Sub Carolo Simplice.

Fulco Remensis Archiep. ab initio Caroli Regis, ad ann. 900. Notarius *Heriveus*.

Ernustus eodem tempore cum *Benjamino* Notario.

Machutus Episcopus, cujus Notarius erat *Frogerius*.

Anschericus, vel Askericus. Notarii *Ernustus* et *Herveus*.

Herveus seu Heriveus in utraque dignitate Cancellarii et Archiepiscopi Remensis Fulconi successit ad annum 922. Notarii *Hugo* et *Goslinus*.

Rogerius, Archiep. Trevir. Notarii *Goslinus*, *Ratbaudus* et *Hagano*.

* In Ch. ann. 922. ex Append. ad Marcam Hispan. col. 843. et 845.

Luitwardus, Episcopus Vercell. post *Rogerium*.

Sub Arnulfo Imperatore.

Teotmarus Archicapellanus. Notarii *Asdelgus*, *Aspertus*, et *Wichindus*.

Sub Zuenteboldo Lotharingiæ Rege.

Ratpotus Archiep. Notario usus est *Waldegero*.

Hermannus Archicapellanus Notarium habuit *Egilbertum*.

Rutgerus Archiepiscopus *Archiquecapellanus*, cujus Notarius *Walkems*.

Sub Ludovico secundogenito Arnulfi filio.

Ratpotus idem qui supra. Notarii *Ernuldus* et *Theodulphus*.

Sub Rodulpho.

Carolo Simplice in carcere detento.

Abbo Episc. Suession. cum Notariis *Rainaldo*, *Heriberto*, *Richardo* et *Rotberto*.

Ansusus seu Ansegisus Episc. Tricassin. cum *Hugone* et *Raimundo* Notariis.

Theodoricus Archiep. cum *Berengario*, Notario.

Sub Ludovico Cæco Bosonis Regis filio.

Ragenfredus Notarium habuit *Arnulfum*.

Alexander Archiep. Vienn. Notarios habuit *Bernerium*, *Garnerium*, *Eliam* et *Uboldum*.

Sub Ludovico Ultramarino.

Ericus Episc. ad annum 6. dicti Ludovici, Notarium habuit *Odilonem*.

Hugo Remensis Antistes an. ejusd. Regis 9°. cujus Notarius *Rorico*.

Artaldus Archiepisc. Remensis Notariis usus est *Gerardo*, *Rorico*, et *Odilone*.

* Alexander *Archicancellarius*, cujus notarius *Helias Dei gratia humilis diaconus*, in Ch. ann. 924. ex Chartul. Cluniac.

* Aquilo et Dedilo, f. pro *Odilo*, notarii *Artaldi* archiep. in eod. Chartul. Ita et pro *Gerunci archipræsulis* in Append. ad Marcam Hispan. col. 856. et 860. legendum omnino videtur *Artaldi* vel *Artaudi*.

Sub Lothario superioris Ludovici filio.

Artaldus jam dictus Notariis usus est *Widone* et *Gezone*.

Odolricus in utraque dignitate Artaldi successor eumdem habuit *Gesonem* pro Notario. Obiit ann. 971.

Adalbero, et ipse Rem. Archiep. Notarios habuit *Adalberonem* et *Arnulfum* seu *Ernulfum*. Ille Adalbero Cancellarii munus obiit etiam sub Ludovico V. postremo Rege stirpis Carolinæ.

CANCELLARII FRANCIÆ

SUB TERTIA STIRPE REGUM NOSTRORUM.

Sub Hugone.

Adalbero Rem. Archicancellarii officium prosecutus est cum *Reginoldo* Notario, postea Episcopo Parisiensi.

Gerbertus Rem. Archipræsul Notarium habuit *Rainoldum*, qui idem videtur cum *Reginoldo* sub Adalberone.

Renaldus Episc. Paris. Cancellarius etiam dicitur in Diplomate Monast. Fossatensi concesso.

Rotgerius Episc. Belvac. *Prothocancellarius Hugone et Roberto Regibus anno* 8.

Sub Roberto.

Abbo Episcopus. Notarius *Reginaldus*, aliis *Ragenardus*.

Franco, ante acceptum Parisiorum præsulatum Cancellarius summus, seu, ut aliis videtur, Notarius fuit, qui per Arnulfi Remensis cum Rotberto Rege simultates Cancellarii officium interim exercuerit cum *Rotgerio* Notario.

Arnulfus Archiep. Remensis, cui Notarius ejus

Balduinus successit in officio Cancellarii postremis annis Rotberti. Sunt qui *Fulberto* Carnotensi eamdem dignitatem tribuant; sed eum potius Ecclesiæ Carnotensis quam Regis Cancellarium fuisse existimat Mabillonius : contra Duchesnius eum credit verum fuisse Regis Cancellarium ex Annal. S. Victoris Paris. et ex Chronico Roberti Monachi Præmonstratensis pag. 74.

Sub Henrico I.

Balduinus idem qui supra. Notarii *Siguinus*, *Fulco*, et *Willelmus*.

Hic observare juvat cum Mabillonio,

extremis Henrici Regis annis adscribi regiis litteris cœpisse quatuor primarios Palatii Officiales cum Cancellario et aliis optimatibus. Id colligitur ex Henrici Diplomate apud Duchesnium Hist. Monmorenc. pag. 21. relato, cui subscripti sunt ad annum 1060 : *Balduinus Cancellarius*, *Rainaldus Camerarius*, *Albericus Conestabularius*, *Willelmus Sinischalcus*, *Hugo Buticularius*, *Rotbertus Cocus*. Idem ritus invaluit regnante Philippo : at sub principatu Ludovici Grossi, subscribentium numerus redactus est ad quatuor principes viros cum Cancellario, scilicet ad Dapiferum, qui idem cum Senescalco; Camerarium, Constabularium et Buticularium. Idem mos perseveravit sub Ludovico VII. et tribus subsequentibus Regibus; mortuo S. Ludovico sub ejus filiis penitus exstinctus. [* Monent Auctores Tract. nov. de re Diplom. tom. 6. pag. 26. contrarium aperte patere ex Diplomatibus Philippi Pulcri annorum 1293. 1309. et 1313. ab ipsis Glossarii Cangiani continuatoribus hic memoratis.] His igitur Regibus Diplomata conficiebantur, *Astantibus in palatio quorum nomina subtitulata sunt et signa : Signum N. Camerarii, etc.* In quibusdam tamen litteris extraordinariis subscripta sunt Episcoporum et Abbatum nomina, etiam ante illos ministros. Exempla Mabillonius apponit, quæ prætermittimus citius nostram seriem prosecuturi.

Sub Philippo I.

Gervasius Archiep. Rem. quem die suæ unctionis ann. 1059. Philippus *summum Cancellarium constituit, sicut antecessores suos fecerant*, ut legitur in Actis Conventus Remensis.

Balduinus, qui ad vicem Gervasii litteras pro S. Nicasio Rem. recognovit ann. 1061. postmodum Cancellarius, saltem ad annum 9. Philippi Regis. Hic fere desinunt Notarii *Recognitores* ad vicem Cancellariorum.

* Ad ejus vicem *Eustachius notarius* Chartam ann. 1067. recognoscit inter schedas Mabill.

Petrus Abbas S. Germani prope Parisios annis 1067. et quatuor sequentibus. Post id tempus instrumenta promiscue conficiunt

Guillelmus, annis 1073. et 1074.

Gofridus Parisiorum Episcopus ann. 1075. ad annum 1092.

* Ejus *nutu Gillebertus clericus* Chartam Philippi reg. subscribit in Reg. parvo S. Germ. Prat. Alium ann. 18. ejusd. reg. in Lib. nigro S. Petri Abbavil. fol. 298. v°. subsignat *Goffridus cancellarius*. Neque alius est *Woffredus* in Ch. ann. 1083. ex Reg. 34. bis Chartoph. reg. fol. 120. v°. part. 2. Idem denique *Gaufridus Archicancellarius relegit atque subscripsit* Chartam ann. 1092. ex Chartul. Compend. fol. 53. r°. col. 1.

Rogerius Belvacensis Antistes annis 1074. 1079. et 1080.

Ursio Silvanectensis Præsul ann. 1090.

Hubertus annis 1091. et 1092. His adjungendi *Hambaldus Vicecancellarius* ann. 1095. *Arnulfus Cancellarius* ann. 1097.

Gislebertus *Cancellarius* ann. 1105. juxta Duchesnium.

* Ipse est *Gislebertus regis notarius*, qui *ad vicem Rogerii cancellarii* subscribit Chartam ann. 1070. in Antiq. Bened. Aurel. MSS. Stephanot. pag. 360. Adde aliam ann. 1105. in Tabul. Carnot.

Stephanus Silvanectensis Paris. Episc. ann. 1106. ad obitum Philippi; et post ejus obitum

Sub Ludovico Grosso

Stephanus idem Cancellarius esse perseveravit ad annum 1116. quo dignitatem suam cessit

Stephano de Garlanda. Hic Cancellarii officium ab ann. 1125. intermissum, denuo recepit ann. 1133. Medio autem intervallo primum vacavit Cancellaria, deinde

Simon Cancellarii munere functus est.

* Stephanus de Garlanda Cancellarii munere functus est in Ch. ann. 1118. ex Reg. 195. Chartoph. reg. ch. 199 : *Stephanus regiæ dignitatis Cancellarius relegit et subscripsit.*

* Fulcardus *Cancellarius recognovit, scripsit et subscripsit* Chartam ann. 1119. ex Tabul. Floriac. in Antiq. Bened. Aurel. MSS. Stephanotii pag. 362.

* Simon *Cancellarius*, in Ch. ann. 1128. ex Chartul. S. Maglorii Paris. ch. 9. et in alia ann. 1131. ex Cod. reg. 9612. T.

* Hugo *Cancellarius* in Ch. ann. 1129. ex Tabul. Carnot.

Algrinus, ab anno 1134. ad ann. 1139.

* Exstat Charta ann. 1150. inter Probat. tom. 1. Hist. Paris. pag. 33. quam subscribit *Algrinus.*

* Eodem anno 1134. ex Reg. 108. Chartoph. reg. ch. 130. et sequentibus annis 1136. et 1137. regia Diplomata subsignat *Stephanus Cancellarius.* Vide tom. 5. Ordinat. reg. Franc. pag. 23.

Sub Ludovico Juniore.

Natalis, Abbas Resbacensis ann. 1139. et 1140.

Cadurcus, ab ann. 1140. ad 1147.

* *Catulcus* appellatur in Ch. ann. 1140. ex Chartul. B. M. de Josaphat.

* Lidericus *Cancellarius*, in Ch. ann. 1142. Ludov. reg. ann. 6. ex Tabul. Carnot.

Bartholomæus, ann. 1147.

Balduinus. Hic inter Cancellarios recensetur a Duchesnio.

Simon, annis 1150. 1151. 1152. et 1153.

Hugo de Campo Florido, Episcopus Suession. ann. 1151. etc. Obiit ann. 1175. Sed ante obitum fuerat in offensa apud Regem, tumque vacavit Cancellaria, annis scil. 1170. et 1173. et seqq. ad annum 1177. quibus annis *Petrus* Notarius Cancellarii vices egit.

* Hugo *Cancellarius*, in Ch. ann. 1150. ejusd. reg. ann. 14. ex Tabul. episc. Paris. 1158. ex Chartul. S. Joan. Laudun. 1168. in Chartul. S. Magl. Paris. ch. 16. 1171. in Reg. 56. Chartoph. reg. ch. 226. et 1172. ex Chartul. Cartus. Aurel.

Superioribus Cancellariis adjungitur

Balduinus qui cum Ludovico ad expeditionem T. S. profectus est.

* Rogerius *Cancellarius*, in Ch. ann. 1154. inter Probat. tom. 2. Hist. Occit. col. 551.

Hugo Puteolensis postremus fuit Ludovici Cancellarius ann. 1178. et 1179. Hoc tamen posteriori anno litteræ videntur abs Rege ipso datæ, quasi vacante Cancellaria.

Sub Philippo Augusto.

Idem Hugo ad annum 1185.

Hugo de Bethisy ann. 1186. Cancellaria vacavit ad annum 1223. Cancellarii vices agente *Hugone d'Athies* ann. 1201. et deinceps Fratre *Guarino* Hospitali S. Johannis et Episcopo Silvanectensi.

* Hugo *secundus Cancellarius*, in Charta ann. 1180. inter Probat. ult. Hist. Trenorch. pag. 171.

Sub Ludovico VIII.

Idem Guarinus Cancellarius renunciatus Cancellarii dignitatem ampliavit, cum obtinuit, ut Cancellarius locum haberet inter Pares Franciæ, primusque omnium nominaretur. Is etiam dicitur regia diplomata in archivum fixum ac stabile, cum antea mobile esset, conjecisse. Abdicavit ann. circiter 1227. quo secessit in monasterium. Obiit ann. 1230.

Sub S. Ludovico.

Idem Guarinus initio regni; deinde vacavit Cancellaria : postmodum

Philippus d'Antongny Custos *magni sigilli fuit.* Vide infra lin. *De vadiis Cancellariorum etc.*

Johannes Allegrinus Cancellarius circiter ann. 1240.

* Vacavit Cancellaria ann. 1248. ex Lib. rub. Camer. Comput. initio; et ann. 1255. ex alio ejusd. Cam. Regesto.

Nicolaus Palatii Capellanus, Sigilli Custos ann. 1249.

* Hujus perhonorifica habetur memoria, sub appellatione hactenus ignota gentis suæ, in Necrol. MS. eccl. Carnot. : *Quarto Id. Martii, obiit Nicolaus de Canis, venerabilis sacerdos et Dunensis archidiaconus hujus ecclesiæ, vir clarus genere, moribus clarior, necnon in utroque jure peritus existens et etiam multiplici virtutum genere multipliciter gratiosus, honestus, providus, circumspectus, fidelis, eloquens et discretus, illustris regis Francorum Lugdovici gratiam et amicitiam assecutus, ab ipso in capellanum et familiarem consiliarium est susceptus, et ejus fidelitatis intuitu ad custodiam sigilli regii præelectus, in partes transmarinas cum dicto rege profectus; dum post captionem Damietæ cum exercitu dicti regis in ultimiores partes Ægypti tenderet, hujus vitæ temporalis diem clausit extremum in terra, in qua conversatus fuit Dominus, feliciter requiescens.*

Ægidius Tyri Archiep. Sigillum gerebat in Palæstina ann. 1253.

Johannes de Curia d'Aubergenville Episc. Ebroicensis, obiit Cancellarius ann. 1256.

Radulphus Grosparmy Custos Sigilli annis 1258. et 1260. Fuit Episc. Ebroicensis et Cardinalis.

Simon Brionensis Custos Sigilli post Radulphum ad ann. 1261. quo creatus est Cardinalis : postea ad Summum Pontificatum evectus est et *Martinus* IV. appellatus.

* Philippus de Caturco *Cancellarius*, ex Lit. Alfonsi comit. Pictav. ann. 1269.

in Reg. 11. Chartoph. reg. fol. 110. v°. : *Magistro Philippo de Caturco illustrissimi et charissimi domini ac fratris sui Ludovici Dei gratia regis Franciæ Cancellario, salutem et dilectionem sinceram.*

* Guillelmus *archidiaconus in ecclesia Parisiensi, vacante Cancellaria,* Chartam subscribit, in Reg. parvo S. Germ. Prat.

Matthæus Vindocinensis, Abb. S. Dionysii et

Simon Claromontensis Dominus de Nesle peculiare Sigillum a S. Ludovico ann. 1270. iterum in Palæstinam proficiscente acceperunt, quo uterentur in iis, quæ ad commissam sibi regni administrationem pertinebant.

Sub Philippo Audace.

Petrus Barbette Archiep. Rem. Cancellarius ann. 1270. et seqq. Vacavit tamen Cancellaria annis 1273. 1274. et 1279. quamvis Petrus solum obierit ann. 1300.

* Vacavit Cancellaria ann. 1271. ex Charta ejusd. anni in Reg. 30. Chartoph. reg. ch. 440. et ann. 1277. ex Reg. M. ch. 4. Exstat Charta ann. 1278. in Lib. 2. ordinat. super artif. Paris. fol. 129. v°. in qua hæc leguntur : *P. S. P. cancellaria;* quæ divinanda propono.

Henricus de Vezeliaco Archidiac. Bajocensis Cancellarius ann. 1279. quo tamen anno Cancellariam vacasse probatur ex quibusdam Chartis, ut jam dictum est.

Petrus Challon, Decanus S. Martini Turon. Cancellarius annis 1281. 1282. et 1283. ac f. etiam seqq.

Sub Philippo Pulcro.

Joannes de Vassonia Cancellarius ann. 1292. sed ann. seq. electus Tornacensis Episcopus Sigillis privatur, iisque donatur iterum. (Sigilla jam habuerat ann. 1291.)

Stephanus de Suisiaco Archidiac. Brugensis Cancellarius quoque fuit ann. 1302. ad 1304. Cardinalis obiit ann. 1311.

Guillelmus de Crispeio Archidiac. Paris. Cancellarius ann. 1293. Abdicavit, annuente Rege, ann. 1296.

Petrus Flotte, Miles Arvernus, ab ann. 1300. ad ann. 1302. quo interiit in prælio Cortracensi.

Petrus de Mornayo Episcop. Autissid. ad ann. 1306. quo obiit.

Petrus de Bellapertica Episc. Autissiod. a mense Octobri anni 1306. ad Januarium ann. 1307. quo interiit venando. Huic successit in utraque dignitate ex Hist. MS. Episc. Autissiod.

Petrus de Gressibus, qui haud diu potitus est Cancellariatu.

Guillelmus de Nogareto Custos Sigilli ann. 1307. Cancellarius ann. 1308. ad mensem Martium ann. 1309.

Ægidius Aycelinus Archiep. Narbon. deinde Rotomag. Custos Sigilli a 27. Februarii anni 1309. ad Aprilem 1313. Literæ tamen iisdem annis datæ leguntur vacante Cancellaria.

Petrus de La iliaco Cancellarius ab Aprili 1313. ad Decembrem 1314. quo factus est Episc. Catalaunensis.

Sub Ludovico X.

Stephanus de Mornayo Cancellarius ab initio 1314. ad festum SS. Trinitatis 1316. Obiit ann. 1332.

* *Prima die Januarii anno cccxiiij. post prandium fuit traditum sigillum dom. regis dom. Stephano de Mornayo,* in Reg. 50. Chartoph. reg. fol. 66. v°.

Sub Philippo V.

Petrus de Arableyo 22. Julii 1316. ad ad Januarium anni sequentis, quo creatus est Cardinalis.

* Vacavit Cancellaria ann. 1317. ex Reg. 56. Chartoph. reg. ch. 85. et ex Lib. rub. Cam. Comput. Paris. fol. 444. v°. col. 1.

Petrus de Capis ad 24. Januarii 1321. quo factus est Episc. Atrebat. deinde Carnutens. ac demum Cardinalis.

* Arest. parlam. Paris. ann. 1317. (1318) ex Cod. reg. 9822. 2. fol. 160. v°. : *Magister Petrus de Campis* (sic) *thesaurarius Laudunensis et Cancellarius Franciæ, etc.*

Johannes de Cherchemont ad obitum Philippi V.

Sub Carolo IV.

Petrus Roderii ad 19. Novembris 1323. quo restitutus est

Johannes de Cherchemont ad obitum 25. Octob. 1328.

Sub Philippo VI.

Matthæus Ferrandi primo a 1. Novemb. 1328. ad 20. April. 1329. secundo a 6. Julii subsequentis ad 7. Septemb. ejusd. anni.

Petrus de Marigny Archiep. Rotomag. Custos Sigillorum intervallo, quo iis spoliatus est *M. Ferrandi*, et iterum a 7. Septemb. 1329. ad festum S. Martini ejusd. anni.

Guillelmus de S. Maura Canonicus S. Martini Turon. Novembrio 1329. Obiit Januario 1334.

* Reg. 66. Chartoph. reg. fol. 1 : *Hæ sunt cartæ et aliæ literæ sigillatæ in serico et cera viridi, a tempore quo Guillelmus de Sancta Maura decanus Turonensis et Cancellarius, recepit sigilla dom. nostri regis Franciæ a dom. episcopo Belvacensi apud Abbatisvillam, die Sabbati ante festum B. Martini æstivalis anno Domini 1329.*

Petrus Rogerius Custos Sigillorum ad ann... quo electus est Archiep. Senon. Summus Pontifex fuit nomine Clemens VI.

Guido Baudetus, Episc. Lingon. Cancellarius 16. Martii 1334. obiit 1337. vel 1338.

* *Guido Baudeti Cancellarius* die Veneris 3. Martii ann. 1334. ex Reg. 69. Chartoph. reg. fol. 1.

Stephanus de Vissac qui haud diu Cancellarius fuit, nam

Guillelmus Flotte jam fungebatur Cancellarii officio ann. 1339. illudque exercuit ad annum 1347. quo abdicavit sponte.

* Lit. Phil. VI. ann. 1347. 19. Nov. ex Bibl. reg. : *Comme de pieça nostre amé et feal Chancellier le sire de Revel feust entré en nostre dite chapelle pour oir messe, etc.*

Firminus Coquerel Episc. Toviodun. ad annum 1349.

Petrus de Foresta Cardinalis [* Lit. ann. 1352. in Reg. 82. Chartoph. reg. ch. 418. et 420. quibus *Droco et Johannes de Foresta fratres Petri de Foresta archiepiscopi Rothomagensis et Cancellarii Franciæ nobilitantur.* Vide Menag. in Hist. Sabol. pag. 211.] ad annum 1357. quo

Sub Johanne Bono,

Congregatis totius regni Proceribus abdicare coactus est a mense Martio 1357. ad Maium anni 1359. Hoc quidem anno restitutus est, sed Cancellarii officium deinceps parum curavit aut exercuit. Cancellario spoliato Cancellariæ curam egit *Fouquettus Bardeus* Senator Parisiensis.

Ægidius Aycelinus hoc nomine II. intervallo quo *Petrus de Foresta* spoliatus est, et iterum anno 1360.

* Morinensis episcopus, cum in Anglia regi Johanni adstaret, Cancellarius renuntiatus ad Cameram Comput. Paris. 21. Sept. ann. 1357. scripsit. *Die xvj. Aprilis 1361. præsentibus in Camera Comput. dominis episcopis Morinensi Cancellario et Carnotensi, etc.* in Memor. D. ejusd. Cam. fol. 17. v°. Charta Joan. reg. mense Jul. ann. 1361. in Reg. 91. Chartoph. reg. ch. 157 : *Nos biens amez et feauls l'évesque nagaires de Tereuuanne et nostre Chancellier de France, et Pierre de Montagu Chancelier de nostre très-chier filz le duc de Berry et d'Auvergne, etc.*

Johannes de Dormano Episc. Bellovac. Cardinalis Cancellarii dignitate decoratus est 28. Septemb. 1361. suumque officium reliquis annis Johannis Regis primum, ac deinde

Sub Carolo V.

Exercuit ad 21. Febr. 1371. quo Cancellariatum cessit fratri suo Guillelmo. Hic

Guillelmus de Dormano tempore cessionis fratris sui, hoc est, a 21. Febr. ad 11. Julii 1373. quo obiit. Ab hac die *Johannes* iterum exercuit ad obitum, qui contigit 7. Nov. 1373.

Petrus d'Orgemont ad 1. Octobr. 1380. quo abdicavit.

* *Dominica xx. die Novembris ann. 1373. in castro Luperc. dom. rex in præsentia totius Consilii ordinavit mag. Petrum de Ordeomonte Cancellarium suum Franciæ, et tunc fecit juramentum solitum.* Memor. D. Cam. Comput. Paris. fol. 137. r°.

Sub Carolo VI.

Miles vel Milo de Dormano Episc. Belvac. Abdicavit mense Julio 1383.

* *Die 1. Octobr. ann. 1380. ex deliberatione magni Consilii per Regentem creatus est Cancellarius,* ex Memor. Cam. Comput. inter Adnotat. ad Hist. Car. VI. pag. 532. r°.

Petrus de Giaco. Abdicavit ann. 1388.

* Exstant Lit. Caroli VI. ann. 1384. mense Maio in Reg. 124. Chartoph. reg. ch. 318. quibus Petro de Giaco Cancellario domum Hugonis *Aubriot* in vico *de Joui*, quam a Guidone *de la Tremouille* acquisierat, concedit; ut pote qui propriam non haberet, in qua consistere posset.

Arnaldus de Corbeio ab ann. 1388. ad 1398. quo destitutus fuit. Restitutus ann. 1400. ad Novembrium 1405. quo iterum destitutus est, seu privatus sigillis, quæ tertio resumsit 17. Junii 1409. Abdicavit tandem ultima Augusti 1412. annos natus 88. Obiit 24. Martii 1414.

* *Reginaldus de Corbeia* appellatur, in Lit. ann. 1396. ex Reg. 152. Chartoph. reg. ch. 100. et ex Cod. reg. 6008. fol. 186. v°.

Hujus Cancellarii tempore quidam inserunt

.. Iterium de Martrolio (*de Martreuil*) quem volunt fuisse Custodem Sigillorum regalium. Leviora videntur id asserentium argumenta.

Nicolaus de Bosco Episc. Bajoc. Sigilla servavit ab ann. 1398. ad 1400. tempore primæ spoliationis *Arnaldi de Corbeio*.

Johannes de Monteacuto Archiep. Senon. post alteram spoliationem ejusdem Arnaldi.

Carolus de Savoisy neque inter Cancellarios neque inter Custodes Sigilli regii recensetur a PP. Labbeo et Anselmo : hunc tamen Cancellarii Arnaldi vices egisse ab ann. 1409. contendit Duchesnius, nullo satis firmo, ut nobis videtur, argumento.

Eustachius de Laistre a 14. Junii 1413. ad 8. Augusti subsequentis : dein a 4. Junii 1418. ad 1240. quo obiit designatus Episcopus Belvacensis.

* Vacasse Cancellariam ante electionem Henrici de Marla docet nos Memor. H. Cam. Comput. Paris. fol. 10. r°. : *Dom. Henricus de Marla miles, primus in parlamento præsidens, electus, creatus et retentus Cancellarius regis, vacante nuper Cancellaria, certis modo et forma in litteris non expressatis;...... per Litteras datas die viij. Aug.* 1413.

Henricus le Corgne dictus *de Marle* 8. Augusti 1413. Trucidatus fuit 12. Junii 1418.

Joannes le Clerc 16. Novembris 1420. ad 6. Februarii 1424. qua die abdicavit.

Sub Carolo VII.

Ludovicus Luxemburg. Episcop. Tervanensis litteris Henrici VI. Regis Angliæ, qui se quoque Regem Franciæ dictitabat, renunciatus est Cancellarius Parisiis 7. Februarii 1424. Cancellariam exercuit ad ann. 1435. Fuit Archiep. Rotomag. et Cardinalis. Obiit ann. 1443.

Thomas Hoo, Eques Anglus beneficio Regis Angliæ Cancellarii dignitate potitus est ab ann. 1435. ad 1449.

Alii hisce turbarum temporibus veri Cancellarii fuere nostrorum Regum auctoritate promoti, nimirum

Robertus le Maçon ann. 1418. Eod. anno destitutus et anno sequenti restitutus, exercuit ad ann. 1421.

Martinus Gouges de Charpaignes, Episcop. Carnutensis primum, dein Claromontensis, ab ann. 1421. ad 6. April. 1425. et iterum a 6. Augusti anni ejusd. ad 8. Nov. 1428. quo secundo spoliatus fuit.

Renaldus de Chartres, Archiep. Rem. et Cardinalis a 28. Martii 1424. ad 6. Augusti ann. insequentis, dein ab 8. Novembr. 1428. ad 4. April. 1445.

Guillelmus Juvenal des Ursins Archiepisc. Rem. a 6. Junii 1445. ad ann. 1461. quo abdicare coactus est.

* *Johannes Jouvenel* dicitur in Homag. Francisci ducis Brit. ann. 1445. ex Bibl. reg. et in Memor. K. Cam. Comput. Paris. fol. 25.

Sub Ludovico XI.

Petrus de Morvillier ann. 1461. ad ann. 1465. quo Cancellariatum resumsit 9. Novemb.

Guillelmus Juvenal ad obitum, qui contigit 23. Junii 1472.

Petrus d'Oriolle spoliatus est ann. 1483. Quinque postremis annis hujus Cancellarii

Adamus Fumeus Sigillorum Custos fuit ex Duchesnio, quem consule.

Sub Carolo VIII.

Guillelmus de Rupeforti ab ann. 1483. ad 12. Augusti 1492. [* quo obiit 15. Januarii.] Aliquot mensibus ante obitum Ludovici XI. renuntiatus fuerat Cancellarius

Adamus Fumeus, de quo jam supra, ab obitu Guillelmi de *Rupeforti* ad annum 1494.

Robertus Briçonnet Archiep. Rem. cui Sigilla jam credita fuerant ann. 1491. Cancellarius fuit a 30. Augusti 1495. ad 3. Junii 1497. quo migravit ex hac vita.

Guido de Rupeforti ad obitum Caroli VII. et

Sub Ludovico XII.

ad annum 1507.

Joannes de Gannay ad annum 1512.

Stephanus Poncher Episc. Aurelianensis Sigillorum Custos ab ann. 1512. ad 1515.

Sub Francisco I.

Antonius de Prato Archiep. Senon. Cardinalis et Cancellarius ab initio regni ad ann. 1535. quo obiit.

Antonius de Burgo ab ann. 1535. ad obitum, qui contigit ann. 1538.

Matthæus de Longuejoue Episc. Suession. Custos Sigilli ann. 1538. ante Cancellariatum *G. Poyet*, et iterum ann. 1544. post spoliationem *Francisci Errault*.

Guillelmus Poyet Cancellarius ann. 1538. in carcerem ob iniquas exactiones conjectus est ann. 1541. mulctaque imposita Cancellariatu depulsus ann. 1542.

Franciscus de Montholon Custos Sigillorum a spoliatione *G. Poyet* ad 10. Junii 1543. quo ex hoc sæculo migravit.

Franciscus Errault Sigillorum Custos ab obitu decessoris ad ann. 1544. quo spoliatus est hac dignitate.

Franciscus Olivier Cancellarius a 18. April. 1545. ad obitum, qui contigit ann. 1560.

Sub Henrico II.

Franciscus Olivier, de quo jam dictum est.

Johannes Bertrand Archiep. Senon. et Cardinalis, in cujus gratiam ann. 1551. instituta est dignitas Custodis Sigillorum, quæ ad hoc usque tempus non fuerat a Cancellariatu distincta; licet exercitium fuisset aliquando separatum, ut ex nostra serie satis patet. Recens creatam dignitatem servavit ad annum 1559. quo

Sub Francisco II.

Franciscus Olivier restitutus est in integrum et Sigillis regiis iterum donatus.

Sub Carolo IX.

Michael de l'Hopital Cancellarius et Custos Sigillorum 30. Junii 1560. ad ann. 1568. quo postulanti Regi Sigilla reddidit, reservatis sibi Cancellarii honoribus ad obitum, qui contigit ann. 1573.

Joannes de Morvillier Episc. Aurelian. Custos Sigillorum ann. 1568. ad 1571. cujus initio abdicavit, Rege vix annuente.

Renatus de Birague Italus, Custos Sigillorum primo, deinde Cancellarius post obitum *M. de l'Hopital* ad annum 1578. Creatus fuerat Cardinalis ann. 1572.

Sub Henrico III.

Philippus Hurault Sigillorum Custos et ann. 1583. post mortem *R. de Birague* Cancellarius. Sigillis privatus est Augusto mense anni 1588.

Franciscus de Montholon Custos Sigillorum ab ann. 1588. ad 1. Augusti anni 1589. a qua die

Carolus Borbonius Cardinalis de *Vendôme* dictus, ut pote Præses Consiliorum regiorum Sigilla retinuit ad mensem Decembrium ejusdem anni.

Sub Henrico IV.

Cardinalis Borbonius ad Decembrium anni 1589. ut mox dictum est, tum rex ipse Sigilla tenuit ad Augustum anni 1590. quo

Philippus Hurault in integrum restitutus est ad annum 1599. quo obiit.

Pomponius de Bellievre Cancellarius 2. Aug. 1599. ad 9. Septemb. 1607. Ipso consentiente, novum de quo jam supra sub Henrico II. creatum est Officium Custodis Sigillorum : quo

Nicolaus Brulart de Sillery donatus fuit mense Decemb. 1605. Post obitum *Pomponii* auctus Cancellariatu ad annum 1616. quo

Sub Ludovico XIII.

redditis Sigillis ab Aula recessit. Revocatus haud multo post regiis Consiliis præsedit ad 23. Januarii 1623. sine Sigillis, et iterum cum Sigillis ab hoc mense ad eumd. anni sequentis, quo Aula denuo relicta, secessit in prædium de Sillery in Campania, ubi mortuus est 1. Octob. 1624.

Guillelmus du Vair Custos Sigillorum a mense Maio 1616. ad Novembrem ejusd. anni; deinde a 25. April. 1617. ad 3. Aug. 1621. quo obiit.

Claudius Mangot Custos Sigillorum a 25. Novemb. 1616. ad 24. April. 1617.

Carolus d'Albert Dux de Luynes, ut Præses Consiliorum Sigilla tenuit post mortem *G. du Vair* ad 15. Decemb. 1621. quo obiit.

Medericus de Vic d'Ermenonville Custos Sigillorum a 24. Decemb. ad obitum, qui contigit 2. Septemb. 1622.

Ludovicus le Fevre de Caumartin Custos Sigillorum a 23. Septemb. 1622. ad 21. Januarii 1623. quo obiit.

Stephanus d'Aligre Custos Sigillorum Januario 1624. Cancellarius post obitum *N. Brulart*. Spoliatus est Sigillis 1. Junii 1626. quo iisdem donatus est

Michael de Marillac ad 12. Novemb. 1630.

Carolus de l'Aubespine Marchio de Castro-novo bis habuit Sigilla, primum a 14. Novemb. 1630. ad 25. Febr. 1633. Iterum a 2. Martii 1650. ad 5. April. 1651.

Petrus Seguier Custos Sigillorum ult. Febr. 1633. Cancellarius 19. Decemb. 1635. Sigillis privatus est 1. Martii 1650. Iterum donatus 14. April. 1651. ac denuo spoliatus 7. Septemb. insequentis. Tertio donatus 4. Januarii 1656. ad obitum, qui contigit 24. Januar. 1672.

Sub Ludovico XIV.

Matthæus Molé Præses Senatus Paris.

bis Sigilla tenuit. Primum a 3. April. 1651. ad 13. ejusd. mensis. Iterum a 9. Septemb. 1651. ad 1. Januarii 1656. quo obiit.

Stephanus d'Aligre II. hoc nomine Custos Sigillorum mense Aprili 1672. Cancellarius Januario 1674. ad obitum, qui contigit 25. Octob. 1677. Rex ipse post morten *P. Seguier* aliquandiu Sigilla penes se habuit.

Michael le Tellier post obitum *S. d'Aligre* ad 30. Octob. quo ex hac vita migravit ætat. 85.

Ludovicus Boucherat a 1. Novemb. 1685. ad 2. Septemb. 1699. quo obiit ætat. 84.

Ludovicus Phelypeaux de Pontchartrain a 5. Septemb. 1699. ad 2. Julii 1714. quo abdicans confugit in otii portum, ut uni necessario tutius vacaret. Obiit 22. Decembris ann. 1727.

Daniel Franciscus Voisin a mense Julio 1714. ad. 2. Februarii 1717. quo obiit.

Sub Ludovico XV.

Henricus Franciscus Daguesseau [* a 2. Febr. 1717. ad 28. Nov. 1750. quo abdicavit et sigilla reddidit, quæ ipsi ademta mense Januario ann. 1718. et reddita ann. 1720. rursum ablata ann. 1722. iterum restituta fuerant 20. Febr. 1737. Obiit 9. Febr. 1751.]

Marcus Renatus le Voyer d'Argenson Sigillis regiis donatus est sub finem Januarii ann. 1718. ad 8. Junii 1720. quo restituta sunt *H. F. Daguesseau* Cancellario.

Josephus Johan. Bapt. d'Armenonville Custos Sigillorum renunciatus est 28. Februarii ann. 1722. ad 10. Sept. 1727. Obiit 27. Nov. 1728.

Germanus Ludovicus Chauvelin, Custos Sigillorum 17. Septembris ann. 1727. ad...

* Christianus-Guillelmus Lamoignon de Blancmesnil Cancellarii dignitate donatus fidei sacramentum præstitit. 10. die Dec. ann. 1750.

* Joan.-Bapt. de Machault regni ex ministris unus reique ærariæ primum Præpositus generalis, dehinc rei maritimæ Præfectus, Custos regiorum sigillorum renunciatus, itidem 10. Dec. ann. 1750. sacramentum fidei dixit. Cui ademta fuere sigilla 1. Febr. ann. 1757.

* Ab hac die Rex ipse sigilla tenuit ad 14. Octobris 1761. qua ipsis donatus est sacramentumque solitum præstitit

* Nicolaus-Renatus Berryer, rei maritimæ antea Præpositus. Obiit 15. Aug. ann. 1762.

* Paulus-Spiritus Feydeau de Brou huic suffectus fidem præstitit 1. Octobris sequentis.

* Renatus-Carolus de Maupeou primus parlamenti Expræses sigillis tituloque Vicecancellarii donatus est et sacramentum fecit 9. Oct. ann. 1763.

Cancellariorum Angliæ seriem contexuit Spelmannus in Glossario.

De *vadiis* Cancellariorum sub tertia Regum stirpe hæc habentur in 1. Regesto Memorial. Cameræ Comput. Paris. fol. 151 : *Nous avons trouvé une cedule, qui estoit escrite de la main feu Maistre Saince de la Charmoye, par laquelle il pria feu Maistre P. de Condé à son vivant puis qu'il fu entré en religion, que il li rescrisist, ou signifiast, quiex gages avoit accoustumé à prendre celuy, qui porte le grant Seau du Roy. Et ledit Frere li recrisist de sa main propre en ladite cedule, que du temps Mons. S. Loys Maistre Philippes d'Antongny portoit son grant Seau, et prenoit pour soy et ses chevaux et vallez à cheval 7. s. Par. par jour, pour avaine et pour toutes autres choses, et excepté son clerc et son vallet, qui le servoit en sa chambre, qui menjoient à court, et estoient doublez leurs gages ès 4. festes annuex en l'an, et quant li Roy prenoit gistes. Item il avoit ses mantiax, si comme les autres clercs du Roy, et livrée de Chandoille tant, comme il en convenoit pour sa Chambre et pour les Notaires à escrire; et quant li Rois voloit, il li donnoit palefroy pour soy, et cheval pour son clerc, et sommier pour le Registre; et dit que depuis le temps Mons. S. Loys ceus qui ont porté le Seau du Roy se sont en ce cas portez en moult de manieres, si comme il ont voulu, et l'en leur à souffert. Item il dit en ladite Cedule, que des lettres qui doivent 60. sols de Seau, le saeleur prenoit dix sols pour soy, et sa porcion de la comune Chancellerie, si comme les autres clercs du Roy. Et quant il estoit en Abbeyes, ou en lieu où il ne dependoit riens pour chevaus, ce luy estoit rabatu de ses gages.* His addere lubet quæ habentur in Reg. *Noster* fol. 416 : *Li Chanceliers souloit prendre à Court 7. s. 6. den. par jour, et livroison de Court, et à Paris en Parlement 20. s. par jour, avec les droiz de la Chancellerie; et il prent orendroit pour tout 2000. ll. Par. de gages par an, et un des Notaires souloit rendre les Lettres à l'Audience sens autres gages : et cil qui orendroit les rent, prend 200. ll. Par. de gages par an, sens cinq sols Tour. de gages par jour, qu'il prent pour la Cartalerie de Montolif en Carcassonnois, qu'il fait deservir par autruy. Et soit memoire de savoir, qui reçoit l'émolument du Registre des Lettres de la Chancellerie, qui doit valoir au Roy grant chose.*

☞ Simili modo *Salaria* Cancellarii Dalphinatus indicat Humbertus II. Ordinatione anni 1340. ubi de variis officiis Domus Dalphinalis, ex Hist. Dalphin. tom. 2. pag. 397 : *Item*, inquit, *pro sigillatione literarum justitiæ et gratiæ, et aliis ad officium Cancellarii pertinentibus, unum Cancellarium ordinamus ad salarium ducentorum florenorum per annum, computatis inter eos viginti florenis auri pro salario unius notarii, quinque florenis pro salario unius scutiferi, tribus florenis pro salario unius sommelerii, duobus florenis pro duobus valletis peditibus per annum. Item, habeat unum equum pro se, unum equum pro notario, alium equum pro scutifero, et alium pro sommelerio, et percipiat die qualibet pro gagiis cujuslibet ipsorum equorum unum grossum.* Subsequitur accurata variorum Cancellarii munium descriptio, quam Lector, si opus est, potest ibidem consulere.

¶ Cancellaris, pro *Cancellarius*, in Diplom. Henrici IV. Imper. ann. 1073. apud Ludewig. Reliq. MSS. tom. 2. pag. 178 : *Signum D. Henrici IV. Regis illustrissimi et invictissimi, et Adelgero Cancellaris, vice Sigfridi Archicancellaris.*

Cancellariorum munus etiam Ecclesiasticum fuit, ut ex Anastasio colligitur in Vita S. Joannis Eleemosynar. cap. 1. num. 6. cap. 2. num. 7. cap. 8. num 46. in VI. Synodo Act. 8. et 9. fit mentio Stephani et Dionysii Diaconorum et Cancellariorum.

Cancellarii Ecclesiæ Romanæ quanta fuerit in Romana Curia auctoritas, docet S. Bernardus Epist. 313 : *Siquidem cum nullum ferme fiat in orbe bonum, quod per manus quodammodo Romani Cancellarii transire non habeat, ut vix vel bonum judicetur, quod ejus prius non fuerit examinatum judicio, moderatum consilio, studio roboratum, et confirmatum adjutorio, etc.*

* Prima, quæ occurrit Auctoribus novi Tract. de re diplom. tom. 5. pag. 193. hujus officii dignitatisque mentio, legitur in Bulla Formosi PP. ann. 896. [** Vide Marinium in Pap. Dipl. pag. 213. not. 9.]

Vicecancellarius Ecclesiæ Romanæ. Vide *Bibliothecarius*, et Waddingum ann. 1303. n. 6. 7.

Cancellarius, in Ecclesiis Cathedralibus, dignitas, cujus munus sic describitur in Statutis Leichefeldensis Ecclesiæ in Monastico Anglic. tom. 3. pag. 24 : *Officium Cancellarii est, sive residens, sive non extiterit, lectiones legendas in Ecclesia per se, vel per suum Vicarium auscultare, male legentes emendare, scholas conferre, sigilla ad causas et negotia conferre, literas Capituli facere et consignare, libros servare, quotiescumque voluerit prædicationes in Ecclesia vel extra Ecclesiam prædicare, et cui voluerit prædicationis officium assignare, etc.* Adde Statuta Ecclesiæ Londinensis, ibidem pag. 339. [Minor fuit Cancellarii dignitas in Hispania, uti constat ex Concilio Mexicano anni 1585. § XVII. ubi hæc leguntur : *Officium insuper (creamus) Cancellarii sive notarii ecclesiæ et Capituli, qui quoscumque contractus inter Ecclesiam, Episcopum et Capitulum et quoscumque alios, in protocollo et notis suis recipere, actus capitulares scribere, donationes, possessiones, census, feudos, precaria, per eosdem Episcopum et Capitulum et Ecclesiam, vel eisdem factas, vel in posterum faciendas, annotet et scribat, et instrumenta custodiat; partes reddituum beneficiatis distribuat.*]

¶ Cancellarii Monasteriorum etiam memorantur in Annalibus Benedict. tom. 2. pag. 627. Spicil. Acheriano tom. 6. pag. 511. et Chronico Mellic. pag. 804. col. 2. ubi *Cancellarius Patrum* appellatur : *Per Patres Congregationis idoneus aliquis, fidus, integer ac peritus ex Congregatione eligatur, ac Cancellarius Patrum vocetur, habeatque curam registrandi acta, instrumenta... necnon scribendi ac respondendi quibus opus fuerit.*

* Cancellarius abbatis S. Dionysii eadem, qua regius, utebatur formula. Charta Suger. abb. ann. 1125. in Chartul. S. Dion. pag. 151. col. 1 : *Ego Gregorius domni Suggerii abbatis Cancellarius relegi et subscripsi.*

* Cancellarii in toto comitatu Sedunensi appellantur Notarii in Charta ann.

1365. inter Instr. tom. 12. Gall. Christ. col. 435 : *Ab antiquo fuerint et sint* (episcopi Sedunenses) *in usu et pacifica possessione ponendi, instituendi et ordinandi Cancellarios, qui per totam civitatem et diœcesim Sedunensem facultatem, potestatem et authoritatem habeant dictandi, conficiendi quoslibet contractus perpetuos seu temporales super emtionibus, venditionibus, locationibus, donationibus, etc.* Infra *Notarii* dicuntur.

Cancellarii Academiarum dicti, qui iis quodammodo præsunt, penes quos totius rei literariæ regimen, ac moderatio est, qui, si res postulat, in societatem professionis suæ idoneos Magistros advocant, castigant, si quid in doctore collega sit dignum pœna aut reprehensione, et meliores subrogant, cathedrisque præficiunt, Baccalaureos ad Doctoralem apicem promovent, novas leges condunt, veteres abrogant, scholarum disciplinam reformant, etc. Quæ quidem dignitas semper alicui illustri personæ a Pontificibus demandata est, interdum ipsis Episcopis. Vide Gretzerum lib. 1. Observat. ad Philippum Eystetensem cap. 21. Hemeræum de Academ. Parisiensi cap. 7. et seqq. Cruceum in Episcopis Cadurcens. num. 227. 228. 229. etc. Stephanum Paschasium in Disquisit. Francicis lib. 9. cap. 21. [** Savin. Histor. Jur. Roman. med. temp. part. 3. cap. 21. § 83. Andream Mendo de Jure Academico lib. 1. art. 168. sqq.] etc.

Cancellarius Communiæ, Cui suberat *Scriptor*, in Charta Communiæ Meldensis ann. 1179. idem qui hodie *le Greffier de la Ville*.

* Correct. stat. Cadubr. cap. 8 : *Et si quid per dom. vicarium, aut dominos sindicos proponendum fuerit in dicto consilio, prius scribatur proposita per Cancellarium in libro Cancellariæ*. Occurrit præterea in Stat. crimin. Saonæ cap. 39. pag. 81. et in Stat. crimin. Riper. cap. 6. fol. 6.

* Cancellarius *Nundinarum Campaniæ*, qui et earumdem *Custos* nuncupabantur, ex militari et nobilium ordine, ut plurimum, electus, mercatorum, qui ad has nundinas confluebant lites et controversias dirimebat. Memor. C. Cam. Comput. Paris. fol. 74. r°. : *Dominus Johannes de Vitriaco Cancellarius nundinarum Campaniæ institutus per litteras regis datas apud Moncellum xxvij. Martii* 1349. Memor. F. ejusd. Cam. fol. 19. v° : *Magister Symon de Bourmont...... institutus custos et Cancellarius nundinarum Trecensium per litteras regis datas xv. Oct.* 1395. Vide in *Custos* 4.

Subcancellarius, in Subscriptione Chartæ Lotharii Imp. apud Ughell. tom. 2. pag. 251 : *Drar.ius Subcancellarius atque Notarius ad vicem Egilmani recognovi et subscripsi*.

¶ Cancellarius Inferior, in Gestis Trevir. Archiepiscoporum, apud Marten. tom. 4. Collect. Ampliss. col. 395.

Cancellaria, apud Anglos dicitur summum Angliæ tribunal, si universalem illum Conventum excipias, quem *Parlamentum* dicunt : in quo *Cancellarius* singulis, qui rigore juris communis se læsos queruntur, ex regula æquitatis subvenit. Ita Cowellus.

Nos vero *Cancellariam* appellamus locum in Palatio, in quo Regia ac publica instrumenta olim asservabantur, (nam hodie vix ejusce appellationis hac notione superest vestigium) de qua quidem intelligendum est Edictum in Carisiaco ann. 861 : *Propterea necessarium diximus, ut commendationem nostram ex hoc scribere rogaremus, quæ ex more in nostro Palatio apud Cancellariam retineatur, etc.*

☞ *Cancellariam*, Gall. *Chancelerie*, hodie dicimus Prætorium Cancellarii, vel locum, ubi diplomata regia seu litteræ, quæ sigillo regio communiri debent, obsignantur, hacque notione legitur non semel vox *Cancellaria* ab annis saltem trecentis et amplius.

¶ Cancellariatus, Officium seu dignitas Cancellarii. Passim occurrit postremis sæculis.

CANCELLATIO, Vox agrimensorum, Limitatio, centuriatio, typus, forma. Siculus Flaccus : *Et quamvis una res sit, forma; alii dicunt perticam, alii centuriationem, alii metationem, alii limitationem, alii Cancellationem*. Frontinus : *Ager sestertianus assignatus in Cancellatione limitibus maritimis*.

¶ **CANCELLATURA**, Oblitteratio, lineæ in Charta cancellatim ductæ. Saisimentum Comitatus Tolosæ apud Lafallium tom. 1. Annal. Tolos. Instrum. pag. 28 : *Produxerunt quoddam instrumentum autenticum sigillo, cum sigillo pendenti Consulum urbis et burgi Tolosæ... sine vitio et Cancellatura*. Vide *Cancellare*.

* *Cancelure*, in Charta ann. 1297. ex Chartul. Valcel. sign. E. ch. 66 : *Sans rasure, sans Cancelure et sans souspeçon, etc.*

* **CANCELLATUS**, Decussatus. Stat. ord. Cartus. ann. 1261. in Append. ad tom. 6. Annal. Bened. pag. 689. col. 1 : *Stola non Cancellata, sed uniformiter deportetur*. Vide in *Cancellare*. [** *Cancellatus pannus* legendum videtur pro *Ancellatus* in Testam. Beatr. de Alboreya. Locum vide in *Ancellatus*, alium in *Apoplacius*.]

¶ **CANCELLULUS**, Junior ostiarius. Epistola Martini Papæ apud Baron. ad annum 650 : *Eadem nocte... tulerunt me de palatio... et nonnisi cum sex puerulis et uno Cancellulo duxerunt nos ex urbe*. Vide *Cancellarius* 1. notione.

1. **CANCELLUS**. Papias : *Cancelli, ligna subtilia in traversum facta, vel de ferro in modum retis, nunc vero et de lapidibus fiunt*. Auctor Mamotrecti ad 4. Reg. cap. 1 : *Cancellus, fenestra reticulata, ad palatii, et parvum foramen parieti : interstitium inter propugnacula : dicitur etiam paries, qui claudit chorum*. Adde Ugutionem. Κιγκλίδες ἔμπροσθεν τῶν θυρῶν ἱςαμέναι, apud Scholiastem Aristophanis. Lexicon Græc. MS. Reg. Cod. 2062 : Κιγκίλα, ἥτις ἐςὶ καγκελοθυρίς. Aliud : Δικτυωτή, καγκελωτή, πολύπλοκος. Vide Euseb. lib. 10. Histor. Eccl. cap. 4. Papias : *Cancellus, Cantorum excellens locus, inde Cancellarius*.

Cancelli Forenses, in Collat. Carthag. I. cap. 70. qui *Cancelli Fori*, Tullio in Orat. pro Sextio, et 3. in Verrem, lib. 1. de Orat. unde *Cancellarii*, qui hos servabant, uti supra indicatum. *Intra Cancellorum septa*, de foro dixit Ammianus lib. 30. Ita κιγκλίδα, et κάγκελον τοῦ δικαςηρίου, Scholiastes Aristoph. et Pollux. lib. 8. usurpant. Atque etiam inde nostri *Barreau*, forum litigantium vocant, quod *Cancellis* pariter muniatur. Vide Jacobum Gothofredum ad leg. 1. Cod. Th. de Offic. Rector. provinc.

Cancelli Sepulcrorum, Quibus hominum vitæ innocentia et sanctitate illustrium monumenta et tumuli muniebantur. De iis passim Scriptores, S. August. Serm. de Diversis 31. Cyrillus Abb. in Vita S. Euthymii Magni Abb. cap. ult. Paulinus Natali 7. pag. 578. Gregor. Turonens. lib. 1. de Mirac. cap. 69. lib. 2. cap. 20. 46. 47. de Glor. Conf. cap. 22. 30. 45. lib. 1. Mirac. S. Martini cap. 35. Fortunatus lib. 2. Vitæ S. Hilarii. cap. 7. Vita S. Boniti num. 36. etc. Sed et omnium promiscue sepulcra cancellis vallari solita docet idem Gregorius Turonens. lib. 6. Histor. cap. 10. Vide *Cataracta*.

Cancelli Altaris, Quibus altaris septum vel locus munitur; quibus *Bema a Choro disparatur*. Cyprianus in Vita S. Cæsarii Arelat. : *Hoc autem sanctum opus ita prosecutus est, ut etiam ab illis, quæ ad divini ministerii dispensationem pertinent, non abstineret, thuribulis, calicibus, pateris pro eorum redemptione datis, excussisque a Cancellorum columnis ornamentis argenteis*. Capitulare Heitonis Episcopi Basileensis cap. 16 : *Quod si pallæ altaris lavandæ sunt, a Clericis abstrahantur, et ad Cancellos feminis tradantur, et ibidem repetantur*. Paulus Warnefridus de Episcopis Metensib. in Chrodegango : *Hic fabricare jussit... sedem S. Stephani Protomartyris, et altare ipsius, atque Cancellos, presbyterium, arcusque per gyrum*. Observat porro Durandus lib. 1. Ration. cap. 3. num. 35. *in primitiva Ecclesia peribolum, seu parietem, qui circuit chorum, non elevatum fuisse nisi usque ad appodiationem, idque sua ætate adhuc in quibusdam Ecclesiis observatum; quod ideo fiebat, ut populus videns Clerum psallentem, inde sumeret bonum exemplum. Verumtamen* (subdit ille) *hoc tempore quasi communiter suspenditur, sive interponitur velum, aut murus inter Clerum et populum, ne mutuo se conspicere possint, etc.* Vide Descriptionem nostram ædis Sophianæ num. 71. 72.

Cancellus, Locus altaris cancellis setus. Βῆμα Græcis, vel ἄδυτον, *Presbyterium* Latinis, nostris *le Cancel*. Synodus Romana ann. 853. can. 33 : *Sæculares... nec inter sacros Cancellos ordinibus debitos, nisi permittente Episcopo, adtentent accedere*. Concilium Nannetense ann. 895. can. 3 : *Ut nulla femina ad altare præsumat accedere, aut Presbytero ministrare, aut infra Cancellos stare*. Adde Capitula Herardi Turonens. cap. 82. [** Vide Altaser. de Jurisdict. Eccles. lib. 6. cap. 1. pag. 207.] Quod igitur est *inter* et *infra Cancellos, Cancellus* postmodum nude dictum est. Acta Episcoporum Cenomanensium in Arnaldo cap. 33 : *Denuo ipsam Ecclesiam...... construere cœpit, et parti superiori, quæ vulgo Cancellum nominatur, etiam tectum imposuit : membrorum quoque, quæ Cruces vocantur, atque turrium solidissima fundamenta antequam moreretur instituens*. In Hoello cap. 34 : *Sed et Cancellum, quod ejus antecessor construxerat, pavimento decoravit*. Ordericus Vitalis lib.

11. pag. 832 : *Cancellum veteris Ecclesiæ dejecit, et eximiæ pulcritudinis opere in melius renovavit, atque in longitudine et latitudine decenter augmentavit.* Et lib. 12. *Cancellum Ecclesiæ cum domibus monasticis renovavit.* Statuta Ordinis Hospitalariorum. S. Joannis Hierosol. tit. 3. § 7 : *Ne Fratres nostri, cum divina celebrantur, Cancellum, seu Chorum intrent, nec altari adhæreant.* Joannes de Garlandia in Synonymis :

Cancellus, templi pars intima dicitur esse.

Poeta MS. ævi infimi :

Infra Cancellum Laicos compelle morari,
Ne videant vivum cum sacro Pane sacrari.

Ita usurpant Hariulfus lib. 2. cap. 7. Chronicon Senoniense lib. 4. cap. 36. Chronicon S. Trudonis lib. 8. pag. 447. Statuta Willelmi Episc. Dunelmensis et Ægidii Episcopi Sarisber. ann. 1255. Synodi Wigorniensis ann. 1240. can. 2. Exoniensis ann. 1287. can. 9. 12. 21. Cicestrensis ann. 1292. can. 5. Mertonensis ann. 1300. can. 4. Rotomagensis ann. 1335. cap. 8. Londinensis ann. 1342. can. 11. Provinciale Ecclesiæ Cantuariensis lib. 1. tit. 9. lib. 3. tit. 27. etc. Ex nostris vero Hugo Plagon interpres Gallicus Willelmi Tyrii : *Le Patriarche prit le Califre, et l'emmena el cuer et el Chanciel, pour bien voir apertement la Sacrement. Le Chœur ou Chancel,* in Consuet. Norman. art. 212.

* Quodvis septum etiam ex lapidibus. Vita B. Goberti tom. 4. Aug. pag. 381. col. 2 : *Vexilla et signa sua in altum super Cancellos levari atque figi præcepit..... Fridericus vero navigans in profundo maris, videns vexilla et signa tremenda super altitudinem muri erecta, etc. Canchel,* eadem acceptione, in Charta ann. 1378. ex Reg. A. actor. capitul. eccl. Camerac. fol. 183 : *Jou Thumas de Mainsnieres chevaliers, sires de Cantaing,..... .. promech...... que ledit Canchel* (de l'église de Cantaing) *et tous les édifices d'icelui je feray..... réédifier et remettre sus entierement d'otel et ossi souffisant matere et édifice et aussi boin estat, comme il estoit paravant.* [** Vide Schmeller. ad Ruodlieb. pag. 230. voce *Cancelli*, qui Podium esse scribit; Monach. Sangall. lib. 1. cap. 30 : *Ut ipse per Cancellos solarii sui cuncta posset videre.* Conf. Glossar. med. Græcit. voc. Καγκελωτός et Καγκελωθυρίς, col. 531. Gemma Gemmarum : *Cancellus, Germ. ein getter in einer wandt oder in einem fenster.*]

* Cancellus, Urbis regio ; quia certis limitibus cincta. Stat. ann. 1419. tom. 11. Ordinat. reg. Franc. pag. 34. art. 15 : *Compellantur* (Judæi) *etiam viriliter ad habendum et tenendum eorum Cancellum in villis in quibus morantur, etc.*

* Cancellis Præfectus, Inter secretarios primus, ut placet doctis Editor. Vita S. Germ. Autiss. episc. tom. 7. Jul. pag. 219. col. 2 : *Valusiani cujusdam filius, qui tum patricii Sigisvulti Cancellis præerat, etc.* Malim de eo, qui ad *Cancellos* judicum stabat, interpretari. Vide in *Cancellarius.*

2. **CANCELLUS**, pro Cancellatione. Senator : *Intra Tusciæ Cancellos.* Est autem *Cancellatio*, Agrimensoribus, limes : unde *Ager Cancellatus*, limitatus. [Metaphorice sumitur in Compendiosa beneficiorum expositione fol. 36. verso : *Quæritur, cum Mandatorio (apostolico) cui mandatur provideri de beneficio non sacerdotali, possit conferri sacerdotale. Et placuit Bonifacio VIII. id fieri non posse, cum Mandatum suos habet Cancellos*, id est, limites. Verum hæc vox nota fuit ipsi Ciceroni, apud quem lib. 1. de Orat. cap. 12 : *Cancellis circumscripta scientia.* Et pro Quintio cap. 10 : *Si extra hos Cancellos egrediar, quos mihi ipse circumdedi.* Quare vocem *Cancellus* prætermisissemus, ni primum fuisset a Cangio relata.]

** *Uteri cancellos replere*, Cibo et potione complere. Reinard. Vulpes. lib. 4. vers. 96 :

Tunc non sollicitor ubi superantia condam,
Cancellosque uteri quosque replebo tui.

¶ A Cancellis, Cancellarius, Gall. *Chancelier.* Herricus in Vita S. Germani lib. 6 :

Volusianus erat, præcelso nomine quidam
Urbis Patricius, toti dilectus et urbi,
Atque a Cancellis prisco de more minister.

Vide Chiflet. Anast. Childer. pag. 135. Salmas. ad Vopisc. Carin. cap. 16. et supra *Fancellarius.*

* 3. **CANCELLUS**, Astaci species, quæ vocatur Gallice *le Soldat*, vel *Bernard l'Hermite.* Ex animadv. D. *Falconet.*

¶ 1. **CANCER**, *Forceps.* Gloss. Isid. Papias MS. cum veteri Glossario Sangerman. n. 501. *Cancer, Forceps, vel Ulcus.* Forcipes autem sic appellantur, quod sint ad instar chelarum *Cancri.* Gloss. apud Grævium in notis ad Glossar. Isid. : Καλκῖνος, χάλκεος, *Forfex.* Vide Lexicon Martinii.

* Quoad posteriorem notionem, vide quæ habet Rhodius in Lexic. Scriboniano.

2. **CANCER**, Arcus, fornix, quod cancri forcipem referat. Adamnanus lib. 2. de Locis SS. cap. 16 : *Hæc* (Ecclesia) *quatuor lapideis suffulta Cancris, stat super aquas inhabitabilis, etc.* Mox : *Inferius vero, ut dictum est, Cancris et arcubus sustentata.* Et cap. 26. *Una* (Ecclesia) *in medio civitatis loco super duos fundata Cancros, etc.*

3. **CANCER.** Papias : *Cancri, Cancelli.* [Festus habet : *Cancri dicebantur ab antiquis, qui nunc per deminutionem Cancelli, ex quo genere sunt Calces, qui per deminutionem appellantur Calculi.*]

4. **CANCER**, Machina bellica. Chronicon Colmariense ann. 1300 : *Expugnavit Rex hanc civitatem per duo vasa* (instrumenta) *concava, quæ faciebant artifices sapientes. Unum vas Cattus vocabatur, aliud Cancer. Erant hæc vasa longa, quadrata, ex omni parte laterum clausa : versus terram nullum munimen habebant, sed versus cælum de tabulis fortibus ac spissis tectum, machinarum lapides minime metuebat, etc.* Infra : *Fuit Cancer instrumentum magnum forte, pariter et ponderosum. In eo erat trabs magna, pariter longa, in una parte grossa, in altera parva. In grossiori parte, sive in capite, fuit ferro forti circumdata, et in fronte ipsius Cancri fortissime colligata. Trabs hæc super quædam instrumenta jacuit, quod faciliter moveretur. Hic Cancer cum ad murum pervenisset, et octo in circulos, qui in trabe erant, funes immisissent, ex paucis ictibus pro magna parte cadere coegerunt.* Mox : *Ex parte terræ fuerunt obsessi per Cattum atque Cancrum : quia solus Cancer, quingentos homines occupabat.* In Consuetudine Baionensi, *Escrevisse* pro specie armorum usurpatur. Ita nostri Cancros vocant, etc.

* *Escrevisse*, Armaturæ species, eadem quæ *Scamma* 1. Lit. remiss. ann. 1470. in Reg. 195. Chartoph. reg. ch. 461 : *Le suppliant frapa icellui Tarraise d'une petite fourchete ferrée deux ou trois coups : mais il ne lui fit quelque playe, ne ouverture, à l'occasion que ledit Tarraise estoit armé soubz son vestement d'une armeure, nommée Escrevisse. Crevisse*, mendose, in aliis ann. 1482. ex Reg. 207. ch. 291 : *Icellui Aubry se arma d'une Crevisse, d'un arc, de cinq fleches et d'un braquemart.*

* 5. **CANCER.** Lit. Alfonsi comit. Pictav. ann. 1269. in Reg. 11. Chartoph. reg fol. 124. v°. : *Item septimus articulus de facto Cancris, quem dictus abbas in dicta villa Moyssiaci asserit se habere, cum hoc temporibus retroactis fuerit interdictum. Si appareat ex forma compositionis dictum abbatem habere justitiam ; pro modo justitiæ sibi competentis, non videtur prohibendus abbas; quin possit habere Cancram.* Ubi leg. *Carceris* et *Carcerem.*

CANCERARE, In cancri naturam transire. Apuleius lib. de Virtutib. herbar. cap. 36 : *Ad vulnera, etiam si Canceraverint.* Vide *Cancrizare.*

Canceratus, Cancere depastus. Passio SS. Perpetuæ et Felicitatis : *Facie Cancerata male obiit, ita ut mors ejus odio fuerit.* Vide *Cancrizatus.*

Cancerosi Sermones, apud Julianum Toletanum lib. 1. contra Judæos, initio, qui nempe ut cancer serpunt, inquit D. Paulus. [*Cancerosus*, Qui exeditur cancere, in Actis SS. Julii tom. 1. pag. 420. ubi de S. Ottone.] Vide *Cancrosus.*

Cancerauma, pro *Canceroma*, Καρκίνωμα, Cancer. Papias : *Canceromata, apostemata, retrogradientia, ut cancer.* Adrevaldus lib. 1. de Mirac. S. Benedicti cap. 28 : *Quidam membrorum quorundam incendium male perpessi, quod genus morbi incurabile medici derivato nomine a cancere, Cancerauma vocitant, etc.* Vide Celsum lib. 5. cap. 28. lib. 6. cap. 15. Apuleium lib. de Virtut. herbar. cap. 31. etc.

* **CANCERELLUS**, Nomen libri cujusdam apud Alberic. in Chron. ad ann. 750. ubi de Translat. S. Huberti pag. 87.

¶ **CANCETUM**, pro *Calcetum*, Via strata, Gall. *Chaussée.* Monastic. Anglic. tom. 1. pag. 2. col. 2 : *Primo incipit à la Brustache apud pontem de Strete, et hic supra Cancetum ultra Pinnealalke per medium marise.* Vide *Calcea.*

¶ **CANCEULI**, f. pro *Cancelli*, Species retium ad capiendas feras. *Sire Raul* de Gestis Friderici I. Imp. apud Murator. tom. 6. col. 1190 : *Imperator vero mense Novembri proximo ivit ultra montes, et Marquardum omnibus Longobardis præposuit, qui omnibus Mediolanensibus tam civibus quamque et rusticis venationem inturbavit; id est, ut nemo venaretur cum cane; aut neque pedaicam vel Canceulos poneret; neque fossam facerent.*

* **CANCEUS**, Canzeus, Panni species. Inventar. MS. thes. Sedis Apost. ann. 1295 : *Item unum pluviale de Canceo rubeo cum*

aurifrixio de opere Ciprensi.... Item unam planetam de Canzeo viridi.

¶ **CANCHAR.** Bernardi *de Breydenbach* Iter Hierosol. pag. 277 : *Pulices, cum herba quæ dicitur Canchar in lecto posita fuerit, quasi ebrii et paralitici fiunt, nec salire nec se movere possunt.*

* **CANCHARUS**, f. pro Cantharus. Stat. Placent. lib. 6. fol. 80. v°. : *De feramentis, de rotis, de carro, et de fenestris, et de Cancharis, et de mappis, etc.*

* **CANCHERENEA** Colera, Cancri species, qui ab atra bili gignitur, ex Gorræo in Definit. medic. ut notant docti Editores ad Acta B. Amad. tom. 2. Aug. pag. 603. col. 2 : *Cum..... quemdam morbum, quem vulgus appellat coleram Canchereneam, insanabilem in persona propria circa umbilicum, et partes inferiores maxima cum anxietate pateretur, etc.*

¶ **CANCIÆ**, f. Næniæ. Acta SS. Junii tom. 3. pag. 929. F. ubi de B. Michelina : *Tunc Michelina ad hæc verba respondit : Omnia ista videntur tuffæ et Canciæ, et a personis desperatis et rudibus.* Galli diceremus *Chansons*, Logi, fabulæ, nugæ.

¶ **CANCILLUS**, Vasis genus, certa vini, alteriusve liquoris mensura. Transactio inter Abbatem et Monachos Crassenses ann. 1351. ex libro viridi fol. 53 : *Tenetur dare et consuevit dictus D. Abbas singulis hospitantibus dictorum Monachorum die qua veniunt de extra Monasterium, unam libram panis conventualem de frumento antiqui ponderis, et unum Cancillum boni vini, in quo sit tertia pars aquæ, videlicet unum Cancillum Presbyteri, quæ sunt duæ partes Cancilli monachalis, et isto casu datur purum.* Ibidem : *Tres Cancillos vini.* Pro *Cancillus* semel habetur *Cantillus.*

* Legendum esse *Caucillus* jam monitum est ad vocem *Caucellus* in *Caucus* 2.

CANCRA, *Domus cancri.* Papiæ.

* **CANCRA.** Vide supra *Cancer* 5.

CANCRARIUM, *quasi putrescat, ipsum est Cancer.* Papias.

CANCRENUM Vulnus, Cancer, Celso et Latinis *Gangræna.* In Miracul. S. Cunigundis edit. a Gretsero.

¶ **CANCRIZARE**, Rolandinus Patavin. de Factis in Marchia Tarvisina lib. 5. cap. 21. apud Muratorium tom. 8. col. 249 : *Et quia scivit* (Fridericus II. Imperator) *quod antiqui Magnates respiciebant Ascendens, cum volebant condere civitates, et faciebant ipsimet urvum cum aratro, quo circumdabant civitates, unde dictæ sunt urbes, incœpit et ipse designare hanc suam novam civitatem* (Victoriam) *signo Arietis ascendente : tum quia signum est Martis, qui dicitur Deus belli ; tum quia erat Libræ ascendenti contrarium in occasum, quod est signum Veneris, qui planeta Parmæ dicitur, et esse fortuna ejus. Quasi per hoc forsitan cogitaret, quod Parmensium fortuna, qui oppositi erant ei tenderet in occasum : in Astrologis namque et iis qui subtilitatem astrologicam imitantur, primum operanti et septimum adversario datur. Sed puto quod non notavit quartum ab Ascendente fuisse Cancrum : quartum enim ædificia, domos et civitates designat, et sic civitas sub tali Ascendente incœpta Cancrizare debebat ;* id est, Retrorsum ire ad instar cancrorum, metaphorice, Minui, in pejorem conditionem vel occasum vergere : quod accidit novæ urbi Victoriæ, quæ non ita post capta et spoliata *recessit more Cancri*, uti narrat idem Rolandinus ibid. cap. 22. Vide *Cancerare.*

¶ **CANCRIZATUS**, Gangræna, seu Cancere vitiatus, infectus. Acta SS. April. tom. 3. pag. 892. in Vita S. Catharinæ Senensis : *Habebat enim in pectore ulcus, juxta medicorum vocabulum Cancrizatum quod carnem circa se corrodebat.* Vide *Canceratus* in *Cancerare.*

¶ **CANCROSUS**, Idem. Concil. Hisp. tom. 2. pag. 544 : *Nos quoque huic vulneri Cancroso ignitum, quod superest, adhuc injicimus ferrum.* Vide *Cancerosus* in *Cancerare.*

¶ **CANCRUM**, *Internigrum.* Papias MS. Editus habet *Canetum.* Vetus Glossar. Sangerm. MS. num. 501. *Caneum.* Vide *Canetum.*

¶ **CANDA**, Species telonii. Præceptum Caroli Simplicis anno 919. apud Mabillonium lib. 6. de Re Diplomatica, Charta 129 : *De teloneo quidem mercati memoratæ villæ nonam ac decimam partem, de censu quoque vini, quod accipitur de Compendio ac Venetta, nonam partem ; et de moneta ejusdem palatii decimam et nonam partem... similiter de cambis et tabernis vinariis, de transitu etiam navis in Venetta, nonam et decimam, seu de hoc quod dicitur Canda, quam accepimus ex episcopatu Suessionensi, et de cœnobio S. Medardi nonam ac decimam ad capellam S. Clementis* (Compendiensis) *concedimus.* Vide *Candes.*

* **CANDALIES**, vox vulgaris, Lucerna olearia, vel candelabrum. Stat. synod. eccl. Castr. ann. 1358. ex Cod. reg. 1592. A. fol. 76. r°. : *Item dimittet..... j. mortier, j. verga, ij. Candalies, etc.* Vide mox *Candela* 1.

¶ **CANDATOR**, a *Candidare* sic dictus Fullo, ut opinor, quia purgat pannos, et candidos facit. Charta anni 1240. ex parvo Chartulario S. Victoris Massil. fol. 181 : *Nos R. Bereng. Comes et Marchio Provinciæ... affidamus et sub guidagio et protectione nostra recipimus bona fide monasterium S. Victoris Massil... ac omnia molendina paratoria et candoria ipsius monasterii... affidamus eodem modo molendinarios, Candatores, mulaterios et omnes homines ibi necessarios, ac bestias in eundo et redeundo.*

* **CANDAVENE.** Vide supra *Campus avenæ* in *Campus* 3.

* **CANDEBEGE.** Lit. ann. 1275. inter Ordinat. reg. Franc. tom. 3. pag. 61. art. 7 : *Quod consuetudines et usagia, quæ.... habent in castro seu villa* (Lemovicensi) *in... leda panis et salis, deschargis, Candebege, etc.*

1. **CANDELA**, Lucerna olearia. Gloss. Græc. Lat. : Κανδήλα, *Cicendela.* Acta Proconsularia sub Munatio Felice, apud Baronium ann. 303. n. 12 : *Lucernæ argenteæ septem, cerofala duo, Candelæ breves æneæ cum lucernis suis septem ; item lucernæ æneæ undecim cum catenis suis.* Historia Translationis sancti Januarii apud Caracciolum : *Cœpit Candela sine admixtione olei redundare.* Anastasius in S. Silvestro PP : *Ubi Candelæ ardent ex oleo nardino pistico.* Leo Ostiensis lib. 3. cap. 30 : *Ex oleo de Candela S. Sepulcri, quæ videlicet per singulos annos modo valde mirabili.... accenditur. Candela olei*, in Bulla Benedicti IX. PP. apud Ughellum tom. 1. pag. 124. Sed et Zacharias PP. in Dialogis S. Gregorii *Lampades* κανδήλας vertit, lib. 1. cap. 5. 7. Hac pariter notione vocem *Candela* usurpat idem Gregorius in Epist. 12. ad Bonifacium Moguntinum Archiepiscopum, ut et Braulio in Vita S. Æmiliani cap. 29. apud Bivarium : unde conficitur in Regula S. Benedicti cap. 29. *Candelam noctu in dormitorio ardentem*, nihil aliud esse quam *cicindilem.* [* Testam. ann. 1250. tom. 2. Hist. Cassin. pag. 494. col. 1 : *In primis de oleo Candelæ vitreæ emantur, et horis competentibus illuminentur et repleantur.*] [** Vita S. Liudgeri cap. 28. ap. Pertz. vol. Scriptor. 2. pag. 423.] Neque aliter fere vocem κανδήλα usurparunt Græci recentiores. Vita S. Nili Junioris pag. 100 : Ἀλεῖψαί τε αὐτὸν ἐλαίῳ τῆς κανδήλας καὶ ἀπολῦσαι. Sophronius Patr. Hierosol. : Τοῦ τῆς κανδήλας ἐλαίου ἄνω πρὸ τῆς τοῦ Σωτῆρος εἰκόνος ἁπτομένης λαβών. Et infra : Τῆς κανδήλας λαμβάνει τὸ ἔλαιον. Miraculum S. Georgii Mart. de ejus imagine n. 55 : Προΐας δὲ γενομένης ἐκ τοῦ ἐλαίου ὑφαφθείσης τῆς κανδήλης ..... ἀλειψάμενος τὴν σὴν χεῖρα, εὑρήσεις τὴν ἴασιν. De ejusmodi candelis videtur perinde intelligendus Anonymus de locis SS : Ἄνωθεν τοῦ ἁγίου τάφου κρεμοῦνται κανδῆλαι λς'. Infra : Κρεμοῦνται κανδήλια δ'. Apud Codinum in Origin. : Κανδῆλαι ὑαλιναί, pag. 100. Aliter tamen κανδήλαν usurpat Chronicon Alexandrinum pag. 686. Vide *Papyrus.* [** Et Glossar. med. Græcit. voce Κανδήλα, col. 570. et Append. col. 92.]

Candelæ projectæ et extinctæ in excommunicationibus, cujus ritus meminerunt Regino lib. 2. de Eccles. discipl. cap. 409. Burchard. lib. 11. cap. 3. Concil. Lemovicense ann. 1301. sess. 1. sub finem, Romualdus Salernitanus in Chronico MS. ann. 1167. Guillelmus Abbas S. Theodor. lib. 2. Vitæ S. Bernardi cap. 6. n. 35. Hesso Scholasticus pag. 358. Epistola 3. earum, quas Tengnagelius edidit post Chronicon Reichersp. Bertholdus Constant. ann. 1085. 1095. Matthæus Westmonast. ann. 1253. pag. 353. Pachymer. lib. 1. Histor. cap. 31. Perardus in Tabulis Burgundicis pag. 130. Acta Alexandri III. PP. apud Baronium ann. 1177. Matth. Paris pag. 442. 454. 576. Ægidius Aureæ vallis Mon. cap. 103. Thwroczius ann. 1303. cap. 86. Ægid. Gelenius in S. Engelberto pag. 37. [** Haltaus. Glossar. German. voce *Fackel*, col. 418. Hœferi *Zeitschrift für Archivkunde* vol. 1. pag. 329.] etc.

Candelas accensas sub conjugatorum pedibus ponere, superstitionis species, damnata ab Odone Legato Apostolico in Syria ann. 1254. in Constitutione contra Simoniacos : *Item et a quibusdam inolevit quoddam abominabile et horribile : videlicet quod celebratis solemnitatibus nuptiarum, statim quidam Clericus Ecclesiæ, in qua solemnizatum est matrimonium, portans aquam benedictam, cum pervenerit ad portam domus, in qua debent se recipere nubentes, tenens quandoque Candelas accensas in manibus, ponit eas sub conjugatorum pedibus, et accipit pro hujusmodi tam improbo officio* 12. *denarios vel aliud pretium : quod sortilegii vitio carere non dubitatur, etc.*

CANDELÆ DE MADIO MENSE, inter præstationes Ecclesiasticas, in veteri Charta ann. 1030. apud Ughellum in Episcopis Novariensibus.

¶ CANDELÆ, Idem quod infra *Candelaria*. Conventiones inter Francorum Regem et Comitem Marchiæ ann. 1127. apud Marten. tom. 1. Ampliss. Collect. col. 1215 : *Præfatus comes Marchiæ habebit a nobis singulis annis usque ad decem annos decem millia et sexcentas libras Turonenses annuatim in tribus terminis, tertium in Ascensione Domini, tertium in festo S. Martini et tertium in Candelis.*

* CANDELA DE BABYLONIA, Cujus ellychnium ex gossipio, quod a sola Ægypto olim mutuabantur, confectum erat. Charta ann. 1019. apud Murator. tom. 4. Antiq. Ital. med. ævi col. 769 : *Posuimus autem ante altare S. Liberatoris subtus arcum a pariete usque in pariete virgam ferream, quam replevimus Candelis optimis de Babylonia, et statuimus ut in nativitate Domini, et festivitate S. Benedicti, et in resurrectione Domini N. J. C. de prædictis Candelis repleatur, et omnes accendantur.* Vide *Babilonia.*

* CANDELÆ, Quæ a mulieribus post partum ad ecclesiam venientibus offerebantur, inter sacerdotum obventiones passim recensentur. Charta ann. 1186. ex Tabul. S. Petri de Reg. : *Ex Candelis quæ a feminis a puerperio surgentibus ad singula ecclesiæ altaria offerebantur, etc.*

* CANDELA S. BARTHOLOMÆI. Charta Petri Senon. archiep. ann. 1213. ex Chartul. Maurigniac. : *Residuum cerei paschalis et Candela S. Bartholomæi communia erunt.* Alia Roberti Carnot. episc. in Chartul. Guill. abb. S. Germ. Prat. fol. 94. v°. : *Candelam S. Bartholomæi collectam divident* (monachi et presbyter) *et habebunt per medium, qua deficiente, per medium similiter benedictum partientur cereum.*

* CANDELA DE CARITATE, Quæ ultro offertur. Charta ann. 1172. in Chartul. Guill. abb. S. Germ. Prat. fol. 196. r°. col. 2 : *Presbyter, tam privatis diebus quam aliis diebus, habebit oblationes peregrinorum, et denarium et Candelam de caritate.*

* CANDELÆ MORTUORUM, Cerei, qui in exequiis offeruntur, vel circa corpus ardent. Charta ann. 1249. ex Tabul. S. Florent. Salmur. : *Præterea omnes oblaciones cujuscumque generis in tota ecclesia oblatæ, et omnes candelæ, exceptis Candelis mortuorum, ... erunt prioris.*

* CANDELA NUMMATA, Quæ pretio seu nummis æstimatur et redimitur; vel cereus cui affiguntur nummi. Tabular. Major. monast. tom. 1. Probat. Hist. Brit. col. 563 : *Candela vero purificationis, vel nummata Candela, et quarta pars confessionum Quadragesimæ, monachorum erunt.* Vide infra in *Cereus.*

* *Candelæ benedictæ* inter morientium manus positæ, quod hactenus perseverat. Lit. remiss. ann. 1383. in Reg. 124. Chartoph. reg. ch. 124 : *Posita fuit Candela benedicta accensa in manu sua ac si vellet spiritum emittere, et alias prout et inter fideles infirmos fieri consuevit.*

* *Candelæ* puellis in signum amoris oblatæ. Lit. remiss. ann. 1357. in Reg. 89. Chartoph. reg. ch. 179 : *Dum coreæ ducerentur, Bernardus dictus la Greve..... portans in manu sua quandam Candelam accensam, et eandem Sarræ filiæ Johannis Parvi-boni in coreis existenti causa joci obtulerit, prout moris est juvenum facere in dicta villa de Quierriu et aliis villis circumvicinis.*

* CANDELA, Munus, quod a recens nuptis exigebatur, variis nominibus pro locorum diversitate appellatum; quod tamen de *candela*, quam novæ nuptæ ante imaginem B. M. V. accendere solebant, potest intelligi. Lit. remiss. ann. 1357. in Reg. 89. Chartoph. reg. ch. 168 : *In villa de Unopano* (diœc. Carnot.) *nuptiæ factæ fuerunt..... Ad domum sponsæ in sero diei iverunt et petierunt Candelam per sponsum et sponsam prædictos, prout actenus extitit et est in dicta villa in similibus fieri consuetum, sibi dari.* Aliæ ann. 1409. in Reg. 164. ch. 54 : *Le suppliant et Jehan Lolier dirent qu'ilz avoient composé cellui, sur qui se devoit faire le chalivari, à xij. solz pour le boire des compaignons, à iiij. solz Par. pour la Chandelle, que les femmes mettent ardent devant l'image Nostre Dame dudit lieu* (de Buci). Vide supra *Bannum* 5.

* CANDELAS ADORARE prohibet synod. Noviom. ann. 1344. ex Cod. reg. 1610 : *Item, sicut audivimus in multis villis nostræ provinciæ, joculatores sive ystriones de novo Candelas cereas, tanquam res sacras, adorant ad ydololatriam inducendo; quod de cetero fieri prohibemus.* Quæ fortassis ad celeberrimam Atrebatensem Candelam referri possunt, cujus ad instar *Candelas* populorum venerationi proponebant homines magis aliorum pecuniæ, quam salutis cupidi.

* 2. **CANDELA**, Festum, sacrum sodalitium, nundinæ, quæ in festis patronorum fieri solent. Lit. remiss. ann. 1395. ex Reg. 148. Chartoph. reg. ch. 318 : *Simon de Caffort et autres compaignons de la Candelle ou confrairie de S. Eloy.* Aliæ ann. 1396. in Reg. 150. ch. 111 : *Lesquelz aloient par compaignie esbatre à la Chandelle de Dieubat.* Rursum aliæ ann. 1460. in Reg. 189. ch. 457 : *Les supplians alerent veoir la feste en la ville de Warluisel, en laquelle on faisoit la feste de la Magdalaine, que on dit la Chandelle de la ville. Chandeleur,* eadem notione, in Lit. ann. 1405. ex Reg. 160. ch. 253 : *Lendemain du jour S. Jehan-Baptiste iceulx freres alerent à une feste ou assemblée d'une Chandeleur, qui estoit pour lors à Florbous en la place commune.* Ubi Reg. 161. ch. 239. habet, *Chandelle*, Vide infra *Festum candelæ* in *Festum* 1.

** Recognotion. Feodor. Aquit. ann. 1273. ap. Delpit. pag. 31. num 90 : *Quando* (rex) *recipit prandium... unam lanceam et unum Candelam de una rasa in lancea ardentem.* Ibidem num. 23: *Ego debeo commestioni interesse et debeo servire cum una Candela in manu, et Candela debet esse talis quod durare possit quousque fuerit comestio peracta. Et postea debeo cum servientibus comedere et coram me ponere dictam Candelam ardentem... ad domum propriam redire cum residuo Candele.*

* 3. **CANDELA**, Præstationis species hominibus *manus-mortuæ* imposita; unde *Chandeliers* vocabantur; iidem qui *Luminarii.* Vide in *Luminare.* Arest. ann. 1342. 22. Febr. in vol. 3. arestor. parlam. Paris. : *Propositum fuit religiosos S. Dionysii esse in possessione levandi et percipiendi a pluribus personis, tam hominibus quam mulieribus, certam redhibentiam certa die ratione cujusdam conditionis, vocatæ conditio Candelæ beati Dionysii,... videlicet quolibet anno undecim denarios.* Memor. E. Cam. Comput. Paris. ad ann. 1391. fol. 272. r°. : *Les autres redevables chacun an de deux deniers, de iiij. de vj. de viij et de xij. qui ne doivent autre chose et sur amende, et sont les aucuns appellez les Candeliers saint-Denys; et de cette condition en a aucuns, qui sont sers de mortemain et formariage.* [** Vide *Cerocensus.*] Hinc forte

* CANDELARUM RECOGNITIO, in Charta Petri de Casneio ex Reg. 52. Chartoph. reg. ch. 140 : *Concedo... abbatiæ S. Mariæ de Monteburgo omnem dominationem, quam habeo in ecclesia S. Mariæ de Sortoovilla et recognitionem Candelarum.*

* 4. **CANDELA**, Temporis seu horæ spatium, præsertim noctium. Lit. remiss. ann. 1376. in Reg. 109. Chartoph. reg. ch. 134 : *Pour ce que il estoit environ trois Chandelles de nuit, l'exposant print un planchon en sa main pour la seurté de son corps.* Aliæ ann. 1386. in Reg. 129. ch. 186 : *L'exposant s'en aloit en sa maison environ heure d'une Chandeille de nuyt.* Rursum aliæ ann. 1408. in Reg. 163. ch. 52 : *En ce faisant le suppliant mist et vacqua tout ledit jour et bien jusques à deux Chandelles de nuit.*

** 5. **CANDELA**, Gall. *Hauban*, Provincial. hodie etiamnum *Candelle*, Funis nautici species. Convent. Ludov. IX. inter et Genuens. ap. Jal. Archæol. Naval. vol. 2. pag. 392 : *Arbore una de prora.... cum Candelis* 26. Ibidem sæpius.

¶ **CANDELABRA**, λαμπάς, *Fax*, in Supplemento Antiquarii. Johan. Longinus in Vita S. Stanislai Episc. lib. 3. num. 68 : *Accensa autem Candelabra, et familiaribus qui secum cubabant excitatis, etc.*

* Lit. remiss. ann. 1380. in Reg. 117. Chartoph. reg. ch. 138 : *Quant le suppliant fu relevé il print pour soy revenchier un Candelabre.*

* **CANDELABRICUS**, Ad festum, *Candelaria* dictum, pertinens. Stat. mag. Lamberti prioris Squillac. in Append. ad tom. 6. Annal. Bened. pag. 638. col. 2 : *In solemnitatibus semel reficiant, excepto festo Beatæ Mariæ Candelabricæ.*

¶ **CANDELAIA.** Vide *Candelaria.*

¶ **CANDELAPTA**, vox ibrida a Lat. *Candela*, et Gr. ἅπτω, Accendo : Qui candelas seu lucernas accendit in Ecclesia. Acta SS. Julii tom. 4. pag. 98. in Hist. Chronolog. Patriarch. Antiochen. : *Ubi in templo Resurrectionis Candelapta factus, lucernas accenderit.* [** Vide Glossar. med. Græcit. in Κανδηλάπτης col. 571. et supra *Accensor*, 2.]

1. **CANDELARIA**, Festum Purificationis B. Mariæ, Durando lib. 7. cap. 7. n.

17. nostris olim *la Candeliere*, hodie *a Chandeleur*; *Candelora* Italis; *Sancta Maria Candelaia*, Joanni Villaneo lib. 6. cap. 34. lib. 10. cap. 7. *Festum Candelosæ*, in Charta ann. 1286. in Probationib. Historiæ Castilionensis pag. 71. et alibi passim. *Festum Candelarum*, apud Ulug Begh. cap. 7. [*Festum S. Mariæ Candelariæ*, in Statutis Massiliens. pag. 142.] *Festum S. Mariæ Candelarum*, in Charta Sicardi Episcopi Cremonensis ann. 1207. apud Ughellum tom. 4. pag. 1297. Sic dictum a Candelis ardentibus, quas hac die deferri a fidelibus præcepit Gelasius PP. abrogatis Lupercalibus, quæ mense Februario agi solita testatur Varro. Litanias publicas et processiones huic solemnitati addidit postmodum Sergius PP. nec enim ille candelarum usum in hoc festo introduxit, uti observat Baronius, licet nonnulli id scripserint. Beda de Ratione temp. cap. 10. de Lustrationibus veterum, quæ fiebant mense Februario : *Sed hanc lustrandi consuetudinem bene mutavit Christiana religio, cum in mense eodem, die S. Mariæ plebs universa cum Sacerdotibus ac Ministris, hymnis modulatæ vocis per Ecclesias, perque congrua urbis loca procedit, datosque a Pontifice cuncti cereos in manibus gestant ardentes, et augescente bona consuetudine idipsum cæteris quoque ejusdem B. Matris et perpetuæ virginis agere didicit, non utique in lustrationem terrestris Imperii quinquennem, sed in perennem regni cœlestis memoriam : quando juxta parabolam Virginum prudentium, omnes electi lucentibus bonorum actuum lampadibus, obviam sponso ac regi suo venientes, mox cum eo ad nuptias civitatis intrabunt.* Alcuinus in serm. in Hypapant. : *Maxime autem eo loco, quo primatum Ecclesia Catholica in primo Pastore sortita est, in tanta reverentia habetur, ut ea die cuncta civitatis turba, in unum collecta, immensis cereorum luminibus coruscans, Missarum solemnia devotissime celebrent, nullusque aditum publicæ stationis intret, si lumen manu non tenuerit, tanquam scilicet Dominum in templo oblaturi, imo etiam suscepturi fidei lumen, quo interius fulget, exterius oblationis suæ religione demonstrent.* Tradit Olaus Wormius in Fastis Danicis antiquis, quos edidit, ad diem Purificationis, quæ ibi *Kendelmess* dicitur, manum facem ostentantem esse depictam. Germanis vero *Liecht mess*, id est, *Missa luminum* appellatur, ut est apud Gretserum in Muricibus Christianis pag. 177. Vide S. Eligium Homil. 2. Rabanum lib. 2. de Instit. Cleric. cap. 33. Rupert. lib. 3. de Divin. Offic. cap. 25. Honor. Augustod. lib. 3. cap. 24. Durand. lib. 7. cap. 7. n. 16. Baronium ad Martyrol. etc. Adde Cyrillum Scythopolit. in Vita S. Euthymii apud Allatium de Hebdomadis Græcorum pag. 147.

* *Candelier* et *Candellerie*. Charta ann. 1283. in magn. Chartul. nig. Corb. fol. 98. v°. : *Et les doi païer* (cinq muis de blé) *chascun an jou et mi hoir, ou nos quemans dedens le Candelier.* Ch. ann. 1407. ex Chartul. 23. ejusd. monast. : *Au jour de le Chandellerie. Au jour de le Candelliere*, in Chartul. sign. *Ezéchiel* ad ann. 1415. fol. 18. v°.

* Neque aliud, ut videtur, Britonibus sonat *Calamay* vel *Kalamay*. Charta ann. 1307. tom. 1. Probat. Hist. Brit. col. 1215 : *Baellera ledit Vicomte à ladite sa mere trois cent livres par chesqun an,... c'est à scavoir la moetié à chesqune Calamay, etc.* Alia ann. 1309. ibid. col. 1223 : *Cinq cens livres à la Septembresche, et trois cens livres au quart jour de l'an neuf, et cinq cens livres à l'octieve de la Kalamay ensevante.* Forte a Calamus, ad cujus formam cerei efficiuntur. Vide infra *Candelatio* et *Cannela*.

¶ 2. **CANDELARIA**, pro *Candelabrum*, Gallice *Chandelier*, apud Rymer. tom. 7. pag. 745 : *Duo coclearia pro Candelaria.*

* 3. **CANDELARIA**, Quæ facit vel vendit *candelas*, Gall. *Chandeliere*. Vide infra *Candelarius*. Obituar. eccl. Lingon. ex Cod. reg. 5191. fol. 128. r°. : *Symonneta de Fretis Candelaria S. Martini Lingonensis dedit in augmentationem albarum et vestimentorum ecclesiæ Lingonensis 74. ulnas telæ in duabus peciis.* Aliud vero sonat *Chandeliere*, in Lit. remiss. ann. 1382. ex Reg. 122. Chartoph. ch. 168 : *Guillaume Yon fermier d'une branche de la ferme du grant pois de Rouen, nommée la Chandeliere.*

CANDELARII, qui candelas in Ecclesia deferunt, in Charta ann. 1270. apud Ughell. tom. 7. pag. 420. [Vide Chronicon Mellicense pag. 333. col. 1. et pag. 418. col. 2. quo in posteriori loco Candelarii officium sic describitur : *Candelarius principaliter laternas necessarias ad Matutinum apportat, candelas circa singula pulpita collocat, et in nocturno officio super altari summo lumina ponit, signum ad chorum ad Vigilias nocturnas et Laudes pulsat : hyemali tempore ad refectorium lumen portat, sabbatho laternas et candelabra mundat.*]

¶ Candelarius, Qui facit vel vendit candelas, Gall. *Chandelier*. Charta Philippi VI. Franc. Regis ann. 1329 : *Item quod Candelarii et venditores de cepo ... vendent bonas et legitimas Candelas de bono et legitimo cepo.*

Candelarii Fabri, in Constit. Siculis lib. 3. tit. 36. § 1. Qui candelabra conficiunt.

CANDELARIUM, Oblationes candelarum in Ecclesiis. Tabularium Monast. Longipontis in diœcesi Paris. : *Concessit illis* (Monachis) *quandam partem ipsius doni, scilicet unum arpennum terræ, medietatem Candelarii et sepulturæ, tertiam partem medietatis turtellorum, atque offerendæ, et omnis decimæ, etc.*

* **CANDELATIO**, ut supra *Candelaria* 1. *Die Lunæ post octavam Candelationis, anno* 1310. in Reg. *Olim* parlam. Paris.

¶ **CANDELATORES**, Qui deferunt Candelas, apud Rymer. tom. 12. pag. 28. col. 1.

¶ **CANDELCISA**, Festum Purificationis B. Mariæ. Litteræ Philippi Regis Franciæ apud Rymer. tom. 2. pag. 464 : *Rex ipse Angliæ mittet gentes suas apud Perpinianum in crastino instantis Candelcisæ.* Ibid. pag. 465. ubi de eod. negotio : *Quo crastino videlicet die Sabbati post dictum festum Purificationis B. Mariæ, etc.* Vide *Candelaria*, 1.

* Mendum est, ni fallor, pro *Candelosa*. Vide in hac voce.

* **CANDELERIS**, Candelabrum, Ital. *Candelliere*, in Charta ex Tabul. Cassin. Vide infra *Candilerium*.

* **CANDELERIUS**, Candellerius, Qui facit vel vendit candelas, Gall. *Chandelier*. Comput. ann. 1362. inter Probat. tom. 2. Hist. Nem. pag. 262. col. 1 : *Duranto Garnerii Candelerio, pro candelis habitis de eodem pro provisione custodiæ nocturnæ, etc.* Lit. ann. 1375. in Reg. 109. Chartoph. reg. ch. 401 : *Item in quadam terræ petia vineata,.... quæ est quoad utile dominium Raymundi Martini Candellerii Montispessulani.* Vide in *Candelarii*.

¶ **CANDELLUS**, Cereus, Gall. *Chandelle de cire*. Acta SS. April. tom. 3. pag. 524. in Miraculis S. Zitæ Virg. : *Et vovit... quod sibi daret unum Candellum libræ ceræ.*

¶ **CANDELOSA**, pro Festo Purificationis B. Mariæ sæpius occurrit, ut locis exscribendis immoremur. Vide *Candelaria*.

¶ **CANDELOTTUS**, Cereus, Candela. Acta SS. Junii tom. 3. pag. 936. ubi de B. Michelina : *Accedere debeant Notarii ... cum eorum pallio novo et Candellotis.*

* Ab Ital. *Candelotto*, Fax, candela curta et grossa, Gall. *Flambeau, torche*. Funus Joan. *Galeaz* apud Murator. tom. 16. Script. Ital. col. 1036 : *Homines equestres ab utraque parte, cum uno Candelotto in manibus pro quolibet ipsorum accenso.*

* **CANDERIUS**, pro *Corderius*, ni fallor, qui *cordas* seu funes facit aut vendit. Comput. ann. 1363. inter Probat. tom. 2. Hist. Nem. pag. 259. col. 1 : *Philiberto Giri Canderio pro una corda necessaria ad pulsandum magnum symbalum, etc.*

CANDES, *Vasa fictilia*, in Glossis Isid. et apud Papiam. [In Excerptis habetur *Canda*. Martinius sic dicta putat vasa fictilia, quia fingantur ex terra candente. In codice MS. annorum circiter 200. legitur : *Liber Sacerdotalis sive Candes ad usum Ecclesiæ Lingonensis :* ubi fortassis a *Cantu* legendum *Cantes*. Vide in hac voce.] [** et *Candrum*.]

CANDETUM, ut ait Columella lib. 5. cap. 1. et ex eo Auctor vetus de Limit. Isidorus lib. 15. Orig. cap. 15. et Papias, *Galli in areis urbanis spatium vocant centum pedum, quasi centetum, in agrestibus autem* 150. Camdenus hinc accersit Britannorum *Cantroed*. [*Cantet* vel *Candet* Britannis est participium passivum ab inusitato *Canta*, a *Cant*, centum : juxta vim vocis idem esset atque *Centuplicatum*.] Vide *Cantredus*.

CANDIBALUS, Candiculus. Jo. de Janua : *Candibalus, parum candidus : invenitur etiam Candicolus, candidus, vel Candiculus.* Unde Marbodus in lib. de lapid. :

Tertia Candiculis tribus est inscripta lituris.

[** Pro *Candibalus* legendum videtur *Candidulus*. Utitur Cicero hac voce. Thesaur. nov. Latin. ap. Maium in Classic. Auct. collect. nov. vol. 8. pag. 87 : *Candeo .... unde Candidulus, a, um, aliquantulum candidus, unde Candulus per syncopam ... unde Juvenalis :*

Præbenda est gladio pulchra hæc et candula cervix.

Dicimus quoque Candiculus, a, um, i. candidus, unde Marbodus, etc.

** **CANDIBULUM**, *Germ. ein schuffel, est instrumentum braxandi.* Gemma Gemmarum.

CANDIDA, Vestis candida, alba. Passio SS. Perpetuæ et Felicitatis : *Qui erat vestitus distinctam Candidam, habens multiplices calliculas.* S. Hieronym. Epist. 6 : *Quæ pullam tunicam nigrosque calceolos Candidæ vestis et aurati socci depositione sumpsisti.* Idem Epist. 34 : *Et dedicatio ossium Martyris Candida tibi vestimenta reddiderit.* Adde Spartianum in Severo : *Prætor designatus a Marco est, non in Candida, sed in competitorum grege.* Id est, non inter candidatos Principis. Nam magistratuum quidam designabantur a Principe, seu commendabantur sine repulsa et ambitu designandi, ut loquitur Tacitus lib. 1. Annal. Vide Henric. Valesium ad 20. Ammiani pag. 184. Dicitur etiam

CANDIDA, Editio ludorum, quæ fiebat a Magistratibus, Prætoribus scilicet et Questoribus candidatis proprio sumptu. S. Ambrosius Serm. 81 : *Præparemus nova et præclarissima munera, edamus primam Candidam in vestitu nudorum, secundam vero non minus nobilem, etc.* Acta S. Bonifacii Martyr. de Aglaë matrona Romana : *Hæc ergo ter Candidam egerat apud urbem Romam ex Præfectura.* Vetus Kalendar. Herwarti M. Decemb. 13. Kal. Jan. *Munus Kandida.* Quæ verba alii de munere, seu officio candidatorum, nescio an bene interpretantur. Passio SS. Seraphiæ et Sabinæ : *Filia Herodis Metellarii cujusdam, qui sub Vespasiano Augusto ter in urbe Roma Candidam confessionem dedit Romanis.* Ubi forte leg. *editionem.* [* Expungenda omnino est vox *Confessionem*, quam redundare monet Baluzius ; quæ præterea non legitur in aliis codicibus MSS. ut observant Bollandistæ tom. 6. Aug. pag. 501. col. 1.]

¶ **CANDIDARE**, Abluere lintea, vel etiam telis candorem inducere. Charta anni 1192. in Consuetud. MSS. Tolos. fol. 29. verso e Bibliot. D. *de Crozat : Ubi Brassolum se conjungit cum Garona, et ipsum pratum et gravaria ... erant publica, causa ingrediendi et exiendi libere et stacandi naves ... causa scurandi et lavandi et Candidandi.* Tertull. adv. Gnosticos cap. 12. Johannis Evang. verba Apocal. 7. exprimens : *Laverunt vestimentum suum, et Candidaverunt ipsum in sanguine Agni.* Vide *Candidarius.*

¶ CANDIDARE MANUS, apud Muratorium tom. 2. pag. 337. col. 1. ex Camilli Peregrini Historia Principum Longobardorum pro abluere.

* **CANDIDARIA**, *la Lavatrice*, in Glossar. Lat. Ital. MS. Quæ lintea candefacit. Vide *Candidarius.*

CANDIDARIUS, Ugutioni et Joanni de Janua, *Pelliparius, qui coria facit alba. Item qui lavat pannos.* Idem Ugutio : *Fullo, qui parat pannos, et excandidat, et eos fulgeret facit.* Mamotrectus ad 3. Regum cap. 18 : *Fullo qui Candidat pannos.* Gloss. Lat. Gr. *Candidus*, καθαρός. Cornelius Fronto : *Album natura, Candidum cura fit.*

¶ **CANDIDATIO**, Candor metaphoricus, id est, Justitia et sanctitas. Lambertus Ardensis apud Ludewig. Reliq. MSS. tom. 8. pag. 596 : *Peperit et Ardeæ Adelidem et secundam Beatricem, quas similiter consignavimus, et ad veteris hominis expiationem, in novi hominis Candidationem, Christo mediante et Baptismi gratiam et sacramentum confirmante, baptizavimus.* Haymo in Psal. 71 : *Extolletur super Libanum, id est, Candidationem turpis mundi.* Libanum, albor, deducitur ab. Hebræo לבן, *Laban*, albus.

CANDIDATRIX, nostris *Blanchisseuse, quæ lavat pannos*, Joanni de Janua. Petrus Blesensis Epist 14 : *Barbatores, balatrones, hoc genus omne, et Candidatrices.*

1. **CANDIDATUS** : Λευχείμων, in Gloss. Lat. Gr. Dignitas Palatina, æque ac militaris, instituta primum a Gordiano seniore, qui selectos ex Scholarium classe quosdam ex valentioribus, quique animo ac corporis robore cæteris præstabant, in peculiarem scholam, seu cohortem conjecit, eosque Candidatos vocavit, quod fortassis quidpiam candidi in vestibus, vel armaturis deferrent. S. Hieronymus, ubi de Nepotiano : *Quid in Palatii militia sub chlamyde, et Candenti lineo, corpus ejus cilicio tritum sit.* Ausonius :

. . . Cum jam succinctus amictu
Per Ligurum populos solito succinctior ires,
Atque inter Niveas alte vehere cohortes.

Ita Claudianus in 4. Consul. Honorii, *Niveas cohortes militum* dixit. Duplex autem fuit Candidatorum cohors : prior *Seniorum* dicta, quia a Gordiano seniore, altera *Juniorum*, quia a Gordiano juniore inventa, uti discere est ex Chronico Alexandr. pag. 628. et 630. et Cedreno pag. 257.

Militabant vero *Candidati* in ipso Palatio, atque adeo ad Imperatoris custodiam adhibiti, perinde ac *Scholares*, e quorum classe censebantur : id enim colligi datur ex leg. 5. C. Qui militare poss. lib. 12. adeo ut *Candidatus*, adhuc esset *Scholaris*, et in eorum numero, *qui binas militias simul compositas, et sociali nexas consortio retinere poterant.* Unde diserte auctor Chronici Alexandr. ait Candidatos obtinuisse scholam. Procopius lib. 3. de Bello Goth. : Ἦν δὲ οὗτος ἀνὴρ Βασιλέως μὲν Ἰουστινιανοῦ δορύφορος, ἐπεὶ ἐς τοὺς καλουμένους Κανδιδάτους τελῶν ἔτυχε. Corippus lib. 3. de Laudib. Justini lib. 3. vers. 158 :

Ornata est Augusta domus, jussuque regentis
Acciti proceres omnes, Scholaque Palati est
Jussa suis astare locis : jamque ordine certo
Turba Decanorum, Cursorum, in Rebus agentum,
Quumque Palatinis stans Candida turba Tribunis,
Et Protectorum numerus mandante Magistro, etc.

Luitprandus lib. 3. Rerum in Europâ gestarum cap. 5 : *Turba post hos immensa vocatur, Protospathariorum, Spathariorum, Candidatorum.* Candidatos Constantii S. Hieronymus in Vita S. Hilarionis, ut Juliani et Valentis Imperatorum asseclas et custodes non semel habet Ammianus lib. 25. et 31. Vide Alcuinum Epist. 111. etc.

CANDIDATORUM vero cohors summæ fuit et præcipuæ in Palatio dignitatis, et prærogativæ : nec in eam admissi, nisi qui genere, opibus, et animo cæteris præcellerent. Hinc passim legimus in ea militasse viros primarios. Victor Tunnensis in Chron. tradit, Justinianum Justini Imp. nepotem *Candidati militia functum.* Nicephorus CP. in Brev. 20. 1. Edit. Vitulinum quemdam refert, hominem dignitate et opibus illustrem, Candidati pariter munere insignem fuisse. Leo Ost. lib. 2. Chr. Casin. cap. 68. auctor est, Arduinum nobilem Mediolanensem, *auro oblato non modico*, a Docæano Præfecto Italiæ, seu potius ab Imperatore CPol. *Candidati honore donatum, et quibusdam Apuliæ oppidis præfectum esse.* Ex eorum classe delectos copiarum et exercituum duces docent Synaxaria ad 31. Julii in Vita S. Eudocimi, ut et Legatos ad Principes, Annales veteres Francorum ann. 804. Joan. VIII. PP. Epist. 169. et Guillelm. Biblioth. in Hadriano II. pag. 228. 229. Adde Senatorem lib. 1. Epist. 4. Ammianum lib. 15. Passionem S. Caloceri Mart. num. 11. etc.

Sed dubitari potest, an Gordianus senior Candidatorum nomen primus invenerit, vel certe cohortem aut scholam ; cum pro certo constet, *Candidatos* in Palatio longe ante militasse, et a Vegetio *Candidatos simplares et duplares recenseri*, et in Antiquis Inscriptionibus, apud Gruterum, *Candidati Augustorum Cæsarum, Imperatorum* occurrant. Sane non desunt, qui ita universim tunc dictos milites censent apud Romanos, quod in prælium ituri, aut pugnaturi album paludamentum aut purpureum induere solerent : quod testatur Valerius Maximus lib. 1. ubi de Crasso. Tradit præterea Suetonius in Domitiano cap. 12. indigne tulisse eumdem Domitianum, generum fratris habuisse albatos ministros.

☞ Aliud sonare videtur vox Candidatus in Vita S. Athanasii Episc. Neapol. apud Murator. tom. 2. part. 2. col. 1062 : *Si vult, ut non persequar eum, rejecto Candidatorum tegmine, monachicum indumentum assumat, mihique Ecclesiam ad ordinandam sponte relinquat.* Verba sunt Sergii Ducis Neapolitani S. Athanasium persequentis. Cl. Editori *Candidatorum tegmen* sumi videtur pro veste aut dignitate Episcopali ; addit tamen, quod si quis cum Baronio legere malit *Candidatorum regimine*, per Candidatos intelligi posse Clericos in ministerio sacro candidis vestibus indutos, quos regebat S. Athanasius, utpote eorum Episcopus.

2. **CANDIDATUS**, Petitor, rogator, metaphora ducta a magistratuum Candidatis. *Candidatus Dei*, apud Tertullianum, qui baptismum petit. Commodianus instr. 65 :

Donasti de lacrimis, Candidatus ille ingratis
Oppressus usuris deplorat factus egenus.

¶ 3. **CANDIDATUS**, apud Cornelium *Zantfliet* in Chronico : *Unus ex gubernatoribus ministerii Candidatorum, id est, eorum qui telas dealbant, etc.*

* **CANDIDIFER** CLERUS dicitur, quia *alba* indutus, a Gisleberto mon. in vita S. Rom. sæc. 1. Bened. pag. 87 : *Procedunt splendifico habitu, hinc sacra monachorum agmina, inde veneranda Cleri Candidiferi turba.* Vide in *Candidatus* 1.

1. **CANDIFICARE**, *Clarescere*, λαμπρύνεσθαι, in Gl. Græc. Lat.

¶ 2. **CANDIFICARE**, Candidum facere, dealbare. Acta SS. Junii tom. 2. pag. 288. in Vita S. Yvonis Episcopi : *Gentemque... idololatriæ absolvit errore, ac verius Candificavit Baptismate.* S. Augustin. in Psalm.

67. n. 21 : *Dealbabuntur in Selmon, gratia Candificabuntur in protectione corporis Christi.*

* **CANDILERIUM**, Candelabrum, Ital. *Candelliere.* Chron. Placent. ad ann. 1388. apud Murator. tom. 16. Script. Ital. col. 588 : *Utuntur........ Candileriis de bronzo, vel de ferro.*

¶ **CANDILI,** *Condimenta ciborum ex melle et lacte concinnata.* Vocab. Sussannæi.

* **CANDINIALE**, *La scorza del pomo grana.* Glossar. Lat. Ital. MS.

¶ **CANDIRE,** λευκαίνειν. Gloss. Lat. Græc. Dealbare.

CANDIUS, *Vestis regia*, Papiæ. [Gloss. San-German. MS. num. 501. legit *Candis* pro *Candius.* Vide *Candys.*]

* **CANDOLIZARE**, *Acomper*, in Glossar. Lat. Gall. ex Cod. reg. 7692. Neutrum intelligo.

CANDOMINA, nude occurrit in Glossis Isid. Vide *Condamina.*

* **CANDOPHORUS**, *Atrata veste indutus*, apud Laur. in Amalth.

¶ **CANDOR**, Officina albaria, Gall. *Blanchisserie.* Charta pro Communia Balneoli ann. 1300. inter Schedas Lancelotii : *Statuerunt quod aliqua persona non sit ausa intrare Candores causa erbejandi, sine voluntate illius qui Candorem conducet, sub pœna VIII. denar. Turon... Item, statuerunt quod si aliqua persona suspecta inventa fuerit de nocte infra Candores de Balneolo, quod custodes telarum possunt illam impune capere.*

¶ **CANDORIUM** MOLENDINUM, Officina fullonica, ubi panni contunduntur et abluuntur fiuntque candidi. Vide locum in *Candator.*

CANDOSOCCUS, Gallis veteribus, Palmes vitis terra obrutus ut propagetur, Latinis mergus. Ita Columella lib. 5. cap. 5. [** Hodie Germ. *ein Gesenke.* Vox composita, uti Schiltero videtur, a *Cando* Germ. *Kante*, Extremitas, et *Sonco* Germ. *Senken*, Mergere. ADEL.]

* **CANDRUM** vel CANDRUS. Stat. MSS. eccl. Tullens. collecta ann. 1497. fol. 106. v°. ubi de canonico mortuo : *Ceteri ad partem sedeant psalmodiando cursum,..... sicut in Candris continetur.* Liber significari videtur, in quo habetur officium ecclesiasticum seu series orationum, psalmorum, etc. cur autem ita dictus, ignoro. Vide *Candes.*

¶ **CANDULA**, Parva candela. Epist. Petri de Condeto apud Acher. Spicil. tom. 2. pag. 559 : *Summo mane habens Candulam, superaddidi litteræ suprascriptæ, etc.*

¶ **CANDUS.** Will. Brito Philipp. apud Duchesnium tom. 5. pag. 88 : *Multos cruce signabant indifferenter, parvulos, senes, mulieres, Candos, cæcos, surdos, leprosos, etc.* Videtur legendum *Claudos.*

¶ **CANDYS,** *Indumentum Persicum totum purpureum pro diademate. Subligaculum.* Laurent in Amalthea. Vide *Candius.*

* Vide Guill. Burtoni λείψανα vet. ling. Persicæ, cum notis Henr. Van-Seelen.

* **CANE**, Navigii species, cujus usus est in fluviis trajiciendis. Charta Wichm. Magdeb. archiep. ann. 1168. apud Ludewig. tom. 11. Reliq. MSS. pag. 554 : *Hanc gratiam ei fecimus, ut perpetualiter liberum aquæ transitum de navi, quam Cane in vulgari appellant, utroque littore Salæ sine omni impedimento habeant.* Vide *Canardus* et *Canella* 3.

¶ **CANECIUM**, f. Locus cannis obsitus, Ital. *Caneto.* Charta anni 1370. ex Archivo Prioratus S. Joannis Tolos. : *De omnibus ruris cultis et incultis in et uno et investitum pratis, pradalibus, devesiis et nemoribus, ortis, ortalibus, cazalibus et ayralibus, Canecitis cum eorum liberis juribus, exitibus et pertinenciis suis.* Vide *Canetum*, et *Cannicia.*

* **CANELA**, CANELLA, Fistula doliaris, epistomium, Gall. *Cannelle.* Vide *Canna* 5. Inventar. ann. 1476. ex Tabul. Flamar. : *Item plus unum plenaderium sive entonade cum sua Canela ferri.* Comput. ann. 1488. inter Probat. tom. 4. Hist. Nem. pag. 46. col. 1 : *Item plus solverunt pro duabus Canelis emptis pro dictis vasis* (vini) *sex den.* Consuet. Auxit. MSS. ann. 1301. art. 47 : *Item est consuetudo ibidem, quod quicumque tenet falsam mensuram vini, amittat vinum a clepsedra seu Canella, per quam exit vinum de dolio supra.* Aliud vero sonat vox *Canel*, Licium scilicet, Gall. *Trame*, in Lit. remiss. ann. 1418. ex Reg. 170. Chartoph. reg. ch. 233 : *Pour lesquelz ouvrans sa femme* (du tisserant) *faisoit des Canelz ou tremes.* Hinc

* CANELLA, Pars colli, fistula spiritus accipiendi ac reddendi. Inventar. Reliq. S. Capellæ Paris. ann. 1335. in Reg. I. Chartoph. reg. ch. 7 : *Item unum sanctuarium de Canella S. Martini, in quo sanctuario fuit posita dicta Canella pro tempore, quo dictus dom. Oudardus fuit thesaurarius prædictæ capellæ.* Lit. remiss. ann. 1357. in Reg. 89. ch. 316 : *Dicta sagitta percussit Robinetum..... in Canella colli sui.* Vide infra *Cannolla.*

¶ 1. **CANELLA,** Gall. *Canelle.* Casia, cinnamomum. Rymer. tom. 16. pag. 204. col. 2 : *Sed piperis grana, et vasa macis, Canellæ ac gariophylorum, etc.* Acta SS. April. tom. 1. pag. 126. in Vita S. Francisci de Paula : *Et piper, Canellam, gariofolum, et zingiber contrita pani imponerent.* Vide Ottobonum Scribam Annal. Genuens. lib. 3. ad ann. 1194. et Hofmannum in Lexico.

* 2. **CANELLA**, diminut. a *Canna*, Arundo, baculus, Gall. *Canne*, Ital. *Cannella.* Comput. ann. 1495. inter Probat. tom. 4. Hist. Nem. pag. 64. col. 1 : *Ordinaverunt fieri et depingi trecentum arma..... ad modum de banieres, pro affigendo in Canellis, utque parvuli pueri civitatis portarent illa ante processiones.* Chron. Parmense ad ann. 1279. apud Murator. tom. 9. Script. Ital. col. 791 : *Omnes mesterii de Parma, a majore usque ad minorem, iverunt ad dictam figuram cum pallits et Canellis.*

* 3. **CANELLA**, Navis species. Germ. Cabillon. episc. in vita Phil. Boni apud Ludewig. tom. 11. Reliq. MSS. pag. 72 : *De Burgundis per præcursorias naves, quas Canellas appellant, electi milites clam a portu exeunt.* Vide supra *Cane.*

* 4. **CANELLA**, Actio in jure, qua quis rei alicui intercedit, practicis nostris *Opposition.* Stat. Genuens. lib. 4. cap. 2 : *Qui menses incipiant a die æstimi consecuti, vel traditionis possessionis, si viva voce fuisset elevata Canella.* Et cap. 3 : *De elevatione Canellæ.*

¶ **CANELLUS**, Canalis, Gall. *Canal.* Angl. *Kennel*, Rivus plateæ. Rymer. tom. 5. pag. 774. col. 1 : *De assensu concilii nostri ordinavimus, quod quilibet... ante tenementum suum a pariete sive muro ejusdem tenementi, ubi via fuerit lata, per septem pedes, usque Canellum, et ubi via strictior extiterit per pauciores pedes... de proprio faciat paviari... et in auxilium reparationis et emendationis pavagii medii dictæ viæ inter Canellos, etc.* Et mox : *Inter eadem tenementa et Canellos, etc.* [** Charta ann. 1304, ap Guden. in Cod. Diplom. vol. 3. pag. 18 : *Canale, quod Canell in vulgari dicitur, ... ad tollendum et amovendum stillicidium* etc.] Hist. Harcur. tom. 4. pag. 2161. in Charta anni 1216 : *In qua vetus castrum Rothomagense sedit cum toto porprisio usque in Canellum Secane*, hoc est, alveum Sequanæ.

¶ **CANENTATUM.** Rymer. tom. 3. pag. 70. col. 1 : *Accedentes ad nos... monstraverunt, quod ipsi nuper quandam navem suam... pannis laneis et lineis, ferro, Canentatis, cabulis, ac auro et argento ad valentiam quadraginta librarum sterlingorum, ducendam in Angliam morari fecissent.* Legendum opinor *Canevaciis*, i. e. telis cannabinis.

¶ **CANEPA**, CANEPARIUS. Vide *Canava* et *Canevarius* 1.

* 1. **CANEPA**, Cella penaria, vel vinaria, Gall. *Cave*, Ital. *Canava.* Chron. Tarvis. apud Murator. tom. 19. Script. Ital. col. 819 : *Illam* (domum) *a summo usque ad solarium inferius penitus destruxit, in qua tunc erant inter mares et feminas xviij. qui nisi inferius aufugissent ad Canepam, suffocati essent ruina dictæ domus.* Vide *Canava* 1. et *Canipa.*

* 2. **CANEPA**, Conclave, ubi thesaurus seu arca reponitur et servatur. Chron. Bergom. ad. ann. 1397. apud eumd. Murator. tom. 16. col. 893 : *Comissum fuit furtum in domo, in qua tenebatur Canepa et officium salis; et erat Certulinus de Ulmenis tanquam caneparius societatis datii salis.* Vide in *Canava* 1.

* 3. **CANEPA**, Cannabis, Ital. *Canapa*, nostris *Chanvre.* Stat. Vercel. lib. 3. pag. 85. v°. : *De tela ristæ, Canepæ et stopæ lini sol. unum.* Convent. Saonæ. pag. 54 : *Quando ipsi Quilianenses subditi communis Januæ vendunt Canepam in Saona, etc.* Vide *Canava* 2.

* **CANEPARIUS**, Custos *Canepæ* seu arcæ publicæ. Chron. Bergom. ad ann. 1406. apud Murator. tom. 16. Script. Ital. col. 982 : *Per dictum collegium confirmatum in notarium et Canepartum dicti collegii.* Vide *Canevarius*, in *Canava* 1. et supra *Canepa* 2.

* **CANEPINA**, Ager, ubi *canepa* seu cannabis crescit, Gall. *Chenevière.* Charta ann. 1233. apud eumd. Murator. tom. 1. Antiq. Ital. med. ævi col. 686 : *Tam in turribus, domibus, vineis, arboribus, et in fructibus terrarum, hortorum et Canepinarum, etc.* Vide supra *Canabana.*

¶ **CANEPINUS**, pro *Canabinus.* Acta SS. Julii tom. 4. pag. 666. C. in Actis S. Petri Confessoris : *Et despectissimo induebatur vestimento, de panno siquidem Canepino,* *grossissimo, asperrimo atque durissimo.* Vide *Canava* 2.

¶ 1. **CANERE**, Privatim recitare. Mabill. Liturg. Gall. pag. 416. ex Concilio Nannetensi cap. 19: *Pensum servitutis suæ Canendo Primam, Tertiam, Sextam, Nonamque persolvat.* Ibidem infra ex Remigio Autissiodorensi Monacho : *Venit consuetudo in Ecclesia, ut tacite obsecratio atque consecratio a Sacerdote Cantetur, ne verba tam sacra vilescerent.* Vide *Cantare* 2. et *Decantare* 1.

¶ 2. **CANERE**, dicitur de litteris quippiam continentibus et indicantibus, qualiter etiamnum dicimus : *Que chante ce livre, Quid canit*, hoc est, quid complectitur hic liber? Commentatio Foulcherii Canonici Lemovic. inter Fragm. Hist. Stephanotii tom. 2 : *Anno* 1519. *die sabbati* 21. *Octob. Officiarii regii cum nuntiis venerunt, alias litteras regias deferentes, quibus Canebatur, quod non tenueramus computum mittendi privilegium eligendi, ex quo idem Rex male contentabatur.* [** Thegan. Vit. Ludov. Pii cap. 28 : *Etih, qui erat timidus super omnes homines. Sic enim Cecinerunt ei domestici sui, ut aliquando pedem foris sepe ponere ausus non fuisset.*]

* **CANERIA**, CANERIUM, *Cannetum*, arundinetum, Ital. *Canneto.* Charta Boemundi princ. Antioch. ann. 1170. tom. 3. Cod. Ital. diplom. col. 1475 : *Extenditur* (terra) *per littus maris usque ad quamdam Caneriam et murum antiquum.* Stat. Avellæ ann. 1496. cap. 52. ex Cod. reg. 4624 : *Quæ ceperit, sciderit vel exportaverit alienas canas seu arundines in et de alieno Canerio, solvat pro qualibet cana denarios vj.* Eadem notione dictum videtur *Caneyne*, in Lit. remiss. ann. 1402. ex Reg. 157. Chartoph. reg. ch. 187 : *Il chei à terre en une grant Caneyne et buisson.* Vide infra *Canil* et *Canneria.*

CANESIUS. Vide *Caganus.*

* **CANESTELLA**, CANESTELLUS, Ital. *Canestrello*, Cistella, *Chenevas*, apud Joan. *de Saintré* pag. mihi 139. Charta ann. 1381. ex Tabul. Massil. : *Quælibet Canestella de polpris vel sepias, solvat xij. den.* Comput. ann. 1362. inter Probat. tom. 2. Hist. Nem. pag. 246. col. 2 : *Item solvi pro uno cabassio, duobus Canestellis, et pro una magna amphora, etc.* Vide infra *Canicellus.*

* **CANESTRA**, vox Italica, Canistrum, Gall. *Panier.* Stat. Vercell. lib. 3. pag. 81. r°. : *Nemini ipsorum tenentium per se vel per alium liceat portare .... corbellas vel Canestras uvarum, absque voluntate domini.*

¶ **CANETA.** Vide in *Canna* 4.

CANETUM, *Inter nigrum, nitidumque colorem*, Papiæ. [Idem MS. Bituric. *Caneum etc.*] Codex MS. Navarræi Collegii Paris. habet *Caneum, intermistum, viridemque colorem.* [Vide *Cancrum.*]

* **CANETUM**, ut supra *Caneria.* Stat. crimin. Saonæ cap. 42. pag. 92 : *Quicumque damnum intulerit in pratis, Canetis, nemoribus, et aliis similibus terris campestribus et silvestribus, etc.* Aliud vero sonat *Canet*, scamnum scilicet, in Lit. remiss. ann. 1392. ex Reg. 143. Chartoph. reg. ch. 126 : *Ilz trouverent en ladite ville de Ménicourt en la place un nommé Warin séant sur un Canet, avec lui pluseurs personnes.*

CANEVA. Vide *Canava* 1. et *Feudum de Caneva.*

¶ **CANEVACIUM**, CANEVARIA, etc. Vide *Canava* 2.

* **CANEVALE**, Ager, ubi cannabis crescit, nostris *Cheneviere.* Stat. Vercell. lib. 5. pag. 121. r°. : *Quicumque intraverit hortum, vineam, plantatum, altinetum, brolium clausum, vel Canevale alterius, etc. Canibote* Normannis, idem quod *Chenenevote*, Calamus cannabinus. Vide supra *Canabale.*

¶ **CANEVARIUS.** Vide *Canava* 1.

CANEVERILLA. Tabularium S. Remigii Remensis : *Uno quoque anno solvunt sal ad minorem modium quartam partem, et donant decimam de omni conlaboratu, præter Caneverill, et prat.* Vox, ut videtur, ex *Cannabina*, seu Gallico *Cheneviere*, formata.

¶ **CANEUM.** Vide *Canetum.*

* **CANEVRIA**, ut *Canevale.* Vide supra *Canaveria.*

¶ **CANFALO**, Vexillum, Gall. *Gonfalon* seu *Gonfanon.* Acta SS. Maii tom. 5. pag. 217. de S. Lucifero : *Dictis Regibus in perpetuum dedit, commendavit et communicavit vexillum seu Canfalonem Ecclesiæ Romanæ.* Vide *Guntfano.*

¶ **CANFALONERIUS**, Vexillifer, Gall. *Gonfalonnier* seu *Gonfanonier.* De eod. S. Lucifero ibid. : *Qui tunc temporis... in presenti Sardiniæ regno, nomine et ex parte Regiæ majestatis esset Canfalonerius.*

CANFARA. Leges Athelstani Regis Angl. cap. 19. apud Bromptonum : *Si inculpatio sit, et se purgare velit, eat ad ferrum calidum, et adlegiet manum ad Canfaram, quod non falsum fecit.* Ubi *Canfaram*, pro *candens* interpretatur Somnerus.

* **CANFORA**, vox Italica, Camphora, Gall. *Camphre.* Tract. MS. de Re milit. et mach. bellic. cap. 12 : *Canfora mixta cum pulvere, etc.*

* **CANGAVIS** inter vestes recensetur, in Charta ann. 855. et Append. ad Marcam Hispan. col. 788 : *Cangaves duas lanias et una siricia, etc.* Vide *Canifellus.*

1. **CANGIUM**, Pannus forte unius quidem coloris; sed alio minus intensiore intermixtus, ita ut pro diverso aspectu subinde mutetur, quomodo *Taffetas changeant* dicimus. Necrologium Ecclesiæ Parisiensis 17. Kl. Julii : *Dedit... duas cappas de Cangio viridi.* Vide *Canetum.*

¶ 2. **CANGIUM**, Cambium, permutatio, Gall. *Change, Echange.* Charta ann. 1176. tom. 3. novæ Gall. Christ. Instrum. col. 120 : *Dedi fratribus ibidem Deo servientibus pro Cangio terræ in prato Folquini, quam vivarium meum et exclusa occupat, etc.*

¶ **CANIBIUM.** Charta Richardi Normanniæ Ducis et Roberti fratris ejus ex Tabulario Montis S. Michaelis : *Danulfo Abbati et Monachis de S. Michaele communitatem et Canibium dedit, et nundinas duas et pedagium, aliter pediaticum.* Forte legendum *Cambium*, hoc est, mensa nummularia, cujus instuendæ ad utilitatem mercatorum ad nundinas confluentium hic potestas traditur.

¶ **CANIBIUS** Panis, Vide in voce *Panis.*

¶ **CANIBUCA**, apud Rymer. tom. 6. pag. 417. col. 1 : *Et jam dicta arte (sagittandi) quasi totaliter dimissa, idem populus ad jactus lapidum, lignorum, ferri : et quidam ad pilam manualem, pedivam et bucularem, et ad Canibucam et gallorum pugnam; quidam etiam ad alios ludos inhonestos, etc.* Eadem repetuntur et iisdem verbis col. seq. necnon etiam pag. 468. ejusdem tomi. Ferme crediderim pro *Canibuca* legendum *Cambuca.* Perfacile caligant oculi lectoris, ubi tantulum est discrimen. Rarius est in instrumentis tantisper antiquis punctum literæ *i* superpositum. Deinde omnibus notus est ludus cambucæ seu baculi incurvati, vel lusorii mallei, quo globulus ligneus protruditur.

* **CANICARIUM.** Charta ann. 1341. inter Probat. tom. 4. Hist. Occit. col. 189 : *Paratur hic maxima caristia, propterea quia gentes illarum senescalliarum, quæ ad Montempessulanum consueverant portare blada, farinas, et alia victualia, propter sal quod de ista senescallia sumebant, et ad partes suas reportabant, amodo non portabunt, propter defectum salis prædicti, seu Canicarii quæ patitur de eodem.* An pro *Concambii?* ibi enim de mercium permutatione sermo est.

* **CANICELLUS**, Canistrum parvum, cistella. Cæremon. Rom. MS. fol. 20. v°. : *Primus orator offert cereum suum et Canicellum deauratum cum duabus turribus* (l. turturibus) ...... *et secundus orator cereum suum et Canicellum argentatum cum duabus columbis albis,* ...... *et tertius orator suum cereum et Canicellum diversorum colorum cum variis aviculis.* Vide supra *Canestella.*

CANICLINUS, Dignitas Palatina in Aula CP. qua qui insignitus erat, ὁ ἐπὶ κανικλείου dicitur Scriptoribus Byzantinis. Sic autem appellatus, uti censet Alemannus, quia penes eum esset vas, in quo asservabatur sacrum Encaustum, quo Imperatores diplomata vel epistolas subscribebant, *Caniculus* appellatum, quod caniculi formam, effigiemque præ se ferret. At Salmasius ad Solinum *Caniculum* a κανοῦν deducit, voce, quæ in Glossis τρύβλον et μαγὶς vertitur, unde *Canistrum* dictum. Ab Alemanni sententia non omnino abludit Anastasius in Notis ad VIII. Synodum, dum ait, illius curæ demandatum fuisse atramentum, seu potius rubramentum, ex quo Imperatores literas phœniceas exararent subscribendo. Erat autem vas illud aureum, gemmis lapillisque distinctum, δοχεῖον ἐρυθροδάνου διάλιθα χρύσεον, uti describitur a Niceta in Man. lib. 3. num. 4. id est, *Calamarium aureum margaritis et pretiosissimis gemmis insignitum*, verbis utar Petri Diaconi lib. 4. Chr. Casin. cap. 13. Χρυσωμένον σκεῦος εἰς τὰς βασιλικὰς ὑπογραφάς, Annæ Comnenæ lib. 2. Alexiad. Κανικλείων dicitur Gregentio pag. 201. *Caniclinus* Tyrio lib. 22. cap. 6. et Gunthero lib. 8. Ligurini. Sed errat Guntherus, qui *Camerarium* interpretatur :

> . . . . . Tempore servus eodem
> Argolici Regis (Græci cognominis usu
> Hic Caniclinus erat, nobis Camerarius idem
> Esse potest) domino secreta fraude parabat
> Sanguinis insidias.

Neque enim diversus fuit ὁ ἐπὶ κανικλείου a Logotheta, uti pluribus docuimus ad Alexiadem pag. 378. ubi aliquammulta de hac dignitate congessimus. Vide Pachimer. lib. 8. cap. 32. lib. 9. cap. 24. [** et Glossar. med. Græcit. voce Κανίκλειον col. 574. et Append. col. 92.]

CANICTÆ, *Furfures*, apud Papiam. Codex MS. habet *Canietæ*.

¶ **CANICULA** *annum suum qui Cynicus dicitur, complet ante* MCCCCLX. *quater* CCCLXV. Papias in MS. Ecclesiæ Bituric. An verus sit Papiæ calculus dicant Astronomi.

CANICULARES, *dies sunt* 64. *in quibus molestæ sunt purgationes a tertio Idus Julii, usque in Idus Septemb.* Papias. Vide Delrium ad Senecæ Medeam pag. 84.

1. **CANICULARIUS**, Cui canum venaticorum cura incumbebat. Florentius Wigorn. ann. 871 : *Omnem venandi artem agere.... Falconarios, Accipitrarios, Canicularios quoque docere, ... non desinebat.* [Translatio S. Athanasii Episc. Neapol. apud Murator. tom. 2. part. 2. col. 1073 : *Puerulus quidam, cujusdam Canicularii filius, per menses septem lumen oculorum amiserat.*] Quibusdam *Braconier*. Vide *Bracco*.

¶ 2. **CANICULARIUS**, Qui canes expellit Ecclesia. Concil. ann. 1585. inter Hispan. tom. 4. pag. 386 : *Officium insuper* (creamus) *Canicularii, qui canes ab Ecclesia ejiciat. In omnibus sabbathis, et quorumcumque vigilias habentium vigiliis et aliis, ubi et quando per thesaurarium fuerit injunctum, Ecclesiam purgabit.*

¶ **CANICULUS.** Vide *Caniclinus*.

¶ **CANICUNE**, Casula canum. Testam. Tellonis Episcopi, tom. 2. Annal. Benedict. pag. 708. col. 1 : *Agrum Aloveno* (*lego*) *modiales triginta,... cum casa, cum duobus tabulatis, cum curte et introitu suo, et cum Canicunis suis.* [** An *Caminis*?]

¶ **CANIER**, *Leno*, in Glossis Isid. Excerpta cum Papia MS. : *Canier, Leno.* Martinius legendum conjicit *Canis, Leno*, propter impudentiam.

CANIFELLUS. Tradit. Fuldenses lib. 2. cap. 38 : *Lectaria, sive villosi, sive manutergia, sive Canifelli, sive cujuscumque sint vestimenta, linea vel lanea.* Puto legendum *Camsiles*. Vide in hac voce post *Camisa*. [Belgis *Canifas* est nostrum *Canevas*, Tela cannabina : hinc suspicor retineri posse *Canifellus*. Quod utcumque confirmari potest formula hodieque apud plebeculam Autissiod. in usu : *Chauffons nos Canivelles*.]

CANIFERI, Qui canibus venaticis præsunt. Decretum Andreæ Regis Hungariæ cap. 16 : *Agazones, Caniferi, et falconarii non præsumant descendere in villis servientium.* Idem Decretum apud Odoricum Raynaldum ann. 1232. num 13. habet *Cariferi*; perperam, ni fallor, pro *Caniferi*.

* **CANIL**, Idem videtur quod supra *Caneria*. Charta ann. 1313. in Reg. 52. Chartoph. reg. ch. 205 : *Sicut comba et condamina seu Canil, appellata dels Nabinals, esset in territorio dictæ grangiæ.* Vide *Cannicia*.

CANINI, Hæretici exorti in Alemanniæ finibus, et deleti sub ann. 1234. apud Matth. Westmonasteriensem.

CANIPA, [Promtuarium.] Jus Vicentin. lib. 4 : *Exonerare et collocare plaustra vini in Canipa, etc.* [Acta SS. Maii tom. 1. pag. 159. ubi de S. Aldebrando : *Canipa aperta pro pauperibus stabat.* Acta SS. Junii tom. 2. pag. 374. in Vita B. Henrici Baucenensis : *In ipsa Ecclesia a parte sinistra fuit ordinata quædam Canipa, et ad eam quidam boni viri per Episcopum et commune deputati, recolligentes panem et vinum... pro sustentatione pauperum.*] Contract. Datior. Bergom. lib. 6. cap. 2. *Canepam* vocant, ex Ital. *Caneva*. Vide in *Canava* 1. [Pro Ærario sumitur apud Rolandinum Patavinum de Factis in Marchia Tarvisina lib. 5. cap. 12 : *Dictum quoque Galvanum Lanceam restituere compulit quandam magnam pecuniæ quantitatem, quam de Communis Paduæ Canipa malo modo abstulerat.*]

* **CANIPARIUS**, Custos *canipæ*, seu cellæ penariæ et vinariæ. Stat. Mantuæ. lib. 1. cap. 6. ex Cod. reg. 4620 : *Habere debeat ipse D. potestas unum coquum, unum Caniparium, etc.* Vide supra *Canepa* 1.

* **CANIPATINA.** Vide supra *Canapina*.

* **CANIPPARIUS**, Thesaurarius, custos *canipæ* seu arcæ publicæ. Correct. stat. Cadubrii cap. 129 : *Ordinamus quod omnes et singuli, qui sunt ac repperti fuerint debitores fontici et communitatis, tam superstites et Canipparii, quam alii quicumque, etc.* Vide *Canevarius* in *Canava* 1.

CANIPULUS, Ensis brevior, vel Cultellus, Gallis *Canif*. Thomas Cantiprat. lib. 1. de Myst. Apib. cap. 16. § 4 : *Prædicantem salutis viam extractis ensibus crudeliter occiderint.* Ubi Colvenerius monet, in MSS. Cod. pro *ensibus* legi *Canipulis*, ut et lib. 2. cap. 29. [Leges et Consuetud. Furnenses ex Archivo S. Audomari : *Si quis Canipulum portaverit, emendabit Comiti tres libras, super quem eum Ballivus invenerit, decem lib. Si super aliquem traxerit* XX. *lib. et si aliquem inde vulneraverit, manum amittet... Et qui aliquem bloetreset sine Canipulo aut sanguinem traxerit emendabit Comiti tres lib. et læso* XX. *sol.* Occurrit ibi non semel. Lambert. Ardensis apud Ludewig. tom. 8. Reliq. MSS. pag. 426 : *Aliis mortem comminantur, nonnullis etiam ablatis rebus, rumpheis et occulis, spatulis vel Canipulis, sicut sicarii, immo vere sicarii mortem ingerunt.*]

KNIPULUM dixit Radulphus de Diceto ann. 1275 : *Ne quis viator Cnipulum deferret, vel arcum.* Ubi Matth. Paris ann. 1276 : *Prohibuit ne quis gladium ferret viator vel arcum.* Veteribus Belgis (inquit Kilianus) *Knife* est culter vel gladius, acutus scilicet. *Knivus*, in Charta ann. 1231. pro villa Arkensi, in Tabulario S. Bertini : *Si de Chora, cultellum cum cuspide, qui vulgo Knivus dicitur, super se portaverit, 3. libras emendabit.*

* **CANIRSIA**, Cistella, idem quod supra *Canestella*. Inquisit. ann. 1217. inter Probat. 1. Hist. Nem. pag. 56. col. 1 : *Bonitus petebat ab eo similiter bladum et Canirsiam.*

1. **CANIS**, Dignitas, de qua plura in voce *Caganus*.

2. **CANIS**, Variæ canum species :

CANIS ACCEPTORICIUS, Qui cum accipitre venatur, cujusmodi sunt, quos *Spanicos* vocamus. Ita in Lege Frision. tit. 4. § 3. qui in Lege Bajwar. tit. 19. § 6. *Hapichunt* appellatus : *hapich* enim, seu *habich*, Germanis est accipiter : *hund*, canis. Editio Heroldi cap. 27. § 6. *Habughunt* præfert.

CANIS ARGUTARIUS. Lex Salica tit. 6. § 2 : *Si quis veltrem leporarium, qui et Argutarius dicitur... furatus fuerit, etc.* Pactus Legis Salicæ habet *Argutarito* : quidam Codd. MSS. *Argutarid*. Est autem *Argutarius Canis*, qui arguto suo clamore feras insequitur. Quo sensu Servius ad. 7. Æneid. *argutum*, garrulum, stridulum, sonantem, interpretatur. Gloss. Græc. Lat. : Λαλός, *Loquax, Argutus, Verbosus.* Gloss. Lat. MSS. ex Bibliot. Reg. Cod. 1197 : *Nictit, cum Argutocanis gannit.* Seneca in Hippolyto :

. . . . En Diva fave,
Signum Arguti misere Canes,
Vocor in silvas.

Quo loco *Arguti* sunt, qui φιλόφθογγοι vocantur in Epigrammate apud Pollucem. [Eccardo minus placet hæc explicatio, præfertque sententiam Salmasii, de qua mox.] His opponuntur, quos *Tacitos* vocat idem Seneca :

. . . . At vos laxas
Canibus tacitis mittite habenas.

Alii eosdem esse censent cum inquisitoribus, qui prædam odoratu inquirunt et arguunt. Gratius :

. . . Occultos et signis Arguat hosteis.

De quibus Valerianus Cemeleusis homil. 10 : *Hic in conflictu æmulis cursibus aurito lepori imminet, ille Argutis naribus cervi vestigia latentis inquirit.*

Salmasius ad Capitolinum *Argutarios* pro *acutarios* dictos vult in Lege Salica : ita ut *acutarii* fuerint ὀξύποδες, veteribus Latinis *acupedes*; est enim, inquit, ὀξυποδεῖν, minuto citatoque gradu ire, et quasi pedibus argutari. At in veteribus Glossis MSS. *Argutus*, *velox* dicitur.

CANES ALBANIÆ *terræ, ingentes sunt, et tantæ feritatis, ut tauros premant, et leones perimant.* Papias. Vide infra, *Canes Scotici*.

* CANIS ALANUS. Tract. MS. de Re milit. et mach. bellic. cap. 113 : *Ad faciendum fugam equis et equitibus, oportet quod Canes Alani nutriti ab eorum dominis, feroces ac mordaces esse, quando animantur a dominis suis contra suos inimicos sive hostes.* *Cheaulx* nostri, quasi catulos, dicebant mulieris libidinosæ, quam *Lice* vocabant, filios. Lit. remiss. ann. 1474. in Reg. 204. Chartoph. reg. ch. 100 : *La femme de Brenouf appella la mere du suppliant lisse et ses enfans Cheaulx.* *Chenel*, Catulus, in aliis Lit. ann. 1469. ex Reg. 196. ch. 125 : *Le suppliant respondit à icellui de Lafite que voirement il avoit fait forrar son Chenel à ses chiens.* *Chiennet*, eodem sensu, in Lit. remiss. ann. 1363. ex Reg. 95. ch. 131 : *La suppliante avoit avec elle un sien petit Chiennet; ..... lequel Chiennet Guillemin...... feri d'une pierre par telle maniere qu'icellui Chiennet fu tué.* Glossar. Gall. Lat. ex Cod. reg. 7684 : *Chaiel, catulus, Chaielle, catula.*

CANIS BIBARHUNT, seu BIBAR-HUNDT, Qui cum *Viverra* venatur, et cuniculos cum hos e subterraneis suis cubilibus ille propulit, statim capit. Lex Bajwar. tit. 19. § 4 : *De eo cane, quem Bibarhunt vocant, qui sub terra venatur, qui occiderit, etc.*

CANIS BRACO. Vide *Bracco*.

¶ CANIS DE CHACIA, Canis venaticus, Gall. *Chien de Chasse*. Statuta Vercell. lib. 4. fol. 69. v°. : *Nullus habitans ultra Sici-*

dam, vel alibi extra districtum Vercellarum, presumat capere perdices vel faxanos in districtu Vercellarum cum retibus et cane de Macia. Sic legitur; sed omnino legendum videtur *de chacia*. Vide *Caciare*.

* Canis, qui Gallice *Cullot* dicitur, in Lit. remiss. ann. 1474. ex Reg. 195. Chartoph. reg. ch. 1126 : *Nostre amé Richard des Costes, escuier, bourgeois et citoyen de Lion,... ayant près de lui ung sien Chien Cullot assez rioteux et malicieux, etc.*

Canis Cursalis. Lex Aleman. tit. 82 : *Si quis Canem seusium primum Cursalem, qui primus currit, involaverit, etc.*

Canis Custos Curtis vel Domus. Κύων δυναςής, in Legibus Georgic. tit. 6. § 9. Artemidorus lib. 2. Onirocrit. cap. 11. de canib. : Οἱ δὲ ἐπὶ φυλακῇ τῶν κτημάτων, οὓς οἰκουροὺς καὶ δεσμίους λέγομεν. Idem lib. 3 : τῶν κυνῶν μὲν οἱ μὲν ἐπὶ θύρας τρέφονται. De canibus *Catenariis* egit Seneca lib. 3. de Ira. Lex Salica tit. 6. § 3 : *Si quis Canem Custodem Domus, sive Curtis, qui in die ligari solet, ne damnum faciat.* Edit. Heroldi habet, *Canem, qui ligamen noverit.* Lex Aleman. tit. 82. § 6. et Lex Bajwar. tit. 19. § 9 : *Si autem Canem, qui Curtem domini sui defendit, quem Houawarth dicunt, occiderit, etc.* Speculum Saxonic. lib. 3. art. 51. § 2 : *Canis custodiens curiam, seu canis fundi, sicut et is, qui ovile sequitur.* Fragmentum Petronii : *Ad sinistram intrantibus non longe ab ostiarii cella, Canis ingens catena vinctus in pariete erat pictus, superque quadrata litera scriptum : Cave canem.* Infra, *Canis Catenarius.* Petrus Damian lib. 2. Epist. 10 : *Velut egregius Canis aulæ regiæ Custos, nocturnos fures claris baubatibus impetis. Canis Villaticus*, Columellæ lib. 7. cap. 12. Vide Foros Aragon. tit. de Lege Aquilia fol. 15.

Canis Custos Pecoris, in Lege Frision. tit. 4. § 6. et apud Varronem lib. 2. de Re rustica cap. 9. qui *Custos ovilis*, in Speculo Saxon. lib. 3. art. 51. § 2. *Custos ovium* in Foris Aragon. *Pastoralis*, in Lege Salica tit. 6. § 4. Κύων ποιμαίνων, in Legib. Georgicis cap. 6. § 10. Κύων ποίμνης, § 11. Κύνες οἱ τῶν προβάτων ἐπιφύλακες, apud Longum lib. 1. Ποιμενικῶν. *Canes pecuarii*, apud Columellam lib. 7. de Re rustica cap. 12. Vide Joannem Caiam in libello de Canibus Britannicis pag. 6.

** Canis Damaricius, Qui damas venatur. Abbrev. Rotul. sub Edward. III. vol. 2. Rotular. Origin. pag. 290 : *B. Brocas dat quatuor libras pro licentia adquirendi manerium de Parva Weldon ac ballivam custodiendi Canes Regis Damaricios*, etc.

Canis in Dextro Armo Tonsus, in Capitulari 3. ann. 803. cap. 18. Locus refertur infra ex libro 6. Capitularium cap. 236.

Canis Doctus, in Lege Aleman. tit. 79. § 1. qui *Magister*, in Lege Salica tit. 6. § 5. *un chien dressé.*

Canis Domesticus. Statuta Davidis II. Regis Scotiæ cap. 15 : *De eo qui alienum Canem Domesticum interfecit. Si aliquis injuste, et contra legem, alterius Canem interfecerit, vigilabit et custodiet ejus fimarium* [** Houard. *firmarium.*] *per annum et diem, etc.*

Canis Ductor. Lex Alemannorum tit. 82. § 2 : *Qui illum Ductorem, qui hominem sequentem ducit, quem Laitihunt dicunt, furaverit.* Idem videtur qui Inductor, in Glossis antiquis : *Canis inductor*, Κύων ἐμβιβαςής, id est, qui per vestigia ducit, vel inducit inquisitorem : qui nempe, ut ait Gratius :

> . . . . lustrat per nota ferarum
> Pascua, per fontes, per quas trivere latebras,
> Primæ lucis opus, tum signa vapore ferino
> Intemerata legens, si qua est qua fallitur ejus
> Turba loci, majora secat spatia extera gyro.

Canes Franci, Venatici, Gallis *Chiens Francs.* Jura et Consuetudines Ducatus Normanniæ cap. 17. de Verisco : *Et adhuc Dux Normanniæ sibi retinet decurios, Francos Canes, et francas aves, ebur, rohanlum, lapides pretiosos.* Ubi Gallica editio : *Et les destriers et les Francs chiens et oiseaux, l'ivire, et le rochal, et les pierres precieuses.*

Canis Fugax, Venatorius, qui *fugat*, id est, venatur, vel feras persequendo fugat : *Chien de chasse.* Regiam Majest. lib 4. cap. 33 : *Si quis cum Cane Fugace, vel vestigabili vestigium latronis, aut animalis furati prosequatur, non liceat ei intrare terram alicujus domini sine illius domini licentia.* Vide *Fugare.*

Canis Fundi. Vide *Canis custos curtis.*

Canes Germanici *agilitate et ferocia singulares, quibus leones et tigrides propelluntur*, apud Monachum Sangall. lib. 2. de Carolo Magno cap. 14.

Canis, qui Anglis *Greihund* dicitur, in Leg. Forestarum Canuti Regis. cap. 31. Canis veltris, leporarius.

Canis Hapichunt. Vide *Canis Acceptoricius.*

Canis Houa-wart, Idem qui *Custos curtis*, de quo supra, ubi vide : *Houa* enim Germanis est curtis, et *ward*, custodia : ut Saxon. hof, ædes, aula : et vart, varde, custos.

Canis Index, *Qui odorisequa nare spelæa ferarum et diverticula deprehendit*, ut ait Willelmus Malmesburiensis lib. 2. de Gestis Angl. cap 6. Gloss. vetus : *Canis Index*, κύων μηνυτής.

Canis Inductor, in eodem Glossario, ἐμβιβαςής. Vide supra *Canis ductor.*

Canis Jugum Transpassans. Lex Aleman. tit. 82. § 7 : *Si Canem, qui curtem defendit, aliquis occiderit,... donet alium Catellum, qui Jugum transpassare possit.* Id est, qui jugum pati possit, et alligari.

Canis, quem Angli seu Anglo-Saxones *Langeran* appellant, vel potius lang-legerean, Canis veltris, seu leporarius, in Legibus Forestarum Canuti Regis cap. 32.

Canis Latrabilis, Qui bene latrare scit, in Fleta lib. 2. cap. 79. § 2. cujusmodi sunt, quos Angli *Howndes* vocant ab ululatu : habent enim ii canes bellicosos, oculis lippis et detortis, labris et malis adeo sordidis et dependentibus, ut advenis mera monstra videantur. At quanto deformiores, eo meliores æstimandi : nam etsi et labra plurimum propendeant, eo certius odorem quasi sorbent, et clariorem ululatum faventis vestigationis testem edunt : unde et ab ululatu illo nomen adepti sunt.

* Ut canis non valeat latrare, quanam arte olim tentatum est, docent Lit. remiss. ann. 1396. ex Reg. 150. Chartoph. reg. ch. 162 : *Auquel papier estoient contenus plusieurs choses, que l'en disoit estre experimens de Virgiles, entre lesquelx y estoit escript que on presist la laingue d'un chien noir avecques le maistre dent d'icellui chien, et que le dent fust boutez dedens ladite langue, et que ce fait, chien ne pouroit abaïer ceulx qui portoient ledit dent et langue.*

Canis Leitihunt et Laitihunt. Lex Bajwar. tit. 19. § 1 : *Si quis Canem seucem, quem Leitihunt vocant, furaverit; etc.* Ubi Editio Heroldi cap. 27. § 1. *Leisthund* præfert. *Canem Ductorem*, vulgo interpretantur, a Germ. *Leite*, duco, *et hund*, vel *hunt*, canis. Lex Alamann. tit. 82 : *Qui illum Ductorem, qui hominem sequentem ducit, quem Laitihunt dicunt, furaverit, etc.* Vide *Canis Ductor*, et *Segusius.*

Canis Leporarius, Leporalis : *Ex illo Canum genere, qui lepores assequuntur velocitate pedum*, ut est apud Rodulphum Tortarium lib. 5. Miraculorum sancti Benedicti n. 2. Lex Salica tit. 6. § 2 : *Veltrem Leporarium, qui et Argutarius dicitur.* Radevicus lib. 3. cap. 26 : *Si quis per Canes Leporarios feram fugaverit, etc.* Lex Alamann. tit. 82. § 4 : *Si Veltrem Leporalem probatum aliquis occiderit, etc.* Lex Bajwar. tit. 19. § 5 : *De Canibus veltricibus qui unum occiderit, qui leporem non persequitur, sed sua velocitate comprehendit, etc. Leporarius*, nude; quomodo nos *Levrier* dicimus. Matth. Westmonaster. pag. 162 : *Nutrierat autem.... Leporarium quendam, etc.* Bromptonus : *Leporariis, brachetis, et accipitribus eodem die a Rege Angliæ Saladino missis. Leporaria*, Canis femina ejusdem speciei, in Vitis Abbatum S. Albani. Adde Fletam lib. 2. cap. 41. § 21. Silvestr. Girald. in Itiner. Cambriæ lib. 1. cap. 7. lib. 2. cap. 10. etc.

Canis, *qui nondum cepit leporem, vel aliam bestiam, Saxonice* gayhund. Ita Gloss. Saxon. exaratum sub Edw. III. Junior canis.

* Canis Magister. Vide *Canis doctus* et *Segusius.*

* Canis, Gall. *Metis*, Ibrida. Lit. remiss. ann. 1448. in Reg. 176. Chartoph. reg. ch. 617 : *Lesquelx compaignons prinrent ung Chien Metis appartenant au suppliant, et le mirent en laisse.*

* Canis Monstrans, Idem qui *ductor, index.* Lit. remiss. ann. 1408. in Reg. 162 : Chartoph. reg. ch. 395 : *Arnaudus fere per totam illam diem et usque ad horam cenæ in venatione cum Cane Monstrante intenderat.*

Canis Pastoralis, *qui pastorem pecoris* (opilionem) *comitatur* adversus lupos et fures. Glossæ : *Pasturalis Canis*, ποιμενικὸς κύων. Κύων ποιμαίνων, in Legibus Georgic. tit. 6. § 10. Lex Alaman. tit. 82. § 5 : *Si quis Canem Pastoralem, qui lupum mordet, et pecus ex ore ejus tollit, et ad clamorem ad aliam vel ad tertiam villam currit, occiderit, etc.* Lex Bajwar. tit. 19. § 8 : *Qui vero pastoralem* (canem) *qui lupum mordet, occidit, etc.* Lex Aleman. tit. 82. § 5 : *Qui lacerare lupum solet et non occidere. Canis Pastoricius*, in Speculo Saxon. lib. 3. art. 51. § 2. Hispanis, *Mastino de ganado.* Varro lib. 2. de Re rustica cap. 9 : *Canis ita custos pecoris, ut ejus, quod eo comite indiget ad se defendendum. In quo genere sunt ma-*

xime oves, deinde capræ : has enim lupus captare solet, cui opponimus Canes Defensores. Vide supra, *Canis custos Pecoris.*

Canis Petrunculus, qui *Petronius*, Gratio in Cynegeticis :

...... Ac te leve si qua
Tangit opus, pavidosque juvat compellere dorcas,
Aut versuta sequi leporis vestigia parvi,
Petronios (sic fama) Canes, volucresque Sicambros,
Et pictam macula Vertraham delige falsa.

Lex Burgundion. addit. 1. tit 10 : *Si quis Canem veltraum, aut segutium, aut Petrunculum præsumpserit involare, jubemus ut convictus coram omni populo posteriora ipsius osculetur.* Dicti autem *Petrunculi* et *Petronii*, quia ita solidos calces habent, ut *petras* et rupes illæsim percurrant, atque adeo ex iis sint, quos εὔποδας vocat Xenophon de Venat. cap. 7. Sic Festus *Petrones, rusticos a petrarum asperitate et duritie* dictos auctor est. Porro Canes *Petronii* ii sunt, quos vulgo *Chiens courans*, appellamus : Gratius enim reprehendit in *Petroniis*, quod taciti accedere feras nolint, sed clangore nondum conspectas citare soleant. Nam et istis convenit, qui simul ac in vestigia incidunt, unanimi et continuo clangore ea decurrunt.

Canis Porcarius, Porcaritius, Qui porcos, seu apros venatur. Lex Alaman. tit. 82. §. 3 : *Bonum Canem Porcaritium, ursaritium, vel qui vaccam et taurum prendit, si occiderit, etc. Veltris Porcarius*, in Lege Salica, tit. 6. § 2.

Canis, qui *Ramhunt* vocatur. Leges Canuti Regis de forestis § 30 : *Item de Canibus, quos Ramhunt vocamus.* [** Anglos. Ram, Aries. Conf. *Canis qui vigilat, etc.*]

* Canis a Rete, Qui feras persequendo fugat in rete. Stat. ant. Florent. lib. 3. cap. 177. ex Cod. reg. 4621 : *Nullus capiat cum rete, vel lacciuolo, vel aliquo alio artificio aliquos columbos, ... exceptis starnis, qualeis, quæ libere possint capi cum avibus et Canibus de rete.* Stat. Mantuæ lib. 1. cap. 115. ex Cod. reg. 4620 : *Neque audeat vel præsumat aliquis de civitate Mantuæ..... tenere per se vel alium aliquos Canes a rete.*

Canis Sagarius. Vide Meursium in Ζαγάριον. [** Cangium Glossar. med. Græcit. eadem voce col. 455.]

Canes Scotici, apud Symmachum lib. 2. Epist. 77. et Prudentium lib. contra Unionitas. *Britannicos* vocat Strabo lib. 4.

Canis Segusius, Seugius, Seucis. Lex Burgund. addit. 1. cap. 10 : *Si quis canem veltraum, aut Segutium vel petrunculum præsumpserit involare, etc.* Lex Salica tit. 6. § 1.: *Si quis Canem Seusium furaverit aut occiderit, qui magister sit, etc. Si quis vero Seusium reliquum, aut veltrem porcarium, etc.* Lex Alamannorum tit. 82. § 1 : *Si quis Canem Seusium primum cursalem, qui primus currit, involaverit, etc.* Lex Bajwar. tit. 19. § 1 : *Si quis Canem Seucem, quem Leitihunt vocant, furaverit, etc.* § 2. *Si autem Seucem doctum, quem Triphunt vocant, furaverint, etc.* § 3. *Si autem Seucem, qui in ligamine vestigium tenet, quem Spurihunt dicunt, etc.* Charta Heccardi Comitis Augustodunensis ex Tabulario Prioratus Persiensis, apud Perardum pag. 26. 27 : *Ricardo filio meo donate spada spangisil, et Sigusios 2. Terico filio... spada Indica, et Sigusios 2... Ademaro fratre suo, speudo uno et Cano, et Seugio duos. Heccardo... tabulas corneas, et pacto saleco, et Sigulos duos, et sparvario uno..... Otgario, caballo uno, cum sella meliora, et Sugios 4 .... seniore nostro donate falcones 2. et Suegios 2.*

Canes *Segutios*, ἐγουσίας dictos, a Gallica gente denominatos auctor est Xenophon junior, seu Arrianus Atheniensis, lib. de Venat. cap. 3. Certe gentem hac appellatione in Gallia nullam hoc nomine agnoscunt Geographi; at *Segusium* in Alpibus urbem sat notam constat extitisse : sed vix est ut credam, inde dictos canes istos. Alii *segusios*, quasi *secutios*, appellatos volunt, et postea, voce truncata, *seucios* et *seugios* : idque eruunt ex variis appellationibus vernaculis *Laitihunt* et *Spurihunt*, quæ in citatis Legibus iis tribuuntur : est enim *Laitihunt* sive *Leitihunt*, idem quod Flandris *Leyhont*, Canis ductor; *Spurihunt* vero, qui feras investigat : *spoor* quippe iisdem est vestigium, et *speuren*, investigare : sic *Speurhont* erit Canis inquisitor, quomodo Græci ejusmodi Canes ἐπακτῆρας dicunt. [** *Triphunt* in Leg. Baivar. et *Hessehunt*. in Glossa ap. Graff. Thesaur. vol. 4. col. 979. Qui feras sequitur et persequendo fugat.] Petrus de Crescentiis lib. 10. de Agricultura cap. 29. eosdem esse cum brachetis innuit : *Canes, qui segusi vel brachi vocantur.* Hermannus Nuerarius lib. de Orig. Francor. *segusios* canes, porcarios interpretatur, vel doctos ad investigandos apros. Nec dissentit Wendelinus, qui seusium canem ait esse, *qui aprorum venationi bonus est*; a voce *Seughen*, quæ Hasbanis et Taxandris *sues* notat. Ita *Seusius Magister* illi est, quem Galli *Mastin* vocant. [Eccardus cæteris felicius etymon accersit a Germano *Suchen*, vel potius Saxonico *Seuken*, investigare, unde inquit *Sucher, Seuker*, Investigator, et Latina terminatione data, prodit *Suchius, seucius, seugius, secusius, segusius, etc.*]

* Canis Terrarius, Animalium subterraneorum indagator, Gall. *Chien terrier* vel *de terre*, vulgo *Basset*. Lit. remiss. ann. 1463. in. Reg. 199. Chartoph. reg. ch. 211 : *Il y avoit ung petit Chien Terrier, qui estoit couché assez près de la dance.*

Canis Trassans, Vestigium prosequens : *tracer* enim, est perquirere vestigiis insistendo : *trace*, seu *trasse*, vestigium. Regiam Majest. lib. 4. cap. 32 : *Nullus perturbet aut impediat Canem Trassantem, aut homines trassantes cum ipso ad sequendum latrones, aut ad capiendum malefactores.* Scotis *ane sleuthound*. Vide *Trassare*.

Canis Veltris, Veltrahus, Vertragus, etc. Germanis *Welter*, Canis sagax, vel odorisequus, leporarius; *Veltro* Italis, *Viautre* Gallis. *Veltris leporarius, qui et argutarius*, in Lege Salica tit. 6. § 2. *Veltris leporalis probatus*, in Lege Alem. tit. 82. § 4. *Canes Veltrices, qui lepores sua velocitate comprehendunt*, in Lege Bajwar. tit. 19. Monachus Sangal. lib. 1. cap. 22 : *Assumpsit duas caniculas in manu sua, quas Gallica lingua Veltres nuncupant, agilitate sua vulpes et cæteras minores bestiolas facillime capientes, etc. Veltrahus*, in Lege Burgund. add. 1. tit. 10. appellatur; *Veltraga*, in Notis Tyronis; *Vertraha*, vel *Veltraha*, apud Gratianum in Cynegetic. :

Et pictam macula Vertraham delige falsa.

Vertragus, apud Martialem lib. 14. Epigr. 200 :

Non sibi, sed domino venatur Vertragus acer,
Illæsum leporem qui tibi dente ferit.

Ita in MSS. legi observant viri docti. *Vertagus*, apud Julium Firmicum lib. 5. Math. cap. 8 : *Fortes erunt, industrii, sagaces, equorum nutritores... similiter et canum, et molossorum, Vertagorum, et qui sunt ad venationes accommodati.* Denique *Viautres*, Gallis. Le Roman *du Renard* MS. :

Qui deux Viautres enchaainez
Avoit avec soi amenez.

Joann. de Condato MS. :

Mastins et goucos et grans Viautres.

Jam vero de harum vocum etymo variæ sunt sententiæ. Tradit Arrianus, seu Xenophon junior lib. de Venat. cap. 3. *Vertragos* Gallis dici a velocitate : Αἱ δὲ ποδώκεις κύνες αἱ Κελτικαὶ, καλοῦνται μὲν Οὐέρτραγοι κύνες, φωνῇ τῇ Κελτικῇ, ... ἀπὸ τῆς ὠκύτητος. Turnebus lib. 18. Adv. cap. 1. a *feram trahendo* dictos *vertrahos* censuit : Caius a *vertendo* : Farnabius ab *agiliter vertendo*. Certe veltres Gallis proprios fuisse constat : unde *Canes Gallici*, Ovidio et Martiali dicuntur. Proinde quidam *veltres* appellatos putant a *velt*, campus, Theutonibus, quia canes isti per campestria et plana vagantur, ut qui in montanis et silvestribus locis lepores solo visu, non odoratu venentur : vel ex *velt-jaghere*, *veltragos*, appellatos, quasi *campestres venatores*, ex *velt*, campus, et *jaghere*, venator.

* Nunc vero *Vaultre* appellamus canem, aprorum venationi aptum : unde in domo regia, qui huic venationi præest, pertinere ad illum dicitur *le Vautray*.

Canis Vestigator, Vestigabilis. Gloss. vet. : *Canis Vestigator*, κύων ἰχνευτής. Alibi : Ἰχνευτής, *Vestigator, sagax*. Ita apud Artemidorum lib. 2. Onirocrit. cap. 11. *Canis Vestigabilis*, in Regiam Majest. lib. 4. cap. 33.

Canis qui Vigilat Foris in Pluvia, Saxonibus renhund. Ita Gloss. Saxon. sub Edw. III. exaratum, ex ren, pluvia, et hund, canis. Horum canum mentio est in Legibus Forestarum Canuti Regis cap. 32. ubi *Ramhund* vocantur. [** Rennan Anglosax. Currere, inde Renhunt, Cursorius canis.]

Canis Ursaritius, Qui ursos prosequitur. Lex Alamannor. tit. 82. § 3 : *Bonum Canem porcaritium, Ursaritium, vel qui vaccam et taurum prendit, si occiderit.* Lex Bajwar. tit. 19. § 7 : *De his Canibus, qui Ursos, vel bubalos, id est, majores feras, quod Swartzwild dicimus persequuntur, si de his occiderit, etc.*

Canis Warset. Leges Forestarum Scotic. cap. 1 : *Custode præsente, ignem, cornu, vel Canem habente, qui Warset appellatur.*

Canes in Dextro Armo Tonsi, Regii, seu nota regia signati. Capitula Caroli Magni lib. 6. cap. 216 : *De Canibus, qui in Dextro Armo Tonsi sunt, ut homo, qui eum habuerit cum ipso cane in præsentiam Regis veniat.*

Canum Expeditatio. Vide *Expeditare*.

Canem Ferre, Vetus Consuetudo pro lege apud Francos et Suevos inoleverat, ut si quis nobilis, ministerialis, vel colonus, coram suo judice quorumdam criminum, verbi gratia deprædationis aut incendii, reus inventus fuisset, antequam mortis sententia puniretur, ad confusionis suæ ignominiam, nobilis canem, ministerialis sellam de Comitatu in proximum Comitacum gestare cogerentur. Hæc Otto Frising. lib. 2. de Gest. Frid. cap. 28. a quo hausit Guntherus quæ habet in eamdem sententiam lib. 5. Ligurini, qui addunt Fridericum Imper. Hermannum Palatinum Comitem in causam vocatum, quod Germaniam præda et incendio perturbasset, cum decem Comitibus, complicibus suis, canes per Teutonicum milliare portare coegisse. Pœnam hanc *militarem* vocat Arnoldus Lubecensis lib. 7. cap. 2. quia *Militibus*, seu Nobilioribus infligi solita erat : *Quæ præsumptio hoc modo multata est, ut mille marcas argenti injuriato persolveret, et de feudo suo ad centum marcas argenti Ecclesiæ majori resignaret, et cum multis nobilibus, hominium ei faceret, et cum quingentis Militibus Militarem ei pœnam persolveret, id est, ut singuli Milites de loco perpetrati sceleris, usque ad fores majoris Ecclesiæ Caniculum Deferrent.* Exstat insigne aliud ejusmodi pœnæ Militaris exemplum apud Witikindum lib. 2. et ex eo Conradum Usperg. ann. 937 : *Pro qua præsumptione condemnavit eum centum talentis, omnesque Principes, qui ad hoc eum juvabant, dedecore Canum, quos Portabant usque ad urbem regiam, quæ dicitur Magdeburg.* Item apud Dodechinum ann. 1155 : *Henricus Comes de Didissen et alii ex parte prædicti Hermanni Canes Portaverunt, et sic dominus Arnoldus Episcopus ab excommunicatione eos absolvit.* Arnulfus Mediolanensis in Chron. sub. ann. 1008 : *Hæc autem fuit pacis conditio, quod veniente Mediolanum, tertio ab urbe milliario, nudis incedendo vestigiis, Episcopus Codicem, Marchio Canem Bajulans, ante fores Ecclesiæ S. Ambrosii reatus proprios devotissime sunt confessi.* Consulendi in hanc rem præterea Martinus Crusius lib. 10. Hist. Suevicæ part. 2. cap. 14. et Browerus lib. 14. Annal. Trevir. pag. 789. 1. Edit.

At cur canis nobilibus, sella ministerialibus, attribuantur, nemo, quod sciam, plane est assecutus : vix enim est, ut Andreæ Favini lib. 12. Hist. Navar. pag. 732. conjecturam probem, qui censet canes Nobilibus dari ad nobilitatis notam, cum canes et venatio solos spectent nobiles ; ministerialibus vero cathedram, ut hocce discrimine reorum natales quibusvis statim innotescerent. Ubi perperam sellam *cathedram* esse existimavit. Sed et quod subdit eo perinde casu rusticos et colonos gestasse aratri rotam, probo indiget vade. Vide *Harmiscara*, *Sella*. [** Haltaus. Glossar. Germ. voce *Harschar*, col. 825. Grimm. Antiquit. German. pag. 715. sqq. Altaserr. de Jurisdict. Eccles. lib. 5. cap. 5. pag. 185.]

Inter Canem et Lupum, [Gall. *Entre chien et Loup*,] Sub crepusculum, vel vesperum, cum lupus a cane discerni vix potest, λευκοφῶς, et ut ait Willelmus Brito lib. 1. Philipp. :

Tempore quo neque nox neque lux sed utrumque videtur.

Idem lib. 3 :

Postea vix summos aurora rubescere montes
Fecerat, et valles nondum primordia lucis
Attigerant, interque Canem distare Lupumque
Nullus adhuc poterat aliquo discernere visu.

Vetus Charta apud Spelman. : *Infra horam vespertinarum, inter Canem et Lupum, venerunt et interfecerunt dictum Joannem.*

Per Canem Jurare. Litteræ Juvavensis Archiep. editæ a Gewoldo post Chron. Reichersperg. : *Quod nos Præfati Schlavi criminabantur cum Ungaris fidem Catholicam violasse, et per Canem, seu lapum*, (f. *lupum*, licet ita rursum ediderit idem Gewoldus in Metrop. Salisburg.) *aliasque nefandissimas et ethnicas res Sacramenta et pacem egisse.* Hæc lucem accipiunt ab Joinvilla in Hist. S. Ludovici, dum fœdera inter Imp. Joannem Vatatzem et Comanorum Principem inita recenset, eaque firmata ebibito alterius invicem sanguine, hacque adhibita ceremonia, quam sic enarrat : *Et encore firent-ils autre chose. Car ils firent passer un Chien entre nos gens et eux, et decouperent tout le Chien à leurs espées, disans que ainsy fussent-ils decouppez, s'ils failloient l'un à l'autre.* Id ipsum de Bulgaris refert Continuator Theophanis lib. 1. num. 20. Huc forte spectant, quæ habet Conradus Abbas Uspergensis sub ann. 920. ubi de Avaribus, seu Ungaris : *Legati Ungarorum pro solitis muneribus Regem adierunt, sed ab eo spreti, in terram suam vacui reversi sunt. Cum enim haberet militem equestri jam prælio probatum, contra hostes antiquos præsumpsit inire certamen. Hæc audientes Avares, nil morati, cum hostili gravique manu Saxoniam festinant intrare, et iter agentes per Dalmatiam, opem quasi ab antiquis petunt amicis. Illi vero scientes eos ad Saxoniam festinare, Saxonesque paratos cum eis pugnare, pinguissimum pro munere eis projiciunt Canem. Et cum non esset injuriam vindicandi locus, ad aliam pugnam festinantibus, cum ridiculosa satis vociferatione longius prosequuntur amicos.* Nimirum in ludibrium canem Ungaris Dalmatæ objiciebant, quod per canem fœdera sua sancirent, quasi fœderi cum iis jam olim inito prorsus nuntium mitterent. Atque hæc forte Hunnorum etiam sacramenta intellexit Theophanes ann. 2. Justini Thracis, scribens, eos fœdera sua firmasse μεθ' ὅρκων πατρίων.

* Canum Cibus, Canum venaticorum pastus, idem quod *Brennagium*. Charta ann. 1140. tom. 1. Probat. Hist. Brit. col. 580 : *Ego Conanus dux Britanniæ debitum, quod Cibus canum vocatur, ecclesiæ sanctæ Crucis per totam abbatiam in perpetuum condono.* Vide in *Bren*.

* Canum Gistum, Servitutis species, qua subditi canes venaticos dominorum suorum hospitio et pastu excipere tenentur. Charta Joan. ducis Lothar. et Brabant. ann. 1338. ex Cod. Reg. 10197. 2. 2. fol. 108 : *Insuper super gistis nostrorum Canum majorum, etc. Insuper pro gista Canum nostrorum parvorum, etc.* Vide in *Gistum*. [** Vide Haltaus. Glossar. German. voc. *Hundskorn* et *Hundelege*, col. 977.]

* 3. **CANIS**, Fulcrum focarium Gall. *Chenet.* Inventar. ann. 1476. ex Tabul. Flamar. : *Et in camino ignis ejusdem cameræ duos Canes ferri ad sustinendum ligna pro comburendo.* Vide infra *Chenetus*.

¶ **CANISARE**, *Iter flectere.* Papias in MS. Bituric.

* Perperam pro *Campsare*, Deflectere. Vide in hac voce.

¶ **CANISATER**, *Justum.* Papias MS. Forte legendum *Canister*, *Festum.* Canister enim Laurentio in Amalthea *Festum virginum est ferentium Canistrum in ædem Liberi.*

* Codex reg. 7613. *Canisatum, justum.* Hoc est, ni fallor, ad *cannam* adæquatum.

¶ **CANISTELLUS**, Idem quod *Canistrellus*. Annal. Bened. tom. 4. pag. 175 : *Pleno congio pigmenti etplena corbe Canistellorum et oblatarum et nebularum.* Quibusdam in locis Gallo-Flandriæ *Canestiaux* dicuntur Crustula triquetra quæ vulgo vocamus *Echaudez*.

CANISTRELLUS, Panis species, in modum *canistri* confectus. Charta Roberti Abbatis Majoris Monasterii ann. 1176. in Tabulario Ecclesiæ Carnotensis n. 92 : *In festo S. Martini æstivalis potum similiter* (præparabant) *et quosdam artificiales panes, quos Canistrellos vocant.*

CANISTRUM, Vas Ecclesiasticum, in quo distribuebantur *eulogiæ*, seu panes benedicti. Epiphanius Presbyter in Indiculo ad Hormisdam PP. : *Si hæretici non sunt, quomodo tanta sacramenta confecerunt, ut Canistra plena omnibus erogarent, ne imminente, ut dicebant, persecutione, communicare non possent ?*

Ita etiam appellant Scriptores Ecclesiastici discos, qui lampadibus substrati sunt. Anastasius Bibl. in Hadriano I. pag. 118 : *Ante januas vero argenteas, fecit Canistros argenteos 12. pens. lib.* 36. In Leone III. pag. 121 : *Canistra 2. pensant. lib.* 3. Pag. 136. 145 : *Canistrum ex argento purissimo inibi fecit cum catenulis suis pens. lib.* 15. Ibidem : *Fecit.... Pharum majorem in modum retis cum Canistris 20. pendentem sub trabem majorem, etc.* In Greg. IV. pag. 163 : *Obtulit etiam.... Canistra Ennafodia 2. pens. lib.* 15. Ἐννεαφώτια, duodecim luminibus ac lucernis instructa.

* **CANITA**, Speculi ornamentum quoddam. Inventar. MS. honor. Raym. de Villanova ann. 1449 : *Item unum speculum cum quinque Canitis garnitum de letono.*

* **CANIVETUS**, Ensis brevior, vel Cultellus, scalpellus, nostris *Canivet*. Lit. remiss. ann. 1383. in Reg. 124. Chartoph. reg. ch. 67 : *De quodam cutello seu Caniveto suo præfatum magistrum Jacobum in altero brachiorum suorum percussit.* Aliæ ann. 1400. in Reg. 155. ch. 288 : *Idem Jacobus habebat unum parvum artanum, Gallice Canivet, et volebat percutere dictum Matheum per ventrem.* Vide *Canipulus*.

* **CANLATA**, Lignum quoddam, Gall. *Chanlate*. Comput. ann. 1441. ex Tabul. S. Vulfr. Abbavill. fol. 24. v°. : *Item pro una Canlata xj. sol. iiij. den.*

1. **CANNA**, Mensura, qua pannos metimur, [Hebræis קנה Keneh, unde Græcis κάννα vel κάννη,] Italis, *Canna*, Occitanis *Cano*, *Aulne et demie, mesure de huit pans à mesurer le drap*, [hoc est octo palmorum.]

Constit. Siculæ lib. 3. tit. 36. § 4 : *Mercatores corruptas merces et vetitas, seu ad falsas mensuras, Cannas et pondera distrahentes, etc.* Occurrit ibi pluries. Consuetud. Eccl. de Regula : *De Cannis, quibus panni venduntur.* Vide Jo. Columbum lib. 1. de Episcop. Valentin. num. 54. Fori Benehar. : *Les draps se deben mensura a Canas, mieyas Canas, a paums, et noa aunas.* Hinc *Cannare*, ulna metiri, in Statutis Massiliensibus MSS. ann. 1174. lib. 1 : *De duobus probis viris constituendis ad pannos videndos et Cannandos.* [Occurrit in editis pag. 135. 305. 425. et alibi non semel. Hinc *Cannatio* in iisdem Statutis editis pag. 136.]

2. **CANNA**, Mensura agri. [Chronicon Farfense, apud Murator. tom. 2. part. 2. col. 513 : *Domnus Hugo Abbas suscepit per concambium ad opus hujus monasterii res ad modia XXII. per unumquodque modium habentia longitudine Cannas XX. et in latitudine in omni loco Cannas X. ad Cannam pedum X. legitimi cubitalis.* Pluries occurrit ibidem col. 613. Ordinatio Anderii et Remondi Aureilla de abevratoriis magni Rhodani ann. 1223. e MS. D. *Brunet* fol. 64 : *Viam publicam, quæ habeat in latitudine duodecim Canas.* Sententia Compromissoria ann. 1339. inter Schedas D. *de Mazaugues* : *Quæ quidem via in latitudine Canas continet* 40. Epistola Clementis IV. PP. ann. 1267. apud Marten. tom. 2. Anecd. col. 452 : *Cum ab ecclesia eorumdem trecentarum Cannarum spatio non distaret.*] [** Charta ann. 1273. ap. Schœpflin. in Alsat. Diplom. vol. 1. pag. 471. num. 669 : *Ecclesiam construant, quæ a nostra distet ad spatium non minus quam* 100. *Cammarum .... non obstante privilegio, quod de non edificando prope nos infra* 140. *Cannarum quosdam conventus nobis a sede apostolica est indultum.*] Charta ann. 1250. apud Joffredum in Episcopis Niciensibus pag. 184 : *Tradidit quantitatem infra scriptam terræ suæ..... taliter terminatam, videlicet a mari Cannas* 35. *a Septentrione Cannas* 46. *etc.* Charta ann. 1271. in 30. Regesto Chartophyl. Regii Charta 221 : *Dabit transitum sive viam decem Cannarum in latitudine, etc.* Bulla Clementis VI. PP. ann. 1349. apud Wadding. tom. 3 : *Asserentes eundem locum vestrum a loco ipsorum nonnisi per* 135. *Cannas distare.* Adde Ughellum tom. 1. Ital. sacr. pag. 822. [et Aleandrum in Explicatione Tabulæ Heliacæ pag. 37. ubi *Cannam* hinc dictam ait, quod in agrorum aliarumque rerum metationibus *arundo* fuerit adhibita. Qui civitatem Dei metiebatur Apocalypsis 31. mensuram arundineam habuisse dicitur, et apud Ezechielem 40. Calamus mensuræ nominatur, quo utebantur ad dimensionem ædificiorum : cujus calami fit mentio apud Auctores de limitibus agrorum, ac decem pedum fuisse dicitur, ut in laudato jam loco Chron. Farfensis.]

¶ 3. **CANNA**, Mensura Architectonica. Hist. Dalphin. tom. 1. pag. 84. col. 2. in Computo ann. 1347 : *Item dormitorium longitudinis triginta Cannarum, altitudinis vero quinque Cannarum, et latitudinis quatuor cum fenestris et pignonibus decentibus, videlicet primam Cannam in altum grossitudinis quatuor pedum, et supradictam Cannam usque ad pignones grossitudinis trium pedum, etc.*

4. **CANNA**, Kanna, Cantharus, poculum, vas strictius, et oblongius, Germanis et Belgis *Kan*, et *Kanne*, Gallis *Canne*. Gloss. Basilic. : Καννία, οἱ κόνδυλοι τῶν καλάμων, καὶ οἱ σωλῆνες καὶ τούτου πάντα τὰ σωληνοειδῆ ἀγγεῖα. Fortunatus in Vita S. Radegundis cap. 19 : *Qua sibi renunciante parata mensa, missorium, cochleares, cultellos, Cannas, potum, et calices, sola subsequente, intromittebatur furtim, quo se nemo perciperet.* Galbertus in Vita Caroli Comitis Flandr. num. 28 : *Comes argenteam Kannam emerat marcis* 21. *quæ miro opere fabricata, suis spectatoribus potum, quem in se continebat, furabatur.* Et n. 101. *Canna, argenteum vas vinarium* dicitur. [Vetus Ceremoniale MS. B. M. Deauratæ : *De offertis altaris et de vino Cane vel lagene, etc.*]

Canna Argentea, inter vasa Ecclesiastica recensetur apud Hariulfum lib. 2. Chron. Centul. cap. 10. et lib. 3. cap. 3. [et in testamento Ermentrudis illustris matronæ, apud Mabill. Liturg. Gallic. pag. 462. Erat autem Fistula, qua sanguis Christi a communicantibus hauriebatur, uti liquet ex hoc versu :

Hic Domini sanguis nobis sit vita perennis,

exarato in illa *Canna Argentea*, quam Suppo Abbas Montis S. Michaelis suæ ecclesiæ tradidisse legitur in Annalibus Benedict. tom. 4. pag. 496. ad ann. 1040. et in Neustria Pia pag. 385. B. Rhenanus in Scholiis ad Tertullianum : *Non possum celare studiosos antiquitatis Christianæ, laicos olim Canna solitos haurire Dominicum sanguinem e calice : quod pridem mihi indicavit Paulus Volsius Abbas Hugoniani cœnobii ex libro signorum, qui frequens exstat apud Benedictinos.* Hac ratione post communionem corporis Domini, pretiosum sanguinem etiamnum hauriunt, in Monasterio Sandionysiano Diaconus et Subdiaconus singulis diebus Dominicis et festis. Vide *Calamus*, 1.]

¶ Cannata. S. Willelmus lib. 1. Consuetud. Hirsaug. cap. 15 : *Pro signo vasis quod vulgo Cannata dicitur, generali præmisso, hoc adde ut.... digitum incurves, adjuncto vini signo.* Scramb. pag. 338. Chron. Mellic. col. 1 : *Dato signo campanellæ per Abbatem, servitor teneat Cannatam cum vino in medio reverenter ambabus manibus.*

¶ Cannatella. Conc. Legion. ann. 1012. can. 25 : *Qui habuerit casam in solare alieno et non habuerit cavallum vel asinam, det semel in anno domino soli decem panes frumenti et mediam Cannatellam vini.*

Caneta, seu Canneta, Minor *Canna*, minus vasculum sacræ Liturgiæ idoneum, quod vulgo *Burete* vocamus. Charta ann. 1344. apud Sammarthanos in Abbatib. Lesatens. n. 27 : *Calicem argenteum cum patena deauratum et etiam amentatum, et duas Canetas argenteas deauratas, etc.* Alia ann. 1231. apud Catellum in Hist. Occitan. pag. 901 : *Turibulum argenteum, et 2. bacini argentei, et 2. Canetæ argenteæ, etc.* [*Canetæ de argento usuales*, in Inventario Sacristiæ S. Victoris Massil. *Canetæ sive vinetariæ argenti*, in Instrumento anni 1337. ex Archivis ejusd. S. Victoris. *Canetas argenteas et duo candelabra argentea*, in Charta anni 1461. apud Baluzium tom. 2. Hist. Arvern. pag. 726.]

¶ 5. **CANNA**, Canalis, tubus. Ang. Rumpleri Hist. Monasterii Formbac. lib. 3. apud Bern. Pezium tom. 3. Anecd. part. 3. col. 469 : *Nam ad coquinam quam extruxerat, aqua duci non poterat. Deinde non multo transacto tempore, quidam advenit qui figlinas* (figlinas) *sive fictiles Cannas inducere voluit.... quælibet Canna quatuor lateres habuit et nonnihil cœmenti.*

¶ 6. **CANNA**, Cannabis, Gall. *Chanvre.* Hist. MS. Monasterii Beccensis : *Recognovit..... pertinere ad monachos Beccenses, exceptis linis et Cannis.*

* 7. **CANNA.** Charta ann. 1266. ex Reg. S. Ludov. in Chartoph. reg. fol. 14. r°. : *Item quadraginta corveyas aratorum sive Cannarum valent xl. solidos.* Sed legendum prorsus *Carucarum.* Vide *Carruca* 3.

¶ **CANNABA**, pro *Cannabis*, legitur in Tabulario S. Victoris Massil. et alibi.

¶ **CANNABERIUM**, ut mox *Cannabina.* Charta anni 1404. ex Archivo S. Victoris Massil. : *Recognovit se tenere pratum cum Cannaberio contiguo.*

¶ **CANNABINA**, Ager cannabe consitus, Gall. *Chennevière*, in Charta ann. 1158. ex Chartulario Casauriensi. Vide *Canava* 2.

¶ **CANNABOSUM**, Cannabis. Charta Willelmi Montispessulani ann. 1103. apud D. *Brussel.* tom. 2. de Feudorum usu pag. 728 : *Sestairaricum dono vobis de omni blado, de omni legumine, de farina, de linoso, de Cannaboso, etc.*

* **CANNADA**, ut *Cannata*, vas vinarium. *Cannadas duas de vino*, in vet. Diplom. apud Mabill. Itiner. Ital. pag. 215. Vide *Canna* 4.

¶ **CANNALE**, pro *Canalis*, Gall. *Canal*, Ital. *Canale*, dixit Bern. de *Breydenbach* pag. 211. Itinerarii Hierosol.

1. **CANNAMELLA**, [Arundo sacchari.] Vide *Canamella.*

¶ 2. **CANNAMELLA**, Fistula. Vide *Calamella.*

¶ **CANNAPINA**, Idem quod *Cannabina.* Chron. Piscar. apud Acherium tom. 5. Spicil. pag. 508 : *Inter cetera quæ dedit, fecit convenientiam de una Cannapina in loco ubi Albe vocatur.* Legitur et apud Muratorium tom. 7. col. 894.

¶ **CANNARE**, Ulna seu *canna* metiri. Vide *Canna* 1.

* **CANNARE**, Mensura agraria, quæ *Canna* vocabatur, metiri. Gloss. Cæsar. Heisterbac. in Reg. Prum. tom. 1. Hist. Trevir. Joan. Nic. ab *Hontheim* pag. 678. col. 1 : *In Fagit mansum j. et illas terras, quas Cannavit Tungo cum Johanne.* Ch. ann. 1383. ex Tabul. Massil. : *Item fuerunt Cannata paramuri portalis portæ Gallicæ,... ad rationem cujuslibet cannæ cadratæ, etc.* Nostris *Toise quarrée.* Vide *Canna*, 1. et 2.

¶ **CANNATA**, Cannatella. Vide *Canna* 4.

* **CANNATUS.** Vide supra *Canatus.*

CANNAVA. Vide *Canava* 2.

CANNAVACIUS Color, Cannabinus. Fridericus II. lib. 2. de Arte venandi cap. 20 : *Plumagium girofalconum sic se habet : alii enim sunt grisei coloris, alii albi coloris aut subalbidi, maxime in pectore, alii sunt* *medii inter album et griseum, ab aliquibus dicuntur Cannavacii.* Adde cap. 21.

¶ **CANNAVUM**, pro *Cannabum*, Gall. *Chanvre.* Locum vide in *Batentorium* post *Batatorium.*

* **CANNELA**, CANNELLA, Candelæ species. Ordo eccl. Ambros. Mediolan. an. circ. 1130. apud Murator. tom. 4. Antiq. Ital. med. ævi col. 910 : *Benedictis candelis, archiepiscopus dat candelas quamplures primicerio decumanorum, quas ille iterum dat sacerdotibus suis. Et omnis clerus accendit cannelas..... Prima crux vetulorum præcedit omnes cum Cannelis quinque sursum accensis. Cannela* semel et iterum ibid. col. 907. Sic dicta, ni fallor, a

* **CANNELLA**, vox Italica, Parva arundo. Hist. Cortus. lib. 11. apud eumd. Murator. tom. 12. Script. Ital. col. 949 : *Per aquam nocte navigare conceperat, et juxta locum illi propinquum intra Cannellas, quibus Siler illo in loco plurimum adumbratur, etc.* Vide supra *Cannella* 2.

¶ **CANNERIA**. Chron. Farfense apud Murator. tom. 2. part. 2. col. 409 : *Et in fundo Biviano modia* XIX. *cum casa ædificata, et vinea, et olivis, et Cannetum ad censum reddendum in curte nostra de Coperseto. Item in territorio Reatino, ubi dicitur Carsule seu Leonis, terram et vineam et Canneriam ad salicetum.* Si non sint idem *Cannetum* et *Canneria*, per hanc vocem intelligo agrum, in quo cannabis seritur.

* Idem quod supra *Caneria.*

* **CANNESUS**, Ager, ubi cannabis vel cannæ crescunt. Steph. de Infestura MS. ad ann. 1492 : *In furore dictæ alluvionis in aliquibus locis juxta Tiberim vineæ integræ et cannesi ablati sunt.*

1. **CANNETA**, Minus vasculum. Vide in *Canna* 4.

* *Chanette*, in Obituar. MS. S. Andochii Augustod. : *Obiit Dame Henriette de Vienne l'an 1451. le jour S. Valentin, abbesse de ce lieu, a donné au couvent une esguierre d'argent, deux Chanettes, une saliere d'argent, tout pesant deux mars et demy.* Neque aliud mihi videtur *Chanetier*, in Charta ann. 1355. ex Reg. 84. Chartoph. reg. ch. 153 : *Item une sarge, un Chanetier, trois custodes, etc.* Vide in *Canna* 4.

¶ 2. **CANNETA**, vel CANNETUM, locus ubi crescunt *Canamellæ.* Vide in hac voce.

CANNETUM, *Arundinetum.* Papias. [Chron. Farfense apud Murator. tom. 2. part. 2. col. 544 : *Excepta medietate oliveti et Canneti, etc.* Utitur Palladius lib. 3. cap. 23.]

CANNEVASIUM. Vide *Canava* 2.

CANNICANNA, [vel *Caricanna*, ut in MS. Siletico] Acta S. Ægidii Minoritæ n. 9 : *Faciebat domunculas et cophinos, et Cannicannas, strenue laborans, etc.* [Quem in locum Henschenius tom. 3. SS. Aprilis ait : Si caricas ferret Italia, suspicarer *Caricarias* esse legendum. Nunc conjecto Longobardicam esse vocem ad significandum *Kannas* seu flascones viminibus circumtextos.]

* Si conjecturis indulgere fas est, idem forte quod Provincialibus *Canisso*, crates arundinea, qualis quæ bombycibus supponitur.

CANNICIA et CANNUCIA, Juncina, locus palustris, apud Innocentium Gromaticum.

** **CANNIGERIA**, Locus cannis septus. Rotul. sub Edward. I. in Abbrev. Rotul. Origin. vol. 1. pag. 144 : *Viginti solidatas proficui per annum in parco et Cannigeria.*

* **CANNIPA**, Locus publicus, ubi thesaurus communis deponitur, quem vulgo *Bourse* appellamus. Correct. statut. Cadubr. cap. 82 : *Vendentur* (blada) *communiter vel in fontico, sive Cannipa communis, et in solutum dentur ipsi creditori.* Vide supra *Canipparius.*

* **CANNITIA**, *Cannarum* seu palorum series in fluvio posita, ne pisces ultra possint ascendere et ut facilius capiantur. Charta ann. 1090. apud Murator. tom. 1. Antiq. Ital. med. ævi col. 223 : *Portum cum lunare et passagio, hac Cannitias pro piscibus capiendis in fluvio Silaris.... damus.* Vide supra *Canatus.*

¶ **CANNIVETUM**, f. Cannabis, Gall. *Chanvre.* Hist. Mediani Monast. pag. 322. in Charta anni 1252 : *Contulit... medietatem decimæ Canniveti parochiæ Purensis, necnon et decimam pratorum.*

* **CANNOLLA**, Pars colli, fistula spiritus accipiendi et reddendi, nostris *Canole, Chanole, Chanolle*, et *Chenolle.* Lit. remiss. ann. 1398. ex Reg. 153. Chartoph. reg. ch. 385 : *Lequel le refrapa du pié par la poitrine entre la mamelle et la Chanole du col.* Aliæ ann. 1394. in Reg. 146. ch. 161 : *Le suppliant saicha un petit coustel,..... et en feri ledit Rogier un seul cop en Chanolle du coul.* Aliæ denique ann. 1414. ex Reg. 167. ch. 405 : *Le suppliant donna à icellui Faucon d'un eschalaz de vigne, nommé au pays* (Blesois) *charnier,..... un cop sur la Chenolle du col.* Lit. ann. 1360. in Reg. 89. ch. 382 : *Arnulphus de pratis casu fortuito ab equo suo cadens Cannollam colli sui fregit.* Vide supra in *Canela* et *Canola* 2.

* **CANNONUS**, Fistula, Ital. *Cannone*, nostris etiam *Canon.* Formulæ MSS. ex Cod. reg. 7657. fol. 32. r°. : *Ad barrium juxta fontem seu Cannonos S. Ludovici illico accesserunt, etc.* Vide infra *Canon* 6.

* 1. **CANNULUS**, Baculus, quo crux defertur. Anonym. de Casib. infaust. monast. Farf. apud Murator. tom. 6. Antiq. Ital. med. ævi col. 293 : *Crucem majorem deauratam cum Cannulo et pomo ejus, etc.* Vide *Canolus.*

* 2. **CANNULUS**, Fiscella, cistella, Gall. *Panier.* Inquisit. ann. 1270. in Access. ad Hist. Cassin. part. 1. pag. 315. col. 2 : *Item in Quadragesima quatuor Cannulos de ficubus.*

* **CANOHADURA**, vox, ut videtur, Hispanica, Sera catenaria, qua januæ occluduntur. Charta ann. 1330. in Tabul. S. Vict. Massil. ex armar. Hispan. : *Temerario ausu fregistis januas omnes et clausuras hujus monasterii S. Sebastiani, fecistis claves novas quibus clausistis serras seu Canohaduras portarum.*

¶ **CANNUS**, Aremoricis *Cann*, Albus, candidus. Tabularium Rothonense : *Emptor dat pro pretio caballum unum Cannum.*

¶ **CANO**, *Januarius mensis*, apud Papiam MS.

¶ **CANOBUM**, pro *Cannabum*, Gall. *Chanvre.* Chartularium S. Vandregesili tom. 1. pag. 719 : *In decimis lini et Canobi, etc.* Vita B. Lidwinæ, tom. 2. Aprilis pag. 283 : *Habebat autem hæc virgo virgam quandam de stipula Canobi.*

1. **CANOLA**. Acta S. Chrysolii : *Eum summus Pontifex... in tantum honoravit, ut ei Canolam S. Petri Apostolorum Principis, in signum amoris perpetui, tribuere dignaretur.* Ubi Bollandus capsulam interpretatur reliquiis adornatam. [Macer in Hierolexico, fistulam, seu tubum argenteum, vel alterius metalli, in quo conservabantur reliquiæ, præsertim scabs catenarum S. Petri.] Apud Bzovium ann. 1280. n. 5. recensetur inter alia Nicolai IV. PP. donaria, *Canolum argenteum ad observandum corpus Christi.*

2. **CANOLA**. Pars colli, nostris *Canole* et *Canule*, Fistula spiritus accipiendi ac reddendi. Guibertus lib. 3. de Vita sua cap. 9 : *In simulacro pugnæ dum Militem quemdam equo vectus ludendo impeteret, ab eodem equite conto percussus, subjectam collo illud, quod vocant Canolam, fregit; et disquirentes nodum cicatricis invenïunt.* Utitur præterea cap. 13. Vide *Cannolla.*

¶ 3. **CANOLA**, Codex actorum, Gall. *Registres.* Instrum. anni 1405. tom. 2. novæ Gall. Christ. col. 244 : *Dominus Joannes Jaugent, condam Episcopus Aniciensis... fecit quamplurima legata, et certas ordinationes, anniversaria, et distributiones fieri et distribui servitoribus ipsius Ecclesiæ, prout plenius et clarius continetur in Canolis ipsius Ecclesiæ.*

¶ **CANOLUS**, Arundo. Miracula B. Henrici Baucenensis, tom. 2. Junii pag. 382 : *Martha... dum esset parvula et ambularet super quodam Canolo, læsa fuit in ancha dextra.* Vide *Canola* 1.

1. **CANON**, Pensitatio. Tria pensitationum genera recenset Asconius in 3. Verrinam, Canonem, oblationem, et indictionem. Ac *Canon* quidem, seu canonici tituli, sunt solennes et antiquæ præstationes : *Indictio*, quidquid præter canonem indicitur : *Oblatio* denique, aurum et argentum, quod Largitionibus inferebatur. De ejusmodi pensitationibus multa habent Cujacius, Jacobus Gothofredus, Henricus Valesius, et alii. Charta Philippi Regis Franc. ann. 1271. in 30. Regesto Chartophylacii Regii ch. 122 : *Sic quod possit subfeudare, et in acapitum dare, retento dicto Templo laudimio, Canone, sive servitio.* [Charta anni 1218. ex Archivo S. Victoris Massil. armar. Nemaus. Diœc. n. 1 : *Pro supradictorum annuo Canone seu servitio solam libram piperis dicta Ecclesia dabit.* Charta Guill. Dalmatii Aptensis Episc. ann. 1247. inter Instrum. tom. 1. novæ Gall. Christ. pag. 80. col. 1 : *De novo concedimus et donamus ipsi nobili Bertrando Raybaudo dictum castrum in feudum.... excepto quod censum de dicto castro, sive Canonem, qui erat unius sterlingi, permutamus in unum multonem vivum, qui valeat octo solidos Villelmenses, quem serviat dictus nobilis vir B. Raybaudi annuatim in vigilia B. Martini.* Consuetud. Lemovic. art. 99 : *Præterea emphiteotæ, et alii qui debent census annuos, si non solvant ad diem statutum censum, vel Canonem, vel etiam pensionem, etc.* Vide Acherium tom. 6. Spicil.

pag. 194. et Fredericum Schannatum Vindem. Litter. pag. 138. Statuta Lossensia apud Joan. Mantelium Hist. Loss. part. 3. pag. 47 : *Si un locataire renonce à son stuit avant la S. André, il n'est obligé qu'aux Canons arrierez; mais s'il le fait aprés la S. André, il doit encore ce dernier Canon*; hoc est, pretium, vel saltem pretii partem locationis annuæ statuto tempore solvendam. Pluries occurrit ibi eadem significatione : sed et practicis nostris *Canon emphiteotique* etiamnum dicitur vectigal annuum ex fundo emphyteutico solvendum.]

* Canon Censualis, Præstatio nomine census. Charta Gaufredi Avenion. episc. ann. 1154. ex Hist. MS. S. Andr. Avenion. fol. 34. r°. : *Duos solidos veteris Mergoriensis monetæ, nomine censualis Canonis,..... persolverent.* [** Vide Chart. Capitul. Aschaffenburg. ann. 1193. ap. Guden. in cod. Diplom. vol. 1. pag. 318.]

* Canonicus, Qui pensitationi, *canon* dictæ, obnoxius est. Charta Brunon. abb. ann. 1158. in Chartul. S. Joan. Laudun. ch. 89 : *De cultura vero, quæ est ante curtem, quantum ad indominicatam nostram pertinet, quintam garbam; quantum vero ad canonem, octavam pro terragio solvent : quæ videlicet octava garba, decedentibus Canonicis, revertetur ad quintam.*

1. Canonicum, Idem quod *Canon*, Pensio annua. Agobardus lib. de Grandine cap. 15 : *Hi habent statutum quantum de frugibus suis donent, et appellant hoc Canonicum. Canonica inlatio*, in l. 40. C. Th. de Episcop. (16, 2.) Κανονικὸν, in Nov. Isaacii Comn. *Canonica et Consueta dependere*, in leg. 2. eod. Cod. de Extraord. sive sord. (11, 16.) *Canonica et agraria solvere*, in Codice MS. Irminonis Abb. Sangerman. fol. 86. v°. col. 2. Ibidem fol. 128. col. 2 : *Cristingaudus colonus solvit ad hostem aut solidos* IV. *aut dimidium bovem; de vino in Canonica modium* I. *et denar.* IV.]

Canonicarii, Qui canones exigunt. Senator. lib. 6. Ep. 8 : *Canonicarios dirigis, possessores admones, etc.* Adde lib. 11. et 12. et Novell. 30. et 128.

¶ Canonicursus, Eadem notione, in leg. final. Cod. de Exact. tribut.

¶ Canonicaria, Officium Canonicarii. Epist. Theodorici Regis Venantio Correctori Lucaniæ, apud Cassiodorum lib. 3. Variar. Epist. 8 : *Unde te præsentibus commonemus affatibus, ut secundum Canonicariæ fidem tempora debeas constituta complere : ne quiquid dispendii assis publicus sustinuerit, de proprio exolvere tu cogaris, a quo nec tantæ jussioni est habita reverentia, nec fides suæ promissionis impleta.*

2. CANON Missæ, Oratio, quæ in Missa ante consecrationem, et in ipsa consecratione divinæ hostiæ recitatur a Sacerdote, quæ ideo *Canon* vocatur, *quia in ea est legitima et regularis sacramentorum confectio*, inquit Walafridus Strabo de Reb. Eccl. cap. 22. ubi de canone hæc subdit : *Præfatio Actionis, qua populi affectus ad gratiarum actiones incitatur, ac deinde humanæ vocis supplicatio cœlestium virtutum laudibus admitti deposcitur, vel ipsam actionem, qua conficitur sacrosanctum corporis et sanguinis dominici mysterium (quam quoque Romani Canonem, ut in Pontificalibus sæpius invenitur, appellant) quis primus ordinaverit, nobis ignotum est. Auctam tamen fuisse non semel, sed sæpius, ex partibus additis intelligimus, etc.* Quæ autem Canoni subinde a Pontificibus inserta sint, describunt Berno Augiensis lib. de Missa cap. 1. Micrologus cap. 12. Durandus lib. 4. cap. 35. 36. Belethus cap. 46. etc. Qui quidem canon in quatuor partes dividitur, scilicet in *Secretam*, *Præfationem*, *Canonem*, et *Orationem dominicam*, de quibus singulis agitur suo loco. De canonis vero auctore et partibus, ex professo fuse et docte disserunt Durandus lib. 2. de Ritib. Eccl. cap. 32. et seq. Menardus in Sacram. S. Gregorii PP. et novissime Cardinalis Bona in libris Rerum Liturgic. ad quos lectorem remittimus.

3. CANON, Officium Ecclesiasticum. Hariulfus lib. 4. Chr. Centul. cap. 26 : *Præter orationum munia, et Psalmorum dulcissimam modulationem, hæc attentissime observabat, ut de S. Trinitate, tum de Spiritu S... postque de S. Petro, vel omnibus Apostolis, sive omnibus Sanctis nocturnalem et diurnalem Canonem, excepto claustrali Canone, cui nunquam pene deerat, quotidie Domino persolveret.* Infra : *Nunquam certe cura loci, aut necessaria sollicitudo, aut itineris occasio, aut corporis nisi maxima ægritudo, Psalmorum ac Laudum, seu supradictorum Canonum, obtinere apud illum quiverunt diminutionem.* Cap. 33 : *Non tamen omittebat........ genuflexionum continuationem, sacrarum ædium circuitionem, sacrorumque Canonum de S. Trinitate, de Spiritu S. deque S. Maria et de omnibus Sanctis expensionem.* Atque inde dictæ *Horæ Canonicæ.* [** Vide Glossar. med. Græcit. col. 580. sqq.]

* Strictius usurpari videtur pro ipsa oratione, qua officium canonicum concluditur, in Actis SS. Rom. et David. tom. 2. Sept. pag. 640. col. 1 : *Reliquos psalmos matutinos ad finem usque addidit, cantando : ...* Domine Deus meus, in te speravi : *demum Canonem. Finito vero matutino, etc.*

4. CANON, Liber Regulæ Canonicorum, vel Monachorum. Egbertus Eboracensis Archiep. : *Canones dicimus regulas, quas sancti Patres constituerunt, in quibus scriptum est, quomodo Canonici, id est, Regulares Clerici, vivere debent.* Charta Henrici *de Lasci* Comitis Lincolniæ ann. 1285. in Monastico Angl. tom. 2. pag. 307 : *Et quod una Missa singulis annis in festo Paschæ ibidem celebretur, et quod nomen nostrum, et nomen Margaretæ uxoris nostræ in Martyrologio et in Canone conscribantur in memoriam æternam.* Charta Rainaldi Comitis Burgundiæ ann. 1050 : *Tali tenore ut nomina nostra sint scripta in Canone.* Vide *Regula.* [** et Glossar. med. Græcit. col. 579.]

* Glossar. Gall. Lat. ex Cod. reg. 7684 : *Canon, canon, reile.*

Canones Apostolorum, quos quidam e veteribus S. Clementi adscribunt, alii apocryphos censent. De iis consulendus Bernaldus Presbyter Constantiensis lib. de Reconciliat. lapsorum pag. 257. et alii, quos laudat vir doctissimus Joannes Baptista Cotelerius in Notis ad eosdem Canones.

Canones Conciliorum dicti, quod instar regulæ sint Christianis, et iis recte vivendi normam præbeant. Isidor. 6. Orig. cap. 16. Leo IV. PP. in Epist. ad Episcopos Britanniæ cap. 6 : *Quam ob causam luculentius et magna voce pronunciare non timeo, quia qui illa quæ diximus sanctorum Patrum statuta, quæ apud non Canones prætitulantur, sive sit Episcopus, sive Clericus, sive Laicus, non indifferenter receperit, ipse se convincit, nec catholicam et apostolicam fidem, nec sancta vera Christi Evangelia quatuor utiliter et efficaciter, et ad effectum suum retinere vel credere.* Anselmus Havelbergensis Episcopus lib. 1. Dial. cap. 9 : *Radicata itaque fide Catholica ad informandam Ecclesiæ disciplinam accesserunt diversæ regulæ, quas quia sancti Patres sanxerunt, digne Canones appellatæ sunt, in quibus reperitur, quid sint præceptiones, prohibitiones, dispensationes, rigor, necessitas, indulgentia, remissio, terror, admonitio, et cætera, per quæ omnia ita in hoc statu Ecclesiæ crevit mirabili contra hæreticos sapientia, sicut in priori statu in persecutione Martyrum, victoriosa crevit patientia.* Vide Baronium ann. 865. n. 6. et seqq.

Sub Ecclesiastico Canone Constituti, id est, sub Ecclesiastica regula, Clerici, in Concilio Forojuliensi ann. 791. can. 6.

Canones Evangeliorum, per quos quis scire et invenire potest, qui reliquorum Evangelistarum, similia, aut propria dixerunt. Horum auctor Eusebius Cæsariensis. Vide S. Hieronymum de Scriptorib. Eccl. et in Præfat. ad Evangel. et Isidorum lib. 6. Orig. cap. 15.

Canonem, Vetus Testamentum appellat S. Hieronymus Epist. 28 : *Canonem Hebraicæ veritatis, excepto Heptateucho, quem nunc in manibus habeo, pueris tuis et Notariis dedi scribendum.* Lib. 1. in Jovinianum : *Sed nunc nobis de Canone omne certamen est.* Ita in Prologo Libror. Regum.

Canon Poenitentialis, Idem qui *Liber Pœnitentialis.* Vide *Pænitentiale* et *Regula.*

In Canonem Incidere, in Speculo Saxon. lib. 1. art. 53. § 4. dicitur, non qui contra Canones Ecclesiasticos peccavit, eoque ipso judicis Ecclesiastici censuræ et judicio subditus est; sed qui in *Canonem Pœnitentialem*, de quo paulo ante, inciderat, hoc est, qui legibus pœnitentiæ, ab Ecclesia indictis obnoxius erat. Qua loquendi formula utitur Chronicon Montis-Sereni ann. 1208 : *Hoc facto permotus Archiepiscopus contra Præpositum, tanquam pro violenta manus injectione in Clericum in Canonem Incidisset, denuntiationis gladium eduxit, etc.* Et anno 1219. pag. 126 : *Volens intelligi eos in Canonem Incidisse.*

* 5. CANON, Index, Gall. *Liste*, ut videtur D. *Secousse* in nota ad Arest. parlam. ann. 1361. tom. 6. Ordinat. reg. Franc. pag. 412 : *Quod ordinacio facta super augmentatione numeri et Cannonis venditorum piscium marinorum teneret et valeret.* Potest tamen de præstatione ab iis persolvenda non absurde intelligi.

* 6. CANON, Tubus, fistula, Gall. *Conduit, tuyau, canon*, Ital. *Cannone.* Tract.

MS. de Re milit. et mach. bellic. cap. 82 : *Si vis quod aqua de pelago sive fonte ascendat super montem,.... oportet quod murentur Canones terræ coctæ, sive cannæ plumbeæ, etc.* Vide supra *Cannonus*. Pro Fistula vero, instrumentum musicum, in Poemate *de Cleomades* MS :

Plenté d'instrumens y avoit,
Viielles et psalterions,
Harpes, et rotes, et Canons.

Hinc *Demy-canon*, Fistula minor, calamus, in Computo MS. hospitii ducis Norman. ann. 1348.

* **CANONA**, Linter, Gall. *Canot*, apud Scheffer. de Milit. nav. lib. 1. cap. 3. pag. 25. ex Hist. Amstel. lib. 2. cap. 24 : *Lintres.... piscationis gratia, Canonas appellant.*

* **CANONARE**, f. Volvere, Gall. *Rouler*. Stat. Montis-reg. pag. 277 : *Statutum est quod aliqua persona, undecunque sit, non audeat..... apportare seu apportari facere aliquem pannum sarcitum in rota Canonatum, etc.*

CANONES, Machinæ bellicæ, nostris *Canons*, sic dictæ, ut quidam volunt, quod *Cannarum* formam referant, ita enim *Canones* siphones vocant Itali. Thom. Walsingham. in Henr. V. pag. 398 : *Et illic figere gunnas suas, quas Galli Canones vocant, quibus validius villam infestare posset.* Continuator Nangii ann. 1356 : *Munientes turres balistis, garrotis, Canonibus et machinis, etc.* Chronic. MS. Bertrandi *de Guesclin* :

Pour la ville assaillir ordonnerent Canons.

Georgius Castellanus in Hist. Jacobi Lalanii cap. 81 : *Et battirent de leurs bombardes, Canons, et veuglaires ladite ville.* In Computo auxiliorum coactorum pro liberatione Joannis Regis Franc. ann. 1368. in Camera Computor. Paris. : *Guillaume l'Escuier Maistre des Canons du Roy, que icelui Seigneur lui a ordonné estre baillé pour querir cent livres d'estoffe à faire poudre pour quatre grans Canons, qu'il doit faire pour mettre en la garnison de Harefleu. Canonum* mentio est non semel apud Scriptores nostros paulo vetustiores, Froissart. 1. vol. cap. 158. 191. 261. 268. 311. 2. vol. cap. 21. 97. 3. vol. cap. 52. 4. vol. cap. 18. in Chron. Flandr. cap. 112. 113. apud Monstrelletum 1. vol. pag. 119. 121. 141. 293. 2. vol. pag. 130. 3. vol. pag. 32. in Historia Bucicaldi pag. 213. in Diario obsidionis Aurelianensis, pag. 2. etc. 14. 23. apud Guicciardin. lib. 1. Hist. Vide *Gunna*.

Canons Serpentins, apud Monstrellet. 2. vol. pag. 64. B. 3. vol. pag. 32. Berrium pag. 211. in Chronico Scandal. pag. 40. in Collatione Ludovici XII. pag. 18.

* **CANONGIA**, vox Hispanica, Collegium canonicorum. Charta ann. 1343. in Reg. 75. Chartoph. reg. ch. 227 : *Quæ quidem hospitia sunt sita prope Canongiam S. Saturnini Tholosæ.* Pro reditu canonici occurrit in Indice Provinciali jurium domin. : *Mossenhor de sainct Tropheme dona prevenda de quatre Canonges.*

¶ **CANONIA**. Vide in *Canonicus*.

¶ **CANONIA** Ligna, *in navibus, quæ cataphractæ vocantur, et catastromata, id est, pavimenta superiora habent, ligna sunt, quibus tabulæ incumbunt.* Sussannæus in Vocabulario.

CANONICA, Canonicorum cœtus. Vide post *Canonicus*.

CANONICÆ Literæ, Epistolæ : Κανονικὰ γράμματα, Græcis dictæ, juxta Zonaram ad Canon. 42. Synodi Laodicenæ, quod juxta certos ac determinatos Canones, et regulas quasdam solennes exararentur, ὡς κατὰ κανόνα γενόμενα γράμματα : vel certe quod iis, qui ex Canone Ecclesiastico erant, seu Canonicis peregre et in alienam diœcesim proficiscentibus darentur. Nam easdem cum *Formatis* fuisse testatur Atticus Episcop. Constantinop. sub finem Concilii Calchedonensis : *In faciendis Epistolis Canonicis, quas mos Latinus Formatas appellat.* Et vetus interpres Synodi Laodic. can. 42 : *Non oportet ministrum altaris, vel etiam Clericum sine Canonicis litteris, id est, Formata, aliquo proficisci.* Ubi Græcus textus habet, ἄνευ κανονικῶν γραμμάτων. Incertum porro, an de his *Canonicis Epistolis* intelligendus Senator. lib. 11. Ep. 23. ubi de eo agit, qui provehitur a Principe ad *curam Epistolarum Canonicarum*, cui proinde, ut idem ait, *fides publica* committitur. Vide Concil. Suessionense ann. 853. art. 3. Ravennense ann. 997. can. 3. Baldricum Noviom. lib. 1. cap. 51. Flodoard. lib. 2. Hist. Rem. cap. 2. 11. et Ferrarium de Literis Canonicis. Literarum Canonicarum formulæ aliquot habentur apud Sirmondum ad calcem tom. 2. Concilior. Gall. pag. 658. et 663.

* *Canonicæ Literæ* sic dictæ, quod juxta certos ac determinatos canones et regulas quasdam solennes exararentur, vel certe quod iis, qui ex canone ecclesiastico erant, peregre proficiscentibus darentur. Incertum porro an de his *Canonicis epistolis* intelligendus Senator lib. 11. Epist. 23. Rem definiunt Auctores novi Tract. diplom. tom. 1. pag. 243. quibus ejusmodi *Canonicæ epistolæ* sunt illæ, quæ a comitibus provinciarum vicariis suis mittebantur de vectigalibus colligendis; *Canonicæ* nuncupatæ, quod ad *canonem* seu rationem facultatum locorum, a quibus exigebantur, accommodata erant tributa colligenda, vel forte quod solennes et antiquas duntaxat præstationes continebant. Vide *Canon* 1.

Regulares Epistolæ dicuntur Joanni VIII. PP. Epist. 48 : *Sancti magnique Nicæni Concilii præcepta secuti, quæ jubent, Regularem Epistolam per unamquamque provinciam obtineri, ne hi, qui abjiciuntur, ab aliis recipiantur, etc.* Lupus Ferrariensis Epist. 122 : *Reverendissimis autem viris Remigio memoratæ urbis Metropolitano, et H. Gratianopolitano instanter postulantibus, et conversationem memorati fratris laudantibus, quamquam olim meam verbis habuisset licentiam, etiam Regulares litteras accepisse, quæ prolatæ, quid de eo sentiam, fideli relatione fatebuntur.*

* **CANONICALIS**, Canonicare, Canonicatio, Canonicatura, etc. Vide infra in *Canonicus*.

¶ **CANONICARIA**, Canonicarius. Vide *Canon* 1.

* **CANONIÇATUS**, Approbatus. Stat. ant. Florent. lib. 1. cap. 32. ex Cod. reg. 4621. fol. 23. r°. : *Prout continetur in ordinamentis Canoniçatis.* Vide *Canonizare* 2.

* **CANONICE**, Legitime, Hispan. *Canonicamente*. Petr. Ant. Rustici *Memoriale medicorum Canonice practitantium.*

* **CANONICITER**, Secundum regulam seu *canonem*, regulariter, Gall. *Canoniquement*. Charta Aguet. Aquit. ducissæ ex Chartul. S. Nic. Pictav. : *Si quis ita dementia captus fuerit, ut inde clericis Canoniciter sive regulariter degentibus expulsis, etc.*

¶ 1. **CANONICUM**, Domicilium, habitatio Canonicorum. Concessiones Episcopi Teloneusis Canonicis ejusdem Ecclesiæ ann. 1223 : *Item petimus, quod illi Canonici, qui tenebant equitaturas, possint tenere trotarium et scutiferum, qui comedant in Canonico.* Vide alia notione in *Canon* 1.

* 2. **CANONICUM**, Id quod solvitur pro ordinatione, in Corp. jur. Dion. Godefr. pag. 428. [** Vide Glossar. med. Græcit. col. 578.]

¶ **CANONICURSUS**. Vide in *Canon* 1.

CANONICUS. Dudo lib. 3. de Actis Norman. : *Christianæ religionis summa trimodo constat ordine distincta, munifico Laicorum, Canonicorumque, atque Monachorum labore exercita : et quanquam tres ordines sint ad excolendum cultum veræ fidei, bicallis via est ambivii itineris, certa spe veræ credulitatis : quarum una πρακτικῆς nomine laxius vehit, et Canonica dici meruit, sub cujus ditione Laicalis ordo moratur et vivit : altera vero nomine θεωρητικῆς, limitibus hinc inde coactis artata, non vehit per plana, sed secessu confixa, secretoque perenni læta, molitur semper ad ardua.* Certe primitus triplex tantum fuit in Ecclesia fidelium ordo, Laicorum nempe, Clericorum, quos et *Canonicos* vocabant, et Monachorum, ut hic indicatur.

Clerici postmodum, qui Ecclesiis deserviebant, *Canonici* appellati sunt, quod essent ἐν τῷ κανόνι et ἐκ τοῦ κανόνος ut loquuntur Concilia, Antioch. can. 2. 6. 11. Calchedonense can. 2. et Sydonus Trullana can. 6. vel quod *sub Canone Ecclesiastico jacerent*, ut Concilium Toletanum III. can 5. vel essent *sub Canone constituti*, ut Concilium Forojuliense ann. 791. can. 1. *Sub Canone Ecclesiastico constituti*, idem Concil. can. 6. *Canonis* enim nomine Clerum intelligebant. Neque aliter hanc vocem usurpavit S. Athanasius in Vita S. Antonii pag. 89. Edit. Hœschelii : Τοιοῦτος γὰρ ὤν, τόντε κανόνα τῆς ἐκκλησίας ὑπερφυῶς ἐτίμα, καὶ πάντα κληρικὸν τῇ τιμῇ προηγεῖσθαι ἤθελεν ἑαυτοῦ. Cujus quidem vocis vim non intellexit idem Hœschelius. Hinc non semel *Clerici* simul et *Canonici* dicuntur conjunctim. Capitula Caroli Magni lib. 5. cap. 5. [** 185.] : *Ut Canonici Clerici Canonice vivant.* Et lib. 1. cap. 73. [** 69.] : *Qui ad Clericatum accedunt, quod nos nominamus Canonicam vitam.* Innocentius III. lib. 1. Epistol. pag. 298 : *Nec etiam aliquis Canonicorum seu Clericorum Secularium, etc.* Adde Concil. Aurelian. III. can. 11. et Turoniens. II. can. 19. [** Chrodogangi regulam vitæ canonicæ vide apud Harduin. Concil. tom. 4. pag. 1181. Mansi tom. 14. pag. 313. et Harzheim. tom. 1. pag. 96. Ad hanc regulam scriptus est *liber Canonicæ vitæ regulam* *continens* ap. Harduinum tom. 4. pag. 1055. et 1147. quem Ludov. Pius edixit ann. 816. Quam sequenti anno edidit *Monachorum regulam* est in Collectionibus Capitularium Pertz. pag. 201. Baluz. col. 579. Confer Bouquet. ad Vitam Anon. Ludov. Pii cap. 28. Pertzio vol. Script. 2. pag. 622. et Eichhorn. Histor. Jur. German. § 179. 333. 334.]

Canonicorum autem appellationem sua ætate notam fuisse satis innuit Gregorius Turon. lib. 10. sub finem, ubi ait, Baudinum Episcopum Turonensem instituisse *mensam Canonicorum* in eadem Ecclesia Turonensi. [Idem patet ex Charta Chilperici Regis Franc. ann. 580. vel 575. pro Ecclesia Tornac. inter Miræi Diplomata Belg. tom. 2. pag. 1310. col. 2. (** Breq. 31. ann. 562.) ubi statuitur, ut *ipse teloneus et justitia de teloneo omni tempore ad mensam Canonicorum ejusdem Ecclesiæ proficiat.*] Jam vero cur Clerus *Canon Ecclesiæ*, et Clerici, *Canonici* dicantur, non omnino promptum est assequi. Scio Hugonem Rotomag. Archiep. lib. 3. de Hæret. cap. 2. Ivonem Carnotensem Epist. 69. et alios censuisse, Canonicos appellatos, quod canonicas regulas arctius observare teneantur. Papias : *Canon, Græce regula, consuetudo comprobata; inde Canonicus, id est regularis.* Id sane videtur indicare Capitulare 1. Caroli Magni incerti anni cap. 32 : *Ut abbates Canonici Canones intelligant, et Canones observent, et Clerici Canonici secundum Canones vivant.* Et cap. seq. : *Ut Abbates Regulares et Monachi regulam intelligant, et secundum regulam vivant.* Adde cap. 34. 35. Joannes Bordenavius, Henr. Valesius ad Socrat. Histor. Eccles. lib. 5. cap. 19. et Marca in Hist. Benearn. lib. 5. cap. 10. n. 1. sic nuncupatos volunt, quod in *Canonem*, seu matriculam Ecclesiæ relati sunt. Alii, quibus subscribo dictos volunt a Canone frumentario, seu sportulis Ecclesiasticis et stipendiis annuis vel menstruis, quæ ex Ecclesiasticis redditibus accipiebant; unde *Sportulantes fratres*, Clericos appellat S. Cyprianus Epist. 66 : *Nec molestiis et negotiis secularibus alligentur, sed in honore Sportulantium fratrum, tanquam decimas ex fructibus accipientes, ab altari et sacrificiis non recedant.* Idem Epist. 33 : *Cæterum Presbyteri honorem designasse nos illis jam sciatis, ut et Sportulis iisdem cum Presbyteris honorentur, et divisiones mensuratas æquatis quantitatibus partiantur.* Eæ autem Sportulæ dicuntur *consueta Clericorum stipendia*, in Concilio Valentino Hisp. cap. 2. Agathensi cap. 36. et Narbonensi ann. 589. can. 10. 12. Nam universa Ecclesiarum substantia in 4. partes dividebatur, *quarum unam Episcopus sibi retinebat, alteram Clerici pro officiorum suorum sedulitate obtinebant, tertia fabricis et peregrinis erogabatur,* ut est in Epistola Gelasii PP. ad Episcopos Lucaniæ, in Canonibus Silvestri PP. in Resp. S. Gregorii PP. ad Augustinum Anglor. Episcop. in Epist. 3. Simplicii PP. ad Florentinum; apud Gregor. II. PP. Epist. 5. et in Capitulari cap. 5. in Concil. Aurelianensi I. can. 5. 14. Carpentorat. cap. un. Aurelianensi III. can. 5. Moguntino I. can. 10. Wormatiensi can. 7. et alibi passim. Vide *Tertia.* [** De Canonicorum institutione fusius egit Murator. Antiquit. Ital. vol. 5. col. 185. sqq. 158. 164. 540. vol. 2. col. 255.

Canonici Regulares, Qui *secundam regulam vivunt*, ut est in Lege Longobard. lib. 3. tit. 1. § 8. id est, secundum regulam iis propriam ac præscriptam, cum *Sæculares* dicantur vivere *secundum Canones*, seu regulas Clericis omnibus indictas. [** Est cap. 57. Caroli Magn. ex Capitul. 1. Mabillon. cap. 1 : *Ut Canonici secundum Canones et regulares secundum regulam vivant.*] Eæ autem Regulæ erant, quas S. Augustini vulgo appellant. Jacobus a Vitriaco in Hist. Occident. cap. 21 : *Illi autem, qui Canonici Regulares dicuntur, B. Augustini Regulam pro fundamento Religionis habentes, media et regia via incedentes, secundum primas Regularium institutionum observantias, camisiis et femoralibus, superpellitiis et pellibus, culcitis et linteaminibus utuntur. Camisias et femoralia de nocte non deponunt : post Matutinas ad cubicula revertentes, causa recreationis dormiunt. Novem lectionum numerum in Nocturno officio non excedunt : tribus diebus in hebdomada carnes edunt : pisces, ova, caseum in Refectorio diebus aliis manducant..... sub unius Abbatis vel Prioris obedientia continenter vivunt. Proprium autem eis habere non licet : animarum curas licitum est eis suscipere, et Ecclesias parochiales regere, etc.* Idem capitibus seqq. agit de Canonicis Regularibus Præmonstratensis Ordinis, de Canonicis Aroasiæ, S. Victoris Paris. etc. Meminit etiam Canonicorum Regularium Bononiensium, et de Spatha, quorum origines apud hunc Scriptorem et alios quisque legere poterit. Vide Cellotium lib. 5. de Ecclesiast. Hierarchia cap. 3.

Canonici Sæculares, Iidem Ecclesiarum Clerici postmodum dicti, ad discrimen cæterorum Canonicorum, qui regulæ strictius inhærentes, *Regulares* vocantur, ut ait Trithemius in Chron. Hirsaugiensi. Ugutio : *Incongrue dicitur Canonicus Sæcularis, quod est, ac si diceretur album nigrum : non enim est Canonicus, si non sit Regularis : usus tamen quorumdam sic habet, qui magis noverunt esse in Canonica Sæculares, quam regulares in sæculo.* Crantzius in Metropol. lib. 4. cap. 1 : *Si Canon est regula, Canonici sunt regulares. Quid ergo fiet de Canonico sæculari, nisi ut regularis sit irregularis, aut si id malumus regularis sine regula, etc,* Adde lib. 3. cap. 16. Wolcuinus Abbas in Homilia de Zizania : *Rara avis in terris Canonicus a Canone Vitæ. Unde ergo? Audi me : est namque Canon vitæ, ut dictum est : et est Canon pecuniæ, videlicet alicujus pensionis certæ; unde solet dici : Solve mihi Canonem meum. Eia ergo, o Canonice, inveniamus Canonem tuum, a quo derivaris, a Canone pecuniæ, non a Canone vitæ, id est, a Canone regionis, non a Canone religionis.* Arnulfus Lexoviensis Epist. ad Alexandr. PP. : *Ipsam* (Ecclesiam) *thesauris ornatam, instructam ædificiis, possessionibus reddidit ampliatam, adeo quod pro 13. Canonicis, quos Sæculares appellant, ipsisque pauperibus, ibidem 36. Canonicos Regulares cum omni ædificioram sufficientia et redditcum copia dereliquit.* Hugo Rotomagensis Archiepiscop. lib. 3. contra Hæretic. cap. 2 : *Ex his* (Clericis) *aliqui proprietate rejecta, sua simul habent communia in unitate canonica, tam Regulares Clerici, quam Cœnobitæ Monachi. Aliqui vero Sæculares* (perperam Edit. *singulares*) *nuncupati servitio Ecclesiæ deputantur, et quia canonicas simul in Ecclesiis horis statutis laudes persolvunt, etiam Canonici nominantur : præbendas tamen suas dividendo partiuntur, etc.*

Canonice Vivere, id est, more Canonicorum, non vero Monachorum, vel Canonicorum Regularium, qui *Regulariter vivere* dicuntur, in Capitulis Caroli Magni lib. 1. cap. 73. [** 69.] lib. 5. cap. 79. et 115. [** 144 et 185.]; *Canonico ordine vivere*, in Lege Longobard. lib. 3. tit. 1. § 18. [** Pippin. I. cap. 2.]; *Secundum Canonicam regulam*, in Capitulis Caroli Calvi tit. 41. § 8. [** Synod. Ticin. ann. 876. Pertz. pag. 531.] *Canonica constitutio, institutio, regulari* opponitur in Capitul. 1. Caroli Magni ann. 805. cap. 8. 9. Eadem Lex Longobard. lib. 3. tit. 1. § 8 : *Volumus..... ut Canonici secundum canones, et Regulares secundum regulam vivant.* Capit. Caroli Mag. lib. 5. cap. 137. [** 212.] : *Ut nullus in canonica aut regulari professione constitutus, etc.* Vide Concil. Moguntiac. can. 9. Turon. III. can. 25. Ludovicum Pium in Epist. ad Sicharium Archiepiscop. Burdegal. etc.

* Quanquam aperta ea sint, quæ in suam sententiam profert Cangius, qua canonicos a regularibus vel monachis secernendos docet; iisdem nihilominus sæculis dicuntur, etiam sæculares canonici, *vivere regulariter*, aut *vivere secundum regulam;* quippe ipsis quoque præscripta erat regula, ut observat Murator. tom. 5. Antiq. Ital. med. ævi col. 189. Sic et vicissim *Canonicare* usurparunt, ubi de canonici institutione, vel de professione monachi agitur, ut videre est infra. Hinc *Canonicus ordo* simul et *regularis* nuncupatur, in Ch. ann. 1146. inter Probat. tom. 2. Hist. Occit. col. 517 : *Statuentes ut Ordo Canonicus secundum Deum et beati Augustini regulam in vestra ecclesia, juxta observantiam fratrum sancti Rufi, ex hoc nunc a vobis et aliis, qui in eo substituentur in perpetuum observetur, et amodo nullus ibi, nisi Canonicus regularis ordinetur.* Imo promiscue nonnunquam *Canonici* et *Monachi* usurpari videntur, ut in Ch. Erchamberti episc. ann. 845. tom. 1. Hist. Frising. pag. 124 : *Una cum consensu et conhibentia Canonicorum et Monachorum aliorumque fidelium in ipsa ecclesia degentium.* Ubi Meichelbec. *Canonicos* et *Monachos* minime distinguendos esse opinatur : maxime ex eo quod, nulli testium subscribentium, *Canonici*, sed tantum *Monachi* appellatio tribuatur. Vide Mabill. tom. 2. Annal. lib. 23. num. 38. At vero, *ordine* simul et *consuetudine* Canonicos a monachis discrepare, observat Gaufredus episcopus Carnotensis in Charta ann. 1119. ex Chartul. S. Joan. in Valle : *Sed quia monachos atque canonicos simul habitare et debita ecclesiæ officia simul peragere, nec ordinis eorum usus diversus, nec ipsa consuetudo permittit, etc.* Nihil ergo temere hac in re definiendum est. [** Charta Carol. Crass.

ann. 884. in Alsat. Diplom. num. 115 : *Ut causam Canonichorum ex monasterio quod vocatur Hohanova, etc.... Canonici ex præfato monasterio liberam in omnibus habeant potestatem de suprascriptis rebus ad procurandam eorum necessitatem, nec non et eligendi inter se priorem, etc.* Chart. Otton. I. Imper. ibid. num. 145 : *Quidam venerabili præposito Guntero nomine et Canonicis sibi commissis in cœnobio Stigaviensi in Vosago sylva supra fluvium Murtim in honore B. Petri apostolorum principis constructo sub regula B. Augustini Deo deservientibus etc.* In charta ann. 1196. ibid. num. 358. *Canonici Murbacenses.* Vide *Abbas Canonicus* in *Abbas*.]

Canonici Sæculares, perinde ac *Regulares*, in eodem claustro manebant, in eodem dormitorio dormiebant, in eodem refectorio reficiebantur, *et Episcopus eorum regebat vitam, sicut Abba Monachorum*, ut est in Capitulis Caroli Magni lib. 1. cap. 73. quod de Clericis suæ ætatis testatur Augustinus Serm. 1. de Communi vita Clericor. et in Psal. 99. Unde *Monasteria Canonicorum* appellantur illorum ædes ac habitationes. [** Vide Heumann. de Diplomat. Ludov. German. cap. 1. § 10. sect. 2. Schannat. Histor. Episcop. Wormat. vol. 1. pag. 68. sqq.] Jacob. de Vitriaco in Hist. Occident. cap. 30 : *Cathedralium Ecclesiarum Ministri, quos nunc Canonicos Sæculares appellamus sub eadem regula* (S. Augustini) *communiter a prima eorum institutione Domino servierunt in humilitate, paupertate, divinis officiis, lectionibus et orationibus vacando, in castris Domini militantes, simul in refectorio sobrium cibum sumentes, in eodem etiam dormitorio castis cubilibus nocte quiescentes. Sede autem Pontificali vacante,... unum, quem digniorem credebant, caput sibi præficiebant, etc.* Id etiam serius obtinuisse, et sua ætate in Ecclesia Remensi desiisse, dolet Stephanus Episcopus Tornacensis Epist. 160. qua Remensem Decanum, ad quem scripta est, urget, ne patiatur hanc Ecclesiasticam, ac diu servatam, disciplinam aboleri, neque tam facile *juventuti singulariter, ne dicam*, inquit ille, *sæculariter vivere volenti obediat.* Sic autem idem Episcopus de Ecclesia Remensi : *Singulari quodam privilegio sedes Remensis inter alias Ecclesias eminebat, perseverans cum Apostolis in communione panis et oratione, et in sociali communione sacramentalem præferens, majoribus erat spectaculum, minoribus documentum. Ex reliquiis regularium institutionum duo sibi loca detinuerant, Cœnaculum refectionis, et domum somni; in altero castigatam sequentes abstinentiam, in altero candidatum continentiam observantes, procedentibus unanimiter de Missa ad Missam, de spirituali refectione ad corporalem, præmissa invocatione Dominica, et signo benedictionis super cibum extenso, reficiebant convivæ Domini minus ventrem quam mentem, sonante eis per ministerium Lectoris divino eloquio, nunc admonendo præceptis, nunc prohibitionibus coercendo, interdum adigendo minis et terroribus, nonnunquam blandiendo consolationibus et promissis. O felices epulæ, quæ non crapulam provocant, sed sobrietati deserviunt, et postquam sumptæ fuerint, gratiarum actione clauduntur, derelinquentes alimoniam corporalem, et convivis suis spiritualem fructum servantes. In his et aliis observantiis regularibus incedebat Remensis Ecclesia terribilis ut castrorum acies ordinata, amabilis suis, admirabilis alienis.* Sed et id etiam tum obtinuisse in Ecclesia sua Tornacensi innuit Epist. 193. Hanc porro Canonicorum Sæcularium vitam communem passim observare est in Capitul. Caroli Magni lib. 5. cap. 115. in Capit. Caroli Calvi tit. 2. cap. 5. tit. 6. cap. 14. tit. 23. cap. 8. tit. 32. cap. 9. [** Convent. ap. Theodon. Villam ann. 844. Pertz. pag. 381. In Villa Sparnac. ann. 846. ibid. pag. 390. Epist. Episcop. provinc. Remens. et Rotom. ann. 858. Capitul. Missis data ann. 865. ibid. pag. 502.] apud Innocent. III. PP. lib. 1. Epist. pag. 298. etc. Unde non desunt, qui putavere, *Canonicos* appellatos κοινωνικούς, quod *communem vitam* agerent. Vide Patriarchium Bituricence cap. 66. et Cognatum in Histor. Tornacens. lib. 1. cap. 69. Petrum Mariam Campum in Regesto part. 2. Hist. Placentinæ Ch. 12. 60. De canonicis regularibus *sæcularizatis*, agit Chopinus lib. 1. de Sacra politia tit. 3. num. 7.

* Claustro, dormitorio, refectorioque communibus usos etiam fuisse Canonicos Tullensis ecclesiæ, discimus ex Statutis ejusd. MSS. in unum collectis ann. 1497. fol. 75. v°. : *Dormitorium est locus antiquus existens in claustro, ubi domini canonici olim regulam S. Augustini observantes dormiebant,..... et debet locus ille honeste teneri ob reverentiam antiquorum patrum, qui hujusmodi regulam tenuerunt; etiam quia consuetudo est, dum aliquis canonicus vel alius de ecclesia delinquit, ibi destinatur seu relegatur pro pœnitentia facienda.*

* Canonici Claustrales, Qui in claustro degunt, ad distinctionem eorum, qui in præposituris manent. Charta ann. 1140. inter Probat. tom. 2. Hist. Occit. col. 492 : *Acta sunt hæc...... in domo et claustro S. Firmini, præsente domino Raymundo Magalonensi episcopo,.... et etiam maxima parte Canonicorum claustralium, et omnibus fere obedientialibus Canonicis, qui ad faciendum et corroborandum unanimiter convenerunt.*

Canonicos Cardinales Romæ memorat Ordericus Vitalis lib. 4. pag. 516. *Canonicos Cardinales* septem in Ecclesia S. Stephani Bisontina instituit ann. 1051. S. Leo IX. PP. *qui cum dalmatica, mitra, sandaliis, chirothecis ad altare illud ordinati, Missas ibi facerent : quorum unus loci illius Decanus, annulo etiam ad Missarum solennia uteretur.* Bullam descripsit Chiffletius in Tornutio, pag. 357. et 361. Alexander III. PP. Epist. 52. ad Philippum Coloniensem Archiepisc. : *Concedimus etiam et apostolica auctoritate statuimus, ut majus altare Ecclesiæ tuæ uni et vero Deo in memoriam B. Mariæ Virginis, et alterum in memoriam B. Petri Apostolorum Principis dedicatum, reverenter ministrando procurent septem Canonici Cardinales Presbyteri, induti dalmaticis, et mitris ornati, etc.* Tradit Scriptor Historiæ fundationis Archiepiscopatus Magdeburgensis, editæ ab Henr. Meibomio, id jus attributum Archiepiscopo ejusdem Ecclesiæ, *ut inter Cardinales Episcopos Romanæ sedis consortium haberet : præterea 12. Presbyteros, 7. Diaconos, 24. Subdiaconos Cardinales ad morem sanctæ Romanæ Ecclesiæ ordinare posset; qui ad principale altare ministrantes quotidie, excepto jejunio, dalmaticis, festis vero sandaliis uterentur, etc.* Charta Bernardi Episcopi Compostellani æræ 1190 : *Damus eidem Ecclesiæ in Ecclesia B. Jacobi Canonicatum et portionem, et hebdomadam, et Cardinariam, et præstimonium, sicut unicuique Cardinalium Ecclesiæ nostræ Canonicæ collatum est, etc.* Id etiam nominis et privilegii habere Canonicos Ecclesiæ Salernitanæ auctor est Ughellus tom. 7. pag. 550, 569. 570. 572. In Sanctuario Capuano pag. 575 : *Cardinales Presbyteri sanctæ Capuanæ Ecclesiæ* aliquot Chartam Gerberti Episcopi Capuani subscribunt, quos Canonicos fuisse par est credere. Id etiam obtinuisse in Beneventana, Aquileiensi, Ravennensi, Mediolanensi, Pisana, Neapolitana, Compostellana, et aliis, observant Antonius Caracciolus lib. 1. de Sacris Ecclesiæ Neapolit. monumentis sect. 11. et Ughellus tom. 4. pag. 29. tom. 6. pag. 148. 151. de aliis Mariana lib. 10. de Reb. Hisp. cap. 6. Beroldus lib. de Ritib. Germ. lib. 3. de sacr. immunit. cap. 6. etc. In Ecclesia Ravennensi abrogatum Cardinalium nomen a Paulo III. PP. ann. 1543. scribit Paulus *Sarpi* in Tract. de Materia beneficiali pag. 52. Sed primitus videtur ea attributa Canonicis istis nomenclatio, quod ad hasce Ecclesias incardinati essent Canonici, ut Presbyteri ad Ecclesias Parochiales. Nude interdum *Cardinales* dicuntur. Charta Franconis Episcopi Nivernensis in Tabular. Eccles. S. Cyrici Nivernens. : *Per consilium nostrorum fidelium Canonicorum, atque forensium Sacerdotum, amicorum etiam et fidelium Laicorum, etc.* [** Chart. S. Gall. ann. 851. ap. Neugart. Codic. Alemann. vol. 1. num. 341. pag. 276 : *In præsentia sacerdotum, Canonicorum simul et nobilium laicorum.*]

¶ Canonicus Curatus, Qui simul Canonicus est et Curatus seu Parochus. Charta anni 1200. inter Instrum. Hist. Meld. tom. 2. pag. 85 : *Ita tamen quod Canonicus Curatus dicti loci curam animarum recipiet a nobis.*

Canonici Nobiles, Qui ut ad Canonicatum perveniant, genere nobiles esse debent. Vide cap. 37. Extra de Præbendis, Innocentium Cironum in quinta Compilat. Decretal. pag. 40. et Molanum lib. 2. de Canonicis cap. 29.

Canonici Domicillares, Juniores Canonici, qui necdum gradus Ecclesiasticos adepti, jus Capituli non habent. [** Antiquitus jus capituli habuisse canonicos qui præbenda carebant constat ex Decretal. Greg. IX. lib. 3. tit. 5. cap. 9.] Juniores autem Magnatum filios *Domicellos* appellabant. Synodus Mogunt. sub Paulo III. can. 86 : *Hactenus in Ecclesiis Cathedralibus et Collegiatis, saltem in ea parte, qua majores nostri, non sine magna ratione, Juniores Canonicos, quos Domicillares vocant, non statim, ut beneficia acceperint, ad Capitula admitti; sed ad tempus sub jugo Prælatorum detineri voluerunt, satis negligenter advigilatum esse, non sine Eccle-*

starum pernicie sentimus, etc. [Vide novam Gall. Christ. tom. 3. col. 687. B. et Res Moguntiacas Georgii Helwich. tom. 2. edit. 1722. pagg. 238. 241. 247. 250. 256. 338. 347. 349. 411. et 413.] [** Walteri Jus Ecclesiast. § 132.]

¶ Canonici Capitulares, Seniores *Domicellaribus* oppositi, quod jus habent Capituli. Res Mogunt. tom. 2. pag. 547. ubi de Canonicorum Collegio : *Constat id ex Præposito, Decano, Scholastico et Cantore, qui Prælatorum insigniti sunt axiomate, et præter eos undecim adhuc Canonicis Capitularibus : domicellaribus (è quibus Capitularium quopiam fatis functo, quem ordo tangit, in Capitulum adscendit, ceteris interim eandem sortem expectantibus) septem, Vicariis quindecim, etc.* Vide ibid. pag. 407.

Canonici Mitrati. Observat Ughellus tom. 1. Italiæ sacræ Canonicis Ecclesiæ Lucensis jus mitræ deferendæ a summis Pontificibus indultum, firmatumque a Gregorio IX. ann. 1237. bulla quam describit. Vide *Canonici Cardinales.*

Canonici Forenses, Qui in *Canonia* sua, seu Ecclesia non resident, quibus opponuntur *Mansionarii*, seu residentes, in Charta Simonis Noviomensis Episcopi, apud Vassorium pag. 878. *Foranei* dicuntur in Charta Gaufridi Ambian. Episcopi ann. 1233. tom. 13. Spicilegii Acheriani pag. 340. *Stationarios* et *non stationarios Canonicos* utrosque vocat Lambertus Ardensis pag. 153. 155. In Monastico Anglic. tom. 2. pag. 463. Magister *Thomas de Sergrave*, dicitur *Canonicus Stadiarius Ecclesiæ S. Pauli*, id est, *stationarius; Stadium* enim pro *stagium* usurpatum a recentioribus.

* Canonici Foranei, Iidem atque *Forenses*, qui in *canonia* sua non resident. Vide *Foraneitas* et *Foraneus* 1.

* Canonici Incorporati. Vide infra *Incorporati.*

Canonici Expectantes, Qui in Ecclesiis Cathedralibus Canonici dignitatem *sub Expectatione Præbendæ* habebant, et *in Capitulo vocem, et stallum in choro :* quod obtinuisse in Insula Cypro colligitur ex Constitutione Heliæ Archiepiscopi Nicosiensis sub ann. 1252. qua eos omnino tollit; et ex Concilio Nimociensi ann. 1340. cap. 6. quo perinde aboliti, repugnante tamen Odone Paphensi Episcopo pro Ecclesia sua. [** Vide supra *Canonici juniores* et tit. Decretal. ibid. cit. cap. 19.]

Canonici Minores, in Ecclesia Londinensi dicti, *qui loco majorum Canonicorum vicissim et sunt successive ad magnum altare, Missas celebrant, quod debent facere, etc. Hi amictu ex calebro utuntur, etc.* Vide Statuta ejusdem Ecclesiæ in Monastico Anglic. tom. 3. pag. 344. Alii *Canonicos Vicarios* vocant.

Canonici Tertiarii in Ecclesia Messanensi, qui fructuum præbendæ tertia parte tantum fruuntur. Vide Rocchum Pirrum tom. 1. Notit. Sicil. pag. 386.

Canonici Paupertatis, Gall. *Chanoines de la Pauvreté*, de quibus Odo Gesseius in Hist. Aniciensi lib. 1. cap. 24.

Canonici 15. Marcarum, seu Librarum, non semel in Ordinario Ecclesiæ Rotomagensis MS. forte quorum præbendæ reditus annui tot marcarum argenti sunt.

Canonicus ad Succurrendum, [Qui instante mortis periculo Canonicam vestem induit. Donatio Ecclesiæ S. Medardi de Dolon facta Monachis Majoris-Monasterii ann. 1110. apud Marten. tom. 1. Anecd. col. 320 : *De illo etiam qui factus fuerit Canonicus ad Succurendum propter timorem mortis, etc.* Occurrit rursus apud eumdem Marten. tom. 6. Ampliss. Collect. col. 224. et in Instrumento anni 1234. tom. 2. Hist. Meld. pag. 133.] Vide *Monachus ad Succurrendum.*

¶ Canonici de Stallo, de Terra. Vide *Clerici.*

* Canonici Integri, Qui integram præbendam obtinent, in Ch. Girb. episc. Paris. an. circ. 1125. inter Probat. Hist. eccl. S. Aniani Aurel. pag. 12. in alia ann. 1282. ibid. pag. 56. et in Hist. abat. S. Germ. Autiss. pag. 582.

* Canonici Obedientiales, Qui cellas rurales, *Obedientiæ* dictas, procurabant. Locus est supra in *Canonici claustrales.*

* Canonici Ordinarii. Vide in *Ordinarius.*

* Canonici Panaterii. Vide infra *Panaterii.*

* Canonici Tortarii. Vide infra *Tortarii.*

Canonici Honorarii, seu laici, qui ex quodam privilegio, hac dignitate in Ecclesiis Canonicalibus gaudebant. Id enim iuris interdum sibi reservarunt Principes in iis Ecclesiis, quas aut a fundamentis erexerant, aut amplis dotaverant reditibus aut prædiis, ut in tesseram et notam quamdam patronatus, Canonicorum catalogis adscriberentur, et, cum isthuc proficiscerentur, sæcularibus depositis insignibus, lineum supparum seu superpellicium induti, cum aliis Collegis fungerentur Ecclesiastico munere. Interdum etiam ab ipsis Ecclesiis donabantur ejusmodi præbendis, ut essent, qui earum bona ac prædia tutarentur.

Scribit auctor Ceremonialis Romani lib. 1. sect. 5. Imperatorem sumpta Romæ corona ad Lateranum cum suis progredi, ibique *recipi in Canonicum et in fratrem Ecclesiæ Lateranensis.* Idem tradit Petrus de Andlo lib. 2. cap. 6. additque Marquardus Freherus, eamdem dignitatem obtinere in Ecclesiis Aquisgranensi, Coloniensi et Bambergensi. Descripsit Joan. Noppius in Chronico Aquisgran. lib. 1. cap. 12. pag. 70. juramentum, quod Imperator tanquam Canonicus ejusdem Ecclesiæ facere solet.

Hoc jure Comites Andegavenses in Ecclesia S. Martini Turonensis olim gaudebant. Chronicon Turonense : *Quia tempore Ingelgerii Comitis, Ecclesia S. Martini carebat Thesaurario et Ædituo, Consulem Ingelgerium inthronizaverunt, et Thesaurarium constituerunt, et Defensorem Ecclesiæ fecerunt, et tutorem omnium possessionum ejus, ubicunque esset, delegaverunt, qui sedem Thesaurarii et domos cum redditibus, quandiu advixit, obtinuit.* Joan. Monachus lib. 1. Hist. Gaufr. Ducis Norm. et Comitis Andeg. Gaufredum sic loquentem inducit : *Ego autem et Canonicus sum S. Martini, et Monachus Majoris-Monasterii.* Radulfus de Diceto ann. 960 : *Fulco Bonus tertius Comes Andegavensium in Ecclesia S. Martini in Castello novo Canonicus ascriptus fuit. In festo Sancti ejusdem in Choro inter psallentes Clericos cum veste clericali, et sub disciplina eorum astabat, etc.* Chronicon Turon. ann. 1200 : *In Paschali Arturus puer Turonis veniens, more debito, in Ecclesia B. Martini in Canonicum est electus, et in stallum Decani in vestibus Chori, sicut Canonicus installatus.* Adde Gesta Consulum Andegav. cap. 5. n. 5. 6. 8. Atque id quidem jus ad Regem Franciæ postmodum transiit tanquam Comitem Andegav. Statuta Eccles. S. Martini Turon. cap. *de Potestate Abbatis Regis Franciæ : Abbas B. Martini, scilicet Rex Franciæ, est Canonicus de consuetudine, et habet parvam præbendam, quam habet S. Venantius, et debet sedere in sede Thesaurarii.* Anno 1614. 25. Julii Rex Ludovicus XIII. eamdem ingressus Ecclesiam, *in Canonicum Honorarium, tanquam Abbas sæcularis et Protector ejusdem Ecclesiæ receptus est, ratione suæ coronæ, et juramentum, quod Reges Franciæ in ejusmodi prima receptione facere consueverunt, præstitit.*

In eadem S. Martini Turonensis Ecclesia, *Dominus de Prulliaco est propugnator et Canonicus de consuetudine, et habet præbendam in blado, vino, et nummis, et ipse debet portare vexillum B. Martini cum Comite Andegavensi in bellis, et facere per se, vel per alium bella Capituli B. Martini,* ut est in lib. Statutorum ejusdem Ecclesiæ.

Scribit Coquillius in Historia Nivernensi pag. 158. Herveum Comitem Nivernensem in Canonicum ejusdem Ecclesiæ S. Martini Turonensis admissum ann. 1216. idemque juris concessum posteris Comitibus Nivernensibus, et firmatum deinceps literis ann. 1270. et 1300. et Ludovicum Gonzagam Ducem Nivernensem in eadem Ecclesia ut Canonicum sedisse ann. 1588.

Sed et Canonici S. Martini Turonensis eamdem Canonici in sua Ecclesia dignitatem Comiti Dunensi et posteris ultro concesserunt. Veteres Schedæ apud Majorem in Antiquitatib. Aurelian. 2. part. pag. 71 : *Die Martis 11. Sept. an. 1464. Dom. Comitem Dunensem, et successores suos in Canonicos ejusdem Ecclesiæ, more aliorum dominorum Principum Regalis prosapiæ Canonicorum ejusdem, de qua traxit originem, assumpsimus, ita quod dictus Comes Dunensis, quam citius poterit, suique successores Comites Dunenses, quisque suo tempore, in suis receptionibus in hac Ecclesia fiendis, præstare corporaliter tenentur juramentum per alios Principes, Duces, et Comites, ejusdem Ecclesiæ Canonicos fieri solitum.*

☞ Ex Actis Capitularibus ejusdem S. Martini notum est, Petrum Britanniæ Ducem cupiisse, ut ipse suique successores in ordinem Canonicorum ejusdem Ecclesiæ cooptarentur ann. 1455. quare die 2. Septembris ejusdem anni Canonici statuerunt, *Præfatum Dominum Ducem ad hujusmodi Canonicatum recipere cum solemnitatibus decentibus.* Et die 12. Novemb. ann. 1457. Dominus Gravicarius jubetur adire Dominum Ducem Britanniæ *super cappa et nonnullis ornamentis ecclesiasticis, quæ defunctus Dominus Petrus, nuper et immediate dum viveret, Britanniæ Dux prædecessor suus, in sua receptione in Canonicum hujus Ecclesiæ promiserat ei dare.*

Legitur in quodam Regesto Cameræ Comput. Paris. Carolum VII. Regem Francorum urbem Andegavensem ingressum 19. Octob. ann. 1424. a Canonicis exceptum superpellicio et cappa auro texta indutum tanquam Canonicum : *Et fut receu en l'Eglise comme Chanoine d'icelle en surplis et en chappe de drap d'or.*

Hemeræus in Augusta Viromand. ann. 1214. auctor est, Regi Franciæ venienti in Ecclesiam S. Quintini, et in Custodis loco sedenti, Decanum almuciam offerre, stante pro aulæ consuetudine in subselliis Eleemosynario. Ita

Joannes Ferraldus de Jurib. et Privileg. Regni Franc. cap. 7. refert, Regem Franciæ esse Canonicum Ecclesiæ S. Hilarii Pictavensis : in Ecclesia Cenomanensi habere præbendam, cujus reditus remittit servientibus, seu bajulis, ut et in Eccles. Andegav. et S. Martini Turon. et cum præsens est, distributiones percipere. Quo spectant, quæ habet Gaufredus Vosiens. in 1. parte Chron. cap. 67 : *Tempore illo Rex Henricus senior filio Richardo ex voluntate matris Aquitanorum tradidit Ducatum. Post hæc, apud S. Hilarium Pictavis Dominica post Pentecosten, juxta consuetudinem, in Abbatis sedem elevatur, sed Bertranno Burdegalensi et Joanne Pictavensi Præsulibus, lancea ei cum vexillo præbetur, etc.*

Id præterea juris obtinet Franciæ Rex in Ecclesia Cabillonensi, ut auctor est Sanjulianus in Antiq. Cabillon. ubi refert, Carolum VIII. Cabillonum ingredientem, ab Episcopo in ipsa urbis porta superpellicio et almucia exornatum, eo habitu in Ecclesiam venisse.

Eo perinde modo Carolus V. Imper. diadema suscepturus Aquisgrani, Trajectum adiit et in majori S. Servatii Ecclesia superpellicio et almucia indutus cum cæteris Canonicis Ecclesiastica obiit officia, tanquam Brabantiæ Dux, ut auctor est Jo. Placent. in Catal. Episc. Trajectensium.

Tradit præterea Jacobus Severtius in Chronol. Archiepisc. Lugdun. Ducem Bituricensem obtinuisse a Canonicis Lugdunensis Ecclesiæ, *ut ad modum Philippi fratris Ducis Burgundiæ, ac fundatoris ejusdem Ecclesiæ*, impetratis ad id litteris Apostolicis, in album Canonicorum referretur, venisseque in Ecclesiam *cum frochia et aumucia* ann. 1388. Ita ann. 1511. eodem teste Severtio, Carolum Ducem Sabaudiæ iidem Canonici Lugdunenses, *in Canonicum Ecclesiæ receperunt, habitumque sibi contulerunt, ipsum induendo superpellicio et cappa*, ut produnt Acta, quæ vocant, Capitularia.

Id etiam privilegii habere Dominum Turnonensem in Ecclesia S. Justi Lugdunensis prodit vetus Scheda apud Paradinum in Hist. Lugdun. lib. 2. cap. 102 : *Vir illustris et potens Dom. Guillermus Dominus de Turnone Miles, trahens originem de genere eximii Confessoris et Pontificis S. Justi Lugduni venerati reverentissime, et Ecclesiæ Lugdunensis Præsulis, sicque in ejus honore et nomine Ecclesia fundata et nominata. Et exinde dictæ Ecclesiæ S. Justi perpetuus Canonicus præbendatus et hæreditarius, prout refert venerabilium et discretorum virorum Dominorum Obedientiarii et Capituli dictæ Ecclesiæ concors confessio, et antiquorum relatio.* Exstat quoque in Tabulario Eccl. Autisidor. Charta Decani et Capituli ejusdem Ecclesiæ ann. 1423. qua Claudio *de Beauvoir* Militi, Domino *de Chastelux*, *tanquam Ecclesiasticæ rei indefesso protectori et augmentatori industrio concedit, quod amodo et deinceps perpetuis temporibus, et sui successores hæredes masculi domini temporales dicti loci de Chastelux successive habeant, et percipiunt fructus et reditus unius præbendæ ejusdem Ecclesiæ, sicut et cæteri Canonici ejusdem Ecclesiæ, dum et quoties idem Dominus Claudius, et sui post ipsum, ut præfertur, successores ad ipsam Ecclesiam personaliter accesserint, et in eadem Ecclesia interfuerint alteri horarum dictæ Ecclesiæ decantando : quam intrare licebit eisdem cum superpellicio, vel absque superpellicio, aut statu quo maluerint pro suæ libito voluntatis.*

☞ Ex hac status, quem maluerint, eligendi licencia, factum est, ut D. *de Chastelux*, qui ætatis prærogativa hanc honorarii Canonici dignitatem obtinet, pompalibus Altissiodorensis Ecclesiæ ceremoniis, cum lubet, adsit inter Canonicos, ocreis et calcaribus indutus, ornatus superpelliceo, et almucia, insuper baltheo cinctus et gladio, cum pileo pennis decoro etaccipitre (alias primæ nobilitatis indicio) supra pugnum sedente. Hoc habitu Cæsar Philippus *de Beauvoir* Comes *de Chastelux*, Vicecomes Aballonis, etc. ordine suo, primus scilicet post Decanum et Cantorem, adfuit 30. Maii ann. 1683. haud sine spectantium plausu, cum Ludovicus Magnus, Altissiodoro transiens, ab Episcopo et Canonicis honorifice salutatus est, et altera die in Ecclesia Cathedrali, ubi sacris interfuit, ab iisdem exceptus. Hæc quidem in solemnioribus ceremoniis; in aliis enim minori apparatu, si velit, divinis interest D. *de Chastelux*, suæque præsentiæ majorem, quam alii Canonici, mercedem ferme recipit, nummum ad minus aureum, quem statim solet pauperibus distribuere. Privilegii hujus tanti, quo hodie jure hæreditario gaudet D. Guillelmus Antonius *de Chastelux*, Cæsaris Philippi filius, Agminis Ductor et Flandricæ cohortis Equitum armatorum, Gall. *Gendarmes*, Præfectus, causam declarant Canonici in Charta concessionis jam laudata : *Sane recolentes*, inquiunt, *et pia meditatione revolventes in animis quanto qualive discrimine atque periculo Vir nobilis ac potens Dominus de Beauvoir, Miles, Dominus de Chastelux seipsum corporaliter, suaque bona universa, suos etiam cum non modica consanguineorum aliorumque nobilium comitiva exposuit ob Dei honorem, gloriosissimæque ejus Genitricis Mariæ et beatissimi protomartyris Stephani*, (Patroni Ecclesiæ Autissiod.) *quorum res acta est, dimicaverit et militaverit, singulorumque vita curisque omnibus temporalibus quantumlibet fructuosis aut utilibus postpositis, non sine magna et ingenti rerum suarum consumptione et exhaustu, ob recuperationem villæ nostræ de Crebanno, per prædones et tyrannos Ecclesiæ, Regis et regni inimicos, furtive nuper occupatæ et violenter detentæ, quam omnipotenti Deo, qui suorum manus docet ad prælium, causam suam protegente ac tuente, non tam victoriose quam miraculose, ut pie creditur, ab eisdem hostibus Deo, si fas est dicere, et toti orbi odibilibus liberavit penitus et substraxit : in qua quidem villa, licet quinque hebdomadarum et amplius ipse D. Claudius cum præfata sua nobili comitiva per prædictos inimicos obsessus fuerit, insultusque plurimos atque mirabiles, non absque grandi victualium aliorumque necessoriorum penuria, et usque ad equorum suorum pro majori parte aliarumque ejus bestiarum* (esum,) *et pluribus etiam insultibus ab inimicis, ut referunt, perpessus fuerit et sustinuerit, nihilominus villam nostram prædictam cum omni dominio et jure, quod ante habebamus in eadem, pure, plane ac simpliciter sua gratia nobis et Ecclesiæ nostræ prædictæ restituit, liberavit et tradidit. Nos igitur ea moti consideratione, etc.* Post hæc inseritur eidem Chartæ juramentum Gallice pronunciatum, quod præstitit, *ad sacrosancta Dei Evangelia* idem D. Claudius *de Chastelux*, quodque præstant ejus successores cum primum veniunt in possessionem sui Canonicatus; promittunt ergo, *qu'ils seront bons et loyauls aux Doien et Chapitre de l'Eglise d'Auxerre; item aideront de leurs pouvoirs à garder les droits, terres et possessions, et autres revenus appartenant ausdits Doien et Chapitre de ladite Eglise; item pourchasseront le bien, honneur et prouffit des susdites Eglise, Doien et Chapitre d'Auxerre, et eviteront leurs dommages de tout leur loyal pouvoir.*

Tradit denique Leurius in Hist. Viennensis Ecclesiæ cap. 52. Humbertum Delphinum Viennensem in Majori Ecclesia donatum Canonicatu 29. Aug. ann. 1338. cujus possessionem iniit superpellicio indutus et almucia, quam alias Militi defendendam brachioque aptandam, cum templum ingrederetur, dare poterat. [In Hist. Dalph. tom. 2. pag. 386. exstat *Instrumentum receptionis* (ejusdem) *Humberti in Canonicum per Capitulum Aniciensis Ecclesiæ* ann. 1339. ex quo Instrumento patet jus Canonici in Aniciensi Eccles. commune fuisse omnium successive Dalphinorum; hinc eodem tom. pag. 25. refertur aliud Instrumentum, quo Humbertus I. ann. 1282. notum fecit, se et antecessores suos tenere ab Episc. Aniciensi *Canoniam Ecclesiæ B. Mariæ Aniciensis, de qua nos Dalphinus et antecessorss nostri sumus et fuerunt Canonici, etc.*] Adde Ægid. Gelenium in Colon. Aggripina pag. 245.

* Eo etiam jure potitur in ecclesia Lugdunensi comes Albonensis, ut discimus ex Charta ann. 1230. in Cod. reg. 5186. fol. 5. v°. *Nos* (Robertus archiepiscopus, P. decanus et capitulum primæ Lugdunensis ecclesiæ) *concessimus ei* (dalphino Viennensi et Albonis comiti) *liberaliter et benigne, quod quicumque fuerit comes Albonensis, eo ipso quod comes fuerit dicti loci, sit Canonicus nostræ ecclesiæ Lugdunensis.* Sed et mulieribus indulta eadem denominatio fuit, non quidem ut inter canonicos sederent; verum ut ecclesiæ

suffragiorum forent participes. Ejusmodi est illa de qua in vet. Necrol. MS. eccl. Carnot. : *Non. Mart. obiit Gelvisa monacha et hujus sanctæ ecclesiæ Canonica, quæ dedit canonicis sanctæ Mariæ alodos suos Vulmedum et Cantamerula.*

* Canonicus Gall. dicitur *Canogne*, in Charta ann. 1268. ex Tabul. eccl. Camerac. *Canonne*, in Lit. remiss. ann. 1389. ex Reg. 138. Chartoph. reg. ch. 100 : *Gerart d'Aisne chevalier, seigneur de Marque, demeurant à Cambray en la rue des Canonnes. Chenoigne*, in Ch. ann. 1252. ex Chartul. Campan. fol. 448. v°. col. 1. *Kanoisne*, in Poem. Rob. Diaboli MS.

Canonicæ, primis Ecclesiæ sæculis, videntur appellatæ Diaconissæ, quod perinde ac Clerici, *sub Canone Ecclesiastico constitutæ essent.* Nam Diaconissæ quemdam in Ecclesia ordinem confecere, et in ædibus sacris certæ ac peculiares stationes iis assignatæ ὡς ἐκκλησιαζούσαις, ut est in Novella 3. Justiniani, et alia Heraclii Imp. Proinde jure distinguuntur *Canonicæ* a Sanctimonialibus in ordine Romano : *Inter virginem et feminam, inter Canonicam et Sanctimonialem, etc.* Κανονικὰς etiam habet S. Antiochus homil. 18. ut et S. Chrysost. qui homiliam scripsit ὑπὲρ τοῦ τὰς κανονικὰς μὴ συνοικεῖν ἀνδράσι, et Menæa 20. Martii in S. Nicela, et 27. Sept. in S. Ignatio Hegumeno. Hæ non aliæ videntur a Diaconissis. At

Sanctimoniales, quæ se *Canonicas* vocant, ut est in Concilio Cabillonensi ann. 813. cap. 53. videntur eæ quæ regulam S. Augustini profitebantur. Decreta Eugenii PP. II. cap. 3. et Concilium Remense ann. 1148. cap. 4 : *Statuimus, ut Sanctimoniales et mulieres quæ Canonicæ nominantur, et irregulariter vivunt, juxta beatorum Benedicti et Augustini regulam vitam suam in melius corrigant. Canonicarum* vero ejusmodi mentio est in Addit. 2. Capitul. Caroli M. cap. 16. in Concilio Paris. VI. cap. 46. ubi *Monasteriorum* ejusmodi Canonicarum pariter mentio fit, et in Concilio Remensi ann. 1148. cap. 4. apud Bedam de Remed. peccator. cap. 8. In Vita Aldrici Episcopi Cenoman. n. 44. etc. Vide doctissimum Mabillon. in Præfat. ad tom. 2. Actor. SS. Ordinis S. Benedicti n. 32.

Sed de Sanctimonialibus, quæ hodie *Canonicæ* appellantur, audiendus omnino Jacobus de Vitriaco in Hist. Occident. cap. 31 : *Ad imitationem et exemplum prædictorum Canonicorum*, (sæcularium) *in partibus Hannoniæ et Brabantiæ, et in quibusdam Theutonicorum et Alemannorum provinciis sunt mulieres, quas Canonicas sæculares, seu Domicellas appellant. Non enim Moniales nominari volunt, sicut Canonici sæculares Monachi non dicuntur. Hæ siquidem adeo personas accipiunt, quod non nisi filias Militum et Nobilium in suo Collegio volunt recipere, religioni et morum nobilitati, sæculi nobilitatem præferentes. Purpura autem, et bysso, et pellibus griseis, et aliis jocunditatis suæ vestibus induuntur, circumdatæ varietatibus, cum tortis crinibus, et ornatu pretioso circumamictæ,.... pellibus autem agninis quantumcumque subtilibus et delicatis utuntur..... Clericorum autem et puellarum et juvenum servorum etiam sibi ministrantium cinctæ obsequio, in domibus propriis honorifice et splendide epulantur, nec desunt mensis eorum consanguinei, in primo gradu sibi propinqui, quos cognatos suos appellant. In dormitorio autem juxta Ecclesiam suam de nocte quiescunt.... Sunt autem in eisdem Ecclesiis pariter Canonici sæculares in diebus festis et solennibus ex altera parte Chori cum prædictis Domicellis canentes, et earum modulationibus æquipollenter respondere studentes.... Similiter et in processionibus compositæ et ornatæ, Canonici ex una parte, et Dominæ ex alia parte concinentes procedunt. Quædam autem ex ipsis, postquam diebus plurimis de Christi patrimonio vixerunt, relictis præbendis et Ecclesiis, carioribus sibi personis matrimonio copulantur, etc.* Vetus Epitaphium apud Browerum lib. 11. Annal. Trevir. num. 64 :

Mansit sub sacro speciosa Canonica velo,
Sed tamen in vita vera fuit Monacha.

Vide Gobelinum Personam in Cosmodromio ætate 6. cap. 52. et 90. Molanum in Martyrol. 17. Mart. et Gasp. Bruschium de Monasteriis Germaniæ pag. 17. 18. 45. 132.

Canonia, Canonicatus, præbenda Canonici, apud Petrum Cellensem lib. 8. Epist. Innocentium III. lib. 14. Epist. 82. in Jure Canonico, et apud alios non semel.

Canonia, Præbenda, vel reditus Canonici. Greg. VII. PP. lib. 3. Epist. 17 : *Benedictus quoque Canoniam suam sub eadem pacis tranquillitate interim habeat.* Magnum Chronicum Belgicum : *Posuit eum in Ecclesia sine Canonia, hoc est, sine præbenda.* Vide Cantipratanum lib. 2. cap. 39. num. 2. [et tom. 3. novæ Gall. Christ. col. 870.]

* Canonia in Vocabul. Joan. Erlebach. : *Potest dici beneficium ecclesiasticum, et appellatione Canoniæ continetur omne beneficium ecclesiasticum canonice obtentum. Canonia censetur mater, et præbenda filia, quia ex Canonia procedit et pro eo est instituta.* [** Vocabul. utr. Jur. : *Canonia est nomen tituli et juris, præbenda vero nomen facti.*] Bulla Alex. III. PP. ann. 1173. inter Instr. Hist. Lugdun. pag. 37 : *Terras planas poterit acquirere ecclesia pro Canonia vel pro eleemosina, ita quod fiat sine interventu pecuniæ.* Rursum pag. 38. col. 1. *Chanesie*, f. pro *Chanoisie*, Præbenda canonici, in Charta Caroli V. ann. 1374. ex Reg. 106. Chartoph. reg. ch. 55 : *Comme des Chanesies et provendes de l'église collégial de S. Florent de Roye en Vermandois sommes patrons et collateurs, etc. Canoisie*, pro Collegio canonicorum, in Ch. ann. 1247. ex Reg. feud. comit. Clarimont. in Cam. Comput. Paris. fol. 109. v°. : *Furent présens li abbez de Fromont Aimars,... Climens chappellains de le Canoisie de Clermont, etc.* Vide in *Canonicus*.

Canonia, Collegium Canonicorum. Chronic. Mosomense : *Est enim ibi Canonia 12. Clericorum Remensis parochiæ, etc.* Gervasius Dorobernensis in Henrico II. Rege Angl. et ex eo Bromptonus : *Dicens sibi peroptimum esse propositum, ut extra civitatem Cantuariæ, sæcularium Clericorum Canoniam faceret, et in nomine S. Thomæ Martyris novam Ecclesiam fabricaret.* Occurrit eadem notione infra, apud Gregorium VII. PP. l. 9. Ep. 29. Cantipratanum l. 1. cap. 17. extremo, Joann. Signensem Episc. in Vita S. Beraldi Episc. Marsorum, etc.

Canonica, Canonici dignitas. Hincmarus Laudunensis Episcopus : *Igitur pro vestra interventione suæ Canonicæ locum, ac sibi prius a me concessam permitto mansionem.* Joan. Sarisber. lib. 2. de Nugis curial. cap. 28 : *Qui speculariorum videntes plagam, effugerunt, alter ad sinum Canonicæ, alter ad portum Cellulæ Cluniacensis, sacris vestibus insigniti.* Hildebertus Episcopus Cenomanensis Epist. 55 : *Audivimus.... in vestra matre Ecclesia hæreditario jure Canonicas obtineri.* Guibertus lib. 1. de Vita sua cap. 7 : *Canonica, quam præbendam vocant.* Charta ann. 1061. ex Tabulario Ecclesiæ Abrincatensis : *Canonici omnes sub Episcopi Priore sunt : et Canonicas, id est, præbendas, cum vacuæ fuerint, distribuere debet, etc.* Utuntur Gregorius VII. lib. 5. Epist. 1. Joannes Monach. lib. 1. Vitæ S. Odonis Abbatis Cluniacens. Petrus Venerab. lib. 4. Epist. 8. Vita sancti Willelmi Abbat. Roschildensis n. 3. Gervasius Dorobern. in Imaginat. pag. 1308. Adelbertus Abbas Heidenhemensis pag. 368. Concilium Claromontanum ann. 1095. can. 9. Chronic. Abbat. S. Trudonis lib. 5. pag. 393. vetus Notitia ann. 1103. in Probat. Hist. Castilion. pag. 17. [Vita Guidonis Episcopi Aniciensis inter Acta SS. Benedict. sæc. 5. pag. 838. Chartarium Ecclesiæ Auxitanæ MS. cap. 77. Annal. Benedict. tom. 3. pag. 661. Mabillon. Analect. tom. 3. pag. 473.] etc.

Canonica, Canonicorum Collegium, seu potius Ecclesia Collegiata, ut vocant. Joan. de Janua : *Canonica, Ecclesia ubi regulares morantur.* [Conventus Episcoporum ann. 1040. inter Concil. Hisp. tom. 3. pag. 204 : *Qui locus recte appellatur Canonica, quia ibi ecclesiastica atque divina observatur regula.*] [** Chart. Longob. ann. 724. ap. Brunett. pag. 470 : *Trado tam suprascripta curte quamque et omnibus rebus ad ipsam pertinentibus .... in ecclesia et Canonica B. Johannis Baptistæ tam ad ipsos canonicos qui modo pro tempore sunt, quam qui tunc futuri erunt, ut habeant, firmiterque teneant, possideant, laborare faciant et ex ipsis frugibus communiter se reficiant.* Vide *Canonicum*, 1.] Charta Ludov. Pii in Tabulario Lemovicensi : *Ex Canonica prædictæ urbis quæ est constructa in honore S. Stephani.* Tabularium S. Salvatoris Redonensis : *Ebulus autem Comes direxit eos ad Ecclesiam B. Virg. Mariæ in Canonica B. Petri, ubi merita coluntur in nomine Christi et beatorum Innocentium.* Arnulfus Episcopus Lexoviensis in Epist. pag. 83 : *Provinciam nostram frequentibus Monasteriis, ipsisque nobilibus, certum est abundare, Canonicas Regulares paucas habet, etc.* Gervasius Dorobernensis : *In diminutionem nostram et omnium suorum præjudicium successorum de Ecclesiis suis simul et nostris præbendas fecit, vel Canonicas.* Guillelmus. Abbas S. Theoderici in Vita S. Bernardi lib. 2. cap. 1 : *Usque ad B. Mariæ Canonicam Dom. Papa cum comitatu suo gloriose deductus est.* Vide Petrum Damian. lib. 3. Epist. 8. lib. 4. Epist. 3. Joan. Sarisberiensem Epist. 76. Stephanum Tornacens. Epist. 1. Chronicon Reichersperg. pag. 228. Monasticum Anglic. tom. 2. pag. 45. Blancam in Comment. Rer. Aragon. pag. 579. Cruceum in Episcopis Cadurcensibus pag. 65. 67. Franciscum Mariam in Mathildi Comitissa lib. 3. pag. 100. Guichenonum in Probat. Histor. Sabaud. pag. 34. etc. *Chanoinie*, eadem notione, in Charta ann. 1277. apud eumdem Guichenonum pag. 84.

¶ CANONICA REGULARIS, Monasterium, ut videtur. Charta Joannis Episc. Sistaricensis ann. 812. apud Mabill. de Re Diplom. lib. 6. pag. 614 : *Interea ascendit in corde meo, ut inter alia bona perpetrassem optima, id est, sacra Monasteria seu Regulares Canonicas, tum etiam et religiosas Ecclesias.* Dixi Canonicam et Monasterium hic unum videri, non asserui; quia posset et hoc in loco intelligi Ecclesia collegiata, ut in superiori articulo.

¶ CANONICA, Advocatia, protectio Ecclesiæ Canonicorum, seu præbenda Canonici concessa pro advocatione et tuitione alicujus Ecclesiæ. Charta Ulrici Comitis pro Ecclesia Beronensi ann. 1036. inter Vindemias Litter. Fred. Schannati pag. 173 : *Cogitavi de quadam Canonica mea, quæ est in loco qui dicitur Beronis-Monasterium, qualiter post obitum meum eadem Canonica liberaliter Deo servire valeat : regalem nolui facere nisi coactus... rursus nolui eandem Canonicam nepotibus meis in commune dimittere, ne... dividerentur. Tandem inveni consilium, ut eligerem unum de nepotibus meis... si autem ipse... locum prædictum non bene defendat.... licentiam do, ut se reclament* (Canonici) *ad Episcopum Constantiensem... Tunc idem Episcopus ... prævaricantem Advocatum abjiciat, et ipse locum ejus subeat.*

* CANONICA, Præbenda, vel reditus canonicorum ecclesiæ assignatus. Charta Phil. I. reg. Franc. ann. 1106. in Chartul. Maurign. ch. 5 : *Ecclesiam B. Martini de veteribus Stampis.... monasterio S. Trinitatis de novis Stampis.... donavimus,.... tali videlicet tenore.... ut canonicis qui eo tempore vivebant, vita comite Canonicas, quas præbendas vocamus, canonice tenere liceret. Si vero vendere qualibet occasione quilibet eorum, vel omnes vellent, aut abbati S. præfatæ Trinitatis vendant, aut, omni alio emptore penitus remoto, dimittant.* Alia ann. 1127. inter Instr. tom. 6. Gall. Christ. col. 33 : *Petrus Bernardi sacrista minor et Guillelmus de Joncharilis teneant Canonicam et honorem ejus bene condirectum et bene laboratum, de ista prima adveniente festivitate S. Michaelis usque ad septem annos completos, et bene procurent clericos et honorifice.* Vide *Canonia.* [** Chart. ann. 1190. ap. Schannat. in Histor. Episcop. Wormat. tom. 1. pag. 361.]

* CANONICA, Domus, habitatio canonicorum. Charta ann. 1163. in Lib. virid. episc. Massil. : *In præcipuis autem solemnitatibus, ... episcopus duobus se comitantibus in Canonica comedat, et ei honorifice serviatur.* Alia ann. 1165. ibid : *In prædictis diebus totum refectorium omnibus hominibus, qui in Canonica fuerint, ... procurabunt.* Vide *Canonicum.*

¶ CANONICA PORTIO, Quæ *canone* tribuitur Ecclesiæ parochiali de rebus relictis a parochiano defuncto illi Ecclesiæ, ubi suam elegit sepulturam, cum alibi quam in parochiali sepelitur. Portio hæc varia est variis in diœcesibus : in quibusdam media pars, in aliis tertia, vel quarta pars attribuitur. Statuta Augerii II. Episc. Conseran. ann. 1280 : *Quanquam unusquisque, qui certam non elegerit sepulturam cum suis parentibus sit de jure sepeliendus, liberum tamen est cuilibet, ubicumque voluerit, discretione prævia, eligere sepulturam; ita dumtaxat quod de iis quæ occasione sepulturæ ipsius ad illam pervenerint, habeat parochialis ecclesia Canonicam Portionem secundum jus et consuetudinem diœcesis Conseranensis, illis exceptis casibus, in quibus de jure portio Canonica non est danda.* Vox nota Jurisconsultis.

* Stat. synod. eccl. Castrens. ann. 1358. ex Cod. reg. 1592. A. part. 2. cap. 4 : *Ubi distincte et cum sua sana intentione elegerit in alio cimiterio sepeliri, tunc Canonica portio erit parrochiali ecclesiæ restituenda...... Portio vero prædicta secundum consuetudinem diversarum ecclesiarum aliquando est media, aliquando tertia, aliquando quarta : sed quartam dicimus deberi, ubi de aliqua portione per consuetudinem non apparet.*

¶ CANONICA, Census annuus. Vide *Canonicum* in *Canon* 1.

¶ CANONICA INSTITUTIO, Regularis, Monastica. Mabill. in Actis SS. Benedict. sæc. 5. pag. 348. ubi de S. Mathilde Regina, ex Chronico Saxonico : *Igitur Regina cœnobium in monte Quindelingeburch sancta devotione construere cœpit; trigesima die congregationem ibi statuit; non viles personas, sed summæ ingenuitatis tirunculas Canonicæ Institutioni deservituras collegit.* Illud ipsum narravit Ditmarus his verbis : *Congregationem quoque sanctimonialium in die tricesima in supra memorata urbe statuit.*

¶ CANONICALE, Codex canonum, ut conjecto. *Dedit sanctuario S. Vincentii.... unam Bibliothecam per partes divisam, Canonicale unum, Smaragdum, Passionale,* apud Mabill. tom. 4. Annal. Benedict. pag. 441.

¶ CANONICALIS ET EPISCOPALIS SEPULTURA, ibidem, Locus, ut puto, ubi Episcopi et Canonici inhumantur.

* CANONICALIS RECTOR, Præpositus collegio canonicorum. Lit. Caroli C. inter Ordinat. reg. Franc. tom. 7. pag. 414 : *Ut monasterium constructum in honore S. Juliani in comitatu Brivatense, cui quoque ipse Canonicalis rector Domino præerat favente, etc. Maisons canoniaus* domus in quibus canonici habitant, vel quæ a collegio canonicorum dependent. Pactum inter Carol. comit. et capitul. Carnot. ann. 1306 : *Le chapitre aura vint et sis mesons Canoniaus en la ville de Chartres; .... et ou nombre de ces vint et six mesons seront contenues les mesons Canoniaus, que les chanoines ont aprésent hors dou cloistre.*

CANONICARE, Canonicum facere. Innocent. III. PP. lib. 13. Epist. 13 : *Qui eum Canonicare postulaverat.* Vita S. Martini Presbyteri Sauriensis num 9 : *Et in numero Canonicorum puerulum.... Mauritius Canonicavit.* Thierricus Vallis-coloris in Urbano IV. PP. :

.... Post illum Canonicavit,
Urbs Treca, natalis quæ sibi terra fuit.

Charta Manassis Episcop. Aurelian. ann. 1210 : *Nullus Canonicetur aut recipiatur infra 21. annum.* [Chartularium Eccl. Auxitanæ cap. 86 : *Noverit tam præsens ætas quam futura posteritas, quod ego Ancsancius de Idrag Miles, pro filio meo Canonicando et pro remissione peccatorum meorum, concessi Deo et B. Mariæ Ausciensi quartam partem Ecclesiæ de Saisano tam in decimis, quam in ecclesiastico, quam hæreditario jure possidebam.* Occurrit ibidem cap. 77. apud Stephanotium tom. 2. Fragm. Hist. MSS. Martenium tom. 4. Anecd. col. 174. et tom. 6. Ampliss. Coll. col. 1026. etc. Petrus Blesensis Sermone 32 : *Super paupertatem spiritus offerenda est voluntas Canonicari volentis;* hoc est, ut exponit Carolus Macer in Hierolexico, Regulariter vivere, vel sumere habitum regularem.]

* Marbodus Ms. ex Bibl. S. Albini Andegav. :

Si sit farta manus, fiet puer ille decanus,
Et bene nummati sunt illico Canonicati.

Hæc in editis desiderantur. Sed et ubi de monachi professione agitur, *Canonicare* dixerunt. Chartul. S. Petri de Cella-Froini in pago Engolism. 12. circ. sæc. : *Dederunt Deo et ecclesiæ S. Petri de Cella-Fruini in elemosina, pro remedio animarum suarum et pro fratre suo Aimerico, quem Canonicavimus, x. solidos Engolismensis monetæ.* Hinc passim ibi monachi ejusdem monasterii *Canonici* nuncupantur : *Præsente etiam abbate P. cum Canonicis suis.*

EXCANONICARE dixit Hildebertus Turon. Epist. 36. ubi meminit cujusdam Canonici Andegavensis, qui se *excanonicari* petebat ab Episcopo suo, præbendamque suam dari ex fratre nepoti, quod abnuit Episcopus : unde conjiciunt viri docti, nondum hoccè sæculo inductum morem recurrendi ad Ecclesiam Romanam.

* CANONICATIO, Institutio in canonicum. Petrus Cantor lib. 1. Summæ Ms. cap. 96 : *Processu temporis mediator iste suggerit canonicato ut respiciat episcopum aliquo munere, ne argui posset ingratitudinis, dicitque ei quod episcopus in Canonicatione ejus, respexit ad hoc quod intimatum fuerit ei.*

* CANONICATURA, Ecclesia collegialis, collegium canonicorum. Charta ann. circ. 1096. tom. 1. Probat. Hist. Brit. col. 488 : *Cum multa huic monasterio nostro contulerit, etiam canonicalem ecclesiam de Filgeriis, cum omnibus tam ecclesiæ quam aliis rebus ad eamdem Canonicaturam pertinentibus,.... dedit et concessit.*

* CANONICATUS, Ad collegium canonicorum spectans. Charta capit. S. Steph. Trecens. ann. 1232. in Chartul. Arremar. ch. 36 : *Canonicato consilio concorditer et unanimiter concessimus, etc.*

¶ **CANONISATORIA** SENTENTIA, Qua quippiam jam statutum iterum approbatur et confirmatur, apud Georgium Christianum tom. 2. Rerum Mogunt. pag. 793. Vide *Canonizare* 2.

¶ **CANONISATUS**, Inscriptus in *canone* seu catalogo Clericorum alicujus ecclesiæ, apud Ludewig. tom. 2. Reliq. MSS. pag. 256 : *Cuilibet sociorum choralium Canonisa-*

torum, qui dictis horis interfuerit, obolus monetæ prædictæ, et cuilibet scolarium superpelliciatorum in summa Missa existentium levem denarium.

¶ **CANONISSÆ**, Eædem quæ supra *Canonicæ*. Chronicon Trivetti apud Acher. tom. 8. Spicil. pag. 579 : *Fundavit abbatiam Canonissarum.*

1. **CANONIZARE**, In album et catalog. Sanctorum referre, Canoni Missæ adscribere : quippe longe ante quam conderentur Martyrologia, in Canone Missæ primitus facta est commemoratio Sanctorum, non quo pro iis oraretur, sed potius ut ii pro populo orarent, ut ait S. Augustinus Tract. in Joannem. Quem morem vetustissimum esse asserit, probatque variis sanctorum Patrum locis Stephanus Durandus de Ritibus Eccl. lib. 2. cap. 35. Burchardus de Casibus sancti Galli cap. 6 : *Obtinuit etiam amminiculante Henrico Imperatore et conjuge ejus Agnete apud Dom. Apostolicum Clementem II. recitata Vita B. Wiboradæ ejusque miraculis, et de tam diu neglecta re ab ipso Papa redargutus, quatenus ipsam præsente Theodorico Constantiensi Episcopo Canonizaret, et pro suncta haberi præciperet; et anniversarium ipsius diei solennizandum institueret.* Passio SS. Wlfadi et Rufini tom. 2. Monastici Angl. pag. 125 : *Studebant plures religiosa devotione patriæ suæ sanctos exaltare, pia sollicitudine vitas illorum investigare, summique Pontificis auctoritate illos Canonizare.* Alexander III. PP. Epist. 3. Canonizationes *nonnisi in solennibus Conciliis de more* fieri solitas scribit. [* Et quidem primum, quod certum et indubitatæ fidei extet argumentum canonizationis a summo pontifice factæ, eruitur ex Bulla Joan. XV. PP. qui Uldaricum episcopum Augustanum Sanctorum numero adscribit in Concilio habito ann. 993. vel 994. Vide Tract. novum de re diplom. tom. 5. pag. 205.] Vide Capitulare Francofordiense ann. 794. cap. 40. Capitul. ann. 789. cap. 41. Concilium Romanum ann. 993. Epistolam Joannis de Burnino Archiepiscopi Viennensis et suffraganeorum ad Gregor. IX. PP. de canonizatione Stephani Episcopi Diensis, apud Joan. Columbum etc. Ex allatis locis plus satis patet, non jure Vadianum hæreticum scripsisse, *Canonizationes* solos Episcopos (in Germania præsertim) spectasse, et facultatem in canonem SS. referendi, pro more veteri Francorum in Ecclesiis sibi subjectis iis competiisse, quod Pontifex Romanus postea soli sibi asseruerit, etsi id videatur quodammodo indicare Baldricus lib. 1. Chron. Cameracens. cap. 35. Constat quippe infinitis propemodum exemplis, aut summos Pontifices hanc sibi provinciam sumpsisse, aut Episcopis demandasse, proindeque ejusmodi canonizationes Apostolicæ sedis auctoritate semper peractas. Formam autem canonizationis exhibent Ceremoniale Roman. lib. 1. sect. 6. Browerus lib. 3. Antiq. Fuld. cap. 9. et Bivarius in S. Joanne Eremita vindicato n. 2. 3. 5. et ad Pseudochronicon Maximi. Vide *Diptycha*, et Baron. ad Martyrolog. 2. Aprilis. et in Annalibus Eccl. ad ann. 1027. Morinum lib. 10. de Pœnit. cap. 19. num. 11. etc.

2. **CANONIZARE**, Approbare. Anonymus de Berengarii damnatione : *Quorum* (Conciliorum) *nullum Romani Pontifices per se, sed per Legatos suos Canonizaverunt.* Decreta S. Stanislai Regis Hungariæ lib. 1. cap. 37 : *In hac sancta Synodo a venerabili Rege Ladislao statutum est, et universis Episcopis collaudatum et Canonizatum, ut Vigiliæ celebrentur B. Stephani Regis, etc.* Eckeardus Minimus de Vita Notkeri Balbuli cap. 16 : *Eas, quæ socii et fratres ejus in eodem Monasterio S. Galli composuerant, omnia Canonizavit, videlicet hymnos, sequentias, tropos, etc. et totum autenticavit.* Vita S. Gerlaci Eremitæ cap. 8 : *Grandia edidit volumina, quæ ab Eugenio Papa.... Canonizata, et inter sacras Scripturas sunt commemorata.* Ita Beletus de Divin. Offic. cap. 123. et Durandus lib. 5. Ration. cap. 2. n. 2. hanc vocem usurpant. Quod inde ortum videtur, quod sacri libri, vel certe sacræ Synodi, in Canonem, seu Ecclesiastica diptycha referrentur. Nam in V. Synodo legimus quatuor Synodos œcumenicas in sacra Ecclesiæ diptycha, quæ inter Missæ sacrificia legebantur, relatas, vel certe earum appellationes, quo universis innotesceret Ecclesiam illas amplexari. Sic τὰ κανωνιζόμενα βιβλία dixit Athanasius; τῇ κατὰ τὸ εὐαγγέλιον ἀκριβείᾳ κανονίζειν τὴν πολιτείαν, Basilius Magn. Scholiast. ad lib. 6. Synops. Basil. : Τὰ παρὰ τῶν παλαιῶν κανονισθέντα καὶ οἰκονομηθέντα τὸν πατριάρχην δεῖ διακρίνειν.

3. **CANONIZARE**, Canonicum facere. Charta 19. Tabularii Ecclesiæ Carnotensis : *Duximus statuendum, ut qui in Ecclesia vestra de cætero Canonizandi fuerint, et ibidem mansionarii non extiterint, 40. solidos tantum de præbenda sua singulis annis percipiant.* Vide *Canonicare* in *Canonicus*.

¶ 4. **CANONIZARE**, Dirigere. Gall. *Regler. Canonizamus et regulamus omnes nostras actiones, voluptate et dolore*, apud Interpretem Ethic. Aristotelis. Vide Goclenii Lexicon Philosoph. pag. 293.

* **CANONS**, Panni species. Lit. ann. 1277. inter Ordinat. reg. Franc. tom. 4. pag. 670. art. 4 : *De pecia de Canons, unum denarium.*

* **CANONUS**, Fusus, Gall. *Bobine*. Leudæ major. Carcass. Mss. : *Item pro canono de auro, j. den. Turon.* Ubi versio Gall. ann. 1544 : *Item pour Canons ou bobines de filet d'or, etc.*

CANOPEUM, pro *Conopeum*. Necrologium Ecclesiæ Paris. 2. Non Sept. : *Eodem die obiit Philippus frater Regis Concanonicus noster et Archidiaconus, qui dedit nobis pallium unum, et cappam unam, et 2. tunicas, et Canopeum, quod suspenditur super altare, et 20. libras ad stationem 4. ferculorum.* [apud Papiam MS. legitur *Canopum* pro *Conopeum*.]

* Glossar. Lat. ex Cod. reg. 4120 : *Canopeum dicitur reticulum subtile circa lectum positum ad defensionem muscarum, et dicitur a Canapo civitate.* Glossar. Lat. Gall. ex Cod. reg. 7679 : *Canopeum, Cousture viselle à linge.*

* **CANOPIA**, *lo Egipto*, in Glossar. Lat. Ital. Ms. Hinc

* **CANOPICUS**, Ægyptiacus. Chron. Balduini diac. tom. 2. Monum. sacr. antiq. pag. 61 : *Hebræi Canopicas tenebras exeuntes mare rubrum, submersis Ægyptiis, transierunt.* Alex. Iatrosoph. Ms. lib. 1. Passion. cap. 94 : *Est autem horum* (collitiorum) *quam primum, et hoc vocatur collirium Canopicon.*

1. **CANOPUS**, *Medianus cortex sambuci*, in Glossis MSS. ad Alexandr. Iatrosophist. ex Gr. Κάνωπον, apud Æginetam et alios.

Item species uvæ rubeæ, de qua Petrus de Crescentiis lib. 4. cap. 4.

¶ 2. **CANOPUS**, **CANOBUS**, pro *Cannabis*, in Vita B. Lidwinæ Virg. tom. 2. April. pag. 283. Vide *Canapum* et *Canava* 2.

* **CANOR**, f. Fossatum, vallatum, nisi idem sit quod supra *Caneria*. Charta ann. 1307. in Reg. 44. Chartoph. reg. ch. 171 : *Item jus depascendi piscairagium, quod habet dictus rex in Canoribus dicti castri, pro vinginti libris Turon. annui et perpetui redditus.*

* **CANORGARE**, In canonicum suscipere, seu pro canonico habere; unde *Canorgamentum* et *Canorgatio*, ipsa susceptio. Testam. ann. 1459. inter Probat. tom. 3. Hist. Nem. pag. 296. col. 2 : *Item volo et ordino, ac supplico dominis canonicis dictæ ecclesiæ cathedralis, ut me seu animam meam habeant recolligere et in eorum orationibus cum ipsis aggregare, funus meum Canorgando, ... et lego de summa prædicta dominis canonicis dictæ ecclesiæ pro dicto Canorgamento summam videlicet septem librarum et decem solidorum Turon.* Codicil. ejusd. ann. 1480. ibid. pag. 304. col. 2 : *Item cum in suo testamento dictus testator corpus suum Canorgari, sive in canonicum et fratrem ecclesiæ prædictæ B. M. Nemausi recipi* (supplicasset) *et legavisset dominis, ad quos emolumentum dictæ Canorgationis spectat, decem florenos semel tantum, etc.*

* **CANOTA**, Urceolus, amphora, idem quod *Caneta* in *Canna* 4. Lit. remiss. ann. 1386. in Reg. 130. Chartoph. reg. ch. 146 : *In quo sacculo erant quinque vel sex pectines et tot Canotæ, unus ciphus buxi, etc.* Testam. Guill. de Chanaco cardin. ann. circ. 1370. ex Tabul. S. Florent. Salmur. : *Item lego calicem meum majorem, cum suis urceolis sive Canotis argenteis melioribus.*

* **CANOVICALUS**, Cuniculus, Gall. *Conil*. Stat. synod. eccl. Carcass. ann. 1321. ex Cod. reg. 1613 : *Venari cirogrillos seu Canovicalos, vel quocumque modo capere seu asportare, et sibi appropriare amodo non audeant.*

* **CANPULUS**, Navis species, in Glossar. Provinc. Lat. ex Cod. reg. 7657. pro *Caupulus*. Vide in hac voce.

CANSIL. Vide *Camsilis* in *Camisa*.

* **CANTA**, Canthus, pars rotæ incurva; unde *Chante*, pro vulgari *Jante*, in Pedag. prior. S. Gondulfi diœc. Bitur. ann. 1375. Mirac. S. Germ. Autiss. tom. 7. Jul. pag. 285. col. 2 : *Repente totæ quatuor rotæ ita conquassantur, ut modioli et Cantæ et radii sic conteruntur, etc.* Vide infra *Cantes*.

¶ **CANTABRARII**. Vide *Cantabrum* 1.

¶ **CANTABRIS**, *Similis passio, infirmitas*. Papias MS.

1. **CANTABRUM**, Vexilli species apud Imperatores Romanos, cujus mentio est apud Minutium Felicem in Octavio, et

Tertullianum in Apol. cap. 16. et lib. ad Nation. cap. 12. quod quidem nominis unde hauserint Romani, addubitant viri docti. Turnebus lib. 15. Adv. cap. 16. legendum censet *Contrabrum*, a conto : Baronius ann. 312. n. 33. a Cantabris Hispaniæ populis, a quibus debellatis id genus vexilli habuerint : Jacobus Gothofredus aliter, nescio an vere, bariolatur.

CANTABRARII, inter vexilliferos recensentur in leg. 2. Cod. Th. de Collegiat. 14, 7.

2. **CANTABRUM**, Furfur. Papias : *Cantabrum, furfur caninum, quo canes pascuntur, purgamenta tritici.* Scholiastes Juvenal. ad illud Sat. 5. *Farris mordere canini : Cantabri, Panis sordidus canum est.* Cælius Aurelianus Siccens. lib. 3. Tardar. passion. cap. 2 : *Sive lacte, aut decoctione Cantabri, aut succo ptisanæ etc.* Lib. 4. cap. 3 : *Apponenda rursum sessioni vaporatio stymmatum, aut Cantabri conligati, vel in aceto decocti.* Acta S. Eutychetis : *Jussitque eos terram fodere per totam diem, ad vesperum vero Cantabrum manducare.* Acta SS. Nerei et Achillei n. 19 : *Jussitque eos in terram fodere per totum diem, ad vesperum vero Cantabrum manducare.*

CANTABRUS PANIS, vel CANTABRICIUS. Joannes Laudensis in Vita Petri Damiani n. 40 : *Quotidie præter dies festos jejunando, Cantabro pane cum hesterna aqua vescendo.* Idem Petrus Opusc. 15. cap. 14. ait, quemdam *Cantabricii panis quadra vixisse de die.* Et in Vita S. Rodulphi Episc. Eugubini, ait, hunc edere solere *panem, qui vel puro hordeo fieret, vel ex Cantabro potius, quod projiciendum canibus de puerorum manibus remansisset.* [Vide Acta SS. Febr. tom. 2. pag. 137. et Junii tom. 5. pag. 496.]

¶ 3. **CANTABRUM**, f. pro *Cantharus*, Species poculi. Hist. Monasterii Novient. apud Marten. tom. 3. Anecd. col. 1141 : *Aqua, qua ingurgitatus fuerat, statim per os ipsius quasi de Cantabro erupit, et puer redditus vitæ palpitare cœpit.*

CANTABULUM, *Stabulum*, in Gloss. Isidori; sed legendum *Catabulum.* Vide in hoc verbo.

¶ 1. **CANTAGIUM**, f. pro *Calcagium*, Tributum quod pro *calceis* reficiendis a prætereuntibus exigitur. Bulla Sixti IV. PP. inter Privilegia Ordinis S. Johannis Hierosol. pag. 135 : *Neque aliquibus solverent aliquam gabellam, passagium, pedagium, Cantagium fontium, pontium vel viarum, etc.* Laurentius in Amalthea *Cantacium* exponit per *Scrinium.*

* 2. **CANTAGIUM**, Sacra liturgia, missæ celebratio, et pro ea oblatio. Charta ann. 1312. in Chartul. Arremar. ch. 124 : *Item et quatuor denarios cum obolo Turonensi reddendos eidem curato a dictis parrochianis suis in Paschate anno quolibet* (pro) *Cantagio Quadragesimæ...... Pro dictis quatuor denariis et obolo pro Cantagio, pro pane Epiphaniæ...... Hiis mediantibus dictus curatus per se vel per alium singulis annis et quolibet die in Quadragesima... summo mane unam missam celebrabit.* Vide *Cantamissæ* et infra *Cantare* 6.

* 3. **CANTAGIUM**, Officium solemne pro defuncto. Martyrol. Ms. eccl. SS. Steph. et Sebast. Narbon. : *Anno Domini 1483. et die quarta mensis Septembris, obiit .... Ludovicus rex Franciæ, ... pro anima cujus fuit celebratum unum Cantagium solemne in ecclesia sancta Narbonensi, ... in quo Cantagio fuerunt præsentes dom. officiarii archiepiscopales in choro dextro, et dom. officiarii regii cum consulibus in choro sinistro.* Vide mox *Cantare* 3.

¶ **CANTALE**, Anniversaria sacra pro mortuo, Gall. *Anniversaire.* Testamentum ann. 1286 : *Volo... quod in quolibet Cantali expendantur triginta solidi de prædictis quinque millibus solidis.* Vide *Cantare* 3.

¶ **CANTALLUM.** Vide *Catallum.*

¶ **CANTAMEN**, Canticum. *Agno Cantamen modulando perenniter, amen*, in Actis SS. Junii tom. 5. pag. 212. Apuleius et Propertius *Cantamen* dixere pro *Incantamento;* quod incantamenta plerumque fiebant magico cantu. [** *Cantamenta et Cantutellas* habet Vergil. Grammat. ap. Maium, Classicor. Auctor. vol. 5. pag. 112.]

CANTAMISSÆ, Obventiones ex *cantatione Missæ.* Vetus Charta apud Ughellum in Episcopis Bovinensibus : *Qui quidem Canonici habere debent totam decimam, totum mortuarium, omnes oblationes festorum dierum et aliorum, omnes Cantamissas, pœnitentias, et patronantias.* Vide in *Missa.*

¶ **CANTARA.** Vide *Cantharum.*

* **CANTAPLORA**, Clepsydra Aristotelis, Interpreti Averrois lib. 4. cap. 8. Comment. Natur. Auscultat. cui Instrumentum est, ex quo cum superius clauditur, non fluit aqua ab inferiori; et cum superius aperitur, fluit. Idem proinde quod sipho, Gall. *Chantepleure.* Hæc ex animadversionibus D. *Falconet.*

* **CANTAR**, pro *Canthar*, Aquarum receptaculum, unde aquæ erumpunt, nostris *Bacin.* Codex reg. 4188. ad calcem Ordinar. Rom. : *In paradiso S. Petri est Cantar, quod fecit Simacus PP. columpnis porphireticis ornatum...... In medio Cantari est pinea erea, etc.* Vide in *Cantharum.*

* **CANTARA**, Tributi species pro vino vendendo exsoluti, sic dicti a cantheriis, Gall. *Chantiers*, super quos dolia collocantur. Vide infra *Cantarum* 4. et *Cantellagium.* Charta Bertr. archiep. Burdigal. ann. 1170. ex Chartul. S. Sever. ejusd. urbis : *Cum controversia diu agitaretur inter me et canonicos ecclesiæ beati Severini de Cantaris, quæ dantur in venditione vini in burgo B. Severini, quas ego dicebam mei juris esse, et illi dicebant adjudicatas fuisse eidem ecclesiæ, tempore Arnaudi Girandi archiepiscopi antecessoris nostri, ... illas resignavimus eis habendas.* Vide alia notione in *Cantharum.*

1. **CANTARE IN ECCLESIA**, dicitur Presbyter, cui Ecclesia alteri majori subdita, regenda commissa, uti est *Capellania*, seu cui *Cantaria* demandata est. Hincmarus Remensis Epist. 7. ex Labbeanis : *Ipse Ottericus, dum ipsam Ecclesiam teneret, Cantavit in Noviante et in Landricurte, et in Boeris : titulus autem ipsius, in quo et residuus erat, fuit in Follanœbraio.* Infra : *Interea ante ordinationem tuam Cantavit ibidem Haimeradus Presbyter in Codiciaco, ordinatus a Simeone Episcopo, et reclamante ipso Haimerado apud me, et ante te, quia ipsa Ecclesia subjecta esse deberet Ecclesiæ de Codiciaco, etc.* Rursum : *Inde, sicut ipsi homines dicunt, per tuum consensum Bertfridus Presbyter in eadem Ecclesia, et in Ecclesia tua apud Broeras, per quinque annos Cantavit*, Infra, pro *Cantavit*, habetur *ministravit : In ipsa Ecclesia, ut prædixi, idem Bertfridus per annos quinque per tuam licentiam ministravit.* Denique : *Grimo Presbyter tuæ parochiæ in ipsa Ecclesia Cantavit : deinde ipsorum consensione Heimericus Presbyter tuæ parochiæ per duos et dimidium annos ibidem officium sacerdotale exhibuit, etc. Tenementum datum pro Cantare, vel Cantatione*, in primis Statutis Roberti I. Regis Scotiæ cap. 1. § 7. 8.

* Immo Quamcumque ecclesiam regere. Charta ann. 1110. in Tabul. eccl. Camer. : *Ut presbiter, qui eo* (*altari*) *Cantaturus est, cura de episcopali manu recepta, etc.* Charta ann. 1254. inter Instr. tom. 6. Gall. Christ. col. 67 : *Et quamdiu vixero Cantare faciam ecclesias prælibatas.* Vide infra *Percantare.*

¶ 2. **CANTARE**, Recitare. Beda lib. 2. Hist. Abbatum Monasterii sui ad ann. 690 : *Ex die quo de Monasterio suo profectus abiit* (Ceolfridus) *usque ad diem quo defunctus est, quotidie Missa Cantata salutaris hostiæ Deo munus offerebat.* Idem Beda in Epistola ad Egbertum Episc. a Ware edita : *S. Antistes Ambrosius hoc de Fide loquens admonet, ut verba Symboli matutinis semper horis fideles quique Decantent.* Remigius Autisiod. in Explicatione Canonis Missæ : *Idcirco, ut fertur, venit consuetudo in Ecclesia, ut tacite ipsa obsecratio atque consecratio a Sacerdote Cantetur, ne verba tam sacra vilescerent.* S. Wilhelmus lib. 1. Consuetud. Hirsaug. cap. 186 : *Sacerdos si privatam Missam Cantare voluerit, innuit Converso cum signo crucis, quod est signum Cantandæ Missæ.* Vita S. Benedicti Anian. inter Acta SS. Benedict. sæc. 4. part. 1. pag. 216 : *Isdem vero venerabilis vir omne officium suum de quinque annis et duobus mensibus ante obitum suum, sicut in ipsis tabulis post ejus decessum reperimus, et ipse vivens quibusdam dixit, Cantatum per semetipsum reliquit;* id est, *recitatum*, inquit Mabillonius : haud scio an melius, notis musicis exceptum. Charta Guidonis Abb. Claravallis, apud Marten. tom. 1. Anecd. col. 821 : *Præterea dedit idem Balduinus eidem domui Clarevallis in eleemosynam* XX. *libras blancorum pro uno calice, in quo ad majus altare Cantatur;* id est, Offertur sacrosanctum Missæ sacrificium. Vide *Decantare* 1.

¶ 3. **CANTARE**, substant. Anniversarium pro defunctis. Capitula general. MSS. S. Victoris Massil. : *Item statuimus et ordinamus, quod illi qui facere faciunt Cantaria sive Anniversaria teneantur die Cantaris facere fieri Cantare, et quod de summâ legata pro Cantari, illud teneantur expendere in pitanciis Conventus.* Pluries ibidem legitur. Nova Gall. Christ. tom. 3. col. 1126. ex Necrologio Ecclesiæ Diniensis : *Eodem die obiit Dominus Nicolaus Episcopus .... ideo dicta die fiendum est Cantare pro anima sua.* Statuta Ecclesiæ Aquensis MSS. : *Quando mandatum est Cantare.... si pro illo Cantari debeat de sero officium mortuorum celebrari, quod illi qui non interfuerint in illo officio, medietatem perdant eleemosynæ eis fiendæ,* nec tantum (f. totum) *habere sperent, ne detur laicis materia Cantaria non faciendi : in crastinum vero si in Cantari fuerint, medietatem eleemosynæ habeant, et non ultra.* Judicium anni 1441. inter Canonicos et Clericos beneficiatos Eccl. Aquensis ex Archivis ejusdem : *Item ordinamus ut supra, quod distributiones pecuniarum pro Cantaribus in tabula anniversariorum descriptis non dentur Canonicis seu Clericis, qui non interfuerint eisdem, sed solum illis, qui die statuta in dicta tabula Missas pro animabus illorum, qui dicta Cantaria reliquerunt, celebraverint, ministrentur.* Etiamnum Provinciales *Cantat* vocant Missam quæ cantatur die obitus quotannis recurrente. Vide *Cantale* et *Cantariolum.*

* Simul et Officium solemne pro defunctis. Comput. ann. 1482. inter Probat. tom. 4. Hist. Nem. pag. 21. col. 1 : *Cantare dicti condam domini nostri regis Ludovici fuit factum in ecclesia cathedrali Nemausi die xxvij. mensis Septembris. Chantrerie*, eadem notione, in Ch. Ludov. XI. pro eccl. *de Clery* ann. 1471. ex Reg. 185. Chartoph. reg. ch. 622 : *A la charge ...... de faire par chacun an après nostre décès, à tel jour qu'il aura esté, une Chantrerie de trois grans messes. Chanterie*, ex ead. Ch. in Bibl. reg. In alia vero ann. 1477. de eadem re ibid. : *Un service sollempnel de trois grans Messes, etc.* Vide supra *Cantagium* 3.

* 4. **CANTARE**, Eleemosyna seu pauperibus erogatio, quæ in anniversariis maxime fieri solebat. Testam. Ms. Raym. de Villanova ann. 1449 : *Item legavit amore Dei et in redemptione suorum peccaminum ac parentum suorum, quod faciant tria Cantaria sive tres elemosinas de pane, vino, fabarum et carnium salsarum ad modum istius castri.* Vide in *Cantaria* 1.

* 5. **CANTARE**, Tumulus honorarius, pegma funebre. Comput. ann. 1362. inter Probat. Hist. Nem. tom. 2. pag. 244. col. 2 : *Item pro panno aureo posito supra Cantare, etc.* Ubi et pro Officio defunctorum non semel occurrit.

* 6. **CANTARE**, Sacram liturgiam peragere; missam celebrare, quo sensu etiam *Chanter* usurpamus. Commonit. apud Marten. tom. 7. Ampl. Collect. col. 1 : *Nullus Cantet nisi jejunus ; nullus Cantet qui non communicet.* Charta ann. 1151. apud Murator. tom. 5. Antiq. Ital. med. ævi col. 317 : *Ad quos Landolfus responderat, se ideo presbyteros de suis beneficiis expulisse, quia de Cantare et de altari sibi non serviebant...... Judicatum fuit ut....... missas sibi cantarent.* Inventar. Gall. S. Capellæ Paris. Ms : *L'autre* (calice) *est semé de fleurs de lis, ouquel en Chante cotidiannement.* Ch. Ludov. XI. ann. 1477. ex Bibl. reg. : *Durant qu'on dira ladite grant messe, seront Chantées deux messes basses de Requiem à deux prochains autels.* Vide supra *Cantagium* 2. et *Cantaria* 1.

* 7. **CANTARE**, Idem quod *Cantarium* 1. vel Fascis, quæ *Cantarium* pendit. Charta Conr. II. reg. Sicil. ann. 1269. apud Lam. in Delic. erudit. inter not. ad Chron. imper. Leon. Urbevet. pag. 275 : *Salvo quod de ponderatura mercium, quæ vendentur vel ementur ad Cantarium, solvere debeant Pisani usque ad granum unum auri per quodlibet Cantare, quod vendetur vel emetur, et non plus.*

CANTAREDUS. Vide *Cantredus.*

1. **CANTARIA**, Cantuaria, Beneficium Ecclesiasticum, Missis decantandis addictum, et cui deserviunt, qui alias Capellani dicuntur. Will. Thorn. cap. 20. § 5 : *Concessum est etiam ..... uxori suæ habere Cantariam in Capella manerii sui.* Idem cap. 24. § 3 : *Ordinavit Cantariam pro anima parentum suorum.* Charta Edwardi III. Regis Angl. tom. 1. Monast. Angl. : *In villa de Ashe unam perpetuam Cantariam 5. Capellanorum fundaverat.* Alia tom. 2. pag. 104 : *Si prior et Conventus perfecerint, et manutenuerint quandam Cantariam 6. Capellanorum in Ecclesia de Hareswode.* Charta Joannis Eboracensis Archiepiscopi in Monast. Angl. tom. 3. pag. 164 : *Ut de bonis suis eorum administrationi commissis Cantarias perpetuas pro Missis celebrandis, prout melius ordinare poterunt, fieri procurarent.* Henr. Knyghton. ann. 1326 : *Iste Rogerus fundavit Cantariam sæcularium Sacerdotum.... quam post multos annos uxor ejusdem in usus Canonicorum Regularium instituit.* Adde pag. 2738. Charta ann. 1264. apud Guichenonum in Probat. Hist. Sabaud. : *Volo, ordino et dispono, quod in Ecclesia, in qua corpus meum contigerit sepeliri, Cantaria fiat, et constituatur ad celebrandum singulis diebus pro salute animæ meæ, parentum, etc. et omnium fidelium defunctorum. Capellani Cantariarum*, in Statutis Ecclesiæ Leichefeldensis in Monastico Anglic. tom. 3. pag. 248. 251. et Londinensis ib. pag. 344. Vide tom. 1. Monast. Angl. pag. 47. 48. Littletonem sect. 530. Statutum 2. Westmonaster. cap. 45. [Thomæ *Madox* Formulare Anglic. pag. 165. Martenii Anecdota tom. 1. col. 1508. et 1509. Kennet. Antiquit. Ambrosden. in Glossario ad calcem, et Librum Nigrum Scaccarii pag. 529.] etc.

Cantariæ Liberæ. Charta Henrici III. Reg. Angl. apud Prynneum in Libertat. Angl. tom. 2. pag. 1038 : *Cum ex privilegio Regibus Angliæ prædecessoribus nostris et nobis in ipsis a prima institutione Christianæ religionis concesso, Liberæ semper Cantariæ in singulis domibus nostris et nostræ fundationis, et maxime in propriis dominicis nostris hactenus habitæ sint ac obtentæ, etc.* Vide *Capella.*

¶ Cantaria Presbyteratus, infra in voce *Guarba.*

¶ Cantaria Parva, Munus eorum canendorum, quæ minora habentur in officio divino. Hist. Ingulfi pag. 48. tom. 1. Script. Angl. Monachi Croylandenses, qui viginti quatuor annos a conversione sua compleverint *sunt absoluti ab officiis Parvæ Cantariæ, Epistolæ, Evangelii et a cæteris minoribus laboribus.*

Apud Leguleios Anglos, est *Breve*, quod *Cessavit de Cantaria* vocant, conceditur que ei, qui prædia, resve alias Ædi religiosæ concessit, sub conditione divini alicujus servitii annui, aut lampadas accendendi, aut pauperes pascendi. Tunc enim si ejusmodi conditiones non adimpleat Domus religiosa, breve istud donator impetrat. Vide Statutum Westmonast. 2. cap. 41.

¶ Cantuaria. Chartul. S. Vandregesili tom. 2. pag. 1842 : *Concedimus etiam eis in dominium possidendam illam partem Cantuariæ ejusdem Ecclesiæ, quam habebat Gervasius.*

Cantuarium. Charta ann. 1205. in Tabulario S. Bertini : *Et mandato D. Papæ apud Peterse et Calais personatum a Cantuario divisimus.* [Inventar. Eccles. Noviom. ann. 1419 : *Item quædam casula... quæ fuit de Cantuario. Item unum altare benedictum de dicto Cantuario.* Charta Harpini Meldensis Ecclesiæ Decani, de fundatione Abbatiæ B. Mariæ de Cagia anno 1135 : *Cantuarium etiam S. Stephani, quod Capellaniam aptius dicere possumus, eisdem concessimus.* Epistola Innocentii Papæ ad Heliam Abbatem B. Mariæ de Cagia anno 1136 : *Confirmo etiam vobis Cantuarium S. Stephani quod Capellania vocatur.* Occurrit rursus apud Hemeræum Hist. Viromand. pag. 182. etc.]

* 2. **CANTARIA**, Cantoris dignitas, officium ecclesiasticum, Gall. *Chantrerie.* Charta Math. de Montemor. ann. 1230. in Chartul. Campan. ex Cam. Comput. Paris. fol. 355. r°. col. 2 : *Ponimus etiam in ista parte... patronatum præposituræ, thesaurariæ et Cantariæ S. Johannis de Nogento.*

* 3. **CANTARIA**, pro *Canaria*, ni fallor, Servitus, qua vassalli canes dominorum suorum excipere et alere tenebantur. Vide in hac voce. Fundat. Hospit. S. Joan. B. Bruggewater. ann. 1219. ad calcem Chron. Walt. Hermingford. edit. Hearn. tom. 2. pag. 600 : *Item, ne corrodia, liberationes, perendinationes, pensiones aut Cantariæ in dicta domo vendantur nec concedantur prece vel pretio.* Et pag. seq. : *Item prohibemus ne divites aut potentes...... in dicto hospitali perendinari, morari aut hospitari, ... nec per equorum suorum, vel aliorum quorumcumque moras vel perendinationes in aliquo domum gravare præsumant.*

CANTARINUM, *Genus ordei, i. exacticum.* Papias MS. et Edit. [In editione Veneta anni 1496. quam unam vidi, legitur : *Ordeum etc. tria sunt genera, Exaticum, quod sex ordines habeat, quod quidam Catharnicum dicunt, quoniam animalia melius quam triticum pascat.* MS. Bituric. habet etiam *Exaticum* et præterea *Cantarium.* Vet Glossar. San-German. MS. num. 501 : *Canterinum, quidam appellant genus hordei, quoniam animalia melius, quam triticum pascit et homines salubrius. Idem dicitur et Exaticum.*] [** Vide Forcellin. voc. *Canterinus.*]

¶ **CANTARINUS.** Vide *Cantarius.*

¶ **CANTARIOLUM**, Anniversarium, Missa pro defuncto celebranda. Gassend. Notitia Ecclesiæ Diniensis pag. 161. edit. 1654. ex Tabulario Capituli ejusdem : *Solvisse ipsi Capitulo ann. 1477. summam 200. ducatorum aureorum, quos illi tradiderat Dominus Guillelmus Episc. Ostiensis, Cardinalis de Estoteville, Archiep. Rothomag. pro fundatione anniversarii seu Cantarioli media die cujusque mensis, aut sequente proxime festi solemnitate non impedita.* Vide *Cantare*, 3.

¶ **CANTARISTA** et Cantharista, f. Capellanus, qui *Cantariæ* deservit. In quadam Canonicorum Londinensium serie 31. *Can-*

taristæ numerantur apud Rymer tom. 14. pag. 494.

1. **CANTARIUM**, *Cantaro* Italis et Neapolitanis, apud quos ita appellatur pondus 25. librarum, quod apud Genuenses est 150. Occurrit apud Richardum de S. Germano in Chron. pag. 1019. Sanutum lib. 2. part. 4. cap. 10. et alibi passim. Charta Friderici III. Regis Sicil. ann. 1305. pro Mercatoribus Majoricens. : *De ponderatura vero mercium, quæ venduntur ad Cantarium, solvere debent usque ad erana duo et medium, et non plus.* Vide Probat. Histor. nostræ Gallo-Byzantinæ pag. 12. Vide *Cantare*, 7.

¶ 2. **CANTARIUM** Cantorum pluteus, analogium. Eckeardus Minimus tom. 1. April. pag. 582. in Vita B. Notkeri Balbuli : *Erat Romæ instrumentum quoddam et theca ad reposituram Antiphonarii authentici et publicam omnibus adventantibus inspectionem, quod a cantu dicebatur Cantarium.* Paulo aliter hunc locum refert Eckehardus Jun. infra in *Cantatorium*.

* 3. **CANTARIUM**, pro *Cantharum*, Discus nempe cui cerei infigebantur, candelabri vice. Ordo eccl. Ambros. Mediol. ann. circ. 1130. apud Murator. tom. 4. Antiq. Ital. med. ævi col. 862 : *Quidquid cereorum uritur, ... exceptis...... illis, qui ponuntur in Cantariis in Paschalibus feriis, etc.* Et col. 897 : *Præcedentibus etiam duobus diaconis indutis dalmaticis cum Cantariis et cereis accensis, etc. Cantaris*, pro *Cantariis*, ibid. col. 896. Vide in *Cantharum.*

* 4. **CANTARIUM**, Tignum super quod dolia collocantur, cantherius, Gall. *Chantier; Gantier*, in Charta commun. S. Valar. ann. 1376. ex Tabul. S. Vulfr. Abbavil. : *Item le sire de S. Vallery aura le vin au prix qu'il couste au bourgeois sur les Gantiers.* Inquisit. ann. 1263. in Reg. *Olim* parlam. Paris. : *Vina burgensia de Nogento....... jam super Cantaria posuerant, etc.* Vide supra *Cantara.*

¶ **CANTARIUS**, CANTARINUS, *Equus castratus.* Papias MS. Catoni et Varroni *Cantherius.* Vide *Canterinus.*

* Glossar. vet. ex Cod. reg. 7646 : *Cantarium vel Cantarum, equum castratum, alii autem sumarium vocant.*

CANTARULUS. Vide *Cantharum.*

CANTARUM, *Camera domorum.* Papias.

¶ 1. **CANTARUS**, Pelvis qua tonsores utuntur ad lavandam barbam, Gall. *Bassin.* Hist. Dalphin. tom. 2. pag. 274 : *Barberio pro emendo uno sacco, pro faciendo lesavio pro Domino duabus quarteriis et uno Cantaro.* Vide *Cantharum.*

¶ 2. **CANTARUS**, vel CANTARUM, Pondus idem, quod supra *Cantarium.* Occurrit apud Baluzium tom. 6. Miscell. pag. 347. et in Vita S. Francisci de Paula inter Acta SS. April. pag. 130 : *Unde quidam lapis pondo trium Cantarorum deturbabatur.*

* Vel Præstatio pro *Cantario.* Charta pro Pisanis apud Lam. in Delic. erudit. inter not. ad. Hist. Sicul. Bonincont. part. 1. pag. 197 : *Et de hoc quod illi me preces fecerunt de Cantaru, quod erat super flumen, etc.*

* 3. **CANTARUS**, pro Cantharus, vox Virgilio et Horatio nota, Vas vinarium. cyathus, poculum. Inventar. ann. 1320. ex Tabul. S. Vict. Massil. : *Item tres Cantaros ad condendum vinum.* Aliis notionibus, vide supra in *Cantarium* 3. et *Cantarius.*

CANTATA, Cantus Ecclesiasticus, [vel potius Missa quæ cantatur.] Charta Swecica ann. 1414. apud Schefferum ad Chonicon Archiepiscop. Upsaliensium pag. 252 : *Ut vicarius perpetuus... præsentibus 4. Vicariis, et 4. parvulis choralibus, annis singulis Cantatas dicere teneatur, videlicet primam de B. Virgine in crastino Nativitatis ejusdem, secundam de omnibus Sanctis, etc.* [Vide *Cantare* 3.]

** **CANTATELLA.** Virgil. Grammat. Epist. 3. apud Maium Classic. Auctor. tom. 5. pag. 112 : *Iste vero in laude Matronæ uxoris suæ Cantatellas satis intulit.* Idem ibid. pag. 106. *Cantilitum.*

¶ **CANTATIM**, Cantando. Index Onomast. ad calcem tom. 3. Actorum SS. Maii.

CANTATORES, Incantatores, magi. Victorinus contra Manichæos pag. 170 : *Hic enim jam delectat Babylonis magos ac Ctesiphonticos Cantatores secretorum suorum notare mysteria, quorum posse est carmine nunc suscitare spiritus, nunc vocare.* Vide *Præcantare.*

* Sic et nostri *Chanter* et *Chantement* dixerunt, pro *Enchanter* et *Enchantement.* Stat. eccl. Turon. ann. 1396. cap. 78. ex Cod. reg. 1237 : *Si peccaverint ad fascinum vel qualescumque precationes, excepto symbolo et oratione dominica, etc.* Quæ Gall. ita redduntur ibid. : *Si aucun Chante à fesne aucuns Chantemens, fors le Credo et Pater noster.* Vide *Canterma.*

CANTATORIUM, Romanis, ut auctor est Amalarius in Præfatione libri de Ordine Antiphonarii, est liber Ecclesiasticus, quem Franci *Graduale* vocant, quia in Gradibus vel Analogio reponitur. Ordo Roman. : *Subdiaconus vero, qui lecturus est* (Apostolum) *... ascendit in ambonem, et legit... Postquam legerit, Cantor cum Cantatorio ascendit, et dicit responsorium gradalem.* Alibi : *Postquam legerit, Cantor cum Cantatorio... solus inchoat responsorium.* Ait denique, cum Pontifex, aut Sacerdos, ad altare procedit, a Bajulis *Cantatorium et cætera vasa Ecclesiæ*, quæ a primo Mansionario sumunt, deferri. Nec scio, an non etiam legendum sit *Cantatorium* apud Eckehardum Jun. de Casib. S. Galli cap. 4 : *Erat Romæ instrumentum quoddam et theca ad Antiphonarii authentici publicam omnibus inspectionem repositorii, quod a cantu nominabant, Cantarium.* [** Vide *Cantarium*, 2. et ap. Pertz. vol. 2. Script. pag. 102. not. 54.]

☞ Aliud est *Cantatorium* Monasterii S. Huberti in Ardenna, de quo nova Gall. Christ. col. 553. et 862. Est enim MS. Codex ante 600. annos exaratus complectens veterem ejus Monasterii historiam. Huic iste titulus est, *Incipit liber qui Cantatorium dicitur.* An ita vocitatus fuerit ille codex, quod primum ad calcem *Cantatorii*, veterum codicum more, fuisset exscriptus?

¶ CANTATORIUM, Analogium, pluteus Gall. *Pupitre, Aigle du Chœur.* Rituale MS. S. Stephani Tolosani : *His peractis pergant ordine quo supra ad chorum, et in ingressu chori Cantor existens ante magnum Cantatorium incipit cantare antiphonam, Asperges me Domine; et Sacerdos vadit ad aspergendum... et finita antiphona in Cantatorio parvo dicit, etc.*

CANTATRICES, quæ *Præficæ* Festo et aliis, *Mulieres ad lamentandum mortuum conductæ;* αἱ πρὸ τῆς κλίνης ἐν τῇ ἐκφορᾷ κοπτόμεναι, ut est et in vett. Glossis; θρηνῳδοὶ γυναῖκες, S. Chrysostomo Homil. 13. in Epist. Pauli, de quibus etiam S. Hieronym. in cap. 9. Hierem. : *Hic mos usque hodie permanet in Judæa, ut mulieres sparsis crinibus nudatisque pectoribus, voce modulata, omnes ad fletum concitent.* Θρηνητρίαι γυναῖκες, Theodoro Prodromo Carm. in Amicos. Synodicon Nicosiense cap. 20 : *Quia morbus quidam pestifer et infidelitati vicinus valuit in his partibus, ut videlicet in exequiis mortuorum, in domibus, Ecclesiis, et cœmeteriis, Tubicines, quæ lugubre canunt, quas Cantatrices vocant, advocentur, quæ non solum turbant divina, verum etiam provocant seu excitant alios verbis vanis ac cantibus, et paganorum ac Judæorum ritui consonis, ad plorandum, verberandum, et lacerandum se ipsas : hoc ne fiat de cætero, districtissime et sub excommunicationis vinculo prohibemus, etc.* Excommunicantur eæ in Concilio Nemosiensi ann. 1298. cap. 4 : *Et Cantatrices in funeribus defunctorum, sive in Ecclesia, sive in cœmeteriis, seu alibi. Lamentatrices* appellantur in Concilio Marciacensi ann. 1326. cap. 23. ubi et interdicuntur. Quod vero *Tubicines* vel potius *Tibicines* dicantur, respectum forte ad *Præficas* veterum, quæ cantus ejusmodi lugubres *ad tibiam* cantabant, ut est apud Nonium et Ciceronem lib. 2. de Legibus; sed et tubas olim adhibitas in funeribus, docuere pridem Persii Interpretes ad Sat. 3. Quas vero cantatrices alii, *computatrices* vocat Boncompagnus Bononiensis, qui vixit ann. 1213. in Arte Dictaminis MS. lib. 1. sub finem : quod mortuorum facta et nobilitatem narrarent : nam *computare*, pro *narrare*, dixerunt, ut supra annotatum, nos diceremus *Des conteuses.* Ita porro ille : *Ducuntur Romæ quædam feminæ pretio nummario ad plangendum super corpora defunctorum, quæ Computatrices vocantur, ex eo quod sub specie rythmica nobilitates, divitias, formas, fortunas, et omnes laudabiles mortuorum actus computant seriatim. Sedet namque Computatrix aut interdum recta, vel interdum proclivis stat super genua crinibus dissolutis, et incipit præconia laudum voce variabili juxta corpus defuncti narrare, et semper in fine clausulæ, ho vel hi, promit voce plagentis. Et tunc omnes astantes cum ipsa flebiles voces emittunt. Sed Computatrix producit lacrymas pretii, non doloris.* Id potissimum vetatur in Statutis Mediolanensibus 1. parte cap. 470. Vide Ammianum lib. 19. pag. 134. Ejusmodi porro cantatrices seu computatrices in ipsis tumulis juxta mortuorum figuras, vel in ipsa sepulcrorum basi depictas videre est in tumulo Annæ Burgundæ, mortuæ anno 1232. Ducissæ Bedfordiensis in Æde Sacra Celestinorum Parisiensium juxta sacrum altare. De ejusmodi præficis multa congessit Kirchmaunus lib. 2. de Funeribus Romanorum cap. 6. num 50. Sed et necdum omnino extincta hæc superstitio apud Græcos hodiernos, ut testatur Bellonus lib. 1. Observat. cap. 4. et lib. 2. de operum antiq. præstantia cap. 14. 15. neque in quibusdam Provinciis Gallicis. [* Vide *Reputatio* 2.] [** Conf. Murator. Antiq. Ital. tom. 2. col. 337.]

¶ **CANTATUS**, pro *Cantus*. Alcimus Avitus 5. 157. de plaga Ægyptiaca :

Ranarum fœdis texit Cautatibus urbes.

* **CANTELLAGIUM**, Tributi species pro vino vendendo exsoluti, idem quod infra *Chantelagium*. Charta ann. 1353. in Reg. 81. Chartoph. reg. ch. 847 : *Cum religiosi fratres Cartusienses Paris. haberent....... quartam partem rotagiorum et Cantellagiorum Villœnovœ regis*, etc. Vide supra *Cantara*.

CANTELLATOR, Præstigiator, Magus. Raymundus *de Agiles* in Hist. Hierosol. : *Cantellatores etiam eorum, et augures, ut fertur, dixerant, ut non moverent castella sua usque ad 7. feriam.* Italis *Cantellare* est submissiori voce cantare, aut quidpiam labiis mussitare, quod faciunt Magi et Præstigiatores, qui *immurmurare* et susurris magicis carminare solent. Vide *Carminare*, post *Carmen*. Verum Codex MS. qui est D. Boucheti, hoc loco *Constellatores* præfert. Ammian. lib. 29 : *Cum objectaretur illi, quamobrem Constellationem Principis collegisset.* Aldhelmus lib. de Virginitate : *Fato et genesi gubernantur futura, juxta Mathematicorum Constellationem.* Vide Firmic. lib. 1. Mathes. cap. 3.

CANTELLUM, velut *quantillum*, id, quod supra mensuram additum est. Statuta de Pistoribus apud Spelmannum : *Nullum genus bladi vendatur per cumulum, seu Cantellum, præter avenam, brasium, et farinam.* [Charta Ludovici Comitis Blesensis et Claromont. pro Monasterio Bonævallis ann. 1198. ex Archivo ejusd. loci : *Unum sextarium avenæ ad rasam minam... ita quod mina nec pulsata sit nec coagitata et sine Cantello.* Vide *Calcum*.]

CANTELLUS, Gall. *Chanteau*, Quadra. Monasticum Anglic. tom. 1. pag. 418 : *Fratribus leprosis de Hospitali B. Mariæ Magdal. dantur singulis diebus singuli Cantelli plenum dimidium panem habentes*, etc. [Limborch. Sentent. Inquisit. Tolos. pag. 314 : *Ipsa dedit dicto Petro Tort unum magnum Cautellum* (Cantellum) *de placenta, et duo frusta de Rosolas.* Vocis etymon fortasse Britannicum *Cant*, circulus. Vide *Chantellus*.]

* Sed et *Cantel* dixerunt nostri. Robert. Bourron in Merlino : *Li douna si grant cop sor son escu qu'il en abat un Cantel.* Unde *Escantelé* apud eumdem, pro Conscissus, discerptus : *Li escu sunt estroé et depechié et Escantelé par dessus et par dessous.* Aliud vero sonat *Tenir en Cantel* ibid. : *Li rois tint l'escu en Cantel et l'espée en la main.* Hoc est, ad latus suum, Gall. *de côté, sur le côte*, quomodo *Cantiel* apud Phil. *Mouskes* in Roberto rege :

La lance et l'escu en Cantiel.

* *Escantelé* autem, ubi de clava sermo est, clavam significare videtur nodis seu acuminibus instructam. Lit. remiss. ann. 1420. in Reg. 171. Chartoph. reg. ch. 254 : *Pieret de Beaumes fery d'une macque Escantelée*, etc. Aliæ ibid. ch. 311 : *Une macque Escantellée ou ferrée*, etc. Vide infra *Chantelagium*.

* **CANTERATA**, Vasis species, seu aquæ receptaculum ad formam vasis, quod *Cantero* Italis dicitur. Stat. Montis-reg. pag. 267 : *Item statutum est quod quilibet ferrarius et cauderarius cooperiat in directo suæ fusinæ quatuor Canteratas, vel circa, coporum seu losarum, aut maneant discopertæ.* Vide *Cantharum*.

¶ **CANTERELLUS**. Testam. Henrici Cardinalis ann. 1271. inter Instrum tom. 3. novæ Gall. Christ. col. 181 : *Item lego Andreæ Priori Vintoniensi decem marchas et librum qui dicitur Canterellus.* f. Liber musicus seu cantum spectans Ecclesiasticum. Gallis *Chanterelle* est instrumenti musici nervus tenuissimus. Vide *Cantatorium*.

* *Chanterel* appellatur in Lit. remiss. ann. 1460. ex Reg. 189. Chartoph. reg. ch. 456 : *Le suppliant print ung petit livre, que l'en dit Chanterel, qu'il rendist prestement aux marregliers de l'eglise.* Vide infra *Cantica*.

¶ **CANTERINUM**. Vide *Cantarinum*.

¶ **CANTERINUS**, Equus. Acta SS. Julii tom. 1. pag. 332. de Swithuno : *Et volucri gressu ad venerandum almi reliquias Episcopi pervenit incolumis, adhuc sodalibus longe remanentibus, Canterinis licet et adminiculis suffragantibus.* Vide *Cantarius* et *Canterma*.

1. **CANTERIUM**. Charta Leonardi Episc. Cæsenatis ann. 1175 : *Unum Canterium terræ, quod vobis Marota dedit.* Occurrit semel ibi ac iterum. [Forte melius legeretur *Carterium*, Gall. *Cartier*.]

* 2. **CANTERIUM**, Cantherius, Gall. *Chevron*. Stat. Vercell. lib. 2. pag. 36. r° : *Etsi nemus captum sit vel fuerit in solutum per aliquem creditorem, non liceat ipsi creditori incidere vel incidi facere lignamen grossum quod ibi esset, scilicet trabes et Canteria, infra triennium a tempore suprascripto.* Occurrit præterea in Stat. datiar. Riper. cap. 12. fol. 5. r°. et Perusin. pag. 53.

CANTERIUS, pro *Cantherius*. Acta S. Thyrsi num. 48 : *Quibus decollatis, jussit Thyrsum claudi locello ligneo, et ipsum in Canterio levari.* Acta alia habent *plaustro*, pro *canterio*.

CANTERMA, Maleficii species, aut incantationis, unde forte nomen, *susurrus magicus*. Gregorius Magn. lib. 12. Ind. 7. Ep. 13 : *Maleficio, quod vulgo Canterma dicitur, quosdam didicit maculatos.* Ita MSS. præferunt. Vide an non legendum sit *Canterina;* nam etiamnum Italis *Canterini*, Senensibus *Cantarini* dicuntur, qui crebro ac ultro *cantant*, vel incantant. Ita nostri olim *Chanterres* dicebant. Hugo de Villanova Poeta vetus :

Quant'uns Chanterres vient entre gent henorée.

[Alter Poeta vetus apud Borellum :

A son hostel se sied, si fit joyaux et liez
Un Chanterre il dit, d'Alexandre à ses piez.]

Gloss. Lat. Græc. : *Canturit*, ψιθυρίζει. Alii putant scribendum *Cantamina :* nam ita Magorum incantationes vocat Apuleius in Apol. *vi Cantaminum.* Alibi : *Profluentem sanguinem sisti Cantamine. Magica Cantamina*, leg. 6. Cod. Th. de Malef. (9, 16.) Ita enim quidam legendum censent, pro *Contamina*, id est, consultationes : *Si quis magus, vel magicis Contaminibus adsuetus, qui Maleficus vulgi consuetudine nuncupatur, ut haruspex, aut ariolus, etc.* Ubi indubie legendum *Cantaminibus*, quidquid dicant viri docti, quod et voluit Tribonianus, qui in Cod. Just. *carminibus*, reposuit : nam in hac lege agitur de magis, non de iis, qui eos *contabantur*, aut *consulebant*, vel quos *indago curiosior*, seu *divinandi curiositas* tenebat, ut loquuntur lex 13. Cod. Th. de Hæret. (16, 5.) et lex 4. de Malefic. (9, 16.) Martianus Capella lib. 1 : *Jampridem quippe offensus Contamine movendorum, dedignatur Augur Pythius nuncupari.* Vide Lindenbrogium ad Ammiani lib. 16. pag. 52.

¶ **CANTES**, *Proprie sunt Fistulæ quarum sonus artem musicam edit. Deæ quoque Cantes dicuntur.* Papias. Vetus Vocabul. Monasticum apud Martinium in Lexico : *Cantes plur. num. dicuntur Fistulæ organorum, in quibus cantus temperatur : vel ut Martiano placet, Cantes dicuntur Deæ ornamentorum.* Vide Lexicon ejusdem Martinii.

* Glossar. Lat. Gall. ex Cod. reg. 7679 : *Cantes, flustres des Grés, ou gantes* (jantes) *de roe à chareste.* Vide supra *Canta* et *Cantus*, 6.

¶ **CANTHARA**. Vide *Cantharum*.

¶ **CANTHARATA** Vela Coccoprasina, in Charta ann. 471. apud Mabill. de Re Diplom. pag. 462. f. Vela sunt, in quibus erant depicta animalia, ac præsertim scarabæi, quos Gr. Κανθάρους appellant.

CANTHAREDA, Cantharis, animal venenosum, *Cantaride*. Gregorius Turonens. lib. 6. cap. 15 : *Cantharedarum cataplasmam nimium validam ponens*, etc.

¶ **CANTHAREDUS**. Vide *Cantredus*.

CANTHARUM, Canthara, Cantharus. Horum vocabulorum notiones omnes prodit Papias : *Cantara, corbes, cuna vel cerostata, vasa Ecclesiastica. Cantarus, vas quoddam cum ansis. Græcum est, ut quidam dicunt; Butritus* (Edit. *Butribus*), *dicitur tamen a cantando. Cantara, vas vinarium, vel animal. Cantara, Camera domorum.* Brit. in Vocab. : *Cantarus, vas quoddam est, ad aquam vel ad vinum portandum.* [Sussan. in Vocab. : *Cantharus, Ornamentum muliebre.*]

** Virgil. Grammat. Epit. 8. ap. Maium. Classicor. Auctor. vol. 5. pag. 137 : *Cantharus animal est; Cantharum, Camera, domus, domuncula, conclavium domus, domicilium, nidum avis, Diluvium, inundatio inmoderata aquæ, diluvies, Sanctificatio, etc.*

Cantharus, vel Canthara, vel Cantharum, Vas vinarium. Hesychius : Κάνθαρος, ποτηρίου εἶδος. Helgaudus in Roberto Rege Franc. : *Vas vinarium ex argento factum, quod Cantara dicitur, a suo quodam Clerico fuerit furatum.* Eckeardus Junior de Casib. S. Galli cap. 1. pag. 46 : *In Cantaro quodam, quo Salomon utebatur, gemmato gravissimi ponderis aureo. Canthari* et *Canthara* non semel inter vasa Ecclesiastica reponuntur ab Anastasio in S. Hilaro PP. in S. Simplicio, in S. Symmacho, in S. Hormisda, in Sergio, etc. pagg. 29. 33. 34. 60. 135. etc.

Canthara Cerostrata, Cerostata, Canthari seu disci cereis instructi, in quibus illi infixi, candelabrorum vice. Anastasius in S. Silvestro PP. : *Canthara cerostrata* 12. *ærea pens. singula libras tricenas*. Infra : *Canhara cyrostrata in gremio basilicæ argentea* 50. *pens. singula libras* 20. Idem in Leone III : *Fecit super ciborium de altari majori B. Petro Apostolo Canthara majora* 4. *ex argento purissimo habentia in medio cereos ex argento deauratos, etc.* Occurrit passim apud hunc Scriptorem pag. 21. 23. 25. etc. Vide *Pharacanthara* [post *Pharus*, ad lineam, *de Lichnuchis*.]

Canthari, Aquarum receptacula, unde aquæ erumpunt, Ulpiano; nostris *Bacins*, qui in mediis Ecclesiarum atriis, seu propylæis extrui solebant. Anastasius in S. Hilaro PP. : *Cantharum B. Petri cum quadriporticu marmoribus ornavit*. Infra : *Item sub gradus in atrio alium Cantharum foris in vulgo campi posuit, et ad usum necessitatis humanæ fecit*. Paulin. Nat. 10 :

Cujus in exposito prælucens Cantharus exit.

Gesta Innocentii III. PP. pag. 144 : *E pateres* (f. crateres) *eos, quos de Cantharo ante basilicam dicebantur extulisse vel confregisse, etc.* Vide Descriptionem nostram sanctæ Sophiæ num. 22.

Cantarulus, Parvus cantharus. Ordericus lib. 9 : *Aquarum Cantarulos plenos a pleno collo suspenderant*.

¶ Cantrum. Richerius Senon. in Vita S. Deodati Nivern. inter Acta SS. Benedict. sæc. 3. part. 2. pag. 476 : *Accepto vase vinario quod Cantrum vocatur, etc.* [** Testam. ann. 1367. ap. Guden. cod. Diplom. tom. 3. pag. 475 : *Uno Cantro continente dimidium duale ac una flascula ejusdem mensure*.]

¶ **CANTHARNICUM**. Vide *Cantarinum*.

CANTHELIUM, Vasis genus, Κανθήλιον. Joan. Moschus Limonarii cap. 107 : *Portabat Canthelium capientem amphoras* 4. *ferebatque aquam in Monasterium*. Vide Cyrillum in Vita S. Euthymii.

¶ **CANTHUS**, *Pars communis superioris inferiorisque palpebræ, quam duplicem habet uterque oculus, alteram juxta nasum, juxta tempora alteram*. Vocabularium Sussannæi. Græcis κανθός, Oculi angulus. Vide *Cantus*, 2.

* **CANTICA**, Liber ecclesiasticus, in quo *cantica* continentur. Testam. ann. 1250. tom. 2. Hist. Cassin. pag. 493. col. 2 : *Relinquo libros istos... orationale unum, Canticam unam cum legendis beatæ Virginis*. Vide supra *Canterellus*.

CANTICINIUM, Cantus Ecclesiasticus, Officium Ecclesiasticum. Metellus in Quirinalibus :

Præsentat imminente Canticinio,
In veste palmeu latens,
Corpus sacrum, suo super signaculo
Præmuniens sarcofagum.

* Pro Officio, quod noctu peragitur, in lib. 6. Rer. Danic. apud Ludewig. tom. 9. Reliq. Mss. pag. 368 : *Quadam nocte in hora Canticinii factum est terribile signum civilis exterminii*. Nisi tempus significet, quo gallus cantat.

CANTICUM, *est vox cantantis in lætitiam*, inquit Isidorus lib. 6. Orig. cap. 19. Ruffinus Aquileiensis in Psalmum 75 : *Psalmus est cum cessante voce pulsus tantum organi canentis auditur. Canticum est, cum cantantium chorus libertate sua utens, neque in consonum organi astrictus obsequium, hymno canoræ vocis tantum exultat*.

Canticum Canticorum, propter excellentiam dicitur : ita enim Τελετὴν τῶν τελετῶν Eucharistiam vocat Dionysius Areop. Ἑορτὴν ἑορτῶν festum Resurrectionis, Gregorius Nazianzenus. Papias : *Canticum Canticorum, Hebraice Sirasiti dictum, quod omnibus Canticis præferatur*. [Hebræis, שיר השירים *Sir Hasirim*.] Vide Isid. lib. 6. Orig. cap. 1. et 2.

Cantica Graduum dicuntur xv. Psalmi, scilicet 119. 120. 121. 122. 123. 124. 125. 126. 127. 128. 129. 130. 131. 132. 133. *quia*, inquit Eucherius, *quindecim quondam gradibus ascendebatur in templum, atque ideo hi Psalmi* xv. *Cantici graduum inscriptione signantur, quod nos per quosdam profectus ad sublimia spiritalium rerum provectione perducant*. Vide S. Hilarium in Præfat. Comment. in Canticum Graduum.

Canticum Psalmi, *est id quod, cum organum modulatur, vox postea cantantis eloquitur*. Ita Isidor. lib. 6. Orig. cap. 19. Ruffinus in Psalm. : *Canticum Psalmi, est cum choro ante constante humanæ cantationis hymno, ars organi consonantis aptatur, vocisque modulis præcinentis pari psalterio suavitate modulatur*. Vide S. Hilarium in Prologo ad Psalmos.

* **CANTILABRUM**, Feretrum, Gall. *Cercueil*. Invent. S. Anastas. tom. 3. Aug. pag. 459. col. 1 : *Ut in aula Genitricis Christi ad sepeliendum aptum locum invenirent, laborare cœperunt, qui dum studiose foderent, invenerunt Cantilabrum nitidi marmoris miræ pulchritudinis sculptum, etc.* Vide supra *Canterata*.

CANTILENA Rollandi, Clamor militaris, *permistus exhortatione*, inquit Sallustius, in procinctu pugnæ pronutiari solitus, cujusmodi fuit veterum Gallorum *barditus* apud Tacitum de Morib. German. Erant enim in exercitu *Cantatores*, qui milites ad strenue se gerendum in præliis excitabant, et rerum præclare a summis ducibus gestarum exempla, præliaturis ob oculos ponebant, eaque decantabant. Leo in Tactic. : Παρακλήτορας, οἱ διὰ λόγων διεγείροντες τὸν στρατὸν πρὸς τοὺς ἀγῶνας, οὓς οἱ πρὸ ἡμῶν νεώτεροι, καὶ τῶν ἄλλων τακτικοὶ Ῥωμαϊστὶ Καντάτορας ἐκάλουν. De ejusmodi Cantatoribus agit præterea idem Leo cap. 12. § 71. 72. 120. Willelmus Malmesbur. de Gestis Regum Anglorum lib. 3. et ex eo Albericus, Matthæus Paris, Matthæus Westmon. et alii ann. 1066. de Willelmo Notho ad prælium contra Haraldum sese apparante : *Tunc Cantilena Rollandi inchoata, ut Martium viri exemplum pugnaturos accenderet, inclamatoque Dei auxilio, prælium consertum, bellatumque acriter*. *Vacces au Roman de Rou* MS. in Willelmo Notho, ubi de prælio Hastingensi :

Taillefer qui moult bien chantoit,
Sus un cheval qui tost alloit,
Devant eus alloit chantant,
De l'Allemaigne, et de Rollant,
Et d'Olivier, et des Vassaux,
Qui moururent en Rainschevaux.

De fabuloso Rolando, vide Turpinum, Willelm. Briton. lib. 3. Philipp. pag. 128. Ordericum Vital. lib. 7. pag. 646. Busbequium Ep. 3. Turcic. pag. 86. Edit. 1589. Galeotum Marium de Dictis et factis Mathiæ Regis Hungariæ cap. 12. et Dissertat. nostram 11. ad Joinvillam pag. 205. Nec omittendum videtur, quod scribit Hector Boethius lib. 15. Hist. Scotor. Joanni, Francorum Regi conquerenti, *nullos modo se Rolandos aut Gavinos reperire*, unum ex majoribus natu, cujus aliquando virtus in juventa claruisset, respondisse, *non defuturos Rolandos, si adsint Caroli*.

** Cantilenarum libelli ap. Ekkehard. IV. de Cas. S. Galli cap. 3. Pertzio pag. 101. *Cantilena Romana* in Chron. Mettens. ibid. pag. 268. Vide *Cantus*.

CANTILENOSUS, a *Cantilena*, occurrit apud Sidonium lib. 4. Epist. 1.

* **CANTILLARE**, Cantare, cantire, Ital. *Cantilenare*. Mirac. S. Ludov. episc. Tolos. tom. 3. Aug. pag. 820. col. 1 : *Marinetus ab Aquis, rationis orbatus usu, noctu, interdiu Cantillabat*.

¶ 1. **CANTILLUS**, Qui canit, Canorus. Versus præfixi Agnelli libro Pontif. apud Murat. tom. 2. pag. 19. col. 2 :

Qualis inest Cantilla canens Philomela suave
Florigeris verno sylvis, etc.

¶ 2. **CANTILLUS**, Genus vasis. Vide *Cancillus*.

CANTINARIUS, Cellerarius, vox Italica, a *Cantina*, cella vinaria, apud Bertramum in Vita S. Franciscæ Abbatissæ n. 18.

* 1. **CANTINELLA**. Stat. datiar. Riper. cap. 12. fol. 5. r° : *De qualibet libra æstimationis Cantinellarum pro exitu, denarii sex*.

* 2. **CANTINELLA**, *la Cancozoneta*, in Glossar. Lat. Ital. Ms. Gall. *Chansonette*, Ital. *Canzonetta*.

¶ **CANTITAS**, ποσότης, *Quantitas*, in Supplemento Antiquarii.

* Cantitas, pro *Quantitas*, extensio. Charta ann. 1250. in Chartul. Compend. fol. 184. col. 2 : *Tenentur..... quolibet anno facere annuatim viginti toisias muri lapidei circa porprisium domus et manerii, ad mensuram et Cantitatem muri novi retro grangiam*. Vide *Cantus* 3.

¶ 1. **CANTO**, Vox Italica, lapis angularis, et quodvis saxum figuræ quadratæ. Vita B. Francisci de Paula in Actis SS. Aprilis tom. 1. pag. 187 : *Vidit eumdem B. Franciscum portare super collum quemdam magnum Cantonem, longitudinis palmorum quatuor et latidudinis palmi unius*. Vide *Cantus* 2.

¶ Cantonus, Eadem notione, Ital. *Cantone*, Angulus, saxum quadratum angulare. Chron. Parmense ad ann. 1294 : *Elevata fuit turris majoris Ecclesiæ a fenestris campanarum in sursum; et facti sunt ibi archi peyti de lapidibus et quatuor Cantoni, et super quolibet unum capitellum, cum pomis deauratis*. Instrumentum anni 1428. ex Archivo S. Victoris Massil. : *Pro certa parte domus in careria Jutariæ supra Cantonum carierarum grossariæ*; id est, in angulo plateæ mercatorum.

* Pro lapide angulari *Canton* occurrit, in Lit remiss. ann. 1379. ex Reg. 115. Chartoph. reg. ch. 179 : *L'exposant bouta icellui Regnart contre le corniet ou Canton de*

la porte dudit fort, auquel cornet ou Canton par cas de meschief ledit Regnart hurta sa teste. Hinc *Cantonnierre*, Italis *Cantoniera*, Meretrix dicta, quod ad angulos viarum sedeat, vel quod sit mulier vilis pretii, quadrantis scilicet, in Poemate Ms. mag. *Guilloche* sub Carolo VIII. ex Bibl. reg. ubi de D. Ferdinando :

Fils d'une vilaine barbiere,
Laquelle fut toute sa vie
De Valence grant Cantonniere.

¶ 2. **CANTO**, Cantonus, Regio, provincia, Gall. *Canton*. Voces frequenter usurpatæ a recentioribus qui scripserunt de Helvetiis, apud quos tredecim *Cantones*, vel *Cantoni* distinguuntur, ut norunt omnes; at in Chronico Cremonensi apud Murat. tom. 7. col. 650. *Cantonus* est urbis regio. Vide *Cantonum*.

* **CANTON**. Epist. 5. Hugon. Metelli tom. 2. Monum. sacr. antiq. pag. 334 : *In superliminari autem animæ tuæ, Gnotum Canton scriptum habeto.* Corruptum pessime a Gr. γνῶθι σεαυτόν.

* **CANTONUM**, Urbis pars, regio, Gall. *Canton, quartier*. Stat. Vercell. lib. 6. pag. 144. v° : *Item commune et homines et Cantona de medio de Blandrate debent omni anno communi Vercellarum in festo Nativitatis Domini pro censu libras centum Papienses.* Formulæ Mss. ex Cod. reg. 7657. fol. 39. v° : *Accessit usque ad Cantonum curiæ generalis, etc.* Vide *Canto*, 2.

* 1. **CANTONUS**, Recessus, Gall. *Coin*. Charta ann. 1333. ex Bibl. reg. cot. 2 : *Inveniens baculum seu astellam dicti dom. archiepiscopi appositum seu appositam in Cantono dicti operatorii..... Inveniens in Cantono domus seu hospicii, etc.* Nisi idem est quod sequens.

* 2. **CANTONUS**, Latus, angulus, Ital. *Canto*, Gall. *Coin*. Annal. Mediolan. ad ann. 1389. apud Murator. tom. 16. Script. Ital. col. 808 : *Fermalium unum factum ad Cantonos, cum balassis iv. sapphiris iij. et perlis xij.* Hinc *Eschantellet*, pro Angulo, in Lit. remiss. ann. 1380. ex Reg. 117. Chartoph. reg. ch. 188 : *Le suppliant prist un franc qu'il vit sur l'Eschantellet ou queston d'icelle huche.* Vide *Cantus* 2.

CANTORES, in Ecclesia iidem, qui Psalmistæ. Amalarius lib. 3. de Eccl. Offic. cap. 5 : *Septem gradus sunt ordinatorum, octavus Cantorum, nonus et decimus Auditorum utriusque sexus.* Vide *Psalmistæ*.

Primitus autem et nascente Ecclesia, in singulis ædibus sacris non erant psalmodiæ, quia reditus adhuc assignati non erant, quibus possent ali singula canentium collegia. Ideo Romæ *Schola Cantorum* instituta fuit, quæ urbi communis erat, et ad stationes, processiones, singulasque diebus earumdem festis Ecclesias urbis conveniebat, ibique sacra officia et Missarum solennia, Pontifice vel Presbytero celebrante, decantabat. Hæc Schola communibus sumptibus victitabat, habebatque magnæ in urbe dignitatis et existimationis Præfectum, qui *Primicerius*, interdum *Prior Scholæ Cantorum* vocabatur, cujus opera selecti juvenes in cantu, lectione sacrorum librorum, et optimis moribus instituebantur. Hujus Scholæ initium Hilario PP. adscribere videtur Anastasius, his verbis : *Hic constituit in urbe Ministrales* (id est, Clericos) *qui circumirent constitutas stationes.* At Joannes Diaconus a S. Gregorio M. eam primum institutam diserte scribit in ejus Vita lib. 2. cap. 6 : *Deinde in domum Domini, more sapientissimi Salomonis propter musicæ conjunctionem dulcedinis, antiphonarium centonem, Cantorum studiosissimus, nimis utiliter compilavit : Scholam quoque Cantorum, quæ hactenus eisdem institutionibus in S. Romana Ecclesia modulatur, constituit, eique cum nonnullis prædiis duo habitacula... fabricavit.* Abrogavit quippe usum, qui tum invaluerat, quo ipsi divini altaris ministri et Diaconi Cantorum vices explebant, unde fiebat plerumque, ut in iis, quorum vita probari deberet, modulatio vocis tantum spectaretur. Vide Concil. Roman. ann. 595. Scholam vero Cantorum ex orphanotrophiis fuisse suppletam docemur ex Diurno Romano cap. 7. tit. 19. Vide Gloss. med. Græcit. in Ὀρφανός.

Exhinc in alias Ecclesias derivatæ Scholæ Cantorum. Ledradus Archiepisc. Lugdun. in Epist. ad Carolum M. : *Per quam, Deo juvante, et mercede vestra annuente, in Lugdunensi Ecclesia est ordo psallendi instauratus, ut juxta vires nostras (secundum ritum sacri Palatii) omni ex parte agi videatur, quidquid ad divinum persolvendum officium ordo exposcit. Nam habeo Scholas Cantorum, ex quibus plerique ita sunt eruditi, ut alios etiam erudire possint.* De ejusmodi Cantorum Scholis, ita Domnizo lib. 1. de Vita Mathildis cap. 2 :

Post hæc excelsum studuit sibi fingere templum,
Divinasque Scholas, canerent quæ dulciter Horas
Nocte die Christo.

Vide Regulam Canonicorum in Concilio Aquisgranensi cap. 137. [** Willigisi Relatio ann. 976. ap. Guden. Cod. Diplom. tom. 1. pag. 357 : *Nullus invito magistro ad correptionem scolarium manum extendat, nisi Cantor, dum cantum hesternum recitant, eos corripiat.* Vide *Præcentor*.]

Cantor, qui Scholæ Cantorum præest in Ecclesia, et, ut aiunt, aliis Cantoribus *Cantum imponit : Qui chorum regit*, ut est in Charta ann. 1254. apud Meurissium in Episcopis Metensib. pag. 460. Leges Alfonsinæ part. 1. tit. 6. l. 5 : *Chantre, tanto quiere dezir como Cantor : y pertenece a su oficio de començar los responsos, y los hymnos, y los otros cantos, que se oujere de cantar : tam bien en las processiones, que se hizieren en el coro, como en las processiones, que se fieren fuera del coro : y el deve mandar a quien lea, o cante, las cosas que fueren de leer, o cantar, e a el deven obedecer los Acolitos, y los Lectores, y los Psalmistas.* Honorius Augustod. lib. 1. cap. 6 : *Cantores, qui choros regunt, sunt Apostoli, qui Ecclesias laudes Dei instruxerunt.* Idem cap. 74. Cantores ait capita pileolis operuisse, et præ manibus baculos gestasse : *Cantor, qui Cantum inchoat, est tubicina, qui signum ad pugnam dat.... Cantores capita pileolis tegunt, baculos vel tabulas manibus gerunt, quia præliantes caput galeis tegunt, armis bellicis se protegunt.* De aliis Cantorum vestibus agit Amalarius lib. 3. de Eccl. Offic. cap. 4. Continuator Aimoini lib. 5. cap. 54 : *Matthæus Præcentor Senonensis, et Albertus Cantor Parisiensis chorum tenuerunt, Cantum in processione imposuerunt.* Eckehardus Minimus de Vita Notkeri Balbuli cap. 16. de Chunrado Imp. : *Apud Maguntiam civitatem S. Galli Monacho scholas inibi regente, et procurante etiam Cantoris officium, ut solitum est, in medio choro imponens crebro coronatus et infulatus, adornatusque pretiosissimis indumentis.* Vide Monasticum Anglic. tom. 3. pag. 339. [** Statut. antiq. Eccles. Francoford. ap. Würdtwein. Subsid. Diplomat. vol. 1. pag. 68. Statut. Eccles. Pinguensis ibid. vol. 2. pag. 341. et 359. Constitut. Eccles. Sverinens. ap. Westphal. Monum. Cimbr. vol. 2. col. 1972. Latomi Histor. Episcop. Megapol. ibid. vol. 4. col. 592.]

Observandum porro Romæ ædem fuisse, quæ *Schola Cantorum* appellabatur. Guillelmus Bibliothecarius in Stephano VI : *Et in Schola Cantorum, quæ pridem Orphanotrophium vocabatur, Heptateuchum unum obtulit.* Vide Jo. Diacon. in Vita Gregor. M. lib. 2. cap. 6.

Cantor, Officium monasticum, de quo Lanfrancus in Decret. pro Ordine S. Benedicti cap. 5 : *Quicunque lecturus aut cantaturus est aliquid in Monasterio, si necesse habet, ab eo, priusquam incipiat, debet auscultare, etc.* Adde librum Usuum Ord. Cisterciensis cap. 115. [** Narrat. de S. Martino Tornac. in Acher. Spicil. tom. 12. pag. 396.]

Cantor Scholarum, in Tabulario Conchensis Abbat. Ch. 516.

Cantoratus, Dignitas Cantoris in Ecclesia, apud Guibertum lib. 1. de Vita sua cap. 7.

¶ Cantoria, Eadem notione, in Charta anni 1237. inter Instrum. Hist. Meld. tom. 2. pag. 140. Litteris Philippi V. Fr. Regis ann. 1319. quibus *Officium novum, quod Cantoriam*, inquit, *volumus appellari*, instituit in S. Capella Paris. quam *Cantoriam* confert Ægidio de Condeto ejusdem Ecclesiæ Canonico. Occurrit præterea in Probationibus Hist. Comitatus Ebroic. pag. 10. Bulla Pauli III. PP. tom. 1. Maceriarum Insulæ Barbaræ pag. 261. Concil. Hispan. tom. 4. pag. 384. [** Statut. antiq. Eccl. Francoford. ap. Würdtwein. Subsid. Diplom. tom. 1. pag. 3. Chart. ann. 1323. ibid. tom. 6. pag. 142. Alia c. ann. 1230. ibid. tom. 10. pag. 8. Vide *Cantaria*.] etc.

** Cantoriæ baculus, in Willigisi Relatione ann. 976. ap. Guden. Cod. Diplom. tom. 1. pag. 354. Vide *Baculi Cantorum* in *Baculus*.

Cantorissa, apud Nic. Trivettum ann. 1237. eadem, quæ *Cantrix*, de qua voce infra.

Cantrix, Quæ cantum imponit, et cantatricibus præst in Monasteriis Sanctimonialium. Petrus Abelardus pag. 155 : *Cantrix toti choro providebit et divina disponet officia, et de doctrina cantandi vel legendi magisterium habebit, et de eis, quæ ad scribendum pertinent vel dictandum, etc.* Vide Vitam B. Margaretæ Hungaricæ cap. 64. et Revelat. S. Gertrudis lib. 1. cap. 4. lib. 5. cap. 6.

Cantores, Ministelli, joculatores, quos Provinciales nostri *Cantadours* vulgo vocant. Galfridus Monemuthensis lib. 1. cap.

22 : *Hic omnes Cantores, quos præcedens ætas habuerat, et in modulis, et in omnibus musicis instrumentis excedebat, ita ut deus joculatorum videretur.* Vide *Cantilena*, *Ministelli*, *Joculator* in *Joculari*.

CANTORIUM. Liber, cui titulus *Expositio Missæ : Postquam legerit, Cantor in Cantorio sine aliqua necessitate ascendit, non superius : sed stat in eodem loco, ubi et Lector, et solus inchoat responsorium, et cuncti in choro respondent.* Sed legendum *Cantatorio*, evincit Ordo Romanus. Vide *Cantatorium*.

CANTREDUS, CANDREDUS, CANTAREDUS, Ruris portio, continens centum villas, alias *Hundredus* dicta : vox Britannica, composita ex *Cant*, i. centum, et *tre*, i. urbs, villa. Joann. Brompton. pag. 957 : *Hundredus Latine dicitur, Wallice et Hibernice Cantredus, et continet centum villas.* Silvester Giraldus in Itiner. Cambriæ lib. 2. cap. 7 : *Habet autem hæc insula Monæ trecentas quadraginta villas, et pro tribus Cantredis reputatur. Dicitur autem Cantredus composito vocabulo, tam Britannica quam Hibernica lingua, tanta terræ portio, quanta centum villas continere solet.* Et in Descriptione Cambriæ cap. 4 : *Candredus autem, id est, Cantref, a Cant, quod centum, et Tref, villa, composito vocabulo tam Britannica quam Hibernica lingua dicitur tanta terræ portio, quanta centum villas continere solet.* Vide eumdem in Topogr. Hibern. dist. 3. cap. 5. 10. in Hibern. expug. lib. 1. cap. 2. 3. 28. lib. 2. cap. 4. 15. 18. et Gratianum Lucium in Cambrensi Everso pag. 307.

CANTREDUS, apud Rogerum Hoved. pag. 567. et Silvestrum Giraldum lib. 1. Itiner. Camb. cap. 2. Bromptonum pag. 1074. etc.

CANTREDUM, in Monast. Angl. tom. 2. pag. 188. 1034. [apud Rymer. tom. 2. pag. 88. et 247. Kennet. in Gloss. ad calcem Antiquit. Ambrosden. etc.]

CANTAREDUS, apud Matth. Paris pag. 676. et Silvest. Girald. de Hibern. expug. lib. 1. cap. 3. lib. 2. cap. 5.

CANDREDUS, in Monast. Angl. tom. 2. pag. 1048. Vide *Hundredus*.

¶ CANTHAREDUS, in Actis SS. Aprilis tom. 1. pag. 619. ubi de S. Celso Archiep. Armachano.

¶ **CANTRELLA.** Vide *Cantulla*.

¶ **CANTRICULA**, *Fucus*. Gloss. Isid. Corrupte, melius infra *Craticula*, *Focus*.

* **CANTRIFUSOR**, f. Artifex, qui *Cantharos* ex stanno aut alio metallo fundit, ut suspicantur docti Hagiographi. Mirac. S. Hyacinthi tom. 3. Aug. pag. 368. col. 2 : *Honesta Zuzanna Laurentii Cantrifusoris uxor vehementi dolore dentium liberatur.* Vide *Cantharum*. [** Gemma Gemmarum : *Cantrifusor, ein Kannengiesser.*]

¶ **CANTRIX.** Vide post *Cantores*.

¶ **CANTRUM.** Vide *Cantharum*.

* **CANTUALIA**, Hac voce *Kyrie* et *Gloria in excelsis*, quæ in sacra Liturgia cantari seu recitari solent, potissimum significari videntur, in Stat. S. Flori Mss. fol. 33. v° : *Missa ficta dicitur, si sacerdos non valens conficere, quia jam forte celebravit, vel ob aliam causam, accepta stola dicit introhitum et alia Cantualia, orationes quoque, epistolam et Evangelium et benedictionem.*

¶ **CANTUALIS**, Spectans cantum ecclesiasticum, apud Ludewig. tom. 6. Reliq. MSS. pag. 191. ex Diario Belli Hussitici : *Item omnes libri missales aut Cantuales, similiter et viatici, et libri hymnorum, etc.* Chronicon Mellicense pag. 479. col. 2 : *Videtur agendum, ut antiqui libri missales quantum ad Cantualia concordentur, et folia connotentur.*

¶ **CANTUARIA**, [* Idem quod mox *Cantuarium*. Charta ann. 1153. inter Instr. tom. 11. Gall. Christ. col. 25 : *Apud Novumboscum xv. sol. in ecclesia et Cantuaria et unus hospes. Apud Bonum-Maisnil xij. sol. in ecclesia et Cantuaria et unus hospes.*] Vide *Cantaria*, 1.

CANTUARIUM, [* Proventus beneficii, quod *Cantuarium* vocabant.] Vide in *Cantaria* 1. [* Petrus Cantor lib. 1. Sum. Ms. cap. 96 : *Item consuetum est apud quosdam episcopos Cantuarium sacerdotis, quod habere solebat in ecclesia, minuere, et inde portionem quamdam assignare nepotibus vel aliis consanguineis suis ad impinguandos redditus eorum.* Ch. ann. 1481. ex Tabul. S. Urbani : *Super querelam, quæ inter Martinum abbatem S. Urbani et Petrum capellanum Joinvillæ super Cantuario Joinvillæ ecclesiæ diutius ventilata fuerit, ... statutum fuit......: quod sacerdos Joinvillæ pro Cantuario ecclesiæ duos modios annonagii..... singulis annis de cætero habebit. Cantuarie*, in ecclesia Bononiensi dicitur beneficium quod cantori assignatur. Vide supra *Cantagium* 2.]

¶ **CANTUARIUS**, Idem qui Cantor. Obituar. MS. Eccl. Morin. fol. 21 : *Pro obitu ad majus altare nobilis viri Josephi du Castel... septemdecim aliis Capellanis et Cantuariis, octo Vicariis et Curato dictæ Ecclesiæ, cuilibet duos solidos.*

* **CANTUAVAIRUM**, Vociferationes, aliaque id genus, quibus derideri solent ii præsertim, qui ad secundas nuptias convolant, Gall. *Charivari*. Lit. remiss. ann. 1350. in Reg. 80. Chartoph. reg. ch. 53 : *In quodam Cantuavairo in villa Lexoviensi facto, etc.* Vide infra *Carivarium*.

CANTULARE. Liber Ecclesiasticus ad cantandum. W. Thorn. pag. 1935 : *Psalterium, ympnare, Cantulare, Regula Monachorum, etc.*

CANTULLA. Guillelmus Biblioth. in Steph. VI. PP. pag. 237 : *Contulit in Monasterio S. Silvestri thymiaterium de argento unum, Cantullam argenteam unam.* Forte *Cannulam*. [Crediderim retinendum *Cantullam*, eamque esse naviculam qua micæ thuris asservantur, a Græco κανθήλιον, Species vasis : *thymiaterium* autem esse thuribulum. Observat Muratorius pro *Cantullam* alias fuisse *Cantrellam*, sed mendose.]

¶ **CANTULOSUS**, Canorus. Vita B. Guthlaci inter Acta SS. April. tom. 2. pag. 44 : *Deinde Cantulosis vocibus garrulantes* (hirundines.)

CANTULUS, diminutivum ex *Cantus*. Jul. Firmicus lib. 3. cap. 12 : *Ex invento Cantuli et organi, facient magistros, etc.*

1. **CANTUS** Ecclesiasticus, *Ambrosianus*, *Gregorianus*, *Romanus*, *Metiscus*, *Gallicanus*. Psalmodia, et Cantus Ecclesiasticus a primis nascentis Christianismi incunabulis obtinuit, quidquid garriat Calvinus, Wiclefi assecla, lib. 3. Instit. cap. 20. § 32. quem sequuntur Centuriatores Magdeburgenses : idque veterum Canonum auctoritate et SS. Patrum, qui primis Ecclesiæ sæculis vixerunt, locis non paucis firmarunt Stephanus Durandus lib. 3. de Ritibus Eccl. cap. 21. Jacobus Sewertius in Chronol. Hist. Chopinus lib. 1. de Sacra Polit. tit. 3. § 5. Cardin. Bona lib. de Psalmodia, et alii. Verum, ut tradunt Isidorus lib. 1. de Eccl. Offic. cap. 5. et Rabanus lib. 2. de Inst. Clericor. cap. 48 : *Primitiva Ecclesia ita psallebat, ut modico flexu vocis faceret psallentem resonare, ita ut pronuncianti vicinior esset, quam canenti.*

CANTUS AMBROSIANUS, in Ecclesia a S. Ambrosio institutus. Radulphus Tungrensis lib. 10. de Canonum observantia, Propos. 12 : *Officium Ambrosianum ad Nocturnos et Matutinos atque Vesperas, Laudes, nec non ad Missam, habet solennem et fortem Cantum, omnino alium a Romano, quem hodierna die sonora, et forti voce sonant Clerici civitatis et Diœcesis Mediolanensis : et exinde apud Romanos B. Gregorius et Vitalianus PP. Cantum Romanum receperunt, qui per eos, seu per alios sub tenore et tono, qui hodie cantatur, ubique extitit magis plane dulcoratus et ordinatus.* Leo Ost. lib. 2. cap. 97. de Victore II. PP : *Tunc etiam et Ambrosianum Cantum in Ecclesia illa* (Casinensi) *cantari penitus interdixit.* Vide *Antiphona*, 1.

Primus autem S. Gregorius cognomento Magnus PP. cantum Ecclesiasticum correxit, reduxitque ad certum musicæ concentum, quem in universo orbe Christiano observari voluit, et Scholas Cantorum, qui in his canendi institutis haud leviter essent eruditi, in ipsa Romana Ecclesia constituit, ut auctor est Joannes Diaconus lib. 2. Vitæ S. Greg. cap. 6. Atque inde *Cantus* Ecclesiasticus, a Gregorio renovatus, et in meliorem redactus ordinem, passim *Gregorianus* appellatus est. Walafridus Strabo lib. de Reb. Eccles. cap. 22 : *Traditur denique, B. Gregorium, sicut ordinationem Missarum et consecrationum, ita etiam Cantilenæ disciplinam maxima ex parte in eam, quæ hactenus quasi decentissima observatur, dispositionem perduxisse.* Symeon Dunelm. de Gest. Angl. ann. 790 : *Cujus corpus fratres cum Gregorianis Cantibus ad Ecclesiam portantes, etc.* Et ann. 1083 : *Hic inter cætera stultitiæ suæ opera Gregorianum Cantum aspernatus, etc.* Adde Florent. Wigorn. pag. 640. Honorium August. lib. 2. cap. 14. lib. 4. cap. 1. Ordericum Vital. pag. 523. etc. Vide *Nota*, 2.

CANTUS ROMANUS inde etiam dictus est, quia in Romana Ecclesia usurpari primum solitus a Schola Cantorum, quam S. Gregorius instituit. Capitula Caroli M. lib. 1. cap. 80. [** 74. ex cap. 79. Capit. ann. 789.]: *Monachi ut Cantum Romanum pleniter et ordinabiliter per nocturnale vel gradale officium peragant.* Et lib. 6. cap. 225. [** 256. ex cap. 2. Capit. apud Theod. vill. ann. 805.]: *Ut secundum ordinem et morem Romanæ Ecclesiæ fiat Cantatus.* Ratpertus Monach. de Casibus S. Galli cap. 4 : *Maxime autem authenticum antiphonarium docere, et melodias Romano more tenere sollicitus.* Henricus Hutindonensis lib. 4. Hist. : *Ibi ergo Joannes Cantare docuit Romano more.* Inde postmodum Cantus Romanus in cæteras orbis Christiani Ecclesias transiit. Quippe illas Roma cantuum libros, missis ad hoc nuntiis, a summis Pontificibus impetrasse passim legimus. Chilienus lib. 3. Vitæ S. Brigidæ cap. 9. num. 61 :

Libros compositos, Cantumque et munera multa
Misit Apostolicus Brigidæ, concessit habenda,
Tradidit illa suis, discendi vertit in usum.

Præ ceteris autem Gregoriani et Romani Cantus dulcedinem amplexati sunt deinceps Germani, seu Galli. Verum quia de proprio quidpiam admiscuerant, a vera legitimaque Romanorum modulatione desciverunt : *Alpina siquidem corpora*, inquit Joannes Diac. lib. 2. cap. 7. *vocum suarum tonitruis altisone perstrepentia susceptæ modulationis dulcedinem proprie non resultant, quia bibuli gutturis barbara feritas* (*al. grossitas*) *dum inflexionibus et repercussionibus mitem nititur edere cantilenam, naturali quodam fragore, quasi plaustra per gradus confuse sonantia, rigidas voces jactat, sicque audientium animos, quos mulcere debuerat, exasperando magis ac obstrependo conturbat.* [** Similia apud Monachum Engolismens. Vide Chronicon Gottwicens. pag. 55. sqq.]

Verum identidem missi a summis Pontificibus Cantores ex Schola Romana, qui in provinciis sedi Apostolicæ obnoxiis Ecclesiarum dissonos cantus ad legitimum Romanæ dulcedinis tramitem revocarent. Quippe Pipinus Francorum Rex in eo potissimum operam posuit, ut Gallicanum cantum, quod a Romano nimium discreparet, omnino tolleret, et in hoc perinde, ut in cæteris, Romanæ Ecclesiæ consentiret. Carolus M. in Constitut. de Emendatione librorum et Offic. Ecclesiast. : *Accensi præterea memoriæ venerandæ Pippini genitoris nostri exemplis, qui totas Galliarum Ecclesias Romanæ traditionis suo studio Cantibus decoravit*, etc. Capitul. Aquisgran. ann. 789. cap. 78. et lib. 1. Capit. cap. 74 : *Monachi ut Cantum Romanum.... peragant, secundum quod beatæ memoriæ genitor noster Pipinus Rex decertavit ut fieret, quando Gallicanum Cantum tulit, ob unanimitatem Apostolicæ sedis et sanctæ Dei Ecclesiæ pacificam concordiam.* [** In Capitul. ann. 789. cap. 79. pro *Monachi* legitur *Omni Clero*.] Idem Carolus M. lib. 1. contra Synod. pro adorandis Imag. cap. 6 : *Quæ* (Ecclesia Gallicana) *dum a primis fidei temporibus cum ea* (Romana) *perstaret in sacræ religionis unione, et ab ea paulo distaret, quod tamen contra fidem non est, in Officiorum celebratione, venerandæ memoriæ genitoris nostri illustrissimi atque excellentissimi viri Pipini Regis cura et industria, sive adventu in Gallias reverentissimi et sanctissimi viri Stephani Romanæ urbis Antistitis, est ei etiam in psallendi ordine copulata : ut non esset dispar ordo psallendi, quibus erat compar ardor credendi*, etc. Walafridus Strabo lib. de Reb. Eccles. cap. 25 : *Cantilenæ vero perfectiorem scientiam, quam pene jam Francia tota diligit, Stephanus PP. cum ad Pipinum patrem Caroli M. pro justitia S. Petri a Longobardis expetenda venisset, per suos Clericos, petente eodem Pipino, invexit, indeque usus longo lateque convaluit.* Carolus M. in Epistola præfixa Homiliari Pauli Diaconi : *Accensi præterea venerandæ memoriæ Pipini genitoris nostri exemplis, qui totas Galliarum Ecclesias suo studio Romanæ traditionis Cantibus decoravit.*

Sed et ante Stephani II. PP. in Gallias adventum, qui incidit in ann. C. 753. curaverat Pipinus, Remedii fratris rogatu, ut Roma accerserentur, qui Gallicanos Cantores in psalmodiæ modulatione erudirent. Paulus I. PP. Epist. ad eumdem Pipinum tom. 3. Hist. Franc. quæ est 43 : *In eis siquidem comperimus exaratum, quod præsentes Deo amabilis Remedii germani vestri Monachos Simeoni Scholæ Cantorum Priori contradere deberemus, ad instruendum eos in Psalmodiæ modulatione, quam ab eo adprehendere, tempore, quo illic in vestris regiminibus extitit, nequiverant, etc.* Porro Paulus Stephanum proxime præcessit.

Extincto post hæc Pipino, Carolus M. filius et successor, ab eodem Stephano II. Pontifice 12. Clericos *Carminum divinorum*, seu Romanæ modulationis *peritissimos* obtinuit, qui in Galliam advecti, et a Carolo perhonorifice excepti, in diversas regni Ecclesias dispersi sunt. At hi invidia et odio Francici nominis, pacto invicem inito, singuli in locis singulis, diversissime et quam corruptissime poterant excogitare, et ipsi canere, *et sic alios docere laborarunt.* Quod cum Carolo innotuisset, summo Pontifici Adriano, non Leoni, ut habet Sangallensis, rem detulit, qui Romam evocatos vel exilio vel perpetuo carcere damnavit, et ne in posterum quid simile accideret, Carolo persuasit, *ut duos suorum industrios Clericos* Romæ apud se relinqueret, quo Romanam modulationem addiscerent, et instructi alios in Gallia Clericos erudirent : quod ita factum est. Iis in Galliam reversis alterum secum retinuit, alterum ad Drogonem filium Metensem Episcopum, qui id a parente efflagitarat impensius, misit, *cujus industria*, inquit Sangallensis lib. 1. cap. 11. *non solum in eodem loco pollere, sed et per Franciam in tantum cœpit propagari, ut nunc apud eos, qui in his regionibus Latino sermone utuntur, Ecclesiastica Cantilena dicatur Metensis, apud nos vero qui Teutonica, seu Teutisca lingua loquuntur, Mete, vel secundum Græcam derivationem usitato vocabulo Metisca nominetur.* Paulus Warnefrid. in Chron. Episcoporum Metens. in Chrodegango [** Pertz. vol. Script. 2. pag. 268.] : *Clerum abundanter lege divina, Romanaque imbutum Cantilena, morem atque ordinem Romanæ Ecclesiæ servare præcepit.* Sangallensi consentit Joannes Diac. lib. 2. cap. 9 : *Mox itaque duos suorum industrios Clericos Adriano tunc Episcopo dereliquit, quibus tandem satis eleganter instructis, Metensem metropolim ad suavitatem modulationis pristinæ revocavit, et per illum totam Galliam correxit.* Subdit deinde capite proxime sequenti : *Sed cum multa post tempora defunctis his, qui Romæ fuerant educati, cantum Gallicarum Ecclesiarum a Metensi discrepare prudentissimus Regum vidisset, ac unumquemque ab alterutro vitiatum Cantum jactantem adverteret : Iterum, inquit, redeamus ad fontem. Tunc Regis precibus sicut hodie quidam veridice astipulatur, Adrianus PP. permotus duos in Galliam Cantores* (Theodorum et Benedictum) *misit, quorum judicio Rex omnes quidem corrupisse dulcedinem Romani Cantus levitate quadam cognovit : Metenses vero sola naturali feritate paululum quid dissonare pervidit. Denique usque hodie quantum Romano Cantui Metensis cedit, tantum Metensi cedere Gallicanarum Ecclesiarum, Germanarumque Cantus, qui puram veritatem diligunt, comprobant.* His addenda, quæ habet Monachus Egolismensis in Carolo M. ann. 787. qui hæc etiam de Metensi cantu subdit : *Magis autem Magisterium cantandi in Metis civitate remansit, quantumque magistrium Romanum superat Metense in arte cantilenæ, tanto superat Metensis cantilena cæteras Scholas Gallorum.* His addo Vitam Alcuini n. 11 : *Romamque Ecclesiasticum ordinem discendum ab eo ductus fuerat, nec non Mettas civitatem causa Cantus directus.* Jam vero qui apud Carolum remansit Cantor Romanus, Palatinos Clericos in eadem Romana modulatione erudivit. Ledradus Archiepiscopus Lugdunensis in Epistola ad Carolum : *Et ideo officio vestræ pietatis placuit, ut ad petitionem meam mihi concederetis redditus, qui ab antiquo fuerant de Lugdunensi Ecclesia, per quam Deo juvante, et mercede vestra annuente, in Lugdunensi Ecclesia est ordo psallendi instauratus, ut juxta vires nostras, secundum ritum sacri Palatii, omni ex parte agi videatur, quidquid ad divinum persolvendum officium ordo exposcit. Nam habeo Scholas Cantorum, ex quibus plerique ita sunt eruditi, ut alios erudire possint.* Denique Carolus ipse lib. 1. contra Synod. de Imag. cap. 6. profitetur, sese *reverentissimi PP. Adriani salutaribus exhortationibus parentem, effecisse ut plures illius partis Ecclesiæ, quæ quondam Apostolicæ sedis traditionem in psallendo suscipere recusabant, eam cum omni diligentia amplecterentur, et cui adhæserant fidei munere, adhærerent quoque psallendi ordine*, etc. Chronicon Moissiacense, de eodem Carolo, ann. 802 : *Mandavit etiam ut unusquisque Episcopus in omni regno, id est, Imperio suo, ipsi cum Presbyteris suis officium, sicut psallit Romana Ecclesia, facerent : nam et Scholas Cantorum in loca congrua constitui præcepit.* Adde Capitulare 1. ann. 805. cap. 2. et Amalarium lib. de Ord. Antiphon. cap. 68. Cantum porro Gallicanum intelligi existimo in veteri Inquesta apud Puricellum in Ambrosiana Basilica pag. 1153 : *Sed ab annis 16. infra audivi primo dicere Canonicos Melodias Francigenas ante Evangelium in Natale et Epiphania, et Pascha resurrectionis.* Vide *Nota musica, A, in superscriptione cantilenæ* et Cardinal. Bona lib. de Psalmodia.

* Quantumvis elaboraverint Pipinus et Carolus M. ut cantum Gallicanum emendarent, id tamen non nisi paulatim obtinuisse, in monasteriis præsertim, etiam celebrioribus, docet nos Chron. abbat. Corb. Ms. fol. 18. v°. ad ann. 986 : *Sub iis temporibus incœptus est novus modus canendi in monasterio nostro per flexuras et notas, per regulas et spatia distinctas, meliusculum dinumerando quam antea ageba-*

tur : nam nullæ regulæ extabant in libris antiphonariorum et graduum ecclesiæ nostræ. [** Adde Ekkehard. IV. de Cas. S. Galli Pertzio pag. 101.]

* CANTUS, Responsum vel responsorium, quod post epistolam canitur in sacra Liturgia, *Graduale* etiam dictum; unde liber ejusmodi responsa continens *Gradale* vel *Cantatorium* nuncupabant. Ordo eccl. Ambros. Mediol. ann. circ. 1130. apud Murator. tom. 4. Antiq. Ital. med. ævi col. 906 : *Ingressa :* Requiem æternam. Te decet. *Item lectio libri Macchabæorum :* In diebus illis vir fortis. *Psallenda :* De profundis. *Epistola :* Sicut portavimus. *Cantus* : Domine, exaudi. *Evangelium* : Nemo potest venire. Vide *Gradale* 1.

* CANTUS, Responsum vel responsorium quodvis. Chronic. Lemovic. Ms. : *Hic rex* (Robertus) *composuit etiam quosdam Cantus et de Spiritu Sancto prosam..... Cum autem Constantia regina videret eum in hiis esse intentum, dixit ei quadam die per jocum, ut faceret de ipsa aliquem Cantum.* Quod præstitit rex uxorius eo scilicet responsorio, quod incipit, *O Constantia martyrum*, *etc.*

¶ CANTUS CONTRAPUNCTUS, vel nude *Contrapunctum*, duplex est apud Musicos : *Simplex* seu concentus musicus rudior, qualis est ille, quem *Falsum burdonem* appellamus; et *Figuratus*, qui musicam elegantiorem complectitur. Dicitur *Contrapunctum* quoniam uno tenore decantatum nullam moram seu *tractum* longiorem patitur. Ubi respirandum est et paulisper immorandum *Punctum tenere*, ubi sine mora et intermissione, sed æquis mensuris canendum, dicitur *Contrapunctum*. Hæc vox occurrit tom. 4. Concil. Hisp. pag. 398. et 399. ann. 1585. et passim apud Musicos, quos consule.

¶ CANTUS DISCANTUS, Musicus concentus simplicior, Gallis *Faux-bourdon*. Obituarium Ecclesiæ Morin. fol. 39. verso : *Fundavit... solempnem Missam de B. Virgine decantandam... cum Cantu Discantu et organis sonantibus.* Vide *Discantus*.

¶ CANTUS FIGURATUS, Musicus. Passim occurrit apud Musicæ peritos, et alibi, ubi de Cantu Ecclesiastico.

¶ CANTUS FIRMUS, Idem qui Planus et simplex, tom. 4. Concil. Hisp. pag. 398. ann. 1585. etc.

¶ CANTUS PRIMÆ MANERIÆ, *Id est, primi et secundi toni .. Secundæ Maneriæ, id est, tertii et quarti toni... Tertiæ Maneriæ, id est, quinti et sexti toni... quartæ Maneriæ, id est septimi et octavi toni*, Tractatus de Cantu inter Opera D. Bernardi tom. 1. col. 698. edit. 1690.

¶ CANTUS NOTHI, ex eodem Tractu, *degeneres et non legitimi appellati sunt; eo quod*, ut ibi legitur, *a septimo tono incipiant, et eumdem in medio servantes, circa finem degenerent, aliis in primo, aliis in quarto tono desinentibus.*

¶ CANTUS ORGANICUS prohibetur *in exequiis vel sepulturis, nisi quando tales exequiæ vel sepulturæ celebrabuutur per Capitulum*, in Regula Toribii Archiepiscopi Limæ, tom. 4. Concil. Hisp. pag. 673. col. 2.

¶ CANTUS PANEGYRICUS, Omnium hilaris concentus, in Hist. Mediani Monast. ex Charta ann. 1618.

¶ CANTUS PLANUS, Gall. *Plain Chant*, Simplex canendi modus. Occurrit in Regesto Autissiod. MS. annorum circiter 200. et in Concilio Mexicano ann. 1585. Vox nota ab annis circiter 400. Vide Mercurium. Gallic. Februarii ann. 1728. pag. 233.

¶ CANTUM PORTARE, Rem cantandam alicui præcinere. Ordo Cluniac. Bernardi Monachi part. 1. cap. 14 : *Est autem Armarii Portare Abbati omnes Cantus, quos ipse cantat aut incipit.*

¶ CANTUS PULLORUM. Vide *Pullus*.

2. **CANTUS**, Italis *Canto*, Latus, angulus, [Græcis κανθός, Angulus oculi. Hinc emendandum Supplem. Antiquarii, ubi *Camtus*, pro *Cantus*.] Vetus Charta apud Ughellum tom. 7. Ital. sacr. pag. 393 : *Et de latitudine de Cantu in Cantum, quantum ipsa plagia continet.* Infra : *De Cantu in Cantum.* Nos diceremus, *de coin en coin*, [*d'un côté à l'autre.*] Adde pag. 414. Rythmus de Verona, apud Mabillon. tom. 1. Analector. : *Foro lato specioso, sternuto lapidibus, ubi in quatuor Cantus magnus instat forniceps, etc.* [** Vide Murator. Antiquit. Ital. vol. 2. col. 1179. voce *Canto* et supra *Canthus*.]

IN CANTU SEDERE, recensetur inter superstitiones paganorum apud S. Audoenum in Vita S. Eligii Noviom. Episc. lib. 2. cap. 15 : *Nullus Christianus in puras* (al. *pyras*) *credat, neque in Cantu Sedeat, quia opera diabolica sunt.* Nostris *Estre assis de Cant*, est *Estre assis de costé.*

[* Est, ni fallor, in angulis viarum sedere, ubi artes suas exercere solebant malefici et sortilegi.]

¶ 3. **CANTUS**, pro *Quantus*, qui et pro *Quot*, in Usibus Culturæ Cenom. : *Incipiet Cantor officium, Puer natus est, et advocet juxta se de Cantoribus Cantos complacuerit.*

* 4. **CANTUS**, adject. Elmham. in vita Henr. V. reg. Angl. edit. Hearnii cap. 62. pag. 167 : *Alii quoque subterraneis catharactis...... Cantum in villæ introitum, si nulla præpedissent obstacula paravere.* Ubi legendum f. *Cautum*.

* 5. **CANTUS**, f. idem quod *Camallus*, humerale, Gall. *Camail*. Stat. synod. eccl. Aurelian. apud Marten. tom. 7. Ampl. Collect. col. 1274 : *Districte etiam præcipitur sacerdotibus ut induti albis et stolis intrent synodum, quæ celebratur tempore paschali : illam vero, quæ celebratur Octobri, in suppelliciis, Cantis et stolis.* Sed leg. videtur *Cottis*. Vide *Cota* 1.

* 6. **CANTUS**, pro Canthus. Glossar. vetus ex Cod. reg. 7613 : *Cantus, ferrum circa rotas vel ligna, vulgo gavile. Cantus, la circumferentia rote*, in Glossar. Lat. Ital. Ms. Vide supra *Cantes*.

CANUA. Vita S. Eligii ab Audoeno scripta lib. 2. cap. 12 : *Unus ex famulis ejus Canuam cum qua camelum onerarium secum ducere consueverat, subito perdidit.* Et cap. 57. de homine rabioso : *Egestiones etiam ruderum, nec non et Canuam, si comprehendisset, avidissime edebat.* [f. pro *Canua* legendum est *Canna*, arundo, et pro *Ruderum* posterioris exempli mallem *Rudarum*, id est, vicorum. (** Malim *Canva* pro *Canava*, conf. *Canvum.*) Quod spectat ad sequentem Græcam vocem χανούα, corrupta est pro χαναῦα vel χανωῦα ab Hebraico *Chanava*, Placenta, laganum. Jerem. in versione LXX. 7. 18 : Οἱ υἱοὶ αὐτῶν συλλέγουσι ξύλα, καὶ οἱ πατέρες αὐτῶν καίουσι πῦρ, καὶ αἱ γυναῖκες τρίβουσι σταῖς, τοῦ αὐτῶν ποιῆσαι χαυῶνας τῇ στρατιᾷ τοῦ οὐρανοῦ. *Filii eorum colligunt ligna, et patres eorum succendunt ignem, et mulieres eorum terunt similam, ut faciant placentas militiæ cœli.*] Aliud videtur vox Χανούα, quæ habetur in VII. Synodo Act. 6 : Καὶ ἐξ ἀλεύρου χανούας τῇ στρατιᾷ τοῦ οὐρανοῦ οἱ τῶν Εβραίων εἰδωλολατρήσαντες προσέφερον. Ubi interpres *laganam* reddidit.

* **CANUDO.** Vide infra *Cynædus*.

¶ 1. **CANULA**, Fistula, Gall. *Flute*, Instrumentum musicum. Papias in MS. Bituric. : *Choraules, Princeps chori, vel qui Canulis, id est fistulis canit. Choraule enim Græce Canula dicitur.*

* 2. **CANULA**, Fistula, qua sanguis Christi hauritur. Martyrol. Ms. S. Stephani Autiss. : *Ilgerius hujus ecclesiæ venerabilis præpositus ...... dedit calicem argenteum, Canulas argenteas et capam de pallio optimam.* Infra : *Dedit etiam Goscelinus præfatæ ecclesiæ vestimentum sacerdotale, missale optimum cum gradale, calicem argenteum cum Canulis argenteis.*

¶ **CANULASTHIUM**, Pera. Acta SS. Junii tom. 1. pag. 241. de S. Nicolao Peregrino : *Qui ipsius crucem et Canulasthium sumentes cum fide, a vexationibus et infirmitatibus curabantur.*

* **CANULUS**, Scapus, Gall. *Tige*, sic dictus quia cavus, Hispan. *Cañuto*, tubulus; unde diminut. *Cañutillo*. Inventar. Ms. thes. Sedis Apost. ann. 1295 : *Item unam cupam de auro, ... Canulum pedis et pomum esmaltatum habet.*

* **CANUM**, Album, Gall. *Blanc*. Comput. ann. 1489. inter Probat. tom. 4. Hist. Nem. pag. 49. col. 2 : *Item solverunt Dominico Dembert gipperio Nemausi, pro tribus Canis operis albi factis suis sumptibus in portalibus S. Anthonii et bocariæ, pro armis regiis pingendis..... xxx. sol. Turon.* Vide alia notione in *Cana* 2.

¶ **CANUMENTUM**, Βερουτα, εἶδος ἀκοντίου: Gloss. Lat. Græc. *Verutum*, ut exponitur in Supplemento Antiquarii.

* Mss. habent : *Ammentum*, pro *Amentum*. Vide Gloss. Rigalt. in Βηρουτα.

¶ **CANVOYS**, Tela rudior, a *Canava* pro *Cannabis*, Gall. *Canevas*. Angl. *Canvas*. Kennettus in Glossario ad calcem Antiquit. Ambrosden. : *Et in Canvoys empto Londin. per Richardum Dymby pro lintheaminibus faciendis* III. *sol.*

* **CANUS.** Vide infra *Cynædus*.

CANUS EQUUS *qui ex candido et nigro est*, Papiæ.

CANUSINÆ PELLES, Rufæ, vel subrufæ. Ordericus Vitalis lib. 8. pag. 715 : *Locupletes heras sericis vestibus, et Canusinis pellibus delicate indutas trepidare cogebat.* Vide Martialem lib. 14. Epigr. 127. 129. et Interpretes.

CANUSUM, in Charta anno 1197. apud Ughellum tom. 7. pag. 1275 : *Unum amictum cum friso magno, unum Canisum cum gramatis et frisis.* Sed legendum videtur *Canisum*, seu *camisia*.

CANUTUS, pro *Canus*, cui canent capilli præ senectute. Gloss. Lat. Gr.: Πόλιος, *Canus*, *Canutus*, nostris *Chenu*, Italis *Canuto*. Alcuinus Poem. 189:

Est vir jam totus Canuto vertice sanus.

Poem. 221:

Quid faciet tardus Canuto vertice Drauces?

Adde Poem. 264. Utuntur præterea Eckeardus Jun. de Casib. S. Galli cap. 16. et Vita S. Samsonis Episc. Dolensis lib. 1. cap. 26.

* Joinvil. in S. Ludov. edit. reg. pag. 72: *Un homé de grant vieillesce tout Chanu, etc.* Vita J. C. Ms:

Li damoisel, li baceler
Joseph commencent à gaber,
Qui à la Virge estoit venus,
Pour chou qu'il ert viels et Chenus.

¶ **CANVUM**, pro *Cannabum*, Gall. *Chanvre*, apud Lobinellum Hist. Britan. tom. 2. pag. 156: *De decima vini duas, de lino et Canvo totam.*

* *Canvre*, in Charta ann. 1340. ex Chartul. 23. Corb.: *Pour avoir leur usage commun pour aroer lins et Canvres.*

¶ **CANZELARIA**, pro *Cancellaria*, Gall. *Chancelerie*, in Regiminibus Paduæ ad ann. 1320. apud Murator. tom. 8. col. 432.

¶ **CANZELLARE**, pro *Cancellare*, Delere, expungere. Chronic. Parmense ad ann. 1308. apud Murator. tom. 9. col. 874: *Propter quam pacem omnes banniti.... Canzellati et exemti fuerunt de bannis suis.*

¶ **CANZELLATUM**, Cancelli, cancellis clausum. Jacobus de Varagine in Chronico Januensi, apud Murator. tom. 9. col. 29: *Iste transtulit corpus S. Syri in Basilicam* XII. *Apostolorum... cujus corpus repositum fuit in choro ejusdem Ecclesiæ, ubi modo est introitus Canzellatum.*

* **CANZELLATURA**, pro *Cancellatura*, Oblitteratio, in Stat. Palavic. lib. 1. cap. 31. pag. 39.

* **CANZEUS**, Vide supra *Canceus*.

CANZIR vel **KANZIR**. Histor. de Reliquiis S. Marci Venetias translatis:

Marcum furantur, Kanzir ii vociferantur.

Alibi *Canzir* habetur.

CAOETUS. [* Incantator, Veneficus.] Vide *Cauanna*.

* *Chaounez* idem mihi significare videtur, in Lit. remiss. ann. 1385. ex Reg. 127. Chartoph. reg. ch. 50: *Comme Jehan Foullot eust dit au suppliant pluseurs injures et villenies, et appellé couppereau Chaounez de asseuerres de culz.*

* **CAORCINA**, Tabula nummularia mercatorum, qui *Caorcini* vocabantur. Comput. ann. 1272. tom. 1. Probat. Histor. Britan. col. 1009: *De Caorcina de Redonis, etc.*

CAORCINI, **CATURCINI**, **CAURSINI**, **CAWARSINI**, **CORSINI**, Mercatores Italici propter fœnerationem usurariam famosi, maxime in Gallia, unde non semel a Principibus nostris proscripti sunt, Legibus et Statutis contra fœneratores editis. Exstat inter alia Edictum sancti Ludovici, mense Jan. ann. 1268. quo Caorsinos usurarios proscripsit, facta tamen mercatoribus Lombardis, Caorcinis, et aliis extraneis mercaturam in Gallia exercendi facultate, dummodo nullum usurarium fœnus facerent. Prostat etiam aliud Philippi Audacis datum Parisiis die Martis ante festum SS. Simonis et Judæ, hoc verborum contextu: *Extirpare volentes de finibus Regni nostri usurariam pravitatem, quam quosdam Lombardos et Caorsinos, aliosque complures alienigenas in eodem Regno publice intelleximus exercere, mutuantes pecuniam obligatam sibi pignoribus ad usuram, et habentes ad hoc domos specialiter deputatas, in quarum extorsionibus usurarum valde prædictum depauperant regnum, etc.* Quo Edicto a Regno proscribuntur duobus mensibus post ejus proclamationem. Mox additur: *Non inhibemus tamen quin mercatores Lombardi, Caorsini, et alii undequaque pro suis negotiis et mercaturis legitime exercendis in regno nostro morentur, pacifice veniant et recedant, etc.* [Statuta Ecclesiæ Meld. ann. circiter 1346. inter Instrum. Hist. Meld. tom. 2. pag. 492: *Inhibentes ne quis in domibus, vel in locis, aut in terris Ecclesiarum Lombardos, aut alios advenas, qui vulgariter Caorcini dicuntur, usurarios manifeste receptare præsumat.*]

Horum etiam pestis abominanda adeo invaluit in Anglia, inquit Matthæus Paris ann. 1235. *ut vix esset aliquis, qui retibus illorum jam non illaquearetur. Circumveniebant enim in necessitatibus indigentes, usuram sub specie negotiationis palliantes, etc.* Mox subdit formulam qua debitores sibi obligabant. Adde Matth. Westmon. ann. 1232. sub finem. Hos demum proscripsit ab Anglia Henricus III. ann. 1240. ut auctor est idem Matth. Paris pag. 355. a quo postmodum, Papæ, ut ait, interventu, revocati sunt ann. 1250. sed mox ob immensas et detestabiles usuras iterum proscripti et carceri mandati sunt anno 1251. Henricus III. Brabantiæ Dux testamento suo ann. 1260. quod exstat apud Miræum lib. 1. Diplom. Belg. cap. 84. cavit, ut Judæi et *Cawarsini* de terra Brabantiæ expellerentur. Statum Caroli II. Regis Siciliæ contra Judæos, datum Andegavis 8. Decembris ann. 1289: *Præcipimus ut expulsio prædicta extendatur ad omnes Lombardos, Caturcinos, aliasque personas alienigenas, usuras publice exercentes, etc.* Ubi notandum *Caturcinos* appellari, qui aliis *Caorcini*, Matthæo Paris *Caursini* dicuntur. A Cadurco, scilicet, Gallice *Cahors*, Occitaniæ urbe celebri, in qua ii commercia sua exercebant; unde postmodum Monpessulanum, ac deinde Nemausum translati, ut infra in *Langobardus* docemus: cujus quidem nomenclaturæ etymon firmat Dantes in Inferno cant. 11. amplectiturque Cleyracus ad Leges maris pag. 226.

At sunt nonnulli qui istud nominis a familia *Caorsina*, aut *Corsina*, Florentina deducendum censeant: quæ cum aliis ejusdem urbis, et provinciarum vicinarum familiis, in universa propemodum Europa, mercaturæ operam dederit. Nam licet *Lombardorum* appellatione omnes mercatores Italici, in Regnis Italiæ finitimis, et longinquis, fœnus exercentes, agnoscerentur; erant tamen ii distincti in Societates, ex inito invicem pacto et fœdere, quæ vulgo familiæ nobilioris, penes quam summa mercaturæ erat, nomine donabantur. Unde crebro legere est Societates *Amanatorum, Acciaivolorum, Bardorum, Corsinorum, ect.* apud Joan. Villaneum, præsertim. lib. 11. cap. 137. ubi Societatem *Corsinorum* memorat. Familiæ Corsinæ Florentinæ meminit etiam Ugolinus Verinus lib. 3. Illustratæ Florentiæ:

Clara Sophocleo stirps est memoranda cothurno
Corsinæ sobolis, nulli virtute secunda.

De hac etiam multis Montecanitus.

* Quam definitionem quasi Italis injuriosam falsamque arguit Muratorius tom. 1. Antiq. Ital. med. ævi col. 890. sed temere omnino. Quamtumvis enim probabile videatur a Cadurco, Gall. *Cahors*, vocem hanc originem duxisse, certum nihilominus est Cadurci cives ab Italicis mercatoribus, qui ibi et in Occitania passim commercia sua exercebant, dum eorumdem effluentes ex usuris ingentes proventus viderent, abominandam usurarum artem accepisse et didicisse. Verum non ita in aperto res est, ut de Caorsa, vulgo *Caours*, Pedemontii urbe quondam, quam nunc est celebriori, ipsam nominis originationem absurdum sit accersere; maxime cum usurarii promiscue *Lombardi* et *Caorcini* vocentur. De Caorsa Dantes in Inferno cant. 11. apprime intelligi potest, quanquam de Cadurco accipiat Benevenutus Imolensis in Comment. Mss. a Muratorio ibidem quo supra col. 891. laudatis. Caorsam rursus spectare videtur Dictum vetus inter urbium quarumdam dicteria ex Cod. Ms. Bibl. S. Germ. Prat. sign. 1520.

Usurier de Chaorse,

et Guignevil. in Peregr. hum. gen. Ms. ubi de Concupiscentia:

Li Sathanas m'i engenra,
Et de illuec il m'aporta
A Chaourse, où on me nourri,
Dont Chaoursiere dite sui:
Aucun me nomment convoitise.

* Cæterum *Corssin*, pro *Banquier*, Argentarius, trapezita in Charta Henr. de Autigniaco milit. ann. 1302. ex Chartul. Sabaud. fol. 106. v°: *Nous avons heu et receu de Pieire de Monmelian clerc payant eu non de mons. le conte de Savoie mil quatre cens livres de Tornois par la main Estevenet Cellet, Bertholmeu Guiot et Abelon Malabaille Corssin de Bourc, as queux eles sont payés par nostre volunté. Chonin*, pro *Chaorsin* vel *Caorcin*, eadem notione, in Ch. ann. 1312. ex Cod. reg. 10197. 2. 2. fol. 71. v°: *Nous Florens Berthaut sire de Malines faisons savoir..... que nous tenous..... en fief...... de M. Jehan duc de Lothrike, de Brabant et de Lembourch..... la voerie et le seignerie de Malines, ... le marchiet du seil, du poisson et des bestes, les Chonins, les Lombars et les Juys. Caoursin* vero pagus Cadurcensis dicitur, in Ch. ann. 1340. ex Reg. 71. Chartoph. reg. ch. 366: *Cent livres Tournois de annuel et perpétuel rente à prendre sur la trésorerie ou recepte de Pierregort et de Caoursin.* Alia ann. 1360. apud Marten. tom. 1. Anecd. col. 1439: *Item Caoursin, où a deux citez, Caours et Montauben.*

Jam vero ex eo quod *Caorsini* usurarii passim exagitarentur, proscriberentur, et in carceres compingerentur, nata videtur familiaris nostris loquendi formula: *Enlever quelqu'un comme un Corsin*, cum aliquem in carcerem per vim abductum dicimus : quanquam non desunt qui eam referant ad *corpora Sanctorum*, seu Divorum reliquias, quæ ad majorem venerationem humeris Sacerdotum et Magnatum deferri in sublime solent, quomodo apud Plautum in Milite glorioso :

Ducite istum : si non sequitur, rapite sublimem foras.

* CAUVUERCINI, Eodem intellectu. Concil. Trevir. ann. 1310. cap. 28. tom. 2. Hist. Trevir. Joan. Nic. ab *Hontheim* pag. 49. col. 2 : *De Cauvuercinis et usurariis. Item præcipimus districte ut se contra Cauvuercinos ita habeant, sicut in generali concilio est statutum.* [** Vide *Cavercini*, et Haltausii Glossar. German. col. 212. voce *Cowertschen*.]

**CAP, KAAP, Pondus quoddam in oppidis circa mare Balthicum olim usitatum. Chart. Novogorodens. c. ann. 1230. ap. Lappenb. in Cod. Probat. Init. Hanseat. pag. 41 : *Stater, qui dicitur Cap, debet in gravitate continere 8. Livonica talenta.* Alia c. ann. 1290. ibid. pag. 157 : 10 *Kaap cere*; et pag. 159 : 10 *Cap cere*. Vide ibi Indicem.

CAPA, CAPPA, Vestis species, qua viri laici, mulieres laicæ, Monachi, et Clerici induebantur, quæ olim caracalla. Wlphinus Boetius in Vita S. Juniani : *Vestis cilicina de caprarum pilis, quæ in modum Caracallæ, quam nunc Capam vocamus, perseverat usque in hodie, apud nos est.* [Chronicon Trivetti ad ann. 1156 : *In pago Parisiacensi Capa Salvatoris nostri in Monasterio Argentolii revelatione divina reperta est, inconsutilis et subrufi coloris, quam gloriosa mater ejus fecit ei, cum adhuc puer esset, prout repertæ cum ea litteræ indicabant.*]

Capam viris laicis tribuit Gaufredus Malaterra lib. 2. cap. 44 : *Ipse cum tredecim viris, gladiis cum Capis accinctis... ad portam castelli accedens, etc.* Rogerus Hoved. in Henrico III. : *Percussus est cum gladio per Cappam et tunicam et camisiam, non sine sanguinis effusione.* In Ricardo I : *Et fracta est Cappa Regis Anglorum, ex percussione Willelmi des Barres.* Adde Matth. Paris pag. 15. [et Vide *Annelatus*.] At laici *cottos vel mantellos cum Capis* deferre, contra Monachi *cottos*, vel *mantellos sine Capa portare* vetantur in Concilio Metensi ann. 888. cap. 6.

Capam sequiori sexui adscribunt etiam Scriptores. Idem Malaterra lib. 2. cap. 29 : *Vestium etiam tanta penuria illis erat, ut inter Comitem et Comitissam nonnisi unam Capam habentes, alternatim, prout unicuique major necessitas incumbebat, ea utebantur.* Matthæus Paris ann. 1192 : *Vestem Sacerdotis in meretricis habitum convertit, tunica viridi feminea indutus, Capam habens ejusdem coloris, peplum in capite muliebre portans, etc.* Computum Stephani *de la Fontaine* Regii Argentarii ann. 1351 : *Pour fourrer une robe de 4. garnemens que Madame la Royne ot de livrée le jour de Myaoust, pour les 2. surcos, et cors de la Chape, 3. fourrures de menu ver.* Tradit Gaufredus Vosiensis 1. part. cap. 55. extremo Regem Ludovicum VII. prohibuisse *mulieres publicas chlamyde seu Cappa uti Parisius, ut tali nota a legitime nuptis discernerentur.* [** Testament. ann. 1328. ap. Matthæum post Alciat. contra Vit. Monast. pag. 366 : *Item amitæ nostræ abbatissæ sororum S. Claræ in Nuss Cappam et tunicam de rubeo cameloto.*]

Capa autem tunicæ laxioris et talaris species fuit, quæ cæteris vestibus superaddebatur, pallii instar : unde recte Isidorus lib. 19. Orig. cap 31. *Capam dictam* scripsit, *quia quasi totum capiat hominem.* Anonymus in Vita S. Vodali Benedicti num. 10 : *Tollens pallium suum qui vulgo Cappa vocatur.* Le Roman *de Garin* :

Cil del chastel s'adoubent à droiture,
Vestent hauberc, ceignent espées nues,
Et par desuere ont les Chapes vestues.

Le Roman *de Rou* et *des Ducs de Normandie* :

N'a gueres meillor terre sous la Chape dou ciel.

Cum vero capæ totum hominem quodammodo ambirent et tegerent, iis utebantur potissimum, cum foras, aut peregre ibant. Goffridus Vindocinensis lib. 5. Epist. 3 : *Si persona quælibet ad eum transiens invenitur, non ei aufertur Capa, sed de vita statim et membris agitur.* Vitæ abbatum S. Albani : *Ad Synodum venient; ... et inter alios sedebunt, habitu tamen itineris non mutato, nisi velint, videlicet in Cappis et calcaribus.* [** Vita S. Anskar. cap. 16. ap. Pertz. vol. Scriptor. 2. pag. 700 : *Clericis suis huc illucque fuga dispersis etiam sine Cappa sua vix evasit.*] Atque inde negotiatoribus præsertim tribuitur, quod ii negotiationis et commercii causa perpetuo fere terras et provincias obeant. Lupus Ferrariensis Epist. 125 : *Negotiatorum Capas se petiturum jactabant.* Le Roman *de Florimond* :

Tos à guise de marcheans,
Furent vestus de Chapes grans.

* *Capa* negotiatoribus præsertim tribuitur, ut recte observat Cangius : at vero minus feliciter tuendam hanc sententiam Lupum Ferrariensem profert; non enim vestis, sed loci cujusdam nomen ibi indicatur, quem D. *Bonamy* in Dissert. edita tom. 17. Comment. Acad. Inscript. pag. 288. *Cappas*, vulgo *Chappes* diœcesis Trecensis esse opinatur : contra vero vicum esse fluvio Lupæ appositum, quem *Ceppoi* appellat, ex diversis locorum positionibus aliisque argumentis disputat D. *Levesque de la Ravaliere* tom. 21. eorumd. Comment. pag. 175. Adhuc sub judice lis est.

Hinc *Capa pluvialis*, cujus in pluvia usus erat. Chron. Andrense : *Volens ab Eleemosynario nostro Capam pluvialem et sumptuosam ancis singulis extorquere... siquidem in nostro hospitali de filo grosso Capa solebat singulis texi, et domino de Fielnes transmitti.* Vincentius Belvac. lib. 29. cap. 118 : *Ecce Natalis Clericus meus ante me astitit, Capa indutus pluviali, sicut mihi videbatur, pulcherrima, etc.* Wibertus Archidiac. in Vita S. Leonis IX. PP. cap. 8 : *Super pluviali veste, quæ Capa vocitatur.* Le Roman *de Vacces* MS. :

Une Chape à pluie afsubla.

¶ Instrum. ann. 1181. ex Archivo Dolensi : *In tota terra Carreou non sunt nisi tria arpentia libera, quorum duo reddunt duas Capas Pluviales Archiepiscopo quandocumque vadit Romam.* Marten. tom. 4. Anecd. col. 611. D. ex Statutis Ecclesiæ Barcinon. : *Quilibet Canonicus qui receptus sit .... teneatur infra primum annum, quo præbendam receperit manualem, facere unam Cappam Pluvialem seu processionalem de purpura.*

* Lit. remiss. ann. 1409. in Reg. 164. Chartoph. reg. ch. 73 : *Une robe laquelle les bergiers portent vestue pour cause de la pluye, du vent ou de la neige, appellée Chappe ou pays par delà.*

Lacernas pluviales vocat Interpres Juvenalis Sat. 9. v. 28. quas ille *pingues*, *quæ muniant a pluvia*, *non quæ ornent.* [*Capa ad aquam*, in Computo anni 1202. apud D. *Brussel* Tract. de Feodis pag. CCI. col. 1. ad calcem tomi 2.]

Sed et *Capam* capitis tegmentum esse dixit Isidorus loco citato : *Capa dicta quod capitis est ornamentum.* Certe capam os et vultum texisse docet *le Roman de Garin* MS. :

Affublé fu, s'ot le chaperon mis,
Ostez la Chape, li Cuens Fromond a dit,
Mult vos voi ore enbronchiés et pansif.

Infra :

Osta la Chape, si lor montra son vis.

Le Roman *de Rou* MS :

Par les chans sont à lui esperon venu,
Esmuchiés de lor Chapes, rien à nul cogou.

Idem Poeta :

En la Chape s'est embuschiés,
Qu'il ne fu pris, ne encerchiés.

Atque hinc percipimus cur Guillelmus de Podio Laurentii cap. 49. dicat Maffredum quemdam fuisse *Capam et refugium infidelium et malignantium*, quod ii videlicet apud Maffredum delitescerent, et absconderentur.

Instructæ porro erant capæ manicis laxioribus, unde *manicatæ* dicuntur Matth. Paris ann. 1258 : *Cujus familia collateralis octo Capis, videlicet quinque clausis, et quinque Manicatis de optimo moreto superbivit redimita.* Computum Stephani Fontani : *Manches de Chape, et le chaperon de Chape*, 300. *ll.* Innocentius III. PP. in Concilio Lateran. can. 16. et lib. 1. Epist. pag. 298. vetuit ne Canonici et Clerici *Cappas Manicatas* intra Ecclesiam ad divinum Officium deferrent. Idem prohibuere Galo Cardinalis in Constit. ann. 1208. cap. 3. 4. Odo Paris. in Statutis Synodalibus, Concilium Eboracence ann. 1195. can. 6. Monspeliense ann. 1214. can. 3. Avenion. ann. 1209. can. 12. Sarisberiense ann. 1217. can. 10. Statuta Synodalia Nicolai Episc. Andegav. ann. 1264. et 1269. Constitutiones Nicosienses can. 8. Synodus Cicestrensis ann. 1289. can. 9. Synodus Bajocensis ann. 1300. can. 33. etc.

CAPÆ ALATÆ, interdictæ pariter Clericis in iisdem Statutis Odonis Episcopi Parisiensis [necnon etiam in antiq. Statutis Synodal. Eccles. Æduensis apud Marten. tom. 4. Anecdot. col. 472.]

Capis præterea assuta erant et cohærebant *caputia*, et ita induebantur, ut cum maxime clausæ essent capæ, caput per collare, seu foramen collaris inferretur. Vide in *Capitium* et *Caparo*.

Capa, Monachorum præsertim fuit. Theodemarus in Epist. ad Carolum Magnum de Monachis Casinensibus : *Illud autem indumentum quod a Gallis Monachis cuculla dicitur, nos Capam vocamus.* Eckeardus Junior de Casib. S. Galli cap. 1 : *Ingredi-*

tur penetralia claustri vacuis fur noctibus nudipes, Cappa quidem, uti Fratrum unus putaretur, indutus. Vita S. Vodali Benedicti n. 11 : *Ille tollens pallium suum, qui vulgo Capa vocatur, super eum projecit.* [Walafridus Strabo in Vita S. Othomari Abbatis inter Acta SS. Benedict. sæc. 3. part. 2. pag. 156 : *Quem tam pleniter misericordiæ studium possederat, ut si quem pauperum nuditatis injuria torpentem conspiceret, plerumque suis exutus vestibus, miseri contegeret artus, ita ut interdum sine tunica, sola Cappa contectus ad Monasterium remearet.* Vita S. Benedicti Anian. inter eadem Acta sæc. 4. part. 1. pag. 213 : *Concessit etiam necessitatis causa propter quam Regula jubet, duas scilicet stamineas et femoralia, pelliceas quoque et tegumenta eorum, Cappas duas.*] Vide Regulam Solitariorum cap. 49. Concil. Metense ann. 888. can. 6. Vitam Alcuini num. 25. eumdem Alcuinum Epist. 60. [** Statut. antiq. S. Petri Corbeiensis lib. 1. cap. 3. post Irminonem pag. 309.] etc.

¶ Capa Sanctimonialium etiam fuit. Vita S. Liobæ Abbatissæ inter Acta SS. Benedict. sec. 3. part. 2. pag. 254 : *Et beatam virginem ab oratione excitat periculis opponendam.... Ad hanc vocem illa ab oratione surrexit, et quasi ad colluctationem vocaretur, Cappam qua erat induta abjiciens, fores Ecclesiæ confidenter aperuit.*

Capa Clericorum Regularium, in libro Ordinis sancti Victoris Parisiensis cap. 18 : *Brevior superpellicio vel tunica uno plena palmo, undique rotunda* esse debet, *et ante non nimis alte fissa.* Vide Concil. Trosleianum can. 6. Ordericum Vital. lib. 8. pag. 711. Vitam Alcuini num. 25. etc. [** Willigis. Relatio ann. 976. ap. Guden. Cod. Diplom. tom. 1. pag. 355 : Scolaribus canonicis *Cappam, pelles et pellicium de ovibus, caligas et sutulares magister tantum dabit.* Confer *Capapellis.*]

Denique capa inter vestes Ecclesiasticas passim recensetur. Wibertus Archidiac. in Vita S. Leonis IX. PP. cap. 8 : *Nam videbatur sibi quod stans in edito, familiares suos ad se de periculo confugientes, reciperet, eisque super pluviali veste, quæ Cappa vocitatur, inclusis, sanguine eorum sibi vestes infici conspiceret.* Eckehardus Junior de Casib. S. Galli cap. 5 : *Reliquiasque ejus, ut mos nobis est, Cappa illa aquilifera indutus vespere diei Sancti ipse domum reportabat.* [** Pluvialem interpretatur Arxius ap. Pertz. Scriptor. vol. 2. pag. 108. not. 14.]

* Qua cum cura deferri debeat, præcipiunt Consuet. monast. S. Emmer. Ratispon. art. 21. ex Cod. Ms. S. Germ. Prat. sign. 1074. 3 : *Quando Cappis utuntur, prævideant qui eas gerunt ne parietibus se premant, nec transeundo per ostia, nec quando sedent, sub se habeant.*

* Cappa Cardinalaris, Qua vestiri solent Cardinales. Paridis de Grassis Cæremon. capellar Papal. Ms : *In ejusdem diei* (O. SS.) *hora vespertina. Vesperæ pro defunctis in capella : ubi illis finitis matutinæ similiter pro defunctis aguntur, ad quas Papa cum Cappa quasi cardinalari, sed ampliori, de laneo panno russato cuculatus accedit; quem cardinales Cappis pavonatiis induti sequuntur.*

Capæ Chorales, quibus Clerici vel Sacerdotes in choro amiciuntur, apud Matth. Paris ann. 1237. 1246. pag. 302. 473. in Synodo Coloniensi ann. 1280. in Præfat. in Charta Henrici Ratisbonensis ann. 1278. in Metropoli Salisburgensi tom. 1. pag. 264. [in nova Gall. Christ. tom. 3. col. 1227.] etc. Rupertus lib. 2. de Divin. Offic. cap. 14 : *Capas quoque in majoribus festis superinduimus, ... quæ Capæ bene ab interiori parte patulæ sunt, et omnino præter necessariam fibulam inconsutæ, ... fimbriis quoque subter ornatæ sunt.* Honorius Augustodunensis lib. 1. cap. 227 : *Capa propria vestis est Cantorum.*

* Capa Missalis, Missaria, Cujus in missa celebranda seu officio ecclesiastico peragendo usus est, idem quod *Dalmatica.* Testam. Annæ de Armin. uxoris Car. *d'Albret* ann. 1472. ex Cod. reg. 9673. 2. 2. fol. 91. v° : *Item legavit conventui fratrum Minorum castri Jelosii unam suam hopalandam, ... de qua vult fieri Capam missalem diaconalem et subdiaconalem ad servitium et pro cantando missas de Requiem.* Stat. colleg. Fux. Tolos. ann. 1457. ex Cod. reg. 4223. fol. 204. v° : *Vesperæ defunctorum, sacerdote cum Cappa missaria seu pluviali armis nostris fulcita induto, ... celebrentur.*

* Capa Pavonatia, Violacei coloris. Vide supra *Cappa cardinalaris* et *Pavonatius.*

Capa cum Tintinnabulis. Anonymus de Miracul. S. Hugonis Abbatis Cluniac : *Tunc misit Rex domno Abbati et sacro Conventui Capam pæne auream totam, in qua vix nisi aurum apparet, vel electrum, vel margaritarum textus, et gemmarum series : inferius autem undique Tintinnabula resonantia, ipsaque aurea pendent.* Notum in veteri Lege summi Sacerdotis vestimentorum oras tintinnabulis insignes fuisse, *ut nota esset eorum conversatio,* ut ait S. Augustinus lib. 2. Quæst. in Exod. cap. 119. Vide *Tintinnabulum.*

¶ Cappa Cathegorica. Robertus *Goulet* in Compendio jurium et consuetud. Universitatis Paris. fol. 12. verso : *Ordo processionis Universitatis. Crucem portat quidam Bacchalarius artium Cappa cathegorica indutus,* hoc est, Cappa decenti et convenienti. Eadem notione *Catégorique* dicunt Galli; quod a voce *Categoriæ* sumtum non dubito.

Capæ Rotundæ Clausæ, quas portare et habere jubentur Clerici et in sacris Ordinibus constituti, in Concilio Arelatensi ann. 1260. can. 8. [in Albiensi ann. 1254.] in Synodo Bajocensi ann. 1300. can. 33. apud Ottonem et Ottobonum in Legatinis pag. 18. 51. in Provinciali Ecclesiæ Cantuariensis pag. 117. Statutis Synodalibus Nicolai Episcopi Andegav. ann. 1269. [in Manuali Henrici Sistariensis Episcopi apud Martenium tom. 4. Anecdotorum col. 1082 : *Nullus permittitur ad altare deservire, vel Epistolam legere, nisi in superpellicio et Cappa rotunda. Capas Rotundas et largas more Clericorum et Sacerdotum deferre* ut Episcopus Magalonensis prohibeat Judæos, admonet Innocentius IV. apud Baluzium tom. 7. Miscell. pag. 407. ne, *quod sæpe contingit, a peregrinis et advenis eis tanquam Sacerdotibus honor et reverentia indebita præbeatur.* Quare subdit : *Mandamus quatenus præfatos Judeos, ut Capis hujusmodi omnino dimissis, habitum eis congruentem deferant, quo non solum a Clericis, verum etiam a Laicis distinguantur, etiam per substractionem communionis fidelium.*]

¶ Capas Clausas *desuper ferre etiam jubentur leprosi, ut a sanis possint discerni, ne misceant se communicationi sanorum,* in Statutis Synodal. Eccl. Constantiensis in Normannia cap. 19. apud Marten. tom. 4. Anecd. col. 806. de Presbyteris vero ibidem cap. 18. statuitur ut, *Si oporteat eos equitare, possint tunicalia sub Clausa Capa habere aperta; sed in aperto clausa deferant. Qui autem de cetero transgressor hujus constitutionis extiterit; vestis aperta portata in publico pauperibus erogetur : et hoc præcipimus executioni mandari.* Vide ejusd. Anecd. tom. 3. col. 898. 1775. et tom. 4. col. 47.

¶ Capa Clausula. Gesta Gaufredi de Loduno Episcopi apud Mabill. tom. 3. Analect. pag. 375 : *Idem ab adolescentia Domini jugum ferens, quasi quædam præludia futuri sacerdotii Capam Clausulam in studio semper habens, etc.* sed f. legendum *Clausa.*

¶ Capa Doctoralis, aput Robertum *Goulet* in Compendio jurium et consuetud. Universitatis Paris. fol. 13. verso.

Capæ Foratæ interdicuntur Decanis, Archidiaconis et Archipresbyteris, in Constitut. Galonis Cardinalis.

¶ Capa Professionalis, quam Episcopus Suffraganeus post ordinationem suam tradit Ecclesiæ Metropolitanæ. Vita Gulielmi Wainfleti Episc. Wintoniensis inter Vitas Selectorum aliquot virorum, qui doctrina, dignitate aut pietate inclaruere Londini 1681 : *Recensere in hoc loco necesse non habeo, quos ille sumptus et quam graves ille faciebat, dum universam Archiepiscopi familiam lautissimis epulis excipiebat, Cappam, uti vocant Professionalem, Archiepiscopo donabat.*

Capa Rubea, Summorum Pontificum propia fuit. Petrus Damian. lib. 1. Epist. 20. de Cadaloo Antipapa : *Habes nunc forsitan mitram, habes juxta morem Romani Pontificis Rubeam Cappam, etc.*

¶ Capa transverseria, in Statutis Synodalibus Arnaldi Episc. Valentini, tom. 3. Concil. Hispan. pag. 529 : *Sacerdotes.... in Ecclesia et extra non utantur Cappis Transverseriis, sed Cappis rotundis, vel mantellis.*

* Capas Facere, Deferre, cantoris officium præstare. Acta Mss. capit. eccl. Lugd. ad ann. 1341. fol. 73. r°. col. 2 : *Duobus aliis, qui facient Capas ad missam dominicam, cuilibet xij. den. dare teneatur.*

* Capam Portare, Ecclesiæ Briocensis usus, de quo in Stat. Mss. ejusd. cap. 29 : *De Cappa portanda in potationibus. Item quia sæpe solent dissentiones et scandala provenire circa Capam portandam pro potatione in festis beatorum Brioci et Guillelmi consuetis, ad obviandum eidem statuimus et ordinamus, quod quilibet canonicus præben-*

datus residens in ecclesia teneatur de cetero, secundum ordinem quo scribitur in distributionibus, incipiendo a primo usque ad novissimum, et deinde revertendo similiter, portare Capam illam in turno suo, et providere de potatione sub pœna centum solidorum.

* Capam Solvere, Dono, quod præstare novus canonicus tenetur, satisfacere. Acta Mss. capit. eccl. Lugd. ad ann. 1340. fol. 66. r°. col: 1 : *Dom. decanus et capitulum receperunt in canonicum et fratrem Philippum de Briort, ... et subsequenter idem Philippus fecit et præstitit juramentum consuetum, et promisit Capam suam solvere infra annum.* Stat. S. Dion. Leod. ann. 1330. tom. 2. Monum. sacr. antiq. pag. 443 : *Item, quilibet canonicus ad præbendam receptus de primis et promptioribus fructibus præbendæ suæ solvet Cappam unam in valore novem librarum Turon.* [** Chart. ann. 1193. ap. Guden. Cod. Diplom. tom. 1. pag. 321 : *Aschaffinburgensis ecclesiæ canonici tenuitatem suam in ecclesiasticis ornamentis, videlicet in Cappis purpureis et in aliis indumentis .... considerantes.... statuerunt, quod inutiles expensas, quas quilibet canonicus pro introitu suo ... expendere consueverat, in meliores usus de cetero redigat, ac exinde ad honorem Dei et B. Petri, Cappam purpuream ecclesiæ conferat, in estimatione marcæ et dimidiæ.*]

Debitum pro Capa Episcopi, in veteri Charta.

De Capa Ordinarii Litigare, nostris proverbium notissimum, *Disputer de la chape à l'Evesque.* Id est, de re, quæ nec actori, nec reo, sed tertio competit. Chronicon Andrense pag. 629 : *Dicente, quod utraque pars pro Capa Ordinarii conflictum haberet, quia neutra pars jus patronatus in prædicta Ecclesia habere deberet.*

* De Capa regia contendere, Eodem sensu, quo vetus proverbium, *De capa ordinarii litigare*, Rem alienam agere. Charta ann. 1319. in Reg. 59. Chartoph. reg. ch. 357 : *Attenta quantitate negotii et quod partes ipsæ inanibus sumptibus pro hiis, quæ ad jus regium et ejus dispositionem solum pertinent, non ipsarum, consumebantur, et de Capa regia contendere videbantur, etc.*

Capa, Alba, Vestis candida, quam induebant recens baptizati. Conradus Usperg. : *Infantes suos in sabbato sancto Paschæ et Pentecostes cum candelis et Capa quæ dicitur vestis candida, et Patrinis comitantibus, ad baptismum deferant, eosque veste innocentiæ indutos per singulos dies usque in octavum diem ejusdem sabbati ad Ecclesiam deferant, etc.* Vide *Capulla, Chrismale*, [et *Alba* 4.]

Capa S. Martini, qua scilicet S. Martinus corpus et caput tegebat, olim apud Francorum Reges tanto in pretio habita, ut inter præcipuas Sanctorum reliquias asservaretur, et in bellis præferretur. Monachus Sangall. lib. 1. de Vita Caroli Magni : *De pauperibus supradictis quendam optimum dictatorem et scriptorem in Capellam suam assumpsit, quo nomine Francorum Reges propter Capam S. Martini, quam secum ob sui tuitionem et hostium oppressionem jugiter ad bella portabant, Sancta sua appellare solebant.* Walafridus Strabo de Reb. Eccles. cap. 31 : *Dicti sunt primitus Capellani a Capa B. Martini, quam Reges Francorum ob adjutorium victoriæ, in præliis solebant secum habere.* Honorius in Sermone de S. Martino : *Hujus Capa Francorum Regibus ad bella euntibus pro signo anteferebatur, et per eam, hostibus victis, victoria potiebantur, unde et custodes illius Capæ usque hodie Capellani appellantur.* Idem in Gemma animæ cap. 128 : *Capellani a Capa S. Martini appellati, quam Reges Francorum in præliis semper habebant, et eam deferentes Capellanos dicebant.* Non solum igitur *Capam S. Martini* in Palatio, sed et in oratoriis castrensibus, quæ μεταφορηταὶ ἐκκλησίαι, *Ecclesiæ portatiles* dicuntur Nicephoro Callist. lib. 7. cap. 46. asservabant, atque adeo in in præliis deferebant Capellani. Ubi Sozomenus lib. 1. cap. 8. de Constantino M. : Καὶ σκήνην εἰς ἐκκλησίαν εἰκασμένην περιέφερεν, ἡνίκα τοῖς πολεμίοις ἐπεστράτευσεν. Ex his etiam perspicuum fit, Græcos ævi recentioris Capæ nomine appellasse sacras reliquias, quas in expeditionibus bellicis et in ipsis præliis, deferre solebant. Mauritius lib. 7. Strateg. : Γενομένων δὲ αὐτῶν ἐν τῷ τῆς παρατάξεως τόπῳ, ἵσταται ὁ ἄρχων, καὶ μετ αὐτὸν ὁ βανδοφόρος, ὄπισθεν δὲ αὐτοῦ ὁ τὴν κάπαν βαστάζων, καὶ μετ' αὐτὸν ὁ τὴν τοῦβαν. Constantinopolitanos Imperatores Sanctorum reliquias in præliis extulisse, auctor est etiam Theophylactus Simocatta lib. 4. cap. 16. Vide infra *Capella*, et *Vexillum S. Martini.*

Capa Robert *cum, vel sine penna, et capucio, vel almussa*, in Statutis Massiliensibus MSS. ann. 1276.

Capa Romana. Ademarus Cabanensis de Episcopo Lemovicensi pag. 176 : *Per 7. dies indutus processit stola sanctificata et indumentis, cum quibus benedictus fuerat, et cum Capa Romana, absque colobio tamen et casula.* Tabularium S. Eparchii Inculism. : *Cortinas quoque et dosallos sive bonchallos, et ex obtimis palleis 20. Cappas Romanas, et multa plurima, quæ numerare longum est.* [Vita S. Ansegisi Abb. Fontanel SS. Benedict. sec. 4. part. 1. pag. 634 : *Cappas Romanas duas, unam videlicet ex rubeo cindato et fimbriis viridibus in circuitu ornatam, alteram ex Cane Pontico, quem vulgus Beuvrum nuncupat, similiter fimbriis sui coloris decoratam in orbe.*]

In Regum nostrorum aula erat Officialis, seu Minister, qui *Portechape*, appellabatur, hodie *Porte-manteau du Roy.* In Computo Thesauri incip. a 1. Jan. 1312 : *Quinque Portantes Capam, tres Barillarii, et quatuor Butarii pro tunicis Pasch. et Pentecost. quilibet* 10. *sol.* Statutum Hospitii Regis Philippi Magni ann. 1317 : *Il i aura* 3. *Portechappes qui mangeront à Court, et auront* 4. *deniers d'argent par jour pour tous ses chevaux, et seront prisez.*

* Hinc *Porte-chappe* in Lit. ann. 1374. tom. 6. Ordinat. reg. Franc. pag. 78. appellatur, qui hodie *Porte-manteau.*

* Capa Plumbea, Supplicii genus. Lit. remiss. ann. 1377. in Reg. 111. Chartoph. reg. ch. 222 : *Oudin Saudrin desmenti ledit Gebart et lui dist qu'il estoit sanglant coux, le bati, feri et injuria de injure de fait à tort et senz cause raisonnable, et avecques ce lui dist encor que se nostre saint pere le Pape savoit l'estat et la vie dont il vivoit, il le feroit mourir en la Chappe de plonc.* Vide infra *Cappella* 11.

Capella, Minor capa. Vide suo loco *Capella* 1.

Capparius, Qui facit et reficit Ecclesiæ ornamenta, in Tabular. Brivatensi fol. 197.

¶ Capparius, Cantor, qui fert *Cappam* in Ecclesia, tom. 4. Concil. Hisp. pag. 674. in Regula consueta Toribii Archiep. Limæ. Vide *Cappiger* et *Caparius* suis locis.

¶ Cappatus, Eadem notione ibid. pag. 670. col. 1. Sed non pro Cantore solum, verum pro eo omni qui fert cappam accipitur in Charta anni 1258. relata tom. 2. Rer. Mogunt. pag. 710. edit. 1722 : *Ut Canonici in Annunciatione B. M. V. qui Cappati hucusque fuerant, perpetuo superpelliceati incedant.* Vide Concil. Terracon. ann. 1329. apud Marten. tom. 4. Anecd. col. 311. [** Testament. ann. 1376. ap. Guden. Cod. Dipl. vol. 3. pag. 474 : *Legavit cuilibet converso ibidem in Dalen existente Cappato etc.* Vide *Capatus*, suo loco.]

** Cappifer, Monachus. Reinardus Vulpes lib. 2. vers. 979 :

Tam bene si casulam posuisset Cappifer albus
Tam tria mox surgens mala vorasset Abel.

¶ Cappati Milites, in Gestis Tancredi apud Marten. tom. 3. Anecd. col. 173.

Capula. Balbus in Catholico : *Capula, parva capa, capa, ornamentum capitis.* Nestor Novariensis in lexico : *Capula, genus vestis.* Eckehardus Junior de Casib. S. Galli cap. 5 : *Per nescio quam sub Capula incuriam sibimet ipsi manum transfixit.*

Incappare, Cappa aliquem induere, operire. Chronicon Andrense : *Vidimus eum aliquando Incappatum, et calcaribus circa pedes redimitum.* Italis *Incappare*, incidere sonat.

** Cappales Panni, Germ. *Kaplaken*, Panni ex quibus vestimenta clericorum et monachorum conficiebantur. Vide Lappenb. Init. Foederat. Hanseat. Docum. pag. 158. not. 1. et 286. not. 3.

¶ 2. **CAPA**, Rivulus, sulcus ad emittendas aquas, Arelatensibus *Cape.* Ordinatio ann. 1223. de abevratoriis Rhodani, e MS. D. *Brunet* fol. 66 : *Abevratorium protendatur.... ab ipsa albâ usque ad quandam Capam, quæ est ultra Rodanum ad consonam Nuera.*

* 3. **CAPA**, Amentum, quo virga flagelli manubrio ejusdem innectitur. Anonymi Glossar. ann. 1348. ex Cod. reg. 4120 : *Capa, est illud medium quod jungit manutentum* (flagelli) *et virgam.* [** Germ. *Flegelkappe.* Adel.]

* 4. **CAPA**, Pars, portio. Charta ann. 1083. apud Murator. tom. 2. Antiq. Ital. med. ævi col. 352 : *Ita sane, ut deinde inferatis....... annualiter de grano et sica in campo Capa quarta traenda de area.* Alia ann. 1106. ibid. col. 353 : *Terraticum de grano in campo Capam quartum, de sicale in campo Capam quintam, trahendas ad aream.* Pro *Capa*, legitur *Pars* in Ch. ann. 1184. ibid : *Terraticum de prædicta*

terra, de grano et segale quartam partem, etc. Nisi legendum quis existimet *Copa.* Vide *Cupa* 3.

* 5. **CAPA**, Cappa, Capsa, arca, pyxis. Inventar. ann. 1476. ex Tabular. Flamar. : *Item plus unam Capam postium coralli magnam cum quatuor pedibus clausam cum clave; et infra eandem caxam bona sequentia.* Stat. Universit. Andegav. tom. 9. Ordinat. reg. Franc. pag. 502. art. 26 : *Cappa eciam examinanda tradetur.*

* Aliud sonat vox *Chape*, Fornicem nempe, apud Froissart. vol. 3. cap. 17 : *Adonc l'escuyer me tira en un anglet de la Chape du chastel d'Ortais. Cappe d'un four*, ejus Camera seu fornix, in Chartul. sign. *Ezechiel* Corb. ad ann. 1418. fol. 49. v°. *Emchapement*, vox architectonica, id quo aliquid superinduitur. Lit. remiss. ann. 1379. in Reg. 115. Chartoph. reg. ch. 287 : *En cheant aval ledit plastras cheu sur un Emchapement d'icelle tour* (de Vincennes) *qui le fist aler plus loing d'icelle tour que l'en ne cuidoit.* Vide supra *Camera* 10.

CAPABILIS, Incapabilis. Beda lib. de Ortogr. : *Capax, qui facile capit. Capabilis, qui facile capitur.* Est igitur *Capabilis*, qui capi et comprehendi potest : e contrario, *Incapabilis*, incomprehensibilis. Gloss. Græc. Lat. ἀχώρητος, *Incapabilis.* Voces sunt Arianis familiares. Sanctus Augustinus libro tertio contra Maximin. : *Aisti de filio : Vidit ergo Patrem, sed Incapabilem : nec attendis, quia etsi vidit Incapabilem, quem, sicut putas, capere non potuit; non tamen invisibilem, quem videre potuit. Tu autem nobiscum non de Capabili et Incapabili .... disputabas.* Idem Serm. 6. de Sanctis : *Ligavimus Incapabilem filum virginitatis.* Facundus Hermianensis lib. 1. cap. 4 : *Qui ergo concedunt, quia Deum Virgo genuit, quod Incapabile est, etc.* Ita vocem *Capabilis* ea notione usurpavit Goldscherus Monachus in Vita S. Valerii Episcopi Trevirensis num. 7 : *Ut ... ad agnoscendam Dei veritatem Capabilem aperiret sensum.* Eadem verba habentur in Vita S. Eucherii Episcopi Trevir. apud Bosquetum. Paulinus Aquileiensis in Epist. ad Carolum Mag. præfixa lib. 1. contra Felicem Urgelitanum : *Hujus nimirum rejecta pestis fellivomæ amaritudinis crapula, Capabilia mei stomachi refrigerasse receptacula modo mirabili contemplatæ faciei suffusus venustatis rubor declarat.* Rupertus lib. 10. de Divin. Offic. cap. 10 : *Constat igitur, quod Spiritus sanctus humanæ animæ Capabilis sit, ejusque penetret interiora, ut pote quam illa bibit, id est, in interiora suæ substantiæ recipit.* Ibid. cap. 20 : *Capabilis enim, ut superius jam dictum est, humano vel angelico spiritu, Spiritus sanctus est.* Atque inde Galli nostri vocem *Capable* hauserunt cum de viro docto verba faciunt, ut qui facile scientias capiat ac comprehendat. [Gaufredus Autissiod. in Cantica Cant lib. 1 : *Hoc speculum fabricatur .... quod ut Capabilius fiat, etc.*]

¶ **CAPACITAS.** Vide *Capax.*

¶ **CAPACULUS**, *Aliquantum capax*, in Catholico Johannis de Janua.

¶ **CAPAGIUM**, Pecuniarium subsidium, Litteræ Johannis Comitis Pictav. filii Johannis Regis Franc. ann. 1357. 18. Feb. ad Senescallum Bello-quadræ, ex Regest. Senesc. Nemaus. fol. 298 : *Cum nos .... convocaverimus Universitates dictæ Senescalliæ et pro deffensione et tuitione partium prædictarum nonnullæ Universitates ejusdem Senescalliæ nobis, non coactæ, sed ipsarum spontanea voluntate, concesserint quoddam subsidium Capagium nuncupatum levandum et solvendum pro tempore, modo, forma, terminis et sub protestationibus in quodam rotulo pargameni sigillo secreti nostri sigillatis, contentis et plenius expressatis quem vobis mittimus una cum nominibus dictarum Universitatum in dicto rotulo contentis et declaratis, et urgens necessitas nos astringat, ut dictum subsidium, ceu Capagium, levetur cito et cum diligentia maxima exequatur, ideo nos de vestra diligentia et legalitate quam plurimum confidentes, vobis, si necesse fuerit, committimus et mandamus, quatenus dictum Capagium juxta modum et formam in prædicto rotulo contentis levare et exequi cum diligentia faciatis.* Hæ autem sunt conditiones in rotulo Litteris adjuncto expressæ : *Primo, quod durante tempore infra scripto, vel saltem tanto tempore, quanto durabit Capagium infra scriptum, Dom. Comes Pictav. filius et Locum-tenens Domini Franc. Regis non possit aliquid aliud sive ratione focagii subordinati, vel alias quovis modo, nisi oblationem infra scriptam petere. Item, quod Capagium levetur hodie secundum numerum personarum quæ per Commissarios dandum reperientur, et non juxta numerum olim transactum, qui Commissarii inventaria facient de capitibus tantum, et non de bonis mobilibus et immobilibus, et expensis regiis, et non Communitatum, ultra ætatem duodecim annorum. Item, quod dictæ Communitates, Consules, Procuratores ac Sindici earum teneantur tradere Commissariis super hoc deputandis inventaria, quæ habent de bonis mobilibus et immobilibus olim a tempore mortalitatis citra facta, et jurabunt ipsa inventaria tradere prout in eorum registris fuerunt descripta. Item, quod dictum Capagium promittant de monetis currentibus et juxta bursam quam habent de præsenti, videlicet Agno auri computato pro triginta quatuor solidis, et florinum pro viginti quatuor solidis. Item quod prædicta leventur et exigantur per certos Probos super hoc deputandos, et in ipsorum deffectu per ordinarios ipsarum Communitatum. Item, fuerunt protestatæ dictæ Universitates, quod per præsentem oblationem non intendunt earum Communitates ponere in casu consimili in aliquam servitutem, et eo casu quo induceret, quod tamen nolunt, imo expresse volunt pro non servitute haberi dictam oblationem. Item, dicunt et intendunt prædictæ Universitates, quod solvatur pro duobus mensibus Capagium prædictum in media Quadragesima ac capite mensis Madii. Eo casu quo esset guerra, et non alias, solvatur pro aliis duobus mensibus. Prædictæ vero Universitates oblationem prædictam faciant, videlicet pro capite in septimana tres denarios, pro bonis immobilibus, scilicet pro centenario unum denarium, et pro bonis mobilibus pro centenario duos denarios, juxta formam olim factam pro duobus mensibus.* His subjunguntur nomina circiter quinquaginta Universitatum Senescalliæ Belloquadræ, quæ Capagium solvere tenebantur. Hæc fraterne communicavit Vaisettus noster Occitaniæ Historicus. Occurrit vox *Capagium* in Charta Ecclesiæ Aptensis ann. 1259. inter Schedas Cl. Præsidis *de Mazaugues*, ubi etiam significat tributum uniuscujusque capiti impositum, quod Provinciales hodieque vocant *Capage.* Vide *Capitagium* in *Capitale* 5.

1. **CAPALE**, pro *Capitale* in Testam. Ranimiri Reg. Aragon. æræ 1099. in Hist. Pinnatensi lib. 2. cap 38.

¶ 2. **CAPALE** Ferrum, Cassidis species, qua milites tegebant caput, Gallis olim *Chapel de fer.* Privilegium Henrici de Soliaco ann. 1031 : *Tenebitur habere loricam vel loricale, et Capale Ferreum, et lanceam et gambergam.* Vide *Capellus* 1.

¶ **CAPANA**, *Tigillus in posteriorem partem carrus tendens, super quem pueri insilire solent.* Val. Paschalis in Amalthea Laurentii.

CAPANNA, Tugurium, casula. Isidorus lib. 14. Origin. cap. 12. et ex eo Papias : *Tugurium parva casula est, quam faciunt sibi custodes vinearum, ad tegimen sui, quasi tegurium. Hoc rustici Capannam vocant, quod unum tantum capiat.* Joan. de Janua : *Capanna, vilis casa, vel domus palea cooperta.* A Græco καπάνη, ut quidam volunt. [Vide Menagii Diction. Etymol.] [** et Murator. Antiq. Ital. vol. 2. col. 1179. C.] Itali vocem retinent *Capanna*, unde Cambrobritanni *Caban*, nostri *Cabane*, Hispani *Cabaña*, effinxerunt. Statuta Raymundi Comitis Tolosæ contra Hæreticos : *Omnes Cabanæ suspectæ a communi habitatione castrorum remotæ, et speluncæ infortiatæ, et clusella in locis suspectis et infamatis destruantur.* Consilium Archiepiscopi Narbonens. cap. 34. in Concilio Biterrensi ann. 1246 : *Investigent hæreticos in villis, et extra domos singulorum, et cameras subterraneas, Cabannas, et clausellas, et alia latibula perquirendo.* [Codex MS. S. Martialis de Miraculis ejusd. Sancti apud Stephanotium tom. 2. Fragm. Histor. : *Locus ullus in tuto non erat; persona aliqua non excipiebatur : æqua lance domus divitum et procerum et Capannæ pauperum, orphanorum et viduarum supellectiles scrutabantur.*] Occurrit passim in Tabulario Ecclesiæ Uzetiensis. Vide Foros Aragon. lib. 3. tit. de Pascuis. [Acta SS. April. tom. 3. pag. 524. et seq. Maii tom. 2. pag. 167. et cap. 7.]

¶ Cabana, Eadem notione. Pactum inter Jacobum Aragoniæ Regem Montisque Pessulani Dominum et Berengarium Magalonæ Episcopum ann. 1272. de limitibus jurisdictionis utriusque : *Excepta Cabana unica facienda vel domo lapidea in terra vel in aqua.... ad percipiendum usaticum seu pulmentum aut pedagium consuetum. Cabaña*, in Charta Aldephonsi Regis Castellæ æræ 1220. in Hist. Segoviensi cap. 18. § 5.

Cabanesius, Eadem, ni fallor, notione, in Charta ann. 1100. apud Gariellum in Episcopis Monspessul. pag. 91 : *Dedit Canonicis Magalonensibus quosdam Cabanesios, et quasdam terras et vineas, etc.* [Vide *Cabannaria.*]

CAPAPELLIS, *quasi pellis cum capa.* Joan. de Janua.

CAPARCUS, *Pistor*, in Gloss. Isidori.

¶ **CAPARIUS**, Cantor *Capa* ornatus, Gall. *Chapier*, qui fert capam in Ecclesia. Rituale MS. Eccl. Cathedr. Tolos. : *Et interim Ebdomarius et alii quatuor Caparii, Corarii, Turiferarii, Virgariis præcedentibus revertuntur ad sacristiam.* Vide *Capa* 1.

CAPARO, Capero, Capiro, ex Gall. *Chaperon*, Occitanis *Capayrou*, Tegmen capitis, cuculla, ita dicta tanquam *brevior capa*, quæ majori capæ supersternitur. Quod quidem etymon longe probabilius, quam illud quod a *Capronis*, hoc est, capillis muliebribus demissis in frontem, de qua voce Festus, accersit vir doctus ad 3. Annal. Taciti, quod, inquit, in vultum se demittat a capite. Guibertus lib. 1. de Vita sua cap. 22 : *Cucullum, quem Caperonem vulgo vocant.* Liber Ordinis S. Victoris Parisiensis MS. cap. 66 : *Nec cucullas, id est, Caparones, nec pileos, id est, almutias in capitibus habere debent.* Matth. Paris ann. 1227 : *Concedant eis pannos probationis, videlicet duas tunicas sine capucio, et cingulum, et braccas, et Caparonem usque ad cingulum.* Occurrit præterea in Regula S. Francisci cap. 2. in eodem libro Ordinis S. Victoris Parisiensis MS. cap. 40. in Fragmento historico de Concilio Aquisgran. etc. Caparoni manum admovebant salutantes. Chronicon Bertrand Guesclini MS :

Au Palais a trouvé le riche Roy Fagon,
De Dieu le salua, et fit affliction :
Le Roy se va lever, et mist main au Chaperon.

Petrus IV. Rex Aragon. in Chron. lib. 2. cap. 25 : *Cascun levant so lo Capel, ... et nos axi mateix levant nostre Capero, etc. Un Chaperon fourré d'ermines pour le Roy a la feste de l'Estoille*, in Computo Stephani *de la Fontaine* ann. 1351. *Chaperon en forme.* Idem Comput. : *Pour Madame la duchesse de Lembourc, fille de Mons. le Duc de Normandie, 2. Chaperons, l'un pendant, l'autre à enfourmer, tout fourré de menu vair.* Alibi : *Chaperon de chape.* Caparonis vero forma describitur in Statutis MSS. Ordinis Militaris Coronæ spineæ sub Carolo VI. exaratis : *La forme de cetuy Chaperon sera moienne entre grant et petit, c'est à savoir que le Chaperon en fourme il descendra largement jusques entour les espaules, et sera si juste entour le col et de bon bras, que legierement un y pourra entrer sans estre fendu, ne boutonné dessous le menton. Et la cornette doublée de luy-mesme de 3. doits de large, sera longue d'un pied et demy, et non plus, sans nulle detranchure, ne haschure, en toutes ses parties, ne és autres garnemens, habis, ou paremens dudit ordre.*

* Ab illius colore designati nonnumquam ordines ecclesiastici secularesve : sic *Chapperons rouges* appellantur canonici congregationis S. Mauritii Vellavorum, in Testam. Caroli V. reg. Franc. ann. 1374. in Memor. D. Cam. Comput. Paris. fol. 229. v° : *Item aux Chapperons rouges à Senlis, xxx. livres pareillement.* Vide infra *Capayrona.*

Capiro Ferreus, apud Rolandinum in Chron. lib. 3. cap. 16. Vide in *Pancerea.*

* **CAPARRA**, vox Italica, unde Provincialibus *Caparro*, Arrha. Pacta inter regem Tunet. et Pisan. ann. 1398. tom. 1. Cod. Ital. diplom. col. 1120 : *Item, quod si aliquis Pisanus vendiderit aliquas merces per manus Torcimannorum, et habuerit auham* (leg. arrham) *seu Caparram, etc.* Reg. notar. *d'Aubagne : Pro arris et Caparris istarum viginti quinque saumatarum avenæ, etc.*

* **CAPATGIUM**, Subsidium pecuniarium, quod viritim solvitur, idem quod *Capagium.* Vide in hac voce. Lit. ann. 1357. inter Probat. tom. 2. Hist. Nem. pag. 188. col. 1 : *Quam quantitatem* (florenorum) *asserunt assendere longe plus quam Capatgium.*

¶ **CAPATICUM**, Capitis census ab hominibus *de capite* quotannis solvendus. Codex Irminonis Abbatis Sangerman. MS. fol. 45. verso col. 1 : *Aspiciunt ad ipsam Ecclesiam* vi. *mansi... solvunt ad hostem de argento sol.* xii. *de Capatico sol.* vi. *de spelta mod.* xxxv. Eadem col. : *Solvunt inter totos ad hostem denar.* xvi. *de Capatico sol.* ii. Idem Cod. fol. 64. col. 1 : *Donant inde soledos* ii. *solvunt Capaticum, pullos et ova.... Infantes non sunt S. Germani solvunt Capaticum tantum.* Et fol. 63. verso : *Tenet ipsum Geofridus colonus S. Germani, solvit inde denar.* xii. *de Capite suo.* Charta Godefridi Magni, Ducis Lotharing. pro Monachis Gorziensib. ann. 1069. apud Miræum tom. 1. pag. 353 : *Id est, in dotibus altaris, in decimis, campis, pratis, pascuis... censibus, Capaticis et omnibus aliis pertinentiis.* [** Confer. Guerard. in Indic. Irminon. et in Proleg. ad Chart. S. Petri Carnot. § 40.] Vide *Capitale* 5.

¶ 1. **CAPATUS**, Amictus *capa.* Ex Chronico S. Medardi Suession. urbs Damiata capta fuit ann. 1249. ab Ludovico IX. Francorum Rege, qui dicitur *de genere Hugonis Capati.* Hinc infert Valesius in Valesianis Hugonem cognominatum fuisse *Capatum* a *Capa.* Hoc autem inde confirmatur, eodem Valesio judice, quod quidam alii Scriptores eumdem Regem appellent *Hugonem Caputii;* Caputium enim, inquit, et Capa unum et idem sonant. Præterea in libro 10. Chronographiæ Hugo, Robertus et Henricus *Capati* nuncupantur ad marginem Codicis MS. Minus versimilis videtur opinio Bertrandi Præsidis, qui Hugonem a *crassiori capite Capetum* dictum putat. Vide Menagium in Dictionario Etymol. Gall. et infra *Capetus.*

* Glossar. Gall. Lat. ex Cod. reg. 7684. *Capatus, qui est vestu de chappe. Encaper*, Capa aliquem induere, vel donare. Guignevil. in Peregr. hum. gen. Ms. :

Comment que soie emmantelée
Par dehors bien et Encapée, etc.

Mirac. Mss. B. M. V. lib. 2 :

Cil grant segnor chaus avant traient,
Et chaus Encapent et enjupent.

¶ 2. **ÇAPATUS**, vel *Çapato* Hispanice, Calceus, Gall. *Soulier.* Legitur tom. 4. Concil. Hisp. ann. 1582. pag. 246.

CAPAX, Vas majoris capacitatis. Gloss. Græc. Lat. : Δοχή, *Exceptio.* Δοχεῖον, *Capacitas, Receptaculum.* Acta sancti Thyrsi Mart. posteriora cap. 5. num. 22 : *Sylvanus dixit : Capacem grossum afferte et aqua eum implete, Thyrsum autem a capite deorsum in eodem arctate.* Alia acta habent *tinam, vas*, aut *lebetem.*

* **CAPAYRONA**, ab occitan. *Capayrou*, Tegmen capitis, cuculla, Gall. *Chaperon.* Charta ann. 1358. inter Probat. tom. 2. Hist. Nem. pag. 211. col. 1 : *Necessario oporteat ultra raubas communes eidem provideri de..... una Capayrona et uno cappello ad equitandum. Chaperonneuse d'Anjou*, Cuculla Andegavensibus propria. Lit. remiss. ann. 1478. in Reg. 205. Chartoph. reg. ch. 63 : *Le suppliant demanda à uns compaignon s'il n'avoit point veu une jeune fille, qui portast Chaperonneuse d'Anjou;..... lequel lui dist...... qu'il avoit veu une jeune fille, ... qui avoit une robe de bureau jusques à my cuisse et ung meschant chapeau.* Est autem *Chaperonnée*, quantum *Capayrona* contineri potest, in aliis Lit. ann. 1382. ex Reg. 120. ch. 248 : *Item à prendre..... deux ou trois Chaperonnées de sel..... Item environ plain chaperon de raisins.* Vide *Caparo.*

¶ **CAPCIA.** Informationes Civitatis Massil. de passagio transmarino in MS. Sangerman. : *Sunt etiam necessarii ad unam navem tres timoni, scilicet duo in Capcia et unus superfluus habentes longitudinis* xviii. *goas, et latitudinis* ix. *palmos.* Vide *Capsa navis.*

¶ **CAPCIO.** Vide *Captio.*

* **CAPDAGUAYTS**, Qui sub vicario urbium politiæ invigilant, vigiliarum præfecti, quasi *Chefs du guet.* Constit. Mss. Alfonsi II. reg. Aragon. ann. 1333 : *Ordinamus quod subbajuli ponantur et eligantur per bajulos, ... et quod dicti bajuli, si de dictis subbajulis non posset assequi justitiam, conquerentibus teneantur pro culpis, negligentiis et delictis commissis per ipsos subbajulos; cum eo casu ipsis bajulis possit mala electio imputari. Et idem intelligimus de Capdaguayts, qui per vicarium Barchinonæ ibidem eligantur et ponantur; cum non sit intentionis nostræ, quod dicti Capdaguayts alibi constituantur seu etiam ordinentur.* Vide mox *Capdellus.*

* **CAPDAQUA**, Aquarum caput et origo. Lit. Joan. PP. VIII. ann. 879. inter Instr. tom. 6. Gall. Christ. col. 481 : *Cum..... terris et aquimolis, cum suis Capdaquis et ipsis aquæ ductibus, etc.* Vide *Caput aquæ* in *Caput* 3.

¶ **CAPDASTRA**, Liber censualis. Jacob. Gotofredus in Cod. Theod. tom. 5. lib. 13. pag. 113. in Gallia, inquit, aliquibus in locis a capitibus vel capitatione *Capdastra* vel *Catastre* vocatur, capitationis scilicet registrum, in quibus singulorum nomina adnotata erant.

* Vide *Catastrum.*

CAPDELARE, Conducere. Charta ann. 1236. apud Catellum in Hist. Tolosana pag. 36 : *Scilicet quod quando D. Rex, vel alius nomine ipsius vult congregare cavalcatas per Bajulos parochiarum, ego debeo mandare dictas cavalcatas per totam dictam vicariam per dictos Bajulos, et cogere homines secundum mandatum Domini, ut eant in guerram, et debeo dictos homines conducere et Capdelare per me vel per alium, cum expensis tamen Domini prædicti.* Adde Marcam in Hist. Beneharn. lib. 4. cap. 2. num. 5. Petrus IV. Rex Arag. lib. 3. Chron. cap.

20. : *Joan Ferrandes de Luna Capdellava los paons, etc.* id est, conducebat pedites. Hinc *Chadeler* dixerunt nostri. Le Roman *de Garin* MS. :

François Chasdele com Chevalier gentis.

Alibi :

Li Dus Girbert les conduit et Chadele.

Rursum :

Vers l'ost des Turs la suéc gent Chasdele.

Guill. *Guiart* MS. :

Jouhan qui les Anglois Chadele,
S'ot bien tost de Lille nouvelle
Que François orent assegiée.

[Le Roman *de Guiteclin*, apud Gallandum de Vexillis Franc. :

La vertu de Deu les Chadele et guie.

Le Roman *d'Alexandre* :

Et mande à Alexandre qu'il Chadele les gris.]

Maestro Fray Gonçalo de Berceo, vetus Poeta Castellanus, apud Sandovallium :

Sennor sancto Domingo el natural Cannas,
E nescio en buen punto pleno de bonas mannas,
Y venie Capdellando essas bonas campannas,
Faziendo capteneneias que non abrien calanas.

Vide Raimundum Montanerium in Chronico Regum Aragon. cap. 122. 139.

* Nostris *Cadeller*, ut et *Chadeler*. Le Roman *d'Alexandre* Ms. part. I :

Emenidus les voit qui les Cadelle et guie.

Ita etiam legendum videtur, pro *Caieller*, in Poemate Rob. Diaboli Ms :

L'emperere, qui l'ost Caielle,
Vit le Chevalerie bielle
Que Robiers a devant lui faite.

* **CAPDELLA.** Inventar. ann. 1491. inter Probat. tom. 4. Hist. Nem. pag. 55. col. 2 : *Item duæ Capdellæ blanchæ, duarum librarum ambæ; item xxvj. imagines ceræ ante altare beati Egidii.* Ubi leg. fortassis *Candellæ*. Vide supra *Cannela*.

* **CAPDELLUS**, Justitiæ præfectus, judex primarius. Lit. Eduardi reg. Angl. pro civit. Aquensi in Reg. 185. Chartoph. reg. ch. 241 : *Habebant cives Aquenses communiam viginti justitiarum et unum Capdellum. Chadelerres*, Præfectus copiis militaribus, caput militum, in Vit. SS. Mss. ex Cod. 28. S. Vict. Paris. fol. 71. r°. col. 2 : *Longins estoit uns chevaliers, qui estoit Chadelerre ou capitains de cent chevaliers.* Vide supra *Capdaguayts*.

CAPDETS. Ita secundo genitos appellant Occitani, unde nos *Cadets* dicimus. Legi in quadam Historia MS. Carolum *d'Albret*, qui reus Majestatis damnatus est, quod Joannis Armeniaci partes sectatus esset, *le Capdet* vulgo agnominatum. Vocis etymon a *cap*, quod est caput, deducendum videtur: ita ut dicti sint quasi minora capita, respectu primogenitorum, qui *Capmas* vocabantur, id est, *Capita domus*, nos diceremus *les Chefs de maison* : tametsi Dominos quosvis sic appellasse videantur Bigorritani, ex Charta, quam laudat Marca lib. 9. Hist. Beneharn. cap. 7. num. 2. ut et Gonçalus de Berceo, vetus Poeta Hispanus :

Era del Monasterio Cabdillo y Sennor.

Utcumque sit de vocis notione et etymo, nemo, opinor, probabit Dominici conjecturam, qui in lib. de Prærogat. alodior. cap. 21. § 4. *Cadets* dictos vult, *quasi a majori natu cadant, et sint veluti quidam Catheti, seu normales lineæ, ab ipso dependentes* [Singularis est opinio Labbæi, qui natu minorem *Cadet* dictum fuisset credit, quia *Cadet* præliando ; quoniam natu minoris ea fere sors est, ut abeat militatum. Has duas posteriores originationes explodit, primamque Cangii confirmat antiqua ratio scribendæ vocis ; non enim *Cadet* ut nunc, sed *Capdet* scribebatur. Chronicon Ludovici XI. pag. 308 : edit. in 4°. : *Aprés la dite déconfiture ainsi faite, ledit Duc en Auteriche, le Comte de Romont, et autre de leur compagnie, se ralierent, et vindrent devant une place nommée Malaunoy, dedans laquelle estoit un Capitaine Gascon, nommé le Capdet Remonnent.* Vide Menagium.]

CAPDOLIUM, CAPDULIUM, Domus feudi præcipua, castrum, sic appellatum apud Aquitanos, quasi *Capitolium*, inquit Dominicus lib. de Prærogat. alodior. cap. 2 num. 2 : *La maison principale appellée vulgairement Capdeulh*, in Consuetud. S. Severi tit. 12. art. 26. Aquensi tit. 2. art. 8. 9. et Beneharnensi tit. 10. art. 6. tit. 38. art. 7. tit. 44. art. 11. Regestum Constabulariæ Burdegalens. fol. 102 : *Fecit pariagium in tota terra sua cum domino de Salis in hunc modum, quod dictus Guillelmus retentis sibi Capdolio, decima, vineis, etc. dabat D. Regi medium pro indiviso totius terræ suæ.* Charta Comitis Rutenensis pro Dom. Severaci : *Salvo tamen et sibi retento homagio ac recognitione fortalitii, Capdulii, sive donjon dicti castri antiqua, quod nobis, etc.*

CAPE, apud Anglicos Jurisconsult. *Breve*, sic appellatum, quo Rex præcipit ministris suis, ut terras, tenementa, etc. *Capiant* in manum Regiam. Duplex autem est, *Magnum* et *Parvum*. Vide Fletam lib. 6. cap. 14. § 21. 22. 23. 24. 25. 26. 27. ubi talium Brevium formula describitur, ut et cap. 25. et Bractonum lib. 4. tract. 3. cap. 7.

¶ **CAPEDINARE**, Differre, procrastinare, moram producere, Gal. *Differer, suspendre.* Testament. anni 888. apud Marten. tom. 1. Anecd. col. 53 : .... *Suffragari et condonare deberemus, cymeterio jam dicti Cœnobii addentes olim impetratum ab antecessore nostro venerabili Episcopo Lamberto, intermisso tantum ob* (sic) *Capedinante dilatione firmitas ex hoc testamento.* Vide *Capedo*.

CAPEDINES, *Animalia dicta, quod manu capiantur.* Papias. Gloss. antiq. MS. *Capedines, quod manu capiantur.*

CAPEDO, pro *Intercapedo*, Spatium. D. Eulogius : *Intercidente terrarum prolixa capedine.* Apud Latinos pro vase sumitur.

* Glossar. vet. ex Cod. reg. 7646 : *Capedo, spatium, studium, cura, cupiditas, ardor, aviditas, vigiliæ, industria, labor, perseverantia, pertinatia.* Glossar. Provinc. Lat. ex Cod. reg. 7657 : *Capedo, genium, ingenium, Engienh, Prov. Capedum, spatium*, in alio Cod. sign. 7691.

CAPEDULUM, *Vestimentum capitis*, in Glossis Arabico-Latinis. Joan. de Janua : *Capululum, a caput dicitur, et Capedulum, et hæc Caleptra in eodem sensu, scilicet mitra tegens caput, quæ et alio nomine dicitur pileus, galerus, calamacus, etc.*

¶ **CAPELATUM**, Sertum precatorium, Gall. *Chapelet*, in Onomastico ad calcem tomi 5. Actorum SS. Junii. In Statutis Andegav. B. Lucæ ann. 1503. pag. 215. dicitur, *Capeletum*. Vide *Capellina*.

¶ **CAPELET.** Vide *Capellus Ferreus* in *Capellus* 1.

¶ **CAPELETUM.** Vide *Capelatum*.

* **CAPELINA.** Vide infra *Capellina* 3.

1. **CAPELLA**, Brevior capa. Adalardus in Statutis antiq. Corbeiensis Monasterii lib. 1. cap. 3 : *Cæterum Capellæ, hroccus, sive cuculla de sago, unde hroccus fieri possit, ad arbitrium Prioris erit.* Chron. Amalfitanum ann. 1266 : *Fieri fecit mitram auream, et plures Capellas sericas.* [Vita S. Walarici Abb. inter Acta SS. April. tom. 1. pag. 22 : *Tunica cum Capella tantum utens, et lineum vestimentum non requirens.*] Vita S. Petri Abbatis Cavensis num. 15 : *Capellæ mantica.*

CAPELLA S. MARTINI, brevior fuit capa ejusdem Sancti, quam in Palatio asservatam diximus, et ad quam sacramenta præstabantur. Placitum Theodorici Reg. Franc. apud Mabillonium de Re Diplomat. pag. 470 : *Ut de novo denominatus aput se sua mano septima dies duos ante istas Calendas Julias in oratorio nostro super Capella Domini Martini, ubi reliqua sacramenta percurribant, hæc dibiret conjurare, etc.* Placitum aliud Childeberti apud eumd. V. C. pag. 483 : *Sic ad ipso Viro Grimoaldo fuit judecatum, ut sex homenis de Verno, et sex de Latiniaco bone fideus in oratorio suo, seu Capella santi Marthini immemorate homenis hoc debirent conjurare.* Marculfus lib. 1. form. 38 : *Sed dum inter se intenderent, sic eisdem a Proceribus nostris, in quantum inlustris vir ille Comes Palatii nostri testimoniavit, fuit judicatum, et de quinque denominatis idem ille apud tres et alios tres sua manu septima tunc in Palatio nostro super Capellam domini Martini, ubi reliqua sacramenta percurrunt, debeant conjurare.* Quo loco quidam *Capellam* dictam perperam putant pro capsella, in qua Sanctorum reliquiæ conduntur : est enim brevior sancti Martini capa, quam *Roccum* S. Martini vocat Sangallensis lib. 2. cap. 17 : *Carolus habebat pellicium berbicinium, non multum amplioris pretii, quam erat roccus ille S. Martini, quo pectus ambitus, nudis brachiis Deo sacrificium obtulisse astipulatione divina comprobatur.* Ubi tangit miraculum, quod a Severo Dial. 2. et a Fortunato lib. 3. de Vita S. Martini, et lib. 1. Poemate 5. refertur : cum scilicet Sanctus ille, sacra in Ecclesia facturus, exuta tunica pauperem vestivit, et *bigerrica veste brevi atque hispida* humeros contectus, cætera nudus, in templum perrexit. Unde in facti et miraculi, quod inter Missarum solennia accidit, memoriam, asservatam illam bigerricam vestem censuerim inter cæteras Divi reliquias, quam pallii, seu *mantelli*, appellatione vulgo donant nostri : nam pallii vice fuerunt olim *bigerricæ*, non manicatæ, uti extiterunt capæ. In veteri Regesto Cameræ Comput. cui titulus : *Denombrement des Balliages d'Amiens et Doullens*, hæc legimus : *Les Estohiers d'Amiens doivent à l'Evesque à la S. Martin d'iver, une penne grant d'aigneaux, appellé le mantel S. Martin.*

2. **CAPELLA**, Postmodum appellata ædes ipsa, in qua asservata est *Capa*, seu *Capella S. Martini*, intra Palatii ambitum inædificata : in quam etiam præcipua Sanctorum aliorum λείψανα illata, unde ob ejusmodi Reliquiarum reverentiam ædiculæ istæ, *Sanctæ Capellæ* vulgo appellantur. Charta Caroli Simplicis ex Tabulario Monasterii Compendiensis : *Notum igitur constat per omne nostri regni imperium, et quocunque venerabile nomen beatæ virginis Walburgis celebratur, quoniam de sanctis sui corporis reliquiis impetravimus, pro ejus veneratione ac munimine suarum precum, et eas deferri fecimus ad Attiniacum palatium, et Capella constructa, seu dicata sub ejusdem Virginis memoria, in qua duodecim Ecclesiastici ordinis viros statuimus, qui diu noctuque divina horis competentibus frequentent officia, etc.* Ordericus Vitalis lib. 12. pag. 893 : *Rex sanctas sibi de Capella sua reliquias deferri præcepit, etc.* De his Palatinis capellis intelligendus videtur Hariulfus lib. 2. cap. 9. ubi de reliquiis Monast. Centulensis : *De Italia, Germania... nobis directas, seu etiam de sacro Palatio, quæ per tempora ab anterioribus Regibus, et postea a jam dicto Domino nostro* (Carolo Magno) *maxime sunt congregatæ, etc.*

Capellæ Palatinæ dicuntur in Concilio Parisiensi VI. *Sacella Regis*, in Capitular. Caroli Mag. lib. 5. cap. 9. [** 11. ex Pippin. Capit. incert. ann. cap. 3. Pertz. pag. 31.] Eusebius lib. 4. de Vita Constantini cap. 17. tradit, Constantinum Basilicas aliquot et ædes sacras intra Palatii sui septa condidisse. Harum aliquot attigimus in Notis ad Willhard. n. 136. et de his pluribus agimus in nostra Constantinopoli. Eædem et *sanctæ* appellatæ, cujusmodi supersunt etiamnum in Galliis complures, quas recenset Chopinus lib. 1. de Sacra Polit. tit. 1. § 18. quarum quædam non Regum duntaxat, sed Ducum etiam, aut aliorum inferioris dignitatis Procerum fuere. [Testam. G. Comitis Nivernensis ann. 1239. in Maceriis Insulæ Barbaræ tom. 1. pag. 152 : *Item operi Capellæ meæ Montis-Brusonis lego centum libras.*]

Inter præcipuas vero Regum Francicorum Palatinas Capellas, exstitit insignis illa Aquisgranensis, *ex toto Romanorum orbe famosissima*, ut ait Gaufredus de Vita S. Bernardi lib. 2. cap. 6. de qua Eginhardus ann. 829 : *Ipsam sanctæ Dei Genitricis basilicam, quam Capellam vocant, tegulis plumbeis tectam, etc.* Annales Francor. Fuldenses ann. 881 : *Aquense palatium, ubi in Capella Regis equis suis stabulum fecerunt.* Ademarus Cabanensis ann. 829 : *Aquis terræ motus.... Basilicam magnam, quam vocant Caroli, totam denudavit de plumbeis tabulis, de quibus cooperta erat.* Agunt præterea de hac capella idem Eginhardus in Vita Caroli Magni pag. 102. 103. Sigebertus ann. 795. Miræus in Cod. Donat. Piar. lib. 1. cap. 11. Spicilegium Acherianum tom. 10. pag. 137. lib. 1. Miscellan. Baluzii pag. 492. Barthol. Fizen in Hist. Leod. pag. 267. 268. etc. Capellæ Ludov. Pii Imp. in Theodonis-villa instar Aquens. inchoatæ meminit Continuator Reginonis ann. 939.

At cum in Francico regno palatia complura, et fere in qualibet provincia haberent Reges, adeo ut, si iter agerent, ferme semper in Dominicis, uti vocabant, villis et Palatiis habitarent, quod alibi docemus; habuere etiam in iisdem Palatiis sacras ædes, quæ propria appellatione *Capellæ* dicebantur, in quibus sacra divorum lipsana, quæ secum deferri a Capellanis curabant, reconderent et asservarent. S. Odo de Vita S. Geraldi Comitis Auriliacensis lib. 1. cap. 14 : *Cum deinceps latifundia ipsius sibi succederent, ut usque ad montem magnum Greonem posset in eundo et redeundo semper in propriis mansitare Capellis : tamen non indigebat, ut aliquam villam cuilibet potenti ad custodiendum commendasset, nisi unum solum prædiolum etc.* Adde Chartam Conventus S. Mauricii Agaunensis ann. 1261. apud Sammarthanos in Abbatibus Agaunensibus num. 49.

De Capellis istis Palatinis exstat Statutum lib. 5. Capit. Caroli Magni cap. 182. [** 334.]: *Ne Capellæ in nostro Palatio, vel aliubi, sine permissu Episcopi, in cujus est parochia, fiant.* Hinc querela Episcoporum Galliæ in Concilio Parisiensi ann. 829. lib. 3. cap. 14 [** Pertz. vol. Leg. 1. pag. 340. cap. 12.] : *De Presbyteris et Capellis Palatinis contra canonicum auctoritatem et Ecclesiasticam honestatem inconsulte habitis, vestram monemus solertiam, ut a vestra potestate inhibeantur : quoniam propter hoc et honor Ecclesiasticus vilior efficitur, et vestri Proceres et palatini ministri in diebus solennibus, sicut decet, vobiscum ad Missarum celebrationes non præcedunt. Nam et obnixe deprecamur, ut in observatione diei Dominici, sicuti jam dudum vos deprecati sumus, debitam adhibeatis curam, quatenus, nisi magna compellente necessitate, in ipsa die a curis et sollicitudinibus mundanis vos exuatis, et quod tantæ diei venerationi competit, et vos faciatis, et vestros sacro vestro exemplo et doceatis, et agere compellatis.* Adde eadem Capitul. Caroli Magni lib. 7. cap. 182. [** 255.]

His porro locis capellæ istæ Palatinæ, *Regales*, *Regiæ*, et *Dominicæ* appellantur, vel quod in Palatiis Regiis, vel saltem quod a Regibus in dominicis et propriis prædiis essent extructæ, et annuis reditibus locupletatæ, *Dominicis* scilicet *decimis*, ut est in Concilio Meldensi ann. 845. *et quia ministris ipsarum Rex ipse de proprio facit necessaria ministrari*, ut habet Innocentius III. lib. 15. Epist. 225. Eo sensu Flodoardus lib. 3. Hist. Rem. cap. 23. *Antiquam Regiam Capellam* dixit. Sic *Regalem Capellam S. Salvatoris* observo in Rescripto Childerici Regis apud Doubletum in Historia Sandionys. pag. 685. [*Capellam Regis*, apud Eigilem in Vita S. Sturmii Abb. Fuld. inter Acta SS. Benedict. sæc. 3. part. 2. pag. 280.] *Capellam Regiam de Castro novo supra Ligerim*, et *Capellanos Regalium Capellarum*, apud Innocentium III. PP. in dicta Epist. 225. *Capellam, quæ palatio inhærebat*, in Hist. Translat. S. Sebastiani; *Capellam Palatio contiguam*, apud Hericum Monachum de Miraculis S. Germani Autisiodor. cap. 45. *Capellam Palatii*, in Charta Archiepiscopi Narbonensis apud Catellum in Comitib. Tolosanis pag. 31. *Dominicas Capellas* habet etiam Capitulare 3. Ludov. Pii ann. 828. cap. 1 : id est, proprias. Neque porro Palatia construebant Principes, nisi adjunctis capellis. Helgaudus in Vita Roberti Reg. Fr. : *Stampis castro Regina Constantia palatium construxerat nobile simul cum Oratorio.* Charta Ludovici VII. ann. 1159. in Tabulario S. Maglorii Paris. ex Biblioth. Petaviana Cod. 276. num. 13 : *Est enim prior Ecclesia SS. Bartholomæi atque Maglorii ante nostrum Palatium sita, antiquitus Regum Capella, et quia Abbas S. Maglorii antiquitus Capellanus Regum constitutus est, etc.* Charta Wenceslai Regis Bohemiæ in Bohemia Sacra pag. 82 : *Ecclesia Wisegradensis, quæ nostra est Capella specialis.* Charta S. Ludovici pro fundatione Prioratus S. Martini Silvanect. ann. 1260. apud Sammarthanos in Episc. Silvan. num. 53 : *Capellam illam nostram propriam et hæredum nostrorum Regum Franciæ, etc.* Edwardus I. Rex Angl. in Charta ann. 14. apud Prynneum tom. 3. pag. 1279. de Abbatia Westmonasteriensi : *Quæ omnium Capellarum nostrarum est domina et magistra.* [** Constitut. Clarendon. ann. 1164. ap. Wilkins. Leg. Anglos. pag. 321. cap. 12 : *Cum vacaverit archiepiscopatus, vel episcopatus, vel abbatia, vel prioratus de dominio regis... debet dom. rex mandare potiores personas ecclesiæ et in Capella ipsius dom. regis debet fieri electio, etc.*]

Ea vero erat Capellarum Palatinarum prærogativa, ut ferme semper ab Episcoporum jurisdictione et exactionibus eximerentur, soli Sedi Apostolicæ nullo medio subditæ. Chron. S. Petri Vivi ann. 1110 : *Rex indignatus misit litteras suas eidem Episcopo, mandans, se moleste ferre, quod locum Mauriaci, qui Fiscus Regalis et Capella Regum Francorum est, inquietabat, etc.* In Charta Fundationis Monasterii S. Martini *de Hastings* in Anglia, Willelmus Nothus ejus fundator, illud ab Episcopi Cicestrensis, in cujus diœcesi erat, jurisdictione eximit, subdiditque : *sed neque super illam dominationem aliquam, aut vim, vel potestatem exerceat, sed sicut mea Dominica Capella, libera sit ab omni ejus exactione.* Exstat illa apud Seldenum in Notis ad Eadmerum, pag. 165. Quo loco adjungendum videtur, quod habet Nangius in Chron. ann. 1285. ubi ait, Giloni Archiepiscopo Senonensi, ægre ferenti, quod Maria Philippi Regis uxor Parisiis a Petro Remensi Archiepiscopo in Reginam uncta fuisset, dicenti *ad Archiepiscopum sedis Belgicæ, quæ est Remis, non pertinere extra suam provinciam Regum inunctionem; allegatum fuisse ex parte Regis, quod non factum fuerat, unde conqueri posset Senonensis Archiepiscopus, cum Capella domus Regis exempta foret Parisius, et ideo ratione loci ad ipsum inunctio non spectaret.* Vide cap. Cum Capella, Extr. de Privileg. Hinc Capellæ istæ Regales *liberæ* appellari solent. Charta Henrici II. Regis Angl. tom. 2. Monast. Anglic. pag. 14 : *Cum hæc Ecclesia de Waltham a primitiva sua fundatione semper Regalis fuisset Capella, nulli Archiepiscopo, vel Episcopo, sed tantum Ecclesiæ Romanæ, et Regiæ dispositioni subjecta, etc.* In eodem Monastico pag. 28. ubi de Prioratu S. Oswaldi : *Tunc libera Capella fuit*

Regis postea facta est juris Archiepiscopi Eboracensis. Et pag. 84 : *Ecclesiæ S. Mariæ de Hastingiis, quæ est libera Capella nostra.* Lambertus Ardensis pag. 18 : *In eleemosynam eis contulit liberam Capellam B. Mariæ virginis, quam propriam et liberam habebat in castro suo apud Ghisnas, etc.* Charta Henrici III. Reg. Angl. apud Prynneum in Libertatib. Eccles. Angl. tom. 3. pag. 62 : *Cum super Decanatu Ecclesiæ S. Martini London, quæ Dominica Capella nostra esse noscitur, ea gaudemus dignitate a temporibus prædecessorum nostrorum diu obtenta, ita quod Decanus cum debuerit institui, a sola manu Regia stallum recipit in choro, et locum in Capitulo, etc.* Vide eumdem Prynneum pag. 424. 1027. 1075. 1076. 1181. 1236. 1279. 1288. tom. 2. pag. 496. 557. 727. 728. 734. 835. 982. 996. Acta Synodi Cicestrensis ann. 1157 : *Mandans ac præcipiens, quatenus Ecclesiam S. Martini de Bello, sicut Dominicam Regis Capellam, et Regiam Coronam, ab omni exactione et oppressione liberam et quietam Christo Domino pacifice sineret deservire.* Infra : *Rege quidem pronuntiante se Ecclesiæ de Bello, sicut Dominicæ suæ Capellæ et Coronæ Regiæ in omnibus justa defensione protectorem fore.* Ibidem : *Quod Ecclesia de Bello libera sit et omnino ab omni subjectione Episcoporum.* Habetur in Charta feodi pag. 177. formula *præsentationis per Armigerum de libera Capella.*

Cum igitur essent exemptæ ab Ordinariorum jurisdictione, interdictum ab Episcopis in eas promulgari non poterat, ut est apud Innocentium III. lib. 15. Epist. 225.

* Reliquias Capellæ regiæ in quatuor festis annualibus, quo rex ea celebraturus accedebat, intra tamen 34. leucarum spatium, deferre tenebatur Domus Dei Paris. quamobrem centum quadrigas lignorum percipiebat, ut discimus ex Lit. Caroli IV. ann. 1322. in Reg. 61. Chartoph. reg. ch. 254 : *Notum facimus, ... quod cum inter nos.... et magistrum, fratres ac sorores domus Dei Parisiensis,.... quod præfati magister, fratres et sorores ex nunc singulis annis imperpetuum in quatuor festis annalibus teneantur cum quatuor equis et duobus famulis propriis, cum sumptibus regiis et expensis, Reliquias capellæ regiæ Parisiensis ducere seu deferre, vel duci aut deferri facere a civitate Paris. ad quemcumque locum, quo personam regiam in prædictis quatuor festis annalibus personaliter contigerit interesse, intra tamen triginta quatuor leucarum spatium a civitate prædicta et non ultra, quodque propter hoc........ percipiant........ ex nunc imperpetuum anno quolibet centum quadrigas lignorum...... in foresta nostra Cuisiæ, etc.*

3. **CAPELLA**, Ministeria ac vasa sacra, quæ Sacerdoti ad sacra peragenda necessaria sunt. Cum enim asservarentur præter reliquias SS. in Capellis istis Palatinis, vasa, instrumenta, ornamenta, ac cimelia Ecclesiastica majoris momenti, quæ *Ministeria* vulgo appellabant, ea nomine collectivo, *Capellæ* nomine postmodum donata sunt. Eginhardus in Vita Caroli M. : *Capella, id est, Ecclesiasticum ministerium, tam id quod ipse fecit, atque congregavit, quam quod ad eum ex parterna hæreditate pervenit, ut integrum esset, neque ulla divisione scinderetur, ordinavit. Si qua autem invenirentur aut vasa, aut libri, aut alia ormamenta, quæ liquido constaret eidem Capellæ ab eo collata non fuisse, hæc qui habere vellet, dato justæ æstimationis pretio, emeret et haberet.* Adrevaldus de Mirac. S. Bened. cap. 41 : *Inter cætera, quæ huic loco contulit munifica, affluenti sua largitate, sacerdotale indumentum, quod ex Capella fratris sui Lotharii abstulerat, dum ex bello reverteretur Fontanetico, devotissime præbendo concessit. Nec non duo vasa aurea, etc.* Leo Ost. lib. 2. Chron. Cas. cap. 101 : *Capella ejus, quam hinc tulerat, fidelibus viris commendata, quia Romano itinere regredi timebant, etc.* Helgaudus in Vita Roberti Regis Franc. : *Capella autem hujus piissimi... Regis Roberti talis fuit : cappæ 18. bonæ, optimæ, et bene paratæ, libri Evangeliorum aurei 2:... phylacteria aurea 12. etc.* Matth. Paris ann. 1242 : *Rex Angliæ Capellam suam, id est, omnia ornamenta Sacerdotalia pretiosissima, et multa alia... præter reliquias.* Et ann. 1249 : *Transmisit ei Capellam suam pretiosissimam cum reliquiis charissimis.* Eckeardus Jun. de Casib. S. Galli cap. 1 : *Disposuit adhuc vivens ad titulum S. Petri... Capellam, qua itinerans utebatur, cum reliquiis, et libris, et omnibus utensilibns sacris.* Guibertus Abbas Gemblac. de Combustione ejusdem Monasterii anno 1137 : *Capella, id est, apparatus Missæ.* Domnizo lib. 2. de Mathild. cap. 14 :

Capellam totam quam præbuerat pretiosam :
Huic Domno digno Comitissa Mathildis, in ipso
Templo confestim rapuit, plebs pessima fregit.

Infra :

Et Dominæ cunctam Capellam reddidit, ultra
Non aliquid retinens.

Gauterius Cancellarius de Bellis Antiochenis pag. 454. tradit, Saracenos post fusum Rogerium Antiochiæ Principem, *Capellæ tentoria, auri et argenti, ornamentorumque principalium cupidine captos irrupisse.* Necrologium S. Victoris Parisiensis de Ludov. VIII. Rege Fr. Kl. Augusti : *Ad honorem Ecclesiæ nostræ Capellam suam multas et pretiosas reliquias continentem in ipsa reposuit.* Adde Alexandrum III. PP. Epist. 56. Stephanum Tornacensem Ep. 188. Bertholdum Constant. ann. 1086. Historiam Abbatiæ Condomensis tomo 13. Spicilegii Acheriani pag. 506. 507. etc. Vide Probat. Histor. Blesensis pag. 10. [Mabill. in Elogio S. Odonis inter Acta SS. Benedict. sæc. 5. pag. 142. Marten. tom. 4. Anecdot. col. 318. Macerias Insulæ Barbaræ tom. 2. pag. 672.]

Vel hinc liquet in mundo capellæ, reliquias Sanctorum annumerari. Sed et ipsis, quæ reliquias continere solent, phylacteriis, et capsulis *capellarum* nomen inditum. Evodius lib. 1. de Mirac. S. Stephani : *Capella argentea, in qua erat reliquiarum portio.* Inscriptio capsæ reliquiarum, quam Carolus Rex per Salomonem Monachum ad S. Gallum misit :

En crucis atque piæ cum sanctis capsa Mariæ,
Hanc Carolus summam delegit habere Capellam.

Exstat illa apud Eckeardum Jun. cap. 1. qui putat *capsam illam solide auream, gemmis regaliter inclytam, reliquiis summis refertam*, ita appellatam, quod *in formam Capellæ creata* esset.

Capella etiam sæpe pro ipso integro apparatu Ecclesiasticarum apparatu sumitur, id est, capa, tunica, dalmatica, etc. Charta ann. 1231. apud Catellum in Hist. Occit. pag. 901 : *Est ibi quædam Capella panni violati, in qua habet tunicam, et infulam, atque capam.... Item est ibi alia Capella deaurata, in qua habet tunicam, et dalmaticam, et infulam, atque capam.* Ita ibi non semel.

¶ Capella Completa suis omnibus paramentis unius coloris. Acta SS. Junii tom. 3. pag. LXXII. in Legib. Palatin. Jac. II. Regis Majoric. : *Et de lividis sericis cum paratura Completæ Capellæ*, hoc est, cum pallio, retroaltari, retrotabulario, indumentis Presbyteri, Diaconi et Subdiaconi et tribus cappis.

4. **CAPELLA**, Cancellaria : ita vero dicta quod in Capella Principis, seu Oratorio Archivum, diplomata et regni monumenta olim, ut hodie, asservarentur. In Francia enim *Chartarum Regiarum*, ut vocant, *Thesaurus*, in sacra Capella Parisiensi etiamnum asservatur. Concil. Francoford. ann. 794. cap. 3 : *Unde tres breves ex hoc capitulo uno tenore conscriptos fieri præcepit, unum in palatio retinendum, alterum, etc. Tertium vero in sacri palatii Capella recondendum fieri jussit.* Id de Anglia perinde observat Spelmannus, ubi Archivum æque Regium in Capella, a munere *Capella Rotulorum* appellata custoditur. Ita Skenæus in Legibus Baron. Scoticor. cap. 53. § 6. *Capellam*, Cancellariam Regiam interpretatur. Statuta Davidis II. Regis Scotiæ cap. 41 : *Literæ, quæ emanarunt de Capella Regis.* Hinc qui describendis regiis publicisve instrumentis addicebantur, *Capellani* vulgo jam olim audiebant, uti mox observabimus. Vide Prynneum in Libert. Angl. tom. 1. pag. 1248. [* Hinc

* Capella, Arca, in qua literæ regiæ asservantur. Inventar. Ms. ann. 1361 : *Item sunt in quodam coffrinello sive Capella XV. litteræ in Græco scriptæ, tam in pergameno quam in papiro, etc.*

5. **CAPELLA**, præterea appellata ædicula, in qua cimelia asservabantur. Testamentum Haimonis Dom. Burbonensis ann. 9. Ludovici Reg. Ind. 3 : *Donate Ebboni castrum Cantilla cum appendentiis, et de nostra Capella spadam et duos sigillos de Amatixo.*

6. **CAPELLA** postmodum dicta quævis ædicula sacra, oratorium, quod *proprios Sacerdotes* non babebat : seu ædes sacra, quæ non erat *baptismalis.* Joan. de Janua : *Capella, parva Ecclesia, quæ nec habet baptismum, nec cimiterium.* Lex Longob. lib. 3. tit. 3. § 2. [** Carol. M. 61.] : *Ecclesiæ et Capellæ, quæ in vestra parochia sunt.* [Vita S. Pirminii Chorepiscopi, inter Acta SS. Bened. sæc. 3. part. 2 pag. 149 : *Contigit eum ad quemdam devenisse locum, in quo piorum operum commorabatur femina, quæ et ipsi grata præbuit hospitii commoda. Hæc etiam habuit, Capellam mansioni propriæ contigue adhærentem, in qua orationis pensum jugiter solvere consueverat.*] Concilium Parisiense VI. ann. 829. lib. 3. cap. 6 : *Admonemus*,

ut posthabitis ædiculis, quas usus inolitus Capellas appellat, basilicæ Deo dicatæ ad Missarum celebrationem audiendam, et corporis et sanguinis Dominici perceptionem sumendam, assiduæ devoteque adeantur. Concilium Meldense ann. 845. can. 74 : *Provideant viri potentes... ut suos Presbyteros, qui cum eis in Capellam vadunt, hujusmodi virtutem habere faciant, quatenus omnia vitia in domibus suis resecent, ... quia parochiani Presbyteri et Episcoporum ministri de minoribus et vilioribus personis hoc providere studebunt.* Capitulare Caroli C. Compendiense ann. 868. cap. 3 : *Ut Missi nostri... inquirant de Capellis et Abbatiolis, ex casis Dei in beneficium datis.* Frotharius Episcop. Tull. Epist. 30 : *Propter Teuderici a vobis dedicatas novas Capellas.* Charta Ludovici Regis German. apud Guilliman. lib. 3. de Reb. Helvet. pag. 321 : *Concessimus... Capellam unam, sitam in villa Zurich, quæ est constructa in honore S. Petri, et alteras duas Capellas in valle Uraniæ.* Alia ejusdem Regis apud Meurissium in Episcopis Metensib. pag. 272 : *Præcepto nostræ auctoritatis constituimus Capellam ex villa Rumiliaca in honore S. Martini, etc.* Occurrit passim. Vide Honorium Augustod. lib. 1. cap. 128. [** Hincmar. Litter. ad Eccles. Laudun. cap. 2. ap. Baluz. in Capit. vol. 2. col. 624. et ejusd. Baluz. not. ibid. col. 1064. Murator. Antiq. Ital. vol. 6. col. 408. B. et 414. D.]

* *Capella*, etsi non benedicta et in ea divinum non celebretur officium, ab oratorio distinguitur, eoque quod capella sit et cruce insignita, eximitur a jurisdictione laica. Charta ann. 1313. in Reg. 49. Chartoph. reg. ch. 203 : *Majores et pares Rothomagenses dicebant quod hospitale prædictum* (vici S. Audoeni) *erat in justitia eorumdem tamquam feodum laicale, quodque administrator prædictus seu gentes ejusdem, in quodam oratorio existente in hospitali prædicto, indebite posuerant quamdam crucem, in juris et justitiæ eorumdem præjudicium et gravamen : quare petebant amoveri seu dirui dictam crucem : dicto administratore e contrario dicente crucem prædictam amoveri vel dirui non debere, cum ædificium in quo erat afixa, non sit oratorium, sed Capella. Tandem post multos et diversos tractatus, concordatum extitit inter partes prædictas, quod crux prædicta, eo modo quod nunc est, in dicta capella de cætero remanebit, et quod dictam capellam, quando dictus administrator vel successores sui expedire viderint, facient benedici, et in ea divina poterunt celebrari; ita tamen quod major et pares prædicti, quotienscumque casus se obtulerit, in dicto hospitali et pertinentiis ejusdem, excepta capella prædicta, habebunt justitiam, et eam ibi poterunt libere exercere de cætero, non obstantibus crucibus, si quæ reperiantur in eisdem.*

¶ Capella decimalis et Baptismalis. Præceptum Ottonis Imp. ann. 977. apud Martenium tom. 1. Anecd. col. 93 : *Adelheidis Imperatrix Capellam decimalem et baptismalem cum tota villa, in qua sita est, cum Clerico suo Odelrico ejusdem villæ legitimo Sacerdote cum tota familia sua, tam libera quam servili, cum agris, etc..... Murbacensi donavit Ecclesiæ.* Hinc patet Ecclesias parochiales aliquando Capellas dictas fuisse. Equidem antiquitus, ut septimo sæculo, solæ ædiculæ non baptismales *Capellæ* dicebantur, at seqq. sæculis non ita. Vide Mabill. Oper. posth. tom. 1. pag. 531. [** Chart. Ludolph. Monaster. Episc. ann. 1231. ap. Kindling. Anecdot. Monast. vol. 1. pag. 7 : *Cum Capellam Dullmene dedicaremus .... ad multam Castellanorum instantiam et ob difficultatem veniendi ad matricem ecclesiam, de consensu sacerdotis in ecclesia matrice tunc deservientis, Capellæ ejusdem in perpetuum indulsimus, ut parvulos castellanorum infra castrum sive extra prope muros manentium ad baptizandum recipiat et eorum uxores, postquam genuerunt, eas ecclesiæ reconciliando introducat. Item, etc.*] Albertinus Mussatus de Gestis Henrici VII. Cæsaris lib. 10. rubrica 1 : *Mane facto, prædestinatis concurrendi signis, triplex ad S. Mariæ basilicam exauditus est campanæ sonus, post quem Cathedralis Ecclesiæ ac omnium civitatis Capellarum increbuere tinnitus.* Ubi recte Pignorius : *Capellæ hic sunt templa paræciarum, unde et apud nos Parochi antiquissima nuncupatione, etiam nunc Capellani appellantur.* Vide *Capellani* 3.

Capellas, Bononiæ in Italia, urbis regiones appellari, observatum ab Antonio Paulo Masino, qua nomenclatura *Parochias* indigitari ait. Vide doctissimum Henschenium in Miraculis B. Simonis Tudertini 20. April. pag. 819. et 820.

* Vide quæ profert Murator. in Dissert. 74. tom. 6. Antiq. Ital. med. ævi col. 360.

* Capella, Ecclesia per vicarios deservienda, cujus proventus alteri ecclesiæ assignantur. Charta M. reg. Scot. in Chartul. Glasg. ex Cod. reg. 5540. fol. 11. v° : *Do et concedo prædictæ ecclesiæ Glasguensi... Capellam de castello meo in Rochesburc, ... cum parochia et decimis, et oblationibus, et ceteris ecclesiasticis rectitudinibus et dignitatibus.*

Capella Campestris, *ubi non est atrium*, id est, cœmeterium, in Legibus Henrici I. Regis Angliæ cap. 79.

Capellula, Parvula capella, apud Fortunatum de Vita S. Medardi. cap. 22.

Capella ad Succurrendum, quomodo *Ecclesia succursalis* apud nos dicitur, quæ ad parochiæ auxilium et succursum ædificatur, cujusmodi erant castellorum. Lambertus Ardensis : *Unde licet Capellam haberet in castello suo, quasi ad Succurrendum factam : eam tamen nullus, nisi in voluntate Canonicorum Ardensis Ecclesiæ, deservire vel ministrare poterat aut debebat Capellanus.*

¶ Capella Filialis, Minor Ecclesia quæ pendet a majori. Christoph. Mulleri Introduct. in Hist. Canonicæ Sand-Hippolyt. apud Duellium lib. 1. Miscell. pag. 350 : *Succedunt, quæ nostris adhuc temporibus exstant reliquæ Filiales Capellæ, utpote quæ S. Andreæ Apostoli honoribus sacra nomen inde acceptum tenet, medioque cœmeterio conspicitur.*

* Capella Ardens, vulgo *Chapelle ardente*, Pyra ardentibus cereis, cujus usus est in officiis defunctorum. Comput. ann. 1482. inter Probat. tom. 4. Hist. Nem. pag. 21. col. 2 : *Pro aptando lo paly et mutando penuncellos et los pendens, ad fines reponendi in dicto cantari, subtus Capellam ardentem, etc.*

* Capella Cardinalis, Ecclesia parochialis, cujus presbyter titulo *Cardinalis* donabatur. Diploma ann. 943. apud Murator. tom. 5. Antiq. Ital. med. ævi col. 169 : *Concedimus.... omnes cardinales Capellas tam extra, quam infra urbem positas.* Vide *Cardinalis.*

* Capellæ Papales. Parid. de Grassis Cæremon. MS. : *Divina officia, quæ Capellæ Papales vulgo appellantur, quæque ordinarie et communiter in majori capella, sive in basilica principis apostolorum, aut alibi solemniter infra annum fieri solita, præsente vel absente Pontifice, cum cardinalibus et prælatis, sunt in totum numero quinquaginta.*

Capellas etiam vulgo appellamus sacella, seu majorum templorum appendices, vel ædiculas, ædi sacræ majori adjunctas, quas *Cubicula*, vocant veteres. Vide Octavium Ferrarium in Orig. Ital. in voce *Capella* et infra *Capellania*, 2.

7. **CAPELLA**, Cœtus Clericorum, quos vulgo *Capellanos* vocant, qui Episcopis inserviunt, eorumque adsunt ministerio. Adam Bremensis cap. 207 : *A Papa hoc dignitatis meruit Privilegium, ... ut invitis etiam Regibus Episcopatus constitueret, ordinaretque Episcopos ex Capella sua, quos vellet electos.*

* 8. **CAPELLA**, Pegma funebre, tumulus honorarius. Acta MSS. capit. eccl. Lugdun. ad. ann. 1340. fol. 68. v°. col. 1 : *Cum inter dom. decanum nomine operis ecclesiæ Lugdunensis ex una parte, et dom. sacristam ex altera, esset debatum et quæstio super Capellis fusteis, quæ sunt ad ponendum supra corpora personarum, ... ordinaverunt quod magister operis duas Capellas fusteas fieri faciat, unam magnam pro personis ecclesiæ, et aliam minorem pro canonicis, quæ in dicta ecclesia perpetuo remaneant ad ponendum supra dicta corpora; et pro ipsis Capellis heredes personæ decedentis lxx. solidos, et canonici xl. solidos Viennenses semel, dicto operi solvere teneantur.* Testam. Ludov. comit. Valent. ann. 1345. in Cod. reg. 6008. fol. 76. r° : *Inhibemus quod aliqua Capella sive chapitellum fiant nobis..... in nostra jam dicta sepultura.*

* 9. **CAPELLA**, Forum, locus contectus, ubi merces venum exponuntur, idem quod *Hala* 1. Mensa, stallum. Charta ann. 1337. in Reg. 74. Chartoph. reg. ch. 125 : *Supplicabant* (consules de Portello) *sibi concedi licentiam quod in platea de Portello possent construere et facere unam Capellam seu alam, et in eadem petram seu mensuram bladorum facere et tenere ad mensurandum, ... quia se et mercaturas suas poterunt* (mercatores) *intus dictam Capellam tenere.* Charta ann. 1319. in Reg. 59. ch. 318 : *Consules* (S. Felicis) *habent etiam..... emolumenta ponderum, inquanti, tabularum et Capellarum circa forum.* Alia ann. 1343. in Reg. 75. ch. 605 : *Consules venerunt ad hospitium dom. abbatis et conventus Combæ longæ, situm in loco vocato à la Bocana, et bancos sive massellos in dicta Capella ante dictum hospitium constructos, in quibus*

carnes vendebantur, diruerunt. Vide infra *Capellus* 5.

* 10. **CAPELLA**, Pars fibulæ, vulgo *Chape.* Arest. parlam. ann. 1302. in Reg. *Olim* parlam. Paris. fol. 106 : *Garnitores pomellorum, pandurum, Capellarum, virolarum, etc.* Vide infra *Capellada.*

* 11. **CAPELLA**, vox chimica, Aquæ stillatitiæ apex clibanarius, operculum, Gall. *Chapelle.* Lit. remiss. ann. 1452. in Reg. 181. Chartoph. reg. ch. 166 : *Une Chapelle de plomb à faire eau rose, laquelle pouoit valoir six solz, viij. deniers.* Vide supra *Capa plumbea* in *Capa* 1.

* **CAPELLADA**, diminut. ut videtur, a *Capella* 10. supra. Privil. loci de Portello ann. 1405. in Reg. 184. Chartoph. reg. ch. 586 : *Dictus faber debet facere unum Capelladam ferri pro uno denario Turonensi.*

¶ **CAPELLANARIUS**, pro *Capellanus.* Charta anni 1082. in Annal. Benedict. tom. 5. pag. 644. col. 1 : *Unde sunt testes Eustachius Vicedominus de Catalanne, Dudo Dapifer, Bonidonius Capellanarius Comitissæ.*

1. **CAPELLANI**, Primitus dicti, qui Capam, seu Capellam S. Martini, vel in Regum Palatiis asservabant, vel in præliis, cum cæteris SS. reliquiis deferebant, uti supra observatum ex Walafrido Strabone, et Honorio August. quibus consentanea scribit Durandus in Rationali lib. 2. cap. 10. Quæ quidem asservandarum sacrarum reliquiarum cura, Capellanos inferioris ordinis, et eos, qui Episcopis adsunt, longe etiam postea spectavit, uti docemur ex Eadmero lib. 4. Histor. Novor. pag. 88. ubi de crinibus aliquot Deiparæ Virginis Anselmo Cantuariensi Archiepiscopo ab Ilgyro quodam concessis verba facit : *Mihique, utpote qui Capellæ illius custos eram, atque dispositor, custodiendos commendavit.* Ubi per *Custodem capellæ*, Capellani officium et dignitatem intelligit, ad quem sacri ministerii, seu rerum ad rem sacram peragendam necessariarum, quas inter extitisse sacra phylacteria notatum supra, cura spectavit.

Atque ab ejusmodi reliquiarum forte custodia *Custodes*, simpliciter dicti videntur Capellani. Anastasius Bibl. in S. Leone I. PP. : *Hic constituit super sepulcra Apostolorum Custodes, qui dicuntur Capellani ex Clero Romano*, id est, qui sacratissima Apostolorum corpora, quæ in variis seorsim sacellis in majori Ecclesia Romana asservabantur, ex officio sibi injuncto custodirent. Unde *Martyrarii*, et *Custodes Martyrum* etiam dicti. Scio, hocce loco, quasdam Anastasii Editiones, *Cubicularii*, præferre; sed Capellanorum et Cubiculariorum idem fuisse munus docemus in V. *Cubicularii.* Conjecturam nostram firmat præterea Hincmarus de Ordine Palatii cap. 16. ubi ait, Apocrisiarium, qui et Capellanus dicitur, etiam *Palatii Custodem* appellatum, non quod revera Palatii custodia penes eum fuerit, id enim officii spectavit laicos et militares viros, sed quod esset Custos Palatinæ Capellæ, in qua erant varia Sanctorum Lipsana, quæ Capellani custodiebant, vel in præliis, si necessitas incumberet, deferebant. Synodus Liptinensis ann. 742. a S. Bonifacio Moguntinensi Archiepisc. habita cap. 2. et ex eo Capitula Caroli Mag. lib. 5. cap. 2. et Capitula ejusdem ann. 769. edita a Stephano Baluzio : *Servis Dei per omnia omnibus armaturam portare, vel pugnare, aut in exercitum et in hostem pergere omnino prohibemus : nisi illis tantummodo, qui propter divinum ministerium, Missarum scilicet solennia adimplenda, et Sanctorum patrocinia portanda, ad hoc electi sunt, id est, unum, vel duos Presbyteros, cum Capellanis Presbyteris.* Adde Capit. Caroli M. lib. 7. cap. 104. [** 142.] Lib. 1. Miraculor. S. Dionysii cap. 21. de Carolo M. proficiscente contra Saxones : *Hic pignora beatorum Martyrum secum ferri fecerat, et custodes Clericos, qui secum proficiscebantur delegaverat, uti eis vicissim sibi succedentibus debita exhiberetur religio.* Vita S. Bertharii Carnot. Episc. tom. 1. Hist. Franc. pag. 560. de Chlotario II. Rege : *Qui audiens famam beatissimi viri, suum constituit Archicapellanum, et pignora multa Sanctorum, quæ secum deferebat, ut mos est Regum, ditioni illius constituit.* Denique ad Capellanum, etiam sub tertia Regum nostrorum stirpe, reliquiarum Palatinarum curam spectasse docet sequens Diploma, quod ex Camera Computor. Paris. eruimus : *Sçachent tous que je Denys le Grant, premier Chappelain du Roy nostre Sire, cognois avoir eu et resceu de honor. sages et pourveus les Tresoriers du Roy nostre dit Seigneur à Paris 28. livres Par. pour venir de Bourbel sur Saine à Paris pour querir les saintes reliques de la sainte Chapelle du Palais à Paris, pour les conduire et mener à l'Abbaye du Lys, où le Roy nostre dit Seigneur sera à ceste sainte prochaine feste de Pasques, pour les ramener et conduire ariez du Lys à Paris, pour moy retourner au lieu, où le Roy nostre dit Seigneur sera, pour paier les 18. Escoliers, qui y ont acoustumé à venir, et pour faire toutes les autres choses, qui y ont esté accoustumées à faire. En tesmoin de laquele chose je ay sellée ceste presente cedule de mon propre seel le Mardy 7. jour d'Avril l'an* 1348.

Atque id primum ac præcipuum Capellanorum Palatinorum munus fuit, quos deinceps in Palatiorum sacellis sacris peragendis officiis operam dedisse constat, *Clerumque* effecisse, quem *Palatinum* vocat Hincmarus, cui qui præerat, *Capellanus* κατ'ἐξοχήν, postea *Archicapellanus* dictus est. Sic enim Hincmarus de ordine Palatii cap. 16 : *Apocrisiarius autem, quem nostrates Capellanum, vel Palatii Custodem appellant, omnem Clerum Palatii sub cura et dispositione sua regebat.* In Palatinos istos Capellanos acrius olim invectus est Wala Abbas Corbeiensis, ut docet Paschasius Ratpertus in ejus Epitaph. lib. 2. cap. 5. cujus hæc sunt : *Præsertim et militiam Clericorum in Palatio, quos Capellanos vulgo vocant, quia nullus est ordo Ecclesiasticus, denotabat plurimum : qui non ob aliud serviunt nisi ob honores Ecclesiarum, et quæstus sæculi ac lucri gratiam, sine probatione magisterii, atque ambitiones mundi. Quorum itaque vita neque sub regula est Monachorum, neque sub Episcopo militat canonice; præsertim cum nulla alia sint tirocinia Ecclesiarum, quam sub his duobus ordinibus. Aiebat namque idem quod aut Canonicus quisque esse deberet, aut laicus, aut Monachus : quod si neutrum, jam sub nullo monstratur ordine, quia videntur esse sine capite, etc.* [In eosdem Clericos pariter invehitur Walafridus Strabo in Visione Wetini Monachi, apud Mabill. sæc. 4. SS. Benedict. part. 1. pag. 279 :

> Magna Sacerdotum numero pars, Angelus inquit,
> Lucra petunt terrena quibusque inhiantur adhærent,
> Atque Palatinis pereuntia præmia quæruut
> Obsequiis, ornantque magis se veste polita
> Quam radiis vitæ, pomposis fercula mensis
> Glorificare parant, animarum lucra relinquuu
> Deliciis ducti per scorta ruendo volutant.
> Hanc summam mercedis habent, qui talibus instan
> Rebus, ut æternam capiant in finibus iram.]

Lupus Ferrariensis Epistola 25 : [*Ceterum fama versatur inter nos, Clericos Palatii diversorum sibi dominium optare atque poscere, quibus nulla sit alia cura, nisi ut suæ avaritiæ oppressione servorum Dei satisfaciant.* Confer Smaragdum in Vita S. Benedicti Anian. num. 54.] De *Clericis vero, qui in Capella Regis serviebant*, agunt præterea Concilium Francofordiense can. 38. al. 36. Libellus proclamationis Caroli Regis adversus Wenilonem Archiepisc. Senonensem cap. 1. Capitulare de Villis cap. 6. Alcuinus Epist. 4. et Poem. 221. cum aliis pluribus.

Ministrabant vero in Regum Capellis viri dignitate illustres, ut Episcopi et Abbates. Charta Caroli Calvi pro Monasterio Dervensi apud Camuzatum pag. 84 : *Abba quoque vel rector Monasterii ejusdem in Capella nostra Episcopis et Abbatibus nostris adhæreat, et nobis familiariter serviat.* Ex Capella etiam crebro electi a Regibus ad dignitates Ecclesiasticas, quod supra innuimus ex Paschasio Ratperto. Libellus proclamationis Caroli C. adversus Wenilonem Archiep. Senonens. cap. 1 : *Weniloni tunc Clerico meo in Capella mea mihi servienti, qui more liberi Clerici se mihi commendaverat... ad* (Senonensem Ecclesiam) *gubernandum commisi.* Ita Agius *Presbyter Palatii*, id est, Capellæ Palatinæ, ad Aurelianensem Episcopatum est promotus, ut est in Concilio in Verno II. cap. 10.

Primitus vero summi isti Capellani, qui Palatinis Oratoriis et Sacellis præfecti erant, *Abbates* dicebantur. Vita S. Desiderii Episcopi Cadurcens. cap. 1. de Rustico illius fratre, et Episcopo perinde Cadurcensi : *Rusticus e primis pubertatis annis Clericus factus, Archidiaconatus officium in urbe Ruthena, et Abbatiæ sub Lothario Rege administravit.* Et cap. 2 : *Rusticus,* (*ut præfati sumus*) *Abbatiam Palatini Oratorii, quod regalis frequentat ambitio, et Archidiaconatus officium gessit.* Vita S. Sulpitii Pii Episcopi Bituricensis n. 10. de Chlotario Rege : *Illico Episcopum poscit, ut pro salute sua ac exercitus sui licentia daretur, ut vir beatus in suis castris Abbatis officio potiretur.* Id est, ut Capellæ Regiæ præesset. Ex quibus patet, a Regni Gallici primordiis habuisse Reges Oratoria et Sacella in Palatiis. Eamdem *Abbatis* dignitatem Angilberto Archicapellano sub Carolo M. tribuit Adrianus PP. : *Directus nobis est a vestra præcelsa Regali potentia fidelis familiaris vester Angilbertus Abbas et Minister Capellæ.* Is *Primicerius Palatii* dicitur Alcuino Epist. 42. ut Angilrannus Archiepiscopus, *Sanctæ Capellæ Primicerius*, eidem Epist. 79. Hilduinus apud Agobardum in Epist. ad Proceres Palatii, *sacri Palatii Antistes : qui Abbas sacri Palatii, et Clericorum summus* dicitur apud Hincmarum in Epist. ad Carolum C. de Vita S. Dionysii. [** Vide Marcam de Concord. S. et I. lib. 4. cap. 7. sect. 3. sqq.]

Archicapellani et summi Cancellarii, in aula Palatina, dignitates muneris et officii affinitate conjunctissimæ fuerunt, ita ut Archicapellano, auctore Hincmaro loco citato, *sociaretur summus Cancellarius, qui a Secretis olim appellabatur, erantque illi subjecti prudentes et intelligentes ac fideles viri, qui præcepta regia absque immoderata cupiditatis venalitate scriberent, et secreta illis commissa fideliter custodirent.* Qui quidem prudentia et rerum experientia probati viri, *Capellani* vulgo audiebant, quod in Capella Palatina, ubi asservabantur Regia Archiva, operam suam locarent, describendisque publicis tabulis insudarent, uti mox docemus.

Quin et par est credere non olim duntaxat, et prima stante Regum nostrorum stirpe; sed etiam sub tertia, Capellanos, seu Archicapellanos, et Cancellarios eodem functos munere, ita ut qui Regum Diplomata subscribebant, promiscue Archicapellanos et Cancellarios crebro sese inscriberent. Dado quippe, qui et Audoenus, Dagoberti Regis Referendarius, Fredegario et aliis, Cancellarius in variis Tabulis appellatus, in Charta Dagoberti *Archicapellanus* indigitatur apud Labbeum in Miscell. Hist. tom. 2. pag. 45. Verum hæc Charta, quæ continet fundationem Ecclesiæ S. Audoeni in Foresta Cuisiensi, legiturque in regesto Caroli VI. ann. 1382. et 1383. num. 216. in Tabul. regio dubiæ est omnino fidei. Ita Itherius, qui passim Caroli M. Diplomata subscripsit, tanquam Cancellarius, *Capellanus et Notarius* ejusdem Caroli dicitur Anastasio Bibl. in Adriano PP. pag. 108. Exstat apud Gallandum in Tractatu de Franco Alodio pag. 83. Charta Caroli Calvi ann. 6. regni, in qua Gozlinus Abbas Monasterii S. Germani de Pratis, postmodum Parisiensis Præsul, qui passim in veteribus Tabulis, atque adeo in ipsius Caroli Capitulis pag. 442. 1. Edit. *Cancellarius*, dicitur, *Archicapellanus* vocitatur. [In Annalibus Francorum Lambeciants ad ann. 887. apud Murator. tom. 2. part. 2. col. 92. Imperator Liutwardum *blasphemum* depossuisse legitur, *ne esset Archicapellanus*, id est Archicancellarius.] Apud Baldricum Noviom. lib. 1. cap. 76. Charta Ottonis Imp. ann. 940. sic clauditur : *Bruno Cancellarius ad vicem Rotberti Archicapellani recognovi.* [Charta ejusd. Ottonis ann. 852. pro Hincmaro Abb. S. Remigii apud Remos : *Osbertus Cancellarius ad vicem Brunonis Archicapellani.* Diploma Ottonis II. apud Doubletum pag. 819. Hist. Sandionys : *Hildiboldus Cancellarius et Episcopus vice Willigisi Archicapellani.* Diploma Carolomanni Italiæ Regis apud Acher. Spicil. tom. 5. pag. 392 : *Baldo Cancellarius Regis ad vicem Theotmari Archicapellani.*] Præsertim vero id astruit aliud Diploma Balduini, Regis Henrici Cancellarii, ann. 1047. quod ab Hemereo in Augusta Viromanduorum refertur, cujus principium hisce concipitur verbis : *Ego Balduinus in Palatio Henrici Regis Francorum Cancellarius, notum facio*, sic vero clauditur : *S. Balduini Archicapellani, qui hoc scriptum fieri jussit.* [Vide Metropol. Salisburgensem tom. 1. pag. 128. 130. et seqq. 350. 351. et tom. 2. pag. 15. etc.] [** et Chronic. Gottwic. pag. 130. sqq.]

Capellanos vero dictos scribas, secretarios, et amanuenses Regios constat. Monachus Sangallensis lib. 1. de Carolo M. cap. 4 : *De pauperibus prædictis quendam optimum dictatorem et scriptorem in Capellam suam assumpsit.* Angilbertus, qui ab Adriano PP. *Minister Capellæ* dicitur, *Primas Capellanorum*, in ejus Vita, *Manualis*, id est, amanuensis vocatur ab Alcuino Epist. 84. *Auricularius* sive Secretarius, Epist. 83. Epist. Stephani Comitis Blesensis tom. 2. Spicil. Acheriani : *Dum vero Cappellanus meus Alexander cum summa festinatione has litteras scriberet, etc.* Vide Eckehardum Juniorem de Casibus S. Galli cap. 11. Leges Ecclesiasticas Hoeli Boni Regis Walliæ cap. 6. Probat. Histor. *des Chasteigners* pag. 38. etc. Ita etiam Capellanos pro secretariis et amanuensibus passim usurpant Poetæ nostrates. Le Roman *de Garin* MS :

Un Chappelein appelle, si li dist,
Fés uncs lestres orendroit, biaus amis,
Si les envoie Fromondin le posteis, etc.

Alibi :

Tenés ces lestres, que il voie vers Pepin,
Et cil les prant, son Chapelein a dit,
Gardés qu'il a és lestres, biaus amis, etc.

Idem de Fromondino :

Les lestres tent son Chapelein Baudri,
Et cil les prant, de chief en chief les list.

Alio loco de Pipino :

Veez cy les lestres qu'il envoie par mi,
Li Rois les baille son Chappelein Hervi.

Rursus :

Là sont les tables au Chappelein Yvon,
Qui fet les briez au preu Comte Fromont.

Vide *Brevis*. Sed et penes Capellanum erat sigillum domini. Vetus Notitia ann. 1106. in Hist. Monast. S. Nicolai Andegav. pag. 51 : *Et Capellano suo nomine Stephano, ut in quibusque eorum cartis vellent, sigillum suæ, id est, Regiæ auctoritatis, imprimeret, jussit.*

Ægre tamen subinde passi sunt Ecclesiæ Gallicanæ Patres Clericos et Presbyteros *Cancellariorum* munus obire. Concilium Cabilonense II. ann. 813. cap. 44 : *Scripsimus Presbyteros villicos esse non debere, et nunc eos in tabernis bibere, Cancellarios publicos esse, nundinas insolenter peragrare.* Et apud Burchardum lib. 1. de Ecclesiastica disciplina cap. 50. *Presbyteri et Clerici Chartas dominorum suorum scribere* vetantur. Id enim adeo invaluerat ut Capellani Procerum, eorum essent amanuenses, Epistolas et Diplomata conscriberent : quod testantur veteres passim Chartæ, quæ a *Capellanis* scriptæ esse dicuntur.

Cum igitur ab ipsis Regni Francici initiis *Capellani* non modo reliquias servarent, atque adeo Cimelia et Archiva Regia, sed et Cancellariorum et Notariorum munus obirent, qui iis præerant *Archicapellani*, Archicancellariorum etiam fungebantur officio, uti supra innuimus. Imo et Clericorum causis præfecti erant, uti testatur Walafridus Strabo lib. de Reb. Eccles. cap. ult. : *Quemadmodum sunt in Palatiis Præceptores vel Comites Palatii, qui sæcularium causas ventilant; ita sunt et illi quos summos Capellanos Franci appellant, Clericorum causis prælati.* Atque inde passim legimus *Archicapellanorum* et *Archicancellariorum* officia obiisse Episcopos vel Abbates, ipsosque adeo viros Ecclesiastici ordinis, qui et in Capellis Regiis sacra peragerent, et Principum Chartas describerent aut subsignarent.

Ad Archicapellanum spectabat etiam inter cætera munia Regiæ mensæ benedictio. Theodulphus Aurelian. lib. 3. Carm. de Hildeboldo Archicapellano, pag. 185 :

Adsit Præsul ovans animo vultuque benignus,
Ora beata ferens, et pia corda gerens.
Quem sincera fides, quem tantus culminis ordo,
Pectus et innocuum Rex tibi, Christe, dicat.
Stet benedicturus Regis potumque cibumque,
Sumere quin etiam Rex velit, ille volet.

Vide *Benedictio mensæ*.

Sed præstat hoc loco Archicapellanorum Palatii Francici seriem exhibere ex Scriptoribus et veteribus Tabulis a nobis olim descriptam. Horum primus occurrit

Rusticus, postea Episcopus Cadurcensis, Abbas Palatini Oratorii, sub Chlotario I. [vel potius Chlotario II. juxta Hadr. Valesium lib. 19. Rerum Francic. pag. 142.] in Vita S. Desider. et apud Cruceum in Episc. Cadurc. n. 38.

Berthariius, postea Carnotensium Episcopus sub Chlotario II. in Vita ejusdem.

Ricolfus, alias Rucolnus sub Dagoberto Archicapellani dignitate insignis nominatur, in Diplomate ejusdem Regis dato Moguntiæ prid. Non. April. anno regni 12. quod sic clauditur, *Henricus Cancellarius ad vicem Ricolfi Archicapellani recognovit*, apud Nicolaum Zyllesium part. 3. Defensionis Abbatiæ S. Maximini pag. 9. et Miræum in Dipl. Belg. lib. 1.

Launus Abbas S. Eparchii, postmodum Episcopus Egolismensis, Capellanus Pipini Regis Franc. in Vita Caroli Magni per Monach. Egol. ann. 769.

Fulradus Caroli Martelli ex Hieronymo filio nepos, Ab. S. Dionysii, Capellanus Pipini Regis ann. 749. et 755. in Annal. Franc. *Summus Capellanus* ejusdem Regis dictus in Capitulis Caroli Calvi tit. 23. cap. 7. *Archipresbyter Franciæ* Adriano PP. in Epistol. apud Flodoardum, de quo Alcuinus Carm. 123 :

Inclytus ille sacræ fuerat pastorque Capellæ.

Illius meminit Theodulphus, ut et Hincmarus de Ord. Palat. cap. 15. Vide Hemereum in Augusta Viromand. ann. 780. et virum doctissimum Mabillonium tom. 4. SS. Ord. S. Benedicti pag. 334. ubi Fulradi Elogium perstrinxit.

Andreas Episcopus D. Imperatoris (Caroli Magni) in Chronico Novalic. cap. 18.

Liudebertus Archicapellanus Diploma Caroli Magni subscribit, apud Bruschium de Monast. Germ. pag. 176.

Ingelrannus, seu Engelramnus, Episcopus Metensis sub Carolo Magno, Alcuino Epist. 79. *Sanctæ Capellæ Primicerius*; in

Chron. Metensi: *Palatii Archicapellanus*; *Cancellarius* in Chron. Senoniensi; *Summus Capellanus* in Epist. Caroli Calvi ad Nicolaum PP. Obiit ann. 791. Illius meminit Hincmarus loco citato. Et auctor Gestorum Episcoporum Cenomanensium pag. 247. Vide Petavium in Syntagm. de Nithardo pag. 352.

Hildibaldus Archiepiscopus Coloniensis, promiscue *Capellanus*, *Apocrisiarius*, et *Archicapellanus sacri Palatii* dicitur in Præcepto Caroli Magni de Institutione Episcopatuum per Saxoniam, et apud Anastasium in Leone III. et IV. quam dignitatem obtinuit Carolo Magno et Ludovico Pio imperantibus. De illo Hincmarus loco laudato, Vita Ludov. Pii ann. 816. et Synodus Francoford. can. 56. *Sacri Palatii Archiepiscopus*, nuncupatur in Præfat. Concilii Moguntiac. ann. 813. Ex his Filesaci lib. de Sacra Episcoporum auctoritate pag. 285. conjectura evanescit.

S. Angilbertus, qui antequam sæculo nuntium misisset, Bertam Caroli Magni filiam uxorem duxerat, postmodum Abbas Centulensis, *Minister Capellæ* dicitur Adriano PP. in Epist. ad Carolum Magn. de Imaginib. etc. *Primas Capellanorum* in illius Vita, *Primicerius Palatii Pipini Regis* (Italiæ) Alcuino Epist. 42. Vide Petavium in Syntag. pag. 351. et Sirmondum ad Theodulfum pag. 293.

Hilduinus Abbas Monasterii S. Germani Parisiensis, *Archicapellanus* Ludovico Pio imperante, apud Hincmarum, in Charta Lud. in Probat. Histor. Vergiac. pag. 7. in Hist. Translat. S. Sebastiani cap. 1. num. 1. in Vita S. Medardi cap. 12. ex Cod. Resbacensi, in Hist. Translat. S. Pusinnæ virg. num. 4. *Sacri Palatii Clericorum summus*, eidem Hincmaro in Epist. ad Carolum Regem de S. Dionysio, etc. *Sacri Palatii Antistes*, apud Agobardum in Epist. ad Proceres Palatii.

Fulco Presbyter, Archicapellanus sub eodem Ludovico apud Hincmarum.

* Turbo, ex Charta Ludov. Pii ann. 814. in Tabul. Novient.: *Ego Turbo Archicapellanus ad vicem dom. Ibbonis protospatarii cognovi.*

* Gumperthus *Archicapellanus recognovi*, in Ch. ejusd. imper. anni. 824. ex eod. Tabul.

* Diethmarus *Archicapellanus recognovi*, in alia ejusd. Ludov. Pii ann. 829. ex eod. Tabul.

Drogo, Caroli Magni nothus filius, Metensis Episcop. *Archicapellanus sacri Palatii* Ludovico regnante in ejus Vita, et apud Nithardum lib. 1. In veteri Charta Ludovici et in Vita S. Anscharii num. 19. *Drogo Metensis et summæ sacræ Palatinæ dignitatis Præsul*: in alia *sacri Palatii primus Capellanus*: *Archipalatinus Præsul*; in Apologetico Ebonis Remensis Archiepiscopi tom. 7. Spicilegii Acheriani: *Senior Capellanus*, in veteri placito sub Ludovico Pio in Vita Aldrici Episcop. Cenoman. pag. 136. *Palatii Capellanus*, in Charta Lotharii Imp. tom. 12. pag. 109. *Sacri Palatii moderator*, in Chron. Episc. Metens. et in ejus Epitaphio :

> Aulæ Regalis moderator, pastor ovilis,
> Metis et Ecclesiæ jure pater patriæ.

Vide Annal. Franc. Metenses anni 859. Privilegia Ecclesiæ Hamburg. pag. 144. Sirmondum ad Capit. Caroli Calvi, Chifflet. in Vindic. Hisp. Meurissium in Hist. Episc. Metens, etc.

Guntharius Archiepiscopus Coloniensis, Archicapellanus sub Lothario Imp. in Conc. Aquisgran. III. apud Adventium Episc. Metens. in Epist. ad Nicolaum PP. cap. 2. Annal. Franc. Metens. apud Reginon. ann. 864. et Molanum in SS. Belg. 8. Dec.

Ebroinus Episcopus Pictaviensis, et Abbas S. Germani de Pratis, *Archicapellanus sacri Palatii* Carolo Calvo imperante, in variis Tabulis apud Beslium in Aquitaniæ Ducib. cap. 3. et pag. 175. et in Episcop. Pictav. pag. 22. 23. 24. 27. 31. et apud Sirmond. ad Capit. Caroli Calv. in Tabulario S. Germani de Pratis, etc.

Gozlinus Abbas S. Germani de Pratis, *Cancellarius* et *Archicapellanus* appellatur in Charta Caroli Calvi ann. 6. apud Gallandum de Franco alodio, uti supra a nobis observatum.

Joseph Episcopus Eporediensis, *Archicapellanus* sub Ludovico Lotharii filio, in Synodo Rom. sub Leone IV. PP. ann. 850. et Ticinensi ann. 855.

Fridebastus, aliis Fridebertus, Episc. Pictavensis, *Archicapellanus Pipini Regis Aquitaniæ*, apud Beslium in Regib. Aquit. pag. 24.

Remigius Archiep. Lugdunensis Caroli Regis Burgundiæ Lotharii Imp. filii *Palatii Capellanus summus*, in Chartis ejusdem Caroli apud Paradinum lib. 2. Hist. Lugdun. cap. 23. et tom. 12. Spicilegii Acheriani pag. 122. 123.

Grimaldus Abbas S. Galli, *Archicapellanus* Ludovico III. imperante, apud Herman. Contractum ann. 841. et Eckehardum Jun. de Casib. S. Galli cap. 1. Grimoldus appellatur apud Ermenricum Monach. Augiensem lib. de Grammatica in tom. 4. Analectorum Mabillonii pag. 329.

Liuthwardus, sub Carolo Crasso, tom. 4. Analectorum Mabillonii pag. 340.

Adventius Episcopus Metensis Archicapellanus Lotharii Regis Lotharingiæ ann. 868. apud Zyllerum in S. Maximino pag. 15.

Cozbaldus sacri Palatii summus Capellanus, sub Ludov. Rege Bajoariæ, in Metropoli Salisburgensi tom. 2. pag. 13.

Granoldus Archicapellanus, sub eodem Ludovico, ibid. pag. 15.

Deotmarus Archicapellanus, sub Arnulpho Rege ann. 888. in Metrop. Salisburg. tom. 2. pag. 587.

Theotmarus Archicapellanus Arnulfi Lotharingiæ Ducis ann. 889. in Notit. Eccl. Belg. cap. 44. apud Goldastum tom. 2. Alemannic. Antiq. pag. 5. Meuriss. in Præfat. ad Hist. Epist. Metens. pag. 23.

Hermannus Archicapellanus sub Rege Zuentibaldo, apud Miræum in Notit. Eccl. Belg. cap. 46.

Rutgerus Archiepiscopus, Archicapellanus sub eodem Zuentibaldo, apud eumdem Miræum.

Ratbodus Archiepiscopus Trevirensis Archicapellanus sub Carolo Simplice ann. 917. apud Browerum lib. 9. Annal. Trevir num. 62.

Balduinus Henrici Regis Franciæ *Cancellarius* et *Archicapellanus* promiscue dicitur in Charta anni 1047. apud Hemereum in Aug. Virom. pag. 121. et in Tabulario S. Petri in valle Carnot.

Desiit denique post hæc apud Francos Archicapellanorum appellatio, quorum munus et dignitas in *Capellanorum*, deinde in *Primorum* et *Magistrorum Capellanorum Regis* titulum transiit, de quibus crebra passim occurrit mentio in veteribus Tabulis, Regum præcipue, quas cum illustrioribus Palatii et aulæ Regiæ ministris subscripsisse constat ex aliquot Philippi Regis Chartis, quæ exstant in Historia Monasterii S. Martini de Campis pag. 14. 15. 17. 19. in quibus Eustachius dicitur *Capellanus Regis*, et Gaufridus, *Subcapellanus*. Will. Brito lib. 10. Philipp. de Capellano Regis :

> Hoc in conflictu doluit cecidisse Capellæ
> Qui Regis præerat ad Sacramenta Sacerdos.

In Charta ann. 1343. Hugo *de Neaufle*, dicitur primus Capellanus Regis, ut apud Brolium lib. 2. Hist. Paris. pag. 365. 2. Edit. Gaufridus *le Bouteiller* Cancellarius et Canonicus Carnotens. et S. Capellæ Parisiensis, obiit ille 12. Julii ann. 1377. De Capellanorum Regiorum, quos hodie *Magistros Oratorii Regis* vocant, dignitate, et honorario gradu, ac munere, consulendi Tillius tom. 1. pag. 439. et Miramontius in Tract. de Præposito Hospitii pag. 50. Et Guillelm. Peyratius lib. 1. de Capella Regis cap. 73. Adde Leges Alfonsinas part. 2. tit. 9. lege 3. Histor. Episcop. et Comitum Engolismensium cap. 37 : *Cum autem Ludovicus* (VII.) *Rex ad Aquitanicas partes veniret, Lambertus Episcopus* (Engolismensis) *ut accepimus, dixit Regi, quod Engolismenses Episcopi Capellani Regum Franciæ fuerunt, ex quo Ligerim ad partes Aquitanicas transirent*: *quod Ludovicus non contradixit.*

Archicapellani Flandriæ titulo gaudet Brugensis Ecclesiæ Præpositus, ut est in Chronico Flandriæ vernaculo cap. 5.

Capellanus Romani Imperii, qua dignitate functus Petrus Diaconus Casinensis, ut ipsemet testatur lib. 4. Chr. Casin. cap. 58. Idem cap. 116. de quodam Rainaldo: *Cum fratribus inter Imperii Capellanos constitutus est.* [** *Capellanus imperii* Ultrajecti dicebatur sacerdos qui imperatoris in majori ecclesia vices ageret. Olim enim Cæsar canonicus Trajectensis. Vide Matth. post Alciat. contra vitam Monast. pag. 333.]

Archicapellani Romanorum Imperatricis dignitatem jam olim habuisse Abbates S. Maximini Trevirensis, auctor est Nicolaus Zyllesius in Defensione ejusdem Monasterii parte 2. sect. 2. § 4. [** Vide Chronic. Gottwicense pag. 258.]

Gervoldus Archicapellanus subscribit Chartam Adalberonis Episcopi Metensis ann. 1056. inter Canonicos Ecclesiæ S. Stephani, apud Meurissium pag. 363.

Capellani Principum, seu Laicorum, qui in domibus suis *Capellas* Episcoporum concessu habebant : de quibus Concilium Claromontanum ann. 1095. can. 18 : *Ut nullus Presbyter Capellanus alicujus Laici esse possit, sine concessione sui Episcopi.* Vide *Presbyter Domesticus*.

Capellani Regales, Episcopales, etc.

de quibus Concil. Colonieuse ann. 1260. cap. 10 : *Cum in aliquibus Ecclesiis Capellani Regales, Episcopales, ac etiam Capellani Præpositorum existant, qualiter hi se habere debeant, ... Capellani hujusmodi residentiam in suis Ecclesiis tanquam alii fratres facient, nisi illo tantum tempore, quando agunt suorum negotia dominorum, atque etiam si negotia Ecclesiæ hoc exposcant. Et nobis in Ecclesia majori, vel alia nostra civitatis, vel Diœcesis Ecclesia, si sunt ea vice præsentes, celebrantibus, ibi debent adesse in divini celebratione Officii, et adstare. Et debent hujusmodi Capellani in sacris Ordinibus esse constituti. Super ejusmodi Capellanos Episcopales, erit noster Capellarius, quasi loco judicis et magistri.* Alcuinus Epist. 24. ex Mabillonianis ad Archiepiscopum scripta : *Vestros vero discipulos et Capellanos meo precor officio saluta, admonens eos honeste vivere coram hominibus, ut vestra ex eorum conversatione laudetur dignitas.* Charta Franconis Episcopi Nivernensis, ex Tabulario S. Cyrici Nivern. num. 7 : *Venit Atto Ecclesiæ nostræ Archidiaconus, et domus nostræ Protocapellanus.* In Charta seq. dicitur *S. Cyrici Archidiaconus atque Thesaurarius.*

Capellani Abbatum, quos ut vitæ suæ testes, et *Syncellorum* instar, habebant. Provinciale Eccl. Cantuariens. lib. 3. tit. 19 : *Ut secundum canonicas sanctiones Abbatibus, a quibus minores vivendi normam debent assumere, super honesta conversatione testium copiositas suffragetur. Decernimus ut ipsi Capellanos suos, vel aliquem illorum singulis mutent annis. Qui autem habent unum tantum, illum mutent similiter, nisi necessaria causa subfuerit, quatenus si de vita eorum, quod absit, scandalum oriatur, tanto plures innocentiæ suæ habeant testes, quanto eorum vita pluribus innotescit.* Vide *Syncellus.*

2. **CAPELLANI**, Rectores Ecclesiarum, in Synodo Santonensi ann. 1282. cap. 5 : *Statuendo ut omnes Capellani, Subcapellani, infra duos menses, ex quo Parochianus eorum mortuus fuerit, nobis afferant vel mittant testamentum defuncti, etc.* [Consuetud. Tolos. in Rubrica de Testamentis : *Consuetudo est Tolosæ, quod ultimum testamentum conditum ab eo qui testare valet, adhibitis duobus vel tribus testibus, vel quatuor vel amplius, præsente Capellano vel Subcapellano, vel etiam absente seu etiam non vocato, valet.* Synod. Archiepiscopi Burdegal. habita Conaci ann. 1255 : *Inhibemus ne quisquam Sæcularis et Religiosus funus sibi delatum suscipiat, nisi per Capellanum proprium fuerit præsentatum, cum conditiones personarum hujusmodi melius noverint proprii Capellani.*] Statuta MSS. Caroli I. Reg. Siciliæ cap. 149 : *Et ladite Eglise ait especial nombre de Chapeleins. Ci endroit sont appellez toute maniere de Clers Chapeleins.*

* Occitanis *Capellans.* Testam. Bertr. de Borno milit. ann. 1360 : *Item lego Capellano, vicario et clericis parrochiæ de Altoforti..... viginti solidos currentis monetæ renduales, ita quod Capellanus dictæ ecclesiæ S. Eligii de dictis xx. solidis rendualibus habeat pro parte sua quinque, et vicarius, si interfuerit, tres solidos.* Occurrit præterea in Ch. ann. 1207. ex Chartul. S. Mariani Autiss. fol. 19. et inter Probat. tom. 2. Hist. Occit. col. 479. et 480. Vide mox

¶ Capellanus Curatus, Eadem notione. Statuta MSS. Augerii II. Episc. Conseran. ann. 1280 : *Statuimus quod si res vel pignora alicujus Ecclesiæ, vel Clerici, vel personæ ecclesiasticæ, absque judicis ecclesiatici auctoritate, violenter captæ vel capta fuerint vel detenta, captores seu detentores hujus moneantur ter a Rectore loci seu Capellano Curato, quod ea libere et integre restituant; quod si forte sic moniti facere contemserint, ipsos quos ex tunc in his scriptis excommunicamus, excommunicatos per Rectores seu Capellanos eosdem publice præcipimus nunciari.* Rursus memorantur ibidem *Capellani Curati*, ubi de testamentis, et alibi.

Subcapellant, et Presbyteri, quos Rectores Ecclesiarum parochialium, vel religiosi, sibi associant ad regimen animarum, et quibus potestatem concedunt absolvendi et administrandi sacramenta Ecclesiastica, et ea quæ ad curam pertinent animarum, committunt : quod fieri vetatur in posterum absque Episcopi licentia, in Synodo Pictaviensi ann. 1280. can. 3. Ii porro videntur, quos Rectores Ecclesiarum etiamnum hodie ad subsidium functionum suarum sibi adsciscunt. Vide Synodum Beneventanam ann. 1091. can. 2. et infra *Socii Plebani.*

¶ 3. **CAPELLANI**, apud Tolosates et alios Occitanos, *Capelas*, dicuntur quivis Presbyteri : hinc passim in libro Inquisit. Tolos. a Philippo Limborch. edito Sacerdotes appellantur *Capellani.* v. g. Hæretici dicunt multa mala de *Capellanis.* Item : *Panis quem dant Capellani non est Corpus Christi*, etc. Pag. 223 : *Sciebat eos esse contrarios Capellanis et Clericis.* Et pag. 348 : *Item, quod Capellani non poterant aliquem absolvere a peccatis, quia ipsi erant peccatores, etc.*

4. **CAPELLANI** denique sequioribus sæculis vocati, qui capellis, sacellis, seu ædiculis sacris, præfecti sunt.

* Capellanus Altaris. Ordinar. Ms. S. Petri Aureæ-val. : *Quando prior claustralis facit suam ebdomadam, non consuevit facere culpam, sed Capellanus altaris illam facit loco sui; eo videlicet quod ipse Capellanus honus habet horas inchoandi, et etiam benedictiones in prandio et cena faciendi et comparendi in horis canonicis, et pro deffectibus suis suam faciat culpam.*

¶ Capellani de Alba, Iidem qui *Auroræ*, *Alba* namque Hispanis, ut Gallis *Aube*, Aurora est sive primum diluculum. Constitut. mox laudatæ pag. 193 : *In altari majori nullus cantet, nisi sit Canonicus, vel Hebdomadarius Ecclesiæ, vel Cappellanus de Alba, vel Presbyter novus.*

¶ Capellani Auroræ, Qui sacra facere debebant *aurora* seu diluculo. Constitut. Eccles. Valentinæ tom. 4. Concil. Hisp. pag. 176 : *Si Capellani Auroræ qui sunt duo, alter eorum vel ambo in celebratione Missarum hujusmodi defecerint ulla die, quod ornamentis Ecclesiæ sex denarios Barcinon. et totidem uni Capellano, qui eandem Missam celebret ipsa die teneantur sine remissione erogare.* Pluries memorantur ibid.

** Capellanus Banderiæ, Clericus qui exercitum sequitur in Bulla Julii II. PP. ann. 1511. in Alsat. Diplom. pag. 449. vol. 2.

¶ Cappellani Camerarii. Synodus Valentina ann. 1590. Concil. Hisp. tom. 4. pag. 468 : *In elevatione Sacramenti ... in Ecclesia Metropolitana, alter ex Cappellanis Camerariis incenset Sacramentum genuflexus a cornu Epistolæ.*

* Capellanus *Domini Papæ* non semel inscribitur Gerardus abbas S. Germ. Prat. in Chartul. ejusd. abbatiæ fol. 87. r°. et v°. [** *Wernherus miseratione divina generalis præpositus monasterorium S. Mariæ Magdalenæ Ordin. S. August. et sedis Apostolicæ Capellanus*, ann. 1269. ap. Schannat. in Histor. Wormat. vol. 1. pag. 162.]

* Capellanus Firmarius, Mercenarius, Vicarius seu presbyter, cui ecclesia deservienda committitur sub assignata pensione, aliis reditibus proprio parocho reservatis. Charta ann. 1321. in Chartul. S. Maglor. Paris. ch. 113 : *Petrus de Villaribus Capellanus firmarius et locum tenens curati ecclesiæ S. Eustachii, etc.* Lit. remiss. ann. 1396. in Reg. 151. Chartoph. reg. ch. 61 : *Coustant prestre Chappellain mercenaire de la ville de Chavones, etc. Pierre Duplesseiz Chappellain fermier de l'église de la paroisse de Leure*, ibid. ch. 109. Vide *Firmarius.*

¶ Capellani Perpetui *majores Vicarii nuncupati*, in Charta anni 1386. tom. 2. Hist. Meld. pag. 247.

* Capellani Refectorii, Quibus refectorii cura demandata erat. Arest. ann. 1395. 31. Jan. in vol. 8. arestor. parlam. Paris. : *Erant* (canonici Remenses) *in possessione et saisina quod clavigerum seu buticularium ejusdem archiepiscopi Capellanis refectorii et vinitariis jurare faciant, quod sibi meliora vina..... ostendat.*

* Capellanus de Seculo, Secularis, non monachus. Charta ann. 1186. in Chartul. S. Vincent. Laudun. ch. 212 : *Requirebamus quod in capella sancti Petri Capellanum de seculo ex jure debebat ponere.* [** Chart. Ludov. Episcop. Mindens. ann. 1329. ap. Würdtw. Subsid. Diplom. vol. 10. pag. 100 : *Quod hujusmodi ecclesiis per Capellanos ipsius monasterii Temporales deserviatur in officiis divinorum, quod cura ipsius nullatenus negligatur, qui Capellani seu vicarii curam animarum ab ipso Archidyacono ... recipient.* An sunt qui in definitum tempus nominentur?]

* Capellanus B. M. Virginis nuncupatur S. Lucas, in Gestis quarumdam Soror. ord. Præd. ex Cod. reg. 5642. fol. 32. r°. : *De sorore Elizabeth de Senhem... Audivit corporeis auribus Dominum Jhesum dicentem sibi : Commendam te Lucæ medico, Capellano matris meæ, ut totaliter et perfecte te curet.*

* 5. **CAPELLANI**, Qui ex aliqua *Capella* seu parochia sunt. Vide supra in *Capella* 6. et *Parochia.* Martyrol. Pistor. tom. 1. Biblioth. Pistor. pag. 54 : *Usque in hodiernum diem anno Domini 1443. populani sive Capellani ejusdem* (ecclesiæ S. Vitulis) *eligunt priorem sive rectorem, et dictum capitulum* (Pistoriense) *confirmat.*

1. **CAPELLANIA**, Munus et beneficium Capellani. Hist. Episc. Autissiod. cap. 63 : *Capellanias sacerdotales et perpetuas insti-*

tuit, id est, quæ a Sacerdotibus deserviri debebant. [Statuta MSS. Augerii II. Episc. Conseran. ann. 1280. : *Nullus curam duarum Ecclesiarum, aut regimen duarum Capellaniarum recipere aut exercere præsumat, nisi una dependat ab altera, sine nostra licentia speciali.* Et infra : *Præcipimus ut Clerici qui eleemosynas seu Capellanias a fidelibus per civitatem nostram et diœcesin pro tempore ordinatas in posterum recipient, infra duos menses a receptione hujusmodi computandos, se personaliter coram nobis debeant præsentare, ut videre possimus an honesta sit eorum vocatio, et utrum digni sint ad talia vocari, et ut a nobis licentiam et auctoritatem recipiant celebrandi et orandi pro animabus eorum, qui Capellanias seu eleemosynas hujusmodi ordinarunt. Qui non hactenus ceperint, in duoram mensium spatium a publicatione præsentis constitutionis idipsum facere teneantur, ubi ad hoc unusquisque Rector et Curatus teneantur in Paschali Synodo notificare nobis, Capellanias seu Ecclesias hujusmodi, quas in sua parochia vacare contigerit anno illo.* Charta Ecclesiæ Macloviensis ex Archivo ejusdem ann. 1422 : *De cætero nullus recipiatur ad Capellaniam, bacchalariatum.... nisi sciat cantare.* Bulla Pauli PP. ann. 1549. in Maceriis Insulæ Barbaræ : *Creatarum Capellaniarum dote et Presbyterorum ac puerorum substentatione.* Hildebertus Episcop. Cenoman. in Epistola anni circiter 1131. ad summum Pontificem conqueritur, quod Clericos a se excommunicatos se inconsulto absolverit, obsecratque ut se jure suo Episcopali libere potiri in sua diœcesi sinat : *Quod profecto emerserit ex eo quod corrigendi enormitatem Capellaniæ meæ canonicam et traditam omnibus Episcopis potestatem abstulistis..... Sed dignemini nunc præcipere, ut disponendi canonice de Capellania mea integram habeam potestatem.* An diœcesim suam seu illius administrationem *Capellaniam* appellet Hildebertus, quod ad instar *Capellani* seu inferioris Sacerdotis habitus fuisset, in restitutione Clericorum a se excommunicatorum, de qua queritur, an humilitatis ergo sic loquatur, Lector judicet. Certe metaphorica locutio est, ducta a *Capellaniis.*]

* Nostris *Capelerie* et *Chapellerie*. Testam. Petri Beraldi episc. Agath. ann. 1351 : *Item fecimus et ordinavimus duas Capellanias, quas etiam de præsenti facimus et ordinamus in ecclesia dicti loci nostri de Lhivernant, in capella seu altari B. Joan. Bapt. perpetuo percantandas et officiandas per duos sufficientes presbyteros, qui celebrent perpetuo pro anima nostra.* Charta Philippæ comit. Gelriæ ann. 1277. in 2°. Lib. nig. S. Vulfr. Abbavil fol. 64. v°. : *Le kele Capelerie devant dite je nome comme fonderesse.* Alia ann. 1307. in Lib. rub. Cam. Comput. Paris. fol. 195. v°. col. 1. : *Quinze livres Tournois deues chascun an à l'abbaie de S. Wandrille pour la Chapelerie du manoir de Chambai. Eglises et Chapelleries*, in Ch. ann. 1330. ex Tabul. Garnot. *Patrons de plusieurs cures, Chappelleries, personages et autres bénéfices*, in Chartul. 21. Corb. ad ann. 1399.

* Capellania Annualis, Missæ quæ celebrantur per anni spatium pro defunctis, idem quod *Annuale.* Vide in hac voce. Constit. capitul. eccl. Barchin. ann. 1423. rubr. 11. ex Cod. reg. 4332 : *Nullus rector curatus vel vicarius perpetuus..... possit, ut conductitius, in nostra sede vel aliis ecclesiis hujus civitatis, Capellaniam annualem, vel trentenarium, vel aliam missarum cantitatem seu numerum celebrare.*

¶ 2. **CAPELLANIA**, Ædicula sacra in æde majori exstructa. Epistola Joannis de Monsteriolo, apud Marten. tom. 2. Ampliss. Collect. col. 1388 : *Circumcincta est prædicta Ecclesia* xxv. *collateralibus Capellaniis, in quibus Missæ particularium devotionum omni die celebrantur.* [** Inde confunduntur interdum *Capellania* et *Altare.* Vide Matthæum post Alciat. de vita Monast. pag. 347.]

* 3. **CAPELLANIA**, Ecclesia, in qua collegium est canonicorum. Charta ann. 1353. in Reg. 82. Chartoph. reg. ch. 28 : *Cum dilectus et fidelis miles et consiliarius noster Gaufridus de Charniaco pro sui et suorum animarum salute quandam Capellaniam seu collegiatam ecclesiam in suo manerio de Lireyo in Campania Trecensis diocesis ædificaverit, etc.*

* 4. **CAPELLANIA**, Monasterium, *prioratus* nomine, ab altero dependens. Sic prioratus de Lihuno *Capellania* nuncupatur, in Ch. Radulfi milit. de Tornella ann. 1236. ex Chartul. ejusd. monast. : *Ratam habeo et gratam venditionem, quam Ybertus de Bauvent homo meus fecit Capellaniæ de Lihuns..... Omne jus quod habebam in dicta terra quittavi dictæ Capellaniæ. Chappellenie*, titulus monachorum, in Lit. remiss. ann. 1400. ex Reg. 155. Chartoph. reg. ch. 70 : *Un frere de l'ordre de S. Augustin, nommé frere Richart, respondi audit Courdant en disant : Tu es un mauvais ribaut de ce que tu dis........ Lequel Courdant courroucié lui respondi telles paroles : Vous y mentez, excepté Chappellenie.* Id est, salva, quæ debetur ordini, reverentia.

* **CAPELLANIETA**, Capelleta, diminut. a *Capella.* Comput. ann. 1450. ex Tabul. S. Vulfr. Abbavil. : *A domino Johanne Verderel pro sigillo Capellanietæ S. Georgii, v. solidos..... Pro sigillo Capelletæ S. Georgii, v. sol.* Vide *Capelletta.*

¶ **CAPELLANITA**, ut *Capellanus*, in Vita B. Geraldi de Salis, apud Marten. tom. 6. Amplis Collect. col. 996.

1. **CAPELLARE**, [Cædere, incidere] Vide *Capulare.*

2. **CAPELLARE**, *Capello tegere*, Johanni de Janua. Vide *Capellus* 1.

1. **CAPELLARIA**, Idem quod *Capella*, et *Capellania*, Munus et beneficium Capellani, apud Thom. *Stubbs* in Actis Pontif. Eboracens. pag. 705. [Concil. Remense ann. 1148. apud Marten. tom. 4. Anecd. col. 142 : *Prohibemus omnes Presbyteros, ne Capellariam potentium suscipiant, vel in curiis eorum amministrent, nisi per manus Episcopi ejusdem diœcesis ad hoc ingrediantur.*]

¶ 2. **CAPELLARIA**, Supellex sacra, ornamenta *capellæ*. Gesta Hildeberti Episc. Cenoman. apud Mabill. tom. 3. Analect. pag. 322 : *Qui ob amorem et memoriam patriæ suæ Capellariam suam, id est, quædam preciosa ornamenta, quæ in capella sua habebat, Deo .... voverat se daturum.* Vide *Capella* 3.

* **CAPELLARII**, pro *Capitularii*, Ædiles seu scabini Tolosæ, vulgo *Capitoux.* Arest. ann. 1350. 6. Jul. in vol. 3. arestor. parlam. Paris. : *Quod possessio et saisina collectizandi cives Tholosæ pro omnibus bonis quæ habebant, ... fuerat dictis Capellariis per arrestum.... adjudicata.* Vide *Capitulum* 5.

¶ **CAPELLARIUS.** Vide *Capellani Regales*, in *Capellani* 1. [** In chart. Frider. Archiep. Colon. ann. 1101. apud Seibertz. Histor. Ducat. Westphal. pag. 40 : *Berewigus Capellarius.* Eodem nomine tres alii testes huic chartæ subscribunt. Charta Christian. Archiep. Magunt. ann. 1251. ap. Guden. in Cod. Diplom. vol. 1. pag. 616 : *Plebanorum vero et Capellariorum absentia, etc.*]

* **CAPELLATICUM**, Capellatio, Jus cædendi ramos vel arbores in silva. Charta Otton. I. imper. ann. 969. vel 970. apud Murator. tom. 3. Antiq. Ital. med. ævi col. 74 : *Et ut potestative ac nostræ donationes in sylva Alferia, Capellaticum, seminationem, arationem et pascua.* Alia Frider. I. imper. ann. 1177. tom. 4. Cod. Ital. diplom. col. 11 : *Confirmamus..... tam aquas fluentes quam stagna, et tam silvas quam valles, ... sicque Capellationes, etc.* Vide *Capellus* 2. et *Capulare.*

* **CAPELLETA.** Vide supra *Capellanieta.*

¶ 1. **CAPELLETTA**, Parva *capella*, ædicula sacra. Vita B. Ursulinæ Parm. tom. 1. April. pag. 724 : *Et construi facere unam Capellettam devotam et tutam.* Vide *Capella* 6.

* 2. **CAPELLETTA**, Capitis ornamentum. Laudes Papiæ apud Murator. tom. 11. Script. Ital. col. 23 : *Habent in capitibus galeas ligneas, scilicet viminibus textas, quas cistas vocant..... Quædam vero earum non caudam equinam, sed solum habent pinnam erectam, et eæ Capellettæ vocantur.*

¶ **CAPELLETUM**, Genus *capæ* seu pilei, Gallice *Chappel* vel *Chaperon.* Instrumentum anni 1347. Hist. Dalphin. tom. 2. pag. 568. col. 2 : *Certam partem unius Capelleti de auro operati cum margaretis seu perlis grossis, et viginti adamantibus insutis super Capelleto prædicto, in quodam maczapano.* Vide *Capellus*, 1.

* Vel Capelletus, Galerus, pileus, quasi parva *capa*, qua caput tegitur, nostris *Chappellet.* Annal. Mediol. ad ann. 1389. apud Murator. tom. 16. Script. Ital. col. 807 : *Capelletus unus auri magnus, cum petiis ix. magnis et viij. parvis.... Capelletus unus auri desnodatus minor suprascripto.* Lit. remiss. ann. 1371. in Reg. 100. Chartoph. reg. ch. 690 : *Laquelle jeune femme à marier...... avoit un Chappellet de fleurs sur sa teste; lequel chapel, etc.* Aliud vero sonat *Faire bonne chere par maniere de Chapelet*, hoc est, vicissim, alterna vice, Gall. *Tour à tour*, in aliis Lit. ann. 1409. ex Reg. 164. ch. 54 : *Lesquelx compaignons avoient disnez et fait bonne chiere ensemble par maniere de Chapelet l'un aprez l'autre, ainsi que autrefoiz les bonnes gens du pais l'ont accoustumé de faire.* Quæ loquendi formula fortassis a *Capello* florido, quo uniuscujusque ordo significabatur, manavit. Vide infra *Capellus rosarum* in *Capellus* 1.

1. **CAPELLINA**, Sertum precatoriorum globulorum, quibus Deiparam salutamus, vulgo Rosarium, Italis *Capellina*, Gallis *Chapelet*. Occurrit in Vita B. Justinæ de Aretio num. 5. *Rosarii* vero, uti vocant, seu recitationis Dominicæ orationis, et Salutationis Angelicæ ad statos calculorum seu globulorum numeros origo, non alia est, quam ex pœnitentiis monasticis, vel etiam regularum monasticarum præceptionibus, in quibus, vel expiandis delictis, vel etiam pietatis ac devotionis gratia, certi earumdem orationum a Monachis dicendarum numeri imponebantur, quos ut ii facilius numerarent, munusque sibi injunctum exequerentur, per calculos ac globulos recensebant, ad quos jam olim exactas preces docet inprimis Palladius in Hist. Lausiaca cap. 23. ubi de Paulo Monacho : Ἔργον δὲ αὐτῷ τῆς ἀσκήσεως γέγονεν, τὸ ἀδιαλείπτως προσεύχεσθαι. οὗτος τετυπομένας εἶχεν τὰς εὐχὰς τριακοσίας, τοσαύτας ψήφους συνάγων, καὶ ἐν τῷ κόλπῳ κατέχων καὶ ῥίπτων καθ' ἑκάστην εὐχὴν ἐκ τοῦ κόλπου ψῆφον μίαν. [Eadem habet Sozomenus lib. 6. cap. 24. Vocis originem quod spectat, eam ob similitudinem ducunt a pileis seu coronis rosaceis, quas nostri olim *Chapel* et *Chapelet* vocitarunt. Sic etiam Itali *Capellinam* alio nomine *Coronam* appellant, Hispani *Rosario*. Testamentum Clementiæ Reginæ Francorum uxoris Ludovici Hutini in Hist. Delphin. tom. 2. pag. 219. col. 2 : *Item, à nostre chier neveu le Dauphin de Viennoys nostre bon Chapel gros que Symon de Lisle fist.*]

¶ 2. **CAPELLINA**, Petasus, Pileus, Gall. *Capeline*. Acta SS. Martii tom. 3. pag. 216. de B. Ambrosio Sen. : *Ecce video S. Ambrosium ab Angelis deferri in cælum in vestimento et Capellina de auro.* Vide *Capellus.* 1.

* Tegmen capitis, brevior *capa*, Ital. *Cappellina*. Stat. Mutin. rubr. 384. pag. 80. r°. : *Habere debeant* (nuntii) *a communi Capellinas, quas portare debeant continue in capite.... Portet quilibet nuntius Capellinas rubeas in capite, cum signis marchionum.*

* 3. **CAPELLINA**, Capelina, Galeæ species, qua milites cassidis loco caput tegebant, nostris *Capeline* et *Chappeline*. Garnisiones castri Carcass. ann. 1294 : *ij. Capelinæ ferri.* Stat. Mantuæ lib. 1. cap. 55. ex Cod. reg. 4620 : *Cum armis, videlicet scuto, cerveleria, Capellina ferrea, etc.* Lit. remiss. ann. 1377. in Reg. 111. Chartoph. reg. ch. 351 : *Armés de jaques, de cotes et de Capelines de fer, et de plusieurs autres armeures.* Aliæ ann. 1403. in Reg. 158. ch. 257 : *Armé d'une coiffette sur sa teste et d'un grant coustel, ... ledit Thevenin lui osta sesdiz grant coustel et Capeline.* Rursum aliæ ann. 1397. in Reg. 152. ch. 268 : *Le suppliant se feust armé comme eulx de haubergon, Chappeline, gardebras, etc.* *Cappeligne*, in Lit. remiss. ann. 1463. ex Reg. 199. ch. 334 : *Enbastonnez de Cappeligne, guisarmes, etc.* Vide infra *Capellus ferreus* in *Capellus* 1.

¶ **CAPELLOTIUM**, Pannus ex villis caprinis, Gall. *Camelot*. Acta SS. Maii tom. 2. pag. 87. in Miraculis S. Angeli Mart. : *Altari ipsius Sancti obtulit pallium ex Capellotto rubro cum limbis aureis.* Occurrit ibid. pag. 88. Vide *Camelotum.*

¶ **CAPELLULA**, Parvum sacellum. Codicillus Testamenti Guidonis Episcopi Autissiod. ann. 1270 : *Oratorium seu Capellulam super sepulcrum dicti Robini construent.* Vide *Capella* 6.

1. **CAPELLUM**, Capulum. Knyghton pag. 2321 : *Hic ensis fuit de nobilissimo auro Arabico, in cujus Capello reconditus fuit clavus Dominicæ Crucis.*

¶ 2. **CAPELLUM**, Caputium, quo utuntur Monachi, Gall. *Capuchon, Capuce.* Guido lib. 2. Disciplinæ Farfensis cap. 47 : *Capellum in capite, quod alio nomine vocatur Caputium.* Et cap. 2 : *Tunc Capellis de tunicis ablatis in Ecclesia tandiu sedeant* (Novitii,) *quoad usque ad consecrationem venerint.* Bernardi Ordo Cluniac. part. 1. cap. 1 : *In Conventu quoque si laneam cappam portaverit* (Abbas,) *Capellum induet quoties voluerit.* Ibid. infra : *Quoties per ullam villam majorem transierint, ex more nunquam omittunt induere Capellum.* Et cap. 5 : *Et ut meminerim quidquid ad amictum unusquisque fratrum habere potest, regulariter et pro consuetudine generali, primo sunt duo frocci et duæ cucullæ . . . Capellum de pellibus, etc.* S. Wilhelmus lib. 1. Consuetud. Hirsaug. cap. 26 : *In æstate necessarias non intrat, nisi caput Capello cooperiat.* Rursum utitur lib. 2. cap. 5. et 37. ubi *Capellum* dicitur *de pellibus ovinis sive cattinis*. Capellum froco assutum fuisse docet Udalricus, ubi de pueris monasterio oblatis dicit : *Cum visum fuerit domno Abbati, Capellum de froco ejus jubet auferri, et cucullam ei dandam benedicit.* Vide mox *Capellus.*

1. **CAPELLUS**, Galerus, pileus, a *capa*, dictus, quasi parva capa, qua caput tegitur. Aliter Joan. de Janua : *Capellus et hoc Capellum, a Capillus dicitur, quia capillos tegat et caput ... vel quasi capitis pellis.* Statuta antiqua Cartusiensia 3. part. cap. 28. § 46. de Conversis : *Nunquam in conventu Capellos portant, nisi caputia desuper habeant.* Concilium Monspeliense ann. 1214. can. 3 : *Nemo Clericus ... manicis consutitiis, vel Capellis ferratis, vel annulo, vel capa utatur manicata.* Udalricus lib. 3. Consuet. Cluniacens. cap. 11 : *Gunellam, Capellum de pellibus, 5. paria pedulum.* Matth. Paris ann. 1235. de Imperatrice : *Capellum suum ex capite cum peplo demisit, ut universi liberum in ipsius serena facie aspectum habentes, oculos cum stupore recrearent.* Concilium Toletanum ann. 1346 : *Statuimus, cum nos, Episcopi suffraganei nostri, cum Capellos detulerimus rotundos, et in superiori parte laneos, nullatenus sericos, cum nigra, et non alterius coloris fodratura portemus.* Concil. Salzburgense ann. 1386. can. 5 : *Districte prohibemus, ne aliqui Clerici sine capucio capitis, bireto, Capello, vel pileo cooperto in Ecclesia, seu alias in publico præsumant incedere, cum hoc honestatem non deceat Clericalem.* [Hist. MS. Monasterii Beccensis pag. 381. ex Inventario reliquiarum Prioratus Bellimontis : *In primo erat Capellus S. Pauli Apostoli de corio.* Conventiones Ludovici Regis Siciliæ cum Arelatensibus ann. 1385. e MS. D. *Brunet* fol. 13 : *Ut ille quatuor cedule, modo et forma predeclaratis, in uno capucio, Capello, vel marcipio includantur, et per unum puerum una ex illis extrahatur.*] Adde Miracula S. Wlfranni num. 15. Capellorum sub ann. 1350. formam, materiam, et ornatus accipe ex Computo Stephani *de la Fontaine* Argentarii Regis ann. 1351. quod habetur in Camera Comput. Paris. : *Au chap. des pennes. Pour 50. ventres de menu vair baillez à Kathelot la Chappelliere pour fourrer un Chapel de Bievre pour le Roy 6. l. 5. s.* Alibi : *Kathelot la Chappeliere pour un Chappel de Paon à grant roe couvert dedens et dehors de brunette, garny d'un grant las de soye, delivré à Mons de Chalon, etc. Ladite Kathelot pour 13. Chapeaux de bievre, c'est assavoir 10. pour les Seigneurs des Comptes, 3. pour les trois Tresories, et un pour le Clerc du Tresor, tous fourrez d'agneaux, excepté le Sire du Petitcellier, qui fu fourrez de drap, et orfroisiez autour de bon orfroy d'Arras, garnys de brides ou las de soye noire, et de 2. gros boutons d'or de Chippre, etc.* Infra : *Ladite Kathelot pour un Chappel de bievre fourré d'armines, couvert par dessus d'un rosier, dont la tige estoit guippée d'or de Chippre, et les feuilles d'or soudé, ouvré par dessus d'or de Chippre, de grosses perles de compte, et de Grenas, et les roses faites et ouvrées de grosses perles, toutes de compte, et par les costez avoit 2. grandes quintefeuilles d'or soudé, semées de grosses perles, de Grenas, et de pieces esmaillées, et par dessus le Chappel en haut avoit un Dauphin fait d'or nué prés du vif, tournant à vis sur un tuyau d'argent. Lequel Chappel garny de boutons, de perles roundetes et menuës, et orfroisiées de bisete d'or de plitte, et de grosses perles, Mons. le Dauphin commanda à l'Argentier, et enchargea faire tel et d'icelle devise, pour donner à Maistre Jean le Fol du Roy.* In Computo incip. 1. Julii ann. 1352 : *Pour 15. grans Chappeaux de bievre, doubles, orfroisiez tout autour, garnis chascun de 2. gros boutons d'or de Chippre, et de un bon las de soye, desquels chappeanx les 2. furent fourrez de gris pour Mons. le Chancelier, l'Evesque de Challon, et les autres treize tous fourrez d'agneaux pour les Seigneurs des Comptes, et les trois Tresoriers pour leur livrée de Toussains.* [Vetus Poet. MS. e Bibl. Coislin. :

Et sercot d'ermine moult bel,
De soie en graine et chascun d'els
Avoit bon mantel d'escurels,
Et chemise ridée et blanche,
Et Chapel de Flor inde et blanche.]

* Capellus *Argenti, Auri, Perlarum*, Argento, auro, perlis ornatus. Lit. remiss. ann. 1377. in Reg. 111. Chartoph. reg. ch. 208 : *Une chemise, deux Chapeaux d'argent, et une bourse de soie.* Ch. ann. 1381. ex Tabul. Massil. : *Capellum auri, argenti seu perlarum in capite, etc.*

* Capellus Beverinus, Fibrinus, Gall. *de Bievre*. Lit. remiss. ann. 1380. in Reg. 117. Chartoph. reg. ch. 175 : *Un Cappel de bievre blanc, ourlé d'un ruban azure et sanz tonsure rese. Un Chappeau de byevre et un de feustre*, in aliis ann. 1389. ex Reg. 138. Vide supra locos ex computo Stephani *de la Fontaine.*

* Capellus Chori, Cujus usus est inter divina. Stat. synod. Corisopit. eccl. Mss. : *Habeat etiam presbyter Capellum chori, sal-*

tim de nigris agnis foderatum; quando cantat horas in ecclesia.

* Capellus de Feltro, in Tabulis cereis ex Bibl. S. Germ. Prat. ad. ann. 1307: *Garnisseurs et foureurs de Chapeaux de feutre*, in Stat. ann. 1323. ex Reg. 62. Chartoph. reg. ch. 380. Vide *Feltrum* et *Feutrum* 1. Pileorum itaque fibrinorum usus antiquior est Carolo VI. rege, ad cujus ætatem Trevoltiani illum referunt. [** Chart. ann. 1252. ap. Lappenb. Init. Hanseat. Docum. pag. 64: *Riua Capellorum de Filtro, 2. den.*]

Capellus Ferreus, Quo milites cassidis loco caput tegunt, quod in modum *capelli* effictus sit. [Consuetud. Brageriaci art. 28: *Item armaturæ, utpote enses, lanceæ... pileus Ferreus sive Capellus.*] Rogerus Hoved. in Henr. II. ann. 1181. pag. 611: *Haberet albergellum et Capellum Ferreum et lanceam.* Et infra pag. 614: *Quicunque laicus habuerit in catallo ad valentiam 10. marcarum, habeat halbergellum, et Capelet ferri et lanceam.* Vide Bromptonum pag. 1108. *Chappel de fer a visiere*, apud Philippum *de Beaumanoir*, in Consuetudine Bellovacensi MS. cap. 61. Ejusmodi capellorum, seu galerorum ferreorum, habetur passim mentio apud Froissart. 2. vol. cap. 122. 134. 3. vol. cap. 17. 4. vol. cap. 43. Monstrellet. 1. vol. cap. 2. 193. 3. vol. pag. 59. Berrium pag. 52. Georg. Castellan. in Jacobo Lalano cap. 68. et 77. etc. [*Capellus de Ferro*, in Historia Dalphin. tom. 2. pag. 326. col. 1.]

* Garnis. castri Carcass. ann. 1294: *iiij. Capelli ferri cum viseria.* Pedag. Bapalm. ex Chartul. 21. Corb. fol. 359. v°.: *Ly Cupiaulx de fer, j. den.*

¶ Capellus Forratus, Idem, ut puto, qui *Filtreus*, de quo in *Feltrum*, Gall. *Chapeau de Feutre*. MS. S. Martialis Lemovic. num. 58. pag. ult.: *Habebunt etiam* (Monachi) *Capellos Forratos quotiescumque necesse fuerit.*

* Capellus Lanæ. in Convention. Saonæ ann. 1526.

* Capellus Lineus. Acta Mss. Inquisit. Carcass. ann. 1308. fol. 51. r°.: *Dedit ipsi testi unum Capellum lineum dicens, Portate istud amore mei.*

* Capellus Magnus Niger, Stat. synod. eccl. Attrebat. ann. 1425. ex Cod. reg. 1610: *Intelleximus... quod quamplures curati eorumque vicesgerentes aut clerici ipsarum ecclesiarum, dum divinum officium faciunt, cantando matutinas, vesperas et alias horas diei; incedunt cum magnis Capellis nigris, quorum usus est ad præsens in cursu.* Lit. remiss. ann. 1407. in Reg. 161. Chartoph. reg. ch. 260: *Iehan le Picart, qui portoit un grant Chappeau à grant bort sur la teste, etc.* Aliæ ann. 1443. in Reg. 176. ch. 297: *Ung grant Chappel noir et velu, que l'on porte de présent.*

* Capellus de Montealbano, Cassidis species. Lit. remiss. ann. 1451. in Reg. 181. Chartoph. reg. ch. 17: *Le suppliant print ung Chappeau de Montauben, qui estoit sur la fenestre de Margot forbisseur, etc.* Testam. Thomæ *de Failly* ann. 1473. ex Bibl. reg.: *Item a legué.... son espée à hault taillier, son Chappeau de Montauban, etc.*

¶ Capellus Niger ad usum Monachiorum, in Constitut. Ansegisi Abbatis inter Acta SS. Benedict. sec. 4. part. 1. pag. 640.

* Capellus Pampiloniæ. Reg. Cam. Comput. Paris. sign. JJ. rub. ann. 1273. fol. 11. v°.: *Amanevus de Podio.... tenet dictum locum a rege cum uno Capello Pampiloniæ de sporla. Capellus de Pampalona*, in Charta ann. 1319. ex Tabul. dom. de Vencia.

* Capellus Pavonius. *Un Chapel de plume de Paon*, in Lit. remiss. ann. 1389. ex Reg. 138. Chartoph. reg. ch. 161: *Un Chapel de paon, qui vaut deux soulz*, ex Reg. 61. ad ann. 1318. ch. 27.

* Capellus *de Pilis salamandræ*. Le Roman *d'Alexandre* part. 2. MS.:

Pour le chaut li on a aporté un Chapel.
De poil de Salemandre, un de guise oisel.

* Capellus Rosarum, Corolla rosacea. Comput. redit. comit. Pontiv. ann. 1554: *Chappeaux de roses vermeilles deubs chascun an au jour S. Jehan Baptiste.* Reg. sign. *Habacuc* Corb. 13. ad ann. 1513. fol. 169: *Avec ung Chapeau de boutons rouges, tel que on fait en la feste S. Polin. Chappellier de fleurs*, qui ejusmodi capellos componebat, vocabatur. Lib. 2. stat. super artific. Paris. ex Cam. Comput. fol. 83. v°.: *Nul Chappellier de fleurs ne peut, ne ne doit cueillir ou faire cueillir au jour de Dimenche en ses courtils nulles herbes, nulles fleurs à chappeaulx faire.*

¶ Capellus Rubeus ad usum Cardinalium. Chronicon Trivetti apud Acherium Spicil. tom. 8. pag. 596: *Eodem anno* (1252.) *statuit Papa* (Innocentius IV.) *ut Cardinales Capellis Rubeis uterentur.* Volateranus et Polydorus Virgilius hoc statutum referunt ad annum 1250. alii ad Concilium Lugdun. anni 1246. Vide Chronicon Januense Jacobi de Varagine, apud Murator. tom. 9. col. 48.

¶ Capellus Solis, ad arcendum solem, Gall. *Parasol*. Acta SS. Junii tom. 3. pag. LVI. in Leg. Palatinis Jacobi II. Regis Majoric.: *Fiant etiam bis in anno vestes et Capelli solis, quibus utamur equitando.*

¶ Capellus Viridis. In nova Gal. Christ. tom. 3. col. 882. ann. 1215. notatur ex Codice Estræo, Hugonem Episc. Leodiensem prima die Synodi Lateranensis inter Prælatos sedisse in habitu laicali, quasi Comitem, in *mantello* et *scarlata* tunica, *Capellum Viridem* habentem in capite; secunda tanquam Ducem in *Cappa manicata* viridi; tertia denique, ut Episcopum infulatum, idque fecisse, quia Papa convocaverat omnes Principes. Fides sit, inquit Sammarthanus, penes auctorem.

¶ Capellus, An corona florea et plectilis, Gall. *Guirlande*, ut apud Borellum *Chapel de roses?* Statuta Eccl. Andegav. ann. 1423. apud Marten. tom. 4. Anecd. col. 526: *Prohibemus.... ne quis cujuscumque sexus seu conditionis fuerit; diebus prædictis dominicis et festis choreas et Capellos, cantilenasque publicas cantare, ludos illicitos et otiosos ac alias dissolutiones facere et exercere præsumat.*

* Ut me monuit D. *Falconet*, designantur festa illa convivia, nostris *Chapelets* nuncupata, quæ inter socios agitabantur apud illum, cui corona florea a præcedenti symposiarcha tradita fuisset; quod hodie *Donner le bouquet* dicitur. Vide supra *Capelletum*.

* Capelli Amputatio, Pœna illius, qui bibere recusabat, apud Augiensis pagi incolas. Lit. remiss. ann. 1479. in Reg. 206. Chartoph. reg. ch. 304: *On a ainsi accoustumé de faire au pays* (pres la ville d'Eu) *quant aucun ne veult boire d'autant, on lui couppe son Chappeau.*

¶ 2. **CAPELLUS**, f. Arbores quarum rami identidem *capulantur* seu exscinduntur. [* Vel Truncus, caudex. Vide *Capellaticum*.] Præceptum Caroli C. pro S. Vincentio Cenom. ann. 873. apud Marten. tom. 1. Collect. Ampliss. col. 197: *Similiter eidem Ecclesiæ confirmamus Saderniacum villarem et Vallem-petrosam villas cum omnibus appenditiis, et in Banniolo quartas res et dimidiam, et Capellos quinque, et de prato arpennos quatuor cum silvis.* Chartularium Aptense fol. 140: *Vendidimus vobis casales disruptas cum curtis et exagis suis, vel et ipsos Capellos cum ipsos salices, qui ibidem aderant.* Regestum Normanniæ signatum P.: *Coustumarii de ramagio habent mortuum boscum de costuma et residua carpentariorum, cum testis Capellorum et duas furcas, etc.* Ubi per *testas* seu capita *Capellorum* intelligendos esse ramos arborum *Capulatarum* existimo. Vide *Capilum*, *Caplim*, et *Ramagium*.

¶ 3. **CAPELLUS**, Junior capo, Gall. *Chaponneau*, a *Capus*, quo pro Capone utuntur Scriptores plerique. Litteræ Durandi Episcopi Albiensis ann. 1232. pro Canonicis S. Vincentii Castrensis, apud Marten. tom. 1. Anecd col. 971: *Item misimus dictos Canonicos in corporalem possessionem.... dimidii mutonis et porci censualis mansi de Raissac, et censuum Capellorum de Castris et de Raissac, et casearum ejusdem mansi.* Vide *Capus* 2.

¶ 4. **CAPELLUS**, pro *Capellanus*, ut videtur, mendose apud Lobinellum Hist. Britan. tom. 2. col. 1604: *Et eodem instanti et simul fuerunt celebrate due Misse, una cum cantu, quam celebravit D. Herveus Gautier major Capellus, et altera submissa voce per Capellanum suæ Capellæ.*

* Charta ann. 1264. in Chartul. Campan. fol. 518. col. 2: *Dominus Poncardus, dictus de Burgondia, Capellus in ecclesia Remensi, nunc provisor dicti hospitalis, etc.*

* 5. **CAPELLUS**, Umbraculum ligneum, Gall. *Auvent*, quia *capelli* vices agit. Stat. Vercel. lib. 3. pag. 75. r°.: *Quod piscator vel aliquis vendens pisces, non possit vendere pisces nisi in publico loco piscariæ communis Vercellarum ad aerem sine Capello.* Hinc *Chapel*, pro *Hangar*, in Fabul. tom. 2. pag. 288:

Li prestre entre en un Chapel.

Et pag. 292:

Droit au Chapel, ou li bacons
Estoit pendus sur les bastons, etc.

Vide supra *Capella* 9.

* 6. **CAPELLUS**, f. pro *Carpellus*, Piscis species. Charta Phil. comit. Fland. ann. 1190. in Suppl. ad Miræum pag. 358. col. 2: *Molendina quoque vivarii cum omnibus appenditiis,.... salvo tamen jure hære-*

ditatis illius, cujus est fundus., post Capellos exhaustos. Vide *Carpa* 1.

¶ **CAPER**, *in pueris insuavis odor, cum ad virilitatem accedunt.* Vocabularium Susannæi. Nota est capri graveolentia; hinc dictus *Caper* ingratus odor adolescentium.

* Latinis hircus. Vide Martin. Lexicon. in hac voce.

¶ **CAPERARE**, *Interrogare.* Papias MS. [** Cod. reg. 7644: *Irrogare*, leg. *Irrugare.*]

* Glossar. vet. ex Cod. reg. 7613 : *Capperare, interrogare, contrahere. Inde Capperatum, contractum, rugosum, rigidum, erectum. Caperatus, storto*, in Glossar. Lat. Ital. MS.

¶ 1. **CAPERE**, Decernere, Statuere. Acta SS. April. tom. 3. pag. 618. B. de S. Paulo Episc. Brixiensi : *In Concilio speciali Captum fuit, nemine discrepante, quod deputati inquirant, si in Ecclesia S. Eusebii extra mœnia resideat aliquod corpus sanctum.* [* Hinc

* Capere Pugnam, Duellum ad litem dirimendam decernere. [** *Prendre jour de bataille.*] Charta ann. circ. 1130. ex Chartul. Stirpensi : *Unde Cepimus cum eo pugnam : sed ipse die constituto non traxit michi hominem suum, sed secundum velle suum posuit respectum huic pugnæ usque ad futurum festum S. Michaelis.*

¶ 2. **CAPERE**, Insimulare, in aliquem culpam conferre, iram convertere. Galli dicunt, *S'en prendre à quelqu'un.* Rymer. tom. 1. pag. 554. col. 2.: *Set sic vos in hac parte habeatis, ne ad vos, tamquam ad manduti nostri transgressores, graviter Capere debeamus.*

¶ 3. **CAPERE** se, Prospere fieri. Rymer. tom. 1. pag. 280. col. 1 : *Et si acceptis eorum responsis, audieritis quod non se Capient negotia nostra, dicatis, etc.*

¶ 4. **CAPERE SE AD FEODUM**, Capere, occupare feodum, manus in illud injicere, Gall. *Saisir un fief.* Capitula de interpretationibus Clericorum adversus Domini Regis jurisdictionem apud Acher. tom. 6. Spicil. pag. 492 : *Sed propter hoc non amittat Dominus justitiam fidei, nec propter hoc se Capiant ad feodum.*

* Charta Blanchæ comit. ann. 1206. in Chartul. Camp. ex Cam. Comput. Paris. : *Si vero comes Barri fortassis de conventionibus istis resiliret, inde me Caperem ad feodum comitis Barri, sine meffacere. Similiter si Guido de Julliaco de prædictis conventionibus resiliret, inde me Caperem ad feodum Guidonis, sine meffacere.*

* 5. **CAPERE** se ad Aliquem, Sponsorem appellare, Gall. *Avoir son recours contre quelqu'un*, vox forensis. Scacar. S. Mich. ann. 1208. in Reg. S. Justi fol. 16. v°. col. 2 : *Judicatum est quod comes Boloniæ non potest petere debitum a religioso; sed Capiat se ad hæredes vel ad terram.*

* 6. **CAPERE** se cum Aliquo, Congredi, concertare, Gall. *Se battre, en venir aux mains.* Lit. remiss. ann. 1356. in Reg. 84. Chartoph. reg. ch. 769 : *Malitiose volebat se Capere cum eodem,.... exinde verbis exurgentibus inter ipsos se Ceperunt, etc.*

* 7. **CAPERE** Terram, Ad terram appellere, Gall. *Prendre terre.* Annal. Victor. MSS. ad ann. 1270 : *Rex* (S. Ludovicus) *Cepit terram citius quam potuit, et exierunt de navibus et galeis ibidem, ubi ante Ceperat admiralius terram.* Charta an. circ. 1307. ex Bibl. S. Germ. Prat. : *Item esset commodum, si dictus portus* (de Leucata) *esset factus, quod omnes mercaturæ, arribantes seu Capientes terram in dicto portu, possent portari cum carratis usque ad Narbonam, Bitterim, Carcassonam, Tholosam et Parisios.*

* 8. **CAPERE**, Accersere. Mirac. B. Anton. Ripol. tom. 6. Aug. pag. 540. col. 1 : *Misit Captum unum religiosum pro se reconciliando.*

* 9. **CAPERE** Super se, Phrasis Gallica. *Prendre sur soi*, In se suscipere, constituere se sponsorem. Charta Simon. dom. Joinvil. ann. 1211. in Chartul. Campan. fol. 65. r° : *Tali pacto quod ego Cepi super me et eidem dominæ meæ concessi bona fide, etc.*

CAPERO. Vide *Caparo.*

¶ 1. **CAPETA**. Usus Fuldenses : *Providebit cellerarius* (in refectorio) *scutellas, scyphos et Capetas.* Idem videtur quod infra *Capis* 1. [** Ordinatio ad S. Severum Erfordiæ ann. 1121 : *In unoquoque autem convivio 4. fercula. Primum salsamentum. Secundum pulmentum, ita ut in duas Capetas dividatur gallina.* Vide Gudenum ad hunc locum in Cod. Diplom. vol. 1. pag. 52. et mox *Assator capeti* in *Capetum.*]

* 2. **CAPETA**, Mensuræ annonariæ species apud Polonos. Stat. Vladisl. Iagel. ann. 1433. inter Leg. Polon. tom. 1. pag. 113 : *Capetam tritici pro duobus grossis, Capetam siliginis pro grosso et Capetam avenæ pro grosso similiter emere debuissent.*

* **CAPETANEA**, Capitale debitum, Gall. *Sort principal.* Charta ann. 1074. apud Murator. tom. Antiq. Ital. med. ævi col. 243 : *Et istæ trecentæ libræ ad lucrum esse debent, Capetanea semper salva.* Vide *Capitanea* 1.

CAPETIÆ, Hungaris, dicuntur quindenæ, alias acervuli manipulorum frumentariorum. Innocentius III. PP. lib. 5. Epist. 7. ad Colocensem Episc. : *Inhibens Sacerdotibus ne recipiant Capetias aliquas, vel cubulos vini a Regis vel Reginæ conditionalibus, qui vulgo Regales servi vocantur.* Occurrit præterea hæc vox in Decretis Calomani Regis Hungar. lib. 1. pag. 26. et Mathiæ Regis ann. 1481.

¶ **CAPETIUM**, ut mox *Capetum.* Lambertus Ardensis apud Ludewig. tom. 8. pag. 496 : *Alii vestium imitatoria* (mutatoria) *alii pictas culcitras et Capetia distribuit.*

CAPETUM vel Capex, Ornamentum quod ponitur ante lectos dominorum, in quo pedes dominorum requiescunt. Ita interpres Joannis de Gallandia in Synonymis :

Stragula, toga, toral, pulvinus, culcitra, loder,
Ast et pulvinar, et fulcra, Capetaque jungas,
Cum cervicali cervici dante colorem.

Versus ab eodem Interprete laudati :

Consolator erit bonus assatorque Capeti.
Plumarum lector manet diutine rector.

CAPETUS, Cognomentum Hugonis Regis Franciæ, qui tertiæ Regum nostrorum stirpi initium dedit. Chronicon MS. quod desinit in Carolum V. in Biblioth. Thuana num. 279 : *Hugo Capet, sive Capucii, sic dictus, quia dum juvenis esset, capucia solebat aufferre per ludum.* Eadem habet Landulfus de Columna in Chronico MS. et ex iis Nicolaus Gillius. Arvernis *Chapeto* etiamnum dicitur, qui alios lepide vexat. Albericus ann. 987 : *Pater ejusdem Regis* (Hugonis Capeti) *Dux Hugo Capatus, fuit filius Regis Roberti.* Sic etiam ann. 988. Certe etiamnum Occitani *Capetos* rusticos vocant, quod *Capis* caput tecti incedant, ut auctor est Goudelinus. *Capaticiorum* stirpem tertiam Regum nostrorum vocat Radulfus de Diceto pag. 606. ita ut ad *Cappas* spectare voluerit. Vide Steph. Paschasium lib. 8. Disquisit. Francicarum cap. 45. Historicos Francos, [et supra *Capatus.*]

* Qui et *Capito* et *Caputius* nuncupatur in quibusdam Chronicis. Vide Hist. Comit. Nivern. Hugon. Flaviniac. Chron. Besuense, et infra *Caputius.* Guido de Basochiis in Alber. ad ann. 922 : *Hugo, qui magnus est et Cappatus, de capa Domini, quam de terra promissionis transvexisse fertur in Franciam, appellatus.* Quod de Carolo Simplice dictum existimo ; eodem quippe cognomento donatur, in Chron. Isid. Hispal. ex Cod. reg. 4999. A. : *Karolus stultus vel Capet, filius Ludovici an. xliij. obiitque an. Verbi incarnati 922.* (929.) *Capeter*, pro Vexare, usurpari mihi videtur in Mirac. MS. B. M. V. lib. 2 :

Plus le foulent, plus le Capetent,
Plus le maschent, plus le papetent, etc.

¶ **CAPEX**. Vide *Cacia* et *Capetum.*

* **CAPEZULA**, Capitis tegmen, brevior capa, Gall. *Chaperon.* Chron. Estense ad ann. 1302. apud Murator. tom. 15. Script. Ital. col. 349 : *Dominus marchio et frater iverant ad prandium cum eo, ambo induti quadam medietate scarlati et viridis scari, cum Capezulis ad modum Franciæ, sicut portabat dominus Karolus.*

* **CAPEZZUS**, Panni genus, in Stat. Orviet. ann. 1491. apud Garamp. in Dissert. 7. ad Hist. B. Chiaræ inter not. pag. 231. Vide infra *Capizolus.*

* **CAPHA**, Matta, storea, Gall. *Natte.* Comput. ann. 1475. ex Tabul. S. Petri Insul. : *Item datum cuidam factori Capharum seu natarum, apud Menin commoranti, pro natis ante magnum altare, lx. sol.*

CAPHARDUM, Capitis tegumenti species. Statuta Facultatis Artium in Academia Viennensi Austriæ tit. 10. § 7 : *Non utetur publice hic in Universate aliquo capucio, aut epitogio, aut Caphardo foderato cum pellibus de vario, etc.* Tit. 17. § 8.: *Providebit sibi de Chabbardo seu epitogio magistrali proprio, novo, serico in æstate, aut vario pro hyeme foderato.*

CAPHISUS, Mensuræ liquidorum species. Charta Rogerii Regis Siciliæ ann. 1130. apud Rocchum Pirrum in Episc. Messan. : *Centum libras ceræ, 20. thuris, 20. Caphisos olei, et 20. nummos sive solidos, etc.*

* **CAPHITIUS**, Mensuræ Hispanicæ species, eadem quæ *Caficium.* Charta Remundi Guill. de Campana milit. ann. 1268. in Chartul. Campan. ex Cam. Comput. Paris. fol. 461. r°. col. 2 : *Cum dominus meus Theobaldus, Dei gratia rex Navarræ illustris, teneretur michi assignare in suo regno Navarræ terram valentem centum septuaginta Caphitios furmenti* (sic) *annui redditus, etc.* Vide supra *Caffirus.*

* **CAPHUM**, Vectigalis forte an species, vel ponderis. Stat. Astæ ubi de Intratis

portar. : *Capha de seta ponantur et solvant, pro qualibet petia solidos decem.*

* CAPI, *Idem quod mensura; et est indeclinabile*, in vet. Glossar. ex Cod. reg. 521. [** Lib. Regum.]

¶ 1. CAPIA. Papias : *Cavea.... ponitur pro aliquorum animalium clausura, quæ vulgo Capia dicitur, quasi cava.* Ita MS. et et Editus, præterquam quod habet *quasi cavea*.

¶ 2. CAPIA, Pyxis, ut conjecto, capsa, Gall. *Chasse*. Instrum. ann. 1377. ex Archivo S. Victoris Massil. : *Primo una Capia de nuce bona armigerata armis lupi et leonis. Item quasdam canetas argenti, etc.* Vide *Capsa*.

* Vel potius Capa, vestis ecclesiastica, qua notione procul dubio usurpatur in Ch. Withlasii reg. Merciorum ann. 833. apud Ingulph. pag. 857 : *Offero secretario dicti monasterii... chlamidem coccineam, qua indutus eram in coronatione mea, ad Capiam inde sive casulam faciendam.*

* CAPIARIUS. Chartul. S. Dion. pag. 145. col. 2. Chartam Adami abbat. ann. 1111. subscribunt *Allelmus prior, Ivo Capiarius, Durandus cantor*, Sed leg. *Capicerius* vel *Capiciarius*. Vide *Capitium* 2.

* CAPIATIS, Breve seu Literæ ad pecuniam capiendam seu percipiendam. Stat. ann. 1380. tom. 6. Ordinat. reg. Franc. pag. 542 : *Lettres et Capiatis pour leur paiement de leursdiz gaiges et droiz à eulx deux;... lesquelles lettres et Capiatis nous voulons estres escrips par vous en l'ordinaire de nostredit Trésor.*

CAPIBREVIUM, Acta Judicis, vel Notarii. Secunda Curia Generalis Cataloniæ Barcinone celebrata a Jacobo II. Rege Aragon. ann. 1299. MS. : *Campsor habeat scribere omnes dicas, quas faciet, in Capibrevio majori suo jurato, et non in aliis libris vel scripturis.* Curia Generalis Perpiniani celebrata a Petro Rege Arag. ann. 1351. de Notario : *Scribat aut scribi faciat in suis Capibreviis, vel libris notularum dicti instrumenti, largo modo, et per consequentiam literarum dictatam, sic quod in ipsa notula non sit aliqua abbreviatura, quæ per verbum etc. fieri consuevit.* Infra : *Capudbrevium, vel liber Notarii.* Alia Charta Petri Reg. Arag. ann. 1283 : *Scriptum in Capibrevio vel actis Judicis.* Vide Foros Aragon. lib. 4. tit. de Tabellionibus. [Synodus Barcin. ann. 1290 : *Quilibet Rector habeat in sua Ecclesia Capibrevium, in quo notæ scripturarum continentur.* Statuta ejusd. Ecclesiæ ann. 1341. apud Marten. tom. 4. Anecd. col. 623 : *Statuimus, quod fiant Capibrevia de omnibus redditibus ad Dignitates vel alia Beneficia nostra pertinentibus; statuentes, quod dicta Capibrevia infra quatuor annos saltem continue sequentes sint omnino completa, ac quod quisque sui Capibrevii translatum infra dictum tempus in sacristia nostræ sedis ponere teneatur.*] [** Vide *Cabrevatio*. Capmanius Histor. Barcin. vol. 2. in Vocabul. interpretatur *Libro de asientos*.]

CAPICELUM, Cervical, ex Italico. *Capezzale*, in Statut. Mediolan. part. 2. cap. 457.

* CAPICERIA, Capisceria, Locus, ubi, quæ ad *Capicerii* seu thesaurarii officium pertinent, reconduntur, ejusque domus. Inventar. S. Capellæ Paris. ann. 1363. ex Bibl. reg. : *Item in Capisceria dictæ capellæ inventa sunt ea quæ secuntur, etc.* Aliud ann. 1376 : *Sequuntur res inventæ pro Capiceria dictæ sacræ Capellæ.* Inventar. Gall. : *Item en la Chevecerie* (*i. l'ostel du trésorier*, ut inter lin. scriptum eadem manu legitur) *de ladite chappelle fu trouvé ce qui s'ensuit.* Vide mox *Capiceriatus* et alia notione in *Capitium* 2.

* CAPICERIATUS, Dignitas et officium *capicerii*. Vide in *Capitium* 2. Liber. nig. episc. Carnot. ad ann. 1336 : *Guillelmus Blanchi procurator reverendi in Christo patris P. titulo S. Clementis S. R. E. presbyteri cardinalis et Capicerii ecclesiæ Carnotensis, virtute litterarum apostolicarum eidem dom. cardinali factarum de Capiceriatu canonicatuque ecclesiæ Carnotensis, fuit admissus per reverendum patrem dom. Aymericum Carnotensem episcopum ad dictos Capiceriatum et homagium.* Charta ann. 1418. ex Chartul. S. Aviti Aurel. : *Cum cura animarum sit ipsi Capiceriatui annexa, et habeat domum ibidem specialem sibi pertinentem ad causam dicti sui Capiceriatus. Chasbiquel*, idem qui *Capicerius*, vulgo *Chefcier*, in Lit. remiss. ann. 1481. ex Reg. 209. Chartoph. reg. ch. 87 : *Ung nommé Jehan, bastard de maistre Jehan de Clermont chanoine et Chasbiquel de l'église de Mende, etc.*

CAPICERIUS, Capicerius. Vide *Capitium* 2.

* CAPICIALIS, Ad partem ædis sacræ, quæ *Capitium* dicitur, pertinens. Andr. Floriac. MS. lib. 2. Mirac. S. Bened. : *Solummodo ex tantæ conflagrationis damno opertura Capicialis fornicis a foris intacta remansit.* Vide infra *Capitium* 2.

* CAPIDA, Vasis ecclesiastici genus. Stat. Pontii II. episc. Barcinon. : *Capidæ ad profanos non vendantur.* Vide *Capidula* et *Capis* 1.

* CAPIDOSUS, Terra Capidosa, Qua aliquid *capitur*, continetur, argilla, Gall. *Terre grasse, glaise*. Charta Phil. comit. Fland. ann. 1190. in Suppl. ad Miræum pag. 358. col. 2 : *Molendina quoque vivarii cum omnibus appenditiis,... et terra Capidosa, quæ ad sclusam retinendam necessaria est.* Vide infra *Terra tenax*.

¶ CAPIDULA. Papias. MS. Bituric. : *Capis, capidis fem. Diminutivum ejus Capidula; genus est pontificalis vasis.* Vide *Capidulum*. [** et Forcellin. in *Capedo*.]

CAPIDULUM, Papiæ, *Vestimentum capitis*. Aliud sonat in Olla patella :

Carpio, capparis, gangrena, Capidula, cercops.

** CAPIDUS. Germ. *eyn gehyiz* (gefäsz) *an einem Schwert*. Vocabul. Lat. Germ. ann. 1477. Adel. leg. *Capulus*.

* CAPIGER, Officium in *panetaria* regia, ad quod forte *caparum*, quibus panis operiebatur, cura spectabat. Lit. remiss. ann. 1355. in Reg. 84 Chartoph. reg. ch. 204 : *Johannes de Minellis Capiger panetariæ nostræ, etc.* Alius est *Portechape*, de quo in *Capa* 1.

¶ CAPILATORIA, Festivitas, qua prima fiebat detonsio capillorum. Lex Salica tit. 68 : *Si quis pater aut parentis quando filiam suam ad marito donat, tota extra parte fratris sui vindicit; similiter quando filius suus ad Capilatorias suas ficiret, quo quid donato fuiret, extra parte hoc teniat, et aliquas res dividat.* Ex hac lege patet *Capilatoriæ* festivitatis occasione a parentibus munera filiis adolescentibus collata fuisse; et ex lege 1. Tit. 28 : *Si quis puerum infra duodecim annorum, non tonsoratum occiderit, etc.* concludit Eccardus, hanc ceremoniam in pueris duodecimo ætatis anno fuisse celebratam. Vide *Capillorum benedictio* post *Capilli*.

* CAPILE, Domus præcipua Charta ann. 1299 : *Excepta illa parte orti seu terræ prædictæ, in qua Capile seu capud domus dicti Johannis est constructum.* Vide *Caput mansi* in *Caput* 3.

CAPILLAMENTA, *Summitates arborum*. Papias.

1. CAPILLARE, *Concidere*, Papiæ. Joannes de Janua : *Capillare, Capillatum facere, ut Decapellare, valde capillare, vel capillos auferre.* [** Crines vellere in Statut. Academ. Lipsiensis sec. xvi. ap. Haltaus. in Glossar. German. col. 1509 : *Quatenus nullus deinceps aliquem ex hiis qui sese in presens oppidum et hanc almam academiam studii causa contulerunt, quos nonnulli beanos suo nomine compellitant .... verbis injuriosis offendat; verberet, Capillet, aqua seu urina perfundat, etc.* Statut. Friburg. ann. 1120. in Histor. Zar. Bad. vol. 5. pag. 56 : *Si duo cives se invicem Capillaverint ... Si burgensis extraneum percusserit vel depilaverit ... Si duo burgenses . . alter alterum Capillaverit, etc.*] Vide *Capulare*.

* Capillatio, Idem quod *Capulatura*, Vulnus. Vide in *Capulare*.

¶ 2. CAPILLARE, *Unguentum ad capillos excogitatum*, in Sussannæi Vocabulario.

* 3. CAPILLARE, τριχόω, in Gloss. Lat. Gr. id est, Pilosum reddo.

¶ CAPILLASCIT, *Capillis porrectis*. Gloss. Sangerman. MSS. num. 501.

CAPILLATI, Κομῆται, in Gloss. Lat. Græc. Ita dicti a promisso crine viri nobiles apud Gothos. Jornandes de Reb. Getic. de Diceneo : *Elegit namque ex eis tunc nobilissimos prudentiores viros, fecitque Sacerdotes, nomen illis Pileatorum contradens,... reliquam vero gentem Capillatos dicere jussit, quod nomen Gothi pro magno suscipientes, adhuc in suis cantionibus reminiscuntur.* Edictum Theodorici Regis cap. 145 : *Dummodo tertio quemlibet Capillatorum fuisse conventum, aut cautionis ab eodem emissæ, fides ostendat, etc.* Apud Senatorem lib. 4. formula 49. inscribitur *universis provincialibus et Capillatis, Defensoribus et Curialibus Suavia consistentibus.* Vide *Criniti*, *Pileati*.

¶ CAPILLATIO. Vide post *Capulare*.

CAPILLATIUM, *Capillatura*, Ugutioni.

CAPILLATIUS, Ex capillis confectus. *Vela Capillatia*, in Exodi veteri versione. *Capillatium cingulum, Capillatia zona*, apud sanctum Augustinum lib. 22. de Civit. Dei cap. 8.

CAPILLATURA. S. Cyprian. Epist. 8 : *Semitonsis capitis Capillaturam adæquasti.* S. Augustin. Serm. 247. de Tempore : *Superflua et inordinata Capillatura.* In Sacramentario S. Gregorii, et in Ordine Romano exstant *Orationes ad Capillaturam incidendam, et ad puerum tonsurandum.* Vide Vitam S. Gerlaci Eremitæ num. 23. et in verbis *Barbatoria* [et *Capilatoria*.]

Capillatura, Coma supposititia, Ital. *Capillatura*, nostris, *Chevelure*. Papias : *Caliendrum*, *Capillatura*, *suppositus crinis pro naturali ornatu capitis*, *vel quo ad ornandos crines utuntur* Alibi : *Capillus*, *a quo capillaris*, *Capillatura*, *corona*. Joan. de Janua : *Capillitium* ,*id est*, *Capillatura*, *capillamentum*. *Perruque*, hodie dicimus. Vide quæ de capillamentis observat Vossius lib. 2. de Vitiis sermonis cap. 15. pag. 257.

¶ CAPILLATUS, κομήτης ἀστήρ, *Cometa*, in Supplemento Antiquarii.

CAPILLI. *Capillos ponere*, *Per Capillos se offerre*, dicuntur Monachi, quod scilicet comam ponant. Leo Ost. lib. 1. cap. 49 : *Hermenfrid quoque*, *civis Esculanus*, *vir dives*, *Subdiaconus*, *seipsum obtulit per Capillos capitis sui Præposito nostro. Dimittere Capillos*, apud Sidon. lib. 2. Epist. 1. Clericatum aut Monachismum subire. Vide Sirmondum ad eumdem lib. 4. Epist. 24. Hilarius Arelat. in Vita S. Honorati : *Reguntur ad breves Capillos luxuriantes comæ*, *transfertur ad nitorem mentis vestium splendor*, *cervicis lacteæ decus palliis rigentibus occupatur*. Paulinus carm. 13 :

Sed rursus idem et Evangelico desuper
Mentem retectus lumine,
Ponat Capillos oneris et velaminis,
Servus fidei, et liber fide.

Ex quibus liquet *Capillorum positionem* symbolum fuisse servitutis, quam Deo per votorum emissionem profitebantur : unde *Servi Dei* vulgo appellati. Nam servi tonsi erant. Formulæ veteres Pithœi cap. 75. in MS. [** Bignon. 26.] : *Minime habui unde transsolvere debeam*, *sic mihi aptificavit in brachium in collum posui*, *et per Comam capitis mei coram præsentibus hominibus tradere feci in ea ratione*, *etc.* Concilium Epaonense can. 39 : *Servus reatu atrociore culpabilis*, *si ad Ecclesiam confugerit*, *a corporalibus tantum suppliciis excusetur : de capillis vero*, *vel quocunque opere placuit a dominis juramenta non exigi*. Id est, quin a dominis retraherentur in servitutem, detonsis, ut in servis fieri solebat, capillis, et ab iis operæ imperarentur. Anastasius Biblioth.in Præfat. ad VIII. Concil. de Bulgarorum Rege : *In tantum autem pietas creverat Principis*, *et abundabat circa beatum Petrum venerationis affectu*, *ut quodam die manu propria Capillos suos apprehenderit*, *et contemplantibus cunctis*, *se Romanis Missis tradiderit dicens*, *Omnes Principes et cuncti Principes Wlgarorum terræ cognoscant ab hodierno die me servum fore post Deum beati Petri et ejus Vicarii.* Gregor. Turon. de Gloria Confess. cap. 22 : *Puerum huic Monasterio humiliatis Capillis cessimus*. Lib. 2. de Mirac. S. Martini cap. 4 : *Dicens*, *si eum reddideris sanitati*, *piissime Domne Martine*, *in illo die absolutus a mei servitii vinculo*, *incisis Capillis tuo servitio delegetur*. Frodoardus in Adriano PP :

Cordibus ac tacti quidam meliora sequuntur,
Et sub Apostolica posito ditione Capillo
Dant se, servitiisque ejus sine fine fideles
Sese mansuros votis testantur anhelis.

Quoniam Attachiamenta cap. 56. § 7 : *Est autem tertius modus nativitatis et bondagii : cum aliquis liber homo pro dominio habendo*, *vel manutenentia alicujus magnatis*, *reddit seipsum illi domino*, *suum nativum sive bondum*, *in curia sua*, *per Crines anteriores capitis sui*. [** Vide Grimmii Antiq. Jur. pag. 339. et 147.]

Comam vero positis et in Monachos attondendis primi capillorum cinni a viris primariis aut certe amicis delibabantur. Faustus in Vita S. Mauri num. 53. de Floro quodam : *Deinde veniens ante sacrosanctum altare*, *adstante B. Mauro cum omni congregatione*, . . . *jubente viro Dei*, *Rex primus post eum de Coma capitis ejus totondit*, *deinde quicunque ex optimatibus voluit.* Ignatius Diaconus in Vita S. Nicephori Patr. Constantinop. n. 24. de eodem Nicephoro in Monachum attonso : Καὶ τὰ τῆς ἱερᾶς ἐκείνης κεφαλῆς ἀποκάρματα ταῖς τοῦ υἱοῦ καὶ συμβασίλεως χερσὶν ὑποδεχθῆναι σοφῶς ἐδικαίωσεν. Michael et Theophilus in Epist. ad Ludovicum Imper. apud Baron. ann. 824 : *Ali vero religiosum habitum monasticum sumere volentes*, *religiosiores personas postponebant*, *qui prius Comam capitis eorum suscipere solebant*, *adhibitis imaginibus*, *quasi in sinum earum decidere Capillos illorum sinebant*. S. Hieron. Ep. 48. ad Sabinianum cap. 3 : *Moris est in Ægypti et Syriæ Monasteriis*, *ut tam virgo quam vidua*, *quæ se Deo voverint*, *et sæculo renunciantes*, *omnes delicias sæculi conculcarint*, *Crinem Monasteriorum Matribus offerant desecandum*, *non intecto postea contra Apostoli voluntatem incessuræ capite*, *sed ligato pariter et velato.*

Per Unum Crinem *de Capillis offerre se Monasterio* dicebantur laici, qui monachicæ Societati sese adscribebant, ut illius beneficiorum participes essent. Charta Pandulfi Principis de Consia et de Rapolla, Magistri et Dominatoris totius terræ de Principatu, ann. 697 : *Statim dominus Abbas congregavit omnes fratres intus in Ecclesia S. Michaëlis*, *et stantes coram altare*, *receperunt me ad suam orationem*, *et scripserunt nomen meum et omnium parentum meorum in libro*, *et sic in eadem hora ego discalceavi pedes meos*, *et ad sanctum altare ascendi*, *et per unum Crinem de capillis meis obtuli me Domino*, *etc.*

* Capilli *oblatione alicui se commendare*, in Vita S. Germer. tom. 3. Maii pag. 593. col. 1 : *Dixit rex* (Chlodovæus) *circumstantibus : Quod me videtis facere*, *facite. Et accessit et commendavit se Capillo capitis sui S. Germerio : et similiter omnes fecere. Et osculatus est eum rex et valedixit.*

Particulam Capilli *sui in signum captivitatis suæ* Bald. Regi Hieros. misisse Boemundum scribunt Albertus Aq. lib. 7. cap. 29. et auctor Hist. Hierosol. ann. 1100. pag. 596. vel quod positio capilli signum fuerit servitutis, vel quod ita egerit causa fidei faciendæ. Hildebertus Cenoman. Episcop. Epist. 39 : *Ac ne simulatorie loqui putaretur*, *abscissos de capite suo Capillos matri suæ transmisit.* Gesta Regum Francorum cap. 41 : *Perge velociter festinus cum Crine capitis mei nunc ad patrem meum*, *ut succurrat nobis*, *antequam cunctus exercitus corruat.*

Capillorum Tortura, seu crispatio, Gallis *Frisure*. In Concilio Londinensi ann. 1138. cap. 15. prohibentur Sanctimoniales *Torturam Capillorum et compositionem capillorum facere.* Martianus Capella lib. 4 : *Femina* . . . *cui Crines Crines tortuosi decentique inflexione crispati et nexiles videbantur.*

* Capilli promissi et in flagella digesti, Regum Francorum prioris stirpis ornamentum adeo proprium, ut qui decurtatos crines de industria haberent, a regni solio prorsus eo ipso amandarentur. Vide Agathiam lib. 1. Gregor. Turon. lib. 3. Hist. cap. 18. etc. Cæteri regni proceres non ita *prolixiorem comam* nutriebant, ut ait idem Agathias; alii vero, servi etiam ipsi, breviorem rursus, sed tantum *incisam*, ut scribit Gregor. jam laudatus, deferebant; neque enim omnino abrasos fuisse pluribus constat. Consule D. *Le Beuf* tom. 3. Dissert. pag. 47. Vide *Criniti*.

* Capillos *paucos super auriculam sinistram habere*, Nobilitatis insigne in Romania. Libellus cui titulus : *De facto Ungariæ magnæ a fratre Ricardo invento tempore dom. Gregorii IX.* PP. ad calcem Cod. reg. 4188 : *Fratres Prædicatores infidelium conversionem desiderantes*, *quatuor fratres ad quærendam prædictam gentem iterato miserunt : qui accepta fratrum suorum benedictione*, *habitu regulari in secularem mutato*, *barba et capillis ad modum paganorum nutritis per Bulgariam assam et per Romaniam*, *cum ducatu et expensis domini Belæ*, *nunc regis Ungariæ*, *usque ad Constantinopolim pervenerunt*, *ubi intrantes in mare per xxxiij. dies venerunt in terram*, *quæ vocatur Sychyn*, *in civitate quæ Matrica nuncupatur : quorum dux et populi se Christianos dicunt*, *habentes litteras et sacerdotes Græcos : princeps centum dicitur habere uxores : omnes viri capud omnino radunt et barbas nutriunt delicate*, *nobilibus exceptis*, *qui in signum nobilitatis super auriculam sinistram paucos relinquunt Capillos*, *cætera parte capitis tota rasa.*

Capillos et barbam Nutrire, Pœnitentium proprium fuisse observat Rabanus lib. 2. de Instit. Cleric. cap. 29. Unde cum Ecclesiæ reconciliabantur, eorum crines tondebantur, et vestibus mundis induebantur, ut auctor est Honorius August. lib. 3. cap. 76. et 77. Vide Diploma Sergii PP. apud Sammarthanos in Abbatib. Montismajoris Arelat. sub ann. 1002. Ordericum Vitalem lib. 8. et 11. pag. 682. et 816. etc.

Capillos et Barbam radere interdum ii jubentur, ut in Synodo Agathensi cap. 15. et Toletano III. cap. 12. quod inde statutum conjicit Menardus ad Sacrament. Gregorii M. pag. 223. quod apud Gothos promissa cæsaries honoris esset symbolum.

Capillorum Incisione Adoptare, de quo more Paulus Warnefridus de Gestis Langob. lib. 4. cap. 40. lib. 6. cap. 53. Chronicon Novalicense, Aldrevaldus et alii a nobis laudati in Dissert. 22. ad Joinvillam pag. 272.

* Capillos Alicui Excutere, Ut testis rei peractæ memoriam servaret, qua ratione etiam aurem vellicabant aut alapam infligebant. Charta ann. 1122. ex Tabul. S. Florent. Salmur. : *His intersigniis*, *quod eidem puero ipse Gofredus alludens*, *Capillos*

ei paulisper excussit. Vide supra Alapa, Auris et infra Pipilus.

CAPILLORUM BENEDICTIO, in prima scilicet capillorum detonsione, de qua etiam nos pluribus in 22. Dissertat. ad Joinvill. Charta Rogeri Abbatis Dervensis in Tabulario ejusdem Monasterii : De benedictionibus sponsarum tertiam partem, benedictiones perarum, Capillorum quoque suæ erunt, etc. Vide Nomocanonem nuper editum a viro eruditissimo Joanne Bapt. Cotelerio tom. 1. Monumentor. Ecclesiæ Græcæ cap. 533. [** Vide Glossar. med. Græcit. in Τριχοκουρία, col. 1615.]

* Laudes Papiæ apud Murator. tom. 11. Script. Ital. col. 31 : Rectoribus (parochiarum) semper offerunt aliquid non solum in missis festivorum dierum, verum quoque... in benedictione Capillorum masculorum infantium certis festis, quam habent ex consuetudine, et pro qua offerunt pullum album, videlicet gallum.

CAPPILLO ABRASO pacem firmare. Ditmarus lib. 6. de Lusatiis paganis pag. 65 : Pacem Abraso Crine supremo, et cum gramine, datisque affirmant dextris.

CAPPILLIS CAPITIS super altare positis, donationem confirmare, in Charta Alani Ducis Britanniæ apud Agustinum du Pas, in Stemmate Tinteniacensi pag. 572 : Inde etiam sunt testimonia Capilli capitis mei, quos pono super altare, et culter unus. Charta Willelmi Comitis de Warenna : Et inde saisivi eam (Ecclesiam) per Capillos capitis mei, et fratris mei Radulfi de Warenna, quos abscidit cum cultello de capitibus nostris ante altare Henricus Episcopus Wintoniensis.

TRAHERE PER CAPILLOS. Lex Saxon. cap. 1. § 7 : Si per Capillos alium comprehenderit, sol. 120. componat. Adde Legem Burgund. tit. 5. § 4. et Leg. Long. Ed. Her. tit. 121. § 3. [** Roth. 386.] Usatici Barcinonenses MSS : Si quis se miserit in aguayt, et considerata mente requisierit Militem, et cum fuste cæderit eum, et per Capillos traxerit, quod magnum dedecus est, emendet eum per mortem. Fori Oscæ ann. 1247. fol. 24 : Si dixerit publice, quod mentitur, aut traxerit per Capillos, etc. Magnum nempe dedecus, quod decalvatio pro maxima infamia haberetur. Charta Communiæ Atrebatensis ann. 1211. § 23 : Qui alium pugno vel palma percussit, seu per Capillos cepit, etc. § 24 : Qui alium ad terram per Cappillos traginaverit, i. traxerit, etc. Aristænet. lib. 1. Epist. 2. : Μέχρι τριχῶν συμπλεκόμεθα πολλάκις ἀλλήλαις.

PER CAPILLOS PRENDERE, in Capitulari 3. ann. 813. cap. 17.

REMANERE, aut **ESSE IN CAPILLO**, dicitur puella quæ nondum marito juncta est, et adhuc in domo patris manet : nam promissos crines innuptæ ferebant, nec eos in nodos retorquebant, quod nuptarum erat, præsertim apud Longobardos. Scipio Ammiratus tom. 1. Geneal. Neapol. pag. 56 : Ne feudi, non essendovi maschi, succedon le femine primogenite : eccetto se quelle ò altre essendo maritate, sene trovasse alcuna non maritata fanciulla, nel qual caso non la maritata primogenita, ma la fanciulla non maritata succede; di cui si dice esser rimasa in Capillo. Adde Campanilem pag. 46. Lex Langob. lib. 2. tit. 14. § 20 : Si quis Longobardus se vivente filias suas nuptui tradiderit, et alias post mortem in Capillo in casa reliquerit, tunc omnes æqualiter in ejus substantia hæredes succedere debent. Adde § 21. 22. 26. 27. tit. 20. § 1. [** Liutpr. lib. 1. cap. 2. 3. 4. 145. (6, 92.) Aist. 1. Liutpr. 64. (11.)] Constit. Sic. lib. 2. tit. 9. lib. 3. tit. 24. § 2. Statutum Honorii IV. PP. pro Regno Neapol. ann. 1285 : In successione inter feudatarios et subfeudatarios viventes in regno eodem jure Francorum, sexus et primogenituræ prærogativa servetur, ut inter duos eodem gradu feudatario defuncto conjunctos feminam masculus et juniorem major natu præcedat, sive sint masculi, sive sint feminæ concurrentes : nisi forsan duabus concurrentibus esset primogenita maritata, et junior remanserit in Capillo; tunc enim junior, qui in Capillo manserit, primogenitæ maritatæ in successione hujusmodi præferatur : sed si nulla remanente in Capillo, duæ vel plures fuerint maritatæ, majori natu jus primogenituræ servetur. Vide Pithœum ad Consuet. Trecens. art. 5.

* Qua loquendi formula innuptæ nuptis opponuntur : unde facile est existimari illas ab his distinctas fuisse, non quod innuptæ promissos, nuptæ collectos seu in nodos retortos crines deferrent; sed quod, quæ marito jungebantur, crinem tonderent, Judaicarum mulierum more, aut saltem cæsariem decurtarent : quod allatis a Cangio nequaquam repugnat. Hinc Mediolani, Bononiæ, ac alibi adhuc pueri et puellæ, contrario sensu, sed a voce corrupta Intonsi et Intonsæ, appellantur Tosi, Tose, Tosane, Tosoni et Tosetti, ut opinatur Murator tom. 2. Antiq. Ital. med ævi col. 109. Charta ann. 769. ibid. tom. 3. col. 1011 : Et tivi Austricunda dulcissima sorore germana mea in domo mea in Capillo avire videor, elegisti tivi monasticho voto Deo deservire, etc.

CAPILLOS CERCENATOS, id est, in circulum vel orbem attonsos, jubentur habere Saraceni franchi, seu liberi per Curiam generalem celebratam Ilerdæ a Jacobo II. Rege Aragon. ann. 1301 : Statuimus, quod quilibet Saracenus Franchus, qui sit in Catalonia, portet Capillos Cercenatos, et tolts (i. tonsos) in rotundum, seu in circuitum, eo ut cognoscantur inter Christianos, etc.

CAPILLUM FACERE, in Lege Burgund. cap. 6. § 4. Gall. Faire les cheveux. Quicumque ingenuo aut servo fugienti nesciens Capillum fecerit, quinque sol. perdat : si sciens Capillum fecerit, fugitivi pretium cogatur exsolvere. Editio Heroldi : Si ingenuus aut servus fugienti nesciens Capillos fecerit, 5. sol. solvat, si sciens fecerit, etc.

CAPILLOS SIBI INVICEM DETONDERE, Pœna conspiratorum in Capitul. ad Legem Salicam cap. 3. § 7. in Capitul. 4. ann. 805. cap. 10. in Lege Longob. lib. 1. tit. 17. § 11. [** Lothar. 65.] et in Capit. Ludovici Pii ann. 824. cap. 6. apud Holstenium.

Fures et alii Malefici puniti in cute et Crinibus, in Speculo Saxon. lib. 2. art. 13. § 1. art. 28. § 3. lib. 3. art. 3. § 1. et in Wichbild Magdeb. art. 19. § 1. art. 44. § 1. 96.

¶ **PRO CAPILLO DEPUTARE**, Nihili facere, flocci pendere, in Vita B. Joannis Bonvisii, tom. 5. SS. Maii pag. 104.

¶ **CAPILLI INAFFECTATI**, apud Sussannæum in Vocabulario : Nulla decoris affectatione exculti; contrariæ significationis affectati.

* **CAPILLOS** ad summitatem aurium circumcisos habere, libertatis symbolum erat apud Frisones. Charta [** supposita] Caroli Rom. reg. ann. 802. in Cod. reg. 10197. 2. 2. fol. 1. vº. : Et statuimus ut Frisones militare volentes sint usque ad summitatem aurium circumcisi, si facere voluerint, ut per hoc etiam suam valeant ostendere libertatem ipsis, ut dictum est, a nobis esse collatam.

* **CAPILLORUM DETONSIO**, Stultitiæ indicium, apud Joan. de Veneta Carmel. qui ann. circ. 1357. scribebat, ubi de S. Joan. virgis flagellato :

Et pour lui plus encore confondre,
Tous les cheveux ly firent tondre,
Comme à un fol marquiçon.

* **CAPILLORUM ADUSTIO**, Lenarum pœna et supplicium. Lit. remiss. ann. 1399. in Reg. 154. Chartoph. reg. ch. 579 : Aussi a confessé ladite femme que par longtemps elle a recepté et retrait plusieurs hommes et femmes mariez et à marier, et les a esté et envoyé querir par ses certains messaiges, dont elle a eu et receu plusieurs deniers : pour lesquelz cas ladite exposant a esté condampnée par les bailli et officiers de l'evesque de Paris à estre pilorisée, les Cheveulx brulez, bannie de la terre dudit evesque et tous ses biens confisquez. Liber rub. fol. parvo domus publicæ Abbavil. ad ann. 1478. fol. 242. rº. : Belot Cantine pour avoir voulu atraire par maniere de macrelage Jehannette fille Witaxe de Queux à soy en aler en le compaignie de ung nommé Franqueville, homme d'armes de la garnison de cette ville soubz la charge de mons. de Joyeuse et à faire sa volenté d'elle, fu condampnée et a este menée mistrée en ung benel par les carrefours, et ses Cheveux brulez au pillory; et ce fait banye de ladite ville et banlieue sur le feu à tousjours. [** Vide Grimm. Antiq. Jur. pag. 702. Leg. Wisigoth. lib. 3. tit. 4. cap. 17.]

CAPILMUT, **CABALMUTE** vel **CATTELMUTE**, apud Scotos, forma per quam catalla solent rei vindicatione repeti per eorum verum dominum. Vide Skenæum ad Quon. Attachiam. cap. 10. Scotis mute est placitum. Vox igitur composita ex capitale, aut catallum, et mute.

CAPILUM, **CAPULUM**. Testamentum Audonis Episcopi Veronensis ann. 11. Ludovici Pii : Cum brolio, cum curte, areis... et alia territoria, tam aratorii, prato, Capilo, et cardico, piscinibus, aquariis, etc. Charta Lotharii Imp. filii Ludovici Pii, apud Ughellum tom. 7. pag. 1438 : Comperimus juste et rationabiliter pacta Monasterii S. Zenonis in omnibus pascuorum, et Capuli, seu decimæ, et omnem exactionem pertinere, etc. Charta Friderici Imp. ann. 1178. ibidem pag. 1434 : Cum casis, ædificiis, areis, hortis, vuidis, silvis, pratis, pascuis, Capilo, aquario, herbatico, escatico, etc. Vide Caplim, [et Capellus 2.]

* **CAPINA**, f. Pellis caprina. Consuet. ant. Bituric. ex Chartul. S. Sulpit. fol. 61. vº. : Si burgenses cordoanum, Capinas et thacras a foris ad vendendam attulerint, reddere debent de dozena cordoani quatuor

denarios, de dozena Capinarum duos denarios, etc.

* **CAPINALE**, Armorum genus. Garnis. castri Carcass. ann. 1294 : *vij. Capinalia ferri.* Vide supra *Capellus ferreus* in *Capellus* 1.

* **CAPIOLA**, Carcer, nostris *Geole* vel *Gayole*. Glossar. Gall. Lat. ex Cod. reg. 7684 : *Capiola, jayole.* Vide *Captio* 1. et *Geola*.

* **CAPIPURGIUM**, Capitis purgatio. Glossar. Medic. Simon. Januens. ex Cod. reg. 6959 : *Capipurgium vocatur quidquid per nares injectum vel masticatum, seu etiam gargarizatum apoflegmaticum facit, i. a capite fleuma deducit.* Benzo episc. Albens. in Comment. lib. 3. cap. 25. apud Ludewig. tom. 9. Reliq. MSS. pag. 312 : *Si enim de cordis vestri medicinali pixide adhibetis huic insaniæ canonicum Capipurgium, confestim extinguetur hujus furoris improbabile jurgium.* Vide *Caputpurgium* in *Caput* 3.

* **CAPIREGUS**, Rivi caput seu origo. Charta ann. 1154. in Append. ad Marcam Hispan. col. 1316 : *Damus.... sanctæ Mariæ vallis-laureæ..... nostrum molendinum, cum suo rego et Capirego et ipsum resclosar.* Vide supra *Capdaqua* et *Regus*.

CAPIRO. Vide *Caparo*.

1. **CAPIS**, Calix, seu genus poculi ad sacrificia, vox nota Varroni, Livio, et aliis. [Papias MS : *Capis, capidis fem. Diminutivum ejus Capidula. Genus est pontificalis vasis.*] Fragm. Petronii : *Habeo scyphos urnales, ... habeo Capidem : quam reliquit patronus meus, ubi Dædalus Nioben in equum Trojanum includit.* Hucbaldus Monachus Elonensis in Carm. de Calvis :

Cæsareæ Capides, canti cata cista catonis.

2. **CAPIS**, *Capicis*, Capsa. Fridericus II. Imp. lib. 2. de Venat. cap. 33 : *Accipiunt ova gallinarum, et rumpunt ea, et in cacia vel Capice lignea aut ferrea, quæ tamen sit stagnata, ponunt ea; sed in rumpendo ovo, removent summitatem testæ ovi, etc.*

CAPISA, Mensuræ species. Falco Beneventanus ann. 1192 : *Adeo fames invaluit, ut sæpe apud sanctum Germanum venderetur coscina frumenti plusquam una uncia auri, et sauma vini similiter, et Capisa olei Tari quinque.* Vide *Capis*, 1. [* Vide *Caphisus*.]

* **CAPISCERE**, *Commencer à apprendre*, in Glossar. Gall. Lat. ex Cod. reg. 7684. [** Virgil. Grammat. pag. 130 : *Cum casuum verborumque quandam intelligentiam Capiescat.* Glossar. in cod. reg. 7644 : *Capescit, Percipit, tenet, capit* etc.]

* **CAPISCERIA**. Vide supra *Capiceria*.

CAPISCHOLIA, [CAPISCHOLIUS, etc.] Vide *Caput Scholæ*.

* **CAPISCOLIA**, Dignitas ecclesiastica, quæ *Scholastici* alias dicitur, in Charta ann. 1077. inter Probat. tom. 2. Hist. Occit. col. 293. et in alia ann. 1162. ibid. col. 586. Vide *Capischolus* in *Caput* 3.

* **CAPISOLIDUM**, Capitalis solidus, qui ex pretio rei venditæ domino exsolvitur, idem quod *Laudimium; Capsool*, in Consuet. Vasat. Pariag. inter reg. et monast. Obasinæ ann. 1329. in Reg. 66. Chartoph. reg. ch. 484 : *Census, redditus, accaptamenta, Capisolida, commissa et committenda propter cessationem census seu canonis non soluti, etc.* Charta ann. 1343. in Reg. 74. ch. 514 : *Proventibus, vendis, subvendis, Capisolidis, laudimiis, questis, etc.* Vide infra *Capsol* et *Caput solidum* in *Caput* 3.

¶ **CAPISTER**, pro *Capistrum*, apud Rymer. tom. 9. pag. 261. col. 1 : *Cum colleriis, hamys, Capistribus, pipes de corio et omnibus aliis rebus pro cariagio.*

¶ **CAPISTERCUS**. Vide *Cabus*.

1. **CAPISTERIUM**. Vetus Glossarium : *Capisterium, est vas quoddam, quo frumenta purgantur.* Dictum pro *Scaphisterium* censent Merula et Salmasius. Gloss. Græc. Lat. : Σκαφιςήριον, *Scaphisterium*. S. Gregorius lib. 2. Dialog. cap. 2 : *Ad purgandum triticum a vicinis mulieribus præstari sibi Capisterium petiit, etc.* Ubi Zacharias Pap. μαγίδων vertit. Vita S. Mauri Episc. Cæsenatis n. 13 : *Eodem modo ac si Capisterium ventilare videretur, tremere infeliciter cœpit.* Vide Odonem Cluniac. serm. de S. Benedicto, et Aldhelm. de Laude Virginum cap. 19. Utitur etiam Columella lib. 2. cap. 9.

* Glossar. Lat. Gall. ex Cod. reg. 7679 : *Capisterium, crible ou bouessel. Rideau, crible*, in altero Gall. Lat. ex Cod. reg. 7684. *Capisterium* ex S. Gregor. lib. 2. Dialog. cap. 2. *Pele* Gallice reddit Auctor vitar. SS. ex Cod. S. Victor. Paris. sign. 28.

¶ 2. **CAPISTERIUM**, Granarium, horreum, vel pistrinum. Acta SS. Junii tom. 1. pag. 360. de S. Cono Monacho : *Tandem ejus inspecta prudentia, sacristiæ, promptuarii, Capisterii atque prioris clavibus hinc inde collatis, cunctis cuncta sagaciter disponebat.* [** f. *Capicerii*.]

¶ 3. **CAPISTERIUM**, Alveolus ligneus, inquit Continuator Bollandi, qui capite gestatur, estque maxime in usu mulieribus lotos pannos a fonte aut fluvio referentibus. Acta SS. Maii. tom. 1. pag. 342. in additionibus ad Vitam S. Antonini n. 31 : *Et cum cecidisset ei vas ligneum* (vel *Capisterium* ut legit Bzovius) *continens pannos* (quos lavatura erat) *et in duas partes fractum fuisset.* Et tom. 6. ejusdem mensis in Vita S. Columbæ Reatinæ : *Sibilo quoque invaluerat eam a diabolo suffocatam, ussiumque cumulum fuisse sub lecto, ac rejecisse illam hostiarum plenum Capisterium*, hoc est, alveolum seu arculam. Sic autem impia metaphora vocatur ob frequentem Eucharistiæ, quæ *Hostia* dicitur, sumtionem.

* 4. **CAPISTERIUM**, Agrarium, vectigal agro impositum, idem quod *Terragium*; sic forte dictum quasi Capitalis census. Charta admortisat. ann. 1407. in Reg. ch. 184. bis : *De quibus villagiis et pertinentiis terragium sive Capisterium potest ascendere per annum ad quindecim sextaria bladi.... Item terragium sive Capisterium vinearum.* Vide *Capitale* 5.

CAPISTRAGIUM, Quod pro capistris domus Regiæ ministris annuatim conceditur : Gallis *Chevestrage*. Ordinatio Hospitii S. Ludovici Regis Fr. ann. 1261. capite de Scutiferia : *Scutiferi insimul pro Capistragiis suis per annum* 36. *libr.* [Vide *Chavestragium*.]

CHEVESTRAGIUM, Eadem notione. Charta S. Ludovici Regis Franc. ann. 1256 : *Notum facimus... quod cum retroactis temporibus Scutiferi nostri consuevissent percipere quandam costumam, quæ dicitur Chevestragium, de fœno quod Parisius per Sequanam adducitur, nos attendentes quod per ejusmodi exactionis abusum, quo gravabantur, prædictam costumam penitus amovemus, prohibentes ne de cœtero aliquatenus exigatur, etc.*

* **CAPISTRANI** nuncupantur Fratres Minores de Observantia, in Lit. ann. 1456. tom. 2. German. sacræ. pag. 496 : *Notum facimus quomodo isti Capistrani, scilicet Fratres Minores de Observantia, ad nostras ecclesias vicini in foro Lewbs ligneum construxerunt oratorium, de facto prædicant, et, ut timetur, confessionibus suis plebisanos nostros a nobis* (parochis) *aversuri*. A Caputio sic dicti videntur.

* **CAPISTRARE**, metaphorice pro Reprimere, quasi *capistro* coercere, Gall. *Arrêter*. Elmham. in vita Henr. V. reg. Angl. edit. Hearn. cap. 64. pag. 180 : *Feroces hostiles exitus cura pervigili et militari industria Capistravit.*

CAPISTRIUM, pro *Capistrum* : καπίςριον, Moschopulo. Glossæ Basil. : Φορβαίαν, περιστόμιον, καπίςριον. Domnizo lib. 2. de Vita Mathild. cap. 9 :

. . . . Nocte reliquit
In castris vasa, seu frena, Capistria sana.

Chaçeurs et palfreis à freins et à Chevestres, in Legibus Willelmi Nothi vernacul. cap. 22. Le Roman *de Garin* :

Ces vileins font en Chevestres tenir.

* *Chevoistre*, in Charta Henr. comit. Grandis-prati ann. 1207. ex Chartul. Campan. Cam. Comput. Paris. fol. 253. r°. col. 2 : *Por ce que ma gent avoient chacié sa gent;... et les Chevoistre de lor chevaux coupez, etc.*

¶ **CAPIT**, Impersonale idem significans quod Licet. Tertul. adv. Hæreses cap. 44 : *Talia Capit opinare eos.*

* **CAPITA**, pro Capra, ut videtur, in Charta commun. Clarimont. ann. 1248. tom. 5. Ordinat. reg. Franc. pag. 600. art. 2 : *De porco, deux deniers; de ansere, deux deniers; de Capita, un denier.*

* **CAPITACIUM**, Cervical, Gall. *Chevet*. Charta Rainaldi episc. Andegav. in Chartul. SS. Sergii et Bacchi : *Neque ego, neque ullus ex successoribus meis, neque episcopus, neque comes ullam consuetudinem habeat in burgo SS. martyrum Sergii et Bacchi, non cibaria equorum, non pulvinatia, id est, culcitas, nec Capitacia, neque ullam consuetudinem. Cheveciel*, in Arest. parlam. Paris. ann. 1338. ex Reg. 71. Chartoph. reg. ch. 296 : *Item unum Cheveciel pictum; item unum banchier,....... necnon omnia alia utensilia, etc. Chevecel, Chevechel* et *Chevessel*, eodem sensu. Lit. remiss. ann. 1376. ex Reg. 109. ch. 382 : *En laquelle prison avoit un lit et un Chevecel et certains draps à lit pour eulx coucher.* Inventar. MS. domus Dei Commerc. pag. 24 : *Cinq lictz telz quelz, cinq coulties telles quelles et quatre Chevesseux*. Le Roman *de la Rose* MS. :

Il out en lieu de Cerechel
Sous son chief d'herbe un grant moncel.

Vide *Capitale* 1. et infra *Capserium*.

* *Cheverseul* ejusdem originis, pro Pars lecti lignea, quæ est ad caput. Lit. remiss.

ann. 1482. ex Reg. 207. ch. 159 : *Ung aes comme ung Cheverseul de chaslit.*

* **CAPITADENUS**, Primus artificum, ut videtur, idem quod *Caput ministeriorum*, in *Caput* 3. Lit. pro consul. Marolog. ann. 1366. tom. 4. Ordinat. reg. Franc. pag. 676. art. 7 : *Quod dicti consules...... habeant instituere, eligere et nominare annuatim...... Capitadenos, extimatores, terminatores, etc.* Vide infra *Capitudo* 1.

¶ **CAPITAGIARII**. Vide *Capitale* 5.

¶ **CAPITAGIUM**. Vide *Capitale* 2. et 5.

* 1. **CAPITAGIUM**, Idem quod *Catallum*, Præstatio, quæ mortis tempore domino exsolvitur. Charta Margar. comit. Fland. ann. 1261. ex Chartul. 1. Fland. pag. 196. in Cam. Comput. Insul. : *Conventi quod ad Capitagium ipsi et prædecessores sui pertinebant; quod Capitagium vulgariter nuncupatum Halvehare, J. miles de Praet fidelis noster a nobis tenet in feodum. Itaque quodam genere servitutis in morte prædecessorum prædictarum personarum capere consueverat idem J. miles et prædecessores sui, pro portione sua, duas marchas Flandrenses, et nos ac prædecessores nostri, deductis primo dictis duabus marchis, medietatem omnium bonorum mobilium, quæ tempore decessus sui habebant prædictæ personæ, recipere consuevimus...... Ab omni nota servitutis quitas clamamus imperpetuum quantum ad Capitagium, quod Halvehare dicitur, ut superius est expressum.* Vide infra *Capitale* 6. Pro censu vero, qui *Capitage* vocatur, in Lit. ann. 1356. tom. 3. Ordinat. reg. Franc. pag. 153. et *Chevaige*, in Ch. ann. 1303. ex Chartul. Pontiniac. pag. 194 : *Laquelle redevance est appellée Chevaige, forestage ou herbage, etc. Cheuvaige*, in Ch. ann. 1410. ex Reg. 165. Chartoph. reg. ch. 23 : *Jehan du Melle escuyer baille à Jehan Gueront escuyer la terre des Yveteaulx,...... sauf le droit de son corvaige, comme sur les autres frans tenant le cours de son Cheuvaige, mercz et mesures.* Denique *Chievaige*, in Redit. comitat. Namurc. ann. 1289. et *Chievage*, in Lit. Caroli VI. ann. 1381. ex Reg. 120. ch. 42 : *Noz hommes et femmes d'icelle servitude et condition ne doivent aucunes redevances à nous, ne audit escuier, tant que ilz se tiennent de marier, et quant il sont mariez, chacun doit trois mailles de Chievage chacun an audit escuier tant seulement.* Vide in *Capitale* 5.

* Ejusdem originis est vox *Chavaigne* vel *Chevaigne*, qua videtur *corvatæ* species seu ejusdem pecuniaria redemptio, quia viritim exigebatur, significari in Charta Th. de Gouciaco ann. 1245. ex Chartul. Campan. Cam. Comput. Paris. fol. 298. r°. col. 2 : *Li home d'autre qui doient la Chavaigne à Busunci en Karesme, paieront chascun an pour la Chevaigne xviij. deniers sanz ovrer.* Ad hæc quippe referenda sunt quæ leguntur in Libert. ejusd. villæ *de Buzancy* ann. 1357. tom. 4. Ordinat. reg. Franc. pag. 371. art. 9 : *Chascun bourgois et bourgoise paiera chacun an en Quaresme...... dix-wit deniers Parisis à la fermeté de Busency, ou une sepmaine d'ouvrage, lequel que li sires vouldra prenre. Cherage* vero, pro *Chevage*, Symbola, Gall. *Ecot*, quod viritim solvi solitum sit, apud *le Brasseur* in Hist. Ebroic. pag. 285.

* 2. **CAPITAGIUM**, Tributum ab iis exsolvendum, qui in portu navem onerant vel exonerant, idem quod pro alliganda nave in portu præstatur. Charta Jurium reg. Joannæ comit. Provin. in insulam *du Martigues* ann. 1379. ex Cam. Comput. Aquens. : *Item habebat in dicto portu Capitagium sive stacam, quod exigebatur per hunc modum, quod pro quolibet homine, qui esset in quolibet navigio cargando vel discargando in dicto portu de quibuscumque rebus seu mercaturis, solvebat pro Capitagio unum Turonem argenti, exceptis patrono, scriba seu serviano* (scrivano) *aut garcifero, qui nihil pro Capitagio solvere tenebantur.* Vide supra *Capere* 7.

* 3. **CAPITAGIUM**. Homo de Capitagio Dei, Cui res, quæ ad Deum spectant, cordi sunt, easque nomine Dei curat. Charta Joan. episc. Leod. ann. 1288. inter Probat. tom. 1. Annal. Præmonst. col. 282 : *Commissum fuit Joanni de S. Martino scabino Leodiensi ibi præsenti, tanquam homini de Capitagio Dei, quod ipse, consideratis jure et lege patriæ, referret utrum dictus dominus episcopus Leodiensis...... poterat permutare bona pertinentia ad episcopatum Leodiensem pro aliis bonis.* Alia rursus notione, vide in *Capitale* 5.

1. **CAPITAL**, Præcipuus. Nicolaus PP. ad Carolum Calvum, de Joanne Erigena : *Parisius, in studio cujus Capital jam olim fuisse perhibetur, morari non sinatis.* Glaber lib. 3. cap. 8. de M. Heriberto Aurelianensi : *Capitale Scholæ tenebat dominium.* [Vide *Capitalis* 1. et *Caput Scholæ.*]

2. **CAPITAL**, Capitale, Capitalis sententia : Joanni de Janua, *Pœna Capitalis.* Gloss. Gr. Lat. : Κεφαλικὴ τιμωρία, *Capitale.* Althelmus de Laude Virgin. cap. 23.

> Tunc demum Capital perpessus forte Sacerdos,
> Æthera glauca petit devicta morte triumphans.

Et cap. 25 :

> Magnopere metuens fisci decreta nefandi,
> Insuper et Capital tremulus formidat acerbum.

Plauto, *Capital*, est crimen capitis periculo dignum. Ita etiam nostri vocem hanc usurpant. [Vide *Capitalis* 1.]

* **CAPITALACIUM**, Oblatio pecuniaria, quæ sanctis pro suo capite fit, vel ecclesiasticis ut pro aliquo orent, exsolvitur. Charta ann. 1249. ex Tabul. S. Florent. Salmur. : *Præterea omnes oblaciones cujuscumque generis in tota ecclesia oblatæ et omnes candelæ, ... et omnia Capitalacia, tam vivorum quam mortuorum, excepto capitali sponsi et candela, erunt prioris.* Vide infra *Capitale* 7.

¶ **CAPITALAGIUM**, Capitalatus. Vide *Capitalis* ad Lin. *Veteres Chartæ.*

CAPITALARIUS. Vide *Capitularius* post *Capitulum* 5.

1. **CAPITALE**, Cervical. Papias : *Pulvinar, Capitale, plumatium.* Gloss. Græco-Lat. : Τυλοπροσκεφάλαιον, *Capitale, pilentum.* Regula S. Benedicti cap. 55 : *Stramenta autem lectorum sufficiant, matta, sagum, læna, et Capitale.* Cæsarius Heistersb. lib. 4. Mirac. cap. 26. *Capitale ejus vertit, et mollificavit.* [Codex MS. S. Quintini de Monte ad calcem Regulæ sæculo circiter XI. exaratus : *A plurimis præter Capitale omnes abstineant.*] Occurrit apud Pelagium lib. 5. de Vitis Patrum libell. 10. n. 76. S. Bernardum Serm. 2. in fest. Omn. SS. Udalricum lib. 3. Consuet. Clun. cap. 11. in tertia Vita S. Winwaloei Abb. n. 8. apud Bonifacium in Vita S. Livini Episc. et Mart. cap. 3. in Regula Damianitarum Sororum cap. 8. in Chron. M. Belg. ann. 1047. in Tradit. Fuld. lib. 1. pag. 459. etc.

Capitale, Operimentum capitis, vel fascia qua caput involvitur. Gloss. Gr. Lat. Κεφαλόδεσμος, *frontale, Capitale.* Ditmarus lib. 7 : *Capitale ejusdem* (Reginæ Saracenorum) *ornamentum, invicem gemmatum, Papa sibi præ cæteris vindicavit, etc.*

2. **CAPITALE**, Debitæ pecuniæ caput. Papias : *Capitale, caput pecuniæ. Capitis summa*, apud Paulum JC. Gloss. Lat. Gr. : *Sortes*, χρησμοί, κλῆροι, καὶ αἱ κεφαλαὶ τῶν δανεισμάτων. Joann. de Janua : *Capitale, pecunia, vel pœna capitalis, vel sententia de capite puniendo.* Lexicon Gr. MS. Reg. Cod. 2062 : Ἀρχαῖα, τὰ κεφάλαια τῶν χρεῶν. Ita Græci principalem summam rei creditæ ἀρχεῖα vocant, ut Demosthenes, Aristophanes, et alii : Nostris *le Capital. Cabal* et *Caban*, in Consuetud. Burdegalensi art. 49. 50. 56. et Bayonensi art. 21. 22. 23. *Capitau*, in Solensi tit. 20. art. 1. 2. *Capitale debitum*, apud Odonem Cluniac. in Vita S. Geraldi lib. 1. cap. 24. Charta ann. 1240. in Tabulario Campaniæ Bibl. R. f. 365 : *Et quotiens transgressi et comprobati fuerint, Capitale reddent vobis, et in 10. sol. tenebuntur.* Infra : *In duobus sol. tenebitur ad emendam, et Majori in tribus denariis, et Capitale reddet domini.* [Litteræ ann. 1417. apud Ludewig. tom. 6. Reliq. MSS. pag. 86 : *Usque ad congruam satisfactionem tam Capitalis, quam etiam damnorum inde legitime contractorum.*] [** Vide *Cabale*, et S. Rosa de Viterbo vocibus *Cabadura, Caber* et *Cabo. Capitanei solidi* in Chart. ann. 551. Marinio num. 119. lin. 67.] *Bail de bestes à Chaptel*, in Consuetud. Biturig. tit. 17. Nivernensi cap. 21. Burbon. art. 554. Nancaii art. 19. etc. *Id est*, inquit Molineus, ea conditione ut *grex, seu Capitale in suo numero restituatur, Reliquum autem sit commune.*

Capitale, Æstimatio rei furatæ aut ablatæ, in Lege Salica, Ripuaria, et aliis passim, in quibus convictus de furto cujuspiam rei, certæ denariorum aut solidorum quantitatis *culpabilis judicatur, excepto Capitali et delatura*, id est, præter capitale et delaturam. Ubi *Capitale*, est res ipsa quæ restitui petitur, seu potius ejus æstimatio; quomodo accipitur diserte in Lege Anglior. tit. 7. § 7. in Lege Ripuar. tit. 18. § 1. et in Decretione Chlotarii § 12. [** Vide Grimm. Antiq. Jur. pag. 383. 855.] [Charta anni 1135. inter Instrum. tom. 4. novæ Gall. Christ. col. 165 : *Solo Capitali absque alia exactione restituant.* Ibid. col. 166 : *Quod si aliquid damni illatum fuerit, solo Capitali restituatur.* Et col. 192. ex Charta anni 1182 : *Capitale et tantumdem de emenda persolvet.*]

* Chron. Andr. Danduli ad ann. 1311. apud Murator. tom. 12. Script. Ital. col. 492 : *Quod fiat gratia nobili viro Bajamonti Teupulo, quod solvat totum Capitale pecuniæ, per eum acceptæ in Corono.*

3. **CAPITALE**, pro *Capitulum*, vel *Capi-*

tulare. Charta fundationis Agaunensis Monasterii apud Sammarthanos : *Placuit nobis ut et ipse Abbas... tam de veteri testamento, quam de novo, et alii ædificentur, et per Capitalia scribantur, ut posteri teneant.*

4. **CAPITALE**, CAPTALE, dicitur bonum omne quod possidetur, præsertim vero bonorum species illa, quæ in pecudibus consistit, quam Forenses nostri *Catallum* vocant, voce a *Capitale* et *Captale* deducta. Nam *Capitum* vocabulo pecudes intelligi docemus infra : unde quidquid boni in armentis et pecudibus est, *Capitale*, *Captale*, et *Catallum*, appellatum est. Gloss. Lat. Gall. *Capitale*, *Chatel.* Catholicon Armoricum : *Chatal*, *Gall. Daumalle*, *hoc armentum.* Charta S. Bernardi Abbatis Clarevall. ann. 1145. in Tabulario Autisiod. : *Si thelonarius Comitis, seu aliquis clientum primus ceperit eum, qui Capitale Episcopi abstulit, Capitale suum cum Lege Episcopo reddere faciet : et si per ejus incuriam cum eodem Capitale evaserit, ipse pro illo Episcopo de Capitali et Lege respondebit.* Vide Chartam Willelmi Episc. Cabilonensis ann. 1227. apud Sammarth. in Episc. Cabilon. n. 39. Perardum in Burgundicis pag. 327. [Chartam ann. 1157. inter Instrum. tom. 4. novæ Gall. Christ. col. 174. Martenium tom. 3. Anecd. col. 1192. etc.]

* Charta Simon. dom. Castrivill. ann. 1217. in Chartul. eccl. Lingon. fol. 67. v°. : *Promitto quod nulla Capitalia seu res dicti dom. episcopi in dicta domo mea receptabo per me vel per alium, seu detinebo.* Vide infra *Capitalium* 1.

CAPTALE, pro pecude diserte usurpant Leges Inæ Regis Westsax. cap. 42. apud Bromptonum : *Rustici curtillum debet esse clausum æstate simul et hieme. Si disclausum sit, et introeat alicujus vicini sui Captale* (versio Saxonica habet *Pecus*) *per suum apertum, nihil inde recipiat, sed educat et patiatur damnum suum.* In Legibus ejusdem Inæ cap. 21. et 39. *Fur inventus in Capitali*, id est, re mobili, aut pecuaria. Eadem habentur præterea notione *Captale* et *Capitale* cap. 44. 55. 63. et in Legibus Henrici I. cap. 13. 29. et 59.

CAPITALE VIVENS, in Legibus Æthelstani : *Reddam de meo proprio decimas Deo, tam in Vivente Capitali, quam in mortuis fructibus terræ.* Ubi *Vivens Capitale*, idem est quod *viva pecunia* in Legibus Guillelmi I. i. *pecudes*, uti recte interpretatur Lambardus.

CAPITALE FURTUM. Vide *Capitis Furtum*, in *Caput.*

¶ CAPITALE DE CROFTA, seu de agro clauso, dicitur, in Charta Gileberti *Basset* ann. 1182. apud Kennettum Antiquit. Ambrosden. pag. 137 : *Canonici concesserunt hominibus* (de Wrechwyke) *duas acras prati pro Capitalibus suarum Croftarum secus rivulum versus molendinum fluentem ad faciendum stagnum et viam ad molendinum, et si forte contigerit quod in futuro molendinum non sit prædictis Canonicis necessarium, prædictæ acræ prati ad sæpe dictos Canonicos redeant, ... et hominibus meis prædictis terra illorum remaneat.*

5. **CAPITALE**, CAPITALITIUM, CAPITAGIUM, CAPITIS CENSUS, CAVAGIUM, etc. voces ejusdem originis ac significationis, quæ denotant censum, quem *homines de corpore*, seu *de capite* quotannis debebant domino præstare. Vita Garneri Præpositi Divionensis : *In crastino Nativitatis, cum celebraretur venerabile festum S. Stephani, mos est censuales ad altare venire, ministrisque astantibus debitum solvere.* Atque ejusmodi census ut plurimum erat quatuor denariorum, tametsi non semper. Unde ejusmodi censui obnoxii, seu *homines de capite* dicuntur esse *homines quatuor nummorum*, vel *de quatuor nummis*, in Consuetud. Burbonensi art. 192. 203. et in Charta Ranulphi Abb. S. Mauri ad Ligerim, ex Tabulario ejusdem Monast. : *De quodam Coliberto S. Mauri nomine Simone Fabro, qui diu ventilatus, hominem se ipsius Sancti recognoscebat, sed non sicut alii qui de quatuor nummis erant, ... et ille respondit se esse hominem S. Mauri; sed non sicut alii qui quatuor nummos reddebant.* Chartæ Alamannicæ Goldasti cap. 5 : *Duo mancipia mea... libertate donavi, ea tamen ratione ut annis singulis ad cellam Ratpoti, quæ ad Monasterium S. Galli pertinet, in censu quatuor denarios solvant.* Tabularium Majoris Monasterii Ch. 159 : *Notum sit omnibus quod Stephanus Cambacanis de Ferraria accepit in conjugio ancillam S. Martini, per quam et ipse servus est. Sed cum illa mortua esset, et accepisset conjugem aliam liberam mulierem, abnegavit se esse servum S. Martini, et dearramivit bellum contra nos; intra terminum autem quo bellum fieri debebat, recognovit se male egisse. Venit in Capitulum Majoris Monasterii, et dedit recognitionem suam, scilicet secundum consuetudinem imposuit super caput suum* IV. *denarios, et per illos tradidit se S. Martino et Monachis ejus, videntibus istis, etc.* [** Vide Guerard. Chartul. S. Petri Carnot. Proleg. § 40.]

Præstabatur autem census iste capitalis quotannis, ut ex locis infra laudandis patet : præterea in nuptiis et in morte. Charta Hugonis Castellani Gandensis ann. 1243 : *Manumissi autem singuli in præsentia nostra obtulerunt semetipsos dictæ Ecclesiæ, cum omni posteritate sua, ad duos denarios Flandrenses solvendos annuatim in Assumptione B. Mariæ nomine Census Capitalis, et quando nubunt, sex denarios Flandrenses, 12. quando moriuntur.* [Charta Sigeri de Liedekercke domini de Boulario pro Abbatia S. Adriani in Geraldimonte ann. 1314. apud Miræum tom. 2. pag. 734. col. 1 : *Et eosdem obtuli sub Schola B. Adriano de Geraldimonte servituros Ecclesiæ de duobus denariis, nomine Census Capitalis annuatim, ad matrimonium de sex denariis, et ad mortem de duodecim monetæ Flandriæ.*] Lambertus Ardensis pag. 163 : *Manumisit et liberos resignavit, dum ipsi et ipsorum et posteri et successores Abbati jam dicto et ejus successoribus annua pensione singulos redderent denarios, et in nuptiis, et in morte quatuor.* Ita tamen ejusmodi censui obnoxii erant, si *reditus terræ* non haberent : nam eo casu *census cadere* dicebatur. Charta Flaviniacensis Tabularii anno 897 : *Donamus etiam mancipia his nominibus... sub eo censo, ut masculi denarios 4. feminæ 2. de Capite annis singulis, simul et jornos 2. nisi reditus terræ teneant, ut ipsum censum cadere debeat.*

CAPITALE. Baldricus Dolensis Episc. de Capite S. Valentini Mart. n. 21 : *Si mea, inquit, mulier te voveres B. Valentino, ... ut ei Capitale tuum reddas quotannis, credo convalesces.* Infra

CAPITANEUM dicitur : *Promissumque Capitaneum annuatim B. Valentino reddidit*, *Capitalia jura*, in Actis S. Forannani Abbatis Valciodorensis n. 21.

CAPITANEUS CENSUS, in Charta Joannis Abbat. Monast. S. Bertini ann. 1091. in Tabulario ejusdem Monast. ubi de servis : *Qui omnes S. Bertino Capitaneum Censum annuatim reddentes, ad eundem Sanctum pertinebant; ea conditione, ut dum aliquis eorum maritaverit 5. sol. S. Bertino persolvat, et unum nummum annuatim in depositione ejusdem Sancti.* Alia ann. 1107. ibid. : *Ea videlicet interposita conditione, ut tam ipsæ prænominatæ mulierculæ, quam omnis posteritas earum omni anno in Nativitate S. Mariæ pro Capitaneo Censu, quandiu vixerint, ... tres obolos persolvant singuli.*

CAPITALITIUM, κεφαλίδιον, apud Theophanem in Nicephoro Generali ann. 4. Charta Caroli C. ex Tabul. S. Germani Paris. apud Gallandum : *Propter feminas quæ ducebantur de villis Abbatiæ, uxorandi causa et Capitalitium ab eis requirebant.* Auctor Cantatorii apud Jo. Robertum in Vita S. Huberti pag. 301 : *Prædictus Cubicularius Adelaidis ex more incisus, et soluto Capitalitio servus Sancti effectus est.* [Martenio nostro tom. 4. Ampliss. Collect. col. 935. *Capitalitium* non videtur esse Census capitalis, sed eleemosyna, quam singuli ad S. Huberti suffragia vitandæ rabiei causa confugientes completo voto persolvebant.] Guntherus lib. 5. Ligurini :

> Improba Romano poscunt a Rege tributa,
> Cujus ad arbitrium disponitur omne tributum,
> Et Capitalitiam cogunt appendere summam.

Et lib. 8 :

> Et Capitalitium certo sub tempore censum.

Ubi perperam *Capitolitium* præfert liber editus. Robertus Monach. lib. 9. Hist. Hieros. : *Et ei qui in eo sepultus fuit gratias referentes, Capitalicia sua obtulerunt.* Vide Miracula S. Agili lib. 1. cap. 5. [et S. Gibriani inter Acta SS. Maii tom. 7. pag. 624. A.]

¶ CAPITALITIUS CENSUS, in Charta pro Monasterio S. Quintini de Monte, apud Mabill. Annal. Benedict. tom. 5. pag. 649. col. 1.

¶ CAPITALITIUS, Qui *Capitalem censum* solvere tenetur. Ratbodus Episc. Noviom. in Sermone de Annunciatione ann. 1081. ex veteri Lectionario Monasterii S. Eligii Noviom. : *Quia igitur pro recepta sanitate, quæ ad altare sanctissimæ Virginis offerret in promptu paupercula non habuit, se ipsam ejus amodo Capitalitiam astantium consilio gratanter dedit.*

1. CAPITAGIUM. Charta Pacis Communiæ urbis Faræ ann. 1207 : *Capitagia hominum nostrorum, et tria placita generalia, et panem quem mihi debebant, etc.* Infra : *Salvis Capitagiis dominorum suorum, etc.* Charta Joannis Abbat. Compend. ann. 1247 : *Reddunt insuper homines nostri de corpore, tam præsentes quam futuri utriusque sexus Capitagia sua certis terminis, quibus solvere consueverunt.* Charta Guillelmi Abbatis S. Dionysii ann. 1248. apud Doubletum lib. 3.

pag. 907 : *Manumisimus et manumittimus et ab omni obnoxietate servitutis, qua nobis antea tenebantur, videlicet forismaritagio, Capitagio, manumortua... absolvimus.* Alia Guillelmi Episc. Laudun. in Probat. Hist. Guinens. pag. 378 : *Item Capitagia hominum ipsius Ingerranni ibidem commorantium.* Charta ann. 1222. in Tabul. Campaniæ Regio : *Damna petant sibi illata, occasione prohibitionis factæ ipsis hominibus de tallia et Capitagiis non solvendis.* Charta Joannis de Vernone ann. 1231 : *Remisi eis et quitavi manummortuam et denarios quos mihi debebant nomine Capitagii annuatim.* *Capage*, apud Delphinates. [Mabill. Præfat. in tom. 2. Actorum SS. Benedict. sæc. 6. pag. LXII. ubi de liberis hominibus, qui se in servitutem et obsequium Monasterii perpetuo devovebant, hæc habet ex Chartario Vindocinensi : Quidam *quatuor denarios de Capitagio suo, sicut mos sæcularis est talibus facere, super altare Dominicum præ dicti loci gratanter imponens, funem quoque collo suo devote circumplicavit.*] Vide Expillium Orat. 21.

2. Capitagium, Alia notione. Charta Henrici III. Angl. Reg. apud Prynneum in Libertatib. Angl. tom. 2. pag. 826 : *Mandatum est... quod prædictum festum* (S. Edwardi)... *vice regia teneant, et solenniter celebrent ad custum Regis, et Capitagium Regis et Reginæ, scilicet de 36. ob. unciæ nomine eorum offerri, et platam auri ponderis unius unciæ nomine Regis offerant, etc.* [Pro *de 36. ob. unciæ*, Rymer. legit *de 36. almuciis.*]

¶ Captagium, ut *Capitagium* 1. Locus est in *Somegia*.

Capitaticum. Chronicon Mosomense pag. 641 : *Corrigiam sibi in collo posuit, ancillatui Sancti se subdidit, Capitaticum suum et se et posteritatem suam post se daturam... repromisit.*

Census Capitis. Capitula Caroli Calvi tit. 31. cap. 28. 34. [** Edict. Pistens. ann. 864.] : *Ut illi Franci qui Censum de suo Capite, vel de suis rebus ad partem regiam debent.* Chronicon Besuense pag. 582 : *Insuper unam ancillam* (delegavit) *quæ vocatur Rainburgis, solitum Capitis sui 2. denariorum omni anno redditurum debitum.* Radevicus lib. 4. de Gestis Frider. cap. 5 : *Nec de terra tantum, verum etiam de suis propriis Capitibus census annui redditionem.* Frotarius de Miraculis S. Benedicti : *In manicis obolum religat Capitis quasi censum.* Letaldus in Miraculis S. Maximini Abbatis Miciacensis, num. 35 : *Homo ille quotannis Capitis sui censum die annuo super altare sui liberatoris persolvit.* Odo Cluniac. lib. 2. de Vita S. Geraldi cap. 17 : *Hanc sibi legem præfixerat, ut secundo semper anno ad sepulcrum eorum* (SS. Petri et Pauli) *recurreret, decemque solidos ad proprium collum dependentes, tanquam supplex servus, Domino suo, quasi Censum, deferret.* *Capitis tributum*, in Concilio Tolet. III. can. 8. Adde Flodoardum lib. 4. Hist. Rem. cap. 49. Hugonem Flaviniacensem pag. 246. Miræum lib. 2. Diplom. Belgic. cap. 43. Gallandum de Franco alodio pag. 20. etc. Vide *Capitatio*, *Jornus*. Κεφαλίτιον, apud Theophanem pag. 407. *Censum capitis* reddit Anastasius. [** Vide Schannat. Histor. Wormat. tom. 1. pag. 360.]

Respectio Capitis. Vide *Respectus*.

Census Capitalis, *Chef cens*, in Consuet. Aurelian. art. 135. Ita enim scribendum pro *Cher sens*. Charta ann. 1225. in Probat. Hist. Monmorenc. pag. 401 : *Pro quibus domibus reddebant singulis annis Ecclesiæ supradictæ 4. denarios de Capitali censu.* Diploma Ragenoldi Episcopi Parisiensis apud Sammarthanos : *Mille librarum auri... cogatur exsolvere, et rusticano more, vel paralitate submissus, Capitalis census dissolutione plectatur.* Occurrit præterea in aliis Chartis in Probat. Hist. Castilion. pag. 51. 52.

Cavagium. Charta Communiæ S. Quintini in Viromand. ann. 1195. apud Hemereum : *Illi homines nostri liberi, qui non sunt homines de corpore, si venerint in Communiam, ... nec alicui domino de forisfacto respondeant nisi de Cavagio suo.* Infra : *Quandiu puer aut juvenis, vel adolescens, sub tutela patris sui... moratur, nullum debet domino suo Cavagium, nec alicui debet respondere justitiæ, donec proprium habeat catallum, de quo lucretur.* [Litteræ anni 1236. ex Chartulario Monasterii S. Quintini ejusdem urbis pag. 344 : *Salvis et retentis eisdem Abbati et Conventui Cavagiis, mortua manu, etc.* Index redituum S. Petri Corbeïensis : *Quicumque ad Ecclesiam spectat solvendo Cavagium sive nobis, sive ministris, etc.*] Charta super Confirmat. Consuetudinis S. Audomari ann. 1127. apud Duchesn. in Probat. Hist. Guinensis : *Omnes qui infra murum S. Audomari habitant, ... liberos a Cavagio, hoc est, a Capitali censu, et de advocationibus constituo.* Philippus *Mouskes* in Carolo Magno :

A Carlemagne s'accorda,
De Cavage qu'il leur manda,
S'il ne venoient à lui là.

Chavagium, in Charta Roberti Episc. Lingon. ann. 1235. apud Roverium in Reomao.

Cabatgium, in Vita Innocent. VI. PP. apud Bosquetum : *Joannes Armeniaci Locumtenens Regius in lingua Occitana, quem occasione Cabatgii noviter per ipsum instituti, dicti populares hostiliter insecuti sunt.* Vide *Cabagium* suo loco.

Chevagium. Bracton. lib. 1. cap. 10. § 3 : *Chivagium dicitur recognitio in signum subjectionis et dominii de capite suo.* Charta Gauffredi Archiepisc. Burdegalens. in Tabulario S. Hilarii Pictavens. : *Clamabat prædictus Hugo Brunus adversus Ecclesiam B. Hilarii, dicens, quod in Anto. de Benais habere debebat talliatam suam, quantam vellet, avenas quoque, gallinas, et caseos cosdunales, Chevagium et etiam rucengiam, cavalatam quoque et biennium quotiescunque vellet.* [Transactio anni 1456. ex Chartulario S. Martini Sagiensis : *Medietatis Chevagiorum, medietatis etiam decime, questarum, et medietatis virgultorum.*] Tabular. de *Doncheri* : *Au prieur de Doncheri, au lieu de Sapogne les droits de Chevage dudit lieu competent et appartiennent, c'est assavoir que chacun Bourgeois dudit lieu sont tenus envers le Prieur chacun an, le lendemain de Noël d'un denier de recognoissance.* Regest. temporalitatum, ex Camera comput. Paris. fol. 133. ubi de Mortua manu : *Lesquels 12. den. sont appellez Chevage, pour ce que chascun chef marié ou vefve le doit.* Le Roman *de Guillaume au Court-nez* MS. :

Or service et Chavaige deus cens requiert tant fort,
Dou Chavaige est pechiés, mais dou service est drois.

Le Roman *d'Aubery* MS :

Et dist le Rois, Ne lor celez vos ja,
Qui n'i venra, jamais m'amour n'aura,
Il et ses hoirs tousjours cuivers sera,
Et de Chavaige quatre deniers donra.

Quevage, pro *Chevaige*, pronuntiatione Picardica, in Consuet. Peronensi. Vide tom. 2. Monastici Angl. pag. 827. et Fletam lib. 1. cap. 7. § 7. [Rymer. tom. 2. pag. 83.]

Chevachium. Tabularium Campan. Bibl. Reg. ann. 1213 : *Homines de S. Ulpho qui 4. nobis debent denarios de Chevachio.*

Cavelicium. Vetus Charta Corbeïensis, qui titulus, de Mensa Abbatis : *Omnes tenentur respondere ad Conventum in censibus, in Cavelicíis, et in aliis reditibus, etc.* In Magno Chartulario ejusdem Monasterii : *Le devant dis Mesire li Abbés a en ledite vile bien mile personnes, ou plus assés, lesquels ne se puent marier sans sen congié, et du congié donné il en a sa droiture accoustumée, et tant come il sont ensamle par mariage, cascune persone paie à Mons. l'Abbé deux Parisis de sen kief, et apele-on tele condition en nom vulgal Caveliche, pour chou que chest pour le kief. Droit de Chevelage*, in variis Chartis quæ habentur in Probat. Hist. Ecclesiæ S. Aniani pag. 100. 101. quod *Chevalligium* appellatur in Charta Libertatum oppidi S. Paladii in Biturigib. ann. 1279.

¶ Capitagiarii, Iidem qui mox *Capitales*. Charta Alexandri Leodiensis Episcopi de Godefrido Namurci Comite ann. 1131. apud Marten. tom. 1. Collect. Ampliss. col. 709 : *Decretum est etiam a nobis et a Comite, quatenus omnis servus et ancilla Capitagiarii per annum et diem Bronium et S. Laurentium commorantes, ab anteriore Domini sui exactione et mortimanu, sicut cæteri ejusdem Comitis Burgenses in Namurco, penitus absolvantur.*

* 6. **CAPITALE**, Idem quod supra *Capitagium* 1. Charta Herman. Herbipol. episc. : *Jus autem defuncti, quod Capitale jus dicitur, et satisfactio coloni, si in aliquo offenditur, tam procuratori ecclesiæ, quam advocato ipsius mansi, æqua dividentur omnimode portione.* Vide *Capitales homines*.

* 7. **CAPITALE**, Oblatio pecuniaria, quæ sanctis pro suo capite fit. Charta ann. 1178. tom. 1. Probat. Hist. Brit. col. 671 : *Nummi autem illi, qui pro capitibus offeruntur, qui vulgo Capitalia nuncupantur, super altare in scrinio reponentur, videntibus monachis et capellano, non in trunco, etc.* Alia ann. 1252. ex Tabul. Montisol. : *Item quod Capitale et Capitalia, candelæ et denarii, qui offerentur a baptisatis per capellanum in monasterio, in vigiliis Paschæ et Pentecostes, dividantur per medium inter sacristam monasterii et ipsum capellanum.* Vide supra *Capitalacium*.

CAPITALES Homines, Qui debent *censum de capite*, quo nomine plerumque intelliguntur qui olim manumissi fuerant non *plenaria*, sed *conditionali* manumissione, sub conditione operarum, servitii, aut census annui : *Hommes de cors et de* *chief*, in Stabilim. S. Ludovici lib. 2. cap. 31. et in Probat. Hist. Ecclesiæ S. Aniani pag. 100. [*Capitales homines*, in Charta Lotharii Regis Franc. pro Monasterio S. Eligii Noviom. ann. 989.] *Homines de capite*, in Charta Caroli C. ex Tabulario S. Germani Paris. apud Beslium in Episcopis Pictavensib. pag. 33. *Servi de capite*, in Formulis vett. cap. 3. et lib. 4. Historiæ Vezeliacensis pag. 590. Epistola B. Noviomensis Episcopi tom. 4. Hist. Franc. Epist. 224 : *Super femina illa, quam clamo, quia Capitalis esse debet Episcopi.* Charta Communiæ Meldensis, Henrici Comitis Trecensis anno 1179. in Tabulario Campaniæ Thuano fol. 298 : *Capitales homines censum capitalem debitum dominis suis persolvent.* Charta Caroli Comitis Flandr. ann. 1123. in Tabular. Gandav. : *Capitales S. Petri in advocatia Bracbatensi*, apud Duchesn. in Probat. Hist. Guin. pag. 191. Synod. Coloniensis ann. 1280. cap. 12 : *Homines censum Capitalem Ecclesiis solventes.* [** Vide Guerard. in Indice Polypt. Irminon. voc. *Capitalis*, *Capitalitius*, *Cavaticarius.*]

Cujusmodi autem esset capitalium hominum conditio, sic præclare describit Chronicon Abbatiæ S. Trudonis lib. 13. extremo : *Masculus* 12. *denarios solvebat singulis annis de Censu sui Capitis, femina* 6. *quidam alius legis* 2. *denarios, quidam* 4. *Masculus istarum conditionum quocunque moraretur, sive sub nostro jure, sive sub alieno, si necdum conjugatus erat, debebat Ecclesiæ, quasi hæredi suæ, quidquid in omni substantia supererant ei : si fuerat conjugatus, et non cum sua compare, hoc est, quæ non esset ancilla nostræ Ecclesiæ, debebat dimidium suæ substantiæ, similiter et femina, excepto quod quocunque conjuge essent ei liberi, non dabat Ecclesiæ, nisi quod melius videbatur in omni sua mobili re. Masculus si esset cum sua compare conjugatus, dabat de suis vestimentis quod erat melius. Quod si haberet terram censualem et servilem, de terra dabat Præpositis ad curtim bovem, et de Capite suo, vel alium, vel rem quam habebat meliorem. Ita quoque fiebat si palefridi superessent.* Vide *Manumissio* et *Hereotum.*

* *Chevagiers*, in Charta ann. 1317. ex Reg. 56. Chartoph. reg. ch. 294 : *Ses hommes et ses fames qui sont si Chevagier, etc.* Alia ann. 1350. in Reg. 80. ch. 17 : *Item sur certaines personnes d'un linage de la ville de Beaufort Chevagiers, qui doivent par chascun an, l'omme iiij. den. et la fame ij. den. Chatel*, in Lit. remiss. ann. 1401. ex Reg. 156. ch. 226 : *Thevenin Galiffart homme serf et Chatel de Hotenin de Montagu, etc.* Iis contra liberos homines in judicio ferre testimonium, nisi ex privilegio, non licebat. Charta Caroli reg. Franc. in parvo Reg. S. Germ. Prat. : *Homines de capite eorum* (monachorum) *quos contra homines liberos in omni placito testimonium ferre concedimus.*

** Capitalis Justitia. Chart. Azzechonis Episcop. Wormat. sec. XI. ap. Schannat. vol. 1. pag. 72 : *Tributariorum ad B. Petrum Wormatiæ respicientium Capitalem Justitiam, id est manum mortuam .. concessi, etc.* Vide Haltaus. Glossar. German. col. 1793. et infra *Manus mortua.*

** Capitale Jus. Charta ann. 1278. ap. Kindlinger. Histor. Servit. pag. 310 : *Salvo tamen nobis Jure Capitali, quod Bestehoubet vulgo dicitur.* Conf. ibid. num. 45. pag. 322.

1. **CAPITALIS**, Primus, præcipuus. *Capitalis Friborgi*, in Legibus Edwardi Confes. cap. 20. Apud Sanutum lib. 3. part. 11. cap. 7. *Capitales* dicuntur, qui aliis *Capitanei*. *Capitales Barones*, apud Robertum de Monte ann. 1159. id est, præcipui. *Capitales Ecclesiæ*, apud Robertum Valciodorensem in Vita S. Forannani Abbat. num. 9. [et in Charta anni 1089. apud Miræum tom. 1. pag. 76. col. 1.] *Capitales Curiæ*, in Actis aliis ejusdem Sancti num. 13. *Capitales viri de Curia*, ibid. num. 15. [*Capitales ac principales homines*, in Chronico Mellicensi pag. 446. col. 1. *Domini Capitales* in Indice MS. Beneficiorum Eccl. et Diœces. Constantiens. fol. 51. verso, et in Formulari Anglic. Thomæ *Madox* pag. 68. *Capitalis mansura* ibid. pag. 79. *Capitale Monasterium*, in Charta anni 1030. inter Acta SS. Benedict. sec. 3. part. 2. pag. 624. *Capitalis pars Ecclesiæ*, infra in *Capitium*, 2]

* *Capitales inimici*, in Chron. Andr. Danduli apud Murator. tom. 12. Script. Ital. col. 498. *Chiefs d'ostel*, in Lit. ann. 1370. tom. 5. Ordinat. reg. Franc. pag. 374. Vide *Caput* 3.

* Capitalis Modiatio. Vide in *Modiatio.*

Capitalis, Gallis *Captau* vel *Capitau*, Dignitatis nomen, quibusdam ex illustrioribus Aquitaniæ Proceribus attributum, quos Comitibus, Vicecomitibus, et Baronibus vulgo accenset Consuetudo municipalis Burdegal. art. 75. Sed præsertim duos ex iis, hac dignitate insignitos observare est, *le Captal de Buch*, et *le Captal de Trene.*

Prioris creba occurrit mentio apud Froissartem, Berrium, Tillium, et alios Historiæ Franciæ Scriptores. Joannes *de Grailly*, *Capitalis de Bogio* appellatur, in Fœdere, quod inter Castiliæ Regem et Anglos initum est ann. 1362. et aliis Chartis, quas laudat Marca lib. 1. Hist. Beneharn. cap. 8. *Capitau de Buef*, in Chron. Flandr. cap. 98. Est autem *Bogium*, Aquitaniæ municipium ad canalis ostium, quod sinum Arcachonium efficit. Ex quo quidam censuere, *Capitales* appellatos, quod essent domini loci istius, qui est promontorium, seu, ut vulgo Galli efferunt, *Caput* in mare excurrens, *Cap de Buch*. Alii dictos putant, quod essent Capitanei istius castri ; *Capitales* enim quandoque cum Capitaneis, seu Præfectis, confundi, ex Sanuto diximus : atque ita *Capdals* usurpat Raimundus Montanerius in Chron. cap. 133. 185. Porro Chronicon MS. Bertrandi *du Guesclin* eumdem Guesclinum exhibet heraldum, seu fecialem, *Capitalis de Buch* sic alloquentem :

Et direz par delà à vostre reparier,
Que nous irons à eux, s'il ne viennent à premier,
Car je crois, se Dieu plaist, que je puis esploier,
Que du Castal de Buef mangeray un quartier,
Ne je ne panse anuit autre char manger.

Inscriptio portæ Atrebatensis urbis :

Captal de Beuf, qui y fut pris,
Comme Capitaine de haut pris.

Veteres Chartæ scriptæ ann. 1459. *Capitalatum* et *Capitalagium de Botgio* vocant, eumque tradunt primitus possessum a P. Amanevo de *Bordeu*, qui obiit sine liberis, cujus frater fuit P. *de Bordeu*, Dominus Podii Paulini, Castri novi, et Insulæ S. Georgii, qui filium habuit P. *de Bordeu* Capitalem de Bogio, et Assalhidam de *Bordeu* nuptam P. de *Gresly* Vicecomiti de Benaugis et de Castilhone. P. de *Bordeu* absque liberis pariter mortuo, Capitalatus in Gresliacam familiam transiit, ac deinde in Lebretensem.

* Lit. remiss. ann. 1399. in Reg. 154. Chartoph. reg. ch. 626 : *Jehan Graylin Capdau de Bug, et soy disant conte de Bigorre, etc.*

¶ Capitalissa de Bogio, pro uxore *Capitalis de Bogio*, in Literis ann. 1354. tom. 5. Rymeri pag. 785.

Capitalem Trenæ recenset Regestum Constabulariæ Burdegal. fol. 131. inter Nobiles Senescalliæ Burdegalensis his verbis : *Captau de la Trena debèt pro castro de Trena, et pro his quæ tenet a Rege in diversis parochiis*, 100. *sol.* 8. *den. de sporta.* Hujus etiam meminit Regest. Homagiorum nobilium Aquitan. fol. 11. et 17 : *Petrus Captalis de Trena sub tutela Raymundi de Novelliano* 1273. Vide Marcam in Histor. Beneharn. lib. 6. cap. 24. num. 9.

¶ Capitalem Sententiam Suscipere, *Occidi ab hostibus*. Barthii Gloss. ex Hist. Palæst. cap. 11 : *Illi autem qui voluerunt, Capitalem sententiam susceperunt.* Cap. XXVI : *Duo ex militibus exterunt de turre vulnerati, tertio tres hastæ detruncta sunt in manibus. Illi duo acceperunt Capitalem sententiam.* Vide *Capital* 2.

¶ 2. **CAPITALIS**, *fictus*, *veterator*, *vafer.* Glossæ Sangerman. MSS. num. 501.

¶ **CAPITALITIUM**, Capitalitius. Vide supra post *Capitale* 5.

* 1. **CAPITALIUM**, Idem quod *Capitale* 4. Bonum scilicet omne quod possidetur, præsertim vero bonorum species illa, quæ in pecudibus consistit, quam et forenses nostri *Catallum* vocant. Charta Nicolai abb. S. Joan. Laudun. ann. 1196. ex Tabul. ejusd. monast.. *Nisi querela talis fuerit quod in curia nostra jure oporteat eos placitare, sicut est de fundo terræ et de Capitaliis et de omnibus justitiis, præter infractionem pacis.* Arest. ann. 1372. ex eod. Tabul. : *Quamvis foraneorum et omnium casuum, sicut de fundo terræ, de catallis seu Capitaliis....... eisdem religiosis cognitio pertineret, etc.* Vide infra *Capitolium* 6.

* 2. **CAPITALIUM**, pro *Capitulum* vel *Capitulare*, Edictum. Charta ann. 1034. apud Murator. tom. 2. Antiq. Ital. med. ævi col. 271 : *Ipso namque jugali et mundoaldo suo ei consentiente et subter confirmante, et ex justa Capitalii et domni imperatoris, in qua inter cetera continere videtur, etc.* Vide *Capitale* 3.

¶ **CAPITANA**, Cathedralis Ecclesia, in Annal. Benedict. tom. 4. pag. 299. Sed perperam ; ibi enim laudatur Baldrici Chronic. Camerac. lib. 3. cap. 38. ubi non comparet vox *Capitana*, sed *Capitaneum* : quod de principali Monasterio debet intelligi, ut mox dicetur in *Capitaneus.*

* **CAPITANAGIUM**, Officium, dignitas *capitanei* seu præfecti copiis militaribus. Comput. ann. 1363. inter Probat. tom. 2. Hist. Nem. pag. 252. col. 1 : *Pro copia*

trium literarum, scilicet Capitanagii domini senescalli pro guerra Perrini Borre. Vide in *Capitaneus.*

¶ **CAPITANARIA**, Ital. *Capitaneria*, Gall. *Capitainerie*, Dignitas *Capitanei.* Regim. Paduæ ad ann. 1322 : *D. Jacobus de Carraria Capitaneus populi Paduani renunciavit dictæ Capitanariæ, etc.* Vide *Capitaneus.*

* **CAPITANARIUS**, Dux, præfectus, vel idem forte quod *Advocatus.* Charta Carlom. reg. inter Probat. tom. 2. Hist. Occit. col. 23 : *Hoc denique adjecto propter donationem liberrimam, quam ecclesiæ fecimus, ne causa emptionis tantæ potestatis vir intra ipsas fines, sicut Capitanarius, intermisceatur, cujus violenta dominatione honor ecclesiasticus concutiendo debilitetur, etc.* Vide *Capitaneus* et *Caput* 3.

¶ **CAPITANATA**, Vicus. Acta SS. Maii tom. 1. pag. 541. in Miraculis B. Gregorii Verucul. : *Actum in aditu domus meæ sitæ intus terram Verruchii in Capitanata S. Thomæ in Contrata Postarelli.*

* Ital. *Capitanato*, Districtus, jurisdictio *capitanei.*

1. **CAPITANEA**, Capitale debitum, *Sort principal*, in Statutis Venet. ann. 1242. lib. 5. cap. 14. et alibi.

¶ 2. **CAPITANEA**, Officium *Capitanei*, Gall. *Capitainerie.* Epist. Urbani IV. Papæ in qua proponit conditiones sub quibus Carolum Andegaviæ et Provinciæ Comitem regno Siciliæ investiri cupiebat, apud Marten. tom. 2. Anecdot. col. 10. ann. 1263 : *Idem autem Comes et sui hæredes... in patrimonio B. Petri... nullam potestariam, seu Capitaneam, vel rectoriam... recipient, etc.*

CAPITANEÆ LITERÆ. Auctor incertus de Limitib. agror. : *Quas literas singulas in terminis invenies, quæ Capitaneæ sunt, non fundorum, sed rationis terminum ostendunt.*

¶ **CAPITANEATUS**, CAPITANERIA. Vide mox in *Capitaneus.*

* **CAPITANEATUS**, Ducis exercitus dignitas et officium. Stat. ant. Florent. lib. 3. cap. 175. ex Cod. reg. 4621 : *Nullus de civitate, comitatu vel districtu Florentiæ audeat... Capitaneatum militum seu equitum... exercere, etc. Capitaneatus generalis maris*, in Chron. Andr. Danduli apud Murator. tom. 12. Script. Ital. col. 459. Vide in *Capitaneus.*

1. **CAPITANEUM**. Tabular. S. Remigii Remens. : *Donat...in banno pro pastione cum socio de bobus 4. den. Capitanea car. 1. ad scuriam de materiamine car.* 1. Idem videtur quod *Capitum*, palea. Vide *Capitale* 5.

* 2. **CAPITANEUM**, Res ipsa quæ restitui petitur, seu ejus æstimatio. Chartul. Celsinian. ch. 378 : *Ut malas consuetudines... illas non teneat, et alias non mittat; et si fecerit, ut infra xiiij. dies emendatum aut per Capitanea, aut per amodium.* Vide in *Capitale* 2.

CAPITANEUS, Adjectivum, præcipuus, principalis, qui est in *Capite*, capitalis. Hincmarus de Ordine Palatii cap. 27 : *Capitanei ministrales certatim de die in diem nunc istos, nunc illos, ad mansiones suas vocabant, etc. Capitaneum Monasterium*, apud Baldricum lib. 3. Chron. Camerac. cap. 38. [et in Annal. Benedict. tom. 2. pag. 457.] *Capitaneum altare*, in Charta Petri Morinorum Episc. ann. 1237. [et alibi. *Capitanea crux*, apud Marten. tom. 3. Anecd. col. 588. *Capitaneus locus*, Gall. *Chef lieu*, in nova Gall. Christ. tom. 3. col. 489. et in Actis SS. Benedict. sæc. 3. part. 1. pag. 121.]

* CAPITANEUS SENSUS, Inconsultus naturæ impetus, Gall. *Premier mouvement.* Vide infra *Sensus.*

* CAPITANEUS, Rector, ductor, qui rei alicui præfectus est. Inquisit. ann. 1268. ex schedis Pr. *de Mazaugues : Item dixit quod quadam alia vice ipse testis cum triginta equitibus, quorum erant Capitanei seu rectores dom. Guillelmus,..... iverunt ad dictum territorium custodiendum.* Lit. ann. 1355. in Reg. 84. Chartoph. reg. ch. 367 : *Quem constituerat Capitaneum seu dispensatorem domus suæ.*

CAPITANEUS, Caput militum, præfectus copiis militaribus, nostris *Capitaine.* Guill. *Guiart :*

Serjens et Mestres Capitaines
Font espartir aval les plaines.

Caput exercitus, apud Fredegar. in Chron. cap. 78. *Duces in Capite*, Gall. *Generaux en chef*, apud Gregorium Turon. lib. 4. Hist. cap. 5 : *Rex Godegisilum et Guntherannum Duces in Capite dirigit.* Gesta Dagoberti Regis cap. 36 : *Rex de universo regno Burgundiæ exercitum promoveri jubet, statuens in Capite Aboindum, etc.* Annales Francor. ann. 786 : *Prævaluerunt Franci, et cum victoria, Deo volente, reversi sunt, et Capitaneos eorum* (Britonum) *repræsentabant Domino Regi Carolo.* Vide Capitulare ann. 807. cap. 3. Occurrit passim.

* Annal. Victor. MSS. ad ann. 1302 : *Robertus comes Attrebatensis Capitaneus exercitus.*

CAPITANIUS. Annales veteres Francorum a Lambecio editi lib. 2. Comm. de Bibl. Cæsarea ann. 798. [** Pertz. vol. 1. pag. 37.] : *Et illi omnes se tradiderunt in manus ejus, et tulit inde illos Capitanios quos voluit.* [** Annal. S. Amand. eod. ann. ibid. pag. 14 : *Hospites Capitaneos 1600. inde adduxit et per Franciam divisit.*] Occurrit etiam in Chronico Beneventano ann. 1192.

¶ CAPITANUS. Querimoniæ Dom. Dalphini contra Burgenses de Romanis ann. 1342. Hist. Dalphin. tom. 2. pag. 442. col. 1 : *Item vos armati et congregati ut supra ad modum Universitatis, Officialibus dicti loci de Romanis, vestris præsentibus, quemdam de vobis in Capitunum elegistis, nominavistis et constituistis, cui nomen imposuistis Tartaralla, etc.*

CAPITANEUS GENERALIS, Dux totius exercitus apud Matthæum Paris, qui *Major Capitaneus* in Charta Cremonensi ann. 1244. nostris olim *Capitaine general et souverain*, cujus dignitatis et munii suprema potestas sic describitur in Charta quam hic damus : *Philippe par la grace de Dieu Roys de France, à tous ceux qui ces presentes Lettres verront, Salut. Sçavoir faisons que nous confians du sens, loyauté et diligence de nostre amé et feal Chevalier Guy de Neelle, Mareschal de France, icelluy avons fait et estably, faisons et establissons par ces Lettres, pour la seureté du pays, Capitain general et souverain de par Nous és parties de Xanctonge et és pays et marches d'environ, et de tous les lieux voisins, auquel nous avons donné et encore donnons pouvoir, auctorité, et mandement especial de mander, assembler, et tenir à nos gages gens d'armes et de pié tant, tel nombre, et toutefois que bon li semblera de visiter, et establir les villes, Chasteaux, et forteresses du pays, et des marches, et de croistre et apetisier les establies, de changer, mettre de lieu en autre, et oster du tout Chastellains, Baillis, Prevos, Receveurs, et toutes manieres d'autres Officiers quiex et quelque estat qu'il soient, et autres establir de nouvel en lieuy d'eux, de quitier, remettre, pardonner toutes manieres de crimes et malefices aux personnes que il verra que bon soit, de rappeller banis, de donner Lettres d'Estat à ceux qui seront en nostre service avec lui, ou autre part de son commandement, du jour que il partirent de leur pays jusques à un mois aprés leur retour des parties où il seront alés, de composer à toutes manieres de gens, de quelque estat que il soient tenant villes, chasteaux et forteresses de nos ennemis qui vauldroient sans fraude venir à nostre obeissance, de prendre deniers sur les Receveurs quelconques desdites parties pour faire les choses dessusdites toutes fois que mestier en sera, en eux donner quittance sous son seel de ce qu'il prendra d'eux et de faire toutes autres choses qui à office de Capitain general et souverain puent et doivent appartenir. Lesquelles choses dessusdites ainsi faites par nostredit Capitain, nous aurons fermes et agreables, et icelles et cescunes confermerons par nos Lettres seellées en las de soie de cire verte, se mestier est. Donnons en mandement par la teneur de ces presentes à tous nos Officiers et subjets de quelque estat que il soient, que audit Mareschal comme à Capitain establi de par Nous, obeissent diligemment, et prestent et donnent conseil, confort, et aide, toutefois que mestier en aura, et à nos amés et feaux Gens de nos Comptes à Paris, que tout ce que nostredit Capitain aura pris ou receu desdits Receveurs, ou d'aucuns d'iceux pour la cause dessusdite, il allouent en leurs comptes, et rabatent de leurs receptes sans contredits, nonobstant, que ces presentes soient passées par les gens de nostre secret Conseil : en tesmoin de laquelle chose nous avons fait mettre à ces Lettres nostre grant seel. Donné au Bois de Vincennes le* 9. *jour d'Aoust l'an de grace* 1349. Exstat in 12. Regesto Chartophylacii Regii ch. 17. Diploma aliud Philippi Pulcri Regis datum apud Vincecenas die Martis ante festum B. Mariæ Magdalenæ ann. 1302. quo Comitem sancti Pauli Buticularium Franciæ *Capitaneum exercitus* sui in bello Flandrensi constituit. [** *Capitaneus generalis* exercitus navalis in chart. ann. 1472. ap. Jal. Archæol. Naval. vol. 1. pag. 455. Vide *Capitaneatus.*]

* CAPITANEUS CAMPI, Castrensis. Chron. Andr. Danduli apud Murator. tom. 12. Script. Ital. col. 480 : *Dom. Jacobus Capitaneus campi optans ad plebatum Sacci pro majori hostis damno transferri, etc.*

* CAPITANEUS GUERRÆ, Cui cura exercitus in bello commissa. Frag. Fulgin. Hist. ad ann. 1282. apud Murator. tom. 4. Antiq. Ital. med. ævi col. 140 : *Dicto anno dom. Consolinus de Auximo fuit factus Capitaneus guerræ.* Lit. Phil. VI. ann. 1340. tom. 5. Ordinat. reg. Franc. pag. 436 :

Johannes.... rex Boemiæ, Capitaneus guerræ nostræ in partibus Vasconiæ.

* Capitaneus Levatorum, Magistratus, qui iis præest, quibus *levatarum* seu aggerum cura commissa est. Vide infra *Levator* 2.

* Capitaneus Peditum, Qui militiæ pedestri præest. Annal. vett. Mutin. ad ann. 1247. apud Murator. tom. 11. Script. Ital. col. 63 : *Inter quos mortuus fuit dom. Sigismundus miles, filius dom. Manfredi de Petrezanis Capitanei peditum.*

Capitaneus Ecclesiæ, in Charta ann. 1080. apud Beslium pag. 484. videtur idem qui *Advocatus*. [Vita S. Hildegardis Abbatissæ lib. 1. cap. 3 : *Tunc Abbas veniens ad matricem sedem Moguntinam coram venerabili Præsule Henrico et Capitaneis Ecclesiæ, quod cognoverat, exposuit.* Acta SS. Benedict. sæc. 3. part. 3. pag. 717. in Vita S. Burchardi : *Convocatis undique tam Principibus vicinis, quam ipsis Ecclesiæ suæ Capitaneis, cuncto quoque Clero ac populo.*]

¶ Capitaneus Sedis Apostolicæ. Chronicon Barcinon. tom. 3. Concil. Hisp. pag. 545. col. 2 : *Anno* MCCXCVI. *in mense Novemb. Dominus Rex Jacobus Vexillarius et Capitaneus Sedis Apostolicæ, cum dicta Regina ivit in Curiam, et* X. *Kal. Madii ann.* MCCXCVII. *redivit.*

¶ Capitania, Officium seu Dignitas *Capitanei Sedis Apostolicæ*. Bulla Bonifacii VIII. pro Jacobo II. Aragonum Rege tom. 3. Concil. Hisp. pag. 536 : *Ad exequendum hujusmodi Vexillariæ, Capitaniæ et Admiratiæ officium, etc.*

¶ Capitaneus Civitatis, Præfectus civitatis qui de rebus tam criminalibus, quam civilibus et politicis cognoscebat, in plerisque Italiæ urbibus. Epist. Friderici Regis Siciliæ apud Marten. tom. 3. Anecd. col. 76 : *Fridericus Dei gratia Rex Siciliæ Capitaneo seu Vice-capitaneo civitatis Panormi fideli suo gratiam suam et bonam voluntatem, etc.*

¶ Capitaneus Populi, Eadem notione. Jacobi Auriæ Annal. Genuens. lib. 10. ad ann. 1291 : *Electus fuit in Capitaneum Januensis populi nobilis vir Dominus Lanfrancus de Suardis civis Bergomensis, qui venit Januam tempore ordinato, et cœpit officium sive Capitaniam sapienter et strenne gubernare.* Oberti Stanconi Annal. alii Genuens. lib. 9. ad ann. 1271 : *Anno Domini* MCCLXXI. *dicti Capitanei populi voluntate ordinavere ad regimen civitatis eligere Potestatem. Factum est quod electo Accurso Lanzanigra Alexandrino cive, de mense Aprilis venit ad regimen civitatis Januæ, et rationis regulis observatis, salvis tamen dictorum Capitaneorum mandatis, quæ omnibus statutis et legibus tenebantur præferre.* Iidem Annal. ad ann. 1270 : *Capitaneis namque prædictis regentibus civitatem, etc.* Passim memorantur hujusmodi variarum urbium Capitanei apud Scriptores Italicos hac de re consulendos. [** Vide Savinii Histor. Jur. Roman. med. temp. part. 3. cap. 19. § 50.]

* Magistratui, qui *Potestas* nuncupabatur, inferior. Libellus ann. 1222. apud Murator. tom. 4. Antiq. Ital. med. ævi col. 127 : *Cœpere civitates liberæ præter Potestatem, alterum habere officium, hoc est, Capitaneum populi, exterum et ipsum..... Erat ejusdem Capitanei munus militiam regere, et quoties exigebat occasio, tumultuantes compescere atque in eos animadvertere, prout major minorve ei auctoritas conferebatur.* Adde eumd. Murator. tom. 11. Script. Ital. col. 25.

* Capitaneus Quarterii, Gall. *Capitaine de quartier*, Urbis regioni præfectus, in Statutis crimin. Saonæ pag. 112.

* Capitaneus Stipendiariorum. Charta Phil. Pulc. ann. 1290. in Reg. 34. Chartoph. reg. ch. 55 : *Cum litteris magistri templi, vel hospitalis, vel illius qui Capitaneus stipendiariorum cismarinorum erit in Achon, testificantibus ipsum comitem* (Fuxi) *ultra mare dictum biennium complevisse.*

** Capitanei *pro securitate stratarum* in Litter. Concil. Basil. ann. 1435. ap. Schœpfl. in Alsat. Diplomat. num. 1309. vol. 2. pag. 354.

Capitanei, in libris Feudorum, seu potius in Italia, generaliter dicebantur, Duces, Comites, Marchiones, qui Regis Capitanei sunt, ut lib. 1. tit. 1. Specialiter autem qui non sunt ex hoc illustri Magnatum, sed ex eorum ordine, qui *a Principe vel ab aliqua potestate de plebe aliqua, vel plebis parte per feudum sunt investiti*, quique *Valvasores majores* olim appellabantur, ut est lib. 2. tit. 10. quo sensu Capitanei a Comitibus distinguuntur lib. 2. tit. 10. 12. 17. et in Constitut. Frideric. de pace tenanda. Guntherus lib. 8. Ligurini :

Hanc proceres cuncti, Comes, an Dux, Marchio, [Consul,
Et cum judicibus Capitanea turba verendis.

Vide Ottonem Frising. lib. 2. de Gest. Friderici cap. 12. Decreta pro Mediolanensibus apud Baronium ann. 1067. n. 11. Petrum de Andlo lib. 2. cap. 12. Zasium de Feudis cap. 5. § 19. 23. 24. etc.

Cataneus, vox detorta ex *Capitaneus*, idemque sonat. Ivo Carnotensis Episcop. Epist 129 : *Præcipue hoc Nobilitati tuæ debemus, qui et noster es parochianus, et Ecclesiæ nostræ Cataneus. Chataigne* Scriptores nostri Gallici ævi medii pariter dixere. Le Roman *de Roncevaux* MS :

Demandroot moi, Ou est li Cuens Chataingne?

Le Roman *de Gaydon* MS :

Dont maint Duc et maint Comte, et maint Prince Chataigne
Furent occis, etc.

Le Roman *d'Amile et d'Amy* MS :

Illuec trouva Amile li Chataine.

Alibi :

Va s'ent Amiles li prous et li Chataine.

Catanei, Iidem qui *Capitanei* apud Feudales, quidquid contra reclament Scriptores aliquot Itali, qui aliunde vocis originem accersunt. Romualdus Salernit. in Chronico MS. : *Comitissa de Berthenora cum Guillelmo de Markisella nobili Cerrariensi Catanio, cum magna multitudine militum et peditum ad succursum ejusdem civitatis veniebat.* Charta Caroli IV. Imp. Id. Febr. 1370. pro Amizino de Bozullis milite et Legum Doctore, et Joanne ejus fratre, civibus Papiensibus : *Auctoritate Imperiali, tenore præsentium nobilitamus et altiori nobilitatis gradu gratiosius elevamus, atque sub forma et modo, quibus melius possumus, vos et eosdem vestros descendentes ligitimos nobiles Cataneos constituimus, et auctoritate prædicta creamus et facimus, et aliorum Cataneorum nobilium honoribus, privilegiis, juribus, immunitatibus et dignitatibus frui ubique locorum decernimus, etc.* Vide Ægidii Menagii Origines Italicas in *Cattano*.

Capitania, Capitanei officium, dignitas, proprie *feudum Gardiæ* perpetuum, apud Petrum de Vineis lib. 3. Epist. 63. lib. 5. Epist. 71. lib. 6. Ep. 25. [** Henric. VII. Imper. Constit. ann. 1310. ap. Pertz. vol. 4. pag. 503. lin. 11. Alia. ann. 1311. ibid. pag. 523. lin. 40.] [*Capitania*, Hispanis.]

¶ Capitaneria, in Chronico Parmensi ad ann. 1289. apud Murator. tom. 9. col. 815.

Capitaneatus. Marsilius de Menandrino in Defensore pacis 1. part. cap. 9 : *Unus quidem cum Monarcha statuitur ad aliquod opus determinatum, circa regimen communitatis,.... uocatur autem officium hoc in Communitatibus modernis Capitaneatus, aut Contestabiliaria.* [Chron. Parmense ad ann. 1595. col. 832 : *D. Gottus de Foro Capitaneus populi Parmæ renuntiavit ipsum regimen et Capitaneatum.*]

¶ Capitaneus Census. Vide *Capitale* 5.

1. **CAPITARE.** Alcuinus Poem. 203 :

Mens pia pascatur verbis cælestibus, illa
Et laus alma Deo tota Capita'ur in aula,

Forte *crepitetur*. [Crediderim *Capitare* idem esse apud Alcuinum, metaphorico tamen sensu, quod in *Antiquit. Ambrosden.* apud Kennetum. Hic auctor in Glossario ad calcem dictarum *Antiquit.* in voce *Abuttare* observat in veteribus agrorum descriptionibus *Abuttare* nonnunquam exprimi per *Capitare*, hoc est, terminare, Gall. *Aboutir, se terminer*, ut in Consuetud. Monast. de Bello fol. 241 : *Tenent octo acras juxta Goreswall Capitantes ad prædictam wallam versus Nordest.* Madox Formulare Anglicum pag. 155 : *Duæ acræ quæ Capitant super easdem. Capitare, Caput facere*, Joanni de Janua.]

* 2. **CAPITARE**, vox Italica, Exitum habere. Barel. serm. de flagel. Dei : *Sicut vis corpus reficiare quotidie, ita animam cibo spirituali missa : quia illa die non potes male Capitare.*

* 3. **CAPITARE**, Capere, apprehendere. Stat. crimin. Saonæ cap. 18. pag. 27 : *Si... propterea in se* (qui alterum verberavit) *manus injecerint aut Capitaverint, etc.*

CAPITAS, Papiæ, *Amplitudo, a capiendo.* Ita etiam Gloss. MS. Regium signat. 1013. [** Virgil. Grammat. Epist. 4. pag. 121 : *Caput a capitate sumi certum est, unde capere dicimus quæ comedimus.*]

¶ **CAPITATA.** Chron. Siciliæ in Epistola Messanensium ad Panormitanos, apud Marten. tom. 3. Anecd. col. 92 : *O nefanda temeritas, quæ sub fictæ velamento Capitatæ Romanam majorem Ecclesiam veritatis amicam inivit suæ fictionis illusionibus inhæsisse.* Ubi *Capitata*, si bene conjecto, idem est quod *Pax* : ibi enim conqueruntur Messanenses quod Carolus pacem ab Ecclesia confirmatam violasset; at unde ducta vocis origo mihi incompertum, nisi quod per capita pacem jurare consueverant.

CAPITATICUM. Vide *Capitale* 5.

1. **CAPITATIO**, Capitis census, seu tributum capitis vel personæ. *Capage*, apud Delphinates, et Expillium Orat. 21. Ter-

tullianus : *Hominum Capita stipendio Censa, ignobiliora.*

CAPITATIO, Tributum pro jugorum, seu capitum, id est possessionum numero impositum : sic dictum, quia in censum veniebant, referebanturque omnia quæ possessionum, capitum, sortiumque, et jugorum æstimationi accedebant. Ita Jacobus Gothofredus ad leg. 2. Cod. Th. (13, 10,) de Censu, ubi plura de ejusmodi capitatione, quam *Censum capitum* vocari a sancto Hilario annotat, *Caput*, ab Eumenio in Paneg. et Sidonio Carm. 13. ad Majorian. Salvianus lib. 5. de Gubern. Dei : *Cum possessio ab his recesserit, Capitatio non recedit : proprietatibus carent, et vectigalibus obruuntur.* Glossæ Lat. Græc. : *Tributum*, τέλεσμα, ἐπικεφάλιον. *Tributum Capitulare*, ἐπικεφάλιον φόρος. Nostri ejusmodi capitationem *Talliam realem* vocant.

CAPITATIO HUMANA, in leg. 6. Cod. Th. (11, 20.) de Conlat. donat. pars ea tributariæ functionis, quæ pro servis, colonis, adscriptis, censitis, præstabatur, ut

CAPITATIO ANIMALIUM, d. l. 6. quæ pro animalibus possessionum, *le Bestail.*

CAPITATIO PLEBEIA, in l. 4. Cod. Theod. de Censu, quæ *Exactio plebis* dicitur in leg. 6. eadem, quæ a plebe exigitur, a qua eximuntur virgines Deo sacratæ et pupilli, quam etiam eamdem cum superiori capitatione possessionum esse censent viri docti.

¶ 2. CAPITATIO, Pabulum animalium. Vide *Capitum.*

CAPITE-CENSUS, apud Papiam MS. : *Taxatio possessionum, vel qui caput suum deducit ad censum, ad honorem, ad divitias. Capitecensus, corona quæ capite geritur.*] Isidoro in Glossis : *Capite census, coronam qui in capite gerit. Capite Census, taxatio possessionis.* Ad hæc Grævius : Sed cur Capite census dicitur qui coronam in capite gerit? Puto, inquit, quia qui sub corona vendebantur, in capite coronam gerebant, illorumque caput censebatur, hoc est æstimabatur illo pretio, quod ei a venditore statuebatur.] Charta Henrici Imp. ann. 1039. in Metropoli Salisburgensi tom. 1. pag. 147 : *Cum ... censibus et Capiticensibus, agris, campis, vineis, etc.* Occurrit ibid. in aliis Chartis. Charta Communiæ Faræ ann. 1207. apud Thomasserium pag. 438 : *Statuimus etiam ut homines Capitecensi dominis suis censum capitis sui infra terminos Pacis tantum persolvant, etc.* [Notum est *Capite censos*, a Romanis dictos fuisse, qui nullo vel minimo ære censebantur, quasi qui censerentur suo solo capite. Vide rursum *Capite censi* post *Caput* 3.]

CAPITEGIUM, Capitis amiculum, Gallis *Couvre-chef.* Guarinus Ordinis Prædicat. in Vita B. Margaretæ Hungaricæ num. 19 : *Parabat cibum pro infirmi in coquina, accendebat ignem, carnes pro eis in proprio portabat Capitegio, vel ad collum.* Vetus Rotulus ann. 1252 : *Pro Capitegiis missis tunc D. Reginæ uxori Regis, etc.* [Chronicon S. Martialis Lemovic. apud Stephanotium Fragm. Hist. tom. 1. MS. : *Anno 1273. mulieres castri et civitatis Lemovic. sumpserunt Capitegia in capitibus suis ad prædicationem Fratrum Prædicatorum, qui tunc de novo venerant ad castrum Lemovic. quæ mulieres antea sine Capitegiis se portabant.* Modestum igitur erat *Capitegium* et signum pudoris, ut velamen de quo Apostolus. Fuit etiam in usu apud Moniales. Instrument. ann. 1348. Hist. Dalphin. tom. 2. pag. 578. col. 2 : *Capitegia seu alia pro capitis velamine necessaria usque ad valorem decem octo grossorum Turonensium cuilibet Moniali circa prædictum festum omnium SS. annis singulis ministrentur.*] Ceremoniale Rom. ex MS. Vaticano de Consecr. PP. : *Ordinator ponat unum Capitegium subtile in modum serti super caput electi, pendentibus capitibus Capitegii post collum, et sic mittit Chrisma super caput ejus in modum Crucis. Capiteregium* scribitur apud Rainaldum, ad calcem tom. 3. ann. 1279. n. 19. ut et in Charta ann. 1347. apud V. Cl. Dion. Salvagnium Boissium lib. de Placito Dominico pag. 10 : *Item quicquid dicta Francesia, tanquam hæres dicti patris sui, et dictus Guigo ejus vir nomine dictæ uxoris habent et possident in mandamento Belligardi... ad placitum unius Capiteregii usque ad valorem 18. denariorum bonorum Viennensium in mutatione domini vassalli solvendum dicto domino Dalphino et successoribus suis ad opus Dominæ Dalphinæ.* Alibi *velum* appellatur. Occurrit præterea in Vita B. Coletæ non semel.

* CAPITEITAS, Titulus, quo Pontificis Romani primatus significatur, in Serm. mag. Joan. Paris. in Conc. Constant. ex Bibl. Heilsbron. pag. 108 : *Capiteitas, pro primatu Papæ, vocabulo monstroso.*

CAPITELA. Vetus Notitia judicati, apud Franciscum Mariam in Mathilde Comitissa lib. 3 : *Dum in Dei nomine in civitate Luca, ad Curte Domini Hugonis Regis, in solario ipsius curtis, ubi Dominus Ugo et Lotharius filius ejus glorissimi Reges præerant, in Capitela, ubi est longanea solarii, etc.*

1. CAPITELLUM. Ugutio et Papias : *Capitella dicuntur quæ columnis superponuntur, quia columnarum sunt capita, quemadmodum super collum caput.* Idem Papias : *Hermes, dicitur Capitellum quod ponitur super columnam.* Vita B. Mariani Abb. Ratisp. num. 26 : *Claustro, Capitellis sculptis, ac basibus... eandem Ecclesiam decoravit.* Occurrit non semel 3. et 4. Regum. *Columnarum deaurata Capita*, apud Hieronym. Epist. 8. et Epist. ad Gaudentium : *Auro fulgent Capita columnarum.* Κιονόκρανα dicuntur ejusmodi capitella Photio in Encomio Novæ Ecclesiæ a Basilio extructæ. [Regimina Paduæ ad ann. 1283 : *Factus fuit pons lapideus S. Leonardi hoc anno, et inventa arca nobilis Antenoris conditoris urbis Paduæ cum Capitello.* Chronicon Parmense ad ann. 1299 : *Tonitruum et sagitta de cælo percussit in turre Communis Parmæ... et diruit dicta sagitta de turre Communis unum ex merlis, et de angulo et de fenestris et de Capitello lignaminis, quod est desuper ipsam turrim, et unum ex colonellis marmoreis super quo erat.* Alter locus ex eodem Chronico refertur in *Cantonus* post *Canto* 1.] [** S. Aldhelmus de Laud. Bugge ap. Mai. vol. 5. Class. Auct. pag. 390. vers. 79 :

Hic quoque turibulum Capitellis undique cinctum
Pendet de summo, fumosa foramina pandens.]

Vide *Capitulum* 3.

2. CAPITELLUM, Joanni de Garlandia in Synonymis Chymicis, *Aqua saponis vel lixivium.* Matthæo Salvatico : *Aqua saponariorum, ex quo fit sapo, dictum Gutta prima, aqua prima.*

3. CAPITELLUM, Minus capitulum, seu locus ubi conveniunt Monachi : nam plura habebant interdum Capitula in majoribus Monasteriis. Tabular. Vindocinense Thuani Ch. 27 : *Hæc definitio facta est apud Vindocinum, in Capitello S. Georgii anno 1070.*

4. CAPITELLUM, Capitolium, arx. Radulfus de Diceto in Imag. Hist. ann. 1174. de urbe Santonica : *Deinde progrediens aggressus est fortuna consimili Capitellum, præsidium majus, sed præsidio primo antiquius.* Capitolium Santonicum intelligit, de quo sic Ademarus Cabanensis in Chron. : *Dolo adduxit eum in Capitolio Sanctonæ urbis, quasi in beneficio urbem ipsam ei concederet, nihilque mali suspicantem, inclusum Capitolio, nefanda eum capere non veritus est traditione.* Quod vero *Capitolium* et *capitellum* his Scriptoribus est, *turrem Sanctonensis civitatis* Hovedenus, *præsidium* Walsinghamus vocant. [Chronicon Veronense ad ann. 1354 : *Et sic die sequenti ac aliis diebus fuerunt suspensi per gulam in platea apud Capitellum.* Et ad ann. 1374 : *Die autem jovis* XIV. *Octob. ante mortem D. Cansignorii facti fuerunt Domini generales civitatum Veronæ et Vicentiæ, etc. Domini Bartholomæus et Antonius fratres de la Scala filii naturales de voluntate et consensu totius populi Veron. super Capitello communis Veronæ.*] Vide *Capitolium*, et *Capitulum* 5.

* 5. CAPITELLUM, *Alta pars domus*, in vet. Glossar. ex Cod. reg. 521. Vide *Capitium* 2.

* 6. CAPITELLUM. Gregor. Turon. lib. 9. Hist. cap. 6 : *Et ingressus in oratorium, me postposito, ipse Capitellum unum, atque alterum, ac tertium dicit.* Vita S. Cæsarii episc. tom. 6. Aug. pag. 83. col. 1 : *Dicentibus sanctis fratribus inibi Capitella, etc.* Ubi Horas canonicas breviores significari suspicantur docti Editores; brevius *capitulum* ex Gregor. Turon. interpretatur Cangius, in *Capitulum* 3. Vide infra *Chapitellum* 2.

¶ 1. CAPITELLUS, apud Lobinellum Hist. Britan. tom. 2. pag. 73 : *Pro duabus salinis habentibus quadraginta Capitellos;* id est, spatiola seu areolas continendis aquis, unde per calorem solis sal expromitur, Gall. *Oeillets.*

¶ 2. CAPITELLUS, Idem quod *Capitium* 1. seu vestis pars superior, qua caput tegebatur. Acta SS. Julii tom. 4. pag. 666. de S. Petro Confessore : *Ejus vestimenti forma nonnisi quidam saccus veridice dici potest, cum nec manicas habeat nec girones, nec Capitellos, nec bottones.*

* Vel potius Collare, Gall. *Collier, collerete;* quo etiam sensu *Capitium* usurpatur. Vide in hac voce.

CAPITENNIUM. Vide *Captenere.*

CAPITEREGIUM. Vide *Capitegium.*

¶ CAPITERNUM, f. Species fibulæ a *Capiendo* sic dictæ, quod quasi *capiat* res, quibus adjungitur. Inventar. Ecclesiæ Noviom. ann. 1419. ex Archivis ejusdem : *Item est ibidem una parva layetta, in qua sunt plures peciæ, argenteæ omnes vel deauratæ vel albæ, sicut de boutonnis capparum, de Capiternis feretri seu chassiæ beatissimi Eligii, de firmariis librorum, etc.*

* **CAPITE-SENSIVI**, pro *Capite-censi* vel *censiti*, Servituti et censui obnoxii. Charta ann. 1126. in Append. ad tom. 6. Annal. Bened. pag. 650. col. 2: *Homines autem S. Richarii Capite-sensivi, sine abbatis assensu nunquam in communiam intrabunt.* Vide in *Caput* 3.

¶ **CAPITIARE.** Vide post *Capitium* 1.

CAPITIARIUS. Vide *Capitium* 2.

¶ **CAPITIFRAGIUM,** Instrumentum aptum capiti comminuendo. Acta SS. Junii tom. 3. pag. 30. de S. Cyrico : *Fac Capitifragium et uncinos ad oculos evellendos.*

1. **CAPITILAVIUM,** Dominica Palmarum. Ordo Romanus : *Dominica Indulgentiæ, quæ diversis vocabulis distinguitur, id est, Dies Palmarum, sive Florum, atque Ramorum, Osanna, Pascha petitum, sive Competentium et Capitilavium.* Appellationis rationem exponit Isidorus lib. 2. de Divin. Offic. cap. 27. et lib. 6. Orig. cap. 18 : *Vulgus autem ideo eundem diem Capitilavium vocat, quia tunc moris est lavandi capita infantum, qui ungendi sunt, ne forte observatione Quadragesimæ sordidati, ad unctionem accederent.* Eadem ferme habent Alcuinus lib. de Offic. divin. Rhabanus Maurus lib. 3. de Instit. Cleric. cap. 35. et Papias.

* 2. **CAPITILAVIUM,** metaphorice pro Reprehensio, castigatio; quomodo *Laver la tête à quelqu'un* dicimus, pro Verbis asperioribus castigare. Glor. posth. S. Rosæ tom. 5. Aug. pag. 1009. col. 2 : *Perfidis nostri seculi iconoclastis hoc caput Capitilavium esto.*

* **CAPITINA,** Sumen, ut videtur, Gall. *Tetine.* Testam. ludicr. Grun. Procelli ad calcem Inscript. supposit. a Grut. edit. pag. xviij : *Qui de meis visceribus dabo, donabo sutoribus setas, rixatoribus Capitinas, surdis auriculas, causidicis et verbosis linguam, etc.* Nisi malis de rostro, quo porci grunniunt, interpretari; quod rixatoribus non male convenit.

¶ **CAPITIO,** [** *require supra*] *Annona*, in veteri Vocabulario utriusque Juris. [** leg. *Capitatio.*] Κάπιτον Justiniano in Nov. 24. Extr. et in Edict. 13. cap. 3. idem quod *Caput annonæ*, de quo infra. Vide *Capitum.*

* **CAPITIOLUS.** Chron. Bergom. ad ann. 1404. apud Murator. tom. 16. Script. Ital. col. 965 : *Johannes quondam dom. Guielmi militis de Suardis cum sua brigata, et Zininus sutor, qui faciebat conducere Capitiolos xxv. Mediolani, etc.* Vide supra *Capitare* 3.

¶ **CAPITIPURGIUM.** Vide *Caputpurgium* in *Caput.*

1. **CAPITIUM,** Capitis tegmen, Festo, Nonio Marcello, et Isidoro lib. 19. Orig. cap. 30. At Varro scribit tegmentum fuisse quo mulieres pectus amiciebant. *Capitia* in mundo muliebri reponuntur ab Ulpiano l. 27. de Aur. et arg. legat. [** lib. 34. tit. 2. fr. 23. § 2.] Ugutioni vero et neotericis Grammaticis, *Capitium, os tunicæ* definitur. Papias : *Capitium, summitas tunicæ, capitis foramen in veste.* Balbus in Catholico : *Capitium, os tunicæ, vel alterius vestis, unde caput immittitur.* Auctor Mamotrecti : *Capitium, quod est circa collum.* S. Hieronym. de Veste Sacerdotali, de tunica talari : *In superiori parte qua collo induitur, aperta, quod vulgo Capitium vocant. Capitium tunicæ,* apud August. Contra liter. Petiliani lib. 2. cap. 104. Job cap. 30 : *Quasi Capitio tunicæ succinxerunt me.* Eckeardus Jun. de Casib. S. Galli cap. 5 : *Episcopus Capitio cappæ imposito cum anhelus stetisset.* Quibus in locis, Goldastus ait *Capitium* esse eam vestis partem, quæ ad os tunicæ collum circumamicit humeris injecta, veteribus Alemannis *Koller*, quasi *Collare*, quam vocem Germani adhuc retinent : Alemanni seu Helvetii *Halsmantel* pro eo dicunt. Unde putat *Capitium* a *caputio* distinguendum, quod fuit tegmen capitis. Le Roman *du Renard* MS. :

> Et del peliçon se merveilloit,
> Que la Chevesce i ert en travers,
> Et si l'avoit vestu envers,
> Estrois estoit par Chevesce, etc.

Id tamen in confesso esse debet, has voces plerumque confundi, et pro capitis tegmine sumi. Ordericus Vitalis de Monacho degradato, vel remisso : *Capitium illi Abbas ... abscidi fecit, eumque de Cœnobio expelli.* Adde pag. 482. 854. Statutum Henrici IV. Reg. Angl. apud Westmon. ann. 1 : *Quod aliquis Miles, vel aliqua persona minoris status det aliquam liberatam panni vel Capitiorum contra formam statuti, etc.* Vide *Caputium.*

* Nostris *Chavesse.* Acta Remis ann. 1396. ex Cod. S. Vict. Paris. : *Trois couleuvres lui monterent au long de son ventre, et yssirent par la Chavesse de sa cotte.* Ubi apertura superior hujusce vestis designatur. Anonymi Leob. Chron. ad ann. 1333. apud Pez. tom. 1. Script. rer. Austr. col. 948 : *Ampliabant etiam tunc Capicia, id est, foramina, per quæ caput vestem egreditur, ut in hominibus istis humeri, scapulæ, pectora in maxima parte apparerent.* Glossar. Lat. Gall. ex Cod. reg. 7692 : *Capitium, Chevessaille.* Vide infra *Chevessellia.*

Capitium Ferreum, Cassidis species. Statuta Willelmi I. Regis Scotiæ cap. 23 : *Habens 15. libras... habeat equum, habergeon, Capitium de ferro, ensem et cultellum qui dicitur dagger.* Statuta secunda Roberti I. Scotor. Regis cap. 27. § 1 : *Qui non habuerit actonem et basinetum, habeat unum bonum habergellum... et unum Capitium de ferro, et chirothecas de guerra.* Vide *Capellus ferreus.*

Capitiare. Ugutio : *Capitium, os tunicæ, vel alterius vestis, unde Capitiare, capitium facere.*

Capitium, Caput lecti, Gallis, *Chevet.* Concilium apud S. Macram ann. 881. cap. 8. de Carolo M. : *Ad Capitium lecti sui tabulas cum graphio habeat, etc.*

2. **CAPITIUM,** Capicium, Pars ædis sacræ, quæ vulgo *Presbyterium*, seu locus ubi altare statuitur, et Græcis βῆμα dicitur. Chronicon Mauriniacense lib. 1 : *Qui nobis vitream majorem in Capitio fecit.* Charta ann. 1282. in M. Pastorali Eccl. Parisiensis lib. 20. Charta 220 : *Omnes Matricularii Ecclesiæ Parisiensis in omnibus et singulis quæ pertinent ad custodiam totius Ecclesiæ Parisiensis, excepta illa particula, quæ dicitur Præsbyterium, sive Capicium, etc.* Chron. S. Petri Vivi pag. 753 : *Scire est utile de translatione sanctissimi corporis communis Patris Benedicti, quod causa meliorandi Capitii, vel Monasterii Floriaci loci (qui super Ligerim fluvium est vel nominatur) in navi ipsius Ecclesiæ per aliquod tempus collocatum est. Hoc anno præscripto, perfecto Capitio, et choro, cum membris et utroque latere convenientibus, Abbas Simon, etc.* Veteres Consuet. Floriacensis Cœnobii : *In vigilia Nativitatis Domini... januæ Capitii aperiantur.* Vide Bollandum 6. Febr. pag. 813. [tom. 7. Maii pag. 689. Acta SS. Benedict. sec. 5. pag. 769.]

Hodie etiamnum in Ecclesia Monast. S. Dionysii juxta Lutetiam, eam partem ædis sacræ, quæ retro altare est, et ad quam aliquot gradibus ascenditur, *Chevet*, et *Chevais* vocant. Vetus Poema MS. cui titulus, *le Rosier de S. Denys* :

> Monte ou Chevais à destre main,
> Ou gist le corps de S. Romain,
> En celui premier oratoire
> L'os de l'espaule du baptiste
> Saint Jean, dont ne dois estre triste,
> Y est mis en belle memoire.

[Chron. breve Sandionys. ad ann. 1143. apud Acherium tom. 2. Spicil. pag. 809 : *Dedicatio Capitalis partis Ecclesiæ, et translatio B. Dionysii et sociorum ejus in eamdem partem Capitalem, aliorumque sanctorum, quorum ibidem corpora continentur* XXIII. *anno administrationis domni Sugerii Abbatis.* Ibid. pag. 813 : *Hoc anno* (1231.) *cœpit Odo Abbas renovare Capitulum Ecclesiæ B. Dionysii Areopagitæ, et perfecit illud usque ad finem chori.* Hic *Capitalem partem* et *Capitulum Ecclesiæ* idem omnino esse quod *Capitium*, nemo est, qui non videat. Vide *Caput Ecclesiæ* et *Capsum* 3.]

Ita Capitium Sandionysianum appellatum, quod ei, pulvinaris instar, quod *Chevet* vocamus, adnixum fuerit altare : vel quia *caput* sit Ecclesiæ, uti hæc pars appellatur non semel apud Helgaudum in Roberto Rege, ubi Ecclesiam S. Aniani Aurelian. describit : *Ad Caput S. Aniani unum,* (altare) *ad pedes aliud.* Infra : *Caput autem ipsius Monasterii fecit miro opere construi.* Historia Abbatiæ Condomensis pag. 509 : *Item fecit claudi magnas fenestras Capitis Monasterii versus portam furni... Item fecit fieri vitreas fenestrarum Capitis Monasterii in alto testudinis vestiarii.* Nam et *Chevet* pro capite usurparunt nostri. Vetus Poeta *de la Vie de sainte Marie*, ubi de S. Joanne Baptista :

> Qu'Herode fist martirer,
> Li Chevet à une gleve trancher.

Ut et *Chevece.* Le Roman *du Renard* :

> Dant Ysengrin en pié se drece,
> S'ahiert Renard par la Chevece
> Del point li donne tel buffet, etc

Sed et Parisiis nota ea appellatio, ubi plateas, seu compita vocant *le Chevet de S. Landry*, et *le Chevet de S. Jean en Greve*, qua parte earumdem ædium sacrarum capita seu Presbyteria protenduntur. Vide *Capsum Ecclesiæ.*

Capitiarius, Capicerius, Dignitas et

officium in Ecclesiis et Monasteriis, nostris *Chevecier*, cui *Capicii* Ecclesiæ cura incumbit. Gloss. Lat. Gall. MS. Thuanum : *Capicerius*, *Chevece: Capiciarius*, apud Fulbertum Carnot. Epist. 103. Charta ann. 1185. in Tabulario S. Martini de Campis : *Dedi etiam Capicerio, id est, Sacristæ, etc.* Testamentum Sugerii Abb. S. Dionysii ann. 1137 : *A toto capitulo obtinuimus, ut de capitio Capitiarius frater, quicunque sit ille, refectionem Fratribus in refectorio ipsa die anniversarii nostri accurate persolvendo procuret.* Charta Hugonis Abbatis S. Dionysii ann. 1193. ex Tabular. ejusd. Eccl. : *Volumus et constituimus, ut 10. lampadibus, quæ ante altaria capitii nostri per noctem tantum ardebant, oleum sufficienter a Capitiario ministretur, ut tam per diem, quam per noctem in perpetuum ardeant.* [Mabill. tom. 3. Analect. pag. 505. ex Fragmento Actorum visitationis Simonis de Sulliaco Archiep. Bituric. ann. 1284 : *Johannes ejus Clericus, Dominus Guido de Noailles Capicerius Pictavensis.*] Veteres Consuetud. Floriac. Monasterii : *Post completorium ponit Capicerius cereos ante unumquodque altare.* Vita S. Winnoci Abb. cap. 13 : *Manum casu ad capitium ducens Capicerius, etc.* Quam vocem frustra a *capitatione* deducunt Meursius et Vossius, quasi *Capicerius* fuerit, qui capitale tributum exigit. Ita persæpe nugantur viri, licet doctissimi, heterodoxi, qui in rebus nostratibus Ecclesiasticis minus versati sunt, quod alibi non semel observamus. Perperam etiam vir doctus in Historia ædis sancti Aniani Aurelian. cap. 7. cum Primicerio confundit : neque feliciori conjectura alii a *capienda cera* dictum putarunt, quod ut plurimum in Ecclesiis candelarum cæterorumque luminum dignitati isti cura incumbat, quia et altaris in quo reponi solent, eum perinde spectat.

* *Chavessier*, in Lit. remiss. ann. 1408. ex Reg. 162. Chartoph. reg. ch. 212 : *Frere Guillaume de S. Benoit, religieux du moustier de S. Martial de Limoges, et Chavessier du sepulcre dudit moustier.* Chartul. Pontisar. : *Capicerius Sanmellonianus Pontisarensis tantum cumvicariis sedet, omnibus canonicis inferior. Munia hæc sunt : pulsare campanas, ornare altaria, reliquias et vasa argentea custodire, ornamenta conservare et præparare, sacramentum extremæ unctionis administrare in agone positis, diebus rogationum et processionum missas cantare; autoritate et censu curiali gaudet intra claustra S. Melloni.* Vide supra *Capiceriatus*.

Capiceria, Dignitas *Capicerii*, apud Sugerium Epist. 38. et in Charta Ludovici Regis Franc. ann. 1161. apud Sammarth. in Episcop. Parisiens. Vide eosdem pag. 438.

Capitium Molendini. Charta ann. 1230. in Regesto Tolosano fol. 91 : *Et tradidit eidem Do. Comiti... totam partem, jus et rationem quam habebat in Capitio molendini, et in praxeria, et ripatorio de portu, et in ripatorio ipsius aquæ, etc.* Occurrit rursum infra.

* Caput, unde aqua currit ad molendinum. Vide supra *Capdaqua, Capiregus* et infra in *Caput* 3.

1. **CAPITO**, Truncus arboris, Italis *Zocco*. Innocentius III. lib. 13. Epist. 95 : *Ad enucleandas pinos in hebdomada Natalis, et portandos truncos arborum, quos ipsi Zoccos, vel Capitones appellant, accedere consueverant annuatim.* Alias *Capito* est piscis fluviatilis, de quo Ausonius et alii. Vide Annales Colmarienses part. 1. ann. 1274.

* *Capito, Cabot*, in Glossar. Lat. Gall. ex Cod. reg. 521. Tract. de Piscib. cap. 11. ex Cod. reg. 6838. C. : *Capito, a Gallis Munier, quod circa moletrinas plurimus sit, ab aliis Villain, id est, turpis ac fœdus, a victus ratione, quia stercore, cœno, sordibus delectetur ac vivat : alii a capitis magnitudine, Testard.*

¶ 2. **CAPITO**, Species monetæ argenteæ sub Ludovico XII. Vide *Moneta argentea* in *Moneta regia*.

* 3. **CAPITO**, Cognomentum Hugonis regis Francorum, qui tertiæ stirpi initium dedit. Vide supra *Capetus*.

CAPITOLARIUS. Vide *Capitulum* 5.

¶ **CAPITOLICIUM.** Vide *Capitalicium* in *Capitale* 5.

¶ **CAPITOLINUS**, *Capitolio serviens*, in Gloss. San-German. MS. num. 501. Tolosani Consules vocantur Capitolini. Vide *Capitulares* in *Capitulum* 5.

1. **CAPITOLIUM**, Templum paganorum, vel locus ubi sacrificare cogebantur Christiani. Lexic. Gr. MS. Reg. Cod. 930. Καπετώλιον, ἱερόν. S. Cyprianus Epist. 55 : *Quid superest, quam ut Ecclesia Capitolio cedat, et recedentibus Sacerdotibus, ac Domini altare removentibus, in Cleri nostri sacrum venerandumque consessum, simulacra atque idola cum aris suis transeant?* Et lib. de Lapsis : *Nonne quando ad Capitolium sponte ventum est, quando ultro ad obsequium diri facinoris accessum est, labavit gressus, caligavit aspectus? etc.* In Capitoliis enim idola congesta erant. S. Hieronymus adversus Luciferianos cap. 1 : *Manifestum est, vestram Ecclesiam, quæ ab Arrianis, id est, a gentilibus, Episcopos suscepit, non tam Episcopos recipere, quam de Capitolio Sacerdotes.* Et cap. 5 : *Homo edoctus in Capitolio*, Paganus. Prudentius lib. 2. contra Symmachum :

Et quascumque solent Capitolia claudere larvas.

Ita Tertullianus de Spectac. *Capitolium, omnium dæmoniorum templum* dixit. Gelasius PP. contra Andromachum : *Sacrificetur in templis dæmonum, et in Capitolio prophana veritas prædicetur.* Concil. Eliberit. can. 59 : *Prohibendum ne quis Christianus aut gentilis ad idolum Capitolii sacrificandi causa ascendat, et videat.* Adde Vitam S. Sergii Mart. 24. Febr. apud Jo. Tamaium Salazar. et Bollandum.

Non sola porro duntaxat Roma Capitolium habuit, sed et aliæ complures ex majoribus, illius exemplo, atque adeo in ipsa Gallia urbes, et ex iis illæ potissimum quæ *Coloniæ* populi Romani erant : nam ut ait Gellius, *erant Coloniæ quasi effigies parvæ Populi Romani, eoque jure habebant Theatra, Thermas et Capitolia.* [** Theodos. Cod. lib. 11. tit. 1. const. 34.]

Constantinopolitani Capitolii mentio est in leg. 12. C. de Ædif. privat. (8, 10.) in Vet. urbis descript. reg. 8. in Chronico Alexandr. pag. 714. et apud Coripp. lib. 3. de Laud. Justini. In eo scientiarum Professores publice docuisse discimus ex Constit. Theodosii et Valentin. quæ exstat in Cod. Just. (11, 18.) et Theod. (14, 9.) de Stud. urbis Romæ et CP. unde probabile videtur illam esse ædem, quam βασιλικὴν τῶν παιδευτηρίων ἐν Βυζαντίῳ vocat Anonymus in Anthol. lib. 4. cap. 23. Quo sensu *Basilicam legum* habet vetus Inscriptio Tardæ in Transylvania apud Gruterum 171. 2. Vide nostram Constantinopolim.

Hierosolymitanum, unde urbs ipsa Hierusalem dicta Ælia Capitolina, Ulpianus in leg. 1. D. de Censibus (50, 15.) et vetus Scriptor qui exstat in Operib. S. Augustini, recensent.

Carthaginense, S. Cyprian. Epist. 55. et lib. de Lapsis.

Ravennense Capitolium memorant Ado Vienn. in Martyrol. 23. Jul. et Histor. S. Apollinar. post Abdiam.

Mediolanense, Ughellus tom. 4. pag. 201.

Florentinum, Joannes Villaneus lib. 1. cap. 38.

Capuanum, Sueton. in Tib. cap. 40. in Caio cap. 57. Passio SS. Rufi et Carponii in Sanctuario Capuano, et ibi Michael Monachus pag. 57.

Veronense, Polycarpus Palermus lib. 1. de Plinii patria cap. 5. pag. 53.

Beneventanum, Baronius ad Martyrol.

Augustanum in Vindeliciis, Acta S. Afræ Mart. et Welserus lib. 5.

Coloniense, Cæsarius Heysterb. lib. 7. cap. 42. et Harigerus Abb. Lobiens. in S. Materno Episc. Leod. cap. 13. Magister Jordanes in Chronico pag. 108. Hermannus Stangefolius lib. 1. Annal. Westphalic. cap. 12. num. 2. Ægidius Gelenius in Colonia Agrippina lib. 3. Syntagm. 9. pag. 330.

Trevirense, Faustus in Hist. S. Andochii, Acta S. Eucharii, Vita S. Agricii Episc. Trevir. num. 29. Vita S. Valerii Episcop. Trevir. cap. 2. num. 6. Historia Trevirensis in 12. tom. Spicilegii Acheriani pag. 201. etc.

Narbonense, Sidonius Car. 23. Vita S. Pauli Narbon. apud Bosquetum, Chartæ variæ apud Steph. Baluzium in Not. ad Concilia Narbon. pag. 79. 110. 116. 136.

Augustodunense, Eumenius Paneg. 9. et ex eo Chassaneus in Catal. Gloriæ mundi part. 12.

Nemausense, Poldus Albenas, a quo describitur pag. 73.

Bisuntinum, Chiffletius in Antiq. Bisunt.

Santonense, Ademarus Caban. ann. 1031. pag. 182. et veteres aliquot Chartæ Abb. S. Mariæ Santon.

Claromontanum in Arvernis, Wenebrandus in Hist. S. Illidii, et ex eo Savaro in Orig. Clarom. pag. 278. 1. Edit.

Remense, Acta S. Macræ Mart. num. 3. apud Bolland. 6. Januarii.

Rodense ad Thicim amnem supra Gerundam, in Hispania, Acta SS. Vincentii et Orontii n. 5.

Apamiense, Acta S. Thyrsi ex MS. Tolosano n. 31.

Tolosanum denique, quod etiamnum appellationem servat, Martyrol. Rom. 29. Nov. Fortunatus lib. 2. Poem. 8. Gregor. Turon. lib. 1. Hist. cap. 30. Vita S. Saturnini Episc. et Martyr. apud Chiffletium, et Vita S. Dionysii Episc. Parisiens. apud Episcopum Monspeliensem in Historia Ecclesiast. Gall.

Sed et in *Pampilonensi* Navarræ primaria urbe Capitolii vestigia observo in veteri Statuto pro Regno Navarræ edito a Joanne *Paste* Decano Carnotensi, et Hugone *de Viry* Milite, Regni Reformatoribus a Rege delegatis : *Fuit ordinatum quod in Capitolio venderetur bladum, et quod laboratores Regis, Ecclesiæ, et Nobilium qui adducunt bladum suum vendendum Pampilonam, adducant ibidem et vendant, et Rex habeat Minagium suum.* Nisi *Capitolium*, sit hoc loco domus ædilitia.

* Arcem Pampilonensem intelligendam esse in Statuto pro reformatione regni Navarræ ann. 1322. laudato, colligitur ex eod. Stat. ubi sic legitur : *Item cum dicti laboratores nondum sint assueti adducere bladum suum ad vendendum ad dictum Capitolium, et vadunt aliqui fraudulenter ad villam, etc.* Charta Caroli IV. ann. 1326. in Reg. 64. Chartoph. reg. ch. 130 : *Triginta solidos Turon. annui census, quos habemus super domibus ipsius Petri Pampilonæ, videlicet super plateis suis Navarreriæ dictæ villæ, sitis ante Capitolium nostrum, xx. solidos Turon.*

Non desunt denique qui hæc de quibus egimus, *Capitolia*, urbium arces fuisse volunt, non vero ea ædificia quæ Romani Capitolia vocarunt. Nam

2. **CAPITOLIUM**, interdum pro arce usurpatur. Gloss. Lat. MS. Regium, et Isidori : *Arx, Capitolium.* Item : *Capitolium, Summum caput regionis.* Sic S. Hieron. de Locis Hebr. arcem Babyloniæ *Capitolium* vocari ait, et lib. 1. in Isaiam cap. 14. de eadem urbe : *Arx autem, id est, Capitolium illius urbis, est turris ædificata post diluvium.* Casaubonus ad Sueton. in Caligula cap. 57. scribit ea voce tandem omnes arces promiscue appellatas videri. Vide *Capdolium.*

3. **CAPITOLIUM**, Ædes in qua jus dicitur. Gloss. Saxon. Ælfrici : *Capitolium*, D o m h u s, id est, judicii domus. *Judiciale Capitolium*, apud Johan. de Beka ann. 1254.

4. **CAPITOLIUM**, pro Capitulo Canonicorum, vel Monachorum, seu loco in quo congregantur Canonici, vel Monachi, de re et disciplina canonica et monastica acturi, Italis *Capitolo.* Jo. de Janua : *Capitolium dicitur a Capitulum, quia ibi conveniebant Senatores, sicut in Capitulo claustrales.* Scedula Presbyterorum seu Canonicorum Ecclesiæ Laudunensis, apud Hincmarum Remensem Epist. 1. ex Labbeanis : *Quapropter quia eumdem dominum nostrum* (Hincmarum Episcopum Laudun.) *regia potestate retentum et reclusum viva voce adire non poteramus, et Sacerdotali ministerio prohibiti ab eo frui non audebamus, III. Kal. Junias ad Capitolium nostrum convenimus, et ibidem communi colloquio retractantes, ratum fore duximus, ut, etc.* Inscriptio sepulcralis in Monasterio Monialium S. Mariæ, Iadræ :

> Laude nitens multa jacet hic Vekenega sepulta,
> Quæ fabricam turris, simul et Capitolia struxit.

Ita vocem hanc usurpant Honorius Augustod. in Gemma animæ lib. 2. cap. 61. Haymo in Psalm. 68. Passio S. Thyemonis Archiep. Juvanensis. Hugo Flaviniac. pag. 236. Chronicon Reichersperg. anni 1170. Chronicon Trudonense lib. 8. pag. 449. Historia Landgrav. Thuringiæ cap. 3. Chronicon Mindense Meibomii pag. 120. Veteres Chartæ apud Beslium pag. 454. 471. etc. [S. Wilhelmi Constitutiones Hirsaug. cap. XXIV. Vita B. Meinverci inter Acta SS. Benedict. sec. 6. part. 1. pag. 387. S. Geraldi Abbatis ibid. part. 2. pag. 868. Charta anni 1160. apud Miræum tom. 2. pag. 824. col. 2.] [** Chart. ann. 1154. ap. Guden. in Cod. Diplom. tom. 1. pag. 168.] Καπιτώλια τῶν μοναχῶν dixit Palladius in Hist. Lausiaca. [** Vide Glossar. med. Græcit. col. 585.]

* Charta Adalber. episc. Leod. in Chartul. Cluniac. : *Mandamus ut sicut cartam hujus traditionis per bannum confirmavimus in generali synodo; ita etiam et vos eandem, ut inconvulso permaneat, confirmetis in vestro Capitolio.* Necrolog. Diessense apud Oefelium tom. 2. Script. rer. Boicar. pag. 682. col. 1 : *Sophia comitissa ob. fundatrix hujus loci..... Sepulta in Capitolio.* Occurrit etiam in Charta ann. 1239. tom. 5. Cod. diplom. Polon. pag. 15. col. 2.

5. **CAPITOLIUM**, Capsula reliquiarum in modum arcis efformata, vel certe idem quod *Capitellum*, Gall. *Chapiteau*, in Gestis Abbatum S. Germani Autissiod. cap. 19 : *Unus dens B. Joannis B. qui in medio illius vasis est in uno parvo Capitolio chrystallino et argenteo situatus.*

* 6. **CAPITOLIUM**, Idem videtur quod *Capitale* 4. Bonum omne quod possidetur. Mirac. S. Etheld. tom. 4. Jun. pag. 553. col. 1 : *Excellentissimi senatus Elyensis ecclesiæ ingenuis patribus, municipii Clarensis indignus conservator Capitolii eorum Osebertus, etc.* Vide supra *Capitalium* 1.

¶ **CAPITOLUS**, pro *Capiscolus*, ut puto. Dignitas Ecclesiastica, de qua in *Caput scholæ* post vocem *Caput.* Marten. de Antiquis Eccl. Ritibus tom. 1. pag. 200. e Codice MS. Vienn. Ecclesiæ annorum circiter 200 : *Dum benedicitur cereus* (Paschalis) *Capitolus indutus cappa serica alba præsentet Archiepiscopo incensum, ut illud benedicat, et ignem thuribuli, et descendat deferens Archidiacono thimiamata cum candela accensa ex igne thuribuli, quod defert thuriferarius.*

¶ **CAPITORIUM**, Census *de capite.* Acta SS. Junii tom. 3. pag. 105. de S. Berthaldo : *Nomina autem virorum et mulierum, quorum Capitoria ad me solum spectabant, hæc sunt, etc.* Vide *Capitale* 5.

1. **CAPITOSUS**, Italis *Capitoso*, Obstinatus. *Equus indomitus vel Capitosus*, in Quoniam Attach. cap. 48. § 10.

¶ Capitositas, Obstinatio, pervicacia. Vita Martini IV. PP. apud Murator. Scriptor. Ital. tom. 3. pag. 610. col. 1 : *In quo* (conflictu) *cecidit Comes nobilis pugil Ecclesiæ fere cum quingentis Gallicis... Tandem nocte superveniente superstites ad suam partem se retro traxerunt, nulli Gallicorum victoria* (Papebroc. *vita*) *cum Capitositate attributa.*

* Capitositas, Morositas. Gall. *Caprice, fantaisie.* Charta ann. 1331. in Reg. 66. Chartoph. reg. ch. 924 : *Dictus Jacobus communiter vocabatur le major viguier, quia per fas vel nefas ex sui Capitositate gentes capi et incarcerari, et ad quæstiones et tormenta poni faciebat.*

Capitose, Obstinate, præfracte. Henric. Knyghton. lib. 5 : *Sed Capitose in suis insanis consiliis proprium voluntatem proterve exercere.*

* 2. **CAPITOSUS**, Mente captus. Lit. remiss. ann. 1376. in Reg. 110. Chartoph. reg. ch. 159 : *Dictus Johannes de la Treille fuit longo tempore et continue ante mortem suam homo insanus, Capitosus, quasi furiosus, et faciebat exitum furiosi.*

¶ **CAPITRA**, Cucullæ seu vestis species, qua caput operiebatur. Capitula generalia MSS. S. Victoris Massil. : *Item nullus cocullam vel cocullas, que Capitre videntur esse, deferre præsumat, et hoc ut districte possumus, inhibemus.* In titulo legitur : *Ne cocule quasi Capitre portari ab aliquo præsumatur.* Infra dicitur *Cauprita.*

¶ **CAPITTA**, Idem quod *Capulla* seu *Chrismale.* Synodus Valentina ann. 1566 : *Cum alicui hoc sacramentum* (Baptismatis) *conferendum erit, in arbitrio et optione ipsius Commatris sit positum, cereum et Capittam deferre.*

* 1. **CAPITUDO**, Primus ac præcipuus, idem quod *Capitalis*, apud Florentinos Præfectus artium, consul. Charta ann. 1318. apud Lam. in Delic. erudit. inter not. ad Hodoepor. Charit. part. 2. pag. 421 : *Primo in consilio centum virorum et subsequenter in consilio speciali domini capitanei et Capitudinis duodecim majorum artium civitatis, etc.* Stat. ant. Florent. lib. 5. cap. 46. ex Cod. reg. 4621 : *Nullus popularis,..... vel aliqui de Capitudinibus artium Florentiæ aliquo modo vel causa pudeat..... stare cum armis;.... et qui contrafecerit puniatur ille popularis vel Capitudo.* Vide supra *Capitadenus.*

* 2. **CAPITUDO.** Homo per Capitudinem, Idem qui *Capitalis*, censui de capite obnoxius. Charta ann. 1183. apud Murator. tom. 1. Antiq. Ital. med. ævi col. 827 : *Cum canonici eorum hominem et villanum per Capitudinem fore, et ab eis per triginta annos et ultra una cum patre suo et avo sic detentum fuisse, et minime inter alloderios connumeratum esse dicerent, etc.* Vide *Capitales homines.*

1. **CAPITULARE**, Scriptum capitulis distinctum. Glossæ Græc. Lat. : Κεφάλαιον, γραφεῖον, *Capitulare. Descriptio Capitularis*, in Charta Folcuini Morinorum Episcopi, apud Folcardum de Miracul. S. Bertini cap. 7. 8. Papias : *Capitulum, quod vulgo Capitulare dicitur.* Gregorius M. lib. 1. Epist. 40 : *Joannes frater et Coepiscopus noster directo per Justum Clericum suum Capitulari, inter alia plura hoc nobis noscitur intimasse, etc.* Adde lib. 7. Epist. 8. lib. 10. Ep. 5. lib. 11. Ep. 19. lib. 12. Ep. 8. Adrianus PP. in Epist. ad Carolum M. : *Edidit nobis Capitulare adversus Synodum.* *Capitulare Augustorum*, in Capitul. Car. C. tit. 40. cap. 2. [** Convent. Attiniac.

ann. 874. Ibidem cap. 1. : *Capitulare Augustorum Domni Caroli et Domni Ludovici decernit hoc modo etc.* ubi *Capitulare* est Collectio Benedicti.] Agobardus de Insolentia Judæorum : *Deinde venerunt et prædicti Missi, habentes in manibus tractoriam stipendialem, et Capitularia sanctionum, quæ non putamus vestra jussione existere talia.* Adde Epist. 1. Leonis III. ex Conringianis. Vide *Capitulum* 2. *Capitulare Evangeliorum de circulo anni*, ita appellatus liber Ecclesiasticus, in quo describuntur initia et fines cujusque Evangelii, quod singulis diebus in Missa legitur. Will. Heda in Conrado Episcopo Traject. : *Missale, Capitulare, et Historiam vetus novumque Testamentum continentem, etc.* Vide V. Cl. Stephanum Baluzium in Notis ad libros Capitular. pag. 1156. *Capitularia Apostolica*, in Gestis Innocentii III. PP. pag. 126. *Capitularis libellus*, in Capitula dispertitus, apud Guibertum lib. 1. de Vita sua cap. 16. extremo. *Capitulare institutum*, Regula monastica per capitula distincta, apud Ardonem in Vita S. Benedicti Abb. Anianæ num. 36.

2. **CAPITULARE**, *Capitulis aliquid distinguere*, apud Jo. de Janua. Vita S. Wunebaldi Abbatis Heidenhemensis num. 21 : *Ista vero quæ nunc Capitulamus atque disputamus, oculis nostris vidimus.* [Guidonis Disciplina Farfensis lib. 1. cap. 27 : *Item Alleluia, Audivit Herodes, et cetera sicuti Capitulata sunt in Authentico.* Apud Rymerum tom. 12. pag. 129. col. 2 : *Quæ omnia et singula, prout præmittitur, Capitulata, concordata, conclusa, et in præsentibus articulis contenta, etc.* Gallis *Capituler* est Pacisci de arce vel urbe dedenda, et generalius Convenire de re aliqua.]

¶ 3. **CAPITULARE**, Operimentum capitis. Vide *Capitulum* 6.

¶ Vide *Capitulare*, 4. 5. et 6. in *Capitulum* 3. et 4.

* 7. **CAPITULARE**, Pacisci, consentire. Annal. Placent. ad ann. 1447. apud Murator. tom. 20. Script. Ital. col. 892 : *Auditis Placentinorum legatis, quicquid petierunt, Veneti promiserunt, Capitulaverunt.* Charta ann. 1501. ex schedis Pr. *de Mazaugues : Et primo decreverunt, Capitularunt, et Capitulando simul et ad invicem, mediantibus stipulationibus solemnibus hinc inde legitime intervenientibus, concordarunt.* Vide infra *Capitulum* 9.

* 8. **CAPITULARE**, In codicem redigere, ut videtur. Stat. Mantuæ lib. 1. cap. 34. ex Cod. reg. 4620 : *Massarius communis Mantuæ teneatur et debeat singulis semestribus dare singulis notariis, ad maleficia deputatis, libros ligatos, Capitulatos et bullatos bullo. Virgilii.* Nisi peculiari nota subscriptos intelligas.

* 9. **CAPITULARE**, Brevem lectionem, quæ in divino officio legitur, recitare, quod ad *celebrantem*, ut vocant, pertinet. Consuet. MSS. monast. S. Crucis Burdegal. ante ann. 1305 : *Nota quod consuetum est in dicto monasterio quod semper in primis et secundis vesperis omnium SS. duplicium, dominica 1a. Septuagesimæ et Adventus Domini, et Ramis palmarum, dicto capitulo in vesperis seu laudibus, ille qui Capitulat, debet se induere sacris vestibus, et debet incensare omnia altaria ecclesiæ.* Ibidem : *Omnibus festis duplicibus prior claustralis tenetur Capitulare vesperos, matutinos, etc.* Vide alia notione in *Capitulum* 3.

* 10. **CAPITULARE**, Consilium, in Chron. Andr. Danduli ad ann. 1310. apud Murator. tom. 12. Script. Ital. col. 491.

¶ **CAPITULARES.** Vide *Capitulum* 3. et 5.

CAPITULARES Literæ, Majores literæ, quæ in principio cujusque capituli librorum describuntur, auro, minio, aliisque coloribus depictæ, et variis subinde figuris adornatæ, cujusmodi passim conspiciuntur in libris manu descriptis. Eckehardus Junior de Casib. S. Galli cap. 1 : *Lineandi et Capitulares Literas rite creandi gnarus.* Cap. 9 : *Et quos ad litterarum studia tardiores vidisset, ad scribendum occupaverat, et lineandum : quorum amborum ipse erat potentissimus, maxime in Capitularibus Litteris, et auro.* Vide *Capitaneæ litteræ.*

¶ **CAPITULARIA** Functio. Vide *Capitulum* 1.

1. **CAPITULARIS**, Diploma, charta, libellus. Charta Radelchisi Princip. Benevent. : *Seu singulis aliis locis quos servi equidem Cœnobii ad liberos homines, vel ad alios servos dederunt, aut per Capitularem, aut per aliquam repromissionem.*

2. **CAPITULARIS.** Ornamentum capitis. Antonius Monachus in Itinerario Hierosol. : *Pendent superbrachia, dextrochiria, monilia, et anuli, Capitulares, cingula, baltei, etc.* Vide *Capitale* 1.

¶ 3. Capitularis Domus, Locus in quem Canonici vel Monachi conveniunt de negotiis suis una tractaturi. *Datis Lichesfeldiæ in domo nostra Capitulari*, apud *Madox* Formul. Anglic. pag. 69. Vide *Capitulum* 4.

CAPITULARITER, apud Joannem VIII. PP. Epist. 63. idem quod *Capitulatim.* Vide in hac voce.

¶ Capitulariter Congregari, In unum, in *Capitulum* convenire, in Bullario Carmelit. pag. 445. col. 1. [** *Decanus, custos, scholasticus, totumque capitulum .... Capitulariter ad infrascripta congregati,* in chart. ann. 1385. ap. Würdtwein. Dipl. Magunt. tom. 1. pag. 392.]

1. **CAPITULARIUM**, Liber censualis, in quo descripta sunt capitula, seu præstationes quas quisque debet : *Capdastre*, Occitanis. Gregorius Turon. lib. 9. Hist. cap. 30 : *Gaiso vero Comes ejusdem temporis accepto Capitulario, quod anteriores scriptores fecisse commemoravimus, tributa cœpit exigere.* Et mox : *Ecce librum præ manibus habemus, in quo census huic populo est inflictus.* Vide Juretum ad Symmachi lib. 9. Ep. 10.

Sunt etiam *Capitularia* libri civitatum, in quibus descripta habentur decreta ac statuta earumd. Ita apud Honorium III. PP. in 5. Compilat. cap. 2. hanc vocem usurpari observatum a viris doctis.

2. **CAPITULARIUM**, Idem quod *Capitulare* 2. Tegmen capitis. Gloss. Ælfrici. Sax. *Capitulum, vel Capitularium*, h e a f o d e l a ð *vel capa*, i. ad verbum, pannus capitis.

3. **CAPITULARIUM.** *Capitularia*, videntur etiam appellata ornamenta Chartarum, quas *viticulas* vulgo, seu *vignettes* appellamus, quod ea in librorum capitulis ut plurimum fiant. Gloss. Lat. Gr. : *Capitulariis*, τοῖς ἀστραγάλοις τοῦ χάρτου. Est enim ἀστράγαλος, frutex.

¶ 4. **CAPITULARIUM**, Liber Ecclesiasticus. Vide in *Capitulum* 3.

* 5. **CAPITULARIUM**, Capitulum, locus in quo monachi congregantur. Chartul. Miciac. : *Ut mei semper memoriam habeant, et matris meæ nomen in eorum Capitulario annuatim pronuncietur, etc.* Vide *Capitularis domus.*

* 1. **CAPITULARIUS**, Cui *capitale*, sive in pecunia aut pecudibus, creditum est. Consuet. Carcass. in Reg. L. Chartoph. reg. ch. 3 : *Si aliquis privatus vel extraneus Capitularius vel debitor, dum tamen laycus fuerit, accipiat fugam a villa Carcassonæ, creditor vel quislibet ejus nomine potest eum capere....... Capitularius non debet præstare lesdam nisi pro ea parte, pro qua ad eum pertinet captale, vel pro ea parte, per quam pertinet ad eum lucrum jam acquisitum.* Vide *Capitale* 2. et 4.

¶ 2. **CAPITULARIUS.** V. *Capitulum* 1. et 5.

CAPITULATA. Acta Proconsularia apud S. Agustinum Epist. 165 : *Proferens etiam instrumenta dominica, etiam quæ diligenter fuerant occultata, Capitulatam argenteam, et lucernam argenteam, etc.* Eadem Acta lib. 3. contra Crescon. cap. 29 : *Ibi protulit Silvanus Capitulatam argenteam, et lucernam argenteam, quod diceret se post arcam invenisse eas.* At lib. 4. cap. 56. ubi proferuntur eadem Acta, pro *Capitulatam*, habetur *capsulam.*

CAPITULATIM, *Summatim, in summa*, ἐν κεφαλαίῳ, in Glossis Gr. Lat. Cornelius Nepos in Catone : *Atque hæc omnia Capitulatim sunt dicta.* Alias

Capitulatim, Joanni de Janua, est *distincte, per capitula.* Ludovicus Pius in Epist. ad Sicharium Archiep. Burdegalensem : *Et his coram Capitulatim memoratam institutionis formulam prælegi jubeas.* Idem ad Magnum Archiepisc. Senonensem : *Et eandem institutionem per singula Capitula coram Ecclesiasticis ordinibus prælegi facias.* Anastasius Bibl. in Epitome Synodi VIII : *Definitionem Thomæ Antiocheni et Eliæ Hierosolymitani Capitulatim.* Adde Concilium apud S. Macram ann. 881. cap. 4. Epistolam Herivei Remensis Archiep. ad Widonem Rotomag. Archiep. cap. 1. Concilium Ravennense ann. 904. in Prologo, Reginonem de Ecclesiastic. discipl. pag. 30. 2. Edit. Flodoardum in Prologo Hist. Remens. etc.

* **CAPITULATIO**, Index capitum. *Incipit Capitulatio libri Machabeorum*, apud Cyprian. in Catal. Codd. MSS. Bibl. Gothanæ pag. 101. Pro *Capitulare*, seu sanctio regia, occurrere, testes sunt Auctores novi Tract. diplom. tom. 1. pag. 340. at ubi, non observant.

* **CAPITULATORES**, Qui decreta ac statuta civitatum, *Capitularia* dicta, corrigunt et emendant, aut nova statuunt. Stat. Astæ ann. 1379. pag. 1. v°. : *Præfati domini sapientes...... providerunt quod ponatur ad consilium generale, et fiat posta de eligendo quattuor Capitulatores vel plures, si eis videbitur, qui corrigant et emendent, addant et minuant, et de novo capitulent capitula civitatis Astensis.* Stat. Montis-reg. pag. 1 :

adeo infrascripti nobiles et sapientes Capitu-Illtores electi, etc. Vide in *Capitularium* 1. et infra *Capitulares* in *Capitulum* 5.

¶ **CAPITULATUS.** Vide in *Capitulum* 5.

1. **CAPITULUM**, et *Capitularia functio*, vel *temonaria*, in leg. 14. et 15. Cod. Th. (11, 16.) de Extraordin. etc. pro auri tironici, seu pretii loco tironum exactione. Gregorius M. lib. 1. Ep. 47 : *Sacra Imperialia cucurrerunt, quibus omnia præceperunt gravia nunc Capitula submoveri.*

Capitularii, Iidem qui Exactores, in leg. 3. eod. Cod. (6, 35.) de Privileg. eor. qui in sacro Palat. mil. *Capitularii horreariorum et tabernariorum*, apud Senatorem lib. 10. Epist. 28. qui tributa ab horreariis exigebant. Maxime vero in d. l. et l. 7. eod. Cod. (7, 13) de Tiron. *Capitularii* dicuntur *Temonarii*, ut et apud Symmachum lib. 9. Epist. 10. capitulariæ et temonariæ functionis exactores. [** Vid. Marin. Pap. Diplom. pag. 288. not. 3.]

2. **CAPITULUM.** Papiæ, *dictum quasi alterius sententiæ caput. Capitulum, est brevis multorum complexio, sic dictum, quia breviter capiat totam summam. Capitula librorum dicta quod breviter capiunt et contineant aliquam sententiam, quasi caput et titulus majoris scripti. Unde Clericorum Capitulum dictum, quod capitula ibi exponantur.*

Capitula, et Capitularia, Canonum Ecclesiasticorum, et Legum Regiarum Codices, ita nuncupati, quod per *Capitula*, seu sectiones digesti distinctique sint : κεφαλαιώδεις τόποι, apud Theophanem ann. 17. Copronymi. Lupus Ferrariensis Epist. 42 : *Canones eosdem, sive, ut vos vocatis, Capitula... vobis direxi.* Sic Theodulfus Aurelianensis *Capitula* vocavit librum quem scripsit *ad Presbyteros Parochiæ suæ*, seu acta synodica, in quibus ad Cleri et populi emendationem præcepta continentur. Eodem titulo donatus liber alter Herardi Turonensis Archiepiscopi ann. 858. de quo hæc Chronicon Andegavense ann. 858 : *Do. Herardus Archiepiscopus generali Synodo in Turonica civitate habita, quædam necessaria sanctorum Canonum Capitula excerpsit, quæ firmius custodienda sanxit.* Neque alia ratione Græci Patres aliquot, Marcus, Diadochus, Nilus, etc. κεφάλαια, libros suos inscripserunt, in quibus monita Christiana continentur.

Præsertim vero Regum sanctiones et decreta *Capitula* et *Capitularia* appellata, quod perinde per capitula digesta sint. Lex 4. Cod. Th. (9, 24.) de Falsa moneta : *Quibus ita emendatis, omnibus Capitulis lex lata servabitur.* Neque tamen universim statuta regalia *Capitulorum* et *Capitularium* nomine donata ; sed ea potissimum quæ in publicis Comitiis, vel Synodis, vel Conciliis, Episcoporum et populorum consensu, ab ipsis Principibus edebantur, in iis scilicet casibus qui in legibus deerant : unde *Capitula* a Legibus distinguntur apud Hincmarum Remensem Opusc. 14. cap. 8 : *Habent enim Reges et Reipublicæ ministri Leges, quibus in quacumque provincia degentes regere debent; habent Capitula Christianorum Regum ac progenitorum suorum, quæ generali consensu fidelium suorum tenere legaliter promulgaverunt.* Et cap. 11 : *Ex Christianorum Regum Constitutionibus per Capitula breviter ac salubriter, si teneantur et exequantur, collecta continentur.* Denique Opusc. 15. cap. 15 : *Quando sperant aliquid lucrari, ad Legem se convertunt : quando vero per Legem non æstimant acquirere, ad Capitula confugiunt.* In Synodo Suessionensi ann. 853. cap. 44 : *Capitula synodalia Caroli Magni, etc.*

Erant igitur *Capitula* legum appendices et additamenta, eaque in Synodis sancita. Eginhardus ann. 819 : *Legibus etiam Capitula quædam necessaria, quia deerant, conscripta atque addita sunt.* Capitul. ann. 821. cap. ult. : *Capitula quæ præterito anno Legi Salicæ per omnium consensum addenda esse censuimus, jam non ulterius Capitula, sed tantum Lex dicantur, et pro Lege teneantur.* Annales Francor. Bertiniani ann. 864 : *Capitula etiam ad 37. consilio fidelium suorum, more prædecessorum ac progenitorum suorum Regum, constituit, et ut legalia per omne regnum suum observari præcepit.* Capitula Caroli Calvi tit. 39. cap. 7. [** 8. ap. Carisiac. ann. 873.] : *Per Capitula avi et patris nostri, quæ Franci pro Lege tenenda judicaverunt, et fideles nostri in generali placito nostro conservanda decreverunt.* Aimoinus lib. 5. cap. 35 : *Placitum generale habuit, ubi per Capitula qualiter regnum Franciæ filius suus Ludovicus... regeret... ordinavit.* Fragm. Hist. Franc. tom. 3. Hist. Franc. pag. 334. de Ludovico Pio : *Adjecit præterea quædam sæcularibus legibus Capitula, quæ nunc usque pernecessaria comprobantur.* Vide Leon. Ost. lib. 1. cap. 18. [** Conf. Savinii Histor. Jur. Rom. med. tempor. vol. 1. cap. 3. § 47.] Atque ejusmod. Regia Capitula digessit Ansegisus Abbas Lobiensis. Adso de Miraculis S. Walberti n. 12. de eod. Ansegiso : *Capitula Regum Francorum, quæ diversis fuerunt acta Conciliis, excepit, et uno volumine continere fecit;* in quatuor scilicet libris. Sigebertus ann. 827 : *Ansegisus Abbas Lobiensis edicta Imperatorum Caroli Magni et Ludovici filii ejus ad Ecclesiasticam legem pertinentia in duobus libellis digessit. Idem eorumdem Edicta ad mundanam legem pertinentia in duobus æque libellis digessit.* Postmodum Benedictus Moguntiacensis Ecclesiæ Levita eadem Capitula, partim etiam alia a se aliunde collecta in septem libros distinxit, quæ Joannes Tillius Meldensis Episcopus, deinde Pithœus et Lindenbrogius publicarunt. Exhinc Caroli Calvi et aliquot aliorum Regum edita sunt a Sirmondo Capitula, atque adeo ab aliis viris eruditis, quæ universa cum MSS. Codicibus collata, et non minima accessione aucta ac locupletata, notisque illustrata, in unum corpus tandem compegit vir doctissimus Stephanus Baluzius, hoc ipso quo scribimus anno. Vide quæ annotarunt idem Pithœus post Præfationem ad eadem Capitula, Antonius Augustinus de Emendat. Gratiani lib. 2. dial. 11. Innocentius Cironius in Notis ad 5. Compilat. Decretal. lib. 1. tit. 1. cap. 2. idemque Baluzius in erudita illa quam Capitularibus Regum Francorum præmisit Præfatione.

¶ Capitula Novitiarum, Novarum Constitutionum Synodalium decreta. Acta SS. Benedict. sæc. 4. part. 1. pag. 741. ex Capitulis Novitiarum : *Item Capitula Novitiarum de his, in quibus præceptum Regulæ et Constitutiones novellorum Conciliorum auctius nos considerare et promtius exercere jussio imperialis ammonet.*

3. **CAPITULUM**, Brevis Lectio, quæ in divino officio, loco Lectionis legitur. Radulphus Tungrensis de Canon. observ. propos. 13 : *Sicut ad vigilias noctis leguntur Lectiones magnæ, ita ad Laudes et Vesperas, et ad quinque parvas Horas, dicuntur parvæ Lectiones, quas Benedictus appellat in sua Regula Lectiones ; communi tamen usu sæculi appellantur Capitula.* Idem Radulphus propos. 8 : *In Lectionibus tam majoribus quæ nocturnis vigiliis leguntur, quam parvulis, quæ dicuntur ad alias Horas, et Capitula appellantur, laudem Dei agimus et pronunciamus.* De his Capitulis fit mentio in Concilio Agathensi can. 21. apud Vigilium PP. Epist. 2. etc. *Capitula Dominicalia*, quæ Dominicis diebus canuntur, in Statut. Guigonis pro Ordine Cartusiensi. Vide *Lecticulæ*.

Capitella, Breviora capitula. Concilium Agathense can. 30 : *Post hymnos Capitella de psalmis dicuntur.* Regula S. Aureliani cap. 55 : *Hymnus, Jam surgit, Hora Tertia, et Capitulum, deinde Kyrie eleison,* (dicantur.) Occurrit ibi pluries, et in ejusdem Regula ad Virgines. Gregorius Turonens. lib. 9. cap. 6 : *Et ingressus in oratorium, me postposito, ipse Capitellum unum, atque alterum, ac tertium dicit.* Utitur et lib. de Vitis Patrum cap. 6. Vide *Capitellum*, 6.

¶ 4. Capitulare, Alicujus Sancti officium celebrare, peragere, a *Capitulo* saltem incipiendo. Vetus Ceremoniale MS. B. Mariæ Deauratæ Tolosanæ : *Non dicuntur suphragia Sanctorum, neque Vespere omnium SS. nec Laudes, et hoc tam in vigilia, quam in die, et per omnes Octavas : dato etiam quod non Capitulantur de Octavis.* Et Infra : *Sequitur festum Apostolorum Phillippi et Jacobi, quod est duplex..... in primis Vesperis Capitulatur de ipsis Apostolis.* Pluries occurrit in eodem MS.

Capitularium, Liber Ecclesiasticus continens *Capitula*, quæ in Ecclesia canuntur, in Monastico Anglic. tom. 3. pag. 324.

4. **CAPITULUM**, Locus in quem conveniunt Monachi et Canonici, sic dictum, inquit Papias, quod *Capitula* ibi legantur : *Capitula librorum dicta, quod breviter capiant et contineant aliquam sententiam, sive quasi caput et titulus majoris scripti. Unde Clericorum Capitulum dictum, quod Capitula ibi exponantur :* nempe Regulæ. Notum enim mane post Primam recitatam, antequam Fratres exeant ad laborem, jam olim aliquod Regulæ Capitulum iis fuisse prælectum; cujus moris meminerunt Fuldenses Monachi in Libello supplici Carolo Magno porrecto apud Browerum lib. 3. Antiq. Fuldens. cap. 12. et Smaragdus in præfat. in Diadoch. Monach. Concilium Aquisgran. can. 69 : *Ut ad Capitulum primitus Martyrologium legatur.* Cap. 70 : *Ut ad Capitulum lectio tradatur.* Amalarius lib. 4. de Eccles. offic. cap. 2 : *Mos inolevit ut per Monasteria Deo devota legatur lectio in Capitulo.* Helinandus Monach. Frigidimontis : *In toto corpore Ecclesiæ, præter illum ubi altare constituitur, nullus locus est sanctior Capi-*

tulo, nullus reverentia dignior, nullus diabolo remotior, nullus Deo proximior. Ibi enim perdit diabolus quidquid alibi lucratur. Ibi Deo restaurat obedientia quicquid alibi illi subtraxit vel negligentia vel contemptus. [Vita S. Benedicti Anian. n. 30 : *Fratribus vero sibi subjectis omni hora, in nocturnis scilicet, in Capitulo, in refectorio, pabula vitæ præbebat. Capitulum post Nonam*, memoratur in Capitulis Sangallens. circa ann. 817. editis, apud Mabill. in Actis SS. Benedict. sec. 4. part. 1. pag. 742.] *Domus Capituli* apud Eckeardum Jun. de Casib. S. Galli cap. 11. et 16. et in Statutis Ordinis de Sempringham pag. 724. Ordo Romanus : *In conventu Fratrum, qui apud quosdam Capitulum nuncupatur.* Jacobus Henricurtius in Speculo Hasbanico pag. 11 : *Rasson qui est ensevelis en Capitele des Freres mineurs a Liege.*

* Ea erat erga *Capitulum* in quibusdam monasteriis reverentia, ut in eo omni tempore lampas arderet. Charta ann. 1200. ex Bibl. reg. cot. 19 : *Ergo Rogerus de Portis dedi abbatiæ S. Mariæ de Noa....... omnes penitus arbores, sive nuces sive fructus alios proferentes .... ad ministrandum omni tempore lumen unius lampadis in Capitulo ipsorum. Cappitle*, in Chartul. 21. Corb. ad ann. 1404. fol. 199. v°.

Capitulum Conversorum, quod ab Abbate pro Conversis tenetur, de quo agunt Institutiones Capituli generalis Ord. Cisterciensis distinc. 14. cap. 10.

Capitula Ruralia, in Provinciali Cantuar. Eccles. lib. 1. tit. 2. lib. 5. tit. 17. in Constit. Ottonis Legati Eccles. Roman. in Anglia tit. 7. et in Concilio Redingensi ann. 1279. can. 5. dicuntur Conventus Curionum ruralium, qui ab Episcopis, Archidiaconis, aut Decanis ruralibus subinde coguntur, in quibus de rebus Ecclesiasticis suarum parochiarum pertractare solent. Vide *Kalendæ*.

Capitulum, ut ait Lindwodus, *quandoque ponitur pro collectione plurium, et non communiter viventium : sed ob tractatus communes inter se habendos ad aliquem locum confluentium. Exemplum patet in Capitulis generalibus Monachorum et aliorum Regularium, etc.*

Capitulum, proprie loquendo, inquit Lindwodus, dicitur respectu *Ecclesiæ Cathedralis, ut Conventus respectu Ecclesiæ inferioris, ubi est collectio viventium in communi.*

Capitulares, Canonici, apud Ericum Upsaliensem. lib. 5. Hist. Suecicæ pag. 180. et alibi, qui *Capituli jus habent*, ut loquuntur, *qui ont droit d'entrer au Chapitre.*

¶ 5. Capitulare, In Capitulum convenire tractandorum negotiorum causa. Instrumentum Abbatis et Conventus S. Sequani ann. 1356. e Cartulario Æduensi : *Hinc est quod nos propter hoc in Capitulo nostro specialiter in unum per sonum campanæ, more solito, ad Capitulandum pro negotiis dicti Monasterii et Ecclesiæ ipsius ad tractandum congregati, etc.* Instrumentum Capitulare Monasterii Crassensis ann. 1381 : *Monachis hora Capituli, pulsata Campana, ut moris est, in Capitulo dicti Monasterii pro Capitulando et Capitulum et conventum faciendo.... congregatis, etc.* Occurrit in Actis Capitularib. S. Martini Turon. ann. 1455. et in Actis SS. Martii tom. 3. pag. 752. necnon in Charta ann. 1480. apud Miræum Diplom. Belg. tom. 2. pag. 1343. col. 2.

* Acta capit. MSS. eccl. Lugdun. ad ann. 1338. fol. 47. r°. col. 1 : *Item assignaverunt sibi et aliis absentibus diem Mercurii sanctam ad Capitulandum super negotiis et statu ecclesiæ. Chappitrer*, eodem sensu, in Charta ann. 1426. inter Instr. tom. 12. Gall. Christ. col. 197 : *Et eux* (chanoines) *assemblés oudit chapitre, Chappitrant et chapitre tenans, etc.*

6. Capitulare, Succensere, punire, quod fit in Capitulis Monachorum ubi vitiosi et delinquentes puniuntur et emendantur. Eckeardus Jun. de Casib. S. Galli cap. 3 : *Ad Capitulum tamen non nisi vocatus venit, cum sibi officium Capitulandi et puniendi gravissimum, ut ait, sit traditum.* Hinc vulgaris loquendi Monachis usitata formula, *Dare alicui Capitulum*, vel *Accipere Capitulum*, pro reprehendere, et verbis castigare : nostri *Chapitrer* dicunt. [Hinc fortassis a Baldrico apud Mabillonium tom. 5. Annal. Benedict. pag. 505. Capitulum Monachorum vocatur, *Animarum fornax purgatoria.*]

¶ Capitulum Habere. Codex MS. S. Quintini de Monte ad calcem Regulæ, XI. circiter sæculo exaratus : *Liceat Abbati, si necessitas vel ratio ingruerit, fratrem suum ad quemlibet Abbatem mittere, tantum ei in victu provideat. Si vero paupertas exigerit, Abbas ad quem missus ille frater ierit, vestitum ei præbeat, et quandiu ibi moratus fuerit frater, Capitulum habeat;* hoc est, jus cum aliis cœnobii, in quo commorabitur, Monachis in *Capitulo* sedendi, quod jus haud raro tribuebatur olim Fratribus extraneis, præsertim ubi e monasterio aliqua societate conjuncto veniebant.

5. **CAPITULUM**, Domus urbis publica, in qua Ædiles seu Scabini jus dicunt, aut coeunt, *Hostel*, vel *Maison de Ville*. Joan. Hocsemius in Henrico Gueldrensi Episcopo Leodiensi cap. 5 : *Cumque pro vini assisa cives fuissent in Capitulo congregati.* In Adolpho a Marka cap. 5 : *Partem terræ Militum.... cum Rectoribus civitatis ad Capitulum congregavit.* Observat Catellus lib. 1. Hist. Tolosanæ cap. 1. pag. 33. et 34. Curiam Tolosanam *Capitulum* in veteribus Tabulis appellari. Usatica Tolosana ann. 1202. statuunt reos puniendos *cognitione D. Comitis, et suæ Curiæ, scilicet Capituli.* Cui quidem Capitulo præerat Vicarius. Unde in sententiis hæc passim leguntur, *Vicarius et Capitulum judicaverunt.* Qui vero ei assidebant,

Capitulares et Capitularii appellabantur; qui iidem sunt quos hac tempestate *capitoux* vocant, olim *Capitoliers*, ut est apud Honoratum *Bonnet en l'arbre des batailles* 4. parte cap. 125. [et in Litteris Philippi VI. Franc. Regis ann. 1345. tom. 2. Ordinat. pag. 230.] Liber albus Senescalliæ Tolosæ, de electione Capitularium Tolosæ, *Qui semel Capitularius fuerit, ad idem officium nullatenus admittatur, nisi 6. annis dicti sui Capitulatus computandis.* [Tres solum annos habent Litteræ Philippi III. ann. 1283. in quibus ii *Capitularii* Consules appellantur; at passim *Capitularii* nominantur in Litteris Philippi IV. et Philippi VI. apud D. *de Lauriere* tom. 2. Ordinat. pag. 107. et seqq. Adagium est apud Tolosanos :

Cil de noblesse a grand titoul,
Qui de Tolose est Capitoul.]

* Olim *Capitoliers*, *Capituleurs*, et *Capitulliers*. Placit. comit. Tolos. ann. 1158. inter Probat. tom. 2. Hist. Occit. col. 569 : *S. Petri W. S. Petri de Rovis. S. Bernardi Adalberti, qui tunc erant Capitularii. Capitulares Tholosæ*, in Lit. ann. 1358. tom. 4. Ordinat. reg. Franc. pag. 188. Lit. ann. 1346. in vol. 2. arest. parlam. Paris. : *Les Capituleurs de la ville de Thoulouze, etc. Capitulliers* et *Cappituliers*, in Lit. ann. 1347. ex Reg. 68. Chartoph. reg. ch. 213. et in aliis ann. 1409. ex Reg. 163. ch. 301 : *Pons de Marlas chevalier* et *Capitolier de Thoulouse*, in Ch. ann. 1350. ex Reg. 78. ch. 114. Vide supra *Capitulatores*.

¶ Capitulatus, Dignitas Capitularii, in Litteris Regum nostrorum jam laudatis, et apud Lafallium in Probat. Hist. Tolos. pag. 85. 88. 90. etc.

Capitalarii videntur interdum appellari nuntii, ministri, famuli. Vitalis Episcopus Oscensis : *Cives autem sunt omnes qui in civitatibus commorantur, vel in villis æquipollentibus civitati. Ex quibus illi dicuntur Burgenses, qui licet Capitalarios habeant et ministros, per quos ducunt sua officia exercenda, tamen ipsa manibus suis non exercent.* Iidem sunt

Captalarii, in Charta Jacobi Reg. Aragon. ann. 1230. pro civibus et mercatoribus Barcinon. : *Emfranquimus, francos, liberos, ingenuos et immunes facimus vos omnes probos homines, cives, et habitatores Barcinon. et singulos præsentes pariter et futuros, et nuncios ac Captalarios vestros per totum regnum Majoricarum, etc.* Occurrit etiam in Consuetudinibus Barcinon. MSS. Consuetudines Monspelienses MSS. cap. 91 : *Captalerius non debet præstare leidam vel cappas, nisi pro ea parte pro qua pertinet ad eum lucrum jam Curiæ acquisitum.* Vernacula sic habent : *Captalier non deu donar leidas, ni copas, si non per aquella parte, per laqual azel perten lo captal, o per aquella part, per laqal partem azel lo gazanch que a dona.* Alibi : *Si aliquis privatus vel extraneus, Captularius, vel debitor accipiat fugam a villa Montispelerii, etc.* [** Capmany : *Captalarius, Sirviente.*]

Capitularius Scholæ Negotiatorum, in Charta Petri Ravennatis ann. 953. apud Hieron. Rubeum in Hist. Ravenn. lib. 5. id est *Caput* vel *Capitaneus*.

Capitolarius, Capitularius. Charta Abbanis Patricii fundatoris Monasterii Novalicensis in valle Segusina, ex Tabulario Ecclesiæ Gratianopolitanæ : *Et colonicas infra ipsa valle Briantina et Aquisiana, quem de Vindegunde conquisimus, unde Bardinus Capitolarius est.* Infra : *Similiter libertus nostros in valle Aquisiana, qui ad parentes nostros aspexerunt, seu et in ipso pago Brigantino commanere videntur, unde Vitalis Capitularius est, ad memorata Ecclesia hæredem meam ut aspiciant et inpensionem faciant volo ac jubeo.* Ubi videntur *Capitularii* accipi pro *dominis* seu possessoribus.

6. **CAPITULUM**, Capitulare, Capitis tegumentum muliebre. Isidorus lib. 19. Orig. cap. 31. et ex eo Papias : *Capitulum, est quod vulgo Capitulare dicunt.* Glossæ veteres, cap. de vestimentis : *Capitulare*, κεφαλόδεσμον. Addit. ad Matth. Paris pag. 115 : *Nec habeant Capitulum de floribus*, id est, sertum; Gallis *Chappellet.*

¶ 7. **CAPITULUM**, Idem, ut videtur, quod *Capitium* 2. ut ibidem dictum est.

¶ 8. **CAPITULUM** Totius Rei, Totius rei series et narratio. [* Vel potius, Totius rei summaria expositio.] Chronicon Centul. lib. 5. de Miraculis S. Angilberti num. 23 : *Totius Rei Capitulum fratribus ac populo publice innotuit.*

* 9. **CAPITULUM**, Pactionis caput, articulus. Transact. ann. 1501. ex schedis Pr. *de Mazaugues* : *Transactionem, conventionem, concordiam, appointamentum, Capitula et pacta fecerunt.* Vide supra *Capitulare* 4.

* 10. **CAPITULUM**, Conventus, synodus. Charta Odonis Camerac. episc. ann. 1113. ex Tabul. ejusd. eccl. : *Altare de Solemia... ecclesiæ pretiosorum martyrum Dionysii, Rustici et Eleutherii de Francia... concessimus, ea quidem ratione ut... presbiter altari prælibato cantaturus, cura de manu episcopi recepta, episcopi et ministrorum suorum Capitula adeat et de synodalibus respondeat.*

* 11. **CAPITULUM**, Muri fastigium, Gall. *Chaperon.* Charta ann. 1214. apud Lam. in Delic. erudit. inter not. ad Chron. imper. Leon. Urbevet. pag. 218 : *Salvo quod non faciant præjudicium superiori Capitulo murorum.*

* 12. **CAPITULUM** passim in regestis saltem recentioribus ecclesiæ Carnotensis, teste D. *Courbon du Terney*, pro Mandatum seu Charta, qua expensa pecunia restituenda jubetur.

CAPITUM, *Pabulum jumentorum*, uti vocem hanc interpretatur Ammianus lib. 22 : *Totidemque pabula jumentorum, quæ vulgo dictitant Capita.* Hesychius : Κάπετα, κτηνῶν τροφή. Idem : Καπητόν, παράθλημα ἀλόγων. Vopiscus in Aureliano : *Capitum animalis non vendat.* Senator lib. 7 : *Proinde annona fuit domini et familiæ ejus, Capitum animalis.* Atque ita hæc vox accipitur in leg. 7. 13. 17. Cod. Theod. (7, 4.) de Erogat. milit. ann. et aliis locis, quæ *Palea* vertitur in leg. 9. *Capitatio* in leg. 8. cod. et leg. ult. eodem Cod. (11, 20.) de Collat. donat. Adde Julianum Antecessor. Nov. 15. cap. 52. *Fodrum* ejusmodi præstationem appellarunt recentiores.

CAPITURINI, a Salernitanis, Principes et auctores seditionum appellati, ut auctor est Hugo Falcandus pag. 668.

* **CAPIX**, Capsa, arca. Instr. de Resignat. castri Fumonis ann. 1263. apud Murator. tom. 2. Antiq. Ital. med. ævi col. 476 : *Item duæ catenæ, et una lucerna, et una Capix ferrea, et una sartago.* Vide *Capis* 2.

* **CAPIZOLUS** Pannus, Panni species. Chron. Bergom. ad ann. 1406. apud Murator. tom. 16. Script. Ital. col. 970 : *Ecce dictus Nolus et Bonomus et Gatellus habuerunt certa verba inter se, causa cujusdam Capizoli panni, quod ipsi de Cavaneis volebant dare dictis de Pisonibus.* Haud scio an non huc spectet vox *Capistre*, in Comput. Rob. de Seris ab ann. 1332. ad ann. 1344. ex Reg. 5. Chartoph. reg. fol. 6. v°. : *Le siege d'icelle selle a un oreiller de Capistre mesme.* Vide supra *Capezzus.*

* **CAPLANUS**, Capellanus, a Gall. *Capelan.* De Ecclesiast. status reformat. in Conc. Constant. tom. 1. ejusd. Conc. col. 681 : *Quia in regimine ecclesiastico, et præsertim choragi et Caplani necessaria est obedientia, etc.* Vide *Capellani* 3.

* **CAPLATIA**, Vestis species, quam sacerdotibus loco *capæ* deferre prohibetur, in Stat. synodal. eccl. Carnot. ann. 1368. apud Marten. tom. 7. Ampl. Collect. col. 1362 : *De cappis manicatis, vel super humeros crispatis non habendis, sub pœna suspensionis, nec Caplatiis loco cappæ.*

CAPLEVATOR, Qui captum judici repræsentare tenetur sub pœna arbitraria; ut *Capleuta*, ipsa obligatio repræsentandi. Voces fori Aragonensis, de quibus copiose Michael *del Molino* in Repertorio Fori Aragon. Edit. 1624. fol. 11. Fori Oscæ ann. 1247. fol. 4 : *Ecce his offero sufficientem fidanciam de directo, aut bonum Caplevatorem super pignus meum, etc.*

CAPLEUTA, in iisdem Foris Aragon. lib. 1. tit. de Suprajunctariis fol. 34. verso.

CAPLIM, [Obligatio, ni fallor, qua servus tenetur arbores seu arborum ramos exscindere, cum id jubet Dominus : vox ducta a *Capulare*, Cædere.] Polyptychus S. Remigii Remensis : *Solvit in censu de sigala mod. 1. de ordeo mod. 100. anniculum 1. Caplim dies 15. lign. carros 3.* Infra : *Solvit in hostelicia den. 16.... pullos 3. ova 15. Caplim diebus 15. facit vehituram in leug. 30.* Rursum : *Donant decimam de vervecibus.... faciunt Caplim 15. diebus.* Item : *Facit Capplim diebus 15. sed non vehit. Facit macerias in Monasterio, etc.* Ibidem : *Capplim diebus 15. ipsumque deducens.* Item : *Donat unoquoque anno scindulas 10. in tertio anno ascellas 100. aut facit Capplim diebus 15. ipsumque vehit.* Ibid. : *In tertio anno faciunt Caplim dies 15. ipsum carrucant et inoperant.* [Codex MS. Irminonis Abb. Sangerman. fol. 36. verso col. 1 : *Arat ad hibernaticum perticas* III. *ad tramisem perticas* II. *facit Caplim quantum sibi jubetur.* Idem Codex fol. 94. col. 1 : *Facit in vinea arp. 1. pullos* III. *ova* XV. *curvadas, Caplim, carop. manopr. quantum ei injungitur.* Et fol. 95. verso col. 1 : *Arat ad hibernaticum perticas* III. *ad transmissum perticas* II. *facit Caplim quantum sibi jubetur.*] Occurrit pluries, et interdum cum duplice P. Vide *Capulus*, [et *Capellus* 2.]

** Caplinum, Ibid. Brev. 5. cap. 53. et 78 : *Curbadas, Caplinum, caroperas, manuoperas, ubi ei injungitur.* Guerard. pag. 44. et 47. qui verbum confert cum Germanico *Kappen.*

CAPLOSUS, *Elisus*, Papiæ. Ita etiam Cod. MS. [Sangerman. n. 501.] Vide *Capulare.*

CAPLUM, *Funis*, Isidoro in Glossis. Papias : *Caplum, funis a capiendo dictum.* Isidor. lib. 20. Orig. cap. 16 : *Capulum, funis a capiendo, quod eo indomita jumenta capiantur.* Nostris *Cable*, vel *Chable*, Funis nauticus. Vide Meursium in Καπλίον.

¶ **CAPMANSIO**, Capmansus, Capmasus, etc. Vide *Caput mansi.*

* **CAPNA**, *Anterior equi coma*, in Glossar. Provinc. Lat. ex Cod. reg. 7657.

¶ **CAPNICUM**, Datium solvendum pro quolibet camino seu habitatione, a voce Græca κάπνη, quæ caminum significat. Hierolex. Macri.

CAPO. Vide *Capus.*

* **CAPO**, inter vasa ecclesiastica recensetur in Charta ex Tabul. Casin. : *iiij. candeleris, e j. Capone de argentum, e j. offerta de argentum, etc.*

* **CAPODIES**, Decurio, ab Ital. *Capodieci.* Stat. ant. Florent. lib. 3. cap. 191. ex Cod. reg. 4621 : *Quatuor Capodies, ignis bapnitores et approbatores communis.*

¶ **CAPOLARE**, Abscindere, imminuere. Pactus Legis Salicæ tit. 32. num. 1 : *Si quis alterum manu aut pede Capolaverit, de manu Capolata, unde homo mancus est, et ipsa manus super eum pendit, malb. sichte*, MMD. *den. qui faciunt solid.* LXII. *et dimidium, culpabilis judicetur.* Et n. XV : *Si quis alterum lingua Capolaverit, unde loqui non possit, etc.* Vide *Capulare.*

CAPOLATA. Charta ann. 1142. apud Stephanum Baluzium in Notis ad Concilia Narbon. : *Item 5. millia teules. Item 3. Capolatas de petra, quas habuerunt homines de Villanova.*

* An petrarum onus, vel tantum petræ, quantum uno die homo *capulare* seu scindere potest? Aliud vero sonat, Onus nimirum quod capiti imponitur, inter Jura vicecom. Narbon. an. circ. 1260. inter Probat. tom. 3. Hist. Occit. col. 546 : *Habet ab omnibus hominibus....... portantibus ligna cum suis animalibus Narbonam, ratione intradæ, de quolibet animali unam saumatam lignorum, et de Capolata duos faros hominum semel in anno de animalibus.* Vide infra *Cappare.*

CAPOMILITIATUS. Vide *Caput militum.*

* **CAPONES** B. Mariæ, Nummi, qui pro quolibet foco pensitantur, sic dicti, in Charta ann. 1250. ex Chartul. Campan. fol. 337 : *Item in foagia quæ in eadem villa habebamus, videlicet sex denarios pro quolibet foco dictæ villæ, qui Capones Beatæ Mariæ nuncupantur, et pro caponibus nobis et ecclesiæ nostræ reddebantur.* Vide in *Capus* 2.

* **CAPONUS**, Gallus castratus, Ital. *Cappone*, nostris *Chapon.* Chron. Bergom. ad ann. 1406. apud Murator. tom. 16. Script. Ital. col. 978 : *Et specialiter derobaverunt... quatuor porcos, gallinas, Capones, anseres, etc.*

CAPORALIS, Ital. *Caporale*, Caput, gubernator, præcipuus dux. Historia Cortusiorum lib. 7. cap. 20 : *Caporalis vero et ductor eorum erat D. Loderisius Vice-Comes.* Adde lib. 8. cap. 16. et Bullam Urbani V. PP. apud. Wadding. ann. 1364. 12. Joan. Villaneus lib. 1. cap. 28 : *Roma fu Caporal regno di se medesima.* Idem lib. 2. cap. 1 : *Li maggiori e li piu possenti Caporali de la terra.* Passim apud hunc Scriptorem. [Acta SS. Maii tom. 7. pag. 373. de S. Ferdinando Rege : *Eadem confirmavit præfatus Michael Sanchez, qui servit in exercitio Caporalis D. Joannis de Panduro,* *in possessione quam habet supradictus in Terrazana :* Quo in loco Papebrochius *Caporalis* reddit Opilio. Gallis *Caporal*, ut et Italis *Caporale* hodie Decurio est, cujus præcipuum fere munus excubias vigiliasque collocare ac deducere.]

* Chron. Domin. de Gravina apud Murator. tom. 12. Script. Ital. col. 551 : *Plurimi utriusque partis Caporales et sequaces sunt nece pessima interemti.* Charta ann. 1361. ex schedis Pr. *de Mazaugues : Certos alios Caporales societatis Ispanorum guerram facientes in dicta Provincia, etc.* Pro Decurione apertius in Instr. ann. 1370. apud eumd. Murator. tom. 2. Antiq. Ital. med. ævi col. 535 : *Quilibet Caporalis lanciæ habeat et habere debeat equos tres bonos et sufficientes, et sit Caporalis armatus a capite usque ad pedes.* Provincialibus *Capoulié* proprie dicitur messorum ductor. Vide infra *Caput guerræ.*

* **CAPOSOLDUM**, Quod præter debitum seu stipendium erogatur, Ital. *Caposoldo.* Stat. ant. Florent. lib. 1. cap. 18. ex Cod. reg. 4621. fol. 20. r°. : *Promittet quod nichil per se vel alium recipiet, vel familiam suam recipere patietur directe vel indirecte sub alico colore, vel nomine drictura vel Caposoldi in pecunia vel in aliqua alia re.* Vide *Capsoldum.*

¶ **CAPOTANEUS**, ut *Capitaneus populi.* Rolandin. Patavin. lib. 11. Annal. Genuens. cap. 18 : *Habuerunt tunc Mediolanenses alii et populus et Commune de consilio saniori pro suo Capotaneo Martinum de Turre de civitate eadem, virum probum et sapientem, strenuum, tractabilem, etc.* Et lib. 12. cap. 4 : *Mediolanense Commune et populus universus Capotaneum habens Martinum de Turre, memorandum et reverendum patriæ defensorem.* Pluries occurrit apud eumdem Annalistam.

* **CAPOTUS**, Unus ex eo hominum genere, qui *Cagoti* vocabantur. Vide in hac voce. Lit. remiss. ann. 1461. in Reg. 192. Chartoph. reg. ch. 19 : *In dicto conflictu et rixa unus castranus seu Capotus dicti de Fontaralhac volens interficere nobilem Johannem spurium de Andonis cum quadam gibilina.*

CAPPA. Vide *Capa* 1. et 5.

* **CAPPAGIUM**, Subsidium pecuniarium, quod ab unoquoque capite exigitur. Lit. ann. 1358. tom. 4. Ordinat. reg. Franc. pag. 190. art. 18 : *Levanda subsidia, ocagia, Cappagia, etc.* Vide *Capagium.*

* **CAPPANA**, Tugurium, casula. Tract. MS. de Re milit. et mach. bell. cap. 119 : *Prædones in laco composuerunt pontem cannarum, super quem fecerunt unam Cappanam et ibi se reducebant cum prædis suis.* Vide *Capanna.*

¶ **CAPPANNA**, Tugurium. Acta SS. April. tom. 3. pag. 324. F. in Miraculis S. Zitæ : *Et ipsa ivit ad ipsam Cappannam, quæ est cujusdam sui vicini.* Vide *Capanna.*

* **CAPPARE**, f. pro *Coppare*, Scindere, secare, idem quod *Capulare.* Vide in hac voce. Charta ann. 1273. tom. 1. Hist. Cassin. pag. 271. col. 1 : *Si vero careat bubus, tenetur præstare ipsas operas manualiter, videlicet ad Cappandum aut metendum, sive ad triturandum.* Academicis vero Cruscanis *Cappare*, est Eligere, seligere.

* **CAPPARIS**, *Un albusion*, in Glossar. Lat. Gall. ex Cod. reg. 7692. Sed leg. forte, *Un arbrisseau.*

¶ **CAPPARIUS.** Vide post *Capa* 1.

¶ **CAPPARO.** Vide *Caparo.*

* **CAPPATIGUM**, Idem quod supra *Cappagium.* Annal. Victor. MSS. ad ann. 1356: *Tholosæ etiam insurrexerunt populares contra magnates præsertim in officiarios regis, inter quos erat Johannes comes Armanici locumtenens regiminis in Lingua Occitana : quem occasione Cappatigi noviter per ipsum impositi, dicti populares hostiliter insecuti sunt, ipsum cum aliis officiariis occidere quærentes.*

¶ **CAPPATUS**, Qui gerit Cappam. Vide post *Capa* 1.

¶ Cappatus Clavus, pro *Capitatus*, ut puto. Vita S. Reineldis inter Acta SS. Julii tom. 4. pag. 177 : *Gondulphus, tribus Cappatis infixis cerebro illius clavis, vitam finivit.*

¶ **CAPPELLANUS.** Vide *Capellanus.*

¶ **CAPPELARDENT**, Capella ardens, Gall. *Chapelle ardente*, in qua, parietibus panno nigro vestitis, multi accenduntur cerei pro funeribus Principum et Magnatum. tom. 4. Concil. Hisp. pag. 198 : *In exequiis generalibus, præsertim in Cappellardent vulgo nuncupato, pro Domino Rege, Principe, etc.*

¶ **CAPPELLOTUM.** Vide *Capellotum.*

* **CAPPERARE.** Vide supra *Caperare.*

* **CAPPETTA**, Brevior capa, diminut. ab Ital. *Cappa.* Stat. Ferrar. ann. 1279. apud Murator. tom. 2. Antiq. Ital. med. ævi col. 424 : *De gauscappis et Cappettis cum tribus cusituris, quinque solidos Ferrarienses.*

¶ **CAPPIGER**, Cantor qui gerit cappam, Gall. *Porte-chape*, tom. 4. Concil. Hisp. pag. 397. Vide in *Capa.*

* **CAPPILLARE**, Concidere, idem quod *Capulare.* Capitul. Caroli M. apud Marten. tom. 7. Ampl. Collect. col. 7 : *Si de duobus furtis probatus fuerit, oculum perdat et nasum ei Capilletur.* Vide *Capillare* 1.

* **CAPPILLINA**, Galeæ species, qua milites cassidis loco caput tegunt. Vide supra *Capellina* 3. Charta ann. 1263. apud Murator. tom. 2. Antiq. Ital. med. ævi col. 476 : *Item xvj. Cappillinæ, cum vij. balistis de ligno fractis.*

¶ **CAPPLIM.** Vide *Caplim.*

¶ **CAPPUCCIUM.** Vide *Caputium.*

¶ **CAPPULA**, Minor *Capa*, Lineum capitis tegumentum, Gall. *Coëffe de nuit.* Hist. Dalphin. tom. 2. pag. 280 : *Pro tela ad faciendum coperteria quatuor, Cappulis et thobaliis pro capite, cannæ 3. gros.* XXII. *Pro factura ipsorum coperteriorum et Cappularum, gros.* VI. *den.* IX. Ibid. pag. 275 : *Pro Cappulis quatuor de tela .... taren.* II. MS. D. *Lancelot* habet *Coppulis.*

CAPPUS. Vide *Capus.*

CAPPUSA. Charta Alberti Comitis Metensis ann. 1218. apud Barthol. Fisen. in Hist. Leodiensi pag. 447 : *Et ut ordine suo liberius vacare permittantur, nulli inposterum, vel subditorum nostrorum in Cappusis suis, vel aliis rebus aliquam potestatem nullatenus habere concedimus, etc.* sed legendum *culturis*, evincit Charta sequens, quam profert idem Scriptor.

CAPRA. Pseudo-Ovidius lib. 2. de Vetula :

> Do Capram vini, do bladum, do tunicam, do Palliolum, etc.

Forte *Cuppam*

* **CAPRAMARITUM.** Vide infra *Charavaritum.*

* **CAPRAREA**, Caprarum grex vel stabulum. Charta ann. 1217. inter Instr. tom. 11. Gall. Christ. col. 334 : *Et si placeret alicui heredum patris mei quod constitueret in eadem silva vaccarias, aut equarias, vel porcarias, seu Caprareas, sive ovilia, dederunt similiter omnes decimas fructuum* (melius in autographo fetuum) *et aliorum redituum.* Vide *Capraritia.*

CAPRARITIA, Stabulum caprarum, in Capitulari de Villis cap. 23.

¶ **CAPRATIO.** Epist. S. Ludovici Regis Franc. ad Fridericum II. Imp. ann. 1248. apud Marten. tom. 1. Collect. Ampliss. col. 1301 : *Poterit vestra Serenitas... pro victualibus educendis, mercatoriam super hoc exigere Caprationem.* Lege *Captationem*; id est, vectigal a mercatoribus *capiendum.*

¶ **CAPREA**, pro *Capra*, tom. 3. Concil. Hisp. pag. 90.

* Glossar. Lat. Gall. ex Cod. reg. 521 : *Caprea, chievre sauvage.*

¶ **CAPRED**, in Legibus Longobard. delictum significat. Hierolex. Macri.

* **CAPREDUS**, Capreolus, Gall. *Chevreau.* Stat. Vercell. lib. 5. pag. 121. r°. : *Item quod de qualibet capra, hyrco vel Capredo inventis in vinea, etc.* Chron. Placent. ad ann. 1388. apud Murator. tom. 16. Script. Ital. col. 582 : *In æstate in cœnis dant zelariam de gallinis et capponibus, vitelli et Capredi.*

* **CAPREOLIUS**, Eadem notione, in Charta ann. 1318. ex Reg. 56. Chartoph. reg. ch. 270. Vide infra *Carniscapium.*

* **CAPRETUS**, ut supra *Capredus.* Dialog. creatur. dial. 109 : *Damula se coram* (lupo) *geniculavit dicens : ..... hedus meus hodie non lactavit, propter quod fame interire poterit ..... Lupus vero cogitavit habere utrumque et ait : Vade ad ovile et Capretum tecum apportabis.* Convent. Saonæ ann. 1526 : *Item pro.... Capretis, sive pellibus Capretorum, etc.* Occurrit etiam in Stat. Vercell. lib. 3. pag. 104. v°. Vide *Capritus.*

* **CAPRIBARDI**, Factiosi quidam, de quibus Meisterlinus in Hist. rer. Noriberg. Vide *Pavonici.*

CAPRICIUM. Charta plenariæ securitatis scripta sub Justiniano, apud Brisson. lib. 6. Formul. : *Cute* (bute) *olearia valente siliquas 2. asprionis, panario rupto uno, Capricio valente nummos 80. orciola, aureo valente nummos 80. etc.* Forte *Capsicio.* Vide *Capsaces*, *Capsis.*

* **CAPRICORNIUM**, Temporis nota, Hibernum solstitium, quo incidit Natale Domini. Charta ann. 1308. in Reg. 44. Chartoph. reg. ch. 128 : *Quas* (libras 182.) *solvetis domino nostro regi.... per terminos infrascriptos, videlicet in instanti Capricornio medietatem, et in sequenti festo Paschæ Domini aliam medietatem .... Persolvetis annis singulis, ut dictum est, in festo Natalis Domini.*

¶ **CAPRICULUS**, ut *Capreolus.* Tabular.

S. Trinit. Cadom. fol. 28 : *Habemus... hircum et quinque Capriculos.*

* **CAPRIDARE**, Dicitur de capra quæ parit, Gall. *Chevreter.* Charta ann. 1378. ex Tabul. Massil. : *Capridavit in territorio hujus civitatis, ubi ab antiquo averia hominum dictæ civitatis solita sunt Capridare absque solutione alicujus decimi.*

CAPRIFER, in vet. Gloss. cap. de Bestiis, αἴγαγρος. Gloss. MS. Reg. Cod. 1013. *Caprifera, Capreolus.*

CAPRILE, αἰγών, ἡ μάνδρα. in Gloss. Gr. Lat.

* **CAPRINA** Societas. Vide *Bocks.*

¶ **CAPRINUM**, Præstatio ab iis qui capras tenent exsolvenda, Gall. *Chavretage.* Regestum n. 56. pro annis 1317. 1318. 1319. regni Philippi Franc. Regis cognomento Longi fol. 164. tit. 371 : *Item Caprinum loci de Clamisaco bladi et gallinarum annuatim debitorum per homines dicti loci.*

¶ **CAPRINUS** Pulsus. Vide *Caprizans.*

CAPRIOLA. Gloss. Lat. Gr. Δορκάς, *Dama, Capriola.* Gloss. Gr. Lat. : Αἴγατρος, *Caper;* αἰγάτριον, *hæc Capriola.* Gloss. aliud MS. : *Capriola*, αἰγάγριον.

* Hinc *Chevrette* et *Chieuvrete*, Instrumenti musici species. Lit. remiss. ann. 1402. in Reg. 157. Chartoph. reg. ch. 192 : *Aucuns de la ville de S. Mard vouldrent que le menestrier, qui cornoit d'une Chevrette, cornast la haute dance.... Il tient à pou que je ne crieve la Chevrette.* Aliæ ann. 1388. ex Reg. 132. ch. 242 : *Jehan de Montpomier rompy la pel de la Chieuvrete, laquelle demoura audit munier avec les chalemeaulx d'icelle.* Haud scio an non idem sit *Chaplecho* apud Lugdunenses, ex aliis Lit. ann. 1471. in Reg. 194. ch. 343 : *Ung nommé Copin jouoit du Chaplecho par maniere d'esbatement en faisant une aubade, etc.* Vide in *Calamella* 1.

1. **CAPRIOLUS**. Papias : *Capra domestica, caprea vero silvatica dicta quasi capiens ardua : cujus filii Caprioli dicuntur.* Gloss. Lat. Gall. : *Capriolus, Chevriz.* Ital. *Capriolo* et *Cavriolo.* Gall. *Chevreuil.* Ebrardus in Græcismo cap. 9 :

Capreolus vero silvestris dicitur esse.

Lex Aleman. tit. 99. § 16 : *Si quis Capriolum occiderit.* Dudo lib. 3. de Morib. Norman. : *Est namque tellus Normannica.... caprorum, cervorumque, ursorum atque Capreolorum venatu affluenter repleta.* Epistola 1. Episcopi Aconensis ad Honorium III. PP. : *Ipsi inermes et expediti velut Caprioli celeriter fugiebant.* Charta Carlomanni Regis apud Ughellum in Episc. Veronensibus : *Venationes porcarum, cervorum, Capreolorum, omni tempore, etc.* Charta anni 1345 : *Venari ad Capriolos, cuniculos, faxanos, etc.*

2. **CAPRIOLUS**, Vox Architectorum, Vitruvio nota, de qua agunt pluribus Philander, Barbarus, Bernaldinus Baldus, aliique Vitruvii Interpretes. Gloss. Gr. Lat. Καπρίωλος, τὸ ἐρεισμα τῆς στέγης, *Furcilla.* Alibi : πρότομος, *Capriolus.* Infra συνστάτης dicitur.

3. **CAPRIOLUS**, Columellæ lib. 11. cap. 3. genus est rustici ferramenti bicornis ad terram commovendam a similitudine cornuum capreolorum dictum.

¶ 4. **CAPRIOLUS**, vel Capreolus, Clavicula, qua vitis *capit* adminicula, iisque adhæret, Gall. *Tendron de vigne.* De capriolis hac notione Festum vide et Isidorum lib. 18. Orig. cap. 5. Hinc emendandas puto Glossas ejusdem Isidori : *Caprioli, Botriones, latices*, vel, ut est in Excerptis : *Capriolæ, Botriones, latices;* videtur enim legendum *Caprioli, Botryonum helices*, i. vitium Claviculæ. Botryo pro vitis a Græco Βότρυς, uva, dici potuit; ἕλιξ vero clavicula est. Gloss. vett. ἕλιξ ἀμπέλου, *Pampinus, Clavicula, corimbi.* Vide Grævium.

* Glossar Lat. Gall. ex Cod. reg. 521 : *Caprioli, Gall. Cheaus d'arbres, ainsi comme de coudre, ou d'autre arbre.*

¶ **CAPRISCOLIS**. Instrum. 2. tom. 1. novæ Gall. Christ. pag. 3. col. 1 : *Amelius Capriscolis*, mendose pro *Capiscolis*, quod vide in *Caput.*

CAPRITUS, Hircus, Gall. *Cabrit, Cabril;* Occitanis *Crabit Chevreau.* Lex Salica tit. 5 : *Si quis Capritum, sive capram furatus fuerit.*

* Occurrit præterea in Ch. ann. 1468. ex Tabul. Massil.

CAPRIZANS, seu Caprinus Pulsus, Medicis qui incipiens a velocitate ante digitorum percussionem videtur cadere, et post movetur in completa dilatatione, ad similitudinem caprioli dicitur. Cum enim capriolus incipiat esse velox in saltu, quasi saltum videtur facere in aerem, et post in complendo cursu, et complendo saltu, est velocissimus. Vide Magistrum Egidium Corbeliensem lib. de Pulsib. Græcis σφυγμὸς δορκαδίζων.

* **CAPRO**, Eadem notione, in Act. S. Bernard. Feltr. tom. 7. Sept. pag. 884. col. 2 : *Inter Caprones agnellum esse quærendum.* Hinc diminutivum

* **CAPROLLUS**, pro Capreolus, Gall. *Chevreau*, in Lit. ann. 1357. tom. 4. Ordinat. reg. Franc. pag. 448. *Chaverin*, eadem notione, inter Probat. tom. 3. Hist. Nem. pag. 5. col. 1.

* **CAPRONA**, *Gall. Cigne, quia capiti prona*, in vet. Glossar. ex Cod. reg. 521. Nonius : *Capronæ, dicuntur Comæ, quæ ante frontem sunt, quasi a capite pronæ.* Vide Martin. Lexic. in hac voce.

CAPRONES, Tigna, cantherii, vulgo *Chevrons.* Polyptychus S. Remigii Remensis: *Vehunt fimum quantum necesse est, faciunt pedituram in graneam de decem pál. et decem Capron. et cooper. caropr. et manopr.* [* Vide supra *Cabiro.*]

1. **CAPSA**, Arca, theca, cista, ubi aliquid reponitur. Papias : *Capsa dicta, quod capiat in se atque servet aliquid.* Ex Græc. κάμψα. [Gall. *Chasse.*] Proprie vero est arca, in qua reconduntur Sanctorum Reliquiæ. Jo. de Garlandia in Synonymis :

Dic arcas, thecas, cistas, vel scrinia, Capsas.
Capsula, capsella, de capsa diminuuntur.

Hugo Flaviniacensis in Chronico pag. 270 : *Mitto autem vobis Capsam argenteam sepulcri Salvatoris et S. Jacobi Reliquias continentem.* Chronic. Fontanell. cap. 8 : *Capsam auro et gemmis decoratam continentem pignora diversorum Sanctorum.* [Edictum Odonis Archiep. Rotomag. de Reliquiis S. Eligii ann. 1260 : *Canonici autem, seu Decanus et Capitulum circa immutationem Capsæ, vel translationem contentorum in ea... nihil audeant attemptare.*] Guntherus lib. 3. Ligur. :

..... Capsasque piorum
Custodes cinerum, prælata thure vaporum.

[Anscharius Archiep. in Vita S. Willehadi inter Acta SS. Benedict. sec. 3. part. 2. pag. 406 : *Verum B. vir ipso in tempore Capsam cum sanctis Reliquiis in collo suspensam habebat, cumque ictus ferientis super collum ejus decideret, corrigiam quidem Capsæ præcidit, ipsum vero in nullo penitus vulnerare potuit.* In hunc locum Mabillonius ait : « Phylacteria vocant antiqui Reliquiarium e collo dependens; quanquam etiam Capsa et Chrismarium eodem sensu leguntur in Vita S. Wilfridi Episcopi ad ann. 709. »] Adde Odoranni Chr. pag. 640. Joan. Sarisberiens. Epist. 13. Occurrit passim. Le Roman *de Turpin : Li Casse ou li saintuaire ert, rendi si grant odor, que il sembla à tous que Paradis fut ouvers.* Vide *Campsa.* Ejusmodi vero capsarum ad sanctas Reliquias recondendas, benedictiones habentur in Ordine Romano.

Capsæ Evangeliorum, Opercula. Gesta Regum Franc. cap. 23. et Ado Viennensis in Chron. : *Viginti Capsas Evangeliorum ex auro purissimo gemmario opere cœlatas, etc.* Chronicon Centul. Hariulfi lib. 3. cap. 3 : *Evangelium auro scriptum unum, cum Capsa argentea gemmis et lapidibus fabricata. Aliæ Capsæ Evangeliorum duæ ex auro et argento paratæ.* Vide *Textus.*

Capsa. Concil. Arausic. I. cap. 17 : *Cum Capsa et calix offerendus est, et admixtione Eucharistiæ consecrandus.* Canonis titulus est : *Ut in unum propositio sacramenti consecretur.*

* Capsa, Pyxis, in qua sacra Eucharistia asservatur. Stat. Mss. eccl. S. Laurent, Rom. : *Ordinarunt quod de xv. in xv. diebus sacratissimum Corpus Christi renovetur, et Capsa seu vas in quo reponitur, super calicem bene mundetur.*

Capsa Navis, Ima pars navis. Acta SS. Martyrum Africanor. apud Baron. ann. 302. n. 123 : *Ascendit navim cum vinculis magnis, et fuit in Capsa Navis diebus quatuor.* Alii Codd. *Caseale* habent, ut monet idem Baronius.

Capsarium, Capsarum, in quibus recondebantur Sanctorum reliquiæ, theca. Testamentum Perpetui Episcopi Turonensis : *Tibi... Eufronio thecam ex argento de reliquiis Sanctorum do, lego. Illam intelligo quam deferre solebam : nam deauratam aliam, quæ est in Capsario meo, etc. Ecclesiæ meæ do, lego.*

Capsarius, in Breviloquo, dicitur *qui in balneis vestimenta suscipit custodienda, vel ille qui portat aliis libros ad Scholam.* Vide l. ult. D. de Offic. Præf. vigil. et vet. Interpret. Juvenal. sat. 3. vers. 263. Vide *Campsarius*, [et *Spoliara.*]

¶ Capsarius, Thesaurarius Ecclesiæ seu qui sacrarum *capsarum* curam habet. Acta SS. Junii tom. 2. pag. 747. de Reliquiis S. Antonii de Padua : *Rogetur etiam Capsarius, ut ex numero Lipsanothecarum asservatarum in thesauro Ecclesiæ S. Marci, pulchriorem ac digniorem eligat, quæ cum specialibus litteris a persona expresse deputata ad Rectores Paduæ cras deferatur, ut in eam reponatur illa pars ossis humeralis, quæ huc mittenda est.*

Capsella, diminut. a *Capsa*. Marcellus Empir. cap. 23 : *Postea splen intra parietem dormitorii cubiculi tectorio, id est, Capsella inclusus.* [Capitulum Generale Cisterc. ann. 1285. apud Marten. tom. 4. Anecd. col. 1813 : *Item Fratres bursas et Capsellas amoveant, et eisdem de cetero non utantur.*] *Capsellæ*, in quibus fructus componuntur, in leg. 12. D. (33, 7.) de Instr. vel instrum. leg.

Capsella, Theca reliquiarum. Epistol. Legatorum Sedis Apostol. inter Epistolas Hormisdæ PP. : *Hic voluerunt capellas argenteas facere et dirigere,.... singulas autem Capsellas per singulorum Apostolorum reliquias fieri debere suggerimus.* Chronicon S. Petri Vivi Senon. : *Receptæ sunt autem Capsellæ sanctarum reliquiarum a Clero.* [Testamentum ann. 837. apud Miræum tom. 1. pag. 21. col. 1 : *Flavellum argenteum unum, Capsellam eburneam unam, candelabra argentea duo.* S. Wilhelmi Constitut. Hirsaug. lib. 1. cap. 84 : *Nam et unum simplum semper in sinistro cornu est altaris in una Capsella cum serico decenter ornata.*] Walafridus Strabo de Vita S. Galli cap. 11 : *Habebat autem pendentem Capsellam, in qua continebantur reliquiæ B. Dei genitricis Mariæ.* Et cap. 32 : *Habuit vir Dei Capsellam de corio factam.* [Stephanus African. Presb. in] Vita S. Amatoris Episc. num. 2 : *Et cum eis esset ignotus, pulchritudine vultus et Capsellari honore, quo reliquias inclusas collo gestabat, cognoverunt Dei esse famulum et cultorem.* Adde Ordericum Vitalem lib. 7. pag. 653.

¶ Capsetta, Capsula, Gall. *Cassette.* Acta SS. Junii tom. 5. pag. 64. F. ubi de Translatione SS. Prosperi et Venerii : *Qua aperta* (capsa) *intus eam invenerunt duas Capsettas ligneas et pannum quemdam sericeum.* Et tom. 4. Julii pag. 394. F. in Translatione S. Philastrii : *Illasque honorabiliter et devote reponant in sua Capsetta plumbea.*

Capselarius. Statuta Veron. lib. 1. cap. 28 : *Quod nullus Capselarius a Festa de his videlicet, qui vadunt cum capsis vendendo confortinos, scaletas, cielas, et similia, quæ pueri vocant Festam, etc.*

Capsonus, in Statut. Mediolensib. 1. part. cap. 254. [Translatio S. Philastrii tom. 4. SS. Julii pag. 394. F : *Deinde reponant dictam capsettam plumbeam ornate fabricatam in Capsono in sacristia de Dom. circumsepto ferratis, in quo repositæ sunt SS. Cruces aureæ, flammæ et campi :* quo in loco *Capsonus* vel *Capsonum* sumitur pro majori arca seu armario, ubi multæ minores capsæ asservantur.]

1. Capsula, ut *Capsella.* Adrevaldus de Miraculis S. Benedicti cap. 7 : *Cum piis muneribus, Capsula sanctarum reliquiarum, ac brevi Epistola.* [Ordinarium Canonicorum Regul. S. Laudi Rotomag. ad calcem libri Joan. Abrincensis Episc. de Offic. Eccles. pag. 325 : *Sequuntur per ordinem aqua, crux et cerei, deinde Capsulæ cum Reliquis Sanctorum.*]

Capsula, in qua asservatur hostia consecrata reservanda ad infirmos, in Statutis antiquis Cartusiens. 1. part. cap. 43. §. 49. 50. 51.

2. **CAPSA**, Pars *casulæ.* Gregorius Turon. de Vitis Patrum cap. 7 : *Diacono cuidam hujus casulam tribuit; erat autem valida eo quod et ipse vir dei robusto fuisset corpore. Capsa autem hujus indumenti ita dilatata erat atque consuta, ut solent in illis candidis fieri, quæ per Paschalia festa Sacerdotum humeris imponuntur.* Infra : *Vere, inquit, dico tibi quia et hac casula tergo utor, et de Capsa ejus parte prolixiore decisa, tegumen pedum aptabo.* Mox quod *Capsa* hic dicitur, *cucullum* apellat : *Denso cucullo, aptatus pedulis pedes operuit.* Dynamius Patricius in Vita B. Marii Abb. Ratispon. num. 9 : *Dum ad quosdam Ecclesiæ filios visitandos accederet, canis, quæ catulos habebat, subito exiliens Capsellam ejus scidit.* Burchard. de Casib. S. Galli cap. 1 : *Stolas similiter deauratas, Capsas dalmaticas, subtilia, etc.*

* Vide infra *Capsana* 1.

2. Capsula, *Casula*, Gall. *Chasuble.* Testamentum Perpetui Episc. Turon. : *Amalario ibidem Presbytero Capsulam unam communem de serico... do, lego.* [Usus Monasterii Culturæ Cenom. : *Procedat Abbas ad altare, et induat stolam et Capsulam, et eat cum Diacono et Subdiacono et aliis revestitis ubi pridie positum fuit Corpus Domini... Finitis Tractibus exuat Abbas Capsulam et veniat in choro.*]

¶ 3. **CAPSA**, Vagina. W. Wyrcester Anecd. pag. 529. Lib. nig. Scaccarii : *Ensis Ethelredi raro Capsa requivit.*

¶ 4. **CAPSA** de Casa, An Caput mansi? Formulæ Andegav. art. 34. apud Mabill. tom. 4. Analect. pag. 255 : *Cedo tibi atque transcribo Capsa de casa cum ipso villare, ubi ipsa casa resedit, ut ab hodierna die ipsas res denominatas habeas, teneas, possideas, etc.* Vide *Caput Mansi.*

* Proprietas, dominium : nihil quippe magis proprium, quam quod in *Capsa* seu arca asservatur. Charta apud Meichelbec. tom. 1. Hist. Frising. pag. 122 : *Ille* (Ratoldus) *viriliter circumcinctus gladio suo stabat in medio triclinio domus suæ, tradiditque in Capsam S. Mariæ et in manus venerabilis viri Erchamperti episcopi, etc.* Vide infra in *Mensa.*

* 5. **CAPSA**, Umbella, Gall. *Dais.* Ordinar. Ms. S. Petri Aureæ-val. ubi de processione SS. Corporis Christi : *Tunc prior claustralis et alii magistri ordinis monasterii, sive antiqui et provecti quatuor ex prædictis accipiant reverenter Capsam, sub qua portatur Corpus Jhesu Christi...... Tunc canonici, qui supra, accipiant Capsam, ut moris est, dompno abbate subtus existente.* Vide alia fortean notione infra in *Excapsatus.*

CAPSACES, *Vasculum*, in Gloss. Arabico-Lat. Hesychius : Καψάκιον, γλωσσόκομον. Cyprianus de Eleemosyna : *Hæc dicit Dominus : Fidelia farris non deficiet, et Capsaces olei non minuetur.* S. Hieronym. Epist. 10. ad Furiam : *Farina seritur, et olei Capsaces nascitur.* Adde Epist. 22. cap. 15. Fridegodus in Vita S. Wilfridi cap. 35 :

Capsaces collo demisisti immunda verenda.

[Vide *Capsax.*]

1. **CAPSANA**. Concilium Avenionense ann. 1337. cap. 42 : *Rectores, perpetui Vicarii et Capellani curati in suis Ecclesiis et parochiis vestes superiores clausas non nimia brevitate notandas, cum manicis decenter longis pariter et rotundis, ac capitiis seu Capsanis vulgariter appellatis, notabiliter non apertis aut magnis.*

* Idem quod supra *Capitium* 1. Ea vestis pars, quæ ad os tunicæ collum circumamicit humeris injecta, nostris *Chevessaille*, interdum amplissima. Inquisit. ann. 1218. inter Probat. tom. 1. Hist. Nem. pag. 59. col. 2 : *Ponit Stephanus Chautardus, quod Bertrandus cepit eum per Capsanam, et ejecit eum in terra de bestia sua.* Lit. remiss. ann. 1450. in Reg. 186. Chartoph. reg. ch. 39 : *Supplicans cepit dictum Laurentium de retro per Capsanam ipsumque sic captum binis vicibus in terram sive solerium dictæ aulæ prostravit.* Aliæ ann. 1464. ex Reg. 199. ch. 534 : *Idem Guido accepit prædictum Guillelmum de facto et malitiose ad Capsanam seu in mantica vestis suæ, etc.* Vide *Capsa* 2. et infra *Chevessellia.*

* 2. **CAPSANA**, Capistrum, Gall. *Licol, chevestre.* Comput. ann. 1334. inter Porbat. tom. 2. Hist. Nem. pag. 85. col. 1 : *Item per unas senglas et per unas Capsanas, etc.*

¶ **CAPSARIUM**, Capsarius. Vide in *Capsa*, 1.

¶ **CAPSAX**, *Sextariorum duodecim.* Papias MS. vet. Onomast. Sangerman. num. 501. In hoc adhuc Onomast. *Capsax minor, Sextariorum quatuor.* Vide *Capsaces.*

¶ **CAPSEA** Fustea, Arca lignea. Charta Præpositi Ecclesiæ Massil. ex Tabulario ejusdem : *Et sedentes super quamdam Capseam Fusteam.* Vide *Capsa* 1.

¶ **CAPSELARIUS**, Capsella, Capsetta. Vide *Capsa* 1.

* **CAPSELLA**, diminut. a *Capsa*, Arca, cista. Chron. Andr. Danduli ad ann. 1264. apud Murator. tom. 12. Script. Ital. col. 505 : *Tanta fuit et est vilitas vestrorum cordium, quod Capsellas et alias mercationes dictæ navis facitis discaricari.* Pro theca reliquiarum, vide in *Capsa* 1.

* **CAPSERIUM**, Cervical, Gall. *Chevet.* Inventar. ann. 1476. ex Tabul. Flamar. : *Item plus unum alium lectum parvum munitum unius culcitræ, unius pulvinaris sive Capserii plenorum plumæ condecenter.* Vide supra *Capitacium.*

* **CAPSERIUS**, Gall. *Caissier*, Ital. *Cassiere, Capsæ* seu arcæ publicæ custos. Leg. reipubl. Genuens. ann. 1576. part. 1. cap. 38. tom. 2. Cod. Ital. diplom. col. 2172 : *Omnia officia receptorum pecuniarum, quos vulgus Capserios appellat, etc.* Vide in *Capsa* 1. et *Capsor.*

¶ 1. **CAPSIA**, pro *Capsa*, Arca. Inventarium Prioratus de Podio ann. 1336. ex Armario S. Victoris Massil. : *Duas meginas carnium porcinarum, tres panales de ciceribus, unam Capsiam sine cubrecello.* Statuta Massil. pag. 140 : *De clave portæ* II. *denarios, de clave Capsiæ* III. *denarios, etc.* Ibid. pag. 462 : *Subtiles merces in Capsia, de quibus naulum non datur.*

¶ 2. **CAPSIA**, Alia notione. Magister Boncompagnus de Obsidione Anconæ cap. 11 : *Ipsæ quidem urticæ plurimum rubent et non sunt herbæ vel pisces, sed quædam specialis materia rei, quæ dum cruda est continet venenum, unde plus quam Capsia* *carnes tumefacit humanas.* f. Indicum piper quod alii *Capsicum* vocant.

CAPSIDILE. Vide *Cassidile.*

* **CAPSIDULUS**, Pera, Gall. *Esciepe*, in Glossar. Lat. Gall. ex Cod. reg. 521. Vide *Capsis.*

¶ **CAPSILIA**, Vestis apertura superior, per quam *caput* immittitur et exeritur. Processus de Vita S. Yvonis inter Acta SS. Maii tom. 4. pag. 547. E. : *Dixit* (testis) *semel se vidisse per Capsiliam ipsius D. Yvonis cilicium, quod portabat ad carnem.*

* Vide supra *Capsana* 1.

CAPSIM. Dudo lib. 3. de Actis Norman. pag. 113 : *Interea infans bonæ indolis, primique gratia floris, Richardus scilicet celebris formabatur Capsim ab annis.* Forte pro *Carptim*, sensim. [Acta S. Cassiani Confess. apud Fontaninum ad calcem Antiquitatum Hortæ pag. 344 :

Interea juvenis Capsim formatur ab annis,
Quodque prius cœpit, gestis cumulabat opimis.]

1. **CAPSIS**, pro *Capsa*, vel forte pro *Capis*, in Vitis Abbatum S. Albani pag. 83 : *Ad Capsidem quernam in majori arce contentam... recurrat.* Forte *Arca.* [Pro capsa sacrarum Reliquiarum sumitur in Miraculis S. Gibriani tom. 7. SS. Maji pag. 633. E : *Caput itaque ipsius Sancti, quod in Capside, etc.* Translatio S. Mennatis, Eremitæ, apud Marten. tom. 6. Ampliss. Collect. col. 983 : *Cum maxima igitur devotione ac reverentia jussit levari sacras reliquias, atque in duabus Capsidibus ligneis nimis diligenter locari.* Ac mendose legitur pro *Cassis* in Glossis Isidori : *Capsis, Galea de corio.* Vide eumdem Isid. Orig. 18. 14.]

* 2. **CAPSIS**, DIS, *Magnus tiphus*, in vet. Glossar. ex Cod. reg. 521. Vide *Capis* 1.

¶ **CAPSIT**, *Lædit, cœpit.* Papias MS. *Capso, cœpero*, in vet. Onomastico San-German. MS. n. 501. quod ultimum Plauti est.

* **CAPSOL**, CAPSOLIUM, Capitalis solidus, qui ex pretio rei venditæ domino exsolvitur, idem quod supra *Capisolidum. Capsou*, in Ch. ann. 1389. ex Chartul. Henr. V. et VI. reg. Angl. in Bibl. reg. Cod. 8387. 4. fol. 53. v°. : *Vint solz de Morlans de fins avec touz Capsous, présentations et préparances, et autres droits et appartenances.* Pactum inter abbat. Anianæ et habitat. ejusd. villæ ann. 1332. in Reg. 69. Chartoph. reg. ch. 175 : *Item super vinteno, talliis, Capsol et quacumque parte seu portione fructuum seu bonorum per universitatem seu communitatem villæ Anianæ... indicendis vel levandis, etc.* Confirmat. pariag. de villis de Casluc. et S. Affric. ann. 1320. in Reg. 60. ch. 117 : *Fecerunt unionem et pariagium inter se de prædictis in modum infra scriptum, videlicet quod jurisdictio omnimoda, alta et bassa, ... confiscationes bonorum mobilium et immobilium, et Capsolia seu capita solidorum... sint communia.* Vide *Caput solidum* in *Caput* 3.

* CHAPSALL, Eadem notione. Charta Guid. vicecom. de Combornio ann. 1284. in Reg. 61. Chartoph. reg. ch. 424 : *Item volumus ..... quod ipsi libere possint emere et vendere cuicumque voluerint bona sua, ... salvo nostro Chapsall.* Ubi f. leg. *Chapsoll.*

¶ **CAPSOLDUM**, *Quod de solido seu integro carpitur; collybus seu pecunia quæ nummulario datur pro pecunia commutanda.* Laurent. in Amalthea. Alciatus lib. 1. de Parerg. cap. 45 : *Salicetus dum Capsoldum de stipendiis Juris Professorum deduci non posse docuit, sicut nec de eleemosynis, non absimilem collybo deductionem intellexit : sic a vulgo confictam, quia de solido, id est, integro, carpatur.* Vide *Capsol* et *Caput Solidum* in *Caput.*

* **CAPSONA**, *Piegne* (pro Peigne) *Gallice*, in Glossar. Lat. Gell. ex Cod. reg. 521. Vide *Casona.*

¶ **CAPSONUS.** Vide *Capsa* 1.

¶ **CAPSOR**, Præpositus *capsæ* nummariæ, Gall. *Caissier.* Diplomatorium Ludovici Ducis Brandeburg. n. 5. apud Ludewig. tom. 7. pag. 6 : *Si vero denariorum dictorum monetariorum varam decreverimus adhibere, hoc nusquam licebit fieri nisi in eorum fabrica vel in Capsorum assere eorumdem. Et si alibi quam apud dictos monetarios, vel eorum Capsores, falsi et non dativi denarii inveniuntur, pro hujusmodi excessibus jam dicti nostri monetarii non tenebuntur ullatenus respondere.* Vide *Campsor* in *Cambiare.*

¶ **CAPSOU.** Constitut. Ecclesiæ Valentinæ, tom. 4. Concil. Hispan. pag. 188 : *Ideoque præfatus Canonicus pro labore suo et assistentia... habeat et recipiat, ut vulgo dicunt, el Capsou... Canonicus Impositor teneatur observare præfatum usum in exigendo Capsou usitatum.* Vide *Capsoldum.*

¶ CAPSOVERIUS, Qui solvendo *capsou* præpositus est. Synod. Oriolana ann. 1600 : *Rationalis vel Capsoverius Missas eo ordine et distinctione describat, ut uniuscujusque Presbyteri singulis hebdomadibus Missas Votivas computet, cogitetque singulis annis rationem visitatoribus nostris sese reddituram.*

* **CAPSTINA**, perperam pro *Capsana* lectum est in Capitul. S. Vict. Massil. Mss. ann. 1378 : *Statuimus quod nullus portet vestes inhonestas ..... cum manicis largis ultra modum, vel cordulatione in Capstina nec in manicis.* Vide supra *Capsana* 1.

CAPSULA. Vide *Capsa* 1. et 2.

1. **CAPSUM**, Thorax, pars concava corporis costis circumdata, Italis *Casso*, et *Cassaro*, Anglis *Chest*, id est, *Capsa*, arca, unde vocis etymon. Nam pectus et thoracem *arcam* vocarunt, uti supra observatum in voce *Arca.* Lex Longob. lib. 1. tit. 7. § 8. et 9. [** Rothar. 59.] : *Si quis alii plagam in facie fecerit componat ei sol. 16... si quis alium intra Capsum plagaverit, componat ei sol. 20.* Tit. 8. § 14. [** Rothar. 101.] : *Si quis aldio... plagam infra Capsum fecerit, aut cum sagitta, aut cum quibuslibet armis, etc.* Et § 20. [** Rothar. 111.] : *Si intra Capsum plagaverit, etc.* Editio Heroldi tit. 42. habet *intra Capsam.* Tit 44. § 15. *intra Cabsum.* Leg. Wisig. lib. 6. tit. 4. § 3 : *Qui Cassos alteri fergerit, et ex hoc qui percussus est, debilis apparuerit, etc.* Est autem Latinis *Capsum*, locus conclusus. Festus animalium conseptum explicat. Velleius *inclusa Capso animalia* dixit.

2. **CAPSUM**, Retis species, seu machinæ ad capiendos pisces. Gregorius Turonens. lib. 10. cap. 10. de cadavere filii Clodovei Regis : *Jussit eum in alveum Matronæ fluminis projici. Tunc intra Capsum, quod opere meo ad capiendorum piscium necessitatem præparaveram, reperi.*

* Ubi ex Codicum Mss. fide D. Bouquet tom. 2. Collect. Histor. Franc. pag. 316. *Lapsum* restituit, quomodo etiam legendum opinor eoque sensu intelligendum quo *Lapsus* suo loco.

3. **CAPSUM**, CAPSUS, Isidorus lib. 20. Orig. cap. 12 : *Capsus, carruca undique contecta, quasi capsa.* Papiæ *Capsus, est genus vehiculi.* Gloss. Saxon. Ælfrici : *Capsus*, b e t o g a n c r æ t; ubi cræt est currus. Gloss. S. Benedicti cap. de Agricult. : *Capsum*, πλινθίον. Est autem πλινθίον, latercul͡us, quadrata figura, qua ferme sunt currus tecti. Sed apud Vitruvium lib. 10. cap. 14. *Capsum rhedæ*, dicitur ea rhedæ pars, ubi qui vectantur, sedent. Vide Salmasium ad Hist. Aug.

CAPSUM ECCLESIÆ. Gregorius Turonens. lib 2. Hist. cap. 14 : *Habet*, (hæc basilica) *in longitudine pedes* 155. *in latum* 60. *habet in altum usque ad cameram pedes* 45. *fenestras in altario* 32. *in Capso* 20. *columnas* 41. *in toto ædificio fenestras* 52. *columnas* 120. *ostia* 8. 3. *in altario...* 5. *in Capso.* Et cap. 16 : *Ecclesiam fabricavit habentem in longum pedes* 150. *in latum pedes* 60. *in altum infra Capsum usque cameram pedes* 50. *habet fenestras* 42. *columnas* 70. *ostia* 8. Charta Henrici Episc. Suession. ann. 1088. in Chronico S. Joannis de Vineis : *Delegavit victui Canonicorum vinatica S. Joannis, et villæ, quæ Charliaca nuncupatur, Capsum altaris, quod ab Hisgoto prædecessore meo et Hugone Auculfi filio, hæreditario illius honoris patrono, et cæteris hæredibus plenissime concessum est atque laudatum.* Charta Ursi Silvanect. Episc. in Hist. S. Martini de Campis : *Concessit Ecclesiæ S. Martini de Campis altare de Sordida Villa, et tertiam partem Capsi, et atrium.* Charta alia ann. 1096. in eadem Hist. : *Dederunt Ecclesiam quæ sita est... altare videlicet et Capsum, sepulturam, et tantum atrii, ubi fierent officinæ Fratrum.* Alia Rursum ibidem : *Ecclesiæ B. Petri Cluniacensis... concesserunt Capsum Ecclesiæ de Clamart.* Quod vero *capsum* dicitur his locis,

CASSUM, appellatur in Charta Guarini Episcopi Ambian. ann. 1138. in Tabulario Abbatiæ S. Fusciani : *Altare de S. Germano super ripam Augi, cum Casso Ecclesiæ ejusdem altaris, et appenditiis.*

¶ CAPSUM MONASTERII, in Actis SS. Benedict. sec. 6. part. 1. pag. 253. ubi de Inventione corporis S. Maximini Abb. : *Placuit enim ut retro altare in Capso Monasterii novi jam consummati constructum, in suis sarcophagis ponerentur* (Reliquiæ) *donec tota perficeretur Ecclesia.*

Jam vero quid sit *Capsum*, et *Cassum Ecclesiæ*, non omnino promptum est ex præallatis assequi. Gregorius Turonens. cap. 14. totam ædis sacræ longitudinem, quæ 155. pedum fuit, in duas partes dividit, in *Altare*, scilicet, et *Capsum* : atque ex 52. fenestris, quas ædi adsignat, ait in *Altari* exstitisse 32. in *Capso* 20. [ex ostiis 8. tres *in Altario* fuisse, in *Capso* quinque.] Ex quibus confici videretur *Capsum* appellasse eam ædis sacræ partem, quam *Navim* dicimus, quæ videtur esse sententia Sirmondi ad Sidonii carmen 16. et Henr. Valesii ad Sozomen. lib. 9. cap. 2. [atque etiam Mabillonii de Liturgia Gallicana pag. 69. ubi observat in Actis Martyrum Africanorum dici *Capsam navis* ad designandam imam veræ navis partem.] nisi capsum minoris esset longitudinis, quam *altare*, seu pars ædis, in qua altare statui solet, quod a forma ædium sacrarum, si non veteri, saltem hodierna abhorret. Tametsi non diffitear, interdum navim Ecclesiæ, ac Monachorum præsertim, etiam longe breviorem fuisse: ut in æde sacra Abbatiæ S. Dionysii ad Lutetiam advertere est, ut alias præteream ædes sacras Monachicas veteris structuræ; unde si ea pars secundum Sirmondi et Valesii [necnon Mabillonii] sententiam *Capsum* appellatur, a Gregorio Turonensi inde forte dicta fuerit, quod rhedæ undique tectæ instar quadrata vel oblonga tecta fuerit, eadem, qua *Navis* dicta est ratione, uti in hac voce docemus. Nam *Capsum*, *Rhedam tectam* dici mox observavimus. Sane fuit cum existimarem, aliud fuisse capsum quam navim Ecclesiæ, et apud Gregorium *Capsum* intelligi debere de ea ædis parte, quæ retro altare est, et editior olim erat, quam *Capitium* appellatam fuisse diximus. Id videtur innuere idem Gregorius cap. 16. ubi ait, Ecclesiam, de qua loquitur, habuisse *in altum infra Capsum usque Cameram pedes* 50. Quippe ædis altitudinem *infra Capsum* mensus est, quæ in Capso, quod a terra editius exstitisse diximus, minor fuisset. Proinde *Capsum* ex *Capitium* formatum mihi persuasum erat, ut et altaris vocabulo Gregorium reliquam ædem sacram intellexisse. Postmodum pars illa in qua altare est, *Capsum* etiam et *Capitium* appellata est; præsertim in Ecclesiis, in quibus Capitium editius non erat. Sed et *Caput Ecclesiæ* interdum ea pars appellatur. Helgaudus in Roberto Rege pag. 73: *Ad Caput S. Aniani unum* (altare.) Infra: *Caput autem ipsius Monasterii fecit miro opere in similitudinem Monasterii S. Mariæ, etc.* Petrus Cellensis lib. 9. Epist. 5: *Caput Monasterii nostri* (Ecclesiæ) *renovare aggredior.* Chronicon S. Benigni: *Altare S. Mariæ in hoc loco constitutum, quod Caput Ecclesiæ dicebatur ab antiquis.* In Chronico brevi S. Dionysii ann. 1143: *Dedicatio partis Capitalis Ecclesiæ.* Vide *Capitium* 2.

* **CAPSUS**, pro Cassus. Stat. ant. Florent. lib. 1. cap. 37. ex Cod. reg. 4621. fol. 24. r°.: *Qui in monstris prædictis appuntabuntur, intelligantur eo ipso quod appuntati fuerint, Capsi et revocati ab officiis, servitiis et stipendiis ipsorum.* Vide alia notione in *Capsum* 3.

CAPTA, ἡ ἀπὸ προγόνων οἰκία, in Gloss. Lat. Græc. Domus paterna, avita. [An eadem notione in MS. Codice Irminonis Abb. San-German. fol. 101. col. 1: *Isti solvunt de eorum Captas pullo. ova et dies tres.*] [** ap. Guerard. pag. 213: *De eorum Capitis pullum* 1. *etc.* In Glossis Lat. Gr. est *Captam*, τὴν ἀπὸ etc. pro quo Scaliger ad Festum voce *Procapis* legendum scribit *Capem.*]

CAPTABULUM. Vide *Catabulum.*

¶ **CAPTAGIUM**, Census *de capite.* Vide *Capitale* 5.

CAPTALARIUS. Vide *Capitularius* post *Capitulum* 5.

CAPTALE. Vide *Capitale* 4.

* **CAPTALERIUS**, Qui rei alicui præpositus est, qui terram aliudve sub censu seu reditu annuo tenet, *Captalier* Occit. Charta ann. 1227. inter Probat. tom. 1. Hist. Nem. pag. 72. col. 2: *Item qui facit argentum et portat eum ad Captalerium, si ille non persolvat messiones, vel non persolvebat d'aitant quant n'e portara pos à la roda o all tost es la mena, le Captaliers es tenguez de pagar las messios del argent.* Vide supra *Caporalis* et *Captalarii* in *Capitulum*, 5.

CAPTALIS. Vide *Capitalis.*

* **CAPTALMEN**, Quod vi et injuste captum est. Charta ann. 1090. inter Instr. tom. 6. Gall. Christ. col. 352: *Non tollam de ipsis causis et de ipsa communia canonicis S. Petri qui hodie vivunt, vel inantea futuri sunt me sciente; et nesciens facerem intra duos menses Captalmen ou rendray. ou rendre feray plusquam si scirem.*

¶ **CAPTAMENTUM**, Species servitii, de quo sic in Charta anni 1256. ex Tabulario S. Germani a Pratis: *Quæ omnia teneo in feodum... Pro hujusmodi Captamento sive servitio, videlicet tredecim cultellis tablariis sive mensalibus, et uno corio cervi bene præparato, semel tamen præstando a me toto tempore vitæ meæ, et idem Captamentum vel servitium, etc.*

* Vel præstationis, idem, ni fallor, quod *Acaptamentum*, quomodo etiam forte legendum est. Vide in *Acaptare.*

* **CAPTANIA.** Tenere ad Captaniam, Tenere ad terminum statutum, aut ad voluntatem alterius, vel etiam sub conditione *capitalia* ad libitum restituendi, nisi idem sit quod *Tenere ad catallum.* Charta ann. 1308. in Reg. 70. Chartoph. reg. ch. 341: *Homines de sancto Poncio Thomeriarum conquesti sunt, quod cum sint in possessione...... tenendi et depascendi porcos suos, et quos tenent ad Captaniam in pascuis et in terminalibus de Angulis.* Vide *Capitale* 4. et infra *Catallum.*

CAPTARE. Vide *Captare.*

¶ **CAPTATELA** Pallii, apud Tertullianum, Acceptio Pallii. Vide Salmasium de Pallio pag. 367.

¶ **CAPTATIA**, *Dolus*, *astutia*, *malitia*, in Gloss. Sangerman. MSS. n. 501. Vide *Capratio.*

CAPTATOR, Θηρατικός. *Captatio*, θήρα, *Captator*, *Venator*, θηρευτής. *Capto*, θηρεύω, in Gloss. Græc. Lat. Vide *Captura.*

* **CAPTATUS.** Hora Captata, Rato tempore, hora præstituta. Lit. remiss. ann. 1358. in Reg. 90. Chartoph. reg. ch. 86: *Imponebatur quod de nocte ad domum Domini dicti le Coutepointier doubletarii.... hora Captata accessissent.*

* **CAPTAU.** Vide *Capitalis*, 1.

¶ **CAPTEINIUM**, Captemium, Capten. Vide post *Captenere.*

* **CAPTELA**, Cautela, cautio, Gall. *Caution*, *sûreté.* Pactum inter Robert. ducem Burgund. et Amed. comit. Sabaud. ann. 1289. in Chartul. Sabaud. fol. 98. r°: *Cum nos dictus dux teneamus medietatem castri Columberii pro Captela observantiæ dictæ compositionis factæ inter nos et dictum delphinum, etc.*

CAPTENERE, Manutenere, tutari. Litteræ anni 1081. in Tabulario S. Stephani Lemovic.: *Et voluerunt cum eo placitare, et de suo multum dare, ut Capteneret eos adversus Archidiacon. et Canonicos.* Charta Abbatis Moissiacensis ann. 1212. in Regesto Carcasson.: *Comes Ecclesiam nostram et jura omnia, in omnibus quæ de jure poterit, debet Captenere et tutari.* Vox vero formata a *caput tenere.* Capitulare 4. Caroli Magni incerti anni cap. 9: *De vassis Regalibus, ut honorem habeant, et per se, aut ad nos, aut filium nostrum Caput teneant*, id est, seipsos *per se*, aut *per nos*, *etc.* manuteneant: id enim valet particula *ad.*

Captenium, et Capitennium, Tutela, tutamentum, protectio, Occitanis *Captein.* Exstat in Regesto Comitum Tolosæ Charta ann. 1233. cujus titulus in hæc verba concipitur: *Aisso es Charta del Captein de Serras:* qua Serrensis castri incolæ *ponunt se in Captennio, et amparantia, et protectione Raimundi Comitis Tolosani.* Captennii formulam exhibet idem Regestum in Litteris ann. 1245. hoc verborum contextu: *Notum sit cunctis quod Enricus de Castanhaco pro se et pro aliis dominis de Castanhaco parieris suis, de consilio et voluntate et assensu aliorum dominorum de Castanhaco..... pro ipsis et pro omnibus aliis hominibus et universitate de Castanhaco miserunt, se scilicet et eorum corpora, et totam villam, et universitatem de Castanhaco, et omnes illos homines et mulieres qui ibi habitant, et de cætero ibi habitabunt, et omnes eorum res, et bona mobilia et immobilia quæcunque sunt et ubicunque, sub Capitennio et amparantia, protectione, et firma et salva custodia D. Raimundi Dei gratia Comitis Tolosæ et hæredum et successorum ejus in perpetuum, et Vicarii ejus Tolosæ pro ipso. Et pro isto Capitennio, amparantia, protectione et custodia, jam dictus Enricus et alii prescripti probi homines pro ipsis et pro omni universitate de Castanhaco debent, et convenerunt dare, reddere, et solvere eidem Domino Comiti, vel ejus Vicario Tolosæ in castro Narbonensi singulis annis in festo Paschæ Domini 50. solidos monetæ Tolosanæ, etc. Hoc autem concesso Berengarius de Promilhaco Vicarius Tolosæ pro dicto Dom. Comite, et pro hæredibus et successoribus ejus, recepit omnes prædictos probos homines et alios dominos, et villam de Castanhaco, et omnes eorum res, et bona mobilia et immobilia, ut dictum est, sub Capitennio, amparantia, protectione et custodia dicti Domini Comitis et hæredum et successorum ejus in perpetuum: et mandavit et promisit eos et totam villam antedictam, et omnes ibi habitantes et qui de cætero ibi habitabunt, et omnes eorum res et bona ubicunque in cunctis locis, uti dictum est, Captenere, et amparare, et custodire, et protegere de omnibus viventibus bona fide, et legitime. Act.* 8. *die exitus mensis Decemb.* 1245.

Gallandus in Tractatu de Franco alodio aliud suggerit captennii exemplum ex Litt. ann. 1212: *De illis mansis, seu bordariis in quibus Dom. Comes habebat suum Captemium* (legendum *Capteinnium* vel *Captenium*) *pro*

Abbate Milite, etc. Et infra : *Pro his autem omnibus debemus Captenere et tutari Dom Abbatem et Conventum et Ecclesiam D. Petri, etc.* In Tabulario Abb. Deiparæ Santonensis fol. 27 : *Aymericus de Rancone dedit Capitennium suum Ecclesiæ B. Mariæ, ita quod custodiat et defendat eos ab omnibus hominibus, nec nocebit propter aliquam guerram hominibus ejusdem Ecclesiæ, nisi invenerit eos in forisfacto.* Fol. 76. ann. 1137 : *Willelmus Ricou et Helias Milites de Broda* (Brou) *promiserunt B. Mariæ Capitennium suum, auxilium et tutelam de decima terræ Spinæ contra omnes homines.* Vide Cruceum in Hist. Episcop. Cadurcens. num. 95.

CAPTEINIUM, inde usurpatum pro eo vectigali, quod domino *Captenenti*, tutelæ nomine, ultro præstatur, quod aliis *Salvamentum* appellatur. Consuetudo municipalis Bellaici in Pictonibus : *De illis quæ pertinent ad Ecclesiam S. Germani, de mansis, sive bordariis, in quibus dominus Comes habet suum Capteinium pro Abbate Milite.*

¶ CAPTEN. Tabularium Eccl. Cadurcensis : *Espleita minuta per Capten et per terras, quas tenet Hugo, etc.*

* CAPTENNIUM, CAPTINIUM, Præstatio seu vectigal, quod domino *Captenenti*, tutelæ nomine, ultro præstatur; quod aliis *Salvamentum* appellatur. Lit. ann. 1296. in Lib. rub. Cam. Comput. Paris. fol. 8. v°. col. 1 : *Invenimus quod Captennia, de quibus in litteris regiis fit mentio valent in hunc modum : Captennium de Bagio, decem libras Caturcenses; Captennium d'Aniols, decem libras ceræ; Captennium de Flaviaco, duas libras ceræ; Captennium d'Airan, quinquaginta pisces assieigas, quæ æstimantur lxx. solidos Caturcenses.* Charta ann. 1318. in Reg. 56. Chartoph. reg. ch. 337 : *Item (vendidit Baudoynus de Maoritania) boatam bladi seu Captinium annuatim dicto militi debitum. Boatam alberguatam et Captinium loci de Aspreriis,* in ch. 340. ibid. *Captennia sive Captienhs*, in Ch. ann. 1342. ex Reg. 74. ch. 238. Reg. ejusd. Cam. Comput. sign. *Bel* fol. 197. r°. : *Item Captinium dou lieu de Clanhac du blé et des gelines deu chascun an par les hommes dudit lieu.* Vide in *Captenere*.

* CHAPTENIH, Eodem significatu, in Charta ann. 1328. in Reg. 65. Chartoph. reg. ch. 261 : *Item induxit idem Raimundus falso modo Heliam Mathani se daturum eidem decem solidos ratione sive de Chaptenih annis singulis solvendos.*

CAPTENSULA, CAPTENTULA. Gloss. Isidor. : *Captentula, captio.* Alibi : *Muscipula, Captentula.* Martianus Capella lib. 4. extremo :

> Cum ambage ficta præstruis sophismata,
> Captensulisque ludis illigantibus.

Vide Festum in *Scaptensula*.

* Glossar. Lat. Gall. ex Cod. reg. 521 : *Captentula, ad capiendum aves, Gallice Regetoore.*

* **CAPTIA**, Venatio, Gall. *Chace.* Charta Frider. I. imper. ann. 1162. tom. 1. Cod. Ital. diplom. col. 2115 : *Cum molendinis, piscationibus, montibus, planitiis, Captiis volucrum et beluarum, etc* Vide *Caciare*.

* **CAPTIENHS**, CAPTINIUM. Vide supra *Captenium*.

1. **CAPTIO**, Detentio, carcer. Gervasius Remensis Archiepiscop. in libello MS. de Miraculis peractis ad Reliquias B. Melanii : *Quam plurimos audivimus super prædictas reliquias Captionem jurasse, qui cum fugere vellent, non potuerunt, et reversi sunt.* Leo Ost. lib. 2. cap. 75 : *Sororem Teanensium Comitum; quam idem Pandulfus in Captione habebat, pro absolutione Adenulfi reddere voluerat.* Petrus Diac. lib. 4 : *Alios in Captionem detinuit.* Adde cap. 70. [Acta SS. Junii tom. 3. pag. 463. de S. Raynerio : *Cujus Captionis murus erat compositus grandibus lapidibus.*] *Esse in Captione Regis*, in Legibus Henrici I. Regis Angl. cap. 53. *In Captionem mittere*, in Charta ann. 1102. apud Ughellum tom. 7. pag. 864. *Captionner,* in carcerem conjicere, detrudere, in Consuetudine Aquensi tit. 9. art. 44. [*Captio, Conspiratio, consensio*, in vet. Glossario San-German. MS. n. 501. Hoc forte sensu posset intelligi relatus Gervasii locus.]

¶ CAPCIO, Eadem notione. Charta conventionis inter Henricum Regem Angl. et Robertum Comitem Fland. pag. 14. Libri nigri Scaccarii : *Et si non fecerint, in Capcione Regis Henrici se ponent... et ponent se in Capcione in turri Londoniæ.*

* 2. **CAPTIO**, Admissio, receptus. Charta ann. 1317. inter Probat. tom. 2. Hist. Nem. pag. 25. col. 2 : *Necnon signa, quæ ante eorum Captionem portare consueverant, faciatis ipsos* (Judæos) *in eorum vestibus superioribus evidenter portare.*

CAPTIONES, Malætoltæ, exactiones, in Charta ann. 1076. tom. 8. Spicilegii Acheriani pag. 158. Tabularium S. Martini de Campis : *Captionem quoque quam super hospites B. Mariæ apud Nongentum habebam, quitam dimisi.* Ita *Captio* pro ζημία, damnum, fraus, usurpat lex 1. Cod. Th. (4, 4.) de Testam. [** Vide Dirksen. hac voce § 2. Charta Frider. II. Imperat. : *Ut omne jus absque Captione, quod vulgo Vare dicitur, observetur, tam de extraneis quam de burgensibus.* apud Westphal. Monum. Cimbr. vol. 1. col. 1288. Chart. ann. 1255. in Thur. Sacr. tom. 1. pag. 344 : *Quod advocatus ... judicare debeat sine Capcione, que Vare volgariter nominatur.* Vide Haltaus. Gloss. Germ. voce *Far* col. 437. *Captiositates in placitis que vulgariter Vare dicuntur*, in Chart. ann. 1232. ap Würdtw. Subsid. Diplom. vol. 10. pag. 15.]

CAPTIONES, alias *Prisæ*, dictum quidquid ad expensas Regis seu domini *capitur* super subditos et tenentes, quod legitime et debite persolvi debet. Charta Theobaldi Comitis Senescalli Franciæ in Hist. Blesensi pag. 301 : *Perdonaverunt hominibus istius patriæ Captionem equorum et telarum, in quibus manducabant.* Vide Statuta Davidis II. Regis Scotiæ cap. 48. et infra in *Captura*.

* Bulla Leonis IX. PP. pro monast. B. M. de Bretolio : *Nec Captionem panis et vini, carnisque et piscis, nec alicujus rei ibi habeat.* Vide in *Captor* 2.

1. **CAPTIVARE**, Capere, captivum reddere. Gloss. Græc. Lat. : Αἰχμαλωτίζω, *Capto, Captivum duco, Captivo.* αἰχμαλωτιστής, *Captivator,* αἰχμαλωτίζομαι, *Captivor.* Petrus Chrysolog. Serm. 7 : *Hypocrisis dum cupit Captivare oculos, oculis fit ipsa captiva.* Serm. 29 : *Aurum Judaicum populum sic suo Captivavit affectu, vicit illecebris, etc.* [Epistola J. Episcopi Acconensis ad Honorium III. Papam apud Acherium Spicil. tom. 8. pag. 373 : *Quibusdam eorum a Sarracenis Captivatis, aliis mari subversis* (f. *submersis*) *etc.*] Utuntur [Vulg. Interp. Rom. 7. 23. Aug. Civ. Dei lib. 1. cap. 1.] Dudo lib. 2. de Actis Norman. Saxo Grammat. lib. 2. Willelmus Brito lib. 4. Philipp. et alii.

¶ CAPTIVATIO, Captivitas, apud Rymer. tom. 2. pag. 222 : *Omnes fratres.... de Captivatione sua per vos redemptionem habentes.* Et tom. 8. pag. 480 : *Arrestationibus, Captivationibus et detentionibus.*

¶ CAPTIVATOR, Qui addicit in captivitatem. Aug. Ep. 199 : *Captivatores tuos et deprædatores.* Apud Marten. Anecd. tom. 4. col. 184 : *De Captivatoribus Clericorum.*

¶ CAPTIVELLUS, Misellus. Vita B. Johannis Bonvisii tom. 5. SS. Maii pag. 109 : *Dissipat facta sua, et de malo in Captivellum venit.*

¶ CAPTIVITAS, Miseria, calamitas, apud Lobinellum Hist. Britan. tom. 2. pag. 300 : *Ad tantam miseriam et Captivitatem devenerat, ut, etc.*

¶ CAPTIVUS, Vilis, contemtibilis, Gall. *Chetif.* Cartul. Matiscon. fol. 173. verso ann. 1182 : *Testificati sunt quod tertia pars de bosco Captivo ad eamdem Ecclesiam pertinet.*

* 2. **CAPTIVARE**, Diripere, abducere, misere habere. Glossar. Gall. Lat. ex Cod. reg. 7684 : *Cheitif, Captivus. Cheitivement, Captive. Cheitiveté, Captivitas. Captivare, faire cheitif.* Annal. Bertin. ad ann. 853. tom. 7. Collect. Histor. Franc. pag. 69 : *Cuncta eo furiosius, quo liberius diripiunt, cremant atque Captivant.* Unde *Chaitiveté, Chetiveté, Chaitivoison* et *Chetivoisson* passim apud Scriptores nostros idem sonat quod Res vilis pretii, humilitas, vilitas, interdum idem est quod Captivitas sensu proprio intellecta. Chron. S. Dion. tom. 3. ejusd. Collect. pag. 180 : *Deux jones fames nées de la terre de Mazonie, qui avoient esté prises et emmenées en Chetivoissons.* Ibid. pag. 246 : *Par ce délivra soi meismes d'essil et le pueple de Chetivoisons.* Lit. remiss. ann. 1369. in Reg. 100. Chartoph. reg. ch. 315 : *Les signifians ont prins six hardées de lin, ... un forgier où n'avoit que Chetivetez.* Bestiarius Ms. :

> Que Jhesus Crist en haut montant
> Mena nostre Chaitiveté.

Rursum ibid. :

> Quant il est biaus, riches et fors,
> Et il n'est teus qu'il se racort
> De son signour qui tel l'a fait,
> Et hors de Chaitivoisons trait.

* *Cetif* pro *Captif*, Captivus, in Poem. Itin. Ultram. comit. Pontiv. : *Il demanda coi; et il disent, Sire, un Cetif pour mettre au bersel. Quetif*, eodem intellectu, in Ch. ann. 1262. in Reg. comit. Clarimont. : *Je ay donné et otroié...... au freres de la meson Dieu de Clermont de l'ordre de Sainte Trinité et des Quetis tout mon manoir.*

* Non semel occurrit mentio cujusdam societatis, quam *de la Chetiveté* appella-

bant, cujus præfectus *Maire* vel *Seigneur des Chetifs ou de la grant terre* facete renuntiabatur. Hic ab innuptis et recens nuptis, qui eidem obedientiam jurare tenebatur, tributum exigebat jurisdictionemque in res joculares sibi adscribebat. Lit. remiss. ann. 1377. in Reg. 110. ch. 302: *Jehan Malin.... et aucuns autres compaignons de la ville de Beaurieu en Laonnois, pour ce qu'il avoient entendu que Geraumin Marrin avoit esté batu par sa femme, s'en fussent alez vers son hostel et eussent dit audit Geraumin par maniere d'esbatement : Le maire de la Chetiveté a ordené que tu soies chariez; car tu l'as desservi pour ce que ta femme t'a batu.* Aliæ ann. 1469. in Reg. 195. ch. 359 : *Le Dimenche gras ung nommé Simonnet....... demourant en la ville de Avise en Champaigne.... print l'abit de meschanse, qui est une chose acoustumée ledit jour en ladite ville, et se représente le Seigneur de la grant leru; qui se nomme et appelle le Maire des Ghestiz; ...... lequel faisait contraindre les nouveaulx mariez à payer chacun cinq solz et les autres compaignons nouveaulx venus ou autres estans à marier à payer chacun une somme au dessoubz de cinq solz.* Rursum aliæ ann. 1472. ibid. ch. 808 : *En la ville de Sueil sur Ayne et autres villes circunvoisines de tous temps et d'ancienneté les gens mariez ont accoustumé par forme de récréation eulx assembler le jour de Caresmeprenant, disner ensemble, et les nouveaulx mariez d'icelle année payer leur bienvenue, et faire obeissance à l'un d'eulx, qui se dit et nommé par forme d'esbatement le Seigneur des Chetifz ou de la grant terre. Seigneur de Grant* nude appellatur, in Lit. remiss. ann. 1460. ex Reg. 189. ch. 426. ubi et per procuratores jurisdictionem suam interdum exercuisse docemur : *De toute ancienneté l'en a acoustumé à Ermenonville le jour de la my-karesme que les jeunes gens nouveaulx mariez en l'année prouchainement précédent font certaine feste et eslisent l'un d'entre eulx, qu'ilz appellent le Seigneur de Grant, lequel fait par chacun an certains procureurs pour refformer et corriger par esbatement tous ceulx dudit lieu qui se sont mal gouvernez ou portez en leur mariage durant ladite année.* Eodem nomine designabantur nundinæ Remenses, quæ media Quadragesima celebrantur. Lit. remiss. ann. 1388. ex Reg. 135. ch. 136 : *Comme les exposans estoient alez..... en la ville de Reins a la foire, qui est appellée de Chetiz, qui est chascun an en icelle ville de Reins le jour de Mikaresme.* Vide supra in *Asinus* 3.

* Captivatus, Angustus. Vita S. Anschar. sæc. 4. Bened. part. 2. art. 37 : *Ut diœcesim parvam et admodum Captivatam augeret, etc.*

* **CAPTIVUS**, pro Viduus, privatus, interprete Cardulo, in Hist. translat. S. Abund. tom. 5. Sept. pag. 306. col. 1.

1. **CAPTOR**. Glossæ Isonis Magistri : *Aucupes, venatores, vel Captores.* Vide *Captator.*

* 2. **CAPTOR**, Qui *captiones* nomine regis exigebat. Arest. parlam. Paris. ann. 1379. tom. 6. Ordinat. reg. Franc. pag. 408 : *Quod dicti mercatores foranei et eorum vecturarii mittendo et aducendo pisces suos, fuerant in itinere veniendo ad dictam villam nostram Parisiensem per Captores nostros et gencium sanguinis nostri... pluries impediti et quamplurimum dampnificati, etc.* Vide supra *Captiones.*

* 3. **CAPTOR**, Gall. *Receveur*, Collector, qui recipit. Memor. D. Cam. Comput. Paris. fol. 66. r°. : *Johannes de Weli, apud Orcheum montem commorans, institutus Captor monetarum falsarum aut billonis, item extra regnum portatarum per litteras regis datas xxv. Sept.* 1364.

¶ **CAPTUARIUS**. Vide *Captura.*

CAPTUM. Vetus Charta apud Rodericum *da Cunha* in Episcopis Portensib. 2. part. pag. 31 : *Reliquit pro suo anniversario aliud Marabitinum per Ecclesiam S. Joannis de Ver, quæ est Camara Episcopalis, cujus patronatus et Captum ipse acquisivit tempore suo.* Charta alia Alphonsi Lusitaniæ Regis ann. 1258. in eadem Hist. 1. parte cap. 13. pag. 164 : *Quod ego do et concedo Monasterio S. Stephani... quæ pertinent ac pertinere debent ad jus Regale in toto Capto Monasterii.* Versio Lusitanica habet, *em toto o couto do mosteiro.* Vide *Cautum* 2.

1. **CAPTURA**, Latinis Scriptoribus dicitur pretium flagitii aut criminis, merces artium sordidarum et obscœnarum, uti observatum a Casaubono ad Sueton. in Calig. cap. 40.

Captura, Locus piscosus, ubi capiuntur pisces. Isidori Glossæ : *Captura, detentio, vel locus piscosus, ubi sedet Captuarius, qui balneaticum exigit.* Ita Codex MS. Regius Cod. 1013. ubi editus habet *actuarius*, et *balneare.* [Cum *Captura* est detentio, accipitur pro captivitate : cum vero significat locum piscosum, pro piscina, ubi multi capiuntur pisces, ut in seqq. locis. *Capturam* esse mercedem, quæ pro balneo penditur, quæ *balneare* vel *balneaticum* dicitur, sicut cujusvis sordidæ et obscœnæ merces *captura*, facile intellectu est. Ita Grævius in Isid. Gloss. ubi non videt, inquit, quomodo cum præcedentibus cohæreant hæc verba, *Qui balneaticum exigit*, nisi *captura* etiam dicatur locus, ubi sedet *Actuarius*, qui *balneare exigit.* Eccardus Histor. Marchionum Misnensium col. 253 : *Anno Dom. Incarn. 838.... facta est contentio Gosboldi et Hrabani Abbatis coram Imper. Ludovico... de Captura quam Folco et fratres ejus Biurgo et Hroo tradiderunt ad S. Bonifacium.*] Diploma Ludovici Pii, de *Carolivenna*, loco ita dicto ad Sequanam : *Proavus Carolus qui eandem construere jussit Capturam.* Supra, *vennam* et *piscariam* appellavit. Ita etiam usurpatur in Traditionibus Fuldensibus non semel lib. 1. pag. 454 : *In loco Sceipbatz juxta ripam fluminis Sinna, et in pago eodem Sinnahgewe, id est, unam Capturam cum terris, pratis, campis, silvis, etc.* Pag. 455 : *In pago Salagewe, id est, unius Capturæ tertiam partem.* Pag. 463 : *De illa Captura quam habemus in silva Bochonia, circa flumen quod dicitur Fliedina, duas partes, id est, meridianam partem ejusdem fluminis et occidentalem cum omni integritate, ut a die præsente in proprium usum illam colatis, atque augeatis, etc.* Occurrit passim pag. 464. 465. 469. 472. 473. 474. 480. 483. 491. 492. 495. 496. 514. 516. 519. 525. 526. 530. 538. 544. 545. 573. [** Vide *Captura*, 2.] Sulpitius Severus lib. 3. de Vita S. Martini : *Vade, inquit, mitte linum tuum, Captura veniet. Captura piscium*, in Actis Murensis Monasterii pag. 52. *Captus piscium*, in Fundat. Monast. S. Petri in Erphurdia. Lucas. cap. 5 : *Laxate retia vestra in Capturam*, εἰς ἀγρἀν. Id est, *Immittite et injicite retia vestra, etc.* Infra : *In Capturam piscium. Captura*, ἐμβολή, in Gloss. Græc. Lat. id est, injectio. Solinus cap. 11 : *Pachino multa tunnorum est copia, Echinis et omnibus mari nantibus pisculentissimum, ac propterea semper Captura larga.* Flodoardus lib. 14. carm. 18 :

Mandat item quondam Capturæ instare sodales,
Atque locum signat, laxata ubi retia pandat.

Capturæ *quæ ad capiendas apes ponuntur*, in Lege Bajwar. tit. 21. § 9.

Captura, Idem quod *Captio, Creditio*, vel *Credentia*, de quibus vocibus agimus suis locis. Charta Communiæ Brueriarum ann. 1186 : *Nec teloneum nec monetagium reddant, nec apud eos aliquis Dominus, Capturam panis, vini, carnium, vel piscium aut aliarum rerum venalium habeat.* Vide *Prisæ.*

Captura, Exactio. Charta Ludovici VI. Reg. Fr. ann. 1119. in Tabular. S. Mariæ Columbensis diœcesis Carnotens. : *Supra dicta enim terra infestatione malorum hominum, et malarum consuetudinum Capturis, quæ a nostris servientibus terræ illius superpositæ erant, etc.* Veteres Schedæ de divisione parochiæ urbis Corbeiensis ex Bibl. S. Germani Paris. Cod. 564: *Dederunt etiam prædictus Castellanus et uxor ejus redditum unius sutoris, scilicet ad Capturam ante Natale Domini, et ante Pascha, et ante Augustum, unde reddit prædictus Presbyter sutoribus duos denarios ad Capturam pro sotularibus, etc.*

* 2. **CAPTURA**, Spatium, intervallum, districtus certis limitibus *captus* seu contentus. Charta apud Pistor. pag. 526 : *Tradimus...... in Captura, quæ dicitur Clingison, de inculta terra hobam unam.* Occurrit rursum pag. 573. [** Idem est quod *Bifang.* Vide in hac voce. Quo sensu etiam intelligenda videntur quæ supra e Tradit. Fuldens proferuntur.]

¶ **CAPTUS**, pro *Cattus*, Felis, Gall. *Chat.* Papias MS. Bituric. : *Captus, id est, Musio, dictus quod acute videat.* Vide *Catta.*

* **CAPTUS**. Pariag inter reg. et episc. Aniciens. ann. 1307. tom. 6. Ordinat. reg. Franc. pag. 347. art. 21 : *Medietas... ejus quod percipitur in mediis Captibus boum masselli.* Sed leg. *Capitibus boum macelli.* Vide *Caput* 2.

¶ **CAPUCCINUS**, Capuccium, Capuccria. Vide *Caputium.*

* **CAPUCIOLUM**, Capucium. Vide infra in *Caputium.*

* **CAPUCIUS**. Vide infra *Caputius.*

¶ **CAPUELLA**. Vide in *Capulla.*

CAPUITA, Idem quod *Cambuta*, seu Baculus pastoralis. Honorius Augustod. lib. 1. cap. 153 : *Alphabetum in pavimentum cum Capuita scribit.* Cap. 217 : *Virga pastoralis, et Capuita, et ferula, et pedum dicitur.* Vide *Cambuta.*

1. **CAPULA**, Parva capa. Vide *Capa* 1.

¶ 2. **CAPULA**, Baptizati *Chrismale.* Vide *Capulla.*

CAPULARE, Capellare, Capillare, Cædere, incidere, frangere, radere. A Lat. *scalpere*, deducit Spelmannus, Salmasius a *scapellare*, et *scapellum*, quod est bacillum. Joan. de Janua : *Capulus a caput, quia caput est gladii; vel a capio, quod ibi capitur gladius, ut teneatur; unde Capulo, as, verbum activum, id est, scindere, vel secare : unde in Decretis Pontificum, Lingua delatoris Capuletur. Mulieri ingenuæ crines Capulare*, in Lege Burgund. tit. 5. § 1. *Aristatonem super mortuum Capulare*, in Lege Salica tit. 17. § 4. *Concisam vel sepem alterius Capulare*, in ead. Lege Salica tit. 18. § 4. in Lege Ripuar. tit. 43. in Lege Alem. tit. 99. § 26. *Arborem Capulare*, in Lege Salica tit. 29. § 30. *Pedem Capulare*, ibid. tit. 31. § 11. *Capulare vestitus*, in Capitulis Caroli M. lib. 1. cap. 81. *Linguam Capulare*, abscindere, apud Hadrian. I. in Canon. cap. 45. in Capitul. Caroli M. lib. 7. cap. 277. [** 360.] apud Hincmarum contra Hincmarum Laudun. in Concil. Duziacensi I. part. 2. cap. 11. etc. Anonymus de Miraculis S. Ursmari num. 3 : *Dumque adtractam virgam ad se applicat, ut eam cum ferramento Capularet, etc.* Vide *Capillare*, 1.

* Unde *Chapouler*, in Lit. remiss. ann. 1459. ex Reg. 190. Chartoph. reg. ch. 46 : *Laquelle vigne les supplians avoient pour lors taillée ou Chapoulée, etc. Chapucier*, eadem notione, in aliis Lit. ann. 1396. ex Reg. 151. ch. 65 : *Le suppliant en buvant prist par sa merencolie à Chapucier et doler de son coustel la table, qui estoit devant la compaignie.* Hinc *Eschapplé* dicitur de ligno exciso, in Stat. ann. 1376. tom. 6. Ordinat. reg. Franc. pag. 221. art. 14. *Caploier* vero, pro Gladiis ferire, percutere, in Poemate *de Cleomades* MS :

Ne menerent autre déduit
Fors que toute jour Caploier
Et li uns l'autre adamagier.

* *Entrechapler*, eodem sensu, in Lit. remiss. ann. 1378. ex Reg. 114. ch. 148 : *Lesquelles parties se Entrechaplerent les uns aux autres et meslerent, et combatans fort, etc. Rachapler*, Pugnam iterare, in aliis ann. 1473. ex Reg. 105. ch. 50 : *Icellui Charruier se releva, et lui relevé se Rachapla avec ledit Pasté, tant que icellui Pasté fu tellement navré, etc.*

* *Batre à Chapple*, Vulneribus afficere, in Lit. remiss. ann. 1378. ex Reg. 114. ch. 323 : *L'exposant trouva que maistre Jehan Nicolas feroit et batoit à Chapple ladite Gorronne, ... veant icelle chargiée de coux et grans collées, etc.* Sed et *Eschampeler* de vulnere, quod leviter attingendo fit, intelligendum opinor. Lit. remiss. ann. 1421. in Reg. 171. ch. 496 : *Le suppliant hesma a deux mains ladite coingnée, et en frappa en Eschampelant un seul coup de la teste icellui Hochet en la teste.* Aliæ 1445. in Reg. 173. ch. 352 : *L'un des cops fut parmi la gorge en Eschampelant et alant contre-val.*

Concapolare. Formulæ Andegavenses num. 33 : *Et ibidem venientes invenerunt sic esse factum seris incisis, ostias Concapolatas, portas perforatas, etc.*

Capellare, Eadem notione, in Lege Longobard. lib. 1. tit. 19. § 20. [** Rothar. 343.] : *Si quis caballo alieno caudam Capellaverit, id est, setas traxerit.* § 26. : *Si quis stallariam alterius Capellaverit.* [** Liutprand. 45. (5, 16.) ubi Murat. *Scapellaverit.*]

Capillare. Papias : *Capillare, concidere.* Statuta Gerardimontensia apud Miræum in Diplom. Belg. lib. 2. cap. 60 : *Si quis alium vel verberaverit, vel pulsaverit, vel ad terram prostraverit, vel Capillaverit* 60. *sol. solvet Comiti. Concapulare*, in Lege Salic. tit. 8. § 4. *Chapeler*, nostris. Willelm. *Guiart* :

En tele maniere i Chaplerent,
Qu'à force les desbaraterent.

Et alibi :

Grant flot de gens aprés s'arrive,
Desquiex chacun tant i Chaploie,
Qu'ils metent Auglois à la voie.

[La Bataille *du Careme et du Carnage* MS. :

Tant i a feru et Chaplé,
Qu'il li a fait moult grand dommage.]

Vocis vis mansit in verbo *Chapeler*, quod apud nos, *summas panis crustas revellere*, sonat.

Capulatura, Capulatio, Vulnus. Formulæ solenn. cap. 119 : *Violenter super ipsum evaginato gladio venit, unde livores vel Capulaturæ atque colaphi manifeste apparent.* Et mox : *Et super ipsum livores et Capulationes misit. Chapplis* Scriptoribus nostris. Berrius in Hist. Caroli VII. pag. 232 : *Et dura le Chappelis par l'espace d'une forte heure.* Tractatus de Torneamentis Tabulæ Rotundæ MS. : *Et lors eussiez peu voir grans fais d'armes, et grant Chapplis d'un costé et d'autre.* Will. *Guiart*. de Auriflamma :

Es Chapleis des mescreans
Devant lui porter la fesoit.

Et ann. 1264 :

Le Chaple commence aus espées.

An. 1298 :

Le Chaple assés longuement dure.

Le Roman *de Garin :*

La véissiez un riche Chapleis.

Le Roman *de Vacce :*

Au Chaple des espées les feront enverser.

Statuta S. Ludovici lib. 2. cap. 38 : *Il doit montrer sanc, ou plaie, ou descireure ou Chaple.* Ubi *Chaple* idem est quod *Capilatura*. Chron. Bertr. Guesclini MS :

Tous ceus qu'à Cocherel furent au Chaplement.

¶ Capillatio, Capillorum evulsio, apud Marten. tom. 1. Anecdot. col. 767. e Legibus Balduini Flandriæ Comitis ann. 1200 : *De Capillatione vel percussione sine sanguine quindecim solidi, unde capillatus vel percussus medietatem habeat, etc.* Et paulo post : *Qui alterum inculpaverit, juret solus quod ille eum læserit, aut percusserit, aut Capillaverit.* Leibnit. tom. 2. Scriptor. Brunsvic. pag. 515. in Privilegio Ernesti Ducis Brunsvic. pro civitate Hamelensi ann. 1335 : *Item, si contentio vel discordia fit inter aliquos Burgenses de percussione vel Capillatione, post emendam judicii, reus dabit Consulibus unam amam vini, et læso marcam.* Caffarus lib. 1. Annal. Genuensium ad annum 1161 : *Discordes ii, qui in civitate erant, Capillationes et rixas solitas ne facerent vel inciperent, Consules ad præsens jurare fecerunt.*

Scapellare. Gloss. Lat. Græc. : *Scapellat*, καταοχίζει, κατακνίζει. Edictum Rotharis Regis Long. tit. 101. § 59. [** 299.] : *Si quis vitem alienam de una fossa asto animo Scapellaverit, etc.* Lex Longobard. lib. 1. tit. 19. § 5. [** Rothar. 150.] : *Si quis molinum alterius Scapellaverit, aut aratrum alienum iniquo animo Scapellaverit, etc.*

Transcapolare, Vox ejusdem originis et notionis. Pactus legis Salicæ tit. 32. § 17 : *Si quis ingenuum castraverit, aut virilia Transcapolaverit, unde mancus sit, etc.* Ubi Lex Salica tit. 31. § 18. habet *Truncaverit.*

Decapulare, Idem quod *Capulare*. Petrus Cellensis lib. 7. Epist. 18 : *Labia concidunt, turpiloquio et scurrilitatibus adsuescentes : linguam Decapulant, malum redarguentes, et mendacium semper loquentes.* Alia notione vocem hanc usurpat Plinius lib. 15. cap. 6.

¶ **CAPULARIS**, Capularium, Vestis species tegens Scapulas. Vide *Scapulare.*

* **CAPULARIUM**, pro *Scapularium*, Vestis monachica; sic et nostri *Capilaire* dixerunt, pro *Scapulaire*. Reg. visitat. Odonis archiep. Rotomag. ex Cod. reg. 1245. fol. 90. r°. : *Visitavimus conventum monialium S. Albini..... Injunximus eis quod omnes amodo utentur communiter Capularis.* Charta ann. 1470. ex Chartul. Latiniac. fol. 82. v°. : *Par grant arrogance et felonnye avoit mis la main audit religieulx, lui avoit deschiré et rompu son Cappilaire, et osté son chapperon et bonnet de sa teste..... Que le deffendeur feust condamné à rendre et payer audit damp Gilles Poncelet sesdits Capilaire, chapperon et bonnet, qui luy avoit ostez.* Vide *Scapulare.*

¶ **CAPULATIO**, Capulatura. Vide *Capulare.*

¶ **CAPULATUS**, Gladio cinctus. Sic dicitur a *capulo* gladii. Vita S. Udalrici tom. 2. SS. Julii pag. 101 : *Capulatus autem qui benedictione divina regni tenebit gubernacula.*

CAPULLA. Synodus Nemausensis ann. 1284. cap. de Baptismo : *Verum si propriam Capullam propter paupertatem, vel aliam quamcumque causam non habuerit, vel habere nequiverit baptizandus : Capulla etiam alia, cum qua alius baptizatus fuerit, quam Sacerdos præcipue gratis exhibeat, baptizetur.* [Similia legere est in Statutis Synodal. Ecclesiæ Cardurcensis apud Martenium tom. 4. Anecdot. col. 686.] Diminutivum videtur a *capa*, quam Baptizatorum vestem fuisse supra docuimus : eadem etiam forte quæ *Chrismale* appellatur. [Posteriorem hanc notionem confirmant Statuta Augerii II. Episc. Conseran. ann. 1280. ubi sic : *Si baptizandus vel propter paupertatem, vel altam quamcumque* (causam) *Capullam seu Chrismale proprium habere nequiverit, gratis Capulam illi exhibeant, licet quoque alter cum illa fuerit baptizatus.* Vide *Chrismale* et *Cappucium recens Baptizatorum* in *Caputium.*]

¶ Capuella, Eadem notione in mox laudatis Statutis Augerii Conseran. : *Sub pœna suspensionis ab officio prohibemus, ne Capuellæ baptizatorum ponantur in aliis quam in Ecclesiasticis usibus; videlicet inde faciant supercapellitia vel cordinas, et alia quæ ad cultum divinum et servitium ecclesiasticum pertinere noscuntur.*

* **CAPULLUS** Lineus, Capellus ex lino. Leudæ minores Carcass. Mss. : *Item de duo-*

dena Capullorum lineorum, *j. den.* Vide supra in *Capellus* 1.

¶ **CAPULULUM.** Vide *Capedulum.*

¶ **CAPULUM**, *Funis unde indomita comprehenduntur.* Papias MS. Glossar. MS. Sangerman. n. 501. voci *indomita* subdit *jumenta*, cum Isidoro, ut jam dictum est in *Caplum.*

1. **CAPULUS**, vel CAPULUM, Apex. Andr. Dandulus in Chron. MS. ann. 991 : *Aut de Capulo silvarum amplius tollendo, quam antiqua præstitit consuetudo, etc.* Vide *Ramagium* et alia notione in *Caupulus.*

¶ 2. **CAPULUS**, *Locus in quo mortui efferuntur.* Glossar. MS. Sangerman. n. 501. ex Isid. lib. 20. cap. 11.

* Glossar. vet. ex Cod. reg. 7646 : *Capuli, lecti ubi mortui efferuntur, lecti funebres, aut rogi in modum archæ instructi. Capulus dicitur, quod super capita hominum feratur.* Utitur Plautus.

* **CAPUNTA**, Quantum manu capi potest. Leudæ major. Carcasson. Mss. : *Item pro saumata de cardonibus, unam Capuntam.* Ubi versio Gallica ann. 1544 : *D'une saumade de cardons, une Capsine.*

1. **CAPUS**, CAPPUS, Avis prædatoria, seu falco. Gloss. Saxon. Ælfrici : *Falco vel Capus, a capiendo,* Wealhhafoc, id est, erodius, accipiter peregrinus. Papias : *Capus, falco, avis, a capiendo.* Alibi : *Falco, dictus quod falcatis incurvis unguibus sit; hunc Itali Capud vocant, a capiendo.* Ita MS. Edit. habet *Caput*, sed legendum *Capum.* Formulæ antiquæ promotionum Episcopal. Ep. 16 : *A quo verbo* accipere, *aves, quæ alias aves capiunt, accipitres nominantur.* Synodus Ticinensis, sub Leone V. PP. ann. 850. can. 4 : *Non canibus, aut accipitribus, vel Capis, quos vulgus Falcones vocat, per seipsum venationes exerceat.* Theodulfus lib. 4. Carm. 8. de pugna avium pag. 219 :

Quatuor accipitres veniunt hinc, quatuor illinc,
Quatuor et totidem parte ab utraque Capi.
Primo hi congressu perimunt se hinc inde vicissim,
Accipitrem accipiter, seu Capus ipse Capum.

Et lib. 6. Carm. 26 :

Colla superba teras, anates ut turba Caporum,
Anserem ut accipiter, colla superba teras.

[** Ermold. Nigell. lib. 3. vers. 593 :

Seu glatie stringente solum sub tempore brumæ
Unguigeris volucres exagitare Capis.]

Odo Cluniacens. lib. 1. de Vita S. Geraldi cap. 4 : *Scilicet ut molossos ageret, arcista fieret, Cappos et accipitres competenti jactu emittere consuesceret.* Servius ad lib. 10. Æneid. ait, *Campaniam a Tuscis conditam, viso falconis augurio, qui Tusca lingua Capys dicitur, unde est nominata Campania.* In Vita Ludovici Pii ann. 813. fit mentio *Gerrici Capis Præpositi*, qui scilicet avibus venaticis præerat, ut quidam censent. Alii *Præpositos Capis* eosdem volunt, qui recentioribus *Buticularii* dicuntur. Nam *Capis* et *Capula* apud Varronem est poculi genus, quo deplere vasa olearia solebant : et licet *Capis Capidis*, declinetur, inflexione tamen recepta apud Scriptores infimæ Latinitatis, potuit dici *Præpositus Capis*, pro *Capidibus*. Sic apud Avitum Vienn. Epist. 65 : *Utatur paterarum capacitate pro Capis.* Quasi dicat, pro vasculis exiguis, pateris bibat capacioribus. At Stephanus Baluzius monet in Cod. Viennensi Aviti, legi *Cuppis* pro *Capis.*

¶ SOLIDI DE CAPO, tom. 3. Concil. Hisp. pag. 284. col. 2. in Donatione Alphonsi VI. pro Monasterio S. Facundi, videntur esse solidi *capo* seu falcone notati et insigniti : *Homicidium de nocte factum qui negaverit, si accusatus fuerit litiget cum illo qui dixerit, Quia ego vidi; et si ceciderit pectet centum solidos, et quod ultra expendit in armis, et operariis, et expensis, et sexaginta solidos de Capo.* Vide *Caput solidus* et *Capus*, 3.

2. **CAPUS**, CAPO, CAPPUS, Latinis Gallus castratus, nostris *Chapon*; [** Vide *Cabo* et Graffii Thesaur. Ling. Franc. vol. 3. col. 355. voce *Kappo.*] ex quo postmodum hac appellatione donati eunuchi et castrati. Luithprandus in Legat. : *Dicimus enim quod Capones sunt, id est eunuchi.* Capitul. Car. Calvi tit. 43. § 31. [** ap. Carisiac. ann. 877.] : *De Cappis et aliis negotiatoribus, videlicet ut Judæi dent decimam, et negotiatores Christiani undecimam.* Ubi Judæi ita videntur appellati ob περιτομὴν, seu circumcisionem. Nam, ut ait S. Ambrosius in Leviticum, *viros circumsisione signatos etiam opprobrio et illusione dignos arbitrabantur* veteres. Vide Marcam. lib. 1. Hist. Beneharn. cap. 16. num. 9. et Notas nostras ad librum 4. Niceph. Bryennii.

* Charta sub Phil. I. reg. Franc. ex Tabul. S. Vict. Massil. : *Duas fogazas et quatuor Capos, etc.*

☞ Notum est jus Dominorum a subditis suis vel *capones* vel eorum valorem accipiendi : de quo jure frequentior in chartis occurrit mentio, quam ut opus sit illud exemplis stabiliri.

¶ CAPONAGIUM dicitur illud jus in Chartulario S. Martini Pontisarensis : *Debetur quarto unius caponis et unus denarius de Caponagio.*

* 3. **CAPUS**, pro Caput. Charta ann. 1053. apud Murator. in Antiq. Estens. pag. 202 : *Cum mea portione, quæ est medietatem de una petia de terra; ..... quæ uno Capo tenet in via, et alio Capo tenet in Ducaria.* [** Chart. ann. 849. ap. *de Blasio* Series Princip. Salernit. Append. n. 2. pag. 10 : *Abentes finis de uno latu et uno Capu bia publica et de alio latu et alio Capu cum terra mea.* Vide *Pes.*] Ubi pro termino, qui in capite prædii vel agri est, sumitur; qua etiam notione *Chep* occurrit in Ch. ann. 1313. ex Reg. 52. Chartoph. reg. ch. 155 : *Et se commencet ladite piece de terre d'un des Cheps, etc.* Vide *Caput finis* in *Caput* 3. Hinc *solidi de Capo*, de solidis, qui pro capite redimendo solvuntur, facile intelligi possunt.

* 4. **CAPUS**, Clavus, cujus pars præcipua caput est. *Chappellu*, eadem acceptione, in Lit. remiss. ann. 1379. ex Reg. 115. Chartoph. reg. ch. 239 : *Les supplians prindrent en un batel certains cloz, appelez Chappellus.* Arest. parlam. ann. 1304. in Lib. 1. ordinat. super artif. Paris. ex Cam. Comput. fol. 344. v°. : *Declarantes quod licet dicti selarii sui officii ratione........ non possint..... mordacia, Capos seu clavos facere aut fabricare, ipsi tamen...... poterunt...... ea in selis et bastis suis ponere, clavare et rivare.*

* 5. **CAPUS**, *Charue*, in Glossar. Lat. Gall. ex Cod. reg. 521.

CAPUSIERA, [Species artis ad capiendas aves.] Vide *Vara.*

1. **CAPUT**, Modus possessionum, quibus collatio imminebat, *jugum* etiam dictum : quæ appellationes passim occurrunt in Cod. Theod. et Justin. Unde *Capitatio*, et *jugatio*, quæ possessionibus et *capitibus* præstabatur, interdum et

CAPUT, ut apud Eumenium in Paneg. : *Septem millia Capitum* remisisti, quartam partem amplius partem nostrorum censuum.* Sidonius Carm. 13. ad Majorian. :

Læstrigones nos esse puta : monstrumque tributum;
Hic Capita, ut vivam, tu mihi tolle tria.

Atque ita *Caput* usurpari apud Ammian. lib. 16. et 17. contendit Jacob. Gotofredus, quem consule ad leg. 2. Cod. Theod. de Censu. [Descriptio bonorum Domini de Eska ex Archivo S. Audomari : *Dimidium Caput debet sex quarterios frumenti.* Ibidem : *Redditus quem recipit a Capitibus est redditus avenæ, et sunt ibi* LXVI. *Capita, et debet quodlibet Caput unum modium avenæ.* Ibidem : *Notandum est, quod* LII. *Capita, et dimidium Caput solvunt istud frumentum, sive ejus pretium, et continet quodlibet Caput integrum tres raserias frumenti de mensura villæ de Eska :* ubi, si bene intelligo, Caput, modus agri est, in quo seminantur tres *raseriæ* frumenti.]

2. **CAPUT**, dicitur quodcumque in recensione numerum efficit. Gregorius Magnus lib. 7. Indict. 1. Epist. 6 : *Sindones 2. coopertorium super altare unum, lecta strata numero 10. in æramentis Capita 20. in ferramentis Capita 30. etc.* sed præcipue ea vox usurpatur in armentis ac gregibus. Idem Gregorius lib. 10. Epist. 12 : *In peculio Capita 15. armenti Capita 2. ferramenta numero 5.* Lib 10. Ep. 42 : *Decem equarum Capita.* Lex Aleman. tit. 79. § 2 : *Legitimus pastor ovium si 80. Capita in grege habet domini sui, etc. Capita animalium*, in Lege Wisigoth. lib. 8. tit. 3. § 12. tit. 4. §. 10. 26. tit. 5. § 7. in Charta Romualdi Ducis Benevent. tom. 8. Ughelli pag. 607. 611. *Ovium Capita tanta*, in Formulis. Gualdo in Vita S. Anscheri Archiepiscopi Hamburg. cap. 86 :

Rursus ab integro decimam animalia quinto,
Omne caput decimum manibus tradebat egentum.

Chef de bestail, in Consuetud. Baionensi tit. 2. art. 2. 3. et Aquensi tit. 11. art. 25 : *Chefs de vache, de brebis, de porcs*, in Consuet. S. Severi tit. 10. art. 6. Hinc *Caput* pro ipso animali, in leg. 6. Cod. Theod. de [illegible]urios. (6, 29.) Antiq. Fuld. lib. 3. trad. 35 : *Jumentum, quod vulgo dicitur Caput optimum, sive vestimentum quod melius haberet, in usus Fratrum cederet.* Vide leg. 1. § ult. et leg. 3. D. de rei vindic. (6, 1.) l. 13. D. de pignorib. (20, 1.) et Vegetium de Mulomedic. pag. 10. [Rymer. tom. 9 pag. 873. col. 1.]

* *xvj. Chefs d'aumaille*, in Lit. remiss. ann. 1382. ex Reg. 121. Chartoph. reg. ch. 107. *Trois Chefs de poulaille*, in aliis ejusd. ann. ex Reg. 120. ch. 248. Ita et pannus certis ulnis constans, *Caput* nuncupatur, in Leud. minor. Carcasson. Mss. : *Item pro Capite de fustani, j. den.* Galli diceremus, *une piece de futaine.*

Capitis Furtum, Capitale Furtum, id est, Furtum animalis, vel rei mobilis. Charta Ottonis Imperat. ann. 937. in Privilegiis Ecclesiæ Hamburgensis : *Ut nullus judex publicus, vel quælibet judiciaria potestas, aliquam sibi vindicet potestatem in supradictorum hominibus Monasteriorum, litis videlicet et colonis, vel eos aliquis capitis banno ob Capitis Furtum, vel quocumque banno constringat.*. Quæ totidem verbis habentur ibidem pag. 151. 155. et 156. ubi *Furtum Capitis* videtur idem quod *Capitale* appellatur in Pœnitentiali Haltigarii Cameracensis Episcopi cap. 4 : *Si quis Clericus Furtum fecerit Capitale, id est, quadrupedum, vel casam ruperit..... 7. annos pœniteat.* Liber Pœnitentialis Gregorii II. PP. cap. 9 : *Si quis Furtum Capitale commiserit, id est, aurum, argentum, quadrupedes, vel domos effregerit, etc.* Alius Pœnitent. MS. : *Si tu Furtum Capitale commisisti, id est, quadrupedum, vel domos effregisti, etc.* Alius denique Pœnitential. perinde MS. : *Si quis Furtum Capitale commiserit, id est, quadrupedia abegerit, etc.*

Caput Annonæ. Anastasius in Joanne V. PP. : *Necnon et alias divales jussiones relevantes Annonæ Capita patrimoniorum Siciliæ et Calabriæ non pauca.* Idem in Conone : *Relevavit per sacram jussionem suam ducenta Annonæ Capita, quæ Patrimonii custodes Brutiis et Lucaniæ annue persolvebant.* Nov. Theodosii de Fiscalib. : *Mauri vero Sitifenses... totius annonæ nomine 5. millia solidorum, et 50. Capitum in Annonis Ducis consueto tempore annua functione dependebant.* [Vide *Capitio.*]

3. CAPUT, Dux, Præfectus, quomodo *Chef* dicimus. Monachus Sangall. lib. 2. de Carolo Magno cap. 4 : *Interrogavit, qua pœna dignus esset, qui Caput Francorum in manus hostium tradidisset.*

* Caput Altari *imponere* in signum servitutis. Vide in *Altare.*

Caput Anni, Initium. Charta Sergii PP. apud Sammarthanos in Abbatibus Montis majoris Arelat. sub ann. 1002 : *Ibi tertiam partem pœnitentiæ illi dimittimus, et Ecclesiam usque ad Caput Anni ei reddimus, et pacem, et capillos incidere habeat; et si mors in Capite Anni evenerit, vel infra annum, ex parte nostra absolutus maneat.*

¶ Caput Annorum, Contraria notione pro fine annorum sumitur, apud Lobinellum Hist. Britann. tom. 2. col. 70 : *Et si tunc non fuerit redempta, id est ad Caput quindecim annorum, maneat in monachia sempiterna;* hoc est, expletis quindecim annis. Et col. 73 : *Usque ad Caput sex Annorum*, hoc est, post sex annos.

* Quomodo etiam *Capo* Itali usurpant. Chron. Estense ad ann. 1337. apud Murator. tom. 15. Script. Ital. col. 401 : *Non dignabatis aperire* (literas) *neque videre, vel responsum mihi facere, nisi in Capite iv. dierum.* Nos dicimus, *au bout de quatre jours.* Unde *Vicus sine Capite, sive sine buto*, in Ch. ann. 1422. Vide *Capucium prati* in *Caputium* 1.

* Caputaqua, uno verbo, pro ipso aquæ fonte, in Charta ann. 951. in Append. ad Marcam Hispan. col. 879 : *Cum suis Caputaquis et suis piscatoriis, etc.* Occurrit rursum col. 867. et 886. Vide supra *Capdaqua.*

Caput Aquæ. Charta Ermengardis Comitissæ Ceritanensis ann. 893 : *Silvis, garricis, molinis, molinariis, aquis, Caput aquis, aquarum ductibus vel reductibus, etc.*

Caput Asini. Cognominatus quidam Miles apud Ordericum Vitalem lib. 8. pag. 681. *pro magnitudine capitis et congerie capillorum.*

Caput Burgi, *Chef de Bourg*, in Consuetud. Pictav. art. 4 : *Où ledit Seigneur ait ville, bourg, ou Chef de bourg.* Adde Consuetud. Santonens. art. 6.

* Caput Cameræ, Præfectus cubiculi, *Chief de chambre*, in Lit. remiss. ann. 1431. ex Reg. 175. Chartoph. reg. ch. 94 : *Pierre Daisne, dit Bastard, Chief de chambre de Baudoin de Sains, dit Trousselet, chevalier, etc.*

Caput Castri. Charta ann. 1094. apud Guesnaium in Annalib. Massiliens. pag. 310 : *Guirpimus atque donamus... S. Victori Martyri... quidquid in honore nostro et ditione prædicti Cœnobii Abbati et Monachis quoquomodo a quibuscunque personis, ubi acquisierunt, vel in futurum similiter acquirere poterunt, propter sola Capita Castrorum nostrorum, etc.* Will. de Podio Laurentii cap. 37 : *Comes recuperavit castrum Saracenum, obsessa et conclusa munitione in Capite Castri.* Infra : *Cæteri autem qui erant in Capite Castri Saraceni inclusi, etc.* Charta ann. 1306. in Regesto Philippi Pulcri Regis Franc. ann. 1299. num. 165. Tabularii Regii, pro Vicecomitatu Lautricensi : *Et alias proprietates quascumque, quæ seu quas idem Bertrandus habet, tenet, et possidet in villa et Capite seu fortalitia castri prædicti de Lautreco, etc.*

Caput Comitatus, vel Baroniæ, Mesuagium Capitale Baroniæ, castrum, vel aliud ædificium, quod propter jus gladii dividi non potest, apud Bractonum lib. 2. cap. 34. § 1. cap. 39. § 6. cap. 40. § 4. et in Fleta lib. 5. cap. 9. § 16. Regestum Philippi August. Regis Francor. Herouvallianum fol. 168 : *Robertus de Corci tenet in Constantino Kynevillam quæ est de Baronia de Corci, unde ipse respondet per Petrum de Tilleio, in cujus Baronia Caput Baroniæ est.*

Caput Contubernii, alias *Decanus*, *Denis militibus præpositus.* Veget. l. 2. cap. 8. 13.

* Capita Clericata, Præcipui ex Clero, apud Barelet. serm. in Domin. Sexag.

* Caput Domus, Idem qui *Caput mansi*, Gall. *Chief-d'ostel*, in Libert. hominum *de Tannay* ann. 1352. tom. 6. Ordinat. reg. Franc. pag. 60. art. 10. Transact. ann. 1516. art. 25. ex schedis D. *Chaix* advoc. Aquens. : *Quælibet persona de dicto loco Albarni Caput domus faciens in præsenti loco.* Et art. 28 : *Quælibet persona faciens Caput domus seu hospitii, teneantur et sit astricta facere jornalia sex.* Sed et puellæ, quibus familiæ cura incumbit, eodem nomine donantur, in Lit. ann. 1355. tom. 3. earumdem Ordinat. pag. 24. Vide mox *Caput suum portare.*

* Caput Ecclesiæ, Qui ecclesiæ seu monasterio nomine abbatis, prioris, aut quovis alio titulo præpositus est. Stat. ann. 1355. tom. 4. earumd. Ordinat. pag. 174. art. 6 : *Les religieux cloistrés ne paieront riens; mais seulement paieront les Chiefs des églises.*

Caput Ecclesiæ. Charta Sanctii Regis Aragon. ann. 1093. apud Catellum in Comitib. Tolosan. pag. 93 : *Adhuc etiam dono ipsam turrim cum ipsas casas de castro... et ante casas Caput Ecclesiæ cum ipso allodio, etc.* Vide *Capsum.*

Caput Ecclesiæ, pro *Capitio*, seu ea Ecclesiæ parte, ubi altare erigitur. [Chronicon S. Benigni Divion. apud Acher. tom. 1. Spicil. pag. 421 : *Post mortem vero Ademari, Lampaia uxor ejus dedit ad altare S. Mariæ in hoc loco constitutum, quod Caput Ecclesiæ dicebatur ab antiquis.* Vide *Capitium* 2.] Ita in regionibus urbis Romæ apud Mabillonium tom. 4. Analect : *Caput Afræ* (sic leg. putem, pro *Africæ*) *et Caput S. Joannis*, pag. 512. et 514. Vide *Capsum* et *Caput regionis Romæ.*

Caput Episcopatus, Major Ecclesia dicitur in Capitul. Caroli Calvi, tit. 40. cap. 13. [** ap. Pistas. ann. 869. Vide Baluz. ad h. l.]

In Capite esse. Lex Longob. lib. 1. tit. 17. § 2. [** Rothar. 284.] : *Si servi per concilium rusticanorum manu armata in vicum intraverint, et quicunque homo liber sub regni nostri ditione positus cum illis consiliatus in Capite fuerit, animæ suæ incurrat periculum; etc.* Infra : *Et si liber homo in Capite non fuerit, ille prior servus qui eos conduxit, moriatur.* [Leges Luitprandi apud Muratorium tom. 1. Scriptor. Ital. part. 2. pag. 69. col. 1. [** 93. (6, 40.)] : *Si quis fream alienam sine voluntate mundualdi ejus movere de casa, ubi ipsa habitat, præsumpserit, et alibi adduxerit, componat ille qui in Caput est pro illicita præsumptione ad mundualdum una solidos* lxxx.] Quod dicimus, *Se mettre à la teste*, *Qui est à la teste des seditieux.*

Caput Excubiarum, Qui excubiis præest, *Capitaine du Guet.* Curia Generalis Catalaniæ in villa Montissoni ann. 1363 : *Sancimus quod si Vicarius Barcinonensis pro eligendo Capita Excubiarum... pecuniam acceperit, etc.*

Capite Censi, Servituti et censui obnoxii. Guibertus lib. 3. de Vita sua cap. 7 : *Communia autem novum ac pessimum nomen sic se habet, Capite Censi omnes solitum servitutis debitum semel in anno solvant, etc.* Charta Communiæ Bruerarium ann. 1186 : *Statutum est etiam, ut homines Capite Censi dominis suis censum capitis sui tantum persolvant.* [Privilegium Erleboldi Stabulensis Abb. de Villa Germiniaco concessa B. Remigio ann. 1160. ex Tabul. S. Remigii Remensis : *De hominibus Capite Censis Abbas et Ecclesia S. Remigii plenariam obtineant justitiam... quicumque de prædictis hominibus Capite Censis voluerit solvere capitagium suum Ecclesiæ S. Remigii... Porro quidquid tam in hominibus Capite Censis, quam, etc. alienatum est et distractum.* Vide suo loco *Capite-Census*, *Capitales Homines*, et Consule Juris-Consultos.]

Capitis Debitum. Vide *Capitale* 5.

Capitis Deditio, Servitus. Baldricus in Chronico Camerac. lib. 1. cap. 29 : *Invento igitur salutaris remedii consilio, puerum Capitis sui Deditione, tantæ animadversionis iram placare suadent.*

* Caput Facere, vox medica, Suppurare, Gall. *Aboutir*, Itali *Far capo*, eodem sensu, usurpant. Mirac. S. Rosæ tom. 2. Sept. pag. 457. col. 2 : *Quibus precibus factis, illico morbus ille Caput fecit ac principium, prout vulgariter dicitur.*

* Caput Facere, Domum habere, ut Caput familiæ. Stat. Avenion. ann. 1243. cap. 119. ex Cod. reg. 4659 : *Statuimus quod omnis homo qui vendet bladum in civitate ista, det sextaragium, nisi in hac civitate faciat focum suum et Caput suum. Avoir maison et tenir feu*, in Consuet. Burbon. cap. 36. Vide *Caput suum portare.*

* Caput Ferri, Gall. *Tête de fer*, Cognomentum cujusdam Viviani, in Charta ann. circ. 1070.

Caputfinis, Ad agri caput finis, limes. Vetus Charta sub ann. 1060. apud Ughellum in Episcopis Teatinis : *Et habet Caputfine fluvium Fauri, et ipsa arcata de ipso molendino, pedefine terra quæ ipsis donatariis remansit.* Alia ibidem ann. 1065 : *Habent fines a Capitefine casa longa, et fine pesco Dolati Joannis Boni, pedefine Albertono, de uno laterefine fossato sicco, ab altero laterefine, terra, etc.* Vide *Capus*, 3.

* Caput Foci, an Fulcrum focarium? Inventar. ann. 1218. inter Probat. tom. 1. Hist. Nem. pag. 67. col. 2 : *Duas sartagines, grazillam, et Capud foci.*

* Caput Fundorum, Eorum dominus capitalis, Charta ann. 1244. in Chartul. Mont. S. Mart. part. 4. fol. 87. r°. : *Hæc omnia facta fuerunt bene et legitime per dictos Joan. Beduin et Johan. de Dulleto nostros concanonicos, qui ex parte ecclesiæ nostræ erant Capita fundorum dictæ domus et gardini.*

* Caput Germaniæ, Rhenus dicitur respectu Galliæ, quod hanc ab illa separet, in Vita S. Emmer. tom. 6. Sept. pag. 474. col. 2 : *Transmisso amne Ligere, per partes Galliarum seminando fidei semina, carpebat iter, usque dum Caput Germaniæ penetraret, id est, Reni fluenta.*

* Caput Guerræ, Gall. *Chef de guerre*, Militum dux, præfectus copiis militaribus. Stat. ann. 1373. tom. 5. Ordinat. reg. Franc. pag. 660. art. 9 : *Nos lieuxtenans, ou Chefs de guerre, ou autres officiers, etc.* Inquisit. ann. 1378. ex Tabul. Cartus. B. M. de Parco : *Paravant que le feu Viconte* (Louis de Beaumont) *fust oncques Chief de guerre, etc. Chiefs des batailles*, in Stat. milit. ann. 1351. tom. 4. earumd. Ordinat. pag. 68. art. 3. Vide supra *Caporalis.*

* In Capite Guerriare dicitur dominus, cum copiis suis militaribus præsens adest. Charta Simonis de Ruppeforti ann. 1200. in Chartul. Campan. fol. 56. v°. : *Non juvarem contra comitissam et comitem supradictos, nisi ipsi guerriarent in Capite et pro guerra sua propria.* Alia Guill. de Asperom. ann. 1221. ibid. fol. 87. v°. : *Si pro propria causa sua et in suo Capite guerram moveret.* Id est, *in propria persona*, ut habent alia eadem de re instrumenta. Vide *Hostis.*

* Caput Hominis, Idem quod *Capitagium*, Census capitalis. Charta ann. 1186. inter Probat. tom. 2. Hist. Lothar. col. 395 : *Eis etiam dedit quidquid habebat apud Vadon-ville, exceptis Capitibus hominum in festo S. Remigii solvendis.* Vide *Capitale* 5.

Caput Jejunii, seu Quadragesimæ, Quarta feria Quinquagesimæ, qua jejunium quadragesimale inchoatur : εἴσοδος τῶν ἁγίων νηστειῶν, Græcis, in quam exstant Sermones Germani Patr. CP. et Leonis Imp. Apud Gregorium in lib. Sacrament. : *Feria 4. Caput jejunii, ad Collectam : Concede nobis, Domine, præsidia militiæ Christianæ sanctis inchoare jejuniis, ut contra spiritales nequitias pugnaturi continentiæ muniamur auxiliis.* Concil. Meldense ann. 845. cap. 76 : *Post quartam feriam, quæ Caput jejunii nominatur.* Amalarius lib. 1. de Eccl. Offic. cap. 7 : *Unde et quarta feria, qua jejunium hoc inchoamus, Caput jejunii appellari consuevit.* Vide Micrologum cap. 49. et Canones Saxonicos Edgari Regis de Modo imponendi pœnitentiam cap. 3. Edictum Pistense Caroli Calvi cap. 33. tom. 3. Historic. Franc. pag. 186. etc. denique Filesacum lib. de Quadragesima Christiana cap. 12. Id alii nominis quatuor diebus jejunii, qui primam Dominicam Quadragesimæ præcedunt, tribuunt. Vide Missalem S. Ambrosii.

Capitis Inflexio. In monasterio Casinensi, forte etiam et in aliis, is mos servatur, ut quod proponitur in Conventu, seniores voce, juniores vero capitis inflexione approbent. Petrus Diac. lib. 4. cap. 94 : *Cumque omnes tum voce, tum Capitum inflexione hunc se velle* (Abbatem) *respondissent, etc.* Nos dicimus, *Opiner du bonnet.* [** De Capitis inclinatione in liturgiis vide Glossar. med. Græcit. voce Κεφαλοκλισία col. 642.]

* Caput Insidiorum, Qui *insidiis* seu excubiis præest, Gall. *Capitaine du guet.* Lit. remiss. ann. 1364. in Reg. 98. Chartoph. reg. ch. 258 : *Dictus bajulus cum uxore Capitis insidiorum dictæ villæ* (Montispessulani) *et cum nonnullis aliis mulieribus curiæ dicti bajuli non juratis nec in talibus expertis se informavit.* Vide *Caput excubiarum* et *Insidiæ.*

Caput Lupinum gerere dicitur in Legibus Edwardi Confes. cap. 7. quod Anglice *Wulfesheofod* dicitur, is qui proscriptus est, *utlagatus*, et exlex, a *die utlagationis suæ* : illius enim qui proscriptus est, caput cuivis, perinde ac lupi exponitur amputandum, si in provinciam redeat. Contractius vero hanc vocem Saxonicam alii efferunt, vulfvesheved et vulveshead a vulf, Lupus et heofod, Caput. Bractonus lib. 3. tit. 2. cap. 13. § 3 : *Forisfacit utlagatus omnia quæ pacis sunt, quia a tempore quo utlagatus est, Caput gerit Lupinum. Itaque ab omnibus interfici poterit, et impune, maxime si se defenderit, vel fugerit, ita quod difficilis sit ejus captio.* Vide eumdem eodem lib. cap. 11. § 5. Fletam lib. 1. cap. 27. § 12. 13. librum cui titulus *Mireor*, cap. 4. et Knyghtonum pag. 2356. Meminit Procopius lib. 3. de Bello Gothico, quorumdam Pisidiæ populorum, qui Λυκοκρανῖται vocabantur, non quod lupina iis essent capita, sed quod regionis quam incolebant, mons, Λύκου κράνα, vocaretur ; meminit etiam Justinianus in Nov. 24. § 1. ut et Theophanes pag. 152. [** Vide Grimmii Antiq. Juris pag. 733. et conf. Reinard. Vulp. lib. 3. vers. 245. sqq.]

* *Teste loeue*, eadem notione, in Poem. Ms. Alex. part. 2. ubi de sene qui, Troja destructa, tanquam a patria proscriptus vagabatur :

> En ramposnant li dit : Vielhart, Teste loeue,
> Vostre mort avez hui toute jour pourceue.

Caput Mansi, Gall. *Chef de famille. Chiez d'ostiez* in Charta ann. 1300. in Regesto Philippi Pulcri ann. 1299. num. 54. ex Tabul. Regio. *Chemier* pro *Chef mez*, in Consuetud. Pictavensi art. 30. 49. 95. 125. et Santonensi art. 22. 30. 107. Primogenitus, cui competit caput mansi. Tabularium Ecclesiæ Ambianensis : [*Sunt etiam in eadem villa septem Mansiones, quorum unusquisque debet in festo beati Firmini singulis annis duodecim denarios;*] *cum vero Caput Mansi obierit, debet 7. sol. pro revelatione.*

Caput Mansi, Domus ipsa præcipua, quæ pertinet ad primogenitum, vel in qua habitat Caput familiæ, *Chevel Manage*, in veteri Consuet. Norman. part. 1 : *El Chevel Manage ne poent les seurs rien reclamer, se il. n'i a manages autretant come de freres. Chef mez*, in Consuet *de Desure* in Agro Bononiensi art. 3. *Cuiemez*, in Ruensi art. 33. *Chef mois*, in Normannica tit. de Decretis art. 562. *Chef d'heritage*, ibid. art. 356. *Lieu Chevel*, quasi locus capitalis, in Consuet. Vicecomitatus Bajocensis art. 4. In aliis *Chef lieu*, ut in Pontivensi art. 82. 83. Cabillonensi art. 168. Claromontensi art. 14. 37. *Domus Capitanea*, in Historia Episcoporum Autissiodorensium cap. 58 : *Remisit eis manum mortuam, talliam Martii, ex qua dabantur per annum in Martio de singulis Domibus Capitaneis quinque solidi.* In Gallia Narbonensi metrocomias *Capcastels* appellari auctor est Ph. Berterius Diatr. 1. cap. 6. Hugo Flaviniac. in Chron. Virdun. ann. 1097 : *De Capite Mansi 2. sextarios avenæ.* Tabular. Eccles. Cadurcensis : *Ipse alode meus de Albussio qui est in pago Caturcino in vocabulo Poio Annono, cum ipso Caput Manso, cum terras et vineas, etc.* Infra : *Et iste Caput Mans, ubi ego permaneo, etc.* Tabularium Conchense in Ruthenis Ch. 122 : *Illo Caput Manso ubi Sigbrandus visus fuit manere, etc.* Passim in hoc Tabulario. Vitalis Episcopus Oscensis et Observantiæ Regni Arag. pag. 23. de Infantionibus : *Habent privilegium quod possunt emere a Peyteriis et villanis, et non tenebuntur peytare, si etiam emerint Caput Mansi*; scilicet ex Foro Oscensi Jacobi I. Regis Arag. ann. 1247. qui habetur in Foris Arag. lib. 7. fol. 132. Edit 1624. Michael *del Molino* in Repertorium Fororum Arag. : *Caput Mansum quid velit dicere, et quid significet de Foro, vide in Foro unico, tit. de Expeditione Infantionum lib. 7. fol. 39. et vide in Observant. 2. tit. de Privileg. Militum fol. 26.... Dixerunt quidam antiqui Foristæ, quod Caput Mansum vult dicere jus primogenituræ, vel ipsa primogenitura, quæ vulgariter dicitur Majorazgo. Alii dixerunt quod Caput Mansum vult dicere tota hæreditas in universum, etc.* Fori Oscæ ann. 1247. fol. 36 : *Ita tamen quod in hujusmodi emptione Principis dominium non defraudetur, quod vulgariter dicitur Caput Mansum.*

Caput Mansus. Tabul. Abb. Belliloci in Lemovicib. n. 72 : *Cedo... de meo jure* hæreditatis, hoc est, medietatem, eundem Caput Mansum cum octo deneriatis de vinea, etc. Hunc Capmansum Deo et S. Petro offero. Idem n. 141 : *Nulli inter istas fines dividit distantia, licet culta aut inculta ibi terra maneat, nisi solæ mansiones quæ fiunt in Capita, Caput Mansum, ubi Burgus visus est manere, etc.* Occurrit etiam in veteri Charta apud Dominicum de Prærogat. allod. pag. 213. 214.

¶ CAMPMASIUS. Limborch. lib. Sentent. Inquisit Tolos. pag. 16 : *Item alia vice vidit et duxit Petrum Raimundi de S. Papulo hereticum ad Campmasium suum, ubi comedit cum eo, etc.* Pag. 58 : *Item in domo seu Campmasio suo Yspanorum, etc.* Pag. 81 : *In domo et Campmasio Johannis, etc.* Occurrit pag. 53. 54. 112. 139. et 194.

¶ CAPMANSUS, in Tabulario Vosiensi fol. 62. verso : *Dedit totum S. Petro Vosiensi quod habebat in mansum de la Genesta, et in Capmanso omnes fevales suos et jutziam.*

* CAPMANSIUM. Charta ann. 1319. in Reg. 59. ch. 318 : *Quæ bartæ et Capmansium remanent infra et usque ad fornil de la Cautz. Chefau*, in Lit. remiss. ann. 1389. ex Reg. 138. Chartoph. reg. ch. 21 : *Ledit Guilhon venoit comme devant ou Chefau de laditte Katherine et de sondit mary.* Ubi paulo supra legitur : *Devant l'ostel de sondit mary et d'elle.*

* CAPMASURA, Charta ann. 990. inter Probat. tom. 2. Hist. Occit. col. 145 : *Capmasuras duas, et in Pineto manso uno optimo, et in Montanaco manso uno, etc.* Homag. Aquit. ex Reg. Cam. Comput. Paris. sign. JJ. rub. fol. 37. r°. : *Dominus de Benqueto juratus dixit se tenere a dom. rege....... militiam seu Capmasuram de Podio Bardos.*

CAPMASUS. Charta anni 1298. in Regesto Conestabliæ Burdegal. pag. 198 : *Ipsas castellanias cum omnibus redditibus, censibus, exitibus, et cum servitiis, et Capmasis, bordis, et bordariis, affariis et tenementis, etc.* Et infra : *In dictis castris et castellaniis, villis, et affariis, et tenementis, et masis, et Capmasis, bordis et bordariis.*

¶ CARMASUS. Charta ann. 1058. ex Archivo S. Vict. Massill. armar. Ruten. n. 2 : *Duo Cabmasi, qui sunt in ipsa villa... hos mansos donamus, etc.*

¶ CAPMAZIUS, in Litteris Bernardi Comitis Armaniaci ann. 1294. apud Marten. tom. 1. Collect. Ampliss. col. 1388 : *Specialiter in territoriis, castris seu locis, villis, Capmaziis de Vazareto, d'Estusano etc.*

CAPUT MANSIO, in Tabulario Brivatensi Ch. 210. Conchensi Ch. 500.

¶ CAPUT MANSURA. Donatio facta Monasterio Moisiacensi circa ann. 1050 : *Dono ad ipsum locum ipsam hereditatem... duas Caput mansuras, etc.*

CAPMANSIONILE. Tabularium Bellilocense Ch. 24 : *Et in Lensiaco Caput Mansionile, ubi Odolricus visus fuit manere.* N. 34 : *In villa quæ dicitur Capre, Capmansionile cum ipsa vinea Deo et S. Petro offerimus.* N. 53 : *Et in ipso loco Caput Mansionile, ubi Martinus visus est manere.* N. 145 : *In primis Capmansionile meum indominicatum, quem pater meus mihi dimisit, cum orto, cum vineis, etc.*

¶ CAMPMANSIONILIS. Tabularium Bellilocense in Lemovic. Ch. 155 : *Campmansionilem nostrum indominicatum cum ipso orto.*

¶ CABALIS MANSUS. Charta ann. 1008. ex Archivo S. Victoris Massil. : *Ego Pontius Episcopus et fratres mei Willelmus et Fulco donatores sumus Deo et S. Victori de his, quæ nobis jure hæreditario dimissa sunt, unum Mansum Cabalem in villa de Tricis, etc.*

** CAPITA MARTARORUM i. e. marturum apud Russos olim pro pecunia usu veniebant. Chart. c. ann. 1230. ap. Lappenberg. Histor. Init. Hanseat. Document. pag. 36 : *Vectores ... recipiant precium suum, videlicet quilibet vectorum 8. Capita Martarorum et unum par maparum, vel loco maparum 3. Capita Martarorum.*

** CAPUT MELIUS, Germ. *Besthaupt.* Vide *Melius Catallum* in *Catallum.* Chart. ann. 1191. ap. Guden. in Cod. Diplom. tom. 1. pag. 307 : *In morte cujuslibet trium prenotatorum Melius Caput animalis Ecclesiæ S. Johannis solveretur.* Alia Charta ann. 1270. ibid. vol. 3. pag. 757. Antiq. Fuldens. lib. 3. tradit. 35 : *Jumentum quod vulgo dicitur Caput Optimum.*

CAPITA MILITUM, Præcipui, primores exercitus, Gallis *les Chefs*, apud Vegetium lib. 3. cap. 3. [Theophanes ann. 2. Artemii : Καὶ προεβάλετο ϛρατηγὸν καὶ κεφαλὴν αὐτῶν, etc.] Constant. Prophyr. in Tacticis pag. 8 : Καὶ ἐποίουν κεφαλὴν εἰς αὐτοὺς, καὶ ἔλεγον τὴν μὲν κεφαλὴν ϛρατηγὸν καὶ τὴν φάλαγγα ϛρατηγίαν. Leo in Tact. cap. 3. § 6 : Πρώτη κεφαλὴ, ὁ ϛρατηγός. Κεφαλάδες, Græcis recentioribus, Scylitzæ, Codino, Achmeti, et aliis.

CAPOMILITIATUS, Officium *Capitis Militum*, seu urbis Capitanei, qui aliis *Magister Militum* dicitur. Exstat Inscriptio ann. 1392. supra Ecclesiæ Tiburtinæ portam, quæ dicitur facta tempore *Capomilitiatus Nicolai Brunelii.* Exstat integra apud Waddingum ann. 1256.

¶ CAPUT MINISTERIORUM, Primus artificum, Gal. *Chef de metier.* Insnitm. ann. 1228. ex Parvo Chartul. S. Victor. Massil. : *Congregato Concilio Communis Massiliæ ad sonum campanæ, ut moris est, in palatio communis, in quo Dominus Potestas, Major et sanior pars Consiliariorum et Capitum ministeriorum, etc.* Passim occurrit in Statutis ejusdem Massiliæ. Vide *Ministerium.*

* CAPUT-MOBILE, Ipse aquæ fons et origo, idem quod supra *Caputaqua.* Charta ann. 937. ex Chartul. Caunens. monast. : *Necnon Casaseubertas* (cedo)....... *cum suo Caput-mobile et risclauso, puteis, fontibus, aquis, etc.* Vide *Caput molis.*

* CAPUT-MODULUS, Eadem notione. Charta ann. 1075. ex Tabul. S. Vict. Massil. : *Viditor sum de ipsos molendinos, qui sunt ad Adventuras, cum ipsis Caputmodulis, cum piscatoriis et adjacenciis earum, cum pratis, aquis, aquarumve ductibus et reductibus earum, et molinis, et cum ipsis Caput-modulis.*

* CAPUT MOLENDINI, Caput unde aqua currit ad molendinum, ipsa molendini *exclusa.* Chartul. Fidemiense : *Caput molendini, si dirutum fuerit, quæque familia focum tenens in villa operarium sufficientem una die, si opus fuerit, sub monitione majoris ad illud reparandum mittere tenetur.* Eadem sic leguntur in Ch. Gallica ann. 1254. ibid. fol. 3 : *Quant li Quevés du muelin est disrous, cascune maisnie feu tenans en le ville i doit envoier à le semonse del maire ung ovrier souffisant, sans machon, et sans carpentier, pour aidier à refaire et selon chou ke bonne gent nos en ont conseilliet. Nos disons ke Quevés du meulin dure très l'un chorun jusques à l'autre, si comme il siet sor un suel de l'un vantele à l'autre et xv. piés de masseles deseure le suel d'une part et d'autre, et pour chou que l'iawe est forte.* Vide *Capitium molendini* in *Capitium* 2.

CAPUD MOLIS. Charta Caroli Simplicis pro Monasterio S. Aniani Narbonensis : *Et ipsos molendinos qui sunt in rivulo Venidupei, cum illorum Capud Molis, necnon et villares, etc.*

¶ CAPUT MONASTERII. Annal. Benedict. tom. 3. pag. 403. num. 22 : *Multa in Monasterii utilitatem fecit novus Abbas* (Farfensis) *tum prædiis ex censibus augendis, tum instaurandis ædificiis, in quibus Caput Monasterii, quod per annos quadraginta octo incolis destitutum fuerat, denuo ædificasse dicitur.*

CAPITIS PARTEM RETINERE, nostris, *Retenir de quoi servir le Fief.* Tabularium Monast. Dolensis : *Concedimus etiam, ut quicumque ex nostris casatis, vel feodatis, partem aliquam sui fisci, sive casamenti, quod a nobis habet, dare voluerit, hoc agere possit, ita tamen ut non totum feodum det, sed Partem Retineat Capitis. Act. ann.* 1092. Charta Ludovici Regis Franc. ann. 1139 : *Quicumque autem Militibus Templi de feodo nostro aliquid dare voluerit, præter civitatem, aut castellum, nos illud volumus et concedimus, ita quod inde servitium nostrum non perdamus.* Alia ex Tabulario S. Crucis Talemondensis fol. 3 : *De possessione sua dare vel vendere non prohibeatur... tantillo interdicto, ut dominus suus inde suum non perdat servitium.* Vide *Servitium.*

* CAPITA PARTIUM, Factionis duces, Gall. *Chefs de party.* Annal. vett. Mutin. ad ann. 1225. apud Murator. tom. 11. Script. Ital. col. 58 : *Eodem anno potestas Mutinæ misit multa Capita partium ad confinia, Cremonam, et etiam alibi.*

CAPUT PECUNIÆ. Vide *Capitale* 2.

CAPITA POPULORUM, *ac Principes ex provincia Lemovicenci, etc.* in Concilio Lemovicensi ann. 1031. Sess. 1.

CAPUT PORCINUM, Tacticorum vox, de qua sic Vegetius lib. 3. cap. 19 : *Cuneus dicitur multitudo peditum, quæ juncta cum acie primo augustior, deinde latior procedit,... quam rem milites nominant Caput Porcinum.* Vide Ammianum lib. 17. Agathiam lib. 2. et ex eo Suidam.

CAPUT PORCI. Cencius Camerarius in Ceremoniali : *Pincerna insuper et Marescallus tam de comestione, quam aliis donariis remunerantur similiter, excepto quod Capita Porcorum aptata non habent, neque clarctum.*

* CAPUT SUUM PORTARE, dicitur de eo, qui Caput est familiæ, paterfamilias vel materfamilias. Charta Iteri episc. Laudun. ann. 1255. in Reg. B. Chartoph. reg. ch. 13 : *Duodecim denarios et unum denarium bonæ monetæ dicti homines...... tenebuntur solvere et reddere eidem thesaurario......*

quolibet anno, in die nativitatis B. M. V. in ecclesia B. M. Laudunensis. ad clipeum, ubi ab antiquo solvi consueverunt capitagia de dicto thesauro, videlicet quilibet homo et quælibet femina Capud suum portans duodecim denarios Paris. monetæ, vel æquivalentis, et unum denarium bonæ monetæ, nomine et ratione capitagii sui, et in recompensatione mortuarum manuum et forismaritagiorum prædictorum. Vide supra Caput facere.

* Capitis Proprii Esse, Obedientiæ impatiens, pro arbitrio suo agere, Gall. Volontaire, Reg. visitat. Odon. archiep. Rotomag. fol. 512. ex Cod. reg. 1245 : Unus de illis duobus presbiteris... erat adeo proprii Capitis, quod nolebat alicui in aliquo obedire.

Caputpurgium, vel Capitipurgium, Medici appellant liquores qui per nares mittuntur, vel quidquid masticatur aut gargarizatur, et apophlegmatismum facit, i. a capite phlegma deducit. Matth. Silvatic.

Caput Quadragesimæ, in Regula S. Benedicti cap. 48. in Concil. Agath. cap. 9. in Charta ann. 1028. apud Sammarthanos in Abbatibus Roncerei, etc. appellatur quarta feria Cinerum, ut auctor est Amalarius Fortunatus lib. 1. de Offic. Eccl. cap. 7. Vide Haeftenum l. 10. Disq. monast. tract. 8. disq. 9. [et supra Caput jejunii.]

¶ Caput Regionis Romæ, quam in varias regiones divisam nemo nescit. Pontificale Rom. apud Muratorium tom. 3. Scriptor. Ital. pag. 650. col. 1 : Ante Pontificem Conservatores, Capita regionum et alii Magistratus ac Nobiles urbis præibunt.

* Caput Sanctuarii, Parochus capitalis, primigenius, Gall. Curé primitif. Charta Raynaldi archiep. Rem. ann. 1125. in Chartul. Cluniac. ch. 200 : De elemosinis autem et dimissionibus quas obituri facient, hoc ordine procurabit (presbyter) ut, adhibitis sibi testibus legitimis, parrochianum commoneat primo quid ipsis monachis, ut pote in Capite sanctuarii constitutis, pro animæ suæ remedio demittat.

¶ Caput Sagittæ, Ferrum quo sagitta armatur, apud Rymerum tom. 5. pag. 245. Vicecomes Gloucestriæ provideat infra Ballivam suam de mille garbis sagittarum et 500. duodenis cordarum pro sagittis, et duobus milibus Capitibus pro sagittis.

* Caput Scaræ, Gall. Chef d'escadre, Qui militum cuneo præfectus est, vulgo Escadron. Ordinat. milit. Ms. Caroli ducis Burgund. ann. 1473 : Les conductiers après leur institution et qu'ilz seront arrivez en leurs compaignies, les départiront en quatre escadres égales, et sur les trois d'icelles commettront trois Chiefs d'escadre. Vide Scara 3.

1. Caput Scholæ, qui Scholæ militari præest. Ammianus lib. 25 : Addebatur missos a Jovino milites adventare, quos Capita Scholarum ordo castrensis appellat.

2. Caput Scholæ. Dignitas Ecclesiastica, in ædibus cathedralibus, collegiatis, [et monasteriis,] quæ alias, et in aliis Ecclesiis, Scholastici dicitur. In veteri Notitia Hincmari Archiep. Remens. apud Sirmondum in notis ad Capit. Caroli C. memoratur Sigloardus Presbyter vel Caput scholæ sanctæ Remensis Ecclesiæ. [Marten. tom. 1. Anecd. col. 150. in Fundatione Prioratus S. Petri de Salve : Constituerunt illic Priorem... Geraldum de Uglas cum Monachis his Ebrardo, etc. Felice, quem constituerunt sacristam esse, et cellerarium, Benedictum, qui caput Scholam regeret, anno 1029. Gausfredo Abbate... Aicmaro Caput Scholæ Monasterii Gellonensis.]

Capischolus, [Gall. Capiscol.] Concilium Bituricense ann. 1031. cap. 7 : Archidiaconi, Abbates, Præpositi, Capischoli, Canonici, etc. [Capiscolis in Annal. Benedict. tom. 2. pag. 404. Capiscolius apud Martenium tom. 4. Anecd. col. 606.] Apud Le Lievre, in Hist. Viennensi cap. 26. occurrit Scholasticus sive Capiscolus. In Charta Duranni Episcopi Arvernensis in Biblioth. Clun. pag. 535. subscribit Bernardus Capiscolus. Vide Odonem Gesseum in Hist. Podiensi lib. 1. cap. 23. lib. 2. cap. 21. Joseph. Scaliger. lib. 2. Epist. 185. Jacob. Petitum post Pœnitentiale Theodori pag. 628. etc. Leges Partitæ seu Alfonsinæ, 1. part. tit. 6. l. 5. ubi de Cantoribus : E algunas Eglesias Cathedrales son en que y a Cabescoles, que han este mesmo officio que los Chantres, e Cabiscol tanto quiere dezir como cabdillo de el coro, para levantar los cantos. Vide suo loco.

¶ Cabiscolus. Hist. Dalphin. tom. 1. pag. 129. inter testes Guirpitionis ann. 1128. factæ per Leodegarium de Clariaco Hugoni Episc. Gratianopol. recensentur Ademarus Cabiscolus S. Donati, etc. Et tom. 2. pag. 26. col. 2 : Convenerunt in Capitulo R. in Christo Pater D. Guill. Dei gratia Archiep ... Humbertus Cabiscolus, etc. Gassendus in Notitia Ecclesiæ Diniensis pag. 69. hæc habet de Præcentore : Præterea autem quod Præcentor vocetur vulgo Cabiscolus, causam reputari, quod sit veluti Caput Chori ; at litteræ S. ac L. interpositæ verisimile faciunt sic dictum quasi Caput Scholæ; idque confirmari ex eo potest, quod in actis Joannis Filioli legerim, Joannem Tassilem contulisse Scholas, ut procuratorem Præcentoris ad quem pertineret illarum collatio.

Caput Scholaris, qui et Choraules, in Synodo Helenensi ann. 1027.

¶ Capitalis Scholæ. Annal. Benedict. tom. 4. pag. 43 : Inde reversus (Willelmus) in monasterium (Luciacum)... factus primum divini officii assiduus custos, ac Scholæ Capitalis illius loci.

¶ Caput Colista, in Anecdot. Martenii tom. 4. col. 132.

Capischolia, Dignitas Capitis scholæ, id Charta ann. 1083. apud Catellum in Histor. Occitan. pag. 870. [Capiscolia, in Charta ann. 1029. apud Stephanotium Antiquit. Occitan. MSS. part. 2. pag. 486.]

Cabescholia, in Tabulario Ecclesiæ Cadurcensis.

¶ Cabischolaris Honor, in nova Gall. Christ. tom. 1. pag. 5.

3. Caput Scholæ, Locus ubi consistit qui scholæ Cantorum præest. Ordo Romanus : Tunc procedit Pontifex (sacra facturus) et antequam veniat ad Scholam, dividuntur cereostata quatuor ad dextram, et tria ad sinistram, et pertransit Pontifex in Caput Scholæ, et in gradu superiore, primo adorat sancta, etc. Eadem verba habentur præterea infra.

Caput Senatus, Qui senatui præest. Vetus Scriptor de Constantino, post Ammianum Valesii editus : Symmachus Caput Senati. Inscriptio statuæ aureæ eidem Symmacho erectæ : Qui primus in Senatu sententiam rogari solitus. Liber Pontificalis in Symmacho PP. : Festus Caput Senatus et Exconsul. Vita SS. Faustini et Jovitæ Mart. num. 4 : Parentes eorum Caput Senatus in hac civitate fuerunt. Passio S. Caloceri Martyris num. 2 : Quod pater ipsorum Caput Senatus in eadem civitate fuerit, respondit. Chartam Leonis IX. PP. ann. 1049. subscribit Faustinus Caput Senatus et consul, apud Cælestinum et Ughellum in Episcopis Bergomensibus. Τῆς συγκλήτου πάσης βουλῆς ἡγούμενος dictus a Zenone Fratre Longinus, apud Theophanem ann. 17. Zenon.

¶ Caput Senior, Dominus superior, apud Lobinellum Hist. Britan. tom. 2. pag. 182 : Brientius etiam filius Urvoii, rerum omnium istarum Caput Senior, ibi affuit, qui hæc omnia... concessit.

Caput Solidum. Libertates villæ Martelli in Lemovicib. ann. 1219. apud Justellum : Quidquid acquisierint de suis terris... debet habere firmitatem, si cum sigillo suo factum fuerit, reddito tamen Capite Solido, et accaptamento, et aliis redditibus dominis quibus contingunt. Quod vero Caput solidum hic vocatur, Capsoos et Capsools, dicitur in Foris Benebarnensib. tit. 1. et alibi passim, ubi vox hæc sumitur pro laudimio : in Consuetudine Vasatensi jungitur cum venta : Capsools, vel Capsouls et vendas. Sed quod Gallandus ait, formatum id vocabuli, quasi præstatio sit a domino capi solita, ex supra allato loco refellitur : unde probabilius est Capsools idem valere quod Chef sol; ita ut sit solidus ex pretio rei venditæ, qui domino capitali exsolvitur seu pars pretii, verbi gratia quintus, tertius decimus aut vicesimus solidus, ad quam proportionem exsolvuntur vulgo laudimia. [Vide Capsoldum.]

¶ Per Capita Succedere, Dicitur de hæredibus plurimis qui suam quique hæreditatis partem accipiunt æqualiter, nulla stirpis, quam repræsentant, habita ratione. Quoniam secundum consuetudinem... quando plures cognati germani alicujus defuncti ad successionem illius admittebuntur, tales cognati germani ex suo Capite et per Capita, et non in stirpes seu per repræsentationem, succedebant... Dominus de S. Georgio, quia solus exstabat, pro uno Capite dumtaxat, prænominati vero Domini de Buolio, de Mermenda, et de Calvamonte, quia tres erant, pro tribus Capitibus sive portionibus... eidem Johannæ Daulphine succedere debebant, apud Baluz. tom. 2. Hist. Arvern. pag. 394.

Caput Tenere, [Terminari, Gall. Aboutir. Chronic. Parmense ad ann. 1282 : Et omnes domus Tenentes Caput ad plateam, pro Communi æstimatæ fuerunt, ut pro Communi emerentur. Vide alia notione] in Captenere.

¶ In Capite Tenere, Abs Rege feudum tenere, nullo medio. Donatio Castrorum Volonæ et Montisfortis a Regina Johanna Comitissa Provinciæ ann. 1379. facta Fulconi de Agouto, ex Schedis Præsidis *de Mazaugues : Immediate et in Capite a nobis nostrisque teneant.* Vide *Tenere.*

* Caput Tenerum Habere, Gallice diceremus *Avoir la tête foible*, Debilioris esse capitis. Reg. visitat. Odon. archiep. Rotomag. ex Cod. reg. 1245. fol. 346. v°. : *Dominus Hugo de facili inebriabatur, et habebat Caput tenerum contra vinum.*

* Capita Terrarum, Prædiorum domini. Stat. Mutin. rubr. 369. pag. 74. r°. : *Quilibet massarius et Capita terrarum, villarum et locorum districtus Mutinæ, ... teneantur comparere coram judice.*

¶ Caput Tersorii, Ora tersorii, Gall. *Bord.* Inventar. Ecclesiæ Aniciensis ann. 1444 : *Item aliud Tersonum* (tersorium) *de lino habens in quolibet Capite duas barras de cotone albo.*

Ad Caput Venire, in Historia Franc. epitomata Fredegarii cap. 65. nostris, *Venir a chef*, rem perficere.

Caput Viæ. Bulla Joannis XXII. PP. apud Waddingum num. 1321. in Regesto pag. 126 : *Seu est Caput Viæ per quam ingreditur ad dictum ortum.*

Caput Vicariæ, Vicariæ, seu villæ præfectus, vel præcipuus. Petrus II. Rex Aragon. in Charta MS. ann. 1283. pro confirmat. libertatum Catalaniæ : *Mittantur nuncii per vicarios et officiales nostros, ... quod portent bustiam cum signo Vicarii seu Capitis Vicariæ, vel Subvicariæ.*

Caput Vici, apud Sidonium lib. 4. Epist. 8.

Caput Villæ. Polyptychus S. Remigii Remensis : *In Ypapanti* 10. *sol. de Capite Villæ. In Pascha* 8. *pulli, etc.* Fleta lib. 1. cap. 24. § 4 : *Nullus extraneus in forinsecum Capitis Villæ, aut in suburbio hospitetur. Chef de bourg*, in Consuetudine Santonensi art. 6. et Burdegal. art. 46.

* 4. **CAPUT**, Capitis tegumen, pileus, Gall. *Bonnet.* Vide supra *Bidria.*

* **CAPUTEUM**, ut *Caputium*, Capitis tegumentum, quod *Capæ* assutum erat. Stat. Cadubr. lib. 3. cap. 18 : *Qui vero alicui levaverit Caputeum vel capellum, aut sibi fecerit cadere de capite, etc.* Chron. Domin. de Gravina apud Murator. tom. 12. Script. Ital. col. 560 : *Exivit inermis quodam jupparello indutus et sine Caputeo, caligis tantummodo calciatus.* Adde Annal. Estens. apud eumd. tom. 18. col. 920.

¶ **CAPUTIARE**, Caputiatus. Vide post *Caputium.*

1. **CAPUTIUM**, Idem quod *Capitium*, Capitis tegumentum, quod *Capæ* assutum erat. Legenda antiqua de habitu S. Francisci apud Radulphum : *Caputium quoque quadratum tantæ longitudinis detulit, quod faciem operiret, qualem habitum deferre consueverunt agrestes homines illius regionis.* Liber Ordinis S. Victoris Parisiensis MS. cap. 18 : *Normam indumentorum talem observandam statuimus : primum cappa, desuper Caputium convenienter aptum habere debet, et aliquantulum amplum ut videlicet si quando capiti supponitur, posterius non erigatur in cristam, et ut demissum quantum necesse est, scapulas cooperiat, et ut interius Capitium exteriori pariter coaptetur, nec extra promineat.* Et cap. 53 : *Caputium vero desuper tegimen sit capiti, non latibulum faciei; sufficit enim ut multum, si usque ad tegendam coronam perveniat.* Matth. Paris ann. 1247 : *Habens pauperem capam sine Capucio.* Gaufredus Malaterra lib. 2. cap. 24 : *Capucio capite cooperto, ne forte quis esset perciperetur.* [Statuta Eccl. Aquensis MSS. ann. 1260 : *Cum chorum intraverint Canonici, Clerici et alii chorum frequentantes, amoto Capucio capæ, almussia sive metlino et birreto toto ad altare, etc.*] Statuta Ord. *de Sempringham* in Anglia pag. 725 : *Ministris altaris fiant superpellicea cum Caputiis, quæ caput et nuda colli protegant.* Speculum Saxon. lib. 3. art. 69 : *Ubi sub Regis cognoscitur banno, judices seu scabini Capucia, pilea, aut pepla et chirothecas habere non debent.* Statuta Ordin. Cartusiensis ann. 1368. part. 2. cap. 1. § 2 : *Caputia cucullarum sint quadrata, nec duorum palmorum mensuram in latum excedant, vel in longum. Caputia vero caparum sint aliquantulum longiora, etc.* Chron. Aulæ Regiæ cap. 23 : *Nullum jam cernimus tam contemptum in agris arantem rusticum, qui non deferat latum Caputium et oblongum.* Joan. Sarisberiensis lib. 1. Metalogici cap. 3 : *An Caputium emerit, qui cappam integram comparavit.* Idem Matth. Paris ann. 1134 : *Cum Rex novam robam de scarleto sumens... capam conaretur induere, quod invenit introitum Caputii, qui Guleron vulgariter Gallice appellatur, nimis arctum, ... ait, Hæc capa deferatur fratri meo, qui argutius me caput habet.*

Quod autem *Guleron*, voce Gallica, appellat Parisius, aliud nihil est quam quod Græci interpretes Exod. 28. et Job. 30. περιςόμιον τοῦ χιτῶνος vocant. Nos etiamnum *Goulerons* vocamus ora vasculorum. Καπούτζιον apud Codin. de Offic. cap. 14. num. 13 : Τὰ μὲν καπούτζια μόνον αὐτοῦ ἐκβάλλουσιν, οὐ γονατίζουσιν : *Capucia sua tantum deponunt, non flectunt vero genua.* Solebant quippe in salutationibus capucia de capite doponere. Chron. Flandr. cap. 105 : *L'Empereur osta l'aumusse et le Chaperon tout jus.* Vide *Almucium.*

* Glossar. Lat. Gall. ex Cod. reg. 521 : *Caputium, Chaperon.* Anonymi Leob. Chron. ad ann. 1336. apud Pezium tom. 1. Script. rer. Austr. col. 948 : *Capuciis etiam omnes incœperunt uti, tam rustici, Judæi, pastores.* Quod de *Caputiis* certa forma dispositis intelligendum est ; notum quippe est *Caputium*, vestem fuisse rusticorum maxime aliorumque ex infima plebe propriam. [** Vide Murator. Antiq. Ital. vol. 2. col. 425. qui excitavit locum Ptolom. Lucensis in Annal. brev. ad ann. 1185. narrantis Richardi reg. Angl. captivitatem : *Rex autem simulavit habitum et in effigie coqui se transtulit. Sed cum venisset dux Austriæ cum sua comitiva, ut viderent, qui essent, invenit regem assantem anseres et vera volventem, clausum in Capucio, Gallico more.*]

¶ Cappuccium, in Consuetud. Ecclesiæ Valentinæ tom. 3. Concil. Hisp. pag. 663. et tom. 4. pag. 176.

¶ Capuccium *recens baptisatorum*, in Constitutionibus Cardinalis de Mendoza cap. 12. tom. 4. Concil. Hispan. pag. 28 : *Quia renunciatum est, nonnullas matres seu nutrices non custodire infantes, ut fas est, diebus quibus gerunt Cappuccium post Baptismum cum reverentia sacro Chrismati debita, aliosque committere abusus ; omittendo reducere puerum ad Parochum qui illum baptizavit, adeuntes Moniales seu Religiosos, ut tollant infanti Capuccium, dicentes in Capuccii ablatione compaternitatem contrahi... Præcipimus sub pœna excommunicationis, omnibus Parochis nostri Archiepiscopatus, ut statim atque terminaverint Baptismum, tollant Capuccium, uti post triduum facere solent.* Vide *Capulla.*

¶ Capucium non tam videtur esse capitis tegumentum, quam superior vestis apertura, qua caput exeritur, in antiq. Consuetudinibus Canonicorum Regular. S. Jacobi de Monteforti, apud Marten. tom. 4. Anecdot. col. 1219 : *Et depositis vestibus usque ad tunicam, per Capucium tunicæ exerat brachia, et totum corpus denudet usque ad cingulum.*

¶ Capuccinus, Capucinus. Diarium Magistri ceremoniarum Alexandri VI. Papæ : *Papa ascendit ad sedem eminentem consistorialem, dimissis prius bireto et Capuccino rubro, et acceptis bireto et Capuccino albo.* Ibidem : *Dominus Macloviensis depositis ibi mantello et Capuccino de ciambelloto nigro, et biretro nigro, induit, etc.* His in locis *Capuccinus* idem videtur, quod humerale, sed huic alias adjunctum erat caputium, ut omnibus notum est. Concil. Aptense ann. 1365. apud Marten. tom. 4. Anecd. col. 334. B : *Ut nostrum quilibet vestes suis domicellis seu scutiferis, quos tenebit, fieri faciat longitudinis competentis, sic quod saltem subtus genu quatuor digitos protendantur, quarum manicæ nodum attingant brachii, et non ultra accedant Capucini cum botonis vel croquetis, etc.*

¶ Caputium Botonatum, Ornatum globulis, quos Gallice *Boutons* appellamus. Constitutiones MSS. Pontii Episc. Conseran. ann. 1364 : *Item ad instar prædecessorum nostrorum statuimus et ordinamus, quod nullus Presbyter nostræ diœcesis per se tabernam habeat, teneat, nec portet Caputium quodlibet Botonatum, cum præmissa non congruant ordini presbyterali.*

** Capucium pellibus munitum. Charta ann. 1359. ap. Lappenb. Init. Hanseat. Document. pag. 465 : *Item Capucium scharlaken cum novo buntwerch pro* 5. *sol. gross.*

¶ Capucium Clausum. Fragmentum memorabilium Humberti II. Dalphini tom. 2. Hist. Dalphin. pag. 625. col. 1 : *Item, in die festo B. Andreæ apud Romanis, in publico sermone, ore proprio increpavit fortiter mulieres portantes Capucia Clausa ad modum hominum, et homines portantes vestes breves, non attingentes usque ad genu saltem, et prohibuit sub pœna centum solidorum, quod de cætero talia non faciant.*

* Caputia Rubea cur deferant canonici S. Mauritii, discimus ex Charta Willel. comit. Pontiv. ann. 1210. inter Instr. tom. 12. Gall. Christ. col. 431 : *Contuli in perpetuam eleemosynam canonicis S. Mauritii de Chablais tredecim libras Parisiensium... ad emendas viginti ulnas scarlatæ ad ulnam de Provins, ad facienda Caputia, quæ prædicti canonici in signum martyrii beatorum martyrum Mauritii sociorumque ejus, jure*

ordinis et consuetudinis, in ecclesia gestare rubea dignoscuntur.

* Caputium Ducere, Pacis et deditionis symbolum; nos dicimus eodem sensu *Arborer le drapeau.* Hist. belli Forojul. apud Murator. tom. 3. Antiq. Ital. med. ævi col. 1198 : *Ad tantum devenerunt ipsi de Meduno, quod se uno die parti nostræ dare voluerunt. Sed nullus fuit, qui signum concordii et pactum recipere voluisset. Dum uno die ipsi de Meduno ex timore nimio Caputium unum circum circa ducerent, pacta requirentes, nostri vero animum voluntarium habentes, non attendentes ad eorum requisitionem, putabant eos illo die superasse.*

* Caputii Traditione perperam actum reparare. Charta. ann. 1354. in Reg. 82. Chartoph. reg. ch. 324 : *Robertus de Lorriz tenens per manum dictum Johannem d'Oignon, nomine ipsius et pro ipso protulit verba quæ secuntur : Domine mi Meldensis episcope, ecce Johannem d'Oignon qui audivit et intellexit quod male contentamini de eodem, quia relatum est vobis quod certa verba injuriosa protulit contra personam vestram, videlicet quod vos fuistis in causa certi homicidii dudum perpetrati, et quod eratis conjugatus. Sciatis quod dicta verba dixit quodam caloris motu, et tenet dicta verba pro non veris, vosque tenet et habet pro bono et probo viro, atque ab illis innocente, vosque rogat quatenus præmissa velitis eidem indulgere.... Et statim dictus Johannes d'Oignon armiger, flexis genibus ad terram, nudato capite, anteriorem partem sui Capucii dicto episcopo tradens præmissa emendavit.* Vide infra *Emendam gagiare* in *Emenda* 5.

* Longe antiquior est hic usus, ut colligitur ex Charta ann. 1144. inter Instr. tom. 12. Gall. Christ. col. 265 : *Ego* (Henricus comes Trecensis) *forisfactum meum humiliter recognovi, et in manu Odonis præpositi ejusdem ecclesiæ manu propria rectum faciendo totum emendavi, et pro lege, quam debebam Guarrico archidiacono et camerario, Pileum meum in hujus facti memoriam reservandum obtuli et donavi.* Ubi et ejusce moris causa exponitur, in memoriam nimirum rei actæ.

* Qua ratione vero hujusmodi satisfactio agebatur apud Polonos, docet Charta ann. 1385. tom. 5. Cod. diplom. Polon. pag. 83. col. 1 : *Palliorum capucio exuto, ac cingulo et cultello deposito, flexis genibus coram præfato domino suo archiepiscopo ad terram procidens, dando se gratiæ suæ corpore et bonis, ac complosis manibus reverenter se ad gratiam recipi, et offensas contra eum verbo vel facto commissas sibi remitti humiliter supplicavit.*

* Capucium, Larva, quæ *caputio* vel *capæ* assuta erat; vel quod faciem, quæ pars est capitis præcipua, tegeret. Charta ann. 1215. inter Probat. tom. 2. Hist. Lothar. col. 28 : *Videns autem Sybilla (ita enim ei nomen erat) quia episcopus, Prædicatores et Fratres Minores et alii qui eum observabant, factis suis fidem darent, ad majorem se contulit audaciam; fecit quippe nigram tunicam fieri, hispidam, et Capucium diabolicum vultum habens, etc.*

* Capuciolum, diminut. a *Caputium.* Stat. eccl. Sagiensis pro monachis ad calcem Pontif. ejusd. eccl. ex Cod. reg. 1224 : *Moniales...... comatis crinibus et cornutis, scacatis et virgatis Capuciolis non utantur.*

* Capuciatus, *Enchaperonné*, in Glossar. Gall. Lat. ex Cod. reg. 7684.

¶ Capuceria, Vestis apertura, seu fissura superior; per quam caput immittitur et exeritur. Processus de Vita S. Yvonis, tom. 4. Maii pag. 547 : *Dixit quod pluries vidit D. Yvonem ponentem manum in sinu per Capuceriam pro pediculis reducendis in sinu.*

Caputiare, Caputio caput operire. Petrus Blesensis Serm. 50 : *Caputiari se appetit, ne vilescat.*

Caputiatus, Caputio, seu capitio, caput tectus. Durandus lib. 1. Ration. cap. 3. num. 15 : *Abbates Caputiati pinguntur.*

¶ Caputiata Vestis, infra in voce *Cucullus.*

Caputiati, Factiosorum hominum cohors in Arvernia exorta ann. 1183. auctore quodam Durando fabro lignario, qui sic nuncupati sunt, quod imaginem Deiparæ stanneam caputiis lineis albis affixam in signum initi invicem fœderis deferrent. De hac factione copiose agunt Historici, Rigordus ann. 1183. Auctor Historiæ Episcop. Autissiod. cap. 58. Monachus S. Mariani ann. 1183. et 1184. Gervas. Dorobern. ann. 1182. Odo Gesseus in Hist. Aniciensi lib. 3. cap. 6. etc. De Durando factionis auctore, ita Hugo *de Bersi* Monachus S. Germani Paris. in sua *Biblia* :

> Moult fu soutis et soudeans
> Durant Capuis, et bon truans,
> Qui les blancs chapperons trova,
> Et les signaus au pis donna :
> Donna, non fit, il les vendoit,
> Mestremeut la gent decevoit,
> Il en conquist or et argent,
> Moult pensot bien guiller la gent.
> Il en guilla bien deus cens mille.

¶ Capuciati quoque dicti sunt in Anglia quidam ex Wiclefi discipulis, quod velato capite ad Sacramenti participationem accederent. Spondan. ad annum 1387. n. 9.

¶ Capucium Prati, apud Thomam *Madox* Formulare Anglic. pag. 184 : *Dedi et concessi.... super aliam coturam de Hethul desuper duas foreras cum Capuciis Prati*; id est, *capitibus* seu extremis partibus, Gall. *Bout de prez.* Vide *Forera.*

* 2. **CAPUTIUM**, Pars ædis sacræ, ubi altare statuitur, Gall. *Chevet.* Charta ann. 1156. in Chartul. S. Maglor. Paris. ch. 32 : *Pro parte cujusdam terræ, quæ est ad Caputium ecclesiæ sanctorum Innocentium, etc.* Vide supra *Capitium* 2.

* **CAPUTIUS**, Capucius, Cognomentum Hugonis regis Franciæ, qui tertiæ regum nostrorum stirpis caput fuit. Chron. Stroz. tom. 10. Collect. Histor. Franc. pag. 273 : *Primus ex eis* (comitibus Paris.) *regnavit Hugo, cognomento Capucius.* Aliud ibid. pag. 302 : *Hugo Capet sive Caputii sic dictus est, quia dum juvenis, caputia solebat auferre per ludum.* Vide supra *Capetus.*

¶ **CAPUTTA**, Baculus pastoralis. Locus est in *Ferula.* Vide *Cambuta.*

* **CAPUT-VOLTUM**, Idem, ut opinor, quod supra *Caputium* 2. Pars ædis sacræ, ubi altare statuitur, *volta* seu fornice instructa. Testam. Bern. de Guiscardo milit. ann. 1323. in Reg. 3. Armor. gener. part. 2. pag. IX : *Ordinavit quod fiat in dicta ecclesia pro ipso et anima sua Caput-voltum dictæ ecclesiæ bo et bel, usque ad summam centum librarum Caturcensium.*

CAPUZEUM, pro *Caputium*, in Constit. synodal. eccl. Sabin. sæculo XIV. vulgatis.

CAQUILUS, Ἀετός, in Gloss. Lat. Gr. [f. melius legeretur *Aquilus* pro masculino feminini *Aquilæ.*] [** Vide *Cara*, 2.]

* **CAQUOBUS**, pro Cacabus, in Invent. ann. 1361. ex Tabul. D. Veneiæ : *Item duos Caquobos de aramo, etc.* Vide *Cacobus.*

* **CAQUUS**, Cadus, Gall. *Caque.* Arest. parlam. Paris. ann. 1379. tom. 6. Ordinat. reg. Franc. pag. 412 : *Pro pluribus barillis allecium Caquis, quos dictus Gaufridus per aquam Paris. miserat. Caqueharenc*, nostris, uno verbo. Charta ann. 1337. in Reg. B. Cam. Comput. Paris. fol. 133. r°. : *Sur chascun pignon de harenc, oict deniers; et sur chascun tonnel de Caqueharenc, oict deniers. Cinq barris de Caqueharen*, in alia ann. 1350. ex Reg. 78. Chartoph. reg. ch. 178. *Caquin*, Doliolum, in Lit. remiss. ann. 1467. ex Reg. 200. ch. 71 : *Pour savoir si ung Caquin de servoise, qu'il avoit commandé audit brasseur, estoit fait. Cocquet* et *Coquet*, eodem sensu. *Ung tonnelet ou Cocquet d'allés, iiij^{xx}. loyens pour le Cocquet, doit iiij. den.* in Pedag. Peron. ann. 1295. ex Chartul. 21. Corb. *Un Coquet de vin blanc*, in Ch. ann. 1388. ex Chartul. Lehun. *Un Coquet d'uile*, in Lit. remiss. ann. 1399. ex Reg. 154. ch. 385. *Chascun Coquet de herenc, etc.* ex Reg. feudor. comitat. Clarimont. ex Cam. Comput. fol. 11.

* Aliud vero est *Caquehan*, Congregatio nempe illicita, coitio, Gall. *Cabale, conspiration, attroupement*, in Ch. ann. 1320. ex Chartul. S. Nigas. Mellet. : *Item lesdits habitans des villes dessusdites se pourront assembler pour eux conselier et taillier, sans ce qu'il puisse estre dit Caquehan.* Alia ann. 1347. in Reg. 76. Chartoph. reg. ch. 320 : *Comme les habitans de la ville d'Arras fussent alez par maniere d'assemblée, monopolle et Caquehan, etc. Caquehan* vero promiscue et *Taquehan* dictum fuisse probat vox sequens. *Quaquehan*, eodem sensu, in Stat. macellar. Ebroic ann. 1424. ex Reg. 173. ch. 1118 : *Se nul est trouvé qui face Quaquehan ne harelle, il sera pugny selon le cas.* Vide infra *Tanqhanum.*

* 1. **CAR**, Annonariæ mensuræ species minor, ut videtur, *Puginata.* Charta ann. 1343. in Reg. 75. Chartoph. reg. ch. 446 : *Item* (acquisiverunt) *punherias sive Carez ad dictam mensuram, quas Guillelmus de la Sarra servit pro medietate cujusdam orti....., Item unam punheriam frumenti, sive Car, etc.* Alia ann. 1303. in Reg. 74. ch. 308 : *v. cartones, ix. punheriæ, iij. Carez bladi ad mensuram Tholosæ.*

** 2. **CAR.** Convention. Ludov. IX. Gall. reg. inter et Genuens. : *Alia vero pecia debet esse cubitorum* 35. *et debet esse Car*; ap. Jal. Archæol. naval. vol. 2. pag. 388. qui Gallice interpretatur *Carrau.*

1. **CARA**, Facies, vultus, caput. Glossæ MSS. *Cara, Gr. Lat. caput.* Græcis χάρα, quam vocem in feminino genere usurpabant Æoles ut notat Eustathius ad Odyss.

Theophanes : Ἀπέτεμεν τὴν αὐτοῦ κάραν. Corippus lib. 2 :

..... Postquam venere verendam
Cæsaris ante Caram.

Hispani et Provinciales nostri *Cara* etiamnum pro vultu ac facie usurpant : Ital. *Cera* vel *Ciera*, apud Dantem et Matth. Villaneum. Michaël *del Molino* in Repertorio Fororum Aragon. v. *Castrum : Castrum si aliquis tenet in custodiam, debet reddere illud Cara a Cara; quia castrum redditur et restituitur facie ad faciem.* Vide Observantias Fori Arag. pag. 27. v. Sed et Galli mediæ ætatis *Chere*, eadem notione effinxerunt. Assisiæ Hieros. cap. 94. de duello : *Les gardes dou champ doivent partir le soleil, si que il ne soit contre la Chiere de l'un plus que de l'autre.* Philippus *Mouskes* in Carolo M. :

Et Pepin la Chiere hardie,
K'il ot fet Roi de Lombardie.

Willelmus *Guiart* ann. 1204 :

Se vos leur tornassiés les Chieres,
Et contre eux vous vous défendissiez.

An. 1214 :

Le rai du soleil en la Chiere.

An. 1270 :

Les saluent les Chieres basses.

Le Roman *d'Auberi :*

Auberi l'oist, s'a la Chiere levée.

Hinc formula nostris familiaris : *Faire bonne Chere à quelqu'un*, benigno vultu excipere, [et hæc antiquiores : *Belle Chere, et le cœur arriere; Belle Chere vaut bien un mets.* Vide Menagii Etymolog. Gall.] Raimundus Montanerius in Chron. Aragon. cap. 128 : *E anals abraçar, et recbels ab bella Cara, e ab bell semblant.* Vide *Cheries.*

¶ Lapides de Cara, Qui in ædificii *Cara* collocantur, non in angulis. Statuta Massil. pag. 396 : *Lapides angulares habeant duos palmos de longo, et unum palmum de alto, et unum palmum de testa, et Lapides de Cara habeant duos palmos de longo, et unum palmum de alto, et ad minus unum tornum de leoto.*

2. **CARA**, Avis species mihi incognita. Monachus Sangall. in Carolo M. lib. 1. cap. 22 : *Assumpsit duas caniculas in manu sua, quas Gallica lingua Veltres nuncupant, agilitate sua vulpes et cæteras minores bestiolas facillime capientes, quæ caras etiam, et alia volatilia ascensu celeriore sæpe fallerent.* [** Apud Pertzium cap. 20 : ... *nuncupant, quæ agilitate sua vulpes et ceteras minores bestiolas facillime capientes, Quacaras etiam et alia volatilia ascensu celeriore sæpe fallerent.* Ubi doctissimus editor : Vox a sonitu petita, coturnicem significare videtur. Nobis *wachtel*, medii ævi scriptoribus *Quaquila, quaquilia, qualea, qualia;* unde Italis *quaglia*, Gallis *caille.*]

Cara Cognatio. Vide *Festum B. Petri Epularum.*

CARABAGA, Machina bellica expugnatoria. Sanutus lib. 3. part. 12. cap. 21 : *Fecit erigi plures Carabagas projicientes magnos lapides, et frequenter, ita ut prosternerent muros cum turribus.* [Joan. Iperius in Chronico ann. 1291. apud Marten. tom. 2. Anecd. col. 770 : *Et fecit orificio fossatorum approximare banchios multos et vicinos invicem, et post eos Carabagas, qui jaciebant lapides magnos.*]

CARABOLATUM, Historia Obsidionis Jadrensis lib. 1. cap. 27 : *Cum novem galeis mirabiliter præparatis, quarum sex erant tabulis tectæ... ac cum quadam turre lignea operata fabricatione in quodam Carabolato fere cubitorum octo, quam Italici Burgum, seu Platum vocant Mantuanum, etc.*

* Propugnaculum, opus munitorium, in Lex. milit. Caroli de Aquino.

CARABUS, [Cymbula, Gall. *Canot.*] Papias : *Carabus, navicula discurrens in pado.* Idem : *Lintres, naviculæ, vel Carabi brevissimi.* Isidor. in Gloss. : *Carabus, parva scapha ex vimine et corio.* [Eumdem Isidor. vide lib. 19. Orig. cap. 1.] Gloss. Ælfrici Saxonicum : *Carabus*, scipincel, id est, navicula. Ugutio : *Caraphus, parva scapha ex vimine facta, et corio crudo contexta.* [* *Carabus, Chalon*, in Glossar. Gall. Lat. ex Cod. reg. 7684.] Florent. Wigorn. ann. 892 : *Occulte de Hibernia fugerunt, Carabumque, qui duobus tantum coriis et dimidio factus erat, intraverunt.* Gregor. Magn. lib. 4. Dial. cap. 57 : *Post navem Carabum regebat, etc.* Fulcherius Carnot. lib. 3. Hist. Hierosol. lib. 3. cap. 13 : *Classis eorum 120. navium fuit, exceptis carinis et Carabis.* Hist. Hierosol. ann. 1123 : *Carabos insuper quamplurimos et naves onerarias.* Joann. Brompton. : *Carabum, qui ex duobus coriis et dimidio conficitur, intrantes, sine velo et ornamentis post 7. dies in Cornubia applicuerunt.* Acta S. Thyrsi cap. 6. num. 32 : *Et in Carabo ponens, jussit eum duci in medium maris.* [Vita S. Maioli inter Acta SS. Benedict. sæc. 5. pag. 808 : *Ad quos periti nautæ currentes cum Carabis, omnes traxerunt ex voragine fluminis.*] Occurrit apud Saxon. Grammat. lib. 2. Florent. Wigorn. pag. 595. Will. Briton. lib. 9. pag. 208. in Hist. Obsid. Jadrens. lib. 1. cap. 3. lib. 2. cap. 7. [in Vita S. Ysarni Abb. inter Acta SS. Bened. sec. 6. part. 1. pag. 817.] etc. Κάραβος, Scriptorib. Græcis passim. Lexic. Græc. MS. Reg. Cod. 2062 : Τορθμίς, κάραβος, ἀκάτιον. Etymol. : Ἄκατος, κάραβος. Chron. Alexandr. pag. 874 : Ἐλθὼν μετὰ καράβου εἰς τὸν Ιουλιανοῦ λιμένα. Nicetas in Manuele lib. 2. n. 4 : Κατάρτια μεγάλων καραβίων συνηρμόζοντο. Κάραβοι κασελλάτοι, in Epist. Constantini Imp. ante Act. 1. sextæ Synodi. Ab hac voce *Caravellas* hodiernas quidam non insulse deducunt. Hist. Apollonii Tyrii :

Εἰς σὲ καράβην ἔβαλε, καὶ φόρτωσε με τρόμον.

Alibi :

Καὶ τὸ καράβη ἐβούλησε, καὶ οἱ ναυταῖς ἐπηνηγήκα.

Vide Constant. de Administ Imp. cap. 51. [Anonymum Combefisian. in eod. Constantino n. 29. in Romano Jun. n. 7.] Laon. lib. 9. Diploma Andronici apud Phranzem, Joann. Moschum cap. 76. Passionem S. Basilei Episcopi, etc. [** Glossar. med. Græcit. radice Κάραβος col. 589. Jal. Archæol. naval. vol. 1. pag. 464. et vol. 2. pag. 227.]

* **CARACA**, Navis oneraria, Ital. *Caracca*, Angl. *Carack*, Gall. *Carraque.* Chron. Joan. Whetham. pag. 447 : *Inter alias varias adversancium naves et naviculas, quinque habebat grandissimas sibi obvias; quarum tres erant Caracæ de urbe Januæ.* Th. *Otterbourne* in Chron. pag. 253 : *Naves receperunt, et paulo post obviaverunt tribus triremibus, quas Caracas vocamus.* Math. de Couciaco in Carolo VII. pag. 576 : *Ce seigneur de la Vere avoit une Caracque fort puissante, en laquelle il fondoit toute son espérance de deffense, au cas qu'aucun de ses adversaires vinssent pour l'attaquer, laquelle Caracque alloit assez pesamment au regards des autres navires.* Vide *Carraca.*

CARACALLA, Vestis urbana et militaris, pænulæ similis, ut Dio indicat et Lampridius. *Indumentum in talos demissum*, Victori et Eusebio in Chron. *Talaris Caracalla*, alteri Victori, qui a Gallia advectam ab Antonino refert, a qua idem *Caracalla* est appellatus. Glossæ Græc. Lat. : Καρακάλλιον, *Cuculla.* S. Hieronym. Epist. 128 : *Et efficitur palliolum miræ pulcritudinis perstringens fulgore oculos, in modum Caracallarum, sed absque cucullis.* Sed hæc nota. Vide Casaubon. Salmasium, et alios ad Spartian.

Caracalla, Vestis Clericorum talaris : passim apud Scriptores pro *cappa* sumitur. Papias : *Caracalla, capa.* Gloss. Græc. Lat. Καρακάλλιον, *Cuculla.* At Eucherius Lugdun. *Ephod* Judæorum, *in modum Caracallæ* fuisse ait, *sed sine cuculla. Ephod* autem, ut auctor est Josephus lib. 3. Antiq. cap. 11. tunicæ persimile fuit. Vulfinus Boetius Episcopus Pictavensis in Vita S. Juniani Abb. : *Vestis ejus cilicina, de caprarum pilis, quæ in modum Caracallæ, quam nunc Capam vocamus, perseverat usque in hodie.* Vita S. Eugendi Abb. cap. 2 : *Æstivis temporibus Caracalla, vel scapulari cilicino utebatur.* Beda lib. 1. Hist. Eccles. cap. 7 : *Mox se sanctus Albanus pro hospite ac magistro suo ipsius habitu, id est, Caracalla, qua vestiebatur, indutus, militibus exhibuit.* Thomas Walsing. in Edwardo. II. : *Constat hanc vestem fuisse Caracallam, quam S. Albanus in conversione acceperat a S. Amphibalo.* Vitæ Abbatum S. Albani pag. 28 : *Elienses vero ossa sæpedicta in villoso panniculo, quem Caracallam vocant sibi reservarunt.* Vita S. Eudoxiæ Mart. cap. 9 : Κατὰ τὸν καιρὸν τοῦ χειμῶνος στιχάριον κιλίκινον ἐνεδύετο, καὶ ὁμοῖον ἐκεῖνο καρακάλλιον. Palladius in Hist. Laus. cap. 117 : Παιδαρίου καρακάλλιον λαμβάνουσα. Hinc nostrum *Casaque*, quasi *Caraque*, pro sago, deducit Paradinus lib. 1. Hist. Lugd. cap. 34. Vide Octavium Ferrarium de Re vestiaria part. 2. lib. 1. cap. 28. [et Menagium in Voce *Casaque.*] [** Vide Glossar. med. Græcit. voce Καρακάλλιον.]

¶ **CARACATA** Navis, Eadem quæ *Carraca*, seu oneraria, apud Rymer. tom. 15. pag. 175. col. 2 : *Pro equis, navibus Caracatis, galeis et aliis navibus, etc.* Vide *Carraca.*

¶ **CARACCA**, Parvum pondus quatuor granorum, quibus utuntur in ponderandis lapidibus pretiosis, Gallis et Anglis, *Carat.* Rymer. tom. 11. pag. 413. col. 1 : *Sciatis quod ex parte Georgii Morsteyn, mercatoris de Crakowe infra regnum Poloniæ, accepimus quod ipse quemdam magnum lapidem pretiosum vulgariter vocatum a Rubie ponderantem ducentas et quatuordecim Caraccas.*

* **CARACORA**, ut *Caraca*, navis etiam Indis nota. Maff. Hist. Ind. lid. 9 : *Vascum cum una Coracora, quod navigii Molucensis*

est genus, ad ea compendia perquirenda proficisci jussit.

1. **CARACTER.** Novella 15. Theod. et Valentiniani de Tributis fiscalibus : *De salinis, alumine, Caractere, herba rubea, lini maceratura, etc.* [** Nov. 23. ap. Gothofr. qui scribit : Vellem *Carraria, Caracter* enim nihil est.]

¶ 2. **CARACTER**, Fascinum, Schedula magicis notis seu litteris exarata, Gall. *Caractere.* Concil. Trevir. ann. 1310. apud Marten. tom. 4. Anecd. col. 257 : *Divinationes, sortilegia, auguria, sive in votis, quas Brevia seu Caracteres vocant, etc.* Vide *Characteres magici* in *Character.*

* Ordinat. S. Ludov. ann. 1254. art. 32. tom. 1. Ordinat. regum Franc. pag. 75 : *Judei cessent ab usuris et blasphemiis, sortilegiis et Caracteribus.* Gall. *Sors* et *Caraz.* Hinc *Encarater*, Fascinare, in Lit. remiss. ann. 1404. ex Reg. 158. Chartoph. reg. ch. 360 : *André Guibretea...... couru après une femme en disant : Pute vielle, tu m'as Encaraté.* Vide *Caragus* et *Caraula.*

* 3. **CARACTER**, Effigies, imago, ipsa sigilli area, dicitur de eo, quod in sigillo seu scuto gentilitio sculptum seu insignitum est. Charta ann. 1229. inter Probat. tom. 3. Hist. Occit. col. 344 : *In quo sigillo erat Caracter unius avis cum una ala desuper extensa, et subtus pedes dictæ avis erat Caracter unius avis quasi palmæ.* Lit. ann. 1307. tom. 6. Ordinat. reg. Franc. pag. 239. art. 6 : *In* (sigilli) *Caractere erunt scutum domini regis cum floribus lilii ex una parte, etc.* Lit. ann. 1372. tom. 5. earumd. Ordinat. pag. 513 : *Et a eu la Caratere dudit seel un ymaige de royne coronnée, etc.* Pro Monogrammate occurrit in Charta ann. 1183. ibid. pag. 238 : *Præsentem cartam sigilli nostri auctoritate et regii nominis Caratere inferius annotato communiri præcepimus.* Vide Tract. novum de Re diplom. tom. 5. pag. 17. et infra *Karacter.*

¶ **CARACTERATUM** Ferrum, quo fiunt *Oblatæ*, ferrum est certis figuris notatum. Vide locum in *Nebula.*

¶ **CARACTERIZARE**, Notare, insignire, Gall. *Marquer, Caracteriser.* Hist. Mediani Monasterii pag. 234. in Excerptis Johannis a Bayono de abbatibus hujus Monasterii : *Cujus corpus cum enixum est, Caracterizatum fuit per totum crucicularum signis.* [* Vide infra *Characterizare.*]

CARACTIO. Polyptychus Floriacensis : *Debet unusquisque de lignario in latum pedes 5. in altum pedes 6. et de Caractionibus carradas 6. etc.* [Vectura.] [* Carrorum opera. Vide in *Carricare* 2.]

¶ **CARACUTIUM**, *Vehiculum altissimarum rotarum, quasi carrum acutum.* Isid. l. 20. cap. 12.

¶ **CARADA**, Quantum *carro* vehi potest. Præceptum Ludovici Imp. pro Marcuardo Abb. Prumiæ ann. 831. apud Marten. tom. 1. Ampliss. Collect. col. 85 : *Et de terra arabili jornales* LXXIII. *de prato ad Caradas* VI. Vide *Carrada.*

CARADRUS, Terebra. Capitulare de Villis cap. 42 : *Unaquæque villa* (habeat) *catenas, cramaculos, deluturas, secures, id est, cunidas, terebras, id est, Caradros, scalpros, etc.* Vide *Carasdus.*

¶ **CARAFFA**, Vox Italica, Gall. *Carafe*, Phiala, ampulla vitrea, in Supplemento vitæ S. Petri Cælestini tom. 4. SS. Maii pag. 502.

* **CARAGIA**, f. Pars anterior caputii, quæ *caram* seu faciem amplectitur. Lit. Caroli V. reg. Franc. ann. 1367. de forma vestium Montispessul. : *Item quod nulla ipsarum* (mulierum) *audeat portare aliquam fraputuram in suis capuciis, vechis vel Caragiis capuciorum.*

¶ **CARAGIUM.** Vide in *Carreda.*

¶ **CARAGIUS.** Vide *Caragus.*

¶ **CARAGMA**, χάραγμα, Character, imago. Humbertus Cardin. adv. Simoniacos apud Martenium tom. 5. Anecdot. col. 645. A : *Nummus aut in Caragmate, aut in materie.* Nummus in caragmate est nummus signatus.

CARAGUS, Carajus, Sortilegus, præstigiator qui *characteribus* magicis utitur, unde vocis etymon. Gloss. Saxon. Ælfrici : *Caragius*, fugel hrata. Ubi fugel Anglo-Saxonibus est avis hrat, omen, augurium, divinatio, fugel-hælsere, augur. Concilium Autisiod. cap. 4 : *Non licet ad sortilegos, vel ad auguria respicere, vel ad Caragios, etc.* Canones veteris Concilii Narbonensis ann. 598. can. 14 : *Si qui viri ac mulieres divinatores, quos dicunt esse Charagios atque sorticularios, etc.* Vita S. Eligii a S. Audoeno conscripta lib. 2. cap. 15 : *Nullas paganorum consuetudines observetis, non Carajos, non divinos, non præcantatores ... consulere præsumatis.* Et mox : *Non quærantur præcantatores, non divini, non sortilegi, non Caragi.* Beda de Remediis peccatorum cap. 11 : *Caragios, et divinos præcantatores, etc.* Petrus Malleacensis de Cœnobio Malleacensi § 6 : *Uxor ejus observatrix admodum Carajorum atque maleficiorum.* Sermo de dedicatione Ecclesiæ editus a V. Cl. Jacobo Petito : *Omnes fures et falsi testes, omnes ad arbores vel ad fontes vota reddentes, omnes qui Caragios et divinos vel præcantatores aut propter se, aut propter suos inquirunt, etc.* Odo Clun. lib. 4. de Vita S. Geraldi Auriliac. Comit. cap. 7 : *Vassus quidam nomine Adraldus focum Caragiorum tota nocte in domo sua fieri præcepit. Intempesta autem ipsius noctis hora, dæmones super focum custodis irruerunt.* Severianus homil. quæ exstat 241. apud S. Augustinum de Tempore : *Ut nullus ex vobis Caragos vel divinos, vel sortilegos requirat.* Infra : *Qui prædictis malis, id est, Caragis, et divinis, aruspicibus..... crediderit.* Vide Decret. Ivon. lib. 1. cap. 1. § 134. Occurrunt apud Nicetam in Isaac. lib. 2. n. 5. in Cod. Barbaro-Græco χουτρουλοὶ, χαράγιοι, inter magos.

Cararius, Eadem notione. Vetus Pœnitential. MS. : *Cararios, coriocos, et divinos, et præcantatores, phylacteria etiam diabolica, vel herbas, vel succinos, suis vel sibi impendere, etc.* Leg. forte *Carajos curiosos.*

* Carajius, ut *Caragus*, Sortilegus, præstigiator. Libell. de Remed. peccator. apud Marten. tom. 7. Ampl. Collect. col. 45 : *Carojios et divinos præcantatores, etc.*

* **CARAIROLUM**, Semita, Gall. *Sentier*, Occitan. et Provinc. *Carayrol* et *Carayrou.* Charta ann. 1384. ex Tabul. S. Vict. Massil. : *Quamdam vineam sitam in territorio Massiliæ, loco dicto Sentrones, confrontatam cum vinea Johannis de Mosteriis et quodam Carairolo in medio.* Vide infra *Careironum* et *Carreria* 1.

* **CARALE**, f. Strata, via publica. Vide infra *Carraria* 3. Charta ann. 1358. in Reg. 93. Chartoph. reg. ch. 230 : *Quod curtile est situm in Caralibus dicti loci* (de Bellicadro) *foras dictum locum.* Vide in *Carra.*

¶ **CARAMANTRANT**, Dies Martis ante diem Cinerum, Gall. *Mardy gras.* Transactio inter Abbatem et Monachos Crassenses ann. 1351. ex libro viridi fol. 53 : *Facere consuevit dictus Dominus Abbas... annuatim in die Carniprimii Adventus Domini quinquaginta solidos Turonenses ... et in die Carniprimii sive Dominica in Septuagesima, si tunc dictus Conventus accipiat Caramantrant, semper annuatim quinquaginta solidos Turonenses.* Vide *Carementrannus.*

* **CARAMARIUM**, Vectigalis seu tributi species, vel Hippopera, vidulus. Pacta inter reg. Tunetan. et Pisan. ann. 1398. tom. 1. Cod. Ital. diplom. col. 1122 : *Item quod mercatores Pisani non teneantur nec debeant solvere pro eorum roba seu mercibus, bastaxiis, rochaxiis, Caramariis, et aliis similibus, nisi sicut ab antiquo solvere consueverunt.* Vide infra *Caratus* 3.

¶ **CARAMELATOR**, Qui flores in fasciculos colligat ac divendit apud Tolosates, Gall. *Bouquetier.* Recensetur inter sodales Confraternitatis Nativitatis B. Mariæ in Ecclesia B. Mariæ Deauratæ Tolos. ann. 1328. institutæ.

* **CARAMENTRAN**, Dies Martis an. Cineres, Gall. *Mardy gras.* Induciæ ann. 1161. inter Probat. tom. 2. Hist. Occit. col. 582 : *Item ego R. de Monteferrario præcipi quod ex utraque parte hanc trevam bona fide et sine omni dolo teneant ab hoc Caramentran usque ad quinque annos.* Vide *Carementrannus.*

¶ **CARAMUSSALLUS**, Genus navigii Turcici, cujus meminit Hieron. Comes Alexandrinus in Bello Melitensi ann. 1565 : *Erant triremes munitissimæ 130. mahonæ 8. tria navigia quæ vulgo appellant Caramussallos; minora sunt autem onerariis navibus et figura prope ovali.*

¶ **CARANATURA**, mendose pro *Caraxatura.* Vide *Charaxatura* in *Charaxare.*

CARANCO, *Capa nigo.* Ita Ugutio MS. Forte *nigra.*

CARANISA, Vide *Caraula.*

* **CARANTARE**, mendose pro *Creantare*, Fide aut sacramento interpositis promittere. Charta ann. 1205. inter Probat. Libert. eccl. Gall. tom. 2. pag. 3 : *Et nos super omnia, quæ ab ipso tenemus, Carantavimus et fiduciavimus eidem quod nos neque dom. papæ neque clericis super hoc obediemus ; .... et ipse similiter Carantavit quod ipse, etc.*

* **CARANTENA**, Modus agri, constans quadragiuta perticis. Charta ann. 1272 : *Lupus de Faxo castrum de Montealto, medietatem villæ de bastida de Gardavaino, et quandam Carantenam in castro de Fano Jovis tenebat ab ipso Guidone* (de Levies) *sub servitio militari.* Vide *Quarentena* 3.

* **CARANUM** vel Caranus. f. Eadem notione. Charta ann. 1019. in Append. ad

Marcam. Hispan. col. 1018 : *Ego vero Ugo comes Impuritanus dono censum de duobus Caranis prædictæ domui canonicæ in Impuriis civitate, qui ad me pertinet vel pertinere debet.*

CARAPHUS. Vide *Carabus.*

CARARIA, Lapidicina, ex qua lapides quadrati eruuntur, nostris, *Cariere.* S. Augustinus Serm. de Diversis 50 : *Emerat quandam... domum in Cararia, quam sibi existimabat propter lapides profuturam.* [Occurrit etiam in Charta anni 1280. ex Chartulario S. Vandregesili tom. 1. pag. 284.] Vide *Carraria.*

¶ **CARARIRE**, Lanam carminare, pectere, Gall. *Garder.* Vide *Careratores.*

¶ **CARARIUS.** Vide *Caragus.*

¶ **CARASIBLITUM**, f. Species unguenti. *Breydenbach* Iter Hierosol. pag. 277 : *Accidit autem peregrinanti copia pediculorum in corpore propter sudorem... Quod cum evenerit corpus ejus cathasplasmetur cum argento vivo occiso... mane quoque balneum ingrediatur, et corpus ejus fricatione valida mundetur, caputque cum Carasablito et boraco lavetur.*

CARASDUS. Jordanus Rufus Calaber lib. MS. de Medicaminibus equorum : *Est et aliud frenum, quod dicitur ad Carasdum, habens morsum aliis longiorem usque ad palatum equi, etc.* Vide *Caradrus.*

¶ **CARASTIA**, pro *Caristia*, Caritas annonæ. Memoriale Potestatum Regiens. ad ann. 1282 : *Eodem anno in istis sex mensibus fuit magna Carastia bladi, scilicet frumenti, speltæ, melicæ et fabæ.*

* **CARATEA**, Onus *carri*, quantum carro vehi potest, Gall. *Charetée*, olim *Charée.* Charta Theoder. Ambian. episc. ann. 1164. inter Instr. tom. 10. Gall. Christ. col. 263 : *Unam Carateam lignorum ad ardendum singulis hebdomadis in nemore domini de Plaisciaco Radulfi Vituli.* Vide *Carrada* et *Carea.*

* **CARATELLUS**, Carratellus, Ital. *Caratello*, Cadus, dolium, seria. Tract. MS. de Re milit. et mach. bellic. cap. 14 : *Deficiente vino recurratur ad Caratellos unctos tormentina intus, et postea pulverizetur pix bene contrita super tormentinum in Carietello (sic) et postea mittatur intus Carratellum stuppa sive aridum accensum, et toto Caratello flamma accenso illico projiciatur super testudinem seu vineam.* Occurrit rursum *Caratellus* cap. 55. et *Carratellus* cap. 111. Vide infra *Carraria* 4.

* **CARATER.** Vide supra *Caracter* 3.

* **CARATHERIA** Clericalis, Tonsura seu corona, qua clericus designatur. Charta Franc. Card. Thesaur. eccl. Laudun. ann. 1309. in Reg. 65. bis Chartoph. reg. ch. 156 : *Legitimis filiis, ... ut ab orthodoxis archiepiscopis vel episcopis tunsuram seu Caratheriam clericalem recipere valeant....... licentiam concedendi, etc.* Vide infra *Character* 2.

¶ **CARATTER**, Vox Italica, Ulcus. Vita B. Joachim Servitæ, tom. 2. SS. April. pag. 465 : *Plerosque Senensium medicos mulier Caratteres habens experta erat.*

¶ **CARATTERIUS**, Ductor carri, Gall. *Charretier.* Ital. *Carrattiere.* Hist. Dalphin. tom. 2. pag. 277 : *Item, Caratteriis Archiep. Capuani, qui detulit immunditias extra domum cum curru taren.* 1. Vocis origo *Carreta*, quod vide.

* **CARATUM**, Vectigal ex *carris* perceptum. Charta Henr. reg. Angl. pro monast. Montisburgi in Reg. 52. Chartoph. reg. ch. 164 : *Decima forestarum suarum.... cum decima pasnagii, Carati et poudragii.* In Reg. 119. ch. 42. legitur *Careti.* Vide *Carretum* 1.

¶ 1. **CARATUS**, Mendum, ut puto, pro *Cavatus.* Spicil. Acher. tom. 5. pag. 348 :

> Interea agricolæ insistunt, frugesque futuras
> Sepibus aut fossis properant munire Caratis.

* 2. **CARATUS**, Qui choro præcinit in ecclesia Viennensi, apud Marten. de Discipl. in div. offic. pag. 536 : *Alia fiat processio ad eleemosynam cum aqua benedicta, cum cruce a diacono deferenda in cappa serica, et ceroferariis et thuriferario, cum Carato incipiente antiphonam, Christus resurgens.*

* 3. **CARATUS** Maris, Tributi species. Convent. Saonæ pag. 34 : *Quod Saonenses teneantur solvere Caratos maris et drictus, et alias quascumque gabellas, quocumque nomine censeantur.* Vide supra *Caramarium.*

* **CARAVALA**, Caravela, Ital. *Caravella*, Dromo, celox. Charta ann. 1230. tom. 2. Cod. Ital. diplom. col. 878 : *Qui ad alias regiones sint navigantes et iter facientes cum Caravalis euntibus ad Africam.* Ubi leg. forte *Caravanis.* Maff. Hist. Ind. lib. 7 : *In easdem biremes Lusitana Caravela postmodum incidit, rotundæ navis genus, cum ad onera, tum ad militiam utile; dromonem Græco vocobulo haud incommode fortasse quis dixerit.* Vide infra *Caravella.*

CARAVANNA, Caravenna, vox Turcica, [* seu Arabica] significans qualiacumque hominum agmina securitatis causa se conjungentium in itineribus : *Carovana*, Boccacio. Vide Scaligerum exercit. 209. 2. Matth. Paris ann. 1250 : *Omnem illam catervam, quam vulgares Karavennam appellant, sibi mancipavit.* Jacobus de Vitriaco lib. 1. cap 99 : *Quod.... ad exercitum Saladini maxima veniret Caravanna.* Nangius in Vita S. Ludovici : *Tandem duas Caravennas successive ceperunt.* [Ogerius Panis lib. 4. Annal. Genuens. ann. 1217 : *Caravana nostra de ultra mari feliciter venit in portum Januæ.*]

* Chron. Andr. Danduli apud Murator. tom. 12. Script. Ital. col. 371 : *Simon Grillo, qui in Sicilia remanserat pro inveniendo Caravanam Venetorum, cum vcj. galeis ad ostium Gulphi pervenit.*

Carvana, apud Hovedenum in Henr. II. pag. 646. et Ricardo I. pag. 716. et Nicolaum Trivettum ann 1190. pag. 516. Philippus *Mouskes* in Philippo Aug. :

> Li Rois Ricars apries sui,
> Ki la Carvane consui,
> Des Sarazins ki la sigloient.

Καρβάνιον, apud Constantin. de Adm. Imp. cap. 45. [** Vide Glossar. med. Græcit. hac voce col. 591.]

Carvanus, Qui in *Carvanam* vadit. Arnoldus Lubec. lib. 5. cap. ult. : *Dimidiabant ergo exercitum, cum alii irent, qui Carvani dicebantur, alii vero in excubiis manerent.* Infra : *Inter has autem fluctuationes personuerunt buccinæ in castris Cancellarii, nunciantes venisse Carvanos.*

Quid vero proprie sit *Carvana*, describit Historia bellorum ultramarin. MS. : *Or vos dirai k'est Carvane. Li Marcheant Sarazin quant il voelent aler en marcheandise en lontaines tieres, si parolent ensemble pour faire Carvane et si sunt par avanture u vint, u trente, u quarante, et a cascun cameus u soumiers, selon çou k'il est sires et rices hom, et tous cargiez de marcheandises et si se ralient ensemble, et portent avoec aus lor marcheandise et lor tentes; et pour çou portent il avoec aus lor tentes; k'il ne se herbergent mie en nule vile devant çou k'il viennent à la vile, u il doivent aler et u il doivent descargier lor marcheandise, ains se herbergent dehors les viles, quant il ont fait lor jornées, et tendent lor tentes, dont les fait garder li sires en qui tiere il sont par nuit et par jour, et conduire fors de sa tiere, pour le traviers k'il en a, et ensi sont tout li Seignor, parmi qui tiere il passent.* De Carvanis militum Hierosol. sic Statuta ejusdem Ordinis tit. 19. de Verb. sign. § 29 : *Carvana, Syrorum et Arabum lingua, significat congregationes hominum, ut una aliquid negotii peragant, a majoribus nostris usurpatum in delectu Fratrum habendo, cum ad subsidia per arces et triremes distribuuntur, aut alio per turmas mittuntur.*

* **CARAUDA.** Vide *Caraula.*

¶ **CARAVELLA**, Vox Italica, species navigii. Vita S. Nili Confess. apud Marten. tom. 6. Ampliss. Collect. col. 930 : *Tumultuantes navigia combusserunt, et eas, quæ Caravellæ appellantur, secuerunt.* [** Vide Jal. Archæol. Naval. vol. 2. pag. 212. 227. et 230.]

* **CARAVELLA**, Caravellus, ut supra *Caravala.* Bulla Nic. PP. V. ann. 1455. tom. 1. Probat. Hist. geneal. domus reg. Portugal. pag. 448 : *Exercitium.... in velocissimis navibus, Caravellis nuncupatis, etc.* Codicil. 1. Caroli Andeg. ult. comit. Prov. ann. 1481 : *Item legavit dom. noster rex excellenti Francisco dom. de Luxemburgo, consobrino suo carissimo, ultra alia sibi legata in jam dicto ejus testamento, suas duas Caravellas novas, cum universis et singulis furnimentis, juribus, etc.* Charta an. circ. 1307 : *Item quatuor Caravelli, quorum cuilibet sunt necessarii novem homines.* Adde Annal. Placent. ad ann. 1480. apud Murator. tom. 20. Script. Ital. col. 962.

* **CARAVELLIS**, Conciliator, Gall. *Entremetteur.* Lit. remiss. ann. 1401. in Reg. 156. Chartoph. reg. ch. 341 : *Arnauldus ensem juvenis et Caravellis, qui ibidem ad separandum eos supervenerat, subito cepit, etc.* Ejusdem originis est vox *Caravanier*, pro Colono partiario, in aliis Lit. ann. 1448. ex Reg. 179. ch. 116 : *Bertrand Agand sergent et Caravanier ou entremetteur des vignes des seigneur et dame de Chastelledon, etc.* Vide *Medietarius.*

* **CARAVELLUS.** Vide supra *Caravella.*

* **CARAVIRA**, *Tourner le visage, ou changer de parti*, apud Anonym. qui circa med. sæc. 14. de hæresi Albigens. scripsit, inter Probat. tom. 3. Hist. Occit. *Retourner carotte*, nisi legendum sit *Calotte*, eadem significatione, Infensæ prius factioni adhærere, quod *Tourner casaque* vulgo dicitur, in Lit. remiss. ann. 1397. ex Reg. 153. Chartoph. reg. ch. 5 : *Jehan Roussel dist au suppliant : Larron, tu as retourné*

carotte, et le frappa d'un pel d'une haye.

CARAULA, CARAUDA. S. Audoenus lib. 2. de Vita S. Eligii cap. 15 : *Nullus in festivitate S. Joannis,... solstitia, aut vallationes, vel saltationes, aut Caraulas aut cantica diabolica exerceat.* Ubi loci vir doctus restituendum putat *Coraulas* : sed malim *Caraudas*. Ut et lib. 2. cap. 19 : *Prædicabat.... abjiciendos duntaxat cunctos dæmonum ludos, et nefandas saltationes, vel caranisas, omnesque inanes prorsus relinquendas superstitiones.* Est enim *Carauda* sortilegii species, uti docemur ex Usaticis MSS. urbis Ambianensis, ubi de sacramentis agunt, quæ a Campionibus exigebantur : *Il doivent jurer kil n'ont vve* (eau) *ne autre herbe beuë, ne mangié, ne n'ont herbes, ne brief, ne Caraudes seur aus, ne fait sor, ne sorcherie, ne art, ne Caraudes, por coi il puissent estre aidiez.* Robertus Borronus in Arturi Hist. fabulosa MS. : *Jusqu'à chelui terme que elle commencha à apprendre des enchantemens et des Charroies.* Quæ quidem voces idem videntur sonare, et *Characteres* denotare, magicos nempe, quibus sortilegi, quos *Carajos* appellabant, utebantur. In Lexico MS. Cyrilli χαραύδη exponitur λύμησίτου. Ita forte primitus *Carauda* fuerit sortilegii species in segetibus. Vide *Caragus*.

* Sacram. campionis in Lib. rub. fol. parvo domus publ. Abbavil. fol. 29. r°. : *Que je n'ai seur mi ne sort, ne sorcherie, ne Caraude ki me puist aidier et ti nuire.* Lit. remiss. ann. 1377. in Reg. 111. Chartoph. reg. ch. 315 : *Ledit Camus usoit et ouvroit de mauvais art, comme de sorceries et Caraux. Caraie* et *Charaie*, in Serm. Maurit. episc. Paris. laudato a D. *Le Beuf* tom. 17. Comment. Acad. Inscript. pag. 723 : *A icest jor* (de la Circoncision) *suelent li malvais crestien, solonc le costume des paiens, faire sorceries et Charaies : y por lor sorceries, y por lor Caraies suelent expermenter les aventures qui sont avenir.* Lit. remiss. ann. 1374. in Reg. 106. ch. 370 : *Ladite femme desirant avoir l'amour et la grace de son mary... fait faire par une Juifve pluseurs poudres et Charayes pour lui donner. Charei*, in Assis. Hierosol. cap. 102 : *Après doivent faire jurer à chascun des champions que il ne porte bref, ne Charei, ne sorcerie.* Denique *Charoiz*, in Lit. remiss. ann. 1370. ex Reg. 109. ch. 39 : *Raymon mis certains sorceries, Charoiz et faitures soubz le sueil de l'uys de l'ostel, qui trouvées y furent depuis. Pour lesquelles choses ledit Pierre Caillon et ceulx de l'ostel furent moult malades par grant espace de temps et aucunes bestes, qui estoient à l'ostel, mortes. Charieresse*, quæ ejusmodi sortilegia exercet. Lit. remiss. ann. 1453. ex Reg. 182. ch. 83 : *Une nommée Bienvenue,.... laquelle estoit famée ou renommée d'estre sorciere ou Charieresse.* Ibid. ch. 85 : *Laquelle Bienvenue a esté publicquement famée et chargée d'estre sorciere et user de Charroy.* Hinc *Encarauder* et *Encharauder*, Præstigiis magicis illudere, fascinare. Lit. remiss. ann. 1402. in Reg. 157. ch. 27 : *Icelle femme confessa à son mary que ledit Tynonnier la maintenoit, et qu'elle ne povoit resister, ne soy desloyer dudit Tymonnier, et qu'elle cuidoit que il l'eust Encharaudée.* Guignevil. in Peregr. hum. gen. MS. ubi de Concupiscentia :

> J'Encaraude contes et dus,
> Prinches et rois, etc.

Apud Borellum : *Carauldes, sorcieres*. Alibi : *Cauresses, Caraudesses, Charauderesses.* Consule Filesac. de Idololatr. magica pag. 177. Vide supra *Caracter* 2. [** Conf. S. Rosa de Viterbo voce *Carantula*.]

¶ CARAVUS, *Navicula ex vimine et corio.* Papias MS. Bituric. Vide *Carabus*.

CARAXARE, CARAXATURA, CARAXIA, etc. Vide *Charaxare*.

* CARAXATOR, Scriptor, in Mirac. S. Emmer. tom. 6. Sept. pag. 507. col. 2. Vide *Charaxare*.

¶ CARAZOLUM. Vide *Carraxolum* in *Carrocium*.

¶ CARBARIUS. Joannes Longinus Canonicus Cracov. in Vita B. Kingæ Virg. Julii tom. 5. pag. 741. D. : *Vir nobilis Nicolaus Gladisz Bochnensis zuppæ dicator, alias Carbarius*, i. e. Qui salis tributum exigit : *zuppa* enim eid. Auctori est mons salinus, sive salis fodina, *dicator* Exactorem indicat. Rursus occurrit pag. 744.

* A voce *Carbarium* vel *Carbariatus*, Pecunia inde proveniens. Stat. de salis fodinis ann. 1451. inter Leg. Polon. tom. 1. pag. 166 : *Pensatori in Bochnia sex grossi et quarta pars Carbariatus. Item in Wieliczka Carbario septem grossi.* Et pag. 167 : *Super Carbaria damus triginta marcas singulis annis.*

¶ CARBASUS, Vestis *Carbasea*, ex *Carbaso* seu lino facta. Menoti Serm. Quadragesim. fol. 81. v°. col. 2 : *Veniunt tandem cum illo apparatu qui sunt solatia vivorum usque ad locum sepulture, quem prepararunt ibi duo rustici, indutis eorum Carbasis, de leurs roquets.*

* CARBATUM *vocavit Stephanus eleborum. Carbium idem vocavit euforbium.* Glossar. medic. Simon. Januens. ex Cod. reg. 6956.

¶ 1. CARBO, Equus. Papias in MS. Bitur. : *Crabro, Vermis dictus a Carbone ex quo nascisur, id est, equo.* Lege et vide *Cabo*.

¶ 2. CARBO, Carbunculus, pyropus, Gall. *Escarboucle.* Jacobus Cardinalis de Coronatione Bonifacii VIII :

> ...... Cui summo in vertice Carbo
> Emovit, et subtus gemmarum maxima flammas,
> Imposuit capiti, etc.

CARBONES, et CARBUNCULI, pro finibus apud Siculum Flaccum, et Frontinum de Coloniis.

3. CARBO. *Carbones de foresta*, ex ligno forestæ combusto in fornace confecti, in Inquisitionibus de forisfacturis forestarum cap. 26. in additam. ad Matth. Paris.

CARBONIS PRÆBITIO, INLATIO, ad monetæ et armorum fabricas, inter sordida munera recensetur in lege 15. et 18. Cod. Th. de extraord. et sordid. muner. (11, 16.) Vide Vegetium lib. 4. cap. 8.

CARBONES MARIS, Lapides combustibiles, quibus fabri ferrarii utuntur, Anglis, *Sea-coales.* Inquisitio de forisfacturis forestarum cap. 14 : *Inquiratur etiam de Carbone Maris invento intra forestam, etc.* [Liber niger Scaccarii pag. 187. in notis : *Per servitium inveniendi Carbonem ad fabricandam coronam domini Regis, et suum regale, percipiendo 60. sol. 10. den. per annum pro prædicto Carbone inveniendo.*]

* *Charbon de pierre*, in Lit. remiss. ann. 1455. ex Reg. 187. Chartoph. reg. ch. 138 : *Pour ce qu'il faisoit froit, ledit de la Vernade faisoit bailler du feu avec du Charbon de pierre audit prisonnier.* [** Germani dicunt *Steinkohlen.* ADEL.]

CARBONES FOSSILES, de quibus Hector Boethius in Descript. Regni Scotiæ, Camdenus in Agris Richmond. Dunelmensi, et Northumbelland. Gregorius Agricola lib. 4. de Natura Fossilium, et in Bermanno, et alii. Ranulphus Hygdenus in Polychron. de Wallia :

> Montes Metalla conferunt,
> Carbo sub terræ cortice,
> Crescit viror in vertice.

CARBONES TERRESTRES, vulgo nostris, *Charbons de Terre*, apud Thomam *de la Moor* in Edwardo II. Rege Angl. pag. 599.

CARBONES FERREI, quos Galli *Hullas* vocant, ut in agro Leodiensi primum reperti fuerint sub ann. 1198. narrant Ægidius Aureæ vallis Monach. in Alberto cap. 95. Bruisthemius, Magn. Chron. Belgic. ann. 1201. etc.

CARBONES MORTUI, apud Marcellum Empir. Extincti.

CARBONES VIVI, Igniti, in Chronico Colmariensi 2. part. ann. 1288. *Le Roman du Renard MS* :

> Qui plus sont sec que vif Charbon.

DESCENSIO PRIMI CARBONIS, septimo mensis *Shabat*, seu *Februarii* : *Descensio secundi Carbonis* 14. ejusdem mensis : *Descensio tertii Carbonis* 21. ejusdem mensis, inter festa Christianorum Syrorum recensetur a Ulug Beg in Epochis cap. 7.

CARBONAGIUM. Vetus Charta in Regesto Philippi Aug. fol. 46 : *Item Laurentio de Donjon legnagium et Carbonagium per cartam Regis.* Regestum Censuum Carnotensis Comitatus fol. 55 : *Le Charbonage et le Fournage deus illec le jour S. Thomas ès fories de Noël, c'est à savoir chascun feure de la Chastellerie* 3. *den. et celuy ou ceux qui coupent à sarpe pour faire Charbon, chascun* 3. *den. obol.*

* Nostris *Carbonnage*, Jus conficiendi seu accipiendi carbones. Charta Joan. Atrebat. comit. Augi ann. 1379. in Reg. 115. Chartoph. reg. ch. 348 : *Donnons à nostre très-cher et très-amé filz Philippe d'Artois..... son franc maisonner de chesne, son ardoir emprès terre, son Carbonnage, et ce qu'il lui en faudra.*

CARBONARE, Carbonem conficere, in Foris Aragon. lib. 4. fol. 85. v. Edit. 1624.

* Charta Philippi VI. ann. 1328. in Reg. 65. Chartoph. reg. ch. 217 : *Item quod ipsi homines et eorum singuli habent usum... Carbonandi de quibuslibet arboribus.* Vide infra *Carbonizare*.

CARBONARIA. Gloss. Græco-Lat. Ἀνθρακωθήκη, *Cella Carbonaria*, Italis *Carbonaia, Carbonara.* Καρβωναρεῖον, *Carbonarium.* Auctor Queroli : *Ego jamdudum apud Carbonarias agere te putabam, tu de pistrinis venis.* Occurrit in Fleta lib. 2. cap. 41. § 43. Hinc

CARBONARIUS. Helladius apud Photium : Ἀνθρακεύς, ὁ ἐν τῇ συνηθείᾳ καλούμενος καρβωνάριος. [** Vide Glossar. med. Græcit. col. 591.]

Carbonaria, Fornax in foresta ad conficiendum carbonem, in Inquisitionib. de forisfacturis forestar. cap. 15. in Additam. ad Matth. Paris.

* Tertul. de Carne Chr. cap. 6 : *Pervenimus de calcaria, quod dici solet, in Carbonariam.* Tritum proverbium, quod Galli reddimus, *Passer du blanc au noir.*

Carbonaria, Silva notissima, quæ ab ultima Hannonia extenditur Lovanium usque, ac Diestam, fluviumque Tameram; de qua Lex Salica tit. 49. Gregor. Turon. lib. 2. Hist. cap. 9. Gesta Reg. Francor. ann. 437. Rorico Monach. Fredegar. Annales Francor. Metens. [** ann. 687. 690. 716. 717. Pertz. pag. 316. 318. 323.] Nithardus lib. 2. et 4. [** Chronic. Moissiac. Pertz. vol. 1. pag. 283. lin. 42. pag. 290. lin. 21. Annal. Bertinian. ibid. pag. 427. lin. 28. Regin. Chron. ibid. pag. 590. lin. 42.] etc. Sic autem dicta, quod in iis carbones fierint. Vide Wendelinum in Natali, Leg. Sal. cap. 10. et in Gloss. Sal.

Carbonarias, ad urbium mænia extitisse non semel produnt Scriptores. Falco Beneventanus pag. 334 : *Reversi sunt usque ad Carbonariam, foris civitatem, ubi stagnum luteum putridumque inerat, Ducis ipsius suffocaverunt cadaver.* Charta Comitissæ Mathildis ann. 1072. apud Franciscum Mariam in Mathilde : *Una cum Ecclesia illa... ibi consistente, una cum omnibus fossis, et Carbonareis, et muris, et turre, etc.* Chron. Casauriense, in Dominico Abbate : *Unusque eorum* (dedit) *medietatem de Castello Vecclo.... cum muris et Carbonariis, cum Ecclesiis in eisdem ædificatis.* Charta ann. 1047. in Tabul. Casaur. : *Medietatem de ipso castello de Castro vetere cum muris, et cum Carbonariis, et cum casis.* [Gregorii Monachi Chron Farfense, apud Murator. tom. 2. part. 2. col. 443 : *Dederunt in hoc monasterio et vendiderunt terram territorii Sabiniensis intra Podium, quod dicitur Sixtilianus, ab omnibus lateribus Carbonariæ ad portum faciendum pro ipso castello, cum omnibus ædificiis, pretio accepto solidorum centum.* Memoriale Potestatum Regiensium ad ann. 1218. de obsidione Damiatæ, apud eumdem Murator. tom. 8. col. 1092 : *Fecerunt Christiani custodire circum Damiatam, et flumen, et insulam in qua prius remanserant, et alias duas insulas cum Carbonariis et pontis, ne aliqui possent intrare, nec exire.*]

* *Carbonarias* ad urbium mœnia exstitisse non semel produnt Scriptores, ut observat Cangius; sed quid hac voce intelligendum sit, non definit, nec fortassis definire facile est. [** Vide Murator. Antiq. Ital. vol. 2. col. 459.] Fossæ tamen videntur fuisse *Carbonariæ* seu loca profunda, fovearum instar, ad urbium munitionem. Et quidem Academicis Cruscanis *Carbonaia* est *Fosso lungo le mura delle citta, o simili.* Cui notioni haud male conveniunt quæ leguntur in Fragm. Hist. Fulgin. ad ann. 1280. apud Murator. tom. 4. Antiq. Ital. med. ævi col. 140 : *Fuerunt factæ novæ Carbonariæ circa civitatem Fulginiæ.* Et ad ann. 1283. ibid. : *Quum viderunt vexillum, in quo erat imago beati Feliciani, asportatum ibi per presbyteros, apparuit eis maxima Carbonaria inter eos et Fulginates; et sic terga verterunt, credentes in Carbonariam præcipitare.* Annal. Ptolom. Lucens. apud eumd. Murator. tom. 11. Script. Ital. ad ann. 1184 : *Eodem anno fuit consul Alcherius Pagani, qui ædificavit Carbonarias.* Pactum inter Arret. et Castel. ann. 1214. apud Lam. in Delic. erudit. inter not. ad Chron. imper. Leon. Urbevet. pag. 217 : *Promisit..... non facere muros vel Carbonarias circa castrum Castellionis.*

Carbonarium de Asculo, in Charta Longobardica ann. 774. tom. 8. Ital. sacræ pag. 34. Pactum inter Clementem III. PP. et Senatum Romanum ann. 1188. apud Baron. : *Omnes muros et Carbonaria civitatis.... dabitis nobis ad diruendum.* [Memoriale Potestatum Regiens. ad ann. 1218. col. 1101 : *Dominus Legatus fecit remissionem de duobus annis omnibus volentibus portare tabulas, quæ erant circa pontem ad defendenda Carbonaria.* Col. 1102 : *Christiani.... ordinaverunt qualiter poterat capi civitas, et diviserunt totam gentem, et præceperunt bene custodire lazias et Carbonaria statuentes qui prius a Carbonariis discederet, suspendatur in eculeo.*] Ita Καρβωναρεῖα neutro genere dixit Codinus in Orig. Constantinop. quæ in urbe extructa ait ab Hilarione Patricio, Leone Magno imperante.

Carbonator, Qui carbones in silva conficit, Gall. *Charbonnier.* Matthæus Paris ann. 1195 : *Accidit autem ut quidam pauperculus Carbonatorum sylvicola, dum pergeret quisquilias ibidem lignorum colligendo, etc.*

** **CARBONA**, *est truncus in quo congregantur oblationes, melius tamen Corbona.* Gemma Gemmarum. Vide *Corbona.*

* **CARBONATA**, vox Italica, Gall. *Charbonnée*, Caro carbonibus assata; cujus diminut. *Carbonella*, *Carbonnée*, in Glossar. Lat. Gall. ex Cod. reg. 521. Lit. remiss. ann. 1350. in Reg. 80. Chartoph. reg. ch. 279 : *Asserebat quod frustra* (frusta) *aut Carbonatas de corporibus ipsorum* (habitantium) *faceret et eosdem interficeret.* Vide *Carbonella.*

1. **CARBONEA**, Species anseris, apud Fridericum II. Imperat. lib. 1. de Venat. cap. 19.

¶ 2. **CARBONEA**, Idem quod mox *Carbonella.* Statuta Reform. S. Claudii ann. 1448. pag. 82 : *A festo Paschæ ad Ascensionem ministrare debet Pittanciarius Carboneas et pecias lardi ministrari solitas.* Vetus Poeta MS. e Bibl. Coislin. :

Je croi bien se nos eusson
Charbonnée d'un gras bacon
Que nous en beussion moult miels.

Infra :

Nos volon faire Carbonées,
Sont ces escueles lavées?

* **CARBONELIS**, Carbunculus, ulcus pestilens, Gall. *Charbon*, Ital. *Carboncello.* Mirac. MSS. Urbanni V. PP. : *Unam glandulam subtus axellam et duos Carboneles et febrem patiens.*

CARBONELLA. Ugutio : *Carbonella, caro assata.* Alibi : *Frixa, æ, Carbonella, scilicet parum carnis quæ supra carbones cito solet decoqui.* Italis *Carbonata*, *carne salata de porco cotta ne carboni, o nella padella.* Ita Academici Cruscani.

CARBONELLUS Faber. [* Qui in fabricando carbone utitur.] Charta ann. 1144. apud Catellum lib. 2. cap. 17 : *Carbonellus Faber habeat de laboratoribus suis censum, qui vulgo vocatur Lause : et faciat et reparet ferramenta molendinorum, retento ibi pretio, et usu suo, etc.*

* 1. **CARBONERIA**, ut supra *Carbonaria*, Fornax ad conficiendum carbonem, Gall. *Charbonniere.* Stat. Vercel. lib. 3. pag. 86. v°. : *Item quod a strata Cabaliache inferius usque ad Duriam, Padum et Sicidam nullæ fiant Carboneriæ in aliqua parte prope vel longe, et a dicta strata Cabaliache superius non possint fieri prope civitatem per miliaria sex.*

* 2. **CARBONERIA**, Locus, unde carbones ad usum fabrorum ferrariorum eruuntur. Charta ann. 1345. in Reg. 75. Chartoph. reg. ch. 280 : *Item Carboneria lapidum, quæ est in dicta foresta, cujus emolumentum ex ipsa proveniens valere appretiatum est pro redditu annuo quatuor libras Turon.* Vide supra *Carbones maris* in *Carbo* 3.

¶ **CARBONISTA**, Carbonarius, Carbonator, qui facit carbones, Gall. *Charbonnier.* Laurent. Byzynius in Diario Belli Hussitici apud Ludewig. Reliq. MSS. tom. 6. pag. 165 : *Rusticorum ac Carbonistarum multitudinem non modicam... de vicinatu congregavit.*

* **CARBONIZARE**, Carbonem conficere. Charta Occitanica ann. 1311. in Reg. 48. Chartoph. reg. ch. 133 : *Poterit idem Raymundus Carbonizare et carbonem facere pro duobus focis, ad usum dictæ molinæ.* Alia ann. 1327. in Reg. 65. ch. 65 : *Eis imponebatur quod... soccas putrefieri dimittendo, quas Carbonizare debuissent, etc.* Vide *Carbonare* supra in *Carbo* 3.

* **CARBOSA**, pro Carbasa, ni fallor. Elmham. in vita Henr. V. reg. Angl. cap. 19. pag. 36. edit. Hearnii : *Vela ventus prosper imbuit, abyssi facies operitur navibus, tanti oneris vexari pondere, et tanta Carbosa novum pingencia paradisum, etc.*

¶ **CARBUNCULI**, Limites. Vide *Carbo* 2.

* **CARBUNCULUS**, Morbi species, nostris *Fer chaud.* Alex. Iatrosoph. MS. lib. 3. Passion. cap. 5 : *Si* (indigestiones) *fiant de calida distemperantia, ructus habent fumosos cum quadam ustura, quam Romani Carbunculum vocant.*

* **CARCAGIUM**, Vectigal, quod ex carris mercibus onustis percipitur. Charta Phil. Aug. ann. 1184. tom. 4. Ordinat. reg. Franc. pag. 205 : *Nobis hæc habenda perpetuo dederant* (moniales Cuciaci) *videlicet.... medietatem redditum, quos constituerunt ex equis, asinis, quadrigis, carris vinum seu merces alias per Cuciacum aut de Cuciaco deferentibus, excepto Carcagio annonæ et salis.* Sed leg. omnino videtur *Carcagium* vel *Carragium.* Vide infra *Carreagium* 2. Frustra emendatur *Critagium* ex Reg. 167. Chartoph. reg. tom. 10. earumd. Ordinat. pag. 54.

CARCAISSUM, Pharetra, nostris *Carcois*, vel *Carquois* : *Carcasso*, Italis. Charta ann. 1242 : *Unam ballistam de fusto, cum uno croco, et Carcaisso, et cairellis* : id est

Gallice : *avec une arbaleste de fust, avec un croc, un Carquois, et des quarreaux.* Græci nuperi Ταρκάσιον dicunt, quæ vox occurrit apud Joannem Cananum pag. 19. et alios a Meursio citatos. [Vide Glossar. mediæ Græcit. col. 1534.] [** *Carchassius* in Statut. Genuens. de Galeis ann. 1316. ap. Jal. Antiq. Naval. vol. 1. pag. 368.]

¶ **CARCALLUS**, Clitellæ; vel corbes equi clitellaris. Edictum Philippi Augusti Regis Franc. ann. 1207. apud D. *de Lauriere* tom. 2. Ordinat. pag. 412 : *Si debitorem apud Rothomagum inveniunt, ex quo de equo descenderit, Carcallum vel harnisium suum per Majorem propter debitum arrestare poterit.* Vide *Cartallus* 1.

CARCAMUSA, Machina oppugnatoria, Aries. Abbo de Obsid. Paris. lib. 2. vers. 427 :

Arietes, vulgo Carcamusas resonatos,
Dimisere duos.

* Eadem quæ nostris *Mouton*, *marmouton*, *Carcamousse* et *Truye* nuncupabatur. Vide Borellum voce *Mouton*.

CARCANNUM, Collistrigium, vinculum quo rei collum stringitur, nostris *Carcan.* Illud autem competit majoribus Justiciariis, ut est in Consuetud. Blesensi art. 20. Meledunensi art. 3. Laudun. art. 8. etc. Leges Kanuti Regis cap. 56. apud Bromptonum : *In prima accusatione ponatur in Carcanno, et ibi sustineat, donec ad Dei judicium eat.* Vita S. Eparchii ex Sanctorali Bernardi Guidonis : *Nonnulli etiam a catenarum vinculis, et a catastæ tormentis, et pedum ferreis vel ligneis Carchannis absoluti sunt.* Le Roman *d'Aubery* MS. :

Qui mult le fait laidement justicier,
Un grant Charchant li fait el col lacier.

Collarium, Latinis, et recentoribus Græcis. Hesychius : Κλοιός, περιτραχήλιος δεσμός, κολλάριον, ἤτοι μανιάκης. Scholiastes Aristoph. : Κλοιός, τὸ κολλάριον παρ' ἡμῖν λεγόμενον. [A καρκίνος, quod Græcis est genus vinculi *Carcannum* deducit Menagius : hunc, si vis, consule.]

1. **CARCARE**, Onerare, Italis *Carcare*, Gallis *Charger*. *Batelli Carcati*, in Fleta lib. 1. cap. 25. § 9. [Rymer tom. 7. pag. 356. col. 2 : *Ea omnia in quadam navi... Carcare.* Similia leguntur ejusd. tomi pag. 590. col. 1.] Vide *Carricare*.

* 2. **CARCARE**, Onus vehere, Gall. *Porter une charge*. Charta ann. 1311. ex Reg. 46. Chartoph. reg. ch. 37 : *Cum magister, fratres et sorores domus Dei de Andeliaco... haberent unum equum Carcantem boscum in foresta nostra de Andeliaco ad calfagium pauperum dictæ domus, nos loco dicti equi Carcantis boscum*, etc. Vide *Carricare* 2.

* 3. **CARCARE**, Implere, quo sensu etiam *Charger* usurpamus. Charta ann. 1317. in Lib. rub. Cam. Comput. Paris. fol. 535. r°. : *Item concessit* (Phil. rex) *Guillelmæ uxori Roberti de Gamachiis militis 80. minas avenæ, ad mensuram Carcatam et impulsam, ad hæreditatem, pro 24. lib. 8. sol. 3. den.*

CARCASIUM, Carcosium, Cadaver, intestinum. Charta Edw. III. tom. 2. Monastici Anglic. pag. 417 : *Et dimidium rasorii de Groth-malt, et de uno Carcasio bono arietis.* Statuta Gildæ Berwic. cap. 24 : *Statuimus quod nullus carnifex de cætero vendat infra burgum de Bervico Carcasia mutonum a festo Paschæ ad festum Pentecostes carius 16. denariis.* In Chron. Will. Thorn, *de Carcoisis boum*, leg. *de Carcosiis.* Ita etiam in Fleta lib. 2. cap. 76. § 17. *Carcosium* legitur. [Apud Rymer. tom. 5. pag. 12 : *Quadrigenta quater viginti et decem Carcasia bovina vel boves.* Totidem sunt boum cadavera, carnibus sale conspersis vel exsiccatis.] Vide Menagii et Ferrarii conjecturas de vocis etymo.

¶ **CARCATA**, Onus, Gall. *Charge*, Hisp. *Carga*, Ital. *Carca*. Vide locum in *Colacus*.

* **CARCAVA**, Morbi species, f. pro *Cartana*, Febris quartana, ut suspicatur D. *Le Beuf* in Dissert. edita tom. 17. Comment. Acad. Inscript. pag. 731.

¶ **CARCAYSSIS**, ut supra *Carcaissum*. Garnisiones inventæ in Castro Carcass. ann. 1294 : IIII. ^{xx}. XIX. *baliste unius pedis*, VI. ^{xx} XII. *croci*, ^{L}. *Carcaysses*, XVI. ^{m} VI ^{c} *carelli*.

¶ **CARCELAGIUM**. Vide *Carcerarium*.

* **CARCELLARIA**, Carcer; *Carce*, in Chron. inter Probat. tom. 3. Hist. Nem. pag. 4. col. 1. Unde *Carcellarius*, nostris *Carcellier*, carceris custos, et *Carcellagium*, quod ipsi ab incarcerato pensitatur; Hisp. *Carcel*, a quo *Carcelero* et *Carcelage*, iisdem notionibus. Libert. MSS. pro Barcin. ann. 1283 : *De Carcellariis. Item concedimus capitulum quod Carcellarius castri curiæ nostræ non recipiat ab incarceratis ibidem, nisi eo modo quo consuetum est fieri antiquitus.* Charta Petri III. reg. Aragon. ann. 1353 : *Ordinamus quod.... captum vel captos ad Carcellarias communes...... remitti faciatis.... Quo casu idem algutzerius nequeat recipere vel habere, nisi tantum Carcellagium dupplicatum illius salarii, quod reciperent Carcellarii, et non ultra.* Pariag. pro castro de Miromonte ann. 1346. in Reg. 198. Chartoph. reg. ch. 527 : *Item quod in dicto castro fiat et instituatur carcer communis, et jaulerius seu Carcellarius.* Lit. remiss. ann. 1400. in Reg. 155. ch. 73 : *Aymar Botin nostre sergent, n'agaires Carcellier ou garde de nos prisons de Voix en nostre Dalphiné, etc.*

* 1. **CARCELLUS**, pro *Cartellus*, Chartula, schedula. Lit. ann. 1357. tom. 3. Ordinat. reg. Franc. pag. 190. art. 4 : *Quod consules dicti loci* (Vaurensis) *in fine eorum consulatus eligebant duodecim homines dictæ villæ, quos tradebant in quodam Carcello seu rotulo præfato judici.* Vide *Cartellus* 1.

* 2. **CARCELLUS**, Cophinus vel Canistrum, ut videtur. Obituar. eccl. Lingon. ex Cod. reg. 5191. fol. 246. r°. : *Johannes de Gilauco puer nobilis, canonicus Lingonensis, qui dedit.... sex Carcellos, ad ponendum circa majus altare in diebus majorum solemnitatum.* Vide *Cartallus* 1.

1. **CARCER** sub Terram. Lex Longob. tit. 57. [** lib. 1. tit. 25. § 54. Liutpr. lib. 6. cap. 26.] : *De furonibus unusquisque judex in civitate sua faciat Carcerem sub Terram,... et immittat in ipsum carcerem ad annos duos, etc.* Nostris *Cul-de-basse-fosse.* Passio S. Felicis Episcopi Tubizacensis : *Jussit eum legatus in ima Carceris mitti.* [** Vide Haltaus. Glossar. German. col. 607.]

Carcer Canonicalis Disciplinæ, in Concilio Coloniensi ann. 1260. can. 1. ubi vulgo *Episcopalis*. De carcere monachico agitur in Capitulari Aquisgranesi ann. 817. cap. 40. et in Monastico Cisterciensi pag. 11. Vide *Decanicum*. Huc spectat Epistola ad Rotrodum Archiepisc. Rotomag. in nupera Conciliorum Rotomag. Eccles. Editione pag. 159 : *Si vero Clericus aliquis pro suis culpis a ministerialibus Prælatorum Ecclesiæ captus fuerit, non patiaris eum custodiæ publicæ mancipari, aut in carcerem Laicorum retrudi, sed potius in domo tua, vel alterius Ecclesiasticæ personæ, ejus custodiæ locum facias congruum provideri, ubi secundum qualitatem et quantitatem delicti debeat custodiri.*

Carcer Tædialis, apud Foristas Aragonenses, *dicitur quando aliquis est captus pro debito civili.* Vide Michaelem *del Molino* in Repertorio Fororum Aragon.

Carceris Immunitas, data dicebatur hæreticis Albigensibus *infra certam diem sponte venientibus, pœnitentibus, et tam de se quam de aliis plenam dicentibus veritatem*, quibus quidem variæ pœnitentiæ injungebantur : *cum hæretici et credentes, qui veritatem de se vel de aliis suppresserant, vel infra tempus indulgentiæ non venerant*, perpetuo carceri addicerentur. Concilium Narbonense ann. 1235. can. 49.

* Glossar. vet. ex Cod. reg. 7641 : *Carcer, metallum, ergastulum, custodia, vel spelunca ventorum, vel forceps.*

¶ Carcerales Catenæ, apud Rymerum tom. 1.

¶ Carceraliter Inclaustrari, pro Carcere concludi, in Litteris Clementis Papæ pro Monasterio S. Joannis Angeriac. ex Chartulario ejusd. Cœnobii pag. 400.

¶ Carcerare, In carcerem conjicere, carcere detineri, apud eumdem Rymerum tom. 4. pag. 39. et tom. 4. Concil. Hisp. pag. 12. col. 1. in Litteris mox laudatis Clementis Papæ ex Chartulario S. Joannis Angeriac. pag. 401. *Carceratus*, in Legibus Norman. cap. 50. apud Ludewig. Reliq. MSS. tom. 7. pag. 252. et in Breviario Hist. Pisanæ apud Muratorium tom. 6. col. 171.

* 2. **CARCER**, Cella, in qua quis se includit ad vacandum Deo, idem quod *Reclusorium*. Stat. synod. episc. Eugub. ann. 1303. apud Cl. V. Garamp. in Dissert. 1. ad Hist. B. Chiaræ inter not. pag. 100 : *Ordinamus quod mulieres et sorores in Carceribus commorantes vel cellis, nullum ostium habeant vel fenestram, per quod vel quam persona aliqua ingredi valeat vel exire, nisi forte esset aliquis Carcer vel cella habens claustrum muratum altitudine x. pedum.* [** Haltaus. Glossar. German. col. 622. Chart. ann. 1274 : *Hospitale ... inchoavit, ubi jam pauperes et infirmi .... in Carcere domini detinentur, etc.*] Hinc qui domi detinentur inclusi ex infirmitate, aliave ratione, *Carteriers* et *Cartiers* nuncupantur, in Vita J. C. MS. :

El siecle n'ot si boine ouvriere
De fille à femme Carteriere...
La pucelle s'en vait courant
A sa mere qu'ele ot moult chiere,
Jasoit chou qu'ele fu Cartiere.

Paulo ante de eadem muliere infirma hæc leguntur :

La dame estoit moult mehaigniée
Et de grant dalour enlachiée......
Toute estoit en un clot ferue, etc.

Sed et reapse incarcerati *Cartriers* dicuntur ibidem :

Saint Phanuiaus fu moult preudon,
Et de moult grant relegion,
Les Cartriers aloit visiter
Et les malades revinder.

Chartriers, eodem sensu, in Charta ann. 1405. ex Reg. 160. Chartoph. reg. ch. 37 : *Les proviseurs et administrateurs des poures et Chartriers de ville et cité de Reins, etc.* Vide *Carcerarius* et *Incarcerati.*

CARCERARIUM, CARCELAGIUM, [CARCERAGIUM, Hisp. *Carcelage*,] quod commentariensi, seu carceris custodi, præstatur ab incarcerato pro victu et potu qui ei subministrantur. [Constitutio Ludovici Regis Jerusalem et Siciliæ ann. 1352. e MS. D. *Brunet* fol. 98 : *Carcerarii seu commentarienses a carceratis pro debitis fiscalibus, seu pro quibusvis delictis, pro Carceragio nichil accipiant.* Occurrit eadem vox *Carceragium*, in Concilio anni 1384. apud Marten. tom. 4. Anecd. col. 346. in Charta Ludovici Hutini, apud Lafallium tom. 1. Hist. Tolos. Probat. pag. 63. et *de Lauriere* tom. 1. Ordinat. pag. 556.] Tabular. Episcopat. Ambian. ann. 1318 : *Pro geolagio, seu Carceragio, etc.* Vide *Carcellaria.*

CARCERARIUM. In Statuto Ludovici Regis 1. April. 1315. pro Occitaniæ incolis, prohibetur ne quis innocens judicatus sub prætextu *geolagii*, *seu Carcerarii* in carceribus detineatur. Occurrit præterea in Concilio Bituricensi anni 1336. can. 12. Vide Alciati Parerga, et in vocib. *Catenaticum*, et *Geolagium.*

CARCELAGIUM, Eadem notione. Curia Generalis Catalaniæ celebrata Gerundæ sub Jacobo II. Rege Aragon. ann. 1320. MS. : *Item statuimus quod Carcerarii Vicariorum, vel Bajulorum, aut aliorum Officialium, non possint exigere seu habere ab aliquo capto inter diem et noctem pro Carcelagio nisi 6. denar. Barcin.* Passim in hisce Curiis.

** CARCERATICA. Idem. Charta ann. 1107. ap. S. Rosa de Viterbo Elucid. vol. 1. pag. 235 : *Unam mantam adpretiatam in 4. modios et 7. cubitos de lenzo, que dedimus ad illos saiones in Carceratica et 2. modios in saionizio.*

¶ CARCERARIORUM EXACTIONES, in Præcepto Philippi Pulcri, apud D. *de Lauriere* tom. 1. Ordinat. pag. 499.

CARCERARIUS, Carceris custos. Gloss. Lat. Gr. : *Carcerarius*, φυλακτίτης. [Gloss. Græc. Lat. φυλακίτης.] Ugutio : *Carcerarius, qui carcerem facit, vel custodit. Carceriere*, Italis. Victor Uticens. lib. 3 : *Sed populus ille... in Domino semper fidelis, dato munere Carcerariis, die ac nocte Christi Martyres frequentabat.* Occurrit præterea in Lege Wisigoth. lib. 7. tit. 4. § 3. in Vita S. Potiti Mart. cap. 3. in Act. S. Montani Mart. num. 17. apud Ordericum Vitalem pag. 384. etc. Le Roman *de Garin* MS :

Magon apele, qui ert ses Chartreniers,
Garde cestui, et soit forment loiez.

Le Roman *de Jordain de Blays* MS :

Dont les assaillent Serjant et Charterier
En une chartre font Renier tresbuchier.

Philippus *Mouskes* in Hist. Francor. MS. :

Un jour li enfant mult plorerent,
En cele prison u il erent,
Quer li Carteriers leur gehi,
Que tousjors seroient ensi.

Guillelmus *Guiart* MS :

Tantost son Chartrenier appele,
Con pot voir emmi les sales,
Trois prisonniers de France pales, etc.

CARCERARII, Ipsimet rei carcere inclusi. Vita S. Mederici cap. 11 : *Audivit Carcerarios reclusos in carcere.* Gregor. Turon. de Vitis Patrum cap. 8 : *Audivi in una nocte in septem civitatibus Carcerariis apparuisse beatum virum, eosque absolvisse ab ergastulo.* Chronicon Flandriæ cap. 66 : *Et encores le detiennent en prison fermée, en faisant Chartrier de leur propre seigneur.* [Græcis inferioribus φυλακῖται. Vide Glossarium mediæ Græcitatis.]

CARCERARII, Infirmi, ægroti, lecto detenti, seu clinici, quomodo *Chartriers* nostri olim dicebant, seu *Estre en Chartre.* Testamentum cujusdam Sibyllæ civis Remensis ann. 1270 : *Item pauperibus Carcerariis et verecundis parochiæ S. Hilarii Remensis 12. lib. etc. Item pauperibus Carcerariis S. Petri veteris 12. libr. etc.* Vide *Carcer*, 2.

¶ **CARCERATIO**, Detentio in carcere. Ludewig. Reliq. MSS. tom. 5. pag. 331. ex Juramento Ordinum regni Daciæ : *Exhaustusque perpetuo fetore, pestifero aere, anxietate longaque Carcerationis mora.*

¶ **CARCERIUM**, pro *Quarterium*, Quarta pars. Charta anni 1227. ex parvo Chartulario S. Victoris Massil. fol. 130 : *Recognosco quod ego non debeo aliquid habere in territorio de Salernis Inasisidis de quarteriis cervorum, vel aprorum, vel aliarum venationum... quapropter unum Carcerium cervi, quod mei homines ultra dictos terminos tibi abstulerunt, tibi confiteor me reddidisse.*

* Perperam pro *Carterium.*

* **CARCESSIA**, *Genus poculorum, species poculorum, cimbia poculorum*, in vet. Glossar. ex Cod. reg. 7646. pro *Carchesia.* Vide Macrob. Saturn. lib. 5. cap. 21.

CARCERIZARE, Carceri mancipare, in Edicto Felicis PP. propter Acacii Episcopi Constantinop. damnationem : *Meque in meis credidit Carcerizandum.*

¶ **CARCHANNUM.** Vide *Carcannum.*

* **CARCHESIA**, *Coupel de nef, vel instrument*, in Glossar. Lat. Gall. ex Cod. reg. 7692. Aliud Provinc. Lat. ex Cod. reg. 7657 : *Polyeya, Prov. Carchesia, trochlea, girgillus, austra, austrum.* Vide Lex. milit. Caroli de Aquino voce *Carchesium.* [** et Isidor. lib. 19. cap. 2. § 9.]

* **CARCIONARIUS.** Charta Ludov. Pii ex Chartul. Miciac. : *Ludovicus..... omnibus episcopis, abbatibus, ducibus, comitibus vel vicedominis, vicariis, centenariis, telonariis, Carcionariis et omnibus rempublicam procurantibus, etc.* Sed legendum est *Actionariis*, ut in aliis ejusd. imper. chartis passim occurrit. *Carsonnier*, non satis perspecta mihi notione, in Lit. remiss. ann. 1472. ex Reg. 195. Chartoph. reg. ch. 809 : *Auger Dongart.... demourant à Honnefleu, Carsonnier et maistre du petit batel d'une nef, etc.*

* **CARCUR.** Vita S. Lugidii tom. 1. Aug. pag. 343. col. 1 : *Pedem Carthachi, patris Lugidii, dolor pessimus, scilicet Carcur, consumpsit.* Ubi docti Editores emendant, *Cancer.*

CARCOISIUM, CARCOSIUM. Vide *Carcasium.*

¶ **CARD.** Vide *Clack* et mox *Carda* 2.

1. **CARDA.** Ugutio : *Grapides, apud Græcos vocatur quædam avis, apud nos Carda, quia gravi volatu detenta, ut non cæteræ volucres, attollitur velocitate pennarum.* Vide *Campatgium.*

* Perperam prorsus, pro *Tarda.* Vide supra *Avistarda.*

2. **CARDA.** Visitatio Thesaurariæ S. Pauli Londinensis. ann. 1295 : *Cum casula de panno inaurato in canabo, linea una Carda Indici coloris, cum panno consimili de Venetiis ad pendendum ante altare, consuto panno lineo, ... similiter Carda Inda cum zona de filo, cum duabus tuallis altaris, longitudinis duarum ulnarum, etc.* Alibi : *Unum velum Quadragesimale de Carde croceo et Indico.* [Jura Eccles. SS. Bertini et Audomari in Teloneo MS. Ecclesiæ Cathedralis : *Item carteia de cumbis falconum* 11. *den. Carteia de Cardis* 11. *den.*]

* Panni species videtur.

¶ 3. **CARDA**, *Virile ac bellicosum*, in Vocabulario Sussannæi. An a Græco καρδία, Cor, animus.?

* 4. **CARDA**, pro *Carta* seu *Quarta*, Mensuræ species. Charta ann. 1281. in Chartul. Cluniac ch. 347 : *Durandus* (debet) *unum meterium frumenti, medietatem unius Cardæ olei, etc.* Vide *Carta* 1.

* 5. **CARDA**, f. pro *Venda.* Vide *Campatgium.*

¶ **CARDAFEDA.** Vide *Cadarfreda.*

¶ **CARDAMUS**, Nasturtium, Gall. *Nasitort, Cresson.* Gasp. Barthii Glossarium apud Ludewig. Reliq. MSS. tom. 3. pag. 444. ex Guiberti Hist. Palæst.

* **CARDARE**, Carduo lanam seu pilos pannorum extrahere, Gall. *Lainer.* Stat. pro arte parator. pannorum Carcass. renovata ann. 1466. in Reg. 201. Chartoph. reg. ch. 121 : *Item quod nullus poterit nec debebit Cardare aliquem pannum....... cum trua, sub pœna confiscationis panni. Charpiner*, eadem notione, in Vit. SS. Mss. ex Cod. 28. S. Vict. Paris. fol. 332. v°. col. 2. ubi de S. Pelagio PP : *La feme l'empereur par nom Josaphat manda à Narses ceste injure, que ele le feroit filer o ses esclaves et Charpiner la laine.*

* **CARDATOR**, Carminator, Gall. *Cardeur*, alias *Escardeur.* Charta ann. 1130. inter Probat. tom. 2. Hist. Occit. col. 455 : *Illos* (molendinos) *tali pacto vobis donamus, ... quod jam dicti molendini lucrati fuerint omnes cardones, et Cardatores, et sagimen, et sepum, etc.* Transact. ann. 1532. ex schedis Pr. *de Mazaugues* : *Clemente Salveti Cardatore lanæ dicti castri, etc.* Vide mox in *Cardi.*

* **CARDEGHUM**, Inter aromaticas species recensetur, in Convent. Saonæ ann. 1526 : *Pro quibuscumque generibus specierum, seu aromatum et drogariarum, videlicet ..... gallarum, corallorum, Cardeghi, etc.*

CARDENA. Vide *Alchaz.*

¶ **CARDETUM**, Locus carduis plenus. Acta SS. April. tom. 3. pag. 357. ubi de Miraculis S. Marci : *Si tollatur de Cardeto* *vel herba loci, in quo tractus fuit B. Marcus, emanat sanguinem.* Et tom. 1. SS. Junii pag. 13. de S. Claro Episcopo : *Itaque per Cardetum trahi præcipiunt nudum.* Acta SS. Benedict. sec. 4. part. 2. pag. 13. in Vita B. Rabani Episcopi auctore Rudolfo : *Qui tempore Decii Imp. ligatus pedes ad colla indomitorum equorum, et per Cardetum tractus, emisit spiritum.*

¶ **CARDI,** *sunt quasi ferrei pectines quibus homines laniantur.* Papias MS. Bituric. Est pro *Cardui*, Gallice *Chardons*. Vide *Cardo*.

* Acta S. Agapiti tom. 3. Aug. pag. 534. col. 1 : *Deinde fecit eum in ligno fortiter tendi et Cardis ferreis totum corpus ejus dilacerari.* Occurrit rursus infra col. 2. et tom. 6. Jul. pag. 161. col. 2. Instrumentum supplicii, haud dissimile a pectine ferreo, quo lana carminatur, nostris *Carde*, alias *Escarde :* unde *Escarder* et *Escardeur*, vel *Eschardeur* dixerunt, pro *Carder* et *Cardeur*. Lit. remiss. ann. 1450. in Reg. 186. Chartoph. reg. ch. 15 : *Le suppliant et ses gens Escarderent et fillerent une tresse pour faire ung drap, ... geta contre ledit Georget unes Escardes qu'il avoit en sa main.* Aliæ ann. 1473. in Reg. 194. ch. 366 : *Jehan Girard Escardeur de laynes ..... gaingnoit ses journées..... à Escarder laynes, Colin Manceau varlet Escardeur de laine*, in aliis ann. 1373. ex Reg. 105. ch. 240. *Eschardeur*, in Stat. ann. 1403. tom. 9. Ordinat. reg. Franc. pag. 173. art. 28.

CARDIACUS Color. Joan. Diac. lib. 4. Vitæ sancti Gregorii cap. 84 : *Ore rubeo, crassis et subdividuis labiis, genis compositis, mento a confinio maxillarum decibiliter prominente, colore aquilino, et livido, nondum, sicut ei postea contigit, Cardiaco.* Quo loco Angelus Rocca existimat *Cardiacum* colorem a *morbo Cardiaco* appellari, eumque esse quo hujusmodi passione affecti tingi solent, pallidum nempe croceatum, seu gilvo pauxillum tinctum. [Jam in voce *Aquilinus* observatum fuit ex *Valesianis*, Cangium nostrum in expositione præpositi loci deceptum fuisse mala illius interpunctione, atque sic legendum esse, *colore aquilino, et* (vel potius *at*) *livido nondum, sicut ei postea contigit Cardiaco*, hoc est, Gregorio *Cardiaca* laboranti. Ne igitur inferas ex hoc loco quemdam esse colorem, quem Joan. Diaconus dixerit *Cardiacum :* non color hoc vocabulo, sed Gregorii languor, omnibus satis notus, exprimitur.]

* **CARDIALGIA**, *Dolor cordis*, in Gloss. ad Alex. Iatrosoph. Ms. lib. 1. Passion. cap. 35 : *Dieta enim expedit eis, qui Cardialgiam patiuntur.*

CARDICUM. Charta sub Ludovico Pio exarata, apud Ughellum tom. 5. Ital sacr. pag. 612 : *Cum brolio, cum curte, pratis, capilo, et Cardico, piscinibus, aquariis, etc.*

¶ **CARDINALATUS**, Cardinalia. Vide *Cardinalis.*

¶ **CARDINALICANA**, Scripturæ genus. Vide *Scriptura.*

CARDINALIS, Præcipuus, principalis. *Quatuor venti Cardinales*, apud Servium ad 1. Æneid. *Scapi Cardinales*, apud Vitruvium lib. 4. cap. 6. *Cardinalia Christi opera*, apud Cyprianum. Augustinus lib. 1. de Baptism. præcipuos partis Donati *Cardinales* vocat. *Princeps Cardinalis*, apud Senatorem lib. 7. Epist. 31. Ita in Notitia Imp. non semel. *Cardinalis Missa*, in lib. 2. Miracul. S. Bertini cap. 7. et apud Bovonem de Invent. S. Bertini cap. 12. [Vide *Missa Cardinalis*.] *Cardinale altare*, apud eumdem cap. 3. quod *principalis ara* eidem dicitur cap. 7.

Cardinales Ecclesiæ Romanæ, de quorum origine ita sentiendum. Ædes sacræ in civitatibus duplicis potissimum fuere generis : aliæ enim parochiarum, uti nunc dicuntur, vice erant, quas *Titulos* vocabant, ad quas conveniebant fideles, divinas Liturgias audituri, et sacram Eucharistiam percepturi. Aliæ dicebantur *Diaconiæ*, erantque publicæ quodammodo pauperum hospitales domus, quibus adjuncta erant Sacella, quæ *Diaconiæ* perinde nomen, potissimum labente sæculo, obtinuere. Priori ædium sacrarum generi præerant Presbyteri, alteri Diaconi. Si quæ vero aliæ ædes sacræ essent in civitatibus, *Oratoria* dicebantur, in quibus nec Baptismus celebrari, nec Sacramenta fidelibus ministrari fas erat; sed tantum *Missæ privatæ* a Capellanis, seu a Presbyteris quos *Locales* nuncupabant, tanquam alicui loco addictos, *fiebant*. Ut igitur ab illis Oratoriis cæteræ ædes sacræ distinguerentur, *Cardinales* appellatæ sunt, seu *Tituli Cardinales*, id est, principales et præcipuæ, quemadmodum earumdem Presbyteri itidem *Cardinales* nuncupati sunt.

Præsertim vero id Romæ obtinuit : nam et si *Presbyteri Cardinales* universim appellentur Parochi, uti suo loco docemus, is potissimum titulus attributus fuit Presbyteris, qui *titulis* ejusdem urbis addicti erant, id est, Ecclesiis parochialibus : qui quidem tituli *Cardinales primæ sedis* dicuntur in Capitulis Aytonis Episcopi Basil. cap. 90. Horum eximia semper fuit dignitas, ut qui summo Pontifici sacra facienti, et in Stationibus ac Processionibus adessent, eique ministrarent : *quos* ideo *Presbyteros sui Cardinis* vocabant, ut Leo IV. PP. in Synodo Romana ann. 853. et Joannes VIII. PP. Epistola 83. 89. quemadmodum etiam Diaconi Diaconiarum in iis muniis quæ Diaconorum officium spectabant, quos *Cardinales* etiam appellarunt, quod cum Presbyteris Cardinalibus summo Pontifici adessent, vel quod præcipui essent ex ordine Diaconorum. Hos *Diaconos in Cardine constitutos in urbe Roma* appellant Capitularia Caroli Magni lib. 1. cap. 139. [** 133.] ubi eorum dignitas satis innuitur. Sed et ejusmodi Diaconias interdum in titulos Cardinales Presbyterorum erectas docet Baronius ann. 603. n. 3. In suis vero parochiis Cardinales Presbyteros Romanos id munii obisse, quod cæteri Ecclesiarum parochialium Presbyteri, satis docet Constitutio Joannis VIII. PP. de Jure Cardinalium edita ab eodem Baronio ann. 882. n. 8.

* Cardinales nuncupati non ii modo, qui Romæ ecclesiis parochialibus præerant, sed et in aliis passim ecclesiis; ita etiam dicti canonici vel presbyteri, qui episcopo a consiliis erant. Charta Anselmi archiep. Mediol. in Chartul. Cluniac. ch. 136 : *Notum fieri volumus, quod nos in nostra Mediolanensi ecclesia cum nostris Cardinalibus, etc.* Bulla Bened. PP. VII. ann. 975. tom. 1. Hist. Trevir. Joan. Nic. ab *Hontheim* pag. 313. col. 2 : *Cardinales quoque presbyteri, fratre nostro Theodorico archiepiscopo missam celebrante, dalmaticis..... utantur.* Quæ appellatio etiamnum obtinet in nonnullis Galliarum ecclesiis.

Cardinalium Romanorum ea fuit potissimum prærogativa, quod in dirimendis Ecclesiasticis negotiis Pontifici semper adessent, eorum decreta probarent ac subsignarent, atque adeo cum iis in Synodis considerent. Gaufridus Grossus in Vita B. Bernardi Abbatis de Tironio cap. 28 : *Hoc ab illa obtinere voluit, ut Cardinalis sacerdotii dignitatem susciperet, et Romæ secum Ecclesiasticarum rerum negotia tractaturus remaneret.* Carmen de Curia Romana v. 580. ubi de Cardinalibus :

Dic agi quid faciunt quibus est a Cardine nomen
Post Papam, quibus est immediatus honor?
Expediunt causas, magnique negotia mundi,
Extingunt lites, fœdera rupta ligant.
Isti participes onerum, Papæque laborum,
Sustentant humeris grandia facta suis.

Et infra :

Nec ratione vacat, quod habent a Cardine nomen,
Deservire solent nomina rebus in his.
Porta suos postes sine Cardine claudere nescit,
Nec bene præter eos Pastor ovile regit.
Cardo tenet portam, nec quid valet illa remoto
Cardine, sic Papa nihil valet absque viris.

Præsertim vero in hoc eminebat illorum auctoritas, quod ex iis fere semper summi Pontifices eligerentur, vel certe ex ordine Cardinalium Presbyterorum, non vero Episcoporum, uti postea factitatum constat. Tradit quippe Leo Ostiensis lib. 1. Chron. Casin. cap. 48. Stephanum PP. VII. Formosi prædecessoris sui corpus de sepulcro extrahi, abjicique mandasse, cunctasque ipsius ordinationes irritas esse constituisse, *pro eo quod cum esset Ostiensis Episcopus contra sanctorum Canonum decreta Apostolicam invaserat sedem.* Unde in Concilio Romano sub Stephano IV. statutum legimus apud Anastasium pag. 95 : *Ne ullus unquam præsumat Laicorum, neque ex alio ordine, nisi per distinctos gradus ascendens, Diaconus aut Presbyter Cardinalis factus fuerit, ad sacrum Pontificatus honorem possit promoveri.* Deinde cum Clerus Romanus in eorumdem Pontificum electionibus præcipuum obtineret locum, non mirum si magna fuit auctoritas Cardinalium Romanorum, quibus tandem solis eæ electiones attributæ ex decretis ipsorum Pontificum : quod Nicolao II. PP. adscribit Chronicon S. Vincentii de Vulturno : *Iste in generali Synodo statuit et confirmavit, ut post depositionem Romani Pontificis conveniant simul Episcopi, Presbyteri, et Diaconi Cardinales : et quemcumque sano consilio decreverint, eligant Pontificem, etc.* Vide Concilium Romanum ann. 1059. can. 1. et ibidem subjectum Decretum de electione Pontificis Romani.

Verum *Cardinalis* appellatio, quæ, ut dixi, omnibus *Presbyteris titulorum* communis erat, penes solos fere Ecclesiarum Romanarum, seu *titulorum* Presbyteros, constitit, ad septem ex Episcopis Romanæ diœceseos postmodum translata. Quippe ex veteri Rituali, quod ex Codice Vaticano descripsit Baronius ann. 1057. num. 10. tituli Cardinales quinque Ecclesiis, quas Patriarchales vocant, suberant, quarum prima est *Ecclesia Lateranensis*, quæ et *Constantiniana* et *Basilica Salvatoris* diverso nomine nuncupatur. Hæc septem *Cardinales Episcopos* habebat, qui dicebantur *Collaterales* et *Hebdomadarii*, eo *quod singulis hebdomadibus per vices explerent munus Pontificis*. Hi sunt Episcopi Ostiensis, Portuensis, S. Rufinæ, sive Silvæ candidæ, Albanensis, Sabinensis, Tusculanus, et Prænestinus. Septem Cardinalium Episcoporum et hebdomadariorum meminit Anastasius in Stephano PP. pag. 96. de quorum prærogativa hæc habet Petrus Damiani lib. 2. Epist. 1. de Ecclesia Lateranensi : *Hæc 7. Cardinales habet Episcopos, quibus solis, post Apostolicum, sacrosanctum illud altare licet accedere, ac divini cultus mysteria celebrare, etc.* Et lib. 1. Epist. 2 : *Quid tibi de Cardinalibus videtur Episcopis, qui videlicet et Romanum Pontificem principaliter eligunt, et quibusdam aliis prærogativis, non modo quarumlibet Episcoporum, sed et Patriarcharum atque Primatum jure transcendunt ? etc.*

Secunda Patriarchalis Ecclesia est sanctæ Mariæ, Major dicta, quæ pariter sub se habebat septem Cardinales Presbyteros, scilicet Cardinales SS. Apostolorum Philippi et Jacobi, S. Cyriaci in Thermis, S. Eusebii, S. Prudentianæ, S. Vitalis, SS. Petri et Marcellini, et S. Clementis.

Tertia Patriarchalis Ecclesia S. Petri est, cui suberant septem Presbyteri Cardinales, scilicet S. Mariæ trans Tyberim, S. Chrysogoni, S. Ceciliæ, S. Anastasiæ, S. Laurentii in Damaso, S. Marci, SS. Martini et Silvestri.

Quarta Patriarchalis Ecclesia est Basilica S. Pauli, in qua erant Cardinales S. Sabinæ, S. Priscæ, S. Balbinæ, SS. Nerei et Achillei, S. Sixti, S. Marcelli, et S. Susannæ.

Quinta Patriarchalis Ecclesia est S. Laurentii extra muros, in qua erant hi Cardinales, S. Praxedis, S. Petri ad vincula, S. Laurentii in Lucina, SS. Joannis et Pauli, SS. IV. Coronatorum, S. Stephani in Monte Cœlio, et S. Quirici.

His autem Patriarchalibus Ecclesiis præfecti erant hi, Lateranensis primus Episcopus Collateralis, S. Mariæ Majoris Archipresbyter Cardinalis, et Ecclesiæ S. Pauli Abbas Cardinalis.

Præter hos titulos sunt Diaconi 18. et Subdiaconi 21. de quibus suo loco.

Successu deinde temporis Cardinalitia dignitas aliis Episcopis, quam in hoc Ceremoniali descriptis, delata legitur. Primum autem ex Episcopis Conradum Moguntinum Archiepiscopum *Cardinalis* dignitate donatum aiunt ab Alexandro III qui hac etiam insignivit Galdinum Salam Mediolanensem Archipræsulem ann. 1165 Verum ut plurimum ejusmodi Cardinales Episcopi ad unum e septem illis Romæ vicinis Episcopatibus, qui forte vacaret, promovebantur, quod raro admodum ea ætate præstabant summi Pontifices. Postea sensim obrepsit, ut etiam Episcopi fierent Presbyteri Cardinales, et ad titulum aliquem ex Romanæ urbis titulis promoverentur, quod de Campaniensi Guillelmo Remensi Archiepiscopo factitatum legimus, quem Clemens III. seu, ut alii volunt, Alexander, ad Cardinalatus apicem tituli S. Sabinæ, qui est Presbyterorum titulus, promovit postmodum, quod parce admodum fiebat, Clemens V. qui primus Avenione sedit, et cæteri deinceps Episcopos effecerunt Cardinales Presbyteros. Sed de Cardinalibus, et eorum origine, consulendi Onufrius Panvinius libro de Cardinalib. Ciacconius, Hieronymus Plautus de Cardinalis dignitate et officio, Duarenus lib. 1. de Sacris Eccl. Minist. cap. 13. Frison. in Gallia Purpurata, Josuas Arndius in Lexico Antiquit. Ecclesiastic. [** Murator. Antiq. Ital. vol. 5. col. 155. sqq.] et alii sine numero.

* Cardinalium ea etiam fuit prærogativa, haud scio tamen an bene asserta, ut transeuntes per urbem carceribus saltem ecclesiasticis detentos liberarent. Lit. remiss. ann. 1364. in Reg. 96. Chartoph. reg. ch. 409 : *Comme le suppliant eust esté pris et emprisonnez ès prisons de l'arcevesché de Sens, et illec détenu prisonnier par l'espace de trois ans ou environ; desquelles prisons ainsi qu'il passoit deux Cardineaux par lesdites parties, qui firent faire grace et délivrance generaument aux prisonniers adonc estans en icelles prisons, il fu délivré, etc.*

* Cardinales a Carolo VI. reg. Franc. *Amici* compellantur, in Ch. ann. 1384. ex Memor. E. Cam. Comput. Paris. fol. 54. v° : *Nous aions entendu que soubz umbre ou couleur de aucunes modérations ou rémissions par nos prédécesseurs faites de grace espécial sur le fait de la reve en reverence de Dieu et de Saincte Eglise, et contemplacion de nostre saint Pere pour son hostel et ses domestiques familliers ou stipendiers, pour noz Amiz les Cardinaulx, etc.* Quoad formulam vero usitatam in epistolis a Rege Cardinalibus inscriptis, hæc leguntur in Cod. reg. 9824. 7. fol. 709. r° : *Cardinalibus semper rex supra scribitur, prout fit in suis subditis, scilicet in margine superiori dicitur : De par le Roy; et infra litteram sic dicitur : Cardinal d'Amiens très-cher et féal ami. Sunt aliqui secretarii, qui dicunt quod rex neminem salutat in fine litterarum, præter papam, imperatorem et aliquos reges, hoc est, quod non ponitur in fine litterarum illa clausula : Nostre Seigneur vous ait en sa garde. Sed per multos antiquos vidi contrarium, videlicet quod in litteris Cardinalibus directis, in fine semper ponitur illa clausula : Très-cher et féal ami, Nostre Seigneur vous ait en sa garde. In cauda autem pro suprascriptione ponitur sic : A nostre très-cher et féal ami le Cardinal de la Tour; vel si sit de genere regis, sic debet dici : A nostre très-cher et féal cousin le Cardinal, etc.* [** Conf. Thom. Capuan. Dictat. pag. 286. ed. Hahn.]

* Nostri *Cardonnal* et *Chardonal*, pro *Cardinal*, non semel dixerunt. Charta ann. 1250. ex Chartul. Campan. fol. 90. v° : *Nos Pierres de Bar, par la volanté de Dieu dou title de S. Marcel preistes Chardonaus.* Infra : *Nos Pieron Chardonal, etc.* Villehard. paragr. 1 : *Après* (l'Apostoille) *i envoya un suen Chardonal maistre Perron de Chappes croisié.* Chron. Franc. ad ann. 1290. inter Dissert. D. *Le Beuf.* tom. 1. pag. CLIII :

Et cele année sans doutance
Vindrent li Cardonnal en France
En mesage parler au Roi.

Le Roman. *de Robert le Diable* Ms.

Mais l'Apostoles le saint Pere
Le conforte moult douchement;
De la ville ist premierement,
Ensamble o luy ses Cardonnaus,
Armés sisent sors lors chevaus.

* *Cardinal* appellatur juvenum annuus princeps, qui alibi *Rex* vocabatur, in Lit. remiss. ann. 1482. ex Reg. 206. Chartoph. reg. ch. 940 : *Le jour de la Circoncision..... le suppliant, qui avoit souppé à une joyeuseté qui se faisoit ce jour par le Cardinal du bourg* (de la ville de Boulogne sur mer)..... *pour ce qu'ilz n'avoient point esté avec lui* (Cardinal) *autour de nostre dite ville, comme les autres jeunes compaignons, etc.* Vide supra *Amoratus* 1.

* Cardinalis, Missus in possessionem alicujus ecclesiæ. Vide *Episcopus Cardinalis* in *Episcopus*.

Cardinalia, Dignitas Cardinalis. Cæsarius lib. 12. cap. 22 : *Beatus Petrus de Cardinalia mea pro me redditurus est rationem, sanctus vero Benedictus de Cucullа.*

Sumitur etiam pro Ecclesia seu titulo Cardinalis in Conciliabulo Papiensi apud Baron. ann. 1160. et Radevicum de Gestis Frider. lib. 4. cap. 71.

¶ Cardinalatus, Dignitas Cardinalis, in Diario Belli Hussitici apud Ludewig. Reliq. MSS. tom. 6. pag. 367. et alibi passim.

¶ Cardinalem Fieri, pro Cruentari, proprio sanguine rubere. Menoti locutio est in Serm. Quadrag. fol. 154. r. col. 2.

* Cardinalis Collatio, Amplior, vel quæ Cardinalium more fit. Barel. serm. de Paucit. salvand. : *Si jejunant, in sero collatio Cardinalis.*

Cardinales Chori, Statuta Ecclesiæ Londinensis in Monastico Anglic. tom. 3. pag. 337 : *Ex minoribus Canonicis a Decano et Capitulo delegantur duo, qui Cardinales chori vocantur. Horum officium est circumspicere cotidie, et notare omnia in choro delicta et peccata : scilicet et qui tarde veniunt, et qui ante tempus exierint, et in choro qui vel obstinati, vel negligentes et desidiosi sunt, etc... ii duo Cardinales ministerium Ecclesia, et * firmum eorum, tum sanum, tum ægrotum Ecclesiastica ministrant Sacramenta, Confessiones audiunt, et pœnitentias injungunt salutares, etc.*

Episcopi Cardinales.	Vide suis locis.
Canonici Cardinales.	
Presbyteri Cardinales.	
Abbas Cardinalis.	
Archidiaconus Cardinalis.	
Ecclesiæ Cardinales.	
Diaconus Cardinalis.	
Tituli Cardinales.	

* Cardinalari, Ad dignitatem Cardinalis provehi, in Historia episcop. Autissiodorens. pag. 516.

Cardinare, apud Gregorium Magnum lib. 5. Epistola 11. et

Incardinare, apud eumdem variis locis, in Diurno Romano cap. 3. tit. 11. Ivonem Carnotensem Epist. 131. Adamum Bremensem cap. 215. Fulcuinum de Gestis Abbat. Lobiensium cap. 23. et alios passim, est *Cardinalem*, id est, *proprium* Presbyterum, Sacerdotem, Episcopum, Abbatem, Diaconum in aliqua Ecclesia instituere.

* **Cardinalaris**, Ad Cardinalem pertinens. Cæremon. Rom. Ms. fol. 43 : *Et tunc Cardinalis habebit cappam Cardinalarem et capellum nigrum, statui suo pristino congruentem.*

CARDINALITER, A cardine ad cardinem. Julius Firmicus lib. 4. Math. : *Sol in principalibus genituræ cardinibus collocatus, si fortunæ locum Cardinaliter viderit, magnum et nobilem genituram decernit.*

¶ **CARDINARIA**, Certa retributio facta Canonicis, qui aliàs *Cardinales* dicebantur in quibusdam Ecclesiis, ac speciatim in Ecclesia Mediolanensi, uti nos docet Instrumentum Anselmi ejusdem urbis Archiepiscopi ann. 1100. apud Baluzium tom. 6. Miscell. pag. 483. *Cardinariæ* locum vide in *Præstimonium.*

* **CARDINATUS**, Cardine firmatus. Vitruvius lib. 10. cap. 22 : *Conjuncta capitibus transversario Cardinato tigno, etc.*

* **CARDINETUM**, Locus Parisiis ita a carduis appellatus, vulgo *Chardonnet. Ecclesia S. Nicolai in Cardineto....... Locus qui dicitur Cardinetum infra muros civitatis Paris.* inter Probat. Hist Paris. tom. 1. pag. 161. *Cherbuay* nuncupatur in Collecta *talliæ* pro militia Ludovici X. ann. 1313. in Reg. Cam. Comput. nunc Bibl. reg. sign. 8406. fol. 256. v° : *La paroisse du Cherbuay commence à la quarte maison d'emprés le moustier jusques à S. Victor, la rue des Murs, la rue de Versailles, la rue Traversaine.* Vide *Cardonetum.*

1. **CARDO**, Carduus, seu cardui strobilus, quo lanæ carminantur, *Cardo* Italis, *Chardon* nostris. Capitulare de Villis cap. 43 : *Ad genitia nostra... dare faciant, id est, linum, lanam,... pectines, Cardones, saponem, etc.* Gauterius Cancellarius de Bellis Antiochen. : *Electos enim captivos recepit, eosque in prima nocte lapidibus et spinis Cardonibusque his immixtis hospites tradidit.* Vide *Cardi.*

* Charta ann. 1270. in Reg. S. Ludov. ex Chartoph. reg. fol. 75. v° : *Item de flore Cardonum, xij. denarios.*

* 2. **CARDO**, Cardinalis. Vitæ Rom. Pontif. apud Murator. tom. 3. Script. Ital. pag. 637. col. 1. ubi de S. Cælest. PP. :

Presbyter efficitur Cardo, rubraute galero
Cervicem, infra claustra domus assumptus ab illo.

¶ **CARDONETUM**, Locus carduis consitus. Gasp. Barthii Glossar. apud Ludewig. Reliq. MSS. tom. 3. pag. 394. ex Gauterio de Bellis Antiochenis. Vide *Cardo*, 1. et *Cardetum.*

** **CARDUANARIUS.** V. post *Cardebisus.*

** **CARDUCELLA**, *Habermach*, in Vocab. Germ. Lat. ann. 1482. Plantæ species, Germanis *Habermilch, Bocksbart*, Barba hirci, tragopogon. Adel.

* **CARDUELLUS**, Carduelis, Gall. *Chardonneret.* Dialog. creatur. dial. 75 : *Carduellus quidam in cavea cujusdam divitis splendide epulabatur, etc.*

¶ **CARDURA.** Litteræ Joannis I. Franc. Regis ann. 1351. apud D. *de Lauriere* tom. 1. Ordinat. pag. 469 : *Qui se collocet cum magistro ad discendum misterium sartoriæ, solvat ad opus dicte caritatis pro sua intrada unum Turonensem argenti. Item, qui cum instructi fuerint et incipient recipere salarium a dicto magistro, quod solvat ex tunc ad opus dicte caritatis duos Turonenses argenti. Item, illi qui incipient recipere medias Carduras, solvant ex tunc ad opus dicte caritatis tres Turonenses argenti. Item, quando per se incipient tenere operatorium prædicti misterii, solvant ad opus dicte caritatis quatuor Turonenses argenti.* Tiro sartor *medias Carduras* recipere dicendus videtur, quando pro conficienda veste mercedem cum magistro partitur æqualiter; sed unde vox *Cardura?*

* Videtur esse pro *Cordura.* Vide in hac voce.

* **CARDUS**, Carduus, Gall. *Chardon.* Vita S. Lugidii tom. 1. Aug. pag. 347. col. 2 : *Inenientes campulum plenum Cardis, etc.* Pluries ibi. Vide supra *Cardi.*

* **CARDUVARANTIA.** Charta ann. 1221. inter Instr. tom. 11. Gall. Christ. col. 255 : *Retentis eisdem canonicis et eorum successoribus decimis et Carduvarantiæ et aliorum fructuum crescentium in terris.* Ubi legendum *Retentis...... decimis cardui, varantiæ et aliorum, etc.* Vide *Garantia* 1.

* **CARE**, Libenter ex caritate, ut interpretantur docti Editores ad vitam S. Humilit. tom. 5. Maii pag. 207. col. 2 : *Vir igitur suus, ejus absentiam ferre non valens, cunctis quæ cum ipsa dederat monasterio Care dimissis, licentiam sociandi eam instanter petiit.*

¶ **CAREA**, Onus carri, Gall. *Charetée*, alias *Charée.* Chartular. SS. Trinit Cadom.: *11. mod. bladi et 1. Caream et 1. carigatam ferri.* Ibid. fol. 54. verso : *A quaque Carea unam garbam.* Fol. 55. verso : *Semel debent cariare in Augusto in die quatuor Careas.* Et fol. 57 : *Semel cariare in Augusto in die tres Careas.* Vide *Carreda.*

* Nostris *Charretée*, olim *Carée.* Lib. nig. 2. S. Vulfr. Abbavil. fol. 45. v° : *Unam Caream feni super quoddam pratum.* Charta ann. 1416. ex Chartul. 23. Corb. : *Quatre ou chieincq Carées de herbage et fan, etc.* Vide infra *Careia* 1.

* **CAREALIS** Via, Illa proprie, per quam *carrus* transire potest. Stat. Taurini edita ann. 1360. cap. 184. ex Cod. reg. 4622. A : *Qui habent prædia........ in finibus Taurini teneantur vias publicas et Careales expedire et expeditas tenere.* Vide *Carreria* 1.

* **CAREARIUS**, Carri ductor, Gall. *Charretier*, Ital. *Carretaio.* Stat. Taurini cap. 279 : *Quod nullus Carearius vel asinarius possit vel debeat careare vel portare diebus dominicis vel festivis.* Vide infra *Caretonus.*

* **CARECARE**, Onerare, carro onus imponere, Gall. *Charger.* Charta Paldolfi Benevent. princ. in Access. ad Hist. Cassin. part. 1. pag. 105. col. 2 : *Ut sub ipsa arcora et ædificium quod ibi construxerit, bene valeat omni tempore transire carra Carecata, sive de fenum, sive de ligna.* Vide *Carricare* 1.

CARECTA. Vide *Carrecta* 2.

¶ **CARECTATA**, Idem quod *Carea.* Vide *Cariare* et *Busta.*

* **CARECTUM**, *Gloie*, in Glossar. Lat. Gall. ex Cod. reg. 7692. Carex, vulgo *Glayeul, jonc.* Mirac. S. Florent. tom. 7. Sept. pag. 426. col. 2 : *Juxta aquas fuligine* (uligine) *et Carecto ex utraque parte ripæ pertectas, quas vulgo carusium nominant, etc.* Pro loco, ubi nascuntur et crescunt carices, in vita S. Bertel. tom. 3. ejusd. mens. pag. 450. col. 1 : *Ad quandam insulam diversis nemoribus, stagnis et Carectis variis devenit, nomine Croylandiam.* Vide infra *Caretum.*

* **CAREDA** vel **Caredum**, Eadem notione. Stat. castri Redaldi lib. 1. pag. 22. v° : *Curtilia, hortos et clausuras clausas tenere sepibus, perticis et Caredis.* Est autem Carex herba acuta et durissima, sparto similis, ideoque sepi faciendæ aptissima. Hinc forte instrumentum ferreum quo perforatur, *Carrete* nuncupatur, in Lit. remiss. ann. 1384. ex Reg. 126. Chartoph. reg. ch. 137 : *Une Carrete de fer à perser bois. Carreau* et *Quarreau*, in aliis Lit. ann. 1414. ex Reg. 167. ch. 463 : *Certains ferremens à faire pipes à vin, c'est assavoir un ferrement appellé Quarreau.* Infra : *Carreau.* Vide infra *Carola* 1.

1. **CAREGARE**, ex Gallico, *Charger.* Reynerus contra Valdenses cap. 6 : *Officium Diaconorum* (Catharorum) *est audire confessiones venialium peccatorum,... et subditis suis facere absolutionem injungendo eis tribus diebus jejunium, vel centum inclinationes flexis genibus, et appellatur illud officium, ut ita loquar, Caregare servitium.* Galli dicerent, *Charger le service*, id est, augere. Vide *Cargare*, et *Carricare.*

* 2. **CAREGARE**, Carro vehere. Chron. Modoet. apud Murator. tom. 12. Script. Ital. lib. 2. col. 1094 : *Ibant cum uno plaustro de duabus rotis, quæ erant parvæ, per terram Modoetiæ, et extra terram soli Caregabant pilastratas et alios lapides grossos.* Vide *Carricare* 2.

¶ **CAREGIUM.** Vide *Carregium* post *Carreda*

* 1. **CAREIA**, Onus carri, Gall. *Charretée.* Charta ann. 1276. in Lib. nig. 2. S. Vulfr. Abbavil. fol. 203. v° : *Duas Careias et dimidia feni, etc.* Vide supra *Carea.*

* 2. **CAREIA**, Vectura cum carro, quam quis domino præstare debet. Charta ann. 1214. in Tabul. S. Barthol. Bethun. fol. 22. v° : *Jam dictus Robertus salvam debet habere Careiam suam, sicut solet esse.* Vide *Cariagium.*

* **CAREIRONUM**, Carraironum, Occitanis et Provincialibus *Carayrol, Carayrou*, Semita, Gall. *Sentier.* Inquisit. ann. 1268. ex schedis Pr. *de Mazaugues : Durabant...... a dicto peirono per unum Carraironum usque ad S. Martinum.* Infra : *Ad caminum S. Martini per quoddam Careironum.* Lit. ann. 1375. in Reg. 109. Chartoph. reg. ch. 401 : *Versus solis occasum cum quodam Carrayrono.* Ita pluries, semel errante scriba, *Terrayrono.* Vide supra *Carairolum.*

¶ 1. **CAREIUM.** Charta Officialis Ambian. ann. 1243. in Tabulario S. Cornelii Compend. : *Recognoverunt se vendidisse pro 45. libris Paris. sibi persolutis Careium, in quo dicta Ecclesia eis teneri dicebatur, quod ipsi capiebant in grangia dictæ Ecclesiæ sita apud Visers a prima garba veniente ad eandem grangiam tempore messis usque ad ultimam *trituratam, et partem vechiæ quam habebant in eadem grangia.* In alio ejusdem Chartæ exemplo recentiori legitur *Conreium.* Est autem *Conreium*, convivium vel quid simile, quod mensam spectet; *Carreium* vero, vectura Domino debita. Neutra notio placet. Quare conjicio *Careium* hic idem esse quod *Carion* seu *Carionem*, i. decimam decimæ. Vide *Cario.*

* 2. **CAREIUM**, Mensis Careii, f. Quo carris exportari licet. Charta ann. 1317. in Reg. 56. Chartoph. reg. ch. 102 : *Liceat dictis priori et fratribus vendere dictum boscum in mense duntaxat Julio sine tertio, dangerio et redibentia exinde solvendo; verumtamen hujusmodi boscus quando scinditur illo mense, qui mensis Careii dicitur, fructificare non valet ulterius, nec utiliter vegetare.*

* **CARELLA**, an Societas, congregatio, contubernium? unde legendum suspicor *Harella.* Vide *Harela.* Conc. Narbon. ann. 1227. ex Cod. reg. 1613 : *Consules nichilominus Carellam, potestates et barones abjurare hæreticos et fautores, necnon receptores eorum per ecclesiasticam compellantur censuram.* Vide infra *Carinula.*

¶ 1. **CARELLUS**, Carrellus, Telum balistæ spissum et quadratum, Gall. *Carreau.* Hist. Britan. tom. 2. pag. 565 : *Qui quidem armiger percussus fuit tractu cujusdam baliste, adeo quod sagitta seu Carellus, vocatus* Enguegne' *Gallice, intravit guttur ipsius.* Hist. Dalphin. tom. 2. pag. 281. ex Computo anni 1333. ad 1336 : *Item, solvit pro emptione ferri ad faciendum Carellos Michaeli* XIII. *flor.* XII. *den. Vienn.* Ibidem pag. 292 : *Pro* CCCC. *Carellis tam de uno pede, quam de duobus, garnitis fletonibus et empennatis, et pro* CC. *garrotis emflethonatis folio cupri.... pro munitione castri Bellæcumbæ.* Paulo post : *Pro centum Carrellis garrotorum ad tor factis apud Alavardum, datis sex denariis pro quolibet Carrello 15. sol.* Ultimus hic locus ex Computo Aymundi de S. Petro Militis, in quo etiam memorantur *Carelli ad projiciendum ignem. Carelli garati*, in Computo ann. 1336. tomi jam citati pag. 326. col. 2 : *Item, de Carellis qui dicuntur Garati* XII. *Carellos qui computantur in dictis quindecim solidis.* Ubi dicuntur *Carelli garrotorum* intelligenda est lignea pars garroti seu spiculi. V. *Quadrelli.*

* 2. **CARELLUS**, Vitreum quadratum, Gall. *Carreau de verre.* Comput. Ms. fabr. S. Petri Insul. ann. 1493 : *Datum item Matheo Bernard vitrario, pro Carellis novis et reparatione veteris victrinæ, quæ servierat in capella S. Catherinæ, etc.* V. *Quadrellus* 2.

CAREMENTRANNUS, *Carmentran* Occitanis, *le Mardi gras.* Charta ann. 1196. in Probat. Hist. Sabaud. pag. 45 : *A Natali Domini usque ad Carementrannum.* Tabularium Ecclesiæ Viennensis fol. 71 : *Septem sextarios avenæ, et 2. de siligine, 6. spatulas, et capones 6. gallinas de Quaresmentranno 20. et 8. panes, etc. Quadragesima intrans*, in Tabulario Prioratus de Domina in Delphinatu non semel; *Caresme entrant*, in Foris Benearn. Rub. *de Ferias*, art. 3. Joinvilla in S. Ludov. : *Le Mardy de Caresmentrant*, supra *Caresmeprenant.* [Vide *Caramantrant*]

* Vel Dominica prima Quadragesimæ. Vide infra *Quadragesima intrans.*

¶ **CAREMPNIUM**, Eadem notione. Instrum. concordiæ inter Capitulum Æduense et Dominum de Perreria ann. 1257 : *Item, pro quolibet quarterio debetur prædictis Decano et Capitulo una gallina circa Carempnium.*

¶ Carempruniüm, in Tabulario S. Petri Carnotensis : *Quatuor ad Caremprunium et quatuor ad Pentecosten.*

1. **CARENA**, Vox formata ex *quadragena*, vel ex *quarentena*, Quadragesima pars. Charta Amedei Comitis Mauranensis ann. 1234 : *Donamus eidem domui per totam terram nostram pedagium, ledam, et Carenam omnium rerum suarum, ita quod nemo de nobis aliquam exactionem... capere præsumat.*

* Eo fortasse spectat vox *Carin*, inter Redit. comit. Namurc. ann. 1265. ex Reg. sign. *Papier velu* in Cam. Comput. Insul. fol. 11. r° : *Et si a li cuens le Carin el castiel de Namur.* Unde *Carinlier* forte appellatus, qui ejusmodi exigendæ præstationi præpositus est. Lit. remiss. ann. 1384. in Reg. 126. Chartoph. reg. ch. 56 : *Gilet Germain tanneur demourant à Chartres et maistre des Carinliers de ladicte ville et banlieue de Chartres.* Si tamen ibi legendum non est, *Carniliers* vel *Tarinliers*, notione æque mihi ignota.

2. **CARENA**, Carrina, Quadragesimale jejunium, seu publica pœnitentia ab Episcopo Clericis, et Laicis, aut ab Abbate Monachis indicta, qua quis jejunare spatio 40. dierum tenetur. Joan. de Janua : *Carrena, et publica pœnitentia, et quadragena idem sunt. Qui igitur istam primam facit, 40. diebus non intrat Ecclesiam, et lanea veste indutus, ab escis et potibus qui interdicti sunt, a thoro, gladio, et equitatu illos supradictos dies abstinet. In 3. autem et 5. feria, et sabbato, aliquo genere leguminum ac oleribus, pomis, vel piris, vel pisciculis, cum modica cervisia utatur temperate. Hæc omnia probantur Extra de Homicid.* Burchardo lib. 19. cap. 5 : *Carrina* (alias *Carina*) *est dierum 40. continuorum jejunium in pane et aqua.* Pœnitentiale MS. : *40. dies in pane et aqua, quod in communi sermone Carina vocatur, cum 7. sequentibus annis pœniteas.* Concilium Moguntinum : *In dedicationibus, ac Ordinum temporibus, relaxari Carenas, et pœnitentes introduci omnino vetamus.* Petrus Damiani lib. 2. Ep. 7 : *Præter illas quadragesimas, quæ scilicet a Patribus institutæ sunt,... alias occulte Carinas celebrat.* Idem lib. 4. Epist. 17 : *Juxta Carinæ regulam inclusionem custodiæ carceralis indiximus.* Et lib. 5. Epist. 8 : *Ecce, inquiunt, peregrinando Carina, ecce nova pænitentia... hactenus inaudita.* Reynerus contra Valdenses cap. 5 : *Publicas pœnitentias, ut Carenas reprobant, maxime in feminis.* Cæsarius Heisterbach. lib. 4. cap. 37 : *Miles quidam..... tempore quodam quadragesimali Carenam fecit apud nos.* Lib. 5. cap. 42 : *Cum alter Miles quidam... suscepta Carena, tempore Capituli generalis Cistertium ire proponeret.* Alanus de Insulis in Pœnitentiali : *Solennis* (pœnitentia) *est quæ pro majoribus criminibus vel notoriis, vel pro his criminibus quæ quis confessus est, vel de quibus quis convictus est, infligitur, quæ Carena solet appellari; et sicut est de majoribus criminibus, sic ad majores Prælatos Ecclesiæ pertinet hanc infligere.* Infra : *Quæritur autem quomodo intelligendum sit, quod dicitur de injunctione solennis pœnitentiæ, Fac tres annos in pane et aqua, et fac tres Quadragenas in singulis annis : an intelligendum sit quod jejunare debeat omnem diem, vel inter diem et diem? Ad hoc sic respondemus, non altiori intellectui præjudicantes, quod canonicæ censuræ rigor ostenditur, quando in pane et aqua jejunare per tres annos præcipitur, quod a quibusdam sic intelligitur, ut per tres annos non tota hebdomada comedatur panis et aqua, sed tantum per tria illa jejunia supradicta, etc.* Summula Raymundi Ord. Prædic. :

> Matronæ juvenes possunt explere Carenas
> In domibus propriis, etc.

[** Charta Gotfridi Comit. de Habisburch ap. Kopp. Init. Foeder. Helvet. num. 7 : *Ut reconciliaretur ecclesie propter homicidium quod patraverat, religiosis dominabus ... predium 10. jugerum .... concessit, hoc addito, ut eedem sorores .... unam Carrinam de injuncta sibi penitentia subportarent.*] Adde Synodum Salegunstad. cap. 17. 18. 19. Ughellum tom. 9. pag. 287. Hermannum Stangefolium in Westphalia lib. 2. pag. 101. Baron. ann. 1093. num. 16. et Filesacum de Quadrages. Christ. cap. 3. Vide *Quadragesima*, [** *Karena* et *Karrina*, quam ultimam vocem apud Ekkehardum *convicium* significare Cangius scribit in *Carina*, 1; sed malim huc trahere cum Arxio ap. Pertz. vol. 2. Script. 2. pag. 136. not. 55.]

* In Chron. Alberici apud Leibnit. in Access. Hist. pag. 530. *Carena* vocatur *intrans Quadragesima.* Hujus medium tempus ad Dominicam quartam refertur, in Lit. remiss. ann. 1376. ex Reg. 110. Chartoph. reg. ch. 199 : *Le Samedi veille du Mi-quaresme, etc.* Apertius rursum in aliis Lit. ann. 1402. ex Reg. 157. ch. 329 : *Le Dimenche que l'en chante en sainte église* Lætare Jhierusalem, *que l'en dit la Mi-karesme, etc.*

Carena, est etiam remissio seu indulgentia ejusmodi 40. dierum; quæ a summo Pontifice vel ab Episcopis indulgetur. Inscriptio ann. 1225. in Ecclesia SS. Vincentii et Anastasii ad tres fontes Romæ, ex Panvinio de 7. Eccles. pag. 111 : *Septem annis et septem Carinea remissionis confessi criminis solutionisque detur ei.* Lambertus Monach. Trevir. de Inventione corp. S. Mathiæ cap. 4. § 20 : *Iste Eugenius Papa et Adalbero Archiepiscopus Trevirensis contulerunt ad dedicationem Monasterii nostri... 18. Carenas.* Num. 21 : *Contulit 1. annum indulgentiæ, et 4. Carenas.* [Chronicon Collegiatæ S. Stephani tom. 2. Rerum Mogunt. pag. 545. edit. 1722 : *He sunt gracie Archiepiscopales et Episcopales date benefactoribus fabrice Ecclesie S. Stephani Magunt... Item de Episcopis et Romanis Pontificibus bis mille dies et centum Carenas, per quas anime fidelium debent tormentari et puniri in purgatorio.*] Adde Browerum in Antiq. Fuld. pag. 122. 133. [Ludewig. Reliq. MSS. tom. 1. pag. 386.] [** et Chart. Ulrici Episcop. Raceburg. ann. 1280. ap. Westphal. Monum. Cimbric. vol. 2. col.

49. Alias ap. Guden. Cod. Dipl. vol. 3. pag. 1116. 1118. 1129.]

Quadragena, Idem quod *Carena*, Indulgentia 40. dierum. Vide Bullam Urbani II. PP. apud Baron. ann. 1093. num. 16.

¶ 3. **CARENA**, pro *Carina*. Alvus seu fundus navis, Gall. *Carene*. Pluries legitur in Informationibus civitatis Massil. pro passagio transmarino, e Cod. MS. Sangerman.

* **CARENCENI**, Hæretici Valdensium sectarii, in Constit. Freder. contra Hæret. ex Cod. reg. 10197. 2. 2. fol. 19. r°.

* **CARENPONDA**, Mendose, ni fallor, editum in Dipl. Chilper. II. ann. 716. tom. 4. Collect. Histor. Franc. pag. 694 : *Carenponda vegente, etc.* Ubi legendum divisis vocibus opinor : *Caren pondera viginti.* Vide *Carenum.*

* **CARENTENA**, Quadragesimale jejunium, seu publica pœnitentia, qua quis jejunare spatio xl. dierum tenetur, idem quod *Carena* 2. Charta ann. 1186 : *Pœnitentibus in Carentena unum annum de tertiis...... restituimus*, Vide *Quarentena* 1.

¶ **CARENSIS**, *Pistor, a Caria, pane.* Papias MS. Bitur. [** Glossar. in cod. reg. 7644 : *Carensis, Pistoribus, a Caria, quam Osquorum lingua panem esse dicimus.* Ita etiam Placidus ap. Maium Classic. Auctor. vol. 6. pag. 556.]

¶ **CARENTIA**, Penuria, privatio. Legitur lib. 3. Imitat. Christi cap. 31. apud Rymer. t. 1. pag. 762. et t. 5. pag. 109. etc.

* Cujusvis rei defectus, Hispan. *Carencia.* Stat. S. Capellæ Bitur. ann. 1407. ex Bibl. reg. : *Si autem contingat aliquem in minoribus ordinibus constitutum in canonicum recipi et in fratrem, ipse propter Carentiam majorum ordinum non installabitur in superioribus sedibus cum aliis canonicis.* Charta ann. 1424. inter Instr. tom. 6. Gall. Christ. col. 309 : *Considerantes quod locus ille prædictus de Carsano, propter Carentiam personarum effectus est desertus, etc. Propter corruptionem vinorum, vel propter Carentiam et defectum ipsorum*, in Ch. ann. 1337. ex Tabul. S. Vict. Massil. *Propter Carentiam pecuniæ*, in Stat. crimin. Saonæ cap. 37. pag. 78. Adde Murator. tom. 12. Scrip. Ital. col. 461.

** **CARENTIÆ** Annus respectu successoris dicebatur annus ab obitu alicujus canonici, cujus fructus retinebantur ad utilitatem heredum decessoris vel ecclesiæ. Confer *Annus Gratiæ* in *Annus*, et vide Würdtwein. Nov. Subsid. Dipl. vol. 2. pag. 159. 161. 162. vol. 4. pag. 172. 184.

* **CARENTILLA**, Strigilis. Glossar. Lat. Gall. ann. 1352. ex Cod. reg. 4120 : *Carentilla, Gall. Estrille.*

CARENUM, in Glossis medicis MSS. Reg. Cod. 1486. *Vinum coctum.* Gloss. Ælfrici : *Carenum*, Morað. Est porro *Carœnum*, vinum decoctum, ita ut tertia pars absumpta sit, duæ tantum remaneant : κάροινον, Myrepso sect. 1. cap. 6. ita dictum, uti vult Isidorus lib. 20. cap. 3 : *eo quod fervendo parte careat.* S. Augustinus lib. 2. de Morib. Manichæor. cap. 13 : *Bibat autem mulsum, Carœnum, passum, et nonnullorum pomorum expressos succos, vini speciem satis habentes, etc.* Cap. 16 : *Cum et vetustatem corruptionemque aceti putetis vino esse mundiorem, et Carœnum quod bibitis, nihil aliud quam coctum vinum esse videamus, quod vino deberet esse sordidius, si motibus et coctionibus de rebus corporeis membra divina discedunt.* Ivo Carnot. Epist. 287 : *Vinum quoque meum, cum sitio, non curo sapa sit, an Carenum.* Bernardus Bonævallensis Abb. lib. 2. de Vita S. Bernardi cap. 1 : *Panis ibi opicus pro simila, pro Careno sapa, pro rhombis olera, pro quibuslibet deliciis legumina ponebantur.* Vide Pallad. de Re rust. lib. 11. cap. 18. Octavium Horatianum lib. 2. Rer. medicar. cap. 6. et lib. 4. pag. 87. Apitium lib. 2. de Re culinaria cap. 1. 2. Marcellum Empir. cap. 26. Petrum de Crescentiis lib. 4. cap. 24. etc. Adde Leonhardum Fuchsium ad locum laudatum Myrepsi.

¶ **CAREOFILUM**, *Species pigmenti nimium virtutis calide et acre.* Gloss. MS. San-German. n. 501.

CARERATORES, Papiæ : *Lanarii, quia carariunt, id est, carpiunt vel dividunt.* Carminatores, *Cardeurs de laine.*

¶ 1. **CARERE**, Dividere. Cethegus in MS. Malmesburiensis Cœnobii apud Janssonium in Collectaneis ad Glossarium Isidori : *Carrucata terræ dicitur, quantum aratrum arare potest in seosinabili tempore, et Careo, cares, est divido, dividis; et inde caruca, id est, aratrum, quia currendo dividit terram.*

* 2. **CARERE**, *Exsolvi, liberari*, in vet. Glossar. ex Cod. reg. 7641.

¶ **CARERIA.** Vide *Carreria.*

¶ **CARERIUM**, f. Plaustrum, carrus, Gall. *Charette, Chariot.* Regestum Computorum Dalphin. tit. Grasivod. ann. 1336. fol. 33 : *Item pro* MCCCC. *carellis quos dicti Balistarii portaverunt apud Avenionem cum cordis, flethonibus et Carerio in quo fuerunt ligati 54. sol. 6. den.*

* **CARERORIUM**, Plaustrum, carrus. Stat. Montis-reg. pag. 313 : *Item pro quolibet Carerorio de sestariis octo et infra, solvat duos denarios.*

CARESCERE, pro *Carere*, στερεῖσθαι, in Gloss. Gr. Lat. [Hispani eadem notione dicunt *Carescer.* Magister Boncompagnus de Obsidione Anconæ cap. 3 : *In exitu mensis Madii, quando cibaria Carescunt*, id est cara fiunt, Gall. *deviennent chers.*]

¶ **CARESTIA**, Caritas annonæ, Gall. *Cherté.* Chronicon Wormatiense apud Ludewig. Reliq. MSS. tom. 2. pag. 125 : *Tempore illo tanta fuit Carestia, quæ nunquam visa fuit vel audita.* Breviarium Hist. Pisanæ apud Murator. tom. 6. col. 171 : *Anno 1152..... fuit omnium victualium maxima Carestia.* Occurrit apud eumdem Murator. tom. 8. col. 1143. tom. 9. col. 785. etc. Vide *Caristia* 2.

¶ **CARETA**, Carrus, plaustrum, Gall. *Charette. Madox* Formul. Anglic. pag. 277 : *Chiminum sufficiens ad Caretas sibi invicem obviendas.* Legitur iterum in Charta Henrici Regis Angl. apud D. *Brussel* de Feodis tom. 2. ad calcem pag. IV. Vide *Carreta.*

¶ Careta, Onus *Carettæ*, quantum *Careta* seu plaustro vehi potest, Gall. *Charretée.* Privilegium Leduini Abb. S. Vedasti Atrebat. de Censu ann. 1036. e Chartulario S. Vedasti pag. 243 : *Careta annonæ 2. den. Careta piscium 2. den. Careta fructus 2. den. etc.* Chartular. Monasterii SS. Trinit. Cadom. fol. 26. verso : *Caretas avenæ tres.*

¶ Caretez, in eodem Privilegio pag. laudata : *Omnes stalli, vel Caretez, sive vehicula super quæ victualia venduntur, etc.*

¶ Carethei, ibidem : *Carethei salis pro thelon. 2. den. et pro sextario 1. den. Carrus salis pro thelon. 4. den. et pro sexteragio 2. den.* Fortassis hoc discrimen est inter *Carethei* et *carrum*, quod hic quatuor, illud duabus rotis veheretur. Idem Chartul. Vedastinum not. V. pag. 248 : *Carethei de Waisde 2. den. de Warance 2. den. etc.*

CARETILLUS. Vetus Inquesta de foresta Andeliaci in Regesto Philippi Aug. Herouvalliano fol. 123 : *Et dabunt 2. garbas pro Caretillis habendis.* In alia ibidem pag. 158 : *Duos fagos ad Natale Domini, merrenum ad carrucas de Periers, et 2. Charetils, etc.* Occurrit rursum pag. 159.

* Idem videtur quod supra *Caratellus.* Vide in hac voce et infra *Charetillus.*

* **CARETONUS**, Carri ductor; *Careton*, in Consuet. Camerac. Mss : *Li caretée de sel, une havongnie à dois clos de sel, et ço li Caretons doner. Carton*, in Lit. ann. 1410. tom. 9. Ordinat. reg. Franc. pag. 553. et in Reg. Corb. 13. sign. *Habacuc* ad ann. 1515. fol. 247. v° : *Vin pour le Carton de l'église de Corbie.* Stat. Cadubrii cap. 12. pag. 55. v° : *Si vero dicti Caretoni, sive conductores..... vellent ipsa conducere cum suis equis et caretis, etc.* Vide supra *Carearius.*

¶ **CARETTARIUS**, Auriga, ductor *carettæ*, Gall. *Charretier*, Angl. *Carter*, in libro nigro Scaccarii pag. 349.

* **CARETUM**, *Locus ubi crescunt carites* (carices) *vel ubi reponuntur. Isid. Ethimol. xvij. Carex est herba acuta et durissima.* Glossar. vet. ex Cod. reg. 521. Vide supra *Carectum.* Alia notione, vide in *Caratum* et *Carrecta* 2. [** Isid. 17, 9, 102.]

¶ **CAREUM**, Vecturæ onus quod vassalli Domino debebant. Polyptych. Fiscamn. anni 1235 : *Paulus de Valle tenet unam vavassoriam, et facit duo summagia ad Natale et Pascha, et liberum Careum et corveias aratri, si habet.* Chartular. Camaliarensis Monasterii : *Ad Casellas est unus mansus alodi, qui reddit in Kalendis pro Careo* XII. *den. et* 1. *sextarium civate.* Vide *Carreda.*

* **CAREZ.** Vide supra *Car.*

* **CAREZARE**, Carizare, Carrum ducere, *Carizator*, carri dux, *Carezatura*, vectura : quæ voces a *Carezum*, carrus, originem habent. Stat. Placent. lib. 4. fol. 40. r° : *Omnes viæ magnæ et parvæ districtus Placentiæ per quas consuevit iri et Carezari, etc.* Stat. Cadubrii pag. 52. r° : *Item quod cuilibet Carizatori lignaminis vel laboratorii, ... qui laboraverit vel Carizaverit alicui mercatori forensi lignaminis, si sibi de dicta Carezatura aut laborerio per ipsum mercatorem non fuerit solutum et satisfactum ad terminum, etc.* Et fol. v° : *Carizator de Cadubrio, qui aliqua mercimonia alio modo, quod per rodullum receperit Carizanda et Carizaverit, pro quolibet Carezo et qualibet vice cadat ad pœnam centum sol.*

* Carrezare, Carriziare, Eadem notione. Chron. Modoet. ad ann. 1332. apud Murator. tom. 12. Script. Ital. col. 1163 : *Per lectum fluminis Carriziabatur et ibatur*

pedibus et equis. Chron. Placent. ibid. tom. 16. col. 504 : *Per longum tempus non potuit Carrezari nec bestias duci per civitatem Placentiæ.* Adde Stat. castri Redaldi lib. 1. pag. 21. r°.

* **CARFLANCHUS**, Falconis species. Dialog. creatur dial. 58 : *Carflanchus est avis similis falconi, potens et virtuosus, etc.* [** An Germ. *Gerfalk*, Gall. *Gerfaut?* ADEL.]

CARGA, [Vox Hispan.] Onus, Gall. *Charge*, Italis *Carico*, et *Carica*, quasi onus carri. Consuetudines Ecclesiæ de Regula, tom. 2. Biblioth. Labbæi : *De Carga stagni, vel metalli, 4. denarios.*

* Lit. Phil. Pulc. ann. 1293. in Reg. sign. *Pater* Cam Comput. Paris. fol. 128. v°. col. 2 : *Duci Burgundiæ transitum seu passagium lanarum concessimus per se vel per alios quoscumque mille Cargas seu onera lanæ; quamlibet Cargam ponderis quatuor quintallorum in trossellis vel de regno nostro levare et extrahere.* Occurrit præterea pluries in Ch. ann. 1197. inter Instr. tom. 6. Gall. Christ. col. 144.

** CARKA, Eadem significatione. Chart. Margar. Comit. Flandriæ ann. 1252. ap. Lappenb. Init. Foeder. Hanseat. Docum. pag. 59 : *Carka aluminis, cimini, amigdalarum vel piperis transiens, 4. den.; dimidia Carka 2. den., etc.* Alia ann. 1262. ibid. pag. 82 : *De alumine, de grano, de pipere, cymino, amicdalis et similibus, quæ pertinent ad Carkas, qui affert, de Carka 4. den.*

¶ **CARGAN**, Armaturæ species, qua collum tegebatur; vox ejusdem originis, cujus *Carcannum.* Statuta Forojol. MSS. ann. 1233 : *Peditem armatum intelligimus armatum scuto et propuncto, seu auspergoto, et cofa seu capello ferreo, et Cargan, vel sine Cargan, etc.* Vide *Collare* 2.

¶ **CARGARE**, Onerare, Gall. *Charger*, Hisp. *Cargar.* Charta anni 1177. ex Archivo S. Victoris Massil. : *Ut omnes ibi* (in portu) *Cargantes et descargantes sint securi.* Occurrit in Statutis Massil. pag. 363. 364. et alibi.

¶ **CARGARIA**, CARGATOR. Statuta Massil. pag. 469 : *Ordinamus etiam, quod nullus dominus, vel rector navis, seu ductor habeat ad viandam suam ultra quatuor peregrinos, nisi gratis et pro miseria vellet eum transvehere, omni mercede cessante, nec habeat aliquam societatem cum Cargatoribus in Cargaria seu vianda peregrinorum, nec expleto viagio domini navium aliquid accipiant, vel auferant de eo quod superaverit de vianda, nec etiam aliquem Cargatorem ad navem suam onerandam recipiant, donec curiæ eum præsentaverint, etc.* Ibid. pag. 474 : *Decernimus ut omnes Cargatores navium peregrinorum jurent ad sancta Dei Evangelia, se bonam fidem gerere peregrinis, et conventiones, quas cum eis inierint, bona fide attendere et complere, et victualia emere his, quos ad viandam receperint, bona, et incorrupta, et sufficientia, et quod societatem non habeant cum dominis navium, vel partionariis, super Cargaria vel vianda peregrinorum. Cargatores*, ut satis liquet, mercatores sunt qui naves *cargant*, vel onerant mercimoniis; *Cargaria* vero *peregrinorum* est eorum transvectio, quæ *Cargatores* spectabat, non ductores navium.

¶ **CARGATIO**, Anteris ut videtur, Erisma, Gall. *Appui.* Donatio Templariis facta ann. 1164. ex Chartulario S. Ægidii Arelat. fol. 20. verso : *Donavit eidem domui domum quamdam... tali pacto, quod domus sua quæ est juxta domum militiæ haberet in perpetuum Cargationem undique in parietibus domus militiæ.*

* **CARGATORIUM**, Locus, ut videtur, ubi onerantur naves. Comput. ann. 1370. ex Tabul. Massil. : *Ponere in Cargatorio maris, etc.*

¶ **CARGATURA**, Idem quod *Carga*, Onus. Præceptum Philippi V. Franc. Regis ann. 1320. apud D. *de Lauriere* tom. 1. Ordinat. pag. 722 : *Pro Cargatura hominis quatuor denarios, et pro Cargatura mulieris duos denarios.*

¶ **CARGIA**, Onus, Gall. *Charge.* Charta Petri Abb. S. Crucis de Talemundo ann. 1366. pro Aquariatu : *Item unam Cargiam salis ad dictam mensuram, quam nobis debet, etc.*

¶ 1. **CARIA**, Panis, Papiæ. Vide *Carensis.*

2. **CARIA**, Injusta exactio, *malatolta.* Charta Brientii II. D. Castelli-Brientii apud Augustinum *du Pas*, in Stemmate Genealogico hujus familiæ : *Quæ omnia libera ab omni consuetudine, exactione, vel Cariæ, seu exterorum vectigalium facio.* Nostri Bononienses seu Morini, ubi contra injusta vectigalia reclamant, aut publicanos conviciis insectantur, etiamnum *Cary Cary*, inclamare solent, quasi ad seditionem contra istiusmodi prædatores plebem excitare velint. A κάρυον seu καρύα, *Nux*, vox, ut quidam volunt, deducta. Tradit quippe Servius in Virgil. Eclog. 8. in nuptiis *ideo spargi nuces, ut rapientibus pueris fiat strepitus, ne puellæ vox virginitatem deponentis possit audiri.* Quo casu *Carya*, tumultum et seditionem significabit. Nota est vox apud nostros *Charivary*, qua *ludus turpis et nocivus* innuitur, uti et describitur in Synodo Joannis *Raguier* Episcopi Trecensis, *per quem nuptiis potissime secundis detrahitur non modicum, qui ludus vulgo nuncupatur Charivary, et efficitur cum horridis et blasphemis vociferationibus, et obscæna loquacitate, sub turpi transfiguratione larvarum injuriosarum, contumeliosisque clamoribus binarum nuptiarum, etc.* Libertates concessæ Nemausensi civitati a Carolo VIII. Rege Franc. ann. 1483 : *Item quod in dicta civitate non possit fieri Chavaricum pro eo, quod alter ex dictis habitantibus convolet ad secundas nuptias etc.* Froissart. 4. vol. cap. 77 : *Les aucuns estoient armez de cuirs, et les autres de haubergeons, tous enrouillez et sembloit proprement qu'ils deussent faire un Caribary, etc.* Vide *Carinare* et *Chalvaricum*, Brodæum in Consuet. Paris. tit. de Feodis art. 37. n. 15. et seqq.

* 3. **CARIA**, Caries, Gall. *Carie.* Glossar. Lat. Gall. ex Cod. reg. 7679 : *Caria, ordure, pourriture. Cariare, pourrir; et appartient à bois.*

1. **CARIAGIUM**, Vectura cum carro, quam quis domino præstare debet : nostris *Chariage.* Charta Chilperici Regis pro Eccl. Tornacensi in Cod. Donat. piar. lib. 1. cap. 2 : *Teloneum de navibus super fluvio Scalt, qui pertinet ad fiscum Tornacum, vel quolibet commercio, seu et de Cariagio, vel de sagenis, etc.* [Editio ann. 1723. tom. 2. pag. 1310. col. 1. præfert *Carrigio* et *Saginis.*] Iter Camerarii Scotici cap. 42 : *De non solutis pauperibus, Cariagium, vel alios labores facientibus.* Charta Joannis Regis Angl. tom. 1. Monastici Anglic. pag. 310 : *De francoplegio, et lastagio, et stallagio, et Carriagio, et pannagio... liberi sint.* Thomas Walsinghamus pag. 562 : *Mense Aprili concessa fuit per Clerum una decima conditionaliter, scilicet ne quis Provisorum de cætero capiat bona vel Cariagia de Ecclesiasticis contra voluntatem eorum.* [Charta Richardi Regis Angl. tom. 4. Hist. Harcur. pag. 1281 : *Prædicti Monachi... sint quieti de theloneo et portagio et passagio... et Cariagio et tallagiis.* Chartularium SS. Trinit. Cadom. fol. 61 : *Debent.... pasnagium et Cariagium, etc.*] Statuta Gildæ Scoticæ cap. 38 : *Statutum est quod quilibet Burgensis dabit plenum Cariagium pro quolibet dolio vini quod ponet in taberna.* Fleta lib. 1. cap. 20. § 85 : *De his qui receperint plures equos et carectas ad Cariagia Regis facienda aliter quam necesse fuerit.* Charta ann. 1240. in Tabulario Lehunensi num. 85 : *Recognoverunt se hereditarie vendidisse... per tredecies 20. libr. Paris. sibi persolutas unum Cariagium, cum duobus jornalibus terræ sitæ in territorio de Lehuno in cultura de Faies, in una pechia, quod, inquam, Cariagium et terram dictus H. tenebat de dictis Priore et Conventu.* Videtur idem quod *Caragium*, [sive *Carrucagium*, Terræ aratro cultæ.]

CARIAGIUM interdum etiam accipitur pro impedimento exercitus, et congerie illa carrorum, quæ exercitus subsequi solet, et qua acies ipsa munitur. Thom. Walsinghamus in Ricardo II : *Cum nostri certam elegissent stationem et armatos statuissent ordinate, et pulcre dispositos per turmas suas, Cariagium quoque (quod Garcinas appellamus) a tergo locassent.* Καραγός, eadem notione usurpant Tactici Græci, sicque definitur a Leone Imp. cap. 4. § 53 : Καραγὸς δὲ λέγεται ὁ διὰ τῶν ἁμαξῶν καὶ τριβόλων, καὶ τῶν ἄλλων μηχανῶν γινόμενος περιορισμὸς εἰς ἀσφάλειαν τοῦ στρατοῦ. Et cap. 11. § 47 : Καραγὸν δὲ λέγομεν τὰς ἁμάξας, καὶ δι' αὐτῶν περιτειχισμόν.

CARIGO vero idem valet quod onus *Cariagii*, in Charta Caroli M. apud Aimoinum lib. 5. cap. 1 : *Nec de saumis, nec de Carigine, neque de navigio, neque de qualibet redhibitione.*

CARRAGO, apud Pollionem in Claudio : *Adde servos, adde familias, adde Carraginem et epota flumina, consumptasque silvas.* Ubi *Carrago* est carrorum numerus immensus, unde Itali *Carregio* eadem notione dicunt. [Julius Capitolinus in Galieno : *Scythæ facta Carragine per montem Gessacem fugere sunt conati.*]

* 2. **CARIAGIUM**, Idem quod *Cario*, Jus *cariatoris* seu illius, qui decimas colligebat easque *cariabat* in horreum *decimatoris.* Charta ann. 1207. ex Chartul. S. Juliani ch. 10 : *Cum Adam de Aisne ex parte uxoris suæ Elizabeth, in decima hospitalis S. Juliani Cameracensis, quam habet apud Aisne, Cariagium reclamaret; tandem dom. Robertus canonicus Cameracensis, procurator ejusdem hospitalis, de consensu fratrum*

ejusdem loci, et idem Adam cum uxore sua de consensu domini Johannis de Aisne, de quo idem Cariagium se dicebant in feodum obtinere, sub pœna xl. lib. Camerac. in nos compromissionem fecerunt. Aliud vero sonat vox *Cariage*, in Stat. pro *fillanderiis* ex Lib. I. ordinat. super artif. Paris. fol. 31. v° : *Item que aucun ne aucune ne pourra ou devra mettre fil, tant de Tournay, ne de quelque autre pays que ce soit, ou Cariage ne ouvrage de Paris.* Ubi haud scio an idem sit quod *Carisel* vel *Charrier*, tela scilicet grossior, vulgo *Canevas*; an ea appellatione comprehendatur universa lintearia supellex? Vide *Canavacium* in *Canava* 2. Ut ut est *Carier*, pro *Carder*, Carminare, usurpatum videtur, in Stat. pro *mercerits* ann. 1407. tom. 9. Ordinat. reg. Franc. pag. 307. art. 21 : *Que aucun ne aucune ne fasse à Paris ne en la banlieue, Carier soye, là où il ait parmi la soye autre chose que la soye, sur peine de perdre la soye.*

1. **CARIARE**, Carro vehere, Gall. *Charier*. Concilium Eboracense ann. 1367. cap. 5 : *De quibus et per quæ domini prædiales novem partes hujusmodi garbarum Cariant, libere et licite Cariarunt, et per alios Cariari fecerunt.* Will. Thorn : *Viam habere debent ad fœna Carianda.* Charta Edw. II. Regis Angl. tom. 2. Mon. Angl. pag. 103 : *De libero transitu cum plaustris, carectis, et equis ultra terras ipsius Aliciæ et pasturas Cariandi decimas suas et alia bona ubi voluerint.* Tom. 1 : *Duas carectatas fœni Cariandas.* [Chartular. SS. Trinit. Cadom. fol. 45. verso : *Radulfus.... quoque anno quatuor vicibus aravit; et duabus vicibus messuit, et una vice Cariavit.* Occurrit iterum fol. 55. et 57. ut jam relatum est in voce *Careu*.] Vide Fletam lib. 2. cap. 75. § 2. [Th. *Modox* Formular. Anglic. pag. 148.]

* 2. **CARIARE**, Putrescere. Vide supra *Caria* 3.

* **CARIATOR**, *Moqueur, médisant*, in Glossar. Lat. Gall. ex Cod. reg. 7679. Sed leg. *Carinator*. Vide mox *Carina* 1.

CARICA. Vide *Carrica*.

CARICALLUM, *Canistrium, vel cophinus, quo mortui efferuntur.* Ugutio.

* An inde *Carrie*, pro Lectica funebri seu tumulo honorario, in Testam. Alidis de Britan. ann. 1369. ex Bibl. reg. : *Ne viel pas que entour mon corps l'en face meson; ne Carrie, ne roubans, ne cointize quelle que soit.*

¶ **CARICANNA**. Vide *Cannicanna*.

¶ **CARICARE**. Vide *Carricare* 1.

* **CARICATOR**, Ital. *Caricatore*, Oneratór, seu carri ductor. Stat. Mutin. rubr. 350. pag. 68. v° : *Caricatores communis teneantur portare eo terracium, quod est in vastis bannitorum.*

* **CARICATUM**, Navis onus, Gall. *Cargaison*. Stat. Genuens. lib. 4. cap. 16. pag. 121 : *Nullus patronus sive præfectus secuto jactu possit in itinere exonerare aliquid, nisi in locis ad quæ merces, seu alia onerati. fuissent destinata, cum appodisiis Caricata.* Vide infra *Caricum*.

¶ **CARICIA**, *Jurulenta dulcedo*, in Vocabulario Sussannæi. Vide alia notione in *Caristia* 2.

¶ **CARICIARE**, Circum sepire, vallare, Gall. *Environner, Entourer de haies, ou de palissades.* Antiqua Versio Origenis Tract. XIX. in Matth. apud Genebrardum : *Vinea facta est dilecto in cornu, in loco uberi, et sepe circumdedi et Cariciavi eam, et plantavi vineam Sorech.* Allusio est ad hæc Isaiæ verba cap. 5. ℣℣. 1. 2. et 3 : *Et sepivit eam et lapides elegit ex illa et plantavit eam electam,* etc. [* Vide *Careda* et *Cariagium*.]

¶ **CARICUM**, Onus, Ital. *Carica*, Gall. *Charge*. Ogerius Panis lib. 4. Annal. Genuens. ad ann. 1211 : *Cepit navem unam magnam Marsiliensium nomine Berra, et unam aliam navem nomine Guastavinum, quæ de Septa veniebat caricata maxima pecunia, et ipsas cum toto Carico in Siciliam feliciter duxerunt.* Vide *Carrica*.

* Charta apud Cencium inter Cens. eccl. Rom. : *De Carico uniuscujusque sandali, solvant denarios sex.* Vide supra *Caricatum*.

* **CARIGARE**, Onerare, Gall. *Charger*, ut *Caricare* 1. Stat. Vercell. lib. 3. pag. 93 : *Pro quolibet asino vel equo Carigato, solidos decem.* Pro Carro vehere, vide in *Carricare* 2.

¶ **CARIERA**. Vide *Carreria*.

¶ **CARIGARE**, Carro vehere. Vide *Carricare* 2.

¶ **CARIGATA** Feni, Carrus onustus feno in Chartulario SS. Trinit. Cadom.

* **CARIGIA**, Via, illa proprie per quam carrus transire potest. Correct. stat. Cadubrii cap. 116 : *Intelligendo etiam de quibuscumque Carigiis factis per centenaria,* etc. Vide *Carreria* 1.

¶ **CARIGIUM**. Vide *Carregium* in *Carreda*.

* **CARIIA**, Idem videtur quod supra *Cariagium* 2. Charta ann. 1246. in Chartul. S. Cornel. Compend. fol. 126. r°. col. 1 : *Salvis dictis abbati et conventui Compendiensi omnibus juribus et justitiis suis, quæ in præfata terra antea habebant, videlicet decima, terragio, Cariia, modiatione,* etc. Vide *Careium*.

* **CARILLONUS**, a Gall. *Carillon*, Numerosus et modulatus campanarum sonitus. Acta Mss. capit. Paris. ad ann. 1359. fol. 78 : *Hodie conclusum est quod matutinæ dicantur media nocte, et quod pulsentur minores et mediocres clochiæ et sine Carillono, et quod hoc primo fiat die festo S. Dionysii.*

1. **CARINA**, Carinare, Carinator. Ugutio et Joan. de Janua : *Carinare, arguere, vel conviciari, vel illudere.* Papias : *Carinator, conviciator, et maledictor.* Glossæ MSS. : *Carinator, illusor.* Isidor. in Gloss. : *Carinantes, inludentes.* Gloss. Arabico-Lat. : *Carino, illudo, irrideo.* Gloss. Lat. Gr. : *Carinari*, χαριεντίζεσθαι Gloss. Lat. Gall. : *Carinare, Escharnir, ou Mogner.* Leg. *Moquer*. Alibi : *Cachinnari, Chariner, Escharnir*, [Hispanis, *Escarnear*, Illudere.] Hinc *Carina*, pro convicio, apud Eckehardum Jun. de Casib. S. Galli cap. 13. apud quem *Karrina* legitur. [** pro *Carena* uti diximus in *Carena*, 2.] Vide Festum, et Salmasium ad Solinum [** et Forcellin.]

* *Eschar*, nostris alias, pro *Dérision, moquerie*, Irrisio. Mirac. S. Ludov. edit. reg. pag. 469 : *Mestre Giefroi de Flavi, sousdiacre et chanoine de Tours, phisicien, dist ausi comme par Eschar : Qui vos a guéri?* Unde *Escharnir*, Irridere, ibid. pag. 431. et 446. Lit. remiss. ann. 1357. in Reg. 86. Chartoph. reg. ch. 64 : *Plusieurs d'iceulx, qui là estoient, se moquerent de lui et l'Escharnissoient pour ce qu'il avoit trop beu, si comme il leur sembloit.* Aliæ ann. 1408. in Reg. 163. ch. 179 : *Icellui Nicaise commença à moquer ou Escharnir le suppliant, disant au wagua, et que fera on de cela. Eschernir*, eodem sensu, in aliis Lit. ann. 1386. ex Reg. 129. ch. 8 : *Icellui Simon en dérridant et Eschernissant Jehan Avignon,* etc. Le Roman *de Rou* Ms. :

> Des trieuves c'ont données se tint Rou pour honni;
> Moult l'ont, ce dit, gabé et moult l'out Escharni;
> Rout fu de mout grant ire et mout out le cuer enflé,
> Mout l'ont, ce dit, Franchois Escharni et gabé.

Le Roman *d'Athis* Ms. :

> Et se il pert, il est gabé,
> Hué, Escharni et blasmé.

Le Roman *de Garin* :

> Je ne doi pas mon seignor Escharnir,
> Ne lesdenger, vergonder, ne honnir.

Le Roman *du Chevalier au Barizel* MS. :

> Mais aussi que tous le haissent,
> Le laidangent et Escarnissent.

Hinc *Escharnissement*, Derisio, in Lit. remiss. ann. 1378. ex Reg. 114. ch. 37 : *Par maniere d'Escharnissement et de moquerie,* etc. Vide supra *Cariator*.

2. **CARINA**, [Quadragesima.] Vide *Carena* 2.

CARINULA, Seditio. Vita S. Virgilii Episcopi Saltzburgensis n. 8 : *Orta seditione, quod Carnicula dicimus.* Ad marginem, al. *Carinula*. Recte : nam a *Carina*, convicium, deducitur.

* Vide *Carmula*, ubi leg. *Carinula*, ut et *Carinulum*, pro *Carmulum*.

¶ **CARIO**, Carion, Jus *Cariatoris* seu illius qui decimas colligebat, easque *Cariabat* in horreum *Decimatoris*. Hæc videtur origo *Carionis*, qui quoniam ex decimis ipsis percipiebatur, dictus est *le disme de le disme*, Decima decimæ. Ad Majores villarum, quibus cura erat decimarum colligendarum et *Cariandarum*, sæpe pertinuit, interdum ad Ecclesiam, interdum etiam ad alios, qui nullam forte ponebant operam in dicimis *Cariandis*. Charta Hugonis Abbatis Corbeiæ ann. 1339. Gallice scripta : *C'est assavoir tout sen manoir.... en saule, leswis, fourrages de le terre du devant dit Abbé, et il doit herbegier le rente l'Abbé devant dit : et si tenoit le Carion, c'est à dire le disme de le disme, et il le doit acarier, et doit avoir le jour qu'il carie une garbe de past : et se on fait el terroir de Boussicourt lin ou canvre li Maires en a le terrage.* Charta Philippi Comitis Flandriæ et Viromand. ann. 1169. in Tabulario Compendiensi : *De Carione qualis legalis garba ad manum venerit, talem accipiet et non mutabit, nec aliam eliget. Idem quoque Carion per duos annos inter Ecclesiam et Majorem erit.* Charta Petri Majoris de Doulaincort ann. 1244. ex eod. Tabulario : *Notum esse volo, quod cum contentio esset inter dictos Abbatem et Conventum Compend. ex una parte, et bonæ memoriæ Dominum Radulphum fratrem meum quondam Majorem ipsorum de Doulaincort ex altera super Carione grangiæ dictorum Abbatis et Conventus Compendi,* *sitæ apud Doulaincort : tandem mediantibus bonis viris etc. Sciendum est igitur, quod dicti Abbas et Conventus Compend. totum Carionem utriusque grangiæ.... integre in omnibus proventibus habebunt, mediatores vero et ille qui Carionem ducet.... nihil miscebunt cum Carione in præjudicium dicti Majoris. Sciendum etiam quod totum foragium vacuum grangiæ de Doulaincort supradicti Majoris erit præter foragium Carionis... Major autem pastum quem dicebat se habere... cum Carionibus dictarum grangiarum et toto foragio grangiæ... Abbati quittavit.* Charta anni 1234. ejusd. Tabularii : *Recognoverunt se vendidisse.... omnem Carionem quem habebant in grangia de Faverols in quo Carione dicta E. dotalicium reclamabat.* Altera Officialis Ambian. ann. 1243 : *Contra hujusmodi venditionem non venirent, nec in prædictis de cetero reclamarent, excepto Carione, sicut hactenus habere consueverunt.* Litteræ R. Belvacensis Episcopi ann. 1247. ex eod. Tabulario : *Recognoverunt se permutasse et concessisse Abbati et Conventui Compend. pastum, Carionem, rehautonem, stramen et omnes alios proventus, quos habere poterant in grangia dictorum Abbatis et Conventus.* Aliæ Litteræ Curiæ Ambian. super *Carione, palea etc. grangiæ de Herces* ann. 1244 : *Magister Thomas de Bulendio Canonicus B. Firmini.... Noverint quod Arnulphus, etc. recognoverunt se vendidisse Abbati et Conventui Compendiensi totum Carionem, totum pastum, totum hautonem, totum rehautonem, totum granum et paleam, totam vechiam, totam lenticulam, omnia pisa.... et omnia alia quæ habebant.... in grangia dictorum Abbatis et Conventus.* Charta anni 1199. Tabularii Corbeiensis : *Easdem* (consuetudines malas) *in plena Curia coram hominibus Ecclesiæ quitas clamavit, et in perpetuum guerpivit, Carionem videlicet bladi nostri in Augusto, waignagium terræ S. Petri, garbas deligatas, forragium cujuslibet bladi, pisorum et viciæ.*

* In frumento maxime positum hoc jus, quod de manipulis excidebat vel excutiebatur. Charta ann. 1226 : *Je Jehans sire de Cison fas asavore à tous cilz ki sont et ki avenir sont, que je ai vendut às chanoines de sainte Crois de Cambrai toute le disme entirement que je avoie el personage de me vile d'Angheriel, le droite dismes en mes terres, par teil condition que il ont le Karion acaté à moi, que li maires i avoit, et del Karion ne m'ont encor li canoine rien paié.* Vide infra *Crientia, Menagium* 2. et *Redecima.*

CARIOBELLUM. Catholicon Armoricum : *Halaczon, Gall. Idem, Lat. hoc Cariobellum.*

* **CARIOLARI**, Saltare, tripudiare. Glossar. Lat. Gall. ann. 1348. ex Cod. reg. 4120 : *Tripudium, Gallice Espingler, i. Cariolari. Espinger,* eodem sensu, in Lit. remiss. ann 1392. ex Reg. 144. Chartoph. reg. ch. 77 : *Jehan Pierart dansa et Espinga à la feste dudit Montfalon* (Montfaucon) *et gaigna le mouton, comme le mieulx dansant.* Mirac. Mss. B. M. V. lib. 2 :

Dex veut des deux la concordanche,
Se li euers bale, Espinge et danse, etc.

Espringier, ibid. unde *Espringerie :*

Et d'Espringier et de baler,
Treper, salir de ce savoit.....
Qui miex aiment vaines paroles,
Espringeries et caroles.

Espringuer, in Peregr. humani gener. Ms :

Je Espringue et si carole,
Je treppe, et queur, et danse et bale,
En alant à le witefale.

¶ **CARIOS**, f. Nux, juglans, a Græco Κάρυον. Nicolaus Specialis de Rebus Siculis lib. 1. cap. 30 : *His autem temporibus insulam in finibus Libyæ sitam, palmarum fructibus copiosam, Carios et oleo abundantem.... Rogerius de Lauria, mixtis astu et calliditate cum viribus suæ jurisdictioni subegit.* [* Vide *Caria* 2.]

* **CARIOSIUS**, Libentius, libentiori animo, Gall. *Plus volontiers.* Lit. ann. 1357. in Reg. 99. Chartoph. reg. ch. 638 : *Ut quanto in exhibitione gratiarum erga candem* (regalem magnificentiam) *innodatos se senserint, tanto Cariosius ea, quæ ad ejusdem magnificentiæ cedunt augmentum, exaudire procurent.* Vide supra *Care.*

* **CARIOSUM**, i. *Vetustum,* in vet. Glossar. ex Cod. reg. 7613. Vide supra *Caria* 3.

* **CARIOTA**, Plaustrum, rheda minor, Gall. *Cariole.* Mirac. S. Goerici tom. 6. Sept. pag. 46. col. 2 : *Innitentes baculis, aut Cariotis undecumque devecti confluebant.* Vide infra *Carriola.*

* **CARIPEDES**, Turcici peditatus genus, apud Carol. de Aquino in Lex. milit.

* **CARIPENDERE**, Carum habere, Gall. *Chérir.* Tract. pacis inter dalph. et Johan. ducem Burg. Latine redditus in Bulla Mart. V. PP. ann. 1419. ex Diar. sub Carol. VI. et VII. pag. 262 : *Nos Carolus delphinus..... bona ac fideli affectione Caripendemus........ ducem Burgundiæ.* Ubi in Gallico, *Cherirons.*

¶ 1. **CARIRE**, *Illudere. Carientes, illudentes.* Papias MS. Vide *Carina* 1.

* 2. **CARIRE**, *Dividere, Departir, Prov.* Glossar. Provinc. Lat. ex Cod. reg. 7657. Vide *Carere,* 1.

CARISA, in Gloss. Isid. *Lena vetus, et litigiosa, Ancilla dolosa, fallax.* Ita apud Papiam, pro *Carissa,* uti præfert Editio Isid. Gloss. cui lectioni favet Gloss. Lat. Græc. *Carisa,* αὐλητρίς, πορνοβοσκός. Festo *Carissa,* ex Lucilio, *vafram* significat.

* **CARISMA**, Quadragesimale jejunium, Gall. *Carême.* Charta ann. 1127. inter Probat. tom. 2. Hist. Occit. col. 450 : *Donamus illi unum albergum in villa de Montalt, cum cc. caballis cum suis equitatoribus, de Omnium Sanctorum usque ad Carisma intrante, per unumquemque annum.* Vide supra *Caramentran.*

* **CARISSIMUS** compellatur Papa ab Oddone dom. *de Poli,* in Placito ann. 1139. apud Garamp. in Disquisit. de sigil. Garfagn. pag. 66 : *Domine Papa, ego ad vestram præsentiam libenter adveni, Carissime, non ad hæc responsurus... Rogamus, Carissime domine, ut me ad hæc respondere non cogas . . . . sicut nosti, Carissime domine, etc.*

¶ **CARISTARE**, Papias MS. Bitur. : *Caristo, as, avi, Galeatus fulgeo.* Glossar. Sangerman. MS. n. 501 : *Caristabat, Cassidatus aut galeatus aut galeatus fulgebat.* [** An *Cristo?* Conf. Virgil. Æn. 1, 472.]

* **CARISTERPUS**, Animalis genus. Chron. Mutin. apud Murator. tom. 15. Script. Ital. col. 606 : *Venit Mutinam quidam Franciscus de castro Montagnæ cum quodam mirabili animali, quod appellabatur Tassi Barbarinum, ... et erat magnitudine unius Caristerpi.*

¶ **CARISTEUM**, *Marmoris genus dictum, quod gratum sit sculptoribus.* Papias MS. Bituric. Isid. lib. 16. cap. 5 : *Charisteum, Marmoris genus viride, optimum nomen ab aspectu habens, eo quod gratum sit, iis qui gemmas sculpunt ; ejus enim viriditas reficit oculos.*

¶ 1. **CARISTIA**, *Dies festus inter cognatos.* Papias MS. Bitur. Vide *Caritas* 1.

2. **CARISTIA**, Annonæ caritas, Hispanis et Italis, *Carestia :* Gallis, *Cherté,* Occitanis *Carestio.* Gloss. Lat. Gall. *Caricia, Chierté.* Legendum *Caristia.* Bernardus Silvester de gubernatione rei familiaris : *Si abundas blado, non dilige Caristiam, quia diligens Caristiam cupit esse pauperum homicida.* Utuntur Jacobus de Vitriaco cap. 8. Rodericus Tolet. in Hist. Arab. pag. 37. Chronicon Aulæ Reg. cap. 11. Tho. a Kempis in Chron. Montis S. Agnetis cap. 24. Levoldus in Chron. Marcano pag. 26. Matth. Paris pag. 461. Historia Episc. Bremens. pag. 114. Vita Caroli Abb. Villariensis n. 15. Petrus de Vineis lib. 1. Ep. 18. lib. 3. Ep. 23. Matth. Westmonast. pag. 257. Radulphus in Vita S. Richardi Episc. Cicestrensis num. 34. et alii passim. [Vide *Caresta.*]

¶ **CARIT**, *Patet, manifestat.* Papias MS. *Patet manifeste,* in Glossario Sangerman. MS. num. 501. Vide *Carire.*

* Conjectat Vir doctissimus *Falconet* legendum esse *Clarit* per metaplasmum, pro *Claret :* sic nostris olim *Esclarir,* pro Splendere.

CARITA. Fridegodus in Vita S. Wilfredi cap. 5 :

Quique fidem cernens, dextram prætendit, et ipsum
Liberius læta perfudit blande Carita.

Id est, gratiam seu baptismum impertiit, ex Gr. χάρις. [Non agitur hic de baptismo, sed de humanitate, qua summus Pontifex Wilfridum excepit jam diu baptizatum.]

* **CARITABILIS**, Alicujus studiosus, alicui addictus, deditus, Gall. *Attaché, dévoué.* Stat. Vallis-Ser. rubr. 43. ex Cod. reg. 4619 : *Justa suspectionis causa..... intelligatur si* (judex) *fuerit nimis caritabilis, vel domesticus, vel Caritabilis alterius partis.*

* **CARITADERIUS**, Charitaderius, Qui bona pauperibus eroganda curat et gerit. Comput. ann. 1399. inter Probat. tom. 3. Hist. Nem. pag. 152. col. 2 : *Alia expensa facta pro caritate Nemausi facta die assumptionis Domini, prout est fieri consuetum. Primo fuerunt deliberati Eustacio Aujacii et Bernardo Chapus, Caritaderiis 1. sestaria molturæ, pro supplemento dictæ caritatis.* Stat. ann. 1476. ibid. pag. 328. col. 2 : *Cetera officia, tam accessoriorum, quam operariorum, Charitaderiorum, etc.* Stat. pro macellariis Biter. ann. 1408. tom. 9. Ordinat. reg. Franc. pag. 358. art. 9 : *Dicti suprapositi possunt, cum eorum consilio, creare et deputare quolibet anno Caritaderios.* Vide infra *Caritaterius.*

¶ **CARITANTES**, *Argutantes*. Papias MS. Vide *Carina*, 1. et *Carire*.

¶ **CARITARIA**, CARITARIUS. Vide *Caritas* 3.

1. **CARITAS**, Agape Christianorum, convivium quo amici, vel etiam pauperes excipiuntur. Gregorius M. lib. 12. Epist. 6 : *Adjicientes etiam ita illum tenacem existere, ut domum ejus amicus ad Caritatem nunquam introeat.* Capitula Theodori Archiepiscopi Cantuar. cap. 10 : *In his supradictis diebus faciat Caritatem, cum cæteris Christianis, id est, utatur eodem cibo et potu, etc.* Vita S. Adalberti Episcopi Pragensis n. 17 : *Nobilis quædam femina Monasterium hoc causa orationis ingreditur, et cum Caritatem ibi facere jussa foret, jam septem annis panem se non gustasse profitetur etc.* Hinc in vulgari loquendi apud nos formula, *Caritas* accipitur pro *Eleemosyna*, *Donner la charité*. Vita S. Idæ Comitissæ Bononiensis n. 8 : *Factum est autem cum pauper ab illa, nulli negante Caritatem, eleemosynam accepisset in manibus, etc.* Vide *Caritas*, 3.

* Pro *Eleemosyna* usurpatur in Testam. ann. 1300. ex Tabul. Flamar. : *Quatuor Caritates fiant pro salute animæ meæ in locis infrascriptis, etc.* Lit. remiss. ann. 1355. in Reg. 84. Chartoph. reg. ch. 383 : *Comme par le maire de la ville de Mort et par ses deputez une Charité, appellée la Charité de l'oublée, ait esté acoustumée estre donnée chascun an en ladite ville de Mort le jour de la feste de l'Invention sainte Croix, c'est assavoir à chascun poure qui y vient, deux denrées de pain; et lidiz pains doie estre beneiz par le curé de l'église ou son chappellain, avant qu'il soit donnez.* Quia vero *Caritatis* symbolum est, quod vice corollarii præter pretium in emptionibus conceditur, sæpiusque absumitur bibendo in benevolentiæ signum, *Charité*, nostris dictum est, quod alias *Le vin du marché* appellatur, uti jam monuit Cangius in *Caritas* 3. Lit. remiss. ann. 1368. in Reg. 99. ch. 108 : *Lesquelx marchandanz de loage d'une maison, ordonnerent que la Charité dudit marché seroit beue et despensée en l'ostel du suppliant.* Aliæ ann. 1417. in Reg. 170. ch. 12 : *Après ce que icellui escuier, qui avoit acheté un cheval du seigneur de Bruyelle,..... eurent disné ensemble et beu la Carité ou vin de la vendue dudit cheval en la ville de Tournai, ect.*

2. **CARITAS**. *Caritatis* vocabulo in Monasteriis, ut scribit Doubletus lib. 1. Hist. Sandion. cap. 59. intelliguntur prædia, et bona omnia, quæ a fidelibus Christianis in eleemosynam, gratuito et *caritative* identidem collata sunt, seu ob anniversaria, seu alia pietatis officia in Ecclesiis et Monasteriis exsolvenda : et Monachus qui isti bonorum generi in Monasterio Sandionysiano, ac eorum administrationi præfectus erat, *Magister Caritatum*, ut illius munus, *Officium Caritatum*, nuncupatur : *Maistre des Charitez de S. Denys en France*, ut est in Charta ann. 1282. in Tabul. S. Maglorii fol. 90. Vide Librum Libertatum Ecclesiæ Gallicanæ tom. 2. pag. 264.

Hæc etsi non prorsus falsa, non tamen omni ex parte vera sunt. : *Caritatum* enim nomine in Monasteriis, non tam ipsæ benefactorum eleemosynæ intelliguntur, quam epulæ solennes et extraordinariæ, quas ii, vel anniversariorum suorum, vel statis et designatis aliis diebus, præsertim festis solennioribus, a Monachis fieri præceperunt, quo et beneficiorum et rerum concessarum memoria altius Monachorum animis hæreret. Qui quidem ritus antiquissimus est, ut ex Stephano Eddio, qui vixit ann. 700. colligimus in Vita S. Wilfridi cap. 61 : *Omni die pro eo Missam singularem celebrare, et omni hebdomada quintam feriam, in qua obiit, quasi dominicam, in epulis venerari, et anniversaria die obitus sui universas decimarum partes de armentis et de gregibus pauperibus populi sui dividere omnibus diebus vitæ suæ constituit, etc.* Vetus notitia ann. 862. in Synodo Pistensi exarata, apud eumdem Doubletum lib. 3 : *Caritates etiam in anniversariis Regum et Abbatum de cellario Abbatis juxta solitum accommodentur.* Caroli Crassi Imp. Commemoratio apud Augienses : *Tunc inter nos disposuimus, ut singulis annis uno die a prænominata curte in commune cunctis fratribus cum omni abundantia plenum servitium pro anima Imperatoris perficeretur, et eodem die pro illius amore in refectorio plena Caritate hilares atque gaudentes efficerentur.* Charta Lamberti Camerarii Fuldensis apud Browerum : *Hujus rei gratia pro recordatione animæ illius singulis annis statui Caritatem fratribus de præfato prædio exhiberi, ut eo libentius annuam recordationem illius agant, quanto pro salute animæ ipsius, et requie, Caritatis oblata percipiunt.* Charta Caroli Calvi ann. 32. pro Monasterio S. Germani Paris. : *Caritates etiam in eisdem festivitatibus ex antiquo more iis ipsis a parte Abbatis dentur.* Paulus in Vita S. Hilari Abbat. Geleat. n. 8 : *Erexit eum et duxit ad speluncam suam, et oratione facta, fecerunt Caritatem.* Ephemerides Monasterii S. Galli : 12. *Decemb. Thomæ Apostoli. Do. Abbas faciat duas Caritates per duas dies sequentes : unam cum piscibus.... et caseo et vino, aliam sine vino.* Tabularium Abbatiæ Conchensis in Ruthenis Ch. 233 : *Post obitum vero meum si filius meus Bego me supervixerit, omnibus diebus vitæ suæ per singulos annos tres Caritates ad ipsos Monachos persolvat.*

CARITATIVÆ COMESTIONES, in Charta ann. 1259. apud Ughellum tom. 2. pag. 405 : *Item largior et concedo et confirmo vobis vestrisque successoribus in perpetuum tres Caritativas Comestiones quas habere consuevistis in anno, scilicet in Nativitate Domini, in Paschate Resurrectionis, et in festo B. Joannis Baptistæ.* In Charta Lucii II. PP. apud eumdem pag. 516. et in alia Gelasii PP. ann. 1118. tom. 1. pag. 876. dicuntur *Caritativa ciborum beneficia. Caritativa receptio*, in Charta ann. 1214. ibid. pag. 649. *Caritativa refectio*, in Tabul. Prioratus S. Petri de Paredo fol. 7. Ita *Dilectio* accipitur in veteribus Formulis Pithœi cap. 108. in MS. : *In ea ratione ut vos vel ipsi Presbyteri, qui ipsa Ecclesia custodire videntur, annis singulis ad Missa Sancti, quæ est in mense illo, Dilectione nobis et pasto soniare debeat, una cum homines tantos, una die et nocte pascere faciat, etc.* His autem *Caritatis* et *Dilectionis* vocabulis designarunt nostri Christianorum ἀγαπάς : quæ quidem vox idem sonat quod *caritas*, *dilectio*. Ita tamen extraordinaria illa convivia vel refectiones peragebantur, *ut solennes dies non tam ciborum abundantia, quam spiritus exultatione celebrarentur*, ut ait S. Hieronymus Epist. 19.

3. **CARITAS**, dicta etiam quævis extraordinaria refectio, maxime illa quæ fiebat extra prandium et cœnam, in Monasteriis. Statuta Hospitalis S. Juliani, in Additam. ad Matth. Paris pag. 163 : *Quilibet habebit in dicto festo partem virilem de duobus quarteriis frumenti puri et mundi, quæ Magna Caritas nuncupatur.* Udalricus lib. 1. Consuet. Cluniac. cap. 13 : *De collatione surgunt ad Caritatem, et de vino quod tunc propinatur, nullus omnino præsumit abstinere, ut non aliquantaliter gustet.* Eadem habent veteres Consuetudines Floriacensis Cœnobii apud Joannem a Bosco cap. 1. et 2. ubi *Caritas vini*, appellatur. Apud Bernardum Mon. Consuet. Cluniac. MSS. cap. 76 : *Conversorum ac juvenum est proprie propinare omnem Caritatem de potu quæ fit in refectorio.* Tabularium Burguliense : *Canonici B. Hilarii debent duas Caritates reddere, unam post vigiliam, alteram post Missam.* Vetus Martyrolog. apud Hemereum in Aug. Viromand. : *Pauperes Ecclesiæ debent habere de uno quoque pastu 3. denarios, ... et de unaquaque Caritate unum lotum vini.* Describitur apud eumdem Hemereum ann. 947. sacramentum, quod Decanus Sanquintiniensis præstat, cum dignitatem auspicatur in Capitulo, in quo præses præ cæteris hæc ab illo exigit : *Solvetis Senescallo Ecclesiæ pastus, postmeridies, et Caritates.* Charta Caroli Calvi pro Monasterio S. Germani Parisiensis : *Karitates etiam in eisdem festivitatibus ex antiquo more his ipsis a parte Abbatis dentur.* Vita S. Goaris cap. 5 : *Fili, fac nobis lætum diem de abundantia nostra, ut isti Legati D. Archiepiscopi faciant nobis Caritatem, quia in itinere sunt.* Adde caput 6. Wandalbertus in Mirac. ejusd. Sancti cap. 15 : *Asuerus rogat uti ad B. Goarem exire, et in cella ejus Caritatem (ut verbo usitato loquar) facere debeat.* Ratbertus de Casibus Sancti Galli cap. 11 : *Abbates cum fratribus eodie mensæ aderant, de communi et privatis collectæ fiunt, et habundam Caritatem faciunt.* Beda de Remediis peccator. cap. 7 : *In his supradictis diebus faciat Caritatem cum cæteris Christianis, id est, utatur eodem potu et cibo quo illi.* Aliud Pœnitentiale MS : *In his prædictis diebus faciat Karitatem sicut sui compares Clerici sive laici.* Adde Ordericum Vitalem lib. 6. pag. 617. Willelmum Gemetic. lib. 3. cap. 7. etc. Vide *Consolatio*. Le Roman *de Vacces* :

La proicrent les Moignes de prendre Charité.

Hinc forte usitata loquendi formula apud nos, *Donner la Charité aux pauvres*, pro *eleemosynam pauperibus largiri*. De ejusmodi porro caritatibus intelligendum Concilium Augustodun. ann. 670 : *Si Monachus, aut fustibus verberetur, aut a communione, et missa et Caritate annos tres suspendatur.* Ut et quod habet Gregorius M. lib. 12. Epist. 6 : *Adjicientes etiam ita illum tenacem existere, ut domum ejus amicus ad Caritatem* nunquam introeat. Caritatem in refectorium portare, apud Joann. Abrinc. de Offic. Eccl. pag. 44. Atque inde patet Caritatem in Consuetudine urbis Insulensis art. 50. accipi debere pro eo quod vulgo appellamus *le Vin du marché*. Vide *Caritas*, 1. Hinc etiam

Caritas dicta mensura vini, quæ præbebatur Monacho in ejusmodi refectionibus extraordinariis. Hist. Abbendonensis Cœnobii in Angl. tom. 1. Monastici Anglic. pag. 104 : *Constituit itaque cifum quemdam magnum, flasconem et dimidium, scilicet duas Caritates, et eo amplius in se continentem, quem cifum antiqui Bollam Athelwodi vocabant.* Charta 1292 : *Pitanciarius ministret inde... cuilibet de Conventu unam Caritatem integram boni vini, et unum ferculum boni piscis, etc.* [*Caritas pura*, id est, de vino puro. Cod. MS. Consuetud. Festorum Monasterii Solemniac. : *Translatio S. Eligii, in vigilia Caritatem puram. Charitas de vino puro*, non semel ibidem occurrit. *Caritatis poculum*, in Vita B. Edmundi Cantuar. Archiep. apud Martenium tom. 3. Anecd. col. 1809 : *Die S. Gregorii Papæ, Papa Gregorius Prælatos quoque quotquot in Curia aderant, invitavit ad Caritatis poculum. Et euntibus singulis, solus ipse quasi admonitus per Spiritum et contra consilium quorumdam de suis, non perrexit ad locum, quo cæteri convenerant ad bibendum.* Hic non est sermo de Monachis.]

Caritas Sabbati in Chronico Gemblac. pag. 534 : *Mensuram vini per singulos quatuor dies hebdomadis cum Caritate Sabbati.*

* Caritas, dicta etiam exigua refectio, quam ex jure vel ex consuetudine ecclesia, ad quam processio dirigebatur, clero exhibebat. Cærem. vet. eccl. Carnot. : *Ad istam processionem non fit prostratio nec datur Caritas.* Infra : *Tunc oferatur Caritas clero, et in reditu dicatur letania.*

Cum autem ad ejusmodi caritates et extraordinarios pastus destinati essent reditus quorumdam prædiorum, ut hinc liquet, Monachus cui harum subministrandarum incumbebat provincia, eorumdem etiam redituum et ipsorum prædiorum curam gerebat. Certe in plerisque Monasteriis id præsertim muneris ad Cellerarium spectavit, ut videre est in Monastico Anglicano tom. 1. pag. 137. 149. Consuetudines Eoveshamensis Cœnobii in Anglia : *Debent etiam habere de Celerario singulis diebus Sabbati Caritatem ad Collationem pro Mandato... Debent etiam habere Caritatem de Cellario ad prandium singulis diebus Octabarum principalium festivitatum, etc.* [* Hinc :

* Caritas Mortuorum, Nostris vulgo *Fabrique*, in Testam. Aelidis *de Cotois* domicellæ ex Tabul. B. M. de Pratea diœc. Bitur. : *Item lego Caritati mortuorum unam minam siliginis, etc.*

¶ Caritarius, Monachus qui harumce caritatum prædiorumque ad eas pertinentium curam habebat. Chronicon Centulense lib. 6. cap. 8. ann. 1260 : *Vendiderunt Caritario et Conventui Ecclesiæ S. Richarii septemdecim jornalia terræ cum dimidio.*

¶ Caritaria, ibidem ad annum 1278. Officium *Caritarii*. *Ratam habeo eleemosynam, quam Johannes frater meus, Capellanus Ecclesiæ S. Benedicti... Caritariæ S. Richarii ferit de omnibus censibus, etc.*

4. **CARITAS**. Quod gratis conceditur, non vero ex debito, vel consuetudine : quemadmodum *Caritativa subsidia* dicuntur diœcesana Episcopi vectigalia, quæ honestius accipi, quam peti possunt, et non tam extorquentur, quam ultro et gratuito offeruntur, ut auctor est Ren. Chopinus lib. 2. de Sacra polit. tit. 7. § 11. Charta vetus apud Ægidium *Bry* in Hist. Comit. Perticensium lib. 3. pag. 103 : *Similiter et de Ecclesia S. Martini... in qua requirebat sanguinem et infracturam : diffinitum est, ut in ea præter censum, id est, libram piperis, et libram thuris nihil haberet, et hoc pro Caritate, non pro consuetudine.* Charta Gaufredi II. Comitis Andegav. in Tabul. S. Mauri ad Ligerim : *Suum pasnaticum recipientes, non tam consuetudinis, sed gratia Caritatis, etc.* Monasticum Anglic. tom. 1. pag. 242 : *Turkil tenebat de Abbate, et Caritatem inde reddebat, marcam videlicet auri unoquoque anno.* [Charta Roberti Episc. Lingon. pro Roberto Abb. Molism. ann. 1101. inter Instr. tom. 4. novæ Gall. Christ. col. 151 : *Eandem percipere partem vestrum est in Caritatibus, quæ vestro fuerint Sacerdoti quomodocumque et a parrochiano suo fiant.*] Vide *Caritas*, 7.

5. **CARITAS** interdum dicitur quod vice recognitionis donatoribus dabatur : sic porro nuncupatum, ne donatio non gratuita, sed venditio aut permutatio videretur. Ordericus Vital. lib. 5 : *Ipse super altare donationem posuit, et inde pro recognitione tunc unciam auri ex Caritate Monachorum recepit.* Infra : *Hanc itaque concessionem... super altare portavit, ac postmodum ex Caritate Monachorum quinque marcos argenti et optimum cornipedem recepit.* Tabular. S. Dionysii de Capella Diœces. Bitur. Charta 103 : *Et pro hac re Prior Radulphus dedit Heliæ pro Caritate de beneficio S. Dionysii 20. sol. Salviniacensis monetæ consilio fratrum suorum.* Charta ann. 1089 : *Ob hanc vero talem ejus donationem duo paria pellium de cuniculis data sunt ei a fratribus sub specie Caritatis.* Tabularium Monasterii S. Andreæ Viennensis : *Et accepimus de ipsis Monachis loco Caritatis, ego Beraldus et frater meus 20. sol. cum beneficio S. Andreæ.* Tabularium Absiense fol. 177 : *Pro quo idem Abbas dedit ei 40. solidos de Caritate, etc.* Adde fol. 189. 190. Vide Hugonem Flaviniacens. in Chron. pag. 245. Chron. Andrense pag. 270. 394. 403. 408. 483. 527. Beslium pag. 524. Ordericum Vital. pag. 590. 591. 596. 605. etc.

¶ 6. **CARITAS**, Publicum, ni fallor, valetudinarium, Gall. *Hôtel-Dieu, hopital.* Testamentum Abbonis Canonici Autissiod. ann. 1190 : *Sed sciendum quod ista domus debet annuatim duos solidos in crastino omnium Sanctorum ad Caritatem de Monte Autrico.*

* Nota est ea acceptione vox *Charité* Lugduni et Parisiis, neque aliter accipiendum videtur quod ex Charta communiæ legitur, in *Caritas* 9.

7. **CARITAS** Synodalis, Idem quod *Synodaticum*. Charta ann. 1101. in Hist. Monast. S. Nicolai Andegav. : *Et Episcopus Ecclesiam, quam Monachi ædificaverant, ab omni consuetudine Episcopali quictaverat, exceptis sex denariis quos pro Caritate Synodali Monachi Andegavensi Ecclesiæ redderent.* Vide *Caritas*, 4.

8. **CARITAS**, Benedictio. Ditmarus lib. 7. pag. 93 : *Cum autem pridie quam ille vir justus obierit, venirem, ad eum non accessi, sed in posterum distuli diem, et tunc is sine mea Caritate mortuus est.*

9. **CARITAS**. Charta Communiæ Tornacensis ann. 1187 : *Caritatem B. Christophori, et calidos furnos, et excubias debent custodire quinque homines legitimi, etc.*

* 10. **CARITAS**, Oblatio, quæ inter missarum solemnia fit a fidelibus, idem quod *Offerenda*. Vide in hac voce. Charta Manas. episc. Aurel. ann. 1168. ex Chartul. Miciac. : *Duas partes habetis.... in omnibus oblationibus, quocumque modo fiant, tam pro vivis quam pro mortuis, exceptis nummis de dominica die, qui Charitas appellantur.*

* 11. **CARITAS**, Idem quod *Procuratio*, qua scilicet hospitio et conviviis excipiuntur episcopi ecclesias suas visitantes, quæ haud infrequenter in pecuniariam summam convertebatur. Charta ann. 1265. ex Chartul. episc. Carnot. : *Voluit etiam et concessit in perpetuum quod nec ipse nec successores sui ampliorem summam ab eis, nomine Caritatis seu procurationis, exigere valeant, nec priores dictorum locorum, vel alius loco ipsorum ad præstationem amplioris summæ, nomine Caritatis seu procurationis, ab ipso episcopo seu successoribus suis possint compelli.* Vide infra *Carritium*.

* 12. **CARITAS**, Sacrum sodalitium, idem quod *Confratria*, Gall. *Confrairie.* Charta Phil. Pulc. ann. 1312. in Reg. 48. Chartoph. reg. ch. 126 : *Ex parte mulierum pœnitentium, vulgariter vocatarum Repenties, de Dolentio, nobis fuit humiliter supplicatum, quod eisdem concedere dignaremur, ut quosdam redditus minutos dudum quibusdam Caritatibus seu confratriis, quæ in dicta villa fiebant, debitos, ... tenere possent.* Infra : *Caritas S. Jacobi, Caritas S. Egidii, etc.* Pactum inter abbat. et habitat. Anianæ ann. 1332. in Reg. 69. ch. 175 : *Item, quod dicti tres proceres .... plenam habeant potestatem eligendi tres bonos et sufficientes homines pro recolligenda quoad dictum annum, et levanda et distribuenda Karitate ascensionis Domini, et alios tres pro Karitate B. Mariæ.*

* 13. **CARITAS**, Festum, nundinæ, quæ cum conviviis celebrari solent, nostris *Charité.* Lit. remiss. ann. 1397. in Reg. 152. Chartoph. reg. ch. 53 : *L'exposant demanda à sa femme combien d'argent elle avoit de son vin et autres denrées, qui estoient à l'ostel le Dimenche jour précédant dudit jour de Lundi, que la feste de la ville dudit lieu de Lani, que l'en nomme la Charité des blés, avoit esté.* Aliæ ejusd. ann. ibid. ch. 218 : *Comme les paroissiens de la paroisse de Bailleu-le-Pin et des autres paroisses voisines ou bailliage de Chartres, aient acoustumé faire très grant feste et eulx esbatre chascun an le Dymenche devant la Penthecoste, laquelle feste est appellée la Charité à l'ablel, et à ycelle feste aient acoustumé venir et mener

joie et esbatement les jeunes hommes et filles à marier, etc.

* CANDELA DE CARITATE. Vide supra in Candela 1.

CARITAS ANIMARUM. Vide Selegeret.

¶ CARITATIS CHARTA. Vide Charta.

¶ CARITATIS DOMUS, ea, si bene conjecto, dicitur, in qua tum pecuniæ, tum etiam aliæ res mobiles ad communem Ecclesiæ usum expendendæ servabantur. Statuta Ecclesiæ Barchinon. apud Marten. tom. 4. Anecd. col. 624 : *Quoniam attestante pragmatica sanctione, naturale vitium est, negligi quod communiter possidetur, necnon quod propter importunitatem petentium de communi domus Caritatis nostræ Ecclesiæ, quod erat in omnibus usibus Ecclesiæ expendendum, ut ei experientia docuit, pluries extitit privatorum de Capitulo vel extra usibus deputatum : Ideo nos Frater Ferrarius Episcopus Barchinonensis, et ejusdem sedis Canonici Capitulum generale celebrantes, pensantes rem publicam, seu communem ex modico studio magnam et ex magna minimam effici, divisione indebita, incuria, seu neglecta, deliberatione solerti præhabita, pro bono statu et augmento nostræ præfatæ Ecclesiæ provide duximus statuendum, quod de bonis reditus, proventus fructibus, sive pensionibus Domus Caritatis nostræ Ecclesiæ, præsentibus et futuris, nulli deinceps mutuetur, vel aliter assignetur directe vel indirecte, etiam sub pignore, vel alio quocumque colore quæsito, pro causa vel commodo singulari, sed tantum, ut et debet, in negotiis ad quæ sunt deputata communibus expendantur, ac quod Caritativus tum computum reddet, reliquum confestim restituat : et ut præsens Ordinatio ampliori gaudeat firmitate, etc.* Ibid. col. 616 : *Statuimus et perpetuo ordinamus, quod si speretur verisimiliter ante horam Missæ, ut propter defectum alicujus Canonici præsentis sive absentis, cadere debeat dicta* (major) *Missa; tunc Procurator Domus Caritatis unam canonicam portionem, seu valorem ipsius in sacristia certioratus ponere teneatur; quæ Canonico evangelium seu Epistolam loco defficientis dicenti omnimodo tribuatur.*

¶ CARITATIS, vel *Domus Caritatis Procurator*, non semel ibidem legitur pro eo qui Præfectus erat huic domui, rerumque Ecclesiæ communium curam habebat.

* CARITATERIUS, Qui *Caritates* seu bona alicujus ecclesiæ curat et collecta servat. Constit. capitul. eccl. Barcin. ann. 1423. rubr. 7. ex Cod. reg. 4332 : *Caritaterius sine contradictione cujusquam die quolibet recipiat de præbenda illius canonici noviter recepti xij. denarios, et de tribus præbendis dom. episcopi tres solidos; et hoc fiat tamdiu donech sit satisfactum eisdem anniversariis de xxvij. lib. monetæ Barchinonensis pro annata prædecessoris canonici immediate defuncti.* Rubr. 10. *Procurator caritatis* idem nuncupatur. Vide supra *Caritaterius* et *Caritatis domus* post *Caritas*.

¶ 1. CARITATIVE, Ex charitate, ex animo, humaniter, passim occurrit apud Scriptores Barbaro-Latinos.

* Charta Pontii archiep. Aquens. ann. 1019. ex maj. Chartul. S. Vict. Massil. fol. 78 : *Rogo omnes proceres, qui ad solempnitatem hujus consecrationis convenerunt, cujuscumque dignitatis sint, ut de suis honoribus huic ecclesiæ Caritative prœbeant.*

* 2. CARITATIVE, Vice recognitionis. Charta ann. 1147. inter Probat. tom. 2. Hist. Occit. col. 518 : *Caritative tamen ego recepi Rogerius prænominatus a te Guillelmo præposito præfato D. cc. sol. Melgorienses.* Vide *Caritas* 5.

¶ CARITATIVUM, Donatio. Charta Ludovici Franc. Regis ann. 1115. apud Stephanotium in Antiquit. Aurelian. MSS. pag. 281 : *Præsentem cartam nostri authoritate sigilli firmatam et roboratam fieri disposui, quæ et istud Caritativum exponat, et in munimentum stabilitatis perpetuæ existat Charitativum subsidium*, in Bulla Sixti IV. inter Privilegia Equitum S. Joannis Jerosolymitani pag. 136. Vide *Caritas*, 4. et 7.

¶ CARITATIVUS, Ex caritate procedens, Gall. *Charitable*, apud Rymer. tom. 8. pag. 101. et alibi non semel.

¶ CARITATIVUS, Idem qui *Caritatis Procurator*. Vide *Caritatis Domus*.

** CARITEL, KARITELLUS, *Vox de Caritelo* apud Lusitanos inclamabatur prædatores persequendo sive eos qui violenter aliquem injuriaverant. Vide S. Rosa de Viterbo, qui verbi originem a *Quiritare* deducit. Porro *Caritel*, significat querelam, *Calumniam*, qua inde in foro agebatur et de ea dijudicandi jus atque potestatem. Charta Alphonsi II. reg. Portug. ann. 1218 : *Non pectem Caritel de naso et si fecerint calumpniam in alia parte, etc.* Alia anni 1154 : *Hæc dono et concedo vobis.... cum suo Caritel, vel cum suo Sagione et cum omnibus suis directuris et calumnis et cum omni voce regia.* Alia ann. 1187 : *Sagion et majordomus non ponant Caritel, nisi cum auctore et testibus, etc.* Alia ann. 1132 : *Omnem rem illam, quæ ad regem pertinet, callumnia, Karritellum, fossadariam, regalengum dimitto, etc.* Alia ann. 1174 : *Ab omni jure regio absolvo, cabdali, calumpnia, voce Caritelli.* Interdum nude *vox* scribitur.

* 1. CARITIA, Annonæ caritas, penuria, Ital. *Carizia* Gall. *Cherté*. Necrolog. MS. Nivern. : *Anno ipso 1221. maxima Caritia; pavit quotidie circa tria millia pauperum. Chierté*, Sumptus, impensæ, Gall. *Dépens, frais*, in Chron. S. Dion. lib. 2. cap. 9. tom. 3. Collect. Histor. Franc. pag. 187 : *La bonne dame la royne Crotilde..„ nourrissoit ses neveus les fiuz le roy Clodomire en grant Chierte et en grant honour.* Ubi Aimoin. lib. 2. cap. 12. habet : *Solerti nutriebat diligentia.* Vide *Caristia* 2. et infra *Caritudo*.

* 2. CARITIA, Blanditiés, Ital. *Carezza*, Hispan. *Caricia*, Gall. *Caresse*. Inquisit. ann. 1288. apud Murator. tom. 5. Antiq. Ital. med. ævi col. 123 : *Et quum Punzilupus intrasset domum, ubi erant hæretici, videntibus omnibus, fecit magnas Caritias, et ostendit magnam amicitiam et familiaritatem dictis hæreticis.*

¶ CARITOSUS, Amicus, benevolus. *Caritosa affectio*, in Vita S. Hildulfi tom. 3. SS. Julii pag. 214.

1. CARITUDO, Dilectio, amor præcipuus. Guibertus lib. de Laude B. Mariæ cap. 10 : *Hunc utriusque parentis affectio sibimet Caritudine tanta contraxit, etc.*

¶ 2. CARITUDO, Caritas annonæ, Gallice *Cherte*. Chronic. Parmense ad ann. 1277. apud Murator. tom. 9. col. 790 : *Fuit maxima Caritudo blavæ, ita quod sextarium frumenti positum fuit ad decem solidos imperiales.*

* Glossar. Gall. Lat. ex Cod. reg. 7684 : *Caritudo, Chierté de temps, caritia, caristia.* Laudes Papiæ apud Murator. tom. 11. Script. Ital. col. 32 : *Ab istis et consimilibus operibus pietatis nulla fere guerrarum adversitas, nulla Caritudinis gravitas, nulla exactionum sæva rapacitas ipsos retraxit.* Vide supra *Caritia* 1.

* CARIVARIUM, Ludus turpis tinnitibus et clamoribus variis, quibus illudunt iis, qui ad secundas convolant nuptias, vulgo *Charivary*. Lit. Ludov. ducis Andeg. ann. 1372. inter Probat. tom. 2. Hist. Nem. pag. 322. col. 2 : *Cum ipsi consules litteras a dicto domino meo rege obtinuissent in effectu, continentes quod nullus, cujuscumque conditionis sive status existat, sit ausus facere Carivarium sive Charivalli per civitatem Nemausi et pertinentia ejusdem, cum matrimonia viduarum contrahuntur.* Infra : *Charivarium sive Charivalli.* Occurrit præterea apud Marten. tom. 7. Ampl. Collect. col. 1271. Vide *Caria* 2. et infra *Charavaria*.

¶ 1. CARIUM. Vide *Carigare* post *Carricare*.

* 2. CARIUM. Libert. villæ de Favorone ann. 1356. tom. 8. Ordinat. reg. Franc. pag. 287. art. 2. *Cognicio ponderis et mesurarum Carium minus sufficiencium., etc.* Leg. *mensurarum, carnium minus sufficiencium*. Vide tom. 5. earumd. Ordinat. pag. 6. art. 2.

* CARIUS, Carrus. Reg. S. Justi ex Cam. Comput. Paris. fol. 120. v°. : *Duo Carii ad defferendum ligna domini bis in anno.*

* CARIZARE, CARIZATOR. Vide supra *Carezare*.

CARLAKNAP. Chronicon Archiepiscopor. Upsaliensium in Stephano Arch. sub ann. 1185 : *Huic Archiepiscopo contulit dominus Papa librum Evangeliorum dictum Carlaknap, et duas cruces, et* Hic hæret Editor Joan. Schefferus : *Karl*, inquit vulgari lingua Suecis *virum* denotat, *Knap* vero *nodum*. Sed cum Evangelium istud missum sit ad Carolum Sueonum Regem, vel ab eo impetratum, sive fuerit *Carolus* iste in rerum natura, sive non, illius saltem nomen prioribus characteribus innui probabile est. [** Vide Ihrii Gloss. Suio-Gothic. vol. 1. col. 1034.]

* CARLARIUS, Artifex carrucarius, nostris olim *Charlier*, cujus ars etiam *Charlerie* dicitur, in Lit. remiss. ann. 1472. ex Reg. 195. Chartoph. reg. ch. 721 : *Les mareschaux, charrons, Charliers et autres eulx entremettant de négociation de chevaulx et charrues ...,.... Le mestier de Charlerie, etc.* Charta ann. 1280. ex Chartul. S. Vinc. Laudun. : *Juxta pratum Roberti, dicti le Charlier, et ab illa meta usque ad metam, quæ est juxta coronnam prati dicti Roberti Carlarii.*

CARLE. Vide *Ceorle*.

¶ CARLEM. Liber Miraculum S. Edmundi Angl. Regis apud Marten. tom. 6. Ampliss. Collect. col. 831 : *Ad spectaculum sanitatis quorum interea dum juxta quædam in sporta a singulo pede tenus membris contracta, audito plausu prodigiorum Sancti, O, inquit, utinam mei perciperent oculi, quis, qualis, et quantus hanc urbem ingreditur Sanctus : illico stans in pedes Carlem exilit :* hoc est, sana, fortis, robusta. Teutonicum enim *Carl, Karle* et *Keorle*, virum robustum, corpore et animo fortem significat juxta Schilterum in Glossario, unde pro nomine proprio, inquit, frequentatum. Continuator Chronici Fredegarii num. 103 : *Igitur præfatus Pippinus... genuit filium vocavitque nomen ejus lingua propria Carlum.* Saxon. Carl, Masculus. Alemannis hodie *Kærle*, teste Goldasto, *de homine probo, bono, utili ac strenuo* accipitur; Belgis *Kaerle*, Fortis. Vide *Ceorle.*

* **CARLENI**, Carlini, Academ. Cruscanis, *Sorta di moneta, che vale una mezza lira..... e di Napoli di valuta diversa dalla nostrale* (Fiorent.). Parid. de Grassis Cæremon. capell. papal. MS. : *Donatur* (diaconus cardinalis) *crumenula cum xl. solidis, qui esse videntur Carleni quattuor in totum.* Steph. de Infest. de Bello inter Sixt. IV. PP. et reg. Ferdin. ann. 1482. MS. : *Missum fuit proclama per urbem, ut ne cui liceret vendere granum pro majori quantitate quam viginti Carlenorum pro rabio.* Annal. Placent. ad ann. 1473. apud Murator. tom. 20. Script. Ital. col. 943 : *Frater Petrus ord. Min. S. Sixti cardinalis nepos .... Carlinos deauratos pretium solidorum xij. ad terram projecit....... usque ad summam ducatorum quatuor millium.* Monetæ ejusdem nominis usus etiam fuit in Navarra et Bigorrensi comitatu. Testam. Caroli reg. Navar. et comit. Ebroic. ann. 1376. ex Cod. reg. 8428. 3. fol. 109. r°. : *Lesquelles rentes et revenus peuent valoir et monter à la somme de... cent sept livres, dix sols de Carlins noirs.* Lit. remiss. ann. 1417. in Reg. 170. Chartoph. reg. ch. 84 : *Le suppliant fist bailler au tavernier sept hardiz, et ledit tavernier pour ce que le vin ne montait pas tant, rendi à chascun d'eulx un Carly.* Quæ ultima minutiorem fuisse monetam indicant. Vide *Carlenii.*

¶ **CARLENII**, Nummi, sic dicti a Carolo Siciliæ Rege, iidem qui *Gillati.* Vide in hac voce post *Gigliati.*

* **CARLEVAMEN**, Bacchanalium dies, Ital. *Carnevale*, Gall. *Carnaval.* Chron. Astense ad ann. 1273. apud Murator. tom. 11. Script. Ital. col. 162 : *Post hæc in Carlevamine milites Astenses ceperunt quinquaginta viros de Gorzano.* Paulo supra hæc acta dicuntur *die Sabbati xxiv. Martii.* Vide *Carnelevanem*, et infra *Carnem-laxare.*

* **CARLINGI**, Caroli M. successores; unde per *Partem Carlingorum*, Franciam, ubi hujus imperatoris posteri regnarunt, designat Christ. de Scala in Vita S. Ludmil. tom. 5. Sept. pag. 354. col. 2. ut ibi observant docti Editores. [** *Carlenses* dicuntur Gallofranci in Annal. Colon. ap. Pertz. vol. Hist. 1. pag. 98 : *Ann. 978. Otto imperator exercitum duxit super Carlenses. ann. 979. Reconciliatus est imperatori cum occidentis rege.* Vide *Karlenses.*]

¶ **CARLINI**, Nummi, in Vita S. Francisci de Paula tom. 1. SS. April. pag. 183 : *Voluimus solvere patrono terrenum circumdatum Carlinis, et nunquam voluit vendere.* [* Vide supra *Carleni.*]

* **CARLINO**, Carlineto, Piscis genus. Vide supra *Aspargus.*

* **CARMALHERIUM**, Cremaster focarius, Gall. *Cremaillere.* Inventar. ann. 1476. ex Tabul. Flamar. : *Item plus quoddam furnipendium sive Carmalherium ferri.*

¶ **CARLUS.** Vide *Carlem.*

CARMALUS. Annales Ratisponenses Mabillonii ann. 818 : *Pernhardus Rex Carmalum levavit.* Mox ann. 819 : *Linduwit Carmalum levavit.* [** Ita etiam ap. Pertzium pag. 93. qui vocem Slavicam esse scribit; sed confer *Carmulum*, pro quo *Carinulum* scribendum contendit Carpenterius.]

* **CARMATOR**, *Laniator, e tonditor.* Glossar. Lat. Ital. MS. [** Lege *Carminator.*]

* **CARMATURA**, Tomentum, ni fallor, quasi *Carminatura.* Stat. crimin. Riper. cap. 225. fol. 29. v°. : *Nulla persona audeat...... in ipsis pannis ponere..... Carmaturam sub pœna libr. decem parvorum.*

¶ **CARMELINI**, pro *Carmelitæ*, in Testamento Johannis Comitis Claromontis ann. 1340. apud Baluzium Hist. Arvern. tom. 2. pag. 316 : *Legamus Conventibus Fratrum Prædicatorum, et Minorum et Minorissarum et Carmelinorum et Canonicis de Chantoen... cuilibet centum solidos Turon. semel.* Confer *Barrati.*

* *Les freres dou Kerme* appellantur, in Testam. Mariæ *de Craon* ann. 1317. apud Menag. Hist. Sabol. pag. 379.

* **CARMELINUM**, Carmenum. Stat. Astæ ubi de reva : *Ad evitandum fraudes decretum est, quod de cetero debeant ipsi becharii tenere Carmenum seu Carmelinum papari super carnibus, et non tenere super eodem bancho, nec simul vendere carnes ad diversa pretia æstimatas.* Ubi leg. videtur *Papyri.* Est ergo *Carmenum* vel *Carmelinum*, Charta seu schedula, in qua statutum a publicis æstimatoribus pretium, quo carnes divendi debent, describitur. Vide supra *Calmedrium* et *Calmerium.*

1\. **CARMEN**, Incantatio. Justinianus § 5. Instit. de Public. judic. (4, 18.) : *Venefici qui magicis susurris, seu Carminibus homines occidunt.* Virgilius Æn. lib. 4. vers. 487 :

Hæc se Carminibus promittit solvere mentes.

Carmina dira, in leg. 7. Cod. Th. (16, 10.) de Paganis. Vindicianus Medicus :

Gramine seu malis ægro præstare medelam,
Carmine seu potius, namque est res certa saluti
Carmen, ab occultis tribuens miracula rebus.

Decretum Tassilonis Ducis Bajwar. de popularibus legib. § 5 : *Ne forte Carminibus vel machinis diabolicis vel magicis artibus insidiantur.* Cæsarius Heisterb. lib. 1. cap. 34 : *Diabolum aliquando per Carmina vocare consuevi.* Aimoin. lib. 3. Hist. Franc. cap. 52 : *Rapi meretrices ad supplicia jubet, quæ se fatebantur Carminibus multos interemisse innocentes.* Vide Guill. Abbatem S. Theoderici in Vita S. Bernardi lib. 1. cap. 2. Miracula S. Wlfranni Episc. num. 28. etc. [** Plura ap. Grimm. Mythol. German. pag. 626. 627.]

Carmina Diabolica, Quæ super mortuos nocturnis horis vulgus cantare solet, vetantur in Ratherii Veronensis Episcopi Epistola Synodica ad Presbyteros, et apud Reginonem cap. 71.

Carminare, Incantare, carminibus magicis irretire, Gall. *Charmer.* Gloss. Arabico-Lat. : *Carmino, Canto.* Papias : *Carminare dicimus, vel inde dicitur, quod qui illa canerent, mente carere existimabantur. Qui malum Carmen incantavit*, in legibus 12. Tab. apud Plin. lib. 18, cap. 2. *Carmina incantare*, dixit etiam Lampridius in Juliano. Marcellus Empiricus cap. 8 : *Ipso oculo clauso, qui Carminatus erit.* Et cap. 15 : *Glandulas mane Carminabis.* Hincmarus Remensis de Divort. Lotharii et Tetbergæ : *Quidam etiam vestibus Carminatis induebantur, vel cooperiebantur.* Raymundus *de Agiles* in Hist. Hieros. : *Dum duæ mulieres petraviam unam de nostris fascinare vellent, lapis viriliter excussus, mulieres Carminantes cum tribus pueris allisit.*

* Qua arte potissimum usi sunt, et etiamnum utuntur in vulneribus sanandis; quam infeliciter, docent sequentia. Lit. remiss. ann. 1387. in Reg. 131. Chartoph. reg. ch. 142 : *Le suppliant fery ledit Nepveu un seul coup,..... et ledit coup Charmé de paroles seulement, sanz autre médecine ou garison, ledit Nepveu ala de vie à trespassement.* Aliæ ann. 1444. ex Reg. 176. ch. 233 : *Tous guerirent, excepté icellui Estienne, qui fit Charmer sa plaie qu'il avoit sur la teste sans autre remede y querir.* Denique aliæ ann. 1457. in Reg. 189. ch. 157 : *Lequel Anglois se fist, comme l'en dit, Charmer par un franc archier, etc. Charmegneresse*, Saga, in Lit. remiss. ann. 1402. ex Reg. 157. ch. 254 : *Ledit Henry appella ladite femme putain, larronnesse et Charmegneresse.* Vide infra *Conjurium.*

Incarminatrix, Saga, apud Galbertum in Vita Caroli Comit. Flandr. num. 165.

¶ Carminalia Instrumenta, Quibus utuntur incantatores in suis artibus exercendis. Vita S. Bernardi auctore Alano inter illius opera tom. 2. col. 1237. edit. 1690 : *Cum adhuc puerulus gravi capitis dolore vexaretur, decidit in lectulum. Adducta autem ad eum est muliercula, quasi dolorem mitigatura carminibus : quam cum ille appropinquantem sentiret cum quibusdam Carminalibus Instrumentis, cum indignatione magna exclamans, a se repulit et abjecit.*

¶ Carminare, *Canere carmen, commentare carmen, facere carmen.* Gasparis Barthii Glossar. tom. 3. pag. 280. ex Fausto. Vide Laurentii Amaltheam. [** Pro Carmina facere apud Sidonium Ep. 1, 9. et 9, 15.]

* 2\. **CARMEN**, Canticum musicum, *rythmus.* Stat. ann. 1446. in Suppl. ad Miræum pag. 191. col. 2 : *Item insistere vel interesse probationibus Carminum vel motetorum, seu alterius cujuscumque, dum discuntur in choro tempore divini servitii, nemini liceat.*

* 3\. **CARMEN**, Plantæ species. Leudæ major. Carcass. MSS. : *Item pro cargua de Carmen, iij. sol. Turon.* Ubi versio Gallica ann. 1544 : *D'une charge de Carde, qui semble fenouil, etc.*

¶ **CARMENTALIA**, ὑμνολογία, *Cantio*, apud Janum in Supplemento Antiquarii.

¶ **CARMENTRAN.** Vide *Carementrannus.*

** **CARMENTUM**, Carmen. Virgil. Grammat. ep. 2. ap. Maium pag. 23 : *Sarbon quoque pater Glengi in Rigadis reginæ cantico : Digna ab ego laudari Carmento mirabili. Carminulum* apud eundem pag. 130 : *Poetica metra per versuum Carminula sofflat.*

* **CARMENUM.** Vide supra *Carmelinum.*

CARMESINUS, Color ostrinus, purpureus, *Chermisi*, Italis : *Cramoisi*, nostris : a *Kermes*, voce Arabica, quæ vermiculum sonat, qui gignitur in baccis cocci, ex quorum liquore panni coccino, seu purpureo colore tingi solent. Perperam *Cremesinum* et *Carmesinum pannum*, pannum sericum Cremonæ textum interpretantur viri docti ad 30. Martii. [*Almucias folratas ex sestino Carmesino*, Concil. Hispan. tom. 4. pag. 612.]

* **CARMET**, *apud Avicenam est nomen ponderis, appendens vj. kirat. Et alibi reperi quod est aureus unus et grana iiij. Aliquando Karmet scribitur.* Glossar. medic. Simon. Januens. ex Cod. reg. 6959.

¶ **CARMINATIVUM**, *Dissipativum, discussivum*, in Amalthea. Medicina Salern. pag. 59. edit. 1622 : *Innoxia sunt* (pyra) *si una cum Carminativis vulgo dictis, hoc est, calefacientibus tenuantibus et flatum expellentibus comedantur, vel super his vinum vetus et odoratum bibatur.*

¶ **CARMINE**, σαρκικῶς, *Carnaliter*, apud Janum Laurenb. in Supplemento Antiquarii.

¶ **CARMULA**, Idem quod mox *Carmulum.* Vita S. Udalrici inter Acta SS. Benedict. sec. 5. pag. 436 : *Equitando in servitium regis in regionem Noricorum sagaciter venit, Carmulaque prolongata, possibilitatem redeundi apte non potuit habere.* Ibidem pag. 458 : *Cumque obsidione finita et Carmula mitigata, Imperator ad Saxoniam reverteretur, etc.*

* Mendum in hac voce et sequenti, a puncto quod superponere omittebant scribæ, ortum : legendum quippe *Carinula* et *Carinulum.* Vide *Carina* 1. *Carinula*, et *Carmalus.*

CARMULUM. Lex Bajwar. tit. 2. § 3 : *Seditionem excitare, quod Bajoarii Carmulum dicunt.* Alii Codd. *Carmulam* habent. Germani *Schaer-mutse*, velitationem vocant. Vide *Carmula.*

¶ **1. CARMUM**, f. pro *Carreium*, idem quod *Carreda*, Onus vecturæ vassallis impositum. Polyptych. Fiscamn. ann. 1235 : *Hæc vavassoria debet per annum duo Carma de leignagio. Robertus de Mara tenet unam vavassoriam de xxxx. acris terre per servitium equi et Carma. Rogerius Anfrei tenet IX. acras terre et debet facere submonitiones et nammia capere, et grantiam retegere, et mundare et Carmum.*

* **2. CARMUM**, *Lo marmo biancho*, in Glossar. Lat. Ital. MS. Vide *Caristeum.*

¶ **CARMUS**, Carpinus, arbor, Gall. *Charme.* Papias MS. : *Carpenus arbor quæ dicitur Carmus.* Vide *Charmus.*

* Chartul. Norman. ex Cod. reg. 4653. A. fol 92 : *Leprosi Britolii habent.... brancas Carmi ad suum ardere et ad suum furnum calefaciendum.* Hinc *Carme*, pro *Carne*, legendum in Stat. ann. 1388. tom. 7. Ordinat. reg. Franc. pag. 777. art. 39. quod rursum probare licet ex allatis supra in *Boscus mortuus.*

* **CARMUSINUS**, ut *Carmesinus*, Color ostrinus, purpureus, Gall. *Cramoisi.* Ordo canonizat. ex Cod. MS. Morton. archiep. Cantuar. ann. circ. 1494. apud Labb. : *Fit unum baldachinum ... habens pendalia de Carmusino.*

CARNACARIA, in Charta Adefonsi Regis Hispaniæ. Locum vide in *Tanaria.*

¶ **CARNACERIUS**, Carnifex, tortor, Gall. *Bourreau.* Hist. Dalphin. tom. 2. pag. 323. ex Computo anni 1336 : *Pro expensis duorum latronum Petri Vitalis, cui fuit pes amputatus, etc.* XXI. *sol.* VIII. *den. Item, uni Carnacerio, qui traynavit et suspendit Bernardum Maquayre homicidam.* Et pag. 584. ann. 1348. et 1349 : *Item, deducuntur pro salario Carnacerii, qui combuxit Pachodum Ribaldum delatum de impositione veneni, etc.* II. *s.* V. *d. Pict.* Carnivorum hodie *Carnacier* appellamus.

¶ **CARNACLIGIUM**, Species vestis. Statuta Arelat. MSS. art. 53 : *Habeat sartor* XII. *den. pro tunica ... et pro fustannitis homini* VIII. *den. et pro Carnacligio* II. *sol.*

1. CARNAGIUM. Vide *Carnaticum.*

* **2. CARNAGIUM**, Prandium ex carnibus vel Carnes ipsæ animalium. Vide *Carnalagium.* Inquisit. ann. 1268. ex schedis Pr. *de Mazaugues* : *Quæsiverunt a fratre Artiga quod daret eis prandium seu Carnagium; qui dixit quod tunc non erat paratus : sed dedit eis fidejussorem dominum Guillelmum Aicardum, quod ipse daret eis tantum quod essent contenti, et in vigilia nativitatis Domini misit cuilibet ipsorum unum quadrantem castonis.*

¶ **CARNALADO.** Vide *Carnale* 3.

CARNALAGIUM, Carnes ipsæ animalium : Italis, *Carnaggio, munitione di carne.* Will. de Podiolaurentii cap. 36 : *Transeunte quippe Rege versus Apamiam cum Legato, non immemor largitatis Episcopus, panis et vini, et Carnalagii misit encœnia copiosa, priusquam intrasset diœcesim Tolosanam.* Vetus Inquesta pro Rege Majoricar. : *Vidit portantem Carnalatge, videlicet cabricios et agnos, et dicebat quod eos portabat de castro et loco de Belagarda pro primitia sua.* Charta anni 1313. in 49. Regesto Chartophylacii Regii : *Salvo tamen quod a dictis macellaris Carnalagium et carnes salsatæ in grosso possint vendi.* [Concil. Biterrense ann. 1310. cap. XIV. apud Marten. tom. 4. Anecdot. col. 252 : *Item statuimus monendo omnes Rectores seu Priores cum cura et sine cura, quod nullus vendat redditus Ecclesiæ suæ ad pecuniam absque licentia speciali petita et obtenta, exceptis Carnalagiis, etc.*] Tabularium S. Flori in Arvernis : *Prior habeat decimas Carnalagii et primiciam a quolibet pagesio dictorum locorum.* [Transactio inter Abbatem et Monachos Crassenses ann. 1351. ex libro viridi fol. 53 : *Possidet dictus venerabilis Conventus ... medietatem Carnalagii ovini et caprini villæ et terminalium de Crassa.* His in duobus ultimis locis *Carnalagium* idem est ac] *Carnaticum* : quod vide suo loco. Vide *Carnalegium.**

¶ **CARNALAR.** Vide *Caro.*

1. CARNALE. Gloss. Saxon. Ælfrici : *Carnale*, flæsc hus, i. carnis domus, ubi scilicet caro distrahitur.

2. CARNALE, Animal. Tabularium Conchensis Abbatiæ in Ruthenis Ch. 73 : *Et totam decimam de lino et lana, et de Carnali, etc.*

3. CARNALE, Servitutis species, qua pecora et animalia, si damnum facere in agro deprehendantur, agri domino capere non modo licet, sed occidere, atque adeo comedere, si sint hujusmodi ut apponi possint ad mensam : aliis pignori ea capere ipsi licet. Charta Sanctii Ramirezii Regis Aragonum apud Martinezium in Hist. Piunatensi lib. 3. cap. 27 : *Similiter ingenuo de omni honore S. Joannis herbaticum et Carnale : ut non dent illud, neque ipsi seniores, neque villani eorum in ullo loco, ubicunque fuerint, ad Pascha, in hyeme vel stivo tempore, in omni regno meo, sed ita sint liberi, sicut meæ propriæ.* Infra : *Ipsi vero habeant suos vetatos, in omnibus Decaniis suis, et in omni loco, ubi ipsi habuerint aliquid facere, ut nullus sit ausus ibi pascere, vel intrare absque eorum licentia, neque ego; quod si fecerint, mando ut accipiant Carnale.* Tabularium Lascariense apud Marcam in Hist. Benebarn. lib. 5. cap. 11. num. 1 : *Liberaverunt totum proprium honorem S. Mariæ de tot carrei, et de toto damno, et de tot Carnal, et de toto opere, etc. Carnau*, dicitur in Consuetudine Beneharnensi tit. 19. art. 1. 2. tit. 24. art. 7. tit. 42. art. 37. 38. tit. 49. art. 10. tit. 58. art. 59. *Carnalado*, qui *Carnale* debet, in eadem Consuetudine tit. 19. art. 1. tit. 24. art. 7. tit. 42. art. 38. Hinc *Carnaler* in Consuetud. Aquensi tit. 11. art. 43. est *Tuer le bestail, et le convertir en ses usages*, scilicet pecus quod in damno captum est. Adde art. 11. 13. 21. 22. 23. 31. Consuet. SS. Severi tit. 3. art. 2. 3. 4. 5. 17. 18. Bayonensem tit. 2. art. 16. Solensem tit. 2. art. 3. tit. 14. art. 3. 4. At in Lege Bajwar. tit. 13. cap. 12. [** et Salic. tit. 10. § 1. et 2.] animal alterius, licet in damno inventum, non licet occidere : contra in Lege Wisigoth. lib. 8. tit. 5. § 1. Vide *Carnalegium.* Nescio an idem sonet vox

Carnales, in Regesto censuum et debitorum Comitatus Bigorræ ex Camera Comput. Paris. fol. 37 : *Et nota quod Ecclesia Tarmensis solvebat olim 18. sol. pro terris quas habet a Faganos et a Prucigna per Carnales et per carrales pro terris, etc.* Infra : *De omnibus istis solvebat medietatem in Maio per Carnales, et aliam medietatem in Septembri.*

Acarnerare, *Carnale* seu pecora capere, invadere : unde nostris *s'acharner*, efferato impetu in alicujus laniatum ferri. Charta Sanctii Ramirezii Regis Aragonum apud Martinezium in Hist. Pinnatensi lib. 3. cap. 27 : *Et si aliquis talliaverit in totum terminum S. Joannis in ligno viridi, absque licentia Abbatis vel seniorum, pettet 60. solidos : oves S. Joannis, et omnia pecora illius Cœnobii, omniumque rusticorum ejus, mando ut in toto regno meo, ubi herbas invenerint, pascant tam in hyeme, quam in æstate : et nullus sit ausus pignorare vel Acarnerare : quod si quis fecerit, peitet mille solidos.*

¶ **4. CARNALE**, Tempus quo carnes

licet comedere, Gallis *Charnage*. Cod. MS. Consuetudinum festorum monasterii Solemniacensis : *In vigilia Purificationis B. M.... quando est in Septuagesima sepias et ova farsata, et tria ova tam in Carnali quam in Septuagesima.* Ibidem non semel : *Si evenerit in Quadragesima . . . . si autem in Carnali, etc.*

* **CARNALEGIUM**, Tributum ex animalibus, idem quod *Carnaticum*. Charta ann. 1356. inter Instr. tom. 6. Gall. col. 384 : *Edictum de Carnalegio exsolvendo ab episcopo servetur. Carnalaige*, eadem notione, in Lit. remiss. ann. 1477. ex Reg. 203. Chartoph. reg. ch. 13 : *Disnadan seigneur de Marsan estoit à la chasse en une sienne terre et seigneurie, nommée la Gauzon, en laquelle seigneurie, entre ses autres droiz, a droit de Carnalaige, qui est tel que toute personne faisant pestre ses vaches en ladite terre et seigneurie de Gauzon, sans préalablement en avoir fait pac ou convenance avec ledit seigneur de Marsan, que ledit de Marsan, en défault de ce, peut de son auctorité prandre pour sondit droit de Carnalaige une vache, pour en faire et disposer à son plaisir et voulenté.* Vide *Carnalagium*.

1. **CARNALIS**, Genuinus. *Carnalis frater*, uterinus, proprius, genuinus, qui ἀδελφὸς σάρκικος dicitur Scylitzæ pag. 537. ἀδελφὸς κατὰ σάρκα, in Vita S. Nili junioris pag. 47. Acta SS. Martyrum Numidarum num. 8 : *Homo gentilis, hoc est, frater meus Carnalis occurrit.* Passio SS Perpetuæ et Felicitatis : *Hic Democrates fuerat frater meus Carnalis.* S. Eulogius in Epistola ad Alvarum : *Quem ego fratrem meum esse Carnalem proferens, etc.* Ita apud Bedam de Wiremuthensi Monaster. cap. 11. Bruschium lib. 1. Chron. Windeshemensis cap. 28. etc. *Fratello Carnale*, apud Joannem Villaneum lib. 7. cap. 132. *Filius Carnalis*, in Gestis Innocentii III. PP. pag. 69. *Carnalis parens*, apud Conradum Urspergensem pag. 284. [*Pater Carnalis*, in Charta Kazimiri Regis Poloniæ ann. 1341. apud Ludewig. Reliq. MSS. tom. 5. pag. 505.] *Pater Carnis meæ*, apud Avitum Viennensem Homil. de Rogationibus, cui opponit *Patrem spiritualem a Baptismo.* Aimoinus lib. 2. Miraculor. SS. Georgii et Aurelii : *Duas nobiles puellas Carne sorores.* [Conventio ann. 1241. ex Archivo Faræmonasterii : *Prioris soror Carnalis.*] *Carnales germani*, in Chronico Afflighemensi cap. 20. *Carnalis propinquus*, in Gestis Consulum Andegavensium cap. 3. num. 6. Flodoardus de Summis Pontificib. in Calisto :

. . . . . Folconis Carne propinquum.

Willelmus Brito lib. 8. Philippid. :

Per vinclum Carnale gradu conjunctus eidem.

Cugin Carnale, apud Joannem Villaneum lib. 12. cap. 50. 98. *Nipote Carnale*, lib. eodem cap. 41. *Amici Carnales*, in Gestis Ludovici VII. Regis Franc. cap. 14. *Ami Charnel*, apud Petrum de Fontana in Consilio cap. 13. num. 13. Joannes de Condato MS. :

Maint home Roy qui s'esvigure,
De ses Charneis amis confondre.

Infra :

Souvent entre Charneis amis,
Dont maint à la mort en a mis.

Carnali diletti, apud Passavantium. *Carnalis Patria*, apud S. Augustinum Epist. 225 : *Neque hoc inviderunt Ecclesiæ Tagastensi, quæ Carnalis patria mea est.* Edelwlfus in Abbatib. Lindisfarn. :

.... Carnali a nomine dictus
Godfridus ille fuit.

Σαρκικὴ πατρίς, apud Palladium in Hist. Lausiaca cap. 83. *Carnalis dominus*, apud Salvianum lib. 3. de Gubernat. Dei : *Sicut dominorum Carnalium servis eligere omnino non licet, quæ ex præceptis servilibus faciant, aut quæ non faciant, etc.* Infra : *Quis rogo, ex Carnalibus dominis hac cum suis lege agere contentus est, etc.* Vide *Caro*, 6.

VITA CARNALIS, quam scilicet vivimus, apud Cogitosum in S. Brigida pag. 637.

CARNALES PRECES, Hispanis, *Carnales ruegos*, quæ fiunt pro alio : cum scilicet aliquis agnato vel cognato Beneficium Ecclesiasticum vi precum suarum impetrat. Vide Leges Alfonsi IX. Regis Castellæ 1. part. tit. 17. lege 4.

* 2. **CARNALIS**, *Carnalibus amicis*, id est, agnatis et cognatis nimium deditus. Chron. pontif. Leon. Urbevet. apud Lam. in Delic. erudit. pag. 333 : *Martinus natione Gallicus de Turonibus,... eleemosynarius fuit magnus, et parum Carnalis de consanguineis.*

¶ 3. **CARNALIS**, Carni serviens, deditus, Gall. *Charnel*. Arnulphus Sexoviensis Episc. apud Murator tom. 3. pag. 422. col. 1 : *Sed quoniam animalis es homo carnosus, proinde et Carnalis, quæ Dei erant percipere non potuisti, et invisibilia ipsius conspicere contemsisti.*

* Chron. Angl. Th. *Otterbourne* pag. 183 : *Obiit etiam* (ann. 1394.) *ducissa Eborum, soror ducissæ Lancastriæ uterina, domina Carnalis et delicata mundialis, ut fertur, et venerea.* Le Roman *de Robert le Diable* MS. :

A tant a enquis de son iestre
Que che ne puet Carneus home iestre.

¶ **CARNALITAS**, Libido, Luxuria. *Breydenbach* Itiner. Hierosol. pag. 163 : *Aut procedunt ex perverso intellectu sacræ Scripturæ, sicut infinite reperiuntur hæreses, aut etiam procedunt ex inordinato affectu Carnalitatis, ut errores Epicureorum.* Vita B. Coletæ tom. 1. Act. 55. Martii pag. 546 : *Cum pro nimia peccatorum multitudine diebus illis enormiter et sine mensura regnantium, signanter superbiæ, Carnalitatis et avaritiæ. Carnalitas* notione paulo diversa *spiritualitati* opponitur, in Vita S. Vincentii Madelgarii tom. 3 SS. Julii pag. 676 : *Beata vero Waldetrudis quanto sibi olim conjunctior fuerat Carnalitate, tanto nunc spiritualitate inhærens conjunctius, etc.* S. Aug. Serm. 186. de Tempore cap. 2 : *Carnalitas vetustas est, gratia novitas est.* Litteræ Caroli Principis Salerni ad Senescallum Provinciæ, e MS. D. *Brunet* fol. 93 : *Nec judicio rationis, sed Carnalitatis affectu.... in his procedunt.*

* Nostris *Charnalité*, eodem sensu. Lit. remiss. ann. 1375. in Reg. 108. Chartoph. reg. ch. 12 : *Comme Jehan des Planques, qui estoit homme marié, eust plusieurs fois requis et continuelement poursui par longtemps pour vilener de son corps par Charnalité une bonne jeune preude femme mariée, etc.* Aliæ ann. 1478. in Reg. 206. ch. 418 : *Laquelle femme a toujours perseveré en sa plaisance et Charnalité au grant esclandre et deshonneur du suppliant son mary. Carnalité* vero, pro Caro, Gall. *Chair*, in Vita J. C. MS. :

Comment Diex prist Carnalité
En la Virge sainte Marie.

¶ **CARNALITER**, Secundum carnem. *Carnaliter nati*, in Epistola Martini V. Papæ ad Uladislaum Poloniæ Regem apud Ludewig. Reliq. MSS. tom. 5. pag. 409. *Generare Carnaliter*, in Diario Belli Hussitici apud eumd. Ludewig. tom. 6. pag. 207. *Carnaliter editus* dicitur Dei Filius ab Aratore in cap. 2. Act. Apostolor.

¶ CARNALITER, Juxta litteram et non juxta litteræ sensum, in Epistola Evantii Archidiac. Concil. Hisp. tom. 3. pag. 87. et 88.

¶ CARNALITER, Amice, benevole, ut videtur, si tamen vera lectio est. Petri Patriarchæ Jerosol. Ord. Prædicát. Additiones MSS. ad Statuta Augerii II. Episc. Conseran. : *Laicis cujuscumque status aut conditionis existant in virtute sanctæ obedientiæ, sub pœna excommunicationis, districtius inhibemus, ne.... ad domos personarum ecclesiasticarum causa prandii, aut cœnæ, seu spolii, accedant, nisi ab eo primitus fuerint ad hoc ipsum sponte et Carnaliter invitati.*

* *Charneument*, apud Bestiar. MS. :

A chascun qui vit Charneument
Se fait tout mort chertainement.

* **CARNARIA**, Idem quod *Carnarium*; Locus, ubi carnes reponuntur, in Inventar. ann. 1320. ex Tabul. S. Vict. Massil. Vide mox *Carnarium*.

1. **CARNARIUM**, *Locus ubi carnes reponuntur*, Joanni de Janua. Gloss. Græc. Lat. : κρεῶν ὁ τόπος, [** al. κρεωθήκη, κρεμαστήριον.] *Carnarium*, Marcellus Empir. seu, ut aliis placet, Vindicianus :

Prome etiam, seu tunde prius, seu contere gyro
Quod viride hortus habet, vel quod Carnaria siccum.

* Vel locus ubi carnes venduntur. Charta ann. 1224. apud Cl. V. Garamp. in Ind. ad Hist. B. Chiaræ pag. 504. col. 2 : *In domo mea de Carnario, quam nunc habito.*

2. CARNARIUM, Ossarium, Polyandrium, Cœmeterium, Gall. *Charnier*, Ital. *Carnaio*, in quo humana *corpora*, seu cadavera humo conduntur. Κρεοφυλάκιον, in veteri Inscript. apud Selden. in Marmorib. Arundelian. pag. 48. 1. edit. Nam *caro*, in Gloss. Lat. Græc. non modo κρέας, sed et σῶμα significat. Breviloquus : *Carnarium, Locus, ubi ossa mortuorum ponuntur. Sedes ossuum* Prudentio lib. Peristeph. hymno 3. v. 532. Glaber Rodulfus lib. 4. Hist. cap. 4 : *Et quoniam sepeliri singulatim ob multitudinem non quibant, constructa in quibusdam locis a Deum timentibus, quæ vulgo dicuntur Carnaria, in quibus quingenta et eo amplius... projecta sunt defunctorum corpora.* Chronicon Mauriniacense lib. 2 : *In Ecclesiam latenter introducunt, ipsis in Carnario, qui locus infra septa Ecclesiæ illius ossa continet mortuorum, fraudulenter absconditis.* Chronica Australis ann. 1244 : *Promisit etiam Carnaria in S. Cruce perficere.* Willelm. Thorn. ann. 1287 : *Capella in Cimiterio quæ dicitur Charner, perfecta est.*

Charta Willelmi Acconensis Episcopi ann. 1161.: *In quo (Cœmeterio) prædictus Manso intuitu pietatis, Carnarium ad ossa mortuorum reponenda de propria pecunia construxit.* [Hist. Harcur. tom. 3. pag. 299 : *Celebrata est magna Missa corporum valde solemniter per Episcopum Abrincensem, et postea arcæ positæ fuerunt in requie in Carnario dictæ Ecclesiæ.*] Vide Hugonem Flaviniac. pag. 185. Le Roman *de Roncevaux* MS.:

En un Charnier les ont fait aporter,
A grant dolor là les ont enterré.

Vide Chron. Flandr. cap. 79. et Ughellum tom. 2. pag. 187.

3. CARNARIUM, ut auctor est Camillus Peregrinus in Castigat. ad Falconem Beneventanum sub ann. 1128. ubi mentio fit *Carnariæ S. Laurentii*, in urbe Beneventana, fuit locus sub dio, muris septus, ad quem suspendio, aliove supplicii genere perempti, et vilissima capita semihumanda comportabantur; Italice nunc dictus *Carnaro*, et *Carnaio*.

* **CARNASSARIUS**, CARNASSERIUS, Carnarius. Lit. ann. 1368. tom. 5. Ordinat. reg. Franc. pag. 152 : *Ab imposicione et exaccione dictorum quatuor denariorum pro libra Carnasseria privarent.* Aliæ ann. 1382. ibid. tom. 6. pag. 692 : *Ut de cetero carnes recentes..... vendendæ in macello dicti loci, ad pondus libræ Carnassariæ.... venderentur.* Infra semel et iterum, *Carnasseriæ.*

* **CARNASSERIUS**, Carnarius, lanius, Gall. *Boucher.* Comput. ann. 1363. inter Probat. tom. 2. Hist. Nem. pag. 254. col. 2 : *Item solvit, dicto mandato, Petro Carnasserio, etc.* Vide *Carnacerius.*

CARNATICUM, Goldasto, Carnium exactio, ut sunt friscingæ, porcelli, pulli, etc. Amerbachio, ovium seu aliorum animalium decima, ut est *Decima Carnium*, in Speculo Saxonico lib. 2. art. 58. § 2. [*Decima Carnagii*, in Archivo B. Mariæ Piperacensis.] [** Guerardo in Glossar. Irminonis Tributum ex ovibus, plerumque alternis annis, aut pecunia solutum.] Utut sit, constat *Carnaticum* tributi speciem fuisse ex animalibus : a voce *Caro*, quæ Scriptoribus ævi posterioris *animal* significat, ut infra docemus. *Carnatici* meminit Epistola Caroli Magni ad Pipinum apud Sigonium de Regno Italiæ ann. 802 : *Necnon et in eorum ædificiis faciunt operari, sed Carnaticum et vinum contra omnem justitiam ab eis exactare non cessant.* Verum hic *Carnaticum* videtur usurpari pro ea carne, quæ exigebatur ad vescendum. Vita Aldrici Episcopi Cenomanensis n. 56 : *Et debentur decem de Carnatico arietes.*

Longe vero alia notione accepta postmodum ea vox, nempe pro tributo ex animalibus, quod Goudelinus ab Occitanis *Carnalatge* appellari, decimamque ovium esse ait. Libertates Regni Majoricarum editæ a Jacobo Rege Aragonum ann. 1248 : *Non donetis Carnaticum de vestro bestiario ullo tempore, passaticum, herbaticum, nec quarentenum.* [Codex MS. Irminonis Abb. Sangerman. fol. 73. col. 2 : *Giroldus colonus... solvit ad hostem de argento soledos 4. et ad alium annum propter Carnatico soledos 2. ad tertium annum propter herbaticum germgia 1.* Et fol. 75. col. 1 : *Isti duo tenent mansum ingenuilem 1... solvit ad hostem de argento sol. 2. et ad alium annum propter Carnaticum sol. 1.*] [** Plura ap. Guerardum in Indic. general. Irminonis.] Adde Gariellum in Episcop. Magalon. pag. 396.

CHARNAGIUM, in Tabulario Prioratus S. Gemmæ diœcesis Santonensis : *Cum Præpositus Santonensis Seguinus Beraldi Carnagium peteret de porcis creisendariis, quos Monachi S. Gemmæ susceperunt ad creisamentum, responderunt Monachi se nunquam dedisse, etc.* Vetus Inquesta in Regesto Philippi Augusti Regis Franciæ Herouvalliano fol. 22 : *Pasnagium et Charnagium sunt Domini Regis.* Vetus Charta apud Beslium pag. 492 : *De pasqueriis porcorum propriorum et ovium omnium Obedientiarum S. Joannis, et consuetudine quam vulgari sermone Charnatgi vocant, etc.* Liber Rubeus Mensæ Archiepiscopalis Aquensis ex Bibl. Regia : *Ecclesia de Castro Vero, pro Synodo sancti Lucæ, quæ Carnagio dicitur, 5. sol. et tertiam partem legatorum.* Infra : *Ecclesia de Valle et de Paracolo pro Carnelagio S. Lucæ.* Ita ibi passim. [Hist. Dalphin. tom. 1. pag. 41. col. 2 : *Item, quod anno præterito quo fuit Castellanus, idem Guido plura animalia capi fecit ad opus et pro Carnagio Domini apud Oysentium, videlicet vaccas et mutones... de quibus animalibus retinuit sibi usque ad summam centum et quinquaginta mutonum et plus.* Et tom. 2. pag. 372. col. 2 : *Item, contra Castellanos et alios Officiales qui de Charnagiis olim levatis per terram nostram temporibus cavalcatarum non fecerunt solutiones secundum quod per eos extitit computatum, etiamsi Charnagia fuerint levata in majori quantitate, quam nobis vel nostris prædecessoribus assignata fuerint sive gentibus circa receptionem deputatis : etiam et super redemptionibus factis per subditos, ne per lavatores* (levatores) *signarentur vel caperentur animalia sua.* Liquet hic *Charnagium* fuisse collectionem carnium, quas pro exercitu Dalphini Castellanus quisque in locis sibi subditis faciebat, cujus tandem collectionis rationem reddere tenebatur.]

* Charta Joan. ducis Bituric. ann. 1402. in Reg. Cam. Comput. Paris. fol. 186. v°. : *Donamus medietatem decimæ et juris decimæ bladorum, racemorum seu vini, Charnagiorum et lanarum. Carnagium* in Constit. Feder. reg. Sicil. cap. 23 : *Præcipimus ut in posterum nulli magistri forestarii,.... et terram habentes, prætextu Carnagii vel herbagii, in terris eorum transeuntibus cum animalibus per forestas et terras ipsas, pretium vel animalia præsumant exigere vel auferre. Charnage* et *Charnaige*, eodem significatu, dixerunt nostri. Charta ann. 1264. tom. 5. Ordinat. reg. Franc. pag. 391 : *Tant que li dis Girars retient en celle dicte ville et appendances son Charnage et autres rentes, etc.* Reg. sign. *Pater* Cam. Comput. Paris. fol. 133. v°. col. 1 : *Item sur les laines et bestes lainnés et aucuns Charnages, etc.* Charta ann. 1416. in Reg. feud. comitat. Pictav. ex eadem Cam. fol. 325. v°. : *La dixme ou desmerie des blez et Charnaiges dudit lieu de Genoilhe, etc.* Unde fortassis *Chargne*, qui ejusmodi tributum exigit, in Lit. remiss. ann. 1406. ex Reg. 161. Chartoph. reg. ch. 175 : *Jehan le Cuisinier gendre au Chargne de Savigny.*

¶ CARNATUM, pro *Carnaticum*, ut videtur. Gregorii Chronicon Farfense, apud Murator. tom. 2. part. 2. col. 437 : *Isti qui supra in isto columnello scripti sunt, solvere debent pensionem den.* III. *pullum* I. *matium canapæ* I. *Carnatum secundum quod habent* V.

CARNITIUM, Eadem forte notione usurpatur in veteri Charta apud Gariellum in Episcopis Magalon. pag. 103 : *Retinentes tamen Communiæ totum Carnitium in dominio.*

CARNATIO, Obesitas et carnosior habitus. Cælius Aurelian lib. 1. Tardarum passionum : *Est enim semper gravabilis Carnatio, et magis, si tenuibus est imposita viribus.*

* **CARNATUM**, ut *Carnale* 4. Tempus, quo carnes licet comedere. Consuet. MSS. monast. S. Crucis Burdegal. ante ann. 1305 : *Tempore Carnati taliter quod pecia bovis, sive magna sive parva existat, dividitur sex monachis.* Alia notione, vide in *Carnaticum.*

* **CARNAUS**, Solidi Beneharnenses seu Morlani; sic forte appellati quod propter *Carnaticum* solvebantur. Vide in hac voce. Charta ann. 1328. in Reg 65. bis Chartoph. reg. ch. 194 : *Invenimus quod idem dom. noster rex habet in dicto loco de Ynossio ex una parte perpetui et annui redditus trecentos solidos Morlanorum, qui in festo assumptionis B. Mariæ, et viginti solidos Morlanorum vocatos Carraus,* (sic) *et alios viginti solidos Morlanorum vocatos Carnaus, qui in mense Septembri, et septingentos solidos Morlanorum ex alia parte vocatos Carnaus, qui in mense Madii dom. nostro regi per sindicos, consules seu juratos dicti loci.* Vide *Morlanus.*

¶ **CARNELAGIUM.** Vide *Charnagium* post *Carnaticum.*

* **CARNELEVALE**, Mediolani dicitur Dominica Quinquagesimæ, quæ quia Dominicam Quadragesimæ præcedit, *Dominica in caput Quadragesimæ* appellatur. Ordo eccl. Ambros. Mediol. an. circ. 1130. apud Murator. tom. 4. Antiq. Ital. med. ævi col. 870 : *In Dominica in caput Quadragesimæ, quæ dicitur Carnelevale, etc.* Vide in *Dominica* col. 1600.

CARNELEVAMEN, Bacchanalium dies, Italis *Carnevale, Carnovale, Carnaval.* Quidam Scriptores Itali *Carnevale* dictum putant, quasi *carne*, seu *caro vale* : sed id etymon non probat Octav. Ferrarius. Ego sane sic dies istos, seu potius diem Martis, qui Quadragesimam antecedit, appellasse nostros existimo, *Carn-a-val*, quod sonat, *Caro* abscedit, seu tempus carnes comedendi. Charta ann. 1195. apud Ughellum tom. 7. pag. 1321 : *Et in Nativitate Domini duas spallas porcorum, et sex pizzas, et in Carnelevamine, unam gallinam, et tres pizzas, etc.* Occurrit semel ac iterum. Romualdus Salernitanus in Chronico MS. sub finem : *Comes autem Rogerius juxta mandatum regium usque in Carnis levamen Panormi nuncios imperatoris exspectavit, etc.* [Vide Menagium in Etymolog. Gall.] [** Murator. Antiq. Italic. tom. 6. col. 230. mox *Carnelevarium, Carnemlaxare* et *Carniprivium.*]

* **CARNELEVARIUM**, Tempus quo a

carnibus abstinetur, *Carniprivium. Dominica de Carnelevario*, apud Petr. Morettum inter Ritus dandi presbyterium Papæ, etc. Romæ edit. ann. 1741. *Carnilevaria* dicitur, apud Guill. *Fitz-Setphen* in Hist. Th. *Becket* tom. 16. Mem. liter. magnæ Brit. pag. 436. Qua ratione vero hic dies Romæ peragebatur, docent nos quædam ceremoniæ eccl. Rom. quæ extant ad calcem Cod. MS. eccl. Camerac. sæc. 13. ineunte scripti, ubi hæc habentur : *De ludo Carnelevar. In Dominica dimissionis carnium, surgunt equites et pedites post prandium, bibunt inter se. Postea pedites depositis scutis eunt Testacium; præfectus cum equitibus vadit Lateranum. Dominus Papa descendit de palatio et equitat cum præfecto et equitibus usquè Testacium, et sicut ibi habuit civitas principium, sic ibi in illo die delectatio nostri corporis habeat finem. Faciunt ludum in conspectu pontificis, ut nulla lis inter eos oriatur. Occidunt ursum, occiditur diabolus, id est, temptator nostræ carnis; occiduntur juvenci, occiditur superbia nostræ delectationis; occiditur gallus, occiditur luxuria lumborum nostrorum, ut deinceps caste et sobrie vivamus in agone animæ, ut ad Pascha mereamur digne Corpus Domini suscipere.* Vide *Carnelevamen*, et mox *Carnem-laxare*.

CARNELLARE. Vide *Quarnellus*.

¶ 1. **CARNELLUS**, Species vehiculi. Miracula S. Yvonis tom. 4. SS. Maii pag. 569 : *Et sic paralyticus apportatus fuit in uno Carnello peregrinus ad sepulchrum.*

* 2. **CARNELLUS**, Pinna muri, quæ fenestræ quadratæ effigiem præfert, per quam milites jaculantur, Gall. *Creneau*, olim *Carneau*. Chartar. Norman. ex Cod. reg. 4653. A. fol. 69 : *Attorniati fuerunt quatuor homines de unaquaque communia ad unumquemque Carnellum custodiendum et hurtandum.* Vide *Quarnellus*.

* **CARNEM-LAXARE**, Tempus, quo carnium esus *laxatur*, seu iis vescendis finem imponunt fideles, *Carniprivium*, Ital. *Carnasciale*, Gall. *Carnaval*. Charta ann. 1050. apud Murator. tom. 6. Antiq. Ital. med. ævi col. 229 : *Breve recordationis et obligationis facio ego Crescentius comes Berardo abbati, et vestri monasterii præordinatis, de rocca Tribuci, quam reddere debeo in anno expleto in Carnem-laxare, et obligo me per pignora, quæ tu Berardus abbas tenes, si in termino expleto in Carnemlaxare, vel tibi abbati vel monasterio præordinatis roccam Tribuci non reddo sine fraude et malo ingenio, etc.* Consule ibi Muratorium. Vide infra *Laxatio* 3.

¶ **CARNER**. Vide *Carnerius*.

CARNERAGIUM. Michael *del Molino* in Repertorio Fororum Aragon. pag. 165 : *Ganatum, quando transit per aliqua loca regni, an producens ganatum debeat solvere Carneragium, vide in Foro uno, titulo, Ne Carneragium, etc.* Occurrit ibi pluries. Adde pag. 54. idem quod *Carnale*. Vide in hac voce, et Fores Aragon. pag. 107.

1. **CARNERIA**, Bursa falconarii, in qua reponit carnes ad escam falconis. Fridericus II. Imp. lib. 2. de arte venandi cap. 47 : *Habeat prœterea unam bursam ad cingulum suum, in qua reponet carnes et tiratoria, quæ ideo dicitur Carneria.*

¶ 2. **CARNERIA**, Gallis *Charniere*, Vitruvio verticulæ. Inventar. Ecclesiæ Noviom. ann. 1419 : *Item, unus alius tassellus argenteus deauratus, in quo est Sanson fortis, in quo deest medietas Carneriæ.*

¶ 3. **CARNERIA**, Hominium Guidonis Vicecomitis Lemovicensis Abbati S. Martialis ann. 1245. apud Stephanotium tom. 2. Fragm. histor. MSS. : *Vini quod apportatur Lemovicas a quibusdam deforis villam, et reponitur in tabernis sive domibus, vel venditur in plateis sive Carneriis in vico de Cumbis, pedagium pertinet ad ipsos Abbatem et Conventum.* Legendum *Carreriis*, plateis. Vide *Carreria* 2.

* 1. **CARNERIUM**, Marsupium, crumena, Gall. *Charniere* vel *Carnassiere*. Stat. Universit. Tolos. ann. 1329. ex Cod. reg. 4222. fol. 74. r°. : *Teneantur dare magistro suo..... zonam et Carnerium sive bursam de bono serico.*

* 2. **CARNERIUM**, Ossarium, cœmeterium, Gall. *Charnier*, Hispan. *Carnero*. Charta ann. 1410. inter Probat. tom. 3. Hist. Nem. pag. 203. col. 2 : *Acta fuerunt hæc Nemausi in claustro subtus crotas ante Carnerium dictæ ecclesiæ B. Mariæ sedis.* Vide *Carnarium*.

CARNERIUS, Carnerus, Ovis, [ab Hispano *Carnero*, Gall. *Mouton*.] [* Aries maxime, Gall. *Bélier*.] Charta Garciæ Regis Navarræ æræ 1087. apud *Yepez* in Chronico Ordinis S. Benedicti tom. 3 : *Similiter namque vendimus vobis ipsa paria, quam dicunt Guardia, quam debebant vobis villas, et ipsa materia quod portabant ad ipsos palatios de Najara, vestras villas in 80. vaccas, et 600. Carneros et 100. porcos, ut omnino ingenuas permaneant in vestra potestate, etc.* Vetus Instrumentum apud Marcam lib. 5. Histor. Beneharnensis cap. 29. num. 2 : *Concesserunt propria voluntate uno quoque anno, ut facerent tributum octo Carners, et quatuor arietes, etc.* Fori Alcaçonenses æræ 1267 : *Et qui cavalo alieno cavalgaret, pro uno die pectet unum Carnerium.* [Liber Goth. fol. 97. apud Moretum in Antiquit. Navarræ pag. 302 : *Quod si aliter fecissent haberent inibi habitantes potestatem occidendi vaccas, porcos, Carneros sine ulla dubitatione, et sine ullo pleito.* In Privilegio Ferdinandi Gonzalez Principis Castellæ pro Monasterio S. Æmiliani, tom. 3. Concil. Hispan. pag. 177. col. 1 : *Istæ prædictæ cum omnibus suis villis ad suas alfozes pertinentibus, Carneros, domus octo faciunt se ad unum.*]

¶ **CARNESCERE**, Carnosum, corpulentiorem fieri, pinguescere, *Devenir charnu, gras et potelé.* J. Laurent. Helbig. in Commentario in sacram Scripturam quem inscripsit *Convivium lætum, latum et lautum* : *Carnescunt ab epulis, crucescunt a poculis, intumescunt a massicis.*

* **CARNESIA**. Charta Phil. Pulc. ann. 1299. in Lib. rub. Cam. Comput. Paris. fol. 72. r°. col. 1 : *Ligna ad focum suum in coquina sua, et ad panem coquendum, et ad Carnesiam præparandam.* Sed legendum existimo, *Cervisiam.*

¶ **CARNETUM**, Tumulus, sepulcrum. Histor. Monasterii S. Florentii Salmur. apud Marten. tom. 5. Collect. Ampliss. col. 1117 : *Hildegardis Comitissa... suum Carnetum retro B. Mariæ cryptam... ædificaverat.* Vide *Carnerium*.

CARNICAPIUM, Gallis, *le Mardy gras, Carnasciale*, Joanni Villaneo. Chronicon Rotomagense editum a Labbeo tom. 1. Bibl. ann. 1249 : *Interfectus est Robertus nobilis Comes Atrebatensis... die Martis in Carnicapio a Saracenis.* Gall. *Caréme prenant.* [Cartular. S. Vandregesili tom. 1. pag. 359. ann. 1246 : *Et eidem quatuor solidos Turon. annui redditus vendidi, quos Willelmus Cornu præfatus mihi reddebat annuatim ad Carnicapium de duabus masuris etc.*]

* Glossar. Gall. Lat. ex Cod. reg. 7684 : *Carnicapium, quasi carnem capiens, Charnage.*

¶ **CARNICATORIA**. Charta Hincmari Archiep. Rem. ann. 870. apud Miræum tom. 1. pag. 135. col. 1 : *Nulla omnino servitia, nec mansionaticos, nec parafredos, nec Carnicatorias ab illis villis exigat.* Miræus conjicit esse pro *Carricatura*; erit forte qui *Carnaticum* interpretetur.

* **CARNICERIA**, vox Hispanica, Laniena, locus ubi animalia mactantur. Ordinat. pro reformat. regni Navar. ann. 1322. in Reg. sign. *Noster* Cam. Comput. Paris. fol. 438. v°. : *Item est ordinatum ne fiat Carniceria, ubi sunt stalla ad vendendum carnes et pisces; sed in loco ubi videbitur magis expedire.* Libert. Navarieriæ ann. 1324. in Reg. 62. Chartoph. reg. ch. 266 : *Habebimus in dicta civitate juderiam nostram, capitolium, Carniceriam, balnea, furnos et alia jura nostra.* Hinc etiam *Carnier*, lanius, Hisp. *Carnicero*, Gall. *Boucher*, in Lit. remiss. ann. 1393. ex Reg. 144. ch. 256 : *Comme Jehanin de Douligier...... s'en feust alé en soy jouant dudit oupille contre Jehan Michaut, en lui disant : Deffens-toy, tu es berquier, et je suis Carnier.* Vide *Carnicerium*.

CARNICERIUM, Carnificina, Gallice *Boucherie*. *Carnicerius*, carnifex, macellarius. In Curia generali Catalaniæ sub Petro Rege Aragon. ann. 1351. prohibentur *Judæi scindere vel vendere carnes in Carniceriis, ubi Christiani scindunt et vendunt carnes.*

CARNICULA. Vide *Carinula*.

CARNIFEX, Lanius qui carnes vendit et facit, vulgo nostris *Boucher*. Ugutio : *Carnifex, homicida, vel macellator, vel Carnifex dicitur, qui facit carnes. Carnificina, macellum.* Adalbero Laudunens. Episcop. in Carm. ad Robertum Regem :

Non sunt Carnifices, caupones, necne subulci.

Leges Burgorum Scotic. cap. 70 : *De Carnificibus et carnibus vendendis, etc.* [Index MS. redituum Monasterii Corbeiensis : *Carnifices in introitu solvent duos sextarios vini et duos in exitu.* Charta Bolconis Ducis Silesiæ pro civitate Friburg. ann. 1337. apud Ludewig. Reliq. MSS. tom. 6. pag. 42 : *Pistores, sutores, Carnifices, sartores et fabri, et præcipue in Cirla, ubi taberna ab antiquo habita quatuor macellis est exempta.* Utitur etiam Menotus Serm. Quadrag. fol. 102. verso col. 1. Bullarium Fontanell. fol. 115. recto, etc.] [** Decret. lib. 2. tit. 28. cap. 69.]

Carnifex, apud Florentium Wigorn. et Hovedenum. ann. 1040. recensetur inter majora officia et ministeria Regia :

Rex Hardekunutus Alfricum Eboracensem Archiepiscopum, Godwinum Comitem, Steir Majorem domus, Edvicum Dispensatorem, Throni suum Carnificem, et alios magnæ dignitatis viros Londinum misit. Galli Magnum Cocum, le grand Queus, vocarunt.

¶ Carnificare est carnes facere, scilicet mactare. Vet. Vocabul. Juris utriusque.

¶ Carnificeria, Carnarium, Laniarium Gall. Boucherie, in Codice MS. redituum Episcopatus Autissiod. ex Chartophylacio Episcopi ejusdem urbis, in libro Anniversariorum Monasterii S. Germani a Pratis fol. 5. verso, et in Hist. hujus Abbatiæ Jacobi Bouillart Instrum. pag. lxx. col. 1.

¶ Carnificerium, Eadem notione. Litteræ Johannis Regis Franc. ann. 1356. tom. 3. Ordinat. pag. 76 : Item, quod de carnibus grossis, que in macello seu Carnificerio dicte ville vendentur, etc.

¶ Carnificiaria, Eodem intellectu, in mox laudato Anniv. libro fol. 11. verso et fol. 17.

¶ Carnificina, Idem. Vide Carnifex.

¶ Carnificina, Carnificium, Cædes, strages. Gasp. Barthii Gloss. apud Ludewig. tom. 3. Reliq. MSS. pag. 115. ex Hist. Palæst. Roberti Monachi. Rymer tom. 16. pag. 216. col. 2 : Ut acerbissimis hostibus... patria, libertas, religio, leges prædæ et miserabili Carnificinæ exponerentur. Galli eadem notione dicimus, Carnage, Boucherie, Massacre.

¶ Carnificia, Summa crudelitas, Gall. Cruauté. Bern. Breydenbach Itiner. Hierosol. pag. 157 : An potest misericordia Dei, cujus non est numerus nec mensura, tantam sustinere Carnificiam tormentorum? Vel ad quid, inquiunt, tantam multitudinem damnandorum creavit Deus? Et pag. 161 : Ut quid, inquiunt, sustinet divina bonitas tantam stragem hominum quos creavit? An delectat eum Carnificia tormentorum infernalium?

¶ Carnificus, Idem qui Carnifex, Lanius. Charta Libertatum oppidi S. Palladii in Biturig. ex MS. Coislin. : Item, quilibet Carnificus de qualibet vacca, etc.

¶ Carnificissa, Carnificis uxor, vel quævis alia mulier, quæ carnes vendit, Gall. Bouchere. Miracula B Simonis de Lipnica, tom. 4. SS. Julii pag. 530 : Item, Margareta Pawlowa de platea S. Nicolai Cracoviæ Carnificissa.

Carnificium, Macellum, in Gloss. Arabico-Lat.

¶ Carnificium, Alia notione, Tributum e carnibus venalibus exactum apud Lobinellum Hist. Britan. tom. 2. pag. 197 : Præterea etiam dedi et concessi jam dictis Monachis xxx. sol. quos annuatim percipiebam in quodam redditu meo apud Rogeium, qui Carnificium vocatur.

* **CARNILEVARIA.** Vide supra Carnelevarium.

¶ **CARNIPETA**, Qui cupit carnes edere. Leibnitius tom. 2. Scriptor. Brunsvic. pag. 362. ex Chron. Clusino Henrici Bodonis : In Thuringia Carnipetis connivere... ubi autem carnibus indultum fuit, in palam venit, quomodo carnium esus non suffragetur vitæ cœnobiticæ.

¶ Carnipetentia, Desiderium edendæ carnis, ibid. pag. 361 : Sed unde et quorsum Carnipetentia obrepit et tendit?

¶ **CARNIPLAVIUM.** Chron. Parmense ad ann. 1307. apud Murator. tom. 9. col. 860 : Laudus junxit Parmam die Martis vii. intrante Februario, quo die erat Carniplavium. Hæc dies Martis ann. 1307. quo Pascha incidebat in 26. Martii, erat ipsa bacchanaliorum dies ultima, Gall. Mardi gras; Carniplavium igitur idem est quod Carnicapium, si tamen lectio sit genuina.

CARNIPRIVIUM, et Carnisprivium, Tempus quo carnibus privari, et ab iis abstinere incipiunt Fideles, ante jejunia Quadragesimæ. [Quandoque sumitur pro primis jejunii diebus. Vide Foppens. ad Miræum in Supplemento parte 2. cap. 98. pag. 996.] Gervasius Tilleberiensis MS. de Otiis Imperial. part. 3. cap. 102 : Initium Quadragesimæ, quod vulgo Carniprivium nominant. Ita porro peculiariter appellata secunda Dominica Septuagesimæ. Beletus cap. 65 : Obiter notandum est festum B. Luciæ hic adjunctum habere Italice Chartar, quia tunc maxime carnes solent deponi, quemadmodum secunda Dominica Septuagesimæ dicitur vulgo Carnisprivium. Hanc Dominicam ante carnes tollendas vocat Missa Mosarabum : Græci ἀποκρεών appellant, ut et Hebdomadem quæ Dominicam præcedit, quod non ultra eam vescendis carnibus operam dent, sed una cum ea illis edendis finem imponant, uti probat Allatius lib. de Dominicis et Hebdomad. Græcor. cap. 10. Maxime autem Clerici et Sacerdotes jejunium Quadragesimale apud nostros auspicabantur ab hac Dominica : ex quo dicitur

Carniprivium et Privicarnium Sacerdotum, scilicet Dominica qua mos est Sacerdotibus caput quadragesimalis jejunii solenni esu carnium prævenire, ut est apud Willelmum Neubrigensem lib. 5. cap. 10. Necrologium S. Victoris Parisiensis : In Ecclesia B. Mariæ Parisiensis accipimus de prœbenda nostra panem et vinum : Vicarius vero noster integritatem stationis, et a Privicarnio Sacerdotum usque ad Pentecosten, totum scilicet panem, et vinum, et stationem. Infra : Et totum vinum a Pentecoste usque ad Carniprivium Sacerdotum. Chronicon Montis-Sereni ann. 1202 : In Dominica vero Circumdederunt, Canisprivium haberent, reliquis diebus, usque Esto mihi, lacticinia comedentes. In Statutis synodalibus Nicolai Episcopi Andegavensis ann. 1274. præcipitur ut omnes Presbyteri diœcesis post diem Dominicam ante Cineres usque ad Pascha carnibus non utantur. Ut porro Mosarabes Dominicam quæ Quadragesimam præcedit, Ante carnes tollendas vocabant, ita Hispani hodie diem Martis qui eamdem antevertit, Martes de carnes tollendas dicunt, quem Chronicon Petri IV. Regis Aragon. editum a Mich. Carbonello, lib. 1. cap. 26. lib. 2. cap. 17. lib. 3. cap. 23. Dia de carnes toltes appellat.

* Quam a carnibus abstinentiam, diebus saltem Lunæ et Martis carniprivii seu hebdomadis Quinquagesimæ, iis qui in beneficiis ecclesiasticis seu sacris ordinibus constituti erant, sub pœna excommunicationis injunctam reperimus, in Stat. synodal. eccl. Castrens. ann. 1358. cap. 27. part. 2. ex Cod. reg. 1592. A. : Statuimus quod quicumque beneficium ecclesiasticum obtinentes, seu infra sacros ordines constituti, nostræ tamen civitatis et diocesis, et in eisdem consistentes, in die Lunæ et Martis Carniprivii in cibis quadragesimalibus abstineant, et propositum jejunandi assumant; et hoc sub pœna excommunicationis, et nihilominus contrarium facientes bannum episcopale componant.

¶ Carniprevium, in Charta Hardouini ann. 1238. cap. 23. Tabularii Gemeticensis : Decem solidos ante Carniprevium.

¶ Carniprimium, sive Dominica in Septuagesima in Transactione inter Abbatem et Monachos Crassenses ann. 1351. ex lib. viridi fol. 53. Sed legendum est

¶ Carniprinium, ut ibidem habetur, necnon in Charta anni 1249 ex Tabulario Monasterii B. Mariæ de Prato Rotomag. : Ad Carniprinium unam pechiam carnis de valore sex denariorum.

¶ Carnisprenium, in Charta Geraldi Abbatis S. Joannis Angeriac. ann. 1385. ex Chartulario ejus Monasterii pag. 463 : Item die Lunæ post Dominicam Carnisprenii in Abbatia debemus habere jespy de bacon et xiii. sausiere de flour albæ, et sex gallinas cum dimidia ab eleemosynario. Statuta S. Claudii ann. 1448. pag: 81 : In duobus Carnispreniis quæ fieri soluerunt, ante Adventum Domini et ante Septuagesimam, debet Pittanciarius ministrare unam peciam bovis, et unam porci, cum rostis assuetis. Et pag. 82 : Item, et die Canisprenii usque ad festum Paschæ tenetur idem Pittanciarius ministrare cuilibet Religioso cum pittancia carparum ministrari solitarum duo aleca pro qualibet de quatuor nuces. Hic non observabo, cum res in propatulo sit, in Statutis S. Claudii duo commemorari Carnisprinia, unum, cujus etiam meminere Statuta Ecclesiæ Barchinonensis anni 1317. apud Martenium tom. 4. Anecd. col. 613. ante Adventum, alterum ante Septuagesimam; sed illud notatu dignum est, non eamdem esse vocis Carnisprinii in laudatis S. Claudii Statutis notionem. Priori in loco Canisprinium sumitur pro tempore, quo carnibus licet vesci, ut etiam sumitur in quibusdam aliis exemplis prius allatis, in posteriori vero Canisprinium accipitur pro tempore, quo carnibus abstinendum est.

¶ Carnisprivium Vetus, et Carnisprivium Novum, frequenter occurrunt in Probationibus Historiæ. Dalphin. Instrumentum anni 1291. tom. 2. pag. 42. col. 1 : Treuga inter nos data usque ad Carnisprivium Vetus nihilominus in suo robore duratura. Aliud Instrum. anni 1306. ejusdem tom pag. 127. col. 1 : Die Sabatti post Novum Carnisprivium. Et pag. 128. col. 2 : Post prædicta anno quo supra, die Martis post Vetus Carnisprivium. Tertium anni 1333. ibid. pag. 246. col. 2 : Die Dominico ante Carnisprivium Novum. Has Epochas illustrat aliud Instrumentum anni 1302. ibidem pag 119. exhibitum, quod Datum et actum dicitur anno Domini 1302. Indict. 1. in die Dominica Carnisprivii Novi decima septima die mensis Februarii. Hæc indicant Dominicam Quinquagesimæ anni 1303. ejus initium ducendo, contra morem antiquum, a Kalendis Januarii. Hac igitur ante Quadragesimam Dominica incipiebat

Carnis privium novum. Id confirmari potest, atque *Veteris Carnisprivii* dies astrui extracto Computi Johannis Humberti Guigoni Dalphino ann. 1328. ex Adversariis Cl. Viri D. *Lancelot* : *Item, die Lunæ inter duo Carnisprivia, videlicet decima quarta die Februarii solvit..*, XVIII. *sol.... Item die Jovis inter duo Carnisprivia, videlicet die decima septima Februarii, solvit...* LX. *sol.* X. *den.* Hoc anno 1328. quo Pascha incidit in tertiam diem Aprilis, 14. et 17. dies Februarii indicant hebdomadam *Quinquagesimæ*, quæ tota dicitur *inter duo Carnisprivia. Carnisprivium* igitur *Novum* ipsa *Quinquagesimæ Dominica*, *Vetus* Dominica *Quadragesimæ* incipiebat. Sed unde *Quinquagesimæ* Dominica *Novum*, *Quadragesimæ Vetus* dictum est *Carnisprivium?* Inde procul dubio, quod in Ecclesia Occidentali ante sæculum nonum abstinentiæ dies a Dominica Quadragesimæ ducerent exordium; post sæculum vero nonum ad complendos quadraginta dies, quatuor additis diebus hebdomadæ Quinquagesimæ, Carnisprivium Novum dicta sit ipsa Quinquagesimæ Dominica, quod initium esset quatuor illorum dierum seu hebdomadis abstinentiæ recentius institutæ. Hæc fere post eruditum Editorem Historiæ Dalphinatus.

¶ CARNIPRIUM, pro *Carnisprivium* legitur, in Annal. Tolos. D. *la Faille* Instrum. pag. 50.

** CARNIPRIVIALES PULLI, Pulli qui carnisprivii tempore quotannis domino fundi pendebantur. Germ. *Fastnachtshüner.* Charta ann. 1284. ap. Guden. in Cod. Diplom. tom. 4. pag. 949 : *Duorum anserum, duorum pullorum, et unius Pulli Carnisprivialis redditus annuos..... legavimus capitulo ecclesiæ Wetflariensis.* Alia ann. 1285. ibid. pag. 950 : *Prædictis fratribus in signum veri dominii ac proprietatis* 2. *Pullos Carniprivales de prefatis bonis nomine census annis singulis presentabit.* Infra : *Det Pullum in Carniprivio pro censu annuo.* Alia ann. 1350. ibid. tom. 3. pag. 355 : *Item* 2. *pulli estivales*, 1. *auca*, 1. *Pullus Carnisprivialis et* 2. *panes prebendales.* Vide ibid. pag. 274. 329. tom. 1. pag. 635. 650. Grimmii Antiq. Juris pag. 394. sqq. et infra in *Pullus.*

* **CARNISCAPIUM**, Bacchanalium dies, qui jejunium Quadragesimale proxime præcedunt. Charta ann. 1318. in Reg. 56. Chartoph. reg. ch. 270 : *Quodam capreolio ad Carniscapium, xiij. solidis et vj. denariis Turon. ad mediam Quadragesimam.* Ita leg. pro *Carniscpium*, in Mirac. B. [Anton. Ripol. tom. 6. Aug. pag. 538. col. 1. Vide supra *Carnicapium.*

¶ **CARNISIA**, apud Rymer. tom. 8. pag. 573. col. 1 : *Capit etiam emendas assisæ panis et Carnisiæ fractæ.* Et infra : *Item, Robertus de Brus habet... mercatum, et feriam et emendas assisæ panis et Carnisiæ fractæ;* id est, Carnis minutatim venditæ, si bene conjecto. Hispanis *Carniza* est Occisio, cædes, trucidatio. Vide *Carnizarius.*

* Perperam, ut videtur, pro *Cervisia*. Vide *Carnesia* et *Cerevisia.*

¶ **CARNISO**, Ornatus, apparatus, armatura, Gall. *Garniture, Armure.* Charta anni 1247. ex Tabulario S. Victoris Massil. : *Ego Burgundionus Dominus de Tritis eligo sepulturam in Monasterio S. Victoris et relinquo ibi arma corporis mei. Item, omnes Carnisones ferreas hominum et equorum, etc.* Vide *Garniso.*

* **CARNISPRIVIALIS**, Ad *Carnisprivium* pertinens. Vide post *Carniprivium* et in *Pullus.*

* **CARNISTEELLUS**, Panis artificialis species, idem quod *Canistellus.* Charta Dion. abb. S. Karauni ann. 1241. ex Tabul. capit. Carnot. : *Cum ecclesia nostra consuevisset et teneretur canonicis ecclesiæ Carnotensis et etiam clericis de choro non canonicis..... in vigilia S. Karauni ad vesperas quosdam panes artificiales, quos Carnisteellos vocamus, etc.*

CARNITIUM. Vide *Carnaticum.*

CARNIVORA, Gall. *Mardy gras*, quo die vorantur et consumuntur reliquæ carnes. Acta Murensis Monast. : 23 *solidi... in festo S. Joannis Baptistæ de Cellario dentur, et in ministerium Fratrum in feria tertia, quæ Carnivora dicitur, expendant.*

¶ **CARNIVORACITAS**, Esus carnium, in Chronico Clusino Henrici Bodonis, apud Leibnitium tom. 2. Scriptor. Brunsvic. pag. 362 : *Aliis ad Carnivoracitatem proclivibus et eam etiam defensantibus, aliis usum carnium exhorrescentibus, et omnino bene valentibus Cœnobitis prohibitum asseverantibus.*

¶ **CARNIZARIUS**, Lanius, Macellarius. Gall. *Boucher.* [* Hispan. *Carnicero.*] Concilium Legion. anni 1012. can. 35 : *Omnes Carnizarii cum consensu Consilii carnem porcinam, hircinam... per pensum vendant, et dent prandium Concilio una cum Zaunorres.*

CARNO, Prior de Melton se et homines suos immunes clamat ab omnibus amerciamentis in foresta, *et ab omnimodis geldis, fortegelds, buckstalls, tritis, Carno, sunag, etc.* Itin. Pick. fol. 168. v. Brompton. fol. 191. v. Hæc Spelmannus. [Th. *Blount* pro *Sunag* legit *Sumag*, conjectatque voce *Carno* immunitatem quandam vel privilegium significari : *Carno*, inquit, *seems to signifie an immunity or priviledge.* Puto legendum *Carro*, ita ut immunitas a *carro* significet immunitatem a *carri opera*, quemadmodum immunitas a *Sumag* significat immunitatem a *summagio*, hoc est, a præstatione jumentorum ad exportandas res dominorum. Anglis *Sumage* est onus jumenti.]

CARNULENTUS, Ugutioni, *Plenus Carnibus. Carnulentia, crassitudo.* Guibertus lib. 3. de Vita sua cap. 5 : *Statura brevi, et exili Carnulentia.* Utitur etiam Solinus, ut et Prudentius.

¶ **CARNUNCULA**, Diminutivum vocis carnis. S. Wilhelmi Constitut. Hirsaug. lib. 1. cap. 23 : *Pro signo libenter faciendi, Carnunculam sub mento dependentem duobus digitis comprehende.* Sed f. legendum *Caruncula.*

CARNUS, *Discus.* Gloss. MSS. [* Vide *Clarnus.*]

¶ 1. **CARO**, Carrorum faber, Gall. *Charron.* Charta Confratriæ Clericorum Pontisaræ ann. 1366 : *Petrus Martel Caro de parochia B. Petri Pontisaræ recognovit se debere Confratriæ Clericorum sex solidos pro domo sua de foro lanæ.... F. Guido Gardianus Fratrum Minorum Pontisaræ testatur in duodecim denariis situatis supra domum Petri Martelli Caronis.*

* Occurrit præterea in Ch. ann. 1206. ex Chartul. Latiniac. fol. 127.

¶ 2. **CARO**, *Omnis homo*, Gasp. Barthii Glossar. ex Hist. Palæst. : *Non est lingua Carnis, quæ satis valeat enarrare, quod Francorum manus ibi valuit pessundare.* S. Aug. in Lib. Quæst. contra Apollinaristas in verba Psalmi 64 : *Exaudi preces meas, ad te omnis Caro veniet... Unde et intelligitur solere homines per nominationem solius Carnis significari.*

3. **CARO**, Corpus validum, sanum, et nulla ægritudine offensum, bona corporis habitudo. Salvianus lib. 1. de Gubernat. Dei : *Quis tam profundi cordis virum non admiretur, qui merita religiosorum atque virtutes tam magnis retributionibus dignas putat, ut in præsenti hac vita Carnes atque fortitudines corporum, præmia putet esse debere Sanctorum?* Vide Lactantium de Mortibus Persecutorum n. 9.

4. **CARO**, Vita. *In Carne*, in Vita. Anonymus Poeta de Episcopis Eboracensibus :

Et culpam erubui juvenis in Carne fateri.

Id est, dum juvenis eram.

5. **CARO**, Animal. Fori seu Consuetudines Comitatus Bigorrensis art. 14 : *Villa liberorum de Carne non amplius quam quinque solidos, aut porcos quinque solidorum donet, etc. Si quis Militum necessitate ductus Carnem alterius, ubi ipse vel uxor ejus præsentes non fuerint, acceperit, non prius eum pignoret, donec eum amicabiliter inquiret : et si emendare noluerit, Comitem proclamaturus adeat, et sic in duplo Carnem amissam recuperet, et Comes* 60. *solidos.* Ubi vir doctus : *Caro hic sumitur pro animalibus, inde vulgare verbum* Carnalar, *id est, Carnes, sive animalia pignori capere*, ut est in Consuetudine Aquensi tit. 11. art. 31. Vide *Carnale, Carnaticum, Carnerius, etc.*

¶ CARO, An pro animali integro, an pro parte carnis animalis ad esum occisi, Gall. *Piece de chair, de viande?* Necrolog. Parthenonis S. Petri de Casis : 29. *Junii obiit Guilhermus Durandi Domicellus, Bajulus istius loci, qui dedit* LX. *libr. Turon. pro obitu suo, in cellario de pane et de duabus Carnibus.* 30. *Junii obiit Bernarda Yteira de Laniac monacha, quæ legavit panem et vinum et duas Carnes octave S. Galli.* Similia pluries ibidem repetuntur.

* 6. **CARO.** Genus, familia, Gall. *Race.* Stat. pro textoribus ann. 1280. in Consuet. Genovef. MSS. fol. 11. r°. : *L'en puet bien avoir oudit mestier un apprentiz de sa Char, ou de la Char sa fame, etc.* V. *Carnalis*, 1.

** Formulam *Caro de carne nostra* non tam propinquitatis vinculum quam singularis benevolentiæ signum indicare, exemplis probat Herrgott. in Histor. Dom. Austriac. tom. 1. pag. 266.]

* 7. **CARO.** Charta Henr. I. reg. Angl. ann. 1130. inter Instr. tom. 11. Gall. Christ. col. 128 : *Concedo eidem ecclesiæ decimam omnium cendrarum et Caronum meorum in omnibus silvis meis.* Bulla Gregor. IX. PP. ann. 1234. ibid. col. 144 : *Decimas omnium cendrariorum et Caronum*

et pasnagiorum in omnibus silvis. Sed legendum opinor, *Carbonum.* [** Confer *Caro,* 1. et *Caronnius.*]

* CARNIS DEBITUM PERSOLVERE, Frequens loquendi formula, pro Mori. Lit. Joan. reg. Franc. ann. 1353. tom. 4. Ordinat. reg. Franc. pag. 137 : *Carnis debitis persolutis, ad præmium celestium supernorum, etc.*

* **CAROBALISTA**, Machinæ oppugnatoriæ species. Tract. MS. de Re milit. et mach. bellic. cap. 50 : *Carobolista ambulatoria trahitur ab equis sive bobus faleratis, sive corio buballino copertis; intus in ea stantes balistarii, et ducitur ista machina circiter muros castelli;.... et est dicta machina contexta tegillis et corio prædicto.* Vide *Carrobalista.*

* **CAROBEUS**, *Suron, Gallice,* in Glossar. Lat. Gall. ex Cod. reg. 521.

¶ **CAROCCIUM**, CAROCOLA, etc. Vide *Carrocium.*

1. **CAROLA**, KAROLA. Statuta Ord. Præmonstrat. dist. 1. cap. 9 : *Porro in claustro Carolæ vel hujusmodi, scriptoria aut cistæ cum clavibus in dormitorio, nisi de Abbatis licentia nullatenus habeantur.* Visitatio Thesaurariæ ædis S. Pauli London. ann. 1295 : *Morsus Joan. de S. Laurentio argenteus deauratus, cum limbo et medio circulo aurato triphoriato, inserto grossis lapidibus et camahutis et perlis : sed deficiunt 2. leunculi, et una perla magna, et una Karola et 7. lapilli, etc.* Alibi : *Feretrum S. Athelberti,... et affiguntur in una parte 10. oboli de Marchia, et 2. annuli aurei; et deficiunt lapides cum Karolis* 51. Rursum : *Et unum annulum cum saphyro magno, et Karola in circuitu 7. lapidum et 8. perlarum.* Ibidem : *Et deficit lapis unus in parte posteriori, et in altero pendulorum* (mitræ) *deficiunt* 3. *catenulæ cum Karolis argenteis appensis.* Ibid. : *Stola et manipulus cum nodis oblongis, et amictus cum puellis* (f. perlis) *Karolantibus, et cingulum de filo.* Rursum : *Item Carollæ ferreæ ante crucem et S. Radegundam.*

☞ Si unus esset hic locus postremus, *Carollæ ferreæ ante crucem et S. Radegundam,* crederem *Carolas* nihil aliud esse quam clathros seu columellas fabrefactas, olim in quibusdam Galliarum provinciis, in Normannia saltem, dictas *Caroles.* Hinc in antiquis usibus S. Vandregesili legitur pro certis diebus : *Processio fit per Carolas,* hoc est, per circuitum *Capellarum* clathris clausarum. Sed quid hæc cum aliis locis? An dici posset in iis locis *Carolas* esse minutiora quædam opuscula aurea vel argentea, contextave ex lapidibus pretiosis, *perlis Karolantibus,* ad instar clathrorum fabrefacta? Penes attentum lectorem esto judicium. *Carole* nostris alias, hodieque Italis *Carola* chorea est. An inde clathri dicti *Carole,* quod orbem saltatorium utcumque representent?

* Ea voce significari videtur id omne, quo aliquid circumseditur et vallatur : hinc pro Pala, Gall. *Chaton,* et Clathris quibus capellæ clauduntur, intelligenda forte est, in locis a Cangio laudatis, ut et in Martyrol. S. Fidis ex Cod. reg. 5198 : *Anno* 1380. *Redditus dati confratriæ B. Mariæ..... pro faciendo Karolam in monasterio sive in capella B. Mariæ.* Detorta vero paululum notione, accipi videtur pro Comitatu, in eod. Martyrol. : *xix. Kal. Februarii Translatio S. Fidis in capps, et cum Karola; sed sine processione..... iiii. Non. Febr. Purificatio B. M. V. in cappis, et cum Karola, tam sacristæ quam confratriæ, et cum processione.... Annunciatio Dominica in cappis, et cum Karola, tam sacristæ quam B. Mariæ, et cum processione.* Unde *Carroler,* pro Munire, Gall. *Garnir,* in Lit. remiss. ann. 1477. ex Reg. 205. Chartoph. reg. ch. 422 : *Le suppliant ala à Quelaines pour faire Carroler ses souliers.* Nisi sit pro *Carreler,* Calceis solum coriaceum suppingere, vel clavis aliove ferro munire, ut in aliis Lit. ann. 1409. ex Reg. 164. ch. 118 : *Lequel Morel frappa feu Eliot d'uns soulliers Carrelez que il portoit.* Vide supra *Carectum* et *Careda.*

* 2. **CAROLA**, Chorea, saltatio, Gall. *Danse,* olim *Carole;* unde *Caroler,* Ital. *Carolare,* choreas ducere. Hist. S. Mart. de Campis pag. 552 : *Ad ingressum sacelli Virginis matris, quod de chorea sive Carolla dicimus.* Lit. remiss. ann. 1378. in Reg. 112. Chartoph. reg. ch. 266 : *Une femme qui dansoit ou Caroloit, etc.* Vide *Charolare. Querole,* pro *Carole,* in vet. Poem. : *Les Queroles commencent sur un fumier.*

* **CAROLEI** FLORENI, A Carolo V. imperatore cusi. Acta MSS. capit. S. Petri Insul. 7. Jun. ann. 1540 : *Dedit summam* 40. *florenorum Caroleorum, sive* 80. *lib. Paris.*

* **CAROLENI**, Moneta Neapolitana. Contract. matrim. ann. 1358. apud Salernum : *Dotis nomine uncias duo milia in Carolenis argenti, sexaginta pro uncia computatis ponderis generalis.* Vide supra *Carleni.*

¶ **CAROLICI** SOLIDI, CAROLENI, CAROLINI, Monetæ species, de quibus in voce *Moneta.*

CAROLINA Herba, Crocodylion dicta, de qua Ruellius lib. 3. cap. 9. et 10. Gobelinus lib. 9. Comment. Pii II. PP. pag. 217 : *Herba reperta est, quam Carolinam vocant, quod Magno quondam Carolo divinitus ostensa fuerit, adversus pestiferam luem salutaris, etc.* [** Carlina acaulis, Linnæo. Vide Hortul. W. Strabi ed. Reuss. pag. 66.]

CAROLUS, Papiæ, *Navicula in paludibus.* Addit Codex editus, (nam absunt in MSS.) *Carolus Rex Franciæ fuit.* [** Sunt in cod. reg. Papiæ 7609.]

¶ **CARONCÆ**. Concil. Rotomag. ann. 1581 : *Conventus et Processiones indicebantur... ad eleemosynas pauperibus impertiendas, quas a Græca dictione χάριτας, id est gratias, per vocis corruptionem Caroncas vocabant.*

¶ 1. **CARONIA**, Platea, vicus ubi habitant *Carones* seu plaustrorum fabri, Gall. *Charrons.* Necrologium S. Mellani Pontisaræ : *Item super domo Radulphi le Cordier in Caronia* 3. *sol.* Vide *Caro* 1.

* 2. **CARONIA**, Cadaver, Ital. *Carogna,* Gall. *Charogne.* Stat. crimin. Cumanæ cap. 161. ex Cod. reg. 4622. fol. 98. r°. : *Cadavera seu Caronias, vel feces cloacharum nemo audeat ponere nec tenere....... in aliquo loco versus civitatem Cumarum.* Eodem nomine ascetici scriptores nostri corpus humanum designant. Mirac. MSS. B. M. V. lib. 1 :

Se l'Escriture ne nous ment,
Nostre cheval, nostre jument,
C'est nostre lasse de Carongne.

Hinc *Décharongner,* pro Carnem in frusta incondita discerpere, in Lit. remiss. ann. 1381. ex Reg. 119. Chartoph. reg. ch. 201 : *Lequel Bridoul...... dist...... à icellui boucher, pourquoy t'entremés-tu de tuer char, quant tu ne la scez appareillier; il sembloit que chiens eussent Décharongnée celle truye que tu avoies tuée.*

* **CARONNIUS**, Carrorum faber, Gall. *Charron. Carron,* in Ch. ann. 1340. ex Chartul. 23. Corb. Reg. forestæ de Brotonnia ex Cod. reg. 4653 : *Talis est usus forestæ Brotonniæ, quod omnes illi, qui reddunt pro consuetudine forestæ avenas, et garbas, et ova, et tortellos, et gallinas, possunt et debent capere sine emenda semper consuetudinem forestarii in Brotonna, videlicet emundam desuper suam rotam et residuum gloerii, et lignifabri, et Caronnii ..... quando manovræ prædictorum operariorum erit inde remota.* Vide *Caro* 1.

¶ **CAROPERA**, Opera carri, Vectura, Gall. *Charroy.* Cod. MS. Irminonis Abb. Sangerman. fol. 36. v°. col. 1 : *Arat aa hibernaticum perticas* III. *ad tramisem perticas* II. *facit caplim quantum sibi jubetur, facit Carop. ubi ei injungitur.* Fol. 65. verso col. 1 : *Faciunt Caropera propter vinum in Andegavo cum duobus animalibus de manso.* Fol. 70. verso col. 2 : *Mittunt duos boves ad Caropera.* Fol. 94. col 1 : *Facit in vinea arp.* 1... *Carop. manopr. quantum ei injungitur.* Et fol. 95. verso col. 1 : *Facit Carop. ubi ei injungitur.* Vide *Carropera.*

¶ CAROPERARE, Vehere, Gall. *Charrier.* Idem Cod. fol. 72. verso col. 1 : *Persolvunt... de unoquoque carro quando Caroperent ñ faciant, exeunt sol.* III. Lubens legerem, *Quando Caroperam non faciunt.* [** *Quando Caropera non faciunt,* ap. Guerard. pag. 149.]

¶ **CAROS**, *Crapulatis redundantia, sopor profundior justo, capitis gravedo.* Laurent. in Amalthea. Vide Medicinam Salern. pag. 130. et 131. edit. 1622. Vox Græca est; hinc

¶ CAROTICÆ, *Venæ quæ in collo sunt, quas si quis comprimat, corruat homo dormienti similis, sequaturque totius corporis immobilitas.* Sussannæus in Vocabulario.

* *Carotides arteriæ.* Vide Lexica medica.

¶ **CAROVANA**. Vide *Caravanna.*

¶ **CAROXOLUM**. Vide *Carrocium.*

* **CAROZOLUM**, Idem quod *Carrocium,* Vexillum totius exercitus præcipuum. Pactum inter Cremon. et Ferrar. ann. 1208. tom. 1. Cod. Ital. diplom. col. 1557 : *Semel omni anno ibunt in servicio communis Cremonæ cum Carozolo et cum omnibus suis militibus et peditibus.*

¶ 1. **CARPA**, Cyprinus, species piscis, Gall. *Carpe.* Limborch. lib. Sentent. Inquisit. Tolos. pag. 59 : *Et dedit dicto heretico unam Carpam, quam tunc fuerat piscatus.* Statuta S. Claudii ann. 1448. pag. 82 : *Tenetur Pittantiarius ministrare cuilibet Religioso cum pittancia Carparum ministrari solitarum, duo aleca pro qualibet die et* 4. *nuces.*

2. **CARPA**, *Cepulla,* Papiæ, [et Glossar.

Sangerman. MS. num. 501.] [** An καρπός;]

* **CARPANA**, Cyprinus, species piscis, Gall. *Carpe*. Stat. Placent. lib. 6. fol. 79. v°. : *Item Carpanas de duabus libris et ab inde supra, pro qualibet libra v. den. et med. Carpiere*, Vivarium, ubi *carpæ* aliive pisces nutriuntur et servantur. Lit. remiss. ann. 1386. in Reg. 129. Chartoph. reg. ch. 190 : *Estanches ou Carpieres à garder et nourrir poisson*. Vide *Carpa* 1.

* **CARPARE**, vox Italica, Arripere. Tract. MS. de Re milit. et mach. bellic. cap. 109 : *Navigium ex parte anteriore copertum cum rampino, est valde utile ad accipiendum barcham et bregantinum tuorum hostium, et potest altius levari et inferius declinari, quando vis Carpare alium naviculum tuorum hostium*.

¶ **CARPASIA**. *Breydenbach* Itin. Hierosol. pag. 34 : *A meridie vero est Carpathos insula... ex hac insula dicuntur et Carpasie, Magne naves et spatiose*. [** Isidor. Origin. lib. 19. cap. 1. sect. 11. *Carpasinas* vocat lib. 14. cap. 6. sect. 24. Vide etiam Jal. Antiq. Naval. tom. 2. pag. 455. 490.]

CARPEIA, Portio cibaria Monachica, sic dicta, ut videtur a *Carpia*, nostris *Charpie*, seu linteolo minutissime carminato et dissecto, quod carnes minutatim instar *Carpiæ* concidantur, Minutal. Nam scribit Octavius Ferrarius in Origin. Ital. *Carpionare* esse pisces aceto et aliis speciebus condire. Chron. Abbatiæ S. Trudonis lib. 13 : *Primum ferculum in mensa erat, quæ vocari potest Carpeia de sicco pisce, eo quod minutatim carperetur, et minutatim cum ovis concisis cum pipere superspargeretur*. Statuta antiqua Canonicorum S. Quintini in Viromanduis : *Venationem, volatilia, Carpeiam cum frisia, 2. membra pulli, etc.* Rursum : *In Carpeia, dimidius porcus, 1. aries, 250. ova cum pipere*. Idem quod *Karpita*, de qua voce infra. Vide *Carpia*.

* Vulgo *Hachis*, olim *Carpant*. Lit. remiss. ann. 1366. in Reg. 97. Chartoph. reg. ch. 89 : *Ledit Colart prist un plançon en disant audit Nicaise, que s'il en disoit plus mot ne demi, il le especeroit dudit plançon, ainsi comme un Carpant*.

CARPELLA, in Gloss. Saxonico Cottoniano, sadol-boga. [** Arcus ephippii anterior. An *clitellæ*?]

* **CARPELLUS**, Cyprinus minor, Gall. *Carpeau* vel *Allevin*. Charta Phil. Pulc. ann. 1289. in Cousnet. Genovef. MSS. fol. 35. v°. : *Nec poterunt babelli capi, nec Carpelli, nisi duo valeant unum denarium*. Vide supra *Carpana*.

* 1. **CARPENTAGIUM**, Vecturæ onus, quod vassalli domino exsolvebant, in pecuniariam summam, aliosve reditus nonnumquam conversum. Redit. Meled. in Reg. Phil. Aug. part. 2. ex Chartoph. reg. 34. bis fol. 108. r°. col. 1 : *Carpentagium, vij. modios et dimidium, medium ibernagii et medium marceschiæ*. Vide *Carpentum* et *Carreda*.

* 2. **CARPENTAGIUM**, Opus lignarium, materiaria structura, Gall. *Charpente*. Comput. MS. fabr. S. Petri Insul. ann. 1484 : *Item Jacobo du Tertre carpentatori, quia cum sociis suis fecit totum Carpentagium navis ecclesiæ, etc.*

* **CARPENTARII** Rubei, Gall. *Carpentiers rouges*, sic Faces, quibus ignis domui subjicitur, appellantur, apud Bellomaner. MS. cap. 39. Diruere enim, quod facit ignis, ita et construere *Carpentariorum* est : *Une fame de Ville nueve en Hez si dit à un bourgois :... Vous me tolez ma terre et metés en vostre granche che que je deusse avoir, et vous n'en goirés ja; car je vous envoierai en vostre granche les rouges Carpentiers. Si ne demoura pas pui demi an, que le fu fu boutés dedens chelle granche*.

CARPENTARE, Carpentarius, etc. Vide *Carpentum*.

CARPENTUM, Papiæ [** ex Isidor. Origin. lib. 20. cap. 12. sect. 3.] *Pompaticum vehiculi genus*, Carrum. De Carpentis veterum multa congesserunt Casaubonus ad Lampridium, et Jacobus Gothofredus ad Legem unicam Cod. Theod. de Honorator. vehicul. [* Consule Schefferum de Re vehiculari.]

Carpentarius, eidem Papiæ, *Qui facit carpenta*. Isidorus lib. 19. *Carpentarius speciale nomen est, carpentum enim solum facit. Artifex Carpentarius*, apud Lampridium in Alexandro Severo. *Vehiculum Carpentarium*, apud Pollionem in Zenobia. Postmodum dicti *Carpentarii* artifices omnes lignarii, et tignarii. Ugutio : *Omnis faber lignarius, Carpentarius dicitur*. Quippe carpentorum seu vehiculorum materia lignea fuit. *Carpentarius*, 1. Paralip. cap. 9. v. 15. et in Lege Bajwar. tit. 10. § 6. [** Vita S. Galli Pertzio pag. 14. lin. 48. Rer. Gallic. Scriptor. tom. 13. pag. 433. e. 446. e. 588. b.] *Carpentarius servus* in Lege Salica tit. 11. § 5. Ætherius et Beatus lib. 2. adversus Elipandum Toletanum : *Carpentarius quislibet facit sibi domum in qua habitat, etc. Carpentarius* cognominatus olim Willelmus Meledun. Vicecomes, qui priori nostrorum Hierosolymitanæ expeditioni interfuit, *non quia faber lignarius esset*, inquit Guibertus lib. 4. Gestor. Dei cap. 7. *sed quia in bellis cædendo more Carpentarii insisteret*. Ordericus Vitalis lib. 12 : *Carpentarios berfredum facientes docebat. Opus Carpentarium*, in Concilio Meldensi ann. 845. can. 77. et apud Ingulfum pag. 888. Utuntur idem Ingulfus pag. 873. S. Hieronymus in Præfatione ad Regulam S. Pachomii § 5. S. Isidorus in Regula cap. 19. Lex Burgundion. tit. 10. § 6. Capitulare de Villis § 45. Baldricus Noviomensis lib. 2. cap. 1. etc. *Opus Carpentarium*, ἔργον ἀρχιτεκτονίας, Exod. 35. v. 33. [** Consule Joh. de Garlandia Diction. sect. 44. Guerard. in Proleg. ad Chartul. S. Petri Carnot. pag 58. *Carpentariolus* in Thesaur. nov. Latin. ap. Maium Classic. Auctor. vol. 8. pag. 121.]

Carpentare, opus Carpentarii exercere, vel ex ligno opus quodvis conficere. Lambertus Ardensis pag. 160 : *Super danjonem Ardeæ miro Carpentariorum artificio domum ligneam fecit, ... quam quidam Broburgensis artifex vel Carpentarius..... fabrefecit et Carpentavit*. [Hist. Dalphin. tom. 2. pag. 132. col. 2. ex Computo anni 1324 : *Item eidem Humberto pro fusta garitarum castri de Lueys adducenda, charreanda, Carpentanda et montanda supra murum garitarum, etc.* xvi. *lib.* v. *sol.*] *Carpentata ædificia*, in Speculo Saxonico lib. 1. art. 20. § 1. Willelmus Brito lib. 7. Philipp. pag. 179 :

> Et sic artificum studio vigilante labore
> Carpentata brevi, etc.

Et lib. 12 .

> Aut Carpentorum, quæ primum Belga putatur
> Carpentasse sibi, etc.

Carpentator, apud Petrum Canonicum in Actis S. Dympnæ Mart. n. 7. [In Hist. Dalphin. tom. 2. pag. 159. ex Computo ann. 1321. Charta anni 1377. apud Miræum tom. 2. pag. 1245.]

¶ Carpenterius, Idem in Computo anni 1202. apud D. *Brussel* Tract. de Feodis tom. 2. ad calcem pag. cxli : *De Carpenteriis et prisonibus ducentis* xl. *s*.

¶ Carpenter, Eadem notione, in Onomastico ad calcem tomi 4. Actorum SS. Maii.

Carpentaria, Locus ubi Carpentarii seu fabri tignarii operantur, apud Innocentium III. PP. lib. 13. Epist. 55. Interdum ipsa Carpentarii ars, ut apud Firmicum lib. 2. Math. cap. 9. Vide Stephanum Tornac. Ep. 82. [Denique ipsum Carpentarii seu Doliarii opus. Computus anni 1202. apud D. *Brussel* de Feodis tom. 2. ad calcem pag. cxlvii : *De Carpentariis cellarii* lxxii. *s*.]

¶ Carpentatio, Opus carpentarium, seu ligna ad opus carpentarium necessaria. Charta Communiæ S. Quintini Viromand. ann. 1237. e Chartulario Monasterii S. Quintini in Insula pag. 156 : *Planketas et ventalia tenentur suis sumptibus de omni marieno necessario et de omni Carpentatione in perpetuum detinere*.

* Carpentura, Opus lignarium, *carpentarium*, Gall. *Charpente*, olim *Charpentement*. Charta ann. 1179. in Chartul. S. Joan. Laudun. ch. 79 : *Nos et ecclesia nostra Carpenturam et custodiam, ut molendinarius in molendino faciemus*. Nisi malis Vecturam intelligere. Chartul. sign. *Ezechiel* Corb. ad ann. 1422. fol. 177. r°. : *L'estraiure de dehors et dedens du mollin, l'arbre, roeue, rouet, ... et toutes aultres coses de Carpentement estans oudit mollin, etc.* Vide supra *Carpentagium* 1. et 2. [** Confer S. Rosa de Viterbo voce *Carpentura*, Elucidarii tom. 1. pag. 240.]

¶ **CARPENUS**, pro *Carpinus*, Arbor. Gall. *Charme*. Vide *Carmus* et *Oplus*.

¶ **CARPETA**. Vide post *Carpia*.

* **CARPETIA**. Vide mox in *Carpita*.

¶ **CARPETTÆ**, Vulgo *Carpette*, inquit Hofmannus in Lexico, Muliebres tunicæ vocantur hodieque Venetiis, quas *Chiridotas Dalmatarum* vocat Capitolinus in Pertinace cap. 8. Καρπατοί Græcis, ut aliis notatum, quod Κάρπον manus obvelabant. Octavius Ferrarius de Re vestiaria, lib. 3. cap. 9.

* Verbum est Venetiis in usu; atque adeo neque Latinum, neque Gallicum. Ubi et pro Καρπατοί, leg. Καρπατός. Vide eumd. Ferrar. in Orig. Ital.

¶ **CARPHIA**, Græce Κάρφια, Claviculi qui configebantur sub soleis calceamentorum militum, de quibus Isid. lib. 19. Orig. cap. ult. Hierolex. Macri.

CARPIA, Linamentum, seu linteum carptum quod vulneribus inditur, μοτός

Græcis Medicis, vel τιλτὸς μοτός; nostris, *Charpie*, vox Chirurgis nota. Gloss. Lat. Græc. : *Carpia*, ῥυπαρὸς πόκος, sordidum vellus. [In Supplemento Antiquarii legitur *Carpies*.] Gloss. MSS. ad Alexandrum Iatrosophist. : *Tilptalium*, *linteolum minutissime carminatum*, *sive Carpia*. Vide Salmasium ad Vopiscum pag. 369. de modo usurar. pag. 881. et Octavium Ferrarium in *Carpia*.

Carpita, Eadem notione. Regula Templariorum cap. 70 : *Carpitam habeat in lecto*, *qui sacco*, *culcitra vel coopertorio carebit*. Academicis Cruscanis *Carpita*, est *un apparato di tavolà vile*, *con posto di materie grosse di lana*, *e di pezze*, *di diversi colori*. Ejusmodi olim fuisse Carmelitarum pallium, atque *Carpitam* pariter appellatum, ex Pseudo-Cyrillo et aliis, pluribus ostendit vir doctissimus Daniel Papebrochius ad 8. April. pag. 798. 799. Vide *Cartica*, et *Carpita* suo loco.

¶ Carpeta. Statuta Equitum Theutonic. art. 74. apud Raimundum Duellium lib. 2. Miscell. pag. 59 : *Quilibet frater debet habere duplicia camisiarum .... saccum in quo dormit*, *Carpetam*, *lintheamen*. Hist. Dalphin. tom. 2. pag. 275. ex Computo anni 1336 : *Jacobo mercatori pro Carpetis quinque pro arnesio unc*. XI. *taren*. XIII. Doctissimi Editores interpretantur *arnesii* tegumentum.

¶ Carpettus. *Decem Carpettos*, apud Rymer. tom. 11. pag. 378. col. 1. eadem, ut videtur, notione. Hic enim agitur de supellectili Collectoris Rom. Pontificis iter habentis in Anglia.

* **CARPINATUM**, Concerptum linteum, Gall. *Charpie*, apud Hadr. Jun. Epist. pag. 22. Vide *Carpia*.

¶ **CARPIO**, Cyprinus, piscis, Gall. *Carpe*. Chronicon Monasterii Bonæ-Spei pag. 395 : *Cum multos pisces quotannis ex vivariis nostris reciperemus ultra necessitatem*, *occasionem accepit elargiendi quinquaginta Carpiones Sanctimonialibus*. Vide *Carpa* et *Carpo*.

* **CARPIONUS**, Carpio, Acad. Crusc. : *Carpione*, *Pesce di dilicato*, *ed ottimo sapore*, *e somigliasi assai alla trota*. Stat. dataria Riper. cap. 12. fol. 5. r°. : *De quolibet pense Carpionorum*, *et intelligatur tam de recentibus quam de salsis*, *pro introitu soldus unus*.

CARPISCULUS, Calcei barbarici species, unde fortassis nos *Escarpins* hausimus. Vopiscus in Aureliano : *Superest P. C. ut me etiam Carpisculum voceitis? quod cognomen deforme videbatur*, *Carpisculum enim genus calceamenti esse satis notum est*. Vide Casaubonum et Salmasium ad hunc locum.

Est etiam *Carpisculus* vox Architectorum, in veteri inscriptione, quæ exstat Viennæ Allobrogum : DD. Flaminica Viennæ Tegulas Æneas Auratas cum Carpisculis et Vestituris Basium et Signa Castoris et Pollucis cum Equis et Signa Herculis et Mercurii D. S. D. [Legendum est *Carpusculis*, quæ videntur significare capitellorum ornamenta fructuum speciem præseferentia, a Græco καρπός, fructus. Vide Diarium Italicum D. de *Montfaucon* pag. 3.] [** Vide Forcellinum. Κρηπίς Græcis et calceum et basis genus significat.]

* **CARPITA**, vox Italica, Panni villosi vel crassioris genus, et vestis ex eo panno; unde nostris etiam *Carpite*, Hispan. *Carpeta*, tapes. Inventar. MS. thes. Sedis Apost. ann. 1295 : *Item unam Carpitam de panno serico velluto cum fundo rubeo et brodatura ialda*. Stat. capit. gen. Carmel. ann. 1281. apud Cl. V. Garamp. in Dissert. 2. ad Hist. B. Chiaræ pag. 144. Habeat unusquisque frater *unam Carpitam*, *quod est nostræ religionis signum*, *non de petiis consutam*, *sed contextam*. Ubi *Carpetiam* edidit Auctor Hist. Ordin. monast. tom. 1. cap. 43. pag. 320. Chron. S. Dion. cap. 10 tom. 7. Collect. Histor. Franc. pag. 142 : *Quant tuit furent assemblé*, *prelat et autres personnes*, *et il furent revestu des aornemenz de sainte Eglise*, *et tapiz et Carpites furent estendu*, *etc*. Le Roman *de Robert le Diable* MS. :

Puis s'en va bielement le pas
En une chambrete petite;
S'il prist une viés Carpite,
Sa reube y laist que plus n'en porte.

Vide in *Carpia* et *Barrati*.

¶ **CARPITER**, *Fundus qui in campo est*. *Carpitur*, *consumitur*. Vetus Glossar. Sangerman. MS. num. 501. Vide *Carpitus* et *Campitum*. Hoc postremum duobus aliis videtur præferendum.

* **CARPITRIX**, a Lat. Carpere, Officium in *artillaria* regia. Vadia offic. reg. ann. 1328. in Reg. sign. *Noster* Cam. Comput. Paris. fol. 401. v°. : *Carpitrix nervorum artilleriæ ibi* (Luparæ) *per diem iij. sol. et per annum pro roba c. sol*.

¶ **CARPITUM**. Isid. Gloss. : *Tuligatum*, *Carpitum*. Grævius suspicatur legendum, *Tilptalium*, *Carpita*. Vide hanc vocem post *Carpia*.

CARPITUS, Papiæ, *Fundus qui in campo est*. [Vide *Carpiter*.]

CARPLEGAZARE. Ugutio : *Oblinere*, *inficere*, *deturpare*, *quod vulgo dicitur Carplegazare*.

¶ **CARPO**, Cyprinus, piscis, a Gallico *Carpe*. Sancti Wilhelmi Consuetud. Hirsaug. lib. 1. cap. 8 : *Pro signo piscis*, *qui vulgari nomine Carpo dicitur*, *etc*. Vide *Carpio*.

* **CARPOBALSAMUM**, Gr. καρποβάλσαμον, Fructus balsami. Stat. Astæ ubi de Intr. portar. : *Carpobalsamum solvat pro qualibet libra ponderis lib*. 1. [** Vide Forcellinum.]

* **CARPOGRATIANI**, pro *Carpocratiani*. Glossar. vet ex cod. reg. 7613 : *Carpogratiani*, *heretici a Carpograte*, *qui dixit Christum de utroque sexu progenitum*. [** Isidor. Origin. lib. 8. cap. 5. sect. 7.]

CARPORARE, *Sauciare*, *ferire*, Ugutioni. [** Vide *Carptare*, ita etiam Papias in cod. reg. 7609.]

* **CARPSELLA**, pro *Scarcella*, Pera coriacea peregrinorum. Missale MS. 14. sæc. ex schedis D. *Le Beuf* : *Benedictio Carpsellarum et fustium*. *Domine Jesu Christe mundi redemptor*, *has Carpsellas et hos fustes benedicere digneris*, *quatenus qui illas et illos in signum peregrinationis*, *etc*. [** f. legend. *Capsellarum*.]

* **CARPSUM**. Nomen libri divina officia complectentis; sic dictus, quia *carptim* collectus. Codex scriptus ann. 1060. in Arch. cathedr. Veron. : *Incipit liber*, *qui Carpsum vocatur* ...... *Ego Stephanus*, *licet indignus*, *tamen in canonica S. Matris Domini Mariæ Veronæ sitæ imbutus et educatus*, *sacerdotii quoque et cantoris fungens officii dignitate*, *hujus libelli opusculum*, *quod ex nostrorum antecessorum nuncupatione Carpsum vocatur*, *divina renovavi inspiratione*, *Incipiens ab Adventu Domini ea quæ sunt in sancta ecclesia ordinatim cantanda*; *quæ pertinere cernuntur secundum temporis qualitatem*, *tam in diurnis quam in nocturnis officiis*. *In hoc ergo memorato opere*, *quæ congruenter addenda erant*, *addidi*, *et quæ superflua*, *sollerter resecare studui*.

* **CARPTARE**, *Sauciare*, *ferire*. Glossar. vet. ex Cod. reg. 7163. Vide *Carporare*.

¶ **CARPUSCULUS**. Vide *Carpisculus*.

¶ **CARQUILA**, κρεάδιον, *Caruncula*, apud Janum in Supplemento Antiquarii.

CARRA, Carræ, Carri, Cæsari et Hirtio, sunt currus, quibus vehuntur impedimenta exercitus. Idem Cæsar a Gallia creditur hanc vocem in Latium intulisse, quamvis ante Cæsarem etiam Varro usurpaverit.

Carræ, pro ipsis impedimentis, in Capitulari Caroli Magni ann. 807. cap. 3. Edit. Baluzianæ, semel ac iterum. Fulcherius Carnot. lib. 1. Hist. Hierosol. cap. 19 : *Cumque die quodam non longe ab Ascalone circumvagantes Franci prælium exspectarent*, *invenerunt illic non minimam prædam de bobus et camelis*, *ovibus et capris*. *Quam Carram cum juxta tentoria .. congregassent*, *jusserunt sub edictis Principes nostri*... *secum minari*. Idem lib. 3. cap. 18 : *Tria nempe vexilla pretiosissima*, *quæ Stendars nominamus*, *ab eis excusserunt* : *utensilia etiam multiformia*, *culcitras et pulvinaria*. *Carram quoque multam cum sarcinis nostri reduxerunt*, *camelos videlicet* 300. *asinos* 500. [Gaspari Barthio in Glossario apud Ludewig. Reliq. MSS. tom. 3. pag. 223. ex Hist. Palæst. Fulcherii Carnot. : *Carra*, *Copia plaustrorum et jumentorum*.] Vide infra *Cariagium*.

Carrum, neutro genere passim etiam usurpant Scriptores ævi inferioris. Gloss. S. Bened. : *Carrum*, ἅμαξα. Glossæ Gr. Lat. κάῤῥον, *Carrum*. Alibi : κάῤῥον, *Rœda*. Pollio in 30. Tyrannis *Carra venientia digito salutari repulisse dicitur*. Stephanus Tornacensis Epist. 228 : *Vehiculum ad te mittimus*, *quod forsitan a quadro*, d *mutato in* r, *propter numerum rotarum Quarrum appellamus*. Lex Burgund. addit. 1. tit. 1. cap. 4 : *Viam in actum*, *hoc est*, *ubi carpenta vel Carra ducuntur*. Capitulare Arechis Principis Beneventani § 11 : *Si quis in silva propria plaustrum*, *quod vulgo Carrum*, *honustum lignis cum bubulis deprehenderit*. [Privilegium Ludovici Pii Imper. pro Ecclesia S. Martini Turon. ann. 816. apud Martenium tom. 1. Collect. Ampliss. col. 65 : *Carra et samnaticum hominibus his prælatis*, *quæ propter utilitatem et necessitatem memorati Monasterii per diversos regni sui mercatus mittebantur*, *ab omni teloneo immunia et secura esse sanxisset*. Occurrit iterum in Privilegio Caroli C. pro Monasterio Vedastino ibidem col. 183. et in Præcepto ejusdem Imperatoris tom. 3.

Annal. Bened. col. 2.] *Carrum ferratum*, apud Innocent. III. PP. lib. 13. Epist. 61. Vide Frotharium Tullens. Ep. 27. et Chron. S Benigni, etc.

CARRA. Capitul. 2. ann. 813. cap. 10 : *Ut Regis spensa in Carra ducatur, etc.* In tit. *De dispensa Regis et Optimatum in Carro ducenda.* Adde Capitul. ann. 821. cap. 2. Miracula S. Ludgeri Episcopi Mimigardensis num. 23 : *In una Carra mater simul et filia positæ,.... ad nostram Ecclesiam adductæ sunt.* [*Madox* Formulare Anglic. pag. 384 : *Ad capiendum* (in foresta) *necessaria mea de moremio ad carucatas, Carras, carectas, etc.* Acta SS. Benedict. sec. 4. part. 1. pag. 530. ex Translatione S. Viti Corbeiam : *Jussitque ut sicubi Carræ oneriferæ invenirentur, etc.* Occurrit ejusdem tomi pag. 60. in Vita S. Liudgeri Episc.] [** Ekkehardi IV. Cas. S. Galli Pertzio pag. 109. lin. 18. Confer omnino Guerardum in Indice et Glossario Irminonis.]

¶ CARRA, Onus *carræ*, Gallis alias *Charrée*, nunc *Charretée*. Chartularium Virzionense fol. VII : *Isidorus Presbyter dedit.... pratum, ubi possunt colligi feni Carre octo.*

CARRA VINI, Dolii vinarii species. Tabularium S. Vincentii Cenoman. : *Unam Carram vini illi dando super quatuor libras Carnotensium.* Ibidem : *Dedimus ei unam Carram vini, et unum modium siliginis.* Vide *Carrata* in *Carrada.* [** Charta Caroli Simpl. ann. 912. in Alsat. Diplom. num. 129. vol. 1. pag. 103 : *Omni anno ab hoc ei dentur inde 2. gaballi, sive 2. camisilia bona, aut etiam 4. Carre vini.*]

¶ CARRUM, Onus *carri*. Chronicon S. Benigni : *Prata ubi secantur Carra fœni quinquaginta.*

CARRALE. Præceptum Theoderici Reg. Franc. apud Mabillon. de re Diplomat. pag. 471 : *Ipso telloneo de omnia carra ipsius monasterie domni Dionensi, tam Carrale quam navigale, etc.* [** Alterum locum ex eadem Charta vide infra in *Carrale* post *Carreda.* Est apud Brequin. num. 197.]

CARIA, infra in *Carigare* post *Carricare.*

CARRARIA OPERA. Capitulare Aquisgran. ann. 789. cap. 79. et lib. 1. Capitul. cap. 75 : *Et tria Carraria Opera licet fieri in die Dominico, id est, hostilia carra, vel victualia, vel si forte necesse erit corpus cujuslibet duci ad sepulcrum.*

CARRUM, Majoris Candelabri in Ecclesiis suspensi species, quod *Carri*, seu currus speciem referret. Vetus Inquesta apud Puricellum in Monumentis Ambrosianæ Basilicæ pag. 1166 : *Dant lampades illas quæ ponuntur in plaustro sive Carro, quod est in choro B. Mariæ.* Infra : *Credo quod Archiepiscopus dat ipsas lampades et oleum, et Canonici sancti Georgii accendant vel accendere faciant ipsas lampades, et volvant et volvere faciant ipsum Carrum.*

* 2. **CARRA**, Navigii species. Elmham. in vita Henr. V. reg. Angl. edit. Hearn. cap. 32. pag. 78 : *Naves et eciam maximæ, vocatæ carræ, quas de civitate Januensi Galli conduxerant,...... maria conservabant.* Vide *Carraca.*

* **CARRABILIS** VIA, Eadem quæ supra *Carealis*, illa proprie, per quam *carrus* transire potest. Charta ann. 1260. in Chartul. Buxer. part. 15. ch. 21 : *A via Carrabili per croellum, quæ tendit a S. Sabina ad Buxeriam, usque ad fontem trium vallium.* Vide *Carreria* 1.

CARRACA, Navis oneraria, Italis *Carraca*, nostris *Carrache.* Epistola Paschalis Minoritæ apud Waddingum ann. 1342. num. 10 : *Et post Venetiis ascendentes quamdam Carracam, transivimus per mare Adriaticum.* Vide *Carrica, Caraca* et *Carraqua.*

¶ **CARRACARE**, Carro vehere, Gall. *Charrier.* Chronicon Laurishamense : *Viam integram ad Carracandum sive itinerandum habere debeant.* Vide *Carricare* 2.

¶ **CARRACATA** TERRÆ, f. Quantum *carruca* seu aratro per annum arari potest. Charta Roberti Carnotensis Episc. pro Monialibus S. Remigii : *Dederunt.... Abbas et Monachi* (Floriacenses) .... *duas Carracatas terræ, etc.* f. Legendum, *Carrucatas.* Vide *Carrectata terræ* et *Carrucata.*

CARRACENSES, Hæretici, quorum mentio fit in Constit. Friderici I. de Hæretic. a *Carrazo* Lombardiæ oppido forte dicti.

* **CARRACIA**, Leguminis species, phaseolus, Ital. *Caraco.* Stat. Vercel. lib. 5. pag. 126. v°. : *Item quod si camparius per se vel per alium furatus fuerit acerbas uvas vel maturas, vel alios fructus seu fruges, vel aliquam messem, vel Carracias, vel rebias, etc.*

CARRACUTIUM. Isidorus lib. 20. Orig. cap. 12. et ex eo Gloss. Arabico-Lat. et Papias : *Vehiculum altissimarum rotarum, quasi Carrum acutum.* Sax. Ælfrici : *Carracutium*, heb- hviolað ven.

CARRADA, CARRATA, Onus *Carri*, quantum *Carro* vehi potest : Occitanis *Carrado*, Gallis *Charetée*, vel *Charrée*, ut est in Consuetudine Hannoniensi art. 105. Charta Caroli Calvi pro Monasterio S. Germani Parisiens. : *De melle quin etiam Carrada una ex modiis octo, cum solita cera.* Charta Alemannica 83. ex Goldastinis : *Et de pratis ad unam Carradam.* Donationes Salisburgenses cap. 12 : *Sigebertus dedit ibi prata ad* 30. *Carradas.* Chronicon S. Benigni : *Prata ubi secantur Carra fœni* 50. [Hist. Mediani Monasterii pag. 243 : *In eadem villa tradidit partem vineæ ad unam Carradam vini... Apud Franconis villam pratum ad sedecim Carradas fœni.* Cod. Irminonis Abb. Sangermann. MS. fol. 94. col. 2 : *Ubi colligi possunt de feno Carradas* CL. Charta Hedeni Ducis ann. 704. apud Martenium tom. 1. Ampliss. Collect. col. 13 : *Donamus tibi... prata ad* L. *Carradas secandas.* Charta ann. 1070. apud Miræum tom. 1. pag. 160. col. 1 : *Et nihil amplius inde mihi vel successoribus meis accipere debeat, quam Carratam vini decem et octo mediorum tantummodo.*] Vide *Carra.* [** Chart. ann. 706. Leodoini Archiep. Trevir. post Irmin. pag. 341 : *Nobis persolvunt* 20. *gallinas et* 100. *ova et* 20. *Carradas lignorum.* Alia ann. 984. ibid. pag. 351 : *In maio integer mansus debet* 2. *Carradas lignorum.* Polypt. Irminon. Br. 9. cap. 153 : *De lignericia Carradam* 1. cap. 155 : *De lignaricia Carradam* 1. ap. Guerard. pag. 97. *Carradæ librorum*, tantus librorum numerus qui plurium carrarum onus efficiat, in Chart. Annonis II. Archiep. Colon. ann. 1074. ap. Seibertz. in Histor. Ducat. Westphaliæ pag. 34 : *Lamentabatur etiam preter pallia, preter auream tabulam altario, preter Carradas librorum, preter marmorea pavimenta, villas... ablatas.*]

CARRATA, et CARRADA, Dolii vinearii seu alterius liquoris species. Usatica MSS. Vicecomitatus aquarum Rotomagi, ubi de Teloneis vini : *Pour le tonnel de Rochelle* 5. *sols : pour le tonnel que on appelle Charetée* 7. *sols : pour la pippe* 2. *sols, etc.* [** Charta Ludov. Pii ann. 840. ap. Guden. in Syllog. pag. 448 : *Vini Carratas* 20. *et frumenti malteros* 200.] Anonymus Hasenrietanus in Episcopis Eystetensibus : *Ego quidem de vino nihil habeo, nisi unam parvulam Carradam, quam dedit mihi sodes meus Augustensis Episcopus tantum ad sacrificium.* Udalricus lib. 2. Consuetud. Cluniac. in Præfat. : *Octo vini Carradas ad commeatum Fratrum esse collectas.* Vita Godefridi Campebergensis cap. 54 : *Sed et ripa Rheni dimidiam vini Carratam ad festive celebrandam ejusdem Apostoli Assumptionem deputavit.* [Consuetudines Ecclesiæ Colon. MSS. e Bibliotheca Cathedralis Attrebat. : *Dabit Cellerarius mensæ majori et minori cuilibet* XIIII. *amas vini et dimidiam amam .... cuilibet Vicario* III. *amas vini. Octo Officiis, scilicet Decano majori, Subdecano, Choriepiscopo, Scholastico, Cellerario, Cantori, Porsenario majori, Porsenario minori, cuilibet ipsorum datur una Carrata vini.* Ibidem : *Canonici majoris Ecclesiæ habebunt annuatim* 144. *Carratas vini et dimidiam Carratam.* Ibidem : *Dantur duæ Carratæ cervisiæ... scholaribus Canonicis*, 1. *Carrata quam consueverunt dare custodibus dormitorii ad faciendum ipsis lectos.*] Adde Miracula S. Ursmari num. 23. Cæsarium Heisterbach. lib. 10. cap. 13. Vitam Balduini Lutzemburg. Archiepiscopi Trevir. lib. 2, cap. 11. Monasticum Anglic. tom. 1. pag. 779. Privilegia Ecclesiæ Hamburgensis pag. 187. Annales Colmarienses ann. 1292. 1302. Chronicon Montis Sereni ann. 1174. 1189. 1202. Chronicon Trudonense lib. 6. pag. 412. Duchesnium in Hist. Limburgensi pag. 9. Joannem Noppium in Hist. Aquisgranensi lib. 1. pag. 62. [** Chart. ann. 937. ap. Erath. Cod. Diplom. Quedlinb. num. 5. pag. 3. Sæpe in Collect. Guden. et Würdtwein, ubi videndi indices.]

¶ CHERRETA, Eadem significatione. Charta Willelmi Abb. Cariloci ann. 1242. apud Perardum in Burgundicis pag. 450 : *Quod cum ipse acquitavit omne jus quod ipse habebat in Cherreta vini, quam sibi et suis et hæredibus suis debebat Prior et Prioratus de S. Marcello.*

KARRATA, Eadem notione, apud Monachum Sangall. in Carolo M. lib. 1. cap. 17 : *Duas Karratas talibus caseis plenas ad Aquasgrani mihi dirigere ne prætermittas.* [** *Duabus Karratis vini* in Charta ann. 1260. ap. Guden. in Cod. Diplom. tom. 4. pag. 896.] etc. [Vide *Carra vini*, in *Carra.*]

QUARRADA, in Charta Dagoberti Regis apud Doubletum pag. 656 : *Et inde inpostea de unaquaque Quarrada de melle persolvant partibus S. Dionysii solidos duos : et unaquaque Quarrada de garancia similiter, solidos duos.*

DE CARRADECI, pro *de Carradis.* Charta Chlodovei III. Regis apud Mabillonium :

Ubicumque telleneus, portaticus, rotaticus, vel reliquas reddebutionis a judicebus publecis exigebantur de Carradeci qui hoc inferre videntur, ad missus ipsius basileci nullatenus requireretur, nec exigeretur, etc. Infra : *Et de ipsa Carradeci qui hoc inferre videntur, etc.* Alia Chilperici ann. 716 : *Vel reliquas redebutionis, quod a judicibus publicis exigetur de carra eorum qui hoc inferre videntur.*

¶ **CARRADES**, vel Carradis, Idem quod *Carrada*, Onus carri. Præceptum Ludovic. Imp. ann. 831. apud Marten. tom. 1. Ampliss. Collect. col. 85 : *De prato ubi possunt colligi fœni Carrades* VI.

* **CARRADIA**, Tributum seu vectigal ex *carris* perceptum. Charta ann. 1368. tom. 8. Ordinat. reg. Franc. pag. 365 : *Ab omni exactione seu requisicione theolonei, pedagii, Carradiæ, vectigalis, etc.* Vide infra *Carrigium* 2.

¶ **CARRADIUM**, Onus carri. Descriptio censuum Monasterii S. Emmeranni apud Bernardum *Pez* tom. 1. Anecdoct. part. 3. col. 76 : *Herbicat, secat, inducit Carradium* 1. *fœnum secat et inducit.*

¶ **CARRADUM**, Vecturæ onus, idem quod *Carredum*, vel Portorium ex carris perceptum. Annal. Bened. tom. 2. pag. 699. ex Diplomate Caroli Regis Franc. pro Monasterio Hohenaugiæ : *Ut nullo telonio, nec navigatico, nec Carrado, evectione, nec rotatico.... exactare faciatis.*

* **CARRAGIUM**, Vectura cum carro, *Carropera*. Charta Ludov. reg. ann. 878. inter Probat. tom. 1. Hist. Lothar. col. 315 : *Ut nullus judex publicus, vel quislibet ex judiciaria potestate,..... tam de Carragio quam de paraveredis exigendis, etc.* Vide *Cariagium* et in *Carreda*.

¶ **CARRAGO**. Vide *Carigo* post *Cariagium*.

* Tacticis *Carrago* maxime dicitur, conjunctio quædam carrorum ad munimentum, vel commeantis exercitus, vel subsistentis. Fiebat autem id objiciendo interdum hosti frontes ipsas vehiculorum, sive carrorum : interdum vero plaustris omnibus in orbem collatis militares ordines præcingendo. Hæc Carol. de Aquino in Lex. milit. quem consule, si placet.

* **CARRAIRONUM**. Vide supra *Careironum*.

¶ **CARRALE**. Vide post *Carreda*.

¶ **CARRALIS**. Vide *Carnales* post *Carnale*.

¶ Carralis Evectio, Vectio curruum. Præceptum Pippini Regis pro Monasterio Prumiensi, apud Marten. tom. 1. Ampliss. Collect. col. 30 : *Nullo teloneo vel barganatico, neque saumariis, vel de Carrali Evectione solvere nec reddere debeant.*

¶ Carralis Soga. Vide in *Soga*.

* **CARRAQUA**, ut *Carraca*, Navis oneraria, Gall. *Carraque*. Lit. Caroli VI. reg. Franc. ann. 1415. in Memor. H. Cam. Comput. Paris. fol. 70. v°. : *Concedentes eisdem nostris consiliariis..... potestatem, builiam et mandatum....... concludendi cum dictis* (Januensibus) *super habendis ab ipsis certis galeis et Carraquis, sive navibus paratis et armatis.* Vide supra *Caraca*.

¶ **CARRARE** in Carro, Carro imponere, Gall. *Charger*. Pactus Legis Salicæ tit. 27. § 9 : *Si quis fœnum in Carro Carraverit, etc.*

* Charta Richildis regin. inter Probat. tom. 1. Hist. Lothar. col. 333 : *De pratis vero ad Carrandum xx. de vineis ad colligendum de vino modios c.* Vide *Cariare*.

1. **CARRARIA**, Idem quod *Carrata*, vel *Carrada*. Joannes Abbas S. Maximini in Vita B. Joannis Abbatis Gorziensis n. 75 : *Pro Carraria vini, inquit, non sic attaminatum vellem.* Mox : *Vascula hujusmodi Carraria una vini possunt acquiri.* Vide *Carrada*.

Carraria. Otto Morena in Hist. Rerum Laudensium pag. 54 : *Et adduxerant Carrarias multas plenas lignis siccis, sulphure, lardo, oleo, axungia et pice liquida madefactis, etc.* Infra : *Quare ipsas Carrarias sic undique accensas,* [*et maximam flammam jactantes unam post aliam juxta gattum Imperatoris projectabant.* Vox, ut videtur, notionis non multum diversæ a *Carraria*, Species dolii.]

2. **CARRARIA**, Lapidicina, nostris *Carriere*. S. Augustinus Serm. 2. de Vita et Morib. Clericor. : *Emerat de ipsa pecunia xenodochii quandam domum in Carraria, quam sibi existimabat propter lapides profuturam.* [Vide *Carreria* 2.]

Quarraria, et Quadraria, Eadem notione in Monastico Angl. tom. 2. pag. 8. 133. 777.

3. **CARRARIA** Via, Qua carrum vehi potest. Vide *Via* et *Carreria* 1.

* *Carraria via*, in Ch. ann. 951. apud Ughellum tom. 1. Ital. sacr. edit. ann. 1717. col. 722. Charta ann. 1035. ex magno Chartul. S. Vict. Massil. : *De ipso molendino, quod est in capite defensi, sicut Carraria antiqua currit, etc.* Chron. Domin. de Gravina apud Murator. tom. 12. Script. Ital. col. 625 : *Nos tamen recti itineris sumus vestigia consequuti; sed per Carrariam cursus. Cherriere*, Vicus, Gall. *Rue*, in Lit. remiss. ann. 1389. ex Reg. 137. Chartoph. reg. ch. 34. Vide supra *Carrabilis via*.

* 4. **CARRARIA**, Dolii vinarii seu alterius liquoris species. Item, Mensura vinaria, quo sensu intelligenda *Carra vini* supra eadem fortassis atque *Carta*. *Carrée*, in Actis MSS. eccl. Brioc. : *Carrées que doit le thrésorier de l'église de S. Brieuc par chacun an : a la feste de Nouel, etc. Carrées de la fabrice par chacun an : Le jour S. Estienne.* Cæremon. MS. ejusd. eccl. : *A toutes festes ou a Carrée, se doibvent lire les lezons au pulpitre amont.* Stat. Astæ ubi de Intr. portar. : *Carreriæ et tinæ novæ et veteres ponantur et solvant ad æstimationem officialium.* Ibid. ubi de Revis : *Quod vinum sive Carrariam debeant habere et tenere bullatam bulla dicti emptoris.* Vide in *Carrada*, in *Carraria* 1. et supra *Caratellus*.

* **CARRARIATUM**, Lapicidina, Gall. *Carriere*. Arest. parlam. Paris. ann. 1319. in Reg. 62. Chartoph. reg. ch. 1 : *Item septem solidos Caturcenses annui redditus et dominationes in domibus, ayralibus et casalis......, inclusis inter viam publicam ex una parte, ... et quoddam Carrariatum.* Vide *Carraria* 2.

* **CARRASTA**, Onus carri, quantum carro vehi potest, Gall. *Charretée*. Chartul. Miciac. : *Est autem donum quod dedi et scribere jussi, tres Carrastas omni tempore in meo bosco.* Vide *Carrada*.

CARRATA. Vide *Carrada*.

* **CARRATELLUS**. Vide supra *Caratellus*.

* 1. **CARRATERIUS**, Auriga, ductor carri, Gall. *Charretier*, olim *Charreton*. Lit. remiss. ann. 1375. in Reg. 107. Chartoph. reg. ch. 372 : *Johannes auriga seu Carraterius capituli ecclesiæ Agathensis, etc.* Occurrit præterea in Comput. ann. 1480. inter Probat. tom. 3. Hist. Nem. pag. 342. col. 1. Ch. ann. 1335. in Chartul. S. Vinc. Laudun. : *Les gens de nous évesques dessusdit avoient pris une charette, les chevaus et le Chareton.* Alia ann. 1339. ex Tabul. S. Joan. Laudun. : *Les gens desdiz religieux avoient prins Charretons, qui charioient par dessus l'escluse de leur estanc.* Vide *Carrator* et *Carrectarius*.

* 2. **CARRATERIUS**, adject. *Bota carrateria*, idem quod supra *Carraria* 4. Lit. ann. 1375. in Reg. 108. Chartoph. reg. ch. 68 : *Retulerunt .... se invenisse bona et res mobiles quæ secuntur : .... unam botam Carrateriam, etc.*

¶ **CARRATGIUM**. Vide in *Carreda*.

CARRATH. Charta ann. 1287. in Metropoli Salisburgensi tom. 3. pag. 40 : *Fratrum vero consortio altera dimidia Carrath vini cum allecits et ovis cèdet singulis annis de suis possessionibus tempore subnotato.* Idem videtur quod *Carrada vini*. Vide in hac voce.

¶ **CARRATIO**, Carritio. Codex MS. Irminonis Abb. San-German. fol. 79. col. 2 : *Solvit ... de lignaricia denar.* IIII. *de Carratione pedalem* 1. *scindolas* L. Ibid. fol. 86. verso 2. col. 2 : *Solvit de Carritione pedalem* 1. *pullos* III. *ova* XV. Propter adjunctas voces, *pedalem*, et *scindolas* conjecto *Carrationem* hic idem esse quod *Quadrationem*, Gall. *Equarissement*, seu quamlibet ligni fabricationem domino debitam a vassallis; etsi magna est affinitas vocum *Carratio* et *Carritio* cum *Carro* suisque derivatis, quæ vecturæ onus significant. Vide *Carreda* et *Scaritio*, in *Scarritio*. [** Guerardo *Ligna in quadrum secta.*]

* Mihi Præstatio esse videtur pro paxillis; est enim

CARRATIUM, Paxillus quo sustentatur vitis : nostris, *Escharas*, seu *Eschalas*. Lex Longobard lib. 1. tit. 25. § 34. [** Rothar. 298.] : *Si quis palum, quod est Carratium, de vite tulerit* etc. Vide *Eschara*.

* *Charrasson*, apud Lemovicenses et alibi. Lit. remiss. ann. 1469. in Reg. 197. Chartoph. reg. ch. 75 : *Le suppliant c'estoit blessé la main en faisant des Charrassons, pour mettre ès vins.*

¶ **CARRATOR**, Ductor carri, Gall. *Charretier*, Ital. *Carratiere*. Chron. Parmense ad ann. 1284 : *Insultaverunt dictos Carratores et abstulerunt* XXXII. *paria boum cum plaustribus, et cum* CXXVI. *corbibus salis, qui ducebatur Parmam per prædictos Carratores.* Ital. *Carratore* vel *Carradore*, non eum qui ducit, sed eum qui facit carros vulgo significat, Gall. *Charron*.

* **CARRATUM**, Vecturæ onus, quod a vassallis domino præstatur. Charta ann. 1210. in Chartul. S. Vinc. Laudun. ch. 159 : *Tandem idem comes....... ad jus ecclesiæ pertinere recognovit, ... videlicet in*

villa de Villari positionem majoris, gallinas, submonitionem in armis, Carrata, procurationes servientum, etc. Vide *Carreda.*

* **CARRAUS.** Vide supra *Carnaus.*

¶ **CARRAXATURA.** Vide *Charaxatura* in *Charaxare.*

¶ **CARRAXOLUM.** Vide *Carrocium.*

* **CARRAYRERIUS,** Carreyrerius, Carreyrius, Cui *carreriarum* seu viarum publicarum cura demandata erat. Charta Libert. castri de Cusciaco ann. 1333. in Reg. 69. Chartoph. reg. ch. 54 : *Quod dicti consules possint eligere Carrayrerios seu probos homines, qui possint et valeant omnia impedimenta indebite in viis seu carreriis publicis apposita removere.* Alia pro Clarom. in Lodov. ann. 1341. tom. 8. Ordinat. reg. Franc. pag. 278 : *Consules .... eligere possent et nominare annis singulis certos homines pro cura habenda de carreriis et viis, tam in dicto castro quam ejus terminalibus et territoriis ...... Dominus dicti loci seu ejus bajuli* (bajulus) *ad notificacionem prædictorum Carreyriorum .... de viis seu carreriis prædictis ordinarent : ...... verumptamen si circa præmissa aliqua oppositio fieret per partem aliquam, verbo vel aliter, cognicio et execucio præmissorum non ad ipsos Carreyrerios, sed ad dominum dicti loci seu ejus curiales solum et in solidum pertineret. Carreyrenos,* pro *Carreyrerios,* in Lit. ann. 1366. tom. 4. earumd. Ordinat. pag. 676. art. 7. Vide *Carreria* 1.

¶ **CARRAYRO.** Vide in *Carreria* 1.

* 1. **CARREAGIUM,** Currus, quibus vehuntur impedimenta exercitus. Annal. Estens. ad ann. 1409. apud Murator. tom. 18. Script. Ital. col. 1071 : *Dominus marchio intentus ad ulteriora contra hostes die Dominico nono Junii totum exercitum providentissime ordinavit, et sub insignibus vexillisque, ac cum Carreagiis et aliis ad rem facientibus, etc.* Vide in *Cariagium, Carra* 1. et *Carrago.*

* 2. **CARREAGIUM,** Tributum seu vectigal, quod ex *carris* exigitur. Charta W. *Mermerel* milit. ann. 1226. ex Tabul. Fossat. : *Habeant de cetero liberum passagium per pontem meum de Bonolio, salvis anseribus, qui debentur michi de Carreagio. Carretage* in Ch. scabin. Duacens. ann. 1366. ex Reg. 97. Chartoph. reg. ch. 154 : *Les proufis et émolumens... dou carroy, que on dist Carretage.* Vide supra *Carradia.*

* 1. **CARREARE,** Vecturam seu *carrorum* servitium exigere, vel *Carreagium* seu tributum ex *carris* percipere. Charta ann. 1187. in Chartul. Buxer. part. 7. ch. 3 : *Condictum etiam fuit quod si dicti fratres in Carreando, vel alio aliquo modo alicui gravamen facerent, capitali restituto, absque alia emendatione liberi haberentur.*

* 2. **CARREARE,** Carro vehere, carrum ducere, Ital. *Carreggiare,* Gall. *Charrier. Acarier,* eodem sensu, in Ch. ann. 1248. ex Chartul. 21. Corb. fol. 110 : *Et il le doit Acarier, et doit avoir, le jour qu'il carie, une garbe de past.* Lit. remiss. ann. 1408. ex Reg. 163. Chartoph. reg. ch. 91 : *Icellui Hue estoit aux champs, là où il faisoit Acarier ses ablais à Heinmeville où il estoit demourant. Acharier,* in aliis Lit. ejusd. ann. ex Reg. 162. ch. 363 : *Icellui Henry et son valet aloient aux champs pour Acharier de leurs ablaiz. Encarier,* eadem acceptione, in Ch. ann. 1454. ex Chartul. 21. Corb. : *Ne pooit copper, abatre, ne faire copper, ne abatre, emmener, ne Encarier, ne faire emmener ne Encarier, etc. Escharrer,* in Lit. ann. 1381. tom. 6. Ordinat. reg. Franc. pag. 601. Stat. Taurin. ann. 1360. cap. 279. ex Cod. reg. 4622. A : *Quod nullus carrarius vel asinarius possit vel debeat Carreare vel portare diebus Dominicis vel festivis.* Vide supra *Carrare.*

* **CARREARIUS,** Perperam pro *Correarius.* Vide in hac voce. Lit. ann. 1366. tom. 5. Ordinat. reg. Franc. pag. 228 : *Præcipientes dilectis nostris gubernatori Dalphinatus et judici et Carreario dictæ villæ de Romanis, etc.* Vide infra *Carrerarius.*

1. **CARRECTA,** Carrectum, Sepes, φραγμός, in Gloss. Græc. Lat. forte pro *Cataracta.* [** Reinard. Vulp. lib. 3. vers. 63 :

Forsitan et latitat Carectis hospes in istis,
Vespere cui nolles incomitata loqui.]

* Minus recte emendatur *Cataracta.* Legendum quippe est *Carretum* vel *Caretum.* Vide supra *Carectum* et *Caretum.*

2. **CARRECTA,** Carecta, Currus duobus constans rotis, *Birota,* Gall. *Charrete.* Tho. Walsinghamus in Henrico III : *Nullo profecto negotio reversus est, currus, Carectas, et plaustra perdens numero* 50. Charta Edwardi II. Regis Angl. tom. 2. Monastici pag. 103 : *De libero transitu cum plaustris, Carectis, et equis ultra terras ipsius.* Additamenta ad Matth. Paris : *Capiuntur Carectæ Clericorum ad transvehendum victualia.* [Occurrit apud Th. *Madox* Formul. Angl. pag. 384. et Kennettum in Antiquit. Ambrosden. pag. 574.]

¶ Carrectum, Eadem notione, apud Thomasserium Consuetud. Bituric. pag. 714. in Charta Archambaldi de Soliaco.

Carrecta Dominica, quæ ad dominum manerii pertinet vel ad colonica ejus negotia perficienda. Articuli observandi per provisionem Episc. Angliæ : *Quandoque etiam Carrectæ et equitaturæ dominicæ Prælatorum, Religiosorum, aut Clericorum in itinere publico, in mercatis, et aliquando in sanctuariis capiantur et abducantur.*

* *Carrete,* in Ch. ann. 1362. ex Chartul. 23. Corb. : *Porront aller, passer et rapasser par ledit bac à pié, à queval, à car, à Carettee, à wit et à carques paisiblement.* Carri etiam seu vehiculi genus, quo rei torquentur, videtur esse, in Chron. Domin. de Gravina apud Murator. tom. 12. Script. Ital. col. 641 : *Facto igitur mane, præfati inimici Carrectam parari fecerunt, et in ea forgiam ardentibus carbonibus paraverunt, et apponentes carnificem, ipsum judicem Martucium miserum apposuerunt in eam vestibus exudatum.* Rursus occurrit ibid. col. 567.

CARRECTARIUS, Auriga, Gall. *Charretier.* Thom. Walsinghamus in Edw. II : *Et prædicavit . . . quod Edwardus qui modo regnat, non erat Regis filius, sed cujusdam Carectarii dolose subintroductus ad Reginam.* Monast. Angl. tom. 1. pag. 419 : *Carrectarii eorum habent a granetario singulis diebus unum panem.* Describitur officium *Carrectarii* in Fleta lib. 2. cap. 85.

CARRECTATA, Gallis *Charretée,* quantum *Carrecta* continet. Monasticum Anglic. tom. 1. pag. 419 : *Duas Carrectatas feni cum uno equo cariandas.*

Carrectata Terræ, Modus agri; cujusmodi autem fuerit, docet vetus Charta apud Edward. Cokum ad Littletonem sect. 95 : *Quod cum ipsa teneat de ipso duas Carrectatas terræ in Coningston per homagium et servitium militare, unde duodecim Carucatæ terræ faciunt unum feodum Militis, etc.*

¶ **CARRECTUM.** Vide *Carecta* 1. et 2.

CARREDA, Carredum, Carregium, etc. Vecturæ onus quod vassalli domino exsolvebant, Carropera. Charta Beatricis Comitissæ Cabilon. ann. 1180. apud Francisc. Chiffletium : *Et in universa terra ejus non habeo talliam, vel porcellagium, vel besenagium, vel messionagium, seu annonagium, vel Carredum.* Et infra : *Dictum est præterea quod in Carredo Prioris, quo vinum de vineis suis, aut alienis ad usum Monachorum de partibus Cabilonensibus adducere solet, non debeo pedagium accipere.*

Carreda, in Charta Philippi Reg. Fr. ann. 1170. apud Perardum in Burgundicis pag. 244.

Carretum. Tabularium Monast. Longipontis in diœcesi Paris. : *Dom. Guido Trossellus . . . dedit Deo et S. Mariæ de Longoponte consuetudinarium Carretum, et fossatum de Ver, quæ pater suus et idem ipse in eadem villa habuerant.*

Carreium, Idem quod *Carredum.* Charta Henrici II. Regis Angl. tom. 2. Monastici Anglic. : *Item ab operibus castellorum et parcorum, pontium clausuris, et omni Careio et summagio et navigio, et domuum Regalium ædificatione . . . liberi sint.* Tabularium Majoris Monasterii : *Dimisit consuetudines omnes quas habebat in terra de Loiri, vicariam scilicet et commendisiam, et Carreium.* Tabularium Lascar. apud Marcam lib. 5. Hist. Beneharn. cap. 11 : *Liberaverunt totum proprium honorem S. Mariæ de tot Carreii, et de toto damno, et de tot carnal, et de toto opere.* [Chartularium Camalariense : *Mansus Rigaldenchus debet octo sextarios annonæ et civatæ tres eminas, et recetum, et in vindemii pro Carreia* XII. *denar.* Pluries ibidem legitur multifariam exaratum, *Carreium, Careium, Carreum, Careum.* Charta anni 1257. apud Thomasserium in Biturig. pag. 92 : *Pro Chareyo bis in anno dicto Decano sex libras Turonenses.*] Consuetud. Solensis tit. 10. art. 11 : *En Carreys ne autres manobres, no son tengus de anar, etc. Charroy,* in Consuet. Burbonensi art. 339. Arvernensi cap. 17. art. 15. 16. cap. 25. art. 18. Marchensi art. 430. etc. Charta Stephani Comitis Burgundiæ et Auxonæ ann. 1229. apud eumdem : *Li hommes d'Auxonne doivent au Seigneur l'ost et la chevauchie, et le Charroi en la chevanchie.* [D. *le Beuf* Canonicus et Subcantor Ecclesiæ Autissiod. antiquitatum curiosus indagator, nos admonuit, ignotum esse Stephanum hunc, nullumque fuisse hujus nominis Burgundiæ et Auxonæ Comitem saltem ann. 1229.]

Carregium, in Concilio Bituricensi ann. 1031. cap. 15. et Burdegal. ann. 1255. cap. 29. Tabularium Vindocinense Ch.

104 : *Terra de Musteriolo, quæ fuit Odonis Rufini, recta commendisia est Comiti de foduro et Carregium.* Infra : *Ad moncellum omnem consuetudinem habebat, tensamentum, Carregium, vicariam.* Notitia Radulfi Vicecomitis Thoarcensis, in Tabulario S. Cypriani Pictav. fol. 35 : *Neque bidannum, neque plaustra hominum, hoc est Charragium, etc.* Charta Galeacii Comitis Virtutum ann. 1377 : *Valeat imponere fodra, et taleas, rogias, et Caregia, quæstas, etc.* In alia ejusdem anni : *Fidelitatibus, homadiis, rogidiis, Carigiis, indictionibus, etc.* Joann. Villaneus lib. 8. cap. 58 : *Onde il Careggio del Re, che adduceva la vinanza, per li sfondati camini non potea venire.* [*Bestia Carregii*, in Saisimento Comitatus Tolosani, apud Lafaillium tom. 1. Annal. Tolos. pag. 17.]

Caragium, Charta Gaufredi Comitis Andegav. ann. 1048. pro fundatione Abbat. O. SS : *Totum vinagium, et totum Caragium boum et asinorum, etc.*

¶ **Carratgium.** Charta anni 1308. apud Baluzium tom. 2. Hist. Arvern. pag. 782 : *Item homines usatgii non debent toltam, talliam., Carratgium, vel manobriam hominum, boum, asinorum.*

Carrale, Idem quod *Carredum.* [Charta Theodorici III. ann. circiter 688. apud Felibian. Hist. Sandionys. pag. IX : *Ubi pro oportunetate ipsius Basilicæ, vel necessitate Fratrorum tam in Niustreco, quam in Austrea, vel in Borgondia ambolare aut discurrere videntur, tam Carrale, quam de navigale, nullus quislibet de judicibus nostris, vel de telloneariis, nullo tillonio de ipsa carra exigere, nec requirire non præsumatur.*] Privilegium Caroli M. pro Abbatia S. Germani Paris. apud Aimoinum lib. 5. cap. 1. et Willelm. Hedam in Rixfrido Episcopo : *Nec de navale, nec de Carrale, neque de sauniis . . . teloneus exigatur.* Tabular. S. Petri Generensis, apud Marcam lib. 5. Hist. Beneharn. cap. 4 : *Census autem hic est, semel recipere Abbatem in anno, et 6. solidos in tertio anno; et ire Carrale.* Fori Bigorrenses art. 14 : *Liberi pacem habeant, et ter in anno in Karrali Comitali vadant.* Id est, vectura, quæ ad Comitem Bigorræ pertinet. *Carralia opera*, quæ carris et plaustris exercerentur. Capitula Caroli M. lib. 1. cap. 81. [** 75. ex Capitul. I. ann. 789. cap. 79. Baluz. cap. 80. Pertz. ubi uterque *Carraria*.] : *Tria Carralia opera licet fieri in die Dominico, id est, hostilia carra, vel victualia, vel angaria, et si forte necesse erit corpus cujuslibet duci ad sepulcrum.* Fori Bigorrenses art. 13 : *Si in proprios usus vinum proprium habuerit, aut collo deferat, aut Karrali.* *Charral de vin*, in Statutis Metensibus tit. 2. art. 18.

¶ **Carralis**, apud Lobinellum in Glossario ad calcem Hist. Britan. : *Accepetunt Carralem de vino dandam Nominoe.*

* **CARREGIA.** Vide infra *Corregia.*

¶ **CARREGIUM.** Vide in *Carreda.*

* **CARREGNO**, Mensuræ frumentariæ species, eadem quæ *Carta* 1. Charta ann. 1320. in Reg. 59. Chartoph. reg. ch. 410 : *Deductis sex havis, tribus Carregnonibus et dimidio frumenti, valoris octo solidorum Parisiensium annuatim vel circa, quæ nobis super ipsa terra debentur. Quareignon et demy de blé, ... et demy Quareignon d'avoine*, in alia ann. 1344. ex Reg. 75. ch. 428 : *Un Quargnon de fourment*, in Ch. permut. inter reg. et episc. Tornac. ann. 1320. ex Reg. 60. ch. 91. Vide infra *Quardia.*

¶ **CARREI.** Vide *Carnale* 3.

* **CARREIAMENTUM**, Vectura, quæ cum *carro* fit. Charta Anserici de Montereg. ann. 1180. in Chartul. Pontiniac. ch. 42 : *Et viam securam in eundo et redeundo ad petrariam, ... tam fratribus Pontiniacensibus, quam quadrigis et omni Carreiamento eorum.* Vide *Carreiare* et *Carrigamentum.*

CARREIARE, Carro vehere, Gall. *Charrier.* Statuta Guidonis Archiep. Narbonensis ann. 1260. cap. 4 : *Opera servilia non exerceant* (diebus Dominicis) *nec ligna, bladum, vel fœnum, vel paleas . . . transferre, seu juxta vulgare quod dicitur, Carreiare, non præsumant.* [Vide *Charreagiare.*]

** **CARREIRA**, Iter. Chart. ann. 1193. ap. S. Rosa de Viterbo Elucidarii tom. 1. pag. 241 : *Homines qui bobes aut bestias non habuerint, faciant singulas Carreiras semel in anno et non amplius.*

¶ **CARREIUM.** Vide in *Carreda.*

¶ 1. **CARRELLUS**, Telum balistæ. Vide *Carellus.*

¶ 2. **CARRELLUS**, Pulvinus, Gall. *Carreau.* Inventarium Ecclesiæ Aniciensis ann. 1444 : *Item duos lavadors sive sudaria telle* (telæ) *pro mortuis . . . Item sex Carellos coopertos de cirico pro Magnatibus.*

¶ 3. **CARRELLUS**, Orbiculus, trochlea, Gall. *Poulie.* Transactio inter Abbatem et Monachos Crassenses ann. 1351. ex libro viridi fol. 53 : *Ad puteum annuatim exhauriendum et mundandum, et ad tenendum condirectum, et de cistulis sive ferratis, et catena, et rota sive Carrello, aut tecto ejusdem putei.*

¶ **CARRENA.** Vide *Carena.*

* **CARRENATORES**, in vet. Glossar. ex Cod. reg. 7646. pro *Careratores.* Vide in hac voce.

* **CARRERA**, Via, per quam *carrus* transire potest. Charta ann. 1160. in Append. ad Marcam Hispan. col. 1330 : *Qui rivus se tenet cum ipsa Carrera, quæ exit de Selma.* Vide *Carreria* 1.

* **CARRERARIUS**, Perperam pro *Correrarius* vel *Correarius.* Vide in hac voce. Lit. remiss. ann. 1384. in Reg. 125. Chartoph. reg. ch. 2 : *Johannes Alamandi miles fuit Carrerarius et capitaneus villæ Aucæ, tam pro nobis quam decano et capitulo ecclesiæ Lugdunensis.* Vide supra *Carrearius.*

1. **CARRERIA**, Via : sed illa proprie per quam *Carrus* transire potest : [item, vicus, platea, Gall. *Rue.* Provincialibus *Carriero* platea est, *Carrairo*, via per quam adiguntur animalia sive ad ea pascenda, sive adaquanda, *Carreirou* semita peditum.] Ἁμάξιτος, ἡ δημοσία ὁδός, in Glossis MSS. Καθημαξευομένη ὁδός, Constantino Porphyrog. Gloss. Lat. Gall. : *Exorbita, Charriere. Carrera*, in Foris Beneharn. *Charran*, in Consuetud. Inculismensi art. 88. *Charriere*, in Bononiensi art. 176. *Carriere*, in Claromontana art. 228. ubi *Carreria* dicitur esse via lata 8. pedum, per quam *Carreta* potest transire, *Carriero, Carrairou*, e *Carrairol*, via, semita, Occitanis. *Via Carraria*, apud Innocentium III. PP. in Bullario Casinensi tom. 2. pag. 242. Charta Odonis Regis apud Catellum in Historia Occitan. pag. 749 : *Si infra istam villam, vel Carrerias ejus Hostellenses vel Hispani fuerint, etc.* Charta Willelmi D. de Montepessulano ann. 1188 : *In latitudine durat ab ipso muro usque in Carreriam publicam, quæ est ante ipsum planum, quæ Carreria vadit de Camino introitus portalis S. Guillielmi usque ad Perronem.* [Bernardi Guidonis Historia Fundat. Conventuum Prædicat. apud Martenium tom. 6. Ampliss. Collect. col. 459 : *In præfata Ecclesia S. Romani Tolosani manserunt Fratres Conventualiter annis circiter 15. postmodum autem propter loci arctitudinem et dilatandi quasi impossibilitatem, quia Carreriis publicis cingitur hinc inde, transtulerunt se Fratres ad locum, quem nunc inhabitant.* Statuta Massil. pag. 156. et 157 : *Consules . . . . . faciant teneri firmiter omnes catenas ferreas Massiliæ, quæ positæ sunt per Carrerias, seu fixæ in parietibus transversarum, ita quod nemo sit ausus aliquam illarum catenarum removere.* Ibidem pag. 197 : *In Carreria Palatii*, Massil. *Cariere*, Gall. *Rue du Palais. Carreria de ponte*, Gall. *Rue du Pont*, quæ exstat usque hodie, *Carreria Fustariæ*, Gall. *Rue de la Menuiserie*, in veteri Martyrologio Ecclesiæ S. Salvatoris Aquensis, ubi annotantur Obitus et fundationes ejusdem Ecclesiæ. Conventiones Ludovici Regis Siciliæ et Hierusal. cum Arelat. ann. 1385. e MS. D. *Brunet : Item confirmant dicti Domina et Rex ac Comites Judæis in dicta urbe Arelatis habitantibus . . . . . domos, Carrerias in quibus habitant.*] Secunda Curia Generalis Barcinonæ habita ann. 1299. a Jacobo II. Rege Aragon. : *Et per quoscunque caminos et Carrerias voluerit ire, etc.* Consuetudines Tolosæ part. 2 : *Si aliquis res mobiles in Tolosa publice, in Carreria publica, vel in foro, vel in die fori, etc.* Part. 4. Rub. de Ædificiis : *Si quis aulam lapideam ex parte Carreriæ solerium de novo ædificare voluerit, etc.* Charta Hispanica æræ 1298. apud Bivarium : *El Monasterio... que es en termino de Toledo, cerca de los molinos de Santa Trinidad . . . à un lado de la Carrera, que va para Talavera, etc.* Philippus *Mouskes* in Ludovico VIII :

> Quant Mestre Amauri adreça
> L'Engignor, le vaillant ome,
> Si la fraut et mist à some,
> Que mors caï en la Carriere.

Le Roman *d'Amile* et *d'Amy* MS. :

> Si vit venir Amy par la Charriere.

Vide Chronicon Ecclesiæ S. Pauli Narbonensis ann. 1388. Opuscula Joannis Columbi pag. 56. 443. Catellum in Comitibus Tolosanis pag. 229. Guichenonum in Probat. Historiæ Bressensis pag. 109. etc.

¶ **Carrerium**, Eodem intellectu. Charta Caroli II. Regis Siciliæ et Provinciæ Comitis ann. 1289. ex Schedis Præsidis *de Mazaugues : Usque ad pontem, qui est in Carrerio, et volvitur per dictum Carrerium, etc.*

¶ **Cariera**, Eadem notione. Consuetud. Lemovic. art. 39 : *Item consuetudo est,* *quia nemo supra terram et Carieras coram domibus suis debet habere augeream seu cloacam.* Occurrit rursus in Charta ann. 1403. ex Archivo S. Victoris Massil. *Careria publica*, in altera ejusdem Archivi Charta ann. 1216.

¶ CARRAYRO, Idem. Pactum inter Jacobum Arragoniæ Regem Dominumque Montispessullani et Berengarium Magalonæ Episcopum ann. 1272 : *Et sic divertendo ab ipso termino posito in dicto terminio, et ascendendo sursum ad manum dextram per Carrayronem, qui transit juxta alveum, per quem aqua discurrit.*

¶ CARREYRIA, Instrumentum Ecclesiæ Aginnensis ann. 1264. tom. 2. novæ Gall. Christ. col. 436 : *Ad construendam et faciendam bastidam, seu villam, et ad plateias et Carreyrias dictæ bastidæ, seu villæ, etc.* Edictum Johannis Regis Franc. ann. 1356. tom. 3. Ordinat. : *Quod possint et valeant, videlicet plateas, et Carreyrias, et pontes facere mundare et auferre femoraria, sucos et alias orduras, prout indigebunt.*

CHARRONERIA, Eadem notione. Charta ann. 1270. in Prob. Historiæ Monmorenciac. pag. 119 : *Quod via publica de strata seu Charroneria quæ ducit . . . . . usque ad Pontem, etc.*

* *Carreriæ mutatio* dicitur, cum quis ex urbanitate, ut alicui superiorem cedat viæ partem, locum sæpius mutat. Stat. Univers. Tolos. ann. 1424. ex Cod. seg. 4222. fol. 106. v° : *Eundo per villam, modus servabitur Gallicorum, qui de Carreria mutationem non curant.*

¶ 2. **CARRERIA**, Lapidicina, Gall. *Carriere*. Limborch. lib. Sentent. Inquisit. Tolos. pag. 72 : *Item quadam die vidit Petrum Raymundi hereticum Tholosæ in Carreria de petra.* Ibidem passim occurrit eodem intellectuo. Vide *Carraria*, 2.

¶ **CARRERIUM**. Vide in *Carreria* 1.

* **CARREROTUS**, Angiportus, via arctior, Gall. *Ruelle*. Inventar. ann. 1476. ex Tabul. Flamar. : *Item plus unam petiam vineæ, ... confrontatam per capud cum dicta carreria publica, et per unum latus et per fundum cum Carreroto ayrali.* Ibid. : *Item plus unum aliud casale, ... confrontatum ab una parte cum Carreroto publico.* Vide *Carreria* 1. et infra *Carretum* 2.

* **CARRESSERIA**, Via, ut videtur, per quam *carrus* transire potest, idem quod *Carreria* 1. Charta admort. pro eccl. Narbon. ann. 1406. in Reg. 161. Chartoph. reg. ch. 137 : *Item leudam unius Carresseriæ in fluvio Atacis.* Id est, secundum fluvium Atacis. Vide supra *Carrera*.

CARRETA, Biga, Gall. *Charette*. Sugerius in Ludovico VI. pag. 313 : *Et carri et Carretæ aquam et vinum fessis et sauciatis deferentes, etc.* Charta ejusdem Ludovici Regis Franc. ann. 1118. apud Doubletum : *De rheda, id est, Carreta, 2. nummos.*

CARREDA, Eadem notione. Chronicon. Joann. de Beka : *Carredas deferentes Episcopo necessaria captivarunt.* Vide *Carrecta* 2.

¶ CARRETTA, Parisius de Cereta in Chronico Veron. apud Muratorium tom. 8. col. 627 : *Et ibidem interfuerunt Brixienses, etc. cum eorum carrocis et Carrettis.*

¶ CARRETATA, Onus *carretæ*. Locus est in *Litera* post *Lectoria*.

* **CARRETELLUS**. Vide supra *Caratellus*.

1. **CARRETUM**, Præstatio *Carreti*, seu *Carretæ*, nostris *Charette*. Charta ann. 1248. in Bibl. Cluniac. pag. 1515 : *In quolibet homine tenente hospitium unam quartam avenæ, et in crastino Nativitatis Domini unum panem panetariæ et gallinas, et Carretum.* Charta Philippi Augusti ann. 1185. pro oppido Ferrariensi, apud Morinum in Hist. Vastinensi : *Absque roagio et messione servientium, et Carreto.* [Charta Theobaldi Comitis Blesensis ann. 1147. ex Chartulario S. Germani Autissiod. : *Omnes homines S. Germani, qui sunt de potestate de Villari debent Vicecomiti semel in anno per tres dies bien, et illi qui boves habent Carretum, et per tres dies corvadam.* Charta Hugonis Regitestensis Comitis ann. 1238. in Tabulario S. Nicasii Remensis : *Ego quitavi in perpetuum hominibus dicte ville Carretum omnimodum.*] Vide *Carreda*.

2. **CARRETUM**. Charta Mauricii Episcopi Parisiensis ann. 1104. in Tabulario S. Victoris : *Robertus de Chala dedit 5. sol. super cameras quas habebat retro domum suam, quæ est in Carreto Alrici. Carretum*, hoc loco, est quod Galli dicunt *Carré*, locus quadratus, qui vulgo Andibus *Closerie*, sepibus undique incinctus. Joinvilla in S. Ludovico : *L'un des Admiraux d'un Souldan estoit venu fauciller et degaster les blez d'un Karet estant illeques prés.*

* Nostris *Carrel*, Vicus, platea, forum, vulgo *Place publique* Lit. remiss. ann. 1468. in Reg. 195. Chartoph. reg. ch. 145 : *Les supplians s'en alerent au Carel et place publique de Montebourc. Carroy*, in Lit. ann. 1458. ex Reg. 188. ch. 10 : *Item ung hostel assis à Mehun au Carroy aux barbiers.* Pro Via regia, Gall. *le Pavé du roy*, in Ch. ann. 1348. tom. 3. Ordinat. reg. Franc. pag. 97 : *Que nulz....... ne soit si hardiz de mettre ou faire mettre fuerres, fienz....... sur les Carreaux du Roy.* Vide supra *Carrerotus* et infra *Garrigua*.

¶ **CARREUM**. Vide *Carreium* in *Carreda*.

***CARREYRENUS**, CARREYRERIUS, CARREYRIUS. Vide supra *Carrayrerius*.

¶ **CARREYRIA**. Vide in *Carreria* 1.

* **CARREZARE**. Vide supra in *Carezare*.

¶ **CARRHA**, pro quo f. legendum *Canba*, quod et pro *Canaba*, Cannabis, Gall. *Chanvre*. Charta Philippi Episcopi Pictav. ann. 1230. apud Stephanotium Antiquit. Pictav. MSS. tom. 3. pag. 797 : *Et in terragiis omnium bladorum, leguminum, linorum, Carrharum, etc.*

¶ **CARRIAGIUM**, Omne genus carrorum qui solent exercitum subsequi. Memoriale Potestatum Regiens. ad ann. 1216. apud Murator. tom. 8. col. 1083 : *Et vineæ gelaverunt et Paudum, ita quod milites equitabantur super glaciem dicti Paudi, et bagordubant, et cum Carriagiis transibant Paudum.* Vide *Cariagium*.

* **CARRIARIA**, Dolii vinarii seu alterius liquoris species. Stat. Vercel. lib. 7. pag. 189. v° : *Item quod de circulis Carriariarum, butallorum, tinarum et similium vasorum, qui ducerentur ad civitatem et curiam Vercellarum, non debeat solvi pedagium ad introitum.* Vide supra *Carraria* 4.

CARRIAZA, Currus, quibus vehuntur impedimenta exercitus. Chron. Tarvis. apud Murator. tom. 19. Script. Ital. col. 864 : *Multi ab equis pessumdati, et multi ferro transfixi interiere ex utroque exercitu, omnibus pene Carriazis conductorum captis spoliatisque.* Vide supra *Carreagium* 1.

CARRICA, CARICA, Navigii species, navis oneraria, Gallis *Vaisseau de Charge*; unde forte nomen. Thomas Walsingh. in Ricardo II. pag. 246 : *Circa præsens advectæ sunt trieres Southamptonam, quas Caricas alii vocare solent, refertæ multi generis speciebus, et vinis, aliisque divitiis.* Idem pag. 322 : *Obviat quippe magnis coggonibus et 6. Carricis refertis vini speciebus, pannis aureis, etc.* Rursum in Henrico V. pag. 394 : *Galli conduxerant classem magnarum navium, Caricarum, et galearum, quæ regnum Angliæ molestaret.* Vide *Carraca*. [** Vide Jal. Antiq. Naval. vol. 2. pag. 212.]

CARICA. Vetus Gloss. Lat. Gall. : *Carica, Duce.* Italis *Carica*, est onus.

1. **CARRICARE**, Onerare, quasi carro onus imponere, nostris *Charger*; Italis *Caricare, Scaricare*. Glossar. Arabico-Lat. : *Carrico, onero*. S. Hieronymus part. 2. tract. 2. Epist. 36 et lib. de Scriptoribus Eccles. de Origene : *Majoribus oneribus Carricabat se.* Anonymus Barensis in Chronico ann. 1062 : *Perierunt tres naves quæ pergebant Carricatæ Constantinopoli.* Regula Magistri pag. 50 : *Et dum fuerit unde indigenti detur, super bona acta Carricentur et bene facta.* Et cap. 59 : *Si Carricati in dorsis suis gravibus oneribus non vadunt.* Eadem notione in Lege Wisigoth. lib. 5. tit. 5. § 2. lib. 8. tit. 4. § 9. in Lege Longobard. lib. 3. tit. 12. § 1. [** Carol. M. 121. sed ibi *carrucare*.] apud Ruffinum lib. 3. de Vitis Patrum num. 73. Theodericum Monachum de Inventione S. Celsi Episc. Trevir. in Præfat. num. 2. Agobardum lib. de Grandine extremo. Hinc *Excarricare, Exonerare*, onus deponere, apud Magistrum in Regula cap. 1.

¶ CARICARE, in Breviario Historiæ Pisanæ ad ann. 1166. et apud Ogerium Panem Annal. Genuens. lib. 4. ad ann. 1211. Statuta Massil. pag. 364 : *Si postea alius aliquis volet in dicto pariete Caricare, vel imponere trabes, etc.* Et pag. 448 : *Si ille qui navem conduxit eam Caricabit, vel non Caricabit, naulum inde conventum dare teneatur.* Occurrit alibi non semel.

2. **CARRICARE**, CARRIGARE, Carro, seu curru vehere, *Charier*. Capitula Caroli Calvi tit. 31. [** Edict. Pist. ann. 864.] cap. 29 : *Quidquid eis Carricare præcipitur de opera carroperæ, quando illam facere debent, sine ulla differentia Carricent.* Chronicon Laurishamense ann. 777 : *Viam integram ad Carricandum, sive itinerandum habere debeant.* [Statuta Synodalia Odonis Episc. Tullensis ann. 1192. apud Martenium tom. 4. Anecd. col. 1180 : *Et illi qui dederint et vendiderint, quod Carricabunt, etc.*] Anonymi Chronicon editum a Raphaele *de Beauchamps* ann. 1224 : *Unum etiam peroptimum vini dolium ad nos usque Carricari fecit.* [Occurrit in Co-

dice MS. Irminonis Abb. Sangerman. fol. 33. v°. col. 1. et alibi.]

Carigare. Capitulare de Villis cap. 30 : *Es unde caria in hostem Carigari debent.*

Carricaturæ, Carrorum operæ, in Capitul. Caroli Calvi tit. 23. [** Epist. Episc. ann. 858.] cap. 14 : *In Carricaturis et paraveredis contra debitum exigendis.* [Præceptum Odonis Regis pro Monasterio S. Vedasti ann. 890. apud Marten. tom. 1. Collect. Ampliss. col. 229 : *Neque paravedos, aut expensas, aut hospitum susceptiones requirat, aut Carricaturas aut ullas in aliqua re exactiones.*]

¶ Carricatio, Vectio, equitatio. Vita S. Melanei Abb. inter Acta SS. Benedict. sec. 3. part. 3. pag. 419 : *Consuetum autem suæ Carricationis asellum sibi sterni commendat, ut insperati itineris cursum vivacius perficiat.*

Carrigatio. Concilium Parisiense VI. lib. 1. can. 50 : *Nec in sancta venerabili die* (Dominica) *mercatus, placita, et ruralia quæque opera, necnon et quaslibet Carrigationes ullius conditionis homines facere præsumant.* Walterus Episcopus Aurelian. in Capitulis : *Ne mercata diebus Dominicis, aut Carrigationes fieri permittant. Servitia Quadrigandi*, in Charta Odonis Archiepisc. Rotomag. ann. 1266.

¶ **CARRICHA**, Gall. *Charge.* Charta anni 1243. ex Archivo Communis Massil. : *Item pro Carricha peguæ, quæ de Massilia extrahetur* xii. *denarii, quia est de daceto.* Vide *Carrica.*

CARRICIUM, pro exactione indebita. Vide in *Letum.*

¶ **CARRICUM**, Onus, Gall. *Charge*, Italis, *Carrica.* Ogerius Panis Annal. Genuens. lib. 4. ad annum 1207 : *Cum navibus et galeis* viii. *in Sardineam reversi sunt ad Carricum recipiendum.* Vide *Caricum.*

¶ **CARRIFIGIUM**, Carrorum operæ. Præceptum emunitatis Lotharii Regis pro Monasterio Prumiensi ann. 856. apud Marten. tom. 1. Collect. Ampliss. col. 144 : *Præcipientes ut in villis, vel rebus prædicti Monasterii nullus Judex publicus absque ejus jussione, ad causas audiendas, aut freda undique exigenda, vel fidejussores tollendos, nec scaras, vel mansionaticos seu conjectos, tam de Carrifigio quamque de paraveredis exigere aut exactare præsumeret.* Vide *Carreda.*

¶ **CARRIFOLLUM**, Gall. *Carrefour*, Compitum, trivium. Charta Thossiacensis ann. 1462 : *Juxta charreriam tendentem a Carrifollo ejusdem loci ad portam de Fontana.*

* **CARRIGA**, Carrus, esseda. Annal. Vict. Mss. ad ann. 1315 : *Ultima die Aprilis ligatus* (Enjorranus) *in Carriga, cum cucufa alba, ... ad patibulum est deductus.* Barelet. serm. die Mercur. 3. hebd. Quadrag. : *Avidæ* (mulieres) *honoris disposuerunt animo se cum defensione gloriose mori, et ita simul reductæ supra Carrigam expectabant Romanos.*

CARRIGATIO. Vide *Carricare*, 2.

* **CARRIGAMENTUM**, Vectura cum carro, quam quis domino præstare debet. Charta ann. 1068. in Append. ad Marcam Hispan. col. 1144 : *Et castros istos supradictos...... dono .... cum omnibus juribus et servitiis cunctis, ... cavalcatas et Carrigamentis, etc.* Vide supra *Carreiamentum.*

* **CARRIGER**, Carri ductor. Chron. Tarvis. apud Murator. tom. 19. Scrip. Ital. col. 779 : *Ad quæ Carriger humiliter respondens dicebat, illa ab inimicis suis bello fuisse vindicata.* Vide supra *Carraterius* 1.

¶ 1. **CARRIGIUM**, Carrus onustus, vectura carri. Charta Salomonis Ducis Britonum pro Monasterio Prumiensi ann. 860. apud Marten. tom. 1. Collect. Ampliss. col. 148 : *Nec teloneum sive de Carrigio, sive de navigio, vel de quacumque re exquirere.* Vide *Cariagium.*

* 2. **CARRIGIUM**, Vectura cum carro, quam quis præstare aut pecunia redimere debet. Charta Ludov. Balbi ann. 878. tom. 9. Collect. Histor. Franc. pag. 400 : *Nec scaras vel mansionaticos seu conjectos, tam de Carrigio quamque de paraveredis exigere aut exactare præsumeret.* Annal. Placent. ad. ann. 1451. apud Murator. tom. 20. Script. Ital. col. 902 : *Omnes fere nobiles et cives cum familiis suis venerunt Placentiam, timore decreti ducalis super hoc emanati, quod aliter cum rusticis describerentur, et onera salis, taxæ equorum et Carigii, quæ profecto sunt maxima, cum illis supportarent.* Col. 908 : *Item, quod non solvant Carrigia.* Et col. 910 :

Et clamant : Taxæ moriantur, Plaustra, salinæ.

Stat. castri Redaldi lib. 1. pag. 22. v° : *Cum bobus communibus facere domino Carrigia opportuna.* Vide supra *Carretum*, 1. *Carrigamentum* et infra *Carrugium.*

* 3. **CARRIGIUM**, Currus, quibus vehuntur impedimenta exercitus. Chron. Petri Azar. ad ann. 1315. apud Murator. tom. 16. Script. Ital. col. 308 : *Venerunt autem Mediolanenses et confœderati cum universa parte Gibellina et Carrigiis prædictis, apud muros civitatis Vercellarum.* Vide supra *Carriaza.*

** **CARRIL**, Via quam carrus transire potest. Chart. ann. 1115. ap. S. Rosa de Viterbo pag. 241 : *Deinde per illud Carril vetus, etc.*

CARRINA. Vide *Carena.*

¶ **CARRIO**, *Divido*, in Glossis Isid. Gebhardus et Cerda : *Cambio, Divido.* Grævius, *Carpo, Divido*, legendum existimat. Forte melius *Careo.* Vide in hac voce.

CARRIOLA, Italicum *Carriola*, Gallis, *Cariole*, Parvulus currus. Papias : *Petorica, Carriola, vehicula feminarum.*

* Acta B. Amadei tom. 2. Aug. pag. 576. col. 2 : *Ordinaverunt Carriolam, per quam ipse pater omni die conduceretur ad matutinum, et ad alia officia in ecclesia.*

* **CARRIOLUS**, Eadem notione, Gall. *Brouette.* Charta ann. 1379. ex schedis Pr. a S. Vinc. : *Item broeta, sive Carriolus, qui ducitur per hominem sive mulierem.*

* **CARRIOPERA**, Carruopera, Vectura cum carro. Charta ann. 1170. in Chartul. A. eccl. Camerac. ch. 88 : *Majori pro Carriopera terciam decimam post nostras duodecim accipiet.* Alia ann. 1219. in Lib. sign. C. ejusd. eccl. ch. 25 : *Pro alia medietate Carruoperæ, etc.* Vide *Carropera.*

¶ **CARRITIARE**, Carro vehere. Charta Hervei Domini Virsionis ann. 1213. apud Thomasserium in Biturig. pag. 80 : *Habeo similiter tradere ligna, et ea habent Carritiare.* Vide *Carricare.*

¶ **CARRITIO.** Vide *Carratio.*

CARRITUS, ex Gall. *Charroi.* Chronicon Besuense pag. 618 : *Alias vero consuetudines facerent, excepto Carrito vini de Gibriaco.*

* **CARRITIUM**, Convivium, *procuratio*, idem quod supra *Caritas* 11. vel Injusta quævis exactio. Vide *Caria* 2. Charta Ivon. episc. Carnot. ann. circ. 1114. inter Instr. tom. 8. Gall. Christ. col. 314 : *Præpositi.... capiebant et de hominibus ecclesiæ relevationem terrarum, de conjugandis feminis, venditiones, et plurima Carritia faciebant, quod non licet, exceptis duobus.* Nisi quis de præstatione carrorum malit interpretari. Vide *Carritiare.*

* **CARRITO**, Qui carrum ducit. Charta ann. 1170. ex Chartul. A. eccl. Camerac. ch. 88 : *Majori nostro de Corcellis suisque successoribus concessimus, ut pro decimis nostris ibidem colligendis Carritones, qui fidelitatem ecclesiæ nostræ faciant, testimonio presbyteri ejus villæ et hominum bonorum eligat, per quos nichil aliud facientes, donec perfecerint, decimam nostram sufficienter colligat. Karrito*, in alia ann. 1187. ibid. ch. 100.

* **CARRIZIARE.** Vide supra in *Carezare.*

¶ **CARROBALISTA**, Balistarum genus carro impositum. Vide Vegetium 3. 24.

* Vide supra *Carobalista.*

CARROBIUM. Tabularium Prioratus de Paredo fol. 98 : *Episcopus quidem* (Nivernensis) *Carrobium, quod apud villam Melled, et apud Monasteriolum de more reposcebat, ex integro werpivit.* Videtur vox orta ex Gallico *Charroi*, onus carri. Aliud sonat *Carrobio* apud Italos : de qua voce Oct. Ferrarius.

CARROCIUM, Carrocerum, Gloss. Gr. Lat. : Καρόχιον, *Rheda.* Ita autem appellabant Itali, vexillum totius exercitus præcipuum, quod in curru impositum, a quatuor boum jugis trahebatur, et magna cura in præliis a lectis militibus servabatur, cum carrocio exui insignis probri loco per ea tempora haberetur, ut ait Sigonius lib. 11. de Regno Ital. Matth. Paris ann. 1236 : *Cum standardo suo, quod carrucam, vel Carrochium appellant . . . perrexerunt.* Fridericus Imp. in Epist. ad Comitem Suession. tom. 5. Spicilegii Acheriani pag. 569. de carrocio Mediolanensi : *Cum vexillo S. Ambrosii, quod miro artificio egregiæ molis et altitudinis ferebant in Carrocio, quem juga boum non pauca trahebant.* Idem in alia Epistola de eodem carocio, apud Freherum tom. 1. pag. 237 : *Venit populus cum Carocio quod apud nos Stendart dicitur.* Ubi perperam editum *bareocio.*

Carrocii inventionem Heriberto Archiepiscopo Mediolanensi, qui circa ann. 1124. vivebat, adscribit auctor Manipuli florum, et ex eo Corius in Hist. Mediolan. part. 1 : *Carrocerum* (Corio *Carrocio*) *quoque excogitavit. Est autem Carrocerum currus quidam admirabilis, per circuitum a summo deorsum scarlato vestitus. In cujus medio est arbor procera contingens cælum : quam quatuor viri portare non possunt, quæ a fre-*

quentia virorum recta tenetur, funibus hinc inde protractis. In summitate arboris est crux aurea splendens nimio fulgore; sub cruce est vexillum album cruce rubea insectum. Hunc currum quatuor juga boum trahunt, qui serico albo cum faleris cum rubea cruce per medium sunt cooperti. Magister Carroceri est vir honorabilis, quem civitas, ense, lorica, ac continuis stipendiis dotare tenetur. Insuper communitas tenetur providere de Capellano, qui juxta Carrocerum semper Missam celebret, et vulneratis det pœnitentiam. Hic etiam magno stipendio per Communitatem dotari debet. Sunt insuper octo civitatis tubicines, cum totidem militibus deserariis (f. cum destrariis) quibus Communitas providet de duobus tentoriis et salario militibus consueto. [* Verum a ratione temporum aberrare qui Heribertum circa annum 1124. vixisse scribunt, monet Malaspina in Notis ad Chron. Astense tom. 11. Collect. Script. Ital. col. 184. quippe cum hic Mediolanensis archiepiscopus ann. 1039. ab hominibus demigraverit, ex Arnulpho XI. sæculi historico edito inter Script. Brunsvic. tom. 3. et tom. 4. Collect. supra memoratæ.] [** Ample disseruit de Carrociis Murator. Antiq. Ital. tom. 2. col. 489.] Describitur præterea pluribus a Burchardo Notario in Epist. de Excidio Mediolanensi pag. 237. ab Antonio Campo in Hist. Cremonensi ubi et ejus imaginem delineavit, et ab Oct. Ferrar. in *Carroccio*. A bobus etiam Mediolan. Carrocium tractum testatur Otto Morena in Hist. Rer. Laudens. pag. 75. Boncompagnus in Arte Dictaminis MS. lib. 2: *Viri Mediolanenses patres vestri in Imperium deliquerunt, unde civitas fuit tripartita in burgos, et lignorum strues, quam Carrociam appellatis, prostrata subivit pudorem. Carrocii Mediolanensis* meminerunt præterea Petrus de Vineis lib. 1. Epist. 8. lib. 2. Epist 1. 35. 50. Conradus Usperg. pag 305. Matth. Paris 296. Otto Morena pag. 69. [Fredericus II. Imp. Epist. ad Ducem Lotharingiæ, apud Martenium Ampliss. Collect. tom. 2. col. 1151. Burchardus Epist. ad Nicolaum Abb. Sigebergensium apud Murator. tom. 6. col. 917: *Venit populus cum Carrocio, quod apud nos Standard dicitur.*] etc. ut *Cremonensis*, Matthæus Westmonast. pag. 341. Sigonius lib. 15. de Regno Ital. Matth. Paris pag. 499. [Franciscus Carpesanus in Commentariis suorum temporum, apud Marten. tom. 5. Collect. Ampliss. col. 1334.] *Paduani*, Rolandinus in Chronico lib. 3. cap. 4. 7. lib. 4. cap. 9. lib. 9. cap. 2. *Veronensis*, Hieronymus *d'alla Corte* lib. 5. et 6. Hist. Veronensis. *Florentini*, Joan. Villaneus lib. 6. cap. 77. et Ricordanus Malaspinus cap. 164. ubi pluribus describitur. *Parmensis*, Albericus ann. 1229.

Neque Itali tantum ejusmodi vexillis usi leguntur. Nam Ottoni IV. Imp. tribuit *Caroccium* Willelmus Brito lib. 11. Philipp. ubi describitur, ut et in Chronico Flandriæ cap. 15. Vide Bertholdum Constantiensem ann. 1086. Regis Hungariæ Carrocium belle describitur a Niceta in Manuele lib. 5. num. 3. et Cinnamo lib. 6. cap. 7. Saracenis Carrocium pariter adscribit Turpinus in Hist. Caroli Magni cap. 18: *In medio illorum* (Saracenorum) *erat plaustrum, quod* 8. *boves trahebant, super quod vexillum rubeum illorum elevabatur, mosque erat quod nemo de bello fugeret, quamdiu vexillum eorum erectum videret.* Denique Ægidius Monachus Aureæ vallis in Alexandro Episc. Leodiens. cap. 24. ejusmodi Carrocium tribuit Duci Lovaniensi: *Captoque Ducis vexillo, dicto Gallice* Standart *opere plumario a Regina Angliæ ei misso, quod fastu superbiæ quadriga boum ferebat.* Qua quidem Standardi appellatione ejusmodi vexilla donabant, ut infra docemus. [Alia fuit Carocii species qua Fridericus II. Imp. usus esse dicitur a Sigonio R. J. sub annum 1236. ubi docetur, quod Fridericus *Super elephantem castellum instar Carrocii constituerat, signis in angulis ac vexillo exercitus in medio posito decoratum, elephantis Magistro et Saracenis ad defensionem castelli positis.*]

** Baldus ap. Savinium in Histor. Jur. Roman. med. temp. vol. 5. cap. 42. not. 70: *Adhæreas Carocio veritatis, id est glossatori, et in perpetuum non errabis.* Infra: *Adhæreas glossis ordinariis sicut Bononienses adhærent Carocio, et sicut inducens navem adhæret timoni.*

Porro *Carrociis* nomina interdum peculiaria indita observo. Nam Cremonenses *Bertam*, vel *Bertazzolam* suum nominarunt, ut auctor est Sigonius lib. 18. de Regno Ital. [*Bruiram*, vel *Buiram*, ut habetur in Chronico Cremonensi ad ann. 1213. apud Baluzium tom. 2. Miscell. pag. 308. *Berteciolam*, ut declarat Franciscus Carpesanus, apud Marten. tom. 5. Collect. Ampliss. col. 1334.] Parmenses *Crevacerem*, seu *Biancandum* ut habent Sansovinus et Carrarius. Vide *Standardum*.

¶ Caroctium in Chronico Ricobaldi Ferrar. Monachi apud Stephanotium Fragm. Hist. MSS. tom. 7. pag. 194.

* Carrocius, Italis *Carroccio. Carros*, apud Contin. Guil. Tyrii tom. 5. Ampl. Collect. Marten. col. 718: *Et si i fu pris le Carros de Melan et portés à Cremone.* Chron. Estense ad. ann. 1281. apud Muratori tom. 15. Script. Ital. col. 337: *Propter hoc dictum commune Cremonæ incœpit benefacere, quia ipsi fecerunt valde bene præparare Carrocium Parmæ, et pingere de novo, et fecit fieri vexillum de novo, qui Carrocius vocabatur Blancardus.*

¶ Carrocenum, vel *Carrozenum, Carrozerum, Carozerum*ve indiscriminatim usurpat Sire *Raul* de Gestis Friderici I. Imperatoris. Eum vide apud Murat. tom. 6. col. 1179. 1184. 1185. et 1187.

** Carrozanum, carrozarum, in vet. Kalend. Mediol. ap. Murator. tom. 1. part. 2. pag. 235. ann. 1213. et 1217. Vide *Carruca*, 1.

Carroxolum, Caroxolum, Carazolum, apud Ottonem Morenam in Hist. Rerum Laudensium pag. 69. 70. 73. 75. etc. pro *Carrocio*, seu vexillo. Adde Chronicon breve Cremonense edit. tom. 2. Miscellan. Baluz.

Hodie *Carrocia* appellamus, currus suspensos, quibus vehimur; *Chariots branslans*, nostri olim, antequam id nominis vulgaretur, *Curre* ex voce *currus*, alii vocarunt. Nangii Continuator Gallicus MS. ubi de Caroli IV. Imp. et Caroli V. Regis Franciæ Congressu mutuo: *Et luy envoya la nuit du sabmedy un des Curres de son corps noblement appareillé et de chevaux blancs attelé.* In Hominiis Reginæ Siciliæ præstitis ann. 1387. Dominus *de Mausson, quand le Seigneur ou Dame viennent nouvellement à Mirebeau, soit en Curre, ou cheval, doit avoir et prendre un Cheval de Curre, lequel qui luy plaira, ou celuy sur quoy ils chevauchéront.* Poeta infimi ævi MS.:

Car pour repos j'ay eu enfoullure,
Pour le beautemps j'ay engreslcure,
Pour provision des pometes,
Pour Chariot branslans, brouettes.

¶ **CARROEUM**, f. Vectigal, quod ex *carris* percipiebatur. Instrum. Ludovici Regis ann. 1229. apud Marten. tom. 1. Collect. Ampliss. col. 1228: *Et minas et alias mensuras proprias singuli habitatores Castri-Radulfi habere poterunt, et cum illis bladum et alia ab ipsis emta et vendita tam ipsi quam quilibet extranei, salvo tamen Carroeo meo de extraneis hominibus, sine damno et * occasio aliqua mensurare.*

¶ **CARRONERIA.** Locus ubi tegulæ et lateruli, Gall. *Carreaux*, conficiuntur.

¶ Carronerii vero, Qui tegulas et laterculos conficiunt. Charta Chassaniæ anni 1399: *Est actum quod in casu quod iste Joannes et sui in dicta Carroneria non operarentur bene et fideliter, ut Carronerii et operarii operari solent, quod eo casu dictus Abas dictam Carroneriam ad suam manum ponere et sibi appropriare possit.*

** **CARRONUS**, Carronum faber. *Durandus Carronus* in Cartul. S. Petri Carnot. ap. Guerard. pag. 580. Vide *Caro*, 1. et *Caronius*.

CARROPERA, Servitus rustica, quæ carris et plaustris fieri debet, ut *manopera*, quæ manibus, Gall. *Charroi. Carredum, Careium*, etiam in Chartis, uti supra observatum. Capitula Caroli Calvi tit 31. cap. 29. cap: *Ut illi coloni, tam fiscales, qui sicut in Polypticis continetur, et ipsi non denegant, Carropera et manopera ex antiqua consuetudine debent.* Et infra: *Quidquid eis carricare præcipitur de opera Carroperæ, quando illam facere debent, sine ulla difficultate carricent.* Chronicon Besuense: *Ipsam terram... hac conditione Monachi mihi reddiderunt, ut retenta corvata suis usibus... alios jornales haberent, et Carroperam et censum cum eulogiis.* Tabularium Dervense: *Carropera sic accipiet, ut mane progredientes cum carris et animalibus suis ad vesperum revertantur.* Alia Charta in eodem Tabul.: *Carroperum quoque similiter semel in anno fiet, si necesse fuerit, a feria quarta usque ad diem Dominicam, et solummodo apud Breonem, et nusquam alibi: in hac quoque conventione, ut bos claudus sive cornu fracto, et vacca prægnans, et fœtu tenera in Carropera non eat.* Charta Odonis Ducis Burgundiæ ann. 1101. apud Perardum pag. 203: *Illam pravam consuetudinem qua homines Ducis solebant .... homines sancti cum animalibus suis in corvatam, vel in Carropera Ducis violenter adducere, amodo remitto.* Alia Rainoldi Archiepisc. Remensis ann. 1094: *Omnia Carropera, et opera castellorum, et omnes alias injustas consuetudines.* Vide Formulas Lindenbrog. cap. 61. [** Guerard. in indic.

Polypt. Irminon.] [Annales Bened. tom. 3. pag. 685. et *Caropera*.]

¶ CARROPERARIA, Eadem notione. Litteræ Rainaldi Rem. Archiep. ann. 1127. apud Marten. tom. 1. Anecd. col. 368 : *De operibus et Carroperariis quibus homines Ecclesiæ afficiebat, etc.*

CARROPERARII MANSI, in Polyptyco Floriacensi, qui debent *carroperas*. Occurrit ibi non semel : *Habet in Varena Mansos Caroperarios* 37. *et sunt ex ipsis in beneficiis mansi* 4. *et* 3. *partes... solvunt Mansi Caroperarii in tertio anno unusquisque solidos* 5. *et alios* 2. *annos unusquisque vervecem cum agno solvunt de annona inter totos annis singulis modios* 109. *arant ad hivernaticum unusquisque perticas* 3. *et ad tramisum* 2. *et in tertia ebdomada faciunt corvadam.* [** Polypt. Fossatense post Irminon. pag. 282. cap. 1. 2. 3. et sæpe.]

Ejusmodi vero carrorum operis obnoxii dicuntur esse *Charroiables*, in Consuetud. locali Castelli novi in Biturig. art. 5. 10.

* **CARROSSA**, Ital. *Carrozza*, Rheda, currus constans quatuor rotis, Gall. *Chariot*. Stat. Montis-reg. pag. 226 : *Quicumque ceperit in die cum carro vel Carrossa alienum fœnum vel paleam, solvat bannum, etc.*

* **CARROTUM**, Vectura cum carro, quam quis domino præstare aut pecunia redimere debet. Obituar. Ms. eccl. Ambian. ad xv. diem Nov. : *Capitulum acquisivit Carrotum de Warvilla, quod valet xl. solidos annuos. Item apud S. Medardum Carrotum, quod valet xx. solidos.* Vide supra *Carrigium* 2.

¶ **CARROTUS**, CARROTTUS, Spiculum arcus balistarii, Gall. *Garrot* Regestum Probus 1334. fol. 215 : *Pro centum carrellis Carrotorum ad tor factis.* In Computis Dalphin. tit. Graisivod. legitur : *Pro centum carrellis Carrottorum.* Vide *Garrotus*.

* Haud scio an idem sit *Cartas*, in Lit. remiss. ann. 1388. ex Reg. 132. Chartoph. reg. ch. 294 : *Lesdiz arbalestriers aians leurs arbalestes, baudres, Cartas et viretons.* Sed leg. forte *Carros*.

* **CARROUELLUM**, Quadrivium, Gall. *Carrefour*. Arest. parlam. Paris. ann. 1536. ex Tabul. castri *de Chissé* in Turon. : *Item unam aliam terræ petiam.... itineri a Monte-Ricardo ad Carrouellum reginæ tendenti contiguam. Carroueil*, Gallice ibid. Vide infra *Quarrogium*.

* **CARROUVRUM**, Eadem notione qua *Carropera*, in Consuet. Trecens. Pithœi inter omissiones pag. 591.

* **CARRUAGIUM**, Præstatio, quæ ex *carucis* seu aratris percipitur. Charta Raynaldi Tullens. episc. ann. 1213. inter Probat. tom. 1. Annal. Præmonst. col. 555 : *Præterea idem Guiardus quoddam Carruagium, quod erat in bestancio, et quod hactenus crantare noluerat, in præsentia nostra crantavit.* Vide *Carrucagium* 1.

* **CARRUANA**, Idem quod *Caravanna*. Vide in hac voce. Bened. abb. Petroburg. de vita Henr. II. reg. Angl. edit. Hearn. tom. 2. pag. 509 : *Fratres hospitalis de Belliverio optime resistunt Saracenis adhuc; et jam duas Carruanas Saracenorum expugnaverunt.*

CARRUARE, Carro vehere, Gall. *Charrier*. Concilium Copriniacense can. 26 : *Illi qui diebus Dominicis Carruant cum bobus suis.* [Vide *Carricare* 2.]

¶ **CARRUATA** TERRÆ, Quantum *carruca* seu aratro coli potest per annum. Charta Mathildis Comitissæ Nivern. pro Monasterio B. M. de Consolatione ann. 1244. tom. 4. novæ Gall. Christ. Instrum. col. 103 : *Concedimus dictæ Abbatiæ in perpetuum unam Carruatam Terræ, videlicet terram arabilem, quam emimus apud Masetum a Balduino.* Et tom. 2. Instrum. col. 71. in Charta Roberti de Curtiniaco pro fundatione Abbatiæ B. Mariæ de Bello-visu ann. 1242 : *Ad cujus fundationem contulimus... duas Carruatas Terræ arabilis sitas juxta dictam Abbatiam, etc.* Vide *Carrucata*.

* Charta ann. 1200. in Chartul. Campan. fol. 368. v° : *Quitavimus etiam eidem comiti quatuor Carruatas terræ, quas pater ipsius nobis in nemoribus de Vailleio concesserat exartandas. Charruaige*, eadem acceptione, in Charta feod. ann. 1349. ex Inventar. Chart. castri *de Jaucourt* fol. 19. r° : *Les terres appartenans à la grange des Aissars pueuent contenir environ trois Charruaiges.* Vide infra *Carrucata*.

* **CARRUBEOLUS**, CARRUBIETUS. Vide infra in *Carubium*.

* **CARRUBIUM**, Siliqua, Ital. *Carruba*, Gall. *Carouge*. Mirac. MSS. Urbani PP. V : *Stetit procella maris per xix. dies, non habentes aliqua victualia, non comedentes nisi saltem quia corrodebant modicum de Carrubiis.*

¶ **CARRUBIUM**, CARRUBEUS. Vide *Carubium*.

1. **CARRUCA**, CARUCA, CARRUCHA, Rheda, Honoratorum vehiculum opertum, in leg. un. Cod. Theod. (14, 12.) et Justin. (11, 19.) de Honorator. vehiculis. Ammianus lib. 14 : *Alii summum decus in Carrucis solito altioribus et ambitioso vestium cultu ponentes.* Paulinus Epist. 10. ad Severum : *Circumflui Senatores prosequebantur Carrucis nutantibus, phaleratis equis, auratis pilentis, et carpentis pluribus, etc.* Ubi per *carrucas nutantes* expressit, ni fallor, *Carrucas* hodiernas, quas *Cariots branslans* vocabant Galli nostri, seu currus suspensos. Acta Numidarum Martyrum : *Cum ejusdem Carrucæ vehiculo Marianus et Jacobus, et cum his ego viam communiter carperemus.* S. Fulgentius Homil. 56 : *Dicuntur Imperatores terreni inter Carrucas diversas, quarum sessione utuntur, habere Carrucam, in qua nullus sedeat, quæ vocatur Angelica. Ista Carruca, non tantum Angelica, sed et Dominica.* Vide S. Hieronym. ad cap. 66. Isaiæ. [Accipitur etiam pro Lectica gestatoria et pro quolibet vehiculo ordinario et communi. Acta SS. Bened. sec. 3. part. 1. pag. 681. ex Vita sancti Wigberti Abb. auctore Servato Lupo : *Quidam ægrotus eo usque, ut in Carruca in morem lecticæ instructa perduceretur ad memoratum Cœnobium.* Ejusdem sec. part. 2. pag. 345. in Miraculis S. Dionysii Paris : *Quidam a nativitate claudus.... quadam die Carruca impositus... ad Cœnobium B. Dionysii perlatus est.* Sec. 4. part. 1. pag. 544. in Translatione Filiberti Abb. : *Aliquos Carrucis, corbeculis, sellis gestatoriis atque scalis advehi.* Sec. 5. pag. 100. in Vita S. Hugonis Monachi : *Tunc denique vir quidam adductus est in Carruca, trahentibus se bubus duobus*] [** Vide Forcellin. et Scheffer. de re vehicul. 2, 27.]

¶ CARRUCA, Celebre illud vexilli genus, de quo dictum est in *Carrocium*. Chronicon Romualdi II. Archiep. Salernitani apud Muratorium tom. 7. col. 215 : *Pedites vero Mediolanenses cum paucis militibus qui circa Carrucam erant, fugere non valentes, simul conglomerati stare cœperunt.*

2. **CARRUCA**, Sella curulis. Acta S. Julianæ Virginis Martyr. cap. 1 : *Hæc audiens Eleusius, dedit munera Imperatori Maximiano, et successit Præfecto alii administranti, seditque in Carruca, agens officium Præfecturæ.* Ubi quidam Codd. habent, *curru*, alii *cathedra*.

3. **CARRUCA**, CARUCA, sequioris ætatis Scriptoribus sumitur pro aratro, Gall. *Charrue*. Lex Salica tit. 40. § 1 : *Si quis Caballum, qui Carrucam trahit, furatus fuerit.* Lex Aleman. tit. 96 : *Si Carrucam involat, aut rumpit rotas in priori parte.* Vide Legem Rip. tit. 44. Epistola Gaufridi de Meduana tom. 2. Spicilegii Acheriani : *Decem aratra cum bobus, quæ Carucas vocatis, et terram duabus sessionibus aptam ad laborandum dedi.* Matth. Paris : *Inquiratur in maneriis Religiosorum, quot sint Carrucæ propriæ ad colendum Dominicum.* [*Madox* Formulare Anglic. pag. 384 : *Et salvis mihi necessariis meis capiendis de meremio de boscis in foresta prædicta, ad sex Carucas, duas carras, duas carectas, quatuor hercias meas, attilia et alia minuta.*]

¶ CARRUCA, pro *Carrucata*. Vide in hac voce.

CARUCA CORVEIA. Charta ann. 960. apud Hemereum in Augusta Viromand. : *Ter in anno ad generale placitum Domini præfatæ villæ convenirent, et ei bis in anno Carrucam Corveiam facerent.* Ubi *Carruca Corveia* aliis dicitur *consuetudinaria*, quæ a tenentibus domino subministratur ad arandas illius terras. [*Carrugarum Corveia* in Charta anni 1230. e Tabulario Fossatensi fol. 50.] [** Polyptych. Irminon. Br. 22. cap. 4 : *Facit in unaquaque ebdomada Curvadam* 1. *cum quantis animalibus habuerit, quantum ad unam Carrucam pertinent.*] *Extrinsecam* vocat Fleta lib. 2. cap. 76. § 1. ad differentiam *intrinsecæ*, quæ ipsius domini est propria : *Custumariam* cap. 84. Statuta Willelmi Episc. Parisiensis cap. 14 : *Præcipitur, quod commodationes Carrucarum, quæ fiunt in festivis diebus, quibus fieri solent, per Sacerdotem fiant, ne in hoc aliqua inter commodantes interveniat confusio.*

¶ 4. **CARRUCA** EX OSSE. Vita B. Luchesii Tertiarii tom. 3. SS. Aprilis pag. 608. col. 2 : *Puerulus quidam Pistoriensis cum teneret Carrucam ex Osse in manibus, et, ut moris est puerorum, ferro illam perforare niteretur, ferrum illud desiliens, manum ejus non sine magno dolore et sanguinis effusione penetravit.* Henschenius ibi : *Carrucola* trochleam significat; cujus primitivum *Carruca* videtur in eadem significatione hic poni, nisi malis intelligere Radium textrinum : nam in hoc quoque opere vocis hujus usum esse colligitur ex Vocabulario della Crusca.

1. **CARRUCAGIUM**, Tributum quod singulis aratris pro regni negotiis imponitur. Hujusce præstationis nomen tum primum auditum in Anglia. Occasionem narrat Scheda in Monastico Anglic. tom. 1. pag. 293 : *Ann. Dom.* 1013. *Suenus Rex Angliæ ab Ailwino Monacho admonitus est, ne a populo S. Edmundi, hoc est de Nortfolk et Southfolk tributum exigeret : sed Suenus eum non exoravit. Nocte Purificationis S. Mariæ S. Edmundus Suenum apud Gainesburg lancea sua interfecit. Northfolciensis et Southfolciensis audito miraculo et nece Sueni Regis, dederunt S. Edmundo de qualibet carrucata terræ in toto Episcopatu* 4. *denarios annuos, quod usque modo ea de causa Carucagium est appellatum.* Ejusmodi tributum revocavit rursum Ricardus Rex. Guillelmus Neubrig. lib. 5. cap. 1 : *Prætcrea Rex sive pro liberandis obsidibus, apud Imperatorem relictis, sive etiam in sumptus belli cum Rege Francorum gerendi, tributum minus usitatum universo regno indixit, a singulis scilicet Carucatis indifferenter geminatum solidum exigens.* Eadem habet Brompton. ann. 1193. Matth. Paris ann. 1200 : *Non permisit Vicecomitem colligere Carrucagium in sua diœcesi ad opus Regis.* Idem ann. 1224. et Matth. Westmonasteriens. : *Regi.... concessum est per totam Angliam Carucagium, de qualibet caruca* 2. *solidi argenti.* An. 1235 : *Eodem tempore cepit Rex Carucagium, scilicet duas marcas de caruca ad maritagium sororis suæ.* Obtinuit etiam Carucagium in Campania Gallica. Computum Bladorum terræ Campaniæ ann. 1348 : *Des Charrues de Sainte-Mannehout, c'est assavoir de chascun bourgeois de ladite ville qui laboure de sa propre beste, un sextier d'avoine à la mesure de Troyes au jour de la S. Remy, etc.*

Carrucagium interdum sumitur pro ipsa immunitate a tributo carrucagii. Rastallus : *Caruage, hoc est, quietum esse, si dominus Rex talliaverit totam terram suam per caruas. Nota quod un carue de terre est un plow land.* Vide Monast. Anglic. tom. 1. pag. 922.

2. **CARRUCAGIUM** sumitur etiam sæpe pro terris quæ aratro et *caruca* coluntur. Ita *Charuage* usurpat Consuetudo Vitriacensis art. 56. Diploma Theobaldi Campaniæ Comitis ann. 1224. [apud Marten. tom. 1. Anecd. col. 919.] : *Primogenitus haberet illud castellum et feoda illius castelli, et Carrucagia, prata, et vineas, aquas et stagna quæ sunt parochiarum* [*parrochiatus*, apud Marten.] *illius castelli.* [Infra : *Secundo natus haberet eam (villam) cum omni avantagio de feodis, Carrucagiis, pratis, etc.*] Regestum feodor. Campaniæ fol. 89 : *Feodum domus ejus super Alvam, et Carrucagium ejus, et homines ejusdem villæ.* Fol. 72 : *Guermundus de sancta Menoldi ligius de domo sua, et de Carruagio suo, quæ sunt apud Dampetram.* [Vide *Charuagium.*]

* Sumitur maxime pro terris, quæ propria *caruca* arantur, dominium. Charta ann. 1260. in Chartul. Buxer. part. 3. ch. 16 : *Ita quod ipsi abbas et conventus amodo terras ipsas non possunt in dominium vel Carrucagium eorum ponere.* Vide infra *Charruagium.*

¶ 3. **CARRUCAGIUM**, Medietas decimæ, quam quis percipit. Vide *Reportagium.*

¶ **CARRUCARE**, Vehere *carruca*, Gall. *Charrier.* Leges Caroli M. apud Murat. tom. 1. Scriptor. Ital. part. 2. pag. 108. col. 2 : *Arare, seminare, runcare, Carrucare.* [** Vide *Carricare*, 1.] Statuta Synodal. Odonis Episcopi Tull. ann. 1192. apud Marten. tom. 4. Anecdot. col. 1179 : *Et quoniam gravis et intolerabilis plaga domibus Religiosorum imminet ex hoc, quod Potentes terræ boves seu cetera animalia vel carros ad Carrucandum sibi violenter diripiunt.* Vita B. Arnulfi tom. 5. Junii pag. 617 : *Fruges saccis impositas ad monasterium Carrucaret.* Vide *Carricare* 2. et *Caplim.*

¶ **CARRUCARIUS**, Carucarius, Ductor *carrucæ*, sive pro curru sumitur, sive pro aratro. Testamentum J. *de Nevill* apud *Madox* Formul. Anglic. pag. 428 : *Item volo quod cc. marcæ... distribuantur inter Carucarios, plaustrarios et custodes animalium meorum.* Ulpian. (D. 19, 2. 13.) : *Si cisiarius, id est Carrucarius, dum cæteros transire contendit, evertit cisium, etc.* [** Chart. ann. 1353. ap. Guden. Cod. Diplom. tom. 3. pag. 363.]

CARRUCATA, Tantum terræ, quantum uno aratro coli potest in anno, *a ploughland* dicunt Angli. Matth. Paris ann. 1251 : *Vix duas terræ Carrucatas dignoscitur habuisse.* Charta Balduini Franciæ Cancellarii ann. 1047. apud Hemereum in Augusta Viromand. : *Habetur ergo ibi terra quantum Carrucæ sufficit ad laborandum.* Alia Othonis Comitis Viromand. apud eumdem : *Cum terra arabili, quantum satis est tribus Carrugiis.* [*Super duabus Carrugis*, in Charta anni 1220. apud Chesnium inter Probat. Hist. Bethun. lib. 3. pag. 110.] Charta Henrici Regis ann. 1036. apud Loisellum in Hist. Bellovac. : *Arabilem terram quantum uni Carrucæ per totum annum sufficere possit.* [*Caruca dimidia*, pro *Carrucata dimidia*, apud Lobinell. tom. 2. Hist. Britan. pag. 207. *Terra unius Carrucæ*, in Hist. Beccensi MS. pag. 170. ex Archivis ejusdem Monasterii.] [** *Carrua* pro *Carrucata* in Polyptych. Fossatens. cap. 5.] Charta Henrici V. Regis Angl. tom. 2. Monast. Angl. pag. 968 : *Terra ad unam Carrucam.* Vide Silvestrum Giraldum lib. 2. Itiner. Cambr. cap. 1. Lambertum Ardensem pag. 152. 154. Hist. S. Martini de Campis pag. 330. 366. 408. 509. Spicilegium Acherianum tom. 13. pag. 289. etc. Scriptoribus Gallicis, *Caruée de terre* dicitur, Littletoni sect. 262. et in tom. 2. Monastici Angl. pag. 214. In Regesto Feodor. Franc. fol. 73 : *Othon de Encre homme tient Charuée de terre à Grosse-forest.* Cujusmodi autem et quotæ quantitatis fuerit apud Anglos *Carucata*, docet Charta Ricardi I. Regis Angliæ tom. 2. Monastici pag. 107 : *Et circa locum illum viginti Carrucatas terræ, scilicet unicuique Carrucatæ sexaginta acras terræ, ad perticum nostrum, videlicet viginti quinque pedum.* Apud Edw. Cokum, et in Charta, quæ habetur tom. 2. Monast. Anglic. pag. 25 : *Duodecim Carucatæ faciunt unum feodum Militis.* Fleta lib. 2. cap. 72. § 4 : *Custagia carrucarum sciri poterunt per hanc rationem, ut terræ sint tripartitæ, tunc nonies 20. acræ faciunt Carucatam, eo quod 60. in hyeme, 60. in quadragesima, 60. in æstate pro warecto debent exarari. De terris vero bipertitis, debent ad carucam octies 20. acræ computari, ut medietas pro warecto habeatur, et medietas alia in hyeme et quadragesima seminetur.* Charta ann. 9. Ricardi I. : *Qui electi fuerant et constituti ad hoc negotium Regis faciendum, statuerunt per æstimationem legalium hominum, ad uniuscujusque carucæ wainagium centum acras terræ.* Vide *Hida.*

* Sexaginta acris constabat *Carrucata* apud Anglos, ut præter Chartam Ricardi I. a Cangio laudatam, docet Charta Henr. reg. Angl. ex Reg. 155. Chartoph. reg. ch. 375 : *Confirmo abbatiæ S. Mariæ sanctique Laurentii de Belbec duas Carrucatas terræ, scilicet cxx. acras in foresta de Lions.* Apud nos vero quinquaginta arpenta continebat, ut colligitur ex Ch. ann. 1242. in Lib. albo episc. Carnot. : *Statuimus quod majores decimæ dictæ granchiæ, quæ nuncupatur Logia Hodeberti, sint canonicorum de Grandi campo ordinis Præmonstratensium, scilicet duarum Carrucatarum, id est, 100. arpentorum, quando fuerint extirpata.* Vide supra *Carruata.*

¶ Carucula, Eadem notione. Charta ann. 1184. ex Archivo Sanctimonialium S. Salvat. Massil. : *Quatuor præterea Caruculas terræ ante Joppen juxta flumen sitæ.*

¶ Carucata, pro *Carruca*, Aratrum. *Madox* Formul. Anglic. pag. 384 : *Et ad capiendum necessaria mea de meremio ad Carucatas, carras, carectas, hercias, attilia et alia minuta pro terris meis.*

¶ Carucata Boum, Boves jugatorii unam trahentes carrucam. Kennettus Antiquit. Ambrosden. pag. 135. in Donatione Gisberti *Basset* : *Et pasturam in mea dominica pastura ad tres Carucatas Boum trahentium una cum bobus meis trahentibus.*

* **CARRUCATIVUS**, Aratorius, ad *carrucam* seu aratrum pertinens. Charta Th. dom. de Vervino ann. 1210. in Chartul. S. Joan. Laudun. : *Quicumque fuerit manens in villa de Fontanis, ... si habuerit equos Carrucativos, de unoquoque equo unum galetum bladi mediocris;... de duobus Carrucativis bobus unum galetum; de duobus Carrucativis asinis unum galetum ....* Vide *Carruca* 3.

¶ **CARRUCATOR**, Ductor *carrucæ* seu carri, Gall. *Charretier.* Charta Nicolai Abb. Corbeiensis ann. 1158. ex Tabulario ejusdem Abbatiæ : *Dicens esse sui juris, instante tempore Augusti mensis, se positurum in campis nostris secutores segetum, Carrucatores frugum decimarumque in horreo nostro, etc.*

¶ **CARUCATUS**, pro *Carrucata*, Tantum terræ, etc. Vide *Hardwices.*

¶ 1. **CARRUCHA**, *Carrucæ* opus a vassallis Domino debitum. Hist. Mediani Monasterii pag. 327. in Charta anni 1261 : *Homines dictæ villæ... furcam et falcem et saclam et Carruchas et vecturas annonæ et feni, et omnes alias consuetudines quas mihi debebant... persolvent Ecclesiæ memoratæ.* [** Vide Forcellinum in *Carruca.*]

¶ 2. **CARRUCHA**, Navis. Vide *Curuca.*

¶ **CARRUCHARIUS**, Ductor *carrucæ*. Vide *Mulocisiarius.*

¶ 1. **CARRUCIA**, vel Carrucium. Literræ Hugonis Archiep. Senon. in Tabulario Calensi pag. 134 : *Concessit in eleemosina prædictæ Ecclesiæ de Kala in pleno Capitulo, quod quidquid ædificaret et extrueret in eadem terra, sive in domibus, sive in granchiis vel Carruciis, aut animalium quorumlibet nutrituris totum ex integro eidem Ecclesiæ post decessum suum remaneret.* Vel est locus, ubi carri, carrucæ et alia ejusmodi recluduntur, vel forte carri ipsi et cætera quæ colonos spectant, agriculturæ instrumenta.

* *Charry*, in Lit. remiss. ann. 1480. ex Reg. 206. Chartoph. reg. ch. 500 : *Laquelle poule s'envoula au Charry, qui est devant l'ostel de Jehan Baudrot, auquel Charry les supplians la prindrent.*

2. **CARRUCIA**, *Gemma marini cancri coloris.* Ugutio.

¶ **CARRUGA**. Vide *Carruca* 2.

* **CARRUGATA**, ut supra *Carrucata*. Charta ann. 1223. in Chartul. S. Vincent. Laudun. : *Petens ab eis* (monachis) *decimam trium Carrugatarum terræ, quas dicebat se debere, si vellet, percipere pro sua parte decimæ, quam habebat in decimatione prædictæ parochiæ de Bautor.*

* **CARRUGENS**, Eadem notione, qua supra *Carrucativus*. Charta ann. 1332. in Reg. 66. Charthoph. reg. ch. 1098 : *Usum in tota foresta habere consueverunt....... depascendi animalia sua asinina, equina, sive bovina, vel alia Carrugentia vel tirancia.*

CARRUGIUM, Vectura cum carro, quam quis domino præstare aut pecunia redimere debet. Charta Milonis abb. S. Remig. Rem. ann. 1206. in Chartul. Campan. fol. 245. col. 1 : *Ceterum omnia Carrugia, et veteres census, et prata, et terræ et alia domania....... nobis remanerent omnino libera.* Alia Ludov. abb. S. Vitoni ejusdem ann. ibid. fol. 345. col. 1 : *Retinuimus etiam..... corveias, et aquas, et tria Carrugia : sed plusquam tria Carrugia non poterimus habere, quin domina comitissa et heredes sui domini Campaniæ in illis habeant medietatem.* Vide supra *Carrigium* 2.

¶ **CARRUGIA**. Vide *Carrucata*.

¶ **CARRUM**. Vide post *Carra*.

* **CARRUM** *cum vento, vel sine vento, quod ubique ducitur sine bestiis*, cujus formam et usum in præliis describit Guido de Vigevano in Opusculo MS. de Modo acquirendi et expugnandi T. S. cap. 12. ex Cod. reg. 9640. 3. Vide infra *Currus* 2.

¶ **CARRUONUM**, ἀσβόλη. Glossar. Lat. Gr. f. legendum *Carbonium*. In Supplemento Antiquarii : *Carruorum*, ἀσβόλη, *Fuligo, carbo.*

* Adde ex Castigat. Cangianis : Codex S. Germ. Prat. *Favilla ex carbonibus.* Vide Glossar. Meursii in καρβοῦνον et in καρβάνα.

* **CARRUOPERA**, Vectura cum carro. Vide supra *Carriopera*.

¶ **CARRUS** Funarius, Vehiculum minus, quod funibus trahitur ab operariis. Hujusmodi frequens usus est in saxis mole majoribus transvehendis inter ædificandum. Lambertus Ardensis pag. 258 : *Rustici cum bigis maratoriis et Carris funariis calculos trahentes ad sternendum in viam mossulis et scapulariis seipsos ad laborem animabant.*

* **CARRUSTA**, Carrus, rheda, vehiculum. Lit. remiss. ann. 1383. in Reg. 124. Chartoph. reg. ch. 144 : *Equos suos et Carrustam suam pacifice ducentes.* Vide *Carruca* 1.

¶ **CARRUTAGIUM**, Medietas decimæ frugum, quam quis percipit. Vide *Reportagium*.

* **CARSALATA**, Caro sale aspersa, Gall. *Lard, petit salé.* Comput. ann. 1488. inter Probat. tom. 4. Hist. Nem. pag. 46. col. 1 : *Item plus solverunt pro tribus libris lardi sive Carsalatæ, pro dictis pisis decoquendis et parandis, etc.*

CARSAMATIUM, Eunuchus, spado. Luitprandus lib. 6. cap. 3 : *Obtuli mancipia quatuor Carsamatia Imperatori nominatis omnibus gratiosora. Carsamatium autem Græci vocant amputatis virilibus et virga Eunuchum, quos Verdunenses mercatores ob immensum lucrum facere solent, et in Hispaniam ducere.* Lipsius Cent. 3. Epist. 44. et Spelmannus a *garço*, seu *garcio*, nostris *Garçon*, vocem effictam augurantur. Quod si ita est, Eunuchos voce barbara ut imberbes, cujusmodi sunt *Garciones*, appellaverint Græci. Sed aliunde videtur originatio petenda, cum vox *Garcio* efferatur per G. Vide Glossar. med. Græcit. in Καρτζαμάδες, col. 596. D.

1. **CARTA**, pro *Quarta*, vulgo *Quarte*, Mensura frumentaria. Tabul. S. Flori in Arvern. : *Unam Cartam siliginis et unam Cartam frumenti.* Alibi : *Cartones siliginis, etc.* [Inventar. Recognitionum de Vouta Diœcesis Vivar. tom. 2. fol. 343 : *Sub censu unius Cartæ et unius carteriæ frumenti.* Fol. seq. : *Sub censu duarum Cartarum et unius carteriæ frumenti.* Inventar. *Piquet* num. 18. cap. 41. de Volta fol. 14. in Archivo Principis *de Rohan : Item, quinque Cartas et duo civaderia cum dimidio frumenti.* Non semel occurrit in eodem Inventario, et in Chartis Aquitanis, et passim in Regesto 87. Chartophylacii Regii. Vide *Quarta* 1.]

Notat Ughellus tom. 7. Italiæ sacræ pag. 485. diœcesim Salernitanam dividi in 16. partes quas hic *Cartas* vocant, seu Archipresbyteratus. Ubi *Cartas*, pro *Quartas*, dici opinor, id est, regiones, nostris *Quartiers*.

¶ Carta Rasa, non ad cumulum. Vide *Cartharasa*.

¶ Carta Salis, in Codice MS. Monialium S. Thomæ juxta Montem Brisonium apud Stephanotium tom. 5. Fragm. Hist. : *Anno 1206. Nobilis Comes Forensis dotavit hanc domum Monialium, qui dedit nobis libertatem hominum et unam Cartam Salis in unoquoque Sabbato in foro Montis Brisonii.*

¶ 2. **CARTA**, Species præstationis agrariæ. Madox Formul. Anglic. pag. 374 : *Ego Ricardus de Waletum quietum clamavi... Deo et Ecclesiæ S. Margaretæ de Pochheleta et Canonicis ibidem Deo servientibus, reddittum xx. sol. et regale servitium, et wardas, et esceitas, et Cartam, et quidquid juris, etc.* Vide *Quarta*.

¶ 3. **CARTA**, Pars domus, Gallice *Appartement, Quartier.* Statuta Monasterii Fraxinorensis anni 1255. apud Stephanotium Frag Hist. tom. 5 : *Dominus Abbas habeat socium presbyterum, qui secum vadat, et in Carta sua jaceat et quiescat.*

* *Carrée*, pro Parva camera, in Lit. remiss. ann. 1402. ex Reg. 157. Chartoph. reg. ch. 2 : *Lesdiz supplians tirerent ledit Aujart hors de ladite chambre en la Carrée ou bouge dudit hostel.*

4. **CARTA** Decada. Anastasius Bibl. in S. Silvestro PP. pag. 15 : *Cartas decadas 150. aromatum lib. 200. Nardini olei lib. 200.* Infra : *Hybromias præstans solidos 450. Cartas decadas 200. aromata cassiæ lib. 50.* Ubi quidam Codices MSS. habent *Chartas decadas* : alii, *Cartha decadas* : alii denique *Catedrechadas*. Quæ verba Salmasius ad Hist. Aug. de *Chartarum scapis* accipienda censet. Est autem *scapus*, ut habet Isidorus in Gloss. *certus numerus tomorum chartæ non scriptæ* : ita ut singuli scapi chartarum eo ævo non plures quam decem plagulas continerent, et singulæ chartarum decuriæ scapum unum efficerent. Nam res aliæ multæ per decurias venundari solebant. Trebellius Pollio in Claudio : *Pellium tentoriarum decurias triginta.*

* **CARTACIO**, An mendose pro Cardo ? Charta ann. 1158. apud Cencium inter Cens. eccl. Rom. : *Corporaliter investiti sunt ab eodem Buccaleone de ipso castro, cum omnibus pertinentiis suis, per Cartacionem portæ prædicti castri.* Vide *Anaticla*.

* **CARTÆ**, Folia lusoria, Gall. *Cartes*, in Stat. crimin. Saonæ cap. 30. pag. 61.

¶ **CARTAGIUM**, Mensura frumentaria f. eodem quæ *Carta*. Archivum Veteris Villæ : *Ex dono Bertrandi Nouel unum Cartagium frumenti. Cartagium avenæ*, apud Thomasserium in Biturig. pag. 73.

¶ **CARTALADA**. Vide *Cartalata*.

CARTALAGIUM. Charta ann. 1200. in Histor. Insulæ. Barbaræ Lugdun. pag. 130 : *Salvis usagiis dictorum vavassorum intra villam, ut est in fornagiis, leidis, Cartalagiis, et aliis usibus mercati.* Vide *Quartalagium* : [quod est Quarta pars vel vindemiæ, vel aliarum rerum, quam sibi contra jus asserebant domini feudales in tenentium suorum prædiis, agris, vel vineis. Hæc notio non videtur convenire loco laudato, ubi de juribus e *mercato* perceptis potissimum agitur : quare suspicio est, *Cartalagium* jus fuisse percipiendi *cartas* vel *cartales* e frumentariis mercibus in mercato venditis, ut *Coponagium*, jus est percipiendi *copas* ex iisdem mercibus. Vide in *Cupa* 5.]

* Vel ob ejus in mensurando usum. Charta ann. 1318. in Reg. 56. Chartoph. reg. ch. 267 : *Medietatem redditum Cartalagiorum pratorum et ortorum pro vj. lib. et x. sol. Turon.* Vide infra *Quartalagium*.

CARTALARIA. [An idem quod *Cartalagium*?] Tabularium Brivatense ann. 1288. fol. 196 : *Erat enim quæstio et controversia... super jurisdictione, justitia et districtu Cartalariæ Brivatensis.* Infra : *Cum ab antiquo Cartalaria Brivatensis sit et teneatur in 4. locis, etc. Item in diebus sabbatinis, et in diebus nundinarum fiat, teneatur Cartalaria in foro Brivatensi, et ubicunque ibi bladum communiter vendatur, jure Cartalariæ fungetur, etc.* Et fol. 197 : *Cartalarii, scilicet illi, qui exercent officium Cartalariæ nomine Capituli, ad hoc specialiter deputati.* Vide *Quarta, Quartagium*.

* **CARTALARIUM.** Vide infra *Cartularium* 2.

CARTALATA, seu QUARTALATA, Modus agri, quartam aripennis partem continens. *Quartelée de terre*, in Consuetud. Burbonensi cap. 36. Tabularium Prioratus de Paredo fol. 19 : *Et in alto loco in ipsa villa, ubi appellant Ad Burgim, unam Cartalatam terræ, et terminatur via publica in circuitu, etc.* Tabular. S. Dionysii de Capella diœcesis Bitur. Ch. 104 : *Cartalata terræ, eminata terræ, sextariata terræ.* Hist. Abbatiæ Condomensis pag. 476. tom. 13. Spicil. : *Dedit B. Petro... unum concadam de terra et dimidium, et unam Cartaladam, ad fontem de Pisol.* [Charta anni 1238. apud Baluz. Hist. Arverniæ tom. 2. pag. 265 : *Alter vero*, (Campus) *situs est ibidem in territorio campi rotundi... et continet tres Cartalatas.*] Tabularium Abbatiæ S. Joannis Ambianens. fol. 394 : *On fait prendre, lever et emporter toutes les dismes des ablatz crueues en sept Couartées de une piece de terre contenant* 10. *journeux.* Vide *Quarteria.*

CARTALATA, *Cartaronum.* Vide *Quartalata.*

¶ **CARTALIS**, Mensura frumentaria. Rotulum sæculi XII. de Prioratu S. Pauli de Tartas in Archivo de Casa-Dei : *Duos mansos.... ex quibus exeunt duo agni censi... et duo Cartales avenæ et duæ gallinæ.* Ibidem : *Bertrandus Willelmi* (dedit) *unum Cartalem de ciuda.* Vide *Quartale* et *Cartallus.*

¶ CARTALIS VINEA, cujus fructuum quartam partem cultor accipit. Vide in *Quartagium.*

¶ 1. **CARTALLUS**, Cophinus vel Canistrum. *Cartallus Græce, Ficella Latine*, apud Papiam MS. Gall. *Panier.* Deuteron. 26. 2 : *Tolles de cunctis frugibus tuis primitias, et pones in Cartallo etc.* Ibid. ℣. 4 : *Suscipiensque Sacerdos Cartalum de manu tua ponet ante altare Domini Dei tui.* Jerem. 6. 9 : *Hæc dicit Dominus exercitum : Usque ad racemum colligent quasi in vinea reliquias Israel : converte manum tuam quasi vindimiator ad Cartallum.* Hinc emendandus est locus Epistolæ Honorii III. ad Præ atos Hiberniæ apud Marten. tom. 1. Anecd. col. 875 : *Vinea fera tota.... aruit, et vindemiator manum ad Carcallum non revocat.* Pro *Carcallum* enim legendum est *Cartallum.*

* Glossæ Bibl. MSS. ex Bibl. reg : *Cartallum, est canistrum vel cophinus, ut dicit Hugutio. Vas est vimineum, quod solent habere vindeniatores in aliquibus partibus.* Glossar. Lat. Gall. ex Cod. reg. 7679 : *Cartalon, pennier ou cofinel.* Aliud Gall. Lat. ex Cod. 7684 : *Cartallum et Cartallus, Hote à vendengeours.* [** Aliud ex cod. reg. 6744 : *Calatum, canistrum vel Cartallum.* Suidæ Κάρταλλος, κόφινος ὀξὺς τὰ κάτω.]

¶ 2. **CARTALLUS**, Mensura frumentaria. Instrum. anni 1240. Hist. Dalphin. tom. 1. pag. 188. col. 2 : *Concessimus, ut de singulis domibus villæ de Monstreuil, ubi bos seu boves fuerint duos Cartallos avenæ ad mensuram fori Ambruniacensis recipiant annuatim; de illis vero domibus, ubi bos non fuerit, unum Cartallum avenæ tantum recipient.* Occurrit ibidem non semel, in Chartulario Prioratus S. Petri de Domina fol. 101. de verso, in Archivo Majoris Monasterii, etc. Vide *Cartalis* et *Quartallus.*

¶ 3. **CARTALLUS**, Gerifolium, capsula gerendis chartis, Gall. *Porte-feuille.* Annales Bened. tom. 5. pag. 562. ex Ruperto. Hic relatis obtrectatorum, qui primis ejus studiis et scriptionibus obstrepebant, dicteriis, subdit : *Hæc et alia multo graviora surda aure præteriens, ut totus eram possessus ab ea, quæ me tacere non sinebat, dilectione verbi Dei, et primitias istas* (Libros de divinis Officiis) *et alia nonnulla in Cartallo meo congessi.* Metaphorica locutio est ducta a *Cartallo*, prima notione.

* 4. **CARTALLUS**, Quarta pars dolii, Gall. *Quartaut.* Charta ann. 1168. inter Probat. tom. 2. Hist. Occit. col. 608 : *In perpetuum concedo Deo et B. Mariæ et tibi Mathfredo abbati de Bonnacumba...... xx Cartallos olei singulis annis in meos olivarios.* Vide *Quartale.*

¶ **CARTALOGUS**, pro *Catalogus*, in Epistola Joannis II. Archiep. Lugdun. apud Mabillonium tom. 3. Analect. pag. 491 : *Quod facile deprehendere poteritis ex Martyrologio Venerabilis Bedæ Presbyteri et successoris ejus Oswardi, qui Cartalogum Sanctorum magna ex parte ampliavit.*

¶ 1. **CARTAMENTUM**, Instrumentum, Charta. *Prout in Cartamentis et litteris inde confectis plenius continetur*, in quodam veteri Instrumento.

* 2. **CARTAMENTUM**, Idem forte quod supra *Cartalagium*; nisi legendum sit *Carramentum*, Vectura cum carro. Vide supra *Carrugium.* Charta Mathild. comit. Nivern. ann. 1226. in Chartul. Cluniac. : *Concessimus... quicquid juris, usagii, consuetudinis et exactionis in blado, in pecunia, in fossamentis, in Cartamentis, in gallinis, in corveis, in commendis, sive aliis costumis et omnibus aliis habebamus.*

¶ **CARTANARIUS**, Qui quartana febri laborat. Capitula general. MSS. S. Victoris Massil. : *Cartanariis vero provideat infirmarius in carnali tempore omni die in quo carnes licite comeduntur, etc.* Cod. MS. e Bibliotheca D. de *Chalvet* Senescal. Tolosæ de Dictis in Hæreticos Albigenses : *Et rogaverunt eum debilem et Cartanarium, quod veniret cum eis ad solaciamentum ad columbarium magistri R. Calviere.* Vide *Quartanarius.*

CARTANENSIS MONETA. Albertus Aq. lib. 2. Hist. Hieros. cap. 35 : *Pacti sunt ei dare* 15. *libras Cartanensis monetæ. Cartensis* dicitur Raimundo *de Agiles* pag. 165 : *Pictavini, Cartenses, Mansei, Lucenses, etc.*

¶ **CARTANIA.** Vide *Brogalia.*

¶ **CARTAPACIA.** Vide *Chartapacia.*

* **CARTARENCHIA**, CARTERANCHIA, Mensuræ frumentariæ species apud Arvernos aliosve, majoris scilicet *quartæ* dimidia pars, seu minor *quarta*, id est, *rasa.* Terrear. castel. *d'Ibois* ex Reg. 24. Chartoph. reg. fol. 2. r°. : *Johannes Ymberti debet unum Cartarenchiam siliginis pro quodam campo, sito in territorio del Pohat.* Passim ibi. Terrear. villæ *de Busseul* fol. 1. v°. : *Laurentius Bourquet confessus fuit se debere tres Cartarenchias, et tertium unius Cartarenchiæ frumenti.* Terrear Apchonii : *Unum quarteyronum siliginis, quatuor cartonum Carteranchiam.* Infra : *Trium cartonum Carterenchiam, et tertiam partem unius quarteyronis siliginis, etc.* Charta ann. 1305. ex Reg. 13. ch. 41 : *Une mine et une Quarterenge de blé.* Alia ann. 1464. in Reg. 199. ch. 418 : *Item en froment huit sextiers, une Cartarenche et tiers de ponhardiere..... Item en seigle quatre sextiers, six quartons Quarteranche de ponhardiere.* Vide *Carterencha.*

* CARTARONCHIA, Eadem notione, pro *Cartaranchia.* Charta permut. inter dom. de Brolio et præcept. de Carbonerio in Arvern. ex Reg. 72. Chartoph. reg. ch. 388 : *Item Cartaronchiam avenæ et sex denarios censuales de quodam campo.* Vide *Carterencha* et infra *Quartaranchia.*

¶ **CARTAIRA**, Pars quarta. Donatio Bernardi Atonis Vicecomitis Nemaus. pro Raimundo Cantarella ann. 1138. apud Baluz. Hist. Arvern. pag. 489 : *Quem visus est tenuisse pater tuus Bern. Pontius Cantarella et tu post eum, vel aliquis pro vobis, sive ad mejarium, vel terzarium vel Cartariam :* hoc est, reddendo mediam, vel tertiam, vel quartam partem fructuum inde provenientium.

¶ **CARTARIATA**, CARTIATA, Modus agri, idem, ut videtur, qui *Quarteria*, continens quartam partem jugeri, nostris *Quartier.* Charta Gisbertæ Abbatissæ S. Salvatoris apud Stephanotium tom. 10. Fragm. histor. pag. 260. n. 1450 : *Donamus tibi.... quinque Cartiatas de terra culta, et quintam partem de alia Cartariata.* Videtur utrobique legendum *Cartariata.*

* **CARTARITIA**, Pensitatio, quæ pro habenda *charta* scholaribus fiebat. Stat. ant. Cumanæ cap. 31. ex Cod. reg. 4622. fol. 33. v°. : *Potestas teneatur..... facere dare et solvere cordaritiam et Carturitiam quolibet anno ante festum S. Andreæ scholaribus Cumarum.*

CARTARIUS, [Modus agri, Gall. *Cartide terre.*] Vide *Quartarius.*

* **CARTARO**, Mensura frumentaria. Charta ann. 1346. in Reg. 81. Chartoph. reg. ch. 530 : *Item pro clij. conquetis avenæ,..... quarum xij. faciunt unum Cartaronem, quia mensurantur et solvuntur in pleno,.... computando Cartaronem avenæ ad tres solidos Turon... Item pro lv. conquetis frumenti,...... quarum undecim faciunt unum Cartaronem, quia mensurantur et solvuntur in raso,..... computando Cartaronem ad undecim solidos Turon.* Vide supra *Cartarenchia* et infra *Carto* 1.

* **CARTARONCHIA.** Vide supra in *Cartarenchia.*

¶ **CARTARONUM**, Quarta pars libræ, Gall. *Carteron.* Consuetudines Tolosæ Rubricæ de emptione num. x : *Usus et consuetudo est Tolosæ, quod quilibet venditor usitatus rerum ponderis debet tenere certum pondus scilicet quintale, et medium quintale, et libram, et mediam libram, et Cartaronum, et medium Cartaronum, etc.* Alii legunt *Quartaronum.* Vide in hac voce.

* **CARTATA**, Modus agri, quartam aripennis, seu jugeri partem continens, idem quod *Cartalata.* Terrear. castellaniæ *d'Ibois* ex Reg. 24. Chartoph. reg. fol. 130. r°. : *Pro quinque sextariatis et tribus Cartatis terræ sitis in territorio de Monsalhas.* Ibid.

fol. 131. v°. : *Pro quinque Cartalatis terræ. Cartelée*, in Charta ann. 1384. ex Reg. 126. ch. 64 : *Item une piece de terre contenant environ une Cartelée de terre.* Vide *Carteirata.*

* **CARTATICUM** IMPERIALE, Unguenti genus. Epist. 1. Hugon. Metelli ad S. Bern. tom. 2. Monum. sac. antiq. pag. 322 : *Componunt unguenta ad tollendos morbos mentis efficacia; componunt Cartaticum imperiale, quod ardorem febrium spiritualium mitigat.* Ubi metaphorice usurpatur. [** Καθαρτικὸν φάρμακον, Purgativum.]

CARTATORIA. Charta ann. 1027. apud Ughellum tom. 7. pag. 594 : *Debent dare omni anno tempore vindemiarum octo laurnas de musto mundo, quorum quæque habeat octo languenas juste Cartatorias, et puteolum unum quod exierit de terra, cum vinea ejusdem Monasterii quæ dicitur esse in loco Grancoario, et intra ipsam terram cum vinea, faciendum quod voluerit.*

* **CARTAYRAGIUM**, f. Quod pro Chartis præstatur. Charta ann. 1343. in Reg. 74. Chartoph. reg. ch. 232 : *Item pro notaria marquantum* (f. marquantium) *et Cartayragio ad sex denarios pro focco* (sic) *in reddittu, etc.* Vide *Chartiaticum* et infra *Marquare.*

¶ **CARTAYRONUM**, Quarta pars mensuræ, vel ponderis, Gall. *Carteron.* Statuta Episcoporum Massil. pro Monialibus S. Salvatoris ejusd. urbis : *Detur singulis Monialibus duas libras panis et unum Cartayronum vini.* Charta ann. 1381. ex Archivo S. Victoris Massil. : *Sacrista S. Genesii tenetur annis singulis in Natale Domini dare domino Priori unum entortitium quatuor lib. ceræ factum et operatum sine fraude, et unum Cartayronum quintalis candelarum operatarum de cepo;* hoc est 25. libras, cum quintale sit centum librarum. Vide *Carteironum.*

¶ **CART-BODY**, ex Anglico *Cart*, carrus, et *Body*, corpus, id est, Pars carri præcipua, quæ rotis et axe sustinetur. Kennettus Antiquit. Ambrosden. pag. 550 : *Et pro sarratione et dolatione unius Cart-Body, etc.*

CARTBOTE, ex Angl. *Cart*, carrus, et *bote*, compensatio, reparatio, etc. Vide in *Housebote.*

CARTEA, CARTEIA, ex Gallico *Chartée*, seu ut efferunt Belgæ, *Cartée. Carteia piscium, Carteia carnium, Carteia lanæ, etc.* in Charta telonei S. Bertini, in Tabulario ejusdem Ecclesiæ. [*Cartea* in MS. Cathedralis S. Audomari.]

¶ **CARTEFER**. Instrument. anni 847. apud Mabill. de Re diplom. lib. 6. Charta 86 : *Carteferum ad manendum et vineam et pratum, simul continentes bunnarium unum et dimidium.* Videtur esse pro *Curtifer*, quod vide post vocem *Cortis.*

¶ **CARTEIA**. Vide *Cartea.*

¶ **CARTEIRATA**, Quarta pars *arpennis* seu jugeri, apud Stephanotium Antiquit. Occitan. part. 2. pag. 471 : *Testamentum Guillelmi Domini Montispessulani.... infirmariæ prope pontem de levio dat* VII. *Carteiratas vineis in terminio de Salzeto.* Vide *Cartariata.*

¶ **CARTEIRONUM**, Quarta pars mensuræ majoris, sive liquidorum sit sive aridorum. Statuta Massil. pag. 170 : *Quoties vinum præconisatur ad vendendum... inquirere teneantur.... an mensuræ justæ sint, dozenum et medium dozenum, et Carteironum, et poizale, et meillairola, et Carteironum et emina bladi, et salis, et cæterarum rerum mensurandarum.*

* **CARTELARIUS**, f. Notarius, scriba, aut Chartarum opifex. Charta ann. 1243. in Chartul. Pontiniac. pag. 200 : *Johannes pelliparius et Stephanus Cartelarius, etc.*

* **CARTELETUS**, Quarta pars mensuræ vel dolii, Gall. *Quarte* vel *Quartaut.* Inventar. MS. bonorum Raym. de Villanova ann. 1449 : *Hugo textoris* (debet) *xxj. Carteletos vini.* Vide supra *Cartallus* 4.

CARTELLANA, Cartilago. Constantinus Afric. lib. 1. Pantechn. cap. 21 : *Sicut enim in pueris solidiora membra, ut Cartellana, nervi, atque ossa, humidissima sunt et tenerrima, ita contra in decrepitis siccissima.*

* **CARTELLARE**, In charta describere. Charta Caroli IV. reg. Franc. ann. 1322. in Reg. 61. Chartoph. reg. ch. 459 : *Quam confirmationem Cartellari et penes nos retineri fecimus.* Vide *Inchartare.*

CARTELLARII. Vide *Chartularii.*

1. **CARTELLUS**, Chartula. Concilium Biterrense ann. 1246. cap. 5 : *Præcipimus quod quæstores non permittantur in Ecclesiis aliquid populo prædicare, quam in indulgentiis D. Papæ et sui Diœcesani literis continetur : nec Cartelli vel cedulæ recipiantur ab eisdem, etc.* Concilium Burdegalense ann. 1255 cap. 2 : *Caveant insuper ne Cartellos a quæstoribus recipiant, nisi primitus diligenter inspectos, quod in iis nec major indulgentia, nec ampliora beneficia exprimantur, quam in literis supradictis.* Eadem ferme in Synodo Nemausensi ann. 1284. sub finem. [Stephanotius tom. 1. Fragm. Histor. In Statutis MSS. Capitulorum general. Ordinis Artigiæ : *Ordinamus quod nuntiis, qui de Artigia de manu Sacristæ recipient brevia seu Cartellos Fratrum defunctorum, etc.* Vita Nicolaii PP. III. ex MS. Bernardi Guidonis, apud Murator. tom. 3. pag. 607. col. 2 : *Tunc etiam reperta fuit.... in tumulo memorato scriptura alia vetustissima in quodam Cartello in cera exterius undique cooperto.... qui talis erat : Hic requiescit corpus B. M. Magdalenæ.*] Vox etiammum usurpata in litteris diffidationum, quas *Cartels de deffy* dicimus.

* Lit. ann. 1372. tom. 5. Ordinat. reg. Franc. pag. 562 : *Verum quia ex hoc nullæ recogniciones fieri consueverunt, sed solum parvi Cartelli parti solventi clamorem antedictum tradi consueverunt; qui quidem Cartelli propter eorum modicitatem sæpius amittuntur, etc.* Adde Decis. Burdegal. Boerii Decis. 1. et quæ in voce *Cartellus* 2. allegantur : neque enim alio sensu videntur accipienda. Nostri *Cartel* et *Cartellet*, eadem notione, dixerunt. Leudæ regal. Biter. ann. 1540 : *Fesant Foy de Cartel ou albare.* Lit. remiss. ann. 1460. in Reg. 192. Chartoph. reg. ch. 71 : *Le suppliant leur bailla ou fist bailler à ung chacun ung Cartellet ou rescript, contenant, etc.*

* CARTELLORUM ELEEMOSYNÆ, Quæ expositis schedulis una cum Reliquiis corrogantur. Stat. synod. eccl. Carcass. ann. 1315. ex Cod. reg. 1613 : *Presbyteri qui ex pacto habeant aliquid de eleemosinis Cartellorum, quos in suis ecclesiis exponunt parochianis suis, vel pactum faciunt hujusmodi, sunt interdicti.*

¶ 2. **CARTELLUS**, ut *Cartallus* 1. Cophini species seu *capsæ*, in qua Sanctorum reliquiæ reponuntur. Chronicon Comodoliac. apud Stephanotium tom. 2. Fragmentorum MSS : *Ipsas* (*reliquias*) *et Cartellos earum huc et illuc per fossata et loca immunda dispersit.* Instrumentum ann. 1404. ex Archivo S. Victoris Massil. : *Repererunt pretiosas reliquias et ossamenta corporum beatorum S. Victoris et Sociorum suorum, et alia ossamenta et reliquias cum eorum albarellis sive Cartellis, cum quodam rotulo in pargameno descripto.* [* Vide *Cartellus*, 1.]

¶ 3. **CARTELLUS**, Mensura frumentaria. Seherus Abb. de primordiis Monasterii Calmosiac. apud Marten. tom. 3. Anecd. col. 1198 : *Debet etiam trituram in horreo, quæ decem Cartellos continet.*

CARTENSIS MONETA, [* Italicæ monetæ species. Charta ann. 1359. in Antiq. Hortæ Fontan. pag. 416. inter Append. : *Cum salario mille librarum Cartensium et quinque librarum denariorum Papiensium.*] Vide *Cartanensis.*

* **CARTERANCHIA**, CARTERENCHIA. Vide supra *Cartarenchia.*

¶ **CARTEREGIUM**, Mensura frumentaria, in Instrumento Majoris Monasterii : *Lucia domina de Matignon pro anima Johannis filii mei defuncti, assensu Domini Stephani Guoion olim mariti mei, dedi, unam minam frumenti domui S. Martini de Lambalia et dimidium Carteregii ad mensuram de Matignon, in terra mea, quæ dicitur Baillivia in parochia S. Casti.*

CARTERENCHA, Mensuræ Arvernicæ species. Tabularium Brivatense ann. 1255. 1268 : *Tres cartas ordei et quinque Carterenchas frumenti, etc. Una Quarterengia pressoragii*, in Charta Philippi Aug. ann. 1181. in Tabuiar. Abbat. Barbellensis num. 34. Vide *Cartarenchia.*

CARTERIA. Vetus Statutum de Mensuris apud Catellum in Hist. Tolosana pag. 227 : *Quod lapides mensurariæ S. Petri et S. Geraldi.... exceptis illis quæ sunt de nucibus et de avena, debent esse coæquales, et debent ire ad rasuram plenam, et debent trahi et esse de ratione Carteriarum cupri.... Item quod Carteria lapidis sit de ratione Carteriæ cupri, et in emina, quod habeat duas Carterias æquales, et in medio cartonæ quatuor, totum ratione Carteriæ cupri, etc.* [Inventarium Recognitionum de Vouta Diœcesis Vivar. tom. 2. fol. 343 : *Sub censu unius carte et unius Carterie frumenti, trium carteyronorum cyvate et trium Carteriarum siliginis.* Fol. seq. : *Sub censu duarum cartarum et unius Carterie frumenti, et unius carteyroni avene.* Et fol. 351 : *Sub censu trium carteyronorum et unius Carterie cum dimidia avene.* His in locis *Carteria* videtur esse minor *carta*, seu ejusdem pars quarta, et f. eadem mensura, quæ *Carteyronum.* Vide *Quarteria.*]

CARTERIÆ, *sunt in cacumine arborum, per quas funes trahuntur.* Papias. [Arbor hic est malus navis.]

* Leg. forte *Carreriæ* vel *Carrelliæ*, Tro-

chleæ, Gall. *Poulies.* Vide *Carrellus* 3. [** Vide *Carchesium.*]

* **CARTERIATA**, Modus agri, quartam *aripennis* seu jugeri partem continens, idem quod *Cartariata*; Provinc. *Carteyrado.* Charta ann. circ. 1060 : *Item* (dedi) *unam Carteriatam vineæ in clauso Poncii Rufi.* Pactum ann. 1161. inter Probat. tom. 2. Hist. Occit. col. 580 : *Dabo quinque modiatas terrarum et viginti Carteriatas vinearum in terminio castri de Dovallano infra dimidiam leuguam.* Charta admort. ann. 1415. in Reg. 168. Chartoph. reg. ch. 328 : *Item pro tribus Carteriatis vineæ, sitis ad podiale Raust, unam punheriatam frumenti.* Tabul. Flamar. ann. 1470 : *In qua quidem pecia nemoris possunt esse octo Carteriatæ terræ insimul contiguæ.* Vide supra *Cartata* et *Quartariata.*

¶ 1. **CARTERIUM**, Mensura annonaria, apud Lobinell. Hist. Britan. tom. 2. pag. 213 : *Quitavit in perpetuum mihi.... decem Carteria siliginis et duo Carteria frumenti.* Vide *Carteria.*

¶ Carterium Arietis, Quarta pars arietis, Gall. *Cartier.* Charta Geraldi Abb. S. Joannis Angeriacensis ann. 1385. ex Chartulario ejusd. monasterii pag. 464 : *Quibus* (pauperibus) *dantur a Cellerario quotidie 7. panes frumenti et totidem justæ vini, et carnes ad minus 2. Carteria arietis.*

¶ Carterium Molendini, Quarta pars, ut verisimile est, reddituum molendini. Chartular. S. Vandregesili tom. 1. pag. 1060 : *Noverint universi, quod ego Nicholaus de Depa.... vendidi.... Rogeriæ uxori Roberti Deo-donati.... unum Carterium molendini tanerit, quod sedet in villa de Caudebec, quod habui pro mea proparte.*

¶ Carterium Cervi a subdito venatore dandum silvæ domino, in Charta ann. 1233. ex Schedis Præsidis *de Mazaugues.*

* 2. **CARTERIUM**, Regio, vicus, Gall. *Quartier.* Charta ann. 1539. ex schedis D. *Chaix* Aquens. advoc. : *Item quoddam stabulum situm infra dictam villam Pertusii et in Carterio virorum, confrontatum cum carreria publica.* Vide infra *Carto* 4.

* **CARTERIUS**, Quarta pars cujusvis rei, Gall. *Quartier.* Charta ann. 1357. tom. 4. Ordinat. reg. Franc. pag. 449 : *De quolibet cervo sive bicha medietatem unius Carterii ultimi, in qua pes teneat.* Transact. ann. 1501. ex schedis Pr. *de Mazaugues : Quod talis venator... teneatur portare eidem domino... unum cadrantem sive Carterium ejusdem talis animalis posteriorem.* Vide in *Carterium* 1.

¶ **CARTERONIUM**, Ejusdem Originis, ac notionis non absimilis, pro Parte loci seu agri amplioris sumi videtur, in Charta ann. 1201. apud Lobinellum tom. 2. Hist. Britan. pag. 326. col. 2 : *Ego Constancia Conani Comitis filia, Ducissa Britanniæ.... quandam Abbatiam fundare decrevi; ad cujus situm et fundamentum locum elegi idoneum et honestum qui dicitur Cortinaria.... Insuper dedi.... Carteronium de monte Berole integre ad culturam; etsi non potuerit sufficere ad usum quinque carucarum, in Laurenceria reliquum perficietur. Carteronum* in Charta Thossiacensi anni 1461 : *Domus ista sita est in Carterono de Challes.* Galli diceremus, *Située dans le Canton* vel *le Quartier de Challes.* Nisi malis per *Carteronum* vicum intelligere : quod fere eodem redit.

* **CARTEYROLA**, Mensura vinaria. Comput. ann. 1468. inter Probat. tom. 4. Hist. Nem. pag. 46. col. 1 : *Item plus solverunt Glaudio Fontayna pro una Carteyrola vini albi, empta pro collationibus et sena die prædicta factis, etc.* Vide supra *Carteletus.*

¶ **CARTEYRONUM**, Quarteyronum, Mensura annonaria continens quartam partem *Quartæ*, seu alterius mensuræ amplioris. Inventar. *Piquet* n°. 18. cap. 41. de Vouta fol. 18. ex Archivo Principis *de Rohan : Item, unum cestarium frumenti cum uno Quarteyrono et tertiam partem unius Carteyroni frumenti.... Item, unum Carteyronum frumenti, et tertiam partem alterius Carteyroni frumenti, quos serviunt dicti heredes.* Vide *Carteria*, et *Carteironum.*

* **CARTEYRONUS**, Mensuræ liquidorum species. Vendit. facta abbat. S. Petri de Podio Araus. : *Duo barralia olei olivarum boni, mundi et mensurabilis ad mensuram villæ S. Spiritus, computando pro quolibet barrali olei xxiv. Carteyronos.* Vide *Carteironum.*

CARTHARASA, Mensura annonaria apud Burgundos. Tabularium Prioratus de Paredo fol. 18 : *Dedit.... totam partem terræ suæ ubi seminari potest Cartharasa annonæ.* Forte dividenda vox, *Carta rasa*, seu *quarta* non ad cumulum. [Quin dividenda sit, nullus dubito. Vide *Carta* 1.]

* **CARTHESELLA**, Contractus matrimonii, ut videtur, vel Charta quævis ad matrimonium spectans. Chron. Bergom. ad ann. 1403. apud Murator. tom. 16. Script. Ital. col. 929 : *Facta fuit crida una in Bergomo mandando ad exequutionem literas DD. nostri, quod amodo non solvatur datium Carthesellarum de mulieribus nubendis, nec pro aliquibus dotibus.*

¶ **CARTIATA**. Vide *Cartariata.*

* **CARTIBELLUS**, Chartula, in qua expensi rationes per singula describuntur, Gall. *Mémoire* Comput. ann. 1503. inter Probat. tom. 4. Hist. Nem. pag. 82. col. 1 : *Consules exposuerunt circa præmissa et deppendencia ab eisdem, prout patet per le menu in quodam Cartibello ad partem descripto, etc.* Vide *Carticellus.*

CARTIBULA. Vide *Castibulum.*

CARTICA. Pelagius libello 10. num. 76 : *Videns autem Ægyptius vestitum mollibus rebus, et budam de papyro, et pellem stratam sub ipso, et modicum capitale de Cartica sub caput ejus, etc.* Hic hæret Rosweidus, sed indubie legendum *Carpita.* Vide *Carpia.*

¶ **CARTICELLÆ** Triumphales, Chartæ lusoriæ, chartæ pictæ ita sic dictæ, inquit Editor, ex supposito quod vox truffa, quæ lusum significat, sit derivata a Latina voce triumphus. Galli etiammum dicunt *jouer à la Triomphe*, quod forte ludi genus primum fuit. Certe antiquissimum est ceteris cartarum ludi generibus comparatum. Vita S. Bernardi Senensis tom. 5. SS. Maii pag. 276 : *Larvales præterea facies, aleæ; taxilli, triumphales Carticellæ in forum deferebantur, omni igni tradenda atque comburenda.*

CARTICELLUS, Parva charta. Eadgarus Rex in Regulari Concordia Monachorum, apud Seldenum. ad Eadmerum pag. 147 : *Hoc exiguo apposuerunt Catlicello.* Seldenus legit *Codicello*, malim *Carticello.*

** **CARTICINEA** Domus, Casa stramento tecta seu palustri herba, quam sequioribus temporibus papyrum dicebant. Ita Marinius Pap. Diplomat. pag. 241. num. 48. not. 2. et pag. 364. num. 132. not. 4. ubi excitat Chart. ann. 1056 : *Ortus pomutus cum duabus domucellis Carticineis.* Alia ann. 1022 : *Domus de tendia terrinea scandolicia et Carticinea. Carticinea* etiam legendum censet in Chart. ann. 994. in Annal. Calmad. tom. 1. append. pag. 125 : *Domus terranea scandalicea Cartagnivea.* Alia ann. 1062 : *Domus terrinea scandalicea et Cartiquicia cum orticello post se.* Inde *Carticinium* dictum vult locum ubi tales herbæ crescunt in charta ann. 1166 : *De tota terra sementaricia cum pantano et Carticinio et pratalia, etc.* Videndum tamen an *Carticinea domus*, cum eadem semper *scindulicia* dicatur, sit *laminis* tecta; *Chartam plumbeam* enim pro *lamina plumba* habet Suetonius in Nerone cap. 20. Conf. *Carratio.*

* **CARTICINIUM**, Chartularium, codex, in quo Chartæ integræ ex ordine descriptæ sunt. Cencius in Præfat. ad lib. cens. eccl. Rom. : *Census ipsos, sicut in thomis, Carticiniis et voluminibus regestorum antiquorum..... inveni, etc. Charticinium* edidit Cangius et de Chartarum fasciculo interpretatur. [** Vide Marin. Pap. Diplom. pag. 221. num. 13. not. 4.]

* **CARTICIUS**, Chartaceus. Lib. cens. eccl. Rom. : *Item in quodam thomo Carticio, qui est in cartulario juxta Palladium, legitur, etc.* Codex Colbert. 2576. fol. ult. : *Item in alio Carticio tomo legitur S. Papa Leo VIIII. subdidisse B. Petro monasterium suum in Lotharingia, in episcopatu Tullensi, consecratum in honore S. Crucis.*

CARTICLUS. Charta Odonis Episc. Belvacens. anno 1140. apud Louvetum : *Concesserunt in eleemosynam huic Ecclesiæ.... scilicet Carticlum unum, et mansuram et majoratum.* Sed legendum videtur *Curticlum*, aut *Curtillum.*

1. **CARTICULA**. Gloss. Græco-Lat. Δεῖπνον, *Carticula*, [Cœna.] [** An *Craticula*? Conf. Martial. 14, 221.]

* 2. **CARTICULA**, Chartula. Pontif. MS. eccl. Elnens. ubi de Dedicat. eccl. : *Pontifex paret reliquias in altari consecrando includendas,...... etiam ibi Carticulam de corio scriptam de grossa littera continentem, cujus reliquiæ sunt ibi inclusæ.*

* **CARTIGRAPHUS**, Notarius vel Cancellarius. Charta Ædgardi reg. Angl. ann. 960. tom. 9. Collect. Histor. Franc. pag. 397 : *Edilvinus regiæ domus Cartigraphus, jubente domino Ædgardo scripsi et in auditu præsentium legi et subscripsi.* Vide *Chartigraphus.*

¶ **CARTILAGIUM**, forte Idem quod *Cartalagium.* Bulla Gregorii VIII. in Privilegiis Equitum Ordinis S. Joannis Jerosolymitani pag. 144 : *Neque aliquibus solvatis aliquam gabellam, passagium, pedagium, Cartilagium, nec teneamini ad reparationem murorum, fontium, pontium, vel viarum, etc.*

CARTILAGO. Gloss. Isidori : *Cartilagini, lardo bradone*, an *bacone*?

* **CARTILEGIUM**, Scrinium, locus ubi

Chartæ asservantur. Mirac. B. Rainaldi tom. 3. Aug. pag. 696. col. 2 : *Quæ diffusius et authentice scripta sunt per manum publici tabellionis et approbata testibus fide dignis, in quodam quaterno existente in Cartilegio ecclesiæ Ravennatis.*

* **CARTILOGIUM**, Eadem notione. Lit. prior. de Carit. in Chartul. Cluniac. : *Vobis supplicamus attentius et devote, quatinus in Cartilogio vestro perscrutari dignemini, etc.* Vide *Chartularium.*

1. **CARTO**, vel Quarto, ut est apud Gariellum in Episcopis Magalonensibus pag. 143. Mensura frumentaria. Charta anni 1214. in 30. Regesto Archivi Regii Ch. 58 : *Similiter liceat nobis emere vineas et alias possessiones, Cartones vel tascas ad usum mensæ nostræ vel Canonicorum, etc.* Ubi *Carto* videtur esse idem quod in Charta Occitanica ann. 1306. in Regesto Philippi Pulcri incip. anno 1299. pag. 91. ex Tabulario Regio : *Item ducentas quinquaginta duas et dimidiam terræ ad agrarium, seu nonam partem in dicta villa et ejus pertinentiis sitas, quæ a nobis tenentur, pro quarum Cartonatarum qualibet debentur duo denarii ultra agrarium, qui sunt computati in dicta summa obliarum minutarum, quæ fuerunt æstimatæ valere communi æstimatione 97. Cartones cum dimidia bladi, duæ partes frumenti, et media pars tertiæ partis siliginis, et alia media pars tertiæ partis avenæ, etc.*

☞ Iis in locis, ut et in sequentibus, sermo est, si bene conjecto, de eo jure, quod *Quartagium* appellabant, Gall. *Quartelage.* Hoc sibi arrogabant domini feudales a suis tenentibus extorquendo quartam partem fructuum e prædiis, agris vineisve provenientium : quod quia præter jus et æquum erat, pro quarta parte aliam exigebant minorem, aut eam commutabant in certam fixamque *Cartonum* frumenti aut vini quantitatem, pecuniæ censu interdum addito, ut ex variis locis hic subjectis licet colligere. Libertates ann. 1209. concessæ per Raibaldum de Calma hominibus terræ suæ, Hist. Dalphin. tom. 1. pag. 19 : *Volo quod vineæ eorum, quæ Cartonem dabant servitio, quintam tantum saumatam serviant.* Litteræ Humberti Diensis Episc. eod. tom. pag. 141 : *Sciendum vero est, quod in Cartonibus vini et censibus gallinarum, quas in dicto castro percipimus, debent prædicti Stephanus et Petrus Bouerii, et Petrus de Valle pro balia sua decimam partem accipere.* Conventio inter Adalardum Abb. S. Victoris Massil. et Wilhelmum Vicecomitem de villa Cathedræ ann. 993. apud Marten. tom. 1. Collect. Ampliss. col. 350 : *Videbam terram S. Victoris membratim carpere, et ceu a belluis particulatim dilaniare, ab Arnulfo scilicet Sabenco, qui fraudulenter acquisivit sibi Cartonem Cathedræ ab antecessore meo Bernardo, necnon a Willelmo Vicecomite, etc.* Statuta Eccl. Biterr. ann. 1360. apud eumd. Marten. tom. 4. Anecd. col. 632 : *Item monemus semel, secundo, tertio et peremptorie omnes et singulos qui Cartones, procurationes, synodatica et assignationes nobis debent et Ecclesiæ Biterrensi, quod de ipsis infra XV. dies satisfaciant ad plenum, ut tenentur.* Quartagium ad fixam frumenti, vel avenæ, etc. quantitatem et ad certam pecuniæ censualis summam redactum fuisse, probat D. de Lauriere in suo Juris Gallici Glossario ex libertatibus incolis S. Palladii a Guidone de Soliaco Archiep. Bituric. ann. 1279. concessis, ex quibus hæc refert : *Pro quolibet casali sito in censibus nostris, et rebus pertinentibus ad casale, quod casale cum pertinentiis tenebant homines quondam tailliabiles, reddentur nobis viginti bocelli avenæ et viginti denarii Turonenses censuales, accordabiles, vel tantum, seu pro rata quam tenebant de casali.* Idem confirmat ex Consuetudinibus oppidi *de Troy* in agro Bituric. ubi sic habetur : *Item par ladite Coutume et droit prescrit de temps immemorial ledit Seigneur a droit de prendre sur chacun chezeau, étant audit censif six boisseaux marseche et trois parisis de cens accordables, payables comme dessus, et pour demi chézeau trois boisseaux, et un denier obole parisis, et pour un tiers ou quart à la raison dessus-dite, lequel Droit s'appelle Droit de quartelage, sur lequel le Roy prend un muid marseche de rente, à la charge de fournir audit Seigneur censivier un Sergent fiéfé, qui execute les debiteurs des droits d'iceluy, par vertu de roolle du Receveur ordinaire du domaine du Roy.* Vide antiq. Consuetud. Bituric. pag. 112. 222.

* Chron. vet. ad ann. 1310. apud Catel. ad calcem Hist. comit. Tolos. pag. 153 : *Se vendidit tredecim libris Turon. Carto frumenti.* Charta ann. 1306. in Reg. 76. Chartoph. reg. ch. 84 : *Impositum fuit Francisco Pararrani....... duodecim garberios bladi...... sibi appropriasse furtive, et ab inde usque ad decem Cartones bladi vel circa ... recepisse.* Quod autem supra additur circa *Cartonis* exactionem, ut minus considerate dictum, emendatur in *Quarto* 7. Vide ibi.

¶ 2. **CARTO**, Charta spissior, Gall. *Carton.* Acta SS. Maii tom. 6. pag. 174. de S. Jacobo Philippo : *Ex libro memoriarum antiquarum . . . Cartonibus rubris cooperto.*

* 3. **CARTO**, Quarta pars dolii, Gall. *Quartaut.* Charta ann. 1270 : *Cartonem racemorum, et servitium, quod est unius denarii annuatim, quem percipio in vinea Petri Bosse, et Cartonem racemorum et servitium unius denarii, quem percipio et habeo in vinea Guillelmi Bosse et dominium dictarum vinearum, etc.* Lit. ann. 1359. tom. 3. Ordinat. reg. Franc pag. 342 : *In et super quolibet Cartone vini mensuræ dictæ villæ, quod in dicta villa et ejus pertinentiis vendetur vel expendetur, dimidium obolum Turon.* Vide supra *Carteletus.*

* 4. **CARTO**, Urbis regio, Gall. *Quartier.* Charta ann. 1198. inter Probat. tom. 3. Hist. Occit. col. 185 : *Eligantur de singulis Cartonibus, per quos civitas ordinata existit, quinque boni viri, etc.* Vide supra *Carterium* 2.

¶ **CARTOLA**, pro *Chartula*, in veter. Formulis Andegav. art. 32. et 40.

¶ **CARTOLARIUS**, pro *Chartularius*, in Præcepto Ludovici Imperat. ann. 821. apud Marten. tom. 1. Collect. Ampliss. col. 78.

¶ **CARTOLOGUS**, quasi *Chartiloquium*, id est, quidquid chartæ dicant vel instrumenta. Epistola Gregorii Papæ IX. pro Aldrici appellatione : *Sed sicut apostolicis est munitus præsidiis, ita vestris fulciatur auxiliis, sitque ab omni sacerdotalis Cartologi laqueo, aut oppressione, vel judicio humano intactus.* Posset etiam *Cartologi* nomine intelligi Aldrici adversarius, qui ad suam causam deffendendam chartas et instrumenta proferebat.

CARTONAGIUM Vini, apud Boërium Decis. 246. Vide *Carto* 1.

CARTONATA Terræ, id est terra, vel terræ aut agri portio unius cartonis frumenti reditus. Charta anno 1300. in Regesto Philippi Pulcri incip. ann. 1299. num. 47 : *Tres Cartonatas terræ quæ faciebant agrarium ab antiquo Prioratui antedicto. Quartenata*, et *Quartonata*, in Charta ann. 1304. in 9. Regesto ejusd. Philippi Pulcri Ch. 86.

¶ **CARTOPHYLACIUM**, Cartophylax. Vide *Chartophylax.*

¶ **CARTORIUM**, Archivium, Tabularium. Acta SS. Julii tom. 2. pag. 173. de S. Elizabetha : *Si in Cartorii dicti Monasterii aliquæ amplius essent scripturæ.*

¶ **CART-SADEL**, ab Angl. *Cart*, carrus, et *Sadel* vel *Saddle*, Ephippium, seu illud stratum, quod imponitur equo currum trahenti, et cui insidet auriga. Kennettus in Glossario ad calcem Antiquit. Ambrosden : *Pro uno Cart-sadel, uno colero, cum uno pari tractuum emptis* XIV. *d.*

¶ **CARTUARIUM**, ut Chartularium, Gall. *Cartulaire.* Tabular. Pinnat. apud J. Moretum in Antiquit. Navarræ pag. 324 : *Hæc est Cartuarium S. Martini de Zircitu, etc.* Vide in *Charta.*

¶ **CARTULA**. Vide *Chartula* in *Charta.*

¶ **CARTULARE**, Cartularium. Vide *Chartulare*, *Chartularium.*

* 1. **CARTULARIUM**, Bibliotheca publica. Codex reg. 4188. ad calcem Ord. Rom. auctore Cencio : *Juxta arcum Septem lucernarum templum Escolapii, ideo dicitur Cartularium, quia fuit ibi bibliotheca publica.*

* 2. **CARTULARIUM**, Cartalarium, Chartelagium, Reditus, qui ex *Chartulariis* seu regestis, in quibus merces inscribuntur, provenit; unde *Cartularius*, qui ea asservat, exigendoque vectigali præest. Memor. H. Cam. Comput. Paris. ad ann. 1423. fol. 163 : v° : *Dominus Johannes de Puligny miles, antea et de novo ordinatus in officio contrarotulatoris et crochet pedagii, revæ et Cartularii S. Johannis de Losne.* Infra fol. 169. r° : *In officio receptæ Cartularii apud Cabilonem sur la Sone.* Reg. ejusd. Cam. ex Cod. reg. 8406. fol. 180. v° : *De Chatelagio* (l. *Chartelagio*) *pro iiij*^{xx}. *iiij. lib. per annum.* Et fol. 181. r° : *Le poix de la laine l. lib. le Chartellaige iiij*^{xx}. Memor. D. ejusd. Cam. ad ann. 1464. fol. 71. v° : *Johannes de Aurelianis institutus Cartularius portus S. Johannis de Loona.* Reg. A 2. ejusd. Cam. ad ann. 1321. fol. 41. r° : *A mestre Jehan, dit Maubourt, de Lymoges est outroié l'office de estre Cartulaire et registreur des émolumens des draps de la cité d'Albigois.* Lit. remiss. ann. 1386. in Reg. 129. Chartoph. reg. ch. 49 : *Jaçoit ce que pour le droit de la reve nous appartiegnent douze deniers pour livre d'imposition et Cartulaire.* Adde Ordinat. reg. Franc.

tom. 3. pag. 254. Neque alius a *Cartulario* esse videtur *Chartrime*, apud Thaumass. in Consuet. Bituric. pag. 226. Vide infra in *Clavaria*.

¶ **CARTULARIUS**, CARTULATIO, CARTULATUS, etc. Vide *Chartularius, etc.*

* **CARTULUM**, *Lo canistro, e cofino.* Glossar. Lat. Ital. Ms. Vide supra *Cartallus* 1.

¶ 1. **CARTUM** DE VINEA, f. Quarta pars jugeri vineæ, Gall. *Quartier de vigne*, in Donatione anni 1198. apud Baluzium tom. 2. Hist. Arvern. pag. 489.

* 2. **CARTUM**, Quarta pars redituum ex aliqua re. Charta ann. 1170. inter Probat. tom. 1. Hist. Nem. pag. 39. col. 1 : *Dono et trado .... omnes partes, quas habeo in Carto molendini superioris de fonte, et quidquid ibi habeo vel habere debeo, etc.* Occurrit rursum in Ch. ann. 1175. ibid. col. 2. Vide in *Carterium* 1.

* **CARTUNENSES**, pro *Cartusienses.* Vide in hac voce. Lit. Caroli V. ann. 1375. ex Reg. 109. Chartoph. reg. ch. 1 : *Concedimus facultatem ut ipse locum, ecclesiam et habitationem dictorum Cartunensium fundare et dotare valeat de dicta terra sua Dauberbus.* A Cartusianis montibus, *Cartusienses* dictos docet Cangius; qui rectius, auctore Valesio in Vales. pag. 83. *Cartusienses* appellarentur a vico *Catorissium* vel *Caturissium*, vulgo *Chatrousse*, prope primum eorumdem monasterium sito : cui sententiæ favere videtur Testam. Guill. dom. Montispess. ann. 1202 : *Monasterio Bonæ fidei, quod est de ordine Chartosse, etc.* Ut ut est de vocis origine, *Cartusienses*, non *Catursienses*, vocatos constat ab ipsis eorum incunabilis. Consule Vign. de Marvil. ejusdem ordinis monachum.

¶ **CARTURIENSES**, Iidem Monachi, qui mox *Cartusienses*, apud Lobinellum tom. 2. Hist. Britan. pag. 363 : *Prope muros civitatis Nannetensis, ubi modo habitant Carturienses.*

¶ **CARTURIUS**, Species modii seu dolii vinarii. Chartular. S. Vandregesili tom. 2. pag. 1673. ann. 1227 : *Ego Rogerus Madame et Guermondus filius Anselli de Alpico cepimus ad colendum usque ad decem annos ab Abbate et Conventu S. Wandregisilli vineam suam de Alpico, quæ dicitur Blonda per medietatem vini ejusdem vineæ, et per duos modios ipsius vineæ de medietate nostra antequam aliquid vini de eadem recipiamus . . . Et ego Robertus Torpin cœpi ad colendum ab eisdem Monachis ad dictum terminum vineam eorum, quæ dicitur Tiebout . . . per medietatem vini et per tres Carturios de medietate mea, etc.*

* Forte pro *Cartarius*, idem quod supra *Carto* 3.

CARTUSIENSES MONACHI, de quorum origine et instituto agit præ cæteris Jacobus a Vitriaco in Hist. Occid. cap. 18. Sic dicti a Cartusianis montibus. Vide *Cartunenses* et *Carturienses*.

¶ **CARUA.** Vide *Carrucagium* 1.

CARUAGIUM, Idem quod *Cariagium*, Bractono lib. 2. cap. 16. § 8.

¶ **CARVALLUS**, Lauri species Lusitanis. Acta B. Tarasiæ tom. 3. SS. Junii pag. 501 : *Toto corpore conspersam ramusculis cinnamomi et rorismarini, immixtis quibusdam lauri, quam Carvallum vocant.*

CARVANNA, CARVANUS. Vide *Caravanna.*

CARVATICUM. Idem quod *Carraticum*, Tributum pro carris transeuntibus. Diploma Ludovici Pii ex Tabul. Monasterii Fossat. fol. 8 : *Pontaticum, vel portaticum, aut Carvaticum, atque cespitaticum, etc.* Forte legendum *Carnaticum.* Vide in hac voce.

CARUBIUM, CARRUBIUM, Quadrivium. Charta Hugonis Archiepiscopi Genuensis ann. 1187. apud Ughellum : *Deinde littus maris continue usque ad Carubium Sardenarum, et ipsum Carubium totum, etc.* Ibid. : *Cum Carubio Corrigialium, etc.* Vetus Inquesta apud Puricellum in Ambrosiana Mediolanensi Basilica pag. 1133 : *Usque ad Ecclesiam parvam, quæ est juxta Carrubium Portæ Ticinensis.*

¶ CARUBEUS, Eadem notione. Bartholomæus Scriba lib. 6. Annal. Genuens. ad ann. 1227 : *Et de mandato dicti Pecorarii plures muri facti sunt propterea in pluribus Carrubeis et viis publicis Januæ civitatis . . . Insuper et muralia sive clausuras factas per Carrubeos in eorum contractis fecit penitus removeri.* Idem ad annum 1244 : *Dominus Archiepiscopus cum universo Clero, Milites quoque et Dominæ, ac universi de populo obviam venerunt ei* (Papæ) *et cum magna processione et lætitia, coopertis Carubeis civitatis pannis deauratis et cendatis, receperunt eum et adduxeruntin palatium Archiepiscopi.*

* Nostris olim *Carrouge.* Lit. remiss. ann. 1367. in Reg. 97. Chartoph. reg. ch. 598 : *Le lundi ladite femme fu en esbat au Carrouge avec ses voisines.* Aliæ ann. 1405. in Reg. 160. ch. 15 : *Le suppliant passant parmi le Carrouge du Bouguerant, qui est au dessoubz de son hostel, etc.*

¶ CARRUBEOLUS, diminut. a *Carrubium.* Stat. crimin. Saonæ cap. 17. pag. 23 : *Usque ad Carrubeolum sancti Andreæ, per quem descenditur ad Quardam, etc.*

* CARUBIELLUS, CARRUBIETUS, Eadem notione. Decret. Frider. II. imper. ann. 1226. apud Murator. tom. 4. Antiq. Ital. med. ævi col. 216 : *Et inde eundo usque in Carubiellum de Piganzolis; .... et inde eundo usque ad Viazolam et Carubiellum, quod est a mane clausuræ Andruzoli Ferrarii.* Stat. Genuæ lib. 6. cap. 13 pag. 159 : *Et quia inter domos in pluribus locis adsunt Carrubieti, nemo possit occupare dictos Carrubietos, nisi pro dimidia quisque versus suam domum tantum.*

CARUBLA, [An *Carruba*, Italis : nostris *Carouge*, Siliqua edulis ?] Monachus Florentinus de Expugnatione Acconis :

> Nos in quadragesima cibis equinarum
> Recreamur carnium et camelinarum,
> Aliis rodentibus textas Carublarum.

¶ **CARUCA**, CARUCAGIUM, CARUCARIUS, CARUCATA. Vide *Carruca, Carrucogium, etc.*

¶ **CARUCATARIUS**, Colonus terræ servituti obnoxiæ. Kennetus Antiquit. Ambrosden. pag. 354. in Inquisitione redditum Episcopi Lincoln. : *Summa redditum Carucatariorum, si fuerint ad firmam* XXII. *sol. . . Summa gallinarum Carucatariorum et cotariorum* CXIV. *gallinæ.*

¶ **CARUCATUS**, pro *Carrucata*, Tantum terræ quantum una *Carruca* coli potest per annum. Vide *Hardwices.*

¶ **CARUCHARIUS**, Ductor Carrucæ. Vide *Mulocisiarius.*

¶ **CARUCHI.** Vide *Cerachi.*

¶ **CARUCULA.** Vide in *Carrucata.*

¶ **CARUDA**, pro *Carruca*, Aratrum, Gall. *Charrue.* Chartular. S. Vincentii Cenoman. fol. 64 : *Et terram ad unam Carudam, et silvam quæ vocatur Bolbier.* Vide *Carrucata.*

* **CARUELLA**, Navis species. Bulla Sixti IV. PP. ann. 1479. ex Bibl. reg. : *Fuit humiliter supplicatum ut tibi tuas naves, Caruellas, carinas seu galeas, aut alia navigia mercibus onusta ad partes Turchorum.... .... conduci faciendi .... licentiam concederemus.* Vide *Caravella.*

¶ **CARULASTER**, βούπαις. Gloss. Lat. Græc. : *Adolescens grandis vel pinguis.*

* Cangius in Castigat. ad utrumque Glossar : *Ms. Catulester. leg. Catulaster. Herald.* Vide *Catulaster.* [** *Carolastrum aut Ludoviculum* ap. Mon. S. Gall. lib. 2. cap. 9. et. 10. Parvus Carolus.]

* **CARUNCA**, pro *Carruca*, aratrum. Charta Guil. comit. Nivern. ann. 1165. inter Probat. Hist. Autiss. pag. 22. col. 2 : *Omnes ochas hospite et foco vacuas, Carunca S. Germani libere excolet.* Vide *Carruca*, 3.

* **CARUR.** Epist. Ammon. episc. de SS. Pachom. et Theod. tom. 3. Maii pag. 354. col. 1 : *Frater autem in eo* (monasterio) *fuit, Carur appellatus, quo nomine apud Thebæos, qui parte aliqua mutilus est designatur.*

* **CARUSIA**, Carrus duabus constans rotis, Gall. *Charrete.* Stat. Astæ pag. 10. v° : *Quod potestas non possit compellere infirmos S. Lazari, sive illos de dicta domo vel ecclesia ad præstandam vel dandam aliquam Carusiam alicui civi Astensi.* Et pag. 15 r° : *Debent facere* (pontes) *ita amplos et firmos, quod quilibet per ipsos ire et redire possint cum carro, Carusia, pede et equo.* Vide *Carrecta* 2.

* **CARUSIUM.** Vide supra in *Carectum.*

¶ **CARWA**, An cannabis, Gall. *Chanvre?* Si ita est, f. legendum *Cannava* vel *Canva.* Chartular. SS. Trinit. Cadom. fol. 83 : *Portant linum ad aquam et Carwam, et referunt et reddunt præsto, et linosium.*

* Instrumentum est quo cannabis maceratur et conteritur. Provinciales *Carbar* dicunt, pro linum conterere.

¶ **CARUUM**, Vectigal, ex carris transeuntibus percipiendum, nisi malis esse pro *Carreda.* Charta anni 1114. apud Stephanotium tom. 2. Antiquit. Occitan. pag. 515 : *Censum qui nobis exit de Caruis, et omnia et in omnibus tam quæsitum quam acquirendum, etc.* Sed f. legendum, *de carris.*

* **CARUUS**, Panni species. Inventar. Ms. thes. Sedis Apost. ann. 1295 : *Item unam planetam de Carui viridi cum aurifrixio, etc.*

1. **CASA.** Isidorus lib. 14. Orig. cap. 12. et ex eo Papias : *Casa est agreste habitaculum palis, arundinibus et virgultis contextum, quibus possunt tueri a vi frigoris aut caloris. Casa, hospitiolum.* Gloss. Gr-

co-Lat. : Καλύβη, *Casa, tugurium, pergula.* Ita apud Latinos Scriptores; sed apud Latino-Barbaros sumitur pro quovis ædificio : unde *Casas Regis* legimus in Lege Longob. lib. 2. tit. 17. § 1. [** Rothar. 378. Breviar. rer. fiscal. Carol. M. cap. 21 : *Invenimus Casam regalem cum cameris* 2.] *Casas Dominicas*, in Lege Bajwar. tit. 1. § 14. [*Casam Dominicariam* in Actis SS. Benedict. sec. 4. pag. 158.] [** Vide Indic. general. Polypt. Irminon.] Tabul. Abb. Belliloci in Lemovicib. num. 53 : *Casam meam indominicatam cum ipso interposito, ubi ego visus manere. Cheze*, in Consuetudine Turonensi art. 248. 261. 273. 297. Juliodunensi cap. 27. art. 4. 5. cap. 28. art. 3. Cenomanensi art. 335 est id quod competit primogenito in feudo, *manerium* scilicet præcipuum, cum certa agrorum appendice. [** Vide *Massalicæ Casæ* in *Massa*, 5. et *Massaritiæ Casæ* in *Massaritia*.]

¶ Casa, Monasterium præcipue sub Meroveadis ex Mabillonii Diplomatica lib. 2. cap. 7. n. 1. Vide Sirmondum in Glossario ad calcem Conciliorum Galliæ, [** nec non Capitul. Carol. C.] et Annales Benedict. tom. 3. pag. 474. num. 73.

Casa Dei, Ædes sacra, Ecclesia. Chronicon Laurisham. ann. 779 : *Dum ipsa Casa Dei vestita fuit ad præsens.* Capitula Caroli C. tit. 9. [** Capitul. Missor. ann. 853. cap. 3.] : *Ut missi nostri... requirant de Capellis et Abbatiolis ex Casis Dei in beneficium datis.* Occurrit passim.

Interdum bona ipsa Ecclesiæ *Casæ* dicuntur. Paulinus Epist. 21 : *Ut in Casa Ecclesiæ terrulam, qua victum suum procuret, accipiat.* [** Vide Marin. Pap. Diplom. pag. 282. num. 84. not. 20. et pag. 300. num 91. not. 8.] Hinc *Casati* dicti, qui ex bonis Ecclesiasticis beneficia acceperant, feudati Ecclesiæ, ut infra docemus.

** Casa, Taberna, loculamentum in quo mercatura tenuis exercetur. Chart. ann. 1251. in Thuring. Sacra pag. 316 : *Quandam Casam inter antiquas cremistas Hallis sitam, contulimus, etc.* Infra : *Quod de Casa quadam, que Cram vulgariter nuncupatur, etc.* Vide Haltaus. Glossar. Germ. voce *Kram*, col. 1128.

2. CASA. Jo. de Janua : *Capis, dicitur vas quoddam, quod vulgo dicitur Casa.* Charta Joannis Archiep. Capuani ann. 1301. in Sanctuario Capuano pag. 263 : *Item corporale unum cum Casa ad aurum et imagines.*

* **CASABUNDUS**, *Instabile, e frustato*, in Glossar. Lat. Ital ms. Festo : *Casabundus, crebro cadens.* Vide infra *Cassabundus.*

CASÆ, apud Gromaticos et Agrimensores dicuntur litteræ terminales, quibus ii auctoritatem, hoc est, significationem dederunt secundum artificium Agrimensuræ, et secundum notas Juris agrimensorii. Exstat de iis liber Innocentii editus inter Gromaticos. Hinc *Casales mensuræ, casalis, casalia*, et alia ejusmodi, de quibus Rigaltius in Glossis ad Agrimensores.

¶ **CASACA**, Vestis species, Gall. *Casaque*, lacerna, chlamys. Litteræ Patentes Caroli V. Regis Franc. ann. 1367. pro Monspeliensibus de forma vestium : *Folraturas tamen sindonis, vel Casacam in ipsis mantellis, vel vestibus liceat eis (mulieribus) porture.* De vocis etymo vide Menagium.

* **CASAGIUM** Dominicatum, Domus præcipua. Charta ann. 964. apud Murator. tom. 1. Antiq. Ital. med. ævi col. 829 : *In Castagnulo manentes octo cum domnicato,... Casagio domnicato in Flexo, terras et vineas in Flexo, cum omnibus quæ ad ipsum pertinent monasterium.* Vide *Casa* 1.

* **CASAL**, Locus vacuus, ubi *casæ* ædificari possunt, idem quod *Casalinum*. Charta ann. circ. 1128. inter Probat. tom. 2. Hist. Occit. col. 445 : *In ipsa villa sibi retinet abbas juxta ecclesiam S. Sigolenæ unum Casal ab sa cort, sicut opus est monachis vel clericis; et juxta ipsum Casal item alium Casal, ubi emant et vendant quidquid voluerint de suo aver absque leida. Similiter in ipsa villa habebit abbas alium Casal, ubi faciant solum ad congregandum decimum et faciendum ortum.* Lit. admort. pro eccl. Vivar. ann. 1445. in Reg. 177. Chartoph. reg. ch. 151 : *Item deux Casalz assis en la cité de Viviers.* Lit. remiss. ann. 1463. in Reg. 199. ch. 144 : *Laquelle Katherine eut derechief certaines parolles avec la suppliant en ung vergier ou Cassal, assis audit lieu d'Agen.* Vide infra *Casalaria.*

* **CASALAGGIUS**, Casa, tugurium. Charta ann. 1224. inter Probat. tom. 3. Hist. Occit. col. 295 : *Boscos, bartas, domos, Casalaggios, estagiles, vineas et prata, etc.*

¶ **CASALAMENTUM.** Vide *Casamentum* 1.

* **CASALARIA**, Casaleria, Locus ædificandis domibus seu *casis* idoneus certis constans limitibus, modus agri. Charta ann. 1286. in Reg. 74. Chartoph. reg. ch. 237 : *Promittimus vobis domino senescallo prædicto, quod si totum territorium superius limitatum non sufficeret ad tradendum, concedendum localia, Casalarias ac arpenta omnibus illis, qui ad dictam bastidam venient causa inhabitandi, etc.* Consuet. novæ bastidæ de Trya ann. 1325. in Reg. 64. ch. 54 : *Item quod consules et universitas dictæ villæ possint construere ... in dicta villa ... duas domos pietatis, quamlibet continentem unam Casaleriam terræ, in quibus pauperes Christi recipiantur.* Pariag. inter reg. et Bern. de castro Bayaco ann. 1321. ibid. ch. 732 : *Habitatoribus dictæ bastidæ per plateas pro domibus construendis et ædificandis, et per cassaloca, et arpenta et Casalerias ad pagellam prædictam dividantur.* Aliud inter reg. et abbat. Gemondi ann. 1322. in Reg. 65. ch. 53 : *Dent pro quolibet locali domus seu plateæ; continente quinque blachiatas in amplitudine, et quatuordecim in longitudine v. denarios Tolosanos, et pro qualibet Casalaria continente quartam partem unius arpenti, tres denarios Tolosanos.* Vide *Casal* et *Cassicium.*

* Cazaleria, Eodem sensu, in Charta pariag. inter reg. et monast. Grandis-silvæ ann 1290. ex Reg. 152. ch. 25 : *Quodlibet airale seu platea pro domo construenda, habeat seu contineat quinque brachiatas in latudine et quindecim brachiatas in longitudine, et qualibet Cazaleria contineat quartam partem unius arpenti.* Vide infra *Cassero.*

CASALATICUM, Casalagium, Casa, vel tenementum hominum de corpore, censui dominico obnoxium, [et census ipse ratione *Casalatici* Domino debitus.] Charta ann. 1234. in Regesto Comitum Tolosæ pag. 129 : *Scilicet homines et feminas mihi pertinentes, et pertinere debentes, et scienter Petrum Duram, et infantes ejus cum suo Casalatico, et tenentia sua, etc.* Charta Ryosevendis Dominæ de Terminis ann. 1208. in 30. Regesto Archivi Regii Ch. 61 : *Nos tenebamus in feudum albergam duorum Militum in unoquoque manso a Casalatico in hominibus qui soliti erant in villa vetula de Plairaco, scilicet in tribus mensis, et in villa de Businiaco in mensis quatuor, etc.* [Manumissio anni 1251 : *Omnes generaliter res et bona et jura mobilia et immobilia eis pertinentia, ubicumque sint, vel de cætero habere seu aquirere potuerint, et specialiter totum Casalaticum, quod fuit dicti Guillelmi, etc.* Confirmatio compositionis cum Habitantibus Castri de Leucata ann. 1313 : *Cum... homines dicti castri sint et esse consueverint ab antiquo homines de mansata, sive de corpore et Casalatico tam domini Regis, quam illorum a quibus dominus Rex habuit et de novo.* Ibidem : *Absolvimus prædictum locum, et singulos de eodem, et universitatem dicti loci, et singulos de ea, qui nunc sunt et pro tempore fuerint de omni mansata et Casalitico, et omnem servitutem et servitia, quæ a dictis hominibus levari consueverunt et levari possunt ratione dictæ mansatæ.* Et infra : *Ab omni mansata et omni genere servitutis mansatæ, et a corpore et Casalatico, etc.*]

Casalagium, Eadem notione. Charta Alphonsi Comitis Pictav. ann. 1270. apud Catellum in Histor. Tolos. pag. 395 : *Hugonem... hominem nostrum de corpore et Casalagio liberaliter manumittimus, etc. bona ipsorum tam mobilia, quam immobilia, de Casalagio, seu aliunde provenientia, etc.* [Saisimentum Comitatus Tolosæ ann. 1271. apud Lafallium tom. 1. Annal. Tolos. Instrum. pag. 15. n. 18 : *Item quod Dominus Comes ex antiqua consuetudine percipiebat in dicta villa in certis Casalagiis triginta sestaria bladi, medium frumenti et medium avenæ annuatim, etc.*] Consuetud. Tolosæ 4. part. tit. de homagiis : *Item de immobilibus, scilicet de Cassalagio, vel feudis quæ tenentur a domino suo... nihil potest homo de corpore sine assensu domini ordinare.* Passim ibi. Tit. 38 : *Homo ligius de corpore et Casalatgio.* Charta ann. 1298. in Regesto Philippi Pulcri Fr. Regis ann. 1298. n. 18. ex Tabulario Reg. : *In quibus* (hominibus) *jus habemus... ratione vel occasione servitutis, quæ de corpore tantum, vel de Casalagio tantum dicitur, aut etiam de utraque, vel rerum Casalagii conjunctim, vel separatim, aut ascriptitiatus, vel quasi, seu libertinitatis, vel cujuslibet alterius generis servitutis, etc.* Alia ibid. num. 33 : *Ac etiam vendis, et foriscapiis, laudimiis omnium præmissorum, ac etiam Casalagiis, et servitiis, seu redditibus, nobis ratione Caselagiorum et pro ipsis Caselagiis debitis, etc.* Consuetudo municipalis *de Vallançay* in Biturigib. art. 3 : *Quand une personne tenant feu et Chesealage dans les fins et limites d'aucune dismerie, etc.*

Caslagium. Charta ann. 1306. in 2. Regesto Philippi Pulcri Regis Franc. num. 59 ex Tabulario Regio : *Quarundam per-*

sonarum... quas dictus venditor asseruit esse servilis conditionis de corpore et Caslagio, et tenere in Caslagium, quatuor sextarios et unam quarteriatam terræ ad dictam mensuram, etc.

¶ **CASALE**, Idem quod *Casalaticum*. Veteres Consuetudines Bituricenses editæ a Thomasserio pag 112 : *Quod pro quolibet Casali sito in censibus nostris et rebus pertinentibus ad Casale, quod Casale cum pertinentiis tenebant homines quondam talliabiles, reddentur nobis viginti bosselli avenæ, et viginti denarii Turonenses censuales accordabiles, vel tantum, seu pro rata quam tenebunt de Casali.* Quæ sic Gallice redduntur in Consuetud. *de Troy* in eodem agro Bituric. : *Item par ladite Coutume et droit prescrit de temps immemorial, ledit Seigneur a droit de prendre sur chacun Chezeau etant audit censif six boisseaux de marseche, et trois parisis de cens accordables, payables comme dessus, et pour demi Cheseau trois boisseaux de marseche, et un dernier obole parisis.*

* Accipi etiam videtur pro prædio rustico, *casa* scilicet cum certa agri portione, idem proinde atque *Mansus*. Reg. sign. *Probus* fol. 32 : *Bernardus Mandaers tenet de comite Casale domorum suarum cum curtili, et debet inde j. sestarium siliginis.* Charta admort. ann. 1415. in Reg. 168. Chartoph. reg. ch. 328 : *Item pro una borda, duabus panheriatis Casalis sitis ad rivetum, unum denarium Tolos. Chasal*, eadem notione, in Ch. ann. 1303. ex Bibl. reg. : *Un Chasal, qui fu Oudart Jouvenet, ... o toutes ses appartenances, soit en vergiers, hoches, chasaus, mesons, aubraies, bois, bouissons, etc.* Vide *Casata* 1.

¶ Casale, Casa, tugurium. Vita S. Nicolai de Rupe tom. 3. SS. Martii pag. 421 : *Abditiorem igitur secessum quæsivit in nemore suo, supra montem primo a patria sua lapide distantem; illic humile Casale sibi erexit.*

Casale, Certus *Casarum* numerus, villa, suburbanum, προαςεῖον. Charta scripta Ravennæ sub Justiniano apud Brissonium de Formul. pag. 648 : *Ex Casale Petromano territ. Bononiense, etc.* Anastasius in Adeodato : *Multa ædificia nova augmentavit, sed et Casalia conquisivit.* Will. Tyrius lib. 18. cap. 19 : *In suburbanis, quæ vulgo Casalia appellant.* Lib. 20. cap. 20 : *Suburbanorum adjacentium, quæ nostri Casalia dicunt.* Hugo Falcandus pag. 680 : *Duas ei villas optimas, quæ Siculi Casalia vocant, dari fecit.* [Liber de constructione castri Saphet apud Baluz. tom. 6. Miscell. pag. 368 : *Habet castrum Saphet sub dominio et districtu suo Casalia, quæ in Gallico villæ dicuntur, plus quam 260.* Charta anni 1184. ex Archivo Monialium S. Salvatoris Massil. : *Concedo Casale... Margara cum territorio et pertinentiis... cum villanis omnibus... Concedo Casale Bethese, pro quo dominus et avunculus meus Rex Balduinus Militibus templi singulis annis* XL. *bisantios valens contulit.*] [** Charta Langob. ann. 765. ap. Brunett. pag. 586 : *Terra pusetas in Casale Quarentule, etc.*] Vide Raymundum *de Agiles* pag. 143. Will. Tyrium lib. 11. cap. 12. lib. 20. cap. 13. Matth. Paris, Bromptonum, [** Itiner. terræ sanctæ Fratris Richoldi in Guden. Syllog. Dipl. pag. 385. Epistol. Magist. dom. Theuton. ap. Pertz. vol. Leg. 2. pag. 263.] et alios passim. Dicitur et

Casalis, mascul. gener. Anastasius Bibl. in S. Adriano PP. : *Civitatem Ravennatium, et Casales, ac omnia præsidia occupans.* Infra : *Ubi et alios plures fundos seu Casales, et massas... emere visus est.* Histor. Translat. S. Guthlaci n. 17 : *In hac ruricola quidam fundum, Casalem, paucaque novalia possidebat.* Adde Diurnum Romanum cap. 6. tit. 11. cap. 7. tit. 22. Chartam Caroli Crassi Reg. apud Puricellum in Ambrosiana Basilica pag. 227. *Casale*, non semel occurrit apud Joan. Villaneum lib. 4. cap. 25. lib. 7. cap. 144. lib. 10. cap. 171. Statuta MSS. Caroli I. Reg. Sicil. cap. 115 : *Vilains qui habitent es viles et es Caseaux, ne puissent estre mis avant por tesmoins contre Contes, ou contre Baron ou simple Chevalier.*

Casualis, [Casualus,] Eadem notione. Tabular. S. Cyrici Nivern. Ch. 22 : *In agro Magniacense, in villa Lursiaco, hoc est Casuales cum vineis et artilibus, ubi colligi possunt vini modii* 50. Ch. 41 : *Et quod vocatur a rusticis vetus Clausum cum Casuale et puteo.* Et Ch. 85 : *Cum pratis, masnilibus, Casualibus, et arabile terra.* [Chartular. Monasterii S. Sulpicii Bituric. fol. XI. verso : *In villa quæ dicitur Boscheto, hoc est, mansus meus indominicatus una cum Casuali, casis, domibus, edificiis, etc.* Ibidem fol. 20 : *Ibi est una Casualis, vineis, etc.* Et fol. 22. quater aut quinquies legitur : *Terram arabilem cum Casualos.*]

Casale Ostendere, Familiam et natales suos in jure probare. Observantiæ Regni Aragon. lib. 9. tit. de Salvis Infantionum faciendis § 4 : *Illi qui faciunt salvam (Infantionatus) non tenentur Ostendere Casale suis convicinis, quia hoc non pertinet ad eos petere, sed ad Dominum Regem, cum ipse certificari voluerit de Casali illorum, etc.* Adde Foros Aragon. lib. 7. tit. de conditione Infantionatus, et tit seq.

¶ Casalicum, in Charta Walardi ex Chartulario Ecclesiæ Aptensis fol. 129 : *Quantum visus sum habere in Casalicis, curtis, exavis, vineis, campis, etc.* Idem Chartul. fol. 125 : *Cum ipso campo, cum ipso Casale, cum exago suo.* Et fol. 118 : *Cum casis, Casalicis, curtis, sylvis, etc.*

¶ Casalicium, in Donatione Willelmi Comitis inter Acta SS. Maii tom. 6. pag. 820 : *Cum casis, Casaliciis, campis, vineis, pratis.* Chron. Farfense apud Murator. tom. 2. part. 2. col. 464 : *Item pro solidis* XX. *dedit intra civitatem Reatinam Casalicium ad forum, et subtus muros ejus petias terræ et vineæ* V. *modiorum* XXII. *Casalicium* hic pro domo sumitur.

¶ Casaliculus, ibidem col. 369. in Bulla Stephani PP. IV. ann. 817. pro Monasterio Farfensi : *Inter ea casalem Pipinianum cum casis et vineis, seu olivetio, et colonis; item casalem Scandilianum per uncias* VIII. *necnon et Casaliculum, qui nominatur Antiquus.*

¶ Chazale. Charta Adalardi Arvernorum Episcopi ann. 905. inter Instrum. tom. 2. novæ Gall. Christ. col. 130 : *In Montiniaco vineam unam cum Chazale unum et campo uno :* hic *Chazale* non plures *casas*, sed unicam domum rusticam, ut alibi non semel ipsa vox *Casale*, potest designare.

¶ Chazalis. Charta Petri Armandi ex Tabulario S. Petri Solemniac. : *Dono unum Chazalem ad eleemosinam S. Petri, etc.*

* **CASALENUM**, Domus semidiruta, rudus, idem quod *Casalinum*. Consuet. Neapolit. Mss : *Contra habente Casalenum, sive domum destructam, sive servitutes ejusdem Casaleni et domus, etc.* Inquisit. ann. 1371. in Access. ad Hist. Cassin. part. 1. pag. 433. col. 3 : *Camera etiam habet...... curtim cum tenello, Casalenum, et turrim supra portam. Chasal*, eodem sensu, in Lit. remiss. ann. 1392. ex Reg. 144. Chartoph. reg. ch. 160 : *Le suppliant et ses varlés se mirent en une vieille masure ou Chasal, près dudit hostel.* Vide *Casal, Casalinum* et *Casolare*.

* **CASALERIA.** Vide supra *Casalaria*.

* **CASALET**, vox vulgaris, Catini seu pelvis species. Charta ann. 1352. ex Tabul. Montisol. : *Guillelmus abbas recognovit se habuisse et recepisse..... septem cathinos seu Casalets, quatuor platellos sive bussis, etc.*

* **CASALICIUM**, Casalicum, Casa, tugurium. Vide in *Casale*.

CASALINUM, Gallis *Masure*, locus ubi *Casæ* ædificatæ fuerunt, aut ædificari possunt. Charta anni 1007. apud Ughellum in Episcopis Volaterr. : *Dedit in causa commutationis integrum Casalinum, in quo jam fuit casa.* Et infra : *Cum septem et decem inter casis, et casinis, seu Casalinis, et integris decem et septem sortis, et rebus illis ad eodem Casalino, et rebus donicato, etc.* Occurrit non semel apud Franciscum Mariam in Mathilde Comitissa lib. 3. pag. 105. 117. 160. Petrum Diac. lib. 4. Chr. Casin. cap. 22. et alios. Charta Ottonis I. Imper. ann. 966. apud Ughellum in Episcopis Veronensibus : *Terra Casalina cum casa super se habente una cum curte, horto, et terra aratoria.* Vide *Casalenum* suo loco.

¶ Casalenum, in Vita S. Thomæ Aquinatis tom. 1. SS. Martii pag. 744.

¶ Casalina, Eadem notione. Chronicon Farfense apud Murator. tom. 2. part. 2. col. 420 : *Duas Casalinas in castello Tocciæ, et canapinas in circuitu ipsius castelli.* Ibidem col. 576 : *Omnia in integrum cum castello, Casalinis atque cellis.*

¶ Casalinus, Eodem significatu. Ibidem col. 463 : *Casalinos desertos.*

* **CASALINUS**, *Casalis*, id est, villæ seu suburbani habitator. Chron. Domin. de Gravina apud Murator. tom. 12. Script. Ital. col. 662 : *Et sic in momento, totum illud casale fuit integre disrobbatum per Bitontinos præcipue, qui universorum Casalinorum vindictam avide sitiebant ex damnis per eos illatis, tempore quo jam dictus Palatinus fuerat in obsidione Bitonti.* Alia notione, vide in *Casalinum*.

* 1. **CASALIS**, Domus, familia, stirps; *Casato*, Ital. eadem significatione. Stat. Pallav. lib. 1. cap. 43. pag. 53 : *Pro utilitate publica et pro conservatione agnationis domus, statutum et ordinatum est, quod filia, neptis, vel soror, et deinceps femina competenter dotata a patre, avo, fratre, patruo, vel alio de agnatione et Casali pa-*

terno, usque ad quartum gradum inclusive, etc. Vide *Casale ostendere* in *Casale*.

* 2. **CASALIS**, pro *Casualis*, Fortuitus proventus, Gall. *Casuel*. Stat. Mss. eccl. S. Laurent. Rom. : *Omnes fructus ad manus ejus* (camerarii) *proveniant, videlicet distributiones et Casalis*. Vide *Casualitas*.

* **CASALIVUS.** Casaliva Terra, Prædium avitum, alodis. Testam. Guil. milit. de castro Barco ann. 1319. tom. 3. Cod. Ital. diplom. col. 1945 : *Item relinquo Henrigolino....... illam terram Casalivam jacentem super glaram Roveredi*. Vide supra *Casalis* 1.

* **CASALLA**, Parva casa. Tract. Ms. de Re milit. et mach. bellic. cap. 116 : *Locus iste cum arbore Casallam habente est isulatus a fossa, valle et levatorio ponte, et talis locus vocatur locus prædonum furciferum, in quo reducunt se prædones*. Vide *Casallus*.

¶ **CASALLUS**, Casalus, Casa, domus, ædificium. Statuta Suavii S. Severi in Capite Vasconiæ Abbatis pro villa S. Severi ann. 1100. apud Marten. tom. 1. Anecd. col. 280 : *Ad ultimum videns Abbas... quod de facili non posset villa populari, dixit et concessit, quod si de hominibus S. Severi vellent ibi ædificia facere, quod liceret eis infra vicennium, vicennio vero transacto, si in illa vellent morari, et per annum et diem secum essent et de suo proprio pane comederent, et sine querimonia Abbatis, deinde more burgensium se haberent, nisi forte Casalli eorum manerent postea desolati; tunc per filios suos, vel per seipsos, quamvis in villa ædificarent, Casallos cooperiant, teneant et serviant, et in eisdem maneant*. Chartarium Ecclesiæ Auxitanæ MS. cap. 47 : *Et in ipso loco dabat alodem, terras, et Casulos, et vineas, et culturas*. Parvum Chartular. S. Victoris Massil. fol. 130 : *Ego C. de Castellana dono Ecclesiæ de Villacrosa unum hominem cum toto tenemento suo, præterea unum Casalum in eodem castro, etc.* Vide *Casale* et *Casalaticum*.

* **CASAMATTA**, vox Italica, Crypta muralis, subterranea camera tuendis muris ac fossis, Gall. *Casemate*, Hispan. *Casamata*. Contin. Chron. Andr. Danduli apud Murator. tom. 12. Script. Ital. col. 441 : *Teneatur restituere duci et communi Venetiarum Casamatta districtus Serravallis*.

1. **CASAMENTUM**, Feudum quod a *Casa dominica* dependet. Fulbertus Carnot. Episc. Ep. 6 : *Commendationem vestrorum Militum, qui de nostro Casamento beneficium tenent*. Ordericus Vital. lib. 5 : *Hanc donationem... concessit D. Rodbertus Carnotensis Ecclesiæ Episcopus, in cujus Casamento sunt ea, etc.* Charta Radulfi de Balgentiaco ann. 1085. in Tabul. Vindocin. : *Quidquid idem Radulfus illi loco legitime dare voluerit in toto Casamento quod ab eo tenet, libenter ipse Comes concessit et auctorisavit*. Alia ex Tabulario Burgul. fol. 59 : *Vendidit medietatem terræ de Broeriis, quam tenebat de Guillelmo de Tornamina, qui eam auctorisavit in castro Toarciense Vicecomitis Arberti de cujus Casamento terra erat*. Alia ex Tabul. S. Albini Andegav. : *Fuit autem in hac donatione auctorizamentum Fulconis Comitis, et Suardi Domini Castri Credonis, ad quorum Casamentum pertinebat*. Charta ann. 1197. in Hist. Vergiac. pag. 122. : *Cepi de Odone Duce Burgundiæ in feodum et Casamentum Auxonam villam meam, cum castro, jurabilem et reddibilem sibi et successoribus suis*. Ita passim *Casamentum* sumitur, apud eumd. Fulbert. Ep. 19. Ivon. Carn. Ep. 173. et in Decret. 6. part. cap. 76. S. Bernardum Epist. 39. 284. Radulfum de Diceto in Abbreviat. Hist. ann. 880. in Chron. Besuensi pag. 550. 552. In variis Chartis apud Paradinum in Hist. Lugdun. lib. 2. cap. 39. Galland. de Franco allod. pag. 284. et 289. Louvet. in Histor. Belvacensi 1. Editionis pag. 405. etc.

☞ D. *Brussel* de Feudorum usu lib. 3. cap. 8. demonstrat *Casamentum* aliquando a Feudo distinctum fuisse ac præsertim a prima sua origine nihil aliud fuisse, quam prædium ad vitam alicui concessum sub annua pecuniæ præstatione vel alia simili obligatione, idque probat inter cætera primo articulo postulationum Episcopi Lingonensis adversus Ducem Burgundiæ coram Ludovico Juniore ann. 1153. ubi sic legitur : *Quæro a Domino Duce, quare cum Casatus S. Mammetis homo non esset, et bonum feodum inde haberet, placuit ei hominium nostrum derelinquere? quatenus feodum reddat et præterea quidquid de eo accepit*. Primum observat eruditus Scriptor particulam *non*, quam quidam deleverunt, esse retinendam : deinde conficit ex relata postulatione *Casamentum* fuisse a Feodo distinctum, siquidem hominium a *Feodato* præstandum haud immerito dereliquisset, si S. Mammetis fuisset homo *Casatus*, sed laudatum caput legendum est integrum. Vide *Feudum Casamenti* in voce *Feudum*.

Casement, Chasement, Scriptoribus nostris passim. Philippus *Mouskes* in Philippo I :

Si fit oir de son Casement,
Raoul de Waiet voirement.

In S. Ludovico :

Car il ot le droit oir de Toulouse,
Et grant terre et grant Casement.

Le Roman *de Garin :*

Quant a Bues donnas son Chasement,
La Duchée de Gascongne la grant.

Alibi :

Ce est Guillaume de Monclin le vaillant,
Qui a tollu son riche Chasement.

Alibi :

Riche homme sont, chascun tint Chasement.

Le Doctrinal :

Se li homs a grant terre u rente u Chasement.

Le Roman *d'Aubery :*

Toute Bourgoingne vous doins en Chasement.

Infra :

Ne cuit je mie par le mien anciant,
Qu'il ait meillor home en son Chasement.

* De prædiis ecclesiarum et monasteriorum, titulo advocatiæ et defensionis subinfeodatis, maxime intelligendum est : qua etiam voce significatur castrum, quod nomine feudi conceditur ea conditione, ut domino capitali, cum libuerit, reddatur, ab ipso dehinc restituendum vassallo, cum eo usus fuerit. Neque cum Brussello facile existimem *Casamentum* a feudo distinguendum ob id præsertim, quod illud ad vitam alicui concederetur; utriusque enim a prima eorum origine eadem fuit ratio. Hinc labente sæculo XII. passim *Casamentum*, pro Feudo occurrit; aut *Casamentum feodaliter teneri* legitur, ut in Ch. ann. 1162. inter Probat. tom. 2. Hist. Lothar. col. 359. Sed nec huic sententiæ adversatur Charta ann. 1153. laudata ex lib. 3. de Usu feudor. cap. 8. particula *non* etiam deleta aut retenta, si rem penitus introspicias. Vide *Casare*, *Casimentum*, *Cassamentum* infra, et *Feudum reddibile*.

¶ Casamen, in Actis SS. Bened. sec. 5. pag. 283. ubi de S. Alveo Abbate : *Ego itaque Ragenfredus Carnotum constitutus Antistes... dantes juste reddimus in propriis Fratrum usibus stipendiariis, quæ eorum alimoniæ subtracta a nostrorum quodam, nomine Elya, dominioque episcopali inepta cupiditate sunt detenta, atque in Casamen militum cœca mente tradita*, id est, Data militibus in feodum vel beneficium.

Chesamentum, Eadem notione. Charta Willebaldi et Guillelmi de Tremollia, in Tabular. Domus Dei Montis Morillonis in Pictonib. : *Siquis vero ex suis chesatis aliquod suum Chesamentum, vel aliquam terram pauperibus supradictis donaverit, ipsi domini concedunt atque donant*.

Chasalamentum, in charta Dalmatii de Luzeio in Regesto Carcasson. fol. 40 : *Cum omnibus redditibus qui pertinent ad eandem villam, quam de suo Chasalamento tenebam*.

¶ Casamentum Militare. Charta Roberti Episc. Ling. ann. 1101. inter Instrum. tomi 4. novæ Gall. Christ. col. 152. D. : *Confirmamus vobis* (Abbati Molismensi) *Ecclesiam S. Desiderii infra muros Lingonicæ urbis cum appenditiis suis, exceptis Militaribus Casamentis;* hoc est, Feudis Militibus concessis, unde *Casati Milites :* de quibus infra in *Casati*.

¶ 2. **CASAMENTUM**, Casa, Domus, Ædificium. Lobinellus in Glossar. ad calcem Hist. Britan. : *Campus cum Casamento*. Hist. Dalphin. tom. 1. pag. 133. col. 2. in Charta Leotardi pro feudo Cellariæ episcopalis : *Ipsam* (Cabanariam) *dedi eis pro feudo Cellariæ, et Casamenta, et cortilia, quæ habent Gratianopoli, et unum furnum, qui est juxta Casamentum illorum, sive juxta domum Stephani Coaiz*. Vide Glossar. Martenii ad calcem tomi 5. Anecd.

¶ Casamentum, Minor *casa*, ut conjecto, pendens a majori, appendix. Chronicon Farfense apud Murator. tom. 2. part. 2. col. 594 : *Et in Sabelli tres casas cum Casamentis* XI. *unumquodque habens modios* III. *et in pratis petias* III. *et de Ecclesia S. Andreæ quartam partem... de Ecclesia S. Mariæ ad Xistum decimam sextam partem, et duas casas cum Casamentis suis, habentes modios* XXV. *et de pratis et ornamentis ipsius Ecclesiæ suam portionem*. Vide *Casarina*.

¶ 3. **CASAMENTUM**, Dos, quæ marito datur, cum uxorem ducit. Hisp. *Casamiento*. Testamentum Jacobi Aragonum Regis ann. 1272. apud Marten. Anecdot. tom. 1. col. 1147 : *Nec dare etiam sibi Casamentum seu dotem*. Vide *Casare* 2.

* **CASAMUM**, *Panis porcinus, ciclamen, malum terræ idem*. Glossar. medic. Simon. Januens. ex Cod. reg. 6959.

¶ 1. **CASANA**, Mensa, argentaria, Gall. *Banque; Caisse*. Hist. Dalphin. tom. 1.

pag. 74. ex Computo anni 1322 : *Pro pensiva Casanæ Lombardorum de Mentio recepit, etc.* Pluribus in locis Dalphinatus argentariam exercebant Lombardi et Judæi, pro qua censum quemdam quotannis solvere tenebantur. Ibidem pag. 92. col. 1. in Computo Antonii Bassen Judæi et sociorum legitur : *De iis quæ debebat ratione censivæ Casanarum suarum Gratianopolis, Visiliæ et de Vivo, et de Censibus domus seu domorum suarum Gratianopolis, etc.* Et tom. 2. pag. 272. in Computo ab ann. 1333. ad ann. 1336 : *Pecunia recepta a Lombardis et Judæis pro censu Casanarum hujus anni præsentis* 1335.

¶ 2. **CASANA**, Σκέπη πλοίου. Gloss. Lat. Græc. Tectum navigii.

* 3. **CASANA**, Domus, ædes, Ital. et Hispan. *Casa* : unde *Casenier*, qui alicubi habitat. Charta ann. 1354. in Reg. Cam. Comput. Paris. sig. *Vienne* fol. 58. v° : *Item, quod si dicti mercatores socii, vel alter ipsorum vellent Casanas suas seu domos....... vendere vel associare, hoc facere, possint.* Lit. Ludov. X. ann. 1315. tom. 1. Ordinat. reg. Franc. pag. 532 : *Comme li Caseniers Ythalien demourans en nostre royaume aient ou temps passé chascun an acoustuméement finé selonc leurs facultez à nous, pour faire leurs marchandises en nostre royaume, etc.* *Cassanier* et *Cassenier*, in Ord. ann. 1330. ibid. t. 2. pag. 60. Hinc

* **CASANARE**, Habitare, *casam* habere. Charta ann. 1358. in Reg. jam laudato Cam. Comput. fol. 31. v°. : *Super controversiis inter nos seu gentes nostras dicti Dalphinatus ex una parte, et Lombardos mercatores Casanantes seu commorantes in dicto Dalphinatu motis ex altera, etc.*

1. **CASARE**, In feudum concedere, vel *feodare*. *Acaser*, in Aresto Parlamenti Burdegalensis ann. 1527. *Sousacaser*, in retrofeudum dare, in Consuetud. Burdegal. art. 101. et Aquensi tit. 8. art. 7. Baionensi tit. 18. art. 16. Chronicon S. Michaelis Virdun. pag. 387 : *Cumque in partibus illis terram non haberet, unde castrum illud* (Barrum) *Casare posset, de tertia parte possessionum Abbatiæ illud Casavit, dicens castrum illud totius Abbatiæ tutamen fore.* Adde Vasseburgium pag. 302. Charta Dominorum Toloni ann. 1223 : *Item fuit actum et dictum expresse, quod in locis sibi datis vel concessis, vel quos tenerent in signoria dictorum Dominorum, non possent homines Casare sine licentia speciali Dominorum.* Charta Ursi Silvanect. Episc. in Hist. S. Martini de Campis : *Hoc autem nec concessisset Episcopus, nisi a Rotberto Vicedomino, qui de his ab eo Casatus erat, fuisset exoratus.*

2. **CASARE**, Nubere, matrimonio jungi : vox Hispanica. Coronatio Henrici Regis Lusitanæ apud Brandaonum lib. 10. cap. 13 : *Si Casaverit cum Principe extraneo, non sit Regina.* Testamentum Sancii II. Reg. Portugall. apud eumdem tom. 4. pag. 221 : *Si Regina Blanca Casata fuerit.*

* 3. **CASARE**, Casa, tugurium, vel locus ubi *casa* ædificari potest. Charta ann. 1318. in Reg. 59. Chartoph. reg. ch. 255 : *Duo molendina bladeria venti, seu duorum molendinorum Casaria,..... solvendo pro quolibet,..... decem Turonenses.... pro accapito seu intrata.* Vide *Casalaria* et *Cassale*.

* **CASARIACLUM**, diminut. a *Casale*, Tenementum hominum de corpore, censui dominico obnoxium. Charta Rather. episc. Veron. inter Anecd. Pezii tom. 6. part. 1. col. 105 : *Ad caput Alponi Casariaclum 1. in Bogosis casalem unum, etc.*

* **CASARICIUM**, Pomarium, ut videtur, Gall. *Verger*. Charta an. circ. 970. in maj. Chartul. S. Vict. Massil. fol. 135 : *Hæc sunt vineis, terris cultis et incultis, Casariciis, ortis, oglatis, etc.* Vide *Casarium*.

¶ **CASARICUM**, Idem quod mox *Casarina*. Vide locum in *Recalcus*.

CASARII, in leg. 7. Cod. Th. (9, 42.) de Bonis proscript. In Familia rustica recensetur, *quot sint Casarii, vel Coloni.* Ubi Codex Justin. (9,49,7.) habet *Censuarii*. Sic autem appellari videntur qui *casis* rusticis habitandis aut curandis præfecti erant. Nam prædia pluribus casis constabant ; proinde iidem qui postea *Casati* dicti.

* Stat. Mutin. rubr. 381. pag. 79. v°. : *Potestas Mutinæ precise teneatur idoneam securitatem accipere ab omnibus et singulis personis, quæ tenent et tenere voluerint Casarios et bestias in domibus et possessionibus ipsorum, de satisfaciendo omnibus et singulis personis, quibus damnum datum fuerit per bestias dictas, et nihilominus teneantur dicti Casarii pro dicto damno dato, ei qui damnum est passus emendare, tam realiter quam personaliter, et bestiæ quas guardaverint, possint capi et detineri propter damnum passum.* [** Charta ann. 1319. ex Nunning. Monument. Monaster. Decur. 1. pag. 351. ap. Kindling. Anecd. Monast. vol. 1. pag. 13 : *Homines eorum, quoscunque mansionarios seu Casarios eisdem dominis episcopo et capitulo attinentes, etc.*]

CASARINA, Idem quod *Casa*, vel *Casæ* appendix, vel idem quod *Casalinum*. Chronicon Farfense [apud Muratorium tom. 2. part. 2. col. 376.] : *Et Casas atque Casarinas novem in Anguliano.* [Ibidem col. 473 : *Item pro solidis LX. concessit casalem Panianula et Sangrinianum et Casarinas, et super Albucianum terram cum aquæmolis suis.* Et col. 564 : *In Salisiano res pro solidis L. infra ipsum castellum Casarinas duas.*]

¶ **CASARIUM**, Idem quod *Casa* vel *Casarina*. Testamentum Anglici Episc. Albanensis ann. 1388. apud Stephanotium tom. 10. Fragm. Hist. MSS. pag. 334 : *Et lego pro ipsa Capellania fundanda omnes census, servitia, deveria, usatica, domos, Casaria, Viridaria, terras cultas et incultas.*

1. **CASATA**, Cassata, Cassatus, (promiscue enim scribitur) Habitaculum cum certa terræ quantitate idonea ad unam familiam alendam ; servis *Casatis* olim attributum, atque adeo ipsa familia. Canones Synodi Liptin. cap. 2. et ex iis Capitula Caroli M. lib. 5. cap. 3. [** et 198.] et Capitula Caroli Calvi tit. 23. cap. 7. [** Epist. Episc. ann. 858.] : *De unaquaque Casata 12. denarii ad Ecclesiam... reddantur.* Adde Capitulare [** Karlomanni anni 743. art. 2.] anni 779. cap. 13. [** *de 50. casatis sol.* 1.] et Addit. 4. Capitul. cap. 132. [** *de 60. casatis sol.* 5.] Decretale Precum quorumdam Episcoporum eod. ann. etc. [Charta Hedeni Ducis pro S. Willibrordo Episcopo ann. 704. apud Marten. tom. 1. Ampliss. Collect. col. 13 : *Donamus tibi VII. hobas et VII. Casatas, et CCCC. diurnales de terra... Has Casatas ibidem manentes cum omni peculio vel laboratu eorum, quod habent vel habere noscuntur, totum tibi ad integrum trado.* Et col. 16. in Charta Ægelberti pro Monasterio Epternac. ann. 703 : *Quod mihi ex paterno jure legitime provenit, hoc est Casatas XI. cum sala et curticle meo... cum mancipiis et omni peculio eorum.*] Othlonus Presbyter lib. 1. de Vita S. Bonifacii Moguntini Archiep. cap. 42 : *De unaquaque Casata solidus, i. 12. denarii ad Ecclesiam vel Monasterium reddantur.* Et lib. 2. cap. 14 : *De censu autem Ecclesiarum, id est, solidum de Cassata suscipe, et nullam habeas hæsitationem, dum ex eo poteris eleemosynam tribuere, et opus perficere sanctarum Ecclesiarum.* In Epist. Zachariæ PP. ad eumdem Bonifacium scripta legitur, *Solidum de Casa suscipere.* Charta Ethelredi Regis Angl. in Addit. ad Matth. Paris : *Quandam juris mei portiunculam, Casatas equidem senas, binis in locis semotas, etc.* Rogerus Hovedenus ann. 1008 : *Rex Anglorum Ethelred. de 310. Cassatis unam trierem, etc.* Ubi Henricus Huntindon. rem eamdem narrans, pro *Cassatis*, *hidis*, habet. Est autem *Hida* idem quod *Cassata* Anglis. Vide in hoc verbo.

Cassatus, Idem quod *Casata*. Monasticum Anglic. tom. 1. pag. 21 : *An* 959. *Eldredus Rex dedit Ecclesiæ Christi in Dorobernia Monasterium Raculfense bis denis semisque æstimatum Cassatis, cum omnibus pertinentiis, sive littorum sive camporum, agrorum saltuumve.* Charta Edwardi Confessoris ibid. pag. 36 : *Centum mansas... ita quod in ipsius terræ quantitate quod Episcopo aratur, et quod coloni inhabitant, pro uno tantummodo Cassato reputetur, qui Ciltancumb ab hujus patriæ peritis vocatur,... largior.* Pag. 99. *Supradicta vero quantitas terræ in Bradanfeld 48. Cassatorum, etc.* Pag. 121 : *Terra 20. Cassatorum.* [Vita S. Ethelwodi Episc. Winton. inter Acta SS. Benedict. sec. 5. pag. 612 : *Reliquam vero præfati loci terram, quæ centum Cassatorum lustris hinc inde gyratur regali dominio subjectam Rex ipse possidebat.* Ibid. pag. 613 : *Dedit etiam Rex possessionem regalem... hoc est, centum Cassatos cum ædificiis, etc.*] Occurrit alibi non semel in Chartis veterum Regum et Magnatum Angliæ pag. 50. 51. 100. 121. 203. tom. 2. pag. 838. 839. 840. 858. tom. 3. pag. 115. 116. 305. apud Willelm. Thorn. ann. 838. 942. Florent. Wigorn. pag. 612. etc. Ita *Casato*, pro familia usurpat Joannes Villaneus lib. 3. cap. 2. lib. 5. cap. 38. lib. 7. cap. 45.

2. **CASATA**, pro *Caseata*, Formaticum, *Fromage*. Bulla Honorii III. apud Margarinum : *Tenentur præstare annuatim... duos panes et unam Casatam, vel loco Casatæ petiam unam de caseo recenti, et 10. ova.*

* Idem quod infra *Casciata* et *Casiata*. Vide mox in prima voce.

CASATI. Joachim. Vadianus lib. 2. de Colleg. et Monaster. German. pag. 60. et ex eo Goldastus in Notis ad Dositheum lib. 3. pag. 23. putant, *Casatos* primum dictos libertini generis homines, qui conductum inhabitabant. Locantur enim, inquit Vadianus, hodieque villæ et casæ certa redituum, aut census conditione, nec una locationis specie. Diversi autem erant ab illis servis quos vulgus Alemannorum *Leibaigenleuth* vocat. Certe Casati non tam libertinæ, quam servilis fuerunt conditionis, dictique videntur servi ii qui *intra casum*, hoc est, in ruralibus possessionibus, serviebant, ut est in Capit. Caroli Magni lib. 3. cap. 73. et 80. et qui certis casis addicti erant. Servi namque alii erant *Casati*, alii *non Casati*. Charta Divisionis Imperii Caroli M. cap. 6. tom. 2. Hist. Franc. pag. 89 : *Præcipimus ut nullus ex his tribus fratribus suscipiat de regno alterius a quolibet homine traditionem vel venditionem rerum immobilium, hoc est, terrarum, vinearum atque silvarum, servorumque qui jam casati sunt, sive cæterarum quæ hæreditatis nomine censentur, auro, argento, et gemmis, armis ac vestibus, necnon et mancipiis non Casatis, et his speciebus quæ proprie ad negotiatores pertinere noscuntur.* Eadem habentur in Divisione Ludovici Pii cap. 7. Neque alii videntur Casati in Chartis Alemann. apud eundem Goldastum. Charta 39 : *In villa quæ dicitur Centoprato, Casatos* 2. *cum omnibus adjacentiis, vel adpendiciis eorum.* Ch. 69 : *Non est incognitum quod Maganoldus... Casatum unum cum hoba sua ad dictam Ecclesiam tradidisset.* Ch. 87 : *Et dotavi eam Casalibus* 8. *et similiter hobas* 12. *et mancipia denominata, etc.* Alia apud Vadianum loco citato : *Et hoc est quod trado... et Casatos tres his nominibus, etc. Casalées naturaus,* dicuntur ejusmodi servilis conditionis homines, i. *Casati*, seu Casalati nativi, originarii, in Foris Beneharn. tit. 1. art. 20.

* Eo potissimum nomine designatos ecclesiarum vassallos disputat Casanova lib. 1. de Franc. alod. apud Occit. cap. 11. Vide supra *Casamentum* 1. [** et Guerard. in Prolegom. ad Chartul. S. Petri Carnotensis § 25.]

Casati Villæ, Burgenses, qui *casam* habent in villa, seu oppido, in Charta ann. 1206. apud Perardum in Burgund. pag. 299.

Casatus, Domesticus, vel vassallus, feodatus. [** Statut. ant. S. Petri Corbeiens. lib. 2. cap. 17 : *De decimis autem quas vassi vel Casati homines nostri dare debent talis est ratio.*] Necrolog. S. Stephani Autisiodor. : *Pridie Nonas Aug. Gaufridus Comes Cabilonensis, hujus Ecclesiæ Casatus, apud castrum suum Donziacum Monachus factus obiit.* Vita Aldrici Episcopi Cenoman. pag. 118 : *Quosdam vassallos, Casatosque, ut nominant.* [Vita S. Arnulfi Episcopi Suess. inter Acta SS. Benedict. sec. 6. part. 2. pag. 514 : *Communi consilio fratrum atque Ecclesiæ Casatorum, concordante clero ac populo, elegerunt in Abbatem servum Christi Arnulfum.* Ibid. pag. 528 : *Tunc igitur consultu Concilii pars sanior cleri, et Casati Ecclesiæ Suessonicæ elegerunt sibi in Pontificem, sanctæ religionis cultorem Arnulfum per id tempus reclusum.*] Tabularium Dervense : *A Clericis nostris et Equitibus quos Casatos vocant, etc.* ubi *Equites* iidem qui *Milites*. [Charta ann. 1101. inter Instrumenta tomi 4. novæ Gall. Christ. col. 152 : *Quidquid etiam servitii et justitiæ in alodio Molismensi, in pratis scilicet et sylvis, in aquis decimisque et aliis Milites Casati cum uxoribus suis et progenie eorum habebant.* Chartularium Monasterii Aquicinctensis fol. 26 : *Nicholaus de Inci sive de Cheon vir nobilis... dedit etiam Militem unum, qui servitium debet cum equo nostro Abbati.*] Charta Abbatiæ Dolensis in Biturigib. : *Ego Gomarus uxoris meæ Serenæ consilio, filiorumque meorum, simulque mecum Casati mei, sive feodati, etc.* Alia Lietberti Episcopi Camerac. : *Casatorum, sive domesticorum nostrorum.* Historia Episcoporum Autisiodor. cap. 58 : *Propter domini et Casatorum seu vassallorum suorum potentiam.* Vide Capitul. 1. ann. 812. cap. 4. Baldricum lib. Chronici Cameracensis cap. 63. Vitam Lietberti Episcopi Camerac. cap. 11. Chronic. Abbat. Lobiens. pag. 607. Fulbertum Carnot. Epist. 6. 19. 43. et alibi, Ivon. Carnot. Ep. 28. Gesta Consulum Andeg. cap. 2. num. 6. cap. 3. n. 8. *Yepez* in Chronico Ord. S. Benedicti tom. 5. pag. 465. 466. etc.

Chaseati, in Regesto Philippi Augusti Herouvaliano fol. 153. verso, in Probat. Hist. Montismorent. pag. 29. *Chazez*, apud Poetas nostrates. Le Roman *de Gaydon* MS :

Et Duc et Comte, et demaine, et Chazé.

Alibi :

Encore seras de Bourgoingne Chazez.

Le Roman *de Florimond* MS :

Seloc qui estoit li aisnez,
Fu de Babiloine Chasez,
A Phelippes Gresce donna, etc.

Infra :

Et de Babilone ensement
Vous doins-je tout le Chasement.

Li Lusiaires MS :

Il vint a une chité,
Manda ses Ducs et ses Casés;
De part tout les assemblez.

Philippus *Mouskes* in Philippo Aug. :

Et donne et tiere autre asses,
Dont il iert tenans et Casés.

Alibi :

Et cascun jour venoient més
De Ducs, de Contes, de Casés.

Charta Othonis Comitis Burgund. ann. 1242. apud Perardum pag. 451 : *Je li ai prié que il aidoie à mes Chazez lor droit à maintenir, tant cum il voudront droit faire. Chasiers*, in Charta Odonis Ducis Burgund. ann. 1206 : *Et les Chasiers, autrement dits feodaux, dudit Chastillon. Homens de Casades*, viros nobiles vocat Raimundus Montanerius in Reg. Aragon. cap. 227 : *E llavors ell s'aparella ab* 300. *homens de Casades que hi avia, que tots eren de les mellors Casades de Genova.*

CASATICUM, Præstatio pro *Casa*. Constit. Friderici II. Imp. apud Richardum de S. Germano ann. 1232 : *De jure Casatici, remissa sunt grana* 3. *pro uncia, ita quod mercatoribus qui erunt pro eis, providebitur a custodibus fundaci in lectis, luminaribus, palea et lignis.*

¶ **CASATUM**, Idem, ut videtur, quod *Casaticum*. Donum Raginaudi Montis-Falconis Galloriensi Monasterio ann. 1145. inter Instrum. tomi 2. novæ Gall. Christ. col. 62 : *Notum fieri volo, quod omnem terram..... quam sub jure meo prædicti Fratres possident, totum laudo et concedo. Simili modo quidquid in omni terra mea; ita tamen ut inde Casatum non perdant prædicti fratres, quod adepti sunt.*

¶ **CASATURA**, Idem quod *Casaticum*. Charta Conradi II. Imp. pro Ecclesia Camerac. ann. 1146. apud Miræum tom. 1. pag. 181. col. 1 : *Abbatiam etiam S. Gaugerici, Comitatum totius terræ Cameracensis, Castellaniam quoque, Casaturas, et hominia, quæ de feodo Episcopi esse constat.*

¶ 1. **CASATUS**. Vide *Casati*.

¶ 2. **CASATUS**, Ponderis species. Vetus Glossar. MS. Sangerman. : *Chati pondus decem dragmis appenditur, qui etiam a quibusdam Casatus nominatur.*

CASBOVIS. Charta Gaufridi [Guillelmi III. in nova Gall. Christ.] Episcopi Aptensis ann. 1247. apud Sammarth. : *Serviat annuatim in festo B. Auspicii... unum Casbovis, scilicet* 4. *carteria valentia* 50. *solidos Willelmenses.* Infra : *Temperavimus canonem ante statutum in dictis brevibus civitatis Aptensis, et in castro S. Martini reducente in quartam partem unius Casbovis valentem* 12. *solidos Willelmenses pro brevibus antedictis faciendam in festo B. Auspicii.* [Homagium Hugoni Episcopo Aptensi præstitum ann. 1310. ex Schedis Præsidis *de Mazaugues : Et solvere domino Episcopo et Ecclesiæ Aptensi annuatim in festo S. Auspitii medietatem unius Casti* (vel *Casli*) *bovis valentis* 25. *solidos Guillelmensium, vel æquivalentis monetæ.* Et infra : *Offerant dictæ dominæ....* 25. *solidos coronatorum parvorum pro dicta medietate dicti Casti* (vel *Casli*) *bovis*; id est, Bovis crassi seu pinguis, Gall. *Bœuf gras*, vel forte *Carcasii* bovis, seu Cadaveris bovis occisi. Vide *Carcasium*. Utut est voce *Casbovis*, *Casti bovis*, vel *Casli bovis* bovem integrum designari certo colligitur tum ex ipsa voce, licet corrupta, cum ex aliis locis Chartæ ann. 1247. una comparatis. Bertrandus Raybaudus de Simiana, qui propter *breve episcopale de bocaria*, id est de tabernaria carnaria, *civitatis Aptensis* debet *unum Casbovis* 50. *sol. Willelm. in festo B. Auspicii*, debet pariter *de Castro B. Martini unum multonem vivum, qui valeat octo sol. Willelm. annuatim in vigilia B. Martini* : qui tamen *multo redigitur in agnum unum valentem tres sol. Willelm.* quemadmodum *Casbovis* integer 50. *solidorum* redigitur in *quartam partem valentem* 12. *solidos*. Hæc ex prædicta charta, solito fusius, quia in exponenda *Casbovis* voce hæsitarunt viri quidam eruditi.] Vide *Cassa*, 6.

* **CASCANIA**, *Uberatio*, in Glossar. veteri ex Cod. reg. 7613. [** In Glossar. Cod. reg. 7644. ut ex Origene : *Cascama interpretatur uberatio.* In Glossar. Jæck. : *Cascama, libertas.*]

CASCAVELLUS, Cascaviellus, Campanula, nola, vox Hispanica, *Cascavel*, sonalium, Neubrigensi. [Gallis *Grelot*, *Sonnette*, Crotalum, Provincialibus *Cascavau*. Statuta Ecclesiæ Massil. ann. 1235 : *Indumenta Canonicorum et aliorum Clericorum sint honestati congruentia clericali. Nec utantur sotularibus, vel sellis pectoralibus, vel calcaribus deauratis, aut Cascavellis*; scilicet equorum collo appensis, ut olim erat in usu, atque etiamnum videmus in mulis vectoriis et clitellariis. Inventarium ornamentorum Abbatis S. Victoris Massil. ann. 1358 : *Item in extremitate pendentis mitræ sunt sex parvæ cathenulæ cum sex longis Cascavellis argenteis deauratis.*] Fori Oscenses Jacobi I. Regis Aragon. ann. 1247. fol. 16 : *Quicunque in hastiludio commiserit homicidium, vel fecerit damnum fortuito casu, teneatur solvere homicidium, et emendare damnum, nisi portaverit campanetas, Cascaviellos : qui autem portaverit, non teneatur dare.*

* Glossar. Provinc. Lat. ex Cod. reg. 7657 : *Cascavel, Prov. nola.*

CASCIA, Arca, capsa, Gallis *Caisse.* Charta Joannis Archiepiscopi Capuani ann. 1301 : *Tabernaculum de argento cum Cascia sua.* Vide *Casa* 2.

¶ **CASCIARE**, Venari, Gall. *Chasser.* Statuta Arelat. MSS. art. 85 : *Consules Arelatis.... tenentur compellere bis et ter in anno ad lupos Casciandos... qui habebunt animalia.* Vide *Caciare.*

* **CASCIATA**, Placentæ species ex caseo, ejusdemque præstatio. Charta ann. 1262. apud Cl. V. Garamp. in Dissert. 6. ad Hist. B. Chiaræ pag. 213 : *Et unam bonam Casciatam in festo S. Juliani.* Liber cens. XIII. aut XIV. sæc. ibid. inter not. : *Unumquodque ammisere debet esse de decem panibus et triginta ovis pro una Casata.* Acta capit. eccl. Castel. ad ann. 1290. ibid. : *In signum et recognitionem dominii, unam Casciatam de quinquaginta ovis et octo caseis, de valentia sex denariorum unoquoque.* Vide *Casata*, 2. *Caseata*, et *Casiata.*

CASCINA. Charta Ademari de Muroveteri ann. 1191 : *Cum... ripariis, nemoribus, garricis, Cascinis, devesis, mansis, etc.* Forte *cascinis* : nam *Cascina* Provincialibus ædem sonat.

* Vocem hanc non agnoscunt Provinciales ; Italis vero *Cascina*, ut docent Acad. Cruscani, *Luogo, dove si tengono, e dove pasturano le vacche.* Hinc in Charta Bern. Atonis pro Guil. dom. Montispess. ann. 1189 : *Mitto in pignore totum castrum de Lupiano,..... cum pasturalibus, Cascinis, devesis, garricis etc.*

¶ **CASCUS**. Vita S. Rigoberti Archiep. Rem. tom. 1. Januarii pag. 176. col. 2 : *Hæc denique, quam prædiximus porta, ex consuetudine Cascorum a plerisque Collaticia, a pluribus usque hodie Basilicaris vocatur; ibique tam hujus singularum claves totius urbis portarum apud se reconditas pro tempore servabat.* Vita S. Gondeberti Mart. tom. 3. April. pag. 629. num. 3. habet, *quæ Collaticia antea vocabatur, scilicet a conferendis mercibus* ; hinc suspicor *Consuetudinem Cascorum* fortean fuisse vectigal collectum pro mercibus in urbem invehendis : sed unde vox *Cascus ?*

* Vox veteribus Latinis haud ignota, ut docet Cicero Tuscul. Quæst. lib. 1 : *Itaque unum illud erat insitum priscis illis, quos Cascos appellat Ennius, etc.* Glossar. Lat. Ital. MS. : *Cascus, vechio, e anticho.* Vide *Casorum* et *Casnar.*

* **CASDEI**, *Chaldei, a Caseth filio Nachor.* Glossar. vet. ex Cod. reg. 7613. [** ex Isidor. lib. 9. cap. 2. sect. 48.]

CASDICIA. Vide *Casticia.*

¶ **CASEALE**. Vide *Capsa Navis* in *Capsa.*

* **CASEARIUS**, Fiscina casearia. Glossar. Lat. Gall. ann. 1348. ex Cod. reg. 4120 : *Casearius, Gall. Chasier.* Vide infra *Casiatum.*

¶ **CASEATA**, Species placentæ ex caseo. Statuta Arelat. MSS. art. 59 : *Et quod furnarii teneantur coquere panes civium... et quod non accipiant de fogaciis nec de Caseatis, nisi diebus Sabatinis Quadragesime.* Vide *Casiata.*

CASEATRIX, Quæ in villis et prædiis rusticis *caseos* et butyrum conficit. Ejus officium describitur in Fleta lib. 2. cap. 87.

* **CASEICUS**, Eadem notione, in Chartul. S. Crucis Aurel. ex Mercur. Franc. tom. 1. Jun. ann. 1732. pag. 1145. Ubi cum D. *Falconet* leg. existimo *Casoecus*, ut *Colonoecus*, *basiloecus.*

¶ **CASELAGIUM**. Vide *Casalagium* in *Casalaticum.*

1. **CASELLA**, *Capsella*, Loculus, reliquiarium : occurrit apud Glabrum lib. 4. cap. 3. Κασέλα, in Hist. Apollonii Tyrii pag. 17. b. 18. Alias *Casellæ* dicuntur granaria apud JC. Vide *Casa*, et Meursii Glossarium. [** Item Cangii col. 599.]

* Stat. synod. eccl. Ambian. apud Marten. tom. 7. Ampl. Collect. col. 1242 : *Ne eos* (quæstores) *sanctuariis seu reliquiis, crucibus, vel Casellis, seu cedulis uti sinant.*

2. **CASELLA**, Parvula casa, in Concilio Agathensi cap. 7. Occurrit etiam [in Præcepto Caroli M. ann. 773. apud Marten. tom. 1. Collect. Ampliss. col. 38.] in veteribus Chartis ann. 784. et 840. apud Puricellum in Ambrosianæ Basilicæ Monumentis pag. 16. 223. præterea apud Crescentium lib. de Agricultura. Will. Brito lib. 7. Philipp. :

Qui fabricare sibi castrensi more Casella,
Arboreis ramis, et sicco stramine norunt.

Adde lib. 10. pag. 220. lib. 12. pag. 248.

* 3. **CASELLA**, vox Italica, Areola. Stat. Mantuæ lib. 1. cap. 114. ex Cod. reg. 4620 : *Quælibet persona,.... quæ vendat.... vinum ad minutum in civitate Mantuæ vel districtu, debeat habere et tenere unum circulum cum una Casella a motolis appensa ad ostium vel ad porticum tabernæ.*

CASELLUM, Idem quod *Casale*, Domus, apud Nicolaum Trivettum ann. 1190. pag. 511. et Radulphum de Diceto ann. 1192.

¶ **CASELLUS**, f. pro *Tassellus*, a *Tassus*, Cumulus, Gall. *Tas.* Index utensilium de Ruminiaco in Chartulario S. Cornelii Compend. : *Et una cathena ferrea, et quædam corda ad vinum avalandum et duos Casellos feni, vel triginta solidos fortium.* Vide *Tassus.*

¶ **CASES**, Huates Iares, ὑφάσματα ἀράχνων, *Telæ aranearum*, in Supplemento Antiquarii. [** Ubi additum : *Pluraliter tantum declinabitur.* An legendum *Casses, hi antes, lares ?* Hæc enim vocabula in Incerti art. grammat. fragment. cap. 141. apud Endlicher. pag. 97. inter *masculina semper pluralia* recensentur.] [* Lege *Casses.* Vide *Cassis.*]

CASEUS, *Purgatio per Caseum.* Vide *Corsned.*

* Caseus Anglicus, inter munitiones castrorum regiorum recensetur, in Reg. 34. bis Chartoph. reg. part. 1. fol. 93. r°. : *xxxiij. Casei Anglici et j. costerez ferrorum equi.*

¶ Caseus Infans, id est, Recens, Gall. *Fromage moû.* Medicina Salern. pag. 91. Edit. 1622 : *Nutrit triticum et impinguat lac, Caseus infans.*

¶ Caseus Seraceus, Caseus, ut opinor, ex sero coagulatus. Hist. Dalphin. tom. 1. pag. 98. in Instrumento ann. 1309 : *Caseis Seraceis, baconis, piscibus, alecibus, etc.*

¶ **CASFA**. Vide *Caffa.*

¶ **CASIA**, *Genus mellis in harundinibus.* Sussanæus in Vocabulario.

* **CASIAMENTUM**, Casa, domus. Stat. Montis-reg. pag. 188 : *Si aliquis imponeret ignem in aliquibus paleis,.... aut lignis, vel fascinis existentibus extra Casiamentum, etc.* Vide *Casamentum* 2.

* **CASIARIUS**, a *Cassis*, qui facit retia. Glossar. Lat. Gall. ex Cod. reg. 7679 : *Casiarius, faiseur de rois.* Aliud Gall. Lat. ex Cod. 7684 : *Cassiarius, faiseur de raiz, de las à prandre bestes.* Vide infra *Cassetarius.*

* **CASIATA**, Placentæ species ex caseo. Census eccl. Reat. MSS. : *Item in festo Paschatis unum par tortulorum et unam Casiatam.* Vide *Casciata*, *Caseata* et mox

* **CASIATUM**. Vita B. Claræ tom. 3. Aug. pag. 677. col. 2 : *In quem* (morbum) *cum incidisset, desiderio ardebat, ut ægrotis assolet evenire, Casiati* (*ita vocant quoddam cibi genus ex caseo farreque confectum*) *verumtamen maluit ipsa cupiditati imperare, quam parere : Casiati loco panem petiit, in quo, ipsius testimonio, Casiati saporem agnovit.* Nostris vero *Casier*, cella lactaria, ubi caseus conficitur, vulgo *Laiterie.* Lit. remiss. ann. 1397. in Reg. 152. Chartoph. reg. ch. 331 : *Le suppliant print furtivement en un Casier, en la maison de Guillaume de moulin,...... un fromage dur. Chaucha* vel *Chausa*, apud Ruthenenses, Vasis genus, ex aliis Lit. ann. 1469. in Reg. 196. ch. 214 : *Lequel prisonnier avoit certaine quantité de layt estant en ung vesseau, appellé vulgaument* (en Rouergue) *Chausa.* Infra : *Chaucha.*

* **CASIEPHIA**. Versus scripti in coopertura Codicis Cluniac. cui titulus : De artibus :

Ad boreæ partes arctoi vertuntur et anguis;
Post has arctofilax pariterque corona genuque
Prolapsus lira avis Cepheus et Casiephia.

[** Leg. *Cassiopea* vel *Cassiopeja.*]

¶ **CASIDILIS**. Vide *Capsidile* in *Cassidile.*

¶ **CASIMENTUM**, Idem quod *Casamentum.* Charta Galeranni Comitis Mellenti, in Hist. Harcuriana tom. 4. pag. 1350 : *Præter terram Percharii et omnia Casimenta sua in foresta de Feheham cum omni libertate pasnagii.*

* Charta ann. circ. 1130. inter Probat. tom. 2. Hist. Occit. col. 453 : *Ego Rogerius Fuxensis comes...... accipio te Rogerium de Biterris filium Ceciliæ et infantes, quos habueris, in fide mea et in Casimento meo in tota vita mea, in tali conventione, ut de omnibus hominibus rectus adjutor sim.* Etquidem vassallo tutelam præstare tenebatur dominus capitalis : *Casamenti* ergo et feudi una eademque erat conditio. Vide

supra *Casamentum* 1. et infra *Cassamentum*.

* **CASIN**, *apud Scythas nix dicitur*. Glossar. vet. ex Cod. reg. 7613. [** Ex Isidor. Origin. lib. 14. cap. 8. sect. 2.]

¶ **CASINA**, Magale, tugurium, Gall. *Cabane*. Vide S. Gerii tom. 6. SS. Maii pag. 160 : *Ubi rus sive villa aliquantum habitantium sub paleariis seu Casinis*. Vide *Casalinum* et *Cassina*.

¶ CASINA PELLIS. Charta pro Communia Balneoli ann. 1208 : *Duodena de Pellibus Casinis* 1. *obolum*. Haud scio an sit legendum *Caninis*. [**An *Cattinis*?]

¶ **CASINDIUS**, in Hierolexico Macri, pro *Gasindus*, Qui ex familia alicujus est vel domo. Vide *Gasindus*.

CASININA MONETA. Vide Sanjulianum in Matiscone pag. 282.

¶ **CASINUM**. Vide in *Cassina*.

¶ **CASIS**, Idem videtur quod *Casa*, Bona Ecclesiæ ruralia. Chartular. S. Vandregesili tom. 2. pag. 2102 : *Rodulfus et Rogerius... nostrum adierunt locum S. Wandregesili... et medietatem Casis Ecclesiæ Remuiscors, quam de Alberico tenebant ipsis rogantibus nobis in vadium dederunt propter viginti libras denariorum Rothomag. usque ad viginti annos, etc.* Lubens legerem *Casæ*. Vocis hujus in *Casis* facilis est mutatio. Confer *Capsa*, 4.

¶ **CASIVOR**, Τυρός, *Caseus*. Supplem. Antiquarii.

* **CASIUM**, *Medicamenti genus*, in Glossar. ex cod. reg. 7613. Vide *Cassior*.

¶ **CASICS**, pro *Caseus*, in Litteris Edwardi III. Angl. Regis apud Rymerum tom. 5. pag. 12.

CASLA, in veteri Glossario Saxonico, Heðen. Ubi Somnerus, forte *Cassia*. [** Heder, *a house*, apud Bosworthum, unde fortasse legendum *Casa*.]

CASLAGIUM. Vide *Casalagium* in *Casaticum*.

¶ **CASLANIA**, CASLANUS, CASLARIUS. Vide *Castellanus* 1. post *Castellum*.

¶ **CASLUS**. Vide *Casbovis*.

CASMA, [*Hiatus*, CASMARE, *Hiatum facere*. Laurent. in Amalthea post Papiam. Legendum *Chasma* a Græco χάσμα vel χάσμη : quod idem est. Eadem vox mendose legitur apud Glabrum Rodulphum lib. 5. cap. 1. pro *Fasma*, Gr. φάσμα, Apparitio.] Vide *Palmetie*.

* Glossar. Lat. Ital. MS. : *Casma, la pertica, ayere e terra*.

CASNAR, veteribus Gallis *Assectator*. Quintilianus lib. 1. Instit. cap. 5 : *Et in oratione Labieni, sive illa Cornelii Galli est in Pollionem, Casnar assectator e Gallia ductum*. [** Ex Spalding. notis ad h. l. apparet plerosque Quintiliani codices exhibere *Casamum*.] Vide Varron. [Festus : *Casnar, Senex Oscorum lingua*. Papias MS. *Casnar, Senex : Casnari, Senes lingua quorumdam*.]

[* Vide supra *Cascus*.][** et interpret. ad Nonium lib. 2. sect. 135.]

* **CASNOMIA**, *Musca venenosa*. Glossar. vet. ex Cod. reg. 7613. [** Ita etiam in vet. Gloss. apud Maium Class. Auctor tom. 6. pag. 514. et ap. Papiam.]

CASNUS, CASNETUM. Judicatum ann. 867. apud Perardum in Chartis Burgundicis pag. 147 : *Et dixit quod ipse... et sui servi... tallassent vel occidissent uno Casno de S. Benigno*. Aliud ann. 868. ibid. : *Et dixit quod idem Heldebernus cum... in silva S. Benigni venissent, et ipso Heldeberno præcipiente, Casnum mortificasset malo ordine, etc.* Notitia alia Judicati ann. 870. ibid. pag. 149 : *Mallatus fuit ipse Hildebernus, et sacramentum arramivit, unde gietivos remansit, et de tertio Casno prejudicium Scabineorum in altero mallo eundem Hildebernum cum testibus adprobavit... Tunc judicatum est a supradictis Scabineis, ut de ipsis Casnis, quos mortificavit, legem faceret et rewadiaret, seu supradictam terram legaliter redderet, quod et fecit, etc.* Quibus locis *Casni*, ni fallor, sunt quercus, nostris *Chesnes*, Picardis *Quesnes*, Occitanis *Casses*, et *Cassenats*. Proinde

CASNETUM, est quercetum, in Charta Philippi Augusti ann. 1185. apud Morinum in Historia Vastinensi pag. 706 : *Ab illa aqua usque ad terram et nemus quod Morini dicitur Casnetum*. Ubi perperam editum *Casuetum*. Galli dicebant *Quesnoy*, unde urbi in Hannonia nomen.

☞ Interpretationem Cangii confirmat Mabillonius tom. 3. Annal. Benedict pag. 48. ex occasione Præcepti dati *Ad illum Casnum an.* XVI. *regnante Carolo* (Calvo) *gloriosissimo rege Indictione tertia;* subdit enim : Quis sit locus ille ad Casnum, intelligimus ex Annal. Bertinianis ad annum 877. ubi Franciæ Proceres post mortem Caroli Calvi Conventum ad Casnum in Cotia condixisse memorantur. In Cotia silva prope Compendium locus est a quercu sic dictus, vulgo Casnus Herbeloti. Vide Valesium in Notitia Galliarum pag. 161. et 413. [** et Grimm. Antiq. Juris pag. 795.]

* *Cheaine*, in Ch. ann. 1380. Stat. Montis-reg. pag. 239 : *Excepto quod in castagnetis et aliis nemoribus seu ruvoribus, Casnis, cerris, salicibus, etc. Chasnaisses, Casnorum* aliarumve arborum ramusculi, ut videtur, in Libert. villæ *d'Aigueperse* ann. 1374. ex Reg. 198. Chartoph. reg. ch. 360 : *De chartée de buches, j. den. de chartée de Chasnaisses, maille. Chassain*, Lignum quoddam, haud scio an quercinum, in Lit. remiss. ann. 1384. ex Reg. 124. ch. 301 : *Pierre Minau.... tenant une barre de Chassain en sa main, laquelle il avoit prinse ou tet au pors, etc.* Hinc etiam fortassis *Chasgnon* appellatur pars quædam aratri, in aliis Lit. ann. 1388. ex Reg. 132. ch. 220 : *Lequel suppliant a emblé un soich, un Chasgnon.... à la charrue de certaine personne*. Scala aratri, ut videre est infra in *Cassoata*. Pro loco quibusvis arboribus consito accipi videtur, in Ch. Petri Cardinalis ann. 1402. pro fundat. colleg. S. Cathar. Tolos. ex Cod. reg. 4223. fol. 151. v°. : *Ordinamus domum ipsam,... et quæcumque alia loca, fortalitia, domos, vineas, prata, hortos, viridaria, devesia, Casnos, pascua, etc.* Nisi de quercuum seminario, Gall. *Pepiniere*, intelligas. Vide in *Lennia*.

* **CASOLARE**, Italis, Casa, vel domus semidiruta. Charta ann. 1368. apud Corbinel. inter Probat. Hist. domus *de Gondi* pag. 157 : *Item unum palatium magnum cum columbari, et cella, et curia, et una domo bassa, et Casolare*. Vide supra *Casalenum*.

CASONA, *Acus mulieris, qua mulier caput scalpit, a cado, dis, dicta, eo quod cadere facit immunda*. Joan. de Janua, ubi perperam edit. *Casoma*. Ita enim Glossæ Isid. et Ugutio. [Grævius censet legendum *Cnason* ex Festo, apud quem in casu quarto numeri multitudinis legitur *Cnasonas*.]

* Glossar. Lat. Gall. ex Cod. reg. 521 : *Casona, Piegne*. Vide supra *Capsona*.

* **CASONZELLUS**, *CAZONZELLUS, Placentæ species ex caseo. Chron. Bergom. ad ann. 1386. apud Murator. tom. 16. Script. Ital. col. 855 : *Fecerunt fieri pro faciendo honorem cuique plusquam centum tortas ac talieros artibusalorum seu Cazonzellorum. Et venerunt ballantes in civitatem Bergomi tres et tres, et dabant cuique volentibus comedere de dictis tortis et Cazonzellis*. Ibid. ad ann. 1393. col. 861 : *Quidam nomine Tonolus habitator de Stezano una cum uxore sua dederunt venenum in artibusolis sive Casonzellis cuidam rustico habitatori de Stezano, de quo idem rusticus decessit*. Vide supra *Casiata* et *Casiatum*.

¶ **CASORUM**, *Vetustum*, in Glossis Isid. Sed legendum cum Gebhardo et Grævio *Cascum, vetustum*. Apud Papiam MS. et in Glossario MS. Sangerman. *Cascum, Antiquum, vetus, vacuum*. Casci voce hoc sensu usi sunt Ennius et Varro. [* Vide supra *Cascus*.]

¶ **CASPALANUS**, pro *Capellanus*, in Charta Ludovici Regis Aquitanorum apud Stephanotium tom. 3. Antiquit. Pictav. MSS. pag. 238 : ✝. *In Dei nomine Reginpertus seu indignus vocatus Episcopi* (sic) *sive Caspalanus Hlodoico Regis Adquitaniorum. Sign.* ✝ *Magnario, etc.*

* **CASPIUM**, f. Uvarum ante vindemias collectio; vel Omphacium. Stat. Vercel. lib. 4. pag. 70. r°. : *Item quod laboratores terras, vineas vel plantata alicujus teneantur ei integre dare redditus, secundum conventionem inter ipsos, et dominum factam, de ipsis terris, vineis et plantatis, et etiam de Caspio, si fecerit Caspium de uvis*.

* **CASQUA**, perperam pro *Tasqua*, in Charta ann. 1475. inter Probat. tom. 3. Hist. Lothar. col. 279. Vide *Tasca* 2.

1. **CASSA**, [Venatio, Gall. *Chasse*.] Vide *Caciare*.

¶ 2. **CASSA**, Domus, ædificium, magale. Tabularium Rothon. : *Ecclesia S. Mariæ cum ipso alodo, qui ad ipsam pertinet, cum Cassis et ædificiis, datur S. Salvatori Rothonensi*. Vide *Casa* 1.

¶ 3. **CASSA**, Italis Arca, Capsa in qua Sanctorum Reliquiæ reponuntur, Gall. *Chasse*. Miracula sancti Wlfranni tom. 3. SS. Martii pag. 162 : *Repositum est hoc sacrosanctum corpus beatissimi Wlfranni Archiepiscopi et Confessoris in hac Cassa temporibus meis*. Additiones ad Vitam S. Antonini tom. 1. Maii pag. 331 : *Præfatam tunicam in quadam Cassa.... posuerunt*. Translatio S. Floriani tom. 7. Maii pag. 575. E. : *Quod certificatur per tabellam suprascriptam repertam in fundo Cassæ*. [** Chronic. Reg. Franc. ex codic. reg. 9654. 3. in Script. rer. Gallic. vol. 11. pag. 393 : *Abbas S. Dionysii aperuit Cassas in quibus reposita fuerunt corpora martyrum* *tempore Dagoberti.*] Occurrit insuper in Vita B. Dianæ tom. 2. Junii pag. 367. in Vita B. Henrici Baucenens. pag. 374. in Vita B. Lidani tom. 1. Julii pag. 347. in veteri Disciplina Monast. ex Ritibus Luxov. pag. 572. apud Rymer. tom. 1. pag. 841. Martenium tom. 4. Anecd. col. 809. in Statutis Ecclesiæ Constantiensis, etc. Spicil. Fontanel. MS. pag. 387 : *Cassa quæ pendet super magistrum altare, in qua Corpus Domini requiescit.*

¶ 4. **CASSA**, Capsa, ubi pecunia asservatur, Gall. *Caisse.* Acta SS. Maii tom. 6 pag. 176. ubi de sancto Jacobo Philippo : *Fuerunt autem ipsi ducati sumpti ex Cassa B. Jacobi Philippi; postea autem, inquit, recepi a Priore solidos* xxx. *similiter sumptos ex d. Cassa.*

¶ 5. **CASSA**, Fama, in Statutis Arelatens. tit. 25 : *Statuimus ne quis scienter hospitetur in domo sua furem nec latronem, nec hominem malæ Cassæ, nec hereticum, nec Valdensem.* Alibi : *Qui videantur esse infames, vel malæ Cassæ.*

* Hinc Italis, *Battere la Cassa addosso a uno*, pro Famam alicujus proscindere.

¶ 6. **CASSA.** Mandatum Edwardi III. Regis Angl. ann. 1338. apud Rymerum tom. 5. pag. 12. ubi de variis victualibus : 1340. *Bacones*, 130. *carcasia bovina vel boves*, 4100. *Cassas multonum vel multones. Cassa* hic idem est quod *Carcasium.* Vide *Casbovis.*

¶ 7. **CASSA**, Sartaginis species, Gall. *Poelon.* Inventarium anni 1342. ex Archivo S. Victoris Massil. : *Apud focariam duo incependia, unam saccagtnem*, (sartaginem,) *item unam Cassam, unam vigilem; item unam copam ferream*, etc. Lugdunenses *Casse* vocant Sartaginem, Gall. *Poele;* Andegavenses vero et Normanni excipulum adipis stillantis e carnibus, dum torrentur, Gall. *Lechefrite.*

* Olim *Casse;* unde hodiernum *Casserole.* Inventar. MS. ann. 1379 : *Item una Cassa magna cupri cum pedibus.* Aliud ann. 1476. ex Tabul. Flamar. : *Item unam Cassam cupri cum sua cauda ferri. Olles, chauderons, Casses de cuivre, etc.* in Ch. ann. 1543. Vide *Casso* et *Caza* 2.

* 8. **CASSA**, Quidquid capsæ seu arcæ formam refert. Tract. MS. de Re milit. et mach. bellic. cap. 76 : *Et est necesse quod Cassa postrema dicti currus sive bancacii lapidibus gravetur, ne a pondere altiore et graviore leventur. Casse*, pro *Caisse*, in Lit. ann. 1407. tom. 9. Ordinat. reg. Franc. pag. 305. art. 6.

* 9. **CASSA**, Cassia, Mensura frumentaria. Charta ann. 1326. in Reg. 64. Chartoph. reg. ch. 104 : *Tenentur solvere..... pro uno campo.... unam eminam et octo Cassias ordei.... unam carteriam et quatuor Cassas ordei.* Infra *Cassia* rursum legitur. Vide *Cassola* 2.

* 10. **CASSA**, Alveus, ut videtur, Ital. *Cassa*, eadem notione. Charta fundat. abbat. Aquilar. ann. 832. inter Probat. tom. 1. Annal. Præmonstr. col. 105 : *De illa pegnella usque a summo cerro, et usque in Cassa de Tedueca, et inde per Cassas de Sesmino de termino in termino.* Vide infra *Cassola* 3.

* 11. **CASSA**, Textoris compages lignea, Gall. *Chassis, métier.* Acad. Cruscani : *Casse, diconsi anche que legni del telaio, che stanno sospesi, e contengono in loro il pettine, per cui passano le fila della tela, colle quali si percuote, e si serra il panno.* Stat. Vercel. lib. 4. pag. 85. v°. : *De mantiliis et toaliis strictis possint capere pro labore et Cassa, habentibus listas tres amplas per digitum unum, solidos duos et denarios octo pro pariete.*

* 12. **CASSA.** Glossar. vet. ex Cod. reg. 7646 : *Cassæ, ærumnæ.* [** Ap. Placidum Maii tom. 3. pag. 450.] Vide *Casse.*

* **CASSABUNDUS**, *Instabilis, dubitans, titubans.* Glossar. vet. ex Cod. reg. 7613. Vide supra *Casabundus* et mox *Cassare* 2.

* **CASSADOSA** Prima. Vide infra in *Prima.*

* **CASSAGNA**, f. Telæ tenuissimæ species, Hispan. *Caza*, Gall. *Gaze.* Inventar. MS. thes. Sedis Apost. ann. 1295 : *Item unum ventilabrum de carta, cum Cassagna intra de auro.*

* **CASSALE**, Casa, tugurium, vel locus ubi *casa* ædificari potest. Charta ann. 1318. in Reg. 59. Chartoph. reg. ch. 255 : *Duo molendina venti, seu duo molendinorum venti Cassalia.... solvendo pro quolibet.... decem Turonenses... pro accapito seu intrata.* Vide in *Casale* et supra *Casare* 3.

* **CASSALIS**, Pectoralis. Vide infra *Cassum* 2.

* **CASSALOCUM**, Locus vel sedes curtis, ut videtur. Pariag. inter Reg. et Bern. de castro Bayaco ann. 1321. in Reg. 64. Chartoph. reg. ch. 732 : *Habitatoribus dictæ bastidæ per plateas pro domibus construendis et ædificandis, et per Cassaloca et arpenta et casalerias ad pagellam prædictam dividantur.* Vide supra *Casalaria.*

* **CASSAMENTUM**, ut supra *Casamentum* 1. Charta Galteri episc. Æduens. ann. 1214. ex Chartul. Campan. fol. 222. col. 1 : *Theobaldus comes Campaniæ recepit feodum sive Cassamentum suum a nobis, sicuti antecessores ipsius comitis a prædecessoribus nostris tenebant. Chassement*, eodem significatu, in Ch. Willelm. comit. de Vienna ann. 1247. inter Probat. tom. 2. Hist. Burgund. pag. 5. col. 1 : *xvj. livres de terre qu'il tenoit de moi en fief et en Chassement dans ma terre de Bar.* Vide supra *Casimentum.*

* 1. **CASSANA**, Mensa, argentaria, Gall. *Banque, caisse.* Reg. sign. *Mandat* fol. 157 : *Lumbardi Cassanam tenentes in Goncellino, etc.* Et fol. 206 : *Lumbardi Cassanam tenentes apud Gratianopolim*, etc. Vide *Casana* 1.

* 2. **CASSANA**, Pars vestis superior, qua collum amicitur. Lit. remiss. ann. 1380. in Reg. 118. Chartoph. reg. ch. 462 : *Prælibatus Bernardus.... Raymundum.... per Cassanam seu chevesselliam vestis suæ arripuit atque traxit.* Glossar. Lat. Ital. Ms. : *Cassana, lo loco dal capo.*

1. **CASSARE**, Cedere, concedere. Chronicon Fredegarii jussu Childebrandi scriptum cap. 45 : *Quo ordine duas civitates Augustam et Siusium cum territoriis ad partem Francorum* (Longobardi) *Cassaverant, non abscondam.* Mox : *Vallem, cui nomen Ameregis, partibus Guntchramni Cassantes.* Cap. 69 : *Unde unum centenarium auri Charoaldus Rex partibus Imperii de præsente Cassaret.*

2. **CASSARE**, Irritum reddere, Gallis *Casser*, vox frequens in Edictis Principum. Occurrit etiam in Vita S. Canuti Regis Obodritarum cap. 4. § 17. et apud alios Scriptores. Papias : *Cassare, evacuare, privare, castrare, unde Cassabundus, instabilis, dubitans, titubans.* [Charta Offæ Merciorum Regis ann. 790. apud Felibianum in Hist. Sandionysiana pag. xlii : *Evidentia rerum et experientia declarant Cassabundam mortalium vitam, et innumeris cotidie calamitatibus constringi.* Vetus Glossar. Sangerman. MS. num. 501 : *Cassabundus, Titubans.* Gloss. Isid. : *Cassatur, Castratur.*] Glossæ Arabico-Lat. : *Cassabundus, dubitans, vel timens.* Glossar. Ælfrici : *Cassata*, ſorhrered, i. cassa, *abrogata. Cassus*, vacuus, inanis. Glossar. Lat. Gr. *Cassum*, κενόν, μάταιον, ἄκυρον. [Supplem. Antiquarii : *Casso*, ςερῶ, *Privo.*] Ita non semel in Cod. Theod. unde nescio cur viri docti a *Charaxare* deducant. [** Vide Murator. Antiquit. Ital. tom. 2. col. 1179.]

* Ital. *Cassare*, cancellare, annullare. Testam. Ms. ann. 1238. Raim. Bereng. comit. Prov. : *Si autem posthumum masculum contingerit nos habere, illum generalem hæredem in totis comitatibus, et juribus, et rebus nostris instituimus, Cassata institutione generali Beatricis in dicta posthumi agnatione.* Inquisit. ann. 1268. ex Tabul. eccl. Massil. : *Quod statuta facta, tam in civitate superiori quam inferiori, contra libertates episcopi et ecclesiæ, dom. episcopus Massiliensis debebat et poterat ea Cassare.* Adde Murator. tom. 12. Script. Ital. col. 1008. Stat. crimin. Saonæ pag. 113. etc.

* Rumpere, Gall. *Briser.* Acta S. Cassiani apud Fontan. in Antiq. Hortæ pag. 355 : *Idola Cassavit, etc.*

¶ 3. Cassare, [* Perperam pro *secare*, ut rectius habetur tom. 1. Ordinat. Reg. pag. 359. unde locus integer ita emendandus ut pro *Cassabant* et *Cassationis* scribatur *Secabant* et *sectionis*, pro *venationis* porro *venditionis.*] Frangere, Gall. *Casser.* Edictum Philippi Pulcri pro Reformatione regni ann. 1302. in Consuetud. MSS. Tolos. fol. 43 : *Eo quod gardiatores seu regaliatores amputabant seu Cassabant nemora dictarum Ecclesiarum, antequam tempus amputationis seu cassationis eorum, aut debitæ venationis advenisset.* Ex his posterioribus verbis conjicio *Cassationes*, de quibus hic agitur, esse populationes, quas faciunt ii, qui in nemoribus adhuc tenerioribus venantur.

¶ 4. **CASSARE**, Venari, Gallice *Chasser.* Statuta Massil. pag. 517 : *Nullus sit ausus venari seu Cassari cuniculos seu cyrogrillos, nisi per* xv. *dies ante festum Natalis Domini.* Ibidem recurrit pag. 518. *Aves de Cassa*, ibidem pag. 521. accipitres nuncupantur. Vide *Caciare* et *Chirogrillus.*

¶ 5. **CASSARE**, Abducere. Vita Patrum Emeritensium : *Quem iterum iterumque verborum objurgare increpationibus studuit; sed eum nec sic ab illecebrosa edacitatis delectatione atque furti rapacitatisque intentione Cassavit.*

* Avertere. Charta Boson. reg. ann. 887 : tom. 9. Collect. Histor. Franc. pag. 672 : *Cœpimus cogitare..... qualiter remedio elec-*

mosinæ Cassantur imminentia bella injuste insurgentia, etc.

¶ 6. **CASSARE**, Exauctorare, Gall. *Casser*; Missum facere, si agitur de milite. Regimina Paduæ ad ann. 1318 : *Facta fuit pax... et tunc Cassati fuerunt soldati... et Cassatus fuit suprascriptus capitaneus dominus Obizo, etc.*

* 7. **CASSARE**, Discerpere, lacerare, Gall. *Déchirer, mettre en pieces.* Lit. remiss. ann. 1350. in Reg. 80. Chartoph. reg. ch. 327 : *Statim quod dictam litteram tenuit, ipse eam Cassavit, et de ea petias plures fecit.*

* 8. **CASSARE**, Vastare, populari, Gall. *Saccager, ravager.* Reg. Cam. Comput. Paris. sign. JJ. rub. ann. 1273. fol. 15. v° : *Galhardus de la Landa domicellus... Cassat omnes vineas, terras cultas et incultas, et alia quæ dicti homines habent et possident in parrochia prædicta a dicto Galhardo.* Vide *Cassare* 3.

CASSARES, pro *Casales*, ni fallor, in Charta Alfonsi Imperat. Hisp. æræ 1182. apud Anton. de *Yepez* in Chron. Ordin. S. Benedicti tom. 7 : *Tres Cassares, videlicet villam novam, et casam Fielibarbe, et Foosendam; in Ravanadam sitos, etc.* Occurrit rursum infra. [** Vide *Casare*, 3. et S. Rosa de Viterbo voce *Casar*, Elucidar. tom. 1. col. 254. neque enim idem est quod *Cassarum*, uti vult Muratorius, sed *villa*.]

* **CASSARIUM**, Casserium, Castrum, arx, Ital. *Cassero*. Inventar. Ms. ann. 1366 : *Dictus episcopus nuncius Apostolicus et Nicholaus Bandini de Saliceto civis Bononiensis et sindicus existentes in Casserio seu turri principali castri S. Johannis in percisseto comitatus Bononiæ. Idem Nicholaus nomine sindicario communis et civitatis Bononiensis tradidit realiter et restituit dicto nuncio Apostolico....... possessionem et quasi Cassarii et turris ac tocius castri prædictorum.* Infra : *In castro seu turri principali castri S. Johannis in persiceto comitatus Bononiensis, etc.* Vide infra *Casserum*.

* **CASSARIUS**, Qui *cassam* seu capsam, in qua sanctorum reliquiæ reponuntur, portat. Necrolog. eccl. Bituric. Ms : *In processione Rogationum duo Cassarii habent quilibet duos solidos Parisienses; similiter et duo canonici cantantes letaniam.* Vide *Cassa* 3.

CASSARUM, vox Italica, *Cassaro*, Academicis Cruscanis, *Ricinto di mura intorno alla rocca, o nel piu alto della terra, la parte concava del corpo circondata dalle costole*, Thorax. Vide Oct. Ferrarium in *Busto*. Chronicon Pisanum Ughellianum ann. 1115 : *Christianus exercitus exultans... castella duo et mangana conducit ad Cassarum.* Mox : *Ex castellis ergo supereminentibus Cassari magnis turribus, Christiani contra fortissimos Saracenorum recollectos in Cassaro acriter instare cœperunt; etc.* Occurrit ibi pluries. [** Arabes hanc vocem in Italiam intulisse scribit Murator. tom. 2. Antiq. Ital. col. 1180.]

CASSATA, Cassatus. Vide *Casata*.

¶ **CASSATIO**. Vide *Cassare* 3.

* 1. **CASSATURA**, Abolitio, absolutio, Gall. *Abolition.* Stat. Vercel. lib. 3. pag. 54. r° : *Et pro cassandis ipsis bannis possit accipere pro Cassatura pertinenti communi Vercellarum, pro quolibet bannito usque ad libras quinquaginta, solidos quatuor.* Vide supra *Cassare* 2.

* 2. **CASSATURA**, Fractura, Gall. *Fracture.* Charta ann. 1330. in Reg. 66. Chartoph. reg. ch. 1114 : *Phisici et surgici prædicti non invenerunt....... dicti corporis aliquam membri seu ossium...... Cassaturam seu fractionem, etc.* Vide supra *Cassare* 3.

¶ 1. **CASSATUS**, Peractus, completus. Mabill. Liturg. Gall. pag. 366. in Oratione Missæ diei Paschalis : *Omnipotens sempiterni Deus, qui resurgens a mortuis, Passione Cassata, potentiorem te tuis Discipulis reddidisti, concede, etc.* Vide in *Casata*.

* 2. **CASSATUS**, Inclusus, Gall. *Enchassé.* Inventar. S. Capellæ Paris. ann. 1335. in Reg. I. Chartoph. reg. ch. 7 : *Item una magna smaragdo in argento Cassata.* Vide supra *Cassa* 8.

¶ **CASSE**, *Ærumnæ.* Glossar. MS. Sangerman. n. 501. [* Vide supra *Cassa* 12.]

¶ **CASSEA**. Capsa, Gall. *Caisse*, apud Rymer. tom. 7. pag. 223. col. 1 : *Unam Casseam saccari candidi.*

* **CASSEATA**, Placentæ species ex caseo, pro *Caseata*. Consuet. novæ bastidæ de Trya ann. 1325. in Reg. 64. Chartoph. reg. ch. 54 : *De placentulis, ortocreis et Casseatis nichil pro furnagio solvere teneantur.* Vide supra *Casiata*.

* **CASSEDULA**, Arcula, capsula, Ital. *Cassetina*. Inventar. Ms. thes. Sedis Apost. ann. 1295 : *Item unam Cassedulam cum quatuor pedibus, et cum octo rotellis.* Vide infra *Cassula*.

¶ 1. **CASSELLA**, Parva casa, Tugurium. Acta SS. Nerei, Achillei, etc. tom. 3. SS. Maii pag. 11 : *Levavit corpus et pernoctanter in biroto perducit ad Cassellam suom.* Vide Onomasticon tomi 2. SS. Aprilis, et superius *Casella*.

* 2. **CASSELLA**, inter utensilia ecclesiastica recensetur, in Chron. Sublac. apud Murator. tom. 4. Antiq. Ital. med. ævi col. 1053 : *Abstulit........ tria thuribula, duo vacilia, duas Cassellas, septem candelabra, etc.* Vasculum esse videtur, ubi micæ thuris asservantur, quod *Cherue* videtur appellari in Invent. eccl. Camerac. Ms. ann. 1371 : *Item une Cherue et une louchette d'argent pour l'enchens.*

* **CASSELLUS**, pro *Tassellus*, Cumulus, strues feni, Gall. *Tas.* Charta Galter. episc. Laudun. ann. 1163. inter Probat. Annal. Præmonstr. tom. 1. col. 74 : *In prato Jumigniaci duos Cassellos feni falcati et adunati.* Vide *Casellus* et *Tassus* 1.

* **CASSERIUM**. Vide supra *Cassarium*.

* **CASSERIUS**, Quæstor, arcarius, qui *cassæ* seu arcæ pecuniariæ præpositus est, Ital. *Cassiere*, Gall. *Caissier*. Stat. ant. Florent lib. 1. cap. 1. ex Cod. reg. 4621. fol. 12. r° : *Quod camerarii et Casserius cameræ dicti communis possint, teneantur et debeant solvere incontinenti dictis electionariis et eorum notario salarium, ad rationem pro quolibet eorum..... libras sexaginta.* Vide *Cassa* 4. et *Cassia* 1.

* **CASSERO**, Modus agri, jugeri scilicet pars quarta; idem, ni fallor, qui apud Pictones *Casson* nuncupatur. Vide supra *Casalaria*. Charta ann. 1405. in Reg. feudor. comitat. Pictav. ex Cam. Comput. Paris. fol. 22. v° : *Item mon Casson de pré, contenant quart de Journal de faucheur ou environ.* Alia ann. 1406. ibid. fol. 25. v° : *Item Micheau Chauvet* (doit) *ung denier pour un Casson de terre.* Dici vero videtur de agro muris aut sepibus cincto, atque adeo a *Capsum*, quo Latinis locus conclusus significatur, originem habere opinor. Vide *Capsum* 1. Sed et *Casson* dixerunt nostri, pro Gleba, vulgo *Motte de terre.* Lit. remiss. ann. 1466. in Reg. 194. Chartoph. reg. ch. 149 : *Le suppliant getta ung Casson de terre ou pierre à icellui Micheu.* Charta ann. 1320. in Reg. 59. ch. 544 : *Item Thomas de Faya pro quodam Casserone....... xv. den. Item pro tribus Casseronibus, qui fuerunt Brimaudi, v. solidos..... Item pro quodam Casserone vineæ, xv. denarios.* Vide infra *Cassicium*.

* **CASSERON**, vox vulgaris, Loligo, piscis marini species. Tract. de Piscibus cap. 56. ex Cod. reg. 6838. C : *Loligo parva Gallis, præsertim Santonibus, Casseron dicitur, a nostris Glaugiou, corrupta voce, ut opinor, ex gladiolo, quamquam Monspolitæ nostri calamar et glaugiol sæpe confundunt.*

* **CASSERUM**, Castrum, arx, Ital. *Cassero*, idem quod *Cassarum*. Stat. ant. Florent. lib. 3. cap. 93. ex Cod. reg. 4621 : *Quicumque qui haberet in aliquo castro comitatus vel districtus Florentiæ aliquod Casserum vel fortiliam, cogatur..... ad vendendum ipsum vel ipsam communi.* Vide supra *Cassarium*.

* **CASSETARIUS**, Cassium artifex : unde *Cassetulla, petite rois*, in Glossar. Lat. Gall. ex Cod. reg. 7679. Judicium ann. 1346. 21. Jul. in vol. 2. arestor. parlam. Paris. : *Cassetarii villæ Parisiensis et corrigiarii seu zonarum operarii ejusdem villæ, etc.* Vide supra *Cassiarius*.

* **CASSETTUS**, Cassidis species. Stat. Mantuæ lib. 1. cap. 3. ex Cod. reg. 4620 : *Habeat* (Potestas) *etiam xx. berrouarios, quorum medietas sit armata coratiis vel panceriis seu Cassettis ferreis, etc.* Ibid. cap. 112 : *Arma vero ad defensionem sint et intelligantur panceria, guarnacia, Cassettus, etc.* Stat. Mutin. ann. 1328. apud Murator. tom. 2. Antiq. Ital. med. ævi col. 487 : *Quilibet miles teneatur et debeat habere in qualibet cavalcata et exercitu panceriam, sive Cassettum, etc.*

* **CASSETULLA**. Vide supra in *Cassetarius*.

¶ **CASSETA**, Parva sartago, Gall. *Poelon*, diminut. a *Cassa* 7. Inventar. ann. 1341. ex Archivo S. Victoris Massil. : *Item feiratum unum cum ysotono; item unam Cassetam de cupro, duas in dispensa; item unam grasillam, etc.*

¶ **CASSETELLA**, Capsula. Acta SS. Junii tom. 1. pag. 56. de S. Secundo : *In quo quidem sepulcro erant tres Cassetellæ ligneæ, in quibus et qualibet earum erant Reliquiæ sanctæ.*

¶ 1. **CASSIA**, Capsa ubi asservatur pecunia, Gallice *Caisse*. Hinc in Chronico Siciliæ apud Marten. tom. 3. Anecd. col. 86. *Cassiam imponere*, est imponere tributa et vectigalia, quorum proventus pecuniarii in cassia quadam publica reponebantur : *Fridericus Rex Siciliæ imposuit in ea insula Siciliæ Cassiam unam, ob quam Cassiam solvuntur tria per centum, propter dictam guerram, quæ solvuntur intrando et exeundo.*

Hæc paulo aliter leguntur loco citato ex negligentia typographi, ut monet Index Onomasticus ad calcem tomi 5. ubi mendum corrigitur. Vide *Cassa* 4.

¶ CASSIA, Capsa Reliquiarum, Gall. *Chasse*. Notitia Ecclesiæ Diniensis per Gassendum pag. 151 : *Unam Cassiam magnam coopertam de ossa ad tenendum Reliquias*. Vide *Cassa* 3, et *Chassia*.

¶ CASSIA, Capsa in qua merces transportantur, Gall. *Caisse*. Hist. Dalphin. tom. 1. pag. 98. col. 2. in Instrumento ann. 1309 : *Item quælibet Cassia limarum, speculorum debet duos denarios*.

* 2. **CASSIA**, Mensura, frumentaria. Vide supra *Cassa* 9.

* 3. **CASSIA**, Fasciculus, ni fallor. Garnis. castri Carcass. ann. 1294 : *ij. xiij. Cassiæ carrellorum ad currum*.

* **CASSIAMENTUM**, ut *Casalenum*, Locus ubi *casæ* ædificari possunt. Charta ann. 1183. apud Murator tom. 1. Antiq. Ital. med. ævi col. 339 : *In Locedio ipsam terram, in quam ædificata est ipsa ecclesia et monasterium prædictum, cum suis areis et Cassiamentis cum terris cultis et incultis, etc.* Vide supra *Casalaria* et infra *Castimentum*.

CASSIBULA. Vide *Casubula* post *Casula*.

* **CASSIARIUS**. Vide supra *Casiarius*.

* **CASSICIUM**, Modus agri. Charta ann. 1233. apud Cencium inter Census eccl. Rom. : *Sexaginta Cassicia similiter in demanio et alia octonginta quinque Cassicia terrarum, et novem vineas, et novem domos cum ortis et canapinis, quæ vassalli mei a me possident in territorio Paliani et Serronis*. Vide supra *Casalaria* et *Cassero*.

* 1. **CASSIDA**, Casula, tugurium, vel prædium rusticum cum mansione. Charta ann. 1460. ex Tabul. S. Vict. Massil. : *Versus tramontanam cum la Cassida nobilis Ludovici Duranti, ... confrontatur a parte solis ortus cum Cassida Stephani de Aremon*. Vide *Bastida* in *Bastia* et *Cassina* 1.

* 2. **CASSIDA**, Albugo, glaucoma, ni fallor, Gall. *Taie, cataracte*; quia cassis species. Vide supra *Cassetarius*. Mirac. Mss. Urbani PP. V : *Passa fuit malum Cassidæ in ambobus oculis*. *Chicheus*, pro *Chassieux*, in Glossar. Lat. Gall. ann. 1352. ex Cod. reg. 4120 : *Lippus, Chicheus*.

* **CASSIDATUS**, Casside armatus. Glossar. Gall. Lat. ex Cod. reg. 7684 : *Cassidatus, armé de heaume, de bacinet*.

CASSIDILE, vel CASSIDILIS. Ugutio : *Cassidilis, vel Cassidile, dicitur sacculum, pera, sarciperium, ficacium, mursupium, moculus, loculus, crumena*. Papias : *Cassidilis, pera pastoralis*. Isidor. Gloss. *Cassidilis, pera, marsupium*. Will. Brito : *Cassidile dicitur pera Aucupis in modum reticuli facta, in quo ponit quot in casse, id est, rete, cepit*. Ita etiam Joannes de Janua. [* Glossar. ex cod. reg. 7684 : *Cassidile, escherpe, ou sachet fait de roiz*.] Odorannus ann. 1031 : *Protulit auri fulvi transmissum munus de Cassidile*. Matth. Westmon. *Portans in Cassidile toxicum mellitum*. Conradus de Fabaria de Casibus S. Galli cap. 5. [** Pertz. vol. Scriptor. 2. pag. 167.] : *O mira in juvene Principe Mercurii philologia, quæ sparso rubore juvenili promulgavit eloquia cordis dudum instincta Cassidili*; id est, ut Walfridus loquitur de sancto Gallo lib. 1. cap. 23 : *Altæ memoriæ et armario cordis inseruit*. Vetus Interpres Tobiæ capite 8 : *Protulit de Cassidili suo partem jecoris*. [** Vide Martin. in hac voce.] Matthæus Vindocinensis in Tobia :

Cassidili profert auxiliare jecur.

CAPSIDILE. Glossæ MSS. : *Capsidile, est Capsa, vel pera*. Ita scribitur non semel apud Petrum Damianum lib. 4. Epist. ult. lib. 7. Epist. 5. lib. 8. Ep. 14. quasi a *capsa* deducatur. Gloss. Lat. Gall. *Casidilis, Cassete*. [** Pera aucupis. Ecbasis vers. 333. de Esau :

Ille sagitta doctus erat, gravidaque faretra,
Portabat cornu, fuerat qui doctus in arcu,
Capsidile suo gestabat in inguine dextro.]

* CASSIDULUS, Idem quod *Cassidile*, Sacculus, vagina. Acta Mss. Inquisit. Carcass. ann. 1308. fol. 66. r° : *Dedit mihi unum cutellum satis pulcrum de Parma, quem abstraxi de quodam Cassidulo*. Et fol. v° : *Quilibet nostrum habuit in mensa sua manutergia, quæ ipsi portabant in Cassidulis suis*.

** **CASSIDOLABRUM**, *Germ. Helmpart*, in Glossar. Lat. Germ. ann. 1482. Gall. *Hallebarde*. ADEL. *Cassiodolabrum*, in Gemm. Gemmar.

** **CASSIDOLUS**, *i. e. Medicus*. Gemma Gemmarum.

¶ **CASSIDONIUM**, Murrha, species lapidis pretiosi, unde vasa olim plurima fingebantur, Gall. *Cassidoine*. Inventar. Ecclesiæ Aniciensis ann. 1444 : *Item una naveta de Cassidonio munita argento, cum pomo et suis repositoriis garnita argento*.

1. **CASSINA**, Casula, Tugurium, Italis *Cassina*; accipitur pro prædio rustico. Lex Langobard. lib. 1. tit. 19. § 25 [** Rothar. 382.] : *Si quis Cassinam, vel tectum alienum foris in curte, ubi viri non habitant, deturpaverit.... restauret ipsam Cassinam... Nam si casam ubi viri habitant, deturpaverit, componat, etc.* Charta Mathildis Comitissæ ann. 1079. apud Franciscum Mariam in Mathilde : *Una cum omnibus casis, et Cassinis, seu casalinis, simulque terris et rebus illis qui ad jam dicta casa et curte... sunt pertinentes, tam de muro pro dicto castello quam et deforis casis et Cassinis, seu casalinis, etc.* [Chronicon Farfense apud Murator. tom. 2. part. 2. col. 604 : *Domnus autem Henricus concessit huic monasterio campum. in Kinzica, qui fuit antea vinea domnicata Regis; et sunt Cassinæ et horti*.] Apud Hariulfum in Chron. Centul. lib. 2. cap. 10. pag. 468. pro *Cassinos de pallio*, lego *cussinos*. Vide Statuta Mediolanensia part. 2. cap. 236. 237.

CASINUM. Charta Bonfilii Fulginensis Episcopi apud Ughellum tom. 1. pag. 740 : *Concedo vobis... molendinum in castro Ecclesiæ cum omnibus utilitatibus suis et unum Casinum ibidem juxta molendina ex omni parte pedes 12. et 4. modiola terræ infra civitatem, etc.*

¶ 2. **CASSINA**, Pulvinar, Gall. *Coussin*. Spicil. Fontanell. MS. pag. 262. ubi de signis ad vestitum pertinentibus : *Pro signo capitalis, vel quod vulgariter Cassina vocatur, etc.* f. legendum *Cussina*. Vide *Cassina* 1. et *Cussinus*.

* **CASSINALIA**, f. Ii qui *cassinas* seu prædia rustica curant. Stat. Vercel. lib. 3. pag. 58. r° : *Cassinalia vero et habitatores molendinorum curtis Vercellarum non teneantur capere sequelam*. Vide supra *Casarii*.

¶ **CASSINI**, Doctores Turcarum. Radulphus Abb. in Chronico T. S. apud Marten. tom. 5. Ampliss. Collect. col. 572 : *Traditaque est Jerusalem, proh dolor! in manibus nefandorum a nefandis Christianis; et clausæ sunt januæ, positis custodibus. Igitur Alphachini et Cassini, ministri scilicet nefandi erroris, Episcopi et Presbyteri secundum opinionem Sarracenorum, primum templum Domini, quod Belthalla vocant, et quo magnam salvationis habent fiduciam, quasi orationis et religionis* (causa) *ascenderunt mundare, etc.*

* **CASSINUS**, Pagus, regio, Gall. *Canton*. Charta ann. 24. regni Lothar. ex Chartul. S. Petri Carnot. : *Sunt autem præfatæ res in pago vel Cassino super fluvium Sequanæ*.

¶ 1. **CASSIO**, Species capsæ, ni fallor, a Gall. *Caisse*. Hist. Dalphin. tom. 2. pag. 282 : *Item, pro clavis fenestrarum et uno Cassione faciendo pro reponenda roba Domini et Dominæ* III. *sol.* VI. *den*.

* 2. **CASSIO**, Rei aromaticæ vel leguminis species, ut videtur. Dipl. Chilper. II. ann. 716. tom. 4. Collect. Histor. Franc. pag. 694 : *Cassio libras xij*. Vide mox *Cassior*. [** Pro *Cassia*.]

* **CASSIODOLUS**, Cyprinus, Gall. *Carpe*. Chron. Bavar. ad ann. 1338. apud Oefelium tom. 1. Script. rer. Boicar. pag. 365. col. 1 : *Cassiodoli, vulgariter karpfen, ab Ungaria in Danubio venerunt, qui ubique circa Danubium vendebantur pro denario, quasi immundi essent*.

* **CASSIOR**, *est medicamenti genus, quod in Ponto conficitur*. Glossar. vet. ex Cod. reg. 7646. Vide supra *Casium*. [** In Gloss. Ant. ap. Maium Class. Auctor. tom. 7. pag. 554. *Casiorem*.]

CASSIOTICUS. Charta donationis factæ Ecclesiæ Cornutianæ edita a Suaresio : *Item alium holosericum luritatum, pallium Cassioticum, item pallium lineum Aquitanicum, etc.*

¶ **CASSIS**, *Aranearum tela*. Glossar. MS. Sangerman. num. 501. A *Cassis*, Rete, deducta notio.

¶ **CASSO**, Sartago, Gall. *Poelon*. Charta ann. 1525. ex Schedis D. *le Fournier* : *Emptio cacobi sive peirol cupri ad tinturandum retia, una cum suis furnimentis et pertinentiis, videlicet la Casso, etc.* Vide *Cassa* 7.

* **CASSOATA**, Vox comitatus Armeniacensis, qua quercus significatur. Lit. remiss. ann. 1460. in Reg. 190. Chartoph. reg. ch. 136 : *Le suppliant se print à trancher une Cassoata ou chesne pour faire des eschelles pour sa charrue*. Vide supra *Casnus*.

* 1. **CASSOLA**, diminut. a *Cassa*, Sartaginis species. Inventar. Ms. ann. 1379 : *Item duæ Cassolæ de cupro modici valoris*. Vide supra *Cassa* 7.

* 2. **CASSOLA**, Mensura frumentaria, eadem f. quæ *Escuella*. Vide in hac voce. Libertat. Viennæ ann. 1361. tom. 7. Ordinat. reg. Franc. pag. 431. art. 18 : *Custos petræ mensurans accipiat cum sola Cassola*

de blado, pro jure nostro sine fraude. Vide supra *Casa* 9. et infra *Cazola.*

* 3. CASSOLA, Cassolanum, Idem videtur quod supra *Cassa* 10. Alveus. Charta ann. 1226. apud Murator. tom. 4. Antiq. Ital. med. ævi col. 216 : *Et inde ad terminum fixum juxta domum Favatiorum, et inde veniendo per Cassolam, quæ venit a Gaudiano per Cassolanum tendit jusum a boscho Cereti in rivo, etc.* Vide infra *Cazola.*

* CASSOLIS, Placentæ vel condimenti species. Consuet. Perpin. Mss. cap. 38 : *Item debent* (fornarii) *coquere panatas, et carnes, et Cassoles, et pisses, et formagatas, et flatones, et hujusmodi talia sine precio et sine aliqua parte.* Vide supra *Casciata.*

* 1. CASSONUS, Italis *Cassone*, Magna arca. Bareleta serm. 2. in Domin. 1. Quadrag. : *Ego sum de tali domo, a qua exiere milites. Adhuc exstat Cassonus scripturarum.*

* 2. CASSONUS, f. Locus cavus. Chron. Petri Azarii ad ann. 1361. apud Murator. tom. 16. Script. Ital. col. 379 : *Interim studuit in eadem civitate instaurare et replere Cassonos evacuatos...... Officiales ad id negotium habuit adeo sufficientes, ut Cassoni repleti fuerint, et Papienses perpetuo et merito sint memoriam servaturi.*

* 1. CASSULA, Capsula. Vita S. Margar. viduæ tom. 2. Aug. pag. 121. col. 1 : *Vidisti, filia, hoc mane Cassulam hanc nostram pane penitus, frumento et farina vacuam, tecumque, quod inerat, attulisti, etc.*

* 2. CASSULA, Fascis, Gall. *Bote.* Stat. Sigismundi ann. 1523. inter Leg. Polon. tom. 1. pag. 424 : *Quia tu recepisti sibi violenter decem Cassulas fœni in prato ipsius hæreditario, etc.*

3. CASSULA. Vide *Casula*, 3.

1. CASSUM, [Fragmentum. Solinus cap. 65 : *Aut palearum Cassa, aut chartarum fila ad se rapit Lychnites gemma.*] Vide *Capsum.*

* 2. CASSUM, Pectus, semibarbaris ex Arabico. Hinc *vulnus cassale*, quod pectus afficit, apud Velsch. Syllog. observat. pag. 74. Vide *Capsum* 1. et *Cassus*, 1.

CASSURA. Vetus Notitia apud Francisc. Mariam in Matthilde Comit. : *Qui contendit et contradicit nobis a pars prædictæ Ecclesiæ Episcopatui nostro sancti Martini decem Cassuris rebus illis massarittis, quæ videntur esse in loco et finibus Camutiano, etc.* Forte *Cassinis.*

¶ 1. CASSUS, Pars vestis major, qua corpus tegitur, exceptis brachiis : vox ab Italo *Casso*, Thorax, ni fallor, derivata. Annal. Benedict. tom. 4. pag. 616. ex Chirographo anni 1061 : *Pellicias duas, festivam scil. cujus Cassus esset de squirionibus et manicæ de grisiis : Septimanalem quoque, cujus Cassus esset de cattis, et manicæ de vulpibus cum pellibus vulpelinis.* [* Vide *Capsum* 1. et *Cassarum.*]

* 2. CASSUS, Charta Nicol. I. Camerac. episc. ann. 1139. ex Chartul. S. Crucis ch. 1 : *Assignamus... duas etiam partes decimæ, quæ vulgo Cassus vocantur, in villari de Calceia.* Ch. dom. de Flescicurte : *Notum sit.... me concessisse.... ecclesiam ex integro, videlicet Cassum et altare..... dimidium Cassum..... Cassum integrum, id est, duas garbas de S. Audoeno.* Neque aliter intelligenda hæc eadem vox laudata voce *Cassum* in *Capsum* 3.

3. CASSUS, Casa. Vetus Charta apud Vadianum : *Quidquid visus sum habere.... in villa quæ dicitur.... hoc sunt Cassi, casalis, mancipiis, peculiis, etc.* Vide *Capsum.*

CASTA, Præstationis species in Occitania. Charta Philippi Regis Franc. ann. 1306. pro Ecclesia Mimatensi, in Regesto Lud. Hutini Regis Franc. fol. 60 : *Quod de vineis tunc factis daretur septima pars fructuum prædictis dominis, et de faciendis seu platandis extunc daretur undecima pars vulgariter quæ vocatur Casta propter quod homines dicti loci vineas post dictam compositionem plantatas indiligenter excolunt, et alias dimittunt incultas, sive minus bene cultas.* Occurrit ibi pluries, [ut et in Confirmatione compositionis cum Habitantibus Castri de Leucata ann. 1313. ex Bibl. Colb. Regest. 56 : *Portiones vinearum tam veterum quam novarum sint ad undecimam partem fructuum, quæ Casta communiter nuncupatur, ita quod dicti homines non teneantur de cætero dare de veteribus nec de aliis nisi solum Castam prædictam, etc.*]

* CASTAGNARETUM, Castagneretum, Castanetum, Ital. *Castagneto*, Gall. *Chataigneraie.* Charta ann. 1343 : *Item quamdam peciam prati, terræ et Castagnareti.* Stat. Avellæ ann. 1496. cap. 47. ex Cod. reg. 4624 : *Persona quæ in aliena sorte Castagnereti vel alevami castanearum aliquas plantas.... inciserit, etc.* Vide mox

* CASTAGNERIUM, Eadem notione. Testam. Ludov. de Scarampis ann. 1543. tom. 1. Cod. Ital. diplom. col. 510 : *Item voluit et ordinavit quod per prædictam ejus hæredem emantur et emi debeant Castagneria in finibus Bubii; ..... quorum quidem Castagneriorum fructus et proventus distribuantur singulis annis in pauperes.* Vide *Castanaretum.*

¶ CASTAGNETUM, Castanetum, Gall. *Châtaigneraie.* Archivum S. Victoris Massil. : *Terris, vineis, olivetis, Castagnetis, quercetis, etc.*

* Charta ann. 1151. apud Cenc. inter Cens. eccl. Rom : *Cum..... domibus urbanis et suburbanis, vinetio, olivetis, Castagnetis, etc. Castegnetum*, in Stat. Montis-reg. pag. 231. Vide *Castanaretum.*

* CASTALARIA, perperam pro *Casalaria.* Vide supra in hac voce. Libert. novæ bastidæ Vallis-reg. ann. 1329. in Reg. 66. Chartoph. reg. ch. 1028 : *Item quod consules et universitas dictæ villæ possint construere..... duas domos pietatum, quamlibet continentem unam Castalariam terræ.*

CASTALDUS, [Castaldio, Villæ procurator, præfectus. *Castaldatus*, Munus vel jurisdictio *Castaldi. Castaldaticum, Castaldicum*, Tributum, ut videtur *Castaldo* debitum, etc.] Vide in *Gastaldus.*

¶ CASTALLUM, *sive piscinam in qua congregantur aquæ*, apud Rymerum tom. 11. pag. 3. col. 1. [* Vide *Castellum* 2.]

¶ 1. CASTALLUS Charta Philippi Reg. Franc. ann. 1207. pro Rotomagensibus, apud Duchesnium Hist. Norman. pag. 1062 : *Si debitor intra Rothomagum venerit, ex quo de equo descenderit, Castallum vel hernesium suum per Majorem propter debitum arrestari poterit.* Apud *de Lauriere* legitur *Carcallum.* Vide in hoc voce. Legere malim *Caballum*, atque equum ipsum intelligere.

* *Catallum* legendum opinor; cujus vocis vim explicare videtur *harnesium.*

¶ 2. CASTALLUS, An pro *Castellanus*, Custos castri, an pro *Castaldus*, Villæ præfectus? Vita S. Thomæ Abb. Farfens. inter Acta SS. Benedict. sec. 3. part. 1. pag. 287 : *At illi dixerunt, quod probator* (f. prætor) *ipsius civitatis Castallus ibidem esset; quem accersitum percunctari cœpit, etc.*

CASTANARETUM, Castanetum, Gallis *Chastaigneraie.* Tabularium Ecclesiæ Gratianopolitanæ : *Gaufridus habet in Renes terras et Castanaretum de Episcopo pro feudo.*

¶ Castanarium, in Chartulario Matiscon. fol. 14.

¶ Castanearium, bis habetur in Recognit. de *Moras* ex Regesto Probus fol. 37.

¶ Castaneum, infra in voce *Stellaria.*

¶ Castangetum, in Donatione ann. 993. apud Marten. tom. 1. Collect. Ampliss. col. 347. Melius legeretur *Castagnetum.*

¶ Castanhale, Castanhalis Terra, Eadem notione, Hispanis *Castañal*, in Charta Annæ Dapsaco ann. 1488 : *Confrontantur ab una sui parte cum Castanhali Anthoni Rossent.... Duas sextariatas terræ Castanhalis sitas, etc.*

* CASTANEOLARIA, Castanetum parvum. Charta ann. 1125. ex Chartul. S. Dion. : *Guillelmus de Cornillon tenet ..... apud Turrum boscum et Castaneolariam et xij. feodos militum.* Vide mox

* CASTANHERIA, Eadem notione. Charta ann. 1319. in Reg. 59. Chartoph. reg. ch. 306 : *Item tertiam partem septuaginta quatuor sestariorum avenæ, ... pro quadam Castanheria.* Vide in *Castanaretum.*

* CASTANHERIUS, Castanea, Ital. *Castagno*, Gall. *Chataigner.* Ch. ann. 1343. in Reg. 75. Chartoph. reg. ch. 227 : *Fustes dictorum hospitiorum erant grossæ et magnæ, et de corallo, et pro majori parte de Castanherio.* Inventar. MS. ann. 1379 : *Item unum aliud vas Castanherii vacuum, capacitate duorum modiorum.* Pluries ibi.

* CASTEGNETUM. Vide supra *Castagnetum.*

CASTEGUETA. Charta Galeacii Comitis Virtutum ann. 1377 : *In eorum possessionibus, sediminibus, ædificiis, vineis, Castegueitis, pratis, nemoribus, etc.* Sed videtur legendum *Castagnetis.* Italis *Castagnuola*, est locus castaneis consitus.

¶ CASTELERIA. Vide in *Manneria.*

CASTELGADRUM, *Castlegardum servitium*, est servitus, quæ in arce aliqua Regis, vel alterius domini, propugnanda atque defendenda consistit, quoties feudatarius requisitus fuerit. Vide Cowellum lib. 2. Instit. tit. 3. § 4. Littlet. lib. 2. cap. 8. et infra in verbo *Stagium.*

CASTELLA. Vita S. Genovefæ num. 39. apud Bollandum : *Contingit ut naves eorum, vento stante ita inter scopulos vel arbores periclitarentur, ut Castellæ in quibus fruges exhibebant, in latere versæ, etiam naves aqua implerentur.* Legendum *Cistellæ.*

* **CASTELLACCIUM**, idem quod Castellum. Charta ann. 1297. apud Lam. in Delic. erudit. inter not. ad Hodoepor. Charit. part. 1. pag. 116 : *Et jacet ipse fossatus usque sive prope castellare seu Castellaccium.*

* **CASTELLACIUS**, Castelli custos, *Castellanus*. Vide in *Castellum* 1. Charta Roberti reg. ann. 1319. ex Tabul. S. Vict. Massil. : *Vicarios, bajulos, judices, clavarios, notarios curiarum, Castellacios et officiales ceteros instituere curetis.*

CASTELLAGIUM, Quod exsolvitur Castellano, vel alteri, pro custodia rei in castello, in Concilio Bituricensi ann. 1336. cap. 12 : *Et nihilominus compellunt Judices Ecclesiasticos ad satisfaciendum sibi de custodiæ, carcerario, castellagio, seu geolagio, etc.*

* *Castelage*, eadem notione, in Lit. ann. 1345. tom. 2. Ordinat. reg. Franc. pag. 230 : *Les menent par leur force et puissance en prison esdits lieux, et quand ils y sont, leur font payer plusieurs servitudes, l'escale, prisonage, Castelage, et autres choses.*

CASTELLAMENTUM, [CATILLAMEN.] Arnobius lib. Adversus Gent. : *Ut spirulas et botulos facerent, isicia, Castellamenta,* [*Catillamenta*, Salmasio,] *lucania, suminatam cum his carnem, et glaciali conditione tuceta.* Cibum instar pyramidis hic quidam interpretantur. [Idem Arnob. lib. 7 : *Quid tædæ? quid næniæ? quid offæ, non vulgi, sed quibus est nomen appellatioque Penitæ, ex quibus, quod primum est, exiguas arvina est miculas Cartillaminum insecta de more.* In hunc locum Hofmannus : Cupedia est et delitiosa mattea, a verbo Catillare i. e. Ligurire.... Proprie vero ita vocasse videntur farcimina aut botulos minutis carnibus inculcatos, quod avide a Cartillonibus expeterentur.]

¶ **CASTELLANUS**, CASTELLANARIA, CASTELLARE, CASTELLIO, etc. Vide post *Castellum.*

* **CASTELLATA**, Testam. Phil. episc. Sabin. ann. 1372. ex Cod. reg. 9612. A. F : *Raubam de Castellata cum capuciis duobus, mantello et cappa ..... legavit uxori Joannis Cabassole.* Sed legendum ut infra, *de escallata.* Vide in hac voce.

¶ **CASTELLIA.** Vide in *Manneria.*

* **CASTELLIFICARUS**, Instar castri munitus. Charta ann. 1137 : *Raimundus quondam Cantojolensis abbas, videns temporibus meis Cantojolense monasterium ad tantam destructionem pervenisse, ut spoliato sanctuario, Castellificata ecclesia, nullus ibi serviens Deo reperiretur, etc.* Vide supra *Castellare* 3.

1. **CASTELLUM.** Gloss. Lat. MS. Regium Cod. 1013 : *Castrum antiqui oppidum vocabant in alto positum cujus diminutio facit Castellum.* [** ex Isidor. Origin. lib. 15. cap. 2. sect. 13.] Quo sensu Hirtius dixit : *Castella complura locis editis posita.* [Vita S. Willibrordi Episc. Traject. inter Acta SS. Benedict. sec. 3. part. 1. pag. 610 : *Quod etiam pius prædicator haud segniter implere satagebat, circuiens omnes illius terræ regiones, per urbes, vicos, Castella, ubi prius evangelizabat, etc.* Ibid. infra : *In qua tunc gente S. Willebrordus positus est prædicator, sedique Episcopali in Trajecto Castello delegatus est.* Quod *Castellum* hic dicit Alcuinus hujus vitæ prosaicæ scriptor, in vita metrica, *Urbem* nuncupat cap. 11. et S. Liutgerus in Vita S. Gregorii Abb. Trajectensis, *Trajectum antiquam civitatem* appellat; hinc confirmatur, quod jam ante nos observarunt alii, scilicet ab illius temporis scriptoribus oppida munita dicta fuisse *Castra* et *Castella*, ut passim videre est apud Gregorium Turon. et alios coætaneos; urbes vero insigniores, ac præsertim episcopales, *Urbes* et *Civitates* appellatas fuisse. Vide Mabillonium loco laudato et Valesium in præfatione ad Notitiam Galliarum pag. XVIII. et infra v. *Castrum.*] Glossar. Lat. Græc. : *Castellum, municipium,* κώμη. *Castella,* φρούρια. Ugutio : *Castrum, quod in loco alto situm est, quasi casa alta; unde Castellum.* Salvianus lib. 5 : *Sicut solent hi, qui hostium terrore compulsi, ad Castella se conferunt.* Ordericus Vitalis lib. 4 : *Munitiones, quas Castella Galli nuncupant.* Guibertus Abbas Novigenti de Laude B. Mariæ cap. 7 : *Castellum autem ex vallo et muro turrique conficitur, et id ipsum a castrando et coercendo vocatur.* [Le Roman de S. Leocade MS. ubi de patrona cujusdam loci :

> Qui la reqniert de cuer fin
> Par ses proieres li aquiert
> Ce que justement li requiert,
> Chastelaine est et avoée
> Du Chastel et de la contrée.

Ubi *Chastelaine* est Castelli domina, ut apud Borellum : *Elle n'est dame, ne Chastelaine.* Ad vocem *Chastel* quod attinet passim occurrit apud Scriptores nostros paulo antiquiores.]

CASTELLORUM OPUS, inter exactiones ac vexationes reponuntur in Charta Rainoldi Archiep. Remens. ann. 1094 : *Et wirpivit exactiones quas Tallias vulgo vocant, quas in villa S. Remigii exercebat, et omnia carropera, et Opera Castellorum, et omnes alias injustas consuetudines.* Tabularium Dervensis Monast. : *Scilicet bannum, infracturam, corvadam, carroperam, Opus ad Castellum, vel aliam quamlibet consuetudinem, neque nos, neque quisquam hominum accipiat.* Charta Hugonis Diensis Apost. S. Legati ibidem : *Carropera, frescennas, Opus Castelli, conventum generale semel in anno, tamen mensurate, etc.* Charta alia ejusdem Tabularii : *Opus ergo Castelli semel in anno fiet una hebdomada Martii et non in alio mense. Et si opus non fuerit, pro redemptione operis recipiet 6. denarios de manso vestito, etc.* Vide *Auxilium pro Castello ædificando*, et *Anubda.* [** Confer S. Rosa de Viterbo voce *Castellatico*, Elucidarii tom. 1. pag. 247. ubi *liberum de toto Castellatico* e Chart. ann. 1125.]

¶ CASTELLORUM OPERATIO. Eadem significatione legitur non semel in diplomatibus Regum Anglorum. Vide Kennetti Glossarium ad calcem Antiquit. Ambrosden. etc.

* CASTELLANCIA, Opera in ædificando vel reparando castro exhibita. Charta ann. 1167. apud Murator. tom. 4. Antiq. Ital. med. ævi col. 39 : *Absolvimus homines de Lemonte et de Civenna, ut non teneantur esse de vicinancia hominum de Bellasio, neque per Castellanciam, vel fodri dationem, vel placitationem, seu aliquam districtionem.* Vide in *Castellum.*

1. CASTELLANUS, Castelli incola. Ugutio : *Castellanus, qui inhabitat Castrum.* Ita apud Titum Livium lib. 34. Hirtium de Bello Alexand. S. Augustin. Epist. 261. Reginonem ann. 939. 964. Anonymum de Miracul. sancti Bertini cap. 9. Sigebertum ann. 1099. Ottonem a S. Blasio cap. 14. et in Chartis aliquot veteribus apud Ughellum tom. 2. pag. 1009. 1010. *Castellanus miles*, in leg. 2. Cod. de Fund. limitr. (11, 60.) qui in castellorum præsidio est. [** Chart. ann. 1231. ap. Kindling. Anecd. Monaster. tom. 1. pag. 7 : *Capelle ejusdem in perpetuum indulsimus, ut parvulos Castellanorum, infra castrum sive extra prope muros manentium ad baptizandum recipiat, etc.* In alia Charta ibidem pag. 18. scribuntur nomina undecim famulorum, *Cancastellanorum in Stromberg*, deinde communita dicitur charta *sigillo ejusdem nobilis viri Hermanni Buregravii in Stromberg et generali sigillo universorum predictorum Concastellanorum ibidem.* Vide Murator. Antiq. Ital. tom. 1. col. 623. D.]

2. CASTELLANUS, Custos castri, in Constitution. Sicul. lib. 1. tit. 89. § 4. seu qui ratione feudi castro domini præfectus est. Versus laudati a Cognato in Hist. Tornac. lib. 3. cap. 49 :

> Et Castellanus feudum capit a cathedrato.

Id est, Episcopo. Huic præter custodiam castri, incumbebat potissimum Burgenses et eorum Communiam in exercitum educere, ut colligitur ex sacramenti formula, quod Insulensis Castellanus præstabat, descripta ab Haræo lib. 1. Histor. Castell. Insul. et Buzelino lib. 3. Gallo-Fland. cap. 10. Vide Claudium Expillium orat. 28.

3. CASTELLANI, apud nostros, sunt qui feuda Castellaniæ possident, quibus ipso jure castellum habere competit, cum mero imperio, seu jurisdictione suprema, ut est in Consuetud. Norman. cap. 33. De his passim Consuetudines municipales Franciæ, locis a Raguello et aliis indicatis, in quibus eorum jura describuntur. [Vide Hist. Dalphin. tom. 1. pag. 103. et 104. et D. Brussel de Feudorum usu tom. 2. pag. 712. ubi docet eamdem fuisse Castellani, quam Vicecomitis in Comitum urbibus potestatem, unde in iis urbibus, inquit, ubi Vicecomes erat ab antiquo, nunquam poterat esse Castellanus, quia una et eadem erat utriusque dignitas et jurisdictio.]

* 4. CASTELLANUS, Idem qui alibi *Vicecomes.* Vide in hac voce. Hujus jurisdictio ab ejus uxore perinde et ejus dapifero exercebatur. Charta Guill. comit. Fland. ann. 1127. ex Cam. Comput. Insul. : *Si quis extraneus aliquem Burgensem S. Audomari aggressus fuerit, et ei contumeliam vel injuriam irrogaverit, vel violenter sua abstulerit, et cum hac injuria manus ejus evaserit, postmodum vocatus a Castellano, vel uxore ejus, seu ab ejus dapifero infra triduum ad satisfactionem venire contempserit aut neglexerit, ipsi communiter injuriam fratris sui in eo vindicabunt.* Privil. a Raym. de Agouto domino superiori castri de Masalgis concessa Joan. de Masalgis, qui minorem

in eodem loco jurisdictionem habebat ann. 1348 : *Quod possint dictos homines suos inquirere, corrigere, et punire, et facere condemnari pecuniariter de adulteriis voluntariis seu sine violentia perpetratis, tam in malem* (marem) *quam in feminam cujuscumque sexus; nec non et de quibuscumque furtis,...... et criminibus minoribus, quæ pecuniaria cohertione plecti solent, et maxime de illis de quibus alii Castellani de comitatu Provinciæ, habentes mixtum imperium et jurisdictionem, homines suos puniunt et punire consueverunt, de consuetudine vel de jure.* Vide in *Castellum* 1.

* 5. Castellanus, Militibus præsidiariis in castro præfectus; *Chastellain*, eadem notione, in Lit. ann. 1356. tom. 3. Ordinat. reg. Franc. pag. 132. art. 16. Chron. Domin. de Gravina apud Murator. tom. 12. Script. Ital. col. 624 : *Restent in castro Andriæ atque terra cum domino Malospiritu, statuto Castellano ibidem Theotonicorum banderiæ quatuor seu quinque.*

* 6. Castellanus, Custos castri, seu domus regiæ, Gall. *Concierge.* Vadia official. reg. ex Reg. sign. *Noster* Cam. Comput. Par. fol. 412. r°. : *Castellanus seu concergius de Villis per annum xxvj. den. ob. Par. per diem. Castellan*, Pugionis species, in Lit. remiss. ann. 1416. ex Reg. 169. Chartoph. reg. ch. 396 : *Un coustel ou Castellan, que l'en appelle au païs* (Languedoc) *puinhal.*

7. Castellani dicuntur præterea qui habent jus castri reddibilis, atque ita intelliguntur in Constitutionibus Catalanicis inter dominos et vassallos MSS. in Cod. Thuano signato 93. fol. 58. etc.

Castellarius, Ugutioni, *Dominus, castri, vel qui præest castris.* [Seherus Abbas de primordiis Monasterii Calmosiac. apud Edm. Marten. tom. 3. Anecdot. col. 1172. A. : *Eidem Vicario Ecclesiam omnimodis abstulerunt, et cuidam Castellario suo, nomine Walfrido protinus tradiderunt.* In veteri Inscriptione apud Gruterum pag. 601. n. 7. sumitur pro eo qui præest aquæductibus : *Clementi Cæsarum servo Castellario aquæ Claudiæ.* Vide Frontinum de Aquæductibus.]

Castlanus, Usatici Barcinonenses MSS. cap. 26 : *Castlani in castris quæ tenuerint per seniores suos, non debent sub se mittere alios Castlanos sine consensu senioris, etc.* De *Castlanis* Hispanicis multa habet Andreas Boschus lib. 2. *dels Titols de honor de Catalaunia* cap. 24. § 7.

Caslanus. Charta anni 1157. ex Archivo Ecclesiæ Massil. : *Concedo jus Caslanorum et ipsa Caslania, etc.*

Subcastlanus, Qui vices Castellani agit. Consuetudines Cataloniæ inter dominos et vassallos MSS. cap. 56 : *Si aliqui Subcastlani sint in aliquo castro, licet Castellanus fecerit homagium domino majori, item potest petere dominus major a Subcastlanis, ut faciant sibi homagium fidelitatis.*

* Castellanicus, Ad castellani dignitatem pertinens. Charta Ludov. VI. reg. Franc. ann. 1121. in Append. tom. 6. Annal. Bened. pag. 636. col. 1 : *Ad honorem autem et exaltationem ipsius monasterii, ipsum regia nostra munificentia omnibus, tam aliis Castellanicis quam baronicalibus insigniis, juribus et prærogativis in perpetuum dotamus et insignimus.*

1. Castellania, Dignitas, officium, seu feudum Castellani vel Castellani districtus, ut apud Radulphum de Diceto.

¶ Castellanatus, Eadem notione, in Bulla Bonifacii IX. PP. ann. 1401. apud Fontaninum ad calcem Antiquit. Hortæ pag. 453.

* 2. Castellania, Feudum castellani. Testam. Guil. dom. Montis-pess. ann. 1114. inter Probat. tom. 2. Hist. Occit. col. 391 : *Dono totum illud, quod habeo in fisco et Castellaniam de Spolaca, et castellum novum, et Castellaniam de Melgorio, etc.* Vide in *Castellum*, 1.

* 3. Castellania, Obligatio, qua quis tenetur castrum reddere domino capitali, cum ei libuerit. Charta ann. 1125. inter Probat. tom. 2. Hist. Occit. col. 429 : *Donamus tibi Bernardo de Tresmals ad fevum et propter Castellaniam, ipsam estagam et ipsum mansum, qui fuit Bernardi traditoris et fratrum ejus in Carcassona, cum ipsa turre, etc.*

* 4. Castellania, Castri custodia, idem quod *Stagium.* Reg. feud. Aquit. ann. 1273. sign. JJ. rub. ex Cam. Comput. Paris. fol. 29. r°. : *Bertrandus de Panissars..... pro quibus, quæ tenet a domino rege, debet ei unum mensem Castellaniæ.* Fol. 30. r°. : *Bertrandus Pelagus juratus recognovit, quod tenet in feodum a dom. rege Angliæ duas pleduiras seu localia domorum, pro quibus debet unum mensem Castellaniæ, sicut alii dicti castri.*

* Castellaneria, Castellani dignitas, officium, oppidi præfectura, vox Italica. Stat. ant. Florent. lib. 3. cap. 175. ex Cod. reg. 4621 : *Nullus de civitate, comitatu vel districtu Florentiæ audeat vel præsumat ire in aliquam potestariam, capitaneriam, vicariam vel Castellaneriam, etc.* Vide in *Castellum* 6.

¶ Castellanaria, Castellani districtus, in Libertatibus Rancurti, etc Vide locum in *Hostis* ad fin. *Paulo aliter in Libertatibus, etc.*

¶ Castelleria, Eadem notione, in Libro nigro Scaccarii pag. 158.

¶ 1. Caslania, Eodem significatu. Testamentum Ademari Scalarum Vicecomitis inter Instrum. tomi 2. novæ Gall. Christ. col. 205 : *Ex quibus primum omnium est Scalas castrum meum cum omni Cassania et cum universis fevalibus et cum ecclesiis et cum curte mea de Cannaco.... et castrum meum Mulsedonum cum omni ipsius Cassania, etc.* Observant editores pro *Cassania* alias lectum fuisse *Castellania*; mallem utrobique legere *Caslania* cum Baluzio tom. 2. Hist. Arvern. pag. 42.

* 2. Caslania, Præstatio, quæ a castelli incolis solvitur. Charta ann. 1146. inter Probat. tom. 2. Hist. Occit. col 514 : *Caslaniam Arenarum, et fevum quod homines tenent per Caslaniam castri Arenarum, domini Uzeticæ de vicecomite habent.* Alia ann. 1307. in Reg. 44. Chartoph. reg. ch. 171 : *Item viginti septem gallinas cum dimidia, quas faciunt diversi homines dictæ parrochiæ domino regi de Caslania, pro decem et octo solidis et quatuor denariis annui et perpetui redditus.... Item tria sextaria et dimidiam quartam ordei, quæ faciebant diversi homines pro Caslania domino regi annis singulis, pro quibusdam possessionibus suis.* Rursum alia ann. 1321. in Reg. 61. ch. 318 : *Decem et octo sextaria ordei et Caslania annuatim, etc.* Alia denique ann. 1345. ex Reg. 75. ch. 280 : *Item pulveragium et Caslania, quod et quam dictus dominus dalphinus habet...... pro indiviso cum domino de Alesto...... Item pulveragium et Caslania, quod et quæ fuerant assignata dicto dalphino, etc.* Ubi perperam vegitur *Caflania.* Neque alio sensu intelligenda vox *Chaslania.* Vide in *Castellum* 1.

* Castlania, ut *Castellania.* Testam. Roger. I. comit. Carcass. ann. circ. 1002. inter Probat. tom. 2. Hist. Occit. col. 160 : *Et ipso castello, quem dicunt Sexago, cum ipsa Castlania, et cum ipsas vigarias, quæ ad ipsum castellum pertinent, etc.* Occurrit rursum non semel in Ch. ann. 1126. ibid. col. 431.

¶ Caslarius, Eodem intellectu. Charta G. Abb. Aureliac. ann. 1217 : *Feci conventionem cum domino Comite Delphino ... de Caslario de Dausat, qui est jure alodii et feudi B. Geraldi. Nam dictus Comes dedit pro salute animæ suæ et prædecessorum suorum duos sestarios et unam eminam avenæ, quos habebant censuales in Caslario et in apertinentiis dicti Caslari Ecclesiæ del Dausat... Dominus vero Comes et sui hæredes habent in feudum ab Abbate Aureliacensi quidquid habent in prædicto Caslario intra ales metas ab ulmo veteri, etc.*

Castellaria, Idem quod *Castellania*, *Chastellerie*, in Charta ann. 1287. in Probat. Hist. Castilion. pag. 90. et alia apud Haræum lib. 1. Hist. Castell. Insul. pag. 137. Lambertus Ardensis pag. 253 : *Henrico de Balliolo, ad cujus nutum Broburgensis tunc temporis disponebatur Castellaria.* Charta ann. 1165. tom. 13. Spicilegii Acheriani pag. 319 : *In alodio suo et in Castellaria, id est, termino ejusdem castri.* [Tabularium S. Florentii : *Nobilis vir Herveus de Vitriaco donavit Deo et S. Florentio pedagium de rebus ipsius Sancti quæ transibunt per castrum Vitriacum sive per Castellariam ejusdem castri.*] [** Notitia de casa vicecom. in Pictonibus circa ann. 1110. post Irminon. pag. 377.] Le Roman *de Rou* MS. :

> N'i a Conté ne Baronie,
> Ne Chastel, ne Chastellerie,
> Que Guillaume ne n'ait donné.

* *Castellerie*, Feudum *castellarii* et ejusdem officium. Charta ann. 1208. in Chartul. 23. Corb : *Jou ay vendu et escangie....... toutes les justices,...... et toutes les services, ... qui appartiennent à la Castellerie devandite, en toutes issues et en tous pourfis, qui issir et qui eschair et venir y poent.* Concil. Petri de Fontan. cap. 1 : *Pour ce ke les coustumes sunt preske corrumpues, et moult se renversent par les Casteleries.* Ubi legendum videtur *Cauteleries*, Judiciorum anfractus, Gall. *Chicanes.* Vide in *Castellum* 1.

¶ Castelria, Eadem notione, apud Marten. tom. 4. Ampliss. Collect. col. 1278.

Castellatus, Castellaniæ districtus. Domesdei : *Comes Alanus habet in suo Castel-*

latu 200. *maneria, ... præter castellarium habet* 43. *maneria.*

¶ Castellarium, Eadem notione. Charta Thomæ Perticensis ann. 1214. apud Marten. tom. 1. Ampliss. Collect. col. 117 : *Milites nostri de Castellario Beilimensi tallium de feodis suis et hominibus suis nobis debent tantummodo feodaliter pro his quatuor rebus, quæ sequuntur. Pro prima militia nostra, pro prima captione nostra de guerra, pro militia filii nostri primogeniti viventis, et pro prima filia nostra maritanda. Præter has tallias nec a militum feodis, nec ab eorum hominibus talias possumus feodaliter extorquere.*

¶ 1. Castellatio, Eodem significatu. Charta anni 1194. ex Tabulario S. Joannis Senon. : *Indubitanter sciant universi, præsentes et futuri quod Adelina Siliniaci domina, pro remedio animæ suæ et filiorum suorum, donavit in eleemosynam in perpetuum possidendam Ecclesiæ de Cudot et Alpasiæ bonæ opinionis mulieri, et Canonicis cum ea regulariter degentibus, les botoirs de Bellomonte cum usuario nemorum de tota Castellatione Siliniaci.*

* 2. Castellatio, Feudum *castellani*, idem quod supra *Castellaria*. Charta Dalmacii de Luzeio in Reg. 30. Chartoph. reg. ch. 108 : *De Castellatione mea de Segiaco, nec de meis hominibus....... dominus meus rex in supradicta villa neminem retinere poterit.* Aliis notionibus, vide in *Castellum* 1.

* 1. Castellatura, Castellani districtus. Chartul. Miciacense : *Ego Radulphus de Nit, Firmitatis Naberti dominus, dono ecclesiæ S. Maximini quicquid in mea Castellatura in tempore antecessorum meorum habuerunt.*

2. Castellatura, Castellania, Castellani dignitas, apud Baldricum lib. 3. Chronic. Cameracens. cap. 63. 66. 68. et in Vita Lietberti Episcopi Cameracens. cap. 8. 10. 14. 28. vel *Castellania*, ut in Charta ann. 1056. apud Ughellum tom. 1. Ital. sacr. pag. 295. [Miræum tom. 2. pag. 1137. in Charta ann. 1085. pag. 1162. in Charta ann. 1141. et pag. 1213. in Charta anni 1218.]

¶ Castellanerium. Charta restaurationis Abbatiæ S. Michaelis in Eremo ann. 961. inter Instrum. tom. 2. Gall. Christ. col. 409 : *Nempe dictus Hugo . . . sponte omnes feodales possessiònes . . . cum omni jure Castellanerii et præventionis . . . dicto cœnobio cessit.*

Castellarium, Castellum. Silvester Girald. de Expugnat. Hibern. lib. 2. cap. 4 : *Exercitu in Ossyria in Castellario quodam antiquo et circumquaque pernoctante.* Et in Topogr. Hibern. lib. 2. cap. 8 : *Est in Conactia locus quidam muratus, ampli Castellarii similitudinem præferens.*

1. Castellare. Charta Caroli III. Imperator. apud Steph. Baluzium in Append. ad Capitul. n. 119 : *Et castellum Velleso cum Castellare suo.* i. e. districtu. [Chronicon Farfense apud Murator. tom. 2. part. 2. col. 528 : *Hæc omnia promisit domnus Hugo Abbas pro se suisque successoribus perpetualiter permanenda, tali tenore ut prædictus Abbas Lunduinus, et ejus successores, omnes homines suos de jam dicta curte Mejana omni faciant in castello Bucciniano Castellare, et perficiant ibi omnia, sicut alii castellani de Guasta, et laborent ad ipsum castellum.* Ubi *Castellare* substantivum esse nomen minus bene existimat doctissimus Editor : neque enim obscurum videtur ibi *Castellare* idem esse ac inter castelli incolas recenseri, atque adeo castelli operibus obnoxium esse.]

* Castellare, Castrum, ipsa castelli munitio. Charta ann. 1060. in Tabul. S. Vict. Massil. : *Donamus ecclesiam S. Juliani cum omni condamina, quæ terminatur a crucibus usque ad vallum, quod est inter eamdem condaminam et Castellare Recusa in valle Tarnisca.* Alia Roger. Biter. ann. 1141. inter Probat. tom. 2. Hist. Occit. col. 494 : *Dono ad fevum ipsum castellum et Castellare, quod olim antiquitus vocatum est Verdun, et hodie vocatur Brunichellis, quod ego et abbas Soriciensis habemus insimul; et verum enim est quia ego ipsum Castellare bastio et a vobis illud bastiri facio.* Neque alia notione intelligenda Charta Caroli III. imper. a Cangio laudata.

* 2. Castellare, Inter Castelli incolas adscribi. Præcept. Conradi I. imperat. ann. 1038. apud Murator. tom. 1. Antiq. Ital. med. ævi col. 448 : *Igitur quicumque...... in præfatis cortibus et castellis habitator extiterit, aut Castellaverit,...... eorum lites aliter agere, vel ullo modo diffinere liceat, etc.* [** Ecbasis vers. 192 :

Mirum fit nobis, quid hic Castellat in antris.]

¶ 3. Castellare, Castella seu munitiones exstruere, Castella munitionibus sepire. Sententia Ludovici Ducis Andegav. contra incolas Montispessuli ann. 1379. apud Lafallium tom. 1. Annal. Tolos. pag. 103. Instrum. : *Se autem muniebant omni invasionis et defensionis genere adversus suum dominum, muros seu mœnia et turres in circuitu constructas ad rebellandum reparando . . . in omni fortitudine præsidii Castellabant.*

* Castellare, Munire; quod de navi dicitur, in Chron. Estens. ad ann. 1307. apud Murator. tom. 15. Script. Ital. col. 359 : *Unam maximam navim Castellatam cum tribus magnis buttifredis.*

3. Castellatio, seu Castelli ædificatio sine licentia et permissu Principis, ut et cæterorum majorum criminum, cognitio, ipsum solum Principem spectat, ut est in Legibus Henrici I. Regis Angl. cap. 10 : *Infidelitas et proditio, quicunque despectus, vel maliloquium de eo, Castellatio, trium annorum utlagaria, furtum, etc.* Et cap. 13 : *Hæc mittunt hominem in misericordia Regis, infractio pacis, . . . infidelitas et proditio, despectus de eo, Castellatio sine licentia, utlagaria, etc.* Quorum verborum facilis fuisset Spelmanno intellectus, si ea dispunxisset. Porro castellum ædificare non licet absque licentia domini superioris. [** Edict. Pistense ann. 864. addit. cap. 1.] Vide Speculum Saxon. lib. 3. art. 66. et quæ observavimus in Dissert. 30. ad Joinvillam pag. 352. [** Conf. Murator. Antiq. Ital. vol. 2. col. 465. 466. Contra Frider. II. Imper. constituit ann. 1220 : *Ut nulla edificia, Castra videlicet seu civitates, in fundis ecclesiarum, vel occasione advocacie, vel aliquo quoquam pretextu, construantur; e si qua forte sunt construcle contra voluntatem eorum quibus fundi attinents distruantu regia potestate;* ap. Pertz. vol. Leg. 2. pag. 237.]

Castellatum, Castri ambitus. Charta Lamberti Episcopi Lingonensis ann. 1019. in Chron. Besuensi : *Cuncti etiam qui intra Castellatum, vel in ipso ambitu et recepta Castellati mortui fuerint, in prædicto S. Mariæ cœmeterio sepeliantur.*

¶ Castellatus, Parvo castro munitus, in Glossario Barthii, apud Ludewig. tom. 3. Reliq. MSS. pag. 556. ex Oliverio de Captione Damietæ.

Castelletum, Castellulum, *Chastelet.* Rigordus : *Alii vero prisones in duobus Castelletis in capitibus utriusque pontis sitis Parisius . . . mancipantur.* Ita etiamnum appellantur. [Johannes a Bayono de Abbatibus Medianis, in Histor. ejus Monasterii pag. 289 : *Domino Castelleti prope abbatiam dictam Lestainche scituati.*] Joh. Molinetus in Templo Martis :

Guerre a fait maint Chatellet lait,
Et maint bonne Ville vile.

Castellio, Castellulum, nostris *Chastillon.* Vetus Diploma de Abbatiæ Fossatensis primordiis : *Illum videlicet Castellionem, qui Fossatus dicitur, et quem vulgaris lingua Castrum vocat Bagaudarum.* Lambertus Ardensis : *Imperavit, ut scilicet de villa sua Ardea liberum, imo liberrimum facere Castellionis licet exiguum posset oppidulum.* Vide Guibertum de Vita sua lib. 3. cap. 14. Theobaldum in Vita sancti Guillelmi Eremitæ n. 9. [Valesium in Notitia Gall. pag. 131.] etc.

Castlare. Tabularium Conchense in Ruthenis n. 98 : *Illo Castlaro meo qui per hæreditatem mihi obvenit, etc.* Occurrit alibi.

¶ 2. **CASTELLUM**, vel Castellus, [** *secundum Albericum; dicitur secundum Speculatorem,*] *Receptaculum quod aquam publicam suscipit, quæ ducitur ad aliquod prædium irrigandum*, in veteri utriusque Juris vocabulario. Vide [** Forcellinum et] *Castallum.*

* 3. **CASTELLUM**, Pars navis anterior et posterior, Gall. *Château de proue* et *Château de poupe.* Contract. navig. reg. cum Venetis ann. 1268. ex Cod. reg. 8406. fol. 202. r°. : *Item si voluerint nauligare naves ad plateas,... tunc petunt pro singulis plateis Castelli, et pontis, et paradisi lx. sol. Turon. cum aqua.* [** Vide Jal. Antiq. Naval. vol. 2. pag. 420.]

* **CASTELLUS**, in Stat. Avenion. ann. 1243. cap. 103. ex Cod. reg. 4659. perperam pro *Costellus.* Vide in hac voce.

* **CASTENARIA**, Castenearia, Castanetum, Gall. *Chataigneraie.* Charta Phil. Aug. ann. 1223. ex Cod. reg. 5149. fol. 1. r°. : *Insuper habebunt abbas et conventus castaneas dictæ Castenariæ .... In sexaginta quinque arpennis Castenariæ S. Martini in colle.* Alia S. Ludov. ann. 1226. ibid. fol. v°. : *Quittavimus partem illam, quam habebamus in Castenearia S. Martini in colle.* Vide supra *Castanheria.*

* **CASTENATA**, Eadem notione, Hispan. *Castañal*, in Notitia ann. 876. ex Append. ad Marcam Hisp. col. 798.

CASTERIUM, *Locus ubi remi collocantur, et dicitur a castro, vel a castris.* Joan. de Janua. [** ex Nonio cap. 2. sect. 128.]

¶ **CASTETA**, *Uno tormento*, in Glossar. Lat. Ital. MS. [** Lege *Catasta*.]

CASTIBULUM, CARTIBULA. Gloss. Isid. : *Castibulum, mensa quadrata.* In aliis Glossis, habetur *Castipulum*, sed legendum *Cartibulum*. Varro lib. 4. de Lingua Lat. : *Altera vinaria mensa erat lapidea, quadrata, oblonga, una columella, vocatur Cartibulum.* Atque inde percipimus, quid sit *Cartibula*, apud S. Audoenum lib. 1. Vitæ S. Eligii c. 11 : *Omnes postremo* (pauperes) *in ordine faciens mensæ discumbere, ipse panem frangens. . . postremo his peractis, omnium jam fame refecta, sic ipse aut ante eos stans, aut certe ad cornu Cartibulæ vili sellula utens, valde exiguum atque ex comedentium sumebat fragmine cibum.* [In Vocabulario Sussanæi legitur : *Cartibus vel Cartibulus, Mensa lapidea, quadrata, oblonga, una columella suffulta.* Varronis contextus est, sed male descriptus.]

CASTICALIS. Vide *Lito.*

¶ **CASTICAMENTUM.** Charta Galteri domini de Helliaco ann. 1229. ex Tabulario Corbeiensi : *Concesserunt mihi in augmentum totius feodi mei, quod de ipsis teneo omnes mariscos meos . . . videlicet a finibus prati Camerarii versus Helliacum usque ad fossata et Casticamenta antiquorum pratorum de Merincourt, in jus hereditarium a me et heredibus meis quiete et pacifice possidendos.* Quid hic sint *Casticamenta* nos docet altera ejusdem Tabularii Charta anni 1227. ubi de iisdem mariscis et pratis agitur, et ubi pro *Casticamentis*, *Calceia* pluries habetur : *Hii siquidem marisci hoc modo æqualibus partiti sunt, quod in pecia quæ est a Calceia Bonaii usque ad pratum Camerarii, habemus illam medietatem quæ contigua est Calceiæ de Bonanio et dicti . . . aliam medietatem usque ad pratum supradictum, et ab illo prato, quod nostrum est usque ad Calceiam de Helliaco. . . a dicta vero Calceia de Helliaco usque ad Merincort, habemus medietatem illam, quæ est dictæ Calceiæ de Helliaco contigua.* Ex iis non solum colligo, *casticamentum* et *calceiam* unum et idem esse, verum etiam utrumque inter *Casticias* seu ædificia, de quibus mox dicetur, fuisse numeratum ; *Casticamentum* enim a *Casticare* seu *Casticiare* derivari, atque ejusdem cum *Casticia* notionis esse, nemo est qui, me etiam tacente, non intelligat. *Castichement* infra legitur in *Casticiare*. Vide *Calceia*.

* **CASTICARE.** Vide infra in *Casticia*.

CASTICELLUM, [Idem quod *Casticia*,] in Testamento Bertichramni Episcopi Cenoman. sub fin. : *Omnes casellas, Casticella, vineola, campellos, etc.*

¶ **CASTICHARE**, *Castichiare*. Vide infra *Casticiare* in *Casticia*.

CASTICIA. Capitula Caroli Magni lib. 5. cap. 148. [** 279.] : *Decernimus ut omnes intelligant non solum claustra Monasterii vel Ecclesiæ, atque Castitia Ecclesiarum, sub immunitatis defensione consistere, verum etiam domus et villas et septa villarum, et piscatoria manufacta, et quidquid fossis aut sæpibus, vel etiam alio clausarum genere præcingitur.* Capitula Caroli Calvi tit. 23. cap. 41. [** Epist. Episc. ann. 858.] : *Ædificent villas vestras moderatis Castitiis, ut et honestas necessaria sit, et familia non gravetur.* Et tit. 9. [** art. 7. Synod. Suession. ann. 858.] : *Volumus etiam ut investigent Missi nostri, qualiter illi qui, easdem res Ecclesiasticas, unde decimæ dantur, sive non dantur, illas salvas habeant et in Casdiciis, et in silvis custoditis, etc.* Diploma ejusdem Caroli Calvi ann. 853. apud Hemereum : *Donat supradictus Hildraldus res suæ proprietatis omnes, quas in Osnegio absque lite possidere videtur, cum Casticiis, vineis, pratis, etc.* Charta Sigerard cujusdam apud Malbrancum lib. 5. de Morinis cap. 26 : *Domicilium omne, Castitia, seu hortum, agros, prata, etc.* [Alia apud Jacobum *Bouillart* in Probat. Hist. San-German. pag. 4. num 3 : *Habet in valle Vitriaco mansum dominicatum cum casa et aliis Casticiis sufficienter.*] Alia ann. 808. apud Duchesnium in Hist. Guisnensi : *Hoc est mansa cum casa, Castitiis, ædificiis, pratis, etc.* Ita passim hanc formulam observare est in Formulis Parensalibus 9. 14. 17. 18. in Capitul. Caroli Calvi Compend. cap. 6. in Concilio Suession. II. can. 6. In veterib. Chartis apud Baldricum lib. 1. Chron. Camerac. cap. 52. Miræum in Diplom. Belgic. lib. 2. cap. 16. Buzelinum in Gallo-Fland. lib. 2. cap. 25. Mabillonium tom. 4. Vitar. SS. Ord. S. Benedicti pag. 96. in Spicilegio Acheriano tom. 13. pag. 261. etc. [** Vide Indic. general. Polypt. Irminon.]

Quid in locis citatis *Castitia* significet, quamvis multi aggressi sint vocis expositionem, pauci tamen attigerunt, inquit Spelmannus. At videtur attigisse Sirmondus, qui *Castitia*, pro ædificiis in universum accipi debere censet, vocabuli etymo licet adhuc incerto, nisi a *casa* petendum sit, quod vult Vossius. [* Altaserra in Vindic. adv. Fevret. lib. 5. cap. 14. a *Castula*, virga lignea, accersendum conjectat ; quæ conjectura superius propositæ a Cangio concinit. Vide *Castula* 1.] Ita enim Formulæ veteres apud Bignonium cap. 5 : *Hoc est in ipsa portione mansis ad commanendum, cum Castitiis suprapositis, terris arabilibus, etc.* Vetus Charta apud Buzelinum lib. 3. Gallo-Fland. cap. 21 : *Mansum unum cum Castitiis suprapositis, in quo Ragenarius residere videtur.* [Similia leguntur in Charta ann. 867. apud Marten. tom. 1. Collect. Ampliss. col. 185. et in altera ann. 910. apud eumdem col. 268 : *Cum terris, mansis, Casticiis ibidem ædificatis*, in Instrumento tom. 3. novæ Gall. Christ. col. 28 : *Cum casa et aliis Castitiis*, et similia passim in Cod. MS. Folquini ex Archivo S. Audomari.] *Castiche* in Charta vernacula ann. 1278. ex Chartophylacio urbis Ambian. : *Comme il fut descors, et contens, et plais meus en assise entre le Dien et le Capitle d'Amiens d'une part, et les Majeur et Eskevins d'autre part, des Castiches des pons kemuns ki sunt à Amiens seur le riviere de Somme, lesquelles Castiches li devant dit Diens et Capitle disoient apartenir à eux, etc.*

* Comput. MS. eccl. S. Vulfr. Abbavil. ann. 1319 : *Johannes li Nourrequiers ix. sol. vj. den. de quadam area, sita suer les Castiches fossati S. Johannis in pratis.* Charta ann. 1340. ex Chartul. 23. Corb. : *Un pont de grez ou de pierre descendant à le Castiche, par lequelle on va de Bussecoin as prez desdits religieux, lequelle Castiche lesdits religieux sont et seront tenu de eslargir.* Chartul. sign. *Ezéchiel* ejusd. monast. ad. ann. 1416. fol. 24. v°. : *Sera tenu ledit fermier de retenir bien et souffisamment les Castices de le riviere, depuis Bonnay jusques à Corbie. Cathices* et *Cathiches*, eadem significatione. Lit. remiss. ann. 1455. in Reg. 183. Chartoph. reg. ch. 93 : *Retenir et reparer les chaussées et Cathiches estans autour et à l'environ du pays.* Aliæ ann. 1478. ex Reg. 201. ch. 184 : *Ainsi que le suppliant alloit son chemin, survint assez près du lieu de Loviers par les Cathices d'illec, etc.* Hinc

* CASTICARE, Ædificare, palis ligneis construere. Charta ann. 1230. ex Chartul. 21. Corb. : *Sciendum quod omnes masuræ Casticatæ et ædificatæ apud Coluncanp, morabuntur de cetero, et possint ædificia fieri in illis : sed novæ masuræ neque novæ Castigationes* (sic) *ibidem non possunt ab ecclesia Corbeiæ fieri, nisi de consensu meo vel hæredis mei. De quolibet autem dimidio mencodato terræ Castigato* (casticato) *apud Coluncanp, habeo xij. denarios.*

CASTICIARE, Ædificare. Charta ann. 1377. in Tabul. Episcopatus Ambian. fol. 17 : *Apertura exclusæ, . . debet Casticiari, solummodo palo et virga.* Alia ann. 1231. ibid : *Apertura fossati debet esse 10. pedum : Castitiari vero potest metare, palis, et cleia singulari.* Arrestum Paris. ann. 1299. die Dom. in festo S. Luciæ, quo judicatum est, *Episc. Ambianensem esse suosque prædecessores in possessione, vel quasi, talis juris, quod nullus Castichiare potest in civitate Ambianensi, nec sollium (seuil) ponere, nisi a Gentibus Regis, et ipso Episcopo petita licentia.* Charta anni 1256. in Tabul. Eccles. Ambian. n. 321 : *Quotiescumque volent Castitiare, in dicto molendino... Castitiatio sive limitatio facienda.* Tabular. Comitatus Pontivi ann. 1209 : *Quod Hermes debet partiri tali modo, quod hoc quod Comes Castichaverit, Comiti debet remanere : ita quod quantum Dominus Comes Castichaverat, tantum Dom. Thomas de S. Valerico habebit nemoris contra. Castichement.* Chron. MS. Corbeiense fol. 57 : *Quicumque facit in hac villa, in Foilliaco, in pratis, puchcoir, Castichement in aqua, in marisco sine licentia Celerarii, debebat eidem 2. denar.* Homagium Episcopi Ambian. Regi factum anno. 1301 : *Aucun ne doit mettre ne asseoir seuil, ne Castichement sur ruë sans le congé dudit Evesque.* [** Charta ann. 1296. apud. V. Cl. Am. *Thierry* in *Monuments inedits de l'histoire du Tiers Etat*, vol. 1. pag. 240 : *Li maires et li esquevin d'Amiens pueent et porront dès ore en avant Castichier ou faire Castichier et refaire le castiche dès l'entrée du pont du Kay, etc.*]

CASTITIATOR, Architectus, *Casticheur*, in Charta ann. 1317. in Tabulario urb. Ambian. et veteribus Usaticis ejusdem urbis MSS : *S'il a debat de closture entre aucun voisin, ou d'aucun yretage, li Maires envoiera les Casticheurs qui sont sermentez à le vile, et verront les lieux dont est debat.* Etiamnum Picardi aggeres fluminum, vivariorum, etc. qui palis ligneis continentur, *Catiches* vocant.

¶ **CASTIFER**, *Qui flagellum portat*. Papias MS. Bitur. cum Isidoro et Constantiensi. [** Cod. reg. 7609. ut ex Prisciano.] In excerptis Pithœi legitur *Cestifer*. Vulcanius suspicatur legendum esse *Cistifer*, κιστοφόρος Qui cistellam portat, non satis idonea ratione. Joban. de Janua : *Castifer, Qui flagella portat, ut castiget, a Castus et Fero.* [** Vide Forcell. edit. German.]

CASTIFICARE, Castum facere, apud S. Fulgentium Epist. 3. ad Probam, et Maximum Taurin. Homil. in vigiliis Natalis Domini. [*Castificare se*, Se castum exhibere, servare, in Actis SS. Benedict. sec. 6. part. 2. pag. 833. n. 3. *Castificatus*, apud S. Bernardum tom. 1. col. 1104. edit. 1690.] [** Vide Forcellin.]

CASTIGATORIUM Vide *Tumbrellum*.

* **CASTIGATUS**, Detentus : dicitur de pecoribus, quæ in pascuis alienis deprehenduntur atque detinentur, donec damnum resarciatur a dominis. Vita S. Lugidii tom. 1. Aug. pag. 342. col. 2 : *Quadam ergo die mater ejus Sochta cum infante Lugidio exiit ad vicinam domum, ut sua pecora solveret, quæ ibi more plebis erant in custodia Castigata.* Nostris *Castijer*, pro *Corriger*, Castigare, emendare. Bestiar. MS. :

Que ja n'en seront Castijés
Dus qu'il chieent ès dens renart.
Adonc vient li Castiers tart.

Ubi *Castiers*, Ipsa correctio seu morum mutatio. *Chastier*, Recipere se ad bonam frugem, in Lit. remiss. ann. 1374. ex Reg. 105. ch. 543. Chartoph. reg. : *Lequel mari...... esperant qu'elle* (sa femme) *se feust Chastiée et voulsist gouverner son mesnaige, ainsi comme à bonne femme appartient. Chastoier*, eodem sensu, in aliis ann. 1375. ex Reg. 107. ch. 327 : *Afin que elle* (sa femme) *feust meue de soy en Chastoier et que elle en preist vergogne, etc.* Pro Arguere, admonere, Gall. *Remontrer*, *reprendre*, in aliis Lit. ann. 1380. ex Reg. 118. ch. 99 : *Ledit Jehan Chastiant et doctrinant sa femme, si comme il appartenoit en tel cas. Chastoy*, Correctio, animadversio. Aliæ ann. 1363. in Reg. 95. ch. 47 : *Ledit pere feri son filz comme par maniere de Chastoy et comme pere doit chastier son filz. Le suppliant voult batre sa femme par maniere de Chastroy*, in aliis Lit. ann. 1392. ex Reg. 144. ch. 33. *Castieresse*, quæ castigat, apud Guignevil. in Peregr. hum. gen. MS. ubi de Pœnitentia :

Des grans escolles sui mestresse,
Et des enfans Castieresse,
Je corrige les malfaisans.

* **CASTIMENTUM**, ut *Casalenum*, ni fallor, Locus ubi *casæ* ædificari possunt; nisi idem sit quod infra *Castramentum*. Inventar. MS. ann. 13 6 : *Tradidit domino Johanni PP. XXII. pro se et S. Romana ecclesia recipienti castra, villas, domos, palacia, Castimenta, territoria, etc.* Vide *Cassiamentum* et *Castramentum*.

CASTIMONIA, *Musca venenosa*, Ugutio. * Glossar. Lat. Ital. MS. : *Castiomia, la mosca venenosa.* Utrobique pro *Casnomia*. Vide supra in hac voce.

CASTIMONIALES, Virgines quæ castitatem voverunt. Optatus lib. 3. contra Parmen. : *Invenerunt matres, quas de Castimonialibus fecerunt mulieres.*

CASTIMONIUM. Gloss. Græc. Lat. MS. ἄγνισμα, *Castimonium, purificatio*. Editum, ἁγνεία, *castitas, Castimonium*. Gloss. Lat. MS. Regium : *Castimonia, Pudicitia*. Papias : *Castimonium, sanctimonium*. Vita sancti Theofredi Abbat. Calmeliac. cap. 8 : *Cum vero jam septimum ætatis primæ tetigissem annum, potenti Deo devovi Castimonium.* [** Vide Forcellin.]

* *Chastée*, in Bestiario MS.

D'omme et de femme m'emerveil,
Qui Chastée à Dieu prouvet,
Et puis après son veu mumet.

¶ **CASTIPULUM**. Vide *Castibulum*.

* **CASTIRIUM**, *Loco day remi*, in Glossario Lat. Ital. MS. Vide *Casterium*.

¶ **CASTITARE**, *est minutatim, vel minime stillare*. Vet. Vocabularium Juris utriusque. [** In edit. ann. 1518. *Cassitare*; in edit. ann. 1538. *Castare*. Dig. lib. 8. tit. 2. fr. 20. § 3. *Casitare*.]

CASTITARI, ἁγνεύειν, in Gl. Lat. Græc.

¶ **CASTITIA** Vide *Casticia*.

¶ **CASTITIATIO**. Vide *Casticiare* post *Casticia*.

¶ **CASTLANUS**, CASTLARE. Vide in *Castellum* 1.

CASTLEGARDUM. Vide *Castelgardum*.

¶ **CASTLEGI**, Armorum depositio. Vide *Herisliz*.

¶ 1. **CASTO**, Gall. *Chaton*, Ital. *Castone*, Pala, funda. Hist. Dalphin. tom. 2. pag. 565. col. 2. in Instrumento venditionis quorumdam jocalium ann. 1347 : *Item, unam zonam de frezo aureo, super qua seu quo sunt lapides, margaretæ seu perlæ grossæ, et aliqui lapides pretiosi in Castonibus de auro.* Vide *Chasto*, *Castonus*, [** et Graff. Thesaur. Ling. Franc. vol. 4. col. 530. radice *Chasto*.]

* 2. **CASTO**, Vervex, aries castratus, Ital. *Castone*, nostris olim *Chastri* et *Chastron*. Inquisit. ann. 1268. ex schedis Pr. de Mazaugues : *Dedit eis fidejussorem dom. Guillelmum Aicardum, quod ipse daret eis tantum quod essent contenti, et in vigilia nativitatis Domini misit cuilibet ipsorum unum quadrantem Castonis.* Charta Frider. ducis Lothar. ann. 1295. in Chartul. Romaric. ch. 34 : *E hussieus pris et fait panre bleiz, bues, pors et Chastrons, et plusours aultres bestes, etc.* Consuet. Castell. ad Sequanam ex Cod. reg. 9898. 2 : *Le porc, le boc, le Chastron, chacun* (doit) *ung denier.* Occurrit præterea tom. 3. Ordinat. reg. Franc. pag. 659. art. 11. et tom. 4. pag. 390. art. 1. *Chastri* apud Joinvil. in S. Ludov. edit. reg. pag. 105 : *Quant ce vint contre la saint Remy, je fesoie acheter ma porcherie de pors et ma bergerie de mes Chastris.* Lit. remiss. ann. 1349. ex Reg. 77. Chartoph. reg. ch. 438 : *Ledit Jehannot entra en l'estable de la famme Gile le Bos de Fresnoy et y prist six Chastrix. Chastrée* etiam nostris dictum, cum de animali femina sermo est, pro *Bouclée;* quæ generationi non est idonea. Lit. remiss. ann. 1400. in Reg. 155. ch. 181 : *Le suppliant embla une truie Chastrée d'entour un an.* Vide infra *Castro*.

¶ **CASTOLARIA**, Idem videtur quod *Castellania*, Gall. *Chatellenie*. Tabular. Calense pag. 127 : *De omnibus et de terra venerabilis dominæ Abbatissæ de Kala sitis in Castolaria de Miliaco . . . Actum anno Domini* 1239.

* **CASTONUS**, CASTONCELLUS, diminut. Pala, Gall. *Chaton*, Italis *Castone*. Inventar. MS. thes. Sedis Apost. ann. 1295 : *Ipsa autem rama est de corallo, in qua pendent duodecim lingutiæ in Castoncellis de argento.* Aliud ann. 1314. apud V. Cl. Garamp. in Disquisit. de sigil. Garfagn. pag. 87 : *Deficit unus Castonus in cauda* (mitræ). Vide *Casto* 1.

1. **CASTOR**, Vervex, aries castratus, *Mouton chastris*, Italis *Castrone*, *agnello Castrato*. Charta fundationis Abbatiæ S. Stephani de Fonteneto in Normannia in Regesto 106. Tabularii Regii Ch. 370 : *Decimamque vineæ et pomerii, atque vitulorum, et porcellorum, agnorumque et Castorum, etc.* Fleta lib. 2. cap. 79. § 4 : *Ad oves, multones, et eorum sequelas, tria fiant ovilia, unum videlicet pro multonibus et Castoribus aliud pro matricibus bidentibus, tertium pro annatis et juvenibus.* Ibid. § 12 : *Castores autem bonis velleribus communiti cum matricibus bidentibus, etc.* Vide *Castritius*. [** Confer Murator. Antiq. Ital. tom. 2. col. 412. D. et supra *Bever*.]

CASTRATINÆ CARNES, pro vervecinis; in Actis S. Franciscæ Romanæ num. 77.

CASTRONES. Jus Vicentin. lib. 1 : *Habere vel tenere oves, moltones, Castrones, vel agnellos, etc.*

* 2. **CASTOR**. *Castorum venatio* ad superiores dominos peculiari jure pertinebat. Charta ann. 1103. apud Pez. tom. 6. Anecd. part. 1. col. 285 : *Saltum autem, qui Vorst vulgo dicitur, cum omni usu, quem habet, venationibus,..... piscationibus, Castorum venationibus, etc.* Bulla Lucii III. PP. pro monast. Alter. ann. 1182. tom. 1. Monum. sacr. antiq. pag 210 : *Ea libertate quod nullus infra metas contra vestram voluntatem piscari præsumat, ita tamen quod prædictus electus Castores et bannum ipsius loci in manu retineat.*

CASTORINATUS, CASTOREATUS, Castorina pelle indutus, ornatus. Sidonius lib. 5. Epist. 7 : *Albati ad exequias, pelliti ad Ecclesias, pullati ad nuptias, Castorinati ad letanias.* Charta Aganonis Episcopi Augustodun. in Tabul. Ejusdem Ecclesiæ : *Præsente etiam Duce Burgundiæ cum suis Castoreatis proceribus. Castorinas et Castorias* vestes in pretio olim fuisse testantur idem Sidonius Carm. 5. S. Ambr. de Dignit. Sacerd. cap. 4. Haymo 1. ad Timoth. cap. 3. Gerbertus seu Silvester PP. in Homilia de Informatione Episcopi, etc. De Castoribus vero multa habet Silvester Giraldus lib. 2. Itiner. Cambriæ cap. 3.

CASTRA, Navis Italicæ species, in Historia Obsidionis Jadrensis ann. 1345. lib. 2. cap. 7 : [*Navim composuerunt inæstimabilis pulchritudinis quamdam radam, quam Italici nuncupant Madium, seu Castrum, in quo erat stabilita quædam lignea et ingens turris.*] Virgil. 3. Æneid. :

Dat clarum puppi signum, nos Castra movemus.

Ubi Donatus : *Hoc est, navigia*. [Non quod *Castra* sint navigia, sed quia de classe anchoras vellente hic agitur. Poetica est Virgilii locutio et arcessita ab exercitu, qui

Castra movere dicitur, dum mutat locum : quare parum ad *Castram* facit Virgilius hic laudatus. Nusquam tamen crediderim, Poetæ locum non fuisse a Cangio nostro intellectum, quidquid in hanc rem garriat Valesius. Hunc censorem, si vis, consule in *Valesianis* pag. 225.][** Vide Jal. Antiq. Naval. tom. 1. pag. 222. 245.]

* **CASTRAMENTUM**, Castellum, ut videtur. Charta Caroli IV. imper. ann. 1355. tom. 1. Cod. Ital. diplom. col. 1349 : *Concedimus omnia et singula castra, civitates, loca, oppida, burgos, vicos, Castramenta, villa, poderia, terras, etc.* Vide supra *Castimentum*.

* **CASTRAMITACIO**, pro Castrametatio. Elmham. in vita Henr. V. reg. Angl. edit. Hearn. cap. 46. pag. 114 : *Quamobrem regis tentoria in agro ipso, modicum a castello distante, mandato regio, Castramitacione spectabili sunt erecta.*

* **CASTRANUS**, Castri incola. Lit. remiss. ann. 1461. in Reg. 192. Chartoph. reg. ch. 19 ; *In dicto conflictu et rixa unus Castranus seu capotus dicti de Fontaralhac volens interficere nobilem Johannem spurium de Andonis, etc.* Vide in *Castrum*.

* **CASTRARE**, Subducere, subtrahere. Mirac. S. Audoeni tom. 4. Aug. pag. 836. col. 2 : *Ecce fur quidam fallendi arte instructus, repente pelliceam, quam sibi mulier subtraxerat, sociis alio intentis, arripiens sub chlamyde sua occultavit;..... cum primum mulier animadvertit pelliceam sibi Castratam, etc.*

¶ **CASTRATINUS**, Vervecinus. Vide in *Castor*.

CASTRATIONE mulctati servi in adulterio et furto deprehensi, in Lege Salica tit. 27. § 4. tit. 42. § 4. 15. Pæderastæ in Lege Wisigoth. lib. 3. tit. 5. § 5. 7. et apud Theophanem pag. 151. Mulierum oppressores, in Legibus Will. Nothi apud Bromptonum pag. 982. et Knygthonum ann. 1087. Oculorum et genitalium amissione mulctatus quidam proditor, apud Sugerium in Ludovico VI. pag. 308. Vide Petr. Fabrum lib. 3. Semestr. cap. 19. [** et Grimm. Antiq. Juris pag. 709. num. 12.]

* **CASTRATIVUS**, Vervecinus. Stat. datiar. Riper. cap. 1. fol. 15. r°. : *Ordinatum est quod becharii valeant occidere et facere carnes Castrativas, etc.* Ita quoque legendum in Actis S. Franciscæ Rom. pro *Castratinus*. Vide in *Castor* 1.

CASTRATURA, *Cancellata*, in Glossis MSS. Vide *Incastraturæ*.

¶ **CASTRATUS**, Vervex, idem qui infra *Castritius*. Vita B. Joannis Bonvisii tom. 5. SS. Maii pag. 104 : *Et cum aliqua capita Castratiquarstuans recepisset.* Charta Petri Abb. de Talemundo ann. 1366. de officio Aquarii : *Tenebitur dictus Aquarius die Lunæ præcedenti carnes dicto Conventui ministrare, videlicet qualibet die pro duobus unum ferculum Castrati vel bovis secundum tempora.* Et infra : *Tres pecias in quolibet ferculo de assato pro pietantia, videlicet de anseribus, de Castrato, de caponibus, etc.* Occurrit præterea in Chronico Fossæ novæ, apud Murator. tom. 7. col. 882.

* Ital. *Castrato*, Gall. *Castrat*. Bulla Gregor. IX. PP. ann. 1230. apud Murator. tom. 4. Antiq. Ital. med. ævi col. 35 : *Item olim quando curia ibat in exercitum, recipiebat ab hominibus Serronis sex Castratos; sed modo curia debet ab eis recipere annuatim xx. sol. Provenienses pro Castratis ipsis.* Charta ann. 1443. inter Probat. tom. 4. Hist. Occit. col. 470 : *Sur un bouc ou Castrat. ij. solz.* Vide supra *Casto* 2.

* **CASTRELLUM**, pro *Costrellum*, Poculum vinarium. Gualt. Hemingford. de gest. Eduardi I. reg. Angl. ad ann. 1294. pag. 56 : *Cumque haberent modicum vini, vix unius lagenæ Castrellum, quod pro rege salvare decreverant.* Vide *Costrelli*.

¶ **CASTRENSIS**, Castrianus. Vide post *Castrum*.

CASTRIATUS. Anastasius in S. Hilaro PP. : *Lacus et conchas triantas cum columnis porphyreticis ragiatis, etc.* Alii Codd. habent *conchas castriatas* : sed videtur legendum *striatas*.

¶ **CASTRICOMES**, Castriensis. Vide post *Castrum*.

** **CASTRIFEODUM.** Vide *Feudum*.

¶ **CASTRIMARGIA**, *Gulæ concupiscentia*. Papias MS. Bituric. Litaniæ Sanctorum in Codice S. Martialis Lemovic. n. 4. circa x. sæculum manu exarato : *A Spiritu Castrimargiæ... Libera nos Domine.* A Græco γαστριμαργία, Ingluvies, helluatio.

* Stat. ann. 1357. ord. Cisterc. ex Cod. Clareval. cap. 5 : *Item cum propter detestabile Castrimargiæ vitium in labyrinthum vitiorum descendatur, et in plerisque monasteriis nostri ordinis nonnulli monachi super cibis et potibus minus discrete abbates proprios inquietent, etc.* Joan. de Cardalhaco serm. in Nativit. B. M. : *Omnes infirmantur...... aut in ventre per gulositatem et Castrimargiam, etc.*

CASTRIMARGINARIUS, [Rusticula major, Gall. *Becasse*] Vide *Cegacium*.

* Glossar. Lat. Gall. ex Cod. reg. 7692. *Castrimaginarius*, *Vitecoc*. Reg. Cam. Comput. Paris. sign. *Bel* ad ann. 1316. fol. 33. r°. : *Perdriz, faisans, Castrimarginariens et autres toutes manieres de oisiauls, etc.* *Castrimarginarius*, *Queffelec*, in Cath. Armor.

CASTRITIUS, Vervex, aries castratus, Italis *Castrone*. Charta Henr. III. Regis Angl. in Monast. Angl. tom. 1. pag. 888 : *Quinquaginta quinque acras terræ et pasturam ad ducentas oves, et octo Castritios, et sexdecim boves.* Le Roman *de Garin* MS. :

> La veissiez tant grant buef accueillir,
> Tante vache, et taut riche Castris.

Vide *Castor*, et Gloss. med. Græcit. in Καςρίσιος.

* **CASTRO**, Vervex, aries castratus, Ital. *Castrone*, nostris *Chastron*. Inquisit. ann. 1217. apud Spon. tom. 2. Hist. Genev. pag. 416 : *Accipit.... res hominum suorum per violentiam, sicut fenum et avenam, capones, anseres et Castrones.* Ch. ann. 1258. in Chartul. eccl. Lingon. ex Cod. Reg. 5188. fol. 161. v°. : *Item* (vendidit) *unum porcum in pretio octo solidorum et unum Castronem in pretio quatuor solidorum.* Vide supra *Casto* 2. et *Castor* 1.

* **CASTROFIRENSIS**, Idem qui *Castrensis*, Castri incola. Martyrol. priorat. S. Mont. MS. : *Ordinavimus et concedimus ut, jubente Deo, omnibus Castrofirensibus habitantibus in perpetuum, nullo contradicente, sepultura detur.* Vide in *Castrum*.

* **CASTROGLUS**, Hircus, caper, Hispan. *Castron*. Stat. Montis-reg. pag. 264 : *Et non possint nec debeant vendere carnes Castrogli sub nomine castroni, sub eadem pœna.*

* **CASTROLUM**, Castellulum. Charta Caroli C. ann. 874. tom. 8. Collect. Histor. Franc. pag. 645 : *Ad ipsius quoque deprecationem, consentiente comite, tam in Castrolo prope ipso castellario, quam et in reliquis locis, etc.* Vide *Castrum*.

¶ **CASTRONES.** Vide in *Castor*.

* **CASTRONUS**, Vervex, aries castratus, Ital. *Castrone*. Stat. Placent. lib. 5. fol. 64. r°. : *Nulla persona.... audeat tenere infra confinia civitatis Placentiæ, a Calendis Aprilis usque ad medium mensem Octobris, Castronos vel capras, aliquas vacchas de bravaria vel montonos, etc.* Convent. Saonæ ann. 1526 : *Pro quolibet hædo et agno, soldi duo; pro singulo Castrono et mottono, soldi quinque.* Vide supra *Castroglus*.

¶ **CASTROS.** Vide *Chosdrus*.

* **CASTROTINUS**, Vervecinus; si tamen legendum non est *Castrativus*. Vide supra in hac voce. Stat. Montis-reg. pag. 267 : *Nullus macellarius.... possit nec debeat tenere carnes de troia cum porco, et carnes ovinas cum Castrotinis, et carnes bovis cum vaccinis; sed ipsas divisas tenere sub pœna et banno solidorum quinque.*

CASTRUM. Isidorus l. 9. Orig. cap. 3 : *Castra sunt ubi milites steterunt : dicta autem castra, quasi casta, vel quod illic castraretur libido.* Addit Papias : *Castrum vero singulariter, oppidum.* Vide *Burgus* et derivata.

Castra vocabant Scriptores medii ævi, urbes quæ *Civitatis*, id est, Episcopatus, jus non habebant; qua notione vox hæc usurpatur non semel in Notitia Galliarum, ubi in Maxima Sequanorum, *Castrum Ebredunense*, *Castrum Vindonissense*, *Castrum Rauracense*, *Castrum Argentorate*; in Narbonensi I. *Castrum Ucceticense*, in Lugdunensi I. *Castrum Cavallonense*, *Castrum Matisconense*, cum *civitatibus*, recensentur, licet *civitatis* seu Episcopatus jus non haberent. *Castrum Divionense*, occurrit non semel apud Gregorium Turonens. de Gloria Confess. cap. 42. et in Hist. pluries, [ut et apud Glabrum Rodulphum :] hodie amplum est oppidum. Vita S. Medardi apud Surium : *Noviomus cum tunc temporis Castrum, seu munitio, haberetur, postmodum ipsius ejusdem gloriosi Pontificis Medardi ordinatione, Pontificalis cathedræ honore sublimatus est.*

☞ *Civitatis* et *Castri* definitiones hic allatas approbare vetat ipsa, quam laudat Cangius, Notitia Galliarum, qualis exhibetur a R. P. Pagio ad annum 374. In ea enim *Civitatis Rigomagensium* et *Civitas Sollinensium* ex provincia Alpium Maritimarum recensentur, quæ nusquam fuere sedes Episcopales; deinde ex ipsis *Castris*, quæ ex eadem Notitia hic enumerat Cangius, unum saltem exstat *Castrum Argentorate*, cui Episcopus præsidebat S. Amandus anno 346. ante descriptam hanc Galliarum Notitiam, quam Imperatori Honorio cum viris eruditis acceptam referimus.

Verum quidem est in omnibus fere *Civitatibus* sedes Episcopales fuisse, in *Castris* autem paucas reperiri; unde factum est, ut quidam *Civitates* dixerint Episcopatus et *Castra* urbes Episcopatu destitutas, ut laudatus Scriptor Vitæ S. Medardi : non idem tamen sunt *Episcopatus* et *Civitas*, neque *Castrum* semper excludit *Episcopatum*. Quid igitur *Civitas*, quid *Castrum*? Docet Valesius in Præfatione ad suam Galliarum Notitiam pag. XVIII. veteres nostros Historicos sola Capita gentium *Urbes* aut *Oppida*, necnon *Civitates*, interdum etiam *Municipia*, vocitare : ceteras urbes eis subjectas *Castrorum* vel *Castellorum* nonnunquam et *Vicorum* appellatione designare. Quod ut probet, enumerat idem Valesius multas urbes, vel oppida, quæ Scriptores nostri *Castra Castellave* appellarunt; ex quibus nonnulla sunt ampliora quæ *Civitates* vel *Urbes* nuncupassent, si alteri urbi, quæ Caput gentis vel provinciæ habebatur, non fuissent subdita. Vide *Castellum*, et *Civitas*.

Castrum Publicum, quod Regii juris erat, apud Hugonem Flaviniac. in Chron. Virdun. : *Actum Flaviniaco castro publico.*

Castrorum nomine interdum donata domus, seu Palatium Principis, *Comitatus* : στρατόπεδον, et τὸ θεῖον στρατόπεδον, apud Synesium Epist. 76. et 110. et in Epistola Theodosii et Valentiniani ad Synodum Ephesinam ; τὸ εὐσεβὲς στρατόπεδον, in Mandato ejusdem Synodi ; præterea apud Palladium in Vita Chrysostomi pag. 59. Edit. Emerici Bigotii, in ejusdem liturgia et S. Basilii, et alibi non semel. Hinc *Castrensia munia*, id est, in Palatio obita, in leg. 2. Cod. Th. de Tractor. (8, 6, 1.) Aliter tamen censuit Salmasius ad Lampridium pag. 225. ubi fallitur in Corippi versu, quem sic legit, [** De laud. Just. lib. 3. vers. 213.] :

Adfuit obsequio Castrorum turba virorum.

Sequentia enim satis indicant legendum *Castorum*, intelligique Eunuchos Imperatorios, de quorum invita castitate sic S. Basilius Epist. 87 : Οὗτοι σωφρονοῦσι μὲν ἀμισθὰ διὰ σιδήρου, μαίνονται δὲ ἄκαρπα δι' οἰκείαν αἰσχρότητα. [** Conf. Isidor. Origin. lib. 10. sect. 33.]

Castrenses et Castrensiani, Ministri Castrorum, aulæ Regiæ : *Ministri Castrenses*, apud Lampridium in Severo cap. 41., qui his accenset Fullones, Vestitores, Pictores, Pincernas, etc. *Palatinis intra aulam obsequiis deputati*, in leg. 12. Cod. Theod. de Palat. sacr. larg. (6, 30.) Tertullianus de Corona cap. 12 : *Est et alia militia regiarum familiarum ; nam et Castrenses appellantur, munificæ et ipsæ solennium Cæsareanorum.* Hinc *Castrenses Leges* appellat Sueno in Legib. Castrens. in Proœmio, quas alii *Leges Curiæ*, seu *jus aulicum*.

Castrensiani, Iidem qui *Castrenses*, et *Ministeriani*, de quibus est tit. in Cod. Justin. lib. 12. et in Cod. Theod. lib. 6. [De iis etiam consulendi Cujacius, Gotofred. et alii.

Castrensis, qui et Comes Castrensis, Dignitas Palatina : qui *Castrensibus* et *Castrensianis* præerat, eratque sub dispositione Præpositi sacri cubiculi, ut colligitur ex leg. un. Cod. Theod. Qui a præbit. tiron. (11, 18.) Sub *Castrensis* vero dispositione erant *pædagogia*, *ministeriales dominici*, *Curæ Palatinorum*, ut est in Notit. Imperii. Istius officii mentio præterea est in leg. 1. 2. Cod. Theod. de Castrensian. (6, 32.) leg. 12. de Palat. sacr. larg. (6, 30.) et alibi non semel. [** Vide Glossar. med. Græcit. in Καστρίσιοι, col. 604. De *Castrensi*, Dignitate ecclesiastica vide ibid. col. 576. in Κανστρίσιος.]

Castrensis, Qui feudum castri possidet. Jus feudale Saxon. cap. 37 : *Feudum castri non potest Castrensis alteri conferre.* § 6 : *Si moritur Castrensis ante feudi revocationem, etc.* Adde cap. 38. § 4. 6. Vide *Feudum Castri.*

¶ Castrense Peculum, Proprium feudi castrensis dominium. Concil. Trevir. ann. 1310. apud Marten. tom. 4. Anecd. col. 281 : *Quod vero de rebus viri diximus, idem est de dotalibus, quorum maritus dominus est, intelligi debet filius familias de Castrensi et de Castrensi peculo.* [** Lege *peculium.* Vid. JC. in loco enim Concil. Trevir. omnino acceptione fori romani usurpata vox; sed ad forum feudale pertinet Chart. Sifridi Archiep. Magunt. ann. 1237. ap. Guden. Cod. Diplom. vol. 1. pag. 345 : *Dictos nobiles in castro nostro Ameneburg* 16. *libris levium denariorum usualium terre illius pro jure Castrensis peculii, quod vulgariter dicitur Burclehen, infeudavimus, etc.* Vide *Feudum Castri.*]

Castrensis, Castri incola, in Vita S. Launomari Abbatis num 26. et in Decreto Rudolphi Imp. ann. 1285. apud Goldastum tom. 1. Constit. Imperial. pag. 314. ubi *Castrenses*, distinguntur a *Civibus : Cives enim oppidi seu burgi, Castrenses*, castri incolæ sunt. Vide Ordericum Vitalem pag. 544. 546. et alibi non semel, et Michaelem Scotum lib. 4. Mensæ Philosophicæ cap. 14.

Castriensis, Castri incola, vel Miles in præsidio castri. Gloss. Lat. Græc. παρεμβολή, *Falanx, Castrum.* παρεμβολικός, *Castriensis.*

Castriani, Qui in castris erant, apud Vopiscum.

Castricomes, Castellanus, qui feudum Castellaniæ possidet. Ægidius de Roya ann. 1411 : *Dominus Willelmus de Stavele Castricomes Furnensis.* Vide *Burggravius.*

Castrum Doloris, Feretrum. Ceremonialis Episc. lib. 2. cap. 11. ubi de Missa defunctorum : *Si aderit in Ecclesia lectus mortuorum, seu Castrum doloris, etc.* Infra : *Cum quo ibunt ad feretrum, seu Castrum doloris.*

** Castrum, interdum pro *villa*, Gall. *une terre*, in Chartis quarundam provinciarum Germaniæ, præsertim Westphaliæ legitur. Vide Meibom. tom. 2. Scriptor. pag. 230. et 250. Adel.

** Castrum, Arx. Chart. Henr. Wormat. Episc. ann. 1225 : *In feodum concessimus... Castrum in Heidelberg cum burgo ipsius Castri.* Alia Ludovici Com. Palat. ann. 1288 : *Castrum et civitatem in Heidelberg;* apud Schannat. Histor. Episcop. Wormat. tom. 1. pag. 232. 233. Græcos sui temporis omnes urbes Κάστρα vocare scribit Cangius Glossar. med. Græcit. col. 603. Confer Schmidt. ad Disciplin. Clerical. pag. 132.]

* 1. **CASTRUS**, pro Castrum, apud Continuat. Chron. Fredeg. tom. 5. Collect. Histor. Franc. pag. 5. num. 126.

* 2. **CASTRUS**, Vervex, idem quod supra *Castronus*. Chron. Forojul. ad ann. 1305. in Append. ad Monum. eccl. Aquil. pag. 30. col. 2 : *D. Johannes..... accepit boves et armenta et Castros bene in magna quantitate macelatorum de civitate, quæ erant.... in pascuis ipso die.* Vide supra *Castro.*

¶ 1. **CASTULA**, Assula. Acta SS. Maii tom. 1. pag. 691. de S. Maiolo : *Cultro deplomans ligni Castulam.* Nonio, Castula est præcinctorium muliebre. Vide *Casticia.*

* 2. **CASTULA**, Canalis. Glossar. Provinc. Lat. ex Cod. reg. 7657 : *Gorga, Prov. Castula, canalis, fluarium, imbricium.*

¶ **CASTULARIUS.** Vide *Castulum.*

¶ **CASTULITAS.** Inscriptio Epistolæ 5. S. Columbani ad S. Gregorium Papam sic concipitur : *Domino Sancto... egregio Speculatori, theoria utpote divina Castulitatis potio, etc.* Ita MS. Cod. præferre monet editor.

CASTULUM, Arca, cista, Germanis *Kast*, Anglis *Chest.* Canones Hibernienses lib. 61. cap. 1 : *Judex ab artificibus, et judex a præsidentibus Ecclesiæ, vel Castuli, et quantumcumque voluerit pro operatione judicabunt.* Ubi *præsidens Castuli* est *Arcarius*, qui inde

Castularius dicitur in Constitution. Caroli Magni cap. 19. qui *Kastmeister*, seu tisæc vel arcæ magister Germanis [** Capitul. Francic. ann. 779. cap. 15. ubi *Cartulariis.* ap. Benedict. lib. 1. cap. 199. *Cartellariis.*] : *De Cerariis et Tabulariis atque Castulariis, sicut de longo tempore fuit, observentur.* [** Vide Haltaus. Glossar. German. voce *Kastvogt*, col. 1067.]

1. **CASTUS**, Integer, abstinens. Vetus auctor subditus Notitiæ Imperii : *Si provincias Casti, et integritatis cupidi moderentur.* Ita in leg. un. Cod. Just. Ne quid publ. lætit. etc. et leg. 4 Cod. Theod. (8, 11.) Apud Vitruvium *Castitas*, sordibus et avaritiæ opponitur.

** Silius dixit lib. 3. vers. 1. *Sagunti mœnia Casta;* Auctor Ecbas. vers 1140 :

Curritur ad castra, sola latrante licisca,
Invadunt Castrum, franco de milite Castum.

Galli simili metaphora oppidum nunquam ab hoste expugnatum *une forteresse vierge* appellant.

* 2. **CASTUS**, pro *Castrus*, Vervex. Vide supra in hac voce. Libert. Briancz. ann. 1343. tom. 7. Ordinat. reg. Franc. pag. 726. art. 8 : *Agnis et Castis pascalibus, sequelisque eorum, etc.*

* **CASUALIS**, Fortuitus. Stat. MSS. S. Vict. Paris. part. 2. cap. 9 : *In magno furto deprehensi, necnon et Casualis homicida simili pœna plectantur : voluntarius autem homicida, perpetuo carceri mancipandus est.* Vide alia notione in *Casale.*

CASUALIS, Casualus. Vide in *Casale.*

¶ **CASUALITAS**, Quod fortuito cadit in fiscum Domini vel ex alia quavis ratione, apud Rymer. tom. 11. pag. 447. col. 1 : *Omnimodis forisfacturis, Casualitatibus, wardis, maritagiis, etc.* Similia leguntur col. seq. et iterum alibi.

¶ 1. **CASUALITER**, Fortuito, Gall. *Ca-*

suelement, par hazard, non semel legitur in ævi medii instrumentis. Vide, si cupis, Rymerum tom. 3. pag. 552. tom. 4. pag. 506. tom. 8. pag. 94. Statuta S. Claudii sub Nicolao V. pag. 79. etc. Sidonius lib. 9. Epist. 11 : *Si quid tibi vel Casualiter placet.*

* 2. **CASUALITER.** Dicitur de eo, quod fortuito cadit in fiscum domini. Pariag. inter reg. et abbat. Villælongæ ann. 1337. in Reg. 71. Chartoph. reg. ch. 36 : *Abigei et receptatores raorum criminum capitalium et sepulcri violati Casualiter ad justitias majores spectant.* Vide *Casualitas.*

* 3. **CASUALITER,** Casu, temere. Arnauldus in Rosar. MS. lib. 1. cap. 9 : *Providenter ergo et non Casualiter operare.*

* **CASUARIS,** Casuarius, Miser, abjectus, qui domunculam seu tuguriolum, Ital. *Casuccia,* habitat. Stat. Vercel. lib. 3. fol. 72. r°. : *Quod liceat Casuaribus facere crexentum. Item quod liceat civibus Vercellarum facere crescentum ad domum suam.* Et fol. v°. : *Item qui levatum suum sive crexentum vetabit Casuariis, et qui recusabit accipere levatum factum in domo Casuariorum, det soldos quinque Pap. pro qualibet vice..... Recipiendo a Casuariis tantumdem pastæ ad pensam et non plus.*

¶ **CASUARIUM,** Idem quod *Casarium* seu *Casa* cum adjuncta, ut videtur, certa terræ quantitate. Charta Roberti Regis Franc. pro Alberto Abb. S. Maximini ann. 1022. apud Stephanotium Antiquit. Aurelian. MSS. pag. 302 : *Casuarium unum in Samone villa, et totam Sylvestri villam. Has possessiones Childebertus Rex prædicto loco contulit.*

¶ **CASUBLA,** Casubula, Casucula. Vide post *Casula* 3.

1. **CASULA,** Minor casa, seu Ecclesia. Indiculus superstitionum et paganiarum ex Concil. Liptin. ann. 743. apud Lalandum cap. 4 : *De Casulis, id est, fanis.* [Litteræ Innocentii II. Papæ pro Ecclesia Cameracensi ann. 1142. apud Miræum tom. 2. pag. 1163. col. 1 : *Molendinum ad portam aquarum, Cambas et mansionarios, omnes pares et casatos ; castellum cum Casulis suis.* Ernaldus in Vita S. Bernardi inter hujus Opera tom. 2. col. 1108. edit 1690 : *Et secedens in Casulam pisatiis torquibus circumtextam, solus meditationibus divinis vacare disponit.* Epist. Cuthberti de obitu Venerabilis Bedæ inter Acta SS. Benedict. sæc. 3. part. 1. pag. 538 : *Et sic in pavimento suæ Casulæ decantans, Gloria Patri et Filio et Spiritui Sancto, et cum Spiritum Sanctum nominasset, spiritum e corpore exhalavit ultimum.* Hic *Casula* idem est ac *cellula.*] Vide *Casa.*

2. **CASULA,** Isidorus lib. 19. Orig. cap. 24. et ex eo Papias : *Casula, vestis cucullata, quasi minor casa, eo quod totum hominem tegat, unde Cuculla, quasi minor cella.* Quidam hanc vocem deducunt a κασᾶς, vel κάσος, et κάσσος, quæ Polluci et Hesychio, et aliis Grammaticis ἐσθῆτα εἰληπτὴν, seu, ut alii legunt, πιλιτὴν, vestem coactilem sonat, apud Xenophontem non semel. Testamentum B. Cæsarii Arelatens. Episc. : *Indumenta Paschalia, quæ mihi data sunt, omnia illi* (successori) *serviant, simul cum Casula villosa, et tunica, vel galnape, quod melius dimisero.* Vide Vitam ejusdem Cæsarii. Fortunatus in Vita S. Medardi cap. 5 : *Casula igitur, quæ per eum a matre dirigebatur artifici, egeno illi misericordia motus tribuit.* [Habetur *Casulula,* in Actis SS. Junii tom. 2. pag. 80. ubi diversis verbis eadem res narratur.] Ita *Casulam* famulis ac viris privatis tribuit Procopius lib. 2. Vandalic. cap. 26 : Ἱμάτιον ἀμπεχόμενος οὔτε ϛρατηγῷ, οὔτε ἄλλῳ ϛρατευομένῳ ἀνδρὶ ἐπιτηδείως ἔχον, ἀλλὰ δούλῳ ἢ ἰδιώτῃ παντάπασι πρέπον, Κασούλαν αὐτὸ τῇ Λατίνων φωνῇ καλοῦσι Ῥωμαῖοι.

Casula, pro habitu monachico sæpe sumitur, atque adeo pro ipsa *cucullа.* Theodemarus Abbas : *Cucullam nos esse dicimus, quam alio nomine Casulam vocamus.* Vita S. Fulgentii Episcopi Ruspensis cap. 18 : *Casulam vel superbi coloris nec ipse habuit, nec Monachos suos habere permisit. Subtus Casulam nigello vel lactineo pallio circumdatus incessit.* [Vita S. Filiberti Abb. inter Acta SS. Benedict. sæc. 2. pag. 824 : *Tunc ille humilitatis gratia subtus Casulam, qua erat indutus, contra brachium ægri vexillum Crucis apposuit.* Johan. Diac. in Vita S. Gregorii PP. lib. 2. num. 45 : *Frater ergo de monasterio habebat fratrem sæcularem et postulavit eum dicens : Casulam non habeo, sed fac caritatem, eme mihi.*] Vide Haeftenum lib. 5. Disquisit. Monast. Tract. 3. disq. 1.

3. **CASULA,** Vestis Sacerdotalis, quæ et *Planeta.* Rhabanus lib. de Ordine Antiphonarii cap. 21. et ex eo Ugutio et Joannes de Janua : *Casula dicitur vulgo Planeta Presbyteri, quia instar parvæ casæ totum tegit, et signat caritatem.* Alcuinus lib. de Offic. : *Casula, quæ super omnia vestimenta ponitur, etc.* Idem Rhabanus : *Hæc supremum omnium indumentorum est, et cætera omnia interius per suum munimen tegit et servat.* Rupertus lib. 1. de Sacrament. cap. 50. de casula : *Hæc super dextrum brachium levatur, replicaturque in sinistrum.* Stephanus Eduensis lib. de Sacrament. altar. cap. 10 : *Casula undique integra unitatem fidei designat.* Similia habent Rupertus lib. 1. de Divin. offic. cap. 22. Honorius Augustod. lib. 1. cap. 207. Hugo a S. Victore in Speculo Eccles. cap. 6. et lib. 1. de Sacrament. cap. 56. Innocentius III. lib. 1. de Myster. Missæ cap. 58. Durandus lib. 3. Ration. cap. 7. etc. Synodus Liptinensis can. 7 : *Presbyteri vel Diaconi non sagis laïcorum more, sed Casulis utantur ritu servorum Dei :* [id est, Monachorum. Non agitur hic de veste Sacerdotali, seu *planeta,* sed de *Casula* seu *Cuculla* monachali, de qua paulo superius. *Casula planeta,* in Vita S. Ansegisi, inter Acta SS. Benedict. sæc. 4. part. 1. pag. 633. et 634.] Riculfus Episc. Suessionensis in Constitut. cap. 7 : *Casulam sericam, cum qua Missa celebratur.* Testamentum Riculfi Episc. Helenensis ann. 915 : *Casulas Episcopales optimas tres, unam dioprasiam et aliam de Orodonas.* Jacobus Cardinalis de Coronat. Bonifacii VIII. PP. lib. 2. cap. 1 :

Casulæque capax a forfice forma
Post longas habitura plicas, contracta ministris.

[** Casuum S. Galli Contin. II. ap. Pertz. Script. vol. 2. pag. 150 : *Casulas etiam optimas illas ipse fieri instituit, unam in qua ascensio Domini auro intexta est, et alteram, quæ diversas figuras desuper, in medio, et in margine simili modo præfert intextas.* Vide Notit. Stat. S. Leonardi ann. 1215. ap. Schœpflin. in Alsat. Diplom. num. 401. *Panus sericus pro Casula facienda,* in Chart. ann. 1319; *pro sericis staminibus .... 150. flor. de quibus pannis Casulæ fieri debeant,* in alia Chart. 1367. ap. Guden. in Cod. Diplom. tom. 3. pag. 177. et 482. *Casulam preciosam,* in Chart. ann. 1083. ap. Kluit. Histor. Comit. Holland. tom. II. P. 1. num. 19. pag. 119.] Hist Episcoporum Autisiodor. cap. 49 : *Casula coloris ætherii, phrygio palmum habente, superhumeralis et Rationalis effigiem ad modum Pallii Archiepiscopalis honorabiliter prætendebat.* Ubi observare licet formam veterum casularum, quibus Pallii Archiepiscopalis figura adtexta erat, quomodo etiam complures habentur in majorum Ecclesiarum secretariis, in quibus circa collum limbus alterius coloris, ante et retro pendulus affixus conspicitur, ubi hodie retro tantum in crucis figuram adtexitur : qui tamen mos postremus non omnino nuperus ex iis quæ habet Joannes Gersenius lib. 4. de Imitatione Christi cap. 5. num. 3. ubi de Sacerdote : *Habet ante se et retro Dominicæ Crucis signum ad memorandam jugiter Christi passionem. Ante se Crucem in Casula portat, ut Christi vestigia diligenter inspiciat, et sequi ferventer studeat. Post se Cruce signatus est, ut adversa quælibet illata ab aliis clementer pro Deo toleret.*

Casula generaliter pertinet ad omnes Clericos, ut ait Amalarius lib. 2. de Eccles. offic. cap. 19. Diaconis tribuitur in Concilio Liptinensi can. 7 : *Presbyteri vel Diaconi non sagis, Laïcorum more, sed Casulis utantur ritu servorum Dei.* De casula Diaconi, vide Honorium Augustodun. lib. 1. cap. 231.

* Eodem nomine appellatur vestis, qua diaconus et subdiaconus utuntur in sacra liturgia diebus jejunii, cujus usus, dispositiove describitur in Missali ann. circ. 400. ex monast. S. Joan. in valle : *Dominica Septuagesimæ..... Ad magnam missam hebdomadarius, diaconus et subdiaconus Casulis nigris induuntur usque* Isti sunt dies, *quia tunc rubicundis induuntur... Ad evangelium exuitur diaconus Casula, et plicat eam ex transverso super scapulas suas, ita quod medium Casulæ ponitur super summitatem sinistræ scapulæ, descendendo ex utraque parte de sub ascella dextra, ubi ligatur honeste, et sic remaneat usque post missam.* Vide supra *Brandretum.*

Cassula, apud Petrum Abbatem Cellensem lib. 6. Epistola 12.

Casubula, Idem quod *Casula,* unde vox formata, Gall. *Chasuble,* Vestis sacerdotalis. Neque enim amplector sententiam Jacobi *Bourgoing* lib. de Origine et usu vulgarium vocum pag. 40. qui quasi *Capifibulam* dictam putat. Faustus Monachus in Vita S. Severini Abbatis Agaunensis n. 6 : *Exuens Casubulam suam corpori Regis induit eam.* Vita S. Popponis Abbatis n. 58 : *In celebratione Missarum Casubulam, qua induebatur, lacrymis humectabat.* Num. 61. *Casucula* habetur, ubi forte restituendum *Casubula*. [** *Casucula* in chart. ann. 1367. ap. Guden. in Cod. Diplom. tom. 3. pag. 477.] [Hist. Translationis S. Wandregisili inter Acta SS. Bened. sæc. 5. pag. 206 : *Hæc vero sunt, quæ de S. Ansberti habemus reliquiis, tunicam ejus et partem ipsius Casubulæ.*] Charta Heccardi Comitis Augustodun. apud Perardum : *Casuvula vermicula*, pro *Casubula*.

Cassibula. Testamentum Willelmi *Longuespée*, Comitis Sarisberiensis ann. 1255. tom. 2. Monastici Anglic. : *Item ego assignavi . . . . magnam capellam . . . scilicet Cassibulam de rubeo samito, et unam capam chori de rubeo samito, etc.*

Casubla, occurrit in Notis Tyronis pag. 18. [et apud Marten. tom. 1. Anecdot. col. 1523. in Testamento Beatricis de Alboreya Vicecomitissæ Narbonæ.]

Cum vero Scriptorum plerique *Casulam* dictam a *casa* scribunt, quod totum hominem ut casa tegat, respexerunt ad veterum Casularum formam, quæ totum revera Sacerdotem a collo ad pedes ambibat, atque adeo brachia ipsa et manus tegebat : ita ut si iis ad sacra facienda, aut ad alios usus vellent uti, necessum haberent casulam ad utrumque latus erigere, aut fibula cohibere, quod observare est ex loco laudato Ruperti. [Petrus Comestor in Histor. Scholast. Exod. cap. 63. de vestibus Pontificum veteris legis scribens : *Modice stringebatur, et usque ad tibias dependebat ad decorem, dum Sacerdos nihil operabatur. Cum autem sacrificabat, ne impediret, pendentes summitates super levum humerum reflectebat; unde et forte Diaconus quandoque Casulam plicatam eidem humero superponit.*] Quo spectant ista ex Bernardo Monacho in Consuetud. Cluniac. MSS. cap. 74. de de Sacerdote sacra facturo : *Sicque Casulam induit, quam etiam socius studiose inter brachia plicat, et amictum desuper aptat.* Atque inde casularum hodiernarum nata est forma, quod ultro quivis fatebitur, qui S. Gregorii Magni PP. imaginem ex musivo expressam, quæ habetur post ejus vitam a Joanne Diacono exaratam, et Episcopi alterius in Ecclesiæ S. Germani Pratensis porticu, et similes, quæ visuntur Romæ in veteribus Ecclesiis, attentius expenderit et consideraverit.

¶ 4. **CASULA**, Capsa, Capsula, Gall. *Chasse*. Hist. Becensis MS. ex Archivis ejusd. Monasterii pag. 135 : *Et cum fracta esset Casula removendum erat sacrum [illegible] pusculum* (S. Honorinæ.) Et pag. 1[illegible] *Reposito B. Honorinæ in nova Casula corpusculo.*

Casula Cordis. Fridericus II. Imp. lib. 1. de Venat. cap. 23 : *Canna pulmonis, pulmo, cor, Casula cordis, diaphragma, etc.* [** Pro *Capsula*, Germ, *Herzbentel*.]

* **CASULAGIUM**, Prædium rusticum, *Casa* cum adjuncta certa terræ portione. Charta ann. 1245. in Chartul. Raim. VII. comit. Tolos. pag. 153 : *Vendo medietatem castrorum et villarum de Senars et S. Felicis et dominationis eorum, et medietatem hominum et feminarum infrascriptorum et eorum progeniei, tenenciarum et Casulagiorum.* Vide *Casuarium*.

* **CASULARIUS**, Vestis sacerdotalis, quæ *Casula* vocatur, artifex, Gall. *Chasublier*. Comput. fabricæ S. Petri Insul. MS. ann. 1527 : *Item Egidio Casulario, qui capam composuit et mitram episcopalem, una cum novem ulnis viridis reuban, xxij. lib. xvj. sol. vj. den. Casurarius* ibidem pluries, a Gall. *Casure*, quod pro *Chasuble*, nostri dixerunt. Inventar. MS. eccl. Camerac. ann. 1371 : *Une Casure de vermeil velour, tournicle et dumaticle. Charuble*, eadem acceptione mutato *s* in *r*, ut sæpe fit, in Lit. remiss. ann. 1481. ex Reg. 209. Chartoph. reg. ch. 151 : *Une Charuble de satin violet.*

¶ **CASULULA**, Parva casula, tunicella. Vide in *Casula* 2.

* **CASURA**, Casus, Gall. *Chute*. Lit. remiss. ann. 1355. in Reg. 84. Chartoph. ch. 341 : *Dictus defunctus desuper equum suum, quem equitabat, cecidit ad terram,.... et decessit propter boutaturam et Casuram antedictas.*

* **CASURARIUS**. Vide supra in *Casularius*.

1. **CASUS**, Caducum. Glossæ Basilic. : Κάσσος, πτῶσις. Lex. 3. Cod. Theod. de Petition. (10, 10.) : *Quod ex cujuscunque patrimonio ceciderit in Casum.* [** Al. *cassum*.] Symmachus lib. 10. in Relat. ad Valentinianum : *Quod nomen accipiet ablatio facultatum, quas nulla lex, nullus Casus facit caducas.* Hinc nostris, *les Parties Casuelles*, Fiscus Regius, in quem *Caduca* inferuntur, dictus, de quo hoc lemma vulgatum : *Fit Casu ditior arca.*

Casus, dicitur tertia vel quarta pars dotis quæ viro uxori superstiti advenit, nullis extantibus liberis, apud Julianum Antecess. Nov. 36. cap. 14. Nov. 123. cap. 40. Glossæ Basilic.: Κάσσος τῶν ἔδνων, ἀτύχημα τῶν νομίμων μοιρῶν, ἢ τῶν γαμικῶν κερδῶν, ἤτοι τῇ δόσει τοῦ ὑποβόλου, ἢ τοῦ ἐξ ἀπαιδίας. Rursum : Κάσον, μοῖρα νόμιμος, λέγεται καὶ μέρος τέταρτον. Ibidem : Κάσον, (male κάπον) τέταρτον μοίρας τυχηρὸν τὸ ἀπὸ συμφορᾶς τοῦ μὴ ἔχειν τέκνα. Aliæ Glossæ : Εἴθισαι ἐν τοῖς γαμικοῖς συμβολαίοις συμφωνεῖν, ὥςε ἐκ προτελευτῆς τῆς γυναικὸς κερδαίνειν τὸν ἄνδρα ἢ τὸ τρίτον τῆς προῖκος, ἢ τὸ ἥμισύ, καὶ τοῦτό ἐςι τὸ λεγόμενον Κάσος.

** Casus Morientium. Vide *Mortuarium*.

2. **CASUS**. Alexander Iatrosoph. MS. lib. 1. Passionum : *Hæc oportet fieri his qui et Casus patiuntur.* Ubi Glossæ MSS. : *Casum vocant memoriæ defectum, pro caros, i. oblivio.* Idem lib. 2 : *Hic enim patitur. . . epilemptias, et Casus, et tristitias sine causa.* Ubi Glossæ : *Casus, i. scotomiam, quia omnia videntur eadem.*

* **CASUS**. A casu, Fortuito. Vide supra particulam *A*.

¶ **CASUVULA**. Vide in *Casula* 3.

¶ 1. **CATA**, Species machinæ ligneæ. Vide in *Catus*.

¶ 2. **CATA**, *Multorum cantatio*. Papias MS. Vide *Catadocta*.

3. **CATA**, Ad, juxta, versus, secundum, ex Gr. Κατά. Glossæ antiquæ MSS. : *Secundum, Juxta, Cata, Circa.* Stephanus II. PP. in Epist. ad Fulradum Abbatem : *Domum positam juxta Monasterium beati Martini . . . juris venerabilis Monasterii S. Stephani Cata Galla Patricia.* Anastasius Biblioth. in Hadriano PP. pag. 110 : *Constituit in Monasterio S. Stephani Cata Barbara Patricia situm*, (sito) *ad B. Petrum Apostolum, congregationem Monachorum, etc.* In Leone III. pag. 138 : *In Monasterio S. Stephani, quod appellatur Cata Galla Placidia.* Id est, juxta ædes *Barbaræ*, et *Gallæ Placidiæ* et *Patriciæ*. Hodœporicum S. Willibaldi : *Atque ibidem sacram monasterialis vitæ disciplinam, . . . Monachorum Cata normam venerandæ vitæ conversationem in semetipso ostendendo, exercebat. Cata Matthæum*, pro *secundum*, dixit Lucifer Calaritanus de Non parcendo, etc. pag. 282. Ebrardus Bethuniensis in Græcismo cap. 8 :

Cataque sit juxta, dicas hinc Cata Mathæum.

Cata Joannis, pro Evangelio secundum Joannem in Charta Gennadii Episcopi Astoricensis æræ 953. apud *Yepez* tom. 4. pag. 448. *Cata Evangelicæ experimentum auctoritatis*, apud Aldhelmum Abbatem Malmesburiens. Vetus Interpres sextæ Synodi Constantinopolit. Act. 14 : *Litteræ vero in quibus falsitas libri facta est, propriæ manus Georgii Monachi Cata Macarium certe sunt.* Ubi Græcus Codex : Κατὰ Μακάριον τυγχάνουσιν. Infra : *Ipse autem Philippus vicinus erat de patre Stephani, qui cecidit Cata Macarium hæreticum.* Gr. Γείτων ἦν τοῦ πατρὸς τοῦ Στεφάνου τοῦ πεσόντος τοῦ κατὰ Μακαρίου αἱρετικοῦ. Quibus locis *Cata Macarium*, idem sonant, ac juxta hæresim et sensum Macarii. Alia vide apud Filesacum ad Vincentium Lirinensem pag. 195. [** et Marin. Pap. Diplom. pag. 225. num 28. not. 2.]

* 4. **CATA**, Felis femina, Gall. *Chatte*. Acta ad Conc. Basil. apud Marten. tom. 8. Ampl. Collect. col. 523 : *Plus delectationis ipse capiebat in palpando suam Catam, etc.* Vide *Catta* 2. [** Canis Femina, Virgilio Gramm. ep. 1. apud Maium pag. 7 : *Vir et mulier, taurus et vacca, aries et avis, canis et Cata.*]

* 5. **CATA**, *Funis cum plumbo, quo altitudo tentatur.* Glossar. vet. ex Cod. reg. 7613. Hinc forte *Catabolici* dicti mathematici. [** *Cataprorates*, ex Isidor. Orig. lib. 19. cap. 4. sect. 10.]

¶ **CATABIBAZON**. Vita S. Bardonis Archiepiscopi tom. 2. SS. Junii pag. 313 : *Si vero in eamdem Catabibazon sol nubesque convenerint, nulla fiet mentio de nubibus, sed tantum de solis ardoribus.* Papebrochius suspicatur esse legendum *Catabibasin*, a καταβιβάζω, Descendo.

* Quod de annis climactericis intelligi potest ex Salmasio pag. 185. nihil itaque mutandum est.

CATABLATTION. Charta ann. 1197. apud Ughellum tom. 7. Italiæ sacræ pag. 1275 : *Quatuor sindones de seta, quarum una est de . . . . alia de Catablattio, alia de baldeluno*, (baldekino) etc. Vide *Blatta*.

¶ **CATABLUM**. Vide in *Catabolum*.

¶ **CATABOLENSES**. Vide *Catabulenses* post *Catabulum*.

CATABOLICOS, Mathematicos dictos apud Tertullianum lib. de Anima, Fulgentium lib. de Continentia Virgiliana, et S. Zenonem Veron. a consulendo putat Filesacus lib. 1. Select. quasi καταβουλικούς. Salmasius vero ad Spartianum pag. 40. existimat ita dictos eos spiritus, qui per arreptitios et energumenos futura prædicebant, quod eos dejicerent, adfligerent, posternerentque quos numine suo implebant, ἀπὸ τοῦ καταβάλλειν. [** Vide Forcellinum.]

CATABOLUM, Gr. Καταβολή, Solutio, præstatio; verbum Juris. Gloss. Gr. Lat. : Καταβολή, ἡ ἀπόδοσις, *solutio*, *pensio*. Gesta Dagoberti Regis cap. 18 : *De proprio teloneo, quod ei annis singulis ex Massilia solvebatur, centum solidos in luminaribus ejusdem Ecclesiæ eo tenore concessit, ut oleum exinde Actores Regii, secundum quod ordo Cataboli esset, quasi ad opus Regis studiose emerent, et sic demum missis ipsius loci annuatim traderent.* Charta ipsa Dagoberti, vel potius Chlodovei III. apud Mabillonium tom. 4. Actor. Ord. S. Bened. pag. 618. 622 : *Juxta quod ordo Caduboli fuerit.*

Catabolum, Catablum, Græcis recentioribus κατάβολον, Navale dicitur seu emporium, oppidum maritimum : forte quod in navalibus portoria et tributa pro mercibus invehendis et invectis penderentur. Ita Scholiastes Thucyd. et Suidas verbo ἐπίνειον. Egica Rex Goth. Hispan. in Concilio Toletano XVI : *Nemo ex eisdem Judæis in perfidiam durantibus, ad Catablum pro quibuslibet negotiis peragendis accedat, nec quodcunque cum Christianis commercium agere audeat.* [Jos. *de Aguirre* in hunc ipsum locum, *Catablum* exponit Prætorium ubi causæ aguntur. At magis placet interpretatio Cangiana.] Καταβολίου loci, ita forte propter portum dicti, in urbe CP. meminit Cedrenus pag. 476.

¶ **CATABRIATUS**, Ex albo et nigro vel etiam aliis coloribus alternatim distinctus. Synodus Pergami ann. 1311. apud Murator. tom. 9. col. 547 : *Tonsuram et habitum deferant clericales ordini suo et statui competentes, vestes virgulatas seu de Catabriato de mellietate, vel listatas . . . minime deferentes.* Codex MS. Colbertinus num. 159 : *Honorius IV. Ordinem Carmelitarum solidavit, qui in Concilio disposito ordine Saccatorum remanserunt in suspenso : et tunc deposuerunt mantellos Cantabriatos.* Forte melius legeretur *Cataburriatus*. Vide *Barrati Fratres*.

.* *Catabriatos* edidit etiam Murator. ex Jornandi Chron. tom. 4. Antiq. Ital. med. ævi col. 1015.

¶ **CATABUCA**, mendose, ut puto, pro *Cambuca*, Pedum pastorale. Charta anni 1275. ex Archivo S. Victoris Massil. : *In quo* (sigillo) *ex una parte erunt litteræ tales scriptæ : Guillelmus Abbas S. Victoris Massiliæ cum figura ipsius Abbatis in sinistra manu cartæ, et Catabucam in manu dextra.* Vide *Cambuca*.

¶ **CATABULENSES.** Vide post *Catabulum*.

CATABULUM. Papias : *Catabulum, clausura animalium, ubi desuper aliquid jacitur.* Addit Baronius ad 16. Jan. animalium, non quidem silvestrium, sed jumentorum, quæ publicæ utilitati ad vehenda onera deserviebant. Damasus in sancto Marcello PP. : *Damnatus est in Catabulo, qui dum multis diebus serviret in Catabulo . . . . et emerunt eum de Catabulo.* Petrus Venerab. lib. 1. Epist. 1 : *Petrus in carcere, Clemens in exilio, Marcellus in Catabulo.* Martyrologium Rom. 16. Januarii de S. Marcello : *Primo fustibus cæsus, deinde ad servitium animalium cum custodia publica deputatus, ibidem serviendo, amictu indutus cilicino, defunctus est.* Hugo Flaviniac. in Chron. pag. 81 : *Quem princeps domus retentis omnibus, quæ sibi commendata in ejus obsequiis fuerant, Catabuli sui, in quo animalia ejus jacebant, axes levavit, et in fossam ubi stercora et urinæ animalium defluebant, eum projecit, etc.* Infra : *Quem B. Sanctinus de Catabuli fossa extraxit, et diligentissime lavit.* Guibertus lib. 1. Hist. Hieros. cap. 4 : *De Ecclesiis querimonia est, quas siquidem gentilitas eversa Christianitate tenebat, in quibus equorum ac mulorum, cæterorumque animalium Catabula construebat.* [Romuald. Archiep. Salernit. in Chron. apud Murat. tom. 7. col. 77 : *Postea vero Cristiana religione crescente, domus Catabuli in pulcherrimam Ecclesiam translata est, quæ usque hodie S. Macelli intitulatur.*]

Captabulum extulit eadem notione Petrus Damiani lib. 2. Epist. 18. lib. 5. Ep. 1. pag. 248. 389. Occurrit etiam in Notis Tyronis.

Katabulum. Paschasius Radbertus in Epitaphio Walæ Abbatis Corbeiensis lib. 1. cap. 15 : *Qui cum attollerent pariter gressus, illuc vultum oculosque levabant, ut probares illis comittere Deo in cœlis quodcunque fieri disponebant in terris, et illuc locare Katabula fundamenti, quo vix aliorum culmina surgunt;* id est, ima, vel cava, fossas.

Catabulenses, Qui oneraria et *Catabularia* jumenta ductabant, ἀπὸ τοῦ καταβάλλειν, quod est comportare. Senator lib. 3. Epist. 10 : *Præsenti admonitione declaramus, ut marmora, quæ de domo Pinciana constat esse deposita, ad Ravennatem urbem per Catabulenses vestra ordinatione dirigantur.* Idem lib. 4. Epist. 47 : *Et ideo 50. solidorum mulctam non jam veredarius, sed Catabulensis incurrat, quisquis ultra centum libras parhippum crediderit onerandum.* Horum Corpus sive Collegium in urbe constitutum erat ex libertinis hominibus, quod ideo in Cod. Theod. de Pistorib. et Catabol. lib. 14. (tit. 3.) jungitur Corpori et Collegio Pistorum, quod *Catabolenses* molenda frumenta animalibus farinasque comportarent, ut censet Cujacius lib. 16. Obser. cap. 5.

¶ **CATABUSTA.** Adamnanus in Vita S. Columbæ Abbatis tom. 2. SS. Junii pag. 235 : *Beati Patroni venerabile corpus, mundis involutum sindonibus, et præparata positum in Catabusta, debita humatur cum veneratione. Ratabusta*, (quod f. legitur in MS.) pro *Sandapila* necdum alibi repertum est, inquit Bollandi Continuator : quamobrem addit : Non recte forsitan scripta vox, legendumque *Catabusta*, sicut Italice eadem in significatione dicitur *Cataletto;* et pegma funebre faculis multis instructum, *Catafalco*. Addam ad confirmandam dam eruditi Scriptoris conjecturam fortassis scriptum fuisse *Katabusta*, pro quo *Ratabusta* legi potuerit quam facillime.

* **CATACLISIS**, *Abusiva*, in vet. Glossar. ex Cod. reg. 7613. Perperam pro *Catachresis*, abusio vocis, cum pro alia usurpatur.

¶ **CATACLISMUS.** Vide *Cataclysmus*.

CATACLITUS, Cataclistus, Cataclyzus, Cataclyzomatis Ars. Quid sit *vestis de Cataclitis*, apud Tertullianum de Pallio cap. 3. quærunt viri eruditi. Quidam enim putant esse vestem cataclitorum, quibus nempe *cataclita* sternuntur, seu accubita, et tricliniares lecti. Ita quippe κατάκλιτα appellari observare est ex Basilio; ubi explicat quid sint θέριςρα κατάκλιτα, apud Isaiam cap. 3. ℣. 23. Verum qui attente verba Tertulliani expenderit per *cataclita*, materiam vestis expressisse deprehendet : *Mutant et bestiæ pro veste formam, quanquam et pavo pluma vestis, et quidem de Cataclitis, imo omni conchylio depressior, qua colla florent, et omni patagio inauratior, qua terga fulgent, etc.* [** Vide Forcellin. in *Cataclista*.]

At quæ materia illa fuerit, non promptum est definire. Alii *de Cataclistis* reponendum volunt, etsi constanter priorem lectionem retineant Codices omnes, uti fatetur Salmasius, qui ab hac sententia non omnino discedit. Sed quod *Cataclistas vestes*, apud Tertullianum, eas quæ in arca servari solent, appellatas volunt idem Salmasius et Cerda, vix probem : ut nec quod undique clausæ essent, quod contendit Sussannæus in Collectaneis, et Beroaldus ad hunc Apulei locum lib. 11. Metamorph. : *Veste nivea et Cataclista prænitens.* Malim enim his locis *Cataclistas* vestes appellari eas, quibus lapilli ac uniones intexi solent, qui quodammodo in opere includuntur, et κατακλείονται : quod faciunt Phrygiones. Unde *Cataclistæ* vestes, eæ sunt quæ opere Phrygio adornantur. Neque alia sunt θέριςρα κατάκλειςα, apud Isaiam, (nam ita legi in aliquot MSS. observant viri docti) non quidem instrata lectorum accubitalium, sed palliola ac vela feminea : quæ notio est vocis θέριςρον.

Jam vero quod puriores Græci ac Latini κατάκλειςα appellarunt, posteriores, seu potius Latini sequioris ætatis Scriptores, depravato vocabulo, *Cataclyza*, nuncupaverunt, opusque ipsum *Cataclyzoma*. Et certe *Artem Cataclyzomatis*, eamdem esse quæ aurifabrorum, qui operibus suis lapillos et gemmas induunt ac intexunt, (unde *clusores* et *inclusores*, et *inclusorium opus*, ut suo loco monemus) perspicue declarat Arnobius Junior in Conflictu cum Serapione lib. 1 : *Unum diadema video, sed in ipso diademate Cataclyzomatis arte [illegible] constitutæ.* Hinc facile est conjicere quid per *cataclyza* velit Gregor. Turon. lib. 2. de Glor. Confess. cap. 63 : *Veruntamen calicem non comminuit, quia Cataclyza in ipso fuerant solidata.* Neque enim per *Cataclyza*, *fundus vasis*, quod vult Cerda, sed lapilli, *solidius* vasi inserti, opere *inclusorio*, ac aurifabrili intelliguntur. Quod vero in solida materia faciebant aurifabri, id fecere in vestibus Phrygiones, quibus gemmas pariter et lapillos intexuere, et in iis quodammodo inclusere : unde vestes istas, *de Cataclistis* appellavit Tertullianus, quod essent ex specie *Cataclisticorum* operum.

Porro ut *Cataclyza*, de vasis, dixit Gregorius Turonensis, de diademate Arnobius; ita Fortunatus in Vita S. Martini lib. 3.

hanc vocem usurpavit in vestibus, cujus versus ex Codice literis Longobardicis exarato, qui in Bibliotheca Monasterii S. Germani Parisiensis asservatur, eo lubentius hoc loco describam, quod negotium facere videntur literatis omnibus, propter pravam scriptionem :

Vidisti thalamum sponsi super omnia pulcri,
Compositum gemmis, auroque ostroque decorum :
Quanto zona die lapidum radiabat honore,
Cyclades aut quales Cataclycis effera rasis,
Quæ palla ex humeris mixto chryso Phara beryllis,
Quodve monile decus collo radiabat in illo.

Ubi Codex Broweri :

Cycladis aut qualis Cataclysis effera rasis,
Quæ palla ex humeris mixto chrysopraso beryllis.

De quorum versuum sensu haud facili prorsus, hic in præsens non disputo : illos, ut in MS. Codice exarantur, repræsentasse contentus. Observo tantum cataclyza rasa dixisse Fortunatum, id est, pannos gemmis et unionibus exornatos. Sed et lib. 4. eodem vocabulo usus est in describendis vestibus pretiosis :

O Martine, decus, lapidum velamine comple,
Quam nova palla tibi, cujus textura coruscans,
Trama topazus erat rutilans, et stamen iaspis,
Et tunicæ insignis currunt pro vellere gemmæ?
Quæ manus artificis Cataclyzica fila rotavit?
Quis fuit hic opifex, ubi lana hyacynthina currit?
Quis potuit rigidas torquere ad licia telas?

Ubi Broweri Editio habet *Cataclistis*. Hæc porro licet prolixiora describere operæ pretium duximus, ut tandem liqueat, quid sit *Cataclyzum*, vel *Cataclistum* in vestibus, quod, nisi fallor, non aliud fuit a Phrygio opere, in quo lapilli fuerint κατάκλειςοι, conclusi : est quippe κατακλείειν, *Concludere*, in Gloss. Græc. Lat. Neque enim a κατακλύζειν, quod est *diluere*, *proluere*, *inundare*, in eodem Gloss. peti debet etymon vocis *Cataclyzum*, cum abusive ex *Cataclistum* formata sit a recentioribus, etsi vestes ejusmodi potuerint dici gemmis et lapillis perfusæ. Quomodo περίχυτον usurpat Codinus de Offic. Palat. cap. 3. num. 13 : Σκαράνικον χρυσοχοϊκὸν, λιθάρια δὲ καὶ μαργαριτάρια ἔχον, οὕτω λεγόμενα Περιχυτά. Idem Fortunatus lib. 2. de Vita S. Martini :

Totaque permixtis radiant velamina gemmis.

Confertæ gemmis vestes, apud Vopiscum in Aureliano. *Crassiore auro smaragdinisque superinsutæ*, apud Dudonem lib. 3. de Morib. Norm. pag. 153.

¶ **CATACLYSMUS**, Gr. κατακλυσμός, Diluvium, Inundatio. Cyprian. Epist. ad Novat. : *Cataclysmus ille, qui sub Noë factus est, figuram persecutionis, quæ per totum orbem nunc nuper superessusa est, ostendit.* Utitur Agnellus in libro Pontificali apud Muratorium tom. 2. pag. 58. col. 1. et alii plures. Varro lib. 3. de Re Rustica forma plane Græca dixit : *Thebæ ante Cataclysmon Ogygi conditæ dicuntur.*

¶ CATACLISMUS, Idem. Lambertus Ardensis apud Ludewig. tom. 8. Reliq. MSS. pag. 372 : *Quis nesciat in tempore Pharaonis post multos annos a Cataclismo . . .* (Moysen) *divina floruisse gratia?*

** *Cataclysmus* apud medicos est Illisio aquæ vehementius aspersæ alicui parti corporis. Vide Forcellinum.

¶ **CATACLYSTUS**, CATACLYZA. Vide *Cataclitus.*

* **CATACOSMUS**, Dignitas in palatio CP. a Gr. κατακοσμέω, compono. Charta Mich. Paleol. imper. ann. 1403. ex Thes. eccl. Paris. : *Hiis omnibus præmissis præsentibus, prædicto Patriarcha et Catacosmo, et pluribus aliis præsentibus nostris ad hoc nobiscum consentientibus; etc*

CATACUMBÆ, Tertio ab Urbe milliario, ita dicta Cœmeteria publica, quarum descriptionem dedit Onuphrius Panvinius lib. de præcipuis Urbis basilicis pag. mihi 122. S. Ambrosius, seu vetus Scriptor, in Actis S. Sebastiani num. 88 : *Hoc tu dum levaveris, perduces ad Catacumbas, et sepelies in initio cryptæ, etc.* Anastasius in S. Cornelio PP : *Corpora Apostolorum Petri et Pauli de Catacumbis levavit noctu.* In S. Damaso : *Ubi requiescit in Catacumbis.* Vetus Martyrologium editum a Bucherio ad Canones Paschales, continens *depositiones Episcoporum* Romanorum : *Mense Januario 13. Kl. Febr. Fabiani in Callisti, et Sebastiani in Catacumbas. . . . Mense Junio 3. Kl. Julii, Petri in Catacumbas, et Pauli Ostiense, Tusco et Basso Coss.* Rudolfus Monachus in Vita B. Rhabani Mauri num. 30 : *Acceptoque corpore B. Quirini Martyris Romam fugit, et sacras reliquias via Appia, tertio milliario ab Urbe, in Ecclesia beatorum Apostolorum Petri et Pauli, ubi aliquandiu jacuerunt, sepelierunt in loco qui dicitur, Ad Catacumbas.* In Catacumbis latitasse S. Urbanum PP. tradunt Acta S. Cæciliæ : ut et Evaristum PP. Vita SS. Faustini et Jovitæ Mart. n. 19. Vide Adonem in Chronico ann. 364. Ordericum Vital. pag. 355. 357. etc.

CATACUMBA, pro quovis cœmeterio. Ita videtur usurpasse Joannes Diaconus in Episcopis Neapolitanis, in S. Fortunato : *Collocarunt in Ecclesia Stephania ad partem dextram introeuntium sursum, ubi est oratorium in capite Catacumbæ.* Acta S. Isidori Agricolæ n. 28 : *Ipsum trahentes duxerunt ad B. Isidori Catacumbam, etc.* [Chronicon Lobiense apud Marten. tom. 3. Anecd. col. 1427 : MCCXXXIX. *obiit Guillelmus Episcopus Leodiensis in Catacumba, cui successit Robertus Episcopus Lingoniensis.*]

De vocis etymo dissident Scriptores. Anonymus in Historia translationis S. Sebastiani cap. 6. a *statione navium*, quas *Cumbas* appellabant Græci et Latini recentioris ætatis, locum hunc dictum vult : *Milliario tertio ab Urbe, loco qui ob stationem navium Catacumbas dicebatur.* Et cap. 14 : *Pervenit ad Catacumbas, tertio ab Urbe miliario.* Alii vocem compositam censent ex *Cata*, et *tumba*, ita ut fuerit locus mortuorum *tumbis*, seu sepulcris destinatus, seu quod in eo Martyrum et Christianorum, qui sub Imperatorum paganorum tyrannide mortem pro fide oppetierant, *tumbæ* passim inventæ fuissent. Unde locum hunc *Ad tumbas*, seu ut tunc loquebantur, *Catatumbas*, quod idem sonat, postea appellaverint Romani. Nam *cata*, pro ad, usurpasse Scriptores inferioris Latinitatis supra docuimus. Huic certe sententiæ videtur favere Codex Gregorii M. editus lib. 3. Epist. 50. qui *Catatumbas* habet, non *Catacumbas*, nisi mendum sit in Editionibus, quod reor : nam et aliquot Codd. MSS. et cæteri Scriptores constanter *Catacumbas*, passim habent. Unde alia vocis origo investiganda. Cum igitur ejusmodi Polyandria et Cœmeteria publica in cryptis et locis reconditis extiterint, quos istius ætatis Scriptores *Cumbas* vocabant, videtur potior ratio existimandi, sic dicta, quod ad ejusmodi cryptas, et, ut ita dicam, valles, Martyrum copora deferrent Christiani, qui dùm rogarentur ubinam jacerent, respondebant, *Cata cumbas*, seu *Ad cumbas*, id est, *ad cryptas*, vel *ad valles*, aliquot ab urbe milliariis. Et sane Martyrum sepulcra Romæ vel haud procul ab urbe, in cryptis et locis depressioribus exstitisse auctor est sanctus Hieronymus in cap. 40. Ezech. dum cœmeteria Romana a se visa describit : *Dum essem Romæ puer, et a liberalibus studiis erudirer, solebam cum cæteris ejusdem ætatis et propositi, diebus Dominicis sepulcra Apostolorum et Martyrum circumire, crebroque cryptas ingredi, quæ in terrarum profunda defossæ, ex utraque parte ingredientium per parietes habent corpora sepultorum, et ita obscura sunt omnia, ut propemodum illud propheticum compleatur, Descendant in infernum viventes.* His adjungenda sunt quæ habet Prudentius in Passione S. Hippolyti Martyris, et in Descriptione Cœmeterii Cyriacæ in agro Verano. Porro *Cumbas*, cryptas esse ac valles suo loco docemus. Vide præterea Romam Subterran. lib. 3. cap. 12.

CATACUMINUS, pro *Catechumenus.* Althelmus de Laude virginum cap. 12 :

Christo devotus cum jam Catacuminus esset.

Vide in *Catechumeni.* [** Glossar. in Cod. reg. 7644 : *Catacuminus, Instructus sive audiens.*]

CATACUSSIS, occurrit apud Tyronem in Notis pag. 164. [Vasis genus est. Vide *Eglitræ.*]

CATADOCTA, *Multorum Cantica*, in Gloss. Isid. ubi quidam legunt, *multorum amica.* Aliæ Glossæ : *Catadocta, multorum cantica catalecta.* Sed videtur legendum, *Cata, docta. Catalecta, multorum cantica.* Ex Lat. *Catus.* [Martinius, cui Grævius subscribit, legit : *Cata dicta*, ex Varrone, qui exponit acuta dicta; quod accepit ab Ennio:

Tum cœpit memorare simul Cata dicta.

Vide Varronem lib. 6. et superius *Cata* 2.] [** *Catarum, doctarum*, Placid. ap. Maium tom. 6. pag. 556. et in cod. reg. 7644. *Cata, docta, vel multorum cantica vel secundum concentus multorum cantatio*, in vet. Gloss. ap. Maium tom. 7. pag. 554. et in cod. reg. 7644. Vide *Catapuera* et *Cataneota*.]

* **CATADUPA**, *Locus ubi Nilus de monte cadens nimium frigoris facit.* Glossar. vet. ex Cod. reg. 7613. Vide [** Forcellin. et] infra *Cathadupla.*

* **CATADURA**. Stat. Cadubrii lib. 3. cap. 82 : *Si quis amiserit aliquam de dictis avibus, postea capta et inventa fuerit, cujus erat, statim dari et restitui debeant sine placito et querela; ita tamen quod ille, cujus fuerat, det capienti de Catadura pro falcone, vel trizolico a falcone xx. sol. Pap.* Ubi legendum *Captura.*

¶ **CATAFALTUS**. Vide *Cadafalus.*

¶ **CATAFUNIS** *cum plumbo, quo altitudo*

temptatur. Papias MS. Bituric. Vide *Cataprates.*

* Leg. divisis vocibus : *Cata, funis, etc.* Vide supra *Cata* 5.

¶ **CATAGOGIUM**, Ludicrum festum ab Ephesiis Paganis olim celebratum, quod occasio fuit martyrii S. Timothei primi eorumdem Ephesiorum Episcopi. Latina quædam MSS. habent *Citagia*, alia *Catagia*. Multa Martyrologia habent Dianæ celebritatem fuisse. Vide Acta SS. Januarii tom. 2. pag. 566. col. 2.

¶ **CATAGORIÆ**, *Ascriptiones, accusationes.* Papias MS. a καταγορεύειν, Accusare, deferre, exponere. [** Κατηγορίαι.]

CATAGRAPHARE, *Transcribere*, Ugutioni : καταγράφειν. [** *Catagrapho græce, Conscribo*, Papias.]

CATALAGO, *id est, collectio.* Ita Glossæ MSS. ad Canones Concil. forte ex κατάλογος. [** An *Catalecta ?*]

** **CATALDUS.** Vide *Gastaldus.*

* **CATALE**, Debitæ pecuniæ caput, Gall. *Capital.* Pactum inter Steph. episc. et Theobald. archid. Paris. in Chartul. episc. Paris. ex Bibl. reg. fol. 15. v°. : *Debitum vero, quod Franci Catale vocant, quod archidiaconus debebat episcopo usque ad diem, precibus nostris et pacis amore, totum archidiacono dimisit episcopus.* Vide *Capitale* 2. et in *Catallum.*

¶ **CATALECTA.** Vide *Catadocta.*

CATALEPTICUS, Idem qui *Epilepticus*, in Actis S. Erconwaldi Episcopi n. 23.

¶ **CATALETA**, Cathalecta. Agnellus in libro Pontif. apud Murator. tom. 2. pag. 156. col. 2 : *Jace in Cataleta navis infra sentinam, juxta sentinam.* Et pag. 160. col. 2 : *Et projiciebantur sub Cathalecta navis.*

* **CATALETTUS**, Lectica, Ital. *Cataletto.* Burckardus Argent. de Alex. PP. VI. pag. 40 : *Publice portabatur in Cataletto honorifice.* [** Vide Murator. Antiq. Ital. vol. 2. col. 1280.]

* **CATALLIUM**, Idem quod *Catallum.* Charta ann. 1098. inter Probat. Hist. Sabol. pag. 360 : *Dicti vero fratres habebunt omnia Catallia de talibus et emendas.*

CATALLUM, Idem quod *Capitale*, Bona omnia quæ in pecudibus sunt. Ex *Capitale* enim formata vox *Captale* ; et ex *Captale*, *Catallum*, ut ex *Chaptel* Gallico, *Chatel* ex *Catel.* Exinde usus invaluit, ut hacce appellatione bona omnia mobilia, cujuscumque generis sint, intelligantur. *Chattel*, in Legibus vernaculis Willelmi Nothi cap. 4. [** Ibi plane eodem sensu quo *Capitale* in lege Salica.] Butellerio, *Cateux sont meubles et immeubles : Si comme vrais meubles sont qui transporter se peuvent, et ensuivir le corps : immeubles sont choses qui ne peuvent ensuivir le corps, ni estre transportées ; et tout ce qui n'est point en heritage.* Leges Edwardi Confess. cap. 35 : *Juxta facultates suas et possessiones, et juxta Catalla sua, etc.* Ingulfus : *Cum decimis omnium terrarum, ac bonorum aliorum sive Catallorum.* Idem pag. 894 : *Cum suis Catallis omnibus mobilibus.* [** Charta Henric. II. Reg. Angl. ann. 1176. ap. Lappenb. Init. Foeder. Hanseat. pag. 8 : *Omnia bona et Catalla in illa navi contenta.*] Charta Communiæ S. Quintini ann. 1195 : *Puer aut juvenis vel adolescens ; sub tutela patris sui.... nullum debet domino suo cavagium.... donec proprium habeat Catallum de quo lucretur.* Hovedenus pag. 535 : *Burgenses captivavit, Catalla eorum asportavit.* [Charta Guidonis Comitis Flandriæ ann. 1237. in Tabulario Capituli S. Bartholomæi Bethuniensis : *Si vero forefaciens non habuerit Catalla sufficientia ad solvendum judicatum, et habuerit forte hereditatem in terra et tenemento prædictis, debet illa hereditas vendi pro emenda communi solvenda.* Charta Johannis Regis Angl. lib. nig. Scaccarii pag. 378 : *Per legem Scaccarii nostri consideratum fuit, quod distringeretur per Catalla sua Angliæ, ad debita nostra nobis solvenda ; sed ipse omnia Catalla sua ita summoverat quod inveniri non potuerunt.* In Stabilimentis S. Ludovici lib. 1. caput 91. integrum est : *D'avoir son garand de Chastel emblé*, id est, de re subrepta.] Occurrit passim. Vide Monastic. Anglic. tom. 1. pag. 169. Roverium in Reomao pag. 361. Duchesnium ad Alanum Charterium, Raguellum, Loiseum lib. 3. de Offic. cap. 14. [** Glanvillam lib. 10. cap. 6. § 1.] etc.

¶ Catellum, Eadem notione. Stabilimentum inter Clericos et Barones Normanniæ ann. 1205. in Hist. Harcuriana tom. 3. pag. 102 : *Item, diximus per sacramentum nostrum, quod in feodo terræ Gornei Useris et Costenfonte, non debet Archiepiscopus tenere votum Domino placito scilicet de maritagio, de legato mortui, de Catello mortui et de Catello Clerici.* Iterum occurrit ibidem : *De Catello Clerici, etc.* Madox Formul. Anglic. pag. 277. in Charta Willelmi *de Contevill : Et si vero prædictus Robertus, vel aliquis suorum a prædicta terra recedere voluerit, libere recedat cum omnibus Catellis suis ; et si Catella sua vendere voluerit, absque licentia et omni contradictione quidquid sibi placuerit faciat.* Vide ibid. pag. 276. init. et leges Norman. cap. 20. apud Ludewig. Reliq. MSS. tom. 7. pag. 192

¶ Catelum. Constitutio Leduini Abb. S. Vedasti Attrebat. de Placito generali : *Abbas autem vel Præpositus, si est unde velit clamare, potest omni tempore homines de placito in camera sua mandare, et de Catelo suo super eum clamare et legem facere.*

¶ Cantallum, pro *Catallum.* Chartularium S. Vincentii Cenoman. fol. 51 : *Monachi habebunt omnes saisinas et Cantalla, quæ cum latrone poterunt reperiri.*

* *Chatez*, in Lit. pro habitat. villæ *de Mailly* ann. 1380. ex Reg. 118. Chartoph. reg. ch. 332 : *Une forteresse pour eulx, leurs biens et Chatez retraire et garder.* Hinc

Catallum, Practicis Anglis est omne bonum mobile seu immobile, quod neque liberum tenementum, neque feudum est. Aliud est personale, quo intelliguntur bona mobilia : aliud reale, quo intelliguntur possessiones et tenutæ, quas tenemus ad terminum annorum, aut ad voluntatem alterius. Ita Cowellus lib. 1. Instit. tit. 10. § 18. lib. 2. tit. 2. § 20. Rastallus, et Edwardus Cokus ad Littlet. sect. 177.

Melius Catallum, quod post mortem tenentis domino præstatur : *Heriotum* Angli vocant hanc præstationem. *Droit de meilleur Cattel*, Consuetudo Hannon. cap. 83. Charta Philippi Marchionis Namurcensis ann. 1212. apud Miræum in Diplom. Belg. lib. 2. cap. 67 : *Statui ut a nullo Milite qui sit de familia vel advocatione mea melius mobile, quod quidem Melius Cathelum dicitur, de cætero accipiatur post ejus decessum, nec id ab ejus hærede pro illo mortuo exigatur.* [Charta Alidis Dominæ Boulariæ ann. 1238. apud eumdem Miræum tom. 1. pag. 755. col. 1 : *Omnes servos et ancillas in dominio de Boulario commorantes absolvimus ab omni exactione et taliis. Hoc excepto, quod tenebuntur Domui de Boulario ad Melius Catellum ad mortem ; et quidem tenebuntur ad nuptias puerorum meorum, et si quem contingit fieri Militem, ad hoc nobis ferre juvamen.*] Adde Diploma Joannæ Comtissæ Flandr. pro Monasterio Marquetano § 13. apud Buzelinum lib. 2. Flandr. cap. 30. et Arestum 20. Aug. ann. 1411. in Hist. Bethuniensi pag. 116. Huic porro debito obnoxii potissimum erant homines, quos *Mortuæ manus* vocabant. Chronicon Magnum Belgicum ann. 1123 : *In eo vero consistebat jus*, (Mortuæ manus) *ut quandocumque aliquis paterfamilias, qui hanc debuit servitutem, moreretur, in signum servitutis præteritæ Optimum Pignus, vel jocale, quod in ipsius domo reperiri contigerit, a dominis exigeretur : sin autem nihil esset, ut tum defuncti dextera manus abscissa dominis offerretur.* Id etiam juris sibi olim vindicarunt Ecclesiæ, ut ex Synodo Sodorensi docemur. Locum habes in *Mortuarium* et *Pirottum.* Rhenanus lib. 2. Rer. German. pag. 87 : *Erant insuper Ecclesiastici servi, quos ipse Rex, aut Dux, aut Comes Monasterio donasset. Hinc videmus Abbates nostrates adhuc talia mancipia possidere ex liberalitate Francorum Principum. Hinc illæ pensitationes originem habent, quibus multos scimus obnoxios, ut mortuo patrefamilias Præstantissimum Jumentum e stabulo Procurator Abbatis abducat vel vestium pretiosissimam auferat.* Vide *Heriotum*, et Kilianum in *Hoofd-stoel.*

* Charta Margar. comit. Fland. ann. 1152. in Suppl. ad Miræum pag. 339. col. 2. [** ann. 1252. ap. Warnkœnig. Histor. Flandr. tom. 1. Probat. num. 43.] : *In morte cujuslibet ipsorum, tam viri quam mulieris, Melius Cathallum habere debemus morientis. Melius Cathallum appellamus in hac parte, non domum, non armentum, sed pecus melius de domo, vel aliud ornamentum.* [** Vide Grimm. Antiq. Juris pag. 373. supra *Caput melius*, infra *Mortuarium* et *Relevamentum.*]

¶ Catallum Majus, in Charta anni 1187. ex Archivo Majoris Monasterii : *Prædicti Milites de Maceriis habebunt unum Monachum in Abbatia de genere eorum in perpetuum, qui secum afferet Catalla sua, quæ habebit sive in equis sive in armis, et quando recipietur dabit quinquaginta solidos Andegav. pro vestitu suo monachali, nisi habuerit Majus Catallum*, hoc est, catalla multa majoris pretii.

* Ad Catallum Tenere, nostris *Tenir à Chate* vel *à Chatel*, Ad medietatem fructuum habere ; quod maxime dicitur de animalibus, quæ alicui nutrienda et custodienda traduntur, eo pacto ut, salva sorte seu *capitali*, quæstus et damnum ex æquo contrahentes partiantur. Lit. remiss. ann.

1382. in Reg. 121. Chartoph. reg. ch. 107: *Duquel pré il avoit acheté l'erbe... pour substanter et nourrir un petit de bestes, qu'il tenoit à Chatel de plusieurs personnes.* Aliæ ann. 1395. in Reg. 148. ch. 211 : *Laquelle vache icelui Gerart tenoit en Chate ou moison de Huguenin Giefroy, bourgois de Gray sur Soone.* Aliæ ann. 1400. in Reg. 155. ch. 343 : *Le suppliant demourant en la chastellerie de Chateauraoulz en Berry fist tuer un buef gras, qu'il tenoit à Chatel d'un prestre, etc.* Consuet. castell. *de Nançay* apud Thaumass. in Consuet. Bitur. pag. 226 : *Le paccage des moutons tenus en Chetel. Item et pour ce que en la chastellenie de Nançay y a plusieurs gens, qui tiennent mouthons à Cheptel d'autres gens estrangiers, etc.* Vide *Societas* 1.

* ESSE AD IDEM CATALLUM, Ejusdem negotiationis esse, vel Societatem cum aliquo habere. Lit. ann. 1215. tom. 6. Ordinat. reg. Franc. pag. 147 : *Et illas* (plateas) *non poterunt alicui locare nec associare sibi aliquem, qui non sit ad idem Catallum cum eis.*

¶ CATALLUM, pro *Capitale*, Caput pecuniæ debitæ, Gall. *Capital. Madox* Formulare Anglic. pag. 77 : *Ego Ric. de Sanford finem feci versus Benedictum Pernaz de omnibus debitis, et plegiagiis, et querelis, quas idem Benedictus habuit versus Hugonem de Baious die qua obiit, per centum marcas argenti; pro quibus ego Ric. reddam ei singulis annis decem marcas de lucro, quamdiu tenuero prænominatas centum marcas. Et si per partes solverim prædictas centum marcas, in qualibet solutione decidet de lucro quantum pertinebit ad tantam solutionem Catalli.*

* CATALLUM, nostris *Chastel*, Quæstus, lucrum. Lit. ann. 1474. in Reg. 204. Chartoph. reg. ch. 87 : *Ung ouvrier* (de serrurerie) *mettroit bien quinze jours ou plus à faire une serrure, ou autre chef d'euvre et d'ouvrage de menuiserie dudit mestier, dont à peine auroit-il ung escu; ainsi la main et le labeur de l'ouvrier passe et excede le Chastel et prouffit.*

* CATALLUM, Præstatio, quæ pro *Catallis* debetur. Reg. *Olim* parlam. Paris. ad ann. 1285. fol. 70 : *Inhibitum* (fuit) *ne ipsi pro debitis, pro defectibus, pro Catallis, seu pro factis aliis recipiant seu levent emendas, nisi per castelliarum consuetudinem notoriam.*

¶ **CATALOGUS**, *Superscriptio, conscriptio.* Papias MS. [** ut ex Remigio] cui procul dubio *superscriptio* et *conscriptio* idem sunt quod aliis *enumeratio*, ut vulgo redditur κατάλογος.

¶ **CATAMAITI**, *Ergastulum*, Gloss. Isid in quibus etiam *Catomain*, *Ergastulum.* Pithœus scribit : *Catomum*, *Ergastulum.* Grævius credit, auctores Glossarum scripsisse *Catonium*, *Ergastulum.* Κατώνιον, inquit, a κάτω, quod est subterraneum qualia sunt ergastula. Vox *Catonium* Græviano sensu nota fuit Laberio et Ciceroni. [* Vide in *Catenatium.*]

CATAMANE. Jo. de Janua : *Catamane, i. juxta mane, scilicet diluculo, a cata, quod est juxta, et mane.* Ebrardus Bethuniensis in Græcismo :

Quolibet a mane fieri dicas Catamane.

Gloss. Lat. Gall. : *Catamane, Prés du jour.* Chronicon Windesem. lib. 2. cap. 51 : *Fuit hoc Catemane*, pro *Catamane.* Utitur etiam Gariopontus lib. 3. Passion. cap. 58. [Vulgatus Interpres Ezech. 46. 15 : *Faciet sacrificium super eo Catamane, mane, holocaustum sempiternum.*] Vide *Cata*, 3.

* **CATAMENIA**, vox Græca Latine scripta medicis nostris, Menstruæ mulieris purgationes. Gloss. Gr. Lat. Καταμήνια, menstrum.

¶ **CATAMITES.** Vide *Cerniculi.*

* **CATAMITUS**, *Mollis, Ganimedes; Catamitæ, molles.* Glossar. vet. ex Cod. reg. 7613. [** *Inde Catamiti dicuntur molles*, Pap. in cod. reg. 7609. Vide Forcellin.]

CATAMODICUM, Intra modicum tempus, Gallis *Dans peu.* Matth. Silvaticus : *Catamodicum, juxta modicum, vel paulatim, ex Græco et Latino compositum.* Acta SS. Martyrum Tharasii et sociorum : *Maximus Præses dixit : Κατὰ modicum te exterminabo.* Gariopontus lib. 3. Passionar. cap. 34 : *Et urinam digerunt Catamodicum, cum sanierum veluti fæce, etc.* Adde cap. 49. 69. lib. 5. cap. 12. Vide *Cata*, 3.

CATAMONTEM, *Cœli aspectum.* Ita Gloss. Isid. [Constantiensis : *Catamontem, juxta cœli conspectum.* Grævius suspicatur legendum *Catamane*, quod barbare interpretati sunt, *juxta cœli conspectum*, hoc est, cum lucescit, ut discussis tenebris cœlum liceat aspicere.] Vide *Cata*, 3.

CATANECTA, *Docta puella.* Ita Ugutio MS. Vide *Catapuera.*

CATANEUS. Vide *Capitaneus.*

¶ **CATANUS**, Pica. Vide *Gaja.*

CATAPANUS, CATEPANUS, CATIPANUS, idem quod *Capitaneus*, Præses, Præfectus provinciæ vel civitatis. Ita porro appellabantur qui in Italiam ab Impp. Byzantinis mittebantur, provincias ac urbes recturi. Leo Ost. lib. 2. cap. 68 : *Alius in Apuliam Catapanus, nomine Ducliano, ab Imperatore dirigitur.* Hugo Falcandus pag. 671 : *Strategoti, Camerarii, Catepani.* Guillelm. Apul. lib. 1. de Gest. Norm. :

Turnicii tandem rumor pervenit ad aures,
Qui Catapan fuerat Græcorum missus ab urbe,
Cui Constantinus nomen dedit editor urbis.

[Paulo post :

Multa Græcorum cum gente Basilius ire
Jussus, in hunc audax anno movet arma sequenti :
Cui Catapan facto cognomen erat Bagianus,
Quod Catapan Græci, nos Juxta dicimus Omne :
Quisquis apud Danaos vice fungitur hujus honoris
Dispositor populi parat omne quod expedit illi,
Et juxta quod cuique dari decet, omne ministrat.]

Infra :

Partibus Ausoniis Gallorum terror habetur,
Ex quo Normannos Catapan abscedere fecit.

Occurrit passim apud Lupum Protospatham, Anonymum Barensem, in Chronic. MS. Andr. Danduli ann. 1003. in Vita S. Vitalis Siculi, apud Ughellum in Italia sacra tom. 4. pag. 1167. tom. 7. pag. 1073. etc. His insignem addam locum ex Vita Lietberti Episcopi Cameracensis, cap. 41. tom. 9. Spicilegii Acheriani, qui criticam manum requirit : *Princeps illius insulæ* (Cypri) *quem Katapan, hoc est, secundum dominum vocant.* Ubi proclivi errore *Ratapant* irrepsit : quanquam cur hac voce, *secundus dominus* designari dicatur, non plane video, nisi pro κατὰ παντοκράτορα, *Catapan* dictum auctor putaverit, hoc est, *post Imperatorem*, seu qui illius vices exequebatur.

De vocis origine nugantur Guillelmus Apul. lib. 1. Glaber Rodulphus lib. 3. cap. 1. et Leo Ost. lib. 2. cap. 51. quorum sententias discussimus in Notis ad Alexiadem pag. 275. ubi ostendimus vocem hanc formasse Byzantinos ex κατεπάνω, quam quibusvis Capitaneis, seu cujuscunque ordinis viris primariis tribuere solent. Hodie Neapoli *Catapanus* vocatur publicus minister, annonæ, ponderibus, mensurisque præfectus. Charta Veneta ann. 1346. apud Sansovinum et Stringam in Venetia lib. 2. pag. 111 : *Mixier Marco Catapan.*

CATIPANUS, apud Romualdum in Chron. MS. ann. 998. 1011. 1012. 1066. et in Hist. Dalmatica Joann. Lucii pag. 76. 78.

* *Catepon*, qui justitiæ præfectus est, vel qui res domini curat. Charta Joan. comit. Catalaun. ann. 1232 : *Et asavoir ne je, ne Catepon, ne li autre mi sergent quiconques soient, ne poons ne ne devons demander, etc.*

ACATAPANUS, in Charta Alfonsi Regis Aragon. et Sicil. ann. 1456. apud Bonfil. Constantium in Messana lib. 8. pag. 64.

CATAPANATUS, Officium *Catapani.* Anonymus Barensis in Chron. ann. 1029 : *Eustasius adduxit Catapanatum Christoforo.* Apud Theodor. Balsamon. in Synod. VII. can. 12. pag. 519. exstat Novella Manuelis Comneni, qua Monasteria eximuntur ἀπὸ τῆς κατεπανικῆς γύρας, id est, exactionibus, quæ in sumptus *Capitaneorum* provincias suas oberrantium solvebantur.

CATIPANIA. Scribit Romualdus Salernitanus Archiepiscopus in Chronico MS. ann. 1013. Bugianum quemdam, qui Βοιωάννης Scylitzæ dicitur, a Græcorum Imperatore in Italiam missum cum *Catipani* dignitate, *in Apulia plures urbes et oppida ædificasse ac constituisse, ipsamque regionem usque hodie Catipaniam ex suo nomine dictam*, quæ eadem est, quam Itali ipsi *Capitanatam*, ex voce ipsis magis familiari, appellarunt, ut in Notis ad Alexiadem observavimus. [** Vide Murator. Antiq. Ital. tom. I. col. 336. C.]

At cum frequens apud Byzantinos atque adeo Italicos ævi medii Scriptores Catapanorum Italiæ mentio occurrat, haud absurdum forte videbitur, si ex Historicis Græcis ac Latinis eorum seriem ad majorem Historiæ lucem hocce loco inseramus. Notum autem expulsis Italiæ finibus Gothis, sub Justiniano demum missos Præfectos, seu στρατηγούς, qui provicias et urbes regerent, et populos in officio continerent, quos inter primus exstitit *Belissurius*, qui exactis Gothis Italiam aliquandiu gubernavit, ut et *Narses* Eunuchus et Patricius, qui in Italiam Longobardos evocavit, et alii, quos excepere postmodum Exarchi Ravennates, hosque *Catapani*, seu Præfecti Apuliæ et Calabriæ, postquam Longobardia, aliisque Italiæ aliquot provinciis Græci pulsi sunt. Horum primus mihi occurrit

STEPHANUS cognomento *Maxentius* Cappadox, missus ad gubernandam Longobardiam a Basilio Macedone, cui ob res male gestas abrogatum imperium, (de quo idem Porphyrog. in eodem Basilio num. 71. Edit. Combefisii,) eique suffectus

NICEPHORUS cognomento *Phocas*, vir strenuus, ut est apud Scylitzem pag. 586.

Vide stemma Phocarum in Familiis nostris Byzantinis.

GREGORIUS *Bajulus Imperialis Græcorum* ann. 875. apud Lupum Protosp. et Erchempertum cap. 38. et 41.

CASANUS seu CASSANUS *Patricius*, ann. 883. 884. apud Erchempert. cap. 56. 57. 60.

JOANNICIUS *Canditatus Stratigo Augustalis*, Cassano suffectus ann. 884. apud Erchemp. cap. 60.

TRADEZI *Straticus*, ann. 886. apud Lupum Protosp.

THEOPHYLACTUS *Stratigo*, ann. 887. apud Erchempertum cap. 66. et Leonem Ost. lib. 1. cap. 50.

CONSTANTINUS *Patricius*, qui et *Trapezi*, seu ut Græcis dicitur ἐπὶ τῆς τραπέζης, Præfectus mensæ Augustali, ann. 887. 889. apud Lup. Protosp. Erchempert. cap. 76. 80. Leonem Gram. Zonaram, et Scylitzem pag. 595.

SYMBATICIUS, *Protospatharius et* Ϛρατηγός, *i. Dux, Macedoniæ, Thraciæ, Cephaloniæ, atque Longobardiæ*, Leoni Ost. lib. 1. cap. 52. idem qui *Sabbaticius Straticos*, seu Strategus, apud Protospat. ann. 891. Is Beneventum cepit, *cujus dominium cum annis* 3. *mensibus* 9. *diebus* 20. exegisset,

GEORGIUS *Patricius* ei successor exstitit, inquit Chronicon S. Vincentii de Vulturno lib. 4. Is cum Benevento præfuisset 3. annis et mensibus 9. a Guidone Duce et Marchione una cum Græcis inde pulsus est, ut ait Leo Ost. lib. 1. cap. 52. Vide Fragmentum Hist. Longob. apud Camillum Peregr. pag. 144. 145. et Anonymum Salernitan. part. 4. § 1. 2. 3. 5.

BARSACIUS *Patricius* Georgio successit, ut est in Chronico S. Vincentii. Vide Fragm. Hist. Longob. pag. 146. et Ughellum tom. 8. pag. 68.

COSMAS ANTHIUS *Protopatricius, Basilicus, Protonotarius et Straticos Siciliæ et Longobardiæ*, ann. 893. Vide Ughellum tom. 8. pag. 68.

MELISSENUS, qui Lupo MELISIANUS, Italiæ Strategus ann. 900.

NICOLAUS *Patricius, cui Picygli cognomen erat*, ann. 915. apud Leonem Ost. lib. 1. cap. 55.

URSILEO, apud Lupum, ann. 921.

MICHAEL, *Schlavus*, ann. 926. apud Lupum Protosp. et Anonymum Barens.

IMOGALAPTUS ann. 940. apud Protospatham.

PLATOPODIUS ann. 947. apud Protospatham.

MELISSENUS, Lupo MALACHIANUS, ann. 951.

PASCHALIUS ann. 943. apud Anonym. Combefisianum in Lacapeno num. 46.

MARIANUS *Patricius* ann. 955. apud Protosp. qui Leoni Ost. lib. 2. cap. 2: *Marianus Anthypatus Imperialis Patricius, et Stratigos i. Dux Calabriæ ac Longobardiæ*. Vide Anonym. Combefis. in Constant. Porphyrog. n. 30.

NICEPHORUS *Magister* ann. 966. apud Protospatham. Primus autem hac Magistri dignitate insignis, Strategi, seu Catapani Italiæ munus obiit. Auctor Vitæ Nili junioris: Ἐκράτει ποτὲ ἀμφοτέρων τῶν χωρῶν, Ἰταλίας τε καὶ καθ' ἡμᾶς Καλαβρίας Νικηφόρος ὁ Μάγιςρος, πρῶτος καὶ μόνος τῷ μεγίςῳ ἀξιώματι τούτῳ παρὰ τῶν εὐσεβῶν Βασιλέων ἐπὶ ταῖς ῥηθείσαις χώραις ἀποςαλεὶς, etc.

PASSARUS *Protospatha* ann. 973. Lupo Protosp.

ZACHARIAS ann. 975. Lupo.

PORPHYRIUS *Protospatha* ann. 979.

CALOCYRUS *Delphinas Patricius* ann. 982. et 983. apud Protosp. Illius etiam meminit Zonaras pag. 176. Genus forte ducebat a Calocyro, de quo Scylitzes in Leone Imp. pag. 598.

ROMANUS *Patricius* ann. 985. apud Protospatham.

SERGIUS *Protospatha*, ann. 987. apud Protospatham et Anonymum Barensem, qui hoc anno occisum a Barensibus aiunt.

NICOLAUS Κριτής, ann. 987. apud Protosp. Idem forte qui *Calabriti* cognominatur apud Anonymum Barensem, qui Adralistum interfecit.

JOANNES *Patricius, qui et Ammiropolus*, ann. 989. apud Protosp. et Anonym. Barensem, qui *Leonem Icannato, et Nicolaum Critim, et Porphyrium* interfecit.

TUBALI ann. 990. a quo interfectus *Petrus Exubitus*, apud Protosp. et Anonymum Barensem.

MACROTHEODORUS *Excubitus* occisus a Maraldo ann. 997. apud Protosp. et Anonymum Barensem.

GREGORIUS *Trachanioti* Catapanus ann. 989. 1000. apud Protosp. et Barens. Græcis Τραχανειώτης, de qua familia alibi egimus.

MELUS *Barensis*, Catapanus ann. 998. apud Romualdum Salernit. in Chronico MS.

XIPHIAS, vel XIPHEA *Catapanus*, apud Anonym. Barens. ann. 1006. 1007. quo anno obiit Bari. Istius forte filius Xiphias alter, qui sub exitum Imperii Bulgaroctoni defecit, ut est apud Zonaram.

CURCUAS *Patricius* ann. 1008. 1010. quo et obiit, ut est apud Protospat. et Anonymum Barensem Vide Stemma Joannis Zimiscis Imper. in Familiis nostris Byzantinis.

BASILIUS MESARDONITES ann. 1010. 1012. apud Protosp. qui ann. 1017. obiisse annotat.

ANDRONICUS TURNICES *Catapanus*, ann. 1017. apud Protosp. et Anonymum Barens. TURNICIUS Guillelmo Apul lib. 1. pag. 2.

BASILIUS BUGIANUS *Catapanus* anno. 1018. 1019. et 1024. apud Protosp. et Barens. et Romualdum ann. 1012. 1013. qui BAJANO *Catapanus* Leoni Ost. lib. 2. cap. 39. 51. BAGIANUS, Guillelmo Apul. lib. 1. pag. 3. Scylitzæ Βοιωάννης.

ABALANTIUS *Patricius*, ann. 1018. apud Protosp.

SAFARIUS Κριτής ann. 1024. apud Protospath.

LEO POTUS ann. 1027. apud Protospath. Vide Stemma Argyrorum in Familiis nostris Byzantinis.

MICHAEL *Protospatarius Criti tu Bilu et Ypodromu, descendit* ann. 1032. *et adduxit Anatoliki epi tu ykiacon Catepanum*. Ita Anonymus Barensis et Protospath. apud quos ita reddi debent istæ dignitates, quæ utrique adscribuntur, κριτὴς τοῦ Βήλου καὶ Ἱπποδρόμου, et ἐπὶ τῶν οἰκειακῶν.

CONSTANTINUS *Protospata qui Opo vocatur, Catapanus* ann. 1033. apud Protosp. et Barens. Ille forte cujus amore captam Zoem Augustam scribit Scylitzes pag. 753.

LEO OPUS ann. 1037. de quo idem Scylitzes pag. 470.

NICEPHORUS, qui et DOKINO *Catapanus* ann. 1039. apud Protosp. et Barensem.

MICHAEL qui et DOKIANO, Catapanus ann. 1041. apud Protosp. et Barens. *Duciano* Leoni Ost. lib. 2. cap. 68. *Dochianus*, Guillelmo Apul. lib. 1. pag. 5. 7. v. Vide Stemma Comnenorum.

EXAGUSTO *Catapanus, filius Bugiano Catapanus*, ann. 1042. apud Anonymum Barensem. Vide Guill. Apul. pag. 7. v. 8. v.

GEORGIUS MANIACES a Michaele Imp. in Apuliam missus anno 1042. ubi et purpuram induit. Anonym. Barens.

PARDUS *Patricius cum Tubaki Protospata* descendit ann. 1043. quo Imperatorem se appellari voluit. Anonym. Baren.

CONSTANTINUS THEODOROCANUS Proedrus, vir clarus et genere nobilissimus, inquit Scylitzes, in Italiam contra Maniacem, qui tyrannidem invaserat, missus ann. 1043. eidem præfuit, ut est apud Protosp. et Anonym. Barensem. Is postmodum contra Nicephorum Bryennium, qui purpuram perinde induerat, missus, ab eo fusus et captus est. Rem narrat idem Scylitzes, qui et Georgii Theodorocani Cycladum Præfecti præterea meminit pag. 721.

EUSTACHIUS *Palatinus* Catapanus ann. 1045. 1046. apud Protosp. et Barensem.

JOANNES, qui et RAPHAEL, Catapanus ann. 1046. 1047.

ARGYRUS, Magister, Vestes et Dux Italiæ ann. 1051. apud Protosp. Vide Stemma Argyrorum Barensium.

ALEXIUS cogn. CHARON. Vide Nicephorum Bryennium lib. 1. cap. 2.

TROMBUS Catapanus ann. 1058. apud Protosp.

MARULES Catapanus ann. 1061.

SIRIANUS Catapanus ann. 1062. apud Anonymum Barensem.

APOCHARA Catapanus ann. 1064. apud Anonymum Barensem.

CURTICUS Catapanus ann. 1066. apud Romualdum Salernitanum.

MABRIX, qui et MABRICA, Anonymo Barensi anno 1066. Vide Notas ad Annam pag. 283.

STEPHANUS PATRIANUS ann. 1071. apud Anonym. Barens. qua ferme tempestate exacti Apulia et Calabria a Normannis Græci. Adde Octav. Bertrannum in Descript. Regni Neapol. pag. 65. et seqq.

CATAPHAGUS, Καταφαγής, Vorax. Fragmentum Petronii: *In Leone Cataphagi nascuntur et imperiosi*.

¶ **CATAPHORA**, *Lapsus, somnolentia gravis. Cataphoricus somnus, profundus*, in Medicina Salernit. pag. 269. edit. 1622. sunt voces Græcæ.

CATAPHRACTA, Thorax ferreus, καταφράκτης, apud Tertullian. de Pallio.

¶ CATAPHRACTARII COMITES. Vide in *Comites*.

¶ CATAPHRATUS, pro *Cataphractus*, Thorace ferreo indutus, Gall. *Cuirassier*. *Carolus de la Rochefoucaut Dominus de Randay Miles et Eques auratus alæ Catha* phratorum Præfectus, etc. apud Rymer. tom. 5. pag. 593. col. 2.

CATAPLASMA, feminino genere. Gregorius Turon. lib. 6. Hist. cap. 15 : *Tunc cantharedarum Cataplasmam nimium validam ponens, etc.*

CATAPLASMARE, Cataplasma adhibere, apud Octav. Horatianum lib. 1. Rerum medicar. cap. 19. Joannes Monachus lib. 2. Vitæ S. Odonis Abb. Cluniacens. : *His et similibus exemplis Cataplasmabat vulnus meæ mentis et pravitatis.* Occurrit apud Isaiam 38. *Cataplasmatus*, dixit Paulinus Aquileiensis in Epistol. ad Carolum Magnum præfixa lib. 1. contra Felicem Urgelitanum. [*Cathaplasmare* Bernhardo de *Breydenbach* pag. 277. Itinerarii Hierosolym. : *Accidit autem peregrinanti copia pediculorum... quod cum evenerit, corpus ejus Cathaplasmetur cum argento vivo occiso cum oleo adjuncta aristologia longa.*]

CATAPLECTATIO, *interpretatur convitium, unde secundum unam translationem dicitur objurgatio, Ecclesiastici* 21. *et potest dici Cataplectio, a cata, quod est juxta, et plecto, tis, quando scilicet tanta est rixa, quod fere plectunt se, id est, puniunt, et verberant. Nostra litera dicit, Objurgatio et injuriæ annullabunt substantiam : sed alia translatio habet, Cataplectatio, ut dicit Gloss.* Hæc Joannes de Janua, et auctor Mamotrecti. Glossæ MSS. in Bibl. Regia : *Cataplectatio, objurgatio.* Papias : *Cataplectatio, convitium.* Editio hodierna Ecclesiastici habet *Objurgatio.*

CATAPLUS, [κατάπλους,] Classis appulsus ad portum, ac præsertim mercatorum. Isidor. in Gloss. : *Cataplus, adventus navis.* Gloss. MS. Reg. : *Adventus, Navigium, Cataplus.* Alibi, ut et Ugutio : *Cataplus, Adventus navium*, maxime in eum portum unde exierant ut observat Salmasius de Modo usurar. pag. 357. Ita vocem hanc usurpant Martialis lib. 2. Epigr. 75. Vindicianus Archiater, Ausonius in Narbone, Ulpianus in leg. 4. D. de Offic. Procons. (1, 16.) Sidonius lib. 6. Epist. 8. lib. 7. Epist. 7. etc. Vide Casaubon. ad Sueton. in Aug. cap. 97. At Gregorius Turon. lib. 4. Hist. cap. 38. *Cataplum* videtur appellasse portum ipsum, ad quem naves mercatoriæ appellunt : *Igitur advenientibus ad Cataplum Massiliensium navibus transmarinis, Vigilii Archidiaconi homines 70. vasa, quæ vulgo Orcas vocant, olei liquaminis furati sunt, nesciente domino.*

¶ **CATAPOTA**, *Genus calicis.* Papias MS. [** Ita Gloss. ap. Maium tom. 6. pag. 514. in cod. reg. 7644. et Pap. in cod. reg. 7609. *Catapotia*, ap. Maium tom. 7. pag. 554.]

CATAPOTIUM, Medicis dicitur *Medicamentum quod non diluitur, sed ita ut est.* Ita Scribonius Largus cap. 87. et ex eo Marcellus Empiricus cap. 16. *Pillulas*, vertit Symph. Champerius.

* Vita S. Rosæ tom. 5. Aug. pag. 933. col. 2 : *Insuper cogebatur, velut male sana, ad nauseam Catapotia, pharmaca, phlebotomias admittere.*

CATAPODIUM, pro *Catapotium.* Gloss. Anglo-Saxon. Ælfrici : *Catapodia*, svylfende drenc. Matth. Silvaticus : *Catapodia, vel Catapotia, id est, quæ modica potetur vel inglutiatur, est pillula.* Ita etiam fere Ugutio. [** Ex Isidori Orig. lib. 4. cap. 9. sect. 9. Græcis Καταπότιον, Pillula.] Apud Alexandrum Iatrosophistam in libris de Passionibus, passim habetur *Cataputia* : ubi Glossæ MSS. *pillulas* interpretantur. Vide Celsum lib. 5. cap. 25.

¶ **CATAPRATES**, *Linea cum massa plumbea, qua maris altitudo temptatur.* Papias MS. cum veteri Glossario San-German. n. 501. Isid. Orig. 19. 4. habet *Cataporates.* Melius Plautus Aul. 4. 1. 12. *Catapirates* a Græco καταπειράτης vel καταπειρατηρία, Bolis, Gall. *Sonde.* [** Vide variam lectionem Isidori, Forcellin. in *Catapirates* et supra *Cata*, 5.]

CATAPUERA, *Docta puella*, Joanni de Janua, ex *Catus*, ὀξύς, δεδιδαγμένος, in Gloss. Lat. Græc. [** Vide *Catadocta.* Placid. in cod. reg. 7644 :*Catam pueram, doctam puellam, si hoc genere dicti usi sunt antiqui.* Unde emendandus Maius tom. 3. pag. 431.]

¶ **CATAPULTA.** Vita S. Monani tom. 1. SS. Martii pag. 88 : *Accidit interea commisso contra Anglos prælio per Regem præfatum, eumdem sagitta ferrea et hamata, quæ vulgo Catapulta dici solet, lethaliter vulnerari.* Plautus usus est etiam pro telo, alii pro balista. Vide Callonium de Cruciatibus Martyrum cap. 2.

* Glossar. Lat. Gall. ann. 1348. ex Cod. reg. 4120 : *Catapulta, Gallice saete barbelée ; et dicitur a Cata quod est valde, et Pello, quia valde impellit.* Stat. Avenion. lib. 1. pag. 147 : *Qui contra columbarium projecerit ictum Catapultæ, duos ictus funis sustineat.* Vide *Cateia.* [** Abbo de Bell. Par. lib. 1. vers. 156 :

Tunc centena quium pepulit cum sanguine vitam
Centeno Catapulta nimis de corpore pernix.

Ubi glossa *Sagitta.* Confer *Balista.*]

* **CATAPULUS**, *Adventus navium*, in Glossar. vet. ex Cod. reg. 7613. pro *Cataplus.* Vide in hac voce.

¶ **CATARACTA**, a Græco καταῤῥάσσειν, defluere, erumpere, Oculi suffusio, Gall. *Cataracte.* Processus de Vita S. Thomæ Aquinat. tom. 1. Martii pag. 691 : *Interrogatus quo morbo viderat eum impeditum in oculis, dixit quod quodam morbo, qui vocatur Cataracta.* Occurrit rursus in Vita B. Justinæ tom. 2. SS. Martii pag. 244. et in Miraculis B. Simonis de Lipnica tom. 4. SS. Julii pag. 575. verum hic paulo diversa notione : *Graviterque toto fere novitiatus sui anno laborans capite, sentiebat Cataractam, seu stridorem, obstructionem aurium et narium.* Vide *Cataractus.*

CATARACTÆ, Clathra, aut fores clathratæ, ad cataractæ formam ex lignis seu ferro cancellatim compactæ, vel portæ robustiores, funibus aut catenis ita suspensæ, ut demitti et subduci possint, prout res postulat, quales in urbium aut arcium aditu, hostium irruptioni propulsandæ passim in usu remanserunt. [** Vide Forcellinum. Cod. reg. 7644 : *Cataractæ, Fenestræ vel foramina.* Papias in cod. reg. 7609 : *Cœli fenestræ vel tonitrua*, ex Psalmista.] *Cateratta*s, Boccacius vocat quasvis fenestras clathratas. Anastasius Bibl. in Gregor IV. pag. 167 : *Civitatem aliam a solo valde fortissimam, muris quoque altioribus, portis simul ac seris, et Cataractis eam undique permunivit.* [Versus antiqui de Mediolano apud Murator. tom. 2. part. 2. col. 688 : *Erga murum pretiosas novem habet januas, vinclis ferreis et claves circumspectas naviter, ante quas Cataractarum sistunt propugnacula.*]

CATARACTÆ S. PETRI. Epistola encyclica Vigilii PP. ad Ecclesiam universam : *Posito indiculo super altare et Cataracta B. Petri, et super Crucem, quæ de ligno passionis Domini habet inclausum, etc.* Epistola Legatorum Sedis Apostolicæ ad Justinum Imperat. tom. 2. Epist. Roman. Pontif. de Justiniano nondum Imperatore, qui reliquias SS. Apostolorum et S. Laurentii ab Hormisda PP. poposcerat : *Sanctuaria beatorum Apostolorum, secundum morem ei largiri præcipite, et si fieri potest, ad secundam Cataractam ipsa sanctuaria deponere, vestrum est deliberare.* Ubi *Cataracta S. Petri*, non est *Catena S. Petri*, de qua mox dicemus, sed Cancellus ferreus in modum *cataractæ* compactus, quo muniebatur sepulcrum seu confessio S. Petri. Duplex autem erat ea cataracta, prima quæ exterius, secunda quæ interius sepulcrum ambibat.

CATARACTA, Carcer, ita dictus, quod clathris, seu foribus clathratis ut plurimum carcerum aditus ocludantur. Ita καταῤῥάκτης vox intelligitur apud 70. Interpretes Hieremiæ 20. v. 2.

CATARACTARIUS, Commentariensis, Carcerarius. Passio SS. Perpetuæ et Felicitatis : *Ait illi quidam ex ministris Cataractariorum.* Acta SS. Montani et sociorum num. 171 : *Obnitentibus etiam Cataractariorum ministris.* Ubi alii Codd. habent *Carcerariorum.* Eadem Acta n. 9 : *Qui disrupto Cataractarum obice, etc.* Perperam *Cataractariorum*, quod evincit Codex alius, qui *catenarum* præfert.

¶ **CATARACTUS**, Humor oculis nocens, Gall. *Cataracte.* Vita B. Francisci Fabrian. tom. 3. SS. April. pag. 989 : *Habebat maximam et periculosam infirmitatem in oculo, quæ a Medicis judicata fuit quod esset fumus Cataracti.* Vide *Cataracta.*

CATARANNUS. Eugesippus de Locis SS. pag. 105 : *Multum aluminis, multumque Catarauni quod ab incolis reperitur et legitur.* Quid si legamus *safaranni*, ut crocum intellexerit, seu nostrum *Safran.* [** Leg. *Catranni*, Ital. *Catrame*, Gall. *Goudron.*]

¶ **CATARATTUM**, Mensa Thesaurarii *Cataractis* seu clathris conclusa, vel forte janua seu fenestra e tabulis cancellatim compacta. Hist Dalphin. tom. 2. pag. 274 : *Pro tabulis et centris necessariis pro faciendo uno scamno pro Thesaurario, uno banco et alii tabulis pro Cataratto.* Vide *Cataractæ.*

CATARFEDA. Vide *Cadarfreda.*

* **CATARIZARE**, Pituita laborare. Alex. Iatrosoph. MS. lib. 1. Passion. cap. 9 : *Si per singulos dies adhibeantur multa, magis periculum incurrunt, ita ut maxime Catarizent, et peripleumoniti, epilemptici aut apoplectici fiant.* Vide mox

* **CATARRHUS**, a Gr. κατάῤῥοος, Distillatio, pituita, Ital. *Catarro*, Gall. *Caterre.* Chron. Foroliv. ad ann. 1414. apud Murator. tom. 19. Script. Ital. col. 883 : *In principio Februarii fuit quædam pestis uni-*

versalis Catarrhi et frigoris et tussis, quod vix homines poterant respirare. V. Catharrus.

* CATARTICUM, Potio medica. Hildeg. Pictav. epist. tom. 10. Collect. Histor. Franc. pag. 486 : Prandere differes, quousque senties Catarticum nihil amplius operari velle.

¶ CATASCEUE, Destructio, Vetus Glossarium San-German. MS. n. 501. [** Ita ap. Maium tom. 6. pag. 514. in Cod. reg. 7644. et Papia cod. reg. 7609. f. leg. structio.] Melius Extructio; quod significat vox Græca κατασκευή.

CATASCOPUS. Chartam Edgari Regis post Episcopos et Abbates subscripsit Adulf Herefordensis Ecclesiæ Catascopus, quo nomine Archidiaconum designari putaverim, [a κατασκόπος, explorator, quod Archidiaconus sit oculus Episcopi ıerumque in Diœcesi gestarum explorator.]

* Pro Exploratore, seu eo, qui aliquid sciscitatur ex aliquo, in Vita S. Rosæ tom. 5. Aug. pag. 912. col. 1 : Itaque omni alio Catascopo desperato, virginis confessarium authoritate, qua valebat, induxit, ut ipse per anfractuosæ quæstionis obliquas ambages, si quæ posset, vel ab invita eliceret.

CATASFITTULUM. Charta ann. 1197. apud Ughellum tom. 7. Ital. sacr. pag. 1275 : Unum amictum cum friso, unum camisum,... unum maudum de Catasfittulo, unam zonam de seta rubea.

1. CATASTA, Instrumentum torquendi, cujus non una mentio in Actis Martyrum, diversum ab equuleo. Gloss. Isid. : Catasta, eculeum, genus pœnæ. Catasta, lectus ferreus. Iso Magister in Glossis : Catastæ, genus tormenti, id est, lecti ferrei; quibus impositi Martyres, ignis supponebatur. [** Gloss. in cod. reg. 7644 : Castasta, Eculeum, scala eculeo similis. Gloss. ap. Maium tom. 7. pag. 554. et Papias in cod. reg. 7609 : Scala, vel genus pœnæ equuleo similis. Vide Forcellinum.] S. Cyprianus Epist. 33 : Ad pulpitum post Catastam venire. S. Augustinus in Psalm. 96 : Habebant gaudia in Catasta, qui Christum prædicabant inter tormenta. Aponius lib. 3. Comment. in Cantica Cantic. : Catastæ quippe et diversarum pœnarum tormenta impiis et stultis ignominiosa et detestabilia videbantur. Acta SS. Perpetuæ et Felicitatis : Ascendimus in Catasta... et extraxit me de gradu. Acta SS. Martyrum Numidarum n. 6 : Illic erat Catasta non humili pulpito, nec uno tantum ascendibilis gradu, sed multis ordinata gradibus, et longe sublimis ascensus, etc. Salvianus lib. 3. de Gubernat. Dei, de Martyribus : Qui ad cœlestis regiæ januam gradibus pœnarum suarum ascendentes, scalas sibi quodammodo de eculeis Catastisque fecerunt. Adde Acta S. Dorotheæ n. 5. et quæ observant Baronius ad 16. Martii, et Anton. Caracciolus in Sacris Ecclesiæ Neapol. monumentis pag. 181. ut et Casaubonus ad Persii Stat. 6. ubi multa de hac voce, [necnon Gallonius de Cruciatibus Martyrum cap. 2.][** et Muratorius Antiq. Ital. tom. 2. col. 1181.]

** Cathasta, Germ. eyn rame da man duch an druckent, Vocab. vet. ann. 1477. Adel.

* 2. CATASTA, Vox Italica, Strues, lignorum congeries. Tractat. MS. de Re milit. et mach. bellic. cap. 6 : Faciat lignaria incidere, de quibus fiant in diversis locis foci in die suæ discessionis, et accensis Catastis lignorum statim discedat cum suo exercitu.

* CATASTATIO, Catastatum, Voce ejusdem notionis et originis atque Cadastrum, apud Hieron. de Monte Brixiano Tract. de Fin. regund. cap. 64. pag. 164. Ital. Catasto.

¶ CATASTRUM, Catastum, Codex in quo recensentur bona, possessiones, possessorum nomina, census, impositiones, etc. Ital. Catasto, Provincial. Cadastre. Quod satis congruit cum iis quæ habet Ulpianus leg. 4. Dig. (50, 15.) de Censibus : Forma censuali cavetur, ut agri sic in censum referantur : nomen fundi cujusque, et in qua civitate, et quo pago sit, et quos duos proximos habeat, et id arvum, quod in decem annos proximos satum erit, quot jugerum sit. Vinea quot vites habeat; olivæ quot jugerum et quot arbores habeat; pratum, quod intra decem annos proximos sectum erit, quot jugerum; pascua quot jugerum esse videantur : item, silvæ cæduæ. Omnia ipse, qui defert, æstimet. Laurentius in Amalthea et Calvinus in Lexico : Catastrum, Liber in quo tributa et census æstimari solent. Constitutio Eugenii IV. PP. in Bullario Carmel. pag. 197 : Taxam et extimum imposuerunt et Catasto in archivis Ecclesiæ Pistoriensis collocarunt... hujusmodi alias Catastis talibus non venerant adscribenda... Si tamen ipsa sororum Monasteria alias in Catastis cum Clero non consueverint annumerari, hujusmodi taxationem et extimum nostrarum litterarum vigore, ut dicitur facta, a Catasto et libro taxationum hujusmodi... abradi et aboleri facias. Edictum Ferdinandi Siciliæ Regis in eod. Bullario p. 621 : Licet quamplura et fere omnia bona ipsius Monasterii, inventariata et descripta fuerint in inventario seu Catasto ipsius Monasterii, etc. Diploma Nicolai V. PP. apud Illust. Fontaninum ad calcem Antiquit. Hortæ pag. 470. et 471 : Advenæ et forenses, qui in civitate et territorio prædictis bona stabilita quovis titulo possident... allibrati, eorumque bona hujusmodi immobilia, secundum antiquam consuetudinem dictæ civitatis in ipso Catasto descripti et annotati, ac omnia et singula onera ratione bonorum eorumdem id ipsos quomodolibet contingentia subire teneantur. Vide Capdastra et Menagium in v. Cadastre : quam vocem a Capitastrum vult esse derivatam. [** Vide Murat. Antiq. Ital. tom. 2. col. 1181.]

* CATAT, Gr. Lat. Videt, unde Catus, ingeniosus, in vet. Glossar. ex Cod. reg. 7613. Vide Cattus in Catta 2. [** Vide Forcellin. et Diez. Grammat. Ling. Roman. tom. 1. pag. 28.]

¶ CATATHEMA, Conversatio cum excommunicatis. Cathathema autem est eorum, qui se pacto anathematizantibus et execrantibus conjungunt. Justin. Martyr (seu auctor Quæst. ad Orthodox. inter Opera Justini) Quest. 121. Ea vox interdum anathemati jungitur, quasi illius aggravandi causa : Sit anathema et Cathatema cum Patre et Filio, etc. Collatio S. Maximi Mart. cum Theod. Episc. apud Athan. per Sirmondum in 8. edita pag. 189. Ita Hierolex. Macri. Vide κατάθεμα in Glossario mediæ Græcitatis.

¶ CATATOR. Liber nig. Scaccarii pag. 457. Catatores unusquisque v. d. Ubi Hearnius : Famuli qui Catis sive felibus indomitis præfuerunt, canesque etiam illos ducebant, quibus usi sunt Principes in iisdem venandis.

* CATATRA, Arabice, Cannula, qua medicinæ in vesicam injiciuntur, quam moderni siringam vocant. Glossar. medic. Simon. Januens. ex Cod. reg. 6959. [** Lat. et Gall. Cathéter a Gr. Καθετήρ.]

¶ CATATUMBÆ. Vide Catacumbæ.

* CATAULUM, Idem quod Catallum, Bona mobilia, cujuscumque generis sint. Charta ann. 1225. inter Instr. tom. 10. Gall. Christ. col. 346 : Communia Silvanectensis in perpetuum habeat extra burgum clausum in domibus hospitum beati Reguli... placita Catauli et talliani, sicut habent in omnibus juratis de communia Silvanectensi.

* CATAX, a cosa, claudus. Glossar. vet. ex Cod. reg. 7613. [** aut clox aut clodus, ap. Maium tom. 6. pag. 514. Huc etiam facili emendatione pertinet Placidi Gloss. Cataclum, clodorum, ap. Mai. tom. 6. pag. 556. et in cod. reg. 7644.]

* CATAXAMITUM, Panni holoserici species; Italis Catarzo, est serici purgamentum, setæ grossioris genus. Inventar. MS. thes. Sedis Apost. ann. 1295 : Item unum frontale..... foderatum de Cataxamito viridi. Vide Exametum.

CATAXANTUS, Dignitas, ut videtur, sed mihi incognita. Anastasius Bibl. in S. Zacharia pag. 79 : Hujus temporibus defunctus Theodorus major filius Megisti (al. Magnifici.) Cataxanti, etc. Alii Codices habent Cathasaucti. Vide an sit nomen proprium viri.

* CATAYRENUS, In Charta ann. 1442. ex Tabul. S. Vict. Massil. pro Cartayronus. Vide Carteironum.

CATECASTUS, Κατέκαςος, voce inusitata, etsi [καθεκαςά, et] καθεκάςην dicant Græci, Singularis. Abbo lib. 2. de Bellis Parisiacis vers. 494 :

Hoc illi vicibus peperit natale tropheum,
Lux præcursoris lux Catecasta Johannis.

[** Ubi Glossa : una, singularis.]

¶ CATECHESIS, Institutio primorum fidei Christianæ rudimentorum, de quibus κατηχήσεις suas scripsit S. Cyrillus Jerosolymitanus. D. Hieronymus Ep. 61. ad Pammachium : Quæ indesinenter in Ecclesia docemus et in Catechesibus. Idem de Scriptor. Eccles. in Clemente Alexandrino : Κατηχήσεων magister fuit. Occurrit non semel apud alios auctores Ecclesiasticos. [** Vide Glossar. med. Græcit. col. 620. D.]

¶ CATECHISMUS, Institutio puerorum etiam recens natorum, antequam baptizentur, de qua mox in Catechizari. Statuta Augerii II. Episcopi Conseran. ann. 1280 : Si vero pater malitisiose proprium vel ejus uxoris, vel ex alio viro filium, vel e converso baptizaverit, ac in Catechismo (cum scilicet fit Cathecumenus) vel in Confirmatione tenuerit, graviter peccat. Infra : Cæterum si Sacerdos propter instans mortis periculum, non potest secure facere Catechismum, statim illo prætermisso baptizet infantem, et oleo et chrismate inungat.

CATECHIZARI, et *Catechumeni fieri* pueri, recens etiam nati, dicebantur, sequioribus sæculis, qui antequam offerrentur ad baptismum, ut veteris Ecclesiasticæ disciplinæ umbra servaretur, a patrinis in speciem catechizabantur, qui iis nomen imponebant, et *Catechumenos* factos ad baptismum offerebant, tanquam eorum fidei sponsores. Gesta Dagoberti Regis cap. 24 : *Dum eumdem puerum venerabilis vir Amandus Trajectensium urbis Episcopus benediceret, eumque Caticuminum faceret, statimque eum regenerans sanctus Pontifex sacro baptismate, impositoque nomine Sigeberto, etc.* Adde Reginonem anno 605. Quærit Carolus Magnus in Epist. ad Archiepiscopos Regni Franciæ, *cur primo infans Catechumenus efficitur, vel quid sit Catechumenus, etc.* Hincmarus Remensis in Capitulis ad Presbyter. cap. 3. et Ratherius Veronensis Episc. in Synodica ad Presbyt. : *Exorcismos et orationes ad Catechumenum faciendum : ad fontem quoque consecrandum ... proferre valeat, similiter ordinem baptizandi ... sciat legere.* Quærit Joannes de Janua, *An Catechismus dirimat matrimonium contractum, et ad hoc dicit Gloss. quod per Catechismum baptismi et confirmationem Episcopi contrahitur compaternitas. Differunt tamen in hoc, quod licet per baptismum et confirmationem contracta compaternitas impediat, et dirimat matrimonium, illa tamen quæ contrahitur per baptismi Catechismum, adeo est exilis et invalida, quod vix impediat matrimonium contrahendum, nunquam autem dirimit jam contractum. Cum enim baptismus sit janua et fundamentum omnium Sacramentorum, per quod Catechismus non est sacramentum, præcedit namque baptismum. Item ante baptismum quis non est filius Ecclesiæ; quia si moreretur, in æternum periret, quoad pœnam damni : igitur nec spiritualis filius : ergo per Catechismum nulla, vel quasi nulla contracta est compaternitas.* Ex quibus colligitur *catechismum* præcessisse baptismum. Quod et indicat Matthæus Paris ann. 1239. de Edwardo Henrici III. filio : *Carleolensis vero Episcopus infantem Catechizavit, Legatus autem baptizavit, licet non esset Sacerdos : Archiepiscopus autem Ædmundus Cantuariensis ipsum confirmavit, et Rege sic volente aptatum est ei nomen, scilicet Edwardus.* Infra : *Qui, dico, infantulus Regis filius, licet esset præsens Archiepiscopus, postea quarto die domino Ottone Legato in conventuali Ecclesia ipsum baptizante a dominis Rogero Londinensi, Waltero Carleolensi Episcopis. . a sacro fonte est levatus.* Ubi qui *catechizavit* puerum Episcopus, eumdem et *levavit.* Glaber Rodulphus in Vita S. Guillelmi Abbatis Divion. num. 4 : *Filium quem ei uxor pepererat, Catechumenum fieri per manum Imperialem præcepit, quod ille* (Berengarius Rex Italiæ, Imperator etiam dictus) *ut monitus fuerat, impleri mandavit, ac proprium puerum sustulit dextera, eique nomen indixit Willelmum, quem scilicet postmodum Regina conjux illius ex sacro fonte suscepit baptismatis.* Atque inde percipimus, quid velit Flodoardus in Chron. ann. 945 : *Ludovico Rege apud Rodomum degente, Gerberga Regina filium peperit, qui Karolus ad Catezizandum vocatus est;* id est, in baptismo, vel catechismo. Concilium Redingense ann. 1279. can. 4 : *Ut pueri per octo dies ante Pascha, et per totidem ante Pentecosten, de matrum uteris nati, si absque periculo reservari valeant, reserventur usque ad illa tempora baptizandi, ita quod medio tempore inter nativitatem puerorum, et hujusmodi baptismum, perfectum recipiant Catechismum.* Adde Synodum Nemausensem ann. 1284. cap. de Baptismo, [et Statuta Ecclesiæ Biterrensis apud Marten. tom. 4. Anecd. col. 645. Statuta Augerii II. Episc. Conseran. ann. 1280 : *Si vero constiterit Sacerdoti infantem fuisse a laico juxta formam Ecclesiæ baptizatum, non rebaptizet, nec Catechizet eum, sed solum inungat eum in pectore et inter scapulas oleo benedicto, et in vertice chrismate, etc.* Infra : *Nullus Clericus nisi Presbyter fuerit Catechizet, vel baptizet, vel mortuos sepeliat.*] Summula Raymundi, de Baptismo :

> Dum Catechizas puerum, tunc tres tibi sumas
> Personas, et non plures, quia sufficiunt hæ :
> His injunge fidem puerum debere docere,
> Atque Pater noster, etc.

Ordinarius MS. Ecclesiæ Rotomag. in Sabbato Pentecost. : *Finita oratione, casulam exuat Presbyter, et pergant ad Fontes, sicut prænotatur, cum ampullis chrismatis, et olei, candelabris, cruce, cereo, de quo loco instituto mittatur in Fontes. Interim dum lectiones leguntur, infantes tres Cathezizentur, si infans, vel plures fuerint ad baptizandum, mittatur de chrismate et oleo in Fontes : sin autem, nihil de chrismate et oleo in Fontes mittatur.*

Catechizari ante Fores Ecclesiæ ante baptismum jubentur *infantes*, in Concilio Cassiliensi ann. 1172. cap. 2. apud Silvestrum Giraldum lib. 1. de Expugnat. Hibern. cap. 34.

In Ecclesia Constantinopolitana erat dignitas, quam τοῦ Κατηχητοῦ vocabant, cujus munus erat κατηχίζειν τὸν λαὸν, καὶ πάντας ἐρχομένους ἐκ τῶν ἑτεροδόξων εἰς τὴν ὀρθόδοξον πίστιν, de qua Catalogi officiorum Ecclesiæ Constantinop. et Theophanes pag. 397. ubi Miscella et Anastasius *institutor* reddunt. [** Vide Glossar. med. Græcit. ubi idem dicitur qui *Exorcista* ex can. 10. Concilii Antiocheni.]

¶ Catechizatio, Catheticatio, Institutio facta nondum baptizatis, cum fiunt Catechumeni. Ricobaldus Ferrar. in Hist. Pontif. Rom. apud Murat. tom. 9. col. 149 : *Hic* (Hyginus PP.) *constituit ut patrinus vel patrina suscipiat levatum a fonte baptismatis, vel in confirmatione, vel Catheticatione;* vel ut habet Cod. Estensis., *Catechizatione.*

CATECHUMENA, Catechumenia, Porticus Ecclesiæ superiores sic dictæ, non quod fuerint Catechumenorum stationes, vel locus ubi instrui solebant, ut censent Baronius ann. 656. n. 38. Wolphius, et Meursius : sed quod in iis mulieres sacras Liturgias auditu exciperent. Anastasius in Collectaneis pag. 180 : *Et ascenderunt ad eum in Catechumenium Ecclesiæ ipsius Monasterii.* Gregorius II. PP. Epist. 2. ad Leonem Isaurum in VII. Synodo : *Pontifices, si quis peccavit,.... eum in Ecclesiæ Diaconia et in Catechumena ablegant.* Eustochius in Vita S. Pelagiæ meretricis cap. 8 : *Quæ accipiens eum, assendit in Catechumenum, eo quod et nos ibi maneremus.* Κατηχούμενα et κατηχουμένια has superiores porticus a Græcis appellari, pluribus ostendimus in Descriptione sanctæ Sophiæ cap. 38. Δίστεγον τῶν κατηχουμένων habet Crispinus in Vita sancti Parthenii Episcopi Lampsaceni cap. 2. n. 14. ubi Gentianus *tabulatum*, alii *locum Catechumenorum* vertunt. Sed δίστεγον, hoc loco, est δεύτερον κατηχούμενον, porticus Ecclesiæ superior, ita dicta Codino de S. Sophia. Δέξια μέρη τῶν κατηχουμενείων ædis Sophianæ, in Concil. VIII. Act. 1. [** Vide Glossar. med. Græcit. col. 621. et Append. col. 98.]

¶ **CATECHUMENARE**, Catechizare, primis fidei Christianæ rudimentis instruere. Gononus in Vita S. Angeli Carmel. tom. 2. SS. Maii pag. 809 : *Quapropter ipse Patriarcha.... Jesse et Mariam* (Judæos) *recepit omni affectione spirituali, et etiam Catechumenari eos injunxit.* In Constitutionibus Ecclesiæ Valentinæ, tom. 3. Concil. Hispan. pag. 107. *Catechumenari* dicitur, qui fit Catechumenus.

CATECHUMENI, inquit Isidorus lib. 2. de Eccles. offic. cap. 20. *sunt qui primum de gentilitate veniunt, habentes voluntatem credendi in Christum. Græce autem*, subdit idem lib. 8. Orig. cap. 14. *auditor interpretatur, vel instructus, pro eo quod adhuc doctrinam fidei audit, nondum tamen baptismum percepit.* Gregorius Magnus lib. 7. Ind. 1. Epist. 24 : *Si vero sanctum Pascha elegerint expectare, iterum cum Episcopo loquere, ut modo quidem Catechumeni fiant.* Augustinus Tract. 11. in Joannem : *Omnes Catechumeni jam credunt in nomine Christi, sed Jesus non se credit eis.* Leidradus Episcopus Lugdun. de baptismo cap. 1 : *Qui baptizandus est, prius instruatur fide, hoc est enim Catechuminum esse, id est instructum : Catechizare, est instruere, etc.* [** Vita S. Anskarii cap. 24. ap. Pertz. tom. Script. 2. pag. 709. lin. 35.] Vide *Competentes.* Quæ quidem *Catechumenorum* appellatio e Scripturis petita est, velut a cap. 1. Luc. in Præfat. v. 4. juxta textum Græcum, item ex Actis Apostol. cap. 18. v. 25. tum ex Epist. Pauli ad Galat. cap. 6. v. 6. a Græco vero κατηχεῖν, quod significat *insonare auribus*, erudire, docere præsertim elementa prima, ut loquitur Apostolus ad Hebr. cap. 5. v. 12.

Verum alias angustius strictiusque accipitur vox eadem de certis illorum gradibus, qui ad gratiam baptismatis aspirabant, quas in triplici differentia fuisse, Canones Patresque declarant : quippe tres olim institutos legimus eorum, qui ad Baptismum suscipiendum primis Christianæ fidei elementis imbuebantur, ordines, qui communi generalique nuncupatione *Catechumeni* quidem omnes dicebantur, sed pro majori minorive in doctrina fidei ac virtute profectu, varios in gradus et quasi classes tribuebantur, *Audientium* nempe, *Genuflectentium*, et *Competentium*, de quibus passim SS. Patres. De Catechumenis multa habent Concilia, Nicænum can. 11. 12. Aurelian. I. can. 19. 20. Agathense can. 34. 60. 61. Arelatense II. can. 11. Epaonense can. 29. Arausican. I. can. 19. 20. etc. Vide *Catechizari*.

Catecuminus, pro *Catechumenus*, apud Commodianum Instr. 46. [in Missali Gemeticensi, quod Robertus Episc. Londin. donavit circiter ann. 1150.] [** in Inscriptione ap. Marinium Pap. Dipl. pag. 257. num. 74. not. 71.] Vide *Catacuminus* suo loco. * Glossar. Gall. Lat. ex Cod. reg. 7684.: *Entredit en la foy, Catecuminus, qui n'est pas encore baptizé.* Ubi *Entredit*, idem sonat quod Instructus.

¶ **CATECIZARE**, *Docere vel castigare*, in veteri Gloss. Sangerman. MS. n. 501. [** *Catazizare* in cod. reg. 7644.] Est pro *Catechizare*.

¶ **CATECUMINUS**. Vide *Catechumeni*.

¶ **CATEDRECHADA**. Vide *Charta Decada*.

* **CATEFACTUS**, *Che male parla*, in Glossario Lat. Ital. MS. [** Κακέμφατος.]

CATEGORARE, Categorizare. Jo. de Janua : *Categorare, signare, vel prædicare, unde Categorizo, eodem sensu. Categorizare, Prædicare*, in Gloss. MS. Regio Cod. 1701. Fridegodus de Vita S. Wilfridi cap. 22 :

Categorans ergo divinum sperma popello, etc.

Vita S. Pauli Narbon. : *Populis Categorizans, etc.* Dudo lib. 3. de Act. Normannor. : *Sed mirum mihi quid super hoc characterizabunt Dialectici, qui cum accidens Æthiopique Categorizant inseparabile esse, hic mutatum videtur.* Arnoldus Lubec. lib. 4. cap. 23 : *Canonizari præcepit, ut ejus corpus de sepulcro levatum inter memorias veneretur Sanctorum, ipsumque sacrosancta Categorizet Ecclesia, etc.*

¶ **CATEGRONUS**, f. pro *Cathegemonus*, Magister, præceptor, a Græco καθηγεμών. Charta ann. 1442. ex Archivo S. Victoris Massil. : *Dominus Abbas dare tenetur bonum panem album qui dicitur panis triboleti, quorum quilibet debet esse de pondere* VIII. *unciarum in pane cocto, de bono et optimo vino in mensura usitata Categronorum magnæ mensuræ.* Vide *Cathegeta*.

* Perperam prorsus, pro *Carteyronus* vel *Cartayronus*, ut jam monui. Vide *Carteironum*.

CATEIA, Categia. *Cateia*, inquit Isidorus lib. 18. cap. 7. *genus est Gallici teli ex materia quam maxime lenta, quæ jactu quidem non longe propter gravitatem evolat, sed quo pervenit, vi nimia perfringit. Quod si ab artifice mittatur, rursum redit ad eum qui misit.* Papias et ex eo Joan. de Janua : *Cateia lingua Persarum est sagitta barbulata, sive hasta, qua utebatur Hercules, erat enim cum ligulis catenarum; et quando eam projiciebat, iterum cum catenula retrahebat.* At unde id hauserint, non plane video, cum constet *Cateiam* propriam fuisse Theutonibus et Gallis, ex Virgilio lib. 7. vers. 741 :

Theutonico ritu soliti vibrare Cateias.

Ubi Servius ait, *Cateiam esse telum Gallicum*. Certe ut Theutonibus *Cateiam* tribuit Poeta, inde factum forte ut et *Theutonæ* nuncupationem acceperit. [** Pro eo quod apud Isidorum vulgo legitur *Unde et eos Hispani et Galli teutonas* (Areval. teutonos) *vocant*, Cod. reg. 7644 ut ex Isidoro habet : *Unde et eos Spani et Gallica ut nos vocant.*] Gloss. Ælfrici Saxonicum : *Categia, id est, telum*, gesceot. Alibi : *Clava, vel Cateia, vel Teutona*, Anes cynnes gesceot, id est genus teli. Ex quibus, *Cateiam* clavæ speciem fuisse præterea colligitur. Unde non desunt, qui hæc Ammiani lib. 31. ad *Cateias* referenda putant : *Barbari ingentes clavas in nostros conjicientes ambustas, mucronesque acrius resistentium pectoribus illidentes, sinistrum cornu perrumpunt.* Cateias non semel Gallis nostris adscribit Abbo lib. 1. de Bello Paris. vers. 259 :

Inde super cerneos lapides conspexit acerbos,
Ac diras ut apes densæ tranare Cateias.

Eodem libro vers. 554 :

Pila dabat rupesque simul celeresque Cateias.

Lib. 2. vers. 27 :

.... Clypeum gestansque Cateiam.

Ubi Abbo, Glossator sui operis, *Cateiam*, *dardum* vertit. [Nicolaus Specialis de Rebus Siculis lib. 7. cap. 5 : *Venerunt itaque contra eum primo concursu sex viri clypeati sua quisque gerentes missilia; qui tela in hostem eminus jacientes, tandem ausi sunt illum cominus gladiis attentare. Hic vero clavam rotans, quam Galli Cateyam vocant, hunc a dextris sternit, illum rejicit a sinistris.*]

* **CATELA**, *Verum dicitur lingua Persarum*. Glossar. Cassin. laudatum in Biblioth. D. de Montefalcone; ubi legendum est : *Cateia, telum, etc.* Vide in hac voce.

¶ **CATELLÆ** *sunt Catenulæ colli invicem se comprehendentes in modum catenæ, unde et appellatæ*. Isid. lib. 19. Orig. cap. 31. *Catella*, pro *Catenula* Latini dixerunt.

¶ **CATELLANIA**, pro *Castellania*, Gall. *Châtelenie*. Litteræ Guidonis Flandriæ Comitis ann. 1248. apud Marten. tom. 1. Anecd. col. 1095 : *Recognoscimus etiam, quod omnia supradicta, et feodum Angliæ, atque Catellania de Cameraco, et Gavalus de Cambresis, sunt de pertinentiis Flandriæ, etc.*

¶ **CATELLANUS**. Guibertus lib. 1. de Pigneribus Sanctorum cap. 2. § 5 : *Quorum tanta nebulonitate concutimur, tanta divinorum adulatione ferimur, ut juxta præfatum Doctorem* (Hieronymum) *scurras, helluones et Catellanos liguriendo exuperent, corvos ac picas importuna garrulitate præcedant.* Puto legendum *Catillones*, id est, gulosos. Vide *Catillo*.

¶ **CATELLUM**. Vide *Catallum*.

1. **CATELLUS**. Capitulare de Villis cap. 58 : *Quando Catelli nostri Judicibus commendati fuerint, de suo eos nutriant, aut junioribus suis, id est, Majoribus et Decanis, vel Cellariis ipsos commendare faciant, quatenus de illorum causa eos bene nutrire faciant, et non sit illi homini cotidie necessitas ad scuras recurrere.* Vide *Canis*.

* 2. **CATELLUS**, pro *Cartellus*, Commentarius, album, Gall. *Registre, rôle*. Lit. ann. 1378. tom. 6. Ordinat. reg. Franc. pag. 673 : *Tam cum antiqua et prima reparacione ipsius loci quam cum Catellis et libris tailiarum* (conserve) *diligenter fecimus*. Vide supra *Cartellus* 1.

¶ **CATEMANE**. Vide *Catamane*.

1. **CATENA**, Cognominatus apud Ammianum lib. 14. et 15. quidam Paulus, quod *esset in complicandis negotiis artifex dirus*, seu *in complicandis calumniarum nexibus indissolubilis*.

2. **CATENA**, Tributum pensitatio. Vide Cherubinum Ghirardaccum lib. 6. Hist. Bononiensis pag. 192.

Catena Salis. Charta Philippi Imp. ann. 1199. in Metropoli Salisburgensi tom. 1. pag. 78 : *Et quæcunque utilitas in hujusmodi Catenis seu fodinis Salis vel metallorum in quibuslibet fundis Ecclesiæ, etc.*

¶ 3. **CATENA**, pro *Caterva*, si non voce, saltem sensu. Vitæ Patrum Emeritensium tom. 2. Concil. Hisp. pag. 653. col. 2 : *Idemque cum vir illustris Claudius atrium introisset, protinus et illi qui supra memorati sunt, cum ingentibus Catenis populi introierunt, ac deinde salutato viro ex more resederunt.*

* 4. **CATENA**, Cremalhra, catenæ ferreæ species ad sustinendum unco pendentem in foco lebetem, Ital. *Catena*, Gall. *Cremaillere*. Stat. Taurini ann. 1360 cap. 160. ex Cod. reg. 4622. A : *Intelligatur extranea persona illa, quæ non habitat in ipsa civitate cum foco et Catena.*

* 5. **CATENA**, Locus publicus, in quem conveniunt mercatores de rebus suis et commerciis acturi, quod foris locus sit clausus, ita dictus. Vide *Catenare*. Idem quod Galli *Bourse* vocant. Charta Conradi march. Montis-fer. ann. 1188. tom. 1. Cod. Ital. diplom. col. 1059 : *Concessi eis* (Pisanis) *duo millia Bizanciorum ad fundam et Catenam Acconis singulis annis percipiendorum.* Vide *Funda* 1. [** Est Catena Portus ad quam e navibus portum intrantibus census percipiebatur.]

¶ **CATENACIUM**. Vide *Catenatium*.

CATENARE, Claudere. Fortunatus lib. 2. Poem. 14 :

Hæc est aula Petri cælos qui clave Catenat.

[Vita S. Bernardi Menthonensis tom. 2. SS. Junii pag. 1080 : *Magnus turbator noster qui in monte Jovino nostros Catenavit*; ubi *Catenare* f. est pro Catenis vincire.]

** Cathenare, Cathenizare. Chart. ann. 1351. ap. Guden. Cod. Dipl. tom. 3. pag. 543 : *Legavit libros... volens ut ad librariam nostram ponantur et Cathenentur.* Infra : *Promittimus... praedictos libros... ad nostram librariam Cathenizare.*

CATENATICUM, quod *Catenarum* nomine Commentariensi datur : idem quod *Carceraticum, Geolagium, Ceppagium*. Lex Wisigoth. lib. 7. tit. 4. § 4 : *Judex si aliquos in custodia retinuerit, vel hi qui reos capiunt, aut custodiendos accipiunt, ab his quos in custodia miserint innocentes, Catenatici nomine nil requirant, nec pro absolutione eorum aliquid beneficii consequantur.* Porro *catenam*, pro carcere dixit Jul. Firmicus lib. 3. Mathes. cap. 6 : *Clavicularii, vel carcerum custodes, et quibus publicarum Catenarum cura credatur.* Concil. Toletan. XIII. can. 1 : *Ad statum dignitatis pristinæ redeant, et nulla deinceps illis ob hoc Catena judicialis obsistat.* [** Conf. Haltaus. Glossar. German. voc. *Fahegulden* et *Fanggeld*, col. 419. et 435.]

CATENATIUM, Pessulus, vectis, Ital. *Catenaccio*, apud Jo. Villaneum lib. 8. cap. 72. Gall. *Cadenat*. Catholicon Armoricum : *Chaden, catena, catenatus, chadenet : item pedana*. Vita S. Antonini Abb. Surrentini cap. 6. n. 26 : *Pessulum, quod vulgo Catenatium vocatur, cum quo valvæ* *majores casæ S. Antonini claudebantur, etc.* [Utitur Petronius Arbiter.]

CATENATUM, Eadem notione, in Vita S. Fructuosi Episcopi Bracar. cap. 19. (al. num. 18.) : *Habitaculi ostia... Catenatis et seris, diversisque duris obserantes claustris.* Certe legendum arbitror in Gloss. Isid. : *Catenatium, ergastulum*, pro *Catamaiti*, et *Catomain*. Ubi tamen quidam *Catomum* legunt : sed aliud fuit *Catomus*. Vide in hac voce.

CATENATORUM ORDO, apud Waddingum ann. 1274. 15. quem consule. Vide *Circulus*.

CATENIA, Papiæ, *Collare muliebre*. [** *Catema* ap. Mai. tom. 7. pag. 554. et in cod. reg. 7644. Gr. Κάθεμα.]

¶ **CATENNATUS**, *Exaltatus*. Papias MS. An esset pro Catena suspensus? [** *Catemiatus* in cod. reg. 7609. An *Catomatus*?]

¶ **CATEPANUS**. Vide *Catapanus*.

¶ **CATERIUS**. Inventarium ornament. et Reliq. Ecclesiæ Noviom. ann. 1419 : *Item unus parvus Caterius de pergameno notatus, in quo continetur pro cantando in processionibus.* Sed legendum puto *Caternus*.

CATERNIO, [Chartæ simul compactæ, Gallice *Caïer*.] Vide *Quaternio*.

¶ **CATERNUM**, CATERNUS, Idem quod *釋Caternio*. Vita B. Joachim Abbatis tom. 7. SS. Maii pag. 93 : *Diu noctuque scribebam in Caterno, in quo ipse dictabat et emendabat in cedulis.* Codex MS. e Bibl. D. *de Chalvet* Senescal. Tolosæ de Testimoniis in hæreticos Albigenses : *Tunc dicti hæretici eumdem Raymundum infirmum hæreticaverunt, et in sectam suam receperunt, antiquiore Hæreticorum videlicet R. Delboc tenente manus dicti infirmi junctas inter manus suas, et tenebant quendam Caternum super caput ejus dicendo verba, quæ ipse non intellexit.* Ibid. infra legitur : *Tenente manus infirmi junctas inter manus suas, tenendo quendam librum super capud ejus.*

CATERVA. S. Augustinus lib. 4. de Doctrina Christ. cap. 24 : *Cum apud Cæsaream Mauritaniæ populo dissuaderem pugnam civilem, vel potius plusquam civilem, quam Catervam vocabant : neque enim cives tandummodo, verum etiam propinqui et fratres, postremo parentes ac filii lapidibus inter se in duas partes divisi per aliquot dies continuos, certo tempore anni solenniter dimicabant, et quisque, ut quemque poterat, occidebat, etc.*

CATERVARIUS, *Qui semper in caterva est, id est, in multitudine populi.* Joan. de Janua et Glossæ Isid. [Noti sunt *Catervarii pugiles*, apud Suetonium et alios, qui catervatim pugnant non singuli cum singulis, de quibus Lipsius.]

** *Catervatus, multitudine circumdatus*, ap. Maium. tom. 6. pag. 514. *Catervare, aggregare, colligere*, Papias.

¶ CATERVATA, ut *Caterva*, Multitudo. Rolandinus Patavinus de Factis in Marchia Tarvisina lib. 10. cap. 15 : *Nam ipsorum Montagnanensium acies cum animorum constantia et vigore discurrens, pugnavit in ultima* (acie) *inimicorum Catervatam prudenter et animose.*

¶ CATERVATIO, Ingens caterva, multitudo. Acta S. Reginswindæ tom. 4. SS. Julii pag. 95 : *At postquam ejusdem regionis Catervatio enormis talem tantumque, per inclyta B. Reginswindis merita, virtutum persensit odorem.*

** CATERVA MONACHORUM. Vide Marin. in Pap. Diplom. pag. 323. num 104. not. 1.

* **CATERVANARIUM**, Multitudinis concitatio, Gall. *Emeute*. Lit. remiss. ann. 1350. in Reg. 80. Chartoph. reg. ch. 53 : *Cum Bernardus de Monasterio domicellus in quodam Catervanario, Gallice Chalivali,.... in villa Lexoviensi facto, occasione cujusdam melleyæ subito et casu fortuito subortæ etc.*

* **CATESAMITTUM**, CATHESAMITTUM, Idem quod supra *Cataxamitum*, Panni holoserici species. Inventar. S. Capellæ Paris. ann. 1335. in Reg. I. Chartoph. reg. ch. 7 : *Item una casula, una tunica, et una dalmatica de Catesamitto rubeo.* Aliud ann. 1340. ibid. ch. 8 : *Item casula, dalmatica et tunica de Cathesamitto rubeo.* Vide *Exametum*.

* **CATESTELLUM**, Portio hæreditaria, quidquid boni hæreditario jure alicui obvenit. Stabilim. Theob. comit. Campan. pro ordine successionis liberorum castellanorum et baronum ann. 1224. in Chartul. Campan. fol. 15. r°. : *Taliter semper dividerentur, videlicet quod primogenitus prius caperet ad suam voluntatem, et ita quisque eorum haberet in suo Catestello eventagium castelli.* Vide *Catallum*.

¶ **CATEYA**. Vide *Cateia*.

* **CATEZISMUS**, CATHECISMUS, pro *Catechismus*. Stat. synod. eccl. Carcass. ann. 1270. cap. 4. ex Cod. reg. 1613 : *Si quis vero, nulla necessitate cogente, scienter baptizaverit, vel in Catezismo seu confirmatione tenuerit infantem uxoris suæ ex alio viro,.... ad nos mittatur ... de tanto excessu pœnitentiam suscepturus..... Necessitate cessante omnino laycis baptizandi, clericis quoque, nisi fuerint in presbyteros canonice ordinati, baptizandi et Cathecismum faciendi, aquam diebus Dominicis exorcizandi, ac mortuos sepeliendi interdicimus potestatem.* Vide *Catechizari*.

CATEZIZARE, pro *Catechizare*. Vide *Catechizari*.

¶ **CATHA**, Machina lignea. Vide *Cata* post *Catus*, Vinea.

* **CATHADUPLA**, *Condouit, per quam aquæ vadunt, et dicitur a Catha, quod est fluxus.* Glossar. Lat. Gall. ann. 1352. ex Cod. reg. 4120. Vide supra *Catadupa*.

* **CATHAFORA**, *Epilepsia*, ex Glossis ad Alex. Iatrosoph. MS. lib. 1. Passion. cap 121 : *Quibuscumque autem* (surditas) *ex spissis et crudis continget humoribus, areges et Cathaforas et cephaleas diuturnas, sicut et in aliis multis fit passionibus, etc.*

* **CATHALANATICUS**, Catalaunensis, Gall. *de Catalogne*. Lit. remiss. ann. 1395. in Reg. 148. Chartoph. reg. ch. 99 : *Causa suæ defensionis evaginavit gladium suum Cathalanaticum, etc.* Vide infra in *Gladius* 4.

¶ **CATHALECTA**. Vide *Cataleta*.

¶ **CATHAPARES**. Vide *Cathasiarares*.

¶ **CATHAPHRATUS**. Vide *Cataphractus*.

* **CATHAPIUM**, *est quoddam genus teli*. Glossar vet. ex Cod. reg. 7679. Vide supra *Catapulta* et *Cateia*.

¶ **CATHAPLASMARE**. Vide *Cataplasmare*.

* **CATHARACTA**, Canalis, alveus, ni fallor. Elmham. in vita Henr. V. reg. Angl. edit. Hearn. cap. 18. pag. 35 : *Alios eciam diversis laboribus assuetos, qui..... Catharactas efficiant, divertant cursus fluminum, et minas nutandi* (f. nudandi) *muris fodiendi opera subministrent, ... congregavit.* Infra non semel *Catheracta*.

* **CATHARELLI**, Iidem qui *Cathari*, Valdensium sectatores. Chron. scriptum a monacho Cisterc. ann. 1466. ex Cod. reg. 5950. ad ann. 1183 : *In provincia Bituricensi septem millia Catharellorum interfecti sunt, qui terram illam prædis, rapinis et aliis malis affligebant.*

CATHARI, Hæretici Novatiani, qui, ut ait Prosper Aquitanus in Chronico, et Isidorus lib. 8. Orig. cap. 5. et ex eo Ebrardus lib. contra Valdenses, *propter munditiam ita se se nominaverunt : gloriantes enim de suis meritis, negabant pœnitentibus veniam peccatorum, viduas si nuberent, tanquam adulteras damnabant, et mundiores aliis se prædicabant.* Eadem habet Augustinus lib. de Hæres. num. 38. Adde Commonitorium Theophili Patriarch. Alexandr. cap. 8. et Consultat. Zachæi lib. 2. cap. 17.

CATHARI etiam postmodum dicti Valdensium sectatores, qui divisi erant in tres sectas principales, *Albanensium, Concorezensium*, et *Bagnolensium*. De his multa habent Rainerus lib. contra Valdens. cap. 6. et Bonacursus lib. de Vita Hæreticorum initio. Eosdem cum *Chazaris* fuisse contendit Gretzerus in Prolegomenis ad Script. contra Sectam Valdensium cap. 2. putatque Germanicam esse vocem, ex iis quæ habet Ecbertus Schonaugiensis in Sermonibus adversus Catharos : *Hos*, inquit, *Germania nostra Catharos, Flandria* Piphles, *Gallia* Texerant, *ab usu texendi appellat.* Unde elicit a voce *Kanzer*, et ut alii crassius efferunt, *Kazer* dictos, T. mutato in Z. more Germanis solenni : proindeque *Catharos* eosdem esse, qui *Chazari* appellati sunt.

Aliter censet vir doctissimus Godefridus Henschenius ad vitam S. Galdini Cardinalis, qui ita appellatos opinatur propter nocturnas coitiones, a voce Germanica *Caters*, id est, feles seu lemures, vel ex obsoleta jam, et ab Otfrido usurpata voce *Quaten*, et *Quetten*, garrire, factum esse nomen, quod hodie omnibus in Belgio et Germania hæreticis commune manet, ut *Ketters* dicantur. Vetus Epitaphium Mediolani :

> Atria qui gradis solii regalia scandis,
> Civis Laudensis fidei tutoris et ensis,
> Præsidis hæc memores Oldradi semper honores,
> Qui solius struxit, Catharos ut debuit ussit.

Versus scripti a S. Thoma Aquinate de sancto Petro Martyre :

> Et verbi gladius gladio cecidit Catharorum.

Horum meminerunt præterea Concilium Lateranense an. 1179. can 27. Godefridus Monac. S. Pantal. ann. 1163. Monachus S. Mariani Autissiodor. an. 1180. Cæsarius lib. 5. cap. 19. Vita S. Galdini Archiepisc. Mediolanens. apud Monbritium, [Ludovicus X. Franc. Rex apud *de Lauriere* tom. 1. Ordinat. pag. 611. n. 5.] etc.

CATHARISTÆ, Secta quædam Manichæorum, de qua Augustinus lib. de Hæres. cap. 46.

¶ **CATHARNICUM**. Vide *Cantarinum*.

¶ **CATHARRUS**, Epiphora, distillatio, Gall. *Coterre*, ut pronuntiant hodie, alias *Catarre*, Ital. *Catarro*, a Græco καταῤῥεῖν, Defluere. *Cum jam esset annorum* xc. *ex Catharro mortuus est*, in Chronico Veron. ad ann. 1331. apud Murat. tom. 8. col. 647.

¶ **CATHASANCTUS**. Vide *Cataxantus*.

CATHASIARARES, *vel* Cathapares, *est linea cum massa plumbea, qua maris altitudo tentatur, unde Lucius : Hanc Cathasiararem pû eodem devoret unctum, plumbi paxillum, rudis lineæ et natatam*. Sic Ugutio MS. Vide *Cataprates*.

** **CATHASTA**. Vide *Catasta*.

¶ **CATHECHISMARE**, pro *Catechizare*, Edocere dogmata Religionis Christianæ. Consecratio Ecclesiæ SS. Trinitatis de Tritis ann. 1056. apud Marten. tom. 1 Ampliss. Collect. col. 442 : *Postquam divina dispensatione sunt gesta, quæ a propheticis oraculis de Christi Incarnatione multo ante sunt edita, omnipotens Deus per Apostolos suos mundo contulit leges, quibus Cathechismati homines, suo famulantes auctori, Christi efficerentur heredes*.

* **CATHECISMUS**. Vide supra *Catezismus*.

* **CATHECIZARI**, Idem quod *Catechizari*. Pontif. MS. eccl. Elnens. in Sabbato S. : *Tunc Cathecizantur infantes baptizandi per aliquem sacerdotem. Facto cathecismo, proceditur ad benedictionem fontium*.

** **CATHECUMENARI**, Eadem notione. Charta ann. 1349. ex Chartul. monast. Bosonis villæ : *Oblationes pro pueris Cathecumenandis, etc*. Vide *Catechizari*.

CATHEDRA, Proprie est sedes, seu sessio honestior et augustior Episcoporum in Ecclesia, cæteris aliorum Presbyterorum sedilibus excelsior : *Ut in mentem revocarent*, inquit S. Augustinus in Psalm. 126. *altiore se in loco, tanquam in specula constitutos, quo oculorum acie pervigili, atque indefessa, in tutelam gregis incumbant, tanto cæteris virtute et probitate clariores, quanto magis essent sedis honore ac sublimitate conspicui*. Idem Epistola 203 : *In futuro Christi judicio neque absidæ gradatæ, nec Cathedræ . . . velatæ adhibebuntur ad defensionem. Linteatas sedes* Episcoporum vocat Pacianus Ep. 2. ad Sempronium, quas Augustinus *velatas*. Ejusmodi porro celsiores Episcoporum quorumdam, sedes ac cathedras sic exagitat Greg. Nazianzenus Carm. 11 :

. . . . . Θώκοισι ἐνεδρίοντες ἀρίστοις,
Ὑψηλοὶ, θεατροῖσι γεγενότες εὐπρεπέεσσι,
Σκηνοβάται κάλοισιν ἐφεσταότες ξυλίνοισιν.

De iis etiam agit Eusebius lib. 7. Hist. Eccles. cap. 30. *Altarium Cathedræ*, id est, præfecturæ Ecclesiasticæ, Episcopatus, apud Sidonium in Concione. Eustathius in Vita S. Eutychii Patriarch. Constantinop. num. 15 : Ἀνάγεται εἰς τὴν τῶν πρεσβυτέρων καθέδραν. Vide Savaron. ad eamdem Concion. Sidonii, et ad lib. 9. Epist. 16.

Cathedram Collocare, vetantur Episcopi in Monasteriis, vel ordinationes facere, nisi ab Abbatibus fuerint requisiti, in Constituto Gregor. Mag. pro Monachis, apud Baron. ann. 601. num. 15. et cap. 6. 18. q. 2. a quo profluxit eadem loquendi formula, quæ in plerisque Summorum Pontific. pro Cœnobiis privilegiis exarata legitur : ubi Glossa addit : *Ut ibi exerceant judicia*. Concilium Carthaginense sub Reparato ann. 535 : *Oportet enim in nullo Monasterio quemlibet Episcopum Cathedram collocare, aut qui forte habuerint, habere : nec aliquando ordinationem quamvis levissimam facere, nisi Clericorum, si voluerint habere. Esse enim debent Monachi in Abbatum suorum potestate*. Eadem habentur in Epistola Pontii Episcopi Arelatensis tom. 6. Spicilegii Acheriani pag. 430. Adde Bullam Paschalis II. PP. apud Herimannum de Restaurat. S. Martini Tornacensis cap. 8. Vide *Missa publica*, et Cardinal. Bona lib. 1. Rerum Liturg. cap. 13. § 3. [** S. Cypriani Epistol. 68. ad Stephan. I. PP. : Marcianus, *Cornelio in catholica Ecclesia de Dei judicio et cleri ac plebis suffragio ordinato, profanum altare erigere et adulteram Cathedram Collocare, et sacrilega contra verum sacerdotem sacrificia offerre tentaverit*.]

** S. Hieron. Epist. 14. ad Damasum PP. : *Ego nullum primum nisi Christum sequens, beatitudini tuæ, id est Cathedræ Petri, communione consocior*. Alia ejusd. ad eund. : *Si quis Cathedræ Petri jungitur meus est ;* ap. Coustant. Epistol. Roman. Pontif. col. 546. B. 551. A. De *Cathedris Apostolorum*, quorum Tertullianus meminit egit Marca de Concord. lib. 5. cap. 20. sect. 2.

Cathedra, Sedes, Episcopatus, Diœcesis. In Notitia Episcopor. Africanor. apud Victorem Vitensem lib. 4. de Persecut. Vandal. Edit. Chiffletianæ, habentur non semel hæc verba : *Cathedræ, quæ Episcopos non habuerunt*. Vetus Martyrol. 15. Kl. Febr. : *Cathedra S. Petri, id est, Episcopatus*. Concil. Lemovicense ann. 1041. sess. 1 : *Hanc etiam diem statuimus habendam in recordatione omnibus annis, qua* (S. Martialis) *translatus est ; qua etiam die Cathedra ejus, hoc est, ordinatio, sive initium Episcopatus ejus est, non quod eadem die consecratus sit in Episcopum, ... sed sicut est Cathedra B. Petri Antiochiæ, itemque Cathedra Romæ, non quod tunc consecratus sit Episcopus, qui a Domino jam olim consecrationem susceperat Pontificalem, sed quia tunc primum in illa die apud easdem Ecclesias sedit, ad suscipiendum super populum Dei regimen pastorale*. Concilium Milevitan. II. can. 21 : *Item placuit, ut quicunque Episcopi quascunque Ecclesias vel plebes, quas ad suam Cathedram æstimant pertinere, etc*. Can. 24 : *Placuit ut quicunque negligunt loca ad suam Cathedram pertinentia, etc. Cathedræ viduatæ*, in Collat. Carthagin. I. cap. 185. 217. Vide præterea cap. 16. 18. Will. Brito lib. 3. Philipp. de Turonensi Metropoli :

Quæ cum sit Britonum caput et Metropolis, una
Bis senas sub se Cathedras lætatur habere.

Adde lib. 12. pag. 252. *Cathedræ matrices*, in Concilio Milevitano can. 25. et in Codice canonum Ecclesiæ Afric. can. 123. *Cathedræ principales*, in iisdem Canon. can. 38. [** Vide Glossar. med. Græcit. col. 534.]

Cathedra, ipsa Ædes seu Ecclesia Cathedralis. Capitulare Aquisgranense ann. 789. cap. 40. ex Concilio Africano can. 38 : *Ut non liceat Episcopo principalem Cathedram suæ parochiæ negligere, et aliquam Ecclesiam in sua diœcesi magis frequentare*. Vide mox *Incathedrare*.

* Eodem nomine designantur interdum ecclesiæ parochiales præcipuæ in urbe episcopali, quarum parochi *Cardinales* etiam nuncupabantur. Polypt. Matiscon. ann. 1513. fol. 12. r°. : *In civitate* (Matiscon.) *et suburbiis ejusdem sunt sex ecclesiæ parochiales, quæ Cathedræ nuncupantur, quæ ad dictam procurationem minime tenentur, nec aliqua jura synodalia seu cathedratica debent*.

Cathedræ Doctorum, apud Haymonem in Mathæi cap. 23. quæ *Cathedræ litterarum* dicuntur Sidonio in Concione. *Cathedræ scholares* Stephano Tornac. Epist. 79. Senator in Psalm. 1 : *Cathedra proprie Doctoribus datur*. Ebrardus Bethun. in Græcismo :

Rex solium, doctor Cathedram, judexque tribunal
Possidet, ac sedem Præsul, Prætorque curulem.

Cathedrarii Philosophi, apud Senecam lib. de Brevit. vitæ. *Cathedrarii Oratores*, apud Sidonium lib. 4. Epist. 3. qui de cathedra philosophantur, perorant. [** Vide Forcellinum.]

¶ Cathedrarii Servi, apud Sidonium lib. 1. Epist. 11. iidem qui apud Martialem *Cathedralicii*, Qui cathedras seu sellas ferunt gestatorias, Gall. *Portes-chaises*.

Cathedra, pro arca videtur usurpari in Actis proconsularibus in causa Felicis Episcopi, apud Baron. ann. 314. n. 23. 24 : *Inde Cathedram tulimus, et epistolas salutatorias, et ostia omnia combusta sunt, secundum sacrum præceptum*. Infra : *Tolle clavem, et quos inveneris in Cathedra libros, et super lapide codices, tolle illos*.

Cathedra Aurea. Joan. Bromptonus ann. 1190. pag. 1183 : *Rex autem Angliæ exigebat a Tancredo Rege Siciliæ Montem S. Angeli cum toto Comitatu, et aliis pertinentiis suis, ad opus Johannæ sororis suæ, quæ Willelmus Rex Siciliæ nuper maritus ejus in dotarium ei dedit : et Cathedram auream ad opus ejusdem Johannæ de consuetudine Reginarum terræ illius*.

Cathedra, Nummus aureus Francicus, in quo Rex in cathedra sedens conspicitur. Vetus Regestum : *Anno* 1346. 14. *Julii fiebant Cathedræ ponderis auri* 52. *marcha auri empta* 50. *Cathedr*. 6. *Novemb*. 1346. *Cathedræ ut supra, marcha empta* 48. *Cathedr*. 7. *April*. 1347. *post Pascha : marcha empta* 50. *Cathedr. auri*. Vide *Moneta*.

Cathedrari, dicuntur Episcopi, cum ad cathedram Episcopalem promoventur, quod cum consecrarentur, in Ecclesia cathedra collocarentur, in eaque sedentes palam ab aliis Episcopis efferrentur : De quo maxime in Galliis more exstat locus insignis apud Stephanum Eddium in Vita S. Wilfridi Episcopi Eboracensis cap. 12 : *Ita ut valde honorifice ad Galliæ regionem perveniret ; ibique statim conventio magna facta est non minus quam duodecim Episcoporum Catholicorum, e quibus unus erat*

Ægelberctus Episcopus, qui eum propter fidem suam indicatam gratanter et honorifice coram omni populo publice ordinaverunt, et in sella aurea sedentem more eorum sursum elevarunt, portantes in manibus soli Episcopi intra oratoria, nullo alio attingente, hymnosque et cantica in Choro cantantes. Joan. de Beka in Goswino Episc. Traject. : *Dominus Cardinalis . . . Henricum de Viana Cathedrari jussit.* In Florentio Episc. : *Joannes filius Adelberti Cathedratus est in Leodio post mortem Arnoldi Episcopi.* [Nova Gall. Christ. tom. 3. col. 883. ubi de Hugone II. Episc. Leodiensi : *Francia me genuit, Cathedravit Legia.* Et col. 893 : *Qui vixit gratus anno minus hic Cathedratus.* Iterum tom. 4. in Charta anni 1106. Instrum. col. 85 : *Stephano Eduensi Cathedrante Pontifice.*] Epitaphium Andreæ Episcopi Reatini, anno 1292 :

Urbem Reatinam pater Andreas Cathedrabat.

INCATHEDRARE, Idem quod *Cathedrare.* Græcis ἐνθρονιάζειν. Vide Concilium Calchedonense Act. 10. pag. 288. 300. 303. etc. Edit. 1618. *Incathedratio Morinensis Episcopi*, apud Lambertum Ardensem pag. 141. Exstat apud Ughellum tom. 1. pag. 124. Bulla Benedicti IX. PP. ann. 1033. qua Episcopis Silvæ Candidæ privilegium confirmat *inthronizandi et Incathedrandi Romanum Pontificem in Apostolica sede.* Adde pag. 821. Epitaphium Martini Episcopi Vercellensis ann. 1248 :

Præsul Martinus Vercellensi Incathedratus,
Advocatorum generoso sanguine natus.

Utitur etiam Thomas Cantipratanus lib. 1. de Apibus cap. 1. n. 3. Matthæus Westmonaster. ann. 1098 : *Inventa est in civitate Ecclesia S. Petri, ubi Incathedratur lancea Salvatoris.*

CATHEDRALES, nude pro Canonicis Ecclesiæ cathedralis in Charta Leopoldi Ducis Austriæ ann. 1216. in Metropoli Salisburg. tom. 1. pag. 381. 395. *Domini Cathedrales*, in alia ibid. tom. 2. pag. 560. Historia Episcoporum et Comitum Engolismensium cap. ult. : *Ex eo urbem ingrediebatur, cum Cathedralibus, in choro omnibus horis, et maxime in matutinis Deo psallebat communi voce, etc.*

¶ **CATHEDRALICA**, Idem quod *Cathedraticum.* Hist. Tull. pag. XCIV. in Fundatione Capituli Liberdun. : *Eis contradidimus ea libertate possidendas, ut neque Cathedralicam, nec alia quæ Archidiaconis ex consuetudine reddi solent ab eis exigantur.*

¶ **CATHEDRARE**, CATHEDRARII. Vide in *Cathedra.*

CATHEDRATICUM, Pensio, quæ Episcopo ab Ecclesiis quotannis exsolvitur *in signum subjectionis*, [ut habet Charta Girardi Episc. Caturc. inter Instrum. Gall. Christ. tom. 1. pag. 48. col. 1.] seu *pro honore cathedræ*, ut est in Concilio Braccarensi II. cap. 2. *pro respectu sedis*, ut in Concilio Ravennensi ann. 997. cap. 2. quæ ad duorum solidorum quantitatem restringitur in iisdem Conciliis. Concil. Braccarense III. ann. 572 : *Nullus Episcoporum per suas diœceses ambulans, præter honorem Cathedræ suæ, id est, solidos duos, aliquid aliud per Ecclesias tollat.* Quibus consona habet Concilium Toletanum VII. cap. 4. Charta Transmari Episcopi Viromandensis ac Noviomens. ann. 947. apud Hemereum in Augusta Viromand. : *Ea videlicet ratione, ut omni anno duos solidos denariorum persolvat, secundum quod jubet auctoritas, propter honorem Cathedræ Episcopalis.* Innocentius III. lib. 14. Epist. 20 : *Et ut vos pro singulis Ecclesiis supradictis unum quartum grani, et unum annonæ pro decimationis quarta, et duos solidos pro Cathedratico persolvatis.* Apud Honorium III. cap. Conquerente, de Offic. jud. ord. *Cathedraticum* et *Synodaticum* idem sunt : *Synodatici seu Cathedratici nomine duos solidos. Cathedratici et Synodales reditus*, in Charta Lamberti Episcopi Atrebat. apud Ferrarium Locrium in Chronico Belg. ann. 1111. *Census Cathedratici*, in Bulla Lucii III. PP. apud Ughellum tom. 2. Italiæ sacræ pag. 759. Arnoldus Lubecens. lib. 3. cap. 21 : *Episcopus vero ex his, quæ de Cathedratico, vel Ecclesiarum consecrationibus consequi poterat, sustentabatur.* Ubi per *consecrationes*, videntur *dedicationes* intelligi, seu *quæ die dedicationis* Ecclesiarum Presbyteris offerebantur, ut est 10. q. 3. cap. 5. ubi etiam præcipitur, *Cathedraticum non amplius quam vetusti moris esse constiterit, a Presbyteris exigendum. Cathedratici* meminere præterea Ivo Carnot. part. 3. cap. 136. Petrus Blesensis Epist. 151. Alexander III. PP. in Appendice Concilii Lateran. cap. 8. Concilium Coloniense ann. 1310. cap. 26. Ravennense ann. 1311. cap. 18. Ægidius Mon. Aureæ vallis in Henrico II. Episcopo Leodiensi cap. 43. veteres Chartæ apud Ughellum tom. 1. pag. 1046. tom. 2. pag. 467. 703. 1071. in Metropoli Salisburgensi tom. 1. pag. 173. tom. 2. pag. 441. in Bullario Casinensi tom. 1. pag. 9. in Monastico Anglic. tom. 3. pag. 36. [Concil. Avenion. anni 1509. n. VII. apud Marten. tom. 4. Anecdot. col. 387. Statutis Synodalibus ejusdem Ecclesiæ ann. 1336. n. XI. col. 575. Statutis Alani ejusdem urbis Episcopi n. XV. col. 580. laudati tomi : quo in posteriori loco mendose, ni fallor, legitur *Quadraticum* pro *Cathedraticum.*] etc. De jure vero Cathedratici multa congessit Renatus Chopinus lib. 2. de Sacra polit. tit. 7. Nicol. *le Maistre* lib. 2. de Juribus et censibus Episcoporum cap. 2. 3. et Innocentius Cironus in Paratitl. Decretal. lib. 5. tit. 39. Vide *Synodaticum* in *Synodus*, [** *Bissextus*, 2. *Circada*, *Paschalis Præstatio.* Multis locis apparet non quotannis semper hunc censum solutum esse.]

¶ Exstant apud Georg. Christianum tom. 2. Rerum Mogunt. pag. 482. et 483. duæ Chartæ, quibus collegiatæ S. Petri Ecclesiæ jus asseritur Cathedratici ab Ecclesiis sibi subjectis [** in anno exitus Episcopi] percipiendi. In antiquiori quæ Conradi I. est Archiep. Moguntini ann. 1195. sic legimus : *Illud innotescere quoque volumus, quod sepedicti fratres* (Ecclesiæ S. Petri) *sufficienti coram nobis optinuerunt probacione, quod per universum pretaxate Prepositure* (ejusdem S. Petri) *archidiaconatum Kathedraticum anno, qui vulgariter Exitus noster vocatur, Ecclesie ipsorum ad ipsius et officinarum ejus ruinas resarciendas, debeat attinere. Nos igitur tum propter eorum habundantem probacionem, tum propter Ecclesie et officinarum ejus manifestas necessitates, quas vidimus, ob B. Petri Apostoli reverentiam et honorem jus tale ipsis et Ecclesiæ recognovimus, nostro assensu robur perhenne adhibentes. Et ne in futuro .... de beneficio predicti Kathedratici a quoquam successore nostro turbari possent, nos ipsis scriptum presens, ad sui juris perhennem noticiam et cautelam, sigillo insignitum, tradidimus.* Priorem hanc Chartam revocat altera anni 1323. qua Mathias ejusd. urbis Archipræsul declarat, *jus petendi, recipiendi et in prædictos usus convertendi Kathedraticum per totam Prepósituram prædictam ad ipsam Ecclesiam S. Petri, et ad nullum alium pertinere, ipsisque Decano et Capitulo, et Ecclesie ipsorum predictis, et nulli alii deberi de hoc in perpetuum responderi; quodque nobis*, inquit, *in hac parte licere non credimus, nostris successoribus interdicimus.*

CATHEDRATICUM, apud Julianum Antecessor. Constit. 115. et 431. illud est quod Justiniani Novella 123. cap. 3. ἐνθρονιστικόν vocat; nempe certa pecuniæ quantitas, quam Episcopi recens ordinati dabant, partim Episcopis a quibus ordinati erant, partim Clericis et Notariis, qui in ea inauguratione ministraverant; unde evidens est præstationem istam factam ab Episcopis ratione Throni, sive *Cathedræ* adeptæ. [** Vide Marcam de Concord. lib. 6. cap. 10.]

¶ CATHEDRATICA REDHIBITIO, Idem quod *Cathedraticum.* Epistola Lamberti Episc. Attrebat. apud Baluzium tom. 5. Miscell. pag. 342 : *Concessimus enim et scripto confirmavimus prædicta loca Prælato et Fratribus inibi Deo devote et religiose servientibus, et canonice et absque proprietate viventibus et victuris ab omni Cathedratica redhibitione libera, excepto quod in Cœna Domini ad manum Episcopi denarios solvant.*

* CATHEDRATUM, Idem quod *Cathedraticum.* Charta Wolfgeri episc. Patav. ann. 1197. apud Hansiz. tom. 1. Germ. sacr. pag. 342 : *Præsenti pagina manifestamus, quod communicato prudentium virorum consilio cum dilectis filiis et fratribus nostris in S. Hippolyto de prædio suo, hoc est, tribus beneficiis in Vuolfsberg jure concambii convenimus eo tenore, ut ipsi Cathedratum nostrum, scilicet quatuor talenta in parochia sua Capellæ perenniter habeant.*

¶ **CATHEDRATICUS**, Doctor, professor, qui docet ex *cathedra*, in Conciliis Hispan. tom. 4. pag. 765. col. 1. et in Vita B. Francisci Fabrian. tom. 3. SS. April. pag. 985. col. 2.

CATEDRATICO, apud Sebastian. Cobarruviam in Thesauro linguæ Castellanæ, *el que tiene estipendio publico en la Universitad, o studio, con obligacion de leer Catedra de prima o de vesperas de propiedad, o de tiempo señalado.*

* **CATHEDRULA**, diminut. a *Cathedra*, Capsa, arca. Reg. visitat. Odon. archiep. Rotomag. ex Cod. reg. 1245. fol. 325. r°. : *Præcipimus priori quod frequenter inspiceret in archis, et Cathedrulis canonicorum, et amoveret claves. Careola* et *Cheorolia* supra, eadem notione, ex eodem Regesto. Vide in *Cathedra.*

CATHEGETA, CATHIGETA, Doctor, præceptor, ex Græc. καθηγητής. Gloss. Lat. Gr.: *Doctor*, διδάσκαλος καὶ καθηγητής. Gloss. Gr. MS. Reg. Cod. 1673.: Καθηγητής, ἡγούμενος, διδάσκαλος. Papias: *Catigeta, Rector, Doctor.* Βασιλέως καθηγητής, apud Theophylactum Bulgar. Archiep. in Institutione Regia 1. part. cap. 2. qui βαΐουλος, seu Imperatoris Magister Codino, et aliis. Anonymus in Vita S. Hieronymi: *Huic vero in litterarum studiis plerique Cathegetæ, id est; præceptores fuerunt, Donatus nempe, etc.* Althelmus in Monosticis:

Vita aliena tuæ tibi sit Cathegeta vitæ.

Acta S. Artemæ Martyr.: *Dum Cathigeta ipsius secundum artem magisterii... ad sæcularium litterarum dogmata illum introduceret.* Occurrit præterea in Actis S. Theodori Ducis. Vide notas nostras ad Cinnamum pag. 460. [et Glossarium mediæ Græcit. ubi dicitur vocem καθηγητής plerumque a Scriptoribus Græsis accipi pro ἡγούμενος, Præfectus monasterii.]

CATHEGORIALIS Ordo, apud Henricum Aquilonipolensem in Lubecca lib. 1. cap. 17. 19. 20. Canonicorum Regularium.

CATHELUM. Vide in *Catallum.*

* 1. **CATHENA**, Ora, arbores extremæ, quarum serie terminus forestæ constituitur, Gall. *Lisiere.* Inquisit. forestæ Britol. in Reg. 34. bis Chartoph. reg. fol. 129. v°. col. 1: *Cathenæ et trembleiæ de la Biguerrie recta via ad S. Eglen sunt defensa...... Haya Britolii est defensum, inter cheminum longi campi et viridem Cathenam.*

* 2. **CATHENA**, Tributum, pensitatio. Charta Blanchæ comit. Trecens. ann. 1203. in Chartul. Campan. fol. 196. r°.: *Habeant in manu sua calceiam de Baudemont, ita quod omne pedagium et Cathenam recipiant.* Vide *Catena* 2.

* **CATHENATA**, Modus agri, quod *catena* metitur sic dictus, idem atque *Pertica* 25. pedibus constans in Turonibus, vulgo ibi *Chesnée.* Arest. parlam. Paris. ann. 1536. ex Tabul. castri *de Chissé* in Turon.: *Item unam aliam terræ petiam,.... tria quarteria, minus duabus Cathenatis, continentem.... Duo arpenta decem Cathenatas continentem. Une piece de terre contenant trois quartiers, moins deux Chesnées*, ibid. ex Decreto ann. 1538.

** **CATHENATICUM**, Cathenizare. Vide *Catenaticum* et *Catenare.*

* **CATHENATUM**, Pessulus, vectis, sera catenaria, Gall. *Cadenat.* Stat. synod. eccl. Carcass. ann. 1321. ex Cod. reg. 1613: *Quilibet rector ecclesiæ parochialis..... teneat, custodiat et secum portet clavem vasis, in quo crisma et oleum sanctum tenentur, et quod quando in ebdomada mittet ad ecclesiam Carcassonensem pro crismate et oleo diaconum vel clericum suum, mittat dictum vas apertum cum Cathenato aperto, et retineat clavem secum, et ille qui tradet crisma et oleum, claudat dictum vas et dictum Cathenatum, crismate et oleo intus missis; alioquin, si dictum vas cum dicto Cathenato non portaverit, ut est dictum, sibi crisma et oleum non tradantur.* Comput. ann. 1402. inter Probat. tom. 3. Hist. Nem. pag. 169. col. 1: *Pro uno Cathenato sive tartuga ferri, iij. sol. ix. den.* Vide *Catenatum.*

CATHEPOLUS. Vide in *Cacepollus.*

* **CATHERACTA.** Vide supra *Catharacta.*

¶ **CATHERDATUS**, pro *Cathedratus*, Cathedræ seu throno impositus, ad regiam imperatoriamve dignitatem evectus. Carmen de Ottonis IV. destitutione, apud Leibnitium tom. 2. Script. Brunswic. pag. 530:

.... Quod si Fredericus substituatur
Ottoni, timidus audaci, nanus adulto;
Cum sit canonice Catherdatus hic, ille vocatus
Proditione: perit consuetudo, perit hujus
Urbis honor.

Vide *Cathedrari* in *Cathedra.*

* **CATHESAMITTUM.** Vide supra *Catesamittum.*

¶ **CATHESICARE**, pro *Catechisare*, Christi doctrinam edocere. Vita S. Hildulfi per Rosweidum in Historia Mediani Monasterii pag. 80: *Quam cum adhuc gentilem esse cognovissent, Cathesicaverunt, et prostrati pro ipsa oraverunt.*

¶ **CATHETICATIO.** Vide *Catechizatio.*

* **CATHESISMUS**, in Stat. synod. eccl. Castrens. ann. 1358. part. 1. cap. 9. ex Cod. reg. 1592. A. ut supra *Catezismus.* Vide in hac voce.

CATHETIZARE, Vox efficta, ut videtur, ex Græco κατατιθέναι, conferre, contribuere, solvere. Epist. Andreæ Regis Hungar. in Gestis Dei per Francos: *Porro vestra non miretur Sanctitas, si de bonis regni nostri ad præsens, juxta honorem vestrum et nostrum vobis Cathetizare non possumus. Ad hoc enim nos compulit et sanctæ peregrinationis grandis expensa, etc.*

CATHETUS, [Gr. κάθετος, Perpendiculum.] Vide *Tolffmining.*

¶ **CATHEZIZARE**, vide in *Cathechizari.*

¶ **CATHICUS**, Dux, f. a corrupta voce Græca καθηγός, pro καθηγητής vel καθηγημών. Vita S. Germani Grandiwall. Inter Acta SS. Bened. sæc. 2. n. 11: *Bonifacius dux sive Cathicus.*

¶ **CATHIGETA.** Vide *Cathegeta.*

CATHINIA Auri vel Argenti, quæ adhibetur in medicamentis, apud Constantin. Afric. lib. 1. de Morbor. curat. cap. 7. 8. lib. 2. cap. 2. 24. etc. [Glossar. Sangerman. MS: *Cathinia, Genus lapidis, unde cyprium es* (æs) *efficitur. Cathinia gignitur in metallorum eris atque argenti fornacibus, insidente nidore. Nanque ut ipse lapis ex quo fit es, Cathinia vocatur, sic rursus in fornacibus existit, et nominis sui originem recipit. Cathinia et Calcitheos horigo eris.*] [** Ex Isidor. Origin. lib. 16. cap. 20. sect. 2. 11. et 12.]

* *Cathinia*, pro *Cathmia*, pro quo etiam legendum *Cadmia*, minerale quoddam, ut *Chalcitis*, non *Calcithis.* Vide Mabill. Itiner Ital. pag. 189.

* **CATHOLICANI**, Boerio Decis. aur. quæst. 9. art. 1. iidem qui *Clientes, servientes, sergentarii, cæsariani.* Vide *Catholiciani.*

¶ **CATHOLICATUS.** Vide post *Catholicus.*

* **CATHOLICE**, Omnino, prorsus, vel Congruenter, legitime. Tabul. Nivern.: *Fromondus Pontifex, ut anniversarium dom. Hervei præsulis insimul prandendo quotannis celebrarent canonici, donavit Catholice, et concessit in capitulo viginti solidos denariorum.*

CATHOLICI, Fideles, ita in Concilio Ilerdensi sub Joanne II. PP. cap. 9. ubi distinguntur a Catechumenis.

Catholici Christiani, in Concilio Carthag. III. cap. 13. Carthag. IV. cap. 43. Concil. Afric. cap. 3. Salvianus lib. 4. de Gubern. Dei: *Ita et nos qui Christiani Catholici esse dicimur, etc.* Vide *Ecclesia Catholica.*

* Charta ann. 1070. ex Chartul. S. Petri Gand. ch. 67: *Folkardus gratia Dei abbas Gandensis seu Blandiniensis cænobii, omnibus in Christo Catholicis, tam præsentibus quam futuris, etc.* Alio sensu vide in *Romanus.*

CATHOLICIANI, Officiales Catholicorum, de quibus mox, in lege 9. § 2. C. de Bonis proscript. (9, 49.) ubi junguntur cum Cæsarianis. Glossæ Basil.: Ῥατιοναλίους, τοὺς μαγκίπας, τοὺς αὐτοὺς καὶ καθολικιανούς, καὶ σιτώνας, καθ' Ἕλληνας. Hinc forte pro *Spiculatoribus* vocem usurpavit Sueno in Hist. Danica cap. 7: *Quem illico Catholiciani corripientes, caput ejus amputarunt.* Infra: *Qui dolum commentatus, pacis fideique integritate violata, tempore serotino, post vesperas celebratas, instructis Catholicianis, Kanuto et Waldemaro mortem machinatur.*

¶ **CATHOLICON.** Necrolog. Laureshām. in Vindem. Litter. Friderici Schannati pag. 29: *Qui etiam comparavit librum Catholicon pro quinque Florenis.* An Glossarium Johannis de Janua, quod *Catholicon* appellavit?

1. **CATHOLICUS**, Titulus Regi Franciæ vulgo datus. Summa Puncii Provincialis MS. ex Bibl. Thuana Cod. 525. ubi de Inscriptionibus Epistolarum: *Papa Regi Franciæ: Gregorius servus servorum Dei dilecto filio viro Catholico, vel Regi Francorum, salutem et apostolicam benedictionem ... sic scriberet Papa aliis Regibus, et alii Reges illi remoto solum viro Catholico, quod apponi solet Regi Franciæ et Regi Jerosolymitano: huic quia semper fidelis exstitit, illi vero quia defensor est Christianitatis.* [Honorius Papa IV. Ep. ad Philippum IV. ann. 1286. in Vindemiis Litter. Fred. Schannati pag. 210: *Honorius Episcopus servus servorum Dei Philippo illustri Regi Franciæ viro Catholico salutem .... Quilibet Rex Franciæ speciali nomine Catholicus appellatur.*]

☞ Jam multis retro sæculis *Catholici* nomen Regibus nostris inditum fuit. Mabillonius lib. 5. de re Diplom. tabella 22. refert clausulam librorum Gregorii Turon. de gloria Confessorum, in qua prædictus *Libellus* dicitur *conscriptus.... anno ab Incarnatione Domini 767. temporibus felicissimi atque tranquillissimi et Catholici Pippini, Regis Francorum, et Patricii Romanorum, etc.* Sed ante eum *Childeberti Catholicissimum regnum* dicitur sub finem Vitæ S. Cæsarii Episc. Arelat. Unde Gregorius M. Epistola ad Childebertum II. lib. 5. Ep. 6: *Quanto ceteros homines regia dignitas antecedit, tanto ceterarum gentium regna regni vestri profecto culmen excellit*, nempe Fide, ut postea explicat. Vide *Christianissimus.*

☞ *Catholici* nomen Hispanicis Regibus tribuit Alexander VI. teste Mariana in libro XXVI. cap. XII. Addit Comineus in libro V. de bello Neapolitano, decrevisse Pontificem Romanum, nempe Alexandrum VI. genere Hispanum, *attribuere illis no-*

men, ut Christianissimi dicerentur, et in suis ipse litteris atque sermone sic eos vocasse : sed cum ex Cardinalibus quidam resisterent, neque Galliam vellent appellatione illa privari, Catholicos nominare jussisse. Ex eo igitur procul dubio tempore Reges Hispani vocantur *Catholici.*

☞ Exstat apud Miræum tom. 1. pag. 165. col. 1. Charta Manassis Episc. Camerac. pro Diclevennensi Abbatia S. Petri anno 1081. data. *Precibus ac petitione Roberti junioris Catholici Comitis Flandriæ, etc.* An *Catholici* titulus hic exprimat fidem hujus Comitis, an *Catholicam* seu *universalem* vel integram totius Flandriæ ditionem, aliis definiendum permitto : potius tamen crediderim titulum esse religionis, quam potestatis ac possessionis.

2. **CATHOLICUS**, Dignitas et magistratus, in Africa præsertim. Gloss. vet. : *Consularis*, Καθολικός. Hinc apud Eusebium lib. 8. cap. 23. Καθολικὸν τῆς Ἀφρικῆς, et lib. 4. de Vita Constantini, τὸν τῆς διοικήσεως Καθολικόν, de Consulari et Præfecto Africæ interpretantur viri docti. At Cujacius ad l. 5. C. de jure fisci lib. 10. contendit, probatque non uno Basilicorum loco, id nominis spectasse Procuratores fisci, quod clare evincit Theodorus Hermopolites ad l. ult. C. Si a non compet. jud. ὁ Καθολικὸς, ἤγουν ὁ προϊστάμενος καὶ φροντίζων τῶν δημοσιακῶν πραγμάτων. Huic notioni convenit Gloss. Gr. Lat. : Καθολικός, *Rationalis.* Vide Gloss. med. Græcit.

Nec obstat quod *Consulares* eosdem cum *Catholicis* fuisse doceant veteres Glossæ : nam Consularium, vel certe Proconsulum munus fuit tributorum exactioni incumbere, quod Dio lib. 53 diserte tradit. Judices et Præsides eidem muneri operam impendisse ostendunt præterea l. 11. C. de Annon. et tribut. (lib. 10, 16.) l. In fiscalibus, C. de Exact. tribut. (10,19.) Nov. 116. et Cassiodorus in Form. Rectoris provinciæ. Ejusdem muneris et appellationis censiri debent Officiales Gallici, dicti *Generaux des Finances*, quos γενικοὺς Scriptores passim vocant.

3. **CATHOLICUS**, Primas, qui inter Episcopos, *primatiæ*, ut vocant dignitatem obtinet. Id porro appellationis, spectavit præsertim, spectatque etiamnum hodie Primates aliquot Asiaticos, Antiochenæ olim sedi subditos et suffraganeos, quorum jurisdictio et diœcesis tam ampla erat, ut inde se *Catholicos*, id est, universales, nuncuparent. Procopius lib. 2. de Bello Persico cap. 25. de Persarmeniorum Catholico : Τόν τε χριστιανῶν ἱερέα Καθολικὸν καλοῦσι τῇ Ἑλλήνων φωνῇ, ὅτι δὴ ἐφέστηκεν εἷς ὢν ἅπασι τοῖς ταύτῃ χωρίοις. Otto Frising. lib. 7. Chron. cap. 32 : *Ea tempestate Armeniorum Episcoporum, eorumque Metropolitani, quem ipsi Catholicon, i. universalem, proter infinitum, i. amplius quam mille Episcorum sub se habentem numerum vocant, Legati ab ultimo fere Oriente.... summum Pontificem Viterbii.... adeunt.* [Bern. *de Breydenbach* Itiner. Hierosol. pag. 151 : *Nam* (Armeni) *proprium habent Primatem, quem Catholicon appellant, cui obediunt summo cum honore et reverentia, jussibus ejus a maximo usque ad minimum velut alteri Papæ obtemperantes.*]

At cur *Catholicis* tam ampla et diffusa assignata sit jurisdictio, docent Canones Nicæni Arabici a Turriano editi cap. 33. ubi de Seleuciensi Catholico : *Honoretur quoque similiter Sedes Seleuciæ, quæ est ex civitatibus Orientalibus, qui debeat etiam appellari nomine Catholici, et possit is ordinare Archiepiscopos, sicut faciunt Patriarchæ, ut Orientales non patiantur damnum, expectando Patriarcham Antiochiæ, aut eundo ad eum, et Gentiles reperiant viam ad necessitates suas, quia in hoc non fit injuria Patriarchæ Antiocheno. Siquidem ipse consensit, postquam hoc ab eo Synodus petivit, ne de sublata potestate ista quereretur, quæ nihil aliud desiderabat, ut illius provinciæ fideles pace et quiete fruerentur, simul etiam ut is, qui tenet sedem Seleuciæ, nomine Catholici honoraretur.* Capite sequenti, Seleuciensi Catholico dignitatis gradus statuitur supra omnes Episcopos Græciæ : *Si quidem ipse tenet locum Patriarchæ in Oriente, et sedes ejus in Concilio debet esse sexta post Episcopum Hierosolymitanum.* Denique cap. 35. *Prælatus Persidis* dicitur.

At hæc Seleuciensis Catholici dignitas postmodum divisa legitur, binique, ex uno, Catholici Patriarchæ Antiocheno subditi, creati : quorum alter *Aniensis* dictus, alter *Hirenopolitanus*, qui et *Bagdatensis.* De utroque Catholico sic Willelmus Tyrius lib. 4. cap. 9 : *Viginti provincias in sua jurisdictione, ejusdem Deo amabilis civitatis* (Antiochiæ) *dicitur habere Patriarcha, quarum 14. singulos habent Metropolitas, cum suis suffraganeis ; 6. vero reliquæ sub duobus Primatibus, qui vulgari appellatione dicuntur Catholici : quorum alter est Aniensis, alter vero Hirinopolitanus, qui est Baldacensis, cum eorum suffraganeis disponuntur.* A Tyrio hausit quæ habet in hanc sententiam Jacobus de Vitriaco in Hist. Hierosol. cap. 32.

At qui *Aniensis* Tyrio, Jacobo de Vitriaco, et Sanuto lib. 3. part. 7. cap. 1. dicitur, *Annensis* et *Persidis Primas*, in ordinatione sedis Antiochenæ, quæ exstat post Tyrium, *Catholicus Ani, qui est Persidis*, nuncupatur. Idem etiam *Romogyreos Catholicus* apud Nilum Doxapatrium, ubi de amplitudine diœcesis Patriarchatus Antiocheni agit, et Indiæ præsertim imperitasse narrat : Πάλιν ὁ Ἀντιοχείας κατεῖχεν ἅπασαν τὴν Ἀσίαν, καὶ Ἀνατολὴν, αὐτήν τε Ἰνδίαν, ὅπου ἕως τοῦ νῦν Καθολικὸν χειροτονῶν στέλλει τὸν καλούμενον Ῥωμογύρεως, καὶ αὐτὴν τὴν Περσίαν ἔτι καὶ αὐτὴν τὴν Βαβυλῶνα, τὴν νῦν καλουμένην Βαγδᾶ. κἀκεῖ γὰρ ἔστελλεν ὁ Ἀντιοχείας Καθολικὸν εἰς Εἰρηνούπολιν, τὸν λεγόμενον Εἰρηνουπόλεως, καὶ τὰς Ἀρμενίας, καὶ Ἰβηρίαν, Μηδίαν, καὶ τὴν τῶν Χαλδαίων, καὶ Παρθίαν, καὶ Ἐλαμίτας, καὶ Μεσοποταμίαν. Petrus Antiochen. in Epistola ad Dominicum Gradensem Patriarcham meminit etiam Catholici Ῥωμαγύρεως ἤτοι χοροσᾶν.

Armenici Catholici diœcesim eamdem fuisse quæ Hirenopolitani, perspicue ostendit idem Tyrius lib. 15. cap. 18 : *Cui Synodo interfuit Maximus, Armeniorum Pontifex, imo omnium Episcoporum Cappadociæ, Mediæ, Persidis, et utriusque Armeniæ Princeps et Doctor eximius, qui Catholicus dicitur.* Illius amplitudinem supra annotavimus ex Ottone Frisingensi, quam attigit præterea Jacobus de Vitriaco in Hist. Hieros. cap. 78 : *Habent autem prædicti Armeni proprium Primatem, quem Catholicon appellant, cui cum summo honore et reverentia omnes a minimo usque ad maximum tamquam alteri Papæ obediunt.* Ab illo hausit quæ habet Sanutus lib. 3. part. 8. cap. 3. Sed et *Papæ* appellationem eidem tribuit Wildebrandus ab *Oldenborg* in Itinerario Terræ sanctæ, ubi de Armeniis : *Specialem habent Papam, quem ipsi sua lingua Katelcoste appellant.* Quo loco legendum indubie *Katholich*, ut et apud Marcum Paulum Venetum lib. 1. Itin. cap. 15. ubi tradit Armenis, Nestorianis, et Jacobitis omnibus, universisque Christianis, qui in India et Babylone versantur, unum imperare Patriarcham, quem *Jacolith*, seu *Jacolich*, uti aliæ præferunt Editiones nuncupant. Quod ipsum etiam tradit Brocardus, qui præterea observat neminem ad id muneris admitti, nisi Monachum. Catholici Armeniæ Ecclesiæ fit etiam mentio lib. 2. Epist. Innocent. III. PP. pag. 525. et apud Theorianum in Legat. Armen.

Primorum Armeniæ Catholicorum seriem et historiam ex Græco Scriptore, et ex Cod. 696. Bibliothecæ Regiæ, publicavit Combefisius in Hist. Monothelitarum, ex qua liquet primitus ordinationem et χειροτονίαν accepisse ab Ecclesia Cæsariensi. Gregorius enim primus Armenorum Episcopus pactum istiusmodi iniit cum Leontio Cæsareæ Cappadociæ Archiepiscopo, a quo ordinatus fuerat, ut successores pariter a Cæsariensi ordinarentur, quod et testatur auctor Vitæ S. Gregorii, et Isaacus Invectiva 1. in Armen. cap. 13. Verum prolapsi in varias hæreses Armeni, ab Ecclesia Cæsariensi et Catholica desciverunt.

In urbe *Sis* sedisse suo ævo Catholicum Armeniæ, auctor est supra laudatus Wildebrandus ab *Oldenborg* : *Hæc est capitanea civitas domini Regis infinitos et divites fovens inhabitatores : nullis munitionibus cingitur, unde potius eam villam, quam civitatem nuncuparem, si sedem Archiepiscopalem Hormenorum in se non haberet.*

Imprimis vero adnotare lubet titulos honorarios, quos Zachariæ Majoris Armeniæ Catholico adscribit Joannes Archiepiscopus Nicænus lib. de Nativitate Domini : Ὦ μακάριε Ζαχαρία, ὁ διάδοχος τοῦ μεγάλου ἀποστόλου Θαδδαίου γενόμενος, καὶ σύνθρονος τοῦ ἁγίου Γρηγορίου, ὁδηγὸς δὲ τοῦ οἴκου Θοργώμ, καὶ ἐπιστάτης Ἀράρτι ἐγχωρίων, καὶ γνωστικώτατος τῶν φυλῶν τῶν ἀρίστων πολεμιστῶν τῶν Ἀζάτ.

Habuit etiam Æthiopia suos *Catholicos* Alexandrinæ sedi subjectos, non tamen tantæ auctoritatis, quanta pollebat Seleuciensis Catholicus, cui jus erat ordinare Archiepiscopos, sicut faciunt Patriarchæ, quod Æthiopicis Catholicis non licebat. Canones Nicæni Arabici cap. 36 : *Sit apud eos loco Patriarchæ et appelletur Catholicus, non tamen jus habeat constituendi Archiepiscopos, ut habet Patriarcha, siquidem non habet Patriarchæ honorem et potestatem.* Mox subditur in Conciliis quæ in Græcia celebrantur, septimum locum post Seleuciæ Catholicum, cui datur sextus, Æthiopico assignari.

Catholicum Albaniæ memorat auctor Narrationis de Rebus Armeniæ apud Combefisium, qui Καθολικὸς Ἰβηρίας dicitur in Menæis ad 26. Junii in S. Joanne Episcopo Gothiæ.

Catholicus Jacobitarum, quem illi Patriarcham vocant, recensetur a Zonara in Heraclio. De *Catholicis* multa præterea commentati sunt Sirmondus in Adventoria, Salmasius in Eucharistico cap. 3. et Marca in Dissertat. de Primatib. cap. 26. 27.

CATHOLICATUS, Districtus *Catholici*, in Gestis Innocentii III. PP. pag. 127. 128.

¶ CATHOLICUS ABBAS, seu *Hegumenus*. Vide *Abbas Abbatum*.

¶ 4. **CATHOLICUS**, Rectus, æquus, qui fidem datam servat. Translatio S. Florentini inter Acta SS. Benedict. sæc. 6. part. 2. pag. 809. num. 8 : *Milites..... de conventione quam cum Monachis facerant, pœnitentes graviter indoluerunt. Lacrymantes igitur.... dixerunt Monachis, quia nullo modo paterentur, quod S. Martyr, et totius patriæ defensor alias transferretur. Quibus Monachi respondentes dixerunt, quia non erat istud Catholicum, quod dicebant, et secundum conventionis promissa fidem suam violare volebant.*

* 5. **CATHOLICUS**, Christianus, vir probatæ fidei, integer vitæ. Chartul. S. Magl. Paris. ch. 1 : *Hæc omnia supradicta, vel quæ deinceps a Catholicis viris eidem conlata fuerint ecclesiæ.......... confirmamus.* Charta ann. 1319. ibid. ch. 58 : *Concedimus parochianis dictæ ecclesiæ, quod aliqui dictorum parochianorum fideles et Catholici ab eisdem parochianis deputandi, colligant et percipiant elemosinas et legata quæcumque, quæ fient fabricæ ejusdem ecclesiæ convertenda circa refectionem ipsius ecclesiæ.* Libert. Montisol. ann. 1312. tom. 7. Ordinat. reg. Franc. pag. 501. art. 12 : *Quod quilibet de populo filias suas cuilibet Catholico valeat maritare.* Itali *Cattolico*, eadem acceptione, usurpant.

¶ 1. **CATHOLOGUS**, *Pars superior molendini.* [** *ff. de fun. instr. l. cum de lanionis.* (lib. 33. tit. 7. fr. 18. § 5.)] Vetus Vocabular. Juris utriusque. Partem molendini mola superiorem *Catillum* appellavit Paulus JC. [** Ita Vocab. Jur. ed. ann. 1538. et Dig. loco laudato, ubi Glossa : *Catillus, quia paulatim de eo cadat frumentum in molam.*]

* 2. **CATHOLOGUS**, f. Libellus professionis, qui a monacho profitente super altare defertur. Charta official. Trecens. ann. 1316. in Reg. 66. Chartoph. reg. ch. 78 : *Radulphus abbas monasterii S. Martini in areis Trecensibus promisit in verbo veritatis et sacerdotii, et sub voto et Cathologo religionis suæ illa firmiter tenere.* Rursum occurrit ibid. Vide infra *Chatologus*.

¶ **CATHOLUS**, Palæ, Gall. *Chaton*. Historia Monasterii S. Florentii Salmuriensis, apud Marten. tom. 5. Ampliss. Collect. col. 1122 : *Sarcophagum aperuerunt, anulumque aureum cum digito, et Catholum argenteum, et quinque solidos antiquæ monetæ argenteos invenerunt, nomenque Rainaldi scriptum erat in anulo.*

¶ **CATHOMUS**. Vide *Catomus*.

CATHORIUS. Quoniam Attachiamenta cap. 72 : *Si quis convictus fuerit.... de pace Domini Regis infricta, Rex habebit de eo 22. vaccas, et 3. Cathorios, ut pro uno quoque Cathorio, 9. vaccas.* Ubi loci Skeneus, pro *Cathorios*, legendum censet, *Cantherios*, i. equos, quibus testes sunt exsecti et amputati, uti hæc vox apud Latinos sumitur.

* **CATHUCIUM**, Idem forte quod Italis *Catorcio*, Pessulus. Inventar. Ms. thes. Sedis Apost. ann. 1295 : *Item aliam cupam de argento, ... intus est ad rotulas cum Cathucio.* Vide supra *Cathenatum*.

CATIBLIS. Caper de Verbis dubiis : *Catinus, hic, non Catiblis.*

¶ **CATICHUMENUS**, pro *Catechumenus* in Epistola Anonymi ad Carolum M. apud Marten. tom. 1. Anecd. col. 15.

* **CATICULUM**, *La mitria*, in Glossar. Lat. Ital. Ms. [** Leg. *Capitulum*.]

* **CATICUMINA**, Puella, quæ sub aliena est tutela, ut videtur. Charta ann. 1007. inter Probat. tom. 2. Hist. Occit. col. 164 : *Et sic interpellaverunt hominem, nomine Poncionem, et sorores ejus Adela et Bonafilia, necne Tansiundis Caticumina adhuc, quod injuste et malo ordine, eo quod non essent legitimi hæredes, retinerent, etc.*

¶ **CATIGERA**, *Doctor, præceptor*, apud Papiam. Vita S. Augustini Cantuar. Episcopi apud Mabill. sæc. 1. SS. Benedict. pag. 530 : *Dat etiam liberalissimus Catigera in ipsa dilecti discipuli ordinatione dulcissimum pignus et memoriale perpetuæ dilectionis suæ, casulam videlicet purpuream.* Legendum puto *Catigeta*. Vide *Cathegeta*.

* **CATIGOTEMA**, *Lo sacrificio*. Glossar. Lat. Ital. Ms.

¶ **CATILLAMEN**. Vide *Castillamentum*.

¶ 1. **CATILLARE**, Vocem edere instar felis, Gall. *Miauler*. Ebrardus in Græcismo :

Sed catulus latrat; hinc murilegusque Catillat.

Apud Fulgentium Grammaticum : *Catillare est per alienas domos gyrare; tractum a catulis, quod per omnes domos circumeant.* Hæc ex Plauto et Propertio. [** Vide Forcellin.]

* Glossar. vet. ex Cod. reg. 7613 : *Catillare, per alienas domos infrontate girare.* Unde : *Catilator, che va per altrire case*, in Glossar. Lat. Ital. Ms. Vide Lexic. Martin. in *Catillatio*. *Catellier* et *Catillier*, nostris olim, pro Lacessere, divexare, Gall. *Harceler, attaquer.* Monstrelet. vol. 3. ad ann. 1452. fol. 44. r° : *Les Gantois avoient malement fortifié* (ce village) *de trenchiz et boullevers, et s'estoient là retraits une grosse compaignie pour Catillier les Picards d'Audenarde.* Mirac. Mss. B. M. V. lib. 1 :

Trop fait à li mal batellier,
Bien sot Diable Catellier.

* Non longe alio sensu nostri dixerunt, et etiamnum dicunt vulgariter, *Avoir castille*, rixare. Lit. remiss. ann. 1478. in Reg. 195. Chartoph. reg. ch. 1016 : *Robin Paumier et icellui Thierry eurent grosse Castille ensemble; lesquelles paroles et Castille oyans, etc.*

* 2. **CATILLARE**, *Deglutire, vel sonare ut catulus.* Glossar. vet. ex Cod. reg. 7613.

* **CATILATOR**. Vide *Catillare* 1.

¶ **CATILLIS**, Doctrina, institutio, Disciplina, si vera lectio est in Supplemento Antiquarii, ubi legitur : *Catillem*, διδασκαλίαν, παίδευσιν, *Doctrinam*. [** Vide *Cabillis*. Leg. *Cauculus*.]

¶ **CATILLO**, *Gulosus, a catelli appetentia*, in Glossis Sangerman. MSS. num. 501. Festus habet : *Catillones appellabant antiqui gulosos.* Gloss. Lat. Græc. : *Ligurius, gulosus, Catillo*, λίχνος. Utitur etiam Macrobius lib. 3. Saturn. cap. 12.

* **CATILOSUS**, *Goloso, e avido*, in Glossar Lat. Ital. Ms. Vide *Catillo*.

¶ **CATINÆ** PELLES. Vide in *Catta* 2.

¶ **CATINISCI** *et Cimbia, Poculorum genera.* Papias MS. Diminutivum est *Catini*. [** Placid. ap. Maium tom. 7. pag. 556 : *Catini, scyphi ac cymbia poculorum sunt genera;* in cod. reg. 7644. *Catiniscivi*.]

* **CATINNA**, *Genus lapidis, unde æs Cyprium efficitur.* Glossar. vet. ex Cod. reg. 7613. Vide *Cathinia*.

* **CATINUS**. *Ludus catini* memoratur, in Stat. Vercel. lib. 4. pag. 84. r° : *Quod aliquis, cujuscumque conditionis existat, non audeat vel præsumat ludere..... ad ludum Catini sive squaylini, cum taxillis subtus vel alia re.*

* **CATIOLA**, Colum, ut videtur, Gall. *Couloire*. Ordo eccl. Ambros. Mediolan. ann. circ. 1130. apud Murator. tom. 4. Antiq. Ital. med. ævi col. 873 : *Post hæc subdiaconus de calice, ubi vinum oblationum fusum est, per Catiolam argenteam in calicem aureum fundit.* Vide infra *Cazula*.

CATIPANUS. Vide *Catapanus*.

** **CATIZARE**. An a *Catare*, videre? Virgil. Grammat. pag. 97 : *Hoc ergo nobis omnimodatim Catizandum est, ut nostram eloquentiam... in illius æthereæ legis construmentum ornatumque ministremus.*

* **CATOBLEPA**, *Bestia quædam, cujus aspectus vitam aufert.* Glossar. vet. ex Cod. reg. 7613. Vide Martin. Lexic. in *Catoblepas*.

¶ **CATOMAIN**. Vide *Catamaiti*.

¶ **CATOMARE**, CATOMIDIARE. Vide mox in *Catomus*.

CATOMUS, *Cervix*, in Gloss. Arabico-Lat. ex quo conficit Josephus Scaliger Epist. 144. et 146. ex Græc. κάτωμος vocem deducendam, ut κάτωμος sit commissura cervicis cum humeris, proindeque *Catomis cædere*, esse in cervicibus cædere, quod quidam ex Scriptoribus Latinis *Catomidiare* dixerunt, κατωμιδιάζειν, seu κατὰ τοὺς ὤμους τύπτειν. Victor Vitensis lib. 1. de Persecut. Vand. : *Venerabilem senem in publica facie Catomis ceciderunt.* Id est, palam et propatulo plumbatis in cervicibus ceciderunt, ut *Catomis* accipiatur ibi τοπικῶς, non vero ὀργανικῶς. Ita Scaliger, ubi in eam rem multa erudite commentatur. Passio S. Afræ apud Velserum : *Porro sacrifica, ne.... Cathomis te cædi jubeam.* Ado Viennensis et Beda in Martyrol. 15. Jun. : *Deinde a Valeriano judice Catomis cæsus in confessione permansit.* [Acta SS. Viti et Modesti tom. 2. SS. Junii pag. 1021 : *Cum eum ad deorum cultum vocare non posset, Cathomis cædi jussit.*] Quiricus Archiepiscop. Toletan. in Hymno S. Eulaliæ, in Breviario Mosarabe :

Hæc enim Catomata sistitur equuleo,
Cæditur, exungulatur, atque flammis uritur.

Vita ejusdem S. Eulaliæ ex Breviario Palentino et aliis : *Tunc Calpurnianus turbido furore succensus, putans pudicam virginem more infantum a tergo corporis emendari, jubet per officium curatoris eam Catomari.... Cumque Catomaretur corpus ejus delicatum et sanctum, illatæ cædis verbera æquo animo sustinebat.* Verum catomos genus virgæ fuisse videtur innuere vetus Interpres Juvenalis ad Sat. 3 : *Quia aut Catomis cædebantur, aut quia manibus vapulant cunei per civitatem.* Ita enim legendum plane convincunt præallata. Ubi *Catomis cædi*, et *manibus vapulari*, diversa esse innuuntur. Certe Papias *Catomos*, *virgas ferreas* interpretatur : Breviloquus etiam *flagella ex virgis ferreis facta, vel flagella ex virgis in modum scobarum, quibus*, inquit, *utuntur religiosi in capitulis.* Quæ quidem posterior interpretatio videtur probabilior, cum apud Juvenalis Interpretem *Catomi* de virgis ferreis intelligi non possint, sed de vimineis capienda ejus verba videantur.

* Glossæ antiq. Argent : *Catomus, flagellum. Catomus, che divide le carne*, in Glossar. Lat. Ital. Ms.

Sed neque proclivius est definire quid sit *Catomo suspendi*, in Actis S. Babylæ Martyris cap. 2. num. 6 : *Rex jussit tres infantes levari in Catomo, et primo dari duodecim plagas, secundo autem novem, etc.* Et apud Adonem et Bedam 18. Nov. : *Catomo suspendi eum, ac verberari, et postremo etiam decollari jussit.* Quam quidem loquendi formulam censet idem Scaliger intelligendam de iis qui flagris cædebantur, funibus utrinque a terra levati, et ita suspensi, ut cervices a terra longius, quam pedes exstarent. Nicolaus Alemannus in Notis ad Anecdota Procopii pag. 85. 1. Edit. : Κατ' ὤμους καὶ νῶτα cædi esse μετέωρον αἱρεῖσθαι, ait, quomodo pueri in ludo litterario vapulare solent, ex eodem Procopio pag. 13. 54. et 78. et ex Nicephori CP. Breviario pag. 25. Edit. Reg. Et sane ita etiamnum pueri vapulandi a duobus valentioribus condiscipulis in sublime educuntur; nudato tergo flagella excepturi. Neque aliter Prudentius Hymno de S. Romano :

Vix hæc profatus, pusionem præcipit,
Sublime tollant, et manu pulsent nates,
Tenerumque diris ictibus tergum secent.

Vita S. Nicolai Studitæ pag. 911 : Ἄνδρες δὲ τούτου κατ' ἄμφω τῷ χεῖρε ἀπαιωρήσαντες, ἀνηλεῶς τοῖς βουνεύροις κατῄκιζον ἕτεροι.

Alii *levari in Catomo*, esse in alienos humeros attoli volunt. Sed et olim veteres, ut et hodie, reorum humeros cædebant, ut κατ' ὤμους cædere, seu catomis, id genus supplicii fuerit. Vide P. Fr. Chifflet. ad Victor. et Casaubon. ad Spartianum : præterea Gloss. med. Græc. in Κατάραχα. [** Forcellin. in *Catomidio.*]

¶ **CATRANUM**, Facis pice illitus, Gall. *Goudran.* [* Vel potius Resina, ab Italico *Catrame*, eadem notione.] Bartholomæus Scriba lib. 6. Annal. Genuens. ad ann. 1241 : *Tunc parata fuit in civitate quædam bricola in navi nova et plura ligna impleta fuerunt bruschis et Catrano, ut nostris galeas illas destruerent et cremarent.* Et ad ann. 1242 : *Mandavit Januam, ut naves duæ implerentur bruschis, lignamine et Catrano... quæ cum venissent ordinatum fuit, ut poneretur ignis in eis, et contra galeas inimicorum mandarentur, ut eas cremarent ad littus.* [** Vide Jal. Antiquit. Naval. tom. 2. pag. 257.]

* **CATRICLA**, Craticula, ni fallor. Charta ex Tabul. Cassin. inter schedas D. de Montefalc. : *j. sartagine, e j. Catricla, e tripides.* Vide *Catricula.*

¶ **CATRICULA**, *Fucus, Circumventio, fraus, deceptio.* Gloss. Isid. cui concinunt Papias et Constantiensis : qui trium scriptorum consensus non impedit, quin Grævius post Pithœum legendum contendat, *Craticula, Focus.*

¶ **CATRIGA**, pro *Quadriga*, Currus, apud Lobinellum in Gloss. ad calcem Hist. Britan.

* **CATROPHILON**, *Gr. Fastidium cibi.* Glossar. vet. ex Cod. reg. 7613. [** *Catraphylon* ut ex Galeno in cod. reg. 7644.]

¶ 1. **CATTA**, Cattus, Navis species. Vide *Gatus.*

2. **CATTA**, Cattus, Catus, Gattus, Felis, nostris *Chat; Gatta, Gatto* Italis. [*Katt* Sarracenis, ut est in Glossario ad calcem Itinerarii Hierosol. Bern. *de Breydenbach.*] Vide *Cata.*

Catta. Gloss. Græc. Lat. : Κάττα, *Catta.* Gloss. Lat. Græc. : Αἴλουρος, *Felis, Catta.* Baruch. cap. 6. 21 : *Supra corpus eorum et supra caput eorum volant noctuæ et hirundines et aves etiam, similiter et Cattæ.* Joannes Diac. lib. 2. Vitæ S. Gregorii cap. 60 : *Nihil in mundo possidebat, præter unam Cattam, quam blandiens crebro, quasi cohabitatricem in suis gremiis refovebat.* Evagrius lib. 6. cap. 24. : Αἴλουρον, ἣν Κάτταν ἡ συνήθεια λέγει. *Cata* Sexto Platonico lib. de Medicina animal. cap. 18.

Cattus. Glossæ veteres : Αἴλουρος, *Cattus.* Joan. de Janua : *Musio dicitur a mus, eo quod muribus sit infestus. Hunc vulgus Cattum a captura vocat.* Ugutio : *Catus, dicitur veluti cautus, unde hic Catus, quoddam animal ingeniosum, scilicet Murilegus, quem alii dicunt Gatus, per g. scilicet corrupte.* At Isidorus *Cattum* dictum vult, quod *Cattet, id est, videat.* Glossæ Arabico-Lat. : *Musium, Cattum, quod cattat, id est, videt.* Ubi *Cattare* idem forte quod *Captare* : unde nos etiamnum *Guetter* dicimus, Itali *Cattare*, quod faciunt feles, qui mures captant et observant. Metellus in Quirinalib. :

... Ut adustus timet incendia Gattus.

[** Vide Forcellin. in *Catus.*]

Κάττος, Scholiasti Callimachi. [*Cattus, marinus*, Bernardo *de Breydenbach.* Itin. Hierosol. pag. 222.] [** *Catta marina*, Ruodlieb fr. 3. vers. 132. Ecbasis vers. 654 :

Cœrula Catta Maris conservet strata jacentis.

Vide mox *Cattinæ Pelles.*]

Catus, apud Lucam Tudensem lib. 3. contra Valdenses cap. 14. [Osbertus de Miraculis S. Dunstani inter Acta SS. Benedict. sec. 5. pag. 709 : *Cernebatur dæmon, qui eum possidebat, in ventre ejus hac et illac discurrendo vagari : ut putares illum modo per os, modo per inferiores partes corporis fugam parare. Quibusdam vero, qui circumstabant, manus ad discursum inimici protendentibus, et quod in modum parvuli Cati discurreret Francigena lingua dicentibus, ille contra, qui linguæ ipsius omnimodis inscius erat, subridens, eadem lingua simili ter verbo diminutivo consonanter respondebat dicens : Non ut catulus, sed ut catellus.*]

Gattus, ex Italico *Gatto.* Joan. de Janua : *Cattus, quoddam animal ingeniosum, sc. murilegus, quod alii dicunt Gattus, per g. sed corrupte.* Domnizo lib. 1. de Vita Mathild. :

Stat male cum Gatto mus in sacco simul arcto.

Occurrit etiam in Chronicis Pisanis Ughellianis ann. 1177.

Cattinæ Pelles. Vita S. Wlstani Episc. Wigorn. cap. 2 : *Cuidam suggerenti ut pelles saltem Catinas admitteret, etc.* Continuator Florentii Wigorniensis pag. 663 : *Nulla Abbatissa carioribus utatur indumentis, quam agninis, vel Cattinis.* [Tabularium S. Florentini : *Dedit quoque Ruellonus de Arbreo decimam suam de Capella : cui dederunt Monachi palafredum et pelles Catinas.*] Hist. Monast. Abbendon. in Anglia : *Pellicias habebant, jacebant super cilicia, habebant coopertoria Cattina.* [Bernardi Ordo Cluniac. part. 1. cap. 5 : *Omnia pellicia sunt generis agnini et albi, coopertoria vero aut de ægno, aut Catini, aut putonii seu leporum, et nunquam de ullo genere majoris pretii.* S. Willelmi Constitut. Hirsaug. lib. 2. cap. 37 : *Capellum de pellibus ovinis sive Cattinis.*] Ut viles igitur *pelles Cattinæ* vulgares : at contra in pretio habitæ cattinæ pelles Hispanicæ, *Peaux de chats d'Espagne*, de quibus Consuetudines Cluniac. Petri Venerab. cap. 17 : *Cattinarum, sive aliarum pellium notabilis et damnabilis curiositas, quæ in tantum, ut ipse novi, processerat, ut Gallicanorum Cattorum pellibus contemptis, ad Iberorum vel Italorum Cattos religiosorum hominum curiositas transmigraret.* Pelles cattarum silvestrium, quas ἐνδρύμους κάττας vocat Cæsarius frater S. Gregorii Theol. Dial. 2. cap. 110. *Peaux de chats sauvages*, in Regesto peagiorum Parisiens. quibus opponuntur, *Peaux de chats privez, que l'en appelle chat de feu, ou de foier.*

* Lit. remiss. ann. 1394. in Reg. 147. Chartoph. reg. ch. 173 : *Une couverture de gris, une houppellande de brunete fourrée de Chas de Haultemort.* Vide in *Catta* 2.

¶ **CATTELMUTE**. Vide *Capilmute.*

¶ **CATTULUM**, *Feretrum.* Glossæ Arabico Latinæ. Lege *Capulum* quod feretrum est Festo, a capiendo sic dictum.

¶ 1. **CATTUS**, Felis. Vide *Catta*, 2.

¶ 2. **CATTUS**, Vinea Vide *Catus*, 2.

¶ **CATULASTER**, βούπαις, *Adolescentulus*, in Supplemento Antiquarii. *Catulaster*, πάλληξ, apud Cyrillum. Vox derivata a *Catulus* et de pueris dicta adulationis ergo, ut habetur apud Priscianum lib. 3. *Catlaster* contracte dixit Vitruvius lib. 8. cap. 4. ut pro *Catastos* restituit Turnebus lib. 24. Adversar. cap. 7. Vide *Carulaster.*

¶ Catulastrum, Ludus puerilis. Dracontius lib. 2. sub finem :

Non Catulastra gerit pucrilia.

* Glossar. Lat. Ital. Ms : *Catulaster, lo cane salvatico.*

* **CATULUM**, *La centura*, in Glossar. Lat. Ital. MS.

¶ **CATULUS**, Parvulus *Catus* seu felis. Vide *Catus* in *Catta* 2.

¶ **CATUNIS**. Gloss. Isid. : *Parapsis, granata vel Catunis.* Legendum ut in Excerptis : *Parapsis, gavata vel Catinus.*

¶ **CATUPLUS**, *Adventus navium*, in Glossario San-Germman MS. num. 501. Lege et vide *Cataplus.*

¶ **CATURCINI**. Vide *Caorcini.*

* **CATURSIENSES.** Vide supra *Cartunenses.*

¶ 1. **CATUS**, Felis. Vide *Catta* 2.

2. **CATUS**, CATTUS, GATUS, et GATTUS, Vinea, Vegetio lib. 4. cap. 15 : *Vineas dixerunt veteres, quas nunc militari barbaricoque usu Cattos vocant.* Brito in Vocab. : *Vinea dicitur quædam machina bellica, quæ Gallice dicitur Chat.* Mamotrectus ad Ezechiel. 35 : *Vineas, machinas bellicas, quibus itur ad murum suffodiendum, quas Bononienses vocant Cattos.* Catti ergo sunt vineæ, sive plutei, sub quibus miles in morem felis, quem *Cattum* vulgo dicimus, in subsessis, aut insidiis latet. Willelmus Brito lib. 7. Philippid. :

Huc faciunt reptare Catum, tectique sub illo
Suffodiunt murum.

Monachus Vallis Sarnaii in Hist. Albig. cap. 42 : *Machinam quandam parvam, quæ lingua vulgari Catus dicitur, faciebat duci ad suffodiendum murum.* Occurrit præterea apud eumdem cap. 52. et 63. Matth. Paris ann. 1226. Jacobum de Vitriaco lib. 3. Hist. Oriental. pag. 1142. in Hist. Obsidionis Jadrens. ann. 1345. lib. 1. cap. 34. lib. 2. cap. 6. etc. Aimoinus lib. 3. Hist. cap. 71 : *Erant Carri vimineis cratibus tabulisque tecti ligneis, in quibus latentes milites fundamenta suffoderent murorum.* Procopius lib. 2. Gothic. cap. 19. : Τινὰς δὲ ἐκέλευσεν ἐν τῷ ὁμαλῷ τὴν ἀπὸ τῶν ῥάβδων ἐπάγειν γοάν; οὕτω γὰρ καλεῖν τὴν μηχανὴν νενομίκασι ταύτην. Vide Portenarium in Felicit. Patavina l. 5. cap. 5. pag. 165.

CATTUS, Eodem significatu, apud Ottonem de sancto Blasio cap. 23. Jacobum de Vitriaco in Epist. de Captione Damiatæ, Joan. de Beka in Arnoldo 49. Episc. Traject. Suffridum Petri in Joan. Heinsberg. Episc. Leod. cap. 17. in Chronico Colmariensi pag. 51. 61. etc.

GATTA, apud Radevicum lib. 4. cap. 63. Vide in *Goza* [et *Gatta* 2.]

GATTUS, apud Conradum Uspergens. : *Fecit turrim ligneam erigi, et alia instrumenta, quæ Gattos, sive aliis nominibus nuncupant, præparari.* Occurrit etiam apud Monachum Paduan. lib. 2. Chron. cap. 8. in Hist. Cortusior. lib. 7. cap. 7. in Chronicis Pisanis pag. 853. tom. 3. Ughelli, apud Ottonem Morenam in Hist. Rer. Laudensium pag. 46. 47. 49. 54. 56. etc. [Sed *Gatus* vel *Gattus* apud hunc Scriptorem non ad suffodiendum murum in imo, sed ad trajiciendam fossam, ipsumque murum desuper destruendum inserviebat, ut recte adnotat Murator. tom. 6. col. 1035. in hunc locum : *Præterea Imperator Gatum maximum, cujus par nec similis unquam visus fuit, usque supra fossatum ipsius castri una cum alio minori Gato ducere fecit, fossatumque ipsius castri ex terra impleri præcepit... Gatum igitur via sic peracta sibi per medium fossatum ducere eum Teutonici cœperunt.* Col. 1041 : *Gatus quippe viam per medium fossatum faciens jam antea prope murum ipsius castri præcesserat; in ipso enim Gato quædam trabs ferrata, quam Bercellum appellabant, constabat, quam, ipsi, qui infra ipsum Gatum fuerant foras plus de viginti brachiis projicientes, in murum ipsius castri mirabiliter feriebant, ac tandem tantum ferierant, quod de ipso muro plus de viginti brachiis in terra projecerant.* Hinc merito concludit oculatissimus Editor Muratorius, non ad suffodiendum murum, sed potius ad ipsius pinnas sive loricas evertendas institutum fuisse Gattum, pluteumque, Gall. *Galerie*, potius quam vineam esse appellandum ; enim vero, inquit, Vegetio lib. 1. *Plutei dicuntur qui ad similitudinem apsidis contexuntur e vimine, et ciliciis, vel coriis proteguntur : ternisque rotulis, quarum una in medio, duæ in capitibus apponuntur. In quacumque volueris admoventur more carpenti, quos obsidentes applicant muris : eorumque munitione protecti, sagittis sive fundis, vel missilibus defensores omnes de propugnaculis civitatis exturbant, etc.* Quam belle hæc conveniant *Catto*, quem describit Cornelius *Zantfliet* in Chronico apud Marten. tom. 5. Collect. Ampliss. col. 389. ex ipsis illius Chronographi verbis patebit : *Interim*, inquit, *rem in desperato ponentes Leodini, quoddam instrumentum ligneum ex trabibus immensæ magnitudinis construentes, quod Cattum nuncupabant, substratis artificiose rotis ligneis ad diruendos muros Trajecti et oppidi Wick minare cœperunt.* His addo quæ referuntur in Breviario Hist. Pisanæ ad ann. 1171 : *Cumque diu pugnatum esset, illi se non valentes tenere, videntes murum a Gatto foratum, et a manganis turrim, IV. Nonas Decemb. se reddiderunt Pisanis.* Ex quibus tandem omnibus conficimus varios fuisse Gattos ; alios quidem ad suffodiendos muros, quos solos attendit Cl. Cangius, et de quibus fuse Matth. *Dogen* Architect. Militar. pag. 488. et *Milliet Dechales* Curs. Math. lib. 5. propos. 10. et 11. tom. 2. alios vero ad diruendos, quos hic post Muratorium attigimus.] Petrus Gerardus Patavin. lib. 7. de Ezelino tyranno pag. 78 : *Et posto ad ordine gran quantita di vettovaglie sopra carri, arma, Gatti, mangani, trabucchi, ponti, etc.* Chron. Petri IV. Reg. Arag. lib. 3. cap. 23 : *E faen far ginys en Valencia, e en Barcelona, e mantelets, et Gates per combatre.* Adde cap. 25. Vide *Murilegus.*

CATA, apud Guillelm. de Podio-Laur. cap. 30 : *Demum fuit consilium ædificare machinam ligneam, quam vocabant Catam, cum qua terram et aliqua pertraherent ad replenda fossata, quibus æquatis pugnam cominus inferrent, et effractis clausulis ligneis insilirent.* Hinc *Catafalco*, Italis machina illa quam *Chafaux* dicimus, quasi *chat faux*, ut observavimus ad Joinvillam, cum non *cata*, vel *catus* sit, sed speciem illius referat.

CHAT, nostris. Guillelmus *Guiart* in Philippo Augusto :

Devant Boves fu l'ost de France,
Qui contre les Flamans contance,
Li mineur pas ne soumeillent ;
Un Chat bon et fort appareillent,
Tant euvrent dessous et tant cavent,
Qu'une grant part du mur destravent.

Idem ann. 1205 :

Un Chat font sus le pont atraire,
Dont pieça mention feismes,
Qui fust de la roche meismes,
Li mineur desous se lancent,
Le fort mur à miner commencent,
Et font le Chat si aombrer,
Que rien ne les peut encombrer.

3. **CATUS**, Truttæ piscis species apud Hibernos. Vide Giraldum in Topogr. Hibern. dist. 1. cap. 7.

* 4. **CATUS.** Assisia comit. Fuxi in Reg. S. Ludov. fol. 112. ex Chartoph. reg. : *Item pro bailivia Catorum in quolibet laboratore, sextarium frumenti.* Sed leg. videtur *Carrorum.* Vide supra *Carrigium* 2.

¶ **CATUX**, *Sublimis.* Papias MS.

* **CATZOLA.** Vide infra *Cazola.*

1. **CAVA**, Fossa, locus depressus, vallis, Italis, *Cava*, nostris *Cavée*, quasi *cavata.* Gloss. Lat. Græc. : *Cavum*, κοῖλον. Frontinus de Limitib. : *Certis locis vias, Cavas, itinera, coronas.* Idem : *Quicquid viarum, riparum, Cavarum, etc.* Et lib. 2. Strateg. cap. 2 : *Hannibal contra Marcellum pugnaturus, Cavas et præruptas vias objecit.* Vetus Charta Cornutiana edita a Suaresio : *Id est a Cava arcus qui mittitur ad Prætorium, etc.* Infra : *Quæ sepis descendit per regam aut ad viam Cavam, sive ad torum, quæ redit usque ad arcum supradictum, etc.* Anonymus Salernitanus parte 7. Chron. : *Moxque locum ubi Flumicellus dicitur, misit, Cavæque sunt ibidem antiquitus factæ, et est tutissimus locus.* [Chronicon. S. Martialis Lemovic. apud Stephanotium in Fragmentis Hist. MSS. tom. 2 : *Anno* 1271. *In festo S. Michaelis post Vesperas cecidit fulgur in cœmeterio nostro magnam Cavam faciens, etc.* Marten. tom. 3. Anecd. col. 17. ex Chronico Siciliæ : *Et tenuit eam obsessam annis fere duobus et dimidio, et finaliter obtinuit eam propter quamdam quam fieri fecit Cavam per sub mœnia dictæ civitatis Neapolis, et ex ipsa Cava mœnia ipsa fuerunt diruta, per quæ diruta mœnia idem Rex Conradus intravit violenter. Cava* idem est hic quod *Cuniculi*, Gall. *Mines*, Hisp. *Mina.* Ibidem col. 29 : *Dicti Messanenses galeam dictorum trium Congregationum Gentium Panormi, quæ applicuerat usque ad Cavam mœnium, et ibi interfecerat multos Gallos illic inventos, rebellaverunt similiter contra dictum Regem Carolum.*] Charta Rogerii Comitis Siciliæ pro Eccl. Pactensi apud Rocchum Pirrum : *Inde vero transit ad profundam et obscuram Cavam*, scil. viam. Vide tom. 2. pag. 500. et Ughellum tom. 6. pag. 269. [et infra vocem *Gaba.*] Sunt igitur *Cavæ*, κοιλώματα et χάσματα. Stephanus : Κόους, τὰ κοιλώματα τῆς γῆς, καὶ πάντα τὰ σπήλαια ἔλεγον.

* Cava nostris olim *Cavain.* Lit. remiss. ann. 1411. in Reg. 165. Chartoph. reg. ch. 261 : *Le suppliant espia icellui Mahieu en un Cavain lez la mote des leux.* Monstrelet. 3. vol. ad ann. 1452. fol. 42. v° : *Les Picards trouverent un Cavain de chemin malaisé à descendre et les convint planer du long du chemin.* Ejusdem originis est vox *Cavaras*, Cavus, vulgo *Creux, trou.* Charta Galteri *d'Estrommel* ann. 1308. in Reg. 72. ch. 309 : *D'ycelle terre.... renforcher les traus ou Cavaras, ou li cours de l'yaue a faiz faire ou poura faire, sur le pointe de la terre, qui est darriere ledit molin. Chaver* vero, pro *Cavare*, Gall. *Creuser*, in Vit. SS. Mss. ex Cod. 28. S. Vict. Paris. fol. 91. v°. col. 2. ubi de S. Maria Ægypt. : *Adonc li lions commença à Chaver, et fist convenable fossé. Chever*, in Ch. ann. 1407. ex Tabular. S. Joan. Laudun. : *Nulz ne puet, ne ne doit aler Chever, haver, faire pierres, ne autre quelque chos*

en une certaine quarriere. Chiever, in Gest. Ludov. Pii cap. 18. tom. 6. Collect. Histor. Franc. pag. 155 : *La goute d'iaue, qui chiet continuement, Chieve la pierre dure.*

* Aliud vero sonat hæc eadem vox *Cavain*, in Lit. remiss. ann. 1456. ex Reg. 138. ch. 218 : *Lesquelz compaignons se assemblerent pour eulx esbatre, faire leurs Cavains et bouhours, ainsi que acoustumé est de faire parchacun an le jour des brandons.* Ubi de pugna ludicra aliisque ludis hac die peragi solitis sermo est; quod in vallibus peragerentur, forte *Cavains* nominarunt.

¶ Cava, Cella depressa, in qua vinum oleumve reconditur, Gall. *Cave*. Statuta Arelat. MSS. art. 180 : *Cave oley inquantentur quolibet anno. Quædam Cava seu volta lapidea*, apud Fantonum Hist. Avenion. pag. 164.

* Charta ann. 1300. in Chartul. Guil. abbat. S. Germ. Prat. fol. 250. r°. col. 1 : *Item grangiam et Cavam existentes extra muros dicti castri.* Quæ sic Gallice redduntur in Ch. Blanchæ reg. Navar. ibid. fol. 248. v°. col. 2 : *Item la grange et la quave, qui sont dehors les murs dudit chastel.* Testam. Audoyni card. Ostiens. ann. 1363. ex Cod. reg. 4223. fol. 138. v° : *Item lego conventui monialium S. Laurentii, infra civitatem Avenionensem, turrim et Cavam meas, quas feci ædificari.* Adde Chartam ann. 1058. apud Murator. tom. 1. Antiq. Ital. med. ævi col. 190. Unde *Encavage*, vectigal, quod pro doliis in *cavam* demittendis solvebatur. Stat. scabin. Maceriar. Mss : *Chacune queue doit cinq deniers, tant pour l'Encavage que pour l'asseage.*

Caba, pro *Cava*, apud Innocent. de Casis litterrat. pag. 243.

Cavea, Eadem notione, nostris *Cavée*. Will. Tyrius lib. 16. cap. 9 : *Transitaque Cavea Roob, in planitiem pervenerunt.*

¶ 2. **CAVA**, *Vacua partu*, in Glossis Sangerman. MSS. num. 501.

* 3. **CAVA**. Libert. Villæfr. Petragor. ann. 1357. tom. 8. Ordinat. reg. Franc. pag. 208. art. 32 : *De summata urnarum vel Cavarum unum denarium.* Sed legendum *Canarum*, ut cuique patet. Vide *Canna* 4.

* **CAVACATAL**, Equestris expeditio. Stat. Genuæ lib. 4. cap. 83. pag. 136. r° : *Nec cogantur homines dicti loci per dictum potestatem ire ad parlamentum ipsius potestatis, nisi quando parlamentum fuerit generale, quod fecerit pro exercitu vel Cavacatal.* Vide supra in *Caballus*.

CAVACEQUIA, Custos vinearum : vox Hispanica. Fori Oscenses Jacobi I. Regis Aragon. ann. 1247. fol. 34 : *Quicunque super furto arborum, fructus, aut uvarum a custode vinearum, seu Cavacequia a Concilio constituto fuerit accusatus, etc.* Vide *Cequia*.

* **CAVADENS**, an Ornamenti genus, aut *Dentiscalpium*, Gall. *Curedent?* Italis *Cavadenti* est Dentiducus. Bareleta serm. in Domin. Quinquag. : *Contra illos portantes barbas et Cavadentes.*

CAVADIA. Charta ann. 1317. in Probat. Hist. Monmorenc. pag. 342 : *Item nonnulla Cavadia, et quædam Corveia, cum emolumentis obvenientibus, etc.* Sed legendum *Cavagia*. Vide in *Capitale* 5.

CAVAGIUM, Census capitis. Vide in *Capitale* 5.

* **CAVAGLONUS**, Idem quod mox *Cavagninus*. Stat. Perus. pag. 54 : *Si quis ceperit usque quatuor uvas, solvat solidos quinque, et ab inde supra usque ad Cavaglonum, faldatum, corbellatam, solvat pro banno solidos decem.* Vide supra *Burla* 1.

* **CAVAGNINUS**, Cavagnus, Fiscina, corbis, Gall. *Cabas*, *panier*. Stat. Vercel. lib. 6. pag. 145. r° : *Petrus textor de vicinia S. Salvatoris debet dare in perpetuum quolibet anno..... Cavagninum unum ficuum, in festo S. Bartholomei, domino potestati Vercellarum.* Stat. Genuæ lib. 4. cap. 42. pag. 106. v° : *Vetent hominibus sibi subditis ne faciant, nec fieri faciant corbes vel Cavagnos de virgis castaneorum.* Stat. Taurini ann. 1360. cap. 98. ex Cod. reg. 4622. A : *Omnes pisces recentes teneantur ipsi piscatores evacuare de suis Cavagnis et repositoriis.* Vide supra *Cabacetus*.

* **CAVAILLERIUS**, Cavaillerius, Cavalagium. Vide supra in *Caballus*.

* 1. **CAVALARIA**. Vide supra in *Caballaria* 1.

* 2. **CAVALARIA**, Cavallaria. Vide supra in *Caballus*.

* **CAVALARICIA**, Caballi opera. Vide supra in *Caballus*.

CAVALARII. Statuta antiqua Abbatiæ S. Petri Corbeiensis cap. 1 : *Matricularii 12. laici 30. ad 1. cameram, 6. sutores 3. Cavalarii 2. fullo unus.* Legendum opinor, *Cavatarii*, ex Gall. *Savetiers*, veteramentarii sutores. [** *Cavalarii* ed. Acher. in Cod. est *Cavalos*. Vide Guerardum post Irminon. pag. 307. et confer *Cavator*, 2. quomodo fortasse legendum est.]

¶ **CAVALATA**, Cavalcada, Cavalcare, Cavalcata, etc. Vide in *Caballus*. Quas ex eodem fonte manantes voces hic paulo fusius explicamus, eæ necdum ad nos pervenerant, cum typis impressum est *Caballi* vocabulum, ubi omnia ejus derivata fuissent collocanda.

CHVALCATA. Vide *Hostis*.

* **CAVALCARE**. Vide supra in *Caballus*.

* **CAVALCARIA**, Cavalcata, Servitium militare cum equo. Vide supra in *Caballus*.

* **CAVALCATIVUS**, Ad equos pertinens. Vide supra in *Caballus*.

¶ **CAVALCATOR**, Eques, Gall. *Cavalier*, Ital. *Cavalcatore* et *Cavalliere*. Chronicon Parmense ad ann. 1265. apud Murator. tom. 9. col. 780 : *Et ibi ceperunt cccc. Cavalcatores et* m. *pedites.* Occurrit rursus ibidem col. 800.

¶ **CAVALCATURA**, Equitum turma. Chron. Parmense ad ann. 1300. apud Murat. tom. 9. col. 842 : *Et veniebant ipsi Barones et Dominæ de Francia et de aliis longinquis partibus* xl. *et* l. *et pluribus Cavalcaturis.* Galli diceremus, *par compagnies de 40. et 50.*

¶ **CAVALCATUS**, Cavalericius, Cavalgada, Cavallagium. Vide in *Caballus*.

* **CAVALERIUS**, Cavalga, Cavalgada, Cavalgata. Vide supra in *Caballus*.

* **CAVALHARIUM**, Cavalherium. Vide supra in *Caballaria* 1.

* **CAVALLAGIUM**, Præstatio ex avena pro unoquoque pari boum. Vide supra in *Caballus*.

¶ **CAVALLAIRINUS**, Prædium *cavalcatæ* seu servitio militari obnoxium. Enumeratio jurium Comitis Biterr. in civitate Albiensi ann. 1252 : *Item de novo addit dictus Senescallus, et significat Celsitudini vestræ, quod dominus Guillelmus quondam Episcopus Albiensis recognovit domino Rogerio tunc Vicecomiti Biterrensi se tenere ab ipso in feudum liberum omnes Cavallairinos, quos tenebat in Albigesio, et quod debebat ei jure facere talem recognitionem, quam faciebant Milites, quorum fuerunt; et recognovit, etc.* Vide *Caballaria*.

* **CAVALLAIRIVUM**. Vide supra in *Caballaria* 1.

¶ **CAVALLARIA**, ut *Cavallairinus*. Vide *Caballaria*.

* **CAVALLARIUS**. Vide supra in *Caballus*.

¶ 1. **CAVALLATICUM**, Præstatio avenæ pro *Caballis*. Vide *Caballacum*.

¶ 2. **CAVALLATICUM**, Obligatio pergendi in exercitum cum domino superiori. Vide in *Caballus*.

* **CAVALLAYRAGIUS**. Vide supra in *Caballaria* 1.

¶ **CAVALLERIA**, ut *Cavallairinus*. Vide *Caballaria*, 1.

* **CAVALLERINUM**. Vide supra in *Caballaria* 1.

¶ **CAVALLERIUS**, Eques, Gall. *Chevalier*. Vide in *Caballus*.

¶ 1. **CAVALLETUS**, Cantherius, Gall. *Chevalet*, Massil. *Cavalet*. Hoc utuntur mercatores, ut merces suas venales exponant, ponderent vel metiantur pro vario mercimoniorum genere. Tabularium Comitatus Massil. : *Quantum ad bladum barchiarum, quod ipsi teneant Cavalletum per totam diem.* Vide *Cavillerius*.

* *Cheval-feust*, eadem notione, in Lit. ann. 1404. tom. 9. Ordinat. reg. Franc. pag. 46. art. 5 : *Chascun aprentiz sera tenu paier pour Cheval-feust, dix solz Tournois.* Cujusmodi instrumentum plurimis artificibus in usu est, quod quatuor veluti pedibus sustineatur, sic dictum.

¶ 2. **CAVALLETUS**, Equuleus, seu machina lignea *caballo* seu equo similis, cui imponebantur torquendi, Gall. *Chevalet*. Chron. Parm. ad ann. 1253. apud Murator. tom. 9. col. 777 : *Omnes alii vero mortui extiterant in dictis carceribus propter gravia tormenta .... nam quotidie ponebantur ad Cavalletos, et ad dextras in modum crucis pendentes.*

* Olim *Chevel-fust*. Sermo de S. Georgio in Cod. Ms. xiv. sæc. S. Vict. Par. : *Saint Georges fu mis premierement en un torment, que l'en apele Cheval-fust.*

¶ **CAVALLICARE**, Equitare, vehi *cavallo*. Vide *Caballicare* in *Caballus*.

* **CAVALLICATURA**. Vide supra in *Caballus*.

¶ **CAVALLUS**, Equus. Informationes civitatis Massil. de passagio transmarino e MS. Sangerman. : *Item si voluerit portare equos (in navi) portabit* cxx. *Cavallos*. Vide *Caballus*.

Cavallina Bestia, in Ordinatione curiæ Caroli Comitis Provinciæ ann. 1274. e MS. D. *Brunet*.

* **CAVALOR.** Vide supra *Caballaria* 1.

* **CAVAMEN.** Glossar. vet. ex Cod. reg. 7646 : *Cavamina, utraria, bellocauta.* [** *bello cauta.* Glossar. ap. Maium tom. 7. pag. 555.]

¶ **CAVAMENTUM**, Ital. *Cavamento*, Fossio, *Actio cavandi.* Chron. Parm. ad ann. 1279 : *Mediolanenses cum toto suo posse equitaverunt apud flumen Addæ, volentes dictum flumen trahere de lecto, ne veniret Laudum; quum Potestas cum militia Parmæ fuit Laudæ, dictus dominus Marchio cum suo exercitu, Cavamento dimisso, non bono modo recessit.*

CAUANA, Beda de Proposition. Arithmet. : *Et Cauana, quæ habet in longitudine pedes* 100. *in latitudine pedes* 64. *dicat qui velit, quot cupas capere debet, etc.*

* **CAVANARE**, f. pro *Evanare*, Gall. *S'évanouir*, animi deliquia pati. Mirac. B. Anton. Ripol. tom. 6. Aug. pag. 540. col. 1 : *Propter quem dolorem stomachi aliquando Cavanabat in tantum, quod credebat mori.*

¶ **CAVANEUS**, Locus depressus et paludosus. Charta Hugonis Abb. Corbeiensis ann. 1227. e Tabulario ejusdem Monasterii : *Habemus autem fossatum octo pedum inter terram et Cavaneum, et est spatium quadraginta pedum inter dictum fossatum et Cavaneum, sicut se comportat Cavaneus, ita quod remanet ibi via competens itinerantibus . . . sed licebit hominibus de Corbeia ibi juncos et herbam solummodo colligere.*

* Nostris *Cavain.* Vide supra *Cava* 1.

CAUANNA, Cauannus, Noctua. Gloss. Ælfrici : *Strix vel Cauanna, vel noctua, vel ulula*, Ule. Eucherius lib. 2. ad Salonium cap. 9 : *Sunt qui ululas putent aves esse nocturnas, ab ululatu vocis quem efferunt, quas vulgo Cauannos dicunt.* Ex quibus emendandus videtur Aldhelmus de Virginitate cap. 28 : *Ungues ritu falconum, accipitrum, seu certe ad instar . . . Cauannorum utuntur.* Ubi perperam editum *Calvannorum.* Versus in Velum Chintilanis Regis, in Analectis Mabillonii tom. 1 :

Tristis perspicua sit cum perdice Cavanus,
Junctaque cum corvo pulcra columba cubet.

Qui quidem versus editi olim a Pithœo lib. 4. Epigrammatum veterum sub nomine *Euceriæ, tavanus* male preferunt. Vocem retinent Gallo-Belgæ : noctuam enim vulgo *Cahuan* vocant; unde politiores *Chahuan* effinxerunt, et *Chouette*, Occitani *Chat*, [Armorici *Caouen* vel *Cawen.*] Nescio an omnibus arrideat viri docti conjectura, qui ejusmodi aves dictas scribit, quasi *Chats huans.* Itali quidam Scriptores, ut Cresconii Interpres, *Cauetta*, noctuam vocant. Ut porro Latini, vel certe inferioris ævi Scriptores, *Striges* et *Strigas*, veneficas et incantatrices appellarunt, ita etiam nostri *noctuas* vocarunt, seu vocabulo vulgari *Chouettes*, quod de nocte vagentur, et maleficia sua conficiant. Id enim sonant voces

Caoetus et Caoeta, in Synodico Raphaelis Archiepiscopi Nicosiensis pro Græcis, edito cum Constitutionibus Nicosiensibus cap. 15 : *Item denuntiamus excommunicatos . . ., omnes sortiarios et sortiarias; divinos et incantatrices; item omnes Caoëtos et Caoëtas, item omnes qui publice in domibus suis manutenent et sustinent ludum azardi.* Eadem habentur infra in Constitutione recitata in Ecclesia Nicosiensi ann. 1251. At Concilium Nemosiense anni 1298. can. 4. præfert, *sortilegos, et divinos, Coavetos et Coavetas, etc.* quæ eadem sunt.

Caballi, pro *Cauanni*, apud Papiam, Editum et MS. cui ita appellantur *Aves nocturnæ*, quæ et *ululæ* dicuntur.

* Glossar. Gall. Lat. ex Cod. reg. 7684. *Chouen, bubo, oisel.* Haud scio an idem sonet vox *Casuesne*, in Mirac. Mss. B. M. V. lib. 1 :

Noiés soit chil en l'iaue d'Oise,
Ki pour Casuesne laist vendoise.

Piscis genus videtur.

¶ **CAVANNARIA**, Prædium rusticum. Placitum Pontii Abb. inter Fragmenta Histor. Stephanotii MSS. tom. 7. pag. 348 : *In medio manso mediam eminam ordei et mediam vini, et in Cavannaria dimidium quartellum ordei.* Vide *Cabannaria.*

* Charta ann. 1132. inter Instr. tom. 12. Gall. Christ. col. 380 : *Exceptis certis feudis et mansis in Cavannariis, quæ ab eis tenebantur.*

CAVARRETUS, [Minister aulicus inferior Castellano.] Vide *Gavarretus.*

** Cavarzellani. Vide Murator. Antiq. Ital. vol. 1. col. 507. A.

* **CAVASTRELLUS**, in Stat. Placent. lib. 5. fol. 55. v°. *Canastrellus* vel *Canastellus.* Vide in hac voce.

¶ 1. **CAVATA**, a *Cavando*, sic dictus Catinus profundior, Gall. *Ecuelle.* S. Wilhelmi Consuetud. Hirsaug. lib. 1. cap. 15 : *Pro signo Cavatæ, pollicis summitatem in sinistræ manus medium pone, etc.*

* 2. **CAVATA**, Vetus ac detritus calceus, Gall. *Savate.* Gasp. *de Soif* mon. Valcel. in Compend. super gestis abb. ejusd. monast. : *Ego pro ea unam Cavatam non darem. Dicebat autem sotularem, qui pro sui vetustate et consumptione ita vulgariter appellari solet.* Unde nostris *Çavetier* et *Çavetonnier*, pro *Savetier.* Vide infra *Sabaterius.*

¶ **CAVATA** Pellis. Vide *Cordebisus* et mox *Cavator* 2

* **CAVATAGIUM**, Capitis census, idem quod *Cavaticum.* Charta ann. 1205. tom. 1. Probat. Hist. Brit. col. 801 : *Concessi eisdem monachis passagium de Pontiveio, et tertiam partem vinagii, viariæ et Cavatagii Venetis.* Vide *Capitale* 5.

CAVATICARII, Qui capitalem censum debent, quasi *Cavatgiarii*, ex Gall. *Chevage.* Vide in *Capitale* 5. Polyptychus Ecclesiæ Floriacensis : *Cum fecerint corbadas in mense Martio, debent habere panem et legumina et siceram : mense Maio panem et vinum, si esse potest. Si ibi sunt Cavaticarii, debent Kl. Octobr. et* 1. *diem in banno, et ad tres audientias venire cum suis eulogiis.* Infra : *Isti sunt Cavaticarii S. Petri, Tetboldus, Gundoildis defunctus, Einhardus, etc.*

¶ **CAVATICUM**, Capitis census. Codex Irminonis Abb. Sangerman. MS. fol. 19. recto : *Quos adquisivit Donnus noster Abbas, dicens eos esse servos S. Germani, et faciens eis reddere Kavaticum. Hujus Gunfredi fuerunt filii duo et septem filiæ; ex filiabus enim ejus acepit* 1. *Fletold. nomine Ermintrudem, qui suum Cavaticum similiter reddidit.* Et fol. 61. col. 2 : *Sunt in Nuviliaco mansi vestiti* VI. . . *solvunt ad hostem multones* XII. *de Cavatico sol.* V. *denar.* III. Vide *Capitale* 5.

1. **CAVATOR**, [Scalptor, *Graveur.*] Vide *Cabidarius.*

¶ 2. **CAVATOR.** Coriarius, Gall. *Corroïeur.* Vide locum in *Conreatores.*

¶ 1. **CAVATURA**, Cavitas, Gall. *Cavité, Creux.* Bern. *de Breydenbach* Itin. Hierosol. pag. 211 : *Ficulneam quandam grandem et pervetustam sub oculos habebamus, cujus truncus magnam preferebat Cavaturam.*

* Guido de Vigevano de Modo acquirendi et expugnandi T. S. Mss. cap. 2 : *Habeat* (truncus) *duas Cavaturas, scilicet unam ab una parte et aliam ab alia.*

* 2. **CAVATURA**, Actio cavandi, opera, quam in cavandis fossis dominorum exhibere subditi tenentur. Charta ann. 1250. in Chartul. Campan. fol. 338. v°. col. 2 : *Hoc excepto quod homines illius villæ prædictæ Cavaturam non facient fossatorum et fossata cavare ex debito nullatenus tenebuntur.*

* **CAUÇAGIUM**, Tributum, quod pro *calceis* seu aggeribus reficiendis a prætereuntibus exigitur. Charta Innoc. PP. III. in Chartul. Campan. fol. 166. r° : *Sub interminatione anathematis prohibere curetis, ne a præfatis fratribus* (militiæ Templi) *ve eorum hominibus... passagium, vendam, pedagium, Cauçagium, seu aliam quamlibet consuetudinem exigere vel extorquere præsumant.*

CAUCARII, Testes obducti, falsi, in Decretis Hungaricis.

¶ **CAUCATRICES**, Crocodili. Jacobus de Vitriaco in Hist. Orientali apud Marten. tom. 3. Anecd. col. 291 : *In hoc autem flumine* (Nilo) *vidimus quædam monstra quæ Crocodilli nuncupantur, Gallice autem Caucatrices, quæ hominibus et equis insidiantes, quidquid dentibus attingunt, devorant.*

CAUCATUS, Idem videtur quod *Caucus.* Isidorus lib. 14. cap. 25 : *Cyathi pondus* 10. *drachmis appenditur, qui etiam a quibusdam Caucatus dicitur.* Quidam Codd. habent *Coulacus.* [** Areval. *Cuatus.*] Legendum forte *Caucalus*, nam καυκάλιον pro vase potorio usurpant Apophthegmata Patrum cap. 7. Achmes, et Palladius in Hist. Lausiaca. Vide *Caucus.*

¶ **CAUCELLUS**, Vasculum. Vide in *Caucus* 2.

¶ **CAUCIA.** Vestigium animalis a calceus sic dictum. Statuta Arelat. MSS. art. 87 : *Roueria levatarum et Caucie et receptacula cyrogrillorum cumulentur.* Provincialibus *Caucigar*, Calcare. Vide *Causia.*

CAUCIARIUS. Vetus Notitia judicati sub Carolo Magno apud Sammarthanos in Episcopis Massiliensibus : *Et ipse Episcopus jam scriptus ibidem aliud judicium ostendit, qualiter per ordinationem Domni Karoli Majoris domus, Cauciarios suos missos exinde jussit ad ipsam Casam S. Victoris revestire; quo ita confecit, etc.* Videtur legendum *Causarii*, qui *causas* dijudicant. Vide in hac voce.

¶ **CAUCII** Nummi. Vide post *Caucus* 2.

¶ **CAUCINARIUS**, Causinarius, Qui facit calcem, Ital. *Calcinaio, Calcinare*, Gall. *Faiseur de chaux.* Statuta Massil. lib.

5. cap. 18 : *Constituimus hoc præsenti Capitulo, ne aliqua persona, Caucinarius, vel alius quilibet, audeat de cætero, extirpare vel resecare soccas alicujus arboris fructiferæ.* Lib. 6. cap. 47. *De calce non revendenda* in MS. habetur, *facientibus calcem Causinariis* : quæ postrema vox desideratur in edito.

¶ Causinaria, Fornax calcaria, Gall. *chaufour*. Instrum. anni 1312. ex Archivo S. Victoris Massil. : *Dedit botazarium et pasquetum in territorio de Camporcino, furnum sive Causinariam.*

* *Cauch* quippe, pro *Chaux*, nostri dixerunt, ut legere est in Chartis ann. 1446. et 1513. ex Tabul. Corb.

* **CAUCIUM**, *Calcia*, agger, via strata; nisi idem sit quod *Cavaneus*, Locus depressus et paludosus. Charta ann. 1311 in Reg. 48. Chartoph. reg. ch. 197 : *Cum quibusdam pascuis, ... quæ idem dominus abbas* (Bonæ combæ) *et ejus monasterium habebant .... in Caucio, dicto de Rodes et de Salis.*

CAUCLEARII. Vide *Cauculatores*.

¶ **CAUCTIO**, in Charta, quam exhibet Hickesius Dissertat. pag. 17. est pro *Cautio*. Vide in hac voce.

* **CAUCULÆ**, *Lixæ, aut servi militum.* Glossar. vet. ex Cod. reg. 7646.

* **CAUCULARE**, Cauculatio. Vide mox *Cauculus* 4.

CAUCULATORES, Cauclearii, Coclearii, Cacularii, Circulatores, præstigiatores, *qui pudicos ad libidinem defigunt animos*, in leg. 3. Cod. Th. de Malefic. (9, 16.) vel *qui cauculis*, seu *poculis amatoriis, cibis, vel phylacteriis ita mentes quorumdam inficiunt, ut in insaniam versi a plerisque judicentur, dum proprias non sentiunt contumelias*, ut est in Lege Wisigoth. lib. 3. tit. 4. § 13. in Addit. 2. Capit. cap. 18. et in Concil. Parisiensi VI. lib. 2. cap. 2. *Qui mala et obnoxia medicamenta ad alienandos animos dant*, in Constit. Sicul. tit. 41. § 1. *Amatoria pocula porrigentes*, tit. 42. § 3. *Qui pro amore malefici sunt*, in Pœnitentiali Halitgarii Camerac. cap. 5. *et qui per quædam maleficia et incantationes mentes hominum se immutare posse dicunt, id est, ut de odio in amorem, aut de amore in odium convertant.* Plautus in Truculento :

Si semel amoris poculum accepi mere,
Eaque intra pectus se penetravit potio, etc.

Adde quæ congessit Jacobus Gotofredus ad leg. 3. de Malefic. Cod. Theod. Perperam enim Salmasius *Cauculatores* existimavit eos esse, quos Galli *Joüeurs de Gobelets* appellant; *Guichelaers*, Belgæ dicunt, unde etiam vocis etymon accersit Lydius. [** Vide Grimm. Mythol. Germ. pag. 584. et Graffii Thesaur. Ling. Franc. tom. 4. col. 134. radice *Gaugal*.] De hac voce Eustath. Swartzius lib. 1. Analect. cap. 8. Capitulare Aquisgran. ann. 789. cap. 63. et Capitula Caroli Magni lib. 1. tit. 62 : *Præcipimus ut nec Cauculatores, et incantatores, nec tempestarii, vel obligatores fiant, et ubicunque sunt, vel emendentur vel damnentur.* Ita etiam Capitulare 1. Caroli Magni incerti anni cap. 40. Otfrido Evang. lib. 4. cap. 16. *Gougulares* dicuntur.

Caculator, Eadem notione. Monachus Gandensis in Historia Translationis Reliquiarum S. Landoaldi num. 18 : *Denique procul Caculatores ac susurratores a se removent.* Ubi viri docti, *Caculatorem*, verbosum, garrulum et blateronem interpretantur, a Belgica voce *Kakelen*, garrire, blaterare. Sed, ni fallor, *Caculator*, hoc loco, idem est qui *Cauculator*, præstigiator, quod ex iis, quæ præcedunt, elici potest. Adjunguntur enim *Caculatores* susurratoribus, seu Magis, qui *susurris* et carminibus magicis incantationes suas peragunt.

Coclearii, Iidem etiam dicti in Capitulis Caroli M. lib. 1. cap. 21 : *Ut Coclearii, malefici, incantatores, et incantatrices fieri non sinantur.* Ubi Capitulare Aquisgrau. ann. 789. prioris Edit. cap. 18. habet *Cancellarii*, Baluziana vero *Coclearii* etiam præfert. [** Pertz. *Cauclearii*, al. *coclearii, coglearii*. Vide Gloss. Germ. apud Graffium loco supra laudato.]

¶ **CAUCULE**, *Lixeunt, servunt litum.* Sic in Glossario MS. Sangerman. n. 501. Legerem lubens : *Cauculi, Lixæ, aut servi, aut liti*, voces fere synonymæ, quæ *famulum* indicant [** Leg. *lixe aut servi militum.*] Vide *Cauculus* 3. et *Cauculæ*.

¶ **CAUCULOSI.** Vide *Cauculus* 2.

¶ 1. **CAUCULUS** juxta Macrum in Hierolexico Pædagogum designat. Penes Græcos, inquit, καυχοῦλος infirmitatis species est, quæ solet pedes accipitris affligere. Quare fortassis metaphorice Pædagogum denotat, qui tormentum pedibus puerorum affert, dum eos libertate privat ad libitum spatiandi. Vide Glossar. mediæ Græcitatis in καυκοῦλος, ubi tamen nullum est Pædagogi vestigium.

¶ 2. **CAUCULUS**, *Petra est, que in vesica fit; unde et nomen accepit, gignitur autem ex materia flegmatica.* Glossar. MS. Sangerman. num. 501. Legendum *Calculus*, [** ex Isidor. lib. 4. cap. 7. sect. 32.] ut et *Calculosi* pro *Cauculosi*, de quibus hæc leguntur in eodem Glossario :

¶ Cauculosi, *Hii sunt, quibus tumor in vesica et arostoma ptiriaris, id est, illi qui cum urinam faciunt velut furfures supernatat : stranguiria, id est, constructio urine, et discuria, id est, difficultas urinam faciendi, et emorrogia, id est, qui sanguinem per urinam faciunt.* Voces Græcæ fere omnes depravatæ. [** in cod. reg. 7644. ut ex Galen. ubi : ... *apostoma titiaris... supernatantur .. stranguria i. e. constrictio... disuria.* fort. leg. *apostema, urethritis.*]

3. **CAUCULUS**, Famulus, Anastas. Biblioth. de exilio S. Martini Pap. et Mart. : *Eadem nocte... tulerunt me de Palatio, retrusis omnibus, qui mecum in Palatio erant,... et non nisi cum sex puerulis, et uno Cauculo, eduxerunt nos ex urbe.* Vide *Caucus*, 1. et *Cacula*.

* 4. **CAUCULUS**, pro *Calculus*, Gall *Calcul*, Computatio, æstimatio. Charta ann. 1359. inter Probat. tom. 2. Hist. Nem. pag. 219. col. 1 : *Facto Cauculo de summa totali, tangente provisionem gentium armorum ad denarios receptæ gabellæ salis, etc.* Hinc

* Cauculare, Computare, æstimare, in Charta ann. 1358. ibid. pag. 203. col. 1 : *Fuerunt in oppinione, quod duo accedant apud Montempessulanum saniores de consilio ad videndum fieri portionem tangentem quamlibet universitatem, Cauculandum et utiliorem viam pro utilitate reipublicæ dictæ civitatis capiendum.* Et pag. 205. col. 2 : *Cujus Cauculationem inde super hoc factam de modo exhigendi ipsos* (mutones auri).

1. **CAUCUS**, καῦκος, Græcis recentioribus, *amicus*, vel certe *famulus* [: unde Καυκίτζα, *ancilla*, ut docemus in Gloss. med. Græcit.

2. **CAUCUS.** Papias : *Caucus, vasis genus.* Gloss. Græco-Lat. : Καῦκα, *Patera*. [Gloss. Basilic. : Καύκους, γάβατα.] Leunclavius ad Glycam ait esse poculi genus, a sono, quem edit, effluente vino simul et aere, appellatum. Alii a *Concha* vocem effictam volunt. Trebellius Pollio in Claudio : *Item in Caucos et scyphos pondo undecim. Item in Caucos et scyphos et zuma pondo undecim.* Ubi quædam Editiones perperam *Caveos* præferunt. Hedilbertus Rex Cantiæ Epist. ad S. Bonifacium Moguntin. Episc. : *Caucum argenteum intus deauratum pensantes libras* 3. Beda lib. 2. Hist. Eccles. cap. 16 : *Tantum Rex idem utilitati suæ gentis consuluit, ut plerisque in locis, ubi fontes lucidos, juxta publicos viarum transitus conspexit, ibi refrigerium viantium, erectis stipitibus et æreos Caucos suspendi juberet.* Eadem habet Huntindon. lib. 2. pag. 316. *Cauci anactei*, in Hist. Episcop. Autissiod. cap. 20. tom. 1. Bibl. Labbei; *lignei*, apud S. Hieron. lib. 2. in Jovinianum, Marcell. Empir. cap. 25. *argentei*, apud Spartianum in Pescennio. Occurrit præterea apud Ennod. Epigram. 25. Καυκίον Græci dixerunt. Liber περὶ ἀντιδότων MS. ex Bibl. Reg. Cod. 673 : Ἐὰν δέ τις ποιήσῃ Καυκίον ἐκ μυρικίνου ξύλλου, καὶ πείνῃ εἰς αὐτό, etc. Ita Anna lib. 3. Alexiad. Scholiastes Theocriti, et alii. Καυκίον etiam usurpat Myrepsus sect. 10. cap. 90. pro mensura liquidorum, quam κύλικα vocat sect. 17. cap. 19. Vide Notas nostras ad eamdem Alexiadem. Sed et pro cratere Lychnuchorum usurpat Ethelwlfus de Abbatib. Lindisfarn. n. 20 :

Nam plures multi cupiebant pendere Caucos,
Lampada quæ tribuant quadrata lumina templo.

Cachus, pro *Caucus*, in Hist. Translation. S. Austremonii Episcopi Arvern. : *Ubi pro reverentia B. Martyris plurima reliquit insignia, scilicet Cachos crystallinos, et lapides pretiosos.*

Caucellus, diminut. a *Caucus*, Vasculum. Regula Magistri cap. 27 : *Bibere si voluerit, aquam non ab urceo uno haustu, sed ad calicis, aut galletæ, aut Caucelli bibat mensuram* [Hinc emendanda vox *Cancillus* superius relata, pro qua censeo legendum *Caucillus*.]

* Haud scio an non inde *Caucoire*, dictum sit festum patroni alicujus loci, quia poculis celebrari solet. Lit. remiss. ann. 1382. in Reg. 121. Chartoph. reg. ch. 72 : *Comme au mois de Juing.... il eust certaine feste, nommée Caucoire, en la paroisse de Templeue en doxemer ou pais de Tournesis, ... et eulx estant à ladite Gaucoire ou feste, etc.*

Cauchi Nummi, καυκίοι, a Græcis Byzantinis appellati ii, qui paululum erant concavi, atque adeo *Cauci* formam quodammodo referebant, cujusmodi passim videre est in gazophylaciis apud earum rerum studiosos. Horum meminit Novella Justiniani 105. cap. 2. Aberrant enim toto cœlo Haloander et Meursius, qui ita dictos putarunt, quod cauci seu poculi imagine signati essent. Vide *Scyphatus*.

¶ 1. **CAUDA**, Finis, terminus, Gall. *Bout*, interdum etiam *Queue* de rebus plurimis vel ab animalibus distinctis : quarum extremam partem *Queue* appellamus. Charta Radulfi de Claromonte ann. 1224. in Tabul. Corbeiensi : *Fossatum quoque suum et vinarium usque ad Caudam maresci versus Aubevisier dictus Advocatus quiete possidebit. Cauda stagni* in Chartul. S. Vincentii Cenoman. fol. 23.

¶ CAUDA VESTIMENTI, Fimbria seu ima pars vestimenti, quæ *ad terram trahitur*, ut habet Synodus Limensis ann. 1582. *Caudam in vestimentis* habere prohibentur Clerici et Religiosi, in Statutis Ecclesiæ Andegav. apud Martenium tom. 4. Anecdot. col. 528. Vide Concil. Hispan. tom. 4. pag. 216. et pag. 614.

2. **CAUDA**, Famulitium, obsequium : nos vulgo dicimus, *Une queue de valets*. Vita Amedei Rossilionei Episc. Valentini : *Caudam famulorum inutilem, et omnem pompositatem a se abjiciens*. [Statuta Ecclesiæ Andegav. ann. 1425. apud Edm. Marten. tom. 4. Anecdot. col. 528. B : *Ne quis Religiosus, Presbyter, aut alius Ecclesiasticus et sæcularis in Cauda et alia domo mulierem suspectam seu focariam tenere seu habere præsumat*.]

CAUDÆ ANNONARUM. Vide *Terreata*.

CAUDÆ CHARTARUM, Pergameni pars resecta, cui bullæ cereæ ac sigilla aptantur. Joan. Hoscemius in Adolpho a Marka Episcopo Leod. cap. 17 : *Cum crine quodam liquore perungto sigillum inter ceram secabat, et chartam, et tunc Caudæ Litteræ sigilli partes applicans, ab una parte liquescentes igniculo rejungebat*. Vitæ Abbatum S. Albani : *Apposita Cauda et cera sigillavit illud*. Et ante : *Chartas adulterinas et ad voluntatem suam conscriptas et Caudatas apposita cera calefacta,... sub manica sigillabat*. [Vide Spicileg. Acher. tom. 10. pag. 309.][** Charta ann. 1157. num 297. ap. Schœpflin. in Alsat. Diplom. vol. 1. pag. 246 : *Ne autem quis temerarius hanc kartam proterva cogitatione præsumat mutare vel violare, sigilli nostri impressione et quibusdam Caudatis Literis eam adsignavinus summitatibus earum, ut summotenus cernitur, obmutilatis, reservandam utrisque partibus*. Eadem in alia charta ann. 1159. ibid. num. 300. pag. 248.]

CAUDA VINI, Vas vinarium, *Queue de vin*. [Charta Guill. de Melloto Domini S. Prisci prope Autissiod. : *Noverint universi, quod carissimus pater meus... dedit in perpetuam eleemosynam Sanctimonialibus de Crisenone quolibet anno novem bicheta frumenti et unam Caudam vini, etc.*] Computum Thesauri a 1. Jan. 1312 : *Richardus de Archemino Lombardus pro 16. sextariis cum dimidio de garnachia captis ab eo per Nicolaum de Cabour Scancionem Regis pro rimplenda quadam Cauda vini de garnachia, quæ erat Parisiis, etc.* Consuetudo Claromontensis art. 232 : *Et faut trois muids de vin pour un tonneau, qui se nomme communément Demy-queue*. Vide Burgundica Perardi pag. 535. [et Anecdota Martenii tom. 3. col. 1304. Occurrit in Spicilegio Fontanell. MS. pag. 405. in Litteris Officialis Paris. ann. 1324. e Chartulario Parthenonis Montis Martyrum, in Tabulario Calensi pag. 315. inter Instrum. Historiæ Meld. tom. 2. pag. 236. 237. etc.]

CAUDA RETORNATIVA, SORICINA. Ita *pulsum* quemdam appellant Medici. Magister Ægidius Corboliensis de Pulsibus :

Cauda retornativa primo mollescit in ictum,
In reliquo languet, fit tertia motio lenis,
Indicio sensus se quarta magis manifestat, etc.

Ubi Gentilis de Fulgineo : *Est igitur pulsus Cauda retornativa, quasi ab occultis, et quasi ab insensibilibus percussionibus incipiens paulatim graduali tramite secundum ordinatum modum majorando procedit de minimis ad parvas, de parvis ad aliquantulum apertas, et de aliquantulum apertis ad magis manifestas, et ita continuatim et ordinatim procedit, quousque se recipiat in fortes motiones. Dicitur autem hic pulsus Cauda retornativa, Cauda soricina : quia sicut Cauda soricis in finali extremitate, quæ ab animali corpore remotior est, incipit a nimia gracilitate, et continuatim procedit secundum grossitudinem et majoritatem corpulentiæ, quousque attingat corpus animalis; sic et iste pulsus ratione similitudinis majorando procedit paulatim de debilibus ad minus debiles, et de minus debilibus ad aliquantulum fortes, de fortibus ad fortiores percussiones*.

* 3. **CAUDA**, Fascia a mitra pendens, vulgo *Fanon*. Inventar. Ms. thes. Sedis Apost. ann. 1295 : *Item unam mitram, cum frixio et Caudis contextis de perlis*.

* 4. **CAUDA**, Capulus, Gall. *Poignée*. Charta ann. 1390. in Reg. 141. Chartoph. reg. ch. 33 : *Quod idem dominus vicecomes nobilem Bernardum de Sancta Genia.... cum quodam glavio atrociter vulneraverat, et cum Cauda dicti glavii tres costas sui lateris fregerat*.

* 5. **CAUDA**, Cuspis. Privileg. curiæ Rem. fol. 2. r°. : *Baculo pastorali in manu, a parte cuspidis, sive Caudæ tenens illum, etc.*

* 6. **CAUDA**, Fibula. Comput. Ms. fabr. S. Petri Insul. ann. 1402 : *Datum pro plumbo ad opus de le clerevoye.... lij. lib. ix. sol. vj. den. pro carbone ad illud opus tres fasciculos, xxj. sol. Item pro tribus Caudis ad hoc necessariis, xviij. sol.*

* 7. **CAUDA**, Tergum. Chron. Petri Azar. ad ann. 1337. apud Murator. tom. 16. Script. Ital. col. 315 : *Alii pedites recentes ulterius procedebant; et se reperientes ad Caudam inimicorum cœperunt eos viriliter expugnare*.

* 8. **CAUDA**, Laqueus, filum Chartæ appensum. Lib. curialium Rem. ann. 1463 : *Sigillo præfati SS. in Christo patris D. Eugenii plumbeo cum Cauda serica rubri coloris sigillata, etc.* Occurrit passim.

* DE CAUDA PIRI PAGARE, Trita loquendi formula, Creditorem per diverticula ludificari. Privil. curiæ Rem. fol. 2. v°. : *Thomas de Bellomanso retraxit quod potuit ab eisdem* (usurpatoribus;) *sed.... cum de Cauda piri pagantes, etc.*

** Reinard. Vulpes lib. 2. vers. 567 :

Ut video regi non auxiliaberis ultro
Cauda Piri semper respicit unde venit.
Perdere rem pravi malunt quam vendere honeste;
Dantibus invitis gratia resque perit.

* PER CAUDAM ASINUM TENERE, Proverbialis itidem formula, qua rem suam cuique agendam esse, non committendam alteri significatur, in iisdem Privil. fol. 12. v°. : *Mittat manum ad aratrum, ne cadat; mittat etiam manum ad fabricam, si velit habere pecuniam; et recolat de proverbio rustici dicentis : Cujus est asinus, teneat illum per Caudam. A qui est l'asne, si le tienne par la queue*, apud Cotgravium.

* A *Cauda*, Pars extrema cujusvis rei, originem habet vox Gallica *Cauduns*, qua animalium partes extremæ, seu etiam intestina designantur, in Reg. Corb. 13. sign. *Habacuc* ad ann. 1511. fol. 111 : *Fut baillié et livré à Jennet Dupreer, dit Panchet, les Cauduns de la boucherie de l'église,..... à la charge que autant de Cauduns ou harnas de moutons qu'il fauldra pour le chambre de monsieur, on n'en paiera que viij. den.* Infra ad ann. 1513. fol. 205. v°. : *Les Cauduns ou trippes, etc. Chaudun*, in Stat. ann. 1320. tom. 2. Ordinat. reg. Franc. pag. 585. art. 19 : *Nuls ne nulle ne peut vendre boyaux, ne Chaudun de nulle beste sur les pierres aux poissonniers*. [** Vide *Calduna*.]

* Haud scio an ab eodem fonte derivanda sit vox *Caudestrepe*, pro vulgari *Chiendent*, gramen, apud Guignevil. in Peregr. hum. gen. MS. ubi Pigritia sic loquitur :

Je sui chelle, qui sans fouir,
Fais ès gardins cardons venir,
Ronsches et orties lever,
Et Caudestrepes sans semer.

* **CAUDAMELEYA**, a Gall. *Chaudemellée*. Rixa, quæ improvise facto committitur Lit. remiss. ann. 1333. in Reg. 66. Chartoph. reg. ch. 1310 : *Ubi vero a casu, quod in jure vocatur rixa, et in vulgari Gallico Caudameleya, nullus tenetur, etc.* Vide supra *Calidameya*.

* **CAUDARE**, f. pro *Causare*, Rem alicui suam facere et ut propriam dare. Vide *Causa* 2. Charta ann. 1231. tom. 1. Probat. Hist. geneal. domus reg. Portugal. pag. 26 : *Nos itaque Jacobus rex* (Aragonum) *per nos et successores nostros recipiens hanc donationem comitatus Urgelli a vobis illustri infanti, donamus, concedimus et Caudamus vobis ad habendum.... totum regnum Majoricarum*. [** Pro Cautum facere, cavere. Lusitan. *Cavidar*.]

* **CAUDARUSIUM**. Glossar. medic. Ms. Sim. Januens. ex Cod. reg. 6959 : *Spelta, genus frumenti, quod quidam allicam dicunt, quidam Caudarusium*.

¶ **CAUDATARIUS**, Gerulus syrmatis seu caudæ vestis talaris, Gall. *Porte-queue*. Translatio S. Antonini tom. 1. SS. Maii pag. 768 : *Acta fuerunt... præsentibus ibidem Rever. Domino Ludovico de Natis de Bibiena, Clerico Arietinæ diœcesis, Caudatario*.

* **CAUDATIO**, Vestimenti tractus, *cauda*. Petrus Cantor in Summa MS. lib. 2. cap. 4 : *Simile dicimus de omnibus,... qui faciunt incisiones vestium et Caudationes, quorum opera nihil prosunt humanæ vitæ*. Vide in *Cauda* 1.

* **CAUDATREMULA**, CAUDETREMULA, Avis species, motacilla, Gall. *Hochequeue*. Mirac. S. Jacobi tom. 6. Jul. pag. 61. col. 2 : *Insuper totum corpus ejus paralysi exagitabatur et contremebat ad similitudinem*

avis, quæ Caudatremula nuncupatur. Dialog. creatur. dial. 65 : *Caudetremula dicitur ab effectu, quia caudam in tremore semper habet.*

CAUDATUS. Jacobus de Vitriaco Hist. Occid. cap. 7 : *Pro diversitate regionum mutuo dissidentes... opprobria impudenter proferebant, Anglicos potatores et Caudatos affirmantes, etc.* Ita apud Matthæum Paris ann. 1250. Anglos ut *Caudatos* non semel perstringit Robertus Comes Atrebat. : *Nunc bene mundatur magnificorum exercitus Francorum a Caudatis.* Et infra : *O timidorum Caudatorum formidolositas, quam beatus, quam mundus præsens foret exercitus, si a caudis purgaretur et Caudatis!* At unde *Caudati* per contumeliam sugillati a nostris Angli, non omnino constat. Fuit cum existimarem ita perstrictos, propter *Caudas* calceorum, quibus ii præ cæteris nationibus delectabantur : sed hæc modo non omnino mens arridet. Quid si ut nitidulos et comptos sugillarint? Certe etiamnum *Coti*, id est, *Escoué*, Occitani comptum appellant, ut auctor est Goudelinus : sed potius videntur *Caudati* appellati voce tunc recepta, qua timidos et pusillanimes appellabant. *Couards* enim, Italis *Codardi*, timidi vulgo indigitantur. Le Roman *de Garin* MS :

Mian anciant Coart home n'i a
Pour son Seignor, quant bien on l'amera :

Le Roman *d'Alexandres* MS :

Li Couart s'espoentent, et guerpissent estal.

Quam quidem sententiam firmare videntur hæc Matthæi Parisii verba : *O timidorum Caudatorum formidolositas! Caudatos* autem dicebant, quibus ablata erat cauda. Gloss. Lat. Gall. *Caudatus, Quoez*, seu de equis, seu de canibus vox hæc intelligatur. Auctor Queroli : *Et in laqueos non incidissem, si monita curti servassem canis.* Monasticum Anglic. tom. 1. pag. 818 : *Si ipse aliquos inveniret equites, in instanti equos decaudaret; si vero pedites, personas male tractaret.* Hispanis *Derabbado*, est animal cauda privatum. Vide *Curtare*, et Octavium Ferrarium in *Codardo*. Sed alio videtur, ni fallor, repexisse Joan. Molinetus Valentianensis, qui vixit anno 1477. pag. 117 :

Ce Cat nonne vient de Calais,
Sa mere fut Cathau la Bleue,
C'est du lignage des Anglois,
Car il porte tres-longue queue.

* A *couard* dixerunt *Couarder*, pro Ignave se gerere, in Hist. Joan. IV. tom. 2. Probat. Hist. Brit. col. 323 :

Tantost et ses gens ordonnez
Et par bataille divisez.
Aux sus dit, Prenez l'avantgarde,
Gardez que nul ne se Couarde.

Couardement, Timide, verecunde, in Cant. 11. tom. 2. Cantilen. reg. Navar. pag. 25 :

Mais ja dame ne saura mon penser,
Nus qui soit nés, fors vous cui je le dis
Couardement, à paours, à doutance.

Coullier apud Cenomanenses, idem quod aliis *Couard*, ignavus. Lit. remiss. ann. 1457. in Reg. 189. Chartoph. reg. ch. 174 : *Alez-vous-en Coulliers, qui est à dire couars, etc.* Vide infra *Ecors*.

* Alia vero est ejusdem vocis significatio in Recogn. feud. dom. de Veteri-ponte ann. 1366 : *Les hommes, que l'en appelle les Couarz.* Ubi designantur certi homines censui obnoxii.

CAUDAX, *Stipes, asinus, plumbeus.* Papias. [Terentiana sunt in Heautontim. 5. 1. 4 : *In me quidvis harum rerum convenit, Quæ sunt dicta in stultum, Caudex, stipes, asinus, plumbeus.* Hincque patet non *Caudax*, sed *Caudex* esse legendum. Apud ipsum Papiam MS. habetur : *Caudex, Petra* ubi *Petra*, si bene conjecto, etiam de stupido intelligitur.] [** f. *Cautes*.]

* **CAUDEA.** Glossar. vet. ex Cod. reg. 7646 : *Caudeam, junceam, quod juncea caudæ emergat : dicitur et scirpum et tibin.* [** Placid. in cod. reg. 7644. pro *tibin* habet *cibum*. ap. Maium. tom. 6. pag. 557. *scirpus et cybis.* Vide Festum in *Caudeca*, ibique interpretes.]

CAUDELUM, Caudelarii. Charta ann. 1185. pro juribus Pontis Avenionensis : *De singulis porcis singulos obolos, et de omnibus pariter Caudelariis præsentibus et futuris, qui in civitate Avenionensi morantur,... antiquum et consuetum Caudelum sine contradictione habeant. De fructibus vero, et lignis, et piscibus, qui per pontem transeunt, similiter antiqua servetur in Caudelo consuetudo.* [Conjicit Bollandi Continuator tom. 2. SS. Aprilis pag. 262. *Caudelum* idem esse ac *Catelum* seu *Catallum*, esseque tributum solvendum ex quacumque re mobili, animata, seu inanimata. Verisimilitudine non caret hæc conjectura.]

* **CAUDERA**, Aenum, vas majus ex ære *caldario* seu fusili confectum, quod *Caudrelach* et *Caudrelas* appellatur in Charta Margar. comit. Fland. ann. 1274. ex Chartul. 1. Fland. Cam. Comput. Insul. ch. 264 : *Nous avons donnei à total cense.... no tonliu de la blaverie, des dràs,..... dou Caudrelach, etc.* Et in Ch. pedag. *de Doing* ann. 1348. ex Chartul. 21. Corb. fol. 347 : *Viez Caudrelas, le poise doit iiij. ob. et le noeuf ij. den.* Bulla Innoc. III. PP. ann. 1200. inter Probat. tom. 1. Hist. Burgund. pag. 91. col. 2 : *Ex dono W. Matisconensis comitis... saccum salis singulis hebdomadis cum Caudera sua bullit.* Vide in *Caldaria*. Hinc

* **CAUDERARIUS**, Ærarius faber, Gall. *Chauderonnier; Caudrelier*, in Comput. MS. fabr. S. Petri Insul. ann. 1526 : *A Nicolas Caudrelier pour une cauldiere, etc. Marchant de Chaudrelas*, in Lit. remiss. ann. 1392. ex Reg. 143. Chartoph. reg. ch. 192 : *Mahieu Broiart marchant de Chaudrelas, demourant à Amiens, se efforça de vendre un serans à serancier lin, et une paire de chandeliers de cuivre. Chaudrelier*, in aliis ann. 1365. ex Reg. 98. ch. 671. Stat. Montis-reg. pag. 267 : *Statutum est quod D. aicarius teneatur infra unum m nsem postquam juraverit, facere jurare omnes Cauderarios, quod non vendant libram ferri fabricati seu laborati in vasis æreis., payrolis, cauderiis,..... ultra solidos duos Astenses.* Vide supra *Caldarius*.

¶ **CAUDERIA**, Cortina, Caldarium, Gall. *Chaudiere.* Locus est in *Assatures*. Vide *Caldaria*.

* Cauderia, ut supra *Caudera*. Inquisit. ann. 1268. ex schedis Pr. *de Mazaugues : Requisitus quæ pignora abstulerant eis, dixit quod tres copas et unam Cauderiam.* Inventar. ann. 1476. ex Tabul. Flamar. : *Item plus duas Cauderias magnas cupri. Cauderon* et *Cauderette*, nostris. Stat. ann. 1408. tom. 9. Ordinat. reg. Franc. pag. 314. art. 1 : *Aucun dudit mestier* (de chauderonnerie) *ne face Gauderons, Cauderettes, ou pos d'arain de vielle estoffe sans reffondre. Cauderon* vero inter pisces regios recensetur, in Ch. ann. 1324. ex Lib. albo domus publ. Abbavil. fol. 140. v°. : *Saumon, esturgeon, Cauderon, et tous autres roiaux poissons, etc.* Vide infra *Cavedus*.

* **CAUDETREMULA.** Vide supra *Caudatremula*.

¶ **CAUDEX.** Vide *Caudax*.

CAUDICA, Caudicaria, Caudicarii. Papias : *Caudicaria, navis sonora.* Idem : *Caudicæ, Naviculæ dictæ, quæ 4. usque ad 10. capiant homines.* [Glossar. MS. Sangerman. num. 501 : *Caudice, Amnice naves ex uno ligno cavate facte, et inde Caudice, que a quatuor usque ad decem homines capiunt.*] [** ex Isidor. Origin. lib. 19. cap. 1. sect. 27.] Vide Festum, Nonium, et Senecam de Brevit. vitæ cap. 13. Hinc

Caudicarii, Navicularii, in Cod. Theod. (14, 3, 2. 4, 9. 15, 1.) et apud Gruter. 462. 1. qui

Codicarii, in aliis Inscriptionibus apud eumdem pag. 440. 3. et 1086. 6.

¶ **CAUDICÆ.** Glossar. MS. Sangerman. n. 501 : *Litorariæ, Amnicæ aves sunt, qui alio nomine Strabarie sive Caudice dicuntur;* f. eædem sunt quæ Motacillæ, Gall. *Hochequeues.* [* Vide supra *Caudatremula*.][** Vide *Caudica* et pro *aves* lege *naves*.]

CAUDIFICARE, Caudam resecare. Cledonius Constantinopolit. Grammat. de Partib. oration. in Præfat. : *Luxuriosos tunde sermones, doctiloqua serie corrigentis extende, curta, Caudifica, ut ad tuum arbitrium cuncta videantur tractata, relecta, digesta.*

¶ **CAUDINUM**, f. Caudetum vel *Codetum*, Locus *caudicibus*, truncis et vepribus plenus. Præceptum Caroli Mag. ann. 773. apud Marten. tom. 1. Ampliss. Collect. col. 37. et 38 : *Donamus etiam ad præfatum locum* (S. Martini Turon.) *vallem illam, quæ vocatur Camonia, cum salto et Caudino vel usque Judalanias, cum montibus et alpibus, etc.*

* Perperam pro *Gaudinum* vel *Gaudinus*, nemus, silva, idem quod *Gualdus*. Vide in hac voce.

* **CAUDISONA** Vipera, Cujus cauda sonum edit, serpentis genus, vulgo *Serpent à sonnette*, apud Edoard. Tysson. de Anatomia ejusdem.

1. **CAVEA**, Theca, nostris *Cage* : quippe a *caveis* theatralibus quibus includebantur feræ, dum emitterentur, de quibus lex 2. Cod. Theod. de Venat. ferar. (15, 11.) *Caveæ* dictæ illæ portatiles, in quibus aves includimus, deinde quævis thecæ ac capsæ. Fragmentum Petronii : *Super limen autem Cavea pendebat aurea, in qua Pica varia intrantes salutabat.* Hinc *Cavea* pro quavis theca. Eckeardus Junior de Casibus S. Galli cap. 1 : *Fit de auro Petri, Cavea Evangelii, fit calix, fit capsa, etc.* Et infra de capsa S. Pelagii : *Cavea inclusam nave terraque eam tibi mittam.* Eckeardus Minimus de Vita Notkeri cap. 11 : *Quid ergo? de auro Petri, calix fit, capsa fit, Cavea Evangelii, omnia preciosissimis gem-*

mis ornata. [An eadem notione in MS. Codice Irminonis Abbatis Sangerman. fol. 112. verso col. 2 (Br. 22. sect. 79. bis.) : *Frudinus servus... solvit pullos* III. *ova* XV. *facit wactam; et portat Caveas ad Monasterium. Monasterium SS. Mart. Crispini et Crispiniani in Cavea Suessionensi*, Gall. *S. Crespin en Chaye*, ab iisdem *Caveis* theatralibus nuncupatur, ut recte probat Hadr. Valesius in sua Galliarum Notitia pag. 58.]

¶ 2. **CAVEA**, Cella vinaria, Gall. *Cave*. Charta Decani et Capituli Autissiod. ann. 1297 : *Regnaudus Mercerius recognovit se recepisse a Vener. viris Decano et Capitulo Autissiod. quandam domum sitam in parochia S. Renoberti Autissiod. . . . cum cellario, Caveis, pressorio munito aiguilliis, hostio, ad pressorandum et tribus cupis et aliis appendiciis.*

3. **CAVEA**, Locus depressus. Vide *Cava*.

* 4. **CAVEA**, Machinæ bellicæ species, quam in expugnandis oppidis adhibebant. Annal. Placent. apud Murator. tom. 20. Script. Ital. col. 903 : *Interea miranda quadam mechanica composuisse scalas, balistras, catapultas, testudines, Caveas tres ac decem : ...... sed in his similibus machinamentis nihil urbi nocuisse.* Vide supra *Cagasuptus*.

¶ **CAVEARE**, *Perforare*, Gloss. MS. Sangerman. num. 501. Est pro *Cavare*. [** *Cavabit, perforabit*, in cod. reg. 7644.] *Caveatæ naves* pro *Cavatæ*, ut opinor, in Chronico parvo Ferrariensi, apud Murator. tom. 8. col. 383.

* **CAVEDALIS**, Cavus, ut opinor, Gall. *Profond*. Stat. Mutin. rubr. 51. pag. 10. v°. : *Quod nullus audeat mittere seu ducere aquam canalis Scultemnæ de abissa Cavedale in sdugarium Minudariæ.*

¶ **CAVEDELLUS**. Memoriale Potestatum Regiens. ad ann. 1271. apud Murator. tom. 8. col. 1133 : *Fuit magna Caristia de rebus victealibus, ita quod vendebatur.... libra grossa olei olivæ duos solidos imperiales, et* XIV. *ficus siccæ* I. *rexanum, et* IV. *Cavedellos de aliis ulnas* V. I. *rexanum, et* XIV. *amigdalæ cum gussis* I. *rexanum, et omnia alia victualia fuerunt in maxima caristia.* An ficorum fiscella, Gall. *Cabas*?

* Vide supra *Cavagninus*.

* **CAVEDUS**, Piscis species, Ital. *Cavedine*. Stat. Placent. lib. 6. fol. 79. v°. : *Item omnes Cavedos, barbiolos et agolatos de duabus libris et ab inde supra, pro qualibet libra vj. den.* Vide supra in *Cauderia*.

¶ **CAVEFACERE**, Cavare, efforare, apud Fortunatum :

Per tribulos gradiens spinæ Cavefecit acumen.

¶ **CAVEL**. Vide *Cavellus*.

¶ **CAVELATIO**, pro *Cavillatio*, in Instrumento anni 1369. apud Th. *Madox* Formul. Anglic. pag. 13 : *Absque fraude, fictione seu Cavelatione, etc.*

* **CAVELICIUM**, Capitis census. Vide *Capitale* 5.

CAVELLUS. Statutum Alexandri II. Regis Scotiæ cap. 15. quod est *de forisfactis levandis ab illis qui remanent ab exercitu Regis*. § 5 : *De Cavellis vero, ubi Rex et Comes (de Fife) partiuntur, Rex et Comes habent unam medietatem forisfacti ab exercitu, et Thanus aliam medietatem.* Vide *Cavil* [et *Cut* : quibus in vocibus *Cavel*, *Cavellus* et *Cavil* est vel capitis census vel aliud tributi genus nobis non satis notum.]

CAVENA, [* CAVENARIA, Perperam pro *Caneva* et *Canevaria*, in Regula S. Cæsar. inter Acta SS. tom. 1. Jan. pag. 732. col. 2.] Vide *Canava* 1.

¶ **CAVENARIA**. Vide *Cabannaria*.

¶ **CAVEOLA**, ζώγριον. Gloss. Lat. Græc. ζωγρεῖον est vivarium, ferarum spelunca.

¶ **CAVERCINI**, Italici mercatores propter usuram famosi. Epistola MS. Fratris Johannis Ordinis Minorum ad Aleidem Ducissam Brabantiæ : *Cavercini et quicumque alii usurarii, falso de nomine Christiano gloriantes . . . severius sunt tractandi.* Vide *Caorcini*.

* 1. **CAVERIA**, f. Monetæ genus. Charta Sancii reg. Navar. pro hominibus de Larraga æra 1246. in Reg. 64. Chartoph. reg. ch. 68 : *Donent ad ricominem, qui tenuerit honorem per manum meam, ad rationem de viginti Caverias.*

* 2. **CAVERIA**, Via operta vigiliis lustrandis comparata. Lit. remiss. ann. 1372. in Reg. 103. Chartoph. reg. ch. 180 : *Plures domus et ædificia propinquæ et contiguæ ipsius villæ* (de Serignano) *muris, fuerunt destructæ et dirutæ, pro ibidem faciendo et habendo cosserias sive Caverias latitudinis duodecim palmorum, per quas die et nocte posset haberi transitus eques et pedes, pro faciendis excubtis et advertnndo ad custodiam dictæ villæ.*

* 3. **CAVERIA**, Locus depressus, cella vinaria, taberna. Stat. Balneol. ann. 1344 : *Item quod nullus, cujuscumque conditionis existat, sit ausus ludere ad taxillos de nocte in Caveriis seu tabernis cum lumine.* Vide supra *Cava* 1.

* **CAVERIATA**, Cantherius, ut videtur, Gall. *Chevron; Caveron*, in Reg. Corb. 13. sign. *Habacuc* ad ann. 1509. fol. 8. r°. : *Les religieux leur seront tenus seulement livrer tout le bos de l'estrayure et Caverons d'icelle maison.* Stat. Placent. lib. 4. fol. 47. r°. : *Nullus dimittat, postquam fuerit denunciatum, trabes, vel Caveriatas, seu anedos, vel aliquod lignamen desuper pontem Arbarolæ, etc.* Vide supra *Cabiro*.

CAVERNAMEN, Pranga, apud Ælfricum cap. de Navibus. [** Germ. infer. *Pram*, Navis fluviatilis. Vide Statut. Lubec. ann. 1240. art. 42. Glossar. in Cod. reg. 7644 : *Cavernæ proprie latera navis dicuntur.* Vide Serv. ad Æneid. lib. 2. vers. 19.]

¶ **CAVERNARE**, Quasi cavernam facere, perforare, *Cavernare fistulam*, apud Cælium Aurelium lib. 4. tardarum Pass. cap. 2. Hoc verbo etiamnum utuntur Itali.

¶ **CAVERNATIM**, Ad instar cavernæ. Sidonius lib. 5. Epist. 4 : *Aqua scabris pumicibus Cavernatim ructata.*

* **CAVERNOSUS**, Cavus, Gall. *Creux*. Chron. Domin. de Gravina apud Murator. tom. 12. Script. Ital. col. 684 : *Quum autem retrocedendo pervenimus ad hortum Jaconi Gualterii, in quo est angustus transitus equorum, propter iter lapideum et Cavernosum;..... quia per Cavernosam viam cum equis fugere nequiebamus.*

CAVERNUM, Foramen. Gloss. Lat. Græc.: *Cabernum*, (seu *Cavernum*) τρύπημα. Ita restituendam censent viri docti hanc vocem apud Plinium lib. 8. cap. 55. et apud Victorinum lib. 1. Rhetoric. Cicer. etc.

* **CAVESTRUM**, Capistrum, Ital. *Cavezza*, Gall. *Licou, Chevestre*, in Mirac. S. Ludov. edit. reg. pag. 426. Stat. datiar. Riper. cap. 12. fol. 4. r°. : *De qualibet soma pensium viginti cinglarum, sogarum, Cavestrorum, sive fili a sacco, etc.* Unde nostris *Cavecheul* dicitur de equo, qui capistro ducitur, ad illius discrimen, qui carrum trahit. Pedag. *de Doing* ann. 1348. in Chartul. 21. Corb. fol. 347 : *Kieute à col, en brouette, ou en carette doit deux deniers, le Cavecheul un den.* Pedag. Peronæ ibid. fol. 339 : *Item le cheval qui porte quentieux, chacun doit iiij. den. et ly Cavecheux doit ij. den.*

* Ejusdem originis est vox *Cavestre* vel *Cavettre*, pro Furcifer, nequam, Gall. *Pendard, qui mérite la corde*, Ital. etiam *Cavezzone*. Lit. remiss. ann. 1432. in Reg. 175. Chartoph. reg. ch. 115 : *Comme icellui Guerard eust injurié ou vituperé le suppliant de pluseurs paroles, comme de l'appeller Cavestre, coquin, etc.* Aliæ ann. 1454. in Reg. 184. ch. 506 : *Pierre Pelerin mauvaisement et contre vérité l'avoit appellé* (le suppliant) *Cavettre et larroncel, qui est grande injure et vilenie. Chevestre* et *Chevechier*, eadem acceptione. Lit. remiss. ann. 1395. in Reg. 149. ch. 94 : *Le suppliant dit à Guerard des Potes qu'il estoit mauvaiz homs ou Chevestre, de batre ainsi sa femme.* Aliæ ann. 1450. in Reg. 180. ch. 147 : *Icellui Cochon appella le suppliant Chevechier; et lors lui dit telles paroles ou semblables : Veulx-tu dire que je soye Chevechier? Et il lui respondit : Autres le te diront bien. Chevege* rursus eodem sensu, in aliis ann. 1415. ex Reg. 168. ch. 403 : *Icelui Barbier dist : Je suis bien meschant d'aler avec un tel meschant Chevege, etc.* Haud scio an idem sonet apud Delphinates vox *Chapt*. Lit. remiss. ann. 1479. ex Reg. 205. ch. 245 : *Le suppliant courroucé des injures que icellui Taverne lui avoit dittes, en l'appellant Chapt.* Vide supra *Capitosus*.

* **CAVETIUM**, Eadem notione qua *Cavestrum*, in iisd. Stat. Riper. cap. 12. fol. 5. v°. : *De quolibet pari cavezinorum, et intelligatur par de quatuor Cavetiis, etc.*

¶ **CAUETTA**, Noctua. Vide *Cauanna*.

¶ **CAVEUS**, Poculi genus. *Caveos et Scyphos* conjungit Treb. Pollio in Claud. cap. 14.

* Perperam pro *Caucus*, ut jam dictum fuerat in hac voce.

* **CAVEZAGNA**, Porca, lira, aggeris species. Stat. Avellæ ann. 1496. cap. 202. ex Cod. reg. 4624 : *Si aliqua persona intraverit seu laboraverit... juxta aliquod alienum pratum, facere teneatur, et faciat primo et antequam ulterius laboret, bonam et idoneam Cavezagnam, videlicet de xij. sulchis vel pluribus.* Stat. Montis-reg. pag. 223 : *Quod quilibet boverius laborans cum bobus, debeat facere decem sulcos per Cavezagnam, antequam laboraret deversus suum consortem, si seminatus fuerit campus consortis.* Stat. Saluciar. collat. 8. cap. 246 : *Licitum sit frangere ripam seu Cavezagnam, facta visitatione et obtenta licentia judiciali, ad dandum discursum dictæ aquæ descendendi per miram alterius possessionis inferioris.*

* **CAVEZATURA**, *Cavezii* seu partis vestimenti, quæ circa collum est, ornamentum. Stat. Mutin. lib. 4. rubr. 177. apud Murator. tom. 2. Antiq. Ital. med. ævi col. 316 : *Et nullus sartor vel aurifex possit vel debeat talem coronam, vel Cavezaturam, vel caudam facere vel ponere.* Quæ ornamenta sic describuntur in Chron. Placent. ibidem laudato col. 318 : *Et super aliquibus ponuntur frisia magna et larga auri circum circa collare gulæ, in modum meniferri, quod ponitur canibus circa collum eorum.* Vide mox *Cavezium*.

* **CAVEZINUM**. Vide supra *Cavetium*.

* **CAVEZIUM**, vel Cavezius, Pars vestimenti, qua collum circumamicitur, humeris injecta. Annal. Mediol. ad ann. 1389. apud Murator. tom. 16. Script. Ital. col. 809 : *Cotardita una velluti de cramoisi, laborata super Cavezium et manicas ad gruppos perlarum.* Stat. Mutin. lib. 4. rubr. 177. apud eumd. tom. 2. Antiq. Ital. med. ævi col. 316 : *Nec aliquem Cavezium ad gonellam vel guarnachiam, vel ad aliquam vestem de auro, argento, gemmis vel de perlis, quod Cavezium sit valoris ultra tres libras Mutinensis, pro qualibet veste seu Cavezo.* Vide supra *Capitium* 1. et *Capsana* 1.

¶ **CAUFAGIUM**, Lignatio, seu jus lignationis in silva sumendæ, Gall. *Chauffage.* Charta Guillelmi Abbatis Floriacensis ann. 1303. apud Stephanotium in Antiquit. Aurelian. MSS. pag. 519 : *Placuerit nobis . . . concedere 2200. libras Paris. in recompensatione damnorum in nemoribus nostris a gentibus ipsius Domini Regis illatorum, ratione ædificiorum Castri-Novi super Ligerim, et Caufagiorum ejusdem loci, tam ab ipso Domino Rege et gentibus suis, quam ab aliis quibuscumque indebite acceptorum.* Occurrit apud Marten. tom. 1. Anecdot. col. 962. et col. 965. Vide *Calefagium*.

CAUGANÆ, Tragemata simplicia, et etiam composita, condita sale, quæ comeduntur post cibum, sicut capparis et olivæ. Matth. Silvatic.

CAUHA. Lex Aleman. tit. 99. § 19. de animalib. furatis, aut occisis : *Aneta, gariola, ciconia et Cauha, et querola, et similia requirantur.* Aliæ Editiones habent *Canna*, anas, nostris *une Canne*. Alemannis vero *kaut* est columba. Lydius monedulam interpretatur, quia Belgis *een kauwe* est monedula : Spelmannus, cornicem rubra habentem crura, ex Anglico *a chauch*, et *chouch*. Vide *Cauanna*. [** *Caha, Cornicula.* Antiq. Gloss. Alemann. ap. Graffium. Thes. Ling. Fr. vol. 4. col. 359[

* **CAVI NUMMI**, Iidem qui et *Bracteati*. Vide in *Nummus*.

CAVIARIUM, Ova piscium salita et exsiccata, ut sturionum, mugilum, luporum, etc. Fiunt ex ovis Cyprinorum pro Judæis, ut scribit Bellonius ; hi enim sturiones et alios sine squamis pisces non gustant. Gesnerus in Sturione ex Bellonio : *Caviario dicto e Sturionum ovis per omnes ad Orientem regiones Turci ac Græci vescuntur : Judæi abstinent, quod hic piscis absque scamis sit. Cæterum accolæ Tanais, qui magnum Cyprinorum numerum capiunt, ex ovis eorum salitis Caviarium rubrum, pro Judæis Constinopoli usitatum, parant.* Martinius in Lexico.

* *Cavial*, in Diction. Commerc. v. *Kavia*. Ital. *Caviale*, idem quod Provincialibus *Boutargo* vel *Poutargo*, nostris *Boutargue*.

CAVICULA, *Cavilla* [minor. Vide in *Cavile*.]

* **CAVICULUS**, Calculus. Glossar. Lat. Ital. MS. : *Caviculus, la petra, el male de petra.* Vide *Cauculus*.

* **CAVIGIA**, Idem quod *Cavile*, Clavus ligneus aut ferreus, Gall. *Cheville*. Guido de Vigev. MS. de Modo acquir. et expugn. T. S. cap. 2 : *Sicque unus trunchus conjungatur alio* (sic) *cum una Cavigia ferri in hunc modum, scilicet quod fiat una Cavigia ferri longa duobus semissis, etc.* Haud scio an huc spectet vox *Chavignon*, ex Charta Milon. *de Marchais* ann. 1210. in Reg. 66. Chartoph. reg. ch. 122 : *In nemoribus nostris poterit quilibet homo de tallia villæ de Marchais accipere hades et Chavignon, et quidquid necesse fuerit pro carruca sua.* Idem fortassis quod *Chasgnon*, aratri pars, illius scilicet scala. Vide supra in *Casnus*.

* **CAVIGLA**, Idem quod *Cavile*. Stat. Taurini ann. 1360 cap. 82. ex Cod. reg. 4622. A. : *Item quod nullus beccarius ...... debeat...... carnes..... inflatas seu infarcitas habere vel tenere super banchis seu Caviglis beccariæ.*

CAVIGLIA, Vox Italica, Clavicula, malleolus seu talus pedis, Gall. *Cheville du pied.* Miracula B. Henrici Baucenen. tom. 2. SS. Junii pag. 383 : *In Caviglis pedum guttosa similiter, ita quod non bene firmiter ambulabat.* Vide inferius, *Cavilla pedum*.

* Malleoli sunt epiphyses utriusque ossis tibiæ qua desinunt : male *talus* cum illis confunditur ; qui error licet a Galeno reprehensus, etiam perstitit his ultimis temporibus. Hæc post V. Cl. D. *Falconet*.

CAVIL. Statuta Gildæ Scoticæ cap. 20. de extraneo mercatore : *Neque lot, neque Cavil habeat cum aliquo confratre nostro.* Adde cap. 43. et Leges Burgorum Scoticor. cap. 59. Videtur esse *Cavelicium*, census capitis, [aut aliud tributi genus.] Vide *Capitale* 5. et *Cavellus*. [** Cafol et Lot apud Anglosax. Tributum significant ; Scotis vero *Lot et Cavil* Societatem mercatorum esse liquet ex locis supra et in voce *Lot* allatis. Confer *Gavelkind*, Communis possessio masculorum.]

* **CAVILANTIA**, Cavillatio, *Cavillazione*. Stat. Taurini ann. 1360. cap. 220. ex Cod. reg. 4622. A : *De pœna illius, qui præcepto judicis aut rectoris non desistit a Cavilantiis et rumoribus habitis inter cives. Item si prælium vel Caviliacia* (sic) *fieret inter homines Taurini, etc.* Infra : *Cavillantia.* A. Lat. Cavillosus, nostri *Cavilleux*, dixerunt, pro Callidus, vulgo *Fin*, *subtil*, *rusé*. Chron. S. Dion. lib. 3. cap. 19 : *Moult estoit belle fame la roine Fredegonde, en conseil sage et Cavilleuse, etc.* Vide *Cavillare*.

CAVILE, Cavilia, Cavilla, Clavus ligneus aut ferreus, qui inseritur ad continendos asseres, aut alia quævis, quasi *clavile*, a *clavus*. Papias : *Cantus, ferrum circum rotas, vel ligna, vulgo Cavile.* [** *Gavile*, in cod. reg. 7609. Vide Varr. de L. L. 4, 3.] Alii Codices MSS. *Cavilla* pro *Cavile* præferunt. Joan. : de Jan. *Cavilla, quod de ligno inseritur foraminibus per modum clavi.* [** Gemma Gemmarum : *Cavilla, Clavus ligneus ad quem penduntur farcimina.*] Chronicon Windesem. lib. 2. cap. 60 : *Salcibus recentibus, aut in Cavilla fumatis.* [Instrum. anni 1274. de unione Episcopatus Valentinensis et Diensis in Hist. Dalphin. tom. 2. pag. 13. col. 1 : *Item Ecclesiarum suarum Capitula in uno capite ad se invicem adunavit, et ex utroque Capitulo hinc inde assumptis partibus unum Collegium in terræ medio, scilicet apud Cristam, instituit, ut in eo, et per illud tamquam per Cavillam et clavum medium, Ecclesiarum unio indissolubiliter et perpetuo ligaretur.*] Vetus Notitia apud Joan. Mabillonium tom. 5. Vitar. SS. Ordinis S. Benedicti pag. 763 : *Hæc autem donavit idem Radulfus per Cavillam caisninam*, id est, quercinam : *Caisne* enim pro *Chesne* nostri dicunt. Vide Gesta Consulum Andegav. cap. 11. n. 10. Miracula S. Eutropii Episcopi Santonensis num. 15. Beletum de Divin. offic. cap. 24. Durandum lib. 1. Ration. cap. 4. num. 7. etc.

Cavilia, Eadem notione. apud Fridericum lib. 2. de Venat. cap. 50. 69. [et in Hist. Dalphin. tom. 2. pag. 278.]

Cavilla, Clavi lignei extracti foramen. Paulus Attavantus in Vita B. Joachini Servitæ num. 3 : *Ac considens, per Cavillam, ingentem intuitus est splendorem.*

* Nostris etiam *Cavel* ; Chartul. sign. *Ezechiel* Corb. ad ann. 1415. fol. 11. v°. : *De toutes les estoffes et couvertures qu'il faulra, tant rosel, herbe, esteulle, latte, cleu, tille, Cavels, terre, etc.* Charta ann. 1328. in Reg. 65. Chartoph. reg. ch. 261 : *Idem Raimundus fecit fieri quandam Cavillam bridæ et platas necessarias,..... et habuit dictam Cavillam et platas pro xviij. lib.* Ab hac voce accersenda videtur *Deskevillage*, qua præstationis species significatur, in Charta ann. 1262. ex magn. Chartul. nigr. Corb. fol. 118. v°. : *Toute le droiture que jou avoie au puch de Gentele, si comme del Deskevillage, et de chou que je ne devoie riens metre al puch faire ne à ratourner.*

* Cavilhia, Eadem notione. Inventar. ann. 1476. ex Tabul. Flamar. : *Item plus in eodem stabulo unum torcular vini, ... cum uno anulo et una Cavilhia ferri, existentibus in uno foramine vicis dicti torcularis.*

Cavilla Pedum, Clavicula, σφυρόν, Aristoteli lib. 1. de Animal. cap. 140. nostris *Cheville du pied.* Matth. Silvaticus : *Talus, Cavilla.* Hyginus lib. 3 : *Sagittarius duas habet stellas secundæ magnitudinis in pede scilicet sinistro, et sub Cavilla ejus.* Constantinus Africanus lib. de Chirurg. cap. 2 : *Tibia quatuor digitorum spatia super Cavillam fortiter ligetur.* Et lib. 2. Pantechn. cap. 8 : *Cavilla calcaneo est superposita mollibus ligamentis retro nexa, duo habens acumina a parte familiari, majoris intrans concavitatem arundinis, ab extraneo minoris, hac concatenatione calcaneus sursum et jusum movetur.* Matthæus Paris ann. 1206 : *Nonnullæ vix usque Cavillam pedum immersæ fuerunt.* Ubi perperam Watsius cavitatem pedum innui putat. Occurrit etiam in Statut. Ordin. Præmonstrat. dist. 2. cap. 13. et apud Recuperum in Miraculis S. Ambrosii Senensis num. 53. [in Processu de B. Petro Luxemburgo tom. 1. SS. Julii pag. 577.]

Caviculæ Pedum, apud Michaelem Scotum de Physion. cap. 92.

* Cavilia, Clavicula, Gall. *Cheville du pied.* Mirac. MSS. Urbani PP. V : *Passa quandam enfluram in Cavilia sinistra, etc.* Vide supra *Caviglia.*

Cavicula Colli. Hist. Translat. S. Severi Episcop. Abrincat. cap. 3. num. 13 : *Sumpsit igitur Archiepiscopus os, quod vulgo Cavicula colli dicitur, etc.*

* **CAVILIACIA**, Caviliantia. Vide supra *Cavilantia.*

¶ **CAVILLARE**, pro *Cavillari.* Isid. in Glossis : *Ficte habet, Cavillat.* Papias : *Cavillo Deminutivum a Calvo pro Calvillo*, ubi *Calvo* est Decipio.

¶ **CAVILLERIUS**, f. Species cantherii, Gall. *Chevalet*, seu mensæ, in qua mercatores merces suas venales exponunt. Statuta Avenionensia : *Statuimus quod in carriera super bancas macelli versus portam Ferviciam aliquis vel aliqua non teneat nec habeat bancam, vel celam, nec canistrum, nec cabacium, nec Cavillerium, nec stuenam, nec postem, nec alium impedimentum.* Vide *Cavalettus* 1.

* Mallem de clavis ligneis aut ferreis, muro vel tabulæ ligneæ affixis interpretari. Vide *Cavile.*

CAVILLO, *onis, qui cum follicea ignis flammam excitat, vel qui calamistram calefacit, scilicet ferrum quo capilli crispantur. Hic vulgo Cinerarius dicitur.* Ugutio.

* **CAVILLONE**, Mullus, piscis marini species. Tract. de Piscibus cap. 108. ex Cod. reg. 6838. C : *Mullus asper, a nostris Cavillone dicitur a clavi lignei, qui Caville a nostris vocatur, similitudine.*

¶ **CAVILLUS**, Idem quod *Cavile* vel *Cavilla.* Vide locum in *Compernola.*

CAVILONIA. Polyptychus S. Remigii Remensis : *Donat annis singulis pullos 3. ova 15. vinum in pastionem dinar. 2. in censo mod. 1. ad majorem mensuram, in hostelicia de argento din. 10. in Cavilonia dinar. 2. pro sale din. 2. scendul. 100. ligni carr. 3. etc.* [An census capitis qui et alibi *Cavelicium*? Sæpe post tributum *in hostem* solvendum additur in chartis Capitis census seu *Capitale.* Vide in hac voce num. 5.]

¶ **CAVIOR**, *Accusor aut vereor.* Glossar. San-German. MS. 501. f. legendum *Causor* a *Causare*, Calumniari, in causam ducere.

¶ **CAVIS**, *Avis Aiacia.* Papias.

* **CAVISOR**, Cavillator, ut videtur. B. de Amoribus in Speculo sacerd. MS. cap. 26. de peccato linguæ :

Numquam sis Cavisor, temnens aut reprehensor.

¶ 1. **CAULA**, *Cancellum ante judicem, vel ingressus. Caules, Cancelli tribunales ubi sunt advocati. Caulæ, Munimenta ovium, vel sepimenta ovilium.* Hæc Papias. [** *Caulae* ex Isidor. Orig. lib. 15. cap. 9. sect. 6.] Isidorus in Glossis ; *Caules, Cancelli tribunalis (l. tribunales) ubi sunt advocati.* A caulis seu ovilibus dictos fuisse cancellos judiciorum Grævius adnotat, a quibus, inquit, nominantur cancellarii *Caulæ*, quod judicum locus dissepiebatur a causidicis et populo adstante. Propter eamdem causam et septa in campo Martio, in quibus conveniebant centuriæ in comitiis, dicta sunt *ovilia*, quod suum quæque centuria septum haberet, in quo congrediebantur, ut oves et agni sua habebant separata sepimenta in caulis sive ovilibus. *Caules* autem dici pro *Caulis* non puto, sed errorem esse aut auctoris Glossarum, aut librarii. Hucusque Grævius. [** Vide Forcellinum.]

¶ 2. **CAULA**, Fustis, ut videtur, Gall. *Gaule.* Computus anni 1202. apud Dom. *Brussel* de Feudorum usu pag. ccv. ad calcem tomi 2. col. 1 : *Pro p'icis* (perticis) *et Caulis et carpentaria* xii. *l. et* ii. *s.* vii. *d.* Ibid. pag. ccvii : *Et pro* l. *Caulis ad hordamentum Gornaci et pro seruris de portis, etc.* Vocem Gallicam *Gaule* a Latina *Caulis* derivari annotat Borellus, unde etiam antiquum *Gault*, Silva. Le Roman *d'Aie d'Avignon* et *Garnier* apud eumdem Borellum :

Que florissent cil pré, et cil Gaut sont foilli.

Et le Roman *de Renaud de Montauban :*

Eins charpentier en bos ne sot si charpenter,
Ne meoa telle noise eu parfont Gaut ramé.

* 3. **CAULA**, Idem quod *Caulagium*, Tributi species, nostris etiam *Caule.* Gloss. Cæsar. Heisterbac. in Reg. Prum. tom. 1. Hist. Trevir. Joan. Nic. ab *Hontheim* pag. 678. col. 1 : *De caula, id est, si tota hyeme sal fieri permittitur, debent in medio Aprili de sale exire de ina una modii centum.* Pactum inter abb. S. Richar. et communit. ejusd. villæ ann. 1318. in Reg. 61. Chartoph. reg. ch. 453 : *Lidit maires et eskevins aient le court, le connissanche, le jugement, et le exécution des tonlieus, des cambages, des Caules, des fours, etc.*

CAULAGIUM, Tributi species. Charta R. Abbatis Caroffensis ann. 1308. in 2. Regesto Philippi Pulcri Regis Franc. num. 11. ex Tabulario Regio : *Quilibet mercator extraneus habens troussellum, vel plures troussellos in dictis nundinis, dabit pro introitu et exitu, et Caulagio, et pro leuda 4. denarios, etc.*

* Reditus Trencavello assignati ann. 1256. inter Probat. tom. 3. Hist. Occit. col. 521 : *De fromagio et Caulagio v. solidos.*

* **CAULERIA**, Caulis, Gall. *Chou.* [** *Cavolo*, Italis. De etymo vide Murator. Antiq. tom. 2. col. 1088.] Leudæ major. Carcass. MSS : *Item pro quintali de cineribus clavetalis, et pastellis, et de roja, et flori Cauleriæ, pro quolibet quintali, ij. den. Turon.* Ubi versio Gallica ann. 1544 : *Item pour quintal cendres, pastel, rouges et fleurs Caulière, etc.* Nostris *Chou-fleur. Chou pour Chou*, phrasis Gallica, quasi significatur permutatio, quæ nullo addito pretio fit, vulgo *But à but.* Charta ann. 1346. in Chartul. 21. Corb. fol. 304. v° : *Par juste et loial escange Chou pour Chou.*

¶ **CAULES.** Vide *Caula.* 1.

¶ **CAULUMNIARI**, pro *Calumniari*, apud Lobinellum tom. 2. Hist. Britan. pag. 248. vel error librarii est, vel effectus pravæ pronuntiationis.

CAULSULA, pro *Clausula ; Fermeture.* Tabularium Monasterii S. Andreæ Viennensis, ann. 1080 : *Et ligna ad calefaciendum in ipsa hæreditate, et ad construendas domos, et ædificandas vineas et ad Caulsulas, et ad sepes ipsius hæreditatis.* Vide *Calusum* et *Clausum.*

* **CAULUS**, *vel Argestes, ventus, chorus.* Glossar. ex Cod. reg. 7613. pro *Caurus.*

1. **CAUMA** f. Casa, Tugurium calamis, Gall. *Chaume*, seu stramentis tectum. Privilegium Ludovici Regis Franc. ann. 1151. apud Marten. tom. 1. Collect. Ampliss. col. 816 : *Liceat Abbati et Fratribus ibidem habere et Caumas, et furnos, et arces, et molendinos, et piscaturas et juridiaria, et mercatum.* [** Statut. antiq. Lubecc. ann. 1263. ap. Hach. pag. 185. art. 2 : *Tribus vicibus in anno erit conventus legitimi placiti et omnis qui possessor est proprii Caumatis aderit, etc.* Conf. Haltaus. Gloss. Germ. col. 1507. voce *Rauch.*] Vide *Cauna.*

2. **CAUMA**, Ardor, æstus, calor intensior, Græcis Καῦμα. Glossarium Lat. MS. Regium Cod. 1013 : *Æstus, calor, Cauma, procella.* Breviloq. : *Cauma, incendium, calor, æstus.* Ulpianus : *Si fundus Caumate perierit.* [** An Dig. lib. 18. tit. 6. fr. 10. § 1? ubi hodie *Chasmate* legunt.] *Solis Cauma*, apud Aldhelmum de Virgin. cap. 21. Arnoldus Abbas Bonævallis de Operib. sex dierum : *Sensit caro nudata virtutibus Caumata et algores.* Vita S. Gilberti *de Sempringham : In maximo æstivi temporis Caumate.* Vita S. Jacobi Episc. Tarantas. num. 10 : *Dum ex nimio Caumate lassus ad quandam declinaret umbram.* Geraldus in Vita S. Stephani Fundat. Ord. Grandimont. num. 15 : *In hieme et æstate ad repellendum frigus et Cauma, æqualia semper erant et eadem indumenta.* Florus Diacon. Lugdunensis :

Caumate sed nimio tota jacebat humus.

Abbo lib. 1. de Bell. Paris. vers. 113 :

Verum stilla quid est simplex ad Caumata mille.

Ubi *Cauma* non est χῦμα fluctus, uti vult Spelmannus, sed ardor. Ita usurpat Ordericus lib. 8. et lib. 13. pag. 717. 909. Itinerarium S. Willibaldi num. 10. etc. [** Job. cap. 30. v. 30. Vide Martin. in h. v.]

Caumatio, Ardor, Calor, in Itinerario S. Willib. num. 17 : *Magna solis Caumatio.*

¶ **CAUMENIA**, Humi cubatio, χαμευνία. Vita S. Romani Monachi tom. 5. SS. Maii pag. 154 : *In tenero corpusculo senum cruces et Caumenias nitebatur adhuc invalidus experiri.* Vide *Chameuniæ.*

¶ 1. **CAUNA**, f. idem quod *Cauma*, 1. Professio Comitis Foxensis tom. 3. Concil. Hispan. pag. 484 : *Ad honorem Dei et S. Matris Ecclesiæ... ponimus et mittimus personas nostras, et universa castra nostra, et munitiones, et fortias, et Caunas, etc.*

* Acta S. Privati tom. 4. Aug. pag. 439. col. 2 : *Tunc vir sanctitate præcipuus, tam religione flagrans, quam de quiete sollicitus, Caunam sibi, ut dici moris est, in montis supercilio, quod vico ipsi supereminet, grandi studio et eleganti opere perfecit.* Ubi caverna significari videtur.

* 2. **CAUNA**, Fovea, fossa. Acta MSS. Inquisit. Carcass. ann. 1308. fol. 16. r°. : *Prædictum beguinum projecerunt per unum magnum balcium in quandam foveam sive Caunam, ita quod postea non fuit visus.*

¶ **CAUNACA**, Gr. Καυνάκη, Crassum et vile vestimentum seu pallium. Latini vulgo dicunt, *Gaunace* vel *Gaunacum*, Isid. in Glossis *Gaunaca* : sed ut observat Terentius Scaurus in Orthogr : *C. cognationem habet cum G. et ideo alii dicunt Gaunacam, alii Cannacam, alii Gamelium.*

CAUNO, Papiæ, *Negotiator :* eidem *Caunus* est *Caballus*. [** Leg. *Caupo* et *Cabus;* pro *Caunus* in cod. reg. 7609. est *Canus*.]

** **CAVON**, Cavam, Agricola infimæ conditionis, secundum S. Rosa de Viterbo Elucid. tom. 1. pag. 257. For. Ulissip. ann. 1179 : *Cavon, si laboraverit triticum, det* 1. *taleigam.*

¶ **CAUPALTUS**, Scapha. Vita S. Columbæ tom. 2. SS. Junii pag. 218 : *Præcepit ut aliquis ex comitibus enatans, Caupaltum in altera stantem ripa ad se navigando reducat.* Vide *Caupulus.*

¶ **CAUPENDERE**, Æstimare, vel captare, apud Rymer. tom. 13. pag. 304. col. 2 : *Pro quanto gratiam nostram Caupendunt, et indignationis nostræ pœnam cupiunt evitare.* Forte scriptor fingere voluerit verbum ex præpositione *cum* et *pendere*, unde mala pronuntiatione vel errore librarii factum est *Caupendere*. [** Lege *Care pendunt.*]

¶ **CAUPILLUS**, Caupolarius, Caupolata, etc. Vide *Caupulus.*

* **CAUPO**, Præstationis species, Caponum scilicet, ni fallor. Charta ann. 1206. in Chartul. eccl. Lingon. fol. 11. v° : *Omnes illi qui in mansis episcopi, qui debent Cauponem, manent, vel manere voluerint, debent semel in anno episcopo placitum generale.* Leg. Alf. III. ann. 1251. tom. 1. Probat. Hist. geneal. domus reg. Portugal. pag. 53 : *Item quicumque acceperit gallinam, Cauponem, cabritum, etc.* Vide *Cupa* 3. et 4. [** *Capo*, Gallus castratus.]

* **CAUPOLERIA**, Tributum, quod a *Caupulis* exigitur. Charta Bertr. Porcelleti ann. 1235 : *Tertiam medietatem Caupoleriæ ad me pertinentem, occasione dicti bordigol, quod est in quolibet ligno timonem habente et ibi transitum faciente, duodecim denariorum,...... pro navigio autem timonem non habente, quatuor denariorum.* Vide *Caupulus.*

¶ **CAUPONARIUS**, Caupo, Gall. *Cabaretier*, tom. 4. Concil. Hisp. pag. 8. col. 1. Gloss. Cyrilli : *Cauponarius*, κάπηλος.

CAUPONIA, Cellarium vini, Matthæo Silvatico. *Cauponius*, Lat. Tabernarius.

¶ **CAUPONIUM**, Caupona, Gall. *Cabaret.* Gloss. Græc. Lat. : Καπηλεῖον, *Cauponium.* Gloss. Cyrilli : Καπηλεῖον, *Popa, Popina, Taberna, Cauponium.* Supplem. Antiquarii : *Cauponium*, πανδοχεῖον, *Diversorium.* Pompon. JC. D. l. 15. (33, 7.) de Instrum. : *In Cauponio institores.*

¶ **CAUPRITA**, Species cucullæ, qua caput tegebatur. Capitulum general. S. Victoris Massil. ann. 1294 : *Ut nullus cucullam seu caputium, quæ quasi Caupritæ videntur, audeat portare.* Supra dicitur *Capitta.*

CAUPULUS, Caupillus. Gloss. Isid. : *Caupulus, Navis; Caupilus, Navicula brevis.* Papias : *Caupillus, lignum cavatum, quasi cymba, lembus, carabus brevis.* Idem : *Lintris, navicula parva, Caupillus.* [Idem MS. habet : *Lembus, Navicula brevis quæ alias dicitur cimba et Caupilus.* Glossar. Sangerman MS. n. 501 : *Caupilus, Lignum cavatum, cumba, id est, velut carabum valde previssimum. Hoc etiam alio vocabulo lintrem vocamus, et alia appellatione lembum dicimus, quod quidem Caupilum, cumbam, lintrem, lembum, navicula minissima sive carabum valde brebissimum intelligere debemus.* Glossar. Avenion : *Caupulus, Lembus sive linter.*] Gloss. Saxon. Ælfrici : *Navis, vel faselus... vel cimba, vel Campolus.* Leg. *Caupulus.* [** Omnes ex Isidor. Origin. lib. 19. cap. 1. sect. 25. Vide etiam Gellium lib. 10. cap. 25. et Placid. ap. Maium tom. 6. pag. 557.] Lex Burgund. addit. 1. tit. 7 : *Quicunque navis Caupulum involare præsumpserit, inferat ei cujus est navis, sol. 17. et mulctæ nomine sol. 4. pro Caupulo vero sol. 4. et mulctæ nomine sol. 2.* Ubi *Caupulus* pro *scapha* navis usurpatur : sic autem dictus quod *caupi* formam referat. [Statuta Massil. lib. 4. cap. 1 : *Ordinamus observandum, quod nulla navis, vel lignum aliquod, Caupulusve, vel barchæ aliqua, teneantur deinceps vel sustineantur plena in portu.* Occurrit rursus lib. 1. cap. 51. et 67.] [** Vide Jal. Antiq. Naval. tom. 1. pag. 357. tom. 2. pag. 224.]

¶ Caupolus, pro *Caupulus*, in iisdem Statutis lib. 1. cap. 49.

¶ Caupolata, Onus *Caupoli*, quantum *Caupolo* vehi potest; *Caupolerius*, qui habet *caupolum*. Eadem Statuta lib. 4. cap. 5 : *Statuimus, ut quilibet Caupolerius in Massilia stagiam faciens teneatur ter in anno deferre, vel facere deferri, unam Caupolatam cum suo Caupolo, vel cum alio, de fimo extracto a Communi, seu ad expensas Communis, de portu extra buccam portus, illuc scilicet ubi consuetum est.* Vox *Caupolata* semel et iterum occurrit cap. 6.

CAUPUS, Cuppa, vas. Gloss. Ælfrici : *Caupus, vel Obba*, Cuppe.

* **CAUQUA**, pro *Conqua*, ut videtur, Mensuræ frumentariæ species. Vide *Concha* 3. Reg. forestæ de Brotonnia ex Cod. reg. 4653 : *Et franci sextarii et minæ ad Cauquam debent reddi ad festum sancti Michaelis.*

CAURIO, *nis* id est, *sacrum officium.* Ita Ugutio MS. [Isid. in Glossis : *Cauriones, Festa, Officia.*] [** Glossar. in cod. reg. 7644 : *Cauriones, sacra officia.* An *Curiones ?*]

¶ **CAVRIOLA**, pro *Capriola* seu *Capriolus*, Tectorum tigna superne coeuntia in figuram hanc A. Vita S. Francæ tom. 3. SS. April. pag. 292 : *Infirmata fuit in brachio dextero, ita quod intumuerat et grossum ut una domus Cavriola patebat decoloratum, pendulum et nigrum, etc.*

* Gall. *Cauriole*, vulgatius *Postes*, Ornamentum architecturæ ad hanc figuram accedens A. Vide Felib. Principia architect.

CAURSINI. Vide *Caorcini.*

1. **CAUSA**, Morbus, Ita non semel apud Marcellum Empiricum. *In Causa esse*, pro νοσεῖν eidem cap. 7 : *Locus qui in Causa est*, ὁ πεπονθώς. Gariopontus lib. 3. Passion, cap. 4 : *Omnes Causæ vesicæ ex renum indignatione fiunt etc.* Ita lib. 4. cap. 6. 7. 17. lib. 5. cap. 1. 2. 5 : *Sontica Causa*, apud Festum et Tibullum lib 1. *morbus sonticus.* Vide Salmasium ad Spartianum pag. 20. Hinc *Causarios* dictos vult ægrotos, egenos, facultatibus lapsos eid. Spartiano : *Omnes Causarios liberalitatibus sublevavit.* Vindicianus Archiater : *Progressum a balneo potavi, ne quid Causationis in corpusculo ejus maneret.*

2. **CAUSA**, Res : unde Gallis *Chose*, Italis *Cosa*, Occitanis *Causo. Causam alterius tollere*, Gall. *Enlever la Chose d'autrui*, in Lege Longobard. lib. 3. tit. 4. § 5. [** Pipin. 16.] in Capitul. Caroli Magni lib. 5. cap. 208. [** 360.] Lex Longobard. lib. 2. tit. 21. § 22. [** Liutpr. 107. (6, 54.)]: *Nullus eis imperavit talem Causam facere.* Capitulare de Villis cap. 3 : *Non porcellum, non agnellum, nec aliam Causam, etc.* Paulus Warnefr. lib. 5. de Gest. Langobardor. cap. 40 : *Tu recuperabis Causam tuam.* Paulus Diacon. Emeritensis in Vita S. Masonæ Episcopi Emeritens. cap. 15 : *Quod cum ille audisset, præcepit ut Causa paululum silentio, tegeretur.* Occurrit passim. Vide Legem Salicam tit. 9. § 3. Gregorium Turonens. lib. 4. Hist. cap. 13. Marculfum lib. 2. form. 2. Theodulfum in Capitulari cap. 24. Leon. Ost. lib. 1. cap. 47. lib. 2. cap. 55. 64. 65. lib. 3. cap. 22. et Savaronem ad Sidon. lib. 3. Epist. 7. [** Ruodlieb. fr. 1. vers. 90. et 116. fr. 4. vers. 72. Unibos vers. 123. Heriger. vers. 2.]

3. **CAUSA**, Pœna propter solennia non servata. Lex Salica tit. 46. § de Sponsalitiis viduarum : *Et in ipso mallo scutum habere debet, et tres homines tres Causas demandare.*

4. **CAUSA**. Causæ, Judicia, placita, malla. Hincmarus Opusc. 29 : *Jussistis præfatum Episcopum, ut die et loco denominato veniret ad Causas vestras, id est, ad judicia sæcularia, et suum advocatum... donaret.* Hinc *Causam quærere, requirere, conquirere*, id est, judicium, in Lege Salica tit. 60. § 1. in Capitulis Caroli Magni lib. 3. cap. 38. 40. 51. *Causam alicui movere*, apud Henricum Rebdorff. ann. 1300. Galli dicimus, *Mettre quelqu'un en cause. Vocare in Causam*, apud Helmodum lib. 1. cap. 84. Sugerius in Ludovico VI. cap. 21 : *Cum præfatum Haimonem frustra in Causam vocari fecisset.* [** Echasis vers. 394]

* Lit. ann. 1407. tom. 9. Ordinat. reg. Franc. pag. 253 : *Quod die Lunæ, casu quo feriata non existat, Causæ civiles tractabuntur, et primo Causæ commissionum;........ die vero Veneris Causæ criminales prædictæ recitabuntur.* Vide ibi notam docti Editoris.

¶ Causa Jurata, Quæ juramento diremta est. Leges Caroli Magni [** cap. 65.] apud Muratorium tom. 1. part. 2. pag. 101. col. 2 : *De furto vel de minoribus Causis statuimus, si ille cujus Causa fuerit jurata dicere voluerit, quod ille qui juravit, se sciente perjurasset, campo vel cruce contendat.*

Causas Dicere, nostris *Plaider la cause.* Baldricus Noviomensis in Chr. Camerac. lib. 1. cap. 14 : *Ut Clerici cujuslibet ordinis, neque pro propriis, neque pro Ecclesiasticis causis, aliter adire debeant forum, nec Causas dicere audeant, etc.*

¶ Causa Manente. Leges Rotharis [** cap. 25.] apud Muratorium tom. 1. part. 2. pag. 20. col. 1 : *Si quis res suas ab alio in exercitu requisierit et noluerit ille reddere, tunc ambulet ad Ducem; et si Dux illi aut judex, qui in loco ordinatus est a Rege veritatem et justitiam conservaverit, componat tam Regi quam ei cujus causa solidos* xx. *et Causa* *manente*, hoc est, servato suo jure ei qui repetit res suas.

Causæ Palatinæ, Lites, judicia quæ in Palatio coram Comite Palatino ventilabantur, in Capitulis Caroli Magni ann. 997. cap. 4. apud Hincmarum de Ord. Palatii cap. 33. et Opusc. 60. in veteri Notitia apud Doubletum pag. 716. et in Notitia Caroli Calvi quæ exstat in Append. ad Flodoard. [et alia Charta ejusd. Caroli ex Tabulario S. Cyrici Nivern. n. 2.] *Causæ Reipublicæ*, judicia de rebus publicis et quæ Regem spectabant, in Capitulis Caroli C. tit. 23. § 7. [** Epist. Episc. ann. 858.] *Causæ Publicæ*, apud Gregor. Turonens. lib. 9. cap. 11. 20. in Annal. Francor. Fuldens. ann. 752. et in Vita Franconis Episc. Cenoman. *Causæ pro salute Reipublicæ*, apud Fredegar. ann. 768. *Causæ Regales*, Placita Regia, in Lege Longobard. lib. 1. tit. 2. § 8. lib. 2. tit. 35. § 8. [** Rothar. cap. 372. Liutpr. 77. (6, 24.)] apud Baldricum in Chron. Camerac. lib. 1. cap. 62. 76. etc. *Causæ Legales*, in Fragmentis Capitularium editis a Baluzio cap. 8. quæ secundum Leges dirimuntur.

Charta de Causa Suspensa, quæ datur absenti Reipublicæ, vel alia causa, qua lites omnes et negotia adversus eum conquiescere jubentur, apud Marculfum lib. 1. form. 23.

Causalis, Litigiosus. Gloss. Græc. Lat. Αἰτιολογικοί, *Causales*. Cyprianus, seu auctor de Singularitate Clericorum : *Causale est quod feminæ est, et copulatio ejus semper infesta est.* Synodus Suessana ann. 303. Sess. 3 : *Nihil time, quoniam in tui damnationem nihil apponimus Causale, nihil defendimus, etc.* [Hæc Synodus fictitia est.]

Causalis. Glossæ MSS. ad Concilium Calchedon. cap. 12 : *Per pragmaticam, per Causalem.*

Causalicii, Qui litigant de re aliqua. Tabular. Brivatense Ch. 114 : *Ipsi jurati vel testimoniati unanimiter dixerunt, quod ipsi Causalicii cum omnibus appenditiis eorum terris seu et pratis... plus debent, etc.*

Causales, Idem Tabular. Brivatense Ch. 180 : *Vendimus S. Juliano et Clericis ejus unam hæreditatem nostram, hoc est, Causales qui sunt juxta muros claustri S. Juliani et juxta cellarium ejus, et apprehendimus inde pretium factum sol. 70. De Clericis advenerunt autem nobis ipsi Causales, non de comparatione, nec donatione : sed Clerici S. Juliani concesserunt Uberto avo nostro, ut maneret ibi, etc.* Ubi forte *Casales* legendum vel *Clausales*.

Causare, Litigare, *Causas* agere, *Calumniare*, repetere. Papias : *Causare, calumniari, exigere, in causam ducere.* Gloss. Græco-Latin. : Αἰτιῶμαι, *Criminor, accuso, culpo, incuso, Causo.* Lex Langobard. lib. 2. tit. 52. § 1. [** Rachis 7.] : *Si quis causam alteriusi agere, aut Causare præsumpserit .... Et si forsitan aliquis per simplicitatem suam causam agere nescit, veniat ad placitum : et si Rex aut judex præviderit, tunc debeant dare ei hominem qui causam ipsius agat.* Gregorius Turon. lib. 10 : *Causaturus accessit.* Petrus Venerab. lib. 1. Epist. 2 : *Et in die Causandi cum Stephano in præsentia nostra suscepta, Pisas profectus est.* Charta ann. 1021. apud *Diago* in Comitib. Barcinon. lib. 2. cap. 31 : *Non est mihi licitum Causari vobiscum in sæculari judicio, nisi exors efficiar canonicæ regulæ.* Charta Conradi Imp. ann. 830. in Bibl. Sebus. lib. 1. cap. 92 : *Nemo .... inquietare, molestare, Causare, perturbare præsumat.* Libertates concessæ Villæ franchæ ab Archembaldo Dom. Borbonii ann. 1217. MSS. : *Nullus burgensis de Villa francha debet Causari extra villam in curia laicali, etc.* Ita Chartæ veteres passim, apud Franciscum Mariam in Mathildi lib. 3. pag. 141. 152. 164. etc. Hinc apud nos *Causer*, pro tricari, nugari, garrire, et *Gausser*, pro irridere : non enim etymon a Germanico *Kosen* deducendum, ut vult Besoldus.

Causare, Calumniare, repetere. Vetus Charta apud Ughellum tom. 9. pag. 920 : *Ostendit* (Episcopus) *se Causare Monasterium, atque ad suum jus intromittere.* Ita in alia apud eumdem Ughell. in Episcopis Veronensibus pag. 805.

* *Causer*, eodem significatu, in Sent. locumtementis Duac. ann. 1377. ex Reg. 142. Chartoph. reg. ch. 138 : *Pour lequel fait et omicide lidis procureur eust Causé et calengiet ledit Jaquemars pardevant nous en jugement de avoir desservi mort.* *Coser* et *Choser*, pro Increpare, vituperare, objurgare, vulgo *Gronder, blâmer, reprimander*, in Vita J. C. MS. :

Sa fame l'ot, moult fort le Cose,
Car ele estoit moult saine cose.

Fabul. tom. 1. pag. 160. :

Moult de sa gent parler n'en osent,
Mais par derriere moult l'en Chosent.

¶ Causare, Fabricare, facere. [* Idem est quod *Caussare.* Vide in hac voce.] Statuta Massil. lib. 5. cap. 52 : *Ordinamus.... quod fabri.... exercentes ministerium fabrariæ .... non accipiant pretium vel mercedem ultra modum infra scriptum, videlicet pro ferrando equo quatuor den. de uno pede.... Item, de Causando quendam ligonem, sicut convenerint inter se, justo modo.* Notum est a Scholasticis usurpari verbum *Causare*, pro *efficere.*

Causatio, Lis, controversia, placitum. Gregor. Magn. lib. 1. Epist. 9 : *Fines, de quibus Causatio mota est.* Concilium Arelatense ann. 813. can. 16 : *Ne in Dominicis diebus publica mercata, neque Causationes disceptationesque exerceantur.* Capit. 1. ann. 811. cap. 2 : *Unde illæ frequentissimæ Causationes in quibus unus alteri quærit quicquid parem suum viderit possidentem.* Charta Eberardi Salzburgensis Episc. in Chron. Reichersper. ann. 1153 : *Deposuit Causationem super quodam prædio.* Formulæ veteres apud Bignon. : *Ut Causationes et lites definire et terminare juste et rationabiliter debeant.* Vide Translat. S. Guthlaci num. num. 15. Ita etiam vocem hanc usurpat non semel Symmachus lib. 2. Epist. 22 36. lib. 4. Epist. 18. [Charta ann. 1048. in Cnartulario S. Victoris Massil. fol. 170 : *Nos audita Causatione sive contrapellatione, quam Dominus Isanus Abbas et Monachi S. Victoris fecerunt adversum nos, etc.*] [** Chart. Langob. ann. 724. ap. Brunetti pag. 471 : *Si forsitan quislibet ex successoribus meis..... litis Causationem inmittere præsumpserit, etc.* Formula fori Romani. Chart. ann. 816. ap. Ludew. Script. Bamb. tom. 2. pag. 5 : *Si quis ullam causationem de hac parva oblatione.... generare conatus fuerit, etc.*]

Recausare, Idem quod *Causare.* Tabular. S. Cyrici Nivern. ch. 28 : *Qualibet persona qui contra hanc donationem ullo unquam tempore venire aut Recausare conaverit, etc.*

Incausare, In *causam* mittere, *Mettre en cause*, in jus vocare. Charta Waldemari Regis Daniæ ann. 1326 : *Si aliquis Incausatus fuerit, quod alecia in aquis emerit, ipse tertia manu se purgabit.*

Causarius. Gloss. MS. Regium sign. 1197 : *Pragmatici, Causarii.* [** Vide supra *Causalis.*] Gloss. Isidor. et *Papias* : *Causarius, litis amator, etc.*

Causarius, interdum *Reus qui ex aliquo crimine ad causam ducitur*, Joanni de Janua. Gloss. Isidor. *Causarius, reus.* Gloss. Græc. Lat. ὑπαίτιος, *Causarius.* Aliter tamen hanc vocem interpretantur viri docti : quippe *Causarium*, in Glossis *sontico morbo* laborantem dici volunt; ὑπαίτιοι enim idem valet quod *sontes*, apud Latinos : idque eruunt ex Hesychio, cui ἐπίληπτοι, dicuntur ὑπαίτιοι, et δαιμονιζόμενοι; atque ita usurpavit Passionarius Galeni, cujus auctorem Gariopontum volunt lib. 1. cap. 11. de Anteneasmo, maniæ specie, qua qui laborant, a Latinis *Percussores*, ab aliis *Causarios* appellari observat : ubi perperam editum in 1. Edit. Lugdun. ann. 1526. *Causanos.* In Basileensi vero ann. 1531. absunt hæc verba, *alii Causarios.*

Causarius. Qui *causam* habet, ratione et *causa* nititur. [Sussannæus in Vocabulario : *Causarii, Quibus causæ legitimæ, ne mererent, suppetebant.* Sic apud Livium *Causarius miles* dicitur, cui legitima causa est missionis efflagitandæ.] *Causaria missio*, in leg. 9. Cod. Th. de Desertor. (7, 18.) *Causaria liberalitas*, apud Spartianum. *Causariam missionem* quidam interpretantur, cui morbus causa fuit, ut *Causariam liberalitatem*, cui aliquis casus ac calamitas causa fuit. Nam *causa* pro morbo sumi observatum.

Causaticus. Qui alium in causam trahit. Lex Bajwar. tit. 16. § 2 : *Non debet testem veritatis compellere Causaticus ejus, nisi forte aliquis testem mendacem habere voluerit.*

Causator, Qui actoris vel rei in judicio partes agit, litigator. Lex Salica tit. 60 : *Cum causa discussa fuerit inter duos Causatores.* Decretio Childeberti Regis cap. 11 : *Causator Centenarium cum Centena requirat.* Lex Langob. lib. 2. tit. 21. § 30. [** Lothar. I. cap. 74.] : *Neque cogantur ad placita venire, præter in anno... exceptis scabinis, et Causatoribus, et testibus necessariis.* Vide tit. 41. § 1. tit. 51. § 2. tit. 55. § 13. lib. 3. tit. 9. § 8. [** Liutpr. 25. (4, 7.). Carol. M. 21. Liutpr. 8. (2, 2.). Lothar. I. 26.] Capitula Caroli M. lib. 3. cap. 10. Capitula Caroli C. tit. 31. cap. 33. [** Edict. Pistens. ann. 864.] Chronicon S. Vincentii de Vulturno lib 2 : *Excepto per verissimas cartulas cum quibus se Causatores legaliter defendere queant, etc.* [Gregorii Monachi Chron. Farfense, apud Murator. tom. 2. part. 2. col. 616 : *Tunc supradicta Càrabona* *ancilla Dei inique adhæsit eidem Donadeo, ut propter amorem consanguinitatis traderet illi ipsam chartam, per cujus occasionem chartæ, quæ legalem investituram non habuit, invasor et Causator hujus terræ exstitit idem Donadeus*; id est, per actionem judicialem invasit.]

Causamentum. Usatici Barcinonenses MSS. cap. 111 : *Similiter nempe statuerunt ac bonum Causamentum esse laudaverunt, ut si quis, etc.* Galli dicerent : *Ils ont jugé que c'estoit une bonne chose d'ordonner, etc.* Charta Alfonsi III. Regis Portugalliæ ann. 1289. tom. 4. Monarchiæ Lusitanæ pag. 279. v. : *Et si illud non pectaverit, remaneat in Causamento de Meyrino.* Vide *Causimentum.*

¶ Ad Causam, Ob, propter. Gall. *A cause*, apud Lobinellum Hist. Paris. tom. 3. pag. 378 : *Guido Abbas Majoris-monasterii, et ad Causam ejusdem monasterii, Administrator Collegii sæcularis S. Martini de Plessyo.* Ibidem pag. 102 : *Jus præsentandi et conferendi beneficia intra fines Ecclesiæ S. Germani ad dictam Ecclesiam tanquam ad Matricem pertinet, et ad Causam ejusdem ad Decanum et Capitulum.* Item pag. 109 : *Ad causam Ecclesiæ nostræ.* Apud eumdem Lobinell. tom. 2. Hist. Britan. pag. 837 : *Ad Causam et ratione successionis Domini Conani.* Passim occurrit alibi.

* 5. **CAUSA**, Casus seu ingruens necessitas, qua vassallus domino capitali vectigal ex jure præstare tenetur. Locus est infra in *Escober.* Hinc

* Causari, Deberi; dicitur de eo quod legitime ex jure exigitur. Convent. Saonæ pag. 54 : *Compellant muliones, qui portant pisces, et tangunt limites Saonæ, ad solvendum gabellam, quæ pro tansitu non Causatur, nec solvi debet.*

* 6. **CAUSA**, pro *Censa.* Vide in hac voce infra num. 5.

* **CAUSAMENTUM**, Refectio. Comput. ann. 1388. ex Tabul. Massil. : *Nec non et pro Causamento murorum prædictorum, etc.* Alia notione, vide in *Causa* 4.

¶ **CAUSAPA**, pro *Gausapa*, Pallium vilius. Vide locum in *Galnabis.*

¶ **CAUSARE**, Causari, Causarius, etc. Vide in *Causa* 4.

* **CAUSATERIUS**, Caussaterius, Sutor, tibialium confector. Gall. *Chaussetier.* Lit. remiss. ann. 1461. in Reg. 191. Chartoph. reg. ch. 28 : *Johannes Bruneti Causaterius, oriundus villæ de Romans.* Lit. amortizat. pro eccl. Tolos. ann. 1454. in Reg. 187. ch. 111 : *Johanne de Punctis Caussaterio carreriæ Caussateriorum.* Occurrit præterea in Comput. ann. 1494. inter Probat. tom. 4. Hist. Nem. pag. 59. col. 1. Vide supra *Caligariarius.*

CAUSEA, Idem quod *Calcea* et *Calceta*, Gall. *Chaucée.* Knyghton : *Cotidieque venerunt Franci ad Causeam inire. hastiludium cum Anglis.*

¶ **CAUSEIUS**, *Reus.* Papias. Vide *Causarius* eadem notione post *Causa* 4.

CAUSETUM, Idem quod *Calcea*, ex Anglico, *a Causey.* Chronicon Abbatum Burtonensium tom. 1. Monastici Anglic. pag. 275 : *Incœptum fuit pavimentum Altæ villæ, diruto Causeto, ponendo gutteram in medio.... Incœptum fuit Causetum Novi vici ante portas Abbatiæ.*

1. **CAUSIA.** Vegetius lib. 4. cap. 15 : *Vineas dixerunt veteres, quas nunc militari vocabulo Causias vocant.* Ubi variant Codd. MSS. Quidam enim *Cautias*, et *Caucias* habent. Ad oram Edit. Parisiens. quam a Budæo procuratam aiunt, *Cattos* habetur. Certe *Cattus* idem fuit quod vinea. [Vetus Interpres Vegetii Catalanicus MS. habet hoc loco : *Los antigos dixeron halas, que agora en el uso de los barbaros llaman Cautibus.*] Vide in *Cattus* 2. [** Forcellinus idem esse censet quod Causia, Pileus. Vide mox *Causiæ.*]

¶ 2. **CAUSIA**, Pileus rusticanus. Vita B. Bartholomæi ab Anglario tom 2. SS. Martii pag. 664 : *Suis in itineribus non baculo fuit usus, non Causia.* Hic Editor : Latina et sæculi vetustioris vox pro pileo contra æstivos calores; et passim in Italia Minoritæ utuntur per agros ejusmodi capitis operimento, compacto ex paleis aut ferruginei coloris lana : cui consonat istud Plauti in Milite : *Causeam habeas ferrugineam.*

¶ **CAUSIÆ.** Gloss. Isid. : *Pitigmata, Causiæ.* Excerpta : *Pilipmata, Caussæ.* Grævius scriptum fuisse putat : *Pili Macedonum, Causiæ.* Pollux : Ἡ καυσία, πῖλος Μακεδονικός. Vide Valer. Max. v. 1.

* **CAUSIDICARE**, Litigare, *causas* prosequi. Charta ann. 1352. in Reg. 81. Chartoph. reg. ch. 404 : *Quod ipse et subditi sui in casibus superioritatis et ressorti non compellantur seu trahantur quovis modo in locis aliis litigare seu Causidicare.* Vide *Causare* in *Causa* 4.

CAUSIDICUS. Vide *Advocatus.*

* **CAUSIDICUS**, Qui *causas* seu lites ventilat et dirimit. Charta ann. 1159. in Tabul. eccl. S. Thom. Argent. fol. 5 : *Attestantibus Brunone præposito Avellan. ecclesiæ, et Alberto Causidico ejusdem villæ Mutziche.* Alia ann. 1307. in Chartul. Pontiniac. pag. 226 : *Frater Theobaldus Causidicus monasterii Pontigniacensis, etc.* Idem, ni fallor, qui *Plaideur* appellatur, in Ch. ann. 1316. ibid. pag. 234 : *Danz Jehan de Brene, Plaidéeur de Pontigny, ... seoit comme juges, et tenoit ses plais, et exercoit jurisdiction.* Vide supra *Causa* 4.

CAUSIFICATIO, Tergiversatio, excusatio, *Causatio*, in Cod. Th. et apud Symmach. lib. 2. Epist. 36. lib. 5. Epist. 48. Julius I. PP. Ep. ad Orientales : *Liquide apparet istam Causificationem eorum hominum esse, qui sibi non satis confidunt.*

* Ubi textus Græcus habet : μὴ θαῤῥούντων ἐςὶν ἡ πρόφασις, id est, Excusatio est hominum sibi diffidentium.

CAUSILICUS, pro *Causidicus*, non semel in veteri placito in Appendice ad Capitularia Steph. Baluzii pag. 1394. Ubi Catellus lib. 5. Rerum Occitan. pag. 742. *Causidicus* edidit. Vide *Advocatus*, et *Assertor.*

¶ **CAUSILLUS**, Idem ac *Caucellus*, Pateræ species, seu Mensura minor vinaria capiens unum aut alterum cyathum. Instrumentum concordiæ Abbatem inter et Sacristam Crassenses ann. 1381 : *Unum panem frumenti antiqui ponderis et Causillum vini Presbyteris dicti Monasterii in dicto Monasterio beneficiatis.... Si festum fuerit omnium capparum.... duos panes.... et duos Causillos vini, etc.* Ibi non semel eadem vox recurrit. Vide *Caucus.*

1. **CAUSIMENTUM**, [f. Idem quod superius *Causa* 2. nempe res quævis : quod si vera est conjectura, *Causimentum*, loco in voce *Fornimentum* post *Furnire* relato, dicendum est Res oblata Monasterio, donum.]

* 2. **CAUSIMENTUM**, Protectio, tutela, defensio, cum alterius causa suscipitur. Pactum ann. 1126. inter Probat. tom. 2. Hist. Occit. col. 442 : *Ego item prædictus Bernardus Atonis vicecomes et ego Cæcilia vicecomitissa, in loco sacramenti plivimus tibi prædicto Wilhermo per nostras fides, et suscipimus te in nostro Causimento, et in nostro sacramento, ut totum, sicut superius scriptum est, tibi faciamus et attendamus sine inganno.* Occurrit rursum ibid. col. 453. Judicium ann. 1165. in Append. ad Marcam. Hispan. col. 1341 : *Dicebat etiam* (Guill. Raimundi) *quod de hoc receperat eum comes in suo Causimento. Comes vero hæc se fecisse negabat. Judicavit ergo curia, quod si Guillelmus Raimundi posset hæc legitimis testibus conprobare, attendat ei comes et adimpleat prædictam convenientiam, sicut ejus testes potuerint comprobare, vel Causamentum inde accipiat, si hos testes probaverint.* Vide *Cosimentum.*

* 3. **CAUSIMENTUM**, Sententia, judicium, arbitrium. Testam. Bereng. Bernardi ann. 1061. ex Bibl. reg. cot. 17 : *Si autem prægnatus meæ uxoris filia fuerit, sit maritata de meo honore ad Causimentum prædictorum manumissorum meorum, si vivi fuerint.* Constit. pro abbat. S. Pauli Narbon. ann. 1127. inter Instr. tom. 6. Gall. Christ. col. 34 : *Si quis in aliquo prædictorum præceptorum peccaverit, vel transgressus fuerit, in providentia et in Causimento domini abbatis se corrigat.*

¶ **CAUSINARIUS**, Causinaria. Vide *Caucinarius.*

CAUSON, καύσων, Ardens febris : καῦσος etiam Medicis. Ordericus Vitalis lib. 11. pag. 818 : *Causon et febres aliæque infirmitates terrigenas valde afflixerunt.* Alias Græcis Καύσων, est ventus urens. Vide Hieronym. in cap. 19. Ezech. [et Vitam S. Syncleticæ tom. 1. SS. Januarii pag. 249.]

* **CAUSSARE**, Provincialibus *Caussar*, Manubrium aptare, Gall. *Emmancher.* Privil. loci de Portello ann. 1405. in Reg. 184. Chartoph. reg. ch. 586 : *Dictus faber debet........ empenare sive Caussare quemlibet vomerem in rotundo, pro uno denario Turonensi.* Adde Stat. Massil. lib. 5. cap. 52. memorata in *Causa* 4.

* **CAUSSATERIUS.** Vide supra *Causaterius.*

* **CAUSSETUS**, Carcer arctior, Gall. *Cachot.* Charta ann. 1327. in Reg. 65. Chartoph. reg. ch. 55 : *Item dictus notarius...... Petrum de Alayracho....... poni fecit in compedibus ferreis et in Causetis, et per tres dies ibi stare fecit eum, et cum clavibus dicti Causseti ipse recessit....... In prisione vocata Causset, ubi condempnati ad mortem morantur et intruduntur, etc.*

* **CAUSSIS**, Calx, Gall. *Chaux.* Consil. ann. 1358. inter Probat. tom. 2. Hist. Nem.

pag. 200. col. 2 : *Cætera portalia claudantur cum Causse, arena et lapidibus.*

* **CAUSSO**, Calcei levioris species, Gall. *Chausson.* Charta ann. 1402. ex Tabul. Moissiac. : *Camerarius renuebat monachis tradere et solvere cuilibet ipsorum sotularia et Caussones ipsis debitos...... Dictus camerarius solvat et tradat monachis dicti monasterii Exiensis sotularia in die cœnæ Domini, et Caussones in festo S. Geraldi in perpetuum.*

* **CAUSSUM**, Idem videtur quod *Cautum*, quomodo etiam forte legendum est, locus defensus, immunitas. Libert. S. Anton. in Ruthen. ann. 1369. tom. 6. Ordinat. reg. Franc. pag. 503. art. 6 : *Territorium dicti domini regis Franciæ, vocatum lo Causse de Querci...... Dantes insuper licentiam et authoritatem consulibus prædictis...... dictum Caussum seu territorium explectandi, usufruendi, utendi ad suam libitam et plenariam potestatem et voluntatem .... Tenentiarii seu feudatarii, quibus dictum territorium seu Caussum dicti consules ad censum ac in feudum in totum vel in parte tradiderint, etc.* Vide *Causum* et *Cautum* 2.

¶ **CAUSTOMA**, Græca vox, Adustionis nota. Acta SS. Martii tom. 1. pag. 433. de S. Fridolino Abbate : *Superius erat peristroma Babylonicum elegans auro intextum, aliquot Caustomatis adustum.*

¶ **CAUSUM.** Instrument. ann. 1047. ex magno Chartulario S. Victoris Massil. fol. 181 : *Stephanus cum fratribus suis dat Petro Abbati Massil. unum Causum vinearum cum duobus Sparannis.* Puto legendum esse *Clausum* : quod videsis.

* Forte pro *Cautum*. Vide supra *Caussum*.

¶ 1. **CAUTA**, Efflatio oris, Theodoro Prisciano lib. 4. cap. 17.

¶ 2. **CAUTA** MARITIMA, Gall. *Côte de la Mer*, Ora maritima, in Litteris Senescalli Provinciæ ad Massilienses ann. 1337. Vide *Costa* 1.

¶ **CAUTARE.** Vide in *Cautum* 2.

CAUTEL, Puppis. Grotius in Notis ad Aratum : *In iisdem tabulis puppis Cautel vocatur. Hoc quid sit, nescio.* Vide *Cautus.*

¶ **CAUTELA**, Prudentia, cautio, circumspectio. Barthii Glossar. apud Ludewig. Reliq. MSS. tom. 3. pag. 151. ex Baldrici Hist. Palæst. : *Hæc omnia discretiore essent consideranda Cautela.* L. 6. Dig. de Pignorat. act. : *Prius idonea Cautela a debitore pro indemnitate ei præstanda.* (13, 7.) Adde l. 15. Dig. de Procurat. et defens. (3, 3.) et ibi Gothofredi notulam. Gloss. *Cautela*, ἀσφάλισμα. Ordinatio Humberti II. Dalphini ann. 1340. de variis officiis domus suæ in Hist. Dalphin. tom. 2. pag. 398. col. 1 : *Item, post adventum nostrum ad Dalphinatus dominium, fuit expediens multa privilegia et Cautelas de archivis nostris assumere, propter varias quæstiones, quæ pro pluribus homagiis et limitationibus ac causis aliis insurrexerunt, quæ privilegia et Cautelæ non sunt in dictis archivis restitutæ.... quare dicto Cancellario... præcipimus.... ut procuret, quod omnia ad archivum nostrum..... reducantur. Item, quod de ipsis privilegiis et Cautelis registrum in forma publica fieri faciat, ad hoc ut originalia semper in tuto remaneant, et registrum seu vidimus possit, cum fuerit expediens, produci et etiam præsentari.* Hic privilegia et Cautelæ eadem notione sumuntur, suntque instrumenta et Chartæ, quibus privilegia, jura, possessiones, etc. asseruntur; hinc *Cautelæ*, dicta, quod sint veluti *cautio*, res illas ita se habere. [** Vide Glossaria Juris Romani et *Cautio*, 1. et 2.]

¶ CAUTELA, CAUTELIA, CAUTELLA, sæpius in malam partem accipiuntur pro Fraude, astutia, dolo, Gallis olim *Cautele.* Charta Petri de Tyverniaco pro Viaria Tiverniaci ex Tabulario S. Germani Paris. : *Contra præmissa.... per nos vel alios non veniemus deinceps aliquo ingenio vel Cautelia.* Ibidem Charta Matthæi Abb. S. Dionys. ann. 1263 : *Nec contra præmissa de cætero venientes aliquo ingenio vel Cautela.* Charta Officialis Rotomag. anni 1477. ex Archivo B. Mariæ de Bono Nuntio ejusdem urbis : *Renunciantes quod ad hoc omnibus et singulis exceptionibus, deceptionibus, cavillationibus, Cautellis, malitiis, etc.*

¶ CAUTELITAS. Idem, Ennodio, lib. 8. cap. 8 : *An contra me illam tuam Cautelitatem æstimat esse servandam?*

¶ CAUTELOSE, Vafre, fraudulenter, versute, Gall. *Cauteleusement*, apud Rymer. tom. 3. pag. 685. col. 2 : *Et tunc ipse habuit mercatores suos Cautelose.* Anti-Lanfrancus in Actis SS. Maii tom. 6. pag. 853 : *Sicque Monasterio S. Augustini dignitatem et honorem Cautelose subtraxit.* [** Notit. ann. 1411. ap. Guden. Cod. Diplom. tom. 4. pag. 73 : *Imperialibus constitutionibus.... minime observatis, ymmo Cautelose alteratis.*]

* Nostris olim *Cautilleusement; Cault* quippe dixerunt, pro Cautus, callidus, vulgo *Fin, rusé.* Lit. remiss. ann. 1426. in Reg. 173. Chartoph. reg. ch. 512 : *Icellui Mote, qui est Cault et subtil, etc.* Stat. Montis-reg. pag. 79 : *Et ne productiones jurium et probationes Cautellose et fraudulenter usque prope finem litis differantur, etc.* Chron. Placent. apud Murator. tom. 16. Script. Ital. col. 529 : *Et primo in dicto regno Siciliæ et Apuliæ ipsi pastores Cautolose fecerunt sic, etc.* Lit. remiss. ann. 1379. in Reg. 115. ch. 250 : *Par pluseurs Cautilleusement et pour avoir le sien, si comme le croit l'exposant, il fust dit que il seroit en grant peril.* Apud Froissart. vero vol. 2. cap. 38. *Cauteller*, est caute inquirere : *Ne suis pas d'avis que nous querions ou Cautellions quelque incidence par quoy nous soyons mal de lui.* Hinc *Cautement*, caute, prudenter, in Lit. ann. 1309. ex Reg. *Olim* parlam. Paris : *Le plus sagement et Cautement que vous pourrez.*

¶ CAUTELOSUS, Cautus, prudens. Gallis *Cauteleux* est Versutus, vafer, versipellis. Vita S. Stanislai Episcopi tom. 2. SS. Maii pag. 204 : *Malens ex obedientia judicari parum prudens, quam ex denegatione Cautelosus et sapiens.* [** Vet. Glossar. Lat. Teut. ap. Haltaus. col. 1414 : *Astutus, callidus, ingeniosus, industrius, dolosus, Cautelosus.* Vocabular. jur. utr. : *Cautelosus, providus, circumspectus vel plenus cautelis.*

¶ **CAUTELLUS**, mendose pro *Cantellus*, Gall. *Chanteau.* Vide in *Cantellus.*

* **CAUTERARIUS**, Cui admotum est cauterium, cauterizatus. Mirac. S. Germ. Autiss. tom. 7. Jul. pag. 293. col. 1 : *Ligavit tamen ille vulnus linteolis, ac si brachium Cauterarium haberet.*

¶ **CAUTERIARE.** Papias MS. *Cauterio, Inuro, damno.* Carpocratiani dicuntur *Cauteriare* discipulos suos, id est, cauteriis seu stigmatibus insignire, apud Interpretem Irenæi lib. 1. cap. 24. est a Græco Καυτήρ, καυτήριον.

* Glossar. Lat. Gall. ex Cod. reg. 7679 : *Cauteriare, ardoir, ou cuire par cauture, ou condempner. Cauterium, cauture, un fer de quoy on ars maladis pourris, ou signe les condempnés ou les parjures.* Hinc etiam

¶ CAUTERIATUS, Adustus. Miracula S. Joannis Beverlac. tom. 2. SS. Maii pag 192 : *Decidit ex improviso facula quædam super pedem Comitis, quæ pedi adhærens... cum ita reliquisset Cauteriatum, etc.* Concilium Jaccense ann. 1263 : *Ut indebita circa eos sæcularium cupiditas nostro Cauteriata judicio in talibus prorsus resecetur;* id est, quasi *Cauterio* amputetur. [** Reinard. Vulpes lib. 3. vers. 1660 :

Qui minus oblato fuerit convictus in alvum
Trajicere, auriculas Cauteriatus eat.]

¶ CAUTERIATA CONSCIENTIA, κεκαυτηριασμένων τὴν ἰδίαν συνείδησιν, 1. Timoth. 4. 2. id est, depravata, cui quasi cauterii nota inusta est. Occurrit apud Marten. tom. 2. Collect. Ampliss. col. 1193. in Epist. Friderici II. Imp. Cruce-signatis apud Lugdunum congregatis; Muratorium tom. 3. Scriptor. Ital. pag. 430. col. 1. in Vitis Roman. Pontificum, etc.

CAUTERIZARE, Adurere. B. Odoricus de Forlivio in sua peregrin. : *Quodam ferro calido Cauterizant se.* [Hoc verbo usus est Vegetius 3. 4.]

¶ **CAUTIA.** Vide *Causia.*

* **CAUTIBULA.** Occurrit apud Vincent. Belvac. in Speculo histor. et usurpatur pro Machina tectoria, quam nihil distare a *Catto*, bene existimat Vitalis in voce *Caussiæ.* Hæc Carol. de Aquino in Lex. milit. Vide *Causia* 1.

¶ **CAUTICA**, Idem quod *Calcea*, Via strata, Gall. *Chaucée.* Acta SS. Benedict. sæc. 4. part. 2. pag. 507. de Joanne Abb. Æthelingiensi : *Duo monasteria construere imperavit; unum Monachorum in loco qui dicitur Æthelingaeg, quod permaxima gronnia paludosissima et intransmeabili et aquis undique circumcingitur : ad quod nullo modo aliquis accedere potest, nisi Cauticis, aut etiam per unum pontem.*

¶ **CAUTIFICARE**, Cautum reddere, admonere. Vita S. Wiboradæ Virg. et Martyr. tom. 1. SS. Maii pag. 296 : *Contra quam allapsionem (vitiosæ elationis propter exteriorem vestis candorem) etiam Pastorem Ecclesiæ sibi traditas oves Cautificare æstimo, ubi dicit :* Non in veste pretiosa, 1. Tim. 2. 17.

¶ **CAUTILLERIA**, Præstationis genus. Procuratio Petri Regis Aragon. ann. 1282. apud Rymer. tom. 2. pag. 212 : *Et prædicta sex loca... libera et absoluta ab omnibus Cautilleriis et aliis honeribus.*

* Eadem, ni fallor, quæ supra *Caupoleria;* quomodo etiam legendum esse opinor.

1. **CAUTIO**, Chirographum, quo debitor cavet se pecuniam a creditore accepisse, eamque certo die soluturum spondet, cu-

jus formulam exhibet Marculfus lib. 2. cap. 25. 26. 27. S. Hieronym. in cap. 58. Esaiæ : *Cunctaque nomina, quæ vulgo appellant Cautiones, irrita fieri.* [** Vide *Burgen.*] Gregor. Turon. lib. 7. cap. 23 : *Armentarius Judæus,... ad exigendas Cautiones, quas ei propter tributa publica Injuriosus ex Vicario, ex Comite vero Eunomius deposuerant, Turonis advenit, etc.* Anastasius in S. Julio PP. 20 : *Et omnia monumenta in Ecclesia per Primicerium Notariorum confecta celebrarentur, sive Cautiones, vel instrumenta aut donationes... Clerici in Ecclesia per Scriniarum sanctæ sedis celebrarent.* Vide JC. et Legem Longob. lib. 2. tit. 21. § 13. [** Liutpr. 16. (3, 2.)]

2. **CAUTIO**, Securitas data pro quavis re facienda. Ita passim JC. Anastasius in Constantino PP. pag. 64 : *Hic ordinavit Felicem Archiepiscopum Ravennatem, qui secundum priorum solitas in scrinio noluit facere Cautiones, sed per potentiam judicum exposuit, ut voluit. Cujus Cautio a Pontifice in sacratissima confessione B. Petri Apostoli posita, post nonnullos dies tetra, et quasi igni combusta reperta est.*

3. **CAUTIO**. Charta Theodemiri Regis Gallæciæ æræ 610. apud Bivarium in Notis ad Pseudo-chronicon Maximi pag. 451 : *Astantibus Episcopis ipsius provinciæ universis, tam in Bracarensi Cautione, quam etiam ex Lucensis Ecclesiæ dominatione diffinitum atque laudatum est, etc.* i. immunitate. Vide *Cautum* 2.

4. **CAUTIO**. Tabular. S. Eparchii Inculism. fol. 45. v. : *Cupiditate ductus elevavit in ipsa terra Cautionem, quam vulgo appellant tagilleam, quam rursus omnino dimitto, etc.*

¶ **CAUTIONARE**, Fidejubere, prædem fieri, Gall. *Cautionner.* Charta anni 1472. ex Archivo B. M. de Bono Nuntio Rotomag. : *Durandus Pellevede . . . fidejussit et Cautionavit pro domino Guillelmo Pellevede Presbytero, etc.*

* **CAUTIVENNUS**, Dicitur de molendino prope *vennam* seu septum ad intercipiendos pisces sito in Tabul. S. Vict. Massil. : *Donamus terram, quam habemus ad molendinum, quem vocant Bernardum usque ad alium moledinum Cautivennum.* Vide *Venna.*

* **CAUTOLOSE**. Vide supra *Cautellose*, in *Cantela.*

¶ **CAUTOS**, *Sacerdos.* Isid. in Glossis, ad quas Grævius : existimo legendum *Castus*, Sacerdos, et respici ad Virgilii locum ex 4. Æneid.

Quique Sacerdotes Casti, dum vita manebat.

Et Ciceronis pro domo : *Nisi quem forte illius Castissimi Sacerdotis superstitiosa dedicatio deterreret.* [** An *Cautes, scopulos?* ut in Glossar. cod. reg. 7644.]

1. **CAUTUM**, Idem quod *Cautio.* Gloss. Lat. Græc. : *Cautum*, χειρόγραφον. Gloss. MSS. ad Canones Concil. : *Cautum, scriptum.* Occurit apud Corippum.

2. **CAUTUM**, Cotum, ex Hispanico *Coto*, Locus defensus, immunitas, *Salvitas. Cautare, Incautare*, Defendere, protegere, munire, securum facere, *Cavere* rei alicui, unde vox videtur deducta. Charta Sancii Regis Portugalliæ æræ 1238 : *Promisi me erecturum munitionis lapides, quos Cautum vocant, in circuitu loci sanctissimæ Virginis.* Charta Ordonii Regis æræ 950. apud Anton. de *Yepez* tom. 4. Chron. Ord. S. Benedicti pag. 436 : *Et cum sua concurrentia et cum suo Cauto in circuitu ipsius concurrentiæ, etc.* Infra : *Et sunt ipsæ Ecclesiæ Incautatæ in toto gyro per petras erectas et scriptas, etc.* Ibidem : *Similiter damus vobis ipsam cortem de villa Patrono Cautatam, cum suis domibus et ædificiis, cum sua cortina quomodo concludit per ipsum flumen, etc.* Charta Bermundi II. Regis æræ 1070. apud eumdem tom. 6 : *Sit vobis Piniolo et Ildonciæ attributa licentia facere quod volueritis de Cautis et hæreditatibus, quas a me accepistis.* Alia æræ 1153. ibidem pag. 473 : *Cum suis testationibus omnibus, et rebus et familia libera ab omni censu et debito nostræ Ecclesiæ, et cum duabus partibus de illo voto, et clamoribus, et cum suo Cauto in gyro, etc.* Vide eumdem tom. 5. pag. 438. Vetus Lapis in Monasterio *de Husillos*, in Hispania, apud Ambros. Moralem lib. 16. cap. 44 : *Æra 1195. Rex Sanctius Domini Aldefonsi Hispaniarum Imperatoris filius, dedit Cautum Ecclesiæ sanctæ Mariæ de Fustellis, Raimundo Gileberto existente Abbate ejusdem Ecclesiæ.* Charta Alfonsi VII. Imp. æræ. 1182. apud eumdem *Yepez* tom. 7 : *Cauto etiam prænominatos terminos et loca prænominata jam dictam Ecclesiam S. Joannis, et omnem ejus ubicunque sit hæreditatem, quod nulla potestas, nullusque alius homo, causa malefaciendi vel pignorandi intrare præsumat, etc.* Quæ formula in aliis Chartis ejusdem Regis occurrit non semel. Charta Alfonsi VIII. Regis Castellæ æræ 1213. apud eumdem *Yepez* tom. 7 : *Et omnia pecora vestra per omne regnum meum sint secura et Cauta, tanquam mea propria, et libera, et ubique habeant pascua.* Ibid. : *Mando etiam et firmiter statuo, quod omnes hæreditates vestræ, tendæ, et canales, furna, et omnia vestra tanquam mea propria sint, ut dictum est, Cautata, et ab omni gravamine et inquietatione tam regali quam alia semper libera et absoluta.* Charta Ferrandi Regis Castellæ æræ 1224 : *Cauto vero supradictos homines et omnia quæ habent vel habebunt, quod nullus de cætero pro aliqua voce, vel calumniis, excepto pro pretio debito, audeat pignorare, vel de suo aliquid prendere, molestare, vel calumniare. Hujus autem liberationis et Incautationis inchartationem facio Deo et sanctæ Agathæ, etc.* Vide Brandaon. in Monarch. Lusitan. tom. 3. pag. 71. 195. 212. tom. 4. pag. 50. 101. 187. v. tom. 5. pag. 308. Colvanerez in Segovia cap. 18. pag. 5. etc.

Cotus. Charta Alfonsi VII. Regis æræ 1174. apud eumdem *Yepez* tom. 5. pag. 472 : *Nullus homo sit ausus ingredi infra hos Cotos, neque ullam violentiam facere, etc.* Occurrit ibi pluries. Charta Alphonsi Hispaniarum Imperatoris æræ 1162. apud Bivarium : *Offero, et confirmo, et concedo omnia quæcunque sint, sive de regalengo, sive de condado : sive magna, sive parva infra Cautos, quos proavus meus posuit, ... id est per Cautos de termino de Vitriales etc.* Alia Sancii Regis Portugalliæ æræ 1231. apud Rodericum *da Cunha* in Episcopis Portens. 2. part. pag. 58 : *Ego Sancius . . . facio chartam Cauti Gondomar quod... augmentari fecimus.* Infra : *Ubi sedet antiquus lapis Cauti : Quidquid infra lapides et terminos istos concluditur, firmiter Cautamus, et Cautatum in perpetuum esse mandamus, et hæreditates quæ ad casalia infra Cautum istum existentia extra Cautum pertinent, habeat prædictus Episcopus, etc.* Charta Martini Ovetensis Episcopi æræ 1288. apud *Yepez* tom. 3. pag. 217 : *Tibi Abbati domino Joanni Sammonensi ejusdem loci, atque successoribus vestris facimus scripturam libertatis, ut amplius Sammonense Monasterium aut Ecclesias vestras, sive intra Cautum sive extra Cautum ad Sammonense Monasterium pertinentes non inquietemus, neque jus Pontificale desuper Monasterium vestrum, aut super Ecclesias vestras, unquam requiramus.* Vide eumdem *Yepez* tom. 5 pag. 439. b. 448. b. 449. b.

3. **CAUTUM**, Fiscus Regius. Charta Ferdinandi Gundisalvi Comitis Castellæ æræ 972. apud *Yepez* tom. 1. Chron. Ord. S. Benedicti pag. 32 : *Insuper in Cauto 60. solidos ad Comitis partem reddat, et quod retinuit, tantum per tres annos triplicatum Monasterio solvat.* Adde pag. 34. 39. Alia æræ 957. tom. 4. pag. 458 : *Quod si quis, quod absit, ad disrumpendum venerit istos terminos, purget ad parte Comite quinque libræ aureæ in Cauto.* Charta alia æræ 1010. tom. 1. pag. 22. Appendicis : *Et dimittant ad Monasterio terram quam aravit, aut vinea quam plantavit, et a parte Regis reddat 38. libras ex purissimo auro in Cautis, et scripta firmis permaneat in sæcula.* Alia æræ 1078. pag. 23 : *Et in Cauto regiæ potestati solvat milliarias auri, etc.*

¶ **CAUTUMÆ**, Cautumiæ, Cautumne. Gloss. Isid. : *Cautumne, Citanæ.* Infra : *Citenæ, Cautumniæ.* Papias MS. Bituric. : *Cautumiæ, Citeanæ;* et infra : *Citenæ, Cautumniæ.* Grævius ad Isidori Glossas censet legendum cum Vulcanio, *Cisternæ, Lantumiæ*, quæ integra sunt in Excerptis, et cum corruptis junguntur; *Cautumæ* (mihi *Cadtumæ*) *citanæ, cisternæ, Lantumiæ* (mihi *Lautumiæ.*) Apud Constantiensem, eodem Grævio judice, æque vitiose legitur *Cautumiæ, Citanæ.* In Excerptis etiam habetur *Citenæ, Cautumniæ.* Quid si *Cautumiæ, citeanæ vel citanæ, citenæve cautumniæ* essent Consuetudines municipales, quasi dixissent, *Cotumiæ, citeanæ*, Gall. *Coutumes des Cités!* [** Vide *Cautum*, 2. Locus defensus. Chart. ann. 739. ap. Brunetti pag. 497 : *Casa cum vinea, clausura, Citina, terra, cultum, incultum, etc.* Sed fortasse legendum *Cautumne* vel *Catumne, scitene?* Glossar. in cod. reg. 7644 : *Cautus, scitus vel doctus, etc.*]

CAUTUS, Navis species. Vide *Gatus.*

¶ **CAWARSINI**, *Cawersini*, Itali mercatores ob usuram notissimi. Vide *Caorcini.*

¶ 1. **CAVUS**, Vanus. *Opes Cavæ*, apud S. Paulinum in Poemate ad Cytherium de Filio.

* 2. **CAVUS**. Inventar. ann. 1233. ex Cod. reg. 4659 : *Habet commune Avinionis bancagium, scilicet duos Cavos multonis in quolibet macellario faciente macellum.* Ubi fortassis intestina significantur. Vide supra in *Cauda* 8.

* **CAUWERTINI**, pro *Cawercini*, in

Stat. synodal. eccl. Traject. ann. 1290. in Batav. sacr. pag. 168 : *Item prohibemus ne sacerdotes et procuratores ecclesiarum calices et sacra vasa, libros et ornamenta apud Cauwertinos, vel alios pignori exponant.* Vide supra *Cauvuercini* in *Caorcini.*

* **CAUZEA**, Idem quod *Calcea*, Via strata, Gall. *Chaussée.* Stat. Astæ cap. 15. pag. 66. r°. : *Teneatur potestas scovari facere omnes Cauzeas sive sternitas de xx. diebus in xx. diebus, et quilibet faciat portari totam rumentam de ante domum, vel sedimen suum singuli xx. diebus. Zaucea* ibid. pluries eadem notione. Vide in hac voce.

* **CAUZEGNUS**, Caudex, Gall. *Tronc.* Stat. Montis-reg. pag. 229 : *Qui incideret ad pedem seu Cauzegnum aliquam arborem castanearum alicujus hominis specialis, solvat bannum solidos viginti, et idem intelligatur de ruvore, quercu, etc.*

1. **CAXA**, [Vox Hisp.] Capsa, [Gall. *Chasse*, ubi Sanctorum reliquiæ reponuntur.] Vide Annales Alexandriæ Hieron. Ghilini pag. 23. [Acta SS. Benedict. sec. 4. part. 1. pag. 590. in brevi Indice Reliquiarum Monasterii Aniani.]

¶ Caxa, Arca, capsa, Gall. *Caisse.* Concil. Hisp. tom. 4. pag. 223 : *Quod doctrinarum Parochi ab Ecclesiis discedant ad æraria, vulgo Caxas, et ad congressus inutilia exigendi sua salaria.* Vetus Ceremoniale MS. B. Mariæ Deauratæ Tolosanæ : *Prædicti infantes dimittunt candelabra et turribulum super Caxam Confratriæ S. Eligii.*

* Inventar. MS. ann. 1379 : *Item una Caxa longa de sapo.* Vide supra *Capa* 5. et *Cassa* 3.

¶ 2. **CAXA**, Res vetustior, Anastasio Bibliothecario, sive alteri Chronicorum Casinensium abbreviatori apud Murator. tom. 2. pag. 317. col. 1. Est pro *Casca*; *Cascus* enim veteribus Latinis est Antiquus, priscus. Cicero Tuscul. quæst. lib. 1 : *Itaque unum illud erat insitum priscis illis, quos Cascos appellat Ennius, esse in morte sensum, neque excessu vitæ sic deleri hominem, ut funditus interiret.*

* **CAXAMENTUM**, Locus, ubi *casæ* seu domus ædificari possunt, idem quod supra *Cassiamentum.* Annal. Mutin. ad ann. 1498. apud Murator. tom. 11. Script. Ital. col. 86 : *Et die xxvij. Augusti cœptum est devastari Caxamentum, ubi nunc est ecclesia S. Hieronymi Mutinæ super strata Claudia, quod donavit comes Galeacius de Canossa canonicis regularibus, ut facerent monasterium, quod Caxamentum olim erat Fullus nobilium de Rangonibus.* Vide *Castenum.*

¶ **CAXARE.** Vita S. Angilberti tom. 3. SS. Febr. pag. 98 : *Sed aliter accidit quam Rex mortalis in sua cogitatione Caxavit.* An taxavit, statuit?

* **CAXEA**, Pala, funda, Gall. *Chaton*, est enim lapidis pretiosi veluti capsa. Inventar. S. Capellæ Paris. ann. 1376. ex Bibl. reg. : *Item unus textus Evangeliorum, ornatus auro et lapidibus pretiosis, in quo deficiunt...... xxviij. perlæ una cum Caxeis auri.* Aliud Gall. : *Item un tieuxte d'Evangiles aorné d'or et de pierres précieuses, ouquel deffaut xxviij. perles à tous les Chassis d'or.*

¶ **CAXECTA**, Hispanis *Caxeta*, Gallis *Cassette*, Parva *caxa*, capsula, apud Rocchum Pirrum Siciliæ Sacræ pag. 53 : *Habuit sacras hasce Reliquias . . Caxectam unam de cristallo, etc.*

* Caxeta, Inventar. MS. ann. 1366 : *Est quædam Caxeta modica, in qua sunt xv. litteræ sigillo regis Franciæ sigillatæ.*

* **CAXEUS**, Caseus, Gall. *Fromage.* Chron. Placent. ad. ann. 1388. apud Murator. tom. 16. Script. Ital. col. 581 : *Dant in principio prandii turtas, quas appellant tartas, factas de ovibus, et Caxeo, et lacte, et zucharo.*

¶ **CAXIA**, Idem quod *Caxa*, Capsa, Gall. *Chasse.* Gassendus in Notitia Ecclesiæ Diniensis in Inventario anni 1340 : *Item in altari B. Mariæ sunt duæ magnæ Caxiæ cum duobus scabellis pictis, etc.* Processus aperturæ tumuli S. Urbani PP. ann. 1381. ex Archivo S. Victoris Massil. : *Vidimus oculatim infra dictum sepulcrum sic apertum quandam Caxiam longitudinis sex palmarum, vel circa.*

* Simul et Arca, Gall. *Caisse*, qua ultima notione occurrit tom. 8. Ordinat. reg. Franc. pag. 566. art. 22. et tom. 3. Hist. Nem. inter Probat. pag. 20. col. 2.

* **CAXITARE**, Vide supra in *Baulare.*

* **CAXOLA**, Idem videtur quod supra *Cassola* 3. Decretum Frider. II. imper. ann. 1226. apud Murator. tom. 4. Antiq. Ital. med. ævi col. 216 : *A sero dictæ clausuræ Andruzoli usque ad Caxolam, et per eam Caxolam jusum usque ad clusam de Magnanis, etc.*

CAYA, Domus. *Maison, Chaiz, ou Ouvroirs*, in Consuetudine Bayonensi tit. 7. art. 22. 30. 32. Willelmus Thorn. in Chron. ann. 1285 : *Sedata est discordia quæ mota fuerat inter . . . . de quadam Caya et domo ædificata in quodam prato.* Occurrit iterum eadem notione sub ann. 1286.

* Cella vinaria, officina, Gall. *Cellier, boutique.*

Chaia, idem sonat quod *Caya*, in Regesto Constabulariæ Burdegalensis fol. 131 : *Quilibet habitator villæ de Liborne habens unum solerium ad mensuram dictæ villæ, debet 12. denar. de sporta, et quilibet habens unam Chaiam ad mensuram dictæ villæ, habens 8. brassas cum dimidia in amplum et in longum 12. debent decem sol. 8. den. de sporta.* Fol. 39 : *In careria de Rosella, inter domum seu Cayum Petri Burdegala de sancta Liurada ex parte una, et domum, seu Cayum Petri Arnaldi, etc.* Occurrit ibi pluries in hac significatione. *Chay*, Occitanis *caveam*, seu cellam vinariam sonat.

Cayum, in Charta Walteri Episcopi Coventrensis in Monast. Anglic. tom. 3. pag. 231.

* Reg. Cam. Comput. sign. JJ. rub. ad ann. 1273. fol. 2. v°. : *Item dixit quod tenet a dicto vicecomite domum et Cayum de podio Renardi, cum tribus denariis census.*

* Chayum, Eodem sensu. Charta ann. 1349. in Reg. 78. Chartoph. reg. ch. 273 : *Item unum denarium Turon. quem dat et servit .... Petrus de Furgis pro quodam Chayo, situato a la Teularia, quod tenet in feudum a dicto hospitio.* Ubi semel et iterum minus bene *Claium* habetur. Charta ann. 1329. in Reg. 66. ch. 731 : *Quamdam domum et quoddam Chay .... valoris* 300. *lib. Turon.* Alia ann. 1343. ex Reg. 75. ch. 227 : *Quæ quidem hospitia erant tunc in parte constructa de muro cum uno Chay, in quo quidem Chay possent tunc reponi quinquaginta tonelli vini.* Sed et pro Taberna occurrit, in Lit. ann. 1404. ex Tabul. archiep. Auxit. : *Tabernas, vulgariter vocatas Chays.* Unde

* Chayerius, Tabernarius, caupo, in iisd. Lit : *Dum tamen Chayerii seu venditores vinorum, etc.*

Cay, hodie appellamus aream in littore onerandarum atque exonerandarum navium causa, e compactis tabulis trabibusque firmatam, ac desuper tectam, instar domus, unde ejusmodi areæ appellationem obtinuere, vocabulo, non a Saxonico cæg, clavis, uti vult Spelmannus, vel a *caiare*, uti Scaliger ad Auson. lib. 2. cap. 22. sed a Cambro-Britannico *Cae* desumpto, quod sepem et claustrum sonat, ut *Caed*, opertorium, clausus, *Caeor*, caula, ut auctor est Boxhornius in Orig. Gall. Ita vocem

Ceage, interpretantur Evidentiæ Ecclesiæ Christi Cantuar. : *Mansionem quoque... et clausulam quod Angli dicunt Ceage, quæ pertinet ad prædictam mansionem.* Ubi *Ceage* videtur esse *Cayæ* procinctus. Inde etiam

Caiagium, pro vectigali ex fluviorum portubus, quos *Cays et Havres* vocat Consuetudo Normanniæ art. 581. Charta Radulfi Decani Ambian. ann. 1167. in Chartul. Eccl. Ambian. : *Reditus, quem vulgo Caiagium appellant.* Charta Philippi Regis Fr. ann. 1309. pro mercatoribus Lusitanis, in 2. Regesto ejusd. Regis ex Tabular. Regio num. 172 : *Item essayum nostrum dictæ villæ parabitur et ponetur in tali statu, quod dicti mercatores absque solutione Caagii poterunt suas denariatas et mercaturas bono modo onerare et exonerare de die et de nocte.*

Caharie, Vox ejusd. ni fallor, originis, in Usaticis MSS. Vicecomitatus Aquarum Rotomagi : *Une coustume est que l'en appelle la Caharie, que pour une somme de œufs, et de poullaiges, et d'oiseaulx, de fourmaiges, et d'aigneaux, et de quevreaulx, et de tiulx choses venant par eaue à Rouën, l'en paie un denier.*

* *Caenne*, eadem notione, usurpari videtur, in Lit. remiss. ann. 1378. ex Reg. 113. Chartoph. reg. ch. 214 : *Iceulx Flamens marchans ne povoit venir au liuble, qui estoient closes et aussi pour cause du guet, qui estoit sur les murs et sur les Caennes.*

* *Caage*, nostris. Charta ann. 1339. in Reg. 73. Chartoph. reg. ch. 245 : *Il puissent faire rechargier leur denrées sans payer pour ce costume, ne nulle nouvelle imposition, fors tant seulement le Caage du lieu, ou il les chargeront.* Arest. ann. 1391. 16. Jul. in vol. 8. arestor. parlam. Paris. : *Roberto de S. Blimonte collectori subsidii, nuncupati Cainage, pro reparationibus necessariis ad alveum ripariæ Summæ, etc.* Ubi legendum esse *Caiage* mihi omnino videtur, ut et tom. 3. Ordinat. reg. Franc. pag. 576. art. 11. *Queage*, in Chartul. S. Vandreg. tom. 1. pag. 581.

¶ **CAYBLA**, Funis crassior, rudens, Gall. *Cable* vel *Chable.* Instrum. anni 1329. ex Tabulario S. Victoris Massil. : *Item* 2.

petiæ de tela. . . . Item 1. *Cayblam; item* 2. *aurellerios, etc.*

* **CAYBLUS**. Vide supra *Cahuca*.

¶ **CAYCIA**, Capsa, arca, Gall. *Caisse*. Supplicatio ad summum Pontificem Avinione commorantem inter Schedas D. *le Fournier : Cum in dicta civitate sit condam Caycia, in qua piæ largitiones pecuniarum pro redemptione captivorum reponuntur.*

* **CAYRATUS**, a Gall. *Carat*, vel *Karat*, Ponderis species ad quod æstimatur aurum. Stat. pro aurifab. Aniciens. ann. 1367. tom. 5. Ordinat. reg. Franc. pag. 7 : *Artifices et operarii auri et argenti civitatis Aniciensis nobis exponi fecerunt, licet ipsi .... consueverint operari et facere fabricari.... opera auri ad septem denarios sive quatuordecim Cayratos, etc.*

¶ **CAYRELLUS**, Telum spissius, Gall. *Carreau*. Locus est in *Scoptrum*. Vide *Carellus*

¶ **CAYRO**, Canterius, ut puto, Gall. *Chevron*. Charta Petri *de Roteys* Vicarii Tolos. ad Bajulos de conditione materiæ ann. 1272. in Consuet. MSS. Tolos. fol. 27. e Bibliotheca D. *de Crozat : Et quod columpnæ quæ appellantur de paiella habeant unum palmum de amplo et tres digitos de spisso; et quod Cayrones quæ veniunt seu aportantur cum eis habeant duodecim palmos de longum, et medium pedem de amplo, et unum diurnum de spisso.* Occurrit rursum vox *Cayrones* in *Amanegia*, ubi sumi videtur pro palis seu adminiculis vineæ, Gall. *Echalas*. Vide *Caprones*.

* **CAYROE**, Servitii genus, idem quod *Corvata*. Charta Caroli comit. Augi in Reg. A. Chartoph. reg. ch. 35 : *Cum contentio seu controversia esset inter nos ex una parte; et....... abbatem et conventum monasterii novi Pictav. ex altera, ... super eo quod bonæ memoriæ pater noster R. spoliaverat ipsos* (monachos) *mercato, quod die Martis et biano sive Cayroe, quod die Veneris dicebant se habere in villa superius nominata, etc.* Vide supra *Biennum*.

* **CAYRONUS**. Vide supra *Caironus*.

¶ **CAYRONUS**, Cæmentitius lapis, Provincialibus *Quairon*, Gall. *Moellon*. Statuta Arelat. MSS. art. 82 : *Et dextrum quo mensurabitur, et Cayroni et tegule fiant secundum formam eorum, quæ erunt in palatio communi.*

¶ **CAYSSA**, Cayssia, Capsa, arca, Gall. *Caisse, Laïette, Cofre*. Obituarium S. Geraldi Lemovic. fol. 42 : *Reponitur dicta littera in prima Caissa signata* x. Limborch. Sent. Inquis. Tolos. pag. 355 : *Post cœnam.. oravit flexis genibus inclinatus super quandam Cayssiam juxta lectum*. Ibidem : *Post cœnam oraverunt inclinati super quandam Cayssiam flexis genibus secundum modum ipsorum* (Valdensium.) Inventar. ann. 1341. ex Archivo S. Victoris Massil. : *Unam Cayssiam cum magna copia instrumentorum Prioratus S. Honorati.*

CAYTUS, seu Gaytus, vel Gayetus, Militaris officii nomen apud Saracenos, quod occurrit apud Lupum Protospatham ann. 972. 1002. Hugonem Falcandum crebrius, et apud Rocchum Pirrum in Archiepiscopis Montis Regal. pag. 402. in Episcopis Agrigentinis pag. 276. in Episc. Pactens. pag. 392.

¶ **CAYUM**, Cayus. Vide in *Caya*.

¶ 1. **CAZA**, Fera quam venatores persequuntur. Charta anni 1227. ex parvo Chartulario S. Rictoris Massil. fol. 139 : *Ego non debeo aliquid habere . . . de quarteriis cervorum, vel aprorum, vel aliarum venationum . . . . ubicumque Caza capta fuerat ultra terminos supradictos, scio jus domini ad Ecclesiam de Villacrosa pertinere.* Hispanis *Caça*, vel *Caza*, Venatio est. Vide *Caciare*.

¶ 2. **CAZA**, Vasis genus. [* Vel potius Cochleare eximendæ spumæ, Gall. *Ecumoire*. Vide *Cazia*.] Bertramus in Vita S. Francæ Abb. tom. 3. April. pag. 384 : *Cazam unam et situlam obtulit cœcus factus et liberatus*. Ibid. pag. 393 : *Polzagallo calderario Placentiæ facienti Cazam unam pro fundenda manibus aqua, contigit ut, etc.* Doctissimo Editori videtur *Caza* scribi pro *Cassa* et significari pelvim. Arridet significatio; at cur *Cassa* potius quam *Caza* scribendum sit non satis video. Hispanis *Cazo* Catinus est ex ære Cyprio, quem vulgo *Casserole* appellamus. Italis *Cazza*, Rutrum trictorium, Gall. *Friquet*.

* 3. **CAZA**, pro *Casa*, Domus. Stat. Cadubrii lib. 3. cap. 83 : *Si quis furatus fuerit..... canem alterius ab auxello, Caza vel a guarda, etc.* Vide *Casa* 1.

CAZAFUSTA, pro *Catapulta*, Machina bellica, sudibus acutis ejaculandis idonea. Rollandinus lib. 8. Hist. : *Nihilominus nisi sunt defendentes, inimicos repellere, eosque fugare, et figere nunc lanceis, nnnc sagittis, fundis petras rotantibus, et sonantibus Cazafustis*. Vide *Fustibalum*.

* Depravate legi mendumque irrepsisse, vel incuria librariorum vel auctoris ipsius inscitia, pro *Mazza* vel Mazzafusta, sibi fere exploratum esse scribit Carolus de Aquino in Glossar. milit. ad hanc vocem : quod an ita certum videri debeat, subdubito; nam occurrit

* Cazafustum et Cazzafustum, pro Funda, qua lapides jactantur, Gall. *Fronde*, in Stat. Vercel. lib. 4. pag. 71. v°. : *Item quod nullus major decem annis trahat per civitatem cum fronziis vel Cazafusto vel giavelotum vel pennam archatam prope civitatem vel in glarea, etc.* Stat. Astens. collat. 11. cap. 35. pag. 30 : *Si quis major annis quindecim in civitate vel in burgis ad sturmum, vel alio loco extra sturmum malo animo de arcu, vel balista, vel cum frunda vel Cazzafusto projecerit, etc.* Vide *Fundabulum*.

* **CAZALERIA**. Vide supra in *Casalaria*.

* **CAZALIA**, Alicujus adoptio in familiam, ab Ital. *Casata*, domus, familia, ut videtur. Stat. Vercel. lib. 3. pag. 95. v°. : *Inprimis statutum est, quod nulla persona, commune et collegium vel universitas audeat vel præsumat palam vel privatim mittere seu portare, aut portari facere aliquod donum vel aliquid loco doni ad aliquas nuptias, Cazalias vel revertalias; ...... et intelligatur donum prohibitum esse missum, quod mitteret per xv. dies ante et quindecim post ipsas nuptias, Cazalias et revertalias; et quilibet possit accusare et habeat medietatem pœnæ.* Vide supra *Casalis* 1.

* **CAZANA**, Mensa, argentaria, Gall. *Banque, Caisse*. Transact. inter Amed. VII. comit. Sabaud. et civit. Niciens. ann. 1388. tom. 1. Cod. Ital. diplom. col. 673 : *Item præfatus dom. comes, imperialis vicarius...... eisdem syndicis concessit, quod in dicta civitate Niciæ fiat et fieri possit et ordinari una Cazana, prout fit et consuetum est fieri in pluribus locis Italiæ.* Vide *Casana*, 1.

¶ 1. **CAZARE**, De loco pellere, exigere, Gall. *Chasser*, Ital. *Cacciare*. Memoriale Potestatum Regiens. ad ann. 1247 : *Et quadam die Martis,* xviii. *die intrante Februario stando dictus Imperator in Victoria, Parmenses et omnes milites et populares armata manu exierunt de Parma, et per forciam Cazaverunt Imperatorem de Victoria, et omnes suos milites et pedites.* Chron. Parmense ad ann. 1308 : *Alios fugaverunt et Cazaverunt, et multos interfecerunt.*

* 2. **CAZARE**, Venari, Ital. *Cacciare*, Hisp. *Cazar*, Gall. *Chasser*. Stat. Avellæ ann. 1496. cap. 119. ex Cod. reg. 4624 : *Nulla persona extranea...... præsumat Cazare vel venari in fine et territorio Avillianæ.* Vide *Caciare*.

¶ **CAZATA**, Placentæ species cum *caseo*. Transactio Abbatem inter et Monachos Crassenses ann. 1351. ex libro viridi fol. 53 : *Pancosserii ipsius domini Abbatis debent prædicta facere, scilicet dictos flauzones, artocrea, sive empastatas, Cazatas, sive pastillos.* Vide *Caseata*.

* **CAZATURA**, Præstatio pro *Casa*. Charta ann. 1336. in Reg. 68. Chartoph. reg. ch. 17 : *Item et duas gallinas censuales cum dominio, percipiendas in et super Cazatura dicti mansi.* Vide *Casatura*.

CAZENI. Testamentum Ranimiri Regis Aragon. æræ 1099. apud Martinez. in Hist. Pinnat. lib. 2. cap. 38 : *Et illos vassos* (id est, vasa) *quos Sanctius filius meus comparaverit et redemerit, pezo per pezo, de plata aut de Cazeni, illos prendat aut redimat, etc.*

¶ **CAZEOLA**, Mensura minor annonaria, ad quam præstationes frumentariæ exigebantur. Idem videtur esse quod mox *Cazola*. Voces forsitan ab Hispanica *Cazo*, Catinus, Nostris, *Poëlon*, *Casserole*. Hist. Dalphin. tom. 1. pag. 86. col. 1. Extenta jurium Comitis Sabaudiæ ann. 1309 : *Item de duobus bichetis bladi capitur una Cazeola bladi. . . . Item de singulis duabus bennis bladi venditi ad bennem levatur una Caseola . . . capitur una Cazeola pro qualibet hemina,*

¶ **CAZERI**, a Germanis Valdenses olim dicti sunt, an a priscis Catharis detorta voce; an uti Godefrid. Henschenius ad Vitam S. Galdini Cardin. vult, a voce Germanica *Catz*, h. e. Catus, Felis; eo quod sicuti feles noctu sua conventicula celebrabant; ita et illi adversariorum metu, nocturnoque tempore cœtus suos instituere fuerint coacti. Hofmann. in Lexico.

* **CAZETA**, Vestimenti genus, sagum, pallium. Gall. *Casaque*. Charta ann. 1227. apud Murator. tom. 2. Antiq. Ital. med. ævi col. 904 : *Duas serabulas et unam Cazetam novam de Luca, etc.*

* **CAZETUS**, Mensuræ liquidorum species. Stat. Vercel. lib. 3. pag. 76. r°. : *Item statutum est, quod olearii vendant ad Cazetos et non ad pensam, et quod Cazetus sit rotundus et de libra una arami, et de media*

libra arami. Vide *Caza* 2. et infra *Cazolium.*

¶ **CAZIA**, Idem quod *Caza* 2. Species vasis. Anastasius Bibl. in Vitis Rom. Pontif. apud Murator. tom. 3. pag. 188 : *Accipiens unusquisque portionem panis atque portionem vini ... necnon Caziam de pulmento.* Murator. pro *Caziam*, *carnem* posuit, sed *Cazia* rectum sensum patitur. Ibid. pag. 197. col. 1. *Cazia coloratoria argen. de aurata*, ut est in MS. Editio legit, *Vasa colatoria argentea deaurata. Cazia colatoria* idem est quod Italica vox *Cazza*, Forata capeduncula, Gall. *Friquet*, ut jam dictum est in *Caza*, 2. Vide *Cazula.*

CAZOLA, Vas quoddam, Matthæo Silvatico : sed qua lingua, non indicat.

* Simul et Mensuræ annonariæ species. Charta Humberti dalph. ann. 1343 : *Item quod in molendino teneatur una Cazola ferrea, quæ Catzola plena octo vicibus valeat unam cuppam.* Vide supra *Cassola* 2. et *Cazeola.*

* **CAZOLIUM**, Mensuræ species, eadem quæ *Cazola.* Stat. Montis-reg. pag. 272 : *Si placuerit consilio, videlicet sestarium unum, heminam unam, Cazolium unum, pintam unam, rasum unum, etc.* Vide supra *Cazetus.*

* **CAZONZELLUS.** Vide *Casonzellus.*

* **CAZULA**, Quid sit docet Ordo eccl. Ambros. Mediol. ann. circiter 1130. apud Murator. tom. 4. Antiq. Ital. med ævi col. 869 : *Cicendelarius ebdomarius portat ...... Cazulam, unde colatur vinum in sacrificio, et calicem, etc.* Vide *Catiola* et *Cazia.*

* **CAZZAFUSTUM.** Vide supra in *Cazafusta.*

* **CAZZAGAZARO**, vox Ferrariensis dialecti, qua *Cazaro*, pro *Cattaro*, dicebatur : Itali pronunciarent *Caccia Cattaro;* quo titulo utebantur hi, qui Catharos seu eorum sectarios insectabantur ex officio, uti notat Murator. ad Examen testium ab ann. 1270. tom. 5. Antiq. Ital. med. ævi col. 124 : *Dominus Henricus, qui erat officialis inquisitoris in 1270. die iij. exeunte Novembri juratus dicit, etc.* Et col. 127 : *Dominus Nicolaus...... juratus dicit, quod modo sunt octo anni vel circa, quod ipse testis erat officialis inquisitoris et Cazzagazaro pro ecclesia Veronæ.*

¶ **CEA**, Foresiis Lugdunensibus, Murus, paries, Gall. *Mur, Muraille, Cloture.* Charta Domini de *Luriec* in Foresio ann. 1417 : *Juxta Cohercum dictum de la Cea.* i. e. juxta plateam *parietis*, ubi olim quercus fuit, ut exponit doctiss. D. *Aubret.*

¶ **CEAGE.** Vide in *Caya.*

* **CEBA**, pro Cepa, Gall. *Oignon.* Charta ann. 1155. inter Probat. tom. 2. Hist. Occit. col. 555 : *Ego Raymundus Trencavellus...... impignoro per bonam fidem.... omnes leudas, quas ibi habeo, scilicet de porros, et caulibus, et Cebis, et allibus etc.*

* **CEBANIA**, Hordeum, Gall. *Orge*, interprete Hugone episc. Ptolem. abb. Stivag. ad. Ch. fundat. Abbat. Aquilar. ann. 832. inter Probat. tom. 1. Annal. Præmonst. col. 105 : *Terras capientes semina ix. modios de Cebania, et multas vineas, etc.*

¶ **CEBER**, Cucurbitula ad eliciendum sanguinem, Gall. *Ventouse.* Vide *Ventosa.*

* **CEBERUS**, Situlæ species, f. quod confecta ex ligno, quod *Ceberon* dicitur, in Lit. remiss. ann. 1469. ex Reg. 195. Chartoph. reg. ch. 218 : *Un baston à façon d'un pieu de Ceberon, qu'il avoit cuilly, pour tendre et lier lesdiz eschalaz sur son chariot.* Stat. Vercel. lib. 3. pag. 102. r°. : *Eo salvo, quod vanni, corbellæ, situlæ, Ceberi, conchæ, etc.* Rursum lib. 7. pag. 152. r°. : *Item quod omnes portatores civitatis, cum Ceberis suis incessanter illuc deferant aquam. Ceberos, frasatas, situlas, etc.* ibid. lib. 3. pag. 101. v°.

¶ **CEBESIA.** Dotalitium Judithæ Comitissæ Normanniæ apud Marten. tom. 1. Collectionis anni 1700. pag. 14 : *Cebesias in supradictis villis* xx. *et unam, molendinos* XVIII. *tredecim carrucas boum, etc.* Ubi laudatus Editor pro *Cebesias* suspicatur legendum *Ecclesias.*

¶ **CEBULUS**, κυφός, *Gibbosus*, in Supplemento Antiquarii. [** An a *ceveo?*]

¶ **CECENDELE.** Vide in *Cicindela.*

¶ **CECIA.** Vide *Cæcia.*

¶ **CECINDILLUS.** Vide *Cicindela.*

¶ **CECLATURA**, Incisio in arbore, quæ termini loco est. Mendum pro *Theclatura.* Vide in hac voce.

CECOS, Gallica lingua, *Dimitte* sonat, ut auctor est Servius ad 11. Æneid. [Cave ne mendum sit apud Servium.] [** Schilt. in Gloss. *Celos* legendum putat, pro *Kelos*, quasi *gelass* a German. *Lassen.* ADEL.]

¶ **CECROPIA.** Johan. Diaconus in Vita S. Gregorii M. lib. 2. num. 14 : *Sola deerat interpretandi bilinguis peritia, et facundissima virgo Cecropia, quæ quondam suæ mentis acumina, Varrone cœlibatum suum auferente, Latinis tradiderat, imposturarum sibi præstigia, sicut ipse in suis epistolis queritur, vindicabat.* Hic Mabillon. *Cecropia*, ut verisimile est, pro lingua Græca sumitur; nam Cecropia arx fuit Athenis.

CECTORIUM, apud Gromaticos, inquit Salmasius ad Inscript. Herodis pag. 51. ponitur pro *hectorium : Cectoria, hoc est, rotundus est, sicut modius, est fossa circa publica Cectoria*, pro *hectoria*, Ἕκτον enim *modius* Græcis. Unde *hectorium*, vel *Cectorium* illis auctoribus, quod rotundum est sicut modius, ut fossæ rotundæ.

CECUA, CECUMA, CECUNIA. Gloss. Isid. *Cecua, noctua. Cecuma, noctua.* Joan. de Janua *Cecunia* habet, additque, *et a cecus dicitur.* [Festus habet *Cicuma.* Hauserunt ex Græcis. Κικυμὶς enim, inquit Grævius, Callimacho est noctua, ut notat antiquus Interpres Aristophanis in Aves. In Constantiensi legitur : *Cæcuba, Noctua*, quod et ipsum rectum est. Nam et sic Noctua Græcis vocabatur κικκαβῆ. Scholia, quæ laudavimus, Aristophanis : Κικκαβᾷν τὰς γλαῦκας οὕτω φωνεῖν λέγουσιν, ὅθεν καὶ κικκαβὰς αὐτὰς λέγουσιν. οἱ δὲ κικυμίδας, ὡς Καλλίμαχος, κρατ' ἀγαθὴ κικυμὶς, hoc est, interprete Dacerio, qui hunc locum affert ad Festum, *Noctua ita aiunt clamare, unde eas Ciccabas dicunt. Alii Cicumas, ut Callimachus, valde bona Cicuma.* Ut autem dixerunt, *Cicuma* et *Cecuma*, sic *Cecuba* et *Cicuba.*]

* **CECULUM**, *Vinum Campaniæ, vel vetus dictum, quod cæcet et confundat ingenium.* Glossar. vet. ex Cod. reg. 7613.

¶ **CECUMINI**, *id est, mali fervores; nam Cacos, Malum, Cauma Græcis Æstus.* Papias MS.

¶ **CECUNIA.** Vide *Cecua.*

¶ 1. **CEDA**, CEDULA, pro *Scheda, Schedula*, in veteri Vocabulario Juris utriusque. *Cedula* quoque legitur in Vita B. Joachim pag. 93. tomi 7. SS. Maii, in Miraculis S. Antonii de Padua tom. 2. SS. Junii pag. 736. in Vita S. Symeonis Eremitæ, inter Acta SS. Benedict. sec. 6. part. 1. pag. 163. apud Rymer. tom. 2. pag. 263. col. 2. in Epistola Martini IV. Papæ ann. 1284. [** Ekkehardi IV. Casus S. Galli Pertz. pag. 156. lin. 16.] Hispani et Itali dicunt etiam *Cedula*, Galli *Cedule.*

¶ CEDULATA, Eadem notione. Concil. Narbon. ann. 1430. apud Marten. tom. 4. Anecdot. col. 360 : *Sed ordinet Dominus noster Papa summarie et de plano in Cedulatis, prout sibi videbitur ordinandum.*

* 2. **CEDA**, Sedes, curia, ut videtur. Inventar. ann. 1476. ex Tabul. Flamar. : *De illa controversia se remiserant, ut ibi dictum fuit, libro albo Cedæ Agenensi.* [** Reinard. Vulp. lib. 3. vers. 2270 :

Non costas aut ossa velim tibi tollere, paulum
Cedarum clunes vindico prope popas.

Leg. *Cadarum*, a *Cada*, Arvina.]

* **CEDAS**, vox Vasconica, Cribrum bombycinum, in laudato Invent. : *Item plus quamdam aliam cernidam sive Cedas.* Occurrit rursum infra. Vide mox *Cederia.*

CEDELLUS, Vas portatile, in quo reponi solet aqua benedicta, nostris etiamnum *Celet.* Charta Heccardi Comitis Augustod. ex Tabulario Prioratus Persiaci in Burgundia pag. 26 : *Uno tapeto, uno Cedello ad aqua benedicta duo.* Vide *Seilletum.*

* **CEDENS.** Vide infra *Cessionarius.*

* **CEDERE**, Dare, tradere. Charta ann. 1398. ex Tabul. S. Thom. Argent. : *De quo altero dimidio jugero non datur decima, quia decima de eodem altero dimidio jugero Cedenda, est emta a Jekelino.*

¶ **CEDERIA**, f. Quæ vendit filum aut pannum bombycinum. Bombyx, Gall. *Soïe*, Hisp. *Seda*, Occitanis est *Sedo* vel *Cedo*, unde, nisi fallor, *Cederia.* Consuetud. Tolosæ in rubrica de debitis art. 1 : *Si aliqua mulier . . . aliquandam mercandiam exerceat publice, ut puta, sit tabernaria, pancosseria, lanasseria, merceria, Cederia, vel alterius hujusmodi, etc.*

* Hinc *Cederie*, Bombycina merx, vulgo *Soyerie*, in Lit. remiss. ann. 1405. ex Reg. 160. Chartoph. reg. ch. 145 : *Pour aprendre de exercer le mestier de marchant de mercerie, Cederie et drapperie, le suppliant se transporta en la ville de Bordeaux.* Vide supra *Cedas.*

CEDRIA, Κέδρια, *Gumma Cedri*, in Gloss. Medico MS. et apud Alexandrum Iatrosophistam lib. 1. de Passionib. Erotianus in Lexico Hippocrat. Κεδρίνῳ ἐλαίῳ, τῇ Κεδρίᾳ. Matth. Silvaticus : *Kidria, i. alkitran, Cedria, id est, gummi cedri.* Joanni vero de Janua, *unguentum factum, quo asseres liniti non putrescunt, vel tempore, vel vermibus.* Alibi : *Cedria, arboris gummi sive lacryma*], *quæ ad conservationem librorum summe est necessaria. Nam libri ex hac lacryma laniti nec a tineis corroduntur, nec tempore senescunt. Cedrina* dicitur in Glossis Biblicis MSS. Anonymus de re architecton. cap. 12 : *Cedrus si humore* *non corrumpatur, eandem habet virtutem : sed quomodo de pino resina decurrit, sic et ex ea oleum quod Cedria dicitur : quo si libri aut clusa inungantur, nunquam tineis aut carie solventur.* Martianus Capella lib. 2 : *Alia* (volumina) *ex papyro, quæ Cedro perlita fuerant, videbantur.* Vide Galenum lib. 7. Simpl. Orib. in 2. ad Eunap. Paulum lib. 7. Aetium lib. 1. Tetrab. ser. 2. Columellam lib. 6. cap. 32. Marcellum Empir. cap. 26. extremo, Josephum Scaligerum in Animadvers. in Robert. Titium pag. 179. Salmasium de Manna pag. 23. [Vitam S. Syncleticæ tom. 1. SS. Januarii pag. 251.] et Casaubonum ad Sat. 1. Persii.

* **CEDRIFER**, Cedris ferendis idoneus. Petrarcha in Itiner. Syriaco edit. Basil. ann. 1581. pag. 558 : *Et hoc quidem littus omne palmiferum atque Cedriferum, ut adversum Cereri, sic Baccho gratissimum ac Minervæ.*

¶ **CEDUA**, nude pro Silva cædua, Gall. *Bois taillis*, occurrit in Consuetudinibus MSS. Cluniac. ann. 1301. ex Codice B. Mariæ Deauratæ Tolos. et in Bulla Pauli III. Papæ pro secularizatione Monasterii Vezeliac. ann. 1537. inter Instrum. tomi 4. novæ Gall. Christ. col. 117.

¶ **CEDULA**, Cedulata. Vide *Ceda*.

* **CEFALALGIA**, Cefalea, pro Cephalæa, κεφαλαλγία, κεφαλαία. Glossar. Simon. Januens. ex Cod. reg. 6959 : *Cefalea, inquit Oribasius, differt a Cefalargia vel Cefalalgia : nam Cefalea est capitis dolor, qui multo tempore tenet ; Cephalalgia vero recens est capitis dolor aut ex æstu, vino seu frigore, vel ebrietate, aut indigestione ; et cito resolvitur.* Vide *Cephalargia* et *Cephalea*.

¶ **CEFALERIGIA**, *Cefalea, la doga del capo*, in Glossar. Lat. Ital. MS. Vide *Cephalalgia*.

* **CEFFI**, *Monstra. quædam Æthiopiæ*, Glossar. vet. ex Cod. reg. 7613. [** ut ex Solino Papias. *Cephus* Plinio 8, 19.]

¶ **CEGRA**, Genus piscis. Charta Petri Abbatis Monasterii Sanctæ Crucis de Talemundo ann. 1366 : *In qualibet ferculo tres pecias marlucii recentis, aut canceris, et de radis vel de Cegris quinque pecias, aut de aliis piscibus ad valorem.*

¶ **CEI**, *Judicatores*, in Glossario MS. Sangerman. num. 501.

* **CEJUS**, Conveniens, congruens, f. a Gall. *Seant, convenable.* Pactum inter Guill. de Gorsolis et Borgiam ejus sororem ann. 1341. ex Tabul. Flamar. : *Et quod pater et mater mea dictam Borgiam dotabant, et Cejam et competentem dotem sibi promiserant.* [** An *certam*?]

¶ **CELA**, Scamnum, Gall. *Selle.* Statuta Avenion. : *Statuimus quod in cariera super bancas macelli versus portam Ferviciam, aliquis vel aliqua non teneat nec habeat bancam vel Celam, nec canistrum ... nec aliud impedimentum.*

¶ **CELAMEN**, f. Idem quod cella, cellarium : quemadmodum enim, ut cum Donato in suis ad Terentium notis loquar, *Cella et Cellarium a reponendis celandisque rebus esculentis et poculentis* dicitur, sic et *Celamen* eodem sensu dicere potuit inferioris ævi Scriptor. Donatio Conradi Emelrici de Pinguia Vicarii Ecclesiæ S. Joannis Moguntiæ pro ipsa Ecclesia tom. 2. Rerum Mogunt. pag. 701 : *Per hoc præsens instrumentum pateat universis, quod an. a Nativitate Domini 1325. Moguncie in camera super Celamine domus curiæ ad Tres Reges, quam ibidem inhabitat Conradus Emilrici de Pinguia, etc.*

¶ **CELAMENTUM**, Secretum quod celari debet. Marten. tom. 3. Anecdot. col. 837. in Fragmento Hist. Britan. Armor. : *Aperiens illis sub magnæ Confessionis Celamento*, Galli dicimus, *Sous le secret de la confession.*

* Itali *Celamento*, eadem notione dicunt. *Celément*, nostris, clam, secreto, in Ch. ann. 1413. ex Chartul. 21. Corb. *Escarni*, pro Occultus, arcanus, in Lit. remiss. ann. 1374. ex Reg. 105. Chartoph. reg. ch. 431 : *Afin que ledit malefice ne feust point parcheux ; mais fust celez et Escarnis, etc.*

* **CELANDRA**, Statera, inter Exact. Neapol. apud And. de Ysernia in Comment. utriusque juris : *Jus stateræ seu Celandræ.*

¶ **CELANDRIA**, Navigii species. Vide *Chelandium*.

¶ **CELARE**, ubi de ædificio, Contegere, vel Camerare, Gall. *Couvrir*, vel *Vouter.* Hist. Affligin. apud Acherium tom. 10. Spicil. pag. 615 : *Celavit lapidibus magnam Ecclesiæ partem a cruce usque in finem.* Vide *Celata*.

* **CELARI**, Dicitur de vulnere quod judici celatur, quod *Forceler le sang* appellabant. Vide infra *Foriscelatus* Libert. Domni-Med. ann. 1246. tom. 7. Ordinat. reg. Franc. pag. 690. art. 2 : *Qui facit plagam et sanguinem, et inde convincitur, debet præposito domini septem solidos et dimidium...... Et si sanguis Celetur usque ad terciam diem, debet viginti duos solidos.*

¶ **CELARIUM**, pro *Cellarium*, Cella vinaria, Gall. *Cellier.* Pancarta MS. titulorum Abbatiæ S. Stephani de Vallibus prope Xantones, in Charta super levaggio vini S. Saturnini : *Quin etiam Levaggium Celarii Abbatie de Vallibus, etc.* Occurrit apud Th. *Madox* in Formulari Anglic. pag. 89. et 205. in Hist. Harcuriana tom. 4. pag. 1099. etc. *Finationes Celariorum*, Præstationes pecuniariæ pro *Celariis*, ubi vinum venale est, in Litteris Johannis I. Regis Franc. ann. 1351.

¶ **CELARIUS**, pro *Cellarius* vel *Cellerarius*, de quibus infra, legitur in Obituario MS. Ecclesiæ Morinensis fol. 2. et. 3. Utrobique *Bursa Celarii*, cujus erat quotidianas Canonicorum mercedes distribuere.

CELATA, Insidiæ, Hispan. *Celada, Engaño de guerra.* Ex Lat. *Celare.* Gloss. Lat. Græc. : *Celat*, κρύπτει. *Celare, tegere*, Nonio. Isidorus Pacensis Episcopus in Chronico æra 769 : *Europenses vero sollicite ne per semitas delitescentes aliquas facerent simulanter Celatas, stupefacti in circuitu sese frustra recapitant, etc.* Rodericus Toletan. Arch. in Hist. Hispan. lib. 3. cap. 24 : *In lapidicina urbi proxima insidias collocavit, cives ad prælium processerunt, sed inter Celatam et acies intercepti ex civibus plurimi occiderunt, etc.* Vide Leges Alfonsinas seu *Partidas*, part. 2. tit. 35. leg. 30. Sic Tactici Græci ἐνέδρας, insidias, ἐγκρύμματα non semel vocant. Vide Leon. cap. 12. § 34. et 38.

Italis *Celata*, est cassis, unde nostri *Salade* effinxerunt : sic dicta, quod ea caput indutus miles *celetur*, et occultetur, ut a nemine agnoscatur.

* Proces. Egid. *de Ray's* ann. 1440. ex Bibl. reg. fol. 180. v°. : *Vidit tres vel quatuor cum capelinis seu Celatis vel saladis supra eorum capita, et aliis armis ante dictam ecclesiam transeuntes.*

* **CELATUM**, Umbella, Gall. *Ciel, dais*, pro *Celum.* Vide in hac voce. Comput. MS. ann. 1524. fabr. S. Petri Insul. : *Quatuor vicariis, qui detulerunt Celatum venerabilis Sacramenti in processione facta 16. Martii pro defunctis ultra montes, viij. sol.*

¶ **CELATURA**. Vide *Cælatura.*

¶ **CELCINNA**, mendose pro *Celeuma*, vel *Celeusma*, de quo mox. Nicolaus Specialis de Rebus Siculis lib. 1. cap. 18. apud Murator. tom. 10. col. 936 : *Occurrit illis Messanensium classis cum gaudio, quas exultantes in portus placidos introducunt ; ubi ad spolia Gallorum et Provincialium cum Celcinnatibus lætis vocibus clamabatur.*

¶ **CELDAL**. Vide *Cendalum.*

CELDRA, Mensuræ species apud Scotos. Leges Burgor. Scotic. cap. 67 : *Pistor habeat ad lucrum de qualibet Celdra, secundum quod probis hominibus videntur.* Statuta Gildæ Berwic. cap. 39 : *Nulla mulier emat in foro ad faciendum brasium ad vendendum plus quam unam Celdram.*

¶ **CELE**, *Brachia Scorpii.* Glossar. MS. Sangerman. n. 501. Est a Græco χηλή, Forceps cancrorum. [** Papias : *Chele, Brachia scorpii quæ faciunt libram.* Vide *Chele.*]

* **CELEBRAMENTUM**, Celebratio, nostris etiam *Célébration*, Ital. *Celebramento.* Consuet. Norman. cap. 61. part. 2. ex Cod. reg. 4651 : *Personæ omnes, quæ ad maritagii Celebramentum affuerint, possunt ad recordamentum nominari.*

* 1. **CELEBRARE**, nude pro Missam agere, apud Burckard. Argent. de vita Alex. PP. VI. pag. 64. ubi inter puncta accusationis episc. Calagurit. objecta legitur : *Fecisse prandium antequam Celebraret.* Occurrit alibi non semel.

* 2. **CELEBRARE**, Facere, peragere. Annal. vett. Mutin. ad ann. 1227. apud Murator. tom. 11. Script. Ital. col. 59 : *Eodem anno grave peccatum Celebratum fuit cum episcopo Guielmo.* Stat. S. Flori MSS. fol. 34 : *Nullus nisi in nocte dormierit et digestione non Celebrata, etc. Sed si digestio Celebrata sit, quamvis dormitio nulla præcesserit.*

* **CELEBRATIO**, Solemnis processio. Comput. ann. 1356. inter Probat. tom. 2. Hist. Nem. pag. 172. col. 2 : *Die xxiij. dicti mensis* (Junii) *qua die fuit festum Eucharistiæ ;.... dum pro Eucharistia et ipsius honore quædam Celebratio fit per dom. Nemausensem episcopum, etc.*

** *Celebratio reipublicæ*, Placitum legitimum, Solemnis conventus civium statis temporibus, in chart. ann. 1316. ap. Guden. Cod. Diplom. tom. 2. pag. 452.

* **CELEBRATOR**, Qui Missam solemniter agit, vulgo *Celebrant.* Ordinar. eccl. Camerac. MS. fol. 10. r°. : *Celebrator missæ remanet ad altare quousque Evangelium perlegatur. Quo loco idem celebrator incipit*

Te Deum laudamus, injungente majore cantore.

* **CELEBRITER.** Charta ann. 1060. inter Probat. ult. Hist. Trenorch. 130 : *Actum publice Lausduni,... regnante Heinrico victoriosissimo Francorum rege anno 30. Philippo vero filio ejus anno primò Celebriter imperante.* Ubi aliæ Chartæ habent, *Feliciter.*

¶ **CELEBSEDRA**, Mendose pro *Clepsydra*, κλεψύδρα, Horologium ex aqua, Gall. *Clepsydre.* Glossar. MS. Sangerman. n. 501 : *Celepsedra, per quod ore colliguntur.*

¶ **CELEGIA**, Idem quod *Cerevisia*, Potus ex grano confectus, Gall. *Cervoise, Biere.* Tabular. Rothon. : *Vinum si venale fuerit ibi, de modio uno lagenam unam S. Salvatori: similiter de medone, de Celegia et de pigmento.* Vide *Celia.*

* **CELEL**, *Genus vasis vimineum, vel vilis supellex.* Glossar. vetus ex Cod. reg. 7613. Vide supra *Ceberus.* [** Ita etiam Papias. Glossar. in cod. reg. 7644 : *Celel, Genus vasis vimineus, græce, virgea præterea celel vilisque supplex.* Virgil. Georg. lib. 1. vers. 165 :

Virgea præterea Celei vilisque supellex.]

CELENDRA, Instrumentum quo poliuntur panni, nostris *Calandre.* Charta Caroli II. Regis Siciliæ apud Ughellum tom. 9. pag. 929 : *Concedimus... instrui, ordinari, et fieri in civitate Ravellensi ubi Episcopus ipse providerit, tintoriam Celendram cum auricella et aliis suis circumadjacentiis, etc.* Alia Joannæ II. Reginæ Siciliæ ann. 1429. ibid. : *Celendram unam... in qua Celendrari consueverunt, et Celendrantur fustaini, etc.* [Hujus vocis origo κύλινδρος Cylindrus, quia præcipua vis *Celendræ* in cylindro posita est.]

¶ **CELENDRIA**, Species navis. Vide *Chelandium.*

* **CELEPTRA**, *Mirteum genus frugis*, in Glossar. ex cod. reg. 7613.

CELER, Veredarius, nostris *Poste.* Isid. l. 10. sect. 51. Orig. : *Celer, appellatus a celeritate; quia quod usus exigit, velocius facit.* Eckehardus Junior de Casib. S. Galli cap. 1 : *Qui factum panderet Celer præmittitur.* Ibidem : *Currunt illico Celeres, qui Berthæ dicerent.* Cap. 10 : *Utinam post illum Celeres, qui equum illum nobilem mihi reducant, mittere velles.* Cap. 4 : *Mittit Imperator Celerem quemdam.* Julianus Episcopus Toletan. in Chron. : *Dum de iis, quæ in Galliis gerebantur, nuncium Celerem recepisset. Agiles viri*, in Vita S. Amandi scripta per Baudemundum cap. 6. n. 23. Paulinus Ep. 24: *Ut cursorem Dominicum Cardamatem signatis in lege divina antiquorum velocium laudemus exemplis.*

* **CELERAGIUM**, Præstatio ex vinis seu cellis vinariis, nostris *Celerage.* Vide *Cellarium.* Charta ann. 1291. tom. 1. Probat. Hist. Brit. col. 1096 : *Dicit vicecomes de Rohan contra nobilem virum comitem Britanniæ, quod idem comes per se vel suos fecit et facere nititur capi costumas et Celeragia et pignora dicti vicecomitis et ejus gentium pro vinis emptis et ductis, et quæ solent duci ad ejus domos pro ipsius et suorum usagio contra jus.* Arest. ann. 1407. 23. Apr. vol. 1. arestor. parlam. Paris. : *Cum Johannes Guinement et Johannes de Berdines, Parisius commorantes, firmam cridagii et Celeragii.... appretiassent, etc.* Charta ann. 1339. in Reg. 71. Chartoph. reg. ch. 326 : *Jehan de Pacy bourgois de Paris a certaine quantité de rente;..... c'est assavoir sur les rentes du paleire* (parloir) *aus bourgois de Paris, appellées les Celerages.* Ordinat. ann. 1425. in Reg. 170. ch. 1 : *Item nul ne fera taverne ou vendra vin à détail en la ville de Paris sans mettre cerceau, afin que ladite ville ne puisse estre fraudée de ses droits, tant de cellui dessusdit, et de criages et Celerages, comme d'autres.*

* **CELERARE**, pro Celare, ni fallor, in Conc. Bitur. celebrato ann. 1276. ex Chartul. archiep. Bituric. fol. 97. r°. : *Quod si quis, cujuscumque dignitatis aut conditionis existat,.... aufferre, rumpere, cancellare aut destruere quoquo modo, vel sic ablata Celerare præsumpserit, etc.*

¶ **CELERARIA**, Officium *Cellerarii*, in Litteris Galteri ann. 1218. e Tabulario Ecclesiæ S. Audomari : *De quinque officiis... subpræpositura, magisterio scolarum, pistoria, Celeraria et Chochia.*

* Occurrit præterea tom. 6. Gall. Christ. inter Instr. col. 390. et 393. Vide in *Cellerarius.*

¶ **CELERARIUM**, Idem quod *Cellarium.* Vide locum in *Typrus.*

¶ **CELERARIUS**, Idem ac *Cellerarius*, quod vide.

CELERE, pro *Celeriter*, in Vita S. Materniani Episcopi Remensis num. 16.

* **CELERINUS**, Piscis genus, Gall. *Celerin.* Tract. MS. de Piscibus cap. 15. ex Cod. reg. 6838. C. : *Chalcidem esse putat Rondeletius, quæ in Allobrogum lacubus frequenter capitur, et Celerin nuncupatur ob similitudinem maximam, quam habet cum pisciculis parvis trissis similibus, quibus abundat Oceanum mare, quos Galli Celerinos vocant.* Reg. sign. *Pater* Cam. Comput. Paris. fol. 254. v°. : *Marchans et vendeurs de poissons et de harens de mer paieront... pour la charretée de Celerins xij. den.* Vide supra *Aphya.*

¶ **CELERIPES**, ὠκύπους, *Celer*, apud Janum Laurenb. in Supplemento Antiquarii.

* 1. **CELERIUM**, *Cellarium*, cella vinaria, Gall. *Cellier. Cheillier*, in Charta ann. 1473. ex Chartul. 23. Corb. *Masure, gardin, Cheillier, etc.* Charta ann. 1242. in Chartul. S. Dion. Vergiac. fol. 17. r°. : *Concessit dictæ ecclesiæ quandam ochiam, sitam juxta Celerium S. Dionysii apud Merreium.* Ch. S. Ludov. pro fundat. B. M. de Lilio ann. 1248. ex Chartul. ejusd. loci ch. 1 : *Donavimus..... monasterium, dormitorium, refectorium, Celerium, et omnia et singula ædificia infra ambitum murorum contenta.*

* 2. **CELERIUM**, Pretium, stipendium, pro *Salarium.* Vide in hac voce num. 3. Stat. ann. 1272. inter Probat. tom. 1. Hist. Nem. pag. 99. col. 1 : *Præscriptorum vero, sic electorum consulum et consiliariorum electionem seu assumptionem suo tempore notarius consulum populo publicabit; quem, absque ullo pro hoc Celerio, etc.*

¶ 1. **CELES**, *Cithar que canitur.* Vet. Glossar. Sangerman. n. 501. Lege, *Chelys Cithara*, a Græco χέλυς, Instrumentum musicum, Testudo.

¶ 2. **CELES.** Vide *Celes.*

* **CELESTE**, Area, Gall. *Cour.* Comput. ann. 1412. inter Probat. tom. 3. Hist. Nem. pag 207. col. 1 : *Solverunt Anthonio Jordani fusterio de Nemauso pro vij. jornalibus, quibus vaccavit in..... restringendo Celeste dictæ domus.* Vide *Cœlum.*

* **CELESTINUS**, pro *Cœlestinus*, Color hyacinthinus. Inventar. monast. Cassin. ann. 1497. tom. 2. Hist. ejusd. abbat. pag. 598. col. 1 : *Item planeta Celestina purpurata cum leonibus aureis.* Infra : *Cœlestina.* Vide *Cœlestinus.*

¶ **CELEUMA**, pro *Celeusma*, Gr. κέλευσμα, Cantus nautarum quem in prosperis præsertim concinebant. Occurrit in Vita S. Genovefæ tom. 1. SS. Jan. pag. 141. et in Vita S. Wilfridi inter Acta SS. Benedict. sæc. 4. part. 684.

* Glossar vet. ex Cod. reg. 521 : *Celeuma, clamor nauticus, quem efficiunt quandoque nautæ propter turbationem cœli.* Glossar. Lat. Gall. ex Cod. reg. 7692 : *Celeuma, Cotuenge.* Vide Lexic. Martin. [** et Forcellin.] voce *Celeusma.*

** Celeumo. Versus de S. Gallo vers. 7. ap. Grimm. Poet. Lat. sec. X. pag. 31. præf. :

Tria tranant maria. Celeumant Christo gloria.

Apud Pertz. Scriptor. tom. 2. pag. 33. est *Cantantes.*

¶ **CELEYR**, Ephippiorum artifex, Gall. *Sellier.* Charta Bernardi de Turre ann. 1308. apud Baluz. Hist. Geneal. Arvern. tom. 2. pag. 783 : *Escudeleyr, Freneyr et Celeyr, et Carnifices tres denarios quilibet pro annata.*

CELGA, Modus agri. Chartæ Alemann. num. 83. apud Goldast. : *Ut ad proximam curtem S. Galli unum juchum arent, et cum semine meo seminent annis singulis in unaquaque Celga.* [** In Germania superiore, maxime vero in Suevia, *eine Zelge* est tertia pars *hubæ*, seu prædii rustici. Vide Lexic. Frischii voce *Zelg.* Adel.]

* 1. **CELHA**, Situlæ species. Comput. ann. 1362. inter Probat. tom. 2. Hist. Nem. pag. 246. col. 2 : *Pro duabus Celhis necessariis pro portando aquam et morterium, pro claudendo portale Cocariæ, etc.* Vide infra *Cemalis.*

* 2. **CELHA**, Lumbus, Gall. *Longe* vel *Selle.* Charta ann. 1316. in Reg. 65. Chartoph. reg. ch. 210 : *Quarta parte unius Celhæ porci sex denarios, et duobus panibus sex denarios.*

CELIA, Ceria, Potio Hispanis veteribus familiaris, ut auctor est Plinius lib. 22. cap. ult. qui *Celiam* et *Ceriam*, promiscue nominari indicat. Hujus conficiendæ modum describit Paulus Orosius lib. 5. cap. 7 : *Postmodum diu obsidione conclusi Numantini duabus de sub'to portis cuncti eruperunt, larga prius potione usi, non vini, cujus ferax is locus non est, sed succo tritici per artem confecto, quem succum a calefaciendo Celiam vocant : suscitatur enim illa ignea vis germinis madefactæ frugis, ac deinde siccatur, et post in farinam redacta molli succo admiscetur, quo fermentato sapor austeritatis et calor ebrietatis adjicitur.* Ab Orosio excerpta, quæ habent Isidorus lib. 20. cap. 3. sect. 18. et Papias.

[* Glossar. Lat. Gall. ex Cod. reg. 7692 : *Celia, cervoise de forment.* Glossar. Lat.

Ital. MS. : *Celia, la bevanda de suge de formento. Seilla*, eadem notione, apud Oger. Vienn. in satyra adversus eos, qui vetulis serviunt :

E laissa vin, et bevia de la sellia.]

Ex hac descriptione liquet, non multum absimilem fuisse *Celiam* a *cervisia*, quæ quidem non ex tritico, sed ex hordeo vulgo conficitur : quin et a *Celia*, seu potius *ceria*, cervisiam dictam opinor, ita ut vocabulo additæ aliquot syllabæ, discrimen ab Hispana potione, quod in hordeo videtur constitisse, ostendant, cum celiæ materia triticum fuerit secundum Orosium. At Florus lib. 2. cap. 18. eamdem Numantinam describens obsidionem, *Celiam* ait, *e frumento potionem* fuisse, sicque *ab indigenis* appellari. Qua frumenti voce hordeum constat contineri, quo cervisia conficitur. Tacitus de Germanis, lib. de Morib. Germanorum : *Potus, humor ex hordeo aut frumento in quamdam similitudinem vini corruptus.* Unde quidam censent *Celiam* sive *ceriam* Hispanorum, eamdem fuisse potionem cum Gallorum cervisia. Gloss. Angl. Saxon. Ælfrici : *Cervisia, Celia*, Eala. Matth. Silvatic : *Celea, potio ex succo tritici inebrians.* Infra : *Cellia, i. cervisia, dicta a calefaciendo.* Joan. Sarisberiensis Epistola 85 : *Hoc itaque* (vinum) *paratius est quam Celia, quæ a nostratibus usu vulgari Cervisia nuncupatur.* Charta Edmundi Regis Angliæ tom. 2. Monast. Angl. : *Quinque congios Celiæ, et unum ydromeli, et* 30. *panes reddat.* Chilienus Monachus in Vita S. Brigidæ cap. 1 :

Qui latices gelidos Celiæ convertit in undas.

Ubi perperam Colganus ex MSS. *cellæ* edidit; ibi enim agitur de aqua in cerevisiam mutata, ut est apud Laurentium Dunelmensem in Vita ejusdem Brigidæ n. 55. Adde Ordericum Vitalem pag. 539.

Certe Dani, ut auctor est Pontanus, *Oel*, et Angli *Ael*, cervisiam vocant, vocibus ex *Celia* confictis. Gloss. Saxonicum post Leges Henrici I : Oalehus, *cervisiæ domus*; Oalegavel, *cervisiæ gablum.* Teloneum Monasterii S. Bertini : *Omnis tonellus sive vini, sive cervisiæ, sive Alæ,... dabit* 2. *den.*

Ejusdem originis est *Godale* Theutonicum, quasi *Goed-ael*, proba cerevisia. Regestum Cameræ Comput sign. 123. fol. 10 : *Foragia Godalarum seu cervesiarum quæ nos Episcopus habebamus in villa Tornacensi una cum jure ad nos Episcopum ratione dictarum Godalarum spectante.* Ibidem : *Le Roy a acquis de l'Evesque de Tournai... le bracin des Godales*, etc. Guill. *Guiart* ann. 1214 :

A grans henas plains de Godale.

An. 1304 :

Ribaus d'autre partie boivent,
Sans demander chambre ne sale,
Parmi les rues la Godale.

Rursum :

Li autre leur Godale crient,
C'est d'Arras si comme il dient.

Computum domanii Comitatus Bononiensis ann. 1402 : *Recepte des dangiers de Godales, de chervoises, de Bromars, et de Houppenbiers amenées par mer à Boulogne, etc.* Vide Hadr. Junium lib. 2. Animadvers. cap. 12. etc. Glossar. Prisco-Gallicum Pontani pag. 282. Perperam vero Franciscus Bivarus ad Pseudo-Chronicon Maximi, a *Ceria*, vocem *Cidre*, accersit, indeque confectam contendit pag. 306. 332.

CELIBATUS. Vita S. Severi Episcopi Ravennatis num 10 : *Et exinde cœperunt sanctum ejus Celibatum amplius venerari.* Ubi Bollandus annotat *Cœlibatum* poni pro sanctimonia, vel Sacerdotio. Sed potius videtur esse *Celebritas*, fama, *Propter tantæ gloriæ Celibatum*, apud Ericum Upsaliensem lib. 5. Hist. Suecicæ, id est, famam. Acta S. Bernardi Episcopi Carinulensis : *Quem ideo præfatus Princeps voluit habere Capellanum, quia ipsius plene cognoverat Celibatum.* Chronicon Andrense pag. 437. de Abbate, cui vitium incontinentiæ objectum fuerat : *Ita quod ei suum reatum, et viri Dei Celibatum.... confiteri coactus est*; i. castitatem, probitatem.

¶ **CELIDIONATUS** Gladius. Vide *Chelidoniacus.*

¶ **CELIDRUS.** Vide *Chelyndrus.*

¶ **CELIMDRIA**, Celindria. Vide *Salandra* post *Chelandium.*

* **CELIS**, *Justitiæ indicium.* Glossar. vetus ex Cod. reg. 7613.

CELIUM. Joan. de Janua : *Celium idem quod Celites, quod vulgo Celionem, vel scalpellum vocant.* Leg. *Celtes.* [Vide *Cœlio.*]

* **CELITICUS.** Vide infra *Celticus* 1.

* **CELIUS**, *Tuscorum lingua, September*, in Glossar. vet. ex Cod. reg. 7613.

1. **CELLA**, Latinis, est ἀποθήκη, Penus, promptuarium, in quo quæpiam ex iis, quæ ad vitam conducunt, reconduntur, veluti Cella vinaria, olearia, mellaria, etc. Gloss. Gr. Lat. : *Cella proma*, ταμεῖον, *Cella vinaria*, οἰνών. Interdum pro cubiculo, ut apud Vitruvium lib. 2. cap. 8. *Lateritiæ Cellæ*; lib. 3. cap. 1. *Cella ædis*; lib. 6. cap. 9 : *Cubicula etiam et Cellæ familiaricæ constituuntur.* Gloss. Lat. Gr. : *Cella*, οἴκημα.

Cella vero et Cellula, posterioribus sæculis usurpantur pro Monachorum domicilio, atque adeo ipso Monasterio. Ita passim *Cellæ* vocem usurpat Gregorius M. lib. 2. Dial. in Præfat. cap. 9. 12 13. 21. 31. ubi Zacharias μοναστήριον vertit. Primitus enim Monachi divisis in *Cellis*, seu Cellulis, habitabant, in idem licet oratorium psallendi gratia, aut sacra peragendi convenirent. Regula Macarii cap. 13 : *De fratribus, vel qui in oratorio sunt, vel qui per Cellulas consistunt.* Clodoveus in suo Præcepto : *Monachis ibidem per diversas Cellulas manentibus, seu mansuris, omnia necessaria... præbeantur.* Eucherius Lugdun. de Laude Eremi : *Hæc nunc habet senes illos, qui divisis Cellulis Ægyptios patres Galliis nostris intulerunt.* Rufinus lib. 2. de Vitis Patrum in Præfat. : *Commanent autem per eremum dispersi et separati Cellulis.* Et lib. 3. num. 219 : *In eodem loco circiter quinque millia divisis Cellulis habitabant.* Guigo Cartusiæ Prior de Quadripartito exercitio cellæ cap. 9 : *Et quidem quantum in ea* (cella) *morari fructuosum, tantum extra eam longe vel diu vagari periculosum. Non enim diutius habitator Cellæ vivere potest spiritualiter extra Cellam, quam corporaliter piscis extra aquam. Considerate quia pisciculo illi, qui Alec dicitur, unum idemque momentum est, et extra aquam esse et expirare. Et Cella quidem formatur ex hac dictione Allec, cum convertitur.* Vide S. Hieron. Epist. 4. et 31. S. Augustin. de Morib. Eccl. lib. 1. cap. 31. Cassian. lib. 5. Instit. cap. 36. et Collat. 18. cap. 4. Sozomen. lib. 6. cap. 31. Niceph. Call. lib. 11. cap. 38. Gaufredum Grossum in Vita S. Bernardi Abbat. Tiron. cap. 12. etc. [Monasteria quoque Sanctimonialium *Cellas* appellant Wolfhardus in Vita S. Walpurgis Abbatissæ lib. 4. num. 10. S. Lullus Archiep. Magunt. in Epistola inter Bonifacianas 47. ad Oswitham Abbatissam, etc.] Hinc *Incellari*, Cella donari in Statut. Ordinis Cartusiensis ann. 1368. part. 2. cap. 6. § 1.

Cellas istas, κελλία vocant Græci Scriptores passim, Palladius in Vita Chrysostomi pag. 54. Edit. Emerici Bigoti, et alii quos laudant Meursius, et Fabrotus in Glossario ad Cedrenum : μοναστήρια, Nilus Narrat. 7. cap. 9. Interdum et σπήλαια. Atque inde *Cellarum*, et κελλίων nomen mansit locis quibusdam, ubi inædificatæ erant *Cellæ* Monachicæ, uti monti Larissæ in Macedonia vicino, qui βοῦνος τῶν Κελλίων Annæ Commenæ lib. 5. Alex. pag. 138. *Kellia* Innocentio III. PP. lib. 13. Epist. 4. dicitur; *Cellis* in Æmathia, et *Celliis* in Bithynia apud eamdem Annam lib. 12. *Cellarum Thessalicarum* meminit auctor Itinerarii Hieros. et Antonini, ut et alterius ejusdem appellationis in Ægypto, Sozomenus lib. 6. cap. 31. et Niceph. Call. lib. 11. cap. 38.

Cellæ quoque vox crebro pro Monasteriolis, seu, ut olim vocabant, *Abbatiolis*, vel *Obedientiis*, quæ majoribus suberant, sumitur. Nam cum Monachi prædia variis in pagis possiderent, eo aliquot e suis mittebant, qui et fruges colligerent, procurarent reditus, et ad Monasterium deferrent : vel ut vitam solitariam quodammodo in iis agerent destinati Monachi; unde Bonifacius VIII. cap. 3. de Verbor. signif. *Cellas* ejusmodi *loca secreta et solitaria* interpretatur, *quæ ab hominum separata convictu sunt ad contemplandum et Deo vacandum specialiter deputata.* Vel denique cellæ subinde ædificatæ propter nimium Monachorum numerum, ut ex Monasteriis eo mitterentur Monachi, aliisque identidem *pulsantibus* locum darent. Ardo Monach. in Vita S. Benedict. Abbat. Anianensis : *Et quia cætera loca eos capere non quibant, constituit locis congruis Cellas, quibus præfectis magistris posuit fratres.* Iisdem enim in locis exstructa etiam oratoria, quibus deserviendis destinatus certus Monachorum numerus, qui a Primario Monasterio dependebat. *Cellæ cœnobiales*, in Præcepto Lud. Pii apud Steph. Baluzium in Append. ad Capitul. num. 38. Charta Arnaldi Archiep. Burdegal. ann. 1120. apud Sammarthanos : *Quia S. Macarius, non Cella S. Crucis, sed per se Monasterium erat, etc.* Charta Galonis Episcopi Parisiensis ann. 1107 : *Ita scilicet ut Abbas Fossatensis prædictum monasterium tanquam Cellam suam possideat.* [Charta ann. 1082. inter Instrum. Hist. Meld. tom. 2. pag. 14 : *Quondam erat Ecclesia BB. Apostolorum Petri et Pauli nomini dedicata, quæ Abbatiæ nomen habebat; sed per incuriam habitantium dignitatem hujus nominis amiserat.* Ordinavit igitur supradictum Concilium, ut hujusmodi Abbatiæ Cellæ fierent et Cellæ nominarentur, religiosisque monachis traderentur.] Rudolphus Presbyter in Vita Rabani Mauri Archiep. Mogunt. num. 5 : *Per cellas quoque fratrum sibi commissorum, et per alia loca inculta ad se pertinentia, in quibus prius non erant, Ecclesias cum permissione Episcopi sui construxit, etc.* Quippe in Agathensi Concil. can. 58. Epaon. can. 10. Venetico can. 8. Aurelian. I. cap. 22. *Cellæ novæ, aut Congregatiunculæ Monachorum absque Episcopi consensu prohibentur institui.* Concilium Aquisgran. ann. 817. et Additio 1. ad Capitul. Lud. Imp. cap. 44 : *Ut Abbatibus liceat habere Cellas, in quibus aut Monachi sint, aut Canonici, et Abbas provideat, ne minus de Monachis ibi habitare permittat quam sex.* In Synodo incerti loci apud Sirmondum tom. 1. Concil. Gall. pag. 618 : *Vetantur Monachi sequestrati per Cellas habitare, et peculiare ullum habere.* In Concilio Parisiensi ann. 1212. part. 2. cap. 24. dicuntur Monachi in claustro interdum movere rixas et seditiones, *Ut mittantur ad Cellas.* Vita Burchardi Episcopi Wormaciensis : *Ibi quoque primum fecit oratorium, deinde aliis officiinis peractis, Cellam egregiam construxit.* Hac notione *Cellam* et *Cellulam* usurpant Lupus Ferrar. Epist. 11. Udalricus lib. 3. Consuet. Cluniac. cap. 30. 31. Ivo Carnot. Epist. 269. [Notitia ann. 832. Marcæ Hisp. col. 769. Præceptum Ludovici Transmarini ibidem col. 863. Bulla Paschalis II. pro Corbiniacensi cœnobio ann. 1107. inter Instrum. tom. 4. novæ Gall. Christ. col. 85. Annal. Benedict. tom. 3. pag. 23. Hist. Monasterii Mediani pag. 269.] Acta Murensia pag. 15. 37. Capitul. Caroli M. lib. 4. addit. 1. cap. 14. [** Excerpt. canon. ann. 806. cap. 9.] lib. 6. cap. 138. [** 140. ex Concil. Aurelian. I. cap. 22.] Walafr. Strab. in Vita S. Galli cap. 5. Orderic. Vital. lib. 12. pag. 896. S. Bernard. Epist. 253. etc. Egerunt præterea copiose de ejusmodi Cellis Monachicis Browerus lib. 21. Antiq. Fuld. cap. 7. et Haeftenus lib. 12. Disq. Monast. disq. 1. Vide *Obedientia*.

Cella, Interior ambitus Monasterii. Innocentius III. PP. lib. 14. Epist. 155 : *Semper Hebdomadarius in Cella remaneat, cujus nomine intelligimus interiorem ambitum vel clausuram : si clausura non fuerit, loca adjacentia officinis.*

* Mirac. B. Bertholdi tom. 6. Jul. pag. 488. col. 1 : *Morabatur in hospitali quidam pauper, nomine Luitoldus, multo tempore claudus. Hic, cum diu ferulis sustentantibus se omnibus per Cellam notissimus traxisset, etc.*

* Cella Muratorum, Monasterium, maxime sanctimonialium, idem quod *Murata* 1. Testam. ann. 1348. apud Cl. V. Garamp. in Ind. ad Hist. B. Chiaræ pag. 605. col. 2 : *Sorori Benedictæ de Cella muratorum versus Montes, pro se et duabus sociis, xviij. denarios.* Vide supra *Carcer* 2.

2. **CELLA**, Concilium Arelatense ann. 1234. cap. 16 : *Item decernimus, quod Judæi masculi a 13. annis et supra, deferant extra domos in superiori veste, in pectore signum Cellæ, latitudinis trium vel quatuor digitorum, nisi sint in viagio constituti.* Vide *Judæi*.

* Circulus, qui *Rota* sæpius vocabatur. Vide in hac voce sub num. 8.

¶ 3. **CELLA**, Ephippium, Gall. *Selle*. Capitula generalia MSS. S. Victoris Massil. : *Idem dicimus de Cellis, bardis et frenis irregularibus.* Vide *Sella* 2.

* Inventar. ann. 1476. ex Tabul. Flamar. : *Et primo unum rousinum,.... cum sua Cella et brida.* Vide infra *Cellis*.

¶ 4. **CELLA**, *Cella familiarica*, Vitruvio, Gall. *Chaize percée*: Transactio inter Abb. et Monach. Crassens. ann. 1351. ex lib. viridi fol. 53 : *Infirmarius... debet habere pro Monachis infirmis in dicto Monasterio parapsides* (paropsides,) *conquas, ollas, mappas, manutergia, urinals, Cellas et oleum.* Vide *Sella* 1.

* 5. **CELLA**, pro *Sella*, scamnum. *Ad Cellam comedere*, Pœnitentiæ monasticæ genus. Charta ann. 1217. inter Instr. tom. 11. Gall. Christ. col. 254 : *Si autem prior vel aliquis fratrum convictus fuerit quod sex denarios vel amplius retinuerit, quos in trunco prædicto non posuerit, per tot dies quot denarios ipse retinuerit ad Cellam comedat.* Rursum occurrit infra. Vide *Sella* 5.

** **CELLA** Posterior, Memoria; Reinard. Vulp. lib. 3. vers. 114 :

Hoc verbum Cella posteriore tene.

Gemma Gemmarum : *Cellula memorativa est in capite, die Kamer der gedechtnuss.*

CELLANUS, Inclusus, qui in cella monachicam, seu potius eremiticam vitam agebat. S. Audoenus lib. 2. Vitæ S. Eligii cap. 38 : *Erat quidam Cellanus, homo Dei simplex et rectus in loco quodam, non longe ab urbe Parisiaca.* [Acta SS. Maii tom. 6. pag. 51 : *De sancta Virdiana eremita seu Cellana in castro Florentino.*]

CELLARARIUS, Idem qui *Cellarius*, de quo mox. Capitula Caroli M. ad Monachos ann. 789. cap. 6 : *De Cellarariis Monasterii, ut non avari, sed tales mittantur, quales regula præcipit.* Ubi Concilium Francoford. ann. 794. cap. 14. habet *Cellarii*. Vide Synodum Aquisgran. can. 140. Chronic. Casin. lib. 3. cap. 38. (al. 40.) lib. 4. cap. 55. etc. [** Ekkehard. IV. Casus S. Galli cap. 3. ap. Pertz. pag. 103. lin. 16. Vide Forcellinum in hac voce, quæ non semel apud JC. occurit.]

¶ **CELLARE**, Cavea, locus subterraneus. Acta SS. Apr. tom. 2. pag. 725. de S. Wernhero : *De subtusque locus suæ horribilis passionis in magno Cellari assistit.*

1. **CELLARIA**, Officium *Cellarii*, quod aliquando dabatur in feudum cum domibus, terris et redditibus sufficientibus. Hist. Dalph. tom. 1. pag. 133. in Charta Hugonis Episc. Gratianopol. : *Dereliquit igitur mansum unum quem mentitus fuerat se habere pro feuda Cellariæ.... Confessus fuit esse antiquum et verum feudum Episcopalis Cellariæ, ipsam dedi eis pro feudo Cellariæ.* Vide *Celleraria* post *Cellerarius*.

* Bulla Joan. PP. XXII. qua Philippo regi concedit annalia beneficiorum ecclesiast. ex Reg. A. Cam. Comput. Paris. fol. 100. r°. : *Declaramus ut concessum tibi hujusmodi privilegium nullatenus extendatur ad.... prioratus, supprioratus, claustrales, forestarias, Cellarias, infirmarias, etc.*

* 2. **CELLARIA**, pro *Sellaria*, Vicus in quo habitant *sellarii* seu *sellarum* artifices. Charta ann. 1291. in Lib. albo domus publ. Abbavil. fol. 76. v°. : *Septem libras Paris. super tribus domibus seu eschopiis contiguis, sitis in Cellaria Abbatis-villæ.* Vide supra *Cella* 3. et *Sellarius* 4.

¶ **CELLARIENSIS**, *Cellarinsis species.* Vide mox in *Cellarium*.*

CELLARITA, *Cellarius*, qui cellæ seu promptuarii curam habet. Victor Vitensis lib. 3. de Persecut. Vandal. : *Uxor quædam cujusdam Cellaritæ Regis, nomine Dagila, quæ temporibus Geiserici multoties jam Confessor extiterat, etc. Cellarius Regis*, apud Odorannum Monachum in Chr. pag. 640. Κελλαρίτης, Dorotheo Doct. 11. in Typico Sabæ et Euchologio. Adde Vitam S. Nili Junior. pag. 69. et Goarum ad EuchＯlog. pag. 47.

CELLARIUM, Penarium. Isidorus lib. 15. Orig. cap. 5 : *Promptuarium dictum eo quod inde necessaria victui promuntur, id est, proferuntur. Cellarium, quod in eo colliguntur ministeria mensarum, vel quæ necessaria victui supersunt.* Gloss. Lat. Græc. : *Cellarium, et Cellaromarium* (f. *Cellararium*) ταμεῖον, Gloss. Theotiscum Lipsii : *Kellera-promptuaria.* [* Castigat. in utrumque Glossar. Leg. *Cellarium, et cellar, omarium.* Ubi *Omarium*, pro eo quod *Aumarium* ex *Armarium* dicimus. Scaliger ad Festum; alii *Promarium* legunt. Vide Priceum ad Apuleium.] Walafridus Strabo de Vita S. Galli cap. 11 : *De parvo Cellario panem integrum famulanti porrexit.* In veteri orbis Descriptione cap. 42. Campania dicitur *Cellarium Romæ.* [** Chart. Henr. VI. Imper. ann. 1193. in Alsat. Diplom. tom. 1. pag. 300. num. 353 : *In commutationem decimarum, quas de Cellario nostro in Alsatia hactenus accipere consueverunt, etc.*] [Computus ann. 1202. apud D. *Brussel.* de Feudorum usu tom. 2. ad calcem pag. CLXVIII : *De Cellario Lorriaci retegendo* XIII. *l. et* XIII. *s. et* XIII. *d.* Vetus Poeta MS. e Bibl. Coislin. :

Li vileins monte en son Cegnail,
Par ou vels tu que ge t'en tail.]

[* Sed ibi vox Gallica *Cegnail*, melius, ni fallor, intelligeretur de cœnaculo, Gall. *Chambre haute.* Vide *Cœnale.*]

Cellarium, Species ipsæ quæ in cellario asservari solent. Servius ad 1. Æneid. *Penum et Cellarium* distinguit, quod *Cellarium* sit paucorum dierum, *penus* vero longi temporis. Præsertim vero ita appellabantur species quas accipiebant viri in dignitatibus constituti, cum a Principe in provincias mittebantur, aut e provinciis ad Comitatum evocabantur : præbebanturque eæ ex rescripto Principis a populis. Ita id vocabuli passim usurpatur hac notione in Cod. Th. leg. 3. de Offic. judic. (1, 10.) l. 6. de Annon. et tribut. (11, 1.) leg. 32. de Erogat. milit. ann. (7, 4.) apud Aurel. Vict. in Maximiano et Herculio, et Sulpitium Sever. lib. 2. Hist. Sacr. in Constantio. *Cellarii* autem appellatione intelliguntur πάντα τὰ βρώσιμα καὶ πότιμα, ut est in Basilicis : sal, vinum, oleum, caro bu-

bula, lardum, et cæteræ species, quæ ex Cellario depromi solent.

Cellarienses Species in d. l. 32. Cod. Th. de Erog. milit. ann. l. 16. de Indulg. debit. (11, 28.) quæ *Cellarium* alibi dictæ, ut observatum supra : τὰ κελλαρικὰ Græci appellarunt. Chronic. Alexandr. pag. 678 : Ἀπέστειλεν αὐτὸν ἐν πόλει Προυσίας τῆς Βιθυνίας διάγειν λαμβάνοντα ἀννώνας καὶ κελλαρικὰ δαψιλῶς. Ita etiam Palladius in Historia Lausiaca cap. 14. et Harmenopulus lib. 2. tit. 10. Glossæ Lat. Gr. MSS. S. Germani Paris. : *Penus*, κελλαρικόν. [** Κελλάριον, *Penus* in Incert. art. gramm. fragm. num. 161. ap. Endlicher. pag. 105.] [Glossæ Basil : Κελλαρικόν, κεκρυμμένον.] Atque inde promptum est assequi, quid sit *Cellarinsis* in Edicto Chlotarii II. Regis cap. 23. in Synodo Parisiensi V : *Et quandoquidem pastio non fuerit, unde porci debeant saginari, Cellarinsis in publico non exigatur.* Est enim id quod *Cellarii* nomine exigi solet.

Cellarium, Cella, cubiculum. Concilium Arelatense II. cap. 4 : *Nullus Diaconus, vel Presbyter, vel Episcopus, ad Cellarii secretum intromittat puellam, etc.* Agathense cap. 11 : *Ancillas vel libertas a Cellario, vel a secreto ministerio, et ab eadem mansione, in qua Clericus manet, placuit removeri.* Ita in Conc. Arvernensi cap. 16. ubi quod *Cellarium* dicitur, *Cella* appellatur in Concilio Turonensi II. cap. 12. *Cellula* cap. 19.

* Cellarium, Dolium, vas vinarium. Inquisit. de foresta Aquilinæ in Reg. 34. bis Chartoph. reg. part. 1. fol. 58. r°. col. 2 : *Dominus Montisfortis..... habet in foresta unum circularium se alterum ad Cellaria sua ligandu.*

CELLARIUS, Cui potus et escæ cura est, qui *Cellæ* vinariæ et escariæ præest, promus. Gloss. Græco-Lat : Κελλάριος, *Penuarius*. Lexic. Gr. MS. Reg. Cod. 2062 : Ταμίας, ὁ κελλάριος. Vox Latinis nota ; sed præsertim hæc vox usurpatur pro officio Monastico. Cyprianus in Vita S. Hilarii Arelatensis : *Post breve tempus in congregationis Cellarium eligitur. Cœpit igitur attente et studiose illis velle largiri quibus esset necessarium, etiamsi abstinentiæ amore nihil peterent.* Vide Capitulare de Villis cap. 58. [** Pertz. *Cellerarius*.] Capitula Ludov. Pii. Ad lit. 1. cap. 56. Vitam S. Benedicti Abb. Anianæ n. 9. et Haeftenum lib. 3. Disq. Mon. tract. 7. disq. 4. Vide *Cellararius* et *Cellerarius*.

Cellarii, Qui cellaria publica seu species cellarienses asservabant, in Novella Marciani de Indulg. reliqu.

Cellarius Coquinæ, in Monasteriis, in Charta Willelmi Ducis Aquit. ann. 1131. pro Abbatia Angeriacensi.

* Qui coquinæ in monasteriis præest ; *Cevelier de le cuisine*, in Reg. 15. sign. *Habacuc* Corb. ad ann. 1510. fol. 21. *Cevelier* enim vel *Chevelier*, passim pro *Cellerier*, in Tabul. ejusd. abbat. Unde *Cevelier des eaues* appelletur in Reg. jam laudato, qui nunc vocatur *le Cellerier des eaux.*

¶ **CELLAROMARUM**. Vide *Cellarium*.

* **CELLENSES** Cornuti, Monetæ species. Vide infra *Cornutus* 3.

¶ **CELLENARIUS.** Descriptio censuum Monasterii S. Emmerammi, apud Bern. *Pez* tom. 1. Anecdot. part. 3. col. 70 : *Decem Cellenarii : ex his quatuor dant cervisiæ situlas* xx. *Duo dant* xxx. *denarios, et alii duo* xxx. *denarios ; duo sine censu. Cellenarii* iidem videntur qui *Casarii* seu Coloni, ac fortasse sic dicti a *cella*, casa, tugurium, qua notione vocabulo *cellæ* usus est Horatius. [** *Cellenarius, Kellnari*, Gloss. Lat. Germ. in Histor. Frising. tom. 2. part. 1. præf. pag. 14. Apud Graff. Thesaur. Ling. Franc. tom. 4. col. 390. est *Cellerarius*. Iidem sunt qui *Cellerarii* apud Ekkehardum Junior. cap. 4. et in Capitul. de Villis cap. 10. et 58. Cellis præpositi. In Polypt. Irminon. Br. 13. sect. 102. *Hilduinus, Cellarius, solvit indicem* 1. Br. 9. sect. 228. *Adraboldus, servus et Celerarius tenet dimidium mansum servilem.* Br. 19. sect. 4. *Alberius Cellerarius et colonus tenet mansum ingenuilem.*]

CELLERARIUS, Idem qui *Cellarius*. Odorannus Monach. in Chron. ann. 1031 : *Raimbertus Cellerarius Regis.* [Chartular. S. Germani Paris. fol. 1 : *Redditus qui debetur Cellerariis Regis, qui custodiunt pressorium Regis apud S. Stephanum, etc.*] Hugo Floreffiens. in Vita B. Ivettæ Reclusæ n. 15 : *Cujus* (Episcopi) *et rerum dispensator et expensarum creditor erat, ... et ut vulgo dicitur, erat ejus Cellerarius.* Lanfrancus in Decretis pro Ord. S. Benedicti cap. 8 : *Ad Cellerarii ministerium pertinent omnia quæ in pane et potu et diversis ciborum generibus fratribus sunt necessaria... procurare, omnia vasa cellarii et coquinæ et scyphos, et justas, et cætera vasa refectorii, et omnem horum trium necessariam supellectilem ministrare.* Fortunatus Pictav. in Vita S. Paterni Episc. Abrincat. cap. 3 : *Ab Abbate suo ad dispensationem Cellarii deputatus.* De officio Cellerarii, alia habent Regula S. Benedicti cap. 31. Regula S. Isidori cap. 19. Regula Magistri cap. 16. S. Fructuosi cap. 6. Udalricus lib. 3. Consuet Cluniac. cap. 18. Eckehardus Junior de Casib. S. Galli cap. 4. Monasticum Anglic. tom. 1. pag. 147. 149. 297. etc. Suberat porro Cellerarius Præposito. Anselmus Leod in Wazone Episc. Leod. cap. 85 : *Cellerarius annonam, vinum, pulmenta suscipiens a Præposito, Prælati seniorumque dispensat mandato.* [** Chart. Præpositi Aschaffenb. de destitutione Cellerarii ann. 1183. ap. Guden. Cod. Diplom. tom. 1. pag. 278. Vide Schannat. Histor. Wormat. tom. 1. pag. 71. et infra *Portarius*. Apud Fuldenses erat *Cellераria abbatis* et alia *fratrum*. Vetus notitii ap. eumdem Schannat. in Histor. Fuldens. tom. 1. pag. 16 : *Caritas dabitur fratribus de Celleraria abbatis ... et staupus insuper de Celleraria fratrum.* De officio Cellerariorum *junioris* et *senioris* apud Corbeienses vide Statut. antiqua hujus monasterii lib. 2. cap. 5. post Irminonem pag. 318. Eorum curæ in primis coquina demandata erat, cetera *Provendarium* et *Portarium* spectabant.]

* *Celerier*, idem qui vulgo *Buvetier*, in Lit. ann. 1358. tom. 6. Ordinat. reg. Franc. pag. 597. art. 38 : *Le Celerier et le concierge de la court le roy, etc.*

Celleraria, in Monasteriis feminarum, cujus officium describitur a Petro Abælardo pag. 157. et in Synodo Aquisgran. [** *Cellatrix* in Gemma Gemmar.]

Subcelerarius, apud Silvestrum Girald lib. 1. Itiner. Cambriæ cap. 1.

¶ Celleraria, Officium Cellerarii. Varias hujus officii, quod multiplex fuit in Dalphinatu, functiones et annexas ei mercedes accurate descriptas habes tom. 1. Hist. Dalphin. pag. 106. Cellerarius Avalonis, cujus erat *Recolligere bladum et ponere in granario Comitis*, capiebat *ratione Cellerariæ super Tenementarios Comitis seu in ejus granario quatuor sextarios frumenti et quinque solidos pro una tunica, et duos solidos et sex denarios pro pellibus et civaria avenæ. Qui tenet Cellerariam* (S. Donati) *debet ratione Cellerariæ facere vendi vinum Comitis tempore banni ... et debet recipere medietatem tertii decimi denarii qui debetur illi apud S. Donatum, et debet percipere tertiam decimam partem omnium bladorum quæ Dominus Comes capit apud S. Donatum de censibus et taschiis, et debet habere librationem cum uno equo... et pro hoc debet recolligere totum bladum Comitis, et illud reddere ad mandatum ipsius, et debet pro Celleraria placitum ad misericordiam.* Cellerarius Montis-Lupelli *plenariam* habebat *potestatem quoscumque redditus, census, emolumenta, obventiones, et alia jura* (Humberti II. Dalphini) *dictæ Castellaniæ per se vel per alium idoneum substitutum petendi, exigendi et recuperandi, necnon pro ipsorum solutione jure fiscali pignorandi, et debitores compellendi juris remediis opportunis, et demum omnia alia faciendi, quæ ad ipsius Cellerariæ officium noscuntur quomodolibet pertinere, potissime venditiones laudandi et de quibuscumque rebus quæ tenentur a nobis, quæ in alium transferentur, retinendi et investiendi emptores rerum ipsarum nomine nostro et pro nobis, ac etiam, si expedierit, ipsas res et jura quæcumque transferendi per quempiam in alium, jure prælationis retinendi nostro nomine et pro nobis, prout per alios prædecessores dicti Bertheti Cellerarios dicti loci prædicta sunt et fuerunt fieri consueta.* Ibidem plures alii Dalphinatus *Cellerarii* memorantur, de quibus si plura cupis, ipsum locum adi. Vide *Cellaria.*

¶ Cellerariatus, Officium Cellerarii Monasterii S. Claudii, ut habetur in Statutis ejusd. loci pag. 83.

* **CELLERE**, *Affligere vel macerare, superstare.* Glossar. vet. ex Cod. reg. 7613.

¶ **CELLERIUM**, Cella vinaria, Gall. *Cellier*, in Codice censuali Calomontis, et in Chartulario Aptensi fol. 72. verso.

CELLI. S. Audoenus lib. 2. Vitæ S. Eligii cap. 15 : *Nullus Christianus ad fana, vel ad petras, vel ad fontes, vel ad arbores, aut ad Cellos*, (quidam Codd. habent *ocellos*) *vel per trivia luminaria faciat, aut vota reddere præsumat.* Legend. forte *lucellos*, i. *lucos*. Vide *Arbor*.

¶ **CELLIO**, Cellarius. Inscript. Grut. dag. 584. n. 10 : D. M. SECUNDI NUNDINI PRIMITIVI CELLIONIS.

CELLIOLA, pro *Cellula*. *Celliolæ Monachorum*, apud Thomam. Archid. in Hist. Salonitana cap. 42.

¶ **CELLIOTA**, Græcis κελλιώτης, Camerarius, Cubicularius apud Imperatores Constantinopolitanos. Phranzes lib. 2. Chronic. cap. 1 : *Hic quoque mos tenet, ut*

Celliotæ Imperatoris ad sepulchrum ejus, usque ad prima sacra funeralia sive justa perseverent.

☞ Præter hanc alia affertur hujus vocis notio in Glossario mediæ Græcitatis, ubi κελλιῶται dicuntur primum *Monachi in cellulis reclusi*; deinde *Anachoretæ*, qui cum sint ad labores ineptissimi et oneribus Monasterii impares, quiete tamen vivere exoptent, extra Monasteria, quæ muris undique cinguntur, cellam collata pecunia cui Templum, vinea et campus annexa sunt, quorum fructibus vivere possunt, coemunt, ibique cum nonnullis sociis vivunt: cum dies festus agitur, ad Monasterium procedunt et officiis celebrandis assistunt: quibus finitis, ad cellam regrediuntur, et domestica negotia obeunt, et cum libuerit, precibus operam dant. Ita de Celliotis apud Græcos hodiernos Allatius lib. 3. de Consensu utriusque Ecclesiæ cap. 8. num. 8.

¶ 1. **CELLIS.** Felix Mon. in Vita S. Guthlaci, sec. 3. SS. Benedict. part. 1. pag. 278: *Cum alio die quædam loca spinosa perlustraret sine Celle agresti, rura gradiendo, inruit in quandam spinulam sub incultæ telluris herbis latentem, medelanium plantæ ipsius infigens, tenus talo rumpendo totius pedis cratem perforavit.* Si non legendum *Calle*, Semita, *Cellis* videtur genus calceamenti, f. idem quod *Calones*, Gall. *Sabots*.

* 2. **CELLIS**, Occitanis *Celo*, Sella. Leudæ minutæ Carcass. MSS.: *Item de saumata Cellium fustorum, vj. den.* Vide supra *Cella* 3.

CELLULA, diminutivum a *Cella*, nostris *Cellule*, Cubiculum Monachi. Concilium Turon. ann. 567. can. 15: *Nec liceat Monachis Cellulas habere communes, ubi bini maneant.* Ita in Concilio Agath. can. 58. Aurelian. I. can. 22. in Nov. 5. Justiniani etc. Vide *Cella* et Haeftenum lib. 12. Disquisit. Monast. tract. 3. disq. 2. 3. etc.

CELLULANUS, Concellaneus, contubernalis, Monachus qui in eadem cella, cellula, aut Monasterio habitat. Sidonius lib. 9. Ep. 3: *De Senatu Lirinensium Cellulanorum.* Dicuntur vero *Cellulani*, ad discrimen cæterorum Monachorum, qui seorsim in diversis et dispersis per eremum cellulis habitabant. Κελλιῶται apud Dorotheum doctr. 16.

Sic etiam appellatur contubernalis Clericus, quem ad amoliendas maledicorum calumnias, habere jussi sunt Episcopi, ipsique Presbyteri et Diaconi, ut est, apud Gregor. M. lib. 4. Ep. 44. in Capitul. Car. M. lib. 5. cap. 174. et in Synodo Ticinensi ann. 850. cap 1. in Capitulis datis Presbyteris cap. 8. editis a Stephan. Baluzio post Capitular. pag. 1375. etc. apud Ennodium Opusc. 7. cujus est titulus, *Præceptum quando jussi sunt omnes Episcopi Cellulanos habere.* In ipso vero opusculo *Concellanei* dicuntur. Chron. Reichersperg. ann. 272. Lucius PP. *Præcepit ut duo Presbyteri et 3. Diaconi in omni loco Episcopum non deserant propter testimonium Ecclesiasticum.* S. Augustinus Epist. 236. de Presbytero: *Apud famosam mulierem, nullum secum Clericum habens, remanere et prandere et cœnare ausus est.* Adde Concil. Gerundense sub Hormisda cap. 6. 7. Synod. Rom. II. sub Greg. I. Concil. Tolet. IV. cap. 22. 23. Lateran. I. cap. 11. Trident. sess. 23. cap. 18. etc. Vide *Concellita, Syncellita, Syncellus, Presbyteræ.*

CELLULARII. Capitulare de Villis cap. 10: *Ut Majores nostri, et Forestarii, Poledrarii, Cellularii, Decani, Telonarii et cæteri ministeriales etc.* Ubi legendum forte *Cellarii*, qui cellariorum curam gerunt in prædiis et villis dominicis. [** Apud Pertzium *Cellerarii.* Vide *Cellenarius.*]

* **CELLUM**, mendose pro Collum, in Testam. Mafaldæ regin. ann. 1256. tom. 1. Probat. Hist. geneal. domus reg. Portugal. pag. 33.

CELONES. [* Glossar. Provinc. Lat. ex Cod. reg. 7657: *Nau, Prov. nais, navicula, navicella. Celo, onis.*] Thwroczius in Salomone Rege Hungar. cap. 50: *Bulgari navigantes in Celonibus suis, per ingenia sufflabant ignes sulfureos in naves Hungarorum.* Ubi corrector edidit *Celocibus*, ut monet Freherus. [At potuisset retinere Celonibus; *Celones* enim, inquit Isid. lib. 19. Orig. cap. 1. *quas Græci κέλητας vocant, id est, veloces biremes vel triremes agiles, et ad ministerium classis aptæ. Ennius:*

Labitur uncta carina per æquora canæ Celonis.

Ead. fere habent Gloss. Sangerm. et Bituric. MSS.] [* Apud Ennium Hier. Columna in Ennium contendit legendum esse *Celocis*.]

* **CELONITIS**, *Gemma*, in veteri Glossar. ex Cod. reg. 7613.

* **CELORIA**, Celoyra, Aratrum, Gall. *Charue*, ut videtur. *Lignamen ad opus carreum et Celoriæ*, in Stat. Vercel. lib. 3. pag. 101. v°. Stat. Avellæ ann. 1496. cap. 41. ex Cod. reg. 4624: *Quælibet persona... quæ habuerit, tenuerit seu fecerit laborerium in Avilliana vel finibus, et quæ ibidem boves seu Celoyram et Celoyras tenuerit causa laborandi et laborerium faciendi, teneatur et debeat dare et solvere singulis annis in messibus..., campariis,..... pro quolibet pari boum et pro qualibet Celoyra,..... unam gerbam competentem.* Et cap. 146: *Si alicui bubulco vel conducenti boves cum plaustro, vel laboranti terram alicubi, contingat quod ruperit aysale,... vel Celoyra de aliquo apiglo ejus plaustri vel Celoyræ, possit... capere.... ad dictum suum plaustrum et dictam suam Celoyram seu apiglum ejus vel eorum aptandum vel aptandam, licite et sine pœna.* Occurrit rursum ibid. cap. 202.

¶ **CELSITONANS**, Altitonans. De Deo dicitur in Codice Traditionum S. Emmeramni apud Bernardum *Pez* tom. 1. Anecdot. part. 3. col. 113. et apud Theodulfum lib. 2. Carm. v. 447.

CELSITUDO, Titulus honorarius Regum, apud Nicolaum I. PP. Epist. 36. 57. Vide Beslium in Comitib. Pictav. pag. 177. [S. Bernardum in Epistola ad Ludovicum Regem Franc. inter ejus opera tom. 1. col. 254. edit. 1690.] [** Marin. Pap. Diplom. pag. 242. b.] etc.

* Hugoni Cluniacensis cœnobii abbati tribuitur a Simone Crispeiensi comite, in Charta ann. 1076. inter Instr. tom. 10. Gall Christ. col. 207: *Notum sit vestræ Celsitudini, beatissime pater, etc.*

* 1. **CELSUS**, Morbi genus, f. Cancer, aut quid simile, quod partes affectas corrodendo vulneret, ut notant docti Editores ad Acta S. Parid. tom. 2. Aug. pag. 77. col. 1: *Quæ (mulier) in ore simul et barba morbum patiebatur, qui vulgo Celsus nuncupatur,.... sanitatem properanter accepit, ipsum vulnus aqua fontis, de prædicta ecclesia manantis, abluendo.*

* 2. **CELSUS**, Celsa, Morus, Gall. *Murier.* Cæl. Aurel. de Acut. lib. 2. cap. 18: *Agrestis Celsæ coma, quam rubum vocant.* Cujus fructus etiam *Celsa* dicitur, apud Simon. Januens. in Clave sanationis.

1. **CELTICUS.** Gloss. Lat. Gall.: *Celticus, Nobles.* [Johan. de Janua: *Celticus, Nobilis, et dicitur a Celsus.*]

* Hinc emendandum Glossar. Lat. Ital. MS. ubi: *Celticus, nobile.*

* 2. **CELTICUS**, f. Ejecticius. Alex. Iatrosoph. MS. lib. 2. Passion. cap. 127: *Fit igitur hæc passio (diabetis seu urinæ effusio) aut ex imbecilitate renum, caceltica virtute amissa et Celtica fortitudine permanente.* Vide supra *Cacelticus.*

CELTIS, Cælum sculptorium, aut potius λαξευτήριον. W. Brito in Vocab: *Celtis, instrumentum ferreum aptum ad scalpendum, Cisel Gallice, dicitur a celando, sed nusquam est in Biblia, unde Job. 19. ubi quidam legunt: Vel Celte sculpantur in silice, GG. in originali ut antiquæ Bibliæ habent, certe, et nullus sanctorum expositorum ponit Celte.* Vetus Inscriptio Romæ: Malleolo et Celte literatus cilex.

¶ **CELUM**, Umbella, quæ in processionibus et funeribus Regum portatur, Gall. *Ciel*, sæpius *Dais.* Hac voce utuntur Rob. Goulet in Jurib. Universitatis Paris. fol. 13. v°. et Menotus in Serm. Quadrag. fol. 144. v°. Melius scriberetur *Cælum.*

¶ **CELURA**, f. Lecti supremum tegmen, a Latino *Cælum*, Gall. *Ciel de lit, fond de lit.* Litteræ Regis Angl. ann. 1388: *Unum lectum de panno aureo... unum coopertorium cum Celura integra et testerio de eadem secta, ac tribus curtinis de rubeo tartarino.*

¶ **CELYDRUS.** Vide *Chelyndrus*, Coluber.

CEMA, Cemata. Papias: *Cemata, pecuniæ. Cema pondus retinet 3. scrupulorum.* Leg. forte *Cermata*, ex Græc. κέρματα.

* **CEMALIS**, Vasis genus ad usus diversos aptum, pro *Semalis.* Vide in hac voce. Lit. remiss. ann. 1367. in Reg. 99. Chartoph. reg. ch. 5: *Cum dicta noverca posuisset ipsum puerum in quadam Cemale, cum quadam quantitate feni et paleæ, et ibidem ignem posuisset, etc.*

CEMBELLUM, Gallice *Cembel*, Species torneamenti seu hastiludii, ut censet Falcetus; quæ quidem vox in Poetis nostratibus crebrius occurrit. [Marten. tom. 4. Anecdot. col. 118. ex Concilio apud Lillebonam ann. 1080: *Nulli licuit inimicum quærendo vexillum vel loricam portare, vel cornu sonare, neque Cembellum mittere, postquam insidiæ remanerent.*] Le Roman de Garin:

A Mascon vindrent eins que Prime venist,
Jusqu'à la vespre ont le Cembel basti,
Parmi la ville en est levé li cris.

Alibi:

Puis s'en eslrent par la porte seguin,
Tres que au Cenbel ne pristrent onques fin.

Rursum :

Lor aguet metent en un bruel de sapin,
Au Cenbel vet Girbert le fil Garin.

Le Roman *des Miracles du Chevalier* :

Li Chevaliers qui moult ert biaux,
Mains poigneis et mains Chenbiaus,
Mainte joute, mainte encontrée,
Faisoit de li par la contrée.

Alibi :

Ne tornoie ne ne Chenbelc.

Guillelmus de Dola :

Que n'aille au Cembel,
Tant a bien en li
Que moult embeli
Li gieu sous l'ormel.

Le Roman *de Rou de Vacce* MS. :

N'i a qui lor ost faire ne assaut ne Cenbel.

Guill. *Guiart* ann. 1214. :

Buridan qui si se desgoise,
Est pris et liez en poi d'eure,
Et Gautier à qui l'en court seure,
Tost compere leur Cembiau chier.

Chr. MS. Bertrandi *du Guesclin* :

Se bataille n'avez et estour et Cembel,
Encontre le Castal le Chevalier isnel.

[Le Roman *de Partonopex* MS. :

Hermans est issius du chastel,
Qui fu abatus au Cenbel.]

Occurrit etiam apud Reclusum in Poemate MS. *Des Miracles nostre Dame.*

* Hinc *Enkembeler*, Hastiludio decertare, in Mirac. B. M. V. MSS. lib. 2. :

Par le valet qui tant est biax,
Vient Deables de ces Chembiax
La bone dame Enkembeler,
Et giler s'ame et tremeler.

CEMELIA. Vide *Cimelia.*

* **CEMENS**, An maris refluxus? Charta Joan. comit. Pontiv. ann. 1190. in Hist. Major. Abbavil. pag. 79 : *Concessi dictæ ecclesiæ* (S. Vallerici) *in perpetuum jus reditus et donationis de piscibus maris, quæ ego habebam prius de qualibet navi territorii illius in mari piscante per totius anni circulum, singulis diebus et maretiniis et Cementibus, cum tribus aquatiis in quolibet anno.* Vide infra *Maretinium.*

CEMENTARIA. Papias : *Cementaria, Ecclesia.* Legendum *Cæmeteria*, ni fallor : nam et in Ecclesiarum ambitu sunt cœmeteria. [Verum et in MS. Ecclesiæ Bituric. legimus, *Cementaria.* In Computo anni 1202. apud D. *Brussel* de Feudorum usu tom. 2. ad calcem pag. CLVI. a Cæmentum dicitur *Cementaria*, Structura, Gall. *Maçonnerie : Pro Cementaria stabulorum Regis novorum, et de domibus Regis retegendis* XXXVIII. *l. et* VI. *s.*]

¶ **CEMENTARIUS**, *Qui victum manibus quæritat.* Vet. Gloss. Sangerm. MS. num. 501. Est pro *Cæmentarius*, Gall. *Maçon.*

¶ **CEMERARIÆ.** Papias MS. Bitur. : *Cemerarias, silvas obscuras.* Glossar. Sangerman. MS. n. 501. habet, *Cemeriæ, silvæ obscuræ.*

* Pro *Cimmeriæ* vel *Cimmerariæ*, ut opinor.

¶ **CEMERIÆ.** Vide *Cemerariæ.*

CEMINE, *Preces Connubii.* Papias MS. et Edit.

¶ **CENA**, CENADICUM. Vide *Cœna*, *Cœnaticum.*

* **CENACULATUS.** Vide *Cœnaculatus.*

¶ **CENAGIATOR**, Cui cura commissa est reficiendorum aggerum atque exclusarum, apud Lobinellum tom. 2. Hist. Britan. col. 266 : *David quoque filius Lumanii, qui erat Cenagiator exclusarum Comitis dedit Deo et S. Nicholao... fevum suum quod in ipsa exclusa habebat solutum et quietum.* Archivum Majoris Monasterii : *Normannus Cenagiator dedit nobis paragium unum in clusa quæ est in saltu bosci, et recepit pro hoc a domno Burchardo...* XXX. *solidos. Annuit hoc David magister Cenagiator.*

¶ **CENAGIUM**, CENALE, CENARIUS, CENATICUM, etc. Vide *Cœnagium*, *Cœnale etc.*

* **CENAGIUM**, Præstatio pro jure piscandi cum instrumento, quod quibusdam in provinciis *Cesne* vel *Cène* appellatur; nostris etiam *Cenage :* unde *Cœnagium* minus recte scribitur referturque ad vocem *Cœnaticum*, quod de pastu seu refectione intelligitur. Vide in hac voce. Charta Sulpitii dom. Ambaziæ ann. 1203. ex Chartul. Villelup. : *Concessi ut..... aquas, quas habent in Siccia, ab omni Cenagio sint quitæ penitus et immunes.* Reg. Cam. Comput. Paris. sign. *Bel* ann. 1310. fol. 114 r°. : *Le prin et les Cenages des poissons à Chinon, vij. liv. Tournois.* Vide Glossar. Jur. Gall. v. *Cenage.*

* **CENBELINUS**, Martes, *sabellina* vel *zebelina* pellis. Charta Richardi comit. Pictav. ann. 1188. in Reg. 61. Chartoph. reg. ch. 310 : *Omnes mercatores, qui ad feriam de Pictavi...... venerint, vendant...... pannos laneos, et varium, et grisum, et Cenbelinos, et pannos siricos in domibus suis.* Vide *Sabelum*, *Sembellinum* et *Zebelinus.*

* **CENCA**, perperam pro *Centa*, in Ch. Frider. II. imperat. apud Heinecc. de Sigil. pag. 119. Vide infra in hac voce num 1.

* **CENCHETUM**, Occitan. *Cenchet*, Cingulum, zona, Gall. *Ceinture.* Interrogat. Templar. ann. 1310. inter Probat. tom. 1. Hist. Nem. pag. 178. col. 1 : *Item requisitus dixit, quod quidam frater capellanus dicti ordinis Templarius, tunc in sua receptione tradidit eidem fratri Petro Tholosæ cordulam seu cenchetum, de filo factam, cum qua se cingeret supra camisiam suam, continueque eam portaret cinctam, vel saltim in nocte qualibet sic cinctam haberet super camisiam suam, causa, ut dixit ei, domandæ carnis suæ, et ut esset memor præceptorum et secretorum dicti ordinis, et quod dictam cordulam dictus frater cappellanus accepit tunc de secreto loco.* Ibid. pag. 180. col. 2 : *Quod dictam cordulam seu Cenchet, factam seu factum de filis lineis, etc.* Glossar. Provinc. Lat. ex Cod. reg. 7657 : *Cengla, Prov. Cingula, fascia, fascella, fasciale, qua pueri involvuntur. Cenher, Prov. Cingere, balterire.*

¶ **CENCRIAS**, *Granosus. Cencris, Giro.* Papias MS. Cenchris est pretiosus lapis, qui pluribus granis quasi millii conspersus videtur. Hinc forsan illud *Cencrias* et ejus significatio apud Papiam.

CENDALUM, CENDATUM, etc. Tela subserica, vel pannus sericus, Gallis et Hispanis, *Cendal :* quibusdam quasi *Setal*, interposito n. *ex seta*, seu serico; aliis ex Græco σινδών, *amictus ex lino Ægyptiaco :* aliis denique ex Arabico *Cendali*, folium delicatum, subtile, vel *lamina* subtilior. Vide Octav. Ferrarium in *Cendale.* Historia Abbatiæ Condomensis pag. 504 : *Duas cortinas de Cendalo rubeo et viridi.* Hariulfus lib. 3. Chron. Centul. cap. 3 : *Malnæ sericæ tres ex pisce* I. *ex Cendalo* 4. [Præceptum Philippi Pulcri apud *de Lauriere* tom. 1. Ordinat. *Cendala, telas, sericum, seu cotonum, etc.* Testamentum Everardi Comitis ann. 837. apud Miræum tom. 1. pag. 21. col. 1 : *Planetas duas, unam riatam, alteram de Cendalo.* Legitur apud Marten. tom. 1. Anecd. col. 1306. et tom. 4. col. 900. Ex *Cendalo* fuisse Vexillum S. Dionysii vulgo *Auriflammam*, in hac voce testimoniis fuit comprobatum.] Le Roman *d'Aubery* MS. :

L'enseigne tinst qui fut de Cendel pur.

Alibi :

Cendeux et pailes, et argent, et ormier.

Philippus *Mouskes* in Chilperico :

Si prisent mult or et argent,
Muls, et palefrois, et cevaus,
Et vairs et gris, et bons Cendaus.

Henrico I :

Si ot palefrois et cevaus,
Et deniers, et dras, et Cendaus.

Vetus Poema *de Garin le Loherans :*

La vcissiés ces haubers endosser,
Et ces cusagnes de Cendax venteler.

Guill. *Guiart* ann. 1303 :

Penonciaus r'ont li Discnier
De fin Cendus dreciés au halle.

Computum Stephani *de la Fontaine* Argentarii Regii ann. 1351 : *Pour* 2. *botes de Cendal de graine* 120. *escus. Pour une bote de Cendal jaune* 52. *escus.*

¶ CENDALIUM. Hist. Dalph. tom. 2. pag. 334 : *Domicellas quolibet anno in estate corsetis simplicibus induant cum forratura Cendalii pro Dominabus prædictis.*

* CENDALLUM, Eadem notione. Privil. mercat. Ital. ann. 1277. tom. 4. Ordinat. reg. Franc. pag. 670. art. 4 : *De pecia Cendalli, duos denarios.* Occurrit præterea in Stat. Astæ ubi de Intrat. portar.

* CENDALUS, in Charta Mich. Paleol. imper. CP. ann. 1403. ex Thes. eccl. Paris : *Item unam aliam crucem cupri, continens quosdam Cendalos in quolibet ipsius crucis angulo.*

¶ CENDALE. Memoriale Potestatum Regiens. ad ann. 1233 : *In pellibus variis et Cendalibus, etc.*

CENDATUM, CENTATUM, Idem : Italis *Zendado.* Rolandinus in Chron. lib. 4. cap. 9 : *Tunc accessit unus de popularibus Paduæ... ad Cendatum pendens de sublimi antenna carrocii, et capiens ipsum Cendatum, seu vexillum ambabus manibus reverenter dedit in manibus D. Imperatoris.* Adde lib. 1. cap. 13. Concilium I. Salisburg. : *In pileis suffuraturas non habeant, nisi forte de nigro Centato, vel panno.* Ubi legendum *Cendato.* Adde Ughellum tom. 7. pag. 1275. ubi perperam editum *de rendato*, pro *de Cendato.* Occurrit etiam in Charta Petri Episc. Paris. ann. 1218. apud Sammarthanos, [apud Mabillonium tom. 3. Analect. in Actis Episcoporum Cenoman. et in Actis SS. Benedict. sæc. 4. part. 1. pag. 116. ex Vita S. Angilberti Abbatis.]

¶ CELDAL. Computus anni 1202. apud Dom. *Brussel* Tract. Gall. de Feodis tom. 2. ad calcem pag. CLVI. col. 2 : *Pro uno furura de Celdal. ad robam viridem...* XL. *s.* Ibid. pag. CLVII. col. 1 : *Pro roba de viridi forato de Celdal octo dies ante Magdalenam* LX. *s.* In eod. Computo legitur bis *Cendallum.*

CENDETUM, in Concilio Senonensi ann. 1346. can. 2.

CINDATUM et CINDATUS, aut CINDADUS, in Chronico Fontanell. cap. 16 : *Casulas* 5. *Cindados* 12. *coloris diversi.* Infra : *Casulas item ex Cindato Indici coloris.* Ibidem : *Casulas, planetas, ac Cindados diversos* 30. *quorum colores oneri videtur describere.* [Chronicon Siciliæ apud Marten. tom. 3. Anecd. col. 89 : *Forma militaris apparatus est cum spalleriis de Cindato et manto de Cindato.*]

¶ CINDALUM. Testam. Garini *Goujons* ann. 1314 : *Unum supertunicale forratum de Cindalo.* Inventar. Ecclesiæ Noviom. ann. 1419. ex Archivis ejusdem : *Item una Cappa duplicata de Cindalo rubeo. Item una casula duplicata de Cindalo rubeo optimo.*

SENDALUM, In Concilio Londinensi ann. 1342. can. 2. Gaufridus Vosiensis part. 2. cap. 20 : *Corpus aromatibus vero condientes, involutum linteo candido, deindè corio forti super pallio, quod vocatur Sendal, viridis coloris, Cenomanis detulerunt.*

ZENDARDUM, pro *Zendaldum, aut Cendaldum*, in Concilio Budensi cap. 3. Vide in *Premidiones.*

* CENDARIUM, CENDERIUM, Semita, ut videtur, Gall. *Sentier*, f. pro *Centerium.* Vide in hac voce. Charta ann. 1319. in Reg. 59. Chartoph. reg. ch. 318 : *Et exinde sicut gutta de fossa ascendit ad Cenderium de Vallieras.* Alia ann. 1339. in Reg. 71. ch. 319 : *Dicta terra de Bornaco se extendit et includitur per hunc modum; ..... et inde per quoddam Cendarium usque ad metas fixas.*

* CENDIS, Leguminis species. Charta ann. 1345. in Reg. 75. Chartoph. reg. ch. 280 : *Redditus loci prædicti, qui consistunt in..... cepis, Cendibus, et aliis redditibus minutis et deveriis.*

* CENDRA, a Gall. *Cendre*, Cinis, qui in forestis confici solebat. Charta Henr. I. reg. Angl. ann. 1130. inter Instr. tom. 11. Gall. Christ. col. 130 : *Concedo eidem ecclesiæ decimam omnium Cendrarum et cavonum meorum in omnibus silvis meis.* Hinc

* CENDRARIUS, Qui ex herbis desiccatis in nemore cineres conficit, in ead. Charta ibid. : *Decimas omnium Cendrariorum et caronum et pasnagiorum in omnibus silvis.* Reg. S. Justi Cam. Comput. Paris. fol. 191. v°. : *Item si sit ibi* (in foresta) *Cendrarius, traditur per firmarium.* Vide *Cinerarius* 2.

* CENDREIA, Cinis, Gall. *Cendre.* Vide supra *Cendra.* Comput. MS. fabr. S. Petri Insul. ann. 1519 : *Item pro xij. belneriis calcis, et tribus de Cendreia, et pro xx. belneriis sabulonis, xij. lib. j. sol. Cendrée*, vox monetariorum. *Argent en Cendrée*, Argentum cinere purgatum, in Lit. ann. 1370. tom. 5. Ordinat. reg. Franc. pag. 301. *Cendrous*, Color cinericius, in Bestiario MS. :

Li un vermeil, l'autre Cendrous,
Li un sont noir, li autre rous.

* *Cendreus* vero vilem, ignavum sonat, in Cant. 54. tom. 2. Poemat. reg. Navar. pag. 133 :

Et li morreus, li Cendreus demourront.

CENDRERIUS. Vide *Cinerarius.*

CENEGILD, et CYNEGILD, et CYNEBOT, voces Saxonicæ, quibus intelligitur ea compositionis seu mulctæ pars, quæ ab interficiente et ejus cognatis, interfecti cognatis reddebatur ob amissum consanguineum. Quo spectat illud Taciti de Morib. Germ. *Recepitque satisfactionem universa domus*, ubi de luendo homicidio agit. Saxonibus Cyn, est cognatio, gild, solutio, vel pecunia. Occurrit vocabulum in Legibus Æthelstani cap. 7.

* CENEJUS. Charta ann. 1105. in Append. ad Marcam Hispan. col. 1230 : *Donat ei per fevum prædictus episcopus duas partes de ipsa decima de Salagosa et de Angostrina et de Cortals, similiter et tertiam partem de ipsa decima Ceneja, etc.* Nomen, fortean loci.

* CENENTARIUS, *Cennelier*, in Glossar. Lat. Gall. ex Cod. reg. 521.

¶ CENES, *Inspectio.* Papias MS. Bituric.

¶ CENETO, *Estimo, judico.* Idem Papias MS. Forte legendum *Censeo*, nisi a *Cenes*, Inspectio, *Ceneto* ducendum putes.

¶ CENETUS, λευκομέτωπος Gloss. Lat. Græc. *Qui est alba fronte.*

* CENGLARIS, CENGLARIUS, pro *Senglaris* et *Senglarius*, Aper. Gall. *Sanglier*, olim etiam *Cengler.* Charta Vitalis ducis Venet. ann. 1094. tom. 4. Cod. Ital. diplom. col. 1536 : *Si Cenglarem aprum aliquo venatu ceperitis, caput illius cum pedibus nobis......portaturi estis.* Alia ann. 1182. apud Murator. tom. 1. Antiq. Ital. med. ævi col. 725 : *De venatione facta in nemore Glazani, dominus episcopus debet habere anteriora Cenglarii, causa honoris.* Consolat. MS. Boetii lib. 4 :

Lyons, tingres, Cenglers et ours
Es dens en ocient plusours.

Vide *Singularis.*

CENITH, Vertex cæli vulgo *Zenith.* Archithrenius lib. 8. cap. 10 :

.... Et mundi figitur axe
Indeclive Cenith, etc.

CENITUS. Lex Salica tit. 32. de Conviciis : *Si quis alterum Cenitum clamaverit*, 600. *denar.... mulctetur.* Ubi Glossæ, *oculum rutum habentem*, Gall. *Borgne.* Verum huicce interpretationi repugnant plerique. Goldastus *hominem nihili* hoc vocabulo significari ait, ex Germanico *Kein nuts.* Wendelinus, quasi *Ghy-niet*, cenitum efficlum putat, id est, *tu nihili. Homo stultus et nihili* apud A. Gellium lib. 10. cap. 19. Dudo lib. 3. de Actis Normann. pag. 96 : *Duris et obscenis verbis me turpiter lacessisti, cum me effeminatum armisque frigidum, quin etiam nihilum vocasti.* Apud Cæsarem lib. 3. de Bello Gallico, *nullius usus Imperator.*

[☞ Eccardus *Cenitum* Cinædum interpretatur. Muratorius tom. 1. part. 2. pag. 47. visis omnium sententiis, redit ad eam quæ Goldasti et Wendelini est, *Cenitumque* interpretatur *hominem nihili* : quod idem *arga* significat, inquit, suffultus vetustissimo Codice Estensi, qui vetustam glossam affert : *Cenitus, id est arga.* Quæ cum vocibus Græcis ἀργός, piger, otiosus, et κενός, inanis, vacuus, iners, magnam habent cognationem. Codex Gwelferbitanus apud Eccardum habet *Cynitum* : quod si vera esset lectio, a Græco κύων, κυνός, Canis, posset derivari, vel a Cambro-Britannico *Cwyd*, Canis, *Cynydd*, Curator canum. Schilterus in voce *Cinit* existimat vocem *Quintuo* esse interpretem *Ciniti* : *Si quis alterum Cinitum*, ut legit ipse, *vocaret, Malberg. Quintuo etc.* hoc autem *Quintuo* esse vocem injuriæ atrocis, ut Longobardorum *Arga*, qua non modo crimen lenocinii imputatur, inquit, sed et complexum criminum. Muratorio igitur fere concinit Schilterus. Quod mox ait Cangius noster *Cenitum* esse quasi *Cænosum*, id stare non potest, ut recte animadvertit idem Schilterus. Enimvero si *Cenitus* idem est qui *Cænosus*, idem quoque erit qui *Concacatus*; sed ex ejusdem tituli numero 3 : *Qui alterum Concacatum... vocaverit* 120. *den... culpabilis* judicatur, ex citato vero numero 1. *Qui Cenitum...* 600. *den.* Multo igitur levior est injuria *Concacati* quam *Ciniti*, ac proinde non eadem est utriusque vocis significatio.

* Eccardo assentit Frischius in Vocabul. Germ. Lat. part. 1. pag. 310. col. 3. ubi notat *Cenitum* corruptum esse ex Lat. Cinædus. At vero si placet opinio, quæ *hominem nihili* hac voce significari censet; eo haud absurde fortassis revocari potest Gallicum *Cenele* vel *Cenelle*, quo res vilis nulliusque pretii designatur apud poetas nostrates : cujus vis propria est Aquifolii vel Pruni silvestris fructum indicare. Mirac. MSS. B. M. V. lib. 1 :

Jou ne prise mie deux Ceneles
Vos sioumes, ne vos misereles.

Le Roman *d'Alexandre* MS. par., 1 :

Je ne prise mon cors vaillant une Cenelle,
Ne ne quier mès baisier ne dame, ne pucelle.

Gesta Briton. in Italia apud Marten. tom. 3. Anecd. col. 1466 :

Sont mes joieaux, c'est ma vesele,
Ne remaigne une Cenelle.

Cynele tom. 1. Fabul. pag. 183 :

Gigue, ne harpe, ne viele
Ne voucissent une Cynele.

Vide infra *Genella.*]

Ego vero a *cæno*, seu luto vocabulum deductum malim, ita ut *Cenitus*, idem sit qui *Cænosus*, luto conspersus. Joannes de Janua : *Cenosus, fetidus, spurcus, lutulentus, hircosus.* Quippe *cænosum* quemdam appellare convicii species fuit, ut ignominiæ loco habitum cæno et sordibus perfundi, ex libro Ecclesiastici cap. 22. vers. 1. et 2. Hinc Græci recentiores κοπρεπατᾶν pro *ignominia afficere* dicunt, ut est in Glossis Græco-barbaris. Paschasius in Vitis Patrum : *Elephantiose, cæno et luto horride.* Gregorius Turonens. lib. 7. cap. 14 : *Tunc Rex his verbis succensus jussit super capita euntium projici equorum stercora, ipsumque fœtidum urbis lutum.* Lex Longobard. lib. 1. tit. 16. § 8. [** Aist. cap. 6.] : *Pervenit ad nos, quod dum quidam ad suscipiendam sponsam cujusdam sponsi cum paranymphis aut trotingis ambularent, perversi homines aquam sordidam et stercoratum super ipsum jactassent, etc.* Charta Communiæ Peronensis ann. 1207 : *Si quis ponens insidias ipsum cæno vel luto involverit, Major et Jurati veritate intellecta a viris sive a feminis, ipsum ad solvendum decem libras Communiæ compellent pro emendatione forisfacti. Fœtidus*, in Charta Libertatum Jazeronis oppidis in Bresia : *Si aliquis appellet aliquem... latronem, homicidam,.... vel fœtidum, vel leprosum, vel aliter vicio-*

sum. Stabilimenta S. Ludovici lib. 1. cap. 146 : *Si aucuns appelle un autre faus, ou larron, ou meurtrier, ou pugnés, ou d'aucune autre folie, vilaine etc.* *Stercoreus* apud Plautum in Milite glorioso :

... Gloriosus, impudens,
Stercoreus, plenus perjurii atque adulterii.

Sed et Athenienses damnatos alicujus criminis προςπηλακίζειν solitos docent Grammatici Græci : ut Lampridius in Heliogabalo, in Tyrannorum statuis *titulos lutatos*, seu luto tectos. Vide Gesta Regum Francorum cap. 23. [Zonaram tom. 2. pag. 42. 1. edit.] et Theophanem in Chron. pag. 372. et infra vocem *Concagatus.*

¶ **CENIX**, *Nomen mensuræ, quotiens sextarius quater assumitur. Græcum est.* Papias MS. Bitur. est pro χοῖνιξ.

CENNA. Vita Aldrici Episcopi Cenoman. n. 17 : *Ipsum etiam ciborium auro et argento mirifice, sicut hodie apparet, fabricare studuit, in quo et Cennas argenteas et deauratas desuper configere præcepit.* Videtur legendum *Cereos.* Vide Constantinopolim Christ. lib. 3. ubi de Ciborio.

* Forte pro *Canna.* Vide in hac voce n. 4.

CENNINGA, Kenninga, Notitia quæ ab emptore venditori datur de re empta a quodam tertio vindicata, ut compareat et venditionem præstet. Vox Saxonica composita ex Cennan tean, *auctorem advocare*, proferre. Addit. ad Leges Athelstani cap. 4. apud Brompton. : *Diximus de ignotis pecoribus, ut nemo habeat sine testimonio hominis Hundredi, vel hominum decimalium : et sit hoc bene credibile, et nisi alterutrum habeat, nolumus ei permittere Cenningam aliquam.* Vide Lambardum in Gloss. verbo *Advocare.*

CENNO. Glossæ MSS. : *Nicto, quod rusticè dicitur Cenno.*

¶ **CENNUS**, *Acutus.* Gloss. MS. Sangerman. n. 501.

* **CENOBILIS**, pro *Cœnobilis* vel *Cœnobitalis.* Vide *Cœnobita.* Charta ann. 1105. apud Murator. tom. 5. Antiq. Ital. med. ævi col. 477 : *Supplicitur nostram clementiam postulantes, ut quamdam Cenobilem ecclesiam in prædicto episcopio sitam, etc.*

* **CENOCEPHALI**, *Genus monstri, quod canina capita habeant.* Glossar. vet. ex Cod. reg. 7613. [** Pro *Cynocephali*, ex Isidor. lib. 11. cap. 3. sect. 15. et lib. 12. cap. 2. sect. 32.]

¶ **CENOBITALIS**, Cœnobita. Vide in h. v.

CENODORIUM. Vide *Cœnoco perium.*

¶ **CENODOXIA.** Vide post *Cenodoxus.*

¶ **CENODOXIUM**, pro *Xenodochium*, Publica domus pauperum. Lambertus Ardensis apud Ludewig. tom. 8. Reliq. MSS. pag. 461 : *Instauravit et ipse pauperum Cenodoxium et leprosoram.*

CENODOXUS, *Inanis gloriæ cupidus*, Papiæ. Κενῆς δόξης θεασώτης, Philoni lib. de Somn. Ὁ ἐν πάσαις κεναῖς φερόμενος δόξαις, eidem lib. 3. de mutat. nomin. Isidorus Pelusiota lib. 3. Epist. 381. Κενόδοξον appellat, τὸν ἐφ' οἷς μὴ πράττει δοξάζεσθαι βουλόμενον. Lexicon Græc. MS. Reg. : Οἰηματίας, κενόδοξος, οἴησις, ἔπαρσις, κενοδοξία. Vetus Charta tom. 8. Spicilegii Acheriani pag. 155 : *Sacerdotem vere nobilem, orthodoxum, non Cenodoxum, humilem, non philarchicum, etc. Cenodoxa civitas*, de Constantinopoli apud Luithprandum in Legat.

Cenodoxia, Vana gloria. Ugutio : *Cenodoxia, id est, cenosa et vana gloria, sicut est gloria mundana.* Isidorus lib. 2. de Divin. offic. cap. 15. de Monachis : *Multos enim ex eis Cenodoxiæ morbus commaculat.* Althelmus de Octo vitiis cap. 7 :

Quam pestem prisci dicunt Cenodoxia Græci,
Vana quod in Latium transfertur Gloria nomen.

Eckehardus Junior de Casib. S. Galli cap. 1. pag. 49 : *Illicoque adest pestis illa, quæ Græcè dicitur* Κενοδοξία, *aurium inflatio magna.* Vide S. Honoratum in Vita S. Hilarii Arelat. Radulfum in Vita S. Richardi Episcopi Cicestrensis n. 72. Joan. Sarisberiensem lib. 8. Policrat cap. 1. præterea Cassianum lib. 11. Collationum, qui est de *Cenodoxia, quam*, inquit, *nos vanam sive inanem gloriam possumus appellare.* Scripsit S. Antiochus Homiliam, quæ est 43. περὶ κενοδοξίας. Vide præterea Nilum Monachum lib. de Peristeria sect. 3. cap. 1. et lib. de Vitiis cap. 15. et 16. etc.

Cenodoxiæ vocem pro quovis delicto videtur usurpare Capitulare 2. Caroli Magni ann. 813. cap. 1 : *Ut Episcopi... inquirendi studium habeant de incestu, de parricidiis, fratricidiis, adulteriis, Cenodoxiis, et aliis malis quæ contraria sunt Deo, etc.*

¶ **CENOLENTUS**, *Renovatus.* Papias MS. Bitur. Item : *Cenulentus, Renovatus*, Gr. Καινός, *Novus.*

¶ **CENOMANENSES** Denarii, Solidi. Vide in *Moneta.*

CENONES, apud Cataphrygas hæreticos, seu Montanistas, habebantur secundo loco, cum primo Patriarchas, tertio Episcopos ponerent, ut est apud S. Hieronymum Epist. 54. ad Marcellam, ubi quidam Codd. habent *Iconomos*, seu Oeconomos.

* **CENOPHALI**, Simiarum species. Bestiarius MS. cap. 14 : *Cenophali et ipsi sunt de numero simiarum, in Ethyopiæ partibus frequentissimi, violenti ad saltum, feri morsu, numquam ita mansueti, ut non sint magis rabidi.* Vide *Cenocephali.*

¶ **CENOPS**, Genus muscæ quæ in vino gignitur, apud Petrum de Crescentiis lib. 4. de Agricultura cap. 35 Melius scripsisset *Conops* a Græco κώνωψ, Culex vinarius.

* **CENOSURA**, *Minor ursa*, in vet. Glossar. ex Cod. reg. 7613. [** *Cynosura.*]

¶ **CENOTAPHYA**, *Simulacra, quæ Græce μορφώματα dicuntur.* Glossar. MS. Sangerman. n. 501. Κενοτάφιον est monumentum sine corpore ad memoriam defuncti exstructum : hocque sensu *Cenotaphium* usurpant Ulpianus, Lampridius et alii. Hinc *Cenotaphium* sumitur pro feretro vacuo, quod in exequiis et anniversariis mortuorum exponitur in Ecclesiis, Concil. Hisp. tom. 4. pag. 348 : *Ne sepulcro ullius personæ, cujuscumque status illa sit, Cenotaphium imponatur, nisi in diebus depositionis, exquiarum et anniversarii.*

CENOVECTORIUM, Gallice, *Civiere*, alibi *Tumberel*, in veteri Gloss. Lat. Gall. in Bibl. Thuana num. 525. Ugutio : *Cenovehium, et Cenovectorium, instrumentum, cum quo portatur cenum.*

* Cenovehum, Cenovetorium, *a cenum et veho, quia in illo vehitur cenum, Civiere.* Glossar. Gall. Lat. ex Cod. reg. 7684 : *Cenoveum, lo vaso da portare lo luto*, in Glossar. Lat. Ital. MS. Vide *Cœnovehum.*

¶ **CENRADA**, f. Cinis et purgamentum metalli liquati. Statuta Massil. lib. 1. cap. 57 : *Magister vel funditor argenti teneatur dictum argentum tamdiu et totiens refundere in dicto esmero pro dictis sex den. dandis pro singulis marchis, donec dictum argentum exeat ad legem supra nominatam ad arbitrium trium proborum hominum prædictorum, et Cenrada cum his quæ pertinent ad dictam Cenradam sint super mercatores seu mercatorum quorum fundetur argentum in dicto esmero.* Ibid. lib. 4. cap. 2 : *Nulla persona audeat terram, vel scobillam, vel fimum, vel lapides, vel Cenradam, vel quidquam aliud mobile, quod posset nocere portui, mittere vel impingere, vel projicere in aliqua parte dictarum viarum, postquam aquæ pluviales incipient currere per dictas vias versus portum.*

* Eadem statuta MSS. in priori loco pro *Cenrada*, semel et iterum habent *Ceranda*; minus bene : in utroque forsan leg. *Cendrada.* Vide supra *Ceudreia.*

* 1. **CENSA**, Tributum, pensitatio ex agris et prædiis, etc. idem quod *Census.* Vide in hac voce.

* 2. **CENSA**, Prædium rusticum, Gall. *Cense. Censa sive firma*, in Charta ann. 1311. ex Chartul. 21. Corb. fol. 297. Vide *Censale* in *Census.*

* 3. **CENSA**, Prædium rusticum ab ecclesia dependens, idem quod *Præpositura* vel *Obedientia.* Charta ann. 1223. ex Chartul. sign. *Decanus* S. Petri Insul. ch. 89 : *Ordinamus quod præsens decanus Censas vel obedientias, quas habet sive ad certum tempus, sive ad vitam suam, usque ad statutum terminum poterit retinere.* Vide infra *Censerius* 1.

* 4. **CENSA**, Præstatio, quæ loco *talliæ* dominis fit a tenentibus seu vassallis. Libert. burgens. Nivern. ann. 1231. tom. 3. Ordinat. reg. Franc. pag. 118. art. 7 : *Burgenses nostri de Nivernis concesserunt nobis et successoribus nostris in perpetuum Censam inferius annotatam, nobis vel mandato nostro annuatim reddendam, infra tercium diem festi S. Martini hyemalis, quæ talis est..... Et dicti quatuor burgenses, et ipsi, quos ad hoc vocabunt, jurabunt quod Censam faciant bona fide, nullum in hoc attendentes odium vel amorem.* Aliæ villæ de *Rouvray* ann. 1367. tom. 7. earumd. Ordinat. pag. 344. art. 3 : *Accordons à nosdiz bourgois........ que à toujours mais ilz puissent eslire chascun an trois personnes de eulx, pour faire la Cense de nosdictes villes, qui deue nous est;..... et que toute autre taille, quelconque elle soit ou feust, ... nous avons ostée,..... et voulons que en ladicte Cense ne soit mise que une personne la plus riche, laquelle payera la somme de x. sols. Tour. tant seulement.... laquelle Cense nous leur avons accordée et accordons estre faicte..... par lesdiz esleux appellez et citez à icelle Cense faire. Censaige*, eadem notione, in Lit. remiss. ann. 1462. ex Reg. 198. Chartoph. reg. ch. 569 : *Icellui sergent dist au suppliant qu'il devoit au moins le Censaige de ses vacques au seigneur de la Rochebaraton.*

* 5. **CENSA**, Idem quod *Corvata*, Ser-

vitii genus aliquando pecunia redemptum. Charta Phil. Pulcri ann. 1038. in Lib. rub. Cam. Comput. Paris. fol. 349. r°. col. 2 : *Item Census seu corveias equorum et hominum, quas habebamus apud Jauzi, viginti et unum solidos annui redditus æstimatas.* Perperam *Causa* ex ead. Charta in Reg. 13. Chartoph. reg. ch. 9.

CENSA, Censalis, Censamentum. Vide *Census.*

1. **CENSARIA**. Liber vetus MS. Ecclesiæ Cantuariensis a Somnero laudatus : *De Censariis nativorum, quod possint exire tenuram domini, ad laborandum et operandum extra, et statim post opera redire.* Locum alium ex Rogero Hovedeno subdit idem Somnerus fol. 424. Edit. Angl. : *Præterea inquisitio, qua quærenda erat de prisis et Censeriis omnium Ballivorum Domini Regis, etc.*

☞ Non putem *Censariis nativorum* a *Censaria* descendere, sed potius a *Censarii.* Sunt autem, si bene conjecto, *Censarii nativorum*, iidem qui *nativi* seu *servi glebæ*, quibus hic facultas asseritur, ad opus pergendi extra tenuram seu limites possessionis domini, modo post laborem revertantur. Ad *censeriis* posterioris exempli quod attinet, a *censeria* quidem esse lubens fateor, at non eadem videtur esse notio. *Censeria* idem esse posset quod *census* seu *censiva* Gall. *Censive.* Hac voce utitur Johannes Rex Angliæ in Litteris de pace cum Baronibus suis ann. 1215. apud Rymer. tom. 1. pag. 202 : *Mandamus etiam vobis quod de finibus et Censeriis vobis factis occasione illius discordiæ, si quid superest reddendum ultra prædictum diem Veneris, nichil capiatis; et si quid post diem Veneris cepistis, illud statim reddatis. Et corpora prisonum et obsidum captorum et detentorum occasione hujus guerræ vel finium, vel Censeriam prædictarum, sine dilatione deliberetis.*

* 2. **CENSARIA**, Tenementum, quod nomine et sub præstatione *census* possidetur. Consuet. Norman. part. 1. cap. 27. ex Cod. reg. 4651 : *Partibilis autem dicitur hæreditas, in qua nullam custodiam possunt domini reclamare, ut vavasoriæ, et omnia alia tenementa, scilicet firmariæ feodales, Censariæ, et libera tenementa, et etiam servilia, etc.* *Censif* vero, pro Limites intra quos census percipitur. Recogn. feud. dom. de Veteriponte ann. 1366 : *Les dépendences des adventures de Censif ovecques justice de Censif par tous les domaines dudit Censif.*

* 1. **CENSARIUS**, Idem qui *Corraterius*, Proxeneta, pararius, Gall. *Censal.* Stat. Genuens. lib. 6. cap. 17 : *De Censariis et eorum officio.* Vide Diction. Commerc. v. *Censal.*

2. **CENSARIUS**, Censatus. Vide *Census.*

CENSERE, Decernere, statuere, non semel in Vita Aldrici Episcopi Cenoman. n. 4. 20. etc.

¶ **CENSERIA**, [* Recensio, ut videtur, quam sequitur occupatio, in locis laudatis in] *Censaria.*

* 1. **CENSERIUS**, Qui *censam* seu prædium rusticum a monasterio dependens curat. *Censier de couvent*, in Reg. 13. Corb. sign. *Habacuc* ad ann. 1510. fol. 21. Chartul. B. M. Mediani monast. fol. 223 : *Frater Julianus Censerius sancti Ambrosii, salutem in Domino, etc.* Vide supra *Censa* 3.

* 2. **CENSERIUS**, Qui tenementum seu prædium sub censu annuo possidet vel excolit, *firmarius*, nostris *Censier* et *Censeur.* Charta ann. 1322. ex Chartul. 21. Corb. fol. 191. v°. : *Cum justitia secularis religiosorum virorum abbatis et conventus monasterii de Corbeia capi fecisset Simonem Fabri Censerium domus dictorum religiosorum de Guisaco et dictam Mariam ejus uxorem, etc.* Sent. ann. 1396. ex Tabul. Lugdun. : *Deliberamus per præsentes supradictis dom. archiepiscopo et decano et capitulo et eorum Censeriis et firmariis dicti granetagii, etc.* Formula concessionis ad *firmam* inter Form. MSS. fol. 70. v°. ex Bibl. reg. : *Quam pecuniam idem dom. archiepiscopus confessus est..... plenarie recepisse a prædictis J. et G. Censeriis in bona pecunia numerata.* Lit. remiss. ann. 1390. in Reg. 138. Chartoph. reg. ch. 231 : *Après avoir ouvré et battu en la grange de Jean le Clerc Censier de Tremonvillers, etc.* Charta Margar. comit. Fland. ann. 1274. ex Chartul. 1. Fland. in Cam. Comput. Insul. ch. 263 : *Nous avons donné à loial cense..... tous nos moulins de Valenchienes,... et si doivent avoir nos mortes mains de no estaple, ensi comme il dure, et comme li autre Censeur de Valenchienes l'ont tenu devant eaus.*

* **CENSIA**, Fundus vectigalis seu censui obnoxius, Gall. *Censive.* Charta ann. 1245. in Chartul. Buxer. part. 2. ch 13 : *Et sciendum quod dictum pratum erat de Censia et dominio abbatis et conventus Buxeriæ.* Vide in *Census.*

¶ **CENSIALES**. Papias MS. Bituric. : *Culices, Censiales.* Editus habet, *Centiales.*

¶ **CENSICUS** *a Censu, id est, dives.* Glossar. MS. S. Andreæ Avenion. sæc. XIII. exaratum. Vide *Censitus.*

¶ **CENSILIS**, Censio, Censionarius, Censire, Censitor, Censitus, Censiva, Censo. Vide in *Census.*

* **CENSILLAGIUM**, f. Jus census exigendi, seu reditus censualis. Charta Henr. reg. Angl. : *Sciatis me concessisse canonicis S. Juliani decem libras Cenomanenses annuatim percipiendas de Censillagio meo Cenomanensi pro excambio villæ, quæ dicebatur Burgus episcopi.* Nisi legendum putes *Cantellagium* vel *Chantellagium.* Vide in hac voce.

* **CENSITA**, Census, Gall. *Cens.* Diploma Caroli C. ann. 862. tom. 8. Collect. Histor. Franc. pag. 578 : *Censita, quæ illis dabatur in eisdem tribus festivitatibus et initio Quadragesimæ.*

* **CENSITUS**, *Dives*, in Doctr. Alex. de Villa Dei edit. ann. 1484. Vide alia notione in *Census*, et *Censatus*, ibidem. Vide *Censicus.*

* **CENSIVA**, Idem quod supra *Censia.* Lit. Phil. V. ann. 1320. inter Probat. tom. 2. Hist. Nem. pag. 28. col. 1 : *Intelleximus quod in senescallia vestra plures ecclesiæ et ecclesiasticæ personæ.... in feudis, retrofeudis laycis, aloditis, et Censivis temporalibus..... adquisiverunt possessiones. Cives de Censiva, censui scilicet obnoxii*, in Ch. Malthidis comit. Nivern. ann. 1223. tom. 6. Ordinat. reg. Franc. pag. 421. art. 6. *Censive*, an Serva, ancilla, in Lit. remiss. ann. 1412. ex Reg. 166. Chartoph. reg. ch. 313 : *Comme le suppliant feust alé aux nopces de la Censive de son voisin et d'un jeune compaignon, etc.*

CENSOR, Judex. Gloss. Ælfrici : *Censores, vel judices, vel Arbitri*, deman, id est, judices. Theodulfus Aurel. in Parænesi ad Judices lib. 1. Carm. pag. 131 :

> Judicii callem Censores prendite justi.

Infra pag. 132.

> Hic ita Censores pravos his vocibus hiscens
> Admonet.

Ibidem :

> Vidi ego Censores ad juris munia tardos,
> Munera, nam fateor, ad capienda citos.

S. Eulogius Cordubensis in Præfat. ad Memoriale Sanctor. : *Judicem adiit.* Et mox : *Arguitur, quod gravitatis Censoris oblitus, leviter per semetipsum ad cædendum Martyrem egerit.* Lib. 3. cap. 16 : *Cordubæ Patriciæ Censor a Rege præfectus extiterat.* Vita Ludovici Pii ann. 830 : *Quos postea ad judicium adductos, quum omnes juris Censores, filiique Imperatoris judicio legali, tanquam reos majestatis decernerent capitali sententia feriri, nullum ex eis permisit occidi.*

* *Censor mercaturæ*, in Inscript. Lingon. tom. 9. Comment. Acad. Inscript.

Censores, pro colonis censitis, in Charta Alamann. 88. apud Goldastum.

Censorium, Tribunal, in Glossis Arabico-Lat.

Censorius Dies, Judicii supremi dies. Vetus Inscriptio Christiana Veronæ : *Solus cur sim quæris, ut in die Censorio sine impedimento facilius resurgam. Dies examinationis*, in Epitaphio Theodimi Subdiaconi Regionarii S. R. E. et Correctoris Campaniæ, quod exstat Neapoli in Eccles. S. Andreæ ad Nidum, apud Baronium ann. 715. 4. *Dies decretus*, apud Commodianum Instr. 54 : *Flamma quos æterna torquebit die Decreto*; id est, *Decretorio, Censorio.* S. Augustinus Serm. 247. de Tempore. *Non metuis, ne, cum resurrectionis dies venerit, artifex tuus... increpans vigore Censoris et judicis dicat, etc.*

Censura, Judicium, judicis sententia. Salvianus lib. 2. de Gubernat. Dei : *Cur hæc omnia? cur utique, nisi ut intelligamus eandem futuram semper in mundo Censuram et cohercitionem Dei quæ fuisset.* Utitur ibi non semel. Anastasius Bibl. in Exilio S. Martini PP. pag. 96 : *Putabant enim actutum venturam Censuram, ut truc daretur.* [Bulla Leonis IX. Papæ Annal. Benedict. tom. 4. pag. 735. col. 2 : *Ut quæ stabilienda priorum pertinere dinoscuntur locorum, ubertim promulgare et apostolicæ institutionis Censura debeamus confirmare.* Ibidem pag. 374. n. 107 : *Fuit aliquis ibi qui diceret ex privilegii Censura Fuldensem exigi Pastorem, eo quod tertium Antistitem sedis Moguntinæ mittere Fuldense deberet ovile.*]

Censura, Severitas morum, et disciplina exactior : vox recentioris Latinitatis, inquit Casaubonus. Chronicon Andrense pag. 375 : *Vir singularis Censuræ et severitatis.* Occurrit apud Capitolinum, Pollionem, Volcatium, et aliquot alios. Isidorus Pacensis Episcopus in Chronico æra 753 : *Omnem Hispaniam per annos tres sub Censurario jugo pacificans.*

Censura Ecclesiastica, Judicium ab Episcopo prolatum, quo vocabulo *non solum interdicti, sed suspensionis et excommunicationis sententia* intelligitur. ut est cap. 20. de Verb. sign. Concil. Francoford. ann. 794. can 9 : *Exivit tamen ejus homo ad judicium Dei, neque per Regis ordinationem, neque per sanctæ Synodi censuram, sed spontanea voluntate.* [** In chartis haud raro formulæ leguntur qualis sequens in charta ann. 1259. ap. Guden. Cod. diplom. tom. 1. pag. 669 : *Ut per Censuram nos Ecclesiasticam compellere valeat, sponte eligimus et in hoc ultronei consentimus.*]

** Censura banni. Charta ann. 1172. in Alsat. Diplom. num. 316. tom. 1. pag. 260 : *Censuræ investituram Stivagiensis Banni Stivagiensi ecclesiæ.... ea conditione concedo, ut 40. sol... annuatim persolvat... et eundem Censuram quam diu censum istum persolverit, libere ac secure possiderit.* C. *Censa*, 3.

* **CENSORA**, Longobardica terminatione, pro *Census*. Charta ann. 1023. apud Murator. tom. 1. Antiq. Ital. med. ævi col. 188 : *Censiles ipsius archiepiscopii, tam mascoli quam feminæ, ibidem deserviant, sicut ex antiquitus deservierunt et Censora persolverunt.*

* **CENSORIUS**, An idem quod mox *Censualis?* Charta ann. 1079. ex Chartul. Molism. : *Gosbertus sepulto patre dedit vineam suum monachis cum terra Censoria.* An cui debetur census? an qui censum debet?

* **CENSUALIS** Cultura, a *cultura vinagiali*, hoc est ab agro vineis consito distinguitur, in Charta ann. 1217. ex Chartul. S. Joan. Laudun. ch. 134 : *Cum inter ecclesiam nostram ex parte una et ecclesiam S. Johannis in abbatia Laudunensis ex altera, super decimis de culturis Censualibus, de culturis vinagialibus, ... pronuntiaverunt quod tota decima de culturis Censualibus est ecclesiæ nostræ, tota decima de culturis vinagialibus est ecclesiæ S. Johannis.* Est ergo *Cultura censualis*, Terra arabilis et seminalis. Vide alia notione in *Census.* [** f. *Cerealibus.*]

¶ **CENSUALIS**, Censualitas, Censualiter, Censuarius, Censumorthidus, etc. Vide in *Census.*

* **CENSUARE**, Præstationem nomine *census* exhibere, solvere. Charta ann. 1356. inter Probat. tom. 2. Annal. Præmonstr. col. 376 : *Quæ omnia....... tria talenta denariorum Viennensium Censuant annuatim ad reverentiam gloriosissimæ Virginis Mariæ.* Alia ann. 1386. tom. 6. Anecd. Pezii part. 3. pag. 76. col. 2 : *Quilibet dictorum nostrorum hospitum de fundo..... nobis et dicto nostro conventui unam sexagenam grossorum denariorum Pragensium census annui .... deinceps annis singulis et perpetue tenentur Censuare.*

* **CENSUATIO**, Præstatio quævis. Tract. pacis ann. 1466. inter Leg. Polon. tom. 1. pag. 214 : *Spondemus quod nulla telonea.... sive quascunque alias Censuationes.... imponemus de novo.*

* **CENSUONARIUS**, Censui obnoxius. Charta Gaufridi comit. Pertic. in Reg. Cam. Comput. Paris. fol. 43. r°. : *Tradidi ei Censuonarios meos de Resgno libere et quiete sine aliquo servicio mihi retento.* Vide *Censuarius* in *Census.*

¶ **CENSURA**. Vide in *Censor* et *Census.*

CENSUS, Tributum, pensitatio ex agris et prædiis, etc. Capitula Caroli Calvi tit. 9. [** Synod. Suession. ann. 853. Capit. Miss. cap. 3. : *Requirant de Capellis et Abbatiolis ex casis Dei in beneficium datis, qualis Census inde exeat.* Tit. 31. [** Edict. Pist. cap. 2.] : *Qui Censa de rebus Ecclesiasticis ad Ecclesias persolvere detrectant.* Concilium Meldense ann. 845. can. 62. [** Capitul. in villa Sparnac. ann. 846. cap. 16.] : *Juxta legale et antiquum edictum, Qui negligit Censum, perdat agrum.* Charta Caroli M. in Actis Episcop. Cenoman. pag. 167 : *Qui negligit Censum, perdat agrum, et per hanc auctoritatem sive eorum negligentia vel contemptu ipsa perdant beneficia.* [** Ita judicatum in chart. ann. 1191. apud Guden. Cod. Dipl. tom. 1. pag. 307. Stipulatum in charta anni 728. post Irminon. pag. 342 et in alia ann. 1229. ibid. pag. 501. Conf. Loisel. *Instit. Coutum.* tom. 2. pag. 128.]

** De *Censibus* disseruit Grimm. Antiq. Juris pag. 299. et 858. Dicebantur etiam *Census* quæ pagani coram deorum simulacris offerebant, uti docet idem Grimmius Mythol. Germ. pag. 395. et 690. ex Vita S. Barbati.

* Census Accordabilis et Accordalis, Qui ex conventu et pactione solvitur. Charta ann. 1339. in Reg. 75. Chartoph. reg. ch. 21 : *Item (vendit) omnes Census accordales, quos habet in parochia sanctæ Solengiæ, qui solvendi sunt ad hyemale festum B. Martini et ad festum Supplicii mense Augusti a quibuscumque personis, et super quibuscumque rebus et bonis debeantur, sive sint in territorio de parva livia, sive sint in territorio magnæ liviæ, sive alibi.* Alia Joan. ducis Bituric. pro fundat. S. Capellæ ann. 1405. ex Bibl. reg. : *Medietatem omnium Censuum accordabilium, etc.*

Census Æstivalis, in Charta ann. 1180. apud Steph. Stephanium in Prolegomenis ad Histor. Saxonis Grammatici pag. 16.

* Census Agni, Appellationis ratio patet ex Charta ann. 1357. in Reg. 90. Chartoph. reg. ch. 466 : *Item in duobus solidis et octo denariis Turon. debitis quolibet anno ab habitatoribus de Lugniaco et Molinis in die Cœnæ Domini, ratione seu sub nomine Census, vocati de l'Aignel.*

Census Alodarius, in Tabulario Monasterii Conchensis in Ruthenis Ch. 253. qui ex alodis debetur.

* Census Altaris, Præstatio, ni fallor, quæ episcopis fiebat, quotiescumque ecclesiarum, quæ monachorum juris erant, *Personæ*, uti loquebantur, mutabantur, *Altaris redemptio* sæpius dicta. Vide in *Altare* 1. Charta XII. sæc. ex Chartul. S. Urbani : *Dominus abbas solvet dimidiam partem Census altaris et liberabit ecclesiam, sacerdos et alteram partem Census solvet.*

** Census arbitrarius. Charta ann. 1224. ap. Guden. in Syllog. Diplom. pag. 140 : *Solvendæ sunt nobis 4. unciæ Laurensis monetæ... quas antiquitus quidam ejusdem prædii possessores... hospitali nostro ... legaverunt annuatim solvendas. Hoc vero legatum Census, non quidem hereditarius, sed Voluntarius sive Arbitrarius dici solet, qui census vulgariter appellantur eigen gewilkort zins.* Ibidem alia charta ann. 1228. pag. 155.

* Census Atrii, Qui pro cœmeterio penditur. Charta Joan. Trevir. archiep. ann. 1210 : *Censum etiam annuum, qui jure parrochiali olim tam episcopo quam archidiacono solvebatur, ... Censum atrii ipsumque atrium.* Vide in *Atrium* 1.

* Census *dictus Avandroys.* Vide supra in hac voce.

* Census Augmentatus, Idem qui *Crescens*, in Charta ann. 1264. ex Chartul. Campan. fol. 507 : *Incrementum census, sive annuus redditus* dicitur, in Ch. ann. 1263. ibid. fol. 506. v°. col. 1. Necrolog. MS. eccl. Paris : *xvij. Kal. Jul. Obiit magister Milo de Corbolio, qui dedit ad opus anniversarii sui l. solidos annui augmentati Census.*

* Census de Bursa Regis. Charta Phil. Pulcr. ann. 1308. in Reg. 40. Chartoph. reg. ch. 69 : *Cum aliis nostris censibus, qui apud Compendium in festo B. Remigii in capite Octobris singulis annis consueverunt apud Compendium persolvi : qui quidem census consueverunt vulgaliter appellari Census de bursa regis.*

Census Cadere dicitur, cum quis ab eo eximitur, in Charta ann. 897. in Hist. Vergiac. pag. 21. Vide *Jornus.* [** Edict. Pistens. ann. 864. cap. 30 : *Singulis mansis .... de quibus Census Decidit propter eorum impossibilitatem, qui mansa deservire non possunt, etc.*]

Census Capitalis. Tabular. Maurigniacense ann. 1251. ch. 65 : *Quæ terra quondam fuit . . . ut dicitur onerata in 15. denariis Paris. et dicitur Capitalis Census.* Charta Blanchæ Comitissæ Trecensis ann. 1224. ex Tabul. Campan. Thuan. : *Super eo quod possessiones quas tenebant . . . nomine Census Capitalis tradebant ad censium adcrescentem, etc.* Vide *Capitale* 5.

* Qui et *Census fundi terræ* nuncupatur, in Charta ann. 1275. ex Chartul. AD. S. Germ. Prat. fol. 73. v°. col. 1 : *Triginta solidi Paris. annui Census capitalis seu fondi terræ.* Vide infra *Census fonsalis.* [** Charta ann. 1139. in Alsat. Diplom. num. 267. tom. 1. pag. 220 : *Inhabitatores loci illius cujuscumque nationis vel conditionis nulla inquietati perturbatione advocato suo, si quem habeant, nihil præter Capitalem Censum in eodem loco persolvant.*]

** Census de capite. Edict. Pistens. ann. 854. cap. 28 : *Ut illi Franci qui Censum de suo Capite vel de suis rebus ad partem regiam debent.* Ibid. cap. 34. Confer *Census regalis.* Donatio trium mancipiorum ann. 1102. ap. Guden. Cod. Dipl. tom. 1. pag. 387 : *Talem eis Censum constitui ut quicumque vir fuerit inter eos singulis annis .... de Capite suo 8. denarios persolvat, mulier autem semper libera sine censu maneat.*

* Census Carus, *Chier* vel *Cher cens*, in Consuet. municipal. Aurel. art. 123. Bles. art. 109. 115. et Dunens. art. 32. qui in Glossar. jur. Gall. definitur : *Gravior census et major ordinario, non capitalis census :* utrum recte, definiant Jurisconsulti; si quidem Lit. regiæ, quibus confirmatur Charta venditionis ann. 1320. ex Chartul. abbat. Regalis-loci part. 1. ch. 97. in qua legitur : *Quarante et quatre soulz de Chier cens chascun an sus plusieurs terres,... por*

tans los et ventes; habent loco *Chier cens*, *Capitalis census*. Charta ann. 1300. in Reg. 38. Chartoph. reg. ch. 71 : *Item tres denarios Cari census, quos sibi Guillelmus vacarius pro una pecia vineæ... debere dicitur... Item xliij. denarios Cari census debitos ad festum S. Remigii*. Reg. visitat. leprosar. diœc. Paris. ann. 1351 : *De Caro censu in Gonessia circiter xlvj. sol.* Charta ann. 1314. ex Chartul. S. Maglor. Paris ch. 65 : *Pour treize sols de bons Tournois chascun an tant de Chier cens comme de crois de cens*. Ubi aperte distinguitur ab *incremento census*, atque adeo cum *capitali* confunditur; qui *Carus* fortean vocatur, quia ad fundum terræ pertinet.

** Census Casarum. Charta 1361. ap. Haltaus. in Glossar. German. voce *Budenzins*, col. 151 : Marchio Misnenis *indulsit civitatibus in Grymmis singulis annis habere nundinas.... Item dedit eis libertatem de Censu Casarum in prædictis nundinis ad triennium continue se consequendum, ita quod ipse nec quisque nomine sui prædictum censum eo tempore debeat extorquere*.

** Census Castelli, Qui pro licentia habitandi in castello solvitur. Charta ann. 1062. ex Chartul. Vindoc. ch. 168 : *Censum quoque petræ et censum domicilii atque castelli, exceptis equitum suorum domibus*.

** Census ceræ. Vide *Cerocensus*.

** Census Circulorum, Idem quod *Circulagium*. Vide infra in hac voce.

** Census Communiæ, Qui ob *communiæ* jura a domino concessa persolvi debet, in Ch. commun. villæ de Piceyo ann. 1208. tom. 7. Ordinat. reg. Franc. pag. 605. art. 13.

Census Cotarius, Practicis, *Cens Cottier*. Tabularium Prioratus S. Nicasii de Mellento ann. 1205. fol. 65 : *Nicolaus Sellarius debet annuatim de domo sua . . . 15. sol. de Censu cotier, etc.* Occurrit alibi. *Cens quotage*, in Charta Regis Philippi Pulcri ann. 1310. in 47. Regesto Tabularii Regii num. 14.

** Qui præter *rectum censum* prædio imponitur, *Surcens*. *Cens cotaige*, in Charta ann. 1332. ex Chartul. S. Mart. Pontisar. fol. 28 : *Raoul Roussel et Agnes sa fame en non de assainement des lx. soulz Par. de annuel et perpétuel Cens cotaige, etc.* Vide in *Cota* 2. et *Supercensus*.

¶ Census Coustumarum, Qui solvitur ex consuetudine, in Codice MS. reddituum Episcopatus Autissiod. anno circiter. 1290. exarato. Vide *Consuetudo*, et mox *Census Usuticus*.

Census Crescens, nostris *Cens croissant*. Charta ann. 1202. in Hist. Monmorenc. pag. 395 : *Concesserunt totum augmentum census hostisiarum quæ ibi fiunt, quod vulgo dicitur Croiscens*.

☞ Ex hoc loco patet quid nostrates Practici olim sibi voluerint his verbis *Croix de cens*, vel ut alii melius efferunt, *Croists de cens*, et quam perperam illa interpretatus sit Molinæus in suo Commentario ad antiquam Consuetud. Paris. tit. de Censivis Gloss. 2. n. 16. sub finem : Si dictum sit, inquit, *a dix sols de cens et surcens*, vel *à dix sols de Croix de cens ou rente* antiquitus usitatum, non significat *Incrementum census*, prout nonnulli argute putant, sed incaute, quia illud verbum etiam unico denario census a veteribus frequenter addebatur : sed denotat præstationem censûs in certa pecunia numerata consistere, quæ altera parte *Cruce* signata sit. Hanc opinionem amplexi sunt Brodæus in novam Consuetud. Paris. tit. de Censivis n. 23. pag. 539. et quidam alii Scriptores eruditi. Verum refelli potest ex uno allato loco, ubi *Augmentum census* dicitur *Croiscens* : quod unum idemque est cum antiquo *Croix de cens*, vel potius *Croist de cens*. His igitur verbis non denarius *Cruce* signatus, non census ipse primigenius, sed census secundarius et redditus, seu *Incrementum census* debet intelligi, Gall. *Surcens*, *Rente*. Rem palam facit Philippus Pulcher Franc. Rex in Edicto ann. 1303. apud *de Lauriere* tom. 1. Ordinat. pag. 387. ubi sic legitur : *Cum cives nostri Parisienses supplicassent nobis, quod nos ordinaremus et statueremus certum terminum, infra quem illi quibus debentur Incrementa censuum vel reditus, possent assignare ad domos et possessiones, cum earum pertinentiis, sitas Parisius, de quibus eisdem civibus debentur Incrementa censuum et reditus de eisdem, quando domus vel possessiones hujusmodi sunt vacuæ, et ad hoc redactæ, quod non possunt ipsi circa percipere census vel reditus earum . . . Nos ipsorum civium indemnitati . . . providere volentes . . . statuimus, etc.* Similia prorsus habentur in Edicto Philippi VI. ann. 1383. apud eumdem *de Lauriere* tom. 2. pag. 196. et 197. ubi ante nos observavit *Incrementa censuum*, qui in laudatis Edictis pluries *redditus* appellantur, non esse cum censibus primigeniis confundendos, sed redditus esse primigeniis superadditos, adventitiasque pensiones ab ipsis censibus distinguendas. Id confirmat Litteris Hugonis *de Cousy* Custodis Præposituræ Parisiensis quæ sic se habent : *A tous ceux qui ces presentes Lettres verront, Hugues de Cousy, Garde de la Prevosté de Paris, Salut. Scavoir faisons, que pardevant Denis de la Celle et Mery de la Prée, Clercs Notaires jurez establis de par nostre Sire le Roy au Chastelet de Paris, ausquels quant aux choses qui s'ensuivent, faire, oyr, et à vous rapporter, nous avons commis et commettons de tout nostre pooir en euls, ajoûtant foy pleniere en ce cas et en greigneur, personnellement establis Jean Bourdon et Emmeline sa femme, fille de feu Philippe Bonnecin bourgeois de Paris et ses hoirs, soisante quatre livres neuf sols onze deniers parisis de Croix de cens ou rente, que ils avoient de propre heritage, de ladite Emmeline chascun an, és lieux et sur les lieux cy-aprés nommez et devisez en cette maniere. C'est à sçavoir premierement sur la maison, etc.* His addo quæ habentur in Tabulario Calensi pag. 270 : *Pro sexaginta solidis Paris. annui Incrementi temporalis seu perpetui redditus reddendis eisdem . . . et aliis censariis dictæ domus;* ubi *incrementum* aliud non est quam *Census crescens*, ut satis patet.

Censum Dividere. Tabularium Prioratus de Domina in Delphinatu fol. 21 : *Tali conditione ut ad obitum meum hoc totum de meo prius eis reddat, quam Census meus Dividi incipiatur*.

* Census Domicilii. Vide paulo ante *Census Castelli*.

Census Dominicatus, Qui ad Dominum pertinet. Capitula Caroli Calvi tit. 42. [** Exact. Nortmann. ann. 877.] : *Accipiat de manso indominicato denarios 12. de manso ingenuili 4. denarios de Censu Dominicato, et 4. de sua facultate*. Infra : *4. denarios de Censu Dominicato, et 4. de facultate mansuarii*. [** Conf. Capit. Carlom. ann. 743. art. 2. Capit. Franc. Carol. M. ann. 779. art. 13. etc.]

* Census dictus *de Dowaire*, inter Redit. comitat. Namurc. ann. 1289. ex Reg. sign. *Le papier aux ayssellcs* Cam. Comput. Insul. fol. 24. r°. : *Encor a li cuens à Templous Cens, k'on apele de Dowaire; si le paie on à Noiel, et doit chascuns bonniers iij. deniers*.

** Census Domuncularis, pro domo solvendus, in Notit. ann. 1303. ap. Guden. in Cod. Dipl. tom. 3. pag. 939.

Census Duplicatus, Qui a vassallis domino præstatur in certis occasionibus, et in gravioribus necessitatibus. Exstat Charta Alfonsi Comitis Pictavensis mensis Octob. ann. 1269. de abusu qui committebatur in coactione *Census duplicati*, Niorti. Ex alia ejusdem docemur, ab eo subditis impositum pro expensis viæ Hierosolymitanæ, quam susceperat : *Dictæ igitur Terræ sanctæ attento necessitatis articulo, fulto insuper prætextu consuetudinis approbatæ, ususque longævi, cujus non est vilis auctoritas, mandavisse meminimus Censum colligi Duplicatum, prius facta nobis sæpius relatione, quod secundum usum patriæ tanquam Crucesignati id facere poteramus*. Charta libertatum villæ S. Germani in Foresio ann. 1249 : *Antiquus Census nobis debitus nummorum et gallinarum tantum debet Duplicari*. Vide Stephanum Tornac. Epist. 238. novæ edit. Fit etiam mentio *Census duplicati* in Statuto *des Ruchats à mercy*, apud Gallandum de Fraco alodio pag. 68. ubi pro *de leurs doubles*, legendum *Cens doubles*, ut præfert MS. Codex quem vidi. Charta ann. 1210. ex Tabulario Fossatensi fol. 114 : *Pro singulis focis duos solidos reddere, qui duo solidi his tribus de causis Duplicabuntur, cum dominus Rex questam exiget communiter a Regalibus Abbatiis suis, cum D. Papa ad partes nostras venerit, cum, quod absit, incendium passa fuerit Abbatia nostra*. *Duplicatus* potissimum *census* exigebatur in tribus casibus, in quibus dominus a vassallo legalia auxilia petere poterat, ut est in Consuetudine Andegavensi art. 128. 129. et Cenoman. 138. 139. Adde Perticens. art. 82. Pictavensem art. 160. Soesmensem art. 3. et *de Ferté Aurray* art. 6.

Census Triplicatus *Cens Tiercé*, in Consuetudine Drocensi art. 6.

** *Census* etiam duplicabatur quando justo tempore non erat exsolutus. Charta Troanni Comitis ann. 833. post Irminonem pag. 346 : *Et si de ipso Censu tardi aut negligentes apparuerimus intra dies 14. in duplum restauremus*. Germ. *Rutscherzins*. Vide Mittermaier. Introd. in Jus German. § 180. not. 2.

Census Ecclesiæ Romanæ, in provinciis, pro quibus colligendis quotannis mittebantur a Summo Pontifice Diaconi, aut Subdiaconi, vel Legati, ut ex Epistolis Gregorii Magni passim, Nicolai I. PP. 55. Innocentii III. lib. 15. Epist. 166. 167. et aliis colligitur. Ii autem conflabantur ex liberalitatibus Principum, qui certis præstationibus annuis regna et terras suas, atque adeo ipsos subditos iis Ecclesiæ Romanæ quotannis exsolvendis adstrinxerunt. Gregorius VII. lib. 8. Epist. ult : *Carolus Imperator . . . in tribus locis annuatim colligebat mille et ducentas libras ad servitium Apostolicæ sedis, id est, Aquisgrani, apud Podium S. Mariæ, et apud S Ægidium, excepto hoc quod unusquisque propria devotione offerebat.* Exstat Bulla MS. Nicolai IV. PP. ann. 3. in qua continentur *Census Ecclesiarum in Regno* (Siciliæ) *et Campania, et Maritima*, sicut in Registris ejusdem Romanæ Ecclesiæ habentur. Vide Baron. ann. 1059. n. 59. 1065. n. 93. 1076. n. 56.

Indicebantur etiam census annui persolvendi Monasteriis et Ecclesiis, in signum protectionis Sedis Apostolicæ : quæ *juris S. Petri* dicuntur fuisse, apud Hugonem Flaviniac. pag. 197. ex Epistola Gregorii VII. PP. ex qua patet ejusmodi census in Gallia exactos. Adde Bibl. Cluniac. pag. 274. Beslium in Comitib. Pictav. pag. 532. etc. Vide *Denarius S. Petri.*

* Stat. Simon. Montisf. pro terra Albig. ann. 1212. ex Cod. reg. 8407. 2. 2. fol. 30. v°. : *Item quælibet domus inhabitata terræ acquisitæ communis persolvat tres denarios Mergulienses annuatim domino Papæ et S. R. E. in signum et perpetuam memoriam, quod per ipsius auxilium contra hæreticos fuit acquisita, et comiti et ejus successoribus concessa in perpetuum et confirmata. Terminus autem colligendi hujusmodi denarium erit ab initio Quadragesimæ usque ad Pascha.*

** De censibus qui Ecclesiis solvebantur multa congessit Eigenbrodtius in libro de Præcariis § 2. 3. et 4.

* Census Extraneus, Pecunia vel res reperta ad extraneum pertinens. Charta Roger. castel. Insul. ann. 1225. ex Tabul. S. Petri Gand. : *Quod si in eisdem locis vas apum, vel Census extraneus, vel inventio se obtulerit, hoc totum inter abbatem et castellanum æqualiter dividetur.*

* Census Fonsalis, Gall. *Cens foncier*, idem qui *Capitalis* supra. Vide in hac voce. Charta ann. 1298. in Lib. rub. Cam. Comput. Paris. fol. 68. r°. col. 2 : *Item sexaginta solidos annui et fonsalis Census.* Alia Phil. Pulcr. ann. 1308. in Reg. 40. Chartoph. reg. ch. 3 : *Concedimus imperpetuum omnes et singulos Census fonsales, quos in villa Compediensi . . . . . habemus.* Rursum alia Phil. V. ann. 1320. in Reg. 71. ch. 84 : *Novem arpenta vinearum vel circiter, ac sexaginta solidos Census funsalis.*

* Census Fumi Caponis meminit Murator. tom. 3. Antiq. Ital. med. ævi col. 187. qui ea ratione reddebatur : annis nimirum singulis stato die ad mensam abbatis S. Proculi emphyteuta accedebat, caponem e ferventi aqua tractum, et duabus patinis inclusum deferens, quem exinde detegebat, ita ut demum fumus ascenderet; quo peracto ille abibat, ferculum ipsum asportans, et satis suo numere functus. Alius est census, quo quis racemum uvæ nigrantis offere tenetur festo die S. Mariæ Magdalenæ. Hæc ille.

** Census Hereditarius. Vide *Census Arbitrarius.*

¶ Censuum Incrementa. Vide supra *Census crescens.*

¶ Census S. Licerii. Statuta Augerii II. Episc. Conseran. ann. 1280 : *Præcipimus omnibus Rectoribus et Curatis in virtute sanctæ obedientiæ, ut in singulis Dominicis Quadragesimæ sanctæ moneant et inducant plebes suas, ut solvere debeant Census S. Licerii, quos absque peccato detinere non possunt, prout est antiquitus fieri consuetum.* Quisnam fuerit hic census S. Licerio seu Ecclesiæ Cathedrali solutus, mihi incompertum.

* Census Lignorum, Tributum quod ex lignis in urbem advectis percipitur. Charta Rob. comit. Aug. ann. 1059. inter Instr. tom. 11. Gall. Christ. col. 14 : *Do igitur eis in Ulteriorisporta ecclesiam, ... Censum lignorum ejusdem villæ, etc.*

* Census *Malarum et spatulis aprorum*, in Charta ann. 1313. ex Reg. 52. Chartoph. reg. ch. 207.

¶ Census Manus Firmæ. Charta fundationis Veteris-Pediculi Ord. Grandimont. ann. 1172. apud Marten. tom. 1. Coll. Ampliss. col. 887 : *Item Domnus Matthæus Vanne et Domnus Stephanus Putet dederunt eisdem fratribus Censum manus firmæ cum omni justitia et dominatione.* Vide *Manufirma.*

* Census Martii, Eo scilicet mense reddendus. Terrear. villæ *de Busseul* ex Cod. reg. 6017. fol. 33. r°. : *Item sex solidos Census Martii pro quodam prato et terra, cum eorum juribus.*

Censu-Morthidus. Diploma Edwardi Conf. in Monastico Anglic. tom. 1. pag. 61. *Et omnia quæ ad ipsum locum pertinent, sint omnino libera, cellæ, Ecclesiæ. . . cum redditibus, servitiis, debitis, . . decimis, donariis, Censumorthidis, legibus, consuetudinibus, etc.* Occurrit rursum in alia Edwardi Charta eodem verborum tenore, pag. 237. Ubi loci nescio an sit quod *Cens mort, ou rente rendable*, vocat Consuetudo Arvernensis tit. 31. art. 70. *Redditus annuus 50. solidorum Parisiensium mortificatus*, in Charta ann. 1270. in Tabulario Fossatensi fol. 70. *Cens amorti*, qui redimi non potest, *qui ne se peut racheter.* [** *Catallum melius* esse videtur, quod alias *Mortuarium* appellant, et *Censum ultimum*. Conf. Spelmann. de Sepultura in Oper. Posthum. tom. 1. pag. 189.]

* Census Nummorum, Qui nummis constat, idem atque *Census siccus.* Charta Ottonis III. comit. Burgund. ann. 1195. inter Probat. tom. 1. Annal. Præmonstr. col. 455: *Census nummorum apud Salins; apud Dolam Census nummorum, etc.*

Census Beati Olavi, Qui et *Votum B. Olavi;* Suecis, et in Charta Pauli Nidrosiensis Episcopi, *Sant-Olufs-Scatt.* Census qui a Suecis ad S. Olavi Norvegorum Regis sepulcrum Nidrosiam in Norwegia deferebatur : quem Upsaliam ad ejusdem Sancti altare ferri præcepit Nicolaus *Alb* Archiepiscopus Upsaliensis. Cujusmodi autem fuerit, docet Charta ejusdem Antistitis ann. 1314. descripta a Scheffero ad Chron. Archiepisc. Upsaliensium pag. 251 : *Videlicet de quolibet rustico unam ulnam telæ, vel ejus valorem : de captura alecum, de qualibet sagena unam partem dictam manskut : de captura focæ, de qualibet nave unam manskut : de qualibet nave quæ vadit Stokolmis cum mercimoniis, unum denarium Swecicum, etc.*

* Census Perier. Charta ann. 1326. in Reg. 72. Chartoph. reg. ch. 43 : *Item gros cens, appellez les Cens Perier, à Chasteau Renart, receuz lendemain de la saint Remy, six sols, huit deniers,* An idem qui mox *Census de Ponton?*

* Census Petræ, qui pro *petra* seu arce munienda vel reparanda exigitur. Locus est supra in *Census castelli.* Vide in *Petra.*

* Census dictus *de Ponton*, inter Redit. Comitat. Namurc. ann. 1289. ex Reg. sign. *Le papier aux Ayssèlles* Cam. Comput. Insul. fol. 63. v°. : *Encor a li cuens a Sclayn le Cens do Ponton, c'on paie le Dimenche après l'Ascension.*

* Census Quartarum. Necrolog. eccl. Paris. MS : *Dedit ecclesiæ Parisiensi viginti et septem cum dimidio arpenta terræ arabilis.... ad censum, qui dicitur Census Quartarum.* Vide *Quarta* 6.

¶ Census Rationalis, in Charta Comitis Mellenti tom. 4. Hist. Harcur. pag. 2173.

Census Regalis, Regius. Capitul. 2. ann. 805. cap. 20. et Capitul. 4. ejusdem anni cap. 14 : *Census regalis undecunque legitime exiebat, volumus ut inde solvatur, sive de propria persona hominis, sive de rebus.* Adde Capitula ad Legem Salicam tit. 3. cap. 14. Capitulare 3. ann. 812. cap. 11. lib. 3. Capitul. cap. 85. Capitul. 2. ann. 869. cap. 3. etc. [** Chart. Ottonis II. Imper. ann. 979. ap. Würdtw. Subsid. Dipl. tom. 6. pag. 303 : *Sanctimonialibus in Mulinbechi ... concessimus ut ab hominibus prædictæ ecclesiæ usibus ac servituti earum subditis Regalis vel Imperialis Census qui nostro juri solebat hactenus persolvi a nullo comite vel judiciali persona deinceps exigatur.*]

* Census Requisibilis, Qui a domino *requiri* debet, cujusqne præstatio ad statutum diem non est assignata : unde *Census rogo* appellatur, in vet. Consuet. Meledun. art. 132. *Cens requerable*, in Carnot. art. 111. *A queste et cherchage*, in Blesens. art. 109. 113. 114. 115. Dunens. art. 32. Pertic. art. 83. quomodo etiam ex Raguello leg. in Aurel. art. 117. et 119. Charta ann. 1367. in Chartul. Guil. abb. S. Germ. Prat. fol. 38. v°. : *Hospitium... oneratum... in uno parvo Turonensi thesaurario dictæ ecclesiæ, Census requisibilis annuatim.*

¶ Census Sepiarum, Qui ex *Sepiis*, piscibus, Gall. *Seches* percipiebatur, apud Lobinellum tom. 2. Hist. Britan. pag. 137.

** Census servilis. Vide *Census ingenuilis.*

Census Siccus, Qui pecunia numerata constat. Vetus Charta in Probationibus Hist. Sabaud pag. 18 : *Donaticum tollendum, et omnem redhibitionem, et siccum Censum reddendum. Rente seiche*, in Consuetudine Aquensi tit. 8. art. 7. Marchensi art. 180. 411. 432. 437. S. Severi tit. 6. art. 1. 2. Baion. tit. 4. art. 10. 11. Vide Rastallum verbo *Rent*, pag. 162. et infra in *Pecunia sicca*.

* Census Trepassus, Gall. *Cens trépassé*, id est, Statuto die non solutus. Charta ann. 1284. in Chartul. S. Maglor. Paris. ch. 62 : *Et de tant comme il a failli de paier les redevances, ... il est tenu de faire vers eux ce qu'il devra, comme de cens trépassé.*

** Census voluntarius. Vide *Census Arbitrarius*.

¶ Census Usaticus. Manumissio MS. ann. 1251 : *Damus omnipotenti Deo et S. Mariæ Matri ejus et toti Capitulo S. Nazarii Carcassoniæ... Censum annualem, tres solidos Hugonenses, quartos, quintos, agrerios, taxas, medios, quartos, tertiarios, Census Usaticos, boairias, asiniairias, adempramenta, foriscapia, dominationes et dominium, et cætera terræ merita, bona et jura.* Vide *Census Coustumarum* et *Usaticum*. [* Legendum *Census, usaticos, etc.*]

* Census Usuariorum, Qui pro jure utendi aliqua re pensitatur. Vide *Usuarium*. Charta ann. 1320. in Reg. 59. Chartoph. reg. ch. 404 : *Item Census, qui dicitur vulgariter des Usaires, et debet terragium.*

Censa, Idem quod *Census* : *Cense*, in Consuetud. Ducatus Burgundiæ art. 109. 114. etc. et in Consuetud. Comitatus Burgund. art. 13. 14. 35. 62. 108. [Charta Mathildis Comitissæ Nivern. ann. 1244. inter Instrum tom. 4. novæ Gall. Christ. col. 102 : *Donamus 40. libras . . . annui redditus in Censa nostra Antissiod. annuatim percipiendas . . . quæ Censa debetur nobis solvi annuatim . . . præcipientes quod quicumque dictam Censam ... levaverit etc.*] Hist. Episcop. Autissidor. cap. 56 : *Dederat eidem Ecclesiæ multa alia, medietatem videlicet Censæ de Vincellis, et terras, etc.* Infra : *Dedit eis ibi Ecclesiam S. Prisci, ita quod centum solidi de Censa ejusdem Ecclesiæ annuatim dividerentur in anniversario suo.* Occurrit non semel in Consuetudinibus localib. Bituricensib. editis a Thomasserio, [et in Charta Ludovici Francorum Regis ann. 1229. apud Marten. tom. 1. Ampliss. Collect. col. 1228.]

* Codex censualis Castellarii in pago Dumb. ann. 1391 : *Confitetur tenere ad Censam, tantum quantum placuerit dicto domino, quinque bichonatas terræ et tertiam partem prati, sub servitio anno quolibet iij. sol. viij. den. ij. bichetorum siliginis et unius gallinæ.*

¶ Dare ad Censam, Gall. *Donner à cense, à ferme*, Sub certa præstatione ad tempus elocare. Charta Philippi Comitis Namurcensis ann. 1211. apud Miræum tom. 2. pag. 1211 : *Decima illa de Vendren annuatim danda est ad Censam de anno in annum in festo S. Johannis... Censam illam, quæ et Obedientia nuncupatur, habere potest qui meliorem inde commoditatem facere videatur, videlicet Canonicus S. Albani quilibet.*

Censio. Tabul. S. Albani Andegav : *Dedit Censionem quandam Abbati S. Albini et monachis, quia census et venditiones ex eorum beneficio etc.* Occurrit hæc vox ibi pluries.

Censum. Capitul. de Villis cap. 8 : *Censa de villis nostris, quæ vinum debent, in cellaria nostra mittant.* Et cap. 62 : *Quid de mansis qui arari debent, quid de sogalibus, quid de Censis, quid de fedà fracta vel freda, etc.* Ita etiam in Capitul. 2. ann. 813. cap. 6. in Charta ann. 897. ex Tabulario Flaviniac. [in altera ann. 898. apud Mabill. tom. 3. Annal. Benedict. pag. 693. col. 2. Vide tom. 3. Analect. ejusdem Mabillonii pag. 93.]

¶ Censum Ingenuile et Censum Servile, in Codice MS. Irminonis Abb. S. Germani Paris. fol. 54. verso col. 1 : *Ermengarius... habet de terra arabili bun. v. debuerat reddere Censum ingenuile, sed propter vineam quam facit, reddit Censum servile.* [** Apud Guerardum pag. 107. est *Censum ingenuilem* et *Censum servilem*.]

Censiles Homines, Censui obnoxii. *Quos publicus census spectat*, in Concilio Remensi ann. 630. can. 6. Pactum Arichis Principis Beneventani cum Neapolitanis : *Si Censilis homo de Liburia patitur oppressiones, etc.* Petrus de Vineis lib. 6. Epist. 11 : *Universos et singulos rusticos et Censiles, seu quocunque alio servitutis vocabulo nuncupantur.*

Terra Censilis, in Charta ann. 1035. apud Sammarthanos in Abbatib. S. Symphoriani : *Terramque Censilem, partim vineis consitam, partim arabilem, etc.*

Censile, Census ipse, *Censel* nostris. Vetus Consuetudo localis Ambian. MS. : *En le terre le Vesque, la û il a bal, justiche et toute Seigneurie, nus ne puet justicier sen Censel fors par le Prevost le Vesque, et est l'amende sienne.* Magnum Tabular. Corbeïense : *Item tous li treffons de le ville et de le banlieue sont Mons. l'Abbé, ou tenu de lui en fief, ou Chensel.*

Censalis. *Terra Censalis*, in Capit. 4. ann. 819. cap. 4. in lib. 4. Capit. cap. 39. [** Bened. lib. 1. cap. 298.] Capitula Caroli Calvi tit. 32. cap. 8. [** Apud Tusiac. ann. 865.] : *Similiter et de cæteris Censalibus et de rebus ad casas Dei traditis, unde census ad partem Regis exivit antiquitus. Biens Censables*, in Consuetud. Comitat. Burgundiæ art. 64. 65. *Censale donativum*, in Diplomate Caroli Calvi apud Joan. a Bosco in Vienna pag. 56. *Censale vinum*, in Vita S. Urbani Episcopi Lingonensis cap. 1. num. 4.

* Lit. remiss. ann. 1458. in Reg. 187. Chartoph. reg. ch. 252 : *Pour ce que ledit molin estoit trop chargé de Censalz.* Charta Joan. Atrebat. comit. Augiens. pro commun. S. Valer. ann. 1376. ex Tabul. S. Vulfr. Abbavil. : *Item se bourgeois aura livré sa maison à louage ou donné a cens, il pourra prendre gaige en icelle maison pour son louage ou pour son Censel.* Alia ann. 1317. in Chartul. 21. Corb. : *Avons vendu ..... toute le terre que nous aviemes et poiesmes avoir a Belle, ... soit en fief ou en Censsel.* Ubi Charta Lat. ibid. habet : *sive in feodis, sive in Censibus.*

* *Censaule*, in Ch. ann. 1292. ex Chartul. 21. Corb. fol. 298. v°. : *Ils disoient* (les religieux de Corbie) *que ce que je tenoie d'eu. c a Hamelet estoit Censaules, et je disoie que je le tenoye en fief d'eulx et de ledite église.*

¶ Censale, *Censa*, Villa, prædium, Gall. *Cense, Ferme.* Charta Heliæ Abb. de Nobiliaco ann. 1299. apud Stephanotium tom. 3. Antiquit. Pictav. MSS. pag. 902 : *Tradidimus pro nobis et successoribus Petro Sutoris de Clossayo quoddam Censale seu censam cum pertinenciis ejusdem, quod est situm juxta cimeterium de Clossayo, quod solebat tenere Geraldus Limones pro quindecim solidis et uno capone annui redditus.*

Censarii, Villani, censui obnoxii, qui censum præstant. Acta Murensis Monasterii pag. 48. 49. 51. 83 : *Ad Birmenstorff possidemus duos diurnales, et ad Ahornem dimidium mansum, et 1. Censarium.* Infra : *Liberi Censarii de Obren... persolvunt censum de auro quod appendit siclum.* Ibidem : *Ad Rore* (habemus) *ex integro liberos Censarios.* [Compositio inter Capitulum Eccl. Noviom. et alios ann. 1303. ex Tabulario Corbeiensi : *Dictus Symon nollet quod trituratores dictorum portionariorum seu Censarii eorumdem, etc.*] Vide tom. 6. Spicilegii Acheriani pag. 471. [Baluzium tom. 2. Hist. Geneal. Arverniæ pag. 151. Acta SS. Martii tom. 1. pag. 598. F.]

Censarii, Exactores censuum. Tabularium S. Genovefæ Paris. ann. 1226 : *Cum controversia esset inter Abbatem S. Victoris et Conventum ex una parte, et Censarios illos qui tenebant censivam S. Genovefæ super ripam Beveris, ex alia, etc.*

Censamentum, Idem quod *Censa*, nisi sit *census* qui percipitur in prædio alterius. Charta Philippi Augusti ann. 1216 : *Decem modios avenæ ad mensuram Parisiensem percipiendos in Censamento nostro de Dordano.*

¶ Censatum Solum, Censui obnoxium, tom. 3. Concil. Hisp. col. 1. in Donatione Alphonsi VI. pro Monasterio S. Facundi : *Qui emerit solum Censatum et cum suo copulaverit, duos census dabit.*

¶ Censionarii, Iidem qui *Censarii*, Villani censui obnoxii. Privilegium Theodorici de Falkeborc ann. 1242 : *Promitto etiam censum dictæ Ecclesie de Mersene, a Censionariis qui solvendo sunt, faciam persolvi... si vero Censionarii solvendo non fuerint, etc.*

Censatus, Censibus donatus, dives. Ordericus Vitalis lib. 8. pag. 709 : *Filios vero suos Robertum et Henricum honoris sui Censatos hæredes dereliquit.*

Censire, Ad censum ponere, ad præstandum censum astringere. Fredegarius cap. 74 : *Quingentas vaccas inferendales annis singulis a Chlotario Seniore Censiti reddebant.* Formulæ veteres apud Bignonium : *Unde Censisti te nobis annis singulis ad festivitatem sancti illius, in luminaribus ipsius Sancti, vel pro mercedis tuæ augmento argentum solidos tantos.* Occurrit hæc vox non semel in Actis Episcopor. Cenoman. pag. 93. 104. 153. 155. tom. 3. Analector. Mabillonii. Κηνσεύειν, in Basilicis, est *censum exigere.*

* *Censir* nostris. Charta ann. 1138. ex Chartul. Hannon. in Cam. Comput. Insul. ch. 15 : *Et s'il avenoit que je acensesisse men winage, cil a qui je Censiroie, fineroit audit gret doudit Bouchart des devantdis trois çent livres. Tant les Censis présentement, comme les vendus a vie*, in Lit. ann. 1368. tom. 5. Ordinat. reg. Franc. pag. 135. art. 43.

Censitor, ἀπογραφεύς, τιμητής, in Gloss. Latin. Græc. [Hesychius Κηνσήτωρ, ὁ τὴν γῆν μετρῶν, Qui terram metitur. Isid. in Gloss.: *Censitores, Agrimensores.* Ulpianus l. 4. § 1. ff. de Censibus (50, 15.) : *Si agri portio chasmate perierit, debebit per Censitorem revelari.* Et mox : *Nisi caussam Censitori probarit.* Erant autem Censitores in provinciis iidem fere qui Censores in Urbe. Præerant censibus exigendis, agros dimetiebantur, et pro spatio et modo tributa distribuebant. *Censitor civium Romanorum Coloniæ Victricensis* memoratur in vet. Inscriptione apud Fabrett. pag. 29. Vide Lactantium de mort. Persecutor. n. 23. et infra.]

Censitus, Qui sub censu annuo prædium possidet : *Censitaire*, in Consuetud. Aurelian. art. 129. Speculum Saxon. lib. 1. art. 54. § 1 : *Non debet Censitus altiora seu majora pignora, quam census annualis suus constat, pro domino sustinere suo.* Ibidem § 6. lib. 2. art. 21. § 2. art. 59. § 2. Charta ann. 975. apud Ughellum in Episcop. Vincentinis : *In Catturiano Censitos S. Viti pertinentes de casale Peucali.* [Instrum. ann. 1216. in Hist. Dalphin. tom. 1. pag. 17. col. 2 : *Salvo tamen jure feudatariis et agricolis sive Censitis.* Et infra : *Agricolæ vel Censiti.* Chron. Comodoliac. inter Fragm. Hist. Stephanotii MSS. tom. 2 : *Præpositus et Capitulum S. Juniani cognitionem causarum exercuerunt in hominibus suis Censitis seu mansionariis.*]

Incensitus, Idem quod *Censitus*, Censui obnoxius, in Charta Ottonis Imp. ann. 967. et aliis apud Ughellum tom. 5. Italiæ sacræ pag. 646. 688. 695. in Codice vero Theod. leg. un. de Classicis, qui non sunt censibus affixi. (10, 23.)

Censita Terra, Censui obnoxia. Hugo Flaviniacensis in Chron. ann. 1098 : *Et terra ipsa, antequam ibi domus fuisset, Censita erat hominibus pro mercato eorum.* Infra : *Homines, quorum terra erat Censita.*

¶ Censitum, Eadem notione. Charta Hugonis de Leziniaco Comitis Marchiæ ann. 1230 : *Dedit etiam eisdem similiter Censita, quæ fuerant ejus Joannis Frontini, quæ sita sunt apud Leziniacum juxta cimeterium helemosinarium inter domos Monachorum de Castellariis et burgum prioris memorati, salvis consuetudinibus nostris, quas habemus in mansionariis Laicis eorumdem Censitorum.*

Censiva, Census ipse, nostris *Censive*, vox notissima. Occurrit in Charta ann. 1231. in Hist. Drocensi pag. 270. [in Tabul. S. Genovefæ Paris. ann. 1226,]

Censiva Terra, Idem quod *Censita. Terre Censive*, in Stabilimentis S. Ludovici lib. 1. cap. 98. et in Consuet. Andegav. art. 108. *Terre Censiviere*, in Consuet. Burbon. Tabularium Vindocinense Thuani Ch. 88 : *Dedit unam manufirmam terræ Censivæ in pago Vindocinense.* Occurrit ibi non semel.

* Liber censuum terræ *d'Estilly* ann. circ. 1430. ex Cod. reg. 9493 : *Demy juet de terre, moitié Censifve et moitié terrageau, etc.*

¶ Censivarium, Jus censivæ percipiendæ, Gall. *Droit de Censives.* Chartular. S. Vincentii Cenoman. fol. 87 : *Concessit Abbati... totam terram et pratum, et etiam Censivarium, quod ipse habebat apud Fossardum in parochia S. Vincentii Lenogesili.*

¶ Censo, pro *Census*, apud Acherium tom. 6. Spicileg. pag. 695 : *Decima quæ a fidelibus datur, Dei Censo nuncupanda est, et Deo ex integro reddenda.*

** Cinsus, pro Census in charta ann. 729. post Irminon. pag. 342. Germ. dicunt *Zins.*

Censuale, Possessio censui obnoxia. Sententia inter Episcopum et civitatem Barcinonensem an... : *Prædictos honores, Censualia, seu possessiones in civitate et suburbiis, etc.* [** *Censualis possessio*, in Chart. ann. 1133. ap. Guden. Cod. Diplom. tom. 1. pag. 108.]

Censuale Mortuum. Curia Generalis Cataloniæ in villa Montissoni ann. 1363 : *Pro sententia ferenda super violario, seu Censuali mortuo, etc.* Occurrit ibi non semel, Vide *Censumorthidus*, et *Violarium.*

Censualis. Papias : *Censuales, sunt Officiales, qui censum per provincias exigunt.* Joan. de Janua : *Censualis, Officialis qui censum exigit provincialem, et qui dat illum.* Capitolinus in tribus Gordianis : *Ut non scribæ, non servi publici, non Censuales illis actibus interessent.*

Censualis, Censui obnoxius. Charta Ottonis Imperatoris ann. 873. pro Monasterio Gandersheimensi : *Et omnes Censuales, qui singulos solidos pro capite quisque persolvent, tam ad hoc prædium, quam ad aliud Paldolwein nuncupatum.* Conradus Marpurgens. in S. Elizabeth. pag. 290 : *Et puellæ dominæ Elizabeth se fecit singulis annis in suo anniversario ad duos denarios Censualem.* Adde Petrum Venerab. lib. 1. de Mirac. cap. 28. Charta Gaufridi Comitis Andegavens. ex Tabular. Andegav. : *Terram suam... in qua idem Theobaldus homines Censuales ibidem hospitaverat.* Chronicon Andrense : *Prædia, et facultates, nemora, reditus et Censuales... dederunt.* Charta Friderici II. Imper. ann. 1230. pro privilegiis urbis Ratisponensis : *Si homo qui Censualis dicitur, continuam fecerit in civitate residentiam, jura civitatis conservando in dandis collectis et aliis, quæ a civibus statuuntur : nulla postmodum exhibebit Domino servitia per coactionem, sed tantummodo persolvat censum, etc.* Consuetudo Bigorræ apud Marcam in Histor. Beneharnensi lib. 9. cap. 6 : *Censuales rustici vel liberi non in expeditionem Comitem sequantur, nisi, etc.* [** Chart. Adalbert. Archiep. Mogunt. ann. 1127. ap. Guden. Cod. Dipl. tom. 1. pag. 394 : *Marcholfus, Ascafenesburgensis præpositus, duos viros B. et D. ejusdem præposituræ aliquando quidem Censuales..... ministeriales sibi constituerit ; et ex eis alterum pincernam, alterum vero marscalcum ordinaverit.... Advocatus et, si quid juris in ipsos vel heredes eorum habere videbatur, absque omni contradictione resignavit.*] [Instrum. appellationis Guillermi *Bruiere* ann. 1481. ex Tabulario B. Mariæ de Bono Nuncio Rotomagens. : *Guillermus de la Mare fuit et est Censualis ipsorum, etc. Censualis mansus* in Charta Henrici IV. Ducis Silesiæ de fundatione ædis S. Crucis apud Ludewig. tom. 5. Reliq. MSS. pag. 428. Fuerunt olim qui Ecclesiarum seu Monasteriorum *homines censuales* se sponte constituebant, quocirca capitibus super altare positis Sancto, Ecclesiæ seu Monast. Patrono titulari sese offerebant, ut Arnulfus monachus in S. Emmerammi Monast. fieri solitum fuisse tradit. Vide Annal. Benedict. tom. 4. pag. 286.]

** Subcensuales. Charta Ludolf. Episcop. Mindens. ann. 1302. ap. Würdtwein. Subsid. Diplom. tom. 10. pag. 46 : *Querelis frequentibus excitati de Hominibus Subcensualibus utriusque sexus, quod censum statutis temporibus non persolvant ... duximus statuendum quod quicumque .... moniti infra 15. dies de hoc non satisfecerint competenter, incurrant excommunicationis sententiam ipso facto.*

¶ Censuales Solidi, Qui solvuntur ratione census debiti. Charta Stephani Episc. Meldensis pro Abbatia S. Petri Latiniacensis ann. 1163. ex Chartulario ejusdem Abbatiæ fol. 117 : *Ecclesia Latigniacensis Hilderio de Monte-Udonis... debere solebat 20. sol. Censsuales, et 20. sol. similiter Censsuales reddendos annuatim.*

* Censuales Nummi, Quibus scilicet *census* persolvitur, in Ch. ann. 1464. apud Christ. Schlegel. in Disquisit. de Num. ant. pag 91.

¶ Liber Censualis, in quo possessiones et census exhibebantur. Primus, quem sciam, est codex Irminonis abb. Sangerman. regnante Carolo Mag.

Terra Censualis, Quæ censum pendit, in Lege Langob. lib. 3. tit. 8. § 3. [** Ludov. P. c. 32.] et in Capitul. Caroli M. lib. 4. cap. 39. [** cap. 37. *Censalis* in Capit. quæ per se scribenda sunt ann. 817. Bal. 819. cap. 4.] Hugo Flaviniacensis in Chron. ann. 1098 : *Ipsimet in terra Censuali sua scarritiones firmaverunt, et carnes reposuerunt.* Vide Chronicon Andrense pag. 348. et *Censalis terra.*

Censualiter Possidere, Ad censum, in veteribus Tabulis ann. 1140. 1144. apud Loisellum in Hist. Bellovac. quod in vernacula ann. 1147. apud eumdem, *Censivement* vertitur pag. 269. 274. 276.

Censualitas, apud Hugonem Flaviniacensem in Chr. ann. 1098. pag. 243 : *Congregati sunt homines ad tuendum usum Censualitatis suæ.* [Charta Matthæi de Hamo ann. 1201. ex Chartulario Abbatiæ de Arida-Gamantia in limitibus Picardiæ et Artesiæ : *Præterea sciendum est, quod Capitulum Ecclesiæ de Arida-Gamantia Matthæo concessit, quod prædictam Censualitatem in alterius personæ manu non ponet, nisi assensu illius qui præfatum censum possidebit.* Hocce in posteriori saltem loco *Censualitas* idem videtur, quod fundus receptus ad censum, Gall. *Terre prise à cens, à rente, à redevance fonciere.*]

Censuarium. Charta Jacobi I. Regis Aragon. : *Sub eadem pace sint guiatica nostra,... et Censuaria, et pennones, et omnia regalia nostra.* [Tabular. Calense pag. 270 : *Pro 60. sol. Paris. annui incrementi temporalis seu perpetui redditus reddendis eisdem... et aliis Censuariis dictæ domus.*]

Censuarius, Qui census ab iis, qui censum de capite præstant, exigit : officium Monasticum. Charta ann. 1030. apud Robertum in S. Huberto pag. 293 : *Nullum Advocatum præter Lovaniensem Comitem, nullum Censuarium præter custodem altaris habentes.* [*Censuarius Monasterii S. Albani*, tom. 2. Rerum Moguntiac. pag. 769. edit. 1722. in Chartæ donationis pro eodem Monasterio ann. 1347.]

¶ CENSUARIUS, Qui solvit censum, tom. 3. Concil. Hisp. pag. 671. in Decreto Alphonsi Regis Arag. ann. 1442. Epist. Friderici Regis Siciliæ ad Barchinonenses ap. Marten. tom. 3. Anecd. col. 75 : *Hoc idem in pace mater sentiebat Ecclesia, quæ dictum regum ad nos pleno jure pertinere debere censuit, nosque ipsius fore Censuarium et vassallum.* Vide *Arrendator.*

¶ CENSUATIM, Ad censum, seu pro censu, apud Marten. tom. 1. Anecd. col. 538 : *Unaquæque mensura dabit Censuatim sex denarios.* Occurrit etiam apud Acherium tom. 9. Spicil. pag. 360.

CENSUATUS, Ad censum positus. *Casæ Censuatæ*, in Charta ann. 1120. apud Ughellum tom. 6. Ital. Sacr. pag. 871

CENSURA, Datio ad censum. Gloss. vet. : *Censura*, διατίμησις. Charta Hugonis *de Oysi* Castellani Cameracensis in Tabul. Abbatiæ Montis S. Martini : *Campellos quoque quosdam antequam Censura ista facta fuerat, emerat... quoniam vero res bene gestas plerumque solet oblivio delere,... memoratam Censuram fecimus litteris inseri.* Supra : *Dedit eidem Ecclesiæ ad Censum decem modiorum frumenti.* Alia Humolariensis Abbatis anni 1159. in eod. Tabul. : *Nos vero huic Censuræ apponimus conditionem, quod neque Gerbertus neque hæres ejus hunc Censum vendere aut invadiare poterit.*

CENSURA, Census ipse. Charta Riculfi Episcopi Forijuliensis apud Rufium in Comitib. Provinc. pag. 53 : *Et de portu, seu de omnibus Censuris, quæ ex ipso exeunt vel exire debent.* Alia ann. 1093. in Probat. Hist. Sabaud. pag. 27 : *Liberum et absolutum a fodro et omni Censura prædictum Monasterium esse jubemus.* [Sententia arbitralis inter Hospitalarios et Capitulum Riense ann. 1156 : *Hospitalarii vero hujusmodi comisionem abnegantes legitima antecessorum nostrorum donatione et triginta annorum quieta possessione prædictam Ecclesiam sibi defendere volebant pro constituta Censura sex modiorum annonæ et ordei.*] [** Chart. ann. 1225. ap. S. Rosa de Viterbo Elucidarii tom. 1. pag. 261 : *Et ipsa ecclesia nostram Censuram nobis persolvat, videlicet unum modium de centeno, et unam ceram, et tertiam partem mortuariorum.*]

¶ 1. CENTA, Decima pars *Centenæ* continens decem familias, a Germanico *Zehn*, Decem. Bulla aurea Friderici II. Imp. ann. 1232. apud Ludewig. tom. 7. Reliq. MSS. pag. 516 : *Item unusquisque Principum libertatibus, jurisdictionibus, comitatibus, Centis seu liberis vel infeudatis utatur quiete, secundum terre sue consuetudinem adprobatam. Item Centumgravii recipiant terras* (Schilter *Centas*) *a Domino terre, vel ab eo, qui per Dominum terre fuit infeudatus. Item locum Cente nemo mutabit sine consensu Domini terre. Item ad Centas nemo synodalis vocetur.* [** Edixit hæc Heinricus Rom. rex in curia Wormat. ann. 1231. cujus acta Frider. II. Imper. anno sequenti confirmavit. Sibidati. Pertz. vol. Leg. II. pag. 282. et 291. Conf. Eichhorn. Hist. Jur. German. § 302. not. h. § 303. 439. not. e.] Non eadem est vocis *Centæ* notio in omnibus loci citati articulis, licet eadem sit origo. 1°. sumitur pro decem familiis. 2°. pro jurisdictione in decem familias exercenda, quam a Domino terræ debet acci pere *Centumgravius;* is enim est *Centæ* judex. 3°. denique designat ipsum *Centumgravii* judicium seu tribunal, ad quod vocari non debet Synodalis, utpote qui ad judicium ecclesiasticum, non ad seculare pertineat. Hæc fere post Schilterum in Glossario Teutonico : quod consule. [** Conf. Haltaus. Glossar. Germ. col. 1249. sqq. et Grimmii Antiq. Germ. pag. 756.] Vide *Decania.*

* Charta Henr. VII. reg. Rom. ann. 1231. tom. 1. Hist. Trevir. Joan. Nic. ab *Hontheim* pag. 708 : *Item centgravii recipiant Centas a domino terræ, vel ab eo, qui per dominum terræ fuerit infeudatus.*

* 2. CENTA, Ital. *Cinta*, Ambitus, circuitus. Fragm. Hist. Forojul. apud Murator. tom. 3. Antiq. Ital. med. ævi col. 1208 : *Quum fuerunt in Magredo Colveræ sub Centa ecclesiæ B. Mauri patroni Maniaci, etc.* Et col. 1211 : *Isti nostri se reduxerunt in Centa mei Johannis notarii Aylini, post domum filiorum olim Petri Agathæ.* Vide *Cintum.*

¶ **CENTANA**, *ut Centena*, Districtus, dominium. Privilegium Leonis IX. Papæ pro Canon. Eccles. Virdunensis apud Mabill. in Supplem. de Re Diplom. pag. 99 : *Ad Junchereium mans. 1. cum banno et Centana.* Et infra : *Ad Ars vero mansi IIII. cum uno quartario, silva, banno, Centana, vineis et molendino.*

* **CENTANARIUM**, Pondus centum librarum, in Convent. Saonæ ann. 1526. idem quod *Centenarium* 1. Vide in hac voce.

CENTATUM. Vide *Cendatum* in *Cendalum.*

CENTAURII, Iidem qui *Cantiani*, Angliæ populi, apud Asserum Menevensem ann. 851. [Puto post Hadr. Valesium in *Valesianis* legendum esse *Cantuarii*, qui iidem sunt atque *Cantii* veteribus Geographis, recentioribus vero *Cantuarii* et *Cantiani*.]

¶ **CENTAURUS.** Vide *Centurus.*

1. **CENTENA**, Dignitas Centenarii, seu gradus in Schola Agentium in rebus, ad exemplum militiæ armatæ, proximus Principi agentium. Vide leg. 3. Cod. Th. de Cohortalib. (8, 4.) et leg. 7. eodem Cod. de Agent. in reb. (6, 27.)

2. **CENTENA**, Pars Comitatus, aut regionis : nam singuli Comitatus, pagi, seu territoria, et regiones dividebantur in *Centenas*, quibus præerant minores judices, sub Comitis dispositione, qui a Centena, *Centenarii*, appellabantur. Quippe pagus Comitis dividebatur in Vicarias, Vicaria in Centenas, Centena in Decanias, in quibus judices erant *Vicarii*, *Centenarii*, *Decani*. Decretio Chlotarii Regis cap. 1 : *Decretum est, ut quia in vigilias constitutas nocturnas fures non caperent, eo quod per diversas, intercedente conludio, scelera prætermissa custodias exercerent, Centenas fieri; in qua Centena (si) aliquid deperierit, capitale qui perdiderat, recipiat, et latro insequatur.* Ex quibus, *Centenas* a Chlotario primum institutas ad latrones arcendos videtur posse colligi. Dicta vero Centena, a centum familiis quibus constabat. Capitula Caroli Mag. lib. 3. tit. 23. et Lex Longob. lib. 2. tit. 51. § 11. [** Ludov. P. cap. 3.] : *Sic tamen ut contentio, quæ inter eos orta est, si in confinio duorum Comitatuum fuerit, liceat eidem de vicina Centena adjacentis Comitatus ad suam causam testes habere.* Capitulare 3. Ludovici Pii cap. 7 : *Et hæc ratio examinetur per singulas Centenas, etc.* Adde Capitulare ann. 829. cap. 7. pag. 672. novæ Edit. Chronic. Fontanellense cap. 7 : *Villam... sitam in pago Oximensi, in Centena Noviacense.* Cap 8 : *De villa Digmaniaco, quæ sita est in pago Osismensi, in Centena Alancionensi.* Tabularium Abbatiæ Belliloci in Lemovicibus : *Hæc omnia sunt in pago Lemoviciuo, et Caturcino, et Centenis Vertelense et Exidense.* Alibi : *Cedo res proprietatis meæ, quæ sunt in pago Caturcino, in Centena Exindense, quæ vocatur Bellus Mons.* Tabul. S. Stephani Lemovicensis : *Dedit mansum suum in pago Lemovicino, in Centena Tarninse, villa Ramnaco.* Vide Leges Wisigoth. lib. 9. tit. 2. § 1. 3. 4. Decretum Childerici cap. 11. 12. Legem. Alaman. tit 36. etc. Auctor est B. Rhenanus lib. 2. Rer. German. pag. 88. proxime Heidelbergam adhuc apparere Centenæ vestigium in aliquot pagis, et manere vocabulum. [** Centena eadem quæ *scultacia* est in charta Otton. II. Imp. ann. 979. in Alsat. Dipl. tom. 1. pag. 128. ann. 158 : *Censum quoque omnem ab ipsa Centena et scultacia Curiensi etc.* Vide Haltaus. et Grimm. locis laudatis in *Centa*, Guerardum in Prolegom. Chartul. S. Petri Carnot. § 4. Murat. Antiq. Ital. tom. 1. col. 520. A. 522. B. infra *Centariatus* et *Hundredus*.] Vide *Centenarius.*

¶ CENTENALIA, Eadem notione. Tabularium Rothonense : *David Monachus et Presbiter et socius ejus Moruntius dant S. Salvatori alodum suum nuncupantem ad illam Minariam, situm in pago Redonico in Centenalia Lacinse.*

3. **CENTENA**, Districtus, jurisdictio, dominium, *Seigneurie.* Diploma Herimanni Episcopi Metensis ann. 1090. apud Meurissium : *Dedi ei sibique servientibus in perpetuum cuminam quæ est in Chamberes, ... cum campo qui juxta est, cum banno et Centena, et pratum apud Prunoet, quod operantur rustici de Nominey, cum banno et Centena. Dedi etiam totum bannum et Centenam quinque parrochiarum in villa, quæ dicitur ad Basilicas, etc.* Vide eumdem Meurissium pag. 403. Laurentius Leodiensis in Hist. Episcop. Virdun. pag. 280 : *Duxiram Dei metuens, pacem cum Episcopo fecit, Centenas potestatum Ecclesiæ, et prædia, quæ invaserat, reddidit.* Continuator Historiæ Episcoporum Virdunensium post Bercarium Presbyterum pag. 269 : *Supradictus Comes Fridericus, dum esset adhuc in laicali habitu, Præbendæ Fratrum S. Mariæ omnes Centenas eorum potestatum, quibus multum inquietabantur,... reddidit.* Infra : *Centenam de Wandelini curte, et alia jura, quæ tunc temporis potestative in hac civitate tenebat, eidem Episcopo et Ecclesiæ reddidit.*

CENTENÆ, Homines *Centenæ.* Capitulare

de Villis cap. 62 : *Quid de liberis hominibus et Bentenis, qui partibus fisci nostri deserviunt.*

Centenaria, Idem quod *Centena*. Charta Berengarii Episcopi Virdun. apud Hugon. Abb. Flaviniac. in Chron. ann. 951 : *Dedimus... decimam illorum arietum, qui nostræ Ecclesiæ persolvuntur ex Bracensi Centenaria.*

4. **CENTENA**, Centena ceræ, zuccari, piperis, cumini, etc. apud Anglos, continet 13. *petras* et dimidiam : et quælibet *petra* continet 8. libras. Summa ergo librarum in centena 108. *Centena canabi*, telæ, et hujusmodi ex 120. ulnis ; *Centena ferri*, ex 100. petris, ut est in Fleta lib. 2. cap. 12. § 4. 5.

CENTENÆ, Fustium vel flagellorum centeni ictus. Acta S. Cæciliæ Virg. et Mart. : *Iste si inventus fuerit, sine dubio atrocibus dabitur flammis, et, ut dici solet, Centenas exolvet.*

¶ **CENTENALIA.** Vide in *Centena* 2.

¶ **CENTENARIA.** Vide in *Centena* 3.

1. **CENTENARIUM**, et Centenarius. Isidorus lib. 14. Orig. cap. 24 : *Centenarium, numeri nomen est, eo quod centum librarum ponderis sit.* Vetus Agrimensor : *Centenarius dicitur, eo quod centum libris constet.* Ita *Centenarium æris* usurpat l. 3. Cod. Theod. de Conlat. æris. (11, 21.) Arnoldus Lubec. lib. 4. cap. 37 : *Persolvens ei annuatim 7. auri pondera, quæ Centenere dicuntur.* Paulus Warnefridus lib. 3. de Gestis Langob. cap. 12 : *Quindecim ei auri Centenaria deferens.* Utuntur præterea Liberatus Diaconus cap. 22. Gregorius Turon. de Gloria Confess. cap. 63. lib. 5. Hist. cap. 20. 31. Fredegar. cap. 69. Gregor. M. lib. 2. Ind. 2. Epist. 130. Chron Reichersp. pag. 275. Helmodus lib. 1. cap. 84. Tageno Pataviensis, etc. Χρυσίου κεντηνάρια habent passim Scriptores Byzantini, Theophanes pag. 99. 147. 148. 335. etc. Procop. lib. 1. de Bello Pers. et in Hist. arcana, Nicetas in Man. lib. 2. § 7. lib. 5. § ult. Cinnamus, Gruter. Inscript. 1120. 17. et alii quos passim laudant Scaliger de Re nummaria, Meursius et Fabrotus in Glossariis, et Jacob. Gotofred. ad leg. 2. C. Th. Si quis pecun. confl. nos etiam quædam ad Cinnamum pag. 435. Vide Georg. Agric. lib. 4. de Ponder. Roman. pag. 95. et in verbo *Talentum*.

Centenarium Ceræ, in Charta ann. 1208. apud Ughellum tom. 7. pag. 274.

¶ Centenarium, Quod complectitur centum cannas, in Statutis Massil. lib. 3. cap. 13 : *De canabaciis crudis non vendendis nisi per Centenaria.... Addentes præterea huic capitulo, ut Centenaria canabaciorum alborum, nigrorum et brunorum intelligantur de centum cannis Centenariorum, etc.*

2. **CENTENARIUM**, Canalis, per quem aqua decurrit. Fistula nempe, quam Vitruvius lib. 8. cap. 7. *Centenariam* vocat, quod, ut explicat Philander, lamina plumbea, antequam in rotundationem flectatur, lata sit digitos centum, ut *Quinquagenaria*, lata 50. etc. Anastasius Bibl. in Hadriano PP. pag. 112 : *Forma, quæ vocatur Sabbatina, nimis confracta existens : per quam decurrebat aqua per Centenarium in atrio Ecclesiæ B. Petri, etc.* Infra : *Et confestim Centenarium illud, quod ex eadem forma in atrio Ecclesiæ B. Petri decurrebat, dum per nimiam neglectus incuriam plumbeum ipsius Centenarii furtim jam ex parte ablatum fuisset, etc.* In Nicolao I. pag. 210 : *Per quam decurrebat aqua per Centenarium in urbem Romanam.*

3. **CENTENARIUM**, vel Centenarius, Officium cèntum Missarum. Chronicon Casauriense lib. 4 : *Instituit ut pro uno quoque fratre defuncto fiat Centenarius, hoc modo, ut a die obitus unius cujusque Fratris justitia de pane et vino, et cæteris cibis, cotidie in mensa Abbatis ponatur.* Vide *Tricenarium*.

* 4. **CENTENARIUM**, Pars regionis in *Centenas* divisæ, vel Territorium, intra quod jurisdictio et districtus alicujus *villæ* seu oppidi protenditur. Charta Henr. I. reg. Angl. ann. 1108. inter Instr. tom. 11. Gall. Christ. col. 156 : *Concedo.... burgum et villam, quæ dicitur ad S. Petrum supra Divam, cum omnibus appenditiis et redditibus suis, totumque Centenarium quod eidem villæ adjacet, et quidquid infra ipsum Centenarium continetur.* Correct. stat. Cadubrii cap. 3 : *Facere debeant proclamari per Centenaria Cadubrii voce præconia, quod etc.* Ibid. cap. 8 : *Decernimus quod in territorio Cadubrii sit et esse debeat unum majus et generale consilium, in quo interesse debeant dom. capitaneus, et dom. vicarius, et unus officialis cum duobus consiliariis, pro quolibet Centenario Cadubrii, salvo quod de Centenario plebis interesse debeant duo officiales.* Vide *Centena* 2.

* 5. **CENTENARIUM**, Centenarius, Modus agri, idem quod infra *Centum* 2. Charta Walteri episc. Tornac. ann. 1244. in Suppl. ad Miræum pag. 594. col. 1 : *Alardus de Berkahem et Margareta uxor ejus..... recognoverunt se vendidisse.... ad opus Beghinarum Insulensium...... tres bonarios terræ et duos Centenarios, paulo plus, vel minus, sitos apud Insulas.* Alia ann. 1374. in Reg. 105. Chartoph. reg. ch. 256 : *Tria bonaria cum tribus Centenariis et duabus virgis cum dimidia terræ jacentis in parrochia de Dotignyes..... Quinque Centenaria cum duodecim virgis prati in parrochia de Dotignies situati.*

CENTENARIUS. Gloss. Gr. Lat. : Ἑκατόνταρχος, *Centenarius*, *Centurio*. *Centenarii*, teste Vegetio lib. 2. cap. 8. et 13. dicti sunt, quos antiqui *Centuriones* vocabant, centum videlicet militibus præfecti. [Vide *Centena* 2. et *Centenarium* 1.]

Centenarii, Ducenarii, Sexagenarii Qui dicantur in Cod. Th. pluribus disquirit Jacob. Gotofredus ad leg. 1. de Exactionibus.

Centenarii, Qui *Centenis* præerant, judices minores qui per Centenas jus dicebant, et Comiti suberant, *Centgraff* Germanis. [Schilterus *Centgraff* intelligit de minori judice, qui per Decanias tantum, non per Centenas jus dicebat. Vide *Centa*.] Walafrid. Strabo lib. de Reb. Eccl. cap. 31 : *Centenarii, qui et Centenariones, vel Vicarii qui per pagos statuti sunt, Presbyteris plebium, qui baptismales Ecclesias tenent, et minoribus Presbyteris præsunt, conferri queunt.* [Præceptum Pippini Regis Aquitaniæ ex Tabulario Monasterii S. Florentii : *Nullus Judex publicus, nec Vicarius, aut Centenarius, etc.* Privilegium Ludovici Imp. tom. 2. Maceriarum Insulæ Barbaræ pag. 45 : *Ludovicus Dei providentia Imp. Aug. Episcopis, Abbatibus, Ducibus, Comitibus, Vicedominis, Centenariis, Telonearlis etc.*] Vide Desiderium Cadurcensem Epist. 16. et Babolenum in Vita S. Germani Abbatis et Martyris num. 11. [** Centenæ Arbonensis præsidem in chartis traditionum nunc *Tribunum*, nunc *Centenarium*, nunc *Vicecomitem* vocari, scribit Arxius ad Vitam S. Galli ap. Pertz. Histor. tom. 2. pag. 12. not. 3. *Tunginum* eundem esse, quem *Centenarium*, contendit Savinius Hist. Jur. Rom. med. temp. tom. 1. § 81. sed nescio an recte, cum in cap. 48. Leg. Sal. emend. ubi *Tunginus vel Centenarius* initio dicuntur, in fine sit *ante Theoda vel Tunginum.* Conf. Grimm. Ant. Jur. Germ. pag. 757.]

¶ Cintenarii, in Præcepto Pippini Regis, cujus locus supra refertur in *Agenti*. [** Chart. ann. 835. subscribit *Centinarius*, in Alsat. Dipl. num. 94. tom. 1. pag. 76.]

Judicis autem officio functos Centenarios docent Lex Salica tit. 46. § 1. Decretum Childeb. cap. 9. Lex Aleman. tit. 36. § 3. Lex Langob. lib. 2, tit. 42. § 3. tit. 52. § 3. § 22. [** Ludov. P. 41. Carol. M. 36. Lothar. I. 60. et 61.] Capitula Caroli M. lib. 4. cap. 62. 63. 64. Concilium Cabilonense II. cap. 21. etc. Hinc *Centenarii Legem scientes*, in Capit. 1. Caroli Mag. ann. 802. cap. 13. [** Vide Eichhornii Histor. Jur. German. § 164. not. B. Capitul. V. Bal. ann. 819. Pertz. pag. 218. ann. 817. cap. 19. 20. 21.] Non tamen de omnibus causis, sed de minoribus tantum judicabant. Gloss. vetus : *Centenarii, de re minima scilicet, Minores judices, ministri Comitum.* Capitul. 3. ann. 812. cap. 4. et lib. 3. cap. 79 : *Ut nullus homo in placito Centenarii, neque ad mortem, neque ad libertatem suam amittendam, aut ad res reddendas vel mancipia judicentur : sed ista in præsentia Comitis vel Missorum nostrorum judicentur.* Lex Langob. lib. 2. tit. 52. § 10 [** Carol. M. cap. 37.] : *Omnis controversia coram Centenariis diffiniri potest, excepta rédhibitione rerum immobilium et mancipiorum, quæ non potest diffiniri nisi coram Comite.* Eadem habentur in Capitul. Caroli M. lib. 4. cap. 26. Capitul. 1. ann. 810. cap. 2. Appendix 2. ad lib. 4. Capitul. Caroli M. cap. 28 : *Ut ante Vicarium et Centenarium de proprietate et libertate judicium non terminetur aut acquiratur : nisi semper in præsentia Missorum Imperialium, aut in præsentia Comitum.* Capitul. 2. ann. 810. cap. 15 : *De rebus et mancipiis, ut ante Vicarios et Centenarios non conquirantur.*

Centenariis præerant Comites ipsi, qui in eorum vitam et mores inquirebant. Lex Langob. lib. 2. tit. 54. § 22. [** Lothar. I. cap. 60.] : *Volumus ut Comites nostri licentiam habeant inquisitionem facere de Vicariis et Centenariis, qui magis per cupiditatem, quam propter justitiam faciendam sæpissime placita tenent, et inde populos nimis affligunt.*

Interdum cum iis in rebus majoris momenti dijudicabant, ut est in Capitul. Caroli M. lib. 2. cap. 28. [** Capitul. Missor. ann. 825. cap. 4.] Denique ipsis omnino præerant. Capitula Carlomanni tit. 2. cap.

g. [** ap. Vernis Palat. ann. 884.] : *Comes præcipiat suo Vicecomiti, suisque Centenariis, ac reliquis ministris reipublicæ.* Si bellum ingrueret, Centenarii munus erat Centenam suam, seu Centenæ suæ milites in aciem educere; ut est in Legibus Wisigoth. lib. 9. tit. 2. § 3. Eorum etiam præsertim cura erat, ut districtus latronibus, aut prædatoribus purgarent, ex Capitulis Caroli C. tit. 11. pag. 111. 1. Edit. [** Convent. ap. Valentianas ann. 853. Pertz. pag. 624.] Denique in publicis actis nomen Centenarii, perinde ac Comitis, consignatum quandoque legimus. Charta Alamannica Goldastina 70 : *Regnante D. Hludowico.... sub Pabone Comite, et sub Hunoldo Centenario, Indictione 6.* Vide Concilium Arelatense ann. 813. can. 23. et Leges Edwardi Confess. cap. 32. præterea Rhenanum lib. 2. Rerum Germ. pag. 88. et Loccenium lib. 2. Antiquit. Sueco-Gothicar. cap. 3. [** De Centenariis apud Anglosaxones, qui centum *friborgis* præerant, Savinium in Histor. Jur. Rom. med. temp. § 83. not. g.]

* **CENTENERIS**, Pondus centum librarum. Charta ann. 1104. tom. 1. Hist. Trevir. Joan. Nic. ab *Hontheim* pag. 482. col. 2 : *Quicunque cuprum adduxerint, de unoquoque Centenere debent dare quatuor denarios.* Vide *Centenarium* 1.

CENTENIONALIS Nummus, in leg. 1. et 2. Cod. Th. Si quis pecun. confl. (9, 23.) quis fuerit, ambigunt doctiores. Quidam enim eumdem cum Centenario aureo fuisse existimant, sic dicto sub Heliogabalo, ut auctor est Lampridius, quod centum aureos, sive solidos conficeret, ut Casaubonus, Salmasius, et alii. At Jacobus Gothofredus contendit, probatque Centenionalem ita a centenario diversum, ut Centenarius major pecunia fuerit, Centenionalis, minutula, ut loquitur Valerianus in Epist. ad Aurelianum; deinde *Centenionem* dictum, ut *Binionem*, qui δίνουμμα redditur in Glossis Lat. Gr. et δηνάριον; proindeque Centenionalem centum æreos seu stipes confecisse. Ut ut sit, *Majorinas*, seu majores, et *Centenionales communes* vetitas ostendit lex 1. quæ est Constantii : altera quæ est Arcadii et Honorii, *Centenionalem tantum nummum in conversatione publica tractari* præcipit, *Majoris pecuniæ figuratione submota.* Ex qua ult. lege infertur, Centenionalem in eo a Majore differre, quod minutior fuerit, proindeque usui publico commodior : et si utramque prius vetitam par sit credere, Majorinam propter nimium pondus, Centenionalem propter nimiam sui exiguitatem.

¶ **CENTENITAS**, Centum, Gall. *Centaine.* S. Bernardus lib. 5. de Consideratione cap. 7 : *Alioquin si diversa putemus (in Deo,) non quaternitatem habemus, sed Centenitatem.*

CENTENNIS, Centenarius, ætatis centum annorum. Gildas Sapiens de Excidio Britanniæ : *Nam Centennis tu ob religiosa merita, vel coævus Mathusale, exceptus ab omni prole servaberis?*

¶ **CENTERARIUS**, Sarcinator, qui consuit et conficit *centones*, Gall. *Couturier*, apud Lobinellum, in Glossario ad calcem Hist. Brit. Melius legeretur *Centonarius.*

CENTERIUS, Semita, via strictior, ex Gallico *Sentier*, quasi *Semitaria.* Charta ann. 877. ex Tabul. S. Benigni apud Perardum : *De uno fronte Centerius communalis pergit, de alio vero fronte strada publica vergit, etc.* Vide *Semitarium.*

CENTESIMA. In Camera Comput. Paris. est *Compotus Duplicis, seu primæ Centesimæ, Compotus simplicis seu secundæ Centesimæ levatæ inter annum* 1290. *et an.* 1300. *Compotus Quinquagesimæ et tertiæ Quinquagesimæ, etc.* Vetus Chron. Franc. vernaculum MS. quod desinit in ann. 1322. sub ann. 1295 : *En cest an meismes fu alevée une subvention ou Royaume de France, c'est à savoir le Centiéme et le Cinquantiéme tant sur les Clers, comme sur Lais. Pour laquelle chose Boniface fit un Decret, que se li Rois, ou li Prince, ou Baron, ou Prelat, nul qui fu subgés à l'Eglise de Romme, deslors en avant sur les extorsions leur donnoient qu'il encouroient en sentence d'escommuniement.*

* Bulla Urbani PP. IV. ann. 1264. ex Bibl. reg. : *Volentes igitur eidem Terræ* (sanctæ) *providere de oportuno subsidio,....... Centesimam omnium ecclesiasticorum proventuum regni Franciæ, ac civitatis et totius diocesis Cameracensis, usque ad quinquennium eidem terræ pro ejus succursu, de fratrum nostrorum consilio duximus concedendam.* Alia exstat eadem de re Bulla ann. 4. Clementis PP. IV. in Chartul. Campan. fol. 92. v°.

¶ **CENTESIMARE**, Centesimum quemque punire, tollere. Jul. Capitolin. in Macrino cap. 12 : *Milites sæpius decumavit, aliquando etiam Centesimavit; quod verbum proprium ipsius est, quum se clementem diceret, quando eos Centesimaret, qui digni essent decimatione.*

¶ **CENTETUM**, Spatium centum pedum. Vide *Candetum.*

¶ **CENT-GRAVIUS.** Vide *Centa* et *Centenarius.*

¶ **CENTHA.** Informationes Civitatis Massil. de passagio transmarino ex MS. Sangerman. : *Primo habebit quodlibet vysserium* XLIIII. *goas in carena; item de roda in roda* LIII. *goas; item de plano* XIII. *palmos; item a Centha* VI. *palmos et quartum; item de falca* III. *palmos.* Vide *Centrum* et *Cinta.*

¶ **CENTIA**, *Luna.* Glossar. MS. Sangerman. num. 501.

* Procul dubio pro *Cynthia*, epithetum Dianæ; sic Lunam vocat Valer. Flaccus lib. 1. v. 56. lib. 2. v. 558. [** Glossar. cod. reg. 7644. ut ex glossis : *Centia vel Cinthia, Luna.*]

¶ **CENTIALES.** Vide *Censiales.*

* **CENTICULA**, *Languet de Ratier*, in Glossar. Lat. Gall. ann. 1352. ex Cod. reg. 4120.

¶ **CENTIGAMUS**, Qui centum, id est, plures habet vel habuit uxores, ut Bigamus qui duas, apud Acherium tom. 2. Spicil. pag. 169 : *O vero utinam nec natus, nec visus, nec auditus, nec dictus ex iisdem fuisset Centigamus, proh pudor!*

* **CENTILOGIUM**, Centiloquium, Titulus libri, in Bibl. Clareval.

¶ **CENTIMENTRUM**, vel potius *Centimetrium*, vox ficta ex *Cento* et *metrum*, Gall. *Centon.* Carminis genus ex alienis carminibus seu carminum particulis compositum. Spicil. Acher. tom. 8. pag. 41. in Capitulari Attonis : *Centimentrum ac Christo Virgilianis compaginatum versibus.*

CENTIMOLUS, Centimulus, Molendinum. Petrus Diaconus lib. 4. Chron. Casin. cap. 21 : *Molendina* 2. *sub uno tegmine, Centimolum, ortos, etc.* Cap. 22 : *Cum omnibus, quæ tunc possidebat, molendinis, Centimolo, hortis, curtibus, etc.* Honorii IV. PP. Statuta pro Regni Neapolit. incolis ann. 1285. apud Raynaldum num. 45 : *Animalia deputata molendinis, quæ Centimuli vulgariter nuncupantur.* Et infra : *Subofficiales non capiant animalia deputata ad Centimulos.*

¶ **CENTINA**, pro *Centena*, Pars regionis. Præceptum Karolomanni Regis Franc. pro Monasterio Prumiensi ann. 770 : *Quod antecessores nostri,... in jure eorum potestate confirmassent silva aliqua in loco qui dicitur Benutfelt infra Centina Belslango infra vasa Ardenna.* Vide *Centena*, 2. [* et *Centenarium*, 4.]

* Nostris *Centine*, Naviculæ species maxime super Ligerim in usu. Lit. remiss. ann. 1409. in Reg. 164. Chartoph. reg. ch. 57 : *Ilz pescherent environ cinquantes enguilles, qu'ilz mirent dedans une Centine, qui estoit estachée audit chalan, et icelle emmenerent jusques aux fuennes près de la porte de la foulerie dudit Bloys.* Vide infra *Sentina.*

* **CENTIX**, pro *Centrix.* Vide infra in hac voce.

1. **CENTO**, Centrum, Centunculus. Papias : *Cento, filtrum.* Vox Latinis notissima. Vide in *Gambeso.* [MS. Bituric. addit ad Papiam editum : *Collectio illius qui vilissima vectigalia colligit in foro.* Tale est *havagium*, quod ex varia annona venali percipitur a carnifice. De centonibus multa præclare disserit Illust. Fontaninus lib. 2. de Antiquit. Hortæ cap. 4. et 5.]

Centrum, Eadem notione. Gloss. Saxon. Ælfrici : *Centrum, vel Filtrum* : Felt, ubi *Centrum*, est Græcorum κέντρον, unde δρομηδόκεντρον.

Centunculus, Eodem pariter significatu. *Futilis Centunculus*, apud Apuleium lib. 1. Κέντουκλον, recentioribus Græcis est lana vel vestis coactilis, quam Græci πῖλον vocant. Lexicon Græc. MSS. Reg. sign. 2062 : Πῖλος, τὸ κέντουκλον. πῖλον καὶ πιλίδιον, τὸ κέντουκλον. Aliud sign. 940 : Πίλους, πιλωτούς, κέντουκλα, καὶ πινίον. Joannes Cananus de Bello Constantinop. pag. 193 : Καὶ εἰσῆλθεν εἰς τὴν τένταν ἀπὸ κεντούκλου. Id est *ingressus est tabernaculum ex Centonibus confectum.* Occurrit hæc vox apud Leonem in Tacticis pag. 51. 56. 57. 290. 333. Alios Scriptores laudant Rigaltius et Meursius. Ita porro Latinis *Cento* et *Centunculus* idem sonant. Vide Valesium ad lib. 19. Ammiani pag. 164. [et Glossar. mediæ Græcitatis.]

* Glossar. Lat. Gall. ex Cod. reg. 7692 : *Cento, feutre, vel drapel a fole.*

* Cento, Pulvinar, Gall. *Coussin.* Chron. Joan. Whetham. pag. 484 : *Illuc utique veniens, perrexit passu recto, quousque veniret ad solium regis, super cujus Centonem sive culcitram manum suam ponens, etc.*

* 2. **CENTO**, Carmen seu scriptum ex variis fragmentis contextum; cujusmodi plurima exstant notissima. Vide Fontan. loco laudato, et Lexic. Martin. in hac voce.

CENTONARII, Artifices, quorum, ut et eorum collegii ac corporis passim mentio in veteribus Inscriptionibus apud Gruterum, ubi fere semper Fabris, Dendrophoris, et Tignariis adjunguntur. De iis etiam est tit. Cod. Th. de *Centonariis et Dendrophoris*, (14, 8.) ubi in leg. 1. Constantinus statuit, *ut in quibuscunque oppidis Dendrophori fuerint, Centonariorum atque Fabrorum corporibus adnectantur : quoniam hæc corpora frequentia hominum multiplicari oportet*. Ex quibus patet magnam inter se habuisse affinitatem ejusmodi artifices : quod etiam colligitur ex eo quod eosdem præfectos haberent, ut est apud Gruter. 36. 11. 45. 8. eosdem Patronos 427. 1. eosdem Magistros Quinquennales, 261. 4. Verum qui dicantur et *Dendrophori*, et *Centonarii*, atque adeo ipsi *Fabri*, non omnino constat. De *Fabris*, qui Centonariis et Dendrophoris junguntur, alii *ferrarii* alii *tignarii* dicuntur apud Gruter. 261. 4. qui unice *Fabri* dicuntur 36. 11. 322. 4. 393. 8. 402. 2. At ii omnes sub Fabrorum appellatione videntur comprehendi, 45. 8. ubi mentio fit *Præfecti Fabrorum colleg. Dendroph. Centon. et Tignar.* Qui igitur hi omnes? Dendrophoros quidam interpretantur, qui ligna, arbores, et materias ligneas ad ædificia conficienda vendebant, *Vendeurs de bois :* fabros tignarios, quos vulgo Carpentarios appellamus : *Ferrarios*, qui in ferro operantur. At in Centonariis hærent. An igitur Centonarii fuere qui *Centones* conficiebant? Verum quid commune habent Centonarii cum fabris tignariis et ferrariis, nisi ut essent qui in castris tabernacula conficerent, una cum tignariis et ferrariis fabris, quorum etiam opera in iis exstruendis necessaria erat. Quod vero de Centonariis affert Jacob. Gotofredus, vix putem a quoquam probatum iri. Centonariorum præterea mentio est in leg. 162. Cod. Theod. de Decurion. (12, 1.) [** Const. 20. de pagan. (16, 10.) pro *Centonariis* legendum *Centenariis* censet Gothofredus.]

☞ Horum omnium opificum artificumve, qui generali *Fabrorum* nomine designantur, artes munera et officia ceteris felicius distinxisse nobis videtur Illustriss. Fontaninus lib. 2. de Antiquit. Hortæ cap. 5. ubi docet Dendrophoris curam fuisse primo cædendarum in silvis arborum, unde forte Vegetio *Concedes* appellantur : deinde negotium etiam fuisse, ut earumdem arborum rudem et informem materiam veherent vel asportarent : cui sententiæ suffragatur vox ipsa δενδροφόρος, quæ propriæ significat *Arboriferum*. Hanc autem rudem et impolitam materiam ad ea, quibus opus erat, accommodabant Tignarii, qui alii non erant a Fabris lignariis, quos vulgo dicimus *Charpentiers*. Horum officium erat, ut verbis utar Scriptoris Clarissimi, tigna conficere, id est, arbores ipsas rudes in trabium tignorumque et tabularum formam in primis redigere, et contabulationes ipsas construere; nam tigni nomine comprehenditur omne genus materiei, ex qua ædificia constant. Jam vero quare Dendrophoris et Tignariis adjungantur, et quinam fuerint Centonarii vidit occulatissimus Scriptor apud Cæsarem lib. 2. de Bello Gallico cap. 9. ubi loquens de expugnatione Massiliæ, scribit Legionarios turrim ex latere sub muro fecisse : cujus *contabulationem summam lateribus lutoque constraverunt, ne quid ignis hostium nocere posset, Centonesque insuper injecerunt, ne aut tela tormentis missa tabulationem perfringerent, aut saxa ex catapultis latericium discuterent*. Ex iis verbis Cæsareis, inquit laudatus Scriptor Illustrissimus, apparet cur Centonarii una conjungantur cum Fabris, Tignariis, Dolabrariis, Scalariis et Dendrophoris apud Gruterum in locis a Cangio laudatis et alibi; nimirum utpote qui singuli, licet inter se diversi, attamen omnes in castrensibus et navalibus ædificiis sartis tectisque servandis occupabantur : unde pag. 440. 6. et 481. 9. *Centonarii* junguntur *Navicularis*. Itaque *Centonarii* erant, qui arcibus, navibus et militibus *Centones* ipsos offerendos curabant.

* 1. **CENTONARIUS**, adject. In modum *centonis*, apud Tertul. de Præscript. cap. 39. et Isidor. lib. 1. Orig. cap. 49. pro *Centenarius*.

* 2. **CENTONARIUS**, Fasciculus, Gall. *Botte*, ut videtur. Stat. Vercel. lib. 3. pag. 57. r°. : *De quatuor Centonariis alei et infra, etc.*

CENTONGUM. Stat. Astens. ubi de Intrat. portar. : *Centongum et colla, ponantur et solvant pro centenario lib. xvj.*

* **CENTONIA**, Plantæ genus, f. pro *Centoria*, Centaurium, *Centaurée*. Chartul. Roton. tom. 1. Probat. Hist. Brit. col. 581 : *Terram illam sancto Salvatori et monachis Rotonensibus in perpetuum possidendam in manu Ivonis prioris per ramum herbæ, quæ dicitur Centonia, concessit et tradidit.*

CENTONIUM, Cento, vestis ex variis panniculis consarcinata, Κεντώνιον, in Vita S. Euthymii Abb. a Cyrillo scripta cap. 15. inter Sancti illius vestes ac supellectilem recensetur.

CENTONIZARE, *More centonario*, ex variis libris describere, excerpere. Rupertus Tuitiensis lib. 2. de Divin. offic. cap. 21. Chron. Reichersperg. ann. 591. et Radulphus de Diceto in Abbrev. Hist. : *Gregorius...... Antiphonarium regulariter Centonizavit*. Sigebertus de Scriptorib. Eccles. in Beda : *Centonizavit etiam expositionem in Cantica Canticorum, collectis sententiis de libris Gregorii PP. per diversa opera illius*. Chron. Abbatiæ Gemblac. de Burchardo Wormac. Episcopo : *Olbertò dictante et magistrante, magnum illud Canonum volumen Centonizavit, et quasi collectis floribus omniformis generis de prato scripturarum coronam pretiosiorem auro et topasio, in edito Ecclesiæ collocavit*. Tertullianus de Præscript. cap. 39 : *Homerocentonas etiam vocare solent, qui de carminibus Homeri propria opera, more Centonario ex multis hinc inde compositis in unum sarciunt corpus*. [Papias in MS. Bituric. hæc tria simul congerit tanquam synonyma. : *Centonizo, avi, Centuplico, avi, Centurio, avi.*]

¶ **CENTRALIA**. Chartularium Ecclesiæ Auxitanæ MS. cap. 114. de Ecclesia de Albiano : *Impigneravit medietatem Ecclesiæ de Albiano... pro LX. sol. Morlanensis monetæ integræ, sicut ipse et prædecessores sui habuerunt et tenuerunt liberam et quietam absque servicio cum decimis, et oblationibus, et cum capellania et cimiterio, sicut antiquitus habuerat, et Centralibus, et acceptis nummis in claustro B. Mariæ*. f. legendum est, *Censualibus*, i. e. censibus.

* **CENTRINA**, Piscis marini genus. Tract. de Piscibus ex Cod. reg. 6838. C. cap. 36 : *Centrinam, alii Bernadet, alii Renard, alii Humantsin vocant; nostri et Massilienses Porc : nec id inepte, vel quia porci speciem referat, vel quia porci more in cœno se volutet.*

* **CENTRIS**, *ut Cencris, serpens*, in vet. Glossar. ex Cod. reg. 7613.

CENTRIX, *a centum, vel cento dicitur, et dicuntur Centrices meretrices, lupæ, multiviræ, diobolares, novariæ; et dicuntur a centum propter multitudinem, vel a centonibus, id est, filtris, quod ex iis desiccabantur, vel quod sternantur in lupanari, ut locus reddatur calidior*. Joan. de Janua.

* Glossar. Provinc. Lat. ex Cod. reg. 7657 : *Centrix, concubina, putan, Prov. diabolaris, diovolaris, divola, divoltrix, meraria, meritoria, meretrix, nonaria, quia ante Nonam de prostibulo non licebat exire. Centix*, pro *Centrix, la demoniatrice*, in Glossar. Lat. Ital. MS.

¶ **CENTRO**, *Convitiator*, in Vocabulario Sussannæi.

* **CENTRO**, *Centrum, centre, un point au milieu d'un cercle ou d'autre chose*. Glossar. Gall. Lat. ex Cod. reg. 7684.

1. **CENTRUM**, Fornicis circulus, cui tota concameratio innititur, nostris *Ceintre*. [Glossar. MS. : *Centrum, Medium cameræ*.] *Centrum cameræ*, apud Nicolaum I. PP. Epist. 2. Monachus S. Mariani in Chron. : *Jam exstructa testudine visum est debere submoveri Centra, quibus fuerat testudo subfulta*. Vita S. Boniti Episcopi Claromont. num. 17 : *Sanctorum altaria nitent, Centra hinc inde geminata connectunt, etc.* Ibidem : *Quatersena Centra decora inferius superius connexa surgunt*. [Paschasius Radb. in Vita S. Adalhardi Abb. inter Acta SS. Benedict. sæc. 4. part. 1. pag. 340 : *Sepulta sunt autem decenter membra carissimi Senis in Basilica B. Petri Apostoli sub fastigio inter ejusdem medioximæ quatuor Ecclesiæ Centra, etc.* Vide Hist. Dalphin. tom. 2. pag. 274. Utitur etiam Cassianus Collat. 24. cap. 6.]

¶ 2. **CENTRUM**, pro *Cento*, quod vide.

* 3. **CENTRUM GALLI**, *Galli crispam vocant; et gallitricum, est quoddam domesticum esui aptum majoribus foliis et oblongis et rugosis, flore albo seritur in ortis*. Glossar. medic. Simon. Januens. ex Cod. reg. 6959.

¶ **CENTUA**. Vide *Centuria* 1.

¶ **CENTUARIATUS**. Vide *Centuriatus*.

¶ 1. **CENTUM**, *Zona pellicia Veneris, quæ legitimas nuptias ligat*. Papias MS. Bituric. Vide *Cesta*. [** Conf. Forcell. in *Cinctus*, subst.]

* 2. **CENTUM**, Modus agri, nostris etiam *Cent*, idem quod *Centuria* 1. Vide in hac voce. Charta ann. 1374 : in Reg. 105. Chartoph. reg. ch. 265 : *In parrochia de Blandaing tria bonneria et unum Centum terræ in pluribus petiis*. Pactum inter Phil. V. reg. Franc. et episc. Tornac. ann. 1320. in Cod. reg. 8448. 2. 2. fol. 95. v°. : *Item sur cinq. quartiers et un Cent.... deux denier*

maaille et abenghe.... Une piece de terre.... contenant deus bonniers et demi, et trois Cens. Vide supra *Centenarium* 5.

* Ludi cujusdam, *Cent* nuncupati, meminit Roger. *de Collerye* laudatus in Merc. Franc. tom. 1. Jun. ann. 1738. pag. 1045 :

Au flux, au Cent, au glic, au tricquetrac.

* *Cantée* vero vel *Centée*, Mensuræ nomen est, in Lit. remiss. ann. 1392. in Reg. 143. Chartoph. reg. ch. 253 : *Jehan Nicholau se assist à une fenestre, qui n'avoit pas plus d'une Cantée de hault jusques à terre.* Infra : *Centée.*

¶ **CENTUMGRAVIUS.** Vide *Centa.*

¶ **CENTUNCULUS.** Vide *Cento.*

* **CENTUPLICARE,** Centesimum fructum reddere. Charta Roberti reg. ann. 1021. tom. 10. Collect. Histor. Franc. pag. 603 : *Unde fructibus primitivæ virtutis, caritatis scilicet, vehementer debemus insistere, quos erogando et diffusius spargendo cognovimus Centuplicare.* Prudent. lib. 2. advers. Symmach. : *Solertia Centuplicatos agrorum redigit fructus.* Vita MS. S. Martial. Lemovic. : *Cotidie ad prædictionem beatissimi viri pergebat, et verba salutis audiens ut bona terra retinebat, et Centuplicatum fructum ex se Christo reddebat.*

* **CENTURA,** vox Italica, Cingulum, zona, Gall. *Ceinture.* Annal. Mediol. ad ann. 1389. tom. 16. Script. Ital. col. 807 : *Centura una auri facta ad rotundinos... Cenaura una auri facta ad florettos perlarum, etc. Cinture,* pro Cauda, in Lit. remiss. ann. 1468. ex Reg. 195. Chartoph. reg. ch. 78 : *Gilet Gaude avoit une Cinture en la main ou la queue d'une raye, et cingla d'icelle Cinture ou queue le varlet.*

* **CENTURERIUS,** Zonarius, Gall. *Ceinturier.* Lit. admort. ann. 1375. in Reg. 109. Chartoph. reg. ch. 401 : *Item emit dictus cardinalis* (Albanensis)..... *hospitia quæ secuntur : primo a Jacobo de Manso veteri, alias Almarrici Centurerii Montispessulani, etc.*

1. **CENTURIA,** Isidoro lib. 15. Orig. cap. 15. *Ager est ducentorum jugerum, qui apud antiquos e centum jugeribus vocabatur; sed postea duplicata est, nomenque pristinum retinuit, etc.* Papias : *Centuria, mensura terræ, vel vineæ, habens per singulas partes pedes* 20. [Glossar. Sangerm. MS. n. 501 : *Centua, mensura terre vel vineé habens per singulas partes* XXII. *pedes.*] Siculus Flaccus de Condit. agror. : *Centuriis vocabulum adtum est, ex eo quod centenis hominibus ducentena jugera dederunt, et ex hoc facto Centuria juste appellata est.* Idem alibi : *Centuriæ non per omnes regiones ducenta jugera obtinent.* Hygenus : *Agri ex hoste capti divisi sunt per Centurias, ut assignarentur militibus.* Vide Columellam lib. 6. leg. 10. Codicis Theod. de Annona et Tribut. (11, 1.) et ibi Jacobum Gotofredum, Julianum Antecessor. cap. 543. etc. [** Conf. Marin. Pap. Dipl. pag. 338. num. 115. not. 15.]

2. **CENTURIA,** Hundredus, seu curia Hundredi. Joannes Sarisberiensis lib. 1. Policrat. cap. 4 : *Ne . . . . cogaris in Centuria, aut foro Præsidis, vel Proconsulis, aut fortasse in Concilio, læsæ Majestatis reddere rationem.* Vide *Hundredus.*

* 3. **CENTURIA,** ut supra *Centura.* Stat. synod. eccl. Gerund. ann. 1267. apud Marten. tom. 8. Ampl. Collect. col. 1470 : *Clerici.... Centuriis sericis quoque deauratis..... non utantur.*

CENTURIARE, Agrum limitibus includere. Hygenus : *Agrum limitibus includemus, hoc est, Centuriabimus.* Hinc *Centuriatio*, apud Siculum Flaccum et eumdem Hygenum. Vide *Centuria.*

CENTURIATUS, Idem quod *Centuria, Hundredus.* Diploma Edgari Regis Angl. pro Ecclesia Eliensi tom. 1. Monastici Anglic. pag. 93 : *Et inter paludes causas sæculares duorum Centuriatuum in Wichelawe, in provincia Orientalium Saxonum, benigne ad Fratrum necessaria sanciendo largior.* [In Actis SS. Junii tom. 4. pag. 525. de S. Etheldreda legitur : *Et intra paludes causas sæculares duorum Centuariatuum, et extra paludes quinque Centuariatuum in Wicamlawan, etc.*] Aliud Regis Edwardi Confess. ibidem pag. 94 : *In Comitatu Grantecestriæ ipsa insula, cum duobus Centuriatibus et omnibus appendiciis, etc.* Mox : *In Comitatu Suthfolk .... quinque et dimidium Centuriatum.* Ibidem pag. 120 : *Unum Centuriatum, id est, Hundredum.* Charta ejusdem Edgari pro Wigorniensi Abbat. pag. 140 : *Dimidium Centuriatum, quod Anglice vocatur Cudburigelawes Hundred.* Vide *Centena* 2.

CENTURINI. V. *Christiani de cinctura.*

CENTURIO, Centenarius, qui *Centenæ*, judicis loco, præest. Lex Bajwar. tit. 2. § 5 : *Et exinde curam habeat Comes in suo Comitatu. Ponat enim ordinationem suam super Centuriones et Decanos, ut unusquisque provideat quos regit, etc.* Antiq. Fuld. lib. 2. Trad. 45 : *Tunc Centurio Sigifrid, qui Advocatus noster fuit, etc.* [** Chart. ann. 1003. ap. Lecomblet. num. 139 : *Populus advocatum nullum habeat nisi Centurionem, quem ibi constituit Tuitiensis abbas.*] Decreta Calomani Regis Hungariæ lib. 1 : *Singuli Comites . . . denarios, qui per universas Hungariæ partes colliguntur, quantum super unoquoque Centurionatu fuerit collectum . . . Strigonium mittant, neque prius Regii Comites, vel Centuriones partem accipiant, etc.* Vide Thwrocz. in Petro Rege Hungar. cap. 35.

CENTURIO RERUM NITENTIUM, apud Ammianum l. 16. cap 6. Is dicebatur, qui signorum ac statuarum ex ære ac marmore in Urbe curam gerebat, qui postea *Tribunus*, ac demum *Comes rerum nitentium* appellatus est. Ita H. Vasius.

CENTURIONES, qui certum corpus conficiebant in oppidis, et quorum munus inter vilia et oneraria fuisse colligitur in leg. unic. Cod. Theod. de Centurion. (12, 15.) Sed quinam ii, prorsus incertum.

CENTURIONES, inter Officiales judicum recensentur in leg. 1. Cod. Theod., de Offic Rector. prov. (1, 7.)

CENTURIONUM JURA. In Pacto inito inter Imp. Henricum et Paschalem PP. apud Petrum Diacon. lib. 4. Chronici Casin. cap. 35. Paschalis pollicetur se non invasurum *Regalia, id est, civitates, Ducatus, Marchias, Comitatus, Monetas, teloneum, mercatum, advocatias Imperii, Jura Centurionum, et Curtes, quæ manifeste Imperii erant.* [** Pertz. vol. Leg. 2. pag. 67., lin. 16. et pag. 69. lin. 24.] Adde Dodechinum ann. 1110. Vide *Centa.*

** CENTURIO, Præfectus securitati in civitatibus. Chart. Spirens. ann. 1292. ap. Haltaus. voce *Heimburge*, Glossar. Germ. col. 856 : *Sub testimonio schabinorum, Centurionum qui vulgariter Heinberger vocantur et juratorum meorum.*

* **CENTURIUM,** et *Centuria*, 3. Stat. Vercel. lib. 2. pag. 27. v°. : *Centurium unum, anuli duo vel tres, et bursa una; quæ omnia portantur omni die.*

¶ **CENTURUS,** *Centurio, Centaurus,* eadem sunt Papiæ in MS. Bituricensi. Vide *Centurio.*

¶ 1. **CENTUS.** Sic ex lege Salica tit. 32. legit Muratorius tom. 1. Scriptor. Ital. part. 2. pag. 47. col. 2. ubi alii habent *Cenitus.* Vide in hac voce.

¶ 2. **CENTUS,** adject. pro *Centum. Ad summam quatuor Centarum librarum,* in Hist. fundationis Monasterii Cœlestinorum Suession. apud Marten. tom. 6. Collect. Ampliss. col. 597.

* 3. **CENTUS,** *Contus,* in veteri Glossar. ex Cod. reg. 7613.

* **CENTUSIS,** *Centum asses,* ibidem.

¶ 1. **CENULENTUS,** *Renovatus.* Glossar. MS. Sangerman. n. 501. Vide *Cenolentus.*

* 2. **CENULENTUS,** Cœnosus, lutosus. Charta ann. 947. apud Marcam Hispan. col. 860 : *Clementissimus Dominus cum Cenulentis mundum cerneret erroribus involutum, etc. Cœnulenti pedes,* apud Tertul. de Pallio cap. 4.

¶ **CENUM,** *Acutum.* Papias MS. [** Cod. reg. 7644. addit : *qui antiqui centum dicebant.* An *contum* et *centum?* Conf. Virgil Æn. lib. 5. vers. 208. et Isidor. Orig. lib. 18. cap. 7. sect. 2.]

* **CENUS.** Bulla Eugenii III. PP. ann. 1145. inter Instr. tom. 11. Gall. Christ. col. 240 : *Apud Merri decimas linguarum Cenarum, quæ capiuntur inter Tar et Tarel fluvios.* Quæ intelligere et emendare licet ex Charta ann. 1319. pro ead. eccl. Constant. ibid. col. 273 : *Decima lignarum* (l. linguarum) *crassi piscis totius ripariæ maris et fluminis Caredel, usque ad flumen Thar.* Vide infra *Ligna* et *Lingua balenæ.*

CEOCA, Gallis, seu Picardis, *Choque,* Stipes. Charta Philippi Flandriæ et Viromand. Comitis ann. 1180. in Tabular. Abbat. Montis S. Martini : *In vendagio nemoris Gerardus unam medietatem habebit, Abbas alium. Radices, et quas vulgus Cocas vocat, omnes Abbas solus habebit.* Alibi *Cochas* scriptum est.

CEOLA, CIULA, Navis species, ex longiorum genere, Saxonibus, Ceol. Leges Ethelredi Regis Anglic. cap. 23. apud Bromptonum [** De institut. London. cap. 2.] : *Si advenisset una navicula,* 1. *obol. detur, si major, et habet siglas,* 1. *den. si adveniat Ceol, vel ulcus, et ibi jaceat,* 4. *den. ad theloneum dentur.* Ex quibus liquet, *Ceolam* non fuisse exiguam navem, ut vult Spelmannus. Id præterea astruit Willelmus Malmesbur. lib. 1. de Gest. Angl. cap. 1. qui ut copiis transvehendis idoneas describit : *Placidoque ventorum favore, tribus longis navibus, quas illi Ciulas* (al. *Ceolas*) *vocant, Britanniam allabuntur.* Et cap. 2 : *In Britanniam cum 5. Ceolis co-*

pias trajecit. Ethelwerdus lib. 3. cap. 3. *Septem Ceorl, etc.* Vocis usus manet etiamnum apud Anglos in *Keele*, pro Carina. Spelmannus a *Celocibus* deducit, quod improbat Somnerus.

Cyula, Idem quod *Ceola.* Gildas Sapiens de Excidio Britanniæ, de Saxonibus : *Tum erumpens grex Catulorum de cubili Leænæ Barbariæ, tribus, ut lingua ejus exprimitur, Cyulis, nostra, longis navibus, secundis velis . . . evectus, etc.* Ita etiam apud Matthæum Westmonast. hæc vox scribitur ann. 877. et 897.

* Danis et Russis etiam nunc nota sub nomine *Iol*, ex Diction. marino.

* **CEOLLA**, Ludi species, in quo follis clava propellitur, Picardis *Chole.* Stat. Roger. episc. Camerac. ex Cod. reg. 3865 : *Tabernas etiam, et tornamenta, et Ceollas sacerdotibus et ministris altarium, sub pœna suspensionis et anathematis, interdicimus.* Vide infra *Choulla.*

CEORLUS, Ceorlman, Cirliscus, Saxonibus Rusticus, paganus, villanus, qui agriculturam exercet, infimæ, sed liberæ tamen conditionis homo. Iis opponuntur *Eorli*, id est, Comites, Nobiles. Leges Inæ Regis West-Saxiæ cap. 40. apud Bromplon. : *Si Ceorlus et femina puerum simul habeat, etc.* Cap. 42 : *Ceorles Weordyng, id est, rustici curtillum.* Cap. 44 : *Ceorli habeant herbagium in communi, etc.* Capitula de Weregildis post Concilium Grateleanum ann. 928 : *Ceorles Weregildum est in Mircenorum laga* 220. *sol.* Eadem notione

Ceorlman, Homo Ceorlus, rusticus, in Legibus Æthelstani, apud eumdem Bromptonum.

Cirliscus, in Legibus Inæ cap. 21. 32. 39. et Henrici I. Regis Angl. cap. 82. [** Vide Grimm. Antiq. Juris German. pag. 282.]

¶ 1. **CEPARIA**, Strues, ut videtur, stipitum, truncorum alteriusve materiæ combustibilis, ab Italico *Ceppo* vel *Ceppaia*, Truncus, stipes. Memoriale Potestatum Regiens. ad ann. 1224 : *Venerunt Mantuam cum navibus et obsederunt stratam Reginorum in paludibus, et fecerunt Ceparias ad comburendum pontem et naves, quæ erant in Ranfreda.*

¶ 2. **CEPARIA**, *Courtilliere*, in Glossis Lat. Gall. ubi *Courtilliere*, Hortus est a Græco κῆπος, vel potius Hortulana, a Latino *Cepa*, ut apud Laurentium in Amalthea, *Ceparius*, dicitur *qui curat cepas.*

* **CEPARIUM**, Jusculum allio conditum. Lit. remiss. ann. 1361. in Reg. 91. Chartoph. reg. ch. 234 : *Comedit Ceparium seu cepas in oleo docatas.* Leg. *decoctas.* Vide *Cepulatum.*

¶ **CEPARIUS**, χυδαῖος ἄρτος. Gloss. Lat. Græc. Vulgaris panis. Vide *Ceparia* 2. [** Conf. *Ceragius.*]

CEPARUM Usaticum. Charta ann. 1306. in 9. Regesto Philippi Pulcri Regis Franc. ex Tabul. Regio Ch. 14 : *Item usaticum Ceparum, seu redditaum quem percipit Dominus Rex in ortis dicti loci pro 25. sol. annui et perpetui reditus.*

* **CEPASTICUM**, pro *Cespaticum.* Vide *Cespitaticum.* Charta Pipini reg. Aquit. pro monast. S. Florent. in Reg. 107. Chartoph. reg. ch. 264 : *Nullus Cepasticum, seu repaticum, vel pulveraticum, aut herbaticum, nec tholoneum ab eis extorquere audeat.*

¶ **CEPATGIUM.** Vide *Ceppagium.*

¶ **CEPATICUM.** Stipites arborum succisarum. Charta Deodati Abb. S. Tiberii apud Stephanotium Antiquit. Occitan. MSS. tom. 1. pag. 389 : *Dono . . . medietatem de fustis, quos tu Petrus præscriptus et infantes tui plantaveritis et plantare facietis, et medietatem de ramma et Cepaticum de fustis.* Vide *Cepparium.*

* **CEPEDINES**, *Li saxi in mare, in fora.* Glossar. Lat. Ital. Ms.

¶ **CEPERIA**, An hortus, sic dictus a Latino *Cepa* vel a Græco κῆπος? Charta Heliæ Abb. Floriac. ann. 1269 : *Tandem inter nos . . . pacificatum extitit in hunc modum, videlicet quod... hucagium seu clamor tabernarum et collatio hucagii seu clamoris in Majoria ... et omne jus quod habet in Ceperia et in collatione ejusdem nobis . . . libera remanebunt.* Vide *Ceparia* 2.

* Carceris custodia, rectius quam Hortus, hic intelligitur, ni fallor. V. infra *Cippus.*

¶ **CEPES**, pro *Sepes*, infra in v. *Delicia.*

¶ **CEPETI**, Clerici minores vel inferiores, in Statutis MSS. Ecclesiæ Senonensis : *Omnes Cepeti tenentur facere hebdomadam et subhebdomadam et dicere primam lectionem et secundam in Matutinis novem lectionum, et similiter in Anniversariis, et ferre vexillum, crucem et tædas ad Missam.* Vide *Cepones.*

¶ **CEPHAL**, Caput, a Græco κεφαλή. Aldhelm. de Virgin. :

Sed contrita rotis extollit vipera Cephal.

CEPHALÆOTÆ, ex Græc. κεφαλαιῶται, Capitationis exactores, in leg. 6. Cod. Theod. de Patrociniis vicorum. (11, 24.)

¶ **CEPHALARGIA**, *Humor capitis.* Glossar. MS. Sangerman. num. 501. Legendum cum Græcis κεφαλαλγία. Capitis dolor. [* Vide supra *Cefalalgia*, et]

¶ **CEPHALEA**, *Dolor capitis qui multum tempus tenet* : Idem Glossarium.

¶ **CEPHALERIO**, onis. Census de singulis capitibus. Constant. Imp. in Thesauro Fabri.

¶ **CEPHALICUS**, Capitalis, princeps, Gr. κεφαλικός, de Christo dicitur in quadam Oratione ad calcem libri Theogeri Episc. Metens. apud Bernardum Pez tom. 1. Anecdot. præfat. pag. xv.

CEPHALMEDINA, [Prætor urbis.] Vide *Zavalmedina.*

CEPHALUS, Stultus, ineptus. Glossar. Lat. Græc. : *Capito*, κέφαλων. Concilium seu Fœdus Aluredi et Gothurni Regum : *Liberum hominem illiteratum pro bruto, et Cephalo, et stulto reputamus.*

¶ **CEPHAS**, Caput, Johanni XXII. Papæ, in Bulla contra Marsilium et Johannem, apud Rymer. tom. 4. pag. 317. col. 2 : *Cephas autem Græce, interpretatur Caput Latine.* Falso, nam vox est Syriaca significans *petram.* Unde Cephas dictus est Petrus.

¶ **CEPIA**, f. pro *Sepia*, piscis species, Gall. *Seche.* Necolog. S. Martialis Lemovic. : xvi. *Kal. Maii Dompnus Abbas dedit nobis* lxv. *sol. ad pistanciam faciendam cum flodonibus et Cepiis.* ix. Kl. *Julii Jordanes Dares monachus dedit nobis moyatos vini cum Cepiis.* v. *Id Aug. obiit Dompnus Albertus Abbas, et Præpositus de Vernolio facit plenum convivium cum Cepiis et flodonibus.*

¶ **CEPITATICUM.** Vide *Cespitaticum.*

* **CEPOLA**, diminut. a cepa, Gall. *Oignon.* Serm. Bareletæ in festo S. Mart. : *In convivio ponuntur ex una parte optimæ carnes, et alia porra, Cepolæ, etc.* *Cepula, cive ou petit oignon*, in Glossar. Gall. Lat. ex Cod. reg. 7684. Aliud Lat. Gall. ex Cod. 7692 : *Cepulæ, escalongnes. Cepularium, oignonnée. Cepulatum, cive.*

¶ **CEPONES**, Juniores seu infantes. Cur autem sic dicantur, haud facile est divinare. Bern. Ordo Cluniac. cap. 27 : *In sedibus eorum* (infantum) *qui Cepones vocantur, nulli licet sedere unquam præter ipsos solos.* Vide *Cepeti.*

CEPOSTRIA, *Latine dicitur Ortus S. Joannis.* Ita Papias MS. Editus [cum MS. Bitur.] *Cepostua.* Ex Græco fortean κῆπος, hortus. [Vide *Ceparia* 2.] [** Glossar. in cod. reg. 7644 : *Cepos tu agiu Johanni græce, quod latine dicitur ortus S. Johannis.*]

¶ **CEPOTAPHIUM**, Sepulcrum in horto, a κῆπος, Hortus, et τάφος, Sepulcrum. Vetus Inscriptio apud Fabrettum pag. 115 : *Hoc Cepotaphium muro cinctum cum suo jure omni ex auctoritate et judicio Pontificum possederunt.* [** Conf. Evangel. S. Joann. cap. 19. vers. 41.]

* Vel potius, ut videtur, viro erudit. D. *Falconet*, Sepulcrum exstans, *cippus* sepulcralis; *ceppus* enim, pro *cippus;* unde *Cepatia*, strues stipitum, ut videre est in Glossar. Pro *Cenotaphium*, quo non monumentum honorarium, sed sepulcrum significatur, scriptum esse monet Vignolius in Inscript. vett. pag. 330. Q. medicus Aug. lib. a solo sibi fecit hoc Cepotafium, etc. Quæ verba *a solo sibi fecit*, sententiæ D. *Falconet* facile accommodari posse videntur. [** Vide Forcellin. in *Cepotaphiolum* et *Cepotaphium.*]

¶ 1. **CEPPA**, Vitis, vinea, a Gallico *Cep*, Stirps vineæ. Regestum 87. Chartophylacii regii : *Item, tenent plus circa duas fossoyriatas vinee sitas in closo loco dicto Encovenent apud montem Alodium juxta vineam seu Ceppam heredum Joneti Meynerii.*

* 2. **CEPPA**, Truncus, stipes, Ital. *Ceppo.* Charta ann. 1022. in Hist Lugdun. pag. 6. col. 2. inter Instr. : *A sero sic terra communis dividitur.... per vetulas Ceppas noieriarum, quæ sunt juxta plantata Burciaci, et per nolerias, quæ sunt juxta mansionem Gislandi.* Vide infra *Cepus* 3.

CEPPAGIUM, a Gallico, *Cep*, Stipes, caudex, cippus, Italis *Ceppo.* Matthæus Paris in Vitis Abbatum S. Albani : *Qui forestarii ceperint coopertiones, Ceppagia, et eschaetas quercuum, sive aliarum arborum.* Id est stipites arborum succisarum, quæ adhuc manent in terra, nondum eradicata, inquit Watsius. Tabular. Abb. Dalonensis in Lemovicibus fol. 14 : *Quidquid habebamus in forestagio, et Cepatgio de Born.* Adde Fletam. lib. 2. cap. 41. § 24. Vide *Chocagium*, [et *Cepaticum.*]

CEPPUS. Vide *Cippus.*

¶ **CEPTARE**, Acceptare. Jacobus Cardinalis in Vita S. Petri Cœlestini PP. lib. 3. cap. 17 :

. . Necnon collegia sacra

Cardine fulgentum, valeant Ceptare recessum Pontificis.

¶ **CEPTIO**, *Commercio.* Gloss. Isid.

CEPTUM, Idem quod *Captura*, quod vide. Antiquitates Fuld. lib. 1. trad. 66 : *In illo Ceptu duas hobas.* [Anastasius Bibl. in Vitis Rom. Pontif. apud Muratorium tom. 3. Scriptor. Ital. pag. 146. col. 2 : *Necnon et alias divales jussiones relevantes annonæ capita patrimoniorum Siciliæ et Calabriæ non pauca, sed et Ceptum frumenti similiter, et alia diversa quæ Ecclesia Rom. annue minime exurgebat persolvere.*]

* **CEPPUM**, pro *Cepum*, Sebum, Gall. *Suif*, in Convent. Saonæ ann. 1526. Vide *Cepum*.

* **CEPPUS**, ut supra *Ceppa*, in Stat. Vercel. lib. 3. pag. 101. v°. Vide alia notione in *Cippus*.

* **CEPTOLUS**, Vitis, vinea, stirps vineæ, Gall. *Cep.* Lit. remiss. ann. 1361. in Reg. 91. Chartoph. reg. ch. 231 : *Propter suspectionem furationis..... certorum escharsonum et Ceptolorum, captorum in vineis vicinorum ipsius Madole, et in suis delatorum, etc.* Vide *Ceppa* 1.

* **CEPTRUM**, pro Septum, Gall. *Enceinte*, non semel in Lit. Humberti delph. ann. 1348. tom. 3. Ordinat. reg. Franc. pag. 376. art. 15.

* **CEPULA**, CEPULARIUM, CEPULATUM. Vide supra *Cepola*.

CEPULATUM, Jusculum allio conditum, *Sausse à l'ail.* Anonymus Thuanus MS. :

Est Cepulatum leporinis carnibus aptum.

¶ **CEPUM**, pro *Sebum*, Gall. *Suif*, Adeps pecudum. Statuta Avenion. : *Ne aliquis ponat Cepum vel aliud in rognonos vervecum vel agnorum vel edorum.* Edictum Philippi VI. Franc. Regis ann. 1329 : *Candelarii et venditores de Cepo . . . vendant bonas et legitimas candelas de bono et legitimo Cepo.* Apud Rymer. tom. 7. pag. 118. col. 1 : *Casei, butiri, plumæ, gaulæ, mellis, felpariæ et Cepi.* Et col. seq. : *Caseum, butirum, plumas, gaulas, mel, felpariam seu Cepum.* Et tom. 4. pag. 307. col. 2 : *Quatuor pondera Cepi.* Epistola Guidonis de Dampetra ad Philippum Aug. ann. 1113. apud Marten. tom. 1. Collect. Ampliss. col. 1115 : *Noverit Serenitas vestra, quod D. Milo de Livores tradidit mihi de munitione Nonedæ hæc quæ sequiuntur . . . x. sol pro cera, pipere et Cepe.* Madox Formulare Anglic. pag. 117 : *Unam peciam boni Cepi et puri.* Vide *Pegunta*.

¶ 1. **CEPUS**, Rete. Vide *Cippus*.

* 2. **CEPUS**, Idem quod *Cippus*, Compedes et carcer ipse. Reg. *Olim* parlam. Paris. ad ann. 1283. fol. 68 : *Archiepiscopus petebat habere Cepum in domo sua Exolduni, pro clericis suis ponendis.* Comput. eccl. Paris. an. circ. 1381. ex Bibl. S. Germ. Prat. : *Pro facione dictarum portarum, quorumdam Ceporum, etc.* Stat. Vercel. lib. 3. pag. 50. v°. : *Item quod nullus servitor ponatur ad cathenam, nec in Cepo, nisi fuerit justa de causa.*

* 3. **CEPUS**, Truncus, stipes, Ital. *Ceppo.* Tract. MS. de Re milit. et mach. bell. cap. 45 : *Super hoc Cepum foratum mittatur bombarda habens canonem quasi in medio tubæ, et totum ejus residuum est sodum cum foramine communi, causa Ceppum* (sic) *et bombardam bene servandi.* Vide supra *Ceppa* 2.

CEQUIA, Hispanis et Vasconibus *Acequia*, Incile, fossa rivi. Usatici Barcinonenses MSS. cap. 66 : *Cequiam aquæ molendinorum, quæ fluit ad Barcinonam, mandamus esse intactam omni tempore, et qui eam præsumptive fregerit, componat Principi centum unc. auri.* Jacobus I. Rex Arag. in Foris Oscæ ann. 1247. f. 18 : *Quod debet habere liberum exitum per marginem Cequiæ, per quam aqua intrat ad rigandam eam vineam.* Antiq. Consuetud. Jaccæ in Hisp. : *Certa loca sint in Cequiis, in quibus ganata bibant.* Vitalis Episcop. Oscens. : *Tenentur... de observantia, ut Cequiarum, fontium, et aliorum.* Chron. Petri IV. Regis Aragon. lib. 3. cap. 24 : *Eras affangat ab lo cavali en una Cequiaria, etc.*

CEQUIARIUS, Præfectus aquarum. Usatica Majoricarum MSS. : *Damus etiam et concedimus vobis ac vestris... possitis ponere et mittere seu constituere Cequiarium de anno in annum, qui custodiat et ducat aquam Cequiæ ad communem utilitatem civitatis Majoric.... et quod quilibet vestrum possitis ducere aquam ad riganaum.... Volumus Cequiarium poni et ordinari per nos.... ad Cequiagium exercendum, et de bono et legali Cequiario provideri, et quod idem Cequiagium non vendatur.* Infra : *Et quicunque alii qui de Cequia Majoricarum rigant, vel rigabunt, solvant partem suam pro hæreditatibus, vel rigaverunt in expensis et missionibus omnibus necessariis ad reparandum et mundandum fontem et Cequiam antedictam.* Quale fuerit Cequiarii in Regno Majoricano officium, hisce verbis exequitur Joannes Dametus in Hist. Regni Balearici lib. 1. § 29 : *Cequiero o Prefecto de las aguas de la fuente principal desta Ciudad* (*de Mallorca*) *tiene conociomento judicial en las cosas tocantes al repartimiento de las dichas aguas, y negotios de los hortolanos. Haze sus condenationes pecuniarias con voto y parecer de los prohombres de la casa de los hortolanos. Es cargo muy peligroso por lo que non pudiendo vender las aguas à ningun precio, algunos en cubierta, o descubiertamente, se approvechan sin limite, con grande riesgo de sus conscientias, etc.* Vide Repertorium Michaelis *del Molino* pag. 7. v. et 40. Apud eumdem in voce *Aqua, Cavecequia, Aquarum custos* exponitur.

1. **CERA**. Fridericus II. Imp. lib. 2. de Falconibus : *Pars illa corii, quæ est inter duritiem rostri, et primas plumas capitis, scilicet ubi sunt nares, quam vocamus Ceram, debet tendere ad viriditatem.* Infra : *Color autem pedum respondebit colori illius loci in rostro qui dicitur Cera.* Adde cap. 30.

* Facies, vultus, Gallice *Chere*, Italis, *Cera*.

¶ 2. **CERA** ANNULI SUBTERFIRMARE, Sigilli effigie impressa ceræ instrumentum confirmare, in Charta Alcuini Abb. apud Mabillonium, in Actis SS. Benedict. sæc. 4. part. 1. pag. 178.

¶ PER CERAM ET SETAM COMMENDARE, in Chartulario Ecclesiæ Aptensis fol. 119. est, ut conjecto, Sigilli effigiem ceræ imprimere, illamque *seta* seu bombyce appendere, ut passim videre est in instrumentis.

¶ CERA DE S. RESURRECTIONE. Vita S. Gervini Abb. auctore Hariulfo inter Acta SS. Benedict. sæc. 6. part. 2. pag. 321 : *De ligno S. Crucis, de sepulcro Domini, Cera de S. Resurrectione, de columna ubi Dominus fuit ligatus*; id est, ut conjectat Mabillonius, de cereo Paschali seu de illa Lampade, quæ Jerosolymis divinitus accendebatur singulis annis in vigilia Paschæ.

¶ CERAS SUPERIORES ET SUMMAS antiqui vocabant primas testamentorum pagellas, secundas vero *inferiores, secundas, novissimas, imas et extremas.* Vide Salmasium de modo usur. pag. 460. et seqq.

* CERA VIRGINEA, Gall. *Cire-vierge*, Quæ igne non est præparata, qualis est quæ ex alveari extrahitur. Charta Steph. episc. ann. 1269. ex Chartul. episc. Paris. fol. 100. r°. : *Duas libras Ceræ virgineæ nobis et successoribus nostris solvere tenebitur in recognitione domini feodalis.*

* CERA LITERARUM REGIARUM inter reditus monasteriis a regibus concessos aliquando reperitur. Charta S. Ludov. ann. 1260. in Reg. 30. Chartoph. reg. ch. 259 : *Cum mulieres leprosæ de Salceya prope Parisius.... ex concessione inclitæ recordationis regis Philippi avi nostri haberent..... omnem Ceram, in qua litteræ ad ipsum venirent sigillatæ, etc.*

* CERA DE PENTECOSTE inter obventiones a sacerdotibus episcopis persolvendas recensetur in Charta Burch. episc. Camerac. ann. 1119. ex Tabul. S. Autberti : *Privilegii mei auctoritate confirmo, ut prædicta ecclesia beati Autberti Ceram, quam offerunt sacerdotes in diebus Pentecostes, quiete et sine contradictione teneat, sicut ei concesserunt prædecessores mei.*

* **CERABULA**, pro *Serabula*, Braccæ, femoralia. Fragm. Hist. Forojul. apud Murator. tom. 3. Antiq. Ital. med. ævi col. 1207 : *Sed ipse priusquam ab eodem relaxaretur, totus in Cerabulis ex gravi dolore deturpatus, et ut ita loquar deterius permerdatus est, et se reddidit eidem.* Vide *Saraballa*.

¶ **CERACHI**, *Navium funes.* Gloss. Isid. In Exceptis, *Caruchi.* Legendum cum Antiquis *Ceruchi.* Vide Scaligerum ad 1. Manilii, et Grævium ad hunc locum Isidori, et infra *Ceruci*.

CERACULUM. Vita S. Aidani Episcopi Fernensis in Hibernia num. 5 : *Sciensque vir Dei causam ipsius, posuit Ceraculum suum super cornu ipsius* (cervi.) Et cap. 7. n. 41 : *Scripsit vir Dei unum psalmum illi puero : et postquam scripsit, vidit ille puer S. Maedhog ascendentem scalam auream inter cœlum et terram, portantem secum Ceraculum pueri.* Quo loco Capgravius habet *pueri libellum.* Colganus scriptorium quoddam instrumentum interpretatur : alii chlamydem. [Quid si sigillum *ceræ* impressum, vel schedula, ubi *cerea* sigilli effigies impressa est? Le Roman *de Blanchandin* MS. :

Blanc fist un brief escrire,
Puis mis le Carreignon en cire.

Infra :

Portez cest brief à vostre dame,
Si que nel monstrois à nul ame,
Jusqu'à tant qu'el ait le Seel.]

* Apertius quid sit *Ceraculum* docet Vita S. Moctei tom. 3. Aug. pag. 743. col. 2 : *Cum in agro ipse* (Mocteus) *sederet, allato angelus Domini Ceraculo, eum litterarum docuit elementa.* Ubi Tabulas cereas, in quibus veteres solebant characteres formare, intelligit biographus, ut notant docti Editores.

CERAFUNIBULUS, Fax, tæda ex funibus et cera confecta : Gallis *Torche.* Gaufredus Malaterra l. 3. cap. 19 : *Altaris vasa vel vestis plusquam Clero sufficit, candelabra, Cruces, textus, ac Cerafunibuli.*

CERAGIUM, Quod ceræ nomine præstatur Ecclesiis ad luminarium concinnationem. Articuli Ecclesiæ Anglicanæ in Addit. ad Matth. Paris : *Si Ecclesia petat Ceragium vel herietum, vel alia quæ ad Ecclesiam, vel ad usus Ecclesiarum deputata.* Vetus Charta apud Spelmannum : *Ceragia vulgariter Waxscotts.* In Synodo Saxonica Aemanensi circa ann. D. 1009. Leot gescot, id est, luminarium census, vel pecunia dicitur. Exstat apud Jacobum Petitum post Pœnitentiale Theodori pag. 484 Juramentum Rectoris Ecclesiæ, in quo hæc habentur : *Item juratis quærere fideliter denarios Ceræ, et illos reddere integre termino constituto.* Eumdem vide pag. 596. Capitul. Metense ann. 757. cap. 5. et Capitul. Caroli Magni lib. 5. cap. 14 : *Ut hi* (Presbyteri) *qui illos vicos, vel illas Ecclesias tenent, illos census vel illam Ceram, quæ longo tempore ad illud Episcopium reddiderunt, modo sic ordinavimus ut sic faciant*

CERAGIUS, *Cereagius, Pistor, qui ad modum ceræ agit et deducit pastam*, Ugutioni. *Cereagius* habent Joannes de Janua et Auctor Breviloqui, hæcque addunt : *Et dicitur a cera et ago.*

¶ Cerajolus, Eadem notione, in Additionibus ad vitam S. Antonini tom. 1. SS. Maii pag. 346.

* Glossar. Provinc. Lat. ex Cod. reg. 7657 : *Pestre, Prov. Ceragius, artecopus, panetarius.* Vide *Cerealis*, 1.

* **CERALE**, f. Præstatio in cera. Charta ann. 1277 : *Quandocumque* (abbas Casæ Dei) *erit Anicii, habeat consuetum Cerale, et quatuor consuetas candelas, sicut hactenus consuevit habere.* Vide infra *Cereus comitis.*

* **CERALIA**, *Instrumenta pistoria.* Glossar. vet. ex Cod. reg. 7613. [** Glossar. in Cod. reg. 7644. ut ex Virgilio : *Ceraliaque arma, instrumenta pistoria.* Æn. lib. 1. vers. 181.]

CERAMELLA, Vox Italica, Gallis *Chalumeau*, Fistula, calamellus. Sanutus lib. 2. part. 4. cap. 7 : *Expedit ut in omni exercitu, et specialiter in aquali, tibiæ, tubæ, buccinæ, Ceramellæ, et omnia musica instrumenta resonantia... deferantur.*

CERAPTUM, Cereaptum, Ceroptata, Panvinio, Candelabrum in formam cornuum effictum : aliis, Instrumentum quo cereus accenditur, vel vas in quo cereus accensus ardet, ex κηρός, cera, et ἅπτω, accendo. Gloss. Gr. Lat. κηριάπτης, *Ceriforus.* Anastasius Bibl. in Leone III. PP : *Fecit... pharum ex argento purissimo cum lucerna et Cerapto suo.* Mox : *Fecit pharum ex argento purissimo deaurato miræ pulcritudinis cum lucerna et Cereapto* (al. *Cerapto*) *suo, pensantes simul libr.* 40. Vita S. Nicolai Episcopi : *Ferte vobiscum... et cimilia hæc, simul et duo ex auro Cerapta.*

Ceroptatum, Ceraptatum. Leo Ost. lib. 2. Chron. Casin. cap. 103 : *Ceroptata crystallina duo, argentea alia duo.* Lib. 3. cap. 31 : *Ceraptata etiam ænea fusilia pulcra... Constantinopoli detulit.* Joan. Diaconus in Episcopis Neapolitan. : *De reliquo vero fecit Ceraptatas quinque.* Leo Episcopus Atinensis de Translat. S. Marci Martyr. n. 7 : *Aderant cum thuribus et Ceraptatis, et cum omni apparatu Ecclesiastico.*

1. **CERARE**. Guigo II. Prior Cartusiensis in Statutis ejusdem Ordinis cap. 46 : *A quo etiam* (Coquinario) *panem, vinum, statutis diebus, sal, cochlear, scutellas, lumbaria, acum, filum, ceram ad Cerandum accipiunt.*

* Cera inducere, illinere, nostris *Encirer.* Lit. remiss. ann. 1391. in Reg. 142. Chartoph. reg. ch. 121 : *Icellui cousturier demanda de la chandelle de cire pour Encirer les euilliez des boutons d'une robe.*

* 2. **CERARE**, f. Prægustare. Stat. Astens. : *Liceat tamen cuilibet tabernario habere in qualibet carraria spinetam parvam, causa Cerandi vina sua, absque eo quod cadant in pœnam prædictam.*

* 3. **CERARE**, Constringere, arctare, Gall. *Serrer*, pro *Serare.* Vide in hac voce. Acta dissolut. matrim. Ludov. XII. ex Cod. reg. fol. 149. r°. : *Et ipsum* (dom. de Vatan) *cum eadem catena uni pillari affixerunt et Ceraverunt cum cavilla ferrea.*

CERARIUS, in Gloss. Græco-Lat. κηροπώλης. Ugutio et Joan. de Janua : *Cerarius, qui facit vel vendit ceram, vel operatur in ea.* Regula S. Isidori cap. 19 : *Ad custodem sacrarii pertinet ordinatio lineariorum, fullonum, Cerariorum, atque sartorum.* [** Vide Marin. in Pap. Dipl. pag. 351. num. 120. not. 20.]

* Glossar. Gall. Lat. ex Cod. reg. 7684 : *Ciergier, cirier, qui fait, vent ou euvre de cire, Cerarius.* Vide Hist. Bles. D. *Fleureau* part. 1. cap. 28. pag. 112.

Cerarii, Servorum species. Capitulare ann. 779. cap. 15. Lex Langobard. lib. 3. tit. 5. [** Carol. M. 12. Pipin. 17. et 41.] et Capit. Caroli Magni lib. 5. cap. 133. novæ Edit. : *De tributariis Ecclesiarum. De Cerariis et tabulariis, ac chartulariis ita fiat sicut a longo tempore decretum est.* Hincmarus Remensis tom. 1. et Regino in Inquisit. Episc. cap. 12 : *Investigandum de luminaribus Ecclesiæ, quot Cerarios habeat ipse titulus.* Tabularium S. Remigii Remensis : *Est quoque in prædicta villa in honore S. Remigii Ecclesia, habens. ... mansum ingenuilem 1. Cerarios 10. donat unusquisque denarios 4. aut ceram e contra.* Ex quibus patet ita dictos libertinæ conditionis homines, qui censum capitis sui in *cera*, seu *cerarium* Ecclesiis præstabant. Eckeardus Junior de Casib. S. Galli cap. 1 : *Censum capitis sui in Cera ad sepulcrum ejus misit.* Vide *Denarata.* Perperam igitur Lindenbrog. et Spelman. *Cerarios* opinantur dictos, qui cera literas obsignant : quod vel evincit titulus, qui Capitularium loco præfigitur. [** Auctores qui de *Cerariis* vel *Cerocensualibus* egerunt, recenset Mittermaier Princip. Jur. German. § 49. not. 24.]

Cerearii dicuntur in Charta Henrici IV. Imp. ann. 1116. apud Zyllesium : *Sive Dagescalci aut Cerearii foris ubique per villas positi, etc.*

* Cerarius, Cereus, apud Regin. ex notis Baluz. ad eumdem pag. 535.

* 2. **CERARIUS**, f. pro *Carcerarius*, carceris custos. Charta Phil. Pulcr. ann. 1312. inter Privil. Univers. Aurel. ex Cod. reg. 4223. A. fol. 30. r°. : *Si contra quemquam suspicio fuerit exorta probabilis, is honeste detentus, præstita idonea cautione, cessantibus Cerariorum exactionibus, dimittatur.* Vide supra *Cerare* 3.

* **CERASARIA**, Locus cerasis consitus, Gall. *Cerisaie.* Necrolog. Paris. MS. ad IV. Id. Jun. : *Item quinque quarteria, tam terræ quam salceyæ sive ripariæ, sita in territorio de Cristolio.... In qua petia terræ est quædam Cerasaria.* Vide infra *Cereria* et *Ceresarius.*

¶ **CERASEA**, pro *Cerasum*, Gall. *Cerise*, in Libro Ordinis S. Victoris Paris. MS. cap. 25. quod integrum exhibetur in voce *Signum.*

¶ **CERASO**, Eadem notione, species cerasi grandioris Henschenio. Vita B. Columbæ Reatinæ tom. 5. SS. Maii pag. 382 : *In ardore diræ febris aliquando succasset frustulum acris arancii, vel aliqua grana Cerasonis.*

¶ **CERASTES**. Vide *Cerates.*

* **CERATÆ**, *Le tabule de cera da scriture.* Glossar. Lat. Ital. Ms. Vide *Ceratus.*

¶ **CERATAULA**, Buccinator, cornicen, a Græco κέρας, cornu, et αὐλός, Tibia. Vide Salmasium ad Vopiscum in Carino cap. 19. ubi *Ceratauiæ*, Salpistis, id est, Tubicinibus adjunguntur. Quidam legunt *Camptaulæ.* Vide *Camptaules.*

¶ **CERATES**, *Oboli pars media, siliquam habens unam semis; hunc Latinitas Semibolum vocat. Cerates autem Grece, Latine cornuum interpretatur. Obolus siliquis tribus appenditur, habens Cerates duos, calcos quatuor. Fiebat enim olim ex ære ad instar sagittæ, unde et nomen a Græcis accepit, hoc est, sagitta.* Isid. lib. 16. Orig. cap. 24. Glossar. Sangerman. MS. num. 501 : *Calcus geminatus Ceratim facit.* Papias MS. Bituric. : *Cerastes, Mensura duorum calculorum vel unius siliquæ et dimidiæ.*, et sic *scribitur* . Z . *quem Semiobolum dicunt.*

Perperam *Cerastes* pro *Cerates.*

¶ **CERATIUM**, in Amalthea, *Numi genus siliqua, pondus minimum sex obolorum.* Melius ex aliis, *Semioboli.* Vide Glossar. mediæ Græcit. in Κεράτιον.

CERATUS. Joan. de Janua : *Ceratus, et cereus differunt, quia cereum est quod totum ex cera constat; sed Ceratum, quod vel linitum, vel incrustatum est cera unde Ceratæ dicuntur tabulæ in quibus scribitur.* Plinius l. 13. cap. 22 : *Faciemque inradunt ignes sacri, ob id Cerato prius illinunt.* Gesta sub nomine Acacii : *Ut si dicamus aliquid Ceratum, aut picatum, aut stagnatum, aut quolibet alio genere coloratum.* Regula S. Cæsarii ad Virgines cap. 42 : *Nec vela Cerata appendi, nec tabulæ pictæ affigi, nec in parietibus vel cameris ulla pictura fieri debet.* Ceram pictoris instrumento accenset lex 17. D. de Instruct. Sed hæc nota. (33, 7.)

CERAUNEUS. Tabul. Monasterii S. Andreæ Viennensis : *Ego Aimo Dei correptione tactus, constitusque in fine dubio, meditans in præcordiis flagitiosa quæ perpetravi, pavens nimium voragine barathri, umbrosasque vias tartari metuens calcare, magisque inseri delectans liliis interlucentiis* (sic) *sectis. Ceraunеis, et frui virentibus pratis per pascua Christi, hoc metu vel amore compunctus, etc.* Forte pro *Uraneis*, cælestibus. Papias : *Ceraunеus, est lapis flammeus a calore dictus : invenitur ubi fulmina cadunt.* [*Cerauniorum duo genera sunt*, inquit Isid. lib. 16. Orig. cap. 13 : *Unum quem Germania mittit chrystallini similem, splendet tamen cæruleo, et si sub divo positus fuerit, fulgorem rapit sidereum. Ceraunium alterum Hispania in Lusitanis littoribus gignit, cui color pyropo rubenti, et qualitas ut ignis. Hæc adversus vim fulgurum opitulari fertur, si credimus. Dicta autem Ceraunia, quoniam alibi non invenitur, quam in loco fulminis ictui proximo. Græce enim fulmen* κεραυνός *dicitur.*]

* D. *Falconet* nos monet longe aliter censere recentiores de eo lapide, qui iis *Cerauniаs* dicitur. Vide Lapid. hist. Anselm. *Boot* edit. ab Adr. Tollio.

¶ **CERAUNIUM** *ponitur quoties multi versus improbantur, nec per singulos obelantur,* κεραυνός *enim fulmen dicitur.* Isid. lib. 1. Orig. cap. 20. *Ceraunium* sic pingitur

; apud Papiam vero MS. Bituric. sic

et apud alios vel vel

* **CERAUNON,** *Clamor nautarum,* in Doctr. Alex. de Villa-Dei edit. ann. 1484. Vide supra *Celeuma.*

¶ **CERBELLERIA,** Pileolus ferreus ad tuitionem capitis accomodatus, Italis *Cervelliera.* Computum anni 1333. Hist. Dalphin. tom. 2. pag. 273 : *Item pro curettis tribus, barbuta una et Cerbelleria una unc.* III. *taren.* XVIII. Vide *Cervellerium.*

* **CERBOTANA,** Cerobotana, Machinæ jaculatoriæ species, Hispan. *Cerbatana*, Ital. *Cerbottana;* unde nostrum *Sarbatane* vel *Sarbacane.* Tract. Ms. de Re milit. et mach. bell. cap. 12 : *Civitates, rochæ sive castella acquiruntur per bombardas et Cerbotanas, per ignem et incendaria projecta a Cerbotanis ...... Ista frangunt bombardas et Cerbotanas, humiditas sive aqua intus bombarda, etc.* Cap. 14 : *Cerbotana ambulatoria.* Rursum cap. 46 : *Bombarda Cerbotana ad longe pillulas suas expluit, quia virtus unita est fortior dispersa.* Steph. de Infestura Ms. de Bello inter Sixtum IV. PP. et reg. Ferdin. ann. 1482 : *Tres bombardæ grossæ cum infinitis Cerobotanis, et cum aliis artiliariis et instrumentis, de quibus erant onerati innumerabiles carri.*

* **CERBUS,** Species vasis. Vide *Lito.*

¶ **CERCA,** Vox Hisp. Gall. *Clos*, Clausum, septum. Charta ann. 1041. Marcæ Hisp. col. 1083 : *Gaufredus Vitalis et ego uxor ejus Chixol donamus Domino Deo et S. Felici Monasterio Guixalensi ... castrum, Cercas et menadas suas.*

1. **CERCARE,** Vallare, in modum circuli circumdare, obsidione cingere, [Hisp. *Cercar.*] Charta Veremundi Regis æræ 1070. ex Tabul. Lucensis Ecclesiæ apud Bivarium : *Et Cercavit ipsam Pennam, et presit eam per fortia, et cremavit et desolavit ea.* [Charta D. Garciæ Ramirez Regis ex Archivo Monasterii de Leyra : *Factum era* 1182. *in die quando habebat Rex Cercata Erga*, id est, juxta Jos. *de Moret* in Antiquit. Navar. pag. 44 : *El año, que se cerco Erga, y que se cogio Erga*, seu Ergaria alias *Ygnaluda.* Chronicon Parmense ad ann. 1295 : *Dominus Potestas sonari fecit campanellam de cavalcare, et volens ire ad dictum Monasterium S. Johannis ad Cercandum et vindictam sumendum de prædictis excessibus, convocavit duo millia de populo.*] Vide *Circa, Circare.*

* 2. **CERCARE,** Cerchare, Quærere, inquirere, vox Italica, nostris *Chercher.* Stat. Placent. lib. 6. fol. 74. v° : *Nullus impediat officium judicis gabellæ salis seu nunciorum ejus, sive in Cercando salem prohibitum, sive quovis modo.* Stat. Astens. cap. 5. ubi de Intrat. portar. : *Quod omnes mercatores ...... portantes bonetas seu maletas super equis, vel alio modo, ... teneantur dictas bonetas sive maletas aperire, et in ipsis permittere Cerchare, ne quid portetur in ipsis ex quo debeat solvi pedagium. Cherquijer*, eadem notione, apud Guignevil. in Peregr. hum. gen. Ms. :

> Nus ne devés faire passer,
> Se son fardel ne veut monstrer;
> Les pekeurs devés Cherquijer
> Et faire leurs fais desquerquier.

Cierquier, pro *Chercher*, Quærere. Le Roman *de Cleomades* Ms. :

> La fin de cest livre Cierquiés,
> Se vous les nous trouver cuidiés
> Des dames dont m'oés parler.

Vide infra *Encercare.*

CERCELLA, *Querquedula*, Avis aquatica, quam Galli *Cercelle* vocant, Angli *Ceale.* Vetus Charta apud Somnerum in Tractatu *de Gavelkind* pag. 183 : *Dabunt etiam nobis annuatim ad Natale Domini unum mathlardum, et unam annatem, et quatuor Cercellas, et ad Pascha unum agnum de present.* Radulfus de Diceto in Ricardo I : *Nisum suum docuit affectare Cercellas propensius.* Occurrit apud Bromptonum et Giraldum Cambrensem in Topogr. Hybern. dist. 2. cap. 31. qui ita ait appellari *anates minores.* Hinc emendandæ Glossæ Arabico-Lat. : *Ceriola, auca*, ubi leg. *Cercellæ.*

* Vel Gall. *Sarcelle* : nostris etiam *Cercelle*, dictum est olim insectum volans, qualis papilio. Vide *Circella.*

CERCELLUS, Circellus, parvus circulus, nostris *Cerceau.* Anastasius in Valentino II. PP. pag. 165 : *Cercelli paria* 2. *habet gemmas pretiosissimas albas numero* 18. *etc.*

* **CERCENATUS,** Cincinnatus, crispus, Gall. *Frisé* vel *Crepé*, nostris olim *Cercelé.* Vitæ SS. Mss. ex Cod. 28. S. Vict. Paris. fol. 100. v°. col. 2. ubi de S. Marco : *La forme de saint Marc fu tele, lonc nés, sourciz vautis, biaus par iex, les cheveux Cercelés, longe barbe, de tres bele composition de cors, de moien eaige.* Vide infra *Circillatus.*

* **CERCHA,** Inspectio, quæ circumeundo fit, simul et Census, qui pro excubiis seu custodia castri solvitur. Chartul. eccl. Carnot. ann. circ. 300 : *Debent etiam omnes isti* (matricularii) *qualibet nocte post ignitegium Cercham facere circa chorum et etiam per totam ecclesiam cum luminari in manu cujuslibet.* Charta Phil. Pulcr. ann. 1314. ex Reg. 50. Chartoph. reg. ch. 28 : *Item panem unius denarii, quem quilibet dictorum hospitum debet in die Nativitatis Domini; et quatuor ova in die Paschæ, et obolum de Cercha.* Haud scio an huc pertineat vox *Charches*, in vett. Reg. capit. Aurel. ubi annotatur a quolibet canonico 20. lib. solvi debere pro jure *capparum*, et 10. pro eo, quod *Charches* ibi appellatur. *Cercles de nuit*, f. pro *Cerches* appellatur serviens excubiarum, vulgo *Sergent du guet*, in Chartul. sign. *Cæsar* Corb. fol. 42. v° : *Donnons à Francois de Bonourt l'office de sergent de nuict de laditte ville de Corbie, que anchiennement l'on souloit nommer Cercles de nuict ...... Mandons au prévost de laditte ville ...... que dudit office de sergent de Cercles de nuict, il fache, souffre et laisse joir et exercer ledit de Bonourt. Cerche*, Circuitio, concursatio, vulgo *Tournée*, in Lit. remiss. ann. 1378. ex Reg. 113. ch. 152 : *Lesdits bons preudommes firent leur Cerche par la ville, comme il estoit acoustumé pour ledit guet.* Aliæ ann. 1407. in Reg. 161. ch. 281 : *Iceulx messiers pour plustot avoir fait leur Cerche, se feussent divisez en deux parties.* Unde *Cerchier*, pro Percurrere, circumire. Chron. S. Dion. lib. 2. cap. 6 : *Monderis avoit Cerchiés toutes les citez d'Auvergne, et avoit assamblé grant multitude de gent à pié et des vilains du païs.* Villehard. paragr. 71 : *Les forriers Cerchierent la contrée, etc. Chercher*, eadem acceptione, apud Froissart. vol. 4. cap. 1. Vide *Circa* 3.

* Hinc *Chierchaine* appellari videtur Inquisitio juridica, Gall. *Enquête*, in Lit. remiss. ann. 1383. ex Reg. 124. Chartoph. reg. ch. 77 : *Pendant lesdit appeaulz ou Chierchaines, ledit Gillot comme couchans et levans ... ès mettes et termes de laditte baillie* (*d'Arras*).

* **CERCHARE.** Vide supra *Cercare* 2.

CERCHEIA, Cerchia. Vide *Circa* 3.

* **CERCHEMANARE,** Cerchеminare, Limites ex jure vel ex officio figere, quod agros inspiciendo et circumeundo fit. *Cherquemener*, in Charta Roberti abb. Marchien. ann. 1312. ex Reg. 48. Chartoph. reg. ch. 106 : *Les terres ahanaules ...... ferons bonner, mesurer et Cherquemener bien et loialement.* Unde *Cerchemanatio*, Ipsa limitum fixio, *Cerquemannaige*, in vet. Consuet. Hannon. cap. 30 : *Que les cerquemanneurs pour chascun racointement de Cerquemannaige qu'ilz feront ausdiz eschevins de Mons, etc.* Charta ann. 1238. in Chartul. Thenol. fol. 24. r° : *Ita quod quicquid nos ..... ordinaremus de facienda divisione et Cerchemanatione dictarum terrarum et territoriorum ...... Et illi homines........ legitime et fideliter Cerchemanarent et dividerent terras, territoria et dominia utriusque ecclesiæ.* Alia ann. 1280. ex Chartul. S. Vincent. Laudun. : *Item habebunt prædicti religiosi justi-*

tiam limitandi, Cerchemmandi et esbundandi in treffundo suo: Cerkemunerie et *Cherkemanerie*, in Lit. ann. 1291. tom. 3. Ordinat. reg. Franc. pag. 293. et 294. Vide infra *Circamanaria*.

* **CERCHERIA**, Custodia. Charta Simon. comit. Montisfort. ann. 1202. inter Instr. tom. 8. Gall. Christ. col. 524 : *Servientes mei Rupisfortis nullam debent Cercheriam in nemoribus S. Benedicti de Synecampo.* Vide *Circa* 3.

* **CERCHIA**, ut *Circada*, Census, qui solvitur episcopo aut archidiacono ab ecclesiis pro visitatione. Tabular. Fossat. fol. 9 : *Nos tenemur solvere pro ipso* (presbytero) *synodum bis in anno, et Cerchiam de triennio in triennium semel.* Vide alia notione in *Circa* 3.

* **CERCHIUM**, Circulus, Ital. *Cerchio*, nostris *Cercle* et *Cerceau*, olim etiam *Cerche* et *Cherchel*. Stat. Genuens. lib. 4. cap. 42. pag. 106. v° : *Prohibeant ipsi potestates ne aliqua persona sibi subdita vendat alicui foritaneo aliquod lignamen, ut vegetem, barilia, Cerchia, salices, etc.* Consuet. Aurel. apud Thaumass. pag. 473 : *La Charreté de peelles, de minos, de Cerches, d'aceuelles, de auges, de godez, doit un denier.* Chartul. sign. *Daniel* Corb. ad ann. 1426. fol. 52. v° : *Ung millier de Cherchaulx pour le provision de l'église, est assavoir deux cens de renforchiés, deux cens à coques, et le remain keures. Chercel* vero, Ligonis est species vulgo *Houe*, in Lit. remiss. ann. 1448. ex Reg. 176. Chartoph. reg. ch. 624 : *Le suppliant, qui tenoit ung Chercel à ouvrer ès vignes, etc.*

¶ **CERCIMITA**. Vita S. Francisci de Paula tom. 1. SS. April. pag. 129 : *Accipiatis parum illius herbæ quæ est ante Monasterium, quod ædificabat, quæ vocatur Cercimita, et imponatis capiti succum et postea frondes coctas, et Dominus Deus concedet ei gratiam pristinæ sanitatis.*

¶ **CERCIS**, Gr. κερκίς, Os alterum cubiti superioris. Tiburtius Navarreus in Miraculis S. Francisci Solani, tom. 5. SS. Julii pag. 898 : *Cujus salute Medicis desperata, oculis visu privatis, Cercidibus brachiorum apertis.*

¶ Cercis Lignea, *Aratri radius, qui in jugi foramen immittitur*, in Vocabulario Sussannæi. Idem quoque est κερκίς apud Græcos.

* **CERCITORIUM**, Pannus, quo altarium circuitus ornabatur; unde nomen : a pannis, quibus tempore Quadragesimæ tegebantur ac velabantur altaria, distinguendus, ut colligitur ex Charta ann. 1019. apud Murator. tom. 4. Antiq. Ital. med. ævi col. 768 : *Indumenta vero ejusdem altaris Cercitorium et duo coopertoria serica Constantinopolitana, et alium Cercitorium et coopertorium de zendato. Quadragesimali vero indumenta ipsorum altaria* (altarium) *linea opere plumario adornata tria.* Pluries ibi; semel autem et iterum col. 771. *Circitorium.* Vide in hac voce.

CERCIUS. Vide *Circius*.

CERCLAGIUM. Vide *Circulagium*.

* **CERCLAGIUM**. V. infra *Circulagium*.

* **CERCLARIUS**, Circulorum opifex, Gall. *Cerclier*. Charta Guil. episc. ann.

¶ **CERDONIA** Ars, in Actis SS. Junii

1222. in Reg. B. Cam. Comput. Paris. fol. 150. r° : *Dominus rex vult et concedit ut nos Paris. episcopus et successores nostri Paris. episcopi habeamus apud Parisius unum draparium, ... unum carpentarium, unum Cerclarium, etc.* Vide infra *Circularius*. *Cerclouere*, f. pro *Sarcloir*, sarculum; in Lit. remiss. ann. 1446. ex Reg. 178. Chartoph. reg. ch. 162 : *Le suppliant se baissa pour prendre à terre ung marrochon ou Cerclouere qu'il trouva d'aventure.*

tom. 1. pag. 801. de S. Bertrando; eadem est quæ sutoria a *Cerdo*, sutor aut quivis artifex sordidus qui illiberalem exercet artem lucri gratia. Vocem *Cerdo* Martiali et aliis notam deducit Martinius a Græco κέρδος, lucrum. [** *Cerdo*, Coriarius, Gallice *Tanneur*. Vide Guerard. in proleg. Chartul. S. Petri Carnot. pag. 60. et chart. ann. 1247. apud Guden. Cod. Diplom. tom. 1. pag. 598.]

¶ Cerdonicum Opus, Eadem notione. Memoriale Potestatum Regiens. ad ann. 1282 : *Erat in civitate Parmensi quidam pauper homo, operans de opere Cerdonico; faciebat enim sutulares.*

* **CERDONISSA**, Cerdonis uxor, in Mirac. S. Hyacinthi tom. 3. Aug. pag. 365. col. 2. Vide *Cerdonia ars*.

¶ **CEREA**, Cerasum. Bern. Ordo Cluniac. part. 1. cap. 17 : *Pro signo Cerearum, hoc adde ut digitum subtus oculos ponas.* Lege *Cerasearum* ex Udalrici loco, qui exhibitur in voce *Signum*.

CEREAGIUS. Vide *Ceragius*.

* **CEREALE**, *Papaver dictum, quod longum hoc cibo jejunium quasi cerere contineatur.* Glossar. vet. ex Cod. reg. 7613.

1. **CEREALIS**, Pistor. Gloss. Saxon. Ælfrici : *Cerealis, pistor*, gristra. [Papias MS. Bitur. : *Cerealius, Pistor a Cerere, id est, frumento quod aptant.* Hinc emendandum Glossar. San-German. num. 501. ubi *Cereasius, Pistor.*] Fuere olim ædiles, quos *Cereales* appellabant, quod frumento præessent, *Cereale gramen*, fruges dixit Gualterus l. 1. Alexandreid. pag. 10.

Cerealis Potus, Cerevisia, in Passione Berchari. Locum vide in *Duciculus*. *Cereale poculum*, eadem notione, apud Saxonem Grammaticum in Præfat. ad Histor. Danicam. Vide *Ceria*.

¶ Cerealis, Isidoro in Glossis, *Qui ad sacra stat*, nempe Cereris, Sacerdos Cereris, ut post Martinium adnotat Grævius. Hic addit ex Glossis : Δημητριακός, *Cerealis*, qui sic dicitur, inquit, ut *Quirinalis*, *Martialis*, *Augustalis*.

¶ 2. **CEREALIS**, Cursor, nuntius. Hieron. lib. 3. contra Ruffinum cap. 1 : *Idcircone Cereales et Anabasii tui per diversas provincias cucurrerunt?* Vide *Celer*.

* 3. **CEREALIS**, Servus, qui censum capitis sui in *cera* præstabat. Charta Henr. IV. imperat. ann. 1065. tom. 1. Hist. Trevir. Joan. Nic. ab *Hontheim* pag. 409. col. 2 : *Nulli advocato vel hunnoni subjaceant; sed tantum abbati, sicut censuales vel Cereales.* Alia ann. 1112. inter Probat. tom. 1. Hist. Lothar. col. 531 : *Præbendarii autem qui fratribus infra claustrum serviunt, ... sive dagescalci aut censuales, qui Cereales dicuntur, sive piscatores aut pistores, etc.* Vide in *Cerarius*.

* **CEREALIUM**. Vide infra *Crealium*.

¶ **CEREALIUS**, Pistor. Vide *Cerealis* 1.

¶ **CEREAPTUM**. Vide *Ceraptum*.

CEREARII. Vide *Cerarii* in *Cerarius*.

¶ **CEREARMA**, *Instrumenta pistoria*. Vet. Glossar. San-German. MS. Num. 501. Vide *Cerealis* et *Ceragius*.

* Pro *Cerealia*, vel *Ceralia*. Vide supra in hac voce.

¶ **CEREASIUS**. Vide *Cerealis* 1.

* **CEREBRARE** Canem, Proverbii genus, in Epist. synodi episc. Gothiæ et Spaniæ ann. 902. inter Probat. tom. 2. Hist. Occit. col. 42 : *Quoniam Deus, qui sic* (per examen judicii) *diligit facere judicium de rapina hominis pauperis, quasi qui Cerebraret canem; in conspectu hominis demonstraret veritatem sanctæ Mariæ; comprobaret ac convinceret perjurum Theodricum testibus suis.*

¶ **CEREBRERIUM**, Species cassidis, qua tegitur capitis pars superior. Chronicon Francisci Pipini lib. 2. cap. 50 : *Quum comperisset se moriturum excogitavit novam capitis armaturam, quæ vulgo Cerebrerium sive Cerobotarium appellatur, qua jugiter caput munitum habebat.* Vide *Cervellerium*.

CEREBRUM Cameræ, [Rotundum Templi fastigium.] Vide *Tholus*.

CERECENSUALES, Qui ceræ certum pondus quotannis Ecclesiis pensitare ex censu tenentur : qui in aliis *Cerarii* dicuntur, ut in hac voce docemus. Charta Engilberti Archiep. Coloniensis ann. 1225. apud Ægid. Gelenium pag. 115 : *Se jure Cerecensuali Ecclesiæ Campensi contradidit.*

CEREFOLIUM, Genus apii, quod vulgus ita appellat, inquit Constantinus Africanus lib. de Gradibus. Græcis χαιρέφυλλον, *Chærephyllon*, Columellæ, nostris *Cerfeuil*, Italis *Cerfoglio*. Gloss. Gr. Lat. *Cerepillium*, γιγγίδιον. Legendum *Cerefolium*. Γιγγιδίου meminit Dioscorides.

* **CERELA**, f. Idem quod supra *Carola*, arcula, pyxis. Chron. Bergom. ad ann. 1406. apud Murator. tom. 16. Script. Ital. col. 974 : *Et dicebatur quod in ipso castro erant circa somæ cl. bladi, una magna quantitas carnium salsorum, balistæ xiv. quid a bancha, quid a Cerela cum furnimentis, et certa quantitas vini.*

* **CEREMONIA**, Victima, hostia, quia cum apparatu immolatur. Acta S. Felicis tom. 1. Aug. pag. 27. col. 1 : *Hoc etiam edicto eum commonuit, persuadendum, ut si Diis Ceremonias immolaret, immensis honoribus sublimatas appareret universis. Cerimonia, Offrende*, in Glossar. Lat. Gall. ex Cod. reg. 7692.

* Cerimonia, Festum solemne. Glossar. Lat. Gall. ex Cod. reg. 521. : *Cerimoniæ, festes de candeles.* Stat. crimin. Saonæ cap. 27. pag. 56 : *Quia interdum tempore rogationum et etiam confraticarum, que fiunt annuatim festivitatibus solemnibus in civitate Saonæ et districtu, committuntur verba, et interdum verbera, ex quibus persæpe scandala oriuntur, possit magistratus Saonæ auctoritate propria dare modum, formam et regulam hujusmodi Cerimoniis.*

* **CEREMONIALIA**, Ceremoniæ, ritus. Hist. desponsat. Frid. III. imper. cum Eleon. Lusit. tom. 1. Hist. geneal. domus reg. Portugal. pag. 614 : *Et Ceremonialia*

in offerendo ad summum altare ornatissime cum oblationibus veniendo reges et principes juxta ordinem, etc.

CEREMONIALIS Scientia, apud Ammianum l. 29. pag. 415. pro magia, vel magico apparatu.

CEREMONIARI. Acta S. Cypriani Martyris : *Maximus Proconsul dixit : Jusserunt et sacratissimi Imperatores Ceremoniari.* Id est, diis sacra offerre. Occurrit etiam in Vita S. Pontii cap. 18.

¶ **CEREOFALUM.** Vide *Cereophalum.*

CEREOLUS, Cereus. Pirminius in Excerptis de sacris Scripturis : *Incensum, Cereolos, et oleum in Luminaribus Ecclesiæ, juxta quod prævaletis, ibidem date.* Vide Gloss. med. Græcit. in Κηρολάριον. [Infra habetur *Ceriolus* ex eodem Pirminio.]

* **CERENARIUS.** Charta ann. circ. 951. apud Ughell. tom. 1. Ital. sacræ col. 722. edit. ann. 1717 : *Turribus, defensionibus, mansionibus, fabriciis novis et vetustis, griptis Cerenariis, transitoriis, etc.* [** Leg. *Arenariis*, ut in *Arenarium*, 2.] Vide mox

* **CERENUM**, *Heres*, in vet. Glossar. ex Cod. reg. 7613. [** Pap. in cod. reg. 7609. *Cherenum*. Joan. de Janua *Cirenus*.]

CEREOPHALUM. Acta Proconsularia sub Munatio Felice, apud Baron. ann. 303. n. 12 : *Cucumellum argenteum, lucernæ argenteæ 8. Cereofala 2. candelæ breves æneæ cum lucernis suis 7.* Ubi *Cereofala* videntur esse ea candelabra, cereis instructa, quæ posterior ætas *fara*, et *phara* vocavit : quod instar Phari lumine ædem perfunderent. Porro quos *pharos* dicunt Latini, nostri *Falots* appellarunt, laternas nempe castrenses, quarum inventionem Manueli Imp. attribuit Cinnamus. Nam et a *pharis* hocce nostrum vocabulum deducendum puto. Erit igitur *Cereophalum, un falot de cire.*

CEREOSTATA, Cerostata, Cerostatarii, Candelabra quæ per se stant, vel in quibus cerei stant aut manibus deferuntur : a cereis, non a κέρας, *cornu* dicta, uti vult Papias. Vita S. Desiderii Episc. Cadurcensis cap. 9 : *Adstant et Statarii cereorum corporibus aptati.* Vide *Stantareum.* Proinde de ejusmodi candelabris intelligendum arbitror Bibliothecarium in libello de Munificentia Constantini M. apud Baron. ann. 324. n. 64 : *Fecit autem candelabra ex auricalco in pedibus decem, numero quatuor argento conclusa, cum sigillis argenteis, etc.* Cerostata. Papias : *Cerostata, candelabra, vasa Ecclesiæ, a cornibus dicta Græce.* Anastasius in S. Hormisda PP. pag. 34 : *Obtulit B. Petro Apost. Cerostata argentea duo pens. libr.* 70. In Vigilio pag. 40 : *Cerostatas argenteas deauratas majores duas quæ stant usque hodie ante corpus B. Petri Apost.* In Honorio pag. 46 : *Fecit et Cerostatas majores ex argento paria duo.* In Leone III : *Necnon et Cerostatas ex argento mundissimo stantes juxta ipsum lectorium.* [Vide Anecd. Martenii tom. 3. col. 1671. et ejusdem antiquos Ecclesiæ ritus tom. 1. pag. 142.] *Canthara Cerostata*, apud eumdem Anastasium in S. Silvestro, ubi perperam *Cerostrata*; ut et infra, *Canthara Cyrostrata in gremio Basilicæ argentea, etc.* Canthara scilicet in quibus ardent cerei. Alia sunt *Cerostrata* apud Vitruvium κηρόγρωτα, *ceris inducta*, de qua voce Salmasius ad Solinum pag. 231.

Cereostata. Gregor. Mag. in Sacrament. : *Pontifex lotis manibus procedit cum 7. Cereostatis ad Missam.* Totidem habuisse Ecclesiam Romanam testatur Diurnus Romanus cap. 7. tit. 8. quot scilicet erant regiones. Alibi : *Et illa duo Cereostata quæ antea fuerant inluminata, semper ante ipsum procedunt.* Gislebertus lib. 1. Vitæ S. Romani Abbat. cap. 7 : *Sicque inde levatum et cum Staurophona ac Cereostata, cumque divinorum melodia hymnorum... deportatum est.* Leo Ost. lib. 1. Ch. Cas. cap. 34 : *Sumentes cruces aureas ad procedendum et thuribula, atque Cerostata, textusque Evangeliorum.* Vide Ord. Rom. et Honor. Augustod. lib. 1. cap. 8.

Cerostatarium. Gloss. S. Bened. cap. de vasis argent. : *Cerostatarium*, κηροφόρον.

Cereostatarii, Acolythi, qui *Cerostata*, seu candelabra in Ecclesiasticis Processionibus, aut ceremoniis deferunt; qui aliis *Ceroferarii.* Petrus Diacon. lib. 4. Chronic. Casin. cap. 37 : *Bajulos, Cereostatarios, Stauroferos, Aquiliferos, etc.*

¶ **CEREPULIUM.** Vide *Cerefolium,*

¶ **CERERE**, *Gaudere.* Glossar. Sangerman. MS. [** Papias : *Chereo, gaudeo, græce.* Χαίρω.]

¶ **CEREREUS**, Cerarius, ut puto, Gall. *Cirier*, Qui vendit ceram vel cereos. Charta Archembaldi Borbonii pro Habitantibus Villam-francam apud Thomasserium in Biturig. pag. 226 : *De unoquoque Mercerio semel in anno quatuor denarios... Cererei extranei vel privati quatuor denarios.*

* **CERERIA**, Cerasum, Occit. *Ceriero*, Gall. *Cerise.* Leudæ minutæ Carcass. Mss : *Item de saumata Cereriarum*, ... *unum obo um.* Comput. ann. 1399. inter Probat. tom. 3. Hist. Nem. pag. 150. col. 1. : *Item pro Cereriis, xj. grossos.* Ubi non semel occurrit. Vide *Ceresum.*

¶ **CEREROSUS**, δημητριόληπτος, *Cerritus, insanus*, in Supplemento Antiquarii. Lege *Cerebrosus.*

* **CERES** Triticea, Panis. Vita metrica S. Nic. Tolent. t. 3. Sept. p. 731. col. 1. :

> Fœmina, quæ vestris laribus vicina, calenti
> Triticeam furno Cererem tractura, canistrum
> Fert humero, etc.

CERESARIUS, Cerasus, *Cerisier*, in Capitulare de Villis cap. 70.

* Charta ann. 1295. in Chartul. Pontiniac. pag. 158 : *De uno arpento vineæ sitæ ad Ceresarium, quæ fuit Gaufridi majoris de Germigniaco.* Vide supra *Cerasaria.*

¶ **CERESUM**, Cerasum, Gall. *Cerise*, apud Rolandinum Patavinum de Factis in Marchia Tarvisina lib. 8. cap. 6.

* **CERETANUS**, Italis, Circulator, sive circumforaneus pharmacopola, Gall. *Charlatan*, ut notant docti Editores ad Acta S. Bernard. Feltr. tom. 7. Sept. pag. 905. col. 2 : *Spoletum rediit, illinc Ceretanos, pessimum et fraudulentum hominum genus, expulit.* Vide infra *Cerretani.*

CEREVISIA, Cervisia, Cervisa. Glossæ MSS. ad Alexandrum Iatrosophistam lib. 1. Passion. : *Cibiriaticon, Cervisia.* Vox Gallica vetus, qua Galli nostri potum qui ex hordeo conficitur, nuncupabant, ut auctor est Plinius lib. 22. cap. 25. Nos etiamnum *Cervoise* dicimus. Jonas in Vita S. Columbani cap. 16 : *Cum refectionis appropinquaret hora, et minister refectorii vellet promere Cervisiam, quæ ex frumenti vel hordei succis decoquitur, quaque præ cæteris in orbe terrarum gentibus, præter Scoticas et Dardanas, quæ Oceanum incolunt, utuntur, tempe Gallia, Britannia, Hibernia, Germania, cæteræque quæ ab eorum moribus non discrepant, vas quod Typrum nuncupant, in cellarium deportavit, etc.*

Antequam autem potus ille fiat, redigitur prius in maltam hordeum. Est vero malta, quam Dani, Belgæ, Theutonesque *Mout*, et *Moltz* dicunt, vix aliud quam Aetii Amydeni βύνη, quam exponit hordeum aqua madefactum, ac maceratum, ex quo germen erumpit, quod deinde cum eodem germine, sive enatis filulis, torretur. Tostum, pleneque præparatum molendino frangitur, inque farinam aptatur. Ac mox aqueo humori inditum una cum lupulo salictorio igne excoquitur, fitque liquor potui gratissimus, quem Belgæ et Franci vulgo *Biere*, Dani *Oel*, Angli *Ael* appellant. Hæc ex Pontano in Chorogr. Daniæ. Will. Brito lib. 2. Philipp. de Flandrensibus :

> Raris sylva locis facit umbram, vinea nusquam :
> Indigenis potus, Thetidi miscetur avena,
> Ut vice sit vini multo confecta labore.

Censent plerique, atque in iis Hadrianus Junius [lib. 2. Animadvers. cap. 12. et] in Batavia, et Goldastus in cap. 9. Eckeardi de Casib. S. Galli, et in Theodorum Eremitam de Vita S. Galli lib. 1. cap. 1. cerevisiam a Cerere dictam, quasi *Cerebibiam*, quod Ceres, id est, frumentum coctum bibatur. Id hausisse videntur ab Isidoro lib. 20. Orig. cap. 3 : *Cervisia, a Cerere, id est, fruge vocata : est enim potio ex seminibus frumenti vario modo confecta.* At sententiam hanc improbat Isaacus Pontanus, cum Gallis, barbaris hominibus, ante Julium Cæsarem, ne nomen quidem Cereris per somnium usurpatum. Ego vero malim a *Celia*, quod idem est ac *Celia*, *Cerevisiam* dictam. Nam etsi Hispanorum *Celia*, vel *Ceria*, non idem omnino potus fuerit cum *Cerevisia*; haud tamen absimilis fuit, cum celia, uti jam supra annotatum, e tritico, cerevisia ex hordeo madefactis conficiatur, ita ut extremæ in cerevisia syllabæ adjectæ voci fuerint ad discrimen ceriæ ipsius. Et sane a veteribus, seu potius ævi medii Scriptoribus, Celiæ vocabulo donatam cervisiam, observatum in v. *Celia*, ubi et de vocis origine quædam attigimus.

Cerevisiam porro Gallis, Anglis, et populis Septentrionalibus potum familiarem improbat Henricus Abrincensis, qui sub Henrico III. Rege Angl. floruit :

> Nescio quid Stygiæ monstrum conforme paludi,
> Cervisiam plerique vocant; nil spissius illa,
> Dum bibitur; nil clarius est, dum mingitur; unde
> Constat quod multas feces in ventre relinquit.

Urinam laxivam, Cerevisiam vocat quidam Versificator ap. H. Rebdorff. ann. 1347.

* *Chervoise*, in Reg. 13. sign. *Habacuc* Corb. fol. 27. v°. ad ann. 2510. *Theotunicus potus* nuncupatur, in Constitut. Erici Danor. regis ann. 1269. apud Ludewig. tom. 12. Reliq. Mss. pag. 203 : *Item, nullus Theotunicum potum, scilicet Cervisiam, ferat, vendat vel bibat post lapsam proxi-*

mam *Pentecosten, etc.* At verò *Cervoise*, uti potus præstantior eo, quem *Biere* vocamus, distinguitur, in Lit. remiss. ann. 1464. ex Reg. 199. Chartoph. reg. ch. 442 : *Icellui Noel dist au suppliant qu'il paieroit ung pot de Cervoise, et ledit suppliant lui respondi que il n'avoit joué que bierre.* Et quidem *Cerevisiam* appellarunt quemvis potum : hinc aqua succis mororum permista, *Cerevisia* dicitur, in vita S. Lugidii tom. 1. Aug. pag. 343. col. 2 : *Fecerunt sibi Cerevisiam de succis mororum, sicut ludentibus pueris mos est.*

* Cervasia, Eodem intellectu. Charta ann. 1313. in Lib. rub. Cam. Comput. Paris. fol. 391. r°. col. 2 : *Quicquid habemus...... in parrochiis de Longolio....... in... brasio ad Cervasiam faciendam, etc.*

* Cervesia, Eadem notione, in Charta ann. 1320. ex Bibl. reg. : *Item foragia godalarum seu Cervesiarum, quæ nos episcopus habebamus in villa Tornacensi.*

Cervisa. Charta Ottonis Imper. ann. 994. apud Chappeavillum ad Anselm. Leod. cap. 53 : *Concessimus, ut in loco Fossis nuncupato... monetam, et materiam Cervisæ constitueret.* Vide Jonam in S. Columbano cap. 16. Cogitosum in S. Brigida, etc. [** Vita S. Liudgeri l. 2. c. 8.]

Cervesa. Charta Aleman. inter Goldastinas 42 : *Hoc est 30. seglas Cervesæ.* Ch. 49 : *Hoc est singulis annis de Cervisas seglas* 15. Adde Ch. 59. 61. 67.

Cervisia Debilis, in Statuto S. Cantuariensis Archiepiscopi apud Stanfordium in Placitis Coronæ lib. 2. cap. 49. *Petite biere*, quæ *tenuis* dicitur apud Eigilem in Vita S. Sturmii Abbatis Fuld. cap. 13. ad discrimen *Fortis potionis*, quæ

Cerevisia Duplex, appellatur apud Mich. Scotum lib. 1. Mensæ Philos. cap. 9.

Cervisia ex Vino Confecta. Constantinus Africanus lib. 5. Commun. locor. Medic. cap. 28 : *Omnis Cervisia de quolibet vino facta grossior est quam vina dactylica, et ad digerendum est durissima, sed digerentes multum nutricat.*

Cerevisia Mellita. Vide *Mellita*, et tom. 5. Vit. SS. Ord. S. Bened. pag. 527.

¶ Cervisa sumi videtur pro certa cerevisiæ mensura, puta quantum una vice coqui solet. Diploma Ottonis Imp. pro Institutione Episcopatus Brandenburgici in terra Slavorum apud Ludewig. tom. 2. Reliq. MSS. pag. 397 : *In tribus his locis.... in unoquoque eorum tres modones, duasque Cervisas, 6. modios tritici, 2. porcellos, etc.*

* Cerevisiæ dolium in allatis locis significatur, ut in Tradit. 101. Ebersperg. apud Oefelium tom. 2. Script. rer. Boicar. pag. 29 : *Mansum....... dedit.... ob id, ut ipse annuatim pro eo..... accipiat...... Cerevisiam plenam, 5. modios sigalis et 1. modium tritici.*

¶ Cervisia, Eadem notione, in Actis SS. Junii tom. 1. pag. 527. de B. Meinwerco : *Unde Episcopus dedit ei ad temporalis vitæ subsidium.... II. talenta denariorum, III. Cervisias, IV. pernas, XX. malder avenæ.... Et ab Episcopo cum præfata filia IV. familias in beneficium accepit, et omni anno de Episcopali substantia unam plenam Cervisiam, VI. maldros, unam pernam.*

* Cervisiare, *Cervisiam* conficere. Conc. Trevir. ann. 1152. apud Marten. tom. 7. Ampl. Collect. col. 72 : *Advocati vero in potestatibus avenam non accipient, ... nisi ecclesia plenarie avenam suam ad Cervisiandum prius acceperit.*

* Cerevisor, Qui *cerevisiam* conficit, in Vita S. Lugidii tom. 1. Aug. pag. 343. col. 2. *Cervoisier*, in Stat. ann. 1369. tom. 5. Ord. reg. Franc. pag 222. et in Ch. ann. 1410. ex Chartul. 21. Corb. fol. 261. v°.

* Cervisiaria, Mulier, quæ *cervisiam* conficit vel vendit. Lib. pitent. abbat. S. Germ. Prat. : *iiij. Nonas Maii. Anniversarium Naronsselle de xxx. sol. Paris. xx. sol. super domo Katherinæ Cervisiariæ sita in Hyrondale. Cervoise* præterea appellarunt nostri Locum, ubi *cervisia* conficitur et venditur. Lit. remiss. ann. 1375. in Reg. 108. Chartoph. reg. ch. 4 : *Iceulx trois compaignons de fait apensé saillirent hors d'une Cervoise où il s'estoient embuschiez.* Aliæ ann. 1409. in Reg. 163. ch. 435 : *Icellui Willemet entra en une Servoise, que tenoit Jehan Mamet, en laquelle Jehan le Maire entra.*

¶ Cerevisiarius Cacabus, in quo coquitur Cerevisia, in Charta juramenti Ordinum Regni Daciæ apud Ludewig. tom. 5. Reliq. MSS. pag. 325.

¶ Cervicialis Denarii. V. *Malpenning.*

CEREUS Paschalis, Qui in Sabbato sancti Paschatis a Diacono benedicitur, et novo igne accenditur, cujus auctorem Zozimum PP. facit Liber Pontificalis, in Zozimo PP. : *Per parochias concessit licentiam benedicendi Cereum Paschalem.* Ita etiam Amalarius lib. 1. de Eccl. Offic. cap. 18. Rupertus lib. 6. Divin. Offic. cap. 28. 29. Durandus lib. 6. Ration. cap. 80. Sigebert. ann. 407. et alii. At Baronius ann. 418. n. 70. observat illius usum longe antiquiorem, cum Hymnum de eo scripseserit Prudentius qui inter ejus opera legitur. Proinde existimat Zozimum statuisse, ut Cereus Paschalis, qui in majoribus Basilicis tantum accendi soleret, æque singulis parochiis concederetur. Alii vero contendunt Hymnum hunc qui *ad incensum lucernæ* inscribitur, non esse de Cereo Paschali, sed Hymnum vespertinum de lumine quod olim vespere quotidie in Ecclesia solenni quodam ritu accendebatur, a quo Lucernarius dictus. Certe ritum hunc Cerei Paschalis antiquissimum esse docet Ennodius, qui obiit ann. 521. apud quem exstant duæ Benedictiones Cerei Paschalis, Opusc. 9. et 10. et Epistola ad Præsidium Diaconum 29. tom. 9. Operum S. Hieronymi. Habetur præterea Drepanii vetustissimi Scriptoris carmen de Cereo Paschali. Vide Gregor. M. lib. 9. Epist. 29. Alcuinum lib. de Offic. divin. cap. *de Sabbato sancto Paschæ*, Honorium lib. 3. cap. 101. 102. Aimoinum de Miraculis S. Bened. 31. Chron. Casin. lib. 3. cap. 31. Concilium Bituricense ann. 1031. cap. 13. Missale Gothicum pag. 325. Gallicanum pag. 467. Usus antiquos Ordinis Cisterciensis cap. 23. Gavantum, Menardum ad libr. Sacramentor. Gregorii M. Sirmondum ad Ennod. Henricum Valesium lib. 4. de Vita Constantini cap. 22. etc.

* Ex oblationibus fidelium conficiebatur Cereus paschalis, ut colligitur ex Charta ann. 1332. in Reg. 69. Chartoph. reg. ch. 175 : *Item quod dicti tres proceres...... plenam habeant potestatem eligendi...... homines, qui quærant officinis ecclesiæ parrochialis, utpote candelæ B. Mariæ, operi... Cereo Paschali, cereo S. Macarii, et cæteris ipsius ecclesiæ officinis.* Vide *Agnus* et *Crux.*

Cera Paschalis *ad faciendum cereum de Pascha*, in Monastico Anglic. tom. 2. pag. 40. Tabularium Celsiniacense, de Girardo Constante : *Medietatem de unaquaque carta, unam medallam Claromontensem debent de Cera Paschali.* Occurrit rursum alio loco.

Cereo Paschali affigi solet titulus, seu *Tabella*, quam *Paschalem* vocant, in qua *Præcentor inscribit quotus annus sit dominicæ Incarnationis, quota Indictio, Concurrens et Epactæ*, ut est apud Udalricum in Consuetud. Cluniac. lib. 1. cap. 14. Præterea *circulus Lunæ, terminus Paschæ, litera Dominicalis, dies Dominicus Paschæ, Luna ipsius diei, et aureus numerus, Pontificante N. Papa, et quot anni sunt Pontificatus ejus, regnante illustrissimo Rege Francorum, et quot anni sunt regni ejus, et a nativitate ejusdem*, ut est in veteribus Consuetud. Floriacensis Cœnobii cap. 1. Ejusmodi tabellarum Paschalium, quas *Indiculos* vocat, meminit Beda de Temporum ratione cap. 47. Induntur præterea anni Pontificatus Episcopi diœcesani, et aliquot alii annorum characterismi, qui Ecclesiarum proprias festivitates, solennitates, dedicationes, et ejusmodi spectant, uti ex tabula sequenti patebit, quam ex Regesto Cam. Comp. Paris. sign. *Qui es in cælis*, fol. 208. eruimus :

Titulus Cerei Paschalis Capellæ Regis Paris. scriptus in Pascha anno Dom. MCCCXXVII.

Annus ab origine mundi 6526.

Annus ab Incarnat. Domini 1327.

Annus a Passione Domini 1294.

Annus Indictionis 10.

Annus Bissext. 3.

Annus susceptionis sanctæ Coronæ spineæ 88.

Annus susceptionis sanctæ Crucis, Sanguinis Domini, Catenæ cum magna parte sepulcri et vestimentorum infantiæ, et quadam tabula quam tetigit facies Christi, et quodam frusto ligni sanctæ Crucis, et sanguine qui fluxit de Imagine Christi percussa, et cum lacte B. Mariæ Virginis, et superioris parte capitis B. Joannis Baptistæ, cum capitibus S. Clementis, S. Blasii, et S. Simeonis, 87.

Annus susceptionis sacrosancti ferri et lanceæ cum veste purpurea et arundine et spongia Domini, et cum linteo quo fuit procinctus in Cœna, et cum Peplo B. Virginis et Virga Moysi, 79.

Annus dedicationis Capellæ 87.

Annus transitus S. Ludovici 57.

Annus canonizationis ejusdem 29.

Annus translationis capitis ejusdem 20.

Annus ætatis Caroli Regis præsentis 31.

Annus regni ejusdem 6.

Annus Episcopatus Hugonis Paris. Episcopi 2.

Vide Joannem Hocsemium in Gestis Pontificum Leodiensium cap. 1. sub finem.

* Usus cereo nummos affigendi, oblationis gratia, mentio fit in Obituar. eccl. Lingon. ex Cod. reg. 5191. fol. 163. v°.

In missa debet fieri oblatio duorum panum, duarum pintarum vini, et unius peciæ argenti seu monetæ fixæ in uno Cereo per aliquem de genere instituentis tunc præsentem. Vide supra *Candela nummata.*

* Cereus Benedictus, Idem qui *Paschalis*, ob solemnem nimirum illius benedictionem sic dictus. Charta Roberti Carnot. episc., in Chartul. Guill. abbat. S. Germ. Prat. fol. 94. v°. : *Per medium similiter benedictum partientur* (monachi et presbyter) *Cereum.*

* Cerei Columpna, Candelabrum, in quo Cereus Paschalis ponitur. Ordinar. MS. Rotomag. in die Parasceves : *Ad refectionem panis et aquæ pergant. Post prandium erigatur columpna Cerei.*

* Alter fuisse videtur minoris formæ *Cereus paschalis*, qui in processionibus deferebatur, ex quo præparabantur cruces præstigiis maleficiisque arcendis, ut putabant, idoneæ. Charta ann. 1398. inter Probat. Hist. Autiss. pag. 130. col. 1 : *Dictus parvus Cereus per totam hebdomadam in Vesperis, et ardens portatur in processionibus, quæ fiunt in Vesperis per totam hebdomadam Paschæ et non plus, et de cera ipsius parvi datur omnibus de ecclesia modicum die Ascensionis Domini in missa, ad faciendum cruces, quæ poni consueverunt in liminaribus et ostiis eorum.*

* Cereus Capsalis, Qui ante *capsas* seu Reliquiarum thecas solet accendi. Cerem. vet. eccl. Carnot. : *In Sabbato quatuor tantum Cerei capsales accenduntur ad officium usque ad reditum a fontibus.* Chartul. ejusd. eccl. : *Debet* (matricularius) *ponere super altare et accendere tresdecim Cereos capsales et unum in pelvibus argenteis.*

* Cereus Comitis, Præstatio, quæ comiti fiebat in cera. Reg. episc. Nivern. ann. 1287 : *Item dominus episcopus debet habere tertiam partem de Cereo comitis, qui dicitur ponderari sexaginta libra ceræ.* Vide *Ceragium, Cerale* et mox

* Cereus inter census, qui quotannis episcopo Parisiensi reddi debent, recensetur in Ch. Guill. episc. Paris. ex Reg. B. Cam. Comput. fol. 150. v° : *Dominus rex et heredes sui tenentur facere reddi nobis episcopo et successoribus nostris lx. solidos annuatim pro Cereo, qui de eodem cereo debetur et xlv. solidos pro Cereis Corbolii et Montisletherici.*

* Cereus Tantis, Qui ante tabernaculum, *Tenda*, dictum, ubi Corpus Christi asservatur, accenditur. Charta ann. 1398. inter Probat. Hist. Autiss. pag. 129. col. 1 : *Thesaurarii tenebuntur....... facere ardere nocte dieque continue singulis diebus tres Cereos, tantes vulgariter nuncupatos, in tribus bacilibus pendentibus et suspensis ante Corpus Christi.* Vide *Tant* et *Tenda* 1.

* Cereus Virtutum, Votivus, qui pro miraculo impetrando vel impetrato offertur. Charta ann. 1524. ex Bibl. S. Germ. Prat. : *Sevestre Sohier administrateur des Cierges de vertus, ardans continuellement en l'eglise cathédralle de saint Brieuc.* Vide *Virtus* 2.

* **CERGI.** Inquisit. de foresta Aquil. in Reg. 34. bis Chartoph. reg. part. 1. fol. 58. r°. col. 2 : *Habet etiam dom. Montisfortis unam Cergi peditem et suum servientem.* Sic; at cum nonnihil spatii extet post vocem *Cergi*, quo ibi aliquid desse significari videtur, legendum suspicor *Cergiam*. Vide infra *Cergia* 2.

* 1. **CERGIA**, pro *Sergia*, ut videtur, Panni species. Vide *Sargineum*. Costumæ eccl. parroch. de Thoisiaco Æduncs. diœc. ann. 1383. ex Cod. reg. 5529. B. : *Debet* (archipresbyter) *habere unum lectum...... munitum culcitra, pulvinali, cohopertorio, Cergia, auriculari, quatuor linteaminibus et capitegio.*

* 2. **CERGIA**, Custodia; servientes nimirum, qui forestæ invigilant ne quid damni in ea committatur. Charta Simon. comit. Montisf. ann. 1202. inter Instr. tom. 8. Gall. Christ. col. 524 : *Foresfacta quæ gruerius meus de Yvelina et Cergia mea de Yvelina in nemoribus S. Benedicti capient, mea erunt.* Vide supra *Cercha* et *Cergi*.

* **CERGIUM**, a Gall. *Cierge*, Cereus. Stat. MSS. colleg. Longobard. ann. 1392 : *Item circa Cergia de cera deputata capellæ, ad nullum alium usum committantur per aliquem de domo.*

¶ **CERI**, pro *Ceria*, si bene conjecto, Potionis genus Plinio notum. Rymer. tom. 13. pag. 374. col. 1 : *Simul cum omnibus allocationibus, tam le Bouge the courte, quam vini, Ceri, et aliorum requisitorum.* Vide *Celia* et *Cerevisia*.

1. **CERIA.** Capitulare Pipini Regis Italiæ anno 793. cap. 32 : *De pravis illis hominibus qui brumaticos colunt, et de hominibus suis subtus maida Cerias incedunt, et votos vovent, etc.* Ubi *Cerias* pro *Cereos* ponitur. *Candelas* dixit Concilium Nannetense cap. 20. [Amalthea : *Ceriæ, Fasciæ sepulcrales.*] Vide *Votum* et *Cœmeterium*.

* 2. **CERIA**, Casei species, seu lac certa ratione coagulatum. Bulla Eugenii PP. III. ann. 1152. inter Instr. tom. 11. Gall. Christ. col. 134 : *Dedit..... decimam dominii ejusdem comitis* (Ebroicensis) *lanæ scilicet, caseorum et Ceriarum, quæ ibi fiunt.* Nisi sit pro *Seria*, vasis seu cistæ genus. Vide in hac voce et infra *Saria*.

¶ **CERIBER**, ἐγκέφαλος, *Cerebrum*, in Supplemento Antiquarii.

¶ **CERICEUS**, Cericus, pro *Sericus*, passim legitur in Chartis ævi medii.

* **CERICUM**, pro Cera, ni fallor, in Lit. ann. 1277. tom. 4. Ordinat. reg. Franc. pag. 670. art. 4 : *De qualibet libra Cerici, unum denarium Turon.*

* 1. **CERICUS**, *El penelo, o bandirola delli nave che mostra el vento.* Glossar. Lat. Ital. MS. Vide *Ceruci*.

* 2. **CERICUS**, *Tormente*, in Glossar. Lat. Gall. ex Cod. reg. 7692.

¶ **CERIFEX**, Qui operatur in cera, in Additionibus ad Vitam S. Antonini tom. 1. SS. Maii. pag. 347. Vide *Cerarius*.

CERIFORUS. Vide *Ceraptum* et *Ceroferale*.

CERILARIUM. Gloss. Gr. Lat. : Κηριολάριον, *Cerilarium*. Meursius interpretatur officinam cerarii τοῦ κηροπώλου. Sed legendum puto κηρουλάριον, *Cerularium*. Vide *Cerularius*.

¶ **CERILIGION**, Idem ac *Chirogryllus*, quod vide.

CERILLUS. Wolfardus lib. 3. de Mirac. S. Walburgis n. 10 : *Cerillum, qui lingua Teutonica Rista nominatur.* Germanica versio habet *Reisten flachs.*

* Species telæ, media inter crassiorem et subtiliorem. *Riste-van-vlachs*, manipulus lini, in Kiliano. *Ris*, scapus, Germanice, *flachs*, linum, stuppa. Vide *Rista*.

* **CERIMONIA.** Vide supra *Ceremonia*.

¶ **CERINA.** Vita S. Francisci de Paula tom. 1. SS. April. pag. 185 : *Et sic puer spatii unius horæ cepit Cerinam piscium pondere decem rotulorum, quam paraverunt, et sic pransi sunt.* Henschenius *Nassam* vel corbem piscatoriam interpretatur.

* **CERINTA**, *Vilis herbæ genus*, in vet. Glossar. ex Cod. reg. 7613 pro *Cerintha*, Ital. *Cerinta*, Gall. *Paquette*.

¶ **CERIO**, Mensuræ genus. Chartularium S. Vandregesili tom. 1. pag. 215 : *Una quartaque mina valore trium denariorum minus quam Cerio de foro de Caudebec.*

¶ **CERIOLA**, pro *Cercella*, ut in hac voce dictum est.

¶ **CERIOLUS**, Parvus cereus. Mabill. tom. 4. Analect. pag. 587. ex Pirminii libello : *Et ad sanctam Ecclesiam oblationes et Ceriolos et oleum... reddite.* Occurrit iterum in Privilegio Ferdinandi Gonzalez pro Monasterio S. Æmiliani tom. 3. Concil. Hisp. pag. 177. col. 1. Vide *Cereolus*.

* **CERISEUS**, pro *Sericeus*, sericus. Charta inter notas Godefr. ad Carol. VIII. pag. 384 : *Carta genitoris sigillo et filis Ceriseis munita.* Vide *Sericatus*.

¶ **CERISUM**, pro *Cerasum*, Gallice *Cerise*. Spicil. Fontanell. MS. pag. 494 : *In vigiliis debet Cerisa, vel pira, vel secundum quod tempus requirit.*

* **CERMEA**, *La aqua*, in Glossar. Lat. Ital. MS.

¶ **CERMENTORIUM**, ἀπόμαγμα. Gloss. Lat. Gr. editæ. MS. habet : *Termentorium*, pro quo Cangius noster in hac voce censet legendum esse, *Tergimentorium*. Ἀπόμαγμα est id quod ex abstersione colligitur.

* **CERMINICULUM.** Vita S. Sabini tom. 2. Febr. pag. 326. col. 1 : *Qua causa membrorum meorum tumba incognita relinquetur diurno tempore, et absque adminiculo pastorum hæc ecclesia inculta retinebitur.* Ubi MS. Beat. pro *adminiculo*, habet *Cerminiculo;* non male ut opinor : nam Cenomasibus *Cermeau*, instrumentum est rusticum, quo herbæ rescinduntur. Lit. remiss. ann. 1474. in Reg. 195. Chartoph. reg. ch. 1172 : *Une sarpe longue, appellée au pais* (du Maine) *ung fermeau a coupper espines.* Ibid. *Cermeau* ter legitur. Vide infra *Serra* 4.

¶ **CERNARE**, *Properare*. Vet. Gloss. MS. Sangerm.

* Perperam pro *Cernuare, præcipitare*. Vide *Cernuare*.

¶ **CERNEA**, Idem quod mox *Cerneda*. Jacobi Auriæ Annal. Genuens. lib. 10. ad ann. 1282 : *Insuper facta fuit Cernea de Galeis cxx. quæ divisæ fuerant per Sapientes Januenses in civitate Januæ.* [** Vide Murator. Antiq. Ital. vol. 2. col. 1182. E. voce *Cerna*.]

* Vel potius quod Italis *Cerna*, Selectio, secretio. Hinc *Descerner*, pro Secernere, in Lit. remiss. ann. 1369. ex Reg. 10. Chartoph. reg. ch. 307 : *Ilz Descernerent et*

desjointerent audit Ernoul son poing senestre et le nez.

Cerne vero nostris idem sonat, quod Circulus, orbis, circuitus, vulgo *Cercle*, *rond*, *enceinte*. Chron. S. Dion. lib. 3. cap. 15 : *En ce tens fist li rois Chilperic establir à Paris et à Soisons une maniere de geus, qui sont apelés Cirques ; ..... si vaut autant comme Cernes qui est fait a la roonde, en une place large, dedens lequel li cheval courent sans issir hors des bonnes qui y sont mises.* Froissart. vol. 1. cap. 194 : *La s'arresterent les Navarrois pour rafreschir eux et leurs chevaux : et se combattre les convenoit, ils estoient au Cerne.* Arest. ann. 1332. in Reg. 81. Chartoph. reg. ch. 741 : *En faisant le Cerne et les Cernes tielz comme cy dessous sont devisés, et fut monstré en la ville et hors la ville par especial par dedens les Cernes cy dessous nommez, etc.* Guil. Guiart. ad ann. 2241 :

Sont ensemble a merci venus,
En une flote comme en Cerne.

* Hinc *Cerneliere*, Circulus, in Charta ann. 1309. tom. 1. Probat. Hist. Britan. col. 1222 : *Seru garni le bacim de Cerneliere souffesante.* Unde etiam *Cernoire* et *Cernouer*, Instrumentum ferreum, quo enucleantur nuces, quod circinando fit. Lit. remiss. ann. 1396. in Reg. 150. ch. 143 : *Le feri un seul cop par le ventre d'une Cernoire a cerner noix.* Aliæ ann. 1397. in Reg. 153. ch. 9 : *Un appellé Pierrenin se efforça de prandre au suppliant un petit instrument, appellé gruellon ou Cernouer a cerner nois.* Aliæ denique ann. 1391. ex Reg. 141. ch. 122 : *Le suppliant prist un Cernoer qu'il avoit, qui avoit le manche d'un cerjat bien aigu, etc.*

CERNEDA, Militia urbana, ex Ital. *Cerna*, *Cernide*, *Cernite*. Statuta Mediolan. part. 2. cap. 219 : *Cernedæ fiant in ea parte, in qua quis habitabit, tempore ipsius Cernedæ tantum.* Adde cap. 392. Vide *Cernea*, *Cernida*, 2. et *Cernuta*. Confer *Cernita*.

* Stat. Riper. cap. 10. fol. 10. r°. : *Officiales necessarii ad dictum officium sint liberi et absoluti ab omnibus exercitus andatis seu cavalcatis, et Cernedis generalibus.* Vide infra *Cernida* 2.

¶ **CERNELIUM**, Pinna, Gall. *Creneau*, seu pinnatus murus. Charta Petri de Richervilla de Assecuramento domus suæ ann. 1239. apud D. *Brussel* de Feudorum usu tom. 2. pag. 855 : *Domum nostram de Cheeigneio asseguravimus Dom. Comiti Montisfortis... tali modo, quod non possumus habere in eadem archeriam, nec arbalisteriam, neque Cernelium, neque scutum.* Vide *Quarnellus*.

¶ **CERNENTIA**, Visus. Martian. Capella lib. 4. pag. 115 : *Opponitur Cernentia cæcitati.*

* **CERNICA**, Tunica. Glossar. Provinc. Lat. ex Cod. reg. 7657 : *Cernica, Prov. Cotada.* Vide *Cota*, 1.

¶ **CERNICULI**, *Catamites recrementorum*. Gloss. Isid. et Constantiensis. Excerpta *Corniculi*. Papias MS. Bituric. : *Cerniculi, Certamites recrementorum.* Ad hæc Grævius : Exponant qui intelligunt. In Constantiensi est, *Cerniculum*, *Cribellum appolline*; sed emenda : *Cribellum ad pollinem*, ut habet Papias MS. Bituric. In Glossis Lat. Græc. *Cerniculum*, σύγκρισις. Vide.

1. **CERNIDA**, a *cerno*, *is* ; *lignum supra quod ducitur taratantara : quia discernit pollinem a furfure* : Ugutio. Papias : *Cernida*, *cribellus pollinis*, vel *Cribellum ad pollinem*. [Gloss. Isid. : *Cervida, lignum, super quod ducitur taratantara*, in Excerptis legitur *Cernila*.] Vide Oct. Ferrarii Orig. Ital. in *Cerna*.

* Glossar. vet. ex Cod. reg. 7613 : *Cernida, cernilla, cernela, cribellus pollinis.* Aliud Lat. Gall. ex Cod. reg. 7692 : *Cernida, Passoere.* Inventar. ann. 1476. ex Tabul. Flamar. : *Item plus unam Cernidam sive cedas.* Vide *Cerniculi*.

* 2. **CERNIDA**, Militia urbana, Ital. *Cernide*, idem quod supra *Cerneda*. Chron. Placent. ad ann. 1356. apud Murator. tom. 16. Script. Ital. col. 501 : *Facta fuit una magna Cernida peditum civitatis et episcopatus Placentiæ ; quæ Cernida dicto mense cum armis equitavit ad castrum Arenæ, cum quodam eorum capitaneo de Mediolano.* Non semel rursum ibidem occurrit. Ejusdem nominis superstat etiamnum militia Venetiis anno 1508. instituta, quo tempore Respublica bellum adversus Maximilianum imperatorem gerebat, ut scribit nuperus Confœderat. Camerac. Historicus Gallicus abbas *Du Bos*.

* **CERNIFOCUM**, vel Cernifocus, Cœna serotina, interprete D. Menardo, quæ in vigilia Natalis Domini ad focum fiebat ; ab Occitan. *Cache-fio* vel *Gache-fio*, *Cerne*, respice focum. Quid si de caudice natalitio intelligatur, cujus ratione ii servientes urbem percurrendo bibitionem erogabant? Vide *Cercha*. Judicent idiomatis Occitanici peritiores. Comput. ann. 1334. inter Probat. tom. 2. Hist. Nem. pag. 87. col. 2 : *Item in vigilia nativitatis Domini nostri Jhesu-Christi, dedi, prout consuetum est, Johanni Ruphi et Guillermo Dalmascii, servientibus dominorum consulum, pro Cernifoco ij. solidos. Item eadem die dedi baneriis pro Cernifoco ij. denarios.*

¶ **CERNILA**, Cernita. Vide *Cernida*, 1.

¶ **CERNITA**, Deliberatio, publica consultatio, ab Italico *Cernire*, Discernere. Acta SS. Maii tom. 1. pag. 404. de S. Juvenali Episcopo : *In adimplementum resolutionis habitæ in illustri Cernita prædictæ civitatis celebrata die* XXI. *præsentis mensis.*

CERNUARE, Cernulare. Gloss. Isid. : *Cernuare, præcipitare. Cernulus, in capite ruens.* Gloss. Lat. Gr. : *Cernulat*, κυβιστᾷ. *Cernulus*, πεταυριστής. *Cernuit*, (f. *Cernuat*) πεπετάυρισθαι. Flodoardus lib. 4. Hist. Rem. cap. ultim. : *Ubi primis atrio pedibus equus institit, subito Cernuatus cecidit.* [His vocibus usi sunt Varro et Seneca : ille lib. 1. de Vita Populi Romani : *Percurrebant ibique Cernuabant* ; hic vero Epistola 8. *Cernuat*, ubi Muretus : *Cernuat, quasi ludentis in morem dejicit.* Idem Seneca ibidem de fortuna loquens : *Cernulat et allidit.*] Vide Salmas. ad Solin. pag. 894. [et Turnebum Adversar. lib. 17. cap. 23. et lib. 28. cap. 9.]

¶ **CERNUE**, Humiliter, a *Cernuus* ; inclinatus. Concil. Tolet. XVI : *Joannes Baptista Cernue profitetur ; Ecce post me venturus est, qui ante me factus est.*

¶ **CERNUERE**. Vide *Cernuare*.

¶ **CERNUI**, *Socci sunt sine solo*, ἀπ' ὁ. solea. Papias MS. Bitur. Festus habet : *Cernuus, Calceamenti genus.* Vide *Soccus*, Calceus.

¶ **CERNULARE**. Vide *Cernuare*.

** **CERNUTA**, Idem quod *Cerneda*, Militia urbana. Henric. VII. Imp. Constit. ann. 1311. ap. Pertz. vol. Leg. 2. pag. 518 : *Nec etiam ad eumdum vel mittendum pro se ad aliquot exercitus, seu cavalcatas, vel Cernutas, etc.*

¶ 1. **CERNUUS**, *Magnus, infinitus.* Papias MS. Bitur. Gloss. Sangerman. MS. num. 501 : *Cernuus, Magnus, infinitus, excelsus, acer.*

* 2. **CERNUUS**, Abjectus, humilis. Vers. ad Magist. Dactyl. tom. 8. Collect. Histor. Franc. pag. 3 :

...Perrogitat matites liniens
Ore pedes digitosque tuos,
Cernuus Abbo tuus jugiter.

* **CEROBOTANA**. Vide supra *Cerbotana*.

¶ **CEROBOTARIUM**. Vide *Cerebrerium*.

CEROCENSUS, Census ex *Cera* : *Cerocensuales* qui *Censum ceræ* Ecclesiis ex debito præstant : *Cerarii*, de quibus supra. Synodus Coloniensis ann. 1300. cap. 21 : *Item præcipimus ut universi Ecclesiarum Rectores omnes Cerocensuales Ecclesiarum et Ecclesiasticarum personarum, quocunque nomine censeantur, qui Cerocensum debitum subtrahunt et non solvunt, et qui dictum Cerocensum hactenus non solverunt, quod de subtractis satisfaciant intra mensem, et deinceps debitis temporibus statutis persolvant dictum Cerocensum, ut tenentur.* Vide *Candela*, 3.

¶ **CEROFALUM**. Vide *Candela*.

* **CEROFERAGIUS**, *Ceroferarius*, qui cereum defert in ecclesiasticis ceremoniis. Ordinar. MS. S. Petri Aureævall. : *Cruce præcedente et cereo* (paschali) *sequente cum duobus Ceroferagiis, egreditur ordinate de choro conventus.* Infra : *Ceroferarius.* Vide in *Ceroferale*.

CEROFERALE, Candelabrum quod cereum fert. Fortunatus lib. de Vita S. Medardi cap. 18 : *Episcopus ad excipiendum illum cum thymiateriis, cum crucibus processit ; et Ceroferalibus, stipatus hinc inde agmine Cleri.* Gregorius Turon. de Gloria Confess. cap. 79 : *Accensisque super cruces cereis ; atque Ceroferalibus, dant voces in Canticis, circumeunt urbem cum vicis.* Historia Translat. S. Sebastiani n. 43 : *His thymiateria ac thurifera, aliis Ceroferalia deportantibus.*

Ceroferarium, Eadem notione. Sacramentar. Greg. M. : *Ab Archidiacono accipiat Ceroferarium cum cereo.* Leo Ost. lib. 2. Chron. Casin. cap. 25 : *Fecit et Ceroferaria 2. librarum quindecim.* Lib. 1. cap. 56 : *Ceroferaria argentea duo.* Hugo Flavin. in Chron. ann. 1099 : *Sic instituit processionis officium, crucibus, vexillis, thymiateriis, Ceroferariis, et omni gloriæ apparatu festivus.* Adde Concil. Charthag. IV. can. 6. et Stephan. Eduensem Episc. lib. de Sacram. altar. cap. 4. [Missale Francorum pag. 301. Liturg. Gall. a Mabillonio edit. col. 1. et Chron. Novalicense apud Murator. tom. 2. col. 744. etc.]

Cerofarium, apud Evodium Uzalensem Episc. lib. 2. de Miracul. S. Steph. cap. 11 : *Visu est videre..... duo Cerofaria luminosa pariter igne flammantia.* Sed legendum *Ceroferaria*, aut certe *Cerofora*, vel *Cerofera*. Vide infra.

Ceroferarii, Qui cereos deferunt in Ecclesiasticis ceremoniis, aut qui luminaria Ecclesiæ accendunt. Glossæ MSS. : *Ceroferarius, cereum ferens.* Ritus antiquus celebrandæ Missæ : *Sicque, præcedentibus Ceroferario, thuribulique latore, cum processione ad pulpitum pergat.* Κηροφόροι apud Pantaleonem de Mirac. S. Michaelis. Joan. de Janua : *Ceroferarius, qui cereum portat, ut Acolytus.* Cum enim id potissimum muneris incumberet Acolythis, inde postmodum a Latinis *Coroferarii* nuncupati sunt. Isidorus lib. 7. Orig. cap. 12 : *Acolythi Græce, Latine Ceroferarii dicuntur a deportandis cereis, quando Evangelium legendum est, aut sacrificium offerendum : tunc enim accenduntur luminaria ab eis et deportantur, non ad fugandas tenebras; cum sol eo tempore rutilet, sed ad signum lætitiæ demonstrandum.* Gerardus Episcopus Cameracensis in Synodo Atrebatensi ann. 1125 : *Hos sequuntur Acolythi, id est, Ceroferarii, qui ignem verbi cælestis, quo illuminentur fratres ad agnoscendum, et inflammentur ad diligendum Deum, prædicando ministrant.* Innocent. III. lib. 1. de Myster. Missæ cap. 3 : *Acoluthi vero, qui Latine Ceroferarii nuncupantur.* Et mox : *Acoluthi cereos ferunt accensos, dum legitur Evangelium, non ut tenebras aeris illuminent, sed ut proximis opera lucis ostendant.* Adde Alcuinum lib. de Offic. divin. Rabanum lib. 1. de Institut. Cleric. cap. 9. Rupertum lib. 1. de Divin. Offic. Ivon. Carnot. Serm. 2. de Reb. Eccl. etc.

Hinc *cum ordinatur Acolythus, primum ab Episcopo docetur* (verba sunt Gregorii Magni in libro Sacramentor.) *qualiter in officio suo agere debeat, deinde ab Archidiacono accipit Ceroferarium cum cereo, ut sciat se ad accendenda Ecclesiæ luminaria mancipari, ita sibi dicente : Accipite hoc gestatorium luminis, ut per illud valeatis adversariorum tenebras effugare,* etc. Ex quibus percipimus, Ceroferariorum munus etiam fuisse cereos accendere in Ecclesia, cujusmodi etiam fuit *Ceriferorum* in Ecclesia Græca. Glossar. Gr. Lat. : Κηριάπτης, *Ceriforus.* Sunt autem *Cerifori*, iidem qui *Ceroferarii*, qui κηροφόροι et λαμπαδηφόροι dicuntur Græcis. Exstat in Euchologio Græcorum εὐχὴ ἐπὶ χειροτονίᾳ Δεποτάτου καὶ κηροφόρου, ubi in ipsa oratione λαμπαδηφόρος nuncupatur. Istius igitur, si non ordinis, saltem officii fuit Marcianus ille, cujus meminit Pantaleon de Miraculis S. Michaelis Archangeli : Ἦν τις ἀνὴρ ὀνόματι Μαρκιανὸς, ἐξ ἁπαλῶν ὀνύχων γενόμενος κηροφόρος τοῦ πανσέπτου ναοῦ αὐτοῦ : *Pueri Ceroferarii*, apud Ingulphum pag. 866. Vide *Ceroferagius* et *Cerophanus.*

CEROGERULUM, Ceroferarium. Hugo Rotomag. Archiepisc. lib. 2. contra Hæreticos cap. 5. de Acolythis : *Præferant ipsi luminaria accensa Cerogerulis imposita.*

¶ **CEROGRAPHUS.** Vide *Chirographum.*

¶ **CEROMA** Latinis, Κήρωμα Græcis, Tabula cerata est, in qua scribebant antiqui, vel Unguentum ex oleo et cera, quo in palæstris utebantur athletæ, atque etiam locus ubi ungebantur. Sed in Sexta Synodo act. 4. Ceroma dicitur cerea ac densa imago SS. Cosmæ et Damiani, quam infra brachium substitam ferebat Constantinus Laodicenus; in Vita vero S. Wilfridi inter Acta SS. Benedict. sæc. 4. part. 1. pag. 725. sumitur pro glutine seu visco, quo quis invitus detinetur. Sic Fridegodus de Sancti obitu :

> Inter mœrentes, orantes, opperientes
> Evasit volucer, carnis Ceromate liber.

* **CEROPHANUS**, ut *Ceroferarius*, a Gr. κηρός, cera; et φανός, candela. Chron. Sublac. apud Murator. tom. 4. Antiq. Ital. med. ævi col. 1047 : *Presbyteri et diaconi et subdiaconi in nigris casulis : Cerophani in albis ipso die præparentur.*

¶ **CEROPTATUM.** Vide *Ceraptum.*

* **CEROSTANDA**, Cerostantes, Candelabra quæ per se stant, vel in quibus cerei stant, aut manibus deferuntur, idem quod *Cereostata.* Vide in hac voce. Codex MS. Cassin. tom. 1. Hist. ejusd. monast. pag. 62. col. 2 : *Fiat processio cum signis et flamulis, cereis, crucis, Cerostandis, codicibus ordinatis, capsis, etc.* Ordo eccl. Ambr. Mediol. ann. circ. 1130. apud Murator. tom. 4. Antiq. Ital. med. ævi col. 868 : *Et duo observatores subdiaconi ferunt Cerostantes ante pontificem seu presbyteros.*

¶ **CEROSTATA**, Cerostatarium, Cerostratum. Vide *Cereostata.*

CEROTA, Papiæ, *Firma, reparata.* [** Gloss. in cod. reg. 7644 : *Certa, firma, vera, reparata, propria.*]

CEROTARIUM, Idem quod *Ceratum* vel *Cerotum*, Græc. κηρωτόν, malagma quod vulneribus superponitur ex rebus liquidis, cera unitis constans. Matth. Silvaticus : *Cerotum, dicitur a cera, quia omne Cerotum recipit ceram, et est quoddam medium inter unguentum et emplastrum.* Cælius Aurelianus Sicc. lib. 1. Chron. cap. 1 : *Declinante passione, Cerotariis atque malagmatis simplicibus utendum.* Occurrit passim apud hunc Scriptorem.

¶ **CEROTECA**, Cerotheca, pro Chirotheca, in Charta Henrici V. Regis Angliæ Hist. Harcur. tom. 4. pag. 1440 : *Faciendo et reddendo nobis unam Cerotecam de plate pro dextera manu.* Chartular. S. Martini Pontisar. : *Nisi solvant annuatim unum par Cerothecarum.*

* **CEROTHARA**, Mendose pro *Cerotheca*, in Reg. *Olim* parlam. Paris. ad ann. 1295. fol. 111. Vide in hac voce.

¶ **CEROTUM**, Græce Κηρωτόν, Ceratum, unguenti genus sic dictum, quod magna ex parte cera constet. Vita S. Antonini Abb. Surrentini sæc. 4. SS. Benedict. part. 1. pag. 423 : *Feci Cerotum sive unguentum.*

¶ **CERPEIRE.** Hierat. Juris Pontif. pag. 175 : *Quantum crimen est cum quis percussit, vel hostiliter Primatem vel Cardinalem Cerpeit.* Forte leg. *Ceperit.*

* **CERRAGUM.** Bulla Alex. PP. III. ann. 1179. inter Probat. tom. 1. Annal. Præmonstr. col. 406 : *Ex dono Azonis et uxoris ejus et liberorum suorum campum ad Cerragum ecclesiæ.* Sed leg. videtur *Ceragium.* Vide in hac voce.

¶ **CERRETANI.** Constitutiones Ordinis Fratrum Prædicatorum pag. 101 : *Fratres nostri Cerretanorum consortium, qui vulgo Bianti dicuntur, illorumque, quæstuandi modum omnino evitare tenentur; caveantque Prædicatores ne illorum indulgentias prædicent.* Mox iidem ibi dicuntur *Clerici officii : Nullus.... præsumat de cætero quascumque indulgentias per Cerretanos, seu Clericos officii, ita appellatos, etc.*

* Iidem qui Italis *Ciarlatani*, nostris *Charlatans*, Circulatores, qui fabulas canendo aut agendo, populum ad se alliciunt, ut nummos ab eorum crumenis arte blanda educant; *Cerretani* nuncupati, si fides Cœlio Rhodig. Leand. Alberto in Descript. Ital. atque aliis, a *Cerreto* Spoletani agri oppido, quod inde copia ingens ejusmodi circulatorum prodiret. Consule Murator. tom. 2. Antiq. Ital. med. ævi col. 846. et seq. Vide supra *Ceretanus.*

CERRITUM, Cerretum, Silva, ex fagis quas *Hestres* dicimus, constans, Italis *Cerreto*, ex *Cerro*, fagus, [vel quercus.] Vetus Charta apud Ughellum in Fesulanis Episcopis tom. 3. pag. 300 : *Omnem terram quæ est ad unum, tenentem, cum Cerrito arborosa, quamque et sine arboris, quæ istis terminis concluditur, etc.* Alia Grimpardi Episcopi Pisani pag. 404 : *Cum prædictis petiis de terris,... cum scopeto, et Cerreto, seu silva et monte, etc.* [Gregor. Mon. in Chron. Farfensi, apud Murator. tom. 2. part. 2. col. 440 : *Quidam Pando donavit in hoc Monasterio casalem Mempini.... et campum Auriellani... et Cerritum unum in Narnate.*] [** *Cerru* a *Quercia* distincta in Chart. Langob. ann. 760. ap. Brunetti pag. 570 : *Et super illo duo testucli sunt duo quercias et super ipse una Cerru terseratu et super ipsa Cerru vade signa inter campu et silva.* Vide Forcellin. in *Cerrus* et Academ. Cruscan. in *Cerrato.*]

CERRUS. Tabularium Conchensis Abbatiæ in Ruthenis Charta 203 : *Et de Civada 4. den. et ad Calendas 4. denarios, et 4. Cerros de canbe*, id est, fasciculos cannabis.

* Haud scio an inde vox Gallica *Cerie*, quæ non multum dissimili notione occurrit, in Costum. Paris. ex Reg. sign. *Noster* Cam. Comput. fol. 34. v°. : *Item la Cerie d'archal, vj. den. le cent.* Vide infra *Serrus.*

CERTAMEN, Cura, accuratio, animi contentio. Inscriptio Codicis Carolini, seu Epistolarum summorum Pontificum ad Pipinum et Carolum Magnum, ex Codice MS. Cæsareo apud Lambecium lib. 2. Commentar. de Bibliotheca Cæsarea cap. 5 : *Eo quod nimia vetustate et per incuriam jam ex parte dirutas atque deletas* (Epistolas) *conspexerat, denuo memorialibus membranis summo cum Certamine renovare ac rescribere decrevit.* Capitulare 6. ann. 819. cap. 11 : *Volumus quidem ut ea quæ superius retulimus, ut unusquisque exinde bonum Certamen habeant, etc.* id est, curam.

¶ Certaminis Judex et Præses dicitur Balduinus Comes, in subscriptionibus donationis Monasterio Aquicinctino factæ ann. 1096. apud Miræum tom. 2. pag. 1145. Sic dictus videtur, quia Balduinus ille primus erat inter multos viros nobiles, qui simul convenerant ad eam donationem confirmandam, metaphora forte ducta ab eo qui Campionibus decertantibus præsidebat.

* Certamen Cognitionale, *Duellum* seu singulare certamen, quo rei obscuræ cognitio et veritas innotescebat, ut erat hujus ætatis opinio. Stat. Roberti reg. Sicil. MSS. : *Non exigentes in istis cognitionalia ordinare Certamina, quæ in prælatorum, clericorum personis atque et negocia* (sic) *non possetis communi censura rationabiliter exercere.* Nisi *Certamen cognitionale*, Examen juridicum interpretari malis. Vide *Cognitor.*

* Certamen OEcumenicum, Quod ad illud athletæ ex toto terrarum orbe reciperentur, sic dictum. Nummus Caracallæ Heliopoli in Phœnicia cusus, apud Vaill. tom. 2. pag. 53. præfert : Cert. Sacr. Cap. OEc. Is. Hel. Hoc est, [*Certamen sacrum, Capitolinum, OEcumenicum, Iselasticum, Heliopolitaneum.* Eadem leguntur in Nummo Valeriani ibid. pag. 332. et in nummis Elagabali. De his consule Tristan. Comment. tom. 3. pag. 6. et *Spanheim* in Epist. 2. pag. 121. et seqq.

CERTAMINARE, *Certare, contendere, altercari*, φιλονεικεῖν, διαφιλονεικεῖν, in Gloss. Græc. Lat.

CERTESCERE, *Certum scire*, in Gloss. Arabico-Lat.

¶ **CERTIFICARE**, Notum vel certum facere, scripto testari, Gall. *Certifier.* Instrum. publicum Galteri Notarii ann. 1399. ex Archivo B. Mariæ de Bono Nuntio Rotomag. : *Quæ omnia et singula præmissa in præsentia mei Notarii publici infrascripti et per me sic facta fuisse... Certifico.* Sumitur etiam pro Cautionem facere pecuniæ debitæ, Gall. *Donner assurance.* Diploma Alberti Ducis Saxoniæ ann. 1292. apud Ludewig. tom. 5. Reliq. MSS. pag. 436 : *Nos certificet et nobis caveat de quatuor millibus marcarum et quingentis marcis argenti puri.* Vide *Certiorare.*

Certificatio, Certificatorium, Citatio, vocatio in jus, in Concilio Lambethensi ann. 1281. cap. 12. Vide Concil. Londinense ann. 1268. can. 26. [et Lindwoodi Provinciale lib. 2. tit. 1. pag. 81. 84. et 89. Edit. 1679.]

¶ Certificatio, Securitas. Vita B. Giraldi de Salis, apud Marten. tom. 6. Ampliss. Collect. col. 1007 : *Qui paulo ante secundum causas inferiores descendebat in interitum, per virtutem Giraudi Certificationis experitur antidotum.*

* Certificatio, Affirmatio, assertio, certitudo. Charta ann. 1442. ex schedis Pr. *de Mazaugues* : *Quæ quidem instrumenta....... pro Certificatione majori dicto magnifico domino .... exhibuerunt.* Aliis notionibus, vide in *Certificare.* Nostris *Certaineté* et *Certanité*, pro *Certitude*, Explorata rei notitia, cognitio, certitudo. Chron. S. Dion. tom. 8. Collect. Histor. Franc. pag. 335 : *Au departir n'enporta-il nule Certaineté de sa requeste.* Lit. remiss. ann. 1394. in Reg. 147. Chartoph. reg. ch. 68 : *Le suppliant fust envoyé par son maistre pour savoir en quelle maniere ses besongnes se portoient, et de lui en rapporter de toutes ces choses la Certaineté.* Ch. Math. dom. de Montemor. ann. 1268. in Chartul. Campan. Cam. Comput. Paris. fol. 355. v°. col. 2 : *Duques a tant que l'an ait apris et seu la vérité des choses dessus dites et la Certanité de son droit et dou nostre, etc.*

* Aliud vero sonat vox *Certainerie* in Reg. ejusd. Cam. sign. *Bel* fol. 114. r°. : *Sus la taille de la Certainerie de Chinon, xx. livres Tournois.* An nomen regionis cujusdam hujusce urbis? an leg. *Cettainerie*, et intelligatur Tributum ex mercibus sericis? Vide infra *Cethoninum.*

¶ Certificationis Litteræ, Scriptum testimonium, Gall. *Certificat*, in Instrumento jam laudato anni 1399. ex Archivo B. M. de Bononuntio Rotomag.

¶ Certificatoria Littera, Eadem notione, ibid. Vide Lindwoodum lib. 3. Provincialis tit. 23. pag. 233.

¶ Certificatus, Certior factus, in Actis SS. Julii tom. 2. pag. 323. et alibi.

¶ **CERTILAGIUM**, pro *Curtilagium*, ut videtur. Regestum 87. Chartophylacii Regii : *Stephanus Meraudi tenet quandam domum sitam in Monte-Alodio juxta iter cum Certilagio et pertinentiis suis.* Infra : *Johannes et Guillelmus Darbonis aliter Alamet tenent primo duas domos contiguas cum Certilagiis suis sitas in Monte Alodio juxta suos confines.* Ibidem : *Item tenet idem Johannes Regis unum Certilagium situm in Costagio Montis-Alodii.* Vide *Curtilagium* in *Cortis* 1.

¶ **CERTIO**, Affirmatio, assertio. Chron. Watinense apud Marten. tom. 3. Anecdot. col. 827 : *Tecum cognoscant Certionem ministrorum cœlestium.* Sermo est de ægroto, cui sanitatem promiserant per visionem illi cœlestes ministri. Hanc promissionem seu asseverationem Chronographus appellat *Certionem.*

¶ **CERTIONARE**, Securum reddere. Charta Wenceslai Regis Bohemiæ ann. 1418. apud Ludewig. tom. 6. Reliq. MSS. pag. 86 : *Nos eumdem Nicolaum de hujusmodi quatuor millibus sexagenarum gross. indemnem reddere volentes et plenarie Certionare.*

CERTIORARE, Φανεροποιῆσαι, in Gloss. Græc. Lat. *Certificare*, certum facere, apud Ugutionem, Joannem de Janua, et Monachum Sangallensem lib. 1. de Carolo Magno cap. 24. et Jurisconsultos aliquot.

¶ Certioratio, apud Baluzium tom. 2. Hist. Arvern. pag. 598. ex Regesto Parlamenti ann. 1408.

* Declaratio, significatio. Stat. MSS. eccl. Brioc. cap. 6 : *Senes.... de senio in sua conscientia capitulum certiorare teneantur, et in illa die qua capitulum certioratum fuerit, vel saltim infra octo dies a tempore Certiorationis numerando, canonici sollemniter comedent cum eodem; alias senectutis privilegium non obtinebit.*

¶ Certioratus, Certior factus, in Instrumento ann. 1291. Hist. Meld. tom. 2. pag. 187. et in alio ann. 1463. inter Schedas Cl. Præsidis *de Mazaugues.*

* *Certiores Certiorati veraciter, etc.* in Charta Renati reg. ann. 1453. ex Tabul. reg. Aquensi. Vide mox *Certive.*

CERTITAS, *Firmitas*, βεβαιότης, in Gloss. Gr. Lat.

* **CERTITUDINALIS**, Certus. Formulæ MSS. ex Cod. reg. 7657. fol. 3. r°. : *De juribus suis instructus, sciens et Certitudinali memoria tenens, etc.*

* **CERTITUDINARIE**, ut *Certitudinaliter*, Certe, apud S. Leodeg. Resolut. civil. cap. 48. art. 49. Vide *Certudinaliter.*

** **CERTITUDO.** Vide *Warandia.*

* **CERTIVE**, Certo, haud dubie, Gall. *Certainement.* Charta ann. 1312. in Reg. 48. Chartoph. reg. ch. 101 : *Prout dicti fideles nostri nobis Certive retulerunt.* Comput. ann. 1372. inter Probat. tom. 2. Hist. Nem. pag. 316. col. 2 : *Dicebatur quod gentes armorum erant Certive in illis partibus. A certes* nostris, idem quod Serio, extra jocum, consulto, vulgo *Sérieusement, de propos délibéré.* Lit. remiss. ann. 1382. in Reg. 124. ch. 249 : *Amiablement demande se ce qui lui avoit fait, estoit esbatement ou à Certes; lequel lui respondit que à Certes. Ciers*, Certus, apud Phil. *Mouskes* :

Puis r'ot plevie cis Robiers
La fille à Lascre; j'en suis Ciers.

CERTUDINALITER, [CERTITUDINALITER. Certe, procul dubio, Gall. *Certainement.*] Vita Gregorii X. PP. : *Nam tot audierat, et Certudinaliter visu perceperat de eodem, etc.* [Occurrit in Instrumento anni 1443. inter Schedas Præsidis *de Mazaugues*, apud Rymerum tom. 3. pag. 960. col. 1. Marten. tom. 6. Ampliss. Collect. col. 782. tom. 6. col. 301. Ludewig. tom. 4. Reliq. MSS. pag. 415. tom. 6. pag. 474. in Actis SS. Martii tom. 1. pag. 540. Aprilis tom. 2. pag. 808. etc.]

* **CERTURATA**, Fascis, Gall. *Fagot, botte.* Stat. Taurini ann. 1360. cap. 150. ex Cod. reg. 4622. A. : *Pro qualibet Certurata seu pugnata venghi* (solvat) *denarios vj. et totidem pro emenda.*

CERTUS, Quidam, nostris, *Un certain homme.* Gloss. Græc. Lat. Ῥητός, *Certus*; ῥητή, *Certa*, Leges Rotharis Regis Longobard. tit. 94. § 1 : *Si quis caballum emerit, et auctorem ignoraverit, et venerit Certus homo, qui ipsum caballum suum esse dicat; etc.* Adde tit. 101. § 3. et Leges Luithprandi Regis tit. 90. § 1. [** Rothar. 235. 260. Liuthpr. 116. (6, 63.)]

* Necrolog. eccl. Paris. MS. : *Item unam casulam de veloto nigram munitam stola, manipulo, ac Certum corporale, albam, amictum.* Inventar. S. Capellæ Paris. ann. 1376. ex Bibl. reg. : *In quibus* (imaginibus) *sunt reliquiæ Certæ.*

* **CERVASIA.** Vide supra *Cerevisia.*

¶ **CERUCI**, *Lineæ in malo navis. Ceruci, linea illa, at qua* (ad quam) *in navibus vela suspenduntur.* Gl. Sangerman. Legendum *Ceruchi.* Vide *Corachi.*

* Glossar. Lat. Gall. ex Cod. reg. 7692 : *Cerucus, instrument de nef.*

* **CERUDELUS.** Vide infra *Crudellus.*

¶ **CERVEIA**, f. Vivarium, Gal. *Parc*, in quo *Cervi* aliave animalia continentur. Charta ann. 1235. inter Instr. tom. 4. novæ Gall. Christ. col. 206. D : *Cum Abbas et conventus S. Benigni Divion. dicerent, se habere usuagium in nemoribus de Villa-comitis.... ad omnia quæ vellent facere ad opus domus de Chasne... ad claudendum Cerveias et pratum ejusdem domus quæ clausura indiguerint.*

* **CERVELERIUM**, inter instrumenta coquinæ recensetur in Inventar. ann. 1379. MS. : *Item tria Cerveleria Genovesa, modici valoris, etc.*

* **CERVELHERIA.** Vide *Cervelleria* 1.

1. **CERVELLA**, Cerebrum, Cerebellum, ἐγκέφαλος; Gallis, *Cervelle*. Lex Aleman. tit. 59. cap. 6 : *Si autem testa transcapulata fuerit, ita ut Cervella appareat.* Et § 7 : *Si autem ex ipsa plaga Cervella exierit.* Occurrit præterea in Lege Bajwar. tit. 3. cap. 1. § 6. tit. 4. § 5. tit. 5. § 5.

* 2. **CERVELLA**, Cassidis species, quæ superiorem capitis partem operit, idem quod *Cervellerium*. Charta Roberti reg. ann. 1324 : *Totidem gorgialium et Cervellarum col.. comptarum per eum, ad opus dictæ nostræ curiæ in Massilia, statim ex parte nostræ curiæ assignare curetis. Servel*, pro ipso capite, in Poem. Alex. MS. part. 2 :

Le Baudrain fu honteus, si bessa le Servel.

* 1. **CERVELLERIA**, Cervelheria, Eadem notione. Stat. Ferrar. ann. 1279. apud Murator. tom. 2. Antiq. Ital. med. ævi col. 487 : *Quod quilibet custos deputatus ad aliquam custodiam alicujus castri,.... debeat toto tempore custodiæ habere..... bacinellum, sive bonam Cervelleriam, spatam, etc.* Stat. Astæ, ubi de Intrat. portar. : *Cervelleriæ de ferro solvant pro qualibet dozena etc.* Testam. Joan. Fabri episc. Carnot. ann. 1390 : *Acta fuerunt hæc omnia et singula modo præmisso Avenione in hostelleria Cervelheriæ, in careria dicta de la Boucerie.* Glossar. Provinc. Lat. ex Cod. reg. 7657 : *Cervellaira, Prov. cassis, galea.* Perperam *Crevelliere*, pro *Cervelliere*, in Stat. ann. 1351. tom. 4. Ordinat. reg. Franc. pag. 69. art. 8. Vide *Cervellerium*.

* 2. **CERVELLERIA**, Pannus, quo mulieres caloris causa caput operiunt, Ital. etiam *Cervelliera* et *Cervellino*. Mirac. MSS. Urbani PP. V. : *Detinebat eum infirmitas apostematis, et erat tanta illa plaga in latitudine et cavitate, quod posset interesse infra una Cervelleria capitis.*

CERVELLERIUM, Cassidis species, quæ superiorem capitis partem operit, Italis, *Cervelliera, Capelleto di ferro per difesa del capo* : de cujus inventore, sic Chronicon Nonantulanum MS. sub Friderico II. Imperat. : *Per hæc tempora Michael Scotus Astrologus Federici Imperatoris familiaris agnoscitur, qui invenit usum armaturæ capitis, quæ dicitur Cervellerium. Hic cum vidisset se moriturum ictu lapilli biuncis caput læsum, ex lamina ferrea sibi fieri fecit capitis infulam, quam gestabat. Cum autem esset in Ecclesia, et Eucharistia levaretur in altari, amovit a capite infulam ferream ob reverentiam Christi; tum lapillus biunx in verticem ejus decidit, quo cutem læsit parumper. Ille dubitans lapillum fecit pensari, quo invento biunci, certus mortis, rebus suis disposuit moriturus.* Hic est Michael Scotus cujus liber de Physionomia editus olim, et Friderico II. Imp. dicatus est : tametsi de loco et tempore editionis nulla habeatur nota in libro edito quem legi : certe laudatur editus Venetiæ ann. 1503. a Simlero. Exstat etiam ejusdem liber alius inscriptus *Mensa Philosophica* editus Parisiis ann. 1500. primum, deinde Francofurti ann. 1602. Scripsit præterea tractatus varios, *de Notitia conjunctionis mundi terrestris cum cœlesti, de dispositione utriusque mundi et de præsagiis stellarum elementaribus* : qui asservantur in Bibliotheca San-Germanensi Paris. Michaelis denique meminit Hector Boethius lib. 13. extremo Hist. Scotor. Vide Statuta Veronensia lib. 2. cap. 31. [** Murator. Antiq. Ital. tom. 2, col. 287. D.] Hujusmodi vero capitis armaturam *Cervelliere*, vocant Poetæ nostri. Guill. *Guiart* ann. 1264 :

Le chaple commence aux espées,
Dont la a de maintes manieres,
Sus hyaumes, sus Cervellieres
Prennent plommées à descendre
Et hacheles par tout pour fendre.

Rursum ann. 1297 :

Aucuns d'entre eus testes desnuent
De hyaumes et de Cervelieres,
Et plantent alenas és chieres.

Rursum ann. 1298 :

Mes hauberjons, et Cervelieres,
Gantelets, tacles et gorgieres.

¶ **CERVESA**, Cervesia. Vide *Cerevisia*.

1. **CERUGIA**, vox Italica, pro *Chirurgia*, in Concilio Budensi ann. 1279. can. 9 : *Nec illam partem Cerugiæ exerceat, quæ ad ustionem vel industionem inducit.* Vulgus etiamnum *Cerugien* dicit pro *Chirurgo*.

2. **CERUGIA**, Ceruva. Ugutio : *Sorbus quædam arbor, quia ejus fructus habilis est ad sorbendum, unde hoc sorbum, fructus illius arboris, et dicitur Ceruva, vel Cerugia, potus qui ex tali fructu fit, vel etiam offa.*

CERVICA, Joanni de Janua, *Alapa, vel potius colaphus, et dicitur a cervix.* Gloss. Lat. Gall. : *Cervica, Brise, ou Colée.*

¶ 1. **CERVICAL**, περικράνιον. Gloss. Lat. Græc. Quod circum caput est. Aliud videtur quam pulvinar, ut et in sequenti Annalium Benedict. tom. 3. pag. 439. n. 94. loco, ubi de corpore Hogeri Hammaburgensis Episcopi, quod cum in sepulcro quæreretur *præter cruces pallii et Cervical Episcopi nihil repertum est.*

* 2. **CERVICAL**, Pulvinus, Gall. *Coussin*. Obituar. eccl. Lingon. ex Cod. reg. 5191. fol. 168. v°. : *Dedit etiam duo Cervicalia de panno auro texto ad decorem altaris in majoribus festis.* At vero *Cervical* ex Annal. Benedict. supra laudatum, de capitis ornamento seu infula episcopali intelligendum videtur.

* **CERVICARIUM**, Pulvinar, Gall. *Oreiller*. Glossar. Provinc. Lat. ex Cod. reg. 7657 : *Cervicarium, cervical, Aurelhier, Prov.*

CERVICATA, Idem quod *Cervica*. Acta S. Saturnini Martyr. num. 19 : *Cervicatis contusus.* Joannes Monachus lib. 3. Vitæ S. Odonis Abb. Cluniac. : *Pugnos tamen et Cervicatos pro mercede suæ improbitatis, in opprobrium antequam moreretur, sumsit* Leg. *Cervicatas*.

CERVICATUS. *Superbus, furiosus, contumax*, Joanni de Janua. Utitur S. Augustin in Psalm. 6.

CERVICORIUM, Crumena ex cervi corio. Ordericus Vitalis lib. 5. pag. 596 : *Et ob hoc a Monachis quondam susceperunt 10. solidos et unum Cervicorium.* Domnizo lib. 1. de Vita Mathild. cap. 13 : *Hoc regis munus Ducis ad cameram tulit, unum et Corium cervi, quod nummis ipse replevit.* Occurrit etiam ibi semel. Le Roman *de Garin* MS. :

En Cuir de cerf fet le Baron gesir;
Font une biere, le Baron i ont mis.

¶ **CERVICOSITAS**, Petinacia, contumacia. Legitur in Opusculo Magistri Manegaldi in Anecdotis Muratorii tom. 3. pag. 204. in Conciliis Hisp. tom. 3. pag. 363. in Actis SS. Julii tom. 3. pag. 235.

¶ **CERVICOSUS**, Pertinax. Passim occurrit.

¶ **CERVIDA**. Vide *Cernida*.

¶ **CERVIGIUM**. Vide *Chervgium*.

CERVINARIA, seu Celvinaria, vel *Cellavinaria*. Petrus Diaconus Chron. Casin. lib. 3. cap. 36. (al. 38.) : *Cervinariam adiit, vinum mensus est, etc.* Chron. Casauriense lib. 4 : *Perfecto itaque palatio pro adventantium susceptione, cum cellario et Cervinaria, continuo campanarium ædificare cœpit.*

¶ **CERVINARIUS**, Qui vinum vendit, quasi qui *Cervinariæ* curam habet. Privilegium Archambaldi Borbonii et Agnetis uxoris ejus pro Villa Franca apud Thomasserium in Biturig. pag. 226 : *De unoquoque mercerio semel in anno quatuor denarios; de unoquoque Cervinario quatuor denarios.*

CERVISA, Cervisia. Vide *Cerevisia*.

* **CERVISIARE**, Cervisiaria. Vide supra in *Cerevisia*.

¶ **CERVIX**, vulgo, Pars colli posterior, quæ ab occipitio incipit et tendit ad spinam; hinc Isidorus lib. 11. Orig. cap. 1 : *Cervix vocata, quod per eam partem cerebrum ad medullam spinæ dirigitur, quasi cerebri via.* Sed pro cerebro ipso sumitur in Vita S. Francisci de Paula tom. 1. April. pag. 121 : *Mala . . . decincta injecit pedis ictum in caput ejusdem juvenis . . . in tantum quod Cervix illius per aures descendebat.*

* Glossar. Lat. Gall. ex Cod. reg. 7692 : *Cervix, haterel, vel orgueil. Chaignon*, pro *Chignon*, in Lit. remiss. ann. 1478. ex Reg. 205. Chartoph. reg. ch. 42 : *Le suppliant lui donna de son baston ung grant coup sur le coupet ou Chaignon du col. Chambert* appellatur, in aliis Lit. ejusd. ann. ibid. ch. 105 : *Les supplians frapperent icellui Guillaume Lienart de la hante de leurs espieulx, tant sur les espaules, comme sur le Chambert du col.*

CERULARIUS. Anastasius Biblioth. in Hist. Eccles. pag. 173 : *Cerularius quidam erat in foro ex laboribus suis locuples.* Ubi Theophanes et Cedrenus : Καί τινα κηρουλάριον ὄντα ἐν τῷ φόρῳ ἀνενδεῆ τυγχάνοντα ἐκ πόνων ἰδίων μεταπειλάμενος, etc. Quibus locis Meursius et Fabrotus κηροπώλην, *Ceræ* venditorem *Cerularium* dici putant, quem Glossæ Græc. Lat. *Cerarium* vocant. [Vide Glossar. mediæ Græcit. in Κηρός.]

Cerularium, Locus ubi venduntur, vel asservantur ceræ, seu cerei. Gloss. Gr. Lat. : Κηριολάριον, *Cerilarium*. Leo Grammaticus in Leone Philosopho pag. 486. [et Symeon Logotheta in eodem Leone n. 26.] κηρουλάριον, dictam ædiculam fuisse testantur in æde Sophiana, in qua asservabantur cerei majoris Ecclesiæ : Γέγονε δὲ καὶ ἐμπρησμὸς εἰς τὰ κηρουλάρια τῆς μεγάλης ἐκκλησίας, καέντων τῶν χαρτοθεσίων πάντων, καὶ τῆς σακέλλης. Nam sic ea verba capienda existimem, ut Cerularium diversa ædes fuerit a Chartotheciis, et Sacella.

CERULEUM. Eldefonsus de Pane Eucharistico pag. 165 : *Tres nummi moderni* tantum pondus habent, quantum 153. maxima Cerulei grana, quod Triticum dicitur.

¶ **CERUM.** Vide *Ceri.*

¶ **CERURSICUS**, Chirurgus. Vita B. Luchesii tom. 3. SS. Aprilis pag. 606 : *Nihil remedii a Cerursicis medicis inveniret.*

¶ **CERUSICUS**, Eadem notione, in Vita B. Columbæ Reatinæ tom. 5. SS. Maii pag. 361 : *Cum venisset Cerusicus liberatum* (apostemate) *eum invenit.*

CERUSSA Scribere, vel Encauto, in leg. 1. Cod. Th. de Veteranis (7, 20.); unde *Cerussatæ tabulæ*, in leg. 1. eod. Cod. de Aliment. (11, 27.) Scribendi ratio, cujus usus potissimum in Edictis scribendis et proponendis, ut hic indicatur. Illinebantur nempe tabulæ cerussa, seu albo colore, in quibus postmodum scribebatur. Meminit, ni fallor, cerussæ hac ratione Fortunatus in Poëm. cujus locus non succurrit.

¶ **CERUVA.** Vide *Cerugia.*

CERVULA, Cervulus, Ludi profani, apud Ethnicos et Paganos : solebant quippe ii Kalendis Januarii belluarum, pecudum, et vetularum assumptis formis huc et illuc discursare, et petulantius sese gerere : quod a Christianis non modo proscriptum, sed et ab iis postmodum inductum constat, ut ea die *ad calcandam Gentilium consuetudinem* privatæ fierent Litaniæ, et jejunaretur, ut observare est ex Concilio Toletano IV. can. 10. S. Isidoro lib. 1. de Offic. Eccles. cap. 40. Concilio Turon. II. can. 17. S. Augustinus Serm. de Tempore 215 : *Si adhuc agnoscatis aliquos illam sordidissimam turpitudinem de hinnula, vel Cervula exercere, ita durissime castigate, ut eos pœniteat rem sacrilegam commisisse.* Vita S. Eligii lib. 2. cap. 15 : *Nullus in Kalend. Januarii nefanda et ridiculosa, vetulas, aut Cervulos, aut jotticos faciat.* Concil. Autisiod. can. 1 : *Non licet Kalendis Januarii vetula aut Cervolo facere, vel strenas diabolicas observare, etc.* Halitgarius in Pœnitent. cap. 6 : *Si quis in Kalendis Januarii, quod multi faciunt, et in Cervulo ducit, aut in vetula vadit, 3. annos pœniteat.* Ita apud Commeanum in lib. de mensura pœnitentiarum cap. 7. Burchard. lib. 19. cap. 5 : *Fecisti aliquid tale, quod pagani fecerunt, et adhuc faciunt in Kalendis Januarii in Cervolo et vetula : si fecisti, 30. dies in pane et aqua pœniteas.* Eadem verba perperam scripta habentur ex Reginone apud Morinum post libros de pœnitentia pag. 41. Meminit præterea *Cervuli* S. Pacianus in Parænesi ad pœnitentiam. Denique S. Ambrosius in Psalm. 41 : *Sed jam satis in exordio tractatus, sicut in principio anni, more vulgi Cervus allusit.* Faustinus Episcopus Sermone in Kl. Jan. : *Quis enim sapiens credere poterit inveniri aliquos sanæ mentis, qui Cervulum facientes, in ferarum se velint habitus commutari ? Alii vestiuntur pellibus pecudum, alii assumunt capita bestiarum, gaudentes et exultantes, si taliter se in ferinas species transformaverint, ut homines non esse videantur.* Maximus Taurinensis in Serm. in Kal. Jan. : *Nunquid non universa ibi falsa sunt, et insana, cum se a Deo formati homines aut in pecudes, aut in feras, aut in portenta transformant.* Bonifacius Episc. Moguntin. Ep. ad Zachariam PP. cap. 6 : *Affirmant se vidisse annis singulis in Romana urbe, et juxta Ecclesiam S. Petri, in die vel nocte, quando Calendæ Januarii intrant, paganorum consuetudine choros ducere per plateas, et acclamationes ritu gentilium, et cantationes sacrilegas celebrare, et mensas illas die vel nocte dapibus onerare, et nullum de domo sua, vel ignem, vel ferramentum, vel aliquid comodi vicino suo præstare velle.* Pirminius in Excerptis de sacris Scripturis : *Cervulos et vehiculas* (leg. *vetulas*, aut *veticulas*,) *in quadragesima vel aliud tempus nolite ambulare. Viri vestes femineas, feminæ vestes viriles in ipsis Kalendis, vel in alia lusa quamplurima nolite vestire.* Adde Epist. Zachariæ ad Bonifac. cap. 6. Aldhelmum Abbat. Malmesburiensem initio Epistolæ ad Eahfridum, Epistolas Petri Damiani pag. 384. Editionis 1610. Durand. lib. 6. Ration. cap. 15. etc. Vide *Festum Hypodiaconorum.*

* Vide quæ in hanc rem disserit D. *Le Beuf* tom. 1. Collect. var. script. pag. 294. et seq.

CERVUS. *Cervus domesticus*, in Lege Salica tit. 35. § 2. et in Leg. Longobard. lib. 1. tit. 19. § 13. [** Rothar. 320. et 321.] Justinianus Institut. lib. 2. tit. 1. de Rer. divis. § 15 : *Cervos quoque quidam ita mansuetos habent, ut in silvam ire et redire soleant.* Ejusmodi est ille qui a Virgilio describitur lib. 7. Æneid. vers. 483 :

> Cervus erat forma præstanti, et cornibus ingens,
> Tyrrhidæ pueri quem matris ab ubere raptum
> Nutribant, etc.

Cervus Singum Habens, eodem tit. Legis Salicæ, id est, nolam, tintinnabulum, ut recte interpretantur viri docti. Vide *Signum.*

Cervus Domitus, id est, domesticus, in Leg. Ripuar. tit. 42. §. 2. cui opponitur *Cerva indomita*, § 7.

Cervus *ad venationem faciendam mansuefactus*, ibidem : qui præmittitur in silvam, ut cæteros attrahat, et dum iis se adjungit, in casses et venatores conjiciat.

Cervus Extelarius. Vide *Extelarius.*

Cervus qui Prugit. Vide *Prugire, Rugire.*

Cervus qui Treudis non Habet. Vide *Treudis.*

Cervus Ramagius, Gall. *Cerf ramage*, apud Christinam Pisanam 1. part. *du Tresor de la cité des Dames*, cap. 18. [* Vide infra *Ramagius cervus.*]

Cervi, *Furcæ, Sustentacula*, Papiæ : ex Gr. forte κηροῦχοι. [Hac notione *Cervi* vocem usurpavit Varro. Servius ad illud Virgilii Ecl. 2. *Figere Cervos* annotat : *Aut furcas, quæ figuntur ad casæ sustentationem, quæ dictæ Cervi ad similitudinem cornuum cervinorum : aut, quod melius, Figere Cervos, id est, venari et jaculari intelligamus.*]

* Cervi Argentei inter baptisteriorum ornamenta non semel occurrunt, quo ad baptismum, quomodo cervus ad fontes aquarum, summo desiderio perveniendum esse monstraretur. Consule notas ad Anast. Bibl. tom. 3. pag. 75. col. 2. Fontan. dissert. inscript. *Discus argenteus votivus veter. Christ.* Romæ edit. ann. 1727. pag. 28. et alios. Vide in *Fons* 1.

* **CERYCA**, Buccinator, vel homo scenicus, aut quid simile, a Gr. κῆρυξ, ut interpretantur docti Editores ad Homil. de S. Helena tom. 3. Aug. pag. 584. col. 1 : *Siquidem petulantia percitus, omnia pene Italiæ ac Græciæ theatra perlustrans, assumpto etiam dedecore varii vestitus, Cerycas, cytharistas, tragœdos, et aurigas sæpe sibi superasse visus est.* Vide *Cerycium.*

¶ **CERYCIUM**, Cælio Rhod. 21. 16. idem est quod Græcis κηρύκειον vel κηρύκιον, Caduceus, seu lignum rectum, duos habens sibi invicem implicitos, et facies habentes sibi obversas, Gall. *Caducée.*

1. **CESA**, Incesa. Vetus Chronicon laudatum a Lindenbrogio : *Ex nimia festinatione Saxonum Cæsas seu firmitates subito introiit.* [** Vide *Cæsa.*] Item : *Multos Britones conquisierunt una cum castellis, et firmitates eorum locis palustribus, et Incesis.* Quod alius auctor sic reddidit : *Et ibi multa castella acquisierunt, et loca firma et munita, palustra, et Incæsa.* Ubi *Cæsas* et *Incesas* dici opinatur, quæ Latini *Concædes* vocant. [Chron. Farfense apud Murator. tom. 2. part. 2. col. 464 : *Dedit supradictus Campo Abbas vicendam in Furcone. . , et in campo Armonis gualdum de Felecto usque Cesam de Leoli, et fossam Petri Roscii.*] Jus Vicentinum lib. 1 : *Si quis fuerit inventus incipiendo vel accipiendo alienas Cesas, vel folia de alienis surgis, etc.* Silva Cædua, Gall. *Taillis.* [Otto Morena in Historia Laudensi : *Mediolanenses igitur et Laudenses in aperto campo morantes, et bene se prospicientes, nullo nemore, nullisque vitibus, nullo etiam fossato aut Cesa, nullisque arboribus inter utramque partem existentibus, quamvis Laudenses pauciores fuerant, tamen Mediolanenses nullo modo tunc invadere ausi fuerunt.* In hunc locum Muratorius : Male in Osii Codice legitur, ipso fatente, *Costa.* Vulgi autem verbum hoc est, quo indicantur sepes illæ, quæ ad arcenda a vineis aut campis armenta et cives, ne segetes aut pampinos lædant, spineis ut plurimum virgultis contexuntur. Hanc vocem derivatam vult Osius a Latino verbo Cædo, quod cædi soleant quotannis sepes ne silvescant, aut nimium excrescentes, infestam umbram in vineas agrosque extendant.] Vide *Concisa* et *Incisa*, [* *Cesia* 2. et *Cessa.*]

¶ 2. **CESA**, *Sic appellant hastas Galli*, Papias MS. [* Leg. *Gesa.* Vide *Gessum.*]

* **CESATRIX**, Quæ jure suo, vel aliqua possessione cedit. Charta ann. 974. ex magn. Chartul. S. Vict. Massil. fol. 45 : *Ego Arantrudes Cesatrix atque donatrix ad Daniel et ad Agilberto, etc.* Vide *Cessionarius.*

* 1. **CESIA**, Lenticula. Glossar. Gall. Lat. ex Cod. reg. 7684 : *Cesia, lentille, tache qui est au visage. Cesius, i. lenticulosus, lentilloux.*

* 2. **CESIA**, Cessia, Sepes, sepimentum ex virgultis cædendis vel cæsis confectum. Stat. Vercel. lib. 5. pag. 126. v°. : *Item quod nemini licitum sit pascare in nemore, spinetis vel Cesiis bruxatis.* Stat. Montis reg. pag. 209 : *Item quod quælibet persona quæ habeat possessiones juxta vias, . . debeat Cessias et clausuras suas bis in anno incidere.* Stat. Taurini ann. 1360. cap. 184. ex Cod. reg. 4622. A. : *Quicumque voluerit, possit Cessias sua autoritate et clausuras impe-*

dientes transitum carrorum impune extirpare. Vide *Cesa* 6. et infra *Cesonus.*

* **CESINA**, pro *Cæsiva* vel *Cæsura*, ut opinor, Silva cædua, Gall. *Taillis*. Charta ann. 1005. apud Murator. tom. 1. Antiq. Ital. med. ævi col. 183 : *Cum ipso castaneto, quod est in pede de monte, qui vocatur Tevorio, et cum ipsa Cesina, quæ est ultra ipsum fluvium, quam runcare fecit Cosma abbas antecessor vester.* Vide supra *Cæsura* et *Cesa* 1.

* **CESIUS**, *Lentiginosus, quasi cæsus facie.* Glossar. vet. ex Cod. reg. 7613. Vide supra *Cesia* 1.

* **CESLAWNY**, vox Polonica, Gloriosus, ut putant docti Editores, a Polon. *Slawa*, gloria. Acta B. Ceslai tom. 4. Jul. pag. 190. col. 1. : *Quod excelso animo terrena contemnens, cœloque non cœno se natum cogitans, foret Ceslawny quasi nuncupes, etc.*

* **CESONUS**, Sepes, sepimentum, ut supra *Cesia* 2. Stat. Placent. lib. 4. fol. 40. r°. : *Ad detegendos et evitandos malefactores, qui secus stratas occultantur, firmiter statuimus, quod omnes boschi, busconi et Cesoni, existentens juxta stratam Romeam,... exitirpentur.*

¶ **CESPALICANA**, Species Scripturæ. Vide *Scriptura.*

¶ **CESPATICUM**. Vide *Cespitaticum.*

1. **CESPES**, Prædium rusticum. S. Cyprianus Epist. ad Donatum : *Exilis ingenii angusta mediocritas tenues admodum fruges parit, nullis ad copiam fœcundi Cespitis culmis ingravescit.* S. Ambros. lib. 3. Epist. 30 : *Transcriptis in aliorum jura suis prædiis, virum sequitur, et exiguo illic conjugis contenta Cespite, solatur se religionis et simplicitatis divitiis.* Acta S. Sebastiani cap. 18 : *In Campano littore, in quo erat lati Cespitis dominus.* Senator. lib. 2. Var. Epist. 16 : *Gratia dominorum de Cespitis divisione conjuncta est.* Lib. 5. Epist. 14 : *Antiqui barbari, qui Romanis mulieribus elegerint nuptiali fœdere sociari, quolibet titulo prædia quæsiverint, fiscum possessi Cespitis persolvere ... cogantur.* Adde lib. 7. Epist. 45. Lex Longobard. lib. 2. tit. 18. § 3. [** Aist. cap 3.] : *Cum ipsis hominibus per suam astutiam agebant, et eos a suis Cespitibus removentes, in suum servitium replicabant, qui postmodum libertatem simul et res amittebant.* Mox : *Sint liberi de suis personis, sicut dominus eorum instituerit ... nec a suis Cespitibus removeantur.* Tit. 23. [** Liuthpr. 133. (6, 80.)] : *Si de illo labore comparaverit, quod postea laboraverit, aut fecit, postquam in ipsa casa ad censum reddendum introierit, in ipso Cespite dimittat, ubi laboravit.* Odilo Abb. Cluniac. in Vita S. Majoli Abbatis : *Abbas Berno nomine, in partibus Burgundiæ, Cespite Matiscensi, pago qui vocatur Cluniacus, Monasterium cœpit instruere.* Vita S. Popponis Abb. cap. 11. n. 44 : *A præfato Henrico sui juris in Amblavia Cespitem, qui in 12. fere mansos extendebatur. ... obtinuit.* Odo Abbas de Mirac. S. Mauri cap. 2 : *Brennovem amplissimum possessionis suæ Cespitem petivit.* Vide leg. 10. C. Th. de Præd. navicul. (13, 6); Gregor. Mag. lib. 7. Epist. 6. [** Murator. Antiq. Ital. tom. 1. col. 836. B.] etc.

¶ Cum Cespite Terræ Tradere, Aliquem in terræ possessionem mittere, ei tradendo Cespitem ejusdem terræ. Charta Donationis Sigeredi Regis in Monastico Anglicano tom. 1. pag. 29. col. 1 : *Sane quia cavendum est ne hodiernam donationem nostram futuri temporis abnegare valeat et in ambiguum devocare præsumptio, placuit mihi hanc paginam condere et una cum Cespite Terræ prædictæ Tradere tibi, etc.* [** Grimm. Antiq. Jur. pag. 111. sqq.] Vide *Investitura.*

** 2. Cespes, Tumulus. Rhythmi de S. Otmaro vers. 42. ap. Pertz. Script. tom 2. pag. 55 :

Cespite junguntur, germaniter inde coluntur.

Tacit. Ann. lib. 1. cap. 62 : *Exstruendo tumulo cæspitem ponere.*

¶ **CESPITARE**, *Cadere, Cespitare, offendere.* Vetus Glossar. Sangerman. num. 501. Præsertim dicitur de equo offensatore, qui *cespiti* pedem impingit, Gall. *Cheval qui bronche.* Chronicon Mellicense pag. 434. col. 1. in Senatorio Martini Abb. Scotorum : *Equus super quem sedi fatigatus Cespitavit in quodam ponte, et ego primo cecidi per caput equi ad pontem, postea de ponte ad aquam.* Hinc *Cespitator* vel *Incespitator* equus offensator dicitur Servio in Æneid. 11. v. 671. Charta Joannis Abb. Floriac. ann. 1247. apud Stephanotium in Antiquit. Aurelian. MSS. pag. 371 : *Quod versutia insidiatoris generis humani non ignoratur, provisum, ut sic inter ignorantiæ tenebras palpantes, et defectu luminosæ scientiæ in via morum lubrice Cespitantes, etc.*

* Glossar. Lat. Gall. ex Cod. reg. 7692 : *Cespitare, Trebucher. Brucar, Prov. Cespitare,* in Glossar. Provinc. Lat. ex Cod. reg. 7657. *Cespicare*, eodem sensu, usurpant Itali.

CESPITARII, Qui *cespites* eruunt. Lambertus Ardensis : *Oneratores etiam et buttarii cum hoccis, et Cespitarii cum cespitibus oblongis, et mantellatis..., operantur.*

CESPITATICUM, Cispitaticum, quibusdam est tributum pro via cespitibus munienda : aliis videtur esse pro castris muniendis. Nam ex cespitibus castra circumdantur, et aggeres castrenses fiunt, ut docet Vegetius lib. 3. Quod et firmat Plinius lib. 35 : *Cespitum natura castrorum vallis accommodata.* [Claudio *le Laboureur* tom. 1. Maceriarum Insulæ Barbaræ pag. 47. Tributum pro pontibus et viis stratis reparandis exactum.] Alii denique tributum, quod ex *cespitibus*, seu prædiis locatis et conductis pensitatur, et *Cespitis indictitium onus* videtur appellari, apud Senatorem lib. 5. Epist. 14. Capitulare 5. Caroli Mag. ann. 806. cap. 11 : *De teloneis et Cispitaticis, sicut in alio Capitulari ordinavimus, teneant, id est, ut ibi antiqua consuetudo fuit, exigantur, etc.* Diploma Caroli Cal. apud Sanjulianum in Hist. Tornutii : *Neque præsumat de eorum servis exigere... sive de suis teloneum, aut ullam redhibitionem, seu exactionem, neque in mari aut Rhodano, seu Sagona, aut Dou, vel Ligeri fluminibus navigantibus, aut littoribus commorantibus requirere audeat, præsumat, aut navaticum, aut Cespitaticum, aut salutaticum, aut pontaticum, aut in terra rotaticum.* In alio Diplomate ejusdem Caroli apud Beslium in Episc. Pictav. : *Ullum teloneum, aut ripaticum, aut portaticum, aut pontaticum, aut salutaticum, aut Cespitaticum, aut cœnaticum, etc.* [** *Nec salutatico, nec pulveratico, nec Cispitatico, etc.* in Chart. Caroli M. ann. 782. in Alsat. Diplom. num. 59. *Aut salutaticum, aut Cespitaticum, aut rotaticum, etc.* in Chart. Ludov. P. ann. 831. ibid. num. 92. *Neque pontaticum, nec portaticum, aut Cespitaticum, seu rotaticum, etc.* in Chart. ejusd. ann. 814. in *Hist. du Langued.* tom. 1. probat. num. 20.] Occurrit passim in veteribus Chartis apud Will. Hedam. pag. 49. Aimoin. lib. 5. Hist. Franc. cap. 1. Doublet. in Hist. Sandion. pag. 708. 838. etc. [ubi et pag. 656. legitur *Chespetaticus*]

¶ Cespaticum, in Charta Odonis Comitis Blesensis ann. 978. apud Marten. tom. 1. Anecd. col. 95 : *Ut nullus... exactionem præsumat inferre vel expetere, neque in ripatico, neque in Cespatico, neque in pulveratico.*

¶ Cespetaticus, in Charta Dagoberti I. Regis Franc. apud Miræum tom. 1. pag. 241. col. 2 : *Teloneos vel navigios ... vultaticos, themonaticos, Cespetaticos, pulveraticos, etc.*

¶ Cispectaticum. Præceptum Pippini Regis Franc. apud Marten. tom. 1. Ampliss. Collect. col. 30 : *Neque pontatico, vel pulveratico seu salutatico nec et Cispectatico.*

¶ Cesponticum. Diploma Ludovici Imp. ann. 821. apud Marten. tom. 1. Collect. Ampliss. col. 77 : *Nullus publicus judex vel quilibet Exactor.... aut rotaticum, aut pulveraticum, aut Cesponticum .... exactare præsumat.*

* **CESQUET**. Joan. Vignolii Inscript. vett. pag. 335. : Abientia Cesquet in pace deposita XIII. Kal. Mar. quæ vixi (sic) annis L. men. I. idies VII. Ubi Vignolius : *Cesquet*, pro *requiescit*, ut apud Gruter. pag. 569. 12. *Idies*, pro *et dies.*

* **CESSA**, ut supra *Cesia* 2. Stat. civil. nova Cumanæ cap. 30. fol. 132. v°. : *Si aliquis massarius de cetero derelinquerit aliquod massaritium,... non possit nec debeat exportare de ipso massaritio Cesas nec ligna Cessæ.* Stat. Cadubr. lib. 3. cap. 78 : *Debeat dare Cessam illi, qui arrat royum de duobus pedibus.* Vide *Cesa* 1.

¶ **CESSABUNDUS**, *Instabilis, vacillans.* Papias MS. Bituricensis.

* Perperam pro *Cassabundus.* Vide supra in hac voce.

* **CESSALIS** Mensura, Eadem, ni fallor, quæ cumulata, Gall. *Comble*; nam *Rectæ* seu adæquatæ opponitur, quam *Rase* appellamus. Terrear. castel. *d'Ibois* in Reg. 24. Chartoph. reg. fol. 19. v°. : *Item unam cartam frumenti et unam cartam avenæ ad mensuram Cessalem.* Ibid. : *Item unam cartam frumenti ad mensuram rectam.* Passim ibi. Terrear. villæ *de Busseul* ex Cod. reg. 6017. fol. 14. r°. : *Item duas cuppas frumenti ad mensuram rectam, et duas cuppas frumenti ad mensuram Cessalem.* Et fol. 31. r°. : *Item unam eminam frumenti ad mensuram rectam, unam cartam frumenti et unum cartonem palmolæ ad mensuram Cessalem.*

* **CESSARE**, Cedere, dare. Stat. scacar. Norman. ad ann. 1207. ex Cod. reg. 4653 :

Si quis tenetur alicui in redditu suo pro hæreditate,... si in solutione illius defecerit, ille de quo tenetur hæreditas illam saisire poterit post defectum, et fructus exinde percipere tanquam suos; ita tamen quod ille qui Cessavit in feudum, infra triennium a tempore primi defectus, quicumque voluerit et petierit, hæreditatem suam recipiet et habebit; prius tamen arreragiis redditus solutis, et culturæ sumptibus, si qui fuerint, restitutis. Vide *Cassare*, 1. *Cessionare* et infra *Cessus* 2.

* **CESSARIA**, Cesseria, an Prædium rusticum, vel Viridarium, pomarium, Gall. *Verger?* quia *Cessis* seu sepibus circumcingi solet. Pariag. inter reg. et abbat. Gemondi ann. 1322. ex Reg. 65. Chartoph. reg. ch. 53 : *Unum arpentum terræ franchum.... ad faciendum ibi domum seu domos et claustrum, Cessariam, ortum, et alia sibi necessaria.* Charta ann. 1247. in Chartul. sign. *Decanus* S. Petri Insul. ch. 128 : *Quamdam decimam jacentem...... infra decimationem de Lambarsart prope Cesseriam, quam Johannes Dominus dictus Corrtrice a monasterio nostro tenebat in feodum, nomine ecclesiæ suæ emerint legitime.* Vide infra *Cessum*.

* **CESSATIO**, nude, Interdictum, censura ecclesiastica, cujus vi a divinis cessatur; *Ces*, *Cex* et *Cez*, nostris. Vide *Cessus* 1. Stat. Fulcraudi Bitur. archiep. ad calcem stat. S. Flori MSS. fol. 70. v°. : *Cumque indicitur Cessatio per judicem ecclesiasticum in aliquo loco, ideo quia persona ecclesiastica per secularem judicem detinetur; ponitur temporalitas ecclesiastica ad manum secularem, et sic posita detinetur cum saysina viva, quousque dicta Cessatio sit amota.* Charta ann. 1361. in Reg. 91. Chartoph. reg. ch. 325 : *L'évesque de Noyon avoit fait Cez en la terre du conte de Dampmartin.* Arest. ann. 1376. ex Reg. 109. ch. 302 : *Avoit le conte de Retest fait prendre par ses genz et officiers de sa conté les bestes ou proye de la ville de Paure; et pour ce tres reverent pere en Dieu, feu mons. Jehan de Craon, lors arcevesque de Reins, ses officiaulx ou autres ses officiers eussent mis le Cés en celle ville et en aucunes autres de ladite conté, et le gouverneur et autres officiers dudit conte en sadite conté de Retest excommeniez.... Par lequel arrest fu dit que ledit arcevesque osteroit ledit Cés, et absouldroit ledit gouverneur et autres officiers.* Lit. remiss. ejusd. ann. in Reg. 110. ch. 104 : *L'arcevesque de Besançon eust fait mettre le Cex en la ville de Moyrent, dont ledit abbé, qui de ce se senti agrevé, appella à court de Rome où il ala, et y poursuy sadite appellation tant et si longuement, qu'il obtint sentence pour lui contre ledit arcevesque.* Aliæ ann. 1390. ex Reg. 138. ch. 183 : *L'évesque de Lengres fist mettre le Cez audit Bar, qui dura par huit jours.* Hinc *Cesser*, a divinis cessare, in Charta Jacobi dom. *de Saus* ann. 1246. ex Reg. 93. ch. 291 : *Et se sorsailloie de ces choses dessus nommées,... ge pri et riquier lou doian de Sauz, qui que il soit, que il Cessoit en la ville de Sauz, jusqu'à tant que li sires eust adrecié lou tort, que il feroit à ceulz de la franchise.*

* **CESSELA**, pro *Cestella*, ut videtur, vox Italica, Cistula. Inventar. MS. thes. Sedis Apostol. ann. 1295 : *Item manus beatæ Barbaræ in quadam Cessela de argento.*

* **CESSERIA.** Vide supra *Cessaria.*

* **CESSIA.** Vide supra *Cesia* 2.

CESSIM, Fridegodus in S. Wilfrido cap. 49 :

> Hinc divi petiit, supra quem musa revolvit,
> Lætus Edilredi patulas fidentius aulas,
> Cui retulit Cessim, lætantur et ambo vicissim.

[An breviter?] [* Nequaquam, sed Gradatim, ut legitur in vett. Gloss. Vide Thes. Fabri in *Cedo*.]

¶ **CESSINUS.** Vide *Cussimus.*

* **CESSIO** Bonorum, Quo ritu apud Italos olim peracta, docent Statuta pro comit. Venaiss. per Eugen. PP. IV. confirmata ann. 1443. ex Cod. reg. 4660. A. cap. 79 : *Unaquæque persona Christiana vel Judæa, quæ bonorum vellet facere Cessionem, teneatur universa sua bona tradere curiæ per suum juramentum,... et quod spoliet se usque ad camisiam et serabolam in præsentia judicis sedentis pro tribunali et aliarum personarum publicarum, et quod nec caputium in capite, nec infulam retineat,... et quod in camisia et serabola eundo cum præcone tubam portante ante curiam præconizetur, præsente illo qui bonis cessit, quod ille bonis cessit, nominando eum proprio nomine; et eadem trompatio fiat, præsente illo qui bonis cessit, in locis publicis.... Omnia supradicta et singula serventur etiam in mulieribus bonis cedentibus, hoc salvo, quod mulieres non teneantur gonelam expoliare; sed usque ad gonelam cetera vestimenta, et velum et bendum, cum bonis cederent, dimittere teneantur.* Duriora sunt, quæ eadem in re præscribunt Statuta Mantuæ lib. 2. cap. 21. ex Cod. reg. 4620 : *Fiat cessio bonorum modo et ordine infrascripto : quia ipse debitor sono campanarum pulsato et voce præconia præmissa, qua cridetur et præconizetur publica et alta voce in arengheria, et ante portas palatii, quod volentes videre, nominando personam debitoris bonis cedere volentis, venire debeant ad videndum : conducetur et conduci debeat per familiam dom. potestatis sono tubarum in plateam Broletti, et ibidem super lapide nates percutiat alta voce clamando : Sicut nudus natus, nunc sic exutus exibo, bonis meis renuntio. Quo facto demum induatur camisia, vestito et zona, et vestitus dimittatur in pace.* Eadem habent Stat. Avellæ ann. 1496. cap. 30. ex Cod. reg. 4624 : *De miserabili remedio Cessionis bonorum.... Ipsam cessionem faciendo in loco juris Avillianæ publice culum nudum super lapide imponat, et aliter nec alio modo admittatur : et ponatur lapis prope berlinam seu locum berlinæ.* Et Stat. civil. Cumanæ nova cap. 13 : *Si aliquis condempnatus fuerit de aliquo debito,... non possit exire de ipso banno, nisi prius solverit creditori ipsum debitum, vel nisi se concusserit super lapidem Borleti, super quo concionatur, cullum in camisia tantum, et non cum sarabula, et ter vel quater det de cullo super lapidem publice.* Apud nos vero cinguli projectione in terram eadem cessio significabatur, ut videre est in Consuet. Borbon. art. 72. Arvern. cap. 20. art. 4. et March. art. 64. Adde Edict. Ludov. XII. ann. 1512. Ne autem rursus fide publica abuterentur ii, qui ita bonis suis cedunt, pileo viridi infamantur, quod ex usu factum, non aliqua lege statutum est. Vide *Chrenecruda* et *Corrigia*, 3.

¶ **CESSIONARE**, Cedere, Gall. *Faire cession, transport.* Epitome Constitutionum Ecclesiæ Valent. tom. 4. Concil. Hisp. pag. 168. col. 1 : *Nemo ex habentibus signa laudabilis eleemosynæ sedis possit Cessionare alteri signum aliquod ne lites inde suboriantur, et Procuratori solventi signa perturbationis occasio fiat.*

¶ **CESSIONARIUS**, Qui jure suo vel aliqua possessione cedit; is etiam cui ceditur. Vox Jurisconsultis nota. Occurrit apud Rymerum tom. 8. pag. 211. col. 1. et pag. 243. col. 1. etc.

CESSIOSUS, *Qui sæpe cedit*, in Glossis Isid. *vel cessat*, ut addit Ugutio.

¶ **CESSIT**, *Nupsit*, in Glossis Isidori.

¶ **CESSITOR**, Idem ac *Cessionarius*, qui sua possessione cedit. Chartul. Eccl. Aptensis fol. 125 : *Cedo tibi ipsa vinea cum ipso casale, cum exago suo, quod ibi consistit, et habent ipsas res consortes de uno latus me ipso Cessitore.*

CESSODIUM, Cessatio ab odio. Henricus Rosla in Herlingsberga :

> ..... Stant illis fœdera pacis :
> Litigiis resilire placet, pactum stabilire
> Indice, voce, manu : jam Cessodium profitentur.

¶ **CESSUM**. Charta anni IV. Odonis Regis, cujus meminit Mabillonius in Actis S. Benedict. sæc. 5. pag. 76. n. 17. de B. Bernone Abbate : *Cessum unum in villa Naldis traditur Sacerdotibus servientibus in Ecclesia S. Petri.* Idem locus inexplicatus citatur in nova Gall. Christ. tom. 4. col. 1118. f. legendum est *Censum*, ut *Cessus* pro *Census* legitur in voce *Presbyteratus* sub finem. Vide *Censum* in *Census*.

* Idem forte quod supra *Cessaria*. Stat. Cadubrii lib. 1. cap. 59 : *Omnia et singula prata, Cessa et ampla, de quibus esset quæstio, etc.*

CESSURA, apud Sammarthanos in Episcopis Magalonensib. sub ann. 1345. ex veteribus Schedis : *Hoc eodem anno ratam habuit Episcopus transactionem de consensu Canonicorum, qua vestiario in annuos proventus largiuntur Cessuras, ait tabula Capitularis, B. Gervasii de Juviniaco, etc.* Sed legendum *Cæsuras*. Charta Balduini Comitis Flandriæ ann. 1063. in Diplomatib. Belgicis pag. 62 : *Pasturam etiam totius clivi, id est, devexi montis,.... et Cæsuram, ubi fruteta occurrunt ruricolis ad ædificandas sepes.*

1. **CESSUS**, Cessatio a Divinis. Acta Capitularia Ecclesiæ Lugdun. ann. 1347. fol. 133. Cod. Reg. : *Requirantur ut dictam injuriam emendent, quod nisi fecerint, contra ipsos Cessus apponatur, organa suspendantur, et alia fiant, quæ circa talia de jure fuerint facienda.* Infra : *Lectæ fuerunt... requestæ, quæ fieri debent propter Cessus appositionem contra illos, qui violaverunt claustrum.* [Bulla Calixti Papæ ann. 1456. ex Archivo Castri Nannet. : *Quia nobis innotuit venerabilem fratrem nostrum Jacobum Episcopum Rhedonensem... Cessum in dictam Ecclesiam a divinis posuisse : idcirco Cessum ipsum ita positum penitus tollimus.* Arrestum Parlamenti ann. 1333. apud de Lauriere tom. 2. Ordinat. pag. 104 : *Ince-*

perat procedere contra ipsum, volendo Cessum seu interdictum ponere in ipsius Comitatus terram.]

¶ 2. **CESSUS** vel Decessus, Gall. *Cez et decez*, dicitur de Beneficiis Ecclesiasticis vacantibus per *cessionem* vel obitum possessoris. Bulla Pauli III. Papæ de sæcularizatione Monasterii Vezeliac. ann. 1537. inter Instrum. tomi 4. novæ Gall. Christ. col. 112 : *Ac mensæ capitulari... per Cessum vel Decessum, nec non sacristia... et hostellaria ac cantoria officia prædicta per Cessum prioratus et officia hujusmodi obtinentium, quomodolibet vacantia perpetuo unirentur.* Lobinellus Hist. Brit. tom. 2. pag. 1255 : *Toutefois que la vacation desdites Eglises est advenue per Cessum vel Decessum.*

* Charta ann. 1418. ex Chartul. S. Aviti Aurel. : *Item tenebitur idem capicerius dicta bona et alia contenta in inventario reddere per inventarium per Cessum vel decessum ipsius.* Nostris olim *Cesser* et *Cessier*, pro *Céder*, cedere. Charta Isabel. Rom. reg. ann. 1305. inter Probat. tom. 2. Hist. Burg. pag. 122. col. 2 : *Nos la moitié des donations desusdites.... baillons et Cessons..... à nostre amé filioul et nevoul Robert.* Alia ann. 1332. ex Chartul. S. Mart. Pontisar. fol. 28 : *Raoul Rousset et Agnès sa fame.... ont vendu, ... quitié et délessié, Cessié, ottroié et transporté, etc.* Adde Lit. ann. 1352. tom. 6. Ordinat. reg. Franc. pag. 58. Vide supra *Cessare.*

¶ 3. **CESSUS**, pro *Census*. Locus est in *Presbyteratus* sub finem. Vide *Cessum.*

¶ 4. **CESSUS**. Albertinus Mussatus de Gestis Henrici VII. lib. 13. rubrica 8 : *Angebatque Imperatoris Pisanorumque animos, quod jam victum penuria intolerabilis suos afficeret, præsertim vini defectus, cum minima ejus Cessus mensura, quam Mitadelam terrigenam vocant, Pisanæ monetæ solidis duobus arrogatis venditoribus emeretur.* Vini *Cessus* idem quod vinum venditum, pretio cessum seu concessum.

¶ 1. **CESTA**, Vinculum, Ligamen. Guidonis Disciplina Farfensis lib. 2. cap. 4 : *Cesta caligæ cum fuerit assuta debet esse tam longa, quo possit intra pugnum fieri constricta. Cestus* Martiali et aliis, Græce κεςός muliebre cingulum est, præcipue illa zona, qua nova nupta nuptiarum die præcingebatur a sponso solvenda.

* 2. **CESTA**, f. Locus cavus, sinus instar cistæ vel nassæ, Ital. et Hispan. *Cesta*, idem quod mox *Cestus*, ubi nihil idcirco emendandum existimo. Charta Guid. archiep. Senon. ann. 1182. in Chartul. Pontiniac. pag. 269 : *Alia duo arpenta sita sunt alibi non longe a grangia apud locum, in quo est Cesta.* Nisi legendum sit *Cessa*, sepes. Vide supra in hac voce.

* 3. **CESTA**, vox Italica, Cista. Stat. Montis-reg. pag. 318 : *Debeat solvere emptori gabellæ piscium solidos quatuor pro quolibet rubo piscium, et intelligatur detracta myrta, et Cestis ac funibus.* [** *Cestus* in Ecbas. vers. 172 :

Profert se Cesto spinx captus in amne petroso.]

Vide mox *Cestinus.*

* **CESTARIATA**, pro *Sextariata*, Modus agri, quomodo *Cestarium*, pro *Sextarium*, in Charta ann. 1322. inter Probat. tom. 2. Hist. Nem. pag. 32. col. 2. Instr. ann. 1351 : *Ad mensuram cujuslibet Cestariatæ faciendum et ea exigendum.* Adde Lit. ann. 1334. ex Reg. 69. Chartoph. reg. ch. 79.

¶ **CESTARIUM**, pro *Sextarium*, Species mensuræ : passim occurrit in Denominationibus et Recognitionibus de Volta cap. 41. num. 18. in Archivo Principis de *Rohan*, et etiam alibi. [** Vide S. Rosa de Viterbo voce *Cesteiro*, Elucidarii tom. 1. pag. 262.]

* **CESTICULUS**, *Lo circulo in campo.* Glossar. Lat. Ital. MS. Leg. *in capo.* Vide Festum. [** *Cesticulus, Cestillus, arculus* Germ. *Kätzel*, Alber. in Lexic. Adel.

* **CESTIDUM**, *Creditum*, in vet. Glossar. ex Cod. reg. 7613. [** ut ex Placido in cod. reg. 7644.]

* **CESTINUS**, Cistella, Ital. *Cestino.* Acta B. Amad. tom. 2. Aug pag. 592. col. 2 : *Impossibile videbatur ipsi Fachino, quod aliqua persona humana, rebus sic se habentibus, prout se habebant, ponere potuisset ipsum Cestinum in ipso buscheto.* Supra *Cistellam* appellat. Vide supra *Cesta* 3.

¶ **CESTIFER**. Vide *Castifer.*

¶ **CESTON**, *Zona Veneris.* Gloss. Sangerman. MS. n. 501. Papias MS. habet *Ceton.* Latini dixerunt *Cestus.* Vide *Cesta.*

* **CESTRUS** *vocatur spuma in quodam libro antiquo*, in Glossar. medic. Simon. Januens. ex Cod. reg. 6959.

¶ 1. **CESTUS**. Nicolaus Specialis de Rebus Siculis lib. 1. cap. 16. apud Murator. tom. 10. col. 935 : *Has autem terras tam variis Cestibus, tam incertis meatibus ingrediens et egrediens impetus maris interluit, ut etc.* Puto legendum *æstibus*, licet etiam scribatur *Cestibus*, apud Baluzium. [* Vide supra *Cesta* 2.]

* 2. **CESTUS**, *Brachialia prancationum*, in Glossar. vet. ex Cod. 7641. [** In cod. reg. Papiæ. 7609. est *Pancrationum*, f. leg. *brachialia, pancratia.* Gemma Gemmarum : *Cestus est corium cum plumbo infuso, vel est baculus pugilum, Germ. ein strytkolb.*] Aliud Lat. Gall. ex Cod. 7679 : *Cestus, targie.*

¶ **CETA**, pro *Cete*, Piscis crassissimus, Gall. *Baleine.* Vide locum in *Geaspecia.*

* **CETAN**, nis, *Uno cingulo, e concordia, e castita.* Glossar. Lat. Ital. MS.

CETARIUS, Cetaria. Gloss. Græc. Lat. : Βιδαρεύτης, *Cetarius.* Donatus ad Terent. in Eunuch. : *Cetarii qui cete, id est, magnos pisces venditant, et bolonas exercent.* Papias : *Bolona, redemptor Cetariarum tabernarum, in quibus salsamenta condiuntur, quas tabernas vulgo Cetarias vocant.* Alibi : *Bullones*, (leg. bolonæ) *Ceterarii*, (leg. Cetarii) *qui diversa genera piscium vendunt.* Idem : *Ceterarii, piscatores dicuntur abusive, vel qui salsamenta piscium et liquamen vendunt, tractum a pisce. Cetaria, vivaria in quibus cete et alii pisces sunt, vel officina, in qua liquamen ex piscibus conficitur.* Miracula S. Bavonis lib. 3 : *Cetarii ad balenas capiendas mare sunt ingressi.*

* **CETERA** Notariorum, Nota abbreviationis, qua potissimum utuntur notarii, apud Barelet. Serm. in fer. 6. hebd. 1. Quadrag.

¶ **CETERAH**. Gervasius Tilberiensis de Otiis imperialibus : *Sed et in urna grandi si capillos Veneris, epaticam, Ceterah... superstraveris.* Ad hæc Leibnitius tom. 1. Scriptor. Brunsvic. pag. 894. *Ceterah*, inquit, nomen est barbarum officinis receptum, quo significatur *asplenium* seu *scolopendrium*, herbæ genus Græcis et Latinis notum.

* Vulgo *Ceterac* vel *Ceterach*, vox Arabica. Κιταράχ, τὸ τετράγκατον, in Lexic. ex Cod. reg. 1843. *Tetracanthum*, apud Cangium in Append. ad Glossar. med. et inf. Græc. Aliud vero est *scolopendrium*, lingua nempe cervina, monente D. *Falconet.*

¶ **CETES**, *Oves, aves.* Gloss. Isid. In Excerptis *Celès*, sed æque ignotum, inquit Grævius. [** An *Cere* (*chære*), *salve, ave*, quod in omnibus fere Glossar. MS. ?]

¶ **CETHERIUS**, Idem qui *Cetaceus*, spectans cete, Gall. *de Baleine.* Vide *Rethariæ.*

¶ **CETHI**. Marten. tom. 2. Itineris Litterarii pag. 365. ex Itinero Indico Balthasaris *Spinger* : *Et his crescit lignum album, quod Cethi dicitur.*

* **CETHONINUM**, Cetoninum, pro *Setoninum*, Sericum, ab Ital. *Setone*, eodem significatu. Annal. Placent. ad ann. 1473. apud Murator. tom. 20. Script. Ital col. 944 : *Lectos omnes tribus coopertos coperioriis, uno videlicet Cethonino, alio purpura, tertio auri intexti.* Annal. Mediol. ad ann. 1389. apud eumd. tom. 16. col. 811 : *Paramentum unum Cetonini rubei laborati ad ramam cum palificata una.* Vide *Cetinus.*

* **CETILHÆ**, Chetillæ, Sedes, ut videtur, in choro ecclesiæ, Gall *Stalles.* Charta ann. 1407. ex Tabul. S. Vict. Massil. : *Sequuntur pacta et conventiones habitæ super ædificium Chetillarum chori beati Amantii burgi Ruthenæ..... Verum chorus et Cetilhæ ejusdem propter vetustatem taliter sunt destructæ, quod in eodem commode nec condescenter in eodem clerus officium divinum minime celebrare potest.*

¶ **CETILIS** Jubilatio, f. Jubilatio cœtus seu turbæ una congregatæ. Sallas Malaspinæ de Rebus Siculis lib. 6. num. 4 : *Ibi lituus, cletaria, et viella, omniumque genera musicorum hymnum concinunt triumphalem, et cujuscumque Cetilis officium jubilationis cantica modulatur.*

¶ **CETIMUM**, f. Idem quod *Cetinum.* S. Audoenus in Vita S. Eligii lib. 2. cap. 12 : *Vade inquit, in illam quæ juxta Cetimum sita est rupem, illic inter vepres reperies ligatum funda et absconsum quod quæris.*

CETINUM, [f. Cetaria seu vivarium grandiorum piscium.] Tabularium Casauriense ann. 14. Ludovici Imper. F. Lotharii : *Cum silvis, pascuis, stalariis, Cetinis, calortis, rivis, rupinis, etc.*

¶ **CETINUS**, f. Pannus sericus, quem vulgo dicimus *Satin*, Hisp. *Kaso.* Epitome Constitut. Eccl. Valent. tom. 4. Concil. Hisp. pag. 175 : *Canonici et Archidiaconi, Præcentor, Sacrista et Decanus in Ecclesia sedem obtinentes, muzas panni nigri fini ex Cetino carmesino suffultas... deferre teneantur. Canonici vero Foranei... Magistri in Theologia, Doctores Juris, muzas panni nigri cum Cetino violaceo, etc.*

* Vel Cetinum, Sericum. Vide *Cethoninum* et *Setinus.*

¶ **CETON**. Vide *Ceston.*

* **CETONINUM**. supra *Cethoninum.*

¶ **CETR**. Codex MS. Irminonis Abb.

Sangerman. fol. 72. verso col. 1 : *Hilduinus Cetr. solvit indilim unum.* An *Cetarius*, Piscator ? [** Vide *Cellenarius*.]

¶ **CETRETUM.** Veteres Glossæ : *Stellaria, Salicetum vel Cetretum.*

* Forsan pro *Cerretum.* Vide *Cerritum.*

¶ **CETRINUS**, pro *Citrinus*; Ital. *Cetrino*, Gall. *Couleur de Citron.* Acta SS. Benedict. sæc. 6. part. 2. pag. 616. de B. Victore III. Papa : *Planetæ diaspræ deauratæ quinque, et tres sine auro; diarodinæ tres deauratæ, diapisti duæ et alia Cetrina, et aliæ quinque purpureæ.*

* **CETRUS**, Mensuræ annonariæ species. Charta Joan. de Monte-reg. ann. 1224. inter Probat. tom. 2. Hist. Burg. pag. 8. col. 2 : *Dedimus prædictis fratribus decem et octo Cetros avenæ pro singulis annis in perpetuum recipiendos... de abonementis seu de censibus nostris, tam de Tart castelli, quam de Tart villæ.* Vide *Seticus.*

¶ **CETUMCRUDUM**, ὠμοτάριχος, *Edulium ex thynni piscis carne salita, quod Veneti Moronam appellant.* Supplementum Antiquarii.

* **CETZNE.** Charta Wenceslai reg. Bohem. ann. 1249. inter Probat. tom. 1. Annal. Præmonstr. col. 522 : *Super omnia, id quod dicitur Cetzne, super currus antedictæ ecclesiæ et pauperes ipsorum exigi penitus inhibemus, nisi quando ducunt ligna de nostra sylva speciali; quando vero de propria sylva quæcumque ligna duxerint, in nullo prorsus molestentur.*

¶ **CEVATA**, ut *Civata*, Avena. Annales Benedict. tom. 4. pag. 604 : *Raymundus faciat servitium per unumquemque annum ad quatuor milites, et sextarium unum de Cevata seu avena.*

* **CEVECELLIA**, a veteri Gallico *Chevessaille*, Pars vestis, qua caput immittitur. Arest. parlam. Paris. ann. 1338. in Reg. 71. Chartoph. reg. ch. 296 : *Ipsum* (archiepiscopum) *per Cevecelliam supertunicalis sui injuriose acceperant.* Vide infra *Chevessellia.*

¶ **CEVERIUM**, Species embammatis seu eliquaminis, quo pulli condiuntur, vel f. vas in quo coquebantur. Hist. Dalphin. tom. 2. pag. 312. col. 1 : *Item, quod cum dicto primo ferculo serviatur nobis... de sex gallinis grossis partitis per medium, aut duodecim pullis parvis in Ceverio præparatis.*

* Haud scio an huc spectet vox *Cevelet*, qua ornamenti muliebris genus designatur, in Testam. Joannæ reginæ ann. 1329. apud Marten. tom. 1. Anecd. col. 1377 : *Item à Marie ma fille quatre de mes plus belles couronnes empuées, et six de mes plus beaux Cevelets.* Vide supra *Cervelleria* 2.

* **CEVESIA**, in Libert. de Vernolio inter Ordinat. reg. Franc. tom. 4. pag. 641. art. 35. pro *Cerevisia.* Vide in hac voce.

¶ **CEVEUS**, Κύφων. Gloss. Lat. Græc. Locus testudinatus.

¶ 1. **CEVO**, *Vergo, inclino*, κύπτω. Gloss. Lat. Græc.

* 2. **CEVO**, pro Ceveo. Glossar. vet. ex Cod. reg. 7613 : *Cevo, turpiter ago, clunes agitans.*

* **CEUXUM**, Sebum, Gall. *Suif*, Vascon. *Ceu.* Comput. ann. 1488. inter Probat. tom. 4. Hist. Nem. pag. 47. col. 1 : *Item plus solverunt pro una libra candelarum Ceuxi, ... unum solidum.* Inventar. ann. 1476. ex Tabul. Flamar. : *Primo unum quintalle sepi sive Ceu in pasteriis. Ceau*, eodem significatu, in Stat. ann. 1372. tom. 6. Ordinat. reg. Franc. pag. 120. art. 8 : *Cief* et *Cieu*, in Lit. remiss. ann. 1359. ex Reg. 87. Chartoph. reg. ch. 226 : *Chandoille de Cieu.... Chandelles de Cief. Cif*, in aliis ann. 1454. ex Reg. 191. ch. 79. Vide supra *Ceppum.*

* **CEZA**, Ramale, idem quod *Cesa* 1. Lit. remiss. ann. 1398. in Reg. 153. Chartoph. reg. ch. 314 : *Cum ipse exponens veniret de quodam nemore..... oneratus de Ceza, etc. Cezes braous*, cicer, in Instr. ann. 1356. inter Probat. tom. 2. Hist. Nem. pag. 179. col. 1.

* **CHAABLEIUM**, Dicitur de arboribus ventorum vi, vel alio quovis modo ad terram prostratis. Reg. S. Justi ex Cam. Comput. Paris. fol. 191. v°. : *Item habet omnia casu accidentia* (in bosco) *per ventum, salva coustuma patriæ et Chaableio regis.* Vide supra *Cabulus.*

¶ **CHAABLIS**, Rudens, Gall. *Chable* vel *Cable.* Epistola Guidonis de Dampetra ad Philippum Aug. ann. 1113. apud Mart. tom. 1. Collect. Ampliss. col. 1114 : *Tradiderunt mihi de munitione de Tornailles...* VI. *martellos*, II. *Chaables*, VI. *culcitras, etc.*

* **CHAABLUM**, Funis major et crassior, nostris *Cable* vel *Chable.* Munit. castror. dom. reg. in Reg. 34. bis Chartoph. reg. part. 1. fol. 93. r°. : *viij. magna Chaabla canabis, unum magnum Chaablum et unum parvum.* Hinc *Chableur*, qui funem ejusmodi præstare aut navem ducere ex officio tenetur. Ordinat. ann. 1415. in Reg. 170. ch. 1. *Item à Meleun aura un Chableur, appellé le Chableur du pont de Meleun... Icellui Chableur aura un hindart assis sur la mote de l'isle; et icellui hindart soustendra en estat pour y attacher les fillez et tourner à force de gens, quand les eaues seront si fortes qu'il en sera nécessité pour iceulx bateaulx passer oultre.* Vide *Chaablis.*

¶ **CHAAFELLUS**, Tabulatum, Gal. olim *Chaffaut*, nunc *Echaffaut.* Chartularium Lingonense f. 167 : *Nos Guido Archid. Laticensis et Simon Dom. Ruppifortis notum facimus universis, quod Odo de Proingneyo in nostra præsentia recognovit et promisit venerabili Patri Episcopo Lingonensi, quod Chaafellum, quod erexit in domo sua de Proingueyo ad petitionem et voluntatem ipsius Episcopi... diruet et evertet. Actum an. gr.* 1228. In Inscriptione harumce Litterarum habetur *Chafellus.* Vide *Cadafalus.*

* **CHAAFFALLUM**, Propugnaculum, idem quod supra *Cadafalsus.* Charta ann. 1270. inter Probat. Hist. Lugdun. pag. 13. col. 2 : *Item apud S. Vincentium in Chaaffallo, quod erat in Deserta, et in alio propinquo remanserunt massæ murales ad mensuram unius tesæ vel circa. Item de muro Chaaffalli, quod fuit constructum apud fontem Ruerii, etc. Chaffaut*, Adjectum domui tectum, ut videtur, Gall. *Appentis*, in Charta ann. 1384. ex reg. 126. Chartoph. reg. ch. 64 : *Pluseurs maisons, Chaffaut, cave et les appartenances de ce, etc.* Vide infra *Chaufaudus.*

¶ **CHAALLANIA**, *Castellania*, Gal. *Chatellenie.* Hist. Dalphin. tom. 1. pag. 123. in Extracto litterarum Guidonis Dalphini ann. 1240 : *Donamus in perpetuum domum nostram de Monte-bonoldo et Chaallaniam, ejusdem castri et mandamenti et mille solidos Vienn. censuales, etc.*

¶ **CHAAN.** Vide *Cham* post *Caganus.*

* **CHAAN.** Vide supra *Abagha.*

CHABANARIA. Vide *Cabanaria.*

¶ **CHABANNÆ** Mercati, Forum tectum, Gal. *Hales.* Charta Communiæ *Rellanet* ex Regesto 2. Cameræ Comput. n. 55 : *Actum in Chabannis mercati de Buno 24. Febr.* 1296. Vide *Capanna.*

¶ **CHABBARDUM.** Vide *Caphardum.*

* **CHABENA** vel Chadena; utrumque legitur in Arest, ann. 1380. 16. Jun. ex vol. 7. arest. parlam. Paris. : *Tres Chadenas de filato albo, septem eschaotas filati albi, unam Chabenam filati albi, unam Chabenam filati nigri.* Ut ut est, certa fili quantitas certo ordine disposita significari videtur. *Chabene* vero, pro *Cabane*, casula, tuguriolum, in Lit. remiss. ann. 1409. ex Reg. 163. Chartoph. reg. ch. 316 : *Icellui Jaquet ala vers une loge ou Chabene, qui estoit dans laditte vigne.*

¶ **CHABENTIA**, Collocatio, Gall. *Etablissement.* Testamentum Guillermi de Turre Canonici Claromont. ann. 1315. apud Baluzium tom. 2. Hist. Arverniæ pag. 538 : *Item Maysseto et heredi Hugonis de S. Desiderio, qui moratus fuit mecum dum viveret, volo, rogo et supplico omnibus fratribus meis et cuilibet eorumdem, quod unum nepotem cujuslibet eorumdem procurent Chabentiam, et in aliquo Monasterio induantur. Chabentia* hic idem est quod necessaria ad victum, educationem et ad certam conditionem seu vitæ genus.

* Idem quod supra *Cabentia*, Gall. *Chevance.* Contract. matrim. ann. 1449. in Reg. 3. Armor. gener. part. 2. pag. xxxvij : *Franciscus Precie.... assignavit in dotem... ipsi nobili Agneti ejus filiæ.... totam Chabentiam ipsius nobilis Francisci Precie seu hæreditatem, quam ipse nobilis Franciscus habet in loco Ruppismauræ prope Rodanum.* Hinc

¶ **CHABISCARE**, Collocare, Gall. *Etablir.* [* Dotare, dotem assignare.] Testamentum Joannis Comitis Clarom. ann. 1340 : *Et in casu in quo dictum Amedeum decedere contingeret et dictum Beraldum etiam decedere contingeret, absque liberis masculis procreatis matrimonialiter de liberis suis aut aliquo ipsorum, et decederent habentes liberos femininos, a quocumque ipsorum unum vel plures ex legitimo matrimonio procreatos, in illo casu volumus et ordinamus, quod de bonis alias sibi per nos donatis et ordinatis et institutis haberi per dictum Amedeum et Beraldum Chabiscentur maritando vel alias collocentur, prout et quemadmodum discretioni patrum eorumdem liberorum femininorum videbitur faciendum.*

¶ **CHABLUS**, Rudens, Funis, Gall. *Chable*, apud. D. *Brussel* de Feodis tom. 12. pag. CCII. col. 2.

¶ **CHABOCELLUS**, Species mensuræ frumentariæ. Charta Ruellani de Vivario Armigeri anni 1265. ex Archivo Veterisvillæ : *Ego dedi Veteri-villæ duos Chabo-*

cellos frumenti annui redditus ad mensuram Doll. [* Vide supra *Cabocellus*.]

** **CHAÇAATOR**, Chaçator, Equus venatorius, poetis nostratibus *Chaceor*, *Chaceour*, et *Chasceor*. Comput. ann. 1239. MS. : *Item pro uno Chaçaatore comitis Boloniensis, xxij. lib. Turon..... Pro uno Chaçaatore baio regis*, etc. Alter ann. 1244 : *De quodam Chaçutore liardo, xvj. lib. xvj. sol.* Occurrit pluries ibi, ut et in Comput. ann. 1245. ex Bibl. reg. Vitæ Patrum MSS. :

De son Chasceor descendi,
Et li hermites entendi
A lui servir de cauqu'il pot.
Quant son cheval atourné ot, etc.

Vide *Caçor* in *Caciare*.

¶ **CHACANUS.** Vide *Caganus*.

¶ **CHACARE.** Vide in *Caciare*.

¶ 1. **CHACEA**, Venatio. Vide in *Caciare*.

2. **CHACEA**, Via per quam aguntur animalia ad pascua. Hinc *Chaceare*, pro eo quod Galli etiamnum dicimus, *Chasser les bestes aux champs*. Will. Thorn ann. 1285 : *Totum pratum, in quo continetur quædam Walla, vocata Walla seu Chasea Cellerarii Ecclesiæ Christi Cantuariensis, quæ continet* 20. *perticatas in longitudine, et* 20. *pedes in latitudine.* Et mox : *Quod Wallia, seu Chacea prædicta remaneret dictis Abbati et Priori Communis ad cariandum et Chaceandum, etc.* Adde pag. 1947. Bract. lib. 4. tract. 1. cap. 44 : *Ut si quis omnino viam obstruat, vel Chaceam, per quam ingredi solet pasturam.* Monasticum Anglic. tom. 1. pag. 292 : *Habendum et tenendum dictam pasturam... cum competenti via ad minus latitudinis* 30. *pedum ad Chaciam quorumcunque animalium suorum, fugando eas per terras meas sine dispendio pratorum meorum.* [** Assis. Michael. ann. 20. Eduard. I. Ebor. rot. 41. in Abbreviat. Rotul. pag. 230 : *In hoc placito dicitur... quod locus qui non includitur per murum, sepem aut palacium, dici debet Chacia potius quam parclis.* Assis. Michael. ann. 17. Eduard. II. Derb. rot. 79. ibid. pag. 344 : *Robertus Tok cepit unam damam in Chacea de Duffeld ... collegerunt de diversis hominibus quorum porci agistati fuerunt in Chacea prædicta, etc.* unde liquet etiam pascua ipsa *Chaceas* dici.] [In pluribus Galliæ locis præsertim in Neustria, ambulacra seu itinera hinc inde arboribus consita *Chasses* etiamnum appellantur.]

¶ Chacia. Charta Edwardi Regis Angliæ ann. 1299. apud Rymerum tom. 2. pag. 856. col. 1 : *Totum honorem de Aquila cum hundredis, maneriis, Chaciis et omnibus aliis pertinentiis.*

* Cacia. Monasticum Anglic. tom. 3. pag. 70 : *Partem terræ... quæ jacet inter Caciam quæ tendit ad Hautam, etc.* Ibidem. : *Cum... sectis, viis, Caciis, semitis, etc.*

** Charta ann. 1448. ex Chartul. 23. Corb. : *Qu'ilz peussent Cachier et mener leurs vaques et bestiaux ausdits marés pour pasturer.* Hinc flagellum, quo animalia aguntur, *Chasseure* et *Chassouere* nuncupatur. Lit. remiss. ann. 1374. in Reg. 105. Chartoph. reg. ch. 484 : *Icellui petit Jacobin ferist ledit Regnaut filz dudit exposant d'une Chasseure, autrement dit fouet.* Aliæ ann. 1476. in reg. 110. ch. 158 : *Icellui Facon, qui menoit le second chariot, feri ledit cheval de sa Chassouere.* *Chasse-vilain* vero dicitur Humerale ferculum, vulgo *Oiseau*, quo utuntur cæmentarii, in aliis ann. 1450. ex Reg. 186. ch. 45 : *Le suppliant print ung instrument appellé oyseau ou Chasse-vilain.... et portoit sur son col de la terre sur ledit Chasse-vilain.*

Rechacea. Monasticum Anglic. tom. 2. pag. 646 : *Toftum suum quinque acrarum cum duabus bovatis terræ, et pasturam septingentarum ovium, in Clentham et Cavenby, cum Chacea et Rechacea de una ad aliam, quandocumque eis placuit, etc.* Vide *Caciare*.

Rechaciatus, Repulsus, Gall. *Rechassé*. Henric. Knyghton. ann. 1293 : *Rechaciati sunt a multitudine magna, velut oves in ovile.*

¶ **CHACERIA**, Chacia, Venatio. Vide in *Caciare*.

* **CHACHAUDERIUM**, f. Fornax caldaria, Gall. *Four à chaux*. Charta ann. 1319. ex Tabul. abbat. Savign. : *Item quatuor solidos Viennenses pro Chachauderii, quos debet Hugonius filius Joannis parvi, dit Fot, pro se et suis fratribus.... Item quinque solidos Viennenses de servitio, quos debet magnus Joannes, dit Fot, pro Chachauderii... Unum dementum frumenti pro Chachauderi.* Vide supra *Calcheria* et infra *Chalcheria*.

* **CHACIA** Calida, Gall. *Chaude chace*, Cum quis ex primo impetu aliquem insequitur. Lit. remiss. ann. 1382. in Reg. 121. Chartoph. reg. ch. 92 : *In dicta grangia grangerium seu custodem ejusdem violenter ceperunt, ... quod videntes et audientes illi, qui infra dictum castrum existebant, ... dictos prædones in calida Chacia prosecuti fuerunt.* Aliæ ann. 1400. ex Reg. 155. ch. 31 : *Lequel Jehan de chaude Chace suivy icellui suppliant. Chaude suite*, in Consuet. March. art. 12. *Chache*, securis, vulgo *Coignée*, *hache*, in Lit. remiss. ann. 1376. ex Reg. 108. ch. 360 : *Ledit Bouteille considerant qu'il estoit en peril de mort, ... pour obvier à icelluy peril fist tant, qu'il eut la Chache ou coingnée de l'un de ses adversaires.*

* **CHACIPOLERIA**, Chacipolleria, Chacispoleria. Vide supra in *Cacepollus*.

CHACIPOLLUS, Chacipollaria. Vide *Cacepollus*.

¶ **CHACOR**, Equus venatorius. Vide *Caçor* in *Caciare*.

CHADABULA. Vide *Cabulus*.

* **CHADENA.** Vide supra *Chabena*.

¶ **CHADRIGARIUM**, Exportatio, Vectura, Gall. *Charriage*, quod minus male diceretur *Quadrigarium*. Computus anni 1217. apud D. *Brussel* de Feudorum usu tom. 2. pag. 1035 : *Cellarius Parisius. De Templo* IIII°. *lib. de Præpositis Parisius* xxxvi. *l. De relig' et Chadrigario. c. l.* Agitur de expensis vindemiæ.

¶ **CHAECIA**, Idem quod *Chacea*, Via, etc. Charta Guillelmi de Milliaco ann. 1208. in Tabulario Calensi fol. 127 : *Quondam marescum quod habebat inter Milliacum et Chaeciam de Unciaco mihi... adcensavi.*

* **CHAELLANUS**, Chailanus, Idem qui *Chaseatus*, Vassallus, feodatus, dominus inferior. Vide in *Casati*. Sent. arbitr. ann. 1455. inter Paul. de Villanova dom. super. de Turretis et dom. infer. ejusd. loci ex schedis Pr. de Mazaugues : *Dictus nobilis Paullhy de Villanova dominus antedicti castri dicebat et asserebat quod nobiles, nuncupati Chaellani, nihil tenentur recipere seu habere in pascuis extraneorum, pariter neque bannos.... Nos prædicti compromissarii ordinamus sententialiter, et definitive pronunciamus et declaramus, quod nobiles Chaellani dicti loci de Turretis et sui..... sint immunes, franqui et liberi a præstatione et solutione bannorum.* Non semel infra *Chailani* appellantur. Si quis vero hanc vocem a *Castellanus* corruptam esse existimet, non multum repugnabo. Vide in *Castellum* 1.

¶ **CHAFAGIUM**, Lignatio, Gal. *Chauffage*. Litteræ Humberti Dalphini pro fundatione Monasterii de Salletis inter fragmenta Hist. Stephanotii MSS. tom. 7 : *Possint libere uti lignis siccis et viridibus totius nostri nemoris de Salvayrino ad opus Chafagii et furni dicti Monasterii.* In Hist. Dalphin. tom. 2. pag. 91. ubi eæd. litteræ referuntur, habetur *Chaffagium*. Vide *Calefagium*.

¶ **CHAFALLUS**, Turris lignea, seu tabulatum, unde nostri olim *Chafaut*, nunc *Echaffaut*. Charta Thossiacensis anni 1404: *Juxta plateam ubi solebat esse turris seu Chafallus nemoris juxta portam vocatam de Matiscone.* Hist. Dalphin. tom. 1. pag. 132. col. 1. in Computo anni 1324 : *Pro emparando et cooperiendo magnum Chafallum Villæ in summa L. lib. III. s. III. d.* Vide *Cadafalus*.

¶ Chaffaylius, Eadem notione. Hist. Dalphin. tom. 1. pag. 66. col. 2. in Visitatione Castrorum ann. 1347 : *Item invenerunt unum Chaffayllium in exitu portæ dicti Burgi de Monte versus favergiis, qui ceciderat, et ideo fuit injunctum Cellarerio, quod ibidem de dicta mayeria fieri faciat unam muetam bastardam cumquatuor culiis.*

¶ Chalfatta, Eodem significatu. Hist. Dalphin. tom. 2. pag. 284. in Computo annorum 1333. et seqq. : *Item, pro faciendo opere Chalfattæ ad prædicandum Crucem sanctam in loco Prædicatorum* 11. *s. gross.*

¶ Chafellus, Idem. Vide *Chaafellus*.

CHAFFARDUM. Vide *Caphardum*.

¶ **CHAGANUS**, Vide *Caganus*.

¶ **CHAIA.** Vide post. *Caya*.

¶ **CHAICIA.** Venatio. Vide in *Caciare*.

¶ **CHAISNUS**, Quercus, Gall. *Chesne*. Vide locum in *Lemnia* et *Casnus*.

CHALANNUS, Chalendra. Vide *Chelandium*.

* **CHALASTRA**, f. pro *Chalandra*, Navigii species. Vide in *Chelandium*. Charta Phil. Aug. ann. 1202. in Chartul. Campan. fol. 104. r°. : *Mandamus vobis quatinus.... tradatis fratri Aimardo.... ducentas et quinquaginta libras Pruvinenses pro Chalastra coram Johanne Gelinel ostiario nostro latore præsentium.* Vide supra *Calandra* 1.

CHALBA, Χαλβάνη, in Gloss. Græc. Lat. *Galbanum*, succus ferulæ arboris.

* **CHALCHERIA**, f. Fornax caldaria, Gall. *Four à chaux*. *Chauchiere*, eadem, ni fallor, notione, in Charta ann. 1412. ex Reg. 166. Chartoph. reg. ch. 272 : *Un*

petit ort, qui souloit estre Chauchiere. Acta capitul. eccl. Lugdun. ex Cam. Comput. Paris. fol 77. v°. col. 1. ad ann. 1342 : *Item confitetur et asserit dictus Johannes se tenere et habere.... quandam Chalcheriam cum suis pertinentiis.* Vide supra *Calcheria* et *Chachauderium.*

¶ **CHALCIDISSARE**, Græcis χαλκιδίζειν, Pecuniæ avidius invigilare. Vide Rhodig. Ant. Lect. 20. 23.

* D. *Falconet* monet verbum fictitium esse, quo Græcum χαλκιδίζειν Rhodigino placuit reddere. Vide H. Steph. Thes. Gr. et Martin. Lexic. in *Chalcidicus.*

¶ **CHALCIDIUM**, Menianum, Gall. *Balcon.* Vide *Calcidum.*

* Vide Festum et Lexic. Vitruvii. Hinc *Chaldeal* dicta videtur pars navis, apud Villehard. paragr. 38 : *Li escu furent portendu environ de borz et des Chaldeals des nés, et les banieres, dont il avoit tant de belles.*

* **CHALCUS**, Monetæ æreæ minutioris species apud Batavos, cujus passim mentio fit in Catalog. libr. qui venum proponuntur : *Notum quoque sit emptoribus cuilibet floreno addendos esse quinque Chalcos.*

CHALDÆI, Saraceni. Ita Saracenos Hispanicos non semel vocat Sebastianus Salmanticensis Episcopus in Historia a Sandovallio edita. Regestum censuum Ecclesiæ Romanæ ex Bibl. Regia : *Et quædam littera bulla aurea bullata Leonis Regis omnium Armeniorum directa D. Joanni PP. continens quod ipse submisit se cum subditis suis obedientiæ Romanæ Ecclesiæ, et petit subsidium Apostolicum, quia graviter invaditur a Caldeis infidelibus.*

Chaldæi, Ὡρόσκοποι, Astrologi. Passio SS. Chrysanthi et Dariæ : *Nam omnes Magos et Gerofantas, et Caldæos, et hariolos ego domui.* Hieronym. in Daniel. cap. 2 : *In Chaldæis* Γενεθλιαλόγους *significari puto, quos vulgus Mathematicos vocat. Consuetudo autem et sermo communis Magos pro maleficis accipit, qui aliter habentur apud gentem suam, eo quod sint Philosophi Chaldæorum, et ad artis hujus scientiam Reges quoque et Principes ejusdem gentis omnia faciunt.* Vide Julium Cæsar. Bulingerum lib. 1. de Magia cap. 3.

* **CHALEDIA**, an Via strata, agger, Gall. *Chaussée?* Charta Milon. abb. de Castriciis ann. 1200. in Chartul. Campan. fol. 133. v° : *Nemus nostrum a loco, qui dicitur la Concyeclarel, . . . usque ad costam de Myroant per Chalediam Galteri.* Vide *Calecia.*

¶ **CHALENTUM**, pro *Chalengum*, Practicis *Calenge*, Lis, calumnia, etc. Locus est in *Executores Chalenti.* Vide *Callengia.*

¶ **CHALFAGIUM**, [* Jus annuæ lignationis, quod quis habet in silva ad familiæ suæ usum, Gall. *Chauffage.* Pactum inter Joan. dalph. et Petr. Barral. ann. 1315 : *Quod ipsi . . . . . possint . . . . . cindere in nemoribus . . . . trabes, postes et alias maerias facere deportare pro Chalfagiis et ædificiis suis.*] Vide *Chafagium.*

¶ **CHALFATTA.** Vide *Chafallus.*

* **CHALIA.** Reg. *Olim* parlam. Paris. ad ann. 1295. fol. 107 : *De Chalia vero, de qua dicti cives fuere locuti, in casu prædicto dicta curia nostra tacet ad præsens.* Vide supra *Calma* 1. et infra *Chamo.*

CHALIFA, Calipha. Ita appellabant Saraceni supremos gentis suæ Principes, vocabulo Arabico, quod *successorem*, vel *hæredem* significat, inquit Willelmus Tyrius lib. 19. cap. 19. et ex eo Jacobus de Vitriaco lib. 1. cap. 7. eo quod summi eorum Prophetæ vicem et successionem jure tenerent hæreditario. At Nicolaus Fullerus lib. 4. Miscell. sacror. cap. 16. et Vaterius in Præfat. ad El-Macinum censent, hoc vocabulo, *Vicarios*, seu *Locum tenentes* sese appellitasse, Dei nempe. Unde eo nomine in tanto honore et reverentia a suis habebantur, ut quasi pro numine colerentur, *nec nisi mandato et auctoritate illius quantumcumque potens, aut nobilis, appellaretur Soldanus, et omnes ejus subditi, tam Reges, quam alii, pedes ejus ad terram prostrati reverenter oscularentur.* Verba sunt Jacobi de Vitriaco. Sed postmodum adeo invaluit Sultanorum potentia in rebus politicis et militaribus, ut fere cum inani et specioso dignitatis nomine sola religionis, seu potius superstitionis Mahumetanæ potestas penes Chaliphas remaneret : unde a Baldrico Dolensi lib. 3. Tudebodo lib. 4. Roderico Archiep. Toletano lib. 7. cap. 10. Vincentio Belvac. lib. 32. cap. 54. Conrado Usperg. et aliis, *Papæ et Apostolici suæ gentis* vulgo appellantur. Primus autem Chaliphæ nomen et dignitatem usurpavit Abubacarus, Mahometi successor, ut auctor est Georgius El-Macinus. Titulos Chaliphæ Bagdatensis habes in Chronico Flandr. cap. 82. Sed et Chaliphas videntur appellasse suos Sacerdotes, non modo supremos, sed etiam quosvis, Saraceni Principes. Vide Petrum Diac. lib. 4. Chron. Casin. cap. 51.

¶ Chalifatus, Chalifæ dignitas. Georg. El-Mac. lib. 2. Hist. Sarrac. cap. 6 : *Chalifatui in illis tractibus præfectus est filius ejus Hispanus.*

¶ **CHALMA**, Chalms. Vide *Calma.*

* **CHALO**, Chalonus, Pars supellectilis lecti, straguli species. Inventar. ann. 1360. Ms : *Quatuor linteaminibus, uno Chalone, una mappa, uno tabaylhone sive longeria, etc.* Stat. synod. eccl. Castrens. ann. 1358. ex Cod. reg. 1592. A. fol. 76. r° : *Sufficeret ut dimittat suo successori, videlicet tres lectos, scilicet unum pro archipresbitero, munitum . . . . . . uno lodice cum coopertorio de colore; vel alio Chalone sufficienti.* Charta ann. 1327. ex Reg. ch. 55 : *Ivit ad domum dicti servientis, et de inde fecit abstrahi circa primum sompnum tassas argenti, Chalonos, coxinos, vanonas, et plures alias res.*

CHALONDUS, Chalonnium. Vide *Chelandium.*

* **CHALONGIA**, Monetæ species, nostris *Chaloinge* et *Chalonge.* Charta Petri episc. Laudun. ann. 1377. in Reg. 131. Chartoph. reg. ch. 12 : *Edelinam feminam nostram de corpore, videlicet de capitagio duarum Chalongiarum, ... sub infrascriptis modis et conditionibus manumittimus per præsentes.* Alia Joan. Laudun. itidem episc. ann. 1386. ex Reg. 135. ch. 1 : *Johannes Ragon homo de corpore de parvo capitagio duodecim denariorum, dictorum Chalonges.* Chartul. Thenol. ex Bibl. reg. Cod. 5649. fol. 98. r° : *De dicta domo singulis annis debemus domino Laudunensi episcopo ... demi corvée, valoris unius Chaloinge.* Et fol. v° : *Census, quos debemus apud Urcel .... Johanni Corbel de Lauduno duas Chaloinges.* [** An idem nummus qui Germanis *Schilling?* Adel]

* **CHALONNUS**, Navigii species, idem quod *Chelandium.* Vide in hac voce. Charta ann. 1381. ex Tabul. S. Petri de Cultura : *Cum monachi conquesti fuissent quod essent in possessione . . . . naviculas, Chalonnos seu bacellos inter prædictos fines ripariæ ducendi libere et reducendi.*

* **CHALONUS.** Vide supra *Chalo.*

* **CHALSEDONIUM**, Crystallum. Arest. ann. 1321. 9. Maii in vol. 1. arestor. parlam. Paris. : *Item unum scacarium de jaspide et Chalsedonio cum familia, videlicet una parte de jaspide et una parte de Cristallo.*

¶ **CHALVAGIUM**, Lignatio, Gall. *Chaufage.* Hist. Dalphin. tom. 2. pag. 411. col. 2. in Ordinatione Humberti II. ann. 1340 : *Nec ulterius patiamini, quod aliqua nemora.... nostra scindantur, essartentur vel charbonentur pro martinetis vel aliis grossis ferrorum operibus faciendis, nisi dumtaxat pro minutis fabricis et Chalvagiis personarum, ac aliis minutis usibus opportunis.* Vide *Chafagium.*

¶ **CHALVARICUM**, Chalvaritum, Gall. *Charivari*, Tinnitus et vociferationes, quibus in Gallia præsertim sponsis ad secundas nuptias convolantibus illudunt atque conviciantur. Statuta synodalia Ecclesiæ Avenion. ann. 1337. apud Marten. tom. 4. Anecdot. col. 561 : *Cum sponsæ ad eorum traducuntur hospitia, de ipsorum domibus bona more prædonum rapiunt violenter, pro quibus pecuniarias ab invitis redemptiones extorquent, quas expendunt in scurrilitatibus et comessationibus inhonestis, quæ Malprosiech damnabiliter appellant... faciunt ludos obnoxios, quos ut eorum verbis contra honestatis labia utamur in placidis, nominant Chalvaricum.* Ibidem col. 582 : *Qui dum contingit viros aut mulieres ad secunda vota pertransire et matrimonialiter conjungi, et dum in Ecclesiis matrimonia fidelium et benedictiones nubentium celebrantur, sponsum et sponsam circumstantes vociferando percutiunt... quod ipsi tales derisores, raptores, divini perturbatores officii et sacramentorum officia contemnentes, Chalvaritum in vulgari facientes seu fieri procurantes, a prædictis excessibus penitus et omnino desistant sub pœna excommunicationis. Chelevalet,* dicitur in diœcesi Trecorensi, ut habetur col. 1119. Si diversas, sed incertas prorsus, variorum Eruditorum conjecturas de hujus vocis origine videre vis, Menagium adito ad vocem *Charivari* in Etymolog. Gall. Vide *Caria* et *Charivarium.*

¶ Charavallium, apud eumdem Martenium ejusd. tomi col. 654. in Statutis Hugonis Biterr. Episcop. ann. 1368 : *Idcirco præsenti prohibemus statuto, quod nullus cujuscumque sexus vel conditionis existat in nostris civitate vel diœcesi in opprobrium vel injuriam secundo nubentium, vel alterius eorumdem illum ludum iniquitatis vocatum vulgariter Charavallii vel alium in oppro-*

brium dicti matrimonii quoquo modo de cætero facere præsumat.

* CHARAVARIA, Gall. Charivari, Tinnitus et vociferationes, quibus sponsis ad secundas nuptias convolantibus illudunt atque conviciantur. Stat. Guill. de Burgo Matiscon. offic. ante ann. 1337. in vet. Collect. satut. synod. diœc. Lugdun. fol. 75. r°. : *Nonnulli ausu temerario, contra Bellense* (f. Belnense) *provinciale statutum, secundas nuptias vituperant ac derident, eundo cum falsis visagiis et faciendo quemdam lusum noxium, qui vulgariter Charavaria nuncupatur.* Charta ann. 1365. ex Cod. reg. 5187. fol. 39. v°. : *Vobis confiteri volentium confessiones audiendi,....... etiam in et de casibus dicto domino Lugdunensi reservatis, exceptis tamen...... concubinatu notorio, Charavaria,....... licentiam impartimur.* Nostris olim *Calivaly*, *Chalivali* et *Chalivari*, eadem notione. Lit. remiss. ann. 1380. in Reg. 118. Chartoph. reg. ch. 361 : *Comme n'a gueres pour occasion de la somme de douze solz pardonnée pour un Chalivali en la ville de Ver.* Aliæ ann. 1409. ex Reg. 164. ch. 54 : *Eulx estans à table fut parlé d'un Chalivari, qui se devoit faire contre aucuns nouveaulx mariez dudit lieu de Buci, etc.* Denique aliæ ann. 1428. ex Reg. 174. ch. 212 : *Lesquelz avoient esté condampnez à une amende pour un Calivaly fait par eulx à S. Lo.*

* CHARAVARITUM, Eadem notione. Joan. de Garronibus in rubr. de secund. nupt. num. 68. apud *Mourgues* in Comment. ad Stat. Provinc. pag. 309 : *Secundo nubentibus fit Charavaritum seu Capramaritum, nisi se redimant et componant cum abbate juvenum; et primo nubentibus non fit Charavaritum.*

* CHALUC, Piscis genus. Vide infra *Labeo*.

¶ CHALUNGIUM, Actio qua quis rem aliquam repetit, Gallice *Calenge*. Tabularium Monasterii Casæ Dei in Instrumento ann. 1254 : *Sine contradictione, Chalungio et impedimento quolibet.* Vide *Callengia*.

CHALUNS, Panni Catalaunenses. Statuta Ordinis S. Gilberti *de Sempringham : Aut pannos pictos, qui vocantur Chaluns.*

¶ CHALYBA. Vide *Caliba*.

CHAM. Vide *Caganus*.

* CHAMA, Supremum umbellæ vel lecti tegmen, Hispan. *Cama*. Ordo canonizat. ex Cod. Ms. Morton. archiep. Cantuar. ann. circ. 1494. apud Labb. : *Fit unum baldachinum cum Chamis broccalli de auro, habens pendalia de carmusino.*

* CHAMARLENCUS, Camerarius, minister archiepiscopi Lugdunensis. Ordinar. Ms. eccl. Lugdun. : *Chamarlencus archiepiscopi debet ponere paramentum in presbyterio et in choro, et si ibi sunt aliqua necessaria in clavis, particis, cordis et in aliis rebus, Chamarlencus debet ponere, præparare, ordinare in loco ubi pallia debent reponi, et ubi possint congrue ordinari. Si archiepiscopus cantat, vel legatus, vel episcopus, Chamarlencus debet tapeta sternere ante altare et circa, et defere sedile in capitulo, vel alio loco, quo archiepiscopus se debet induere sacris indumentis.* Vide *Camarlengus*.

¶ CHAMBE, Cannabis, Gall. *Chanvre*. Instrum. ann. 1477. ex Tabular. Casæ Dei inter Fragmenta Hist. Stephanotii MSS. tom. 4 : *Do sacrosanctæ Ecclesiæ de Comps, quæ in honore S. Andreæ consecrata est, linum et lanam et Chambe.*

¶ CHAMBELLANUS. Vide *Cambellanus*.

¶ CHAMBERLAGIUM, Idem quod *Cambellagium* seu certa pecuniæ summa, quam vassallus debet domino feodali cum ei præstat hominium, in plerisque Consuet. Francicis *Chamberlage*, in aliis *Chambellage*, in quibusdam *Chambellenage*. Charta Guillelmi de Furno pro Andrea *de Monjohan* Abb. Nobiliacensi ann. 1370. apud Stephanotium tom. 3. Antiquit. Pictav. MSS. pag. 1048 : *Confiteor me tenere... a religioso et honesto domino... ad homagium ligium ad* x. *solidorum de deverio, et ad* x. *solidorum de Chamberlagio solvend. in permutatione domini sive hominis.* Vide *Cambellanus*.

CHAMBO. Vide *Cambo*.

* CHAMBRELANIA, Officium *Chambrelani* seu *Cambrerii*. Charta ann. 1240. ex Chartul. S. Sulpit. Bitur. fol. 87. r° : *Dominus Robertus de Boncio homagium reddens domino abbati nomine Chambrelaniæ suæ, vestimentum illud, quo super aliis vestibus erat indutus, dedit. Anstantibus istis Evrardo præposito nostro, Petro eleemosinario, Johanne sacrista, Gaufrido Chambrelano nostro, Stephano Boël armigero fratre abbatis, Dionisio famulo ejus.* Vide supra *Cambellanus* et *Cambrerius* 2. *Chambrillour*, Socius, contubernalis, vulgo *Compagnon*, *qui est de la même chambrée*, in Lit. remiss. ann. 1404. ex Reg. 159. Chartoph. reg. ch. 318 : *Estienne Barre Chambrillour de Jehan Bacheyron, etc.*

¶ CHAMBRERIUS, Cubicularius, Gall. *Chambrier*. Hist. Dalphin. tom. 2. pag. 309. col. 1. in Ordinatione anni 1336 : *Item, Adoardus de Sabaudia cum uno Scutifero, uno Chambrerio et uno famulo.* Baluz. tom. 2. Hist. Geneal. Arver. pag. 317. in Testamento anni 1340 : *Legamus Stephano vayleto et Chambrerio nostro decem libras Tur. semel.* Vide *Cambrerius*.

CHAMBRUNCULA, Parvula camera, in Charta ann. 1278. apud Duchesn. in Probat. Hist. Vergiac. pag. 205.

* CHAMELOTUM, Pannus ex camelorum pilis confectus. Ceremon. Rom. Ms. fol. 31. v° : *Feria quarta majoris hebdomadæ hora xxj. fit officium matutinale Tenebrarum. Papa habet cappam sine mitra; cardinales pavonaceas cappas panni vel etiam Cameloti.* Vide supra *Camelotum*.

¶ CHAMEPEUCE, Herbæ genus, a Græco χαμαιπίτυς. Plinio lib. 14. *Chamæpityos*. Medicina Salern. pag. 228. edit. 1622 : *Pessima habenda est cerevisia, quæ conficitur ex rebus inebriantibus, nimirum ex lodio, vel Chamepeuce. Ea enim adeo efficitur valida et halituosa, ut parum absit, quin bibentes paulo immoderantius ad insaniam redigantur.*

* *Chamæpeuce*, Gall. *Ivette* vel *Chamæpytis*.

¶ CHAMERA, CHAMERARIUS. Vide *Camera*.

CHAMEUNIÆ, Græc. Χαμευνίαι. Humi cubationes : *Culcitæ humo constratæ*, apud Julianum Antecess. Nov. 4. cap. 4. Glossæ Phavorini : Χαμεύνη, ταπεινὴ κλίνη. Aliæ : Χαμευνία, ἡ ξυροκοιτία. Hieronymus in cap. 41. Ezechiel : *Puto perspicuum esse lectori semper augustiora esse quæ deorsum sunt in jejuniis, Chameuniis, et victus continentia.* Idem ad Nepotianum : *Omnes pæne virtutes corporis mutantur in senibus, et crescente sola sapientia decrescunt cæteræ virtutes, jejunia, vigiliæ, eleemosynæ, Chameuniæ, id est, super pavimentum dormitiones.* Adde eumdem in Aggeum, et Auctorem de Duplici martyrio, S. Theodorum Studitam in Vita S. Platonis num. 10 etc.

¶ CHAMFRENUM, Vox ibrida, ex χάμος et frenum. Utrumque idem est. Tabularium Vindocinense Thuanum cap. 84 : *Dedimus Ivoni unum Chamfrenum, et Roberto unas caligas vermiculas.*

* Gall. *Chamfrain*, Ornamentum vel armatura equi fronti apposita. Polluci κημός non χάμος, pars labiorum totum os ambiens, lib. 2. § 90. Eidem lib. 1. § 48. Ferrum ori equino circumdatum.

* CHAMINERIUS. Vide supra *Caminerius*.

¶ CHAMINUS, Iter, Gall. *Chemin*. Vide *Caminus*.

* CHAMO, CHAMONAGIUM, f. Ager exilis et incultus, idem quod supra *Calma* 1. Charta ann. 1377. in Reg. 112. Chartoph. reg. ch. 212 : *Item parvum pratum cum Chamonagio in circuitu dictæ terræ existente... Item quendam Chamonem, situm desuper dictum sauzaium, qui continet circa unam boisselletam terræ.... Item unum Chamonem, qui est de domanio, vocato Gallice le Chamon de prelaites.*

* CHAMONNIÆ, perperam pro *Chameuniæ*. Vide in hac voce. Sibrand. in Chron. abbat. Lidlum. ann. circ. 1575. tom. 2. Monum. sacr. antiq. pag. 227 : *Nec Chamonniis humi dormitionibus abstinuit.*

* CHAMPAGIUM, Vectigal agro impositum, præstatio agraria, Gall. *Champart*. Charta ann. 1305. in Lib. rub. Cam. Comput. Paris. fol. 264. r°. col. 1 : *Cum vendis, subvendis, mutagiis, gardis, obleis et Champagiis, et cum omnibus aliis juribus.* Vide supra *Camparia* 3. *Champaige* vero Ager pascuus, in Lit. remiss. ann. 1456. ex Reg. 187. Chartoph. reg. ch. 183 : *Le suppliant afferma pour ung an certains Champaiges joignant à son pastural, nommé le pastural long.* Vide infra *Champeare*.

* CHAMPARDUM, Eadem notione qua *Champagium*. Charta permutat. inter Phil. Pulc. reg. Franc. et Hugon. de Bovilla ann. 1303. ex Lib. rub. Cam. Comput. Paris. fol. 224. r°. col. 2 : *Item vendas dicti census et terrarum villarum ipsarum, quæ tenentur ad Champardum.* Quæ Gallice ita leguntur ibid. fol. 227. v°. co. 1 : *Item les ventes dudit cens et des terres de la Chapele et de Gauleinville, qui sont à Champart.* Charta ann. 1310. in Reg. 45. Chartoph. reg. ch. 147 : *Item Champarda seu terragia valentia quinquaginta septem solidos et sex denarios Par. annui et perpetui redditus.* Assignatio dotalitii Joan. reginæ Franc. ann. 1319. in Reg. 60. ch. 69 : *Item pro Champardis de Vernonello duodecim solidos. Champarer, Champardum exigere*, in Lit. remiss. ann. 1393. ex Reg. 145. ch. 211 : *Le suppliant ala devers le*

sergent de la justice, que a à Valecourt Yvonet Du Bois escuyer, et lui requist.... que il lui voulsist Champarer une piece de terre, ... laquelle estoit et est du champart dudit escuyer. Vide in *Campipars.*

* **CHAMPARIA**, Idem quod *Champardum.* Reg. sign. *Probus : Item facit domino ipse Guillelmus xxv. solidos censuales pro Champaria sibi ascensata.* Nisi sit Jus pascendi pecora in *campis* sive arvis. Vide supra *Champagium*, et mox *Champeare.*

¶ **CHAMPARS**, in Chartular. S. Martini Pontisar. legitur pro *Campipars*, quod vide.

¶ **CHAMPEAGIUM**, Jus pascendi pecora in agris, pratis vel silvis non suis : id etiam quod præstatur pro hujusmodi pascuis. Charta Calomontis in Dumbis ann. 1397 : *Pro Champeagiis et aberagiis quæ habet in dicto stagno.* Vide *Champaria.*

* **CHAMPEARE**, Pascere pecora in *campis* sive arvis, nostris *Champoier.* Inquisit. Ms. ann. 1480. in Bressia et Buges. : *Illi de Molone in illis brotellis Champeaverunt et bochiaverunt tanquam in eorum brotellis.* Arest. Senat. Chamber. ann. 1492. ead. de re : *Una cum ipsius communitatis usu et præcursu pasquerandi et bocheandi in dictis brotellis.* Liber. villæ *de Grancey* ann. 1348. tom. 9. Ordinat. reg. Franc. pag. 160. art. 5 : *Voulons et octroyons que nostre homme et habitant de nostre chastel et ville de Grancey et leurs hoirs, puissent Champoier et mener à tousjours mais toutes leurs bestes grosses et menues, exceptey chievres en tous noz bois et forez de Grancey.* Lit. remiss. ann. 1480. in Reg. 163. Chartoph. reg. ch. 72 : *Guillaume de Bougey, bouvier et garde d'une charue de certain nombre de buefs, avoit fait Champoier et dégaster en grant partie l'erbe desdites fauchées de pré..... par lesdiz buefs, et que à Champoyer et dégaster ainsi ladite herbe.... ille estoit coustumier.* Unde *Champoier*, pro *Champaier*, legendum in *Camparius. Champoier* vero, pro Aream, vulgo *Champ, fonds* re aliqua ornare, in Comput. Steph. de Fontan. argent. reg. ad ann. 1350 : *Cinq esterlins de perles blanches a semer le champ desdittes cottes, faire les coppons des labeaux pour clx. grosses perles à Champoier ledit champ.* Rursum aliud sonat eadem vox *Champoyer*, Pugnare scilicet, concertare, Gall. *Se battre avec quelqu'un*, in Lit. remiss. ann. 1407. ex Reg. 161. ch. 247 : *Jehannin Manecier et icellui Talart Champoyoient l'un contre l'autre; ... lequel Talart avoit le dessus dudit Jehannin, qui estoit en grant peril de mort.* Vide *Champeagium.*

¶ **CHAMPEIUS**, Idem qui *Camparius* supra, Camporum custos. Regestum *Probus* fol. 12. ann. 1262 : *Venerunt Inquisitores domini Dalphini etc. Interrogati.... Quis ponit Champeios, Resp. quod Dominus.*

¶ **CHAMPERIA**, Officium *Camperii* seu *Champei.* Computum Grasivod. ann. 1332 : *Pro Champeria de Auriis assignata Petro de Villa per Dominum pro 2. florenis.... 7. lib. Item, pro Champeria de Alemone assignata Guillelmo Gebenn pro 4. flor. 100. sol.*

¶ **CHAMPERIUS**, Idem qui *Champeius.* Inquisitio anni 1220. in Hist. Dalphin. tom. 1. pag. 129. col. 2 : *Item, interrogati, quis ponit Champerios, respondent, quod Villici et Castellani pro dominio ponunt eos.* Lege *Domino*, nempe Dalphino, ut patet ex Regesto *Probus.*

* Camporum, pratorum, aliorumque agrorum custos. Libert. Brianc. ann. 1343. tom. 7. Ordinat. reg. Franc. pag. 730. art. 25 : *Quod eciam Champerios et banerios possint elligere et recipere, etc.* Vide supra *Camparius.*

¶ **CHAMPERTORES.** Vide in *Cambipartia.*

¶ **CHAMVERUM**, Cannabum, Gall. *Chanvre.* Archivum Majoris Monasterii : *Paganus Greno... concessit partem suam de primitiarum decimis, scilicet de agniculis, de porcis, de lena, de lino et de Chamvero.*

CHAMULCUS, Genus carpenti humilis, ut nomen ipsum indicat. Gloss. Lat. Gr. : *Sclodia*, χαμουλκίς. *Stludio*, χαμούλκιον. Ita recte corrigunt viri docti. Gloss. Græc. Lat. : Χαμοῦλκος, *Trahe.* leg. *Traha.* Ammian. lib. 17. *Unde Chamulcis impositus, tractusque lentus per Ostiensem portam, etc.*

¶ **CHAMUS**, Χάμος, Frenum, in Biblia sacra. [** *Chami frenique non patiens*, apud Monach. S. Gall. in Gest. Carol. M. lib. 1. cap. 24.]

¶ **CHAN.** Vide *Caganus.*

¶ **CHANABA**, Cannabis, Gall. *Chanvre*, apud Stephanotium in Antiquit. Pictav. MSS. tom. 3. pag. 822. et iterum pag. 831. Vide *Canaba* 2.

¶ **CHANABACIUM**, Tela cannabina, Gall. *Canevas.* Chartular. Camalariensis monast. diœces. Anic. : *Julianus de Rocha donavit huic loco S. Egidii unum bliaudum de Channabacio.* Vide *Canevacium* in *Canava* 2.

¶ **CHANABERIUM**, Locus ubi seritur cannabis. Inventarium *Piquet* n. 18. cap. 41. de Volta fol. 13. ex Archivo Principis de Rohan : *Item quoddum Chanaberium scitum in insula Domini; confrontat ab Oriente, etc.* Passim occurrit ibidem ac præsertim fol. 335. verso. Vide *Cabannaria.*

* **CHANABERIUS**, Locus ubi crescit cannabis. Charta ann. 1512. in Reg. 3. Armor. gener. part. 2. pag. xlvj : *Vendidit.... quosdam Chanaberium et ortum, ... sitos in mandamento Montilii.* Vide *Chanaberium.*

* **CHANALLIONUS**, Canaliculus, aquæductus. Charta ann. 1414 : *Juxta quemdam Chanallionum venientem de stagno, vocato de gurgite.* Vide *Canaletum.*

¶ **CHANAVA**, Idem quod *Canava*, 2. Cannabis, etc. Vide locum in *Chabanaria* post *Cabannaria.*

¶ **CHANERA**, Idem, in Antiquit. Pict. MSS. Stephanotii tom. 4. pag. 561.

¶ **CHANEVARIA**, Idem quod *Chanaberium*, Gall. *Cheneviere*, in Chartulario S. Vincentii Cenoman. fol. 80. Vide *Chenevaria.*

* **CHANAVUM**, Cannabis, Gall. *Chanvre. Ego Geraldus Chalvetus.... medietatem decimæ milii et panitii, sive leguminis et Chanavi guirpisco*, in Chartul. Grationop. ad ann. 1108.

* **CHANCELLETUS**, in Reg. capit. Carnot. pro *Chenetellus.* Vide in hac voce.

* **CHANDELLERIUS**, Qui facit vel vendit candelas, Gall. *Chandelier.* Lit. ann. 1375. in Reg. 109. Chartoph. reg. ch. 401 : *Item in quadam terræ petia vineatæ, ... confrontante cum duabus vineis magistri Petri Martini Chandellerii.*

* **CHANECIA**, Alveus, canalis, nostris *Chane* et *Chanel.* Charta ann. 1285. inter Probat. tom. 2. Hist. Burg. pag. 6. col. 1 : *Cum eorumdem stagni et molendinorum fundis, aquis, aquarum decursibus, piscibus, Chanecia, motura, pertinentiis, etc.* Chron. S. Dion. lib. 3. cap. 12. tom. 3. Collect. Histor. Franc. pag. 226 : *Quant il ot cessé à plouvoir, et les yaues furent retraites et revenues à leur Chanel, etc.* Et lib. 4. cap. 6. ibid. pag. 254 : *Les yaues des flueves issirent hors des Chanes.* Consuet. Genovef. Mss. ad ann. 1299. fol. 86. r° : *Le baillif de Senlis avoit mis hommes de par le roi pour veoir mesurer le cours et le Chanel de l'iaue, et doit avoir ledit Chanel cinq toises et pié et demi de lé.* Charta ann. 1406. ex Chartul. Latiniac. fol. 204 : *Esquelz douures, quant la riviere de Marne se desvoye et est hors de son Chanel, etc.* Occurrit præterea apud Joinvil. edit. reg. pag. 40. et in Vit. S. Ludov. ibid. pag. 361. Est et mensuræ nomen, in Terrear. Castel. ad Sequanam ex Cod. reg. 9898. 2 : *La moitié de la pinte, est le Chanel à quoy l'on vend vin.* Vide infra *Chenalis.*

* **CHANEVERIUM**, Ager, in quo cannabum crescit, Gall. *Cheneviere.* Acta capitul. eccl. Lugdun. ex Cam. Comput. Paris. ad ann. 1347. fol. 130. r° : *Item decem solidos....... super curtili...... juxta Chaneverium, quod quondam fuit a la Baudrana.* Vide supra *Canabale* et infra *Cheneverium.*

* **CHANGARE**, Permutare, a Gall. *Changer.* Charta Guichardi abb. in Chartul. Pontiniac. lib. 6. ch. 27 : *Terra quam Sevinus de Sancto Florentino Changavit cum Pontiniacensibus monachis, etc.* Vide *Changia.*

CHANGIA, Permutatio, Gall. *Eschange.* Monasticum Anglic. tom. 2. pag. 795 : *Donec idem Comes præfato Petro Changiam ad valitudinem terræ suæ conferret.*

* Num inde repetenda est vox *Changon*, qua significatur conventus parentum et amicorum utriusque conjugis ante initas nuptias et infra dicitur *Festum regardi*, in Lit. remiss. ann. 1415. ex Reg. 169. Chartoph. reg. ch. 205 : *Lequel suppliant estoit en la ville de Souspes avec sa fiancée, ses mere et autres parents et amis avec les parents et amis aussi d'icellui suppliant pour assembler entre eulx pour le jour des Changons, qui se fait en tel cas, selon la coustume du pays* (Gastinois). Sed et convicium, fortasse spurium, sonat hæc eadem vox in aliis Lit. ann. 1426. ex Reg. 173. ch. 599 : *Icellui Tirant en soy courrouçant appella le suppliant Changon; ...... lequel respondi qu'il n'estoit point Changon.* Vide supra *Cavestrum*, [** et *Cambio*, 2.]

¶ **CHANIS**, CHANOGLANUS. Vide *Cham* post *Caganus.*

CHANRIA. Concilium Palentinum ann. 1322. can. 19 : *Ne ratione collationis hujusmodi benificii, aut Chanriæ, seu alio quæsito colore, aliquid præsumant per se* vel per alios exigere, etc. Forte scrib. *Changiæ*, commutationis, *Eschange*.

* **CHANSONUS**, Pincerna, Gall. *Echanson* : unde ejus officium *Chansonaria* dicitur, in Testam. Joannæ comit. Tolos. ann. 1270. inter Probat. tom. 3. Hist. Occit. col. 592. : *Item* (legamus) *Stephano de camera*, *xl. lib. Item Stephano de Chansonaria, xl. lib.* Comput. ann. 1408 inter Probat. tom. 3. Hist. Nem. pag. 195. col. 1 : *Item redemimus fustam vasis a Chansono dicti regis, solvimus xv. solidos.*

* **CHANTARUM**, ut infra *Chanterium*. Charta ann. 1370. in Reg. 100. Chartoph. reg. ch. 869 : *Item super Chantaro et domo, quæ fuit defuncti Johannis Champion, etc.*

CHANTELAGIUM. Charta Philippi Regis Franciæ ann. 1273. pro Ecclesia S. Mederici Parisiens. : *Habebunt Canonici in tota dicta terra... roagium, foragium, sive Chantelagium, et omnia emolumenta, etc.* Compotus Baillivorum Franc. ann. 1305 : *In Præpositura Paris... de Busta castelletti... de Chantelagio.* Regestum Peagiorum Parisiens. : *Se uns Bourgoys de Paris achete vin à Paris dedans la ville, et il le vend dedans la ville, comme que il le vende en gros ou en broche, il doit de chascun muid un denier de Chantelage.* Ibidem : *Chantelage est une coustume assise anciennement, par laquelle il fu establi, que il loisoit à tous ceus qui le Chantelage paient, à oster le chantel de leur tonnenu, et la lie wider, et parce que il sembloit que cil qui dedans la ville de Paris estoient demourans, n'achetassent pas vin, que il ne le voulsissent revendre, et quant il l'eussent vendu, oster le chantel de leur tonneau, et leur lies oster, pour ce fu mis li Chantellage sur les demourans, et sur les Bourgois de Paris*. Meminit præterea *Chantelagii* vetus Franciæ Consuetudo lib. 4. cap. *de Justice Fonciere*. [Arrestum Curiæ Parlamenti Parisiens. ann. 1331. pro alta justitia etc. Bonevallis et S. Mauri etc. ex Archivo Bonevallensi. Hæc tributi species pro vino vendendo exsoluti *Chantelagium* dicitur a *Canteriis*, Gall. *Chantiers*, qui sunt oblonga cellæ vinariæ tigna, in quibus per ordinem dolia collocantur : debebatur autem sive vinum generatim venderetur, sive singulatim *en gros ou en broche*.]

* Tributi species pro vino vendendo exsoluti, aut a Cantheriis, Gall. *Chantiers*, super quos collocantur dolia, aut a segmentis dolii angulatis, vulgo *Chanteaux*, ut Reg. Peagior. Paris. supra laudatum indicare videtur, sic dicti. Charta Ivonis episc. Carnot. ann. 1114 : *Concessimus.... quod ipsi* (monachi Tironenses) *et sui conversi...... a barragiis, Chantelagiis* (al. *Cantellis*) *taliis ,...... sint liberi et immunes.* Lit. ann. 1358. tom. 3. Ordinat. reg. Franc. pag. 318. art. 3 : *Le Chantelage de vin, c'est assavoir de chacun tonneau de vin vendus esdits hostels, et en chacun d'eux, quatre deniers Parisis. Chantiée*, eodem significatu, in Lit. ann. 1359. ibid. pag. 361. art. 2. Vide Chopin. ad Consuet. Andegav. lib. 1. cap. 8. pag. 178. et supra *Cantellagium*.

CHANTELLUM. Libertates villæ S. Paladii in Biturigib. ann. 1279 : *Quilibet per se tenens focum certum, et locum, vel Chantellum in dicta villa, etc.* Infra : *Dum tamen velint solvere census consuetos, et 12. denarios quolibet anno de prædictis foco, loco, et Chantello prædictas costumas tantummodo debitas de hæreditatibus suprascriptis, etc.* In Consuetud. Burbonensi art. 193. et 203. quatuor denarii, quos servi seu *homines de capite* de annuo censu exsolvere tenentur, *de Chantelle* appellantur, quod ratione foci ac mansionis debeantur.

* Consule *de Lauriere* in Glossar. jur. Gall. ad v. *Chantelle*.

¶ **CHANTELLUS**, Frustum panis amplioris, Gall. *Chanteau*. Instrumentum venditionis sergenteriæ domini Episcopi Æduensis ann. 1271. : *Item habet et habere debet singulis annis idem Raulinus de quolibet pane quem falcatores comedunt in praeria prædicta unum Chantellum cujuslibet panis.* Vide *Cantellus*.

* Lit. remiss. ann. 1451. in Reg. 185. Chartoph. reg. ch. 165. : *Le suppliant print un Chanteau de pain qu'il rencontra.* Hinc *Chantilles*, ni fallor, appellantur lapidum fragmina, in aliis Lit. ann. 1391. ex Reg. 141. ch. 101 : *Certaine quantité de Chantilles pour mettre en euvre en une sienne maison* (fournies par) *un ouvrier de tieullerie et de chaux. Chantel* vero, Pars manus aversa seu exterior, vulgo *le Dos de la main*, in aliis Lit. ann. 1401. ex Reg. 156. ch. 113 : *Lequel Guillaume feri du Chantel ou du dos de sa main l'exposant, et lui bailla un arriere main au dessoubs du menton.*

* **CHANTERIUM**, Area, locus vacuus muro cinctus, qua etiam notione *Chantier* usurpari videtur, in Lit. ann. 1348. tom. 3. Ordinat. reg. Franc. pag. 96 : *Que toutes manieres de boës, gravoiz..... feussent ostées et mises hors des voiries et Chantiers, etc.* Charta ann. 1357. in Reg. 89. Chartoph. reg. ch. 521 : *Item in et super quamdam domum et Chanterium, situm Parisius in Graveria; ..... sex libras Paris.* Alia ann. 1362. ex Reg. 91. ch. 267 : *Unam plateam, vocatam Chantier, tenentem plateæ seu Chanterio Guiardi de Gouvernés.* Vide supra *Chantarum*.

CHANTERIUS, Gall. *Chantier*. Libertates Castelli novi in Biturigib. ann. 1265 : *Prædicti autem homines pro prædictis tenentur nobis et hæredibus nostris dare singulis annis in perpetuum sex Chanterios boni vini et receptibilis conductos Biturigibus in domo nostra, etc.* [Species mensuræ est; quænam?]

* Dolii genus statutæ capacitatis, quam explicat Charta dom. Castri novi ann. 1260. ex Bibl. reg. : *Cum homines franchisiæ Castri novi dederint et promiserint se reddituros domino regi Franciæ, vel ejus mandato sex Chanterios vino plenos,... decem et octo modios tantummodo continentes.* Vide infra *Charetillus*.

¶ **CHANTO**, Quædam pars armaturæ. Testamentum Odonis de Rossilione ann. 1298. apud Marten. tom. 1. Anecdot. col. 1306 : *Do et lego unam integram armaturam, meos cuissellos, meos Chantones, meum magnum cultellum.* [** An *Gantones*?]

¶ **CHANVANNARIUS** Mansus. Vide in *Cabanaria*.

* **CHANVRERIUS**, Gall. *Chanvrier*, Cannabis præparator. Necrolog. eccl. Paris. MS : *Item domos quasdam ...... ultra parvum pontem in vico Saqualiæ situatas, contiguas domui Johannis Maugeri Chanvrerii.*

¶ **CHAPA**, Gall. *Chape*, Vestis pluvialis, quo utuntur Clerici præsertim in processionibus. Baluz. tom. 2. Hist. Arverniæ pag. 490. ex vetustissima membrana Ecclesiæ Claromont. : *Firmaverunt ut ad Festum B. Mariæ Augusti Chapam reddant de duabus marcis argenti.* Vide *Capa* 1.

* **CHAPELETUS**, Sertum precatorium, Gall. *Chapelet*. Inventar. MS. bonor. Joan. de Madalhano ann. 1450 : *Item plus unum Chapeletum perlarum, continentem unciam perlarum parvarum.* Vide *Capellina* 1.

¶ **CHAPELLA**, Sacellum, Gall. *Chapelle*, apud Lobinellum in Glossario ad calcem Hist. Britan. Vide *Capella* 6.

¶ **CHAPELLARIUS**, Petasorum opifex, ut opinor, a Gallico *Chapelier*. [* Vel potius *Caparum* artifex. Vide *Capa* 1.] Computus anni 1202. apud D. *Brussel* de Feud. usu tom. 2. ad calcem pag. CXLVI : *Expensa ... Hugo Chapellarius de* VI^{xx}. *et* IX. *diebus usque ad omnium Sanctorum* XXV. *l. et* XVI. *s.*

¶ **CHAPERO.** Ibidem pag. CC. col. 1. f. Muri fastigium utrimque inclinatum, quod Gallice dicimus *Chaperon* : *Expensa : Frater Hamardus pro bosco fossatorum*, XIIII. *l. et pro Chaperone de bosco communi* XL. *l.*

* Inquisit. de nemor. Aurel. in Reg. 34. bis Chartoph. reg. part. 1. fol. 60. v°. : *Homines sanctæ Crucis de Trine...... sumunt...... in vivo furcam, et festam, et tignum Chaperez, et palum pugilarem.* f. Tignum quadratum, Gall. *Equarri*. Vide infra *Chapuisare*.

¶ **CHAPES**, Monetæ species. Charta Geraldi Abb. S. Joannis Angeriac. ann. 1385. ex Chartulario ejusd. monasterii pag. 463 : *Item cuilibet fratri infirmo et cuilibet sorori qui sunt in domo S. Lazari* x. *solidos p.* (sic) *Chapes, quos denarios Camblentus debet reddere.* Vide *Chapotensis*. [** An pro *Chapis*?]

* **CHAPHAREGIUM.** Martyrol. eccl. SS. Steph. et Sebast. Narbon. MS : *Mariæ Remigiæ et mariti sui Berengarii Usalguerii, qui dimiserunt ecclesiæ S. Stephani xl. solidos, et fuerunt in Chapharegio de orto S. Martini.* An Census capitis? Vide *Capitale* 5.

¶ 1. **CHAPITELLUM**, Receptaculum curruum, aratrorum et aliorum, quæ pertinent ad agriculturam, instrumentorum. Charta Domini *de Charnay* ann. 1520. in pago Lugdunensi : *Juxta Chapitellum Joannis Morterii.*

* Gall. *Chartil*. Vide infra *Chappa*.

* 2. **CHAPITELLUM**, diminut. a *Capella*, Pegma funebre, tumulus honorarius. Testam. Ludov. comit. Valent. ann. 1345. ex Cod. reg. 6008. fol. 76. r°. : *Inhibemus quod aliqua capella sive Chapitellum fiant nobis....... in nostra jam dicta sepultura.* Infra legitur *Capitellum* in alio Testam. ann. 1419. Vide supra *Capella* 8.

CHAPOTENSIS Moneta. Charta Constantiæ Comitissæ Bigorræ anni 1287. in Regesto Constabulariæ Burdegalensis fol. 209 : *Recepisse in bona pecunia numerata duo milia librarum Chapetens. bonorum legalium a Magistro Willelmo de Luda*

Thesaurario Regis Angliæ. Infra : *Mille libras Chapot. bonorum et legalium.* Fol. 210. b : *Quingentas libras Chapet. bonorum et legalium.* Fol. 219. *Chapot* scribitur ut et f. 215. Aliud vetus Regestum sub ann. 1303 : *In diœcesi Burdegal. currunt Burdegalenses. In diœcesi Petragor. currunt Engol. et Marchenses. In Ageno currunt Arnald. Chapot. et Petragoric.* Charta ann. 1314. in 50. Regesto Tabularii Regis Charta 49: *Valorem annuum mille quingentarum librarum bonorum Chapotensium rendualium extimandorum, prout in diœcesi Burdigalensi reditus extimantur, etc. Libræ de Chapotois,* in Arestis Candelosæ 1250. in Regesto Parlam. B. fol. 88. Nescio an nummi isti *Chapotenses* fuerint ii quos *Chatos* vocabant, uti infra annotamus : ita ut vox sic conflata fuerit quasi *Chati Pictavenses*, id est, vernacule, *Chats de Poitou*, qui apud Pictones potissimum cudebantur. Sed videant eruditiores an hæc conjectura admitti possit. [Vide supra *Chapes.*]

Chipotenses, in Charta ann. 1301. Regesti Philippi Pulcri Regis Franc. ann. 1301. num. 85. ex Tabulario Regio : *Videlicet Podium Castri Normandi pro 263. libris, et 10. libris Chipotensibus valent ducentas decem libras et 16. solid. Turon.* Ita ibi non semel, et in alia ann. 1312. in alio Regesto ejusdem Regis ann. 1310. Ch. 232. [Litteræ Edwardi II. Angl. Regis apud Rymerum tom. 3. pag. 359 : *Cum celebris memoriæ..... Pater noster concessisset Comiti de Audoigne ducentas libras Chipotensium percipiendas per annum,.. de quibus dictus Comes nondum recepit nisi 200. lib. Chipotensium, et 19. lib. 3. sol. et 4. den. et 1. obolum sterlingorum, qui in Chipotensibus, videlicet octo pro uno sterlingo computatis, etc.* Rursum occurrit ibid. pag. 93. 113. 374. etc.]

* Inquisit. MS. ann. 1307. 1. Maii : *Et facta inquesta,....... omnibus summis ad unam redactis, dictas ducentas libras Chapotenses ad valorem parvorum bonorum Turonensium reducentes, centum sexaginta libras parvorum Turon. bonorum, etc.*

* **CHAPPA**, Receptaculum curruum, aratrorum et aliorum, quæ pertinent ad agriculturam, instrumentorum, Gall. *Chape* et *Chartil*, [** *Echoppe?*] idem quod *Chapitellum.* Charta nobil. feud. dom. Castil. Dombarum. ann. 1463 : *Chassum domus super duabus partibus Chappæ unius domus et totius grangiæ, necnon porpresii, in qua ipsa Chappa et grangia situantur.* Rursum infra : *Super Chappa et chasso et porpresio, ubi dicta Chappa et chassum situantur, venna intermedia.* Vide *Chappale.*

CHAPPALE, [f. Idem quod *Chapitellum.*] Tabularium Nantoliense in Pictonibus ann. 1335 : *Quandam pleiduram una cum Chappali domus, quod Chappale erit partionarium inter me et dictam emptricem, in quo Chappali, seu muro, etc.*

* **CHAPSALL.** Vide supra in *Capsol.*

* **COAPTENIH.** Vide supra *Captennium.*

* **CHAPUISARE**, Materiarium opus facere, cædere, incidere, nostris *Chapuiser* et *Chappuser :* unde *Chapuisator*, faber lignarius, Gall. *Chapuiseur;* et *Chapuiseria*, ars materiaria. Arest. ann. 1354. in vol. 4. arestor. parlam. Paris. : *Dicebant quod secundum dictas ordinationes prohibetur, ne quis sit Chapuisator et sellarius simul Parisiis...... Et forsan quod per avaritiam pro se solo Chapuisaret arçonos....... Per arrestum dictum fuit, quod dictus Johannes licitè poterat exercere artificium, tam Chapuiseriæ quam sellariæ simul.* Lib. 1. stat. super artific. Paris. ex Cam. Comput. fol. 345. r° : *Quiconques veult estre Chapuiseur à Paris, c'est assavoir faiseur d'arçons et d'aunes à selles et de fust à somme, estre le peut....... Nul Chapuiseur ne peut, ne ne doit Chapuiser, ne mettre main en merrien.* Lit. remiss. ann. 1466. in Reg. 194. Chartoph. reg. ch. 169 : *Lequel boys le suppliant fist abatre,...... et icellui charpenter et Chappuser à ses propres coustz et despens.* Guill. Guiartus. :

> Serjans au logier se deduisent,
> Engigneurs engins Chapuiseut.

* *Aissete de Chapuis*, Securis, qua utuntur lignarii, in Lit. remiss. ann. 1405. ex Reg. 160. ch. 213. *Chappuiz* denique vocant breviorem truncum, qui vulgo dicitur *Tronchet* vel *Trouchet* apud doliarios. Lit. remiss. ann. 1445. in Reg. 177. ch. 169 : *Jehan le Bouier d'icelle hache couppa ledit pain sur le Chappuiz ou jointtier dudit relieur (de pipes).* Vide supra *Capulare* et *Chapuisius.*

¶ **CHAPUISIUS**, Chapusius, Lignarius faber, Gall. *Charpentier*, Gallis olim hodieque in multis Bressiæ locis, *Chapuis;* unde, inquit Borellus in Dictionario, *Capusa*, quod apud Occitanos idem est ac in assulas seu frusta concidere. Addit Menagius in Etymol. Gall. Petrocorisensibus *Chapuiser* breviorem truncum esse, quem vulgo dicimus *Billot.* Adversaria MSS. V. Cl. D. *Aubret : Claudius Tonel Chapuisius.* Computum anni 1347. Hist. Dalphin. tom. 1. pag. 85. col. 1 : *Habitis super hoc juramentis de bene et legaliter faciendo pro utraque parte a Joanne Chapusti de Domena Chapusio, Joanne de Parena Maçoneto, Latonio de Gratianopoli, Barato et Poncheto Chapusiis, magistris expertis in talibus.*

¶ **CHAPULARIUM**, ut *Scapulare*, Vestis tegens scapulas. Computus ann. 1202. apud D. *Brussel* de Feudorum usu tom. 2. pag. CLVI. ad calcem col. 2 : *Pro VII. ulnis panni ad tunicas et ad supertunicas et ad Chapular. et ad coopertoria et pro fururis VIII. l. et dimid.* Ibid. pag. CLVII. col. 1 : *Pro suo Chapular. de camelino furato de* ℣. *XL. s.* Vide *Scapulare.*

* 1. **CHARA**, Radicis species, Plinio Lapsana. Cæsar de Bello civ. lib. 3. cap. 40 : *Est etiam genus radicis inventum ab iis, qui fuerant cum Valerio, quod appellatur Chara; quod admistum lacte, multum inopiam levabat : id ad similitudinem panis efficiebant.* Vide Martin. Lexic. v. *Lapsana.*

* 2. **CHARA**, Facies, vultus, caput, nostris *Chere* et *Chiere.* Vide *Cara* 1. Ceremon. MS. eccl. Brioc. : *Quant l'on va à procession, l'on doit aller moult humblement et devotement le visage et la Chere enclinez,... et ne doit l'on pas....... avoir la Chere eslevée.* Lit. remiss. ann. 1352. in Reg. 81. Chartoph. reg. ch. 494 : *Ivit ad domum barbitonsoris dictæ villæ ad faciendum videri et parari parvam plagam, quam ex dicta percussione habuerat; et licet etiam dictus barberius, qui dictam plagam viderat, statim dictis astantibus retulisset, quod facerent bonam Charam, quia dictus serviens ...., vulnus aliquod letale non habebat.* Galli diceremus, *qu'ils pouvoient se tranquiliser et être sans inquiétude. Ciere*, eodem sensu : unde *Faire ciere*, Vultu fingere, vulgo *Faire mine.* Mirac. B. M. V. MSS. lib. 1 :

> Et jasoit ce qu'il li anuit,
> N'en fait samblant, Ciere, ne frume.

* **CHARACHA**, ut supra *Caraca*, Navis oneraria, apud Joan. Mercur. Corrig. in opere Ludov. XII. reg. Franc. inscripto cap. 42 : *En christianorum classes maritimique exercitus et amplissima atque permaxima tuarum navium multitudo, præcipue Januensium tuorum Charachis, et eorum Baptistæ ac S. Georgii potentia, quasi cetus horrendus et vorax, etc.*

1. **CHARACTER**, Στίγμα, Nota, stigmatis pœna. Odo Cluniac. de Vita S. Geraldi lib. 1. cap. 20 : *Quantum vero ex æqualitate personarum conjici potest, personas illas reorum, qui se in malum destinaverant, aut damnis coercebat, aut Charactere adustionis inurebat.* Edictum Henrici Imp. ann. 1023. in Chronico Laurisham. : *Et insuper in utraque maxilla ferro ad hoc facto etiam candenti bene caraxetur et comburatur. Characterem animali infigere*, in Leg. Wisig. lib. 8. tit. 5. § 2.

Characterio, pro *Character*, Signum. Testamentum Bertichramni Episcopi Cenoman. : *Reliquos vero caballos tam Warannonis, quam spadas seu poledras qui inventi fuerint, et Characterio sanctæ Ecclesiæ habuerunt, totus Pontifex vel Ecclesia recipiant. Illi vero qui meum Characterio habuerunt, etc.*

Characteres Magici. S. Augustinus de Tempore Serm. 163 : *Phylacteria et Characteres diabolicos nec sibi nec suis aliquando suspendant, incantatores velut ministros diaboli fugiant.* Et Serm. 215 : *Per præcantatores, per fontes, et arbores, et diabolica phylacteria, per Characteres et aruspices, et divinos, vel sortilegos, multiplicia sibi mala miseri homines conantur inferre.* Rabanus lib. 3. de Instit. Cleric. cap. 16 : *In quibusdam notis, quas Characteres vocant.* Χάρτη τῶν γοητευτικῶν ἐπικλήσεων, in Concilio Calchedon. Act. 10. [Ordinationes Ludovici Regis ann. 1254. in Codice MS. Consuetud. Tolos. fol. 52 : *Judæi cessent ab usuris et blasphemiis, sortilegiis, Characteribus, etc.* Synod. Compostell. ann. 1114. can. 7 : *Characteres coram totius Ecclesiæ conventu sive publico concilio fieri jubemus, aliter factos valere inhibemus.*] Vide *Caragus* et *Brevis.*

¶ Characteratum Ferrum, Udalrico Cluniac. ferrum est in quo panis ad sacrosanctum Missæ sacrificium destinatus coquebatur. Vide Mabillonium de Liturgia Gall. pag. 184.

* 2. **CHARACTER** Clericalis, Tonsura seu corona, qua clericus designatur. Charta ann. 1339. in Reg. 130. Chartoph. reg. ch. 239 : *Nos Petrus...... Suessionensis episcopus..... apud Septemmontes domum nostram, Perrinum filium Gileti de Varennis .... insignivimus Charactere clericali.* Vide supra *Caratheria.*

* **CHARACTER** Nominis, Idem quod Monogramma. Vide *Caracter*, 3.

¶ **CHARACTERIZARE.** Vide post *Caraxare.*

* **CHARACTERUM**, Signum, terminus, quo agri limites signantur. Charta ann. 832. in Append. ad Marcam Hispan. col. 769 : *Dederunt ad ipsa cella termíaia, et fecerunt fixorias, et fecerunt Charactera, sicut lex Gothorum continet, per loca ubi vocant subtus gurgite, etc.*

¶ **CHARAGIUS.** Vide *Caragus.*

¶ **CHARAGMA**, Character, imago, Gr. χάραγμα. Avianus : *Sicut nummus habet Charagma Cæsaris, sic homo habet Charagma Dei.*

* **CHARARRA**, Onus *carri*, quantum *carro* vehi potest, Gall. *Charetée*, olim *Charée*. Charta ann. 1321. in Reg. 76. Chartoph. reg. ch. 303 : *Unam Chararram feni ad sex boves in prato dicto Arragon, tempore messium anno quolibet capiendam.* Vide supra *Caratea.*

¶ **CHARAVALLIUM**, [* CHARAVARIA, CHARAVARITUM,] Tinnitus et vociferationes, quæ vocant *Charivari*. Vide in *Chalvaricum.*

CHARAXARE, CARAXARE, Scribere. Glossæ Isonis Magistri : *Caraxo, Gr. est, scribo. Inde Caraxavit, id est, scripsit.* Papias : *Caraxare, scribere. Caraxatum, id est, scriptum.* Ugutio : *Caraxare, a character, id est, scribere.* Isidorus, *Caraxatis, scriptis.* Gloss. MS. Reg. Cod. 1701 : *Caraxare, Garser.* Gloss. Saxon. Ælfrici : *Caraxatio*, gevrit, id est, Scriptura. Prudentius Hymn. 14 : *Charaxat ambas ungulis scribentibus genas.* S. August. de Altercat. Eccles. et Synag. : *Cum primum Moyses in monte Syna Caraxatas decalogo tabulas accepisset.* Charta Edgari Regis Angl. tom. 1. Monastici Anglic. pag. 17. et tom. 2. pag. 839 : *Hujus doni constipulatores fuerunt, quorum nomina inferius Caraxari videntur.* Alia tom. 2 : *Hoc pictacium Indict. 12. Caraxatum est.* Aldhelmus de Virgin. cap. 16 : *Ecclesiasticæ Historiæ liber a Rufino Caraxatus.* Adde Gregor. Mag. lib. 7. Indict. 2. Epist. 40. Flodoardum lib. 1. Hist. Remens. cap. 9. [** et ap. Pertz. Scriptor. vol. 3. pag. 365. lin. 6.] Edgari Concordiam regularem apud Seldenum ad Eadmerum pag. 146. 159. Adamnan. Scotum de Locis SS. lib. 1. in Præfat. et cap. 10. Ædilwaldum Epist. 69. Steph. Eddium in Vita S. Wilfridi cap. 47. Isidorum Epist. 72. Bonifacium Moguntinum Archiepisc. Epist. 69. et 74. Vitam S. Deicolæ num. 5. 11. Baldricum Noviom. lib. 1. cap. 49. Epistolam Fratrum Remensis Cœnobii apud Haeftenum ad Vitam S. Bened. pag. 123. Ordericum Vitalem lib. 1. pag. 352. 590. lib. 2. pag. 392. 832. Thiotfridum in Florib. in Procemio, et lib. 3. cap. 7. etc.

CHARACTERIZARE, Eadem notione. Dudo lib. 3. de Normann. pag. 152 : *Quid super hoc Characterizabunt Dialectici?*

¶ CHARACTERIZARE, Typis imprimere subjecto prelo. Res Moguntiacæ tom. 1. pag. 120. edit. 1722. ex quodam MS. ejusd. urbis de Arte imprimendi : *Hoc autem urbis nostræ Moguntiaci triumphale perpetuæ laudis est præconium, quod hanc ingeniosam Characterizandi artem* (reperit, anno circiter 1440.)

* Occurrit passim hæc vox in libris, qui prelo primum subjecti sunt; ac præsertim ad calcem psalterii in Bibl. Cæsarea asservati ubi fol. ult. v°. bæc literis rubris legebam ann. 1751 : *Presens spalmorum* (sic) *codex venustate capitalium decoratus, rubricationibusque sufficienter distinctus, adinventione artificiosa imprimendi ac Caracterizandi, absque calami ulla exaratione sic effigiatus, et ad eusebiam Dei industrie est consummatus, per Johannem Fust civem Maguntinum et Petrum Schpffer de Gerusz-heim, anno Dom. 1457. in vigilia Assumptionis.* Consule *Chevillier* de Orig. impress. Paris. pag. 13. *La Caille* in Hist. impress. pag. 14. et 30. *Maitaire* Annal. Typogr. etc. Vide in *Charaxare.*

CHARAXARE, CARAXARE, Pingere, depingere. Gregorius Turon. lib. 7. Hist. cap. 36 : *Tu es pictor ille qui.... per oratoria, parietes atque cameras Caraxabas?* Lib. 9. cap. 5 : *Vasa per domos diversorum signis nescio quibus Caraxata sunt.* Lib. 1. de Miracul. cap. 51 : *Parietes domorum atque templorum signarentur atque Caraxarentur.* Aldhelmus de Virgin. cap. 10 : *Flexis literarum apicibus in quadrata parietis pagina Caraxatis, id est, scriptis.* Eckehardus Junior de Casib. S. Galli cap. 2 : *Parietes ejus Caraxasse viderat.* Ita S. Basilius Homil. in 40. Martyr. dixit, τοὺς ζωγράφους πολέμων ἀνδραγαθήματα τοῖς πίναξιν ἐγχαράττειν. Hinc *Caraxare*, pro *notare*. Hincmarus Remensis de Prædestinat. : *Quamvis blando sibilo eos quidam Caraxare voluerunt, de eo quod sanctus Cælestinus Episcopos Gallicanos redarguit, dicens, etc.*

CARAXARE, est etiam Delere, maculare, atramento inquinare. Gloss. vett. : *Charaxo, induco, cancello.* Excerpta Pithœana : *Charaxatis, scriptis, inductis, cancellatis.* Papias : *Charaxare, exinanire, scribere.* Ubi *exinanire*, est delere. *Caraxia, exinanita*, id est, deletio. [*Caraxiaca, exinatita*, in Glossario MS. San-German. num. 501.]

CHARAXATURA, pro Litura, habetur in Testamento S. Remigii Archiepiscopi Remensis : *In quo* (Testamento) *si qua litura, vel Charaxatura fuerit inventa, facta est me præsente, dum a me relegitur et emendatur.* Bertichramnus Cenomanensis Episcopus in Testamento apud Brisson. in Formul. : *Si quæ lituræ, si quæ literæ adjectæ sunt, vel detractæ, ego feci.* Charta Abbonis Patricii pro fundatione Monasterii Novalicensis ex Tabulario Ecclesiæ Gratianopolitanæ : *Et si qua Karaxatura, aut litteratura in hanc paginam testamenti mei repertæque fuerint, nos eas fieri rogavimus.* Eadem occurrit formula apud Marculfum lib. 2. form. 17. [et in Testamento S. Irminæ Abb. apud Marten. tom. 1. Ampliss. Collect. col. 10.] Baldricus in Chron. Camerac. lib. 1. cap. 111 : *Unde Papa confirmante, imo Episcopis... assentientibus Caraxaturam fieri obtinuit hujusmodi, etc.* Alias *Charaxatura* est *scriptura*.

INTERCARAXATUS, apud Flodoard. lib. 3. cap. 22.

¶ CARAXATURA, Numismata Principis charactere notata. Guibertus lib. 3. de Vita sua cap. 7 : *Interea cum ad singulas quasque horum novorum numismatum promotiones ferebantur edicta, ne quis pessimas ipsius Caraxaturas cavillaretur, etc.*

¶ CHARAXARIUS. Gloss. Isid. : *Notarius, Scriptor, Charaxarius.*

* **CHARBA**, f. Cannabis. Chartul. S. Joan. Angeriac. fol. 118. v°. : *Dedit...... de feodo præpositali...... panicios et gessias et vessias et linos et Charbas tali pacto, ut, etc.* Mendum subesse suspicor.

¶ **CHARBONARE**, Carbonem conficere, in Ordinatione anni 1340. Hist. Dalphin. tom. 2. pag. 411. col. 2.

¶ CHARBONERIA, ibidem, Locus ubi carbones conficiuntur. Vide *Carbonaria.*

¶ CHARBONETUS, Qui vendit carbones. Litteræ Philippi Pulcri ann. 1313 : *Præcipimus quod omnes talamellarii, tabernarii, Charboneti, massellarii, fornerii, et omnes alii venditores denariatarum, ne audeant carius vendere suas denariatas, etc.* Eædem Litteræ Gallico idiomate : *Nous ordonnons et commandons, que tous les talemeliers, et taverniers, bouchiers, Charbonniers, fourniers, et touttes autres manieres vendeurs de denrées, ne soyent point si hardy, que il encherissent leurs denrées, etc.*

* Pactum inter Joan. dalph. et Petr. Barralis ann. 1315 : *Vendere tamen personis habitantibus extra dictam villam de prædictis nemoribus non possint, nec etiam Charbonare aliquo modo.* Vide supra *Carbonare* in *Carbo* 3.

¶ **CHARCHARE**, Onerare, Ital. *Carcare*, Gall. *Charger*. Charta anni 1248. in Tabulario San-German. : *Fena pratorum nostrorum de Brolio fenabunt, de feno quadrigas Charchabunt... et tunc illi qui fenum adducent et Charchabunt, etc.*

* **CHARCHIA.** Charta ann. 1326. in Reg. 65. Chartoph. reg. ch. 278 : *Item* (acquisiverunt) *duas partes sextæ decimæ partis Charchiarum communium terrarum Sinciaci.* Melius infra : *Chaciarum.* Vide in *Caciare.* *Charche* vero Onus, id omne quod labori est, significare mihi videtur apud Guill. Guiart. :

> Firent contre lui (S. Louis) aliance
> Pierre Mauclerc quens de Bretaigne,
> Et Thibaut li queus de Champaigne,
> O eux, pour estre plus grant Charche,
> Hue le comte de la Marche.

¶ **CHARDO**, ut *Cardo*, Pecten ferreum, quo lana pectitur. Skenæus de Verborum significat. pag. 37.

* **CHARERIA**, Via, illa proprie per quam *carrus* transire potest. Charta ann. 1331. inter Probat. ult. Hist. Trenorch. pag. 244. *Quandam peciam terræ..... juxta Chareriam, per quam itur de Bisiaco ad molendinum de Porous.* Vide *Carreria* 1.

¶ **CHARETIL**, f. Quantum carro vehi potest, Gall. *Charretée*. Regestum Philippi Aug. fol. 69 : *De fructu foreste unaqueque mansura prædicta debet capere in tribus annis unum Charetil per manum forestarii.*

* CHARETILLUS, ut supra *Caratellus* et *Caratillus*, Cadus, dolium, seria. Chartar. Norman. ex Cod. reg. 4653. A fol. 76 : *De fructu forestæ unaquæque masura prædicta debet capere in tribus annis unum Charetillum per manum forestarii, donando singulis annis septem garbas.* Unde emendare licet quæ supra. *Charetée*, eadem acceptione, in Arest. ann. 1414. 12. Maii ex vol. 11. arestor. parlam. Paris. : *Pro tonnello, appellato Charetée, septem solidos*

Turon. Chariotée, rursum eodem sensu, in Ordinat. ann. 1415. ex Reg. 170. Chartoph. reg. ch. 1 : *Item aucun vendeur...... ne vendra a ladite estappe que une Charretée ou Chariotée de vin a une foiz. Chariottée*, in Lit. ann. 1407. tom. 9. Ordinat. reg. Franc. pag. 713. art. 1. Vide supra *Carraria* 4.

* **CHARETIUM**, Vectura, quæ cum *carro* fit, servitii genus. Chartar. Norman. ex Cod. reg. 4653. A. fol. 80 : *Monachi de Vasquel....... quiti sunt a pasnagio propriorum porcorum, et Charetii, et axes.* Vide supra *Carratum*.

* **CHARETUM**, Eadem notione. Charta Ludov. VII. reg. Franc. ann. 1179. in Chartul. S. Cornel. Compend. fol. 67. r°. col. 2 : *Retinuimus etiam ...... lignarium et Charetum Venetæ.* Vide *Carreda*.

* Aliud vero sonat vox Gallica, *Charret*, Rhombum scilicet, vulgo *Rouet*, in Lit. remiss. ann. 1482. ex Reg. 207. Chartoph. reg. ch. 134 : *Laquelle femme filoit au tour ou Charret.*

* **CHAREVERIUM**, ut supra *Charavaritum*. Arest. ann. 1330. 20. April. in Reg. *Olim* parlam. Paris. : *Falsum visagium occasione cujusdam Chareverii, quod tunc in dicta villa* (S. Richarii) *fiebat, deferentem invenerant, etc.*

¶ **CHAREYUM**. Vide *Careium* in *Carreda*.

¶ **CHARFAGIUM**, Jus percipiendorum lignorum in aliena silva ad focum et alios usus domesticos, Gall. *Droit de Chauffage*. Charta Cassaniæ ann. 1226 : *Non poterunt dicti homines abscindere quercum stantem in nemoribus præfatis occasione Charfagii, nec vendere ligna in eisdem nemoribus collecta, nisi sibi vicissim alter alteri.* Vide *Chafagium*.

* **CHARFALIUM**, Propugnaculi genus, idem quod supra *Chaafallum*. Charta ann. 1269. inter Probat. Hist. Lugdun. pag. 4. col. 2 : *Item pontes, fossata, barræ, muri, catenæ, portæ, Charfalia, et consimiles fortalitiarum novitates a civibus introductæ, ad expensas ipsorum civium amoveantur.* Vide infra *Chaufaudus*.

¶ **CHARGAGIUM**, Onerum impositio. *Officium Chargagii et deschargagii vinorum*, in Memoriali Cameræ Comput. Paris. fol. 57. v°.

¶ **CHARGARE**, Inquirere, Gall. *Chercher*. Vide locum in *Circamanaria*.

* **CHARGATORIUM**, f. Locus ubi onerantur merces. Vide supra *Cargatorium*. Charta pro capit. Aniciensi ann. 1417. in Reg. 170. Chartoph. reg. ch. 60 : *Decem solidos Turonensium censuales... super quadam peda... juxta quoddam Chargatorium Petri Bruni.* At vero *Chargeoir*, est instrumentum quo fimus defertur, in Lit. remiss. ann. 1442. ex Reg. 176. ch. 261 : *Jehan Colin laboureur, qui portoit ung Chargeoir a fiens,... tira l'un des bastons qui soustenoient ledit Chargeoir, etc.* Vide *Chargeours*.

¶ **CHARGEOURS**, apud Anglos, ut mox *Charger*. Testamentum Radulphi *de Nevill* apud *Madox* Formul. Angl. pag. 432 : *Item do et lego Joannæ uxori meæ tertiam partem bonorum meorum mobilium, cum optimo cipho meo auri, cum* VI. *Chargeours*, XXIV. *discis argenteis... Item do et lego Ricardo de Nevill filio meo* II. *Chargeours*, XXII. *discos, etc.*

CHARGER, CHARGERUS. Leges Burgor. Scotic. cap. 125 : *Si homo vel femina burgensis moriatur... hæres habebit... discum, paropsidem, quod dicitur le Dibler, vel Chargerum, cyphum.* [Testamentum Johannis *de Nevill* apud *Madox* Formul. Anglic. pag. 427 : *Item Radulpho filio meo...* IV. *ollas lagenas*, XXIV. *peces*, IV. *duodenas coclearium*, VIII. *Chargeros, etc.*] Anglis, *a charger* est *doubler, or grent platter*, patina, paropsis. Vide *Dibler*.

¶ 1. **CHARGIA**, Onus, Gall. *Charge*. Extenta jurium Comitis Sabaudiæ apud S. Simphorianum de Auzone ann. 1309. Hist. Dalphin. tom. 1. pag. 98. col. 2 : *Pedagium per aquam levatur in hunc modum; videlicet quælibet Chargia telarum, pannorum, fili et similium, debet duodecim denarios.* Charta S. Andreæ Avenion. ann. 1440 : *Acceptantes res et proprietates inferius confinatas et declaratas ad causas et Chargias inferius expressatas*; Gall. *Aux clauses, Charges et conditions, etc.*

* Nostris *Parcharge*, Onus completum, quantum onerando carro vel navi satis est. Lit. remiss. ann. 1399. in Reg. 154. Chartoph. reg. ch. 490 : *Pour ce icellui Boterel n'avoit que lesdiz deux sextiers de blé et que ce n'estoit pas la charge de sadite charrette, deschargea iceulx deux sextiers de blé en l'ostel de son pere en espérance d'avoir une autreffois la Parcharge de sadite charrette.* Neque aliter interpretanda hac vox in Stat. ann. 1398. tom. 8. Ordinat. reg. Franc. pag. 304. art. 1.

* 2. **CHARGIA**, Pondus definitum, statuta mensura. Reg. eccl. Andegav. ann. 1443 : *Præsentabuntur pro suo adventu sex pipæ vini,....... panis capitularis sex Chargiarum frumenti. Chargée*, eodem sensu, in Lit. remiss. ann. 1393. ex Reg. 144. Chartoph. reg. ch. 438 : *Une Chargée de gerbes de blé.*

* 3. **CHARGIA**, Tributum, vectigal, Gall. *Charge*. Charta ann. 1387 : *Et se asserunt esse francos et liberos,....... exceptis homagiis et Chargiis ad modum nobilium.* Alia ann. 1406. ex comit. Marchiæ : *Promiserunt ipsi conjuges .... garentire .... ab omnibus et contra omnes, præterquam a Chargiis et censibus et redditibus exinde ab antiquitus persolvi consuetis. Cargue*, eadem notione, in Ch. ann. 1320. ex Chartul. 23. Corb. : *Pour eulx descarchier des Cargues et des debtes dessusdites, etc.*

* 4. **CHARGIA**, Accusatio, criminatio; quo sensu etiam *Charge* usurpamus. Unde *Paroles chergables*, in Lit. remiss. ann. 1443. ex Reg. 176. Chartoph. reg. ch. 328 : *Pierre le Cordier, qui aucun temps paravant, avoit dit paroles injurieuses et Chergables du suppliant, etc.* Sentent. Ludov. Carnot. episc. ann. 1525 : *Visis per nos informationibus et Chargiis, auctoritate nostra ad instantiam promotoris curiæ nostræ factis, de et super nonnullis excessibus, delictis et criminibus etiam heresis per Clementem Marot commissis et perpetratis, audita etiam requesta et conclusionibus dicti promotoris, dicimus et ordinamus prædictum Clementem Marot fore et esse carceribus nostris mancipandum.* Alia ejusd. anni : *Eumdem Marot variis delictis et offensis, etiam criminibus heresis Chargiatum et culpabilem invenerimus, etc. Avoir enchargié* dicitur de muliere gravida, cui uterus tumet, in Lit. remiss. ann. 1398. ex Reg. 153. Ch. 424 : *Après lequel mariage ainsi fait et consommé, ladite Marie, comme on dit, a enchargié et est grosse d'enfant. Encarkier*, apud Rob. Bourron. in Merlino MS : *La premiere fois que vous assemblastes à lui, vous lui desistes que vous aviez paour d'Encarkier; et il vous dit que vous n'Encarceriés ja de lui.*

* **CHARGIAGIUM**, Vectigal, quod pro vino super carrum onerando et exportando pensitatur, *Chargage* et *Chargaige* etiam nostris. Charta Nic. episc. Andegav. ann. 1275. in Chartul. priorat. de Guilcio fol. 50. v°. : *Remanent dicto nobili et ejus heredibus Chargiagium vini in omnibus locis feodorum et dominiorum dicti prioratus.* Alia Caroli primog. reg. Jerus. ann. 1279. ibid. fol. 46. v°. : *Concedentes de gratia ut prædictum monasterium.... Chargiagia, et costumas vini, et omnia alia supradicta teneat et possideat in futurum pacifice et quiete.* Charta ann. 1339. in Reg. donor. Caroli IV. et Phil. VI. ex Cam. Comput. Paris. fol. 163. r°. : *Nos dittes gens.... ont assigné..... au roi de Boeme.... à Filayns le Chargage et barrage, etc.* Lit. remiss. ann. 1477. ex Reg. 206. Chartoph. reg. ch. 1144 : *Icellui Louvin, qui tient la ferme du Chargaige à Compiegne, etc.*

* **CHARIAMENTUM**, Carus, Gall. *Chariot*. Arest. ann. 1391. in vol. 8. arestor. parlam. Paris. : *Per vicum S. Martini vix et cum magna difficultate pedester vel equester, aut cum Chariamento transire poterant.* Vide infra *Chariotum*.

¶ **CHARGIARE**, Onerare, Gall. *Charger*, in Charta Philippi I. Franc. Regis ann. 1207. apud Duchesnium Hist. Norman. pag. 1063.

CHARGIATUS, Oneratus, Gall. *Chargé*. *Equi Chargiati*, in Statutis Willel. Reg. Scotiæ cap. 12. § 1.

¶ **CHARIARE**, Carro vehere, Gall. *Charier*. Vide locum in *Fenatio*.

* **CHARIATUS**, Oneratus, Gall. *Chargé*. Codex MS. reddituum Episcopatus Autissiod. : *De sale Chariato ad pelam absque brunello habet Episcopus unum denarium.* Vide *Charchare*.

* **CHARICA**, Oblatio, ut videtur, quæ ex *charitate* seu gratuito fit. Charta Rob. vicecom. Bles. ex Chartul. Miciac. pag. 455 : *Tertiam partem reddituum ecclesiæ S. Aviti villæ Maceriarum, tam in offerendis quam in sepulturis, seu decimis sive Charicis.* Vide supra *Caritas* 10.

* **CHARIDA**, Domus *charitatis*, Hispan. *Charidad*. Arest. ann. 1336. 19. Jul. in vol. 9. arestor. parlam. Paris. : *Cum Stephanus Rogerii emisset in Sicilia plures magnas quantitates frumenti et in quadam Charida reposuisset easdem, etc.* Vide *Caritas* 6.

¶ **CHARIERUM**, Gall. *Charroi*. Vectura quam vassalli dominis exsolvebant. Litteræ Ludovici VIII. Franc. Regis ann. 1224 : *Et iterum pro quittancia Charierorum pro unoquoque bove suo reddat unum quartallum frumenti.* In Litteris Ludovici Junioris quæ hic confirmantur, legitur, *Quarrorum*, non male pro *Carrorum*.

* **CHARIOTUM**, Carrus constans quatuor rotis, Gall. *Chariot*. Charta Phil. Pulc. ann. 1299. in Lib. rub. Cam. Comput. Paris. fol. 363. v°. : *Necnon equos ac summarios officiorum domus nostræ, reginæ ac liberorum nostrorum, sive sint equi quadrigas aut Chariota trahentes,.... concedimus.* Ubi Reg. 53. Chartoph. reg. ch. 87. habet, *Charriota*. Vide *Chariotus* 1.

¶ 1. **CHARIOTUS**, Gall. *Chariot*, Currus constans quatuor rotis. Legitur infra in voce *Sabuta*, et in Formul. Anglicano Thomæ *Madox* pag. 429. ubi *Chariot* accipitur pro curru, quo corpus defuncti defertur ad humationem.

* 2. **CHARIOTUS**, Focus, pyroforum, Gall. *Réchaud*, *brasier*, quod quatuor rotis, ut carrus, constaret, sic dictus. Chartul. eccl. Carnot. ann. circ. 300 : *Debet insuper* (subcocus) *afferre a tempore festi Omnium Sanctorum usque ad Pascha de carbonibus pro Chariotis ante missam B. M. pro ipsa missa et pro aliis quæ celebrantur in choro.* Quæ in antiqua versione sic redduntur : *Il doit apporter du charbon dans les Braziers avant la messe de Beata.* Vide infra *Curriculus*.

¶ **CHARIS**, Idem, ut videtur, quod *Charierum*, Gall. *Charroi*. Chartularium S. Vandregesili tom. 2. pag. 125. in Charta ann. 1237 : *Per redditus et servitia dicto feodo pertinentia, videlicet karrucam, hercam et Charim semel in anno.*

¶ **CHARISTA**, pro *Charta*, alias legebatur apud Anastasium in Vitis Rom. Pontif. Vide Murator. tom. 3. pag. 152. col. 2.

¶ **CHARISTERIUM**, Donum gratuitum quod hodie singulis quinquenniis Regi præstat Clerus Gallicanus, nostris *Don gratuit*, sic dictum quod gratuito pensitetur. Compendiosa Beneficiorum Expositio fol. 39 : *Beneficiorum fructus non minuuntur novo decimæ genere, quod indicitur a Rege Beneficiariis, olim iisdem indictum a Maximo Pontifice, prætextu negotii regni Siciliæ et belli contra Infideles inferendi. Est tempore necessitatis et synodi generalis aliud indictum, quod Charisterium appellatur, et indicitur ab Episcopo Clericis, et credo hac indictione fructus non minui.* Laurentio in Amalthea *Charisterium*, ut et Græcis χαριστήριον, *Munus est quod datur ab eo, qui gratias agit.* [** Confer *Beneficium* et *Eulogia*.]

¶ **CHARISTEUM**. Vide *Caristeum*.

* **CHARITADERIUS**. Vide supra *Caritaderius*.

¶ **CHARITAS**, CHARITATIVUM, etc. Vide *Caritas*, etc.

* **CHARITATIVUS**, Ex *charitate* procedens, Gall. *Charitable*. Bulla Julii II. PP. ann. 1505. in Contin. magn. bullar. part. 4. pag. 7. col. 2 : *Cupientes tam pio et necessario, ac Charitativo operi subventionis ipsarum personarum morbo pestifero infectarum salubriter provideri.* Vide *Caritativus*.

* **CHARITOSUS**, Dilectus, benevolus, amicus. Agnel. Pontif. : *Agapitus IX.* (archiep. Ravennat.) *cujus nomen Latina lingua vertitur Charitosus.* Gloss. Gr. Lat. : Ἀγαπητός, *Amantissimus, carissimus, dilectus, amans.* Vide *Caritosus*.

¶ **CHARIVARIUM**, Ludus turpis tinnitibus et clamoribus variis, quibus illudunt iis, qui ad secundas convolant nuptias, Gall. *Charivari*. Concil. Turon. ann. 1445 : *Insultationes, clamores, sonos et alios tumultus in secundis et tertiis quorundam nuptiis, quos Charivarium vulgo appellant, propter multa et gravia incommoda prohibemus sub pœna excommunicationis.* Vide Statuta Ecclesiæ Meld. ann. 1365. inter Instrum. ejusdem Hist. tom. 2. pag. 503. supra *Chalvaricum*, *Carivarium*, *Brigiarius*.

* **CHARMEA**, Præstationis species, *Charme* quoque appellata, in Reg. Cam. Comput. Paris. sign. *Bel* fol. 128. r°. : *Item la coustume des Charmes, dont chascun fuys doit par an une pou.* Charta Simon. comit. Montisfort. ann. 1202. inter Instr. tom. 8. Gall. Christ. col. 524 : *De Charmea, quam dominus Hugo de sancto Hilario tenet, medietas cedet abbati.*

* **CHARMEN**, CHARMENUS, Carpinus, a Gall. *Charme*; nostri vicissim a Lat. Carpinus, *Charpe* dixerunt. Lit. remiss. ann. 1481. in Reg. 207. Chartoph. reg. ch. 245 : *Les supplians sioient de leur bois, c'est assavoir des Charpes, autrement appellez charmes, etc.* Libert. villæ de Mailliaco ann. 1229. tom. 5. Ordinat. reg. Franc. pag. 718. art. 34 : *Constituimus eciam et concessimus, ut homines prædicti usum suum habeant in dicto bosco ad tremulum et Charmen et aceram.* Charta Thomæ comit. Pertic. ann. 1217. in Reg. forest. comitat. Alencon. Pertic. etc. ex Cam. Comput. Paris. fol. 50. r°. : *Confirmamus quod prior et monachi* (de Bellismo) *in prædicta foresta nostra percipiant pacifice et quiete...., omne genus mortui nemoris, præter Charmenum, et tremblium, et fraxinum.* Vide *Charmus*.

¶ **CHARMUS**, Carpinus, Gall. *Charme*, Species arboris satis nota. Occurrit in Charta Guillelmi Episc. Autissiod. ann. 1215. et in Charta Petri Comitis ejusdem urbis ann. 1213. Vide *Carmus* et *Charmen*.

* **CHARNAGIUM**, Carnes ipsæ animalium. Libert. villæ de Alavardo ann. 1337 : *Item statuimus quod nec etiam qualescumque officiales seu servitores, vel domestici nostri Charnagium, bladum, vinum, vel alia bona dictorum francorum..... extrahi valeant.* Charta ann. 1342. in Reg. 159. Chartoph. reg. ch. 222 : *Quod non possint victualia quæcumque et alias denariatas, sive sint blada, vina, Charnagia, vel quæcumque victualia alia transferre.* Vide supra *Carnagium*. Exstat alia notione supra in *Carnaticum*.

CHARNELLI, Murorum pinnæ, Græcis, πτερά et πτέρυγες, Gallis *Creneaux*, vel *Carneaux*. Chronologia Augustinensis Cantuariensis : *Charta de Charnell. faciendis super muros Ecclesiæ.* Alibi : *Carta de Charnellatione novæ portæ.* Vide *Kernellare*.

¶ **CHARNENE**, CHARNEVUS, Alluvius ager, ut videtur, forte sic dictus quod vulgo fiat e terra fluvio *Charreata* seu advecta. Charta anni 1233. e Chartulario Athanacenæ fol. 196 : *Nos Humbertus dominus Bellijoci petebamus passonagia molendinorum in ripa Rodani, inventiones trabium, brotellos, venationes, insulas et Charnevos sitos vel accrescentes de novo infra terminos prædictos.* Inventar. Recogn. n. 18. cap. 41. de Vouta fol. 331. ex Archivo Principis *de Rohan : Item super Philiberto et Johanne Lonnie, Poncio Sonie pro terra et Charnene scitis ex Pont pertusa confront. cum terra dicti Lonis... et cum Charnene nobilis Johannis de Joncario.* Et fol. 333 : *Pro prato et Charnene scitis a las Rameyros, etc.* Iterum occurrit fol. 334.

CHARNER. Vide *Carnarium*.

* **CHARNERAGIUM**, Tributum ex animalibus, idem quod *Carnaticum*. Charta Ludov. comit. Bles. ann. 1197. ex Chartul. S. Aviti Aurel. : *Ab hominibus ejusdem villæ fenagium et Charneragium exigebant, quæ nunquam ab eis habuerant.* Vide supra *Carnalegium*.

* **CHARNERIA**, Gall. *Charniere*, Verticulæ. Comput. ann. 1245. ex Bibl. reg. : *Pro duabus Charneriis ad justas, in quibus fuerunt positi xiij. stelligi de auso, etc.* Vide *Carneria* 2.

* **CHARNERIUM**, Ossarium, cœmeterium, Gall. *Charnier*. Charta ann. 1327. in Reg. 64. Chartoph. reg. ch. 583 : *Ad opus retentionis ac supportationis onerum ecclesiæ SS. Innocentium et Charnerii ejusdem, etc.* Vide supra *Carnerium* 2. Hinc *Charnier*, Vas in quo carnes salsæ reconduntur. Lit. remiss. ann. 1405. in Reg. 160. ch. 174 : *Le suppliant rompit ou leva la clameure* (claveure) *ou fremure de certain coffre ou Charnier, où estoient lesdiz lars.*

CHARNETGIUM. Vide *Carnaticum*.

¶ **CHARNEVUS**. Vide *Charnene*.

CHAROCNA. In Lege Sal. titulus 64. est *De Carocna*, seu *Charoena*, ut quidam Codd. præferunt, vel ut Heroldina *De Harowenno*. Lex vero est de iis, qui de manu alterius aliquid per vim auferunt. Wendelino, *Kruenen*, et *Kroenen*, est conqueri, *Charoena*, querimonia. Loccenius vero lib. 3. antiq. Sueco-Gotthicar. cap. 6. *Charcenam*, quasi *abacti pecoris raptum* interpretatur, ut *gartiuf*, Suecice, *abigeus*, ex *ran*, *raptus*. [Eccardus præfert *Charoweno*, quod inquit, idem est ac Saxonicum *Geroven*, vel Germanicum *Gerauben*, et rapinam designat.]

CHAROLARE, Saltare, nostris *Caroler*. Matthæus Westmonast. ann. 1305 : *Cogens quamplures viros ac mulieres Anglicos, mixtim Charolare nudos et psallere ante se.* Robertus Bourronus in Histor. MS. Merlini : *Il voit issir fors bien cent Damoiselles et plus, qui viennent Carolant et dansant, et chantant, etc.* Le Roman d'*Abladane* MS. : *Prinrent conseil ensemble qu'ils feroient crier une belle feste,... et là seroient toutes les Dames et les Demoiselles de le cité et feroient moult belles Charolles, etc.*

* **CHARPA**, nostris olim *Charpe*, Instrumentum ferreum, quo ad secandum utebantur. Arest. ann. 1345. 6. Aug. in vol. 2. arestor. parlam. Paris. : *Ubicumque nos contingit comedere coronam regiam portantes; panetarius* (habet) *panem coctum, gruellos, mapas, manutergia, telas albas ad reponendum panem oris, buletelos, corbeliones, Charpas, saccos, et omnes alias res residuas pertinentes ad servitium officii panetariæ.* Lit. remiss. ann. 1467. in Reg. 195. Chartoph. reg. ch. 35 : *D'une Charpe que le suppliant tenoit, et de laquelle il besoignoit en sa vigne, coupa en ung buis-*

son ung gros baston. Aliæ ann. 1476. in Reg. 201. ch. 77 : *Une Charpe ou ferrement, dont il se efforsoit escorser ledit bois.*

* **CHARPANTARE**, Gall. *Charpenter*, Materiarium opus facere. Charta Theob. comit. ann. 1229. ex Chartul. Campan. fol. 355. v°. : *Dictus magister debet per conventionem scindere merrennum et adjuvare ad onerandum et ad Charpantandum et ad ponendum in opus.* Vide in *Carpentum.*

¶ **CHARRAAGIUM**, Operæ quas vassalli dominis præstare debent cum *carris* et jumentis, Gall. *Charroi* vel *Charriage.* Hist. MS. S. Cypriani Pictav. ex Tabulario ejusdem fol. 35 : *Remiserunt omnes consuetudine de alodo de Flaiziaco, ut nullam rapinam, nec calumniam, nec bidannum neque plaustri, nec hominum, hoc est, Charraagium, etc.* Vide *Carreda.*

* **CHARRAGIUM**, Vectura cum carro, carrorum suppeditatio, seu ejusdem servitii pecuniaria redemptio. Arest. parlam. Paris. ex Chartul. Guill. abb. S. Germ. Prat. fol. 145. r°. : *Cum abbas et conventus S. Germani de pratis juxta Parisius dicerent contra homines Villæ-novæ S. Georgii et de Theodosio et aliarum villarum, quæ sunt de pertinentiis eorumdem locorum, quod ipsi homines tenebantur solvere Charragium pro parte ipsos contingente, quando solidi ab ipsis abbate et conventu ratione exercitus pro nobis levabantur..... Recordata fuit nostra curia, quod alias judicatum fuerat, quod homines prædicti.... tenebantur ad præstandum et solvendum Charragium prædictum ob dictam causam, quando solidos nos levare contingebat a prædictis abbate et conventu.* Charta ann. 1340. ibid. fol. v°. : *Liberi et immunes a præstatione seu contributione Charragii regis pro tempore guerræ suæ.* Alia ann. 1299. ex Reg. 38. Chartoph. reg. ch. 4 : *Cum homines villarum de Juvigniaco et de Widua, sitarum in castellania de Spernaco, obligati fuissent ad solvendum et ad liberandum Charragium domino regi, pro suis operationibus de castro et de villa Spernacensi,... supplicavissent domino regi, quod ipse vellet accensare dicta Charragia et loco eorum recipere certos redditus annuatim, etc.* Vide supra *Carragium* et *Charraagium.*

* **CHARRALIS**, Via, per quam *carrus* transire potest. Charta ann. 1406 : *Quandam Charralem per quam publice itur de nemore nobilis viri Aymerici Borgne domicelli erga Tarallium ex altera, et magnum iter per quod itur, etc.* Vide supra *Carealis* et *Carrabilis.*

¶ **CHARRATA**, Idem quod *Carrata*, Quantum *carro* vehi potest, Gall. *Charretée.* Vide *Carrada.*

¶ **CHARRE.** Vide *Charrus.*

* **CHARREA**, Onus carri, quantum carro vehi potest, Gall. *Charretée. Charrée*, in Lit. ann. 1400. tom. 8. Ordinat. reg. Franc. pag. 379. art. 19. *Charroussée*, in Charta ann. 1384. ex Reg. 126. Chartoph. reg. ch. 64 : *Item une piece de pré contenant environ xij. Charroussées de foin.* Charta Odonis ducis Burg. ann. 1211. ex Chartul. Longi vadi : *Tantum pratorum acquirant... unde singulis annis facere possint quadraginta Charreas feni.* Vide supra *Carea.*

¶ **CHARREAGIARE**, Vehere carro, jumento, vel navi, Gall. *Charrier.* Hist. Dalphin. tom. 2. pag. 160. in Extracto computi anni 1321 : *Libraverunt pro Charreagio dicti razelli et ipso adducendo per aquam usque apud Lugdunum, ubi fuerunt* XXI. *homines et steterunt per aquam per* XIII. *dies, quia pluries atterravit dictus razellus, inclusis viginti tribus libris Vienn. Lugduni pro expensis factis pro Charreando et ascendendo superius per Rhodanum, etc.* Et tom. 1. pag. 86. col. 2. in Extenta Jurium Comitis Sabaudiæ ann. 1309 : *Quicumque debet dictum somey, debet Charreagiare in vindemiis, ubicumque Dominus vult, vinum suum reponere in dicto mandamento.* Vide *Carreiare.*

¶ **Charreagium**, Idem quod *Charraagium.* Occurrit in Charta anni 1256. apud Stephanotium tom. 3. Antiquit. Pictav. MSS. pag. 863. et paulo superius in *Charreagiare.*

¶ **Charreamen**, Eadem notione. Libertates oppidi Jasseronis in Sebusianis ann. 1283 : *Nec dare teneantur nobis vel aliis toutam, talliam, Charreamen, corvatam, etc.*

¶ **Charreamentum**, **Charreare.** Computum anni 1324. Hist. Dalphin. tom. 1. pag. 86. col. 1 : *Item eidem Humberto pro fusta garitarum castri de Lueys adducenda, Charreanda, carpentanda ... et pro dictis Charreamentis conducendis,* XVI. *lib.* V. *sol.*

¶ **Charregiare**, Ibidem pag. 78 : *Quicunque debet dictum somey, debet Charregiare in vindemiis.*

¶ **CHARREIUM**, Idem quod *Charreum.* Pluries occurrit.

1. **CHARRERIA**, in Gestis Guillelmi Majoris Episc. Andegav. cap. 27. videtur sumi pro ea navis specie, quam *baccum* appellamus, qua homines se et res suas in fluviis transvehunt, defectu pontis. Adde pag. 312. [Etiamnum pontones, quibus Ararim enavigant, *Charrieres* ab incolis nuncupantur.] Vide *Carreria.*

¶ 2. **CHARRERIA**, Opera *carri* domino debita. Charta anni 1380. apud Baluz. tom. 2. Hist. Arvern. pag. 173 : *Una cum... Charreriis, manobriis, scamnis, etc.*

¶ **Charroia**, Idem, Gall. *Charroi.* Charta Comitis Arverniæ apud eumd. Baluz. tom. 2. pag. 120 : *In talliis, servitiis, Charroiis, manobriis, et arbannis.* Vide *Carreda.*

* Charta Eustach. abb. Heder. ann. 1213. in Chartul. Guill. abb. S. Germ. Prat. fol. 154. r°. col. 1 : *Assensuimus Hugoni Rogerii de Villanova et Johanni filio Roberti pontionarii.... sextum denarium, quem habebamus in portu Villænovæ,.... pro xj. solidis et iiij. denariis;.... ita quod si..... dictos xj. sol. et iiij. den. non reddiderint,.... vel de Charreria defecerint, omne eorum tenementum in manu nostra capiemus. Charriere* nostris, eodem significatu. Lit. remiss. ann. 1379. in Reg. 114. Chartoph. reg. ch. 317 : *Comme Bouchart de Lisle, seigneur de l'isle Bouchart et de Rochefort sur Loire, eust fait faire un grant et notable bac ou Charriere en la riviere de Loire pour passer charroiz, etc.* Ubi aperta est vocis origo. Aliæ ann. 1389. ex Reg. 137 : *Les uns passerent la riviere d'Allier ou (en) batel ou Charriere du port de Varennes.*

* 3. **CHARRERIA**, Tributum seu vectigal, quod a transeuntibus per *carreriam* exigitur, vel quod ex carris percipitur. Charta Joan. comit. Cabilon. ann. 1232. apud Chifflet. in Beatr. comit. pag. 48 : *Quicquid habebat idem dux in Charreria Cabilonensi, et vinum quod tannatores debent annuatim censuale, etc.* Vide supra *Carreagium* 2. et *Carreria* 1.

* **CHARRERIUM**, ut supra *Charragium.* Charta ann. 1230. in parvo Reg. S. Germ. Prat. : *Homines ipsius potestatis et eorum successores ab hujusmodi servitute sive consuetudine, et ab omni alio jure Charrerii et vehiculorum..... penitus absolvimus, nihil juris vel consuetudinis,..... vel alicujus generis Charrerii vel occasione eorumdem in posterum retinentes.* Chartul. archiep. Bitur. fol. 126. v°. : *Habebunt..... unum servientem...... liberum et absolutum ab omni consuetudine et exactione, videlicet ab omni tallia seu touta de Charrey, etc.*

¶ **CHARRETA**, Onus *carri*, Gall. *Charretee.* Locus est in *Seitiva.* Vide *Carrada.*

* **CHARRETADA**, **Chartada**, Onus carri, idem quod supra *Charrea.* Libert. Montisfer. ann. 1291. in Reg. 181. Chartoph. reg. ch. 154 : *Item de Chartada seu Charretada circulorum, unam fayciam eorum non majorem, nec minorem, sed mediocrem, pro leyda.*

* **CHARRETARIUS**, **Charreterius**, **Charretarium Iter**, Via, per quam *carrus* transire potest, Gall. *Chemin charretier.* Charta ann. 1319 : *Excepto itinere Charretario, per quod itur de Rodana per Tartarum apud Lugdunum..... In uno magno itinere Charreterio. Charrurie*, id omne quod ad *carrum* vel *carrucam* pertinet. Stat. ann. 1376. tom. 6. Ordinat. reg. Franc. pag. 233. art. 35 : *Restituer arrérages aux usagiers, qui rien n'en avoient eu, chauffages, Charruries, et en choses samblables, etc.*

* **CHARRETIUM**, nostris *Charretin* et *Charrety*, Pars carri, quæ axi imponitur. Chartar. Norman. ex Cod. reg. 4653. A. fol. 83 : *Costumarii* (habent) *hayam carucæ et letes et Charretti, si habuerint quadrigam.* Lit. remiss. ann. 1365. in Reg. 98. Chartoph. reg. ch. 755 : *Ledit Colin avoit prins la charrette ferrée dudit Coleau,...... et avoit mis le Charretin à une part, et les roes à autre.* Aliæ ann. 1374. ex Reg. 105. ch. 416 : *Comme les exposans ostassent les roes d'un tumberel.... pour icelles roes remettre ou Charrety d'une charrete, etc. Chartin*, in Stat. ann. 1350. tom. 2. Ordinat. reg. Franc. pag. 371. art. 188. Vide *Charterius.*

¶ **CHARRETO**, Carrorum ductor, Gall. *Charretier.* Computa Vienn. in Dalphinatu ann. 1318 : *Item pro companagio Charretonum, pro ferratura, pro ferro et aliis necessariis pro cadrigis* XXXVI. *lib.* XVIII. *s.* XI. *den.*

¶ **CHARREUM**, Opera carri domino solvenda. Vide locum in *Fenatio.*

* **CHARREYARE**, Carro vehere, Gall. *Charrier.* Lit. remiss. ann. 1376. in Reg. 108. Chartoph. reg. ch. 335 : *Lapides dictæ muræ ad bonos suos ad domum suam Charreyare fecit.* Vide supra *Carreare* 2.

* **CHARRIAGIUM**, Vectura cum carro, carrorum suppeditatio, seu ejusdem servitii pecuniaria redemptio. Arest. ann. 1346. 10. Jun. in vol. 3. arestor. parlam. Paris. : *Religiosi sancti Germani a Pratis nobis te-*

nebantur solvere certum Charriagium, quoties nos ire in guerris nostris contingebat. Vide supra. *Charragium.*

* **CHARRIOTUM**, Charriotus, Carrus constans quatuor rotis, Gall. *Chariot. Cher,* in Lit. ann. 1247. tom. 7. Ordinat. reg. Franc. pag. 33. art. 18. cujus diminut. *Charrote*, ibid. Comput. ann. 1480. inter Probat. tom. 3. Hist. Nem. pag. 337. col. 2 : *Item solverunt Leonardo Fumardi fusterio, pro præparatione dicti Charrioti, etc.* Occurrit rursum in Comput. ann. 1495. ibid. tom. 4. pag. 63. col. 1. Vide supra *Chariotum.*

* **CHARRO**, Carrorum faber, Gall. *Charron.* Inquisit. de foresta Aquil. in Reg. 34. bis Chartoph. reg. part. 1. fol. 58. r°. col. 2 : *Habet* (dom. Montisfortis) *suum Charronem se alterum ad suum usuarium.* Vide *Caro* 1. et infra *Charronnerius.*

* **CHARROBRIUM**, Vectura cum carro, *Carropera.* Charta ann. 1187. ex Chartul. S. Lupi Trecens. : *Renaudus de Pogiaco...... hominibus de Molins concessit, quod deinceps boves eorum pro consuetudine sibi debita, quæ Charrobrium vocatur, nec capiet, nec capi faciet.* Vide *Carrobium.*

* **CHARROIUM**, Eadem notione, a Gall. *Charroi.* Charta ann. 1197. ex Tabul. S. Petri Carnot. : *Terram monachorum S. Romani ab exercitu, equitatu, Charroio, et omnimoda exactione et consuetudine omnino imperpetuum quitavi.*

* **CHARRONNERIUS**, Charronus, Carrorum faber, idem qui supra *Charro.* Arest. ann. 1303. in Reg. *Olim* parlam. Paris. fol. 106 : *Magistri forparii residentes, et Charronnerii Parisienses, etc.* Ibidem : *Ante domos et fenestras et stalla forpariorum et Charronorum, etc. Charonier,* eadem, ut videtur, notione, vel qui *carrucam* ducit, in Lit. remiss. ann. 1394. ex Reg. 146. Chartoph. reg. ch. 293 : *Et aussi en firent alèr et fouir les Charoniers des terres dudit Quartier;.... et a convenu que le labourage en soit demourez à faire.*

¶ **CHARRONERIA**, Vide in *Carreria* 1.

¶ **CHARRUAGIUM.** Vide in *Carrucagium.*

CHARRUS, Mensuræ [vel ponderis] species apud Anglos. Fleta lib. 2. cap. 12. § 1 : *Charrus plumbi consistit ex 30. fotinellis; et quodlibet fotinellum continet 6. petras minus 2. libris, et quælibet petra ponderat 12. libras in pondere plumbi, etc.* § 2. *Secundum alios Charrus consistit ex 12. wayis, etc.* [Thomas *Blount* ex Assisis de Ponder. Roberti III. Regis Scot. cap. 22. sect. 2. legit : *La Charre de plumbo constat ex 30. formellis, et quælibet formella, etc.* Alibi *Charrus* non semel occurrit pro *Carrus*, Gall. *Char,* Currus.]

* **CHARRUAGIUM**, Dicitur de terris, quæ aratro vel propria *caruca* coluntur, idem quod *Dominicum* 3. Vide in hac voce. Charta ann. 1229. in Chartul. Arremar. ch. 31. : *Notum facimus,.... quod nobilis vir Erardus de Chacia ..... terras illas, quas Charruagio suo posuerat et ponere poterat,.... et omnes terras quas communitatis, quas nos et homines nostri ad nostras karrugas tenebamus, nobis concessit.... Dictas terras ad suum Charruagium de cetero poterit accipere.* Vide supra *Carrucagium* 2. et *Charruagium.*

* **CHARRUCHIA**, *Carruca*, aratrum. Charta ann. 1310. in Reg. 47. Chartoph. reg. ch. 42 : *Item quinquaginta quinque gerbas super masuris et Charruchiis ejusdem villæ* (de Hembecuria) *nobis annuatim debitas.* Vide *Carruca* 3. et mox

* **CHARRUELLA**, Eadem notione, qua *Charruchia.* Charta ann. 1319. in Reg. 59. Chartoph. reg. ch. 279 : *Item corvatas quatuor Charruellarum villæ prædictæ bis in anno terminis consuetis.*

* **CHARRUS**, Cherus, Rupes prærupta, jugum. Charta Lothar. reg ann. 958. tom. 9. Collect. Histor. Franc. pag. 620 : *Quæ habet terminos de uno latere ripam Merdarii, de alio in Charro Clarmnæ, de tertio montem Caningonem, etc.* Alia Ludov. Transmar. ann. 938. ibid. pag. 588 : *Descendit a meridiano fronte per pogii Aquilarii ad Cherum Charintum.* Pluries ibi. Bulla Joan. PP. XV. ann. 985. ibid. pag. 250 : *Deinde tenditur usque ad rupem sive Cherum Clarinthi, et venitur per summitatem de serra usque in rivum Merdarium, etc.*

1. **CHARTA**, Carta, Chartula, Instrumentum, contractus, conventio, quibus prædiorum cæterarumque rerum cessiones et venditiones confirmantur et ratæ habentur, et emptores, aut qui quovis modo rem quampiam compararunt, jus suum in proprietate demonstrare possunt, quod *ostensio chartarum* dicitur in Legib. Baronum Scotiæ seu Quoniam Attach. cap. 3. § 4. cap. 25. § 2. Lex Aleman. tit. 19 : *Res Ecclesiæ de laicis absque Charta nullus præsumat possidere. Et si Chartam non ostenderit, quod comparasset a pastore ecclesiæ, possessio semper ad ecclesiam pertineat.* [** *Epist. firmitatis* dicitur ibid. tit. 20. Conf. tit. 1 § 1. et tit. 2. § 1. 2. Lex Longob. Liutpr. cap. 116. (6, 63.) : *Hoc autem de his causis diximus, unde Chartas commutationis aut venditionis inter se non faciunt. Nam unde Chartulas faciunt et ostendunt, sic debet esse sicut in ipsis Chartulis legitur.* Conf. Leg. Rothar. cap. 247. Rachis cap. 4. Leg. Wisig. lib. 5. tit. 4. sect. 3. Leg. Burgund. Addit. I. tit. 12. Leg. Bajuv. tit. 1. cap. 1. tit. 15. cap. 2. 12. 13. Leg. Ripuar. tit. 58. 59. 60. Capitul. de ingenuitate Chartarum post Capit. III. ann. 803. Leg. Longob. Lothar. cap. 69. 79. Guidon. cap. 5. 6. Otton. II. cap. 1.] Greg. Turonens. lib. 4. Hist. cap. 12 : *Erat enim tunc temporis Anastasius Presbyter, ingenuus genere, qui per Chartas gloriosæ memoriæ Chrotildis Reginæ proprietatem aliquam possidebat.* Capitulare 6. Caroli Mag. ann. 803. cap. 8 : *Volumus ut si ille homo servo aut ancillæ Chartam in sua præsentia fecerit, et ille vel illa qui Chartam libertatis habere debet, præsentes fuerint, etc.* Ingulphus : *Normanni chirographa Chartas vocabant, et Chartarum firmitatem cum cerea impressione ... constituebant.* Monastic. Anglic. tom. 2. pag. 34 : *Tenent etiam manerium de Parva Heton... de dono Aliciæ de Bolum, et inde habuerunt Cartam.* Bracton. lib. 2. cap. 10. § 1 : *Fiunt aliquando donationes in scriptis, sicut in Chartis, ad perpetuam memoriam, propter brevem hominum vitam, et ut facilius probari possit donatio.* Ardo Monach. in Vita S. Benedicti Abbatis Anianæ, num. 13 : *Nec passus est quemquam* (servum)... *per Chartam Monasterio tradi; sed ut fierent liberi, imperabat.* [** Polypt. Irminon. Br. 9. sect. 268 : *Donationem quam fecit Milo .... tenet nunc eam filius ejus Haimericus, qui per Chartam munborati nem S. Germani habet; et tenent eam fratres ejus simul cum eo, qui non sunt S. Germani.*] Occurrit passim. [Hæc instrumenta nobis *Chartes*, Gallico idiomate *Charties* appellantur in antiquo Codice MS. urbis Commerciaci, ubi de juribus Dominorum ejusdem urbis. Ibi pag. 80. *Charties du Mesnil*, hoc est, Instrumenta quæ spectant locum *du Mesnil*. Et pag. 86. in Instrumento anni 1263 : *Item de toutes les choses qui ne sont contenues en ceste Chartie, etc.*]

Chartam Facere, vel Chartulam, est conficere instrumentum, seu donationis, seu permutationis, vel oblationis. Tabularium Brivatense Ch. 275 : *Et nec dandi, nec venundandi, nec commutandi, nec cuilibet Cartas faciendi potestatem habeant.* Regula S. Aureliani cap. 1 : *Chartas donationis, aut venditionis, cui voluerit faciat.* Cap. 47 : *Quo minoris ætatis sunt, aut vivis parentibus in Monasterium ingrediuntur, Chartas tunc facere compellantur, quando ætate probati fuerint, aut res parentum in potestate habuerint.* Adde cap. 4. et Regulam S. Cæsarii ad Virgin. cap. 4. Recapitulat. ejusdem Regulæ cap. 4. Regul. S. Donati cap. 7. Diurnum Roman. cap. 6. tit. 11. 12. cap. 7. tit. 21. Leon. Ost. lib. 2. cap. 54. 55. etc.

Per Chartulam dare, comparare, idem quod *per Chartam*. Severus Sulpitius de Vita S. Martini : *Denique apud improbum rei judicem nocere Chartulam, cum periit, nihil proficere, cum extat. Authentica Chartula*, apud Gregorium Magnum in Epist. Concilium Wormatiense ann. 868. can. 3 : *Ut non prius dedicet Ecclesiam nisi antea dotem Basilicæ et obsequium ipsius per donationem Chartulæ confirmatum accipiat.* Charta Ludovici Pii in Chronico Farfensi : *Tam ex donatione Regum ...quam et hæreditate parentum, vel de quolibet attractu advenerunt, et ibidem per Cartulas delegaverunt.* Tabular. Casauriense : *Tunc nos judices vel auditores diligenter ipsum Partulum inquisivimus, si vel per Cartulam, aut per hæreditatem, vel per breve, aut qualemcumque rationem contendere aut habere potuisset.*

* Horrendis plurimum maledictis quibus Chartarum auctoritati olim cavebatur, additæ nonnumquam cæremoniæ, quæ timorem religiosis incuterent. Ejusmodi sunt quæ leguntur in Charta Roberti abb. Corb. ann. 1136. ex magno Chartul. nig. ejusd. monast. fol. 89. v°. : *Ut autem hoc privilegium permaneat ratum, auctoritate domini Dei nostri et clavigeri,cœli beati Petri et dom. Papæ Innocentii II. et nostra, qui eorum vice, auctore Deo, huic ecclesiæ præsideo; ego et sacerdotes nostri sacramentalibus jugi divini stolis induti, et omnes fratres reliqui tenentes lucernas ardentes in manibus nostris, conservatoribus hujus sancti et devote peracti privilegii portas inferi horribiles claudimus, et civitatis Jherusalem celestis duodecim portas ex singulis margaritis pandimus :*

scienter vero violatoribus hujus privilegii nos iidem omnes de manibus extinctas projicientes lucernas, regni celestis januas claudimus et horribiles inferi portas pandimus, ut cum Datan et Abiron et cum Juda de fure traditore viventes, hoc est, scientes, in eas detrusi, et cum divite carnali filio sancti Abrahæ in flammis sulfureis sepulti non adjiciant ut inde resurgant. Sed res aliquando minus severe acta est, ut in Charta Radulphi *de Nits* dom. Firmit. Naberti ex Chartul. S. Memmii : *Si quis contradicere conaverit, centum cynnos* (l. cygnos) *nigros et totidem corvos albos regi persolvat.* Vide Tract. novum de Re diplom. tom. 5. pag. 188. 209. 215. 404. 480. et in *Maledicere.*

* Inter notas Chartarum chronologicas notanda illa est, quæ apposita Constitutioni Frederici imperatoris *contra hæreticos et fidei catholicæ inimicos* legitur, in Stat. Astæ fol. 2. v°. : *Anno imperii nostri præterito, præsenti et futuro.* Qua formula rem omni tempore veram indicare fortean voluerunt.

Inchartare, per *Chartam*, seu per *instrumentum*, donare, conferre. Tabular. Brivatense Ch. 433 : *Habeatis etiam potestatem Incartandi alodos meos quibus jussero.* Tabular. Celsiniacense ann. 958 : *Et hæc donationis Inchartulatio deinceps usque in perpetuum firma et stabilis permaneat.* Matthæus Paris ann. 1252 : *Et iterum concessit ipsi Comiti eandem terram, et Inchartavit post aliquos annos, ut possessio sua sic firmius roboraretur.* Infra : *Gasconiam Comiti Richardo fratri suo dederat, et Inchartaverat.* Ann. 1256: *Concessit et Inchartavit Regi Scotiæ Huntendonam.* Adde pag. 660. Matthæus Westmonast. ann. 1252 : *Confertur Vasconia Edwardo, nec fit mentio de Comite, cui quondam fuerat concessa et Incartata, et ipse in possessione constitutus.*

Inchartatus, Vox fori Hispanici, Accusatus. Vide observantias Regni Aragon. lib. 1. fol. 7. 27. 28. 30. 32. 36. Edit. 1624. præterea Michaelem *del Molino* in Repertorio Foror. Aragon. in hac voce.

¶ Charta, Litteræ salvi conductus, commeatus. Gall. *Passe-port.* Sanctimonialis Heidenheimensis in Vita S. Willibaldi cap. 8. num. 22 : *Ibi est turris Libani; et qui illuc venerit non habens Chartam, non pertransit locum, quia in custodia est ille locus, et est claustrum : sed si venerit sine Charta, tollunt cum cives, et mittunt ad urbem Tyrum.*

Charta Agnationis. Vide *Agnatio.*

* Chartæ Albæ, Non scriptæ, nostris *Blancs-signés.* Chron. Th. *Otterbourne* edit. Hearn. pag 200 : *De albis Cartis, vocatis les Blanck Chartres. Ad Cartas etiam albas suos legeos universaliter apponere sigilla sua compulit* (Ricardus II.) *ut, quotiens grassare vellet in plebem, facultatem haberet, licet illicitam, opprimendi quamcumque personam.*

¶ Charta Ambagibalis, vel potius *Ambaginalis*, Quæ facessit *ambages.* Vide *Ambagibalis.*

Charta Aperta. Vide in *Aperire.*

Charta Audientialis. Vide *Audientia* 2.

** Charta de Benefactis, Præstaria. Vide S. Rosa de Viterbo Elucidar. tom. 1. pag. 241.

¶ Chartæ Bombycinæ. Vide in *Bombax.*

* Charta Calcheria. Vide supra *Calcheria.*

Charta Caritatis, Sic appellata prima Cisterciensis Monasterii institutio, quod *caritatem undequaque spirarent illius decreta*, ut ait Clemens IV. Papa, vel ut Calixtus II. quod *omnium tam Abbatum et Monachorum* ejusdem Ordinis, *quam Episcoporum, in quorum parochiis prima illorum Monasteria constituta fuerant, consensu ac deliberatione communi, ac mutua Caritate* sancita fuerint. Annales Francorum Victoriani MSS. ann. 1108 : *Hoc tempore facta est Charta Caritatis a S. Stephano Cisterciensi Abbate, et aliis 20. Abbatibus, auctoritate sigilli Apostolici confirmata. Ab illo ergo tempore rejecerunt frocos et pelliceas, staminia, capucia, et feminalia, coopertoria, et stramenta lectorum, ac diversa ciborum in refectorio fercula, et sagimen, et omnia quæ puritati regulæ adversabantur, abdicarunt, etc.* [De hujuscemodi Chartis frequens sermo est in Statutis Cisterciensibus, uti videre potes apud Martenium tom. 4. Anecd. col. 1817. 1333. 1334. 1335. 1480. etc.]

Charta de Causa Suspensa. Vide *Causa.*

Charta Chirographata. Vide *Chirographum.*

¶ Charta Coccinea, Membranæ purpureo colore infectæ, ut loquitur S. Hieronymus Epist. ad Eustochium. Huic operæ vacantes Monachos sic alloquitur S. Ephraem Parænesi 47 : *Chartam Coccineam operaris? coriarios cogita.*

¶ Chartarum Collectio. Vide *Chartiaticum.*

* Charta Concordiæ, *Definitionis*, vel *de definitione*, Qua inter se concordant litemque definiunt proceres quivis aut domini superiores, in novo Tract. de Re diplomat. tom. 1. pag. 387. ex Hist. Occit. tom. 2. col. 445. 467. 493. et 585.

Charta Confertoria, Qua quid confertur Ecclesiis. Tabularium Brivatense Ch. 250 : *Complacuit inter Comandum et uxore sua Bertilde, ut Cartam Confertoriam inter nos facere debuissemus, etc.*

¶ Charta Crocata, vel Crocca, Eadem quæ *Coccinea*, Anastasio in versione Concilii VI. act. 10.

¶ Charta Cuttunea, Ex gossipio seu *cottone*, cujus potior usus in Diplomatis describendis : *Charta Cuttunea, quam fecerat Simon frater et mater ejus*, apud Rocchum Pirrum Siciliæ Sacræ lib. 4. pag. 92. Vide *Chartæ Bombycinæ* in *Bombax.*

Chartæ Divisæ et Partitæ. Vide *Chirographum.*

Chartæ Ecclesiasticæ, Epistolæ formatæ. Liberatus Diacon. cap. 18 : *Itum est Constantinopolim, et supradicti Episcopi in custodiam sunt redacti, Chartis sublatis, ne Catholicis, quibus scriptum fuerat, redderentur.* Infra : *Sed postquam Vitalis et Misenus a custodia Constantinopoli sunt egressi; perrexit cum Chartis Ecclesiasticis Constantinopolim, passusque est et ipse, sublatis Chartis, gravissimam custodiam.* S. Hieronym. in Epitaphio Marcellæ : *Petunt et impetrant Ecclesiasticas Epistolas, ut communicantes Ecclesiæ discessisse viderentur.* Ubi formatæ et commendatitiæ intelliguntur. Idem Epist. 11. ad Ageruchiam : *Cum in Chartis Ecclesiasticis juvarem Damasum, Romanæ urbis Episcopum, Orientis atque Occidentis synodicis consultationibus responderem, etc.* Ubi *Chartæ Ecclesiasticæ* generatim dicuntur, quæ in causis ac rebus Ecclesiasticis exarantur. Idem lib. 2. Invectivar. in Ruffin. : *Et sub nomine cujusdam amici Damasi Romanæ urbis Episcopi ego petar, cui ille Ecclesiasticas epistolas dictandas tradidit.*

* Vide Fr. Bern. Ferrar. lib. de Ant. ecclesiast. epistolar. genere.

Chartæ, seu Scripturæ Ecclesiasticæ, Quæ Ecclesiarum immunitates continent, in Charta Caroli Simplicis apud Catellum in Hist. Occitan. pag. 776.

* Charta Elemosinaria, Qua aliquid in eleemosynam ecclesiæ conceditur. Chartul. S. Sulpit. Bitur. fol. 25. r°. : *Si vero ullus parens aut aliquis homo surrexerit, qui hanc Cartam Elemosinariam contradicere aut Calumniare voluerit, etc.*

¶ Charta Expensa. Vide in *Expensa.*

** Charta de Gadea, Testamentum. Vide *Vadium.*

* Chartæ Glutino Conglutinatæ, Cum propter verborum copiam non sufficeret unum pergamenum; qua ratione vero tunc fraudi obviarent, docet Charta venditionis comitat. Montispenc. ann. 1385. in Reg. Cam. Comput. Paris. ab ann. 1360. ad ann. 1416. fol. 111. r°. : *Verum quia omnia supradicta capi seu comprehendi non poterant in pelle unica pergameni, propter facti subtantiam verborumque superabundatiam, ut apparere potest cuilibet intuenti; idcirco nos ea conscribi fecimus atque poni in hiis duabus pellibus pergameni insertis, conjunctis et tenaci glutino conglutinatis, et ad omnem fraudem et sinistræ suspectionis stipulam tollendam contrasigillum dicti sigilli dictæ curiæ Riomi quod tenemus, in principio et in fine dictæ conjuncturæ seu conglutinaturæ dictarum duarum pellium pergameni apponi fecimus et appendi.* Testam. Joan. reginæ ann. 1304. in Reg. sign. *Noster* Cam. Comput. Paris. fol. 223. v°. : *Nous requerons nostre très chier seigneur le Roy de France que il toutes les choses et singulieres contenues en ces deux piaus gluées ensemble vuellie approuver.*

* Charta Incautationis, Qua quis *cautus* et securus redditur. Charta Ferdinandi reg. Castellæ ann. 1223. inter Probat. tom. 3. Annal. Præmonstr. col. 472 : *Facio Chartam protectionis, Incautationis, absolutionis, confirmationis... monasterio S. Spiritus de Abula.* Vide *Incautare.*

** Charta incisa. Chart. ann. 1017. ap. Murator. Antiq. tom. 1. col. 169 : *Cartulam, quod predictus Abbas demonstrabat ..... reproba et falsidica inventa fuit; et ibi Incisa.* Vide *Incidere.*

Charta Inda, Papyracea, apud Matth. Silvaticum.

Charta Indentata. Vide *Indentura.*

¶ Charta Ingenuitatis. Vide *Ingenui.*

Chartarum Inlatio. Vide *Chartiaticum.*

Charta Jactiva. Vide *Abjectire.*

* Charta *cum junco in ora insuto*, Ubi prædium aliquod venditur. Chartul. S. Joan. Angeriac. fol. 32. r°. : *Prædictam terram S. Johanni, cui vendiderat, ex toto reliquit in manu domini Anseulphi abbatis cum junco, qui in ora Cartulæ insuitur.* Vide in *Investitura.*

** Charta Legitima. Ratpert. Casus S. Galli ap. Pertz. Script. tom. 2. pag. 69. lin. 33 : *Et ut cautius hæc eadem firmitatis scriptura communiretur, præcepit primitus tantummodo dictatam et in aliqua scæda conscriptam sibi præsentari; et cum ille causam comprobaret, tunc demum cancellario præcepit, in Legitimis Chartis conscribere præfati pacti confirmationem.*

Charta Jurata, quæ continet juramentum, vel quæ sacramentum peractum esse super ea re, de qua agitur, refert. *Carta Jurada*, in Foris Beneharn. tit. 1. art. 25. Raimundus Montanerius in Chron. Regum Aragon. cap. 240 : *Si que daço faeren llurs convinences ab Cartas jurades de cascuna part, etc.* Vide *Sacramentalis Charta* in *Sacramentum.*

Charta Legataria. Vide *Legataria.*

Magna Charta, Anglis, est Liber seu Codex Constitutionum; eam Henricus III. ad utilitatem subditorum suorum promulgavit, quæ hodie maxime in usu est, inquit Cowellus. De ejus origine, incrementis, et confirmationibus, multa commentatus est Spelmannus, quem præstat hic legere de rebus patriis disserentem :

Magna Charta. *Augustissimum Anglicarum libertatum diploma, et sacra anchora, condita prout exstat hodie in libris juridicis, anno 9. Henrici III. et confirmata denuo annis 25 et 28. Edouardi I. Inter Regni Constitutiones (quas Statuta nuncupamus) prima est, majorumque nostrorum opibus et fortunis sæpius comparata; sudore autem et cruore plurimo ægre adeo conservata, ut Erythream dixeris, et sanguineam.*

Magna *dicitur ab amplitudine, qua tertio superat* Chartam de Foresta. *Sub hoc autem nomine contineri olim videtur nonnumquam utraque libertatum pagina, civilium nempe et ferinarum. Forte quod in Charta libertatum Henrici I. cavetur inter cætera de Forestis: ut in Charta postmodum Johannis Regis, quæ in Rubro libro Scaccarii exhibetur. Apud inferiores vero et hodiernos sigillatim dignoscuntur his nominibus* Magnæ Chartæ, Chartæ de Foresta. Vide infra in anno 1253.

Emanavit prima ejus farbrica ab Henrico I. Regnum ineunte, qui pleraque ejusdem capitula (et uberiora nonnulla quam gaudemus hodie) vel specialiter in distinctis articulis, vel generaliter sub confirmatione legum Edouardi Confessoris, spontanea concessit voluntate: singulisque Comitatibus Chartas ejusdem singulas in Cœnobio aliquo adservandas mandavit. Chartam ipsam apud Parisium videas in an. 1100. *qui et in an.* 1215. *de eadem mentionem faciens : Continebat (inquit) quasdam libertates et leges Edwardi sancti, Ecclesiæ Anglicanæ, et pariter et magnatibus Regni concessas : exceptis quibusdam libertatibus, quas idem Rex* (Henricus I.) *de suo adjecit. Hinc est quod Edouardus I. in prima Charta suarum Confirmationum data an. regni ejus 25. Cap. 1. ait, Magnam Chartam esse legem communem.*

Sin et altius repetitam velis, concessit ipse Gulielmus I. legem Edouardi Confessoris, cum quibusdam auctionibus, in singulis observandam. Quæ igitur in Charta deprehenduntur Henrici I. de suo addita, et ad legem Edouardi Confessoris minime pertinentia, orta videntur ratione Juris feodalis, quod Anglis primus imposuit Gulielmus Conquestor, et cohibere jam in multis est dignatus Henricus I. eodem enim ipso nomine Leges S. Edwardi *nuncupantur : ut sic intelligas ipsum Henricum I. nihil novi in hac sua Charta constituisse.*

Nam et libertates, quas Parisius ait eum de suo adjecisse ad leges S. Edwardi, novæ siquidem non sunt appellandæ libertates, sed novarum consuetudinum (quas e Jure feodali atrociter suscitavit Gulielmus senior, cumulatius auxit Gulielmus junior) piæ abrogationes et molimina. Hæc Henrici I. bonitas et justitia, hoc Chartæ suæ beneficium, quod agnoscentes proximi sui successores probant alacre, et confirmant.

Stephanus Rex : Sciatis (inquit) me concessisse et præsenti Charta mea confirmasse omnibus Baronibus et hominibus meis de Anglia, omnes libertates et bonas leges, quas Henricus Rex Angliæ avunculus meus eis dedit et concessit : et omnes bonas leges et bonas consuetudines eis concedo, quas habuerunt tempore Regis Edwardi, cum cautione de his bene observandis.

Pari modo Henricus II. : Sciatis (ait) me concessisse et reddidisse, et præsenti Charta mea confirmasse Deo et Sanctæ Ecclesiæ, et omnibus Comitibus, et Baronibus, et omnibus hominibus meis, omnes consuetudines quas Rex Henricus avus meus eis dedit et concessit : adjecta sanctione, ut libere, quiete et plenarie tenerentur.

Ricardus I. nullam (quam reperio) confirmationis Chartam edidit, sed in coronatione sua, pacem Dei et Ecclesiæ, rectam justitiam, malarum legum et consuetudinum deletionem, bonarum observantiam, tactis sacrosanctis Evangeliis, Sanctorumque reliquiis ad altare juravit.

Juravit et Johannes Rex in eandem sententiam; sed qua religione colebantur istæ concessiones, confirmationes et juramenta sub hoc seculo bellis et discordiis laborante (præsertim sub Johanne Rege, cum pessundata pene esset potestas Regia et jus datum sceleri) paucis non est enarrandum. Extat Charta quædam ejusdem data anno regni tertio, qua mandat Hugoni Nevil Protoforestario, Quod non omittat propter Chartam aliquam quam Rex ipse alicui fecerat, quin forestas Angliæ (in quibus eximia libertatum vis emicuit) per easdem leges custodiret, quæ fuerunt in Forestis tempore Henrici Regis patrui sui : et mutasse tunc Forestæ libertates vehementer non est dubium.

Oritur sub triennio postea inter Johannem Regem et Papam Innocentium gravissima disceptatio, quæ sequentium omnium hic malorum occasionem præbuit. Acriter siquidem contendentibus de electione Cantuariensis Archiepiscopi Ecclesiæ illius Monachis, lis ad Papam promovetur : et cum de neutro Electo consentire dicerentur electores, coram Papa, is e cætu Cardinalium suorum tertium ingerit, Anglum utique Stephanum Langton nomine; sed inconsulto Rege, et contra voluntatem ejus et jus Regni. Monachis tamen imponit sine mora hunc eligere, et electum ipsemet statim consecrat. Dedignatus Rex Johannes, Cantuarienses Monachos in exilium mittit, eorumque terras adscribit fisco. Insequitur Cleri maledictio, et ad Papam fertur querimonia, qui Regem admonet et mulcere satagit blandiloquiis, non audientem vero fulmine sternit Pontificio. Primo Angliam totam sub interdicto ponit, (ut sic nec Regi serviat, nec ipsi Deo;) inde Regem excommunicat, demumque Regnum ejus Philippo Franco decernit capescendum. Sævit jam Johannes Rex in universum Clerum, proscriptumque exponit direptoribus Philippus Rex.

Diu devoratum spe Angliæ Regnum ingenti aggreditur molimine, subditos qui ferre arma possunt, undequaque evocat. Militiam detrectantes Culvertagii stigmate deturpatos prædicat. Hæret in adverso litore immensus hostium exercitus : et hic domi confunduntur omnia e perfidia subditorum.

Fractus his angustiis Rex Johannes, et quinquennali pene jam decoctus excommunicatione, Pontificiorum suasu, se et Regna sua tam Angliæ quam Hiberniæ, in Papæ credit patrocinium, coronam supplex tradit Legato ejus Pandulfo, jurat conceptis articulis commissorum omnium redintegrationem, et quod bonas leges antecessorum suorum, et præcipue leges Edwardi Regis Confessoris revocaret, et observandas traderet. Jurant pariter in Regis animam 16. *Comites et Barones multi potentiores, ita tamen, ut Regem recidentem omnes ad articulorum cogerent observationem. Præter hæc, censum annuum Papæ concedit* 700. *marcas sterlingorum pro regno Angliæ,* 300. *pro Hibernia. Homagium una præstat et fidelitatis juramentum, impletaque jam integritate pœnitentiæ ministerio Stephani Cantuariensis Archiepiscopi, ipse ab excommunicationis vinculo Wintoniæ absolvitur, et Regnum Angliæ ab interdicto liberatur, ablatis Clero ægre adhuc restitutis. Rex Franciæ post exhaustas in belli apparatu sex centenas mille libras (frendens licet) a Papa prohibetur Angliam lacessere.*

His ita gestis Rex Joannes Gerseiam navigaturus, et recentis nondum immemor juramenti, Concilium ad S. Albanum prid. Non. Augusti, anno Regni sui 15. *edicit, quo inquiri jurat de damnis Prælatorum, etc. Conveniunt (absente Rege) summus Angliæ Justitiarius, Archiepisc. Cant. Episcopi, et Magnates, pacemque Regiam cunctis denunciantes, inter alia ex parte Regis firmiter præcipiunt, ut Leges Henrici avi sui (id est, Hen. I.) ab omnibus custodirentur, et omnes Leges iniquæ penitus enervarentur. Sed versabantur hæc in generalibus; nec constabat quænam erant Leges illæ Henrici I. obsoletæ scilicet et posthabitæ. Hactenus etiam nihil datum nisi verba : nihil scriptis, nihil Charta Regia et sigillo Regni confirmatum.*

Reverso Rege, Synodum celebrat 8. Calend. Septemb. in Ecclesia S. Pauli Londoniarum Archiepiscopus, cui inter Prælatos multi affuere Proceres Regni. Acta aliquantisper Ecclesiæ : Archiepiscopus proceres aliquot (ut tunc fama erat) in recessum vocat. Deplorat profligatas libertates Regni, et bonas Leges Edwardi Confessoris. Regem memorat in absolutione sua Wintoniæ, easdem jurasse revocare, et in Regno facere ab omnibus observari. Hoc ut melius expediatur, inventa est (inquit) nunc quædam Charta Henrici I. Regis Angliæ, per quam, si volueritis, libertates diu amissas, poteritis ad statum pristinum revocare. Chartam profert; qua perlecta juramento invicem se astringunt Proceres, pro hisce libertatibus vel ad mortem (si res exigeret) certaturos. Ferre pollicetur Archiepiscopus auxilium. Coeunt sequenti anno (id est, 1214. sub 14. Calend. Novemb.) velut orationis gratia ad Monasterium S. Edmundi Buriensis, sed de libertatibus tractant restaurandis, conceptumque Londini prius juramentum, illic denuo super altare renovant sigillatim. Parant quæ ad bellum spectant, et libertatum deinde a Rege contendunt confirmationem. Ille dierum aliquot inducias postulat, sed respondet demum, nunquam se facturum.

Proceres exercitum cogunt, quem Dei et Sanctæ Ecclesiæ nominant, Regique adhærentibus excidium minitantur et rerum omnium direptionem, ni ad ipsos ocyus convolantes causam publicam tuerentur. Rex a suis ita deseritur, ut in tota ejus clientela vix septem numerentur Equites. Mitescens igitur, de arbitris convenit, qui utrinque electi libertatum dictant Capitula. Eademque (in prato inter Stanes et Windeleshores, quod dicitur Raningemead) in duabus Chartis (altera continente libertates Angliæ, altera Forestarum) sigillo Regio firmat et concedit. Sic Matthæus Paris, qui utramque Chartam sigillatim exhibet, et libertates Forestæ in eadem schedula cum libertatibus Angliæ contineri pro capacitate sui non potuisse asserit. In Rubro tamen libro Scaccarii junctim eduntur, et confusis articulis, multis etiam desideratis ad Forestam pertinentibus; adscriptis etiam nonnullis Chartæ neutri (prout hodie extat) contingentibus. Sunt qui a loco, Magnam Chartam Ronniemead appellant, primumque esse ferunt Juris nostris scriptum Codicem. Hæc a latere.

Adjungitur pedi Chartæ Forestariæ ad præsidium libertatum omnium, pactum grave et in Regno inauditum : Eligendos a Baronibus 25. Nomophylaces, qui libertatum tuerentur castitatem, Regemque ipsum vacillantem brachio cohiberent populari. Regem insuper nihil impetraturum quo aliquid concessorum fiat irritum : irritumque fore quicquid impetraverit.

Juratur præmissorum observantia, cum a Rege, tum a Baronibus; et eliguntur Nomophylaces, qui muneris cultum etiam jurant, et Barones alii obsequium se illis exhibituros. Mandat Rex præterea literis patentibus universis Angliæ Vicecomitibus, ut jurare faciant quoslibet suæ ditionis, concessas fovere libertates, ipsumque ad hoc Regem, castrorum captione, provocare. Apage. Quin ut nihil desideretur, Bullam a Papa impetrat ad concessiones suas roborandas.

Brevi autem Regem pœnitet e medullis; conquestoque pluribus apud ipsum eumdem Papam Innocentium III. hic acta omnia decernit irrita, Regique et Baronibus imponit sub anathemate, ut neque ipse jurata teneat, neque isti concessa exigant. Barones hoc ad Papam non spectare asserunt. Papa renuentes excommunicat, eorumque terras interdicto premit. Jam adacti ad insaniam, Ludovicum filium Regis Franciæ, sibi eligunt in Regem, qui neque precibus, neque minis Papæ a direptione Angliæ prohiberi potuit. Sæviunt hic ubique intestina bella, cædes, incendia, et funesta omnia.

Sed obeunte anno proximo Johanne Rege, filium ejus decennalem, Henricum III. suscipiunt Regem, qui et in Coronatione sua de more jurat leges bonas, malis abdicatis. Resipiscentes jam Magnates destituunt Ludovicum, qui citius inde fractus, recessum etiam jurat et ablatorum omnium restitutionem. Jurat Rex vicissim petitas reddere libertates, et in animam ejus una jurant Legatus Papæ, et Protector Regis magnus Marescallus, easdem etiam observare, omnibusque tradere observandas. Hoc idem jurant universi Proceres.

Dum mora nectitur, vita excedit Philippus Rex Franciæ, et Ludovicus solium tenet, a quo Rex Henricus Normanniæ petit redditionem, prout discedens Anglia juraverat Ludovicus. Is causatur, Henricum Anglis non restituisse (ut juraverat item) libertates Angliæ, nec se ideo Normanniam restituturum.

Anno 1223. Regis 7. Archiepiscopus et Magnates Regem obtestantur, ut juratas confirmaret libertates : et respondente quodam extortas fuisse a patre suo, Rex omnes (inquit) libertates illas juravimus, et omnes astricti sumus, ut quod juravimus, observemus. Missis in singulos Comitatus literis, Vicecomitibus præcepit, ut per sacramentum 12. Militum vel legalium hominum inquiri facerent, quænam erant libertates Angliæ tempore Henrici avi sui; sed quid responsum sit a Vicecomitibus, non reperio.

Demum anno 9. Regis, concedente Clero et populo cum Magnatibus quintodecimam partem omnium rerum mobilium totius Regni Angliæ, renovantur Chartæ libertatum, prout sub Rege Johanne prius erat conditæ : ita quod Chartæ utrorumque Regum in nullo inveniuntur dissimiles. Verba sunt Parisii, quæ nos ideo recitamus, ut indagetur ratio, quorsum non reperiuntur hodie in Magna Charta Henricici III. articuli aliquot a Johanne concessi. Ille si quidem primo, de persolvendo defunctorum debito Judæis atque aliis. Secundo de modo imponendi scutagium et auxilium Regis. Tertio de modo summonendi Commune Concilium Regni, quod postea Parlamentum appellatur. Et quarto de modo cavit quo auxilium capiat subditus a vassallis suis quos tenentes appellamus. Hi, inquam in impressis Magnæ Chartæ exemplaribus non deprehenduntur, fuisse tamen in primitivo illo Henrici III. e Parisio vides, cui et fidem facit locus ejus alius, ubi dicitur, quod in Parlamento Westmonasterii, ad festum S. Edwardi ann. 1222. id est, Regis 39. responsum fuit Regi a Baronibus, quod omnes tunc temporis non fuerunt juxta tenorem Magnæ Chartæ suæ vocati, et ideo sine paribus suis tunc absentibus, nullum voluerunt tunc responsum dare. Me recipio.

Chartas jam de novo concessas et Sigillo Regio ad Parlamenti petitionem confirmatas Rex in quemlibet dirigit Comitatum : in illum scilicet qui Foresta nulla premebatur, Magnam Chartam solam. In cæteros eam pariter et Forestæ; libertatesque ab omnibus imperat, juramento interposito, conservandas : quod tam feliciter adimpletum est, ut nec iota unum in Regis Charta contentum, extitit præterimissum. Dies fausta, sed brevissima. Ad cujus tamen munimentum excommunicationis sententiam in Chartarum violatores promulgat Stephanus Archiepiscopus Cantuariæ cæterique Angliæ Episcopi, quam subinde metuisse dicitur Rex Henricus.

Biennio vero postea (id est, an. Dom. 1227. Regni 11.) ad ætatis veniens plenitudinem, in lugubri (sic hoc Florilegus nuncupat) Oxoniensi Consilio, cancellari fecit et cassari omnes Chartas in provinciis omnibus Regni Angliæ de libertatibus Forestæ, (ut Parisius et Florilegus referunt) sed ut alii habent, de libertatibus etiam Magnæ Chartæ; factas siquidem eas criminans, dum sub tutela ipse esset, et Sigilli sui non tum compos.

Frendent Barones, paucisque interpositis diebus, Regem adeuntes, Chartarum redintegrationem aspera nimis contendunt pertinacia. Rex blandiloquiis hac vice linitos, in ulteriorem rejicit tempestatem; sopitisque longas tandem post ambages (cum in aliis, tum in Parlamento anni sui 18.) disceptationibus, sponte et sereno vultu, in Parlamento Westmonasterii anno suo 21. Dom. 1237. tricesimam partem bonorum Cleri atque populi recepturus, libertates reddidit, sanctius inde observandas. Quod ut certo foret, sententiam quam in violatores aliquando tulerat Stephanus Archiepiscopus Cantuariæ, cum omnibus Episcopis Angliæ, a qua nec immunis ipse habebatur, fecit renovari. In abundantiorem etiam securitatem, novo confirmationis diplomati hanc impinxit clausulam : Non obstante quod prædictæ Chartæ (libertatum et Forestæ) confectæ fuerint, cum minoris essemus ætatis.

Tarda vel his adhuc fides. Non elapso igitur toto septennio, Barones in Parlamento Londinensi anno Dom. 1244. Regem sollicite obtestantur, ut emptæ redemptæque libertates non solum observentur, sed et nova confirmationis Charta (quæ super hæc specialem faciat mentionem) denuo roborentur. Novam pariter excommunicationis sententiam in eos projiciendam, qui concessas libertates vel impugnarent, vel impedirent : Et ut illis fieret emendatio, qui post ultimam concessionem damnum sustinuerant in libertatibus violatis. Præter hæc, ne sacramenti a Rege populoque præstiti ob libertatum observantiam, anathematisque a S. Edmundo jam Cantuariensi Archiepiscopo in violatores promulgati, periculum de cætero incurreretur, obnixius Regem orant, ut de communi assensu quatuor eligantur potentes et nobiles de discretioribus totius Regni, qui sint de Consilio Dom. Regis, et jurati, hæc et alia multa Regno commodissima (tanquam Tribuni plebis) agerent et curarent. Rex negat omnia, statimque in Forestis multa exequitur gravissima.

Nova autem pressus egestate, in Parlamento Londonii ann. Dom. 1253. regni sui 37. ad novam accedit pactionem. Conferentibus scil. in viaticum suum Hierosolymitanum Clero triennalem decimam, Militibus,

Scutagium trium marcarum : bona fide et sine aliqua cavillatione promisit se Chartam Magnam, et omnes ejus articulos observaturum. Tertio igitur Maii, præsentibus Rege, Comitibus et Baronibus, Bonifacius novus Archiepiscopus Cantuar. cæterique Episcopi pontificalibus induti, et accensas ferentes candelas in majori Aula Westmonasterii, excommunicationem cum anathemate (forma maxime solenni, quam habes apud Parisium in hoc anno) projecerunt in transgressores Ecclesiasticarum, et libertatum seu liberarum consuetudinum Regni Angliæ, et præcipue earum quæ continentur in Charta libertatum Angliæ, et Charta de Foresta, etc.

Nec tantum in transgressores liquido, sed in eos pariter qui qualicunque arte vel ingenio temere violaverint, diminuerint, seu immutaverint, clam vel palam, facto, verbo, vel consilio, contra illas vel earum aliquam in quocunque articulo veniendo. Item in illos qui contra illas, vel earum statuta, aliqua ediderint, vel edita servaverint, consuetudines introduxerint, vel servaverint introductas, scriptores statutorum, nec non consiliarios et executores, et qui secundum ea præsumpserint judicare, etc. Dicta et promulgata omnia sigillis roborabant : prolataque est in medium Charta Regis Joannis, qua supradictas libertates mera voluntate reconcessit, et inde recitari fecerunt easdem libertates. Dum autem Henricus Rex memoratam sententiam audiebat, tenuit manum suam ad pectus suum sereno vultu atque alacri. Et cum perlecta esset demum, projecissentque candelas extinctas et fumigantes, et diceretur a singulis : Sic extinguantur et fœteant hujus sententiæ incursores in inferno; et campanæ pulsarentur, (ut applauderent singuli) dixit ipse Rex : Sic me Deus adjuvet, hæc omnia illibata servabo fideliter, sicut sum homo, sicut sum Christianus, sicut sum Miles, et sicut sum Rex coronatus et inunctus. Hæc (qui plura) Parisius. Post hæc omnia Romam mittitur ad Innocentium IV. Rogatus ille latum anathema Bulla roborat, et de suo quiddam adjicit in terrorem.

Sub sole nihil stabile. Anno quippe proximo, Rex, dum inhiat colligendis decimis, quæ sub conditione de Chartarum observanda immunitate concessæ fuerant, consilio impiorum libertates temerat, credens, inquit Matthæus, pro munere absolvi a transgressione. Nec spes illa vana, cum se et Regnum sub pœna exhæredationis (quod non potuit) Papæ obligaret ad pecuniæ solutionem, quem in bello Siculo foret expensurus, causa sua.

Ad mortalia autem arma non concurritur : sed anno 1255. Regis 39. acclamatum est in Comitatibus, Synodis, Ecclesiis, et ubicunque locorum homines convenerant, ut Magna Charta, quam Rex Joannes concessit, et Rex iste præsens multoties reconcessit, inviolabiliter tueretur : et lata est sententia, toties repetita, in omnes ejusdem violatores.

Sequenti etiam anno pœna horribilis anathematis in Londinensi Synodo prioribus adjungitur, statuiturque libertates sub ejusdem periculo conservandas. Et ne quid præterea desideretur, accesserunt paulo post duæ simul Bullæ Alexandri IV. ad Chartarum sententiarumque roborationem.

Rex seu telis victus Ecclesiæ, seu quod Barones mutuo exhibentes dextras, juraverant, quod non omitterent propositum persequi pro pecuniæ vel terrarum amissione, vel etiam pro vita et morte sua et suorum ; in Parlamento Oxonii an. Dom. 1258. regni 42. semel iterum, sed jam etiam cum Edouardo filio suo, Chartarum jurat observantiam, et 24. prudentium virorum nationis Anglicanæ, (nam ab alienigenis passi modo sunt gravissima) quos sub ipso ad regni gubernationem eligerent, consilio se commendavit.

Non elapso autem biennio, Rex ab Urbano Papa juramenti potitur absolutione : nec sui tantum, sed et filii, quam Princeps optimus adeptam spernit. Mittuntur jam Hertfordiam ex mandato Regis Justitiarii itinerantes, contra formam (ut asseritur) dictarum provisionum Oxonii, repudiatique ideo a majoribus illarum partium cassi redierunt.

Succrescentibus vero novis in dies gravaminibus ex alienigenarum, qui Regis aures atque latus occludebant, insolentiis, Proceres eas, Chartarumque una violationes statuunt demum vi compescere. Accenduntur ergo belli faces cruentissimi. Cadit utrinque ingens multitudo, capiunturque ann. 1264. in Lewensi prœlio strenue dimicantes Rex et filius. Sed versa brevi rerum alea, filius a custodibus elapsus, ex improviso hostem novis copiis adoritur, insignique clade Eveshamiæ fundens, non solum patrem, sed et Regiam dignitatem liberavit an. Dom. 1265.

Actum jam videtur de libertatibus; sed e cœlis ecce misericordiam Domini, qui Principum corda nec ferro coercenda, nec mortalibus industriis, levissimo afflatu subigit et emollit. Pressa post imbelles aliquot conatus reliqua Baronum parte, Rex in Parlamento Marlebridge an. Dom. 1267. regni 52. cap. 5. utramque Chartam, in singulis tam ad Regem, quam ad subditum pertinentibus tenendam statuit, Breviaque Regia gratis concedi in transgressores. Rebus in hunc modum præter spem compositis, sub anno altero pax edicitur per totam Angliam, et Edouardus Princeps cruce jam signatus Hieros. proficiscitur, triumphatisque hostibus Rex in pace animam reddit ann. D. 1272. regni 57.

Henrico mortuo, reversoque Rege Edouardo I. vacillant etiam aliquoties Chartæ libertatum, (ut videre est in præstatione Articulorum super eisdem) quas ideo stabilire nixus est æterno robore (Justinianus noster) idem Edouardus. Resilire quippe noluit a sacramento, quod cum patre in Oxoniensi Parlamento aliquando juraverat, nec absolvi, ut præfati sumus. Anno igitur regni sui 25. dum in Flandriam transiturus, Odimiræ moratur, præcepta sub sigillo suo Westmonasterii data 2. Aprilis, in omnes misit Angliæ Comitatus Chartarum exigentia observantiam.

Constans etiam in proposito, duas simul earundem edidit confirmationes, sub testimonium filii Edouardi Principis, ejus tunc in Anglia Locumtenentis, (nam in Flandria versabatur ipse) Londini datas, alteram 10. Octobris, alteram (sed priorem) 12. Octobris dicto anno. In hac, recitatas per Inspeximus Chartas Henrici III. patris sui, sigillatim eas concedit, firmat, et corroborat. In illa, neutram recitans, utramque junctim confirmat, et quæ ad earum conducunt observantiam, multa decernit utilissima.

Primo, quemlibet in iisdem articulum tenendum sanctius, mittendasque Chartas singulas sub sigillo Regio, Justitiariis, Viceccomitibus, et aliis omnibus ministris Regis, civitatibusque Regni; una cum Brevibus, præcipientibus, ut eas populo annuntient, et in singulis observent.

Secundo, judicium contra aliquem earumdem articulum, fore irritum et cancellandum.

Tertio, mittendas etiam ejusmodi Chartas, ad singulas Ecclesias Regni Cathedrales : non ibidem solum custodiendas, sed et annuo bis legendas coram populo.

Quarto, ut Episcopi bis item quotannis excommunicatos denuntient Chartarum violatores, et qui illis sunt vel ab auxilio, vel a consilio; et ut Archiepiscopi Episcopos ad hoc coerceant. Lata tunc etiam est solenniter ejusmodi sententia a Roberto Archiepiscopo Cantuariæ.

Gandavi præterea existens (ubi nullis populi pulsaretur precibus) hanc sponte Chartam totidem omnino verbis, magno suo munivit sigillo 5. die Novemb. anno 25. prædicto, et in Angliam gratuito misit.

Cum tamen in Parlamento Regni sui 28. assidue a Baronibus (præsertim a Comite Herefordiæ et a domino Mariscallo Angliæ) obtestaretur, ut Chartas denuo confirmaret parlamentaria auctoritate, hæsit in articulis aliquot a Walsinghamo memoratis, et ad ipsarum calcem annectendam voluit, (omnium remoram) Salvo jure Coronæ nostræ. Animadvertens autem commotum populum et perculsos Proceres, consilium mutat Rex eximius, et non solum annuit Chartarum confirmationem, sed in earum etiam munimen, explanationem et libertatum auctionem coronidem imponens, quam Articulos super Chartas appellamus, sic inter alia promulgavit :

Chartas libertatum in omni articulo conservandas, tradendasque unicuique Vicecomiti sub sigillo Regis, ut legantur populo quater annuo in pleno Comitatu, videlicet proxime post festa S. Michaëlis, Nativitatis Domini, Paschatis, et S. Johannis Baptistæ.

Eligendos etiam e Militibus cujusque Comitatus per Comitatenses in foro Comitatus, 3. Justitiarios, qui diplomate fulti Regio, de delictis cognoscerent contra Chartas, easdemque sartas tectas conservarent, etc.

Post varios casus et tot discrimina rerum, emicuere sic tandem Dei beneficio sacræ hæ Chartæ libertatum Angliæ, pleno vigore : et ne deficerent aliquando postea, trigesies atque eo supra a succedentibus Regibus confirmatæ sunt, decima quarta scil. vice solo sub Edouardo III. et uberius demum sub piissimo domino nostro divo Jacobo Rege : Cujus ut in perpetua felicitate floreat magnum sobolis incrementum, floreant hæ simul (precor) in perpetua castitate. Amen. Hactenus de Magna Charta Spelmannus.

Chartæ Nuptiales. Bulla Calixti II. PP. ann. 1120. in Bullario Cluniacensi pag. 39 : *Porro Presbyteris parochialium Ecclesiarum S. Mariæ et S. Odonis Cluniacensium ejiciendi et suscipiendi in Ecclesiam ex antiqua consuetudine pœnitentes, et nuptiales Chartas faciendi licentiam indulgemus.* Id est matrimonii sacramentum impertiendi.

¶ Charta Pagensis. Vide mox post *Chartas Regias*.

Charta Paricla. Vide *Paricla*.

Charta Perforata *in judicio*, in Lege Ripuar. tit. 58. §. 5. tit. 59. §. 3. Quæ falsitatis convicta erat.

Chartæ per Perticas Pendentes *propter grandinem*, avertendam nempe : superstitio quæ prohibetur in Capitulis Caroli M. ann. 789. cap. 18.

¶ Charta Probans, Quæ legitime coram testibus signata in quocumque judicio locum habet testimonii publici et irrefragabilis; dicitur autem *probans*, quia causam quam continet, evidenter probat; quo sensu etiam dicitur scribi aliquid *in forma probante*. Hæc fere Henschenius in notis ad Miracula B. Joachimi Abb. Florensis, tom. 7. Maii pag. 124.

¶ Charta per Punctum Confirmata dicitur ea, quam quis confirmat puncto addito, cum præ ignorantia nihil amplius potest scribere, ut hodie vulgo pingunt crucem, qui nesciunt litteras. Charta anni 1179. ex parvo Chartulario S. Victoris Massil. fol. 180 : *Ego Willelmus filius Willelmi de Dropo, qui seipsum dat Deo et S. Victori, per Punctum confirmo.*

Charta de Rabi. Fori Oscenses Jacobi I. Regis Aragon. ann. 1247. fol. 12. *Et si accidit quod Christianus habet Chartam de Rabi, non potest negare Judæus : quia Charta de Rabi facta valet, quantum testes contra Judæos.* Id est, scripta ab uno e Rabinis Judaicis.

Charta Recordationis. Papias : *Cautio, a cavendo, dicta, Breve vel Charta recordationis.* Vetus Notitia in Tabular. Priorat. Neronis villæ fol. 22 : *Litera recordatur quod mentis debilitas obliviscitur. Unde cunctorum memoriæ præsentamus, etc.* Vide *Notitia*.

Chartæ Regales, apud Marculfum sunt eæ, quæ ante Regem, vel quæ a Rege conficiuntur. Has et *Præceptiones regales* vocat. Ita

Chartas Regias, Angli vocant donationes et Chartas factas a Rege. Vide Bractonum lib. 2. cap. 16. n. 3. et Fletam lib. 5. cap. 14. ubi hæc habent de distinctione Chartarum : *Sciendum quod Chartarum, alia Regia, alia privatorum; et Regiarum, alia privata, alia communis, et alia universitatis, etc.* Quas vero *privatorum* Angli vocant

Chartas Pagenses appellat Marculfus, quas lib. 2. complexus est, cui hunc titulum indidit : *Incipit scedola qualiter Chartæ Pagenses fiant :* sub quo comprehenduntur quæ in unoquoque Comitatu et pago in præsentia Comitis, aut Vicarii, aut Centenarii, aut etiam privatim peragi possunt. Alia enim *negotia hominum*, ut ipse ait in Prologo lib. 1. *tam in palatio, quam in pago* peraguntur.

* Charta Partita, Gall. *Chartre-partie*, Nauticæ rationis dividuum folium, quod inter contrahentes divideretur, sic dictum, vulgo *Affretement* vel *Nolissement*. Lit. remiss. ann. 1372. in Reg. 103. Chartoph. reg. ch. 215 : *Les exposans prindrent une nef, appellée Corpesaint, que par la mer l'en amenoit du royaume de Portugal.... En ladite nef n'avoit aucune Chartre-partie, par laquelle apparoir peust dont il amenoient ladite nef, ne ou il la vouloient mener.* Vide *de Lauriere* in Glossar. Jur. Gall. ad hanc vocem. Exstat alia notione in *Chirographum*.

Charta Rogata. Ita Itali vocant *Contratto stipulato*, quod eam testes rogarentur subscribere, et his ferme verbis claudi soleret : *Signum N. et N. qui Chartam istam scribere fecerunt, et testes firmare rogaverunt*, ut est apud Josfredum in Episcopis Niciensibus pag. 158. Et in alia Charta apud eumdem pag. 182. *Testes Rogati* dicuntur, qui Chartam subscribunt. Glossæ Basil. : ῥογάτοι, οἱ παρακληθέντες μάρτυρες. Tabul. Papiense ann. 1354 : *Ego... notarius hanc Chartam mihi fieri Rogatam tradidi et scripsi, etc.* Tabular. S. Cyrici Nivern. ch. 43 : *Joannes primus tabellio Rogatus scripsit.* Et ch. 44 : *Sign. Trudgaudi Eleemosynarii, qui hanc donationem fieri vel affirmari Rogavit.* Tabular. Celsiniacense : *Signum Genesii, qui hanc Chartam Rogare fecit, et ipse firmavit, et alios firmare Rogavit.* Statuta Mediolan. 1. part. cap. 356 : *Et quod ipsi Protonotarii non possunt Rogare, vel facere aliqua instrumenta, etc.* Adde cap. 400. Consuetudines Montispessuli : *Omne testamentum, et omnis quælibet ultima voluntas inter liberos vel parentes vel inter extraneos, in scriptis vel sine scriptis fiat coram tribus testibus Rogatis, vel non Rogatis idoneis, solemnitate adhibita, etc.* Vide chartas descriptas a Mabill. de Re Diplomat. pag. 378. 468. 473. ubi testes rogati subscribunt. Tabular. Ecclesiæ Uzetiensis ann. 1215 : *Coram subscriptis Rogatis testibus recognosco, etc.* Denique Charta donationis Leotheriæ ann. 695. tom. 2. Sæculi 3. SS. Ord. S. Benedict. pag. 615. sic clauditur : *Ragnoaldus Diaconus Rogitus scripsit.* Vide Matth. Villaneum lib. 8. cap. 95. Rollandinus in Tractatu Notularum : *In aliquibus locis Rogationes appellantur Notæ, quia sunt notæ instrumentorum, quæ ideo etiam vocantur Rogationes, eo quod illas rogatur tabellio scribere, et ex illis facere instrumentum.*

** Charta Testamenti, in Gest. Ravennat. de aper. testam., ap. Conrad. de Fabaria pag. 177. lin. 41. etc.

¶ Chartarum Tomi, Gregorio Turonensi lib. 10. cap. 19. idem sunt, quod eidem *Regesta*, *Scrinia*, aliis *Archiva*, in quibus plures chartæ continebantur. [** Marini Pap. Dipl. num. 13. not. 4.]

Chartula Transfusionis, seu cessionis, in Tabulario Brivatensi Ch. 370.

Charta Sacramentalis. Vide *Sacramentum*.

¶ Chartam Scribere, Notarium agere, apud Muratorium tom. 1. part. 2. pag. 105. col. 1. in Legibus Caroli M. [** cap. 96.] : *Ut nullus Presbyter Chartam scribat, neque conductor existat suis senioribus.*

Charta Semiplantaria. Vide *Complantum* in *Complantare*.

Charta Senica. Vide *Senica*. Adde Glossarium Lindenbrogii.

* Charta Sponsalicia, Qua sponsalia contrahuntur. Vide *Sponsalicia*.

* Charta Usufructuaria, seu *Usufructuariæ donationis*, Qua aliquid usufructuario et precario jure utendum conceditur, apud Mabill. in Suppl. ad diplomat.

2. **CHARTA**, Lamina. Anastasius in Sergio PP. : *Trullum vero ejusdem Ecclesiæ fusis Chartis plumbeis cooperuit atque munivit.* Vide Salmasium de Modo usurar. pag. 401.

* 3. **CHARTA**, pro *Chatta* vel *Catta*, Felis. Pactum inter Bonon. et Ferrar. ann. 1193. apud Murator. tom. 2. Antiq. Ital. med. ævi col. 864 : *De agnellinis, de curionibus, de lutriis, de martiris, de Chartis, etc.*

CHARTACEUM, Archivum, χαρτοφυλάκιον. Acta accusationis Polychronii Episcopi Hierosol. : *Hunc indiculum collegit Archidamus.... et in Chartaceum Ecclesiæ collocavit.*

* **CHARTADA**. Vide supra *Charretada*.

CHARTAPACIA, Charta pacis, seu qua a Principe pax indicitur. Fori Aragon. lib. 9. tit. de pace, etc. : *Et in hoc maxime, et in omnibus aliis casibus, Chartapaciis, et foris, qui de hoc loquuntur.*

CHARTARIUM, Archivum, chartophylacium, locus, in quo chartæ et documenta domestica reconduntur. S. Hieronym. lib. 3. in Ruffinum cap. 5 : *Si a me fictam Epistolam suspicaris, cur eam in Romanæ Ecclesiæ Chartario non requiris?* [** Marini Pap. Dipl num. 138. not. 9.] [Vide *Chartularium*.]

1. **CHARTARIUS**, Chartæ opifex, aut negotiator. Diomedes lib. 1 : *Chartarius, qui Chartas vendit.* Gloss. Græcō-Lat. : Χαρτοπώλης, *Chartarius*. Lapis Sepulcralis Romæ : *Locus Valeriani Chartari.* [** Marini Pap. Diplom in præfat. pag. 13.]

2. Chartarius, interdum pro *Chartulario*, seu commentariensi sumitur, ut apud Ennodium lib. 7. Epist. 1. Senatorem lib. 8. Variar. Epist. 23. et Messianum Presbyt. in Vita S. Cæsarii Arelat. pag. 257. [** *Gregorius, vir devotus, Chartarius*, in donatione Odoacris. Marini num. 83. not. 7. et 11.]

Chartarii Loci. Vide *Papyrus*.

* **CHARTELAGIUM**. Vide supra *Cartularium* 2.

¶ **CHARTELLARII**. Vide *Chartularii* 2.

¶ **CHARTERIA**, Regio, Gall. *Quartier*. Charta anni 1236. in Probat. Hist. Meld. tom. 2. pag. 137 : *Item dedimus in perpetuum, quantum in nobis est, illam portionem quam habebamus in Charteria de Tria-portu, in perpetuum possidendam.*

* Legendum prorsus *Charreria*, atque eo sensu intelligendum, quo supra *Charreria* 1. Tria-portus enim ad trajectum fluvii positus est.

¶ **CHARTERIUS**, Plaustrum, vel illa pars plaustri, quæ rotis incumbit, Gall. *Charti*. Charta Petri Episc. Meld. ann. 1229. e Tabulario ejusd. Ecclesiæ : *Habebant homines dictarum villarum in dicto nemore... omnem arborem, præter quercum et fagum... ad edificandum et ad aratoria carrucarum, et ad Charterios et hercias, etc.*

* Vide supra *Charretium*.

CHARTIATICUM, Quod pro Chartis

officialibus præstatur, apud Ulpianum in leg. Divus, D. Bon. damn. (48, 20, 6.) Ministris enim Magistratuum Chartas præbitas fuisse ex lib. 2. Frontini de Aquæduct. atque adeo ipsis judicibus ex Nov. Justiniani 8. cap. 1. et Senatore lib. 11. Epist. 38. colligitur. Quæquidem Chartarum præbitio et inlatio, *Chartarum collectio* eidem Senatori dicitur lib. 9. Epist. 15. Theophanes, et ex eo Anastasius Bibl. in Hist. Eccles. pag. 172. Auctor Miscellæ, Cedrenus et Zonaras scribunt Nicephorum Generalem tributa ac vectigalia publica auxisse, et *Chartiatici* nomine exegisse in singulos duo ceratia. *Siliquas* vertit Anastasius. Vide Cujac. lib. 4. Observ. cap. 18.

CHARTICINIUM, Chartarum fasciculus, nostris *Liasse.* Cencius Camerarius in libro censuum Romanæ Ecclesiæ : *Sicut in tomis, Charticiniis, et voluminibus Regestorum antiquorum Pontificum Romanorum,... inveni.* [** Vide *Chartarum tomi* in *Charta*, delenda scilicet virgula post *tomis.*]

CHARTIGRAPHUS, Notarius, vel Cancellarius. Charta Roberti Regis Franc. ann. 1008. pro Monasterio Sandionysiano ita clauditur apud Doubletum : *Franco Diaconus atque Chartigraphus relegit et sigillavit.* [Hic *Franco* apud eumdem Doubletum subsequens diploma *Cancellarius ex regio præceptó recognovit atque subscripsit.*]

CHARTISDONATIO, unica voce, Donatio per chartas. Vetus Præstaria apud Roverium in Reomao pag. 173 : *Potestatem quandam... Fontanas nuncupatam... quam ipse eatenus tenere videbatur per Chartisdonationem.*

* Nostris *Chartrer*, Privilegia et immunitates per chartam asserere. Charta commun. ann. 1357. tom. 4. Ordinat. reg. Franc. pag. 369 : *Comme li bourgois et habitant de nostre ville de Busancy fuissent Chartrés et privilégiés de lonc temps, etc.*

¶ **CHARTOLOGIUM**, Chartularium, liber Chartarum, *Chartulaire.* Charta ann. 1178. ex Schedis Peiresc. : *Hanc cartam.... in hoc fecimus Chartologio conscribi.*

CHARTOPHYLAX, Archivi et Chartarum custos : dignitas Ecclesiastica et Palatina. Posterioris meminit Paulus Diacon. lib. 17. Hist. Misc. pag. 528. post Theophanem, dum quemdam Davidem *Chartophylacem Hormisdæ* vocat, Palatii scilicet ita nuncupati in urbe Byzantina : *Chartophylax August. N.* in veteri Inscriptione 587. 11.

De Ecclesiastica Chartophylacis dignitate sic Anastasius ad VIII. Synod. Act. 2 : *Chartophylax interpretatur chartarum custos. Fungitur autem officio Chartophylax apud Ecclesiam Constantinopolitanam, quo Bibliothecarius apud Romanos, indutus videlicet infulis Ecclesiasticorum ministrorum, et agens Ecclesiastica prorsus obsequia, exceptis illis solis, quæ ad sacerdotale specialiter ac proprie pertinere probantur officium. Sine illo præterea nullus Præsulum aut Clericorum a foris veniens in conspectum Patriarchæ intromittitur; nullius Epistola Patriarchæ missa recipitur, nisi forte a cæteris Patriarchis mittatur; nullus ad Præsulatum vel alterius ordinis Clericorum, sive ad Præposituram Monasteriorum provehitur, nisi iste hunc approbet et commendet, atque de illo ipsi Patriarchæ suggerat, et ipse præsentet.* His prærogativis hanc addit Pachymeres lib. 3. cap. 24. ut sine illius nutu et assensu nuptiales Benedictiones non administrentur. Præterea in Chartophylacis cura erant libri Ecclesiæ. Ita Synodus VI. Act. 1. pag. 17. et Act. 13. pag. 152. Edit. 1618. ubi innuitur eos libros repositos ἐν Χαρτοφυλακίῳ τοῦ πατριαρχείου, quod in VII. Synodo Act. 1. pag. 486. βιβλιοθήκη τοῦ εὐαγοῦς πατριαρχείου dicitur. Unde pag. 487. Chartophylax videtur dici βιβλιοφύλαξ τοῦ εὐαγοῦς πατριαρχείου. De Chartophylace multa ex professo commentati sunt Meursius in Glossario, Gretzerus et Goarus ad Codinum, idemque Goarus ad Euchologr. Græcorum.

Chartophylacium, Archivum. Gregorius M. lib. 7. Ind. 2. Epist. 128 : *Mandare curaverat, ut piissimo Imperatori scriberem, quatenus pacta in Chartophylacio requireret, quæ, etc.* Infra : *Quia Cartophylacium prædicti piæ memoriæ Justiniani Principis tempore, ita surripiente subito flamma, incensum est, ut omnino ex ejus temporibus pæne nulla Charta remaneret.*

¶ **CHARTOPRATES**, Venditor chartæ, Græcis χαρτοπράτης. *De Collegiatis et Chartopratis* tit 17. lib. 11. Cod.

CHARTOTHESIUM, [Archivum, in quo asservantur Chartæ.] Anastasius in Hist. Eccles. pag. 146. anno Imperii Constantini 19 : *Invidia Christianos prohibuerunt Arabes a publicis Chartothesiis ad modicum tempus. Sed rursus coacti committunt eis eadem ipsa, eo quod non possint ipsi scribere calculationes.* Ubi Theophanes pag. 362 : Ἐκ τῶν δημοσίων χαρτοθεσίων. [Vide Glossar. mediæ Græcit.]

* Nostris olim *Chartron* et *Chestron*, Capsula arcæ intestina, vulgo *Chetron.* Lit. remiss. ann. 1399. in Reg. 154. Chartoph. reg. ch. 501 : *Ledit prestre lui dist que son argent et ses escus estoient en un gand ou Chartron de son coffre,... elle ouvrit ledit coffre, et ala ou Chartron où ledit argent estoit en un gand.* Aliæ ejusd. ann. ibid. ch. 735 : *Le suppliant trouva une huche ou huchel, et ou Cheston* (melius infra *Chestron*) *de ladite huche ou huchel.... unes patenostres de S. Nicolas. Chaisteron*, eodem sensu, in Lit. remiss. ann. 1413. ex Reg. 167. ch. 143 : *Dedens lequel coffre avoit un Chaisteron fermé à clef; lequel Chaisteron la suppliante ouvry, etc.*

¶ **CHARTROSSA**, Ordo Chartusianorum. Galli *Chartreuse* dicunt Monasterium Chartusianorum. Testamentum Guillelmi Montispessulani apud Acherium Spicil. tom. 9. pag. 156 : *Quod est de ordine Chartrossæ in Episcopatu Vivariensi.*

¶ **CHARTULA.** Vide *Charta*, 1.

¶ **CHARTULARE**, ut *Chartularium*, Regestum seu actorum codex. Ordinatio Comitis Provinciæ super officium Tabellionum ann. 1254. e MS. D. *Brunet* fol. 60 : *Item summam a XXV. lib. supra usque ad C. lib. ponendo in Chartulari* II. *den.*

1. **CHARTULARII** dicuntur Qui *Chartas tractant*, qui *Chartis inserviunt*, ut est in leg. 10. Cod. Ubi causæ fiscal. (3, 26.) *Qui publicarum Chartarum tractatibus inserviunt*, in l. 1. Cod. de Præpos. agent in rebus. (12, 21.) *Qui Chartas agunt*, in Querolo, in l. 1. D. de Tabular. [** *Qui Chartas publicas administrat*, in Cod. Theod. lib. 8. tit. 1. const. 6.] Iidem porro qui *Commentarienses.* Gloss. Basil. : Κομενταρίσιος, χαρτουλλάριος, Gloss. Gr. Lat. : Χαρτογράφος, *Chartularius.* Erant autem tot Chartularii, quot scrinia, ut ex Senatore lib. 11. Epist. 38. et Cledonio de Arte Gramm. colligitur. Vide Gregor. M. lib. 2. Epist. 3. lib. 4. Epist. 33. et quæ adnotavimus ad Cinnamum pag. 452. Iidem et *Chartarii* dicti, ut supra observatum. [** Marin. Pap. Diplom. num. 11. not. 3. num. 123. not. 8.]

Chartularius Regiorum Equorum, Qui χαρτουλάριος τῶν ἱπποστάθμων Nicetæ dicitur : de qua dignitate apud Byzantinos plura etiam in iisdem Notis ad Cinnamum.

* Eodem nomine appellatus Præfectus imperatoriis equisonibus, apud Zonar. in vita Leon. Isauri : *Paulum imperatoriis equisonibus præfectum, qui lingua Romana Chartularius dicitur contra seditiosum misit.*

Chartularius Sacrorum Cubiculorum, in Nov. 8. cap. 8. *Chartularius Sacri Cubiculi*, in Nov. 25. Imperatoris Secretarius, seu qui Codicillos Imperatoris asservabat.

Chartularii Numerorum Militarium, in Nov. 117. cap. 11. et in l. 19. C. de Erogat. milit. annonæ lib. 12. (tit. 37.) Qui in acta referebant nomina militantium, et qui eorum essent mortui, seu qui circa τοῦ στρατοῦ καταγραφὴν καὶ ἀναζήτησιν versabantur, ut est in Tacticis Leon. cap. 4. § 31.

Chartularius Velocis Cursus, ὀξέως δρόμου, apud Constantin. de Adm. Imper. cap. 43. Vide *Claricus.*

Chartularius Romani Imperii, apud Petrum Diacon. in Chr. Casin. lib. 4. cap. 117. 126.

Schola Chartulariorum, in leg. 1. Cod. de Off. Præfecti Prætor. (1, 26.)

Chartularii Dignitas Ecclesiastica etiam fuit, quam eamdem cum Chartophylacis fuisse opinantur viri docti. Certe in Gloss. Gr. Lat. *Chartularius*, idem est, qui χαρτοφύλαξ. Nec mirum, cum is qui Commentariensis vice fungitur, idem et Chartophylacis munus obeat, et Chartas suas servet. Apud Joan. Diacon. in Vita Gregorii M. lib. 2. cap. 55 : *Castorius Diaconus et Chartularius Ravennæ* nuncupatur, qui ipsi Greg. lib. 4. Epist. 23. et 24. *Notarius* et *Diaconus* dicitur. Idem Gregor. lib. 1. Epist. 75. lib. 2. Epist. 33. Hilarium *Chartularium suum* nominat : unde elicio eamdem fuisse dignitatem Chartularii et Notarii. At in Ecclesia Constantinopolitana constat diversum fuisse Chartularii et Chartophylacis munus, et Chartularium subditum fuisse Chartophylaci, uti docet Balsamon in Medit. et Codinus de Offic. cap. 1. num 44. qui Chartularium inter minora Ecclesiæ officia recenset, ut et Euchologium Græcorum pag. 624. Synaxaria et Menæa 8. Sept. : Καὶ εὐαγοῦς οἴκου εἰμὶ χαρτουλάριος. Chartulariorum Ecclesiasticorum mentio est præterea apud Joannem VIII. PP. Epist. 133. 300. etc.

2. **CHARTULARII**, Servi, per *Chartulam*, seu Epistolam manumissi, *Franchi de Carta*, Vitali Episcopo Oscensi apud Blancam in Comment. Rer. Aragon. pag. 727. Occurrunt passim in Legib. Langob. lib. 2.

tit. 34. § 11. lib. 3. tit. 5. § 1. [** Pippin. 13. Carol. M. 12. adde 100.] in Capitul. Caroli M. lib. 6. cap. 208. [** 213. ubi Pertz. *Cartolarius*.] et in Capitul. ejusdem ann. 779. cap. 16. [** Vide Murator. Antiquit. Ital. tom. 3. col. 243.]

CHARTELLARII, in Concilio Vermeriensi ann. 752. cap. 20. in Charta Lamberti Imp. ann. 898. tom. 2. Ital. Sacr. pag. 124. etc. Arnulphus Lexoviensis in Epist. ad Alex. PP. : *Procedit interim inter cilicia pauperum fratrum et sordes Cartularii filius sericis adornatus et variis.* [** Bened. Capit. I, 199. Addit. IV, 133.]

CHARTULARIUM, *Scrinium*, χαρτοφυλάκιον, in Gloss. Gr. Lat. Ita χαρτουλάριον usurpat Nicetas in Alexio lib. 2. n. 4. [Gesta Hodingi Episc. Cenoman. apud Mabill. tom. 3. Analect. pag. 247 : *Multa Cartarum strumenta, vel præcepta regalia secum inde deferens, ibi ea dereliquit, et propterea in vestiario et Cartulario S. Mariæ et S. Gervasii hactenus non reperiuntur.* Ibid. pag. 257. in Gestis Franconis ejusdem urbis Episcopi : *Similiter et alia præcepta de eadem re sunt multa in Cartulario, quæ legi per omnia præ vetustate et putredine non possunt.*]

CHARTULARIUM, Regestum. Concilium Arelat. ann. 1267. cap. 19 : *Statuimus quod omnes Sacerdotes curam animarum habentes, ipsarum Ecclesiarum emant Chartularia, in quibus quolibet anno, saltem in Quadragesima, conscribant nomina parochianorum qui ad pœnitentiam venerunt, et dicta Chartularia teneant et custodiant diligenter, etc.* [Accipitur pro Notarii prototypo, in Ordinatione Comitis Provinciæ ann. 1254. e MS. D. *Brunet* : *De libello ponendo in Chartulario II. den. dentur, pro extrahendo III. den.* Vetus Scheda Cl. Præsidis *de Mazaugues* ann. 1410 : *Ego Notarius... cui Cartularia, notæ et prothocolla sunt commissa* : ubi conjecto per *Cartularia* intelligendum esse codicem, in quo integra acta referebantur, per *Notas* vero actorum commentariolos, ac tandem per *Prothocolla* actorum perscriptionenes, quas vulgo *Minutes* appellamus.]

¶ CHARTULARIUM, seu CHARTARIUM, Sæpius appellant Codicem, in quem diplomata aliæque chartæ ex ordine integræ referuntur, aliquando in rotulum redactæ : quales sunt rotuli Ecclesiæ Albiensis, teste Mabillonio de Re Diplom. lib. 1. cap. 2. num. 9. ubi notat hujusmodi codicem, ut et *polyptychum* seu librum censualem, ideo inventum fuisse, ne ex archivis Ecclesiarum et Monasteriorum autographa sæpius efferre necesse esset; hi quippe codices autographorum vice fungebantur. Addit Mabillonius, polyptycha antiquiora sibi videri Chartulariis, ex quibus, inquit, nullum inveni conditum ante sæculum x.

¶ **CHARTULARIUS**, Commentarius. Caffarus lib. 1. Annal. Genuens. ad ann. 1159 : *Hoc autem, quod incredibile nonnullis videtur, opibus totius civitatis et plebium, dierum quadraginta trium spatio, in digito Dei peractum est : quod per Chartularios Johannis Scribæ colligitur, qui dies et horas ipsius operis.... adscripsit.* Vide *Chartularii*.

CHARTULATI, Iidem qui *Chartularii*, Servi per *Chartulam* manumissi : *qui a Chartularum conscriptione ingenui sunt*, ut est in Capitul. 2. Caroli M. ann. 813. cap. 6. Tabularium Casauriense anno Lotharii Imp. 34 : *Tradidimus vobis D. Ludovico Imp. omnes res substantiæ meæ, seu omne mobile vel immobile, servos vel ancillas, colonos, aldiones, quam et omnes meos Cartulatos, et omnes pertinentes meos.* Alia Charta ibid. : *Cum Cartulatis, vel colonis cum colonicis suis.* Notitia judicati in eodem Tabulario : *Judicate nobis justitiam de isto... et de germanis suis, qui fuerunt Cartulati Allonis, qui olim Castaldio fuit.* Diploma Ludov. II. Imp. pro eodem Monasterio : *Concessimus etiam ut omnem compositionem de Cartulatis atque Libellariis de ipso Monasterio, sibimet habeant, et nullus exactor publicus hoc inquirere audeat, sed in quacunque compositione ceciderint, in sua potestate hoc habeant, cujus Cartulati esse videntur.* Charta Caroli C. Imp. in Chron. Farfensi : *Tam ingenuos, quam servos libellarios, aldiones et aldianas, seu Clericos, vel Cartulatos, aut Offertos.* Occurrunt eadem verba in Charta alia ejusdem Imp. ibidem. Adde tom. 1. Ughelli pag. 490. ubi perperam scriptum *Castulati*, et tom. 2. pag. 142.

* Itidem et qui per *Chartulam* aliquid jure emphyteutico possident, ut opinatur Murator. tom. 3. Antiq. Ital. med. ævi col. 243. quod ex *Chartulatione* habere dicebant, ut videre est in v. *Chartulatio*.

CHARTULATIO, Acquisitio, vel quilibet contractus per chartulam. Notitia scripta Carolo C. imperante ann. 1. in Italia : *Quæcunque jam antea per investituram a parte D. Ludovici Imp. tenuerunt, comparatione, Cartulatione, donatione, seu conquisito.* Charta venditionis ann. 978. in Tabulario Casauriensi : *De alio latere, fine terra, quæ est de ipsa Cartulatione Sindonis Presbyteri... de alio latere fine terram de ipsis nostris Cartulatis de Orfiano.* Alia ann. 982 : *Et cum portione mea de ipsis Cartulatis et censuatis, qui ad ipsas jam dictas res pertinentes esse videntur.*

* **CHARTUS**, perperam pro *Cattus*, Machina tectoria, apud Vincent. Belvac. in Speculo histor. Vide *Catus*, 2

¶ **CHARUAGIUM**. Terra quæ caruca seu aratro colitur. Chartularium Campaniæ fol. 82 apud D. *Brussel* de Feodorum usu tom. 2. pag. 946. col. 2 : *Henricus de Hans, ligius, post Comitem Barri-Ducis, et Comitis Grandis-Prati, ut dicit, de his quæ Comitissa Suessionensis mater sua tenuit apud Hans, scilicet de bosco, moso et Charuagio, et in hominibus sanctuariis in riparia de Colle.* Vide *Carrucagium* 2.

¶ **CHARUCATA** TERRÆ, in Tabulario Fontis-Ebraldi, Idem ac *Carrucata* : quod vide.

* **CHARUERIA**, Baculus grossior. Lit. remiss. ann. 1353. in Reg. 82. Chartoph. reg. ch. 138 : *Mattheus dictus Cabre et alius quidam tenentes in manibus duas Charuerias seu grossos baculos bosci, etc.*

CHASALAMENTUM. Vide *Casamentum* 1.

* **CHASAMENTUM**, CHASSAMENTUM, Casa, domus cum agri portione. Chartul. Montis-Moril. : *Gaufridus de Bridario dedit pauperibus domus Dei Mommorilii omne Chasamentum, quod habebat in maso de brolio Dorador, quod Chasamentum Pictavini de Dorato habebant de illo.* Charta ann. 1314. in Reg. 141. Chartoph. reg. ch. 95 : *Ipsos chazatos et ipsorum quemlibet, in dicto mansso* (sic) *tempore quovis degentes seu habentes Chassamentum, ... esse et fore debere liberos et immunes ...... a præstatione et solutione taschiarum.* Vide supra *Casale*.

CHASDIUM, Panni pretiosoris species, [Villosus sericus, Gall. *Veloux* vel *Velours*.] Epistola Basilii Imp. ad Hadrianum II. PP. in fine octavæ Synodi : *Transmisimus autem Sanctitati vestræ... vestimenta diaspra tria, Esophorin dicitrinum cancellatum unum, Chasdium orobeum unum, cazzulin dirodinum habens ornaturam aureum, etc.* Χάσδιον, Achmeti cap. 226. 249. et in Synodo Florentina. Vide Meursium [et Glossarium mediæ Græcit. in Χάσδιον.]

1. **CHASEA**, [Venatio, Gall. *Chasse*.] Vide *Caciare*.

¶ 2. **CHASEA**, Via per quam aguntur animalia. Vide *Chacea*.

¶ **CHASEATI**. Vide *Casati*.

* **CHASELLUM**, Eadem notione. Lit. Phil. V. ann. 1317. in Reg. 53. Chartoph. reg. ch. 138 : *Usagium ad ardere duntaxat, quod hactenus in foresta nostra Bituricensi ad boscum siccum pro Chasello suo dictæ forestæ et ad opus ipsius habuerunt, ab ipso Chasello in domo fratrum eorumdem .... transportamus. Vergiers, hoches, Chasaus, maisons, etc.* in Reg. Cam. Comput. Paris. sign. *Bel* fol. 84. v°.

¶ **CHASFALLIUM**, Tabulatum, species lignei propugnaculi, Gall. *Echauffaut*. Compromissum ann. 1341. tom. 2. Hist. Dalphin. pag. 429 : *Item, quod muri, Chasfallia, schiffæ, muctæ et omnia alia facta et constructa ad resistendum dicto Dom. Dalphino... a tempore dissentionis noviter ortæ inter dictum Dalphinum et ejus gentes burgenses, et populares dictæ villæ de Romanis, cætera tollantur omnino, et ad statum pristinum per omnia reducuntur.* Vide *Chafallus*.

CHASII. Vide *Assasini*.

¶ **CHASLANIA**, Idem quod *Castellania*, Gallice *Chatellenie*. Inquisitio anni 1220. pro loco Capreriæ, Hist. Dalphin. tom. 1. pag. 123 : *Dom. Guillelmus Falaveus est homo ligius Comitis, et tenet de eo medietatem Chaslaniæ de Chaureres... Petrus Albert est homo ligius Comitis, et tenet de eo tertiam partem Chaslaniæ de Chaureres.* Hoc est, tertiam partem districtus ad Castellum *de Chaureres* pertinentis.

* Vide supra *Caslania* in *Castellanus*.

* **CHASSA**, a Gall. *Chasse*, Capsa, in qua sanctorum reliquiæ reponuntur. Acta capitul. eccl. Lugdun. ex Cam. Comput. Paris. fol. 76. r°. col. 2. ad ann. 1341 : *Requisiverunt dictum dominum custodem ut de cruce amissa, quæ erat super Chassam S. Stephani, faciat debitum suum.* Vide *Cassa* 3. et *Chassia*.

* Sed notanda est clientelaris professio ann. 1410. ex Pancarta Episcop. Carnot. qua quis nomine feodi tenetur quolibet anno Capsam ecclesiæ ejusdem lavare et abluere : *Je Pierre le Drouay, escuyer, seigneur de Tachainville,.... aveue tenir à une.*

foy et homage..... le droit de laver, la veille des grans Pasques, la Chasse de l'église Nostre Dame de Chartres, et pour ce me doit mondit seigneur (évêque) *livrer et bailler ung pot de vin blanc et ung pot de vin vermeil pour ladite Chasse laver, et le checier de ladite église me doit une touaille ouvrée pour icelle Chasse essuyer; et nul autre mettre la main que moy; et s'il y escluet aucunes pierres, elles sont miennes.* Eadem leguntur ibid. in Ch. ann. 1330. ubi *lever* perperam, pro *laver*.

* *Chasse* vero inter instrumenta piscatoria recensetur, in Ch. ann. 1326. ex Reg. B. 2. Cam. Comput. Paris. fol. 32. r°. et in Stat. ann. 1388. tom. 7. Ordinat. reg. Franc. pag. 779. art. 47. *Chatte* minus recte ibid. tom. 1. pag. 794. inter annotationes : sed ubique legendum forte *Chausse*. Vide supra *Caligæ alatæ* in *Caliga*.

* **CHASSAMENTUM**. Vide supra *Chasamentum*.

¶ 1. **CHASSIA**, Capsa Reliquiarum sacrarum, Gall. *Chasse*. Locus est in *Capiternium*. Vide *Cassia* et *Capsa* 3.

* 2. **CHASSIA**, Venatio, Gall. *Chasse*. Inventar. Chart. reg. ann. 1482. fol. 263. v°. : *In cujus litteræ fine facit mentionem de recognitione juris Chassiæ seu venationis, quod habet in dictis nemoribus, sitis inter Ysaram et Azoaram. De anno 1224. Grossa fuga sive Chassia in boscis*, ex Ch. ann. 1302. ibid. fol. 303. Charta ann. 1355. in Reg. 93. Chartoph. reg. ch. 173 : *Cum dominus Aymannus de Pictavia, comes Valentinensis et Diensis, habeat... dominium in subsequentibus,..... sive sint.... nemora,.... Chassiæ, venationes, etc.* Vide infra *Chaucia* 2.

* **CHASSIARE**, Venari, unde *Chassiator*, Venator. Vide *Caciare*. Consuet. Dombens. MSS. ann. 1325. art. 10 : *Quilibet homo cujuscumque conditionis, qui Chassiet in garenna cujuscumque nobilis de nocte, quod ipse Chassuator seu venator teneatur et debeat solvere illi nobili, in cujus garena Chassiaverit in sex libras Viennenses bonas, vel perdere et amittere pugnum. Chasser* vero, pro Piscare, *Pêcher*, in Ch. ann. 1428. ex Chartul. Latiniac. fol. 209 : *Et n'aura rien ledit preneur ès pescheries desditz maretz et douvres, sinon qu'il y pourra Chasser à la caige seullement.*

* **CHASSICIA**, Pala, funda, Gall. *Chaton*. Inventar. S. Capellæ Paris. ann. 1363. ex Bibl. reg. : *Item textus Evangeliorum ornatus auro et lapidibus pretiosis, in quo a longo tempore defficiunt.... viginti octo perlæ cum suis Chassiciis aureis. Chassete*, eodem sensu, in Chron. S. Dion. tom. 7. Collect. Histor. Franc. pag. 151 : *Aus quatre chiés de cele croiz sont scelées et encloses soutiment precieuses reliques de cors sains en Chassetes soutiment ovrées.* Vide *Chastos*.

CHASSIPOLLUS, vel **Chassipullus**. Vide in *Cacepollus*.

* **CHASSUM**, a veteri Gallico *Chas*, Pars domus, ubi coquuntur cibi, coquina, furnile. Charta ann. 1364. in Reg. 98. Chartoph. reg. ch. 165 : *A Jehan Cossart donnons un Chas de maison avec la place derrieres.* Ubi ad marginem legitur : *Donum de uno Chasso domus cum quadam platea.* Charta nobil. feudor. dom. Castill. Dombar. ann. 1463 : *Chassum domus super duabus partibus chappæ unius domus.* Rursum ibid. : *Super chappa et Chasso et porpresio, ubi dicta chappa et Chassum situantur, venna intermedia.* Lit. remiss. ann. 1377. in Reg. 111. ch. 208 : *Colin Basin entra dedens ledit hostel et ouvry deux huches qui leens estoient, l'une estant ou Chas dudit hostel, et l'autre en la chambre.* Aliæ ann. 1478. in Reg. 206. ch. 82 : *Le suppliant qui se sentoit mal disposé de froit, fist faire à son Chas ou cuisine très bon feu,... et après se ala coucher en son lit en une petite chambre tenant audit Chas ou cuisine.*

¶ **CHASTANERIA**, Castanetum, Locus castaneis consitus, Gall. *Chataigneraie*. Obituarium S. Geraldi Lemovic. fol. 32 : *Debent annuatim* xxv. *solidos levandos... et super sextarios nemoris et Chastanerie existentis in clauso.* Vide *Castanaretum*.

¶ **Chastanherium**, Eadem notione, semel legitur in Recognitionibus Rupisalvæ num. 18. cap. 41. de Vouta fol. 76. in Archivo Principis *de Rohan; Chastanheria* pluries pag. seq.

* **CHASTMUTT**. Charta Frider. ducis Austr. ann. 1241. tom. 1. Germ. sacr. pag. 380 : *Item ad sanctum Petrum in der Owe ad xxiiij. modios avenæ Chastmutt.* Hoc est fortasse, Capitalis census. Vide *Capilmut*. [** Conf. Graff. Thesaur. Ling. Franc. vol. 4. col. 530. et vol. 2. col. 700.]

¶ 1. **CHASTO**, Pala, Gall. *Chaton*. Chronic. S. Martini Lemovic. apud Stephanotium tom. 2. Fragm. Hist. MSS. : *Anno* MCCXLII... *Ibi etiam inventus est annulus aureus qui est in brachio S. Martini, quem ego ibi poni feci, ubi sunt Chasto, erant ibi duo lapides, Sapphirus et Jammaicus; Sapphirus fuit furatus : ac etiam annulum hac vice recuperavi. In Chasto ubi est Sapphirus est dens B. Martini, quem habuimus de Solemniaco, quando volebamus ædificare Monasterium.*

* 2. **CHASTO**, **Chastonnus**, Dicta etiam fragmenta crystallina vel vitrea, quibus vasa ecclesiastica ornabant, iis non raro sanctorum reliquiis suppositis; unde nomen. Inventar. S. Capellæ Paris. ann. 137.. ex Bibl. reg. : *Item, unum repositorium corporalium, totum operatum de perlis et parvis Chastonibus vitrinis seminatum.* Ubi in alio ann. 1363. legitur : *Perlis et aliis modicis lapidibus ornatum. Item, un estuy à corporaulx, tout ouvré de pelles et semé de petits Chaatons de voire*, in Inventar. Gall. Lit. Official. Senon. ann. 1336. in Reg. 82. Chartoph. reg. ch. 22 : *Item quatuor paria treçonnorum seu gallonnorum ad pellas, Chastonnos, et Gallice esmaux.* Comput. Rob. de Seris in Reg. 5. ejusd. Chartoph. fol. 3. r°. : *Les entrechamps de grosses pelles fines et de Chastons enchastonnez en fin or.* Haud scio an a voce *Chasto*, pala, adversa spiraculi lorica, vulgo *Manteau de cheminée*, quod circa focum sit, *Chastre* appelletur, in Lit. remiss. ann. 1384. ex Reg. 126. ch. 50 : *Jehannin Perrin embrassa ledit Thomas et le getta ou bouta contre la Chastre de la cheminée dudit moulin en droit le feu.*

* **CHASUBLERIUS**, a Gall. *Chasublier*, Vestis sacerdotalis, quam *Chasuble* appellamus, artifex. Inventar. S. Capellæ Paris. ann. 1335. in Reg. I. Chartoph. reg. ch. 7 : *Actum in dicta capella..... præsentibus.... Sulpicio Chasublerio ac pluribus aliis testibus.* Vide supra *Casularius*.

* **CHASULA**, pro Casula, vestis sacerdotalis. Acta consecrat. eccl. B. M. de Epeia Veron. ann. 1186. : *Postea dominus Papa intravit dictam ecclesiam, et celebravit missam ad altare S. Mariæ, et exutis pontificalibus, obtulit super altare in memoriam suam Chasulam, in qua celebravit, cum paramento sacerdotale.* Vide *Casula* 3.

* **CHATA**, Navis species, eadem quæ *Catta*. Vide *Gatus* 1. Inquisit. pro portu de Leucata an. circ. 1307 : *Hæc sunt necessaria ad dictum portum faciendum, videlicet.... quatuor Chatæ, et sunt necessarii novem homines cuilibet Chatæ.*

* **CHATELAGIUM**, pro *Chartelagium*. Vide supra *Cartularium* 2.

* **CHATOLOGUS**, f. Libellus professionis, qui a monacho profitente super altare defertur. Lit. procurat. ann. 1303. ex Chartul. Arremar. ch. 24 : *Promittentes sub voto et Chatologo religionis nostræ, etc.* Vide supra *Cathologus*.

CHATUS, Monetæ aureæ species. Charta anni 1459 : *Vendidit pretio et nomine pretii quatuor Florenorum de Rege incameratorum de Trezeno, quod quidem pretium confessus fuit habuisse et recepisse in Chatis, et alia pecunia.* In Adversariis Peirescii hæc legi : *Nota qu'audit an 1465. les especes de monnoies, qui couroient pour lors, estoient telles, sçavoir Arnulfins valants un Ducat et demy piece; 98. Ducats faisoient 208. ll.; trois Lions valloient 7. ll.; trois escus un florin de Pape, et un florin Chatti valoient 8. ff.* 1. s. Apud Robertum Cenalem lib. de Ponderib. et mensur. *Maille au Chat* vocatur : *Minoris notæ sunt aurei nummi, quos appellant* Mailles au Chat, *nempe* 13. *ceratiorum.* [In veteri Glossario Sangerman. MS. num. 501 : *Chati pondus decem dragmis appenditur, qui etiam a quibusdam Casatus nominatur.*] Vide *Chapotenses*.

¶ **CHAVAGIUM**, Capitis census. Vide in *Capitale* 5.

¶ **CHAVALCATA**, Equitatio, ad quam tenebantur vassalli, cum Dominus feodalis pergebat in exercitum, Gall. *Chevauchée*. Legitur in voce *Hostis*. Vide *Cavalcata* in *Caballus*.

¶ **Chavalchia**, Eadem notione. Charta Guidonis Comitis Flandrensis ann. 1237. in Tabulario S. Bartholomæi Bethuniensis : *Liberi et immunes erga Dominum Bethuniensem ab omni exercitu, ab omni Chavalchia, etc.*

¶ **Chavalgata**, Eodem significatu. Locum videsis in *Complainta*.

¶ **Chavalgia**, Idem : hujus exemplum refertur in *Eschargaita* post *Scaragayta*.

¶ **CHAVALLAGIUM**, Hordei aut avenæ præstatio pro *Caballis* Dominorum alendis. Hist. Dalphin. tom. 1. pag. 123. col. 1 : *Senescalla de Visilia levat de feudo Chavallagium in mandamento, et dat inde Comiti 36. sextaria avenæ.* Recognit. Albæripæ in Regesto *Probus* fol. 67 : *Unus illorum debet stare in dicto curtili, et ille debet esse liber et immunis in cavalgata, et a Chavallagio, et a palea, a clausuris.* Vide *Caballacum*, [* Et in *Caballus*.]

¶ **CHAVANARIA**. Vide *Cabannaria*.

CHAVANIADA, Idem quod *Chevaucheia*, seu hostis. Charta A. Comitis Inculismensis ann. 1191. ex Tabulario S. Eparchii fol. 12 : *Cedi.... Ecclesiæ sancti Eparchii illam consuetudinem, quæ dicitur Ost sive Chavaniada, quam habebam in hominibus S. Eparchii de valle, ubicumque sint in parochia S. Aredii, ut amodo prædicti homines et hæredes eorum liberi sint in perpetuum, et absoluti ab illa consuetudine, quæ dicitur Ost sive Chavaniada.* Occurrit rursum in alia Charta ejusdem Comitis ann. 1191. [Vide *Chavalcata.*]

* **CHAVANNERIA**, Idem quod *Cabannaria*, Prædium rusticum. Charta Joan. delph. Vienn. ann. 1316. in Reg. 87. Chartoph. reg. ch. 84 : *Quantum duret dicta Chavenneria de Balmis et Chavanneria Denzcorz et Chavanneria de Guillardi, in omni parte ubicumque sint...... dictæ Chavanneriæ.*

¶ **CHAVARINA**, Species armorum, cui forte substitutum est illud sclopeti genus, quod vulgo dicimus *Carabine* : frequens est *b.* et *v.* commutatio. Hist. Dalphin. tom. 2. pag. 326. in Extracto computi ann. 1336 : *Item quadraginta sex inter lanceas et Chavarinas et venabula* IIII. *s.* II. *d. gr.*

* **CHAVARITUM**, Idem quod supra *Charavaritum*, Gall. *Charivari*. Charta ann. 1483. inter Probat. tom. 4. Hist. Nem. pag. 31. col. 2 : *Item quod in dicta civitate non possit fieri Chavaritum, quando alter ex dictis habitantibus convolat ad secundas nuptias.*

¶ **CHAVARIUM**, Tinnitus et vociferationes, quæ vulgo dicimus *Charivari*. Vide in *Carta.*

* **CHAVATERIA**, Gall. *Chavaterie*, Vicus vel regio, ubi *sabaterii* seu calceorum sartores, vulgo *Chavatiers* vel *Chavetiers*, habitant, quorum ars *Chaveterie* dicitur. Comput. ann. 1319. ex Tabul. eccl. S. Vulfr. Abbavil. fol. 3. r°. : *Andrea le Pouletiere xxvij. solidos tribus terminis de domo sua in Chavateria sita, en la Chavaterie.* Lib. 2. statut. super artif. Paris. ex Cam. Comput. fol. 18. r°. : *Nulz ne puet estre Chavetonniers à Paris, c'est assavoir faiseurs de petits soulliers de bazenne, se il ne paie seize sols pour le mestier au roy..... Quiconques est Chavetonnier à Paris, il peut estre cordouennier, se il a de quoy.* Ibidem : *Cavetonnier* et *Savetonnier.* Fol. 19. r°. rursum occurrunt *les Cavetiers*, qui et *Chavatiers* vel *Savetiers* appellantur. Charta ann. 1363. in Reg. 94. Chartoph. reg. ch. 56 : *Les carreleurs du mestier de Chaveterie de ladite ville de Rouen... Les mestiers desdis Chavetiers et carreleurs estoient toute une même chose.* Vide *Sabaterius.*

¶ **CHAVAUGIA**, Idem quod *Chavalcata.* Spicil. Acher. tom. 9. pag. 183 : *Burgenses Bellæ-villæ non tenentur ire in Chavaugia nisi de gratia.*

* **CHAUCELLETUS**, Instrumentum, quo rei torquentur, nostris *Brodequin.* Form. MSS. ex Cod. reg. 7657. fol. 36. v°. : *Et fuit propterea idem talis ligatus et inde levatus sine torticiis in altum cum uno Chaucelleto duntaxat. Chauceau* vero est Vestimenti seu caligarum species, in Lit. remiss. ann. 1415. ex Reg. 168. Chartoph. reg. ch. 365 : *Lequel prestre gut dedens l'église tout vestu et tout chaussié getté sur un lit, couvert d'une hoppellande ou Chauceau.* Vide mox

* **CHAUCETERIUS**, Braccarum seu caligarum sutor vel mercator, nostris *Cauchetier, Chaucier, Chausier* et *Chaussetier*, quorum artem *Chaucerie* appellabant. Charta ann. 1491. ex Terrear. abbat. de Jugo Dei : *Honestus vir Antonius Botuti Chaucelerius et burgensis Villæ franchæ. Guillelmus Surerii Chaucelerius et burgensis Villæ franchæ, etc.* Reg. sign. *Pater* Cam. Comput. Paris. fol. 252. r°.: *Marchans et vendeurs de tout ce qui puet appartenir au mestier de Chaucerie, soient Chauciers ou autres, paieront pour chascun drap.... iiij. den. Paris. Cauchetier*, in Lib. nigro S. Petri Abbavil. fol. 4. r°. *Chaussetier*, in Ch. ann. 1460. ex Tabul. Carnot. *Chausier*, in Hist. urbis et diœc. Paris. D. *Le Beuf* tom. 3. pag. 261. ubi de Indicto :

Chausier, huchier et chaugeour, etc.

* 1. **CHAUCIA**, Agger, moles, Gall. *Chaucée.* Charta ann. 1336. ex Chartul. eccl. Lingon. Cod. reg. 5188. fol. 105. v°. : *Eadem domina.... faciat decenter et sufficienter refici et apturi septa sive Chauciam stanni prædicti, ita quod bene et sufficienter possit eadem Chaucia aquam ejusdem stanni sive ipsi stanno utilem et necessariam continere.* Vide *Chaucida.*

* 2. **CHAUCIA**, Venatio, Gall. *Chasse.* Charta ann. 1316. ex Reg. S. Ludov. in Chartoph. reg. fol. 6. v°. : *Concessit domino Othoni de Grandissone...... Chauciam seu venationem ad cuniculos et minorem feram in boscis de Pontibus super Secanam.* Vide supra *Chassia* 2.

¶ **CHAUCIDA**, Agger seu via strata, Gall. *Chaussée.* Charta Godefredi I. Lotharingiæ Ducis ann. 1140. apud Miræum tom. 2. pag. 821 : *Nec quicquam exigatur ab eis occasione stratarum publicarum, quas Chaucidas vocant, vel etiam pontium reparandorum.* Vide *Calcea.*

* **CHAUDEREA**, Chauderia, Vas ex ære *caldario* seu fusili confectum, Gall. *Chaudiere*, olim *Chauderée.* Lit. remiss. ann. 1378. in Reg. 114. Chartoph. reg. ch. 141 : *Unam magnam Chaudeream æream in ea* (ecclesia) *cepit.* Inventar. S. Capellæ Paris. incerti anni ex Bibl. reg. : *Duæ Chauderiæ, una banna tellæ, etc.* Pedag. prior. S. Gondulfi diœc. Bitur. ann. 1314 : *De la Chauderée de remes, un denier. Valet de Chaudiere*, officium coquinæ, in Lit. remiss. ann. 1401. ex Reg. 156. ch. 446 : *Julien le Teillier varlet de Chaudiere de nostre frere le duc d'Orleans, etc.* Vide supra *Caudera.*

CHAUDIMELLA, seu *Chaudemelle.* Vide *Calida Melleia* in *Mesleia.*

¶ **CHAVECIUS**, f. Æditnus, Gall. *Chefecier.* Computus ann. 1202. apud D. *Brussel* de feudorum usu tom. 2. ad calcem pag. CLVII. col. 2 : *Expensa... Canonici Ebroicarum x. lib. Andeg. Ad Chavecium B. Mariæ Veronis* XLVI. *s. Andeg.* Vide *Capicerius.*

* **CHAVENNERIA**. Vide supra *Chavanneria.*

¶ **CHAVERNICA**, Mendum pro *Tavernica.* Vide in hac voce.

CHAVESEIA. Vetus Charta in Monastico Anglic. tom. 1. pag. 329 : *Unam carucatam terræ... cum pertinentiis suis, in toftis, et croftis, in pratis et pascuis, et Chaveseis.* Vide *Chacea.*

¶ **CHAVESTRAGIUM**, Quod ab eo qui emit equum per accessionem datur famulo seu agasoni venditoris, apud Dalphinates *Chavestrage*, a *Chevestre*, capistrum. Extractum ex computo J. Humberti sub Guigone Dalphino ann. 1328 : *Item die 6. Julii garcifero Dom. Humberti de Cruce pro Chavestragio unius equi, quam emerat Dominus a dicto Dom. Humberto* VI. *tur. gros.* Vide *Capistragium.*

¶ **CHAUFAGIUM**, Lignatio, Gall. *Chauffage.* Charta Gaufridi Vicecomitis Castrodun. ann. 1202 : *Concedimus... mortuum nemus in nostro defenso, scilicet ad Chaufagium Canonicorum, qui apud Choam divinum officium celebrabunt.* Occurrit in Charta Theobaldi Comitis ann. 1215. ex Tabular. Calensi pag. 170. et in Chartulario S. Vincentii Cenoman. fol. 16. Vide *Chafagium.*

¶ Chaufatgha, Eadem notione legitur in voce *Lemnia.*

* **CHAUFARIUM**, Tabulatum, suggestum, nostris olim *Chauffaut*, nunc *Echafaut.* Concil. Andegav. ann. 1448. cap. 7. apud Labb. : *Inhibemus..... ecclesiasticis et secularibus ne lignorum structuras, vulgariter Chaufaria, pro ipsis prædicantibus vel prædicare volentibus erigant.* Hinc *Chauffauder*, tabulatum exstruere, et *Deschauffauder*, illud destruere, in Lit. remiss. ann. 1476. ex Reg. 195. Chartoph. reg. ch. 1583 : *Lesquelz charpentiers n'avoient Chauffaut que d'un bout, parcequ'ilz n'avoient de quoy Chauffauder; et leur convint deschauffauder ledit bout Chauffaudé, etc.* Vide *Chaffallus.*

* **CHAUFAUDUS**, Turris lignea, propugnaculi species, idem quod supra *Cadafalsus*, nostris *Chauffault.* Charta ann. 1327. ex Bibl. reg. : *Pennuncellos regios super duo portalia et Chaufaudos dicti castri in signum salvægardiæ appositos amovit exinde et projecit in terram, et dictos Chaufaudos et quoddam molendinum de pertinentiis dicti castri per se et gentes suas diruit.* Sent. arbitr. ann. 1377. inter Probat. tom. 3. Hist. Burg. pag. 43. col. 1 : *Nous déclairons et disons lesdiz Chauffault et porte estre édifiés ou fons, territoire et juridicion de Mons. le Duc.* Froissart. vol. 1. cap. 121 : *Ceux du chastel decliquerent quatre martinets qu'ils avoient faits nouvellement, pour remedier contre lesdits Chauffaux. Ces quatre martinets gettoient si grosses pierres et si souvent sur ces Chauffaux, qu'ils furent bientost froissez.* Vide *Catus* 2. et *Chaffallum* supra.

CHAUFECONS, Camini species. Computum Joannis *l'Oncle* Præpositi Parisiensis ann. 1333 : *Pro duobus caminis, Gallice Chaufecons, in Camera Reginæ factis, etc.*

* Vide supra *Calfatorium.*

* **CHAUFETA**, Ignitabulum, vulgo *Chauffrette, Chauffrite*, in Lit. remiss. ann. 1396. ex Reg. 150. Chartoph. reg. ch. 100 : *Une Chauffrite qui avait este prise en la Ville l'évesque.* Aliæ ann. 1370. in Reg. 100. ch. 841 : *Duodenas scutellas,*

tres patellos, novem potus stanni.... et unam Chaufetam... rapuit.

¶ **CHAUFRERIUS**, f. pro *Cofrerius*, Faber capsarius, Gall. *Cofretier*, a voce *Cofre*, Capsa. Tabularium Vosiense fol. 62. verso : *Audiente Petro Monacho Rainaldi Preposito, Bernardo fabro, Petro Geraldo Chaufrerio.* Vide *Cofferum* et ibi *Coffrarius*.

¶ 1. **CHAUMA**, Καῦμα, Æstus, apud Muratorium tom. 3. pag. 435. col. 2. in Vitis Rom. Pontif. : *Quia vero æstivum Chauma imminebat, etc.* Vide *Cauma*, 2.

¶ 2. **CHAUMA**, Altera notione. Vide *Calma*.

¶ **CHAUMOTA**. Vide in *Calma*.

¶ **CHAUMPERT**, apud Thomam *Blount* ex Litteris Edwardi III : *Et quod tam prædictæ* XX. *virgatæ terræ, quam terræ, unde dicta quaterviginti quarteria frumenti annua proveniunt, de nobis in capite per servitium vocatum Chaumpert, videlicet undecimæ garbæ, nobis per manus tenentium terrarum earumdem, annuatim solvendæ, tenentur.* Vide *Campipars*.

¶ **CHAVRENUS**, Canterius, Gall. *Chevron*. Hist. Dalphin. tom. 2. pag. 325. col. 2. in Extracto computi ann. 1336 : *Item, per easdem informationem et relationem Bayllivi et magistri Nicolai habetur, quod... dictum palatium est bene coopertum de optimis postibus de meleze bene clavellatis, et in ipsa coopertura sunt* XXXI. *Chavreni cum grossis clavellis clavellati et alia lignamina oportuna.*

* **CHAUSSADA**, Chaussata, Gall. *Chaussée*, Agger, moles. Charta ann. 1339. in Reg. 71. Chartoph. reg. ch. 413 : *Cum Aymericus Marches intendat.... quoddam stagnum ædificari et ab hinc mutari facere iter super Chaussatam sive Chaussada dicti stagni, etc.*

* **CHAUSSEIA**, Eadem notione. Charta ann. 1291. tom. 1. Probat. Hist. Brit. col. 1096 : *Quod idem Joannes per se vel suos fecit Chausseiam seu aggerem et stagnum quoddam, vocatum de Pontchaellec.* Vide supra *Chaucia* 1.

CHAUSSEPOYN, inter ministeria sacra. Visitatio Thesaurariæ Ecclesiæ S. Pauli Londinensis ann. 1295 : *Item calix argenteus,... unum Missale pretii* 20. *sol. unum Chaussepoyn pretii* 30. *solid.* 2. *Corporalia benedicta in uno casso, etc.*

* **CHAUSSIATA**, Idem quod *Chausseia*. Testam. Aymonis comit. Sabaud. ann. 1343. tom. 3. Cod. Ital. diplom. col. 1009 : *Domus, quam habet supra Chaussiatam stagni sancti Diderii de insula.* Vide *Calcea*.

* **CHAUSURA**. Charta Joan. comit. Rociaci ann. 1217. in Chartul. Campan. Cam. Comput. Paris. fol. 269. r°. col. 2 : *Poterimus facere... sepem tenuem et simplicem pro Chausura.* Sed leg. *Clausura*. Vide *Clausuræ*.

* **CHAYERIUS**, Chayum. Vide supra in *Caya*.

¶ **CHAZ**, Navis species. Vide *Gatus*.

¶ **CHAZALE**, Chazalis. Vide in *Casale*.

CHAZARI. Vide *Cathari*.

* **CHAZATI**, Iidem qui *Casati*. Vide in hac voce. Charta ann. 1314. in Reg. 141. Chartoph. reg. ch. 95 : *Ipsos Chazatos et ipsorum quemlibet in dicto mansso, tempore quovis degentes seu habentes chassamentum,...... esse et fore debere liberos et immunes.... a præstatione et solutione taschiarum, etc. Chaziers* et *Chassiers* nostris. Consuet. Castell. ad Sequanam ex Cod. reg. 9898. 2 : *Les Chaziers, autrement dit feodaulx, dudit Chastillon, s'ils veulent avoir vivres, on est tenu de leur bailler sur gaiges.* Charta ann. 1402. ex Pancart. episc. Carnot. : *Ectour de Chartres chevalier seigneur de Orcé salut. Sachent tuit que je tiens et adveue à tenir en fief et noblement, comme l'un des quatre principaulx Chassiers de l'église de Chartres, à une foy et hommage, etc.* Vide infra *Cheseati*.

¶ **CHAZETINA**. Miracula B. Simonis Erem. Augustin. tom. 2. SS. April. pag. 828 : *Juravit quod ejus filius occasione unius sorevarii seu Chazetinæ crepavit, jam sunt octo anni et circa, et sic stetit crepatus et devastatus usque ad tempus mortis B. Simonis.* Doctissimus Henschenius, qui primum bæserat in exponendis vocibus *sorevarii* et *Chazetinæ*, tandem in Onomastico ad calcem *Chazetina* reddit per *titivillitium*. An recte? Ital. *Guazettino* varia significat cupediorum genera. An inde *Chazetina?*

* **CHAZILLA**, Vestis sacerdotalis, quam *Casulam* appellamus. Testam. Bertr. de Borno milit. dom. de Altoforti ann. 1360 : *Unus pannus auri, valoris decem florenorum auri currentium ipsa die* (sepulturæ) *ponatur supra corpus meum; et postea de dicto panno fiat quædam cappa sive Chazilla, cum qua in dicta ecclesia S. Eligii missæ dicantur.* Vide supra *Chasula*.

¶ **CHECOVA**. Charta ann. 972. in Appendice Marcæ Hispan. col. 899 : *Albas duas, amictos duos stolas duas, casulas duas, phanones duos, calice uno argenteo cum sua patena, Checovas duas, etc.* Fere crediderim urceolos esse intelligendos, Gall. *Burettes*, quod in hac tota ornamentorum et vasorum enumeratione nulla fit urceolorum mentio. Vide *Caucus*.

¶ **CHEINFE**, vel potius Cheinse, Indusium. Computus anni 1202. apud D. *Brussel* de Feudorum usu tom. ad calcem pag. CCI. col. 2 : *Pro* XI. *ulnis telæ ad camisias puerorum et ad unum Cheinse*, XXII. *s. Pro mappis et tualliis* XI. *s.* Vide *Campsilis* post *Camisa*.

CHEKERATUS, Tesselatus, a voce Anglica *Checker*, tessella. Visitatio Thesaurariæ S. Pauli Londinensis ann. 1295 : *Capa cum nodulis Chekeratis, subtilis operis, facta de Casula Episcopi Fulconis.*

¶ **CHEKMANENTES**, vel potius, *Cherkmanentes*, Iidem qui infra *Circamanni*. Charta Margaretæ Comitissæ Flandriæ ann. 1251. e Chartulario Ecclesiæ S. Audomari : *Similiter Chekmanentes Ecclesiæ S. Audomari, qui omnes dixerunt illud quod Ballivus.* Vide *Circamanaria*.

¶ **CHELA**, Brachium, lacertus, a Græco Χηλή, forceps cancri. Abbo de obsidione Lutetiæ a Normannis lib. 1. vers. 273 :

Arx speculans nudis quoniam Chelis inimicus
Ingeminat populus certamen, et ore patenti
Erectus taxos arcus convertit in uncos.

CHELANDIUM, Chelandrium, Chelindrus, Salandra, Salandria : Navigii, quod Græci, seu potius Byzantini Scriptores, χελάνδιον vocant, species. Epistola Ludovici II. Imper. apud Baron. ann. 871. n. 76 : *Nam iste Strategus Georgius..... non tamen sufficit obviare, si plures inimicorum naves ex parte qualibet apparerent, non videlicet nisi pauca Chelandia possidens.* Anonymus Barensis in Chron. ann. 1051 : *Misitque illos Chelandiis, et direxit CPolim ad Monomacho.* Ann. 1064 : *Et Gozolino perilavit cum suis ac Petrino, et Chelandiæ incenderunt naves quæ veniebant de Calabria.* Vide Joann. VIII. PP. Epist. 46. ubi perperam scribitur *achelandia*. Ita Cedrenus pag. 466. Constantinus de Adm. Imp. cap. 8. et alibi vocem χελάνδιον usurpant. Vita S. Nili Junioris pag. 102 : Ἐλογίσατο... κατασκευάσαι τὰ λεγόμενα χελάνδια. Ex quibus, ni fallor, emendandus locus insignis apud Arrianum in Periplo maris Rubri pag. 36. Edit. 1533 : Ἐν οἷς τοπικὰ μέν ἐστιν πλοῖα μέχρι Λιμυρικῆς παραλεγόμενα τὴν γῆν. ἕτερα δ' ἐκ μονοξύλων πλοίων μεγίστων, ἀφῆς ἐζευγμένων, λεγόμενα Σάνγαρα. Τὰ δὲ εἰς τὴν χρυσῆν, καὶ εἰς τὸν Γάγγην διαίροντα, κολανδιοφῶντα τὰ μέγιστα. Hoc enim loco legendum puto, κελάνδια, ὄντα τὰ μέγιστα. Ita ut navigiorum istorum alia, *Sangara* appellata, ex majoribus trabariis invicem junctis conflata, alia maxima, *Celandia* dicta fuerint, atque inde ejusmodi Chelandiorum usum a barbaris istis ac Indis gentibus accepisse Græcos par sit credere : licet quidam Græcam originem vocabulo isti accersant, ut Lexicon Græc. MS. Reg. Cod. 2062 : Κελάντιον, μικρὸν πλοιάριον, ἀπὸ μεταφορᾶς τοῦ κέλητος ἵππου, ᾧ εἷς ἀνὴρ ἐπικάθηται. Quam quidem originationem attigisse etiam videtur Ugutio, cui *Celandria* vel *Celendria*, dicitur *navis quæ cito currit, vel velociter in ydro, i. aqua.* Porro occurrit passim vox *Chelandium*, apud Paulum Diacon. in Hist. Miscell. et Anastasium in Histor. Eccles. quam plerique e Scriptoribus Latinis corruptam, et perperam elatam, usurpant. Nam

Chelindra, pro *Chelandium*, dixit Matthæus Paris ann. 1238 : *Obligavit se Imperator ad* 100. *Chelindras et* 50. *galeias ducendas ultra mare.*

¶ Chelandra. Fridericus II. Imperat. in Epist. universis Cruce signatis apud Marten. tom. 1. Ampliss. Collect. col. 1198 : *Centum insuper Chelandras habere ac quinquaginta galeas pro duobus millibus equitum certis terminis passagium exhibere solemniter constitutis . . . Tandem instante passagio, navigia, Chelandras, ... duci fecimus et parari.* [** Vide Jal. Antiq. Naval. tom. 1. pag. 426. sqq.]

Chelandrium. Luithprandus lib. 5. cap. 4 : *Hugo Rex Constantinopolim dirigit, rogans Imperatorem ut naves sibi cum Græco igne transmittat, quas Chelandria patrio sermone Græci cognominant.* Et cap. 6 : *Nuntiatum est Romano* 15. *semifracta se habere Chelandria.* [** Pertz. cap. 9. et 15. ubi utroque loco *Chelandia* scriptum, quomodo etiam in Legatione ejusdem Liuthpr. cap. 29. 33. et 65.]

Chelindrus. Guillelmus Apul. lib. 5. Rer. Normannorum :

Et contra Venetum naves Danaumque Chelindros
Certamen navale parant.

Et infra :

Innumeros bello Danai duxere Chelindros.

Utitur ibi pluries.

ZALANDRIA. Andreas Dandulus in Chronic. MS. ann. 842 : *Duces itaque duas naves bello aptas ad sua tuenda loca miserunt, quæ more Græcorum Zalandriæ dictæ sunt, nunquam antea apud Venetos usitatæ.*

** SCELANDRIUM. Chronic. Salernitan. cap. 107. ad ann. 869 : *Basilius imperator Græcorum .... non pauca Scelandria misit.*

SALANDRA, et SALANDRIA. Guibertus lib. 3. de Pignerib. SS. cap. 5. § 3 : *Salandræ autem naves dicuntur, a saliendo vocatæ.* Idem de Vita sua lib. 3. cap. 13 : *Et ecce immanium, quas multum verebantur, piratarum conspiciunt sibi ingruere ex adverso Salandras.* Ditmarus lib. 3. cap. 13 : *Salandria quid sit, vel cur ad has pervenerit oras, breviter intimabo : hæc est ut præfatus sum, navis miræ longitudinis et celeritatis, et utroque latere duos tenens remorum ordines, ac 150. nautas.* Ab hoc hausit quæ habet Gobelinus Persona in Cosmodromio ætate 6. cap. 49. ubi hæc subdit : *Et temporibus nostris tales naves apud Italicos Galeæ nomine nominantur, et prout dicit Hugutio Celimdria, vel Celindria, dicitur apud Latinos navis celox, et apud Græcos dicitur velox vel celonis; et sic corrupto nomine apud quosdam Salandria nominata videtur.* Hisce diluendis non immoror.

¶ SALANDRUS. Annales Genuenses lib. 4. ad ann. 1207. apud Murator. tom. 6. col. 395 : *Mense vero Junii dum naves septem cum galeis et Salandro, aliisque lignis subtilibus de ultra mare redirent, et prope civitatem in partibus Nervi nocte pervenissent, etc.*

CHELANDURUS, χελανδοῦρος, pro minori Chelandio, dixit Theophanes pag. 316. [** Sed legendum fortean χελανδοπρώρους, dicitur in Glossar. med. Græcit. col. 1748. ubi plura de *Chelandiis.*]

* *Chalandre* et *Salandre*, in Contin. Guill. Tyr. apud Marten. tom. 5. Ampl. Collect. col. 706 : *Si s'en partirent à tant et se recueillirent en lors galies, et alerent ou Gavata, ou lor Salandres estoient. Quant cil des Chalandres orent iluec attendu, etc. Chanlant*, pro *Chalant*, in Chron. S. Dion. lib. 3. cap. 5. tom. 3. Collect. Histor. Franc. pag. 216.

CALANNUS, nostris *Chalan*. Nam et a Chelandiis seu eorum forma nomen mutuati sunt. Tabular. Vindoc. Monasterii fol. 284 : *Domna Mathildis in unoquoque Sabbato habebat plenum Calannum de ramalibus ipsius bosci ad se calefaciendum.* [Histor. Monasterii S. Florentii Salmur. apud Marten. tom. 5. Ampliss. Collect. col. 1119 : *Telonium autem aquæ Ligeris omnium navium seu Calannorum, etc.*] Philippus *Mouskes* in Philippo Aug. :

A tant à mandé soldoiers,
Nés et Calans, et marouniers.

¶ CHALANNUS, in Archivo Xenodochii S. Joannis Andegav. : *Constantia Comitis Conani filia, Ducissa Britanniæ, Comitissa Richemundiæ, domui B. Johannis Hospitalis Andegavensis quietavi Chalannum suum, qui necessaria sua portabit in anno, ab omni consuetudine.*

CHALANDUS, in Hist. Monast. S. Nicolai Andeg. in Charta Gaufredi Comitis Andeg. et in Gestis Guillelmi Majoris Episcopi Andegav. cap. 24. Ita etiamnum hodie *Chalond* Andegavenses vocant. Le Roman *de Guillaume au Court-nez* MS. :

Il et si home ont un Chalan loé.

Le Roman *de Gaydon* MS. :

Quant Ferrans iert en mer en un Chalant.

Le Roman *de la Prise de Hierusalem* MS. :

Quant Barlat sont venus, on ot assés Chalans,
De nez et de galies, qui par mer sont corrans.

Le Roman *de Jordain* MS. :

Puis joint les piez, s'est saillis dou Chalant.

Alibi :

Apprestez moi et barges et Chalans.

Maistre Vacces :

Nez et basteaux et Chalans faire.

Alibi :

Chalans et escheis quant qu'il en pout trouver.

Regestum Ludovici Ducis Andegav. pag. 40. cap. *Du Trespas de Loire : Pour Chalant portant maison 4. sol. pour sentaine portant marchandie ou autres choses 2. s. pour Chalan portant le double ou plus 6. s.* Computum Joann. *Cauchon* Thesaurarii Guerrarum ann. 1378 : *A Huguenin Pongy notonnier, pour avoir mené par eauë en son Chalan de Nevers à Sancerre certaine finance, etc.* Adde Consuetud. Baionensem tit. 4. art. 13. et Stabilimenta S. Ludovici lib. 1. cap. 143. [** Vide Jal.; Antiquit. Naval. tom. 1. pag. 200.]

* Usurpatur præterea pro nave, in qua pisces asservantur. Lit. remiss. ann. 1409. in Reg. 164. Chartoph. reg. ch. 57 : *Ilz furent d'acord ensemble d'aler prandre du poisson en la bouticle appellée au pais* (de Blois) *Chalan.*

¶ CHALONNIUM, apud Lobinellum tom. 2. Histor. Britann. pag. 563 : *Deinde venit equus usque ad fluvium Ligeris, et ibi se posuit in modico Chalonnio, et usque ad Glonnam super Ligerim se afferri fecit.*

* Nostris etiam *Chalon*. Lit. remiss. ann. 1395. in Reg. 149. Chartoph. reg. ch. 73 : *Comme Perrot Heer et Perrot des Noes.... se feussent mis en un Chalon ou bateau, lequel il trouverent en la riviere de Mayne, etc.* Vide infra *Cholo.*

* Hinc *Chalener*, ni fallor, pro ejusmodi navem ducere, in Lit. remiss. ann. 1471. ex Reg. 195. Chartoph. reg. ch. 524 : *Icellui de Fauldiz s'en ala vers Laurens Roquart, qui Chalenoit et tiroit l'autre bout de la seine pour pescher.*

* Quod iis navibus merces adducerentur, *Chaland* dictus videtur, qui easdem merces emit : unde etiam eo nomine appellatur mulierum sectator assiduus, in Lit. remiss. ann. 1404. ex Reg. 159. Chartoph. reg. ch. 26 : *Gautier le Camus, qui estoit accompatgné de dix autres compaignons acointés et Chalans de ladite Tassine, couru sus audit Jehan.*

Observandum præterea Willelmum Hedam in Hist. Episcop. Traject. accersere Zelandiæ etymon *a Græco vocabulo Chilindras, quod navem significat, quasi Chilindriam vocare* (inquit) *possemus.*

¶ CHELE, *Est signum celi quod dicitur libra.* Gloss. MS. S. Andreæ Avenion. Vide *Cele.*

* CHELETTUM, Gradus, scabellum, Gall. *Marchepied.* Comput. MS. fabr. S. Petri Insul. ann. 1496 : *Item Johanni Nollart pro quodam Cheletto in ecclesia facto pro deosculatione reliquiarum, ut patet per cedulam, xl. sol.*

¶ CHELIDONIACUS GLADIUS, *Ferrum latum, cujus duplex mucro ac bifurcus in modum caudæ hirundineæ formatur; unde et Chelidoniacus dicitur.* Isid. lib. 18. Orig. cap. 6. Male *Celidoniatus*, in Gloss. San-German. MS. num. 501. sicut et apud Laurentium in Amalthea, *In modum caudæ leonis*, pro *Hirundinis ;* χελιδὼν enim Græce, unde *Chelidoniacus*, hirundinem significat, non leonem.

¶ CHELIDONIUS MUCRO, Eadem notione, in Agnelli libro Pontif. apud Murator. tom. 2. pag. 155.

¶ CHELINDRA, CHELINDRUS. Vide supra in *Chelandium.*

¶ CHELLA DE SEDA, Spira setæ, Gall. *Echeveau de soye.* Tabular. S. Petri Vosiensis fol. 7. v° : *Omnibus hominibus notum sit, quoniam Alaïdis uxor Geraldi Rofiniaci dedit Domino Deo et S. Petro Vosiensi in manu Rainaldi Monachi filii sui totum quod habebat in manso de Clian pro salute animæ suæ. Hoc audierunt et concesserunt filii ejus Ugo et Petrus Rofiniaci. Hujus rei auditores Bernardus Presbyter de Sadra et Geraldus Arnaldi. Deditque et Rainaldus filius suus per hoc unam Chellam de seda.*

CHELYNDRUS, pro *Chelydrus.* Est autem *Chelydrus, coluber,* ὄφις χέρσυδρος, ut est in Gloss. Græc. Lat. MS. Fulbertus Carnot. Hymno de S. Pantaleone : *Mortuus resurgit infans, et Chelindrus finditur.* Alanus in Parabol. cap. 6 :

Nonne Chelindrorum moriuntur morsibus illi.

Sic porro passim apud Scriptores Ecclesiasticos et in Vitis Sanctorum *Diabolus* indigitatur. Beda in Vita S. Ædelwaldi :

. . . . . Torvive cruenta Chelydri
Tela, quibus victor confregerit obvius armis.

Idem in S. Cuthberto cap. 11 :

Ne vaga pestiferi ludat vos aura Chelydri.

Jonas in Vita S. Eustasii Abb. Luxov. n. 8 : *Exarsit more solito lividus adversus Sanctorum famam Chelydrus.* Petrus Neapolitanæ Eccl. Hypodiaconus :

Plaude puella diu religata fraude Celydri.

Adde Christianum de Scala in Vita S. Ludmillæ pag. 44. Rabanum, Flodoardum lib. 14. Poem. 18. Fridegodum in Vita S. Wilfridi cap. 9. etc. [Vocem dictam putant a χέλυς, Testudo, propter duritiam, et ὕδωρ, Aqua, quod aquatilis sit Chelydrus. Servius cui favent Gloss. Gr. Lat. primum laudatæ, *Chelydrum ;* quasi *Chersydrum*, a χέρσον, Terra, et ὕδωρ, Aqua, quod amphibius sit, dici credit, sed utrumque distinguit Lucanus lib. 9. 750 :

Natus et ambiguæ coloret qui Syrtidos arva
Chersydros, tractique via fumante Chelydri.]

* A. Gr. χέλυτρος, Serpentis venenosissimi genus, quem ὕτρος vocat Nicander in Theriac. [** Scribe χέλυδρος et ὕδρος.] Unde Diabolum eo nomine indigitant scriptores ecclesiastici. Vita S. Pauli episc. Narbon. apud Labb. tom. 1. Concil. pag. 825 : *Cum ille Chelindrus antiquus semper humano generi inimicus, etc.*

¶ CELIDRUS, Eadem notione, in Carmine Elegiaco Ernoldi Nigelli pro Ludovico Imperatore apud Murator. tom. 2. part 2. col. 37. [** lib. 4. vers. 351. Pertz. pag. 508.] :

Qualia per mundum confregit gesta Celidri?

Christicolis cessit munera quanta quidem.

* Chilidrus, Eadem notione. Codex S. Mart. Lemovic. 134. nunc reg. 3851. A. fol. 15 : *Notum est quod primus humani generis parens de paradisi gaudiis... expulsus est, eo quod maluit obedire* (obaudire) *vocem Chilidri, id est, antiqui serpentis, quam præcepta summi conditoris.*

CHEMA, Mensuræ nomen, duobus cochleariis constantis. Vetus auctor : *Duo cochlearia Chemam faciunt.*

¶ **CHEMAGIUM**, Cheminagium. Vide infra *Cheminus.*

¶ **CHEMASTRUM**, *Vestis hyemalis*, in Amalthea, ex Polluce apud quem χείμαστρον.

* **CHEMINARE**, Insequi, persequi. Arest. parlam. Paris. ann. 1260. inter Probat. Hist. Brit. tom. 1. col. 976 : *Post hæc* (Oliverius de Cliçon) *Cheminavit ipsum comitem* (Britanniæ) *in inimicis capitalibus, et proditoribus ipsius comitis adhæsit.* Quo sensu *Chevaler* legitur in Epist. ann. 1563. tom. 2. Comment. Cond. pag. 143. ult. edit.

* **CHEMINELLUS**, diminut. a *Cheminus*, Semita, nostris *Cheminet*. Charta Hugon. dom. Fischæ ann. 1218. ex Bibl. reg. cot. 19 : *Contuli totam terram, quæ jacet a Cheminello, quo itur a villa, quæ dicitur Goncort, ad villam, quæ nominatur Eschaleuronnes, recta linea ab ipso Cheminello, etc.* Occurrit etiam in Ch. ann. 1240. ex Chartul. Campan. fol. 365. v°. col. 1. Tabular. Latiniac : *Et d'icelle* (terre) *venant suyvant ung petit Cheminet cheant sur le grand chemin.*

1. **CHEMINUS**, Chiminus, Via, iter, strata : ex Gallico, *Chemin*. Leges Edwardi Confess. cap. 12 : *Alia*, (pax Regis) *quam habent 4. Chemini, Watlingstrete, Fosse, Hikenildstrete, et Ermingstrete.* De his 4. cheminis Angliæ majoribus, vide præterea Leges vernaculas Willelmi Nothi cap. 30. et Henricum Huntindonensem lib. 1. pag. 299. [** Grimm. de Irminstrata pag. 31. sqq. et Mythol. German pag. 213.] Monasticum Anglic. tom. 1. pag. 532 : *Dedit nobis in escambium Chimini, versus boscum 8. acras.* Justus Abbas in Serm. ad Cistercienses : *Ipsa nostra habitacula urbibus similia sunt, et ut vulgo dicitur, in Chimino posita, commeantibus quadriviatim patent.* Charta ann. 1227. in Tabul. Ecclesiæ Meldensis pag. 32 : *A monte Dolio usque ad Cheminum ferratum quod vadit de Meldis ad Pontmorte.* [Occurrit alibi non semel.]

* Charta ann. 1265. ex Chartul. S. Joan. Carnot. : *Burgus S. Johannis in Valleia... est in censiva dictorum abbatis et conventus cum vicis ejusdem burgi et Cheminis, et aliis locis.* Alia ann. 1176. inter Probat. tom. 2. Hist. Lothar. col. 382 : *Sicut Chiminus vadit de Sirocour versus Tautonvillam.*

Proprie autem et peculiari significatione *Cheminum* vocari annotat Consuetudo Claromontensis. art. 229. viam majorem, quæ in latitudine continet 32. pedes, proinde minorem Regia, quæ continet 64. pedes : majorem vero *Via*, quæ continet 16. pedes. Ita etiam Rastallus Anglus : *Chemin est le haut voy, l'ou chescun home passe, qui est appellé Via Regia.* De vocis origine non constat, quam Gallicam veterem putat Bergerus lib. 3. de Viis Roman. cap. 49. § 5. Stephanus Guichartus in Harmonia etymol. ab Hebræo *Chamac*, deducendam putat, i. circuire, ambire, declinare, ire, et ambulare. Vide *Pax Regis, Via ferrata* et *Caminus*, 2.

* Cheminus Levatus, Agger, nostris *Levée*. Charta ann. 1254. in Chartul. eccl. Lingon. ex Cod. reg. 5188. fol. 240. v°. : *A dicto molendino usque ad magnum Cheminum levatum tendentem apud pontem d'Acroiche.* Vide *Levata* 3.

* Cheminus Pedagialis, Principalis, Via major, in qua *pedagium* exigitur. Charta ann. 1281. in Reg. 53. Chartoph. reg. ch. 279 : *De quodam latrone capto in uno quatuor Cheminorum pedagialium et principalium in villa S. Maxentii et extra.* Vide in *Via* 1.

¶ Chiminum, f. ut mox *Cheminagium*. Charta Stephani Sacri-Cæsaris Domini ann. 1178. pro Capitulo Bituricensi, apud Thomasserium in Biturig. pag. 139 : *Consuetudines omnes quas in parrochia Belliloci et de Centrengiis accipiebam, videlicet arbannum, biennum, præposituram, forisfactum monetæ, furtum, murtrum, Chiminum, gladium extractum, equitatum meum etc . . . Pro quitatione autem harum consuetudinum constituerunt mihi Canonici . . . in excambitionem octoginta libras.*

* Cognitio est vel justitia de delictis, quæ in *Cheminis* seu viis publicis perpetrantur. Vide in *Via* 1.

Cheminagium, Telonium seu pensitatio, quæ in forestis exigebatur a forestariis, pro plaustris, et equis colonorum, qui per suæ forestæ *baillivas*, seu limites onera portabant : ex Gallico *Cheminage*. Charta Joannis Regis Angl. pro forestis, apud Matth. Paris ann. 1215 : *Nullus Forestarius de cætero, qui non sit Forestarius de feudo, reddens firmam nobis pro balliva sua, capiat Cheminagium : scilicet pro careta per dimidium annum 2. denarios, et pro equo qui portat summagium, etc.* [Charta Henrici III. Regis Angl. in Hist. Harcur. tom. 4. pag. 2206 : *Quod ipsæ et earum successores in perpetuum sunt quietæ de Cheminagio per omnes forestas nostras in Comitatu Warrici et Gloucestriæ.*] Fleta lib. 2. cap. 41. § 25 : *Item inquiratur si aliquis Forestarius de feodo, vel alii ceperint finem vel mercedem aliquam pro Cheminagio aliter quam ipsos percipere licet.* At vir doctus contendit legendum in Charta de Foresta laudata, *Chimagium*, itaque haberi in ipso textu. [** Ex confirmatione ejusdem chartæ *Chiminagium* legitur in Abbrev. Placit. Pasch. ann. 22. Eduard. I. Suth. rot. 5. pag. 291 : *Walterus de Everle, custos forestæ regis de Pambere implacitatur per Johannem de la Consande et Johannem Morwarde de Iwode.... quod exigebat de eis Chiminagium et expeditionem canum contra formam cartæ regis Henrici, patris regis nunc. Qui Johannes et Johannes pecierunt licentiam recedendi de brevi suo et habent.*] Tabularium S. Cypriani Pictavensis : *Ranulphus Alians concessit.... consuetudines omnes quæ habet in Buxia, et Chinatgium, excepto Forestagio concedentibus dominis de Isla . . . Giraudus Berlant filiusque ejus concesserunt Monasterio S. Cypriani consuetudinem Chinatgii, et cætera quæ a senioribus suis de Isla in Buxia obtinebat. Chemagii* vel *Chimagii* meminit Raguellus ex Charta ann. 1387. aitque esse præstationem vel telonium pro *chemino* seu via : sed, aut fallor ipse, fallitur. Est enim *Chemagium* idem quod *Cimagium*, jus scilicet utendi supremis ramis arborum in forestis, quos *Cimes* dicunt. Charta Gaufredi Liziniacensis Dom. Volventi et Merventi ann. 1233. qua Eleemosynariæ S. Thomæ Fontenacensi suum *Chauffage* concedit in silva de *Mervent : Ce est à savoir à prendre à l'usage de la maison devant dite, tant cum un chevaux, o uns asnes, lor en porra apporter daus Cimaus, et daus branches, qui remandront au servant, qui de ma Jourest devant dite tranchera et mettra son chauffage au Signor de Fontenay. Et si lés branches et la Cimau devant dit ne soffisent au devant dit freres au chauffage de os et dau pauvres de la maison devant dite, je lor ay donné congé et pouer de prendre lor bois sec, etc.*

¶ Chiminagium, apud Rymer. tom. 8. pag. 95. col. 2 : *Chiminagiis, piscariis, molendinis, etc.*

* 2. **CHEMINUS**, Tributum, vectigal quod in *Cheminis* seu viis publicis a prætereuntibus exigitur. Charta ann. 1239. inter Probat. Hist. Sabol. pag. 349 : *Præterea dedimus eidem Jacobo* (dom. Castri Gonterii) *et suis heredibus in maritagium cum Haloysia supradicta, omnes Cheminos totius castellaniæ de Melleio, cum omni jure et dominio, cum omnibus passagiis et coutumiis et quibuslibet exactionibus levandis qualicunque die in dictis Cheminis evenerint, vel potuerint evenire.* Arest. parlam. Paris. ann. 1283. in Reg. 34. Chartoph. reg. fol. 38. v°. ch. 46 : *Gentibus domini regis.... dicentibus, ... quod omnia averia venientia de Flandria in Franciam, Campaniam, Burgundiam, Provinciam et ultra montes, debent Cheminum apud Bapalmas.* [** *Debent Pedagium apud Bapalmas*, in Chart. ejusd. argumenti e Chartul. Philipp. Aug. *Doient passer et aquiter à Bapaumes*, in Chart. Gall. ann. 1202. utraque apud *Thierry*, Histor. Commun. Ambian. pag. 179. et 180.] *Chemin* nostris, eadem notione. Pedag. Peronæ ann. 1295. in Chartul. 21. Corb. fol. 356. v°. : *Item tous vins de France et de Bourgoingne allans desdits lieux en Flandres doivent Chemin a Peronne.* Vide *Cheminagium* in *Cheminus* 1.

* Cheminum Regium Rogare, Dicitur cum quis jure azyli gaudens, a justitia nihilominus *bannitus*, petit, ut secure, quo voluerit, possit abire. Lit. remiss. ann. 1455. in Reg. 183. Chartoph. reg. ch. 4 : *Pendant que le suppliant estoit en franchise l'en proceda contre lui par bannissement..... Après ces choses demanda ledit suppliant Chemin royal à ladite justice, ainsi qu'il est acoustumé de faire audit lieu de Rouen ; ce qui lui fut accordé, et de fait fut mené par la justice dudit lieu jusques à une lieue dudit Rouen en tirant vers S. Maslo de Lisle, ainsi qu'il avoit requis : mais pour ce qu'il ne lui fut aucunement baillié lettre de seureté de sa personne, ne osa tenir le chemin à lui baillié.* Qua ratione vero id exsequebantur, discimus ex aliis Lit. remiss. ann. 1413. in Reg. 167. ch. 290 : *Pour ce que le*

suppliant fu hastivement poursuivi de justice, se bouta en franchise en l'eglise de la parroisse, où il fu bien un mois ou environ. Après requist voye de droit lui estre ouverte, selon la coustume et usaige du pays. Pourquoy il eust esté délivré et mis hors de l'église par quatre chevaliers par l'ordonnance de justice et eust este banni de nostre duchié de Normandie.

* Quod in *Cheminis* seu viis publicis consedere solebant meretrices, ut obvios quosque ad se allicerent, *Femmes* vel *Filles de Chemin* appellabantur; quem usum antiquissimum esse probat exemplum Thamar, Genes. cap. 38. v. 14. Lit. remiss. ann. 1398. in Reg. 153. Chartoph. reg. ch. 492 : *Pour cause d'une fillette commune ou Femme de Chemin et de dissolue vie, etc.* Aliæ ann. 1404. in Reg. 159. ch. 284 : *Une femme de Chemin feust admenée par le varlet du suppliant en son hostel.* Denique aliæ ann. 1457. ex Reg. 187. ch. 280 : *Les supplians qui aucunement se doubtoient que icelle fille fust femme ou fille de Chemin, etc. Fames de chans*, in Consuet. MSS. S. Genov. ad ann. 1282. fol. 26. r°.

* **CHENALIS**, a Gall. *Chenal*, Alveus, canalis. Charta ann. 1295 : *Et fluit aqua de Breyda ab una parte, et hayrelium molendinorum dicti Hugonis ab alia parte, edictum hayrelium et eclosam molendinorum suorum usque ad Chenales dictorum molendinorum. Achanau* et *Achenau*, eadem acceptione, in Lit. remiss. ann. 1460. ex Reg. 190. Chartoph. reg. ch. 190 : *Ladite Achanau, qui est faicte et tenue en point pour recevoir les eaues,... qui par chacun an decourent par ledit Achenau à la mer, qui est près d'illec.* Ibid. pluries *Achenau*. Hinc *Chenex*, pro Canalis, quo aquæ pluviales a tectis projiciuntur, Gall. *Gouttiere*. Biblia Guioti fol. 106 :

Que la Chenex retient la pluie,
Et l'eue giete fors et ruie.

* *Escheno*, eodem intellectu, in Reg. 150. ch. 382 : *Icelle Agnès se leva et par une fenestre monta sur un Escheno ou goutiere entre deux maisons, pour eschever qu'ils ne la trouvassent.* Vide supra *Chanecia*.

* Aliud sonat *Chenail*, nempe Fenile, borreum, in aliis Lit. ann. 1390. ex Reg. 138. ch. 171 : *Perrinet Duval ayant charié des gerbes de blé à Colete Hue, il les entassa en un Chenail, estant en l'ostel d'icelle Colete.*

* **CHENARIA**, Jus, quod domini in vassallorum prædiis habebant, ratione cujus iidem vassalli et subditi canes dominorum excipere et alere tenebantur; quod sæpe redimebatur præstatione pecuniaria, idem quod *Canaria*. Charta Bern. vicecom. Ventador. ann. 1330. ex Reg. 66. Chartoph. reg. ch. 440 : *Cum tribus obolis pro Chenaria.... Tresdecim denarios pro mutone et duos solidos et sex denarios pro Chenaria... Decem denarios pro Chenaria, et decem denarios cum obolo pro mutone et duos solidos et sex denarios pro vinata. Chienerie*, eodem sensu, in Redit. comitat. Namurc. ann. 1289. ex Reg. sign. *Le papier aux aysselles* Cam. Comput. Insul. fol. 70. r°. : *Si a li cuens à le S. Remi rente c'on apele Chienerie, de chascun feu j. dosin d'avaine et j. poille. Kienerie*, in Redit. ejusd. comit. ann. 1265. ex alio Reg. ejusd. Cam. sign. *Papier velu* fol. 10. r°. *Chienaille* vero, Canum stabulum, Gall. *Chenil*. Le Roman de *Robert le Diable* MS :

Et commande c'on li voist
A porter fuerre, estrain et paille
Dessoubz le vaute ou le Chienaille,
Là face là le lit au fol.

* **CHENELLUS**, Pastilli species, idem quod *Chenetellus*. Necrolog. eccl. Bituric. MS. : *Processio ad S. Hippolitum valet xxx. sol. Paris. distribuendos inter canonicos, et habent potum et Chenellos ibidem.* Unde vero accersenda vox *Chenelée*, Propago, Gall. *Provin?* si tamen legendum non est *Chevelée;* quæ vox ad propaginem aptius accommodari posse videtur. Lit. remiss. ann. 1398. ex Reg. 154. Chartoph. reg. ch. 12 : *Ladite femme avoit fait laissier en icelles vignes.... jusques au nombre de quatre cent ceps ou environ, et iceulx enterrer pour faire Chenelées de pinos, pour les faire planter en sesdittes vignes.*

CHENETELLUS, Pastilli species. Charta Carini Abbatis de Valleia ann. 1227. ex Tabulario Ecclesiæ Carnotensis n. 310 : *Cum ex pia decessorum nostrorum devotione processio Ecclesiæ B. Mariæ Carnotensis ad Ecclesiam nostram accedens procurationem quarta feria Paschalis ebdomadæ, et potum cum Chenetellis in vigilia S. Joannis Baptistæ decollationis sine contradictione perciperet, quia in dictæ procurationis, et potus et Chenetellorum exhibitione, ob turbarum instantiam nobis importune pluries et damnose, sed et inhoneste res fieri videbatur, Decanus et Capitulum ejusdem Ecclesiæ ad fugam discordiæ, et mutuæ affectionis custodiam, et evitanda prorsus incommoda, prædictam procurationem, potum et Chenetellos nobis in perpetuum quittavit, processione B. Mariæ Carnotensis ad Ecclesiam nostram more solito præfatis diebus nihilominus accedente, etc.* In Charta alia ann. 1201. num. 333. *Pastilli* dicuntur : *Nos vero in recompensationem dictarum procurationum, potus et pastillorum, etc.* [Liber Ordinarius Ecclesiæ Nivern. 300. circiter annorum : *Feria secunda Paschæ prout in die Paschæ. In reditu processionis ad Fontes cantatur prosa, Dic nobis Maria, et si sint Canonici stagiarii, debent vinum bonum et Chenetellos in capitulo omnibus de choro et tunc vadit ibi processio.* Hæc ex Mercurio Gallico Martii 1727. ut et sequens]

¶ CHENETRELLUS, Eadem notione. Statuta Ecclesiæ Tullensis in diem Ascensionis : *Ibi olim* (in episcopali domo) *bibebatur in scyphis madrinis et comedebantur hostiæ magnæ, Chenetrelli et poma.* In quibusdam locis Belgii etiamnum *Canesteau* vocant crustulum triquetrum, quod Galli dicimus *Echaudé*. Vide *Chenellus*.

* **CHENETUS**, a Gall. *Chenet*, Fulmentum focarium, nostris olim *Chienet*. Reg. episcop. Nivern. ann. 1287 : *Duo Chenetì ad ignem.* Lit. remiss. ann. 1353. in Reg. 82. Chartoph. reg. ch. 181 : *Unum tripodem ferri, unam graticulam et unum Chenetum abstulit.* Inventar. S. Capellæ Paris. ann. 1376. ex Bibl. reg. : *Duo Cheneti sive anderii ferri. Deux Chenez de fer*, in Inventar. Gall. Lit. remiss. ann. 1384. ex Reg. 124. ch. 348 : *Un landier ou Chienet, et un greil de fer.* Aliæ ann. 1389. in Reg. 138. ch. 98 : *Audoin a receu dampnablement un Chiennez pour mettre en cheminée d'un des commissaires du Chastelet.* Aliæ denique ann. 1395. ex Reg. 148. ch. 318 : *Icelui Jehan fery ledit Simon d'un queminel, appellé Chienet, sur la teste à sanc et à plaie.* Vide supra *Canis* 3. et infra *Chiminale*.

¶ **CHENEVERIA**, Locus cannabe consitus, Gall. *Cheneviere*. Charta Hugonis de Castellione ann 1226. in Tabulario S. Germani Paris. : *Pro xxviii. denar. quos habent in quodam jardino et Cheneveriis et aliis censivis.* Ibidem occurrit *Chanaveria* et *Chaneveria*. Vide *Canabaria* et *Chanaberium*.

* **CHENEVERIUM**, Ager, ubi cannabis crescit, Gall. *Cheneviere*, olim *Chenevreau*. Charta ann. 1474. in Terrear. S. Maurit. fol. 76. v°. : *Dictus confitens tenetur solvere in et pro quodam suo Cheneverio sive riparia juxta rivum, etc.* Lib. cens. terræ d'*Estilly* an. circ. 1430. ex Bibl. reg. fol. 30. r°. : *Au bout de l'aunay et Chenevrau Mace Vaugoin.* Lit. remiss. ann. 1478. in Reg. 201. Chartoph. reg. ch. 197 : *Le suppliant s'en ala en ung Chenevreau près la ville de Poictiers avec autres compaignons; estans audit Chenevreau ils jouerent aux quilles. Chenevril*, eadem acceptione, in Charta ann. 1333. ex Reg. C. ch. 36 : *Sur un Chenevril joignant au doet au chat d'une partie, et au Chenevril Colas Layllier de l'autre partie.* Ita quoque *Chennewis*, in Lit. remiss. ann. ex 1390. Reg. 138. ch. 168 : *Il alla aussi coucher au Chenewis aux champs. Chenneveux*, pro *Chenevi*, Cannabis semen, in Lit. remiss. ann. 1414. ex Reg. 168. ch. 145 : *Le suppliant qui portoit du Cheneveux sur son cheval; lequel Cheneveux, etc.* Neque aliud forte est *Chengluis*, in Pedag. Bapalm. ex Chartul. 21. Corb. fol. 359. v°. : *Le carge de Chengluis, xiij. den. Chenevel* vero, Piscis genus est tom. 1. Ordinat. reg. Franc. pag. 541. qui *Cheveneau* appellatur, in Lit. remiss. ann. 1392. ex Reg. 143. ch. 238 : *Un bon Cheveneau, des barbillons, filardeaux et autre menu poisson.* Vide *Cheneveria* et infra *Chevenerinum*.

* **CHENONETORIUS**, Canaliculus; vel diminut. a *Chenetus* supra. Comput. fabr. S. Petri Insul. ann. 1366. MS. : *Item pro quodam Chenonetorio, iiij. solidos.* Vide supra *Chenalis*.

* **CHEOCA**, Stipes, caudex, Picardis *Choque*; unde diminut. *Chouquet*, in Lit. remiss. ann. 1381. ex Reg. 120. Chartoph. reg. ch. 126 : *Pour cause d'une certaine busche ou Chouquet.* Charta capit. S. Quint. Viromand. ann. 1220. ex Chartul. Mont. S. Mart. part. 6. fol. 101. v°. col. 1 : *Movimus quæstionem repetentes ab eis de Cheocarum proventu nobis debitam portionem.* Vide *Choca*.

CHEOLARE, Follem pedibus propellere, *Cheoller, Choller* : Ludi species vicanis nostris in Picardia familiaris. Lambertus Ardensis pag. 142 : *Mansit ibi in medio agri pascui quidam cervisiæ brasiator, vel cambarius, ubi rustici homines vel ad Cheolandum, vel etiam herkandum propter agri pascui largam et latam planitiem convenire solebant.* In Tabulario urbis Ambian. est compositio inter Simonem Episcopum, et

Majores et Scabinos ejusdem urbis ann. 1323. super pluribus controversiis, in quibus erat ista, *de ce que li Maires prit l'estuef à la Chole le jour de Quaresmel en le terre de l'Evesque et de l'Eglise.* Robertus Bourronus in Histor. MS. Merlini : *Et en cel camp avoit une campaignie d'enfant qui Choulloient.* Et infra : *Si haucha la croche, si en feri l'enfant en la gambe.* Videtur ludo isti vox indita, quod calcei *solea* follis propelleretur. Charta Caroli Regis Franc. ann. 1387. ex Archivo Regio : *Les gens du pays de Fulguessin le Normand et la forest de Lyons ont accoustumé de eus esbattre et assembler chascun an pour Souller et jouer à la Solle l'un contre l'autre devant la porte de l'Abbaye de nostre Dame de Mortever le jour de Caresme prenant, etc. Jeu de la soule* appellatur in Statuto alio ann. 1493. in Regesto cæruleo Castelleti Paris. fol. 37. [Est autem ludus ille in usu apud Gallo-Flandros, quo non follem pedibus propellunt, sed globulum ligneum, *Soule* vel *Soulette* dictum, quantum possunt longius, clava protrudere conantur.] Vide in voce *Ludus*, et Dissertationem nostram 8. ad Joinvillam. [* Vide infra *Choulla.*]

¶ **CEOPINA**, Quarta pars œnophori Gallici, nostris *Chopine.* Nancelius in Vita Rami : *Potto vini bene diluti, eaque mediocris, et infra heminam, quam Cheopinam Græca imitatione dicimus*, ἀπὸ τοῦ χέειν καὶ πίνειν; quod mutuatus est ab hoc Baili loco de Re vasculâria : *Cheopina, une Chopine*, a Græco χέε πίνειν : *quod in ea tantum funditur, aut hauritur, vini, quantum homo sitibundus uno haustu adsumere possit.* His præiverant Budæus, Postellus, et Robertus Stephanus, quos sequitur Lancelottus. Menagius omnes improbat in Dictionario Etymol. Gall. ubi simplicius vocem *Chopine* deducit a *Cuppina* diminutivo *Cuppæ.*

* **CHEOROLIA.** Vide supra *Caerola.*

¶ **CHEPHALAGRICUS**, Mente captus, ni fallor, a Græco κεφαλή, Caput, et ἄγρα, Captura. Vita S. Bonifacii tom. 1. Junii pag. 481. A : *Similiter et eos quos ira phreneticos, odium Chephalagricos, error stomachicos... fecerat, sanitati restituebat.* Vide *Cephalargia.*

¶ **CHEPPUS**, Carcer, Gallis olim *Chep.* Polyptychus Fiscamn. ann. 1235 : *Walterius le Sanguier tenet unum masagium cum una virgula terre de feodo Cheppi et reddit sex denarios ad festum S. Margaretæ, et debet Cheppum custodire in domo sua.* Vide *Cippus.*

* Instrumentum potius esse videtur, quo reorum pedes manusque constringuntur; nisi etiam idem sit quod *Collistrigium.* Vide in hac voce.

CHERCHAMBRUM. Charta Richardi Episc. Coventrensis, in Monast. Angl. tom. 3. pag. 223 : *Duas mansuras in Lichefeld, et scoppam Scherilai Fabri, et Cherchambrum : quæ omnia prædictum Walterum pacifice constat possedisse.*

¶ **CHERCHEMANIA.** Vide *Circamanaria.*

* **CHERCHET**, Mensuræ species. Charta Henr. II. reg. Angl. ann. 1126. pro monast. de Exaquio in Reg. 64. Chartoph. reg. ch. 161 : *Dedit etiam illam mensuram frumenti, quæ vocatur Cherchet, de omnibus maneriis suis.* Ita editum quoque inter Instr. tom. 11. Gall. Christ. col. 235. Unde emendanda Charta ann. 1105. quæ de eadem re agit, ubi legitur *Torecht*, ibid. col. 233.

CHERCHEZ, Præstationis species; in Monastico Anglic. tom. 2. pag. 117. 179.

* Vide *Circulagium* et *Serchellum.*

* **CHERE**, a Gr. χαῖρε, Ave, salve. Carmen de Philom. ad calcem Cod. reg. 6816 :

Psytacus humanas depromit voce loquelas,
Atque suo domino Chere sonat, vel Ave.

* **CHEREM**, Excommunicationis majoris species apud Judæos. Vide infra *Herem.*

CHERIES. Hervæus Eliensis Episcop. apud Ordericum Vitalem lib. 6 : *Erat enim aliquantulum corpulentus, mediocris personæ, et honestam, ut ita dicam, Cheriem habebat.* Ubi *Cheries* idem valet quod Gallis ejusce ætatis *Chere*, vultus, facies. Vide *Cara.*

* **CHERIMONIA**, Querimonia. Charta ann. 1096. tom. 1. Probat. Hist. geneal. domus reg. Portugal. pag. 2 : *Non valeat sua Cherimonia sine testimonio bonorum hominum.*

¶ **CHERINA**, Num ager cultus, in quo frumentum seri consuevit, a Teutonico *Kerno*, Frumentum? Testamentum Will. Jordani Comitis Ceritanniæ ann. 1102. Marcæ Hisp. col. 1225 : *Relinquo S. Martino Canigonensi... villam En... et ipsos quartos qui sunt de meas Cherinas et equas duas..... Iterum dimitto... omnes dominicos meos olivartos, quos habeo in supradicta villa, et ipsos quartos de olivariis ejusdem villæ ad luminaria omni tempore.* Vide *Cherno.*

CHERISCEATUM. Vide *Ciricsetum.*

¶ **CHERISMOS** Vide *Cheritismus.*

CHERISTADUNA, Idem quod *Aristato*, de quo supra. Pactus Legis Salicæ tit. 58. § 4 : *Si quis Cheristaduna super hominem mortuum capulaverit, etc.* [Eccardus suspicatur *Cheristadunam* dici potuisse pro *Christi statua*, quæ non raro sculpta videtur in sepulcris. Pura puta suspicio est, nullo satis idoneo fundamento subnixa.]

CHERISTRUM, [mendose] pro *Theristrum*, Genus pallii mulieris. Vide in hac voce.

CHERITISMUS, χαιρετισμός, Salutatio, Annunciatio Deiparæ Virginis. Anastasius in Leone III. PP. pag. 121 : *Fecit vestem de chrysoclabo habentem Historiam Nativitatis et S. Simeonis, et in medio... Cheritismum.* [Muratorius legit *Cheritsmon*, et ex alio MS. *Cherismon.*]

¶ **CHERIUM**, Manualis fasciculus, ut videtur, a Græco χείρ, manus. Polyptych. Fiscamn. ann. 1235 : *Et debet fena facere, coadunare et adducere, et debet tundere et eschoare sexaginta Cheria lini.*

* **CHERNERIA**, a Gall. *Charniere*, Verticulæ. Inventar. S. Capellæ Paris. ann. 1376. ex Bibl. reg. : *Item quidam tabuleti argenti deaurati claudentes et firmantes cum Cherneriis, ornati de minuta perreria.* Aliud Gallicum : *Item uns tableaux d'argent doré fermans a Charnieres.* Vide supra *Charneria.*

CHERNO. Charta 69. inter Alamannicas Goldasti : *Hoc est, 15. siclas de cervisia, et maldram de Chernone, et friskingam tremissæ valentem.* Ch. 83 : *Censumque annis singulis persolvat, id est, 6. maldras de avena, et 1. maldrum de Chernone.* Forte *Cicercula*, leguminis genus, quod Germanis *Kichern* dicitur. [Frumentum est, a Teutonico *Chorn, Korn* vel *Kerno*, quod idem significat. Vide Goldastum ad Eckeardi Jun. cap. 16. et Schilterum in Glossario Teutonico voce *Chorn.*]

¶ **CHEROCHÆ** : *Lini inmallones.* Papias MS. Bituric. Sed hic manifestus Amanuensis error est, quem sic emendare licet : *Cherochæ, Lineæ in malo navis* : quod quidem ad verbum legitur ibidem in voce *Cheruci.* Vide *Cerachi.*

* **CHERRES**, Onus carri, quantum carro vehi potest, Gall. *Charretée.* Charta ann. 1295. ex Chartul. eccl. Lingon. Cod. reg. 5188. fol. 47. v°. : *Item cxiv. jornalia terræ arabilis,.... quæ valent seu valere possunt xxx. aminas bladi per medium, si admodiarentur cum adjutorio, cum decem Cherres feni.* Vide supra *Charrea.*

¶ **CHERRETA.** Vide in *Carrada.*

* **CHERUBIM**, Lauta epula; sic dicta forte, quod sicut *Cherubim* ex amore Dei, ita qui egregie bibunt ex vino rubicundam habent faciem. Stat. Universit. Aquens. pag. 35 : *Statuimus quod aliquando domini studentes propter bonum Cherubim eisdem factum per dictos bejanos, etc.* [** *Bonne chère.*]

¶ **CHERUCA**, pro *Ceruchus*, apud Pulcher. Carnot. lib. 3. Hist. Hierosol. cap. 58.

¶ **CHERUCES**, *Funes navium.* Papias MS. Vide *Cerachi.*

¶ **CHERUCI**, *Lineæ in malo navis.* Idem Papias in MS. Bituricensi.

CHERVIGIUM, Papiæ, *Navigium.* Codex editus habet *Cervigium.*

CHERVIOBURGUS. Pactus Legis Salicæ tit. 67. § 1 : *Si quis Chervioburgum, hoc est, strioportium, clamaverit, aut illum, qui Æneum dicitur portasse, ubi strias cocinant, etc.* Editio Pith. *Hereburgium* habet, quam vocem Goldastus *Veneficum* interpretatur, quoniam *Hoerberger*, veneficus adhuc dicitur Helvetiis. Wendelinus *Hoer* quidem Germanis omnibus meretricem sonare ait, eamque hic intelligi quæ cum dæmone rem habet, eique succubat : proindeque addita densitate aspirationis *Choereburgum*, esse *veneficarum receptatorem*, seu succubarum. Atque etiam ipsum veneficum, quique caldarium commodat, ac deportat una cum ipsis striis ac sagis ad loca avernalium sacrorum, ubi ferales epulæ instruuntur. [Eccardus ut erroneam respuit hanc Wendelini expositionem, et eam quæ Goldasti est, amplectitur; secus Schilterus in Glossario. Hos, si lubet, consule.] [** Grimm. Antiq. Juris a *Chver*, Lebes, et *Burjo*, Bajulus. Vide Graff. Thesaur. Ling. Franc. vol. 4. col. 1228.]

CHERULAS, *Colles vel valles.* Papias edit. et MS.

¶ **CHERUMANICA**, Vox ibrida ex Græco χείρ et Latino Manica, Pars vestis tegens manus vel brachia. Agnelli Liber pontificalis apud Muratorium tom. 2. pag. 179. col. 1 : *Istius temporibus apparuit signum terribile mortiferæ cladis, ut in cujus apparebat vestimentis, aut in quolibet indumento vel Cherumanica sive calciamento tres guttas venetas in tertio die rapiebatur morte.*

* **CHERUS.** Vide supra *Charrus.*

* **CHESA,** Domus episcopalis; proprie est Cathedra, sedes. Chron. monast. S. Petri de Podio an. circ. 1015. inter Probat. tom. 2. Hist. Occit. col. 7 : *Heldegarius præpositus cum consilio et laude dom. sui Stephani episcopi et omnium abbatum et canonicorum B. semper V. M. in sepulturam concessit monasterio B. Petri domos illas, quæ sunt subtus Chesa episcopi.* Vide *Chosia.*

CHESAMENTUM. Vide *Casamentum* 1.

* **CHESEATI,** Iidem qui *Casati, Cheseaux* in Consuet. *de Troy* in Bitur. Charta Phil. Aug. ann. 1216. in Chartul. episc. Paris. fol. 47. r°. : *Ita libere et ligie omnia ista ab episcopo Parisiensi teneant, sicut alii Cheseati ipsius episcopi feoda sua tenent ab ipso. Chessauls,* in Ch. ann. 1285. inter Probat. domus de Castelleto pag. 6 : *Les issues quan que je y aie, et puis et doie avoir esdits forestiers et ez Chessauls.* Vide Glossar. Jur. Gal. v. *Cheseau* et supra *Chazati.* At vero *Cheseau,* fasciculum significare videtur, in Pedag. MS. prior. S. Gondulfi diœc. Bitur. ann. 1314 : *Le Millier de mesrien a vin en Cheseaus, xvj. den.*

¶ **CHESIA.** Vide *Chosia.*

¶ **CHESNEIA,** Quercetum, Gall. *Chesnaye.* Charta Ludovici Regis Franc. ann. 1235. apud Marten. tom. 1. Collect. Ampliss. col. 1266. : *Donamus Normevillam et fortericiam Normervillæ ..... et* XXXVIIII. *acras bosci Norm. et* LIII.. *acras nemoris de Esniac villa, et viginti acras Chesneiæ et viginti acras bosci Normervillæ ultra aquam.* Vide *Casnus.*

* **CHESNUS,** a Gall. *Chesne,* Quercus; unde *Chesnin,* querceus. Charta ann. 1147. ex Tabul. S. Eparchii : *Dono Deo et sancto Eparcho.... omnes arbores lemniorum meorum de Pontos, præter Chesnum et fraxinum.* Le Roman *de Garin :*

Près de la porte fist venir tel engins,
A set estages tot droit de fust Chesnin.

Vide *Chesneia.*

¶ **CHESPETATICUS.** Vide *Cespitaticum.*

¶ **CHESSEFAS,** CHESSEFOS, Species panis. Charta Geraldi Abb. S. Joannis Angeriac. ann. 1385. ex Chartulario ejusd. Monasterii pag. 463 : *Item ipso die* (Carnisprenii) XII. *miches, quas debemus habere pro* XIII. *Chessefus de cambio.... Item in dicta Abbatia qualibet die debemus habere* XIII. *panes, qui vocantur Chessefos.*

* **CHESTIS,** Tributum quod exigitur, *quæritur,* petitur, idem quod *Quæsta.* Charta ann. 1150. ex Cod. reg. 5132. fol. 106. v°. : *Habet comes* (Barchinonensis) *in omni isto honore stachamenta, et placita,... et operas, et Chestes.*

CHESTUS, Tributum exactum. Vide *Quæsta.*

* **CHETILLÆ.** Vide supra *Cetilhæ.*

¶ **CHETINEA.** Statuta vetera Capituli Senon. cap. de Archidiacono : *Item debet de minutis lignis, quæ dicuntur Chetinea, quantum sufficit.*

* Nomen adjectivum esse videtur a Gall. *Chetif,* Minutus. Vide supra *Captivare* 2.

CHETONITUS, Κοιτωνίτης Cubicularius, Eunuchus : apud Lupum Protospatam in Chron. ann. 1028. 1032. Vide Notas nostras ad Alexiadem.

* **CHETUCOLA,** *Deronpture,* in Glossar. Lat. Gall. ann. 1352. ex Cod. reg. 4120. Glossar. Gr. Lat. : Κήλη, *hernia.*

¶ **CHEVACHE,** Equitatio. Vide *Chevaucheia* in *Hostis.*

* **CHEVACHEYA,** CHEVALCHEIA, CHEVALCATA, CHEVALISIA. Vide supra in *Caballus.*

¶ **CHEVACHIUM,** Capitis census. Vide in *Capitale* 5.

CHEVAGIUM, Idem. Vide *Capitale* 5.

¶ **CHEVALCEIA,** Incursio. Litteræ Ludovici Fr. Regis ann. 1229. apud Baluzium tom. 7. Miscell. pag. 266 : *Comiti Flandriæ dedimus licentiam relevandi portas villarum suarum... ita videlicet quod timere non debeant Chevalceiam.* Vide *Caballicata* et *Cavalcatus* in *Caballus.*

¶ **CHEVALCHIA,** Gall. *Chevauchée,* Equitatio ad quam tenebantur vassalli, quando feodalis dominus pergebat in exercitum. Charta Guidonis Comitis Flandriæ pro Ecclesia S. Bartholomæi Bethun. : *Liberi et immunes erga dominum Bethun. ab omni exercitu, ab omni Chevalchia.* Altera Theobaldi Comitis Campaniæ ann. 1227. e Tabulario Meldensi fol. 50. v°. : *Asserebat prædictus Episcopus quod homines sui de Congiaco .... non debebant ire in exercitum meum vel Chevalchiam meam. In exercitu et Chevalchia,* in Libro nigro Scaccarii pag. 157 : *Cavalchia, etc.* in *Caballus.*

¶ **CHEVALLIGIUM,** Census ab hominibus de *capite* domino solvendus. Charta libertatum S. Palladii apud Thomasserium in Biturig. pag. 111 : *Quictamus ab omni jugo servitutis, servitii, talliæ, mortalliæ, Chevalligii, exactionis, angariæ, etc. Chevallagium* etiam pluries occurrere testatur auctor Historiæ Dalphinatus tom. 1. pag. 78. sed aliam notionem tribuit, eamdem nimirum, quam habet *Caballacum,* Præstatio avenæ pro *caballis* Domini. Vellem testimonia potulisset. Vide *Cavelicium* post *Capitale* 5.

CHEVANCIA, Facultates, bona, Gallis *Chevance.* Charta Edw. II. Regis Angl. in Monastico Anglic. tom. 1. pag. 359 : *Quod idem Prioratus pæne destructus, et possessiones suæ ad plurimos terminos, pro plurimis Chevanciis alienatæ existunt.* [Vide *Cabentia.*]

¶ **CHEVARDERIA.** Glossarium ad calcem tomi 2. novæ Gall. Christ. : *Item ad Chevarderiam dono eis stagnum et molendinum paratum ad molendum.* Ubi f. intelligendus est ager, in quo seri solebat cannabis, ab antiquo Gallico *Cherve.*

* Charta ann. 1416. in Reg. feud. comitat. Pictav. ex Cam. Comput. Paris. fol. 325. v°. : *La dixme ou desmerie des blez,... lins, Cherves, etc.*

¶ **CHEVAUCHA,** Equestris excursio, eadem quæ *Chevalceia.* Charta Libertatum Castri de Aiis apud Thomasserium in Biturig. pag. 123 : *Si moniti fuerint a me vel mandato meo Chevaucham venire, veniens per totam terram meam.*

* **CHEVAUCHAIA,** CHEVAUCHEIA, CHEVAUCHIA. Vide supra in *Caballus.*

CHEVAUCHEIA, [Idem quod *Chevalchia.*] Vide *Equitatio, Hostis.*

* **CHEVECEILLIA.** Vide infra *Chevessellia.*

* **CHEVECIA,** Pars vestis, qua caput immittitur. Lit. remiss. ann. 1354. in Reg. 82. Chartoph. reg. ch. 569 : *Dicta Ysabellis dictis injuriis provocata, cepit ipsum Franciscum ab una manu ad Cheveciam vestis, etc.* Vide infra *Chevessellia.*

* **CHEVENACERIA,** Jus exigendi ab hominibus suis censum capitalem. Vide *Capitale* 5. Acta capit. eccl. Lugdun. ex Cam. Comput. Paris. fol. 51. r°. : ad ann. 1339 : *Constituerunt procuratorem suum pro juribus suis Chevenaceriæ recuperandis Guillelmum de Montedidino clericum.* Rursum fol. 60. v°. ad ann. 1340 : *Constituerunt procuratores suos pro facto Chevenaceriæ, etc. Chevelise,* Districtus, intra quem census ille exigi potest. Charta ann. 1317. in Reg. 56. Chartoph. reg. ch. 177 : *La querelle... sus les cas des mortesmains et formariages, que lidiz maistre Raouls demandoit as personnes de son Chevelise, nées et à nestre.* Vide *Chevalligium.*

* **CHEVENCIA,** Apparatus quivis, quidquid nomine *provisionis* intelligi potest. Charta ann. 1356. in Reg. 84. Chartoph. reg. ch. 757 : *Attendentes quod idem Guillelmus.... in procurando providentias, garnisiones et Chevencias.... diu fideliter servivit.* Vide *Chevancia.*

* **CHEVENERINUM,** Ager, ubi cannabis crescit, idem quod supra *Cheneverium,* Gall. *Cheneviere.* Charta ann. 1278. in Chartul. eccl. Lingon. ex Cod. reg. 5188. fol. 224. r°. : *Item pro le Cheveneri de Raaul, ij. den. Curatus de dicto Gurgeyo..... pro son Cheveneri dou tertre ;... xvj. denarios.* Et fol. v°. : *Theobaldus dictus Chifloz et Lusca pro Chevenerino suo unam gallinam.* Pluries occurrit infra. *Chevenoir,* Cannabis ipsa, vel illius semen, ni fallor, in Lit. remiss. ann. 1460. ex Reg. 192. ch. 10 : *La suppliant demanda si elle lui bailleroit du Chevenoir, qu'elle lui avoit autreffois promis.*

CHEVESCIUM, [CHEVESCES.] Charta Edw. II. Regis Angl. in Monastico Angl. tom. 2. pag. 629 : *Donationes etiam... quas fecit Abbati et Conventui de tota terra sua arabili, cum Chevesciis, et toto prato suo, etc.* Ubi *Chevescium* idem esse putaverim quod *Chevagium,* census capitalis. [*Madox* Formulare Anglican. pag. 55 : *Concessi etiam eisdem Monachis et confirmavi les Chevesces omnium terrarum suarum quas habent in campis de Burle.* Ibidem pag. 134. et seq. : *Concessi Abbati et Conventui de Bordesley, ad decem croppos, totam terram de dominico meo et Chevesces, quæ jacet inter regiam viam... ita quod dicti Abbas et Conventus integre percipient dictos decem croppos de terra arabili et Chevesces, quas receperunt ad warectum, et quolibet anno interim vesturam dicti prati.* An hæc conveniant notioni Cangianæ penes oculatum Lectorem esto judicium.]

* **CHEVESSELLIA,** Pars vestis, qua caput immittitur, et quæ collum circumamicit, Gall. *Chevessaille,* cujus artifex *Chevrex* appellari videtur, in Pedag. Divion. med. circ. XIV. sæculi. Lit. remiss. ann. 1380. in Reg. 118. Chartoph. reg. ch. 462 : *Prælibatus Bernardus.... Raymundum per cassanam seu Chevesselliam vestis suæ arripuit atque traxit.* Aliæ ann. 1375. in Reg. 108. ch. 2 : *Lequel varlet, dit Cotele,.... print*

ladite Heloys par la Chevessaille de sa cote, pour la mener par force hors dudit hostel. Aliæ ann. 1383. in Reg. 123. ch. 181 : *Après ledit Roussel prist ledit Chaucial par la Chavessaille, etc.* Denique aliæ ann. 1450. ex Reg. 185. ch. 33 : *Lequel prieur empoigna le suppliant à la Chevessaille ou collet de sa robe.* Le Roman *de la Rose* MS. :

Richesse out d'une propre robe,......
A nouiax d'or au col fermée,
D'une bende d'or nouelée
Fu richement la Chevechaille.

* CHEVECEILLIA, Eadem notione. Lit. remiss. ann. 1380. in Reg. 118. Chartoph. reg. ch. 172 : *Ac eum per Cheveceilliam seu coletum vestis suæ subito arripuit, et ad terram subtus se projecit.*

CHEVESTRAGIUM. Vide *Capistragium.*

¶ **CHEVIARE**, ab antiquo, nisi fallor, Gallico *Chevir*, Componere, pacisci, transigere, apud Rymer tom. 5. pag. 517. col. 2 : *Ad solutiones quarumcunque pecuniæ summarum, sic nobis mutuatarum et Cheviatarum, ac mutuandarum et Cheviandarum, terminis ad hoc statutis et statuendis, faciendas.* Vide *Chevisantia.*

* Privil. macellar. Paris. ann. 1358. tom. 6. Ordinat. reg. Franc. pag. 592. art. 4 : *Combien qu'il ait Chevi a son adversaire etc.* Lit. remiss. ann. 1390. in Reg. 138. Chartoph. reg. ch. 290 : *Jaquemart a Chevy et fait paix aux amis charnels dudit Robert.* Ubi in aliis legitur : *Il a accordé, etc.* Sed multiplex est vocis Gallicæ *Chevir* intellectus. Se se extricare, Gall. *Se tirer d'embarras*, aliquando sonat. Joinvilla in Hist. S. Ludov. edit. reg. pag. 31 : *Le soudanc de Hamant ne se sot comment Chevir du soudanc de Babiloinne; car il veoit bien que se il vivoit longuement, que il le confondroit.* Testam. Joan. reginæ ann. 1304. in Reg. sign. *Noster* Cam. Comput. Paris. fol. 221. r°. : *Li beneficiez se Chevisse le miex que il porra dou sien hors de ladite maison.* Interdum, Vendere, Gall. *Se défaire.* Lit. remiss. ann. 1389. in Reg. 137. ch. 90 : *Les supplians prierent chierement ledit Bernart pour ce qu'il se congnoissoit en telles choses, qu'il leur voulsist aidier a eulx Chevir dudit fermail, et il lui en feroient sa part de tel gaing comme il y auroit.* Nonnunquam, Vincere aliquem, Gall. *Se rendre maître de quelqu'un.* Lit. remiss. ann. 1390. in Reg. 138. ch. 194 : *Des Gens d'armes lui offrirent de l'en vanger. Monstrez-le-nous ou faites monstrer, et nous en Chevirons bien.* Aliæ ann. 1394. ex Reg. 146. ch. 292 : *Jehan Pellet dist au suppliant que s'il avoit juré sur ses dens, se Chevtroit-il bien de lui.* Nisi sit pro, se se ab eo facile expediret.

¶ **CHEVICERIUS**, Æditituus, Gall. *Chevecier* vel *Chévecier.* Litteræ Capituli S. Germani Paris ann. 1353. libro annivers. fol. 101. ubi inter Monachos et officiales Claustri nominantur, *Simon de Vaugirart Chevicerius, Milo Davelluaco Cenarius, Robertus de Feyms Coquignarius, etc.* Vide *Capicerius* in *Capitium* 2.

* **CHEVILLIA**, a Gall. *Cheville*, Clavus ferreus, vel ligneus. Lit. remiss. ann. 1355. in Reg. 84. Chartoph. reg. ch. 177 : *Ipse Johannes quatuordecim Chevillias seu grossos clavos ferreos.... furtive extraxerat.*

¶ **CHEVISANTIA**, Gallis alias *Chevissance*, Pactum, transactio, conventio. Rymer. tom. 15. pag. 499. col. 2 : *Necnon omnimodas usuras, contractus usurarum, barganias corruptas, Chevisantias illicitas, ac omnes et omnimodas forisfacturas, etc.* Similia leguntur ibidem pag. 530. col. 2. Vide *Cheviare.*

* *Chevissant*, in Charta ann. 1445. ex Tabul. S. Germ. Prat. : *Qu'ils ne facent point de Chevissant à partie, sans le faire scavoir à justice.* Reg. ann. 1532. ex eod. Tabul. : *C'est le registre des Chevissans, compositions et payemens pour les droits de pressouers banniers de la terre et seigneurie d'Anthoigny.* Vide supra *Cheviare.*

CHEUPTANUS, Capitaneus, ex Gallico obsoleto *Chevetaine.* Charta Friderici Imp. ann. 1178. apud Ughell. tom. 3. pag. 482 : *Nec dux, Marchio, vel Comes, nec Vicecomes, nec Consules, nec Cheuptani, nec aliquis magna vel parva persona audeat, etc.* Κεφαλάδες recentioribus Græcis. Vide Meurs. et Glossar. ad Villharduin. in verbo *Chevetaine.*

* *Chevetain*, apud Joinvil. edit. reg. pag. 42. *Chiefvetaine*, in Lit. ann. 1355. tom. 3. Ordinat. reg. Franc. pag. 22. Cujus officium, vel cohors, cui præfectus est, *Chevetainerie* appellatur, in Assis. Hierosol. cap. 290. *Quievetaine*, apud Bellomaner. MS.

¶ **CHEVRO**, Canterius, Gall. *Chevron.* Charta Officialis Curiæ Paris. ann. 1264 : *Merramentum etiam quod habet idem Abbas et eidem Guillermo jam tradiderat, ut dicebat, scilicet duo millia, et centum de Chevrones, item quingentos et duodecim peanios, etc.*

¶ CHEVRONUS, Idem. Vide locum in *Festagium*, Jus quod colonis, etc.

* *Chevronneuse*, in Lit. remiss. ann. 1395. ex Reg. 147. Chartoph. reg. ch. 334 : *Iceulx supplians monterent sur la maison et descouvrirent et rompirent une ou deux des Chevronneuses d'icelle maison.* Ubi spatium inter cantenos est intelligendum.

¶ **CHIACUS**, Præcursor. Acta SS. Junii tom. 2. pag. 660. de S. Joanne a S. Facundo : *Solebat... præcursores suos eo dirigere, quos Chiacos nominant.* Apud Laurentium in Amalthea : *Chiesus, Stipator, Satelles Turcarum.* Italice *Chiaus.*

* Turcice *Chiaous, Apparitor, qui ante dominum præcedit, viam parat, et recedere jubet, qui in via sunt, et stator, famulus aulicus, vulgo Ciaus*, ut docet Meninski in Diction. suo. Hæc post Diction. Trevolt. v. *Chiaous.* Adde D. *Bespier* not. Gallic. in Statum imper. Ottom. D. *Ricaut* lib. 3. cap. 9.

* **CHIAPA.** Academ. Crusc. : *Chiappa, Cosa comoda a potersi chiappare*, hoc est, capere, prehendere. *Vendere in Chiapa*, Minutatim distrahere. Modus exigendi gabellam piscium inter Convent. Saonæ ann. 1526 : *Pro piscibus recentibus crudis conducendis per transitum vel vendendis in Chiapa, solvatur, etc.*

* **CHIAPPINITAS**, Obesitas, in Epist. Franc. Martin. ad Samuel. Scrivar. pag. 563. edit. ann. 1653. Vide Stradam lib. 8. Deca.d 1.

¶ **CHIAS**, Fasciæ latæ ex panno, quas in primordio Equites Alcantarenses sibi imponebant, et Castellano idiomate *Chias* appellabant, ut reperi in veteribus MSS Sic Macer in Hierolexico.

* **CHIAVAIUS**, ab Italico *Chiavaio*, Clavium faber. Ars *Chiavaiorum*, inter minores artes annumeratur, in Stat. ant. Florent. lib. 5. cap. 19. ex Cod. reg. 4621.

* **CHIAVISTELLUS**, vox Italica, Pessulus, in iisdem Stat. lib. 3. cap. 168 : *Qui vero abstraxerit..... hostium de domo alterius aut etiam....... Chiavistellos et campanellas, condempnetur in libris quinquaginta.*

¶ **CHICUM**, Castrum, in Bibliotheca Sebusiana pag. 21.

* **CHIENES**, Monetæ Alemannicæ vel Leodiensis species, vox vulgaris. Lit. remiss. ann. 1380. in Reg. 117. Chartoph. reg. ch. 204 : *Le suppliant avec les diz compagnons fust ou pais d'Alemagne; et la en une certaine ville acheterent a une foiz vj^xx. mars de menue monnoie, nommée Chienes, qui a eulx trois ensemble cousterent la somme de xv. frans.* Vide infra *Kiennes.*

¶ **CHIERRAT**, Acervus lapidum in pago Lugdun. Charta anni 1454 : *Juxta vineam dicti confitentis, quodam Chierrat intermedio.*

* *Chiron*, Eadem notione, in Lit. remiss. ann. 1459. ex Reg. 188. Chartoph. reg. ch. 204 : *Jehan Loys estant en ung Chiron de pierres, desquelles il prenoit et mettoit en son saing.* Vide *Chirat.*

¶ **CHIESUS.** Vide *Chiacus.*

* **CHIFFA**, Munimenti genus, specula, Gall. *Guérite.* Pactum ann. 1493. inter dom. et homines *de Juifs* in Dombis : *Dicebat quod supra portas bassæ curiæ de Juifs ab antiquo esse solebat quædam Chiffa pro defensione portalis, et pro conservatione et habitatione illorum, qui in dicto portali faciebant gaytum; quæ quidem Chiffa vetustate et nimia antiquitate in ruinam collapsa est.* Vide infra *Eschiffa* et *Schiffa.*

¶ **CHIFFONES**, Calceamenta vilissima. Acta S. Petri Cælestini :

Illico submissi Chiffonibus oscula fingunt
Villosis.

In quem locum sic Muratorius : Apparet calceamenti genus Aprutiis usitatum, sed perquam vile id esse; interroganti vero Romæ rescribitur *calopodia* videri seu calceos ligneos, et a *cippo* seu trunco vocem forsitan derivari : nec displicet : oportet tamen non integre ex ligno fuisse, sed ligneis ad plantas socculis subinductam habuisse villosam pellem, qua pes contineretur. Hucusque vir eruditissimus. Gallis *Chiffons* est res nihili, quam vocem Cangius noster ab Italo *Chiffone* derivari suspicatur. Annon dici posset, vile calceamenti genus de quo hic agitur, dictum fuisse *Chiffones*, quod *Ciffones* seu Ganeones nihilique homines iis uterentur? Vide *Ciffo.*

CHIFRA, CHILFRA. Vide *Cifra.*

* **CHILDA**, pro *Gilda*, vel saltem eodem sensu, Fraternitas, sodalitium, contubernium, curia, collegium. Charta Phil. Flandr. comit. pro Audomar. ann. 1211. in Reg. 61. Chartoph. reg. ch. 475 : *Omnes qui Childam habent, et ad illam pertinent, et infra cingula villæ suæ manent, liberos omnes facio.* Quæ totidem verbis Gallicis leguntur in Ch. Guid. comit. itidem Flandr. ann. 1282. tom. 4. Ordinat. reg. Franc. pag.

260. art. 1 : *Touz tel qui ont leur Gilde et à ycelle appartiennent, et dedenz le chingle de leur ville mainent, frans touz je les fais.* Vide in *Gildum.*

CHILDWITE, [*Quando infans de femina serva suscitatur*, ut explicat Glossariolum ad calcem MS. de quo H. Wanleius in Litter. Septentr. pag. 284.] Vetus Placitum sub Guillelmo I. Rege Angl. apud Seldenum ad Eadmerum pag. 199 : *Quicunque illam culpam fecerit, quæ Childwite vocatur, Archiepiscopus aut totam aut dimidiam emendationis partem habebit. Quietum esse de Childwite*, in Monastico Angl. tom. 2. pag. 387. Vide *Ledtchet.*

¶ **CHILIDRUS**, pro *Chelydrus*, Coluber. Acta S. Samsonis MSS. cap. 6 : *De fratre a Chilidro vulnerato. Quadam die, dum irent Fratres mane æstivo tempore ad purganda zizania de messe, coluber quidam de quodam rubo exiliens, unum e fratribus in inguine momordit.* Vide *Chelyndrus.*

¶ **CHILINDRA**, Species navis. Vide *Chelandium.*

¶ **CHILLÆ**, Campanæ minores, quales esse solent in minoribus Ecclesiis, Vasconibus *Eschilles* vel *Esquilles.* Chron. Bernardi Ytherii monachi S. Martialis Lemovic. apud Stephanotium tom. 1. Fragm. Hist. MSS : *Anno* MCCXIV.... *media nocte quæ præcedit vigiliam S. Andreæ, vehementia venti cecidit lapis summus de clocario S. Martini Lemovic. et media vitra quæ est super arcam operis et clocarium cum Chillis S. Cessatoris et turris lignea de medio pontis S. Martialis.* Vide *Skella.*

* Præsertim quæ præ manibus haberi et deferri possunt, *Eschillettes* Andegavensibus.

* Chillæ, Tintinnabula, quibus aliquando exornatæ sacerdotales vestes. Vide *Tintinnabulum.* Codex reg. 7887. fol. 3. r°. : *Fulcbertus levita fieri jussit..... stolam auream planam cum Chillis. Dutrannus jussit fieri..... unum manipulum aureum cum Chillis.*

CHILOSUS. S. Columbanus Epist. 5 : *Pie namque me scito, licet saltuatim et hyperbolice, Chilosum os aperire.* An a χεῖλος, labrum?

* Glossar. vet. ex Cod. reg. 7613 : *Chilones, homines brevioribus labiis.*

¶ **CHILVO**, Avis rapax quam Blondus recenset inter eas, quas Fridericus Imp. Barbarossa dictus, capta Parma, populo in spectaculum dedit. Forte est pro *Milvus*, Gall. *Milan.* Mutationem syllabæ *Chil* in *Mil* habemus in Græco χίλιοι quam latini *Mille* efferunt.

¶ **CHIMAGIUM**. Vide *Cheminagium* post *Cheminus.*

* **CHIMEDI**, *sunt quos Apostolus molles vocat.* Glossar. vet. ex Cod. reg. 7641. Leg. *Cinœdi.*

1. **CHIMERA**, Navigii species. Paulus Diac. lib. 20. Misc. pag. 625. et Anastasius in Hist. Eccl. pag. 122 : *Omnes naves, dromones videlicet, trieres et scaphas, Chimeras ac lintres usque ad chelandia... collegit.* Ubi Theophanes pag. 316 : Πᾶσαν ναῦν δρομώνων τε, καὶ τριηρῶν καὶ σκαφῶν, μυριοβόλων, καὶ ἁλιάδων, καὶ ἕως χελανδίων, etc. Codex Peiresclanus habet μυροαγώγων. [** Conf. Virg. Æn. lib. 5. vers. 118. et 223.]

* 2. **CHIMERA**, f. Effigies ex ingenio ficta. Ripalta in Annal. Placent. ad ann. 1443. apud Murator. tom. 20. Script. Ital. col. 879 : *Magnæ exquiarum pompæ et funeralia facta fuere cum equis 24. vexillis 13. tarchetis* 16. *ac etiam Chimeris et armis.*

CHIMIA, Auri conficiendi ars sacra, seu flatoria, ἱερὰ τέχνη καὶ θεία, ut est in Lexico hujus artis; χημεία veteri Scriptori, et Joanni Antioch. apud Suidam : χημευτική Zozimo Panopolitæ. *Scientia Chimiæ*, Firmico lib. 3. cap. 15. uti hunc locum restituit Salmasius : Ἀρχημία, infimæ Græciæ auctoribus, nostris *Archimie* et *Alchimie.* Pseudo-Ovidius lib. 1. de Vetula :

O quam ferventer tales hodie sequerentur,
Alchymiam, cujus est fructus ditatio tanta.

At unde χημία, et *Chimia*, dicatur hæc ars, nemo adhuc assecutus est. Vide Petrum Lambecium lib. 6. de Bibl. Cæsarea pag. 174. [Georg. Syncellum pag. 14. et Menagium in voce *Alquemie.*]

* **CHIMILIARCHUS**, Thesauri et cimeliorum custos. Andr. Floriac. MS. lib. 4. Mirac. S. Bened. : *Helgaudus ab ipsis cunis ejusdem sanctæ sedis monachus et Chimiliarchus sanctorumque ossium custos ac provisor, etc.* Vide *Cimelia.*

¶ **CHIMINAGIUM**. Vide *Cheminagium* post *Cheminus.*

* **CHIMINALE**, Fulmentum focarium, Gall. *Chenet*, alias *Chemine* et *Cheminel*, vel *Queminel*, ut efferunt Picardi. Arest. parlam. Paris. ann. 1338. in Reg. 71. Chartoph. reg. ch. 296 : *Duo Chiminalia ferrea, duos bacinetos, etc.* Chartul. S. Corn. Compend. fol. 95. v°. col. 1 : *Trois Chemines de fer et une tenales, etc.* Lit. remiss. ann. 1355. ex Reg. 84. ch. 678 : *Ycils de Crepy prist un Cheminel de fer et en frappa et navra en la teste le suppliant.* Aliæ ann. 1418. ex Reg. 170. ch. 280 : *Pierre Labbé print en la cheminée illec un chienuet ou Cheminel tout ardant.* Pedag. Peron. ex Chartul. 21. Corb. fol. 333 : *Item deux Cheminiaulx doivent un denier.* Vide supra *Chenetus.*

CHIMINUS. Vide *Cheminus.*

* **CHIMOSUS**, Hiemalis, a Gr. χειμών, hiems. Alex. Iatrosoph. MS. lib. 1. Passion. cap. 93 : *Ailud collirium, vel ad Chimosas et epyforas reumaticas.* [** Ἐκχύμωσις?]

* **CHINA**, vox Italica, Locus declivis. Charta ann. 1017. apud Lam. in Delic. erudit. inter not. ad Hist. Sicul. Benincont. part. 2. pag. 325 : *Ecclesia illa, ibi quo supra, est ædificata in honore S. Stephani,... seo in China et decursibus aquarum, etc.*

CHINATGIUM. Vide *Chiminagium* in *Cheminus.*

* **CHINCITHA**, pro *Chinsica*, Apotheca, reconditorium; unde Pisarum suburbium, in quo Saraceni mercatores potissimum habitabant, eodem nomine appellatum, ut scribit Murator. tom. 2. Antiq. Ital. med. ævi col. 885. quomodo etiam legitur in Vita B. Claræ Pisan. ad diem 17. Maii; nisi sit pro *Hinticha* vel *Entheca.* Vide in hac ult. voce. Acta SS. Maii tom. 7. pag. 147. col. 1 : *S. Bona nata est in civitate Pisana, parte quæ Chincitha dicitur, etc.* Vide infra *Kinsica.*

* **CHINEA**, vox Italica, Asturco, Gall. *Haquenée.* Parid. de Grassis Ceremon. capellar. Papal. MS. : *Hodie* (in festo Apostolorum Petri et Pauli) *finita missa, rex Siciliæ pro censu ordinario equum nobilem, quem vocant Chineam phaleratam, offert pontifici in palatium revertenti.*

* **CHINSICA**. Vide supra *Chincitha.*

* **CHIO**, Chyo, Domus, ni fallor, cum certa agri portione, idem quod *Mansus.* Reg. forestæ de Broton. ex Cod. reg. 4653 : *Feodus domini Roberti de Tyrbouville, quem habet apud Havillam, debet talem coustumam forestario Brotonniæ,... de singulo Chyone iij. garbas, iij. ova, ij. tortellos tantum... Isti sunt Chyones de parrochia Estorquerete : Thomas Baudri j. quarterium, Guilbertus le Hardi j. quarterium.... Hæc est consuetudo Brotonniæ de feodo domini Thomæ de Borneville, quæ mori non potest, scilicet xvj. minæ avenæ et xvj. gallinas,... et de unoquoque Chione v. garbas et v. ova et v. solidos de parvis platis.* Nisi idem sit quod mox

* **CHIOSTRA**, vox Italica, Septum, Locus aut ager sepibus vel muris clausus. Acta MSS. notarii Senens. ad ann. 1285. ex Cod. reg. 4725. fol. 36. r°. : *Cum una domo et cum Chiostra..... posita in podio S. Almatii.* Vide *Clausaria.* Haud scio an idem sonet *Chirer*, in Ch. ann. 1291. ex Lib. rub. parvo fol. domus publ. Abbavil. fol. 20. r°. : *Un Chirer de le vile de vj. livres et xvij. solz de chens.*

¶ **CHIOTUM**, An tunica, a Græco χιτών? Statuta Massil. lib. 2. cap. 29 : *Sartores... accipiant ... de Chioto filtoli cum frezio, froire, froirato cum penna, vel sendato* III. *den. et sine frezio et froire* II. *den.* Statuta Arelat. MSS. art. 53 : *Habeat sartor pro mantello domini* IX. *den. et de samartha cum Chioto vel sine Chioto* II. *den.*

* Pars vestis esse videtur, collare, ornamentum colli, Gall. *Collet.*

* **CHIPHUS**, pro Scyphus, vasculum potorium. Lit. remiss. ann. 1352. in Reg. 81. Chartoph. reg. ch. 646 : *Duos Chiphos argenteos dictos a tour de lampe... depredavit.* Vide *Cifus. Chiphre*, Instrumentum piscatorium, in Stat. ann. 1326. tom. 1. Ordinat. reg. Franc. pag. 792. art. 4.

* **CHIPIA**, Piscis species, f. Sepia. Stat. Placent. lib. 6. fol. 79. v°. : *Item Chipias de duabus libris et ab inde supra, pro qualibet libra ix. den.*

CHIPOTENSIS. Vide *Chapotensis.*

* **CHIQUA**, Monetæ Delphinalis minutissimæ species. Pactum inter Humbert. delph. et episc. Gratianopol. ann. 1343. in Reg. 134. Chartoph. reg. ch. 34 : *Summa gallinarum, viginti gallinæ et tertiæ partis* (l. tertia pars) *dimidiæ gallinæ valent ad extimationem octo denariorum pro gallina, xiij. solidos, sex denarios, obolum cum Chiqua... Summa xxxij. libras, xviij. solidos, ij. denarios, obolum, Chiquam.*

¶ **CHIRA**, χείρ, Manus. Vita S. Dunstani tom. 4. SS. Maii pag. 352 : *Spiculo quod semper Chira dextera convehebat.*

¶ **CHIRCEAMBER**, Chirceomer, Chirchesset, Chircsed, etc. Vide *Ciricsetum.*

CHIRAT, vel Chirast, Pondus 4. granorum, Saladino de Ponderibus. [* Unde nobis *Carat*, Gr. κεράτιον.] [In pago Lugdunensi et locis vicinis, *Chirat* est acervus lapidum in agris præsertim recens cultis collectorum. Vide *Chierrat.*]

CHIRGEMOT, Conventus Ecclesiasticus, Synodus, Concilium : ex Anglico *Chirch* vel *Church*, Ecclesia, et *gemot*, Conventus. Leges Henrici I. cap. 8. [** 7. § 2.] : *Quosque Chirgemot discordantes inveniet, vel amore congreget, vel sequestret judicio.* [** Wilkins. legit *Scyresmot*, Comitatus conventus. Ita etiam Canut. Leg. Secular. tit. 17.]

CHIRIPILATIO. Glaber Rodulph. in Vita S. Guillelmi Divion. cap. 14 : *Quæ attonsuræ per cervices virorum? Quam turpis in barba Chiripilatio maxillarum?* Leg. forte *horripilatio*. Vide in hac voce.

¶ **CHIROCLEUS**, *Quidam liber parvus, dictus, quod clausa manu possit teneri : Nam* χεὶρ, *manus*, κλείω, *claudo dicitur Græce. Prudentius hunc fecit.* Papias ed. MS. Bitur. habet *Cirocleus*. Vide *Dirocheum*.

¶ **CHIROCRISTA**, Notarius, quasi *Chiro-Scriptor*, vel *Scriba*, qui scribit *manu*. Donatio facta Ecclesiæ Ravennati apud Mabill. in Supplem. de Re Diplom. pag. 90. initio : *Rogatus ab eodem* (donatore) *ad signum ejus Rodo Chirocrista subscripsi, et de conserbandis omnibus... sacramenta et hanc donationem ab eodem prædicto Johanne prænuminatæ sanctæ Rav. Ecclesiæ traditam vidi.* [** Vide Glossar. med. Græcit. in Χειροχρῆσοι. Qui scribere sciunt et pro illo, qui litteras nescit, subscribunt, nomenque ejus signo crucis apponunt. Charta Sisiveræ Marinio num. 93 : *Me præsente signum sanctæ crucis fecit .... rogatus ab eadem, ad signum ejus roborandum pro ea testes et Chirocrista suscripsi.* Conf. Marin. Pap. Diplom. pag. 281. b. 297. b. 298. a.]

¶ **CHIRODATA**, Dalmatica manicata, Capitolino, ut dicetur in voce *Dalmatica*, ad lineam, *Fuit etiam*, etc. Laurentius in Amalthea legit *Chirodota* ex eodem Capitolino, *Tunica prolixa, manicata, manuleata. Chirodotæ Dalmatarum, Dalmaticæ manuleatæ.* [* Leg. *Chiridota*. Vide Salmas. ad Capitol.]

¶ **CHIROGRAPHARE**, Chirographarius, etc. Vide post *Chirographum*.

CHIROGRAPHUM, Cirographum, Cyrographum, Diploma, scriptum, pactum, Regum et Principum manibus ac subscriptionibus roboratum. Gloss. Græc. Lat. Γραμματεῖον, *Chirographum, cautio, instrumentum.* Ebrardus in Græcismo cap. 9 :

Hinc et Cerographus manualis Charta vocatur.

Manualis conscriptio, in Glossis Isonis Magistri. Capitula Caroli C. tit. 23. cap. 8. [** Epistol. Episcop. ann. 858.] : *Et in Chirographo apud Marsnam manu propria confirmastis.* Apud Hincmarum de Divortio Lotharii, *Chirographi Regum*, non semel. *Chirographum Regium*, apud Ingulfum pag. 861. 883. *Chirographa*, nude, Regum præcepta, apud eumdem pag. 852. 854. 857. etc. Idem pag. 901. de Normannis, postquam Angliam obtinuerunt : *Chirographorum confectionem Anglicanam, quæ antea usque ad Edwardi Regis tempora fidelium præsentium subscriptionibus cum crucibus aureis, aliisque sacris signaculis, firma fuerunt, Normanni condemnantes, Chirographa Chartas vocabant, et Chartarum firmitatem cum cerea impressione per uniuscujusque speciale sigillum, sub instillatione trium, vel 4. testium astantium conficere constituebant.* Vide Chronic. Besuense pag. 681. [Et Acta SS. Bened. sæc. 5. pag. 512. ubi exhibetur Privilegium Edgari Regis magnæ Britanniæ ann. 966. quod nude dicitur *Chirographum.* Hist. Mediani Monasterii pag. 121 : *Dux sub confirmatione Chirographi restituit huic loco Ecclesias.*]

Chirographum, Subscriptio, quæ propria manu fit. Anastasius in S. Silvestro PP. : *Factum est Concilium in Nicæa Bithyniæ, et congregati sunt* 318. *Episcopi Catholici, et quorum Chirographum cucurrit, alii imbecilles* 208. *etc.* In S. Anastasio : *Et hoc constituit nulla ratione transmarinum hominem in clericatus honorem suscipi, nisi* 5. *Episcoporum designaret Chirographum, propter Manichæos.* In S. Leone : *Et factum est Concilium... et congregati sunt Sacerdotes et alii, quorum Chirographum cucurrit* 406. *Episcopi.* [** Bulla Nicolai I. PP. ann. 863. in Annal. Fuldens. ap. Pertz. vol. Script. 1. pag. 375 : *Ita ut scriptura, quam suis stipulaverant manibus, quamque volebant ut nostro roboraremus Cyrographo, etc.*]

* *Cyrographe*, eodem sensu, usurparunt nostri. Charta ann. 1262. ex Chartul. 21. Corb. fol. 74. v°. : *Ly abbés et ly convens m'ont bailliée des convenemens devantdits lettres scellées de leurs seaulx et Cyrographes à ces presentes lettres.*

Chirographa, Tributa quæ per chirographa exiguntur, vel *Cautiones*. Isidor. lib. 5. cap. 24. sect. 22 : *Chirographum, cautio vel scriptio duarum instar chartarum : Græce enim manuscriptum dicitur Cautio.* [** Apud Arevall. : *Chirographum, Cautio*, ceteris omissis, neque plura ut ex Isidoro in Glossar. cod. reg. 7644. ubi ut ex Glossis : *Cirographum græce, manus inscriptio, Cira enim græce manus, graphia scriptura dicitur.*] S. Eulogius in Memoriali Sanctorum lib. 3. cap. 5 : *Si tamen Christiani, et non magis operarii iniquitatis appellandi sint, qui ut privilegium Chirographa exigendi obtineant, sortem Domini, fideliumque conventum suo vadimonio vel crimine a Rege mercantes, importabili census onere colla aggravant miserorum.* Vide *Cautio.*

Chirographi postmodum appellatio iis chartis, tabulis, ac instrumentis speciatim indita, quæ in duas partes dividebantur et secabantur : quarum una uni, altera alteri e contrahentibus dabatur, quippe contractus seu pactum bis in eodem pergameno describebatur, et qua parte secari ac dividi debebat, scribebantur Alphabeti majusculæ literæ, vel picturæ exarabantur, per quarum medium secabatur pergamenum : idque fiebat ad vitandam falsitatem. Quippe ut pacti seu scripti veritas probaretur, ipsæ majores literæ partitæ ac decisæ, an invicem cohærerent vel responderent, conferebantur. Atque hanc chirographorum formam veteribus usitatam et cognitam fuisse aiunt. Joan. de Janua : *Chirographus et syngraphus sæpe accipiuntur indifferenter. Differunt tamen secundum proprietates : quia Chirographus dicitur descriptio manuum, scilicet cautio quæ fit propria manu debitoris, et committitur creditori : Syngraphus dicitur conscriptio, id est, duorum simul scriptio. Antiquitus enim debitor et creditor simul in ligno, vel carta scribebant, et nomen creditoris, et nomen debitoris, et testes, et summam pecuniæ, et in medio hoc nomen, Syngraphus, capitalibus literis, et per medium dividebatur. Postea si creditor plus exigeret quam debitor deberet, vel si debitor denegaret depositum, uterque afferebat partem quam habebat, utrum duæ partes convenirent; et illud proprie est syngraphum vel syngraphus.* Tabul. Angeriacense fol. 30 : *Duplex Charta facta est de hac re in uno pergameno, quæ divisa per medium, altera data est Gerberto, altera retenta est in Monasterio.* Fol. 40 : *Ne falsitas possit intermitti inter hanc Chartam, et illam quam habet Itherius, uno ab invicem signo dividuntur, cujus hæc habet finem, illa principium.* Pag. 222 : *Sciant posteri quod similis Charta data est Constantino Molendinario, continens similia huic, unde scissa est pictura, quæ pingebat utramque, traditaque est utrique.* Notitia apud Louvetum in Bellovaco pag. 531. 1. Edit. . *Fuit etiam statutum petitione ipsius Drogonis, quatenus istius redditionis et eleemosynæ donatio et concessio scripto commendaretur, et anathemate, et partitione Chirographi confirmaretur.* Rogerus Hovedenus in Henrico II : *Quod cum factum fuisset, præcepit Rex Archiepiscopis et Episcopis, ut sigilla sua apponerent scripto illi. Et cum cæteri proni essent ad id faciendum, Archiepiscopus Cantuariensis juravit quod nunquam scripto illi sigillum apponeret, nec leges illas confirmaret. Cumque vidisset Rex quod tali modo non posset procedere, fecit leges illas in Chirographo poni, et medietatem illius tradidit Cantuariensi Archiepiscopo.* MS. Corbeiense, *de Mensa Abbatis* : *Et sciendum est quod de conventione hac, neque de alia, dictus colonus aliud sigillum habere poterat, nisi tantummodo medietatem unius Cyrographi, in quo scriptum erat nomen Abbatis, Prioris, Baillivi, et nomina Monachorum ibi commorantium, et nomen coloni, et nomina illorum quos adduxerat secum, qui ibi audierant conventionem. Partem illius Cyrographi habebat penes se villanus, et custodiebat, donec compleretur tempus conventionis suæ. Aliam confirmationem, aliam securitatem nemo habere poterat, quia Ecclesia nostra in tempore illo sigillum non habebat.* Consuetudo Tervanensis art. 12 : *Et és cotiers l'on y use par lettres de Chirographe, qui se font en double, dont l'une se baille à partie, l'autre se met en coffre des Eschevins.* [Vide Mabillonium de Re Diplomatica lib. 1. cap. 2. num. 6. et 7. et Hickesium Dissert. pag. 76.]

* Charta Alienoræ reginæ ann. 1231. inter Probat. tom 2. Annal. Præmonstr. col. 144 : *Factæ sunt inde duæ Chartæ per abecedarium divisæ sigillorum domnæ reginæ Aragonum et abbatis et conventus de Retorta munimine roboratæ.* Nostris etiam nota vox, eadem acceptione, posteriori ætate. Charta ann. 1259. ex Chartul. Campan. fol. 226 : *Selonc la forme qui est contenue an l'escrit, qui an est faiz antre aus partie par Cirograife*, etc. Lit. Henr. VI. reg. Angl. ann. 1424. in Reg. 173. Chartoph. reg. ch. 208 : *Savoir faisons.... nous avoir veues les lettres de contrait fait par maniere de Cirograffe ou endenture du bail d'une place assise... a Therouenne.* Vide infra *Indentura*.

Iis porro Chirographis ita sigilla apponebantur, ut sigillum unius parti chirographi quæ penes alterum e contrahentibus remanebat, solum appenderetur, et e diverso. Tabularium S. Bertini ann. 1207 : *Decernentes ut parti illi, quæ Ecclesiæ S. Bertini et homini suo dabitur, sigillum appendatur S. Wlmari : illi vero parti quam habebit Ecclesia S. Wlmari, sigillum appendatur S. Bertini.* Charta Ingerranni Episcopi Amb. in Tabul. Eccles. Ambian. pag. 42 : *Ut igitur hoc ratum apud posteros habeatur scripto mandari, testes subscribi, et ipsum scriptum per Cyrographum partiri fecimus, ut parti, quam Ecclesia B. Martini habuerit, Canonici SS. Acii et Acheoli sigillum suum cum nostro appendant, et parti quam ipsi habuerint, sigillum S. Martini cum nostro appendatur.* Ibidem Charta 128 : *In cujus testimonium præsens scriptum sub Cyrographo utrique parti sigillo nostro tradidimus roboratum.* Charta 170 : *Et memoriali Cyrographo per sigilli nostri testimonium eidem Cyrographo appensi commendare, unam partem Cyrographi penes nos retinentes, et aliam partem eidem Capitulo dantes in testimonium perpetuum et munimen.* Boncompagnus lib. 2. de Arte dictaminis MS. extremo : *Quidam tempore depositionis faciunt fieri publica instrumenta. Item quidam faciunt alphabeta, quæ per medium dividuntur, et remanet una medietas alphabeti apud depositarium, et aliam depositor secum deportat. Item deposita sigillorum impressionibus consignantur, et ita sigillata et superscripta redduntur. Item quandoque aliquis digitus, vel pes aliquis pedi supponitur, vel ostenditur anulus, vel cultellus, aut aliquid aliud, prout fuit communiter ordinatum.* Vide Chronicon Andrense pag. 458. 630. Chron. Vosiense cap. 45. Guill. Prynneum in Libertatib. Eccl. Angl. tom. 3. pag. 344. [** Assis. Sussex. ann. 14. Johann. reg. Angl. rot. 22. in Rotulor. Abbrev. pag. 88. ubi Chirographi, anno 1199. conscripti, et cui sigilla vicissim apposita erant, auctoritas inpugnatur, *quod non est factum in forma aliorum Cirographorum, factorum in curia domini regis, et quod sigillum appasitum est illi Cirographo, et similiter quod non fit mencio in Cirographo in cujus regis tempore factum fuit.*] etc.

Chartæ Divisæ, [vel Partitæ,] hinc appellata ejusmodi chirographa. Monasticum Angl. tom. 2. pag. 94 : *Tenent etiam totam terram de Stelden per Cartas Divisas.* [Rymer. tom. 13. pag. 43. col. 2 : *Contractus per Chartas Partitas.*] *Scriptum per chirographum divisum*, in Chron. Andrensi pag. 460. *Pactio per Chirographum divisum roborata*, pag. 484. 526. 630. *Chartæ per alphabetum Divisæ*, quia, ut supra observatum, qua parte dividebatur pergamenum, literæ majusculæ alphabeti descriptæ erant. Regestum Constabulariæ Burdegal. fol. 129 : *Stephanus Notarius Aginnensis, qui scripsit duas Chartas Partitas per alphabetum consensu utriusque partis. Instrumenta per alphabetum Divisa*, in Charta ann. 1205. tom. 8. Spicilegii Acheriani pag. 225. Vetus Notitia Judicati apud Rocchum Pirrum in Archiepisc. Messan. pag. 311 : *Et fecimus instrumentum Episcopo et Domino Gilberto cum alphabeto cum incausto rubeo de donatione et contractibus.* Fori Oscæ Jacobi I. Regis Aragon. ann. 1274 : *Divisio vero debet fieri cum instrumento publico per alphabetum diviso.* Raimundus Montanerius in Chr. Regum Aragon. cap. 216 : *E daço llevaren Cartes publiques partides per A. B. C. que sen portaren, etc.*

Chartæ Indentatæ etiam dicta ejusmodi chirographa. Vide *Indentare*. [** *Cyrographe endenté*, in Charta Edward. I. reg. Angl. ann. 1291. in Rotul. Scot. tom. 1. pag. 1 : *Vous mandons que le dit chastel de Berewyk livrez e baillez à nostre feel e leel W. de Beauchaump, nostre seneschal, ensemblement ou les armures e tot le autre estor de meymes le chastel, que vous voudrez liverer par Cyrographe Endenté entre vous e li à fere et seelé de vos seaus, etc.*]

Chartæ in Modum Cyrographi Confectæ, in Monast. Anglic. tom. 2. pag. 443. Statuta Ordinis *de Sempringam* pag. 703 : *Omnes autem Cartæ, quæ dantur de domibus nostris, scribantur duplices in Modum Cyrographorum, et altera pars remaneat penes domum sigillata sigillo accipientis.* Hovedenus pag. 745 : *Præstita et Chartæ præstitorum fiant in modum Chirographi, et altera pars remaneat Judæo, etc.*

Chartæ Chirographatæ. Bracton. lib. 2. cap. 16. §. 2 : *Aliquando facit quis scripturam sibi ipsi et alii, et contra se et pro se, quæ communis est,.... et talis scriptura dicitur Charta Cyrographata, quæ scinditur per medium, et una pars remanet parti uni, et altera alteri.* Vide tom. 2. Monastici Angl. pag. 442. [*Charta Chirografata*, apud Th. *Madox* pag. 309. Formularis Anglic.]

¶ Scriptum Chirographisatum. Charta Balduini Comitis Hannoniæ ann. 1195. apud Miræum tom. 1. pag. 108 : *Ut autem hæc omnia rata permaneant, scripto Chirographisato commendata sunt; cujus quidem scripti medietatem, sigillo supradicti Comitis Hannoniæ et Marchionis Namurcensis roboratam, Ecclesia B. Waldetrudis sibi reservavit, aliam vero scripti medietatem sigillo B. Waldetrudis signatam sæpe nominatus Comes sibi retinuit. Scriptum Chyrographisatum* simili modo explicatur in Litteris anni 1182. apud Marten. tom. 1. Anecd. col. 620. et in aliis Litteris ann. 1176. apud eumd. Marten. Ampliss. Collect. tom. 1. col. 897. ubi *Cyrographizatum* habetur pro *Chirographizatum*. Vide *Caudatæ Literæ*.

Chirographare, seu Cyrograffare, *Manu scribere, vel chirographum facere, aut scribere characteres*, Joanni de Janua. Vide Radulphum *de Hengham* in Præfat. ad Summam magnam.

Chirographarii, seu, uti scribebant, *Cyrographarii*, *Chirographorum*, seu *Chartarum chirographatarum* scriptores, in Fleta lib. 2. cap. 36. §. 1. Alii sunt *Chirographarii* apud Jurisconsult.

¶ Chirographarius Creditor, Qui penes se habet debitoris chirographum, in Statutis MSS. Augerii II. Episc. Conseran. ann. 1280.

¶ Cyregrapharius, pro *Cyrographarius*, legitur in voce *Diche*.

* Chirographum, Scriptum quodlibet, Charta omnis coram judicibus acta; sed sigillo non munita: Lit. Roberti comit. Attrebat. ann. 1293. tom. 4. Ordinat. reg Franc. pag. 262 : *Providere volentes,... fraudibus, quæ ex eorum evenit Cirographis,.... eisdem auctoritatem præstitimus e[t] præstamus, ut sigillum habeant, quo utentu[r] et uti valeant ad convenciones omnes coran[m] eis initas, sigillandas, necnon recognicione[s] et alia explectamenta quæcumque, quæ ex eorum causis seu subditorum ipsorum ve[l] aliorum quorumcumque, poterunt evenire.* Lit. ann. 1368. tom. 5. earumd. Ordinat. pag. 135. art. 36 : *Obligations et reconnoissances qui se passeront devant eschevins, qui jadiz soloient estre faictes par Chirograffe, se feront par lettres soubz le scel as causes de la ville. Cirographe*, in Lit. ann. 1370. ibid. pag. 375. art. 6.

* Cirographum. Hymni cum Glossis MSS. ex Bibl. reg. . *Precemur ergo subditi, redemtione liberi, ut eruat a sæculo, quod solvit a Cirographo :* Ubi Glossa : *A Cirographo, i. a falso scripto diaboli; Cirographum enim falsum scriptum dicitar.* Inepte prorsus.

CHIROGRYLLUS, Cyrogrillus, Cirogrillus. Glossæ Gr. Lat. : Χοιρογρύλλιος, ἤγουν ἐχῖνος χερσαῖος, *Erinacius.* Glossæ Biblicæ MSS. *Cyrogrillus, id est, Ericius.* Papias et Jo. de Janua : *Chirogrillus, erinacius, spinosus, major ericio.* Eucherius Lugdunensis : *Erinacei*, Χοιρογρύλλιοι *nuncupatur, prope magnitudine mediocrium cuniculorum, de cavernis petrarum procedentes gregatim in eremo, et contra mare Mortuum depascuntur.* Interpres Joan. de Garlandia in Synonymis : *Cyrogrillus est animal habitans sub terra : et dicitur proprie cattus silvestris, dispositus ad modum canis, et dicitur a cyros, quod est manus, et grillus, quod est cattus, quasi habens pedes et manus ad modum catti.* Matth. Silvaticus : *Chirogrillus vel Cirogrillus idem : sed verius dicitur Chirogrillus.* Infra : *Ceriligion, Cirriglinon, id est, spinosus porcus, major ericio, quem Latine vocant istricem.* Græcis γρύλλος, est porcus, ut et Χοῖρος, hinc Χοιρογρύλλιος, apud Scholiast. Aristoph. Εἰρήνη, pag. 660. Lampridius in Heliogabalo : *Quum et ursos decem et decem grillos, et decem lactucas, et decem auri libras in sorte habuit.* Vide Isidor. lib. 12. cap. 3. Pseudo-Ovidius de Vetula lib. 1 :

Confisos levitate sua, promptosque salire
De ramo in ramum Cirogrillos dijaculare.

Cyrogrillus, Cuniculus, *Conil.* Gloss. Arabico-Lat. : *Canicula, Gyrogrillus.* Leg. : *Cuniculus*, vel *Cunicula*. Infra : *Cuniculus, ut supra, Gyrogrillus.* Will. Brito lib. 1. Philippid. :

More Cirogrilli velox in mænia repit.

Vetus Inquesta apud Columbum lib. 2. de Vasionens. Episcopis : *Dixit .... quod montem ubi est castrum Vasionense, faciebat cassare (Chasser) dictus Episcopus, ut dominus, et possidebat ut suum, et ipse testis portavit multoties Chirogryllos istius montis ad palatium D. Episcopi.* [Statuta Arelat. MSS. art. 29 : *Qui contra fecerit in xx. sol. puniatur pro pelle vel Cirogrillo quolibet.* Ibid. art. 87 : *Receptacula Cyrogrillorum ... destruantur ... Si dominus fuerit negligens in captione Cirogrillorum, etc. Habeant venationem Cirogrillorum*, in Charta anni 1196. ex Archivo S. Victoris Massil.]

* Vide Gesner. Hist. animal. quadruped. de Cuniculo cap. 1. ubi merito existimat, applaudente D. *Falconet*, χοιρογρύλλιον proprie esse Erinaceum. Glossar. Gall. Lat. ex Cod. reg. 7684 : *Cirogrillus, Hérisson.*

Cirogillinæ Pelles, *Pelles de Cyrogrillis*, in Concilio Parisiensi ann. 1212. part. 2. can. 9. Stephanus Ulysipponens. de Mirac S. Vincentii num. 17 : *Quidam pelliculas Cirogillinas, et ut in eis operaretur spe lucri, quicquid habebat in eis emendis expenderat.* Ubi leg. *Cirogrillinas*, Gallice *Peaux de Conils.*

CHIROMETRICALE, Chirotheca, manuum mensura, Χειρόμετρον : apud Wolphardum Presbyt. de Miraculis S. Walburgis lib. 3. num. 6.

CHIROSOBOLUM. Vide *Chrysobullum.*

CHIROTHECÆ. Harum usum priscis ignotum docet Casaubonus in Athen. lib. 12. cap. 2.

Chirothecæ Episcoporum, Quibus ii in sacris Liturgiis ac ceremoniis utuntur : quarum etiam usum Abbatibus interdum concessere summi Pontifices. Leo Ost. lib. 2. Chron. Casin. cap. 82 : *Idem sanctus Pontifex sandaliorum usum et dalmaticæ ac Chirothecarum in præcipuis festivitatibus tam illi quam omnibus in hoc Cœnobio regulariter promovendis . . . Apostolica auctoritate concessit.* De Chirothecis Episcoporum, videndi Honorius Augustod. lib. 1. cap. 215. et Durandus lib. 3. Ration. cap. 12. Vide *Abbas.*

Chirothecæ de Guerra, ferreæ, nostris *Gantelets de fer*, in Statutis secundis Roberti I. Regis Scotiæ cap. 27. §. 1. Chron. MS. Bertrandi Guesclini :

Et riche bacinet li fist-on apporter,
Gans à broches de fer qui sont au redouter.

Guignevilla :

Des Gantelez aussi te di
Que boin est que soies muni,
Car se és mains blecbiés estoies,
Du remanant mult peu feroies.

Chirothecæ purpureæ margaritis et lapillis exornatæ, Imperatoriæ dignitatis symbola, apud Pachymerem lib. 7. Hist. cap. 12.

Chirothecæ Traditione Investire. Charta Liemari Archiepisc. Bremens. ann. 1088. inter Privilegia ejusdem Eccles. pag. 168 : *Super reliquias nostras cum Chirotheca, sicut mos est liberis Saxonibus, tradidit... curtim ipsam et mansos 4. et dimidium.... Aderat Comes Fredericus Advocatus Ecclesiæ, qui Chirothecam traditionis sacris reliquiis impositam, ut mos est, abstulit, et ab ipso Gerhardo per digitorum extensionem promissionem confirmationis accepit.* Alia ibidem pag. 169 : *Eckibertus Comes ex promisso F. Comitis qui tunc erat Advocatus, Chirothecam abstulit, G. confirmationem digito, ut mos est Saxonibus, fecit.* Tabular. Abbatiæ de Rota : *De omnibus gravaminibus et importunitatibus, quas in ea fecerat manifeste satisfaciens, vadium suum dedit, et posuit cum sua Chirotheca in manu Abbatis.* Tabular. Monasterii Berardengens. in territorio Senensi, apud Chiffletium in Luminib. Salicis cap. 6. ann. 1109. et 1121 : *Secundum nostra Legem Saligam per cultellum, fistucum nodatum, Quantonem, et quasonem terræ, atque ramum arboris, legitimam et corporalem vestituram facimus, et nos exinde foras expulimus.* Vita S. Hadelini Confessoris num. 13 : *Cumque Wantum manu, ut moris est, legaliter tradendo teneret.* Et infra : *Locum prædictum cum Wanto, quem tenebat, beato viro contradidit.* Tabularium Burguliense fol. 72 : *Cui Dei gratia concessit Savaricus, atque quod abstulerat, quodam reddidit Guantulo.* Tabularium N. D. Santon. fol. 35 : *Hoc donum fecit Gaufridus Abbatissæ Florentiæ, cum quadam Chirotheca sinistra, flexis genibus, ante eam, in eadem sylva.* Tabularium S. Amantii Inculism. : *Filii Arnaldi confirmaverunt donum præsens cum Chirothecis cujusdam Militis de Rupefucaldi.* Idem Tabul. : *Et posuit in donum plenam Chirothecam de avellanis.* Regestum Parlamenti Paris. B. fol. 111. sub ann. 1294 : *Comes Flandriæ per traditionem Cerothecæ in manu D. Regis humiliter posuit possessionem bonarum villarum Flandriæ, videlicet de Brugis, de Gandavo, etc.* [Arrestum Parlamenti ann. 1499. apud Baluzium Hist. Arvern. tom. 2. pag. 464 : *Fidem suam et in illius signum manum suam dextram, et Cyrothecam ejusdem eidem de Belbez in tradendo reddiderat.*] Le Roman *de Maistre Vacces :*

Votre terre, dit-il, vous rend par cest mien Gant.

Adde Ordericum Vitalem lib. 5. pag. 581. Monast. Anglic. tom. 1. pag. 22. Rollandinum in Summa Notariæ cap. 1. Hemereum in Augusta Viromand. pag. 196. 263. Justellum in Probat. Hist. Arvern. pag. 142. Brodeum in Consuetud. Parisiens. tom. 1. pag. 528. Vide *Wantus.*

Chirothecæ, seu *Wanti*, Pars pretii investituræ, quæ non tam domino, quam ejus ministeriali competit, *Majori* scilicet, vel *villico.* Vetus Charta pro Episcopo Ambianensi : *Chascune vente soit de maison ou de terre, il a uns Wans.* Charta Theobaldi Episcopi Ambian. ann. 1172. in Tabulario Eccl. Ambian. fol. 52 : *Si aliquam territorii partem venundari contigerit, Domini venditiones habebunt; scilicet tot denarios quot venditor inde habuerit solidos. Major vero terræ illius pro Wantis accipiet duos denarios.* Occurrit ibi pluries. Charta ann. 1212. in Tabulario Ecclesiæ Carnotensis num. 154 : *Easdem* (hostisias) *tenebunt ab omni prorsus exactione, quantum ad nos pertinet liberas et immunes, nisi quod inde nobis aut aliis loco nostri vendas et Gantos reddent, si hostisiæ venderentur.* Alia ann. 1225. num. 245 : *Et de omnibus venditionibus factis in Majoria suos denarios pro Gantis.* Charta ann. 1205. in Tabular. N. D. de Josaphat : *Et quidquid in terris est, dederunt cum venditionibus et Gantis.* Tabular. S. Dionysii ann. 1238 : *De investituris habebunt Majores duos denarios Laudunenses pro suis Chirothecis tantummodo.* Charta ann. 1243. de Lege *de Landousies*, in diœcesi Laudunensi, ex Tabulario Foisniacensi : *Qui vendit domum cum fundo, aut aliam hæreditatem, dominis dabit 4. denarios et emptor 4. et villico 2. cum Cyrothecis.* Vetus Consuetudo Dunens. art. 37 : *Les Gands se doivent paier par l'achapteur dans 8. jours après l'achapt au Seigneur, etc.* Ita in Consuetudine Castelli Novi in Timeraisio art. 50. pro fundi censui obnoxii venditione Dominus habet vigesimum pretii solidum, ejus vero *Serviens Chirothecas* 20. solid. æstimatas, *avec les Gants de son Sergeant estimetz* 20. *sols.* Adde art. 52. et Consuet. Lodunens. cap. 14. art. 23.

¶ Cirotheca, Eadem notione. Charta Curiæ Suession. ann. 1219. in secundo Chartulario S. Medardi : *Venditiones, Cirothecas, omnimodam justitiam, et quidquid juris habebant in præmissis eidem Ecclesiæ penitus in perpetuum quittaverunt.* Altera anni 1232. ex eodem Chartulario : *Recognovit se vendidisse Conventui S. Medardi Suession. quinque modios et tres sextarios vinagiorum cum Cirothecis et venditionibus.* Alia Curiæ Remensis ann. 1230. ibidem : *Concesserunt quidquid juris eis obvenerat ex escheancia Geradi quondam fratris dicti Balduini super venditionibus et Cirothecis.* Epistola Arnulfi Comitis Chiniacensis de Fundatione Cellæ in villa Pyrorum ann. 1068. apud Marten. tom. 1. Ampliss. Collect. col. 472 : *Decimam de S. Hilario et de Warc, de omni indominicatu, scilicet de terris indominicatis, de silvis indominicatis, de sexteragio, de furno, de cambis, de sotularibus, de Cyrothecis.*

Chirothecam in signum consensus dare. Speculum Saxon. lib. 2. art. 26. § 6 : *Nemini licet forum erigere, vel monetam de novo instituere, sine consensu ejus loci Ordinarii, seu judicis; etiam Rex in signum sui consensus, suam ad hoc mittere debet Chirothecam.*

Chirothecam Porrigere dicebatur qui hanc humi projiciebat, eoque facto ad duellum quemvis provocabat, quo a crimine quo accusabatur, sese expurgaret. Matth. Paris ann. 1245 : *Quod licet Comes instanter inficiaretur, statim Miles supradictus more Francorum Chirothecam suam ei porrexit, se offerens in propatulo coram Curia id corporaliter secundum considerationem Curiæ regalis probaturum . . . . quam Chirothecam quasi duelli vadium ostensam Comes recepit, spondens se defendendo dimicaturum contra ipsum, etc.* Vide *Duellum.*

* Chirothecus Belli, Quo ad prælium provocatur. Chronic. Estense ad ann. 1344. apud Murator. tom. 15. Script. Ital. col. 419 : *Capitaneus dicti exercitus destinavit domino Francisco Chirothecum belli, quem Dom. Franciscus recepit libenter, et ordinavit qualibet pars acies suas.*

Chirothecas habere vetantur Judices Regii, dum pro tribunali sedent, in Speculo Saxonico lib. 3. art. 69.

In eodem Speculo Saxonico lib. 3. art. 45. § 10 : *Duæ lineæ Chirothecæ cum furcula seu tridente, quo fimus tollitur, emenda est dedititiorum.* [** Vide Grimm. Antiq. Jur. Germ. pag. 152.]

* Chirothecæ Balenæ, inter arma recensentur, in Arest. parlam. Paris. ann. 1292. ex Reg. 2. *Olim* fol. 96. v°. : *Armatus Cirotecis balenæ et deferens ensem suum, etc.*

* Cirothecæ Depictæ Clericis prohibentur, in Stat. S. Flori MSS. fol. 2 : *Pannis rubeis seu viridibus vel virgatis, Cirothecis depictis,....... uti nolite.*

* *Chirothecas* in salutationibus exuere solebant. Lit. remiss. ann. 1398. in Reg. 153. Chartoph. reg. ch. 187 : *Bernard de Becans escuier trouva d'aventure Guillaume*

de Faget, autrement dit Cayphas, son parent bien prouchain, sur le chemin publique, lequel il salua gratieusement, en disant teles paroles ou semblables en effet : Dieu te gart, il a long-temps que nous ne parlasmes ensemble, et tu en as grant tort; car ce est à ta deffaulte; et en disant ces paroles osta ses gans des mains, et tendi la main audit Cayphas pour le touchier en signe de paix et amour, et aussi comme bons amis et parens ont accoustumé de faire, quant ilz ont demouré de eulx veoir : et ainsi qu'il lui tendoit la main mise hors du gant, ledit Cayphas lui tendi aussi la sienne; mais il ne dengna oncques oster ses gans des mains. Et lors ledit suppliant veant qu'il le faisoit par desdaing et mesprins, lui eust dit ces paroles ou semblables : So ribaut et tousjours te durera ta malice, par ma foy je t'en chastiray une fois, et eust levé la main comme se il voulsist ferir sur la joie ladit Cayphas.

* Cirotera, pro *Ciroteca*, in Comput. ann. 1400. inter Probat. tom. 3. Hist. Nem. pag. 149. col. 2 : *Pro Ciroteris pro illo, qui portavit banderiam comunem in dicta processione, etc.*

* Cirothecarius, Chirothecarum opifex, Gall. *Gantier*. Comput. MS. fabr. S. Petri Insul. ann. 1487 : *Ostoni Baillet Cirothecario pro coopertura libri Bibliæ de Corio albo facta, in latere sinistro chori cathenati, viij. col.*

* Chirotheca, Sacculus. Lib. de Mirabil. Romæ in Itiner. Ital. Montisfalc. pag. 291 : *De omnibus regnis totius orbis jussit venire unam Chirothecam plenam de terra, quam posuit super templum, ut esset in memoria omnibus Romam venientibus, etc.*

¶ **CHIRQUINMARE**, Inquirere, Gall. *Chercher*. Vide *Circamanaria*.

¶ **CHIRSEED**. Vide *Ciriscetum*.

¶ **CHIRURGICUS**, pro *Chirurgus*, ut et *Chirurgica* pro muliere Chirurgiam exercente, pluries occurrit in Edicto Philippi cognomento Pulcri Fr. Regis ann. 1311. etc.

* Dividuntur medici inter *physicos* et *Chirurgicos*, in Stat. criminal. Saonæ cap. 38. pag. 79. *Cirurgie* et *Cirurgien*, tom. 5. Ordinat. reg. Franc. pag. 530. et alibi passim. Hinc *Cirurgier*, Chirurgiam exercere, curare, adhibere fomenta. Lit. remiss. ann. 1395. in Reg. 148. Chartoph. reg. ch. 23 : *Depuis fu envoyez un barbier pour visiter et Cirurgier Jehan Langlois.* Aliæ ann. 1419. in Reg. 170. ch. 305 : *Icellui Jehan se mist en cure de Guillaume le Clerc cirurgien sermenté de la ville de Monstreul, qui le Cirurgia et appareilla certain temps. Sirurgier*, in Aliis Lit. ann. 1395. ex Reg. 148. ch. 6.

¶ **CHISNUS**, Quercus, Gall. *Chesne*, apud Valesium in Notitia Galliarum pag. 413. col. 2. Vide *Casnus*.

CHIST, *Pondus unius libræ et ½* IIII. Saladinus de Ponderib.

¶ **CHITAINUS**. Vide *Cham* post *Caganus*.

¶ **CHITRANGULUM**, An mali citrii genus? Vita B. Guillelmi Eremitæ Xidensis tom. 1. SS. April. pag. 387 : *Cum ipse pateretur herniam instar Chitranguli protuberantem.* [* Vide *Citrangulum*.]

CHIVACHIRS : sic enim legendum pro *Chinachire*, apud Nicolaum Uptonum lib. 1. de Militari officio cap. 10. ex Gallico-Anglico, *Chevaucheurs*, Equitantes, *qui portant arma dominorum suorum in humero sinistro, et non alibi, qui etiam creantur ex Cursoribus*, (de quibus suo loco) *ut per remotionem pixidis armorum dominorum suorum a cingulo, et appositionem in humero sinistro cum fidelitatis juramento domino suo speciali præstando.* Vide *Prosecutor*.

¶ **CHIVALER**, Gall. *Chevalier*, Eques. *Madox* Formulare Anglic. pag. 206 : *Sciant præsentes et futuri quod nos Thomas Mayne de Cortenale et Johanna uxor mea .... concessimus et hac præsenti carta nostra confirmavimus Thomæ Colpeper Chivaler, omnia illas terras et tenementa, etc.*

1. **CHIVERIA**. Gall. *Civiere*. Chron. Andrense : *Vehiculum, quod vulgo dicitur Chiveria.* Vide *Cenovectorium*.

* 2. **CHIVERIA**, Onus *chiveriæ* seu vehiculi, quod Galli *Civiere* vocant. Comput. MS. fabr. S. Petri Insul. ann. 1366 : *Johanni de Halla pro iiij^xx. et xvij. Chiveriis calcis, pro qualibet vj. sol.* Vide mox *Chivetorium*.

* **CHIVESTRUM**, a vet. Gallico *Chevestre*, Capistrum, vulgo *Licou*. Chartul. S. Sulpit. Bitur. fol. 85. v°. : *Item de Chivestris, unum.* Vide *Capistrium*.

* **CHIVETORIUM**, Idem quod supra *Chiveria* 2. Comput. MS. fabr. S. Petri Insul. ann. 1367 : *Item pro duobus Chivetoriis calcis, xij. solidos.*

¶ **CHLÆNA**, Χλαῖνα, Vestimentum hybernum a χλαίνειν, Calefacere. *Læenam* Latini reddunt. Inde Adagio : *Dum cucumere vescimur, Chlænam texamus, i. e. de hyeme cogitandum est æstate*, apud Turnebum lib. 27. Advers. cap. 30.

CHLAMYDATI. Liberatus Diaconus cap. 11 : *Postquam ire secum meruit Magnum Silentiarium, cum Imperatoris scripto accepit et officium Excubitorum et Chlamydatorum, et venit ad Concilium.* Legendum forte *Candidatorum*, tametsi lectio tolerari potest. S. Hieronym. Epist. 3 : *Referret, inquam, alius, quod in Palatii militia, sub Chlamyde et candenti lino corpus ejus cilicio tritum sit.* S. Fulgentius Homil. 60. de S. Laurentio : *Ignea caruca quam præcedunt officia pretiosa, non Chlamydati, non scutati et sericati, sed cæci, illuminati etc.*

CHLAMYS, inter præcipua summi Pontificatus insignia reponitur a Petro Diacono lib. 3. Chron. Casin. cap. 66. (al. 67.) ubi de Victore II : *Abinde crucem et Chlamydem, et cætera Pontificatus insignia ita dimisit, etc.* Et cap. seq. eam Chlamydem purpuream fuisse innuit : *Præteritam electionem Crucis et purpuræ resumptione firmavit.* Vide *Capa rubea*.

¶ **CHLANIS**, pro *Chlamys*, Senatoris pallium. Vita S. Cæsarii Quæstoris n. 12. in Actis SS. Febr. tom. 3. pag. 500 : *In his studiis Cæsarius in Chlanide versatus est.*

¶ **CHLOROSAURA**, Venenatus serpens. Vita S. Theodori Siceotæ tom. 3. SS. April. pag. 57. C : *Chlorosauram offenderunt, eaque cognita, cœperunt clamare, Perimus, Pater sancte, perimus, quidnam egimus? Chlorosaura enim est serpens venenatus.* Sic dicitur a Græco χλωρός viridis, herbidus, et σαῦρα, lacerta.

CHNAPINA. Raynerus contra Valdenses pag. 92 : *Feminæ in habitu religionis mendicant, aliæ habitum et gestus viriles assumunt, scilicet Chnapinæ.* Theutonibus *Knape*, est famulus, minister, puer, adolescens.

¶ **CHOCA**, Stipes, Picardis *Choque*, Gall. *Souche*. Privilegium Petri Abbat. S. Remigii Rem. ann. 1219 : *Sciendum tamen quod Chocas quas eradicaverint pro novalibus faciendis, etc.*

Chocagium. Aresta Chandel. ann. 1261. in 1. Reg. Parlament. : *Cum servientes feodatarii peterent Chocagium ... ratione usagii sui, etc.* Idem quod *Ceppagium*, quod vide : nam *Choques*, Stipites etiamnum dicunt Picardi.

* *Choucage*, in Charta ann. 1401. ex Reg. 162. Chartoph. reg. ch. 341 : *Est tenu faire et assembler à la recepte de Beaumont sept solz, cinq deniers maille Poitevine Tournois chacun an pour le Choucage.* Vide *Choca*.

* **CHOCHA**, Navigii species, Ital. *Cocca*. Chron. Andr. Danduli ad ann. 1399. apud Murator. tom. 12. Script. Ital. col. 516 : *Cum Chocha prægrandis Januensis piraticam exerceret, Veneti tres prægrandes Chochas contra eam exornarunt, in quibus erant quingenti pugnatores, præfectusque eis Nicolaus Lombardus; sed cum Januensis Chocha naufragium passa esset, desiere prosequi iter institutum.* Chron. Tarvis. apud eumd. tom. 19. col. 761 : *Galeæ ipsæ solventes Famagostam attigerunt, et portum clausum invenerunt tribus cum Chochis Januensium positis in battajam.* Vide infra *Cocha*, 2.

¶ **CHOCHIA**, Coquina, Gall. *Cuisine*, Angl. *Kitchin*, Belg. *Keucken*. Literæ Galteri ann. 1218. e Tabulario Ecclesiæ Audomarensis : *Notum facio quod ordinationem de quinque officiis factam, videlicet Subpræpositura, Magisterio Scholarum, Pistoria, Celeraria et Chochia ... Est autem forma ordinationis talis, quod Pistoria, Celeraria et Chochia ad communes usus Ecclesiæ nostræ cedent.* Vide *Cochia*.

CHODONES, Rustici limitanei, Dubravio in Historia Bohem.

¶ **CHOENICA**, Mensuræ genus Festo, sex continens sextarios Laurentio in Amalthea; verum Χοῖνιξ Græce, unde *Chœnica*, duos tantum sextarios continet, ut in exemplo sequenti. Literæ Petri Episc. Castrensis de quadam fundatione ab ipso facta in Monasterio S. Stephani Cadomensis : *Nec minus etiam ipsi in unoquoque obitu Chœnicas, quas chopinas vocant, ut moris est, de meliori vino aliis Religiosis tenebuntur impendere.*

* **CHOENIX**, Hemerotrophum Clearcho, Diurnus scilicet cibus et demensus, qui in dies alicui impenditur, recentioribus Latinis sportula et salarium. Vide Alciat. Emblem. initio de Simbolis pag. 7.

¶ **CHOEROGRYLLUS**. Vide *Chirogryllus*.

¶ **CHOICUS**, Gr. χοϊκός, Terrenus, e limo. Tertul. lib. de Resurr. carnis : *Primus, inquit*, (Apostolus) *homo Choicus, id est, limaceus, id est, Adam.* Pluries occurrit apud eumdem Tertullianum et Hieronymum.

* **CHOISELLUS**, Vehiculi genus videtur. Lib. visitat. leprosar. diœc. Paris. ann. 1351 : *In grangia Herchis, duo Choiselli pleni gerbis viciæ.*

* **CHOISEULLUM** Molendinum. Vide infra in *Molendinum.*

* **CHOISIRE**, a Gall. *Choisir*, Seligere. Charta Phil. Pulcr. ann. 1293. ex Cam. Chartoph. Atrebat. : *Volentes et concedentes ut idem comes* (Atrebat.) *aut hæres suus prædictus ipsum spreverint,... quem præeligere seu Choisire maluerit, ... possit capere et habere. Choaisie*, Delectus, vulgo *Choix*, in Instr. ann. 1385. tom. 2. Probat. Hist. Brit. col. 504 : *Et la teneur de la cedule de ladite Choaisie et élection d'armes est cy-aprez.* Præterea *Choisir* dixerunt, pro Prospicere, procul conspicari, vulgo *Appercevoir de loin, découvrir.* Joinvil. in S. Ludov. Edit. reg. pag. 35 : *Quant il vint à terre et il Choisit les Sarrazins, il demanda quelle gent s'estoient.* Contin. Guill. Tyrii apud Marten. tom. 5. Ampl. Collect. col. 761 : *Pierres de Brachuel les Choisi premierement, et mult s'émerveilla quex gens c'estoient, qui fuioient.* Lit. remiss. ann. 1373. in Reg. 105. Chartoph. reg. ch. 219 : *Lequel compaignon les supplians ne congnoissoient point, comme il ne le peussent Choisir ne adviser, pour la tenebreur et obscurté de la nuit.* Aliæ ann. 1471. ex Reg. 195. ch. 671 : *Icellui Tixier getta la dague..... qu'il avoit osté au suppliant; lequel la Choisit et vit luyre à la clarté de la lune.* Le Roman de Garin :

Li rois se dreça quant le baron Choisist.

* *Coisir*, eadem notione, ibidem ex Glossar. ad calcem Joinvil. :

Joie ot Gerbers, quant Fromont ot Coisi.

* *Choys* vero, pro Pretium, taxatio, vulgo *Taux*, in Charta ann. 1308. ex Lib. rub. Cam. Comput. Paris. fol. 339. r°. col. 1 : *Quatre mines de fourment, deux deniers la mine mains que le Choys du marchié, et le remenant du blé, deus deniers la mine plus que Choys d'aveine.*

** **CHOLERA** Calida, Animus per iram tumidus. Statut. Robert. Comit. Flandr. ann. 1266 : *Si quis alteri pedem, manum aut oculum in Calida Cholera abstulerit 60. libram em. reus erit.* Vide Haltaus. voce *Bolgner Mut.*

¶ **CHOLERES**, Humores. Vide *Colores.*

* **CHOLO**, Navis species, eadem quæ *Chelandium*, ut videtur. Charta ann. 1304. ex Cod. reg. 5186. fol. 11. v°. : *Item quod dictus dominus de Vilars possit habere navem, dictam lo Cholo, ad consuetudines et libertates navis dictæ Cholo Ausæ.* Vide supra *Chalonnium* in *Chelandra.*

1. **CHOLONEA**, f. Idem quod *Colonaticum*, servitium a *Colonis* præstandum, seu aliud tributi genus ab iisdem solvendum. Vita B. Oldegarii tom. 1. Martii pag. 490 : *Donamus etiam tibi Choloneas, et leddas, et usaticos.*

2. **CHOLONEA**, alia notione. Vide *Calumnia, Calonia.*

* **CHOMAGIUM.** Vide mox *Chomare.*

* **CHOMARCHA**, pro *Commarcha*, Confine, limes, Gall. *Frontiere.* Stat. Vercell. lib. 1. pag. 22. v°. : *Item quod damna, quæ darentur alicui subdito communi Vercellarum et jurisdictioni ipsius communis, in terris acquisitis per homines jurisdictionis Vercellarum, ab hominibus jurisdictionis in Chomarcha.* Vide *Commarchia.*

* **CHOMARE**, a Gall. *Chommer*, Cessare, vacare; unde *Chomagium*, vulgo *Chommage*, Cessatio. Charta Caroli de Alencon. archiep. Lugdun. ann. 1366. ex Cod. reg. 5187. fol. 71. r°. : *Quia contingit dictas nostras monetas plerumque Chomare, volumus et concedimus, quod dictus tailliator habeat...... anno quolibet xx. florenos auri communis ponderis pro expensis et necessitatibus suis, tempore dicti Chomagii, faciendi.* Lit. ann. 1371. tom. 5. Ordinat. reg. Franc. pag. 452 : *Nous avons entendu....... que nostre monnoye de Tournax..... est en Chomage, etc.* Charta ann. 1308. ex Reg. 40. Chartoph. reg. ch. 71 : *Si molendina prædicta cessare oporteret et otiosa fore, nos consideratis tantum dictis et tempore Chomagii ac quantitate firmæ prædictæ, tenebimur resarcire.* Eadem rursum leguntur ibid. in ch. 86. *Chomer*, Quiescere, dormire, in Mirac. B. M. V. MSS. lib. 3 :

A grans trais boivent vin d'Auchuerre,
Pour miex Chomer desor le fuerre.

CHOMATA, Aggeres, terræ moles quibus aquæ continentur. Hesychius : Χῶμα, ὕψωμα γῆς, ἄχθη. Ita proprie aggeres Nili vocat Ulpianus in leg. 10. D. de Extraord. crimin. (47. 11.) *Logographi Chomatum* Nili, in leg. ult. Cod. Th. de Patroc. vicor. (11. 24, const. 6. § 7.) qui muniendiæ Nili ripæ, aggeribusque ejus præerant. Vide Notas ad Annæ Alexiadem pag. 273. Hic porro emendare licet Glossas Græc. Lat. : Ἐπαύξησις χώματος, *Exaggeratio.* Male Edit. χρώματος. Alibi : Επίχωσις, *Exaggeratio.*

* **CHOMINEZA**, pro *Chemineza*, ni fallor, Caminus, vel *Caminata.* Vide in hac voce. Inquisit. super destruct. bastidæ Sabran. ann. 1363. ex Cod. reg. 5956. A. fol. 82. r°. : *Parietes laterales dicebantur distructi taliter, quod ipsos firmare oportet cum acoys, et etiam fuit dampnificatio in quadam Chomineza.*

* **CHONESTABILIS**, Rectoris apud Italos minister inferioris ordinis. Stat. ant. Florent. lib. 1. cap. 37. ex Cod. reg. 4621. fol. 24. v°. : *Rectores et burgelli et quilibet alii officiales forenses communis Florentiæ possint...... mutare judices, notarios, socios, domicellos, Chonestabiles, pedites famulos, etc.* Pro *Conestabiles.* Vide in *Comes stabuli.*

* **CHONHOL**, Panus genus. Vide infra in *Panis* 2.

¶ **CHOPA**, Vestis species, f. eadem quæ *Hopelanda.* Litteræ Caroli V. Franc. Regis ann. 1367. de forma vestium, pro Monspeliensibus : *Item quod nulla ipsarum* (mulierum quarumvis) *audeat portare aliquam hopelandam vel Chopam.* Hispanis *Chupa*, Sucula est, seu vestis interior, quam vulgo *Veste* appellamus.

* Ital. *Cioppa*, Palla, nostris etiam *Chope.* Formul. MSS. ex Cod. reg. 7657. fol. 34. v°. : *Invenimus....... unum hominem mortuum cum sola camisia reversata super pectus, ... et de subtus se una Chopa de grosso burello.* Stat. ann. 1351. tom. 4. Ordinat. reg. Franc. pag. 67. art. 1 : *Et un vallet avec lui armé de haubergeon, de bacinet a camail, de gorgerette, de gantellez et Chope par dessus le haubergeon.*

* Choppa, Eadem notione. Charta ann. 1400. ex maj. Chartul. S. Vict. Massil. : *Domina Catharina de Vicecomitibus, comitissa Virtutum ..... propter devotionem quam habet et gerit quam plurimum erga sanctum atque beatum Ludovicum episcopum, quamdam imaginem argenteam ponderis 38. marcharum ad instar et similitudinem incliti nati sui cum capillis deauratis, sub effigie cujusdam Choppæ induti, junctis manibus, pedes stantis super quoddam scabellum argentatum.*

* 1. **CHOPINA**, Vasis genus. Inventar. ann. 1351. in Reg. N. Chartoph. reg. ch. 26 : *Item Chopinam unam cum pede de auro.* Stat. ant. Cisterc. ex Cod. MS. Claraval. cap. 3 : *Omnino caveatur ne amplius conversi nostri legumina nostra ad mercatum vendant cum cultellis et Chopinis.* Vide infra *Cuppina.*

* 2. **CHOPINA**, Mensuræ aridorum species. Charta ann. 1285. in Chartul. Guill. abb. S. Germ. Prat. fol. 218. v°. col. 2 : *Nec etiam vendere poterunt dicti homines Chopinam menusiæ nec similiter centum cancerum, nisi tres denarios Turon. tantummodo, nisi in Quadragesima, in qua poterunt vendere quatuor denarios Turon. tantummodo.* Vide *Cheopina.*

* **CHOPITERIA**, f. Silva cædua. Necrol. MS. eccl. Meld. fol. 86. r°. : *Hubertus Anglicus dedit decem solidos super Chopiteriam, quos reddit capitulum annuatim.* Vide *Copecia.*

* **CHOPPA.** Vide supra in *Chopa.*

¶ **CHOQUEAR**, pro *Cochlear*, Gall. *Cuilliere.* Limborch. lib. Sent. Inquisit. Tolos. pag. 65 : *Portavit eis quamdam ollam et duas scutellas et unum Choquear.*

CHORA, *Communia*, Commune *Juratorum* in urbibus, a quibus civium lites judicantur. Vox formata, ut videtur, a *Curia* : unde *Choremanni*, qui olim *Curiales.* Nisi a *Küren*, vel *Kohren*, Germanica voce, quæ *Eligere* significat, dicta fuerit *Chora*, quasi *Electorum* conventus, seu qui ad regendam Civitatem electi sunt. Vide Gewoldum de Septemviratu cap. 10. Consuetudines villæ Arkarum ann. 1231. in Tabular. S. Bertini : *Hominibus nostris de Arkes legem juratam, quæ Chora vulgariter appellatur, dedimus et concessimus in hunc modum, etc.* Infra : *Jurare debent etiam omnes in villa manentes Choram et legem villæ.* Charta Balduini Comitis Flandriæ ann. 1201. in eodem Tabul. : *Et quia avus meus Theodericus Comes Choram apud Arkes vobis habendam juravit, et homines suos jurare fecit, concedo ut eamdem perpetuo habeatis, et ut pax et justitia firmius in eadem villa teneatur, Churemanni vestri voluntate et assensu vestro, et consilio hominum Ecclesiæ vestræ per emendationem semper legem Churiæ affirmare poterunt, et corroborare.*

☞ Schilterus *Choram* interpretatur *Electionem, statutum*, Cangiique respuit expositionem, sicut et vocis *Curerhet*, sive, ut recte scribatur *Churrecht*; non Curiam recti denotat, inquit, sed jurisdictionem et jus statutarium ad villam pertinens, quod opponitur juri et jurisdictioni superiori et communi. Vide *Cora.*

Choremanni, Curiales, homines de *Curia*, qui in *Curia* Communiæ officio funguntur *Jurati*, diversi tamen a Scabinis. Consuetudines villæ Arkarum ann. 1231. in Tabular. S. Bertini : *Scabini judicent de iis quæ pertinent ad Scabinos : Choremanni de pace tractent, et de utilitate communitatis villæ, et de forisfactorum emendatione*, etc. Eædem Consuetudines : *Jurare debent Choremanni primo jus Ecclesiæ se servaturos, jus etiam Abbatis et Ecclesiæ S. Bertini, jura viduarum et orphanorum, pauperum et divitum, et omnium hominum tam externorum, quam juratorum suorum, super causis quæ coram ipsis venerint, et ad juramentum suum pertinuerint : jus et legem dicere, nec obmittere propter gratiam vel timorem, odium vel amorem. Similiter Justitiarius jurare debet et addere juramento, quod omni jus petenti justitiam faciet judicio Choremannorum. Jurare debent etiam omnes in villa manentes Choram et legem villæ.* Infra : *Sciendum est etiam quod feria 4. post missam Choremanni in curiam veniant, et in placito sedeant, quamdiu necesse fuerit : et si de Choremannis aliquis ad placitum non venerit, tenebitur domino in emenda 10. sol. nisi per Choremannos rationabiliter fuerit excusatus. Sedeant in placito reverenter, petitiones et responsiones cum diligentia audientes, bonas consuetudines et laudabiles in placito observent, . . . majores causæ, ut sunt raptus mulierum, reof. . . . . brant a Choremannis in Curia de Arkes audientur*, etc.

* *Core* et *Coremanz*, in Libert. Calesii renovatis a Mathilde comit. Atrebat. ann. 1304. ex Reg. 69. Chartoph. reg. ch. 365 : *Se aucuns est pourtraiz par la Core de mellée, ou il n'a mort ne mehaing, il doit amender au seigneur de lx. soulz, et à celui à qui on a fait le fait de x. soulz. Quiconques destourbera eschevins ne Coremanz, quant il sieent en banc et font conjure, il doit amender au seigneur de iij. soubz. Cuere*, unde *Cueriers*, eodem sensu, et *Cuerfreres* vel *Cuersuers*, qui vel quæ sub eadem lege vivunt, in Lit. ann. 1410. inter Ordinat. reg. Franc. tom. 9. pag. 584 : *Que les Cuerfreres et Cuerseurs de nostredite Chastellenie de Berghes soient affranchis...... de confiscacions de biens.* Et pag. 585 : *Seront faiz et créez de par nous jusques à vint quatre eschevins et Cueriers pour le gouvernement d'icelle nostre chastellenie ...... La Cuere pourroit et pourra cesser*, etc. *Cireiriers*, perperam lectum videtur, pro *Cueiriers*, iidem qui *Choremanni*, in Lit. ann. 1320. inter Ordinat. reg. Franc. tom. 4. pag. 404. *Keurbrief*, *Breve choræ*, seu lex communiæ, in Charta ann. 1323 : *Et comme avecq les cas qui par leur Keurbrief de seure escript sont expressément excepté de ladite loix du francq ;..... desquels* (cas) *ledit Keurbrief ne fait nulle mention*, etc. Vide infra *Cormangni* et *Keuren.*

CHORÆ, in Regula S. Donati Episc. Bisuntini ad Virgines cap. 75. videntur esse distinctiones Psalmorum, singulæ psalmos aliquot continentes, ut sunt nostri Nocturni in officio Romano : *Ab Octavo Kal. Octob. crescit cursus usque ad summum ejus 25. Choris . . . . 12. vero Choræ in hyeme omni nocte cantandæ sunt*, etc. Occurrit ibi pluries.

* **CHORAGUS**, Chori ministerio mancipatus. Conc. Constant. tom. 1. part. 12. col. 681 : *Quia in regimine ecclesiastico, et præsertim Choragi et caplani necessaria est obedientia, qua inferiores veluti subditi superioribus suis reverenti quadam obligatione uniantur*, etc. Vide infra *Choritanus.*

¶ **CHORALE**, Suppellex chori : Quænam ? Martenii Iter. Litter. 2. pag. 241. ex quodam Inventario sacrarii : *Mappulæ coccineæ* VIII. *dorsalia lanea* VIII. *duo Choralia, cortinæ lineæ* VII.

¶ **CHORALIS**, Qui interest, vel canit in choro, Gall. *Choriste.* Hisp. *Corista.* Leibnit. tom. 2. Scriptor. Brunsvic. pag. 313. ex Annal. Corbeiens. : *Simon Runstedt Canon. in Mindin, factus est Choralis et confrater noster.* Vide Regulam Toribii Archiep. Limæ o m. 4. Concil. Hisp. pag. 666. col. 2. et 673. col. 1.

* *Chorial* et *Corial*, nostris. Lit. remiss. ann. 1452. in Reg. 181. Chartoph. reg. ch. 163 : *Ung nommé Chapponay Chorial de l'église de S. Jehan de Lyon*, etc. Aliæ ann. 1457. ex Reg. 189. ch. 176 : *Jehan Ales, que on dist estre Corial et teneur en l'église de Nostre-Dame de Chartres*, etc. *Coriaulx*, Pueri symphoniaci, apud Acher. tom. 5. Spicil. pag. 632. *Curiaux*, in Ch. Joan. ducis Brit. ann. 1433. ex Bibl. reg. : *Voulons qu'il y ait quatre Curiaux pour ayder au divin office, qui pareillement seront subgiz et obeiront audit Doyen.* Ceremon. MS. eccl. Brioc. : *Item les petits enffens, c'est assavoir les petiz Cureaulx, ne doivent pas seoir ne estaller es chaeses haulies ne basses, mes ils doivent estre en estant ès petiz releiz du cueur en maniere de station.*

* Choralis, adject. Ad chorum pertinens. Stat. Ardacens. ann. 1356. apud R. Duell. tom. 1. Miscell. pag. 113 : *Ne tanquam pluribus intenti Choralibus officiis præpediti*, etc.

¶ Choralis Canonisatus, Canonicus, in testamento anni 1307. apud Ludewig. tom. 2. Reliq. MSS. pag. 256.

¶ Choraliter, Ritu chori, in Actis S. Mariæ Ægyptiacæ tom. 1. SS. April. pag. 34.

* **CHORALITAS**, *Choralium* dignitas, officium. Stat. eccl. Leod. ann. 1360. tom. 2. sacr. antiq. Monum. pag. 451 : *Et hæc Corales ecclesiarum mandamus et præcipimus observari; secus vero facientes, sex mensium spatio privilegio Choralitatis privamus.*

CHORARII. Tabular. Brivatense ann. 1277. fol. 176 : *Item modus creandi seu faciendi Clericos et Chorarios erit talis : quod bis in anno, scilicet in qualibet Ecclesia in festis Pentecostes et B. Germani et S. Clementis mittentur de Capitulo unus vel duo Canonici, quorum voluntate et assensu Sacrista et Clerici S. Germani, vel Prior S. Clementis, seu eorum locum tenentes, et Clerici Clericos in Ecclesiis prædictis mittent et Chorarios facient : aliter vero nullum mittere vel Chorarium facere poterunt vel debebunt.* Infra : *In Ecclesia S. Germani sint 24. tantum* (Clerici,) scilicet 12. *Subchorarii*, etc. Vide *Correarius*, et *Chorearius.*

* Chori ministerio mancipati, *Cueuriers*, in Obituar. MS. S. Nicol. Corbol. 9. Mart.: *Ung obit solennel..... avecques une haulte messe de Requiem ; le tout a diacre et soubzdiacre et Cueuriers.* Quæ Lat. ibid. non semel sic efferuntur : *Cum diacono, subdiacono et Chorariis.*

¶ Chorarius Puer, in Bulla Pauli III. pro sæcularizatione Monachorum Insulæ Barbaræ ann. 1549. et in altera pro sæcularizatione Monasterii Vezeliacensis ann. 1537. Vide *Chorialis.*

CHORAULES, qui et *Caput scholæ*, in Synodo Helenensi ann. 1027. [*Choraules, Princeps chori, vel qui canulis, id est fistulis canit.* Papias in MS. Bituricensi. *Choraula* pro chori Principe seu Præfecto Cantorum etiam legitur in quadam Notitia Ecclesiæ de Viancio apud Baluz. tom. 6. Miscell. pag. 437 : *Adfuit autem quidam Choraula Viancensis Ecclesiæ*, etc. Et pag. seq. : *Hujus rei testes sunt, Bernardus Stephani Præpositus, et Benedictus Prior, et Amatus Canonicus et Isarnus de Donazag, et Isarnus Capellanus de Causac, et Raimundus Archidiaconus, et Durantus Choraula, et Durantus, et Hugo.* Pro Symphoniaco sumit Fortunatus in Vita S. Radegundis lib. 1. num. 36 : *Quadam vice obumbrante jam noctis crepusculo inter Choraulas et citharas, dum circa monasterium a sæcularibus multo fremitu cantaretur*, etc. Vulgo tamen distinguuntur Choraules, et Symphoniacus; hincque proverbium : *Malus Choraules, bonus Symphoniacus.* Vide Vossium de Vitiis sermonis. Vox utraque terminatione Latinis nota pro eo qui tibia canebat, Gr. χοραύλης.] Vide *Caput Scholæ* et *Jocularis.*

¶ **CHORDA**, χορδή, Intestinum, in Medicina Salernit. pag. 133. edit. 1622.

CHORDICISTA, *Qui canit cum chorda.* Ugutioni. [Martianus Capella lib. 9. pag. 313 : *Chordacistæ ad comodum humanæ utilitatis.*]

¶ **CHORDIS**, Chorda, Nervus instrumenti musici. *Januenses cum tubis, buccinis et Chordibus*, apud Bartholomæum Scribam Annal. Genuens. lib. 6. ad annum 1262.

¶ **CHOREA**, Ambitus chori, qui in variis capellis seu sacellis plerumque consistit, Nostris, *Le tour des Chapelles.* Marten. de antiqua Ecclesiæ Disciplina pag. 381. ex Rituali Suessionensi : *Stent in angulo Choreæ extra presbyterium.* Hist. Abbatiæ S. Germ. Paris. Instrum. pag. CLXV. col. 2. ex Consuetudinibus hujus Abbatiæ : *Vigilia Epiphaniæ usque ad crastinum lampades et Chorea debent incessanter ardere.* [* Hinc

* Chorea, Processio, ut videtur, quæ circa chorum fit. Cerem. vet. eccl. Carnot. ad fer. 2. Paschæ : *Ad vesperas duo presbyteri canonici custodiunt chorum, et fit Chorea sicut in præcedentibus diebus.* Ibid. ubi de Pascha annot. : *Non fit Chorea, sed cantor vel succentor incipit in statu suo responsorium*, etc.

* **CHOREA** Machabæorum. Vide infra *Machabæorum Chorea.* Alias quæ mihi occurrerunt chorearum appellationes, ne quid de morum nostrorum notitia subtrahere videar, hic exscribo. Lit. remiss. ann. 1403. in Reg. 159. Chartoph. reg. ch. 29 : *Aucuns de la ville de S. Mard vouldrent*

que le menestrel, qui cornoit d'une chevrette, cornast la haulte dance. Aliæ ann. 1404. ibid. ch. 137 : *Comme les supplians feussent a un esbatement, là où l'on dansoit à longues dances, en la ville de S. Josse sur la mer, Icellui Bucharles, qui dancoit a ladite feste a la ronde dance*, in aliis Lit. ann. 1393. ex Reg. 144. ch. 283 : *Dancer en la main d'une fille*, saltando eam manu ducere in Lt. remiss. ann. 1408. ex Reg. 162. ch. 221. Vide infra in *Crochetus*.

* **CHOREALIS**, Clericus inferior chori. Charta ann. 1418. ex Chartul. S. Aviti Aurel. : *Tenetur idem capicerius facere portari dictam crucem per dictum clericum, vel alium Chorealem loco sui.*

¶ **CHOREARE**, Choreas ducere, versare saltatorium orbem. Statuta Synodal. Eccl. Nannet. ann. 1389. apud Marten. tom. 4. Anecdot. col. 993 : *Nec.... Choreare, vel ad alium quemque ludum ludere præsumant in Ecclesiis.* Acta S. Franciscæ Viduæ Rom. tom. 2. SS. Martii pag. 117 : *Et in actibus et modis virginum Choreantium correspondebat.* Occurrit etiam in Menoti Sermonibus Quadrag. fol. 71. col. 2.

¶ **CHOREARIUS**, Clericus seu Capellanus, qui choro debet interesse. Hist. Dalphin. tom. 2. pag. 14. col. 1. in Præeminentiis spiritualibus et temporalibus Archiepiscopi Ebredunensis : *Item Ebred. Archiep. habet omnimodam jurisdictionem, punitionem et corectionem in præpositum Capitulum et dignitates et personatus in dicta Ecclesia obtinentes, et etiam in Canonicos, Chorearios, Clericos et quascumque personas Ecclesiæ Ebredun.* Ibidem pag. 135. in Statuto Episcopi Gratianopolit. ann. 1257 : *Præterea sciendum est, quod prædicti duo Canonici vel plures, si augmentatis facultatibus ipsius domus in posterum crearentur usque ad quatuor cum Clerico suo sint Chorearii, et liberam tam in anniversariis, quam in aliis tanquam Chorearii recipiant*, etc. Vide *Chorarii* et *Correarius*.

* **CHOREATIUS**, pro *Chorearius*, Cantor, qui choro præest. Stat. eccl. Biter. ann. 1297. apud Marten. tom. 7. Ampl. Collect. col. 1424 : *Item ordinavit et statuit, quod in festis novem lectionum duo Choreatii regant chorum. Li chantres et li souchantres doivent Garder le cuer*, ut legitur in Reg. sign. *Pater* Cam. Comput. Paris. fol. 164. v°. ubi de inaugurat. regis et reginæ. Vide infra *Custos chori* et supra *Chorarii*.

¶ **CHOREATOR**, Saltator. Menotus Serm. Quadrag. fol. 132. recto col. 1 : *Quando Magister est tympanista, servi sunt Choreatores.*

¶ **CHOREIZARE**, Choros agere, concinere. Franciscus Pippinus in Chronico lib. 3. cap. 39 : *Hæ doctæ psallere, Choreizare ac melodiari, et tympanizare, sonorum sive consonantiarum peritia, quæ ad aurium pertinent voluptatem, seu Choreizandi industria, psallendi agilitate, et cantandi suavitate puerorum demulcebant auditum.*

¶ **CHOREMANNI**. Vide in *Chora*.

CHOREPISCOPI, quasi τοῦ χώρου ἐπίσκοποι dicti, id est, ruris Episcopi. Unde *Villani Episcopi* nuncupantur in Capit. Caroli M. lib. 7. cap. 187. [** 260.] *Vicani*, apud Hincmarum Opusc. 33. cap. 16. pag. 437. perperam enim Honorius Augustod. lib. 1. cap. 182. a quo hausit Rabanus dictos *Chorepiscopos, quod essent de choro sacerdotum*, censuit. Canones Arabici Nicenæ synodi : *Chorepiscopus, est loco Episcopi super villas, et Monasteria, et Sacerdotes villarum, quæ sub potestate ejus sunt.*

Primitus autem institutos ab Episcopis Chorepiscopos fere constans est sententia, ut essent eorum Vicarii in vicis ac pagis, et Episcopalia in iis munera minoris momenti obirent. Quod potissimum colligitur ex Concilio Nicæno I. cap. 8. Regiensi cap. 3. 4. ex Indiculo Ebonis Remensis Episcopi de Ministris Ecclesiæ Rem. edito a Sirmondo et Marloto, etc. Vide Capitul. Carlomanni tit. 2. § 7. [** Apud Vernis palat. ann. 884.] Hinc *Vicarii Episcoporum*, et *Vicarii Episcopi* dicuntur in Concilio Ancyrano can. 23. Neocæsar. cap. 13. Antioch. cap. 8. a Ferrando Diac. in Breviario, Isidoro lib. 2. de Eccles. offic. cap. 6. Rabano lib. 1. de Institut. Cleric. cap. 5. Hincmaro Opusc. 35. pag. 602. in Capitul. Caroli M. lib. 7. cap. 318. [** 402.] etc. *Adjutores ministerii Episcoporum*, in Capitul. ann. 828. Chronicon Ademari Cabanensis pag. 166 : *Eblus* 39. *a Beato Martiale Episcopus* (Lemovicensis) *fuit, et ad onus Episcopale sufferendum ordinavit sub se Chorepiscopum Benedictum.* Canones Arabici Nicænæ Synodi cap. 8 : *Chorepiscopus et Archidiaconus sunt tanquam duæ manus, et duæ alæ quibus Episcopus volat.* Adde cap. 64. 73. Acta Episcoporum Cenomanensium pag. 193 : *Tradidit ex rebus suæ sedis Ecclesiæ S. Mariæ et S. Gervasii villulas duas, quas et Petro adjutore et Chorepiscopo suo sua vice consignare ad eandem Ecclesiam præcepit.* Ibid. pag. 240 : *Præfatum Episcopatum Cenomannicum ei auferre noluit, sed Chorepiscopum ei* (qui cæcatus fuerat) *Seufredum ordinare præcepit, qui populum in eadem ecclesia prædicaret, et Christo lucraret.* Adde pag. 241. 242. ubi idem Chorepiscopus a tribus Episcopis *sacratus* dicitur, *ut ministerium Episcopale facere et exercere Canonice atque perficere posset.* Unde alios fuisse Chorepiscopos ab Archidiaconis colligitur contra quam dixit Sigebertus, tametsi postmodum hac nomenclatura donatos constet.

Frequentes fuisse Chorepiscopos in Ecclesia Orientali colligitur ex subscriptionibus Canciliorum Nicæni, et Ephesini, quos gradu cæteris Presbyteris præstitisse docent eadem Synodus Nicæna can. 8. et Calchedonensis can. 11. et post Episcopos in Conciliis sedisse, Acta Conciliorum. Nec scio an ii sint, qui cum non vacarent civitates, κωμυδρίοις Episcopi præficiebantur, ut est apud Palladium in Vita Chrysostomi : quem tamen morem improbatum ab Ecclesia satis ipse insinuat Palladius. In Concilio Dusiacensi I. coacto contra Hincmarum Laudunensem Episcopum, non modo Franco Tungrensis Episcopus interfuit, sed et *Birico Tungrensis Chorepiscopus* ultimus consedit. Verum id observatione dignum, quod cum de damnatione Hincmari ageretur, sententiam, ut Episcopi, non dixit, sed a Metropolitanis et Episcopis judicandum, eorumque judicium sese prosecuturum professus est.

Cum igitur essent et dicerentur Episcoporum Vicarii, et ab iis solis quibus subjecti erant, fierent, ut est in Concilio Antioch. cap. 10. Episcopatus apicem illos non obtinuisse par est credere. Nam ex can. 3. Nicænæ Synodi, Episcopi, ab omnibus, vel saltem a tribus Episcopis ordinari debent : deinde *ad quandam civitatis Episcopalem sedem titulari*, ut est in Capit. Caroli M. lib. 7. cap. 187. [** 260.] quod de Chorepiscopis dici non potest. Præterea Concilium Neocæsariense can. 13. ait, Chorepiscopos instar. 72. discipulorum institutos, ut hoc nomine ab Episcopis, qui vicem Apostolorum funguntur, diversos esse voluerit, uti hunc canonem interpretantur Capitularia Caroli M. lib. 5. cap. 168. [** 320.] lib. 7. cap. 310. 318. 329. [** 394. 402. 424.] Quamquam ex eo Nicolaus PP. Epist. 39. ad Rodulphum Bituric. Episc. cap. 1. videatur eruere *Episcoporum habuisse officia.* Sed Episcopali non functos ordine, et eosdem esse Chorepiscopos cum Presbyteris, palam definiunt Damasus PP. Epist. 4. Leo I. Epist. 92. [** fictitiis.] Concilium Metense ann. 888. cap. 8. etc.

Non desunt tamen qui Chorepiscopos ordinem Episcopalem aliquando ac primitus habuisse contendunt : puta quia eo nomine ordinati erant, ut est in Concilio Laodic. can. 57. seu antea Episcopi essent, et a parœcia sua extorres, regionis cujusdam, vel castelli administrationem sub Chorepiscopi nomine accepissent, seu tanquam suffraganei Episcoporum essent ordinati. Deinde manus impositione ab episcopis ordinatos, et *ut Episcopos Consecratos*, tradunt Capitula Caroli Mag. lib. 5. cap. 169. [** 321.] Certe cum consensu Episcopi potuisse Presbyteros ac Diaconos ordinare, docent can. 13. Synodi Ancyr. et Isidorus lib. 2. de Eccl. offic. cap. 6. Præterea in Hist. Lausiaca apud Palladium cap. 106. legimus Elpidium Monachum Presbyterum ordinatum a Timotheo Chorepiscopo. Ecclesias etiam ab iis consecratas consensu et jussu Episcoporum legimus apud Rodulphum Presbyterum in Vita Rabani Mauri Archiepisc. Mogunt. n. 16. 27. 46. Candidum in Vita Eigilis Abb. Fuld. cap. 19. et Browerum in Antiquit. Fuld. lib. 2. cap. 15.

Verum eorum munia postmodum certis limitibus circumscripta sunt, ne paris juris ac gradus cum Episcopis, quibus subjecti erant, viderentur; cum ad hoc primitus essent instituti, ut in villis ac vicis plebes in officio pietatis continerent, promovendos in Clerum examinarent, Subdiaconos, Lectores, Exorcistas, et cæteros inferioris gradus Clericos auctoritate sua ex Episcopi sententia constituerent, ut est in can. 10. Synodi Antioch. Denique cum intra officii sui definitos limites nequaquam se continerent, Presbyterosque, Diaconos, Subdiaconos, et Ecclesias consecrarent, repressa est non semel eorum audacia et temeritas; et Episcopi ordinationes ac consecrationes ab iis factas, ut irritas, reformare et canonice peragere jussi sunt, in Capitul. Caroli M. lib. 6. cap. 284. [** 369.] lib. 7. cap. 187. 310. 318. 329. [** 260. 394. 402. 424.] in Concil. Paris. ann. 829. lib. 1. cap. 27. Meldensi ann. 845. cap. 44. Metensi ann. 888. cap. 8. Vide Flodoard. lib. 3. cap. 10. etc.

Tandem Chorepiscopi penitus abrogati sunt a Leone PP. in Capitul. Caroli M. lib. 6. cap. 119. [** 141.] Balsamon ad can. 13. Ancyr. scribit etiam sua ætate apud Orientales Chorepiscoporum gradum omnino exolevisse. Auctor est præterea Gervasius Dorobernensis in Hist. Pontif. Ecclesiæ Cantuar. habuisse hujus Ecclesiæ Archiepiscopum *Chorepiscopum quendam, qui in Ecclesia S. Martini extra Cantuariam manebat, qui adveniente Landfranco* (Archiep. Cant.) *dejectus est, sicut ubique terrarum factum esse audivimus*, inquit idem Scriptor.

Neque tamen *Chorepiscoporum* dignitas, vel certe appellatio, penitus abrogata, cum adhuc vigeat in quibusdam Ecclesiis. Quippe, ut observat Molanus lib. 2. de Canon. cap. 32. in Ecclesia Ultrajectensi S. Martini Chorepiscopi nomen et titulum habet primus Subdiaconorum, quem Synodus Autissiodorensis can. 16. Archisubdiaconum vocat, penes quem incumbit officium Archipresbyterii, seu Decanatus ruralis. Præterea Coloniæ in omnibus Collegiatis Ecclesiis Chorepiscopus est primus *Cantorum*, qui etiam in Cathedrali Ecclesia cum *Cantore* officium faciens in solennitatibus, baculo utitur Episcopali. Ita quidem Malanus. Ubi forte abusive *Chorepiscopus*, Primus Cantorum appellatur, quod chorum regeret, quasi χορεπίσκοπος. [*Choriepiscopus* et *Choripiscopus* appellatur in MS. Codice Ecclesiæ Artrebat. ubi de Consuetudinibus et quotidianis distributionibus Ecclesiæ Coloniensis.] Chorepiscoporum ejusmodi Coloniensium meminit Concilium Coloniense anni 1260. cap. 9. et 10. ubi *Cantoribus* junguntur. At Wazo Episcopus Leodiensis in Epist. ad Joannem Præpositum, apud Anselmum in eodem Wazone cap. 85. videtur innuere id nominis incognitum in Ecclesia Coloniensi : *Coepiscopos et Archidiaconos ob insolentiam removit Ecclesia, unde et his caret usque in præsens metropolis Colonia, et tota provincia.* Siquidem *Coepiscopi* iidem sint qui *Chorepiscopi*, ut et in Vita Rabani Mauri num. 51. qua dignitate insignitur quidam Constantius in veteri Notitia Ecclesiæ Viennensis tom. 12. Spicilegii Acheriani pag. 154. ubi statim post Adonem Viennensem Archiepiscopum nominatur : adeo ut exinde colligere liceat Ecclesiam Viennensem suos pariter habuisse Chorepiscopos. At in ipsius Wazonis Diplomate quod describitur a Fizenio in Hist. Leodiensi pag. 319. subscribit *Joannes Chorepiscopus*, ita ut incertum sit, an per *Coepiscopos*, Chorepiscopos intellexerit. Habuit etiam Trevirensis Ecclesia suos Chorepiscopos, quippe Theganus qui Gesta Ludovici Pii scripsit, *Trevirensis Chorepiscopus* inscribitur. Alii occurrunt apud Browerum lib. 10. n. 11. lib. 11. n. 112. Sed et hodie sunt in eadem Ecclesia dignitates quatuor hac nomenclatura, scilicet Chorepiscopus S. Petri, Chorepiscopus S. Lubentii in Dietkirken, Chorepiscopus S. Castoris in Cardona, et Chorepiscopus S. Agathæi in Longuiono.

Habuit etiam Lugdunensis : nam apud Adonem in Chron. ann. 810. et Hugonem Flaviniacensem ann. 788. Agobardus Ecclesiæ ejusdem *Chorepiscopus* Leidrado in Lugdunensi Archiepiscopatu suffectus fuisse dicitur. In veteri Charta ex Tabulario Ecclesiæ Gratianopolitanæ fol. 14. sub eodem Agobardo, *Audimus Ecclesiæ Lugdunensis Chorepiscopus* dicitur. In Charta ann. 859. in Tabul. Eccl. Viennensis fol. 20. mentio fit *Constantii Chorepiscopi* ejusdem Ecclesiæ. In Concilio Suessionensi ann. 853. subscribit statim post Episcopos, et ante Abbates, *Rigboldus Chorepiscopus sanctæ Remensis Ecclesiæ* : ut *Vitaus Cameracensis Ecclesiæ Chorepiscopus*, in Actis Concilii Tricassini ann. 867. apud Sirmondum. In Charta Arnolfi Ducis Bajoariorum ann. 808. mentio fit *Chorepiscopi Ecclesiæ Frisingensis*, in Metropoli Salisburgensi tom. 1. pag. 131. *Chorepiscopus sive Archidiaconus Ratisponensis Ecclesiæ*, ibid. tom. 3. pag. 340. *Regimboldus Chorepiscopus Moguntinus*, ad quem Epistolam scripsit Rabanus *Godefridus de Mulfort Chorepiscopus* Coloniensis in Charta ann. 1259. apud Maximilianum Henricum in Apol. part. 2. pag. 39. [*Seufredus, Chorepiscopus* Cenoman. apud Mabillonium Analect. tom. 3. pag. 240. de Herlemundo Episcopo ejusdem urbis.] Habuit denique Ecclesia S. Stephani Metensis suos Chorepiscopos. Chartam quippe Angilranni Episcopi Metensis subscribit cum aliis *Fredaltus Chorepiscopus*. Atque hi post Primicerium et Decanum recensentur in Charta Leonis IX. PP. apud Meurissium in Episcopis Metensib. pag. 355 : *Volumus... ut eadem Ecclesia et ipsa sacrosancta Domini Mensa in honore ipsius a nobis dedicata, tale privilegium inviolabiliter obtineat, ut præter Episcopos et Abbates, ac septem ejusdem Cœnobii Sacerdotes, et tres Canonicos de domo sancti Stephani, Primicerium, Decanum, et Chorepiscoporum primum, ad ipsum principale altare nullus unquam Missas celebrare præsumat.* Atque hi quidem *Chorepiscopi* non alii erant ab *Archidiaconis*, qui vices Episcoporum agebant in ruralibus Ecclesiis, quomodo nominantur in Charta Adalberonis Episcopi apud eumdem Meurissium pag. 309. Nam *Chorepiscopi, Archipresbyteri, et Archidiaconi*, dicuntur *Ministri Episcoporum*, in Concilio Aquisgranensi II. ann. 836. cap. 2. can. 4.

* Hist. Translat. S. Glodes. tom. 6. Jul. pag. 216. col. 1 : *Fidos ad hoc inspiciendum sacrorum ministros, cum archidiacono majore, quem Corepiscopum dicunt, direxit* (Drogo Metensis episcopus).

Scribit denique Browerus lib. 1. Antiq. Fuld. cap. 3. et in Notis ad 12. Poema Rabani Mauri, Abbates eo tempore Chorepiscopi munus obiisse, exemplo S. Wigberti et Albuini Friteslariensium Abbatum. Quod certe firmari potest ex Tabulario S. Benigni Divionensis, in quo non semel occurrit *Bertilo Chorepiscopus Abba* ejusdem Monasterii sub ann. 868. apud Perardum pag. 148. 150. 151. 157. Sed quod per *Sacerdotem secundi ordinis* hoc loco Chorepiscopum intelligi putat, non omnino assentior viro erudito.

Chorepiscopos in Ecclesiis vacantibus creatos innuit Hugo Flaviniac. ann. 776. et Bercarius in Hist. Episcoporum Virdunensium num. 13 : *Post hunc Episcopatus istius Ecclesiæ per 12. annos vacuus extitit : sed quidam servus Dei Amalbertus nomine, juxta morem illius temporis Corepiscopus factus, ipsam regebat Ecclesiam, et in quodam oratorio sub honore omnium Apostolorum quasi solitariam vitam ducebat.*

Porro de Chorepiscopis multi ex professo scripserunt, Duarenus lib. 1. de Sacris Eccl. Minist. cap. 9. Bellarminus lib. de Cleric. cap. 17. Morinus lib. 1. Exercit. sacr. cap. 11. et de sacris Ordinat. part. 3. exercit. 4. Cellotius lib. 4. de Hierarch. cap. 14. Marca lib. 2. de Concord. Sacerd. et Imp. cap. 13. Puccinellus in Zodiaco Mediol. part. 3. cap. 16. etc.

¶ **CHOREUTES**, Χορευτής, Saltator. Fragm. Petron. : *Tinctus colore noctis, Manu puer loquaci Ægyptius Choreutes.* Ita Martinius in Lexico. [** Vide Forcellin. voce *Choraules*.]

¶ **CHORIALIS**, Clericus, qui debet interesse officiis divinis in *Choro* celebratis. Statuta Ecclesiæ Pictav. apud Marten. tom. 4. Anecd. col. 1074 : *Ordinamus has sequentes ceremonias cum aliis ceremonialibus antiquis et consuetis in præfata Ecclesia, per nos et Choriales nostros uniformiter et inconcusse observandas... omnes de choro cum humilitate et devotione flectant genua, etc.* Vide *Choriarius*.

¶ Choriales Pueri, in Bulla Pauli III. Papæ de sæcularizatione Monachorum Insulæ Barbaræ ann. 1549. Vide *Chorarius*.

¶ **CHORIARE**, Choros agere, saltare, in Epistolis obscurorum virorum pag. 52 : *Propinaverunt dulcia cibaria et bene dapiverunt Principem et omnes curiales, et postea Choriaverunt, et ego steti in uno conspicello quod potui videre.*

¶ **CHORIARIUS**, ut *Chorialis*. Charta anni 1327. inter Instrum. Hist. Meld. tom. 2. pag. 210 : *Excepto Curato S. Sanctini, qui licet sit Canonicus S. Sanctini et Choriarius Ecclesiæ Meldensis, sicut alii Canonici.* Altera Charta anni 1365. ibid. pag. 236 : *Quod si contingat seu contigerit aliquem seu aliquos de beneficiatis, Choriariis ac servitoribus, et qui Choriarii aut servitores dictæ Meldensis Ecclesiæ censeri debeant, fieri alicujus parochialis Ecclesiæ rectorem seu rectores, etc.*

¶ **CHORICANUS**, Choricista. Vide post *Chorus* 2.

¶ **CHORIEPISCOPUS**, Choripiscopus. Vide *Chorepiscopi* ad fin. *Neque tamen, etc.*

¶ **CHORISTA**, Idem qui *Chorialis*, Gall. *Choriste*, Hisp. *Corista*. Bleynianus in Institut. Theor. et Pract. lib. 2. pag. 221 : *Qui pro supplendis Canonicorum vel etiam Parochorum defectibus asciscuntur, Asciti dicuntur, et a choro Choristæ.* In Cæremoniali Rom. Cantores vocantur *Choristæ*, quo nomine donantur etiam Pueri Chorales in quibusdam Ecclesiis. Vide Librum nigrum Scaccarii pag. 671.

CHORITÆ, [*Clerici per potentiam magnorum intrusi*. Fortassis mendum est, ut dicitur in] *Sanguinitæ*.

* **CHORITANUS**, ut supra *Coragus*. Glossar. Gall. Lat. ex Cod. reg. 7684 : *Choritanus, qui chante en cuer d'eglise.*

* **CHORIUM**, chorius, Corium, Gall. *Cuir*. Reg. episcopat. Nivern. ann. 1287 : *Qui deferunt super humeros Choria de ma-*

cello, nichil debent. Charta ann. 1258. tom. 1. Probat. Hist. Brit. col. 969 : *Item de omnibus bestiis, quæ venient ad curiam nostram ad festa annualia cum Choriis, dictus Oliverius potest et debet habere Chorios et eos vendere.*

CHORIZANTIUM Secta, in Germania et agro Leodiensi ann. 1374. qui a dæmonibus possessi choreis in plateis et in Ecclesiis vacabant. De hac Radulphus de Rivo in Joanne *de Arckel* Episcop. Leod. cap. 9. et Gobelinus Persona in Cosmodromio ætate 6. cap. 69.

¶ 1. **CHORIZARE**, Choros agere, saltare. Legitur infra in voce *Triscare*, in Actis SS. April. tom. 2. pag. 326. Maii tom. 5. pag. 323. et apud Menotum in Sermonibus Quadragesim. fol. 48. verso col. 2.

¶ 2. **CHORIZARE**, Per *choros* concinere. Gocelinus Monachus in Miraculis S. Aug. Cantuar. tom. 6. Maii pag. 404 : *Jam hymnus laudationis Dominicæ ter sanctisonus à Patrefamilias intonatur, et ab excipiente Dei familia sublimiter Chorizatur.*

¶ **CHORODIDACTES**, Chorodidascalus, Cantor seu Primicerius Ecclesiæ qui in choro canentibus præest apud Bleynianum pag. 25.

* **CHORONA**, pro Corona, Montis acumen. Charta ann. 1054. ex magn. Chartul. S. Vict. Massil. : *Et insuper usque in Choronam montis et sicut est degutada ipsa terra.*

¶ **CHOROPALASIUS**. Vide post *Cura* sub finem.

¶ **CHORORARIUM**, Officium Chorarii seu Cantoris. Collectio MS. Statutorum Ecclesiæ Aquensis : *Quando Canonici sunt in tabula pro Chororariis, responsoriis vel lectionibus positi, possint ipsi committere Clerico vel Sacerdoti officium sibi commissum, si ipsi fuerint.... impediti. Per Responsoria* vel *Chororarias lectiones* intelligo Responsoria vel Lectiones quæ cani solent ab uno *Choriali* designato.

¶ **CHORS**. Vide *Cortis*.

* **CHORVEDA**, pro *Corvada*, Opera, quæ a subditis domino debetur. Charta Adalber. Leod. episc. ann. 1124. ex Chartul. Cluniac. ch. 401 : *Medietatem etiam Chorvedæ, quæ ipsius Walteri erat, eis concessit.* Vide *Corvatæ*.

1. **CHORUS**, pro Mensura. Vide *Corus*.

2. **CHORUS**, Pars Ecclesiæ in qua Clerus consistit, ac concinit. Isidorus lib. 1. de Eccles. Offic. cap. 3 : *Chorus ab imagine dictus est coronæ, et ex eo ita vocitatus.... Chorus enim proprie multitudo canentium est, etc.* Honorius Augustod. lib. 1. cap. 140 : *Chorus dicitur a concordia canentium, sive a corona circumstantium. Olim namque in modum coronæ circa aras cantantes stabant : sed Flavianus et Diodorus Episcopi choros alternatim psallere instituerunt.* Acta Episcoporum Cenomanensium pag. 229 : *Summo cœpit studio... superiores ejusdem Basilicæ partes diligenti solicitudine laborare, oratorium scilicet, quod Chorum vocitant, sedemque Pontificalem, etc.*

Certe hodieque apud Græcos ea pars ædis sacræ in orbem circumducitur, et subselliis Cantorum ac Clericorum munitur, ut ex Ichnographiis Ecclesiarum apud [...]m Græcos, quas repræsentat Goarus ad Euchologium, percipere licet. Sed et Chorum Sophianum in ovalem formam contractum perhibet Petrus Gyllius in Descript. CP. lib. 2. cap. 3. Concilium Turonense II. cap. 4 : *Ut Laici secus altare, quo sancta mysteria celebrantur, inter Clericos, tam ad Vigilias, quam ad Missas stare penitus non præsumant : sed pars illa quæ a cancellis versus altare dividitur, Choris tantum psallentium pateat Clericorum.* Concil. Toletan. IV. cap. 18 : *Sacerdos et Levita ante altare communicent, in Choro Clerus, extra Chorum populus.* Vide cap. 39. Milo Monach. Elnonensis in Vita S. Amandi :

Formabatque Chorus cantica mellifluus.

Chorus Abbatis, Chorus Prioris, in Vitis Abbatum S. Albani pag. 90 : *Et si fuerit electus* (Abbas) *de parte Prioris, quam nos Chorum Prioris appellamus, transferetur ad Chorum Abbatis, ubi supremus statuetur.* Dividebatur nempe Monachorum Chorus in Ecclesiis in duas partes, quarum una a dextris, altera a sinistris erat, sibique antiphonatim respondebat. Qua parte Abbas sedebat, *Abbatis*; qua Prior, *Prioris Chorus* dictus.

Chorus Conversorum, apud Cæsarium lib. 1. Mirac. cap. 35. Apud Carthusienses Parisinos, *Chorus Conversorum*, Choro Fratrum præstructus videtur.

Chorus Invitatorii, Pars scilicet Chori monachorum, a quibus *Invitatorium* incipitur, in libro Usuum Ordin. Cisterciensis cap. 12. 23.

* Chorum Servare, Illum regere. Vide supra *Choreatius* et infra *Servare*.

* Chorum Tenere, Officio ecclesiastico interesse. Vide infra in *Tenere* 10.

* Chorus Major, Subsellia superiora. Charta ann. 1274. tom. 1. Hist. Delph. pag. 127. col. 2 : *Quod quando juxta consuetudinem ecclesiæ ordinatum fuerit, quod aliqui ponantur in majori Choro seu supra Chorum, cum abbas debeat eos levare, quod hoc faciat per se vel per alium sine difficultate.*

Choricanus, et Choricista, *Qui canit in choro, vel cum choro.* Joan. de Janua.

3. Chorus, Instrumenti musici species. Silvester Giraldus in Descript. Cambriæ cap. 11 : *Tribus utuntur instrumentis, cytharis, tibia, et Choro.* Ita *Chorus*, in Gr. Edit. χόρος, non semel habetur in Veteri Testam.

* *Chorum*, tom. 1. Poem. reg. Navar. pag. 244 :

De vieles sot et de rote,
De harpe sot, et de Chorum,
De lire et de psalterium.

* 4. **CHORUS**, Capitulum. Charta Wolffgeri Patav. episc. : *De communi Chori nostri consensu contulimus in perpetuum omne jus parochiale, quod nobis in ecclesia in monte S. Godehardi in Kirchperg....... pertinebat.*

* 5. **CHORUS**, Atrium, impluvium ædificiis cinctum, nostris *Court*. Charta ann. 1197. ex Tabul. episc. Massil. : *Hæc est memoria de guirpitione et desamparatione, quam fecerunt,..... Rainerio Massiliensi episcopo de Choris omnibus infra ambitum Massiliæ constructis.* Vide *Cortis* 2.

* **CHORUSCATIVUS**, Coruscus. Elmham. in vita Henr. V. reg. Angl. edit. Hearn. cap. 75. pag. 213 : *Cum jam inter ipsum et dalphinum prætensum perfectæ amicitiæ Choruscativam meridiem hostilis livoris eclipsarent tenebræ, etc.*

CHOSDRUS. Gloss. Ælfrici : *Chosdrus, vel Castros*, Beo-moder. Somnerus in Gloss. Saxon. legit *Costrus*, i. dux, rex apum, dux examinis, apiastra.

¶ **CHOSIA**, vel potius Chesià, ut in autographo legitur, idem est quod Cathedra a Gallico *Chaire* vel *Chaise*, sedes episcopalis, palatium episcopale. Excerptum ex Chronico Aniciensi inter Instrum. tomi 2. novæ Gall. Christ. col. 237 : *Actum in superiori fornello Chosiæ Aniciensis anno Domini M. CC. LXXIX.* In quibusdam aliis instrumentis *Chosia* legitur pro re quacumque, ut vocabulum *Chose*, Galli usurpamus, Hispani cum Italis *Cosa*, quod a Latino *Causa* recte deducunt eruditi.

* *Chose* apud nostros, quomodo apud Italos *Cosa*, obscœne sumitur pro vulva. Lit. remiss. ann. 1376. in Reg. 110. Chartoph. reg. ch. 210 : *Ledit Adin....... lui dist plusieurs paroles injurieuses, entre lesquelles il le envoya à la Chose sa putain de mere.*

¶ **CHOSIARIUS**, *Effossor parietum, latro*, apud Laurent. in Amalthea.

* **CHOSTELLUS**, f. pro *Chossellus*. Vide infra *Molendinum*.

* **CHOTONUS**, Gossipium, ut videtur, Ital. *Cotone*, Gall. *Coton*. Chron. Tarvis. ad ann. 1379. apud Murator. tom. 19. Script. Ital. col. 769 : *Subinde vero galeæ prædictæ videntes chocham unam de Soria Chotonis oneratam.* Vide *Cottonus*.

* **CHOTUS**, ab Hispan. ni fallor, *Coto*, Taxatio, pretii constitutio. Charta Alphonsi reg. Castel. inter Acta SS. tom. 6. Jul. pag. 56. col. 1. ubi de Liturg. ant. Hisp. : *Si quis vero hanc meæ concessionis paginam infringere, seu in aliquo diminuere præsumpserit, ... regi parti mille auros in Choto persolvat.* Vide *Cotus* 2. [** An *Cocto*?]

* **CHOUA**, Porticus nundinaria, idem quod *Cohua*, Gall. *Halle*, alias *Choue*; unde *Chouagium*, vulgo *Chouage*, Vectigal et tributum ex *Chouis* pensitari solitum, ut *Cohuagium*. Charta ann. 1251. tom. 1. Probat. Hist. Brit. col. 948 : *Deventum est ad concordiam in hunc modum, quod prædictam Chouam faciemus in platea coram ecclesia, ubi stallagia erant......... Et illa die nullus intrabit Chouam, causa emendi vel vendendi. Item volumus et concedimus pro nobis et nostris hæredibus, quod de blado priorum de Trinitate, de Bodieuc et de S. Leviano Chouagium non solvatur...... Concedimus quod si contingat prædictos priores aliquid emere infra Cohuam* (sic) *prædictam ad usus suos proprios, quod de hujusmodi solvere non teneantur Chouagium* (sic) *nec costumam.* Alia ann. 1283. ibid. col. 1067 : *Et est acordé entre le duc et nous que nous aurons la moitié des Choes de Dinant.* Infra semel et iterum *Choue* legitur. Charta Joan. de Couciaco dom. *de Pinon* ann. 1248. in Reg. 74. Chartoph. reg. ch. 116 : *Quittamus quemdam redditum, quem habebamus in dicta villa de Pinon, qui Chouage vulgaliter appellatur.* Perperam *Chouage*, pro *Corvage*, in Recogn. feud. ann. 1348. ut videre est infra in *Corvagium*. Vide *Cohuæ*.

* **CHOULLA**, a Gall. *Choule*, quod varie prorsus a nostris effertur, Globulus ligneus, qui clava propellitur. Lit. remiss. ann. 1353. in Reg. 82. Chartoph. reg. ch. 3 : *Cum Huetus de Hamello luderet ad Choullam et dictus Johanninus eam arrestasset, etc.* Aliæ ann. 1357. in Reg. 89. ch. 126 : *Comme les supplians et plusieurs d'autres genz du païs fussent alez esbatre à un geu, appellé Chole.* Aliæ ann. 1387. in Reg. 132. ch. 121 : *Comme ilz jouaient à un certain jeu, appellé Choler de la crosse; ...... la boulaye dudit jeu feust envoyée, etc.* Aliæ ann. 1402. in Reg. 157. ch. 329 : *Jouans et regardans jouer à la Choule en un jardin, en icelle ville de Pucheviller. Choloire*, in aliis ann. 1420. ex Reg. 171. ch. 367. Aliæ ann. 1448. in Reg. 176. ch. 683 : *Estant en icelle Chole ou soule, ainsi que l'en emportoit l'estouef ou Cholet, etc.* Denique aliæ ann. 1481. in Reg. 207. ch. 245 : *Les supplians sioient de leur bois...... à biloter, comme à faire Chaules.* Unde *Chouler*, pro Ejusmodi ludum exercere, in Lit. remiss. ann. 1381. ex Reg. 120. ch. 129 : *Comme le premier jour de Janvier....... plusieurs jeunes gens de la ville et paroisse de la Chelles en Beauvoisis feussent assemblez pour Chouler à la crosse les uns contre les autres, etc.* Vide *Cheolare* et infra *Crossare* et *Soula*. Adde Mercur. Franc. mens. Mart. ann. 1735. pag. 424.

* **CHRANNE**, in Lege Salica tit. 2. ex Cod. Estensi, ubi Glossa : *De Chranne prima, id est, de primo partu*, apud Murator. tom. 2. Antiq. Ital. med. ævi col. 286. Vide *Hranne*.

CHRENECRUDA, in Lege Salica tit. 61. quid sit, omnino non constat. In hac, qui hominem occidit, nec in sua facultate habet unde legem, seu mulctam exsolvat, adjunctis 12. juratoribus, nihil sibi esse in bonis præter ea quæ tradidit, sacramento cavet. Tum proximiores agnatos ad reliquum mulctæ exsolvendum invitat, facta in eos bonorum suorum omnium cessione, hac ceremonia hocque ritu. Domum suam ingreditur, et collectum de quatuor illius angulis pulverem pugno tenens, ad limen revertitur, in eoque stans ac vultu in interiorem domum obverso, sinistra manu pulverem in proximiorem agnatum trans scapulas mittit. Quo facto domo egreditur nudus, ac sola camisia indutus, et palum manu tenens supra sæpem salit. Tum agnati, sive unus, sive plures compositionem homicidii tenentur exsolvere. Si vero ii pariter solvendo non sint, aut ex iis aliquis, *iterum super illum Chrenecruda qui pauperior est, jactat, et ille totam legem componit.* Ex quibus videtur *Chrenecruda jactare*, idem esse quod *pulverem* ex quatuor domus angulis collectum projicere. Goldastus et Spelmanus *viridem herbam* interpretantur : ex Germanico *Gruen Kraut*, vel ex Belgico *Groen*, viridis, et *Kruid*, herba. Id improbat Wendelinus, aitque hac voce *denotari purificationis adprobationem*, ex *Chrein*, purum, castum, et mundum, et *Keuren*, probare : ita ut hæc vox referri debeat ad sacramenta 12. juratorum. [Eccardus, qui legit *Chren ceude*, exclamationem bonis cedentis esse conjicit, quæ a Saxonibus, inquit, cum quibus vetustissimorum Francorum dialectum exacte convenisse sæpius experti sumus, profertur : *rene herute*. Sæpius jam *chreo* pro *reo* vel *ref* cadaver : et *cheristiah cheretoge* pro *heretog* supra dictum vidimus, et infra *chervioburgius* ex *herbarius* factus occurrit : atque et hic *chrene* pro Saxonico *rene*, Germanico *reine* positum est, quod *purum* significat. *Herut* Saxon. *vacuum, ubi nihil est;* item *foras* notat. Germani *heraus* dicunt. Olim *herutz* pronunciatum fuisse conjicio ex *hutz* ejusd. sensus vocula, quæ inde contracta est... Integrum ergo *Chrenechruda*, vel *Chrenechruta* significat *pure* vel *omnino vacuum* sc. est domicilium, *nihil omnino est intus.*] [** *Herba pura*, Grimmio Antiq. Jur. pag. 111. Mythol. German. pag. 368.] Ut ut sit, legem hanc correxit Childebertus Rex in Decreto cap. 15. quod et paganorum ritus saperet, et plures in bonorum cessione involveret : *De Chrenecruda lex quam paganorum tempore observabant, deinceps numquam valeat, quia per ipsam cecidit multorum potestas.*

** **CHREOBARRIUM**, Barrium, castrum doloris, septum sepulcri, secundum Schilterum. Vox obvia in Lege Salica tit. 58. Vide *Barrum* et mox *Chreodiba*. Adel.

CHREODIBA, Latrocinium in silva commissum, exusto ibidem corpore occisi, ne supersit indicium facinoris. Vox, inquit Wendelinus, confecta ex *Gruy*, et *diven*, quod est, *silvestres latrones*. De *Chreodiba*, est tit. 74. in Lege Salica Edit. Heroldi. [** *Hreo*, Cadaver, *Diba*, Fur. Vide Graff. Thes. Ling. Franc. vol. 4. col. 1131.]

CHRESTUS, Utilis, commodus, ex Gr. χρηστός. Hincmarus Laudunensis : *Nec inde debetis acediari, si de his loquar, quæ scitis, quia nihil possum loqui de scripturarum tramite, saltem si sit Chreston, quod nesciatis.*

* Cujus vocis primam literam χ signabant veteres in margine librorum, cum aliquid notatu dignum observabant. Consule Grot. in præfat. ad Dicta poetarum. Vide infra *Crismon*.

* **CHRIARE**, Per præconem publicare, Gall. *Crier*. Stat. Astæ collat. 15. cap. 9. cujus titulus : *De blava, quæ contra bannum ducetur, arestanda. Et si Chriaverit foras alta voce, ita quod audiri possit per villas et loca circumstantia, etc.* Vide *Criare*.

* **CHRIPTUS**, pro *Cryptus* vel *Crypticus*, Subterraneus. Tabular. Carnot. : *De præsentatione presbiterorum extra chorum in Chriptis altaribus deservientium.* Vide *Crypta*.

¶ **CHRISIMUS**, Nomen Christi abbreviatum in antiquis instrumentis secundum diversos casus sic XPS. XPI. XPO. XPM. ubi media littera P. Græcum. Vox *Chrisimus* legitur in Annal. Benedict. tom. 5. pag. 7. Vide *Chrismon* et *Benevalete*.

CHRISMA, Oleum quod in Ecclesia consecratur. Duplex est : aliud enim oleo et balsamo conficitur, idque principale appellatur in Pontificali MS. Senonensis Ecclesiæ, et eo unguntur qui baptizantur, in vertice, et qui confirmantur, in fronte, denique qui ordinantur. Alterum vero est simplex oleum ab Episcopo consecratum, quo unguntur Catechumeni in pectore et scapulis et in fronte, antequam abluantur. Infirmi quoque et energumeni eodem oleo unguntur. Vide Durandum lib. 6. Ration. cap. 74. 84. et Steph. Durantum lib. 1. de Ritib. Eccl. cap. 20. De posteriori oleo agunt Capitula Caroli M. lib. 6. cap. 77. 175. [** 178.] lb. 7. cap. 95. 310. [** 130. 394.] et Addit. 3. Ludov. Imp. § 1.

* Observat Domin. Georg. Rhodig. lib. 1. de solemni celebrat. Missar. cap. 4. num. 8. morem antiquitus viguisse, ut episcopi et ii, quibus baptizandi cura demandata erat, nusquam sine Chrismate proficiscerentur. Conc. Araus. I. can. 2. ann. 441 : *Nullum ministrorum, qui baptizandi recepit officium, sine Chrismate usquam debere progredi, quia inter nos placuit semel chrismari.* Hinc usus de quo in Ord. Rom. cap. 1. num. 2 : *Unus autem ex acolythis stationarius præcedit pedester equum pontificis, gestans sanctum Chrisma manu in mappula involuta cum ampulla.* Et num. 3 : *Acolythi autem, qui inde fuerint, observant ut portent Chrisma ante pontificem.*

Chrisma, feminino genere, apud Montanum Episcop. in Epist. ad Thuribium Episcop. Palentinum cap. 2. [et apud Mabillonium Liturg. Gall. pag. 248. col. 2 : *Infusio Chrismæ salutaris, etc.*]

Chrisma, Chrismatis Sacramentum, quod usitatius *Confirmationis* appellamus, quoniam non manus impositione tantum, ac signaculo crucis, sed et sacra unctione consummatur. Hinc *Chrismate ungi*, pro *Confirmari*, passim apud Patres, quorum locos congessere Baronius ann. 35. num. 14. 15. et seqq. et alii qui de hoc Sacramento ex professo scripsere. Vide Capitul. Caroli M. lib. 7. cap. 189. [** 262.]

Chrisma Sanctum *pro subvertendis judiciis dari*, vetatur in Capitulis Herardi Turonensis Archiepisc. cap. 22. in Capit. Car. M. lib. 3. § 55. et in Lege Longob. lib. 3. tit. 27. [** Carol. M. 54. ex Capitul. Aquisgran. ann. 809. cap. 10. (21.)] : *Presbyter, qui sanctum Chrisma dederit ad judicium subvertendum, postquam de gradu suo depositus fuerit, manum amittat.* [Muratorius tom. 1. Scriptor. Ital. part. 2. pag. 100. col. 2. hæc adnotat in hunc locum : In concilio Turonensi ann. 813. can. 20. proditur invaluisse eam opinionem; ut crederetur, *criminosos Chrismate unctos aut potatos nequaquam ullo examine comprehendi posse* : hoc est, in judicio sive examine aquæ ferventis aut frigidæ, crucis, ignis, pugnæ ac in multis aliis experimentis, quæ judicia Dei appellabantur olim a tentantibus Deum superstitione publica, nunc ab omnibus Christianis improbata.] Burchard. Decret. lib. 19 : *Bibisti Chrisma ad subvertendum Dei judicium.* Vide Concil. Triburiense cap. 4.

Chrisma Sub Prætextu *medicinæ, vel maleficii donare Presbyteri* pariter vetantur in Capit. Caroli M. lib. 5. cap. 80. [** 145.]

Chrisma interdum sumitur pro jurisdictione Ecclesiastica, seu illius districtu : qua notione dicitur *la Cresme de Bourges*, in Consuetudinibus *de Maisieres* in Turonibus, et S. Sigeranni in Brena, districtus jurisdictionis Archiep. Bituricensis, intra quem *Chrisma* parochis distribuere ei licet.

Chrismal, Chrismale, Vas Ecclesiasticum, in quo Chrisma, seu sacrum Oleum asservatur, quod *Ampulla Chrismalis* dicitur Optato lib. 2. *Chrismale vasculum* Ivoni

Epist. 3. *Vas ad oleum Chrismatis*, Anastasio in S. Innocentio. Helmodus lib. 1. cap. 84 : *Viderat namque nocturna visione Chrismale in manibus suis, de cujus operculo succreverat novella plena viroris, quæ confortata validam crevit in arborem.* Adam Bremensis cap. 161 : *Unum vas Chrismale argenteum.*

Præsertim vero sumitur pro vase in quo Christi corpus asservatur. Liber Sacramentorum S. Gregorii in Cod. Remensi : *Præfatio Chrismalis : Oremus, fratres carissimi, ut Deus omnipotens hoc ministerium corporis filii ejus Domini nostri Jesu Christi gerulum benedictionis, sanctificationis tutamine, defensionis donatione implere dignetur, orantibus nobis.* In Ordine Romano, hoc loco, iste præfigitur titulus : *Præfatio vasculi, in quo Eucharistia reconditur.* Proinde de eo vase intelligendus S. Columbanus in Pœnitentiali : *Qui oblitus fuerit Chrismal, pergens procul ad opus aliquod, quinis quinquies percussionibus.* Alibi : *Cui Chrismal ceciderit, et nihil confringens, 12. percussionibus.* Halitgarius in Pœnitent. cap. 10 : *Qui non bene custodit sacrificium .... qui autem perdiderit suum Chrismal aut solum sacrificium in regione qualibet, ut non inveniatur, etc.* Adde Cumeanum de Mensura Pœnitentiarum cap. 13. Vitam S. Comgalli Abbatis n. 22. [et Antiquam Collectionem Canonum Pœnitentialium apud Marten. tom. 4. Anecdot. col. 44. ubi de Eucharistia : *Qui autem in plebe suum Chrismal perdiderit et non invenit*, XL. *dies pœniteat, vel* III. *quadragesimas pœniteat.*]

* *Cresmier* et *Cresmeau*, nostris. Inventar. bonor. ducis Bitur. ann. 1416. fol. 20. r°. ex Cam. Comput. Paris. : *Item un Cresmier d'argent veré a trois estuiz pour mettre le S. Cresme.* Aliud ann. 1492. in Necrol. Paris. eccl. MS. : *Ung Cresmeau à trois tournelles, dont le pié est en façon de boette pour mettre pain à chanter.*

Chrismal sumitur etiam interdum pro Corporali, seu palla corporali. Glaber lib. 5. Hist. cap. 1 : *De Chrismale etiam, quod a quibusdam Corporalis appellatur, plurimum expertum est præstare remedia, etc.* Et infra : *Pannus tamen ille Dominicus aura flante a contulo elapsus, plus minus duobus milliariis avolavit.* In Editis perperam *panis* habetur. Vide Bedam de Remedio peccator. cap. 13.

Chrismal præterea pro quavis palla, qua sacræ conteguntur reliquiæ, quomodo usurpat S. Audoenus lib. 2. Vitæ S. Eligii cap. 71 : *Et adiens Basilicam, quam eo in loco veneranda ejus illustrabant pignora, præmissa oratione, cœpit ex fimbriis Chrismalis, quo tegebantur reliquiæ, fauces suas... perfricare.* Antiq. Fuld. lib. 2. trad. 38 : *Trado Domino Deo et S. Mariæ ad illas S. Mariæ reliquias, quæ propriæ meæ sunt, quæ ego ipsa conquisivi, et quæ in ipsa capsa mea propria sunt, et Chrismale, ad quas ancillæ Dei, quæ in hoc eodem Monasterio Domino deserviunt, votum primitus sanctitatis et monasticæ conversationis... promiserunt.*

Chrismale, dicitur denique vestis candida, quæ super caput baptizati ponitur, apud Durandum lib. 6. Ration. cap. 82. num. 16. cap. 95. num. 3. [Liber mutilus Sacramentorum, quem laudat Mabillonius in præfatione ad Acta SS. Benedict. sec. 1. pag. LVI. relatis ternæ immersionis ritibus in baptismate tum observari solitis, subdit : *Hic mittat Chrismale in capitibus eorum dicens : Accipe vestem candidam sanctam et immaculatam. Chrismalis vestis*, apud Joannem Episcop. Abrincens. de offic. Eccl. pag. 48. *Chrismalis pannus*, in Synodo Exoniensi ann. 1287. cap. 2. Cicestrensi ann. 1289. cap. 30. et Belvacensi cap. 8. quod habetur apud Gratianum et Ivonem, ubi non esse absurdum refertur, *si quis voluerit Chrismatis pannum iterum linire, et super alium baptizatum mittere.* Quæ aliis verbis habentur in Pœnit. Theodori cap. 4 : *Pannos Chrismatos iterum super alium baptizatum imponi non est absurdum.* Quippe olim, ut et hodie, baptizatorum statim atque Chrismate in fronte ungebantur, ne Chrisma deflueret, capita panno candido obvolvebantur, qui octava demum die ab iis auferebatur. Hinc S. Augustinus Serm. 160. ad Neophytos : *Hodie octavæ dicuntur infantium, revelata sunt capita eorum, quod est indicium libertatis.* Dudo lib. 2. Actor. Norman. de Rollone recens baptizato : *Congruumque est tibi his septem diebus, quibus albatis Chrismatis et olei vestibus es indutus.* Et mox : *Octavo die expiationis ejus vestimentis Chrismalibus vel baptismalibus exutus, etc. Mitra baptizatorum* dicitur Honorio Augustodunensi lib. 3. cap. 113 : *In octava die baptizati mitras deponunt, et ab Episcopo in fronte per Chrisma signantur. Chrismale capitium*, in Concilio Rotomagensi ann. 1059. cap. 17 : *Ut in Albis baptizatorum, solummodo candela et Chrismale capitium donetur, nisi quid benignitas humana privato concesserit. Mysticum velamen*, Carolo M. in Epistola ad Odilbertum Mediolanensem de Baptismo. Statuta Ægidii Episcopi Sarisberiensis ann. 1256 : *Et... mulieres sequentes debent offerre Chrismalia infantum ; nec Chrismalia debent alienari, nec in aliquos usus mitti debent, nisi in usus Ecclesiæ.* [*Chrismalia puerorum baptizatorum ; et fasciæ confirmatorum crementur, vel abscondantur in terra, in Ecclesia vel in atrio, et cineres similiter.* Ita Concilium incerti loci apud Marten. tom. 4. Anecd. col. 162. *Sabanum* vocat Euchologium Gr. pag. 372. *Cucullum* alii, qui ἀποκουκουλλώσειν verbo utuntur pro *Albas deponere.*] Vide *Capulla*.

Chrismalis Missa. Vide *Missa*.

Chrismales Denarii, Præstatio quæ a Presbyteris pro Chrismate quod circa Pascha ab Episcopo accipere solent, eidem Episcopo exsolvebatur, quæ ut simonia non semel damnata est a summis Pontificibus. *Nummi, quos Presbyteri solent dare eo tempore quo Chrisma accipiunt*, ut est apud S. Anselmum lib. 4. Epist. 61. Innocentius III. PP. apud Gregorium de Simonia cap. 36 : *Pervenit ad audientiam nostram, quod cum olim quidam suffraganei tui pro Chrismate certam consueverint accipere pecuniæ quantitatem, non metuentes pœnam canonicam, et correctionem tuam eludere cupientes, tempus faciendæ solutionis anticipant, recipientes in Quadragesima, quod recipere consuevere post Pascha : et ut causam recipiendi dissimulent, nomen denariorum variant, Denarios quos prius Chrismales, secundo Paschales dicebant, Consuetudinem mediæ Quadragesimæ nuncupantes.* Alexander III. eod. tit. cap. 16 : *Audivimus quod nummos pro Chrismate ab Ecclesiis extorquetis, quos nunc Cathedraticum, aliquando Paschalem præstationem, interdum Episcopalem consuetudinem appellatis, etc.* Ricardus Hagulstad. lib. 2. cap. 3 : *Nec propter Synodum, aut propter Chrisma, nec propter aliquam Ecclesiasticam causam Episcopo Dunelmensi... aliquod debitum sive aliquam consuetudinem debet.*

Chrismare, Confirmationis Sacramentum impertiri. Greg. Turon. lib. 2. Hist. cap. 31 : *Conversa est et alia soror ejus... quæ in hæresim Arianorum dilapsa fuerat, quæ confessa æqualem Filium Patri et Spiritui sancto, Chrismata est.* Ita lib. 4. cap. 27. de Brunichilde : *Et quia Africanæ legi subjecta erat, ... conversa, beatam in unitate confessa Trinitatem credidit, atque Chrismata est.* Adde lib. 5. cap. 39. et lib. 1. de Mirac. cap. 6. Ex quibus locis observare est hæreticos, maxime Arianos, si ad Catholicam fidem converterentur, nec Sacramentum Confirmationis accepissent, chrismate consignari solere. Vide Avitum Epist. 24.

* *Cresmeler*, nostris. Le Roman *de Rou* MS. :

Li evesque li sermona,
Li evesque le priseigna,
Li evesque le baptiza,
Li evesque le Cresmela.

Encremer, Sacro chrismate ungere, in Vit. SS. MSS. ex Cod. 28. S. Vict. Paris. fol. 27. v°. col. 2. ubi de S. Remig. : *Une colombe vint qui aporta une ampoule en son bec, de laquel li arcevesques Encrema le roi.*

Ecclesiam Consecrare et Chrismare, in Vita S. Popponis Abbat. cap. 11.

¶ Chrismare Fontes, Chrisma miscere sacris fontibus, ubi suscipitur baptisma. Ordinarium Ambianense ann. 1337. in Sabbato S. : *Benedicuntur fontes et Chrismantur, sicut docet Missale.*

Chrismarium, Vas in quo sacrum chrisma reponitur, in Concilio Autisiodor. ann. 578. cap. 6. Ast aliis videtur sumi pro theca reliquiaria, seu phylacterio, ut infra. Gregorius Turon. lib. 4. Mirac. S. Martini cap. 32 : *Sed ille de pulvere beati sepulcri secum habens, elevato Chrismario contra ignem, etc.* Fortunatus in Vita S. Germani Parisiens. cap. 47 : *Cum Chrismariis suis Diaconum direxit :* [*qui percurrens ad hominem ut sibi jussum fuerat, infirmi viscera tangit. Altera die exoratus ipse Sacerdos accedit ad debilem... infirmum oleo benedicto perunxit.*] Vita S. Aredii Abbatis Lemovic. cap. 8 : *Alium de suo Chrismario protulit ampullam, oleum quod de S. Martini Ecclesia tulerat, continentem.* [S. Audoenus in Vita S. Eligii apud Acherium tom. 5. Spicil. pag. 161 : *Vidit Quasi balsamum distillare de Chrismario.*]

Chrismarium, Theca reliquiarum. Vita S. Aredii Episcopi Lemovic. : *Chrismarium, quod vir beatissimus gestare consueverat, et reliquias habere Sanctorum a se concitus excutiens, projecit in terram.* Supra : *Progressus exin accedit ad locum, ubi venerabilis Martyr jam longævis temporibus decollatus fuerat et cum plenissima devotione de eodem loco parvissima saxorum, quod vulgo sabulum dicitur, in Chrismarium, quod collo suo gestabat, læto animo pro sacratis sancti Martyris reliquiis condidit.* Stephanus Eddius in Vita S. Wilfridi cap. 32 : *Regina vero ejus olim suprafata Chrismarium hominis Dei sanctis reliquiis repletum... juxta se pependit.*

Chrismatarium. Hieron. Rubeus in Hist. Ravenn. auctor est, Maximianum Archiep. vascula 2. ex auro, in quibus sanctum chrisma servaretur, Ravennati Ecclesiæ dedisse, alterumque exstare, cui sic inscriptum : *Servus Christi Maximianus, Archiepiscopus hoc Chrismatarium ad usus fidelium fieri jussit.* Occurrit etiam in Synodo Wigorniensi ann. 1240. cap. 1. in Concilio Mertonensi ann. 1300. in decreto de ornamentis Ecclesiæ, [in Agnelli Libro Pontif.] etc.

Chrismatio, Baptismus. Charta Joannis Redonensis Episcopi ann. 1240. apud Augustinum *du Pas* pag. 594 : *Nullum ejusdem Ecclesiæ parochianum ad jura parochialia admittens, nisi in duobus casibus necessitatis, videlicet ad baptismum, sive Chrismationem, et confessionem.*

¶ Chrismatorium, ut *Chrismarium*, Vas in quo sacrum Chrisma reponitur. Ordinarium Canonicorum Regul. S. Laudi Rotomag. pag. 315 : *Fert cereum ad consecrandos Fontes præparatum, Subdiacono quoque cum libro et Diacono cum Chrismatorio.* Occurrit iterum in voce *Spinetrum.*

¶ Chrismetare, Idem quod supra *Chrismare*, Sacrochrismate confirmare. Diploma Caroli M. ann. 777. apud Mabillon. de Re Diplom. lib. 6. Charta 52 : *Invenimus, ut neque Angalramnus Episcopus* (Mettensis) *neque successores sui.... in ipso cœnobio* (Salonæ) *pontificium habere non debeant, nisi si Abbas S. Dionisii expetierit ordinationes faciendi, Chrismetandi et tabulas benedicendi.*

¶ 1. **CHRISMON**, Nomen Christi abbreviatum ad instar monogrammatis, ut supra vidimus in voce *Chrisismus*, et in *Benevalete.* Mabill. lib. 6. de Re Diplom. in *Syntagmatibus dictandi*, Quomodo fiunt privilegia Paparum : *Chrismon autem ejusmodi effigiatur specie* 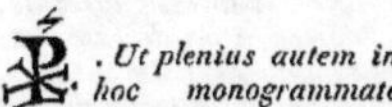 *. Ut plenius autem in hoc monogrammate et ut Christi nomen appareat, tali mea effigiaretur sententia specie* [** Locus corrigendus ex Papia voce *Formata.* Vide *Benevalete.* Regum etiam chartis interdum Chrismon præfigebatur. Vide Heumann. de re Diplom. inde a Carol. M. § 12. et Murator. Antiquit. Ital. tom. 3. col. 75.]

* 2. **CHRISMON**, Sacrum Chrisma. Ordo eccl. Ambros. in solem. baptis. apud Murator. tom. 4. Antiq. Ital. med. ævi col. 841 : *Et posthac omnes masculi et feminæ intrant in ecclesiam, et vadunt ubi Chrismon est..... Et ecce presbyteri majoris ordinis et minoris, sacerdotaliter parati, veniunt ubi Chrismon est.* Ordo alter ejusd. eccl. ann. circ. 1130. ibid. col. 912 : *In sabbato secundo de Quadragesima, duo minores custodes septimanarii...... debent quærere cilicium ab archiepiscopo, et debent portare in medio ecclesiæ, et facere Chrismon super illud decurrere.*

¶ **CHRISOBOLUM.** Vide *Chrysobullum.*

¶ **CHRISOCLAVUS.** Vide *Chrysoclavus.*

¶ **CHRISOPOLIS**, Bisantio, Gall. *Besançon.* Hist. Mediani Monasterii pag. 247. in Excerptis Joannis a Bayono de Abbatibus hujus loci : *Hugo Chrysopoleos, id est, Bisuntinus, Deo hominibusque dulcis, etc.* Scribendum fuisset, *Chrysopolis*, Urbs aurea.

* Vide Gunther. in Ligurino, Joan. Sarisber. et Chifflet. de Vesunt. part. 1. cap. 12.

¶ **CHRISTEMPORUS**, *Qui Christum cauponatur*, Laurentio in Amalthea, i. e. Qui Christo servit lucri gratia, ut tempora sese habent. Ignatius Mart. in epistola ad Trallenses ex antiqua interpretatione : *Fugite istos, sunt enim vaniloqui, seductores, non Christiani, sed Christempori, Christilucriones, quique ex Christi nomine quæstum faciunt.*

¶ **CHRISTIANARE**, Catechumenum facere. Statuta Synodal. Eccles. Biterr. ann. 1368. apud Marten. tom. 4. Anecdot. col. 645 : *Etsi certum sit et indubitatum ipsi Capellano secundum formam prædictam eos* (*infantes*) *fuisse baptizatos, nec etiam catechiset, quod apud nos appellatur vulgariter Christianare, sed inungantur in capite et inter spallas oleo benedicto; et alia quælibet integraliter fiant et dicantur, quæ post ablutionem vel immersionem in aqua cum dicta forma verborum fierent, si in Ecclesia baptizati fuissent, excepto quod non interrogentur, Abrenuntias, etc.* Vide *Catechisari.* Le Roman *de Partonopex* MS. ubi de Pagani ad Christianam Religionem conversione :

Li Quens s'est mainte fois penez
Qu'il fust par lui Crestienez.

Infra :

Et ne porquent moult s'esjouit
Quant voit cil qui se convertist,
O soi l'enmenra ca pensé
Tant qu'il ait la Cresticnté.

Rursus :

Ne volt li Quens atendre mais
Que cil ne soit Crestienncz,
Et en seint baptesme levez.

Vide infra *Christianitas*, pro absolutione, etc.

CHRISTIANI, primum appellati Christi cultores, Antiochiæ, ut auctor est in Actis Apostol. D. Lucas. S. Augustinus lib. 1. Retract. 13 : *Res ipsa quæ nunc Christiana religio nuncupatur, erat et apud antiquos, nec defuit ab initio generis humani, quousque ipse Christus veniret in carne, unde vera religio quæ jam erat, cœpit appellari Christiana. Cum enim eum post Resurrectionem, Ascensionemque in cœlum cœpissent Apostoli prædicare primum apud Antiochiam, sicut scriptum est, appellati sunt Discipuli Christiani.* Nicolaus I. PP. in Resp. ad Consulta Bulgar. cap. 92 : *Antiochena* (Ecclesia) *in qua Conventu magno sanctorum facto, primum fideles dicti sunt Christiani.* Eadem habet Isidorus lib. 1. de Eccl. offic. cap. 1. Vide Albanas. in Disputat. contra Arium, Gregorium Nyssen. de Profess. Christ. Justinum, Tertullianum in Apologet. et alios.

* *Christian*, in Lit. pro Judæis ann. 1360. tom. 5. Ordinat. reg. Franc. pag. 494. art. 20. et 23.

Christiani interdum, qui Clericatum, aut Ordines Ecclesiasticos susceperunt, nude dicuntur, in leg. 50. 125. Cod. Th. de Decurion. (22, 1.) leg. 2. de Postlim. (5, 5.) leg. 11. de Pistor. (14, 3.) uti observat Jacobus Gotofred. Ita *Christianos*, Monachos interdum intelligi a Patribus Græcis observatum a viro doctissimo Joan. Bapt. Cotelerio tom. 1. Monumentor. Eccles. Græcæ pag. 794.

* Christiani, Catholici ad Arianorum discrimen vocantur, apud Gregor. Turon. lib. 3. Hist. Franc. cap. 10 : *Videns autem* (Amalaricus) *se non posse evadere, ad ecclesiam Christianorum confugere cœpit.*

Christiani de Cinctura, ita vocati olim *Christiani in partibus Ægypti degentes*, ut auctor est Sanutus lib. 2. part. 2. cap. 8. sub ann. 1230. Appellationis rationem prodit B. Odoricus de Forojulii in Chron. quod a mundo condito perduxit ad initium Pontificatus Benedicti XII. sub ann. 1307: *In ista autem Babylonia habitant multa millia Saracenorum... et multitudo Christianorum, qui dicuntur Centurini, vel de Cintura, quia cingulum portant latum, et vestimentum, per quod recognoscuntur ab aliis* (Jacobitis scilicet et aliis.) Similia habet Brocardus lib. 2. Horum etiam meminit Bernardus *de Breydenbach* in Itinerario Terræ Sanctæ, ubi de Japha : *Ad ostium autem speluncæ prædictæ Christiani de Cinctura, id est de Fide S. Pauli, de Rama et Hierusalem convenientes, etc*, Vide Belonum lib. 2. Observ. cap. 85. Academici Cruscani : *Centurino, il medesimo che cintura, se non che e solo de gli huomini, differente, perche suole stringersi con fibbie, o puntali di ferro, o dal altri metalli.*

¶ Christiani, dicti olim *Cagoti.* Vide in hac voce.

Christianismus, Populus Christianus. Chron. Reicherspergense, de Saladini victoria : *Christianismum nostrum universum devicit.* [Ludewig. tom. 6. Reliq. MSS. pag. 152. in Laurentii Byzynii diario belli Hussitici : *Quo et Pragenses Regi ipsi et toti quasi Christianismo exosi, eo quod promotionem Legis Dei et suam veritatem et communionem calicis zelarent.*]

¶ Christianismus, Idem quod *Catechismus*, Institutio fidei Christianæ. Statuta Ecclesiæ Biterrensis ann. 1368. apud Edm. Marten. tom. 4. Anecd. col. 645. B. : *Si vero sit dubium eos secundum formam prædictam fuisse baptizatos.... tunc faciat Sacerdos catechismum seu Christianismum, et baptizet eum, ita dicendo : Si baptizatus es, non te baptizo; sed si non es baptizatus, etc.* Vide *Christianare.*

¶ **CHRISTIANISSIMUS**, Regum Francorum titulus honorarius. Vide *Christianitas* infra.

CHRISTIANITAS, Religio Christiana, Christianismus. Annales Franc. ann. 785 : *Christianitatem quam pridem respuerant, iterum recipiunt.* Vetus Interpres Epistolæ ad Magnesios, quæ S. Ignatio tribuitur :

Non enim Christianitas in Judaismum credidit, sed Judaismus in Christianitatem. Anastasius in Hist. Eccles. : *Sicque dilatata est in Perside Christianitas.* Ita in leg. 4. Cod. de Apost. (1, 7.) leg. 112. Cod. (Theod.) de Decurion. (12, 1.) leg. 16. Cod. de Judæis et Cælic. (1, 9.) leg. 5. Cod. Th. de Spectac. (15, 5.) apud Will. Neubrig. lib. 4. cap. 13. et alios Scriptores passim. Crebro etiam

CHRISTIANITAS, pro populis Christianis, seu qui fidem Christianam profitentur, usurpatur a Scriptoribus. Matth. Paris ann. 1245 : *Congregati sunt Lugduni ex totius fere Christianitatis latitudine Prælati.* [Chronicon Nicolai Trivetti ad annum 1180. apud Acherium tom. 8. Spicil. pag. 480 : *Rex Jerusalem licet lepra percussus, adjutus tamen Christianitate transmarina munitissimum castrum fecit super fluvium Jordanem.*] Vide Lucam Tudensem æra 1020. Anastas. in Hist. Eccl. pag. 36. Sanutum lib. 3. part. 11. cap. 12. etc. Jo. Villaneus lib. 6. cap. 25 : *Tradisce santa Chiesa, e tutta Christianita.*

CHRISTIANITAS, pro Clericatu, in leg. 123. Cod. Th. de Decur. (12, 1.) et leg. 11. de Pistoribus. (14, 3.)

CHRISTIANITAS, Professio Christianæ Religionis, seu Christianismi. Capitula Caroli Calvi tit. 11. [** tit. 12. cap. 4. ann. 853. Pertz. pag. 424.] : *Ut missi omnibus denuntient in illa fidelitate, quam Deo et Regi unusquisque debet, et promissam habet, et in illa Christianitate, qua pacem proximo unusquisque servare debet, etc.* Tit. 17. cap. 6. [** Ad Franc. et Aquit. ann. 856. Pertz. pag. 448.] : *Mandat vobis, ut memores sitis Dei et vestræ Christianitatis.* Tit. 18. cap. 3. [** eod. ibid. pag. 449.] : *Mandat etiam ut recordemini Dei et vestræ Christianitatis.* Tit. 30. cap. 5. [** Convent. ad Sablonar. ann. 862. Pertz. pag. 483.] : *Qualiter autem nepos noster Hlotharius non solum erga nos, et consanguinitatem nostram, verum etiam contra Deum et sacram auctoritatem, et communem Christianitatem inde egerit, etc.* Cap. 9 : *Timeat Deum et compescat istud scandalum, quod tam grande in ista Christianitate sine ulla necessitate est generatum.* Et infra : *Pro amore et timore Dei honoret se et suam Christianitatem, et suum nomen regium.* Concilium Ænhamense ann. 1009. can. 20 : *Unusquisque Christianus, prout fidei suæ in primis necessarium est, Christianitatem suam curet diligentius, et frequenter adeat confessionem, etc.* Charta S. Bernardi Abbatis Clarevallensis ann. 1145. in Tabulario Eccles. Autisiod. : *Nec etiam aliquam decimam Episcopus, servientes et homines Comitis tam per se quam Ecclesiasticos ministros per Christianitatem submonebit, etc.* Joan. Sarisberiens. Epist. 275 : *Primo Deum, et ut dici solet, Christianitatem suam obsidem dabat.* [Charta anni 1224. in Tabulario Montis S. Martini : *Ad omnia supradicta servanda, fide et juramento corporaliter et solemniter præstitis, se et sua coram nobis quilibet pro singulis obligavit, et Christianitatem suam nobis et Episcopo Noviomensi in obstagium posuit.* Alia ejusdem Joannis Episc. Charta anni 1221. ibidem : *Sciendum quod prædicti Theodoricus et Sara uxor ejus Christianitatem suam nobis obligarunt super jam dictis omnibus firmiter observandis.* Quibus posterioribus in locis *Christianitatem suam obsidem dare*, vel *in obstagium ponere*, et *obligare*, idem videtur quod sub pœna excommunicationis obligari, quoniam, ut mox dicetur, *a Christianitate separabantur* excommunicati.] [* Strictius in locis hic prolatis accipienda videtur hæc vox, pro ipso nempe baptismo seu fide in baptismo data, quam obtestari inter juramentorum formulas solitum erat; quo etiam sensu nostri *Chrestienté* usurparunt, ut videre est in *Juramentum*, col. 1614.] Vide Procopium lib. 2. Vandalic. cap. 26. extremo.

A CHRISTIANITATE SEPARARI, PRIVARI, Excommunicari, Hincmaro Remensi apud Flodoardum lib. 3. cap. 26. apud Nicolaum I. PP. Ep. 8. Herimannum de Restauratione Monasterii S. Martini Tornac. cap. 112 : *Christianitatem auferre*, excommunicare. Hugo Flaviniac. in Chron. pag. 243 : *Interim ipse Christianitatem mihi abstulit, ita ut nuptiales qui aliunde veniebant, Missam perdiderint, et corpus sepulturas.* Infra : *Quæsivi Christianitatem, nec habui,...... Missam quæsivi, et non habui, etc.*

¶ CHRISTIANITATEM FACERE ALICUI, id est, cum eo in divinis communicare. Vide Annal. Benedict. tom. 5. pag. 422. ad annum 1100.

¶ CHRISTIANITATEM REDDERE, Aliquem ab interdicto vel excommunicatione absolvere, ibidem pag. 996.

CHRISTIANITAS, Titulus honorarius, qui Francorum Regibus potissimum tribuitur, qui *Christianissimi* peculiari quodam jure ac prærogativa etiamnum dicuntur. Epistola Imp. Constantinop. ad Childebertum Regem tom. 1. Hist. Franc. 39. 40 : *Quæ nobis de Christianitate vestra opinio detulerat.* Occurrit ibi non semel, et in Epistola Pelagii PP. ad eumdem Childebertum apud Baron. ann. 556. n. 25. in Epist. Stephani III. PP. ad Carolum et Carolomanum Reges apud eumdem Baron. ann. 755. n. 3. in Ep. Pauli PP. ad Pipinum Regem tom. 3. Hist. Franc. pag. 734. et sequenti Epist. in Epistola Ludovici II. Imp. ad Nicolaum PP. apud eumdem Baron. anno 866. num. 39. apud Hincmarum Rem. in Quatern. pag. 382. Sed et Gregorius Magnus scribens non modo ad Brunechildem Reginam, sed etiam ad Mauricium Imp. et Theudelindam Reginam Longobard. hocce titulo illos compellat lib. 5. Epist. 63. lib. 7. Ind. 1. Ep. 5. Ind. 2. Ep. 42. lib. 12. Ep. 7. Vide Diurnum Romanum pag. 45.

☞ Sed a quo tempore præstituto singularior evasit et prorsus hereditaria Regibus nostris *Christianissimi* appellatio? Quidam Franciсæ gloriæ osores id referunt ad Pium II. Papam, qui hac prærogativa Ludovicum XI. dignatus fuerit; verum Pius ipse II. hoc nomen hæreditarium agnovit in Carolo VII. Ludovici decessore, siquidem eum sic alloquitur Epistola 385 : *Habitus es, Carissime Fili, devotissimus Princeps Fidei, et Religionis nostræ præcipuus : nec immerito ob Christianum nomen a Primogenitoribus tuis defensum, nomen Christianissimi ab illis hæreditarium habes.* Hujus rei locupletissimi testes etiam sunt Principes Franciæ in Epistola ad Carolum VI. directa, quam exhibet Juvenalis Ursinus ad annum 1410. Ibi sic affantur Regem : *Soyez enoinct et consacré si dignement, que du saint Siege de Rome et de toutes Nations et de tous Royaumes Chrétiens, vous estes tenu et appellé très-Chrétien, et singulierement renommé en administration de vraye justice.* Sed et Johan. Sarisberiensis, homo Anglus XII. sæculo Epist. 167. non ad Gallum quemdam scripta, sed ad Archiepiscopum Cantuariensem, ait : *Audieram hæc prius in curia Christianissimi Regis Francorum, apud Laudunum honeste et reverenter susceptus ab eo.* Charta Donationis Johannis II. Comitis Pontivi pro monasterio S. Valarici ann. 1191. in Hist. Chronol. Majorum Abbavillæ : *Ut monachi..... valentius exorent Dominum pro Philippo Christianissimo Francorum Rege.* Vide Mabillonium de Re Diplom. lib. 2. cap. 3. n. 5. et lib. 5. in notis ad Tabellam 22. Mercurium Gallicum mensis Februarii ann. 1723. pag. 266. et seqq. et supra *Catholicus.*

* Charta ann. 1256. in Reg. 31. Chartoph. reg. fol. 60. r°. col. 2 : *Excellentissimo domino suo, domino Ludovico, Dei gratia Christianissimo regi Francorum, frater Guillelmus miseratione divina humilis abbas Cluniacensis salutem et orationes.* Quem titulum a Carolo V. saltem regibus nostris proprium et hæreditarium fuisse certo colligitur ex Radulpho *de Presles* in Prol. ad lib. de Civ. Dei, ubi prædictum regem sic alloquitur : *Et ces choses, mon tres redoubté Seigneur, dénotent et démonstrent par vray raison, que par ce vous estes et devez estre le seul principal protecteur, champion et deffenseur de l'église, comme ont esté vos devanciers. Et ce tient le saint siege de Rome, qui a accoutumé à escripre à vos devanciers et à vous singulierement à l'intitulation des lettres : Au très-Chrestien des Princes.* Lit. Caroli VI. ann. 1418. tom. 10. Ordinat. reg. Franc. pag. 485 : *Nostri quoque progenitores in profligandis extirpandisque radicitus heresibus, summorum pontificum et sacrarum synodorum sic sunt imitati decreta, ut eos Christianissimos ac pugiles fidei summi præsules appellaverint, unde nostræ menti indelebilis incessit affectus, hoc sanctissimum nomen a prædecessoribus nostris nobis partum ab Ecclesia sancta, Romanisque pontificibus miro modo dirivatum et nostro regno multiplicibus causis ascriptum sic curari, etc.* Non ergo a Ludovico XI. repetenda hujusce denominationis origo; cui, si tribuatur, ad ann. 1465. non ad 1469. ut in Compend. Hist. Franc. et tom. 6. novi Tract. de re diplom. pag. 82. referenda est, quod discimus ex Pacto inter Reg. Franc. et Leod. inito ann. 1465. in Reg. 194. Chartoph. reg. ch. 38 : *Loys de Laval seigneur de Chastillon, Aymar de Poysieu, dit Cadorat, bailly de Mante maistre d'ostel, conseillers et chambellans de très-hault, très excellent et puissant prince Loys par la grace de Dieu Roy de France très-Chrestien, etc.* Charta Ludov. XII. ann. 1508. inter Instr. tom. 11. Gall. Christ. col. 293 : *Non ignoramus quin per ipsam (Ecclesiam) regnum nostrum, quod Christianum sortitum est nomen, ecclesiæ triumphanti millia millium intulerit animarum.*

Vide Mercur. Franc. mens. Jan. April. et Jun. ann. 1720. et Tract. jam laudatum de re dipl. tom. 5. pag. 602.

Christianitas, [Gall. *Officialité*, *Cour de Chrétienté*,] Functio, seu jurisdictio, audientia Episcopalis, vel forum Ecclesiasticum, cui Episcopus vel alius illius nomine præest, quod vulgo *Curia Christianitatis* vocatur; *Christiani* enim dicti potissimum Clerici, et *Christianitas*, Clericatus, uti supra observatum : vel denique quidquid ad sacramenta Christianæ religionis pertinet. Capitula Caroli Magni lib. 5. cap. 114. [** 182.] et Addit. 3. Lud. Imp. cap. 16. [** 27.] : *Ut laici in eorum ministerio obediant Episcopis,... et ut obedientes sint eis ad eorum Christianitatem servandam.* Charta Willelmi Conquest. tom. 2. Monastici Anglic. pag. 845 : *Præcipio vobis ut recipiatis Christianitatem de Episcopo Dunelmensi, et de Archidiacono suo, et prædicto Episcopo sitis obedientes de Christianitatis legibus, sicut juste debetis obedire vestro Episcopo.* Simeon Dunelm. lib. 4. cap. 8 : *Si injunxit, ut per Archidiaconatus officium Christianitatis curam per totum ageret Episcopatum.* Leges Henrici I. Regis Angl. cap. 11 : *Sunt alia quædam placita Christianitatis, in quibus Rex partem habet.* Eadmerus lib. 1. Hist. Novor. pag. 28 : *Omnem auctoritatem exercendæ Christianitatis illi adimere cupiebat.* Adde lib. 4. pag. 95. Charta ann. 1060. ex Tabulario Ecclesiæ Abrincatensis : *Cogebantur venire Abrincas ad respondendum de quacunque accusatione contra Christianitatem.* Infra : *Et denariatas ceræ matrici Ecclesiæ debent, ut sedi Episcopali, de qua recipiunt consilium animarum, Abbas per se, vel per Decanum suum oleum et chrisma ad erogandum Presbyteris ad Christianitatem faciendam.* Vide Baldricum lib. 3. Chron. Camerac. cap. 45. et 52. Monasticum Anglican. tom. 1. pag. 890. Hugonem Flaviniac. in Chron. ann. 1098. pag. 243. 244. Consuetud. S. Audomari in Probat. Histor. Guinensis pag. 194. Bibliothecam Sebusian. Centuria 1. cap. 14. Chronic. Andrense pag. 645. Vitas Abbatum S. Albani cap. 21. Concilia Spelmanni tom. 1. pag. 311. Ordericum Vitalem lib. 9. et 10. pag. 721. 789. Chartam Willelmi Regis Siciliæ apud Baron. ann. 1156. etc. In Tabulario Corbeiensi lib. 7. Ch. 3. Robertus Dom. Bovensis vendit Monasterio quidquid habet in vico Thanensi, *et le tere dehors le pont de Thanes dusque as Maillieres, ensi come les bonnes le demonstrent, sauve le Chrestienté de l'Eglise devant dite, et che ki appartient à le Chrestienté*, id est, quod ad jurisdictionem Ecclesiasticam spectat. Vide *Curia Christianitatis.*

¶ Christianitatis Decanus, Qui in suo districtu præest *Christianitati.* Charta ann. 1273. in Tabulario Portus Regii : *Philippus Decanus Christianitatis Stampensis, Notum facimus, etc.* Charta Ferrici de Cluniaco Episcopi Tornac. ann. 1480. pro Fundatione sex Canonicorum in Middelburgo : *Vocato ad hoc Decano Christianitatis loci, qui similiter cum aliis audiet computa fabricæ.* Vide novam Gall. Christ. tom. 2. col. 270. et col. 1004.

Christianitas, pro absolutione peccatorum in Confessionibus sæpe sumitur. Decretum Bonifacii IV. PP. apud Petrum Damiani post Epist. 19. lib. 5. et Holstenium in Collect. Romana : *Sunt nonnulli... asserentes Monachos, quia mundo mortui sunt, et Deo vivunt, sacerdotalis officii potentia indignos, neque pœnitentiam, neque Christianitatem largiri, neque absolvere posse per sacerdotalis officii divinitus sibi injunctam potestatem : sed omnino labuntur.* Eadem habentur in Concilio Nemausensi ann. 1096. nisi quod post *Christianitatem*, additur, *seu absolutionem*, [ut et in veteri Conciliorum codice MS. Vide Lobinelli Historiam Britann. tom. 2. pag. 281.] Interdum pro Baptismo. [* Vel ipsa ad baptismum præparatione. Vide *Catechisari* et *Christianare.* Pro baptismo occurrit apud Order. Vital. lib. 3. ad ann. 912 : *Rollo dux,..... cum toto exercitu suo devote Christianitatem suscepit; completisque quinque annis ex quo baptisatus est, obiit. Crestiennement* et *Chrestienneté*, eadem notione, nostris. Lit. remiss. ann. 1395. in Reg. 148. Chartoph. reg. ch. 219 : *Ainsi que le suppliant venoit...... du Crestiennement d'un enfant, etc.* Aliæ ann. 1398. ex Reg. 153. ch. 367 : *Icelle Marguerite enfanta d'un filz vif, qui ot Chrestienneté.* Denique aliæ ann. 1408. ex Reg. 162. ch. 236 : *Les exposans mirent l'enfant sur un estal audevant de la maison Dieu d'Amiens, ... et assez près dudit enfant misdrent du sel, en signe de ce qu'il n'estoit pas baptisié; ...... lequel enfant receut Crestienneté et batesme.*] Robertus Bourronus in Hist. Merlini MS. : *Si tost que leur enfant estoient né, maintenant qu'il avoient Chrestienté, il les faisoient apporter au Roy, etc.* Le Roman *de Jordain de Blaye* MS :

> L'autre hier le fis baptizier et lever,
> Et maitre el chief sainte Chrestienté.

Le Roman *du Renard* MS :

> Drouin, fait-il, par S. Omer,
> Tu le feras Chrestienner.
> Si tost con baptisiez seront,
> Jamais de ce mal ne cherront.

[Vide *Christianare.*]

Christianitas, pro officio Ecclesiastico. Hugo Flaviniac. pag. 260 : *Cum apud urbem Senonum Rex cum Regina sua per 15. fere dies remoratus fuisset clausis tota urbe Ecclesiis, nulla facta est ei Christianitas.* [Posset hic locus sic explicari, *Nulla facta est ei Christianitas*, i. e. nullus cum eo voluit in sacris communicare. Agitur de Philippo I. qui propter adulterinam cum Betrada copulam fuerat excommunicatus. Vide superius lineam, *A Christianitate separari.*]

* Charta Guill. reg. Sicil. ann. 1156. apud Cencium inter Cens. eccl. Rom. : *Magnificentia nostra aut nostrorum hæredum pro Christianitate facienda....... retinebit* (personas) *quas viderit retinendas.* Alia ann. 1142. inter Probat. tom. 1. Hist. Burg. pag. 44. col. 1 : *Quod si infra quindecim dies, quæ ablata fuerant clericis restituta non fuerint, jam deinceps in tota villa Divionensi....... Christianitas interdicetur.*

* Christianitas, Capitulum, Collegium vel forum ecclesiasticum. Lit. Phil. Aug. ann. 1180. tom. 7. Ordinat. reg. Franc. pag. 782. art. 3 : *Concessimus eciam prædictæ ecclesiæ beati Martini, quod de cetero in homines prænominati territorii, nulla occasione, talliam vel aliquam exactionem faciemus,....... et quod nec ad equitaturas nec ad exercitus nostros aliquos ire cogemus, nisi nomine et edicto Christianitatis.*

* Christianitas, Bona quævis ad ecclesiam vel monasterium pertinentia. Charta Ludov. Germ. reg. ann. 875. tom. 8. Collect. Histor. Franc. pag. 425 : *Cum conductu ecclesiæ et appendiciis suis,...... tam in decimis quam in oblationibus et ceteris Christianitati pertinentibus;...... in decimis et oblationibus et quæ ad Christianitatem pertinent.*

* **CHRISTIANITER**, Christianorum more. Martyr. Theb. leg. ann. 291. inter Probat. tom. 1. Hist. Lothar. col. 6 : *Christianiter et amice, hospitaliter et honeste, summa, quæ in Deo est, ordinante hoc caritate, recepti sunt.*

¶ **CHRISTIANIZARE**, Christianam doctrinam edocere, Christianum facere. Vita S. Felicis Episc. Anglorum Orient. n. 12. tom. 1. SS. Martii pag. 781. E. : *Sigebert Erwaldi frater Christianissimus successit, ceteros Christianizans cum Felice Episcopo.*

¶ **CHISTICOLA**, Christianus, Cultor Christi. Occurrit apud Prudentium et alios passim.

¶ Christicola, Monachus. Annales Francorum apud Marten. tom. 5 Ampliss. Collect. col. 910 : *Anno* DCCCVI. *Nec mora (Willelmus Comes) in deponendo comam fieri passus est, quin potius die natalis Apostolorum Petri et Pauli, auro textis depositis vestibus, Christicolarum habuit habitum; seseque Christicolarum adscisci numero quantocyus congaudens efficitur.*

CHRISTIFERUS, Vexillifer, *Alferez.* Ita appellatum *Alferum* in Charta Beremundi Regis observat Anton. *de Yepez*, in Chronico Ord. S. Benedicti tom. 6. pag. 17. quod in Regio vexillo *Christus*, vel certe *signum Christi*, seu crux, effingerentur.

¶ **CHRISTILUCRIONES**, Qui propter quæstum deserviunt Christo. Vide locum in *Christemporus.*

¶ **CHRISTUS**, Χριστός, Unctus. Hinc propter unctionem *Christus* sumitur pro *Episcopus* in titulo capitis 2. Gestorum Guillelmi Majoris Episcopi Andegavensis apud Acherium tom. 10. Spicileg. pag. 250. ubi sic habetur : *Hic corpus Christi Andegavensis mortuum apportatum aut delatum ad Andegavensem Ecclesiam.*

* **CHROADA**, Modus agri. Charta Pibon. episc. Tull. ann. 1079. ex schedis Mabill. : *Concessit ...... pratum ad tres carratas feni, cum Chroada et accingis sex, quas arant ipsi homines.* Vide *Croada* 2.

¶ **CHROCHIA**, Baculus pastoralis, Gall. *Croce*, vel *Crosse.* Chartular. Prioratus S. Petri de Domina fol. 135. verso : *Domnus Episcopus laudavit et confirmavit per Crochiam suam in manu Domni Hugonis Prioris.* Vide *Croca.*

CHROCOMAGINA, *Confectio expressis aromatibus chronici unguenti.* Ita Papias MS. et Editus; [demta tamen aspiratione H. ubique enim legitur *Grocomagina.* Sed legendum videtur *Crocomagina.*

* Leg. *Crocomagma* : nam *Magma* vox Græca, pro *Unguentum.*

* **CHROMA**, Color. Acron ad illud Horat. Epist. lib. 1. 20 : *Solibus aptum*

scribit : *solitum jacere sub sole et Chroma facere.* Laur. in Amalth. : *Chroma, color, lumen artium et musicæ harmonia.* Hinc

* **CHROMATARIUS**, *Colorarius, vel qui tota die in arena ad solem stat*, ibid. ex vet. interpr. Persii sat. 4. v. 18.

¶ 1. **CHRONICA**, *æ*, pro *Chronica, orum*, vel *Chronicum, ci*, in Concil. Hispan. tom. 3. pag. 85 : *Itatius provinciæ Gallæciæ Episcopus, secutus Chronicam Eusebii Cæsareensis, etc.* Occurit rursus apud Muratorium tom. 8. col. 626. ut et vox

¶ CHRONICATOR, pro eo qui scribit *Chronicam*, Chronographus.

* 2. **CHRONICA**, Catalogus, descriptio, index. Stat. Mantuæ lib. 2. cap. 55. ex Cod. reg. 4620 : *Nullus, qui non sit in Chronica seu matricula notariorum, possit vel valeat conficere in civitate Mantuæ .... aliqua publica instrumenta.*

CHRONICA INFIRMITAS, Diuturna, χρονική. Rodericus Toletanus lib. 6. de Rebus Hisp. cap. 35 : *Fere per annum infirmitate Chronica tenebatur.* Noti sunt libri Cælii Aurel. Siccens. περὶ χρονίων, et aliorum. [Medicina Salern. edit. 1622. pag. 257 : *In ægritudinibus acutis tenuiore utendum est diæta, quam in Chronicis, id est longis, sicuti quartanis.* Vide *Cronia.*]

* **CHRONICANS**, Chronicorum seu annalium scriptor, Ital. *Cronichista.* Chron. Angl. Th. *Otterbourne* pag. 4 : *Libet paulisper de ejus* (Angliæ) *situ et sufficientia, ... pauca de plurimis epilogando perstringere, quæ de nostris Chronicantibus ...... excerpebam.* *Croniser*, Chronica scribere, vel nude pro Notare, apud Froissart. vol. 3. cap. 9 : *De ce que je vous ai oui dire et compter, ... croyez que je le Croniserai et escrirai.* Et cap. 26 : *Pour historier et Croniser toutes choses avenues, etc.* Vide *Chronolista.*

* **CHRONICUS**, Antiquus, inveteratus. Mirac. S. Rufini tom. 6. Aug. pag. 820. col. 2 : *Cum vero per multum temporis morbo tam gravi laboravisset, nec ab illo, utpote jam Chronico et incurabili .... auxilium invenisset, etc.* Vide alia notione in *Chronica* 1.

¶ **CHRONOLISTA**, pro *Chronologista*, Chronographus, Gall. *Chronologiste* vel *Chronologue.* Meisterlinus in Hist. Rerum Noriberg. apud Ludewig. Reliq. MSS. tom. 8. pag. 11 : *Ego qui exactum et rigorosum examen per me et alios Chronolistas volo meam opinionem ponere.*

CHROTTA, Tibia, Cambris et Anglis, *Crowde*, Instrumentum musicum, κρόταλον. Fortunatus lib. 7. Carm. 8 :

Romanusque lyra plaudat tibi, Barbarus harpa,
Græcus Achilliaca, Chrotta Britanna placet.

Hic multa commentatur Browerus, quæ non placent. [** Vide *Rocta.*]

CHRYSENDETUM, Vas aureum, in auro ligatum, ex Græc. Χρυσένδετος. Ælfricus in Gloss. Sax. : *Chrysendela* (leg. *Chrysendeta*) gyldena, vel gegylde fatu; gylden, aureum Saxonibus sonat, gyldan, aurare, deaurare, fat, fata, vas.

¶ **CHRYSEUS**, χρύσεος, Aureus. Leibnitius tom. 1. Scriptor. Brunsvic. pag. 15. in Introductione ex antiqua Inscriptione : *Abbatissa bona Mathild. hæc Chrysea dona Regi dans Regum.* Auctor hymni de Epiphania apud Georg. Cassandrum pag. 108. edit. Paris. ann. 1616. *Chryseæ bracteæ*, quæ ut ibi monet Clichtoveus, usitatius dicerentur *Munera aurea.*

¶ **CHRYSIDINEUS**, Auro intextus. Vita S. Dunstani tom. 4. SS. Maii pag. 346 : *Chrysideneo schemate ac biformi renitentis electri colore gemmatim disserere gestiebam.* Vide *Chrysendetum.*

CHRYSOBULIUM, CHRYSOBOLIUM, CHRYSOBOLUM. Bulla aurea, Χρυσόβουλλον Pachymeri lib. 2. cap. 5. Cantacuzeno, χρυσόβουλλος λόγος, Harmenopulo, et eidem Pachymeri lib. 1. cap. 10. [Χρυσοβούλλιον Continuatori Theophanis lib. 2. n. 20. lib. 3. n. 26. Anonymo Combefisiano in Porphyrog. n. 14. et 40. in Lacapeno num. 40. Symeoni Logothetæ in Leone Phil. n. 23. in Porphyrog. num. 14. etc.] Andr. Dandulus in Annalib. : *Calo-Joannes Imperator Alexio patri succedit, cui Dux* (Venetiarum) *Legatos misit, sibique Crisobolium a patre concessum approbari petiit.* Idem ann. 1126 : *Tandem Augustus ad cor rediens, Ducem requirit, ut sibi Legatos mittat, pollicens Crisobolum pridem vetitum.* Epistola Joannicii Regis Bulgariæ in Gestis Innocentii III. PP. pag. 55 : *Subsignat autem imperium meum ad securitatem Chirosobolum suum.* Ubi monuimus legendum *Chrysobolum*, in Notis ad Cinnamum pag. 486. ut et infra, ubi habetur, *Et ut præsens Chirosobolum Imperii nostri ratum et firmum habeatur, etc.* Vide *Bula aurea.*

CHRYSOCLAVUS, CHRYSOCLABUS. Papias : *Chrysoclavus, aurata purpura.* [MS. Bituric. habet, *Chrisoclavus, aurata purpura, vel purpureum;* supple *indumentum.*] Gloss. Græco-Lat. : Χρυσόσημον, *Auriclavum.* Aureisclavis distinctus. Anastasius in Leone III : *Cortinas albas holosericas rosatas, habentes in medio crucem de Chrysoclabo.* Infra pag. 122 : *Item vela modica de stauracin.... ex quibus tria habent periclysin de Chrysoclavo.* Ibidem pag. 127 : *Fecit vestem Chrysoclabam cum pretiosis gemmis ornatam.* Occurrit ibi pluries. Χρυσοκλαβαρικός, apud Codinum de Offic. *Auroclavatus*, apud Scholiastem Juvenal. ad illud Sat. 6.

Aut latum pictæ vestis considerat aurum.

Auroclavas vestes miratur. Vestes *Auroclavatas* habet Vopiscus in Tacito et in Bonoso. Ἐσθῆτας χρυσοκλάβους, auctor Vitæ S. Eudociæ Mart. cap. 8. Χρυσοκλαβαρίζειν dixit Emanuel Georgillas in Versib. Politicis MSS. de Mortalitate Rhodi anno 1498 :

Να χρυσοκλαβαρίζουσιν μ' ἀσήμην καὶ χρυσάφην.

¶ **CHRYSOCOMUS**, Χρυσοκόμης, Auricomus, capillis aureis præditus, Epitheton Solis in Luitprandi Historia apud Murator. tom. 2. pag. 434. cap. 2 :

Nubibus omnipotens Heloim quum condere Phœbi
Lumina Chrysocomi venerandus cœperit atris.

CHRYSOGRAPHATUS, Auro sculptus et insignitus; χρυσογραφητός. Epistola Valeriani, apud Pollionem in Claudio : *Scuta Chrysophata duo.* Vide *Aurigrafus.*

* **CHRYSOGRAPHIA**, Modus scribendi cum auro liquido, apud Mabill. tom. 1. Itin. Ital. pag. 189.

* **CHRYSOPŒIA**, Auri conficiendi ars sacra, Titulus poematis, quod tribus libris compositum Leoni X. PP. inscripsit Joan. Aurel. Augurellus Arimin.

CHRYSOPRASOBERILLUS. Fortunatus lib. 3. de Vita S. Martini :

Quæ palla ex humeris mixto Chrysoprasoberillis.

Ubi unicam vocem ex duabus confecit : nam et *Chrysoberillum*, et *Chrysoprasum* dicebant : ac *Chrysoberillum* quidem, *cujus viriditas in aureum colorem resplendet, Chrysoprasum* vero, ex berillorum pariter genere, *qui colore porri succum referunt*, ut est apud Isidor. lib. 16. Orig. cap. 7. Sed, ut verum fatear, non omnino versus sensum percipio. Quid enim est hic, *mixto?* an *mixto Chryso*, seu auro, cum *prasoberillis?* an vero unica vox, *mixto Chrysoprasoberillis?* MS. Codex S. Germani Parisiensis hic præfert :

Quæ palla ex humeris mixto Chrysophara berillis.

At versus pariter obscurus. An *palla Pharia*, id est, Alexandrina auro et berillis intexta? Certe melius divinent alii. [** Furnal. ap. Forcellin. voce *Chrysoprasis*, legendum contendit *Chrysoprase.*]

CHRYSULATUS, Auratus. Vide *Bribethus.*

¶ **CHRYSUS**, pro *Chryseus*, Aureus. Murator. tom. 3. pag. 266. col. 1. ex Anastasio Biblioth. in Vitis Rom. Pontif. : *Quibus præcedentibus ante Imperatorem in Chryso triclinio sibi omnino assurgentem salutabundi conveniunt.*

CHSTIRINA. Ita appellatur mensura regalis apud Bohemos. Vide Chartam Ottocarii Regis anni 1262. in Bohemia sacra pag. 54.

* **CHUCA**, CHUQUA, Globulus ligneus vel eburneus, ludi genus, vulgo *Chuquer.* Lit. remiss. ann. 1416. in Reg. 169. Chartoph. reg. ch. 450 : *Bernardus de Castronovo et nonnulli alii in studio Tholosano studentes, ad ludum lignibolini sive Chucarum luderunt pro vino et volema, qui ludus est quasi ludus billardi..... Unus consociorum cepit mailhetum ac billardum, cum quo luserant, et volens ludere dedit ictum de dicto mailheto bolæ et Chuquæ, etc.* Aliæ ann. 1048. in Reg. 162. ch. 233 : *Comme iceulx jouassent à un jeu nommé au pays* (Languedoc) *Chuquer, etc.* Vide supra *Choulla.*

CHUCRUM, Saccarum, Gall. *Sucre*, Picardis, *Chucre.* Fulcher. Carnotens. lib. 2. cap. 1 : *Mel silvestre, id est, Chucrum.*

* Pedag. Peron. ex Chartul. 21. Corb. fol. 334. v° : *Item ungz homs qui porte Chucre, doit vj. den.*

CHULLEUS, Mensuræ liquidorum species. Vide in *Gomor.*

¶ **CHUNCHLA.** Vide *Conucula.*

* **CHUNDFANO**, Vexillum. Vide infra in *Guntfano.*

CHUNNA, CHUNNAS. In Lege Salica Editionis Heroldi, titulus 80. ita concipitur : *Incipiunt Chunnas.* Deinde in paragraphis sequentibus describitur quot *Chunnæ* solidos efficiant, nempe in mulctis judiciariis. Est autem *Chunna*, quod Latinis *Centum*, Flandris *Hondert*, Germanis *Hundert.* Ita *Chunna*, est numerus centenarius, sive centuria denariorum, secundum quas centurias, omnes legum istarum pœnæ pecuniariæ conceptæ sunt, et secundum easdem denariorum summa reducta semper ad numerum solidorum, 40. denariis in solidum putatis. Sic porro has *Chunnas* exequitur hic titulus, quarum enodationem breviter hic ex Wendelino proponemus.

§ 1. *Hoc est unum tho alafthi, solidis* III. *culpabilis judicetur.* Quæ quidem ex illius sententia hæc sonant : semel duo cum dimidio, seu duo solidi cum dimidiato, qui sunt denarii Salici centum : proinde pro *solidis* III. restituit IIS. id est, duobus solidis cum dimidio, qui centum denarios conficiunt. Ita Wendelino, *tho*, idem erit, quod *zwey*, Germanis, seu duo, et *ahalepte*, idem quod *helfte*, dimidium. Atque ex his emendat §. 1. tit. 2. qui hisce verbis concipitur : *Hoc est unum ahelepte* CXX. *denar. qui faciunt solidos* III. *culpabilis judicetur.* Sicque legit; *Hoc est unum thuehalephthe* C. *denariis, qui faciunt solidos* IIS. *culpabilis judicetur.* Verum cum 120. *denariis, qui faciunt solidos* III. præferat etiam Editio posterior Legis Salicæ hoc tit. 2. et *thoalafti*, tit. 80. solidos 3. denotet, necesse est ut alia sit hujus vocis notio, [nisi utrobique librarii error sit, qui numerum rotundum *sol.* III. pro *sol.* IIS. revera expresserit, uti vult Eccardus, qui Wendelini sententiam ut minime dubiam amplectitur.]

§ 2. *Sexan Chunna, solid.* XV. *culpabilis judicetur*, sex chunnæ denariorum Salicorum, seu 600. denarii, sol. 15. efficiunt, divisione facta per 40.

§ 3. *Septun Chunna sol.* XVII. *culpabilis judicetur.* 7. chunnæ denariorum, seu denarii 700. divisi per 40. dant solidos XVIIS. unde omissam s palam est.

§ 4. *Theu walt* (lege *walf*) *Chunna, solid.* XXX. *culp. jud.* 12. chunnæ, seu 1200. denarii divisi per 40. dant solidos 30.

§ 5. *Thue septen Chunna solid.* XXXV. *culp. judic.* bis septem chunnæ, seu denarii 1400. divisi per 40. dant solidos 35. Eadem mulcta legitur tit. 2. §. 10. *Thua septun Chunna denarior.* MCCCC. *qui faciunt solidos* XXXV. *etc.*

§ 6. *Theu wenet* (leg. *nuenet*) *Chunna, solid.* XLV. *culp. judic.* bis novem chunnæ, seu 1800. denarii divisi per 40. solidos 45. conficiunt.

§ 7. *Tho to condi weth Chunna solid.* LXI. *et dimidio culpabilis judic.* Ubi Wendelinus restituit, *Thuo tosondi vuef Chunna, etc.* Id est denarii bis milleni et 5. chunnæ, seu denarii 2500. divisi per 40. dant solidos 62.

§ 8. *Fitternu sunde solidis* C. *culp. jud.* ubi leg. *Fitter thusonde.* Id est, quatuor millia denariorum Salicorum constituunt centum solidos.

§ 9. *Actoc tusunde sol.* CC. *culpabil. jud.* id est, octo millia denariorum 200. solidos conficiunt.

§ 10. *Theio tosunde ter theo Chunna, solid.* DC. *culp. jud.* Ubi Wendelinus sic restituit : *thueio thosonde fitther Chunna, etc.* id est, duo millia (denariorum) et 4. chunnæ, seu 2400. denarii Salici, sunt 600. solidi.

§ 11. *Fitterno sunde thue aptheo Chunna sol.* DCCC. *culp. jud.* quæ Wendelinus ita legit ac dispungit : *Fitternes honde tuwemael, achtheo Chunna*, id est, quadringenta sumpta bis, sunt octo chunnæ, quæ conficiunt solidos 800. Ego vero sic legerim : *Fitter tosonde thue, achteo Chunna*, id est, quatuor millia bis conficiunt 8. centenarios. [Eccardus restituit : *Fitter hunde thue ahtheo Chunna* : quæ eodem redeunt.]

Ex his locis, et aliquot aliis numerandi apud priscos Francos rationem deprehendit idem Wendelinus, quibus *ani*, unum sonat : *thue, theu, theo*, 2. *tres, tri*, 3. *fitter*, 4. *vuef*, 5. *ses, sexan*, 6. *septum, septan*. 7. *acto, achtheo*, 8. *nuene, nuenet*, 9. *toc, toch*, 10. *anilaf*, 11. *thoalaf, thalapta*, 12. *thuotoc*, 20. *tritoc*, 30. *fittertuc*, 40. *vueftoc*, 50. *sestoc*, 60. *sebentoc*, 70. *acteotoc*, 80. *nuentoc*, 90. *hondi, Chunna*, 100. *tosondi, tusonde*, 1000.

* **CHUORUS**, f. Aquæ decursus, rivulus. Charta ann. 896. apud Meichelbec. tom. 2. Hist. Frising. pag. 405 : *Terram pascualem tradidimus in septentrionali plaga ejusdem loci sitam, scilicet a passo et Chuoro usque dum Ambara cadit in flumen, qui dicitur Isara.*

CHURCHESSET, Churscer. Vide *Ciricsetum.*

¶ **CHUREMANNI**. Vide *Choremanni* in *Chora.*

¶ **CHURERECTH**. Vide *Curerhet.*

* **CHURZIBOLT**, Saxon. Brevis. Ekkehard. junior de Casib. S. Galli tom. 9. Collect. Histor. Franc. pag. 5 : *Chuono quidam regii generis, Churzibolt a brevitate cognominatus, etc.* Vide *Curcinbaldus.*

CHYER, Dominus, ex Græco κύριος, seu potius κύρος, aut κύρις, uti recentiores Græci efferebant. Appendix Latina ad Histor. Willharduini pag. 230 : *Dederunt ipsam terram Imperatori Chyer Micali Paleologo Græco, etc.* Ibid. : *Chyer Andronicus*, quem *Xor Andrinocho* vocat Raimundus Montanerius in Chronico Catalanico Regum Aragon. cap. 199. ubi *Xor*, effertur ut *Chor.*

* **CHYMINEYHA**, Caminus; Gall. *Cheminée.* Inventar. ann. 1476. ex Tabul. Flamar. : *Item plus in furnipendio sive Chymineyha duos canes ferri.*

* **CHYO**. Vide supra *Chio.*

¶ **CHYROGRAPHUM**. Vide *Chirographum.*

¶ **CIADDA**, Cialda, Crustulum, Italis *Cialda*, Gallis *Oublie.* Vita B. Columbæ Reatinæ tom. 5. SS. Maii pag. 345 : *Distributis etiam largius azymis non paucis, quos vulgariter Ciaddas dicimus, eo forte quia ob haustum cum cyatho dantur. Quidam nebulas paniceas nominant.* Acta S. Petri a Cruce tom. 2. Julii pag. 446 : *Cumque præ ægritudine infirmis præsentia adesse non posset, eosque solito crucis signo sanare, ad ipsos quasdam schedulas in pane azymo, qui vulgo dicitur Cialda scriptas mittebat, in quarum prima hæc verba erant. Christus † natus; in secunda Christus †† passus; in tertia Christus ††† resurrexit, quibus multos sanabat.*

* **CIABRELLUS**, Hædulus, ni fallor, idem quod supra *Cabritus.* Charta ann. 1306. tom. 4. Cod. Ital. diplom. col. 465 : *Item pro qualibet salma pullorum, agnyorum et Ciabrellorum, etc.* Vide *Ciambellotum.*

* **CIALFARDA**, *Birreti* species, capitis tegmen. Codex ann. 1328. laudatus a D. Garamp. inter not. ad Disquisit. de sigil. Garfagn. pag. 109 : *Consuetum est facere Cialfardas seu birettos panni rubei, cum signo Romanæ ecclesiæ servientibus, vocatis de Cialfarda.* Vide *Birretum.*

¶ **CIAMBELLOTUM**, Italis *Ciambelletto*, Gallis *Camelot*, Pannus e pilis caprinis contextus. Diarium Magistri Cæremoniarum Alexandri VI. Papæ : *Dominus Macloviensis* (Guillelmus Briçonnet) *depositis ibi mantello et cappucino de Ciambello nigro et bireto nigro, induit ipsum cappa Cardinalis Valentinensis.*

¶ **CIANCA**. Vide *Cyanea.*

CIANCÆ. Vide *Tzangæ*, [Calcei, seu cothurni, qui crura et pedes tegebant.]

¶ **CIARRATANUS**, Ital. *Ciaratano*, vel *Ceretano*, Gall. *Charlatan*, Circulator, et per methaporam, Probitatis et pietatis simulator. Angeli Pechinolii Litteræ ad Innocentium VIII. PP. apud Illust. Fontaninum ad calcem Antiq. Hortæ pag. 490 : *Præter montes nihil habet* (*Marchio Mantuanus.*) *Bene puto, quod in illis montibus aliquid posset, quia habet, ut dicitur, pedites sagittarios bonos : sed extra eorum loca et montes, præter istos qui dicuntur Ciarratani, qui portant falsas indulgentias, nihil habet, nec aliquid valet.*

* Vide supra *Cerretani.*

CIATICA, Ischias, ischiaticus dolor, nostris *Ciatique.* Chronicon S. Trudonis lib. 12 : *Accreverat ei passio jam dudum in clune, quam Physici solent Ciaticam appellare. Ciatica passio*, infra. [*Gutta Ciata*, in Miraculis B. Edmundi Archiep. apud Marten. tom. 3. Anecdot. col. 1895.]

* Vide *Scia* et Menag. Orig. Gall. in hac voce.

CIBÆ, *Tesseræ quadratæ, scilicet taxillæ, a cibo.* Ita Joan. de Janua : an a *Cubo?*

¶ **CIBANARIS**, *Quasi tunica ferrea.* Papias MS. Bitur.

¶ **CIBANUM**, f. pro *Turbanum*, Pileus Turcicus, Gall. *Turban.* Radulphus Coggeshale in Chronico Terræ S. apud Marten. tom. 5. Ampliss. Collect. col. 563 : *Capta autem civitate talem Christianis dedit libertatem, ut quicumque in terra marique cum suis vellet abscedere, abscederet, qui autem sub præsidium ejus remanere, tuti et securi remanerent; qui vero Filium Dei et crucem victoriæ ejus, diabolo instigante, proh dolor! polluto ore negare, Cibanum sericum et sarbuissinum auro ornatum, equum et arma, amputato pelliculo membri verendi, ab ipso Saladino acceperet.*

¶ **CIBARE**, Comedere. Rolandinus Patavinus de Factis in Marchia Tarvisina lib. 8. cap. XI : *Itaque Ansedisius nocte illa penitus non descendit ab equo, bibere vel Cibare non meminit.*

* Glossar. Lat. Gall. ex Cod. reg. 521 : *Cibare, Goûter.*

CIBARIA, Frumentum, bladum. Fori Oscæ anno 1247. fol. 5 : *Et faciat molas molere, ut de Cibaria faciat farinam.* Fol. 20 : *Et Cibariam molendo faciat ex ea farinam.* [** *Cibaria molita*, ap. Caes. de B. G. lib. 1. cap. 5.] Tabular. S. Eparchii Inculism. fol. 49 : *Unus mansus debet* 12. *den.* 1. *arietem*, 4. *sextar. de Cibaria*, 1. *manducalem, una borderia quam tenebat Rantilfus debet* 8. *den.* 3. *sextar. de Cibaria, etc.* Vita S. Benedicti Anian. ab ejus discipulo scripta sæc. 4. SS. Benedict. part. 1. pag.

198 : *Siquidem fecerant sibi tuguria congruis locis, in quibus us que ad novas habitarunt fruges. Deficiente Cibaria rursus ea quæ in Fratrum reponi jusserat usus mensurare præcepit.*]

Cibarius. Eadem notione. *Cibarius* aliud est ab Avena quam *Civatam* appellatam ostendimus. Acta Murensis Monasterii pag. 56 : *Dederunt sancto Martino ad Cibarios tres modios, et tres nucum.* Infra : *In Riep 4. modii de grano, 5. de avena, duo modii de Cibariis.*

* **CIBERUS.** Stat. Saluciar. collat. 4. cap. 118 : *Statutum est quod sindici communis Saluciarum emere debeant unum Ciberum ad mensurandum sextarium vini.* Vide supra *Ceberus* et infra *Cibrius.*

¶ **CIBIRIATICON**, Idem quod *Cerevisia*, Vide in hac voce.

¶ **CIBOLUM**, Idem ac *Ciborium*, Pyxis in qua servatur Eucharistia. Obituarium MS. Ecclesiæ Moriniensis fol. 35 : *Primis dominicis diebus cujuslibet mensis, cum post magnam Missam per Sacerdotem Hostia sacra renovatur tam in Cibolo seu vase pendente supra magnum altare, quam Curatorum... decantabitur per Sacerdotem... Collecta, quæ habetur in tabeleto in quo sunt conscriptæ Collectæ... Curatus qui Cibolum detulit... habebit quatuor denarios.*

* **CIBOLUS**, Cæpula, Gall. *Ciboule.* Glossar. Lat. Gall. ann. 1352. ex Cod. reg. 4120 : *Cibolus, Civet.* Reg. 17. Chartoph. reg. fol. 11. r°. ad ann. 1317 : *Item concessum est jardinum de S. Germano in Laya Henrico barbitonsori, ... reddendo nobis.... sex milia Cibolorum de foliis ad faciendum poretam.*

CIBORIUM, appellant Scriptores Ecclesiastici, quod Ordo Romanus *tegimen*, et *umbraculum* altaris. Alcuinus Poem. 117 :

Hoc quoque Ciborium Farculfus fecerat Abbas.

Illud autem quatuor columnis, iisque præaltis attollebatur, et in fastigiatam formam eductum totum altare contegebat. Raynerius in Historia Translationis SS. Martyr. Euticetis et Acutii : *Cujus claustri prominens pulcritudine decenti fastigium, columnis ambitum purpureis, sculptarum vario schemate figurarum insignitum, argenteum bajulat, quod vulgo Ciborium dicitur, nitens pyraterium : sub cujus Umbraculo altare similiter statuitur, argenteis undique redimitum tabulis, etc.* Vita sancti Baculi Episcopi Surrentini : *Ciborium quatuor columnis innixum supra altare fieri cura diligenti præcepit.* Anastasius in sancto Gregorio PP. pag. 44 : *Hic fecit Ciborium B. Petro Apostolo cum columnis suis quatuor ex argento puro.* Ita passim pag. 46. 62. 67. 68. 90. 128. 131. 132. 133. 134. 143. 186. etc. edit. Reg. S. Chrysostomus homil. 42. in Acta Apostolorum, enarrans verba illa : *Faciebat delubra argentea Dianæ :* Καὶ πῶς ἐνὶ ναοὺς ἀργυροῦς γενέσθαι, ἴσως κιβώρια μικρά. *Quomodo possibile erat fieri delubra argentea? fortassis ædiculas et copercula, quæ Ciboria vocant.* [Bernardus Mon. in Ordine Cluniac. part. 1. cap. 35 : *Postquam autem Diaconus altare... incensaverit... juxta columnam Ciborii stans, thuribulum Converso reddit, a quo et incensatur, etc.* Vita S. Odilonis Abb. inter Acta SS. Benedict. sæc. 6. part. 1. pag. 687 : *Incœpit etiam Ciborium super altare S. Petri, cujus columnas vestivit ex argento cum nigello pulcro opere decoratas.* Rursus occurrit pag. 541. in Vita B. Richarii Abbat.] Ciboria vero cereis adornata et illuminata fuisse testatur Paulus Silentiarius in descript. S. Sophiæ part. 2. v. 330. Bernardus Mon. in Consuetud. Cluniac MSS. cap. 52 : *Ciborium illuminatur, et ad majorem Missam omnes cappis utuntur.* Et cap. 77 : *Ad octavum responsorium 24. cerei de Ciborio accenduntur.*

Ejusmodi Ciboriorum passim mentio occurrit, apud Leon. Ost. lib. 1. cap. 20. lib. 3. cap. 31. Flodoard. lib. 4. Hist. Rem. cap. 19. in Chron. Constantiensi pag. 646. in Chr. S. Trudonis pag. 349. apud Eckeard. Jun. de Casib. S. Galli cap. 5. Hariulfum lib. 3. Chronic. Centul. cap. 3. Perardum in Burgundicis pag. 111. Ughellum tom. 6. Ital. Sacr. pag. 548. [Miræum tom. 1. pag. 21. edit. 1723. in Testamento Everardi Comitis ann. 857. ubi *Ciboreum* legitur. Hariulfum in Vita S. Angilberti Abb. inter Acta SS. Bened. sæc. 4. part. 1. pag. 115. et sæc. 5. pag. 109. ubi de B. Tutone Episcop. Ratispon.] etc. Aliquot ex iis locos dedimus in Descriptione S. Sophiæ ad Paulum Silentiarium n. 57. ubi de Ciboriis, eorumque forma ac usu multis egimus. His addo in iis Ecclesiis, ubi non exstant ejusmodi ciboria, ut hodie fere apud nos, supra altare umbraculum dependere. Synodus Coloniensis ann. 1280. cap. 6 : *Item præcipimus ut sursum super altare ad latitudinem et longitudinem altaris pannus lineus albus extendatur, ut defendat et protegat altare ab omnibus immunditiis et pulveribus descendentibus.* Ceremonial. Episcopor. lib. 1. cap. 12 : *Quod baldachinum etiam superstatuendum erit, si altare sit a pariete sejunctum, nec supra habeat aliquod Ciborium ex lapide aut ex marmore confectum. Si autem adsit tale Ciborium, non est opus umbraculo, etc.* Adde cap. 14. Necrologium Ecclesiæ Carnotensis : 3. *Id. Decemb. obiit Conanus Britannorum Comes, pro cujus anima Berta Comitissa mater ejus altare hujus Ecclesiæ decoro exornavit Ciborio.*

Cimbarium, perperam pro *Ciborium*, habetur apud Gillebertum Lunicensem Episcopum de Usu Ecclesiastico : *Cimbarium, id est altaris umbraculum.* Hispani *Cimborio* dicunt. [Unde *Cimborium* tom. 4. Concil. Hisp. pag. 176 : *Fiat processio, quæ exiens de Choro in viam circuli se extendant apud altare majus B. Mariæ infra Cimborium.* Berntenii Chronic. Marienvod. apud Leibnit. Scriptor. Brunsvic. tom. 2. pag. 453 : *In cujus capsæ medio, in posteriore parte inter Reliquias sub Cymborio, postea fecit capsulam pro solemnius atque commodius servando Dominici Corporis pretiosissimo Sacramento.*]

¶ Civorium, in Appendice ad Agnelli Pontificale apud Muratorium tom. 2. Scriptor. Ital. pag. 201. col. 2. C : *Fecit autem et Civorium ex argento supra altare sanctæ Ecclesiæ Ursianæ.*

¶ Civorius, In antiqua Inscriptione apud eumdem Murator. tom. 3. pag. 82. cap. 1 : Ædificatus Est Hanc Civorius Sub Tempore Domino Nostro Aioprando Rege.

* *Chiboire*, eadem notione, in Mirac. B. M. V. Mss. lib. 1 :

Li fiex au bon roy Charlemaine....
Nous donna sainte Leochade;
Là fu grant tans en no Chiboire
Leis saint Maart, leis saint Gregoire.

Ciboria plerumque Sanctorum corporibus imposita legimus, quod ea sub altaribus recondi solerent, proindeque una cum altaribus unico umbraculo tegerentur. Glossator Hist. Scholasticæ lib. 3. Reg. cap. 3 : *Currum dicit Cybureum, 1. coopertorium, Cibureum 4. columnis erectum, sub quo arca et Cherubin essent, ut fit in multis locis supra corpora Sanctorum.* Gregorius Turon. lib. 1. de Mirac. cap. 28. de æde Vaticana Romæ : *Habet etiam quatuor* (columnas) *in altari præter illas quæ Ciborium sepulcri* (S. Petri) *sustentant. Hoc enim sepulcrum sub altari collocatum valde rarum habetur. Ciborium S. Petri* dicitur in Epistola Adriani PP. ad Carolum M. quæ est 59. tom. 3. Hist. Fr. Illud autem construxerat Leo III. ut auctor est Anastasius in ejus Vita, et Baron. ann. 1130. Meminit etiam Vita Urbani V. PP. apud Bosquetum pag. 184. [Breve Chronicon Leodiense apud Marten. tom. 3. Anecdot. col. 1404 : *Cum B. Lamberto Patrono fieret novum Ciborium, exterius argento et auro coopertum, inter quem* (sic) *ejus collocaretur feretrum, levatus est B. Florebertus.*]

Thiofridus Abb. Epternacensis lib. 2. Florum Epitaph. Sanct. cap. 1. de Sanctorum corporibus : *De auro et gemmis extractas et redimitas sortiuntur pyxides et capsulas, Ciboria, et pyramides.* Et in versibus eidem operi præfixis :

Extruo pyramides, Ciboria, colligo flores :
Spargo super tumulos Sanctorum carne sacratos.

Et cap. 6. ejusdem libri 2. *Ciboria* pariter et *pyramides* jungit, non quod pyramides his locis aliæ sint a ciboriis, sed quod ciboria pyramidum formam referant; ubi de Sanctis : *Et o quam digne, quam congrue, Regum Reges, profecto pauperes spiritu, post habitationem cum habitantibus Cedar, operosissima ex auro et argento, ac lapidibus pretiosissimis Ciboria et regias habent pyramides, quæ quadam similitudine arcæ Noë a latitudine excrescentes angustantur in altitudine : quia ignea virtus eas extra homines igne sancti Spiritus ardentes et dilatatos in visceribus Christi Jesu per mandatorum Dei latitudinem, per viam vitæ angustam et ascensu difficilem, ad interminabilis gloriæ evexit altitudinem. In forma quippe pyramides virtus ignea in Ciboriis, quibus a cubis nomina sunt indita, pensatur animæ perfectio cubica.* Infra : *In Ciborii vero forma conoide, quæ columnarum sustentatur columine, etc.* Quæ quidem licet prolixiora eo adduximus, ut præter ciboriorum formam, etiam vocis etymon, secundum viri doctissimi sententiam, licet minus probabilem, Lectori indicaremus. Hinc in ciboriis reposita SS. corpora legimus, apud Anselmum in Episc. Leod. cap. 30. Hugonem Flavin. in Chron. pag. 166. in Vita S. Morandi apud Lambecium lib. 2. Comment. de Bibl. Cæsarea pag. 897. Vide Descriptionem ciborii ædis S. Marci

Venetiis apud Sansovinum et Stringam in Venetia lib. 1. cap. 41. 42. et Ambrosianæ Basilicæ Mediolanensis apud Puricellum in Monumentis ejusd. Basilicæ pag. 127. et seqq.

* Ciborium, Parvum altare mobile, ut explicat Mabillonius in Itin. Germ. quod Arnulfus imperator in castris gestari curabat, aureis laminis opertum, quadratæ figuræ, uno pede latum, altum duobus, præter turriculam, quæ in crucem desinit; quod etiamnum in thesauro ecclesiæ Emmerammensis asservatur. Mirac. S. Emmer. tom. 6. Sept. pag. 499. col. 1: *Speciali autem suo patrono Emmerammo pro gratiarum actione contulit* (Arnolfus) *totum palatii ornatum, in quo erat Ciborium quadratum, cujus auro tectum tabulatum, fastigium serto gemmarum redimitum. Corpus vero ad geminæ specimen dilectionis, similitudinem habens superioris et inferioris, sustentatur aureis octo columnellis, quæ et ipsæ tot virtutum seu beatitudinum instar exponunt.* Vide ibi notam doctorum Editorum quam fere exscripsimus.

Perperam vero hanc vocem interpretati sunt, Ugutio, qui *Ciborium vas esse ad ferendos cibos* dixit: Gropperus lib. 2. de Euchar. cap. 25. qui *Ciboria*, de quibus passim Anastasius, pro pyxidibus, in quibus asservatur Eucharistia, accepit: et Goldastus, qui *Ciborium*, apud Eckeardum, *flasconem* esse censuit. [In recentioribus quibusdam titulis pro sacra pyxide, in qua sacrosanctum Christi corpus reconditur, reipsa sumi *Ciborium*, Gall. *Ciboire*, probat inter cetera Obituarium MS. Ecclesiæ Morinensis ann. 1440. pag. 13. ubi sic: *Die crastina Octavæ SS. Sacramenti debet celebrari Missa de Requiem ad majus altare pro Domino Papa Clemente VII. quondam Episcopo Morinensi, qui dedit Ecclesiæ Morin. quandam cappam notabilem, ac vas seu Ciborium deauratum ad deferendum Corpus Dominicum in die SS. Sacramenti altaris.*]

* Ciborium, nostris saltem, pro Arca, ubi reponitur pyxis, in qua sacra Eucharistia asservatur. Lit. remiss. ann. 1443. in Reg. 176. Chartoph. reg. ch. 278: *Le suppliant print dedens le Ciboire ung calixe avec lequel estoit enveloppée une petite boite dedens laquelle estoit le corps de Nostre Seigneur.* Charta ann. 1526. in Chartul. prior. S. Oricoli Siodun. fol. 25. v°: *Lequel Cocquet a prié et requis audit Adam Briffaut que son plaisir feust lui permettre de pouvoir mettre.... une lampe devant le Siboingne de l'église dudit Senuc.* Infra: *Ciboingne.*

Ciborium præterea pro quavis superiori concameratione, quæ quatuor potissimum pilis vel columnis sustentatur, usurpat Gervasius Dorobernensis in descriptione Eccl. Cantuariensis, quod in ciborii speciem concludatur: *Quatuor pilarios erexit, id est, utrinque duos: peracta hieme duos apposuit, ut hinc et inde tres essent in ordine, super quos et murum exteriorem alarum, arcus, et fornicem decenter composuit, id est, claves utrinque. Clavem pro toto pono Ciborio, eo quod clavis in medio posita partes undecunque venientes claudere et confirmare videtur.* Infra: *Factum est itaque Ciborium inter quatuor pilarios principales, in cujus Ciborii clavem videntur quodammodo Chorus et cruces convenire. Duo quoque Ciboria hinc et inde ante hiemem facta sunt.* [Ob similem procul dubio rationem Pulpitum, Gall. *Jubé*, dictum est *Ciborium* in Ordinario MS. Abbatiæ Piperacensis ann. 1301: *Diaconus debet recipere benedictionem a Domino Abbate, genibus flexis, et postea ascendunt Cyborium, et Diaconus cantat Evangelium.* In pluribus Arverniæ locis *Cibory* lingua patria locus est concameratus, in quo reponuntur ossa defunctorum.] Vide *Supracœlum.*

* Ciborium, Tribuna, apud Mabill. in Itin. Ital. pag. 16.

¶ **CIBORNUS**, Idem videtur quod *Cibaria*, Frumentum seu mensura quædam frumentaria; nam enumeratis censibus *de siligine, de ordeo et avena* in quadam Donatione ann. 1349. relata tom. 2. Hist. Dalphin. pag. 596. col. 2. additur: *Item, de Cibornis censual.* XXXVIII. *Cibornos, duas partes unius quartarii, et septimam partem unius Ciborni, ad rationem pro quolibet de* VIII. *sol.* VI. *den. valent.* XVI. *lib.* IIII. *sol.* IX. *den. et pict.*

CIBOSUS, *Cibo plenus*, Joan. de Janua.

* **CIBRIO**, Præstatio frumentaria vel annonaria, ut videtur. Charta Andr. reg. Hungar. ann. 1231. apud Cencium inter Cens. eccl. Rom.: *Comites jure sui comitatus sint contenti; cetera ad regem pertinentia, scilicet Cibriones, tributa, boves, et duæ partes castrorum ad regis voluntatem, cui volet, distribuantur.* Vide *Cibaria.*

* **CIBRIUS**, vasis lignei species. Stat. Montis-reg. pag. 313: *Item pro quolibet tinello, Cibrio et situla magna, solvat denarios sex.* Vide supra *Ciberus.*

* **CIBUM**, *est intestinum iens ad culum.* Glossar. Lat. Gall. ann. 1352. ex Cod. reg. 4120.

¶ 1. **CIBUS**, Prandium, in Usibus Fuld. MSS.: *His temporibus oportet dari de celleraria Abbatis caritas fratribus tam ad cœnam quam ad Cibum.*

* 2. **CIBUS**, Refectio, cibi sumtio, Gall. *Repas.* Recognit. Albæ-ripæ in Reg. sign. *Probus.* fol. 66: *Petrus de Chapon est homo comitis, et tenet de eo j. eminam terræ et 2. falcatas prati et debet inde unam eminam frumenti, ... et habet ibi duos Cibos.* Et fol. 67: *Debet habere de comite ille qui solvit,... Cibum suum.* Vide *Receptum* 1.

* 3. **CIBUS**, Placentæ species. Stat. Mss. eccl. Tull. in unum collecta ann. 1497. fol. 61. v°: *Quarta collatio fit in Cœna Domini,.... et loco hostiarum ministrantur Cibi seu watelli, quos oportebit aliquando cessare et redire ad hostias, ut antiquitus fiebat, quia propter aviditatem edendi dictos Cibos seu watellos, jam non sufficiunt nongenti aut mille.*

* 4. **CIBUS** Malus, Potio venefica. Lit. remiss. ann. 1351. in Reg. 80. Chartoph. reg ch. 674: *Cui Margaretæ imponebatur potiones seu malum Cibum dicto ejus marito, ipso in infirmitate existente, ad finem quod citius moreretur, ministrasse.*

¶ Cibus Canum, de quo tanquam de jure dominico sermo est in Chartulario Kemperlegiensi, idem est, ut puto, quod pastus canum venaticorum, de quo plura in voce *Brennagium.*

CIBUTUM, *Arca cibaria*, Joanni de Janua et Ugutioni. In Glossis MSS. *Magna arca.* Gloss. Anglo-Saxon. Ælfrici: *Cibutum, vel cistella,* Ccst, *vel* Capc. Ex Gr. κιβωτός, arca, vel κίβος, capsa. Cambro-Britannis *Cib*, est vas quoddam.

¶ **CICADA**, f. Certus cantus seu musicæ modus, quem Gall. *Cadence* nuncupamus. Marten. de divin. Officiis antiquæ Eccl. pag. 105. ex antiquo Rituali Eccl. S. Martini Turon.: *Post cantant Presbyteri in cappicis sericis*, Deus in adjutorium, *et Chorus dicit*, Gloria Patri. *Postea incipiunt antiphonas duo insimul in Cicadis, et eum Alleluia et neuma finiuntur.*

CICADATIO. Joan. Sarisberiensis lib. 2. Metalogici pag. 120. [** pag. 832. edit. ann. 1639]: *Gaudeant, inquit, Arist. species, monstra enim sunt, vel secundum novam translationem, Cicadationes enim sunt, aut si sunt nihil ad rationem.* Locus corruptus in utraque Editione.

* Videtur ad illud respexisse quod Socrates apud Platonem in Phædro fabulatur; homines scilicet aliquando fuisse ita cantu delectari solitos, ut cibi potusque obliviscerentur, et sic perirent: Musarum tandem beneficio in cicadas fuisse conversos.

¶ **CICARE**, Monachum facere. An pro *secare*, quod de iis qui monachatum amplectuntur, dictum fuerit, quia *secantur* eorum capilli, seu, tondeantur? Charta Joannis de Tremollia Abb. Floriac. ann. 1499: *Abbas et Conventus de Regula querebantur dicentes, Priorem non debere recipere novitios, Monachos monachare seu Cicare.*

¶ Cicatio, Eadem notione, ibidem: *Quia dictus Abbas dicebat, Cicationem seu monachationem novitiorum ad ipsum pertinere, concesserunt quod Cicatio, receptio, monachatio, et habitus regularis impositio ad ambos pertineret respective.*

¶ **CICATRICARE**, *Cicatricem inducere*, Festo, Gall. *Cicatriser.* Sidon. lib. 6. Epist. 7: *Ut conscientiæ hiulca vulnera vestro saltem Cicatricentur oratu.* Ibidem: *Cicatricatum pectus precatu levare ad veniam.* Cœl. Aurel. lib. 4. cap. 8: *Vulnera Cicatricantur.*

¶ **CICENDELA**, etc. Vide *Cicindela.*

* **CICERA**, Potus species, pro *Sicera*, eadem quæ *Cisara*, 2. Charta ann. 1358. in Reg. 86. Chartoph. reg. ch. 603: *Cum tempore..... Philippi, quondam Francorum regis, avi nostri, publicum in villa Parisius emanasset edictum ....ne quis sub pœna emendæ...... Ciceram in dicta villa, ultra pretium unius oboli Parisiensis pro qualibet chopina solvendi, vendere cuiquam præsumeret ullo modo, etc. Sicera*, Lucæ cap. 1. v. 15. Vide in hac voce.

* **CICERCHIARIS**, Cicercula, Ital. *Cicerchia.* Acta notarii Senens. ad ann. 1285. ex Cod. reg. 4725. fol. 71. r°: *Confiteor habuisse ..... quinquaginta starios frumenti et duodecim starios ordei et duos starios Cicerchiaris et unum par boum,.. etc.* Vide infra *Cisara* 1.

CICERCULUS Color, Qui vulgo griseus, ducto, inquiunt, nomine a cicerculo, qui auctore Plinio lib. 35. cap. 6. genus est sinopidis, seu rubricæ, quæ in Africa reperitur; est enim griseus color subrubeus. Joannes Baptista Confectius in Collect. privileg. Mendic. ubi de Honorio IV.

PP. : *Fratribus Carmelitanis hispida et inculta palla indutis, cappam album super tunica et scapulari Ciceruli coloris concessit.*

* **CICERO**, Cicer, Gall. *Pois-chiche.* Constit. pro abbat. S. Pauli Narbon. ann. 1127. inter Instr. tom. 6. Gall. Christ. col. 33 : *In omnibus quartis feriis pisces vel Cicerones cum lardo, aut fresas cum sagimine, sive cepas pingues et bonas.*

* **CICERONES**, Italis, Locorum monstratores et interpretes, apud Mabill. in Itin. Ital. pag. 107.

¶ **CICHUM.** Homagium Johannis Comitis Burgundiæ præstitum Ecclesiæ Agaunensi 30. Septembris ann. 1246 : *Recordatas fuerat se tenere ab Ecclesia, Bracon cum omnibus appenditiis suis et omnibus, quæ pertinent ad ejus dominium, vallem de Mieges, Aresche, Chamblacium : supra hoc prædictus Abbas apponebat in eodem feodo Chalmc de Arlie cum appenditiis suis et Cichum illud, quod dicitur Castrum S. Mauritii, censuales et Pontarlie, sicut in suis privilegiis erat.* Vereor ne legendum sit *Vichum* pro *Vicum. Vici* nomen belle convenit *Castro S. Mauritii.* Vide *Vici.*

* Idem forte quod supra *Chio.*

CICINDELA, Λαμπυρίς, in Gloss. vet. Nostris *Ver luisant.* Isidorus lib. 12. cap. 8 : *Cicendela, scarabeorum species, dicta quod volans candet, id est, lucet.* [Plinius lib. 18. cap. 26. ait *Lucentes vespere Cicindelas signum esse maturitatis panici et milii.*] Inde id nominis tributum lychno, *cujus vitrea natat ignis in unda*, ut loquitur Fortunatus lib. 4. de Vita S. Martini. Festus, seu Paulus Diac. : *Cicindela, genus muscarum quod noctu lucet, videlicet a candore; unde etiam Candelabra putantur appellata.* Matth. Silvaticus : *Pyrilampis, et lampyris, Gr. Cicendula, Cincendule, noctiluca.* Gloss. Græc. Lat. : Κανδήλα, *Cicendela.* Quo loco *Candela* est lychnus olearius, uti supra observatum : *Cesendelo*, Venetis. Varie autem hæc vox scripta reperitur. Nam

CICINDILIS habetur apud Messianum Presbyt. in Vita S. Cæsarii Arelat. : *Unus de cubiculariis, dum Cicindilem concinnaret, de manibus super lapides lapsa est, quæ nec versa est, nec fracta, nec extincta.* Vita S. Nicetii Episc. Lugdun. n. 7 : *Oleum Cicindilis.*

CICINDILE, apud Gregor. Turon. lib. 1. Mirac. cap. 5. 15. lib. 4. Histor. cap. 31. de Vit. Patr. cap. 8. Fulbertum Carnot. Epist. 68. in Vita breviore S. Sulpitii Episc. Bituric. n. 12. etc.

CICENDILE, in Notis Tyronis.

CINCIDELE, apud Augustinum Serm. de Temp. 215 : *Qui possunt, aut cereolos, aut oleum quod in Cincidelibus mittatur, exhibeant.*

CICENDELE, apud Papiam : *Inde* (a cicindelis) *Cicendele, quia similiter luceat, quæ Cicindelia, vitreas lampadas vocamus.*

CICINDELUM, Ugutioni, et Joanni de Janua, *Thuribulum* (lego *Crucibulum*) *vel lychnus,* (alias *licinus*) *et ponitur pro candela.* Alibi : *Lucinium, Cicendela lucernæ.* Ita Joannes de Janua, *Cicendulum, lychnum, vel candelam lucernæ* vocat, ut Glossar. Lat. Gall. *Cicendellum, le Moucheron de chandele.*

CICINDELUS, Greg. Turon. lib. 4. Hist. n. 36 : *Nam de oleo Cicindeli, qui ad ipsum sepulcrum quotidie accenditur, cæcorum oculis lumen reddidit.* Occurrit ibid. num. 31.

CECENDELE, apud Ughellum tom. 4. pag. 616. et in Hist. Pergamensi tom. 3. pag. 198.

CECINDILLUS, apud S. Andoenum lib. 2. de Vita S. Eligii cap. 47. 50. 76.

CICENDELUS, in Regula Magistri cap. 29. 44. 53. 95. et in Vita S. Vodali Benedicti n. 15.

CICENDELA, apud Fulbert. Carnot. Epist. 68.

CICENTILLUS, in Vita S. Tilonis Mon. cap. 3. extremo.

CICINDELLA, in veteri Charta Cornutiana edita a Suaresio : *Cicindellas argenteas* 5. et in Bulla Benedicti IX. PP. ann. 1033. apud Ughellum tom. 1. pag. 124.

CICINDULUM, in Epist. 9. Leonis IX. PP. ubi perperam editum *acindulis*; [et in Vita S. Willibaldi Episc. num. 19.]

CINCENDULA, apud Petrum Comestorem in Histor. Scholast. exod. cap. 62.

* CICENDELA, *Le limegnon de chandelle, ou meiche de lampe*, in Glossar. Gall. Lat. ex Cod. reg. 7684.

* CICENDILE, Lampadis species. Laudes Pap. apud Murator. tom. 11. Script. Ital. col. 31 : *Præter autem luminaria, quæ singulæ mulieres, quæ possunt, faciunt assidue in ecclesiis, habentes singulas lampades vel Cicendilia vitrea singulæ ardentia ex oleo olivæ quotidie.*

* CICENDELARIUS, Qui *cicendelas* seu lampades, aliaque vasa, ad lucem ferendam in æde sacra destinata, curat. Ordo eccl. Ambros. Mediol. ann. circ. 1130. apud eumd. Murator. tom. 4. Antiq. Ital. med. ævi col. 861 : *De quibus, Deo opitulante, ego Beroldus custos et Cicendelarius ejusdem ecclesiæ, quicquid vidi et audivi et scriptum reperi, huic nostro libello tradere disposui.*

¶ **CICINIA**, θεὰ κιναίδων, *Dea Cynedorum,* in Supplemento Antiquarii.

¶ 1. **CICINUS.** Codex Legis Salicæ Carolino ævo conscriptus, qui Guelferbyti asservatur, Eccardo teste in notis ad legem Salicam tit. 7. art. 8 : *Si quis gallum, aut gallinam aut Cicinum vel gruam domesticam furaverit.* Hinc eruditus Adnotator pro eo quod est in textu : *Si quis gruem aut cygnum furaverit domesticum*, mallet legere, *Si quis gruem aut ciconium furaverit domesticum.* Legi posse *Cicinum* indicat Papias MS. Bituric. ubi habetur : *Cicinus, Olor, id est, cignus.* Vide *Cicones.*

* 2. **CICINUS**, Vestis ornamentum, fasciola. Annal. Victor. Mss. ad ann. 1315 : *Ultima die Aprilis ligatus* (Enjorranus) *in carriga, cum cucufa alba et Cicino plicato, in tunica et caligis coloratis, cum maximo concursu populi gaudentis ad patibulum est deductus.*

* **CICIONARIUM**, *Tenaille*, in Glossar. Lat. Gall. ann. 1352. ex Cod. reg. 4120.

CICLAS, CICLATUM. Vide *Cyclas.*

¶ **CICLICUS**, κυκλικός, Rotundus, orbiculatus. Fridegodus in Vita S. Wilfridi Episc. in Actis SS. Benedict. sæc. 4. part. 1. pag. 724 :

Hactenus excolicum quanto sudore sacellum
Emerit, exposui; numnam miracula quibo?
Ennea si melico chelim mihi carmine tangant,
Septenasque jugem Ciclico dulcore sorores;
Aut sim magniloqui multus sectator Homeri;
Non plane absolvam : dictis jam cedo quibusdam.

Per *Ennea*, bene Mabillonius novem sorores intelligit et per *septenas sorores*, septem artes liberales totidemquem mechanicas : *Ciclicus* autem *dulcor,* Chorus dulcis omnium artium intelligendus.

CICLUM, [Mensura liquidorum.] Vide in *Siclum.*

¶ **CICLUS.** Vide *Cyclus.*

CICOMOLA. Charta anni 1245. in Tabul. Episc. Autissiod. : *Cum contentio verteretur. et super hoc quod amoveri faceremus Cicomolas, quas levari feceramus pro pedagio a transeuntibus.*

* *Ciconiolas* legit D. *Le Beuf* tom. 2. Hist. Autiss. pag. 165. portulasque intelligit ad urbis muros civium commodo apertas, a quibus, cum per eas transirent, tributum exigebatur. Vide infra *Citonella.*

¶ **CICONELLA.** Vide *Citonella.*

CICONES. Glossæ antiquæ MSS. : *Olores, Cignos, id est, Cicones.* Vide *Cicinus.*

CICONIA. Ugutio et Joann. de Janua : *Ciconiam et Ciconium vocant Hispani lignum longum, quo in hortis hauriunt aquam, quæ imitatur illius avis levantis et deponentis rostra, dum clangit. Eam hortulani Telonam vocant. Tale lignum invenitur modo supra quosdam puteos cum catena ferrea.* [Vide Isidorum lib. 20. Orig. cap. 15. Nicolaus Specialis lib. 4. de Rebus Siculis apud Murator. tom. 10. col. 987 : *Cumque adhuc Jacium obsidioni cedere penitus recusaret, procul a castro, ingens turris trabibus tabulisque consertis... construitur, quæ summis occulte rotis contra castrum funibus trahebatur, habens in summo eminentem longamque trabem, quam vulgo alii telonem, alii Ciconiam vocant, qua, postquam lignea turris hæreret saxo, viros bellatores exponerent supra castrum.*] Gloss. Lat. Gall. : *Ciconium, Soignole de puis.* Gloss. Lat. Gr. : *Ciconia*, πέλαργος, μηχανή. Hispani etiamnum *ciconal* dicunt. Vide Sebastian. Cobarruviam in hac voce.

* Glossar. Lat. Ital. Ms. : *Ciconium, lo legno da cavare aqua.* Hispani etiamnum *Cigoñal*, non *Ciconal*, dicunt. Ubi etiam *Telona* et *Telo*, voces sunt corruptæ ex *Tollenum.* Vide in hac voce.

* **CICOPELUM**, *Adjutorio*, in Glossar. Lat. Ital. Ms.

¶ **CICOTHUS**, Pateræ species, apud Monach. Germanos. S. Willhelmi Constit. Hirsaug. lib. 1. cap. 15 : *Pro signo pateræ, ex qua bibitur tres digitos parum inflecte, et sic sursum tene. Pro signo Cicothi, eodem signo præmisso, hoc adde, ut digitum digito circumferas*

* Legendum omnino videtur *Cibothus*, idem quod *Cibatum.* Vide ibi.

* **CICULI**, *sunt aves a voce propria nominatæ.* Glossar. vet. ex Cod. reg. 7613.

¶ **CICULUM**, ὀφάδιον, Gloss. Lat. Gr.

* **CICUM**, *Lo granello del pomo granato.* Glossar. Lat. Ital. Ms.

¶ **CICUMA**, Noctua. Vide *Cecua.*

¶ **CICUMEA**, *Fulica.* Papias MS. Avis est, Gallice *Foulque*, *poule d'eau.* Forte legendum *Cicuma* : seltem eadem videtur notio.

CICURIUS, *Prudens, gratus, cautus, astutus, vafer, placidus, mansuetus* : unde *Cicurare, prudenter vel mansuete se continere, militare, mansuete facere*. Jo. de Janua.

CICURRIS, *Domesticus sus*. Papiæ. Ugutioni vero *Porcus natus ab apro silvestri et domestica porca*. Vide *Maialis* et *Cincurris*.

¶ **CICUTICEN**, Qui canit cicuta seu calamo. Sidonius Præfat. in Panegyr. Anthem. versu 15 :

Alta Cicuticines liquerunt Mænala panes.

CID, Dominus, vox Arabica, qua celeberrimum illum Hispanicum Ducem Rodericum *Diaz* donarunt Saraceni, ob præclaram virtutem bellicam, animique magnitudinem. Vetus Epitaphium apud Brizium Martinezium lib. 1. Hist. Pinnatensis cap. 46 :

In hac tumba requiescit Domna Eximina,
Cujus fama prænitescit Hispaniæ limina,
Regis Sanctii fuit nata, felicemque me fecit,
Roderico copulata, gentes quem vocabant Cid,
Hæc in era millesima fuit hic tumulata,
Centum et seisagesima fuit atracta et balsamata,
Martii Nonas sepulta, maneat cum gaudio,
Bona quia fecit multa præsenti Cœnobio.

¶ **CIDALARIUS**. Charta Ottonis II. Imp. ann. 990. apud Bern. *Pez* Anecd. tom. 1. part. 3. col. 57 : *Mancipiis utriusque sexus, parchalkis, Cidalariis, vectigalibus, cunctisque utensilibus ad eumdem locum Kint jure assignatis*. Vide *Cidelarii*. [** Apiarius, Germ. *Zeidler*. Adel.]

* **CIDALWEIDUM**, an a Germ. *Weide*, Pascuum, pastura? Charta Conradi reg. ann. 1025. apud Meichelbec. tom. 1. Hist. Frising. pag. 219 : *Molendinis, piscationibus, Cidalweidis, quæsitis et inquirendis, omnibusque legitime ad loca eadem pertinentibus*. Vide *Cidalarius* et infra *Cidlarius*. [** A German. *Zeidel*, Apis, et *Weide*, Pascua. Adel.]

¶ **CIDARA**, pro Cidaris, utitur S. Augustinus Quest. 123. in Exodum.

CIDELARII. Charta Ottonis M. Imp. 950. pro Ecclesia Paderborn. apud Meibomium : *Cum... mansionariis, barschalkis, aureariis, bruneariis, Cidelariis, molendinis, etc.* Infra : *Cidelariis, mansionariis, barschalkis, etc.* Vide Metropolim Salisburgensem tom. 1. pag. 227. [et supra *Cidalarius*.]

¶ **CIDENTADANAGIUM**. Vide *Citadanagium*.

¶ **CIDFUNA**, pro *Tribuna*. Vide in hac voce.

CIDIMA, vel Cadima, Joanni de Garlandia in Synonymis Chymicis, *Lithargycum auri*.

* Legendum *Cadmia*, ut et *Lithargyrum* pro *Lithargycum*. Vide supra *Cathinia*.

* **CIDLARIUS**, ut *Cidalarius*, f. qui pascua curat. Charta ann. 1248. apud Pez. tom. 6. Anecd. part. 1. col. 11 : *Quinque casatos et quatuor Cidlarios super ribam Danubii, et ad Swarzaha Hugipaldus Cidlarius, et Adalperht faber, ... et Kerhelm vinitore de Putilespah et Ratkis Cidlarius*. Vide supra *Cidalweidum*.

¶ **CIDONES**, *Puerorum amatores*. Glos. Isid. Legendum esset *Cydones*; respicit enim ad illud Virgilii :

Dum sequeris Clytium infelix nova gaudia Cydon
Dardaniæ stratus dextra, securus amorum,
Qui juvenum tibi semper erant, miserande jaceres.

Ubi Servius : *De Cretensibus accipimus, quod in amore puerorum intemperantes fuerunt, quod postea in Lacones et in totam Græciam translatum est, adeo ut Cicero dicat in libris de Republica, opprobrio fuisse adolescentibus, si amatores non haberent. Propter quod Poeta Cydonem inducit amatorem. Novimus autem Cydonas Cretenses dici*. Vide et Donatum ibi. Hæc post Grævium.

¶ **CIENTADAGIUM**, *Cientagium*. Vide *Citadanagium*.

* **CIERCIA**. Charta ann. 1374. in Reg. 3. Armor. gener. part. 2. pag. 3 : *Vendunt...... omne jus, ... quod....... ipsi habent seu habere possunt in Ciercis terrarum, quas ipsi venditores habent in finagio du Sauzoy*. Ubi legendum existimo *Tertiis*. Vide *Tertia* 4.

* **CIERGIUS**, Cereus, Gall. *Cierge*. Testam. ann. 1517 : *Vult luminare suum fieri de sex thedis seu torchiis ceræ, quilibet unius libræ ponderis, et sex Ciergiis ceræ*.

¶ **CIFATUM**, Mensuræ species, ut videtur, a scypho sic dicta. Tabularium Montis S. Michaelis : *Robertus filius Alani dedit Abbatiæ sancti Michaelis terram duorum Cifatorum mellis*; hoc est, quæ debebat duo Cifata mellis per annum. Vide *Ciffata*.

CIFETUM. Rollandinus in Summa Notariæ cap. 5 : *Unum runcinum ferrantem cum Cifeto, et cum uno freno et sella, etc.*

¶ **CIFFATA**, Mensuræ genus. *Madox* Formul. Anglic : *Quolibet die duas Ciffatas cervisiæ et unum ferculum de Elemosynario, et potagium, quod ad officium pertinet, et dimidiam marcam per annum et unam vestem pelliceam*. Exigua est hæc mensura, siquidem uni homini duplicatur quolibet die. Vide *Cifatum*.

CIFO, Italis *Ciffone*, Garcio, garciunculus. Ugutio : *Histrio, quasi Ciffo, i. gesticulator, joculator, qui diversos gestus et habitus hominum scit repræsentare*. Hinc forte nostri *Chifon*, pro re nihili. [Vide *Chiffones*.]

CIFRÆ, Chilfræ, seu Ziferæ, Notæ numerales. Nostris *Cifres*, [nunc *Chiffres*] dicuntur hæ notæ arithmeticæ 1. 2. 3. 4. 5. 6. 7. 8. 9. 0. quarum prima est unitatis, secunda binarii, etc. 9. novenarii : 0. vero circularis nota, quam ex his solam alii vocant *Ziferam*, Georgius Valla *Ziphram*, per se quidem nihil significat; sed aliis notis addita, numerum multiplicat. Cujus gentis aut hominis hoc inventum sit, seu litteræ sint, aut notæ, haud constat. Quidam ab Hebraico *Saphar*, quod sonat, *numeravit*, originem accersunt. Valla lib. 1. Arithmetices cap. 1. Indis, Orientalibus gentibus, inventum tribuit, argumento descriptionis quæ a dextris partibus in sinistras eat, quod Chaldæis, Syris, Ægyptiis, et toti denique Orienti est commune. Alia alii commentantur, ut Cobarruvias, Vossius in Mathemat. Reinhartus Robigius lib. 8. Robigal. cap. 1. Octavius Ferrarius, Athanasius Kircherus in Arithmologia, Daniel Papebrochius in Serie Patriarch. Hierosolym. pag. 55. tom. 3. Maii, Daniel Huetius in Demonstrat. Evangel. pag. 647. etc. Breviloquus : *Cifra, figura nihili*. Parabolæ Alani de Insulis :

Inter narrantes Chilfram juvat esse figuras.

Idem in Planctu naturæ : *Illic vespertilio avis hermaphroditica Cifri locum inter aviculas obtinebat*. Et lib. 2. Anticlaudiani cap. 7 :

Qua ratione, quibus causis, H, littera non sit,
Cum sibi prætendat scripturam, nomen et usum,
Sed Cifri loca possideat, solaque figura
Jus sibi defendens elementi præferat umbram.

Henricus Aquilonipolensis in Lubecca lib. 2. cap. 11 :

Ut pupa præsumpsit aquila esse, asinus leo quondam
Simia regnatrix, Cifra figura fore.

* Hinc nostris *Chiffres*, pro Homo vel res nihili. Mirac. B. M. V. MSS. lib. 1 :

Or ai tant fait par moi meisme,
Que Chiffres sui en angorisme;
Moult m'ont Deable empechié
Quant jou ne rechui l'enveskié.

Scribit Theophanes ann. 2. Rhinotmeti, et 19. Copronymi, pag. 314. et 363, Arabes neutiquam numeros sua lingua exprimere potuisse, ideoque in describendis publici ærarii codicibus, Christianos adhibere solitos fuisse.

* Has anno 1375. (leg. 1355.) Petrarcham primum in suis scriptis adhibuisse auctor est Mabillonius lib. 2. Diplom. cap. 28. § 21. quem falli probare aggreditur Godefridus abbas Gottwicensis lib. 2. Chron. ejusdem monast. pag. 114. ex eo maxime, quod auctor synchronus de Gestis Baldewini Trevir. archiep. et Henrici fratris sui imperatoris de Luzenburg. lib. 1. cap. 8. circa annum 1306. memoret Baldewinum illum in Parisiensi studio Arabicis arithmeticisque figuris scripsisse; imo, si credendum Tenzelio in Observat. menstr. ad mens. Jun. 1693. pag. 459. asservatur in Bibliotheca Elisabethana Vratislauiensi codex Ms. ann. 1268. in quo Calendarium cifris hujusmodi Arabicis conscriptum reperitur; ex quo pariter colligit, quod ante tabulas Alfonsinas, quas ex Albategnio desumpsit Alphonsus, usus cifrarum jam dudum in Germania invaluerit, cum Kircheri in Arithmol. sententia sit, Alphonsum Castiliæ regem primum harum cifrarum auctorem fuisse. Sane, addit doctus Abbas, cum jam temporibus Carolinis suam in Hispania sedem habuerint Saraceni, quis crediderit eorum cifras centenis quatuor annis post in Germania fuisse incognitas? præsertim cum sæculo xii. sub Conrado III. et Friderico Barbarossa non Alcoranus modo, medicique Arabici, Avicenna, Averroes, Alfarabius, sed et Græci philosophi ac medici, Plato, Aristoteles, Ptolomæus aliique translati fuerint, prout Seldenus id suo ad Eutychium Commentario demonstrat. Verum quid factum fuerit asserendum, non quid fieri potuerit divinandum. Cæterum notas Arabum numericas extare ad ann. 1210. in Codice regio testis est D. *Le Beuf* in Animadversionibus quas mecum communicavit. Consule novum Tract. diplom. tom. 3. pag. 526. et seqq. Vide *Ziffræ*.

¶ Ciphræ, Characteres occulti, Gall.

Chifres, quibus arcana et quæ ab aliis ignorari interest, solent perscribi ac significari. Illarum varias species, *Ciphras simplices, non significantibus characteribus mixtas*, duplices litteras uno charactere complexas, *Ciphras rotæ*, *Ciphras clavis*, *Ciphras verborum*, enumerat illustris Verulamius. Vide Hofmannum in Lexico.

¶ Cyfræ, pro *Cifræ* scribit Bern. de Breydenbach pag. 190. Itinerarii sui Hierosol.

* *Ciffre*, Instrumentum piscatorium, in Stat. ann. 1402. tom. 8. Ordinat. reg. Franc. pag. 535. art. 72.

¶ 1. **CIFUS**, pro *Scyphus*, Vasculum potorium. Occurrit in Codicillo Bertrandi de Turre ann. 1281. apud Baluz. Hist. Arvern. tom. 2. pag. 508. et supra in *Caritas dicta mensura vini*, etc. Chartular. Compend. : *Duo manutergia, tria auricularia, duo Cifi madelini.*

* 2. **CIFUS**, Leguminis species, si tamen bene lectum est. Charta ann. 1155. inter Probat. tom. 2. Hist. Occit. col. 555 : *Omnes leudas, quas ibi habeo, scilicet de porros et caulibus, et cebis, et allibus, et de rafinis et de Cifos.* Vide *Cisara* 1.

* **CIGNITUS**, Cygni clamor. Glossar. Gall. Lat. ex Cod. reg. 7684 : *Cignitus, voiz de cigne. Cisne*, pro *Cygne*, Cygnus, inter Poem. reg. Navar. tom. 1. pag. 83.

CIGNONUS. Tabular. Priorat. de Domina in Delphinatu fol. 114 : *Et 8. jornales pro corovata, et pro Kl. 6. den. de ublias, et 1. fassum de Cignonis, et dimidiam boxiam, etc.*

* Perperam, ni fallor, pro *Oignonus*, Cepa, Gall. *Oignon*.

* **CIGNUS**, *Mensura retinens octo scrupulos*. Glossar. vet. ex Cod. reg. 7613.

* **CIGONIA**, a Gall. *Cigogne*, Machina pulsationi campanarum utilis. Consuet. MSS. monast. sanctæ Crucis Burdegal. ante ann. 1305 : *Item habet* (sacrista) *tenere campanas monasterii bene garnitas et munitas de cys, de Cigonias, mercobulis et funibus, et de cunctis aliis necessariis, ut bene possint trahi per clericos suos.* Vide *Ciconia*.

¶ **CIHARE**, *Vocare*. Glossar. Sangerman. MS. num. 501. legendum *Ciere*.

CILIARE, *est detinere oculos avis* (falconis) *clausos cum palpebra inferiore superinducta usque ad cilium. Dicitur autem Ciliare pro eo quod cum palpebra inferiore contegitur oculus usque ad cilium.* Ita Fridericus II. Imp. lib. 2. de Arte venandi cap. 37. ubi ciliandi falcones modum pluribus describit.

¶ **CILIATURA**, Cilium, Pili palpebrarum. Vide locum in *Raspare*.

CILIATUS, εὔοφρυς, in Gloss. Gr. Lat. [Addunt aliæ Glossæ similiter Gr. Lat. *Cilio magno præditus*; sed melius in Supplemento Antiquarii, *Pulcher superciliis*.]

* **CILICIARIUS**, Vestis ex pilis animalium contextæ, quæ *Cilicium* vocabatur, opifex, in Inscript. apud Montefalc. tom. 5. Suppl. ad Antiquit. expl. pag. 96.

¶ **CILICIATUS**, Indutus *cilicio*. Acta SS. Maii tom. 2. pag. 248. D. in Vita S. Stanislai : *Vade in Cracoviam Ciliciatus et nudipes.*

¶ **CILICIO**, Cælum, Scapellum. Vide *Cælio*.

* **CILICIOLUM**, diminut. a *Cilicium*. Acta S. Claræ tom. 2. Aug. pag. 755. col. 2 : *Sub vestibus namque pretiosis ac mollibus, Ciliciolum gerebat absconditum, mundo exterius florens, Christum interius induens.*

CILICIUM, Vestis interior, seu subucula ex pilis animalium contexta, (unde nomen) quam Monachi et vitæ sanctioris viri ad domandam carnem, sub cæteris vestibus deferunt, ne dum cernitur, vanam procreet ostentationem : unde *Cilicium* ab ordinario Monachorum habitu rejicit Cassianus lib. 1. Instit. cap. 1. dicens, sapere superbiam, et nullum corpori conferre emolumentum, impedire item laborantem, neque suo tempore in usu fuisse, nisi apud paucos. Glossæ Basilic. : Κιλίκια, τράγοι ἀπὸ Κιλικίας οἱ δασεῖς· πάνυ γὰρ ἐκεῖσε ὑπάρχουσι οἱ τοιοῦτοι τράγοι, ὅθεν καὶ τὰ ἐκ τριχῶν συντιθέμενα Κιλίκια λέγονται. Jo. de Janua : *Cilicium, velamentum factum de pilis caprarum, vel taxorum, unde tentoria fiunt, et mortui operiuntur.* Paulinus lib. 2. Vitæ S. Martini :

Quin et contexto setis coopertus amictu,
Exæsa assiduo compungit acumine membra,
Ut tereret tenuem vestis nimis aspera pellem,
Et cutis extentis stimulis attacta paveret.

De ciliciis et cilicinis, consule Salmasium ad Solinum pag. 488. Savaronem ad lib. 4. Sidon. Epist. 24. Lindenbrogium ad lib. 24. Ammiani et Haeftenum. [** Glossar. med. Græcit. voce Κιλίκιον, col. 654.]

Cilicia, seu Κιλίκια, et Κιλικίκια vocabant etiam Græci nuperi *Centones* ac *feltra*, quibus telorum et lapidum, e machinis emissorum, vim retunderent. Προκαλύμματα ἐκ τραγείων τριχῶν, ἃ δὴ καλοῦσι Κιλίκια, Procopio lib. 2. Persic. cap. 26. Vide Leonis Tactica pag. 52. 61. 106. 231.

CILIO, [Cilium, Cilix.] Ugutio : *Hic cilix, quem vulgo cilionem, vel Capsellam vocant.* Vide *Cælio*.

CILLABA, alias *Cilliba*, *Mensa cibatoria, quæ finita comestione removetur, et dicitur a cilleo, es, hæc et assidela dicitur.* Joan. de Janua. Festo *Cilliba* est *mensa rotunda*. [Legendum *Cibilla*, ut et apud Varronem lib. 4. de Lingua Lat. cap. 25 : *Mensam escariam Cibillam appellabant; ea erat quadrata, ut etiam nunc in castris est : a Cibo Cibilla dicta : postea rotunda facta.*]

¶ **CILLERE**, Movere, apud Isid. lib. 20. Orig. cap. 14. et in Glossario Sangerman. MS. n. 501. Vox est veteris Latii. Plaut. Amphitr. : *Aliquem hominem allegent, qui mihi advenienti os Obcillet probe.* Miracula S. Dionysii Paris. in Actis SS. Benedict. sæc. 3. part. 2. pag. 359 : *Sole jam in occiduas vergente partes, quædam adolescula... textili opere laborabat; cum repente ferrum radioli quo fila Cillebat, manui ejus adhæsit tam valide, ut cruciatum se cauterii ferre voce querula testaretur.* Vide *Cillaba*.

* **CILLONES**, *Homines angusti capitis*. Glossar. vet. ex Cod. reg. 7613.

* **CILOSTRUS**, Fax, funale. Stat. crimin. nova Cumanæ cap. 204. ex Cod. reg. 4622. fol. 110. r° : *Nemini spiziario seu apotecario....... liceat facere, ... vel vendere..... aliquos duplerios seu Cilostros vel candelotos cum mixtione larexinæ, pexæ seu raxæ.* Funus Joan. Galeaz ad ann. 1402. apud Murator. tom. 16. Script. Ital. col. 1032 : *Postea vero sequuti sunt in ordine homines duo mille, omnes induti panno grosso brunæ, expensis curiæ, singuli gradatim deferentes unum Cilostrum.*

* **CILUM**, pro Cilium. Glossar. Gall. Lat. ex Cod. reg. 7684 : *Cilum, j. folliculus, quo oculus tegitur, la pel qui couvre l'œil.*

CIMA, *Cocumula*, in Gloss. Isid. [Excerpta Pithœi *Cuma*, non male pro *Cyma*. Pro *Cocumula* Grævius emendat *Cumula*. Forte melius *Comula*, ex his libri 17. Orig. cap. 10. verbis : *Cima dicitur quasi coma; est enim summitas olerum vel arborum, in qua vigens virtus naturalis est.* Pro *Coma* Glossator scripserit *Comula*. Ut ut est *Cyma* non *Cima*, a Græco κῦμα per crasin pro κύημα scripserunt Plinius et alii. Ille lib. 9. cap. 8. habet : *Cymas brassica a prima sectione præstat proximo vere. Hic est quidam ipsorum caulium delicatior teneriorque cauliculus.* Hinc Galli *Cime*, Itali et Hispani *Cima* montis acumen appellant, ac generatim cujusvis rei altioris summitatem. Charta Theobaldi Comitis Campaniæ pro Abbate Molismensi ann. 1233 : *De iisdem nemoribus capient Monachi quicquid ipsis necesse fuerit... tam in grosso quam in gracili... a pede usque ad Cimam.* Potio probatissima contra calvitium in Codice veterum Canonum MS. decimi circiter sæculi, e Bibl. Illust. D. D. *Chauvelin* Custodis sigillorum regiorum :

Tres nimium Cimas dura de rupe revulsas,
Tot picæ saltus capies, tot sibila milvi,
Tot sonitus laticum, ranæ tot fronte capillos,
Virginis ex factis ternos compone maniplos.
Hæc una vitreo calici congesta terantur
Vase rudi pilo, Bachi comitata liquore,
Solis in exortu turbato porrige calvo,
Mox teneros capiti cernes concrescere crines.]

¶ Cimatio Arborum, Arborum *cimæ* succisæ. Vide locum in *Housebote*.

* **CIMALIA**, Arborum summitates excisæ, vel casu aliquo dejectæ, a *Cima* sic dictæ. Vide in hac voce. Charta ann. 1334. ex Reg. 66. Chartoph. reg. ch. 1378 : *De quibusdam Cimaliis forestæ de Gadabone, nec non de ruptis ejusdem vendæ forestæ S. Romani integram summam non computaverat....... De Cimaliis vero et ruptis supradictis se referebat ad Cameram Compotorum.* Vide *Tonsura nemorum* et infra *Cimeyæ*.

* **CIMARE**, Acad. Crusc. : *Levar la cima, e scemare il pelo al panno lano, tagliandogliele colle forbici*, Tondere. Chron. Bergom. ad ann. 1402. apud Murator. tom. 16. Script. Ital. col. 932 : *Qui omnes decem fuerunt vestiti, expensis communis, de panno bruno, non Cimato, etc.* Hinc

¶ Cimator, Tonsor panorum, in Actis SS. Junii tom. 3. pag. 936. ubi de B. Michelina : *Tertio accedere debeant omnes mercatores, sartores, Cimatores, merciarii.*

* Cimatura, Ars tondendi pannos, *Cimator*, qui eam exercet. Stat. Vercel. lib. 7. pag. 160. v° : *Statutum est quod aliquis Cimator civitatis Vercellarum, vel quis alius operans officium Cimaturæ in civitate Vercellarum, non audeat, possit nec debeat capere pro Cimatura brachii panni nisi denarios duos Pap.* Stat. Placent. lib. 6. fol. 82. v° : *Provisum est quod Cimatores pannorum non possint accipere de Cimatura.*

pannorum, videlicet de brachio panni Francischi valori a soldis xx. infra Cimando bis, ultra tres denarios.

CIMBA, Capsa Reliquiarum. Translatio S. Mauri Martyris ann. 1348 : *Nonnullas Reliquias... de quadam capsa seu Cimba antiqua (transtulimus.)*

CIMBARIUM. Vide *Ciborium.*

¶ 1. **CIMBER** Mercaturarum, f. Tantum mercis quantum *Cymba* vel *Cymbula* vehi solet. Litteræ Philippi Aug. Franc. Regis ann. 1207. apud *de Lauriere* tom. 2. pag. 413 : *Quæcumque navis de Imbernia venerit, ex quo caput de Guernes transierit, Rothomagum venire, unde nos de unaquaque navi habebimus unum Cimber mercaturarum, vel decem libras.* [** Leg. *Timber*, Fasciculus 60. pellium. Vide *Timbrium.*]

* 2. **CIMBER**, a Germ. *Zimmer*, Tignum ædificiis aptum. Gloss. Cæsar. Heisterbac. in Reg. Prum. tom. 1. Hist. Trevir. Joan. Nic. ab *Hontheim* pag. 672. col. 1 : *Materiamen sunt ligna, quæ nos vulgariter appellamus Cimber. Cimbre*, inter instrumenta musica recensetur tom. 1. Poem. reg. Navar. pag. 246. sed perperam pro *Timbre*. Vide *Tymbris.*

CIMBIA, *orum*, Joanni de Janua, *Pocula facta ad similitudinem cimbæ navis.* Ex Gr. κύμβιον. Ælfricus in Gloss. cap. de Vasis : *Cinba*, scip-fæt.

¶ **CIMBICES**, *Minima quæque plurimi facientes*, apud Sussannæum in Vocabulario, a Græco κίμβιξ, Sordidus, tenax et plus æquo parcus.

* **CIMBOLUM**, pro *Cymbalum*, ab Occit. *Cimboul*, Campanula, tintinnabulum. Comput. ann. 1405. inter Probat tom. 3. Hist. Nem. pag. 182. col. 2 : *Magistris Cimbolorum et arrologiorum, qui nuper fecerunt, ad instanciam dominorum consulum Nemausi, in ecclesia Nemausi unum simbolum arrologii, etc.* Vide *Cinbolum.*

¶ **CIMBORIUM.** Vide *Cimbarium* in *Ciborium.*

CIMBRI, *Lingua Gallica latrones dicuntur*, inquit Festus. Glossæ MSS. Regiæ Cod. 2062 : Κιμβρός, λῃστής. Inde forte aut genti nomen, aut a gente latrocinante latronibus ipsis.

CIMBRIONES, in Jure Hungarico, dicuntur custodes canum regiorum.

¶ **CIMEDALIS**, ut mox *Cimelia*, Supellex. Informationes Civitatis Massil. de passagio transmarino in Codice MS. Sangerman. : *Item pisces salsos, et copas, et allea, et alia victualia, oleum et risum, et Cimedales secundum conditiones personarum.*

* **CIMEDIA**, *Gemma, quæ invenitur in cerebro piscis.* Glossar. vet. ex Cod. reg. 7613.

CIMELIA, Cimilia, Thesauri, vasa, donaria Ecclesiæ, ex Græco τὰ κειμήλια : Supellex pretiosa, quam quisque habet. Lexicon Gr. MS. Regium : Κειμήλιον, τὸ ἀπόθετον χρῆμα. Hesychius : Κειμήλια, σκεύη, δῶρα, καὶ τὰ ἀπόθετα χρήματα. Homerus Iliad. ζ. vers. 47 :

Πολλὰ δ' ἐν ἀφνειοῦ πατρὸς κειμήλια κεῖται,
Χαλκός τε, χρυσός τε, πολύκμητός τε σίδηρος.

Depositivæ pecuniæ, Senatori lib. 6. for. 8. Gregorius Magnus lib. 1. Epist. 10 : *Quæ de diversis Ecclesiis Cimilia sunt collecta... serventur.*

Cimilia. Anastasius in S. Vitaliano PP. : *Sed et vasa sacrata, vel Cymilia sanctarum Dei Ecclesiarum tollentes, nihil dimiserunt.* In Severino : *Et sigillaverunt omne vestiarium Ecclesiæ, seu Cimbilia Episcopi, etc.* Alii Codd. præferunt *Cimilia*. Adam Bremensis cap. 15 : *Beati vero Remigii Cimilia cum ingenti honore servavit Bremæ.* [Arnulphus in Hist. Mediolan. apud Muratorium tom. 4. pag. 9. col. 1 : *Præcipue in thesauris et Cymiliis omnibus, quibus incomparabiliter affluebat.*] Vide Paul. Warnefr. lib. 5. Hist. Langobard. cap. 11.

Cimeliarcha, Thesauri et cimeliorum custos. Collatio quæ sub Justiniano facta est Constantinop. : *Vir venerabilis Eusebius Presbyter, et Cimiliarcha sanctissimæ majoris Ecclesiæ.* Κειμηλιάρχης in leg. fin. C. de Bon. auctor. judic. possid. (7, 72.) et Nov. 40. Κειμηλιοφύλαξ in Concil. Calched. Act. 10. Vetera Acta Eccl. Mediolanensis apud Puccinellum in Vita S. Simpliciani : *Hic addidit magistros cum octo pueris Ecclesiæ Mediolanensis, necnon octo Lectores minores cum Scola S. Ambrosii, et cum Cimiliarcha, numero 20. inter masculos et feminas ad munus offerendum in persona totius populi.* Adde Ughellum tom. 4. pag. 616. 656. tom. 6. pag. 156. 159. 162. 170. 174. [Sumitur etiam feminino genere pro Thesauraria in Annal. Benedict. tom. 4. pag. 21. n. 50. ubi exhibetur *Epistola ad Hazecham Sanctimonialem, urbis Quidilnæ Kimiliarchen.*]

Cimiliarchium, Locus ubi reponuntur Κειμήλια. *Sacrorum vasorum ærarium*, Κειμηλιαρχεῖον, in Epist. 2. Gregorii II. PP. ad Leonem Isaurum in VII. Synodo. Vide Gregorium Magnum lib. 1. Epist. 130. lib. 2. Ind. 11. Epist. 49. lib. 10. Epist. 45. Anastas. Bibl. in Vita S. Jo. Eleemos. num. 26. 84. l. 20. Cod. de Agricol. (11, 48.) Κειμηλιοφυλακεῖον, in Nov. 70. cap. 4. Glossæ MSS. : *Cimeliarchium, secretarium principale.*

¶ **CIMEN**, Somnus, Dormitio, Gr. κοῖμα, κοίμησις. Vide locum in *Cimiterium.*

1. **CIMENTUM.** *Cimiento*, Hispanis; Gloss. Arabico-Lat. : *Fundamentum. Cimentarius, qui disponit fundamentum.*

* *Chime*, pro *Ciment*, Arenatum, in Charta Petri abb. S. Amandi ann. 1318. ex Reg. 56. Chartoph. reg. ch. 507 : *Meubles et catels, qui seroient audit jour en ledite maison, qui ne tenroient à clou ou à keville, à Chime ou à rechime, etc.*

¶ 2. **CIMENTUM**: *Mendacium, cogitatum*, in Glossario Saugerman. MS. n. 501. Legendum procul dubio *Commentum.*

¶ **CIMERIA**, Cimerium, Imposita summæ galeæ figura, Gall. *Cimier*, Italis *Cimiero*, *Cimiere*, apud Rymer. tom. 5. pag. 569. col. 2. in Conventionibus Edwardi III. Regis. Angl. cum Januensibus ann. 1347 : *Et in elmum cum Cimeria, in cujus circuitu erant litteræ dicentes : Edwardus Dei gratia Rex Franciæ et Angliæ, et Dominus Hiberniæ.* Bernardus Thesaurarius de Acquisitione Terræ Sanctæ cap. 167 : *Insidebat enim equo magno et ipse forma procerus supra galeam habens cervina cornua pro Cimerio.* [** A *Chimæra* effictum videtur.]

* **CIMERIUM**, Sigillum, scutum gentilitium, cujus crista, vulgo *Cimier*, pars erat præcipua. Stat. Mantuæ lib. 1. cap. 138. ex Cod. reg. 4620 : *Statuimus et ordinamus, quod pondus ducati et aliarum monetarum communis, quod pro commune teneatur, bullatus esse debeat Cimerio magnifici domini.* Annal. Mediol. ad ann. 1389. apud Murator. tom. 16. Script. Ital. col. 812 : *Bocale unum deauratum solum et rotundum cum Cimerio.* Et col. 813 : *Bocale unum deauratum factum ad novem quadros esmaillo ad Cimeria et cum aliis foliis et operagiis.*

* Haud scio an inde vel a *Cimia* repetenda sit origo vocis Gallicæ *Cymeron*, qua pars nasi acutior significatur, in Lit. remiss. ann. 1384. ex Reg. 125. Chartoph. reg. ch. 156 : *Sacha un grant coustel et en feri l'exposant sur le visaige, et lui coppa le Cymeron du nez tout jus et le fendi jusques aux dens.* Vide *Cima* et *Cimeria.*

¶ **CIMESSOR**, Homo conditionis abjectæ, apud Ammianum 28. 4.

¶ **CIMETERIUM.** Vide *Cœmeterium.*

1. **CIMETUM**, Panni species. Historia Abbatiæ Condomensis pag. 509 : *Fecit fieri unam infulam cum tunica et dalmatica de bisso seu Cimeto viridi, et tria vestimenta parata.* Leg. forte *Bruneto.* [** Vide *Dimitum.*]

* 2. **CIMETUM**, Ital. *Cimetta*, diminut. est a *Cima*, Vertex, apex, an per *Cimeta* et *Incimeta* intelligenda sint loca alta et humilia, haud satis scio. Charta Frider. I. ann. 1165. tom. 1. Cod. Ital. diplom. col. 1057 : *Concedimus quoque tibi pro communi Pisanæ civitatis in feudum, ... cum omni jure, ... piscationibus, paludibus, Cimetis et incimetis, thelonicis, ripaticis, etc.* Nisi forte ibi legendum sit, *Cultis et incultis.*

* **CIMEYÆ**, Arborum summitates excisæ, vel casu aliquo dejectæ, a *Cima* sic appellatæ. *Cymeaulx* in Lit. remiss. ann. 1481. ex Reg. 207. Chartoph. reg. ch. 245 : *Iceulx supplians se prindrent à copper des Cymeaulx dudit bois.* Charta ann. 1310. in Reg. 45. ch. 102 : *Gentes nostræ dicebant quod idem Robertus usagio, quod habebat in dicta foresta a parte de Turichebrai, ad Cimeyas, branchias et remasentias, taliter abusus fuerat, quod perpetuo amittere debebat usagium antedictum.* Eadem rursum occurrunt in Ch. seq. Vide supra *Cimalia.*

* **CIMIA**, *Vasa modica*, in Glossar. vet. ex Cod. reg. 7613. *Cymoise*, vas vinarium, vel alterius liquoris, in Lit. remiss. ann. 1474. ex Reg. 195. Chartoph reg. ch. 1061 : *Glaude Clerc portant deux connilz cuitz et une Cymoise de vin et aussi du pain, etc. Cymaise*, apud Monet. in Diction. Vide *Semaisia* et *Symaisia.*

¶ **CIMICO**, Κορίζω Gloss. Lat. Gr. Est autem κορίζω seu κορίζομαι, Blandior, blande compello.

* **CIMICOSUS**, *Pieno de cimice.* Glossar. Lat. Ital. MS. A Cimex, Gall. *Punaise.* Occurrit etiam in Cath.

¶ **CIMILIA**, Cimiliarcha. Vide *Cimelia.*

CIMILINE, Ugutioni et Joanni de Janua, *dicitur vas aquaticum ad abluendas manus, ut dicunt bacinum.* Hac notione sumitur etiam apud Honorium III. PP. in 5. Compil. lib. 5. tit. 19. cap. 1. et cap. 29. de Verb. signif. pro eo nempe vase in quo Sacerdos sacra faciens manus abluit, et quo postmodum uti solent Diaconi aut

Subdiaconi, qui eidem deserviunt, ad excipiendas oblationes quæ offeruntur inter Missæ solennia, dum patena populo osculanda præbetur : *Verum quia postmodum Sacerdos prædictæ Capellæ asserens oblationum nomine minime contineri ea quæ ipsi Capellæ in festivitate omnium Sanctorum mittuntur, vel portantur ad illam, seu ad domum Sacerdotis ejusdem intuitu defunctorum : necnon quæ in Cimilini ponuntur, quod de altari suscipit, etc.* Testamentum Guallæ Biccherii Card. Vercellensis ann. 1227. apud Aug. *de la Chiesa* in Hist. Eccl. Pedemont. cap. 36 : *Item relinquo hospitali S. Andreæ de Vercellis omnia vasa mea argentea, scilicet Ciminialia, cupas, et cultellos, etc. Ciminile manicatum*, apud Thom. Archid. in Hist. Salonit. cap. 16. Quidam a χειμήλιον formatum vocabulum putant, sed ex *aquimanile* abbreviatum constat. Vide in hoc verbo et *Ciminile*.

* **CIMINA**, Placentæ species. Consuet. Perpin. MSS. cap. 38 : *Item debent* (fornarii) *coquere panes flaquerios pro quatuor denariis et uno tortello de fluxol* (sic), *Ciminam, et nihil aliud debent habere pro Cimina.*

¶ **CIMINETA**, Caminus, Gallice *Cheminée*, Hist. Dalphin. tom. 2. pag. 274. in Computo ann. 1333. et seqq. : *Pro reparatura Ciminetæ salæ magnæ taren.* I.

* **CIMINILE**, Vas, in quo sacerdos sacra faciens manus abluit. Pontif. MS. eccl. Elnens. ubi de consecratione altaris : *Item Ciminile vel vas ad deponendum ibi hujus combustiones.* Vide *Cimiline*.

¶ **CIMINUM**, Cuminum, seu Cyminum sativum, Gall. *Cumin*, Angl. *Cummin*. Charta Pacis inter Simonem Episc. Meld. et Fulconem Abb. S. Germani a Pratis ann. 1185. in Tabulario Meldensi : *Semel in anno debetur Episcopo Meldensi ab Ecclesia S. Germani procuratio sub hac forma,* LX. *panes de pane conventus in eodem pondere et mensura. Pro coquina* x. *sol. Paris. dimidia libra piperis et dimidia Cimini,* III. *libræ Ceræ ad parvum pondus, vel una ad magnum, etc.* Eadem repetuntur in Charta Fulconis in eodem Tabulario asservata. Charta Gisleberti *de Caorces* ann. 1224. in Archivo Monasterii B. Mariæ de Bono Nuncio Rotomag. : *Reddendo inde annuatim mihi et hæredibus meis unam unciam Cimini in Pascha. Madox* Formul. Anglic. pag. 231 : *Et redditu unius libræ piperis et unius libræ Cimini.* Occurrit rursus in Præcepto Philippi Pulcri Franc. Regis ann. 1304.

¶ **CIMISTERIUM**, ut *Cimiterium* vel *Cœmeterium*. Charta Michaelis Episc. Tarasson. in Libro rubro S. Martini Sagiensis fol. 39 : *Concedo vobis... Ecclesiam cum domibus, claustris, Cimisteriis, etc.*

¶ **CIMITERIALIS** Ecclesia, in qua humantur corpora mortuorum, Stephanotius Antiquit. Benedict. in Vasconia part. 1. pag. 669. ex Chartulario Generensi : *Dederunt S. Petro Ecclesiam de Sarsaa quæ est baptismalis et parochiarum* v. *est Cimiterialis.*

CIMITERIUM, pro *Cœmeterium*, Nostris etiamnum *Cimetiere*. Ebrardus in Græcismo cap. 8 :

Est quoque dulce cimen, inde Cimeterium.

Infra :

Est statio terion, inde Cimeterium.

Iso Magister in Glossis ad Prudentium : *Cymitron Græce, Latine dormitorium. Hinc Cymeterium et Cymiteria dicuntur, id est, dormitoria, in quibus sancti quasi dormire videntur usque ad diem judicii.* Vide *Cœmeterium* et *Area*, 2.

¶ Cimiterium, Oblationes pro humatione. Index MS. Beneficiorum Ecclesiæ et Diœcesis Constantiensis fol. 20. e Musæo D. *de Cangé* : *Levat dictus Rector Cimiterium cum pertinenctiis una cum altalagium.* Vide *Cœmeterium* et *Sepultura*.

* *Chimentiere*, in Charta ann. 1450. ex Chartul. 23. Corb. Vide infra *Cœmeterium*.

* Cimiterii Opus, an Officium pro defunctis? Vide in *Opus* 6. Charta Joan. Trevir. archiep. ann. 1202. inter Probat. tom. 2. Annal. Præmonstr. col. 476 : *Synodum cum aliis parochianis observabunt, et opus Cimiterii, sicut ab antiquo consueverunt, peragere non omittant.*

¶ Cimiterium, Azylus circum Ecclesiam. Charta Stephani Episc. Redon. ex Archivo Majoris Monasterii : *Stephanus Dei patientia Redon. Ecclesiæ humilis minister. Circa Capellam S. Autberti, ad refugium tantum vivorum, non ad sepulturam mortuorum, quoddam Cimiterium benediximus, inconsultis Monachis Majoris Monasterii, in quorum parochia Capella sita est; ideoque prohibemus ne sepultura ibi absque voluntate monachorum fiat.*

¶ Cimiterium, Locus quidam seu vicus forte prope Ecclesiam constitutus. Charta anni 1249. in Tabulario Casæ Dei de Jure præpositali *veteris Cimeterii de Jays. Homines Cimeterii de Jay vendere vinum seu stagnum debere in dicto Cimiterio.*

¶ **CIMIFO**, γυναικῶν κοσμητής. Gloss. Lat. Gr. *Qui ornat mulieres.* Mendum est pro *Ciniflo*. Vide *Ciniferus*.

* **CIMON**, *Ciminum*, in Glossar. vet. ex Cod. reg. 7613. Vide *Ciminum*.

CIMONA, Equi morbus, *cum equus diu stetit infrigidatus in capite, in qua fluxus rheumatis fit per nares continue, velut aqua, etc.* apud Petrum de Crescentiis lib. 9. de Agricult. cap. 28. Ubi vetus Interpres Gallicus habet *Cimorra*, vertitque *morve*. Italis *Cimorro*, est quod *Gourme* dicimus.

* **CIMONAGIUM**, f. Summitatum arborum abscisio. Vide supra *Cimeyæ*. Charta Willel. archiep. Rem. ann. 1182. in Reg. 40. Chartoph. reg. ch. 113 : *Forefactum quoque de Cimonagio nobis per septem solidos et dimidium emendabitur.* Eadem occurrunt in Ch. confirmat. a Phil. Aug. ejusd. ann. ibid. ch. 112.

* **CIMOSSA**, Summitas, extremitas cujusvis rei; *Cimussa*, apud Laur. in Amalth. : *Margo panni, liciatia. Plica. Cimussator, plicator, Piegatore, Italis.* Stat. crimin. Riper. cap. 219. fol. 29. r° : *Quilibet persona vendens pannum lanæ, debeat mensurare cum passo justo et bullato, posito per medium panni duplicati, distenti super tabula vel disco, et non per Cimossam, sub pœna cuilibet contrafacienti librarum quinque parvorum.* Vide *Cima*.

CIMOSUS. Constitutiones Petri Episcopi Ruthenensis Legati Apost. in Cypro insula ann. 1312. cap. 32 : *Quod solennes fiant Ecclesiæ per Prælatos, ubi factæ non sunt... de opere bono et solido, tamen nullatenus Cimoso, etc.*

CIMUSSA, Cimussator. Gloss. Lat. Gr. : *Cimussa*, σιρά. Lego σιρούσα. Id est, *Cerussa*. Gloss. Gr. Lat. MS. : Ψιμύτιον, *hæc Cerussa*. ψιμυθιστής, *Cimusator*. Editum habet *Cimussa*, et *Cimussator*.

¶ **CINABRIUM**, Cinnabaris, Gall. *Cinabre*, Ital. *Cinabari*, *Cinabarino* et *Cinabro*. Chronicon Parmense ad ann. 1287 : *Et ob hoc fuit ordinatum, quod unus alius liber de novo fieret ad exemplar illius, qui erat ad sacristiam Majoris Ecclesiæ, et qui deberet rubricari de Cinabrio.* Vide *Cinnabar*.

¶ **CINADA**, pro *Civada*. Vide in hac voce.

¶ **CINÆDUS**, λευκομέτωπος, *Candidam habens frontem*. Supplem. Antiq. An Cinædus, perditus, impudens λευκομέτωπος dictus, quod nihil erubescat?

* **CINAMOMUM**, pro *Cinnamomum*, in Convent. Saonæ ann. 1526. nostris *Canelle*, alias *Cynamome*. Charta ann. 1422. in Chartul. sign. *Ezéchiel* Corb. fol. 180. r° : *Sera tenus* (Ricouart de Liekerke escuier bourgeois de Gand) *de rendre et paier chascun an à l'église ou à son command la somme de liv. livres de gros, vint livres de Cynamome, vint livres de gingembre de Mesche et une livre de safren.*

* **CINARA**, *Instrumentum musicum quod cietur, seu movetur ad sonandum*, apud Laur. in Amalth. ex Cath. Glossar. vet. ex Cod. reg. 7613 : *Cinari ut quidam putant, acitabula, quæ percussa in modulos concitantur.*

¶ **CINAVERDUNIA**. Vide *Cinewerdunia*.

* **CINBOLA**. Joan. de Cardalhaco serm. in Annunt. B. M : *Scitis enim quod felix Cinbola appellatur militum multitudo.*

¶ **CINBOLUM**, Campanula, tintinnabulum, quo Monachi vocantur ad refectorium, ab Occitano *Cimboul*, Crotalum, Gall. *Grélot*. Vetus Ceremoniale MSS. B. M. Deauratæ Tolosanæ : *Finitisque Vesperis ... tenditur ad prandium, et in introitu pulsatur Cinbolum, deinde insquilla in principio et in fine.* Et paulo post : *Dum videtur Priori, quod sit hora condessens* (*condecens*) *mittit aliquem de conventu ad pulsandum Cimbolum pro collatione facienda, pulsatoque Cinbolo... omnes tendunt ad refectorium.*

* **CINCELLUS**, pro *Syncellus*. Vide in hac voce. Liber cens. eccl. Rom. : *Quoniam iterum eumdem patriarcham* (Jerosolymitanum) *oportebat habere præter supradictos metropolitanos, familiares suffraganeos, quos Græci Cincellos vocant, etc.*

¶ **CINCENDELA**, Cincendula. Vide *Cicindela*.

¶ **CINCIARE**, Pipilare. Dicitur de pipatu seu garritudine passerum. Vide locum in *Braulare*.

¶ **CINCIDELE**. Vide *Cincindela*.

CINCIDES. Tudebodus lib. 1. Hist. Hierosol. pag. 778 : *Alii mittebant Cincidas in piscinam, et postea demittebant in os suum.*

¶ **CINCINERIUM**, Umbella, umbraculum, Gall. *Dais*, olim *Cincelier*. Inventarium Ecclesiæ Noviom. anni 1419 : *Item unum Cincinerium de tela trium colorum.*

Bible Historiaux apud Borellum : *Quand Judith vit Holofernes gesir en son lit, dessous un Cincelier, qui estoit de saphir, d'esmeraudes, etc. ouvrée d'or et de soye, etc.*

* Gall. *Rideau, tour de lit.* Le Roman de *Cleomades* MS :

Un esprevier ot par dessus,
Qui moult riches et biaulx estoit,
Qui trestout le lit pourprenoit,
Del Chincelier que je vous dy,
Selon ce que jou ay oy.

¶ **CINCINNIUM.** Dicta B. Ægidii Ord. Minorum, tom. 3. April. pag. 234 : *Redditur unicuique aurum pro auro, scarletum pro scarleto, Cincinnium pro Cincinnio.* An pilum pro pilo, inquit Editor? Fere crediderim idem esse quod *Cincinerium.*

CINCINNOSUS, *Cui capilli crispi dependent.* Papias.

¶ **CINCINNUS** Sanguinis dicitur de sanguine fluente, qui quasi cincinnos describit. Translatio S. Habundi Mart. inter Acta SS. Benedict. sec. 3. part. 1. pag. 520 : *Ecce subito illic dum quidam ejusdem Patris Diaconus in sindone munda Sancti ossa ulnis gestaret, videt repente aforis in eadem sindone Cincinnos Sanguinis pendere, ac si eadem hora sanctus ille Martyr gladio percussus fuisset.*

¶ **CINCTA**, Cingulum, zona, Gall. *Ceinture.* Fundatio Prioratus S. Petri de Salve ann. 1029. apud Marten. tom. 1. Anecd. col. 150 : *Crucem unam, casulas tres, stolas, manipulos, Cinctas viginti quatuor.* Acta B. Joagnoli, tom. 2. April. pag. 954 : *Quamdam pulchram bursam cum Cincta.* Rursum occurrit tom. 3. pag. 516.

* *Cince*, eadem notione, ut videtur, in Mirac. B. M. V. MSS. lib. 1 :

Cil li rejete une viés Cince.

¶ Cincta, Circuitus, ambitus, modus piscandi, quo circumeundo pisces *cinguntur* et capiuntur. Statuta Piscatorum Massil. MS : *Piscatores utentes ingenio sive arte vulgariter appellata de Posta, cum qua magni pisces, præcipue tuni Cinguntur sive accumulantur ... cum qua pisces tuni illa arte et via Cinctarum accumulantur et capiuntur in numero infinito ad utilitatem publicæ rei, qua utendo et piscando arte illa de Corre a loco de la Corona in mari citra opinatur occasionem dare piscibus tunorum fugiendi, et sic Cinctas illas et captionem piscium turbat.*

* **CINCTADA**, Septum, ager muris vel sepibus cinctus. Charta ann. 844. apud Meichelbec. tom. 2. Hist. Frinsing. pag. 322 : *Quidam vir nobilis tradidit quicquid habuit in loco nominato ad Lozespach, præter jugera decem et Cinctadam unam, et de pratis aliquantos sinus.* Hinc nostris *Chaingle* et *Chaintre.* Pactum inter Phil. V. reg. Franc. et episc. Tornac. ann. 1320. ex Cod. reg. 8448. 2. 2. fol. 90. v° : *Item en viviers et en Chaingles, sept bonniers pou plus, pou moins.* Quæ in vulgari Tornacensi scripta esse monet Charta ipsa. Ch. ann. 1405. in Reg. feud. comitat. Pictav. fol. 22. v°. ex Cam. Comput. Paris. : *Item ma Chaintre de pré, laquelle j'ai en ladite rivière, laquelle contient en soy demi journal ou environ.* Unde et *Cengle*, pro *Enceinte*, Ambitus, apud Froissart. vol. 1. cap. 112 : *Tant ourerent ses mineurs qu'ils vindrent sous le chastel si avant, que ils abbatirent une basse court ès Cengles du chastel.* Charta Guid. comit. Fland. pro Audomar. ann. 1282. in Reg. 61. Chartoph. reg. ch. 196 : *Tout chil (qui) ont leur ghylde et à ychele appartiennent et dedens le Chyngle de leur vile mainent, etc.* Vide infra *Circlaria.*

CINCTORIUM, Ζώνη, Cingulum, Gall. *Cincture.* Ugutio : *Cinctorium, quo cingimur.* Testamentum S. Cæsarii Arelat. : *Leoni Presbytero manutergium dari volo, Domino meo Cypriano Episcopo mantum, et Cinctorium meliorem dari volo.* Charta Hugonis Ducis Burgund. ann. 1077. pro Ecclesia Avalonensi tom. 6. Spicilegii Acheriani : *Amicti 10. aurei, Cinctoria 6. stolæ aureæ 8. etc.* Gervasius Tilleberiensis MS. de Otiis Imperial. part. 2 : *Vidi equidem cum nuper Romæ essem, allatam Cardinali Magistro Petro Capuano corrigiam de corio salamandræ amplam velut Cinctorium renum; et cum ex contretactione aliquas sordes contraxisset, in ignem ipsam vidimus ab omni inquinamento purgatam, et in nullo consumptam.* Adde Orderic. Vital. lib. 6 pag. 616. 622.

Cinctorium, Pugio. Gloss. Lat. Gr. : *Cinctorium*, παραζώνιον. *Parazonium* vero μικρὰν μάχαιραν Græci exponunt. Gloss. Isidori : *Cinctorium, gladius.* Perperam *tinctorium;* et ita legendum apud Melam censent plerique : *Mars omnium Deus, ei pro simulacris enses et cinctoria dedicant :* pro *tentoria.* Martialis lib. 14. Epigram. 32. de Perizonio :

Arma Tribunicium Cingere digna latus.

* Ejusdem originis videtur, *Cinche*, pro Clava, in Lit. remiss. ann. 1426. ex Reg. 173. Chartoph. reg. ch. 442 : *Un baston gros devant, nommé au pais Cinche en façon d'une massue.*

¶ Cinctorium Ceræ, Filum cera obductum, quo cingitur sepulcrum Sancti, cui cinctorium istud devovetur. Acta B. Bertrandi tom. 1. SS. Junii pag. 791 : *Posuit super sepulturam ejusdem Beatissimi unum Cinctorium Ceræ.* Ibid. pag. 794 : *Vovi cingere sepulturam ipsam cum uno Cinctorio de Cera.*

¶ 1. **CINCTUM**, f. Murorum ambitus, ut infra *Cintum.* Acta consecrationis Ecclesiæ Urgellensis ann. 819. Marcæ Hispan. col. 763 : *Deinde ipsas parrochias de Valle Lordensis, id est, ipsam Petram cum Argilers, vel Sischer, cum Linars et Monte Calvo, sive illa Curriz, vel Mesapol, atque Terrers, sive Taravil, et illo Cincto, vel Currezano, atque illam Tintillaginem, vel Oderam, seu ipsam Moram, vel illam silvam, atque Bisauram.*

* Vel territorium suis finibus definitum, idem quod *Cingulum* 2. Præcept. Caroli M. ann. 775. tom. 5. Collect. Histor. Franc. pag. 732 : *Similiter concedimus ad ipsam casam Dei in villabus eorum, seu super terraturiis eorum, vel Cinctus eorum infra aut adforis advenerint, et quicquid ibidem negotiatum fuerit, omne teloneum.* Charta ann. 849. tom. 8. ejusd. Collect. pag. 503 : *Et quicquid in villis seu super terris vel Cinctis eorum, vel in mercatum, qui super terram ipsius monasterii constitutus est, etc.* Occurrit rursum in Ch. ann. 859. ibid. pag. 560.

* 2. **CINCTUM**, Cingulum, Gall. *Ceinture*, alias *Chaint.* Acta B. Joan. Fir. tom. 2. Aug. pag. 463. col. 1 : *Nond. xv. annorum existens, voluit ad carn. ferreum Cinctum portare.* Lit. remiss. an. 1365. in Reg. 98. Chartoph. reg. ch. 73. *Ledit Loubet aians sadite badelaire et bo. clier à son Chaint, etc.* Vide *Cinctorium.*

¶ 1. **CINCTURA**, Cingulum, Gall. *Cei. ture.* Vide *Christiani de Cinctura.*

¶ Cinctura Reginæ. Vide *Zona R. ginæ.*

* 2. **CINCTURA**, Fascia, Gall. *Lisier.* Hispan. *Cinchuela.* Comput. fabr. S. Pet. Insul. MS. ann. 1475 : *Item pro Cincturis Gallice rubans doubles, et parvis clavis a. clavandum dictam telam super hostia, etc.* Unde *Ceint*, Fascia infantilis, vulgo *Lange* in Glossar. Gall. Lat. ex Cod. reg. 7684 *Ceint à enveloper enfant en bers, fascia.*

CINCTUS. *Cinctus judex*, a Princip. delegatus, cingulo donatus. Senator i. Psalm. 29 : *Cingulum significat quod a. judicis pertinet dignitatem : nam Cincta po. testas in ipso vocabulo noscitur constituta Sic enim Cinctum dicimus judicem, quand. ejus fasces honoresque declaramus, etc* Idem lib. 6. Variar. Epist. 2. in formula Patriciatus : *Hinc est quod et honor ipse Cinctus est, cum vacaret, nihil jurisdictionis habens, et judicantis Cingulum non deponens, etc.* Vide lib. 4. Epist. 4. Sidon. lib. 5. Epist. 7. etc. Anastasius in S. Silvestro PP. : *Hic constituit ut nullus Clericus... ante judicem Cinctum causam diceret, nisi in Ecclesia.* Ivo Carnotens. Epist. 241 : *Legibus autem non continetur, immo prohibetur ut Episcopus a judice sæculari ad causam Ecclesiasticam vocetur, vel Cincti judicis sententiæ subjiciatur.* Adde Epist. 247. Papianus ad lib. 1. Sentent. Pauli tit. 5 : *Qui apud Cinctos, aut privatos judices fuerit de calumniæ objectione convictus.* Ubi Cellotius ad Concil. Duziacense, perperam reponit *civicos.* Rabanus Maurus Poem. 4 :

Judex Præcinctus migrans tibi rite ministret.

Non modo vero cinctus judex privato opponitur, sed et Ecclesiastico.

* **CINCUGULATUS**, *Uno calciamento.* Glossar. Lat. Ital. MS.

¶ **CINCURRIS**, Ugutioni *dicitur porcus natus ex apro silvestri et domestica porca.* Vide *Maialis* et *Cicurris.*

¶ **CINDACUM**, f. pro *Cendatum*, Pannus sericus, apud Rymer. tom. 4. pag. 363 : *De pannis Tarsen, de serico, de Cindacis, de seta et aliis diversis mercibus, etc.* Vide *Cendalum.*

CINDADUS, Cindalum. Vide *Cendalum.*

CINDATOR, Incantator, Magus. Vetus Gloss. *Cindator*, γόης. Quid si legamus *Cinerator*, ut ejusmodi malefici intelligantur, qui *sortilegia sua faciunt in cinere*, ut est in Decretis S. Stephani Regis Hungar. lib. 2. cap. 31. Vide Notas nostras ad Cinnamum pag. 480. 481.

¶ **CINDATUS.** Vide *Cendatus.*

* **CINDERE**, pro Scindere. Pactum inter Joan. dalph. et Petr. Barralis ann. 1315 *Quod ipsi....... possint...... Cindere in nemoribus, trabes, postes, etc.* Sic et

CINDRA. Leges Forestarum Scoticar. cap. 7 : *Iste est modus pannagii, videlicet de qualibet Cindra, id est, de 10. porcis*

Rex habebit meliorem porcum, et forestarius unum hogastrum.

* **CINDULA**, pro *Scindula.* Vide in hac voce. Charta offic. Autiss. ann. 1338. in Reg. 72. Chartoph. reg. ch. 40 : *Johannes Droyni de Estanno habebat quandam quantitatem Cindulæ sive assonæ, de qua...... in usus suos convertit quatuor millearia.*

¶ **CINEFACTIO**, Versio in cinerem. Acta SS. Junii tom. 3. pag. 172. de S. Bennone : *Secum in sepulcro inventa sunt absque omni Cinefactione.* Hac notione vocem *Cinefactus* usurpavit Lucretius 3. 920 :

At nos horrifico Cinefactum te prope busto
Insatiabiliter deflebimus, etc.

CINEGILD. Vide *Cenegild.*

¶ **CINEOLUS**, Pullus cigni. Vide locum in *Errarius.*

¶ **CINER**, κόνις, *Cinis.* Supplem. Antiquarii.

CINERAGIUM, apud Guid. Papæ Consil. 91 : quibusdam est jus comburendi herbas in silva, et ex iis conficiendi cineres. In Arestis ann. 1285. in Reg. *Olim* fol. 27. *Bresia et Cineres* recensentur inter usagia forestæ de Leonibus in Normannia : sed legendum *Civeragium* docemus in hac voce.

* **CINERARII**, Christiani vocati, quod cineres sanctorum et reliquias servarent et colerent. Locus est in *Cinericii.*

CINERARIUM, Sepulcrum, conditorium in quo cineres mortuorum conduntur, in veteribus Inscript. apud Gruterum 418. 12. 663. 3. 850. 10. Hinc *Cinerarii fines, et sepulturii*, apud Gromaticos pag. 304. [** Locus in sepulcro, vel urna in qua cineres reconduntur. Vide Forcellinum. Donatio in cippo marmoreo ann. U. 927. ap. Spangenb. in Tabul. Negot. num. 22 : *Ollaria num. 4. Cineraria 53. intrantibus parte laeva, quæ sunt in monumento T. Flavii Artemidori.*]

1. **CINERARIUS**, Qui pulvere unguentario capillos conspergit. Ugutio : *Cavillo, qui calamistrum calefacit, scilicet ferrum quo capilli crispantur, hic vulgo Cinerarius dicitur.* Vox Varroni, Catoni, et aliis nota. Gloss. Lat. Græc. : *Cinerarius*, δοῦλος ἑταίρας. Concilium Eliberitanum can. 67 : *Prohibendum ne qua fidelis, vel catechumena, aut comatos, aut viros Cinerarios habeant : quæcunque hoc fecerint, a communione arceantur.*

2. **CINERARIUS**, Qui ex herbis desiccatis in nemore cineres conficit, *Cendrier*, in Statuto Francisci I. Regis Franc. ann. 1518. pro Forestis art. 9. Charta ann. 1103. ex Tabulario S. Arnulphi Crispiacensis : *Stephanus Comes volens ire Hierusalem,.... de iis quæ usurpaverat, satisfecit : usurpaverat namque griariam, et circam, exartos, et Cinerarios, et molendinum, etc.* [Chartul. SS. Trinit. Cadom. fol. 41 : *Hæc destructio (nemorum) facta est per carbonarios et per Cinerarios et per venditiones.*] Charta Alienoræ Comitissæ S. Quintini ann. 1193. in M. Pastorali Eccles. Parisiensis lib. 3 Ch. 1 : *In prædicto nemore habeo Cinerarium, pedicarium, archiarium, exartatorem, etc.* Occurrit etiam ibidem infra. Inquisitio de Foresta Aquilinæ in Regesto Philippi Aug. Herouvalliano fol. 118 : *Cendrerius habet vivum nemus ad faciendum suum recoctum, unum scutellarium se altero ad suum usuarium.* Porro cineres confici in forestis Regiis absque licentia vetant passim Regum Statuta de Forestis, ann. 1518. art. 9. ann. 1547. 1566. 1605. etc. apud Claudium *Rousseau* in Collectione Statutorum pro Forestis.

CINERASTIUM ARGENTUM. Vetus Charta Longobardica apud Ughellum tom. 5. Italiæ sacræ pag. 1504 : *Quia susceptum completum apud me habeo pretium a vos jam nominata Domna Maria Comitissa emptrice juxta lege vestra Romanorum, hoc est, argentum bonum Cinerastium spectatum libras undecim, ut inter nos statutum fuit, etc. Acendrado* Hispani dicunt. Vide Covarruviam de Veterum numismatum collat. cap. 2. n. 6.

¶ **CINERATUS**, Ambustus, redactus in cinerem. Epistola Guiberti Abb. Gemblac. ad Gertrudem virginem apud Marten. tom. 1. Ampliss. Collect. col. 931 : *Animalia quoque et altilia domestica, aut Cinerata, aut ab hostibus abducta.* Supra in v. *Cacabatus, Cineratus* accipitur pro denigratus.

¶ **CINERESCERE**, Cinerem fieri, in cinerem redigi. Tertull. Apolog. cap. 40. de pomis Sodomiticæ regionis : *Si qua illic arborum, poma conantur oculis tenus, cæterum contacta Cinerescunt.* Vetera monumenta S. Victoris apud Marten. tom. 6. Ampliss. Collect. col. 222 :

Ne mireris homo, quod Adam sub humo Cinerescat,
Cui cognomen humus materiamque dedit.

CINERICII, Vocati Christiani a quodam Elindio, quod cineres Sanctorum et reliquias servarent et colerent. Vide Durandum lib. 1. Ration. cap. 3. num. 26. At S. Hieronym. Epist. 53. ad Vigilantium *Cinerarios* dictos scribit : *Os fœtidum rursum aperire et putorem spurcissimum contra sanctorum Martyrum proferre reliquias, et nos qui eas suscipimus, appellare Cinerarios et idololatras, qui mortuorum hominum ossa veneremur. Ita Cineres Joannis Baptistæ adorare* dixit idem Hieronym. Epist. 17. [** Nestorius. ap. Marium Mercator. pag. 76. ed. Baluz. : *Taceo de Johanne, cujus nunc Cineres adorando veneraris invitus.*] Vide *Concineratio.*

CINEWERDUNIA. Lex Ripuar. tit. 33. § 2 : *Sic ei placitum super 14. seu super 40. vel 80. noctes detur et Cinewerduniam suam in præsentia testium recipiat.* Occurrit rursum tit. 72. § 3. 6. 7. Editio Heroldi habet *Cina*, et *Cinewerduniam.* Ubi Lindenbrog. Glossar. Lat. Anglo-Saxon. : *Quaternio, Cinewerdunia*, German. *Werdung*, [quod *pretium* reddit Eccardus : qui etiam putat *cine* idem esse ac Belgicum *ziin*, Saxonicum *sin* suus ; ut ita *Cinewerdunia* sit Rei pretium ; Schilterus vero credit, *Cin, Chin, Kin, Ken, Gen*, idem esse quod *Gegen, Kegen*, Mutuo, reciproce, ex adverso : *Werdunia, Werdung*, i. e. *Wærung*, Cautio ; est itaque, inquit, aliquis obligatus vel legis beneficio et ipso jure, vel ex *Cine-werdunia*, i. pacto. Germani *Gergewær* dicunt cautionem de reconventione. Pro *Cinewerdunia* Tilius legit *Cive-verdunia.*]

¶ **CINGA**, Modus agri. Charta Vigilii Episc. Autissiod. circa annum 670 apud Mabill. tom. 1. Annal. Benedict. pag. 694. col. 2 : *Simili modo Basilicæ terram quæ conjacet in villa, quæ vocatur Flivenasam Cingas* III. Vide *Andecinga.*

* **CINGARUS**, CINGERUS, ZINGARUS, Vox varie iterum scripta ; qua designantur errones illi, quos *Bohemiens* appellamus, chiromanticis magicisque artibus, furtis et latrociniis illustres, qui se Ægyptios mentiuntur. De iis videndi Franc. Fernand. Cordub. Didascal. cap. 50. al. Frisch. ad calcem syllog. dissertat. part. alter. Tollius insign. Itiner. Ital. in nota ad Euchym. Zygab. pag. 107. Jacob. Thom. dissert. de Cinger. Polyd. Virg. de Invent. Rer. cap. 7. Voetius tom. 2. Disput. de Gentil. etc. Vide *Ægyptiaci.*

CINGELLUS, Apex, summitas montis, *Cabeça de monte.* Charta Sancii Regis Aragonum, apud Martinezium in Hist. Pinnatensi lib. 3. cap. 23 : *Et ascendimus in illo Cingello ante S. Martinum, super illa fonte unde apparet Izarbe villa, et exterminavimus illum terminum de illa Ecclesia sancti Victoriani de Isus, quomodo aqua vertit, etc.*

¶ **CINGERE**, Obligare. Epistola Magistri Ordinis Prædicat. ann. 1292. apud Marten. tom. 4. Anecd. col. 1851 : *Ad quod ministerium (prædicationis) exequendum tanto districtius Cingimur, quanto ad hoc solum ex titulo nominis, sed ex prædicationis officio, pro salute hominum noscimur instituti.*

* **CINGIA**, Ambitus, circuitus, Gall. *Enceinte.* Charta ann. 1215. ex Chartul. Livriac. : *Quæ Cingia (nemoris) est inter viam manus firmæ et viam tendentem Parisiis.*

CINGILLUS, Στρόφιον, ζώνιον, in Gloss. Lat. Græc. Zonula, Strophium. Hinc CINGILIO, vel CINGILLIO, apud Pollionem in Claudio uti recte restituunt viri docti, pro *Singilio.*

* **CINGLA**, Equi cingulum, Ital. *Cinghia*, Hispan. *Cincha*, Gall. *Cengle.* Stat. datiar Riper. cap. 12, fol. 4. r°. : *De qualibet soma pensium viginti Cinglarum, sogarum, cavestrorum,..... soldi quinque.*

1. **CINGULA**, Equi cingulum, quo illius pectus cingitur, Gallis, *Cengle.* Glossæ Lat. Græc. : *Cingula*, ὑποζώνη. Ebrardus Betuniensis :

Cingula sunt hominum, Cingula stringit equum.

Rigordus ann. 1188 : *Aqua torrentis miraculose tantum excrevit, quod attigit usque ad Cingulas equorum.* [Ovidius ipse de Remedio amoris :

Aspicis ut pressos urant juga prima juvencos,
Ut nova velocem Cingula lædat equum.

Hinc Isid. lib. 30. Orig. cap. 16 : *Cingula hominum generis neutri est ; nam animalium genere fœminino dicimus, has Cingulas.*]

* 2. **CINGULA**, Cingulum, quo clava campanæ suspenditur. Comput. MS. fabr. S. Petri Insul. ann. 1473 : *Item pro una grossa Cingula, Ga lice Berliere, pro batello majoris campanæ, xviij. sol.*

1. **CINGULUM**, Dignitas, Magistratus, honor. Suidas : Ζώνη, τὸ ἀξίωμα. Fortunatus lib. 7. Poem. 7 :

Ad te confugiunt, te Cingula celsa requirunt.

Et Poem. 16 :

Auxit et obsequiis Cingula digna tuis.

Synodus Remensis apud Baldricum Cameracens. lib. 1. cap. 14. et Flodoardum lib. 2. cap. 5. § 18 : *Si quis in quolibet gradu vel Cingulo constitutus, aut potestate suffultus, etc.* [Atto Vercell. Episc. Epistola ad Azonem Præsulem apud Acherium tom. 8. Spicil. 115 : *Si qui nefarium atque damnatum matrimonium* (in gradibus prohibitis) *contraxerint, et ex priori matrimonio liberos non habuerint, statis suis facultatibus careant, et dos fisci juribus vendicetur. Post publicationem autem et Cinguli sui patiatur amissionem, etiam exilio puniatur.*] *Cingulum præfecturæ*, apud Gregor. Magnum lib. 8. Epist. 37. *Cingulum dignitatis*, in leg. 1. Cod. Theod. de Conductor. dom. aug. (10, 26.) et leg. 11. de Numerar. (8, 1.) Vide Edictum Theoderici cap. 73. et in Epilogo, Novel. Theodosii et Valentiniani de Metatis, Capitula Caroli Magni lib. 5. cap. 228. [** 381. De monachis laicis factis.] lib. 6. cap. 71. 99. [** 100.] etc. præterea Jacobum Gotofred. ad leg. 3. Cod. Theod. de Postul.

CINGULUM MILITARE, MILITIÆ, non semel in Cod. Theod. et Justin. et alibi non semel.

CINGULO MILITARI DECORARE, Militem creare. Charta Philippi Magni Regis Franc. ann. 1313. pro Petro *Du Chemin* illius valetto : *Quem hac instanti die Dominica ordinavimus, disponente Deo Militari Cingulo decorare.* [Epistola Friderici II. Imp. ad Regem Franciæ de Comite Provinciæ apud Martenium tom. 2. Ampliss. Collect. col. 1143 : *Et benigne in omnibus tanquam filium pertractantes, Cingulo decoravimus Militari, de omni honore ac terra sua investientes ipsum per vexilla.*] Le Roman *de Jordain* MS. :

Se mes chers peres nous Ceinsist or le branc,
Et la colée vous donnast m iintenant.

L'Ordene *de Chevalerie* MS. :

Aprez en son estant le liéve,
Si le vous chaint d'une Chainture
Blanche et de petite faiture.
Sire, par chette Chainture,
Est entendu que vo car nete,
Vo rains, vo cors entierement
Devez tenir tout fermement,
Ainsi com en virginité.
Vos cors tenir en neteté,
Luxure despirer et blasmer,
Car Chevaliers doit mout amer
Son cors à nettement tenir,
Car Diex het mout itel ordure.
Li Roy respont : bien est droiture.

** CINGULUM SUMERE, Militem creari. Conrad. de Fabaria de Casib. S. Galli ap. Pertz. tom. 2. pag. 170 : *Adolescens quidam nobilis .... Cingulum volens sumere militare in ipsa nocte .... in crastino cum vellet cingere, mortuus in lecto reperitur.*

CINGULUM MILITARE AUFERRE, a Militia degradare. Sugerius in Ludovico VI. cap. 21. de Thoma de Marla : *Cono Prænestinus Episcopus.... anathemate scilicet generali detruncans, Cingulum Militarem ei licet absenti decingit, ab omni honore tanquam sceleratum et infamatum, Christiani nominis inimicum, omnium judicio deponit.*

CINGULUM REGALE. Vita S. Bathildis Reginæ, de eadem : *Sed et ipsum regale, quo cingebatur, Cingulum a sacris lumbis abstulit, fratribusque in eleemosynam dedit.* Fortunatus lib. 8. Poem. 4 :

Pulcra topaziacis oneratur Zona lapillis.

CINGULUM, inter vestes Ecclesiasticas vulgo recensetur. Stephanus Eduensis Episc. lib. de Sacrament. altar. cap. 10 : *Cingulum quo alba constringendo renibus coaptatur, etc.* Vide Menardum ad librum Sacramentorum Gregorii pag. 260.

CINGULUM INSCRIPTIONIS accipere jubentur accusatores, quo se ad pœnam obligent per calumniam, non probantes quam exposcunt accusatis aut delatis infligi, in Constitut. Sicul. lib. 2. tit. 14. ubi alii *vinculum* legunt.

** CINGULUM ET CULTELLUM MITTERE. Chart. sec. XIII. apud Lappenb. in Init. Hanseat. Probat. pag. 120 : *Item si aliquis burgensis captus fuerit nullis bonis debet redimi, sed mittetur ei Cingulus suus et cultellus.* Similia in Statutis Templariorum. Conf. Grimmium Antiq. Juris pag. 157.

CINGULA DARE HOSTI, Obsidere, obsidione cingere. Will. Brito lib. 7. Philipp. :

Talia magnanimus hosti dare cingula novit.

¶ CINGULUM LAPIDUM, Corona muri, ut conjecto, Gall. *Cordon.* Chronicon Parmense ad ann. 1291 : *Elevata est turris sanctæ Mariæ majoris Ecclesiæ a Cingulis lapidum sine archetis in sursum per multa brachia : et factus est ibi quartus circulus, et sunt ibi quinque clavi de lignamine roboris.*

2. **CINGULUM**, Regio suis finibus definita, vel terminus, limes. *Cingulum Florentinum*, apud Frontinum de Coloniis, pro agro, regione : *Variæ autem regiones non habent æquales centurias vel mensuras. In Cingulo Florentino, in centuriis singulis sunt pedes 40.* Notitia ann. 1239. in Tabulario S. Bertini : *Extra Cingulum meræ* (Paludis) *quod vulgo dicitur Bord.* Vita S. Romani Abbat. Jurensis n. 9 : *Nam et propter locum ipsum in rupe valde edita, quæ superjacet naturali saxo, prominente quoque Cingulo, quod cavernas spatiosissimas intus addebat de affectu parentali instituentes virginum Matrem, centum quinque illis religionis gubernaculo rexisse Monachas tradunt. Locus ipse, ut præcisa inaccessibili desuper rupe, ac sub Cingulo prolixius naturaliter perexcisa, nullum ulterius Cinguli præstabat egressum, etc.* Et num. 19 : *Germanam quoque suam, quam in Cingulo illo, vel Balma, Gallico, ut reor, sermone vocatam* (leg. vocato) *Monasterio præfecerat puellari, etc.* Vide Ignotum Casinensem cap. 12. Infra, *Circulus.*

¶ 3. **CINGULUM.** Charta Albert Ducis Austriæ pro cœnobio S. Crucis ann. 1286. apud Ludewig. tom. 4. Reliq. MSS. pag. 266 : *Item si fur aut malefactor alius morti obnoxius in bonis ipsorum deprehensus fuerit et detentus, per Officialem eorum assignandus sit Cingulo tenus judici competenti.* Ibidem pag. 288. in Diplomate Friderici Pulcri Ducis Austriæ, confirmantis Litteras Leopoldi fundatoris Gyriensis in Styria ann. 1312 : *Si vero aliquis liber vel servus Claustri de furto vel de quocumque alio maleficio fuerit accusatus, causa coram Officialibus Claustri ventiletur, et si convictus legitime fuerit, res convicti omnino Claustro permaneant; sed ipse si mortem promeruit corporalem vel membri mutilationem, ut Cingulum comprehendit, judicio nostro in Tuer judicetur.* Obscura mihi est in locis *Cinguli* notio. An posset intelligi judicium, in quo de gravioribus dilectis agitur, quibus pœna mortis vel mutilationis solet infligi, et in quo sententiam ferre possunt s Judices a Duce instituti, exclusis iis qui Monachis pro levioribus delictis institu bantur? Si vera est divinatio, unde jud cium hujusmodi dicitur *Cingulum?* For quia illud habebat non quilibet jud privatus, aut ecclesiasticus; sed is tantu qui a Principe delegatus erat cinguloq donatus. Vide *Cinctus.*

* Eadem aut parum diversa notion atque *Cingulum* 2. Districtus quippe se ambitus, intra quem judex regius juri dictionem exercere potest, significatu Charta Ottachari reg. Bohem. ann. 126 apud Pez. tom. 6. Anecd. part. 2. pa 108. col. 2 : *Et si coram advocato* (eccle siæ) *convictus fuerit, secundum quod Cingu præcinctus fuerit, provinciali judici ass gnetur.* Alia Rudolphi Rom. reg. ann. 127 ibid. pag. 132. col. 1 : *Quorum excessuu rei, si forsitan in bonis prædictarum sororu fuerint deprehensi, sicut eos Cingulus com prehendit, nostris judicibus assignentur.*

CINGULUS. Glossæ MSS. ad Alexandrun Iatrosoph. : *Erpes, Cingulus, id est, impe tigo.*

¶ **CINIAS**, ἐπισκύνιον, *Supercilium.* Sup plement. Antiquarii.

¶ **CINICUS**, Canum custos, cui canum cura commissa est, a Græco Κυνικός, cani nus. Acta S. Romani MSS. : *Inter agendun copula detrahitur canibus, et a Cinicis in sanctum virum incitantur protinus.*

CINIFERUS, CINIFLO. Joan. de Janua : *Ciniflo dicitur ille qui cum folliculo igni flammam excitat, vel qui calamistrum calefacit, scilicet ferrum quo capilli crispantur. Hic vulgo Ciniferus dicitur, et componitur a cinis, et flo, as.* Gloss. Lat. Gr. : *Ciniflones, ornatrices.* Sic leg. in Gloss. Græc. Lat. : Γυναικῶν κοσμητής, *Ciniflo.* Male Edit. *Cimnifo.* Occurrit in Notis Tironis pag. 199. et apud Horatium, Joan. Sarisberiens in Policrat. lib. 3. cap. 12. etc.

¶ **CINIFES**, vel CINIPHES, *Muscæ mi nutissimæ sunt, sed aculeis permolestæ quibus tertia plaga superbus populus Ægy ptiorum cæsus est.* Isid. lib. 12. cap. 8. De hac plaga Exod. 8. 16. et 17. et Ps. 105 31 Severus Sulpit. in Historia de Pharaon et plagis ejus habet : *Donec superducti Ciniphibus terra oppleta est, Chaldæis fa tentibus majestate divina ista fieri.* LXX. In terpretes appellant σκνίπας. Vide *Scinifes.*

* Vide Martin. Lexic. voce *Cynips* infra *Zinzala.*

¶ **CINIFII**, *Majores hirci dicuntur a flu vio Cinefe in Lybia ubi grandes nascuntu* Isid. lib. 12. Orig. cap. 1. Hinc emenda dum vetus Gloss. Sagerman. ubi perpera *Cinnbii.*

* **CINIFLO**, *Souflet*, in Glossar. La Gall. ex Cod. reg. 7692. Vide *Ciniferus* infra *Conisto.*

* **CINIGIUM**, f. Exemplar, Gall. *Mode* Acta Conc. Constant. tom. 4. part. pag. 282 : *Deinde de mandato Concilii do Johannes archiepiscopus Rigensis bullæ Papæ* (in MSS. Lips. *sive Cinigium*) *bull portavit.*

* **CINILE**, Ovile, vel locus alendis ovi idoneus, aut Septum ex cratibus, in q oves per noctem includuntur. Lit. rem ann. 1353. in Reg. 81. Chartoph. reg.

Ad Cinile de Vigne.... in baillivia Senonensi convenientes, duos mutones in dicto Cinili furtive de nocte ceperunt. Cinil, Leguminis species, in Charta ann. 1416. ex Reg. feud. comitat. Pictav. in Cam. Comput. Paris. fol. 325. v°. : *Cinilz, paniz, naveaux, et autres choses desmables.*

1. **CINIS.** *Cineres qui in Capite jejunii fratrum, olim pœnitentium, hodie fidelium omnium capitibus imponuntur, ex industria fiunt de cremiis sarmentorum, qui etiam studiose mundantur et cribrantur, et benedicti conservantur ab Infirmario, ut morientibus fratribus cum cilicio substernantur.* Ita Bernardus Mon. in Consuetud. Cluniac. MSS. cap. 64. Vide *Caput jejunii.*

☞ Quatuor anni temporibus in Monasterio S. Martialis Lemovic. benedicebantur cineres atque eodem ritu, quo initio Quadragesimæ, imponebantur; qui mos etiamnum viget. Eumdem a Canonicis S. Stephani observatum fuisse constat ex ejusdem Ecclesiæ codicibus MSS. Hæ sunt autem benedictiones Ascetis S. Martialis usitatæ, sicuti eas refert Stephanotius noster tom. 2. Fragm. Hist. MSS : *Omnipotens Deus sua vos clementia benedicat, et Spiritum vobis sapientiæ salutaris infundat. Amen. Catholicæ fidei documentis nutriat, et in bonis operibus perseverantes reddat : gressus vestros ad vitam dirigat, viamque vobis pacis et charitatis ostendat. Amen. Benedicat vos Dominus, et custodiat vos, et misereatur vestri; convertat vultum suum super vos, et det vobis pacem. Amen. Quod ipse præstare dignetur, qui vos de limo terræ formavit, et pretioso sanguine redemit, cujus potestas permanet in sæcula sæculorum. Amen. Hic fiat + Benedictio Dei omnipotentis Patris et Filii et Spiritus S. descendat super vos, et maneat semper. Amen. Sancte Martialis intercede pro nobis nunc et in hora mortis nostræ. Amen.*

* 2. **CINIS.** Jus Cinerum, Præstatio, quæ pro facultate conficiendi cineres in nemoribus, domino exsolvitur. Charta Ludov. abb. Buciliens. ann. 1170. inter Probat. tom. 1. Annal. Præmonstr. col. 338 : *Detinemus totam decimam, terragium, census pratorum, sylvagia, apes et jus Cinerum.* Vide *Cinerarius* 2.

¶ Cineres Clavati, Qui ex fece vini siccata et combusta conficiuntur, Gall. *Cendres de Gravelée :* quos alii vocant *Cineres Clavellatos.* Litteræ ann. 1332. tom. 2. Ordinat. Reg. Franc. pag. 90 : *Inhibitum fuerat, quod... grana, gauda, gayda, garanciæ tinctæ, necnon pastellum, cardones domestici sive franchi, Clavati Cineres, atque ligna, et cætera omnia et singula, quæ ad paraturam, tincturam ... pannorum ... necessaria sunt, etc.* [* Gall. *Cendres gravelées.* Vide Diction. Commerc. v. *Gravelée.*]

** Cineres in foco dividere, in hereditatis divisione. Chron. Mindens. ap. Leibnit. Script. tom. 2. pag. 201 : *Tunc prædictus Albrand recipit de gerade ex parte filiæ suæ, et denudavit sibi totam domum in tantum, quod dividebat Cineres secum in foco.*

* **CINISTUS**, *Calix, Enap, Prov. quod uno spiritu bibitur.* Glossar. Provinc. Lat. ex Cod. reg. 7657.

CINNABAR, Cinnabaris. Papias : *Cinnabrium, pulvis rubri coloris, quidam hoc dicunt esse minium.* Isidorus lib. 19. Orig. cap. 23 : *Nonnullæ etiam gentes non solum in vestibus, sed et in corpore aliqua sibi propria, quasi insignia vendicant : ut videmus cirros Germanorum, granos et Cinnabar Gothorum.* Ubi *Cinnabar*, idem videtur quod Græcis κιννάβαρι, neutro genere, ita ut id vocabuli referatur ad colorem vestium Gothicarum, quæ rubricatæ erant, vel quod faciem cinnabari ac rubrica inficerent. Est autem *Cinnabaris*, succus arboris, ut diserte habet Arrianus in Periplo maris Erithræi, tametsi secus alii sentiant. [Haud ignota fuit Latinis species hujus minii; sic enim Plinius 33. 7 : *Cinnabari veteres pingebant.* Et infra : *Cinnabaris adulteratur sanguine caprino.*] Vide Gorræum in Definit. medic. et Leonardum Fuchsium lib. 1. Paradox. medic. cap. 30. [** Longe aliter de hac voce in loco Isidori sentiendum censent eruditi. Est enim voc *Cinnabar* hic a Gothico *Kinnus*, Germ. *Kinn*, ac *bar*, quæ secundum Loccenium, Wachterum et Spegelium hic denotat Nudus, ita ut *Cinnabar* sit Imberbis. At quum Gothi ubique tanquam immodicis horripilantes barbis describuntur, Ihrius censet vocem *Bar* hic æquivalere Latinorum Barbæ, Germ. *Bart* et *Cinnabar* esse Genarum barbam. Vide ejusd. Glossar Suio-Gothic. voce *Grau* et *Kind.* Adel. An *kinnabac? Grana* etiam designat barbam. Vide Grimm. Grammat. Germ. tom. 3. pag. 401. et 409.]

Per Cinnabarim subscribere, solebant Imperat. Constantinop. id est, rubris literis. Gregorius II. PP. in Epist. ad Leonem Isaurum Imper. : *Cum literæ tuæ et non alienæ sigiliis Imperatoris obsignatæ essent, ac accuratæ intus subscriptiones per Cinnabarim propria manu tua, ut mos est Imperatoribus subscribere.* Exstat Epigramma Joannis Euchaitarum Episc. Εἰς τὴν διὰ κινναβάρεως χειραγὴν τῶν σχεδῶν :

Ἡ Δεσπότου χεὶρ τοῦ σοφοῦ Μονομάχου
Ἀληθινὸν νοῦν ἐντίθησι τοῖς νέοις,
Ἄνθει καταχρώζουσα πορφυροχρόῳ,
Βασιλικῆς γνωρίσμα λαμπρὸν ἀξίας.

Vide Annam Comnenam pag. 80. et Notas ad eamdem pag. 253. Observant præterea Camillus Peregrinus in Hist. Benevent. tom. 1. pag. 232. et Michael Monachus in Sanctuario Capuano pag. 649. Principes et Archiepiscopos Capuanos rubrica pariter sua diplomata subscripsisse. [Vide Gloss. mediæ Græcit.] [** et Montf. Palæogr. Gr. pag. 3. 4. sqq.]

¶ **CINNARI**, *ut quidam putant, acitabula quæ percussa in modulo concitantur.* Sic Gloss. MS. San-German. num. 501.

* Vide supra *Cinara.*

¶ **CINNES**, *Cinni.* Gloss. Isid. f. legendum *Crines*; Cinni enim sunt intorti crines.

¶ **CINNITUS.** Vide *Cenitus.*

1. **CINNUS**, *Torti oris*, in Gloss. Arabico-Lat.

2. **CINNUS**, Cygnus. Fridericus II. Imp. lib. 1. de Venat. cap. 2. de Pelicanis : *Hæ sunt aves magnæ ad modum Cinnorum albæ, longum et latum habentes rostrum, sub quo habent pellicu'am, quam aperiunt et claudunt piscando ad modum sagenæ.* Sed quod *Pelicanum* Fridericus, *Onocrotalum* vocat Bellonus. Adde cap. 4. 9. 23. etc.

CINOCICLOCUTORIUM, in Glossar. Lat. Gall. MS. ex Bibl. Thuana, *Estloi à ré de moulin.* Vide

* **CINOCICLOTORIUM**, *Esclotoucre*, in Glossar. Lat. Gall. ex Cod. reg. 7692. Aliud ex Cod. 7679 : *Cinoglotitorium, vel anociclotitorium, Gallice Esclotoure vel escluse.* Hinc facile emendatur *Cinociclocutorium.* Vide infra *Exclotoria.*

* **CINOVAGIUM**, Capitis census, idem quod *Chevagium.* Vide in *Capitale* 5. Charta Matthæi abb. Fusniac. ann. 1222 : *Recognovit se longo tempore injuste inquietasse ecclesiam nostram de advocatia de Laudousies et de Flehegnies, quam pater suus Ingelrannus eidem ecclesiæ in elemosinam concesserat et Cinovagiis et passagiis per totam terram suam ab omnibus rebus propriis nostræ ecclesiæ, quæ idem Ingelrannus et Thomas pater suus jure perpetuo eidem ecclesiæ in elemosinam possidenda contulerant. Tandem super his penitus prædictas advocatias et Cinovagia et passagia et omnes querelas.... in perpetuum quita clamavit.* Cujus chartæ titulus sic concipitur : *De la quitance des avoeries et des Chevanges de Laudousies et de Flehignies.*

¶ **CINQUANTINA**, vox Italica, Quinquagena, Gall. *Cinquantaine*, Hisp. *Cincuentena.* Miracula D. Simonis Eremit. August. : *Rainerus filius... de Cinquentena S. Marci*, quod videtur dictum a numero familiarum unam quasi tribum constituentium. *Cinquantina militum*, pro Turma 50. militum in Chronico Parmensi ad annum 1247.

* Urbis regio in quinquaginta partes divisa. Stat. Mutin. rubr. 14. pag 2. v°. : *Statutum est quod per homines Cinquantinarum cujuslibet portæ debeant stratæ et porticus bannitorum communis a fundamento muri, in quo erant hostia domus, per totum porticum et stratam adæquari.* Ibid. rubr. 41. pag. 7. v°. : *Quælibet Cinquantina debeat facere et reficere suam partem palancati in sua porta et in sua Cinquantina tantum.* *Cinquantenier*, in Lit. ann. 1368. tom. 5. Ordinat. reg. Franc. pag. 686. qui *Cinquantinæ* præfectus est. Vide supra *Centenarium* 4.

¶ **CINQUENIUM**, Cinquenum, Quinta pars, Gall. *Quint, le Cinquième.* Donatio Reg. Ludov. Comitis Provinciæ ann. 1349. ex Schedis Præsidis *de Mazaugues : Item et servitia, quartones et Cinquenia racemorum, quæ dicta curia percipit et percipere est consueta in civitate et terr'torio Sistarici.* Donatio ann. 1317. Hist. Dalphin. tom. 2. pag. 166. col. 1 : *Cum suis territoriis, districtibus, juribus ... terragiis, quartonibus, Cinquenis, seysinis, vintenis, etc.* Vide *Quintum.*

* **CINQUINA**, vox Italica, Exactio ad quinariam partem. Stat. ant. Florent. lib. 5. cap. 95. ex Cod. reg. 4621 : *Non possint (magnates) esse vel intervenire in aliquo officio vel in aliqua universitate ad ponendum denarios.... Cinquinarum.... vel similium. Etre en Chinquaus*, de qualibet re quinario numero disposita, dixerunt nostri. Lit. remiss. ann. 1458. in Reg. 187. Char-

toph. reg. ch. 317 : *Une piece de terre où il avoit encores plusieurs gerbes d'avoine en Chinquaus.*

¶ **CINTA**, Vox Italis et Hispanis nota, Cingulum, zona, Gall. *Ceinture.* Miracula S. Zitæ tom. 3. April. pag. 516 : *Fuit attracta de ambobus cruribus et pedibus et tota persona a Cinta;* id est, ab ea corporis parte, quæ cingi solet, quæque etiam dicitur Gallice *Ceinture.* Acta B. Tarasiæ tom. 3. Junii pag. 477 : *Habeat et meas Cintas, scarlatas, et p nas varias arançanes.* Acta S. Franciscæ Romanæ tom. 2. Martii pag. 164 : *Habebant super earum capita singulas Cintas igne accensas;* i. e. circulos. Vocem *Cintam* etiam accipiunt Itali pro Murorum ambitu, quem Galli *Enceinte* appellant. Rolandinus Patavinus de Factis in Marchia Tarvisina lib. 5. cap. 18 : *Erectis etiam trabucchis quampluribus, frangebant die noctuque castrum et castri palatium quasi destruxerunt ex toto. Villam etiam et Cintam castri die* XV. *exeunte Junio combusserunt.* Et lib. 12. cap. 14 : *Die* IX. *exeunte Augusto, consenserunt et dederunt extrinsecis impugnantibus castri munitionem extremam, quæ Cortina vulgariter dicitur, sive C nta.* Vide *Cintum.*

¶ **CINTADAMAGIUM**, *Vide Citadanagium.*

¶ **CINTENARIUS.** Vide *Centenarius.*

* **CINTORIUM**, pro *Cinctorium*, Cingulum. Glossar. Lat. Ital. MS. : *Cintorium, quello che se cinse.*

¶ **CINTRACUM**, vel CINTRACUS, Publici tintinnabuli, si bene conjecto, pulsus citatior, Gall. *Tocsin*, Ital. *Sturmo*, f. ab antiquata voce *Sing*, Signum, Campana, et ab alia etiamnum a nostris usurpata *Trac*, Crepitus, stridor. Ottoboni Scribæ Annal. Genuenses lib. 3. ad ann. 1196 : *Dominus Drudus populum per campanam et Cintracum convocavit ad parlamentum.* Bartholomæi Scribæ Annal. ejusdem urbis ad ann. 1227 : *Præcepit quod parati essent sequi ipsum cum armis ad sonum campanæ vel Cintraci, et ad quemlibet alium rumorem.* Iidem Annal. ad ann. 1227 : *Dominus Lazarius per campanam et Cintracum more solito omnes fecit ad parlamentum in Ecclesia S. Laurentii convocare.* Sed alia notione mihique obscuriori sumi videtur apud Ogerium Panem in suis Ann. Genuens. lib. 4. ad ann. 1217. ubi sic habetur : *In civitatem nostram venerunt Pisani nobiles viri Scorzaluppus et Aldebrandus Succicus ad recipiendum juramentum hominum mille et Cintracum in anima populi.*

* Et CINTRAGUS, Præco apud Genuenses. Charta ann. 1190. apud Murator. tom. 2. Antiq. Ital. med. ævi col. 921 : *Omne lignum, quod venit de Sardinea cum sale, debet dare Cintrago minas salis tres.... Cintracus debet ordinare guardias civitatis, et requirere et cognoscere, si facta fuerint. Cintracus debet vocare populum ad parlamentum.... Et debet vocare homines ad placitum.... Et debet facere bandum per civitatem et per totum archiepiscopatum in præcepto consulum. Et quando ventus Aquilo regnat, debet ire per civitatem, et per castrum, et per burgum, amonendo ut bene caveant ignem. Cintracus debet custodire in Sabbato sancto portam S. Johannis, etc.* Ex his patet quantum a vero abhorret supra proposita explicatio et vocis origo inde deducta.

* **CINTRUM**, Ligneum fornicis fulcrum, Gall. *Cintre.* Comput. fabr. S. Lazari Æduens. ann. 1295. ex Cod. reg. 5529. B : *Item pro marrino faciendo et quadrigando pro Cintris ecclesiæ beati Lazari, etc. Cintraige* vero, præstationis species est, in Charta ann. 1321. ex Reg. 61. Chartoph. reg. ch. 290 : *Disons que les avoueries, li fumaige, les Cintraiges, li tourtel, les garbes, li herbage mort et vif... et li forage que li cuens avoit, etc.*

¶ **CINTUM**, f. ut *Cinta.* Murorum ambitus. Testamentum Guillelmi Vicecomitis Agathensis, in Anecdot. Marten. tom. 1. col. 180 : *Et ordinavit tibi, Garsindis, villa Vairago cum ipsa turre, et cum ipso Cinto, et cum ipsa Ecclesia.* Præceptum Ludovici Transmarini ann. 938. in Appendice Marcæ Hispan. col. 850 : *De ipso cœnobio supra nominato, id est, de poio Trasbadoni, qui pergit per ipso riulo usque in rivolo, qui descendit de ipsas lecas, et injungit in torrentes, qui discurrunt de serra Vineolas usque ad ipso Cinto contra ipsa Tremolosa.* Vide *Cinctum.*

* **CINTURA**, vox Italica, Cingulum, zona, Gall. *Ceinture.* Chron. Estense ad ann. 1302. apud Murator. tom. 15. Script. Ital. col. 349 : *Item* (dom. marchio præsentari fecit) *super quadam sera Cinturas multas argenti.* Vide *Christiani de Cinctura.*

¶ **CINUBII.** Vide *Cinifli.*

* **CINUM**, *Cenelle*, in Glossar. Gall. Lat. ex Cod. reg. 7684. Vide supra in *Cenitus.*

¶ **CINUS**, τέφρα, *Cinis.* Supplem. Antiquarii. Vide *Cinius.*

¶ **CINUVERDUNIA** legitur in codice Corbionensi pro *Cinewerdunia*, quod vide.

¶ **CINYRA**, Josepho Κινύρα, Citharæ genus querulas et lamentabiles pulsatu reddens voces. 1. Machab. 4. 54 : *Secundum tempus et secundum diem, in qua contaminaverunt illud* (altare) *gentes, in ipsa renovatum est in canticis, et citharis, et Cinyris, et in cymbalis.* Occurrit eod. lib. 13. 51.

* **CIOMPI.** Academ. Cruscanis, *Ciompo*, Carminator, homo vilis. Præfat. in Monum. hist. etc. apud Murator. tom. 18. Script. Ital. pag. 1101 : *Seditio Ciomporum anno 1378. Florentinæ reipublicæ regimen ad infimam plebem dejecit. Ciompi autem appellati sunt carminatores lanæ, traditurque hoc nomen inventum longe antea in vile vulgus a Gallis, qui sub regimine ducis Atheniensis Florentiæ agebant, quasi alter alterum compatrem appellaret.*

CIONITÆ, Græc. Κιονῖται, qui et Stylitæ, Monachi, qui dies noctesque super columnam vitam exigebant : cujus instituti auctor fuit Simeon cognomento Stylita, de quo pluribus egere Allatius in Diatriba de Simeonibus pag. 6. 10. Baronius, Bollandus, Raderus in Virid. Sanctor. et alii. Hist. Miscella lib. 22. pag. 692 : *Adeo ut omnes Monachos et Inclusos, atque Cionitas, qui Deo placere noscebantur, sub tributis redigeret.* Ex Teoph. pag. 361.

¶ **CIORMA**, Remiges triremis, Gall. *Chiourme.* Epistola Potestatis Pisanæ Vicario Massiliensi, in Archivo S. Victoris Massil. : *Tota Ciorma et marinarii omnes ipsam galeam solam reliquerunt.* Vide *Ciurmia.*

* **CIPERUS**, *Juncus triangulus*, ex Glossar. in Alex. Iatrosoph. MS. lib. 1. Passion. cap. 11 : *Flavos facies capillos* (si) *Ciperi folia infundes in succo strucci et uteris infusione illa.*

* **CIPHARIUS**, Ciphorum seu scyphorum artifex. Glossar. Gall. Lat. ex Cod. reg. 7684 : *Cipharius, faiseur de henaps.*

* **CIPHONIA.** Vide infra *Tiphonia.*

¶ **CIPHRÆ.** Vide *Cifræ.*

1. **CIPHUS**, Canalis, ex Græc. σίφων. Vita S. Theotonii Canonici Regul. num. 11. describens tempestatem in mari : *Iterumque apertis undis in ima* (navem) *dejiciebant, atque, quod dictu mirabile est, aquam de mari, tanquam manifestum canale, quod nautæ Ciphum vocant, in sublime trahebant.*

* Græcis τυφών, quod vorticem vertit Plinius lib. 2. cap 48. Nautis *Tiphon* vel *Puchot.* Vide Diction. Trevolt. in his vocibus.

¶ 2. **CIPHUS**, pro *Scyphus*, Gall. *Tasse, Gobelet*, passim occurrit in Instrumentis inferioris ævi. Vide Thomam *Madox* Formul. Angl. pag. 432. Rymer. tom. 3. pag. 278. col. 1. Baluz. tom. 2. Hist. Arvern. pag. 182. Hist. Dalphin. tom. 2. pag. 555. et seq. ubi variæ *Ciphorum* species enumerantur.

* Pro mensura quadam legitur in Stat. Vercell. lib. 3. pag. 84 v°. : *Et aliquis tabernarius vel tabernaria non possit nec debeat vendere vinum minutum, nisi in Cipho sive mensura signata.*

* **CIPITATICUS**, Tributi genus, idem quod *Cespitaticum.* Vide in hac voce. Charta Caroli C. in Chartul. S. Dion. pag. 75. col. 2 : *Concessissent omnes theoloneos, ... seu rotaticos, Cipitaticos, etc.*

¶ **CIPPARIUS.** Vide in *Cippus.*

CIPPATICUS. Capitulare de Villis cap. 8 : *Cippaticos etiam de vineis nostris ad opus nostrum mittere faciant nostri. Ceps de vigne* dicunt nostri.

1. **CIPPUS**, CEPPUS. Joan. de Janua: *Cippus, instrumentum quo reorum pedes constringuntur, quasi capiens pedes.* Ebrardus Bethuniensis :

Nervo torqueris, in Cippo quando teneris,
Membraque firmantur nervis quibus ossa ligantur.

[** Versus memoriales :

Est Cippus truncus, terræ cumulus, monumentum,
Petra tegens cimiterium, Cippus quoque lignum,
Quo captivorum vestigia stricta tenentur.]

Passio SS. Chrysanti et Dariæ MS : *Tunc irati milites, mittunt eum in Cippum novum et nodosissimum, ita ut tertio puncto ejus tibias coarctarent.* Passio sancti Lupercii Mart. apud Bosquet. pag. 165 : *Deinde eum jussit in carcerem trudi, et in arcto Cippo extendi.* S. Audoenus lib. 2. Vitæ S. Eligii cap. 77 : *Cippi etiam fracti, et claudorum bacterii in argumento ostenduntur.* Notkerus in Martyr. 2. Jan. : *Diu in carcere maceratus, et in Cippo missus, deinde in mare demersus.* Aldhelmus de Laude Virg. cap. 25 :

Et suras iterum Cipporum vincula claudunt,
Cruraque cum rigidis nectebant turgida lignis.

Vide Orderic. Vital. lib. 11. pag. 826. et quæ annotamus in Dissertat. 19. ad Joinvillam. Græci κοῦππον dicunt. Lexic. Gr. MS. Reg. Sign. 2062 : Ζητρείοις, ὁ κοῦππος, τὸ τῶν δούλων κολαστήριον. Alibi : Ῥωπόῤῥηξ, ὁ τὸν κοῦππον ῥηγνύων. Ῥωποῤῥηκτεῖν, ῥηγνύειν τὸν ῥωπὸν καὶ τὸν κοῦσπον. Aliud Lexic. sign. 930 : Ποδοκάκη, ξύλον τὸ ἐν εἱρκτῇ, ἐν ᾧ τοὺς πόδας ἐμβάλλοντες συνέχουσιν, ὃ παρὰ Ῥωμαίοις καλεῖται κοῦπος. [Supplementum Antiquarii : *Cippus*, κορμὸς ποδοκάκη, *Instrumentum, quo noxii constringebantur.*]

* *Cep portatif*, in Stat. ann. 1390. tom. 7. Ordinat. reg. Franc. pag. 396. *Cep volant*, in Lit. remiss. ann. 1390. ex Reg. 141. Chartoph. reg. ch. 2 : *Jehan seigneur de Montcavrel fu mis en un Cep voulant, auquel le dit chevalier fu pendu par longtemps en l'air.... Ils furent mis en Geps volans. Cep* vero, Vomer, in aliis Lit. ann. 1386. ex Reg. 129. ch. 183 : *Lequel exposant apperceu deux charues demourées aux champs, ... desquelles charues il arracha, print et emporta les Ceps, etc.* Vide *Bastonicum* et *Truncus*, 5.

Cippus, posterioribus, Carcer ipse dictus. Gloss. Lat. Gall.: *Cipus, Chep à mestre malfaiteurs.* Capitulare de Ministerialibus Palatinis [** Pertz. pag. 158.] cap. 3 : *Similiter illum malefactorem usque ad Cippum deportet, etc.* Baldricus in Chron. Camerac. lib. 3. cap. 72 : *Cives namque meliores et ditiores contumelia et injuriis afficiebat : alios indemnatos et injudicatos in Cippo vilissimo concludens, etc.* Epist. G. Episc. Catalaun. tom. 4. Histor. Franc. : *Captus est a justiciis meis, in vinculis, in Ceppo conjectus.* Charta Chrodegangi Episc. Metensis : *Ab Advocato in Cippum conjiciatur.* Ibid. : *In villa Flammersheim ... Cippus habeat.* Monasticum Anglic. tom. 2. pag. 349 : *Cippos et conclusoria in singulis villis ad correctionem delinquentium.* Vide Hugonem Farsitum de Miracul. S. Mariæ Suession. cap. 125. Fletam lib. 1. cap. 42. § 1. Foros Beneharn. tit. 1. art. 31. etc. In Consuetud. Meldensi art. 209. furcæ patibulares, *Cippus*, (*Cep*) et *Pilorium* dicuntur esse signa seu argumenta majoris Justitiæ. In Perticensi art. 12. Cippus a carcere distinguitur, ut et in Blesensi art. 29. [** Chart. Lothar. Imper. ann. 854. in Alsat. Diplom. num. 101 : *Munhinga villa cum suis appensibus..... banno et Cyppo, marcato et omnibus justitiis.* De juribus Maurimonasterii circ. ann. 1144. ibid. num. 275 : *Jus Cippi. Cippus autem dominicus loco tuto infra dominicaturam constituatur, ubi non facile quidquam temeritatis oriatur, Cippato rebellione seu contumace. Est curticula juxta fontem cisternatum ab occidentali parte fori, tres obulos in censu solvens, a cujus possessore statim et eadem die villico de Bareberch notificabitur, a quo etiam custodia prima nocte eidem deputabitur; secunda autem nocte villicus ex oppido procurabit, sicque quandiu ibi jacuerit, vigilias ex Cippalibus mansis alternatim providebunt.* Vide Haltaus. Glossar. German. voce *Stock*, col. 1746.] Philippus *Mouskes* in Hist. Franc. MS. :

Les deus enfans sans nul ator,
Mist en prisson en une tour,
En un Cepiel cascun d'un pié.

** Cippare. Gloss. vet. Latin. Germ. : *Cippo.... i. pedes in cipo stringere.* Richer. lib. 3. cap. 39. Pertz. Scriptor. vol. 5. pag. 616 : *Calciamenta.... sic arta induunt, ut Cippati pene impediantur.*

Incippare. Gloss. Lat. MS. Reg. Cod. 1013 : *Incippat, inludat* : leg. *includit.* [** Geneal. duc. Brunsvic. ap. Leibnit. Script. tom. 2. pag. 20 : *Captus est idem Henricus..... et in castrum Salis Incippatus.*

Cipparius, Carcerarius, commentariensis. Magnum Chartularium Corbeiense : *Item l'Abbé est Justichiers de Corbie, etc. et a en ledite vile ses Serjans qui prendent et arrestent, et mainent en le prison Mons. l'Abbé les arrestés, lequelle est en le vile devant dite, et les warde uns siens Serjans, con appelle le Chep'er de l'Eglise, et a Mesires li Abbés se droiture de cascune personne arrestée, et ses Chepiers en a aussy se droiture.* In Legibus Guill. Nothi cap. 4. *Ceper*, vel *Cepier*, est Carcerarius. Vide Consuetud. Hannon. cap. 23. 35. 70. et Valentian. art. 143.

* *Cepier* et *Ceppier*, nostris. Lit. remiss. ann. 1363. in Reg. 91. Chartoph. reg. ch. 479 : *Guillaume de Rumegny Cepier et garde du beffroy et des prisons de la ville d'Amiens.* Aliæ ann. 1376. ex Reg. 108. ch. 312 : *Jehan de Sains, dit Bontemps, Cepier ou geolier et n'aguerres garde des prisons de nostre chastel de Monstreul sur la mer.* Aliæ ann. 1401. in Reg. 156. ch. 167 : *Jehan de Villers et Simonnet de la Porte Ceppiers et geolliers fermiers du beffroy d'Amiens.* Hinc *Cepage*, pro eo quod *Cippario* seu carceris custodi præstatur ab incarcerato pro victu et potu, qui ei subministrantur, vulgo *Geolage.* Charta ann. 1337. in Reg. 71. ch. 59 : *Item dit li suppliant que li Cepages de touz les prisonniers prins en ladite chastellerie* (de Lille) *la garde appartient a lui de son droit héritage, ... duquel Cepage ledit suppliant est homme du roy.* Pro officio *Ciparii*, in Arest. ann. 1393. ex Lib. rub. fol. magn. domus publ. Abbavil. : *L'office de geolage et Cepage des prisons et garde de l'eschevinage d'icelle ville.*

Cypiacus, Dignitas in Ecclesia S. Quintini, in Viromanduis, qui *Cippi* seu carceris Ecclesiastici curam habet. Statuta antiqua Canonicor. S. Quintini apud Hemereum pag. 115 : *Die Pentecostes debet Cypiacus 10. sext. frumenti, etc.* Infra : *In festo S. Michaelis debet Cypiacus 10. sext. frum. cepas cum quarello recenti, etc.*

Cippus, Cepus, Rete. Charta Savarici de Verziaco Comitis Cabilon. apud Perardum pag. 91 : *Si aliquis homo Cippum tetenderit in nemore, et bestiam ceperit.* Jacobus I. Rex Aragon. in foris Oscæ ann. 1247. fol. 31 : *Venatio cadens in laqueos sive Cepos, est ejus qui Cepos paravit vel laqueos.*

* 2. **CIPPUS**, Alia notione, apud Cæsar. lib. 7. de Bello Gall. cap. 67 : *Quini erant ordines* (stipitum) *conjuncti inter se atque implicati; quo qui intraverant, se ipsi acutissimis vallis induebant : hos Cippos appellabant.* Aperta est nominis ratio.

* **CIPRIANA**, Cypriana, Vestis species, Cypriis mulieribus usitata, cujus forma describitur in Chron. Placent. ad ann. 1388. apud Murator tom. 16. Script. Ital. col. 579 : *Habent alia indumenta inhonesta, quæ vocantur Ciprianæ, quæ sunt longissimæ versus pedes, et a medio supra sunt strictæ, cum manicis longis et largis, sicut alia prædicta indumenta.* Et col. 580 : *Quæ Cyprianæ habent gulam tam magnam, quod ostendunt mammillas, et videtur quod dictæ mammillæ velint exire de sinu earum.*

* **CIPTER**, *Lo filiolo che nasce dapo la morte del padre.* Glossar. Lat. Ital. MS. Gall. *Postume.*

¶ **CIPUM**, Cebum, Gall. *Suif.* Regestum Comput. Dalphin. tit. Grasivod. ann. 1335. fol. 154 : *Pro 5. bobus, 48. anchis... dimidio quintali candelarum de Cipo, 94. lib. caseorum, 40. lib. de cera... missis Domino apud Avenionem, etc.*

¶ 1. **CIRA**. Scriptura Monasterii S. Vincentii del Pino, inter Concil. Hispan. tom. 3. pag. 168 : *Et concludit deinde per illa semita antiqua, quæ vadit sub illa villa de Pignario, totum per illa semita, usque Cira de Lupos.* An Silva?

* 2. **CIRA**, a Gallico *Cire*, pro Cera, in Terrear. Apchon. ann. 1511.

* **CIRANOMON**, *Ille qui scindit fercula.* Glossar. Lat. Gall. ann. 1352. ex Cod. reg. 4120.

¶ **CIRARE**, a Saxonico Sciran vel Scyran, dividere, scindere; scarificare, apud Rymer. tom. 2. pag. 261. in Statutis Edwardi I. pro Valentia : *Item quicumque alium percusserit, vel Cirabit cum pugno, vel palma, vel pede irato animo.*

* Inde nostrum *Déchirer*, olim scriptum *Décirer.* Vide Menag. Orig. Gall. v. *Déchirer.*

1. **CIRCA**, pro Secundum, κατά. *Evangelium circa Joannem*, apud Anonymum de Baptismo hæreticorum edito a Rigaltio.

¶ 2. **CIRCA**, pro *Circada.* Vide in hac voce.

3. **CIRCA**, Cerchia, Vigiliæ, excubiæ, Gall. *la Ronde*, a circumeundo, quia qui urbium custodiæ invigilant, muros circumeunt. Charta Henrici III. Imper. ann. 1056. pro Canonicis Metensib. : *Concedimus ut Circas et vigilias non faciant, propter perpetuas Ecclesiæ observantias, nisi in obsidione civitatis.* Vetus Charta apud Perardum in Burgundicis pag. 180 : *Terram quoque Dineti, quam Calumniabatur, wirpivit, et Circam castelli, quam vi extorquebat, similiter relaxavit.* Charta Agnetis Comitissæ Nivernensis ann. 1191. in Tabulario Autisiodor. fol. 52 : *Omnes illos... ab exercitu et chevalchia et excubatione, scilicet a custodia villæ de nocte, quæ Cerchia dicitur, quittavimus et franchivimus.* Charta Guilelmi Decani Catalaunens. ann. 1267. in Tabulario Campaniæ Bibl. Regiæ fol. 428 : *Super eo quod idem Rex asserebat se in nostris nemoribus villarum nostrarum... grueriam et Cerchiam habere, nobis contrarium asserentibus.* Occurrit iterum in alia Charta ejusdem anni ibid. [et in alia Philippi Franc. Regis ann. 1193. cujus locus refertur in *Caceria.* Item in Charta Ricardi Abbat. S. Cornelii Compend. ann. 1203. ex Tabul. Compend. : *Se habere diceret in boscis nostris... Cercheiam, chacheriam, grueriam, advocatiam.*] Pactum inter Episcopum Lingonensem et Abbatem Besuen-

sem ann. 1342. in Regesto feodorum Eccl. Lingon. : *Item, et super eo quod cum ad nos Abbatem et Conventum Bezuensem prædictos Cerchia, seu vigilum cura, dictæ villæ Bezuensis pertineat, in quibus nos Reverendus Pater perturbavit,... dicto videlicet Episcopo dicente et asserente, quod ad ipsum tanquam Gardiatorem dictæ villæ Bezuensis redditiones, acceptiones, et custodia dictarum clavium, necnon proclamatio, Cerchia seu vigilum cura pertinebat.*

¶ Cerchia, apud Murator. tom. 11. col. 117.

Circam etiam faciebant Monachi in Monasteriis : quippe in Regula S. Benedicti statuitur, *ut deputentur seniores, qui circumeant Monasterium horis quibus vacant Fratres lectioni.* Vita S. Petri Abbatis Cavensis n. 20 : *Forte tunc senior quidam ex more Monasterii cum Circam faceret, Monachum illum a longe, quasi cum alio loquentem, audivit.* Ubi perperam editum, *cum circa faceret*, quod non adverterunt viri eruditi. Hugo Flaviniac. in Chronic. pag. 248 : *Nam Circam matutinis exactis faciebam.* Bernardus Mon. in Consuet. Cluniac. MSS. cap. 4. de Priore claustrali : *Egressis autem omnibus de Ecclesia, Prior accipit sconsam, quam ea hora candela intus accensa omni nocte parat illi hebdomadarius ad faciendam Circam.* Vide Petr. Damian. lib. 6. Ep. 26. pag. 554. Hinc qui circas facit Monachus

Circa perinde appellabatur. Lanfrancus in Statutis cap. 4 : *Circuitores Monasterii, quos alio nomine Circas vocant, juxta S. Benedicti præceptum certis horis circuire debent Monasterii officinas, observantes injurias et negligentias Fratrum, et statuti ordinis prævaricationes.* Statuta S. Dunstani : *Secundum Regulæ præceptum constitui debet aliquis Frater, qui ab officio circuitus sui Circa vocatur. Est enim ejus officium circuire claustrum, ne forte inveniatur frater acediosus, aut alicui vanitati deditus.*] Adde Statuta Petri Venerabilis cap. 66. et Eckeardum de Casibus S. Galli cap. 3. [necnon Statuta reformatoria Monasterii S. Michaelis in Periculo maris ann. 1223. apud Martenium tom. 1. Anecd. col. 911.] [* *Cherche*, in Stat. MSS. monial. Congregat. Casal. Bened. cap. 7 : *Ordonnons qu'il y aura deux Cherches, lesquelles on prendra pour un an, et seront anciennes et meures de mœurs, lesquelles iront par sepmaines circuir les officines du monastere, pour voir si on ne trouvera point aucunes caquetant ou faisant aultres choses illicites.*] Idem et

Circator dictus, in Consuetudin. Floriac. pag. 395. apud Joan. a Bosco. Joachim. Wadianus, de Officiis Monasticis agens : *Erant et qui vigilias agebant contra noctis incommoda, usque adeo non tædebat operæ ullius, aut oneris privatim obeundi, fratres illos, qui et illud in primis, ne qua frequentia alienorum hominum, quantumvis industriorum, professionis quietem interturbaret, summopere curabant.* Certe *dormitoria* obeundi curam spectasse *Circatores*, seu ut vocantur, *Circinnatores*, docet Adhalardus in Statutis Corbeinsis Monast. lib. 2. cap. 6 : *Ab ipsis etiam Circinnatoribus, horis quibus vacant Fratres lectioni, observanda, et inventa acrius castiganda sunt.* Circatoris officium præterea describitur in libro Ordinis S. Victoris Parisiensis MS. cap. 40 : *Circator eligatur de totius Congregationis religiosioribus et ferventioribus ordine, qui nec malitiose pro privato odio unquam clamet alios, nec pro privata amicitia taceat negligentias quorumcunque. Ad hujus officium spectat officinas Monasterii circuire, et observare negligentias fratrum; et ordinis prævaricationes. Quotiens Circam facit, adeo religiose et ordinate debet incedere, ut terrorem incutiat spectatoribus suis, et exemplum religiositatis ostendat. Adeo autem tacite et severe debet facere Circam, ut nulli unquam loquatur, vel signum faciat; sed tantummodo studiose scrutari debet et inspicere offensiones et negligentias. Omni tempore potest facere Circam excepta hora Capituli et Collationis, quando scilicet ostia claustri jam firmata sunt.... Iste diligenter debet attendere, ne unquam aliquis sini causa horis regularibus desit, et ne quisquam loquatur, ubi vel quando non debet.* Antiquæ Consuetudines Monasteriorum S. Benedicti n. 8. [apud Mabill. tom. 4. Analect. pag. 461]: *Circatores etiam duos, qui omnibus horis, dum fratres vigilabant, circuibant monasterium, ne quis frater deesset proprio loco : si autem defuisset, statim in tabulis notabatur.* et. Idib. n. 11 : *Prædicti circatores hoc observabant, si aliquem ridentem, vel aliquid susurrantem conspexerant, statim tabulis notabatur, et benignissime corripiebatur tempore opportuno.* Adde Bernardum Monach. in Cousuet. Cluniac. MSS. cap 5. [in editis cap. 4. partis 1.] ubi quanta ii modestia incederent, iisdem pene verbis, quibus liber Ordinis S. Victoris, declarat; quibus adjungenda quæ in hanc rem habet Lanfrancus in Statutis pro Ordine S. Benedicti cap. 4. [et Capitula Novitiarum apud Mabill. in Actis SS. Benedicti sec. 4. part. 1. pag. 742.] Præterea S. Hieronym. Epist. 22. cap. 15. ubi de Cœnobitis : *Et quia nocte extra orationes publicas in suo cubili unusquisque vigilat, circumeunt cellulas singulorum, et aure apposita, quid faciant diligenter explorant, etc.* [** Ecbas. vers. 468 :

Circator veniat, dictum scelus omne revolvat.]

Eorum etiam munus erat *Fratres ad horas Canonicas colligere, signo pulsato*, ut est apud Eckeardum Jun. de Casibus S. Galli cap. 3 : *Primo signo ad vesperas pulsato, Circator fratres collecturus, ostio domus hospitii appropiat.* Unde eidem Scriptori *Exactores*, seu ἐπείκται dicuntur, cap 6 : *Tertia feria exactoribus, quos Circatores vocamus, culpas eorum magistro rememorantibus, omnes exuere jubentur.* Et infra : *Ab Exactoribus illum cur tardaret inclamantibus.* Ex B. Dorotheo Doctr. 11. colligitur Canonarchæ officium fuisse dormientes Monachos excitare ad vigilias media nocte in Ecclesia obeundas. Vide Capitula Monachorum S. Galli ann. 817. cap. 14. 25. Statuta Ord. Præmonstrat. dist. 2. cap. 4. dist. 4. cap. 8. Benedictum XI. PP. in Epist. apud Wadding. in Regesto tom. 3. pag. 18. etc. Dinamius Patricius in Vita S. Maximi Episc. Regiensis : *Quadam nocte imminente celeberrima B. Andreæ solennitate, cum deputatus ego essem qui ad vigilias excitarem, etc.*

Circator, præterea officium fuit in Ecclesiis Cathedralibus. Narrat quippe Meurissius in Hist. Episcop. Metensium Circarii (*Cerchier*) seu Circatoris dignitatem abrogatam in Ecclesia Metensi a Cardinale Lotharingo Episcopo Metensi. Nec scio an hac olim donatus Adventius ejusdem Ecclesiæ Episcopus, qui in Epistola ad Nicolaum PP. apud Baron. ann. 863. scribit se, priusquam Episcopatum adispiceretur, *in Excubiis templi Beati Stephani Protomartyris occupatum* fuisse. Id etiam rursum infert in alia Epistola apud eumdem Baronium ann. 865. n. 58. tametsi *Excubiæ* ut plurimum sumuntur pro vigiliis seu horis et precibus nocturnis quæ in Ecclesia peraguntur. De excubiis vero quæ fiebant in Ecclesia Parisiensi in festo Assumptionis Deiparæ, sic Charta Joannis Regis Franc. ann. 1358 : *Dicebat etiam præfatus Episcopus, quod prædecessores sui et ipse fuerant et erant in possessione et saisina custodiendi Ecclesiam B. Mariæ Parisiensis, ac fieri faciendi Excubias, seu guetum in ipsa, et in certis locis prope ipsam, per Burgenses et Officiarios suos in vigilia festi Assumptionis B. M. Virginis in principio de* Te Deum, *qui cantatur in fine Vigiliarum, et ante principium Laudum, usque in crastinum diem; inceduntque et incedere consueverunt in dictis vigiliis Baillivus, Officiarii, et alii deputati ex parte Episcopi ad faciendum guetum in dicta Ecclesia, ne aliquod malum ibidem fiat.*

Circatores, qui *Visitatores*, in Concilio Laodiceno cap. 56. in Gloss. MSS.

Circatio, Visitatio, *Circada*. Charta Ludovici II. Regis Ludov. Pii F. apud Mabillonium tom. 5. Vitar. SS. Ordin. S. Benedicti pag. 526 : *Cum autem ipsi Episcopi Circationes suas ibi agere deberent, ad eorum mansionatica daretur, quod in Capitularibus antecessorum nostrorum præscriptum habetur.*

Circatores, denique appellabantur, qui vice Generalis totius Ordinis, domos et Monasteria visitabant, alias *Visitatores* dicti. Vita S. Gisleberti *de Seinpringham* : *Sollicitudinem omnium Cœnobiorum Dom. Rogero Priori Maltonæ commisit... sub eo vero singulis gradibus marium et feminarum unum vel duos, quos Circatores, vel summos Scrutatores appellant, qui omnium domorum statum diligenter inspicerent, et ut oporteret, corrigerent.* De his *Circatoribus* agunt idem Gislebertus in Regula sua pag. 705. 706. tom. 2. Monastici Anglic. Statuta Ord. Præmonstrat. dist. 2. cap. 4. Burchardus Mon. de Casib. S. Galli cap. 8. extremo, et Gervasius Abb. Præmonstrat. Epist. 47.

Eos autem qui nomine Episcopi Ecclesias diœcesis visitant, περιοδευτάς, *Circitores*, seu *Circuitores*, (qua voce utitur leg. 6. § 1. D. Excusat.) vocant Concilium Laodicenum, et Justinianus leg. 41. C. de Episcop. et Cleric. *Per omnes Parochias et Monasteria mos est Episcopis Circuire*; in Concil. Cabiloneusi ann. 650. cap. 11. Auctor. Prædestinati lib. 1. hæresi 22 : *Hos Origenes ita perfecte superavit, ut eorum causa Periodeutes fieret, et per singulas quas-*

que urbes per Orientem eundo prædicaret.

Circatores, Inquisitores, apud Petrum de Vineis : *Per vos seu Inquisitores vestros, qui inter vos Circatores vulgariter nuncupantur.*

Circarias vocant Præmonstratenses districtus *Circatoris*, seu Visitatoris. Vide Statuta ejusdem Ord. dist. 3. cap. 1. 2. 8.

* Circha, Districtus, intra quem *Circa* exerceri potest; dicitur de artium præfectis, in Stat. ant. Florent. lib. 3. cap. 191. ex Cod. reg. 4621 : *Custodes prædicti artium.... possint in locis et per loca suæ custodiæ seu Circhæ ire et stare.* Unde

* Circatores appellantur, qui rebus publicis invigilare ex officio debent, in Stat. Mutin. rubr. 370. pag. 74. v°. : *Nec teneatur* (saltarius) *subesse Circatoribus communis Mutinæ, etc. Circitores, publici urbis custodes*, apud Laur. in Amalth.

Circare, Circitare, Circumire. Gloss. Lat. Græc. : *Circitat et Circat*, κυκλεύει. [Male in Supplemento Antiquarii, *Circutat* : ubi etiam *Circuo*, κυκλεύω, *Circumeo, lustro.*] Gloss. MS. Bibl. Reg. : *Circat, circam facit.* [Bernard. Ordo Cluniac. part. 1. cap. 3. de Priori claustrali : *Factis orationibus... Circatis, ut mos est, stratis, Circat necessaria a capite usque ad finem, ne forte quis ibi soporatus fuerit remanendo; indeque ad Monasterium revertens, Circat omnia altaria et angulos membrorum Ecclesiæ, etc.*] Historia MS. Bellorum Hierosolymit. vernacula : *Li fius du Marchis Cierca la cité, pour voir se ele estoit bien garnie de vitaille, et si com il Cerchoit; il trouva les bannieres de Salehadi.* Hinc efficta vox *Cercher*, pro *quærere* apud nos, quod qui quærunt, loca circumeant. Vide Oct. Ferrarium qui id etymi non probat, et a *quæritare* deducit. [** Chart. ann. 828. Episc. Mutin. ap. Murator. Antiq. Ital. tom. 5. col. 191 : *Salvo pacto, quod pro Circanda parochia semper tertio anno nobis donetur.* Vide mox *Circada.*]

¶ Circarie Agere. Hist. Monast. Viconiensis apud Marten. tom. 6. Ampliss. Collect. col. 306 : *Illucessit ergo dies, venit hora capituli, fuit ibi Abbas, qualiter suos socios scandalizaverit, quos prius ammonere debuit; etiam quid Circarie egerit et repererit enarravit, etc.*

* 4. CIRCA, Circha, Canalis, fossa circum urbem ducta; unde nomen. Stat. Mutin. rubr. 1. pag. 1 : *Statutum est quod potestas teneatur Circas civitatis Mutinæ cavari facere et aptari.* Alia ann. 1327. apud Murator. tom. 2 : Antiq. Ital. med. ævi col. 508 : *Statutum est quod Circhæ, quæ sunt circa civitatem, recavari debeant et reaptari.* Stat. Palav. lib. 2. cap. 70. pag. 129 : *Statutum est quod nulla persona...... præsumat de die vel de nocte piscari vel piscari facere in fossis, redefossis vel sparafossis rochæ, castri et Circha Buxeti, etc.* Chron. Petri Azárii apud eumd. Murator. tom. 16. Script. Ital. col. 355 : *Faldas ad palancatum erectas posuerunt,... summo mane obsessores aggressionem fecerunt, et projectis lignis in Circhis in pluribus partibus, refossum subito transierunt, etc.*

CIRCADA, Circata, Census qui solvitur Episcopo aut Archidiacono ab Ecclesiis pro visitatione, ita dictus a circumeundo; quod Episcopi aut Archidiaconi diœceses suas circumeundo visitent; nam *circuire parochias suas* dicuntur Episcopi, apud Gregorium M. lib. 3. Dialog. cap. 38. unde quod Circadam alii, *Circumitionem* vocant Capitularia Caroli C. tit. 5. [** Synod. ap. Tolos. ann. 844. Pertz. pag. 378.] cap. 4. et 5. *Circuitionem*, libellus de Abbatibus Gemblacensibus, Acta Episcoporum Cenoman. in Sigenfrido cap. 29. et Tabularium S. Laudi Andegav. fol. 75. verso. Adde lib. 5. Capitul. Caroli Magni cap. 109 lib. 7. cap. 109. [** 148.] Concilium apud S. Macram ann. 881. cap. 8. Hincmarus Epist. ad Ludov. II. Reg. cap. 9 : *Ut Ecclesiæ in isto regno per occasionabiles Circadas, et per indebitasconsuetudinarias exactiones... non affligantur.* Notitia Isamberti Episc. Pictav. apud Beslium in Episc. Pict. : *Nec aliquid pro illis ulterius præter Synodum et Circadam Pictavensibus Episcopis debeat.* Charta Philippi Episcopi Belvac. apud Louvetum l. 1 : *Nequaquam tamen ad Synodum vadat, nec unquam censum illum qui Circada nuncupatur, persolvat.* Ivo Carnot. Epist. 286 : *Ecclesiam de Mundonis villa liberam a Synodo et Circada et omni exactione.* [Bulla MS. Silvestri II. pro Monasterio Burgoliensi : *Ecclesiæ autem ipsius Monasterii in quibuscumque territoriis sitæ maneant absque alicujus Episcopi seu Archidiaconi, necnon et alterius personæ inquietudine, excepto synodali, vel quæ vulgo Circada vel Parata dicuntur, redditione.*] *Redditio Circadarum et Synodorum*, in Charta Landerici Episc. Parisienis pro Monast. S. Dionysii. Vide Hist S. Martini de Campis pag. 369. 495. 497. 507. Tabular. Abbat. Hederæ fol. 75. [Hist. Eccl. Meld. tom. 2. Instrum. pag. 7. q. et Iollect. Ampliss. Marten. tom. 1. col. 891]

¶ Circa, Eadem notione. Petrus Abb. Cluniac. pro Ecclesiis Cluniacensibus Italiæ apud Baluz. Miscell. tom. 6. pag. 500 : *Statuimus quatenus nec nobis nec alicui nostro successori, neque alicui nostræ Congregationis personæ ab hinc usque ad duodecim annos Circam vel aliquid exactionis in prædictis Ecclesiis facere liceat præter nostram nostrorumque nuntiorum procurationem et annualem censum, quem nobis debent colligere Prior Pontidensis et Prior Cremonensis.*

¶ Circadia. Charta Manassis Episc. Meldensis ann. 1135. in Chartul. ejusdem Ecclesiæ fol. 67 : *Dedit insuper Synodos et Circadias omnium supradictorum altarium.*

Circata. Charta Gosleni Episcopi Carnot. ann. 1151. in Tabul. N. D. de Josaphat : *Circatam et synodalia jura.* Charta Guidonis Episcopi Belvacensis : *Neque tamen ad Synodum vadat, numquam censum illum qui Circata nuncupatur, persolvat.* Charta Petri Episcopi Paris. ann. 1213. in M. Pastorali Eccl. Paris. lib. 2. Ch. 117 : *Sciendum est quod hæc decima libera est, et penitus absoluta est a Synodo et Circata.* [Index Beneficiorum Ecclesiæ et Diœcesis Constantiens. fol. 3. verso : *Item Rector solvit pro capa Domini Episcopi tres solidos; item pro Circata tres solidos; item pro Chrismate viginti denarios.*] Occurrit apud Innoc. III. PP. lib. 2. Epist. pag. 415. Beslium in Episc. Pictav. pag. 57. Ordericum Vital. lib. 5. pag. 553. in Chron. Beccensi pag. 6. [necnon in Hist. MS. ejusdem Monasterii pag. 310. num. 7.] etc.

Circatura, apud Willel. Hedam in Willelmo Episc. Traject. pag. 299. [et in Chartulario Monasterii Aquicinctensis fol. 45 : *Cum reditu Episcopi, id est, Circatura.*]

Circada Nemorum. Charta Pacis oppidi Faræ ann. 1217 : *Capitagia hominum nostrorum,... et stallagia sotularium, et segniatam piscatorum, Circadam etiam nemorum, et aquæ custodiam : hæc omnia eis quitta clamamus, etc.* [Eadem habentur in Charta Ingelranni III. Codiciacensis Toparchæ ann. 1207. apud Plessæum nostrum in Histor. Codiciacensi pag. 166.]

¶ Circatus. Charta Ingelramni Episc. pro Monasterio S. Quintini de Monte in Archivis ejusd. loci : *Synodales tamen census prædicti altaris, Circatus, aliaque obsonia nostra atque ministrorum nostrorum singulis annis nobis persolvenda, in manu nostra retinuimus.*

¶ Circuta, pro *Circata*, ni fallor, oscitantia librarii legitur in Charta Rotrodi Archiep. Rotomag. ann. 1170. pro Monasterio S. Stephani Cadom. ex Hist. Harcur. tom. 3. pag. 139 : *Hæc igitur sunt, quæ a præfato Cœnobio possessa cognoscimus, et in perpetuum possidenda libere et quiete et absolute a Synodico debito et Circuta, cæterisque consuetudinibus ad jus Episcopale pertinentibus eidem cœnobio concedimus.*

CIRCADIUM. Polyptychus S. Remigii Remensis : *Facit vineam dominicam ad tertium, donat exinde in Circadio semimodium, facitque manoperam in prato in messe, vel ubicunque necessitas fuerit.* Infra : *Summa de collectione vini, mod. 42. de Circadio, mod. 2. census pulli 8. ova 40.*

CIRCAMANARIA, Limitum fixio, quæ fit coram judice, qui agros controversos inspicit; a *Circare*, agrum deambulare, et *man* homo, unde *Circamanni*, qui ex officio limites defigunt. [Alii a *Circare* quidem seu a Gallico *Chercher* vocem deducunt, sed non a *man* homo, verum potius ab alia voce Gallica *Manoir*, Latinis inferioris ævi *manerium*, superioris *domicilium*; adeo ut *Circamanni* ii sint qui visitant *maneria* et fundos pertinentes, atque in iis limites defigunt. Vide Orig. Gall. *de Caseneuve*, et Gloss. juris Gall. *de Lauriere.*] *Cerquemaneurs*, in Consuetud. Montensi cap. 30. et 48. et Cameracensi tit. 25. art. 28. 31. *Cerquemaner*, Limites figere, in eadem Consuetud. Montensi cap. 51. 54. Valentianensi art. 124. et Hannoniensi cap. 103 : *Cerquemanage*, ipsa limitum defixio, in Consuetud. Cameracensi tit. 17 art. 4. Insulensi art. 232. 233. Hannoniensi cap. 61. 63. Montensi cap. 30. 54. Peronensi tit. 25. art. 28. 30. 31. 32. 33. etc. Charta Willelmi Castellani S. Audomari ann. 1245 : *Cum vir nobilis M. Comes Pontivi ex una parte, ego ex altera collegissemus diem de communi assensu, videlicet ad feriam 6. post Pascha, ad Circamanariam faciendam de feodo Pontivi, et feodo meo Bellirami, coram multis astantibus.... postea vero dictam Circamanariam feci in hunc modum.*

Ego siquidem ad ripam Alteiæ prope molendinum de Ponches accedens, ... ego repetii quæ de feodo meo superius sunt expressa, etc. Vide Joan. Galli quæst. 270. *Cerquemanement*, in Summa rurali Butilerii, [et in Concordata inter Ecclesias S. Quintini et S. Præjecti ex altero Chartulario Monasterii S. Quintini in insula pag. 127 : *Les heritages d'entre les deux Eglises seront Cerquemanez... Et nous ont requis, qu'il nous plust estre audit Cerquemanement. Cerkemanage*, apud Engelbertum *Maghe* in Chronico Bonæ Spei pag. 223. Instrument. Radulphi Abb. Corbeiensis ann. 1248. pro villa dicta *Aumes* in pago Atrebatensi : *Et si est à scavoir ke nous avons en l'an en la vile d'Aumes* (hodie *Aumme* prope urbem Ariam) *trois plais generaux, là où tout les Cherkemanant doivent estre, et s'il ni sont* III. *sols d'amende doit chil ki ni est, se il ne puet trouver loyal essoine parquoi il ni a été.* Et infra : *Et de toutes les autres coses ki chi ne sont devisées devons nous tenir et warder le vile devant dite as us et as coutumes, ke ele a été menée dusques aujourduy; et se autres coses ja venoient les doit-on jugier, et s'il n'en savoient droit dire, requerre en doivent sens en notre Court à Corbie, et nous les devons faire consellier à nos frans hommes de nostre Eglise de Corbie, selonc les us et les coutumes de le vile d'Aumes : et doivent li Cherkemanant de le vile d'Aumes faire serment de warandir bien et loiaument les droitures de notre Eglise, et jugier loiaument de chou qui est sur aus selonc les us et coustumes de le vile d'Aumes.* Hinc, ni fallor, palam est, Cherkemannos non solum limites agrorum fixisse, sed etiam jus dixisse in vico superiori, proindeque eo in vico locum tenuisse Scabinorum, qui aliis in locis et agros inter hæredes dividebant, iisque figebant terminos, et judicia exercebant. Etiamnum in agro Atrebatensi *Cherqueler* et *Decherqueler* rustici dicunt, pro Agros dividere : quod facere solent coram Dominis locorum, vel aliis eorumdem locum tenentibus. Vide *Cirmanagium*.]

* Quam vocem varie efferunt nostri. *Les bonnages et Cherquemanages*, in Ch. ann. 1348. ex Chartul. 21. Corb. fol. 186. *Desreng, Cherquemanement, et bournage*, in Ch. ann. 1448. ex Chartul. 23. ejusd. monast. *Chierkeminage*, in Chartul. sign. *Decanus* S. Petri Insul. fol. 174. ad ann. 1285. *Cherchemenement*, in Pacto inter Radulph. de Praellis et commun. *de Vailli* ann. 1311. ex Reg. 48. Chartoph. reg ch. 8. *Cherqueminement*, in Ch. ann. 1331. ex Reg. B. ejusd. Chartoph. ch. 34

CIRCANEA, *Avis quædam circuitum faciens in volando.* Ugutio.

¶ **CIRCARE**, Circaria, Circata, Circatio, Circator. Vide *Circa* 3.

¶ **CIRCATURA**, Circatus. Vide *Circada.*

* **CIRCAVICINUS**, Vicinus, proximus, finitimus, Gall. *Circonvoisin.* Charta ann. 873. tom. 8. Collect. Histor. Franc. pag. 422 : *Jubemus ut per idoneos Circavicinos et fideles nostros fideliumque nostrorum homines, plenissime sub sacramento inquiratur, etc.*

¶ **CIRCBOTA**, Cyrcbota, vel Cyricbota, a Saxonico Cyric, Ecclesia, et Bot vel Bote, Instauratio, Reparatio Ecclesiæ. Occurrit non semel in antiquis Legibus Anglicis.

* **CIRCCIRE**, Circuire. Bened. abb. Petroburg. de vita Henr. II. reg. Angl. edit. Hearn. tom. 2. pag. 649. ad ann. 1191 : *Intrantes galeas ipse* (Ricardus Rex Angliæ) *ex una parte, et Robertus de Turnham ex altera, Circcierunt totam insulam Cypræ, etc.*

CIRCELLA, Anatis species, quibusdam *Boscas, phoscas, Querquedula*, nostris *Cercelle*, apud Fridericum II. Imper. lib. 1. de Arte venandi cap. 5.

CIRCELLI, Circuli, monilia, armillæ. Gloss. Ψέλλια, κιρκέλλια, δακθυλίδια. Anastasius in Leone III : *Obtulit Circellos paria duo gemmis ornata.* [Charta Ludovici VI. Fr. Regis ann. 1112. apud Felibianum in Hist. Sandionysiana pag. XCII : *Præterea consuetudines quasdam quæ juris nostri erant... picem videlicet... Circellos, concas et salem.* Apicio 2. 5. *Circelli isiciati* sunt Farcimina rotunda.]

* Constit. Feder. reg. Sicil. cap. 96 : *Item quod nulla domina sive mulier audeat portare Circellos, quorum pretium, omnibus computatis, transcendat uncias quinque.*

CIRCELLIO, Circilio. Isidori Glossæ : *Circellio, Monachus per cellas vagans. Circiliones, falsi Anachoretæ.* Gloss. MSS : *Circumcelliones, vel Circilliones, per cellas vagantes.* [Glossar. MS. Sangerman. n. 501 : *Circelliones dicuntur qui sub habitu Monachorum usquequaque vagantur, venalem circumferentes hypocrisin.*] S. Augustin. in Psalm. 132 : *Quid sibi vult nomen Monachorum? quanto melius dicimus nos quid sibi vult nomen Circellionum? sed non, inquiunt, vocantur Circelliones. Forte corrupto sono nominis eos appellamus. Dicturi sumus vobis integrum nomen ipsorum? forte Circumcelliones vocantur, non Circelliones, etc.* [Vita S. Benedicti Anian. auctore ejus discipulo inter Acta SS. Benedict. sæc. 4. part. 1. pag. 207 : *Omnesque pariter... palam virus pestiferæ mentis vomentes, Circillionem rerumque cupidum, et prædiis aliorum invasorem, suarum animarum jugiter oratorem, publica voce clamabant.*] Hos κυκλαρίους videtur appellare Synodica Orientalium ad Theophilum Imp. : Ἄλλος τις τῶν κυκλαρίων ψευδερημιτῶν, etc. Vide *Circumcelliones.*

Circiliones. Papias : *Circiliones, dicti quod agrestes sint, quos Scotopitas vocant, Bonosi hæresim sequentes, qui Christum filium Dei adoptivum, non proprium esse dixerunt.*

¶ **CIRCELLUM**, Κιρκίον, *Circulus*, in Supplemento Antiquarii.

CIRCENSES, pro *Circus*, non semel usurpat Alypius Antiochen. seu vetus auctor Descript. orbis cap. 32. de Nicomedia : *Habet autem et Circenses, structuram valde bonam.* Adde cap. 33. 43.

* **CIRCHIUS**, Circulus, Ital. *Cerchio*, Gall. *Cercle.* Stat. Placent. lib. 6. fol. 82. r°. : *Item quod ipsi portatores et quicumque alii stringentes vegetes magnas et parvas, et vegiolos, non possint accipere, videlicet pro ponere tres Circhios alicui vegeti..... ultra unum denarium.*

* **CIRCILLATUS**, Cincinnatus, crispus. Audoen. lib. 1. vitæ S. Elig. cap. 12 : *Habebat Eligius crinem Circillatum.* Vide supra *Cercenatus.*

* **CIRCINA**, *La aura, ventesello.* Glossar. Lat. Ital. MS.

CIRCINARE, Idem quod *Circitare.* Matthæus Vindoc. in Tobia :

Circinat, egressus scrutatur, compita quærit.

Edictum Rotbaris Regis Longob. tit. 105. §. 18. [** 346.] et Lex Longobard. lib. 1. tit. 25. cap. 43 : *Si quis caballum alienum apprehenderit, ipsumque diffiguraverit, aut Circinaverit, furti pœna sit culpabilis in octogilt.* Ubi *Circinare*, idem valet quod apud nos *Détourner*, abigere, avertere. [Vocabulo *Circinaverit* Muratorio significari videtur læsio aliqua, aut signa aliqua impressa (circino fortasse) equo, unde is deformatus et diffiguratus evadat. Aut nihil aliud significatur quam notam (nunc *Marca* appellamus) alieno equo inurere, ut ad alterum spectare videatur.] [** Reinard. Vulp. libr. 1. vers. 75.]

¶ Circinare Caligas. Vide *Caligas circinare.*

¶ **CIRCINNATOR.** Vide *Circator* in *Circa* 3.

¶ **CIRCIO**, *Pars inter Aquilonem et Occidentem.* Vide *Circius.*

CIRCISSARII Agitatores, Circenses venatores, aurigæ, muliones, qui in amphitheatris et circis currus ducunt. Gloss. Lat. MS. Regium Cod. 1013 : *Circissarius*, *Cormatibus partibus. Circissorium, Circentium.* Ubi Glossæ Isidori habent : *Circitorum, circantium.* Concilium Arelat. I. sub Silvestro : *De Circissariis agitatoribus qui fideles sunt, placuit eos, quandiu agitant, a communione separari.* Vide *Agitatores.*

CIRCITARE. Vide *Circare* in *Circa* 3.

* **CIRCITES**, *Lo circulo de metallo*, in cod. Glossar. Vide Festum.

CIRCITOR, Circuitor, Officium militare, custos exercitus, qui circuit castra, ne quid detrimenti milites recipiant. Gloss. Basilic. : Κιρκίτορες, οἱ περὶ τοὺς μαχομένους περιιόντες, καὶ χορηγοῦντες ὅπλα αὐτῶν, μήπω ἐπιστάμενοι μάχεσθαι. Gloss. Græc. Lat. : Περιοδευτής, *Circitor, lustrator.* Περιοδία, *Circuitus, circitura.* Gloss. S. Bened. cap. de Agricultura : *Circitor*, κελευτής. Rectius alibi, κυκλευτής. Idem Gloss. : *Circitus*, περιοδεία. *Circitura*, περιοδεία. Gloss. Isid. *Circitorum, circantium.* Circitorum militarium meminit S. Hieronymus ad Pammachium lib. Adversus errores Joannis Hieros. : *Sed ante Primicerius, deinde Senator, Ducenarius, Biarchus, Circitor, Eques deinde tiro.* Erant igitur *Circitores* militares, qui castra circuibant, *qui faisoient la ronde, et la sentinelle avancée*, ut vulgo loquimur. Ii porro deligebantur ex eorum equitum ordine, qui duobus equis, vel saltem uno cum servo merebant, quorum dignitas *Circitoria* dicitur in leg. 2. Cod. Th. de Filiis militar. (7, 22.) Hos *Circuitores* vocat Vegetius lib. 3. cap. 8. Vide leg. 2. Cod. de Offic. Præf. Præt. Afric. (1, 27.) et leg. 3. Cod. Th. de Agentib. in Reb. (6, 27.) ubi de Circitoribus in schola Agentium in reb. Quod vero *Circitum*, *Circituram* Glossæ, Græci Tactici, κέρκιτ vocant, quam vocem per φυλακὴν vertunt

Vide Gloss. Rigaltii et Ægid. Menagium in Amænitat. juris. cap. 35. 2. Edit.

CIRCITORIUM. Leo Ost. lib. 3. Chronic. Cas. cap. 57 : *Circitoria ad altare S. Benedicti* 4. Cap. 73 : *Circitoria magna et optima* 11... *Circitorium aureum, et alia* 4. *sine auro.* Petrus Diac. lib. 4. Chr. Cas. cap. 13 : *Dedit eis solidos* 300. *ex quibus emit Circitorium optimum ad altare S. Benedicti.* Ubi *Circitoria* nescio an alia sint a pannis quibus tempore Quadragesimæ tegebantur ac velabantur altaria. Idem cap. 57 : *Alias* 2. *cortinas, quæ appenduntur in circuitu chori tempore Quadragesimæ.* [Chronicon Cavense apud Murator. tom. 7. col. 951. A : *Item pluvialem cum campanellis, pluvialem cum smaltis, vestem Imperatoris, cultram, Circitoria* 11.] Vide *Velum quadragesimale.* [* et *Cercitorium.*]

¶ **CIRCITORUM.** Vide *Circissarii.*

¶ **CIRCITURA**, Circitus. Vide *Circitor.*

CIRCIUS, Gallis, dictus ventus qui flat ab Occidente, et Galliam Narbonensem infestat, ut auctor est Phavorinus apud A. Gellium lib. 2. cap. 22. Vide Plinium lib. 1. cap. 47. et Senecam lib. 1. Quæst. natur. cap. 18. *Cierce*, Rabelaisio; *Cers*, Goudelino; *Cere*, Arvernis. *Cercius*, in veteri Charta apud Joan. Mariam *de la Mure* in Histor. Ecclesiast. Lugdun. pag. 382. Ita apud Varronem in Orig. : *Ventus Cercius, cum loquare, buccam inflat, etc.* [*Circus*, in Marca Hisp. col. 934.] [** Isidor. Origin. lib. 13. cap. 11. sect. 3 : *Septentrio a dextris Circium habet, a sinistris Aquilonem.* Einhard. Vita Carol. M. cap. 29 : *Circium, Nodwestroni.* Gall. *Nord-nord-ouest.*]

☞ Nonius Marcellus cap. 1. § 251. testis est, nobilibus Philosophis quatuor fuisse ventos præcipuos, *Eurum, Austrum, Circium* et *Boream*, ubi liquet *Circium* esse ventum flantem ab Occasu. Verum non eadem est veterum Instrumentorum ratio; in iis *Circius* pro *Borea*, seu *Aquilone*, vento Septentrionali sæpissime accipiendus est : quod inter cetera probant Charta Wiredi Comitis Barcin. ann. 901. Marcæ Hispan. col. 837 : *Et sunt affrontationes de parte Orientis in ipso torrente de Orreto... et de Meridie in ipso monte... et de Occiduo in ipsa vinea... et de Circi ipso alode de Girsolma.* Alia Caroli Simplicis ann. 922. ibid. col. 843 : *Terminatur vero prædicta possessio a parte Orientis in terminio Teudilane, a Meridie in terra S. Felicis... ab Occidente in terminio Frugello, a parte Cerci in rigo quod discurrit a Teudilane.* Alia ejusdem Regis ann. 922. ibid. col. 844 : *Ab Oriente est terra Alonis feminæ... a Meridie terra Gerundonis.... ab Occidente terra Carpionis, a parte Circii terra ipsius Carpionis.* Venditio Ecclesiæ S. Stephani de Granoleriis ann. 972. ibid. col. 901 : *Et affronta ista Ecclesia... de parte Orientis, vel de Meridie, et de Occiduo et de Cirii in terra de me venditore.* Charta Conradi Regis ann. 1064. inter Instrum. Gall. Christ. tom. 1. pag. 77. col. 1 : *Vinea ipsa quam dixi Rotunda ad partem Borei venti qui est Circius.* Instrumentum MS. venditionis factæ Priori S. Ægidii Arelat. ann. 1248 : *Tenementum cingitur ab Occidente cum sylva de Psalmodio, ab Oriente cum sylva domini de Poscheriis, a Circio cum Iscla, a vento Marino* (Meridionali) *cum Roanillo.* Fundatio S. Petri in monte Verduni apud Stephanot. tom. 7. Fragm. Hist. MSS. pag. 353 : *Terminatur iis finibus a mane via publica, a meridie terra S. Martini, a sero de ipsa hereditate, a Cercio terra Ursonis.* Statuta Raymundi Episc. Helen. ann. 1380. cap. 22. inter Concil. Hispan. tom. 3. pag. 604 : *In quibus confrontationes necessariæ habebuntur, illas ponere teneantur Orientis et Occidentis, Septemtrionis et Aquilonis vel Cercii, et Meridiei.* Quamvis alia sint instrumenta bene multa in quibus Circius pro Aquilone manifesto sumitur, exstant tamen nonnulla, ubi Circius ab Aquilone distinctus pro Euro, qui flat ab Oriente videtur accipi, forte quod æstivus Oriens prope accedat ad Septentrionem. Charta Gauzberti Comitis Ruscinonensis ann. 922. Marcæ Hispan. col. 842 : *Et affronta ipse alodes de parte Cercii in termino de Baias et de parte Altani* (Meridiei) *affronta in termino de Ortafano.... et de parte Aquilonis injungit in termino de Montescapri.* Venditio facta Templariis ann. 1215 : *Terminatur ab Aquilone cum sylva dominorum de Portu, a Corina* (Occidente) *cum sylva Capituli Magalonæ, a vento* (meridionali) *cum mari, a Circio cum stagno.* Circium ventum ab antiquis Gallis pro Deo habitum docet Seneca, cui etiam templum fecit Augustus, eodem teste, lib. 5. natur. qu. 17.

* Charta ann. 1165. inter Probat. tom. 2. Hist. Occit. col. 527 : *Affrontationes habet iste prædictus honor de Villalonga ab Altano in terminio S. Johannis vallis Sigerii, a Meridie in terminio S. Jacobi de villa Valeriani, in Circio in terminio S. Martini veteris, ab Aquilone in terminio S. M. Varnassone.* Non minus aperte pro vento Septemtrionali legitur, in Charta inter Probat. Hist. Lugd. pag. 5. col. 1 : *A mane terra de ipsa ereditate, a media die de ipsa ereditate ante donavit, a sero via publica,... et a Circio via publica.* Unde Straboni *Melamborius* dicitur. *Mistrau* Provincialibus, quasi *Magistral*, a turbine et violentia sic appellatus, ut vult *Bouche* Hist. Prov. tom. 1. pag. 20. Vide Comment. ad Hist. natur. Occit. ann. 1337.

* **CIRCLA**, Canalis, fossa. Epist. ann. 1251. apud Murator. tom. 4. Antiq. Ital. med. ævi col. 497 : *Circlas et foveas straturum explanant, ut aggredi et invadere possint hostes, et triumphalem de eis gloriam obtinere.* Vide supra *Circa* 4.

CIRCLARIA. Leo Ostiens. lib. 1. Chr. Cas. cap. 37 : *Ingressi Ecclesiam S. Eliæ, tulerunt quidquid invenerunt. Inde per Circlarias in ortum dominicum, perque pascuarium, etc.* [Murator. in Camilli Peregrini Hist. Principum Longob. legit *Circlarios.* Vereor ne forte sit nomen proprium.]

* F. Ager muris vel sepibus cinctus. Charta ann. 1136. apud Murator. in Antiq. Estens. pag. 288 : *Et iterum offerimus et largimur decimam totius curiæ et districtus Cavallili, ... tam de terris, quam de aquis,..... Circlariis, atque de rebus omnibus, de quibus antiqui dare decimam consueverunt.* Vide supra *Cinctada.*

* **CIRCLELLUS**, diminut. a Circulus, monile, armilla. Stat. Mutinæ ann. 1327. lib. 4. rub. 177. apud Murator. tom. 2. Antiq. Ital. med. ævi col. 316 : *Nec aliquam coronam, Circlellum, vel filum, vel girlandam de perlis, etc.* Vide supra *Circelli.*

* **CIRCLUS**, Eadem notione. Chron. Placent. ad ann. 1388. apud Murator. tom. 16. Script. Ital. col. 581 : *Item sunt plures dominæ et homines juvenes, qui portant ad collum torques sive Circlos argenteos sive deauratos, vel de perlis.*

¶ **CIRCOMCINCTUS**, Circuitus. Chartularium S. Sulpitii Bituric. : *Habet mensura in circomcinctum perticas* xxiiii.

* **CIRCOMMANENTES**, ut *Circamanni*, Qui ex officio limites defigunt. Vide in *Circamanaria.* Charta ann. 1166. ex Chartul. S. Joan. Laudun. ch. 117 : *Cum filii Odonis.... terras quasdam ecclesiæ nostræ ad tempus injuste tenuissent, per Circommanentes easdem terras sine contradictione proculcavimus, et nostras esse probare parati fuimus.* Vide *Percalcare.*

* **CIRCONFORANUS**, *Larron*, in Glossar. Lat. Gall. ex Cod. reg. 7692. pro Circumforaneus.

* **CIRCOPETICI**, *Genus simiarum.* Glossar. vet. ex Cod. reg. 7613. Bestiar. MS. cap. 14 : *Circopetici caudas habent : hæc sola discretio est inter prius dictas* (simias).

* **CIRCOTA**, *La asperita e imagine del mondo.* Glossar. Lat. Ital. MS.

* **CIRCUITATUS**, Circumdatus, cinctus, Ital. *Circuito*, Gall. *Entouré.* Inventar. bonor. Raym. de Villanova ann. 1449. MS : *Item aliud confretum nigrum Circuitatum, cum duobus clavaturis.... Item aliud cofretum de cipresso Circuitatum letoni, in quo erant res scriptæ.*

1. **CIRCUITIO.** Vide *Circada.*

** 2. **CIRCUITIO**, Circatio. V. *Landtleita.*

¶ **CIRCUITOR.** V. *Circitor* et *Circator.*

CIRCUITORES, Hæretici, sic dicti, quod terras circumirent, et quos in via inveniebant, cogebant eos ut interficerentur ab illis, dicentes se desiderare pati martyrium. Philastrius de hæresib. Vide *Circumcelliones.*

¶ **CIRCUITOSA** Oratio, Plena circuitionibus et ambagibus. Bern. *de Breydenbach* Itiner. Hierosol. pag. 24 : *Scias quod oratio si Circuitosa sit et fucata vel potius manufacta, ostendit animum quoque non esse sincerum.*

1. **CIRCUITUS**, Possessionum ambitus, Quidquid circumquaque possidetur. Charta Bretislai Ducis Bohemiæ ann. 1045. apud Ludewig. tom. 6. Reliq. MSS. pag. 52 : *Contuli eidem Ecclesiæ Circuitum meum in Pragensi provincia, has villas cum hominibus et terris, sylvis et pratis continentem, etc.* Vide *Cingulum* 2.

* Nostris *Circuite* et *Circuitude*, vulgatius *Circuit.* Charta ann. 1286. ex Reg. Chartar. comitat. Montisfort. et Droc. in Cam. Comput. Paris. fol. 11 : *Le menoir de la folie, ... et tous les aisements du menoir, qui sont en la Circuite d'icelle menoir.* Alia Rob. de Veteriponte ann. 1330. ex Chartul. S. Joan. in valle : *Touz les murs et forteresses du prieuré de S. Nicolas de Courbeville, sont et appartiennent audit prieuré, c'est assavoir la Circuite de la porte a la guiete, etc.* Lit. remiss. ann. 1385. in Reg. 127. Chartoph. reg. ch. 91. bis : *Icellui Brunet voulsist icelle Perrote mener au bois*

d'emprés laditte maison, hors du Circuitude d'icelle.

* 2. **CIRCUITUS**, *Rerum temporalium cupiditas. Aug.* Glossar. vet. ex Cod. reg. 7613.

** 3. **CIRCUITUS**, Peristylium, claustrum, idem quod *Ambitus*, 1. Chart. ann. 1400. in Falck. Cod. Tradit. Corbej. pag. 814 : *Qui ambitum et Circuitum pro fidelibus defunctis orando circumiverint.*

CIRCULA. Juncta in Vita B. Margaretæ de Cortona n. 140. ubi Chistus sic Margaretam alloquitur : *Quare vis sine labore meæ suavitatis gustare dulcedinem et non facis Circulam de meæ humilitatis connubio,... et ae ordine passionis.*

* Visitatio. Vide *Circulatio* in *Circa* 3.

CIRCULAGIUM. Computus Ballivorum Franciæ ann. 1337 : *De Circulagio, seu cerclagio, Lochiarum, quod debent Joannes de Riparia et Joannes Mellier.* Videtur idem esse quod *serchellum* in Aresto Parisiensi pro teloneo, foragio et serchello vinorum venditorum Corbeiæ 25. Maii ann. 1466 : *Ratione jurium et deveriorum sequentium, scilicet foragii, thelonei, et serchelli, Gallice, forage, tonnelieu et serchel, nuncupatorum : quæ jura pro vino per eos in quadam domo vendito debentur.* Vide *Cherchez*, et *Circadium.*

* Præstatio pro facultate apponendi circulum, quo vinum minutatim venale significabatur. Charta ann. 1329. in Reg. 66. Chartoph. reg. ch. 273 : *Item Cerclagium, prout est exigi consuetum, quatuor sextaria siliginis, quæ crescunt et decrescunt, debita pro parte a monialibus de Bellomonte ratione Rupis.* Ordinat. ann. 1415. ex Reg. 170. ch. 1 : *Item nul ne fera taverne ou vendra vin à détail en la ville de Paris sans mettre Cerceau, afin que laditte ville ne puisse estre fraudée de ses droits, tant de celui dessusdit, et de criages et célérages, comme d'autres.* Charta ann. 1448. in Chartul. 23. Corb. : *En possession et suisine de coeullir, et estre paiés par les personnes vendans du vin pour l'enseigne, que on dit Chersel, mis au dehors des maisons ou lieux là où ils avoient vendu ledit vin, deux sols Tournois.* Vide infra *Serchellum.*

* Circulorum Census, Eadem acceptione, in Charta Stephaniæ comit. Prov. ann. 1063. ex Hist. MS. Montis-maj. : *Conferimus censum Circulorum, quem dominus noster et nos hucusque visi sumus possidere. Malatolta circulorum* appellatur, in Charta ann. 1207. ex Reg. 34. bis Chartoph. reg. fol. 52. 1°. col. 1.

¶ **CIRCULAMEN** Anuli, pro *Circulus anuli*, in Vita B. Edmundi Cantuar. Archiep. apud Marten. tom. 3. Anecdot. col. 1782.

¶ **CIRCULARE**, μαστεύειν. Gloss. Lat. Græc. : *Quærere, indagare.* Item in circulum rotare, in Gloss. Gasp. Barthii ex Baldrici Hist. Palæst.

* **CIRCULARIA**, Ars conficiendi circulos, cui invigilandæ præponebatur serviens feudalis. Lit. offic. Paris. ann. 1260. ex parvo Chartul. episc. Paris. fol. 185 : *Noverint universi quod.... Gilo dictus Charro civis Parisiensis, liber serviens dom. Paris. episcopi in sergenteria seu ministerio circulorum sive Circulariæ, sponte et ex certa scientia, sciens et prudens dictæ sergenteriæ renuntiavit.* Vide infra *Circularius.*

* **CIRCULARITAS.** Dicitur de eo, quod ad modum circuli curvatum est. Acta B. Joan. Firm. tom. 2. Aug. pag. 463. col. 1 : *Ex quo perpendere possumus, quanta fuerit puerilis potentia in ferrum curvando, et quanta fuerit ferri violentia, in tali Circularitate et tam stricta per mensem durando.*

* **CIRCULARITER**, Ad modum circuli. Stat. synod. Corisopit. eccl. MSS. : *Sacerdos consecrans diligenter attendat, quod hostia consecranda sit integra, rotunda Circulariter, ètc.*

* **CIRCULARIUS**, Circulorum opifex, Gall. *Cerclier.* Inquisit. de foresta Aquil. in Reg. 34. bis Chartoph. reg. fol. 58. r°. col. 2 : *Dominus Montisfortis..... habet in foresta unum Circularium se alterum ad cellaria sua liganda*

* **CIRCULATOR**, *Qui famam portat, circat vel circuit.* Glossar. vet. ex Cod. reg. 7641 : *Circulator, herault,* in alio Gall. Lat. ex Cod. 7684.

CIRCULATORIUS, *Qui lectulos tornatiles facit. Circulare, circumdare, tornare.* Joan. de Janua.

Circulatorium. Gloss. Græc. Lat. : Ἀγύρτης, *Circulator.* : Ἀγυρτία, *Circulatorium.*

* **CIRCULATUS**, Circulis munitus. Inventar. ann. 1476. ex Tabul. Flamar. : *Item plus unum ferratum fusti pro oriendo aquas de puteo, Circulatum ex circulis ferri. Décercler,* Circulos rumpere, in Poem. *de Cleomades* MS. :

Et ses escus tous décaupés,
Et ses heaulmes tous Décerclés.

1. **CIRCULUS**, Hominum cœtus collectus, vox Latinis Scriptoribus frequens. S. Hieronym. : *Dum audientiam et Circulum lumina jam in plateis accensa solverent, etc.* S. Augustin. lib. de Utilitate credendi cap. 9 : *Dic mihi utrum si quis fabellam libenter audiret, ... vel in convivio, vel in aliquo Circulo, ullove consessu, videretur ne tibi curiosus?* Lex Bajwar. tit. 67. § 5 : *Cum sex in Ecclesia conjuret, et cum 12. ad staplum Regis, in Circulo et in hasla, hoc est, in Ramo, cum verborum contemplatione conjurare studeat.* Quo loco *in circulo*, videtur esse *in hominum cœtu. Circulis coire*, in leg. 11. Cod. Th. de Hæretic. (16, 5.) *Circuli Cardinalium*, de quibus Ceremoniale Roman. lib. 3. pag. 324. Vide *Haga.*

Circulus, Areæ seu campi spatium, quod pugilibus duello decertantibus dabatur, in Speculo Saxon. lib. 1. art. 63. § 6. 7.

Circulus Aureus, Coronæ simplicioris species, quæ Patriciatus insigne erat apud Romanos, sub Imperatoribus Occidentalibus. Leo Ost. lib. 2. cap. 79 : *Eidem Henrico IV. Patriciatus honorem Romani contribuunt, eumque præter Imperialem coronam, Aureo Circulo uti decernunt.* Petrus Diac. lib. 4. Chron. Casin. cap. 119. de Lothario Imp. : *Ipse vero in civitate coronam Circuli Patricialis accepturus remansit.* Acerbus Morena in Histor. Rerum Laudensium pag. 117. de Friderico I. Imp. : *Sequenti igitur proximo die Dominico prædictus Papa Paschalis cum suis Cardinalibus in ipsa Ecclesia S. Petri Missam honorifice et cum magno gaudio celebravit, ipsoque die in capite Imperatori Circulum Aureum tantummodo imposuit. Sequenti vero die Martis, in quo fuit festum S. Petri ad Vincula, prædictus Dom. Papa Paschalis Dom. Fredericum Imperatorem et serenissimam Augustam Beatricem conjugem suam ex coronis auro purissimo, et multis pretiosissimis gemmis decoratis coronavit in ipsa Ecclesia S. Petri. Circulum* etiam, non *coronam* Regibus tribuit Chronicon Montis-Sereni ann. 1134 : *Imperator celebrat Pascha Halverstat, ubi quidam de Principibus Danorum Magnus nomine, hominium ei faciens, regnum Daniæ ab ipso suscepit, et postquam præstitit juramentum, Imperatori ad Ecclesiam procedenti, Circulo decoratus Aureo, gladium præportavit.* An. 1152. de Friderico Imp. : *Qui proximum Pentecoste Merseburg celebrans, Sueno Rigi Daciæ Circulum Regium concessit.* Et ann. 1158 : *Dux Bohemiæ concesso sibi ab Imperatore Circulo nominatur.* De quo Ducum Bohemiæ Circulo, Wladislao Duci a Friderico Imp. indulto, multa commentatur Bohuslaus Balbinus in Epitome Rerum Bohemicarum lib. 3. cap. 10. 14. Vita S. Conwoionis Abbat. Rotonensis num. 11 : *Salomon Rex* (Britanniæ Armoricæ) *appellatur, non quod revera esset; sed quia Circulo aureo et purpura, concessione Caroli Augusti, utebatur : idcirco hoc nomine censebatur.* Vide Familias nostras Byzantinas pag. 139. et Dissert. 28. ad Joinvillam.

Circulis aureis Augustæ apud Occidentales usæ etiam leguntur, non coronis. Arnoldus Lubec. lib. 6. cap. 2. de uxore Philippi Suevi Imp. : *Ibi quoque Regina, regio diademate, non tamen coronata, sed circulata processit.* Vide *Corona Ducalis.* Le Roman *de Garin.* MS. :

El fu vestu d'un paille Alexandrin,
Et en son chef un Chapelet d'or fin.

Alibi :

Le Cercle d'or li ert el chief asis.

* Circulus Aureus, Ornamentum muliebre. Charta ann. 1302. Bernardi milit. dom. *de Morœul* ex Chartul. 21. Corb. fol. 101 : *Je doins et devis a Contesse me fille pour son mariage vin cent livres de Parisis... et avec aura elle... couronnes, Chercles et fremaus, etc.* Le Roman de *Robert le Diable* MS. :

Car dessus le chief li a mis
Le Chercle d'or qui reflambre.

Vide infra in *Corona.*

** Circulus Aureus. Annulus major. Testam. Joann. Sack. ann. 1332. in Guden. Syllog. pag. 634 : *Lego... annulum meum aureum uxori dom. Symonis de Brumsser militis, et ipsi Brumssero Circulum meum aureum, quem in manu mea portavi.*

Circulus, Orbiculatus et planus discus, *Assiete.* Gregor Magnus lib. 5. Epist. 56 : *Cocleares vero et Circulos quos direxisti suscepimus.*

Circuli Ferrei, in pœnitentiam a Episcopis aut Presbyteris olim imponi solebant, iis qui crimina quæpiam enormia commiserant, qui eos in brachiis induebant, nec deponebant, donec post multas peregrinationes ad Sanctorum sepulcra memorias miraculo aliquo solverentur. Liber MS. Miraculorum SS. Floriani

Florentii : *Consuetudine antiqua partibus interioris Franciæ usque hodie mos inolevit, ut quisquis propinquiorem sibi parentem gladio jugulaverit, et postea pœnitentia ductus ad Pontificem crimen admissi facinoris detulerit, ipso decernente Pontifice, ex ipso gladio ferrei nexus componuntur, et collum peccatoris, venter atque brachia strictim innectantur ex ipsis ferreis vinculis : sicque de propria patria et solo patrio pellatur : interim quousque divina pietas eadem vincula solvi præcipiat, primum Romæ, dehinc per diversa Sanctorum loca veniam criminis efflagitando peregre proficisci cogitur.* De ejusmodi circulis pœnitentium agunt Capit. Aquisgr. ann. 789. cap. 77. Capitul. 1. incerti anni cap. 45. et lib. 1. Capitul. cap. 79. [** Append. 1. cap. 34.] ubi de iis qui *nudi cum ferro vadunt, et dicunt se data sibi pœnitentia ire vagantes, etc.* Horum meminere præterea Scriptores complures, Greg. Tur. de Gloria Confess. cap. 87. de Vitis Patr. cap. 15. Bertha Sanctimonialis in Vita S. Adelheidis num. 26. Rudolphus Fuldensis in Vita S. Liobæ cap. 25. Vita S. Medardi ex Cod. Resbac. cap. 14. tom. 8. Spicilegii Acher. Vita S. Willibaldi cap. 38. n. 7. apud Gretzer. Metellus in Quirinalib. Charta Alfonsi Regis Hispan. apud Bivarium in Addit. S. Braulionis pag. 65. Rodolphus Trotarius lib. 5. Miracul. S. Benedicti num. 19. Vita S. Nicetii Episc. Lugdun. num. 8. Acta S. Quirini Mart. num. 21. Acta S. Willelmi pueri Mart. num. 2. Hist. Relationis S. Richarii num. 14. Altfridus in Vita S. Ludgeri Episcopi Mimigard. num. 20. Radulfus in Vita S. Richardi Episc. Cicestr. lib. 1. num. 98. Mirac. S. Remacli cap. 3. Hist. mortis S. Leonis IX. PP. num. 10. Mirac. S. Bavonis lib. 3. Miracula S. Galli lib. 2. cap. 34. Reinerus in Catalogo Hæreticor. pag. 92. Miracula S. Walburgis num. 4. Vita S. Apiani Monachi num. 13. Matth. Westmonast. pag. 353. Vita S. Joannis Abb. Reomaensis num. 6. Vita ejusdem ex Roverio num. 3. Vita B. Stephani Abbatis Obasin. lib. 1. cap. 24. Synaxaria in S. Arsenio 13. Decembris, Menæa in S. Acacio 26. Novembris, in S. Theodosio Antiocheno 11. Jan. et 5. Febr. in S. Romano Cilice 9. Febr. in SS. Cyro et Marama 28. Febr. 23. Mart. in S. Georgio, Mirac. S. Adalberti Egmund. cap. 26. Folcard. de Mirac. S. Bertini cap. 4. lib. 2. cap. 25. Joannes Monach. in Vita S. Bernardi Pœnitent. num. 11. Miracula S. Wihoci cap. 15. 16. Mirac. S. Bertæ cap 1. 6. Aimoinus lib. 2. de Miracul. S. Germani cap. 13. [Hist. Rotonensis Monasterii cap. 1. 8.] Leges Alfonsinæ parte 1. tit. 4. lege 20. etc. His addenda quæ habet Petrus Damiani lib. 1. Epist. 9. 19. lib. 5. Epist. 8. lib. 6. Epist. 28. 30. lib. 7. Epist. 19. ubi de viris piis qui ultro ferreis circulis brachia ac corpus circumcingebant. Adde S. Hieronym. Epist. 22. cap. 12.

Circulus Solidi. Est titulus 22. in Cod. Theod. lib. 9 : *Si quis solidi circulum exteriorem inciderit, etc.*

Circuli Signorum, Qui funium campanarum extremitati apponi solent, et quos amplectuntur qui eas pulsant. Hariulfus lib. 3. cap. 3 : *Septem ex ære circuli ad signa pendentes argentei 5. reliqui ex auricalco.* [Idem lib. 2. cap. 10 : *Cloccæ optimæ quindecim cum earum Circulis quindecim. Armillas* campanarum funibus pendentes vocat Adrevaldus in libro de Miraculis S. Benedicti cap. 26.]

Circulus. Tabularium Ecclesiæ Augustodun. ann. 937 : *Missa S. Johannis aut redimat den. 1. Circulos 12. prouvatia avena mod. 1. mense Mart.* Tabularium S. Remigii Remensis : *Summa... facularum* 977. *perticarum Circulorum* 157. *scindularum* 995. *axilium* 987. Ubi circuli videntur esse *qui ad cupas* dicuntur in Lege Wisigot. lib. 8. tit. 3. § 8. id est, quibus cupæ colliguntur. Tabular. Prioratus de Domina in Delphinatu fol. 108 : *Et* 5. *sextarios avenæ de Caballaco, per vindemias* 2. *Circulos plicatos ad tinam, etc.* Occurrunt eadem verba fol. 127. [Vox *Circulus* pro vinculo dolii passim legitur, ut apud Lobinellum in Hist. Britan. tom. 2. pag. 399. in Tabulario S. Vincentii Cenoman. non semel, in Charta Ludovici Pii ann. 832. in Hist. San-Dionysiana Felibiani pag. LII. etc. Sed et apud Plinium, ait enim 14. 21. *Circulis vasa cingere.*]

Circulus, Instrumenti musici species. Lex Angliorum et Werinor. tit. 5. § 20 : *Qui harpatorem, qui cum Circulo harpare potest, in manu percusserit, etc.*

* Circulorum census. Vide *Circulagium.*

* Circulus Gallinarum, inter præstationes feudales in mutatione domini debitas recensetur, in Reg. Cam. Comput. Paris. sign. JJ. rub. ann. 1273. fol. 16 v. : *Galhardus de Bladin, ... et Willelmus de Bladin.... debent... unam vaccam vayram et unum Circulum gallinarum sporlæ in mutatione domini.* Vide *Gallinagium.*

* Circulus, Circuitus, Gall. *Tour. Circulum facere per civitatem*, apud Burcard. Argent. in vita Alex. VI. PP. pag. 44. Galli diceremus : *Faire un tour par la ville*

* 2. **CIRCULUS**, Piscis genus. Tract. de Piscibus cap. 103. ex Cod. reg. 6838. C : *Circulus a nostris morrude ab ore, quia mourre vocant os cum prominentibus labris, Galli rouget, Santones perlon, Massilienses galline, Agathenses rondele a corporis rotunditate, Neapolitani Cocchou quasi coccygem, maris Illyrici accolæ organo a voce. Musculos magnos habet et carnosos, unde a Gallis quibusdam refait vocatur, quasi dicas bene curatum et saginatum.*

CIRCUMACTUS Aratri, quinque aut sex pedum latitudo, qua scilicet aratrum eat, apud Aggenum de Limitib. agror.

CIRCUMCELLIONES. Papias : *Circumcelliones dicuntur, qui sub habitu Monachorum usquequaque vagantur.* S. Augustinus in Psal. 132 : *Circumcelliones dicti sunt qui circum cellas vagantur : solent enim ire hac atque illac, nusquam habentes sedes.* Ab eo sumpsit quæ de iis habet Isidorus. Optatus lib. 3. de Circumcellionibus : *Cum hujusmodi hominum genus ante unitatem per loca singula vagarentur.* Monachus Sangallens. lib. 1. de Carolo Magno cap. 8 : *Cum autem itinerando venisset Carolus ad quandam grandem basilicam, et quidam Clericus de Circumcellionibus ignarus disciplinæ Caroli in chorum ultro intraret, etc.* Meminit pariter *Circumcellionum* Victor Vit. lib. 3. de Persecut. Vandal. in Edicto Hunnerici Regis. De iis etiam intelligendus canon 42. Synodi Trullanæ. Παρασυνάγοντες dicuntur in Codice Canon. Eccl. Afric. cap. 93. De iis præterea agit S. Hieronymus Epist. 22. Concil. Calched. Act. 15. can. 4. Vide Concil. Tolet. VII. can. 5. Κυκλάριοι ψευδερεμῆται, in Synodica Orientalium ad Theophilum Imp. ψευδομοναχοὶ περιτρέχοντες μάτην, apud Nilum lib. 3. Epist. 119. dicuntur.

Circumcelliones, etiam dicti hæretici quidam, insano amore martyrii semetipsos perimentes, ut martyres vocentur. Ita Isidor. lib. 8. Orig. Hos *Circitores* vocat Philastrius in Catal. hæres. sed an ii, quos etiam *Circumcelliones* vocat lex 52. Cod. Theod. de Hæreticis, (16, 5.) videant doctiores. Certe ibi inter infimæ sortis homines inter Donatistas describuntur, et a S. Augustino lib. de Hæres. cap. 69. dicuntur etiam fuisse genus hominum agreste et famosum, non solum in alios immania facinora perpetrando, sed nec sibi eadem insania et feritate parcendo. Nam per mortes varias, maxime præcipitiorum et aquarum et ignium, seipsos necare consueverunt, et in ipsum furorem alios seducunt, ut seipsos occidant, etc. Idem Augustinus lib. 1. contra Gaudentium cap. 28. hos sic appellatos scribit, *quod maxime ab agris vacantes, et victus sui causa cellas circumirent rusticanas.* De istis Circumcellionibus passim idem Augustinus Epist. 48. 50. 61. 68. Contra Parmenian. lib. 1. cap. 11. Contra Crescon. lib. 3. cap. 42. 47. Collat. Carthag. 3. cap. 174. 281. Possidius in Vita Sancti Augustini cap. 10. 11. Auctor Prædestinati lib. 1. hæresi 69. etc.

* **CIRCUMCIRCA**, Circum, Gall. *Autour.* Comput. redecimæ S. Petri Insul. MS. ann. 1429 : *Item pro quadam reparatione facta superius et Circumcirca campanile ecclesiæ, etc.*

* **CIRCUMCISI**, inter Valdensium sectarios recensentur, in Constit. Freder. contra Hæret. ex Cod. reg. 10197. 2. 2. fol. 19. r°.

¶ 1. **CIRCUMCISIO**, Tertia ex novem partibus hostiæ in Missa Musarabica. Vide *Hostia.*

2. **CIRCUMCISIO**, Præputium. Itinerarium Burdegalense : *Ibidem Jesus filius Nave circumcidit filios Israel, et Circumcisiones eorum sepelivit.*

* *Circoncis*, eodem sensu, in Diar. Caroli VII. reg. Franc. ad ann. 1444 : *En celuy temps fut apporté à Paris le Circoncis de nostre Seigneur, etc.*

* **CIRCUMDARE**, Circumire, Gall. *Aller autour.* Pontif. MS. antiquissimum : *Incipit consecratio cymiterii; primitus cum aqua benedicta episcopus cum suis clericis Circumdet totum cymiterium cum antiphona, etc.*

** **CIRCUMDUCERE** Marcham, Finium causa. Vide Haltaus. Glossar. Germ. col. 1168. 1954. et infra *Landtleita.*

* **CIRCUMFERENTIA**, Circumstantia. *Juxta causæ et Circumferentiarum qualitatem*, in Lit. ann. 1479. ibid. pag. 237.

¶ **CIRCUMFERENTIALITER**, Quasi linea circumducta, a Gallico *Circumference*, Circumductio. Legitur apud Ludewig. tom. 1. pag. 375. [** 378. in Chart. Carol. IV. Imper. ann. 1373 : *Prout in eorum metis, gaderibus et limitibus Circumferentialiter* *sunt distincta.* In translatione coæva ibid. pag. 383. *al um und um.*]

* Vel potius, Per circuitum. Charta ann. 1457. inter Leg. Polon. tom. 1. pag. 187 : *Prout idem ducatus et terra longe, late et Circumferencialiter in basso et plano, etc.*

CIRCUMFLEXUS. Rifferus Prior Cartusiensis in Statutis antiquis ejusdem Ordinis, 1. part. cap. 8. § 9 : *Exorcismus autem salis et aquæ non habet in fine versum, sed Circumflexum.* Cap. 50 : *In versibus qui habent interrogationem et Circumflexum, non incipit modus interrogationis, nisi post Circumflexum.*

¶ **CIRCUMFORANUS**, *Qui advocationum causa circum fora et conventus vagatur.* Papias MS. Bituric. post Isidorum lib. 10. Orig. cap 64. *Circumforaneus* dicitur Latinis.

¶ **CIRCUMFOSSARE**, Circumfodere, [** vel Fossa cingere.] *Madox* Formul. Anglic. pag. 378 : *Quam tamen dictam partem bosci nec assartare poterimus nec Circumfossare.*

¶ **CIRCUMLATERUS**, Circumstans. Vita S. Heriberti Archiep. tom. 2. SS. Martii pag. 469 : *Hoc schemate a Circumlatero Præsulum agmine perducitur ad Petri limina.*

¶ **CIRCUMLITAS**, *Girum fluminis.* Papias MS. f. legendum *Circum littus.* [** In Glossar. cod. reg. 7644 : *Circumlitus, unctus. Circulitus, girus fluminis;* unde f. legendum *Circuitus.*]

CIRCUMPAGENSIS, Accola. Miracula S. Majoli : *Circumpagenses et ex alienis terrarum locis venientes.*

CIRCUMPEDES. Agrætius : *Circumpedes sunt obsequia servorum : antepedes, vel antipedes, amicorum.* Ita etiam Papias. [** Melius Glossar. in cod. reg. 7644 : *Circum pedes sunt obsequia servorum, ante pedes amicorum.*]

Circumpedes, Alia notione, Ecclesiastici cap. 45. 10 : *Circumpedes et femoralia et humerale posuit ei, etc.* Ubi Mamotrectus : *Circumpedes, id est, sandalia vel mala granata, etc.* Græca Edit. Περισκελῆ, καὶ ποδήρη, καὶ ἐπωμίδα, etc. Joan. Drusius : *Femoralibus, toga talari, et epomide, etc.*

¶ **CIRCUMPORTICATIO**, Circuitus porticus, in Lege 37. § 1. Dig. de Relig. et sumt. funer. : [** *Si amplum quid ædificari testator jusserit, veluti in circum porticationes.* Alias *in circuitum.*]

CIRCUMROTATUS. [* Circulatim dispositus.] Historia Episcop. Autisiod. cap. 53 : *Tria pretiosissima pallia mille solidorum pretii constantia, quorum unum viridis coloris leonibus multicoloribus Circumrotatis fulget : secundum imaginibus Regum similiter Circumrotatis regali modo equitantium pollet : tertium quoque leonibus auricoloribus Circumrotatis aspicientibus arridet.* Joannes Diaconus in Vita Gregorii Magni lib. 4. cap. 84 : *In absciducula Gregorius in rota gypsea pictus ostenditur, etc.*

** **CIRCUMSESSORES.** Vicini circum sedentes, in Chart. ann. 1230. ap. Guden. in Syllog. pag. 173.

CIRCUMSOCIUS. Aurel. Victor. in Epit. in Constantino Magno : *Annibalianus Delmatii Cæsaris consanguineus, Armeniam, nationesque Circumsocias... regendas habuit.* [Id est, finitimas.]

* **CIRCUMSPECTURA**, Circumspectio. Lit. Caroli VI. ann. 1394. ex Bibl. reg. cot. 18 : *De fidelitate, Circumspectura, prudentia, diligentia, et probitate prædilecti et fidelis consanguinei et consiliarii nostri Enguerrandi dom. de Couciaco, comitis Suessionis, inhesitabiliter confidentes, etc.*

** **CIRCUMSTANTIA.** Vide *Adstantes* post *Adstantia.*

¶ **CIRCUMSTANTIONATUS**, Gall. *Circonstancié.* Dionys. Carthus. : *Juratio debite Circumstantionata,* id est, Jusjurandum justis circumstantiis moderatum ad definitum. Ita Goclen. in Lexico Philos.

CIRCUMTEXTUS, *Vestis species, quæ Græce Cyclas dicitur : dictum quod sit rotundum pallium.* Papias. [** Ex Isidor. lib. 19. cap. 24. sect. 10. qui excitat Virgilium Æn. lib. 1. vers. 653.]

* **CIRCUMVENTOSUS**, Qui circumvenit, inducens in fraudem. Acta S. Epicteti tom. 2. Jul. pag. 546. col. 2 : *Veterana calliditas serpentis, satis subtilis et Circumventosa est.*

* **CIRCUMVIRECTARE**, Circumfluere. Vita S. Faron. cap. 10. tom. 3. Collect. Histor. Franc. pag. 502 : *Ex quibus una civitas, quæ dicitur Meldis, pollet clarissima, situque loci aptissima et opibus felicissima : in cujus insulæ spatiosissimo et amœnissimo ambitu Circumvirectat flumen Matrona.* Vide infra *Circuviginacio.*

¶ **CIRCUNICULA**, f. pro *Sarcinicula*, vel potius *Sarcinula*, apud Rymer. tom. 12. pag. 575. col. 1 : *Cum bogeis, manticis, fardeliis, Circuniculis, jocalibus, etc.*

¶ **CIRCUNSTANTER**, Circumspecte, attente. Maceriæ Insulæ Barbaræ tom. 1. pag. 25. ex Vita S. Lupi Archiep. Lugdun. : *Quam prudenter igitur et Circunstanter in sui filiorumque vigilantia persliterit, possibile non est nostræ facultatis evolvere.*

* **CIRCUNSTANTIA**, Repagulum, quo aliquid cingitur et defenditur. Formulæ MSS. ex Cod. reg. 7657. fol. 24. v°. : *Tandem ad ecclesiam S. Martini, cum maximo impetu accedentes vociferando altis vocibus, A mort, A mort, vina pobol, quorum clamoribus totus aer, factis responsionibus, resonabat, januas ipsius ecclesiæ... per vim et violentiam apperuerunt, confractis primo Circunstantiis.*

¶ **CIRCUO.** Vide *Circare* in *Circa* 3.

1. **CIRCUS**, Circulus, consessus. Hugo Flaviniacensis in Chronico ann. 1100 : *Judicio Concilii ad primam Abbatis Divionensis vocem de Abbatia investitus, astantibus Canonicis Eduensibus et laudentibus, cappa et baculo donatus, in Circo residere jussus, post soluto Concilio, ad propria sum remissus.*

* 2. **CIRCUS**, Arcus sellæ equestris, Gall. *Arçon.* Germ. Cabilon. episc. in vita Phil. III. ducis Burg. cap. 44. apud Ludewig. tom. 11. Reliq. MSS. pag. 77 : *Tutides et plombegos fustes comportant, lanceas devibrant, ad equorum Circos convolvunt.*

¶ **CIRCUTA.** Vide *Circada.*

¶ **CIRCUTARE.** Vide *Circare* in *Circa* 3.

* **CIRCUVIGINACIO**, Circuitus, ambitus. Lit. ann. 1375. tom. 6. Ordinat. reg. Franc. pag. 182 : *Eisdem ex ampliori gracia concedentes, ut ipsius villæ* (de Meriaco) *et fossatorum, quibus nunc inseritur, circuitum et Circuviginacionem, temporibus affuturis, ... dilatare et augmentare.... valeant.* Vide supra *Circumvirectare.* [** An *Circumgiracionem?*]

¶ **CIREA**, *Stercus; unde nos ea quæ ab ore abicimus, excreare dicimus, id est, expuere.* Papias MS. Bitur. et Glossar. Sangerman. MS. n. 501. [** Papias in cod. reg. 7609 : *Cire.* Glossar. in cod. 7644 : *Cirea,* ut ex Placido, apud quem in edit. Maii Classic. Auctor. vol. 3. legitur *Crea.*]

¶ **CIREMUM**, Intestinum gallinæ, sed mendose, ut dicitur in *Zizerium.*

¶ **CIRETICUS**, Chirurgus. Vita S. Bernardi Pœnit. tom. 2. SS. Aprilis pag. 691. et 694 : *Novissime burgum S. Audomari, non orationis causa neque meritorum S. Bernardi, quin potius ut pes ejus abscinderetur, adivit. Dum igitur Cireticos domi parentum et amicorum exspectat, etc.*

* **CIRIALIS**, Candelabrum, cui cereus infigitur. Charta fundat. abbat. Aquilar. ann. 832. inter Probat. tom. 1. Annal. Præmonstr. col. 104 : *Tuli inde... unam crucem de allatone, et duos Ciriales de allatone.*

CIRICSETUM, Cyricseat, Circset, Chircheset, etc. Vectigal Ecclesiasticum, ex Saxon. Cyric, Ecclesia, Basilica, κυριακόν, et sceat, census, vectigal. Glossar. ad Leges Anglic. : Cyricseat, *Ecclesiæ census.* Alii a Cyric et sæd deducunt. Est autem sæd Saxonibus *semen.* Ita Cyricsæd, erit *semen Ecclesiæ*, quod alii passim vertunt *Primitias seminum.* Kanutus Rex Danorum apud Ingulfum pag. 894. Radulfum de Diceto ann. 1031. Willelmum Malmesbur. de Gest. Angl. lib. 2. cap. 11. et Florent. Wigorn. pag. 621 : *Et mediante Augusto* (solvantur) *decimæ frugum, et in festivitate sancti Martini primitiæ seminum ad Ecclesiam, in cujus parochia quisque degit, quæ Anglice* Cyricseat *appellantur.* [Charta Margaretæ Comitissæ Warwici in Hist. Harcur. tom. 4. pag. 2223 : *Sciatis me dedisse... Monachis præfatis totam decimam de agnis, caseis et velleribus, et de porcellis, et de pasnagio et de vitulis, et de ruschis, et de faldranis, et de Chiricsetis.*] Cujusmodi autem esset is census, docet Fleta lib. 1. cap. 47. § 27 : *Chirchesset, certam mensuram bladi tritici significat, quam quilibet olim sanctæ Ecclesiæ die S. Martini, tempore tam Britannorum, quam Anglorum contribuerunt.* Leges Inæ Regis Westsaxiæ cap. 4 : *Ciricseatta reddita sint in festo S. Martini : si quis hoc non compleat, sit reus 60. solidorum, et duo decuplo reddat ipsum Ciricseattum.* Et cap. 62 : *Cyricseattum debet reddere homo a culmine et mansione ubi residens erit in Natali.* Leges Henrici I. cap. 11 : *Qui Chericseatum tenebit ultra festum S. Martini, reddat eum Episcopo, et undecies persolvat, et Regi 1. solid.* Perperam apud Malmesburiensem, editum *Curescet.* Plures tamen Magnates post Romanorum adventum illam contributionem secundum veterem Legem Moysi, nomine primitiarum dabant : prout in brevi Regis Kanuti ad Summum Pontificem transmisso continetur, in quo illam contributionem *Chircsed* appellant, quasi semen Ecclesiæ. Et vetus Scheda

Gallica apud Lambardum : *Chirseed, ou Chirceomer, ou Chirceamber, fut un certein rent de bled batu, que chescun home devoit al temps des Brytons et des Englez porter à lour Eglise le jour seint Martin.* Verum Spelmannus, Welocus, Somnerus, et alii linguæ Saxonicæ peritiores hanc damnant interpretationem, prioremque amplectunfur. Vide Concilium Ænhamense ann. 1009. can. 11. Monasticum Anglic. tom. 2. pag. 986. et infra, *Eleemosyna aratri.* [Observat Kennettus in Glossario ad calcem Antiquitat. Ambrosden. voces has *Ciriscetum, etc.* non modo sumtas fuisse pro *Blado*, sed etiam pro volatilibus aliisque similibus rebus Ecclesiæ solutis; sic in Inquisitione reddituum Abbatis Glastonbur. ann. 1201 : *Manerium Glaston. reddit per an. in gabulo* VII. *lib.* VI. *sol.* II. *den... In Churchscet* IX. *gallinas et semen frumenti ad tres acras.*]

1. **CIRICUS**, Cera, Gall. *Cire.* Charta Rausini Tolonensis Episcopi ann. 1205. apud Guesnaium in Annalib. Massil. : *Cum lampade de Cirico albo.*

¶ 2. **CIRICUS**, pro *Sericus*, bombycinus, passim occurrit. *Pannus de Cirico*, in Transactione inter Abbatem et Monachos Crassenses ann. 1351. ex libro viridi fol. 53. *Copertorium de Cirico viridi listatum*, in Testamento Beatricis Vicecomitissæ Narbonæ ann. 1367. apud Marten. tom. 1. Anecd. col. 1525. *Cum uno cordone de Cirico*, in antiquo Ceremoniali MS. B. M. Deauratæ. *Mappa de Cirico albo*, in Inventario Ecclesiæ Anic. ann. 1444 : *Cum cera viridi et laqueo Cirico*, sigillatæ litteræ, apud Rymer. tom. 7. pag. 529. etc.

* **CIRIEGUS**, Ital. *Ciriegio*, Cerasus, Gall. *Cerisier.* Charta ann. 1358. inter Probat. domus de Gondi pag. 156 : *Item unum petium terræ, cum castaneis et Ciriegis.*

¶ **CIRIOCORILLA**, *Ornamentum, corona.* Papias MS.

CIRIOLUS, pro *Cereolus.* Charta ann. 1197. apud Petrum Mariam Campum in Histor. Eccles. Placent. : *Dare singulis annis* 12. *Ciriolos ceræ, quisque illorum quantitatis unius libræ ceræ.*

¶ **CIRISTARE**, *Populum alloqui.* Glossar. Vet. Sangerman. MS. n. 501. Papias MS. habet : *Ciritat, populum alloquitur.*

* Leg. *Quiritare.* Vide Varron. de Ling. Lat. lib. 5.

* **CIRIUS**, pro Cereus. Hist. Cortusior. apud Murator. tom. 12. Script. Ital. col. 892 : *Propter gaudium et reverentiam beati Ludovici, in ecclesia S. Antonii clerici cum populo universo, cum oblationibus et Ciriis solemniter convenerunt.* Vide *Ciriolus.*

¶ 1. **CIRIX**, Sericum, bombyx. Testam. Guillelmi de Turre Episc. Ruthen. ann. 1461. apud Baluz. tom. 2. Hist. Arvern. pag. 726 : *Lego Casulam meam Ciricis pertici coloris.* Vide *Ciricus* 2.

* 2. **CIRIX**, *Lo predicatore*, in Glossar. Lat. Ital. MS.

CIRLISCUS. Vide *Ceorlus.*

¶ **CIRLISTUS.** Vide *Cyrlistus.*

CIRMANAGIUM et CIRIMANAGIUM, vulgo *Cirmenage;* Census, seu vectigalis species in Beneharnensi Principatu. Joannes XXII. PP. tom. 3. Epist. 1559 : *Molendinum etiam de Jusseo, et Cirmanagia, quæ præfati Vicecomes* (*Beneharni*) *et ejus uxor habebant in locis de Montemartiani, etc.* Charta Gastonis Vicecom. ann. 1282. apud Marcam in Histor. Beneharn. lib. 5. cap. 28 : *Censum totius villæ, quod vocatur vulgariter Cirimanatge.* Vide eumdem lib. 7. cap. 15. num. 4. cap. 30. num. 3. [An census ille non idem est, quod *Bonagium*, Gall. *Bornage?* quod jus iis competit qui metas in agris defigunt, quodque *Cerquemage* vocatur in Consuetudine Peronensi. Vide *Circamanaria.*]

¶ **CIRNEARIUS**, Figulus, in Gruteri Inscriptionibus pag. 643. num. 2. Est a *Cirnea*, Plauto, Vas vinarium.

¶ **CIROCLEUS.** Vide *Chirocleus.*

* **CIROCOPUS**, *Lo unguntario*, in Glossar. Lat. Ital. MS.

* **CIROGIA**, pro *Chirogia*, *Corda facta cum manibus*, in vet. Glossar. ex Cod. reg. 521. [** *Ciroga, Germ. ein hentschuch oder gabel.* Vocab. Latin. Germ. ann. 1477. ADEL.]

¶ **CIROGILLINUS.** Vide post *Chirogryllus.*

* **CIROGILUS**, *Lo rito, e ordine.* Glossar. Lat. Ital. MS.

¶ **CIROGRAFER**, vel CIROGRAFERUS, pro *Chirographarius*, apud Rymer. tom. 11. pag. 648. col. 1 : *Secretarium Cirograferumque ac Ambassiatores, etc.*

¶ CIROGRAFFATA CHARTA, CIROGRAFFUM, CIROGRAPHUM, non semel occurrunt in Instrumentis ætatis mediæ, pro *Chirographum, etc.* Vide in hac voce.

CIROGRILLUS. Vide *Chirogryllus.*

¶ **CIROGRISSUS**, pro *Cirogrillus*, infra in *Claperius.*

* **CIROGUILLUS**, pro *Chirogryllus*, Cuniculus. Lit. ann. 1357. tom. 4. Ordinat. reg. Franc. pag. 449 : *Lupos, apros, cervos, capriolos, vulpes, lepores, Ciroguillos, etc.*

¶ **CIROGULUS**, Idem, in Gloss. ad calcem novæ Gall. Christ. tom. 2. col. 504. ad vocem *Almutia.*

¶ **CIROLOGUS**, Chirurgus. Miracula B. Henrici Baucen. tom. 2. Junii pag. 391 : *Testis de restauratione ossis magister Franciscus Cirologus, qui tentavit ipsius tibiam et os.*

¶ **CIRORGUUS**, pro *Chirurgus.* Statuta Arelat. MSS. art. 139 : *Nullus medicus.... veniat operari in hac villa, nisi primitus fuerit per unum... Ciroguum examinatus.*

¶ **CIROTECA**, pro *Chirotheca.* Legitur in voce *Lectrinum* et in antiquo Ceremoniali MS. B. M. Deauratæ : *Prædicti piscatores tenentur dare cirotecas sive Gans diversis personis prædictæ Ecclesiæ, etc.* Vide *Chirotheca.*

* **CIROTERA**, CIROTHECARIUS. Vide supra in *Chirothecæ.*

¶ **CIROXARE**, *Circumdare.* Papias MS. Vetus Glossar. Sangerm. MS. n. 501. habet, *Ciroxere, Circumdare.*

1. **CIRPUS.** Charta Philippi de Monteforti Dom. Tyri pro Communia villæ de Castris in Occitania ann. 1264 : *Quilibet de dicta universitate volens potest in ipsa villa de castris facere seu tenere, vel exercere salinum pro voluntate sua, dummodo nobis et nostris successoribus pro quolibet salino exercitores illius salini solvant pro censu annuo quolibet duo sextaria salis, et suos Cirpos, prout est hactenus usitatum.*

¶ 2. **CIRPUS**, pro *Scirpus*, Juncus enodis, apud Rymer. tom. 8. pag. 634. col. 2 : *De quolibet batello cum Cirpis onerato venalibus unum obolum.*

¶ **CIRRIGLINON.** Vide *Chirogryllus.*

* **CIRRUS**, *Coup vel dorelot*, in Glossar. Lat. Gall. ex Cod. reg. 7692. Unde *Cirritus*, in eod. Glossar. *Qui porte dorelot. Cirratæ*, vestis militaris, meminit Capitolinus in Pertinace, quam fimbriatam exponit Salmasius ad hunc locum. Alii *Cirratas* interpretantur villosas ex veteribus Glossis, in quibus occurrunt vestes militares *bivilles* et *bicirres*, id est, ex utraque parte habentes cirros vel villos.

CIRSUM, *Genus vehiculi.* Papias MS. [Additur in Glossario Sangerm. MS. n. 501 : *Cirsum, Carpentium.* Lege *Carpentum.* Latinis *Cisium* vehiculum est duabus dumtaxat rotis instructum. Pro *Cisium* f. mendose scribitur *Cirsum* in locis citatis.]

* **CIRVILERIA**, Cassidis species, quæ superiorem capitis partem operit, Ital. *Cervelliera.* Stat. Mutin. ann. 1328. apud Murator. tom. 2. Antiq. Ital. med. ævi col. 487 : *Quilibet miles teneatur et debeat habere in qualibet cavalcata et exercitu panceriam, ... et bonam Cirvileriam.* Vide supra *Cervelleria* 1.

¶ **CIRURGICUS**, Chirurgus. *Medici et Cirurgici*, in Capitulis General. MSS. S. Victoris Massil. Præterea legitur in Litteris Philippi III. Franc. Regis ann. 1278. et in Hist. Dalphin. tom. 2. pag. 283.

* **CIRUS**, *Strango vel stranbo.* Item *Arbor nucis.* Glossar. vet. ex Cod. reg. 7613.

* **CIS**, Taxus, Polonis. Stat. Vladisl. Jagel. ann. 1420. inter Leg. Polon. pag. 80 : *Arbores magni valoris et pretii, ut est taxus, vulgariter Cis, etc.*

1. **CISA.** Charta Italica sub. ann. 1028. scripta, apud Puricellum in Ambrosiana Basilica pag. 359 : *Cohæret ab ipso campo et ab ipsa capella da mane sanctæ Mariæ, da meridie Petri de Saravia : et area et ipsa capella cum eodem campo insimul per mensuram justam, cum Cisa sua vigias tres nominative, quas mihi campo ipso ante hos dies per chartam venditionis advenit.* Ubi pro *vigias*, legendum puto *jugias.* Vide in *Jugia.* De *Cisa*, nihil succurrit. Vide *Assisa*, [*Cisia* et *Ciza.*]

* Districtus, territorium, ut videtur.

* 2. **CISA**, pro *Sisa* vel *Assisa*, Impositio, præstatio tributi, quod in publicis assisiis statuatur, sic dicta, *Sisa*, Hispanis. Charta Jacobi II. reg. Aragon. ann. 1291 : *Item quod elapso prædicto tempore et etiam ante, scilicet incontinenti cum pax firma et secura, vel treugua quinque annorum vel plurium fieret inter nos et dictos inimicos nostros, quod prædicta Cisa, et ordinatio et perceptio et solutio ipsius, sit cassa et vana et penitus revocata, et cesset de cetero ipso facto, ita quod deinceps... non teneamini ad dandum vel solvendum unquam Cisam superius ordinatam, ... salvo quod si ordinatores et distributores dictæ Cisæ manulevarint aliquid super ea, de consilio qui sunt in hac curia, ... quod dicta Cisa duret quousque dicta manulevata esset soluta.* Lit ann. 1362. inter Probat. tom. 2. Hist.

Nem. pag. 264. col. 1 : *Eisdem sindico et universitati concessimus, ... ut ipsi possint et valeant.... imponere et indicere in dicto loco S. Saturnini Cisam, impositionem, vel barragium, de quo ipsi, una cum majori et saniori parte populi dicti loci convenerunt, etc.* Vide *Assisa* et *Sisa*.

* 3. **CISA**, *aliquando pro Edera reperitur.* Glossar. medic. MS. Simon. Januens. ex Cod. reg. 6959. *Cisa, Ledera nigra*, in Glossar. Lat. Ital. MS.

** **CISALIA**, Gall. *Cisaille*, Ramenta, Nummariæ conflaturæ præsegmen. Henric. VII. Imper. Edict. de monet. Ital. ann. 1311. ap. Pertz. vol. Leg. 2 pag. 517 : *Operarii debent habere.... de quolibet peso 20. marcharum et ontiarum 2., 10. solidos et 10. denarios... et ultra carbonem, et de dicto peso poterint facere 2. marchas et dimidiam Cisaliæ, etc.* Vide *Cisellus*.

CISALPINARE, Cis alpes ire. Laurentius Leodiensis in Episcopis Virdunensibus : *Hic est, inquit* (PP.) *qui gratiæ majoris honorem et reverentiæ potioris favorem Gallicanis omnibus, ex quo Cisalpinavi, nobis exhibuit.* Vide *Transalpinare*.

1. **CISARA**, Cicera, Leguminis species : Gallis *Vesse*. Occurrit in Chronico Villelmi Thoro.

* Vel potius *Pois-chiche*. Vide supra *Cierchiaris*.

¶ 2. **CISARA**, Cisera, pro *Sicera*, Genus potionis, vulgo *Cidre*, apud Rymer. tom. 9. pag. 565. col. 1 : *Necnon de qualibet pipa Cisaræ, cervisiæ, etc.* Chartular. Gemetic. tom. 3. pag. 17 : *Occasione vinorum, bladorum, Ciserarum, cervisiarum, potuum, bibariorum seu aliarum rerum.*

¶ **CISCI**, ἐντός, *Cis*. Supplem. Antiquarii.

* **CISCLATO**, Vestis species ex panno pretioso. Testam. Ermeng. episc. Agath. ann. 1149. inter Instr. tom. 6. Gall. Christ. col. 323 : *Et duos Cisclatones et unum pallium relinquo in potestatem Bertrandi sacristæ ad hoc proprie, ut de duobus Cisclatonibus vestes fiant ad missarum solemnia celebranda.* Vide *Cyclas*.

* **CISELLUS**, Cizellus, Forceps, Gall. *Ciseaux ; Cisailles*, in Stat. ann. 1366. tom. 4. Ordinat. reg. Franc. pag. 703. art. 2. *Chisel*, eodem sensu, in Lit. remiss. ann. 1410. ex Reg. 165. Chartoph. reg. ch. 53 : *Le suppliant print en l'ostel Jehan le Noir escuier demourant à Noyon un instrument, nommé Chisel.* Lit. remiss. ann. 1352. in Reg. 81. ch 389 : *Gaufridus Boutin pannicisor de Cisellis suis, quibus pannos cindebat, etc.* Aliæ ann. 1362. ex Reg. 91. ch. 416 : *Cepit quemdam magnam forficem seu Cizellum, vel celtem ferreum, etc.*

* Aliud est *Cizaille*, Nummariæ scilicet conflaturæ præsegmen, in Reg. B. Cam. Comput. Paris. ad ann. 1330. fol. 6. v°. : *Que li ouvrier puissent faire demi marc de Cizaille, etc.* Vide *Cisalia*.

* *Ciseau* vero appellatur ferrum, quo sagitta munitur, in Lit. remiss. ann. 1460. ex Reg. 190. ch. 116 : *L'arbaleste bandée et ung traict dessus ferré d'un fer, appellé Ciseau.* Unde et sagitta ipsa *Cyseau* dicitur, in aliis Lit. ann. 1478. ex Reg. 205. ch. 192 : *Le suppliant print ung Cyseau ou raillon, et le mist sur son arbalestre.*

* **CISERCULA**, pro *Cicercula*, in Stat. Avellæ ann. 1496. cap. 95. ex Cod. reg. 4624.

¶ **CISFRETARE**, Transfretare. Locus est in *Incurvare*.

¶ **CISIA**, Vectigal, tributum. Leges Jacobi II. Regis Majoric. inter Acta SS. Junii, tom. 3. pag. LXX. : *Concedimus ut possit alicubi talliam vel Cisiam vel quamcumque aliam contributionem. . . . ad tempus certis hominibus, imponere.* Vide *Cisa*, 2. *Ciza*, et *Assisa*.

¶ **CISIARIUS**. Vide *Carrucarius*.

CISIL, Testis, obses. Vide *Gisiles*.

CISIMUS. Matthæus Paris ann. 1248 : *Dedit eis vestes pretiosissimas, quas robas vulgariter appellamus, de escarleto præelecto cum penulis, et fururis de pellibus variis Cisimorum.* Bernardus Silvester, Poeta eximius, uti ait Gervasius Tilleberiensis, part. 3. Otior. Imper. MS. cap. 46 :

Cisimus obrepsit, et vestitura potenter
Marturis, et spolio non leviore Bever.

Rhenanus lib. 2. Rer. German. pag. 95. de Legibus Francicis : *Nemo pluris vendito aut emito quam sagum optimum et duplum 9. sol. simplex 10. vilius autem minoris : roccum Martrinum seu optimum 30. solid. sismusinum optimum 10. solid. etc.* Vide *Cisinus*.

* **CISINDELLUS**, Lampadis species, ut supra *Cicendile*. Charta ann. 1199. apud Murator. tom. 3. Antiq. Ital. med. ævi col. 162 : *Unam libram olei pro luminaria, et ponendum in Cisindello ante altare.* Vide *Cicindela*.

* **CISINUS**, *Est animal fetens, Gallice Vers et gris.* Glossar. Lat. Gall. ann. 1352. ex Cod. reg. 4120. Vide *Cisimus*.

* **CISIO**, Incisio, Gall. *Incision*. Stat. S. Flori MSS. fol. 2 : *Nullus in sacro ordine constitutus, et præcipue sacerdotes et religiosi surgiæ artem exerceant, quæ ad ustionem vel Cisionem inducat.*

CISISPITACUM. Vide *Cespitaticum*.

¶ **CISMA**, pro *Schisma*, Gall. *Schisme*. Vide locum in *Phariseare*.

¶ **CISMARINÆ** Partes, Partes cis mare, ut *Transmarinæ*, trans mare, in Transactione inter Carol. I. Comitem Provinciæ et Fr. Feraudum de Barassio Commendatorum Hospit. S. Johannis Hierosol. ann. 1262. ex Schedis Præsidis de *Mazaugues*.

¶ **CISOR**, Scissor, sarcinator, Gall. *Tailleur*. Mauritius Gaufridi in Vita S. Yvonis, tom. 4. Maii pag. 593 : *Cum pro se quandam tunicam fecisset, eique diceret Cisor : Induite eam, ut videamus si bene facta sit.* Alter locus exstat, in *Selda*. Vide *Cesor*.

* Stat. MSS. Eccl. Tull. in unum collecta ann. 1497. fol. 97. v°. : *Olim autem iste assumebatur Cisor pannorum, et quoties opus erat, tenebatur reparare ornamenta ecclesiæ.*

* **CISORIUM**, Instrumentum ferreum, quo macellarii in scindendis carnibus utuntur. Lit. remiss. ann. 1353. in Reg. 82. Chartoph. reg. ch. 6 : *Dum dictus Petrus ante soppam seu stallum prædicti Robini carnificis transiret,... quædam Cisoria capiendo, de quibus nisus fuerat eundem Petrum percutere et occidere ;.... qui quidem Petrus de dictis Cisoriis vim vi repellendo ipsum Robinum in guture vulneravit.* Vide alia notione in *Cissorium*.

¶ **CISPECTATICUM**, Cispitaticum. Vide *Cespitaticum*.

* **CISSA**, Impositio, exactio tributi. Charta ann. 1221. ex Tabul. Massil. : *Item proponebant Massilienses quod Tharasconenses exigebant et capiebant quamdam exactionem novam, quam Cissam appellant ;... et quod Massilienses sint immunes apud Arelatenses et Tarasconenses a præstatione xviij. denariorum et ab aliis exactionibus novis et Cissa prædicta.* Vide supra *Cisa* 2.

¶ **CISSER**, pro *Cicer*. Species leguminis, Gall. *Pois chiche*. Occurrit in Transact. Abbatis et Monachorum Crassensium ann. 1351. ex lib. viridi fol. 52.

* Æstimat. ann. 1356. inter Probat. tom. 2. Hist. Nem. pag. 179. col. 1 : *Cissera alba, sestarium, vij. grossos.* Formulæ MSS. ex Cod. reg. 7657. fol. 31. r°. : *Inter alia tradidit tali sertori de Massilia certum quantitatem Cisserorum pretio xxx. solidorum regis.*

¶ **CISSONIUM**, pro *Essonium*, ut videtur, Impedimentum. Pactum matrimonii inter Othonem filium Comitis Burgundiæ, et Blancham filiam Comitis Campaniæ ann. 1225. tom. 1. Anecdot. col. 928. E : *Comes Campaniæ tenetur morari nobiscum et gentibus nostris ad diruendum castrum de Roschefort et castrum de Trance : et si Comes haberet legitimum Cissonium, ipse dimitteret gentes suas ad id agendum.*

¶ **CISSOR**, Sarcinator, Gall. *Tailleur*, apud Rymer. tom. 5. pag. 693. col. 2 : *Sellarii, Peletarii, Alutarii, Sutores, Cissores, Fabri, etc.* Vide *Cisor*.

¶ **CISSORIUM**, Cisorium, Orbiculus ligneus, in quo convivæ *scindunt* dapes sibi appositas, Gall. *Tranchoir*. Leges Palatinæ Jacobi II. Regis Majoric. inter Acta SS. Junii tom. 3. pag. LV : *Et quia in appositione prædicta decet aliquos juxta status conditionem plus ceteris honorari, volumus quod in Cissorio nostro pro octo personis de dictis cibariis apponatur, et tantumdem in Cissoriis Cardinalium .... in Cissoriis vero Episcoporum, pro sex ; Abbatum vero et Baronum .... pro quatuor jubemus apponi. Sed in Cissoriis aliorum inferioris gradus, juxta consuetudinem in nostra Curia diutius observatam, æqualiter apponatur.* Occurrit ibid. pag. XIV. *Cisorium* vero pag. VIII. Vide *Scissorium*.

¶ **CISSUS**, pro *Scissus*, in Capitulis general. S. Victoris Massil. : (Si) *habeat pannum in blanqueto non Cissum, ad proprium Priorem debeat pertinere.* Occurrit rursum in Statutis MSS. Lirinensibus ann. 1453.

¶ **CISTA**, Vagina. Vide locum in *Camara*.

* Cista, Arca, Libellus ann. 1456. tom. 2. Germ. sacr. pag. 499 : *Item absque scitu plebani aufferunt* (laici) *Cistas, ad quas etiam soli habent claves.*

¶ Cistas Bullare, Arcas et armaria signare, iis sigillum imprimere, Gall. *Mettre le scellé*. Litteræ Roberti Comitis Atrebat. ann. 1269. ex Tabulario Corbeiensi : *Super eo quod Ballivus seu Servientes nostri domum Religiosorum dictæ Majorissæ apud Monchiacum violenter intraverunt, ostium cameræ suæ fregerunt, culcitram ejus et alia* bona a dicta camera asportaverunt, et Cistas in dicta camera Bullaverunt, et feodum dictorum Religiosorum saisierunt.

¶ Cista Carellorum, ubi carelli reponuntur; apud D. *Brussel* de Feudorum usu tom. 2. pag. cxc. et cxci.

¶ Cista. Laudes Papiæ apud Murator. tom. 11. col. 23 : *Habent in capitibus galeas ligneas, scilicet viminibus textas, quas Cistas vocant.*

Cistæ Columnatæ, quas vulgo *Buffets* dicimus. Speculum Saxonicum lib. 1. art. 24. § 2 : *Cistas columnatas, id est, cum elevatis tecturis.*

** Cistale pignus, Cista asservandum. Vide *Pignus.*

* **CISTARIUS**, Qui *cistas* conficit, in Necrolog. S. Aureliæ MS.

CISTARCA, [Cistrarcha, Cistrartia, Cistella, qua panis cibusve defertur.] Vide *Sitarchia.*

CISTELIUM. S. Aldhelmus lib. 1. cap. 42. de Laud. Virg. : *Imperat Duci, quatenus patefactis cavearum Cisteliis, et apertis clatrorum obstaculis ursorum genuinis carperentur, et leonum rictibus roderentur.* Alias *Crusteliis*; sed legend. videtur *Cistellis* : nam Varroni et Plauto *Cistella* est capsella, ut auctor est Fulgentius de Prisco serm. [Terent. Eunuch. 4. 6. 15 : *Cistellam, Pythias; domo affer cum monumentis.*]

* **CISTELLI**, Virgultorum fasciculi, quibus terra continetur, quod instar cistarum simul implicantur, sic dicti. Charta Petri dom. Marleti ann. 1234. in Chartul. S. Dion. pag. 267. col. 1 : *Recognosco quod nec ego nec heredes mei debemus atterare, vel augmentare, sive de novo facere in aqua Secanæ insulas aliquas vel Cistellos ullo hominum facto, violentia vel artificio.*

* **CISTERNÆ**, Dicitur de loco humili et paludoso, ubi stagnat aqua. Charta fundat. Regalis-loci ann. 1308. inter Instr. tom. 10. Gall. Christ. col. 143 : *Item quoddam pratum situm in biertia sive in Cisternis.* Pro Loco profundo, apud Dant. in Inf. cant. 33.

CISTEROS. Constitutio Friderici de pace tenenda : *Si vero temerarius ipse absque percussione eum invadat, quod vulgo dicitur Cisteros, calida manu, ac verberibus contumeliisque male tractaverit, etc.* Ex Theut. *Citterhand*, calida manu. [** Ant. de Prato Vet. legit *Exteros;* sed MS. habent *Zitterhand* h. e. *trohender hand*, absque percussione. Vid. Observ. ad Chron. Kœnigshov. XII. pag. 660. Hæc Schilterus in Gloss. Adel. Pertz. vol. Leg. 2. pag. 102. § 3. *asteros hant.* Vide *Haisterahandi.*]

¶ **CISTEX**, *Citeaux*, Caput Ordinis Cisterciensis. Epistola Arverii de *Belvais* tom. 1. Anecdot. col. 601 : *Notum vobis facio, quod terram de Bercelai dedi Ordini de Cistex, ut ibi Monasterium construatur.*

* **CISTICULA**, Cistella, diminut. a Cista. Stat. de salis fodinis ann. 1451. inter Leg. Polon. tom. 1. pag. 167 : *Vicethesaurario, qui Cisticulam portat, duos grossos.*

* **CISTIS**, *femin. generis, est receptaculum fellis.* Glossar. Lat. Gall. ann. 1352. ex Cod. reg. 4120.

* **CISTRA**, Cista. Bulla Gregor. IX. an. circ. 1230. apud Murator. tom. 2. Antiq. Ital. med. ævi col. 35 : *Item curia pro qualibet mansa debet accipere de vinenis* (vineis) *unam Cistram inter uvas et alios fructus.* Glossar. Provinc. Lat. ex Cod. reg. 7657 : *Cistria, Prov. Cista, cistella.* *Cistre*, pro *Cidre*, Potus species, in Lit. remiss. ann. 1450. ex Reg. 180. Chartoph. reg. ch. 136 : *Ung gallon, qui sont deux potz de Cistre.*

¶ **CISTULA**, Situla, Gall. *Sceau.* Transactio inter Abbatem et Monachos Crassenses ann. 1351. ex libro viridi fol. 53 : *Quando aliqua de Cistulis vel ferratis putei cadit casualiter in puteum, etc.*

CISURGIUM, χειρούργιον, Ferramentum chirurgi. Petrus Damian. lib. 3. Epist. 2 : *Inter omnia vestræ sanctitatis studia, illud mihi multo est carius, quod saluti Monachorum pastoralis oculus vester invigilat, et occulta diu vulnera in lucem producere, et disciplinæ Cysurgio secare non cessat.* Idem lib. 6. Epist. 30 : *Tantum doloris vim in genitalibus pertulit, ac si revera materiale Cisurgium partem corporis secuisset.*

* **CISUS**, Acies, Gall. *Tranchant.* Lit. remiss. ann. 1409. in Reg. 164. Chartoph. reg. ch. 58 : *Idem exponens intendens de plato sui ensis percutere eumdem de Pinolio in collo, cum Cisu dicti ensis uno ictu percussit.*

CITACUS, pro *Psittacus.* Visitatio Thesaurariæ S. Pauli Londinensis ann. 1295 : *Tunica et dalmatica de albo diaspro, cum Citacis viridibus in ramunculis, etc.* Alibi : *Casula de albo diaspro, cum Citacis combinatis per loca in ramusculis, etc.* Occurrit ibi non semel.

¶ **CITADANAGIUM**, etc. Jus civitatis. Statuta Arelat. MSS. art. 89 : *Item statuimus quod quicumque juraverit, vel jurabit* (*sacramentum*) *Cientadanagii* (melius *Citadanagii*) *Arelat. teneatur ponere in possessionibus tertiam partem omnium bonorum suorum mobilium infra menses* vi. *et nullus recipiatur de cætero in Cientadanagio Arelatis, nisi prius juraverit, quod infra dictos sex menses ponat tertiam partem omnium bonorum suorum mobilium in possessionibus, et quod sit mensionarius Arelatis per* l. *annos, et quod nullus credatur esse civis seu habeatur, nisi sit mansionarius, quamvis instrumentum habeat de Cidentadanage, et si instrumentum aliquod inde aliquis haberet Cientage, quod nullam obtineat roboris firmitatem.* Compendiosa versio Gallica anni 1616 : *De l'habitanage. Qui vouldra estre receu habitant de la ville d'Arles, sera tenu employer en fonds et possessions la tierce parte de ses biens meubles dans six mois, et y demeurer et faire sejour durant cinquante ans, aultrement ne sera creu et reputé pour citoyen nonobstant son act et lettres de Citadinage.*

¶ Cintadamagium, pro *Citadanagium.* (Pastor bestias) *proprias possit in sua gardia habere, dum tamen modo juraverit Cintadamagium*, in Ordinatione Caroli Regis Siciliæ ann. 1278. Rursum recurrit ibi.

¶ **CITADINANTIA**, ut *Citadinagium.* Vide *Cittadinantia.*

CITAINATICUM, Jus Civitatis. Charta ann. 1307 : *Ipse D. Janotus offert se paratum jurare Citainaticum dictæ civitatis Terdonæ, et esse verum et fidelem civem dicti Communis.*

¶ **CITANÆ**. Vide *Cautumæ.*

* **CITANATICUM**, Citanatium, Jus civitatis, Ital. *Cittadinanza.* nostris *Droit de bourgeoisie*; hinc *Citien*, pro *Citoyen*, civis, in Charta ann. 1272. ex Chartul. eccl. Lingon. fol. 29. r°. : *Jehan de l'Ecreigne Citien de Leingres, etc.* Lit. remiss. ann. 1392. in Reg. 143. Chartoph. reg. ch. 3 : *Guillaume de Villers Citien de Lengres, etc.* Stat. Astæ collat. 8. cap. 8. pag. 26 : *Et si aliquis juravit Citanaticum civitatis, ita quod in Ast debeat habitare, compellam eum venire ad habitandum et habitare in Ast cum familia sua;... salvo omni alio jure, quod commune Ast habet vel habere continetur in eum vel res ejus, occasione sui Citanatici.* Et collat. 17. cap. 10. pag. 57 : *Potestas teneatur ei facere cartam Citanatii, si fuerit ab eo requisitus.* Vide *Cittadantia.*

* **CITANATUS**, Citainatus, Eodem intellectu. Stat. Vercell. lib. 3. pag. 87 : *Aliter elapso ipso termino, non habeatur ille talis, qui non venerit stare et habitare ut supra, pro cive, nec gaudeat nec gaudere possit honoribus, commodis, statutis, gratiis et privilegiis Citanatus.* Rursum lib. 7. pag. 163. r°. : *Postulans et requirens ut velit ipsum magistrum Philippum recipere ad Citainatum pro cive et tanquam civis civitatis prædictæ.* Vide supra in *Burgenses* et *Citainaticum.*

CITATIM, pro *Cito.* Utitur Alcuinus Epist. 9. [Legitur et apud Hirtium de Bello Africano cap 80 : *Cum expedita copia in eum locum Citatim contendit.*]

¶ 1. **CITATIO**, In jus vocatio. Vox forensis multiplicis apud Jurisconsultos significationis.

* Charta Th. decani S. Vulfr. Abbavil. ann. 1218. ex primo Lib. nigr. ejusd. eccl. fol. 8. r°. : *Retenta sibi et hæredibus suis præpositura cum dominio et libertate et fructibus grangiæ per servicium, quod antea nobis reddere solebat, videlicet duellum, et Citationes, et alia servicia.*

¶ Citatio Personalis dicitur cum quis ita *citatur* in judicium, ut ipse debeat pro se apud Judices respondere, Gall. *Ajournement personel.*

** Citatio Peremptoria de Ambone, in Chart. ann. 1426. ap. Guden. cod. Diplom. vol. 2. pag. 1265.

Citatorium, Citatoriæ Literæ, Citationis Literæ, in Constitut. Siculis lib. 1. cap. 95. § 1. et 2. quibus quis in judicium citatur, vocatur κιτατώριον, apud Theophanem et Cedrenum, *Commonitorium* vertit Paulus Diac. lib. 20. Hist. pag. 634. Edit. Canisii. *Citatorium* hac notione habetur in leg. 2. Codic. de Princip. Agent. in rebus. (12, 21.) [*Citatoriales litteræ*, apud Miræum tom. 2. pag. 1108.]

* 2. **CITATIO**, Submonitio militaris, jus *citandi* seu vocandi ad exercitum. Scacar. S. Mich. ann. 1282. ex Cod. reg. 4653. A. : *De nobilibus et aliis justitiam temporalem habentibus in Normannia, petentibus et dicentibus, quod Citatio et ostensio armorum ad ipsos in terra sua spectabat..... Concordatum fuit, quod dictæ Citatio et ostensio ad dominum regem et non ad alios plenarie pertinebat.*

¶ **CITAXUS**, *Similis taxi.* Gloss. Isid. Ubi Grævius : Emenda *Ceu taxius*, *Similis taxo;* quod sic apud Servium legitur, unde hæc excerpta est Glossa.

¶ **CITEANÆ**. Vide *Cautumæ*.

CITEBASA, *Fundamenta*, Ugutioni.

** **CITELLUS**, Glis veterum Romanorum, Germ. *Zieselmaus*, *Bilchmaus*, teste Frischio in Lexic. Germ. voce *Bilch*. Adel.

¶ **CITENÆ**. Vide *Cautumæ*.

¶ **CITHAGIA**. Vide *Catagogium*.

* **CITHISUS**, Plinio *Cytisus*. Glossar. vet. ex Cod. reg. 7613 : *Cithisus, genus arboris, fruticis.*

¶ **CITISUM**, *Frumentum*. Papias MS. An a Græco σῖτος, quod idem significat?

¶ **CITIX**, *Pirata*. Gloss. Isid. Recte Grævius : Lege *Cilix*; ut *Arabs* pro Latrone, sic *Cilix* pro pirata veteribus accipitur.

* **CITIVOLUS**, Citus, celer. Chron. ann. 1030. inter Probat. tom. 1. Hist. Lothar. col. 461 : *Penna Citivola prope longeque manentium aures diverberat fama, etc.*

* **CITOCARIA**, *seu Citocia*, *Herba*, *quæ cito purgat ventrem.* Glossar. vet. ex Cod. reg. 7613.

CITOLA, Instrumenti musici species. Guillelmus *Guiart*. ann. 1214 :

Qui le Roy de France a cele erre
Envelopa si de paroles,
Plus douces que sons de Citoles.

* *Cytholour*, qui eo canebat, in Vitis SS. MSS. ex Cod. S. Vict. Paris. sign. 28. fol. 146. v°. col. 2. ubi de S. Petro : *Nerons en chanz s'entendoit, si que touz les Cytholours et les autres jugleours par chanter sourmontast.*

CITONELLA. Charta ann. 1279. in Tabular. Eccles. Autisiod. fol. 521 : *Episcopus faciet fieri Citonellas, seu portas introitus villæ claudentes.* Apud Perardum pag. 535. habetur *Ciconellas*.

* Pro *Ciconiola*. Vide supra *Cicomola*.

CITOUART, Species radicis arboreæ. Vide *Zedoaria*.

¶ **CITRANGULUM** Malum, Citreum, Gall. *Citron*. Medic. Salern. pag. 150. edit. 1622.

CITRATUS Ager, Qui citra est, ut *Ultratus*, qui ultra : vox Agrimensorum. *Regio citra*, apud Hygenum de Limitib.

* **CITRINACIO**. Arnauldus in Rosario MS. lib. 1. cap. 5 : *Citrinacio, nihil aliud est nisi completa albedinis digestio, nec albedo est aliud quam nigredinis ablacio.*

¶ 1. **CITRINELLA**, *est flammula* Rocho *le Baillif*, in Dictionariolo Spagyrico.

** 2. **CITRINELLA**, Pictorio avis species est, Germ. *Citrinlein*, *Citrinchen*, *Hirngrille*, ob pectus citrini coloris. Adel.

¶ **CITRINOLUS**, eidem Rocho *le Baillif est pallidus cristallus.*

* Hæc et alia ex Rocho *le Baillif*, accuratius dicta videsis in Lexic. medic. Barth. Castelli, Lipsiæ ann. 1713. edito.

* **CITRO**, Malum citreum, Gall. *Citron*. Comput. ann. 1408. inter Probat. tom. 3. Hist. Nem. pag. 194. col. 2 : *Item pro Citronibus positis supra amphoras, ij. denarios.*

CITRIONES, Citonia mala, [Gall. *Citrons*.] Matth. Silvatic.

CITROLUS, ex Italico *Citrollo*, nostris *Citrouille*. Occurrit in Charta ann. 1178. apud Ughellum tom. 7. pag. 572. [et in Miraculis B. Gerlandi tom. 3. SS. Junii pag. 665. necnon in Historia Sicula Hugonis Falcandi, apud Murator. tom. 7. cap. 257.]

Citrullus, Eadem notione. Tidericus Langenius in Saxonia :

Sunt ibi nonnullis fabæ, melonesque, Citrulli.

¶ **CITRUM**, ἑσπέριον, *Hesperium*, *Serotinum*, in Supplemento Antiquarii.

¶ **CITRUS**, Italis, *Citrino*, Gall. *Citron*, Citreum, in Historia Sicula Hugonis Falcandi, apud Murator. tom. 7. col. 258.

CITTADANTIA, Cittadinantia, Jus civitatis : ex Italico *Cittadinanza*. [Regimina Paduæ apud Murator. tom. 8. col. 381 : *In anno præsenti* (1278.) *dominus frater Henricus Tridentinus Episcopus est cum Paduanis Cittadantiæ vinculo alligatus.*] Petrus de Vineis lib. 5. Epist. 113 : *Quidam ejusdem terræ tam nobiles quam alii qui se cives novos appellant, sub nobilitatis et Citadinanciæ prætextu conferre cum eis in daciis et collectis . . . recusant.* Occurrit etiam apud Rolandinum in Chron. lib. 2. cap. 1. lib. 3. cap. 7. Vide præterea Georgium Pilonum in Hist. Bellunensi pag. 123. v. 124. [** Murator. Antiq. Ital. vol. 4. col. 163. A.]

* **CITTADELLA**, vox Italica, Civitatula, oppidulum, vel arx, qua notione *Citadelle* usurpamus. Chron. Astense apud Murator. tom. 11. Script. Ital. col. 269 : *Joannes Turchus de Castello... cum certa comitiva gentium armatorum equitum et peditum, venit de nocte apud civitatem Ast, et voluit scalare castrum prædictæ Cittadellæ.* Annal. Placent. ad ann. 1404. apud eumd. tom. 20. col. 870 : *Pro majori parte sacco et prædæ illam* (Placentiam) *subjicientes, exceptis qui ad fortalitia Cittadellæ S. Antonii et S. Antonini potuerunt aufugere.*

* **CITULA**, Piscis genus. Tract. de Piscibus cap. 99. ex Cod. reg. 6838. C. : *Piscis, qui Plinio faber et zeus dicitur, Romæ Citula et piscis sancti Petri cognominatur. Ferunt hunc piscem fuisse, quem, jubente Christo, divus Petrus ceperit, ut in ejus ore numisma pro tributo reperiret; unde digitorum impressorum vestigia in medio corpore relicta fuerunt. Græci hodie χριςόφορον nominant, aiuntque S. Christophorum, dum Christum humeris gestans mare trajiceret, piscem hunc apprehendisse, et impressa digitorum vestigia reliquisse. Idem forte piscis, quem Galli doream vocant ab aureo laterum colore, nostri et Hispani, Galli Baionenses jau, id est, gallum, a dorsi pinnis surrectis veluti gallorum gallinaceorum cristis, Massilienses truie, quia dum capitur suum more grunnit, in Lerino insula et Antipoli rode vocatur, id est, rota, quia rotæ modo rotundus fere sit.*

* **CITUS**, quasi *Citatus*, Vocatus. Stat. ant. Canon. Regul. metrice scripta tom. 1. miscell. Duelli pag. 96 : *Præsule cito.* Ubi Glossæ, *id est, vocato.*

CIVADA, Civata, Hordeum, vel avena, illa præsertim quæ domino feudi penditur; Occitanis *Cibado*, *sibado* : Hispanis *Cevada*, in Foris Benebarn. *Sibada*, Rubr. 1. art. 20. Academicis Cruscanis, *Civata*, dicitur *Legume d'ogni sorte*. Charta ann. 1232. in Regesto Chartarum Comitatus Tolosæ in Camera Computor. Paris. fol. 28 : *Habeatis vos et successores vestri singulis annis in messibus quarterium unum frumenti et alteram Civatæ, pro alberga et bladada.* Regestum Comitatus Bigorrensis : *Civatam bis in anno liberi Militibus vicinii conferent, alteram in tempore milii, armigeris autem nunquam.* Charta Willelmi D. de Montepessulano ann. 1103 : *Vicarius pro eo manducabit in uno de albergis illis, et habebit Civadam equo suo.* [Mae *Cinadam*, apud D. *Brussel* tom. 2. de Feudorum usu pag. 727. Annal. Benedict. tom. 4. pag. 53. n. 8 : *Debebat reddere . . . quinque modios Civadæ.* Tabular. Conchense in Ruthenis cap. 97 : *Duo sestaria de Civada.* Informatio de juribus Curiæ Regalis in loco Auseto ann. 1354. e Camera Computorum Provinciæ : *Item habet ibi diversa servitia bladi, videlicet annonæ sesteria 12. et Civatæ sesteria 12.* Provincialibus *Civado*, avena dicitur, non hordeum.] Historia expugnatæ Minoricæ edita à Michaele Carbonello : *Reposaren per refrescar, e donar Civada als cavalls, etc.* Adde Bibliothecam Sebusianam Centur 2. cap. 51. Gassendum in Notitia Eccl. Diniensis pag. 83. Foros Bigorrenses art. 14. et Columbum in Manuasca lib. 2. n. 59. De vocis etymo, vide Conjecturas Sebastian. Corbarruviæ, et Oct. Ferrarii.

* Avenam potissimum hac voce significari plurima probant; forte quod cibus sit equorum, sic appellata. Stat. Avenion. ann. 1243. cap. 150. ex Cod. reg. 4659 : *Statuimus quod quicumque bestiam vel bestias conduxerit certa mercede, et prædictam bestiam vel bestias tanto tempore tenuerit, quod sit pulsata campana, teneatur dare Civatam illius noctis, ad minus tertiam partem eminæ, conductæ bestiæ vel bestiis conductis.* Occurrit præterea in Testam. Romei de Villanova ann. 1250. Vide *Sivada*.

Civadagium, Præstatio in avenis. Charta Occitanica ann. 1312. in 48. Regesto Philip. Pulcri Reg. Franc. num. 29 : *Item obtulerunt medietatem Civadagii,... quæ medietas potest ascendere usque ad 40. sextaria avenæ ad mensuram de Lautricho annis singulis.*

1. Civaderium, Mensura frumentaria, quam Valentinenses et Vivarienses vocitant *Civier*. Inventar. *Piquet* n. 18. cap. 41. de Volta fol. 15. in Archivo Principis *de Rohan* : *Item quinque ca tas et duo Civaderia cum dimidio frumenti, duo vasa, etc.* Ibidem fol. 14 : *Item unum cestarium et duo Civaderia cum dimidio frumenti, quos serviunt dicti hæredes.* Occurrit ibi pluries.

* Et *Civaier*, eadem quæ Delphinatibus *Coisse* dicitur; sextarii pars decima sexta, interdum et octava. Charta ann. 1305. in Reg. 37. Chartoph. reg. ch. 98 : *Item tres Civaderias et tertiam partem unius Civaderii avenæ censuales; et faciunt sexdecim Civaderii sextarium.* Alia ann. 1430. in Tabular. S. Vict. Massil. : *Octava sive Civaderium civatæ pro animalibus, cum feno et palea.* *Civadier*, in Instr. ann. 1564. ex schedis Pr. *de Mazaugues* : *La charge, le cestier, la cartiere et le Civadier.*

¶ Civaderius, Idem. Recognitiones et denominationes factæ Domino *de Levis de Vendatour* in Thesauro Chartarum ejusdem Principis *de Rohan* p. 18. cap. 41. de

Volta fol. 12 : *Primo duos Civaderios cum dimidio frumenti, etc. Item sex Civaderios frumenti, quos servit Stephanus Ganelli.*

¶ CIVADERIUS, Cui cura est emendæ, vel distribuendæ equis *Civadæ* seu avenæ. Leges Palatinæ Jacobi II. Regis Majoric. inter Acta SS. Junii tom. 3. pag. XI : *Expedit per quosdam Officiales nostræ curiæ, videlicet Emptores victualium et Apothecarium ac Zemblerium ... necnon et Civaderium et Falconerium, illum qui emerit necessaria avibus nostris, administrationis suæ rationem reddi.*

* **CIVADINUM**, Præstatio in *civada* seu avena, idem quod *Civadagium*. Charta ann. 1314. in Reg. 52. Chartoph. reg. ch. 34 : *Item pro Civadino,.... de quolibet habitatore dicti loci arante cum bobus, tres eminas avenæ.* Alia ann. 1320. ex Reg. 61. ch. 246 : *Item pro Civadino, quod faciunt certi homines dictæ villæ* (de Exilio) *octo libras, etc.* Charta pro monast. B. M. de Bolbona ann. 1364. in Reg. 103. ch. 78 : *Sicardus de Cardubio vendidit medietatem quartæ partis... Civadini, bovini, fromagini, etc.* Vide in *Civada*.

¶ **CIVADUS**, f. Septum, Gall. *Clos*, ab Ital. *Chiudere*, Sepire. Epitome Chron. Casinens. apud Muratorium tom. 2. pag. 368. col. 2 : *Prædictus Sicardus Princeps obtulit Patri Benedicto Civadum, qui Martocanus vocatur cum ripis, aquis, fulsariis et piscationibus et omnibus intra se positis.*

¶ **CIVAERIUM**, CIVAERUM, Idem quod *Civeragium*. Instrum. ann. 1300. in Hist. Dalphin. tom. 1. pag. 54. col. 1 : *Jus Civaeri, bladorum, leguminum et aliorum.* Ibidem pag. 56. col. 1 : *Immunitatibus quibus Canonici, Clerici, Nobiles, vel alii prædictæ civitatis usi nunc dicuntur vel in Civaeriis non præstandis, vel etiam in ipsis quandoque recipiendis.*

¶ CIVARIUM, ibidem pag. 129 : *Percipiunt Civaria avenæ, quæ capiunt ratione Cellariæ, etc.*

¶ CIVAYERIUM, ibid. tom. 2. pag. 93 : *Sive illa jura consistant in bannis, justitiis, censibus, Civayeriis, seu in quibuslibet aliis rebus et bonis, etc.*

¶ CYVARIUM, ibid. pag. 87 : *Debet dare asino unum Cyvarium avenæ.*

* **CIVAGIUM**, ut *Civadinum*. Charta vendit. majoriæ de Atheis ann. 1219. in Reg. 34. bis Chartoph. reg. fol. 53. r°. col. 2 : *Retinuit præterea* (major) *foragium et Civagium ejusdem villæ.* Vide mox *Civeragium*.

¶ **CIUDA**, pro *Civada*. Rotulus sæculi XII. de Prioratu S. Pauli de *Tartas* in Archivo Monasterii de Casa Dei : *Bertrandus Willelmi unum cartalem Podiensium de Ciuda.*

CIVERAGIUM, Idem quod *Civadagium*, Tributi seu præstationis species apud Delphinates, quæ in avenis seu *civatis*, unde nomen, exsolvitur : perperam *Cineragium* appellatum, vel editum apud Guidonem Papæ consil. 91. ut monet vir clarissimus Dionysius Salvagnius Boissius lib. de Usu feudor. part. 2. cap. 97. Vide eumdem cap. 67. pag. 350. et supra, *Avenagium*.

* Charta Humberti delph. ann. 1143 : *Franchi sint, liberi et immunes ab omni touta,... Civeragio, messe, etc.*

* CIVEYRAGIUM, Eadem acceptione, in Charta Joan. delph. ann. 1313. pro hominibus Bellivis. ex Reg. 152. Chartoph. reg. ch. 307 : *Ipsi sint immunes ab omnibus toltis,... fenagiis, Civeyragiis, pasturis, chavallagiis, etc.* Perperam *emeyragiis* editum tom. 8. Ordinat. reg. Franc. pag. 162.

CIVERALIS. Historia Episcopor. Bremensium :

> Erat Dacus nobilis sanguine regalis
> Ex matre, sed genitor Miles Civeralis.

Vide Dissert. 9. ad Joinvillam pag. 194.

* **CIVERIA**, Onus vehiculi, *Civeria* nuncupati. Comput. MS. fabr. S. Petri Insul. : *Item pro una Civeria cum dimidia Civeria calcis, pro faciendo cementum album, iiij. solidos.*

* **CIVERIUM**, Mensura frumentaria, eadem quæ supra *Civaderia*. Pactum inter Humbert. delph. et episc. Gratianop. ann. 1343. in Reg. 134. Chartoph. reg. ch. 34 : *Item Guillelmus de Petra quinque Civeria frumenti, tres obolos, dimidiam pictam.* Instruct. super regim. Cam. Comput. Dalph. ann. 1391. inter Ordinat. reg. Franc. tom. 7. pag. 41. art. 16 : *Quod dicti auditores vel clerici tenebuntur scribere in principio cujuslibet compoti et subsequenter, propter diversitatem mensurarum locorum, quot sestaria faciunt somatam,.... quot Civeria, quartale, etc.*

CIVETATOR. Statuta Veronensia lib. 5. cap. 108 : *Nullus venator, Civetator, vel aucupator, intrare debet terras alienas, etc.* Qui cum vivera venatur.

¶ **CIVEVERDUNIA.** Vide *Cinewerdunia*.

* **CIVEYRAGIUM.** Vide supra in *Civeragium*.

¶ **CIVICA**, *Civem facit.* Gloss. Isid. Ex Pithœanis restituendum *Civicat*. Sic Papias MS : *Civicare, Civem facere.* [** *Civicat, Civem facit*, in cod. reg. 7644.] Vide *Civitare*.

* **CIVICUS**, Qui est intra civitatem, urbanus. Charta ann. 1286. in Suppl. ad Miræum pag. 142. col. 1 : *Retinentes nobis... medietatem oblationum, quæ fient in denariis,.... sive projiciantur vel ponantur in truncho infra ecclesiam Civicam, vel extra.*

* **CIVIES**, Civitas. Hist. Cortusior. apud Murator. tom. 12. Script. Ital. col. 831 : *Dominus Guezilus de Camino recessit de Civie, et ivit Serravalle.*

* **CIVILE**, Quod ad causas ordinarias spectat, et opponitur criminali. Vide infra *Civilitas* 2.

* **CIVILEGIUM**, Lex civitatis, jus municipale. Charta Humberti Basil. episc. ann. 1404. inter Probat. tom. 1. Annal. Præmonstr. col. 229 : *Volumus etiam quod coloni prædicti se nullibi debeant aut teneantur per modum burgensium obligare, seu Civilegium quodcumque sibi assumere vel acceptare.* Liber. sal. B. eccl. S. Thom. Argent. fol. 59 : *Judicio ecclesiastico et seculari, Civilegio, consuetudinibus et statutis civitatum terræ et oppidorum, etc.*

¶ **CIVILELIUM**, Civitas, ubi quis gaudet jure civitatis, vel tribunal ubi jus civibus dici consuevit. Privilegium Bonifacii IX. PP. Indultum civitati Ortanæ apud Illustriss. Fontanimum ad calcem Antiq. Hortæ pag. 422 : *Indulgemus, ut in primis causis civilibus et criminalibus, quantum videlicet ad seculare forum pertinet, extra loca incolatus proprii, seu domicilii, vel Civilelii nequeant... ad judicium evocari.* Vide *Civilegium*.

¶ **CIVILES** PANES, *Servi Ecclesiæ, vel qui expensam recipiunt.* Papias MS. Bituric.

CIVILISTÆ, Qui Juri civili operam dant, Jurisconsulti apud Joann. Fortescutum de Laudibus Legum Angliæ cap. 8. et alibi non semel.

* **CIVILIS**, Prudens, consideratus, cui opponitur *Incivilis*, imprudens, inconsideratus. Arest. parlam. ann. 1404. in Memor. G. Cam. Comput. Paris. fol. 14. r°. : *Quas* (literas) *surrepticias, aut saltem Inciviles esse dicebat, quia super eo fundatæ erant, quod nos eidem de Merlo dictum baillivatus officium, quod ipse de Mota tenebat, dederamus, et illud ex inadvertentia ipsi de Novavilla donaveramus..... Præfato de Merlo..... dicente quod dictæ litteræ per ipsum, ut præfertur, a nobis obtentæ nullatenus erant neque sint surrepticiæ, immo Civiles et veritatem continentes.* Non multum dissimili acceptione nostri *Civil*, pro Callido homine dixerunt : unde *Civilité*, Calliditas, vulgo *Habileté, adresse*. Lit. remiss. ann. 1457. in Reg. 189. Chartoph. reg. ch. 164 : *Les supplians ont advisé par plusieurs fois à trouver la maniere de savoir où Julien Malet, qui estoit Civil et subtil homme, mettoit..... ladite finance; et tant ont subtillé et mis garde sur ledit Julien Malet, qu'ilz ont sceu, etc. Pour la subtilité et Civilité dudit Julien Malet, etc. Citoïen* vero, pro *Civil; Droit citoyen*, Jus civile, in Charta ann. 1301. ex Lib. rub. ejusd Cam. Comput. fol. 187. v°. col. 2 : *Renonçons..... à toutes deffenses de fait et de droit canon ou Citoyen, qui porroient estre dites. Cisteyaux*, eodem sensu, in Lit. ann. 1324. tom. 5. Ordinat. reg. Franc. pag. 381. ubi perperam editum : *A tout droit de Savoiz, de Cisteyaux, etc.* si quidem in Reg. unde exscriptæ sunt hæ Literæ, legitur : *A tout droit de canon, de Cisteyauz, etc.*

* CIVILIS. Charta Frider. II. imperat. ann. 1242. inter Probat. tom. 1. Annal. Præmonstr. col. 597 : *Ad hæc ipsi comites....... suis militibus....... talem gratiam tradiderunt, ut de bonis suis, curtis, agris, vineis, Civilibus, quæ Pourchrect dicitur, etc.* Sed leg. prorsus *Curtilibus*.

CIVILITAS, Jus civitatis. Glossæ veteres : *Civilitas*, πολιτεία. Act. 22 : *Ego multa summa Civilitatem hanc consecutus sum.* Venericus Vercellens. de Unitate Ecclesiæ conservanda : *Quæ* (Roma) *cum sit libera, facit etiam ut sint liberi, quotquot sunt sub Civitate sua.* Occurrit præterea in Charta Rogerii Regis Siciliæ pro Messanensibus apud Bonfilium Constantium parte 1. Histor. Sicil. lib. 4. pag. 199. Vide Vitam S. Lupicini Abbat. Jurensis num. 7.

* Stat. ant. Florent. lib. 1. cap. 3. ex Cod. reg. 4621. fol. 13. v°. : *Et quod dictum est supra, ... se extendat etiam in oriundis extra civitatem, qui vigore alicujus legis, reformationis aut auctoritatis cujuslibet, beneficium Civilitatis seu cittadinantiæ civitatis Florentiæ consecuti fuerint.* Legitur etiam in Stat. Cadubrii cap. 72. et Genuens. lib. 3. cap. 16. pag. 83.

CIVILITAS, Civium conventus, cives ipsi. Papias : *Civilitas, mansio hominum.* Senator lib. 8. Epist. 33 : *Ut qui ad Natale S. Cypriani religiosissime venerant peragendum, mercimoniisque suis faciem Civilitatis ornare, egentes turpiter inanesque discederent.* Chronica Pisana ann. 1177 : *Et ad tantam penuriam Civilitatem coegit, ut canes et gattos... comederent.* Ita apud Marsil. Patavin. in Defensore pacis 1. part. cap. 1.

Civilitas, πολιτική. Apuleius de Philosophia : *Civilitatem quam πολιτικὴν vocat Plato.*

¶ Civilitas, Mulcta pecuniaria *Civibus* imposita. Offensionum condonatio rebellibus Carcassonæ incolis indulta a Carolo Francorum Rege ann. 1383. tom. 1. Anecdot. Marten. col. 1593 : *Nec per Civilitatem posse criminalitatem hujusmodi satisfieri bono modo; ad ipsius nihilominus relevamen populi, præsentem nostram intendentes gratiam ampliare cum benigni prosecutione favoris, de et pro Civilitate prædicta contenti sumus, quod octingentis millibus franchis auri, quam summam Consules, Communitates et alii habitatores præfati, una cum Communitatibus, habitatoribus et incolis Senescalliarum Tholosæ, Bellicadri et Nemausi... solvere tenebuntur.* Vide

* 2. **CIVILITAS**, Lis, causa ordinaria, quæ capitali opponitur. *Cause citoiene, qui n'est mie de crime*, in Concil. Petri de Font. cap. 23. pag. 135. art. 9. Charta Ludov. VI. reg. Franc. ann. 1120. inter Instr. tom. 8. Gall. Christ. col. 321 : *Caput ipsum monasterium Tironense ac ejus abba, conventus et ceteri ministri et religiosi, necnon eorum familiares, subditi et homines quicumque præsentes et futuri* (de) *quibusvis forisfacto, ressorto, appellatione, deffectu justitiæ, realitate, personalitate et quacumque Civilitate et jurisdictione temporali et quibuscumque aliis dominiis et superioritatibus post ipsius monasterii Tironensis curiam, coram magnis præsidentialibus nostris Parisius vel alibi, ubi nostra præcellens et suprema regalis curia residebit, immediate et solummodo habeant et teneantur respondere ...... In omni regni nostri dispersione constitutos coram ipsis præsidentialibus vel aliis, si maluerint, justitiariis regiis, tam in reali quam in personali, et sive in Civili, sive in criminali, ipsi abba, conventus, monasterium, ministri et religiosi præmissi evocare et trahere possint.* Neque aliter intelligenda est Charta ann. 1383. supra laudata.

CIVILITER, Pacifice, in pace. Isidorus Pacensis Episcopus in Chron. æra 690 : *Expletis ergo Moabia principatus sui annis 20. quorum Civiliter vixit 5. humanæ naturæ debitum solvit.* Idem æra 716 : *Qui nullum unquam, ut hominibus moris est, sibi regalis fastigii causa gloriam appetivit, sed communiter cum omnibus Civiliter vixit.* Et æra 753 : *Romanorum 64. Philippicus Imperio coronatur regnans Civiliter quadram cum anno, etc.* Adde in æra 756. 759.

¶ Civiliter Punire. f. Juxta leges civiles. Litteræ Caroli Franc. Regis ann. 1395. ad Præpositum Paris. apud *de Lauriere* tom. 2. Ordinat. pag. 4 : *Et omnibus illis quos super præmissis repereritis innocentes ad sua per nos officia restitutis, repertos culpabiles, sic Civiliter puniatis, quod cæteri eorum pœna perterriti, a similibus imposturis arceantur.*

* Civiliter, Jure ordinario, non ut in causis capitalibus, *Civilement*, in Lit. ann. 1358. tom. 3. Ordinat. reg. Franc. pag. 256. art. 9. Sentent. ann. 1282. ad calcem Necrolog. Paris. MS : *Si ex hiis agatur contra ipsos Civiliter dumtaxat ad aliquam pœnam pecuniariam, etc.* Libert. Figiaci ann. 1318. tom. 7. earumdem Ordinat. pag. 660. art. 3 : *Quibus consulibus licebit compellere suos cohabitatores, Civiliter tamen, renitentes in præmissis.* Qua notione accipiendum *Civiliter punire.* Vide infra *Criminalitas.*

¶ **CIVINIS**, Civis femina, Gall. *Bourgeoise*, apud Marten. tom. 5. Anecd. col. 1804 : *Faciant omnes tam cives quam Civinæ in sede civitatis Barchinonæ, etc.*

¶ **CIVIS**, pro *Civitas.* Mabill. tom. 3. Analect. pag. 138. in Testam. Bertichramni Episc. Cenoman. : *In Civem ipsam, ubi prædictus Pontifex fuit occisus, esse noscuntur.* f. *Civem* pro *civitatem* per abbreviationem scriptum est.

¶ **CIVISA**, σιρά, *Plica.* Supplem. Antiquarii.

CIVITARE, *Civitatem colere, vel civem facere.* Isid. in Gloss.

CIVITAS, Urbs Episcopalis, cum cæteræ *Castra* vel oppida dicerentur, uti attigimus in v. *Castrum.* Innocentius III. apud Petrum Mariam Campum in Regesto part. 2. Hist. Eccles. Placentinæ Ch. 55 : *Proviso congrue tam Episcopo, quam Clericis Civitatis, si tamen civitas sit dicenda, postquam Episcopalem amiserit dignitatem, etc.* [Præceptum Ludovici Pii pro Hispanis apud Baluzium in Capitularibus Regum : *Cujus Constitutionis in unaquaque Civitate, ubi prædicti Hispani habitare noscuntur, tres descriptiones esse volumus : unam quam Episcopus ipsius Civitatis habeat : et alteram, quam Comes : et tertiam ipsi Hispani, qui in eodem loco conversantur.* Non tamen omnes, quæ in veteribus Notitiis Provinciarum Galliæ *Civitates* appellantur, eæ continue sedes fuerunt Episcopales, ut supra dictum est in voce *Castrum.* Hic solum addam ex Valesii Notitia Galliarum pag. 446. nomine Civitatis non modo urbem caput gentis, aut unum ex capitibus, sed etiam totum urbis agrum pagumve aut diœcesin in veteribus Notitiis designari.]

* Vide Hist. Crit. monarch. Franc. lib. 4. cap. 1. sec. edit. pag. 17.

Civitas Publica, Quæ ad fiscum regium pertinet. Charta Ludovici Pii in Vita Aldrici Episc. Cenon. pag. 45 sic clauditur : *Actum Pictavis Civitate publica.* Alia ibid. pag. 70 : *Actum ergo Cenomanis urba publica.* Aliæ in actis Episcopor. ejusdem urbis pag. 156. 234 : *Actum Cenomanis Civitate publica.* [** Exstant inter Traditiones Fuldenses duæ una Eggiolti ad annum 767. altera Folcrati ad annum 771. utraque *Vangiona* (Wormatia) *Civitate publica* peracta.] Vide *Villa publica*, *Vicus publicus.*

* **CIVITATELLA**, Civitatula, oppidulum, ars, castellum. Acta Concil. Pisani ann. 1409. apud Marten. tom. 7. Ampl. Collect. col. 1115 : *De nocte in mœniis civitatis fiebant excubiæ sollicite. In Civitatellis semper erant circa quingenti homines armorum.* Vide *Cittadella* et mox *Civitella.*

CIVITATENSES, Urbium et civitatum incolæ. Guibertus lib. 4. Hist. Hieros. cap. 13 : *Hi qui urbi obsidendæ relicti fuerant, et ipsi quoque cum Civitatensibus acerrime conflixerunt.* Occurrit etiam in Usaticis Barcinonensib. MSS. cap. 125. apud Thwroczium in Chronic. Hungar. et alios.

* **CIVITELLA**, Civitatula. Chron. Petri Azarii ad ann. 1357. apud Murator. tom. 16. Script. Ital. col. 347 : *Et certe si Civitella prædicta non fuisset, ad quam multitudo stipendiariorum domini Mediolani totis viribus confluebat, timens ne omnes cives huic tractatui assensissent, male marchioni successisset.* Vide *Civitatella.*

* **CIVITUS**, f. pro *Civicus*, Civis, incola. Charta ann. 879. in Append. ad Marcam Hispan. col. 810 : *Vidimus et audivimus ipsa professione vel exvacuatione, quod fecerunt isti Civiti de villare Occenias, etc.*

CIULA. Vide *Ceola.*

¶ **CIVORIUM**, Civorius. Vide *Ciborium.*

CIURMIA, Vox Italica et nautica, *Ciurma*, Gallis *Chiourme*, *propriamente gli schiavi de galea, Lat. Remiges : largamente per ogni moltitudine di gente vile et inutile, Lat. Plebecula.* Ita Cruscani. Charta Pisana, apud Guesnaium in Annalibus Massiliensib. ann. 1312. n. 4 : *Et ex alia galea tunc ente prope plagias civitatis Massiliæ, dum de jussu vestro tota Ciurmia et marinarii omnes ipsius galeæ ipsam galeam solam relinquerent sine remige et rectore, etc.*

* **CIUSURA**. Vetus inscriptio olim ex museo Jac. *de Bary* : Zmaragdi. n. vi. et in Ciusuris duo, in tibiis Zmaragdi duo. Sed leg. omnino *Cinturis.* Vide supra *Cintura.*

¶ **CIZA**, Tributum, ut conjecto, seu potius Codex in quo tributa in *Assisiis* publicis decreta recensebantur. Statuta Arelat. MSS. art. 113 : *Quilibet Notarius Arelatensis teneatur habere Statuta suprascripta et Cizas, et bannos infra duos menses, et facere copiam de libro Statutorum.* Vide *Cisia*, *Cisa* et *Assisa.*

* **CIZELLUS**. Vide supra *Cisellus.*

¶ **CIZERIUM**, Gallinæ intestinum. Vide *Zizerium.*

¶ **CIZISMASCHEN**, Pellis arietina. Chronicon Episcoporum Merseburg. apud Ludewig. tom. 4. Reliq. MSS. pag. 449. d[illegible] Johanne de Werder qui, cum ageretur d[illegible] emenda veste pretiosiori, *fertur dixisse Absit a me SS. Johannis et Laurentii bon[illegible] adeo perpere pro una veste dilapidare. Ari[illegible] nobili vellere vestitus incedit; de ejusde[illegible] generis pellibus, quæ vulgo Cizismaschen vo[illegible] citantur, fac mi schubam.* [** Germ. *Schm[illegible] schen* sunt Pelles agnorum. Adel.]

¶ **CLABARIUS**, pro *Clavarius*, Qui *cl[illegible] vam* seu baculum præfert, Gall. *Port[illegible] masse*, *Porte-Baguette.* Vide *Primivirgius.*

CLABATA. Gloss. Græc. Lat. : Ὀχετό[illegible] *rivus, canalium, Clabata.* Forte *Caval[illegible]* Vide *Cava.*

CLABULARIS Cursus, Idem qui *angarialis* : Angariæ autem erant vehicula c[illegible] paciora publica. Vide eruditum Valesiu[illegible] lib. 20. Marcellini, et Jacobum Gotofr[illegible] dum ad leg. 24. Cod. Theod. de Cur[illegible] publ. (8, 5.) [Salmasium ad Capitol. in Pi[illegible]

* **CLACA**, a vet. Gallico, *Claque*, Palm[illegible] percussio, alapa. Charta ann. 1333.

Chartul. 21. Corb. : *Ledit Jacque avoit mis main à Andrieu Postel.., sus qu'il en temps passé avoit donné une Claque à une certaine personne à Monchy.* Lit. remiss. ann. 1357. in Reg. 85. Chartoph. reg. ch. 137 : *Dictus Ansellus quandam buffam seu alapam manualem, quæ in illis partibus* (Silvanecti) *dicitur Claca, dicto Johanni in capite seu vultu dedit.*

* **CLACARA**, Certum pondus, ut videtur. Charta Phil. comit. Fland. ann. 1163. in Chartul. 1. Fland. ch. 325. ex Cam. Comput. Insul. : *De Clacara coriorum, vendens duos denarios, emens duos denarios.*

¶ **CLACCARE LANAM**, Anglis *To clack wool*, Ovis seu velleris notam abscindere, Gall. *Couper la marque d'une brebis, d'une toison* : quod fit cum ovis aut velleris lanæ extremitates ita tondentur, ut nihil remaneat notæ, quæ ovi fuerat impressa. Litteræ Regis Angl. ann. 1460. apud Rymer. tom. 11. pag. 466 : *Licentiam damus præfato Johanni de Foix quod ipse per se, aut deputatos, factores, sive attornatos suos, summam duorum millium saccorum lanæ bordatæ, forsatæ et Claccatæ, aut non bordatæ, forsatæ sive Claccatæ, tam de lana sua propria, quam aliorum indigenarum sive alienigenarum quorumcunque in quibuscunque portubus regni nostri Angliæ, etc.* Aliæ Litteræ ann. 1472. ejusdem tom. pag. 735 : *Lanas quascumque berdare, Claccare, et mundare possint, vel possit : quodque ipsi seu eorum aliquis quinquaginta saccos hujusmodi lanarum, berdatarum, Claccatarum et mundatarum tam de bonis suis propriis, quam alienarum personarum, etc.* Similia leguntur tom. 12. pag. 7. 9. etc. Vide *Clack*.

¶ **CLACENDIX**. Vide *Claxendix*.

¶ **CLACHEDRA**, An non pro *Cathedra?* Acta consecrationis Ecclesiæ Monasterii S. Benedicti de Bagiis in diœcesi Ausonensi ann. 972. in Appendice Marcæ Hispan. col. 900 : *Sane propter caritatis divinum officium ob consignanda luminaria in sede propria ad diocesem cujus pertinet Monasterium istud S. Petri Ausonæ Vicensi Clachedræ libra una appensa de cera, omnique anno paschali illud deferatur.*

CLACICUM. Vide *Classicum*.

¶ **CLACINDEX**. Vide *Claxendix*.

* **CLACISCUM**, Pulsatio omnium campanarum, idem quod *Classicum*. Vide in hac voce. Ordinar. MS. S. Petri Aureæval. : *Immediate post orationem matutinarum fit commemoratio solemnis de prædictis festivitatibus, et tunc pulsantur omnia cimbala in Claciscum.* Hinc

* **CLACITARE**, Omnes campanas pulsare. Charta ann. 1259. ex Tabular. Gellon. : *Cum cruce argenti, candelabris, turibulis, et cappis sericis, campanas, cimbala Clacitando ipsum abbatem honorifice recipiunt.*

CLACK et **LOCK**. Charta ann. 4. Edw. I. apud Prynneum in Libertatibus Ecclesiæ Anglic. tom. 3. fol. 185 : *Noverit universitas vestra nos vendidisse et concessisse... 62. saccos lanæ de collecta Monasterii nostri, sine Clack et Lok, God et Card, nigra, grissa, pellem, tuysum, et sine pellic.* [Lana *sine Clack*, cujus nota remanet in vellere, quod ejus extremitates non fuerint detonsæ, ut modo dictum est in *Claccare*.]

¶ **CLADES**, Clara. Vide *Cleia*.

CLADOLG. Lex Frison. addit. tit. 3. § 44 : *Si quis alium unguibus crataverit, ut non sanguis, sed humor aquosus decurrat, quod Cladolg vocant.* Ubi Lindenbrogius : *Kleyen*, Germanis, unguibus scalpere; *Dolg*, pauperiem, aut vulnus significat : unde in veteri Glossario Latino-Saxonico, *Colchsuæda, cicatrix*; hinc ergo vox composita. Spelmannus vero ab Anglico deducit *Claw*, unguis et *dolg*, vulnus. [Schilter. in hac voce probat Spelmanni etymon, additque pro *Kleyen*, vel potius *Kraven* reponendum *Kratzen*, quod Cratare sonat; *Cladolg* ergo est Cratatio unguium.] [** Vide Grimm. Antiq. Jur. Germ. pag. 629.]

* **CLAELLUM**, Idem quod *Clausum*, Locus muris vel sepibus clausus. Charta ann. 1226 : *Dominus May ponet Claellum molendini in tali statu, in quo ei commissum fuerat.* f. pro *Cloellum*. Vide *Cloeria*.

* **CLAGA**, *La brigata*, in Glossar. Lat. Ital. MS. Vide in *Cleia*.

¶ **CLAIA**. Vide *Cleia*.

¶ **CLAIMUM**. Vide *Clameum*.

* **CLAINPLATAS**. Vide infra *Clamplatas*.

* **CLAIUM**, pro *Chayum*. Vide supra in *Caya*.

¶ **CLALUS**, pro *Callus*, Eccardo Silex, ut dicetur in voce *Hallus*.

* **CLAM**, Triste. Comœdia sine nomine Act. 6. sc. 3. ex Cod. reg. 8163 : *Epiphanie, quid istud est quod tam Clam redeas, lætus qui tam perrexisti?*

CLAMA, Tributi species, cujus mentio in Statutis Delphinalibus pag. 37. §. cujus titulus, *De remissione datarum vel Clamarum.*

☞ Per *Clamam* intelligo pecuniam Dalphino debitam ratione *Litterarum Clamæ* seu *clamoris*, quas creditores a Judicibus impetrabant, ut debitores suos possent ad solvendum æs alienum adigere; litteræ enim illæ nulli erant usui, quin prius Dalphino tribueretur certa pecuniæ summa, quam *Clamam* appellabant, Gall. *Clain* vel *Reclain*. Hoc tributi genus utpote subditis onerosum sustulit Humbert. II. Statuto ann. 1349. relato tom. 2. Hist. Dalphin. pag. 586. *Clamæ* duplicis erant generis in Dalphinatu, *Majores* scilicet et *Minutæ*, de quarum receptione rationem reddit Giletus Coperius in Computo ann. 1318. pro Veheria de Romanis, Hist. Dalphin. tom. 1. pag. 143 : *Item de majoribus Clamis ad partem Domini* LXXI. *s. Item de minoribus Clamis ad partem Domini, etc.* Quænam dictæ fuerint majores Clamæ, quænamve minores nulla nos docent historiæ Dalphinatus instrumenta, sed ex Camera Computorum Parisiensi pro domaniis in computo reddituum Castellaniæ Tossiacensis supremi Dumbarum Principatus ann. 1508. et 1509. discimus, minores Clamas a *Burgensibus*, majores a *Foraneis*, qui extra urbes habitabant, fuisse exsolutas. Clamæ Burgensium erant unius sol. et 6. den. Viennensium, Forensium vero 4. sol. Vienn. Ex illis Castellanus Tossiacensis 6. denarios percipiebat; ex his autem 1. sol. et 6. den. Reliquum pertinebat ad Dominum.

☞ Jam vero hujusmodi præstatio ideo *Clama* dicta est, quod a creditoribus *Clamam* in debitores suos facientibus deberetur. Primum enim *Clama* dicebatur actio qua quis rem suam repetebat. Hist. Dalphin. tom. 1. pag. 29. col. 1. in Liber. tatibus hominum S. Georgii de Esperanchia per Comitem Sabaudiæ ann. 1291 : *Item de singulis clamoribus, si causa, pro qua fit Clama, major sit trium solidorum et sex denariorum; is qui in culpa fuerit, debet pro banno tres solidos et sex denarios, et si causa minor sit trium solidorum et sex denar. debet pro banno duodecim denarios Viennenses.* Vide *Clameum*.

☞ Sed et *Bannum* ipsum seu mulcta judiciaria ei qui in culpa erat imposita, a Masuerio tit. 6. appellatur *Clama*. In antiqua Consuetud. Bituric. tit. 2. art. 21. 22. *Le Clain, Clama*, est *Emenda* ab eo debita, qui sua confessione cadit in judicio ante contentionem, *Avant contestation en cause*, ut v. g. cum debitor in judicium vocatus debitum agnoscit suum sine litigatione, eique mulcta imponitur, quod præstituto tempore illud non exsolverit. Hæc mulcta *Clama* dicitur atque distinguitur ab emenda quæ imponitur reo post constitutam litem, *Aprés contestation en cause*, ut fit cum debitor debitum negans propositisque *negationis* suæ rationibus, cogitur tandem a judicibus sese agnoscere debitorem et ad exsolvendum adigitur : quod in Consuetudine Bituric. tit. 2. art. 24. et in Magdunensi ad Eburam tit. 1. vocatur *Ni atteint et verifié.*

* Charta ann. 1422. inter Instr. tom. 12. Gall. Christ. col. 441 : *Baillivus pro se habeat omnes parvas Clamas fiendas in manibus suis; item de aliis Clamis, bannis et frelberiis usque ad sexaginta solidos inclusive....... baillivus tertiam partem percipiat...... Sed si in dictis Clamis, bannis et frelberiis, ratione criminum, maleficiorum et excessuum, devolvantur et confiscentur bona immobilia, etc.*

* **CLAMACERIUS**, Pecuniæ, quæ propter *clamores* seu actiones intentatas resolvenda erat, exactor et Collector. Lit. ann. 1372. tom. 5. Ordinat. reg. Franc. pag. 562 : *Cum in curiis nostris regiis Tholosæ et in vicaria dicti loci, certi clamores per litigantes ibidem fieri consueverunt, ex quibus clamoribus et pro quolibet, quando seu quociens factus est, ab altera parcium debentur nobis quinque solidi, qui per certum Clamacerium, ibidem per nos seu auctoritate nostra institutum, levantur seu eciam exiguntur, etc.* Pluries ibi.

* **CLAMACIUM**, Actio in jure rem aliquam repetentis. Charta Eduardi II. reg. Angl. inter Probat. tom. 2. Annal. Præmonstr. col. 719 : *Remissionem .... fecit eisdem abbati et conventui de toto jure et Clamacio, quod habuit....... in omnibus...... possessionibus terrarum.* Vide *Clameum*.

CLAMACTERIUS. Anastasius in Leone IV. PP. pag. 78 : *Fecit coronas ex argento purissimo.... habentes Clamacterios argenteos subter pendentes* 37. Quidam Codd. præferunt *Clamasterios* : sed videtur legendum *Cremasterios*, ex Græco κρεμαστῆρες, id est, bullæ aut alii ornatus ex ejusmodi lychnis dependentes. Ita emendanda perinde Bulla Benedicti IX. PP. anni 1033. apud Ughellum tom. 1. pag. 124 : *Candelas vero pen-*

dentes cum Clamasteriis et cicindellas ad sufficientiam., etc. Alibi : *Clamatariis* pag. 127. Scribendum enim fuit *Cremasteriis.*

¶ **CLAMANTIA.** Vide in *Clameum.*

1. **CLAMARE**, Vocare, Italis *Chiamare.* Gloss. Lat. Græc. : *Clamat*, βοᾷ, κράζει, καλεῖ. Papias : *Clamare, vocare, insonare.* Luxurius in Epigrammatis, in lemmate unius : *De eo qui amicos ad prandium Clamabat, ut plura exposceret xenia.* Testamentum Porcelli Corocottæ, cujus meminit S. Hieronymus : *Clamavit ad se suas parentes, ut de cibariis suis aliquid dimitteret eis.* Commodianus Instruct. 73 :

Extinctos Clamatis, qua gratia ? false, peristi.

Passio SS. Perpetuæ et Felicitatis : *Et Clamavit me, et de caseo, quod mulgebat, dedit mihi quasi buccellam.* Lex Longobardor. tit. 105. § 1. [** Rothar. 327.] : *Si quis canes alienos Clamaverit aut incitaverit, etc. Clamosa venatio*, in Summa Raimundi pag. 92. in qua *clamantur* canes. Petrus Diaconus lib. 4. Chron. Casin. cap. 51 : *Tunc illi obstupefacti, alios Saracenos Clamare cœperunt, dicentes, Currite citius.* Vita S. Guidonis Abb. Pomposiani : *Voceque anxia Patrem Monasterii Clamitavit.* Vita Ceddæ Episcopi Lond. cap. 2 : *Clamavit ad se virum Dei.* Et cap. 3. Vita S. Lietberti Episc. Camerac. cap. 29 : *Mox Clamato puero, etc.* Palladius in Hist. Lausiaca cap. 42 : Ἀπῆλθον οὖν φωνῆσαι αὐτήν. Domnizo :

Pontificem Christi, quem nomine Clamo Giraldum.

[*Claimer*, in Instrum. Gall. anni 1292. e Chartulario Calensi pag. 196 : *Une maison desdites Religieuses, que l'on Claime Malrepast.*]

** *Clamare* pro Orare ap. Ekkehardum IV. de Casib. S. Galli cap. 3. Pertz. pag. 100, lin. 21.

2. **CLAMARE**, Vendicare, repetere, *Clamer*, in Consuetudinibus municipalibus passim : quod hodierni Practici Galli dicunt, *Former complainte*, ut observat Brodeus ad Consuet. Paris. tit. 4. Lex Salica. capitul. 2. cap. 1 : *De Justitia Ecclesiarum, vel viduarum, ... ut in publicis judiciis non despiciantur Clamantes, sed diligenter audiantur.* In Capitul. Caroli Mag. lib. 1. cap. 10 : *Ad Regalem dignitatem pro causis Clamare.* [Notitia Consilii Pictav. sub Isemberto I. circa ann. 1302. inter Instrum. tomi 2. Gall. Christ. col. 332 : *Omnem autem clamorem quiscunque hominum se Clamaverit de intus in terra S. Maxentii, Monachi rectum faciant sine ullo homine partiente. S'en Clamer a la justice*, apud veterem Poetam MS. e Bibl. Coislin.]

* Charta commun. Peron. ann. 1207. tom. 5. Ordinat. reg. Franc. pag. 159. art. 5 : *Si quis extraneus, qui de communia non fuerit, cum homine de communia mesleiam fecerit infra banleugam, vicini sui de communia illum juvare debent : quod si non fecerint, major communiæ super eos Clamare debet dedecus illatum communiæ.* Consule Glossar. Jur. Gall. v. *Errame.*

Acclamare, Simili notione. Tabularium Prioratus Neronisvillæ : *Consuetudinem quam custodes pratorum in hac domo Acclamabant, scilicet bis in hebdomada comedere.*

Reclamare, Eadem notione, Repetere, in Lege Salica tit. 39. Simeon Dunelmensis ann. 1116 : *Spondens Regi et Archiepiscopo se, dum viveret, illum* (Pontificatum) *non Reclamaturum. Reclamer*, in Consuetudin. municipalibus Calvimontensi art. 93. Meldensi art. 204. Cameracensi. tit. 24. art. 2. Insulensi art. 44. etc. Unde *Reclameum*, nostris *Reclain*, seu *Reclame*, ut est in veteri Consuetudine Altisiodorensi, *Reclamatio.* Vita S. Leutfredi cap. 18 : *Cum a Reclamationibus rerum Ecclesiasticarum, quas apud judices seculares deposuerat, reverteretur, etc.* Occurrit præterea in Capitulis Caroli Mag. lib. 4. Addit. 3. cap. 1. lib. 5. cap. 134. 151. 223. [** 243. 303. 376.] in Lege Longobard. lib. 2. § 26. [** Liutpr. 95. (6, 42.)] in Capitul. Caroli C. tit. 5. § 1. [** ap. Tolos. ann. 844.] in Formula 125. apud Lindenbrogium, in Epistola 30. Goffridi Vindocin. lib. 2. etc. *Reclamare se de aliquo*, Queri de aliquo. Capitul. Car. Calvi tit. 16. § 2. [** ap. Caris. ann. 856.] : *Et mandat vobis, quia si aliquis de vobis se Reclamat quod injuste alicui de vobis fecit, etc.* Adde tit. 32. § 12. [** ap. Tusiac. ann. 865.] tit. 40. § 1. 2. 3. [** Convent. Attiniac. ann. 874. Chart. Caroli M. ann. 798. ap. Schannat. Episc. Wormat. num. 1 : *Nostram excellentiam adiit se Reclamans ob contentionem quandam, etc.*] *Reclamare suam violentiam ad palatium*, in Lege Longob. lib. 1. tit. 18. § 2. [** Rachis 6.] *Pro causa sua*, vel *causam suam Reclamare*, lib. 2. tit. 41. § 1. 2. 3. [** Liutpr. 25. 26. 27. (4, 7. 8. 9.)] *Ad Regem Reclamare*, § 4. [** ibid. 28. (4, 10.)] in Capit. Caroli Mag. lib. 2. cap. 26. *Justitiam Reclamare super aliquem*, in Lege Longobard. lib. 2. tit. 52. § 15. lib. 3. tit. 32. [** Pippin. 9. 7.] [In *Extentis* seu *Papyris Terrariis* Bressiæ et Dumbarum usus olim erat frequentissimus, ut Domini jurisdictionem habentes stipularentur ab hominibus suis, ut nullus eorum alium *Dominum majorem, minorem vel parem Reclamarent*, ea lege, ut, si reclamare vellent, bonis suis *emphyteuticariis* privarentur. Frequens est hæc Conventio in *Extentis* Abbatiæ Chassagniæ et aliorum locorum.]

Reclamator, Idem qui *Clamator*, Actor, *petens.* Lex Longob. lib. 2. tit. 52. § 23. [** Lothar. 64.] : *De Reclamatoribus vel causidicis, qui nec judicio Scabinorum acquiescere, nec blasphemare volunt, etc.*

Reclamatoria, Epistola, quæ ad Principem dirigitur ab eo qui se injuste possessionibus et prædiis suis vi aliqua superiore spoliatum queritur, qua illius justitiam implorat. Ejus formulæ habentur in libro Epistolarum S. Bonifacii Arch. Mogunt. Epist. 107. 115. 117.

Proclamare, Idem quod *Clamare*, In Jus vocare, rem sibi vendicare, in Lege Salica tit. 39. in Lege Longob. lib. 1. tit. 9. § 26. lib. 2. tit. 26. [** Rachis 3. Liutpr. 95. (6, 42.)] in Capitul. Caroli Magni lib. 6. cap. 299. [** 401.] in Constitut. Sicul. lib. 1. tit. 41. etc. Simeon Dunelmensis, et Radulfus de Diceto ann. 1070 : *Possessiones quamplures sui Episcopatus ab Aldredo Archiepiscopo... sua potentia retentas, quæ tunc eo defuncto in Regiam potestatem devenerant, constanter Proclamabat, expetebat, etc.* Infra : *Proclamatas et expetitas possesiones recepit.* Idem Radulfus ann. 1072 : *Ventilata est causa de Primatu quem Lanfrancus Dorobernensis Archiepiscopus super Eboracensem Ecclesiam jure suæ Ecclesiæ Proclamabat.* Gregorius Turonensis lib. 8. cap. 32 : *Quod illa despiciens, et res patris sui fuisse Proclamans, ingressa est.* Adde W. Malmesbur. lib. 1. de Gest. Pontif. pag. 206. et Vitam S. Willhelmi Abbat. Roschildensis num. 21.

Proclamatio, Idem quod *Clamor*, Actio qua quis rem ablatam repetit. Petrus Diacon. lib. 4. Chron. Casin. cap. 48 : *Proclamationem fecit de Ecclesia S. Sophiæ, quæ violenter a ditione hujus loci subducta fuerat.* Adde cap. 49. 59. etc.

Proclamare, Appellare de judicis iniqua sententia. Utitur semel ac iterum Lucifer Calaritanus pag. 1. et 7. *Proclamatio ad Palatium*, de actoribus qui a judicibus ordinariis audientiam Principis appellant, in Capitulari de Villis cap. 57. Vide Guigonem Cartusiensem de Quadripertito exercitio Cellæ cap. 33. pag. 262. cap. 34. pag. 274.

Proclamator, Qui causam agit, et litem intendit ad rem repetendam. Tradit S. Isidorus lib. 2. de Eccles. offic. cap. 11. et ex eo Rabanus lib. 1. de Instit. Cler. cap. 52. *Lectores* Ecclesiasticos olim vocitatos *Præcones et Proclamatores.*

Reclamatio. Joannes VIII. Papa Epist. 100 : *Bernarius nostram nuper adiens præsentiam se super fratre Adalberto suffraganeo tuo, de quo jam Romæ proclamaverat, et libellum suæ Reclamationis ostenderat.*

Reclamium, in Chron. Savigniacensi ann. 1259.

Disclamare, *A clamatione*, seu actione sua desistere. In Statutis Roberti III. Scotiæ Regis cap. 18. *Disclamare*, dicitur vasallus, *qui per se, vel per sufficientem actornatum notificat, quod tales terras non tenet, nec tenere intendit de tali Domino superiori suo et cum tali servitio : et hoc subjacet se, et omne quod suum est, cursui juris communis, debitis locorum interstitiis in hac parte requisitis ad hoc faciendum et respondendum.* Vide Regiam Majest. lib. 2. cap. 63. et 6. 7. et Cowell. lib. 10. cap. 8. Will. Thorn in Chron. : *Mariscum quendam in tenura de Chistelet... in plena Curia ibidem Disclamavit. Disclamer*, eodem notione apud Littletonem sect. 145. et 691. *Descalanger*, in Consuetudine S. Audomari art. 14. Insulensi, etc. Vide Rastallum verbo *Disclaimer.*

Clamare se ab Aliquo, Patronum sibi adsciscere : Gallis, *se Reclamer de quelqu'un.* Adrianus PP. in Epistola ad Carolum M. : *Præfatum Episcopum... vobis commendantes poscimus, ut secundum suam certam fidem, quæ dilectionem, quam erga nos et vos gerit, ita consolatus, prorsusque totus, nobis poscentibus a vestra præfulgida regali potentia mereatur per se Clamare, etc.* Ubi Gretzerus ad marginem reposuit, *f. amari. Se Clamer en Cour souveraine*, in Consuet. Andegav. art. 81. 406.

Clamare, et Clamari dicebantur Monachi in Capitulo, quoties de delictis alios accusabant, aut ipsi accusabantur : quippe apud Monachos, ut est in Carmine de laude vitæ Monasticæ, edito a Sirmondo in Notis ad Goffridum Vindocin. :

Lex communis habet visas mox prodere culpas :

Ut nascens vitium pœna sequens resecet. Statuta Ordinis *de Sempringham : Minuti vel minutæ omnes die tertia possunt Clamare; vel Clamari in Capitulo.* Infra : *Cæteri fratres petant venias, Clament, disciplinas sumant, si quæ sumendæ fuerint.* Rursum : *Districte prohibemus ne aliqua Monialis in Conventu existens, ad Corpus Christi accedat Dominica, nisi ordinate Clamaverit in hebdomada, privatim vel publice, si delictum privatum vel manifestum viderit, unde regularis Clamatio fieri debeat, exceptis valde juvenibus, vel valde vetulis.* Adde pag. 765. 783. Liber Ord. S. Vict. Paris. MS. cap. 6 : *Si quid offenderit, Clametur in Capitulo sicut alter.* Cap. 22 : *Quando in aliquo offendit, pro quo in Capitulo Clamandus esset, corripiat eum Magister solus in schola... sed et si plures fuerint, instruet illos ut de offensis suis invicem se Clament, et Clamati veniam petant, ut assuescant ordinem tenere, et cavere negligentias, et Clamores modeste faciant.* Proclamare, eadem notione, in cap. 31. Rursum cap. 33 : *Dum Clamores fiunt, nemo loquatur, nisi qui Clamorem facit, et Abbas, et qui Clamatur. Qui Clamorem facit, in primis sic dicat : Clamo rem de fratre illo; qui autem Clamatus fuerit, mox ut audierit nomen suum, nihil prorsus in sede sua respondeat, sed veniens coram Abbate, prius inclinans, postea erigens se, coram ipso stet, patienter expectans hoc quod frater suus super ipsum Clamare habet. Qui autem Clamat, non exaggeret Clamorem suum, nec quærat circuitiones verborum, sed aperte dicat, Ille fecit hoc. Audito clamore, si culpabilem se cognoverit, statim veniam petens, humiliter culpam suam confiteatur. Si autem se culpabilem non recognoverit, dicat breviter stans, Domine non recordor me hoc fecisse aut dixisse quod Frater dicit. Tunc ille qui Clamavit eum, ipsam Clamationem non repetat : ipse vero prius inclinans jubente Abbate, eat sedere. Quod si aliquis videt Fratrem suum negare quod verum est, bene licet ei de eo quod vidit vel audivit, testimonium perhibere. Sciendum vero est, quod ille qui Clamorem facit, non faciet Clamorem super illum qui Clamavit, etc.* Similia habent Charta Charitatis Cisterciensis cap. 3. Usus antiqui ejusd. Ordinis cap. 70. etc. Ejusmodi *Clamationum* et *Proclamationum* meminit etiam S. Anselmus lib. 3. Epist. 49: 91. ut et Concilium Biterrense ann. 1233. cap. 18. et Institutiones Capituli gener. Cisterciensis distinct. 5. cap. 1. 13. distinct. 6. cap. 12. Statuta antiqua Ordinis Cartusiensis part. 1. cap. 35. § 12. part. 2. cap. 6. § 9. cap. 12. § 8. cap. 31. § 6. cap. 30. part. 3. cap. 32. § 5. Statuta ejusdem Ordinis ann. 1368. part. 2. cap. 4. § 2. 13. Statuta Ordinis Præmonstrat. dist. 1. cap. 5. et alibi passim. Hinc formula nostris frequens, *Crier quelqu'un*, pro *increpare*. Gloss. Lat. Gr.. *Conviciatur illi, et convicium facit*, καταβοᾷ. *Convicium*, καταβόησις.

3. **CLAMARE**, Canere. Charta Sergii PP. ann. 910. apud Ughellum tom. 1. part. 1. pag. 107 : *Ita tamen ut quotidianis diebus Sacerdotes et Clerici ipsius Ecclesiæ pro remedio animæ nostræ Clament in eadem Ecclesia centum Kyrie eleyson, etc.*

4. **CLAMARE**, Promulgare, publicare. Charta ann. 1268. in Tabul. eccl. Massil. : *Lecta per me Bonaspem notarium et Clamata per dictum Joannem Sardum fuit hæc citatio in Viterbio.* Vide *Clamatio* 2.

¶ **CLAMARE** Quietum, Liberum et immunem declarare. Chartular. S. Vandregesili tom. 1. pag. 123. in Instrum. anni 1222 : *Et ego insuper prædicta Esamirande Quietam Clamavi prænominatis Monachis medietatem unius quarterii molendini, quam clamabam in molendino de Martinet.* Ibidem tom. 2. pag. 1317. ex Instrum. anni 1228 : *Ego Robertus de Hotot... remisi et omnino Quietas Clamavi Abbati et Conventui S. Vandreg. quatuor acras terræ sitas in coutura de Heulepuis, quas de jure ex dono Willel. Recuchon Militis dicebant sibi pertinere, habendas absque reclamatione mei et hæredum meorum in puram et perpetuam eleemosynam.* Rymer. tom. 12. pag. 41. col. 2 : *De eadem summa... Quietos Clamamus, et in perpetuum exoneramus per præsentes.* Lobinellus tom. 2. Hist. Britan. pag. 222 : *Tandem vero prædictus Hamo omnes suas calumnias domno Abbati Willelmo gratanter Clamavit Quietas*; id est, declaravit se desistere *calumniis* seu actionibus, quibus res in Instrumento memoratas ab Abbate repetebat : *Il a declaré qu'il se desistoit du procès intenté.* Passim occurrit.

CLAMASTERIUS. Vide *Clamacterius.*

¶ **CLAMATARIUS**, Actor, qui rem suam repetit. Supplicatio ann. 1304. Hist. Dalphin. tom. 2. pag. 116. col. 1 : *Item quod satisfaciendo aliis creditoribus, et Clamatariis, et legatariis, etc.... quousque esset satisfactum omnibus creditoribus, et Clamatariis, ac legatariis, quibus ipse D. Hugo ut hæres prædicti D. Roncelini de jure tenebatur.*

¶ **CLAMATERIUS.** Vide *Clamacterius.*

¶ 1. **CLAMATIO**, Accusatio in Monasteriis usitata, de qua jam satis in *Clamare.* Antiquæ Consuetud. Canonicorum S. Jacobi de Monte-Forti tom. 4. Anecdot. Marten. col. 1218 : *Deinde fiant Clamationes, si faciendæ sunt. Qui autem clamat non quærat circuitiones in Clamatione, sed aperte dicat : Ille hoc fecit, et qui clamatus fuerit.... eat petere veniam.*

¶ 2. **CLAMATIO**, Promulgatio. Ludewig. tom. 4. Reliq. MSS. pag. 202. ex Diplomat. Garstensi : *Ter in anno, id est, bis tempore graminis, semel tempore fœni placitum suum debet habere, et hoc de Clamatione vel notificatione illius præconis.* Vide *Clameum.*

CLAMATOR, Litigator, actor vel reus. Lex Salica capitulo 3. §. 6. Capitul. 2. ann. 805. cap. 8. et lib. 3. Capitul. cap. 7 : *De Clamatoribus vel causidicis, qui nec judicio scabinorum adquiescere, nec blasphemare volunt, etc.* Lib. 3. cap. 59 : *De Clamatoribus qui magnum impedimentum faciunt in Palatio ad aures Dom. Imperatoris.* Capitulare de Villis cap. 29 : *De Clamatoribus ex hominibus nostris unusquisque judex provideat, ut non sit eis necesse venire, et ad nos proclamare.* Adde Capitulare ann. 810. cap. 1. Capitul. 2. ejusdem ann. cap. 8. Capitul. ann. 823. cap. 12. Hincmarus Remensis Opusc. 5 : *Dictum est mihi, quoniam Clamatores qui ad Palatium vestrum veniunt, nullam consolationem, nec etiam bonum responsum ibi accipiunt.*

Clamator Angliæ Principalis, cum suis *Subclamatoribus*, in Parlamentis Anglicis : cujus officium *Clamatoria* dictum, olim solebat esse unitum *Ostiariæ*, seu Ostiarii officio, ut est in libro *de Modo tenendi Parliamentum* : ubi de munere Clamatoris ista habentur : *Clamator Parliamenti stabit contra ostium Parliamenti, et Ostiarius denuntiabit sibi clamationes suas. Rex solebat mittere Servientes ad arma ad standum per magnum spatium extra ostium Parliamenti, ita quod nulli impressiones nec tumultus facerent circa ostium per quod Parliamentum ingreditur, sub pœna captionis corporum suorum : quia de jure ostium Parliamenti non debet claudi, sed per Ostiarium et Servientes Regis ad arma custodiri.*

¶ Clamator, Monachus qui alium palam accusat in Capitulo. Bern. Ordo Cluniac. part 1. cap. 74. num. 47 : *Est autem consuetudo, quod cum unus clamatur, omnes qui ejusdem nominis sunt, citius debent se præsentare, donec Clamator eligat de quo dicit, etc.* Vide *Clamare.*

¶ Clamator Vini, Præco vini venalis, Gall. *Crieur de vin.* Præceptum Philippi Franc. Regis ann. 1274. apud *de Lauriere* tom. 2. Ordinat. pag. 435. in Litteris Johannis I. ann. 1351 : *Philippus Dei gratia Fr. R. Notum facimus.... quod cum tabernarii Parisius dicerent contra Præpositum et Scabinos mercatorum Parisiensium, eos non habere jus compellendi ipsos tabernarios solvere Clamatori Vini, tabernam ad clamandum non habenti, et clamanti invito tabernario, habente alium Clamatorem in taberna sua, quatuor denarios pro dieta sua... visis et auditis attestationibus testium... pronunciatum fuit prius in Curia nostra, dictos Præpositum et Scabinos jus habere compellendi tabernarium non habentem Clamatorem in taberna sua aperte, solvere Clamatori clamanti hora debita in taberna, quatuor denarios pro sua dieta; nisi tabernarius velit jurare coram Præposito mercatorum, se nichil de vino sic clamato ipsa die vendidisse.* Consuetud. Bituric. apud Thomasserium pag. 229 : *In falsis mensuris habet dominus 60. solidos; sed si Clamator Vini tradidit falsam mensuram, debet guiare illam cui tradiderit.* Vide *Præco.*

¶ Clamatoria Vini, Officium, ut videtur, Clamatoris Vini. Codex MS. redditnum Episcopatus Altissiod. : *Troussæ in Martio 1. sol. Clamatoria Vini* xl. Hi 40. solidi videntur ad Episcopum redire ex officio Clamatoris locato.

* Clamator Audientiæ, Apparitor, *ostiarius*, Gall. *Huissier.* Charta ann. 1365. ex Cod. reg. 5187. fol. 3. v°. : *Item (Carolus de Alenconio archiep. Lugdun.) constituit Clamatorem audientiæ et expeditorem litterarum curiæ Lugdunensis Humbertum Brutini.*

* **CLAMELOTUM**, pro *Camelotum*, in Convent. Saonæ ann. 1526. Vide in hac voce.

CLAMEUM, Clamantia, Clamatio, Clamor, Anglis *Claime*, Practicis nostris *Clain*, Calumnia, seu actio, quam quis intentat ad recuperandam proprietatem vel possessionem rei suæ quam alius ei abstulit.

Regiam Majestatem lib. 1. cap. 9. §. 1 : *Utroque litigantium in curia præsente et petente, Clameum suum faciente, super injusto deforciamento terræ, etc.* Cap. 10 : *Petens Clameum suum, querelam in hunc modum ostendat et faciat.* Matthæus Paris ann. 1240 : *De Clameo suo prosequendo.* Thom. Walsinghamus ann. 1354 : *Si Rex Angliæ totum jus et Clameum, quibus regnum Franciæ vendicabat, Regi Francorum remitteret.* Vide Monsat. Anglic. tom. 1. pag. 48. [et supra vocem *Clama*, et infra *Clamum.*]

* *Clam*, in Assis. Hieros. cap. 28 : *Qui se veaut clamer d'ome, qui n'est présent en la court, celui qui veaut le Clam faire, etc.* Si tamen bene editum est.

¶ Claimum, Eadem notione. *Madox* Formulare Anglic. pag. 179 : *Ego Ingeram de Dumar concessi et dedi sibi et hæredibus suis unam virgatam terræ in Otheselvia, quam tenuit Baldewinus le Gropere, pro Claimo et jure quod clamavit.*

Clameum Continuum, Anglis, est quædam continua, id est annalis, feudi simplicis aut talliati, de quo quis disseisitus est, et cujus possessionem recuperare ob metum potentis adversarii non audet, vendicatio, quasi vindicis causa, ut sic tandem metu amoto, hæredem disseisitoris æque possit sua auctoritate a possessione removere, ac si recenter spoliatus fuisset. Cowell.

Retroclamum. Curia Generalis Cataloniæ in Villa Perpiniani sub Petro Rege Arag. ann. 1351 : *Absque Retroclamo, vel requisitione.*

Clamantia, Eadem notione. Charta Edw. II. Regis Angliæ in Monastico Anglic. tom. 2 : *Concessionem etiam, remissionem, et quietam Clamanciam, quas... fecit Abbati... de omni eo quod habuit, vel aliquo jure habere potuit in villa, etc.* Occurrit ibi pluries, [et apud Th. *Madox* Formul. Anglic. pag. 205. Rymer. tom. 2. pag. 420. et in Libro nigro Scaccarii pag. 373. etc.]

Clamatio, pari significatu. Matth. Westmonast. ann. 1189 : *Et pro hac redemptione castrorum et quieta Clamatione fidelitatis et ligantiæ de Regno Scotiæ... dedit, etc.* Charta Edw. II. Regis Angl. tom. 2. Monastici : *Concessionem etiam, remissionem, et quietam Clamationem quas Aleonora... fecit eidem Abbati, etc.*

¶ **CLAMIDATUS**, pro *Chlamydatus*, apud Radulphum Cadomensem in Gestis Tancredi tom. 3. Anecdot. Marten. col. 188.

¶ **CLAMIS**, pro *Chlamys* supra in voce *Bindæ*.

* **CLAMIS**, itis, pro *Chlamys, idis*, in Inventar. sacr. suppell. abbat. Prum. ann. 1003. tom. 1. Hist. Trevir. Joan. Nic. ab *Hontheim* pag. 349. col. 2 : *Clamites, qui vocantur Ephod, duæ.* Vide *Bindæ*.

* **CLAMITELLA**, Crepitaculi species, Gall. *Cliquette*. Officiar. curator. diœc. Clarom. edit. ann. 1490. ubi de modo separandi leprosos : *Nota quod antequam* (leprosus) *intret domum suam, debet habere tunicam et caligas de griseo, sotulares proprios videlicet simplices, et sinum* (signum) *suum, Clamitellas, Gallice Cliquettes.*

¶ **CLAMIUM**, ut *Clameum*, in Litteris Edmundi fratris Edwardi Regis Angliæ apud Rymer. tom. 2. pag. 35 : *Nos juri et Clamio, quod in dicta Senescalcia in feodo et hæreditate nobis... competere potuit renuntiamus in perpetuum.* Occurrit iterum in Instrumento anni 1260. apud Thomam *Madox* in Formulari Anglic. pag. 13.

* **CLAMMISIUM**, Matrimonium clandestinum. Stat. synod. Tornac. ann. 1366. pag. 26. art. 6 : *Item excommunicamus omnes illos, qui Clammisiis seu matrimoniis, vel coram sacerdote vel aliis celebrare* (celebratis) *studiose interfuerint.*

¶ **CLAMNUM**, *Clarissimum*. Gloss. Isidori ad quod Grævius : Non capio quid hæc sibi velint. Forte scribendum, *Clarissimatus, Honor Clarissimorum.* Papias MS. habet, *Clarimum, Clarissimum.*

CLAMODICUS. Capitula Caroli C. tit. 39. §. 3. [** ap. Carisiac. ann. 873.] : *De illis liberis hominibus, qui infames, vel Clamodici sunt de testeiis, vel latrocinis et rapacitatibus, etc.* Ubi Sirmondo *Clamodicus*, dicitur qui *magnam habet infamiam*, qui gravi criminis alicujus infamia laborat, de quo *clamores dicuntur* et feruntur, qui ab omnibus accusatur. Sed puto *Clamodicum* hic appellari, qui in judicio *clamatur* seu accusatur de crimine, quod sequentia videntur innuere.

¶ 1. **CLAMOR**, Promulgatio. Inquesta super usu et usuagio Libertatum Monasterii Beccensis : Monachi *tenent assisias suas in terra* (de Buris) *et faciunt eas proclamare, quando ipsas contigerit prorogari, et audivit pluries ipse* (testis) *qui loquitur Clamores fieri, etc.*

2. **CLAMOR**, Idem quod *Clameum*, Practicis nostris, *Clameur*. Vetus Consuetudo Normanniæ cap. 57 : *Plainte ou Clameur est quant aucun monstre à la Justice en plaignant soy, le tort qui luy a esté fait, afin qu'il en puisse avoir droit en Court.* Lex Longob. lib. 3. tit. 1. §. 11. [** Carol. M. 99.] : *Si de possessionibus... super eos Clamor venerit.* Tabular. S. Petri Burgul. Charta 82. fol. 82. ann. 1089 : *Si servus meus vel conlibertus ibi manens, mihi servire voluerit, de eo ad Monachos Clamorem faciam.* Infra : *Si aliquis ex meis eos, vel eorum censum capiat, absolute reddam, si Clamorem inde habuero.* [Charta ann. 1182. inter Instrum. tomi 4. Gall. Christ. col. 191 : *Item si dominus Otto de aliquo hominum Abbatis Clamorem facit, quod non denarios quos debebat reddiderit, per Clamorem et justitiam Obedientiarii, vel ejus qui vicem Abbatis ibi aget, per unum testem vel per juramentum ille qui accusabitur se solvisse ostendet, vel capitale et tantumdem de emenda persolvet.* Occurrit iterum apud Acherium tom. 9. Spicil. pag. 184. Baluzium, tom. 2. Hist. Arvern. pag. 781. in Maceriis Insulæ Barbaræ tom. 2. pag. 533. ex Charta Beatricis de Turre Dominæ Rossilionis pro Ordine Cartusiæ ann. 1280 : *Exceptis bannis, Clamoribus personalibus, mero et mixto imperio.*]

* Margalet. in Stat. Aquens. cur. submiss. lib. 2. cap. 4. pag. 124 : *Clamor, Clame, dicitur Quærimonia sive querela creditoris contra debitorem, eo quia quod facere promiserat, minime adimplevit.*

* Clamores Ducere, pro Deferre. Charta ann. 1221. ex Lib. albo episc. Carnot. : *Clamores igitur factos tenetur* (major) *ducere coram episcopo.*

* Clamor de Haro. Vide *Haro*.

Clamor Judiciarius, in Speculo Saxon. lib. 1. art. 62. §. 1. et 3.

Planus Clamor. Charta libertatum Seiselli ann. 1285 : *Qui contendit ponere fidejussorem de plano Clamore, qui cognitus est, debet 3. solidos.* Chartular. Campaniæ Thuanum fol. 287 : *Si aliquis hominum B. Martini Clamorem faciat de alio homine B. Martini, Præpositus B. Martini deducit et tenet placitum sine Viario : et si fuerit planus Clamor, videlicet usque ad valentiam 3. solidorum, totus Clamor est Præpositi.*

* Qui circa rem parvi momenti versatur. Libert. villæ de Andeloto ann. 1269. tom. 8. Ordinat. reg. Franc. pag. 126. art. 4 : *Planus Clamor per sex denarios emendabitur.* Vide infra *Planus*.

Clamor Falsus, in Consuetud. Norman. cap. 7. 95. *Fausse Clameur,* cum quis contra jus rem quampiam *clamat*, et in judicio petit. Charta libertatum urbis Seiselli : *Si quis Falsum Clamorem fecerit, tres solidos debet.* Consuetudines MSS. S. Juliani de Saltu in Lingonibus : *Et la Clamors au Prevost vanra à 4. deniers de Tournois, et ne paiera l'en riens de Fause Clamor.*

Clamorem Facere, apud Tyrium lib. 12. cap. 25 : *Si Veneticus super quemlibet hominem, quam Veneticum, Clamorem fecerit, in Curia Regis emendetur.* Goffrid. Vindoc. lib. 3. Epist. 16 : *Cum quondam de Sigebranno apud Comitem Clamorem facturus Vindocinum venissetis.* Idem Opusc. 11 : *Sæpe inter Monachos agitur, ut per eos qui de aliis in Capitulo Clamores faciunt, etc.* Est queri de aliquo. Vide *Clamare* 2.

Clamor Violentiæ, Clamor aut Vox Popularis. Vide *Huesium*.

Clamor, Debitum, quod ab aliquo repetitur. [Testamentum G. Comitis Nivernensis ann. 1239. in Maceriis Insulæ Barbaræ : *Propter Clamores vero meos pacificandos præcipio quod redditus S. Marcellini sint in manu executorum meorum.*] Testam. Amedei IV. Comitis Sabaudiæ ann. 1252. apud Guichenonum : *Volo et præcipio quod omnes Clamores mei, et debita mea amicabiliter et sine strepitu solvantur.* Eadem occurrit formula in Testamento Beatricis Comitissæ Provinciæ ann. 1263. Petri Comitis Sabaud. ann 1268. Thomæ Comitis Sabaud. ann. 1288. et Aymonis Comitis Sabaud. ann. 1343. apud eundem pag. 64. 70. 75. 77. 98. 170. [In Testamento Alionoræ Comitissæ Boloniæ apud Baluzium tom. 2. Hist. Arvern. pag. 119.] Adde V. Cl. Dionysium Salvagnium Boissium lib. de Usu feudor. pag. 378. Charta ann. 1187. in Tabulario Vindocin. fol. 277 : *Guagia etiam, vel Clamores alicujus forefacti, sine assensu Prioris reddere non potest, nec quittare.*

¶ Clamor Pacificatus, Debitum exsolutum. Charta Joannis Sacerdotis Ecclesiæ Lugdun. ann. 1192. inter Instrum. tom. 4. Gall. Christ. col. 24 : *Habebunt quoque decimam eorum redditum, quos de Ecclesia defuncti ejus habiturus est, a die obitus sui usque ad quintum Martium, post solutionem refectoriorum et debitorum, et Clamoribus pacificatis, ipsi vero debebunt Ecclesiæ no-*

stræ possessionem et Missam in Natale Domini. Vide Pacificare.

Clamor Bellicus, Qui in procinctu prælii; atque adeo in ipso prælio inclamari a militibus solebat. Robertus Monachus lib. 2. Hist. Hieros. : *Et hoc signum erat Bellici Clamoris ipsorum. Signum Clamoris*, apud Will. Tyrium. Sed de Clamore bellico consulendæ omnino binæ nostræ Dissertationes ad Joinvillam, 11. et 12.

Clamorem [Levare, in Edicto Philippi Pulchri Franc. Regis ann. 1303. idem sonat quod finem imponere clamoribus creditoris adversus debitorem : *Item, quod quando Clamores fient de debitis et debita erunt contestata, eis detur quindena, ut moris est in majori parte Senescallie, quodque transacta quindena, Clamor non levetur per Bajulum, priusquam satisfiat de debito creditoris.* Sed alias *Clamorem Levare* idem est ac conviciis, clamoribus et sibilis aliquem consectari, Gall. *Huer après quelqu'un*, ut fusius dicetur] in voce *Huesium*.

¶ Clamor ad Deum, quo suppliciter exoratur, ut opem ferat temporibus afflictionis. Hujusce *Clamoris* varias exhibent Antiqui formulas, ut Bernardus Monachus in Ordine Cluniac. part. 1. cap. 40. Anonymus quidam de rebus gestis in Monast. S. Michaëlis in periculo maris ineunte sæc. XII. ubi singulare refert hujus *Clamoris* exemplum adversus Thomam de S. Johanne nemorum Monasterii vastatorem, Scriptor Actorum MSS. S. Lauri, et Guido Monachus in Disciplina Farfensi cap. 37. ex quo hæc depromere visum est ad specimen aliorum : *Hac ratione faciendus Ecclesiastici ordinis Clamor ad Dominum. Ad Missam principalem jam dicta Oratione Dominica Ministri Ecclesiæ cooperiant pavimentum ante altare cilicio, et desuper ponant Cruxifixum et textum Evangeliorum, et corpora Sanctorum, et omnis Clerus in pavimento jaceat postratus canendo Psalmum,* Ut quid Deus repulisti in finem *sub silentio. Interim duo signa percutiantur ab Ecclesiæ custodibus, solusque Sacerdos ante Dominicum Corpus et Sanguinem noviter consecratum, et ante prædictas Reliquias Sanctorum, alta voce incipiat hunc clamorem dicere :* Ostende nobis. Esto nobis Dom. Memento nostri Dom. Exurge Dom. Domine exaudi orat. In spiritu humilitatis et animo contrito ante sanctum altare tuum et sacratissimum Corpus et Sanguinem tuum, Domine Jesu, Redemtor mundi, accedimus, et de peccatis nostris, pro quibus juste affligimur, culpabiles contra te nos reddimus. Ad te, Domine Jesu, venimus, ad te prostrati clamamus, quia viri iniqui et superbi, suisque viribus confisi, undique super nos insurgunt, terras hujus Sanctuarii tui cæterarumque sibi subjectarum Ecclesiarum invadunt, deprædantur et vastant; pauperes tuos cultores earum in dolore et fame, atque nuditate vivere faciunt, tormentis etiam et gladiis occidunt, nostras etiam res, unde vivere debemus in tuo sancto servitio, et quas beatæ animæ huic loco pro salute sua reliquerunt, diripiunt, nobis etiam violenter auferunt. Ecclesia tua hæc, Domine, quam priscis temporibus fundasti et sublimasti in honorem beatæ semper Virginis Mariæ sedet in tristitia, non est qui consoletur et liberet eam, nisi tu Deus noster. Exurge igitur, Domine Jesu, in adjutorium nostrum; conforta nos et auxiliare nobis; expugna inpugnantes nos, frange etiam superbiam illorum, qui tuum locum et nos affligunt. Tu scis, Domine, qui sunt illi et nomina illorum, corpora quoque et corda eorum, antequam nascerentur, tibi sunt cognita. Quapropter eos, Deus, sicut scis, justifica in virtute tua, fac eos cognoscere sua malefacta, et libera nos in misericordia tua; ne despicias nos, Deus, clamantes ad te in afflictione, sed propter gloriam Nominis tui et misericordiam, qua locum istum fundasti, et in honorem Genitricis tuæ sublimasti, visita nos in pace, et erue nos a præsenti angustia. Amen. *Quo Clamore facto reportentur Reliquiæ suis locis, et dicat Sacerdos sub silentio Collectam*, Libera nos quæsumus, Domine.

3. **CLAMOR**, Districtus. *Clamor de Almacillis*, in Foris Aragon. lib. 1. tit. Quod Ripacurcia, etc.

* 4. **CLAMOR**, Mulcta pecuniaria, quæ propter *clamorem* exigitur. Lit. ann. 1370. tom. 5. Ordinat. reg. Franc. pag. 345 : *Quod si....... ipsos consules....... contingeret poni in deffectu, vel ipsos debere Clamores et gaigia; .... ipsi consules ...... quitti et liberi perpetuo remaneant et teneantur solvendo medietatem dumtaxat talium deffectuum, Clamorum, gaigiorum, etc.* Occurrit præterea tom. 3. pag. 117. et tom. 7. pag. 311. art. 5. Lit. remiss. ann. 1394. in Reg. 146. Chartoph. reg. ch. 152 : *Petrus Rousselli in hæc verba prorumpit, Petre Florentii, tu es causa quod hac die avunculo meo deconstitit unus Clamor.* Neque aliter intelligendum *Clamorem levare*, quam Mulctam ex *Clamore* exigere.

* **CLAMOROSE**, Clamose. Constitut. Carmelit. MSS. part. 1. rubr. 5 : *Quod si quis conviciose et Clamorose locutus fuerit, a præsidente continuo silentium eidem imponatur.*

¶ **CLAMOROSUS**, f. pro *Clamosus*. Sallas Malaspinæ lib. 4. Rerum Sicularum apud Baluzium tom. 6. Miscell. pag. 299 : *Secundus vero exercitus Corradini manipulus de Clamorosis in bello Theutonicis congregatis sub nutibus Corradini, Ducis Austriæ, ac quorumdam Baronum de Alamannia solidæ audaciæ moderabatur habenas.*

¶ Clamorosa Insinuatio, Querula monitio. Bulla Innocentii VI. Papæ ann. 1357. in Bullario Carmelitarum pag. 97 : *Frequentes hactenus.... Episcoporum, etc. querelæ contra dilectos filios Prædicatorum et Minorum Ordinum Fratres, Sedis Apostolicæ jam dudum excitarunt, nostrumque Clamorosis Insinuationibus excitare et fatigare non cessant auditum*

CLAMOSUS, Qui *clamat*, vel resonat. Isidorus lib. 10. Orig. : *Clamosus, quasi calamosus, a calamo scilicet, quod sonet.* Hoc sensu *clamosum* silentium dixit Senator lib. 4. Epist. 51. Abdias seu Julius Africanus lib. 6. Hist. Apostol. : *Jube astare hic qui sunt eloquentes in linguis, acutissimi in argumentis, et Clamosi in vocibus.* Epistola Florentinorum ad Alexandrum PP. II. apud Baron. ann. 1063. num. 43 : *Eligitur denique Abbatum unus Clamosus voce, apertus lingua.* Ita Sugerius in Lud. VI. pag 289. Gesta Consul. Andegav. cap. 13. num. 6. etc.

Clamosus, Famosus, celebris. Silvester Giraldus lib. 1. Itiner. Cambriæ cap. 2 : *Locus ille de Brenelioc magnus et famosus, quem et Clamosum dicunt, patriam replet. Clamosissimus*, hac notione habetur apud Vegetium in Præfat. ad lib. 3. Artis veterin.

Clamosus, Idem qui *Clamodicus*. Capitula Caroli C. tit. 39. § 3. [** ap. Carisiac. ann. 873.] : *Si servus alicujus ita Clamosus est, Comes dominum servi commoneat, ut eum in mallo præsentet, et præsentatum, si aliquis comprobare voluerit, faciat, etc.* [** Chart. Ermenfr. Abbat. Gorzensis ann. 984. post Irmin. pag. 351 : *Si vero Clamosus fuerit, donec ejus causa finiatur, infra potestatem triturabit 2. modia avenæ, etc.*]

* **CLAMPLATAS**, vel Clainplatas, aut Clainplatas. Inquisit. super. destruct. bastidæ Sabran. ann. 1363. ex Cod. reg. 5956. A. fol. 80. v°. : *Item dimisit viginti quatuor balistas pro majore parte de reverso. Item unum Clamplatas, etc.* Instrumentum focarium videtur.

CLAMUCIUM, Lorica, ut videtur, hamis seu maculis ferreis contexta. Gauffredus Malaterra lib. 2. cap. 35 : *Comes... Arcadium de Palerna.... splendenti Clamucio, quo pro lorica utimur, armatum.... interficit.* Et mox : *Clamucium quo indutus erat, nullis armis poterat violari, nisi ab imo in superius impingendo inter duo ferrea quæ per juncturas catenata sunt, ingenio potius quam vi vitiaretur.* Nescio an legendum his locis *Camicium*, aut *Camisium*, pro *Clamucium*, ut sit quod nos Galli appellamus, *Chemise de maille.*

¶ **CLAMUM**. Gall. *Clain*, Actio rem sibi ablatam repetentis. Notitia Concilii Pictav. sub Isemberto Episc inter Instrum. tom. 2. Gall. Christ. col. 332 : *Et si foras terram S. Maxentii Vicarii Clamum habuerint, ipsi districtum accipiant.* Rymer. tom. 13. pag. 244. col. 1 : *Omnimodæ impetitiones, et injustæ clamationes, sive Clama et non Clama sive non clamationes, etc.* Alia sunt exempla in vocibus *Exarichus* et *Infestare*. Vide *Clameum*.

* **CLAMUS**, ut supra *Clamor* 4. Pactum ann. 1114. inter Probat. tom. 2. Hist. Occit. col. 389 : *Donamus vobis et infantibus vestris et posteritati vestræ totos Clamos et districtos de mercato toto de Biterris, quod habeatis inde tert am partem et nos duas.*

CLAN, apud priscos Scotos, qui montani et silvestres dicuntur, significat tribum, seu multitudinem hominum ab uno communi parente seu stipite descendentium. Vide Skenæum ad Statuta Willelmi Regis Scotiæ cap. 28. ubi de lege, quam Scoti vocant *de Clan-Mak-duff.*

CLANCULARE, Celare, occultare. Aldhelmus Abbas Malmesburiensis : *Frustra talenti fenora subterraneis Clanculantur defossa sablonibus.*

¶ **CLANCULARII**, ex Anabaptistis illi dicuntur, qui fidei confessionem minime necessariam judicant. Iidem quod in hortis convenire soliti, *Hortularii* dicti. Hofman.

in Lexico. Vide Florimond. Raimondum lib. 2. cap. 13. n. 3.

* Vide M. Pauli Stockmanni Lexic. Hæres. Lips. edit. ann. 1719.

¶ **CLANCULUS**, Occultus. Vita S. Dunstani tom. 4. SS. Maii pag. 354 : *Nonnulli eorum Clanculi persecutores illius extiterunt.*

¶ **CLANDESTINARE**, *Occultare.* Papias MS.

** **CLANGA**, Campana. Reinard. Vulpes lib. 3. vers. 1265 :

En comitante pari nonam modo Clanga profestam
Tinnit, ut ipse audis, quid tibi tester ego?
Et tunc forte duo, sed non ob id, æra sonabant, etc.

Vide *Clangorium* et Graffii Thesaur. Ling. Franc. vol. 4. col. 563.

¶ **CLANGALIS**, Sonum edens, a *Clangere*, Sonum edere. Epistola Joannis *Troester* apud Duellium Miscell. lib. 1. pag. 232 : *Sed quis attonitus strepor, aut quæ Clangalis, ærea sonora in ultima platea æthera usque movet?*

¶ **CLANGERE**, dicitur de clamore aquilæ, ut videri potest in *Baulare.*

¶ **CLANGISONUS**, Clamosus. Vita S. Guthlaci tom. 2. April. p. 42 : *Ut totam pene a cœlo in terram intercapedinem Clangisonis boatibus implerent.*

CLANGORIUM, Campanarium, campanile, turris Ecclesiæ, ubi clangunt *tubæ Ecclesiasticæ* : sic enim campanas vocant Walafridus Strabo et Honorius Augustod. Regula S. Pachomii cap. 9 : *Quando ad Collectam Clangor tubæ increpuerit per diem, etc.* Baldricus Noviom. lib. 1. cap. 74 : *Qui resticulis nixus, quas desuper trabibus Clangorii artificiose innexuit, sparso latice ignem extinguebat.* Infra : *Furiosus quidam ex Clericis in Clangorio sedens, in medio sagittam contorserat.* Chronic. Fontanellense cap. 7 : *Et ecce fulmen per aera devolutum cum fragore horribili impegit Fontinellensis Ecclesiæ in Clangorium, cujus tantum crucem violenter, ac si gladio truncatam ad terram dejecit. Clangor signorum*, apud Ordericum Vitalem lib. 8. pag. 684. et in Vita S. Guillelmi Gellonensis cap. 33. Edit. Mabil onii. Concilium Lemovicense ann. 1031. Sess. 2 : *Cessantibus metallinis Clangoribus.* Vide Erotianum in Lexico Hippocrat. in Κλαγγώδης, etc. et supra *Clanga.*

¶ **CLANGOROSUS**, Clamosus. De excidio urbis Acconis, apud Marten. tom. 5. Ampliss. Collect. col. 778 : *Intrantibus igitur Sarracenis cum impetu fere spatium tractus baleæ intra civitatem cum vocibus Clangorosis, lethali deducendo cæsione, Christianos oportuit retroire.*

* **CLANGURA**. Charta Vitalis ducis Venet. ann. 1064. tom. 4. Cod. Ital. diplom. col. 1536 : *Nobis vero de eisdem anguillis undenam anguillam daturi estis, tracto prius omni expendio Clanguræ piscariarum.* An sumptus, Gall. *Entretien?*

* **CLANIPLATAS**. Vide supra *Clamplatas.*

CLAPA. Charta ann. 1258. apud Petrum Mariam Campum in Regesto part. 2. Histor. Eccles. Placent. num. 98 : *Et posuimus terminum unum lapidem signatum signo Crucis supra et infra, locatum supra Clapam vivam eodem signo crucis signatam.* Occurrit rursum infra. [Utrobique forsitan melius legeretur *Placa*, a Græco πλάξ, Gall. *Plaque*, Lamina.]

* Acervus, congeries lapidum, Provinc. *Clapié de peyre.* Lit. remiss. ann. 1464. in Reg. 199. Chartoph. reg. ch. 534 : *Eumdem fecit cadere super unum Clapas lapidum extra curtem.* Stat. Placent. lib. 4. fol. 40. v° : *Omnes habentes boras juxta stratas publicas civitatis Placentiæ, teneantur in ea parte, in qua occupaverint seu occupant de via publica, occasione hostiorum et fenestrarum ipsius boræ, ponere inter ipsam boram vel fenestras et stratam et tenere unam magnam Clapam, vel assidem ita largam et longam, quæ corripiat tantum quantum protendit extra murum.* [** Suecis *Klapper* sunt lapides minuti et rotundi. Island. *Klaupp* scopulum denotat. Vide Ihrii Glossar. Suio-Gothic. voce *Klapper.*]

* **CLAPEIRADA**, Eodem intellectu. Inquisit. ann. 1268. ex schedis Pr. *de Mazaugues* : *Quæsivit quare dicta Clapeirada, quæ vadit ab ulmo de Cravo usque ad deffensum d'Aurella fuerat facta...... Dixerunt quod fuerat facta...... ad signandum ad quem locum protendebatur proprietas et pastura d'Aurella, et proprietas et pastura civitatis Arelatis.* Rursum infra : *Et a dicto capite defensi per quandam Clapeiradam rectam, ubi solebant esse magni lapides et grossi.* Vide infra *Claperius* 1.

* **CLAPELLA**, Lateris species. Convent. Saonæ ann. 1526 : *Quod fornaxarii debeant pro unaquaque fornaxata sive cocta laterum seu mattonorum vel Clapellarum, etc.* Infra : *Item qui conduxerit per mare mattonos seu Clapellas, soldos duos* (solvat).

¶ **CLAPERIA**, ut mox *Claperius.* Charta Bernardi de Turre ann. 1308. apud Baluz. tom. 2. Hist. Arvern. pag. 783 : *Possint dicti homines capere in vineis suis et vicinorum suorum lepores et cuniculos, non faciendo Claperias seu garenas, etc.*

¶ CLAPERIUM. Charta Caroli II. Regis Siciliæ ann. 1289. ex Schedis Præsidis *de Mazaugues* : *Territorium de Layncello durare et protendi usque ad fines infra scriptos, videlicet usque ad summitatem campi Hugonis, ubi est Claperium manufactum, et protenditur versus S. Michaelem.* Charta ann. 1246. ex parvo Chartulario S. Victoris Massil. fol. 188 : *Claperium, quod est intus curiam veterem.* Histor. Episcoporum Altissiod. apud Labbeum de Aymerico : *Hic primus construxit Claperia cuniculorum Regennis in garenna.*

CLAPERIUS, Hara cunicularia, ubi nutriuntur cuniculi et multiplicantur, Gall. *Clapier.* Charta Philippi Regis Franc. ann. 1310. pro libertatibus Bastidæ in Petragoricis in 47. Regesto Tabularii Regii num. 38 : *Item liceat cuicumque habitatori dictæ bastidæ loca sua propria explectare, et ibi columberia, pisqueria, et Claperios pro cirogrissis* (sic) *facere, dum tamen jura dominorum a quibus tenentur ipsa loca, in aliquo non fraudentur.* [Charta ann. 1212. ex Archivo S. Victoris Massil. Diœces. Forojul. n. 62 : *Pars vineæ ex parte Claperii.* Altera ann. 1037. ibid. n. 30 : *Hoc est de balma, sicut vadit via ad S. Petrum, et sunt Claperii.* Acta de terminis territorii Massil. ex Archivo ejusdem urbis, ann. 1278 : *Quem lapidem sive queirrinum pro termino antiquo concorditer confirmaverunt, ita quod dictus Claperius remanens a parte Orientis et dictus violus in medio dicti Claperii, etc.*]

* Stat. Auxit. MSS. art. 35 : *Item est consuetudo ibidem, quod quicumque piscatur seu venatur in piscariis, stagnis, Claperiis, devesiis et columbariis contra voluntatem dominorum quorum sunt, quod tenetur solvere, etc.* Hinc *Clapoire* et *Clappier* dictum a nostris Lupanar. Lit. remiss. ann. 1398. in Reg. 153. Chartoph. reg. ch. 222 : *Ledit Ogier aiant pendu un bazelaire...... à sa sainture et un planchon en sa main,...... disant qu'il estoit temps que le Clapoire feust effondrée.* Aliæ ann. 1424. ex Reg. 173. ch. 130 : *Clappier et bordel publique, etc.*

Vox orta a *Clapa*, instrumento seu machina qua capiuntur cuniculi. Glossæ MSS. Reg. Cod. 2062 : Ποδοκάκη, τὸ ἐν εἱρκτῇ ξύλον ὅπερ κλάπα λέγεται καρτζικοῦ.

☞ Quidam *Claperium* deducunt a κλέπτειν, Furari, quia quasi furtim subducuntur cuniculi, dum confugiunt ad Claperios. Menagius post Labbeum a *Lepus*; unde *Lapus*, inquiunt, *Lapinus*, (Gall. *Lapin*) *Lapinarium*, *Lapiarium*, *Clapiarium*, Gall. *Clapier.* Nonne felicius Illustriss. Præses *de Mazaugues* a *Lapis*? Certe huic etymo favet ipsa *Claperii* notio; non enim solum haram cunicularium significat, sed etiam acervum lapidum, quem usque hodie *Clapié de peyre* nuncupant Provinciales; hacque notione vox *Claperius* accipienda est in quibusdam instrumentis. Quoniam vero in acervos lapidum frequenter sese recipiunt cuniculi, hinc forte ad eorum haras significandas vox *Claperius* usurpata.

CLATERIUM, Eadem notione. Tabular. Fossatense : *Et quod habeamus in toto territorio dictæ villæ, garannam perpetuo, in qua non possint venari nisi ad lepores cum cane,.... et fecit ibi fieri Abbas multa Clateria ad opus cuniculorum.* [Puto mendum esse amanuensis, qui perperam scripserit *Clateria* pro *Claperia.*]

* **CLAPERIUS**, ut supra *Clapa.* Charta ann. 1058. ex Tabul. S. Vict. Massil. : *A Septentrione pergit per viam publicam et vadit per Claperios, qui sunt in campum de S. Maria.* Inquisit. ann. 1268. jam laudata : *Et sic protenditur a dicto deffenso per Claperios et partidam tenementi Arelatis et Auricalæ.* Pactum inter episc. Magalon. et gentes reg. ann. 1332. in Reg. 66. Chartoph. reg. ch. 948 : *Usque ad quemdam Clapum seu acervum lapidum, qui est prope pontem Salaronis...... usque ad Clapum seu acervum lapidum, qui est in capite vineæ de Salarone,........ et a dicto Claperio seu acervo lapidum, etc.* Quo etiam pertinent quæ addita fuerunt in voce *Claperius* post *Claperia*, non ad haram cunicularium. *Clappier*, eadem notione, in Lit. remiss. ann. 1456. ex Reg. 189. ch. 110 : *Les supplians misdrent le corps d'icellui brigant soubz un Clappier et monceau de pierres,* Alia notione vide in *Claperia.*

CLAPERSEDRA, pro *Clepsydra.* Matth. Silvaticus in Pand. : *Clasefedia, Clapersedra, est species syringæ, qua injicitu medicina in vesicam propter impulsionem instrumenti solidi in concavum instrumentum.* Voci notio indita, a similitudine clepsydræ dolii, de quo vocabulo infra agimus. Vide prætereà *Classedra.*

* **CLAPETUM**, a vulgari *Clapet*, Crepitaculum, Gall. *Cresselle.* Ordinar Ms. S. Petri Insul. : *Notaquod pulsatione dictarum vesperarum facta* (feria scilicet v. hebdom. major.) *sicut in festis novem lectionum, non amplius pulsantur campanæ, sed Clapeta.*

¶ **CLAPO**, Modus prati : *Confitetur tenere quemdam Claponem prati, in quo fieri potest una mansulla feni.* Sic in missis ad nos Collectaneis Viri Cl. D. *Aubret*, qui addit putare se *Claponem* habuisse figuram ungulæ porci,... quem rustici Dumbenses vocant, *un Clapon.*

¶ **CLAPONUS**, Ferrea solea, f. sic dicta a sono, quem edit dum currit equus. Bartholom. Scriba lib. 6. Annal. Genuens. ad ann. 1230 : *Unde optimus equus compararetur, et ex parte sua præsentaretur Communi Januæ, coopertus optimo auro, et ferripedatus Claponis argenteis : qui equus sive desterius emtus fuit et ductus per civitatem Januæ in signum memoriæ cum Claponis argenteis et panno aureo coopertus.*

** **CLAPSEDRA**, eadem notione qua *Clapersedra*, in Charta ann. 1341. ap. Lappenb. Init. Fœder. Hanseat. pag. 365.

* 1. **CLAPUS**, Acervus, congeries lapidum. Locus est supra in *Claperius* 1.

¶ 2. **CLAPUS**, ut supra *Claperius*, 2. Statuta Massil. lib. 5. cap. 19. § 21 : *Item quicumque diruet, o destruira, Clapum alienum de die, solvat pro pœna banni* x. *sol. de nocte* xx. *sol.*

* Pactum ann. 1316. ex schedis Pr. *de Mazaugues : Item convenerunt..... quod quicumque acceperit cuniculum, vel venatus fuerit, vel Clapos clauserit seu viverios, teneatur dare, etc.* Infra : *Quicumque habet Clapos, teneatur ipsos manutenere, et si fuerint destructi, reficere; et nullus lapides Claporum possit in alios usus convertere.*

¶ **CLARA**, Magnum et latum peplum, quo Moniales obtegant caput velantque faciem, sic dictum *Clara*, quod per textum suum rarissimum inspiciatur quasi per transennam, apud Leibnit. tom. 2. Scriptor. Brunsvic. pag. 881. et 903. Alia notione sumitur in Concilio Albiensi cap. 16. apud Acherium tom. 2. Spicil pag. 640. ac forte pro panno candidiori vel coloris cujusvis spendidioris : *Districte præcipientes, ut Regulares aliqui Clara vel nigra, bruneta vel panno alio sumptuoso, sendato quoque aut serico non utantur.*

* *Cler*, Panni species, in Lit. remiss. ann. 1375. ex Reg. 107. Chartoph. reg. ch. 271 : *La mere de laditte Meline bailla une cote de Cier qu'elle avoit à sa fille.*

Clara Ovi, Albumen ovi, [Hisp. *Clara de huevo*, Gall.] *la Glaire de l'œuf*; in Miracul. B. Ambrosii Senensis instr. 27.

* *Clere*, eodem sensu, in Lit. remiss. ann. 1411. ex Reg. 165. Chartoph. reg. ch. 390 : *Icellui Bernart print des estouppes et de la Clere des oefs, et au mieulx qu'il seut appareilla les playes, qui fort seignoyent.* Aliud vero sonat *Clere*, in aliis Lit. ann. 1397. ex Reg. 152. ch. 282 : *Et d'illec* (de Lamberville) *se parti et s'en vint par costes et par Clere tant que il vint à Fontaines le Sourt.* Vallem significare videtur : undenam vero?

¶ **CLARARE**, Illustrare. Acta SS. Maii tom. 5. pag. 238. * de S. Austregisilo : *Et ad Clarandum S. Austregisili meritum evelluntur a natibus infixi pedum tali.*

* Declarare, notum facere. Vide *Clarefacere* et infra *Clarum facere.*

CLARASIUS, Clario, Claro, Lituus, a claro quem edit sono, ὀξυφωνότερος αὐλός, Græcis : Gallis, *Clairon*, Anglis *Clarions*, Cambro-Britannis *Clariwn*, tuba. Willelmus Malmesbur. lib. 4. Histor. Angl. ann. 1101 : *Clarasiorum melodia perstrepente.*

Claro. Charta ann. 1220. apud Marcam lib. 5. Hist. Beneharn. cap. 1 : *Congregati ibidem per præconem communem cum tuba, seu Clarone, prout moris est, etc.*

Clario. Henricus Knyghton. ann. 1346 : *Statimque clanxerunt Clarriones et tubæ.* Et ann. 1360. *Clangentibus tubis et Clarionis et aliis instrumentis musicis personantibus.* Joan. Joinvilla in S. Ludov. : *Le Roy... qui venoit à ung terrible tempeste de trompettes, Clerons, et cors.*

* Ejusdem originis sunt voces *Clarain, Clarant, Clare*, et *Clarin*, nunc *Clarine*, quæ tintinnabulum significant, quod pecudum collo appendi solet. Chron. S. Dion. lib. 4. cap. 8. tom. 3. Collect. Histor. Franc. pag. 256 : *Landris li connestables.... au col de son cheval pendi un Clarain, autel com l'en atache au coulx de ces bestes, qui vont en pastures em boscages.* Lit. remiss. ann. 1458. in Reg. 187. Chartoph. reg. ch. 239 : *Ung Clarant qu'on pend au col des beufz* (en Périgord). Aliæ ann. 1383. ex Reg. 124. ch. 68 : *Guillemin Chastellain a acoustumé mener un sien chien, au col duquel par esbattement il pandi une sonnette ou Clare, que ont acoustumé de porter vaches, brebis ou moutons.* Denique aliæ ann. 1397. ex Reg. 153. ch. 28 : *Dessoubz un des seps de la vingne ledit Robin trouva un Clarin de vaches. Claseau*, eodem significatu, in Lit. remiss. ann. 1451. ex Reg. 185. ch. 221 : *Les supplians se bouterent en ung chalan, eulx estans garniz d'un Claseau ou sonnau... Ung sonnau propre dont ilz sonnoient, ainsi que par nuit est propice. Clerin*, in aliis ann. 1394. ex Reg. 146. ch. 177.

CLARATUM. [Liber pitanciarum Abbatiæ sancti Germani Paris. B. fol. 1 : *Anniversarium Domini Childeberti... Debet autem fieri procuratio Conventui in die anniversarii, de piscibus scilicet optimis, guastallis et bono Clarato.* Claratum idem omnino videtur, quod infra *claretum*, nisi mavis esse vinum rubellum, quod Gallice dicimus *Vin clairet.* Appendix ad Responsoriale Romanum Thomasii ex MS. xii. sæculi pag. 441. edita Romæ ann. 1686 : *Et dantur Canonicis quoties has vigilias celebrant tres solidi Provinienses pro Clareto; faculæ vero Camerario Canonicorum remanent.* Mos olim fuit in quibusdam Ecclesiis, ut expletis quibusdam solemnioribus vigiliis vinum cum placentis Canonicis distribueretur : quod hodie pecunia fere compensatur.] Vide *Burjuratus.*

1. **CLAREDO.** Gloss. Isid. : *Claredines, claritudines.* Papias : *Claredo, est splendoris; claritudo, nobilitatis.*

¶ 2. **CLAREDO**, Idem quod *Claretum.* Hist. Dalphin. tom. 2. pag. 273 : *Mag. Goffrido de Uneco Syropario regio pro Claredinibus receptis ad opus Domini taren.* xv. Pag. 279. *In Claridine et claptuario taren.* 1. in MS. V. Cl. Lancelotii legitur *Claredine et clapsuario.*

CLAREFACERE, Notum facere. Occurrit non semel in Chartis Italicis apud Ughellum tom. 7. pag. 263. 506. 540. etc. tom. 8. pag. 418.

¶ **CLARELLA.** In vetustissimo MS. S. Benedicti ad Ligerim legitur, *Prosa Clarellæ* : qua posteriori voce an designetur Auctor Prosæ, an tonus seu musices modus, quo decantari debebat, divinandum. Vide *Frigdoræ.*

* Forte a *Clarasius* vel *Claro*, quod una cum tubis decantatur.

CLARENI Fratres, ex Franciscanorum Ordine, qui alias *Fratres spirituales* dicti, a Fratre Angelo de Cingulo Clareno eorum institutore nuncupati, qui usque ad Pii V. tempus perseverarunt. De iis agit Waddingus ann. 1317. n. 16. 28.

¶ **CLARENTIUS**, Heraldus. Vide Spelmannum.

¶ **CLARERIA**, Fenestra, a *clarere* sic dicta, quod præbeat *claritatem* seu lucem. Consuetud. Lemovic. art. 72 : *Non tamen debet facere in dicto pariete fenestram seu Clareriam transforare, nisi hoc de consensu vicini.* Ibidem : *Et ipse qui fecerit fenestras seu Clarerias, debet eas claudere ad expensas suas.*

* *Esclaire*, eodem sensu, in Charta ann. 1324. ex Reg. 64. Chartoph. reg. ch. 2 : *Les boiches ou entrées des celiers et les Esclaires d'iceus, qui apresent sont faites ès froz de ladite ville de S. Richier, etc.*

CLARETUM, Anglis *Claret*, Hisp. *Clarea*, Vinum factitium dulce vel aromatites, quod Germanis, Gallis, etc. *Hipocras.* Mamotrectus ad 3. Reg. cap. 20 : *Pigmenta, i. confectiones ex vino et melle et diversis speciebus suaves et odoriferas. Hoc pigmentum, vulgariter Claretum.* Bartholomæus Anglicus lib. 19. de proprietatibus rerum cap. 56 : *Claretum ex vino et melle et speciebus aromaticis confectum : nam species aromaticæ in subtilissimum pulverem conteruntur, et in sacco lineo vel mundo cum melle vel zucara reponuntur. Vino autem optimo species perfunduntur, et reperfunduntur, quemadmodum fit lixivia, et tamdiu renovatur perfusio, donec virtus specierum vino incorporetur, et optime clarificetur, unde a vino contrahit fortitudinem et acumen, a speciebus autem retinet aromaticitatem et odorem, sed a melle dulcedinem mutuatur et saporem.* Burchard. de Casib. S. Galli cap. 14 : *Clareto permixta toxica.* Cencius Camerarius in Ceremoniali apud Baron. ann. 1191 : *Pincerna insuper et Marescallus tam de comestione, quam de aliis donariis remunerantur similiter, excepto quod capita porcorum aptata non habent, neque Claretum.* [Hist. Monasterii Novientensis tom. 3. Anecd. Marten. col. 1145 : *Conficientes sitél plenam Clareti, noctu ad eum pervenerunt... Cumque cifum plenum Clareti in lecto collocatus bibisset, reliquum sibi usque mane servari præcepit.* S. Wilhelmi Constitut. Hirsaug. lib. 1. cap. 14 : *Pro signo potionis pigmentatæ, quæ Claretum, id est Littranch, dicitur a pluribus, conclude utranque manum.*] Chronicon Flandriæ cap. 69 : *Si fut une nuit avec ses dames en son deduit, et* *leur prit talent de boire Clarei en un pot d'argent, etc.* At Francis *Clairet*, est vinum rubellum. [Vide *Claratum*.]

* Glossar. Gall. Lat. ex Cod. reg. 7684. *Clare, mellicratum, i. nectar.* Declarat. feudor. franc. Camerac. ex Tabular. ejusd. eccl. : *Et si doit avoir* (le boutillier) *jalois de vin au coucher ou ung jalois de Clare.* Vide infra *Claroya*.

* CLARETUM, Vinum rubellum, Gall. *Clairet.* Reg. eccl. Andegav. ad ann. 1443 : *Præsentabuntur ..... pro suo jucundo adventu sex pipæ vini, tres albi et tres Clareti, etc.*

¶ **CLARGASTER**, Clericus. Statuta Clementis IV. Papæ pro Ecclesia Aniciensi tom. 2. Anecdot. Marten. col. 479 : *Item, quod idem Præcentor aliquem Clericulum non possit facere, seu Clargastrum donec vigesimum annum attingat... nec etiam aliquem Clericulum faciat seu introducat de novo postquam tempus attigerit memoratum, et nisi sufficiens idoneus examinatus prius in officio Ecclesiæ sit inventus.*

* **CLARIA**, Vehiculi genus undequaque apertum : unde nomen. Chron. Guill. Bardini ad ann. 1310. inter Probat. tom. 4. Hist. Occit. col. 17 : *Itaque lite criminali peracta, latum fuit arrestum die Martis de mane, ... quo dictus de Boissaco miles damnatus fuerat ad subeundam capitis amputationem. Hora quarta impositus fuit Clariæ, et per magnam carreriam tractus, etc.* [** Vide *Cleia*.]

CLARICARE, *Clarere, florere.* Papias. [Vide *Clarigare*.]

¶ **CLARIFICARE**, Clarum reddere. Lactantius lib. 1. Institut. cap. 18 : *Cato videtur mihi caussam quæsisse moriendi, non tam ut Cæsarem fugeret, quam ut Stoicorum decretis obtemperaret, quos sectabatur; nomenque suum grandi aliquo facinore Clarificaret.* Occurrit apud Sedulium Carm. 5. 9. et in vulgata Interpretatione Joannis cap. 12. 13. 15. etc. [** Disciplina Clericalis cap. 6. sect. 4 :

Clarificant gazæ privatos nobilitate.

Vide Forcellinum, qui in loco Plinii mox laudando tuetur lectionem veterum editionum.] Tribuitur etiam Plinio 20. 13. *Nasturtium Clarificat visum.* Sed Harduinus cum omnibus MSS. legit, *compurgat.* Epistola Joannis Episcop. Massil. relata in Litteris *Vidimus* Petri Novelli ann. 1564. e Tabulario Ecclesiæ Massil. : *Ad informandum et Clarificandum animum et bonum propositum ulterius significamus quæ sequuntur. Clarificare exemplariter,* Exemplis declarare, vel planum facere. Goclen. Lexic. Philos.

¶ CLARIFICATIO, Manifestatio. *Ad elucidationem suæ causæ et sui juris Clarificationem,* in Charta Roberti *Goupil* ann. 1482. ex Archivo Monasterii B. M. de Bono Nuncio Rotomag. Legitur apud Cyprianum Epist. 76. in Edit. Oxon. Augustinum Octoginta trium quæst. 62. Joan. Skenæo de verborum significatione, *Clarificatio est puritas et claritas assisæ,* et *Clarificatio debiti, perspicuitas debiti, quod patet et per se manifestum est plane, vel quod clare et satis probatur.*

* CLARIFICATIO, Explicatio, interpretatio, Gall. *Eclaircissement. Esclarissement,* in Lit. ann. 1371. tom. 5. Ordinat. reg. Franc. pag. 459. Charta ann. 1303 : *Rursus quia capitulum supra descriptum de gabella specialem mentionem faciens, reparatione et Clarificatione indigebat, etc.* Instr. ann. circ. 1360. tom. 5. jam. laudato pag. 84 : *Libertates et franchesias subditis Dalphinalibus concessas rattificare et observari facere dignaretur, et nonnullas Clarificationes et ampletationes concedere. Clarifficatio,* in Lit. ann. 1410. tom. 9. earumd. Ordinat. pag. 613. *Clariffier,* Explicare, in Lit. remiss. ann. 1460. ex Reg. 189. Chartoph. reg. ch. 460 : *Le suppliant contendent de Clariffier et justiffier son excuse et descharge, etc. Esclairier,* eadem acceptione, in Lit. ann. 1256. tom. 7. earumd. Ordinat. pag. 363. art. 2.

¶ CLARIFICATUM VINUM, Idem quod *Claretum.* Lambertus Ardens. apud Ludewig. tom. 8. Reliq. MSS. pag. 482 : *Et vino altero, et altero Ciprico et Niseo, pigmentato et Clarificato hic illic per arcam in cuppis fluctuante.*

* **CLARIFICATORIUM**, Titulus libri, cujus mentio fit in Obituar. eccl. Lingon. ex Cod. reg. 5191. fol. 131. r° : *Guillelmus Symonis, ... magister in medicina, ... dedit ecclesiæ octo libros sequentes .... Clarificatorium Johannis de Tornamira.*

CLARIFLUUS. Vita S. Isidori Episcopi Hispalensis in Prologo : *Isidori præsentia simul et Clariflua doctrina.*

¶ **CLARIGARE**, *Clarere, florere.* Gloss. Sangerman. MS. num. 501. Laurentius in Amalthea : *Clarigare, clarere, bellum indicere, pignerare, res clare petere.* Tres postremas notiones Latinis notas fusius exponit Martinius in Lexico. Vide *Claricare*.

CLARIGARIUS ARMORUM, Fœcialis, Heraldus, *Heraud d'armes,* apud Henricum de Knyghton lib. 5. ann. 1355.

¶ **CLARIGATIO.** Eadem notione qua *Clarigare*.

¶ **CLARILOQUUS**, Qui clare loquitur, in Epist. Joannis de Monasteriolo apud Martenium tom. 2. Collect. Ampliss. col. 1432.

¶ **CLARIMONIA**, Claritas. Vita S. Manvæi tom. 6. SS. Maii pag. 767 : *Manvæus... pervenit ad magnam Clarimoniam et ad divinam scientiam.*

¶ **CLARIMUM**, *Clarissimum.* Papias MS. Isid. Gloss. *Clamnum,* quod vide.

CLARIO. Vide *Clarasius*.

* **CLARISINA**, Clathratum ex lapidibus septum, Gall. *Balustrade.* Comput. Ms. fabr. S. Petri Insul. : *Item Jacobo Floret, pro scissura et præparatione lapidum appositorum in reparatione Clarisinæ campanilis ecclesiæ, xxj. lib. vj. sol. Item Johanni aux grandes mains, pro quatuor razeriis pulveris tegularum, pro cemento facto et applicato in reparatione dictæ Clarisinæ campanilis, lvj. sol.*

CLARISSIMATUS, Clarissimi dignitas, in leg. 74. 180. et 183. Cod. Theod. de Decurion. (12, 1.) et apud Ammian. lib. 21. *Honor Clarissimatus,* in leg. 8. et 10. eodem Cod. de Domest. (6, 24.) Senatorum potissimum erat, ut aliunde constat. Vide Juretum ad Symmachum lib. 10. Epist. 37. [et Bollandum tom. 3. Febr. pag. 60.]

CLARITAS, Titulus honorarius Proconsulis in Actis Claudii, Asterii, et alior. Martyr. apud Baron. ann. 285. n. 4 : *Ex iis unus astat in conspectu Claritatis tuæ.* [Gloss. Græc. Lat. : Λαμπρότης, *Claritas, claritudo, splendor.* Vide *Claredo* 1.]

* **CLARITAS** SANGUINIS, Generis nobilitas. Charta Phil. V. reg. Franc. ann. 1318. in Reg. A. Cam. Comput. Paris. fol. 117. v° : *Ludovicus quondam rex considerans statum carissimæ sororis nostræ Clemenciæ, filiæ incliti principis regis Ungariæ, uxoris tunc suæ, nobilitatem generis et Claritatem sanguinis ipsius, etc.* Glossar. Provinc. Lat. ex Cod. reg. 7657 : *Clardat, Prov. Claritas, nobilitas.*

CLARITUDO REGIA, in privilegio a Synodo Suessionensi concesso Monasterio Solemniacensi ann. 866.

¶ **CLARNUS**, *id est, discus vel mensa.* Papias MS. Vide *Carnus*.

CLARO, CLARRIO. Vide *Clarasius*.

* **CLAROYA**, Idem, ni fallor, quod supra *Claretum.* Vinum factitium dulce vel aromatites, Gall. *Hipocras.* Comput. ann. 1393. inter Probat. tom. 3. Hist. Nem. pag. 124. col. 1 : *Item dicti domini consules senaverunt insimul, et solvi...., pro vino xx. den. Turon. item pro Claroya xx. den.*

¶ **CLARUM**, Ferale classicum, Gall. *Glais,* Arvernice *Clar.* Instrumentum Ecclesiæ Piperacensis ann. 1394 : *Debent facere pulsare ante Missam anniversarii unum Clarum cum cimbalis, ut consuetum est,* Vide *Classicum*.

* **CLARUM** FACERE, Notum facere, aperte dicere, *Clairer,* eadem notione, in Lit. remiss. ann. 1389. ex Reg. 138. Chartoph. reg. : *Apporterent et Clairerent tous les aquests par eux faiz. Desclaircir,* eodem sensu, in Lib. rub. Cam. Comput. Paris. fol. 579. v° : *Cilz Charles* (le Chauve) *fu roys de France et emperieres de Rome, et tout ce qu'il donnoit et conservoit en Haynaut et en l'empire d'Alemaigne, il seelloit de son grant seel, et ce qu'il donnoit et confermoit ou royaume de France, il seelloit de son anel. Ainsi Desclaircissoit que li Ostrevant estoit du royaume de France. Esclarchier,* eadem notione, in Ch. ann. 1323 : *Nos gens du franc nous ayent derechief supplié... les troubles et obscurtez de leurdit loy et keurbrief Esclarchier, etc.* Vita S. Amalbergæ ex Cod. reg. 5506 : *Sed constantissimæ fidei virgo, neque blandimentis illecta, neque terroribus concussa, Clarum fecit regi quia omnes mortis species pro Deo devota amplectitur.* Hinc *Mettre à claraise* dixerunt, pro Rem mundare, ita ut nitida et clara appareat. Sent. arbitr. ann. 1313. in Reg. 53. ch. 53 : *Nous volons....... que lidit religieus soient tenu dudit fossé nrer et mettre à Claruise, tele que on ne puist venir à ledite forteresche.*

* CLARUM, In re pecuniaria vocant id, quod, solutis debitis, reliquum est. Charta Henr. II. reg. Angl. pro Libert. Norman. ex Reg. S. Justi Cam. Comput. Paris. fol. 35. r°. col. 1 : *Ita tamen quod nichil inde amoveatur, donec persolvatur nobis debitum : quod Clarum fuit* (fuerit) *et residuum, relinquatur executoribus ad faciendum testamentum defuncti. Clerement,* in Bestiario Ms. dicitur de eo quod rarum est :

Des apelés i a grammont,

Mes li eslit sont Clerement.

Ubi hæc Evangelii redduntur : *Multi autem vocati, pauci vero electi.*

¶ 1. **CLARUS**, An feles silvatica, vel mus alpinus montanusve? Litteræ Patentes Caroli V. Franc. Regis ann. 1367. pro Monspeliensibus de forma vestium : *Item quod nulla ipsarum* (mulierum) *ab inde in antea audeat facere... in suis mantellis aliquam foleraturam variorum, Clarorum, vel escuratorum.*

* Pro *Cattus*, ni fallor. Vide in *Catta* 2.

* 2. **CLARUS**. Bayardus Clarus, Color equi, Gall. *Bay clair*. Vide in *Bagus*. Monstra ann. 1339. inter Probat. tom. 4. Hist. Occit. col. 182 : *D. Arnaldus de Yspania miles et baro cum equo bayardo Claro, stellato in longitudine frontis, æstimato cl. libras Turon.*

* Clara Anguilla, an Crassior? Charta ann. 1254. ex schedis Pr. *de Mazaugues* : *Sub tali pacto, quod tu..... debes dare nobis annuatim..... ccc. anguillas Claras.* An præter locationis pretium? Vide supra in *Clarum*.

* **CLASEDRA**. Vide infra *Classedra*.

¶ **CLASEFEDIA**. Vide *Clapersedra*.

* **CLASIANS**, Crates, tabula viminibus aut virgultis contexta, Gall. *Claie*. Charta pro incolis de Stagello ann. 1331. in Reg. 69. Chartoph. reg. ch. 174 : *Possent facere alveum seu rechum ad deducendum dictam aquam, resclausam seu resclausas facere, et eam seu eas reficere seu reparare, quotienscumque opus esset, necnon lapides, ramam, Clasiantes, ... et alia necessaria ad dictam resclausam et dictum rechum in quacumque parte termini castri prædicti recipere.* Vide *Cleia*.

¶ **CLASISTURA**, f. mendum pro *Clausura*. Chartul. S. Vincentii Cenoman. fol. 81 : *Clasisturam quoque areæ faciant Monachi duobus annis, Capellanus tertio.*

1. **CLASMA**, seu potius Clama, *Clame* Gallis, Actio, vendicatio. Capitulare Sicardi Princip. Benevent. ann. 836. § 1 : *Hoc enim stetit, ut si aliqua Clasma facta fuerit in finibus vestri Ducatus Neapolitani, etc.* Et infra : *Si per consilium et conscientiam nostram aliqua Clasma a vestris hominibus facta fuerit, ut sacramenta perveniant a partibus, purificantes vos per personas quantas et quales volueritis, etc.* Vide *Clamare*, *Clamor*, et *Clameum*, [** et *Clasmatarius*.]

2. **CLASMA**, aliud est apud Althelmum de laude Virg. cap. 43 :

Dum cernunt dominum picea fuligine tectum,
Autumat incassum fretas virtute magorum
Hoc sibi Clasma tetrum sacras gestasse puellas.

Forte *phasma*.

Κλασματικοὶ τόποι ἐκ τοῦ δημοσίου, videntur esse agri à fisco avulsi, et ad censum dati, vel alienati, in Nov. Constant Porphyrog. de Alienat. fundor. Gloss. Basilic. : Κλασματικὴ γῆ, ἤγουν ἐξαλειμματική. [Vide Glossar. mediæ Græcit. in Κλάσματα.]

CLASMATARIUS, in veteri Glossario Saxon. exponitur, Husbrucel : forte a Græco Κλάσμα, fractura, ita ut sit domus effractor.

CLASPA, Fibula, vox Anglica, *a Claspe*. Monasticum Anglic. tom. 3. pag. 364 : *Vetus Missale cum Claspis de cupro.* Adde pag. 365.

* 1. **CLASSA**, Lamina cristallina. Leudæ major. Carcasson. Mss : *Item pro cargua Classæ, iij. sol. Turon.* Ubi versio Gallica ann. 1544 : *D'une charge de glace, etc.*

* 2. **CLASSA**, Pulsatio omnium campanarum campanilis, nostris *Glas*. Consuet. Mss. monast. S. Crucis Burdegal. ante ann. 1305 : *Item clerici sacristæ recipiunt a cellerario, quando trahunt campanas pro tempestatibus, ... duos panes grossos præbendales et quatuor lagenas vini pro qualibet Classa, quæ debet durare unam horam integram..... Et si* (parochiani) *velint Classas, ubi sunt quinque campanæ, debent conducere a sacrista, et sacrista debet eis locare et recipere pro qualibet Classa tres solidos.* Vide *Classicum* et *Glassus*.

* **CLASSAMENTARIUM**, Portus interior, ut videtur. Laur. Bonincont. in Hist. Sicul. part. 1. apud Lam. in Delic. erudit. pag. 262 : *Neapolim cum eo venientes* (Gismundi) *ab Henrico conducti, Classamentarium ibi ædificantes, civitate et agro ab imperatore donati sunt.*

CLASSEDRA, in veteri Gloss. Lat. Gall. MS. ex Bibl. Thuana, *Broiche de tonel.* Vide *Clepsedra*, et *Clapersedra*.

* Doliaris fistula. Charta ann. 1354. in Reg. 82. Chartoph. reg. ch. 251 : *Vina etiam a doliis et vasis suis aliis extrahendo ex eisdemque potando sine mensura, et Clasedras vasorum ipsorum extrahendo et projiciendo, vina per terram fluere facientes, etc.* Lit. remiss. ann. 1355. ex Reg. 84. ch. 509 : *Faciebat unam Classedram seu brochiam ad infixendum in quodam dolio, a quo vinum extrahere volebat.* Aliæ ann. 1356. in Reg. 85. ch. 183 : *Filius dicti Jacobi qui cervesiam trahebat de quodam vase sive tonello, audito clamore dicti patris sui, dimissa Classedra seu braca* (broca) *dolii minime fixa, etc.*

CLASSENDIS. Gloss. Saxon. Ælfrici : *Classendis* : sveorder sceað; id est, gladii vel ensis pars.

¶ **CLASSENDIX**. Vide *Claxendix*.

¶ **CLASSERA**, *Clausura*. Vet. Gloss. San-German. MS. num. 501.

¶ 1. **CLASSICA**, Navium classis. Anonymus de gestis Manfredi et Conradi Regum, apud Murator. tom. 8. col. 594 : *Sed cives Gibellini Romani vigilanter intendunt, parati undique sollicite ad bella. Jam qui per maris excubias multitudo galearum invigilat,* * *et voluit parata æmulis Classica numerosa concertare.* Et col. 598 : *Non solum veniendi admiratur modum, sed qualiter stolium galearum suarum Classica Caroli sic præterire potuisset invisa, vehementissime obstupescit.*

* 2. **CLASSICA**, pro Classicum, buccina. Glossar. Lat. Gall. ex Cod. reg. 7692 : *Classica, Bouesine.* Vide *Classicarius*.

¶ **CLASSICARIUS**, σαλπιστής. Glossar. Lat. Græc. Tubicen.

CLASSICE, Cum classe, cum navali exercitu. Chronologia Regum Gothorum ex Cod. Moissiacensi; de Wallia : *Ad Africam classice transire disposuit.*

1. **CLASSICUM**, Pulsatio omnium campanarum campanalis, nostris *Glas*, Occitanis, *Classes*, [** Donat. Provinc. pag. 172 : *Clas, Concordia campanarum.*] quia, ut ait Honorius August. in Gemma animæ lib. 1. cap. 73 : *Cum Campanæ sonantur, quasi per Classica milites ad prælium incitantur, etc.* Joan. de Janua : *Proprie Classicum est concentus et concordia omnium instrumentorum simul sonantium sive sint tubæ et cornua in bello, sive sint Campanæ.* Fortunatus lib. 3. Poem. 4. de Dedicatione Ecclesiæ suæ :

Nunc Domini laudes, inter tua Classica, canto,
Et Trinitatis opem machina trina sonet.

Vitæ Abbatum S. Albani pag. 87 : *Pulsato solenni Classico.* Decreta Lanfranci pro Ordine S. Benedicti cap. 1. sect. 2 : *Pulsetur Classicum, et post inchoetur Missa.* Monastic. Anglic. tom. 2. pag. 370 : *Classico pulsato, incipiant Vesperas.* Anonym. in Miracul. S. Melanii Episcopi Rhedon. : *Classicum in Monasterio B. Melanii ad Missam audivit Dominicam.* Matth. Westmonaster. ann. 1243 : *In Classico campanarum, et incredibili accensorum cereorum numerositate.* Idem ann. 1244 : *In clangore tubarum, et Classico campanarum, etc.* Wil. Brito lib. 12. Philipp. :

Classica per vicos resonant, ut multiplicato
Concentu majore sono se vota revelent.

[Ordinarium Canonicorum Regul. S. Laud. Rotomag. ad calcem libri Johannis Abrinci de Off. Eccl. pag. 263 : *Ante Missam totum Classicum pulsetur.* Et pag. 268 : *Ad Te Deum laudamus duo majora signa pulsantur, et ad versum, Per singulos dies, Classicum, id est omnia signa.*] Guillelmus Major Episcopus Andegav. de Vita sua cap. 10 : *Campanisque per totam civitatem ad Classicum pulsantibus.* Tabular. S. Cyrici Nivern. ch. 77 : *Videlicet in Missis celebrandis et in eleemosynis pauperibus erogandis, nec non et in Classicis per Ecclesias sonandis, et in aliis pluribus rebus quæ ad funebres exequias pertinere videntur.* Adde Ingulfum pag. 853. Matth. Paris pag. 244. Monasticum Angl. tom. 1. pag. 150. tom. 3. pag. 241. 242. etc. Le Roman *du Renard* MS. :

Les cordes tort tantost sesir,
Les sains sonne de grant air,
A Glas sonne, et à quarcillon.

Infra :

A tant a fet le Glas fenir.

Le Roman *de Vacces* MS. :

N'out chapelle en la ville où il eust clochier,
Ou li Glas n'en sonnast por le Roy essaucier.

Charta vernacula tom. 2. Monastici Anglic. pag. 219 : *Si sounerent totes les cloches de l'Abbaye en maniere de Glas.* Robertus Bourrouns in Hist. Merlini MS. : *Et ot un grans Glas de chiens qui faisoient grand noise.* Infra : *Elle a dedans son cors brakes tout vis qui Glatissent.* Arverni *Clar*, *cliar*, *et clias*, pulsationem campanarum pro mortuis vocant; [hocque sensu Classicum sumitur in Literis Radulphi Prioris de Caritate ann. 1171. apud Marten. tom. 1. Anecd. col. 557 : *Volumus autem ut Monachi qui morantur apud S. Michaelem, quotiens Canonicus S. Martini quotidianus in servitio Ecclesiæ suæ obierit, veniant ad eum sepeliendum cum cruce et apparatu suo, et per tres dies continuos celebrent pro defunctis Missas et Vigilias cum Classis etc.*, *Classicum mortuorum*, apud Acherium Spicil. tom. 10. pag. 249. Bernardi Ordo Cluniac. part. 1. cap. 42 : *Si anniversarius dies de aliqua eminenti persona evenerit, quo Classicum pulsetur, etc.* Epitome Constitut. Eccl. Valent. inter Concil. Hispan. tom. 4. pag. 197 : *Post obitum fiat pulsatio antiqua campanarum quæ vulgo dicitur, los tres Clachs, et deinde sequatur pulsatio campanarum tam ordinaria quam extraordinaria.* Vide *Glassus.*]

¶ Clacicum. Ceremoniale MS. B. M. Deauratæ : *Pulsato Clacico omnibusque congregatis, factoque bis sonitu per Priorem, incipiuntur Vespere regulares.* Infra : *Non fit bis Clacicum ante inceptionem Laudum, sicut fieret, si dies privata esset.* Rursus ibidem : *Finitisque versibus fit bis Clacicum per illum qui facit officium.* In duobus locis posterioribus *Clacicum* nihil aliud videtur quam sonitus a præside chori vel hebdomadario editus, qui per *Priorem factus* dicitur in primo exemplo.

Classis, ut *Classicum.* Florentius Wigorn. ann. 1139 : *S. Oswaldi reliquias, albis induti, tota sonante Classe,... extulimus.* [** S. Aldhelmus de laudibus Bugge vers. 47. apud Maium Classicorum. Auctorum tom. 5. pag. 389 :

Classibus et geminis psalmorum concrepret oda.

Ubi intelligendum videtur de *classibus* canentium, quæ sibi invicem respondebant.] Bulla Gregorii XI. pro Collegio Gregoriano Bononiensi ann. 1372. apud Ghirardaccum lib. 23. Hist. Boniens. : *Una capella cum campanili et duabus campanis, quæ per modum Classis pulsari valeant temporibus opportunis, construatur.* [Maceriæ Insulæ Barbaræ tom. 1. pag. 133 : *Quando breve defuncti Fratris in Capitulo pronunciatum fuerit,* Verba mea *pro eo cantetur et Classis pulsetur.*]

Classus, Eadem notione, ex Gallico *Glas.* Codex MS. Monasterii novi Pictavensis : 10. *die Februar. celebratur obitus pro filio nobilis Comitis Pictavorum fundatoris nostri, cujus corpus sepelitur in Capitulo : pro quo sonantur omnia tympanistria, duo Classus de sero, et unus de mane, ante Missam de Faya, per Officiarios seculares, Pistorem, etc.* [Statuta Synodalia Ecclesiæ Biterrens. ann. 1375. tom. 4. Anecdot. Marten. col. 663 : *Dicta hora pulsetur unus Classus cum cymbalis sive squillis... quo Classo pulsato... una antiphona B. Mariæ virginis cantetur.*] Vide *Clangorium.*

¶ Classicum, Pulsatio crepitaculi seu lignei instrumenti, quo pro campanis utuntur Hebdomada sancta, Gall. *Cresselle,* Germ. *die grose Retsch.* Bernardi Ordo Cluniac. part. 1. cap. 67 : *Peracto, ut moris est, Mandato, Classicum tangitur tabularum, et vespertina canitur laus, tribus ante altare cereis accensis.*

* 2. **CLASSICUM**, Jus pulsandi *Classicum* pro mortuis et tributum ex eo percipiendi. Charta Matth. episc. Andegav. ann. 1161. ex Tabul. Major. monast. : *Confirmo....... ecclesiam S. Ægidii Andegavensis de viridario cum Classico et cimiterio, omnibusque pertinentiis suis et elemosinis.*

CLASSICUS, Auditor scholasticus, quod forte scholarum ordines in quos scholastici distinguebantur, ut et hodie, Classes appellarentur. Ennodius Dict. 9 : *Mihi Classicus non meretur imperiis, quicquid non imponit obsequio.*

Classici, Milites qui in classibus militant, seu navibus armatis. De his est titulus in Cod. Justin. et Theod. *Classiarii milites,* apud Lamprid. in Commodo Anton. [et apud Cæsarem Civ. 3. 100. quare potuisset prætermitti.]

1. **CLASSIS**, pro navi. Sampirus Astoricensis Episcopus in Ranimiro III. Rege Hispan. : *Annov. regni sui c. clases Ro. Normanorum cum Rege suo nomine Gunderedo, ingressæ sunt urbes Galleciæ, etc.* [Paulinus Jambo ad Cytherium de Martiniani periculis v. 78 : *Quæ* (scapha) *dehiscentem mari Classem annatabat cominus.*]

2. **CLASSIS**, Corpus, Collegium. Ita *Classes urbis Constantinopolitanæ,* in leg. 21. Cod. Theod. de Divers. Offic. (8, 7.)

¶ 3. **CLASSIS**, Pulsatio campanarum. Vide in *Classicum.*

CLASSITARIUS. Joan. de Janua : *Classitarius, id est, proreta, qui navi imponitur, et dicitur a classis.*

* Leg. *Classicarius.* Vide in *Classicus.*

* **CLASSIUM**, pro *Classicum,* vel saltem eadem notione, Pulsatio campanarum pro mortuis. Chron. Guill. Bardini inter Probat. tom. 4. Hist. Occit. col. 6 : *Abbas et monachi in hoc monasterio famulantes debent anniversarium anno quolibet 29. Januarii cum Classio, manuali, officio et manu.*

1. **CLASSUS**. Vide *Classicum.*

* 2. **CLASSUS**, Locus, f. pro *Plassus.* Vide *Plassa* 1. Charta ann. 1297. apud Lam. in Delic. erudit. inter not. ad Hodoepor. Charit. part. 1. pag. 118. *Invenerunt in territorio burgi sanctæ Floris a ponte Elsæ positi, prope ipsum burgum versus Levantem usque ad locum sive Classum, ubi fuit domus Sobiliæ, etc.* Et pag. 120 : *A loco seu Classo donnæ Sobillæ, etc.*

¶ **CLASTRUM**, pro *Claustrum* Monachorum, in Actis SS. Benedict. sec. 4. part. 1. pag. 742.

* **CLASURA**, f. Aquæductus vel canalis per quam aquæ effluunt. Consuet. Auxit. ann. 1301. art. 86 : *Quando vero portæ fiunt et reficiuntur, vel fossata fiunt vel purgantur, vel Clasuræ aliquæ villæ vel fontes curantur, etc.*

CLATERIUM. Vide *Claperius.*

* **CLATIRE**, pro *Glatire.* Vide supra in *Baulare.*

¶ 1. **CLAVA**, Pondus quoddam apud Anglos, minus petra. Affine videtur voci *Clove,* de qua sic Skinner in Etymol. Anglic. : *Clove pondus quoddam casei octo libris constans.* Rymer. tom. 5. pag. 249 : *In Comitatu Sommers. de uno sacco* (lanæ) *sex petris et quatuor Clavis... In Comit. Suth. de 22. saccis, et 23. Clavis lanæ, necnon de duobus saccis et 5. Clavis lanæ, etc.*

* 2. **CLAVA**, pro Clavis, Gall. *Clef.* Charta ann. 1368. in Reg. 3. Armor. gener. part. 2. pag. x : *In possessionem ponit per tradicionem Clavarum dicti castri, turris, donjoni. Clave,* pro *Massue,* a Lat. Clava, in Libert. Matiscon. ann. 1346. ex Reg. 77. Chartoph. reg. ch. 111 : *Item se aucuns a esté ferus de Clave mortel, se il ne meurt du cop, doit estre faite amende.* Nisi sit pro *Playe.*

CLAVACA. Gloss. MS. Regium Cod. 1013 : *Clavaca, Burca.* Gloss. Isid. habet *Cloaca, Burca.*

* **CLAVAGIUM**, Claviagium, Quod carceris custodi ab incarcerato præstatur, haud dubie a *Clavis;* idem quod *Carceragium.* Libert. Figiaci ann. 1318. tom. 7. Ordinat. reg. Franc. pag. 668. art. 46 : *Nec possit aliquid exigi pro Claviagio ab illis, qui injuste capientur, cum satis grave eisdem fuerit fuisse injuste detentos; et ab hiis qui ob justam causam carceri mancipantur, pro Clavagio duntaxat, omni extorcione de novo inducta super hiis cessante, solvant xij. denarios Caturcenses.* Vide *Cippus* 1. et *Clavicularius.*

¶ 1. **CLAVARE**, Clavis affigere, Gall. *Clouer,* Hisp. *Clavar.* Acta SS. Maii tom. 7. pag. 832. de S. Humilitate Abb. : *Amore et non flagello in corde infixisti et bene Clavasti.* Et tom. 2. Martii pag. 117. in Vita S. Franciscæ viduæ Rom. : *Pedibus et manibus cruci Clavatis.*

* 2. **CLAVARE**, Clavos figere. Arest. parlam. ann. 1304. inter Stat. super artific. Paris. ex Cam. Comput. fol. 344. v° : *Declarantes quod licet dicti selarii sui officii ratione..... non possint..... clavos facere aut fabricare, ipsi tamen..... poterunt.... ea in selis et bastis suis ponere, Clavare et rivare, etc.* Vide infra *Clavellare.*

* Cum quis ex jure domum intrare aut ea exire prohibebatur, eam clavis claudere, quod *Clavare* dicebant, in usu olim fuit. Pactum inter Aymer. de Narb. et abbat. de Quadrag. ann. 1317. in Reg. 61. Chartoph. reg. ch. 433 : *Item quod pro dicta compulsione dictus dom. abbas et sui per se seu gentes suas possit Clavare et claudere domos dictorum hominum aut feminarum, qui ad aliquod censum seu servitium tenerentur dom. abbati.* Quod rursum apertius docet Ch. ann. 1319. ex eod. Reg. ch 117 : *Ipsi consules* (de Limoso) *per Jacobum Rubei eorum servientem, cum magno Clavello hostium dicti Poncii claudi fecerunt,........ quem Clavellum magister Johannes de Faru judex tunc Limosi amoveri fecit.* Formulæ Mss. ex Cod. reg. 7657. fol. 28. r° : *Cum nobilis et circumspectus vir dominus talis judex ad postulationis instantiam domini talis Clavari mandasset januas domus dicti talis, etc.* Vide supra *Barreiare.*

* 3. **CLAVARE**, Clave occludere, obserare, Ital. *Chiavare,* Gall. *Fermer à clef.* Stat. Montis-reg. pag. 31 : *Semper ire* (debet) *cum notario, qui tenet librum communis, aa Clavandum et desclavandum coffinum communis; et habeant pro custodia cujuslibet clavis solidos quindecim. Claveter* vero est, Clave fores pulsare, in Lit. remiss. ann. 1403. ex Reg. 158. Chartoph. reg. ch. 133 : *Iceulx freres revindrent audit huis que ilz trouverent fermé, et commencerent à Claveter fort; ..... ne cesserent point de Claveter et hucher.*

¶ **CLAVARIA**, Munus *Clavarii;* Locus ubi *Clavarius* reponebat omnia ad *Clavariam* spectantia. Districtus etiam in Occitania præsertim, ubi *Senescalliæ* in *Vicarias, Vicariæ* dividebantur in *Clavarias.* In his *Clavarii* colligebant redditus domanii regii, de quibus rationem reddebant vel *Senescallo,* vel totius *Senescalliæ Receptori,* ut videre est in pluribus computis in Camera Comput. Paris. asservatis. Vide *Clavarius.*

* Declarat. Renati reg. ann. 1462. ex

Tabul. reg. Aquens. : *Tout ce que trouverés par nous ou nos predécesseurs avoir été baillé, transporté et aliené, faites-le réunir et remettre aux receptes et Clavairies ordinaires, en chargeant les Clavaires d'en faire recepte et entrée doresnavant, comme par le passé a esté accoustumé de faire.* Quo etiam nomine regesta, in quibus descriptæ erant ejusmodi exactiones et tributa, simul et eorumdem rationes passim appellantur in Chartis Provincialibus. Hinc

* CLAVARIÆ Jus, Vectigal, quod pro mercibus in regesta inscribendis pensitabatur, idem quod supra *Cartularium* 2. Lit. ann. 1363. tom. 4. Ordinat. reg. Franc. pag. 240 : *Offerentes se daturos domino regi unum denarium pro libra de valore seu precio mercaturarum suarum...... Nos..... prædictis mercatoribus concessimus auctoritate regia qua fungimur in hac parte, ut dictas mercaturas, quas per terram portare consueverant super muletos, pro obviandis periculis dictorum latronum, possint et valeant per aquam ad dictum locum de Latis portare et exonerare, ac in eodem onerare pro portando apud Montempessulanum, solvendo jura Clavariæ, quæ solverunt* (solvissent) *si in loco Aquarum-Mortuarum exoneratæ extitissent.*

CLAVARIUS, Ital. *Chiavaio* et *Chiaivolo*, Cui claves fisci communis commissæ sunt : *Clavaire*, apud Provinciales, in aliquot Statutis Regis Caroli VII. ann. 1445. et Ludovici XII. ann. 1508. [Statuta Massil. lib. 1. cap. 1. § 1 : *Itemque omnes redditus, et obventiones, et intratas, et res, et procassia, et aventuras ad dictam civitatem et Commune ejusdem civitatis pertinentes.....* (Rector civitatis) *tradet et tradi faciet Clavariis Communis Massiliæ ipsa die vel sequenti, qua ea recipient vel in eos pervenerint, ita quod dicti Clavarii reponent secundum juramentum sui officii ea omnia in archa, vel archis, quæ sunt in Clavaria, scilicet pecuniam et denarios; et si pignora fuerint, reponent ea in dicta Clavaria; de quibus archis prædicti Clavarii teneant omnes claves, et hæc omnia scribantur per publicum Notarium Massiliæ in officio Clavariæ, electum et constitutum in cartulario et cartulariis Clavariæ, et his omnibus reddet vel reddi faciet computum et plenam rationem illis, qui ad audiendum illud computum et illam rationem fuerint specialiter constituti.* Similia leguntur cap. 2. Juramentum Clavarii Communis Ebredun. Hist. Dalphin. tom 1. pag. 141 : *Ego N. Clavarius Ebredunensis Curiæ juro, tactis sacrosanctis Evangeliis, quod usque ad annum complementum, quo Clavariam tenere debeo, Dom. Archiepiscopo et Dom. Comiti Dalphino et eorum successoribus de omnibus quæ exibunt de judicatura et Clavaria Ebredun. cum pertinentiis et aliis... provenient qualitercumque ad manus meas, fidelis ero, et ipsa juxta posse extrahere procurabo, et omnia... in scriptis redigam... et legale computum reddam, etc. Item de tribus in tres menses judici computum reddam de omnibus, sive sint denarii, vel pignora recepta, vel recipienda, et quoad executiones et districtiones rebellium mandata judicis perficiam toto posse... Item quod de justitiis et de cera, et de plumbo, si quid in Clavaria invenero inventarium faciam, et de eis in fine regiminis mei computum reddam.* Confer juramentum Judicis ejusdem Curiæ pag. 148. Statuta Arelat. MSS. art. 72 : *Statuimus quod Clavarii* (recipiant) *condempnationes et satisfaciant creditoribus Communis.* Constitutio anni circiter 1352. pro Clavariis ejusdem Civitatis : *Clavarii qui a clavibus juste exhigende et conservande fiscalis pecunie, etc.*] Charta ann. 1345 : *Item quod Potestas teneatur facere eligi in consilio unum Clavarium bonum et idoneum,... qui juret salvare et custodire totum illum quod ad manus suas pervenerit de rebus Communis, tam in denariis, quam aliis rebus, et quod non expenderet... aliquid sine licentia Potestatis et consilii. Clavarius Communis Terdonensis* in Charta ann. 1368. [*Clavaria Digniensis*, in Charta ann. 1271. Hist. Dalphin. tom. 2. pag. 94 : *Clavaria Curiæ Ebreduni et Caturicarum*, in Computo ann. 1332. ejusd. Hist. tom. 1. pag. 117. *Clavarius Curiæ Episcopalis*, in Concilio Avenion. ann. 1509. apud Marten. tom. 4. Anecd. col. 387. ubi fit etiam mentio pœnæ *decem solidorum Turon. per dictum Clavarium nomine fisci exigendorum.*] Vide Joan. Dametum in Hist. Balear. regni pag. 87. 92.

* Memor. H. Cam. Comput. Paris. ad ann. 1416. fol. 79. v° : *Johannes de Gamaches armiger et Claverius Bitterensis, etc.* Privil. Sommer. ann. 1463. ex Reg. 199. Chartoph. reg. ch. 41 : *Item commettent et ordonnent lesdiz conseillers ung receveur ou Clavaire, qui est tenu lever l'argent que lesdiz conseillers mettent sus, tant pour nous, que pour les affaires de ladite ville.*

* Ejusdem, qua apud nos, conditionis fuere et apud Italos *Clavarii*, pecuniæ scilicet publicæ collectores et custodes. Stat. Vercel. lib. 1. pag. 12. r° : *Clavarius vero seu procurator communis, qui ipsam quantitatem* (pecuniæ) *in ratione communis posuerit seu poni permiserit, solvat communi Vercellarum nomine pœnæ pro quolibet ipsorum libras decem.* Rursum pag. 25. r° : *Quod avere communis....... dari vel expendi non possit per potestatem vel rectorem communis Vercellarum, Clavarium vel officialem a libris decem Pap. etc.* Stat. Astæ collat. 20. cap. 40. pag. 69 : *Clavarii communis Astensis teneantur scribere in introitu cujuslibet potestatis illud, quod esset vel erit in domo habitationis domini potestatis, mobilibus sive massaritio; et illud quod durante officio suo fieri facerent dicti Clavarii et omnia ponere in quaterno.* Stat. Montis-reg. pag. 5 : *Item statutum est, quod dominus vicarius, judex, Clavarius et milites, et alii de eorum familia teneantur et debeant ipsi et quilibet eorum solvere hominibus civitatis Montis-regalis, etc.*

☞ Ad Clavarios etiam pertinebat Chartarum communium custodia. Statuta Massil. lib. 1. cap. 15 : *Syndici communis Massiliæ...... faciant diligenter inquiri et recolligi omnes cartas et instrumenta omnia, quæ pertinent, vel pertinere videbunt, ad commune Massiliæ, sive in quibus jura Communis dicti Contineantur, vel continentur aliquo modo, quicunque eas vel ea habeant, vel haberent præter Clavarios dicti Communis, et ea insimul collecta, in tuto loco et securo, bona fide et sine fraude, reponantur.* Hinc eodem cap. § 6. statuitur, *Quod cum Clavarii... deponent suum officium... consignent prædictas cartas... eis succedentibus... quæ dicta instrumenta, cum restituta erunt, ut dictum est, recognoscantur carta per cartam cum dictis registris, et cartæ vel instrumenta emptionum, et alia dicti Communis instrumenta cariora* (f. rariora) *alibi quam in Clavaria, in tuto tamen loco et secreto reponantur, et custodiantur a Clavariis... sub duabus clavibus custodita, quarum unam habeat unus ex dictis Clavariis, et aliam alter ex eis, qui registra tenebunt.* Id quoque adnotat Auctor Historiæ Dalphin. tom. 1. pag. 117. Custodes regestorum Cameræ computoum quibusdam in locis appellatos fuisse *Clavarios.* Propter hanc Chartarum custodiam Clavarii Notariis non semel adjunguntur. In juramento jam laudato judicis Curiæ Ebredun. promittit Judex *se procuraturum, quod Notarius Curiæ omnia scribat et Clavarius similiter.* Sic in Statutis Arelat. art. 21. *Subclavarius et Notarius Curie* conjunguntur, *et ipse Subclavarius vel Notarius eos scribere* jubentur, qui post campanæ pulsationem errantes invenirentur. Iisdem *Subclavario* et *Notario* non semel præmittitur *Syndicus* in Ordinatione Consilii ejusdem urbis ann. 1392. Verum licet Notariis plerumque adjungantur Clavarii, Notariorum tamen vices agere prohibentur in *processibus criminalibus*, ut habet Constitutio anni circiter 1352. cujus interdicti ratio est, *ut omnis fraudis et suspicionis subditis tollatur* (occasio,) *et qui partem pro officio curie in ipsis inquisitionibus videtur debere facere, processus inquisitionis ipsius non appareat ordinator. Contra autem facientes ipso facto privationis officiorum suorum cum famæ macula et penam* XXV. *librarum incursuros se cognoscant.* Annui erant Clavarii, et interdum saltem plures in una urbe. Massiliæ tres fuisse discimus ex Statutis ejusdem urbis lib. 1. cap. 69. § 9. ubi unicuique eorum *salarium* assignatur XX. *librarum Reg. Coron.*

☞ Clavariorum quoque fuit *omnes libras et alia pondera Numeraliorum, Speciatorum et Merceriorum quater in anno recognoscere*, ut legimus in Statutis Arelat. art. 74. et *Subclavarium eligere*, qui *Subclavarius teneatur reddere rationem Clavariis singulis septimanis in scriptis de habitis expensis*, ibid. art. 72.

☞ His addam quod ait eruditus Auctor Historiæ Dalphinalis tom. 1. pag. 117. In quibusdam, inquit, locis Custodes clavium urbis dicti sunt *Clavarii* : quod ut probet, adducit locum Ordinationis anni 1274. tom. 1. pag. 127. col. 1 : *Ecclesia de Romanis : Sacrista seu Claverius habeat custodiam clavium portarum villæ de Romanis.* At vereor ne *Claverius* hic idem sit qui *Thesaurarius* Ecclesiæ de Romanis, ac proinde ne Sacrista sic dictus sit, non quod claves urbis, sed quod claves thesauri penes se haberet. Ut ut est certius observat laudatus Historiographus pag. primum citata Clavarii nomen in veteribus Instrumentis sæpius inditum fuisse peculiaribus Coactoribus, qui non raro Castellanis adjunguntur et Cellerariis, ceterisque prædiorum aliarumve rerum administratoribus, unde merito conficit horumce omnium ministrorum munera magnam inter se necessitudinem habuisse. Statuta Dalphin. fol. 79 : *Quantes fois que ung Clavaire, Greffier, Fermier et autre crediteur, voudra faire compellir ung ou plusieurs debiteurs*, etc. Hæc Cl. Scriptor, quibus subjicienda sunt, quæ hac de re suppeditant Statuta Arelatens. art. 80. ubi de redditibus castri Aurillæ. Constitutis primum iis, quæ Castellanum spectant, de Clavariis mox subjungitur : *Omnium prediorum Clavarii, qui eligentur in festo Pasche, solvant medietatem infra octo dies ex quo fuerint in Clavaria, et Clavarii qui eligentur in festo Sancti Michaelis solvant aliam medietatem usque ad* XX. *dies post festum sancti Michaelis.* Litteræ Caroli Regis Jerusalem et Siciliæ ann. 1290. e MS. D. *Brunet* fol. 76. v°. : *Et si Clavarios Bajulosque, Pedagiarios ac Gabellarios, et ceteros Collectores pecunie ydoneos in Comitatibus Provincie et Forcalquerii creari facere ordinaverimus, qui subjectos nostros exactionibus indebitis non molestent*, etc. Ibid. fol. 77. v° : *Item, quod nullus* (sic) *creantur Clavarii, Pedagiarii, Gabellarii aut Bajuli, qui pecunias Curie receperint, nisi fuerint ydonei et solvendo ad Senescalli arbitrium ejusque consilii*, etc.

* Clavarius, Officium apud Carmelitas, in Constitut. MSS. eorumdem part. 2. rubr. 8 : *In omni conventu eligantur tres fratres providi et discreti consiliarii, custodes et Clavarii, et prior aut præsidens in conventu et dicti fratres bona communitatis pariter custodiant, et recipienda recipiant, et exponenda exponant, et mutuanda mutuent, et solvenda solvant, et alia faciant cum priore, quæ ad regimen conventus et custodiam bonorum communium dignoscuntur pertinere.* Ibidem rubr. 9 : *In quolibet conventu sit archa sive theca trium clavium, quarum unam teneat prior; reliquas duas, duo custodes seniores*, etc.

¶ 2. **CLAVARIUS**, Qui clavos affigit. Vet. Gloss. Gr. Lat. ἡλοκόπος, *Clavarius*, ἡλοκοπῶ, *Clavo*.

* **CLAVASONA**, Clavorum copia, Hispanis, *Clavazon*, *Clouettiere*, in Pedag. Bapalm. ex Chartul. 21. Corb. fol. 359. v° : *La somme qui porte Clouettiere, iiij. den.* Charta ann. 1384. ex Tabul. Massil. : *Jusserunt solvi magistro Augerio Dalmatii seralherio, pro fusta Clavasonæ et seralhæ positæ in quincheto portalis Callatæ.* Vide *Clavatura*.

¶ **CLAVATIO**, Clavorum affixio, apud Menotum Serm. Quadragesim. fol. 223. recto col. 1 : *In omnibus membris Christus est flagellatus ... in manibus et pedibus propter Clavationem.*

¶ 1. **CLAVATUM**, Vestigium, ab impressis calceorum clavis dictum, ut conjectat Macer in Hierolexico. Blesius Serm. 3 : *Multi jam præcesserunt viam; virgines delicatæ et e vestigio sequentes Patrem : sequere Clavata eorum.*

* 2. **CLAVATUM**, Lana, ut videtur. Stat. Taurin. ann. 1360. cap. 323. ex Cod. reg. 4622. A. : *Quælibet persona faciens seu fieri faciens pannos in Taurino,...... videri debeat seu videri facere telas vel Clavatum, de quibus fiunt ipsi panni de portatis xxvij. cum dimidia.*

CLAVATURA, Clavorum compages. Guillelmus Armoricus in Philippo August. ann. 1202 : *Erexit, duas turres ligneas, Cratibus hinc inde consutis, et indissolubili Clavatura munitas.* [Non absimili prorsus notione pro Sera seu clavis vel ferrum, quo arca munitur clauditurve, sumitur in Processu de vita S. Yvonis : *Cum D. Yvo Presbyterum et quemdam Gaufredum misisset ad capiendum de frumento pro suo hospitio et pauperibus, invenerunt Clavaturam arcæ amotam, et in ea valde modicum de frumento.* Hist. Dalphin. tom. 2. pag. 274 : *Pro una Clavatura posita in Camera Thesaurariæ, scilicet, cum clavis, et una alia Clavatura in cataratto, taren.* VII.]

* Stat. Placent. lib. 6. fol. 74. v° : *Et sit etiam in ipsa gabella unus scrineus sive capsa, firmus et bene munitus cum tribus bonis Clavaturis, una quarum clavium stet penes camerarium communis Placentiæ.* Charta ann. 1337. ex Tabul. S. Vict. Massil. : *Necnon januæ ac armarium, fenestræ, sarraturæ seu Clavaturæ ac claves minantur ruinam.* Nostris, *Claveure*, eadem notione. Lit. remiss. ann. 1408. in Reg. 163. Chartoph. reg. ch. 36 : *Avec ce rompistes la Claveure de ma huche et emportastes nostre argent. Le suppliant avecques une doelle de pippe rompit le morillon de la Claveure de la huche.* Aliæ ann. 1413. in Reg. 167. ch. 179 : *Le suppliant rompit le morrailles de ladite Claveure o l'escouslon* (vel *Escrouslon*) *d'une paire de fer.* Vide infra *Clavicularius*.

Clavatura, Ornamentum ex *clavis*, vel limbus veli. Charta Donationis Ecclesiæ Cornutianensis apud Joan. Suaresium : *Vela auroclava Clavatura quadra duo, vela linea auroclava paragaudata Clavatura rotunda duo, vela linea paragaudata Persica Clavatura coccomelina prasina* 2. *vela linea paragaudata Persica Clavatura leucorodina duo.* Epistola S. Bonifacii Mogunt. ad Cuthbertum Archiepisc. Cantii præfixa Concilio Cloveshoviensi : *Quia illa ornamenta vestium, ut illis videtur, quod ab aliis turpitudo dicitur, latissimis clavis et vermium imaginibus clavata adventum Antichristi ab illo transmissa præcurrunt.*

* *Claveuche*, in Lit. remiss. ann. 1386. ex Reg. 129. Chartoph. reg. ch. 25 : *Un ayneau d'or, quatre frans d'or, environ trente ou quarente Claveuches de deux deniers la piece.* Clavos vero in vestibus cum viris doctissimis interpretor de bullis illis, quæ, veluti clavorum capita, vestibus assuebanbantur. Vide supra *Bugulus*.

¶ **CLAVATUS**, Clavis affixus, munitus. Festo, *Clavata dicuntur aut vestimenta clavis intertexta, aut calciamenta clavis confixa. Tunica Cavata*, in Litteris Aureliani apud Vopiscum in Bonoso : *Mantilia Clavata*, apud Lampridium in Alexandro cap. 37. *Clavatæ caligæ*, apud Gregorium M. lib. 4. Dialog. ubi de S. Æquitio, et in Regula Magistri cap. 81. In Statutis Andegav. ann. 1423. apud Marten. tom. 4. Anecd. col. 527. prohibetur *Personis ecclesiasticis potissime religiosis, ne zonas auro cum clavis Clavatas deferre præsumant.* Vide *Auroclavus*, et Menardum in Concord. Regul. pag. 921.

¶ **CLAVATI CINERES**. Vide in *Cini.* et *Clavetali Cineres*.

* **CLAUDARE**, Claudicare. Glossar. Provinc. Lat. ex Cod. reg 7657 : *Ranc, Prov. claudus, claudicarius. Ranqueiar, Prov. Claudare, claudicare.* Vide *Claudire*.

CLAUDASTER, Ἀρνησίχωλος, in Gloss. Græc. Lat. [Qui negat se claudum esse, ab ἄρνησις, Negatio, et χωλός, Claudus.]

* **CLAUDECATIO**, Vulnus, quo quis claudus vel mutilus efficitur. Charta ann. 1303. apud Ludewig. tom. 12. Reliq. MSS. pag. 379 : *Exceptis duntaxat homicidiis, rapinis, incendiis, furtis, Claudecationibus et aliis quibuscunque causis majoribus in nostro territorio .... commissis.* Vide infra *Clustare*.

¶ **CLAUDIANISTÆ**, Secta Donatistarum a Claudio auctore. Pseudosynodum habuerunt in caverna Susis. Augustin. in Psalm. 36.

* **CLAUDICANUS**, *Che spesso copega.* Glossar. Lat. Ital. MS. Vide *Claudicarius*.

¶ **CLAUDICARIA**, *Navis sonora.* Papias MS. Johannes de Janua : *Claudicaria, Navis oneraria vel sonora.* [** Leg. *Caudicaria.* Vide *Caudica.*]

CLAUDICARIUS, *Qui cito claudicat, vel sæpe :* Ugutioni, [et Johanni de Janua.]

CLAUDICIUM. Vide *Clausum*.

* Charta Joan. ducis Bituric. ann. 1403. ex Reg. Cam. Comput. Paris. fol. 32. v° : *Pratum.... juxta Claudicium sive le clox de Merceria ex alia parte.* Vide *Clausum*.

* **CLAUDIFICARE**, Inflectere, curvare. Vita B. Petri episc. Anagn. tom. 1. Aug. pag. 240. col. 1 : *Quidam clericus...... una cum brachio dextro extensum sursum indicem elevavit; ...... si sanctus est iste, et, quæ de ipso dicuntur, sunt vera miracula, digitum hunc meum, si valet, Claudificet.*

CLAUDIRE, Claudicare. Infra, *Claudicat, Claudit*, in Gloss. MS. Reg. Cod. 1013. [Gloss. Isid. : *Claudire, Claudicare* : pro quo veteres dixere, *Claudo, Claudio*, et *Claudeo.* Cæcilius apud Priscianum, *An ubi vos sitis, ibi consilium Claudeat?* Onomast. vetus : *Claudeo*, χωλεύω.] Vide Juretum ad Symmach. lib. 1. Epist. 27. [et Scaligerum ad Ausonium.]

* **CLAUDURA**, Septum, ambitus, Gall. *Enceinte.* Lit. ann. 1394. tom. 8. Ordinat. reg. Franc. pag. 440 : *Cum dicta universitas temporibus retroactis a paucis annis citra Clauduram castri et fortalicii dicti loci fecerunt...... habitaciones*, etc. Vide infra *Clausura*.

* **CLAUDUS**, ab Italico *Chiodo*, Clavus. Stat. Vallis Serianæ rubr. 168. ex Cod. reg. 4619 : *Nulla persona audeat vel præsumat vendere..... aliquod vas heris* (æris) *seu rami novi, et cum quo vase rami sit ligatum seu Claudis affixum........ aliquod ferrum.* Vide infra *Clodus* 2.

CLAVELLARE, Clavo claudere, Gall. *Clouer.* Libertates MSS. Brivatis veteris ann. 1277 : *Item voluit et concessit, quod non claudantur ostia, vel Clavellentur hominum dicti Castri, nisi pro homicidio vel contumacia, vel cum non possent cavere vel affidare de stando juri.* [Guido de Monte Rocherii in Manipulo Curatorum : *Sexto dicitur in memoriam, quia illa hora Chri-*

stus fuit spoliatus, illusus et a militibus Clavellatus.]

* *Clavellis* seu clavis affigere. Guido de Vigevano de Modo acquir. et expugn. T. S. MS : *Sub illis duabus assidibus sit latum uno semisse, et sint taliter firmatæ et insimul Clavelatæ, etc.* Instr. ann. 1294. in Reg. 2. *Olim* parlam. Paris. fol. 5. v° : *Dom. senescallus transcriptum dictæ literæ regiæ sigillo suo pendenti sigillatum præcepit poni et appendi et Clavellari in porta dictæ villæ.* Charta ann. 1380. in Reg. 118. Chartoph. reg. ch. 448 : *Idem serviens...... unum penuncellum armorum domini regis posuit et Clavellavit in porta vineæ dicti Stephani consignatæ et de pignore captæ.* Adde Probat. Hist. Nem. tom. 3. pag. 150. col. 2 : *Cleuficher*, in Mirac. B. M. V. MSS. lib. 1 :

Il te Cleufichent mains et piés.

Et lib. 2. ubi Judæus :

...... Je ne crois mie
Que Jesus Cris li Fix Marie
Que Cleufichierent en un fust
Nostre anchissor, se Dex ne fust.

Clofichier, in Vita J. C. MS :

Il en ficrent (clous) parmi les piés,
Or est Jhesus bien Clofichiés.

Hinc *Cloficheure*, Clavi foramen, in Serm. 16. ex Cod. MS. S. Vict. Paris. : *Sire, sains Thomas dist : Se je ne voi la Cloficheure de ses mains et de ses piéz, ... je ne creerai ja.* Vide supra *Clavare* 2.

¶ **CLAVELLUS**, Clavus. Hist. Dalphin. tom. 2. pag. 325. col. 2. ex Computo anni 1336 : *In ipsa coopertura sunt* XXXI. *chavreni cum grossis Clavellis* (Gall. *Chevilles*) *clavellati.* Ejusdem tomi pag. 567. col. 1. in Litteris anni 1347 : *Item volumus quod tibi de Clavellis et ferris pro equis tuis ferrandis, etc.* Marcell. Empir. cap. 33 : *Clavellis apponere.*

Clavellus, Clavulus, ornamentum vestium. Testamentum Riculfi Episcopi Helenensis ann. 915 : *Toalias olicias duas, una cum argento, vel Clavellos Spaniscos duos.* [Vide *Clavatus.*]

* *Clavellus patacalis*, pataco scilicet emptus, in Comput. ann. 1400. inter Probat. tom. 3. Hist. Nem. pag. 150. col. 2. Vide supra *Clavare* 2.

* Clavellus de Giroples, Caryophyllum. in Comput. ann. 1488. inter Probat. tom. 4. Nemaus. Hist. pag. 45. col. 2.

* **CLAVELUS**, a Gall. *Clavelé*, Pusulis infectus. Stat. monialium Xanton. MSS : *Non admittetis in monasterium vestrum idiotas, amentes, illegitimas, infames, infirmas notabiliter, mutilas, incurvas, Clavelas vel fœtentes. Clavereleux*, eadem notione, in Charta redit. comitat. Hannon. ann. 1265. ex Cam. Comput. Insul. : *Le brebis, mais k'ille ne soit rongneuse ne Clavereleuse, ne tourniche.*

¶ **CLAVENCHIA**, Frustum carnis, ut conjecto. An idem quod nostrum *Eclanche*, Vervecis femur? [* Monetæ minutioris species. Vide infra *Clevenchia.*] Testamentum anni 1375. apud Baluz. tom. 2. Hist. Arvern. pag. 6 : *Quilibet Religiosus et Presbyter qui fuerint præsentes in sepultura mea habeat et habere debeat duos Turonenses argenti et pro qualibet absolutione fieri consueta in talibus, quilibet dimidiam Clavenchiam.* Ibidem : *Et cuilibet pauperi venienti ad eleemosynam sepulturæ meæ volo dari dimidiam Clavenchiam et unam micham panis sufficientem, et alia necessaria, ut in talibus est fieri consuetum.*

¶ **CLAVENGUS**, Armaturæ genus. [* f. quo crura teguntur, Gall. *Cuissart.*] Radulfus Cadomensis in Gestis Tancredi tom. 3. Anecdot. Marten. col. 143 : *Primo in congressu lancea viget, lancea perfodit, lancea dejicit, quæ mox tanto sub onere fatiscens, ut penetrare peltas, pectora, Clavengos nequit integra.* Et col 204 : *Benedictus quoque infelix Archiepiscopus captus trahebatur, imposita humeris geminorum sarcina Clavengorum.*

¶ **CLAVERIUS**. Vide *Clavarius* 1.

* **CLAVERARE**, Clavis affigere. Inventar. ann. 1476. ex Tabul. Flamar. : *Et primo unum lectum....... cum suo arcalecto coralli et marchipe positum ad dictum arcalectum Claveratum et positum.* Vide supra *Clavellare.*

* **CLAVERIUM**, a Gall. *Clavier*, Armilla clavicularia, Constit. Carmelit. MSS. part. 1. rubr. 11 : *Prohibentes ne aliquis frater portet....... cordulas seu Claveria de serico, etc.*

¶ **CLAVESIGNATI**, Milites Romani Pontificis, sic dicti, quod in vexillis vestibusque claves Ecclesiæ depictas gererent. Odoricus Raynaldus ad ann. 1228. num. 13. et seqq.

* Memorantur præterea in actis Gregorii IX. et a Richardo de S. Germano. Sic autem eorum mentio fit tempore ejusdem pontificis Gregorii, ut appareat longe antiquius fuisse institutum earum clavium in vexillis et vestibus a Pontificiis militibus, gerendarum. Ita Carolus de Aquino in Lex. milit. Vide in *Claviger.*

* **CLAVETALI** Cineres, Qui ex fece vini siccata et combusta conficiuntur : *Cendre Clavelé*, in Lit. ann. 1400. tom. 8. Ordinat. reg. Franc. pag. 379. art. 19. Leudæ major. Carcasson. MSS : *Item pro quintali de cineribus Clavetalis et pastellis, etc.* [** leg. *Clavelatis.*] Vide supra in *Cinis* 2.

¶ **CLAVEUS**, Hærens ad instar clavi. Vita B. Columbæ Reatinæ tom. 5. Maii pag. 366 : * *Hæc quidem sunt signa caritatis Dei, aurea quidem propter innocentiam virginitatis... Clavea ob firmitatis affectum.*

* **CLAVI** Militum, *Calciamenta militum.* Glossar. vet. ex Cod. reg. 7613.

¶ **CLAVIA**, *Borda.* Gloss. Isid. Lege *Cloaca, Burca.* Vide in hac voce.

* **CLAVIAGIUM.** Vide supra *Clavagium.*

CLAVICA. [* Ital. *Chiavica*, Cloaca.] Falco Beneventanus pag. 303 : *Inquintus vero ille per Clavicam, quæ sancti Renati vocatur, ingrediens, etc.* Vide *Clavaca*, [et *Claviga.*]

CLAVICARII, in Leg. 1. Cod. de Excusat. artif. lib. 10. tit. 64. in Basilicis, Καρδαράριοι, Clavium confectores, *Serruriers.* Vide *Cabidarii.*

¶ **CLAVICELLA** *ex auro*, f. diminutivum *clavis.* Vide locum in *Lambitta.*

* **CLAVICULARIS**, Qui clavam portat, *bedellus.* Charta Isemberti abb. in Necrol. S. Mart. Lemovic ex Cod. reg. 5243. fol. 41. v° : *Claviculares de sepulcro et de majori altare caveant multum, ne seculares ingerant se super nos.* Vide infra *Claustrarius.*

CLAVICULARIUS, *Qui claves facit vel portat*, Joanni de Janua. Gloss. Lat. Gall. : *Clavicularius, Clacelier, ou celui qui fait les clefs.* Κλειδοποιός, Nilo Mon. lib. 2. Epist. 217. Stephanius Eddius in Vita S. Wilfridi cap. 59 : *Gazophylacium Claviculario aperire præcepit.* [Sermo S. Isidori de S. Petro Apostolo, apud Muratorium tom. 2. col. 166 : *Simon Johannis virginitatis generatio incorrupta est, qui eligitur primus, nec immerito, quia Apostolorum Princeps est, Confessor Filii Dei, primus Discipulus, Pastor humani generis, Ecclesiæ Clavicularius regni, amator Domini atque negator, etc.* Vide *Claviger.*] Vetus Poeta Gallicus MS. :

De tot l'avoir du siecle
Le fera Clacelier.

Clavicularius, Carceris custos, cui carceris claves commissæ sunt, Κλειδοφύλαξ et Κλειδοῦχος in Synaxariis ad 25. Januar. in SS. Anania et Petro. Julius Firmicus lib. 3. Matth. cap. 6 : *Seu Clavicularii, vel carcerum custodes, etc.* Occurrit in Vita S. Basilici Mart. n. 2. in Actis XL. Martyr. Sebasten. num. 3. apud S. Eulogium lib. 2. Memorial. SS. cap 1. etc. Καπικλάριος, Græcis recentioribus. Libri Basilic. : Ὁ δεσμοφύλαξ ὃν λέγομεν κλαβικάριον. Passio S. Basilei Episcopi Amasæ num. 9 : Ἐπεὶ οὖν παρεκέκλητο ὁ καπικλάριος, θᾶττον αὐτοὺς εἰσεκαλέσατο. Menologium Basil. Imp. 9. Martii : Ὁ φυλάττων αὐτοὺς καπικλάριος.

* Nostris *Clacellier, Clachellier*, et *Clavier*, Clavium custos, ostiarius, vulgo *Portier.* Lit. remiss. ann. 1363. in Reg. 92. Chartoph. reg. ch. 225 : *Lesquels bouterent hors ledit chastel le Clavier ou portier qui en icellui estoit.* Aliæ ann. 1364. in Reg. 96. ch. 109 : *Comme Jehan Boully clerc fust Clacellier du prieur de Puisiaux, etc.* Aliæ ann. 1390. in Reg. 139. ch. 100 : *Le suppliant qui lors estoit Clachellier dudit chastel de Basoches, etc.* Unde et *Claceriere*, mulier cui claves domus sunt commissæ, in Lit. remiss. ann. 1370. ex Reg. 100. ch. 644 : *Toutes les gens de l'ostel furent couchiés, excepté la Claceriere, qui s'en estoit alée en sa chambre. Claveurier* vero, Clavium confector. Lit. remiss. ann. 1391. in Reg. 142. ch. 136 : *Ledit Perrotin et un autre, par l'aide d'un Claveurier ou serrurier, ont desrobé ledit Jaques de la somme de neuf cents escuz.* Aliæ ann. 1459. in Reg. 188. ch. 91 : *Et se print icellui Claveurier à besongner à la façon desdiz marteaulx.* Vide supra *Clavatura* 2.

* Clavicularii, Primi post priorem inter Lectores recensentur, in Ord. eccl. Ambros. Mediol. ann. circ. 1130. apud Murator. tom. 4. Antiq. Ital. med. ævi col. 861 : *Deinceps autem primicerius sexdecim lectorum, et magister cum supradictis adscribitur. Prior tamen numero illorum sexdecim secundicerius, id est, vicarius primicerii, et quatuor post hunc sequentes Clavicularii dicuntur.*

¶ **CLAVICYMBALUM**, Instrumentum musicum, Gall. *Clavecin*, Ital. *Gravecembalo.* Scaliger lib. 1. Poetices cap. 48 : *Additæ dein plectris corvinarum pennarum cuspides. Ex æreis filis Expressiorem eliciunt harmoniam. Me puero Clavicymbalum et Harpi-*

chordum, nunc ab illis mucronibus Spinetam nominant.

* **CLAVIFEX**, Clavorum faber, Gall. *Cloutier*. Comput. MS. fabr. S. Petri Insul. ann. 1479 : *Item Roberto d'Assonneville Clavifici, pro diversis generibus clavorum, etc.* Vide infra *Clautrerius*.

CLAVIGA, CLAVICA. Charta ann. 1258. apud Petrum Mariam Campum in Regesto part. 2. Hist. Eccles. Placentinæ num. 98 : *Volentes terminare et dividere lectum seu fundum rivi Templariorum a molendino ipsorum usque ad Clavigam Communis de Canalibus, etc.* Et num. 11 : *Clavicam etiam aquæ, quam vobis concessit.* Jus Vicent. lib. 1 : *Stratæ, aquæductus, Clavicæ, fossata, etc.* Statuta Veronensia lib. 5. cap. 1 : *De et super Clavicis, viis sive stratis, etc.* [Vide *Clavica*.]

* *Exclusæ*, qua aquæ concluduntur, moles lapidea, claustrum, qua notione Itali *Chiave* et nostri *Clef* usurpant; unde nomen. Stat. Mutin. cap. 41. pag. 54. r° : *Volumus quod quælibet canalecta, habens caput in præfatum canale seu canalia, debeat habere suam Clavigam factam de lapidibus et bono calce, et habeat suam sarasinescam de bono ligno bene obturante caput canalectæ, et singulis sabbatis post vesperas sarasineschæ levari possint a suis Clavigis ut aqua possit intrare per dictas canalectas.*

1. **CLAVIGER**, S. Petrus, cui Ecclesiæ claves commisit Christus. Domnizo lib. 1. 1. de Vita Mathildis cap. 1 :

> Clavigeri Petri normam sancti quoque cleri
> Semper amaverunt.

Apud Cummeanum Hibernum de Controversia Paschali dicitur *S. Petrus Clavicularis*. [Vide *Clavicularius*.]

CLAVIGER, Idem etiam qui *Archiclavis*, Ecclesiæ Thesaurarius : dignitas Ecclesiastica. Chartam Tabularii Burguliensis ann. 975. subscribit apud Beslium pag. 292 : *Savaricus B. Hilarii Claviger*. Monasticon Anglic. tom. 1. pag. 184 :

> Alter Willelmus Wallingford Clavigeratus.

Id est, officio *Clavigeri* functus. Adde Histor. Abbatiæ Condomensis pag. 505. [et Formulare Anglic. Thomæ *Madox* pag. 132.]

CLAVIGER, in Charta ann. 1335. apud Schefferum ad Chronicon Upsaliense pag. 160. idem qui *Custos* : *Halvardus Claviger sive custos Ecclesiæ Upsaliensis, etc.*

CLAVIGER. Fori Oscæ Jacobi I. Regis Aragon. anno 1247. fol. 3 : *Omnis villa in qua Rex habet Clavigerum, est sedes, etc.* [Ottoboni Scribæ Annal. Genuenses ad ann. 1189 : *Isti Consules habuerunt octo Clavigeros*. An Thesaurarii ?]

CLAVIGERI. Ita appellantur Richardo de S. Germano in Chron. ann. 1229. qui a parte Gregorii PP. contra Fridericum II. Imp. stabant, quod effictæ essent claves in Pontificiis vexillis.

CLAVIGERII. Charta fundationis Hospitalis Montisbrusonis in Foresio : *Insuper præcipimus omnibus Vicariis et Clavigeriis nostris, etc.* Vide *Clavarius*.

* 2. **CLAVIGER**, Qui cellæ vinariæ præest, idem qui *Buticularius*. Arest. ann. 1395. 31. Jan. in vol. 8. arestor. parlam. Paris. : *Erant* (canonici Remenses) *in possessione et saisina quod Clavigerum seu buticularium ejusdem archiepiscopi capellanis refectorii et vinitariis jurare faciant, quod sibi meliora vina......... ostendat.*

¶ CLAVIGERIUS, Qui curam habet cellæ vinariæ. Vet. Ceremoniale MS. B. M. Deauratæ Tolos. : *Interim vitrisque preparatis a Refectorario et vino a Clavigerio, fiet sicut de mane fuit factum in cena.*

* **CLAVIGERICUS**, S. Petri Apostoli epitheton. Charta ann. 24. regni Lothar. ex Chartul. S. Petri Carnot : *Concedo ad locum S. Petri Carnotensis ecclesiam in honorem Apostolorum principis Clavigerici regni cælorum Petri consecratum, etc.* Vide *Claviger* 1.

* **CLAVIGERIUS**, Idem qui *Clavarius*. Vide in hac voce. Inventar. MS. ann. 1366 : *Constituit* (nuncius apostolieus) *alios Capitaneum et massarium seu Clavigerium, qui juraverunt et promiserunt bene et fideliter nomine dicti domini Papæ custodire et gubernare.* Alia notione, vide in *Claviger* 2.

* **CLAVILE**, Organi musici pinnæ, Gall. *Clavier*. Comput. MS. fabr. S. Petri Insul. ann. 1477 : *Item pro reparando parva organa ecclesiæ, et in eis faciendo novum Clavile, etc.*

* **CLAVINA**, Vestis vilioris species. Collect. exemplor. ex Cod. Sorbon. 395 : *Audivi de quodam impio homine, quod patrem suum faciebat jacere in stabulo, et unam vilem Clavinam dederat ei ad induendum.*

¶ **CLAVIPOTENS** FRATER. Ita nuncupatur Gerohus Presbyter a Rabano Mauro Carm. 16. quod Bibliothecæ Fuldensis, utpote illius custos, *claves*, penes se haberet.

CLAVIS, in Computis Ecclesiasticis, est *numerus variabilis datus anno ad inveniendum principia quinque mobilium festivitatum, scilicet Septuagesimæ, Quadragesimæ, Paschatis, Rogationum, et Pentecostes : et ideo sunt quinque Claves, et quælibet prædictorum festorum habet 30. dies in quibus semper celebrantur... et dicitur Clavis per similitudinem : quia sicut per Claves ostia reserantur, ita per talem numerum principia dictarum festivitatum nobis denotantur, etc.* Durandus lib. 8. Rational. cap. 12. In Kalendario S. Victoris Parisiensis : 7. *Idus Januar. locus Clavium.* 5. *Kal. Febr. Claves XL.* 5. *Idus Mart. Claves Paschæ.* 17. *Kal. Mart. Claves Rogationum.* 3. *Kal. Mart. Claves Pentecostes.* Vide Honorium Augustod. lib. 2. de Imag. mundi cap. 101. [et supra vocem *Annus* pag. 511.]

¶ CLAVIS ANNONÆ, Horreorum præfectura vel custodia. Charta fundationis Abbatiæ Brolii Grollandi inter Instrum. tomi 2. novæ Gall. Christ. col. 421 : *Similiter illis concedo ea quæ possideo in molendinis de Jart, id est, dominium et medietatem, in quibus per Abbatem B. G. custos constituatur, et ipse Clavem annonæ in custodia sua debet habere.*

CLAVIS S. HUBERTI. Vide Joannem Robertum in Hist. S. Huberti pag. 251.

CLAVIS IN MUSICA. Vide *Notæ Musicæ*.

CLAVIS in concamerationibus, quæ eas concludit, quam *fibulam* vocat Philander ad lib. 1. Vegetii cap. 6. Gervasius Dorobernensis in Descriptione Ecclesiæ Cantuariensis : *Hic vero nullo interstitio cruces a choro divisæ in unam Clavem, quæ in medio fornicis magnæ consistit, quæ quatuor pilariis innititur, convenire videntur.* Vide *Ciborium*.

CLAVES ECCLESIÆ, Potestas et jurisdictio Ecclesiæ : ex illo Christi ad Petrum, Matth. 16 : *Tibi dabo Claves regni cælorum, etc.* Inscriptio in foribus Basilicæ antiquæ Vaticanæ :

> Qui regni Claves et curam tradit ovilis,
> Qui cœli terræque Petro commisit habenas,
> Simplicio nunc ipse dedit sacra jura tenere.

Goffridus Vindocinensis lib. 2. Epist. 29 : *Claves sanctæ ecclesiæ agitare, et leges Catholicæ et Apostolicæ Sedis violare conatur.* Idem Opusc. 10 : *Execranda promissio, quæ Claves Ecclesiæ agitare, et unicum ac singulare ejus ostium violare conatur.* Cur vero triplex interdum clavis S. Petro et Summis Pontificibus adscribatur, pluribus disputat Nicolaus Alemannus in Dissertat. de Lateranensibus parietinis cap. 10.

☞ Haud ignota fuit hac notione vox *Clavis*, Hebr. מפתח, etiam in veteri Testamento. Legimus apud Isaiam cap. 22. rejecto Sobna Templi Præposito substitutum fuisse Eliacim, de quo sic Propheta ℣℣. 20. et seqq. : *Vocabo servum meum Eliacim filium Helciæ; et induam illum tunica tua, et cingulo tuo confortabo eum, et potestatem tuam dabo in manu ejus : et erit quasi pater habitantibus Jerusalem, et domui Juda. Et dabo Clavem domus David super humerum ejus : et aperiet et non erit qui claudat; et non erit qui aperiat.* Quæ Christo tribuuntur Apocal. 3. 7 : *Hæc dicit Sanctus et Verus, qui habet Clavem David : qui aperit, et nemo claudit; claudit et nemo aperit.*

CLAVES S. PETRI, Quibus scilicet illius Confessio, seu sepulcrum, claudebatur. Poeta Saxonicus lib. 3. de Gestis Caroli Magni ann. 796 :

> Confestim Claves, quibus et Confessio sancti
> Conservata Petri vexillaque miserat urbis
> Romuleæ Carolo, pariterque decentia dona.

Adde Eginhardi Annales eod. ann. Vigilius PP. in Encyclica : *Sed et super Claves B. Petri Apostoli præstitissent corporale juramentum.*

Solebant etiam Summi Pontifices de Limatura catenarum S. Petri, quæ religiose Romæ asservantur, ad Reges et Principes, aliosque viros primarios pro ingenti munere mittere, quam in aurea clavi instar illarum quibus confessio sancti Petri claudebatur efficta, ab altari S. Petri accepta, includebant. Eam autem ad quos illa transmittebatur, suspendebant ad collum, veluti sacrum contra mala imminentia amuletum. Ejusmodi clavium transmissarum meminere Gregorius M. lib. 2. Ind. 11. Epist. 47. lib. 5. Epist. 6. lib. 6. Epist. 23. lib. 7. Ind. 2. Epist. 128. lib. 10. Epist. 7. lib. 12. Epist. 17. Gregor. Turon. lib. 1. Miracul. cap. 28. Fredegarius Scholast. in Chron. cap. 110. Gregorius VII. PP. lib. 7. Epist. 6. Vetus Chronic. tom. 1. Hist. Franc. pag. 720. Aimoin. lib. 4. de Gestis Francor. cap. 57. 86. Chronicon Fontanellense cap. 9. etc. Vide Theodorum Studitam de SS. Imag. præterea Nicolaum Alemannum in Dissertat. de Lateranensib. parietinis cap. 14.

* CLAVIS S. Petri, In signandis anima-

libus, ut a rabie servarentur, adhibita. Lit. remiss. ann. 1467. in Reg. 195. Chartoph. reg. ch. 24 : *Survint ung homme, qui volt faire signer des bestes qu'il menoit, des Clefz de saint Pierre* (au Fayet en Auvergne).

* Clavi Candente, quam *Ecclesiasticam* vocabant, veneficæ secundo deprehensæ signabantur in pectore, fronte atque inter scapulas, ex Legibus Steph. reg. Hungar. tom. I. Sept. pag. 550. col. I : *Si qua striga inventa fuerit, secundum judicialem legem ducatur ad ecclesiam, et commendetur sacerdoti ad jejunandum, fidemque discendum; post jejunium vero domum redeat. Si secundum in eodem crimine invenietur, simili jejunio subjaceat : post jejunium vero, in modum crucis in pectore et in fronte, atque inter scapulas incensa Clavi ecclesiastica domum redeat. Si vero tertio, judicibus tradatur.* [** Vide Haltaus. Glossar. Germ. voce *Schlüssel*, col. 1636.]

* Clavis Sepultura, Superstitionis species, cujus meminit Petrus Subesti de Cultu vineæ Dom. part. 3. cap. 4. de Superstit. : *Item errore superstitioso vulgus in multis locis opinatur remedium efficax ut cesset pestis inguinaria, si sepeliatur Clavis portæ ecclesiæ parrochialis, et curatus ecclesiæ sine morte, jaciatur in foveam pro aliquo defuncto paratam.*

Claves Remittere, in signum divortii, et renunciantis curam familiæ. S. Ambrosius Epist. 47. ad Syagrium : *Quo mulier offensa, Claves remisit, domum revertit.* Apud nostros solent viduæ claves et cingulum supra mariti defuncti corpus projicere, in signum quod bonorum communioni nuntium dant, ne debitis exsolvendis teneantur, de quo more agunt Consuetudines municipales, Meldensis art. 52. 53. Lotharingica tit. 2. art. 3. Malinensis art. 8. Meledunensis art. 187. Calvimontensis art. 7. Victriacensis art. 91. Laudunensis art. 16. Catalaunensis art. 30. Ducatus Burgund. art. 41. etc. Vide Paschasium lib. 4. Disquisit. Francic. cap. 10. [** et Grimm. Antiq. Jur. Germ. pag. 176.]

¶ Claves, Numellæ, quibus canes bini aut terni copulantur, non solvendi nisi in ipsa venatione. Leges Jacobi II. Regis Majoric. inter Acta SS. Junii tom. 3. pag. XXV : *Et quia evitare non valemus quin venando et alias cum prædicto venatore conversemur; et Claves et alia quæ ad venationem pertinent,* (tractemus.)

¶ Clavis, Locus clausus, ut Eccardus interpretatur Lex Salic. tit. 9. art. 2 : *Si quis unam apem, hoc est, uno vascello furaverit de sub tecto et sub Clave, etc.*

¶ Clavis, *Manica temonis*, in Vet. Glossario San-German MS. n. 501.

* Clavis. Charta Laurent. episc. Wratislav. ann. 1223. inter Probat. tom. I. Annal. Præmonstr. col. 482 : *Ad cujus rei argumentum hanc chartam Clove sigilli nostri roboratam eidem contuli.* Ubi aliæ Chartæ præferunt, *munimine.*

Clavis, pro *Clavus* : Vita S. Lupercii apud Bosquetum : *Jussit Præses maganam fieri, et acutis eam clavavit Clavibus, etc.*

* Clavis vel Clavus, *Vestis purpurata*, blandella (bandella). Glossar. vet. ex Cod. reg. 7613.

¶ **CLAVITATA** Arbor, Clavis notata. Vide *Arbor* I.

¶ **CLAVODIUM**, Pretiosa quævis Ecclesiarum vasa et ornamenta. Vitæ Patriarcharum Aquileiensium in Anecdot. Muratorii tom. 3. pag. 46 : *Peregrinus III. Patriarcha sedit ann.* XIV. *mens.* VII. *dies* III. *Iste reædificavit Ecclesiam civitatis Austriæ, quæ cum omnibus libris et thesauris exusta fuit, fecitque in ea tabulam argenteam, et alia mirabilia Clavodia auro argentoque contexta.* Vide *Clenodium.*

¶ **CLAVOSUM**, *Inæquale.* Gloss. Isid. Rectius La Cerda : *Clivosum, inæquale.*

CLAUSA, Idem quod *Clusa*, et *Clusura.* Chron. Marcianense lib. 2. cap. 3 : *Præmisit aliquos ex suis Proceribus ad custodiendas Francorum Clausas.* Carolus IV. Imperat. de Vita sua : *Et devastavimus terras suas usque Clausam quæ vocatur Linitz.*

Clausa, Locus, seu ædes, in qua inclusi Monachi degebant. Vita S. Gamelberti cap. 2. n. 14 : *Ad fenestram Clausæ in qua latebat.*

Clausa, Excerptum, locus ex libro aliquo, Gallis *Clause.* Hugo Rotomagensis Archiepiscop. in Præfat. ad lib. I. contra Hæreticos : *Proinde placuit tibi super hæresibus insurgentibus nos aliqua scribere, quod et suscepimus tuæ jussionis auctoritate : sed succincto opere, sed brevi charactere. Trahatur itaque ex arcto commate Clausa latissima, sumantur ex vase modico fercula copiosa, more Catholico, in S. Spiritu.* Joan. Sarisber. Epist. 158 : *Et hæc mihi videtur esse duarum conceptio Clausarum.*

Clausa, Idem quod *Clausura*, *Cloture.* In Capitulis Caroli Magni lib. 5. cap. 148. [** 279.]

* Clausa, Ager sepibus vel muris clausus. Charta ann. 1225. ex Bibl. reg. cot. 17 : *Dono ad laborandum...... totam illam Clausam, cum suo solo et planterio vineæ et arborum, ... ita quod in hoc præsenti anno claudatis totam ipsam clausam .... et completo dicto termino ipsam totam Clausam reddatis nobis. Clousure*, in Ch. ann. 1405. ex Reg. feudor. comitat. Pictav. Cam. Comput. Paris. fol. 22. v°. : *Je Jehanne de Travazay ...... advouhe à tenir...... mon lieu, courtillaige, vergiers, Clousures, etc. Parclouse*, eadem acceptione, in Charta ann. 1339. ex Reg. 73. Chartoph. reg. ch. 175 : *Un herbegement assis à Poitiers appellé les Forges, o les jardins, treilles et Parclouses dudit herbergement.*

* Clausa, Agger, quo aquæ concluduntur. Chron. Mutin. apud Murator. tom. 15. Script. Ital. col. 587 : *Merlos pontis de Reno dirupando, et Clausam de Reno devastando ac ibidem et circum circa damna maxima inferendo.*

* **CLAUSAGIUM**, Locus sepibus cinctus et clausus; simul et obligatio qua tenentur subditi hunc claudere, cui servitio, qui addictus erat, *Clocur* appellabatur. Redit. comit. Namurc. ann. 1265. ex Reg. Cam. Comput. Insul. sign. *Papier velu* fol. 9. v°. : *Encor doit cascuns ..... un vendengeur as vingnes le Conte vendengier, et un Cloeur as vingnes enclore.* Reg. S. Justi ex Cam. Comput. Paris. fol. 187. v°. : *Item Clausagia jardinorum.* Fol. 193. r°. : *Item omnes feodi, qui debent claudere sexaginta perticas Clausagii.* Et fol. 208. r°. : *Item omnes homines feodi debent fenagium, ... Clausagium jardini.* Vide *Clausaria*, *Claustura* et *Closaria.*

CLAUSARIA, Modus agri sepibus septus, clausus, Andegavensibus *Closerie. Clausaria vinearum*, in Charta Philippi Aug. ann. 1203. in ejus Regest. Herouvallian. fol. 82.

CLAUSARIUS *vinearum Monasterii*, in Necrologio Victorino Paris. 5. Kal. Sept. qui Clausariis præerat *serviens.* [Occurrit eodem sensu in Tabulario S. Vincentii Cenoman. Vide *Closarius.*]

* Charta Guill. episc. Paris. ann. 1222. in Reg. B. Cam. Comput. fol. 150. r°. : *Dominus rex vult et concedit ut nos Parisiensis episcopus........ habeamus apud Parisius unum draparium,........ unum Clausarium....... gaudentes libertate, quam ministeriales episcoporum Parisiensium hactenus habuerunt.* Alia ann. 1226. ex Lib. nigr. episc. Carnot. : *Clausarius noster habet pretium duorum hominum singulis diebus, quando operarii sunt in vineis clausi nostri.*

Clausarius, Inclusus, Monachus qui in cella clausa habitat, [Gall. *Reclus.*] Vita S. Deicoli Abb. Lutrensis n. 43 : *Volens... dies sibi concessos apud beatissimum Apostolorum principem Romæ Clausarius et privatus insistere otio.*

Clausarius, In Epist. Widonis Comit. Matiscon. ann. 1078. tom. 6. Spicileg. Acheriani, idem est quod *Clausum*, sive septum, Gallis *Closier* : [*Præterea donavi ad memoriam et Ecclesiam sanctorum Apostolorum omnia quæ infra sunt annotata, id est, has ovillas, Blondeus et omnes clausos et Clausarios, silvas, etc.*]

* Clauserius, Eadem notione, in Charta ann. 1202. inter Instr. tom. 7. Gall. Christ. col. 227 : *Extra septa canonicorum sex servitores, scilicet tres escuerii abbatis, unus serviens capicerii, unus Clauserius vinearum, unus tolonearius.*

¶ **CLAUSATA**, Idem quod *Clausum*, Locus sepibus vel muris clausus. Associatio Ducis Britanniæ cum Monachis Kemperlegiensibus e Chartulario ejusdem Cœnobii : *Nec possumus impedire, quin ipsi Religiosi adducant aquam ad suum molendinum situm in Clausata Abbatiæ de Kemperlé.*

¶ **CLAUSATGA**, ut *Clausata.* Charta Goscelini de Bogno pro S. Juniano apud Stephanot. tom. 3. Antiquit. Pictav. MSS. pag. 696 : *Dat B. Juniano duas borderias terræ... et medietatem Clausatge de vineis.*

¶ **CLAUSELLUS**, Locus clausus, septus. Bona S. Germani Autissiod. ann. 864. confirmata in Conventu Pistensi apud Acherium tom. 2. Spicil. pag. 588 : *Clausi vinearum, scilicet ille qui adhæret Monasterio et campaniæ, plantæ abundantia, curticanus et Clausellus de Patriniaco.*

* **CAUSETUM**, diminut. a *Clausum*, Locus vel ager clausus. Inventar ann. 1476. ex Tabul. Flamar. : *Item plus unum Clausetum sive terram in pertinentiis dicti loci de Capella.* Ibidem : *Item plus unum Clausetum in eodemmet loco et parsano, vocato à la font.* Vide infra *Closellum.*

¶ **CLAUSIM**, Secreto, clam, Gall. *à huis clos.* Acta SS. Maii. tom. 4. pag. 439. de S. Petro Cælestino : *Propositoque Clau-*

sim inter eos, seclusis extraneis, per Latinum tunc Ostiensem Episcopum... exhortationis verbo prœlucido.

* Aliud sonat *Closément*, scilicet Omnino, prorsus, sine ulla exceptione, in Charta ann. 1317. ex Chartul. 21. Corb. : *Avons vendu.... toute le terre que nous aviemes et poiesmes avoir à Belle,.... soit en cens, en rentes, en terres araules,.... et Closément et entierement sans riens excepter.* Quæ Latine ibidem sic leguntur : *Sive in censibus, in rentis, in terris arabilibus.... et integre absque aliquid excipere.* Unde patet vim vocis non intellexisse D. *Secousse* in nota ad Lit. ann. 1359. tom. 3. Ordinat. reg. Franc. pag. 362. Vide infra *Clausula* 2. et *Clausus.*

¶ 1. **CLAUSIO**, Locus muris clausus. Limborch. Inquisit. Tolos. pag. 81 : *Nulla humana habitatio, seu rehedifficatio aut Clausio ibi fiat.*

¶ Clausio, vel Cloysio, Ipsa actio qua ager muris vel sepibus clauditur. Charta Thoissiacensis anni 1404 : *Jus claudendi debet sex solidos pro Cloysione sui prati cum Clausione suæ terræ.*

* 2. **CLAUSIO**, Actio claudendi. Libert. de Viridi-fol. ann. 1369. tom. 5. Ordinat. reg. Franc. pag. 277. art. 6 : *Concedimus per præsentes, ut ipsi consules..... possint..... habitatores compellere ad hoc seu compelli facere per captionem, vendicionem et distractionem bonorum suorum, necnon Clausionem hospitiorum, etc.* Vide supra *Clavare* 2.

* 3. **CLAUSIO**, Obturamentum. Lit. ann. 1388. tom. 8. Ordinat. reg. Franc. pag. 284. art. 7 : *Clausiones et amociones discurcium.* Leg. *discursuum*, subintellig. aquarum.

* **CLAUSIS**, Hara cunicularia, ubi cuniculi nutriuntur et multiplicantur, Gall. *Clapier.* Pactum inter Arn. de Villanova et homines de Transio ann. 1283 : *Quod ipsi homines teneantur facere ipsi domino in dicto deffenso triginta Clauses cuniculorum, ubi magis voluerit ipse dominus.*

¶ **CLAUSIVA**, Clausum. Charta Eygili Abb. Flaviniac. pro fundatione Corbiniaci ann. 864. inter Instrum. tomi 4. novæ Gall. Christ. col. 58 : *Et illa coloneta in Ariaco, quæ fuit Anseberti, et quidquid ad eam aspicere videtur; et Clausiva totum in integrum, quem idem Wideradus plantari jussit.*

¶ **CLAUSOLA**. Vide *Clausula.*

¶ **CLAUSOR**, Qui obsidione *claudit* seu cingit urbem, Gall. *Assiegeant.* Radulphus Cadom. in Gestis Tancredi tom. 3. Anecd. Marten. col. 202 : *Assueverant clausi insidiari Clausoribus, et dum in meridie foris dormiretur, aliquando cum impetu de intus erumpebant : ut non sine cæde et rapina somni rumperentur.*

¶ **CLAUSORIUS** Vinearum, Idem qui *Clausarius.* Mabillon. Analect. tom. 3. pag. 379. in Gestis Gaufredi de Ludono Episcopi : *Addere libet de Clausoriis et Cultoribus vinearum, qui videntes cereos aliorum, ad quorum exemplum nihil fecerant, etc.*

¶ **CLAUSTRA**, Claustralia, Claustralis, Claustrare. Vide post *Claustrum.*

* **CLAUSTRARIUS**, Apparitor, Idem qui *Bedellus*, ut ex assignatis officiis colligitur : quod intra *claustrum* serviat, sic dictus. Stat. eccl. S. Dion. Leod. ann. 1330. tom. 2. Monum. sacr. antiq. pag. 446 : *Item novi canonici solvent Claustrario quinque solidos grossorum antiquorum.* Stat. S. Capellæ Bitur. ann. 1407. ex Bibl. reg. : *Forma juramenti, quod præstare tenentur Claustrarii dictæ Capellæ in nova eorum receptione. Ego N. Claustrarius juro, quod.... altare majus in festis annualibus et aliis custodiam, processiones ordinarias et extraordinarias, necnon illos qui legendi, cantandi aut thurificandi causa ad vestiarium pro cappis et ornamentis aliis induendis aut deponendis, aut aliis sacris inde recipiendis antecedam et associabo, quodque circa finem pulsationum Horarum canonicarum in domo thesaurarii, et eo procedente ad ecclesiam præibo ipsumque antecedendo reducam : necnon alia omnia et singula, quæ Claustrarius dictæ Capellæ facit et facere tenetur in eadem, faciam et complebo juxta posse.* Infra *Servitores claustri* nuncupantur. Vide supra *Clavicularis.*

CLAUSTRARIUS Artifex. Lampridius in Heliogabalo : *Jussit et cursorem, jussit et cocum et Claustrarium artificem.* [Laurentius in Amalthea : *Claustrarius, Qui seras et cætera ad claudendum facit. Faber Claustrensis, Claustralis.*]

¶ **CLAUSTRELLUM**, *Parvum claustrum,* Johanni de Janua. Bernerus Abb. in Translatione S. Hunegundis, inter Acta SS. Benedict. sec. 5. pag. 225 : *Qua de re consilio inter se habito, per ostium ejusdem cryptæ in latere dispositum.... per Claustrellum efferunt venerationis loculum.*

CLAUSTRUM. Breviloq. : *Claustrum dicitur inhabitatio Religiosorum, vel domus includens Monachos et Moniales sub certa regula viventes.* Concil. Biterrens. ann. 1233. cap. 17 : *Claustrum quoque diligenter observetur et claudatur, ut re et nomine Claustrum valeat appellari.* Conc. Forojuliense ann. 791. cap. 12 : *Ut Monasteria puellarum, quæ sub disciplina regulæ degunt, obstructius munitis Claustris, nulla pateant nisi forte summa compellente necessitate, aditu virorum. Claustra Monasteriorum,* in Concilio Turoneus. III. can. 22. 29. Adde Capitul. 3. Caroli M. ann. 789. cap. 3. Capitulare 1. anni 802. cap. 18. 20. Capitulare 2. cap. 5. Capitulare 1. ejusdem Imp. incerti anni cap. 35. etc.

Claustra, feminini generis. Chrodegangus Edit. Labbei cap. 3 : *Ita instituimus, ut in illa Claustra ille Clerus Canonicus, qui sub ipso ordine, Deo adjuvante, vivere debent, et omnes in uno dormiant dormitorio, etc.* Ita alibi non semel.

Claustra Monachorum, in Capitulis Caroli Magni lib. 5. cap. 148. [** 279.] in Capitul. Caroli Calvi tit. 32. § 9. [** apud Tusiacum ann. 865.] apud Honorium Augustod. lib. 1. cap. 148. 149. etc. Vide Gazæum ad Cassianum.

Claustra Canonicorum, in Capitulari 5. ann. 819. cap. 7. Capitul. Caroli Magni lib. 1. cap. 95. [** 89.] lib. 4. cap. 50. in Capitulis Caroli Calvi tit. 6. cap. 53. [** In villa Sparnaco ann. 846.] tit. 32. cap. 9. in Regula Canonicorum cap. 144. in Synodo Pontigonensi ann. 876. can. 8. in Præcepto Ludovici Pii pro Ecclesia Tornacensi apud Miræum in Cod. Donat. Belgic. pag. 7. etc.

Claustra Clericorum, id est, Canonicorum, in Epistola Ledradi Archiepiscopi Lugdunens. ad Carolum Magn. apud Paradin. lib. 2. Histor. Lugd. cap. 20. In Concilio Meldensi ann. 845. can. 53. in Capitulis Caroli Calvi tit. 6. cap. 53. etc.

Capitula Caroli Calvi tit. 41. cap. 8. [** Synod. Pontigon. ann 876. Pertz. pag. 529.] : *Ut Episcopi in civitatibus suis proximum Ecclesiæ Claustrum instituant, in quo ipsi cum Clero secundum canonicam regulam Deo militent : et Sacerdotes suos ad hoc constringant, ut Ecclesias non relinquant, et aliubi habitare præsumant.* Idipsum statuitur in Synodo Rom. sub Eugenio. II. cap. 7 : *Necessaria res existit, ut juxta Ecclesiam Claustra constituantur, in quibus Clerici disciplinis Ecclesiasticis vacent. Itaque omnibus unum sit refectorium ac dormitorium, etc.* Ubi morem, qui in Monasteriis diu obtinuit, observare est, cum in claustris lectioni vacarent Monachi, ut est in Epitome Ludovici Imp. in Regulam S. Benedicti, in Concordia S. Dunstani cap. 5. et in Actis S. Wolphangi cap. 7. *Studium Claustri*, seu scholæ, in veteri Charta apud Gariellum in Episcopis Magalonensibus pag. 144. [** Vita S. Anskarii cap. 4.] Petrus Blesensis serm. 25. varias monasticas functiones in singulis claustri lateribus exactas annotat : *Inde est quod in Claustro Conventuum quatuor loca cum propriis deputantur officiis : in latere Claustri occidentali est scholaris subjectio : in eo quod contingit Ecclesiam lectio moralis : ad Orientalem in Capitulo materialis.* In claustris etiam certis horis dabatur copia fratribus invicem confabulandi, ut docent Lanfrancus in Constitut. sect. 3. Petrus Venerabil. in Statut. Cluniac. cap. 5. etc. undecreatus est *Prior Claustri*, qui disciplinæ claustri curam ageret, de quo suo loco agimus. Prælectiones etiam scholasticas in claustris factas videtur innuere Herimannus de Restauratione S. Martini Tornacensis cap. 3.

Claustrorum forma fuit quadrata. Carmen de Laude vitæ monasticæ edit. a Sirmondo ad Goffrid. Vindocin. :

Quadratam speciem structura domestica præfert,
Atria bis binis inclyta porticibus.
Quæ tribus inclusæ domibus, quas corporis usus
Postulat, et quarta quæ domus est Domini,
Quarum prima domus servat potumque cibumque
Ex quibus hos reficit juncta secunda domus.
Tertia membra fovet vexata labore diurno,
Quarta Dei laudes assidue resonat.

Petrus Damian. lib. 6. Epist. 26 : *Ipsam Claustri tui fabricam respice : ecce enim quadrifida est, ut nimirum ipse loci situs evidenter edoceat, quod undique te a mundanæ conversationis strepitu semotum esse oporteat.* Adam Bremens. cap. 103 : *Composita ergo mensa, manum vertit ad Claustrum, quod ille, dum prius ligneum esset, lapideum fecit, forma, ut mos est, quadrata, vario cellarum ordine distinctum.* Iisdem verbis Albertus Stadensis ann. 1095. Vide Durand. lib. 1. Ration. cap. 1. n. 42. 43.

Claustrum, Monasterium ipsum, Germanis *Klooster*; in Actis Murensis Monasterii pag. 14. *Disertinense Claustrum*, quod infra, *Disertinense Monasterium*, dicitur. Pag. 17 : *Discessit hinc et rediit in suum Claustrum.* Pag. 35 : *More aliorum Monasteriorum et Claustrorum.* Pag. 37 : *Claustra regularia.* Compositio inter Patriarcham Constantinop. et Francos, in Gestis Innocentii III. PP. pag. 106 : *Claustra vero omnia tam intra civitatem, quam extra libera erunt Ecclesiæ, etc.* Henricus Rosla :

Ecclesias quantas, quot, Claustraque quanta dicarim.

Occurrit præterea in Vita B. Mariani Abb. Ratispon. n. 17. 18. 20. 23. 26. 27. et in Charta ann. 1153. in Chronico Reicherspérg. pag. 188. Henricus Aquilonipolensis in Adolpheide cap. 12 :

Christiparæ Claustrum in Kylo Duxstruxit Adolphus.

¶ Claustra Sacrorum, Gazophylacium eleemosynarum. Prudentius de Peristeph. Hymno in honorem S. Laurentii : *Claustris Sacrorum præerat.*

* Claustrum Regulare, Ea pars claustri, quæ Ecclesiæ adhæret. Ordinar. MS. S. Petri Aureæ-val. : *In Claustro, quod dicitur vulgaliter Claustrum regulare, quod est a parte ecclesiæ, semper silentium est tenendum.* Clouastre, pro Cloistre, Claustrum, in Charta ann. 1399. ex Tabul. Carnot.

* Claustri Domus, vulgo *Maison claustralle*, apud Provinciales appellatur domus rectoris parochiæ. Charta ann. 1442. ex schedis Pr. de *Mazaugues* : *Acta tam in domo Claustri, quam in platea prope dictam domum.*

* Claustrum, pro *Claustralis*, in claustro degens. Acta B. Cicci tom. 1. Aug. pag. 661. col. 1 : *Quinimo in ostensione triplicium gradaum salvandorum, videlicet conjugatorum, et virginum seu Claustrorum.*

* Claustrum, pro *Clausum*, et vicissim, Locus aut ager sepibus vel muris clausus. Charta ann. 1366. in Reg. 97. Chartoph. reg. ch. 54 : *Johannes episcopus Belvacensis, cancellarius noster nuper fundavit Parisius in vico Claustri Brunelli unum collegium scolarium.* Alia ann. 1374. in Reg. 106. ch. 368 : *Les escoliers de Dormans, fondez en Cloz Brunel à Paris par feu seigneur de bonne mémoire monsieur le cardinal de Beauvez, etc.*

Claustrare, Monachum, vel Sanctimonialem facere, vel in Monasterium relegare. Summula Raimundi Ordinis Prædicat. : *Claustrare poteris, licet adultera negat.* Utitur semel alibi.

Claustra Montium, quæ recentioribus *Clusæ, Clusuræ*, et *Clausuræ* dicuntur. *Claustra Pyrenæorum*, apud Orosium lib. 7. cap. 40. quæ *Puertos*, seu *Portus* appellant Hispani. Gunther. lib. 4. Ligurini :

Difficilesque vias, et tristia Claustra sequentes.

Infra :

Ventum erat ad fauces, angustaque Claustra viarum,
Qua se nubiferis horrendæ nivibus Alpes
Exiguo tantum penetrandas limite præbent,
Uniusque capax scopuloso semita calle,
Arcta laboranti pandit vestigia turbæ.

[** Vide *Canalis* et Graffii Thes. Ling. Franc. vol. 4. col. 565.]

Claustra Italiæ, apud Warnefridum lib. 5. de Gestis Longobard. cap. 2. Senator lib. 7. Epist. 4 : *Rhetiæ namque munimina sunt Italiæ et Claustra Provinciæ.*

Claustra Carceris, in leg. 2. 3. Cod. Th. de custod. reor. (9, 3.) *Claustra carceralia*, leg. 23. eod. Cod. de Pœnis. (9, 40.)

Claustrales, Monachi, qui intra *claustra* Monasterii recluduntur, ac degunt. Joann. de Janua : *Claustralis, Monachus vel Monacha stans in claustro.* Ordericus Vitalis in Præfat. lib. 1 : *Quia Claustralis cænobita ex proprio voto cogor irrefragabiliter ferre Monachilem observantiam.* Lib. 3 : *Dum adhuc Claustralis esset Monachus.* Petrus Blesensis Epist. 13 : *Quid est Claustralem redire ad seculum, nisi cœli habitatorem cadere in infernum?* Hildebertus Cenoman. Epist. 38 : *Claustrales, quibus conventicula plebis et sermones otii lex arction interdicit, plateis pro claustro, scurrilitatibus pro lectione utuntur.* Joann. Sarisberiensis lib. 7. Policrat. cap. 21 : *Claustrales, qui plane vere religiosi sunt, dum professionibus serviunt : ab hac malitia immunes sunt. Nulla vita fidelior, nulla simplicior, nulla felicior, quam eorum qui humiliter in claustris degunt, abjectione sua gaudentes, etc.* Tidericus Langenius in Saxonia :

Degunt Claustrales sanctæ Christi Moniales
In claustris, clausæ remanent concentibus ausæ.

Scripsit Trithemius librum *de Triplici regione Claustralium;* Thomas a Kempis alium *de Disciplina Claustrali.*

Claustrenses, Moniales, quæ in claustro seu Monasterio educatæ sunt, vocat Andreas Monachus Fontevraldensis de morte B. Roberti de Arbresello, hisque opponit Laicas : *Quomodo poterit quælibet Claustrensis Virgo exteriora nostra convenienter dispensare, quæ non novit nisi psalmos cantare, etc.* Infra : *Hinc factum est, ut Robertus noster generale præceptum Abbatissæ, quam elegerat, dedisset, ut nunquam aliqua ex Claustrensibus in Fontevraldensi Monasterio Abbatissa fieret.*

* Claustrales Obedientiæ, Quarum officia intra *claustrum* exercentur, forensibus oppositæ. Stat. eccl. Traject. ann. 1088. in Batav. sacr. pag. 136. edit. ann. 1714 : *Item cum episcopus præposituram Tielensem, thesaurariam, scholastriam, chori-episcopum, et quædam alia officia,... præposituræ nuncupata, quæ etiam Claustrales obedientiæ appellantur, suæ collationi reservaverit, nulli eam conferre, nisi canonico majoris ecclesiæ, poterit aut debebit.* Bulla Joan. XXII. PP. qua Phil. regi concedit annalia benef. ecclesiast. ex Reg. A. Cam. Comput. Paris. fol. 100. r°. : *Declaramus ut concessum tibi hujusmodi privilegium nullatenus extendatur..... ad prioratus, supprioratus, Claustrales, forestarias, cellarias,.... et administrationes alias.*

** Claustralis Mansio, Area, Curia, Ædificium in fundo Ecclesiæ exstructum a Canonico; forte ita dictum quia vice habitationis in Claustro ei ejus exstruendi facultas dabatur. Charta Wortwini Præposit. Wormat. ann. 1178. ap. Schannat. Episcop. Wormat. tom. 1. pag. 128 : *Invenientes ædificia Claustralium Mansionum ... neglectu deformata, ex eo quod potestas ordinationis fundi, quæ ex antiquitatis consuetudine post transitum alicujus fratris Præposito pertinere videbatur, vires testamenti super ædificiis confecti prægravabat.... jus præscriptarum Claustralium Arearum .... universis fratribus resignavimus.* Chart. Arnold. Archiepiscop. Magunt. ann. 1160. ap. Guden. Cod. Diplom. tom. 1. pag. 403 : *Henrico, Aschaffinburgensis ecclesiæ Canonico ... de petitione ... Præpositi, locum ... juxta eandem ecclesiam assignavimus, ut ibidem mansione facta, divinis obsequiis jugiter valeat interesse. Nichilominus quoque statuimus, quatinus respectu laboris ac sumptuum, quas predictus Heinricus ibidem impenderit, de illa mansione tanquam de Curia Claustrali sibi licitum sit, testamentum conficere, videlicet ut cottidano alicui memorate ecclesie prioratui vel honeste conversationis Canonico, illam legati nomine possit assignare.*

¶ Claustralis Murus, Quo prædium clauditur vel cingitur. *Madox* Formulare Anglic. pag. 139 : *Ipseque et hæredes sui prædictam domum sic de novo constructam et ædificatam, et muros Claustrales circa dictum mesuagium... in bono statu reddet et dimittet.*

¶ Claustreyra Priorissa, Eadem quæ *Claustralis*, in Necrologio Parthenonis S. Petri de Casis.

¶ Claustrum, Piscaria *clausa* ex lapidibus lignisve constructa. Acta S. Euflami MSS. : *Claustrum quoddam quod ex quadris lapidibus sub civitate in mari compositum fuerat, etc. Mane igitur facto Custos Claustri illius ad Claustrum veniens ut solitam prædam caperet, nam singulis diebus piscium quoddam genus solitus erat illic invenire, hoc solum depositum invenit. Tirannus vero præfatæ civitatis quæ prope Claustrum sita erat, quæsivit quid illo die in Claustrum foret repertum : cui cum nunciatum esset nihil contra morem ibi deprehensum, ratus se a Custode Claustri deceptum, turbata mente ad domum ipsius properavit.* Vide *Clausura* post *Clausuræ*.

¶ Claustrum Cordiale, Cordis intimum metaphorico sensu. Charta Edwardi III. ann. 1373. apud Rymer. tom. 7. pag. 16. col. 1 : *Præmissis omnibus et singulis propositis per eosdem et oblatis, visis benigniter et pronis auribus auscultatis, diligenter circumspectis, et debite consideratis, Claustris cordialibus, intima meditatione revolvens quam generosum sit et regale, sinceris affectibus regalibus, mero motu proprio, gratantius dilatatis eos dignis attollendo laudum præconiis, etc.* Armoricanis *Claustr* vel *Claustre* est pignus : an huic loco conveniat penes attentum Lectorem esto judicium.

¶ **CLAUSTRURA**, Idem quod *Claustura*. Passio S. Thomæ Cantuar. tom. 3. Anecd. Marten. col. 1744 : *Ecce simplicitatem columbæ, qui nec etiam contra carnis occisores insidias vel Claustruram aliquam opposuit; verum claudi Monasterium prohibuit, quod Religionis jure omnibus Catholicis patere debere sanctorum instituta Patrum sanxerunt.*

CLAUSTURA, ex Gallico, *Closture*, Septum, inclusio. Will. Thorn. in Chron. ann. 1363 : *Pro fossatura et Claustura civitatis.* [*Claustura muri*, in Charta Willelmi Abbatis *de Coiken* ann. 1220. ex Archivo S. Michaelis in Periculo maris. Litteræ A. Episcopi Meldensis anno 1204. ex Tabulario Calensi pag. 81 : *Noverint universi, quod E. Kalensis Abbatissa totusque ejusdem Ecclesiæ Conventus quoddam herberiagium,* *quod habere solebant, contiguum Ecclesiæ de Mintri, totum integre sicut illi possidebant, videlicet quidquid ædificatum vel non ædificatum infra Clausturam prædicti herbe-riagii continebatur Fulconi Presbytero de Mintri possidendum concesserunt.*] Fit mentio cujusdam tributi quod *Clausturæ* appellant, in Computo domanii Comitatus Pontivi ann. 1540. fol. 183 : *Recepte du droit de Closture, que le Roy a accoustumé de prendre chascun an à Moustiers, neant, pour ce que durant l'année de ce present compte n'a eu aucunes bestes vendues audit lieu.* Vide *Clostura.*

* Pro obligatione, qua subditi tenentur septa facere, occurrit in Chartar. Norman. ex Cod. reg. 4653. A. fol. 80 : *Monachi de Vasquel.... debent habere ad costumam Clausturam segetum.* Ubi alter Codex 4651. habet *Clausuram.* Vide supra *Clausagium* et infra *Clotura.*

1. **CLAUSULA**, Diomedi lib. 1. de Orat. et Victorino lib. 1. de Arte Grammat. *est compositio verborum, plausibilis structuræ exitu terminata.* Gloss. Lat. Gr. : *Clausula*, Νόημα. Papias : *Clausula est in oratione brevis sententia.* Vide Quintilian. lib. 8. Instit. cap. 5. Gregorius Magnus lib. 1. Epist. 6 : *Quod vero causæ et nominis similitudinem faciendo per scripta vestra Clausulas declamationesque formatis, certe, Frater carissime, simiam leonem vocas.* Adde Hieron. in Job cap. ult. et Cyprian. de Singular. Cleric.

¶ Clausula de Nisi dicitur ea, cui exceptiva hæc particula *Nisi* adjungebatur. Vide *Nisi.*

Clausula, Parvum clausum, seu area septo clausa, apud Willhelm. Thorn. Accipitur etiam pro clausura, vel angusto montium aditu, in Chronico Reichersper-gensi pag. 262. et apud Baldricum Noviom. lib. 3. cap. 70.

Clausula, Cella in qua Inclusi, seu Eremitæ, morabantur, aliis *Inclusorium.* Chronicon Mariani Scoti ex Bibl. Vaticana num. 1058. de S. Paterno incluso : *Hic ambiens martyrium, pro nullo foris exivit, sed in sua Clausola combustus, per ignem transivit in refrigerium.* Usurpatur hac notione non semel ab Eckehardo de Casibus S. Galli cap. 4. 9. 10. ab Hepidanno Minore in Vita Wiboradæ lib. 1. cap. 15. et 19. et in Rythmis de eadem apud Canisium tom. 5. pag. 789. et a Florentio Wigorn. ann. 1058. [Selecta Capitula Canonum Hibern. apud Acherium tom. 9. Spicil. pag. 50. de his qui se putant esse justos et non sunt : *Jejunium charitati, vigilias justitiæ, propiam adinventionem concordiæ, Clausulam Ecclesiæ, severitatem humilitati, postremo hominem Deo anteponunt.*]

* 2. **CLAUSULA**, Conditio, exceptio, *Clausele*, in Charta ann. 1323 : *Desquelles choses les loys du franc maintenoit toudis le contraire par une Clausele générale, contenue oudit keurbrief, laquelle dist que de toute chose, dont mention n'est faite audit keurbrief, doit estre droits echevinages : par laquelle Clausele, etc.* Necrolog. eccl. Paris. MS. ad 9. Cal. Jan. : *Postmodum executores dicti deffuncti* (Johannis de Montenantolio) *attendentes Clausulas sui testamenti, nobis dederunt in augmentationem dicti anniversarii...... summam cc. scutorum.* Vide infra *Clausus.*

1. **CLAUSUM**, et Clausus, Gallis *Clos*, Locus aut ager sepibus vel muris septus aut clausus : seu ut loquitur lex 1. Cod. Theod. de Rei vindicat. *Spatium certum septis quibuslibet conclusum :* cujusmodi *Arcifinales* agros vocant Siculus Flaccus et Frontinus, quod videlicet a septo suo et spatio, seu finibus, finalem, id est vicinum arcerent. Testamentum Widradi Abbatis Flaviniacensis : *Totum illum Clausum, quem nos jussimus plantare, etc.* Infra : *Et illum Clausum in ipso Ariaco, etc.* Vetus Charta apud Perardum in Burgundicis : 5. *mansos cum Clauso dominico.* Alia apud Columbum in Episc. Vivar. lib. 1 : *Rostagnus collatis mansis* 8. *et in Blarbavo Clauso indominicato.* Conventus Pistensis ann. 864. tom. 2. Spicilegii Acher. : *Id est, mansa in gyro Monasterii sita, et ut vulgo loquimur, Clausi vinearum.* Charta Thomæ Comit. Maurianpæ ann. 1216 : *Decem sometas vini meri de suo Clauso.* In alia Umberti II. Comit. Sabaudiæ : *Clausi vineæ indominicati.* Adde Suger. lib de Administrat. sua cap. 20. Histor. Vastinensem pag. 296. etc. [Vide *Closum.*]

Claudicium, Eadem notione, in Tabulario Majoris Monasterii.

* 2. **CLAUSUM**, pro *Claustrum*, in Hist. Eduardi III. reg. Angl. ad. ann. 1331. pag. 400. edit. Hearn. : *Sed non fuit sibi permissum ecclesiam neque Clausum intrare.*

CLAUSURÆ, Claustra montium, angusti aditus, aliis *Clusæ*, Græcis recentioribus κλεισοῦραι. Lexic. Græc. MS. Reg. Cod. 2062 : ἐμβολή, εἴσοδος ςενοτάτη. *Clavaguera*, in Chronic. Petri IV. Regis Arag. lib. 3. cap. 4. Senator. lib. 2. Epist. 5 : *Præcepimus 60. militibus in Augustanis Clausuris jugiter constitutis annonas.... præstare,.... decet enim cogitare de militis transactione, qui pro generali quiete finalibus locis inoscitur insudare, et quasi a quadam porta provinciæ gentiles introitus probatur excludere.* Anonymus Barensis in Chron. ann. 1097 : *Et per montibus vel Clausuris Vulgariæ, similiter Ungariæ multi sunt occisi et necati fame.* Conradus Uspergens. : *Ad quædam itinera angusta, quæ Lombardi vocitare solent Clausuras Volerni.* Tageno Pataviensis : *Inde transivimus ad primam Clausuram, etc.* Passio S. Andeoli MS. : *Cumque ad Clausuras ipsius Monasterii pervenissent, etc.* Utuntur passim Scriptores, Lex 2. § 4. Cod. de Offic. Præf. Prætor. (1, 16.) lex 4. Cod. de Offic. Magistri Offic. (1, 31.) Egica Rex in Concilio Tolet. XVII. Willelmus Malmesb. lib. 2. de Gestis Anglic. cap. 11. Rogerius Hoveden. ann. 1031. Florent. Wigorn. et Simeon Dunelm. eodem ann. Julianus Episc. in Hist. Wambæ Regis non semel : Lucas Tudensis æra 902. etc. Vide Notas ad Alexiadem pag. 300. [et infra vocem *Clusa.*] Vide *Claustra montium* in *Claustrum.*

* Hinc *Cloistrieres* meretrices appellatæ, quod in angustis viarum sedcant, eadem ratione qua *Femmes de chemin* nuncupatas observavimus supra in *Cheminus* 2. Stat. ann. 1395. ex Cod. reg. 8312. 5 : *Item que toutes filles de vie Cloistrieres ou femmes communes diffamées voisent tenir, tiennent et facent leurs bouticles ès lieux ad ce ordonnés d'ancienneté en ladite ville* (de Troyes.) Lit. remiss. ann. 1400. in Reg. 155. Chartoph. reg. ch. 178 : *Ledit Jehan estoit en la maison d'une femme de vie Cloistriere, appellée Amelot Lestarce, demourant pour lors à Paris en la rue Jehan Gencien.* Aliæ ann. 1408. ex Reg. 162. ch. 225 : *Une fillete Cloistriere, appellée Jehannete la Cameline, qui demoure à Laigny.*

Clausura, Septum in quo animalia custodiuntur, vel quo vineæ, prata, vel arva muniuntur. Brito in Vocab. : *Septum, ambitus, Clausura.* Bulla Celestini PP. ann. 1196. pro Monast. S. Joan. Ambian. in Tabul. ejusd. Monast. : *Clausuram piscium, quæ vulgo dicitur exclusa.* In Legib. Aleman. tit. 84 : *Clausuram in aqua facere.* Vide Legem Salicam tit. 8. § 8. Legem Ripuar. tit. 82. Legem Burgund. tit. 23. § 3. tit. 49. § 2. Legem Bajwar. tit. 13. § 3. Legem Longobard. lib. 1. tit. 29. § 2. tit. 25. § 45. lib. 2. tit. 36. § 3. lib. 3. tit. 4. § 1. [** ..... Rothar. 352. Liutpr. 116. (6, 63.) Rothar. 363. Charta ann. 1283. ap. Guden. Cod. Diplom. tom. 2. pag. 236 : *Lacum illum ... cujus fundum comparavimus ..... et Clausuram construximus nostris laboribus.* Vide Mitterm. Princip. Jur. Germ. § 150. not. 4.]

Clausura, Ager clausus sepibus, clausum. [Chronicon Farfense apud Murator. tom. 2. part. 2. col. 540 : *Unam Clausuram excepto oliveto dominico.* Col. 554 : *Pro solidis xx. concessit in Serrano Clausuram unam ad quartam.* Rursum occurrit ibid. col. 594. Index MS. Beneficiorum Ecclesiæ Constantiensis fol. 28. v°. : *Rector habet manerium in eleemosyna situm et sex virgatas terre in Clausura dicti manerii.* Charta Thossiac. in Dumbis ann. 1462 : *Ad conducendum aquas per pratum et Clausuram dicti de Laye.*] Vide Ughellum tom. 1. pag. 137.

* Clausura, Septum, ambitus, Gall. *Enceinte. Cloyson*, in Lit. ann. 1331. tom. 5. Ordinat. reg. Franc. pag. 675. art. 1 : *Ceux qui forfaict auront dedans la Cloyson du chastel, etc.* Hinc vectigal pro claudenda urbe impositum, *Cloison* appellabant. Lit. remiss. ann. 1474. in Reg. 195. Chartoph. reg. ch. 1145 : *Le suppliant pour aider à Jehan Ermenier à cuillir et lever certaine coustumerie ou Cloison, qui est de la baronnie de Craon, et laquelle icellui Ermenier tient à ferme, etc.* Vide Glossar. jur. Gall. ad hanc vocem. Charta ann. 1265. ex Chartul. S. Joan. in valle : *Abbas et conventus dicebant se habere debere omnimodam justitiam, altam et bassam, in burgo S. Johannis in Valleia, prout est limitatus et extenditur et se proportat, et infra Clausuram abbatiæ et in toto clauso vinearum.* Vide supra *Claudura.* Aliis notionibus exstat in *Clausuræ.*

* Clausura, Id omne quod claudit, in eadem Charta : *Similiter licebit eisdem abbati et conventui facere Clausuram muri vel sepis.* Vide *Claustura.*

¶ Clausura, Præstatio quædam, aut potius operarum præbitio ad clausuras construendas vel custodiendas. Recognitiones Albæripæ in Regesto *Probus* fol. 67 :

Ille debet esse liber et immunis a cavalgata et a chavallagio et a palea et a Clausuris.

Clausuria, apud Ughellum tom. 8. pag. 607.

¶ **CLAUSUS.** Vide *Clausum.*

* **CLAUSUS**, Conditio, exceptio. Charta ann. 1395. inter Probat. domus de Chaban. pag. 73 : *Et judicialibus Clausibus adhibitis concluserunt, etc.* Vide supra *Clausula* 2.

* **CLAUTRERIUS**, Clavorum faber vel mercator, Gall. *Cloutier.* Terrear. abbat. de Jugo Dei ann. 1491 : *Michael Matrignot Clautrerius et burgensis Villæfrancæ.* Vide supra *Clavifex.*

CLAWA, Modus agri, apud Anglos. Charta Edwardi III. Regis Angl. in Monastico Angl. tom. 2. pag. 250 : *Unam Clawam terræ, cum omnibus suis pertinentiis.*

* Ager paxillis clausus, qui *Clawiers* appellantur, in Charta ann. 1355. tom. 2. Hist. Leod. pag. 421 : *Item que toute-fois que ly voir jurez d'eauwe planteront staiches, que on dist Clawiers, etc. Claver* Dombenses dicunt Terram subigere, qua ager aquis oppositus conficitur.

¶ **CLAVULARIS** Cursus, Ammiano lib. 20. Idem qui supra *Clabularis.*

* 1. **CLAVUS**, *Clavi* notarum loco, arborum truncis figebantur. Charta ann. 747. apud Murator. tom. 1. Antiq. Ital. med. ævi col. 517 : *Ideo accedentes inibi missi nostri ...... renovantes signa et cruces cum Clavos ferreos adfigentes simul, etc.* Vide *Arbor* 1.

* 2. **CLAVUS**, Retis genus. Charta ann. 1087. apud Baluz. Hist. Tutel. col. 428 : *Super hoc etiam dederunt nobis de jure suo unum hortum, et unam domum, et piscationem de aqua de Oissa, quibuscumque modis voluerint monachi, qui ipsam ecclesiam tenuerint, excepto quod Clavos non mittent super molendinum ad capiendos lucios. Clavel*, in Charta ann. 1403. ex Reg. 207. Chartoph. reg. ch. 138.

¶ **CLAVUS** Lanæ, Pondus quoddam, vel certa lanæ quantitas. Litteræ Edwardi III. Regis Angl. ann. 1342. apud Rymer. tom. 5. pag. 327 : *Assignaverimus eidem Johanni trecentos triginta et quatuor saccos et dimidium, et quatuor Clavos lanæ de lanis nostris de Comitatu Essex.... et Collectoribus custumarum nostrarum.... centum quatuor viginti saccos et dimidium, et quatuor Clavos lanæ in portu illo carcare.* Charta Edwardi IV. pro Laurentio de Medicis ann. 1415. apud eumdem Rymer. tom. 12. pag. 7 : *Quorum omnium saccorum et Clavorum lanarum prædictarum custumæ et subsidia, etc.* Vide *Statua*, ubi vox *Clavus* accipitur pro duodecima *statuæ* seu virgæ longioris parte; quod, nisi fallor, diversæ illius virgæ partes *clavis* annotarentur.

* **CLAXENDIS**, *Lo ferro da cavallo.* Glossar. Lat. Ital. MS.

CLAXENDIX, Classicum. Fridegodus in Vita sancti Wilfridi cap. 25 :

> Clarendix tonuit, comites Rex promptulus auxit.

Liber 2. de Miraculis S. Bertini cap. 3. *de Turrili*, seu campanario Ecclesiæ : *Cujus longitudo consistentis in terra æquabat altitudinem culminis Ecclesiæ, cui superponendum erat. Nec mirum, tristegum enim* (ut vulgariter loquamur) *trium tripodum ordinibus factum fuerat excepta summa Claxendice*; id est, supremo ordine campanularum, qui in eminentiori parte campanarii collocari solet, ut in inferiori, majorum campanarum ordo. Prisciano lib. 5. *Claxendix* est *concha, qua signum tegitur.* Ubi Glossæ MSS. S. Germani Paris. : Κλασσένδιξ, *quasi* καλασσένδιξ, *a* καλέω *voco, vel custodia tubæ, id est, conca, qua tegitur tuba.* [Gloss. Isid. : *Clacindex, Concha;* Festus : *Clacendix, Genus conchæ.* Papias : *Classes, Equites; inde Classica, id est, Tubæ : inde etiam Classendix dicitur Concha, quam ferunt Equites.* Plautus apud Priscianum lib. 5 : *Apposita est Clacendix* (*Claxendix* quibusdam) *at ego dicam signi quid sit.*]

* **CLAXUM**, Pulsatio campanarum pro Mortuis Gall. *Glas.* Comput. ann. 1498. inter Probat. tom. 4. Hist. Nem. pag. 71. col. 1 : *Item habuit scapolerius pro Claxis viginti quinque solidos Turon.* Vide *Classicum.*

¶ **CLEANTEUS.** Vita S. Wilfridi Episc. Eborac. Auctore Fridegodo :

> Hæc eadem sacris jusserunt indere libris,
> More Cleanteo solitis bullata sigillis.

Hoc est, More Principum, ut existimat Mabillonius, qui *Cleanteus* a *Clere* deduci putat. Haud male, *Clere* enim *Gloriari* est, a Græco κλεῖος, *Gloria*, unde κλείομαι vel κλέομαι, *Glorior, celebror.*

¶ 1. **CLEDA**, f. Creta, Gall. *Craie*, Hisp. *Greda.* Diploma Petri Regis Aragonum ann. 1212 : *Concedimus et laudamus vobis, dilecto nostro Berengario venerabili Episcopo Barcinonensi... decimum illius Cledæ, quæ nunc inventa est apud castrum de Fonte rubeo et in terminis ejusdem, et totius etiam illius Cledæ, quam de cetero invenire poterit in aliquo loco, vel in aliquibus locis Ecclesiæ Barcinonensis. Hoc itaque decimum Cledæ vos et Ecclesiæ vestra Barchinon. et omnes successores vestri habeatis semper, etc.*

¶ 2. **CLEDA**, Crates, Gall. *Claie*, item Clathrus, Gall. *Grille*, Massiliensibus *Clede.* Acta S. Yvonis MSS. : *Status ubi sibi foris pararetur ad quietem idoneus, non in ipsa mollitie, sed super tabulas, aut in terra nuda, vel modicis straminibus recumbebat; domi vero, super Cleda de lignis de grossis baculis virgis contexta.* Capitul. Gener. S. Victoris Massil. ann. 1313 : *Loco portarum Cledæ fiant.* Vide *Cleia.*

* Alias *Clede* et *Clide.* Lit. remiss. ann. 1466. in Reg. 194. Chartoph. reg. ch. 217 : *Le suppliant portoit une Clede ou claye qu'il avoit faicte.* Aliæ ann. 1470. ex Reg. 196. ch. 276 : *La Claye ou Clide du champ de Myl. Clye*, locus *cledis* septus, in Lit. ann. 1464. ex Reg. 199. ch. 519 : *Le suppliant s'enfouit audit villaige jusques au dedans d'une Clye près et au rez des maisons.*

* Inventar. ann. 1218. inter Probat. tom. 1. Hist. Nem. pag. 66. col. 2 : *Item in armario juxta Cledam S. Petri inveni.... septem capas, etc.*

CLEDARE, Cledis claudere. Vide post *Cleia.*

¶ Cledicare, Cledis seu Clathris claudere, apud Stephanotium tom. 1. Antiq. Benedict. in Vasconia MSS. pag. 178 : *Absidem Ecclesiæ adjecit, eamque Cledicari fecit.*

* **CLEDATUM**, Clidatum, Eadem notione. Stat. ann. 1357. inter Probat. tom. 2. Hist. Nem. pag. 195. col. 1 : *Fiat unum Cledatum ferreum a parte extra in camino, qui transeit subtus dictam domum.* Et pag. 196. col. 2 : *Fiat Clidatum ferreum fortis formæ, etc.* Comput. ann. 1412. tom. 3. pag. 205. col. 1 : *Cledatum castri fuit apertum et inferratum, et etiam dictum Cledatum dicti molendini fuit etiam apertum.* Testam. ann. 1459. ibid. pag. 297. col. 1 : *Qui cerei debeant poni.... ante Cledatum majoris altaris.*

CLEIA, Claia, Cleta, Clitella, Clida. Hæc omnia idem sonant : Crates, tabula viminibus aut virgultis contexta, Gall. *Claye.* Vetus Gloss. Lat. Gall. : *Crates, Creil, ou Cloie;* a Græco Κλείειν deducunt viri docti.

¶ Claia, apud Rymer. tom. 3. pag. 32. col. 1. in Litteris Edwardi II. ann. 1307 : *Præcipimus tibi, firmiter injungentes, quod tot et tales pontes et Claias pro instanti passagio nostro ad partes transmarinas, etc.* Similia habes apud eumdem Rymer. tom. 5. pag. 814. col. 1 : *De Claiis et pontibus, pro eskippamento equorum Principis Walliæ providendis. Præcipimus tibi, etc.*

* A *Claia* ejusdem notionis, nostri *Claie, Claye* vel *Cloye* dixerunt Manum aversam, vulgo *le dos* aut *le revers de la main.* Lit. remiss. ann. 1381. in Reg. 119. Chartoph. reg. ch. 83 : *Le cop chei sur elle, tellement que il lui fist une plaie à sanc sur la Claie de la main.* Aliæ ann. 1397 : ex Reg. 151. ch. 332 : *Le suppliant lui donna de la Claye de la main par le visage. Ledit Dauceurre navra ledit Dubourc de sondit espie sur la Cloye de la main, ainsi que icellui Dubourc lui tendoit la main*, in aliis Lit. ejusd. ann. ex Reg. 152. ch. 57.

Cleia. Sugerius in Ludov. VI. cap. 16 : *Cadavera tam illius quam sociorum compositis Cleiis, rastris et funibus superligata per fluvium demittunt.* Will. Thorn. cap. 27 : *Dedit prædicto Abbati... quingentas Cleias de virgis... ibidem quærendas.* Nicolaus Trivettus ann. 1190 : *Se illuc in serica culcitra deportari fecit, sedensque super Cleia, sua, cujus peritus erat, utebatur balista, etc.* [Rymer. tom. 5. pag. 6. in Litteris Edwardi Regis ann. 1338 : *Tibi præcipimus... quod tot pontes, Cleias, bordas, etc. in navibus poni facias.*] Philippus *Mouskes* in Ludovico VIII :

> Sour quatre ruées fist engiens,
> Et de Cloies et de merriens,
> A pons tournois et castiaux, etc.

Clota, in Tabular. S. Quintini in Insula. Locum vide in *Tesura* post *Tensare.*

¶ Cloea, in Chartulario ejusd. Monasterii fol. 79 : *Non licebit eis novas tesuras facere seu Cloeas ponere . . . si aliquis novas tesuras vel Cloeas a prædictis ibidem fecerit... licebit demoliri.*

Cleta. Gloss. Ælfrici : *Cleia, cratis*, Hyrtel. Leges Henrici I. Regis Angl. cap. 92 : *Si murdrum inveniatur alicubi, . . . custodiatur septem diebus super Cletam unam elevatus;* scilicet homo murdritus.

Cletella, dimin. a *Cleta.* Gregorius Turonens. lib. 7. Hist. cap. 37 : *Plaustra enim cum arietibus, Cletellis, et axibus erant texta.*

Cleida, Clida, Eadem notione, in Lege Bajw. cap. 77 : *Coram testibus in quadrivio in Clida eum levare debet, etc. In Clida mittere*, in carcerem compingere, vel certe intra quatuor parietes, quod dicimus, includere. Capitula ad Legem Alamannor. cap. 22. Edit. Steph. Baluzii : *Si quis alterius ingenuam de crimine, seu stria aut herbaria si sit, et eam priserit, et ipsam in Cleida miserit, etc.... Si in Clida missa non fuerit, et prisa et tempta a te fuerit, etc.* Occurrit ibi pluries. Annales Francor. ann. 776 : *Præparaverunt etiam Clidas ad debellandum per virtutem ipsum castellum.* [Martinius in Lexico legit : *Præparaverunt Clitas ad debellandum præ virtute castrum.*] Cledo Occitani dicunt.

¶ Clyda, Idem. Chronicon S. Petri Vivi apud Acher. tom. 2. Spicil. pag. 758 : *Hostes autem insequentes Decanum, quia per ostia non potuerunt, per parietes et per Clydas quasdam, quæ super portam Ecclesiæ erant, frangentes omnia intraverunt.*

¶ Clidus, Eadem notione. Annales Loisseliani ad ann. 776 : *Petrarias quas præparaverunt, etiam Clidos ad debellandum per virtutem ipsum Castellum.* Vide Duchesnium tom. 2. Annal. Franc. pag. 30.

Cledare, Clidis claudere. Charta ann. 1231 : *Quæ scilicet dum prædicta paxeria fuerit Cledata, et postea dum fuerit discledata, quod possunt piscare ubicumque voluerint.* Regest. Tolosan. ann. 1243. fol. 89 : *Excepto devesio de paxeria Do. Comitis, quæ paxeria est ante Blanhacum, scilicet, dum prædicta paxeria fuerit Cledata, et postea dum fuerit descledata, quod debent et possunt piscare ubicumque voluerint.*

Clades. Vetus Charta apud Somnerum in Tractatu *de Gavelkind* fol. 190 : *Item pro 18. Cladibus faciendis ad ovile* 6. *den. etc.*

Claga, in Fleta. Idem quod *Cleia.*

* **CLEIARE**, *Cleis* seu cratibus munire, claudere. Charta ann. 1426 : *Pro ibidem Cleiando, machicolando, si ibi non Cleiaverint et machicolaverint.* Vide infra *Clidare.*

* **CLEISONUS**, Provincialibus *Cleison*, a *Gleiso*, Ecclesia, Puer symphoniacus, Gall. *Enfant de chœur*, in Stat. eccl. colleg. de Alpibus (*d'Aups*) ann. 1302. ex schedis D. *Chaix* Aquens. patroni. Vide infra *Clergonus.*

¶ **CLEMENTINÆ**, Decretales epistolæ summorum Pontific. a Clem. V. collectæ in unum librum, qui est Septimus Decretalium. Vide *Decreta.*

* **CLEMENTINI** Capellani, A Clemente VI. PP. eorum in ecclesia Rotomagensi fundatore sic nuncupati, vulgo *Clementis.* Lit. ann. 1372. in Reg. 111. Chartoph. reg. ch. 326 : *Ut in ea* (eccl. Rotomag.) *Dei cultus augeatur, nec non in dictos ipsius ecclesiæ capellanos, Clementinos nuncupatos, transferre, cedere et eis donare desiderat.* Bulla Greg. XI. PP. ibid. : *Accepimus quod collegium nonnullorum capellanorum per felicis recordationis Clementem PP. VI. prædecessorem nostrum in ecclesia Rothomagensi fundatorum, collegium Clementinum nuncupatum, nondum sit sufficienter dotatum.* Testam. Caroli V. reg. Franc. ann. 1374. in Memor. D. Cam. Comput. Paris. fol. 230. v°. : *En l'église de Rouen soient dites deux basses messes perpetuelement à l'autel, qui fait et ordené y a esté par nous, l'une du Saint Esprit et l'autre de la Benoiste Vierge Marie tant comme nous vivrons, et après nostre décès de Requiem ; et doivent estre et sont dites et sélébrées par douze chapellains de laditte église, appellés les Clementis, qui ont et prennent pour les dire cent livres Parisis par an.*

* **CLENICUS**, pro *Clinicus*, Qui lecto ex ægritudine detinetur, Mirac. S. Mauril. tom. 4. Sept. pag. 77. col. 1 : *De subito puella quædam a parentibus delata est, quæ..... Clenica permanebat, et diu compagine membrorum dissoluta, etc.* Vide *Clinici.*

CLENODIUM, Clenodia, Κειμήλιον, Res quævis pretiosa, Gallis, *Un bijou.* Historia Australis ann. 1276 : *Eique tradiderat, videlicet duas coronas aureas:.. et alia quamplura Clenodia aurea, quæ... usque nunc in Ungaria fuerant conservata.* Et ann. 1293 : *Excellentissimis xeniis et Clenodiis a Rege excellenter honoratus.* Epitaphium Petri Episc. Moguntini in Metropol. Ecclesia apud Serrarium et Browerum lib. 17. Annal. Trevir. n. 60 :

Redditibus, donis, et Clenodiis sibi pronis
Ecclesiam ditat, res auget, crimina vitat.

Occurrit præterea in Epist. S. Ludgeri cap. 9. apud Surium 1. Mart. [** in Testament. Otton. IV. Imper. ann. 1218. ap. Pertz. vol. Leg. 2. pag. 22. lin. 9.] in Diplom. Sigismundi Imp. ann. 1413. apud Jo. Lucium lib. 5. de Regno Dalm. cap. 5. In Annalib. Colmariens. 1. part. ann. 1277. apud Albertum Argentin pag. 119. Albert. Stadens. ann. 1196. 1225. Gobelinum Personam in Cosmodromio pag. 295. Ericum Upsaliensem lib. 5. Hist. Suecicæ pag. 147. 154. 159. lib. 6. pag. 197. in Metropoli Salisburgensi tom. 1. pag. 132. et alibi non semel. In Chronico Windeshemensi lib. 1. pag. 237. lib. 2. cap. 2. 70. in Charta Caroli IV. Imp. in Bohemia pia pag. 58. in Statutis Facultatis Medicinæ in Academia Viennensi, in Austria tit. 2. §. 8. etc. De Facult. artium tit. 17. §. 6. etc. [In Actis Visitationis Asceterii in Heimunge ann. 1240. pag. 203. Vindemiarum Schannati prohibetur, ne *Sorores loci Clenodia faciant secularia, quæ vanitatem aliquam vel levitatem ostendant, sed simplicia de lino operentur, quæ utilia sint accipientibus, et religionem in eis commendent.*]

¶ Clenodia Vini, pro scyphis, amphoris aliisque vasculis vinariis, habetur in Chronico Episcoporum Merseburgensium apud Ludewig. tom. 4. Reliq. MSS. pag. 403.

Vox ut quidam putant, efficta ex Alamannico, aut Flandrico *Clenneten*, aut Germanico *Cleinnot*, quia *exiguæ necessitatis* et parvi usus sunt. [** *Kleini* Germ. ant. Minutus, subtilis, artificiosus, affabre factus. Vide Graff. Thesaur. Ling. Fr. vol. 4. col. 559. Ante sec. XII. vox apud Germanice scribentes non occurrit. Vide Grimm. Grammat. Germ. vol. 2. pag. 257. neque ante sec. XIII. apud Latine scribentes, Vitam enim S. Suitberti S. Ludgero perperam tribuit Surius.] Sed cum Κλεινώδιον, hac notione habeatur apud Græcos Scriptores inferioris ævi, probabilius est a Græcis arcessendum etymon. Nam hæc vox occurrit apud Nicetam de Orthod. fide lib. 5. cap. 27. et in aurea Bulla Alexii Comneni, in qua Ludovicus de *La Cerda* male legit *Dinodia*, pro *Clinodia.* [** Vide de hac voce quæ habent Wachterus, Haltausius et Ihrius in Glossariis, Frischius in Lexico.]

* Vide Martin. *Schmeizel* de insignibus vulgo *Clenodiis* regni Hungar.

** Clenodarius, *Germ. ein iubilierer*, Gemma Gemmarum.

CLEOPARE, *Contingere*, Ugutio. [Vetus Glossar. San-German. MS. n. 501. habet : *Clepare, Contingere.*]

¶ **CLEORIUM.** Vide *Clepo Clericorum.*

* **CLEOTHEDRA**, Sella plicatilis, sedes episcopalis. Ordinar. S. Prothad. Vesunt. edit. ann. 1735. pag. 46 : *Sedet in Cleothedra juxta rugas altaris.* Vide *Cliothedrum.*

CLEP et Call, Solennia verba usitata in actionibus civilibus apud Scotos. Vide Quoniam attachiamenta cap. 49. §. 3. et Statuta secunda Roberti I. Regis Scotiæ cap. 21. §. 7.

¶ **CLEPARE.** Vide *Cleopare.*

* **CLEPERE.** Vide infra *Cleptes.*

¶ **CLEPERUS**, Obscurus vel dubius, a *Clepere*, si bene conjecto, quod interdum est idem atque Occultare, tegere. Seneca Medea v. 156 : *Qui capere consilium potest et Clepere sese.* Historia Monasterii S. Laurentii Leodiensis pag. 1053 : *Jam res Clepera et anceps esse non poterat.*

* Leg. *Creperus.* Vide in hac voce.

* **CLEPIUS**, Piscis genus. Stat. Mantuæ lib. 1. cap. 202. ex Cod. reg. 4620 : *Pisces recentes..... vendi debeant in piscaria communis ordinata, et alibi vendi non possint,... exceptis Clepiis et aliis piscibus mortuis recentibus, qui vendi possint in platea.*

CLEPO Clericorum, *id est, faldestorium.* Ita Papias Edit. At MS. Collegii Navarrensis, *Clepo Deorum faldestorium.* [Alter MS. Ecclesiæ Bituricensis, *Cleorium, Faldestorium.* Vide *Cliothedrum.*]

* **CLEPPERIUS**, pro *Claperius.* Vide infra in *Margassium.*

¶ **CLEPS.** Vide *Cleptes.*

¶ **CLEPSEDRA**, Clepsidra, Clepsedraria. Vide mox in *Clepsydra.*

CLEPSYDRA, seu *Aquatile*, uti vocatur a Senatore in divinis Institut. [Græcis κλεψύδρα a κλέπτω, furor, et ὕδωρ, aqua; quod *aqua* in Clepsydris sensim perfluat et quasi *furtim* subducatur. Est ergo Clepsydra] Horarium ex aqua, cujus inventionem Scipioni Nasicæ tribuit Censorinus. Idem Senator : *Horologium aliud ubi solis meatus sine sole cognoscitur, et aquis guttantibus horarum spatia terminantur.* Vide Nicephorum Blemmydem in Epitome Physicæ cap. 31. [et Fabrum in Thesauro, ubi multa erudite de antiquo Clepsydrarum usu, et de forma.]

Clepsedra, Clepsidra. Ugutio et Joan. de Janua : *Clepsedra, Ducillus* (al. *docillus*, *qui obdit foramen dolii, quia per illum quis furatur liquorem, etc. Item Clepsidra dicitur quoddam instrumentum quod immittitur in dolium superius per foramen causa furandi vinum.* Gloss. Lat. Gall. : *Clipsedra, Broch de tonnel.* Olla patella :

Dolia, quartalium, fundum, Clepsedra, lagena.

Hugo Parisiensis de Institut. Novitiorum

Hi profecto non solum arguendi, sed etiam deridendi sunt, qui quasi caupones ad omnem Clepsedram eliciendi gustus gratia palatum extendunt. Saxo Grammaticus lib. 2 : *Egesta dolio Clepsidra, fuso flammam humore sopivit, mediasque incendii pœnas tempestivo liquoris beneficio repressit.* Continuator Florentii Wigorn. ann. 1138 : *Reperit unam de cupis, quam hesterna die plenam reliquerat, usque ad foramen obicis, qui usitato nomine Clepsydra dicitur, evacuatam.* Gervasius Tilleberiensis MS. de Otiis Imperialibus decisione 3. cap. 88 : *Sed et dolia vino plena in ipso cellario nostro vidimus, nonnunquam extracta Clepsedra, vinum nullum effundere.* Tabularium S. Bertini : *Omnes ponentes vinum in domibus vel in cellariis, in Arques, sive pro vendendo in grosso, sive ad Clepsedram debent, etc.* Charta Waldemari Regis Danor. ann. 1326. apud Pontanum lib. 7. Rerum Danicar. : *Vinum quod personaliter apportarint, possunt in suis Viceon ad Clepsydras vendere et alienare.* Thomas Cantiprat. lib. 2. cap. 1. §. 6 : *Quem ut transeuntem vidit mulier quæ in cellario stabat, et vinum trahebat e dolio cum Clepsedra in manu oblita, in plateam cucurrit.* Vide *Ducillus*. Sic porro ita appellata *Clepsedra*, quod ex ea vinum de dolio, ut aqua de clepsydra horaria, defluat.

CLEPSEDRARIA. Ugutio : *Tabernarius, Tabernio, Crustarius, ganeo : unde hæc caupona, tam pro muliere, quam taberna, quæ aliter dicitur Tabernaria, Cæsaria, Crustaria, Propino, Meraria, Ganearia, Clepsedraria, Pandochium.*

* Glossar. Lat. Gall. ex Cod. reg. 7692 : *Clepsedra, Doisil vel entonnouer.*

CLEPTES, CLEPTOR, *Fur, latro* : Κλέπτης. Nonius Marcellus : *Clepere est furari, tractum a κλέπτω, verbo Græco, etc.* Papias : *Clepere, clam rapere, furari. Cleptes, fur, Græce.* Gloss. Græco-Lat. : *Clepit*, κλέπτει. Baldricus Noviom. lib. 2. cap. 4 : *Quin raperent, Cleperent, detraherent, etc.* Petrus Damiani in Vita S. Odilonis Abbatis Cluniacens. cap. 8 : *In illis partibus deprehendi Cleptes sacrilegus timuit.* Idem lib. 5. Epist. 13 : *Cleptica fraus.* Herigerus Lobiensis de Vita S. Ursmari Abbat. :

Morosum Cleptem converterat ille ferocem.

Querimonia Berengarii Vicecomitis Narbonensis adversus Guiffredum Archiepisc. Narbonensem ann. 1076 : *Et unum ex eis, qui erat consanguineus meus, pependit in ligno, et occisit morte crudeli quasi Cleptem.*

* Leg. Alvredi paragr. 3 : *Si quis sacris initiatus Clepserit, dimicarit, etc.*

CLEPS. Rabanus Maurus Poem. 29. de diabolo :

Et fontem sibi subdidit,
Quem Cleps ipse non condidit.

¶ CLEPTIS. Hymnus S. Winwaloei e Chartulario Monasterii Landevenec. :

Tui precatus munere,
Nostrum reatum dilue,
Ne nostri penetret Cleptis
Callidus sinum pectoris.

CLEPTOR, Eadem notione. Simeon Dunelm. de Gestis Angl. et ex eo Hovedenus ann. 946 : *Dum suum dapiferum leonem e manibus pessimi Cleptoris, ne occideretur vellet eripere.* Vide Florentium Wigorn. pag. 604. [et Vitam S. Dunstani tom. 4 SS. Maii pag. 353.]

CLEPTIM, Furtim. Utitur Thiofridus Abbas Epternacensis in Floribus epitaph. Sanctor. lib. 2. cap. 2. [et Ermentarius in Translatione S. Filiberti lib. 1. num. 72. et in Præfat. lib. 2.]

¶ **CLERE.** Papias MS. : *Cleo, es, clevi, cletum, Clepo. Clepere* pro *Furari* Antiquos dixisse notum est. Jo. de Janua : *Cleo, a Cleos, quod est gloria, dicitur. Cleo, cles, clevi, cletum, id est, Glorior. Item Cleo, cles, id est, Abscondere, sorbere. Item Cleo, cles, id est, inclinare.* Hac ultima notitione sumitur apud Duellium lib. 1. Miscell. pag. 187. in Statutis Canonic. Regul. S. Augustini :

Gloria cum canitur, seu stando, sive sedendo,
Tunc humeris capiteque Cleant, etc.

* Glossar. Lat. Gall. ex Cod. reg. 7692 : *Clere, resplendir. Clere, ouvrir, vel ferir, vel chier, vel percer, vel servir, vel monter.*

* **CLERGERIA,** Officium scribæ, ejusdem tabularium, Gall. *Greffe*, nostris etiam *Clergie*. Arest. ann. 1384. 4. Febr. in vol. 7. arestor. parlam. Paris. : *Ratione officii clericaturæ sive Clergeriæ generalis redditaum et revenutarum majorum et parium villæ nostræ de Rothomago, etc.* Comput. Ms. redit. episc. Paris. ann. 1361 : *A magistro Jacobo de Tornaco pro Clergeria sententiarum curiæ Paris. xij. lib.* Lit. ann. 1370. tom. 5. Ordinat. reg. Franc. pag. 375. art. 6 : *Que les jurez et eschevins et les eswardeurs donront les offices de la ville en la forme qu'ils faisoient anciennement, excepté la Clergie des eschevins.* Occurrit præterea in Stat. ann. 1377. tom. 6. earumd. Ordinat. pag. 303. Vide infra *Clericatura* 2.

* **CLERGONUS,** Junior clericus, vel Puer choralis, nostris etiam alias *Clergon*. Testam. Caroli Andegav. ult. comit. Prov. ann. 1481 : *Item ordinavit dom. rex testator constitui et manuteneri in eadem ecclesia Nostræ Dominæ Castri-Ayraudi duos vicarios....... et duos Clergonos, ultra numerum consuetum....... Ita quod ipsis vicariis et Clergonis sit omni tempore bene et sufficienter provisum.* Lit. remiss. ann. 1390. in Reg. 140. Chartoph. reg. ch. 20 : *Comme Andry Michelet eust prins un des enfans de son frere, et l'eust tenu à ses despens à l'escole, et tant que à son pourchaz il l'avoit fait faire des Clergons de l'esglise de Lyon, etc. Trois Clergons vestus de blanc, et avoient leurs couronnes resés nouvellement,* inter Eventa Remis ann. 1396. ex Cod. MS. S. Vict. Paris. Vide supra *Cleisonus* et *Clericio* in *Clerici*.

¶ **CLERIBUS,** *Peccatis*. Papias MS.

¶ 1. **CLERICA,** Monialis Choro addicta. Charta Institutionis Monasterii B. Mariæ de Furnis Spicileg. Acher. tom. 7. pag. 272 : *Plenam potestatem recipiendi Moniales tam Conversas quam Clericas.* Marten. tom. 3. Anecdot. col. 1709. de felici obitu Angeluciæ Sanctimonialis Fontebraldensis : vii. *Idus Octobris migravit a sæculo domina Angelucia virgo Deo devota, Clerica nobilis, optima Cantrix, flos Ecclesiæ Fontis-Ebraudi.* Necrologium Prioratus de Fontanis, in Instrum. Hist. Eccl. Meld. tom. 2. pag. 470 : *Domna Emelina, sacrata Deo, venerabilis Clerica, et honorabilis Priorissa, etc.*

2. **CLERICA,** *Corona Clericorum*, Breviloq.

* Hist. invent. S. Ricardi tom. 2. Jun. pag. 250. col. 1 : *Quæ quidem reliquiæ ad altaria consecranda custodiebantur : et ibidem Clerica hujus gloriosissimi sancti reperta est, cum chartula apicibus Longobardorum exarata tali modo : Hæc est Clerica S. Richardi, quæ jam non inventa erat cum corpore.* Ubi Vita ibid. pag. 246. col. 1. memorata habet : *Capitis sui pericranium.* Glossar. Provinc. Lat. ex Cod. reg. 7657 : *Clergada, Prov. Tonsura, corona.*

¶ **CLERICALIS,** Spectans Clericos. Sidon. lib. 6. Epist. 7 : *Clericale tirocinium.* Passim occurrit apud Scriptores Ecclesiasticos.

* Arest. ann. 1355. 7. Febr. in vol. 4. arestor. parlam. Paris. : *Vestes Clericales reputantur et communiter appellantur tunica, supertunicale et capucium.*

¶ **CLERICALITER,** Clericorum more. Vide *Clericatura*.

* Nostris *Clergeument* et *Clergiaument*. Lit. ann. 1356. tom. 3. Ordinat. reg. Franc. pag. 54. art. 7 : *Tous clers non mariez, tant marchans comme vivans Clergiaument, etc.* Aliæ ann. 1372. ibid. tom. 5. pag. 536 : *Les dictes gens d'église vivans Clergeument, etc. Clerge, Clericus*, in Glossar. Provinc. Lat. ex. Cod. reg. 7657.

¶ **CLERICARE,** Clericum facere. Vide post *Clerici*.

* **CLERICARE SE,** Clericatui se devovere. Mirac. S. Barthol. apost. tom. 5. Aug. pag. 62. col. 1 : *Alter quoque claudus adductus est ad corpus S. Bartholomæi apostoli, qui devote se ante corpus ejus Clericavit, et statim sanus effectus recessit...... Venit etiam quidam adolescens cum nimia febre et solutione et vomitu, jam morti proximus, et Clericavit se ibi, postulans sanitatem ab apostolo Dei, etc.* Vide alia notione in *Clerici*.

¶ 1. **CLERICATURA,** Dignitas, seu *Beneficium* Clerici. Charta Caroli Dalphini Vienn. de fundatione Collegii in Ecclesia Castri de Vivario ann. 1352. in Archivo domus Episcopalis Meldensis : *Quarum Præbendarum, dignitatis et officii, Vicariarum et Clericaturarum collationem nobis ... retinemus. Thesaurarius ... in omnes ... Clericaliter viventes .... jurisdictionem... valeat exercere.*

* *Clergie*, eodem significatu, in Charta ann. 1320. ex Chartul. 23. Corb. : *Clerc ou lay, de quelconque condition qu'il soient,..... paient selon le quantité et qualité des biens ou heritages qu'il aront en nodite ville, ... exceptés prestres et clers, qui se vivent de leur Clergie, sans mestier ou marchandise.* Alia ann. 1476. ibid. : *Ils avoient* (les religieux) *disposition et collation de toutes les cures et Clergies de toutes les eglises parochiales d'icelle* (ville de Corbie). Vide infra *Clericatus* 1.

* 2. **CLERICATURA,** Tabularium forense, Gall. *Greffe*. Memor. D. Cam. Comput. Paris. fol. 29. v°. : *v. die Octobris 1361. Johannes dictus Marueil, custos Clericaturæ præpositurae Pruvinensis, ... præstitit solitum in talibus juramentum.* Et fol. 57. v. : *Officium Clericaturæ præpositurae civitatis Laudunensis.* Vide supra *Clergeria*.

¶ 1. **CLERICATUS**, Dignitas seu munus Clerici, apud Hieronymum in Epitaphio Nepotiani seu Epist. 3. et apud Scriptores Ecclesiasticos passim.

* Officium simplex in S. Capella Bitur. ex Stat. ejusd. ann. 1407. in Bibl. reg. : *Capellanias vero, vicarias et Clericatus censemus officia simplicia, et ad nutum thesaurarii fore revocabilia.* Vide supra *Clericatura* 1.

¶ Clericatus, Clericus. Annal. Benedict. tom. 5. pag. 683. col. 2. ex Epist. Apologetica Laurentii Abb. ad Canonicos Virdunenses : *Frater L. Domino miserante Abbas... Clericatis Virdunensibus, etc.*

¶ Clericatus, Vita monastica. Chronicon Fontanell. apud Acherium tom. 3. Spicil. pag. 222 : *Hardoinus cellæ S. Martyris Saturnini Presbyter, qui sub ejus tempore hoc in Cœnobio Clericatus suscepit habitum.* Occurrit eadem notione apud Mabill. in Actis SS. Benedict. sec. 3. part. 2. pag. 125. et alibi. Vide infra *Clerici* lin. *Clericorum nomine, etc.*

* 2. **CLERICATUS** Telarum, Officium illius, qui telas in regesta referebat tributaque ex iis percipiebat. Memor. H. Cam. Comput. Paris. fol. 97. v°. : *Aymonnetus Boutiquaut ordinatus in officio Clericatus telarum portus Aquarum mortuarum in senescallia Bellicadri.* Vide in *Clerici.*

CLERICI, inquit Isidorus lib. 2. de Eccl. Offic. cap. 1. dicuntur *Omnes qui in Ecclesiastici ministerii gradibus ordinati sunt.* Ita etiam Honorius Augustodunensis lib. 1. cap. 174. Ugutio : *Clerici generaliter dicuntur, qui in Ecclesia Dei deserviunt, duntaxat ordinem habeant, etc.* Lex 2. Cod. Th. de Episc. (16, 2.): *Qui divino cultu ministeria religionis impendunt, id est, hi qui Clerici appellantur.* S. Hieronymus Epist. ad Nepotianum : *Igitur Clericus, qui Christi servit Ecclesiæ, interpretetur primo vocabulum suum, et nominis definitione prolata, nitatur esse quod dicitur. Si enim κλῆρος Græce, sors Latine appellatur, propterea vocantur Clerici, vel quia de sorte sunt Domini, vel quia ipse Dominus sors, id est, pars Clericorum est. Clerici Ecclesiastici ordinis*, in Capitular. Aquisgran. ann. 789. cap. 37. lib. 1. Capit. cap. 38. sic autem appellatos, ait idem Isidorus, *eo quod in sortem hæreditatis Domini dentur, vel pro eo quod ipse Dominus sors illorum est, sicut de eis scriptum est, loquente Domino, Ego hæreditas eorum*, quæ hausit a S. Hieronymo in Epist. ad Nepotianum. Adde Rabanum lib. 1. de Instit. Cleric. cap. 2.

Laicos olim ad Clerum invitos interdum assumptos et in Presbyteros consecratos, testatur S. Augustin. lib. 2. de Adulterin. conjugiis cap. 20. et Serm. de Diversis 49. ut et Epiphanius Cypri Episcopus, Epist. 60. inter Epist. S. Hieronymi cap. 1.

De Clericorum vestium colore, hæc annotat Baronius ann. 393. n. 48. Cum *vestes pullas et candidas* iis interdicat S. Hieronymus de Vita Clericor. ac pullæ Monachis propriæ fuerint, ut constat ex eodem Hieronymo in Epitaphio S. Marcellæ, et ex Epist. 22. existimat Clericalium vestium colorem fuisse castaneum vel violaceum, cujus usum perantiquum esse in Ecclesia palam est; irrepsisse autem colorem nigrum in Clerum videri, cum et monachismus in nonnullis Ecclesiis a Clericis receptus est, et ex Monachis Episcopi creati sunt : reliquos autem Clericos alio usos esse colore, ut distinguerentur etiam a Laicis, qui incedebant atrati.

Clericus, *Qui in gradu* est, in Lege Aleman. tit. 16. in Capitul. Caroli M. lib. 7. cap. 309. [** 393.] *Clericus, cujus superior gradus est*, apud Halitgarium Cameracensem in Pœnitent. cap. 2. Anastasius in S. Hygino PP. : *Hic clerum composuit, et distribuit gradus.* Nam varii erant Clericorum gradus : quippe Presbyteros, Subdiaconos, Lectores, et Cantores, πάντας Κληρικοὺς καλοῦμεν, inquit Justinianus in Nov. 123. cap. 19. In Concilio Carthaginensi III. cap. 21 : *Clericorum nomen etiam Lectores, et Psalmistæ, et Ostiarii retinent.* Sed et Episcopi, Presbyteri, et Diaconi, *Primi Clerici*, dicuntur in leg. 13. Cod. Th. de Judæis et Cælicol. (16, 8.) ut cæteri, *inferioris loci*, in leg. 41. eodem Cod. de Episcop. (16, 2.) Vide Capitulare Adelchisi Principis Beneventani ann. 851. cap. 6. [** Isid. Origin. lib. 7. cap. 12. sect. 2 : *Generaliter autem Clerici nuncupantur omnes, qui in ecclesia Christi deserviunt, quorum gradus et nomina hæc sunt : Ostiarius, psalmista, lector, exorcista, acolythus, subdiaconus, diaconus, presbyter, episcopus.*]

Clerici, Canonici, maxime *regulares*, qui in Ecclesiis Cathedralibus sacra peragunt, apud Ledradum Archiepiscopum Lugdun. in Epistola ad Carolum M. et in Capitulis Caroli C. tit. 5. § 53. [** In villa Sparnaco ann. 846.] *Clerici Canonici*, in iisdem Capitulis Caroli C. tit. 31. cap. 30. [** Edict. Pistense ann. 864.] *Canonici, id est, regulares Clerici*, in Excerptis Egberti Archiepisc. Eboracens. in Præfat. Capitulare Aquisgran. ann. 789. cap. 71 : *Similiter qui ad Clericatum accedunt, quod nos nominamus Canonicam vitam, volumus ut illi canonice secundum suam regulam omnimodis vivant, et Episcopus eorum regat vitam, sicut Abba Monachorum.*

Sed et Canonicos Regulares *Clericos* non semel indigitat Stephanus Tornacensis, Epist. 96. 104. 115. 152.

Clerici Cathedrales, Canonici, apud Joannem de Collemedio in Vita S. Joann. Episc. Morin. num. 12.

¶ Clerici, seu Canonici de Stallo, de Terra. Sic in Statutis Ecclesiæ S. Martini Turon. jussu Capituli ann. 1200. per Johannem *Gastineau* in unum volumen redactis, in quibus illud observare est, Regem Ecclesiæ S. Martini Abbatem, intra annum ab obitu Decani vel Thesaurarii, debere nominare atque Capitulo præsentare ad Decani vel Thesaurarii officium Canonicum unum *de Stallo*, non vero Canonicum *de Terra.* Erat in Ecclesia S. Martini triplex ordo Canonicorum. Primus Presbyterorum et Diaconorum qui in *stallis* superioribus sedebant. Secundus Subdiaconorum aliorumque minorum Ordinum, quibus locus erat in inferioribus stallis. Tertius ordo erat Canonicorum puerorum seu Clericorum simplicis tonsuræ, qui in scamnis considebant puerorum choralium more, dividebanturque inter se variis stationibus et officiis. Hi nomine Clericorum seu Canonicorum *de Terra* designabantur. Vide Mercurium Gallicum Januarii anni 1722. pag. 30.

* Clerici de Terra, In ecclesia Lugdunensi appellati videntur Clerici, qui canonicos primi ordinis ad chorum comitabantur; quod in terra seu in scamnis ad terram positis considerent, sic dicti. Stat. MSS. eccl. Lugdun. : *Nullus de super chorum debet se minuere in vigilia alicujus festi, nec etiam aliquis Clericus de terra, nisi necessitate.* Infra : *Nullus Clericus de terra debet intrare chorum per se solum ad missam dominicam in festivis diebus, ex quo Angelicus hymnus incæptus est; ..... sed si sequitur dominum suum, potest intrare.* Rursum ibid. : *Clerici de terra...... sive sint subformarii, diaconi, vel subdiaconi, vel clericuli, ne videantur inaniter vagari per ecclesiam coram dominis et personis, vel aliis qui de super chorum sunt, cujuscumque ordinis sint.* Vide *Clerici de stallo.*

* Clerici Formerii, Iidem videntur qui *de Stallo* secundi ordinis. Tabul. eccl. Vien. ad ann. 805. apud Charvet. pag. 654 : *Erit numerus canonicorum 60. presbyterorum 100. diaconorum 20. subdiaconorum 20. Clericorum formeriorum 40. clericorum 24.*

Clerici de Scammello, Qui in scammellis, seu in sedibus inferioribus in Ecclesia sedent, ut

Clerici de Stalone, Qui in stallis, et

Clerici de Choro, Qui in choro deserviunt, in Charta Minorensis Episcop. ann. 1270. apud Ughellum tom. 7. pag. 419.

Clerici Matutinales. Charta ann. 1267. in M. Pastorali Eccl. Parisiens. lib. 2. cap. 61 : *Sexaginta solidos Parisiensium ad opus distributionum inter confratres, et Clericos matutinales dictæ Ecclesiæ.*

* Lit. admort. ann. 1458. in Reg. 188. Chartoph. reg. ch. 63 : *Les Clercs des matines de Nostre-Dame de Paris, etc.* Qui matutinis seu officio nocturno interesse tenentur. Vide infra *Matutinarii.*

Clericorum nomine intelliguntur etiam interdum Monachi. Forte quod dum sacra officia in Ecclesia concinunt, Clericorum munus impleant. Sozomenus lib. 8. cap. 18. ait, Rufinum Ecclesiam SS. Apostolis Petro et Paulo sacram exitasse; deinde addit : πλησίον δὲ μοναχοὺς συνῴκισεν, οἱ τῆς ἐκκλησίας κλῆρον ἐπλήρουν. S. Germanus Parisiensis Episcopus in Charta exemptionis Monasterii S. Vincentii, quod ejusdem S. Germani donatur nomenclatura, apud Brolium lib. 2. Hist. Parisiens. : *Insuperque sancimus ut nullus Metropolitanus aut aliquis suffraganeus ejus causa alicujus ordinationis illuc ingredi præsumat, nisi solummodo ab Abbate ejusdem loci vocatus venerit ad sanctitatis mysterium celebrandum, ... aut ad benedictiones Clericorum vel Monachorum instituendas, etc.* Capitulare Pipini Regis Italiæ cap. 36 : *Clerici qui Monachorum nomine non pleniter conversare* (ita leg. pro *conservare*) *videntur, et ubi regulam S. Benedicti tenent, etc.* Abbo Monach. Serm. 5 : *Videmus Monasteria a Clericis derelicta.* Gregorius Turon. lib. 2. de Glor. Mart. cap. 28. Aredii Monachum *Clericum Aredii Lemovicini Abbatis* vocat. Ita lib. de Glor. Confess. cap. 82. ubi de Eutychio Recluso, lib. de Vitis Patr. cap. 6. et lib. 1. de Glor. Mart. cap. 76. Rudolphus in Vita S. Liobæ cap. 1. Stephanus II. PP. in Diplom. pro Monast. S. Dionysii edito a Mabillonio tom. 4. SS. Benedict. pag. 337. Jonas in Vita S. Columbani, Aigradus in Actis S. Ansberti Episc. Rotomag. Elgil in Vita S. Sturmii cap. 16. Acta S. Marculfi Abb. Nantensis, Vita S. Sigolenæ, Miracula S. Leufredi cap. 1. Chron. Fontanell. cap. 13. Hist. Translat. SS. Chrysanti et Dariæ cap. 27. Canones Hibern. lib. 38. cap. 10. Vita S. Medardi ex Cod. Resbac. cap. 17. Dudo lib. 3. de Actis Norman. pag. 153. Adso de Miracul. S. Waldeberti num. 13. etc. Vide Cassianum lib. 11. Collat. cap. 14. et ibi Gazæum, et Valesium lib. 17. Rerum Francicar. pag. 556. et lib. de Basilicis cap. 6. Quibus addo in Pontificali Ecclesiæ Senensis MS. haberi *Orationem ad Clericum faciendum* quæ solos Monachos spectat, ut exhis patet : *Oremus pro hoc famulo suo ill. qui ad deponendam comam capitis sui pro ejus amore festinat, ut donet ei Spiritum sanctum, qui habitum religionis in eo perpetuum conservet, etc.* Infra : *Cui in tuo sancto nomine habitum sacræ religionis imponimus.* Ordericus Vitalis lib. 8. ita Monachos Molismenses loquentes inducit : *Nos autem et ordine et officio Clerici sumus, et Clericale servitium summo Pontifici, qui penetravit cælos, offerimus, ut sortem supernæ hæreditatis ipso adjuvante obtineamus.*

* Clerici Apostolici. Vide infra *Fratres Jesuatorum* in *Frater.*

* Clerici Curiales, E curia Romani Pontificis, iidem qui *Clerici cameræ Apostolicæ.* Ceremon. Rom. ubi de ingressu conclavis fol. 3. v°. : *Post cardinales sequuntur prælati et alii curiales Clerici.*

* Clericus Cursarius, Qui horas canonicas cantare ex officio tenetur. Lit. remiss. ann. 1458. in Reg. 187. Chartoph. reg. ch. 321 : *Jehan Girard Clerc courrier et habitué en l'église collégiale de S. Julien de Brioude.* Vide *Cursus* 2.

Clerici Conjugati. Capitula Caroli M. lib. 7. cap. 373 : *Castimoniam quoque inviolati corporis perpetuo conservare studeant, (Clerici) aut certe unius matrimonii vinculo fœderentur.* [** 452. adde ibid. cap. 127.] Inconsulto Episcopo vetantur Clerici uxores ducere, in Concilio Toletano IV. cap. 43. Immunes erant ab omni tallia, non vero eorum uxores, ut colligitur ex pacto inito inter Communiam Meldensem, et Clericos conjugatos ejusdem Communiæ ann. 1320. in Regesto Cameræ Computor. sign. E. Sed quæ fuerint *Clericorum conjugatorum privilegia*, pluribus docet Lindwodus ad Provinciale Ecclesiæ Cantuar. lib. 1. tit. 12. [** Hincmar. Annal. ad ann. 862 : *Abbatiam quoque S. Martini .... non satis consulte Hucberto, Clerico conjugato, donavit.*]

* *Clericis* ecclesiæ Compendiensis uxores ducendi licentiam facit Ludovicus VI. Charta ex Tabul. ejusd. eccl. : *Clerici ejusdem ecclesiæ, sicut usque modo vixerunt, sine ulla permutatione deinceps permaneant. Hoc tantum præcipimus, ut presbyteri, diaconi et subdiaconi deinceps uxores concubinas non habeant; cæteri vero Clerici cujuscumque ordinis, propter fornicationem, licentiam habeant ducendi uxores.* [** Quatuor minores ordines a cælibatu exempti erant usque ad sec. XI. quo tempore subdiaconatus ejus legi subjectus est. Vide Thomasin. vet. et nov. Disciplina part. 1. lib. 2. cap. 65. § 3.]

* Inter Clericorum immunitates eam annumerabant, ut scilicet ab injuriarum satisfactione exemti essent, uti colligitur ex Lit. remiss. ann. 1464. in Reg. 199. Chartoph. reg. ch. 403 : *Après ce icellui Pierre Marchant se porta et advoua Clerc, afin de ne faire aucunes réparations honorables au suppliant.* [** Scilicet ut foro seculari se subtrahendo moras necteret, nam in ipso foro ecclesiastico *deprecationes christianæ* a clericis maledicis exiguntur.]

Clerici nude, in Capitulari 1. ann. 802. cap. 23. qui *Clerici parochiarum* dicuntur in Concil. Emeritensi cap. 18. et sæpius *Clerici Scholares*, qui in singulis Ecclesiis Curionibus in sacris officiis deserviunt, et Scholas tenent. Leo IV. PP. de Cura Pastorali : *Omnis Presbyter habeat Clericum Scholarem, qui Epistolam vel lectionem legat, et ad missam respondeat, cum quo et Psalmos cantet.* Ordo Romanus habet hoc loco : *Clericum aut Scholarem.* Hincmarus Remensis in Capitulis de Rebus Magistri, etc. cap. 11 : *Si habeat Clericum, qui possit tenere scholam, aut legere Epistolam, aut canere valeat.* Capitula Walterii Episcopi Aurel. cap. 6 : *Ut unusquisque Presbyter suum habeat Clericum, quem religiose educare procuret : et si possibilitas illi est, scholam in Ecclesia sua habere non negligat, etc.* Vide Synodum Coloniensem ann. 1280. cap. 1. Statuta Alexandri Episcopi Coventriensis ann. 1237. cap. *de Aqua benedicta, etc. Clerici seculares*, in Capitul. Aquisgran. ann. 817. cap. 42. ad discrimen *Clericorum Monachorum*, de quibus mox supra.

* *Clerici* bona patrimoniala possidentes apud Polonos, servitium militare præstare tenebantur; aut illa bona cogebantur fratribus suis laicis dimittere; aut fisco publico addicebantur. Stat. Casimiri ann. 1346. inter Leg. Polon. tom. 1. pag. 6 : *Statuimus quod iidem Clerici nostri regni, cujuscunque status existant, prædicta patrimonialia bona tenentes, vel nobiscum ad quamlibet expeditionem transire teneantur, juxta prædictorum bonorum facultates, vel eadem bona proximis suis fratribus laicis resignare et dimittere et eisdem renunciare. Quod si præfati Clerici neutrum illorum facere curaverint prædicta bona decrevimus et præsentium auctoritate decernimus perpetuis temporibus nostro regno applicanda.* Sent. episc. Cracov. ann. 1369. ibid. pag. 102 : *Clerici, cujuscunque gradus, status vel conditionis existant, bona patrimonialia possidentes, ad expeditionem cum domino rege transeant de eisdem, juxta ejus omnimodam facultatem.* Vide in *Hostis* 2.

* *Clerici* jure civitatis apud Tornacum gaudere possunt, si municipalia onera cum laïcis participent. Lit. ann. 1370. tom. 5. Ordinat. reg. Franc. pag. 377. art. 20 : *Que Clercs de bon nom et de bonne renommée, soient receus à estre bourgois de Tournay, et à joir des franchises de bourgoisies, et estre en tous offices, comme les autres; mais qu'il aident à soutenir les charges et les fraiz de la ville, si comme les autres : et en cas où il se mefferoient, dont les laiz seroient tenuz de perdre leur bourgoisies, lesditz Clers les perdroient aussi.*

* Clerici Palatini, Qui in palatio capellæ regiæ deserviebant. Vide in *Capellani* 1.

* Clericus Rector, Parochus. Sent. offic. Rotomag. ann. 1245 : *Proponente in jure....... procuratore abbatis et conventus Bellibecci Cisterciensis ordinis contra Heliam Clericum rectorem ecclesiæ sanctæ Genovefæ, etc.*

* Clerici Regis, Qui ex ordine Clericorum consiliarii in parlamento sedebant. Regest. 1. *Olim* fol. 23. r°. : *Inquesta facta per Stephanum decanum S. Aniani Aurelianensis et magistrum Guillelmum de Milliaco, Clericos dom. regis, super eo quod monetarii, etc.*

Clerici dicti etiam qui literis imbuti erant, viri literati ac docti, quod Clericos potissimum literatura ac eruditio spectaret. Quippe ad Clericatum non promovebantur nisi γραμμάτων ἐπιςήμονες, ut est in Nov. 6. Justiniani cap. 4. et Nov. 123. cap. 12. *Qui enim litteras nescit, Clericus esse non potest*, apud Julianum Antecessor. et ut ait Speculum Saxonicum lib. 1. art. 5. § 4 : *Impossibile est aliquem Clericum nominare, nisi sit doctus, ordinatus, et tonsuratus.* Ordericus Vitalis lib. 3 : *Clericus cognominatus est, quia peritia literarum, aliarumque artium apprime imbutus est.* Joan. de Garlandia in Æquivocis :

> Fur aurum, virgo flores, mare nautaque, libros
> Clericus æquivoce singula quisque legit.

Chronicon Andrense : *Aliquibus Romanis annitentibus, Hispanum quemdam Burdinum nomine, satis Clericum, ei fecit subordinari:* Id est satis literatum ac doctum. Historia Episcoporum Eystetensium : *Iste Joannes Episcopus ... magnus Clericus in jure Canonico fuit.* [Chronica FF. Prædicatorum Mediolan. apud Muratorium tom. 3. pag. 60 : *Hic fuit* (F. Stephanus de Vicomercato) *in sæculo honorabilis Clericus.*] Willelmus Gemetic. lib. 7. cap. 10 : *Cognomento Clericus, quia copiose literatus erat.* Joan. Villaneus lib. 4. cap. 3. *Gran Cherico in iscrittura.* Martialis Parisiensis in Arestis amorum :

> Apres avoit les Deesses,
> Toutes legistes et Clergesses,
> Qui sçavoient le decret par cœur.

* Dialog. creatur. dial. 75 : *Legebat autem magister Alanus apud Montempessulanum et audierunt milites vicini quod tantus Clericus esset, et quod ad omnia interrogata responderet.* Le Roman *de Cleomades* MS. :

> Cascuns savoit moult de Clergie,
> De nigremance et d'astronomie.

Hinc *Clergie*, nostris pro ipsa scientia ac literatura. Robertus Bourronus in Merlino : *Li Clerc sevent mout par force de Clergie, que autre gent ne sauroient mie.* Vide Steph. Paschasium lib. 8. Disquisit. Francic. cap. 13. et Seldenum in Dissertat. ad Fletam cap. 9. Hinc etiam *Clerkois*, pro lingua Latina. Vetus liber MS. cui titulus *le Miroir : Li quars pechié de pereche, con appelle en Clerkois Accide.*

Clerici, qui vulgo *Scholares*, apud auctorem de Disciplina Scholarium, quem perperam Boetium nominant, cap. 4. quomodo olim appellati Scholastici in Academia Parisiensi, unde etiamnum mansit nomen Parisiis, *Prati Clericorum*, quod prædium fuit, seu ager eidem Academiæ proprius. M. Robertus de Sorbona in Serm. de Conscientia : *Ille qui frequentat magis scholas, et diligentius Magistrum audit, debet melior Clericus reputari. i.* Scholasticus, literis ac eruditione præ cæteris instructus. Alibi : *Sicut ergo demens esset Clericus, cui certissime diceretur vel mandaretur a Cancellario, In isto libro eris solum examinatus, quando petes licentiam legendi Parisius, etc.*

Clerici præterea dicuntur, Scribæ, octuarii, et Amanuenses judicum, vel officialium Regiorum, aut qui sumptus quotidianos ad officia ac munera spectantes, in acta referunt, aliaque obeunt munia, quæ sine qualicunque doctrina præstari nequeunt, cujusmodi erant *Chartularii*, in singulis judiciorum, vel officiorum scriniis : sic appellati, inquit Seldenus in Dissertat. ad Fletam, *ob doctrinam, seu scientiam, seu artem illam qualemcunque*, quam *Clergie* vocabant Galli nostrates. Lambertus in Vita S. Heriberti Archiepiscopi Coloniensis n. 22. de quodam fure : *Adducitur, sistitur, de arte disquiritur, disquisitus scriptorem se fatetur.* Et mox : *Non*, inquit, *ultio sinit te vivere, qui fœdissimæ te subegeris infamiæ, et Clericale decus ad dedecus violentus intorseris.* Acta S. Erconwaldi Episc. n. 20 : *Quidam venerabilis Clericus, cujusdam magni nominis notarius, etc.* Ubi nihil mutandum, quidquid censeant viri docti. Joann. de Condato MS. :

A Nonneguin le fil Martin
Le singe, qui bien sot latin,
Et qui estoit Clercs couronnez,
D'escrire à Court et de conter,
Que li frait pooient monter.

Clerici Regis, qui et *Notarii*, et postmodum *Secretarii*, appellati, Regiis Diplomatibus *in dorso* nomina sua adscribebant. Matthæus Paris ann. 1250 : *Clerici quoque nomine, Regis Consiliarii, etc.* Epitaphium Guillelmi Matisconensis Episc. Ambian. apud Adrian. Morlerium :

Clericus Angelici fuit hic regis Ludovici.

Horum passim mentio occurrit, qui iidem sunt, quos hodie *Clercs Notaires* et *Secretaires du Roy* appellamus.

Clerici, Judicum Secretarii, apud Fletam lib. 1. cap. 18. § 6. 9.

Clerici Ceremoniarum, in Ceremoniali Rom. lib. 3. pag. 296.

Clerici Cameræ Apostolicæ, ibid. pag. 320.

Clericus Coquinæ, cujus officium describitur in Fleta lib. 2. cap. 18. Hujus etiam mentio fit in legibus Malcolmi II. Regis Scotiæ cap. 6. § 3. et in Testamento Caroli Pulcri Regis Franc. ann. 1324.

¶ Clericus Coronæ, Officiarius *Banci Regii*. Vide *Bancus Regius.*

¶ Clericus Mercati Hospitii Regii, in Litteris Henrici VIII. Regis Angl. apud Rymer tom. 14. pag. 159.

Clericus Marescalciæ Equorum, cujus officium describitur in Fleta lib. 2. cap. 14. § 4. et cap. 20.

Clericus Nundinarum, in Fleta lib. 2. cap. 64. § 24.

Clericus Panetariæ, et Buticulariæ, cujus officium describitur in Fleta lib. 2. cap. 19.

Clerici Seculares, in Ecclesia Leichefeldensi, vocati vulgariter *Clercs viscars*, id est, *Clerici vicarii*, in Statutis ejusdem Ecclesiæ in Monastico Anglic. tom. 3. pag. 244. Ubi ii videntur quos vulgo *Chantres*, seu Cantores dicimus.

Clericus Pipæ, in Scaccario, seu fisco Regio, apud Anglos, qui nomen accepisse videtur a magno rotulo, cui debitas Regi pecunias, cæteraque ad coronam pertinentia vectigalia inscribit, quem Angli a fistulæ similitudine *a pipe* vocant, ut habet Spelmannus. *Clericus pipæ*, olim *ingrossator magnæ rotulæ. Contrarotulator pipæ*, olim *duplex ingrossator*; et *Cancellarius scaccarii*, est *Contrarotularius pipæ.*

Clericus Placitorum Aulæ, in Fleta lib. 2. cap. 12. § 31. *Clerc des arrests*, qui hac tempestate, *le Greffier du Parlement* nuncupatur, in Edicto pro Parlamento postridie Epiph. ann. 1277.

Clerici de Scacario, in tom. 2. Monastici Anglic. pag. 371.

Clerici Templi, seu Thesauri Regii, qui in Templo Parisiensi asservabatur, *Clercs du Temple*, in Computo Thesauri ann. 1322. Vide *Templum.*

Clerici Scantionariæ, *Clercs de l'Echançonnerie*, in Testamento Caroli Pulcri ann. 1324.

Clerici Forrariæ, *Clercs de la Fourriere du Roy*, in Testamento Ludovici Hutini Regis ann. 1316. et Caroli Pulcri ann. 1324.

Clerici Liberationis Domus Regis, in Legib. Malcolmi II. Regis Scotiæ § 2. Galli dicerent, *Clercs des livrées de la maison du Roy.*

Clericus Mapparum, *Clerc des nappes*, in Testam. Caroli Pulcri ann. 1324.

Clerici Arcubalistariorum, *Clercs des Arbalestriers*, quorum numerum ad unicum redegit Carolus V. tum Galliæ Regens Edicto 27. Febr. ann. 1359.

Clerici Eleemosynæ, *Clercs de l'Aumône*, in Statuto pro hospitio Ludovici Hutini ann. 1317.

Clerici Cameræ Computorum, *Clercs de la Chambre des Comptes*, qui nuncupantur *Petits Clercs* in Edicto Caroli V. Regentis ann. 1359. *Clercs d'embas*, in Edicto Caroli VI. Reg. 7. Jan. ann. 1407. in Regesto *Pater.* Atque hi Clerici Cameræ Computorum, juxta Edictum publicatum Vivarii in Bria ann. 1319. et in Camera Comput. Paris. 17. April. ann. 1320. a Dom. *de Sully*, emendabant computa tam vetera quam nova, eorum non modo examini aderant, sed et de iis referebant ad Magistros, in quorum cæteroquin ædibus habitare iis haud licebat.

* *Clers d'aval*, in Stat. ann. 1378. tom. 6. Ordinat. reg. Franc. pag. 382. art. 14. [** Iidem. Vide tom. 10. Ordin. reg. Franc. pag. 100.]

Clerici Capellæ Regiæ, *Clercs de la Chapelle du Roy*, in Testamento Ludov. Hutini Regis 1316. et alibi.

Clerici Scutiferiæ, *Clercs de l'Escurie*, in Testamento Caroli Pulcri ann. 1324.

Clerici Consilii, *Clercs du Conseil*, in Statuto pro hospitio Regis et Reginæ ann. 1285.

Clerici Cokettæ Regis. Vide *Coketa.*

* Clericus Adjutor, *Clerc aide*, Qui alteri adjungitur. Vide supra in *Adjutores.*

* Clericus Cauponarius, Qui in caupona pecuniam recipit redditque de ea rationem. Lit. remiss. ann. 1404. in Reg. 158. Chartoph. reg. ch. 435 : *Et lors tantost baillerent icellui argent au Clerc de ladite taverne.*

* Clericus Granarii, Qui sal acceptum et venditum in regesto describit. Stat. ann. 1366. tom. 4. Ordinat. reg. Franc. pag. 695. art. 1 : *L'on commettra et ordonnera un homme sage, loyal et diligent pour estre grenetier illec; et un autre preud'homme loïal et expert, qui scache bien écrire, lequel sera Clerc dudit grenier, et controlleur dudit grenetier.*

* Clericus Gueti, *Clerc du guet*, cujus munia fuse describuntur in Stat. ann. 1363. tom. 3. Ordinat. reg. Franc. pag. 668. et seqq. Memor. D. Cam. Comput. Paris. fol. 159. v°. : *Dionysius de Mauconseil, Clericus gueti, loco Fabiani de S. Audomaro, ad vadia de xij. den. per diem.*

* Clericus Honoris, Is appellari videtur, cui vicaria muneris alicujus exercendi potestas committitur. Lit. *Vidimus* pariag. de villa Montisfalc. in Vallavia ann. 1405. in Reg. 161. Chartoph. reg. ch. 104 : *Apud Montemfalconem in tabulario extraordinario curiæ regiæ ipsius loci, et coram venerabili et discreto viro magistro Johanne Alterii de Tensano, Clerico honoris domini nostri regis, etc.* Nihil ergo emendandum in Lit. ann. 1342. tom. 8. Ordinat. reg. Franc. pag. 376 : *Donnons plain povoir et auctorité... de créer et faire Clers d'honneur, et de mettre et oster ou remuer de lieu en autre seneschaulx, viguiers et juges, etc.* Ubi legendum *Chevaliers d'honneur* putabat D. *Secousse*; quamvis eodem sensu possit intelligi.

* Clericus Logiæ, Domus publicæ thesaurarius. Stat. pro villa Pruvin. ann. 1319. in Reg. 56. Chartoph. reg. ch. 599 : *Item que li maires et eschevins ne puissent riens lever, recevoir, ne tourner devers euls des émolumens de la ville, ainçois y soit establi uns preudomme, qui sera Cler de la loige, pour recevoir de par le maieur et les eschevins.*

* Clericus Marescallorum, Eorum amanuensis. Stat. ann. 1373. tom. 5. Ordinat. reg. Franc. pag. 660. art. 12 : *Les Clercs des mareschaux ne recevront aucune chose, se n'est des monstres des capitaines, qui auront le nombre de cent hommes dessoubz eulx, ou de plus.*

* Clericus Operum, in Memor. G. Cam. Comput. Paris. fol. 163. r°. : *Raoletus.... deputatus Clericus operum seu solutor eorum. Clerc des œuvres*, in Memor. D. ejusd. Cam. fol. 97. r°.

Clericare, Clericum ordinare, facere. Anastasius in S. Hadriano PP. : *Dom. Paulus Papa eum Clericari jussit.* Donatio Constantini M : *Quem proprio consilio Clericare voluerit, et in numero religiosorum clericorum connumerare, etc.* Lex Longob. lib. 1.

tit. 33. § 2. [** Liutpr. 53. (6, 24.)] : *Si quis servum alienum sine voluntate domini sui Clericaverit.* Guill. de Podio Laurentii in Præfat. ad Chronicon : *Et Episcopi quales pro tempore poterant, Clericabant.* Testamentum Roberti Comitis Arvern. ann. 1276. apud Justellum : *Guodafredum filium meum Clericari volo.* Vide Joannem VIII. PP. Epist. 295. Vita S. Gaugerici Episcopi Camerac. MS. lib. 1. cap. 4. etc.

Clericio, Tonsura donatus, Clericulus, Gall. *Cleriçon.* Agobardus lib. de Privileg. et Jure Sacerd. n. 11 : *Habeo unum Clericionem, quem mihi nutrivi de servis meis propriis,... volo ut ordines eum mihi Presbyterum.* Proinde *Clericio* iste erat ex eorum Clericorum ordine, quos *Nutritos* appellat Hincmarus in Capitulis ann. 874. *Clerjons*, dans le Roman *de Vacces* MS. :

Et tant estoient exploitiés,
Que ne sai laquelle lechons
Est alez lire un des Clerjons.

Alibi :

Chantent li maistre Clerc, et chantent li Clerjon.

Atque id nominis etiamnum tribuitur quibusdam Præbendariis in Ecclesia Viennensi, ut auctor est Joannes *le Lievre* in Antiq. Viennensibus cap. 54. Vide *Corona* et *Clergonus.*

Clerificari, de eo qui Clericus fit. Occurrit in Vita S. Judoci a Mabillonio edita cap. 2.

Clerimonia, Clericorum Canonicorum, vel Monachorum Collegium. Gloss. Lat. Gall. : *Clerus et Clerimonia, idem.* Catholicon Armoricum : *Cloareguiez, Gall. Clergie; Clericatus, item Clerimonia, item Clerus, Congregatio Clericorum.* Liber Aganonis in Tabulario S. Petri Carnotens. de Aganone Episcopo Carnotensi : *Clerimoniæ quoque seriem instituens, quæ laudes Deo debitas redderet.* Ipse Agano in Charta fundat. ejusdem Monasterii : *Illudque a fundamento reædificare, et canonica institutione Clericorum cunctorum graduum inibi Deo servire; sanctam exercendo religionem, jussimus.* Charta Hugonis Episc. Noviom. et Tornac. ann. 1039. pro fundatione Monasterii Phanopinensis, [seu Falempinensis,] apud Haræum in Histor. Castellanor. Insul. lib. 2. pag. 163. Buzelinum lib. 2. Galloflandr. cap. 26. [et inter Instrum. tomi 3. novæ Gall. Chr. col. 85.] : *Quatenus ibi ædificaret Abbatiam in honore B. Martyris Christophori, et ibi statueret pauperum Clerimoniam, eamque sub obtenu charitatis dotaret appendiciis terrarum atque familiarum, unde haberent ipsius Abbatiæ Clerici alimoniam.* Ubi *Clerimoniam* Haræus et Buzelinus *Clericorum alimoniam* perperam interpretantur.

¶ Cleronomia. Acta SS. Maii. tom. 6. pag. 753. de S. Carauno : *Vir namque Apostolicus... Abbatem simul et pulchram Cleronomiæ seriem... instituit.*

¶ **CLERICIDA**, Occisor Clerici in Epistola Innocentii Papæ ad Rainaldum Remensem Archiep. inter Opera S. Bernardi tom. 1. col. LIX. Edit. 1690.

¶ Clericidium, Occisio Clerici in Bulla Leonis X. Papæ apud Miræum Diplom. Belg. tom. 1. pag. 236. col. 2. edit. 1723. * Lit. remiss. ann. 1417. in Reg. 170. Chartoph. reg. ch. 20 : *Per hoc nedum homicidium, verum etiam Clericidium, murtrum et vile factum committendo.*

* **CLERICITAS**, *La Chieresia*, in Glossar. Lat. Ital. MS. [** Glossar. Lat. Teut. MS. ap. Haltaus. in Glossar. Germ. col. 1459 : *Clericitas, atis, Racio qua aliquis dicitur Clericus.*]

* **CLERICO**, vox contemptus, Clericulus, Ital. *Chericuzzo.* Inquisit. ann. 1270. apud Murator. tom. 5. Ital. med. ævi col. 125 : *Et dicebat ipse Punzilupus publice quod nolebat adorare versus partem illam, ubi adorabant prevedones, Clericones.*

* Qua ultima notione legitur in Bulla Innoc. VIII. PP. ann. 1484. ex Contin. magn. Bullar. Rom. pag. 289. col. 1 : *Item statuerunt quod.... solvat.... pro suo jucundo adventu..... sex innocentibus Clericulis chori duos florenos.* Vide supra *Clergonus.*

* **CLEROCINARI**, Vitam clericalem profiteri, quæ et *Clerocinium* inde dicitur. Acta S. Gauger. tom. 2. Aug. pag. 678. col. 1 : *Et ne ab incepto desisteret, sed magis de die in diem proficiens, Clerocinari cum omni devotione satageret, monefecit.* Et pag. 679. col. 1 : *Scire volens videlicet quemadmodum filius carissimus suis obediens institutionibus deserviret; sique normam Clerocinii dignæ conservationis usibus coæquaret.*

¶ **CLERICULUS**, Junior Clericus, vel Puer Choralis. Occurrit non semel. Vide *Abbas Clericulorum.*

¶ **CLERIFICARI**, Clerimonia, Cleronomia. Vide in *Clerici.*

[**CLERONOMUS**,] Cleronymus, Hæres, ex Græc. κληρονόμος. Charta Eadgari Regis Angliæ in Monastico Anglic. tom. 3. pag. 129 : *Quamdam telluris particulam, 30. videlicet casatos.. perpetua largitus sum hæreditate, ut ipse vita comite cum omnibus utensibus,* (utensilibus) *pratis videlicet, pascuis, voti compos habeat, et post vitæ suæ terminum quibuscunque Cleronymis impune derelinquat.* [Fridegodus in Vita S. Wilfridi Episc. Ebor. inter Acta SS. Benedict. sæc. 4. part. 1. pag. 722 :

Terris atque polis Jesu Cleronomus esto.

Charta anni 1038. apud Wanleium de Antiquit. Litter. Septentr. pag. 303 : *Condono Ethelredo quinque mansos... et post vitæ suæ terminum, duobus quibus voluerit Cleronomis.* Occurrit rursus apud Acherium tom. 2. Spicil. pag. 186. et Thomam *Madox* pag. 174. Formularis Anglicani.]

CLEROPROXIMI, dici videntur S. Cypriano Ep. 24. qui ad clericalem ordinem, tanquam idonei, deligebantur ab Episcopo ex totius Cleri consensu, ita ut cum necessitas emergeret, Diaconum aut Subdiaconum in Ecclesiis ordinari, ex eorum cœtu aliquem idem Episcopus ad id muneris promoveret : *Fecisse me autem sciatis Lectorem Saturum, et Hypodiaconum Optatum Confessorem, quos jam pridem communi consilio Cleroproximos feceramus.*

¶ **CLERTA**, Vox Occitana, nobis ignotæ notionis. Supra legitur in *Acaralha.*

CLERUS, Ordo Clericorum, [quandoque etiam Monachorum, ut in posteriori exemplo.] Anastasius in S. Hormisda PP. : *Hic composuit Clerum, et psalmis erudivit.* [Chronicon. Fontanell. apud Acherium tom. 3. Spicil. pag. 234 : *Clerum nobilissime auxit, ac regulari ordine secundum egregii Patris Benedicti normam ut vitam degerent, multipliciter decertavit.*]

Clerus, pro *Clericus.* Anastasius in S. Victore PP. : *Hic fecit sequentes* (f. frequentes) *Cleros, i.* Clericos. Domnizo lib. 1. de Vita Mathildis cap. 16 :

Ecclesiæ Christi vendebatur maledictis
Presbyteris, Cleris, quod erat confusio plebis.

Cap. 17 :

Usus cum Cleris non ni tantum duodenis.

Vide Chartam Amati Archiep. Salernitani apud Ughellum tom. 7. pag. 506. d. et Chrodegangum Episc. Metensem in Regula Canonicor. cap. 63.

Cleri, *libri novi et veteris Testamenti*, Papiæ.

CLESONISTA, appellatus reus. Constitutiones Caroli Mag. in Lege Ripuaria cap. 3 : *Clesonista aut 600. sol. componat, aut cum 12. juret : aut si ille qui causam quærit 12. hominum sacramentum recipere noluerit, aut cruce, aut scuto et fuste contra eum contendat.* Vocis etymon a Græc. κλήζω, *appello, nomino*, Spelmannus; a Germanico Amerbachius accersunt.

CLETA, Crates. Vide *Cleia.*

¶ **CLETARIA**, Instrumentum musicum. Sallas Malaspinæ Rerum Sicularum libro 5. n. 4. apud Baluz. tom. 6. Miscel. pag. 330 : *Modulantur et organa. Ibi lituus, Cletaria, et viella omniumque genera musicorum hymnum concinunt triumphalem.*

* F. pro *Citola.* Vide in hac voce.

¶ **CLETELLA**, Parva *Cleta.* Vide in *Cleia.*

¶ **CLETELLÆ**, pro *Clitellæ.* Vide *Cretellæ.*

* **CLEVENCHIA**, Monetæ minutioris species. Lit. remiss. ann. 1374. in Reg. 108. Chartoph. reg. ch. 185 : *Dictus Johannes Puperii apportavit et fecit apportari Clevenchias Daurengi falsas et eas posuit et tradidit tanquam bonas pluribus personis in foro et alibi : negat. Item quod dictus Johannes Puperii utitur et usus fuit per decem annos et ultra falsis obolis albis et falsis Clevenchiis, ac si essent bonæ; negat.* Vide supra *Clavenchia.*

¶ **CLEUS**, *Ascensus modicus*, in vet. Glossario San-German. MS. num. 501. Lege *Clivus.*

* **CLIARIA**, Locus *cleis* seu cratibus in fluvio clausus, piscium capiendorum gratia. Charta Bern. dom. *de Moreuil* ann. 1242. in Collect. Chart. ex Bibl. S. Mart. de Camp. pag. 307 : *In possessione totius aquæ a Clariis molendinorum meorum de Morisel usque ad aquam de Castello.* Ibidem : *La pesquerie du cours de la riviere depuis le molin de Morisel jusques à Cloies de Castel.* Vide *Cleia* et infra *Cloca.*

CLIBA, Clibola. Papias : *Clibola, inclinata. Cliba, aspera, difficilia.* Legendum *Clivosa, et cliva.*

¶ 1. **CLIBANARIUS**, Pistor. Vide *Furnaticum.*

¶ 2. **CLIBANARIUS**, Eques Cathaphractus. Vide *Clibanus.*

¶ Clibanarius Comes. Vide *Comites Clibanarii.*

* **CLIBANATAX**, Clibanator. Vide mox in *Clibanus* 1.

¶ **CLIBANICUS**, *Panis in testa coctus*, Papias MS. Vide *Panis Clibanites*.

1. **CLIBANUS**, Græcis, κλίβανος, sive κρίβανος, est Instrumentum ex ferro aut opere figlino, aut alia materia confectum, sub quo non solum panis, sed aliud quidvis coqui potest. Campanam (*Cloche*) Galli vocant, quod ad eam figuram proxime accedat. Differt autem a furno, tum quia mobile sit, tum quia minus, aliaque insuper materia constet. Ita Gorræus. At abusive pro furno vox hæc postmodum sumpta. Hariulfus lib. 3. pag. 32 : *Simulque reditum publici Clibani* cessit. [** Ekkehardi IV. Casus S. Galli Pertz. pag. 84. lin. 15.]

* Glossar. Lat. Gall. ex Cod. reg. 7679 : *Clibanus, Petit four vel fouraban* (l. *four à ban*). Aliud Provinc. Lat. ex Cod. 7657 : *Clibanus, Clivacius, furnus, forn, Prov. Clibanatax, furnaria, forniera, Prov. Clibanator, furnarius, fornier, Prov.* Charta ann. 1266. in Reg. S. Ludov. ex Chartoph. reg. fol. 13. v°. : *Item duas partes Clibani de Assellano valent quatuor libras.*

¶ Clibanus Piceus, Furnus ubi pix conficitur. Bulla Sergii IV. PP. pro Monast. Cuxanensi ann. 1011. in Appendice Marcæ Hispan. col. 982 : *Hæc igitur quæcumque diximus, vel quæ non diximus, prædia, villas scilicet, Ecclesias, parrochias, fundos, casas... molendinos, molendinares cum suis caputaquis et piscatoriis, et cum salinis et Clibanis piceis, omnia acquisita vel acquirenda ad S. Michaelis Cænobium in valle Confluenti situm pertinentia, etc.* Similia prorsus habentur in altera ejusdem Papæ Bulla pro Monasterio Rivipullensi ibid. col. 989.

2. **CLIBANUS**, vel Clibanum, Thorax ferreus, quo pectus tegitur, Græcis recentioribus κλίβανον. Vide Rigalt. in Gloss. Anonymus de Re bellica post Notitiam Imperii de Thoraconacto : *Ut hoc induta primum lorica vel Clivanus, aut his similia, fragilitatem corporis ponderis asperitate non læderent.*

Clibanarii, Cataphracti equites, clibano seu thorace tecti. Glossarium Latinum MS. Regium : *Clibanaris, quasi tunica ferri.* Papias : *Clibanaris, quasi tunica ferrea.* Infra *Clibanarius* habet. Glossar. Isidor. : *Clibanarii, quasi tunici ferrei*, Glossæ Basilicῶn : Κλιβανάριοι, ὁλοσίδηροι, κλίβανα γὰρ οἱ Ρωμαῖοι τὰ σίδηρα καλύμματα καλοῦσι, ἀντὶ τοῦ χαλαμῖνα. [Alii χαλαμῆνα.] Nazarius in Panegyr. Const. : *Operimento ferri equi atque homines pariter obsepti : Clibanariis in exercitu nomen est. Superne omnibus tectis equorum pectoribus, demissa lorica et crurum tenus pendens, sine impedimento gressus, a noxa vulneris vendicabat.* Ammian. lib. 16 : *Sparsique cataphracti equites, quos Clibanarios dictitant Persæ, thoracum muniti tegminibus, et limbis ferreis cincti, etc.* [Alexander Severus in Oratione ad Senatum post victos Persas habita apud Capitolinum in ejus vita : *Centum et viginti quinque millia equitum fudimus : Cataphractarios quos illi* (Persæ) *Clibanarios vocant, decem millia in bello interemimus : eorum armis nostros armavimus.* Ex his duobus locis posterioribus liquet *Clibanarii* vocem esse Persicam, nec assentiendum esse Salmasio qui eam Græcam esse opinatur.] Horum præterea meminit Lampridius in Alexandro, Vegetius lib. 3. cap. 6. Lex 9. Cod. Theod. de Annon. civic. (14, 17.) Notitia Imperii, etc. Vide Salmasium ad eumdem Lamprid. pag. 234.

* Vide G. Burtoni λείψανα vet. linguæ Persicæ.

* 3. **CLIBANUS**, Turris. Abbo lib. 1. de Bellis Paris. tom. 8. Collect. Histor. Franc. pag. 6 :

Clibanus ob humile quantum speculæ sinatus
Sæva per ora duit quamvis ignobile nomen.

Paulo ante *Fornax* appellatur.

¶ **CLIBATUS**, *Fornax*. Papias MS. Lege *Clibanus*.

¶ **CLIBOLA**. Vide *Cliba*.

¶ **CLIBUS**. f. pro *Clivus*, quasi Inclinatus, qua notione superius accipitur *Cliba*. Testament. S. Rudesindi ann. 978. tom. 3. Concil. Hispan. pag. 184. col. 1 : *Denique Domine, adeo Clibus ac pusillus servus tuus Rudesindus Episcopus... construximus locum supra taxatum.*

* **CLICHA**, Clichea, Pila, globulus ligneus, qui clava, quam *Clicart* appellabant, propellitur, quod *Clichare* dicebant; idem quod supra *Choulla*. Lit. remiss. ann. 1354. in Reg. 82. Chartoph. reg. ch. 285 : *Significatio in villa Laudunensi pluribus habitatoribus dictæ villæ per nonnullos habitatores villæ de Montibus in Laudunesio quod dicti habitatores de Montibus darent unam Clicham argenti optime Clichanti, qui veniret Clichatum et Clicharet apud dictam villam de Montibus.* Ibid. ch. 307 : *Quod in die Dominica ante Ramos palmarum Clicheam argenteam meliori Clichanti darent;.... et pro de dicta Clichea ludendo Johanninus Pariti venit, et de dicta Clichea luserunt. Un baston, appellé Clicart*, in Lit. remiss. ann. 1385. ex Reg. 126. ch. 161. Mirac. B. M. V. MSS. lib. 2 :

Et d'un baston et d'un Clicart
Tost li donroit de lès l'orelle.

* *Descliquer* vero dixerunt nostri, pro *Débander, détendre*, Laxare, remittere. Lit. remiss. ann. 1382. in Reg. 121. ch. 20 : *L'exposant.... par male fortune en Descliquant, feri de ladite vire ledit Pierre ou oel, dont mort s'est ensuye.*

¶ **CLICIA**, Phthisis, Gall. *Phtisie*. Hispan. *Tisica*, Ital. *Tizichezza*, Morbi genus, quo ulcerato pulmone corpus admodum marcescit. Vita S. Francisci de Paula tom. 1. SS. April. pag. 183 : *Barthulla laboraret morbo phthisis, alias de Clicia.*

* **CLICQUARDUS**, Clincquardus, Moneta comitum Flandriæ et ducum Burgundiæ, nostris *Claquin, Clinquart*, et *Cliquart*. Comput. MS. fabr. S. Petri Insul. ann. 1430 : *Pro osculo et oblatione in die S. Petri ad vincula, dominus dux dedit duos Clicquardos, pro quolibet xxxvii. sol. val. lxxiv. sol.* Ibidem : *Item die Jovis post Cineres, pro oblatione facta per dominam ducissam, tres Clicquardos, valoris ut supra lxxiv. sol.* Rursum : *Pro panno Philippi Coppin per manus domini cantoris in mense Julii, unum Clincquardum valentem xlij. sol.* Unde varii pretii fuisse hanc monetam discimus. Lit. remiss. ann. 1377. in Reg. 111. Chartoph. reg. ch. 195 : *Deniers blans, appellez Claquins. Clayquins*, in iisdem Lit. ex Reg. 110. ch. 329. Aliæ ann. 1387. in Reg. 132. ch. 151 : *Hennequin dist à icellui Francois que se li se vouloit partir, qu'il seroit quittes pour un Claquin.* Aliæ ann. 1402. in Reg. 157. ch. 257 : *Icellui Courbet resquist derechief audit Paillie que il voulsist encores jouer pour un gros Claquin de Flandres. Clarequin*, in iisdem Lit. infra ch. 364. Aliæ ann. 1427. in Reg. 174. ch. 53 : *Le suppliant leur demanda combien ilz lui donneroient de laditte monnoie pour ung Cliquart de Flandres; lesquelz lui distrent qu'ilz bailleroient trente solz Tournois pour Cliquart.* Aliæ ann. 1449. in Reg. 176. ch. 645 : *En laquelle bourse avoit xiiij. couronnes d'or, vj. saluz, vj. Cliquars Guillermins.* Denique aliæ ann. 1459. in Reg. 188. ch. 84 : *Icelle femme se print à rongner et copper aucunes pieces d'or, comme Cliquart, que on dist florins Guillermes et autres pieces d'or, aians cours ou pais de Boullenoys.* Charta Car. Audacis ducis Burg. ann. 1469. in Suppl. ad Miræum pag. 208. col. 1 : *Icelle isle, nommée Schelinge, fut baillée à ferme à ung des habitans dudit pays* (d'Ostfrize) *pour le prix et somme de seize Clinquars par an.* Vide in *Leones* 1.

¶ **CLIDA**, Crates, Gall. *Claie*. Vide *Cleia*.

* **CLIDARE**, Clathris seu *Cledis* munire. Stat. ann. 1357. inter Probat. tom. 2. Hist. Nem. pag. 196. col. 1 : *Fiat una porta coladissa, Clidata cum agulhonibus ferri.* Vide supra *Cleda* 3. *Clider* vero, pro *Glisser*, Dilabi, in Lit. remiss. ann. 1466. in Reg. 201. ch. 67 : *Icellui Nathier frappa le suppliant sur le bras, et en Clidant tumba sur ses mains. Glasser*, eodem significatu. Lit. remiss. ann. 1380. in Reg. 116. ch. 223 : *Icellui Thenot feri ledit Jehan du plat de sadite espée sur la teste, laquelle espée Glassa sur le bras ou sur le couté, etc. Clinsser*, eadem notione, apud Joan. de Saintré cap. 36. *Glinser, Eschisser, Esclincer* et *Egliper* idem significare videntur. Lit. remiss. ann. 1390. ex Reg. 139. ch. 196 : *Jehan Langlois saicha son badelaire et lui en donna sur la teste en Eschissant, senz froisseure du test, fors seulement de la char entamée.* Aliæ ann. 1408. in Reg. 162. ch. 359 : *Icellui Godart rua un estoc de son espée,.... mais le cop Glinsa jusques au visage..... Icellui Henry sacha son espée et fery ledit bastart un seul cop sur la teste en Esclinçant sur le costé destre. Lequel coup vint en Eglipant sur le bras, et le entama jusques a l'os*, in aliis ann. 1385. ex Reg. 128. ch. 176. Sed et *Escriler* vel *Escriller* eodem sensu, dixerunt. Lit. remiss. ann. 1385. ex Reg. 128. ch. 151 : *Ainsi que ledit Aubery..... s'en aloit boire avec yceulx, feust Escrilez assez près d'une femme,.... il qui estoit courroucié de ce qu'il estoit ainsi Escrilez, etc.* Aliæ ann. 1451. in Reg. 185. ch. 271 : *Jehan Boier monta dessus ladite piece de bois, et lors il Escrilla de dessus pour ce qu'elle estoit inoillée.*

* **CLIDATUM**. Vide supra *Cledatum*.

* **CLIDEN**, *Urtica*. Glossar. vet. ex Cod. reg. 7613.

¶ **CLIENCIA**. Vide *Clientia*.

¶ **CLIENCULUS**, quasi Clientulus, diminutivum vocis *Cliens*, Gall. *Client*. Qui causam suam patrono committit. Conc. Trevir. ann. 1310. tom. 4. Anecd. Marten.

col. 227 : *Si vero* (Advocatus) *per cavillationes et malitias suas adversario Advocato justam causam abstulit... vel falsum testem instruendo, vel Clienculum suum ad vera neganda inducendo, vel litem ex industria protrahendo et similia; tunc in solidum illi ad verum interesse tenentur. Quod si propter ejus negligentiam vel ignorantiam Clienculus suus causam amiserit, tenetur illi non solum salarium extortum, verum etiam damnum litis restituere.*

1. **CLIENS**, Armiger, *Escuier.* Monachus Florent. de Expugnat. Acconensi : *Sunt triginta Milites et horum Clientes.* Will. Brito lib. 6. Philipp. pag. 162 :

Ter denosque equites, et septuaginta Clientes.

Utitur non semel. Libertates MSS. Villæ Franchæ concessæ ab Archembaldo Dom. Borbonii ann. 1217 : *Si Miles vel Cliens petit corpus hominis, non potest eum probare esse suum per suum servientem, etc.* [Robertus Monachus in Hist. Palæst. : *Per aliquot dies mittere cœpit Clientes suos ad comparanda necessaria Dux Gothefridus*, apud Barthium in Glossario, ubi *Clientes*, Ministros interpretatur. Hist. Dalphin, tom. 1. pag. 66. col. 2. in Visitatione castrorum ann. 1347 : *Castellanus interrogatus fuit quam familiam ipse tenebat, dixit quod unum Scutifferum, unum Clientem, unam Gaytam et unam Bayetam.* Ampliorem significationem habet vox *Cliens*, et pro milite inferiori seu homine armato sumitur in eadem Hist. tom. 2. pag. 27. col. 1. ubi Humbertus Dalphin. ann. 1283. promittit juvare *Archiepiscopum et Capitulum Vienn.... contra omnes homines, suis propriis sumptibus et expensis, cum centum hominibus armatis in equis, et cum tercentis balistariis et septingentis Clientibus cum lanceis.* Quin imo et pro quolibet homine plebeio sumenda videtur in Epistola Alexandri III. Papæ inter Instr. tom. 1. Gall. Christ. pag. 51. col. 1 : *Nec ulli liceat præter armatos milites et Clientes quælibet arma ferre, nisi milites enses solummodo, et Clientes singulos baculos, qui pacis, sicuti ceteri, debent securitate gaudere.* Infra : *Clientes vero et artifices, scilicet fabri, sartores, pellicarii et omnes operarii, aut sex vel octo, seu duodecim denarios, secundum suorum Capellanorum arbitrium dabunt.*]

Cliens Armorum, *Aulicus*, [Apparitor, Gall. *Sergent, Huissier. Cliens regius.* Testam. Johannis Episc. Albiensis ann. 1473. tom. 1. Anecd. Marten. col. 1842 : *Habent sibi adjudicatum pastellum per Clientem regium de Castro-Karoli.* Memoratur eadem notione *Cliens regius* in appellatione Johannis de *Bouquetot* ann. 1398. ex Archivo B. M. de Bello Prato Rotomag.] Vide *Serviens armorum.*

Cliens, Vassallus, in veteri Charta apud Beslium in Comitib. Pictav. pag. 574.

* 2. **CLIENS**, Domesticus, familiaris. Libert. castri Caroffens. ann. 1194. in Reg. 185. Chartoph. reg. ch. 55 : *Omnes in expeditionem ibunt, aut Clientem idoneum mittent pro se; sed si negotium tam propinquum fuerit, quod clamor aut visus a castro percipiatur, omnes pariter, tam Clientes quam domini, in auxilium et tuitionem patriæ properabunt.* Alia vide in *Cliens*, 1. quæ ad hanc notionem referenda facile perspicies. Vide infra *Clientulus* 2.

* *Cliens regalis*, in Necrol. S. Nic. Corbol MS. ad 10. Jan. : *Fabrica hujus ecclesiæ tenetur facere celebrari duas missas bassas de defunctis,..... ob remedium animarum Petri des Barres, quondam regalis Clientis et Johannæ Bondeause ejus uxoris. Cliens capituli*, in Comput. MS. fabr. S. petri Insul. ann. 1499.

* **CLIENTADANARIÆ** Forma, id est, Receptionis in burgensem, ex Formulis MSS. in Cod. reg. 7657. fol. 4. v°. pro *Cittadanantiæ forma.* Vide in hac voce et supra *Citanaticum.*

** **CLIENTARE SE.** Ruodlieb fragm. 1. vers. 65 :

Secum volvebat, se sicubi vile Clientet.

1. **CLIENTELA**, Domestica familia : *Multitudo servorum*, Joanni de Janua. Thomas Archid. Spalat. in Hist. Salonitana cap. 34 : *Habuit autem Militem unum, et 1. Notarium, Clientelam bonam, 2. dextrarios, etc.*

2. Clientelam, pro concubina, focaria, usurpat S. Columbanus Epist. 5 : *Post in Diaconatu adulterium, absconsum tamen, dico cum Clientelis adulterium.* Idem de Pœnitentiarum mensura cap. 20 : *Si quis autem Clericus aut Diaconus vel alicujus gradus... post conversionem suam iterum suam cognoverit Clientelam et filium iterum de ea genuerit, sciat se adulterium perpetrasse, etc.*

* 3. **CLIENTELA**, Feudi species, idem quod *Sergentaria.* Vide in *Serviens.* Charta Guill. de Castro novo ann. 1202. in Reg. forest. comit. Alenc. ex Cam. Comput. Paris. fol. 65. r°. : *Concessi.... in foresta de Guernoille forestariam, custodiam et Clientelam in feodo.* Chartul. Latiniac. fol. 189 : *Concessimus etiam prædicto Radulpho quandam Clientelam, quæ closaria dicitur, quam a præfato Hugone pretio decem librarum emit...... Pro hujus Clientelæ obsequio dabimus ei.... tres nummatas panis et dimidium procurationem.*

CLIENTIA, Refugium, protectio. Gloss. Gr. Lat. : *Cliens*, πρόσφυξ. Gloss. Lat. Gr. : προσφυγή, *Cliencia.* Vita S. Eucherii Episcopi Aurelian. n. 9 : *Qui metu perterritus, ne silenter cum ipsis, Clientia addita ad Alpinam munitatem convolaret, clam tutiori loco ... eum tradidit custodiendum.*

¶ 1. **CLIENTULUS**, Clientula, vel Clientulia, Qui vel quæ causam suam credit patrono defendendam. Ordinatio Comitis Provinciæ ann. 1254. de Advocatis, e MS. D. *Brunet* fol. 63 : *Pro expensis vero nichil a Clientulo vel Clientuliis accipiat* (Advocatus,) *nisi esculentum et poculentum.* Non semel occurrit vox *Clientulus* in Statut. MSS. Augerii II. Episc. Conseran. ann. 1280. et alibi. Vide *Clienculus.*

* 2. **CLIENTULUS**, Vassallus. Lib. 1. Feud. tit. 13. De alienat. feud. : *Si Clientulus voluerit partem suam feudi alienare, etc.* Inventar. Chart. reg. ann. 1482. fol. 296 : *Promiserunt..... servire regi cum centum servientibus seu Clientulis peditibus, cum certis conditionibus in instrumento contentis...... De anno* 1397. Tabular. S. Aug. Lemovic. apud Stephanot. in Antiq. Bened. Lemov. MSS. part. 1. pag. 127 : *Hoc totum factum est cum consensu Pinonis, qui fuerat Clientulus hujus terræ.* Vide *Clientela* 2.

CLIMA, ex Gr. κλίμα, *inclinatio cæli*, Vitruvio lib. 1. Septem autem climata, quæ sunt κατὰ θέσιν recensent antiqui Græciæ magistri. At Abulfeda Arabs climata ita distinguit ut aliud *Clima verum* unum e septem prædictis : alterum, *Clima cognitum*, quæcumque regio, aut regnum plurimas provincias et tractus continens dicatur. Ab Arabibus igitur videntur Græci Byzantini regionibus ac provinciis *Climatis* nomen indidisse. Paulus Diacon. lib. 23. Hist. Misc. : *Ast Imperator rebelles cæsos et tonsos exilio damnavit, et apud Chersonam deportatos fore decrevit, et Climata illa sub custodia et munitione conservanda.* Anastasius in Hist. Eccl. pag. 137 : *Missus est in exilium apud Climata eremi.* Ubi Theophan. Εἰς τὰ κλίματα ἐρήμου. Sed ii a Græcis vocem hausere. Glossæ Basilic. : Οἱ βικάριοι τοῦ Ποντικοῦ, ἢ ἑτέρου τινὸς ὅλου κλίματος. Ita usurpant Palladius in Vita Chrysostomi pag. 23. Constantinus de Administ. Imper. cap. 1. Cantacuzenus lib. 1. cap. 4. initio etc. Hinc κλιματάρχαι Climatum Præfecti, apud Simocattam lib. 3. cap. 9. lib. 4. cap. 7. et Constantinum Manassem pag. 139. et 168. edit. Meurs. Dudo lib. 3. de Morib. Normannor. : *Fama ilico per Franciæ Climata celeriter penetravit.* Ordericus Vital. lib. 3. pag. 491 : *Totam regionem in illo Climate pacificavit.* Egidius Parisiensis MS. lib. 1. Karolini :

.... Navarro in Climate genti
Pampilona situs et inexpugnabile castrum.

* Annal. Estens. ad ann. 1409. apud Murator. tom. 18. Script. Ital. col. 1082 : *Non enim vult sibi aliud talis fabrica societatis, quam viam struere, qua nos omnes exterminemur, et totum Clima Lombardum in Francigenarum jugum redigatur.*

Climata etiam Græci nuperi vocabant urbium regiones. Codex Canonum Ecclesiæ Africanæ cap. 93. 94. ἐν Χαρκηδόνι εἰς τὴν ἐκκλησίαν τοῦ δευτέρου κλίματος. Ubi Editio Lat. *In Basilica regionis secundæ.* Ita κλίματα vocant regiones urbis CP. Socrates lib. 2. cap. 30. et Novella Justiniani 43. cap. 1. §. 1. et Alexandriæ, Epiphanius lib. de Ponderib. et mensuris pag. 536.

Clima, Papiæ, *Mensura pedum* 60. Et mox : *Climata sunt in* 60. *mensuris agrorum, quæ undique habent pedes* 60. Scriptor Gromaticus : *Majores... territoria in agros, agros in centurias, centurias in jugera, jugera in Climata, Climata in actus, perticas, passus, gradus, etc.* Infra : *Actus minimus est latitudine pedum* 4. *longitudine* 140. *Climata quoque undique versus pedes habent* 60. Aliter : *Clima dicitur pars agri quadrata, quæ habet ex omni parte pedes* 60. *id est, perticas decempedas undique sex.*

* **CLIMACULUM**, *La spata*, in Glossar. Lat. Ital. MS.

¶ **CLIMATIA**, Species terræ motus. Ammian. lib. 17. cap. 7 : *Climatiæ, limes ruentes et obliqui, urbes, ædificia montesque complanant.*

* **CLIMIA.** Vide infra *Klimia.*

CLIMPIA, *Species colorum*, Papiæ.

* **CLINARE**, pro Inclinare, Gall. *Se baisser.* Mirac. S. Zitæ tom. 3. April. pag. 510. col. 2 : *Ipsa* (mulier) *stetit attracta de*

renibus, ita quod recte sine baculo ire non poterat vel se Clinare.

* **CLINCABCOT.** Navis species, vox Belgica. Charta Phil. comit. Fland. ann. 1163. in Chartul. 1. Fland. ch. 325. ex Cam. Comput. Insul. : *De nave, quæ est Clincabcot, duodecim denarios.* [** Pro *Klinkerbot.*]

* **CLINCQUARDUS.** Vide *Clicquardus.*

¶ **CLINEKARDI**, Species monetæ. Hist. Monasterii S. Laurentii Leodiensis, apud Marten. tom. 4. Ampliss. Collect. col. 1134 : *Fecit parvum portale ante Ecclesiam S. Gertrudis, quod est sumtuosum; quia Abbas solvit pro solo plumbo ibi posito 23. griffones, et pro pictura 5. Clinekardos.*

* Eadem quæ supra *Clicquardus.* Vide in hac voce.

¶ 1. **CLINGERE.** Gloss. Isid. : *Clingit, eludit.* Grævius : Rectius Excerpta, *Clingit, cludit.* Nam *Clingere* Festo est *Cingerè* a Græco κλείειν. Papias in MS. Bituric. : *Clingo, excludo, Clinxit, decurtavit.*

* Id est, Claudere; unde *Clenche*, pessulus, vulgo *Verrouil.* Hinc forte *Regarder de Clicorgne*, Nictando vel oblique aspicere, apud Guignevil. in Peregr. hum. gen. MS. :

Et de travers et de Clicorgne
Me regardoit; car estoit borgne.

Vide infra *Cliqua* et *Pessulum* 2.

* 2. **CLINGERE**, Pulsare, sonare, Gall. *Tinter.* Glossar. Lat. Gall. ex Cod. reg. 7692. *Clingere, Tintener. Acliqueter*, sonum pelvim percutiendo edere. Ordinat. pro bono publico in Lib. rub. domus publ. Abbavil. art. 29 : *Item que nulz barbiers, ne barbiere voise point parmi le ville, ne ne voise Acliquetant.* Stat. barbit. ibid. art. 4 : *Item ne doivent bachiner aulcuns barbiers en alant par les rues.* Hinc forte *Cacluter*, ejusmodi sonitu aliquid promulgare, in Charta Galch. comit. Regitest. ann. 1255 : *Et ce que lesdits eschevins auront jugé estre à faire pour la commune utilité et commodité, le prevost le fera Cacluter et observer en ce qui ne contreviendra point aux articles.*

* **CLINGIUS**, *La fune*, in Glossar. Lat. Ital. MS.

CLINICI dicuntur, qui lecto ex ægritudine detinentur, a voce κλίνη, *Lectum* : unde Papias *Clinicum Paralyticum* interpretatur. Ugutio : *Clinicus, qui de lecto non descendit, et præcipue paralyticus.* S. Hieronymus Epist. 27. cap. 2 : *Quis Clinicorum non ejus facultatibus sustentatus est?* Epist. 30. cap. 3 : *Quem nudum, Clinicum non Fabiolæ vestimenta texerunt.* Historia Translat. S. Sebastiani num. 36 : *Mulier quædam Clinica, etc.* Vita MS. S. Magnobodi Episcopi Andegavensis cap. 45 : *Homo quidam Clinicus advenerat, erectus repedavit.* Drogo in Miracul. S. Winnoci Abb. cap. 8 : *Puer Clinicus ex utero matris, contractusque membris, etc.* [Wibertus in Vita S. Leonis PP. IX. lib. 2. num. 6 : *Venit Beneventum, ubi aliquandiu commoratus cuidam Clinicæ divina præeunte gratia vitale præbuit auxilium.*] Vide Sugerium in Ludovico VI. cap. 2. et Salmasium ad Spartianum pag. 57.

Clinicos præterea appellatos a quibusdam, qui in ægritudine baptizabantur : qui nempe aqua salutari non loti, sed perfusi erant, tradit S. Cyprianus Epist. 76. Cum enim propter ægritudinem immergi in sacro lavacro, atque intingi (quod baptizari proprie est) ægri non possent, aqua salutari perfundebantur, sive aspergebantur. A quo more profluxit occidentalis Ecclesiæ mos, qui nunc in usu est, ob teneritudinem infantium recens natorum, cum jam rarissimus esset adultorum baptismus. Vide *Superfusus. Grabatarii* dicuntur in Concilio Autisiod. cap. 18. Addit. II. Capit. cap. 8. Concil. Parisiense VI. lib. 1. cap. 8 : *Hi qui in ægritudine baptismatis suscipiunt Sacramenta, ... quos vulgaris sermo Grabatarios vocat.* Vide Euseb. lib. 2. Histor. Ecclesiast. cap. 42. S. Hieron. in Epitaph. Fabiolæ, et in Epitaph. Paulinæ, Fridegodum in S. Wilfrido cap. 55. Rudolphum Presbyter. in Vita Rabani Mauri n. 37. Baron. ann. 384. num. 13. et Justellum. ad Canones Eccl. pag. 170. 1. edit. etc. Ejusmodi vero in extremis *Baptismus, ad sucurrendum* dicitur in libro Sacramentorum Ecclesiæ Remensis, ut me monuit vir doctissimus Joann. Mabillonius.

☞ Mos erat primis Ecclesiæ sæculis *Clinicos* ad nullum Clericatus gradum admitti. Id liquet ex Epistola Cornelii PP. ad Fabium Antioch. n. 6. ubi de Novatiani ordinatione : *Intercedebat omnis clerus, et multi ex laicis, ex quo non liceret eum, qui quemadmodum et ille in lectulo urgente morbo perfusus fuisset, in clerum aliquem assumi. Verum rogavit Episcopus, ut eum unum ordinare sibi permitteretur.* Sed disciplinæ hujus severitatem, aliquanto post Cornelii ævum, temperavit Neocæsariense Concilium, hominem in lecto perfusum non ab omni Cleri gradu, sed a presbyterio duntaxat excludens : *Si quis ægrotans fuerit illuminatus*, inquiunt Patres can. 12, *non potest in Presbyterum evehi; fides enim ejus non est ex instituto, sed ex necessitate.* Additur ibid. exceptio : *Nisi forte propter consequens ejus studium et fidem hominumque raritatem.* Hæc fere post D. Petrum Coustant Ep. Rom. Pont. tom. 1. cap. 155.

Negat porro Hieronymus Mercurialis lib. 3. Variar. lect. cap. 22. *Clinicorum* vocabulum ipsis ægrotantibus esse tributum a veteribus Scriptoribus : Hippocratem quidem 1. de Morbis, decumbentes, κλινοπετεῖς vocasse, et Plutarchum ac Athenæum κλινούρους : at ubi κλινικοὺς dicant non legisse. Probat ibidem *Clinicos* vocatos Medicos, a Chirurgis et Empiricis eo modo, atque etiam magis, antiquitus fuisse sejunctos, quo temporibus nostris Physici nuncupati ab iisdem Chirurgis et Cæretanis vocatis separantur. *Medicus Clinicus, Chirurgus ocularius*, in vet. Inscript. apud Gruter. 400. 7. Vide Scalig. ad Auson. lib. 2. cap. 4.

¶ **CLINODIUM**, Idem quod supra *Clenodium*, Res pretiosa, Gall. *Bijou.* Miracula S. Wernheri tom. 2. SS. April. pag. 720 : *De quorum numero viderit quam plurimos ipsum S. Wernherum suppliciter cum muneribus devotisque orationibus venerabiliter honorare, cum auro et argento, Clinodiis ex cera et magnis et ponderosis*,

* **CLINODUS**, *Cordon, Prov.* Glossar. Provinc. Lat. ex Cod. reg. 7657.

* **CLIOTERIS**, inter famulos monasterio necessarios annumeratur, in Stat. ann. 1338. ex Tabul. S. Vict. Massil. An sellarum plicatilium artifex? Vide *Cliothedrum.*

CLINTINNA. Glossæ MSS. in Prudentii Apotheosin, ex Bibl. S. Germani Paris. : *Scutulatam vestem appellat orbiculatam, quam rustici Clintinnam vocant.* Ubi Glossæ Isonis Magistri : *Scutulis, variatis : scutulatis vestibus, pro omni veste opere vario interserta ponitur.*

¶ **CLIOPHEDRUM** *Græce sella plectilis quæ vulgo Valdestolum dicitur.* Sic in Glossis ad Carmen de laudibus Berengarii apud Muratorium tom. 2. pag. 409. col. 2. Legendum ut infra, *Cliothedrum.*

¶ **CLIOSUS**, *Inclinatus.* Vetus Glossar. Sangerman. MS. num. 501. Legendum *Clivosus*, vel f. *Clinosus* ut *Clinatus* a *Clinare.*

¶ **CLIOTHEDMUS.** Vide *Cliothedrum.*

CLIOTHEDRUM, Cleothedrum, Sella plicatilis, seu *plectilis*, uti vocatur a Gregorio M. lib. 10. Epist. 23. quæ claudi potest. Vocabulum ex Græco κλείω, *Claudo*, et ἕδρα, *Sella*, male compactum et concinnatum. [* Felicius D. *Falconet* a ὀκλαδίας; δίφρος, qui dicitur Pausaniæ Δαιδάλου ποίημα, in Atticis.] Glossæ MSS. : *Exedra, vel Cliothedrum, sedes Episcopalis.* Papias : *Cleothedrum in quo plumæ sternuntur sessoris.* Panegyricus Berengarii Imp. :

.... Postquam conscenderat omnem
Adscensum, aureolo Præsul surgens Cliothedro,
Oscula figit ovans, dextramque receptat amicam.

Ad quem locum Glossa quæ in MS. adscribitur : *Cliothedrum, Græce dicitur sella plectilis, quæ vulgo Valdestolum vocatur.* Fulco Carnot. lib. 3. Histor. Hierosol. cap. 61 : *Confidente autem Boamundo super Cliothedrum suum Principe effecto, diploideque decentissima vestito, etc.* Historia Episcopor. Autisiod. cap. 45 : *Cliothedrum optimum auro argentoque constructum.* Occurrit præterea in Notis Tyronis pag. 164. Ex his emendanda Historia Translationis S. Sebastiani n. 26 : *Ut Cliothetro sedebat, violentia somni subito deprimitur*, [et Acta SS. Junii tom. 2. pag. 304. C. de B. Bardone Archiep. : *Sed dedit videlicet Kliotetram regio decore præparatam.* Alias, ut observat Editor, *Cliothedmus.* Ubique] legendum *Cliothedrum*, ut apud Fridegodum in Vita S. Wilfridi cap. 4 :

Sedis Apostolicæ viso primum Cliothedro.

¶ **CLIPANICANA** Major, Scripturæ genus. Vide *Scriptura.*

¶ **CLIPEARE**, *Contegere.* Vet. Gloss. San-German. MS. n. 501. Legendum cum Laurentio in Amalthea *Clypeare*, Clypeo munire, armare. Pacuvius apud Nonium 2. 145 : *Chlamyde contorta astu Clypeat brachium.*

¶ **CLIPEOCENTRUM**, *Insigne scuti in clipei centro*, apud Martinium in Lexico. Vide Stewech. ad Vegetium lib. 2. cap. 18. et infra *Clypeocentrus.*

¶ **CLIPEOLA**, *Anulus*, Vet. Glossar. Sangerman. n. 501. Papias. MS. : *Clipeola, Annulus, vel rotula.*

¶ **CLIPEUS.** Vide *Clypeus.*

¶ **CLIPPALICANA** Galeata. Vide *Scriptura.*

¶ **CLIPSTERIZARE**, *Per foramen in anum aliquid immittere.* Papias MS. Legendum esset *Clysterizare* a Græco κλυστήρ, Clyster, Clysterium. Cæl. Aurel. Acut. 2. 38: *Phlebotomare et Clysterizare.*

* **CLIQUA**, Pessulus versatilis, idem quod *Cliquetus.* Comput. eccl. S. Vulfr. Abbavil. MS. ann. 1450: *Item dicto Petro pro uno gonno ad ostium aulæ grangiæ apposito, cum una Cliqua ad ostium parvum anterioris portæ, xx. den.* Vide supra *Clingere* 1.

* **CLIQUETUM**, vel Cliquetus, Matutina campanæ pulsatio, nostris *Cliquet;* serotina vero *Ignitegium*, Gall. *Couvre-feu.* Stat. colleg. Longobard. MSS. ann. 1392: *Jurabit* (prior) *quod omni die in ignitegio S. Benedicti firmabit portas domus cum clave,..... ac de mane in Cliqueto seu signo S. Jacobi aperire teneatur per se vel per alium. At nulli post illam horam ignitegii S. Benedicti vel ante Cliquetum aperire teneatur ullomodo.* Quæ Gallice sic redduntur in Arest. parlam. Paris. 21. Dec. ann. 1481: *Les portes d'icellui college seront fermées au coup du queuvrefeu..... S. Benoist, et ouvertes au matin au Cliquet et son de la cloche des Jacobins.* Stat. colleg. March. ann. 1423. fol. 13: *Littera an. 1417. sigillis prioris et conventus monasterii fratrum ordinis B. M. de Monte Carmelo sigillata, in qua obligantur quolibet die, hora Cliqueti, celebrare unam missam.* Stat. colleg. mag. Gervas. ex Bibl. reg. cap. 9. fol. 22. v°.: *Presbyter ebdomadarius unam missam omni die cito post primum Cliquetum seu pulsum S. Jacobi celebrabit.* Est etiam certa pulsandi ratio. Stat. MSS. eccl. Tull. in unum collecta ann. 1497. fol. 8. r°.: *Capitulum vero semper pulsatur cum prima campana sincopatim cum modicis intervallis, et in fine cum multiplicatione Cliquetorum, ut omnes festinent venire, qui in eo vocem habent.* Vide supra *Clingere* 2. *Cliquet* vero, Instrumentum est piscatorium, in Stat. ann. 1326. ex Reg. B. 2. Cam. Comput. Paris. fol. 32. r°. Ejusdem præterea mentio fit tom. 1. Ordinat. reg. Franc. pag. 793. art. 4. tom. 7. pag. 779. art. 47. et tom. 8. pag. 535. art. 72. ubi *Clinquet* perperam legitur.

¶ **CLIQUETUS**, Pessulus versatilis, Gall. *Loquet*, alias *Cliquet.* Constitutiones Domni Valentini Prioris de Charitate ann. 1416: *Refectorarius semper teneat hostium refectorii clausum cum Cliqueto.*

* **CLIRICA**, *La recolicia.* Glossar. Lat. Ital. MS. Vide infra *Glicosa.*

¶ **CLISCISCERE**, *Disjungere.* Papias MS. cum veteri Glossario San-German. MS. n. 501.

¶ **CLISSUS**, *est Vis occulta hinc inde vagans rediensque, ut virtus radicis primum in caudem deinde in radicem.* Roch. *le Baillif* in Diction. Spagyr. Petrus Poterius in Pharmacopoia Spagyrica: *Clissus, Unio quædam omnium virtutum cujuslibet plantæ; in tribus primis substantiis exsistentium, sulphure, sale et mercurio, ex singulis plantarum partibus seorsim eductis.*

* Vel Clyssus. Si plura circa hujus vocis notionem cupis, vide Diction. medic. Castelli a Panor. Brunone, qui a Rulando et Johnsono fere omnia id genus deprompsit, auctore D. *Falconet.*

¶ **CLISURA**, f. pro *Clausura*, Angustus montium aditus. Acta SS. Junii tom. 5. pag. 188. de S. Joanne Episc. Gotthiæ: *Intercedere montes Caucasios, in iisque esse Clisuras, seu augustum transitum, constat ex Theophane.*

¶ **CLITA**, Crates. Vide *Clida* post *Cleia.*

* **CLITERINUS**, *La ficura de lombra.* Glossar. Lat. Ital. Ms.

CLITONES, non modo Regum primogenitos, quod vult Spelmannus, sed universim filios omnes, appellarunt Anglo-Saxones, tanquam Κλειτοὺς, id est, *inclytos, claros.* Lexic. Græc. MS. Reg.: Κλειτός, ὁ ἔνδοξος. Joannes de Janua: *Clito, filius Regis, vel Imperatoris, qui multa resplendet nobilitate, a cluo, cluis, pro splendeo.* Glossæ Saxonicæ Ælfrici: *Clito*, Ædeling. In Charta Ethelredi Anglor. in Additam. ad Matth. Paris pag. 158: *Ethelstanus, Ecbryth, Eadmundus, Eadward, Eadwig, et Eadgar,* cum *Clitonis* epitheto subscribunt, qui in aliis, quas laudat Watsius, se *Regis filios* appellant. Exstant apud Seldenum in Notis ad Eadmerum Eadgari Regis Statuta pro Reformatione Monasteriorum, quæ in hunc modum subscribuntur: *Ego Eadgar, etc. Ego Eadmund Clito legitimus præfati Regis filius crucis signaculum infantili florens ætate propria indidi manu. Ego Eadweard eodem Rege Clito procreatus præfatam patris munificentiam crucis signo consolidavi.* Radulfus de Diceto in Abbrev. Chron. ann. 1037: *Innocentes Clitones Aluredus, et Edwardus Ethelredi Regis quondam filii:* qui *Clitunculi* dicuntur Simeoni Dunel. de Gestis Regum Angl. ann. 1017. Rogerus Hovedenus ann. 918: *Clito Ethelwardus Regis Eadwardi Germanus... defunctus est.* Vide eumdem ann. 957. et pag. 436. 438. Simeon Dunelm. de Gestis Regum Angl. ann. 860. et 866. *Elfredus Clito.* Ann. 866. *Elfredus, id est, Clito Adeling:* ubi emendat Somnerus, *Elfredus Clito, id est, Adeling.* An. 955: *Cujus fratruus Clito Edvins, Regis scilicet Eadmundi... filius.* An. 957: *Suus germanus Clito Eadgarus ab iis Rex eligitur.* Ordericus Vital. lib. 5. pag. 566: *Tunc Aluredus et Eduardus Clitones in Anglia exulabant.* Lib. 7. pag. 655: *Canutus.... Edmundum ac Eduinum Clitonem Edrici dolis peremerat.* Lib. 8. pag. 672. de Henrico postmodum Rege Angliæ: *Henricus Clito Constantiniensis Comes in Angliam transfretavit.* Et infra pag. 689: *Eodem tempore Constantiniensis Henricus Clito strenue regebat.* Lib. 11. pag. 838. de Guillelmo Normanno postmodum Flandriæ Comite: *Robertus* (genuit) *Guillelmum Nothum, qui genuit Robertum patrem Guillelmi Clitonis.* De eo lib. 12. pag. 854: *Ibi Guillelmus Clito Rodberti Ducis Normannorum filius armatus est.* Infra: *Guillelmus quoque Adelingus Guillelmo Clitoni consobrino suo palafridum quem in bello perdiderat remisit.* Eidem Guillelmo *Clitonis* epitheton tribuunt Chronica S. Stephani Cadomens. ann. 1110. Fridegodus in S. Wilfrido cap. 21:

Inferias cæso dantes mœrendo Clitoni.

Vide Monasticum Anglic. tom. 1. pag. 17. 203. etc. Seldenum, et supra in *Adalingus.* [** Suecis *Glœtt* Puer est cujuscunque ætatis. An vero Scani Anglis aut versa vice hi illis hanc vocem in acceptis referant, non liquet. Adel.]

* **CLIVACIUS.** Vide *Clibanus* 1. et *Clivatius.*

¶ **CLIVANUS.** Vide *Clibanus.*

¶ **CLIVATIUS**, *Fornax.* Gloss. vet. MS. San-German. n. 501. Lege *Clivanus*, vel potius *Clibanus.*

¶ **CLIVIOR**, *Nobilior.* Glossar. Isid. Lege *Cluior* a *Cluis* infra in *Cluere*, nisi mavis cum Martinio *Clivior* esse tanquam *Celsior* a *Clivo*, qui est excelsior terra.

** **CIZANA.** Vide *Camisia* et *Glizzum.*

CLOACA, Latrina, in Chronico Montis-Sereni ann. 1183: *Hi duo in Cloaca, quæ erat in extrema parte domus* (quæ deciderat) *mersi sunt.* [Sepulcrum, in Vita S. Turiavi tom. 3. SS. Julii pag. 618: *Devotis precibus de morte ad vitam revocavit puellam jam alienis ad Cloacam gressibus properantem.*]

¶ Cloacaria *et immunda loca*, in Vita B. Caroli Comitis Flandriæ tom. 1. SS. Martii pag. 207.

Cloacarius, Qui latrinarum Monasterii curam habet, vel ut est in Mamotrecto ad Legendam S. Hippolyti, *Qui purgat cloacas.* Vita Godefridi Comitis Campebergensis cap. 37: *Sed minimum est hoc humilitatis indicium, quod aliquando etiam ad confutandam superbiam nostram silere non possum, se Cloacarium domus nostræ humillima seu extrema servitute dejectus exhibuit.* [* Glossar. Gall. Lat. ex Cod. reg. 7684: *Cloacarius, cureurs de chiouerez.* Aliud Lat. Gall. ex Cod. 7692: *Cloacarius, fesour de privée.*] Alias

Cloacarius, Δεσμοφύλαξ, in Glossis MSS. Carceris custos, sed præsertim carceris istius partis, quam *Bassefosse*, nostri dicunt.

Cloacare, Μιολύνειν, in Gloss. MSS. apud Vossium.: commaculari quippe et conspurcari dicuntur qui in cloacas labuntur. [Festo *Cloacare* est *inquinare.*]

* **CLOANICUM**, *Mezo denario.* Glossar. Lat. Ital. Ms. Pro *Clocerium.* Vide in hac voce.

* **CLOARIUS**, Qui cratibus claudit, vel idem qui *Cloacarius.* Comput. ann. 1239. Ms: *Fabrica hospitii et pro suis Cloariis et suis valetis, cix. lib. xix. sol.*

¶ **CLOAX**, καναλισκός, *Canaliculus.* Supplem. Antiquarii. Forte leg. *Cloaca.*

CLOBO. Anniversarii Ecclesiæ Alaman.: *Resignavit decimam persolventem 7. maltra frumenti et 6. Clobones lini. Globos* forte. In Gloss. Græc. Lat. κλωβὸς, est *cavea*, Ζωγρεῖον ὀρνιθος, quomodo κλωβίον interpretatur Eustathius ad Dion. pag. 135. qua voce utitur etiam Laonicus lib. 2. pag. 40. edit. Genev. præter Oppiani Scholiasten laudatum a Meursio. [** Germanis *eine Klobe* est Certum pensum lini, continens 30. aut 60. manipulos, *Reisten*, dictos. *Unum pensum lini, quod Clowe dicitur,* in Script. Saxon. Menkenii tom. 1. pag. 700. Adel.]

* **CLOBUS**, a Gr. κλωβός, Cavea. Charta ann. 1258. ex Tabul. S. Vict. Massil.: *Prima divisio territorii de Mura ab Oriente de vallono qui dicitur Bojarol, et vergit in Clobo S. Johannis usque verticem collis,.... et ad finem Clobum Mantelli.* Ubi *Clotum Mantelli* habet alia ann. 1052. in eod. Tabul. Vide *Globo* et *Clubum.*

* **CLOC CLOC**, Sonus, quem edit am-

phora dum liquor vel aer ex ea ore exhauritur. Chron. Tarvis. ad ann. 1380. apud Murator. tom. 19. Script. Ital. col. 778 : *Unusquisque militum accepta sua* (phiala) *illam ori propinavit; et dum biberet, phialæ sonum ori et gutturi allidebat facientes Cloc, Cloc. Quo sono milites applaudebant.*

¶ 1. **CLOCA**, pro *Cloaca*, Si bene conjecto, Fossa major in agris, per quam eluuntur imbrium aquæ. Charta permutationis inter Petrum de Ferreriis, etc. ann. 1304. ex Archivo D. Marchionis *de Flamarens* : *Confrontatis et adjacentiatis inter terram dicti Domini Petri ex parte una et vineam Guilhermi Sabaterii versus quamdam Clocam supra seram.*

2. **CLOCA**, Clocca, Campana : nostris *Cloche*. Papias : *Amplare, ris*, (leg. *applare*) *Cloca, signum, Campana.* Capitul. Caroli M. ann. 789. cap. 7 : *Ut Cloccæ non baptizentur.* S. Bonifacius Moguntin. Epist. 9 : *Et si vobis laboriosum non sit, ut Cloccam unam transmittatis.* Ibidem Epist. 89 : *Clocam, qualem ad manum habui, tuæ Paternitati mittere curavimus.* Alcuinus Poem. 203 :

Semper in æternum faciat hæc Clocula tantum
Carmina, sed resonet nobis bona Clocca cocorum.

Vita S. Anscharii Archiepiscopi Bremensis num. 84 : *Insuper etiam, quod antea nefandum Paganis videbatur ut Cloca haberetur in Ecclesia, consensit.* Vita Aldrici Episc. Cenoman. pag. 126 : *Plenam et legalem vestituram per Cloccas et ostia senioris ipsius monasterii... solemniter fecerunt.* Hariulfus lib. 2. Chron. Centul. cap. 10 : *Cloccaria auro parata* 3. *Cloccæ optimæ* 15. *cum earum circulis, skillæ* 3. Vita S. Remberti Archiepisc. Bremens. n. 8 : *Signumque Ecclesiæ unum, quod nos Cloccam vocamus.* Tabular. S. Remigii Remensis : *Cloccas* 3. *de metallo* 1. *de ferro.* Anonymus Thuanus MS. :

Dic Cloquam turris, scalam, testamque limacis.

A Saxonico *Clugga* deducit Somnerus; alii a Germanico *Clocke*, Campana. Jacobus *Bourgoing* lib. de Orig. et usu vulgar. vocum pag. 66. a Græc. κέκληται, *vocare :* vel a *glocitu* gallinarum, etc. Anglo-Britannis, *Clocc*, est Horologium, *Cloch*, Campana, nola, *Clochdy*, Campanarium. Apud Somnerum in Gloss. Saxonico, Cloccan, est glocire, glocitare, singultire, bombum sive sonitum edere : sed has fortean voces a Germanico *Clock* hauserant Anglo-Saxones, atque hi etiam a Latino, *Glocire*, vel potius ab ipso sonitu.

Cloquemannus, Presbyter, cui campanarum Ecclesiæ cura, easque pulsare incumbit : ita etiamnum appellatur, in Ecclesia Ambianensi. Tabularium Episcopat. Ambian. ann. 1327 : *Item super alia captione Thomæ Cloquemandi et sex pulsatorum dictarum campanarum, etc.* Ita dictus quasi *homo campanarum.* Id enim sonat vox *man.* Ubi observandum præterea dici præfectum cæteris pulsatoribus. [Statuta MSS. Capituli S. Audomari : *Cloquemannus qui in Vigiliis et Commendationibus tenebitur solemniter pulsare, habebit quatuor solidos Parisienses. Item cum ad Præpositum pertinet ponere Custodes, scilicet Majorem et Minorem et Campanarium Gallice,* Cloqueman, *custodire, vel facere custodire periculo suo jocalia, Reliquias, etc.*] Vide *Campana* et *Campanarius.*

¶ Clocquemani, Pulsatores quilibet campanarum. Obituarium Ecclesiæ Morinensis fol. 34 : *Habebunt Clocquemani Ecclesiæ onus ipsum accendendi et extinguendi finito dicto Salve.* Et fol. 39. v° : *Clocquemanis ad onus titubandi grossam campanam, ut moris est, 12. den.* Occurrit ibid. fol. 36. et 42.

Glogga, Idem quod *Cloca*, Campana. Antiq. Fuldenses lib. 1. Tradit. 46 : *Duo tintinnabula, una Glogga, duo scrinia.* Lib. 2. Tradit. 39 : *Glockæ* 4. *et unum tintinnabulum, etc.* Rhabanus in Epist. ad Simeonem : *Mitto vobis unam Gloggam, et unum tintinnabulum.* Ita etiam Eigil in Vita S. Sturmii Abbat. Fuld. cap. 24.

Glocca, in Vita S. Wnebaldi Abbatis Heidenhemensis cap. 25 : *Illa Glocca in Ecclesia sine manibus hominum.... se commovere cœpit.*

¶ Cloccum, in Vita S. Bonifacii Archiep. tom. 1. SS. Junii pag. 472.

¶ Clocha, in Actis S. Golvenni MSS. et apud Lindwodum Provinciali Cantuar. pag. 123. *Clocha banni*, quæ pulsabatur dum Princeps viros nobiles ad militaria munera convocabat, apud D. *Brussel* tom. 2. de Feudorum usu pag. 721.

Klockum, in Vita S. Liobæ Abb. cap. 6. Vide *Crocea.*

Clocarium, Cloccarium, Gall. *Clocher.* Campanarium. Glossæ MSS. : *Toral, sedes vel Clocarium, vel longa mappa.* Vita Aldrici Episcopi Cenomanensis num. 34 : *In præfata seniore et matre Ecclesia Civitatis duodecim signa ex metallo optimo fundere, et firmare studuit, quæ in jam dicta Ecclesia decenter in Clocariis collocavit.* Ademarus Caban. : *Ibidem Clocarium inceptum est.* Gaufredus Vosiensis lib. 1. cap. 40 : *Signa Clocarii, claustra, officinæ, ... igne cremata sunt.* Adde cap. 66. Chron. Dolense ann. 1210 : *Cecidit Clocarium Dolense.* [Hariulfus in Vita S. Angilberti Abb. inter Acta SS. Benedict. sec. 4. part. 1. pag. 116 : *Cloccaria auro parata tria, cloccæ optimæ quindecim, etc.*] Occurrit præterea non semel apud Henricum Knyghton. in Chron. et in veteri Charta apud Puricellum in Ambrosiana Basilica pag. 668. 671. 673. [necnon etiam in Chron. MS. Ytherii Monachi S. Martialis Lemovic. ad ann. 1214. inter Fragm. Hist. Stephanotii nostri tom. 1. et in antiquo Regesto S. Martialis Lemovic. ann. 1222.]

Clocherium, apud Nangium in Chron. ann. 1283. [et in Charta visitationis Monasterii Castrensis ann. 1261. ex Archivo S. Victoris Massil.] *Cloquerium*, apud Gariell. in Episc. Magalonensib. pag. 143.

¶ Clocherii Abbas, Idem qui *Cloquemannus*, in Charta Ecclesiæ Aniciens. ann. 1312. Vide *Abbas Clocherii.*

¶ Cloquerium Ecclesiæ, apud Edm. Marten. tom. 1. Anecd. col. 783.

3. **CLOCA**, Vestis species, quæ equitantium et peregre euntium propria fuit : sic nuncupata quia forte campanæ aut circuli, uti apud Græcos *Cyclas*, speciem referebat, quæ in superiori parte strictior, in ima largior, circulum quodammodo formabat, cujusmodi Flandrenses Domicellæ, utuntur. Angli etiamnum *Cloake* pallium vocant. Statuta Hospitalis S. Juliani, in Additamentis ad Matth. Paris pag. 164 : *In equitando Cloca rotunda competentis longitudinis, capello nigro, freno, calcaribus, botis, et aliis ornamentis utuntur.* Statuta Synodalia Guillelmi Majoris Episcopi Andegav. ann. 1298 : *Inhibitum* (fuit) *ne Abbates, Monachi, Priores, et alii Religiosi, qui secundum instituta majorum cappas clausas de panno nigro deferre tenentur, houcias et Clochias deferre præsumerent, etc.* Occurrit ibi rursum. [Testamentum Pauli Episc. Massil. ann. 1433. ex Archivo ejusd. Eccl. : *Item legamus Clochiam nostram, tunicam nostram rastacii foderatam, etc.*] Charta fundat. Hospitalis S. Joannis in civitate Cowentriæ in Angl. tom. 2. Monast. Angl. pag. 430 : *Sorores velo albo utantur cum togis et mantellis talaribus, vel Clochis clausis, cum proficiscuntur, quibus etiam, ubicumque fuerint extra domum religiose utantur.* Concilium Londinense ann. 1342. can. 2. de Clericis : *Epitogiis ac Clocis furratis uti..... non verentur.* Concilium Andegavense ann. 1365. can. 20. de iisdem : *Nec chlamydes fixas super humerum, sed clausas, largas, longas et honestas, nec Clocas, sericatas sive consutas de serico alterius coloris quam fuerint Cloca, vel mantellus seu cappa, deferant.* Cap. 19. *Rotundellos* appellavit : ex Gallico forte *Rondeaux.* Computum Stephani *de la Fontaine* Argentarii R. ann. 1351. Capite *des Pennes et Fourrures pour le Duc d'Orleans : Pour fourrer 2. paires de robes de 4. garnemens chascune, etc. Pour les 2. surcos de chacune robe 2. fourrures de menu vair tenant chacune 240. ventres, manches 50. chaperon 100. et la Cloche 280.* Infra : *Pour fourrer sa robe de Noël, etc. Pour les 2. surcos 2. fourrures de menu ver, tenant chacune 240. ventres, pour manches 50. pour le chaperon 100. et pour la Cloche 306.* Alibi : *Une livre d'or de Chippre en canet pour faire rubans aux Cloches de Nosseigneurs.* Ibidem : *Pour 8. letices à pourfiller les Cloches d'icelles robes.* Computum incipiens 28. Aug. 1350 : *Pour tondre deux marbres bruns de Saint Omer, pour faire Cloches à chevaucher ausdites Damoiselles.* Vide *Rotundellus.*

* Stat. capit. Bened. apud Compend. celebrati ann. 1379. ex Bibl. S. Germ. Prat. : *De Clocis autem fissis ad latus idem decernimus observandum.* Inventar. Guidonis *de Kaours* mag. monet. ann. 1321. in Reg. A. 2. Cam. Comput. Paris. fol. 12. v° : *Item une Cloche, ou fonds de cuve de deux dras, c'est assavoir marbre camelin et pers.* Lib. rub. fol. parvo domus publ. Abbavil. fol. 55. r°. ad ann. 1322 : *Avoit emblé une Clake et un mantel, lequele Clake ele avoit vendu à un viesier.* Rectius fol. 54. v°. *Une Cloke de drap.* Vide infra *Cloqua.*

* Clocha, Eadem notione. Testam. Phil. Episc. Sabin. 1372. ex Cod. reg. 9612. A. F : *Item sorori primogenitæ Andronetæ Clocham suam de blanco claro, cum qua maritetur, cum capuciis folratis de variis.*

CLOCERIUM, *Dimidius denarius.* Ugutioni.

¶ 1. **CLOCHA**, Campana. Vide in *Cloca* 2.

¶ 2. **CLOCHA**, CLOCHIA, Vestis genus. Vide *Cloca* 3.

* **CLOCHARIUM.** Vide infra *Cloquarium.*

¶ **CLOCHERIUM.** Vide in *Cloca* 3.

* **CLOCHERIUS**, Campanarum fusor. Obituar. eccl. Lingon. ex Cod. reg. 5191. fol. 143. v° : *Qui Nicolaus Martini Clocherius dedit ecclesiæ factionem campanæ canonicorum ; ipsamque campanam reddidit factam in mense Augusti anno* 1437. *Clochemant* vero nuncupatur ille, cui campanarum ecclesiæ cura, easque pulsare incumbit. Lit. remiss. ann. 1403. in Reg. 158. Chartoph. reg. ch. 25 : *Alard Remons Clochemant de l'église de S. Quentin en Vermendois, et Gerard Casse aussi Clochemant de ladite eglise, etc.* Vide *Cloquemannus* in *Cloca* 2.

* **CLOCHETA**, diminut. a *Cloca*, Campanula, Gall. *Clochette.* Lit. remiss. ann. 1397. in Reg. 151. Chartoph. reg. ch. 387 : *Cum dictus Bonitus emisset quandam campanam sive Clochetam ovis vel vachæ pretio sex solidorum, quam campanam sive Clochetam ipse Bonitus tenebat in domo, etc.* Occurrit præterea in Bulla Innoc. VIII. PP. ann. 1484. ex Contin. magn. Bullar. Rom. pag. 287. col. 1. *Clocette* inter instrumenta musica recensetur a veteri Poeta ex Cod. reg. 7612. fol. 55. Vide *Tintinnabulum.*

* **CLOCHIA**, Campana, nostris *Cloche.* Acta Mss. capit. eccl. Paris. fol. 78. ad ann. 1359. 25. Sept. : *Hodie conclusum est quod matutinæ dicantur media nocte, et quod pulsentur minores et mediocres Clochiæ.* Alia notione vide in *Cloca* 3.

¶ **CLOCHONTI**, *Pulsans.* CLOCHOT, *Pulsat.* Vide *Pulsare signa, campanas.*

* **CLOCIDRA**, CLOXEDRA, Sic appellatur S. Clotildis Clodovei regis uxor, in Act. var. ad Conc. Basil. apud Marten. tom. 8. Ampl. Collect. col. 215 : *Ut ille flos dignissimus sancta Cloxedra, regis Burgondiæ neptis, Clodeveo regi Francorum, sed pagano, matrimonio copularetur.* Et col. 216 : *Ex quibus illa SS. Clocidra, quæ regi Clodeveo sicut et coronam, ita et fidem catholicam detulit.*

CLOCIRE. Alexander Iatrosophista lib. 1. Passion. cap. 102. de signis Hydropisis : *Aschitem ergo scias cum venter repletus humoribus, quasi in utre aliquo huc illucque commoto Clociendo decurrit.* Ubi Glossæ MSS. : *Cloco, clocis, verbum factitium : clocit enim venter in aschite, id est, sonat sicut aqua in utre.* Vetus Epigramma lib. 4. Epigram. veter. :

Percutit et frangit vas, vinum defluit, ansa
Stricta fuit, glut glut murmurat unda sonans.

Vide *Cloc, Cloc.*

¶ **CLOCQUEMANI**, Pulsatores campanarum. Vide in *Cloca* 2.

¶ **CLODE**, *Clam, occulte.* Papias MS.

¶ **CLODELLUM**, in Chartis Dumbensibus est Pratulum clausum aut etiam quilibet parvus fundus sepibus vel muris clausus. Codex censualis Calomontis : *Item unum Clodellum prati situm, etc.*

¶ **CLODICIUM**, Idem quod *Clausum*, Ager sepibus vel muris clausus. Donatio anni 1205. apud Lobinellum tom. 2. Hist. Britan. col. 389 : *Dono iterum totum Clodicium meum de Barbastre, et totum Clodicium meum de Hero insula, quod vocatur Clodicium dominæ Gelosæ, et terras quæ dicuntur les Isleas dicto Clodicio proximas.*

¶ **CLODIS.** Vide *Clodus.*

CLODIT. Papias : *Clodit, fabricat, excutit.*

* **CLODUM**, idem quod *Closum*, Locus vel ager sepibus vel muris clausus. Charta ann. 916. tom. 9. Collect. Histor. Franc. pag. 529 : *Gistulfum quoque cum Clodo suo ad quatuor denarios solventem, etc.*

1. **CLODUS**, pro *Claudus*, in Edicto Rotharis Regis Longobardor. tit. 121. § 19. [** 387.] ubi Lex Longobard. lib. 1. tit. 6. § 6. *Claudus* præfert. [Murator. ex MS. Cathedralis Mutin. legit *Clodis.*] Nostri olim *Clos*, hac notione efferebant.

* 2. **CLODUS**, Clavus, Gall. *Clou*, vel Vasis genus, urceus. Glossar. Lat. Ital. Ms. : *Clodus, lo chiodo, e coppo.* Stat. Vallis-Ser. rubr. 28. ex Cod. reg. 4619 : *Vicarius dictæ Vallis teneatur et debeat in primo mense sui officii vel semel in anno bullare..... quaslibet mensuras, stateras, bullos, pensos, Clodos, staria, etc.* Vide supra *Claudus.*

CLODWITH. Charta Henrici I. Regis Angl. tom. 1. Monastici pag. 133 : *Retineo etiam in dominio meo meas domos villæ,... et habeant socam, sacam, et tol et theam, et infangenethef et grithbrith et hamsocne, et Clodwith, et forstall, etc.* [** leg. *Blodwith.* Vide Leges Henric. I. cap. 23.]

¶ 1. **CLOEA**, Crates, Gall. *Claie*, alias *Cloie.* Vide in *Cleia.*

* 2. **CLOEA**, Locus in fluvio *cloeis* seu cratibus clausus, piscium capiendorum gratia, nostris *Clier.* Assignatio dotalit. Joan. regin. Franc. ann. 1319. in Reg. 60. Chartoph. reg. ch. 69 : *Item pro quadam motella sita in Sequana, tres solidos... Item pro Cloeis S. Egidii, viginti solidos.* Charta ann. 1281. ex Chartul. Montis S. Mart. part. 7. fol. 124. r°. col. 1 : *Consent ke li abbés et li couvens.... pussent.... faire noviaus Cliers. Ventaus, Clihiers et tous autres aaisemens*, in Ch. ann. 1282. ibid. fol. 127. r°. col. 2. Alia Galt. *d'Estrommel* ann. 1308. in Reg. 72. ch. 309 : *Pourront avoir lidiz religieus* (du mont S. Martin) *dessouz ledit molin un Clier et une keste pour retenir le poisson, qui là pouroit kair.* Chartul. sign. *Ezéchiel* Corb. ad ann. 1415. fol. 25. v° : *Pour toute l'estraieur et Clier devant ledit mollin, etc.* Vide supra *Cliaria.*

* **CLOENDA**, Crates, tabula viminibus aut virgultis contexta. Stat. Astæ collat. 13. cap. 11. pag. 40. v° : *Statutum est quod aliqua persona, qui vadat vel mittatur ad laborandum in aliquam vineam, boschum,... non audeant vel præsumant portare aliquas vites sarmentas, cannas, bropas, perticas vel Cloendas, seu aliqua alia ligna, etc.* Vide *Cleia.*

1. **CLOERIA.** Libertates MSS. Villæ S. Desiderii in Campania ann. 1228 : *Retinuimus autem nobis infra leucam bannatam furnos, molendina, halas, Cloerias, et staulos, et hæc bannalia erunt domino, nec aliquis præterquam nos infra leucam bannatam furnos, molendina, Cloerias, halas habere poterit, exceptis Cloeriis quæ tempore literarum istarum infra leucam bannatam confectæ erant.* Ubi *Cloeria* videtur sumi pro *Clauseria*, seu loco clauso.

* Nisi idem sit quod supra *Cloea*, 2. Vide ibi. *Clouer*, pro *Fermer*, nostris. *Environ l'eure de jour Clouant*, in Lit. remiss. ann. 1481. ex Reg. 208. Chartoph. reg. ch. 194. id est, Occidente die. Hinc *Clouant*, pro Fibula, vulgo *Agraffe*, in Lit. remiss. ann. 1398. ex Reg. 153. ch. 296 : *Unes heures à deux petits Cloans d'argent.* Aliæ ann. 1416. in Reg. 169. ch. 324 : *Le suppliant prinst unes heures, esquelles avoit un Cloant d'argent.*

* 2. **CLOERIA**, f. Catella, Gall. *Chaine.* Stat. Astæ pag. 83. r° : *Statutum est quod nulla persona faciens pannos in civitate Ast, debeant ipsos pannos facere minus de duodecim centenariis in Cloeria sive joeria.* Fullonibus vero *Cloere* vel *Cloiere* dicitur, Vas in quo panni poliuntur, nunc vulgatius *Pile.* Lit. remiss. ann. 1400. in Reg. 155. Chartoph. reg. ch. 90 : *Il lui dist que ilz trouveroient grant quantité de draps ès Cloeres ou poulies du pontoir de l'Espau, ... que les foulons n'en diront ja riens. Faire mettre draps en Cloiere*, in Stat. ann. 1378. tom. 6. Ordinat. reg. Franc. pag. 366. *Clouyere*, in alia ann. 1403. ibid. tom. 9. pag. 172. art. 25.

CLOES, *Pluvia, vel navigium*, in Gloss. Isid. *Folles, vel pluvia*, apud Papiam, et Ugutionem. [Constantiensis, *Clues, Folles, pluvia.* Monstra hæc sunt, inquit Grævius, quæ ego non domo.]

¶ **CLOGGIS** STANNI, Massa stanni sic dicta, nisi fallor, quod ad instar *Cloggæ* vol *cloccæ* seu campanulæ sit exterius efformata. Charta Henrici VI. Angl. Regis pro Olivero Batirsby Armigero : *Licentiam dedimus præfecto Olivero, quod... quingentas pecias sive Clogges stanni... absque costuma... ducere et cariare valeat.* Vide *Cloca* 2.

¶ **CLOIA**, Crates. Vide in *Cleia.*

* **CLOPERIA**, pro *Cloperia*, Hara cunicularia, Gall. *Clapier.* Charta ann. 1353. in Reg. 81. Chartoph. reg. ch. 763 : *Bartholomeo de Bostario licentiam impertimur tenendi Cloperiam pro cuniculis, ac cuniculos in dictis Cloperiis.*

CLOPPUS, Χωλός in Gloss. Lat. Græc. [ex χωλόπους, inquit Martinius.] Hinc nostri *Clopiner*, pro *Claudicare.* Lex Alamannorum ex Cod. Corbionensi apud Baluzium cap. 65. § 31 : *Si quis alium in genuculo placaverit, ita ut Cloppus permaneat, etc.* Editus *Claudus* habet. Capitulare de Villis cap. 33 : *Et habeant* (Judices in unaquaque villa) *quando servierint ad canes dandum, boves Cloppos, non languidos, et vaccas, sive caballos non scabiosos, aut alia pecora non languida* : ubi legendum, *non cloppos.* Philippus *Mouskes* in Carolo magno :

Et li commanda que tout cel,
Ne franc, ne sierf, ne bon, ne vil,
Ne Clop, ne rous, ne blanc, ne noir,
Qui vourroient à Ais manoir,
De tous usages fusent frans.

Joannes *Le Gogue* in Historia MS. Principum *de Deols* in Bituribigus : *De son espée tellement le frappa au pié devers le talon, que tout le temps de sa vie en va clocher, et pour ce fust appellé le Cloup de Chauvigni.*

* Chron. S. Dion. lib. 3. cap. 11. tom. 5. Collect. Histor. Franc. pag. 279 : *xiiij. Clop i furent redrecié.* Vitæ SS. ex Cod. 28. S. Vict. Paris. fol. 17. r°. col. 1 : *Li avugle ont recouvré le veoir, li sort l'oyr, li Glop l'aler.* Fol. 19. r°. col. 2. ubi de Circumcis. : *Ce est li nons qui dona veoir as avugles, as sours oir, as Clos qu'il puissent aler.*

** Suecis *Klopare* itidem est Claudus. Vocem *Cloppus* Ciceroni Ep. ad Attic. 12, 3. haud paucæ editiones tribuunt. Germanis superioribus *Knoppen* est Claudere. Adel.

¶ **CLOQUA**, Campana. Vide *Cloca* 2.

* **CLOQUA**, Vestis species, quæ aliis superinduitur, Gall. *Cloque.* Stat. Universit. Andegav. ann. 1410. tom. 9. Ordinat. reg. Franc. pag. 499. art. 8 ; *Aliud autem vestimentum erit quædam Cloqua, Gallice une Cloque, honorabilis atque decens, duobus capuciis communita, quorum unum minuto vario pro tempore hiemali forrabitur, et aliud sandalis pro tempore æstivali dupplicabitur seu munietur : qua siquidem Cloqua rector prædictus ad collegium accedendo et ad scolas lectionem doctoralem audiendo, perfruetur : in ceteris autem propriis et privatis ejusdem rectoris negociis, per villam aut alia loca incedendo, honeste et decenter in propriis suis robis, sine cappa et Cloqua prædictis, ambulet et incedat.* Lit. remiss. ann. 1402. in Reg. 157. Chartoph. reg. ch. 190 : *Ledit Pierrart despouilla son mantel ou Cloque qu'il avoit vestu.* Le Roman *du Riche homme et du Ladre* Ms. :

Et font faire grans caperons,
Et leurs Cloques jusqu'à talons.

Vide supra *Cloca* 3.

* **CLOQUARE**, *Cloquam* seu campanam pulsare. Comput. ann. 1400. inter Probat. tom. 3. Hist. Nem. pag. 152. col. 2 : *Pro una corda pro simbolum Cloquando, x. den. Turon.*

* **CLOQUARIUM**, Turris ecclesiæ, in qua campanæ pendent, Gall. *Clocher.* Glossar. Provinc. Lat. ex Cod. reg. 7657 : *Cloquier, Prov. Campanile, pinnaculum.* Charta Bern. Atonis vicecomit. Nem. ann. 1177. inter Probat. tom. 3. Hist. Occit. col. 141 : *Ab acua qua est super Cloquarium S. Eulaliæ usque ad viam, qua discurrit ad pratum. Ab acu quæ est super Clocharium S. Eulaliæ, etc.* in Ch. ann. 1197. ibid. col. 183.

* **CLOQUEAR**, pro *Cochlear,* Vasis genus ad usus cum ecclesiasticos, tum profanos. Lib. nig. eccl. S. Vulfr. Abbavil. fol. 29. v° : *Item unum Cloquear argenti.* Inventar. Ms. ann. 1379 : *Item sex Cloquaria argenti.* Aliud ann. 1476. ex Tabul. Flamar. : *Item unum Cloquear sive culherium ferri.* Occurrit præterea in Pontif. Ms. eccl. Eluensis fol. 166. v°. Vide *Cochlear.*

¶ **CLOQUEARE** Crystallinum, Massula crystalli ad instar turriculæ, Gall. *Clocher,* efformata. Processus venerab. Mariæ de Malliaco tom. 3. SS. Martii pag. 755 : *Duos dentes sibi contulit et donavit una cum Cloquearibus crystallinis, ad faciendum unum vasculum pro dentibus prædictis honorifice reponendis.*

¶ **CLOQUEMANNUS**, Pulsator campanarum. Vide *Cloca* 2.

* 1. **CLOQUERIUM**, ut supra *Cloquarium.* Libert. Salveterræ ann. 1369. tom. 5. Ordinat. reg. Franc. pag. 694. art. 2 : *Concedimus quod ipsi consules .... possint et valeant ædifficare quandam ecclesiam in dicto loco, et Cloquerium in quo sint campanæ.* Vide in *Cloca* 2.

¶ 2. **CLOQUERIUM**. Cochlear, ut puto. Statuta Monasterii Lirin. MSS. ann. 1453 : *Item tenetur providere coquinæ parasidibus, pissoriis, graseletis et Cloqueriis tam magnis quam parvis, ollis, etc.* [* Pro *Cloquearium.* Vide supra *Cloquear.*]

¶ **CLORES**, ἰάπυξ ἄνεμος. Gloss. Lat. Græc. *Japix ventus.* [** leg. *Chorus* pro *Corus.*]

* **CLOSARIA**, Feudi species inferioris ordinis. Chartul. Latiniac. fol. 189 : *Concessimus etiam prædicto Radulpho quandam clientelam, quæ Closaria dicitur. Closage,* eodem significatu, in Ch. ann. 1293. ex Lib. rub. Cam. Comput. Paris. fol. 154. r°. col. 2 : *Uns esperons dorez de deus solz suz verge et demie de terre en Closage, que tient Sevestre Morel.* Vide *Clausagium.*

¶ 1. **CLOSARIUS**, ab antiquo Gallico *Closier,* Custos. Chartam Tetbaldi Comitis Blesensis in Chartulario Dunensi subscribunt post alios, *Willelmus de Coldreto, Lotherius famulus de Camartio, Albericus Closarius.*

* Lit. remiss. ann. 1354. in Reg. 84. Chartoph. reg. ch. 29 : *Perrin Viel et sa femme Closiers dudit hostel, etc.* Aliæ ann. 1396. in Reg. 150. ch. 367 : *Ilz se bouterent en un hostel de l'abbaye de S. Vast d'Arras en ladite ville de Bailleval et fermerent la porte dudit hostel,... et vint Jaquemart Picq Closier dudit hostel, etc.* Vide supra *Clavicularius.*

* 2. **CLOSARIUS**, Colonus partiarius, idem qui *Medietarius,* nostris *Closier.* Lit. ann. 1367. in Reg. 97. Chartoph. reg. ch. 385 : *Lequel Bertier avoit certaines vignes et un pressoir en Vaux les Orliens, et comme il eust entendu que son Closier ou mettoier avoit vendu certaine quantité de vin.* Aliæ ann. 1398. ex Reg. 153. ch. 515 : *Comme ledit Baraut eust pris à ferme, comme Closier, ... un clos de vigne seant audit Roumainville. Closiers et fermiers,* in Lit. ann. 1351. tom. 4. Ordinat. reg. Franc. pag. 328. Adde tom. 8. earumd. Ordinat. pag. 510.

* **CLOSELLUM**, diminut. a *Closum,* Locus vel ager sepibus vel muris clausus, nostris *Closet* et *Closelet.* Charta ann. 1307. in Reg. 44. Chartoph. reg. ch. 84 : *Cum curatus ecclesiæ S. Nicolai de Vernolio quoddam Closellum, quod habebat apud Vernolium, etc.* Alia Phil. Pulc. ann. 1308. in Lib. rub. Cam. Comput. Paris. fol. 338. r°. col. 1 : *La ferme de Carville o les apartenances, ... aveques un Closet, prisié à vint soulz Tournois de rente.* Lit. remiss. ann. 1374. in Reg. 106. ch. 83 : *Comme Jehan de Buxeres .... eust fait un petit Closelet ou jardin, etc.* Tabul. Latiniac. : *Item depuis ladite fontaine suyvant les bas rus, qui sont entre les Clozeaulx de Chantelou.* Vide supra *Clausetum.*

¶ **CLOSELLUS**, f. Agellus clausus sepibus vel muris. Vide locum in *Salorgia.*

CLOSTRUM, Claustrum, Κλεῖθρον, in Gloss. Græc. Lat. Ibidem, κλειδοποιός, *Clostrarius.*

¶ **CLOSTURA**, Septum, Gall. *Clôture.* Charta Roberti Rotomag. Archiep. in Hist. Harcur. tom. 4. pag. 1386 : *Itaque confirmamus eis in primo locum et sessionem ipsius Cœnobii... omnem terram circa nemus, sicut Clostura protensa est.* Similia habes ad calcem ejusdem tomi in Charta Nicolai *d'Estouteville* pro Abbatia S. Mariæ *de Valemont.* [** Placit. Sommerset. ann. 9. Johann. Reg. Angl. in Abbrev. Placit. pag. 56 : *Concessit ... totam terram de Sutton cum pertinentiis, tenendam de se et heredibus impertuum, per servicium parvi feodi unius militis de Moretein pro omni servitio, salva Clostura parci de Dunhete, que pertinet ad prædictam villam de Sutton, etc.*]

¶ **CLOSUM**, Closus, Gall. *Clos.* Locus sepibus vel muris clausus. Litteræ Vicarii Archiepiscopi Rotomag. in Tabulario Calensi pag. 190. ann. 1206 : *Recipiant de cætero .... tertiam partem unius donarii de suo Clauso.* Charta Richardi Regis Angliæ pro Abbatia de Bono-portu in Hist. Harcur. tom. 4. pag. 1414 : *Dedimus etiam omnes vineas, quas habebamus apud Guanerem cum pertinentiis suis et totum Closum de Lere cum suis pertinentiis.* Enumeratio reddituum Ecclesiæ Nobiliac. apud Stephanotium tom. 3. Antiquit. Pictav. MSS : *Closus, ubi vineæ solebant coli, proprie est Abbatis.* Pluries occurrit in Regesto 87. Chartophylacii Regii. Vide *Clausum.*

* **CLOT**, Latrina. Constit. Mss. Petri III. reg. Aragon. ex Cod. reg. 4671 : *Quod habeat.... facere in dicta domo unum Clot sive foramen, in quo possit solvere tributa ventris naturalia, et per quod foramen exeant illa fetida.* Vide *Cloaca* et mox

* 1. **CLOTA**, Arcus, fornix, locus concameratus. Instr. ann. 1358. inter Probat. tom. 2. Hist. Nem. pag. 226. col. 2 : *Et primo muniat et ponat duas decennas pro deffensione muri existentis supra Clotas.... Residuum vero dictarum duarum decennarum ad deffensionem Clotarum sive arqueriarum assignentur pro eo, quia locus multum periculosus existit, qui in casu ubi clicatum ferreum romperetur per vim pugnatorum, ibi sint parati ad dictas Clotas claudendas lapidibus et aliis impedimentis et nichilominus pro posse deffendendas. Clote,* eadem notione, in Lit. remiss. ann. 1387. ex Reg. 131. Chartoph. reg. ch. 37 : *Jehan Hardi commença à querir par ledit hostel ladite Thomasse, tenent en sa main un baston, et en la querant par les paroiz et Clotes dudit hostel, où il faisoit ja bien oscur.* Vide infra *Clotonus.*

* 2. **CLOTA**, Meta, limes, terminus, Gall. *Borne.* Charta ann. 1279. ex Tabul. abbat. S. Petri de Curte : *Protendebantur de rivo dicto de Brona per Clotas et signa, seu quercus signatas recte usque ad motam del Mosset.* Alia ann. 1286. in Reg. 74. Chartoph. reg. ch. 237 : *Ad quem pontem est factus Clotus seu bozula, a quibus capite dicti pontis et de eadem Clota seu bozula usque ad aliam Clotam factam pro bozula super podium.*

* **CLOTARIUS**, Clavorum faber, Gall.

Cloutier. Comput. eccl. Paris. ann. 1381. ex Bibl. S. Germ. Prat. : *Colino Comitis Clotario pro xvj^{m} clavorum ad latas, ... iiij. lib. v. sol. iiij. den.* Vide supra *Clautrerius.*

¶ **CLOTHESAKKES**, Species panni seu telæ rudioris, Anglis enim *Sack-cloth* est Saccus seu cilicium textum. Charta Richardi II. Regis Angl. ann. 1393. apud Rymer tom. 7. pag. 745. pro Duce Britanniæ.: *xv. ulnas de blanketo, xv. ulnas de nigro, xvi. sellas, x. Clothesakkes, duo paria cofrarum.*

* **CLOTONUS**, Locus subterraneus et concameratus. Comput. ann. 1334. inter Probat. tom. 2. Hist. Nem. pag. 85. col. 1 : *Item serralherio, qui apperuit portam Clotoni..... Item illis, qui scobaverunt Clotonum et ecclesiam.... Item solvi pro oleo lampadis, quæ comburit in dicto Clotono in die Ascensionis Domini iiij. den. obol.* Vide supra *Clota* 1.

* **CLOTURA**, Idem quod supra *Claustura*. Reg. S. Justi Cam. Comput. Paris. fol. 135. v° : *Esclusagia molendinorum, Cloturam culturarum et pratorum.*

* **CLOTUS**. Vide supra *Clobus* et *Clota*, 2.

* **CLOXEDRA**. Vide supra *Clocidra.*

* **CLOYA**, Crates, tabula viminibus aut virgultis contexta, Gall. *Claye*, interdum *Cloye*. Comput. ann. 1486. ex Tabul. S. Petri Insul. : *Pro aliis duabus dietis, quibus vacavit ad reponendum Cloyas, etc.* Vide *Cleia.*

CLOYPHA, Tegmen capitis. Vide *Cuphia* lin. *Hoc porro tegumento.*

¶ **CLOYSIO**. Vide *Clausio.*

CLUARIUM, Locus ubi ferrantur equi, a clavis, quos Galli *Clous* vocant. Historia Fundationis Prioratus Wellebecensis in agro Nothingamensi in Anglia tom. 2. Monastici Anglic. pag. 598 : *Tenuit duas carucatas terræ de Domino Rege in Capite pro tali servitio; deferendo palefridum Domini Regis super quatuor pedes de Cluario Domini Regis, quotiescumque ad manerium suum de Maunsfeld jacuerit : et si inclaudet palefridum Domini Regis, dabit ei palefridum quatuor marcarum.* Ubi *inclaudare*, est nostrum *Enclouer*. Species porro *Sergenteriæ* hisce verbis describitur.

* **CLUBA**, *Lo cane che abaya.* Glossar. Lat. Ital. Ms.

¶ **CLUBUM**, Græcis Recentioribus κλωβός et κλουβός; Cavea, carcer clathratus. Acta SS. Februarii tom. 2. pag. 772. in Vita S. Auxentii Archimandritæ ex Gentiano : *Jussit eis ædificare Clubum extra cellam, in quo etiam fuit inclusus.* Henschenius habet : *Jussit eis ædificare parvam cellam et seram extrinsecus apponi cellæ, in qua etiam fuit inclusus.* Græcum est : Ἐκέλευσεν αὐτοῖς κελλίον οἰκοδομῆσαι μικρὸν, καὶ κλουβὸν ἔξωθεν τοῦ κελλίου, ἐν ᾧ καὶ ἀπεκλείσθη. Hinc patet Græco magis congruere versionem Gentiani. Iterum legitur vox κλουβὸς pro cellula in ead. Vita.

¶ **CLUECLANCUS**. Vide post *Cluere.*

¶ **CLUEDE**, f. quoddam pondus. Codex MS. consuetudinum Ecclesiæ Coloniensis e Bibl. Cathedralis Atrebat. : *Ad lumen dormitorii* xxix. *Cluede sepi*, id est, *sebi.*

¶ **CLUENCUS**. Vide *Clueclancus* post *Cluere.*

CLUERE, *Pollere, excellere, vigere, protegere*, Papiæ. Zixylanes Episcopus Toletanus in Vita S. Ildefonsi Episcopi Tolet. : *Cujus statim virtus enucleata Cluens in sede Romulea refulsit.* Epitaphium Aligerni Abb. Casin. :

Nativa bonitate Cluens summus et inclitus orbi.

Dudo in Præfat. ad Acta Norm. :

Qui bonitate Cluens et pietate.

Occurrit apud veteres Scriptores non semel, [Glaber Rodulphus Histor. lib. 3. apud Duchesnium tom. 4. Hist. Franc. pag. 29 : *Quod* (Monasterium Cluniacum) *ex situ ejusdem loci adclivo atque humilitate sortitum est nomen : vel etiam quod aptius illi congruit a Cluendo dictum, quoniam Cluere crescere dicimus.*]

* Hinc, ni fallor, nostris *Faire clud*, pro *Vanter*, jactare, ostentare. Guignevil. in Peregr. hum. gen. Ms. ubi de Jactantia :

Il argue, saut et conclud,
Et de tel drap fait souvent Clud,
Que qui li diroit que pas n'est
De tel couleur, tost seroit prest
De tenchier et de fulminer.

* *Faire de civare*, eodem significatu, in Lit. remiss. ann. 1420. ex Reg. 171. Chartoph. reg. ch. 224 . *Faut il tant faire de fattras de ce mouton?* (monetam hic intellige) *J'en ai autres,...... qui sont aussi bons comme le vostre.... A que tu en faiz de civare de ton or! il n'en fault point tant parler.*

Cluis, Glossar. Arabico-Lat. : *Cluis, nobilis.* Panegyricus Berengarii Augusti :

Stoicus hic noster, Cluibus quia pollet Atheuis.

Vita S. Gudilæ Virg. n. 21 : *Ut decebat personam Cluentissimæ propaginis.*

Cluentia. Jonas in Præfat ad Vitam S. Columbani : *Seu plerorumque, quos Cluentia memorabiles reddit.* Et infra : *Cluant alii si dignum imitatione quid gesserint.*

Cluvior, *Nobilior*, Isidoro et Papiæ.

Præcluis, *Inclytus, valde gloriosus*, eidem Isidoro. Aliæ Glossæ : *Præclues, prænobiles. Præcluibus, honestis.* Martianus Capella lib. 1 :

Paret Præcluibus libens profatis.

Dudo lib. 3. de Morib. Normannor. : *Richardus juvenis Præcluis.* Utitur etiam Thiotfridus lib. 2. cap. 5.

Clueclancus, Gloriosus, famosus. Vox composita ex *Cluo* et *Klang* Germanico, *sonitus, sonus, clangor* : Cujus gloria et laus per hominum ora cum sonitu volitat. Fortunatus lib. 6. carm. 12.

Nunc cape parva cate, et pollens Clueclance Dynami,
Clare decore tuo, clare favore meo.

Quæ quidem vox restituenda etiam videtur lib. 6. carm. 22.

Promptus in effectu Sigoalde benigne Cluence.

Hodie edit. *Clienta* : tametsi non diffiteor *Clienta'* veteres, atque adeo ipsum Sidonium dixisse pro *Cliente*. Vide Savaronem ad lib. 2. ejusdem Sidonii Epist. 2.

¶ **CLUES**. Vide *Cloes.*

* **CLUINABULUM**, Cluniculum, *Cultellus, quod ad clunem portatur, Prov. Coutell.* Glossar. Provinc. Lat. ex Cod. reg. 7657. Vide *Clunabulum* et *Cluniculum.*

¶ **CLUIS**. Vide in *Cluere.*

¶ **CLUISELLUM**, Agellus clausus in quibusdam Instrumentis Dumbensibus. Vide *Clodellum.*

* **CLUMA**, *La fiola de l'orzo.* Glossar. Lat. Ital. MS. Vide *Clunar.*

¶ **CLUNA**, Simia. Festus : *Clunas Simias a clunibus tritis dictas existimant.* Adjective sumit Faber in Thesauro, *Clunas simias, etc.* at secus alii. Vide *Clura.*

CLUNABULUM, [Clunacium, Clunaculum.] Papias, ex Isidoro : *Clunabulum, dictum quod ligetur ad clunem, id est, pugio. Est enim parvus gladius lateri adhærens, vel spata.* Gloss. Ælfrici Saxonicum : *Pugio, vel Clunabulum*, stæf libere, *vel* hypesex. [Festus : *Clunaclum, Cultrum sanguinarium dictum, vel quod clunes hostiarum dividit, vel quia ad clunes dependet.* Gellius eadem notione usurpat *Clunaculum.* Vide *Cluniculum.* Græci recentiores appellant παραμήριον.]

* **CLUNACULUM**, Sellula erectis formarum subselliis apposita, cui clunes superponuntur; unde nomen. Glossar. Lat. Gall. ex Cod. reg. 7692 : *Clunaculum, Miséricorde.* [** i. e. pugio.] Alia notione, vide in *Clunabulum.*

CLUNAGITARE. Catholicon Armoricum : *Laezaff*, Gall. *Clunagiter*, Lat. *Clunagitare.* [Armoricis *Laezaff* est Relinquere, dimittere.] [* Glossar. ex Cod. reg. 7692 : *Clunagitare, culeter. Crisari, idem. Versus :*

Clunagitant homines; sed crisantur mulieres.

Glossar. Provinc. Lat. ex Cod. reg. 7657 : *Clunagitare, opus venereum consummare, fotre, Prov.*]

¶ **CLUNAR**, κριθῆς λεπυρόν. Gloss. Lat. Gr. : *Hordei corticula.* Festo, *Clumæ, Folliculi ordei.*

¶ **CLUNIACENSIS** Moneta. Vide *Moneta Baronum.*

CLUNICULUM, Ensis, *Spatha, splendona, quod pendeat a clune, vel quod defendat. Et Cluniculum etiam dicitur foramen quod fit in camisiis feminarum circa inguina, vel generaliter quod fit in pannis earum circa latus.* Ugutio, a quo hausit Joannes de Janua. *Clunaculum* habet Festus, [mihi *Clunaclum*, ut in *Clunabulum*. Isid. Gloss. : *Sica, Cluniculus, machæra, splendona.*]

* Glossar. Gall. Lat. ex Cod. reg. 7684 : *Cluniculum, fichet de cote à bouter les mains.*

CLUNIFRAGIUM. Gariopontus lib. 1. cap. 12. de Melancholia : *Et fit ex veneni potu, vel canis rabidi morsu, vel ex frequenti Clunifragiorum seu calidorum antidotorum acceptione.*

¶ **CLUPEUM**. Vide *Clypeus.*

** **CLUNIS**, *Conglutinatio filorum, Germ. ein Clawen.* Glossar. vet. apud Haltaus. col. 1102. Manipulum, idem quod *Clobo.*

¶ **CLURA**, *Simia quæ cum cauda est.* Vetus Gloss. San-German. MS. n. 501. Ex κολούρα, *Cauda carens* deducit Faber, apud quem Gloss. vet. : *Clura*, πίθηκος. *Cluria*, κερκοπίθηκος. Supplem. Antiquarii : *Clura*, κερκοπίθηκος, πίθηκος, *Simia.*

* Adde ex Castigat. in utrumque Glossar. Leg. *Cluna.* Scaliger ad Festum. Vide Salmas. ad Plin. pag. 377.

1. **CLUSA**, Idem quod *Clausura*, Angustus montium aditus. Charta Aistulfi Regis Longobard. ann. 753. apud Ughellum tom. 2. pag. 107 : *In quibuslibet locis et civitatibus seu Clusis regni nostri.* Eginhart. ann. 817 : *Omnes aditus, id est, Clusas, quibus in Italiam intratur, impositis firmavit præsidiis.* Luitprandus lib. 1. cap. 2 : *Qui-*

busdam namque difficillimis separata (Hungaria) *a nobis erat interpositionibus, quas Clusas nominat vulgus.* Eadem habet cap. 5. ut et Adelbodus Trajectensis Episc. de Gestis S. Henrici Imp. pag. 459. [** *Trans Danubium pulsi ac ingenti vallo Circumclusi*, apud Widukind. lib. 1. cap. 19.] Lambertus Schafnab. ann. 1077 : *Omnes vias, omnesque aditus, qui ad Italiam mittunt, quos vulgato nomine Clusas vocant, appositis custodibus anticipasse*, etc. [** Luitprand. lib. 1. cap. 8. (18.) : *Præceperat enim rex* (Italiæ Hugo) *Clusarum custodibus ne quempiam transire permitterent.* Benedicti S. Andreæ Mon. Chronic. cap. 28 : *Clauserunt Langobardi Clusas, et custodierunt vie Galliarum.*] Chron. Hildesheimense ann. 1133 : *Cum ad locum quemdam pervenisset, qui propter situs angustiam Clus, quasi præclusus vocatur : quippe ex una parte excelsissimo monte adjacente, ex altera parte profundissimo flumine currente, via in medio 4. seu 5. itinerantium simul spatio patente.* Ditmarus lib. 6 : *Montem Clusis superpositum occupabat.* Superest etiamnum castrum *Clusæ* nomine in præruptis et altis Rhodano imminentibus saxis positum, de quo Historia Episcopor. Autisiod. cap. 54. et Rhellicanus ad Cæsaris lib. 1. de Bello-Gall. illud idem quod Ennodius *Clusuras* vocat. [** *Francorum clusæ* in Alpibus, in Chronic. Salernit. cap. 4.] Utuntur præterea hac voce Nicolaus I. PP. Ep. 27. Anastasius in Stephano III. PP. pag. 84. 86. Annales Francor. ann. 755. 773. Fredegarius, Hincmar. Opusc. 9. cap. 6. Arnoldus Lubec. lib. 7. cap. 20. Edit. Lindenbrogii, Rolandinus in Chron. lib. 4. cap. 13. Milo in Vita S. Amandi Episc. Traject. num. 6. Metropol. Salisburgensis tom. 2. pag. 208. Chron. Petri IV. Reg. Arag. lib. 3. cap. 22. etc. Vide *Claustra montium* et *Claustra Italiæ* in *Claustrum.*

☞ Non solum angusti montium aditus olim dictæ sunt *Clusæ*, sed quandoque etiam munitiones et fossæ quibus castra circumdabantur aliaque loca opportuna. Id conjicere est ex Anastasio et aliis ævi medii Scriptoribus; ait ille locis indicatis : *Subito aperiens Clusas super eos diluculo cum plurimis exercitibus irruit.... Ipsi vero Franci introeuntes Clusas cunctum fossatum Longobardorum..... abstulerunt.* [** Chronic. Salernit. cap. 6 : *Pipinus ... Clusas funditus eorundem evertit Langobardorum.*] Quare subscribimus Pithœo Subseciv. lib. 1. cap. 14. dicenti : *Imperatores Romani habuerunt in limitibus τὰ ἐχυρώματα quæ ipsi Clusuras appellant. Posteriorum temporum Scriptores, ut Luitprandus, Ado, Sigebertus, cæterique fere ejus ordinis, Clausas, Clusas et Interpositiones vocant.* Id quidem ab Hadriano institutum videtur, de quo Ælius Spartianus sic scribit : *Per ea tempora et alias frequenter in plurimis locis in quibus Barbari non fluminibus, sed limitibus dividuntur, stipitibus magnis in modum muralis sepis funditus jactis atque connexis, Barbaros separavit. Hæ Clusæ propugnaculis quibusdam munitæ fuerunt, quæ Castra et Castella dicuntur, unde et Castellanus miles alicubi nuncupatur.* Vide Martinium in voce *Clusura.*

Clausa, in Chronico Franc. edito a Lambecio lib. 2. Commentar. de Biblioth. Cæsarea pag. 372.

¶ 2. **CLUSA**, Agger, quo concluduntur aquæ, Gall. *Ecluse.* Charta ann. 1171. inter Instrumenta tom. 4. Gall. Christ. col. 21 : *Eo quoque tenore et sub ea conditione concessa est fratribus Cisterciensibus ipsa possessio, ut... neque piscationem habeant aque; sed ipsam aquam, si voluerint, per domum vel circa eam divertant, sine aliqua tamen elevatione alicujus Cluse, vel quolibet aque retinaculo.* Vide *Exclusa.*

* Joan. Hering. de Molend. quæst. 19. parag. 3 : *Clusa, est fistula sive canalis excipiens claudensque aquam profluentem et ad molas deferens, illarumque gyrationem efficiens.*

¶ Cluxa, Eadem notione. Chron. Mutinense ad ann. 1325. apud Murator. tom. 11. col. 110 : *Merlos pontis de Reno, ac ipsum pontem in tribus locis frangendo nec non Cluxam Reni qua labitur ad civitatem.*

¶ Clusa, Piscaria, seu locus in fluvio ubi pisces concluduntur. Charta Girbert. pro Rotardo Abbat. apud Stephanotium tom. 3. Antiquit. Pictav. MSS. pag. 328 : *Et in fluvium Viennæ cedimus tibi unam Clusam vel piscatoriam cum omnibus mysteriis a se pertinentibus.*

¶ 3. **CLUSA**, Cellula in qua degit Monachus *inclusus*, Gall. *Reclus.* Georg. Christian. tom. 1. Rerum Mogunt. pag. 123. et 124. ex Chronico Mariani : *In Monasterio autem erat Paternus nomine, Monachus Scotus multisque annis inclusus... in sua Clusa ambiens martyrium, combustus est... solutus de Clusa in Fulda ad Moguntiam veni.* [** Etiam in qua plures sanctimoniales *inclusæ* degebant. Charta ann. 1344. ap. Schannat. Episc. Wormat. tom. 1. pag. 66 : *Dominabus conversis inclusis, habitantibus in Clusa sua juxta capellam S. Sylvestri.*] Vide *Clusorium* post *Inclusi.*

CLUSARES Anguli, apud Hygenum de Limitibus. *Latera Clusaria portio quadrata Clusaris* apud eumdem. *Et cardinis omnes lapides in frontibus inscribamus : reliquos in lateribus Clusaribus. Omnes enim centuriæ singulos angulos habent Clusares.* Id est, qui centurias cludunt.

¶ **CLUSARIUS**, Exactor portorii, qui ad *clusam* seu ad aditum sedet ut vectigal a transeuntibus accipiat. Locum vide in *Pontonarius* post *Pontaticum.*

CLUSELLA, Arx, castellulum in clusis ædificatum. Statutum Raimundi Comitis Tolosæ ann. 1223. contra Albigenses apud Catellum : *Et omnes cabanæ suspectæ a communi castrorum habitatione remotæ, et speluncæ inforciatæ, et Clusellæ in locis suspectis et diffamatis destruantur, vel obturentur.*

CLUSIATICUM, Tributum quod penditur a clusas transeuntibus. Charta Otton. III. Imp. ann. 998. in Bibl. Sebusiana : *Has igitur supradictas valles cum Clusiatico, quod solummodo exigitur de valle Saturiana concedimus.* Occurrit ibi non semel.

¶ **CLUSINARIA**, Virgo Deo sacra reclusa, Gall. *Recluse*, quæ segrex ab hominibus in *clusa* vivit. Acta SS. April. tom. 2. pag. 724. A. de S. Wernhero : *Catharina de Ebren Trevirensis diœcesis virgo et Clusinaria in clusa B. M. Virginis.*

CLUSOR, *Qui gemmas auro concludit*, in Glossis Arabico Lat. Andreas Mon. lib. 2. Vitæ S. Ottonis Episcop. Bamberg. cap. 46 : *Additque de suo auri quantitatem et gemmas : et Clusorem conducens, insigne* 300. *argenti marcas valiturum, ad honorem et utilitatem Ecclesiæ fabricatus est.* Vide *Inclusor.*

¶ Clusoria Ars, Quæ gemmas auro concludit. Tangmarus in Vita Bernwardi apud Mabillon. in Actis SS. Benedict. sec. 6. part. 1. pag. 203 : *Fabrili quoque scientia et arte Clusoria omnique structura mirifice excelluit.* Ibid. pag. 205 : *Picturam vero et fabrilem atque Clusoriam artem, et quidquid elegantius in hujusmodi arte excogitari vel ab aliquo investigari poterat, numquam neglectum patiebatur.*

Clusor Statarius apud Sidonium lib. 8. Ep. 6. qui feras cassibus includit : verbum venatorum, de quo Savaro ad eumdem Sidon.

CLUSORIA, Clusuria, Idem quod *Clusa.* Novella Theodosii de Ambitu, 15 : *Quemadmodum se militum numerus habet, Castrorumque ac Clusoriarum cura procedat.* MSS. habent. *Lusuriarum* : [quod retinendum est. Sunt autem *Lusoriæ* naves armatæ, quas in Danubio, Rheno aliisque fluminibus confiniorum ditionis suæ habebant Imperatores, ad coercendas Barbarorum incursiones. *Lusoriarum* cum *Clusis* nihil est commune.]

1. **CLUSORIUM**, Operculum, seu quod vas aliquod claudit, in Vita S. Lupicini Abbat. Jurensis num. 2.

2. **CLUSORIUM**, Idem quod *Inclusorium*, [seu *Clusa* tertia notione.] Vide in voce *Inclusi.*

* **CLUSTARE**, Claudum reddere vel Luxare, Gall. *Disloquer.* Libert. Montisol. ann. 1312. tom. 7. Ordinat. reg. Franc. pag. 505. art. 37 : *Si vero membrum amiserit, vel Clustatus fuerit, vel enormiter debilitatus, judicis arbitrio puniatur.* Vide supra *Claudecatio* et *Cloppus. Clistrer* vero est Panniculis detritis vestire; unde *Clustriaus*, Centones, laciniæ panni detriti. Guignevil. in Peregr. hum gen. MS. ubi de Concupiscentia :

D'un ort et viel burel vestue
Ratasselé de Clustriaus....
Ch'est celle qui ratasselée
M'a ainsi, cou vois, et Clistrée.

¶ **CLUSTELLUM**, Corollarium, sequela. Bonifacius Mart. Ep. 74. ex Hierolexico Macri : *Et breviter Clustella cuncta concluduntur. Frustra de fide Catholica inaniter gloriatur, qui dogma et regulam S. Petri non testatur.* Pontificale MS. Gemeticense annorum circiter 700. in Oratione supra Pœnitentes : *Et præteritorum Clustella criminum confringe.*

CLUSTRUM, Κλῦστρ, in Gloss. Græc. Lat.

* **CLUSTUS**, *La giaza*, in Glossar. Lat. Ital. MS.

CLUSURA, Idem quod *Clausura*, septum, in Lege Wisigoth. lib. 8. tit. 3. § 14. tit. 4. § 29.

Clusura, est etiam idem quod *Clausura*, angustus montis meatus. Vide in hoc verbo.

* **CLUSUS**, Locus sepibus vel muris clausus, Gall. *Clos.* Charta ann. 1038. ex Tabul. S. Vict. Massil. : *Extat unus Clusu*

vineæ, qui situs est in territorio villæ Juliosco, in comitatu Vapicensi. Vide *Closum.*

¶ **CLUTUS**, Nobilis inclytus, præstans. Festus : *Clutum, Græci κλυτὸν dicunt. Unde accepta præpositione fit Inclutus.* Est a *Cluere* : quod vide suo loco.

¶ **CLUXA.** Vide *Clusa* 2.

* **CLUZELLUM**, Cella vinaria. Codex 138. S. Mart. Lemov. ad calcem : *D. J. abbas S. Martialis, qui prius fuit capicerius, ... fecit facere Cluzellum, in quo vinum nunc servatur, in quo plusquam tria millia solidorum expendit.*

¶ **CLYDA**, Crates, Gall. *Claie.* Vide *Cleia.*

¶ **CLYPEARE**, Quasi *clypeo* protegere, defendere. Acta SS. Maii tom. 7. pag. 794. A. de S. Torpete : *Loca ipsius Baroniæ ibi in procinctu existentia, quæ sub confidentia defensionis..... valebant Clypeari et in tuto requiescere.* Abbo de obsidione Lutetiæ a Normann. lib. 1. vers. 277 :

Unius hinc jaculum transmittitur os in apertum :
Quem subito conans alius Clypeare migrantem,
Nempe cibum gustat primus quem repserat ore.

Vide *Clipeare.*

CLYPEATURA, [Armatura clypei.] Vide *Heereschild*, lin. *Hereschil, ut habet Kylianus, etc.*

CLYPEOCENTRUS, apud Anonymum de rebus bellicis, subjectum Notitiæ Imperii, *Parma*, seu *Modicus clypeus, fixoriis minutis ad soliditatem sui diligenter munitus*, qui *in fronte tichodifri oppositus, vel in temone suspensus, munit inferius latitantes ab impetu cominus venientium.* Figura ibi describitur.

1. **CLYPEUS**, Clypeum, Armorum insigne, quod in eo depingi solebat. Gloss. Lat. MS. : *Clypeum, ubi imagines proponuntur.* Ita porro neutro genere vocem hanc interdum efferre Grammaticos observat Pollio in Claudio. Caper : *Clupeum, Imago, Clypeus,* κόπις. [Vet. Glossar. San-German. MS. num. 501 : *Clipeus, Imago rotunda, in qua solum caput pingitur.*] Olim vero in Clypeis eorum, quorum essent, vel etiam avorum, imagines effingi solitas, colligitur passim ex veteribus Scriptoribus, Tito Livio lib. 5. Histor. Plinio lib. 35. cap. 2. Silio Italico lib. 17. et aliis : qui quidem Clypei, siquidem in templis appenderentur, aurei ut plurimum erant, quod de Lucii et Caii Cæsaris Clypeis observat Xiphilinus ex Dione, et auctor Panegyrici Constantino dicti, de ipsiusmet Augusti scuto, sub finem : *Merito igitur tibi, Constantine, et nuper Senatus signum Dei dedit, et paulo ante Italia scutum et coronam cuncta aurea dedicarunt, ut conscientiæ debitum aliqua ex parte revelarent. Debetur enim et divinitati simulachrum aureum, et virtuti scutum, et corona pietati.* Atque in Clypeorum ejusmodi dedicationibus epulas datas civibus docent inscriptiones aliquot veteres, 441. 7. 496. 4. 6. Vide Salmasium ad Pollionem pag. 325. 326.

Clypeus. Tabular. S. Germani, Paris. ann. 1253 : *Et 15. solidos Paris. annui reditus, quos percipiebant, ut dicebant, pro Clypeo in Ecclesia B. Germani de Pratis.*

Clypeus Sepulcris Militum Appensus, in Legibus Henrici I. Regis Angliæ cap. 83. Baldricus Abbas Burguliensis *in Scutum Raherii viri fortissimi* :

A Domino viduata tuo jam Parma quiesce,
Cui par Raherio nullus erat dominus.

Mox :

Qui te conspicient pro tanto Milite plorent,
Tuque diu valeas in titulo posita.

Inscriptio Clarevallensis, in Notis Claudii Menardi ad Hist. Joannis Joinvillæ pag. 366. edit. postremæ, de Gaufredo Joinvillæ domino : *Et pour ce qu'il trespassa en la terre (sainte) sans hoirs de son cors, pour ce que renommée ne perisse, en apourta Jean cils de Joinville son escu, aprés ce qu'il demeura au service dou S. Roy Louys outremer l'espace de sept ans. Li dit Sires de Joinville mist son escu a S. Lorent, afin que on priast pour li.* Ex quibus colligitur scuta virorum nobilium tumulis jam olim appensa, ac proinde eorum, quibus illa decorari solebant, armorum insignia : quod etiamnum fieri passim novimus. Id olim pariter in usu fuisse, ut arma mortui sepulcro imponerentur, habet præ cæteris Quintilianus Declam. 369 : *Quidam arma de sepulchro viri fortis, suis consumptis sustulit, victor reposuit, reus est violati sepulchri.* Notum istud Virgilii 6. Æneid. vers. 262 :

At prius Æneas ingenti mole sepulchrum
Imposuit suaque arma viro, etc.

Morem etiam fuisse veteribus, cum militia se abdicarent, arma sua in Deorum templis suspendere, addita inscriptione, pridem observarunt Lipsius ad Tacitum, et Meursius ad Lycophron. pag. 251.

Clypeus, Prærogativa ac dignitas : Speculum Saxonicum lib. 1. art. 3. § 2 : *Clypeus seu cingulus militaris in septimo terminatur : et primum habet Rex Romanorum, secundum Episcopi, Abbates et Abbatissæ, qui et Superillustres dicuntur : tertium laici Principes, ex quo facti sunt Episcoporum subditi et vassalli, qui illustres nuncupantur; quartum nobiles et liberi Domini : quintum prædictorum Nobilium vassalli, et etiam Banniti : ipsorumque ulterius vassalli tenent sextum.* Et lib. 3. art. 72 : *Legitima et ingenua proles Clypeum patris sui, et hæreditatem sui, matrisque obtinet, si sit æqualis generationis, vel melioris.* [** Vide Gauppii Miscellan. Jur. Germ. pag. 8. sqq.]

Clypeus, Vassallus, qui domino cum clypeo servitium debet, militari servitio obnoxius. Libellus de Fundatione Monasterii Bigaugiensis pag. 255 : *Idem ab Adelgoto Magdeburgensi Episcopo præfecturam mille Clypeis, et quingentis talentis præditam in beneficium suscepit.*

Clypeus. Familia nobilis. *Clypei prostrati* apud Matthæum Paris. ann. 1245. pag. 463. i. familiæ nobiles extinctæ. Matthæus Westmonasteriensis eodem anno, de familia Pembrochiensi extincta : *Sic nobilis Clypeus ille Marescallorum tot et tantis hostibus Angliæ formidabilis evanuit.* Albertus Argentin. de Gestis Bertoldi Episcopi Argent. : *Cujus progeniei Landgraviorum de Buchete nullus de masculino genere remansit, et vacat Clypeus aureus cum tribus rosis rubeis a summo deorsum de Buchete.* Ita δεῖγμα, seu armorum insigne, quod in clypeis effingitur, in Leonis Imperatoris Oraculis pro familia usurpari monuimus in Notis ad Cinnamum pag. 451. Vide *Heereschild* et *Scutum.*

Clypeus Versus. Turpini Historia cap. 9 : *Clypeo verso, ut mos nuntiorum belli est, cum solo milite venit ad urbem.*

Societas de Clypeo S. Georgii Militaris, de qua vide Chronicon Elwagense ann. 1440.

Clypeus, Vis armorum. Helmodus lib. 1. Hist. Slavor. cap. 88 : *In omni terra Slavorum, quam ipse vel progenitores sui subjugaverint in Clypeo suo et jure belli.* Lib. 2. cap. 9 : *In Slavorum provinciis, quas ipse jure belli in Clypeo suo et gladio possederat.*

Clypeo impositos, elatos, et proclamatos Imperatores, docent passim Scriptores, Libanius in Paneg. Juliani Imp. Ammianus lib. 20. Zozimus, Corippus lib. 2. de Laudib. Justini. Zonaras in Justiniano, Acropolita cap. 53. 77. Pachymeres lib. 2. cap. 4. lib. 9. cap. 1. Joannes Cantacuzenus lib. 1. cap. 41. Codinus de Offic. cap. 17. etc. Eodem perinde ritu Francicos Reges *elevatos* et inauguratos, ex Gregorio Turonensi lib. 2. cap. 40. lib. 7. cap. 9. Aimoino lib. 3. Hist. cap. 61. et aliis. Pithœus lib. 2. Advers. cap. 6. et Hotoman. in Francogall. cap. 6. ut Gothicos Reges Cassiodorus lib. 10. Epist. 31. prodidere. [** Vide Grimmii Antiq. Juris German. pag. 234.]

* Fœdera sua olim *sub Clypeo* firmasse discimus ex Arest. ann. 1298. in Reg. *Olim* parlam. Paris. fol. 121 : *Quia fratres deffuncti Alani Nuzi quondam militis, et procurator domini Hervei de Leonia super his, quæ sub Clypeo concordata fuisse dicuntur inter eos apud Luparam, etc.*

* Clypeus, Titulus honorarius. Charta ann. 1130. in Access. ad Hist. Cassin. part. 1. pag. 243. col. 2 : *Ego Rogerius Dei gratia dux Apuliæ, Christianorum adjutor et Clypeus, etc.*

* Eodem titulo illustratur Matthæus Vendocinensis in Necrol. S. Joan. in valle : *vij. Cal. Oct. obiit bonæ memoriæ Matheus quondam abbas sancti Dionysii in Francia, principalis consiliarius regis et regni Franciæ Clipeus et defensor totius ecclesiæ Gallicanæ.*

* Clypeus, Locus in ecclesia Laudunensi. Charta Iteri episc. Laudun. ann. 1255. in Reg. B. Chartoph. reg. ch. 13 : *Duodecim denarios et unum denarium bonæ monetæ dicti homines.... tenebuntur solvere et reddere eidem thesaurario..... quolibet anno, in die nativitatis B. M. V. in ecclesia B. M. Laudunensis ad Clipeum, ubi ab antiquo solvi consueverunt capitagia.*

* 2. **CLYPEUS**, a vulgari *Clipet*, Clava, *tudicula*, Gall. *Battant.* Comput. MS. fabr. S. Petri Insul. ann. 1472 : *Item pro reparando quatuor curerias ad pendendum quatuor Clipeos campanarum nuper renovatos.* Alius ann. 1485 : *Item Petro Hazart pro una nova berleria ad pendendum Clipeum seu battellum novæ campanæ, etc.* Hinc *Clipon* dictus baculus ejusdem formæ. Lit. remiss. ann. 1447. in Reg. 176. Chartoph. reg. ch. 556 : *Guillaume Robert tenant ung baston ou Clipon de bois en sa main, etc.*

¶ **CMETO**, apud Polonos Homo rusticus seu servilis conditionis. Acta SS. Julii tom. 5. pag. 752. in Miraculis B. Kingæ Virg. : *Item puer cujusdam Cmetonis de Lipniczka patiebatur, etc.* Vide *Kmetones.*

CNIPULUS. Vide *Canipulus.*

¶ **CNISSA**, κνίσσα vel κνίσα, *Nidor*. Gloss. Vet. Gr. Lat. : Κνίσσα, *Nidor*, seu pinguedinis incensæ fumus. Arnob. lib. 7. contra Gentes : *Nisi forte hostiarum Deus animas devorat, aut ex aris ardentibus nidorem consectatur et fumos, pasciturque de Cnissis, quas evomunt ardentia viscera adhuc uda de sanguine, et prioribus humecta de succis*. Irridet Gentiles, qui *Deum contineri alicujus alimonii genere* stolide somniabant.

¶ **CNIUS**. Gloss. Isid. : *Cnios*, *Tortiones indecentes*. In Excerptis, *Cinos*. Martinius suspicatur, a κνύος, Scabies, prurigo, *Cnios* dictos fuisse, vel forte a κνὶς, κνίδος, Urtica. Gloss. Arab. Lat. ut jam supra dictum est, *Cinnus intorti oris*. Cinnos esse intortos crines latet nemini. An inde *Cnii* corrupte pro *Cinni*? *Tortiones indecentes* Glossator fortasse dixerit cinnos arte compositos e crinibus adjectitiis.

CNODAX, apud Vitruvium, fibula est ferrea, velut subcudica, in capitibus axium vel scaporum adfixa et adplumbata, per quam in armillis scapi vel axes versantur. Κνωδάκων hoc sensu mentio est apud Heronem. Generaliter κνώδαξ est acutum quid e ferro, ut fibula ferrea, quæ immittitur in armillam. Hesychius : Κνώδαξ, κέντρον, ἄξονος γνώμων.

* **COA**, pro *Cohua*, Auditorium, locus ubi res publicæ alicujus civitatis tractantur. Charta Roberti reg. Sicil. ann. 1310. ex Cod. reg. 4659 : *Propositionem nuper accepimus causas et lites, criminales videlicet et civiles ipsorum hominum* (Avenionis) *in Coa ejusdem civitatis brinina examinandas fore, etc.*

¶ **COABBATES**, apud Cluniacenses aliquando dicti sunt Abbates, qui præerant Monasteriis Cluniaco totius Ordinis Capiti subjectis. Charta Bernardi Comitis Petragoricensis : *Igitur, ut dictum est, trado præfatum locum Deo et Domno Oddoni Cluniacensi Abbati atque Adacio Coabbati ejus*. Iidem interdum dicebantur *Abbates Vicarii*. Vide Mabillonium de Re Diplom. lib. 6. Charta 138. in Notatione, *Aymardus, etc.*

* **COACCESSOR**, Unus ex *accessoribus* seu *assessoribus*, qui administratoribus rei publicæ a consiliis erant. Charta ann. 1459. inter Probat. tom. 3. Hist. Nem. pag. 288. col. 1 : *Magister Petrus Brueys, notarius regius, ut procurator et actor seu Coaccessor, honorabilium virorum dominorum consulum civitatis hujus Nemausi, etc.* Vide supra *Accessor* 3.

* **COACLA**, pro *Cloaca*. Formul. MS. fol. 63 : *Teneatur claudere hostium,... taliter quod ipsa Coacla non videatur et non possit videri a domo dicti domini*. Vide infra *Coatha*.

COACTILIARIUS, Qui centones conficit. *Coactor*, in vet. Inscriptione; Πιλωτοποιός, in Gloss. Gr. Lat. perperam πηλωποιός in Lat. Gr. Idem Gloss. Πιλωτόν, *Coactile. Coactilia*, in leg. 25. §. 1. D. de Auro arg. etc. (34, 2.) Marcellus Empir. cap. 14 : *Lixivium unde operantur Coactiliarii*. Plinius lib. 8. cap. 48 : *Lanæ et per se coactæ vestem faciunt, et si addatur acetum, etiam ferro resistunt, imo vero etiam ignibus*. Vide Cujacium lib. 5. Observ. cap. 2. Salmasium ad Hist. Aug. et infra in *Gambeso*.

COACTOR, Papiæ, *Agitator aselli*. Gloss. Isidori, *Coactores, argentarii*. De hac voce hac notione consule Salmasium lib. de Usuris pag. 497. 498.

* **COADA**, *Le camare*, in Glossar. Lat. Ital. MS.

¶ **COADAL**, f. Idem quod supra *Caudelum*. Charta ex Archivo S. Victoris Massil. : *Nec ipsum recenter Coadal, quod injuste accipiebamus, et porcos quos tollebamus, et servitia, quod injuste usque hodie requirebamus, jam amplius non requiremus*.

COADJUTOR dictus qui Episcopo etiamnum vivente, ad ejus Ecclesiam promovetur Episcopus, illius futurus successor, ut munia Episcopalia obeat, propter alterius Episcopi infirmitatem corporis, vel ægritudinem, aut causas alias : cujus moris antiquissimi exempla congesserunt Petrus Marca lib. 6. de Concord. Sacerd. et Imper. cap. 8. num 10. 11. Altaserra lib. 1. Dissertat. Juris Canonici cap. 2. 3. et seqq. et alii. Vide Albertum Stadensem ann. 887. 908. et infra in *Episcopi vacantes*.

¶ Coadjutores Canonicorum *per Apostolicam Sedem approbati.... in funerali pompa sepulturæ et exequiis, simili cum honore et complemento atque veri Canonici Præbendati, deducantur ad sepulturam*, in Epitome Constitutionum Ecclesiæ Valent. tom. 4. Concil. Hisp. pag. 198. Occurrit etiam in Synodo Oriolana ann. 1600. ejusdem tom. pag. 732. col. 2.

* Coadjutores, Qui apud Jesuitas dividuntur in *Spirituales* et *Temporales*, iidem qui alibi *Fratres Laici* vel *Conversi* appellantur, laicis scilicet exercitiis et monachorum obsequiis addicti. Vide eorumd. Regul. et Stat. Antuerp. edit. ann. 1702. et Ribad. de S. Ignat. lib. 3. cap. 21. *Coadjuteur* vero dicitur is, qui cum altero jus ad rem aliquam habet, in Charta ann. 1292. ex Tabul. S. Joan. Laudun. : *Avons especiaument establi, oblegiés toutes nos possessions.... audit Wiart ou à ces Coadjuteurs, en tel maniere que se nous defaillions ou paiement de ladite rente, etc.*

** Coadjutores, Consacramentales. Leg. Norman. cap. 19. § 4. ap. Ludew. Rel. Manuscr. tom. 7. pag. 300 : *Post hoc a juramento debet surgere et Coadjutores ad juramentum accedere, nec tracti nec vocati, etc.*

¶ **COADJUTORIA**, Dignitas ad aliquod officium designati, adhuc vivente illius officii possessore, Gall. *Coadjutorerie*. Bulla Pauli III. PP. ann. 1539. inter Privilegia Ordinis S. Joannis Jerosol. pag. 99 : *Necnon quoscumque accessus, ingressus et regressus, ac Coadjutorias ad Ballivas, Prioratus, Castellaniam Emposte, Præceptorias, etc.*

¶ **COADUNATIO**, Congregatio, Conventus Concil. Tolet. XVII : *Statuit Coadunatio nostra ut, etc. Soluta Morinensi Coadunatione*, apud Acherium Spicil. tom. 9. pag. 547.

** **COÆQUALES**, Qui ejusdem sunt conditionis, ejusdem domini ministeriales. Gunther. Episc. Bamberg. Jus Famil. ap. Gretser. in Vita S. Henrici cap. 17 : *Si quem ex his dominus suus accusaverit, de quacunque re, licet illi juramento se cum suis Coæqualibus absolvere*. Vide Haltaus. Glossar. col. 659. et infra in *Pares*.

* **COÆQUATOR**, Qui ex officio mensuras et pondera coæquat seu ad archetypum confert. Lit. ann. 1376. tom. 7. Ordinat. reg. Franc. pag. 69. art. 5 : *Fuit actum et expresse conventum inter dictas partes, ut supra, quod mensuræ et pondera quæcumque dicti loci de Paulhe per reparatorem et Coequatorem mensurarum et ponderum de Competro bene et fideliter adrechurentur, Coequentur et signo consulatus de Competro, ad tollendum omnem suspicionem signentur*. Ita legendum pro *Cocquatorem* et *Cocquentur*.

¶ **COÆTANEARE**, Coætaneum seu ejusd. ætatis esse. Tertull. de Resurrectione carnis cap. 45 : *Contemporant fœtu, Coætaneant natu*. Quidam legunt *coætant*.

* **COÆVITAS**, Coexistentia. Charta ann. 931. inter Probat. tom. 2. Hist. Occit. col. 66 : *Oblativa et aptativa scripturarum intercedat alterna commoditas, quatenus perpetim valitura permaneat firmitas et commutationis sicut et emptionis invacuata et parilis subsistat Coævitas*.

* **COAGULATIVUS**, Qui coagulat. Arnauld. de Villanova in Rosar. ex Cod. reg. 7149 : *Multiplicando virtutes minerales lapidificaturas et Coagulativas et indurativas*.

¶ **COAGULUS**, f. Caseus, ab Ital. *Coagulo*, Coagulum, Gall. *Presure*. Chron. Astense cap. 23. apud Murator. tom. 11. col. 188 : *Et vidi in quadam vigilia Nativitatis Domini quod dictus Guillelmus miserat dicto Guidoni* xx. *paria boum cum carris oneratis odorifero vino, farina tritici, Mezenis salatis; et habuit sarapulos et Coagulos*.

¶ **COALEVES**, Vox Dalphinatus. Instrumentum, quo arcus tenditur in Historia hujus Provinciæ tom. 2. pag. 326. ex Computo anni 1336 : *Item duas Coaleves ad tendendum balistas*.

* **COALITIO**, Congregatio, conventus. Bulla Joan. IV. PP. inter Probat. tom. 1. Hist. Lothar. col. 253. ann. 648 : *Divino nutu commoniti venientes monasterium construxisse comperiuntur, in quo non parvam puellarum Coalitionem instituentes, etc.*

COALTERARE, vel Coalterari, *Ensemble tancer*, in Gloss. Lat. Gall. id est, jurgiis invicem contendere, *Alterquer*.

COANGELICUS. Vide *Angelus* 1.

* **COANGUSTIARE**, Constringere, cogere. Frodoard. lib. 4. Hist. Rem. : *Districtus igitur et Coangustiatus ab eis, episcopii tandem rebus abrenunciare compellor*.

** **COAPTARE** se alicui, Gratificari, obsequi. Chart. ann. 1268. ap. Guden. in Cod. Dipl. tom. 2. pag. 142 : *Nos vestris per omnia Coaptare nos volentes beneplacitis, etc.*

* **COARCTARIUM**, Modus agri. Charta ann. 1126. inter Probat. tom. 2. Hist. Lothar. col. 280 : *Coarctarium quoque terræ, quod dedit ad dotem ecclesiæ apud Lusdum piæ memoriæ Gobertus*.

¶ **COARE**, *Inclinare se, vel insidiari*. Papias MS. f. legendum *Curvare*.

* **COARODIUM**, *Lo periculo*. Glossar. Lat. Ital. MS.

¶ **COARTARE**, Cogere. Compositio facta inter Albericum Comitem Domni-Martini et Ernandum Abbatem ann. 1185.

ex Archivo Prioratus Domni-Martini : *Si quis interfector hominis in burgo B. Martini in manu Prioris inciderit, ipse Prior post emendationem suam, emendationem meam reddere Coartabit.* Paulus J. C. leg. 57. pr. de contrahent. empt. (18,1.) : *Coartandus est venditionem adimplere.*

* **COATHA**, vel f. *Coacha*, pro *Cloaca*, Gall. *Egout*, ut suspicatus est D. *Secousse*. Charta ann. 1388. tom. 8. Ordinat. reg. Franc. pag. 284. art. 7 : *Amociones discurcium, Coathorum, aygueriarum, latrinarum, etc.* Vide supra *Coacla*.

* **COATIA**, Ornamenti, vel vestimenti genus. Stat. Vercel. lib. 2. pag. 27. v° : *Volta una et Coatiæ, quæ portantur omni die.*

COAVETUS. Vide *Cauanna* 2.

* **COAXARE**, Ranarum vox. Vide *Baulare*.

* **COBALI**, Virunculi montani, species dæmonum, apud Georg. Agricol. de Animantibus subterraneis sub finem; a Gr. κόβαλος κακοῦργος. Hesychius. His similia sunt quæ fabulatur Anonymus in Chronico Leob. lib. 6. ad ann. 1335. apud Pez. tom. 1. Script. rer. Austr. col. 939 : *Hujus tempore principis* (Hainrici ducis Karinthiæ) *in montanis suæ ditionis, gens gnana in cavernis montium habitavit; cum hominibus vescebantur, ludebant, bibebant, choreas ducebant, sed invisibiliter. Litteras scribebant, rempublicam inter se gerebant, legem habentes et principem, fidem katholicam profitentes, domicilia hominum latenter intrantes, hominibus consedentes et arridentes.... Dicitur quod gemmas gestent, quæ eos reddunt invisibiles : quia deformitatem et parvitatem corporum erubescunt.* Vide infra *Gobelinus*. [** et Grimm. Mythol. German. pag. 286.]

* **COBASTRUM**, *Lo late nella mamilla*, in Glossar. Lat. Ital. MS.

COBEBUS. Formulæ Andegavenses num. 6 : *Quia ante hos dies aliquos homo nomen illi litem in via publica aput illo ei habuit, et Cobebus super eum ipsi illi posuit, sic taliter convenit, ipsus homo admediantis bonis hominibus, ut hunc securitate ipsus homo de ipsus Cobebus, seu de ipsa lite, quem aput mihi abuit facere debuerit, quod ita et fecit.* Videtur usurpata vox pro *Cohibus*, ita ut sic legendum sit, et *Cohibentia*, seu *Convenientia* intelligatur, vel *Conviventia*. [** pro *Colapus*, vide *Colebus*.]

* **COBESSELLUS**, Operculum, Gall. *Couvercle*. Instr. ann. 1438. inter Probat. tom. 3. Hist. Nem. pag. 259. col. 1 : *Item de pintis, sine Cobessello, v. Plus de pintis, cum Cobessello, v.* Aliud sonat *Cobesa* Provincialibus, ex Glossar. Provinc. Lat. Cod. reg. 7657 : *Cobesa, Prov. Cupido, cupedia edendi et bibendi. Cobese, Prov. Cupidus, strictus.*

¶ **COBLA**, Species retis ad piscandum. Charta Thossiacensis ann. 1449. signata Bonet : *Pro licentia piscandi ad mediam Coblam retium in riparia Sagonæ sive trahendo sive exsavando ad terram. Consules Coblarum portæ Ariberti et portæ Natalis* memorantur in Chronico Cremonensi apud Murator. tom. 7. col. 651. et 652. sed qua notione non liquet.

* *Cobillon*, in Inventar. ann. 1511. ex Reg. Corb. 13. sign. *Habacuc* fol. 39. v°. : *Aux fosses aux poissons trouvés....... ung tramaire, ung Cobillon, ung abliere, etc. Cochois*, eodem sensu, in Lit. remiss. ann. 1403. ex Reg. 158. Chartoph. reg. ch. 52 : *Certaines nasses ou Cochoiz pour prendre les poissons.*

* **COBLE**, Trabs, tignum, Gall. *Solive*. Inventar. MS. ann. 1379 : *Item unum Coble duplex cum catena ferrea pro canibus.* Lit. remiss. ann. 1415. in Reg. 168. Chartoph. reg. ch. 324 : *Cum consules loci de Mirisvalibus baroniæ Montispessulani emissent fustes et tigna magna et grossa, quas et quæ voluerunt facere scindi vel ressari, ut inde fierent postes et trabes, vocatas Cubles, pro dicta tribuna facienda et construenda, etc.* Haud scio an idem sit *Couble*, in Charta ann. 1310. ex Chartoph. reg. layet. Pictav. : *Item de tous les barrilliers, une Couble ;* an vero idem sonet atque *Cobla* paulo ante.

¶ **COBLETTUS**, Calix, poculum, Gall. *Gobelet*, apud Rymer. tom. 9. pag. 277. col. 2 : *Unum cyphum de argento... cum sex parvis Coblettis.*

¶ **COBOLUS**, Species monetæ. Bulla Nicolai IV. PP. De censibus Ecclesiæ Rom. apud Marten. tom. 2. Ampliss. Collect. col. 1302 : *Communitas Massil. debet singulis annis centum Cobolos.* Et col. 1003 : *Debet singulis annis pro censu duos Cobolos aureos..... Ecclesia Paracleti unum Cobolum auri, Ecclesia S. Urbani Trecensis unum Cobolum auri.*

* Male editum pro *Obolus*. Vide in *Masmodina*.

COBRANCIA, Acquisitio : Arvernis, *Cobre*, [ex Hispano *Cobrar*,] Recuperare, Gall. *Recouvrer*. Charta Guillelmi *de Chastaigners* Militis ann. 1237. apud Duchesnium in Hist. istius Familiæ pag. 189 : *Idem volo et præcipio quod vinea de Bezardie, quæ ad me spectat ratione Cobranciæ, remaneat successoribus meis in bonis ex parte patris mei.* Alia apud Sammarthanos in Abbat. Brolii-Gallandi : *Item dono eis et concedo omnes Cobrancias, quas in terra mea facere poteram, ita ut baroniam meam non perdam, et hominia non amittam.* Alia ann. 1300. ex Tabul. Nantoliensi in Pictonib. : *Do et concedo pro me et meis... totam meam partem... in omnibus Cobranciis seu conquestis omnium bonorum tam mobilium quam immobilium, ubicumque sit, quas Cobrancias et conquestus... fecerunt.* Tabular. Absiense fol. 41 : *Scilicet in unaquaque sexteriata terræ unum denarium de tota terra, quam jam habet Cobratam et quam Cobraturi sunt.* Vide *Cuperamentum*.

* **COBRARE**, ab Hispan. *Cobrar*, Acquirere, recuperare, nostris *Cobrer* et *Coubrer*. Request. comit. Marchiæ ann. 1269. in Reg. 11. Chartoph. reg. fol. 16. r°. : *Gaufridus Talebot serviens senescalli Pictaviensis saizivit occasione cobranciarum et pignora ipsorum detinet, quamvis nichil aquisiverint seu Cobraverint.* Le Roman *de Garin* :

Quant le pestel ot sessi et Coubré.

Ibidem :

El destrier monte, si a l'escu Cobré.

Vide *Cobrancia*.

* **COBURGENSIS** Moneta, ab urbe Franconiæ Coburgo sic dicta, cujus typus præfert caput Æthiopis; quod quidam referunt ad cultum trium Regum Magorum, quorum unus Æthiops reputatur : alii ad S. Mauricium patronum urbis, qui Æthiopis specie figuratur, quod ex Oriente oriundus creditur. Ita Christ. Schlegel. in Disquisit. de Num. ant. pag. 181. et 182. Charta ann. 1265. episc. Wurzburg. ibid. pag. 173 : *Censum annuum viij. librarum monetæ Coburgensis.* Alia ann. 1289 : *Triginta libras Bambergensis et Coburgensis valoris.*

¶ 1. **COCA**, Species navis. Vide *Cogo*.

¶ 2. **COCA**, Peruviensis herba, quam sugunt Indi, et unde non modicum sustentantur; ea etiam utuntur loco pecuniæ tam vendendo quam emendo. Vox Hispanis nota. Concil. Limanum ann. 1582 : *Porro quæ de exstirpanda Coca, seu vitandis in ea excolenda Indorum incommodis, ibidem exposita sunt, Catholicam Majestatem oramus... ut quid factu optimum sit, atque ex re maxime Indorum constituat.* Hispanis *Coca* rursum illud herbæ genus est, quod Gallis dicitur *Coque de Levant;* sed nihil ad hunc locum hæc notio.

* Vide Nic. Monard. Histor. simplic. ex novo orbe delator. cap. 52. edit. Clusii.

¶ **COCAGIUM**. Tabularium Savignei : *Andreas dominus Vitreii...... Johannes de Campellis dedit Abbatiæ de Savigneio omne jus quod habebat in foresta mea, videlicet herbagium, pasturam, boscum mortuum, Cocagium;* id est, Jus eradicandi et colligendi succisarum arborum stipites, quos etiamnum *Choques* vocant Picardi nostri. Vide *Chocagium* et *Ceppagium*.

* Scribendum itaque cum virgula sub priori *c*, ita ut idem sonet quod litera *s*. Vide *Soca* 3.

* Aliud sonat vox Gallica *Cocaingne* in Pacto inter Reginald. vicedom. Ambian. et monast. de Gardo ann. 1313. ex Reg. 50. Chartoph. reg. ch. 41 : *Le traversiers.... jurra seur saintes Evangiles.... que il, ne se commans, n'arrestera ne ne fera arrester malicieusement ledit navel ou naviax de l'église dou Gart pour cause de Cocaingne, ne pour faire anui ou domage à esciant.* An Contentio, controversia?

* **COCALA**, *Lo legno seco, e vase de ramo, e ocello marino.* Glossar. Lat. Ital. MS. Vide *Cocula* 2.

* **COCALE**, ab Italico, ni fallor, *Coccia*, Glandula, struma. Mirac. B. Anton. Ripol. tom. 6. Aug. pag. 540. col. 1 : *Recessit ipsa inflatura, et Cocale magnæ ipsius infirmitatis, quam habebat in tibiis, descenderunt deorsum per tibias et pedes.*

COCARIUS. Glossar. Saxon. exaratum sub Edw. III. post Leges Henrici I. : *Cocsede, Cocarius.* Saxonibus Coc, idem valet ac *Coquus :* Cocc vero est *Gallus*. Vide *Cocseti*.

* **COCASSEN**, Æris campani crebra citaque pulsatio, Gall. *Tocsin*. Lit. remiss. ann. 1362. in Reg. 93. Chartoph. reg. ch. 164 : *Custos sive bada stans in pignaculo ecclesiæ dicti loci, credens ipsos fore inimicos nostros et patriæ antedictæ, campanam trahendo fecit Cocassen.*

COCATRIX. Catholicon Armoricum, *Cocatrice, Gall. id. Basiliscus.* Occurrit familia Parisiensis hoc cognomine in veteribus Tabulis.

* Hispan. *Cocatriz*, Crocodilus. Bestiarius MS. :

Li Cocatrix est beste fiere,

Et maint ades en la riviere
De ce fleuve que Nil a non.

¶ 1. **COCCA**, f. Navigium. Agnelli Liber Pontif. apud Murator. tom. 2. pag. 103 col. 1 : *Fecitque endothim super S. Ecclesiæ altarium Ursianæ ex auro puro cum staminibus sericis, ponderosa nimis, mediam habens Coccam;* hoc est, posita superioris interpretationis veritate, mediam habens navim depictam : qua imagine Ecclesia potuit designari. Vide *Cogo.* [** An Concha?]

¶ 2. **COCCA**, Faliscæ, Gall. *Ratelier;* sed leg. *Jacca*, ut dicitur in hac voce.

* **COCCARDICA**, pro *Cottardita*, Sagi seu tunicæ species. Constit. Feder. reg. Sicil. cap. 99 : *Videntes igitur ab experto quosdam fideles nostros, morem novum et alienigenum usurpantes, ... arma privatim vel occulte deferre sub eorum Coccardica vel indumento alio, etc.* Vide *Cotardia.*

¶ **COCCAVA**, *Buccina.* Papias MS. cum vet. Glossario Sangerman. MS. n. 501.

* **COCCHA**, Navis species, Ital. *Cocca*, idem quod *Cogo.* Chron. Andr. Danduli apud Murator. tom. 12. Script. Ital. col. 446 : *Veniunt ergo cum suo exstoleo die Pentecostes* 1379. *supra portum S. Nicolai de litore, ubi casualiter invenerunt unam Coccham Mocenicam de partibus Syriæ venientem.* Col. 451 : *Et hoc primo insultu prasumta fiducia hostes irruerunt in duas magnas Cocchas simul cum felici exstoleo conductas pro submergendo ad os Lupæ. Coque*, eadem notione, in Lit. Caroli V. reg. Franc. ann. 1371. ex vol. 5. arestor. parlam. Paris. : *Lesquelles denrées et marchandises chargiées.... en la nef ou Coque, nommée S. Esprit de Brisemberk en Allemagne, ... furent prises et robées en mer par certains escumeurs de mer de la coste de Normandie. Coquet*, in aliis Caroli VI. ann. 1383. ex Reg. 124. Chartoph. reg. ch. 222 : *Voulons que se aucune nef... demouroit sur l'ancre... et demourast l'ancre, ou chaable, ou batel, ou Couquet, ou autre appareil;.... celui qui le trouvera sera tenuz de le rendre.* Unde *Quoque* et *Quoquet* etiam dixerunt. Arest. ann. 1370. in vol. 6. eorumd. arestor. : *Quandam navim, Gallice Quoque nuncupatam, armis et vexillis S. Georgii et leopardorum depictam, etc. Ou batel ou Quoquet*, in Lit. ann. 1363. ex Reg. 160. ch. 277. Vide *Cochetus* in *Cogo.*

* **COCCHOU**, Piscis genus. Vide supra *Circulus* 2.

¶ **COCCIA**, Concha in ædificiis. Vita S. Guillelmi, tom. 5. SS. Junii pag. 125 : *Et in summitate ejusdem conchæ, quæ vulgo dicitur Coccia, erat parvissimum foramen, unde diurnæ lucis jubar ingrediendo, tugurium illustrabat.*

¶ **COCCIATURA**. Vide *Cociatura* post *Cociones.*

¶ **COCCIGARE**, Claudicare. Supplem. Antiquarii : *Coccigat*, χωλαίνει, *Claudicat.*

COCCINARE. Vide *Cocinare.*

COCCINUM. Vita B. Mathildis Reginæ num. 19 : *Post obitum Regis Henrici assidue induxit Coccinum unius coloris, non in publico, sed sub lineo vestimento, et pro decore ornamenti ante se gessit parum auri.* Forte *Cottinum*, a *Cotte*, vestis inferior. Vide *Cottum.*

¶ **COCCIO**, *Sagina*, σιτεία, ἡ σίτευσις. Gloss. Lat. Græc. Vide *Cociones.*

¶ **COCCIONATURA**. Vide *Cociatura* post *Cociones.*

COCCO. Vide *Cogo.*

COCCOMELINUS. Vide *Melinus.*

COCCULA, Cocula, Sagum Hybernicum villosum, absque sutura, et quod marginem inferiorem planam exhibet, superiorem arcuatam, cirrisque sive limbis laneis fimbriatam. Vita S. Cadoci Cambrensis, apud Spelman. : *Atque quot jubæ in tua Coccula (quod vulgariter vocatur quoddam genus indumenti quo Hibernenses utuntur, de foris plenum prominentibus jubis, seu villis, quæ in modum crinium sunt contextæ) tot homines per te a pœnis perpetuis eruentur.* Hinc discere est quid sit *Cocula* apud Bonifacium Archiep. Moguntin. Epist. 74 : *Caligas, et peripsemata, orarium, et Coculam, et gunnam brevem nostro more consutam.* Et in Concilio Cloveshovensi ann. 747. cap. 28. de Monachis : *Nec imitentur sæculares in vestitu crurum per fasciolas, nec per Coculas in circumdatione capitis, modo pallii laicorum, contra morem Ecclesiæ.* Alias

Cocula, vel Coculum, est *vas quodlibet ad officium coquinæ paratum*, ut ait Ugutio. Gloss. Ælfrici : *Cocula*, Olfata. Gloss. Arabico-Lat. : *Coculum et Cucuma.*

COCCUM. Chronicon Fontanellense cap. 16 : *Dalmaticas... 6. roccum Subdiaconalem unum : Coccum unum, tunicam Sacerdotalem Indici coloris, cum vestimento integro unam.* Sed legendum videtur *Cottum.* Vide supra *Coccinum.*

¶ **COCCUS**. Vide *Cocinare*, post *Cocina.*

* **COCCUS**, pro Gallus, in uno exemplari Legis Sal. ab Eccardo laudato ad cap. 7. art. 6. Pro Cocus, Gall. *Cuisinier*, vide in *Cocina.*

* **COCERE**, pro Coquere, Ital. *Cuocere* et *Cocere.* Charta ann. 1334 : *Quod nullus macellarius seu aliqua persona, cujuscumque conditionis existat, Cocat carnes aliquas, causa vendendi in dicto castro* (de Graulerriis).

¶ **COCEZ**, vel Cocer ab Anglico *Coker*, Operarius. Chartul. SS. Trinit. Cadom. fol. 27 : *Bovarios* VI. *Cocez* IV. *operantes tribus diebus, ancillas* III. *operantes tota hebdomada.*

1. **COCHA**, Stipes, truncus arboris, nostris *Choque.* Regestum Castri Lidi in Andibus fol. 49 : *Ipse habet chaufagium suum in haiis, de nemore mortuo, et ad faciendum suum herbergamentum, cum visione servientis Domini. Postea homines domini Matthæi habent Cocham et le scot, et ramum caducum tali modo, quod si serviens domini forte invenerit, et ipse capiat : pro ramo fide sua liberabitur.* [Vide *Ceoca.*]

¶ 2. **COCHA**, Viatorium navigium, Gall. *Coche d'eau.* Johannis XXII. PP. Processus in Ludovicum Bavarum tom. 2. Anecd. Martenii col. 783 : *Se conferens et reddens ignominiose cum iisdem complicibus fugitivum, primo quamdam navem seu Cocham, et deinde galeam supradictam conscendit.* Vide *Cogo.*

* Eadem quæ supra *Coccha.* Chron. Astense ad ann. 1322. apud Murator. tom. 11. Script. Ital. col. 257 : *Quædam Cocha onerata veniens de Sicilia fregit prope Niciam, etc.* Charta ann. 1400. ex maj. Chartul. S. Vict. Massil. : *Noviter cepit in insulis maris Massiliensis unam Cocham sive unum vasellum certorum Yspanorum, et captam tenet in posse suo.* Vide supra *Chocha.*

¶ 3. **COCHA**, Sus, Arvernis *Coche*, Gall. *Truie.* Instrum. Ecclesiæ Brivatensis ann. 1365 : *Fuit deliberata quædam Cocha de espatgio amandica pretio* VII. *sol.*

* 4. **COCHA**, Angulus, Italis *Cocca.* Charta ann. 1225. apud Murator. tom. 2. Antiq. Ital. med. ævi col. 340 : *Et quod terras recochatas rectis finibus distinguat, et si non possit rectis finibus distinguere, dabit de illa Cocha consultum de terra culta alibi juxta terram provocati in eodem territorio.... Et si quod de Cocha, quæ drizari non possit, cambium alibi, cujus Cocha est, dari non debeat, nec ab eo auferri, si promotione illius Cochæ jugis minuatur, nulla contrarietate in hoc statuto huic capitulo obstante.*

* **COCHERIA**, a vulgari *Coche*, incisio, Dumbensibus dicitur Lignum vel lapis, quo aqua in pratum ducitur. Terrear. Trevolt. ann. 1535 : *Juxta Cocherias et pratum nobilis Gaspardi Leiderit.*

1. **COCHETUS**, Navigium. Vide *Cogo.*

¶ 2. **COCHETUS**, pro *Cocytus*, Fluvius infernalis, de quo Virgilius Æneid. 6. 132. Diploma Willelmi Regis Aquitaniæ pro Ecclesia S. Crucis Burdigal. ann. 1027. inter Instrum. tomi 2. novæ Gall. Christ. col. 269 : *Et a consortio Christianorum extraneus fiet. Et nunquam in sanctam resurrectionem cum justis appareat, sed in Cocheti laqueis pœna perpetua crucietur.*

* 3. **COCHETUS**, Gallus vel pullus gallinaceus, nostris *Cochet.* Lib. pitenciar. abbat. S. Germ. Prat. : *Super domo ad duos Cochetos in vico de lyra.* Infra : *Sur une maison aux deux Cochets.* Hinc

* Cochetus et Gallice *Cochet*, fortassis quod primum gallus daretur, dictum apud nostros id, quod sponsa et sponsus die nuptiarum sub sero sociis suis ad bibendum et comedendum ex usu præstare tenebantur; nisi quis a Lat. *Cocetum*, miscellæ potionis genus, accersere velit, Græcis κυκεών. Vide supra *Calenum* et *Cyceon* in Glossar. Lit. remiss. ann. 1350. in Reg. 80. Chartoph. reg. ch. 423 : *Die nuptiarum dicti matrimonii de sero accesserunt ad domum dicti defuncti tunc sponsi parentes et amici, qui ad nuptias ipsas ratione amicitiæ convenerant,.... causa solatii et quærendi gallum seu Cochetum, ut in partibus illis est moris.* Aliæ ann. 1382. in Reg. 121. ch. 144 : *Jehan Grigois estant en la ville de Azy sur Marne ou bailliage de Vitry,... en laquelle avoit unes noces; et quant vint vers la nuit, ycellui exposant et lesdiz compaignons d'un acort se mirent ensemble pour aller querir le Cochet de l'espousée, si comme il est accoustumé à faire en plusieurs lieux ou pais. Conchet*, vel *Couchet*, pro *Cochet*, in Lit. ann. 1389. ex Reg. 137. ch. 10. Aliæ ann. 1397. in Reg. 153. ch. 33 : *Lesdessus nommez alerent querir et demander le Cochet de l'espousée, si comme acoustumé est, lequel Cochet leur fut ordené par ycelle espousée, et après ce qu'ilz orent receu ledit*

Cochet s'en alerent boire en la sale. Aliæ ann. 1409. in Reg. 163. ch. 263 : *Icellui Oudin demandoit un Cochet, qui par la coustume du lieu est deu en tel cas* (de noces) *aux compaignons de la ville, qui sont à marier.* Aliæ ann. 1471. in Reg. 195. ch. 636 : *Le Cochet, qui est le droit que les espousez au païs ont accoustumé de donner le soir de leurs nopces aux compaignons du lieu et parroisse, où se font lesdites nopces. Le Cochet, autrement dit le plat de l'espousée,* in aliis ann. 1472. ibid. ch. 806. *Coquet* dictione Picardica, eodem sensu, in Lit. remiss. ann. 1413. ex Reg. 167. ch. 189 : *Le Coquet, qui est une chose acoustumée au païs de donner (aux jeunes compaignons) à marier, du vin et viande pour aler boire et esbatre ensemble; lequel Coquet eust este baillié, etc.* Occurrit rursum in aliis ann. 1423. ex Reg. 172. ch. 451. Vide supra *Bannum* 5. *Calenum*, infra *Nuptiaticum* et *Vinum maritagii.*

* 1. **COCHIA.** Charta Joan. comit. Fores. ann. 1296. apud Charvet. Hist. Vien. pag. 669 : *A fluvio Rodani usque ad Cochias seu cacumen S. Salvatoris, in quibus Cochiis seu cacumine, etc.* Vide infra *Cocolarius.*

¶ 2. **COCHIA,** Coquina. Consultatio Philippi Cancellarii Paris. ann. 1218. ex Tabulario Audomarensi : *Dicit Præpositus se esse in possessione dandi illa quinque beneficia... Decano et Capitulo inconsultis, Subpræpositum in Subpræpositura, Magistrum Scolarum in Scolastria, Pistorem in pistoria, Cellerarium in celleraria, Cocum in Cochia.* Vide *Chochia.*

* **COCHINA,** f. Coquina. Stat. Placent. lib. 6. fol. 80. v°. : *De massantio ferri a Cochina et de acutis pro libra ultra, viij. den.*

* **COCHIO,** Epistomium, vel vasis obturamentum, ab Ital. *Cocchiume*, ut suspicantur docti Editores ad Acta B. Jacobi Mevanat. tom. 4. Aug. pag. 729. col. 2 : *Intrantes omnes* (cellarium) *vegetem usque ad summum plenam invenerunt optimo vino, ita quod a parte superiori usque ad terram vinum flueret,.... circa vegetem terram vino respersam videntes,.... perquirentes advertorunt, quod per Cochionem descendebat.* Vide *Cochonus* et infra *Coconus.*

1. **COCHLEA,** Vas quo bibitur, in formam Cochleæ confectum. Jonas in Vita S. Eustasii Abb. Luxoviensis : *Nequaquam reor esse contrarium religioni, si Cochlea, quam Christianus lambit, vel, quodcunque vas aut poculum, Crucis signo munitur, cum per signi adventum dominici pellitur pestis adversantis inimici.*

2. **COCHLEA,** Isidorus lib. 15. Orig. cap. 2 : *Cochleæ sunt altæ rotundæ turres et dictæ Cochleæ quasi cycleæ; quod in eis tanquam per circulum orbemque conscendatur.* [Papias. MS. : *Coglæ, Altæ turres, in quibus ascensus per circuitum.*] Willelmus Brito in Vocabul. et auctor Mamotrecti 3. Reg. cap. 6 : *Cochlea et Cochleare, est amfractuosum deambulatorium, sicut solent fieri in turribus Ecclesiarum. Unde quidam ait :*

Per Cochleam curris scandens ad culmina turris.

Rursum :

Dic Cochleam turrim, scalam, testamque limacis.

Durandus lib. 1. Ration. cap. 1. num. 37 : *Cochleæ, sunt viæ muris intervolutæ latenter.* Angelrannus in Miraculis S. Richarii n. 6 : *Venit ad introitum Cochleæ, qua culmina templi alta petebantur, etc.* Vide Procopium lib. 1. Persic. cap. 24.

3. Cochlea, Species sortilegii. Indiculus Paganiarum, seu superstitionum, in Concilio Liptin. ann. 743 : *De tempestatibus, et cornibus, et Cochleis.* Vide *Cauculatores.*

COCHLEAR, Isidoro lib. 14. cap. 25 : *Mensurarum pars minima, quod est dimidia pars drachmæ, appendens siliquas novem.* [Vide Salmasium ad Solinum pag. 591.]

Cochlear, inter vasa Ecclesiastica reponitur apud Flodoardum lib. 2. Hist. Rem. cap. 5 : *Cochlearia quoque 12. et salarium argenteum.* Tabular. Monasterii S. Theofredi in Velaunis : *Vinearia stagnea, id est ampullæ, vinum et aquam continentia, vasa quoque lignea, tornatili opere facta, quibus oblatæ servantur, cum Cochleari argenteo quo in patena ponuntur.* Necrologium Eccl. Parisiensis prid. Id. Nov. : *Obiit B. M. Dom. Ranulphus quondam Parisiensis Episcopus, qui dedit Ecclesiæ nostræ et nobis unum Calicem aureum, cum patena et Cochleari ponderis 3. marcarum, et 5. sterlingorum.* [Agnelli liber Pontif. apud Murator. tom. 2. pag. 174. col. 2 : *Abstulit Reliquias quas non potuerunt sic citius occultare, ex auro balantias novem, vascula aurea plurima, et Coclearia argentea tractoria, quaternaria una, et diversas alias aureas et argenteas species.*] Adde Ingulfum pag. 907. et Ughellum tom. 7. pag. 1274. Browerum lib. 8. Annal. Trevir. num. 114. etc. Græci *Corpus Domini et sanguinem sumunt de Calice, cum Cochleari ad hoc deputato*, inquit Reinerus in Catalogo hæreticor. Λαβίδα vocant, ut pluribus habet Goarus ad Euchologium pag. 152. ubi et formam exhibet : Georgius Decapolita de Miracul. S. Georgii Mart. num. 47 : Καὶ πάλιν εἶδε ὁ Σαρακηνὸς ἐκ τρίτου τὸν ἱερέα μεταδιδόναι ἐκ τοῦ σώματός τε καὶ αἵματος τοῦ παιδίου μετὰ τῆς λαβίδος τοῖς μεταλαμβάνουσιν.

¶ **COCHLEARE.** Vide *Cochlea.*

* **COCHLEARE** Corneum inter præstationes feudales recensetur, in Charta Phil. Aug. ann. 1180. ex Chartul. Cluniac. : *Asserebat* (comes Cabilonensis) *sibi a priore Paredi deberi..... cyphum corneum, cum duobus Cochleariis corneis.*

1. **COCHLEARIUM,** ait, Papias, *pondus retinet 1. scrupulum et semis.* Et mox : *Cochlearium, quod pendet, Græcum est.* Κοχλιάριον Polluci, *Cochleare*, Martiali. Vide Agricolam Rob. Cenalem, et alios.

COCHLEARIUS. Joan. de Janua : *Cochlearius, est lapis marinus cochleis, et arenis, et lapillis concretus, et asperrimus.* [Papias MS. : *Cocleatius, Lapis cochleis, lapillisque et arena compositus.*]

Cochlearii. Vide *Cauculatores.*

COCHO. Vide *Cogo.*

COCHONUS. Contract. Datior. Bergom. lib. 6. cap. 46 : *Qui desigillaverint aliquem Cochonum vel aliquam spinam, etc.* Ital. *Coccon, Coperchio della botte*, operculum. [* Vide supra *Cochio.*]

* **COCIA,** Mensura frumentaria, sextarii pars trigesima. Pedag. Avenion. ann. 1215. ex Cod. reg. 4659 : *Lesda bladi accipiatur in hunc modum, videlicet quod de singulis tribus manganariis bladi aut leguminis accipiant pro lesda unam Cociam, et illa Cocia sit tanta, quanta est Cocia sextarii, ita quod xxx. Cociæ faciant sextarium.* Vide in *Cossa.*

¶ **COCIATOR.** Vide *Cociones.*

¶ **COCIATURA,** Cociatria. Vide post *Cociones.*

COCINA, Culina. Gloss. Græc. Lat. MS. : Μαγείριον, *hæc Cocina, carnificina.* Editum habet μαγειρεῖον, *Cucina.* Itali *Cucina* et *Cocina* etiam dicunt, pro *Coquina*, nostri *Cuisine.*

Cocinare, Coccinare, Cocinarius. Ugutio : *Cocino, as, sæpius coquere, et Cocinarius, i. coquus et Cocinator.* Pactus Legis Salicæ tit. 67. § 1 : *Inium* (æneum) *ubi strias Cocinant.* Perperam in edit. Pithœi *concinunt.* Chrodogangus Metensis Episcop. in Regula Canonicor. cap. 13 : *Laici Cocci ad Coccinandum tantum ingrediantur.* Sed an a *Cocina*, efficta sit vox *Cozine*, pro tumultu, contentione, rixa, vel prælio, ita ut primitus usurpata fuerit pro Coquorum vel *Cocionum* mutuis inter se rixis, nolim temere definire. Philippus *Mouskes* in Hist. Franc. MS. in Chilperico :

Ensi par cete dame sote
Commença Cozine et rihote,

In Ludovico Pio :

Asseurez fu de la tierre.
Kil n'i ot Cozine ne guerre.

In Ludovico VIII. idem Philippus *Mouskes* :

.... Puis ot anui
Entraus deux et Cozine grant.

¶ **COCINARIA.** Vide *Cociatura* post *Cociones.*

¶ **COCINARIUS,** Cocinator. Vide *Cocinare* in *Cocina.*

* **COCINGIA.** Charta ann. 1168. inter Instr. tom. 6. Gall. Christ. col. 195 : *Ego in Dei nomine Raino dominus Caslarii trado... quandam paludem, sive pasclerium, sive Cocingiam ;..... trado videlicet medietatem totius supra terminatæ paludis sive Corregiæ, etc.* Ubi legendum videtur *Accingiam* vel *Accengiam.* Vide *Andecinga.*

COCINNULA, Messianus in Vita S. Cæsarii Arelat. pag. 252 : *Cum ad benedicendum oleum, annis singulis, competentibus diebus, in baptisterio venisset, et ingrediens Cocinnulam ad consignandos infantes, etc.* Vide *Cogina.*

¶ **COCIO,** Cocionatura. Vide in *Cociones.*

COCIONES, Coccionés, Cogciones. Monachus Sangallensis lib. 2. cap. 18 : *Quidam Coccio derasus et insaniens, linea tantum et femoralibus indutus, etc.* Capit. Caroli M. lib. 1. [** Append. 1. cap. 34.] et Capitulare Aquisgranense ann. 789. cap. 79 : *Ut isti mangones et Cogciones qui sine omni lege vagabundi vadunt, per istam terram non sinantur vagari.* Adde Capitul. 1. Caroli M. incerti anni cap. 45. Ubi Rhenanus lib. 2. Rer. Germ. pag. 95. ait, ejusmodi *Mangonum adhuc nomen et res apud Germanos manere : die Mengen.* Hincmarus Opusc. 5. de Coercendis militum rapinis : *Per villas in quibus non solum homines Caballarii, sed etiam ipsi Cocciones rapinas faciunt.* Le Roman *de Garin* MS. :

Truans estoit, pantoniers et Coquins.

Cociones appellabant veteres, qui aliis *Arilatores* dicuntur. Festus : *Arilator, qui* etiam Cocio appellatur, *dictus videtur a voce Græca, quæ est*, αἶρε, *i. tolle, quia sequitur merces ex quibus quid cadens lucelli possit tollere.* Ubi Jos. Scaliger *Arilatores* dictos vult ab *arra*, atque ita nuncupari emptu-rientes, qui data arra postulant sibi credi, unde a cunctando *Cunctiones*, *Cuctiones* et *Coctiones*, inquit, dicti. Quod idem Festus videtur innuere, dum ait *Coctiones dictos videri quod in emendis vendendisque mercibus tarde perveniant ad justi pretii finem.* Gloss. Isidori : *Arilator*, *Cocio.* Ex quo emendandus Papias : *Coccio*, *Arillatio* : legendum enim *Arillator*, ut apud Isidorum. Auctor veteris Gloss. apud H. Stephanum pag. 310. *Cocio*, μεταβολή, ubi leg. μεταβολεύς, ut et in Gloss. Græco-Lat. μεταβολός, *Dardanarius*, *Cociator*, *arillator.* Est autem μεταβολεύς, Scholiastæ Aristoph. ὁ κατὰ κοτύλην πωλῶν, ὥσπερ οἱ νῦν λεγόμενοι κάπηλοι, qui ad cotylam, seu mensuram vendunt, quos vulgo *Regratarios* dicimus. Atque rursum emendandum Glossarium Græco-Lat. Κάπηλος, *Cauponarius*, *Cogo.* Legendum enim *Cocio.* Usos hac voce Laberium apud A. Gellium lib. 16. cap. 7. et Plautum in Asinaria pridem observarunt viri docti. Ex quibus tandem colligere est *Cociones*, priscis, et ætatis mediæ Scriptoribus, dictos qui fora venalium et nundinales mercatus sectantur, qui dum contantur, licitantur, et de pretio cum mercatoribus contendere simulant, merces ipsas subripiunt et auferunt : cujusmodi sunt qui apud nos *Coquins*, vulgo vocantur, quos non pauci hactenus a *Coquinis*, nuncupatos putarunt, quod istius farinæ homines tabernas et popinas circumeant, quo aut locis ipsis inserviant, aut obsonii particulas avellant. *Cozzoni* etiamnum Italis dicuntur, quos nostri *Maquignons* vocant. Neque alii videntur, quos *Coquinos* appellavit inferior ætas. Vita Clementis VII. apud Bosquetum : *Carcassonæ et Tolosæ populares, quod vulgariter nuncupabant Coquinos, contra Nobiles insurrexerunt.* Auctor est Chapeavillus in Erardo a Marca Episc. Leod. cap. 26. exstare Leodii *Hospitale*, quod *Coquinorum* vocant. Coquos porro pro furibus habitos auctor est Plautus in Aulularia :

... Mihi omnis angulos
Furum implevisti in ædibus misero : mihi
Qui intromisisti in ædes quingentos Coquos.

Idem in Pseud. :

Forum Coquinum qui vocant, stulte vocant,
Nam non Coquinum, verum furinum est forum.

Donatus ad Terent. Eunuch. : *Manipulum furum, Coci discipulos dici putant.* Vide Casaubonum ad Athen. lib. 14. cap. 22. A *Cocionibus* dicta

Cociatura, Cocionatura, Ipsa cocionis nundinatio, actio. Gloss. Lat. Gr. : *Cociatria*, μεταβλητική. Alibi *Cociatura* legitur. Gloss. Gr. Lat. : Μετάπρασις, *Cocciatura.* In MS. *Coccionatura.* Aliæ Glossæ pag. 312 : *Cocionatura*, μετάπρασις. Ita enim emendandum. Caper de Verbis dubiis : *Cocinaria, non Cocionatoria.*

* **COCIONATURA.** Vide infra *Concionatura.*

* **COCIRCA**, pro Circiter, Gall. *Environ, à peu près*, passim in Inventar. Chartar. reg. ann. 1482. fol. 307.

¶ **COCISTRO**, *Prægustor cocinæ.* Gloss. Isid. Grævius a *Cocina*, culina, *Cocister* dictum suspicatur pro eo, qui in Regum et Principum culinis prægustat cibos, ne sint veneno infecti; sed Papias et Constantiensis habent : *Cocistro*, *Tabernarius*, *Græcum est.* Unus Papiæ MS. præfert *Concistrio.* Itali *Cocastro* vel *Cuocastro* Coquum appellant suæ artis ignarum. Vide *Cocaster.*

¶ **COCITCA**, Ignota mihi vox, quæ supra refertur in *Campora.*

COCKA, [Armorice *Coket*, Navis, cymba.] Petrus de Dusburg in Chron. Prussiæ cap. 1 : *Fundaverunt Hospitale in tentorio suo facto velo cujusdam navis, dictæ Cocka Theutonice, ubi dictos infirmos colligentes, etc.* Vide infra in *Cogo.*

¶ **COCKET.** Vide *Coket.*

¶ **COCLEAR.** Vide *Cochlear.*

* 1. **COCLEAR**, pro *Cochlear*, Mensura, apud Corn. *Van Gestel* tom. 2. Hist. archiep. Mechlin. pag. 148 : *Nosocomium Alostanum habet privilegium,.... ut nullum ibidem granum vendi possit ruri advectum, quin inde certam mensuram, quam Coclear vocant, acceperint*

* 2. **COCLEAR**, Coclearium, pro *Clocarium*, Turris ecclesiæ, in qua campanæ pendent. Ordinat. MS. offic. div. in eccl. Lugdun. : *Panitarius debet purgare totam ecclesiam extra chorum usque ad portas occidentales et subtus Coclearium.... Item panitarius tenetur resarcire in trabibus et postibus Coclearium,.... et omnes alias expensas, tam in Cocleari, quam in aliis locis ecclesiæ.* Vide supra *Cloquarium* et *Coclerium.* [** Vide *Cochlea*, 2.]

¶ **COCLEARIUM**, pro *Cochleare*, in Hist. Dalphin. tom. 2. pag. 363. col. 2 : *Unam duodenam saleriarum vitri pro mensa, duodecim duodenas Coclleariorum, etc.*

¶ **COCLEARIUS.** Vide *Cauculatores.*

¶ **COCLEATIUS.** Vide *Cochlearius.*

* **COCLEATUS**, Formam cochleæ referens. Comput. MS. ann. 1245 : *De quodam cifo Cocleato..... ad opus domini comitis, vj. lib.*

* **COCLIARIUM**, pro Cocleare. Charta ann. 1416. apud Rymer. tom. 9. pag. 356 : *Tresdecim Cocliaria albi argenti.* Vide *Coclearium.*

COCLERIUM, Campanile, *Clocher.* Falco Beneventanus in Chr. initio : *Arma et belli apparatus super Campanili imposuerunt... Tunc Episcopus ipse in Cocleria arma imponi aspiciens.* Vide *Cloca.*

¶ **COCNILIA**, κογλίας, in Glossis Lat. Græc. Legendum *Cochlea.*

* Vel *Conchilia*, ut emendat Vulc.

* **COCO**, Cocona, Machina bellica ad formam ovi, ab Ital. *Cocco*, ovum. Tract. MS. de Re milit. et mach. bellicis cap. 12 : *Coconæ ligni duri et tenacis debent esse.... Coconæ in canna intus nimis percussum ultra debitum.* Et cap. 42 : *Incendiorum intus tangens Coconem, etc.*

COCODONES, Monetæ Gallicæ species. Thomas Walsinghamus in Edwardo I. sub ann. 1300 : *Prohibita est moneta alienigenarum surreptitia, et illegitima, quam Polardos, et Cocodones atque Rosarios appellabant, qui paulatim et latenter loco erepserunt sterlingorum.* Vide *Crocardus.*

¶ **COCODRILLUS**, pro *Crocodillus*, apud Bern. *de Breydenbach*, in Itiner. Hierosol. pag. 213. et apud Jacobum de Vitriaco in Hist. Orient. inter Anecd. Marten. tom. 3. col. 291.

* Ab Ital. *Coccodrillo.*

* **COCOLARIUS**, Italis *Coccola*, caput, *Cocuzzolo*, vertex, apex : an inde *Aquæ cocolariæ*, quæ ab apicibus decurrunt? Charta ann. 1010. apud Murator. tom. 5. Antiq. Ital. med. ævi col. 419 : *Salinam unam integram cum aliis vasis atque mortario suo, quæ rejacet in Cumiaclo in fundamento, quod vocatur Sitalla, et pro omnibus aquis piscaritiis, sive Cocolariis, quæ ad nostram pertinent, concedo et largior vobis, etc.*

* **COCOMUM**, Cucuma, vas ad calefaciendum aquam, Gall. *Coquemar.* Inventar. MS. thes. Sedis Apostol. ann. 1295 : *Item unum Cocomum ad aquam calefaciendam.*

* **COCONA.** Vide supra *Coco.*

* **COCONAIA.** Vide infra *Cocovaia.*

* **COÇONNERIA**, Vicus Parisiis, vulgo *Cossonnerie.* Charta ann. 1295. in Chartul. S. Magl. ch. 50 : *Domus Johannis Pinel, sita ante halas Parisius in buto Coçonneriæ, in censiva domini regis.*

* **COCONSUL**, Ejusdem urbis alter Consul, in Lit. ann. 1292. tom. 5. Ordinat. reg. Franc. pag. 583.

* **COCONUS**, Epistomium, vel dolii obturamentum. Stat. datiar. Riperiæ cap. 4. fol. 9. v°. : *Quod quælibet persona hosteria, quæ inveniretur habere aliquam spinam vel Coconum non sigillatam bullo dicti emptoris super aliqua vegete, incurrat in pœnam xx. soldorum planetorum pro qualibet spina, et soldorum xl. planetorum pro quolibet Cocono.* Vide supra *Cochio.* [** Germ. *Hahn.*]

* **COCOVAIA**, Noctua, Ital. *Coccoveggia.* Lib. de Mirabil. Romæ ex Cod. reg. 4188 : *Per plurimas noctes viderat illum regem ad pedem cujusdam arboris pro necessario venire, in cujus adventu Cocovaia, quæ in arbore sedebat, semper cantabat.* Perperam *Coconaia* editum in Diar. Ital. Montisfalc. pag. 296.

* Hinc, ut videtur, apud Parisios *vicus de Cocovernia*, in Lit. remiss. ann. 1355. ex Reg. 84. Chartoph. reg. ch. 454.

* **COCQUATOR**, pro *Coequator.* Vide supra *Coæquator.*

COCSETI. Leges Henrici I. Regis Angl. cap. 29 : *Villani vero vel Cocseti, vel Perdingi, vel qui sunt viles, vel inopes personæ, non sunt inter legum judices numerandi.* [** Leg. *Cotseti.* Germ. *Kotsassen*, *Kotsæten*, *Kossæten* sunt Casarii. Vide *Cotarius* et *Cotseti.* Adel. Anglos. Cota, Casa, spelunca.] [* Vide *Cocarius.*]

* 1. **COCTA**, Tunica clericis propria. Vide in *Cota* 1.

* 2. **COCTA**, Ital. *Cotta*, Coctio furnaria, Gall. *Cuitte*, *fournée.* Stat. Massil. lib. 1. cap. 42. art. 4 : *Quod postquam universum panem illius Coctæ infurnaverint* (fornarii) *non recedant a furno; sed ibi maneant,.... causa custodiendi et bene coquendi panem.* Stat. Vercel. lib. 1. pag. 15. r°. : *Teneatur potestas Vercellarum facere fieri qualibet anno, sumptibus communis, cereum unum librarum decem ceræ et ipsum offerre ecclesiæ*

B. Francisci in festo ipsius sancti ad missam in mane, et starium unum boni et puri vini veteris et Coctam unam panis albi de frumento quartaronorum sex. Vide infra *Coctia* 1.

* 3. **COCTA**, Mensuræ annonariæ species, ut infra *Coctia* 2. Chartul. S. Vedasti Atrebat. V. pag. 265 : *Debemus eis singulis ebdomadis j. mencoldum de revaniis Coctæ nostræ, scilicet singulis molendinis j. boistellum*. Vide *Coctanum*.

* **COCTANATUM**, Cydoniatum, Gall. *Cotignac*. Glossar. Provinc. Lat. ex Cod. reg. 7657 : *Codon, Prov. coctanum, odonum. Codonier, Prov. sidonus, Coctanus. Codonat, Prov. cindonicum, Coctanatum*. Vide infra *Cotonhatum*.

COCTA. Vide *Cot*.

COCTANUM, Mensuræ annonariæ species. Oliverius Scholasticus de Captione Damiatæ : *Adeo enim in ea fames invaluit, ut cibi desiderabiles deessent.... durabilis enim non est annona Ægypti... et sicut audivimus, Coitanum unum* XI. *Bisantiis vendebatur in ea*. At MS. Thuani *Coctanum* habet, ut et Vincentius Belvac. lib. 31. cap. 87. [Necnon Bernardus Thesaurarius de Acquisitione Terræ sanctæ cap 199. Barthius apud Ludewig. tom. 3. Reliq. MSS. legit *Coictanum*; Est autem, inquit genus prunorum, de quo docti pridem scripserunt. Non autem unam primam ficum intelligas, sed massam aliquam aut corbem plenam, ut nunc etiam illi fructus vendi solent. Intelligo *Cydonia mala*, Gall. *Coin*, German. *Quitten*, ut apud Bern. *de Breydenbach* Itiner. Hierosol. pag. 151 : *In mari peregrinanti si subversio et vomitus acciderit, utatur sirupo hesteren vel granatorum cum menta, vel pomorum muzorum cum tamarindis, et odoret granata poma muza Coctana, minuatque cibum*; et Bertrandum Priorem Pontiniac. in Vita B. Edmundi Cantuariensis Archiep. cap. 63. tom. 3. Anecd. Marten. col. 1815 : *Cui cum recolendæ recordationis Abbas S. Jacobi de Provino ad comedendum cocta porrexisset Coctana, vir sanctus in eum intuens, ait ita : Jam multum tempus præteriit, quod in os meum cibus mihi delectabilis non intravit*. Vide *Cotanum*.][** Reinard. Vulp. lib. 4. vers. 205 :

Territus ille fere retrosalit, atque seorsum
Coctana vendentis more resedit anus.]

COCTARIUS, COCTUARIUS. Gloss. Gr. Lat. : Ὀπτανάριος, *Assator, Coctarius*. Gloss. Græc. Lat. : Ἑψητής, *Coctuarius*. [Bulla Innocentii II. Papæ an. 1141. in Chartulario S. Vandregisili : *In Bertrivilla terram Rainardi, hoc est, novem hospites et dimidium, et duos Coctarios*.]

COCTERIA. Guill. Brito in Vocab. MS : *Stigma, tis, dicitur punctum, signum, caracter, cicatrix, Cocteria, ustio, quæ fit calido ferro : ita dicit Ugutio, unde versus :*

Dico genus stema, sed materiam voco tema,
Stigmaque Cocteriam signat, dat stema figuram.

Vox male compacta ex *Cauteria*, vel *Coctaria*, aut *Coctura*, nam ejusmodi inustiones *Carnem coquere* dicebantur. Vide *Ferrum candens*.

COCTIA, Coctio. Vide *Torra*.

* 1. **COCTIA**, Coctio furnaria, ut supra *Cocta* 2. Charta Rob. de Bellom. ann. 1220. ex Tabul. capit. Carnot. : *Cum haberem contentionem adversus capitulum Carnotensem super quibusdam costumis, quas dicebam me habere de jure in villa de Auton in Pertico, videlicet..... de qualibet Coctia panis, unum panem*. Vide *Torra*.

* 2. **COCTIA**, Mensuræ annonariæ species, eadem quæ supra *Cocta* 3. Charta ann. 1326. in Reg. 64. Chartoph. reg. ch. 674 : *Item de quadragintis solidis in denariis et una Coctia frumenti ad mensuram Pictaviensem*. Vide supra *Cocta*.

COCTILE, quod Græcis ἄκαπνον, Carbo, seu lignum coctum. Vide Casaubonum ad Capitolinum et Pollionem.

* **COCTILIS**, Plinio Coctibilis. Glossar. Gall. Lat. ex Cod. reg. 7684 : *Coctilis, aptus ad coquendum, Cuisibile*.

¶ **COCTIO**. Vide *Cociones* et *Coctus* 1.

¶ **COCTORIUS**, Cortina, ahenum quo utuntur ad salem coquendum et conficiendum Gall. *Chaudiere*. Testamentum Adelaidis Vicecomitissæ Narbonensis ann. 989. tom. 2. Anecd. Marten. col. 102 : *Volo ut in canonica SS. Justi et Pastoris remaneat mediedas de salinas, qui fuerat Framaldi quondam in scalas, cum illorum salarios, Coctorios, agulias, et omnibus suis officinis et areis*.

¶ **COCTARIUS**. Vide *Coctarius*.

COCTUM, Caro decocta, vel etiam legumen. *A Cocto et vino suspendi*, pœnitentiæ species. Joannes VIII. PP. Epist. 302 : *Et nostra Apostolica auctoritate a vino et Cocto suspensi manete usque ad nostram præsentiam*. Charta Stephani PP. ann. 890. apud Hieron. Rubeum in Hist. Ravennate lib. 5 : *Laicus vero qui contradictor apparuerit, a vino et Cocto suspensus existat, quousque ad prædictæ solutionis gratiam pervenerit*.

¶ 1. **COCTURA**, Jus, sorbitio, Gall. *Bouillon*. Bernardi Ordo Cluniac. part. 1. cap. 74. num. 21 : *Novitio qui nondum est benedictus, quandiu sine benedictione fuerit, non est usus aut consuetudo, ut fiant Cocturæ, aut detur ei caro ad manducandum, etiamsi in infirmaria sit multum debilis, vel fiat ulla hujusmodi medicina præter sanguinis minutionem, nisi forte tanta fuerit necessitas, pro cujus magnitudine impietas videatur non infringere consuetudinem*. Eadem leguntur in S. Wilhelmi Consuetudinibus Hirsaug. lib. 1. cap. 3. Vide ejusdem libri caput 45. et lib. 2. caput 21. necnon infra vocem *Coctus* 2.

* 2. **COCTURA**, Cauterium, apud S. Bern. serm. 3. in Circumcis. Domini. Vide *Cocteria*.

¶ 1. **COCTUS**, Coquus, Gall. *Cuisinier*. Liber Consuetud. Fontanell. pag. 258. Spicilegii MS. : *Cocti erant tunc feodati*. Et pag. 403 : *Est autem consuetudinis antiquæ, quando Cocti delinquunt, eos adducere coram Priore, seu coram eo qui tenet ordinem, et nudos verberare a jejunis secundum delicti quantitatem minutis virgis. Hi sunt quasi suffraganei coquinarii, videlicet Panetarius, Custos vini et Refectorarius*. Bernardi Ordo Cluniac. part. 1. cap. 74. n. 42 : *Cocti omni tempore mutant infirmitates suas mane post tres orationes*. Alia notione, si vera esset lectio, sumeretur ibidem cap. 30 : *Lavare pannos, lavatos ad funes suspendere, et alia quæ non lavantur tunc ad funes suspendenda afferre, scilicet Coctos, froccos, cucullas, etc*. Sed puto legendum cum MS. San-German. *cottos*. Est autem *cottus* species vestis clericalis, de qua in voce *Cot*. Vide *Baburnus*.

2. **COCTUS**, COCTIO, COCTURA. Udalricus lib. 2. Consuet. Cluniac. cap. 14 : *Quod si Coctus est*, (Novitius) *ut vulgariter aiunt, Coctionem ex more non videt; neque legat, nisi ante Primam*. Lib. 3. cap. 26 : *Tertius famulus ad hoc est maxime deputatus, ut lavet pannos ad Cocturas omnium, ut aiunt, fratrum Coctorum necessarias*.

3. **COCTUS**, Exustus, vel potius lento igni admotus, seu, ut Galli dicimus, *Bruslé à demi feu*. Lactantius lib. de Mortibus Persecutor. n. 13 : *Statim productus non modo extortus, sed etiam legitime Coctus, cum admirabili patientia postremo exustus est*. Idem num. 15 : *Omnis sexus et ætatis homines ad exustionem rapti*. Rursum num. 21 : *Qui cum deligati fuissent, subdebatur primo pedibus lenis flamma, tamdiu donec callum solorum contractum igni ab ossibus revelleretur*. Et mox : *Tunc per multum diem Decocta omni cute vis ignis ad intima viscera pervenisset*. Acta Episcoporum Cenomanensium in Hoello cap. 34 : *Utrasque genas illius ferri candentis adustione Coxerunt*. Ennodius Carm. 21 :

Nil lenta perdit Coctio,
Intrat latenter abdita.

Vide locum Hincmari in *Aqua fervens*.

COÇUELUS. Observantiæ Regni Aragon. lib. 7. tit. de Lezdis, § 1 : *Si aliquis Nobilis teneat domos in civitate... si habeat loca in quibus teneat larem, et familiam, solvet Coçuelos : quia ex hoc non dicitur vicinus civitatis*.

1. **COCULA**, Sagum. Vide *Coccula*.

¶ 2. **COCULA**, *Ligna arida, vel vasa ærea*. Gloss. Isidori : qui hæc hausit a Festo. Hunc vide et ad eumdem annotata Scaligeri et Dacerii. Varro apud Nonium 12. 52 : *Cocula, quæ coquebat panem primum sub cinere, postea sub forno*.

¶ COCULA MARINA, Concha, Gall. *Coquille de mer*. Murator. tom. 2. Scriptor. Ital. pag. 182. col. 1. in Agnelli Libro Pontif. : *Et fecit exinde amulam auream adhibens plus aurum in similitudinem Coculæ marinæ, et est ad utilitatem chrismæ*.

* 3. **COCULA**, *Uno peso*, in Glossar. Lat. Ital. MS.

* 4. **COCULA**, *Olla, ollula, ola, Prov.* Glossar. Provinc. Lat. ex Cod. reg. 7657.

COCULÆ, Italis Grana, baccæ; sed et variolæ. Matth. Silvaticus in Pandect. Medic. : *Aluhumeta, id est, variolæ, quæ nostro idiomate vocantur Coculæ*.

COCULLA. Vide *Cucullus*.

¶ **COCULUM**. Vide *Coccula*.

* **COCULUM**, *Lo servicio de cosina*, in Glossar. Lat. Ital. MS. Vide in *Coccula*.

¶ **COCUMULA**. Vide *Cima*.

¶ **COCUPENDIUM**, Olla major. Hist. Dalphin. tom. 2. pag. 326. col. 2. ex Computo ann. 1336 : *Item, tria Cocupendia de ferro magna et duo magna branderia de ferro pro* III. *s.* IIII. *d. gr*.

* **COCURA**, vel COCURRA, pro Pharetra sæpius apud Leonem in Tacticis, ex Car. de Aquino in Diction. milit.

COCUS. Formula barbare scripta 14. ex

Baluzianis : *Non vales uno Coco, non simulas tuo patre, non gaudeas de dentes, deformas tuos parentes.* [*Cocus* idem est ac *Coquus* Bernardo Mon. in Ordine Cluniac. part. 2. cap. 16.]

COCZUMBER, Cozumber, Cotzumber, Pretiosum suffimenti genus. Epist. 148. Bonifacii Archiepisc. Mogunt. : *Direximus cinamomum uncias 4. costum uncias 4. piper lib. 2. Cozumbrem lib. 1. etc.* Epistola. 149 : *Transmisimus .... aliquantum Coczumbri, quod incensum Domino offeratis temporibus Matutinis et Vespertinis, sive dum Missarum solennia celebratis, miri odoris atque fragrantiæ.* Baronius in his locis habet *Cotzumber* ann. 742. 745. Serrarius putat vocem effictam a voce *Cocha*, quæ Arabibus suffimentum est, et *zumbri*, cortex odoratus.

* Nullum est *Zumbri* quod notum sit, teste D. *Falconet;* est *Zerumbet, zurumbet, zaruban, zeruban*, species zedoariæ, quæ rotunda est radix aromatica.

¶ Cozamber. Odo de varia fortuna Ernesti Ducis Bavariæ apud Marten. tom. 4. Anecd. col. 354 :

Hic pigmentorum species Arabumque labores,
Cozambrum rarumque laser, etc.

¶ **COD**, pro *Quod*, legitur in voce *Essere.*

CODA, Modus agri apud Anglos. Charta Willelmi Comitis Sussexiæ tom. 2. Monastici Anglic. pag. 275 : *Cum ... una acra turbarum in marisco de Bristugham, et 5. Codis prati in villa de Semere.*

* *Code* nostris, Certum pondus fuisse videtur. Charta ann. 1342. in Reg. 103. Chartoph. reg. ch. 316 : *Deux costerez de vin, neuf chandoille de cire codaux.... Trois Codes de chandoille de cire sur le seigneur de Richebourc.* Vide *Puginata.*

* **CODARDIA**, vox Italica, Ignavia, inertia, socordia, Gall. *Couardise.* Chron. And. Danduli apud Murator. tom. 12. Script. Ital. col. 408 : *Veneti insultantes, aviditate nimia, inordinati irruentes, nonnullæ suarum galearum zephyro impellente ad terram projectæ sunt; nonnullæ hoc viso, timiditate et Codardia in hostes ferire numquam ausæ sunt.* Vide supra *Caudatus.* [** et Murator. Antiquit. Ital. tom. 2. col. 532. C.]

CODDUS, Mensura annonaria, Anglis. Vetus Charta tom. 1. Monast. Anglic. pag. 175 : *De Ecclesia Humptona* II. *denarios, et* 2. *Coddos bladi.*

* **CODEA**, *La picola conca, la lumaga.* Glossar. Lat. Ital. MS.

¶ **CODEARIUM**, f. mendum pro *Coclearium.* Epitome Chronic. Casin. apud Murator. tom. 2. pag. 366. col. 1. : *Item tertio tulit in coronis, bariis, annulis, coralibus et Codeariis argenti libras* cccc.

* **CODELETUS**, Calculus, dimin. a *Codolus* infra. Process. crimin. ann. 1488. ex Tabul. D. Venciæ : *Et lapides ipsos ad modum Codeletorum saxorum..... Lapides sive Codoles.... Invenerunt.... in tecto super granerium multos Codolos et lateres fractos.*

* **CODERCUM**, Locus pascuus. Charta ann. 1438. inter Probat. tom. 3. Hist. Nem. pag. 261. col. 1 : *Requisivit quathinus..... circumcirca ipsum fontem et ripas ipsius totius plani et pratorum sive Codercorum, in locis ydoneis, plantari facerent de salicibus.* Terrear. castell. *d'Ibois* in Reg. 24. Chartoph. reg. fol. 88. v°. : *Pro servitio cujusdam putei siti in quodam Coderco.* Et fol. 92. v°. : *Juxta viam communem ab una parte et Codercum commune ab alia.* Terrear. Apchonii : *Plus partem et portionem pascuorum, communitatum et Codercorum ad dictum mansum pertinentium...... Plus partem suam Codercorum et communitatum des arbres cum juribus, etc.* Passim ibi. Occurrit etiam in Ch. ann. 1400. ex Tabul. Casæ Dei.

1. **CODEX.** Charta Amati Archiepiscopi Salernitani ann. 990. apud Ughell. tom. 7. pag. 508 : *Nullam angariam aut servitium pars nostri Archiepiscopi illorum imponere queat, neque ad cruces levandum, vel Codices, aut baptismum faciendum, aut illos excommunicare, etc.* [Papias MS. : *Codex, lapis.*]

* 2. **CODEX**, Cubitus, Gall. *Coude.* Lit. remiss. ann. 1395. in Reg. 148. Chartoph. reg. ch. 99 : *Dictus Jacobus vulneravit de cuspide dicti sui gladii uno ictu dictum Bartholomeum in brachio senestro, inter codicem et spatulam a parte anteriori.*

* **CODIA**, *Papaver*, in Glossar. vet. ex Cod. reg. 7613. Aliud Lat. Ital. MS. : *Codia, lo capo del papavero.*

¶ **CODICALIS** Simplex, Scripturæ modus. Vide *Scriptura.*

¶ **CODICARIUS**, Vide *Caudica.*

CODICELLA, pro *Codicillus.* Willelmus Thorn. in Chron. ann. 1168 : *In qua combustione multæ Codicellæ antiquæ perierunt.* Id est, donationum tabulæ, Chartæ.

* **CODICELLULUS**, Parvus codex seu libellus. Vita S. Ludmil. tom. 5. Sept. pag. 361. col. 2 : *Codicellulum suum occulens subque tegimine gestans, ubicumque locum quietis reperiebat, eum cum diligentia lectitabat.* Adde tom. 7. ejusd. mens. pag. 826. col. 1.

¶ **CODICILLARE**, Aliquid legare codicillis. Hist. Dalphin. tom. 2. pag. 176. col. 1. in Instrum. ann. 1318 : *Dalphinus Codicillando et codicilla faciendo post suum testamentum, etc.* Et infra pag. seq. col. 1 : *Dalphinus et Codicillando præcepit.* Baluz. tom. 2. Hist. Arvern. in Instrum. anni 1366. pag. 344 : *Et quoscumque actus legitimos iniendi, testandi, Codicillandi.* Occurrit et alibi non semel.

* **CODICILLATOR**, Qui scribit codicillum. Stat. sabater. Carcass. ann. 1402. tom. 8. Ordinat. reg. Franc. pag. 563. art. 13 : *Præsentes in confeccione dicti testamenti seu codicilli teneantur in Domino exortare illum testatorem seu Codicillatorem, ut habeat in memoria sanctum luminare ministerii supradicti.*

* **CODICILLUS** Diffamatorius, Libellus famosus, Gall. *Libelle diffamatoire*, in Lit. Caroli IV. ann. 1418. tom. 10. Ordinat. reg. Franc. pag. 486.

CODICIUM, Codiculus, parvus codex. Interpres Histor. Apollonii Tyrii : *Apertoque scrinio Codiciorum suorum, inquisivit omnium quæstiones auctorum et Philosophorum.* Κωδίκιον, Græcis. Pachymeres lib. 5 : Καὶ ἅμα μὲν τὸ κωδίκιον τῆς ἐκκλήσιας εἰς πίστιν προεκομίζετο. Vide Gloss. Meursii et Fabroti ad Cedren.

* **CODOLUS**, a vulgari *Coudoulé*, Calculus, Gall. *Petit caillou.* Comput. ann. 1362. inter Probat. tom. 2. Hist. Nem. pag. 260. col. 2 : *Solvit duobus puerulis, qui vaccarunt ad portandum quandam quantitatem Codolorum, existentium in carreria ante portale Magdalenes, etc.* Vide supra *Codeletus.*

* **CODONHATUM**, a vulgari *Codonat*, Cydoniatum, Gall. *Cotignac* vel *Codignac.* Comput. ann. 1334. inter Probat. tom. 2. Hist. Nem. pag. 89. col. 2 : *Item pro speciebus multis, et duabus libris candelarum, et pro duobus massapanis de Codonhatis, etc.* Vide supra *Coctanatum.*

* **CODORSO**, Mensura lignaria, quantum dorso ferri potest. Charta ann. 1275. tom. 3. Ordinat. reg. Franc. pag. 61. art. 7 : *Quod consuetudines et usagia, quæ dicta Maria* (vicecomitissa Lemovicensis) *et vir suus ejus nomine habent in castro seu villa prædictis et pertinentiis, in pedagiis; ...... Codorsonibus ligorum et quibuscumque aliis, etc.* Rectius in Cod. reg. 9612. T. *Codorsonibus lignorum.*

¶ **CODOXIA**, pro *Cacodoxia.* Vide *Amaratunta.*

CODRA, Quadra. Gloss. Gr. Mat. Κόδρα, *Codra, Quadra.* Vide Meursium in Κοδράντης.

¶ Codra. Consuetud. Brageriaci art. 76. et 77 : *Item nullus sit ausus extra villam dicti loci et districtus ejusdem dolia tonellorum vacuorum transferre, neque mayramen, neque vimos, neque Codram, et si faciat contrarium in sexaginta solidos pro gatgio condemnetur, et ultra hoc dicta dolia, mayramina, vimi et Codra, erga dictum Dominum remaneant confiscata. Item non est permissum alicui subtus pontum Brageriaci ascendendo per flumen Dordoneæ, sal, Codram, vimos, mayramen transire seu navigare.* Interpres Gallicus *Codra*, reddit per *Codres*, vocem mihi non magis notam, nisi forte sit idem quod Gallis *Coudre* vel *Coudrier*, Corylus.

* **CODUBERNARIUS**, Sarcinator, Gall. *Couturier.* Charta ann. 1222. in Reg. A. Chartoph. reg. ch. 9 : *Dominus rex vult et concedit ut nos Parisiensis episcopus et successores nostri....... habeamus apud Parisius unum draparium, unum Codubernarium, etc.* [** An *Cordubanarium*?]

¶ **CODURA**, Sutura, Gall. *Couture.* Hist. Dalphin. tom. 2. pag. 333. col. 2. ex Computo anni 1337 : *Item computat deliberasse Andreæ Boqueti Codurerio, hyeme proxime præterita, pro raubis et malacotis dictorum Bastardorum et Jaquemeti Clerici, qui eis repetit lectiones, et pro Coduris et expensis dictarum malacotarum,* IX. *s.* Et infra : *Item pro sex paris caligarum ... et pro Coduris earumd.* XXIX. *s.*

* **CODURARIUS**, et *Codurerius.* Ceremon. vet. Ms. S. Aug. Lemovic. : *Fratres debent corpus lavare et postea vestire; ...... et postea Codurarius debet ipsum suere.* Vide *Codurerius.*

¶ **CODURERIUS**, Sarcinator, Gallice *Couturier*, Dumbensibus rusticis etiamnum *Coudurier*, a Gal. *Coudre.* Hist. Dalphin. tom. 2. pag. 308. col. 2. ex Ordinatione anni 1336 : *Item, Johannes Vitoni et Franciscus sint Codurerii nostri, quorum, etc. et ille qui præsens extiterit, equitet et ducat* *somerium nostrum portantem capellam nostram, et habeat unum garciferum ad custodiendum eum.* Clarior videtur locus in *Condura* relatus. Vide *Condurarius.*

* **CŒBORIUM**, pro *Ciborium.* Vide in hac voce. Inventar. sacræ supellect. abbat. Prum. ann. 1003. tom. 1. Hist. Trevir. Joan. Nic. ab *Hontheim* pag. 348. col. 1 : *In circuitu altaris Cœborium auro argentoque paratum.*

* **COEDULARE**, Obsonium præparare. Glossar. Provinc. Lat. ex Cod. reg. 7657. *Companage, Prov. Cohedilium*, pulmentum. *Companeiar, Prov. Coedulare*, pulmentare. A voce

* **COEDULIUM**, Edulium, portio cibaria, cibus omnis præter panem. Bulla Innoc. IV. PP. ann. 1252. apud Cl. V. Garamp. in Ind. ad Hist. B. Chiaræ pag. 557. col. 1 : *Si ad capitulum venire contemnant, priventur vino et Coedulio cœnæ.* Stat. ann. 1299. ibid. in Dissert. 9. pag. 286 : *Mensa communis servetur et teneatur, videlicet isto modo : quod vidanna seu Coedulium, et omnia alia necessaria ad coquinam fiant de communi.*

* **COEFFIGIATUS**, Coagulatus. Germ. episc. Cabilon. in vita Phil. III. ducis Burg. apud Ludewig. tom. 11. Reliq. Mss. pag. 36 : *Non est, qui solis ortu aut occasu mulgeat, aut ex mulso de fixella Coeffigiatos educat caseos.*

CŒLESTINUS Color, Hyacinthinus qui est inter albedinem et nigredinem, quasi color subalbidus, Matthæo Silvatico οὐρανοβαφὴς χρῶμα, Nicetæ Paphlagoni in Vita S. Hyacinthi Amastriani pag. 3.

CŒLICOLA, Cælicola. Gloss. Gr. Lat. : Οὐρανοκάτοικος, *Cœlicola*, Priscianus lib. 5. *Cœlicola, id est, cœlum colens.* Gloss. Lat. MS. Regium Cod. 1013 : *Cœlicola, eo quod cœlum colat : Est enim Angelus : Continens non solum in castitate dicitur, sed in cibo, in potu, mira quoque et vexatione mentis et detrahendi libidine continens, et quod se a multis malis abstineat.* Beda de Orthographia *Cœlicola, cœlum colens, ut Angelus.* Dudo lib. 3. de Morib. Normann. : *Bis quino namque Cœlicolarum ordine creato, decimoque lapso, etc.* Vide S. Augustinum lib. 10. de Civit. Dei cap. 1.

Cœlicolæ etiam appellantur Monachi, propter sanctum et angelicum vitæ institutum, quomodo Braulio Episcopus Cæsaraugust. in Vita sancti Æmiliani cap. 5. num. 55. Antonium et Martinum *Cœlicolas* vocat. Vita S. Benedicti Abbatis Anianensis n. 42. edit. Mabillonii : *Nec moram inde ponendi comam fieri passus est, quin... auro textis depositis vestibus, Christicolarum induit habitum, sese Cœlicolarum adscisci numero quantocius congaudens.* Davidi Monacho dicuntur Monachi ἐν τοῖς ὄρεσιν οὐρανοπολῖται, Monasteria vero ἐπίγειοι οὐρανοί, in Vita S. Nicola Studitæ pag. 904. Consule Notas nostras ad Alexiadem pag. 264.

Cœlicolæ, Hæretici qui cœlum ut Deum colebant. Gloss. Gr. Lat. : Ὁ σέβων τὸν οὐρανόν, *Cœlicola.* Extitit hæreticorum secta quædam sub Honorio, de quibus est titulus in Cod. Theod. (16, 8.) et Justin. (1, 9.) de Judæis, Cœlicolis, et Samaritanis, Judaica et Christiana religione permixta. De hac copiose egit Jacobus Gotofredus ad leg. 19. d. tit. de Judæis et Cœlicol. in Cod. Theod.

CŒLILOQUUS, Propheta. Commodianus Instr. 60 : *Cœliloquus autem Esaias doctor et auctor.*

CŒLOCLARUS, Divis adscriptus, qui in cœlum receptus est sanctus. Charta Ludovici Comitis Ferretensis ann. 1187. in Antiquit. Vosagensib. lib. 5. cap. 9 : *Inde est quod ego Ludovicus Comes Ferretensis ac filii mei, Cœloclarorum Principum exemplis provocati, etc.*

1. **CŒLUM**, Concameratio, ex Anglico *Seeling*, quod idem sonat. Itali etiam *Cielo di Camera*, laquearium vel lacunar vocant. Gervasius Dorobern. de Combustione et reparat. Dorobern. Ecclesiæ : *Deinde tigni grossiores cum ligaturis suis . . . succenduntur. Cœlum inferius egregie depictum, superius vero tabulæ plumbeæ ignem interius ascensum celaverunt.* Thomas Stub. in Pontificibus Eborac. : *Totamque Ecclesiam a Presbyteris usque ad turrim, . . . superius opere pictorio, quod Cœlum vocant, auro multiformiter intermixto mirabili arte construxit.* [** In prima Glossarii editione ubique scriptum est *Cœlum.*]

* Gall. *Voute.* Cerem. vet. eccl. Carnot. ad diem Pentecost. : *Interim* (dum cantatur sequentia) *de Cœlo ecclesiæ dimittantur flores arborum in chorum.*

* 2. **CŒLUM**, Non supremum lecti tegmen, vel umbella tantum, sed supellex omnis, qua muri camerarum vestiuntur et ornantur ; qua etiam notione *Ciel* diximus. Annal. Mediol. ad ann. 1389. apud Murator. tom. 16. Script. Ital. col. 810 : *Sequuntur paramenta camerarum. Paramentum unum, videlicet testale et Cœlum drappi auri in campo viridi, laboratum ad spicas et grana auri, cum certis florettis albis et rubeis.* Charta ann. 1355. in Reg. 84. Chartoph. reg. ch. 153 : *Un Ciel d'une chambre de sarge vert, prisé xviij. escus.*

* **CŒMENTUM**, pro *Cæmentum*, ædificium quod cœmento construitur. Hugo Metell. epist. 42. tom. 2. Monum. sacr. antiq. pag. 389 : *Postmodum vero crescente fidelium fratrum numero, ecclesiola indiguit cremento, indiguit et plurimo Cœmento.*

** Cœmentarius. Vide *Cæmentarius.*

CŒMETERIUM, Locus in quo humantur fidelium corpora. *Loca sepulcris apta*, in leg. 2. Cod. Theod. de Hæretic. (16, 5.) [Hinc in Cœmeteria conveniebant Christiani primis Ecclesiæ sæculis, ibi mysteria sacra celebraturi, qua de re consuli possunt Arnob. lib. 4. adv. Gentes ad calcem, S. Ambrosius Epist. 39. n. 2. et 4. Constitut. Apost. lib. 6. cap. 30. Concil. Eliberit. can. 35 : *Placuit prohiberi, ne feminæ in Cœmeterio pervigilent, eo quod sub obtentu orationis latenter scelera committunt.* Et can. 34 : *Cereos per diem placuit in Cœmeterio non incendi ; inquietandi enim spiritus sanctorum non sunt :* hoc est, fidelium, ut quidam interpretantur, qui dum in Cœmeteria orationis gratia conveniebant, inquietabantur frequentia et cura immodica cereorum ardentium. Alii vero censent hoc canone damnatam fuisse quorumdam superstitionem, qui stulte credebant cereis accensis animas defunctorum e quiete, in qua morabantur, evocari, ac de rebus occultis et futuris consuli : qua notione sumitur vox *inquietare* lib. 1. Reg. cap. 28. ubi Samuel ad Saul : *Quare inquietasti me, ut suscitarer ?*] Vide Cœmeteria sacra Spondani, et Baron. ann. 226. num. 9. et seqq. Tantum addo, monere Gillebertum Lunicensem Episcopum lib. de Usu Ecclesiastico, *adjacuisse Cœmeteris Sanctorum alia loca, in quibus submersorum et occisorum fidelium corpora conderentur, quia ipsorum animæ Deo commendari non prohibentur. Nam infidelium et scelleratorum corpora longe sunt a fidelium projicienda : quibus enim vivis non communicamus, nec mortuis.*

* Intra civitatum muros *Cœmeteria* construere, medio etiam circiter duodecimo seculo, prohibitum fuisse, cum ecclesiasticis tum regiis decretis, doceret, nisi privata res ibi ageretur, Charta Valterii episc. Cabilon. ann. 1133. in Tabul. S. Petri Cabilon. : *Contra sanctorum apostolicorum virorum plura et veneranda decreta, atque contra invictissimorum principum et regum præcepta, necnon contra synodalia venerabilium præsulum, quorumdam clericorum male sentientium instinctu, fateor me peccasse infra muros urbis Cabilonicæ indiscrete Cœmeterium consecrando et canonicum sepeliendo. Sed...... iniquitatem meam agnoscens, ... confiteor....... ipsam consecrationem Cœmeterii indiscrete factam me exsecrari, et ne ibi ulterius aliquis sepeliatur, Dei atque omnium sanctorum et nostri auctoritate confirmare.*

Cœmeterium, Ecclesia, in qua scilicet fidelium corpora humantur. Innocentius I. PP. Epist. 1. ad Decentium cap. 5 : *Non longe portanda sunt Sacramenta, nec nos per diversa Cœmeteria constitutis Presbyteris destinamus.* [Hic *Cœmeteria* vocat Innocentius parœcias extra Urbem sitas, ubi corpora fidelium sepulta erant, quod illa intra muros condere Romanis esset religioni.] Præfatio ad Libellum Precum Marcellini et Faustini : *Per Cœmeteria Martyrum stationes sine Clericis celebrabat.* S. Athanasius Apolog. 1. de fuga sua : Τῇ γὰρ ἑβδομάδι κατὰ τὴν ἁγίαν Πεντηκοστὴν ὁ λαὸς νηστεύσας ἐξῆλθε περὶ τὸ κοιμητήριον εὔξασθαι. In lib. 3. Sacrament. Eccles. Roman. cap. 103. exstat *Missa in Cymeteriis.* Infra : *Omnium fidelium Catholicorum orthodoxorum in hac Basilica quiescentium, etc.* Vide Gregor. Turon. lib. de Glor. Confess. cap. 73. et Baron. ann. 226. num. 12. Chartam Rudesindi Episcopi Dumiensis æræ 1016. apud Anton. *de Yepez* in Chronico Ordinis S. Benedicti tom. 5. *Theobegildus Abbas de Cimeterio S. Stephani*, subscribit. Vide *Atrium*, et *Confessa* in *Confessio*, ἐξομολόγησις.

* Cœmeterium *Innocentium* muris cingi jussit Philippus Augustus ex Annal. Victor. Mss. : *Hoc anno 1186. rex Francorum Philippus fecit Cimiterium publicum et amplum in Campellis Parisius, et fecit muro circumcingi lapideo, sicut est modo, ad instinctum cujusdam vetulæ, quæ dicebat sibi hoc in visione revelatum fuisse.*

* Cœmeterii Benedictio. Tabul. Major. monast. : *Postulavimus etiam a prædicto* (Mainone Redonensi) *pontifice, ut designaret locum ad constituendum Cimiterium circumeundo cum baculo pastorali, præce-*

dente aqua, sicut ecclesiasticus mos exigit. Quod et ipse gratanter annuendo fecit, peractis omnibus celeberrime quæ pertinent ad benedictionem Cimiteri et fundamenti inchoandæ ecclesiæ.

* *Cimetiere*, eadem acceptione, in Chron. S. Dion. tom. 10. Collect. Histor. Franc. pag. 312 : *De cest siecle trespassa cit glorieus rois* (Robert)..... *et fu enseпoutouré ou Cimetiere aus Rois ; c'est l'église S. Denise, que il ot tant amée et honorée.*

* Cimeterium, Area ante ædem sacram, idem quod *Atrium* 1. Charta Henr. I. reg. Angl. ann. 1130. inter Instr. tom. 11. Gall. Christ. col. 130 : *Concesserunt.... insuper monasterium cum Cimeterio liberum ; quot etiam homines in hoc Cimeterio habere voluerunt ad manendum. Chimentiere*, eodem sensu, in Charta Joan. comit. Catalaun. ann. 1232. in Reg. comitat. Clarimont. : *Adechertes li homes manans dedens le Chimentiere ou l'enclos de Bragni, iront en men despéeschement, si comme il ont acoustumé.*

Coemeteria, seu oblationes sepulturarum, Laici olim usurpavere. Guigo in Vita S. Hugonis Episcopi Gatianopolitani n. 4 : *Adversus Laïcos qui Ecclesias, decimas, ac Cœmeteria sacrilegi detinebant.* Adde n. 9. Vide *Sepultura.*

* Cimeterium, Oblationes, quæ pro sepultura in cæmeterio præstantur. Charta ann. 1062. inter Probat. tom. 2. Hist. Occit. col. 242 : *Omne Cimeterium et omnes oblationes, quas cuncti fideles pro vivorum et defunctorum remissione ipsis ecclesiis contulerint.*

* Cimeterius, pro *Cæmeterium*, in Charta ann. 1128. ibid. col. 447.

Cœna. Auctor Græcismi :

Jentamus mane, Cœnamus vespere facto.

Regula Magistri cap. 28 : *Erubescamus nos, qui sumus spirituales, fugere hora nona jejunium : cum vetusta consuetudo antiquitus cognoscitur prandia ignorasse, semper vesperam, hoc est, Cœnam suis refectionibus ordinavit.* Charta Sugerii Abbatis sancti Dionysii : *Refectionibus quoque eorum vespertinis, quas dicunt Cenas, ... et in eo decem solidorum refectioni suæ a Monacho Cenatore recipiant.*

Coena, pro quovis *pastu*, seu jure refectionis aut prandii vel procurationis. Hieron. Blanca in Aragon. rerum Comment. : *Nonnulla oppida vicis hominibus, quas vocabant Cenas, ipsorum Regum more persolvebant.* Charta Petri II. Regis Aragon. ann. 1283. pro Libertatibus Cataluniæ : *Cœnas, albergas, et acapita non accipiamus nec erigamus in locis Baronum, Militum, etc.* De ejusmodi *Cœnis* Regiis præsertim, audiendus Michael *del Molino* in Repertorio Aragon. in voce *Filius* : *Filii Regum Aragoniæ, antequam hæreditentur, non solum primogenitus, sed etiam alii filii exigunt Cœnas per totum regnum. Et est ratio, quia filii Regum debent vivere in regno. Tamen ex quo filii sunt hæreditati, et habent, de quo possunt vivere, non exigunt Cœnas. Vide in Observantia unica, titulo Fori editi apud Exeam. fol. 134. Et reperi scriptum in antiquis scripturis Foristarum, quod tria sunt, quæ in Aragonia debentur filiis legitimis D. Regis Aragoniæ. Primo debetur filio primogenito, eo ipso quod natus est et juratus, debetur sibi gubernatio generalis. Secundo quod alii filii D. Regis a primogenito quousque hæreditati fuerunt, possunt ire liberi per totum regnum comedendo. Et nisi populi ministrent eis necessaria, possunt per se recipere ab hominibus regni : licet non a vassallis, seu hominibus Varonum, Nobilium, Militum, Civium, et Infantionum. Tertio quia filiæ D. Regis habent demandam, cum contrahunt matrimonium semel, etc.* Idem in verbo *Nobiles : Nobiles Aragon. nōn possunt exigere Cœnas aut servitia in locis Domini Regis. Vide in foro unico tit. de Nobilib. lib. 9. pag.* 130. De cœnis vero Regiis ; tit. de Cœnis Dom. Regis lib. 4. pag. 104. Adde lib. 1. pag. 20. et Observantias Regni Aragon. pag. 27. v.

¶ Coena Archiepiscopalis, Eodem sensu, seu pro archiepiscopali jure refectionis aut procurationis in terris Vassallorum, apud Stephanot. tom. 1. Antiq. Bened. in Vasconia MSS. pag. 669. ex Chartul. S. Petri Generensis : *Guillelmus Bernardi de Maceriis et Galanda ejus uxor fecerunt in Generensi monasterio professionem, et dederunt S. Petro medietatem Ecclesiæ de Maceriis, quæ ab archiepiscopali Cœna est penitus exempta.* [** Vide *Mensa.*]

Coena Domini, Κυριακὸν δεῖπνον, in priore ad Cor. 11. 20. olim pro Sacramento Eucharistiæ vox usurpata S. Hieron. in verba Pauli, *Dominica Cœna debet omnibus esse communis : Cœna autem dicitur, quia Dominus in Cœna tradidit Sacramenta.* S. Augustinus Epist. 118. cap. 5 : *Apostolus dicit, Convenientibus ergo vobis in unum, non est Dominicam Cœnam manducare, hanc ipsam acceptionem Eucharistiæ Dominicam Cœnam vocans.* Gloss. Gr. MS. Regium Cod. 2062 : Κυριακὸν δεῖπνον, τὸ τοῦ κυρίου, ἢ τὸ ἔγκληρον ἐν ἐκκλησίᾳ ἄριςον.

Quærunt Patres atque in iis S. Cyprianus Epist. 63. cur δείπνου potius, seu Cœnæ, quam ἀρίςου, vel prandii nomine hocce Sacramentum donaverit S. Paulus, cum probabile sit Corinthios mane Eucharistiam celebrasse, qui fuit priscæ Ecclesiæ ritus. S. Chrysostomus causam affert, παραπέμπων αὐτοὺς ἤδη τῇ ἑσπέρᾳ καθ' ἣν τὰ φρικτὰ μυςήρια παρέδωκεν ὁ Χριςός, *Ut remitteret illos jam inde ad illam vesperam, qua Dominus tremenda mysteria tradidit.* Dicta igitur *Cœna* in honorem primæ institutionis. Aliam rationem reddit Gregorius M. in Evang. Homil. 36 : *Hoc convivium Dei, non prandium, sed Cœna vocatur, quia post prandium Cœna restat ; post Cœnam vero convivium nullum restat : et quia æternum Dei convivium nobis in extremo præparabitur, rectum fuit, ut hoc non prandium, sed Cœna vocaretur.*

Coena Domini, dicta etiam quinta feria ultimæ hebdomadis Quadragesimæ, qua scilicet mysterium Dominicæ Cœnæ a Christo fuit institutum. S. Eligius serm. 11 : *Vocatur hæc festivitas Cœna Domini, eo quod hoc die Dominus cœnaverit cum Discipulis, eisque Sacramentum Corporis et Sanguinis sui tradiderit.* Concilium Meldense ann. 845. can. 46 : *Nemo sacrum Chrisma, nisi in quinta feria majoris septimanæ, id est, in Cœna, quæ specialiter appellatur Dominica, conficere præsumat.* Vide Isidorum de Offic. Eccl. lib. 1. cap. 28. et Honorium Augustod. lib. 3. cap. 84.

Coena Valdensium Hæreticorum. Concilium Narbonense ann. 1235 : *Aut Cœna Valdensis, ubi die Cœnæ, mensa posita, et pane superposito, Valdensis unus benedicens, et frangens, dansque astantibus credit secundum damnabilem sectam conficere Corpus Christi, etc.*

Coena Libera, dicebatur illa, inquit vir doctissimus Henricus Valesius, quam cœnabant in publico, qui ad ludum vel ad bestias damnati erant, pridie antequam pugnarent : sic nuncupata, vel quod apponeretur ipsis quidquid postulassent, vel quod summa cum libertate et licentia perageretur. Passio SS. Perpetuæ et Felicitatis : *Pridie quoque cum illa Cœna quam Liberam vocant, quantum in ipsis erat, non Cœnam Liberam, sed agapem cœnarent, eadem constantia ad populum verba ista jactabant.* Fragmentum Petronii : *Venerat jam tertius dies, id est, expectatio Liberæ Cœnæ.* De hac cœna intelligendus Tertullianus in Apologet. cap. 42 : *Non in publico Liberalibus discumbo, quod bestiariis supremam cœnantibus mos est.* Meminit etiam ejusdem cœnæ Scholiastes Juvenalis Sat. 11. ad hæc verba :

Sic veniunt ad miscellanea ludi.

Genus, inquit, *miserabile ferculi, miscellanea, cibus gladiatorum, id est, ultima Cœna, Ideo miscellanea, quia omnia quæ apponuntur eis, miscent, et sic manducant.*

Coena Pura. Vett. Glossæ cap. de Festis pag. 274 : *Cœna pura*, παρασκευή. Gloss. Latino-Arabic. et Papias : *Parasceve, Cena pura, id est, præparatio quæ fit pro Sabbato.* Tertullianus lib. 5. in Marcion. : *Dies observatis, et menses, et tempora, et annos, et sabbata, ut opinor, et Cenas puras et jejunia, et dies magnos.* Sanctus Augustinus in Joan. : *Acceleratam vult intelligi sepulturam, ne advesperasceret, quando tam propter Parascevem, quam Cœnam puram Judæi Latine apud nos usitatius vocant, facere tale aliquid non licebat.* Vetus interpres Jo. Chrysostomi serm. in Natalem Joan. Bapt. : *Qua die conceptus est Dominus, eadem die et passus est. Eadem ipsa dies Cœna pura fuit, in qua et Luna decima quarta occurrit.*

Baronius, inquit Scaliger, negat esse Parascevem, quia cœna pura apud Festum habeat offam suillam. Sed non advertit *puram* dici, non quia careat carnibus, sed quia religionis et dicis causa fit. Nam et Parascevæ Judaicæ habuere carnes et nihilominus dicuntur *Cœnæ puræ*, quod dicis causa coquebantur, coquunturque hodie pro sabbato, quia in sabbato coqui non liceat. Vide eosdem Baron. anno Christi 34. num. 154. et Scaligerum ad Festum, et de Emendat. temp. pag. 533. 569.

Cœnaclarius, Caupo. Gloss. Græc. Lat. : *Cœnaclarius*, Σταθμοῦχος, ὁ τὰ ἐνοίκια τῆς οἰκίας συνάγων, MS. *Cœnacularius* habet, et post συνάγων addit, ἤγουν ὁ διαιτητής. [*Cœnacularius* Ulpiano, Qui cœnaculum conducit : *Cœnaculariam* autem exercere est quæstum facere ex locatione cœnaculorum.]

* **Cœnaculatus**, Constans cœnaculis seu tabulatis : dicitur de domo, quæ plura

habet cœnacula, nostris *étages*. Chron. Sublac. ubi de Joan. abb. apud Murator. tom. 4. Antiq. Ital. med. ævi col. 1048 : *Fecit ibi domum infirmorum amplam et spatiosam Cœnaculatam........ Ibi fecit ante portam monasterii arcum Romano opere, ... et juxta domum amplam Cœnaculatam advenientium susceptionem.* [** Vide Marin. Pap. Diplom. pag. 356. not. 1.]

¶ **CŒNADICUM.** Vide *Cœnaticum*.

CŒNAGIUM. Vide *Cœnaticum*.

CŒNALE, Taberna, cœnaculum, *Cœnatio*, Sidonio : Interdum cœna ipsa, refectio quævis. Charta G. Episcop. Autisiod. ann. 1249. in Tabular. Eccles. Autisiod. fol. 235 : *Super eo quod idem Balduinus dicebat, quod ipse poterat tabernam facere, et alia Cœnalia quæ ad nundinas pertinent.* Tabularium S. Bertini ann. 1205 : *Minutam vero decimam, oblationes tam publicas quam privatas, Cenalia, legata, etc.* Nicolaus de Braia in Ludovico VIII :

Per fora, per vicos celebrant certamina cunctis
Publica, nec prohibet Cœnalia dives egeno,
Sed passim comedunt diffuso nectare venis.

¶ **CŒNARIUS.** Vide *Cœnator*.

CŒNATICUM, Idem quod *Cœna*, pastus, vel refectio : sed ea præsertim, quam milites exigebant ab hospitibus suis, dum in stationes suas sese conferebant. Has autem sustulit lex 12. Cod. Theod. de Erogat. militaris annonæ, (7, 4.) ubi, *Grave atque inauditum quoddam nomen Cenaticorum introductum dicitur.* Sed apud nostros diu postmodum mansit. [Privilegium Ludovici Imp. pro Monasterio Miciacensi ann. 815. apud Baluz. Capitular. tom. 2. col. 1407 : *Nullus ex eis ullum teloneum, aut ripaticum, aut pontaticum, aut salataticum, aut cespitaticum, aut Cœnaticum ... exigere audeat.* Rursum occurrit in altera ejusd. Imperatoris Charta, apud Ludovicum *Laguille* inter Instrum. Histor. Alsat.] Charta Caroli Calvi ex Tabulario S. Germani Parisiensis, apud Beslium in Episcopis Pictav. : *Aut Cespitaticum, aut Cœnaticum, aut pastionem, aut laudaticum, etc.* Odo Abbas Glannafol. in Translat. S. Mauri cap. 6. num. 32 : *Firma sive census piscium, toto quadragesimali tempore, quem more provinciæ Cœnaticum vocant.* [Bollandus ex quibusdam MSS. legit *Cœnadicum*.] Occurrit non semel in Chartis. [* *Cœnaticum*, vel potius *Cenaticum*, ultimo loco laudatum, eodem sensu, quo supra *Cenagium*, intelligendum est.]

Coenagium, Eadem notione accipitur in Tabulario S. Albini Andegav. *quod in exclusis molendini de Varenna* habebat idem Monasterium. Tabular. S. Albini Andegav. : *Decimam Cenagii mei infra et supra exclusam meam.* Idem Tabular. ann. 1146 : *Cum Canonici ab antiquo sextam partem censuum terragii... nec non vendarum totius terræ, vinagii, Cenagii, in lampredis et alosis et omni genere piscium haberent.* [Tabular. S. Nicolai ejusd. urbis : *Comes Hoellus dedit Deo et S. Nicholao insulam Deneraldam integram simul cum parte sua Cenagii.*] Alibi *Cœnatio* appellatur. Locum vide in *Ductus*.

* Nostri *Cener*, a *Cœnare* dixerunt. Le Roman *du Riche homme et du Ladre* Ms. :

De soi aisier moult se pena
Chis hom qui richement Cena.

CŒNATIO, Cœnaculum, vel pars domus in qua cœnabant, apud Sidonium lib. 2. Epist. 13. et Carm. 22. Gloss. Græc. Lat. : Τρίκλινος, *Triclinum*, *Cœnatio*. Vide Julian. Antecess.

Coenatio Violenta, in Charta Gaufredi Comitis Andegav. ann. 1061. apud Sammarthanos in Abbatib. S. Florentii Salmur. idem quod *Cœnaticum*, de quo diximus.

CŒNATOR, Coenarius, Officium Monasticum, penes quem erat cura reficiendorum Fratrum æstivis diebus vespere. Apud S. Dionysium in Francia, *in claustri latere quod est secundum Ecclesiam*, visitur tumba cum hac inscriptione : *Cy gist Monsieur Jean de Montmorency, jadis Cenier de ceans.* [Epitaphium Fr. Guill. *Rayer* apud Felibianum in Hist. Sandionys. pag. 581 : *Cy git religieuse et honneste personne frere Guillaume Rayer, Religieux et Cenier de ceans.* Vide ibid. pag. 579. et] Doubletum in Histor. Sandionys. lib. 1. pag. 425. 861. *Cœnarius* in Tabulario Fossatensi ; [ut et in Litteris Capituli S. Germani Paris. ann. 1353. lib. Annivers. B. fol. 101. *Magister cenæ* in Litteris Henrici Præpositi Ecclesiæ in *Holzkirchen* ann. 1301. apud Schannatum Diœc. Fuld. pag. 102.] *Cœnator Monachus*, dicitur in Charta Sugerii proxime laudata. Tabularium S. Dionysii : *Rainaldus de Pompona pro quodam feodo, quod ad jus uxoris suæ pertinere videbatur, singulis annis a Monacho qui Cœnam fratrum dispensare solet, 5. modios annonæ ex decima S. Leodegarii exigebat, etc.* Glossarium vetus : *Cœnatores*, δειπνηταί, *Cenatorium*, οἴκημα, δειπνητήριον. Inscriptio Romæ ad D. Pauli, extra muros : *Hic jacet nomine Matrona C. F. in pace uxor Corneli Primiceri Cenariorum, filia Porphori Primiceri monetariorum, etc.*

CŒNENTARIUS, *Qui victum manibus quæritat.* Ugutio. [Melius, ut videtur, *Cæmentarius*. Vide *Cementarius*.]

¶ **CŒNIPETA**, *Qui libenter petit alienas cœnas*, *Parasitus*. Laurentius in Amalthea et alii Glossariorum Scriptores.

¶ **CŒNOBIALITER**, More Cœnobitarum : *Sub regula S. Benedicti Cœnobialiter congregati*, in Privilegio anni 8. regni Theodorici, apud *Laguille* Hist. Alsat. pag. 10. Instrum. col. 1.

¶ **CŒNOBIARKA**, Κοινοβιάρχης, Abbas, qui præest *Cœnobio*, apud Stephanot. Antiquit. Occitan. MSS. tom. 2. pag. 437 : *Anno* DCCXCV. x. *Kal. Februarii in domo Cœnobiarcharum Electi, Dei gratia regnante potentissimo atque Christianissimo Principe Carolo Magno .... constituti fuerunt nobiles et illustres Domini, etc.*

CŒNOBITA, Isidorus lib. 2. de Eccles. Offic. cap. 15 : *Primum genus* (Monachorum) *est Cœnobitarum, id est in commune viventium, etc.* Cassianus Collat. 18. cap. 4. *Cœnobitas* esse ait, *qui in congregatione consistentes, unius senioris judicio gubernantur.* [Charta ann. 1005. pro Monasterio S. Victoris Massil. inter Schedas Peirescianas : *Sequestrantesque se cœperunt habitare simul, quos Græco sermone Cœnobitas, id est, in commune viventes cœperunt vocitare.*] Horum instituta præclare describit S. Hieronymus Epist. 22. ut et Zachæus lib. 3. Consultationum cap. 3. qui hæc de iis habet : *His conveniendi unus omnibus locus, sed dispar manendi, etc.* Sed hæc nota. Vide Haeftenum lib. 3. Disquisit. Monast. Cellotium lib. 5. Hierarch. cap. 5. et alios passim.

¶ Cenobitalis, Eadem notione. Charta Hugonis de Guarlardone ex Archivo Monasterii Bonevallis : *Ego Hugo Guarlardonensium Dominus Deo dicatis Cenobitalibus in Bonevallensi Monasterio.... largitus sum, etc.*

** Coenobialis, Idem, in Vita S. Galli ap. Pertz. Script. tom. 2. pag. 6. lin. 6.

** Cænobiota, Idem, in Ratperti Casib. S. Galli ibid. pag. 65. lin. 24.

** Cenobius, Idem. Donatio ann. 1115. ap. S. Rosa de Viterbo pag. 260 : *Vobis Eusebio, simulque Collegio Cenobiorum vestrorum, qui in vita sancta perseveraverint.*

¶ Coenobitalis Religio apud Baluzium tom. 2. Miscell. pag. 217.

CŒNOBIUM, κοινόβιον. Vim vocis explicat Cassianus Collat. 18. cap. 18 : *Licet a nonnullis soleant indifferenter Monasteria pro Cœnobiis appellari : tamen hoc interest, quod Monasterium nomen est diversorii, nihil amplius quam locum, id est, habitaculum significans Monachorum : Cœnobium vero etiam professionis ipsius qualitatem disciplinamque designat, et Monasterium potest etiam unius Monachi habitaculum nominari ; Cœnobium autem appellari non potest, nisi ubi plurimorum cohabitantium degit unita communio.* A. Gellius lib. 1. cap. 9. de Pythagoræis : *Id quoque non prætereundum est, quod omnes simul qui a Pythagora in cohortem illam disciplinarum recepti erant, quod quisque familiæ pecuniæque habebat, in medium dabant, et coibatur societas inseparabilis, tanquam illud fuerit antiquum consortium, quod re atque verbo appellabatur* Κοινόβιον.

** Zenobium apud Marin. Pap. Diplom. num. 75. not. 17.

¶ Coenobium, Ecclesia Cathedralis. Wolferus Canonicus Hildesheimensis in Vita S. Godehardi ejusdem Ecclesiæ Episcopi num. 23 : *Beatus igitur Godehardus... ut Cœnobii nostri religionem eatenus rationabiliter, Deo gratias, conservatam agnovit, condignas ilico divinæ miserationi laudes persolvens, omni eam devotionis studio ampliare, et in divini cultus exercitio condecorare satagit.* Et infra : *Cœnobium suum pastorali cura sapienter gubernavit, et Fratrum commoda in victu et vestitu, ceterisque indigentiæ humanæ necessariis, sæpius adauxit.*

CŒNOBOLIUM, *Concilium*, *Conventio*, in Glossis MSS. Reg. Cod. 1013. Alibi : *Concilum*, *Cœnobolium*, *cœtum* ex Græco κοινοβούλιον.

CŒNOCOPERIUM, pro *sepulchro*, vel *feretro*. Epitaphium Bartholomæi Episcopi Isclani, apud Ughellum tom. 6. pag. 275 : *In hoc Cœnocoperio reconditus fuit Bartholomæus Lombardus... Episcopus Isclanus* 1389.

Cenodorium, Eadem, ut videtur, notione in Hymno MS. in S. Ildevertum Episcopum Meldensem : *Suscitatus puer fuit ; Prece cunctis emicuit, Gerebatur Cenodorio, Corpus means Gornaio, etc.*

¶ **CŒNODOBIOLUM**, pro *Cœnobiolum*, Parvum Cœnobium. Rather. Veron. Episc. lib. Apologet. : *Incenso ab Ungariis Cœnodobiolo, ad hoc miserabiliter est perventum, ut ipse qui Abbatis falso vocabulo solus gestabat cocullam, etc.*

CŒNODOQUIUM, pro *Xenodochium*, quasi κοινοδοχεῖον, Commune receptaculum. Charta Ferdinandi Regis Hispaniæ æræ 1099. apud Anton. *de Yepez*, in Chronico Ord. S. Benedicti tom. 5. pag. 31. v : *Ut... sit Cœnodoquium Dei in susceptionem pauperum, etc.*

¶ **CŒNODOXUS**, *Vanæ gloriæ cupidus, qui famam captat.* Papias MS. Legendum *Cenodoxus* a Græco κενόδοξος.

* **CŒNOMIA**, *Non musca canina, sed musca omnis mordax : non per i, sed per œ scribitur.* Glossar. vet. ex Cod. reg. 7641. [** Vide Furnal. ap. Forcellin. voce *Cœnomyia*. Ecbasis vers. 231 :

Bruchi cum vespa, cynifes, Cœnomia multa
Me circumvolitabant, etc.]

CŒNOPOLIUM, *Locus ubi poliuntur et ornantur cibi*, Ugutioni; ex Græc. κοινοπώλιον, forum rerum venalium.

CŒNOVEHUM. Will. Brito in Vocab. : *Cœnum, lutum Cœnovehum, Cœnovectorium, instrumentum est cum quo portatur cœnum*, vulgo nostris *Civiere*, Manuarium ferculum quo *cœnum vehitur*, vel aliunde egeritur ac defertur.

Cœnovexia, Eadem notione. Eadmerus lib. de S. Anselmi similitud. cap. 218 : *Sic igitur debemus innocentia, beneficio et prælatione uti in faciendo et recipiendo, sicuti usualiter portatur Cœnovexia. Quippe qui illam subeunt, faciem ad locum quo tendunt, ad locum autem unde veniunt, dorsa vertunt. Tribus enim aliis modis potest, sed non convenienter portari : videlicet ut facies sint contra facies, vel dorsum contra dorsum, vel facies ad locum unde procedere, terga vero quo ire debeant, convertantur.*

¶ **CŒNUBIUM**, Pollutio sic dicta a voce *Cœnum*. Gildas de Pœnitentia inter Canones Hibern. tom. 4. Anecdot. Marten. col. 8 : *Qui voluntate obscœno liquore maculatus fuerit dormiendo, si cervisa, et carne abundat, Cœnubium est.* III. *noctis horis stando vigilet, si sanæ virtutis est.*

COEPISCOPUS. Glossar. Latino-Gall. : *Coepiscopus, Evesque Compain.* Apud S. Augustin. Epist. 34. accipitur pro eo Episcopo, quem *Coadjutorem* vocamus, ut et apud Paulinum Epist. 46. ad Romanianum.

Coepiscopi præterea videntur dicti Chorepiscopi. Vide in hac voce.

* Glossar. Gall. Lat. ex Cod. reg. 7684. *Coepiscopus, vicaire de l'évesque.*

** Episcopus sæpe alterum ejusdem dignitatis *Coepiscopum* compellit, sed rarius usurpatum quod Willibaldus presbiter scripsit Moguntino et Wirzburgensi episcopis *Dominis sanctis et vere in Christo carissimis Lullo et Megingazo Coepiscopis;* ap. Pertz. tom. Script. 2. pag. 333.

¶ **CŒPIUM**, pro *Sebum*, Gall. *Suif.* Statuta Massil. lib. 2. cap. 33. *de Macellariis* § 6 : *Addentes insuper huic capitulo, quod Cœpium non fundatur a modo nec debeat fundi intra muros Massiliæ, nec carnes inflentur cum ore, nec intestina bestiarum aperiantur, nec laventur in portu Massiliæ.*

¶ **COEPPE**, Coippe, pro *Quippe*. Amalthea.

* **COEQUA**, *Aviement. Coequare, Aviver*, in Glossar. Lat. Gall. ex Cod. reg. 7692.

* **COEQUABILIS**, Impositioni subjiciendus. Libert. Nemausi ann. 1483. inter Probat. tom. 4. Hist. Nem. pag. 32. col. 1 : *Item quod si contingat denarios nostros imponi et quotisari secundum numerum focorum, dicti habitantes et cives Nemausi solum et dumtaxat sint contribuibiles et Coequabiles pro centum focis, et non pluris.* Vide infra *Cohecare.*

* **COEQUARE**. Vide supra *Coequa.*

* **COEQUATOR**. Vide supra *Coæquator.*

¶ **COERCUS**, pro *Quercus*. Sic dicitur in Charta Domini de Luiniaco in Foresio ann. 1421. Platea quædam in qua olim fuerat Quercus : *Juxta Coercum de Lece.*

COESSE, Simul esse, apud S. Bernardum Epist. 118. et Petrum Blesens. Epist. 134. et Serm. 47. Occurrit præterea in Miracul. S. Marculfi n. 16.

* Hinc, ut opinor, vox Gallica, *Cesme*, pro Comitatus, vulgo *Suite*, apud Phil. *Mouskes :*

Droit à l'entor de mi-quaresme,
Si com l'estor al voir aesme,
Revint cis empereres mesme
Bauduins de Rome, et sa Cesme.

Coessentes, Sodales, *Compagnons.* Papias : *Coessentes, socii.* Ordericus Vitalis lib. 3. pag. 477 : *Tam manu quam consilio in bellico discrimine præclarus inter Coessentes suos multoties probatus est.* Utitur passim, pag. 544. 552. 586. 600. 664. 668. 759. 861. etc. ut et Vita S. Ephremi apud Bolland. n. 3. Hugo Flaviniacensis in Chron. pag. 256. etc.

Coessentia. Passio S. Vitalis Martyris num. 6 : *Gaude et lætare felix Ravenna,... quæ beati Vitalis sepulchrali meruisti Coessentia insigniri.* [Occurrit præterea in Miraculis S. Marculfi n. 16.]

* **COESUS**, *Roso*, in Glossar. Lat. Ital. Ms.

COETUS, pro *quietus*, ἥσυχος, in Gloss. S. Benedicti, quomodo nos vulgo dicimus, *Se tenir cois*, id est, quietus.

* Hinc *Coiement*, Quiete, placide, in Lit. remiss. ann. 1405. ex Reg. 160. Chartoph. reg. ch. 62 : *Le suppliant se leva tout Coiement de son lit, etc. Quoitousement*, pro *Secretement*, secreto, in Vitis SS. Mss. ex Cod. 28. S. Vict. Paris. fol. 13. v°. col. 1 : *Cele feme s'en ala Quoitousement au mostier S. Esteve, etc.* A Gallico *Coi*, nostri dixerunt *Racoiser*, Moderare. Christina Pisana in Poem. *Le debat des deux Amans* MS. :

. . . . . . Car qui Racoise
Des médisants la murmure et la noise,
Moult saiges est.

¶ **COEVANGELISTA**, in Epistola Stephani Papæ VI. inter Concilia Hisp. tom. 3. pag. 162. col. 2.

¶ **COEXECUTOR**, Ejusdem rei una cum aliis curator, v. g. testamenti. Legitur in Testamento Johannis de *Nevill* apud Thomam *Madox* in Formulari Anglic. pag. 410. et in Charta Sententiæ definitivæ anni 1495. ex Tabulario Monasterii B. M. de Bono Nuncio Rotomag. *Cohexecutores Testamentarii* in Venditione Castri de Molanis ann. 1281. Hist. Dalphin. tom. 2. pag. 106.

¶ **COFA**, ut *Cofea*. Vide *Cuphia.*

COFANUS, Avis Apuleio, quæ aliis *Pelicanus* seu onocrotalus. Vide Frideric. lib. 2. de Venatione cap. 2. 4. 34.

¶ **COFEA**, Tegmen capitis, Gall. *Coeffe.* Vide in *Cuphia.*

* **COFELLUS**, Coffolus, vulgo *Cofel*, Mensuræ annonariæ species. Charta ann. 1352. in Reg. 82. Chartoph. reg. ch. 101 : *Item sunt de membris dicti pedagii* (Marologii) *quatuor Cofelli, qui solvuntur pro qualibet sextario a personis forensibus et extraneis, non habentibus hospitium proprium in dicto loco Marologii, de bladis quæ vendunt ipsi extranei in loco prædicto; quorum Coffolorum medietas, etc.* Ibidem : *Tenor costumarum villæ Marologii....... De chascun cartal, un Cofel; et d'un dimieg cartal, un dimieg Cofel. Coffe* vero, Vasis genus, in Lit. remiss. ann. 1472. ex Reg. 197. ch. 218 : *Lesquelles femmes et filles travaillans en ladite mare ou lavaiche pour la nettoier, ... survint sus eulx ung chappellain qui..... print la Coffe, laquelle estoit toute plaine d'eaue et la getta sus lesdittes femmes.*

COFFERUM, Coferum, Gall. *Coffre*, Cista, arca, ex Cambro Britannico *Coffr*, quod idem sonat. Statuta Will. Scotiæ Regis : *De scrinio seu Coffero suo.*

Cofrum, in Monastico Anglic. tom. 3. pag. 312. Gervasius Dorobern. ann. 1182 : *Jussit hoc scriptum reservari... in Cofris suis et thesauro Wintoniæ.* Testamentum Geraudi de Abbatis villa ann. 1271. in Historia Comitum Pontivens. pag. 204 : *Et unum Cofrum ad custodienda supradicta.* [Occurrit iterum in Processu de B. Petro de Luxemburgo tom. 1. SS. Julii pag. 537. et in Anecdotis Martenii tom. 1. col. 1524.] *Cofri Lemovicenses*, in Charta Petri Episcopi Parisiens. ann. 1218. apud Sammarthanos, id est, ex opere Lemovicino.

¶ Coffrus. Hist. Dalph. tom. 2. pag. 176. col. 2. in Instrum. ann. 1318 : *Lectos et alia, Coffros, bastos et malas.*

¶ Coffretus, Arcula, Gall. *Coffret.* Inventar. Ecclesiæ Noviom. ann. 1419. ex Archivis ejusd. : *Item duo Coffreti pares trium pedum longitudinis vel circiter ferrati.* Obituar. MS. Ecclesiæ Morin. fol. 42. verso : *Conservabuntur in uno Coffreto particulari.*

¶ Cofrium. Statuta generalia Ordinis Cisterc. ann. 1213. tom. 4. Anecd. Marten. col. 1312 : *A nullo Abbate portentur scrinia, quæ vulgo Cofria appellantur.*

Cofferarius, Coffrarius, *Arcarius*, qui *coffra*, seu arcas Regias servat, in Fleta lib. 2. cap. 14. § 3. Anglis *The Cofferer of the Kings houshold*, Magni Oeconomi seu Dispensatoris Regis Contrarotulator, Vicarius, cujus munus est aliis familiæ Regiæ Officiariis sua salaria, seu stipendia erogare. Steph. Skinnerus in Etymologico Angl.

* *Coffert* Nostris olim. *Un petit Coffert*, in Lit. remiss. ann. 1404. ex Reg. 158. Chartoph. reg. ch. 342. nunc *Coffret.*

COFFIA, Cofia, Tegmen capitis. Vide *Cuphia.*

* **COFFIMENTA**, Confimenta, Fructus saccharo conditi, dulciaria, Gall. *Confitu-*

res, Comput. ann. 1357. inter Probat. tom. 2. Hist. Nem. pag. 191. col. 1 : *Item fuit solutum eidem pro xiij. lib. media de Coffimentis eidem præsentatis....... Item fuit solutum eidem pro vj. massapas necessariis ad portandum dicta Confimenta, etc.* Vide *Confectæ*.

* **COFFINI**, *Mundæ de virgis factæ desuper et subter*. Glossar. vet. ex Cod. reg. 7641.

* **COFFINUS**, *Squalum*, in eod. Glossar. Nostris *Coffin* et *Cofin*, eadem notione. Lit. remiss. ann. 1380. in Reg. 118. Chartoph. reg. ch. 170 : *A la porte duquel chastel avoit une arbaleste pendue et un Coffin auquel avoit viretons ferrez*. Adde Ordinat. reg. Franc. tom. 8. pag. 150. art. 7. Sed et convicium est, in aliis Lit. ann. 1410. ex Reg. 164. ch. 356 : *Icellui Hardelet dist au suppliant ces parolles : Coffin, à pou que tu ne m'as tué*.

* COFFINELLUS, diminut. a *Coffinus*, Cistella, corbula, nostris etiam *Coffineau*. Arest. ann. 1330. 20. Apr. in Reg. *Olim* parlam. Paris. : *Harnesium et vaissalamentam argenteam dicti abbatis, quæ super quadam quadriga in sacis et Coffinellis....... asportari faciebat, ceperunt*. Lit. remiss. ann. 1406. in Reg. 161. Chartoph. reg. ch. 154 : *Icelle femme mist ladite monnoye en un Coffineau à mettre chandelle*. Aliæ ann. 1455. in Reg. 183. ch. 41 : *Le suppliant osta à icellui Grangier les pommes et le Coffineau où elles estoient*. Vitæ Patrum Mss. :

De caures ouvra et d'osieres,
Coffinias ouvra et pauieres.

Vide infra *Cofinarius*.

¶ **COFFINUS**, ut *Cofinus*. Pluries occurrit.

* **COFFOLUS**. Vide supra *Cofellus*.

¶ **COFFRARIUS**, COFFRUS, etc. Vide *Cofferum*.

* **COFFRERIUS**, *Coffrorum* seu arcarum artifex, in Charta ann. 1283. ex Chartul. S. Magl. ch. 38.

* **COFFRETUS**, COFRETUS, Arcula, diminut. a *Coffrus*, Gall. *Coffret*. Inventar. S. Capellæ Paris. ann. 1363. ex Bibl. reg. : *Item solebat esse unus Coffretus argenteus deauratus, in quo erant plures peciæ cristalli*. Pluries ibi. Inventar. ann. 1476. ex Tabul. Flamar. : *Item unum Cofretum magnum munitum et copertum coherii et stagni sive ferri albi*. Adde Probat. Hist. Nem. tom. 3. pag. 170. col. 1.

* **COFFRINELLUS**, COFFRULUS, Eadem notione. Inventar. S. Capellæ ann. 1363. ex Bibl. Reg. : *Item unus pes unius SS. Innocentium in quodam Coffrulo de serico, in quo Coffrulo etiam sunt aliquæ reliquiæ........ Item unus Coffrulus argenteus, in quo est unum os tibiæ S. Leodegarii*. Aliud ann. 1366 : *Item sunt in quodam Coffrinello sive capella xv. litteræ, etc.*

* **COFFRUS**, COFRUS, Gall. *Coffre*, in Inventar. S. Capellæ Paris. ann. 1363. ex Bibl. reg. : *Duo Coffri ad candelas reponendas*. Formul. Mss. ex Cod. reg. 7657. fol. 29. v°. : *Cum....... mandasset quæsitum ad civitatem præsentem Massiliæ certam quantitatem raubæ suæ, ut pote Coffros, etc.* Mirac. Mss. Urbani PP. V. : *Aperuit quemdam Cofrum ipsius loquentis et furtive extraxit saquetum, quo erant 180. franci*. Vide infra *Cophrus*.

¶ **COFINA**, Idem quod mox *Cofinus*, apud Rymer tom. 9. pag. 365. col. 1 : *Quandam Cofinam de Corio cum diversis jocalibus... et mittere eandem Cofinam, etc.*

¶ COFINIS, Eadem notione, apud eumdem tom. 2. pag. 691.

* **COFINARIUS**, *Qui vent ou fait corbeilles*, in Glossar. Gall. Lat. ex Cod. reg. 7684. Vide supra *Coffinellus* in *Coffinus*.

COFINUS, Cophinus, fiscina. Capitulare de Villis cap. 62 : *Quid de buticis et Cofinis, id est, scriniis, etc.* [Occurrit in Statut. Massil. lib. 6. cap. 1. pro corbe, qua fimus in vineas defertur.]

COFINELLUS, Minor cophinus, in Regula Templariorum, cap. 44. [et in Hist. Dalphin. tom. 2. pag. 397. col. 2.]

COFRA. Observantiæ Regni Aragon. lib. 9. tit. de Salva Infantion. § 9 : *Verumtamen quoad munera personalia, vel Çofram præstandam, vel faciendam domino loci, talis infantio non tenetur*. [* F. pro *Cœna*. Vide in hac voce.]

¶ **COFRARIA**. Laudes Papiæ apud Murator. tom. 11. col. 32 : *In quibusdam certis Ecclesiis diebus aliquibus circa festum Pentecostes fiunt pauperibus convivia, quæ Cofrarias vocant, ad quæ multi conveniunt pauperes, qui per signa data illic invitantur*.

* Hispanis *Cofradia*, Confraternitas; sed et forte legendum *Confraria*, Gall. *Confrairie*. Vide in hac voce.

¶ **COFRITUM**, Tributum species, ut videtur. Tabular Rothonense : *Retwobri dat villam Cleges sine tributo et Cofrito*.

* **COFRETUS**. Vide supra *Coffretus*.

¶ **COFRIUM**, COFRUM. Vide *Cofferum*.

* **COFRUS**. Vide supra *Coffrus*.

** **COGA**, Germ. *Puttenschlegel oder Kog, womit man die Reiffen antreibt*. Vocabul. Lat. Gall. ann. 1482. ADEL.

¶ **COGACCIO**, Coactio, Gall. *Contrainte*. Tabular. Calense in Charta Almaurici de Meulento ann. 1266 : *Absque Cogaccione aliqua alienandi easdem possessiones*.

¶ **COGASTER**, COGASTRANUS, Coquus secundarius, Ital. *Cocastro*. Charta visitationis Monast. Castrensis ann. 1261. ex Archivo S. Victoris Massil. : *Dispensarius procuret coquum et Cogastrum*. In altera Charta ejusdem Archivi Armar. Hispan. num. 41. legitur : *Uno scutifero, tribus garciferis, clavario, coco, Cogastrano, portario, etc.*

COGBELLINUS. Charta. ann. 1197. apud Ughellum tom. 7. pag. 1274 : *Extra parietem, juxta Cogbellinos ejusdem Petri*.

¶ **COGCIONES**. Vide *Cociones*.

COGECHULST, COGSCHULT, Navium debitum, navaticum, tributum quod ex *Coggis* penditur : Germanis enim *Schuld*, est debitum. Vetus Charta apud Willelmum Hedam in Odibaldo Episcopo Traject. : *In Almere Regalis census, qui vocatur Cogechulst*. Alia Ottonis Imp. ann. 949. apud eumdem : *Insuper et tributorum, quæ Husla'a et Cogschult dicuntur, etc. Teloneum Coggonum* videtur nuncupari in Diplomate Waldemari Daniæ Regis apud Pontanum lib. 7. Histor. Danicæ : *Telonea Coggonum maneant prout fuerant ab antiquo*. Vide *Cogo*.

* **COGERA**. Hist. belli Forojul. in Append. ad Monum. eccl. Aquil. pag. 54. col. 2 : *Girardus....... portans arcum unum continue cum una Cogera, multum vexabat, etc.* Perperam, pro *Corrigia*, ut legitur apud Murator. tom. 3. Antiq. Ital. med. ævi col. 1213.

* **COGEUS**, f. Ferialis. Consuet. Mss. monast. S. Crucis Burdegal. ante ann. 1305 : *Duo debent esse pulmenta in die Cogea. Dantur quotidie duo fercula, et in diebus duplicibus additur tertium*. Nostris vero *Cogent*, idem quod necessarium sonat. Lit. ann. 1372. tom. 6. Ordinat. reg. Franc. pag. 463 : *Icellui fait et mestier* (de drapperie) *qui est Cogent à tout l'universel monde, et plus est chose proffitable. Cogament*, Secreto, Gall. *Secretement* interpretatur Anonymus, qui circa medium seculum XIV. de hæresi Albigensium scripsit, in Hist. Occit. tom. 3.

* **COGGA**, Navis species. Vide *Cogo*.

* **COGIARIUM**, *Donatio imperatoris*. Glossar. vet. ex Cod. reg. 7613. Sed. leg. *Congiarium*, ut et in alio ex Cod. 7641. pro *Cogitarium*.

¶ **COGGO**. Vide *Cogo*.

¶ **COGIA**, Conjux. Formulæ Andegav. art. 17 : *Dum cognitum est quod homo, nomen illi, in venditione de integrum statum suum ad homine, nomen illo, et Cogiæ sua illa, et ipsa venditione meneme* (minime) *invenisse non potuerunt*. Vide *Cogive*.

COGIATICUM, Quævis præstatio coacta. Charta Caroli III. Imp. in Hist. Pergamensi tom. 3. pag. 399 : *Nec ullas publicas functiones, aut redhibitiones, vel illicitas occasiones, vel Cogiaticum, seu sparvarios, vel operas... superimponere audeat*.

COGINA, inter vasa et ministeria sacra recensetur in Charta Ferdinandi Imperatoris Hispaniæ æræ 1191. apud Anton. *de Yepez* in Chronico Ord. S. Benedicti tom. 7 : *Tres concos, et 3. aceres, et 2. orceolos, et 2. Coginas, et candelaria unam, et candelabra duo, omnia hæc de laton*. Vide *Cocinnula*.

COGITAMEN, Cogitatio apud S. Eulogium lib. 3. Memor. SS. cap. 5. et 7. [et in Appendice ad 22. Maii de S. Humilitate pag. 131.] Gloss. Lat. Græc. : *Cogitamentum*, ἐνθύμημα. [Bis occurrit in libro 4. Esdræ cap. 7. ℣. 57. et cap. 14. ℣. 14.]

COGITARE, Existimare, putare. Gesta Regum Francor. cap. 35 : *At illa Cogitans, quod Landricus esset, etc.* Id est, *putans*.

* **COGITARIUM**, Cogitatio, *Excogitation*, in Lit. remiss. ann. 1364. ex Reg. 96. Chartoph. reg. ch. 323 : *Le suppliant et feu Guillaume, dit le Flamment, buvoient à un escot, ... sans nulle rancuer ou mauvaise Excogitation*. Vita S. Nivardi archiep. Rem. tom. 1. Sept. pag. 283. col. 1 : *In Cogitario mentis gerebat hunc cœlestem thesaurum, etc.* Vide supra in *Cogiarium*.

¶ **COGITATIVUS**, Multum cogitans, Gall. *Pensif*, in Vita B. Giraldi de Salis, apud Marten. tom. 6. Ampliss. Collect. col. 1012.

¶ **COGITATORIUM**, Receptaculum cogitationum. Tertul. de Resurrect. cap. 15 : *Animæ Cogitatorium*. Vide eumd. de Spectacul. cap. 2. et de Anima cap. 14.

¶ **COGIVE**, Conjux. Formulæ Andegav.

art. 36 : *Incipit epistola, quem pater et mater facit in filio.... Idcirco ego in Dei nomen illi, et Cogive mea illa dulcissima, et a nobiscum integra amore diligendo filia illo.* Vide *Cogia* et *Cogux*.

¶ **COGLA**, pro *Cochlea*. Vide in hac voce.

COGNABO, *Igniarium unde ignis excutitur*. Papias.

COGNATIO Spiritualis. Vide *Generatio*.

* **COGNATIO**, Corpus, ordo, societas. Charta ann. 1198. in Chartul. Arremar. ch. 95 : *Haymo furnarius et tota Cognatio furnariorum ipsi querelæ imperpetum abrenuntiaverunt; ita tamen quod unum solum de tota parentela furnariorum bis in die, si voluerit, cum uno equo ad nemus illud introire licebit.*

¶ **COGNATUS**, Levir. Johannes de Janua : *Et est Levir Cognatus, scilicet frater mariti vel uxoris.* Albertinus Mussatus de Gestis Henrici VII. Cæsaris lib. 4. rubr. 1 : *At Regina gravissimis affecta doloribus : hinc Cognati necem multorumque procerum deflebat interitus, quos tam instans bellum, quam lethalis aeris pernicies morbo consumserat.* Ubi Pignorius : Cognatum appellat Goleranum noto Italicismo eum qui erat viri frater. Pro quibusvis consanguineis affinibusve vox *Cognatus* accipienda videtur in Gestis Trevirens. Archiepisc. apud Marten. tom. 4. Ampliss. Collect. col. 216 : *Contingit olim, cum Imperator Fredericus Mediolanum civitatem magnam obsessam ad deditionem coegisset, Cognatos et parentes domini Urbani Papæ inter cæteros captivos teneri, etc.*

* *Cognata*, Mariti vel uxoris soror, in Inscrip. Fabret. pag. 222. Unde in quibusdam locis *Cuignat* et *Cuignate* appellantur, ut observat D. Montisfalc. tom. 9. Antiq. expl. pag. 102.

Cognati Germani. Patrueles, vel sobrini, *Cousins Germains.* Charta Communiæ Peronensis ann. 1207 : *Consanguinei, qui vulgo Cognati Germani appellantur. Cousin remué de germain*, in Chron. Flandr. cap. 6. id est, remotus gradu a germano.

COGNIDIUM, Potionis species apud Ægyptios, vel saltem Alexandrinos. Papias : *Cognidium, genus potionis ad bibendum.* Gregorius Magnus lib. 6. Epist. 37. ad Eulogium Episcopum Alexandrinum : *Suscepi autem benedictionem S. Evangelistæ Marci, juxta breve vestris epistolis insertum. Sed quia Collatum ac Juritheum non libenter bibo, præsumens Cognidium requiro, quod in hac urbe post multa tempora, vestra innotescere transacto anno Sanctitas fecit. Nam nos hic a negotiatoribus nomen Cognidii, et non substantiam comparamus.*

* Vox corrupta, ut videtur D. *Falconet*, pro *Coccum gnidium*, quæ bacca est species thymelææ, catharticum celebre apud antiquos jam ab ævo Hippocratis. Vide κοκίνιδιν in Glossar. Græcit.

COGNITAMENTUM, Idem quod *Adcognitatio*, Promulgatio. Capitula Caroli Calvi tit. 27. cap. 3. [** post redit. a Confluent. ann. 860.] : *Sed et illa capitula.... adcognitent, et Cognitamentum quod modo apud Confluentes fecimus, omnibus innotescant.* Infra : *Qui deinceps talia præsumpserit, sicut in Cognitamento illorum contineatur, ... hoc emendare cogantur.* Vide *Adcognitare*.

COGNITIO, Homagium, nostris *Reconnoissance*. Consuetudines Catalaniæ inter dominos et vassallos MSS. cap. 49 : *Debent facere instrumentum protestationis quod faciant directum Domino majori, seu Cognitionem, vel homagium, vel aliquod aliud de quo teneatur.*

* Clientelæ professio. Charta ann. 1276. ex Tabul. Auxit. archiep. : *Et quod dictus Oddo teneat nomine vassalagii dictum castrum ab archiepiscopo, ... et faciat dicto domino archiepiscopo unum ensem garnitum trium solidorum Morlanorum in signum Cognitionis.* Charta Phil. III. reg. Franc. ann. 1283. in Chartul. eccl. Lingon. ex Cod. reg. 5188. fol. 2. v° : *Nolumus quod eidem episcopo et ecclesiæ suæ fiat aliquod præjudicium imposterum, quin homagium hujusmodi fiat et fieri debeat in loco debito seu etiam consueto; nec eidem etiam episcopo et ecclesiæ suæ, super eo quod Cognitionem interposuit super dicto feodo in dicto palatio nobis volentibus, cum ibidem alias jurisdictionis exercitium non haberet, fiat præjudicium quantum ad Cognitionem alibi super dicto feodo faciendum.* Hinc

* Cognoscere, Homagium præstare, clientelam profiteri. Charta ann. 1196. in Chartul. S. Joan. Laudun. ch. 105 : *Quædam contentio erat inter me et ecclesiam B. Mariæ sanctique Johannis de Lauduno pro domo sua de Sauverzis, in qua plurima clamabam, quæ mihi non Cognoscebantur.* Alia Simon. dom. Castrivil. ann. 1208. in Chartul. Campan. Cam. Comput. Paris. fol. 400. r°. col. 1 : *Comes* (Campaniæ) *volebat quod Castrumvillanum, quod de feodo domini Campaniæ Cognoscebam, caperem de ipso ligie et tenerem.*

* Cognitio, Jus de re aliqua cognoscendi atque de ea judicandi. Lit. ann. 1356. tom. 4. Ordinat. reg. Franc. pag. 352 : *Et eorumdem prænominatarum Cognitionem scilicet et examen; ac totam Cognitionem, punitionem, etc.* [** Vide Haltaus. Glossar. German. voce *Kundschaft*, col. 1144.]

Cognitio Placiti, Anglis Jurisconsult. *Conusance de plée*, est privilegium, quo urbs vel civitas donatur a Rege, ut intra *libertatis* suæ procinctum jus habeat tenendi placita de omnibus contractibus et prædiis : cujus ea vis est, ut si qui horum locorum incolæ in jus pro quavis re vocentur in Curiam Regis, Majores seu Baillivi ejusmodi libertatum possint petere cognitionem placiti : id est, ut res ante ipsos pertractetur et judicetur. Rastallus. Adde Cowellum. In Assisiis Hierosolymitanis MSS. passim occurrunt hæ formulæ : *Se mettre en l'esgard ou Connoissance de Court; La Court esgarde et Connoist, etc.* Eædem cap. 45 : *Seignour ne doit faillir d'esgard, ou de Connoissance de Court à home, ne à feme, qui la requiert en la Court.*

* **COGNITIONALIS.** Vide supra *Certamen Cognitionale*.

* **COGNITIONALITER**, Scienter, re cognita. Charta ann. 1339. ex Reg. 72. Chartoph. reg. ch. 534 : *Eumdem Bernardum....... Cognitionaliter absolventes et omne impedimentum ea occasione in bonis suis....... appositum totaliter amoventes, etc. Congnoissaument*, eadem notione, in Lit. remiss. ann. 1389. ex Reg. 138. ch. 98 : *Lesquels Congnoissaument amenderent ledit fait. Congnoissamment*, in Ch. ann. 1319. ex Chartul. Latiniac. fol. 226. v°.

1. **COGNITIONES**, Insignia, arma, seu potius saga militaria armis et insignibus depicta, quibus Nobiles a se invicem discernuntur, et innotescunt : Anglis, *Cognisance*. Ordericus Vitalis lib. 13. pag. 855 : *Petrus de Maulia, aliique nonnulli fugientium, Cognitiones suas, ne agnoscerentur, projecerunt.* Matthæus Paris ann. 1250 : *Cum viderent hostes Christi armis, vexillis, et Cognitionibus picturatis, quas bene noverant, cum derisionibus superbire.* Δείγματα, Græcis. Vegetius lib. 1. cap. 18. de Militibus : *Diversis coloribus diversa in scutis signa pingebant, ut ipsi nominant, δείγματα, sicut etiam nunc moris est fieri.* Oracula Leonis Imp. de Andronico Comneno, qui Agnetem Philippi Augusti Regis Francorum filiam in uxorem duxerat : Ὁ τῷ ξένῳ δείγματι συγκεκραμένος. Le Roman *de Rou* MS. :

N'i a riche homme ne Baron
Qui n'ait cés lui son gonfanon,
Ou gonfagnon, ou autre enseigne,
Ou sa mesnie se restraingne,
Connoissances, ou entresains,
De plusieurs guises escus pains.

Le Roman *d'Aubery* MS. :

Sa Connoissance fu d'un pail mult cler.

Guill. *Guiart*, ubi de prælio Boviensi, de vexillo Ottonis Imp. :

Cils dragons soutint la banniere
Des connoissances l'Emperiere.

Idem in S. Ludovico, ubi de Manfredo occiso :

En la chace est Mainfroi tué,
Més onc nus homs ne pot à dire
Pour certin qui le pot ocire :
Car le jour de celes nuisances
Porta estranges Connoissances.

Hoc est, eo in prælio, alterius, seu insusitata insignia detulit. Et infra, ubi de Henrico Consentino, qui Caroli Regis arma indueral in prælio quo Conradinum fudit :

El premerain pour le conduire
Est li preus Henris de Cosances,
Cel jour porta les Connoissances
Du Roi, par quoi plustost peri.

Vide Gobelinum lib. 9. Comment. Pii II. PP. pag. 223. et Hemricurt. de Bellis Leod. cap. 41.

* 2. **COGNITIONES**, Litis instrumenta. Lit. ann. 1322. tom. 7. Ordinat. reg. Franc. pag. 421 : *Aliqui officiales nostri dudum de villa Brivatæ et aliis villis et locis dictorum præpositi et capituli..... fuerunt, causa cognita, expulsi; .... prout hæc in dictis privilegiis, Cognitionibus, ordinationibus et executionibus inde subsecutis asserit contineri.*

COGNITOR, Judex, in Codice non semel. [Hinc in Glossis Isidori : *Cognitor a cognoscenda causa dictus, vel Executor curiosus.* Prius membrum judicem ut in Codice, posterius significat Delatorem, qui curiosus dictus est, quod in vitam aliorum inquireret, et ad Principem, quæ cognorat, deferret. Papias MS : *Cognitor præsens præsenti datur ad litem solvendam, Procurator vero etiam absens ad omnes res.* Sed id discriminis Cognitorem inter et Procuratorem Latinis ipsis notum est. Si plura cupis, vide Gronovium 4. de pec. vet. cap. 3. et Pitiscum in Lexico Antiquit Rom.] [** *Cognitor* qui *Executor curiosus* in Gloss. Isid. dicitur est Exactor de schola agentium in rebus, non Delator.]

COGNITOR *qui vice sacra judicat*, in Codice.

COGNITORES etiam dicuntur ii, quos Pontifex retractandis et recognoscendis Episcop. et Conciliorum sententiis pro data occasione committebat : hos ἐπιγνώμονας vocat Concilium Sardicense can. 3. De iis Morinus lib. 1. Exercit. Eccles. cap. 20. [** Vide Marium Mercator. pag. 134. edit. Baluz.]

¶ COGNITORES BANNORUM, f. Ministri, qui de mulctis ob *bannum* infractum impositis cognoscebant. Privilegia a Raymondo de Agouto superiori Domino castri de Masalgis ann. 1348. concessa Johanni de Masalgis inferiori condomino, ex Archivo Præsidis *de Mazaugues : Item quod Bannerii, Extimatores et Bannorum Cognitores communes in dicto castro concorditer... eligantur.*

* **COGNITUS**, Sciens. Lex Wisigoth. [** lib. 7. tit. 2.] cap. 9. tom. 4. Collect. Histor. Franc. pag. 391 : *Si de fure quis Cognitus comparaverit. Si quis rem furtivam sciens a fure comparaverit, etc.*

¶ **COGNOMEN** Romanis erat uniuscujusque nomen proprium, quod nominibus gentilitiis subjungebatur : Francis vero nostratibus aliisque Recentioribus nomen est proprio nomini superadditum. De cognominibus antiquorum Romanorum consulere potes Lexicon Pitisci; de posterioris autem ævi cognominibus, quæ nos spectant, (in Instrumentis enim hujus ætatis passim currunt) placet hic exscribere quæ Mabillonius docet lib. 2. de Re Diplom. cap. 7. n. 3. et seqq. Nonnullis præmissis de nominibus adscititiis, quæ apud Francos Neustrasios viris insignioribus et litteratis aliquando accedebant, sæculo nono maxime et octavo, subjunxit : Tandem sub finem sæculi X. sed maxime sæculo XI. ineunte, cognominum usus frequentari cœpit, eorumque origo processit variis ex causis. Quandoque ab arte eorum quibus imponebantur ut *Petrus Pistor, Robertus Coquus, etc.* Aliquando ab eventu quodam, quo modo longe ante id tempus nepoti Ausonii tributum nomen *Pastori*

qui fistula primum
Pastorale melos concinuit genito.

Auson. in Parental. Epist. 12. Nonnunquam a scommate, dicterio seu faceto dicto, unde *Richardus Insanus, Guillelmus Bastardus*, quod cognomen ipse Willelmus Conquæstor assumit in Epistola ad Alanum Britanniæ Comitem, *Ego Willelmus, cognomento Bastardus.* Ad hæc derivata sunt cognomenta a patre vel expresso filii nomine, ut *Gradulfus filius Isembardi*, in Chartario Castridunensi, vel suppresso in hunc modum, *Paulus Warnefredi*, qui diaconus et monachus Casinensis fuit regnante Carolo M. Hinc orta sunt cognomina vernacule desinentia in *son*, qualia *Wiliamson*, id est, Willelmi filius; *Jacquesson*, Jacobi; *Colesson*, Nicolai; *Pierson*, Petri; *Jeanson*, Joannis, et his similia. Ex eodem capite prænobiles familiæ apud Anglos censentur, *Fitzjean, Fitzgerald, Fitzpierre, Fitzhaimon.* Quidam a matre id traxerunt, quemadmodum in Chartario Dunensi legitur, *Paganus filius Mariæ;* et in alio S. Martini a Campis, *Herluinus filius matris suæ;* itemque in Charta pro cœnobio S. Remigii apud Remos, *Petrus filius matris suæ*, forsan quod isti inter nothos haberentur, ignoto patre. Denique ut alia prætermittam, cognomina non raro desumta sunt ex loco, urbe ac regione; hinc *Herbertus Britto, Rainbaldus de Calniaco, Thomas de Murla.* Sic nobiles plerique a loco dominii sui cognomentum suum acceperunt; unde familiæ Codiacensis, Torinnensis, Cherisiacensis et aliæ perillustres. In Chartario Userchensi apud Lemovices legitur ejusmodi cognomentum duplex, a patre simul et loco dominii acceptum, ubi *Geraldus Petri de Noalas*, id est filius Petri de Noalas, *dedit Deo et sancto Petro pro anima patris sui ac matris suæ partem suam de terra de Molnat in parrochia S. Vincentiani, et quicquid in eam requirere posset juste aut injuste vel aliquis per ipsum; et absolvit fevales suos ut dent sancto Petro. Hoc donum fecit in manu domni Gauberti Abbatis cum libro*, sub annum M. XCIX. ubi habes cognomen duplex, unum a Petro Giraldi patre, alterum a *Noalas,* qui locus est in pago Lemovicensi, unde nomen traxit illustrissima familia de Noaliis, etc.

☞ Itaque ex his omnibus, aliisque capitibus orta sunt varia familiarum nomina, quæ primo incerta cum fuissent, postmodum fixa et propria esse cœperunt. Scommatica seu joculatoria nobilium nomina quidam corrupta putant, depravatis prædiorum vocabulis, a quibus illa originem ducebant : At certum est, permulta, saltem promiscui vulgi atque etiam nobilium quorumdam, ab origine ex dicteriis imposita fuisse; qualia sunt in optimæ notæ Chartario Dunensi Majoris-Monasterii, scripto ante annos quingentos : *Odo Mala Musca, Rotbertus Muletus, Rainaldus Bastardus, Constantinus Joculator, Vivianus Nimium habens frumentum, Bernardus Malaparola, Raherius Tineosus, Guarinus sine barba, Guarinus Rabiardus, Archembollus Foliolus, Guarnerius Oculus canis, Archembaldus Pejor lupo, Odardus de Paliardo, Petrus Maliloquus, Rotbertus Flagellum, Hubertus Minat bovem*, etc. Sed præ his illustres fuerunt *Fulco Rufus, Goffridus Grisagonella*, Comites Andegavenses, aliique non minoris dignitatis. Qui a prædiis cognomina ducebant, aliquando varia pro tempore et prædiorum varietate cognomina sibi adscribebant; ex quibus Drogo ex familia Bovensi qui sub Rotberto et Henrico Regibus vixit, interdum *Bovensis*, interdum *de Papyriaco :* Ingelramnus ejus filius, promiscue *Bothvensis, Codiciacensis* et *de Fara :* Thomas denique Ingelramni filius, de *Fara* vel *de Feria, Codiciacensis, de Marna*, seu *de Marla* cognominabantur.

☞ Hæc cognomina raro imponebantur Episcopis, Clericis, Monachis et Feminis : forsan quod illorum dignitas et tituli essent cognomenti loco ad eos designandos; neque scommatica vocabula decerent sacri Ordinis Ministros; nec dignitatum sæcularium nomina, quæ a prædiis deducta erant, eis convenirent. Nam feminæ conjugatæ non alio passim quam mariti sui nomine gloriabantur. Invenio tamen quosdam ex Clericis et Monachis cognomine affectos sæculo XI. desinente in cod. Chartario Dunensi, Userchensi, et alibi.

☞ Eodem sæculo ineunte rara erant ejusmodi cognomina, ut patet ex chartis regnante Rotberto editis*: postea vero sub Henrico et Philippo Regibus trita res esse cœpit; tametsi pauca per id tempus ad posteros traducebantur : quod sæculo XIII. usitatius fuit. In Charta quadam sæculi XI. qua Herveus Grivellus Monachis S. Martini quasdam res concedit, nominantur ejus fratres, *Raginaldus* absque cognomento, et *Hugo Morellus :* quod cognomen penitus a Grivello diversum est. At in eodem Chartario inveniuntur plures *Borelli, Bocherii, de Canta-merula, Pagani, Desreati, de Garlanda*, quæ familiarum cognomina esse constat. Porro hæc cognomina in Chartis, maxime in subscriptionibus, non continuo ac recto ordine post nomen, sed supra inter lineas adscribi solebant; unde et *Supra-nomina* dicta volunt viri docti, quæ vox reperitur in chartariis maxime Italicis; transiitque ad nostrum Gallicum idioma, vulgo *Surnom.* Nisi id ita dictum mavelis, quod supra primarium nomen accederent, quasi secundaria. Hactenus Scriptor diligentissimus. Vide *Supranomen.* [** et Murator. Antiq. Ital. dissert. 41 *De nominibus et agnominibus antiquorum*, tom. 3. col. 721. sqq.]

¶ **COGNOMENANS**, COGNOMINANS, Cognominatus, appellatus. Charta Wandemiri ann. 690. inter Instrum. Hist. S. Germani a Pratis pag. v. col. 1 : *Villa Cognominante Gomariovilla in pago Stampinsi.* Charta Dagoberti Regis Franc. tom. 1. Annal. Benedict. pag. 685. col. 2 : *Villa Cognominante Iticinoscoam in pago Parisiaco.*

* Unde nostris *Cognomer.* Lit. remiss. ann. 1452. in Reg. 181. Chartoph. reg. ch. 214 : *Lequel compaignon, comme l'en dit, se nommoit ou Cognomoit Motin Famuer.*

¶ **COGNOSCENTIA**, Cognitio, scientia. Responsio Marini Victorini Rhetoris ad Candidum Arrianum apud Mabillon. tom. 4. Analect. pag. 158 : *O altitudo divitiarum et sapientiæ et Cognoscentiæ Dei.* Ibid. pag. 266 : *Deum dicemus supra omnem exsistentiam, supra omnem vitam, supra omnem Cognoscentiam.*

1. **COGNOSCERE**, Coire, misceri. *Stupro Cognita*, apud Lamprid. in Heliogabalo. Vetus Pœnitentiale MS. : *Qui in Quadragesima ante Pascha Cognovit uxorem suam, etc.* Ordericus Vital. lib. 10 : *Postea sponsam suam.... Cognovit, quæ sequenti anno filium ei peperit.* Michael Scotus de Physion. cap. 7 : *Nec se permittat Cognoscere a viro per 7. dies.* Occurrit passim in Sacris libris. Vide Appendicem ad Concilium Lateranense III. part. 6. cap. 10. 17.

2. **COGNOSCERE**, Fateri, agnoscere, nostris *Avouer, reconnoitre.* Ordericus Vitalis lib. 11 : *Et proditionem, quam fecerat, palam Cognovit.* Ita *Cognoscens latro*, est

confitens in Legibus Edw. Confess. cap. 26 : *Justitia Cognoscentis latronis sua est.* [** i. e. jus cognoscendi de latrocinio.] Adde Bracton. lib. 3. tract. 2. cap. 33. 34. 35.

¶ 3. **COGNOSCERE**, Approbare. Atto Vercell. de pressuris Eccl. apud Acherium Spicil. tom. 8. pag. 86 : *Inutiles namque Sacerdotes internus Judex et provehit et non Cognoscit, quia quos permittendo tolerat, profecto in eis judicium probationis ignorat.*

* 4. **COGNOSCERE**. Vide supra in *Cognitio.*

¶ 1. **COGNUS**, a Gallico *Coin*, Angulus. Epistola Guillelmi Meldensis Episc. ad Clementem Papam ann. 1383. inter Instrum. Hist. ejusdem Eccles. tom. 2. pag. 241 : *Primo ex parte anteriori Ecclesiæ Meldensis incipiendo a domo, quæ est in opposito Cogni domus nostri Episcopi..... sicut protenditur vicus ex utraque parte usque ad Cognum Ecclesiæ Meldensis exclusive.*

* Charta ann. 1310. ex Chartul. priorat. Villæ petros. : *Habeant potestatem ponendi et habendi omni die tres nassas....... in certo loco, qui incipit a Cogno muri monachorum prædictorum.*

* 2. **COGNUS**, Sigillum, quo literæ signantur. Charta Alph. reg. Castel. ann. 1256. ex Tabul. Massil. : *Quod quidem instrumentum bullari fecimus bulla nostra plumbea, cum bulla aurea nostra non posset bullari propter fracturam Cogni, ex parte videlicet sculpturæ leonis. Coin*, eadem notione, in Assis. Hierosol. cap. 192 : *Et le privilege qui en sera fait doit estre coigné des Coins, dou seignor.* Et in Pacto inter reg. et archiep. capitulumque Lugd. ann. 1320. ex Reg. A. Cam. Comput. Paris. fol. 126. r° : *Exceptez l'exercice et les émolumens des Coinz esperituels dudit éveschié* (d'Autun.)

COGO, Navigii genus, quod *Cogs*, Angli dicunt, Galli *Coquets.* Matth. Paris ann. 1218 : *Præparatis Cogonibus, Galeis et aliis navibus onerariis.* Thomas Walsingham. in Ricardo II. pag. 199 : *Cujus summa se extenderat ad* 37. *galeias*, 8. *Cogones, et nonnullas bargias.* Occurrit infra non semel, pag. 201. 318. 319. 320. 322. ut et apud Vincentium Bellovacens. lib. 31. Speculi Histor. cap. 83. 84. Jacobum de Vitriaco lib. 3. Hist. Orient. pag. 1136. in Chronico Sclavico incerti auctoris apud Erpenium Lindenbrogium ann. 1361. [apud Martenium tom. 3. Anecdot. col. 288. in Epistola Jacobi Episc. Accon. ad Honorium III. Papam, et col. 296. in altera ejusd. ad eumd. Epist.] etc. [** Vide Jal. Antiquit. Naval. vol. 2. pag. 242. sqq. et Murat. Antiq. Ital. tom. 2. col. 526.]

Coggo, apud Godefridum Monach. in Chron. ann. 1218. Matth. Westmonast. ann. 1066. et 1296. pag. 221. 429. et in Diplomate Waldemari Daniæ Regis ann. 1326. Vide *Coccha*, *Cocha* et *Chocha* suis locis.

Kogge in Hist. Archiepiscop. Bremensium : *Posuerunt magnam navim, vulgariter dictam Kogge, cum armatis viris.* Vide Pontanum lib. 1. Rerum Francic. cap. 9. pag. 53.

Gogga. Hist. Hieros. : 50. *Naves, quas vulgo Coggas dicunt.* Matth. Paris ann. 1218 : 600. *Naves et* 24. *Coggas bene paratas.* Ita etiam Matth. Westmonast. ann. 1216. pag. 276.

¶ Coca. Memoriale Potestatum Regiens. ad ann. 1218 : *Templarii Milites in quadam eorum Coca intrantes, fluvium transire volentes, etc.* Pluries occurrit ibi, semel vero in Statutis Massil. lib. 4. cap. 1.

Cocca, apud Joannem Villaneum lib. 11. cap. 107. lib. 12. cap. 38.

Cocka, apud Caresinum MS. ann. 1379. Petrus De Dusburg in Chronico Prussiæ cap. 1 : *Cujusdam navis dictæ Cocka Teutonice.*

Coqua, apud Nangium in Philip. III. Rege Franc. pag. 519. [et apud Rymerum tom. 8. pag. 354.]

Cocha, in Memoriali Pauli de Paulo apud Joan. Lucium in Hist. Dalmatica pag. 431. 437. [apud Rymer. tom. 4. pag. 702. col. 1. et 2. in Memoriali Potestatum Regiens. ad ann. 1218. et in Chronico Astensi ad ann. 1322.]

Cocho, apud Ricardum de sancto Germano in Chron. ann. 1217.

Cocco, apud Oliverium Scholasticum de Expugnat. Damiatæ : *Quatuor Coccones, super quos ædificata fuerant propugnacula ad capiendam civitatem.* Et infra : *Coccones propugnaculis et castellulis, viris etiam armati, cum galeis et aliis navibus sequentibus...... immersionem evaserunt.* Utitur etiam non semel Godofridus Monach. ann. 1218. ut et Matth. Westmonaster. ann. 1066.

Cochetus. Charta Philippi Augusti ann. 1216. pro Comite Bellimontis : *Si vero contineatur in baco vel in Cocheto merrenum ad dolia facienda, etc. Cochet* et *Coquet*, Gallis. Will. *Guiart.* ann. 1304 :

Ains refait ses vaissiaus hourder,
Dont il ot là Quoquez et barges,
Et grans nez profondes et larges.

Infra :

Environ les nés n'a batel,
Tant soit bien fermé à loquet,
Petite barge, ne Coquet.

Eodem anno :

Aucuns d'eus haut és mas repuient,
Pour traire et pour lancier à plain.
Chastel et Coquet son ja plain
D'autres gens que de garçonciaus, etc.

Anglis *Cocket*, est Schedula a publicanis mercatoribus tradita, qua significatur mercatorem debitum vectigal solvisse. Vide Stephan. Skinnerum in Etymolog. Anglico tit. de Vocib. forensib. [et infra *Coket* 2.]

A voce Gallica *Coque*, id est, concha, testa, deducit Spelmannus, quod ejusmodi navigia concharum formam referant. Certe ab ejusmodi navium figura, vel usu, currus nostros publicos viminibusque contextos, appellatos admodum probabile est : vel quod, non ut hodie in longum porrecti, sed rotundi quodammodo essent : vel certe quia ut Cogones ad transvehendos itinerantes addicti potissimum essent, ita et currus isti publici. Alia de vocis *Coche* origine commentantur Ludovicus *de la Cerda*, in Adversariis cap. 125. n. 12. et Ægidius Menagius in Orig. Gall. [** Vide Ihrii Glossar. Suio-Goth. vocibus *Kogg* et *Kugg*, tom. 1. col. 1116. et 1172. Adel.]

¶ **COGOCIA**. Vide *Cucucia* post vocem *Cugus.*

* **COGOLARA**, Italis *Cogolaria*, Retis species, quod ita describunt Acad. Crusc. : *Rete grande, forte, e fitta, ed ha entramento ritondo, et largo, e a poco a poco si ristrigne infino alla coda, la quale è molto lunga, ed ha molti ricettacoli.* [** De etymo vide Murator. Antiq. Ital. tom. 2. col. 1187.] Charta ann. 1163. apud Murator. in Antiq. Estens. pag. 323 : *Concedimus isti ecclesiæ plenam et liberam potestatem habendi et tenendi piscatores, et faciendi Cogolaras in fossa veteri, et flumine de Este, et in lacu Scardevaræ, etc.* Unde emendanda Charta ann. 1136. ibid. pag. 287 : *Insuper concedimus et donamus plenam atque liberam potestatem.... faciendi Cogolas graas in dictis aquis.* Vide *Gogolacia.* Hinc

¶ **COGOLUM**, Incerta notione legitur in *Guadellum.*

* Retis etiam genus ad capiendas aves.

* **COGOLUS**, Acervus, strues. Stat. Cadubrii lib. 3. cap. 72 : *De comburentibus medas, Cogolos feni vel segetis. Volumus quod si quis medas, vel Cogolos, vel segetes inter scandolas vel ligna alterius fraudulenter conduxerit, condemnetur in decem lib. Pap. curiæ pro qualibet meda seu Cogolo, vel ligno, et restituat damnum cui fecerit.*

* **COGRERIUM**, Præstationis species. Charta ann. 1407. in Reg. feud. comitat. Pictav. ex Cam. Comput. Paris. fol. 246. r° : *Item habeo* (ego Johannes Babaudi) *Cogrerium seu largier in bladis, quæ seminantur in terris superius contentis et declaratis, scilicet de bailhargia, etc.* Aliud est *Congrier* in Glossar. jur. Gall. ex Ch. ann. 1598. Agger nempe ex palis in fluvio constructus, quo pisces capi et servari possint. Neque alia notione accipienda videtur vox *Conrrye* in Reg. 13. sign. *Habacuc* Corb. ad ann. 1511. fol. 83 : *Icelluy prendeur ne porra vendre ny estranger nulz des poissons, qui seront prins esdites Conrryes et pescherie....... Et porra ledit prendeur tendre nasse en la Conrrye d'iceulx molins.*

¶ **COG-SCHULT**. Vide *Cogechulst.*

* **COGSIGNARE**, pro *Consignare*, a Gall. *Consigner*, Deponere. Instr. ann. 1218. inter. Probat. tom. 1. Hist. Nem. pag. 62. col. 1 : *R. Cabassonus deponebat et Cogsignabat in ecclesia penes sacristam prædictum censum, ita quod in quadam bursa ponebat illum et claudebat eam, et cum bursa ligabatur quædam carta, in qua continebatur de prædicto censu quis deposuerat et qua de causa.*

* **COGUS**, Coquus, Ital. *Cuoco.* Charta ann. 1279. apud Murator. tom. 4. Antiq. Ital. med. ævi col. 91 : *Item quod ad dictum regimen duxit* (potestas) *duos judices, duos milites, sex domicellos, octo inter scutiferos et Cogos.*

* **COGUSTRONUS**, Coquus secundarius, Gall. *Aide de cuisine.* Stat. S. Vict. Massil. ann. 1338. ex Tabul. ejusd. abbat. : *In dicto monasterio familiam non teneant superfluam, sed necessariam tantum,...... uno scutifero, tribus garsiferis, clavario, coco, Cogustrono, portario, etc.* Vide *Cogaster.*

¶ **COGUX**, pro *Conjux.* Vett. Formulæ Andegav. art. 34 : *Incipit epistola. Ego enim illi fateor me hac epistola facere debere, quod ita et feci, ad Coguje mea illa propter amore dulcitudinem suam et servicium circa* *me inpendetis, cedo tibi atque transcribo capsa de casa cum ipso villare, ubi ipsa casa resedit.*

¶ **COHABITATOR**, Stuprator, concubinarius. Statuta Collegii Ardacensis art. 37. apud Raimund. Duellium lib. 1. Miscell. pag. 126 : *Item districte inhibemus, ne aliquis Canonicorum vel Vicariorum sit manifestus Cohabitator, taxillorum lusor, tabernarius aut pugnator.*

* Quo sensu *Habiter naturellement avec une fille*, legitur in Lit. remiss. ann. 1376. ex Reg. 109. Chartoph. reg. ch. 83.

* **COHABOLA**, f. Restis, corrigia. Formulæ Mss. ex Cod. reg. 7657. fol. 36. r° : *Ipsam cum quadam Cohabola, apposita per eum ad collum ipsius mulieris, credidit suffocare.* Vide *Cohum.*

¶ **COHÆRENTIA**, f. Appendix, Gall. *Dependance.* Chron. Farfense apud Murator. tom. 2. part. 2. col. 537 : *Quomodo vadit in viam publicam sub monte supradicti Monasterii, et pergit in fossatum primæ Cohærentiæ.* Ibid. col. 655 : *Dederunt in hoc Monasterio portionem suam de supradictis castellis de Forano et colle de Nera, cum Ecclesiis, placitis, fodris, usibus, pertinentiis et datis de castellanis, infra fines et Cohærentias prædictas.* Vide *Adhærentia* 2.

* Dici potissimum videtur de agro, qui ad latus alterius est.

* **COHAGULLUM**, pro Coagulum. Stat. Vallis-Serianæ cap. 38. ex Cod. reg. 4619. fol. III. v° : *Quælibet persona,........ quæ vendiderit aliquam quantitatem ceræ, saponis, Cohagulli, etc.*

* **COHECARE**, pro *Coæquare*, Tributa ex æquo inter cives partiri; *Cohecator*, qui illud officium præstat; *Cohecatio*, ipsa partitio. Stat. ann. 1476. inter Probat. tom. 3. Hist. Nem. p. 328. et 329 : *Et cetera officia, tam accessorum, quam operariorum, charitaderiorum, Cohecatorum, etc. Et non cum denariis regiis imponerentur, Cohecarentur, sed ad partem de eisdem fieret Cohecatio. Coccateur*, ibid. pag. 2. col. 2.

* **COHEDILIUM**, Edulium. Vide supra *Coedulare.*

¶ **COHERCIO**, COHERTIO, pro *Coertio* vel *Coercitio*, Jus *coercendi* seu cogendi et in delinquentes animadvertendi. Charta Pariagii Philippi Franc. Regis cum Episcopo Mimatensi ann. 1306. in Tabulario ejusd. Episcopi : *Ad nos pertinet pleno jure quoad majorem jurisdictionem et Cohertionem et districtum temporalem.* Compromissum Henrici III. Angl. Regis, etc. ann. 1240. apud Rymer. tom. 1. pag. 390. col. 1 : *Cohertioni et jurisdictioni Domini Cantuariensis Archiep.... se partes prædictæ summiserunt.* Charta ejusdem Henrici ann. 1255. apud eumd. Rymer. tom. 1. pag. 566. col. 2 : *Subjicientes nos Cohercioni Domini Papæ, ut si contra prædicta in aliquo, quod absit, veniamus, ipse per censuram ecclesiasticam, absque strepitu, nos ad plenam præmissorum observationem compellat. Cohertionis canonicæ potestas* in Commissione Episcopi Cantuar. ad inquirendum de damnis in Wallia Ecclesiæ illatis, apud eumd. Rymerum tom. 2. pag. 279. *Cohertio banni*, id est, coactio vel compulsio delinquentis ad *bannum* seu mulctam impositam, exsolvendam, in Pacto Regis Arragoniæ cum Berengario Magalonæ Episcopo ann. 1272. *Cohercion*, in Concordia facta inter Cœlestinos Avenion. et Comitem Luxemburg. apud Acher. tom. 9. Spicil. pag. 300 : *Et quant à ce nous obligeons et soubmettons à la jurisdiction et Cohercion de nostre S. P. le Pape, du Roy nostre Sire, et de toutes autres, et Cohercions tous les biens temporels de nostredite Eglise presens et à venir. Cohertioni* fere adjungitur *Jurisdictio*, quoniam, ut ait Paulus l. fin. ff. de Off. ejus cui mand. jurisdict. : *Jurisdictio sine modica Coerctione nulla est.*

* **COHERIUM**, Corium, Gall. *Cuir.* Inventar. ann. 1476. ex Tabul. Flamar. : *Item unum cofretum magnum munitum et copertum Coherii et stagni sive ferri albi.*

* **COHETES**, Coitio, conventus. Charta Phil. Pulc. ann. 1309. in Reg. 41. Chartoph. reg. ch. 63 : *Item ne quis sine nostri licentia in regno nostro cœtum, Cohetem, vel aliquam congregationem faciat armatorum.*

COHIBERE, COHIBENTIA. Vide *Conhibere.*

¶ **COHIBILIS.** Vide *Cohibuli* post *Conhibere.*

* **COHIBILIUS**, *Constabilius.* Glossar. vet. ex Cod. reg. 7613.

¶ **COHIRCINATIO**, Hircina lascivia. Apuleius in Apologia : *Quæ tamen omnia in paucis annis ita hic degulator studiose in ventrem condidit, et omnimodis Cohircinationibus dilapidavit.*

¶ **COHIVUM**, Κάλυξ ῥόδου μεμυκώς, *Calix, rosa clausa.* Supplem. Antiquarii.

* Vide *Conivum* et Lexic. mox laudanda in voce *Cohob.*

¶ **COHOB**, COHOBARE vel COOPTARE, *est quum materia sæpe cum liquore imbibitur, ac destillando liquor iterum abstrahitur. Item cum herbæ contunduntur, et in vase putrefiunt, donec purum ab impuro separari possit.* Roch. *le Baillif* in Dictionario Spagyrico.

* Consule Diction. Chymic. Ruland. et Johns. et Lexica medic. Castelli a Panor. Brun. edit. Vide *Colcotar.*

* 1. **COHOPERTA**, Locus contextus, ubi mercatores merces suas venum exponunt. Libert. Petræ assisiæ ann. 1341. in Reg. 74. Chartoph. reg. ch. 647 : *Item quod omnes habitantes hospitia seu ayrilia in garlanda seu circuitu plateæ dictæ bastitæ, possint ædificare Cohopertas impune, et facere tabularia, et ea conducere cuicumque ad eorum libitam voluntatem.* Vide mox *Cohopertura.*

* 2. **COHOPERTA**, Pars chartæ aversa. Charta Alph. reg. Aragon. ann. 1425. ex Cod. reg. 4671. fol. 271. v°. col. 2 : *In Cohoperta seu dorso dicti testamenti seu codicillorum, etc.*

* 3. **COHOPERTA**, Quodvis armorum genus, quo homines vel equi cooperiuntur. Stat. Arelat. Mss. art. 70 : *Consules Arelatis........ non possint accomodare Cohopertas, nec balistas, nec alia arma communis, nisi tempore guerræ.* Vide in *Coopertura* 4.

* **COHOPERTURA**, ut supra *Cohoperta* 1. Charta ann. 1333. ex Bibl. reg. cot. 2 : *Quam* (jurisdictionem) *dominus archiepiscopus habet in dicta Cohopertura peyssonayriæ, nomine dictæ suæ ecclesiæ Narbonensis.* Vide alia notione in *Coopertura* 4.

¶ **COHOPERTURA.** Vide *Coopertura.*

¶ **COHORS**, COHORTIS. Vide in *Cortis.*

COHORTALES, COHORTALINI, CURTALINI, dicti primum Officiales Præfecti prætorio, ut docet lex 1. Cod. Th. de Cohortal. (8, 4.) et lex 4. eodem Cod. de Diversis offic. (8, 7.) Glossæ veteres : *Cohortalinus*, Θυρωρὸς τοῦ πραιτωρίου. Postmodum Rectorum provinciarum Officiales ita appellati : *Apparitores Cohortales*, in l. ult. de Cohort. *Cohortalis militia*, l. 1. hoc tit. *Cohortalini*, l. 26. 28. hoc tit. de quibus plene eodem titulo. Marcianus Imperat. in Edicto contra Eutychen parte 3. Concilii Calched. cap. 12 : Ἀλλ' οὐδεμίαν μετιέναι στρατείαν ἀνεχόμεθα, εἰ μή τι ἄρα τὴν τῶν Κορταλίνων, ἢ τῶν Λιμητανέων. Ὑπασπισταὶ τῆς κόρτης, Auctori Vitæ S. Georgii Episcopi Amastreni num. 29. Notitia Imperii pag. 107. 182 : *Ab actis, Subadjuvam, Exceptores, et reliquos Cohortalinos, quibus non licet ad aliam transire militiam sine annotatione clementiæ principalis.* Horum etiam mentio in Novellis Theodosii Imp. Paulinus Epist. 7. ad Severum : *Nos adeant et revisant conservuli et compallidi nostri, non vestibus pictis superbi, sed horrentibus ciliciis humiles, nec chlamyde Curtalini, sed sagulis palliati.* Chlamys autem propia erat militum. Sic porro appellatos videtur innuere Paulinus, quod *in Curti* Præfectorum militarent, hoc est in Prætorio, vel Palatio. His præerat Κόμης τῆς κόρτης, de quo [Continuator Theophanis lib. 1. num. 3. 4. et] Glossæ Bassil. in V. Δομέστικος.

* **COHORTALIS**, Vilis, ad *cortis* servitium spectans. Vide in *Cortis* 1. L. 2. C. de Advoc. divers. judic. (2, 7.) et l. 8. et ult. Tit. præc. : *Advocatos amplissimæ tuæ sedis .... ab omni Cohortalis seu cujuslibet deterioris conditionis vinculo immunes ac liberos......... conservari decernimus.* Ubi Gothof. *Cohortalis*, id est, *vilis.* Consule Calvini Lexicon juridicum.

* Hinc fortassis, qui vel quæ merces suas per urbem divendunt, quod aliis mercatoribus inferiores sint, vel quod instent atque urgeant ut merces suæ emantur, a verbo Cohortari, *Cohoorteurs* et *Cohoorterresses* appellantur. in Lib. 1. Stat. super artif. Paris. ex Cam. Comput. fol. 199. r° : *Item que Cohoorteurs, Cohoorterresses quelconques, lingieres ou autres, ne puissent vendre aval la ville de Paris aucunes toilles neufves, cuevrechiez, pesnes ou autre lin neuf.* Nisi mendum sit, pro *Colporteurs* et *Colporterresses.* Vide infra *Comportare.*

¶ **COHOS**, *est, omne quod cutis in toto corpore comprehendit ac concludit.* Roch. *le Baillif* in Dictionario Spagyrico. [*Vide supra *Cohob.*]

COHUÆ, vulgo *Halles*, Porticus nundinariæ, interdum ipsa placitorum fora. Charta Aymerici Vicecomitis Thoracensis ann. 1250 : *Quod ipse Aimericus successoresque sui, sive Podii Bellicardi possessores, pro anima prædicti Thesaurarii 4. libras annui reditus solvere teneretur de reditibus et proventibus Cohuæ prædicti Podii Bellicardi, vel de aliis proventibus prædicti Castri, si dictam Cohuam processu temporis contingeret deperire.* Alia Gaufredi de Lisiniano, ann.

1232 : *Platea in qua ædificata est Cohua mercati Volnenti, et quidquid in ipsa Cohua ædificatum est, etc.* [Charta Guillelmi Abbatis Nobiliacens. ann. 1262. apud Stephanotium. tom. 3. Antiquit. Pictav. MSS. pag. 869 : *Quittamus dicto Comiti* VI. *solidos annui reditus, quos percipere solebat Prior ejusdem loci in Cohua dictæ villæ ratione decimæ assignatæ dicto Prioratui a Comite Marchiæ per ordinationem D. Episcopi Xantonensis, pro eo quod dicta Cohua sita est in cimiterio dictæ villæ.*] *Cohua Niortensis*, in Chartis ann. 1353. [*Cohua Rhedonensis*, Rhedonense Palatium Ducis Britanniæ minoris, ut interpretatur Lobinellus noster in Glossario ad calcem Historiæ Britan.]

COHUAGIUM, Vectigal et tributum ex *Cohuis* pensitari solitum. Arrestum S. Michaelis in Norman. 1278. 2. Regesto Joan. de S. Justo fol. 39. in Camera Comput. Paris. : *De Templariis qui dicebant quod homines sui debebant esse liberi a solutione Cohuagii per cartam ipsorum. Concordatum fuit, quod si Cohuam intrare velint, Cohuagium solvent.* Charta fundat. Monasterii Guerchensis in Britannia : *Dono etiam eis decimam molendinorum, et decimam Cohuagii de Guerchia, ... ad usum autem Sacristæ dono* 60. *sol. Subsacristæ* 30. *sol. in redditu Cohuæ meæ.* Alia fundationis Abb. Saviniaci ab Henrico II. Angl. Rege : *Quieta de omni teloneo,... pasnagio, pontagio, Cohuagio, pallagio, etc.* [Professio clientelaris Domini *de la Tremouille* exhibita Comiti Andegav. ann. 1473 : *Item somme de beurre venant de Bretagne doit deux deniers d'entrée, maille de coutume, et un denier de Cohuage; et si elle n'est toute vendue a icelui jour, et il arrive que le Marchand la rapporte a huitaine, il ne payera que le Cohuage.* Hinc liquet *Cohuagium* non esse cum *Costuma* confundendum.]

In plerisque Normanniæ et Pictonum vicinarumque regionum municipiis, *Cohuæ* vocantur judicum auditoria, quod in his porticibus ut plurimum judicia sua exerceant judices pedanei : unde Chopinus in Consuet. Andeg. *Cohuas* veteri Normannico idiomate dictas censet, subtili magis quam veraci etymo, a *Coeunte illuc litigatorum multitudine* : cum potior sit sententia a voce Latina *Chaos* deductum vocabulum. Est enim *Cohua*, indiscreta et promiscua hominum multitudo. [Hinc Menagius a *Convicium* vel *Convocium* arcessit; felicius, ut puto, ab Armorico *Coui*, quod idem significat.] Ordinationes Scaccarii Normanniæ ann. 1383 : *Item que les Baillifs et Vicomtes soient diligens d'aller en Cohue dedens prime le premier jour de leur auditoire, et aux autres jours subsequens, continuellement dedans sept heures du matin, et dedans deux heures de relevée, afin que le peuple puisse estre mieux et plustost expedié.* Vide *Cohuta*.

* Utraque notione *Cohue* nostri usurparunt. Lit. remiss. ann. 1371. in Reg. 103. Chartoph. reg. ch. 214 : *Lesdis Anglois se logerent en laditte ville* (du Lude) *et visiterent une parrigue forte de muraille et une Cohue près dudit fort, ... bouta le feu en laditte Cohue et oudit parrin.* (sic) Reg. A. 2. Cam. Comput. Paris. ad ann. 1321 fol. 47. v° : *A Raoul le Tombeur est donné la garde du guichet et de la Cohue de la vicomté du Pontiaudemer.* Adde Ordinat. reg. Franc. tom. 6. pag. 274.

COHUM, *Corrigia, qua jugum ad temonem religatur.* Joan. de Janua.

* COHUTA, ut *Cohua*, Judicum auditorium, forum. Comput. Ms. ann. 1261. : *Pro Cohuta Andeli reparanda, xvij. lib. ij. sol.* Charta ann. 1318. in Reg. 56. Chartoph. reg. ch. 320. : *Domum nostram sive Cohutam de Novoburgo, in qua placita nostra tenentur, ... donamus : retento tamen in domo seu Cohuta prædicta..... loco, in quo placita teneri consueverunt.*

* COICIUS, Coitus, copulatio, Ital. *Coito.* Charta ann. 1074. apud Murator. tom. 4. Antiq. Ital. med. ævi col. 594. : *Et per ideo promittimus nos suprascripta Berta et Bernardo una cum meis filii masculini, qui de leitimo Coicio nati sunt, etc.*

¶ COICTANUM. Vide *Coctanum.*

* COICUS, pro *Choicus*, a Gr. χοϊκός, Terrenus, ut monent docti Editores ad Vit. S. Germ. Autiss. tom. 7. Jul. pag. 253. col. 1 :

Spiritus at Coicis ardens emergere vinclis,
Emicat, etc.

Vide *Choicus.*

COIFA. Vide *Cuphia.*

* COIFETA, COIFFETA, Cassis, galea, seu capitis tegumentum ferreum, nostris etiam *Coiffe*, unde diminut. *Coiffette.* Lit. remiss. ann. 1355. in Reg. 84. Chartoph. reg. ch. 247 : *Cum de quibusdam laurica* (sic) *casside, vel Coifeta vulgaliter, ense, clipeo et cirothecis ferreis aut ferratis se munissent, etc.* Aliæ ann. 1354. in Reg. 82. ch. 503 : *De uno ense cum duabus manibus super capud ipsius percusserunt per talem modum, quod nisi fuisset quædam Coiffeta ferrea, quam portabat super capud, ipsum occidissent.* Poema Gerardi Nivern. ex Glossar. ad calcem Joinvil. edit. reg. : *Gerard tira l'espée hors du fourel; si assene à celui sur la Coeffe d'acier un cop si grant, etc.* Le Roman *de Perceval* ibid. :

Et lor la Coiffe li assiet
Le hiaume qui mout bien siet.

Lit. remiss. ann. 1400. in Reg. 155. ch. 166. : *Ledit Jaquet fery d'un plançon sur la teste dudit Vassel, dont il lui fist cheoir un bacinet ou une Coiffette de fer, dont il estoit armé. Coiffe* vero alapam significat, in Lit. remiss. ann. 1378. ex Reg. 114. ch. 93. : *Les assistans dirent que ledit Jehan gaignoit bien à avoir deux buffes ou Coiffes.* Vide in *Cuphia.*

* COIFFERIUS, *Coiffarum* seu tegminum, quibus caput tegitur, opifex, nostris *Coiffieres.* Reg. episc. Nivern. ann. 1287 : *Item Sabbato ante nativitatem Domini, quilibet draperius, tonnator, Coifferius, ferperius, debet duos denarios.* Pedag. Divion. Ms. fol. 26. r°. : *Des estaux des Coiffieres, uns chascun paiera iij. den.* Fol. 27. r°. : *Coiffieres de toille, Coiffieres de soye, etc.* Vide infra *Coyfia.*

* COILLACIUS, Vassallus. Charta Phil. V. reg. Fr. ann. 1319. in Reg. 59. Chartoph. reg. ch. 219 : *Cum abbas et conventus monasterii S. Salvatoris Legerensis in Navarra in quindecim libris Sanchetorum annui et perpetui redditus, ratione vassallorum sive Coillaciorum suorum, pro quadam cena in festo S. Martini nobis .... tenerentur... Ita tamen quod dicti vassalli seu Coillacii dictas* xv. *libras pro dicta cena..... de cetero dictis religiosis .... persolvant.*

¶ COILTA, Culcita, Gall. *Coite.* Chartar. S. Vincentii Cenoman. fol. 41 : *Hugo famulus S. Vincentii dedit Mariæ nepti suæ... dimidium modium siliginis et plenam minam, cum archa in qua annona reservabatur, et unam Coiltam.*

* Vel potius Tunica, vestis species, eadem quæ *Cota* 1. Et quidem *Coite* dixerunt nostri eodem sensu, pro *Cote.* Lit. remiss. ann. 1389. in Reg. 138. Chartoph. reg. ch. 98 : *La femme mit en gaiges un quartier de drap qu'elle avoit acheté pour faire un manche à sa Coite.*

¶ COINDIGENA, Simul indigena, qui una habitat. Innocent. IV. Papa in Epistola de Canonizatione B. Edmundi Archiepisc. Cantuar. tom. 3. Anecd. Marten. col. 1854 : *Affluite gaudio et spem tutam assumite de Coindigena terrenorum facto compatriota Cœlestium.*

COINQUINARE, per σπέρματος ῥύσιν pollui, apud Columbanum de Pœnitent. mensura. [Papias MS. : *Coinquino, as, Stercorare, simul peccare.*]

COINTISES. Matthæus Paris ann. 1252 : *Mille enim Milites et amplius vestiti serico, ut vulgariter loquamur, Cointises, in nuptiis ex parte Regis apparuerunt.* Galli *Coints* dicebant cultos, ornatos, elegantes, *Comptos*, unde vocis origo. [Hanc potius arcesserem a Celtico vel Armorico *Coant* : quod idem significat.] Hinc *Cointoier*, pro *ornare*, in Statutis S. Ludovici lib. 1 : *Et son lit et sa robe à Cointoier, et un fermail, etc.* In libro MS. cui titulus, *Le livre des Moralitez* ponitur *Cointise* inter virtutes : ubi sic describitur : *Honestéest departie en 4. Choses, en Cointise, en forche, en droiture, en atempranche. Cointise est une vertu qui fait connoistre les bonnes choses des mauvaises, et enseigne à departir les unes des autres.*

Sed aliud est *Cointise* apud Matthæum Paris. Sunt enim vestes elegantiores, et levioris materiæ, cujusmodi sunt saga militaria ex serico vel subtiliori alio panno : et vittæ tenuiores, aut lemnisci, quibus cassides, hastæ, et equi ipsi exornabantur. Quo sensu vocem *Cointise* perpetuo usurpat Willelmus *Guiart* in Hist. Franc. MS. Sic enim ille ad ann. 1195 :

La ot tante enseigne orfresée
Du lonc des renes en lair assise,
Tant byaume brun, tante Cointise
De soie parfaite et tissuë.

Sub ann. 1304 :

Cil Escuier et le jour mise
Sus ses armes une Cointise
De gueules sans euvres tremées
Fors molettes d'argent semées.

Infra describens navalem Francorum exercitum ante Ziriczeam :

Couleurs jaunes, indes, et rouges,
Vers, vermeilles, et desguisées
Peuvent ileuc estre avisées
Es Cointises qui leur apendent.

Alibi :

La nef croist, galies chancelent,
Qu'en ajoignant des bors assises,
De tuniques et de Cointises.

Sub ann. 1268 :

La veissiez Cointises bruire,
Et aval le vent freteler.

Et ann. 1304. de prælio in Monte Pabul. commisso, has *Cointisas* belle describi :

Les atours de diverses guises,
Les paremens et les Cointises,
Dont li fios d'eus est assené,
Ne deviseroit homme né,
Comment que il i entendist,
Le pais luist et resplendist,
Aussi clerement comme espars,
De gens armez de toutes pars.
Car le soleil s'est embatus,
Es garnemeus à or batus,
Que cil ont sur leur armeures,
A heles entrelaceures,
Si tres gentes que c'est merveille,
De soie inde, blanche, vermeille,
Jaune, vert, sore, ardant, et perse,
Netoiée de tache terse,
Et n'est pas mise par monciaus.
Qui bien prend garde aux lionciaus,
Aux oiselez, aux besteletes,
Qui d'euvres polies et netes,
Sont là par diverses couleurs,
Nu li souvient de ses douleurs.
Or fin, qui tant est agreable;
Rose, sinople, argent et sable,
Vermillon et azur et mine.
Que les biaus atours enlemine,
Reflamboient par estancelles
En riches escus et en seles,
En caintures et en tissus,
Sur ceus qui sont aux chams issus.

* *Cointoienement*, pro Ornamentum. Guignevil. in Peregr. hum. gen. MS. :

Au lignolet le veus cauchier,
Et nouve robe li ballier,
Li Cointoier de joielles,
De tabletes, de couteles, etc.

Ibidem :

Timbres et vestus velués
A or batu et à argent,
Et à autre Cointoiement.

Ubi Cangius in Dissert. 1. ad Joinvill. pag. 129. minus recte edidit : *Convitoiment. Se Cointoier* vero, pro Sibi complacere, applaudere. Mirac. B. M. V. MSS. lib. 2 :

Tex Chante bas et rudement
Que Dex escoute doucement,
Plus que celui qui se Conitoie,
Qui haut organe et haut pointoie.

* *Racointier* vero dicitur de liberiori commercio mulieris cum homine, in Lit. remiss. ann. 1408. ex Reg. 162. Chartoph. reg. ch. 371 : *Le suppliant trouva icelle Jehannete couchée et endormie,.... la commença à baisier, et s'esveilla icelle fille, ... et lui dist qu'il s'en alast, ou qu'elle feroit noise : à quoy il lui dist qu'il sembloit qu'elle fust à Racointier, et que se ce fust son prestre, elle ne lui deist pas ainsi.*

¶ 1. **COINUS**, *Arboris genus.* Vetus Glossar. Sangerman. MS. num. 501. Est malus Cydonia, Gall. *Coignassier*, cujus fructum *Coin* appellamus.

* Alias *Coignier*. Lit. remiss. ann. 1409. in Reg. 164. Chartoph. reg. ch. 57 : *Les supplians furent darriere l'esglise de S. Victeur, où il avoit des Coigniers, prindrent certaine quantite de coings.*

¶ 2. **COINUS**, Typus, quo signatur moneta. Gall. *Coin.* Extrav. Comm. de dilationibus in Hierolexico Macri : *Fabricari faciant florenos auri secundum formam et signum et Coinum Florentiæ.*

* **COIPELLUS**, Coipellulus, Assula, segmen, nostris *Coipel*, nunc *Copeau*. Lit. remiss. ann. 1352. in Reg. 81. Chartoph. reg. ch. 627 : *Dictus Petrus ludendo posuit supra caput dicti juvenis unum modicum Coipellum ligni, ipseque juvenis ipsum Coipellum ad dictum Petrum projecit ludendo etiam : idem Petrus de prædicto Coipellulo, quem retro se rejecit, etc.* Aliæ ann. 1366. in Reg. 97. ch. 161 : *Le suppliant prinst une atele ou Coipel à terre devant lui et le geta vers sadite femme, etc.*

* Coispellus, Eadem notione, in Lit. remiss. ann. 1353. ex Reg. 81. ch. 810 : *Cum Robertus emisset ...... Coispellos seu exitus lignorum, quæ Johannes Gossellini carpentaverat, etc.*

¶ **COIPHA.** Vide *Cuphia.*

* **COIRAM**, Corium, Gall. *Cuir*, Occit. *Ker* vel *Quer*, maxime minutorum animalium. Leudæ min. Carcass. MSS. : *Item de centum pellibus de Coiram domerge, iiij. den.* Vide supra *Coherium* et infra *Boyrum.* Hinc

¶ **COIRATORIUM**, Officina ubi coria præparantur, in Charta anni 1212. ex parvo Chartulario S. Victoris Massil. fol. 166.

* *Coioicherie*, vel *Coiracherie* aut *Coiroiherie*, ut legendum suspicor, in Pacto inter Rob. ducem Burg. et Joan. de Vien. ann. 1302. inter Probat. tom. 2. Hist. Burg. pag. 108. col. 1 : *Les boys, les rentes, les taches, les rivieres, les Coioicheries, les molins, etc. Chupperie*, eadem notione, ut videtur, in Stat. ann. 1372. tom. 6. Ordinat. reg. Franc. pag. 120. art. 13. unde *Chupier* ibid. pro *Courroyeur*, qui coria præparat.

** **COIRELLA.** Vide *Cairelis* et S. Rosa de Viterbo Elucid. tom. 1. pag. 290.

¶ **COISELLARIUM** Molendinum. Vide in *Molendinum.*

¶ **COISINUS**, Coissinus, a Germanico *Kussen*, Pulvinus, Gall. *Coussin*, Ital. *Cossino*, Hisp. *Cuxin.* [** Vide Graff. Thesaur. Ling. Franc. vol. 4. col 527.] Ordinar. Ecclesiæ Lexoviensis XIII. sæculi : *Paratur cathedra si Episcopus præsens sit cum palliolo et Coisino.* Legitur ibidem *Coissinus.* Donatio Ascelinæ ann. 1295. ex Chartulario S. Martini Pontisar. : *Tres Coissinos plumeos.* Inventar. Ecclesiæ Noviom. ann. 1419 : *Coissino antiquo qui solebat poni subtus librum ad altare.* Legitur alibi non semel. Vide *Cussinus.*

* Alias *Coessin* et *Coisin.* Pedag. prior. S. Gondulfi Bitur. ann. 1314 : *De la coete et dou Coessin, iiij. den. Coisin*, in Stat. ann. 1341. tom. 5. Ordinat. reg. Franc. pag. 548. art. 7.

* **COISONUM**, Cœtus, conventus, ut videtur. Stat. Arelat. MSS. art. 120 : *Quicunque tenuerit hostagia, non obstante juramento, possit venire ad Coisonum et concilium. Coisonner* vero Vituperare, exprobrare sonat, apud Villehard. paragr. 152 : *Joffrois li mareschaus, qui mult ere bien de lui* (marchis Bonifaces) *li Coisonna mult durement coment, ne en quel guise il avoit prise la terre l'empereor.* Vide supra *Causare.*

* Aliud est *Coisier, Coisser* et *Coissier*, Molestare scilicet, vexare, sauciare, Italis *Cuocere.* Lit. remiss. ann. 1393. in Reg. 145. Chartoph. reg. ch. 521 : *Le suppliant... en gettant ledit baston en frappa de cas d'aventure ledit Guillaume, qui dist au suppliant, Casin, tu m'as Coisiét.* Aliæ ann. 1384. in Reg. 125. ch. 236 : *Le suppliant mis sa main sur l'espaule de la meschine dudit hostel, laquelle lui dist, Vous me Coissiez, ostez vostre main.* Le Roman *de Robert le Diable* MS. :

Che fait, li plaie qui l'angoisse,
Qui l'apétice et qui le Coisse.

* At *Coisser tabours*, est Pulsare tympana, apud Guiart. ad ann. 1269 :

Menestreus leurs tons debroissent,
Trompes bondonnent, tabours Coissent.

* Hinc ut videtur, loquendi formula *à Coite d'esperons*, Equo incitato, incussis calcaribus. Le Roman *de Garnier le Loherans* MS. :

Et Francois viennent à Coite d'esperon.

Chron. Bertr. Guesclini MS. :

Et qu'on aloit suiant à Coite d'esperon.

* *Coiteus* vero a Cupidus : quo sensu occurrit apud Guiart. ad ann. 1233 :

La terre saint Lois destruient,
Qui Coiteus de soi replegier,
Va tantost Belesme assegier.

Idem ad ann. 1241 :

François cele part s'acheminent
Coiteus de grever l'ost contraire,
Font sus un marais un pont faire.

* **COISPELLUS.** Vide supra *Coipellus.*

* **COISSO**, Aeris intemperies, qua fructus uruntur, Itali *Cuocere*, et Galli *Cuire* eodem sensu usurpant. Charta ann. 1405. ex Schedis Pr. *de Mazaugues : Item fuit actum, quod ipsæ dominæ teneantur, videlicet de guerra, Coissone et tempesta, et de omnibus casibus a jure concessis.*

COITANUM. Vide *Coctanum.*

* **COITTUM.** Libert. Montisol. ann. 1312. tom. 7. Ordinat. reg. Franc. pag. 507. art. 61 : *Quod omnis grex ovium, Coittum, caprarum, yrcorum, cujuscumque condicionis numerus fuerit ultra duodecim, dominus earum sex denarios solvat pro pedagio et leuda.* Vocem corruptam esse suspicatur ibi doctus Editor, arietemque significari autumat; recte quidem : sed legendum forte est *Coilium*, quo animal non exsectum intelligitur, qua notione *Coillut* occurrit inter Redit. comitat. Hannon. ann. 1265. ex Cam. Comput. Insul. : *A Marech si a li cuens... de chascun hostel, où il avoit nourechon de brebis, un mouton cornut u Coillut de celle meisme noureçon. Coullu*, in Stat. ann. 1403. tom. 8. Ordinat. reg. Franc. pag. 629. art. 3. *Coullart*, eodem sensu, in Consuet. macellar. Andegav. ann. 1360. ibid. tom. 7. pag. 253. art. 4 : *Ilz* (les bouchers) *que puis que le jour de la Magdelene passera, que ilz ne tueront, ne ne feront tuer nulz Coellars.* Vide infra *Escodatus.*

¶ **COITATERE**, Deserere, a Gall. *Quitter.* Hist. Harcur. tom. 4. pag. 2173. in Charta Roberti Comitis Mellenti : *Si Miles vel alius et quicumque aliquando Coitatevit castrum, vel exitum fori fecit, capiatur, et donec inde nobis satisfecit, teneantur feoda, non ita volumus solvi eis, quia debitum servitium inde fecerint, ut homines Coitatere nullum inde habeant impedimentum. Quod si facere negavit ponatur in potestate Majoris et Parium, sic ut faciant emendari.*

COITINERARIUS, Socius itineris, in Actis XXXVII. Martyrum Ægypt. n. 4. apud Bolland. 18. Jan. [*Coitineraus*, in Translatione S. Cassiani apud illust. Fontaninum ad calcem Antiq. Hortæ cap. 361.]

* **COKERMAN**, *Inventitius*, Expositilius, Gall. *Enfant trouvé.* Vita S. Guill. mart.

tom. 5. Maii pag. 268. col. 1 : *Ante fores templi Domini, causa devotionis adventans, infantem vagientem reperit, vilibus villosisque panniculis involutum... Erat autem nomen servo Cokerman Deveni, quod lingua Scotensium, Inventitius David interpretatur.*

1. **COKET**, Coketa, Mensuræ species, apud Anglos. forte ex Latino *Concha* : nam *Concha* mensura aridorum fuit, uti in hac voce docemus, Fleta lib. 2. cap. 9. §. 1 : *Panis de Coket de eodem blado et eodem bultello, etc.* Infra : *Panis vero integer quadrantalis frumenti ponderabit unum Coket et dimidium.* Statuta Davidis II. Regis Scotiæ cap. 39 : *Ordinatum est quod sit trona ad lanas ponderandas.... et sit ibi Clericus ad tronam, qui... potest convenienter esse Clericus Coketæ Regis.* Vide *Cogo.* Steph. Skinnerus in Etymologico Anglico, ait *Cocket bread*, videri dictum panis quoddam medium genus inter purissimum, seu similagineum, et vilissimum furfureum, [Gall. *Pain de menage* :] illudque quod *Coketo*, seu cymba in urbem advehitur, quemadmodum Parisienses *Pain chalant* vocant, quod *Chelandio* deportatur. Vide *Chelandium.*

* An inde *Cuquelin*, in Lit. remiss. ann. 1408. ex Reg. 163. Chartoph. reg. ch. 208 : *Un tonnellet de huit loz ou environ, plain de chandelles de sieu, contenant xiiij. livres ou environ, et deux Cuquelins d'espices; lesquelles chandelles et Cuquelins, etc.*

¶ 2. **COKET** vel Cocket, Eisdem Anglis, signum vel sigillum quo præfecti portorio signant merces, pro quibus debitum vectigal exsolutum est. Charta Henrici IV. Angl. Regis apud Rymer. tom. 8. pag. 573 : *Omnes homines venientes cum lanis, coriis vel pellibus vendendis sine signo, quod vocatur Coket, et mercandisas illas seitiunt ad opus Episcopi tanquam forisfactas.* Vide *Coquettum.*

¶ Cokettare, Merces signo *Coket* dicto obsignare. Charta Edwardi III. Regis Anglor. ann. 1341. apud Rymerum tom. 5. pag. 274 : *Statuimus et concedimus, quod omnes lanæ et mercandisæ prædictæ, quas extra portus dicti regni nostri non custumatas, nec Cokettatas educi contigerit..., nobis ipso facto forisfactæ sint et confiscatæ.* Ibidem pluries occurrit et alibi.

¶ Cokettum, apud eumd. Rymer. ibid in Charta Edwardi III. Regis Angl. : *Et si dicti Major et Constabularii dictas lanas et mercandisas, sic sine custuma vel Coketto eductas inveniant, habeant pro scrutinio suo unam, et nos aliam medietatem lanarum.*

¶ 1. **COLA**, *Genus pigmenti, quod Græci Accidam dicunt.* Papias MS. Glossar. Sangerman. MS. n. 501.

¶ 2. **COLA**, *Cervisia.* Idem Papias MS.

¶ 3. **COLA** *fit, cum jam sententia sensum præstat, sed adhuc aliquid de sententiæ plenitudine superest. Et medium distinctionem vocamus, quod punctum ad mediam litteram ponimus.* Papias MS. Bituric. *Cola* vel potius *Colum* a Græco κῶλον, punctum ad mediam litteram appositum eamdem apud Veteres vim habebat, quam habent apud nos duo puncta vel etiam virgula cum puncto.

4. **COLA**, Vasculum, etc. Vide *Colum* 3.

¶ 5. **COLA**, pro *Accola*, Incola. Amalfridi traditio de cella Hunulficurte inter Instrum tom. 3. Gall. Christ. col. 27 : *Una cum terris, mansis, casticiis... ædificiis, Colabus, mancipiis, campis, silvis.*

¶ 6. **COLA**, ῥογυλόγου ἐργατεῖον, πιεςῆρος ληνοῦ : ἐν Β. γεωργικῶν, [** vers. 242.] *Vindemiatoris instrumentum, prelum.* Supplem. Antiquarii.

* Leg. ex Vulc. in Castigat. ad utrumque Glossar. ῥαγολόγιον, ἐργαλεῖον.

* 7. **COLA**, Portus ostium, vel statio, Gall. *Rade. Colla*, Hispanis, est Flatus navigaturis secundus. Stat. Genuens. lib. 4. cap. 1. pag. 90 : *Non possit tamen fieri interdictum, neque incatenatio vasis, postquam positum fuerit ad Colam causa recedendi et navigandi; et intelligatur positum ad Colam, quando amoverit egumenas a mole seu terra, et recesserit e loco.* Vide infra *Collare* 2.

* 8. **COLA**, Gluten. Gr. κόλλα. Glossar. Lat. Gall. ex Cod. reg. 521. *Colla, Cole, Gallice.* Occurrit præterea in Convent. Saonæ ann. 1526.

COLAÇA, Collactanea, ab Hispan. *Collazo*, eadem notione. Testam. Const. Sancii ann. 1269. tom. 1. Probat. Hist. geneal. domus reg. Portugal. pag. 22 : *Item mando Orracæ Johannis, meæ Colaçæ, duo Casalia de mea hereditate.*

COLACIUM, Collocium, Collatium, [f. Horreum aut aliud ædificium ita dictum, quod frumentum vel alia in eo *Collocarentur.*] Charta Adelfonsi Imp. Hispaniæ æræ 1184. apud Anton. *Yepez* in Chronico Ord. S. Benedicti tom. 5. pag. 447 : *Cum suis solaribus, cum Colaciis, et cum suis terminis ubicunque sint, etc.* Alia Ferdinandi Regis Castellæ æræ 1227. apud eumdem tom. 1 : *Cum Collociis et solaribus, cum pratis, pascuis, aquis, nemoribus, defesis, cum montibus et fontibus, etc.* Alia Honorii III. PP. ibidem : *Ecclesias cum decimis, Collatiis, possessionibus, et aliis pertinentiis, etc.* Adde Colvenacezium in Hist. Segoviensi cap. 16. §. 1. 8. cap. 18. §. 3.

* Idem quod infra *Colazus.* Vide in hac voce. *Collace*, eodem sensu, ni fallor, Modus scilicet agri, qui colitur et aratur, in Charta ann. 1312. ex Reg. 48. Chartoph. reg. ch. 222 : *Item de vint et sis sols de cenz et de deus solz et oict deniers d'autre part sus le hebergement, qui fu Pierre Menier, et de douze deniers sus la Collace, que il acquistrent de mons. Hugues de Boisse.* Vide in *Cultura* 1.

* **COLACIUS.** Porta Colacia, Cataracta, *Porte colaise*, in Instr. ann. 1355. inter Probat. tom. 2. Hist. Nem. pag. 169. col. 1. Reg. 34. bis Chartoph. reg. fol. 96. r°. col. 1 : *Et portas ad duas tournellas et portam Colaciam ante. Colis*, eadem notione, in Lit. remiss. ann. 1478. ex Reg. 206. ch. 47 : *Quant le suppliant fut hors de la bassecourt, aperceut Jehan Boulengier,... à la barriere du Colis (du Chastel de Fontenay). Fenestre Couleisse*, in aliis Lit. ann. 1406. ex Reg. 161. ch. 209. Vide infra *Coladissus* et *Colissa porta.*

¶ **COLACRITÆ**, Cælio Rhodigino Lectionum Antiq. 8. 9. Gr. Κωλακρῖται, sunt Quæstores pecuniarum ad res divinas, imo et civiles erogatarum.

* Leg. Κωλακρέται. Vide Suidam in hac voce et Harpocrat. in Ἀποδέκτας; de quibus utrisque consule notam Maussaci et notam Valesii in Maussacum. Hæc post erudit. virum D. *Falconet.*

¶ **COLACTIUS**, Collactaneus, simul lactens, ab una matre vel nutrice educatus. Pignorius apud Hofmannum in Lexico ad vocem *Collactaneus* :

D. M.
Kalocerus
Publicus
Elaeno
Colactio
B. M.

COLACUS, Colagus, Piscis species, [Vasconice *Cola*, Gall. *Clause.*] Charta Sanctii Regis Navarræ æræ 1125. apud Sandovallium in Episcopis Pampilon. fol. 75 : *Confirmavi etiam pro remedio peccatorum meorum, ut quicunque adduxerit pisces, ex quacunque parte ad Pampilonam de unaquaque carcata, donet ad sanctam Mariam de lezna*, (leg. *lesda*) *unum Colacum, aut ejus pretium.* [Charta Guillelmi Archiep. Burdigal. inter Instrum. tomi 2. Gall. Christ. col. 284 : *Proposuit Abbas Amalvinum de Blancafort injuste exigere in villa de Macau avenam et panem ad canes, et gallinam ad accipitrem et Colacum in singulis retibus.*]

Colagus. Consuetudines Ecclesiæ de Regula, tom. 2. Bibl. Labei : *Si extraneus portaverit duodenam lampredarum, denarium dabit, si 12. Colagos portaverit per aquam, unum dabit.*

* Ignota mihi eo sensu hæc vox. Consuet. MSS. monast. S. Crucis Burdegal. ante ann. 1305 : *Item dicti monachuli seu juveniles recipiunt in die Ramispalmarum unum Colacum, quod solvunt, etc.*

* **COLADICIUM**, Sorbitionis species, quæ facile *colat* seu fluit Mirac. MSS. Urbani V. PP : *Passus fuit fluxus ventris per xl. dies,..... cibum non recipiebat, nisi Coladicia ... ibidem : Nullum poterat recipere cibum nisi saltem aliqua Coladicia cum perlis et auro.*

* **COLADISSUS**, ut supra *Colacius.* Stat. ann. 1357. inter Probat. tom. 2. Hist. Nem. pag. 196. col. 1 : *Fiat una porta Coladissa clidata, cum agulhonibus ferri, cum turno et cordis.*

COLÆPIUS. Fragm. Petronii : *De bulla faciet piscem, de lardo palumbum, de perna turturem, de Colæpio gallinam.* [Nodotus habet de *Colo suis*, alii *de Coliphio.*] [** Vide Forcellin. in *Coliphium.*]

COLÆRIGERATUS. Visitatio Thesaurariæ sancti Pauli Londinensis ann. 1295 : *Casula de rubeo sameto, quæ fuit Falconis Episcopi cui opponitur dorsale Colærigeratum interlaqueatum de fino auro, etc.*

¶ **COLAFIZARI.** Vide *Colaphus.*

¶ **COLAGUS.** Vide *Colacus.*

¶ **COLANIUM**, f. Calamarium. Hist. Affligen. apud Acherium tom. 10. Spicil. pag. 617 : *Ipse religiosissimus Prælatus cum animadvertisset multa perperam et contra Majorum scita in disciplina regulari assignari arripuit Colanium, et veteris observantiæ vestigia in litteras misit, duobusque voluminibus statuta et observantias descripsit.*

COLAPHISTA, *Moneta.* Ita Ugutio. Forte pro *Collybista*, *Monetarius.*

* **COLAPHIUM**, *Livreison*, *Gallice*, *ou reissie*. Glossar. Lat. Gall. ex Cod. reg. 521. Vide infra *Colifium*.

¶ **COLAPHIZARE**, Κολαφίζειν, *Colaphis cædere*, Depalmare. Utitur Interpres Vulgatæ 2. Cor. 12. 7. et Tertull. non semel.

* Nude pro Percutere, occurrit in Prol. ad vit. Burch. tom. 10. Collect. Histor. Franc. pag. 350 : *Infestationum jaculis Colaphizatus atque fugatus, etc.*

COLAPHUS, *Colli percussio*, Joanni de Janua, unde *Colaphizare*, *collum cædere*, eidem. Vide *Alapa*.

Colaphus sumitur etiam pro ictibus virgarum viminearum in servo per tormenta interrogato, in Lege Salica edit. Heroldi tit. 43 : *Similiter servus 121. Colaphos accipiat.* Pithœana *Ictus* habet. Infra § 7 : *Ictus flagellorum.* Monet Bignonius in eadem Lege MS. tit. 19. § 1. pro his verbis, *Et colpus ei fallierit*, legi *Colaphus*, unde evincitur vocem *Colpus*, ex *Colaphus* deductam.

* Nostris *Colée*. Charta ann. 1270. ex Tabul. Carnot. : *Robin Rabardiau diseit et proposeit en dreit par devant moy, que les devant diz escuiers au devant diz Jehan Bonnefemme.... avoient donné cols et Colées, pour lesquelx et lesqueles il avoit receu mort.* Vita J. C. MS. :

Du col li donnent grans Colées,
Et en la fache grans farrées.

Hinc *Coloier*, Colaphis cædere, ibidem :

J'el vi hui main si Coloier,
Et escoupir et laidengier.

* *Coleie*, in Fragm. version. antiq. passion. D. N. J. secundum Matth. laudato tom. 17. Comment. Acad. Inscript. pag. 725 : *Dons encommencerent li alquant scupir en lui, et cuverre sa face, et batre à Coleies.*

* Aliud vero sonat *Coloier*, Collum scilicet seu caput cum affectatione movere, in Paraphr. PS. *Miserere* MS. :

Orgeus va du col Coloiant.

Vide supra *Alapa*.

Colaphi Judæorum. Charta Amelii Episcopi Tolosani apud Catellum, lib. 3. Rerum Occitan. pag. 520 : *Leddam etiam quam a festivitate omnium SS. ad festum B. Saturnini Episcopi in Burgo, pro Colapho Judæorum datam injuste Canonicis auferebat*, (Ecclesia S. Saturnini) *absolvo, reddo, dimitto Clericis S. Saturnini præsentibus et futuris.* Describit idem Catellus pag. 523. Chartam aliam Guillelmi Episcopi Biterrensis ann. 1160. qua remittit *Judæis commorantibus in civitate Biterris, illum impetum et insultum, et lapidationis bellum, quod jure vel injuria more solito solebant Christiani adversus Judæos hujus villæ facere, a prima hora diei Sabbati ante Ramos palmarum, usque ad extremam horam secundæ feriæ post Pascha, die vel nocte*, idque remittit pro ducentis solidis Melgorensibus, quos a Judæis accepisse se fatetur. Ex quibus patet Judæos iisdem ignominiis in urbibus passim affectos, quibus olim Christum dehonestarant : et ut ab iis eximerentur, subinde tributa exsolvisse. Hujus autem Judaicæ colaphizationis originem pluribus indicat Vita S. Theodardi Archiepisc. Narbonensis apud eumdem Catellum pag. 750. et seqq.

Colaphus Militaris. Vide *Alapa*.

Colapisari, in Gloss. Gr. Lat. κολαφίζεσθαι : ubi leg. *Colafizari*.

1. **COLARE**, Colum, [Gall. *Couloir*.] Apitius lib. 7. cap. 5 : *Assatura in Colari elixatur, et infunditur in fretali piper.*

2. **COLARE**, Fluere, *Couler*. Fori Oscenses ann. 1247. fol. 31 : *De molendino, quod Colat de nocte et de die, molendinarius tenetur, quod amittitur, emendare.*

* Hinc *Coulis*, Aquarum vis et incursus, in Sent. Arbitr. ann. 1313. ex Reg. 53. Chartoph. reg. ch. 53 : *Et volons que si il avenoit que lidit fossés keist en fourseh pour defaute d'iaué, ou s'enterast par Coulis ou par ravois, etc.* Charta ann. 1448. ex Chartul. 23. Corb. : *Tres souvent les Coulis pleines et eslavasses redondoient et cheoient ès fossez d'icelle ville.* Unde etiam *Coulot*, Meatus per quem effluit aqua, in Lit. remiss. ann. 1441. ex Reg. 176. ch. 46 : *Par le moien d'un petit Coulot ou conduit fait en icelle terre, etc.*

¶ 3. **COLARE**, Glutinare, Gall. *Coler*, apud Lobinellum in Hist. Britan. tom. 2. pag. 563 : *Fecit rupturas et dislocationes prædictas bituminari seu Colari.*

* 4. **COLARE**, Colli ornamentum, inter vestes ecclesiasticas recensetur in Act. MSS. capit. eccl. Lugdun. ad ann. 1340. fol. 64. r°. col. 1 : *Item unum Colare.* Vide *Colarium* et *Colerium* 1.

* 5. **COLARE**, Circulus ferreus, quo reorum colla constringuntur, Gall. *Carcan*. *Collier*, in Lit. remiss. ann. 1482. ex Reg. 208. Chartoph. reg. ch. 209 : *Pour occasion desquelz larrecins icellui Badars fut mis au Collier.* Stat. Avenion. lib. 1. rubr. 48. art. 7. pag. 137 : *Et si pœnam pecuniariam solvere non possit, ponatur in Colari per quatuor horas.* Vide *Collistrigium*.

¶ **COLARESUM**, Species mensuræ. Charta anni 1070. ex Chartular. Magn. S. Victoris Massil. fol. 54. v° : *Pontius Gaufridi dedit Colaresum unum cum sextario legarii de octo medualiis de oleo olive... pro tenendis duobus luminaribus in altare Dei Genitricis Mariæ, etc.*

* Vel *Colaresus*. Vide infra *Collaredus*.

COLARIUM, [Collarium,] Idem quod *Collare*, ornamentum Ecclesiasticum quod Sacerdotis aut Diaconi collo aptatur. Historia Episcoporum et Comitum Engolismensium cap. 35 : *Tres tunicas, septem amictus argenteos, et aureos, Colarium unum, 4. stolas, 8. manipulos.* [Gesta Guillelmi Episc. Cenonam. apud. Mabill. tom. 3. Analect. pag. 390 : *Et elegantia cinctoria tria, unum pretiosis margaritis ornatum, Collarium quoque rubri coloris, auro mirabiliter intextum, quinque paria corporalium cum reservatorio.* Vide *Collare* et *Collaretus*.]

¶ **COLARUM**. Vide *Collarium* post *Collare*.

* **COLATERALIS**. Vide infra in *Collateralis*.

¶ **COLATICUS**, Species lapidis cujus usum declarat Isid. lib. 16. Orig. cap. 4 : *Lapides quoque medicinalium, mortariorum et pigmentariorum usibus apti; Edesius præcipuus et inde Colaticus;* Papias MS. habet *Colatius*, Glossar. Sangerman. *Colaticos*. [** sect. 36. Arevall. e Plin. 36, 22. restituit *Chalazius*.]

* **COLATIONARE**, Exscriptum cum originali comparare, Gall. *Collationer*. Charta ann. 1162. apud Spon. tom. 2. Hist. Genev. pag. 29 : *Cum dictis imperialibus literis originalibus superius insertis de verbo ad verbum auscultavi, Colationavi.* Vide in *Collatio* 3.

COLATORIUM, Gallice *Couloir*. Vide *Colum* 3.

* **COLAUSTRUM**, Colastium, *Lo late cogiato*. Glossar. Lat. Ital. MS.

COLAX, Acropolis, Arx, Castellum. Raymundus de Agiles, de Arce Antioch. : *In colle autem septentrionali Castellum quoddam est, et in medio collis castellum aliud, quod Græca lingua Colax vocatur.* Atqui Græca lingua, non Attica et antiqua, sed barbara, hic intelligitur : nam κουλά acropolim Antiochenam vocant Anna Comnena lib. 11. Alexiad. et Scylitzes in Nicephoro Phoca, ubi perperam καλά pro κουλά irrepsit. Neque tamen propria fuit arcis Antiochenæ appellatio, cum cæteris arcibus quibusvis eadem adscribatur, uti jam monuimus in Notis ad Alexiadem.

Unde patet κουλά in universum acropoles Græcis dictas, voce fortean a Latio ducta, a colle scilicet, quia in editioribus locis exstrui olim solebant acropoles. Joann. de Janua : *Sant colles præeminentiora juga montium, quasi Colla, vel ipsi ascensus circa summitates montium.* Eo forte referendus locus Saxonis Grammatici lib. 10. Hist. Danicæ pag. 167 : *Toko in consimili genere laudis suam ausus conferre virtutem apud Collam rupem editæ professionis experimentum præbere compellitur.* Sed et Hebræi *Cora* colles vocant, ut auctor est Isid. lib. 14. cap. 25.

Verum probabilius videtur κουλά, vocem esse Saracenorum : nam et etiamnum Turci Heptapyrgium Constantinopolitanum, semiturcico vel hybride potius *Heptagulades*, seu ἑπταγουλάδων vocant : ubi per *Gulades* turres innuuntur : ex quo etiam obiter intelligi potest, inquit Leunclavius in Pandecte Turcico n. 139. quod Africanæ *Guletæ* sit etymon, sive notio. Thomas Smithus in Epist. de moribus et institut. Turcarum pag. 18. idem Heptapyrgium *Jedi Kola* hodie etiam appellari testatur. *Gula* igitur et *Cula* idem sunt, turrimque sonant. Vide *Collatum*, Jugum.

* **COLAZUS**, Collazus, Hisp. *Collazo*, vox in veteri Castella et in quibusdam Andalusiæ partibus nota, ex Academ. Hispan. Diction. qua significant famulum, cui ad certum tempus agros suos colendos tradunt, cum quadam eorumdem ipsis assignata portione, puta decima; idem proinde atque colonus. Hinc pro modo agri qui sic colitur et aratur, interdum adhibita, ut *Cultura*. Vide ibi. Charta Alvar. *Diaz* ann. 1107. inter Probat. tom. 1. Annal. Præmonstr. col. 392 : *Cum quantum ad nos ibi pertinet videlicet Colazos, solares populatos, terras, vineas .... Cum Colazos, solares populatos, et non populatos, terras, etc.* Alia ann. 1162. ibid. col. 703 : *Similiter dono......... unum Collazum in Vegonia, alium Collazum in Arratia,...... alium*

Collazum in Guernicaz. Vide supra *Colacium.*

* **COLCA**, Colga, Colgia, Lecti compages lignea, Gall. *Couche.* Inventar. MS. ann. 1379 : *Item una Colca munita pannis, videlicet una culcitra, uno matalassio listato etiam diversorum colorum, duobus pulvinaribus, etc.* Ibidem : *Item una alia parva Colga postium .... Item una Colca postium........ Item duæ Colgiæ postium.*

¶ **COLCAS**, Hispanice Granarium ruri constructum. Synodus Limensis ann. 1594. tom. 4. Concil. Hisp. pag. 697. col. 1 : *Cum nobis innotuerit, solere Indos degere in granariis tritici et maizi, vulgo Colcas vel Pineas, et aliis nominibus Troxes vel Paneras, etc.* Vide *Colacium.*

¶ **COLCHIA**, Hisp. *Colcha*, Culcitra, Stragulum acu pictum, Gall. *Courtepointe, Couverture piquée, de parade.* Vita S. Tarasiæ tom. 3. Junii pag. 477 : *Reginæ dedi... alcalas meas, acitaras et Colchias.*

* **COLCIA**, Locus muris vel sepibus clausus, *clausura.* Stat. Avellæ ann. 1496. cap. 166. ex Cod. reg. 4624 : *Si aliqua persona ceperit alienos lapides in aliena Colcia vel clausura, etc.*

¶ **COLCOTAR**, *est vitriolum in rubedinem redactum.* Rochus *le Baillif* in Dictionariolo Spagyrico.

COLDA. Testamentum Andreæ Episcopi Dertonensis exaratum Hugone et Lothario in Italia regnantibus, apud Ughell. in Appendice tomi 4 : *Facistergios 2. ara unam, plagione duos, velo uno, calices argenteos duos cum patenis, corona argentea cum cruce una, Coldas tres.*

¶ **COLDEUS**. Vide *Colidei.*

¶ **COLEBUS**, Idem quod *Colpus*, Ictus, Gall. *Coup, Cobe* apud Thomasserium in Consuetud. Bituric. pag. 102. Vide *Procolpus.*

* **COLECTUM**, Lorica, quod ex pluribus annulis simul collectis et innexis constet, sic dicta. Vita B. Cocci tom. 1. Aug. pag. 661. col. 2 : *Corpus suum jejuniis multis castigabat, assidue portans pro camisia nudam panseriam vel Colectum.* Vide infra *Coleria.*

¶ **COLENNUS**. Vide *Cabillinus.*

¶ **COLENTES**, Qui ab idololatria transibant ad Judaismum. Sic explicat Beda *Colentes advenas*, de quibus Act. Apost. 13. 43.

¶ 1. **COLERA**, Collare, torques, Gall. *Collier*, apud Rymer. tom. 12. pag. 460. col. 1. in Charta Henrici VII. Angl. Regis super Jocalibus adducendis : *Necnon unam torquem sive Coleram femineam auream geminis monilibus et lapidibus insertam et circumceptam cum uno lapide vocato a Balys, et uno alio lapide vocato a Perles eidem torqui sive Coleræ appendentibus et annexis.* Apud eumd. Rymer. tom. 10. pag. 655. col. 1. in Charta Henrici VI. Angl. Regis pro Marchione de Mantua : *Et quod præfatus Consanguineus noster specialiter affectat licentiam de nobis habere conferendi liberatam nostram Coleræ aut devisamenti diversis subditis et amicis pro honore nostro ac speciali recordatione nostri habenda, unde sibi grates intime referimus multiformes. Nos igitur affectui suo in hac parte favorabiliter inclinati, renque sibi placidam agere volentes, concessimus et licentiam dedimus eidem Consanguineo nostro conferendi liberatas Coleræ nostræ aut devisamenti quinquaginta personis, dum tamen ipsi nobiles ac de prosapia valida et sanguine existant.* Monendum non est hic agi de torque, quo Equites ornantur honoris ergo.

¶ 2. **COLERA**, Italis, Ira, Gall. *Colere.* Occurrit apud Murator. tom. 9. col. 260.

* 3. **COLERA**, pro *Cholera*, Bilis. Vide supra *Canchercnea* et mox *Coleres* Hinc *Colier*, Mœrori se tradere. Guignevil. in Peregr. hum. gen. MS. :

Quant m'ot che dit, à Colier
Commenchai encor et muser......
Tant com l'oysel va Coliant,
Et chà et là le col tournant.

Coloier, in Mirac. B. M. V. MSS. lib. 1 :

Coloie et pense à fol delit.

¶ **COLERATUS**, mendose, ni fallor, pro *Coloratus*, in Statutis Ecclesiæ Andegav. ann. 1423. tom. 4. Anecdot. Marten. col. 528 : *Ne quis seu aliqua in vestimentis caudas et cornua, Coleratus reversas manicas... deferre præsumat.*

* Fallitur; est enim verbum substantivum *Colerata*, Colli ornamentum, Gall. *Collerete*, pro *Colereta.* Vide *Colleretum.*

COLERES, *Humores.* Ita Glossæ MSS. ad Alexandrum Iatrosoph. Humores biliosi, forte ex Gr. χολέρα. Passionarius sub nomine Galeni editus lib. 1. cap. 4. de Cephaloponia : *Et tunc ex stomacho fit capitis dolor, tunc malefactio et nausea fit ex Colerum collectione in stomacho.* Adde cap. 5. 7. 9. et 10. lib. 2. cap. 16. 32. 36. 38. etc. Utuntur non semel ejusce ævi Medici hac voce, quam nuper ex MSS. Codd. restituerunt apud S. Augustinum tom. 1. eruditi Benedictini in præclara illa sancti Doctoris operum editione, quæ sub prælo est.

* **COLERIA**, Armaturæ species, qua scilicet collum militantis tegitur. Munition. castror. dom. reg. ex Reg. 34. bis Chartoph. reg. part. 1. fol. 93. r°. : *iiij. helmes dupplices, xxvj. capellos ferri et x. Colerias. Colier*, eadem notione, in Ch. ann. 1337. ex Reg. sign. *Croix* Cam. Comput. Paris. fol. 187. v°. : *Deux cent dix hommes..... bien armez de plates, de bacinez, de Coliers, autrement gorgieres de fer.*

¶ **COLERIDA**. Vide *Collyrida.*

¶ 1. **COLERIUM**, Colerius, Collare, Gall. *Collier*, Ornamentum colli. Testamentum Michaelis de Creneio Autissiod. Episc. ex Regesto Capituli Autissiod. ann. 1409. S. Martii : *Item Colerium operatum de eodem panno.* Inventar. Eccles. Noviom. ann. 1419 : *Item duo Colerii novi de eodem panno serico.* Occurrit iterum ibidem, ut et *Colerium* aliquoties : semper pro Ornamento ecclesiastico, de quo jam in *Colarium ;* sed pro Ornamento regio vel equestri sumitur in Charta Henrici IV. Angl. Regis apud Rymer. tom. 8. pag. 569. col. 1 : *Jocale, videlicet, quoddam Colerium aureum, cum uno monili pendente per Colerium prædictum.* Et tom. 10. pag. 433. col. 2. in Charta Henrici VI. : *Tria Coleria aurea, quorum duo sunt anamelata cum albo ad deliberandum Domino de Mantua :* ac tandem pro Collari equi vectarii in Charta Henrici V. de Bigariis capiendis tom. 9. pag. 261. col. 1 : *Assignavimus te... ad sexaginta bigarios... cum Coleriis, hamys, capistribus.* Vide *Colerum.*

¶ 2. **COLERIUM**, pro *Collyrium*, Græcis, κολλύριον, Genus medicamenti. Vita S. Moduennæ tom. 2. SS. Julii pag. 303 : *Capitulum adportavi, quo sciebam pro dolore in modum Colerii tuos oculos perungi.* Apocal. 3. 18 : *Collyrio inunge oculos, ut videas.*

* 3. **COLERIUM**, Collare equi, equus ipse. Reg. forest. de Broton. ex Cod. reg. 4653 : *De singulo Colerio j. quarterium, iij. garbas, iij. ova, j. gallinam, j. tortellum.*

* 4. **COLERIUM**, Quantum collo ferri potest, *Colaye*, in Lit. remiss. ann. 1425. ex Reg. 173. Chartoph. reg. ch. 227 : *Le suppliant emporta ung lit, ung couvertail, les draps du lit, ung planchon, et une Colaye de blé.* Leudæ maj. Carcass. MSS. : *Item pro Colerio, unum vitreum.* Ubi versio Gallica ann. 1544 : *Item pour un collier d'homme de verres, un verre.* Costumæ Paris. in Reg. sign. *Noster* Cam. Comput. fol. 34. r°. : *Item le Colier de ces mesmes derrées.* Ejusdem originis est.

COLERIUS, Idem qui *Colladerius*, de qua voce in *Collaterii.* Libertas MSS. Salvæterræ in Ruthenis ann. 1284 : *De cera, de una libra unum denarium in amplius ab illo qui vendet, et si Colerius portaret, non daret amplius quam is qui vindit.*

* Colerius, Colladerius, et Collarius, Qui merces suas ad collum portat, alio prorsus sensu a voce *Collaterii*, ut cuilibet attendenti manifestum fiet. Leudæ min. Carcass. MSS. : *Item de Colerio portante vitrum, unum vitrum.*

¶ **COLERUM**, Idem quod *Colerium*, Collare. Charta Henrici V. Regis Angl. de Jocalibus invadiatis apud Rymerum tom. 9. pag. 405. col. 1 : *Quoddam magnum Colerum, vocatum Pusan, de operationibus coronarum et bestiarum, vocatarum Antelopes, confectum, et de albo inamelatum, bestiis illis super terragio viridi positis, terragio de duobus Perles et bestia, etc. Et ultra coronas octo de aliis baleis posita existunt Colerio prædicto.* Hic sermo est de *Colerio* regio. In alio autem loco ad vocem *Basse* relato *Colerum* sumitur pro Collari equi currum trahentis. Ibi vide.

¶ **COLETRA**, f. Colum, Gall. *Couloir*, Vas ad colandos liquores. Inventarium anni 1342. ex Archivo S. Victoris Massil. : *Item 12. sessoria, 12. paraxodia, item 12. sinebios, duo picaressa, item duas Coletras, unum morterium et unum pestellum, etc.*

COLETTUM, Anglis, ut auctor est Spelmannus, est Sigillum Regio telonio constitutum, ipsumque breve eodem sigillatum.

¶ **COLETUM**, Collare, amictus colli, Gall. *Collet.* Capitulum generale S. Victoris Massil. MS. ann. 1506 : *Nullus Religiosus portet vestes vulgariter dictas descolatadas cum Coleto alto, quod cooperiat omnia alia indumenta.*

¶ 1. **COLETUS**, Colliculus, parvus collis, Ital. *Colleto*, Gall. *Colline*, in Charta anni 1278. ubi de limitibus territorii Massiliensis ex Archivo ejusd. civitatis.

* 2. **COLETUS**, Scapus, Gall. *Tige.* Testam. Guill. de Meleduno archiep. Senon. ann. 1376. in Reg. 108. Chartoph. reg. ch. 338 : *Et in Coleto pedis dicti calicis sunt tres smaragdines finæ.*

* **COLGA**, Colgia. Vide supra *Colca*.

* **COLGARE**, Collocare. Consuet. urbis Granatæ in diœc. Tolos. ann. 1291 : *Pro nuptiis* (dentur) *iv. denarii Tolosani ad missam pro arris, et xij. denarii Tolos. pro comestione capellani et pro sponsis in lecto Colgandis*. Vide in *Collocare*.

* **COLGIL**. Charta Rainaldi archiep. Rem. ann. 1135. inter Probat. tom. 1. Annal. Præmonstr. col. 45 : *Has autem fidelium donationes supradictæ ecclesiæ collatas in hoc privilegio Colgil, et sigilli nostri impressione, et testium subscriptione corroborari præcepimus*. Ubi leg. videtur *Colligi*.

COLHARES de Prata, Cochlear argenteum, in Chartâ Lusitan. tom. 4. Monarchiæ Lusitan. pag. 304. Galli *Cuilier* dicunt. [Legendum *de plata*, quæ vox apud Hispanos et Lusitanos significat argentum.] [** Apud Lusitanos *prata*.]

* **COLIA**. Charta ann. 1137. ex Chartul. Med. monast. Bitur. fol. 4. v°. : *Quicumque in tota terra illa habitabunt, ab omni consuetudine penitus immunes et quieti perpetuo habeantur, videlicet a Colia et talia*. Sed leg. *Tolta*.

* **COLIBERTIA**, Conditio *Coliberti*. Charta Juelli de Meduana ex Tabul. Major. monast. : *Statuimus etiam quod si quis de genere Guarini Probi reclamaret vel casamentum, vel pratum, ipsa reclamatio, irritatio esset franchiæ, et revocatio Colibertiæ in omni genere Guarini Probi*. Vide *Colliberti*.

COLIBERTUS, Colibertas. Vide *Collibertus*.

¶ **COLIBILIS**, Colendus. *Colibile festum*, Quod coli debet vel celebrari, in Statutis Avenion. Edit. 1612. lib. 2. rubr. 32. art. 1.

COLICA, Vestis species. Lambertus Ardensis : *Arnoldus eidem scurræ, qui nullo nomine dignus habetur duas Colicas denegavit scarlatinas*. [** An *caligas*?]

COLIDARIA, *Panis qui vulgo dicitur Ficta collida*. Ugutio. [Vide *Collyrida*.]

COLIDEI, Culdei, Keldei, Keledei, dicti apud veteres Scotos Monachi, qui, quod sedulo prædicationi vacarent, essentque frequentes in oratione, ab iis ita appellati sunt, quasi *Cultores Dei*, ut auctor est Hector Boethius lib. 6. Hist. Scoticæ, et ex eo Buchananus. Subdit idem Boethius, *invaluisse id nomen apud vulgus in tantum, ut Sacerdotes omnes ad sua pene tempora vulgo Culdei, i. Cultores Dei sine discrimine vocitarentur*.

Alii, in quibus est Thomas Dempsterus in Apparatu ad Hist. Scoticam, existimant *Colideos* non tam fuisse Monachos, quam Canonicos Regulares, seu Presbyteros Monachatu nondum indutos, qui in Occidente, seculis in illis primitivis, haud ita in usum receptus erat. Interdum *Ministri*, interdum *Clerici* nuncupantur in Historia Fundationis Hospital. S. Leonardi infra civitatem Eboracensem tom. 2. Monastici Angl. pag. 367. 368. ubi agit de Colideis, qui in Ecclesia Eboracensi munia sacra obibant, quam si non Ethelstani Regis temporibus, saltem postmodum a Monachis, deinde a Canonicis, ut plerasque alias in Anglia possessam constat.

Aiunt præterea Scotici et Anglici Scriptores penes eos jus fuisse Episcopum ex suo ipsorum Collegio eligendi, qui et ipsis, et Diœcesi præesset; quod jus etiam fuit omnium ferme Collegiorum Canonicorum in Ecclesiis Cathedralibus. Nolim cætera præstare quæ addit Seldenus de Colideis, nempe, non Pontificem duntaxat sibi elegisse, sed ordinasse et consecrasse sine Episcopi alicujus ope singulari et necessaria : aut *Colideos* Presbyteros fuisse, qui sine titulo Episcopali, sed ex Presbiterii sui jure præeunte, neque ex Episcopali aliunde petita consecratione, tam quæ ordinis, quam quæ jurisdictionis Episcopalis sunt, munia peragerent, cujusmodi fuisse ait Chorepiscopos in Gallia in Germania : nam cum hæc probatione indigeant, censuerim inquirendum amplius.

Interim nescio an sententia eorum magis arrideat, qui existimant *Colideos*, aut Canonicos Regulares, aut Clericos fuisse, qui in majoribus Ecclesiis divina celebrabant officia. Id certe probat quod ex Joanne Meyo Archiepiscopo Armachano, et ex Bulla Nicolai V. PP. refert Spelmannus, *Colideatus* officium in eadem Ecclesia Armach. beneficium fuisse Ecclesiasticum sine ulla animæ, ut aiunt, cura, *Colideosque* fuisse seculares Presbyteros.

Habuere etiam Ecclesiæ Anglicanæ suos Colideos, uti mox innui : sed et Hibernicæ et Gwallenses, ut testatur Silvester Giraldus in Topogr. Hibern. dist. 2. cap. 4 : *Capellam, cui pauci Cælibes, quos Cælicolas vel Colideos vocant, devote deserviunt*. Et in Itiner. Cambriæ lib. 2. cap. 6. exerte Monachos vocat : *Insula modica quam Monachi inhabitant religiosissimi, quos Cælibes vel Colideos vocant*.

Keledeorum Scoticorum, meminit Diploma Davidis Reg. Scotiæ tom. 2. Mon. Angl. pag. 1055. de quibus etiam multa habet Jacob. Usserius Armachanus de Britannicarum Ecclesiar. primordiis cap. 15. At quid sibi velint quæ præfert Chron. Dunelmense MS. sub Turgoto Episc. S. Andreæ, qui electus fuit ann. Chr. 1108. *Totum jus Keledeorum per totum regnum Scotiæ transivisse in Episcopatum S. Andreæ*, pluribus disputat idem Seldenus in Præfat. ad Script. Anglic. quem consule, si lubet.

* *Culdées* Gallice vocat nuperus Histor. Angl. Rapin. *Thoiras*.

¶ **COLIFA**, Colifama. Vide *Colifarius*.

COLIFARIUS, Isidoro in Glossis, et in Excerptis Pith. : *Bos operarius*. [Ad hæc Grævius ait : Ingeniose vir summus Thomas Reinesius emendavit : *Colifa*, *Cibus operarius*, quia isto panis genere athletæ et χειροδάνακτες aluntur. Scribitur autem recte Colyphia apud Plautum et Juvenalem. Vide Vossii Etymologicum. Papias : *Colyphia dicuntur panes azymi, et genus carnium, id est, carnes assæ et semicoctæ, qui est cibus athletarum*. Verum licet ingeniosa sit Reinesii correctio, dubito tamen an vera, quod in vet. Glossario Sangerman. MS. n. 501. legatur : *Colifama, Boves opus facientes*, ubi, *Colifama* est pro *Colifaria*. Papias habet : *Collifuria, Boves opus facientes*.]

* **COLIFIUM**, *Lo soruere, o marendare*. Glossar. Lat. Ital. MS. *Coliphium*, apud Juvenal. Sat. 2. est Panis, quo alebantur athletæ. Vide *Colifarius*.

¶ **COLIMBUS**. Vide *Colymbus*.

COLIMPHA, quasi *Colymba*, ἀπὸ τοῦ κολυμβᾷν, natare, Navicula urinatoria, in qua qui foret, etiam ea aquis obruta, non indigeret lumine, quia speculi electrini, vel vitrei beneficio pelluceret. Ita Vossius ad hunc locum Hieronymi : *Aiunt in ipsas Colimphas ipsum Alexandrum introisse, et profundum conscendisse, et usque ad imum, ut sciret Oceani profundum, et differentiam maris et abyssi*. Alias *Colimbi* dicuntur *tubi per quos currit aqua per loca occulta*, in Glossis Isonis.

¶ **COLINA**, Papiæ est *Coquina a colendo dicta*.

¶ **COLINDA**, *Subcinericius panis*. Vet. Gloss. San-Germ. MS. n. 501. Lege et vide *Collyrida*.

COLINELLATUS. Historia Episcopor. Autisiod. cap. 20 : *Gabatam anacteam Collinellatam pensant. lib.* 3. Leg. *Columellatam*, ut ibi non semel.

¶ **COLINIUM**. Vide post. *Colonus*.

* **COLINUS**, pro Colonus, aut saltem eadem notione. Charta Conradi II. reg. Rom. ann. 1147. tom. 6. Anecd. Pezii part. 1. col. 346 : *Statuimus etiam et benigna concedimus clementia ut.... opera, quæ hactenus a Colinis exigebantur, deinceps ad usum ejusdem ecclesiæ conferantur*.

¶ **COLIORIUS**, ὄφις χέρσυδρος, *Coluber serpens tam in terra quam aqua vivens*. Supplem. Antiquarii.

* Vel potius *Choliorius*, ut in Gloss. Lat. Gr. ex Cod. Sangerm. *Chelydrus*.

¶ **COLIPHIA**, *Panis asimus*. Glossar. MS. sæc. XIII. sancti Andreæ Avenionens. Vide *Colifarius*.

¶ **COLIPILARIUS**, *Depilator*, δρωπακιστής. Glossar.

* Ubi Cod. Sangerm. *Alipilarius*, ex Castigat. in utrumque Glossar.

* **COLISTANCIA**, *Lo fele*, in Glossar. Lat. Ital. MS.

¶ **COLIRIA**, *Pustula crurum*. Papias MS.

COLISEUM, seu Colosseum : sic Amphitheatrum Titi Romæ vocant, de quo id Bedæ Vaticinium exstat in Excerptis seu Collectaneis ejusdem Bedæ : *Quandiu stabit Colyseus, stabit et Roma; quando cadet Colyseus, cadet et Roma; quando cadet Roma, cadet et mundus*. Anastasius in Stephano II. PP. pag. 93 : *Dum ad Colisseum advenissent, etc.* Ugutio : *Coloseum, quidam locus Romæ; ubi olim erant imagines omnium provinciarum, et in medio erat imago Romæ tenentis pomum aureum, utpote domina et regina omnium, et erant i.... dispositæ arte nigromantiæ, quia quando aliqua Provincia volebat insurgere contra Romanos, statim imago Romæ obvertebat dorsum imaginis illius provinciæ : vel ubi Dominus, imago illius provinciæ insurgebat contra Romæ imaginem, et tum Romani ex improviso mittebant illuc exercitum, et provinciam illam subjugabant. Tali arte Romani Trojani mundum subjugabant*. Risum tenete. [Vocis origo non aliunde ducenda, quam a *colossea* seu immani amphitheatri ipsius excelsitate, ut docte probat Alexius Symmachus

Mazochius in Commentario in mutilum Campani Amphitheatri titulum pag. 133. et 134. An simili notione sumitur in Chron. Episcopor. Verdensium apud Leibnit. tom. 2. Scriptor. Brunsvic. pag. 212 : *Angustiata inter Coliseum et Ecclesiam S. Clementis peperit, et postea mortua ibidem, ut dicitur, est sepulta.*]

¶ **COLITARE**, Colere. Ethilwlfus in Præfat. Carminis de Abbatibus Lindisfarn. :

Corpore, mente, manu, cunctis et sensibus una
Jam Dominum Colitans celsum sine fine, valeto.

COLITOR, *Dominus fundi*, Isidoro in Glossis.

* **COLIVERTUS**, f. Locus pascuus, vel muris aut sepibus clausus. Chartul. Lemovic. ex Cod. reg. 9612. T : *Trado.... molinos, quæ sunt sub muro civitatis Lemovicæ, cum omnibus adjacentiis et ad molinos pertinentibus, ligna, petra, ortos, cultos et incultos, Colivertos, et omnia ad molinos pertinentia.*

¶ **COLIUM**, in veteri Inscript. apud Tertullianum de Spectaculis : *Et nunc ara Conso illi in circo defossa est, ad primas metas sub terra cum inscriptione ejusmodi :* Consul Consilio, Mars Duello, Lares Colio Potentes, uti legit Salmasius pro Comitio, quod vulgo habetur; Domus est seu Habitaculum. Hæc post Hofmannum in Lexico.

¶ 1. **COLLA**, Collis, Gall. *Colline*, Ital. et Massil. *Colle*. Statuta Massil. lib. 4. cap. 4 : *Nullus de cætero ausus sit mittere vel imponere fimum, vel terram; vel scobillas aliquas seu lutum in viis .... quæ protendunt a portali callatæ usque ad Collam de valle fogaressa .... usque ad Collam S. Stephani et usque ad Collam S. Michaelis.*

¶ 2. **COLLA**, θυσία ἱερέων, *Sacrificium*. Suppl. Antiq.

* F. *Collativum*, ex Vulc. in Castigat. ad utrumque Glossar.

* 3. **COLLA**, Gall. *Coule*, Vestis monachalis. Stat. Congregat. exemptor. art. 31 : *Liceat monachis candidatum et supplicantem ad novitiatum admittere, et eum Colla regulari induere.* Vide *Cuculla*.

¶ **COLLABORATOR**, Qui laborat cum alio. Vide locum in *Libellifius*.

COLLABORATUM, Quæsitum, acquisitum. Vide post *Labor*.

¶ **COLLACIA**, Collatio facta Ecclesiis. Charta Aldefonsi Regis Toleti pro Monasterio Casæ Dei, æra 1216. inter Fragm. Hist. MSS. Stephanotii tom. 3 : *Confirmo.. Monasterium S. Juliani de Lamano cum suis Ecclesiolis et suis Collaciis et parrochianis.* Vide *Collata*.

* Vox est Hispanica, quæ interdum idem sonat atque territorium, terminus, districtus; maxime *Colacion* dicitur de Ditione intra fines alicujus parochiæ contenta, ut docent Academ. Hispan. in Diction. qui sensus facile huic loco aptatur.

* **COLLACIONARIUS**, Qui ex officio exemplum cum archetypo comparat. Testam. Ant. de Guiscardo ann. 1512. in Reg. 4. Armor. gener. pag. XXXIV : *Ego Anthonius Folcherii notarius publicus,... tamquam donatarius et Collacionarius..... cedarum, notularum per eumdem de Podio acuto sumptarum, etc.* Vide *Collatio* 3.

COLLACTEUS, pro *Collactaneus*, Coævus, ὁμογάλακτος. Saxo Grammaticus lib. 3 : *Inter quos forte quidam Amlethi Collacteus erat.* [Sed et apud Juvenalem. 7. 307 : *Quid dicat Collacteæ mammæ.* Martian. Capell. lib. 1 : *Sororis ejus indiscreto fœdere Collactea. Collactius* in Inscriptione apud Gruterum pag. 661. et Sponium Miscel. pag. 28.]

COLLADERIUS. Vide *Collaterii*.

* **COLLADERIUS**. Vide supra *Colerius*.

COLLANA, *Torques*, ex Ital. in Statut. Mediolanensibus 2. part. cap. 450.

* Chron. Mutin. apud Murator. tom. 15. Script. Ital. col. 607 : *Uxor domini Mastini donavit eidem uxori domini Luchini unam Collanam, valoris quinque millium florenorum auri.*

¶ 1. **COLLARE**, Conferre. Ita Baptista Mantuanus, ut observat Daumius de causs. amiss. rad. Lat. cap. 9. usus est :

Regibus hinc æs grande solent Collare quotannis,
Annua Quæstores qui vectigalia curant.

¶ 2. **COLLARE**, E portu solvere, proficisci. Statuta Massil. lib. 4. cap. 18. § 2 : *Quælibet navis quæ onerabit peregrinos in Massilia, vel domini earum satisfaciant marinariis de suo loquerio in hac terra antequam Collet de insulis Massiliæ.*

* Vela dare, vox Italica. Pact. inter Salad. et Pisan. ann. 1174. apud Lam. in Delic. erudit. inter not. ad Hist. Sicul. Bonincont. part. 1. pag. 197 : *Quando veniunt in tempore Collandi, non debent retinere nec velas, nec timones, etc.* Vide supra *Cola* 7.

3. **COLLARE**, Collarium, Armaturæ species, qua scilicet collum militantis tegitur. Gloss. Lat. Gr. : *Collarium*, περιτραχήλιον. Gloss. Lat. Gr. : Περιτραχήλιον, *Monile, hic falarus, Collare*. Περιτραχήλια σιδηρᾶ, apud Leonem in Tactic. cap. 5. § 4. Gall. *Collier*. Willel. Brito lib. 11. Philippid. :

Qua ligno junctum est ferri transegit acumen
Per Collare triplex, et per thoraca trilicem.

Collarium. Matth. Paris ann. 1252 : *Carens Collario, lethaliter vulnerabatur.* Tho. Archid. Hist. Salonit. cap. 28 : *Venitque ictus inter cassidem et Collarium, dejecitque caput ejus multum a corpore.* [Rymer. tom. 10. pag. 437. col. 1 : *Tam pro uno cipho auri et uno Colario auri datis Nicholao Menthen militi cum duce de Savoie, ac etiam pro* LXI. *Colariis datis diversis militibus et armigeris. Unum Colorum de auro*, apud eumd. tom. 9. pag. 275. col. 1. ubi puto legendum esse *Collarium* : quæ vox etiam sumitur pro colli tegmine, quo utuntur Clerici. Concil. Dertus. ann. 1429. cap. 1 : *Neque* (ferat Clericus) *diploides aut Collaria vel manicas de panno serico.*] Vide *Carcannum*, *Collistrigium*, [*Colarium* et *Colerium*.]

* 4. **COLLARE**, Fundere, Ital. *Colare*, nostris *Couler*. Stat. Avellæ ann. 1496. cap. 156. ex Cod. reg. 4624 : *Si aliquis faber.... haberet in fusina sua aliquod ferrum..... ad coquendum seu maserendum et Collandum, etc.*

* **COLLAREDUS**, Collaresus, Mensuræ vinariæ seu liquidorum species. Chartul. magn. S. Vict. Massil. fol. 108. v°. : *Dedit ei de puro vino in Bersa xij. Collaredos.* Ibid. fol. 26. r° : *Pontius Catbertus de Fuss vendidit terram, quæ se tenet ad mansionem S. Victoris Collaresos xj.* Vide *Colaresum*.

¶ **COLLARETUS**, Ornamentum colli, quo Ministri sacri utuntur tempore sacrificii. Statuta Ecclesiæ Aquensis ann. 1450. MSS : *Diaconus et Subdiaconus, qui Missam habent celebrare, habeant Collaretos.* Vide *Colarium*.

¶ **COLLARIA**. Laudes Papiæ apud Murat. tom. 11. col. 38 : *Et inter alios census, quos habet in urbe, quasi de omnibus, quæ venduntur in platea Atrii recipit Episcopus collectam quotidianam, quæ dicitur Collaria.*

* **COLLARIUM**, Ornamentum colli etiam ad usum clericorum. Stat. S. Capellæ Bitur. ann. 1407. ex Bibl. reg. : *Nullus prædictorum* (canonicorum etc.) *præsumat alta deferre Collaria.* Vide in *Collare* 3.

¶ **COLLARIUS**, Idem qui *Colladerius*, infra in *Collaterii*. [* Mercator, qui merces suas ad collum portat. Vide supra *Colerius*.] Instrum. anni 1153. ex Archivo Majoris-monasterii : *Garsilius de Machecollo ... omnes Collarios per eumdem pontem de porta Gasnapiæ quocumque ierint prætereuntes, ab omni cosduma et paagio absolvit... Radulfus... universos Collarios per præfatum pontem, quocumque irent, vel undecumque venirent prætereuntes, ab omni paagio absolvit.*

1. **COLLATA**, Vectigal, tributum quod ab universis subditis Domino confertur. Capitulare Sicardi Principis Beneventani ann. 836. cap. 2. editum a Camillo Peregrino : *Spopondistis nobis... per unumquemque annum dare nobis Collatam, et pristinam quam consueti fuistis dare.* Et capitis 32. titulus ita concipitur, *Ut coloni tertiatores non dent in Collata, nec in pactum.* Charta Ludov. Imp. in Chr. Farfensi : *Vel quidquid ex largitate Regum ... vel ex Collatis populi vel cæterorum fidelium eidem Monasterio legaliter confirmatum fuerat.* Eckehardus Junior. de Casibus S. Galli cap. 11 : *Cum paupertatulas quas habent in medium Collatas consumpserint, subsistere non poterunt.* Adde Chron. Laurisham. pag. 60.

Collata, Collatio pro eleemosynis, vel Ecclesiis. Testamentum Fulradi Abbatis S. Dionysii : *Quidquid ibidem datum fuit de Conlata populi, et ipse populus mihi dedit.* Infra : *Quantumcunque ad ipsas aspicere videntur, et Conlata populi ibidem delegavit etc.*

Collata. Glossæ MSS. ad Canones Conciliorum : *Collatis, simbolis.*

* 2. **COLLATA**, Collis. Lit. remiss. ann. 1364. in Reg. 98. Chartoph. reg. ch. 78 : *Cum venirent de Montepessulano ad locum prædictum de Marcilhaco fuissentque in capite Collatæ, quæ est inter locum de Balhanitis et S. Bricium..... Cum descendissent unus post alium.*

COLLATERALIS, Socius, amicus, qui alterius latus claudit : qua notione vocem hanc usurpant Constitutiones Siculæ lib. 2. tit. 10. Speculum Saxonic. lib. 1. art. 17. § 3. Petrus Blesensis Ep. 15. Sugerius in Ludovico VI. pag. 318. etc. Vide Duchesnium in Hist. Drocensi pag. 316. [et suo loco *Laterales*.]

Collateralis, Qui ad latus est alterius

Statuta Ordinis S. Gilberti *de Sempringham*, pag. 765 : *Quæ cum sederint in claustro, in quocumque latere sederint, Collaterales sedeant, non fronte opposita.* Pag. 724 : *Collaterales sedeant, nec fronte opposita, sed tergo unius alterius vultui verso.* [*Logotheta et Protonotarius regni Siciliæ, Collateralis Consiliarius*, in Donatione Joannæ Reginæ et Comit. Provinciæ 25. Maii ann. 1379. ex Schedis Præsidis *de Mazaugues*. *Cancellarius et Collateralis Regis et Comitis Provinciæ*, in Homagio quod Honorius *de Castellane* præstitit Carolo *du Maine* ultimo Provinciæ Comiti ann. 1480. ex Schedis ejusd. Præsidis Clarissimi.] *Collaterales provinciæ*, apud Galfridum Monemuthensem lib. 1. cap. 21. et alibi. Adde Suenonem in Leg. Castrensib. cap. 5.

¶ Collateralis, Conjux, uxor. Acta SS. Maii tom. 1. pag. 774. in Appendice de Ecclesia S. Philippi Presbyteri : *Illustrissimus Dom. Comes de Katzenelebogen, D. Anna Conthoralis, et filius Philippus, et Collateralis Anna de Wirtemberg .... dederunt unam bonam Casulam.*

Collateraliter. Ericus Upsaliensis lib. 1. Hist. Suecorum, de Diis Suecorum Paganorum : *Thor, Odden, et Frigga Collateraliter quidem in tricliniis collati.* Lib. 4 : *Assumens eos fecit Collateraliter secum ascendere.* [Vide *Lateraliter.*]

COLLATERANITAS, Agnatio. Vide *Lateraneus.*

COLLATERARE, [Ad latus alicujus esse vel sedere.] Tabularium Vindocinense ch. 20 : *Masuram de Valle-Manfredi, quæ Collaterata est rivo cujusdam aquæ, etc.* [Vita S. Godrici tom. 5. SS. Maii pag. 81 : *Antiquus hostis formosæ mulieris decorem induit, et sedenti viro religioso Collaterans, etc.* Occurrit rursum in Vita S. Patricii n. 23. tom. 2. SS. Maii pag. 546. et in Vita MS. Hugonis Abb. Cluniac. tom. 3. April. pag. 637.]

¶ **COLLATERATIO**, Conlateratio, Agrorum termini, Practicis nostris, *Bout et joute.* Nova Gall. Chr. tom. 3. col. 43. ex Præcepto Ludovici Pii ann. 818 : *Præfatas terras eidem Ecclesiæ secundum dimensionem et Conlaterationem suam... secundum dimensionem et Collaterationem a Missis nostris dispositam.* Præceptum Ludovici Imp. ann. 820. tom. 1. Ampliss. Collect. col. 70. B : *Hanc vero silvam secundum dimensionem et Conlaterationem superius præscriptam... delegamus.* Charta ejusd. Imp. ann. 818. apud Miræum tom. 2. Diplom. Belg. pag. 1127. col. 2. edit. 1723 : *Et præfatas terras secundum dimensionem et Conlaterationem suam præsentialiter tradere libuit.*

COLLATERII, Qui nostris et Anglis *Cotarii, Cotiers, Gens de Cote* : sic forte dicti, quod *collatis*, seu tributis obnoxii essent. Vitalis Episcopus Oscensis : *Fuerunt etiam quandoque villani, qui Collaterii vocabantur, qui tam crudeli erant subditi servituti, ut etiam inter filios Dominorum suorum ducerentur gladio dividendi.* Hinc forte emendandus Martinus Didacus *Daux*, Justitia Aragon. lib. 6. Observantiar. tit. de Privilegiis Dominæ Infantioniæ, § 9 : *Villani de parada antiquitus vocabantur Collati tendelli : erant servituti subditi, ut etiam inter filios Dominorum suorum ducerentur gladio dividendi, etc.* Ubi legendum *Collaterii*, vel *Colladerii* : nam

Colladerii, Iidem videntur qui *Collaterii*, in Charta libertatum villæ Montisalbani ann. 1144. in Regesto Comitatus Tolosæ fol. 27 : *Colladarius extraneus, qui attulit sal, ibi præbeat domino unum meall. et Colladerius extraneus qui traxerit sal, præbeat.* 1. *pag.* ubi Catellus in Comitibus Tolosanis pag. 323. habet *Collaudarius.* Vide *Colerius* [et *Collarius.*]

1. **COLLATIO**, Idem quod *Collata.* Edictum Theoderici Regis cap. 69 : *Quisquis Curialem, aut Collegiatum, aut servum, per 30. annos possederit, qui nullam patriæ suæ Collationem subiisse monstratur, eos prædiorum dominis jubemus adquiri.* Id est, qui nullam pensitationem Reipublicæ aut tributum exsolverunt. Charta Gaufredi Comitis Mauritaniæ in Biblioth. Cluniac. : *Neque per teloneum, neque per Vicariam, neque per Collationem nostrorum Militum, neque per aliam quamvis consuetudinem Monachos de servitio Dei disturbent.* Vide *Confertum.*

2. **COLLATIO**, apud Monachos præsertim, dicitur Sacrorum librorum lectio, quæ statis horis, maxime post cœnam, coram iis fiebat. Sic autem dicta quasi *Collocutio vel confabulatio*, inquit Smaragdus in Regula cap. 42. quod *de Scripturis divinis aliis conferentibus interrogationes, conferunt alii congruas responsiones, et sic quæ diu latuerant occulta, conferentibus patefiunt perspicua.* Honorius Augustod. lib. 2. cap. 63 : *Quod Religiosi ad Collationem conveniunt, hoc a sanctis Patribus acceperunt, qui in Vesperis solebant convenire, et de Scripturis insimul conferre, et quæ ipsi tunc invicem contulerint, Collationes dicebantur, et hæc his similia ad Collationem leguntur.* Regula S. Benedicti cap. 42 : *Mox ut surrexerint a cœna, sedeant omnes in unum, et legat unus Collationes, vel Vitas Patrum, aut certe aliud quod ædificet audientes.* Regula S. Isidori cap. 8 : *Ad audiendum in Collatione Patrum tribus in hebdomada vicibus fratres post celebratam Tertiam, dato signo, ad collectam conveniant : audiant seniorem docentem, instruentem cunctos salutaribus præceptis... Ipsa quoque Collatio erit vel pro corrigendis vitiis instruendisque moribus, vel pro reliquis causis ad utilitatem cœnobii pertinentibus,... cunctis pariter congregatis præcepta Patrum regularia recensenda sunt... Sedentes autem omnes in Collatione tacebunt, nisi forte quem auctoritas Patris præceperit ut loquatur.* Liber Ordinis S. Victoris Parisiensis cap. 36 : *Collationi et Completorio omnes interesse debent... Eodem modo quo pulsatur Capitulum, pulsetur Collatio.* De ejusmodi Collationibus Monachorum agunt passim Scriptores, Cæsarius Arelat. serm. 12. Capitula Ludov. Imp. Addit. 1. cap. 70. Regula Canonicor. in Concil. Aquisgran. cap. 123. Regula Canonicar. cap. 10. Concil. Cabilonense II. cap. 59. Vita S. Wulstani Episcopi Wigorn. n. 18. Chronicon Trudonense lib. 8. pag. 438. Durandus in Rationali lib. 5. cap. 9. § 11. et alii quos laudat Haeftenus lib. 9. Disquit. Monastic. tract. 5. Ejusmodi porro Collationes scripserunt Cassianus et Odo Cluniacensis.

A Collationibus Monasticis, quibus finitis, ad bibitionem ibatur, serotinæ cœnæ *Collationum* appellationem sortitæ sunt. Nam vix est ut probem quod quidam volunt, vocabuli etymon hauriri debere a cœnarum antiqua collatione, quam Concilium Laodicenum ἐκ συμβολῆς συμπόσια vocat. Udalricus l. 1. Consuetud. Cluniac. c. 13 : *De Collatione surgunt ad charitatem, et de vino quod tunc propinatur, nullus omnino præsumit abstinere, ut non aliquantulum gustet.* Idem cap. 18 : *Post vesperas cœna, post cœnam cœna servitorum, post cœnam servitorum, officium pro defunctis, post officium Collatio, et ita ad completorium.* Vide cap. 41. Monasticum Anglicanum tom. 2. pag. 370 : *Et legat unus frater tam in prandio, quam in cœna et Collatione*, etc. Petrus Abaëlardus : *Post vesperas autem vel statim cœnandum est, vel potandum. Et inde etiam secundum temporis consuetudinem ad Collationem eundum.* Regula Templarior. cap. 16 : *Audito signo, ut est ejus regionis consuetudo, omnes ad completas oportet incedere vos, ac prius generalem Collationem sumere peroptamus. Hanc autem Collationem in dispositione et arbitrio Magistri ponimus, ut quando voluerit de aqua : et quando jubebit misericorditer, et vino temperato competenter recipiatur.* Quomodo autem Collationes fierent, vide in libro Usuum Ordinis Cisterciensis cap. 81. [Vide S. Willelmi Constit. Hirsaug. lib. 1. cap. 101. Bern. Mon. Ord. Cluniac. part. 2. cap. 8. et Thomassinum Tract. Gall. de Jejuniis part. 2. cap. 11. et seqq.]

* Fuit et apud seculares ejusdem nominis congregatio serotina, cujus mentio fit in Lit. remiss. ann. 1453. ex Reg. 182. Chartoph. reg. ch. 77 : *Après qu'ilz eurent tous soupé et joué et raudé, les ungs avecques les autres ;.... ledit Beauchamp fist hucher pour faire Collation d'après soupper, les serviteurs estans audit chastel et les damoiselles avecques leurs chamberieres.... Pierre Besson prestre lequel nommoit ledit Beauchamp de ce qu'il faisoit, etc.* Nostris præterea *Collation*, pro *Harengue*, Oratio. Christ. Pisan. in Hist. Caroli V. part. 3. fol. 310 : *Et la Colacion notablement fist maistre Jehan de la Chaleur, maistre en théologie et chancellier de Nostre-Dame, et en ycelle Colacion recommanda moult la personne de l'empereur, ses nobles fais, ses vertus et sa dignité.* Narrat. gestor. in conventu Mant. ad Guill. Juvenal. tom. 9. Spicil. Acher. pag 305 : *Faisoit chascun chief de maison une petite Collation, soy adreçantà mons. de Tours, comme principal.*

¶ 3. **COLLATIO** dicitur Practicis, cum exemplum descriptum confertur cum archetypo, et ad hujus rationem illius fides expenditur, Gall. *Collation.* Chartular. Æduense in Processu verbali facto auctoritate Apostolica pro investigatione privilegiorum Ecclesiæ Æduensis an. 1256 : *Extrahi feci, nihil addito aut remoto de corpore dictorum originalium, sed verius debita et fideli cum ipsis originalibus Collatione facta.* Legitur alibi non semel.

¶ Collationare, Exscriptum cum archetypo comparare : Gall. *Collationner.* Instrum. Æduensis Ecclesiæ mox laudatum : *Visis, inspectis conscriptis et Collationatis, præsens et personaliter una cum Simone Perroti Clerico publico auctoritate Apostolica Notario subscripto interfui, eaque sic transcribi et propriis originalibus Collationari fieri vidi et audivi.* Occurrit in actis Historiæ Comitatus Ebroicensis pag. 62. in Statutis reformationis Monasterii S. Claudii ann. 1448. Hist. Geneal. Arverniæ tom. 2. pag. 387. ex Registro Parlamenti ann. 1450. Actis SS. Martii tom. 1. pag. 338. A. 339. C. tom. 3. pag. 873. C. April. tom. 2. pag. 733. etc. Vide *Colationare*.

* Sed et *Collacion* occurrit, pro Instrumentorum litis communicatione, in Stat. ann. 1367. tom. 7. Ordinat. reg. Franc. pag. 706. art. 6 : *Que advocas ne plaideront causes, se ilz n'en ont fait paravant Collacion; et n'en feront Collacion en jugement; mais se ilz la veuillent faire, ystront de l'auditoire.*

¶ COLLATIO RELIQUIARUM. Vide in *Reliquiæ*.

* 4. **COLLATIO**, Traditio, in l. unic. § 1. Cod. de suffragio lib. 4. tit. 3 : *Quoniam Collatio rei mobilis inita integra fide ac ratione cumulatur.*

¶ **COLLATIUM**. Vide *Colacium*.

COLLATIVUM, Collatio, in l. 3. Cod. Th. de Proxim. Comitib. etc. (6, 26.)

1. **COLLATORES**, Qui conferunt tributa, tributarii, in l. 5. Cod. Th. de Milit. veste, (7, 6.) apud Julian. Antecess. cap. 532. 534. 553. 555. etc. Auctor de Rebus bellicis subjunctus Notitiæ Imperii : *Erit igitur curæ prudentiæque tuæ, optime Imperator, repressa largitate, et Collatori prospicere, et in posterum nominis tui gloriam propagare.* Alibi : *Accedit etiam judicum execranda cupiditas, Collatorum utilitatibus inimica.* Rursum : *Et laborum desiderio potiti, erunt ex milite Collatores.*

¶ 2. **COLLATORES**, Transverso cognationis gradu juncti. Consuetud. Brageriac. art. 47 : *Item ascendentes vel descendentes venditoris infra quartum gradum, non hæredes ipsius universales, non in potestate ipsius venditoris, poterunt retrahere et petere gradatim, et alias, ut supra dictum est de Collatoribus.* Melius legeretur *Collateralibus*, Gall. *Collateraux*, ut ibidem habet versio Gallica.

1. **COLLATUM**, Genus potionis. Gregorius M. lib. 6. Epist. 36 : *Sed quia Collatum ac juritheum non libenter bibo, præsumens cognidium requiro.* Ubi legendum forte *Colatum*, ut intelligatur *Vinum colatum*. Papias : *Colatum, vinum purum, vel vas proprium in quo deportatur.* Vinum autem et alii liquores per *colum*, ut jucundiores fiant, transfunduntur, defecantur, et depurantur.

* *Passaire*, eadem notione, nostratibus. Lit. remiss. ann. 1467. in Reg. 200. Chartoph. reg. ch. 64 : *Lequel apoticaire bailla à diverses foiz des pouldres, ysserops, beuvraiges et plusieurs Passaires.*

2. **COLLATUM**, *Collum*, Jugum montis, vox etiamnum nota in Alpibus et Pyrenæis. *Collatum et Collum de Campastro*, in Charta Alfonsi Regis Hispaniæ æræ 1130. apud *Yepez* in Chronico Ord. S. Benedicti tom. 1. [Apud Josephum *Moret* Antiq. Navar. pag. 547. *Collato* legitur pro *Collado*, Hispanica voce, quæ Collem significat, Gall. *Coline*.]

¶ 1. **COLLATUS**. Vide *Colladerii* post *Collaterii*.

¶ 2. **COLLATUS**, Conglutinatus, Gall. *Collé*. Vita S. Caretoci tom. 3. SS. Maii pag. 686 : *Isti autem convenerunt unatim et Collati fuerunt unatim, ut dicitur;* id est, quasi *Colla* seu glutine conjuncti.

¶ **COLLAUDARE** IN DOMINUM ET REGEM, Solemni ritu ad regiam dignitatem evehere, electi Regis laudes celebrando. Dithmari Chronic. Mersemburg. : *Æquivocus ejus junior Otto, patre adhuc vivente, electus et unctus, iterum Collaudatur a cunctis in Dominum et Regem.* Vide *Laudare*.

COLLAUDARII. Vide *Collaterii*.

¶ **COLLAUDATOR**, f. Præs, sponsor, Gall. *Répondant, Caution, Garant.* Charta Burchardi Camerac. Episc. pro Monasterio S. Salvii an. 1120. apud Miræum tom. 2. pag. 815 : *Walterus... per fidem et juramentum se amodo pacem Ecclesiæ servaturum promisit : fratresque suos Gervasium et Almericum, suamque sororem Agnetem, cognatosque suos Almannum et Gonterum nobis obsides dedit et ejus Collaudatores.*

* **COLLAZUS**. Vide supra *Colazus*.

¶ **COLLEAGIUM** DECIMÆ, Collectio, exactio decimæ, Gall. *la levée des dîmes.* Instrum. ann. 1220. ex Archivo Majoris-Monasterii : *Contentio super Colleagio decimæ Monachorum Lehonensium.*

1. **COLLECTA**, Idem quod *Collata*, *Collatio*. Gloss. Lat. Græc. : *Collecta*, ἔρανος. Otto Frisingens. lib. 2. de Gest. Friderici Imp. cap. 11 : *Rex a toto exercitu Collectam fieri jussit, et sic non modicam coadunatam pecuniam..... dividendam statuit.* Charta Alexandri Comitis Cupersanensis an. 1102 : *Data, vel angaria, vel adjutorium, quod ex nostræ gentis* (Normannorum) *consuetudine Collecta vocatur.* Matth. Paris an. 1245 : *Jussit... quasdam Collectas, et tallias tam in clero, quam in populo, fieri graviores.* Idem ann. 1239 : *Talliæ et Collectæ Clericis... imponuntur.* Occurrit præterea apud eumdem pag. 590. 405. et apud Gregorium M. lib. 7. Epist. ult. etc. [apud Ludewig. tom. 6. Reliq. MSS. pag. 6. in Charta Henrici Ducis Silesiæ ann. 1319. et in Statutis Monasterii S. Claudii ann. 1448. pag. 89. et alibi. *Presbyter liber et absolutus a Collectis Episcopi et Archidiaconi*, in Charta ann. 1157. inter Instrum. Hist. Eccl. Meld. tom. 2. pag. 45.]

COLLECTIO, Eadem notione, apud Leonem III. PP. Epist. 5. [Leges Caroli M. apud Muratorium tom. 1. part. 2. pag. 108. col. 1. (** cap. 121.) : *Audivimus etiam quod Juniores Comitum... aliquam redhibitionem vel Collectiones, quidam per pastum, quidam etiam sine pastu, quasi deprecando a populo exigere soleant.*] *Colletage*, apud Monstrelletum 1. vol. cap. 78. In Computo Thesaurariæ Comitatus Bononiensis in Morinis ann. 1479. mentio fit *du Colletaige d'Estaples.* Inter jura Comitum Augensium, illud habetur : *Item a ledit Seigneur au lieu de S. Martin droit de Cullage quand on se marie.* [Gallicum *Cullage* nihil habet conjunctum cum voce *Collectio*. Jus est peculiare de quo infra in voce *Marcheta*.]

¶ COLLECTALIS, Eadem significatione. Locum vide in *Quartarium*.

COLLECTARE, Collectam seu tributum exigere. Jo. Hocsemius in Adolpho a Marca Episc. Leod. cap. 15 : *Quia populus se non patitur Collectari.* [Glossæ Cyrilli : *Collecto*, συλλέγω.]

* *Taille ou Cueillete*, in Lit. ann. 1360. tom. 5. Ordinat. reg. Franc. pag. 495. art. 24.

2. **COLLECTA**, Eleemosynarum collectio. S. Leo M. homil. de Collectis : *Ventura igitur Dominica dies, Collectarum futura est. Hortor et moneo sanctitatem vestram, ut singuli quique pauperum meminerītis, et vestri, etc.* Et homil. 2 : *Collectarum dies saluberrime a sanctis Patribus institutus, hoc exigit, ut unusquisque, prout votivum atque possibile est, in usus atque alimoniam pauperum de vestris facultatibus conferatis.* Infra : *Proinde, dilectissimi, in secundum feriam spontaneas Collectas vestras sollicite præparate, et quidquid vobis de temporalibus substantiis dempseritis, id multiplicatum in æterna retributione sumatis.* Homil. 3 : *Quoniam ad destruendas antiqui hostis insidias, in die quo impii sub idolorum suorum nomine diabolo serviebant, providentissime in sancta Ecclesia prima est instituta Collectio, volumus Dilectionem vestram tertia feria per omnes regionum vestrarum Ecclesias cum voluntariis oblationibus eleemosynarum convenire, etc.* Adde Homil. 4. 5. 6. Alibi in Sermone de Collectis : *Providenter... a sanctis Patribus pieque dispositum est, ut in diversis temporibus quidam essent dies, qui devotionem fidelis populi ad Collationem publicam provocarent, ... ad cujus operis desideratum vobis, ut credimus, fructum dies vos vicinus invitat, ut ad Ecclesias regionum vestrarum sabbato proxime futuro misericordiæ munera deferatis.* Hæc consulto descripsimus, ut ejusmodi Collectarum ritus innotesceret.

3. **COLLECTA**, Conventus, *Assemblée.* Concilium Nannetense can. 15 : *De Collectis, vel Confratriis, quas Consortia vocant.* Vide Capitula Hincmari ad Presbyteros Parochiæ suæ cap. 14. Guillelmus Abbas S. Theodorici lib. 1. Vitæ S. Bernardi cap. 8 : *At ubi ne hoc quidem permisit intolerantia rei, tunc demum Collectas deserere, et seorsim secum habitare compulsus est.* Vita S. Joannis Eleemosynarii, interprete Anastasio Bibl. num. 68 : *Cum Collecta celebraretur juxta cellulam ejus in Ecclesia Metræ, convenientes quædam mulierculārum harum, ad alterutras dicebant, Eamus, eamus, iterum Abbas Vitalius Collectam habet; et venientibus eis curabat eos.* Vide Collectio 1.

4. **COLLECTA**, interdum et sæpius sumitur pro populo ad resistendum, aut vim faciendam coacto et armato. Capitula Ludovici Imp. cap. 78. [** Capit. Wormat. ann. 829. sect. 2. cap. 10.] : *Collectæ ad male faciendum fieri omnimodis prohibeantur.* Capitula Caroli Calvi tit. 12. cap. 3. [** apud Silvacum ann. 853.] : *De Collectis, quas Theudisca lingua Herizuph appellat.* Eadem habentur tit. 29. cap. 4. [** Synod. Pistens. ann. 862.] *Collecta manu resistere*, ibidem tit. 31. cap. 18. [** Edict. Pistens. ann. 864.] *Cum Collecta et armis venire*, in Capit. Caroli M. lib. 3. cap. 64. et lib. 1. Legis Longob. tit. 13. § 3. [** Carol. M. 29.] *Cum Collecta assilire*, ibidem lib. 3. tit. 4.

§ 3. [** Carol. M. 14.] Adde Capit. ann. 779. cap. 17. Capit. ann. 788. cap. 3. Capitul. 2. ann. 806. cap. 3. etc. *Cuellée*, eadem notione in Usaticis Ambian. MSS. : *Cil amendera pour tous les laids, et pour tous les forfais, pour la Cuellée qui aura esté faite, etc.* Vide *Colligere* 1.

Colta, Eadem notione. Charta ann. 1220. apud Georgium Pilonum in Hist. Bellunensi pag. 110. v : *Et quod facient Coltam milites, quandocumque facient, et eodem modo : et quod facient exercitum, etc.*

5. **COLLECTA**, Familia. Odo Cluniac. lib. 2. de Vita S. Geraldi cap. 24 : *Cum forte quidam de nostris fratribus, tunc adhuc Canonicus in Collecta domini Geraldi gradiebatur.*

6. **COLLECTA**, Σύναξις, Sacrum Missæ sacrificium, ad quod Christiani coire et colligi solent : populi ad sacra Ecclesiarum officia peragenda conventus, atque adeo quodvis officium Ecclesiasticum. Papias : *Collecta dicitur eo quod colligatur populus in unum, ut ostendat Christum in Evangelio venturum.* S. Hieronymus in Epitaph. Paulæ : *Post Alleluya cantatur, quo signo vocabantur ad Collectam, nulli residere licitum erat.* Pachomius in Regula cap. 17 : *In die Dominica, in Collecta, in qua offerenda est oblatio, absque Præposito domus et Majoribus Monasterii... nemo psallendi habeat potestatem.* Et mox : *De Collecta in qua offerenda est oblatio.* Adde cap. 9. 19. 28. 91. 100. 181. 186. Epiphanius Salaminæ Episcopus Epist. ad Joan. Episc. Hieros. : *Cum igitur celebraretur Collecta in Ecclesiæ villa.* Liberatus Diac. cap. 18 : *Et extra Collectas facientes, non passi sunt nomini ejus communicare.* Zacharias PP. in Ep. ad Pipinum : *De Presbyteris et Diaconis, qui se a ministerio Ecclesiastico subtrahunt, et seorsim Collectas faciunt.* Cæsarii Arelat. Serm. 12 : *Qui enim ad Collectam vel Ecclesiam veniens vana vel otiosa cogitare voluerit, etc.* Anastasius in Histor. Ecclesiast. ann. 21. Copronymi : *Festivitate Paschali ingressus est ad sanctam Collectam, in catholica Ecclesia.* Et mox : *Eduxerunt eum et incluserunt in carcere, et alius complevit sanctam Collectam.* Quo loco Theophanes ἁγίαν σύναξιν habet. Historia Tripart. lib. 1. cap. 10 : *Cum Collecta celebraretur.* In Actis SS. Saturnini et soc. Mart. num. 6. 7. 9. 15 : *Collectam celebrare, facere.* In Synodo S. Patricii et Auxentii can. 7 : *Ad Collectas mane et vespere occurrere. Collecta Dominica*, apud sanctum Augustinum in Breviculo collat. diei, et S. Hieronym. Epist. 60. Grimlaicus in Reg. Solitar. cap. 33 : *Eamus ad Collectam, ubi fratres ad vigilias congregantur.*

Collecta Major. Duplicem collectam statuit S. Pachomius cap. 181. *Collectam* scilicet quam *domus* vocat, *et aliam majorem : Præpositus domus, et qui secundus ab eo est, hoc tantum habebit juris, ut compellat fratres in Collecta domus, sive in Collecta majore, hoc est, omnium fratrum, subjacere pœnitentiæ.* Et cap. 186 : *Sex orationes facere vespertinas, juxta exemplum majoris Collectæ, in qua omnes fratres pariter congregantur, summæ delectationis est.* Ubi *Major collecta* est cum omnes fratres simul congregati officium divinum persolvunt in Oratorio : Minor, quæ in singulis classibus, seu domibus a fratribus ejusdem classis seu domus in ipsis domibus fiebat.

Colligere, Ad Collectam pergere, *Collectam* facere. Tertullianus lib. de Fuga in persecut. cap. ult. : *Sed quomodo Colligemus, inquis, quomodo solemnia celebrabimus?* hoc est quomodo in templum congregabimur? Acta SS. Saturnini et soc. n. 6. *Christiani sumus nos, nos, inquit, Colligimus*, id est, collectas facimus, uti ibi non semel. Arnobius lib. 2 : *Locum ubi Colligerent non habebant.* Acta S. Philippi Mart. : *Ait Bassus : Legem Imperatoris, jubentis nusquam Colligere Christianos?* Vide infra *Colligere*.

7. **COLLECTA**, Idem quod *Collatio* Monastica. Regula S. Isidori cap. 8 : *Fratres post celebratam Tertiam, dato signo ad Collectam conveniant, audiant seniorem docentem, etc.* Regula S. Fructuosi cap. 20 : *Ter per omnem hebdomadam Collecta facienda est, et regulæ Patrum legendæ, disserendum, etc.* Adde Regulam sancti Pachomii cap. 113. [Ardo in Vita S. Benedicti Anian. num. 53 : *Fecit denique librum ex Regulis diversorum Patrum collectum, ita ut prior B. Benedicti Regula cunctis esset, quem omni tempore ad Collectam matutinam legere jussit... alium nihilominus ex SS. Doctorum homiliis, quæ in exhortationem Monachorum sunt prolatæ, conjunxit librum, eumque omni tempore in vespertinis Collectis legere jussit.* Vide *Collatio* 2.]

8. **COLLECTA**, Oratio, quam is qui Clero vel Monachis præst, finito et expleto quolibet canonico Officio, velut omnium astantium vota et preces in unum colligens, publice et voce altiori recitat : sic dicta, inquit Micrologus de Observat. Eccles. cap. 3. *eo quod Sacerdos, qui legatione fungitur pro populo, ad Dominum omnium petitiones ea oratione colligat atque concludat.* Rupertus lib. 1. de Divin. offic. cap. 19 : *Collectæ quæ dicuntur ad complendum, orationes sedentis in cælo capitis nostri Jesu Christi signant.* Alcuinus lib. de Divin. offic. : *Collecta, dicta est a collectione, eo quod ex auctoritate divinarum Scripturarum sit collecta, quæ in Ecclesia leguntur.* Vide Udalricum lib. 1. Consuet. Cluniacens. cap. 31. præterea Amalarium lib. 4. cap. 7. eumdem in Eclogis pag. 1363. Walafridum Strab. de Eccles. offic. cap. 22. Innocent. III. lib. 2. de Mysterio Missæ cap. 27. Durandum lib. 4. Ration. cap. 15. ubi multa habet de earum terminationibus, et Card. Bona lib. 2. Rer. Liturg. cap. 5. num. 3.

Atque inde petenda notio vocis *Collecta*, in libro Sacramentorum S. Gregorii, ad 3. Non. Febr. ubi inscriptio est, *ad Collectam*; est enim oratio, quæ dicitur ante Missam, ut hic diserte innuitur, et in Ordine Romano; nec enim placet Baronii ad 2. Febr. explicatio, qui putat Missam ea die dici solitam sic inscribi, quod tunc eleemosynæ publicæ colligerentur.

Ejusmodi *Collectas*, Græcis συναπτὰς, dici observat Goarus ad Euchololog. Græc. de quibus etiam consulendus Meursius. *Collectæ* autem a Gelasio et Gregorio Magno compositæ creduntur, ut auctor est Berno Augiensis lib. de Missa cap. 1.

* Eodem nomine appellatur brevis oratio, quæ in quolibet nocturno ante lectiones dicitur a chori præsidente, in Cerem. vet. MS. B. M. Deaur. Tolos. ad fer. v. maj. hebd. : *Item ante lectiones non dicitur Collecta, prout consuetum est; sed solum dicitur* Pater noster *sub silentio.*

Collectam Tenere, dicitur is qui in sacris Officiis id muneris obit, ut *Collectam* dicat, in Statutis Ordinis sancti Gilberti *de Sempringhan* pag. 763. et alibi.

Orationem Colligere, pro *Collectam dicere*, dixit Cassianus lib. 2. de Orat. noct. cap. 7 : *Cum autem is qui Orationem Collecturus est, e terra surrexit, omnes pariter eriguntur, etc.* Ordo celebrandi Concilii : *In reliquis diebus cunctis astantibus Oratio Colligenda est.* Concilium Agathense can. 30 : *Plebs Collecta Oratione ad vesperam ab Episcopo cum benedictione dimittatur.*

Collecta Magistra. Vitæ Abbat. S. Albani : *In festis vero et profestis diebus, omnes Horas, exceptis Prima et Completorio, per magistram Collectam quam tempus et hora exegerint, terminari instituit. In Quadragesima tamen dicatur Collecta ad Vesperas.* Ubi Watsius *Collectam magistram* interpretatur quæ diei aut festi est propria.

¶ Collecta, Liber continens *Collectas*. Necrolog. Parthenonis S. Petri de Casis ad xii. Augusti : *Obiit Falca Barthomieve Priorissa Claustreyra Monasterii de Casis. Dedit Conventui duos Psalterios et unum librum qui vocatur Officier, et unum qui vocatur Collecta.* Vide *Collectaneum*.

¶ 9. **COLLECTA**, Frugum fructuumque collectio, Gall. *Recolte*. Chartul. S. Vandregesili tom. 2. pag. 1640. ex Instrumento anni 1257 : *Si homines de Capella vendunt bladum de Collecta sua, vel de blado suo panem ad vendendum faciant, non reddant inde coustumiam Militibus supradictis.* Hist. Monasterii S. Florentii Salmur. apud Marten. tom. 5. Ampliss. Collect. col. 1135 : *Vir pecuniosus et rebus sæcularibus locuples, qui extremis diebus prædecessoris sui bonæ memoriæ Michaelis ad supplementum hujus Ecclesiæ et relevamen, quæ propter guerras et pravas Collectas, et multitudinem Monachorum, Conversorum et Condonatorum, aliquod onus debitorum, portabile tamen, incurrerat, Prior procreatus fuit, et statim per ejusdem providentiam Ecclesia nostra ad optimum statum rediit.*

* *Acculite*, eadem acceptione, in Pacto ann. 1273. inter Probat. tom. 2. Hist. Burg. pag. 37. col. 2 : *Se por raison de douaire ou de bail, nous ne poiens avoir la garde de Flori, ne la Acculite de sent Germain dou bois, etc. Cueillete*, in Lit. remiss. ann. 1369. ex Reg. 100. Chartoph. reg. ch. 279 : *Les vignes du finage de Brines en Berry estoient à vendenger, les fruiz d'icelles vignes venuz à meurté et presque en estat de Cueillete. Cuillie*, in aliis ann. 1478. ex Reg. 206. ch. 405. *Cuauldre*, pro Colligere, in Ch. ann. 1365. inter Probat. Hist. Autiss. pag. 111. col. 1 : *Touz leurs blez et vins que ils Cuauldroient en tous leurs héritages, etc.*

* 10. **COLLECTA**, Merces, pretium, Gall. *Rétribution*. Stat. Universit. Andegav. ann. 1410. tom. 9. Ordinat. reg. Franc. pag. 501. art. 17 : *Quam* (harengam) *sic*

deputatus facere tenebitur, sub pœna amissionis Collectæ proxime subsequentis. Vide *Collectata.*

* 11. **COLLECTA**, Idem forte quod supra *Colcia* vel *Collacia.* Vide in his vocibus. Charta ann. 1219. apud Murator. tom. 2. Antiq. Ital. med. ævi col. 876 : *Et cætera omnia, quæ in aliquo regni nostri* (Siciliæ) *loco præfata possidet ecclesia, cum casis,... ripis, ripaticis, molendinis, Collectis, viis et inviis, etc.*

* **COLLECTABILIS**, *Collectæ* seu tributo subditus. Libert. Figiaci ann. 1318. tom. 7. Ordinat. reg. Franc. pag. 662. art. 8 : *Poterunt dicti consules et eisdem facere licebit collectam aut taliam..... et percipere a singulis habitatoribus Collectabilibus dictæ villæ necnon extimare bona mobilia et immobilia dictorum habitatorum Collectabilium, etc. Collectalis*, pro *Collectabilis*, in Lit. ann. 1363. ibid. tom. 5. pag. 265. art. 2.

COLLECTACULUM. Anonymus Gromaticus : *Collectaculum de carbonibus in calce miscitato.* In alio : *Collectaculum vallium*, locus ubi rivi coeunt. *Collectacula aquæ*, apud Innocentium de Casis literar.

¶ 1. **COLLECTALIS**, Tributum a subditis domino præstitum. Vide *Collecta* 1.

¶ 2. **COLLECTALIS**, Conlectalis, Qui vel quæ eodem utitur lecto. Vide *Contectalis.*

* **COLLECTALIS.** V. supra *Collectabilis.*

COLLECTANEUM, Liber Ecclesiasticus, in quo *Collectæ* ad quævis officia dicendæ continentur. Udalricus lib. 1. Consuetud. Cluniacens. cap. 31 : *In privatis autem noctibus habentur in Collectaneo hæ Cocllectæ quæ dicendæ sunt ad Nocturnos, et Laudes, etc.* Utitur et lib. 2. cap. 22. lib. 3. cap. 3. ut et Ordericus Vitalis lib. 3. pag. 470. et Liber Usuum Ordinis Cisterciensis cap. 55.

¶ Collectaneus, Idem Bernardo Monacho in Ordine Cluniac. part. 1. cap. 14 : *Debent etiam Armario adeo noti esse omnes libri ministerio Ecclesiæ necessarii, Collectanei videlicet, Epistolarii, Textus, etc.*

¶ **COLLECTARE**, Collectas seu tributa colligere. Vide in *Collecta* 1.

* *Collecter*, eadem notione, in Lit. ann. 1361. tom. 5. Ordinat. reg. Franc. pag. 460 : *Lesquelles peines et amendes devant dictes sont Collectéez au commendement de noz dis eschevins.* Vide infra *Collectisare.*

COLLECTARIOLUM, *Cribrum*, in Glossis MSS.

COLLECTARIUM, Idem quod *Collectaneum*, liber *Collectas* continens. Ditmarus lib. ult. : *Collectarium cum impensis propriis et etiam nostris decoratum, etc.* Utuntur Ratbert. de Casib. S. Galli cap. 9. 10. Christian. in Chron. Mogunt. [** uterque genere masculino *Collectarius.*] Hugo Flaviniacensis in Chronico parte 2. pag. 166. Gaufredus Vosiensis part. 1. cap. 73. Matth. Paris in Vitis Abbatum S. Albani pag. 32. [Guido in Disciplina Farfensi cap. 54. Inventarium librorum S. Martini Pontisar. ann. 1241. Gesta Guillelmi Episc. Cenoman. tom. 3. Analect. Mabillonii pag. 391.] etc.

Collectarium præterea vocat Rodolphus in Vita Rabani Mauri num. 50. quod alii Collectionem : *In Epistolas quoque Pauli... Collectarium fecit; colligens de diversis Opusculis SS. Patrum sententias eorum, etc.* Num. 51 : *Fecit Collectarium unum de sententiis divinorum librorum, etc.* Vita Burchardi Episcopi Wormaciensis : *Eodem quoque tempore in Collectario canonum in hac cella non modicum laboravit.* Dicitur etiam

Collectarium, aut Collectarius, liber Canonum ab Isidoro compositus, ut est apud Bernaldum Presbyter. de Reconciliatione lapsorum pag. 275.

* Nostris *Collectaire.* Inventar. MS. S. Capellæ Paris. : *Item deux Collectaires.* Lit. remiss. ann. 1399. in Reg. 154. Chartoph. reg. ch. 695 : *Un breviaire, un petit Collectaire, etc.* Inventar. ann. 1492. in Necrol. MS. eccl. Paris. : *Item ung Collectaire par cayers, escrit en parchemin lettre de forme. Colletere*, eadem notione, in aliis Lit. ann. 1395. ex Reg. 147. ch. 233 : *Icelle religieuse emporta avec elle un breviaire ou Colletere, et unes petites heures.* V. infra *Collectenarius.*

1. **COLLECTARIUS**, Idem qui *Coactor*, qui scilicet mercede conductus ab Argentariis sive mensariis rerum, quæ in auctionibus publicis sub hasta vendebantur, prælectus, pecunias ab his quibus quid addictum fuerat, cogebat et colligebat. Acro in Horat. : *Coactores dicuntur argentarii in auctionibus, qui pecunias cogunt : ipsi sunt Collectarii.* Suidas et Glossæ Basilicæ : Ἀργυραμοιβός, ὁ κέρμα ἀντὶ ἀργύρου ἀλλασσόμενος, ὁ τραπεζίτης, ὁ ἀργυροπράτης, Κολλεκτάριος. Glossar. Lat. MS. Regium : *Nummularius, Collectarius, mensarius.* Symmachus lib. 10. Epist. 49. [42. Edit. Jureti] : *Vendendis solidis, quos plerumque usus publicus exposcit, Collectariorum corpus obnoxium est, quibus arca vinaria statutum pretium subministrat.* Infra *Nummularios* eosdem appellat. Vide Novellam Theod. de pretio solid.

Collectarius. Walafridus Strabo lib. de Reb. Eccles. cap. 31 : *Sub ipsis ministris Centenariorum, sunt adhuc minores, qui Collectarii, Quaterniones, vel Duumviri possunt appellari, quia colligunt populum, in ipso numero ostendunt se Decanis esse minores.*

2. **COLLECTARIUS**, Tributorum et vectigalium exactor, apud S. Augustinum lib. 22. de Civit. Dei cap. 8.

* Nostris *Cuelieur* et *Cueilleteur.* Charta ann. 1391. ex Chartul. 23. Corb. : *Willaume le Fevre Cuelieur ou receveur du paage du pont de Pinquigny. Loys de Borges Cueilleteur d'icelle taille, etc.* in Lit. remiss. ann. 1388. ex Reg. 133. Chartoph. reg. ch. 123.

* 3. **COLLECTARIUS**, Gall. *Collectier.* Froissart. vol. 2. cap. 99 : *L'enqueste estoit sceue et gettée aes Gandois sur les quatre mestiers de Bruges, Collectiers, verriers, bouchers et poissonniers.* Idem videtur qui *Colletier* apud Cotgrav. Vestium seu *giponum* sartor, dicitur. Vide infra *Collellarius.*

¶ 4. Collectarius, Idem quod *Collectarium*, Liber continens *Collectas.* Chronicon Conradi Ep. tom. 2. Rer. Mogunt. pag. 104. edit. 1722 : *Erant libri qui pro ornatu super altare ponebantur, ut Evangeliorum, Epistolæ sive Lectionarii, Benedictionales, Collectarii, quidam vestiti ebore scalpto, alii argento, alii auro et gemmis.*

¶ **COLLECTATA**, Merces quam *Mistrales* Dalphinatus recipiebant ex *tallis* generalibus. Hist. Dalphin. tom. 1. pag. 41. col. 2. in Instrumento anni 1323. : *Item quod dictus Castellanus habuit et extorsit a Mistralibus Oysentii viginti quinque libras bona monetæ... quas habere debebant et consueverunt recipere dicti Mistrales in talliis generalibus pro Collectatis suis.*

* **COLLECTENARIUS**, ut *Collectaneum*, Liber *collectas* continens, apud Anonym. in Epist. de Miseriis curatorum. Vide supra *Collectarium.*

* **COLLECTERALIS**, Collateralis. Charta ann. 1445 : *Bonis et rebus paternalibus, maternalibus, avitinis et Collecteralibus renunciavit.*

¶ **COLLECTERIA**, Liber complectens *Collectas.* Inventar. Ecclesiæ Noviom. ann. 1419 : *Item quidam parvus liber pro faciendo les Ennoliemens. Item una Collectaria pro choro.* Vide *Collectarium.*

1. **COLLECTIO**, Conventus, Gallis *Assemblée*, in Lege 36. Cod. Th. de Hæret. (16, 5.) et in Lege Longobard. lib. 3. tit. 12. [** cap. 1. Carol. M. 121. ubi vero alio sensu usurpatum. Vide supra *Collecta*, 1. Pro conventu illicito est in Legibus Liutprand. cap. 134. (6, 83.)] Exemplar diffinitivæ sententiæ in Concilio Toletano I : *Ne quis communione depulsus, Collectiones faciat per mulierum domos, et apocrypha, quæ damnata sunt, legant, ne communicantes his pari societate teneantur.* [Annal. Benedict. tom. 5. pag. 479. in Epist. Ivonis Carnot. : *Nec tamen Monachi qui hæc ignorant aut non probant, debent suam Collectionem deserere.* Vide *Collecta* 3.]

2. **COLLECTIO**, [Idem quod *Collatio* Monastica.] Vita S. Alberti Abbatis Gambronensis num. 12 : *Cum post Collectionem fratrum gratia quiescendi ad lectum suum venisset, etc.*

3. **COLLECTIO**, Idem quod *Collecta* 8. Oratio quæ post Antiphonas dicitur, in Concilio Agathensi can. 30. [In Missali Gothico pag. 263.] et in Capitulis Theodori Cantuar. cap. 80. et alibi.

¶ 4. **COLLECTIO**, Tributi species. Vide *Collecta* 1.

¶ Collectio Pueri Expositi. Vide *Collectus.*

* **COLLECTISARE**, Collectizare, *Collectam*, sive tributum sit, sive pretium, statuere, imponere, seu exigere. Stat. Universit. Tolos. ann. 1313. ex Cod. reg. 4222. fol. 39. v°. : *Statutum est quod nullus doctor infra octavas O. SS. faciat Collectam. Et infra illud tempus liberum sit cuilibet scholari scholas cujuslibet doctoris intrare, ita quod ex tunc doctorem eligat, quem sibi crediderit meliorem. Postquam autem per doctorem Collectisatus fuerit, non liceat sibi suum doctorem dimittere, nisi Collecta integra persoluta.* Charta ann. 1313. in Reg. 66. Chartoph. reg. ch. 527 : *Minus se habere in bonis mobilibus dicebant quam haberent, sicque in minori summa Collectisati fuerant quam deberent.* Arest. ann. 1350. 6. Jul. in vol. 3. arestor. parlam. Paris. : *Quod possessio et saisina Collectizandi cives Tolosæ pro omnibus bonis quæ habebant,.... fuerat dictis capellariis per arrestum..... adjudicata.* Vide supra *Collectare.*

* Colletisare, Eadem notione. Libert. villæ de Granata ann. 1350. tom. 4. Ordinat. reg. Franc. pag. 24. art. 43 : *Quod dicti consules possint Colletisare omnes notarios, servientes et alios officiales nostros, qui in dicta villa habitant.*

COLLECTORES, Exactores, qui a summo Pontifice ad vendicandas ex bonis Ecclesiæ partas ac male congestas opes per provincias mittebantur. Vide Baronium ann. 397. n. 65.

¶ Collectores Consortiales, Gall. *Queteurs.* Qui spontaneas Fidelium oblationes colligunt pro *Consortiorum* seu *Confratriarum* expensis in luminaribus, vestibus sacris, aliisque pietatis operibus. Bulla Nicolai IV. Papæ ann. 1290. apud Rymerum tom. 2. pag. 478 : *Decima non solvetur... de illis oblationibus quæ colliguntur interdum per laicos, qui Collectores Consortiales dicuntur, et interdum per Clericos... ad opus Consortii... ut inde luminaria in Ecclesia, cruces et calices fiant et reparentur.*

¶ Collectores Missarum vel Anniversariorum qui dicantur in Hispania satis colligitur ex Concilio Mexicano ann. 1585. in quo sic : *Collector unus Missarum constituatur, Sacerdos vitæ exemplo probatus... qui ab Episcopo deputetur; cujus officium sit eleemosynam recipere Missarum omnium, quæ ex testamentorum dispositione, aut alio quovis modo celebrari fient. Collector habebit duos libros, in quorum uno Missas annotet, quæ vel ex testamentis vel ex devotione petuntur celebrari cum officio de quo celebrandæ sunt, loco etiam, die, mense, et anno. In altero vero Missas ad celebrandum inter Presbyteros distributas describet cum nominibus Sacerdotum, annotetque Missas jam celebratas; ita at hujus rei Episcopo aut visitatori petenti rationem reddat. Collector Ecclesiæ* in Synodo Valentiæ anni 1566. *Anniversariorum*, in Epitome Constitutionum ejusd. Ecclesiæ pag. 193. tom. 4. Concil. Hispaniæ.

¶ Collector Coenarum recensitus inter Officiales Jacobi Regis Aragonum, in Charta anni 1299. ex Archivo S. Victoris Massil. intelligendus est Minister, cujus erat pecuniam vel alias res colligere Regi debitas pro *Cœnaticis* et *Albergis*, seu pastibus, quos Domini a vassallis suis exigere consueverant. Vide *Cœnaticum*, *Alberga*, *Gistum*.

** Collectoria. Informat. c. ann. 1397. ap. Guden. in Syllog. pag. 656 : *Informacio super officio Collectoriæ provinciæ Maguntinæ. Est verum quod episcopus Wormaciensis .... fuit collector fructuum Cameræ Apostolicæ.*

COLLECTRA, Supellectilis vestiariæ species. Vide in *Acitara*.

* **COLLECTUM**, Tributum, vectigal. Charta Andreæ reg. Hungar. ann. 1214. inter Probat. tom. 2. Annal. Præmonstr. col. 20 : *Præterea contulit Collectum ponderum et liberorum senariorum de hominibus in cunctis illis ecclesiæ attinentibus.* Vide *Collecta* 1.

COLLECTUS, Collectio. *Colligi* dicuntur infantes *expositi*, cum ab aliquo nutriendi suscipiuntur : tum enim illius sunt qui eos collegit, nisi intra 10. dies quæsiti, agnitique fuerint, ut est in Synodo Arelatens. II. can. 22. Vasensi sub Leone I. PP. can. 10. et in Capitulis Caroli M. lib. 6. cap. 142. [** 144.] Vide Cod. Theod. (5, 7.) et Justin. (8, 51.) tit. de Expositis, et Jacobum Gotofred. ad eundem titulum.

Collectus Infans pro *Expositus.* Gloss. Lat. Græc. : *Collectitius*, σύλλεκτος, χαμαιριφής. Canones Hibern. lib. 41. cap. 27. : *Non venient delicta membrorum diaboli super membra Christi, id est super sanctos, nec Monachorum fugientium, neque eorum qui jaciuntur super Ecclesia, id est, Collectorum, etc.* Ubi, *jaciuntur super Ecclesia*, idem valet ac *in Ecclesiam.* Vide ibidem cap. 22. Extremis seculis, is ritus invaluerat, ut, qui liberos exponerent ad ostia Ecclesiarum, quo eos sacrum baptismum non suscepisse innuerent, sal intra puериles fascias deponerent, ut est in Regesto Temporalitatum, ex Camera Computor. Parisiensi fol. 134.

Collectionis Epistola, in veteribus formulis, est Diploma quod dabatur illi qui infantem expositum ad ostium Ecclesiæ, et a matriculariis *collectum*, certo pretio ab iisdem emerat secundum legem Romanam. Vide in hanc formulam eruditum Bignonium.

Collecti et Collicti, Alia, sed incerta mihi notione, non semel in Chartula plenariæ securitatis exarata Ravennæ sub Justiniano apud Brisson. lib. 6. Formul. p. 646. et seq.

* **COLLEGA**, ut *Collecta* 1. Idem quod *Collata*, *Collatio.* Tabular. S. Mart. de valle : *Guido dominus Lavallensis.... concessit.... domui de S. Martino de Laval...... domum.... liberam et ab omnibus consuetudinibus quietam, scilicet botagium et Collegam et omnes cosdumas. Collega vero qui* (sic) *ad dominum pertinet, ipse prædictus Stephanus statuit et posuit super alium suum feodum.* Vide alia notione in *Collegans.*

¶ **COLLEGANS**, Socius confœderatus. Leges Rotharis [** 138.] apud Murator. tom. 1. Scriptor. Ital. part. 2. pag. 24. col. 2 : *Si duo fuerint Collegantes, medium pretii reputetur illi mortuo, et medium reddat parentibus Collegæ.* Ita MS. Cathedr. Mutin. pro quo textus edit. præfert : *Si duo fuerint Collegæ, etc.*

COLLEGANTIA, Confœderatio, societas, ex Italico *Colleganza*, in Statutis Venetor. ann. 1242. lib. 1. cap. 36. lib. 3. cap. 2. 3.

COLLEGARIUS. Papias : *Collega, a colligatione societatis dicitur. Collegarius, unus ex ipsis sociis.* [Isid. Gloss. : *Collegarius, unus ex collegis.*]

¶ **COLLEGIALIS**, vel Collegiata Ecclesia, in qua Collegium est Canonicorum, Gall. *Eglise Collegiale.* Vide in *Ecclesia.* [** *Societas Ecclesiarum Collegiatarum Wormatiensium* in Chart. ann. 1303. ap. Schannat. Episcop. Wormat. tom. 1. pag. 143.]

¶ Collegialis Fides, in Gruteri Inscriptionibus antiq. [** pag. 322. n. 3.] id est, quæ servanda est a Collegis.

* **COLLEGIALITER**, Una, simul, more collegii. Charta Petri cardin. ann. 1402. pro fundat. colleg. S. Cathar. Tolos. ex Cod. reg. 4223. fol. 151. r° : *Unum collegium duorum presbyterorum et duodecim pauperum scolarium clericorum, qui in eadem domo Collegialiter vivere debeant in civitate Tolosana.*

* **COLLEGIANDUS.** Vide infra *Collegiatus.*

* **COLLEGIARE**, Consulere, Gall. *Consulter.* Exstant libri inscripti : *Collegiandi ratio*, Mich. Columbi ; *De modo Collegiandi*, Feder. Chrysog. Jadert. ann. 1528. Venet. edit. et Th. Philolog. Ravennat. ann. 1565.

¶ **COLLEGIARIUS**, Idem qui *Collegarius.* Tertull. de Spectaculis cap. 11 : *Collegiarii ministri.*

COLLEGIATI, Isidoro lib. 9. Orig. cap. 4. et ex eo Papiæ *dicuntur, quod ex* (abest *ex* apud Papiam, [editum, legitur in MS. Ecclesiæ Bituric.] *eorum Collegio custodiisque deputentur, qui facinus aliquod commiserunt. Est enim sordidissimum genus hominum patre incerto genitum.* Sane inter servos ponuntur, et eos qui Curiæ addicti sunt, in edicto Theodorici Regis cap. 69 : *Quisquis curialem, aut Collegiatum, aut servum, per 50. annos possederit, etc.* Neque alii videntur Collegiati in Cod. Theod. tit. *de Collegiatis*, (14, 7.) ubi ita appellantur qui publico manuariam aliquam artem, operam, et ministerium præbebant, qui sæpe plus æquo et ita prægravabantur, ut e civitatibus fugerent, quod iis minime licebat. Præterea, Collegiatorum filii eorum conditionem sequebantur, proindeque non modo servilis et obnoxiæ conditionis, sed etiam ut plurimum servi nativitate erant, ut colligitur ex lege 1. Cod. Theod. de Collegiat. Vide Jacobum Gotofredum ad hunc tit. Alias,

Collegiati dicuntur *Corporati*, alicui collegio addicti. Præsertim vero in veteri urbis Constantinop. Descriptione ita appellantur, qui e diversis corporibus artificum ordinati, incendiorum casibus subvenire tenebantur, quos 560. fuisse tradit eadem Descriptio, vel 563. ut lex pen. Cod. Just. de Commerc. et mercator. (4, 63.)

Collegiatus, *Carpentarius*, apud Papiam.

* Collegiatus, Collegii alumnus, convictor, Gall. *Boursier; Collegeat*, in Ch. ann. 1626. ex Cod. reg. 4223. fol. 85. r° : *Messieurs les prieurs et Collegeats du venérable college S. Martial de Toulouse, etc.* Epist. de obitu Franc. de Lebreto comit. Petragor. ann. 1483. ibid. fol. 128. r° : *Cum.... egregia domina Francisca de Lebreto vita functa.... cesserit dicto collegio..... jus sigilli unius marchæ argenti levandæ per dictum collegium et per Collegiandos, perpetuis temporibus in futurum solvendæ... Ob quod prior et Collegiati dicti collegii memores dicti doni ac beneficii.... decreverunt pro ipsa domina.... fundare in dicto collegio unum annuarium.* Vide *Collegiati.*

* **COLLEGIO**, Collectio, collegium. Charta Henr. I. imper. ann. 929. inter Probat. tom. 2. Annal. Præmonstr. col. 382 : *Prædicta loca ei concedenda tradidimus, ut secura potestate cum omni quæstu eisdem locis invento, temporibus suis feliciter perfruatur; necnon etiam interiorem familiarum Collegionem, intrinsecus famulantium, cum omni suppellectili.... prædestimus.* Vide *Collegiati.*

1. **COLLEGIUM**, Papiæ idem est quod *Societas collegarum in uno honore positorum.*

Collegia civitatum, in Edicto Theodorici Regis cap. 64. Vide Jurisconsult. Proprie de Canonicis dicitur. Ludovicus Pius Imp. in Epist. ad Sicharium Archiepisc. Burdegalensem : *Sed et his qui in uno Collegio canonice degunt* (Regulam statutam in Concilio Aquisgranensi) *tenendam observandamque... conferas.*

* Sed et de monachis quoque, in Mirac. S. Gorgon. tom. 3. Sept. pag. 343. col 2 : *Venerit plebs fidelium eum comitantium ad S. Mauricii* (Agaunensis) *Collegium.* Nisi auctoris error sit, qui cum ea, qua scribebat ætate, monachis canonicos substitutos videret, hoc sæculo nono tantum factum fuisse ignorabat. Vide ibi notam doctorum Editorum.

¶ Collegium, *Exercitus.* Gasp. Barthii Glossar. apud Ludewig. tom. 3. Reliq. MSS. pag. 25. ex Anonymi Hist. Palæst.

¶ Collegium, Familiaris consuetudo, societas, Gall. *Compagnie.* Annal. Benedict. tom. 2. pag. 618. n. 29. ex Epistola Haganonis Episc. ad Rampertum Episcop. : *Ejus Collegio non modice delectabamur.* f. legi posset *Collogium* pro *Colloquium.*

¶ Collegium Episcopale, Societas et universus ordo Episcoporum; omnes enim ex toto orbe Episcopi Collegæ sunt : et ita olim sese mutuo appellabant. S. Optatus lib. 1. adv. Parmen. : *Et quia Collegium Episcopale nolunt nobiscum habere commune, non sint Collegæ si nolint, tamen fratres sunt.* Sidonio Apollinari lib. 6. Epist. 1. vocatur, *Turba Collegii.* [** Vide Coustant. in Epist. Pontif. col. 265. C.]

* 2. **COLLEGIUM**, Conventus illegitimus, vel illicita societas. Charta Humb. dalph. ann. 1342. tom. 9. Ordinat. reg. Franc. pag. 38. art. 3 : *Quod ipse dominus Raymundus et sui heredes et successores de prædictis possint infra districtum et juridicionem suam punire Collegia et monopola illicita.* Vide *Collecta* 4.

* **COLLELLARIUS**, a veteri Gallico *Colletier*, Vestium seu giponum sartor, interprete Cotgravio. Libert. Montisfer. ann. 1291. in Reg. 181. Chartoph. reg. ch. 154 : *Item Collellarius, forcerius, sypherius, cutellarius, qui vendunt, duos denarios quolibet anno.* Et quidem inter artifices hic appellatos, non memorantur sartores. Vide supra *Collectarius* 3.

¶ **COLLEMA**, κόλλημα, Glutinamentum. Martian. Capella lib. 3 : *Niloticæ fruticis Collemata.*

¶ **COLLEMENTUM**, Idem ac *Collata*, Tributum a subditis domino collatum. Charta Bertrandi Comitis Forcalquerii ann. 1044. ex magno Chartulario S. Victoris Massil. fol. 148. v° : *Inquietare valeat vel audeat ullo unquam tempore, aut aliquam vim inferre moliatur... neque per arbergariam, neque per Collementum.*

* Ubi *Tollementum* legit et edidit D. *Vaissete* inter Probat. tom. 2. Hist. Occit. col. 210. Vide in hac voce.

* **COLLERA**, Arboris species, f. *Corylus*, Gall. *Coudrier.* Stat. Montis-reg. pag. 232 : *Item statutum est quod aliqua persona, quæ custodit capras, non.... debeat incidere aliquod lignum viride in aliqua parte de ruvore, sapo, castunea, biolla, vel de Collera, nec de ligno fagi.* Et pag. 236 : *Ideo statutum et ordinatum est, quod banna damnorum ruvorum, vernarum, Colerarum, salicum, etc.*

¶ **COLLERETUM**, Collare, Ornamentum colli interdum vestibus assutum, Gall. *Collet.* Litteræ Caroli VI. pro Reformatione Canonicorum sanctæ Capellæ Paris. : *Vestesque simplices absque Colleretis et superfluitate manicarum.* Vide *Collestrum*, et *Collerium.*

COLLERIDA. Vide *Collyrida.*

¶ **COLLERIUM**, Collerius, Collare, Ornamentum colli. Gall. *Collet*, vel *Collier.* Statuta S. Capellæ Paris. pag. 10 : *Cavendum ne subtus suppellicia induantur hopelandæ propter deformitatem, quæ ibi multoties est apparens in Colleriis et aliis multis modis.* Inventar. Ecclesiæ Noviom. ann. 1419 : *Item duo Collerii de eod. panno serico nigro.* Vide *Collarium* et *Colleretum.*

COLLERIUS. Regestum Castri Lidi in Cenomanis fol. 39 : *Pedagium porcorum, quisque porcus ob. Collerius conductus, ob. Collerius sine pretio, nihil, etc.* Ita fol. 45. v.

¶ **COLLESIT.** Instrum. anni 990. apud Lobinellum tom. 2. Hist. Britan. col. 95 : *Offeravit Conan Britannorum Princeps pro Deo et pro vita æterna acquirenda animæ Senioris sui, et suæ atque conjugis, et patris matrisque, et fratrum sororumve, et cæterorum quibus velle Collesit, villas tres, etc.* Laudatus Historicus *Collesit* pro *Collibuerit* ait esse positum : bene quidem si sensum spectes, at si vocem ipsam, potius pro *Collicuit* credideris dictum esse *Collesit.*

COLLESTRUM, Collare, Italis *Colletro.* Charta Italica apud Ughellum tom. 4. pag. 1289 : *Nunc vero Collestrum tollit, et sic expoliat eos, quod cum aliquid volumus accipere, nequimus.* Galli dicerent, *Lever le collet.*

¶ **COLLETANUM**, f. Colum, Gall. *Couloir*, Ital. *Colatoio.* Instrum. ann. 1329. ex Archivo S. Victoris Massil. in quo varia tum vestium, tum supellectilium genera recensentur : *Item duas vinaierias.... Item unum Colletanum, duos ufferesios,* [* leg. Uffeserios, vel potius Offertorios]....... *Item unum mortorium cum suo trissono.*

* Nequaquam : idem quippe est quod *Collectaneum*, Liber, in quo *collectæ* continentur. Inventar. ann. 1218. inter Probat. tom. 1. Hist. Nem. pag. 66. col 1 : *Item inveni in armario juxta crotam... psalterium planum, Colletanum, etc.* Vide supra *Collectarium.*

* **COLLETISARE.** Vide supra *Collectisare.*

¶ 1. **COLLETUS**, Collare, Gall. *Collet.* Statuta Andegav. ann. 1499 : *Præcipimus, injungimus et monemus universitatem Cleri de portando habitum honestum... non habentes largas manicas, Colletum non depressum seu decolletatum.* Vide *Collerium.*

* 2. **COLLETUS**, Augustus aditus montium. Charta ann. 1258. ex Tabul. S. Vict. Massil. : *Vergit in clobo S. Johannis usque verticem collis, et usque ad serram de Marshan, et hinc ad Colletum de la Rabiero.* Nisi idem sit quod *Collatum* 2. Jugum montis. Vide supra *Collata* 2.

¶ **COLLEUM**, ὁ ταύρειος ἀσκός. Glossar. Lat. Græc. Uter taurinus.

¶ **COLLIA**, Fauces seu angusti aditus montium, Gall. *Col.* Charta anni 1222. ex Archivo Cameræ Comput. Ducis Sabaudiæ Camberiaci : *Humbertus de Luiriaco accepit in feudum ab Humberto de Bellijoco municipium quod faciet infra Colliam de Cormarenchi in Valromesio aut Valle-Romana.*

¶ **COLLIANUS.** Gloss. Isid. : *Collianorum, Publicanorum, vel impiorum*, quibus addunt Excerpta Pithœana, *Collibariorum*; sed hæc vox Grævio videtur pertinere ad sequentem Glossam, ubi : *Collybum*, καρμάτιον, (κερμάτιον.) Reinesius in Variis pro *Collianorum* scripsit *Tocullionum*, quod τοκυλλίων sit Fœnerator Ciceroni, a τοκύλλιον Fœnusculum.

¶ **COLLIBARIUS.** Vide *Collianus.*

¶ **COLLIBENTIA**, Consensus. Vide in *Conhibere.*

COLLIBERTI, Coliberti, dicuntur in jure Civili qui ab eodem domino seu patrono cujus servi fuerant, libertate donati sunt. Glossar. Lat. Græc. : *Conlibertus*, συναπελεύθερος, σύνδουλος. Gloss. vet. : *Collibertus*, συναπελεύθερος. Gloss. Lat. Gall. : *Colibertus, Franc, ou ensemble affranchi.*

Sed Collibertorum, seu Colibertorum conditio alia apud nos fuit; nam nec inter omnino liberos, nec inter omnino servos accensebantur, sed mediam quandam inter utrosque conditionem tenebant, ita ut nec liberis, nec servis annumerarentur, licet ad servorum statum propius accederent, cum eorum instar essent in commercio, dominos haberent, quibus censum de more exsolvebant, et ab iis in libertatem non secus ac servi assererentur. Petrus Malleacensis lib. 1. cap. 1 : *In extremis insulæ, unde agitur, supra Separis alveum quoddam genus hominum piscando quæritans victum, nonnulla tuguria confecerat, quod a majoribus Collibertorum vocabulum contraxerat, quod nomen quamquam quædam servorum portio sortita sit, videtur tamen quod in istis conditione aliqua derivatum sit. Unde quoniam adest occasio, ipsius vocabuli perscrutetur interpretatio. Etenim Collibertus a cultu imbrium descendere putatur ab aliquibus. Progenies autem istorum Collibertorum hinc forte istud ore vulgi multa interdum ex usibus rerum vera dicentis contraxit vocabulum, quoniam ubi inundantia pluviarum Separis excrescere fecit fluvium, relictis quibus incolebant locis,* (*hinc enim procul habitabant nonnulli*) *properabant illo causa piscium.* Sed quæ de vocabuli etymo hic subduntur, procul omnino absunt a vero.

Diversos porro statu et conditione, a servis Colibertos, docet etiam vetus Charta, quæ exstat in Tabulario Vindocin. num. 161 : *Notum sit... quod quidam servus S. Martini, et noster nomine Hildrudus duxit uxorem quamdam Colibertam Hugonis... de qua habuit 4. pueros. Post mortem Hugonis filius ejus calumniatus est nobis medietatem filiorum propter Colibertam patris sui, de qua re Domnus Ascelinus Monachus tunc Præpositus obedientiæ Buziaci iniit placitum apud Montorium in feria S. Laurentii, ibique judicatum est quod nati de servo et Coliberto non debent partiri, sed patrem sequuntur cujus sunt filii, ideoque calumniam ejus esse injustam. Et cum ille contenderet illum fuisse*

Collibertum, guadiavit ei Domnus Ascelinus jurare, quod ille servus fuerit, non Colibertus, quod jusjurandum fecit ei fieri per unum hominem ejusdem villæ, etc.

Erant igitur Coliberti potioris conditionis quam servi, etsi, æque ac illi dominis suis obnoxii *Census de capite*, servorum instar, exsolverent. Liber Chartarum Ecclesiæ S. Cyrici Nivernens. num. 83 : *De Colibertis S. Cyrici et suorum Canonicorum, qui unoquoque anno solvere debent de capite 3. den.* Certe in liberorum numero connumerari videntur in Lege Longob. lib. 1. tit. 29. § 2. lib. 2. tit. 21. § 16. tit. 27. § 1. tit. 55. § 11. 13. [** Liutpr. 90. (6, 37.) 38. (5, 9.) 131. (6, 78.) Rothar. 371. Liutpr. 8. (2, 2.)] Verum iis in locis *Conliberti* accipiuntur pro hominibus ejusdem conditionis, vel ejusdem pagi : quo sensu forte id vocabuli usurpatur apud Gregorium Magnum lib. 3. Dial. cap. 24. ubi inducit B. Petrum quendam Ecclesiæ custodem alloquentem : *Colliberte, quare tam citius surrexisti?* Zacharias Papa habet σύντροφε, id est, *sodalis.*

Erant tamen in commercio non secus ac servi, ita ut et venundari, et donari possent. Tabular. Vindocinense Thuanum Ch. 41 : *Hunc Colibertum... S. Martino hac ratione obtulit, ut non solum ipse, verum etiam omnis ex eo nascitura progenies Abbati hujus loci debitum reddat obsequium, et eorum subjaceat servituti.* Ch. 104 : *Duos quoque Colibertos a fratre suo dudum emptos ita nobis autorizavit, ut 10. pro hoc solidos ab ipsis, 5. acceptaret a singulis.* Ch. 115 : *Gaudelinus... dedit S. Martino Majoris Monasterii Colibertum quendam nomine Guismandum cum parvulo ejus filio David et omni deinceps posteritatis suæ fructu.... Comes autem Gaufredus de cujus illum fevo Colibertum tenebat Gaucelinus, gratis huic dono pro liberalitate solita favit.* Adde Loisellum in Belvac. Histor. pag. 253. et Ægidium *Bry* in Hist. Pertic. lib. 2. cap. 9. pag. 50.

* Charta Juelli de Meduana ex Tabul. Major. monast. : *Iratus graviter contra eum* (Guarinum Probum) *dixi ei, quod meus Colibertus erat, et poteram eum vendere vel ardere, et terram suam cuicumque vellem dare, tamquam terram Coliberti mei.* Vide Hist. Sabol. pag. 51.

Ita etiam servis accensebantur, ut perinde ac illi in libertatem assererentur : quod testantur passim Chartæ veteres. Tabularium Burguliense : *Theobaldus cognomento Paganus de Villanova.... Not. facio... me quemdam meum Colibertum Lambertum nomine libertati condonasse. Et ut hoc perpetualiter inconvulsum permaneret, hanc Chartam in publico Conventu, astante et testante omni populo in Ecclesia sancti Christophori die Dominico, ante Processionem, tam ego quam omnes qui tunc successores esse poterant, crucibus nostris firmavimus. Actum tempore Philippi Regis Franc. et Wolfridi Parisior. Episcopi, Milonis quoque ac Widonis fratris ejus, Magni Milonis de Monteletherici filiis, etc.* Tabularium S. Albini Andegav. : *Gauslenum Colibertum suum ab omni jugo nativæ servitutis, quantum in ipsis erat absolverunt, et liberum in perpetuum cum omnibus suis permiserunt. Ipse autem libertus factus, postmodum superiorum seniorum, de quorum beneficio in jus prædicti Hamelini,* (a cujus liberis libertatem consecutus erat) *auctoritates et firmitatem diversis opportunitatibus temporum, et perquirere et impetrare studuit.* Charta Ludov. VI. Regis Franc. ann. 1103. apud Loisellum : *Deprecatus sum autem eosdem Canonicos, ut pro amore nostro Landulfum Ecclesiæ eorum Colibertum liberum esse permitterent.* Charta Gaufredi Comitis Andegav. fol. 81 : *Dedi iterum modium hordei, quem de liberandis Colibertis habebam ubicumque liberabam, si quidam ex Clericis Ecclesiæ adesset.*

Ita Colibertorum conditio obnoxia erat, quod testatur etiam juramentum Canonicorum Ecclesiæ Cenomanensis in ejusdem Tabulario sub ann. 1408 : *Ego N. juro quod fidelis ero huic sanctæ Cenomanensi Ecclesiæ, ac Decano et Capitulo ipsius obedientiam et subjectionem exhibebo, statutaque et consuetudinem ejus scriptas approbatas servabo, consiliaque Capituli celanda celabo; quodque non sum ascriptitius, libertus, Collibertus, libertus, nec Collibertinus, nec servi, ascriptitii, liberti, Colliberti, neque libertini aut Collibertini filius, nec alius talis quam propter conditionem Canonicæ sanctionis ad sacros ordines, vel Ecclesiastica beneficia prohibeantur promoveri.* Simile juramentum Canonicorum Carnotensium habetur in veteri Codice ejusdem Ecclesiæ, quod hic etiam describemus : *Et postea in Capitulo juramentum factum ad caput B. Annæ tale est : Cantor, seu locum ejus tenens, dicit canonizando : Vos juratis super sacras istas reliquias, quod vos estis de legitimo matrimonio procreatus : item quod estis liberæ conditionis, nec estis Colibertus, nec filius Coliberti. Item quod ista præbenda, cujus investituram expectatis, non dedistis, nec promisistis, nec alius pro vobis dedit vel promisit vobis scientibus aurum vel argentum, vel pecuniam aliquam, vel aliud quod per pecuniam aliquam debeat aut valeat comparari : et si promissum fuerit per vos, non solvetur. Item juratis quod in percipiendis distributionibus fraudem aliquam non facietis : Sic nos Deus adjuvet et hæc sancta.* Adde Jacob. Petitum ad Pœnitentiale Theodori pag. 490. Denique Ebrardus Betuniensis in Græcismo cap. 9. servos fuisse ait Colibertos :

> Libertate carens Colibertus dicitur esse;
> De servo factus liber, Libertus : at ille
> Libertinus erit, quem Libertus generavit.

Ex prædictis evidenter patet non multum aberrare, qui *Colibertos* ejusdem fuisse conditionis et status cum iis quos ætas anterior *Colonos* appellavit, de quibus suo loco : unde et *Coloni*, appellantur in Domesdei : *Tempore Regis Edwardi erant 9. burs, id est, Coliberti cum 4. carucis.* Apud Agardum vero *Burs, Colonus,* dicitur. Interdum hac voce *Sokemanni* intelliguntur; quippe apud Edward. Cokum hæc lego : *Coliberti, id est, qui tenent in liberum socagium per redditum, et quandoque appellantur Radchenestres, id est, liberi homines, qui tamen arabant, herciabant, falcabant, metebant, etc.* quæ quidem erat colonorum conditio, ut infra docemus. Colliberti igitur erant servi in libertatem, non quidem plenariam, sed *conditionalem* asserti : unde etiam *Conditionales* dicuntur ejusmodi homines alicui conditioni vel servituti obnoxii, a qua rursum asserebantur interdum in potiorem libertatem. Neque enim recte Souchetus ad Epist. 132. Ivonis Carnot. censuit Colibertos appellatos, qui ex servo et libera, aut contra, nati erant, cum essent liberti ex servis facti; sed ut dixi, potioris conditionis, licet integram libertatem non essent adepti. Exstant complures Chartæ manumissionum ejusmodi Colibertorum, atque in primis ea quam describit Tabularium Vindocinense fol. 151. num. 336 : *Quicumque in nomine S. Trinitatis quemlibet suorum ex servili vel Collibertina familia ad libertatis honorem pro Dei amore disponit accedere, sciat sibi veraciter ejus misericordiam acquirere. Ego igitur Rodbertus de Marcilliaco te Durandum, et tuam mulierem, atque tuos pueros, et Fulcagium fratrem tuæ mulieris, quos teneo ex Hilgodo Giselberti filio, a vinculo servitutis absolvo. Ab hac ergo die quidquid Deo et vobis in bono placito fuerit, liberi, francique in reliquum tempus vitæ vestræ absque ullius donationis inquietudine, tanquam ab ingenuis parentibus nati, licenter agatis. Peculiare vero quod nunc habetis, vel quod deinceps assequi potueritis, sicut vobis placitum fuerit, absque calumnia possideatis, et quiete, prout volueritis, disponatis. Hæc autem libertatis auctoritas ut in perpetuum firmior habeatur, propriis manibus eam firmare curavi. S. Rodberti qui hujus testamenti cartam fieri præcepit. S. Giliæ ejus uxoris. S. Ernulfi et Rodberti filiorum ejus atque Radulfi. S. Richildis ejus filiæ. S. Drogonis ex Lavaciaco. S. Tethelini nepotis ejus. Testimonio Richardum Majorem suum. S. Emelini. S. Galterii filii sui. S. Godefridi fratris sui. S. Viviani qui istam chartam fecit.* Tabular. Majoris Monasterii Ch. 184 : *In nomine Regis æterni, Ego Hugo Preses S. Martino et Majori Monasterio Raginaldum Belinum quendam meum Colibertum pro redemptione animæ patris mei Archembaldi dono : atque mulierem ejus Milesendem quam calumniaveram liberam esse, concedo, fructusque eorum, etc.* Tabularium S. Stephani Lemovicensis : *Alexander Vicarius Domino Deo et S. Stephano, et Episcopo Itherio, et Canonicis sibi subditis donum simul et gurpitionem fecit de Colibertis, viris scilicet et mulieribus, qui pertinent ad molendinos de subtus muros, ita ut ab hodierna die inantea sint liberi absque ulla servitute, tam ipsi quam progenies eorum ventura.*

Denique haud omnino diversos fuisse ab *hominibus de capite* docet vetus hæc notitia ex Tabulario Burguliensi fol. 135. 136 : *Miles quidam de Burgolio Alo, homo de capite suo S. Petri Burgul. sub Baldrico Abbate hominium suum denegavit... termino constituto, die definito super hac causa disceptaturi, quinimo duellum habituri, in Curiam Gaufridi Episcopi Andegavensis convenerunt : Episcopus judicium distulit, causam non examinavit : Alo confessus est se esse hominem de capite suo altaris Abbatis, et facturum* (hominium) *promisit, quod et fecit. Badrico Abbate Archiepiscopatus* (Dolensis) *sedem adepto, Wiberto in loco illius substituto, Alo sine consilio Dominorum suorum Abbatis et Monachorum, ingenuam et nobili genere uxorem duxit, dante sibi jurejurando, liberum, et ab omni servitutis jugo extraneum se esse contestans... Monachi contradicunt, Alonem suum esse Colibertum proclamant, ad disceptationem provocant... apud Salmurium castrum tractaturi veniunt in Curiam Comitis Fulconis sui apud Salmurium, cujus quamvis præsentia non affuit, tamen Baronum illius S. et Arevini Magistri Militum auctoritas, et quod superest, judiciaria lex non defuit.... Pugna duorum virorum affirmantis, et negantis approbatur. Curia requiritur, defensio Gauterii de Montesorelli eligitur, dies indicitur, pro tempore ab utraque parte cum concionatoribus convenitur. Exposito judicio, expediti pugiles veniunt ad Sancta Sanctorum, manus elevant presto juraturi. Alo differt causam, consilium quærit; quid plura? promittit se in Capitulum venturum, altaris Abbati et Monachis hominem de capite professurum. Hoc modo Conventus dimittitur. Act. ann.* 1114. *Indict.* 7. *etc.* Tabularium S. Mauricii Andegavensis : *Notificamus igitur præsentibus et futuris quod Odo filius Bernerii Brunelli, Colibertus S. Mauricii dedit filiam suam cuidam ingenuo sub nomine ingenuitatis. Quod cum Canonici S. Mauricii audissent super filiam marito traditam calumniam fecerunt : maritus vero audita calumnia patri suo eam remisit. Odo igitur inprimis se Colibertum S. Mauricii denegavit : postea vero in Capitulum vocatus, ut de hac re cum Canonicis ageret, accepto saniori consilio, veritatem rei recognovit, et in conspectu Raynaldi Episcopi junioris se Colibertum S. Mauricii esse professus est, et* 4. *denarios in signum professionis in manu Episcopi posuit, videntibus istis Richardo Decano, etc.* Tabularium S. Cyrici Nivern. Ch. 65 : *Cum duobus Colibertis et progenie illorum quæ de illis in posterum ventura est, etc.* Ibid. Ch. 81 : *Quendam Colibertum, nomine Tegbergum, cum omni prole, quæ ex eo processit vel processura est.* Et Ch. 83 : *De Colibertis S. Cyrici qui unoquoque anno debent solvere de capite suo denarios, etc.* [** Vide Guerard. in Indic. ad Polyptych. Irminon. et in Prolegom. ad Chartul. S. Petri Carnot. § 32. sqq.]

¶ Comliberti, pro *Colliberti*, apud Mabillonium tom. 3. Analect. pag. 101.

¶ Colibertas, Conditio *Colliberti*. Chartularium S. Vincentii Cenoman. fol. 98 : *Et eum ab omni Colibertatis calumpnia, quamdiu hanc concordiam tenuerit, cum omni fructu suo absolvimus. Si vero aut ipse aut sui in his que supradiximus, aliquam calumpniam miserit, in Colibertatem omni tempore vitæ suæ redeat, et que sibi cum libertate annuimus, perdat.*

COLLIBIUM, *dicitur a Collibeo, es, et dicitur Collibium, parvum munusculum, vel fructus, ut pomum, nuces, cicer, frixum, uva passa, quod et Bellarium dicitur et Antepomentum : et dicitur a Collibet, quia simul placet; post enim carnium fercula fructus solent diligi per se non tantum. Unde Collibista, dicitur qui recipit Collibia et hujusmodi munuscula pro usura vel aliquo servitio. Dicitur etiam Collibista, qui vendit Collibia.* Hæc Joan. de Janua, cui consona habet quædam Ugutio, quæ expendat cui per otium licet. Vide *Collybista*.

¶ **COLLIBRARE**, Comparare, quasi *libra* ponderando. Murator. tom. 2. pag. 192. col. 2 : *Et qui, inquies, fieri potest, ut aliquis de Sacerdotum globo Collibretur cum Ambrosio.*

COLLIBRUM, *Genus certæ pecuniæ*, Ugutioni. Joan. de Janua : *Collibrum genus pecuniæ, vel tota pecunia simul collibrata.* [Hinc corrigendi Papias MS. qui habet : *Collibrum, Genus pœnæ vel pecuniæ*; et Gloss. San-German. MSS. ubi *Conlibrum*, *Genus penie*. In Supplemento Antiquarii legitur

¶ Collibum, Τέλεσμα μικρόν, κόλλυβος, *Precium permutationis.*

* **COLLICIDIUM**, Idem quod *Collistrigium*. Anonymi Lobiens. Chron. ad ann. 1292. apud Pez. inter Script. rer. Austr. tom. 1. col. 869 : *Alios facti complices privatos suis feodis et possessionibus, Collicidio pœnisque gravissimis tormentavit.* Vide supra *Colare* 5.

¶ **COLLICTUS.** Vide *Collectus*.

¶ **COLLIDA.** Vide *Colidaria*.

¶ **COLLIFANA**, πρόβατα ἱερέα. Gloss. Lat. Græc. : *Oves sacræ.* Ad hæc Martinius ait : An *Colla fani?*

COLLIFICIUM. Leges Aluredi Regis Westsax. cap. 30. apud Brompton. et 31. apud Lambardum : *Si eum* (hominem cirliscum, seu paganum) *reddat* (leg. *radat*) *in contumeliam ad Collificium*, 10. *sol. emendet.* Saxonicum habet, tohomelan, quod Lambardus vertit, *morionis in morem.*

COLLIFURIA, Papiæ, *Boves opus facientes.* [Vide *Colifarius*.]

COLLIGANTIA, Idem quod *Colligatio*. Ericus Upsalensis lib. 5. Hist. Suecicæ pag. 190 : *Principes Colligantiæ supradictæ, etc.* Lib. 6 : *Maxime propter Colligantiam regnorum.* [Liga inter Carolum IV. Imp. et Joannem Regem Franc. ann. 1355. apud Ludewig. tom. 5. Reliq. MSS. pag. 452 : *Sic nunc eadem promissa et Colligantias.... præsentibus innovamus sub tenoribus infrascriptis. Confœderationem et Colligantiam*, in Excerptis Amelgardi de Gestis Ludovici XI. Franc. Regis, apud Marten. tom. 4. Ampliss. Collect. col. 772.] Vide *Liga*.

COLLIGATIO, Confœderatio, Gallis, *Ligue. Conjurationes vel Colligationes*, in Concilio Tolosano anni 1228. cap. 8. Charta Alexandri PP. ann. 1258. in Hist. Episc. Cadurcens. num. 129 : *Ut Colligationes et coadunationes hujusmodi facias omnino dissolvi.* [*Colligatio et confratria* prohibetur in Statutis Avenion.] Occurrit etiam lib. 5. Feud. in Bulla Caroli IV. Imp. etc.

** **COLLITURA**, Fasciculus. Vocabul. Lat. Germ. ann. 1482 : *Colligatura, Germ. Bossen, kugeln, boszflachse.* Adel.

¶ **COLLIGATUS**, Confœderatus, Gallice *Allié*, apud Rymer. tom. 8. pag. 434. col. 1. in Charta Henrici IV. Regis Angl. pro Episc. Wintoniensi de Pace : *Pro Nobis, regnis, dominiis, subditis ac Colligatis et confœderatis nostris quibuscumque.* Et infra : *De, pro et super firma, stabili et perpetua pace habenda inter Nos, hæredes, successores et subditos ac Colligatos et confœderatos nostros quoscumque.*

1. **COLLIGERE**, Absolute, Coire, cœtus celebrare, ἐκκλησιάζειν, συνάγειν, *Collectas facere*, in l. 4. Cod. Theod. de Fide Cathol. (16, 1.) l. 21. de Hæret. (16, 5.) l. 1. de His qui super religione. (16, 4.) *Congregationes Colligere*, l. 14. de Hæret. eod. Cod. *Collectiones interdictæ*, l. 36. eodem tit. Leges Luitprandi Regis tit. 110. § 10. et Lex Longob. l. 1. tit. 17. § 3. [** Rothar. 285.] : *Si pro quacunque causa homines rusticani se Collegerint, id est, consilium et seditionem facere præsumpserint, etc.* [** Apud Heroldum Rothar. cap. 284. et 285. legibus Liutprandi tit. 110. rec. 141. (6, 88.) quo loco laudantur inserta sunt. Conf. eundem Liutpr. cap. 134. (6, 81.)] Anastasius Bibliothecarius in Præfat. ad octavam Synodum : *Favebat autem his quidam Senator sæcularis administrationis fungens officio, A secretis, nomine Photius, qui ad Patriarchale conscendere fastigium affectans, cum eis seorsum Colligebat, etc.* [Vide *Collecta* 4. et 6.]

2. **COLLIGERE**, Suscipere, defendere, tutari, in l. un. Cod. Th. de His qui plebem audent contra publicam disciplinam colligere. (9, 33.)

3. **COLLIGERE**, Associare, in partem dominii quempiam adsciscere, Gall. *Apparier.* Ita *Colligere alium in lecto suo*, in Concil. Turon. II. cap. 14. est adsciscere. Charta Ludovici VII. Regis ann. 1177. in Regesto Philippi Augusti Regis Herouvalliano fol. 96 : *Notum facimus.... quod Hugo Niger de Merreolis nos Collegit et recepit in territorium de Flagiaco quod est de feodo Gilonis de Moreto ad consuetudinem Lorriaci,..... eo quidem pacto quod nos et Hugo cum hæredibus nostris et suis dimidiabimus per omnia reditus, et omnes exitus et justitias de Flagiaco : et similiter nos et Hugo.... dimidiabimus per omnia redditus et exitus; et justitias de Becherollo, etc.* Alia Ludovici Regis ann. 1155. in Hist. Vastiniensi lib. 3. cap. 2. extremo : *Abbas ejusdem loci Gilbertus assensu Capituli sui Collegit nos ad medietatem totius villæ in quibuscunque reditibus, etc.* Alia Philippi Aug. ann. 1196. pro Monasterio S. Mellonis Pontisarensis : *Henricus Abbas B. Mellonis et ejusdem Ecclesiæ Capitulum Colligunt nos in boscis Ecclesiæ suæ ad Henoncivilla ad villam ibi construendam,.... associant autem ibidem nos tam in bosco quam in plano et in aquis, ut medietatem per omnia exinde percipiamus omnium proventuum, etc.* [Vide *Accolligere*.]

4. **COLLIGERE**, Excipere, domi detinere. Joannes VIII. PP. Epist. 303 : *Illas mulieres quos nunc in sua mansione Collectas detinet.* Vide *Collecta* 3.

Colligere se ad aliquem, Adire. Charta Caroli Crassi Imp. ann. 887. ex Tabul. Lingonensi : *Hujus itaque rei causa ad nostram se Colligens Majestatem, humiliter postulavit, etc.* Vide *Recolligere*. Eadem formula habetur in Charta Caroli C. ann. 34. in Tabulario S. Stephani Divionensis.

Colligere diem. Concilium Remensis Provinciæ ap. S. Quintinum ann. 1235. MS : *Consensit Concilium, quod Dom. Remensis non tenetur respondere super homicidio... nec super alia, nisi fuerit in defectu si non Colligit diem coram Dom. Rege, etc.* Alibi : *Cum non fuerit in defectu, nec reputet eum Dom. Rex, si non Colligit diem coram ipso contra eos, etc.* Rursum : *Se recesserunt in partem, et habito consilio, in hoc convenerunt, quod diem illam Colligerent, etc.* [hoc est, eligerent vel designarent.] [** Vide *Collocare.*]

¶ **COLLIMITARE**, Limites eosdem habere, Confinem et vicinum esse. Ammian. Marcel. lib. 31. cap. 5 : *Gelonis Agathyrsi Collimitant.* Solinus habet : *Gelonis Agathyrsi Collimitantur.* Siricius Papa Epist. ad Himerium : *Qui vicinis tibi Collimitant provinciis. Collimitans*, Confinis, in Mirac. S. Maximi Ep. tom. 7. SS. Maii pag. 28.

¶ **COLLIMITIUM**, Confinium, Limitum conjunctio. Pluries occurrit in Legibus municipal. Mechlin. tit. XIV. art. VIII. X. et XI. Sed et hac voce utuntur Solinus et Ammianus.

COLLINA, Colliculus, Gallis *Colline.* Innocentius Gromaticus de Casis literarum : *Habet et super se duos montes,... super se vero Collinam extensam.* Infra : *Per Collinam autem via excurrit.*

* Charta ann. 1048. apud Lam. in Delic. erudit. inter not. ad Hodoepor. Charit. part. 3. pag. 1034 : *Sicut ipsa straticciola decurrit usque ad Collina. Va meridie vero ab ipsa Collina usque ad feum Ubaldi.*

Collinum dixit Columella lib. 2. cap. 2. ut et Otto Morena in Hist. Rerum Laudens. pag. 71.

¶ **COLLIRIDA.** Vide *Collyrida*

COLLISSA Porta, Cataracta, Gallis, *Porte coulice.* Chronicon Senoniense cap. 13 : *Quidam vero Columbariensium timens ne plures in adjutorium illorum subintrarent, ascendit portam, et portam Collisam ab alto ad ima demisit.* Le Roman *du Renard.* :

Et mongoniaus de plusieurs guises,
Et bonnes portes Couleices.

Le Roman *de la prise de Hierusalem* MS. :

De ciment mult durable furent fait li crinel,
Les portes Coleices, fort et roit li flael.

¶ **COLLISEUM.** Vide *Coliseum.*

COLLISTRIGIUM, Collistridium, Idem quod *Pilorium*, Gallis *le Carcan*, et *le Pilori* : Palus scilicet, cui affixus est circulus ferreus, quo damnatorum colla constringuntur. Nonius Marcellus : *Collare, est vinculi genus quo collum adstringitur.* Vide l. 8. D. ad Leg. Jul. de vi publ. (48, 6.) Fleta lib. 2. cap. 10 : *Pilorium sive Collistrigium.* Leges Burgorum Scoticor. cap. 21 : *Justitia de eo vel de ea fiet : videlicet pistor ponatur super Collistridium* (al. *Collistrigium*) *quod dicitur Pillorie.* Ita cap. 121. § 2. Walsinghamus in Ricardo II. pag. 273 : *Æstimant se infortunatos,... quod caput Militis... ad terrorem ubique terrarum, judicum, et falsorum justitiariorum, viriliter amputassent, et super Collistrigium collocassent.* Matth. Paris ann. 1201 : *Eodem anno Rex fecit generaliter proclamari, ut legalis assisa panis inviolabiliter sub pœna Collistrigiali observaretur.*

In Legib. Kanuti Saxonicis cap. 42. Healsfange dicitur ejusmodi pœna, voce ab heals, quod collum, et fang, captum, sonat, composita : atque ita healsfange ad verbum, est collum obstrictum. Concilium Ænhamense ann. 1009. cap. 31 : *Pœna seu animadversio Colli obstricti.* Vide Cujac. lib. 16. Observat. cap. 1. et quæ observant Critici ad illud Suetonii in Nerone cap. 49 : *Legitque se hostem a Senatu judicatum, et quæri ut puniatur more majorum. Interrogavitque quale id genus esset pœna : et cum comperisset nudi hominis cervicem inseri furcæ, corpus virgis ad necem cædi, etc.*

COLLISUM Argentum. Gloss. Gr. Lat. MS. : Συντεθλιμμένον, ἤτοι συνετριμμένον ἀργύριον, *Collisium argentum.* Editum : συντεθλιμμένος, ἤτοι συνεπτυγμένος ἄργυρος, *Conlisum argentum.*

* **COLLITROGIUM**, Idem quod *Collistrigium.* Charta ann. 1356. in Reg. 84. Chartoph. reg. ch. 720 : *Johanni de Tintre concedimus per præsentes, ut in loco prædicto et aliis omnibus locis et terris suis, in quibus* (habet) *altam jurisdictionem et mediam, ... furcas patibulares integras et perfectas, ac Collitrogium seu pilloricum erigere possit.*

¶ **COLLOBIUM.** Vide *Colobium.*

COLLOCARE, Culcare, Cubare. Julius Africanus lib. 9. Hist. Apost. pag. 116 : *Extinctis igitur lucernis, Collocaverunt se custodes.* Liber Ordinis S. Victoris Parisiensis cap. 5. de Priore majore : *Faciet... orationem in Dormitorio ad Collocandum.* Cap. 41 : *Nocte similiter postquam omnes tam officiales quam alii fuerint Collocati.* Infra : *Si infirmi se Collocaverint.* Udalricus lib. 1. Consuetud. Cluniac. cap. 41 : *Si aliquando contingit nobis invitis... ut lux diei adhuc clare non appareat, quando dormitum Collocamus.* Lib. 3. cap. 3 : *Postquam nox fuerit, portatur ante illum* (hospitem) *per omnia laterna, tam in conventu, quam extra, usque ad lectum : ubi qui portat obsequitur illi ad Collocandum et ad levandum.* Adde cap. 8. et 9. Liber Usuum Ordinis Cisterciensis cap. 84 : *Collocet se in dormitorio sicut et alii.* Concil. Copriniacense cap. 31 : *Prohibeant Sacerdotes Mulieribus ne Collocent pueros parvulos in lectis suis sub pœna excommunicationis.* Iisdem verbis Concilia alia non semel. Ita etiam Bernardus Monachus in Consuetud. Cluniacens. MSS. cap. 2. 4. et alibi passim. Est igitur *Collocare*, quod nostri *Coucher*, dicunt, unde et vocis etymon, seu nosmet ipsi in lecto *collocemus*, seu ab aliis collocemur : vox pronubis propria. Terent. in Eunuch. : *Deinde in lecto illam Collocant.* Catullus in Epithal. :

Vos unis senibus
Cognitæ bene feminæ
Collocate puellulam.

Hinc etiam discere est quid sit *Solem Collocare*, in Lege Salica, seu, ut aliæ editiones habent, *Culcare*, quod idem valet : ubi enim vendicabat quis rem aliquam, possessorem in jus vocabat, eique Solem seu diem occasum, vel *Calcatum*, præfigebat, intra quem juri stare ad respondendum deberet : quo elapso certum numerum noctium, seu inducias in jure respondendi, rursum reo interdum concedebat. Nam per noctes, non per dies, Franci nostri ejusmodi terminos dinumerabant. Proinde actor reo solem culcabat, id est, solem occasum præfigebat, seu diem integrum, quo elapso, reus, si juri non stetisset, causa excidebat : ut actor, perinde si defecisset, nulla scilicet missa excusatione. Quod diserte indicat Gregorius Turon. lib. 7. cap. 23 : *Injuriosus tamen ad placitum in conspectu Regis Childeberti advenit, et per triduum usque occasum solis observavit. Sed cum hi non venissent, neque de causa hac ab ullo interpellatus fuisset, ad propria rediit.* Hæc porro formula, *Solem Culcare*, crebro occurrit in eadem Lege Salica tit. 39 : *Nec solem secundum legem Culcaverit.* Tit. 42. § 9 : *Continuo ipse qui repetit, domino servi solem Collocet, et ad septem noctes placitum concedat.* § seq. : *Si infra septem noctes servum ad supplicia distulerit tradere, solem ei iterato is qui repetit Collocet, et sic ad alias septem noctes tribuat, id est, ut 14. noctes a prima admonitione compleantur.* Atque ita hæc verba, *Solem culcare*, vel *collocare*, usurpari certum est in eadem lege tit. 52. § 2. tit. 54. tit. 59. Hinc etiam *Culcatus sol*, pro unaquaque admonitione, tit. 52. § 2. et tit. 60. § 2. 3. Etiamnum Occitani *Coulca, Coucha*, pro *Coucher* : et *Soulel Coulc*, solem occasum dicunt. *Ameto* :

Incomincio et il sole a Colcarsi.

[** Vide Grimmii Antiq. Jur. pag. 817. et 847. ejusd. Mythol. German. pag. 426.]

Nescio an eo referenda sit vox *Sceute*, pro submonitione juridica, quæ cum *adjornamento* jungitur, in Consuetudine Insulensi tit. 1. art. 45 : *Et après les saisines, deffenses, adjournemens et Sceultes faites en la maniere accoustumée, etc.* Infra : *Sceute.* Ita ut *Sculta*, vel potius *Sculca*, fuerit *Sol collocatus*, seu occasus, atque adeo denuntiatio in jure. Certe in eodem art. et seq. ejusmodi *Submonitionum* juridicarum inducias ad solem occasum, seu *à heures d'estoiles*, id est, cum stellæ apparere incipiunt, terminatas diserte indicatur : adeo ut *Solis culcati* formulam videantur retinuisse Insulenses. Sed hæc sunt meræ conjecturæ, donec melior occurrat. Vide *Solsatire* et *Stella.* Atque ex his haud ægre conjici datur unde dicti

Exculcatores, apud Vegetium lib. 2. cap. 15. et in Notitia Imperii, ubi mentio occurrit *Exculcatorum juniorum* et *seniorum*, et *Proculcatores*, apud Ammianum lib. 27. pag. 351. qui non alii sunt a castrorum excubitoribus. In Etymologico Suidæ, si Meursio fides ἐξκουλκεύειν est παρακρεάσασθαι, i. *Subauscultare*, quod faciunt Excubitores. Ita Græcis recentioribus σκουλκάτορες, iidem sunt qui *Exculcatores* : sic enim legendum apud Mauricium lib. 2. Strateg. cap. 3. et Leonem in Tacticis, pro σκουλκάτορες ubi dicuntur κατάσκοποι et βιγλάτορες Rectius apud eumdem Leonem cap. 12. § 56. ἐξκουλκάτορες ἤγουν βιγλεύοντες, ut et cap. 17. § 100. Qui enim excubias agunt, *Excubant*, i. haud *cubant*, ἐκκοιτοῦσιν, seu ex cubili surgunt, vel ut cum Scriptoribus ævi inferioris loquar, haud *Culcant*, i. *Ils decouchent, ils ne se couchent pas*, vigilant. Vetus interpres Catalanicus MS. Vegetii lib. 3. cap. 5. ubi signa ait vocalia quotidie mutari debere, ne ex usu ea hostes agnoscant, et *Exploratores* inter nostros versentur impune, sic ille hæc reddidit : *Es a saber que estas palabras de senales se deven mudar, que non sean toda via unas, porque non entiendan los enemigos lo senal por uso, et por que los Esculcas que andan entrellos non escapen syn pena.* Inde

Sculcæ, pro *Exculcæ*, Excubiæ, vocabulo truncato, ut *Cubiæ* pro *Excubiæ*, apud Gregorium M. lib. 12. Epist. 23 : *Hostem collectum habet,... et si huc cursum Deo sibi irato mittere voluerit, vos loca ipsius... deprædamini, aut certe Sculcas quos mittitis, sollicite requirant, ne dolens factum ad nos recurrat.* Ita enim prorsus reponendum pro *Scultas*, ut est etiam in lege Longobard. lib. 1. tit. 14. § 6. [** Rothar. 21.] : *Si quis in exercitu ambulare contempserit, aut in Sculcam.* Ubi *Sculcam*, *Cavalcadam* interpretatur Papias ; [** Glossar. Langob. in cod. Cavensi : *Sculca, guardia.*] nam et sic σκούλκαν usurpant passim Græci Scriptores ævi inferioris, Theophylactus Simoccata lib. 6. cap. 9. Chronicon Alexandrinum pag. 904. Leo in Tactic. cap. 6. § 13. cap. 17. § 98. 101. et Mauricius in Strateg. laudatus a Rigaltio, qui perperam σκούλτα legit, ut originem vocis a Latina *Auscultare* accersat. Neque felicius Meursius *Sculcas*, quasi *Exculcas* dictas putavit, quod κοῦλκα, Græcis recentioribus *culcita* sit, ut et Turnebus lib. 24. Adv. cap. 12. qui *Exculcatores* appellatos vult, quod *glandes exculcarent et ejicerent* : fatendum tamen *Scultatores*, habere Vegetium lib. 2. cap. 15. et 17. Vide Vossium, et Ferrarium in *Scolta*.

Hispanis *Escuchar*, est Auscultare, diligenter attendere, et *Escucha*, quod vulgo *Centinelam* dicimus. Leges partitæ seu Alfonsinæ, parte 2. tit. 26. l. 10 : *Atalayas son llamados aquellos omes, que son puestos para guardar las huestes de dia, veiendo los enemigos de lexos si venieren, de guisa que puedan apercebir a los suyos, que se guarden de manera* [** *que non resciban daño ; et estos hanlo de facer paladinamente ; mas otros hi ha que han de atalayar en excuso, de manera*] *que no perezcan, e por ende son llamados Escusados, eesto es manera de guerreria que tiene gran pro, ca por hi saben sin mostrarse quantos son los enemigos que van o vienen, y en que manera Eso mismo de las Escuchas, que son guardas para de noche, etc.* Vide *Excubiæ*.

* **COLLOCATIO**, Locatio, Gall. *Louage*. Assis. comit. Fuxi in Reg. S. Ludov. fol. 112. ex Chartoph. reg. : *Item Collocationes domorum, xxxiij. solidos.* Nisi sit Præstatio pro loco domus ædificandæ, Gall. *Emplacement*. Vide infra *Colloquium* 2.

* **COLLOCATUS** dicitur ille, qui artifici magistro operam suam locat, vulgo *Alloué, compagnon*. Stat. sabater. Carcass. ann. 1402. tom. 8. Ordinat. reg. Franc. pag. 568. art. 28 : *Et casu quo aliquod mancipium dictæ artis sabbateriæ se excusaret de non solvendo dictum denarium qualibet die Sabbati, dicendo quod ipse non est Collocatus, ymo est addicens dictum ministerium, etc.* Vide *Allocatus* 3. et *Collogium*, 2.

¶ **COLLOCIUM**. Vide *Colacium*.

** **COLLOCUTIO**, Conventus, Germ. *Sprache*. Chart. Otton. II. Imper. ann. 979. ap. Schannat. Episc. Wormat. tom. 2. pag. 25 : *Quotiescunque in loco nostro Franconovurt nominato, regia vel imperialis Collocutio aut solemnium dierum celebratio contingat, etc.* Vide *Colloquium*, 1.

¶ **COLLOCUTOR**, Qui colloquitur. Utuntur Tertull. adv. Praxeam cap. 5. et S. Aug. Confess. lib. 9. cap. 6.

¶ **COLLOCUTORIUM**, Cella in qua virgines Deo Sacræ excipiunt externos ad colloquendum, Gall. *Parloir*, Hisp. *Locutorio*. Legitur in Concilio Limano ann. 1582. tom. 4. Concil. Hisp. pag. 249.

¶ Collocutorii Officium, Idem, puto, quod Janitoris munus in Monasteriis, quod is advenas excipiat ad colloquendum, apud Th. *Madox* Formulare Anglic pag. 79 : *Et pro hac datione et traditione, dicti Abbas et Monachi dederunt et concesserunt dicto Fulconi in vita sua, Officium Collocutorii cum hiis quæ ad officium pertinent ; scilicet per duos dies unum panem Monachi et duos panes Squierii, et quolibet die duas ciffatas cervisiæ, et unum ferculum de Elemosinario et potagium, quod ad officium pertinet ; et dimidiam marcam per annum et unam vestem pelliceam.... Dictus vero Fulco tactis sacrosanctis Evangeliis juravit, quod fideliter et honeste serviet.*

¶ 1. **COLLOGIUM**, Colloquium. Guidonis Disc. Farfensis cap. 58 : *In claustro juvenes qui sub custodia sunt vel novitii Fratres nullum Collogium habere debent cum illo.*

* 2. **COLLOGIUM**, Locatio, conductio. Stat. Sabat. Carcass. tom. 8. Ordinat. reg. Franc. pag. 566. art. 24 : *Quod si quis magistrorum dictæ artis sabbateriæ, aliquod conduxerit mancipium certo tempore, et dictum tale mancipium magistrum suum, antequam tempus Collogii sui perpetraverit et compleverit, dimitterit, etc. Collogui* vulgariter dictum occurrit, in Stat. barbit. Tolos. ann. 1457. ex Reg. 187. Chartoph. reg. ch. 49 : *Item es ordenat que nul maistre de la présent civitat ne aie à bailler par maniere de Collogui ny arenda, ny bailler pour gouverner à aucun varlet ou maistre dudit mestier son obrador.*

COLLOMELLINUS. Charta Donationis Ecclesiæ Cornutianæ edita a Suaresio : *Vela linea paragaudata, Persica clavatura Collomellina prasina* 2. [Legendum *Coccomelina*. Vide *Melinus*.]

¶ **COLLONGIA**. Vide post *Colonus*.

* **COLLONUS**, pro Colonus, in Stat. Astæ collat. 11. cap. 16. pag. 37. r°.

* **COLLOQUACITAS**, Colloquium frequens. Acta S. Freder. episc. Traject. pag. 466. col. 2. tom. 4. Jul. : *Qua de causa varia et inanis persæpe inter eos erat Colloquacitas, et ut fieri solet, corrumpunt bonos mores colloquia mala.*

¶ 1. **COLLOQUIUM**, Conventus, cœtus. Rescriptum Provincialis Præmonstratensis ad Abbates sui Ordinis apud Ludewig. Reliq. MSS. tom. 2. pag. 416 : *N. D. G. Præmonstratensis Ecclesiæ humilis Abbas cum universitate Coabbatum annui Colloquii, D. V. Magdeburgensi Præposito, etc.* Hoc sensu Galli dicimus : *Le Colloque de Poissi.* Haud satis scio an eadem notione in Chronico Mauriniacensi apud Duchesnium Hist. Franc. tom. 4. pag. 377 : *Luce tertia domnus Papa cum suo comitatu lætus discessit, ac maximas gratias pro hospitalitate reddens, ad suum Colloquium, quod apud Leodiam fuit, profectus est.* [** Vide Haltausium voce *Sprache*, col. 1707. *Colloquium publicum* apud Ekkehard. IV. Pertz. pag. 87. lin. 34. pag. 104. lin. 2. pag. 125. lin. 45.]

¶ Colloquium Gloriæ, Elogium, arbitror, gloriæ bello et armis comparandæ. Chronicon Siciliæ tom. 3. Anecdot. Marten. col. 82 : *Dominus Rex Fredericus præsentibus dictis suis filiis ...... et præsentibus etiam omnibus Syndicis omnium locorum Siciliæ fecit Gloriæ Colloquium in majori Panormitana Ecclesia, in quo proposuit hoc problema* : Caritas non agit perperam, nec quærit quæ sua sunt. *Et post præambula, dicti Colloquii finis fuit, quod idem Dominus Rex dixit, se velle in dicto anno armare tempestive exstolium galearum octoginta.*

* 2. **COLLOQUIUM**, inter præstationes recensetur, in Assis. comit. Fuxi ex Reg. S. Ludov. fol. 112. in Chartoph. reg. : *Colloquium domorum, xv. solidos.* Vide supra *Collocatio*.

* **COLLORATIO**, Color, dissimulatio, circuitio, *Couleur*, eodem sensu usurpamus. Stat. Cadubr. lib. 1. cap. 67 : *Teneatur idem vicarius, antequam surgat ad proponendum, facere legi in scriptis per aliquem officialem sive cancellarium dictam propositionem coram ipsis consiliariis, quo facto prædictus vicarius surgere debeat, et proponere simpliciter coram eis, sine Colloratione.* Vide *Color*.

¶ **COLLOSUS**, a *Collis*, Clivosus, collibus frequens. Jacobus Cardinalis in Vita S. Petri Cælestini :

Ipse tamen vastam Colloso cespite terram
Ingrediens Aquilam, non plenam civibus urbem.

¶ **COLLUBENTIA**, Consensus, benevolentia, a *Collubere*, Beneplacere. Formula manumissionis ad Clericatum tom. 2. Annal. Benedict. pag. 742. col. 2 : *Igitur ego in Dei nomine Ugo... Abbas Ecclesiæ gloriosissimi Christi Confessoris Aniani ..... te Clericum nomine Raginaldum, ex familia ejusdem S. Aniani progeniem ducentem ... ante sanctum altare et præsentiam Fratrum S. Aniani, unum cum Collubentia eorumdem Fratrum et deprecatione Adalardi Archiepiscopi... ab vinculo servitutis, ob amorem D. N. J. C. ad cujus militiam eligeris, publice absolvo, civemque Romanum instituo : ut abhinc, Christo favente, in tuo jure et potestate consistens, ita vivas ingenuus civisque Romanus, tanquam si a liberis ortus esses parentibus, et neque nobis, neque successoribus nostris quidquam noxialis debeas servitutis, sed etc.* Vide *Collibentia* post *Conhibere*.

¶ **COLLUBIUM**, σύγχυσις, *Confusio*, Supplem. Antiquarii.

COLLUCIANISTÆ, Ariani dicti : quippe Arius S. Lucianum Presbyterum Antiochenum Martyrem hæresis suæ auctorem jactitabat, ac proinde sectarios suos *Collucianistas* dicere consueverat. *Lucianus* enim, dum in Sabellium concitus nimis fertur, lineam quodammodo visus est transisse rectæ sententiæ, materiamque Ario hæresis suæ præparasse. Vide Marium Victorem adversus Arianos lib. 1. Epiph. hæresi 69. et Theodoret. lib. 1. cap. 5.

* **COLLUDIOSE**, Fraudulenter, cum collusione. Epist. Nicol. PP. I. ann. 867. tom. 7. Collect. Histor. Franc. pag. 438 : *Non solum prædia a genitore suo Hlothario imperatore per præceptum largita sustulit ; sed etiam proprietates ejus, a parentibus suis sibi præfatæ Helletrudi dimissas, Colludiose surripuit.* Vide *Conludium*.

¶ **COLLUDIUM**, Collusio. Vide *Conludium*.

* **COLLUFRINA**, an pro *Colubrina*?

Vide in hac voce. Charta ann. 1483. inter Instr. tom. 12. Gall. Christ. col. 455 : *Si in futurum acciderit, quod nos et nostri successores, cum consensu patriotarum nostrorum, vellemus disponere pro defensione supradictæ recuperatæ terræ aliquam structuram vel munitionem Collufrinarum sive pulverum et aliarum rerum, quo casu teneantur et debeant ipsi patriotæ apponere duas partes expensarum et nos tertiam.*

* **COLLULUM**, *diminut. a Collum*, in Glossar. Provinc. Lat. ex Cod. reg. 7657.

1. **COLLUM**, *Collo suo usque ad mercatum malefactorem*, quem quis occuluerit, *deportare*, in Capitulari de Ministerialibus Palatinis edit. Baluzianæ cap. 3.

¶ Colli Poena, Idem quod *Pilorium*, quo *Collum* constringitur. Diarium Belli Hussitici apud Ludewig. tom. 6. Reliq. MSS. pag. 144 : *In armis suis in prætorio se repræsentare evocantur, sub Pœna Colli, aut alias a civitate bannitione.* [** Suspendii pœna. Vide Haltaus. voce *Hals*, col. 783. Ita etiam intelligendum]

* Colli Judicium, Jus *pilorio* reos puniendi. Charta ann. 1292. apud Schwart. in Hist. finium princip. Rugiæ pag. 223 : *Cum omni jure ac utilitate, cum advocatia, precaria, moneta, cum judicio manus et Colli.* Vide in *Collum* 1.

¶ Collum Pedis, Gall. *Cou de pied*, Pedis pars superior et convexa. Acta SS. Junii tom. 1. pag. 155. de S. Pilingotto : *Pedes contractos et ad invicem retortos habuerat : itaque ambulando non pedis plantam, sed quod vulgariter Collum dicitur, super terram.*

* 2. **COLLUM**, Fascis, onus quod ad *collum* portatur. Convent. Saonæ ann. 1526 : *Pro qualibet sarcina et unoquoque Collo seu fascio omnium, denarios sex monetæ Saonæ.* Occurrit ibi non semel.

¶ Ad Collum Explectare, Tantum e ramis arborum amputare et succidere, quantum collo vel scapulis potest asportari, apud Stephanotium in Antiquit. Pictav. MSS. tom. 2. pag. 449 : *Habebit etiam hominem qui explectabit ad Collum nemus de Broeis ad omnia necessaria domus suæ.*

¶ Ad Collum Furari, in Consuetudin. Marchiæ Dumbarum simili modo dicitur de eo, qui ligna furatur in silvis, quantum collo vel scapulis asportare potest, non amplius.

* 3. **COLLUM**, pro Colum, Gall. *Couloir*. Comput. MS. ann. 1358. S. Petri Insul. : *Item pro quadam peste et uno Collo, et tribus coclearibus bosci, v. sol.* Vide *Colum* 3.

¶ 1. **COLLUS**, *Colli ornamentum vel procollum*. Papias MS. Vide *Collerium*.

2. **COLLUS**, *Urceus bibendi, vel napus*. Matth. Silvaticus.

3. **COLLUS**, ex Italico *Collo*, Onus navis, in Statutis Venetis lib. 6. cap. 76 : *Colli, sive ballæ, sive pondera.*

¶ 4. **COLLUS**, mendose pro *Callus*, Eccardo Calculus, silex. Vide *Hallus*.

¶ **COLLUTIO**, Gargarizatus, Gall. *Gargarisme*, Oris ablutio. Medicina Salernit. pag. 166. Edit. 1622 : *Quod si vero sitis vehementior fuerit, quam ut frigidi aeris inspirata aut oris Collutione sedari possit, aquæ frigidæ potu restinguenda est.* Cælius Aurelian. Acut. 2. 6. 28. dixit : *Utemur oris Collutione.*

¶ **COLLYBISTA**, Collybistes, Græcis Κολλυβιστής; Latinis, Mensarius, Nummularius, Gallis, *Banquier, Changeur.* Usurpant non semel hac notione Jurisconsulti, a quibus nonnihil discrepans S. Hieronymus hæc habet in Commentario ad 21. cap. Matthæi : *Excogitaverunt et aliam technam, ut pro Nummulariis Collybistas facerent, cujus verbi proprietatem Latina lingua non exprimit. Collyba dicuntur apud illos, quæ nos appellamus Tragemata vel Vilia Munuscula : verbi gratia fricti ciceris, uvarumque passarum, et poma diversi generis. Igitur quia usuras accipere non poterant Collybistæ, qui pecuniam fœnerati erant, pro usuris accipiebant varias species : ut quod in nummis non licebat, in his rebus exciperent, quæ nummis coemuntur.*

* Vide *Collibium* et mox *Collyvista*.

COLLYRIDA. Joan. de Janua : *Collyrida, dicitur a collum, et est panis tenuis, et quasi subcinericius : vel Collyrida est panis modicus et triangulus coctus, et frictus detersus.* [Papias MS : *Collirida, Subcinericius panis, modicus panis triangulus.* Mox subdit : *Colliridæ, panes quadrati de simila cum oleo sartagine frixi.*] Lib. 2. Regum cap. 6. *Collyrida panis.* Gr. κολλύριδα ἄρτου. Hinc κολλυρίζειν cap. 13. *Opus pistorium facere.* Adde Leviticum cap. 7. et 8. Eadmerus de Similitudinibus S. Anselmi cap. 16 : *Cum nimis avide Collyridæ eduntur, quæ quasi nix candidæ videntur, sponteque manibus vel dentibus sic atteruntur, ut resonare audiantur.* Hugo Parisiensis de Institut. Novitiorum : *Alii semicorrosas crustas, et præmorsas Collyridas, cibariis iterando infigunt, et reliquias dentium suorum offas facturi in poculis dimergunt.* Alexander Poeta :

Collyridam panis quoddam genus esse memento.

[Collyridarum etiam meminere Tertull. de Cultu fœm. 2. 7. et S. Augustinus de Genesi ad lit. 8. 5. Transactio inter Abbatem et Monachos Crassenses ann. 1351. ex Libro viridi fol. 53 : *Item debet dare dictus Dominus Abbas dicto Conventui in singulis festivitatibus... Pentecostes... triginta libras panis frumenti.... necnon nectar et Colleridas sufficienter et semel dumtaxat quolibet anno, et non in quolibet dictorum festorum.* Et in Statutis S. Victoris ann. 1531 : *Item tenetur dare Pitantiarius in die Natalis Domini... tres Coleridas sive mensas pro quacumque pitantia.*] Nescio an huc pertineant *Colleridæ* in Itinerario Gregorii XI. PP : *Hilariter Colleridas spargebant, velut rosarum flores.* Vide Hesych. in κολλύρα.

¶ **COLLYRIDIANI**, Hæretici sic dicti quod in Sacrificio uterentur *Collyridis*. B. Mariæ Virgini tanquam Deæ liba offerebant fœminæ, quæ iis erant loco Sacerdotum. Vide Epiphanium Hær. 78. et 79. et Joann. Forbesium Instruction. Historico-Theologic. lib. 4. cap. 8. §. 4.

* Vide Stockman. Lexic. Hæres.

* **COLLYVISTA**, pro *Collybista*, Mensarius. Stat. Genuens. lib. 2. cap. 31. pag. 61 : *Adulterinæ autem monetæ si quid ad quempiam perveniet, id confestim vel ipse incidat, vel ab alio incidi faciat, idipsumque præstet Collyvista, seu, ut aiunt, campsor.* Eadem rursus occurrunt in Stat. criminal. Saonæ cap. 60. pag. 105.

COLMENA Apum, in Charta ann. 1271. tom. 5. Monarchiæ Lusitan. pag. 306. *Vas apum*, ex Hispano *Colmena*.

¶ **COLMIA**, *Calamus cum spica sua.* Vet. Glossar. San-German-MS. num. 501. Vide *Coloma.*

* **COLMIFIUM**, *Lo sacrificio de pane azimo.* Glossar. Lat. Ital. MS.

COLNA. Charta Stephani Regis Angl. ann. 1038. in Monast. Anglic. tom. 3. pag. 8 : *Et Colnam S. Andreæ, et duos rathenichtes, et unam Ecclesiam cum una hida terræ, etc.*

* Idem f. quod *Cultura* 1. Vide ibi.

¶ **COLO**. Vide *Colones* post *Colonus.*

* **COLOBA**, Vestis species, presbyteris propria. Reg. visitat. Ordonis archiep. Rotomag. ex Cod. reg. 1245. fol. 61. r° : *Willelmus de Herbeio* (canonicus Sagiensis) *inhonestam habet vestem, ut pote diversicolorem, et etiam ea utitur extra domum, sine superlicio et Coloba.* Vide mox *Colobium.*

¶ **COLOBARIUM**. Gloss. Isid. : *Levitonarium, Colobarium lineum sine manicis.* Lege et vide *Colobium.*

¶ **COLOBIA** *sunt apud Hæbreos, quod vocamus Tragemata, vel vilia munuscula, ut cicer frixum, uva passa, poma;*

¶ Colobistæ *vero dicuntur qui ea vendunt.* Papias MS. Excerpta sunt, licet minus accurata, ex Hieronymi loco in voce *Collybista* superius relato. Ibi vide.

* Vide *Collibium.*

COLOBIUM, Tunica absque manicis, vel certe cum manicis, sed brevioribus, et quæ ad cubitum vix pertinerent : ex Græco κολοβός, Curtus. Gloss. Græco-Lat. : Κολόβιον, *Colobium, subucula.* Servius ad hæc Virgilii lib. 9. Æn. vers. 616 :

Et tunicæ manicas, et habent redimicula mitra.

Nam Colobiis utebantur antiqui. Isidorus libro decimo nono, capite 32 : *Colobium dictum, quia longum est, et sine manicis. Antiqui enim magis hoc utebantur.* Glossarium Cambronense : *Colobium vestis cuculli similis, nisi quod cucullo caret. Pectoralis tunicula sine manicis* dicitur Ammiano lib. 14. Ugutio : *Colobium, pallium virginale, ut quod ad talos descendens sine manicis, et dicitur Colobium, quasi colubium, a collo depensum, vel quod sit longum.* [Eadem habet Johan. de Janua in Catholico et subjungit : *Nota quod non solum virgines, sed etiam Diaconi utebantur Collobio, loco cujus postea usi sunt dalmatica.*] S. Ambrosius Ep. 53 : *Duos juvenes ephebos vestibus candidissimis, id est, Colobio et pallio indutos, etc.* Ordericus Vitalis lib. 2 : *Vestitur Collobio albo clavato purpura, induitur pallio albo, etc.* Vestis honestioris genus esse notavit Pithœus lib. 1. Advers. cap. 16. ex Cod. Theod. Pauperibus tamen *Colobia* erogari providet Pelagius PP. in Epist. ad Sapaudum Arelatensem Episcopum, apud Baron. ann. 556. n. 21.

* Glossar. Gall. Lat. ex Cod. reg. 7684 : *Collobium, froc sans manches.* Glossar. Lat. Gall. ann. 1348. ex Cod. reg. 4120 : *Colobia, sunt lata caputia bubulcorum.* Annal. Victor. MSS. ad ann. 1315. ubi de Enjoran. : *Postea in vigilia S. Johannis*

Baptistæ indutus rotundo Collobio, Gallice Cloche, iterum est suspensus. Calobe, f. pro *Colobe*, certe eodem significatu, in Lit. remiss. ann. 1432. ex Reg. 175. Chartoph. reg. ch. 174 : *Un homme vestu d'une Calobe de toile et un meschant chaperon..... Le suppliant advisa par la fente du colet de ladite Calobe de toile, etc.*

Colobium, postmodum propria fuit vestis Monachorum. Cassianus de Habitu Monachi cap. 5 : *Colobiis quoque lineis induti, quæ vix ad cubitorum ima pertingunt, nudas de reliquo circumferunt manus.* Quærit B. Dorotheus Doctr. 1. quare Monachi deferrent κολόβιον μὴ ἔχον χειρίδια, τῶν ἄλλων ἐχόντων πάντων χειρίδια, cum cætera Colobia manicata essent : aitque manicas esse signa manuum, manus autem ad practicen pertinere, Monachos vero habere non debere manus ad operandum quidpiam pristini hominis. Mox ait Colobium Monasticum habere τὶ σημεῖον τὸ πορφυροῦν, signum purpureum, cujus significationem pariter exequitur. Palladius in Hist. Laus. cap. 47 : Τὸ δὲ ἔνδυμα ἦν αὐτῷ ὁ λεβιτῶν, ὅνπερ τινὲς κολόβιον προσαγορεύουσι. Tabular. Prioratus S. Vincentii Laudun. ann. 1281 : *Quilibet Monachus habeat singulis annis 2. frocos, seu 2. Colobia cum cucula.*

Colobium etiam fuit Episcoporum vestis propria. Honorius Augustod. lib. 1. cap. 211. de Vestibus Pontificis : *Colobium erat cucullata vestis sine manicis, sicut adhuc videmus in Monachorum cucullis, vel nautarum tunicis, quod Colobium a S. Silvestro in Dalmaticam est versum, et additis manicis infra sacrificium portari instituta, quæ ideo ad Missam a Pontifice portatur, etc.* Adde Alcuinum de Offic. divin. Author Vitæ S. Silvestri PP. editæ a Combefisio, de Euphrosyno Pamphyliæ Episcopo scribens, ait Euphrosynum Romam venientem Colobium S. Jacobi fratris Domini secum attulisse, eoque indutum sacra peregisse, χρῆναι λέγων τὸν ἱερώμενον, καὶ μέλλοντα θυσίαν τῷ Θεῷ τοιαύτην προσκομίζειν, μὴ μόνον τὴν ψυχὴν σὺν τῷ σώματι καθαρὰν ἔχειν, ἀλλὰ γὰρ καὶ ἐσθῆτα λευκὴν περιβεβλῆσθαι, indeque factum ut Romani hactenus Sacerdotes colobiis usi sint : ἀλλ' ἐπειδὴ τὸ τῶν βραχιόνων γυμνὸν ἐψέγετο, δαλματικὰ μανίκλεια μᾶλλον συνέβη ὀνομασθῆναι, εἴπερ κολόβια. Id etiam astruit Anselmus Decretorum Collector, ex Eusebio : *A sancto Silvestro et Presbyteris ejus Colobiorum usus sumpsit initium, et Marcus ac Julius et Liberius ex ordine sunt usi. Post hos autem Colobia in Dalmaticas commutata sunt.* [*Quia*, inquit Johan. de Janua, *nuditas brachiorum culpabatur.*] Colobium Episcopis præterea tribuunt Gregor. Turon. de Vitis Patrum cap. 8. Pius I. PP. in Epist. apud Joan. a Bosco in Vienna pag. 24. Ademarus Caban. ann. 1010. et alii. [** Vide Glossar. med. Græcit. col. 684.]

Colobium dicitur etiam cucullus ille, sive superhumerale, quo induuntur Servientes ad legem in Anglia. Fortescut. in Encomio legum Angliæ cap. 51 : *Nam Serviens ad legem ipse existens toga longa instar Sacerdotis cum caputio penulato circa humeros ejus, et desuper Colobio cum duobus labellulis, qualiter uti solent Doctores legum in Universitatibus quibusdam, cum supra descripto birreto vestiebatur. Sed Justitiarius factus loco Colobii, chlamide utebatur.*

Colobium Danicum, apud Ingulfum pag. 860 : *Exuebat eum de cuculla sua, et dato Danico Collobio, jussit eum ubique vestigia sua imitari.*

¶ Colobiis Longis de Scarleto Foderatis, in quadam solemni processione usos fuisse Duces et nobiles narrat Cornelius *Zantfliet* in Chronico, apud Marten. tom. 5. Collect. Ampliss. col. 356.

Colobium, insignibus et vestimentis Regum Aragonensium accensetur, in Gestis Innocentii III. PP. pag. 135. et Epistola Martini IV. PP. tom. 5. Hist. Franc. pag. 878.

* **COLOBRINA**, ut *Colubrina*, Armorum genus, Gall. *Couleuvrine*. Charta ann. 1501. ex schedis Pr. *de Mazaugues : Quod nullus particularis dicti castri moderni et qui pro tempore futuro erunt, non audeant seu præsumant venari ad grossam venationem cum balistis et Colobrinis.* Occurrit etiam in Instr. ann. 1476. inter Probat. tom. 3. Hist. Nem. pag. 333. col. 2.

¶ 1. **COLOBUS**, Gr. κολοβός, Mutilus. Translatio S. Philasterii tom. 4. SS. Julii pag. 591 : *Nam inter languentium jacentes cuneos deductus est a genitore suo ita Colobus puer, ut sine vectore suo nequiret consistere aut ambulare.*

¶ 2. **COLOBUS**, pro *Colpus*, Ictus, in Lege Salica tit. 17. ex manuscripto apud Eccardum pag. 123. Vide *Colpus*.

* **COLOCCERIUM**, pro *Cloccarium*, Campanile, in Hist. Liter. Fr. tom. 6. pag. 330. Vide in *Cloca* 2.

¶ **COLOCOCCUM**. Eleusius Presbyter in Vita S. Theodori Siceotæ tom. 3. SS. April. pag. 48 : *Et morbi causam aperiens et insidiatores patefaciens, e manu sua tria illi Colococca dedit : Hæc inquiens, comede et nihil tibi erit mali.* Continuator Bollandi : Κόλος Magnus, κόκκος Granum est. Et forte hic intelliguntur grana mali punici, κόλος sæpius curtum seu mancum significat quam magnum : quare *Colococca* erunt forte parva grana.

* **COLOERIA**, a Gall. *Couloir*. Colum, vel infundibulum, vulgo *Entonnoir*. Arest. ann. 1345. 6. Aug. in vol. 2. arestor. parlam. Paris. : *Dicti officiales nostri jura et utilitates habent et consueverunt habere in die coronationis nostræ.... Scancionarius vina doliorum ad duos digitos vel circa subtus barram, ... tinas, jallas, potos, itra, Coloerias, etc.* Vide supra *Collum* 3.

* **COLOFISTA**, *La moneta*, in Glossar. Lat. Ital. MS. Vide supra *Collyvista* et mox *Colona* 1.

* **COLOGA**, an idem quod *Colongia*, Villula cum modo agri. Vide in *Colonus*. Charta ann. circ. 940. apud Baluz. in Hist. Tutel. col. 329 : *Ista vero omnia supra prænominata Deo..... offerimus, ... excepto Cologas, cum locu, cum tracte ad scavas, cum bosco, cum molendinis, etc.* f. Loci nomen proprium.

COLOMA, *Calamus cum spica sua, et dicitur a culmus.* Jo. de Janua. Nostris *Chaume*. [Vide *Colmia*.]

* **COLOMBARIUM**, pro Columbarium, Gall. *Colombier*, alias etiam *Colomier*. Charta ann. 1381. in Reg. 119. Chartoph. reg. ch. 232 : *Quoddam etiam Colombarium vertens cum scala ad rotam, bene et decenter colombis populatum.* Alia ann. 1375. in Reg. 108. ch. 135 : *Item en ce mesmes lieu* (de Glon) *un Colomier assiz ou pourpris de ladite maison. Colume*, eodem sensu, in Lit. remiss. ann. 1470. ex Reg. 195. ch. 439 : *Le suppliant ala ouvrir la fenestre d'une Colume, ... afin que les pigons s'en pussent voler.* Idem quod *Volet* vel *Fuie* appellamus.

¶ **COLOMELLI**. Vide *Columelli*.

¶ **COLOMERARIUM**, f. pro *Columbarium*. Gall. *Colombier* vel *Coulombier*. Codex MS. reddituum Episcopatus Autissiod. ex Archivo ejusd. Episc. : *Domus Thesaurarii Alexandri cum Colomerario.*

¶ **COLOMITAS**, *Salus*. Papias MS. Lege *Columitas* pro *Incolumitas*, ut Plautus dixit, *Columis* pro *Incolumis*.

¶ **COLONA**, Colonantia, Colonarius, etc. Vide post *Colonus*.

* 1. **COLONA**, Monetæ aureæ species. Liber cens. eccl. Rom. : *Ecclesia de Romestorth* (debet) *unam Colonam auri*. [** *An Marcam Coloniensem?* Vide *Pondus*.]

* 2. **COLONA**, vox Italica, Columna. Tract. MS. de Re milit. et mach. bellic. cap. 76 : *Bancacium.... quatuor rotellarum, habens varochium cum perticis volgentibus et trahentibus funem sive canapem cum Colona altius levata, est apprime utile ad opus lignamina, lapides, etc.* Alia notione, vide in *Colonus*.

* **COLONARIA**, *Coloni* conditio. Stat. castri Redaldi lib. 1. pag. 21. v° : *Non possit nec debeat aliquis....locare vel affictare rem suam, seu terram, vel possessiones ad mezadriam, Colonariam, etc.* Vide in *Colonus*.

¶ **COLONECUS**, pro *Colonus*. Mabill. Liturg. Gall. pag. 464 : *Item pro remedium anemæ meæ vel ex demandatione bonæ recordationis filii mei Deorvalli villam cui vocabulum est Latiniaco sita in territorio Meldinse cum campis, Colonecis ad eandem pertinentes, cum pratis Baselice S. Sinsuriani, etc.*

* Leg. *Colonæcus*, idem quod mox *Colonellum*.

¶ **COLONELLA**, Italis, Parva columna. Legitur in Chronico Parmensi ad ann. 1299. et 1307. Locos retulimus in *Baptismus* et *Capitellum*.

* **COLONELLUM**, Habitaculum rusticum cum sufficienti prædio ad alendum colonum. Correct. stat. Cadubr. cap. 73 : *Statuimus quod nullus homo, ... vel aliqui consortes habentes montes in territorio Cadubrii, vel Colonella, non possint nec valeant ipsos sive ipsa affictare forensibus aliquibus..... Et si dicti cives ac vicini Cadubrii tales montes et Colonella nollent ad affictum conducere, etc.* Vide in *Colonus*.

¶ 1. **COLONELLUS**, Chiliarchus vel Tribunus, Gall. et Angl. *Colonel*, apud Rymer. tom. 16. pag. 14. col. 1 : *Omnes et singulos Capitaneos, Colonellos, Vicecapitaneos, locum tenentes et alios Officiarios, etc.*

¶ 2. **COLONELLUS**, Minor columna, parva pila, Gall. *Petit pilier*. Censualis codex Calomontis : *Banchia mercerii continens duos Colonellos in ingressu alæ Calomontis.*

* 3. **COLONELLUS**, Stipitis gentilitii

ramus, Gall. *Branche*. Chron. Mutin. apud Murator. tom. 15. Script. Ital. col. 599 : *Die Ascensionis Domini incœpta fuit guerra inter nobiles de Foliano, et alios alterius Colonelli dictæ domus.*

¶ **COLONETA**, Colonia, etc. Vide post *Colonus*.

¶ **COLONEUM**, mendose pro *Teloneum*. Vide *Curatura*.

* **COLONIATUS**, idem quod *Colonus*, Vici incola. Lit. Caroli delph. ann. 1421 : *Quidam Coloniatus de S. Columba, gerens se pro capitaneo, una cum consulibus, universitate et singularibus dictæ civitatis* (Biterrensis) *etc.* Vide in *Colonus*.

* **COLONICA** Lex. Vide infra in *Colonus*.

* **COLONIENSIS** Monetæ occurrit mentio apud Tolner. in Hist. Palat. pag. 76. et alibi passim.

* **COLONILIS**, Ad *colonos* spectans. Vide mox *Colonus*.

COLONUS, Vici incola, πάροικος. Isidorus lib. 9. cap. 4. et ex eo Papias : *Coloni sunt cultores advenæ, dicti a cultura agri; sunt enim aliunde venientes atque alienum agrum locatum tenentes, ac debentes conditionem genitali solo propter agriculturam sub dominio possessoris, pro eo quod iis locatus est fundus.* Quæ quidem hausit Isidorus a sancto Augustino lib. 10. de Civitate Dei, cui *Coloni* dicuntur, *qui conditionem debebant genitali solo propter agriculturam sub dominio possessorum.* De his præclare Salvianus lib. 5. de Gubernat. Dei : *Nonnulli eorum de quibus loquimur, qui aut consultiores sunt, aut quos consultos necessitas fecit, cum domicilia atque agellos suos aut pervasionibus perdunt, aut fugati ab exactoribus deserunt, quia tenere non possunt, fundos majorum expetunt, et Coloni divitum fiunt. Aut sicut solent hi, qui hostium terrore compulsi ad castella se conferunt, aut qui perdito ingenuæ incolumitatis statu ad asylum aliquod desperatione confugiunt : ita et isti qui habere amplius vel sedem, vel dignitatem suorum natalium non queunt, jugo se inquilinæ abjectionis addicunt : in hanc necessitatem redacti, ut exactores non facultatis tantum, sed etiam conditionis suæ, atque exulantes non a rebus tantum suis, sed etiam a seipsis, ac perdentes secum omnia sua, et rerum proprietate careant, et jus libertatis amittant ... Illud gravius et acerbius, quod additur huic malo servilius malum. Nam suscipiuntur advenæ, fiunt præjudicio habitationis indigenæ, ... et quos suscipiunt ut extraneos et alienos, incipiunt habere quasi proprios : quos esse constat ingenuos, vertunt in servos.*

Hinc patet ejusmodi Colonos prorsus fuisse *adscriptitios*, et conditionis servilis ac obnoxiæ, licet non omnino essent servi, sed culturæ agrorum ad certa loca addicti. Unde in Glossar. Basilic. Colonus definitur δουλοπάροικος, et μισθωτός. Vide Glossar. med. Græcit. Formula vetus apud Bignonium pag. 197. 1. edit. : *Eo quod genitor suus nomine ille Colonus sancti illius de villa illa fuisset.* Prostant aliæ formulæ apud eumdem, *de evindicatis Colonis*, pag. 196. 201. 202. ubi diserte opponuntur *francis* et ingenuis, ut et in Constit. Justiniani de Ascriptitiis et Colonis; et perinde ac servi, si de Coloniis suis se substraxerint, judicio evindicationis ad Colonatum reducuntur : quod etiam præcipitur in Constit. Just. Imp. de Filiis liberarum in Africam directa, in Pragmatico Tiberii Imp. de Filiis Colonor. et in Edicto Theoderici Regis cap. 84. cujusmodi evindicationis exemplum profert Flodoardus lib. 2. Hist. Remens. cap. 19. initio. Denique non modo cum servis junguntur passim, ut in Capitulis Caroli C. tit. 28. [** Edict. in Carisiaco ann. 861.] sed et *servi* appellantur. Donationes factæ Ecclesiæ Salisburg. cap. 8 : *Ad Chiemgow Trucharium servum cum Colonia sua et alia possessione.* Cap. 10 : *Manentes servos cum Coloniis suis.* Cap. 1 : *Servi manentes in Coloniis, etc.* Quin etiam iisdem, quibus illi, pœnis coercebantur, fustuario nempe et flagellis, ut colligitur ex Lege Burgund. tit. 39. § 3. iisdem Capitulis Caroli C. tit. 9. part. 2. cap. 9. tit. 12. cap. 5. tit. 28. cap. 1. tit. 31. cap. 15. 16. 20. 22. tit. 39. cap. 2. et Capit. Carlomanni tit. 2. cap. 4. [** Synod. Suession. ann. 853. Apud. Silvacum. ejusd. ann. In Carisiac. ann. 861. Edict. Pistens. ann. 864. Apud Carisiac. ann. 873. Apud. Vernis Palat. ann. 884.] Sed et S. Remigius Remensis Episcopus in Testamento suo, apud Flodoardum lib. 1. Hist. Rem. cap. 18. alios Ecclesiæ Colonos libertate donat, alios in servitute permanere decernit.

Verum licet Coloni servis accenserentur, quod certis conditionibus ac servitiis obnoxii essent, inter liberos plerumque habebantur. Gregorius M. lib. 3. Ep. 21 : *Hi vero qui in possessionibus eorum* (Judæorum) *sunt, licet et ipsi ex legum districtione sint liberi, tamen quia colendis eorum terris diutius adhæserunt, utpote conditionem loci debentes, ad colenda quæ consueverant rura permaneant, pensionesque prædictis viris præbeant : et cuncta quæ de Colonis vel originariis jura præcipiunt, peragant, extra quod nihil eis amplius oneris indicatur, etc.* Atque inde percipitur cur *liberi* dicantur in Lege Aleman. tit. 9 : *Quicumque liberum Ecclesiæ, quem Colonum vocant, occiderit, etc.* Et tit. 23. § 1 : *Liberi Ecclesiastici, quos Colonos vocant, sicut et Coloni Regis reddant ad Ecclesiam.* Charta Caroli C. ann. 22. in Tabul. S. Dionysii n. 38 : *Proclamarunt se et dixerunt, eo quod ipsi et nascendi liberi Coloni esse debent, sicut alii Coloni S. Dionysii, et prædictus Deodatus Monachus eis per vim in inferiorem servitium inclinare vel affligere velit injuste.*

Erant igitur Coloni mediæ conditionis inter ingenuos seu liberos, et servos : proindeque iidem ferme qui *Conditionales* etiam appellati, ac *Originarii* et *Tributales*, de quibus suis locis agetur. Sed de Colonorum variis conditionibus copiose egit Jacobus Gotofredus in Paratit. tit. de Fugitivis Colonis lib. 5. Cod. Th. et ad leg. 3. de Censu. [** Winspeare, *Abusi Feudali* pag. 106. Savinius, *Zeitschrift für geschichtliche Rechtswissenschaft*, tom. 6. pag. 273. Vesmius, *Vicende delle proprietà in Italia*, pag. 42.]

* Indigenæ opponitur in Exodo cap. 12. v. 49: *Eadem lex erit indigenæ et Colono, qui peregrinatur apud vos.*

Coloni Ecclesiarum, Qui Ecclesiarum ac ædium sacrarum proprii erant, et earum agros colebant : *Liberi Ecclesiastici*, vel *Ecclesiæ, quos Colonos vocant*, in Lege Aleman. tit. 9. tit. 23. §. 1. tit. 57. *Coloni vel servi Ecclesiæ*, in Lege Bajwar. tit. 1. cap. 14. §. 1. *Coloni Ecclesiastici* et *de casis Dei*, in Capitulis Caroli C. tit. 31. cap. 29. 30. [** Edict. Pistens. ann. 864.] Rhenanus lib. 2. Rerum Germ. pag. 87 : *Quidam etiam in illo recenti Christianismo res suas Ecclesiæ donabant, et rursum agros aut domum in beneficii modum recipiebant ad vitæ suæ tempus, non citra tamen pensitationem : nec filius post mortem patris, aut hæres, vendicare sic donata poterat; ii Coloni Ecclesiastici dicebantur.* Horum autem ea erat prærogativa, ut ab omni seculari jurisdictione et servitio soluti, Ecclesiæ soli obnoxii essent. [Præceptum Carlomanni Franc. Regis pro Monasterio S. Cæciliæ in Diœcesi Urgell. ann. 880. Marcæ Hisp. col. 812 : *Concedimus etiam pro remedio animæ nostræ, vel parentum nostrorum, ut nullus judex publicus audeat a famulis tam liberis quam Colonis ipsius loci hospitaticum, montaticum, rotaticum, silvaticum, aut inferenda aliqua exigere præsumat.*] Charta Ottonis Imp. ann. 965. pro Eccl. Hamburgensi : *Servos vero et Colonos in eisdem proprietatibus habitantes, nulli nisi eisdem Episcopis servituros, ab omni etiam nostri juris servitio absolvimus, et sub nullius banno vel disciplina illos nisi sub illarum Ecclesiarum Advocatis esse volumus.* Vide Chartam Agapeti PP. apud Sanjulianum in Antiquitat. Matisconens. pag. 277. et aliam Caroli Calvi apud eundem in Antiquit. Tornutii pag. 510. [** Vide Guerard. in Polyptych. Irminonis.]

Coloni Fiscales, Qui Fisci prædia excolebant, qui in *Coloniis* fiscalibus manebant, in Edicto Pistensi cap. 26. *Coloni Regis*, in Lege Alemann. tit. 23. *Coloni, et fiscalin*, in Capitulis Caroli M. lib. 3. cap. 36. et in Lege Longob. lib. 2. tit. 32. cap. 6. [** Carol. M. 25.] Adde Flodoardum lib. 1. Hist. Rem. cap. 20.

In Regno Cyprio, regnantibus Luzinianis, plebs divisa erat in παροίκους, et ἐλευθέρους ὑπερπυριαρίους. Paræci erant conditione servi : Liberi vero, servi libertate donati, obnoxii tamen Dominis ratione tributi. *Thomaso Porcacchi nella Descrit. del isole del mondo : I Parici erano una condition di huomini schiavi, obligati fin della vita a lor patroni. I Lefteri erano quei Parici, che, o con danari, o per carita, o per altro erano servi della borsa, obligati a pagare ogni anno a Principi xv. Perpiri, o più.* Eadem habet Leunclavius in Pand. Turc.

Colones, pro *Coloni*, in vet. Charta apud Hemeræum de Acad. Par. cap. 4 : *Nec de liberis hominibus, Albanisque, ac Colonibus in supradicta commanentibus, etc.*

Colona, Femina colonariæ conditionis. Formula vetus apud Bignonium pag. 382 : *Feminam illam interpellabat, ... eo quod Colona esset sancti illius de curte sua, quæ dicitur illa, etc.* Chronicon Besuense pag. 523 : *Dedit præfato cœnobio ancillam unam... ut ibidem deserviret cum omni semine suo ex ea progenito,.. ut cæteræ Colonæ servitium omne facerent.* Vide Testamentum S. Remigii Episc. Remens. cap. 18.

COLONARIUS ORDO, Colonorum conditio. Donatio Haganonis ad S. Martinum Turon. imperante Ludovico : *Fridegiso Abbati trado mansum nostrum indominicatum . . . cum hominibus ibidem commorantibus, quos Colonario Ordine vivere constituimus.* Id est, ut coloni vivere solent. [Hagano Adjutor Canonicorum S. Martini Turon. ann. 819. in suo Testamento apud Marten. tom. 1. Anecdot. col. 20. *Colonario Ordine vivere* constituit plurimos, de quibus hæc tandem habet col. 31 : *Et constituimus illos homines in omnibus prædictis locis commanentes illam terram et vineas et omnia ad medietatem collaborare; et nihil aliud eis requiratur, nec post nos nihil inquietudinis patiantur.*] *Colonaria conditio*, in Concilio Arausicano I. cap. 7. Arelatensi II. cap. 33. *Jus Colonarium*, apud Greg. M. lib. 3. Epist. 21.

COLONATUS, Eadem notione, in Charta Ludovici Reg. Fr. ann. 1179. in Tabul. S. Genovefæ Paris. [*Colonatus quæstionem movere*, in Cod. Theod.]

COLONATICUM, Servitium quod colonus domino debet, vel præstat, quod *Colonorum tributum* dicitur in Epist. S. Remigii ad Falconem Episcop. Tungrensem. Formulæ veteres Lindenbrogianæ cap. 163 : *Repetebat ei, quod genitor suus aut genitrix sua ill. coloni sui fuissent, et ipse ill. colonus esse debebat, et malo ordine de ipso Colonatico se abstrahebat et negligens erat.* Et infra : *Et in præsente pro Colono ipsius ill. se recredidit et recognovit.*

COLONITIUM, Idem quod *Colonaticum*, apud Lindenbrog. in form. 163. 164. 166. 167. apud Bignon. pag. 197. 201. 203. 204. 247. 382. 1. Edit. Cujusmodi vero erant ea Colonorum servitia, operæ, ac tributa, pluribus habetur in Lege Bajwariorum tit. 1. cap. 14. et in Capitulis Caroli Calvi tit. 23. cap. 14. [** Epist. Episc. ann. 858.] : *Ædificent villas vestras moderatis castitiis,.... laborent et excolant terras et vineas in tempore, cum debita solicitudine; salvent et dispensent laborata cum fideli discretione, faciant nutrimenta congrua et necessaria : custodiant silvas unde habeant pastiones : defendant et excolant prata, unde habeant pabula.* Adde tit. 31. § 29.

¶ COLINIUM, in Codice Legum Norman. cap. 9. apud Ludewig. tom. 7. Reliq. MSS. pag. 169 : *Ut addam purificationem pratorum, herbagiorum et aliorum fructuum, vel costume, vel pagii, vel Colinii vel aliorum hujusmodi, quæ debent emendari vel persolvi, prout requirunt usus temporum, et consuetudines villarum, mercatorum, nundinarum et passagiorum.*

COLONICATUS, COLONICIATUS, Qui ad Colonum spectat. *Casæ Coloniciatæ, res Coloniciatæ*, non semel in Tabular. Casauriensi 1. part. cap. 94. ch. 3. ann. 902 : *Una cum casis et rebus manualibus, et rebus Coloniciatis, et rebus censuitis, cum terris, vineis, etc.* Charta Leonardi Episc. Cæsenatis ann. 1175. apud Ughellum tom. 2. pag. 460 : *Concedimus quoque vobis fundum unum integrum . . . quem vos dominicatum habeatis, et ex parte Colonicatum.* Charta Conradi Imper. anni 1028. ibid. pag. 707 : *Sive curtibus, salariis, sive in donecatis, vel Colonecatis, etc.* Alia Friderici II. Imp. ann. 1220. ibidem pag. 712 : *Cum hominibus, castris, tam de donicatis, quam locatis.*

COLONARIA MANCIPIA, Quæ Coloniis addicta erant. Testamentum S. Aredii : *Addimus etiam mancipia quæ Colonaria appellantur et nobis tributaria esse perhibentur.*

¶ COLONARIA PERSONA. Sidon. lib. 5. Ep. 19 : *Plebeiam potius incipiat habere personam, quam Colonariam.*

* COLONICA LEX apud Varronem lib. de Re rust. cap. 2. pro Pactione et modo conductionis, quo colonus villam acceperat.

* COLONILIS LEX, Coloni conditio. Charta Ludov. Pii ann. 821. tom. 6. Collect. Histor. Franc. pag. 526 : *Quod servilis conditio legem revadiare cernitur Colonilem.*

COLONIA, est Villa, seu villula, cum modo agri quantum colonus unus colere potest. Aliis, (quod probabilius) est habitaculum rusticum cum sufficienti prædio ad alendum colonum, vel familiam rusticam. Brevius, Coloni ædes, prædium. Gregorius Turon. lib. de Gloria Confess. cap. 15 : *Ad hoc levitas ejus, inimico ingrassante, convaluit, ut Colonias Casilicæ concupisceret, quæ agro ejus erant proximæ, pervadere non timeret.* Odo Cluniac. lib. 1. de Vita S. Geraldi cap. 24 : *Non paucos ex ruricolis obvios habuit, qui derelictis Coloniis suis in aliam provinciam transmigrabant.* Mox : *Suadebant ut eos verberari juberet, et ad domunculas unde discesserant redire compelleret.* Donationes factæ Ecclesiæ Salisburg. cap. 1 : *Et camparavit ad eum villam, quæ dicitur Pindinga, cum servis ibi manentibus in Coloniis suis.* Cap. 3 : *Comparavit ad Milonem Coloniam unam.* Adde cap. 8. Tradit. Fuld. lib. 2. cap. 25 : *In prædicto loco novem trado Colonias (hoc sunt Hobunnæ) integras, cum omnibus adjacentiis et finibus suis, in arialis, in terris arduriis, in sylvis, in campis, etc.* Guillelmus lib. 2. Vitæ S. Bernardi cap. 5 : *Adducitque . . . locum esse spatiosum ad omnes Monasterii necessitates, ad prata, ad Colonias, ad virgulta, et vineas, etc.* Et lib. 2. cap. 7 : *Ecclesiæ ruinas restaurat, colligit exules, Ecclesiis antiqua servitia, depopulatas Colonias expulsis restituit.* Chron. Besuense pag. 569 : *Tradidimus S. Petro 4. Colonias in vico qui Altriasiacus dicitur.* Occurrit passim apud Scriptores, Hincmarum Opusc. 60. pag. 832. Flodoardum lib. 2. Hist. Remens. cap. 5. 6. 7. 11. 17. 18. 19. Hariulfum lib. 3. cap. 7. Baldricum lib. 2. Chron. Camerac. cap. 5. Gerbertum Epist. 159. Baldric. Dolensem in Translat. capitis S. Valentini num. 2. in Vita S. Barbati Episcopi Benevent. cap. 2. in Conventu Pistensi ann. 864. tom. 2. Spicil. pag. 589. in lib. 2. Miracul. B. Bertini cap. 10. 15. apud Ughellum tom. 1. Ital. sacr. pag. 107. 109. 119. Perardum in Burgund. pag. 70. Sammarthanos in Abbatibus Vallis S. Stephani pag. 889. in Spicilegio Acheriano tom. 7. pag. 185. etc.

* Coloniere, in Ch. ann. 1364. ex Cod. reg. 9484. 2. fol. 132. r° : *Estienne de Vaillant chevalier..... a donné.... à l'église de Quincy ... la maison dessoubs la vigne et le pressoir et tous les vaisseaux et la Coloniere et dous hommes qu'il avoit en la ville de Bellenot.*

COLONGIA, Idem quod *Colonia*. Charta Henrici Theobaldi Comitis Campaniæ filii ann. 1149. pro Abbatia Jurensi : *Grangiam S. Eusebii cum hominibus suis, et Colongiis et aliis possessionibus, etc.* Infra : *Cum hominibus suis, et terris, et aquis, et nemoribus et undecim Collongiis ad eandem* (villam) *spectantibus.*

Observandum vero *Colonias* istas ad ipsos colonos jure proprietatis ac hæreditatis spectasse, sub onere et conditione tributi, pensitationis, et operarum, de quibus agitur in Lege Bajwar. et aliis locis mox indicandis : quod colligitur ex Capitulis Caroli Calvi. tit. 31. cap. 30. [** Edict. Pistens. ann. 864.] : *Et quoniam in quibusdam locis coloni tam fiscales, quam et de casis Dei, suas hæreditates, id est, mansa quæ tenent, non solum suis paribus, sed et quibuscumque hominibus vendunt, et tantummodo sellam* (id est ædem) *retinent, ex hac occasione sic destructæ sunt villæ, ut non solum census debitus inde non possit exigi, sed etiam quæ terræ de singulis mansis fuerunt, jam non possint agnosci, etc.* Mansum enim idem esse cum colonia mox docemus.

DIMIDIA COLONIA, in Chronico Besuensi, pag. 575. et in Charta Caroli Calvi in Antiq. Augustodun. part. 2. pag. 25.

COLONIA. Ægidius Monachus Aureæ vallis cap. 118 : *Patronus Legiæ, quem suis volebatis spoliare alodiis, in nostram Coloniam vos redegit.* Albertinus Mussatus lib. 4. cap. 11 : *In Colonia Patavii quam Curte vocant, natura adeo in animante vagata est, ut equa pullulam novipedem enixa sit.*

COLONICA, Idem quod *Colonia*, Coloni habitatio et prædium. Lex Burgundion. tit. 38. § 7 : *Si quis in agro regio, vel Colonica voluerit adplicare, et non permissus fuerit, colonus fustigetur.* Tit. 67 : *Quicunque agrum aut Colonicas tenent, etc.* [Præceptum Childeberti I. Regis Franc. pro S. Carilepho ann. 528. tom. 1. Ampliss. Collect. col. 3 : *Et sic per ipsum terminum venitur ad villam Lescito nomine, quæ est de nostra donatione, deinde descendit per terminos et lapidis fixis ad Colonicam, quæ appellatur Curtleutachario, et ipsa Colonica determinat per lapidis fixis contra montem et solis occasum.*] Gregorius Turon. in Vita S. Aridii : *Dum Noniaco Colonica sua in honore B. Juliani Martyris oratorium conderet, etc.* Vetus Charta apud Doubletum lib. 3. cap. 2 : *Villa quæ vocatur Matrius.... cum termino vel Colonica sua ad se pertinente.* Præceptum Caroli Calvi pro Ecclesia in Magniaco in pago Nivernensi : *Quas quindecim mansis et Colonicis quatuor, quæ solvunt in censum denarios duodecim.* Vetus Charta in Chronico Besuensi pag. 585 : *Dedit S. Petro unum mansum cum Colonica sua, et cæteros mansos ad ipsum pertinentes, cum Colonicis suis.* Ubi *Colonica* differt a *manso*, atqui in Concilio Valentino ann. 853. videtur sumi pro manso : *Sed et ipsi seculares et fideles Laici, si condere voluerint Basilicas in prædiis suis, unam Colonicam vestitam cum tribus mancipiis donationis gratia eis conferant.* Agitur enim hoc loco de *manso Ecclesiastico*. Charta Caroli Regis in Historia Augustodun. part. 2. pag. 48 : *Concessit etiam Ecclesiam S. Dionysii cum Colonicis quinque*. Chronicon S. Benigni pag. 412 : *In Lariaco Colonicas*. 10. Alibi : *Sunt in Dienato Coloniæ 15. curtilli 20. et terra absque æstimatione*. Occurrit prætereа apud Marculfum lib. 1. form. 30. in Præcepto Barnoini Archiepisc. Viennensis ann. 881. tom. 10. Spicilegii Acheriani pag. 141. in Testamento Widradi Abbatis Flaviniacensis, in Synodo Ravennensi ann. 904. cap. 8. [in Charta Caroli Crassi, qua confirmat Præceptum Lotharii Imp. pro Monasterio Grandis-vallis ann. 884. ejusdem Spicilegii tom. 7. pag. 185.] in Hist. Episcopor. Autisiod. cap. 20. in variis Chartis apud Sanjulianum in Matiscone pag. 285. Perardum in Burgundicis pag. 40. 67. 149. 150. etc. Vita S. Aldrici Episc. Cenoman num. 6. 30. etc.

Colonica Dimidia, apud eundem Perardum pag. 150.

Calonica, Idem quod *Colonica* in Chartis aliquot Provincialibus, quas habent Joann. Columbus in Episcopis Vivariensibus lib. 1. num. 25. 28. 29. et Sammarthani in iisdem Episc. num. 34. pag. 1179. et 1180.

Coloniculа. Conventus Pistensis ann. 864 : *Vultumniacus cum Coloniculis, in Aliaco mansa tria cum farinariis, etc.*

¶ Colonita, apud Mabill. tom. 3. Analect. pag. 103. in Gestis Episcoporum Cenom. : *Ego Domnolus in Christi nomine Episcopus... dono igitur Basilicæ SS. Vincentii et Laurentii... Colonitam cognominatam, etc.*

¶ Colonicum, apud eumd. Mabill. ibid. pag. 123 : *Simili modo medietatem de Colonico Vatilonno, quem de Berone in nomine ipsius S. Ecclesiæ comparavi.*

Colonitia. Concilium Ravennense ann. 904. can. 8 : *Ut patrimonia seu suburbana, atque massæ Colonitiæ... reddantur*. [Addit. ad Chron. Casaur. ann. 957. apud Murator. tom. 2. part. 2. col. 953 : *Cum casis, terris, casalibus, Colonitiis, aldiariciis, salectis, pratis, pascuis*.]

¶ Colonitia Casa, in Chronico Farfensi apud eumd. Murator. col. 395.

¶ Colonantia. Bulla Innocentii II Papæ ann. 1137. pro Priorissa et Monasterio de Fontanis ex Archivo ipsius Monasterii : *Possessiones de prope Fontanis cum appenditiis earum, prata, Colonantias, cum omnibus ad eas pertinentiis.*

Colonatus, Idem quod *Colonia*. Synodus Romana sub Leone IV. PP. can. 40. apud Holstenium in Collect. Roman. : *Hi autem* (Presbyteri) *qui Colonatus possessiones retinent, nihilominus volumus ad Episcopi indifferenter venire concilium. Nam si quasi per contumaciam se, quasi in alterius potestate subtraxerint, et proprio non subjiciuntur Episcopo, Canonicis correptionibus subjaceant.*

Coloneta, Simili notione, in Charta Egili Abbat. Flaviniac. apud Mabill. tom. 6. Vitar. SS. Ordin. S. Benedicti pag. 241. semel ac iterum. Sed forte legendum *Coloneca*.

¶ Coloniensis, Colonus, apud Mabill. Annal. Benedict. tom. 2. pag. 756. col. 1. in Epist. D. Faroaldi Ducis Spoletani Domino Pontifici Johanni pro Monasterio Farfensi : *Monasterium... per aliquas donationes nostras in cespitibus et servis et Coloniensibus... restauraverimus.*

¶ COLOPHIA. Gloss. Isid. : *Pulpidinem, Colophia*. Lege cum Pithœo in Excerptis *Colyphia*, et vide supra *Colifarius*.

¶ COLOPHIZARE, pro *Colaphizare*, legitur apud Ratherium Veron. in Apologet. tom. 2. Spicileg. Acheriani pag. 232.

¶ COLOPHON, Κολοφών, Fastigium, apex ; hincque proverbium, *Colophonem rei alicui addere*, pro Summam manum ei imponere : quod ortum putant a Colophone Ioniæ urbe celeberrima : cujus Equites in præliis adeo excellebant, ut certam sibi victoriam pollicerentur, quibus Colophonius accessisset equitatus. *Pietatis Colophonem assequi*, in Libro de Puritate Tabernaculi seu Religionis Christianæ.

* Vide Martin. Lexic. in hac voce.

¶ Colophonia, Simili notione. Locum vide in *Rocha*.

¶ COLOPHUS, κόνδυλος, *Articulus*. Supplem. Antiquarii.

* *Colaphus* legit Henr. Steph. unde D. *Falconet* pro κόνδυλος emendandum putat κονδύλη, ictus condylo factus.

* COLOQUINTIDA, Colocynthis, Gall. *Coloquinte*. Glossar. Provinc. Lat. ex Cod. reg. 7657 : *Cogorna, Prov. Coloquintida*. Metaphorice, pro Acerbitas animi, in Vita S. Maximil. archiep. Laureac. apud Pez. tom. 1. Script. rer. Austr. col. 27 : *Coloquintidas tribulationum et passionum pro Christo sustinendarum ut dulcoraret, etc.*

COLOR, pro *Prætextus*, [Gallis etiam, *Couleur*.] *Colorare*, pro *Prætexere*, non semel in Cod. Th. et Justin.

Color, apud Leguleios Anglos, est ficta materia, qua reus vel tenens utitur in suis exceptionibus. Vide Rastallum in Exposit. vocum Leg. Anglic.

Colore Officii, apud eosdem : quæ verba, ait idem Rastallus, semper accipiuntur in malam partem, denotantque rem aliquam perperam a judice perpetratam sub officii sui prætextu, etc.

Color Græcus. Vide *Lazur*.

¶ Color Indicus, Cæruleus purpureo mixtus, *Indicus* dictus, quod veniat ex India. Vita S. Ansegisi Abb. tom. 5. SS. Julii pag. 95 : *Casulas item ex cindato Indici Coloris tres, item rubei sive sanguinei coloris ex cindato unum*. Vide Isid. Orig. lib. 19. cap. 17. et Diction. Universale Trevoltii editum ad vocem *Indigo*, Planta ex qua elicitur et conficitur *Color Indicus*.

* Color Altus, nostris *Couleur haute*, Splendidus, fulgens, cui opponitur *Color bassus*, subobscurus, Gall. *Foncé*. Charta ann. 1353. in Reg. 82. Chartoph. reg. ch. 306 : *Presbyteri dicti hospitalis* (deferant) *caputia cum cornetis honestis et quæ sint de panno honesti et bassi Coloris : simplices vero tunicas habeant et deferant consimilis coloris ; ita quod nulla præmissorum sint de panno alti Coloris, ut pote Coloris persici, vel celestis, viridis, rubei, crocei seu citrini.*

* Color Asuris, *sive sereni cœli*, Cæruleus, in Lit. Caroli VI. ann. 1386. ex Reg. 135. Chartoph. reg. ch. 91. Vide supra *Asur*.

* Color Medius, Fuscus, subniger, Gall. *Brun*. Mirac. S. Jacobi major. tom. 6. Jul. pag. 55. col. 2 : *Videbatur autem mihi beatus Jacobus juvenis, et venusti aspectus, macilentus, medii Coloris, qui vulgo brunus dicitur.*

Colorarius, Εὐχρώμων, in Gloss. Græc. Lat. [* Vide supra *Chromatarius*.]

Colorator. Gloss. Lat. Græc. *Colorator*, ςιλβώτης. *Colorator*, Ἰνδικοπλεύςης. Leg. Ἰνδικοπλάςης. [Id est, Pictor parietum, qui colores tectoriis inducebat. Inter hos colores præcipuus erat Indicus ; hinc dicti Græcis Ἰνδικοπλάςαι, Latinis recentioribus Coloratores. Vide Hofmannum in Lexico, et Salmasium in Notis ad Flav. Vopiscum in Firmo cap. 3.]

* Vide Salmas. ad Hist. Aug pag. 451. ad Solin. cap. 53. et ad Plin. Duplicem præterea ejusdem vocis notionem prodit Ant. Fr. *Gori* in Monum. sive Columbar. libert. et servor. Liviæ pag. 128. et 129. ad hanc inscript. : Anteros Liviæ Colorator. Eo quippe nomine appellatur fucator et quoddam medicorum genus, quod scilicet in hominum et feminarum corpora colorem, vires, florem, venustatem, sanitatemque quibusdam unctionibus inducerent et servarent. Vide supra *Aliptæ*.

Coloratus, ςίλβεος, in Gloss. Lat. Gr. Est etiam pudore suffusus, pudibundus. Rathbertus de Casib. S. Galli cap. 11. pag. 89 : *At juvenis voce magistri Coloratus, etc.* [*Titulus patrimonialis successionis Coloratus*, in Gestis Manfredi et Conradi Regum, apud Murator. tom. 8. col. 607. Gall. *Titre Coloré*, Apparens nec satis constans.]

Colorati Solidi. Vide *Prætextati*.

Coloratura, χροισμός, in Gloss. Græc. Lat.

¶ Colorate, *Servientissime*. Papias MS.

¶ Colorista, Infector, tinctor, Gall. *Teinturier*, Germanice *Færber*, Polonice *Falbiers*. Miracula B. Stanislai Canonici Regul. tom. 1. SS. Maii pag. 787 : *Dorothea uxor Nicolai Coloristæ, alias Falbiers, de Cracovia, etc.*

¶ Colora, Macula. Onomasticon ad calcem tomi 1. SS. Aprilis.

Colores, pro ipsis Factionibus Circensibus, quæ suis Coloribus distinguebantur, Veneta, Prasina, Russea, et Alba, apud Senatorem, lib. 1. Epist. 20. 32. lib. 3. Epist. 51. Vide Bulengerum lib. de Circo Rom. cap. 48.

Coloreus, *Coloreæ vestes*, Vario colore tinctæ, modo hoc, modo illo, apud Vopiscum [in Aureliano cap. 46 : *Idem concessit, ut blatteas matronæ tunicas haberent, cum antea Coloreas habuissent, et ut multum oxypæderetinas*. In quem locum Hofmannus recte : Non sunt vario colore tinctæ modo hoc, modo illo, sed quæ variorum sunt colorum, et plures colores intextos habent.] Nos dicimus, *de couleur*. [Secundum Hofmanni correctionem diceremus, *de plusieurs couleurs*.]

Colorus, Coloratus. Gerardus Abb. Sylvæ Major. in Vita S. Adalardi cap. 8 : *Erat tamen decoris gratia venustus, discreta macie, satis Colorus.*

* 1. **COLORARE**, Rem argumentis et rationibus probare et stabilire. Charta ann. 1408. inter Instr. tom. 11. Gall. Christ. col. 43 : *Addens insuper quia hujusmodi materia erat juridica, reverendus pater dominus abbas de Monte S. Michaelis Rotomagensis diœcesis, famatus et profundus decretorum doctor, ex parte nationis Normanniæ super hoc requisitus, dictam supplicationem per rationes et jura justificaret et Coloraret.*

* 2. **COLORARE**, Prætexere. Vide in *Color.* Nostris *Colorer.* Lit. remiss. ann. 1376. in Reg. 109. Chartoph. reg. ch. 110 : *Et postea pro Colorando factum suum et illud quod iniquissime ipse et superius nominati in hoc fecerant, etc.* Vide supra *Colloratio.*

¶ **COLOSEUM.** Vide *Coliseum.*

¶ **COLOSSUS**, COLOSUS, COLUSUS, Gall. *Colosse*, Statua vulgo ingentis magnitudinis, hic quodlibet monumentum in memoriam defuncti. Lerbeccius in Chronico Episcoporum Mindens. apud Leibnitium Scriptor. Brunsvic. tom. 2. pag. 178 : *Et super basin lapideam leonis effigiem, quasi Colossum suum, cum ipse Leo vocaretur, in Brunsvick erexit. Est autem Colossus sive Colusus aliqua res in memoriam alicujus mortui, ut tumuli, ymagines apud Antiquos : vel dicitur statua marmorea et alta, et dicitur Colosus quasi Colens ossa.* Ridiculum hoc etymon ex eo ductum videtur, quod auctor legerit, κολοσσὸς dici παρὰ τὸ κολούειν τὰ ὄσσα, *quod minuat et retundat oculos*, vocemque ὄσσα, quæ significat Oculos, pro Ossibus accepisse. Cæterum *Colossi* dicuntur oculorum aciem retundere, quia præ magnitudine uno intuitu nequeunt comprehendi.

¶ **COLOTADUM**, πρασόν. Gloss. Lat. Gr. *Fictum.* [* Leg. *Coloratum* ex Vulc.]

¶ **COLOTHIS**, Hostia non consecrata. Vita S. Eutychii Patriarchæ Constantinopol. tom. 1. SS. April. pag. 561 : *Ecce, inquit, Colotim (sic enim illius regionis pueri oblatam, id est, panem nondum sanctificatum appellant) deinceps percipiam.* [** An Κόλυβον? Vide Glossar. med. Græc. hac voce col. 686.]

* **COLOTRICTATORIUM**, *Gallice Ridure, quia trictat seu teret filum*, in Glossar. Lat. Gall. ann. 1348. ex Cod. reg. 4120.

COLPINDACH, Vox Hybernica, priscis Scotis usitata, hodie corrupte *Quyach*, significat juvencam quæ vitula esse desiit, et nondum apta tauro, in justam magnitudinem non excrevit : in Legibus Malcolmi Regis Scotiæ cap. 7. § 3. cap. 8. § 1. et 2. Vide Steph. Skinnerum in Etymol. Anglic. cap. de Vocib. forensibus.

COLPO, ONIS, Frustum, nostris *Copon*, quasi particula abscissione avulsa : nam nostri *Couper* et *Coper* abscindere dicunt, ex Græco κόπτειν, unde κόπαιος et κόπεον in Glossis, pro *frusto* rei cujuslibet et fragmento. Proprie autem usurpatur de cereis candelis minutioribus, *Copon de cire.* Rogerius Hovedenus ann. 1194 : *Cum autem Rex Scotiæ ad Curiam Regis Angliæ venerit, quamdiu ipse in Curia moram fecerit, habebat quotidie de liberatione* 30. *sol. et* 12. *vastellos dominicos.... et* 40. *grossos longos Colpones de dominica candela Regis, et* 80. *Colpones de alia candela.*

* *Ung Coppon de lance*, apud Johan. *de Saintré* cap. 50. Unde *Coppon*, pro Aquæ portione, incili, rivulo, in Ch. ann. 1387. pro habitatoribus Maceriar. : *Baillons... aux habitans d'icelle* (ville) *ledit Coppon ou ladite piece d'eaue. Copeau*, eodem sensu. Recognit. feod. ann. 1392. in Inventar. Chart. castri *de Jaucourt* fol. 39. v° : *Item un Copeau de riviere en la riviere d'Aube, qui puet valoir environ xl. solz Tournois.* Vide infra *Copallus.*

1. **COLPUS**, Ictus, Gallis *Coup*, Italis *Colpo*, diminutivum ex *Colaphus*, ut recte censet Wendelinus. Occurrit passim in Lege Salica tit. 19. § 1. 7. Aleman. tit. 95. Ripuar. tit. 19. § 1. in Formulis vet. apud Bignon. in Legibus Athelstani cap. 6. apud Bromptonum, et Henrici I. Regis Angliæ cap. 80. etc. Vide *Procolpus, Colaphus.*

2. **COLPUS**, f. Agger, quo aquæ continentur. Charta ann. 1229. ex Cod. reg. 4659 : *Facietis dispensatorium per quod ipsa aqua taliter valeat dispensari, ut semper excludi et detineri valeat sine dampno, sicut excluderetur et detineretur per Colpum, sive per spatserium molendini. Cop*, apud Insulenses, idem quod Æstimatio, pretium, vulgo *Estimation, prisée* : quotannis promulgatur *Cop de grains de l'espierre de Lille.* Nostris *à Cop*, Illico, continuo. Lit. remiss. ann. 1474. in Reg. 195. Chartoph. reg. ch. 1235 : *Le suppliant suivit à Cop en la rue icellui Larchier, qui ainsi l'avoit blecié.*

1. **COLTA**, Idem quod *Collecta*, Tributum, vox ea notione usurpata in Tabulis Dalmaticis apud Jo. Lucium de Regno Dalmat. pag. 275. 277. [Memoriale Potestatum Regiens. ad ann. 1285 : *De Colta quam inter se posuerunt Clerici civitatis Reginæ in subsidio dando Communi Reginorum pro strata inglaranda, qua itur Parmam.* Chron. Parmense ad ann. 1246 : *Imperator... percipiebat omnes redditus Episcopi et magnas Coltas imponebat Ecclesiis.* Et ad ann. 1303 : *Ordinatum fuit, quod deinceps solverent Coltas suas et mutua per æstimum.* Vox etiamnum ab Italis usurpata. Occurrit eadem notione in Chronico Mutin. apud Murat. tom. 11. col. 115. 118. 119. et 120. alia vero notione in *Collecta* 4.]

* 2. **COLTA**, Vestis species, idem, ut videtur, quod *Colobium.* Charta ann. 1288. apud Ludewig. tom. 11. Reliq. Mss. pag. 637 : *Præsertim volumus, quod nullus deferat tunicas crustatas seu capucia, aut Coltas, vel yopas in foro rerum venalium venales præter in nundinas, quod interpretatur forum annuale.* Ubi versio Germanica habet *Kolten.*

¶ **COLTAX**, *Claudicans a Coxa.* Papias MS. Vet. Glossar. Sangerman. MS. n. 501. *Coltax, Clodus a Coxa, vel claudicans.*

* **COLTELLINUS**, vox Italica, diminut. a *Cultellus.* Chron. Foroliv. apud Murator. tom. 19. Script. Ital. col. 903 : *Videns pater se esse sine armatura, cum Coltellino occidit filium suum.*

¶ **COLTELLUS**, pro *Cultellus.* Vide *Costalarius.*

¶ **COLTIS**, f. pro *Cortis*, apud Baluz. Hist. Arvern. tom. 2. pag. 8. ex Chartulario Brivatensi : *Dedit præterea mansum unum cum curte.... vineam unam habentem fines de uno latere viam publicam, de alio latere Coltem antiquam, et de fronte superiore terram S. Sebastiani.*

¶ **COLTORIUM.** Vide post *Colum* 3.

¶ **COLUBERCULUS**, *Parvus coluber*, Joanni de Janua.

¶ **COLUBRIMODUS**, Colubrinus. Corippus in Præfatione :

Illa Colubrimodis Avarum gens dura capillis.

¶ **COLUBRINA**, Tormentum bellicum, a colubro dictum, Gall. *Coulevrine.* Epist. Magistri Hospitalitatis Jerosol. ad Papam de Rhodo a Turcis obsessa ann. 1480. apud Ludewig. Reliq. MSS. tom. 5. pag. 295 : *Colubrinis et serpentinis deturbant fatigantque. Breydenbach* Itiner. Jerosol. pag. 268. de ead. Obsidione : *Colubrinis et serpentinis nostros deturbant.* Leges municip. Mechlin. tit. 11. art. xx : *Nemini fas est intra mœnia bombardas manuarias aut Colubrinas secum ferre, nisi, etc.* Ariost. in suo *Orlando* lib. 9 :

E qual bombarda, o qual nomina scoppio,
Qual simplice cannon, qual cannon doppio,
Qual sagra, qual falcon, qual Colubrina
Sento nomar, come al suo auctor piu aggrada.

* Annal. Bonincont. ad ann. 1453. apud Murator. tom. 21. Script. Ital. col. 656 : *Æneo instrumento, quod Colubrinam Galli vocant, ictus cecidit. Culevrine*, in Lit. remiss. ann. 1455. ex Reg. 187. Chartoph. reg. ch. 93 : *Les Anglois faisoient grans manieres de getter canons, Culevrines et autres vuglaires, icellui suppliant doubtant avoir le cop desdiz vuglaires ou Culevrines, etc.* Vide *Ribaudequinus.*

¶ **COLUBRISSARII**, Factiosi homines in pago Leodiensi annis 1466. et seqq. de quibus hæc scribit Adrianus de Veteri-Busco apud Marten. tom. 4. Ampliss. Collect. col. 1288 : *Colubrissarii dominabantur, nec permittebantur duo boni cives loqui pariter, quin vellent scire de quibus esset sermo. Et si aliquis contradixisset ipsis, de mane invenit domum combustam vel horreum incensum.* Vide ibi col. 1291. et 1348.

¶ **COLUBROSUS**, Curvus, detortus ad instar colubri. Hoc sensu Tertul. adv. Valent. cap. 4. dixit, *Actus Colubrosus.*

¶ **COLUCULA**, Colus, Gallice *Quenouille.* Gloss. Lat. Gr. : *Colucula*, ἠλακάτη.

COLVEKERLIA, COLVEKERLI. Chronicon Abbatiæ S. Bertini, de Rodulfo Guinarum Comite : *Qui in terra sua servitutem induxit, quæ Colvekerlia vocatur, per quem populares astrinxit, ut arma nullus nisi clavas deferret, et inde Colvekerli dicti sunt, quasi rustici cum clava. Nam colve vulgare, Colve clavam, et Kerli rusticum sonat.* [Martenius noster, qui hoc Chronicon edidit tom. 3. Anecd. col. 564. legit, *Colvokerlia* et *Colvokerli.*] Lambertus Ardens. in Hist. Comit. Guin. : *In diebus illis fuerunt homines quidam clavati, sive clavigeri, quos vulgo Colvekerlos nominatos audivimus, in terra Ghisnensium habitantes : qui clavati sive clavigeri ; a clava dicebantur agnominati, etc.* Eadem ferme habet quæ supra Chron. S. Bertini. [Ludewig. tom. 8. Reliq. MSS. pag. 420. in ead. Lamberti Historia constanter scribit *Colvelrerlia, Colvelrerli* : quibus vocibus ignominiosum omnino, præsertim mulieribus recens nuptis, servitutis genus videtur indicari. Ipsum locum, si vis, consule.] [** Monuit ipse Ludewig. in Indice tom. 8. legendum esse *Colvekerlia* et *Colvekerli*.] Vide *Colum* 4.

1. **COLUM**, *Fastigium templi*, Papiæ : pro *Tholus*, ni fallor. [Vetus Glossar. San-German. MS. num. 501. habet : *Colum, Fastigium templi rotundum*.]

¶ 2. **COLUM**, pro *Colon*, Græc. κῶλον, Intestinum crassum, medium inter cœcum et rectum. Vide locum in *Longao*.

3. **COLUM**, Glossar. vetus, cap. de Vasis argenteis : *Colum*, ἠθμός. Accensetur vulgo sacris ministeriis, estque vasculum quoddam subtilissimis foraminibus ab imo fundo perforatum, per quod vinum ex amulis in calicem refundebatur. Vetus Charta Cornutian. edit. a Suaresio : *Hamulam oblatoriam, Colum, thymiamaterium, etc.* Ordo Romanus : *Archidiaconus sumit amulam Pontificis cum vino de Subdiacono, et refundit super Colum in calicem.* Infra : *Archidiaconus.... accipiens Calicem ab Acolyto Archidiacono apportet vinum per Colum, quod sinistra manu Romanus Ordo Archidiaconum auriculari digito ferre jubet purgandum. Quod utique vas in id opus ex aliquo metallo formatum, in medio sui plurima quasi acus foramina ad excolandum vinum ostendit, et illud Archidiaconus per totum Missæ officium in sinistra manu, illo quo prædiximus digito, annulo suspensum portaturus est.*

* Vide Joan. Domin. Aulisii epistolam inter ejus opuscula. Glossar. Lat. Gall. ex Cod. reg. 7679 : *Colum, Entonnouer.*

Cola. Christianus Arch. Moguntin. in Chron. pag. 384 : *Erant Colæ argenteæ novem, per quas vinum poterat colari, si necesse fuisset, præter eam quæ attinebat calici aureo, et hæc aurea erant.* Chron. Laurisham. : *Baccina, thuribulum, Cola, et ampullæ pondo 8. marcarum.* [S. Wilhelmi Constit. Hirsaug. lib. 2. cap. 34 : *Adhuc autem ab Armario Diaconus aliquis illuc dirigitur, et accepta Cola de manu ejusdem Sacerdotis, sicut et ille de Subdiacono accepit, etc.*]

Colatorium, Idem quod *Colum*. Papias : *Colatorium, liquatorium.* Idem : *Colum, Colatorium : a colando mustum.* Ordo Roman. : *Archidiaconus sumit amulam Pontificis de Subdiacono Oblationario, et refundit in calicem super Colatorium.* Alibi : *Gemelliones argenteos cum Colatorio argenteo et aureo.* Hist. Episcop. Autisiod. cap. 20 : *Colatorium pens. unc. 2.* Anastasius in Sergio II : *Colatorium de argento, quod in sacro utitur officio, deauratum unum.* In Benedicto III : *Patenam unam, Colatorium unum.* In Leone III : *Vasa Colatoria argentea deaurata.* Latini *Colare*, dicunt per Colum transmittere. Manilius :

> Et Colare vagos inductis retibus amnes.

Vide Chartam Philippi Episcopi Bellovacensis ann. 1217. in Hist. Drocensi pag. 244. et Cardinal. Bona lib. 1. Rerum Liturgic. cap. 25. n. 5.

¶ Coltorium, apud Bernardum Monachum in Ordine Cluniac. part. 1. cap. 50 : *Ab uno Sacerdote cappa induto exhibetur aqua etiam cum argenteo Coltorio, etc.*

4. **COLUM**, Clava, ex Flandrico *Kolve*. Chronicon Andernense ann. 1231 : *Plebeæ multitudini utriusque sexus relinquentes exposuerunt, et vix de rastris et flagellis, de furcis, Colis, et baculis sese subtrahentes, etc.* Vide *Colvekerlia*.

1. **COLUMBA**, Vas in Columbæ speciem effictum, supra altare appensum, in quo pyxis ubi Dominicum corpus ad infirmorum viaticum asservari solet, includitur. Testamentum Perpetui Episcopi Turon. tom. 5. Spicilegii Acheriani : *Amalario Presbytero capsulam unam communem de serico : item Peristerium et Columbam argenteam ad repositorium... do, lego.* Anastasius in Hilario PP.: *Columbam argenteam pensantes libras duas.* Breve de vasis Ecclesiasticis in Tabulario S. Theofredi in Velavis : *Columba desuper altare aurea, ubi Dominicum reponitur Corpus in linteo mundo servandum.* Bernardus Monac. in Consuetud. Cluniacens. MSS. cap. 37. et ex eo Udalricus lib. 2 : *Prædictam autem pyxidem.... Diaconus de Columba jugiter pendente super altare... abstrahit.* Adde lib. 1. cap. 9. Amphilochium in Vita S. Basilii Cæsar. cap. 6. Lib. 1. Miraculor. S. Dionysii cap. 2. Hermannum lib. 3. de Mirac. S. Mariæ Laudun. cap. 28. etc. Vide Durandum de Ritibus Eccles. cap. 16. et quæ hac de re adnotamus in Descript. S. Sophiæ num. 64. et Diurnum Romanum cap. quarto titulo secundo.

2. **COLUMBA**, Alia notione. Charta ann. 1247. in Histor. Monasterii S. Mariæ Suession. : *Et ferent tres Clerici crucem, baculum S. Vodouli, et Columbam, aquam benedictam, et thuribula, etc.*

Columbas de more ante Reginas præferre, apud Galfridum Monemuthensem lib. 7. cap. 4.

Per Columbam Electi Episcopi, id est, per Spiritum sanctum, qui per columbam adumbratur. Concil. Ravenn. ann. 1311. cap. 10 : *Et quod de festo B. Apollinaris, et de omnibus sanctis Præsulibus Ravennatibus per Columbam electis fiant festa per totam Ecclesiam Ravennatem suis diebus.* Vide Vitam S. Euvertii Episcopi Aurelian. et sanctum Honoratum Massiliensem in Vita sancti Hilarii Arelatensis.

Columbas Vendere. Concilium Aquisgranense ann. 816. can. 38 : *Columbas quippe vendere, est impositionem manus, qua Spiritus sanctus accipitur, non ad vitæ meritum, sed ad præmium dare.* Leo IV. PP. in Epist. ad Episcopos Britanniæ : *Requiritis de his qui turpissimo lucro Columbas in templo Domini vendere non pertimescunt, etc.* Vide Joannem VIII. PP. Epist. 94.

¶ 3. **COLUMBA**, Ordo militaris a Johanne I. Castellæ Rege institutus ann. 1379. Segoviæ. Alii hanc institutionem tribuunt Henrico III. ejus filio ann. 1399. Haud diu duravit ille Ordo, cujus insigne erat Columba. Vide Favin. lib. 6. pag. 1229.

* 4. **COLUMBA**, vox Italica, idem quod *Columbarium*. Pars navis, lignum supra carenam extensum a prora usque ad puppim, nautis nostratibus *Carlingue* vel *Escarlingue*. Contract. navigii Reg. Franc. cum Venet. ann. 1268. in Reg. sign. *Noster* Cam. Comput. Paris. fol. 284. r°. et in Cod. reg. 8406. fol. 199. v°. edit. tom. 5. Hist. Fr. Du Chesn. pag. 437 : *Navis, quæ vocatur sancta Maria, est longa pedibus cviij. quæ longitudo est de pedibus lxx. in Columba.*

* Nostris *Columbe*, *Coulombe* et *Colombel*, idem quod *Poteau, jambage de porte*, Postis. Lit. remiss. ann. 1369. in Reg. 100. Chartoph. reg. ch. 284 : *Ledit Jehan frapa tant à ladite porte, que il rompi la Columbe d'icelle, et par force se ouvri.* Aliæ ann. 1392. in Reg. 144. ch. 185 : *Desdiz varlés prirent une eschielle pour vouloir entrer dedens ledit estage, et emporter la Coulombe ou le maistre huis.* Aliæ ann. 1408. in Reg. 162. ch. 371 : *Icellui Hubert s'efforça d'entrer oudit hostel par entre deux Coulombes.* Aliæ ann. 1393. in Reg. 145. ch. 33 : *Icellui Huguenin d'une coingnié qu'il tenoit, se print à ferir à un Colombel, a quoi l'huis de l'entrée d'icelle maison se fermoit, et y frapa plusieurs coups, tant oudit Colombel comme au sueil de dessoubz.* Rursum aliæ ann. 1395. in Reg. 148. ch. 195 : *Icellui prisonnier desseura un Colombeys de bois plastré, qui faisoit dosture en partie desdittes prisons.* Denique aliæ ann. 1398. in Reg. 153. ch. 242 : *Le suppliant..... pour entrer en icelle* (maison) *rompi un Coulombis fait de bois et de terre, etc. Couloumeau*, in Lit. ann. 1417. ex Reg. 170. ch. 39 : *Le suppliant se releva tout droit contre le Coulomeau ou postel de l'huis.* Hinc *Bois à coulombage* vocabant lignum postibus conficiendis aptum. Lit. remiss. ann. 1480. ex Reg. 207. ch. 54 : *Guillaume le Royer avoit marchandé faire de son mestier de sayeur de bois cent toises de repartaige, partie chevrons à maison et partie à Coulombage.*

1. **COLUMBAR**, Genus vinculi, proprieque ipsum vinculi foramen. Joan. de Janua : *Columbar, genus vinculi, a collo, quod sit aptum collo.* Vita S. Genulfi Episcop. num. 11 : *Ut solis catenarum compedibus durisque lacertorum Columbaribus arcerentur ab hominum morsibus, etc.* [Radulfus Cadomensis in Gestis Tancredi apud Marten. tom. 3. Anecdot. col. 138 : *Reservatur tamen superstes unus Turcorum non minus scelerum quam sceleratorum princeps : is Columbari gravissimo vinctus compede, in tormentis tormenta, in temporalibus præstolatur æterna.*] Utitur Plautus in Rudent.

* 2. **COLUMBAR**, Columbarium. Glossar. Provinc. Lat. ex Cod. reg. 7657 : *Columb, Prov. columbus, columbulus, diminut. Columbiar, Prov. Columbar, ubi nidificant.*

¶ **COLUMBARE**, pro *Columbarium*, Gall. *Colombier*. Legitur apud Thomam *Madox* in Formulari Anglic. pag. 121.

1. **COLUMBARIUM**, Pars navis, Italis *Columba*, lignum supra carenam extensum a prora usque ad puppim. [Isid. lib. 19. Orig. cap. 2 : *Columbaria in summis lateribus navium loca concava, per quæ eminent remi, dicta, credo, quod sint similia latibulis columbarum, in quibus nidificant.* Papias MS. habet, *per quæ remi immittuntur, etc.*] Gaufredus Grossus in Vita B. Bernardi Abb. Tiron. num. 31 : *Remiges autem fulminum juxta cadentium fœtoribus affecti, mortuis similes in transtris prosternuntur, strampisque rumpentibus, remis ferientibus undas a Columbariis extrahuntur.* Vide *Columna*.

* 2. **COLUMBARIUM**, Vas, in quo cineres mortuorum condebantur, ab ejus forma sic nuncupatum, apud Montefalc. tom. 9. Antiq. expl. pag. 47.

* **COLUMBATIO**, Præstatio ex columbis. Sent. episc. Cracov. ann. 1369. inter Leg. Polon. tom. 1. pag. 101 : *De Columbatione. Insuper volumus quod Columbatio illibere per rectores ecclesiarum a suis parochianis non exigatur de cætero; sed quod quisque sponte petenti dare voluerit, cum gratiarum actionibus tolli debet.*

* **COLUMBERIUM**, pro Columbarium, Gall. *Colombier*, in Consuet. Auxit. ann. 1301. art. 54. Stat. Montis-reg. pag. 283. et alibi non semel. Vide infra *Columbum* 2.

¶ **COLUMBETA**, pro *Columba*, qua Spiritus S. designatur. Laudes Papiæ apud Murator. tom. 11. col. 30 : *Ibi sunt Fratres de Spiritu S. qui aliculi de Columbeta vocantur, eo quod ante pectus portant Columbam albam in veste, de regula S. Augustini.* Vide *Fratres de Spiritu Sancto.*

¶ **COLUMBINA**. Vita S. Francisci de Paula n. 24. tom. 1. April. pag. 112. D. : *A sociis apud patrem accusatus est, novellas ficus, quas Columbinas nominant, liguri-visse.*

¶ **COLUMBINUS**, *Lapis a colore avis dictus.* Papias MS. Isid. lib. 19. cap. 10. addit : *Natura vicinus gypso et mollitie simillimus.*

COLUMBRUS. Charta ann. 1281. apud Ughellum tom. 7. Ital. sacr. pag. 301 : *Deferrent arbores cum floribus et magnis Columbris rosarum.* Infra : *Cum arbore et Columbro rosarum.*

* **COLUMBULUS**. Vide supra *Columbar* 2.

¶ 1. **COLUMBUM**, Cloaca, Eluvies, Gall. *Egout.* Annal. Benedict. tom. 2. pag. 410. ex Chartario Farfensi : *In decimo* (loco) *coquina, id est, domus ubi pulmenta et cibaria coquuntur. In undecimo Columbum, id est, ubi aquæ influunt.* Vide *Colymbus.*

* 2. **COLUMBUM**, Columbarium, Gall. *Colombier.* Charta ann. 1341. in Reg. 72. Chartoph. reg. ch. 369 : *Item et quandam vineam, cum quodam Columbo, quæ quondam fuit dicti Heliæ.* Infra : *Cum columberio.*

¶ **COLUMBUS**. Memoriale Potestatum Regiens. ad ann. 1218. de Obsidione Damiatæ : *In nocte Assumptionis sanctæ Mariæ de Augusto octo Saraceni fuerunt capti, qui veniebant natando ab exercitu Soldani, deferentes ignem, Columbos et cartas, et volebant intrare civitatem.*

¶ **COLUMELLA**, *Pellicula in hominis ore inflammata.* Medic. Salern. Edit. 1622. pag. 290. Laurent. in Amalth. addit, *oblonga; si rotunda, Una dicitur.*

* *Uva* (non *una*) *dicitur.* Perperam prorsus, ut docet D. *Falconet*, *Columella* enim est pars corporis, caruncula scilicet ab extremo palato in fauces dependens. Glossar. Lat. Gr. : *Columella*, κιονὶς ἡ τοῦ ἀνθρώπου, σταφυλὴ ἀνθρώπου. Vide Lexic. medic. a Panor. Brunone.

COLUMELLI. Ugutio, ubi de dentibus : *Horum primi Præcisores dicuntur, quia omne quod accipitur ipsi prius incidunt : Canini dicuntur, quorum duo in dextra maxilla, et duo in sinistra sunt; dicuntur quod ad similitudinem caninorum dentium existunt,... hos vulgus pro longitudine et rotunditate Columellos vocant.* [Vetus Glossar. Sangerman. MS. num. 501 : *Colomellos, Dentes pro longitudine et rotunditate vulgus vocat : iidem dicuntur Canini.* Vide *Columnelli.*]

COLUMGERIUS. Charta Gerardi Comitis Matiscon. ann. 1180. in Biblioth. Cluniacens. pag. 1443 : *In nemore de Domenge, habet Comes 4. Columgerios, in quibus Monachi nihil accipiunt.*

* An Coloni habitatio, aliquidve ad colonos spectans, an Modus agri recens proscissi et ex nemore in culturam redacti, qui *Colonge* in Alsatia vocatur, ut mihi auctor est Vir hac in re consulendus? Vide in *Colonus* et mox

* **COLUMGIA**, Prædium rusticum, villula, ut *Colongia.* Vide in *Colonus.* Charta ann. 1149. in Chartul. Cluniac. : *Guillerma..... donavit quicquid in villa de Sapes et in appenditiis ejus habebat, et Columgiam de Iblens cum appenditiis suis.*

* Colungia, Eodem significatu, nostris etiam *Colunge.* Charta ann. 1202. ex Chartul. Longivadi : *Quod sæpedictus Milo dare possit eidem ecclesiæ coustumas unius Colungiæ.* Ch. Renaudi dom. Baugiaci ann. 1232. inter Probat. ult. Hist. Trenorch. pag. 193 : *Illi vero de Colungiis et mansis in quibus habemus talliam prænominatam pro garda; debent nobis corvetas et cavalcatas.* Alia ann. 1300. ex Chartul. eccl. Lingon. Cod. reg. 5188. fol. 76. r° : *Exceptées aucunes rantes de blef que l'an dit de Colunges, lesquiex je tien en fié de Oudot le Verdet escuier.*

COLUMNA, Navium recta pars, in Glossis Græco-Barbar. Rabani Mauri, qua notione occurrit in Glossis Ælfrici pag. 71. Vide *Columbarium.*

¶ Columna Bladi, Cumulus frumenti, meta frumentaria, Gall. *Meule, Meulon, Gerbier.* Consuetud. Brageriaci art. 93 : *Item si quis furatus fuerit munimenta aratorum in campis, aut perforatus fuerit modula sive Columnas bladorum de campis, et de dicto blado furatus fuerit; etc.* Gallica versio legit : *Tout homme qui aura derobé des instrumens aratoires aux champs, ou percé les Gerbiers ou plongeons de bled des champs, etc.*

COLUMNÆ Altaris, Quibus altare sustentatur, et quas prehensare solebant qui confugiebant ad Ecclesiam. Epistola Clericorum Italiæ tom. 1. Concil. Gall. pag. 296 : *Quo viso sanctus Papa Columnas altaris complexus est.* Aimoin. lib. 2. Hist. Franc. cap. 32 : *In Basilicam S. Euphemiæ confugit, tenuitque Columnam altaris.* Eadmerus in Vita sancti Wilfridi cap. 16 : *Strato autem in parte Orientali ex quadris lapidibus pavimento, altare subnixum Columnis loco congruo collocavit.* Theophanes ann. 20. Justiniani : Ὁ δὲ φοβηθεὶς τὴν ὀργὴν τοῦ βασιλέως, τῷ θυσιαστηρίῳ Σεργίου τοῦ μάρτυρος μονῆς τῶν Ὁρμίσδου προσέφυγεν, κἀκεῖθεν ἑλκόμενος, κατέσχεν τοὺς βαστάζοντας τὸ θυσιαστήριον κίονας, etc. Adde Pachymer. lib. 7. cap. 17. pag. 31. Erant autem hæ columnæ numero quatuor; nam, ut ait Honorius Augustod. lib. 3. cap. 106 : *Mensa in tabernaculo Dei erat 4. pedibus fulta.* Interdum quinque. Vita S. Theodardi Archiep. Narbonensis apud Catellum pag. 761 : *Fecit autem idem B. Pontifex Audardus eidem Ecclesiæ ex magno et candidissimo marmore aram miro opere sculpturæ cælatam, quinque nihilominus marmoreis stipitibus, quibus erant bases, et epistylia marmorea locis opportunis ac congruis, fultam.* Vide Codicem Carolinum Ep. 92. et quæ notamus in Descriptione sanctæ Sophiæ cap. 55.

COLUMNATIO, Περίστυλον. Glossar. Græco-Latin. [** Ed. *Columnatum.*] Ordo Columnarum, locus Columnis exornatus. [Apuleius lib. 4. Florid. : *Proscenii contabulatio, scenæ Columnatio.*]

COLUMNELLI, seu ut habet Papias, *Colomelli, dentes qui Canini dicuntur, quia sunt longi et rotundi ad modum columnæ.* Ugutio, Joan. de Janua. Vide supra *Columelli.*

* **COLUMPDELLUM**, Columnella : dicitur de Charta per lineas perpendiculares instar columnarum divisa. Pedag. castri *de Les* ann. 1263. ex Cod. reg. 4659 : *Et quia in uno caterno prædicta capi non poterant, ideo in duobus caternis edulorum, continentes scilicet quilibet viij. cartas scriptas per Columpdellos, cujus primi caterni primum Columpdellum primæ cartæ incipit, Karolus, et ultimum Columpdellum dictæ cartæ finit, ad commune parti.*

¶ **COLUMPNA** Paschalis, Cereus Paschalis, Gal. *Cierge Paschal.* Tabular. S. Bartholomæi Bethun. fol. xlii : *Columpna Paschalis debet ab ipso Custode cera tegi suis sumptibus sufficienter et honeste.*

* Ordinar. Ms. Rotomag. in die Parasceves : *Ad refectionem panis et aquæ pergant. Post prandium erigatur Columpna cerei.*

* **COLUMPNIATUS**, Columnis exornatus. Codex reg. 4188. ad calcem Ordin. Rom. : *In Canapara templum Cereris et Telluris, cujus atrium duabus domibus ornatur per circuitum porticibus Columpniatis, ut quicumque ibi sederet ad judicium undique videretur.* Vide *Columnatio.*

* **COLUNGIA**. Vide supra in *Columgia.*

¶ **COLVOKERLIA**, Colvokerli. Vide *Kolvekerlia.*

COLURNUS, ex Corylo arbore. Glossæ Græco-Lat. : Κρανέα, δένδρον, *Colurnum, Cornus.* Λεπτοκάρυον, *Avellanum, corylum.* Λεπτοκαρύινον, ἢ κράνινον, *Colurnum.* Papias : *Colurnus de corylo, sicut Quernus de quercu.* Vox Latinis nota. *Colurna vasa*, apud Metellum in Quirnalibus pag. 153. *Colurna virga*, apud Hericum Monach. de Miraculis S. Germani Autisiodor. cap. 7. Fridegodus in Vita sancti Wilfridi cap. 15 :

> Theosopho spirans animo cognata synergus,
> Oppida diffuso H Ripis amplificare Colurno.

Ebrardus Betuniensis in Græcismo cap. 25 :

> Populnus, quernus, ficulnus, tollo Colurnus, etc.

* *Colurna virgulta*, seu virgæ e corylo inter sacras supplicationes deferebantur Mediolani in ecclesia Ambrosiana, ut testatur Ordo ejusd. eccl. antiquissimus apud Murator. tom. 4. Antiq. Ital. med. ævi col. 842 : *Et semper portat primicerius tabulas et Colurna virgulta intus cum foliis.* Rursum idem legitur in alio Ord. ann. circ. 1130. ibid. col. 899. Monet præterea D. *Falconet* male Cornum in Glossis hic lau-

atis confundi cum Corylo; unde perperam χράνινον etiam dicitur.

¶ 1. **COLUS**, *Color.* Papias MS.

* 2. **COLUS**, *Pommel*, in Glossar. Lat. Gall. ex Cod. reg. 7679.

* **COLUSTRUM**, *Novum lac*, *Let bée*, in Glossar. Lat. Gall. ex Cod. reg. 521. *Colostrum* dixit Servius ad Virgil. eclog. 2. 22.

¶ **COLUSUS**. Vide *Collusus*.

COLYMBUS, ex Græco Κόλυμβος, Natatio. Glossæ Isid : *Colymbus, locus ubi vestes mundatur.* Ugutioni, *Est herba crescens in aqua, vel tirsus virens, vel aquæ ductus, scillicet locus per quem discurrit aqua.* Papias : *Colimbus, ubi mundantur vestimenta, vel aquarum influens locus.* Passio B. Thomæ apud Ordericum Vital. lib. 2. : *Fecit Colimbos et lacus aquarum influentes.* Prudentius de fonte :

Nunc pretiosa venit per marmora, lubricatque clivum
Donec virenti fluctus Colymbo.

Lampridius in Heliogabalo : *Marinæ aquæ Colymbos exhibuit.*

¶ **COLYPHIA**. Vide *Colifarius*.

¶ **COLYSEUS**. Vide *Coliseum*.

1. **COMA**, Comam Deponere. Vide *Capilli*.

Coma Equi, pro Juba, in Lege Wisigoth. lib. 8. tit. 4. § 3 : *Si quis alieni caballi Comam turpaverit, aut caudam curtaverit.*

¶ Comas Mittere, Capillos nutrire. Capitula General. MSS. S. Victoris Massil. : *Comas non mittant, sed statim coronas radant.*

* Vel potius Deponere; ita ut sensus sit : non capillos radant, sed tantummodo coronas.

¶ Coma, *tis*. Vide *Comma*.

* 2. **COMA**, perperam pro *Conca*, Mensuræ frumentariæ species, agud *Le Beuf* tom. 7. Hist. diœc. Paris. pag. 6. ex Lib. cens. S. Genov. : *Communitas Vanvarum et de Ysiaco pro quolibet animale, quod ducitur in dictam insulam, debet unam Comam avenæ.* Vide *Concha* 3.

* 3. **COMA**, *La zazara, è picolu parola.* Glossar. Lat. Ital. Ms.

* 4. **COMA**, Alia notione. Vide *Cuma* 4.

COMACINUS, et *Magister Comacinus*, vel *Commacinus*, in Lege Longobard. lib. 1. tit. 9. § 9. et 10. [** Rothar. 144. 145.] videtur appellari qui vulgo *Macio*, Gallis *Maçon*, unde forte vocabuli origo. Hoc loco *Comacini* vocem a loco efficiam tradit Glossarium apud Lindenbrogium, a Comacina forte insula in Romanula, ubi Longobardorum ævo periti architecti fuerint.

* Hic laudatum a Cangio Lindenbrogii Glossarium sic emendat Murator. tom. 2. Antiq. Ital. med. ævi col. 349. Ea profecto vox, inquit, a loco desumta, non autem a loco posito in Romanula sive Romandiola, quam veteres Flaminiam dixere; sed ab urbe et comitatu Novocomensi, sive Comensi. Veteres enim scripserunt *Lacum Comacinum*, *insulam Comacinam*, pro *Comensem*. Quod crebros, eosque omnium pertissimos cœmentarios universæ fere Langobardiæ suppeditaret urbs et ager Comensis, illi propterea *Comacini* nomine donati sunt. [** Monet Pertz. Archiv. Hist. Germ. tom. 7. pag. 728. in cod. reg. Paris. 4613. inter leges Liutprandi octo esse capita inedita : *De mercedibus Commacinorum.* Chart. ann. 739. ap. Brunett. pag. 496 : *Constat me Rodpertu magistrum Cummacinu, etc.*].

* **COMACIUM**, *La mitria, o capello.* Glossar. Lat. Ital. Ms.

* **COMAMBIRE**, f. pro *Concambire*, Permutare. Vide in *Cambiare*. Charta Ludov. imper. ann. 836. inter Probat. tom. 1. Hist. Lothar. col. 300 : *Si quis autem de successoribus nostris ..... ipsam curtem, quam reddimus, per potentiam, vel violentiam, vel occasionem auferre, vel invadere, vel Comambire, vel in precariam dare, vel abalienare, etc.*

* 1. **COMANDA**, Feudum ad vitam et ad tempus alicui concessum. Charta ann. 1150. inter Probat. tom. 2. Hist. Occit. col. 524 : *Confitemur tibi R. de Biterri, quod jam dictum castrum tuum de Seixac, nullo alio jure vel feudo habemus, nisi tantum de hac Comanda.* Vide in *Commenda* 3.

* 2. **COMANDA**, Societas mercatorum, qua uni sociorum tota negociationis cura *commendatur* certis conditionibus. Lit. remiss. ann. 1364. in Reg. 98. Chartoph. reg. ch. 4 : *Idem Johannes tractavit malitiose et calidiose cum quodam alio homine, qui ... fingens se procuratorem dicti Guillelmi, ... ipsum Johannem quittaret ab omnibus, quæ occasione societatis seu Comandæ.... tenebat.* Vide *Commenda* 2.

3. **COMANDA**, Census, qui propter tutelam seu protectionem alicui præstatur. Chartul. Celsinian. ch. 781. : *In unumquemque mansum unum fais de feno; istas Comandas et istas malas consuetudines cedo et dimitto.* Vide *Commenda* 4. etC mendatio 2.

* **COMANDAMENTUM**, Mandatum, jussum, Ital. *Comandamento*, Gall. *Commandement.* Stat. Pistor. ann. 1107. apud. Murator. tom. 4. Antiq. Ital. med. ævi col. 534 : *Neque aliquod intendimentum, neque advedimentum esse mihi dictum, neque Comandamentum factum, ut ego essem elector consulum.* Et fol. 544 : *Item statuimus, ut potestas infra 40. dies proximos, ex quo sibi fuerit reclamatum, cogat...... omnes alios cives Pistorienses stare ad rationem et esse ad Comandamentum consulum.*

* **COMANDASIRE**, ut supra *Comanda* 1. Charta ann. 1186. apud Murator. tom. 4. Antiq. Ital. med. ævi col. 855 : *Casas, sedimina ac molendinorum sedes cum ædificiis eorum, et ceteras territorias res, cum omni honore et districtu, et conditionibus, Comandasiri, ... et omni alio jure et usu, etc.*

* **COMANDISCIA**, Tutela, protectio. Charta ann. 1239. apud Lamium tom. 3. Delic. erudit. pag. 151 : *Quod nullos homo...... offendere præsumat in personis vel rebus monasterium...... de Coltibuoni, ex eo quod dictum monasterium est sub Comandiscia communitatis Florentiæ.* Vide *Commendisia.*

¶ **COMANDISIA**. Vide *Commendisia*.

* **COMANDUS**, Qui ratione *Comandæ* seu beneficii alicui obnoxius est. Stat. Astæ collat. 3. cap. 27. pag. 14 : *Quod ipsi vel aliquis ipsorum non sint homines Comandi alicujus marchionis, vel communitatis, vel castellani, vel alicujus personæ de civitate Papiæ, ... nisi illa persona, cujus esset homines vel vassalli, vel Comandi, esset episcopus:* Vide *Commendatus*.

* **COMANNEGHULDE**, vox Belgica, Communis *gilda.* Charta ann. 1275. in Chartul. 1. Fland. ch. 327. ex Cam. Comput. Insul. : *Et si les* (eschevins de Gand) *devera on tous prendre bourgois de Gant et de la franchise, ke on apele Comanneghulde.* Vide in *Gildum*.

¶ **COMANS**, a *Comare*, Coma vestire : quo sensu hoc verbum usurpavit Tacitus Germ. lib. 18. cap. 3 : *Munera quibus nova nupta Comatur.* Vita S. Viventii tom. 1. SS. Januar. pag. 806. n. 11 : *Inimici etenim ut viderunt eos sic aufugisse, Cymbalia Comantes aplustria, findendo Neptunia, extentis circumquaque lacertis, provolare lembum citissime remis fecere.* Comans vox Poetis frequens, sed pro Capilloso duntaxat vel Cristato, et metaphorice pro Virenti et florenti.

COMARCHUS, Comarcha. Vide *Commarchia.*

¶ **COMARIUM**, vel Comarius, Quoddam argenti pondus. Albert. Krantz. Metropol. lib. 1. cap. 16. pag. 204 : *Ricardus Rex cum pecuniam accepisset, ut fertur, a filiis Saladini, duodecim, ut fertur, Comariorum* (*ita tum pondus significabant*) *ut desereret cæteros Christianismi Principes, conculcavit tentoria Regis Franciæ et Ducis Austriæ, etc.*

¶ 1. **COMATA**, pro *Somata*, Onus equi sagmarii. Præceptum Borelli Comitis de securitate castri Cardonæ ann. 986. apud Marten. tom. 1. Ampliss. Collect. col. 338 : *Perdonamus ad omnes habitatores loci istius.. illam quartam partem de illo teloneo donare facimus ad domum S. Vincentii, sicut fecerunt gentes nostræ ex toto, et in hebdomada duas Comatas salis et necessaria ligna.*

* 2. **COMATA**, *Lombardia*, in Glossar. Lat. Ital. Ms. Vide in *Capilli*.

COMATI. Vide *Comitus* post *Comes* 2.

COMATIO. Leges Henrici I. Regis Angliæ cap. 75 : *Si quis Dominum suum occidat, si capiatur, nullo modo se redimat, sed de ejus Comatione, vel ejus cautione, vel ita primo severa gentium animadversione damnetur, etc.* Id est, ni fallor, comæ abscissione, seu declavatione. [** Wilkins. *Comatione vel excoriatione severe, etc.* Vide Leg. Canut. sæcul. cap. 27. § 6.]

COMATORES, *dicuntur argenti tonsores, qui de sordida masa lucidum comant argentum.* Ugutio.

* **COMATUS**, Commeatus, abeundi licentia, pro *Comeatus*. Vide infra in hac voce. Consuet. Carcass. in Reg. L. Chartoph. reg. ch. 3 : *Dominus Carcassonæ nullatenus debet capere vel facere capi aliquem habitatorem Carcassonæ præsentium vel futurorum, nec ei dare Comatum, nec res ejus aliquatenus occupare vel impedire, qui ei justitiam et rationem facere velit.*

COMBA, Locus declivis. Vide *Cumba*.

* **COMBANDERIUS**, Unus ex cujusdam territorii custos, Gall. *Messier*. Charta ann. 1319. in Reg. 59. Cartoph. reg. ch. 349 : *Combanderii depopulaverunt plansso-nes fructiferas, ... ad faciendum barras ...... cum ferris longis, ... quas portaverunt et portant quando volunt, pro custodia agrorum.* Vide supra *Banderius*.

COMBARO, Dominatus particeps, *Par,*

Compar, vel *Baro*, æque ac alii, Gallis *Conseigneur*. W. Thorn in Chron. ann. 1270 : *Dominus Abbas est Combaro de Sandwico, et Par eorum.*

* **COMBATERE**, *Conterere*, ex Glossis ad Alex. Iatrosoph. Ms. lib. 1. Passion. cap. 9 : *Et sic profundens oleum maxime quidem, si non minus cotylas duas, et sic Combatens vas uteris.*

* **COMBATTERE**, vox Italica, Pugnare, manus conserere, Gall. *Combattre*. Steph. de Infestura de Bello inter Sixt. IV. PP. et reg. Ferdin. an. 1482. Ms. : *Statim constituit aliquas ex suis squatris Combattere et præliari cum gentibus ecclesiæ. Combateux*, Rixosus, aggressor, in Lit. remiss. ann. 1406. ex Reg. 161. Chartoph. reg. ch. 81 : *Lui* (de Canimont) *qui estoit renommé d'estre divers et Combateux et en avoir batu plusieurs. Combatemens de Chastiaux*, Castrorum oppugnationes, in aliis Lit. ann. 1342. ex Reg. 74. ch. 676.

¶ **COMBELLI**. Vide *Combri*.

¶ **COMBENNIRE**, *Benna*, seu vehiculo comportare, Gloss. Lat. Gr. : *Combennit*, συμβαςάζει. Vide *Benna*.

¶ Combennones, *in eadem benna sedentes*, apud Festum in *Benna*.

¶ **COMBERE**, si bene conjecto, pro *Cambire*, Permutare, mutuum reddere. Pactum Gregorii Ducis Neapolis, etc. cum PP. Beneventi Landulfo I. etc. apud Muratorium Scriptorum Italic. tom. 2. pag. 341. col. 2 : *Et si pars nostra terras illas possederit per ipsa cár, et auctores non paruerit, et aliquid nos a parte vestra exinde quæsierint, Comberemus parti vestræ cár ipsa, cum sex hominibus nostris, quales vos nobis quæsieritis, et ipsas terras habeamus absque omni intentione.*

COMBIBIOSUS, *Qui frequenter bibit*, Ugutioni.

COMBINÆ, Διπλαί, Duplomata, Tractoriæ quæ dabantur cursu publico utentibus, [ad *combinanda* publica animalia et cursum usurpandum. Gloss. Basilicæ : Τρακτωρία, κέλευσις 'Επάρχου, καὶ κομβίνα, ἤτοι σύνθεμα περὶ τῶν δρομικῶν ζώων.] Vide Casaubonum et Salmasium ad Hist. Augustam, Meursii Gloss. in κομβίνα, et Philippum Priorium in Dissertat. de Litteris tractoris num. 10. [Κομβινογράφος, Combinæ scriptor apud Continuatorem Theophanis lib. 4. n. 36. Vide Glossar. mediæ Græcitatis.]

COMBINALE. Habetur liber olim editus hoc titulo : *Incipit partionale Grammaticæ juvenum, virtutes Donati junioris simul et regularum breviter complectens.* In fine hæc leguntur : *Explicit Partionale Grammaticæ, et dicitur Partionale, quasi de partibus orationum juvenes primordialiter agens. Sequitur Combinale ejusdem.* In fine : *Explicit Combinale Grammaticæ juvenum, et dicitur Combinale, quasi de combinatione dictionum sub forma congruitatis.*

1. **COMBINARE**, Conjungere, innectere, copulare, συνδυάζειν. Gloss. Lat. Græc. : *Combinat*, Ζευγνύει, συνάπτει. Glossar. Græc. Lat. : Ζευγίζω, *Combino*. Ζεῦξις κατὰ δύο, *Combinatio*. S. Eulogius lib. 1. Memorial. SS. cap. 8 : *Ego ille peccator, ego dives iniquitatum, qui a principio martyrii sui ejus amicitia fruitus sum, Combinatus manibus meis cicatrices reverentissimi et delicati illius verticis attrectavi, etc.* Item lib. 3. cap. 10 : *Ipsum denuo arbitrum, quare se talibus sacrilegiis Combinaret, blandis admodum verbis hortatur.* Philippus Eystetensis in Vita S. Willibaldi cap. 21 : *Et sic Deus necessitatem ac bonam voluntatem pro varietate negotiorum Combinans, etc. Combinata dilecto*, apud Petrum Blesensem Epist. 50. Occurrit apud S. Hilarium in Psalm. 140. Paulinum Nolanum Epist. 5. et in Constitut. Sicul. lib. 1. tit. 59. § 2. [in Processu de virtutibus et miraculis venerab. Mariæ de Malliaco tom. 3. SS. Martii pag. 751.] Vide *Conternare*, et Gloss. Meursii in Κομβινεύειν, [necnon Glossar. mediæ Græcit.]

· Combinari, Matrimonio jungi. Hugo Archiepiscopus Rotomag. lib. 3. de Hæretic. cap. 4 : *Proinde si fuerit accusatum, et ordine judiciario comprobatum, quod in linea consanguinitatis septimo gradu vel infra fuerint Combinati, oportet eos auctoritate Apostolicæ sedis ab invicem separari.*

¶ Combinatio, *Conjunctio, compago*. Janssonius in Auctario Glossarum Isid. In Capitulo Generali Ordinis Prædicatorum ann. 1289. apud Marten. tom. 4. Anecdot. col. 1831. *Combinatio fratrum* ea dicitur, qua Frater cum alio jungitur ad egrediendum e Conventu, ibique districte prohibetur, ne se separent *Fratres Combinati*.

* 2. **COMBINARE**, *Doubler*, in Glossar. Lat. Gall. ex Cod. reg. 7692.

* **COMBINATIM**, Una, simul. Petrus cancell. Carnot. in Manuali de Myster. div. : *Pulsentur campanæ sigillatim in diebus profestis, et in diebus festis Combinatim.*

¶ **COMBITUMINARE**, Bitumine conjungere. Gausberti Abb. Præfatio ad Vitam SS. Cypriani et Sabini Martyrum tom. 1. Anecdot. Marten. col. 151 : *Ecclesiasticæ scientiæ doctrinis ad purum elimatis, mihique caritatis glutine Combituminatis Bosoni carissimo, necne Friderico placidissimo Gausbertus Abbatum omnium stolidissimus gaudium Domini sine fine mansurum.*

* **COMBLARE**, a Gall. *Combler*, Complere. Sentent. arbitr. ann. 1500 : *Glaudius Lamberti, alias Guillon, dicebat et proponebat quod dicti parerii martineti de Reventers Comblabant bialerias martineti dicti Glaudii Guillon....... de cratheriis et petris, etc.*

¶ **COMBLESGATUS**, Cumulatus, Gall. *Comblé*. Charta Radulfi *Le Bouchier* ex Parvo Chartulario Gemeticensi : *Debet dicto Eleemosynario octo boessellos avenæ Comblesgatæ, dempto ultimo boessello raesgatæ.*

¶ 1. **COMBLUS**, Cumulus, Gall. *Comble*. Litteræ Officialis Remensis ann. 1238. ex Tabulario Compendiensi : *Pro ducentis sextariis bladi persolvendis, scilicet blado ad rasum et avena ad Comblum.* Adjective sumitur in Chartulario Camalariensis Monasterii Diœc. Anic. : *Rodavus Bellomontis dedit unam mensuram siliginis Comblam et Calcatam*; Gall. *Comblée et foulée.*

* Mensuræ, qua nuces et castaneæ mensurantur, nomen est, in Ordinat. ann. 1415. ex Reg. 170. Chartoph. reg. ch. 1 : *Item auront les mesureurs pour mesurer noisettes et chasteignes, qui se mesurent à une petite mesure, appellée le Comble, dont les trois font le boisseau, pour chacun Comble un denier .... et une noisette ou chasteigne.* Nunc *Litron*.

* 2. **COMBLUS**, Culmen, fastigium, Gall. *Comble*. Comput. Ms. fabr. S. Petri Insul. ann. 1469 : *Item pro una alia quercu xxxij. pedum longitudinis ad sustinendum Comblum navis juxta campanile, viij. lib.*

* **COMBOLAGIUM**, *Lo vestimento de femine de lino*. Glossar. Lat. Ital. Ms.

COMBONA, Terminus, limes. Charta Ordonii Regis Navarræ æræ 950. apud Antonium *de Yepez* tom. 4. Chronic. Ord. S. Benedicti pag. 435 : *Cum omnibus suis bonis, et cum suo stario integro, et cum suas Combonas integras, quæ sunt inter ambas ipsas Ecclesias, etc.* Vide *Bonna* 2.

* Charta Phil. Pulc. ann. 1300. in Lib. rub. Cam. Comput. Paris. fol. 115. v°. col. 1 : *Habebant et unum Combram, quam in ripperia, quæ ima dicitur, ex donatione Radulphi quondam domini Balgentiaci possidebant.* Quod ex virgultis simul implexis conficiatur, sic appellata. Vide supra *Cogrerium* et infra *Cumbra*.

¶ **COMBRA**, Agger in fluviis ad pisces capiendos exstructus. Locus est in *Braca*. Vide *Combri*.

COMBRI, Cumbri. Gesta Regum Francor. cap. 25. et Chronicon Ademari Caban. pag. 152 : *In sylvam confugit in Arelauno, fecitque Combros, totam spem suam in Dei pietate transfundens.* [Hinc emendandum Chronicon. Turonense apud Marten. tom. 5. Ampliss. Collect. col. 934 : *In sylvam fugit in Aureliano, fecitque Combros, spem ponens in Domino*; Legendum enim *Arelano.*] [* Vel potius *Aurelano*, ut ad oram libri correctum legitur.] Gregorius Turonens lib. 3. Hist. cap. 28. rem eamdem narrans : *Et concides magnas in silvis illis fecit, totamque spem suam in Dei pietatem transfundens.* Unde conficitur, *Combros* his locis usurpari pro lignis et arboribus excisis, quibus viæ impediuntur, unde vox nostris nota *Encombrer*, pro impedire, viam obcludere. Sed et pro quibusvis arboribus excisis, atque iis quæ ad *exclusas* in aquis defiguntur, ad vivaria in iis conficienda, usurpat Tabularium Vindocinense Ch. 231 : *Apud Curcellos una masura habetur cum plexitio, et Cumbris, quæ sunt in flumine Ledi.* Charta Guillelmi de Rupibus Senescalli Andegav. ann. 1219. apud Sammarthanos in Abbat. Boni loci : *Item duo molendina in Lido apud Pontem de Curia Hamonis, cum piscariis et Combris, etc.* [Tabular. Dunense Ch. 35 : *Quatuor arpennium pratorum et Combrorum in aqua Ledo consistentium.* Charta Thossiacensis ann. 1404 : *Tenet quinque Combros seu plateam in qua possunt fieri quinque boni Combri in riparia Calaronæ juxta Combros seu aquas piscarias Petri Pelisson.* Altera Charta Thossiac. ann. 1520 : *Quoddam Combrum vel plateum unius Combri situm in riparia Calaronæ.*] Vide *Concisa*. Alia Ricardi Regis Angl. in Regesto Philippi Aug. Herouvalliano fol. 89 : *In aquis quæ sunt infra pontem habet Comes Combros et non Archiepiscopus.* Vide *Ramata*.

¶ Combelli, Parvæ concædes, Hadriano Valesio in sua Galliarum Notitia pag. 415. ubi conjectat vicum *Combellos* vulgo *Com-*

beaux, aut *Combaux*, in Briegio non procul Matrona positum, ab hujusmodi *Combellis*; seu concædibus nomen accepisse.

* Nisi ita appellatum existimes a valle in qua situs est, quam nostri *Combe* et *Combelle* nuncupabant. Vide infra *Cumba* 2.

INCOMBRARE, Impedire, quasi *Combros* opponere. *Incumbramentum*, impedimentum, voces practicorum, apud Bractonum lib. 4. tr. 2. cap. 6. lib. 5. tr. 4. cap. 9. § 14. et in Fleta lib. 5. cap. 19. Vide Rastallum verbo, *Quare Incumbravit*. *Ingombrare* Itali, *Encombrer* nostri dicunt. *Ingomberare*, in Vita S. Zitæ Virg. Lucensis num. 35. Le Roman *de Roncevaux* MS. :

Et li traitres le vait contreratendant,
Par quoi le fait, c'est ses Encombremens.

Charta Libertatum Pontallerii ann. 1157. apud Perardum : *Et se aucuns de mes homs de tels leus, ou ces choses estoient prises, ne Encombrées, pour ma dete cogneue, ge lou dois par mon serement deliver*. Viri docti a Germanico *Kommer*, seu *Komber*, quod inquietudinem, ærumnam, afflictionem significat, vocem deducunt. Sed potius videtur a *Combris* etymon arcessendum; [*Combrus* autem pro *Cumulus* dictum probabiliter conjiciunt viri quidam eruditi. Vide Menagium in voce *Encombrer*.] Ita *Decombrer*, est impedimentum auferre. Le Roman *du Chevalier au Barisel* MS. :

Et Diex tout maintenant i euvre,
Qui son cuer Descombre et descuevre.

Sgombrare, *Disgombrare*, Itali hac notione dicunt.

¶ INCUMBRARE, Oppignerare, Gall. *Hypothequer, Engager*, *Incumbres*, Hypothecæ, res oppigneratæ, Gall. *Hypotheques*, *Engagemens*. Charta Raymundi Vicecomitis Biterr. ann. 1070. Marcæ Hispan. col. 1157 : *Conveniunt namque eis prædictis jam dicti Vicecomes et Vicecomitissa, ut ipsas Abbatias.... cum illarum pertinentiis.... non vendant, neque alienent, nec Incombrent, neque donent alicui homini... exceptis ipsis Incombres, vel donationibus, quæ erant factæ in prædictis Abbatiis, et excepto ipso seguio, qui per prædictos Incombres, vel donationes, advenerit per directum ad ipsos successores de ipsos tenentes jam dictas donationes; sed ita maneant ipsæ Abbatiæ, exceptis prædictis Incombres et eorum seguio præscripto, sicut consistebant ipsa die, quando, etc.*

* *Combrer*, pro Arripere, ni fallor, in Chron. S. Dion. lib. 2. cap. 9. tom. 3. Collect. Histor. Franc. pag. 188 : *Childebert bouta l'enfant, qui à lui s'estoit ahers : cil* (Clothaire) *le Combra tantost, et l'ocist en autel maniere, comme il avoit l'autre ocis.*

¶ INCOMBRIUM, Eadem notione. Donatio Petri Comitis Biterr. ann. 1054 : *Neque Episcopus, neque Canonicus, nec ullus Clericus non audeat aliquid disrumpere vel tollere de omni præscripto honore de ipsa canonica vel communia S. Nazarii neque per fevum, neque per alodem, neque per pignora, neque per vicariam, neque per ullum Incombrium.*

ENCOMBRATUM MARITAGIUM, cum bona uxoris a marito [oppignerantur,] distrahuntur, aut alienantur. Primum Regestum Joannis de S. Justo in Camera Computor. Paris. *Inter Scacaria Norman.* : *De maritagio Encombrato hæredes mariti qui Encombravit maritagium uxoris suæ, re evicta a possidente, tenetur ei reddere pretium*. Infra : *Mulier quæ post mortem maritagium Encombravit, agit contra possidentem, postea facit pacem, itaque dat ei* 10. *libras : consanguinei mulieris volunt retrahere ventam istam : quæritur an possint; Respondetur quod non.* [Scacarium S. Michaelis apud Falesiam ann. 1211. apud D. *Brussel* de Feudorum usu tom. 2. pag. 932 : *Judicatum est quod pueri infra ætatem non respondebunt de maritagio Encombrato per venditionem patris sui.*] Vetus Consuetudo Normanniæ MS. 2. part. cap. 43 : *L'en di que li home Encombre le mariage sa femme, quand il fet en quelque maniere que ce soit, que ele en soit desaisie.* Ubi editio Latina habet *maritagium Impeditum*. Vide novam Consuetud. art. 3. Ita etiam in Charta ann. 1294. in Regesto Philippi Pulcri incipiente ann. 1299. fol. 2 : *Non veniet, nec venire aliquatenus attentabit, ratione dotis, donationis propter nuptias, maritagii Impediti, aut alia ratione quacumque, etc.*

¶ **COMBURGENSIS**, Qui ex eodem *Burgo*, seu villa est, Concivis, Gall. *Concitoien*. Occurrit in Consuetud. Brageriaci art. 1. n. 2. in Codicillo Frederici Imp. ann. 1156. apud Ludewig. tom. 2. Reliq. MSS. pag. 194. et apud Rymerum tom. 3. pag. 766. col. 1. Vide *Burgensis*.

¶ **COMBURIUM**, Combustio, Gall. *Brulure*. Conventus Episc. apud Gerundam ann. 1197. tom. 3. Concil. Hispan. pag. 401. col. 1 : *Idque sub pœna confiscationis bonorum et Comburii corporum.*

¶ 1. **COMBUSTIO**, Turbæ, dissensio, Gallis etiam *Combustion*. Sebastian. Perusinus in Vita S. Columbæ Reatinæ tom. 5. Maii pag. 369 : *Fuerat quondam populus ipse in magna Combustione, eo quod* (multi urbe) *pulsi et exules*. Leander *timorem* et *formidinem* interpretatur, minus recte, ut arbitror.

2. **COMBUSTIO**, Stigma, cum rei facies ferro calido notatur. Burchardus Episcopus Wormaciensis in Lege Familiæ : *Constituimus ut ei tollantur corium et capilli, et in utraque maxilla ferro ad hoc facto Comburatur, et Weregeldum reddat, etc.* Infra : *Corium et capillos amittant sine Combustione.* Rursum : *Corium et capillos amittant, et supradictam Combustionem patiantur.* Occurrit ibi præterea semel ac iterum. Vide *Arsura*.

COMBUSTURA, Ustura. Gallis *Bruslure*. Apitius lib. 5. de Re culin. cap. 5 : *In alterum cacabum transferes ne fundum contingat, ad evitandam Combusturam.*

* **COMCANARIA**, Præstationis species, f. quæ pro tutela et protectione pensitabatur. Æstim. bonor. ann. 1322. inter Probat. tom. 2. Hist. Nem. pag. 41. col. 2 : *Item pro tallia annuali, l. solidos. Item de Comcanaria et salvacana, liij. solid. viij. den. de quibus nullum laudimium solvitur.* Si tamen asserta est lectio : nam legendum *Comandaria*, aut quid simile, ultro suspicarer.

* **COMCAPITANIUS**, Ejusdam exercitus dux. Chron. Domin. de Gravina apud Murator. tom. 12. Script. Ital. col. 693. : *Tunc vidente dom. Malispiritus et alii Comcapitanii illius exercitus tantam duritiem populi, etc.*

COMDATUM. Itinerar. Willebrandi ab Oldenborg. de monte cui institit olim castrum Margath in Syria : *Qui in pede latissimus, et paulatim in altum conscendens, annuatim large quingenta plaustra Comdati novem suis dominis ministrat.*

¶ **COMDORII**, Iidem qui infra *Comitores*. Testam. Jacobi Regis Aragon. tom. 9. Spicil. Acher. pag. 200 : *Et cum Comitibus, Vice-comitibus, Comdoriis, Vasvessoribus et aliis Militibus, civibus, etc.*

¶ **COMEA**, Vetus Formula cessionis apud Baluz. tom. 6. Miscell. pag. 551 : *Pro benevolentia vel servitia tua, quæ circa nos impendis, sed in Comea facere non desinis, propterea cedimus tibi, etc.* Ubi aliæ formulæ habent, *quotidie*.

*Ubi pro *in comea*, legendum procul dubio, *inantea* uno verbo. Vide *Inante*.

* **COMEATUS**, Italis *Comiato*, Licentia, discedendi facultas, ut supra *Comatus*. Stat. Cadubrii lib. 2. cap. 94. : *De licentia seu Comeatu laborantium terram ad affictum vel partem. Si vero ante diem festum S. Petri dictus Comeatus datus non fuerit, vel ipsum non acceperit, tunc ipsam terram per annum futurum laborare possit.* Vide *Comiatus*.

¶ **COMECIA**, Comitatus. Vide *Comitia*.

¶ **COMEDENTARIUS**, sic a *Comedere* dicitur *Commendatarius* ab Auctore Hieratii Juris Pontificii pag. 34 : *Concessæ sunt Commendæ militibus, qui de Religione Christiana bene meriti erant : et sic per abusum veteri quodam errore novi prodierunt Comedentarii, qui videntur in spiritualibus ὡς ἐλκεσίπεπλος luxuriente veste, ut facilius in Ecclesiæ reditibus saginentur.*

¶ COMEDATARIUS, Eadem notione. Menotus Serm. Quadragesimal. fol. 100. verso col. 2 : *Secundo erit Prior, Abbas Commendatarius, et potius Comedatarius, quia omnia comedit.*

* **COMEDIA**, *Froumigerie*. Glossar. Lat. Gall. ann. 1352. ex Cod. reg. 4120. An idem quod *Companagium*, vel *Fromenteia*? Vide in his vocibus.

¶ **COMEDUM**. Constitutio Leduini Abb. S. Vedasti de Placito generali ann. 1020. tom. 1. Ampliss. Collect. col. 382. B. C : *Si uxorem ex lege sua acceperit, quinque solidos de Comedo, id est licentia, vir et femina dabit, ... homo si mortuus fuerit, quinque solidos de manu mortua dabit, quia prolem suam in hereditatem dimittit. De his quoque quinque solidos tam de Comedo, quam de mortua manu, decimum denarium Major Placiti habebit.* Vide *Comitatus*.

* **COMELIOPOLIUM**, *Marrubium*. Glossar. vet. ex Cod. reg. 7613.

¶ **COMENDA**. Vide *Commenda*.

* **COMENDATARIUS**, Qui depositum alicui *commendat*, credit. Locus est infra in *Commanda*.

¶ **COMENDATITIÆ** CONSUETUDINES. Vide *Commendatitiæ, etc.*

* **COMENSALIS**. Vide infra *Commensalis*.

¶ **COMENTARIENSIS**, pro *Commentariensis*, Custos carceris, in Constitutione Ludovici Regis Jerusalem et Siciliæ ann. 1352. et MS. D. *Brunet* fol. 98 : *Carcerarii seu Comentarienses, etc.*

* **COMENTOSUS**, Criminosus, carceri mancipatus. Stat. comitat. Venaiss. sub Clem. VII. PP. cap. 52. ex Cod. reg. 4660. A : *Cum res sit magni periculi,.... dum ille impetit qui fovere tenetur, et Comentosum, id est, criminosum custos carceris, qui inde nomen comentariensis accepit, perniciose contractat, etc.*

* **COMERCIUM**, Hara cunicularia, ubi nutriuntur cuniculi et multiplicantur. Libert. villæ *de Coynau* concessæ a Joan. dalph. ann. 1312. tom. 8. Ordinat. reg. Franc. pag. 110. art. 24 : *Si quis haberet propria cuniculorum Comercia, infra terminos dictæ villæ, quod in eis venari non debeant, nisi quorum fuerint Comercia supradicta.* Fortassis minus attente lectum *Commercium*, pro *Commersum*. Vide infra in hac voce.

1. **COMES**, Liber Comitis. Papias : *Comes vocatur ab Ecclesiasticis congregatio cœlestium lectionum.* Quibus verbis innuitur *Lectionarius*, quem a sancto Hieronymo ferunt compositum, qui *Comitem* eum inscripserit, ut observavit Pamelius in Epist. ad Micrologum. Verum si quem nuper edidit vir doctissimus D. Lucas Acherius tom. 13. Spicilegii pag. 253. Prologus ad Constantium in eumdem librum, revera est Hieronymi, longe ante eum id nominis obtinuerat, quod ex illius initio colligere est, unde quæ de eo habet Papias excerpserat : *Quamquam licenter adsumatur in opere congregatio cœlestium lectionum, et ipsum opusculum ab Ecclesiasticis viris Comes quidem soleat appellari, etc.* Utcumque sit de Prologi auctore, constat eam Lectionario inditam ac receptam nomenclaturam ann. 471. ex Charta Donationis Ecclesiæ Cornutianæ hoc anno scripta, et edita a Suaresio : *Item Codices, Evangelia 4., Apostolum, Psalterium et Comitem.* Unde liquet nomenclaturam istam perantiquam esse. [Gregorius Monachus in Chronico Farfensi, apud Murator. tom. 2. part. 2. col. 468 : *Item pro uno libro, qui appellatur Comes, valente solidos xxx.*] *Liber Comitis* dicitur apud Bernonem Augiensem cap. 4. et in Vita S. Felicis Archiep. Trevir. n. 8. Quidam sic appellatum voluut quod Ecclesiastici eum ut *Comitem* semper habere debeant, ut loquitur Phocas Grammaticus :

> Te longinqua petens Comitem sibi ferre viator
> Ne dubitet; parvo pondere multa vehis.

Ita Paulus Ægineta in Præfat. τοὺς συντόμους καὶ συνεκδήμους ejusmodi libros vocat. Alii quod *ad Comitem* scriptus dicatur in antiquioribus MSS. in aliis *liber Comiti* inscribatur. In Chartis aliquot Hispanicis fere semper *Comicus* et *Commicus*, pro *Comitus* appellatur, apud Anton. *de Yepez* in Chronico Ord. S. Benedicti. Charta Ordonii Regis Navarræ æræ 936. tom. 2. pag. 10. Appendic. : *Libros Ecclesiasticos, Psalterium, Comicum, Antiphonarium, Manualium, Orationum, Passionum, Sermonum, Precum, et Horarum, etc.* Ita in alia ejusdem Regis tom. 3. pag. 20. Appendicis, in Charta Gennadii Episcopi Astoriensis æræ 953. tom. 4. [unde corrigendum est mendum, quod irrepsit tom. 3. Concil. Hisp. pag. 173. col. 2. ubi perperam legitur, *Liber Cominis*,] in Rudesindi Episcopi Dumiensis æræ 930. tom. 4. in alia æræ 1060. tom. 5. pag. 435. [** Vide S. Rosa de Viterbo Elucidarii tom. 1. pag. 206. voce *Breviario*.]

Servatur in Bibliotheca Ecclesiæ Bellovacensis Codex Evangeliorum MS. noni sæculi, quibus subditus legitur *Comes*, hocce titulo : *In Christi nomine anni circuli liber Comitis incipit auctus a Theotincho indigno Presbytero, rogatu viri venerabilis Hechiardi Comitis Ambianensis : Ita tamen ut sancta Evangelistarum dicta, necnon et Apostolorum et Prophetarum immota atque inconcussa servarentur, etc.* Qui quidem *Hechiardus* forte is fuit qui *Echardus* appellatur in Proclamatione Caroli Calvi adversus Wenilonem Archiepiscopum Senonensem in Synodo apud Saponarias ann. 855. Missusque ejusdem Regis fuisse dicitur in Append. Capitul. Reg. Francorum. Occurrit etiam nescio quis Eccardus Comes, in veteri Charta ann. 840. apud Perardum pag. 22. quem eumdem esse cum Hechiardo existimat vir doctissimus, a quo editus nuper hic *liber Comitis* : verum is potius fuerit Eckeardus qui in eo prælio, quod actum est ann. 844. in pago Inculismensi inter Pipinum filium Pipini quondam Regis, et exercitum Caroli, cum filiis duobus vitam amisit, uti narrant Annales Francorum Bertiniani. Lectionarium porro longe antea Caroli Magni cura et mandato emendarat Paulus Diaconus Aquileiensis, ut in v. *Lectio* et *Lectionarius* attigimus. Sed et Alcuinus, eodem Augusto præcipiente, ut observatum a viro doctissimo Jo. Mabillonio tom. 5. Vitar. SS. Ordinis sancti Benedicti pag. 767. Vide Cardin. Bona lib. 2. Rerum Liturgic. cap. 6. et infra in *Lectionarius*.

* Chron. Lemovic. Ms. : *Epistolas quippe et Evangelia ex antiquorum traditione, quæ digesta in libro, qui appellatur Comes, ad Constantinum Jeronimus scripsisse dicitur.* Constit. canon. Castel. apud Cl. V. Garamp. in Dissert. 6. ad Hist. B. Chiaræ pag. 207. : *Beatus Jeronymus in lectionario, quem Librum Comitis appellavit.*

2. **COMES**, Comites, a comitando primum dicti aulæ Romanæ ac Imperatorii Palatii Proceres, quod ii Principem sectarentur, ejusque lateri adhærerent, seu domi maneret, seu in expeditionem proficisceretur. Spartianus in Hadriano : *Cum judicaret, in consilio habuit non amicos suos et Comites solum, sed Jureconsultos, etc.* Hinc *Comites Imperatorum*, vel *Augustorum*, in veteribus Inscriptionibus passim Romæ : *Necessarius Augg. et Comes per omnes expeditiones eorum.* Alia : *Comes Divi Theodosii Aug. in omnibus bellis atque victoriis.* Ita in Inscriptione Græca quæ Ravennæ exstat, Ἰσαάκιος τῶν βασιλέων ὁ σύμμαχος dicitur. Gloss. Lat. Græc. : *Comes*, συστρατιώτης. S. Ambrosius in Concione in obitu Valentiniani : *Cœpit ita frequentare jejunium, ut plerumque ipse impransus convivium solenne suis Comitibus exhiberet.* Infra : *Ecce rescriptum accipio, ut sine mora pergendum putarem, eo quod vadem fidei tuæ habere me apud Comitem tuum velles.* Idem Serm. 26 : *Sapiens vir et religiosus Comes, qui quantum in bello Imperatori militat, ... sapiens, inquam, qui sicut Comes Imperatoris est, ita et Comes Christi esse desiderat.* Adde Epist. 15. et leg. 14. Cod. Theod. de Accusat. (9, 1.)

☞ Tillemontius horumce Comitum originem refert ad ultima Augusti tempora, quibus hic Imperator Senatores aliquot elegit, ut domesticum quemdam Senatum haberet, cujus consiliis uteretur. Hi Senatores *Cæsaris Comites* appellati. Cl. Scriptorem consule tom. 1. Imperat. pag. 98. et 762. tom. 3. pag. 389. et tom. 4. pag. 285.

Postea cum ex eorum numero adsumerentur qui ad provincias regendas mittebantur, *Comites* illi, non amplius Principis a quo aberant, sed Provinciæ dicebantur, quam ipsi cum Comitiva dignitate gubernabant. Ita etiam qui sacri Palatii ministeriis ac officiis præficiebantur, eorumdem ministeriorum ac officiorum Comites dicti, ut ex infra observandis constat. Papias : *Comes, socius a comitando dictus vel a commeando, seu a comeotis, quod in usu non est : unde Consules Romani Comites dicti sunt, quia semper duo erant. Inde etiam ex ea consuetudine unius cujusque Comitatus provisor adhuc Comes vocatur, quamvis nonnisi unus sit.* Vide Salmasium ad Spartianum pag. 47. 48.

* Non longe ab hac notione occurrit vox *Comes* 2. Reg. cap. 20. v. 11 : *Interea quidam viri, cum stetissent juxta cadaver Amasæ de sociis Joab, dixerunt : Ecce qui esse voluit pro Joab Comes David.* Voci Gallicæ *Comtes* correspondere videtur vox *Comans*, qua regionis proceres designantur, in Contin. Guill. Tyrii apud Marten. tom. 5. Ampl. Collect. col. 702. : *Lequel Anseau maintain bien la terre selonc le mauvais point où ele estoit. Et por ce qu'il la pust miex maintenir fist il pés et aliance as Comans, et espousa la fille d'un Coman por miex atraire à soi.*

Comes, Judex civitatis, ac pagi circumjacentis. Ita appellabant nostri Præfectos majorum civitatum : quam vocem a Romanis hausisse existimant plerique, alii a Comitibus Germanicis, de quibus Cæsar et Tacitus, ut Cluverius lib. 1. Germaniæ antiq. cap. 48. Christoph. Besoldus in Dissertat. de Comitibus, et Rulandus in Tract. de Commissar. part. 2. lib. 5. cap. 4. n. 26. Lex Ripuar. tit. 55 : *Si quis judicem fiscalem, quem Comitem vocant, interfecerit.* Fortunatus lib. 4. de Vita S. Martini, de Avitiano Comite Turonensi :

> Judicis inde feri conjux ægra Avitiani.

Infra :

> Territus hinc Judex, etc.

Supra :

> Moribus ut tumidus Comes Avitianus agebat.

Idem lib. 10. Poem. 25. ad Galactorium Comitem :

> Judicio Regis voluisti crescere Judex.

Auspicius Episcopus Tullensis ad Arbogastem Comitem Trevirorum : *Tu autem vir eximie, Judex multorum providus.* [Vide Gregorium M. lib. 4. Dialog. cap. 27. lib. 7. Epist. 3. novæ Edit. Concil. Narbon. ann. 589. can. 4. etc.]

Comites Provinciales, Qui in provincias ad eas regendas delegantur, in Capit. 1. Caroli Magni ann. 802. cap. 1. Ita usurpant passim Scriptores. Senator lib. 6.

Epist. 22. et seq. Gregor. Turon. lib. 6. Hist. cap. 8. 22. lib. 7. lib. 10. cap. 15. et 42. idem de Vitis Patr. cap. 8. Lex Ripuar. tit. 53. Chronicon Moissiacense ann. 815. Concilium Cabilonense II. can. 21. Asserus de Ælfridi rebus gest. pag. 21. etc. Exstat formula institutionis ejusmodi Comitis in Charta Caroli Magni apud Meibomium ad Witikindi lib. 2 : *Quapropter in illa parte Saxoniæ Trutmannum virum illustrem ibidem Comitem ordinavimus, ut resideat in curte ad campos, in mallo publico, ad universorum causas audiendas, vel recta judicia terminanda : iisque advocatum omnium Presbyterorum in tota Saxonia fideliter agat, superque Vicarios et Scabinos quos sub se habet, diligenter inquirat, et animadvertat ut officia sua sedulo peragant : tandem idem Comes omnia sua sibi singulariter a nobis præscripta toto conatu ac viribus perficiat, etc.* Adde Alcuinum Epist. 35. Ut autem illi mallis, seu judiciis publicis præsederint, docent Judicata et Notitiæ veteres, in Chronico sancti Benigni et Besuensi non semel, et apud Perardum in Burgundicis pag. 34. 35. 147. 149. præterea Vita S. Walarici Abbat. Baudemundus in Vita S. Amandi n. 13. Charta Ludovici Pii pro Hispanis tom. 2. Hist. Franc. pag. 321. etc.

Neque *Comites* Judicum duntaxat obiere officium, sed et populares suos in prælia, et castra eduxerunt : ac demum, qui a Principe pro libito creabantur, inclinante Caroli Magni principatu, ad hæredes dignitates suas transtulerunt, Regum ipsorum nutu, vel potius impotentia, cum eo usque post Normannorum incursus, imminuta Principum potestate, Comitum crevisset auctoritas, ut ægre ab iis quibus præfuerant præfecturis amoveri possent filii ac hæredes. Quod tum primum sub Carolo C. obtinuisse ostendunt illius Capitularia tit. 43. sub finem cap. 3. [** apud Carisiac. ann. 877.] : *Si Comes de isto regno obierit, cujus filius nobiscum sit, filius noster cum cæteris fidelibus nostris ordinet de his qui eidem Comiti plus familiares et propinquiores fuerint, qui cum ministerialibus ipsius Comitatus, et cum Episcopo in cujus parochia fuerit ipse Comitatus, ipsum Comitatum prævideat, usque dum nobis renuntietur, ut filium illius qui nobiscum erit, de honoribus illius honoremus. Si autem filium parvulum habuerit, cum ministerialibus ipsius Comitatus et Episcopo in cujus parochia consistit, eumdem Comitatum prævideat, donec ad nostram notitiam perveniat. Si vero filium non habuerit, filius noster cum cæteris fidelibus nostris ordinet, qui cum ministerialibus ipsius Comitatus et Episcopo proprio ipsum Comitatum prævideat donec jussio nostra inde fiat. Et pro hoc ille non irascatur qui illum Comitatum prævideerit, si eundem Comitatum alteri cui nobis placuerit dederimus, quam illi qui eum hactenus prævidit.* Et cap. 10 : *Si aliquis ex fidelibus nostris post obitum nostrum Dei et nostro amore compunctus, sæculo renuntiare voluerit, et filium vel talem propinquum habuerit qui reipublicæ prodesse voluerit, suos honores, prout melius voluerit, ei valeat placitare.* Similia habentur cap. 9. Ex quibus patet non temere ademptas dignitates liberis ac propinquioribus Comitum hæredibus; ad quos, interveniente tamen Regum concessu, plerumque transmittebantur. Atque inde primam hæreditariorum in Francia principatuum fluxisse constat originem, qui sub secundæ Regum stirpis exitum, prostrata fere ac dilapsa Regia auctoritate, agnosci cœpere. Vide *Consul*, 2.

Comes, apud Burgundos, *nullus vocabatur, nisi is qui Ducis honorem possidebat*, inquit Ditmarus lib. 7. pag. 92. Eadem habentur in Chronico Magdeburgensi MS. ex Bibl. S. Germani Paris. ann. 1014.

Comites promiscue ac *Duces* sese inscripsisse Armoricæ Principes palam est, ut et interdum Normanniæ Dynastas. [De primis consule D. *Brussel* tom. 1. de Feudorum usu pag. 138. et 139.] de postremis vero vide Hugonem Flaviniacensem in Chronico pag. 184. 186. 191. Ordericum Vitalem et Ademarum non uno loco; Glabrum Rodulfum lib. 2. cap. 8. Gaufredum Malaterram lib. 1. cap. 40. Chronicon Fontanellense in Appendice cap. 3. Anonymum de Miracul. S. Fidis cap. 14. Adamum Bremensem. cap. 91. Guibertum. lib. 1. de Pignerib. Sanctor. cap. 4. § 1. Translat. S. Sulpitii apud Bollandum tom. 2. pag. 788. Miræum lib. 1. Diplomat. Belgic. cap. 29. lib. 2. cap. 29. Chron. Rotomag. ann. 1025. 1033. Hemeræum in Augusta Viromand. ann. 1015. Spicilegium Acherian. tom. 2. pag. 671. 673. Hist. Monmorenciacam pag. 13. [Anecdota Marten. tom. 1. col. 154.] etc.

Comitum etiam nomen interdum attributum legitur Advocatis Ecclesiarum Cathedralium, quod potissimum eruitur ex Charta Udonis Episcopi Tullensis ann. 1069. apud Hieronymum Vignerium in Familia Alsatica pag. 127. ex qua omnino docemur hosce Comites vassalos fuisse Episcoporum, ab iis institutos et depositos, et Advocatorum officio functos. Ejusmodi fuere Comites Cameracenses, et Virdunenses, quarum civitatum Episcopis ab Imperatoribus data est facultas *eligendi Comitem, absque hæreditario jure*, ut est in Charta Virdunensi, seu *eligendi Comitem* nude, ut in Charta Henrici Imp. pro Ertwino Episc. Camerac. ann. 1007. apud Colvenerium in Notis ad Baldricum. Neque, opinor, alii fuere Comites qui ratione Comitatuum suorum Ecclesiarum et Episcoporum erant vassalli, de quibus alias.

Comites, Centuriones qui centuriis et turmis militaribus præerant in exercitu, dicti apud Græcos recentiores. Constantinus Porphyrogenit. lib. 1. de Them. cap. 1 : Κόμητας, τοὺς νῦν ϛρατηγούς. Leo in Tact. cap. 3. § 10 : Κόμης δέ ἐϛιν ὁ τοῦ ἑνὸς τάγματος, ἤτοι βάνδου ἀφηγούμενος, Idem : Οἱ κόμητες, ἤγουν οἱ τῶν λεγομένων βάνδων ἄρχοντες. Idem Constantinus in Tactic. pag. 9 : Ὀφείλει ἕκαϛον τάγμα ἴδιον βάνδον ἔχειν καὶ κόμητα ἔχειν φρόνιμον καὶ ἀνδρεῖον, δυνάμενον πολεμεῖν μετὰ τῆς ἰδίας χειρός. [** Labb. Gloss. Verb. Jur. : Κόμης, ὁ μίας κοόρτης ἄρχων, ᾧ καὶ ἑκατοντάρχαι ὑποτάττονται.]

Comes, Comitus, Italis *Comito*, *Quel che nelle gallee commanda alla ciurma*, Gallis *Comite*, Qui turmis ac copiis militaribus in navigiis præest. Leges Alfonsinæ part. 2. tit. 34. lege 4 : *Comitres son llamados otra mancra, que son cabdellos de mar, so el Almirante, e assi cada uno dellos, ha poder de acabdellar bien los de su navio. Otrosi pueden judgar las contiendas que nascieren entre ellos, etc.* Acta Alexandri III. PP : *Comites Galearum cum pecunia quam ferebant, ad vestigia Præsulis accesserunt.* Pactum initum inter Michaelem Palæologum Imperat. CP. et Genuenses ann. 1261. in Probationibus Historiæ nostræ Gallobyzant. pag. 10 : *Comites uniuscujusque Galeæ Perpera 6. et dimidium.* Infra : *Teneantur Admiratus, Comites et Naucleri dictarum Galearum, etc.* Eadem notione κόμης apud Græcos occurrit non semel. Nicetas in Isaacio lib. 1. cap. 6 : Οἱ τοῦ βασιλικοῦ ϛόλου κόμητες. Vide Leonem in Naumach. Annam Comn. pag. 336. et alios a Rigaltio et Meursio citatos. [** Glossar. med. Græc. col. 697.] Δεύτερος κόμης, apud eamdem Annam pag. 290. qui post Protocomitem erat : πρωτοκόμης vero Amiralio suberat.

Comitus, Eadem notione. Sanutus lib. 2. part. 4. cap. 19 : *Comiti et Naucleri in magno numero necessarii sunt habendi.* Cap. 20 : *Indiget quælibet Galearum uno Comito.* Hinc emendandus Petrus de Vineis lib. 5. Epist. 78 : *Comati quarumdam galearum.* Legendum enim *Comiti galearum*, ut in Charta Caroli Regis Sicil. ann. 1274. apud Joan. Lucium lib. 4. de Regno Dalmat. pag. 180. [*Comitorum* meminerunt Ogerius Panis lib. 4. Annal. Genuens. ad ann. 1219. Bartholom. Scriba lib. 6. ann. 1247. 1263. etc.]

Comites, in Anglia, appellantur Ducum, ut Vicecomites, Comitum filii. Vide Thomam Smith de Republ. Anglor. cap. 17.

Comes Ærarii. *Comites sacri ac privati ærarii*, in leg. un. Cod. Th. Qui a præbit. tiron. et eq. (11, 18.) id est, *Comites sacrarum et privatarum largitionum*, de quibus infra : qui *Comites utriusque Ærarii*, in leg. 2. C. Th. de Quæstor. (6, 9.) Dicuntur etiam *Comites Ærarii* nude. *Comites largitionum per diœceses*, in leg. 28. et 39. eodem Cod. de Appellat. (11, 30.)

Comites Alani, Una e Vexillationibus, quæ erant intra Italiam, in Notitia Imper. lib. 2. cap. 27. Erant autem ejusmodi Comites qui sub Magistris militum militabant, diversis cognominibus appellati : alii enim Comites Juniores, alii Seniores, alii Sagittarii, alii aliter dicebantur. Vide Henricum Valesium ad lib. 15. Ammiani.

Comes Annonæ, Cui cura incumbebat annonam in urbem transportandi : in Chron. Alexandr. pag. 894 : Κόμης τοῦ ὀψαρίου.

Comes Aquarum et Aquaticus, appellatur Robertus Frisius a Galberto in Vita S. Caroli Comitis Flandr. num 110. quod Citeriorem Frisiam, quam expugnarat sub ann. 1070. Zelandiam, et vicinas regiones, quas aquæ undique alluunt, obtineret. Ita *Aquaticos Frisones*, vocat Baldricus Noviomensis lib. 3. cap. 22. Eigil Fuldensis in Vita S. Sturmii Abbat. : *Aquosa Fresonum arva.* Versificator hujusce ævi, apud Henricum Rebdorff. ann. 1247. de Frisia :

Frisia, sentina mundi, cui munda bovina
Est focus, urina laxiva, serumque vina.

Vide Jacobum Eyndium lib. 1. Chron. Zeland.

Comites Archiatrorum *sacri Palatii*, de quibus est titulus in Cod. Theod. (6, 16.) et Justinianeo. (12, 13.) Ita appellabantur ex Archiatris Palatinis ii quibus Imperatores *Comitivæ* dignitatem, interdum *primi ordinis*, interdum *secundi* pro merito concedebant, ut liquet ex lege un. hoc tit. Apud Gothos ea erat istius dignitatis prærogativa, ut illius sententia obortæ de re medica quæstiones dirimerentur. Senator lib. 6. Epist. 19. in formula ejusdem dignitatis: *Esto arbiter artis egregiæ, eorumque distingue conflictus, quos judicare solus solebat affectus.* Arcadii ἰατροῦ καὶ κόμητος meminit Himerius Sophista pag. 71. Vide *Archiatri.*

Comes Capellæ. Chartam Ludovici Regis Hungariæ ann. 1358. in Historia Cortusiorum lib. 11. cap. 12. ita subscribit: *Ladislaus Præpositus Calmensis Comes Capellæ nostræ.* Apud Bohemos Episc. Olomucenses, *Comites Capellæ regiæ* inscribuntur: de qua dignitate dissertationem instituit Bohuslaus Balbinus lib. 5. Epitom. Rer. Bohemicar. pag. 346.

Comes Castrensis, Qui castrum a Principe feudi titulo possidet, ut ejus *Guardiam*, seu *Castaldiam* gerere debeat, Alemannis *Burggravius.* Petrus de Andlo lib. 2. de Imperio German. cap. 12.

Comes Castri, in Gestis Innocentii III. PP. pag. 66. Vide *Castrensis*, post *Castrum.*

Comites Cataphractarii, Una e decem Vexillationibus Comitatensibus, quæ erant sub dispositione V. I. Magistri Militum per Orientem. Notit. Imp. lib. 1. cap. 46.

Comes Civitatis, Qui in civitate judicis munus implet, eique præest: cujus dignitatis formulam exhibent Senator lib. 6. cap. 22. 23. et Marculfus lib. 1. Form. 8. Sidonius lib. 7. Epist. 2: *Summatibus deinceps, et tunc Comiti civitatis non minus opportunis quam frequentibus excubiis agnosci, etc.* Gregorius Turon. de Vitis Patrum: *Armentarius Comes, qui Lugdunensem urbem his diebus potestate judiciaria gubernabat.* In Concilio Toletano XIII. subscribit *Valdericus Comes civitatis Toletanæ.*

Comes Civitatis. In Dalmatia et Croatia singulæ civitates Prætores extraneos sub titulo *Priorum* eligebant, quos sæculis labentibus *comites* passim vocarent. Hi a Regibus confirmabantur, et cum judice, qui ex ejusdem civitatis Nobilibus eligebatur, jus reddebant, cum fas non esset Comitibus solis sine judicibus sententiam ferre, nec ipsorum ullo modo prævaleret opinio. Horum munus ut plurimum annuum erat, in Italia *Potestati* dicebantur. Vide Jo. Lucium lib. 3. de Regno Dalmat. cap. 12. lib. 4. cap. 5. 9. lib. 6. cap. 2.

Comites Clibanarii, Vexillatio Palatina, sic dicta, sub dispositione V. I. Magistri Militum Præsentalis, in Notit. Imp. lib. 1. cap. 31.

Comes Comitum. Hunc titulum habuere Comites Loretelli in Regno Neapolitano sub Normannicis Regibus, qui interdum etiam *Palatini Comites Loretelli* inscripti leguntur, in variis tabulis laudatis in Notis ad Cinnamum pag. 455. ubi de eorum familia fuse satis egimus. Hanc autem dignitatem in Regno Siculo videntur obtinuisse, qualem apud Francos nostros Comites Campaniæ, apud Anglos Comites aliquot Palatini, apud Germanos Comites Palatini Rheni: et apud Reges Italiæ Comites Lomelli: quam quidem in Sicilia Comitis Palatini dignitatem habuit etiam, ni fallor, Henricus de Claramonte, qui in Charta anni 1412. apud Ughellum tom. 1. pag. 268. *Admiralius Regni Siciliæ et Comes Palatinus* inscribitur. Vide infra *Comes Palatinus*, et Ughellum tom. 6. pag. 868. 873. tom. 8. pag. 357. 359. 364.

Comites Commerciorum, Quorum munus erat, ne ultra civitates destinatas commercium cum Barbaris esset, neve privati illicitas species emerent, lege secunda Cod. Quæ res venire non poss. (4, 40.) et leg. ult. Cod. de Commerc. (4, 63.) At ne illicitæ species ad Barbaros transferrentur, *Curiosorum* munus erat, qui per littora et portus ad hoc dispositi erant. *Comites Commerciorum*, in Imperio Orientali sub dispositione Comitis sacrarum largitionum plures recenset Notitia Imp. lib. 1. cap. 73: *Per Orientem et Ægyptum, per Mœsiam, Scythiam et Pontum:* in Occidente unicum *per Illyricum.*

Comites Sacri Consistorii vel Consistoriani, Qui sacro Augustorum Consistorio intererant, quorum dignitas magna primum fuit: adeo ut ad eam admissi tantum Præfecti Prætorio, Quæstores, Magistri officiorum, Comites sacrarum largitionum, etc. Postmodum ita appellati etiam *Comites ordinis primi*, de quibus mox. Τῷ περιβλέπτῳ κόμητι τοῦ θείου συνεδρίου, in Concilio Calchedonensi Actor. 1. Vide Epistol. Anastasii Imp. ad Hormisdam PP. post Epist. 6. ejusdem Pontificis, Gruteri Inscript. pag. 438. 1. 1053. 10. Ambros. lib. 2. Epist. 13. Jacobum Gotofredum ad Codicem Th. dicto tit. (6, 12.) et ad leg. 2. eod. Cod ad Legem Cornel. de Sicar. pag. 100. (num. 9. ad lib. 9. tit. 14. const. 3.) Salmasium ad Spartianum pag. 47. ubi plura de Consistorianis et Comitibus sacri Consistorii.

Comes Contariorum, seu Præpositus militibus qui *Contis* utebantur, quæ κοντάρια Græci nuperi appellant. Hos κονταράτους vocat Leo in Tact. cap. 12. n. 41. Passio S. Basilii Presbyteri n. 15: Καὶ ἐκέλευσεν κόμητα... Κονταρίων δερτομεῖν αὐτόν.

Comes Cortis, Curtis. Vide *Cohortales.* Gloss. med. Græc. in Κόρτη.

Comes Cubiculariorum, Dignitas in Palatio Regum Gothicorum Hispaniæ, cujus mentio in Concil. Toletano IX. et in Charta Cindesvinti Regis æræ 684. apud Anton. *de Yepez* in Chronico Ord. S. Benedicti tom. 2. *Comes Cubiculi*, in Concil. Toletano XIII.

Comes Curiæ, in Decretis Andreæ Hungariæ Regis ann. 1222. § 6. qui *Comes Curialis*, in Charta Colomani Regis Hung. ann. 1111. apud Joan. Lucium lib. 3. de Regno Dalmat. cap. 4. et in Historia Salonitana Thomæ Archid. cap. 39. ubi inter Proceres Curiæ Hungariæ recensetur. Hauserant, ut probabile est, Principes Hungari hanc dignitatem a Regibus Croatiæ, in quorum Palatiis præcipuum locum obtinebat, ut constat ex Crescimiri Reg. Diplomate ann. 1067. apud eumdem Lucium lib. 2. cap. 8. in quo subscribit *Boleslaus Curialis Comes.* Horum forte eadem fuit functio, quæ apud Germanos et Gallos Comitis Palatii.

Comes Dispositionum, Qui *Dispositionibus* Principis præerat, in Cod. Theod. (6, 26.) et Justin. (12, 19.) tit. *de Proximis: Comitibus dispositionum, cæterisque qui in sacris scriniis militant:* de qua dignitate copiose egerunt Pancirolus ad Notit. Imp. lib. 1. cap. 97. et Jac. Gotofredus ad d. titul. Cod. Theod. Vide *Dispositio.*

Comes Domesticorum, Qui equitibus vel peditibus Prætorianis, ita nuncupatis, de quibus suo loco, præerat. In Concilio Ephesino part. 1. cap. 35: *Candidianus dicitur religiosorum domesticorum Comes*, Κόμης τῶν καθωσιωμένων δομεστίκων. Ita in Concilio Calchedonensi Act. 1. Hac dignitate functi Diocletianus, ut auctor est Zonaras, et Aurelius Victor, Justinianus et Michael Balbus, antequam imperarent. Vide Epist. 37. Hormisdæ PP. Hujus mentionem agunt præterea Inscriptiones apud Grut. 192. 1. 412. 4. et apud Ægid. Gelenium in Sacrario Coloniensi pag. 408. Notitia Imp. lib. 1. cap. 89. lib. 2. cap. 42. 43. Senator qui formulam exhibet lib. 8. Epist. 12. S. Augustinus Ep. 79. Ammianus lib. 14. 20. 26. 27. 31. Gregorius Turon. lib. 2. Hist. cap. 8. 9. Eginharti Annal. ann. 821. Anonymus in Gestis Constantini M. pag. 479.

Comes Domesticus Ordinis Primi, in veteri Inscript. apud Grut. 406. 1.

* Comes *Domni Apostolici Farulfus* ultimus inter proceres imperatori assidentes in judicio ann. 881. recensetur, apud Murator. tom. 2. Antiq. Ital. med. ævi col. 931. Vassallum ecclesiæ Romanæ intelligo.

Comes Domorum, dignitas cujus non semel mentio in Codice Theodosiano, et in Notitia Imperii. Hic autem præerat possessionibus seu prædiis ad Principem spectantibus. Vide Jacobum Gotofredum ad l. 2. Ch. Th. de Palatin. sacr. larg. (6, 30.) et Scholiastem Juliani Antecessor. cap. 82.

Comes et Dux. Testamentum seu Charta Rudesindi Episcopi Dumiensis æræ 980. apud Ant. *de Yepez* in Chron. Ord. S. Benedicti tom. 5. subscribunt *Veremundus Princeps*, deinde *Episcopi* aliquot et *Abbates*, quos subsequuntur alii, singuli cum hoc titulo, *Comes et dux*, quorum postremus est *Meneonus Gavini nunc Comes nunc Dux*, postmodum nudi *Comites*, et alii.

Comes Equorum Regiorum, τῶν βασιλικῶν ἵππων Κόμης, apud Pachymer. lib. 1. cap. 11. Vide *Comes stabuli.*

Comes Excubitorum, Qui excutoribus Principis præerat, apud Vigilium PP. Epist. 15. Gregorium M. lib. 1. Epist. 31. lib. 2. Ind. 11. Ep. 62. Joannem Biclariensem ann. 4. Justini, Theophanem pag. 229. in Chronico Alexandr. pag. 879. etc. in sexta Synodo Act. 1. fit mentio Anastasii τοῦ κόμητος τοῦ βασιλικοῦ ἐξκουβίτου. Vide *Excubitus* et *Excubitores.*

Comes Foederatorum, apud Anastasium in Hist. Eccl. pag. 66. qui Theophani, Cedreno pag. 341. et aliis, κόμης τῶν φοιδεράτων. Τουρμάρχης τάγματος τῶν φοιδεράτων, Zonaræ pag. 104. Ἡγεμὼν τοῦ τῶν φοιδεράτων τάγματος, Scylitzæ pag. 487. qui præterea meminit τάγματος τῶν φοιδεράτων pag. 755; postmodum Ἑταιρειάρχης dictus. De Fœderatorum cohorte in Palatio Principis militante dixi ad Annam Comnenam pag. 227. Vide infra in *Fœderati*.

¶ COMES FORENSIS. Statuta Ecclesiæ Lugdun. ann. 1251. apud Acherium tom. 9. Spicil. pag. 71 : *Statutum est, ut omnes Canonici in sua institutione jurent, quod servent Statuta et Consuetudines Ecclesiæ, et permutationem Comitis forensis.* Ubi Comitem forensem non alium puto, quam Advocatum Ecclesiæ Lugdunensis. Advocatos Ecclesiarum Cathedralium *Comites* appellatos fuisse, paulo superius dictum est.

* Perperam de Advocato ecclesiæ Lugdunensis hæc explicantur : agitur enim de solemni permutatione facta inter Comitem Forensem et capitulum ejusdem ecclesiæ, quam refert Menester. in Hist. Lugdun.

COMES FORMARUM, Qui aquæductibus publicis instaurandis vel extruendis præfectus erat, in urbe Roma potissimum. Sub dispositione Præfecti urbis recensetur in Notitia Imp. lib. 2. cap. 7. *Ædilis formarum*, in lapide Neapolitano apud Capacium lib. 1. cap. ult. *Curator formarum*, Senatori lib. 7. Epist. 6. ubi hujus dignitatis formulam exhibet. Istius Magistratus meminit etiam Gregorius M. lib. 10. Epist. 22. Vide *Forma*.

COMES FRANCIÆ. Vide *Comes Palatinus Franciæ*.

¶ COMES GALEÆ, Galeæ præfectus. Marchisius lib. 5. Annal. Genuensium ad ann. 1220 : *Qui ipsam et homines ejus a præfato Comite jam dictæ galeæ... reddere nullatenus voluerunt.* Vide supra *Comes*, *Comitus*.

COMES GALLIÆ. Vita S. Lupicini Abbat. Jurensis n. 8 : *Vir quondam illustris Agrippinus sagacitate præditus singulari, atque ob dignitatem militiæ sæcularis Comes Galliæ a Principe constitutus.* In Charta Caroli C. apud Joannem a Bosco in Vienna, *Odulfi Comitis Galliarum* fit mentio.

COMES GILDONIACI PATRIMONII, sub dispositione Comitis rerum privatarum, in Notit. Imp. lib. 2. cap. 41. quod Gildo Comes in Africa possederat, qui cum esset utriusque militiæ Magister in eadem provincia, post Theodosii Magni decessum arrepta Tyrannide, a Fratre Mescelzere jussu Honorii profligatus et necatus est, ejusque bona publicata, quæ Gildonis patrimonium dicta sunt. Vide Pancirolum.

COMES HIRSUTUS, apud Anonymum de Fundat. Monasteriorum Germaniæ post Chronicum Montis Sereni pag. 277. et in Vita Balduini Lutzemburg. Episcop. Trevir. lib. 3. cap. 5. Idem qui *Comes Silvester*, de quo infra. *Georgius Hirsutus Comes* anno 1323. *Henricus, Georgius, Conradus, Rupertus Hirsuti Comites, Fridericus Silvestris Kirchpergæ, Joannes Silvestris Dunæ Comites*, apud Browerum lib. 17. Annal. Trevir. pag. 978. 986. 1. Edit. *Le Comte pelu*, in Chronico Flandriæ vernaculo pag. 34. 52. Gloss. Gr. Lat. : Δασύς, *hirsutus, pilosus*.

COMES HORREORUM, in l. un. Cod. de Pist. lib. 11. (16.) Pistrini Principis Curator.

COMITES ITALICIANI ET GALLICIANI, in l. un. Cod. Th. de Consularib. (6, 19.) sunt Comites Largitionalium titulorum, reique tributariæ et thesaurorum per Præfecturam Prætorianam Italiæ et Galliarum, qui alias *Comites diæceseon*, vel *Comites largitionum per diæceses* dicuntur.

COMES LARGITIONUM COMITATENSIUM, ὁ τῶν κομιτατησίων λαργιτιόνων κόμης, in Epistola Petri Alexandrini apud Theodoritum lib. 14. cap. 22. id est, thesaurorum, qui in Comitatu Principis una cum ipso Comite versabantur. Erant enim et alii Imperatorum thesauri, in provinciis scilicet et urbibus singulis, de quibus in l. 3. Cod. Th. de Privileg. eor. qui in sacro palat. milit. (6, 35.) qui *Comites largitionum per diæceses* dicuntur in Not. Imp. lib. 1. cap. 73. et in leg. 3. Cod. Fin. regund. (3, 39.) Hinc *Largitionales Comitatenses*, in leg. 6. Cod. Th. de Divers. offic. (8, 7.) dicuntur Officiales Comitis largitionum Comitatensium.

COMES SACRARUM LARGITIONUM. Magno de Notis Juridicis : SCL. CM. *Sacrarum largitionum Comes*, Qui thesauris sacris ac publicis præerat et largitionibus Principis, quas ille Magistratibus, militibus et subditis erogabat. Mamertinus in Gratiarum actione : *Primum thesaurorum omnium mandata custodia et dispensatio largiendi. Ærarii publici curator,* eidem Mamertino, sed maxime illius pecuniæ quæ ex Imperariis thesauris advecta erat, ἐφ' ᾧ τοὺς ἀριστεύοντας ἐν ταῖς μάχαις τὰ προσήκοντα κομίζεσθαι γέρα, ut loquitur Agathias lib. 3. unde et *Comes sacrarum remunerationum* interdum appellatus. Claudianus in Consul. Manlii Theodori :

Hinc sacræ mandantur opes, orbisque tributa.

Sed de hac dignitate passim Notitia Imperii, Codex Theod. et Justin. Senator lib. 6. Epist. 7. et alii Scriptores. Vide *Largitiones*.

COMES SACRARUM interdum nude dictus legitur, ut apud Senatorem lib. 5. Epist. 40. lib. 8. Ep. 16. Acta Conciliabuli Ephesini : Ἰωάννης κόμης τῶν σακρῶν, ubi perperam vetus Interpres *Comitem sacrensem* vertit. Alibi : Κόμης τῶν σακρῶν λαργιτιόνων appellatur. Ita etiam in leg. 120. Cod. Th. de Decurion. (12, 1.) in Inscript. apud Gruter. 1056. 8. et in Historia S. Clementis I. PP.

COMES LARGITIONUM, nude. Magno de Notis : C. LARGN. *Comes Largitionum.* Ita porro sæpe etiam appellatur *Comes largitionum per diœcesim*, id est, specialis, qui titulo Perfectissimi gaudebat, cum Comes sacrarum largitionum inter illustres militaret. Vide Gothofr. ad l. un. Cod. Th. de Consularibus. (6, 19.)

COMITES LARGITIONUM *per omnes diœceses*, in Notitia Imperii, qui in singulis Præfecturis Palatii, sacras largitiones administrabant, sub dispositione Comitis sacrarum largitionum, cui respondebant. Ejusmodi fuit *Comes largitionum per Illyricum*, in eadem Notitia, etc.

COMES A LATERE. Vide *Comes Palatinus.*

COMES LEGUM, seu Professor in Jure. Epitaphium Rebuffi J. C. Magalonæ : *Orate pro Domino Jacobo Rebuffi legum Comite Monspelii, cujus anima in domino requiescat, qui obiit anno ab Incarnat. Dom.* 1428. *die* 21. *mensis Martii.*

COMES LIBER, *ut Fragipani, Ursini, etc. hoc est Zlunii, Blagai, etc.* Ita Sambucus in Gloss. ad leges Hungaricas, et Auctor de Statu Hungariæ.

COMITES LIMITUM vel LIMITANEI, Qui limitibus Imperii Romani præerant, et castris vel castellis in iis extructis. De his copiose egit Pancirolus in Notit. Imper. Orient. cap. 139. Sidonius Carm. 2 :

.... Comitis sed jure recepto,
Danubii ripas, et tractum Limitis ampli
Circuit, hortatur, disponit, discutit, armat.

Annales Eginharti ann. 826 : *Ad Baldericum et Gerhostum Comites et Avarici Limitis custodes.* Infra : *Cum suis Optimatibus et Hispanici Limitis custodibus.*

COMES LITTORIS *Saxonici per Britanniam*, in Notitia Imp. Occident. cap. 72. cujus munus erat littus per opportuna loca præsidiis ad Barbarorum latrocinia communire. Cum autem Romani e Britannia cessissent, Vortigernus, qui maximæ Britanniæ parti cum imperio præfuit, Cantio Guorongum præfecit, id est, Proregem : quo nesciente, hanc regionem (ut habent Nennius et Malmesburiensis,) statim Hengisto Saxoni, in gratiam Rowennæ ejus filiæ, quam misere deperibat, gratis concessit. Hinc primum Saxonum in Britannia regnum constitutum, illis *Cantuaria-ric* dictum, quod post annos 320. Baldredo ultimo Rege defuncto, in Occiduorum Saxonum potestatem devenit, quibus ad Normannorum usque imperium paruit. Igitur contra hos Saxones Romani limitem Britannicum, qui supererat, servavere, quibus Comitem præfecerunt. Vide Cod. Th. (7, 16.) et Justin. (12, 44.) tit. *de Littorum et itinerum custodia*, Camdenum in Cantio, Pancirolum in Notit. Occident. cap. 72. Isaacum Pontanum in Disquisit. Hist. etc.

COMES MANSUARIORUM. Nithardus lib. 3. pag. 372 : *Mandaverant etiam huc avunculus ejus, necnon et Gislebertus Comes Mansuariorum, etc.* Idem forte qui *Mansionarius* in Regum Francorum aula, de qua dignitate, suo loco : et

COMES MANSIONARII, in Annalibus Francor. Metens. ann. 895 : *Cum in regnum reverteretur, Folconem Episcopum, et Adalongum Comitem sui Mansionarii ad Arnulfum cum exeniis a Carolo missis, venientes in media via offenderunt.*

COMITES MARCARUM, Iidem cum Marchionibus. *Comites marcæ Hispanicæ*, apud Eginhartum in Annalib. ann. 822. *Aureolus Comes qui in confinio Hispaniæ atque Galliæ trans Pireneum.... residebat*, apud eumdem ann. 809. Annales Franc. Bertiniani ann. 799 : *Wido Comes qui in marca Britanniæ præsidebat.* Vide sub ann. 821. Hinc ejusmodi marcarum Præfecti promiscue *Comites* et *Marchiones* dicuntur.

COMES MARESCALLUS, in Anglia dictus ex Comitibus qui Marescalli dignitate donabatur, cum non nisi *Comitibus* conferretur. Ita porro potissimum dicti Comites Penbrochiæ, quos et Striguliæ vocant, quod quasi ex hæreditaria successione hac dignitate donati fuerint. Tradit Matth. Paris ann. 1241. *Comitem Marescallum*, Gilbertum nempe Penbrochiæ Comitem, in hastiludio occubuisse. Et ann. 1245 : *Comes Marescallus Walterus viam universæ carnis ingressus est.* Adde pag. 432. Extincta vero prima Comitum Penbrochiensium stirpe, aliis Comitibus eadem dignitas collata. Ricardus II. Rex Angliæ Thomam *de Mowbray* Comitem Notinghamiæ per Chartam suam dat. 12. Jan. ann. 9. *Comitem Marescallum* Angliæ denuntiavit. Liber feodalis scriptus anno 20. Edw. III : *Prior de Massingham tenet in magna Massingham quartam partem feodi Militis de Comite Marescallo.* Vide Thomam Walsing. pag. 327.

Comes Maritimi Tractus, in Britannia, apud Ammianum lib. 37. *Custodes littorum*, in Chron. Normann. tom. 2. Hist. Franc. pag. 524. Chronicon Moisiacense ann. 814 : *Disposuit et marchas suas undique : nam et præsidia posuit in littore maris, ubi necesse fuit.* Vide Annales Franc. Bertin. ann. 820.

Comites Maritimæ, Qui *ad custodiendam maritimam deputati erant*, ut est in Capitul. Caroli M. lib. 4. cap. 5. Hariulfus lib. 2. Chron. Centul. cap. 6 : *Cui etiam ad augmentum Palatini honoris totius maritimæ terræ Ducatus commissus est.* Lib. 3. cap. 9 : *Ejusdem Regis Caroli... dono et prece Comitatum maritimæ provinciæ suscepit.* Adde cap. 10. Vide eumdem in Vita Angilberti cap. 1. § 3. *Custodia maritima* apud Eginhardum Ep. 22. et in Capitul. Caroli Cal. tit. 13. cap. 2. [** ap. Attiniac. ann. 854.] Annales Francor. Bertiniani ann. 800 : *Littus Oceani Gallici perlustravit, et in ipso mari, quod piratis infestum erat, classem instituit, præsidia disposuit, Pascha in Centulo apud S. Richarium celebravit.* His suberant *Vicecomites*, qui *Maritimæ*, pariter appellabantur : ut et in veteribus Chartis ii quos hodie *Vicomtes de Marennes*, in Santonibus dicimus.

Comes Metallorum *per Illyricum*, sub dispositione Comitis sacrarum largitionum, in Notitia Imperii cap. 73. qui ex auro in metallis invento portionem Principum debitam exigebat, in fluminibus etiam, vel fodinis aurum legentes. Vide leg. 1. C. de Metallar. (11, 7.) et leg. 7. et 8. Cod. Th. eod. tit. (10, 19.)

¶ Comes de Militia, Dux, Tribunus militum, tom. 3. novæ Gall. Chr. col. 490 : *Adalardus filius Henrici Comitis de militia Caroli Magni, etc.*

Comes et Magister utriusque Militiæ, in veteri Inscriptione.

Comes Notariorum, Dignitas in aula Regum Gothicorum Hispaniæ, cujus mentio in Concilio Toletano VIII. IX. et XIII. et in Charta Cindasuinthi Regis æræ 684. apud Anton. *de Yepez* in Chronico Ordin. S. Benedicti tom. 2. Præcipuus forte inter Notarios, et idem qui *Primicerius Notariorum.*

Comes Novellus dictus Bertrandus de Balcio Comes Montiscaveosi et Andriæ, *Il Conte novello*, apud Joann. Villaneum lib. 9. cap. 72. etc. Albertus Argentin. ann. 1345 : *Socer autem prædicti Humberti, quem uxor ejus clam receperat, Comes Novellus a novitate est dictus.*

Comes Numeri, seu cohortis, eidem præfectus. Simeon Metaphrastes in Martyrio S. Georgii n. 2 : Καλῶς οὖν ἐκπονηθεὶς τὰ πολέμια, Κόμης τοῦ Νουμέρου τῶν Ἀνικώρων ἐπιφανεῖ προχειρίζεται. Vide Anonymum in Miraculis ejusdem sancti Georgii ex Biblioth. Ambrosiana num. 9.

Comes Obsequii, Qui *Obsequio* et comitatui Imperatoris præerat. Epistola 1. Gregorii II. PP. septimæ Synodo præfixa : *Nezeuxias, qui tum Comes obsequii ejus erat,... in peccato suo interiit.* Ubi Interpres Græcus, κόμης τῆς πομπῆς αὐτοῦ. Et Epist. 2 : *Si quis a te purpuram... abstulerit et regii obsequii ordines* : τὰς τάξεις τῶν πομπῶν. Meminit præterea eadem septima Synodus Petronæ Κόμητος τοῦ θεοφυλάκτου βασιλικοῦ ὀψικίου. In sexta Synodo, Act. 1. fit mentio Nicetæ Κόμητος τοῦ βασιλικοῦ ὀψικίου, καὶ ὑποστρατηγοῦ Θρᾴκης. Habetur in Diurno Romano cap. 1. num. 4. formula Epistolæ seu superscriptionis *ad Comitem Imperialis obsequii et Exarchum* : ubi non intelligitur quivis Palatii Comes, ut censuit Editor. Vide *Obsequium.*

Comes Officiorum, ὀφφικίων Κόμης, in Clementina Epitome de Gestis sancti Petri cap. 164. qui Κόμης τῶν θείων ὀφφικίων, in Martyrio sancti Clementis cap. 15. apud eruditissimum et amicissimum Joannem Bapt. Cotelerium : nescio an alius a *Magistro officiorum* : de qua dignitate suo loco. Lex 2. Cod. Th. de Metallis (10, 19.) inscribitur *ad Rufinum Comitem officiorum* : sed Jacob. Gotofredus *Comitem Orientis* scribendum censet.

Comes Ordinis Primi. Cujacius et alii observant Comitum gradus in Palatio primum distinxisse Constantinum M. quod ex Eusebio in Vita ejusdem Constantini lib. 4. cap. 1. colligunt, quod ante Constantinum nulla Comitum ejusmodi mentio occurrat. At longe ante Constantinum Comitivam hanc obtinuisse contendit Henricus Valesius ad Eusebium. In tres autem gradus divisi isti Palatini Comites, quorum primus *Comitum ordinis primi* dictus est. Magno de Notis : C. O. P. *Comites ordinis primi.* Porro Comitis ordinis primi prærogativa gaudebant præcipui ex Magistratibus Palatinis, de quibus in Codice Theod. lib. 6. tit. 13. 14. 15. 16. 17. 18. 20. 21. et in antiquis Inscript. apud Gruterum 347. 8. 406. 1. et apud Sirmondum in Notis ad Sidon. Carm. 9. Horum alii *Comites ordinis primi intra Palatium* dicebantur, qui scilicet in Palatio militabant, ut in aliis inscript. apud eumdem Gruter. 361. 1. 363. 2. 407. 8. 493. 5. 1094. 6. vel *Comites ordinis primi in Consistorio*, apud eumdem 438. 1. 465. 8. Ea enim Comitum ordinis primi fuit prærogativa, ut iis Consistorium Principis ingredi fas esset, si vocarentur, ut est apud Senatorem in formula *Comitivæ primi ordinis*, lib. 6. Epist. 12. Vide eumdem lib. 2. Epist. 28. lib. 6. Epist. 13. et Salmasium ad Pollion. pag. 307.

Comitum Ordinis Secundi mentio est in leg. 2. Cod. Th. de Comitibus rei milit. (6, 14.) leg. 27. 18. de Proxim. Com. dispos. (6, 26.) leg. 8. de Agent. in reb. (6, 27.) et apud Gruterum 361. 1. 363. 2. et 438. 1. Ex quibus colligitur Comitivam ordinis secundi gradum fuisse ad Comitivam primi. Vide Senatorem lib. 7. Ep. 26.

Comitum denique Ordinis Tertii mentio est in leg. 127. Cod. Th. de Decur. (12, 1.) leg. 9. et 20. de Suariis, (14, 4.) et leg. 17. de Proxim. Comit. dispos. (6, 26.) Iidem videntur qui *Comites minores et inferiores*, in quorum numero erant Tribuni, dicuntur in leg. 2. Cod. Th. Ne Comitib. et Tribun. lav. præstentur. (7, 11.) Gloss. Græc. Lat. : Κόμης, ἤτοι τριβοῦνος.

Comes Orientis, sub cujus dispositione erant Orientis provinciæ, quas Marcellinus lib. 14. et Notitia Imperii lib. 1. cap. 1. recensent, ut auctor est Zozimus lib. 5. unde hanc dignitatem μείζονα ἀρχὴν vocat Libanius. Magno de Notis : com. or. *Comes Orientis.* Hujus dignitatis non semel meminit idem Ammianus, Notitia Imperii lib. 1 cap. 104. S. Ambrosius Epist. 17. etc.

Comes ὀψαρίου, seu obsoniorum, qui eorum curam gerebat, in Chronico Alex. pag. 894. Vide *Comes Annonæ.* [Alias ὀψάριον Græcis recentioribus *Piscem* sonat.]

Comes Pagi, id est provinciæ, vel civitatis, apud Lupum Ferrariensem Epist. 24. Ratpertum Monachum de Casib. S. Galli cap. 1. et in Capitulis Caroli Mag. lib. 6. cap. 100. [** 101.] in Fragment. Capitular. edit. a Stephano Baluzio cap. 8. etc. Additio 4. Ludovici Imp. ad Capitula Caroli M. cap. 79 : *Comites autem reddant rationem de eorum pagensibus, etc.* Vide Marculfum lib. 1. Form. 8. [et Grotig. de Antiquitate Reipublicæ Bavaricæ pag. xxxi.]

Comites Palatini, generatim dicti, Qui in Palatiis Regum militabant, seu qui in eorum erant obsequio, quos vulgo nude *Palatinos* alii nuncupant. *Comites a latere* appellantur a Jona in Vita S. Columbani cap. 28 : *Is Virum Dei summo gaudio excepit, seque curaturum ait, ut ad Theodeberti aulam perveniat, nec opus esse aliis a Regis latere Comitibus.* Chronicon. Moriniacense lib. 2. pag. 366 : *In curia Amaurici de Monteforti, post Palatinos Comites in Provincia ista viri excellentissimi.* Vide *Palatinus.* Sed præ cæteris

Comites Palatini appellati, qui in Regum Palatiis *Juris auctoritate* judicum officio fungebantur, ut est apud Joannem Sarisber. Ep. 263. Illud autem sic describitur ab Hincmaro Opusc. de ordine et offic. Palatii cap. 21 : *Comitis Palatii inter cætera pene innumerabilia, in hoc maxime sollicitudo erat, ut omnes legales quæ alibi ortæ propter æquitatis judicium Palatium aggrediebantur, juste ac rationabiliter determinaret, seu perverse judicata ad æquitatis tramitem reduceret, etc.* Cognoscebant igitur Comites Palatini de causis omnibus quæ nullo medio ad Palatium devolvebantur, quæ quidem *Palatinæ* inde appellantur in Capitulis Caroli M. ann. 797. cap. 4. et alibi passim. Walafridus Strabo lib. de Reb. Eccl. cap. 31 : *Quemadmodum sunt in Palatiis Præceptores vel Comites Palatii, qui sæcularium causas ventilant : ita sunt et illi quos Capellanos Franci appellant, Clericorum causis prælati.* Ut porro causas ad Palatium pleno jure cuivis licitum fuerit adducere, satis colligitur ex Lege Longob. lib. 2. tit. 52. § 23. tit. 55. § 20. [** Lothar. I. 64. Carol. M. 28.] Cap. Caroli M. lib. 3. cap. 59. etc. Vide præterea Capitulare 2. Ludov. Pii ann. 819. cap. 4.

Cognoscebant præterea de *Causis reipublicæ*, seu *publicis*, id est, quæ Regem spectabant, aut Regiam dignitatem, vel publicam utilitatem, uti pluribus probatum in Dissertat. 14. ad Joinvillam, ubi de Comitibus Palatii fuse satis disseruimus.

Erant denique certæ causæ, quæ ex Principum privilegiis solum Comitem Palatinum spectabant. Charta Pipini Regis Aquitaniæ pro Ecclesia S. Juliani Brivatensis ann. 835 : *Liceat eis qualemcunque sibi sua sponte elegerint advocatum habere, ipsumque advocatum nemo præsumat temerario ausu distringere, vel in tortum mittere : sed nostro coram Comite Palatii Ecclesiam prælibati Martyris videlicet S. Juliani absque alicujus inquietudine vel morarum dilatione liceat inquirere.* Capitulare Ludovici Pii Imp. de Monasterio S. Crucis Pictaviensi cap. 3 : *Ut res Monasterii quas modo habent, non prius ab ullo auferatur, quam aut ante Domnum Pipinum, aut ante Comitem Palatii illius, præfata ratio reddatur.*

Sedebant autem Comites Palatini in Palatio cum Assessoribus, quos *Scabinos Palatii* vocat Chronicon S. Vincentii de Vulturno. Hinc legimus apud Monachum Sangallensem, *Comitem Palatii in medio Procerum suorum concionantem.* Vita S. Præjecti : *Ad Palatium properat, et ut mos est, apud Regis aulam, in loco ubi causæ ventilantur, introiit.* Vita S. Pharonis cap. 79 : *Dum leges publice, quæ quotidie discutiebantur ipso in palatio, multos constringerent ad sæcularia judicia.*

Interdum et sæpe Reges ipsi Palatinis istis placitis intererant, cum ipso Comite Palatii, ac causas dijudicabant. Cujus moris exempla aliquot in eadem Dissertatione indicavimus, aliudque exstat apud Ughellum tom. 1. part. 2. pag. 337. quibus addere hoc loco lubet identidem Reges ipsos ac Principes subditis suis jus dixisse. Fortunatus lib. 6. Poem. 4. de Chariberto Rege :

Si veniant aliquæ variato murmure causæ,
Pondera mox legum Regis ab ore fluunt.
Quamvis confusas referant certamina voces,
Nodosæ litis solvere fila potes, etc.

Capitulare 3. Ludovici Pii cap. 3 : *Sciatis ob hanc causam nos velle per singulas hebdomadas uno die in Palatio nostro ad causas audiendas sedere : ut per hunc aut illum Comitem et providentia Missorum, et obedientia populi manifestius appareat.* Adde cap. 14. Capitul. Wormatiense ann. 829. cap. 14. Addit. IV. Capit. cap. 83. al. 115. et Concilium Parisiense VI. lib. 2. cap. 3. etc. Ut porro inter tertiæ stirpis Reges sanctus Ludovicus populis sibi subditis ad portam Palatii jura dixerit, fuse ostendimus in Dissert. 2. ad Joinvillam. His autem addam quæ in hanc sententiam habentur in secunda Curia Generali Catalaniæ sub Jacobo Rege Arag. M. Febr. ann. 1299 : *Item quod nos et successores nostri in quacumque civitate vel villa terræ nostræ erimus, qualibet hebdomada in Die Veneris teneamus personaliter audientiam gentibus nostris pro tenendo jure ipsorum de eo quod coram nobis exposuerint. Et si in die Veneris non possemus intendere, quod in prædictis intendamus et faciamus die crastina.* Adde Foros Aragonenses pag. 15. Edit. 1624.

Neque tantum in Palatio jus dixere Comites Palatini, sed etiam in provinciis. Auctis enim et longius productis Regni ac Imperii finibus, quo subditorum levaretur labor, ac eorum impensis parceretur, mittebantur subinde Comites Palatii, qui supremo jure *Justitias*, ut tunc loquebantur, *facerent*, et causas, quas ab iis dirimi ac judicari necesse erat, terminarent. Nullis quippe, ait Theodoricus apud Senatorem lib. 4. Ep. 40. necessitatem longinquitatis imponebant Reges nostri, nisi qui suis hoc commodis expedire cognoscebant. Hinc sæpe legimus missos in Italiam Comites Palatinos, *ad justitias faciendas.* Vide Ughellum tom. 1. part. 2. pag. 337. Neque tamen iis fas erat *Potentiorum causas sine Regia jussione finire, sed tantum pauperum, et minus potentum*, ut est in Lege Longob. lib. 2. tit. 45. § 1. [** Carol. M. 43.] in Capitul. 3. ann. 812. cap. 2. et lib. 3. Capitul. cap. 7. Ejusmodi autem Comites Palatini postmodum in singulis majoribus provinciis constituti ab Imperatoribus, qui vice Regia supremo jure causas dirimerent, præsertim apud Alemannos. Speculum Saxonicum l. 3. art. 35 : *Quælibet provincia terræ Theutonicæ habet suum Palansgravionatum*, (i. Comitatum Palatinum) *Saxonia, Bavaria, et Franconia.*

Comitum Palatinorum *in Bajoaria* mentio est apud Conradum Uspergens. anni 1102. in Vita et Translatione S. Domitian. Ducis Carinthiæ n. 3. in Speculo Saxon. lib. 3. art. 53. § 1. Vide Dissert. ad Joinvill. pag. 231.

Comites Palatini *in Saxonia*, non semel etiam occurrunt, quorum Genealogiam contexuit Reineccius in Appendice ad Witikindum de quibus etiam copiose liber de Fundatione Monasterii Gozecensis.

Comites Palatini *ad Rhenum* in Franconia notiores sunt, quam ut de iis dici quidquam debeat. [De his inter alios plura Tolnerus in Hist. Palatinat.]

Comites Palatini *in Lusatia*, habentur apud Lambertum Schaffnaburg. ann. 1057.

Comitem Palatinum Ottonem filium in Burgundiæ Comitatu instituisse Fridericum I. auctor est Golutus lib. 2. Rerum Sequan. cap. 37. Ita in Anglia hanc dignitatem aliquot Comitibus attributam infra docemus.

Jam vero Comitum Palatinorum summa erat auctoritas, ut qui vice sacra judicarent, et supremo jure. Chronicon Mauriniacense pag. 365. de Theobaldo Comite Campaniæ : *Qui Comes Palatinus, et infra Franciam secundus a Rege, etc.* Charta Caroli M. apud Ughellum tom. 2. Italiæ sacræ pag. 187. 188 : *Hujus nostræ confirmationis pagina concedimus ejusdem Episcopi Misso vel Vicedomino, ut sit noster Missus, et habeat potestatem deliberandi atque adjudicandi tanquam nostri Comes Palatii.* Adde pag. 200. 203. et tom. 4. pag. 900. Ordericus Vitalis lib. 4. pag. 522 : *Quid loquar de Odone Bajocasino Præsule, qui Consul Palatinus erat, et ubique cunctis Angliæ habitatoribus formidabilis erat, ac veluti secundus Rex passim jura dabat? principatum super omnes Comites et regni optimates habuit, et cum thesauris Cantiam possedit, etc. Regalem habere potestatem in omnibus* dicuntur, apud Bractonum lib. 3. tract. 2. cap. 8. § 4. et in veteri Constitutione, quam edidit Goldastus, Comes Palatinus refertur *adeo amplam potestatem, jurisdictionem et auctoritatem habere, ut dempta Regia dignitate, nullus omnino justitiariorum ampliorem, sed neque parem habeat.* Ex eo etiam forte Comitis Palatini dignitas *Monarchia Palatii* appellatur. Liber de Fundatione Gozecensis Monasterii ann. 1153. de Dedone Comite Palatino Saxoniæ : *Unde in expeditione Hungarica per Regem Henricum in anno Incarnationis Domini 1040. facta, quia cunctis virtute militari se prætulit, primus stirpis suæ Monarchiam Palatii a Rege promeruit.* Mox : *Eo defuncto, quia filium legitimum non habuit, Monarchiam Palatii Dominus Fridericus Germanus ejus a Rege suscepit.*

Comites Palatinos habuit Francia nostra, ut pluribus docuimus in eadem Dissertat. 14. ad Joinvillam, ab ipsis Regum nostrorum incunabulis, qui in eorum Palatiis, causis publicis præerant, easque dijudicabant. Idque probavimus potissimum ex eorum serie, quam hoc loco iterum describi haud gravate, ni fallor, feret eruditus lector, cum rem præsertim haud adeo tritam Scriptorum auctoritate firmari intersit. Hacce itaque dignitate insigniti occurrunt *Gucilio*, sub Sigiberto Rege Austrasiæ, apud Gregor. Turon. lib. 5. cap. 19. *Trudulfus* et *Romulfus*, sub Childeberto, apud eundem lib. 9. cap. 12. 30. *Tucilo*, sub Dagoberto I. in Gest. Dagob. Regis cap. 37. *S. Wandregisilus*, sub eodem Dagob. *Comes Palatii*, in Vita MS. S. Godonis Monachi, *Comes Palatinus* indigitatur in illius Vita, in Chronico Malleacensi et apud Molanum, ut et *Badefridus*, pater sanctæ Austrebertæ, in Vita ejusdem Sanctæ cap. 1. num. 4. *Aigulfus*, sub Clodoveo II. in ejusdem Regis Diplomate pro Monasterio Sandionysiano. *Berthorius*, sub eodem Clodoveo, in Chron. Fredeg. cap. 90. *Rigobertus* S. Bertæ parens, in Vita ejusdem Sanctæ. *Andobaldus*, sub Chlotario III. in Tabulis Mon. S. Benigni. *Marso*, sub Clodoveo III. in Placito quod habetur tom. 2. sæculi 3. SS. Ord. S. Bened. pag. 617. *Warno*, sub eodem Clodoveo et Chilperico ibid. pag. 618. 622. *Andramnus* sub eodem Clodoveo, ibid. pag. 619. *Chrodebertus*, sub Theodorico II. in Vita S. Leodegarii cap. 14. qui idem videtur qui *Chunrodebaldus* nominatur apud Doubletum et Miramontium. Denique *Temulfus*, sub Childeberto II. apud Gregor. Turon. lib. 4. de Mirac. Sancti Martini cap. 6. Alios præterea Comites Palatii Francici sub prima Regum stirpe memorant veteres chartæ, apud eruditum Mabillonium in libris de Re Diplomatica, *Dructoaldum* scilicet sub Theoderico, pag. 470. *Hociobertum, Ghislemarum, Berthoaldum, Sigofridum* [*Beronem*] *et Grimberchtum* sub Childeberto, pag. 478. 480. 482. 483. *Waningum* sub Chlodoveo Jun. pag. 378. *Ansoaldum, Arnonem, Marsonem,* et *Audramnum* sub Chlodoveo III. pag. 117. [ubi etiam probat adversus Conringium duos pluresve sub prima et secunda Francica stirpe nonnumquam fuisse *Comites Palatii.*]

Sub secunda Regum stirpe recensentur hocce titulo donati complures, atque in iis *Wicbertus*, sub Pipino, apud Doubletum pag. 693. *Anselmus*, qui subscribit testamentum Fulradi Abbat. S. Dionysii ann. 778. *Voradus*, seu *Voradinus*, et *Treautus*, sub Carolo Mag. apud Eginhardum. *Ragonfredus* sub Ludovico Pio ann. 817. in ejusdem Charta apud Stephan. Baluzium in Appendice ad Capitul. n. 34. nescio an idem qui *Reginerus* dicitur in Vita ejusdem Imp. eodem ann. 817. qui etiam *Ragenarius* vocatur in Vita Aldrici Episc. Cenom. cum quo eandem dignitatem obtinebat *Fulco*, ut est in pag. 125. 130. 172. *Bernardus*, sub eodem Ludovico, in veteri Charta, ann. 819. *Ranulfus* sub eod. Imp. in eadem Charta, et in eadem Vita Aldrici pag. 171. *Adhalardus*, sub eodem Principe, apud Eginhardum ann. 822. 823. 824. cui successere sub eodem Imp. *Bertricus*, de quo idem Scriptor, *Morhardus*, cujus meminit Theganus cap. 45. *Gebuinus* et *Ruodbertus*, apud eundem Eginhard. Epist. 9. *Ansfridus*, sub Lothario, in Notit. Eccl. Belg. cap. 32. *Hucboldus*, sub Lothario et Ludovico, apud Ughell. tom. 3. pag. 35. 43. [*Heribaldus* Ludovico II. imperante in optimæ notæ Chartario Casauriensi MS.] *Rudolfus*, sub Ludovico IV. in Annal. Franc. Fuld. ann. 857. *Adhalardus*, sub Carolo Calvo, in Capitul. Caroli C. tit. 43. [** ap. Carisiacum ann. 877.] *Bodradus*, ibidem. *Hilmeradus*, in Chron. Fontanell. apud Catellum in Hist. Occitan. pag. 559. et Steph. Baluzium in Append. ad Capit. n. 59. *Boso*, apud Camusat. in Antiq. Trecens. pag. 85. et in Tabul. Dervensi. *Fulco*, apud Flodoard. lib. 3. Hist. Rem. cap. 26. eamdem dignitatem obtinuere sub eodem Carolo : qui quidem Fulco in Tabulario sancti Dionysii dicitur obiisse istud munus Kl. April. anno 22. regni Caroli : fuit postmodum Archiepiscopus Rotomagensis: *Elduinus*, sub Odone, *Guido*, sub Carolo Simplice, in Tabulario Aremarensi, *Robertus*, sub Rodulfo, in Chron. S. Benigni pag. 426. *Ragenarius*, sub Ludovico IV. in Pancharta nigra S. Martini Turon. denique *Heribertus* III. Viromandensis et Trecensis Comes, sub Lothario, apud Camusatum pag. 86.

Habuere etiam tertiæ stirpis Reges Francici suos Comites Palatinos. Nam

Hugo Bellovacensis, hac dignitate donatus legitur sub Roberto apud Glabrum Rodulf. lib. 3. cap. 2. quam etiam sibi asseruere Comites Tolosani aliquot, atque in iis *Poncius*, *Willelmus*, *et Raymundus Sanctegidianus*, ut ex eorum Diplomatibus et monetis probavimus. Sed hanc præsertim retinuere, ab Heriberto, ut probabile est sibi delatam, et jure quodam hæreditario devolutam, cæteri Comites Campaniæ et Blesenses. Nam in Charta Rodulfi Regis Franc ann. 924. in Probat. Hist. Blesensis idem Rex *Theobaldum inclytum Comitem Palatii* vocat, in Tabulis Abbatum Vallis Secretæ, *Odo Francorum Comes*, apud Sammarthanos in Gallia Christ. Idem in Charta fundationis Ecclesiæ S. Martini Sparnacensis ann. 1032. *Odo Comes Palatinus Francorum Regis*, tom. 13. Spicileg. Acheriani pag. 282. *Theobaldus* III. in Charta originali ex Tabulario Ecclesiæ Carnotensis ann. 1083. sic inscribitur : *Ego Tetbaldus Palacii Comes, etc. Theobaldus* IV. Stephani Comitis filius in Diplomate ann. 1147. *Gloriosus Francorum regni Comes Palatinus*, et *Henricus* I. in Necrologio S. Martini Trecensis, ut prodit Camusatus, *Comes Palatinus Galliæ* inscribuntur. Idem Theobaldus IV. in Chronico Mauriniacensi lib. 2. *Comes Palatinus, et intra Franciam secundus a Rege* indigitatur. Interdum suppresso et omisso Palatini vocabulo, *Comites*, se *Franciæ*, aut *Francorum* dixerunt. Ita *Heribertus* Viromandensis et Trecensis Comes, quem Lotharius Rex *Comitem Palatii sui* appellat in Charta quæ est in Tabulario Dervensis Monast. in alia ann. 27. ejusdem Regis in eodem Tabulario *Francorum Comes inclytus*, et in Tabulis ann. 969. ab eodem Camusato descriptis, *Gloriosus Fracorum Comes* vocatur. *Eudo* apud Wipponem in Vita Conradi Salici ann. 1036. *Odo de Francia*, apud Wibertum in Vita Leonis IX. PP. cap. 14. *Vicinæ Conmarchiæ Francorum Comes*, in Tabulario Aganonis Carnot. *Comes Palatii* denique in Diplomate pro Abbatia S. Germani Paris. *Comes quarumdam provinciarum Galliæ scilicet et Franciæ* inscribitur. *Theobaldus* III. Campaniæ et Stephanus Meldensium Comites, fratres, *Gratia Dei Francorum Comites* sese appellant in Tabulario Ecclesiæ Ambianensis. Idem *Theobaldus Comes Palatii*, in Charta Henrici Reg. in Tabul. Carnot. *Comes Blesensis, et Regni Francorum Procurator*, apud Rogerum Hovedenum pag. 524. et in Charta ann. 1076. apud virum doctissimum Joann. Mabillonium tom. 5. Vitar. SS. Ord. S. Benedicti pag. 761. *Comes Franciæ Palatinus*, in Diplomate quod habetur tom. 6. Spicilegii Acheriani pag. 449. et in Tabulario Burguliensi fol. 37. *Francorum Comes*, et *Comes Franciæ* vocatur, quo postremo titulo donatur *Stephanus* Comes Blesensis et Carnotensis, cui tanquam primogenito Palatina dignitas competebat, apud Hugonem Flaviniac. in Chron. ann. 1095. Notkerum in Translat. S. Basoli pag. 155. et apud Annam Comnenam lib. 11. Alexiad. pag. 324. cui Κόμης Φραγκίας dicitur. Denique Henricus Comes Campaniæ in Charta data in Hierusalem ann. 1179. pro Ecclesia Ebronensi, *Franciæ Comes Palatinus* pariter indigitatur. Legitur illa in Adversariis Duchesnianis. Observandum etiam ex Meiero ann. 863. Comites Flandriæ interdum sese *Comites Francorum* et *Franciæ* inscripsisse. Comitis Palatini titulum Balduino Comiti tribuit Willelmus Brito in Philipp. :

> ..... Et Balduinus honoris
> Jure Palatini clarus, pravisque superbus.

Et in Miraculis S. Agili lib. 1. cap. 17. apud eruditum Mabillonium, eadem Palatini Comitis dignitas Comiti Flandriæ adscribitur, Sed vereor ne his locis *Comites Palatini* appellentur, quod *Pares Franciæ* fuerint, quemadmodum Matthæus Paris ann. 1249. ait Episcopum Noviomensem fuisse *Comitem Palatinum, et unum de duodecim Paribus Franciæ*; vel certe quivis Comites Regum vassalli. Chronic. MS. S. Stephani Lemovic. : *Ann. 1137. 5. Id. April.... obiit Willelmus Palatinus Comes Pictaviensis ultimus Dux Aquitanorum.* Hebetur in Tabulario S. Florentii veteris Andegavens. Charta Gaufridi Comitis Andegav. ann. 1062. cujus initium ita concipitur : *In nomine Domini, notum facere volumus. Ego Gaufridus ipsius gratia non pauci populi sui Princeps, et Francorum Regis Comes, etc.* [** In Appendice Glossar. med. Græc. hæc ut ex Tabulario S. Florentii Salmuriensis scripta sunt, ibique notatum Gaufridum essse Martellum Andegavensem comitem.]

* Chartul. Guill. abbat. S. Germ. Prat. fol. 203. r°. col. 2. : *Ego Odo Comes quarumdam provinciarum Galliæ scilicet et Franciæ, etc.* Quem titulum jure quodam hæreditario sibi assumsere Comites Campaniæ et Blesenses, ut passim legere est. Charta ann. 1242. in Chartul. Campan. Cam. Comput. Paris. : *Nos Thiebaus par la grace de Dieu rois de Navarre, de Champaigne et de Brie Cuens Palais.* Alibi : *Cuens Palazins.*

Comites Palatinos habuere pariter Reges Aquitaniæ ex Familia Francica, ut colligitur ex Capitulari Ludovici Pii pro Monasterio S. Crucis Pictavensis cap. 3. ut et Burgundiæ Reges. Habetur enim in Tabulario Cluniacensi Charta Chunradi Regis ann. 6. ubi *præsens fuisse* dicitur *Odolricus Comes Palatii.*

* Comes Palatinus *Burgundiæ*, Otho comes Attrebatensis et Mathildis ejus uxor comitissa Attrebatensis et *Burgundiæ Palatina* inscribuntur, in Lit. ann. 1293.

Comites Palatini in *Anglia* quatuor recensentur à Cowello lib. 2. tit. 2. § 7. Lancastrensis, Dunelmensis, Cestrensis, et Eliensis. Primus autem hanc dignitatem obtinuit Cestrensis, quam Willelmus Nothus Hugoni ex sorore nepoti concessit. Comitatum enim Cestriæ ei dedit *adeo liberum ad gladium suum, sicut ipse Rex totam tenebat Angliam ad coronam suam.* Quibus verbis dignitas Palatinatus innuitur, cujus auctoritas Regiæ æquiparatur, ut supra annotavimus. *Cestrensis Palatini Comitis* meminit præterea Matthæus Paris ann. 1236. ubi illius insignem adeo fuisse dignitatem scribit, ut *Regem, si oberret, de jure potestatem habeat cohibendi.* Vide Matth. Westmonast. pag. 394. 2. Edit. et Monasticum Anglic. tom. 2. pag. 187. Eamdem postmodum dignitatem Lancastrensi Comitatui adjunxit Edwardus III. Vide Sarisber. in Policratico lib. 6. cap. 16. et Willelmum Stafford. lib. 2. de Placitis Coronæ cap. 27. Ordericus Vitalis lib. 8. pag. 666. Odonem Bajocensem Episcopum, Guillelmi Nothi fratrem uterinum, *Palatinum Cantiæ Consulem* fuisse ait. Præterea in Statuto ann. 33. Henrici VIII. cap. 10. mentio occurrit *Comitatus Palatini de Hexham*, qui sub eo sæculo ad Archiepiscopum Eboracensem pertinebat. Sed labente jam prius re Ecclesiæ, inquit Spelmannus, Palatinatuum jurisdictio insigniter diminuta est ann. 27. Henrici VIII. cap. 24. eorumque jurisdictio sub nomine Regis constituta. Comitatus vero de *Hexham* Statuto ann. 14. Elizab. cap. 15. omni Palatinatus privilegio exutus est, et in portionem Comitatus Northumbriæ redactus. Palatinatus etiam dignitatem habuere Episcopi Dunelmensis et Eliensis.

De Dunelmensi Palatinatu vide Monasticum Anglic. tom. 1. pag. 47. et Guil. Prynneum in Libertatib. Ecclesiæ Anglic. tom. 3. pag. 562. 563.

Comes Palatinus *Loretelli*. Vide supra *Comes Comitum*.

Comes Palatinus, *in Sicilia*. Vide ut supra.

* Comitum Palatii in Italia seriem quamcumque profert Murator. tom. 1. Antiq. Ital. med. ævi col. 355. quem consule.

Comes Palatii *Ticinensis*. Hujus mentio fit apud Joann. VIII. PP. Epist. 140. et Petrum Diaconum lib. 4. Chron. Casin. cap. 18. cujus hæc sunt : *Quæ Berta filia Compalatii Ticinensis obtulit B. Benedicto*. Quæ vox *Compalatii*, eadem est ac *Conspalatii*, de qua suo loco, id est, *Comitis Palatii Ticinensis*, seu Regiæ Regum Longobardorum, atque etiam Italiæ; qua quidem dignitate functi videntur *Comites Palatini Lumelli*, quod est castrum in districtu Papiensi, ut observatum a nobis in Dissert. 14. ad Joinvillam. Papias : *Lomellum, castrum maximum in Liguria*. Laumellum vocat Ammianus lib. 15. Itiner. Anton. Tabula Peutingeri, etc. *Manfredus* Comitivam Palatii in Italia sub Widone Imper. ann. 892. obtinebat, ut ex Diplomate colligitur, quod habetur apud Ughellum tom. 2. pag. 120. Horum Comitum stirpem arcessit vetus Chronicon laudatum ab eodem Ughello tom. 5. pag. 1555. a Cadoto Comite de Lomello, qui uxorem duxerat Alaxiam filiam Pipini Regis, sororem Caroli Magni; sed hæc admodum incerta sunt. Memoratur *Sigefridus sacri Palatii Comes*, in Chartis aliquot Ludovici Imp. ann. 901. et Berengarii Regis ann. 903. in Hist. Pergamensi tom. 3. pag. 404. 406. 409. Vide Chronicon Novalicense pag. 639. et Ughellum tom. 4. pag. 602. 604. tom. 5. pag. 1575.

Comes Palatinus *in Tuscia*. Vide Ughellum tom. 3. Ital. sacr. pag. 818. 821. 824.

Comites Palatii habuere etiam Beneventani in Italia Principes, ut colligitur ex Diplomate Pandolphi et Landulphi Principum quod exstat in Chronico S. Sophiæ Benevent. pag. 661.

Comitem Palatii nescio quem Hamedeum Adalberonis I. Episcopi Metensis Diplomatibus anni 942. subscripsisse inter Comites alios ac proceres, observo apud Meurrissium pag. 307. et 309. qui quidem in Lotharingia hac dignitate donatus fortean fuit ab Ottone Imp. postquam hanc subjugavit, uti narrat Hermannus Contractus ad ann. 939.

Comites Palatii habuere denique Gothici Hispaniæ Reges, quos inter in Ranimiro I. Rege æra 880. recenset Sebastianus Salmaticensis Episcop. vetus Scriptor, *Nepotianum*, *Aldretum*, et *Piniolum*, qui subinde in ipsum Regem insurgentes Regiam dignitatem usurpare annixi sunt : unde magnam ejusmodi Comitum in Hispania auctoritatem fuisse, licet conjicere.

Comites Palatii Lateranensis, qui olim fuerint, quæve eorum dignitas et prærogativa, docemur ex Formula concessionis istius dignitatis Castrucio Duci Lucano ab Imp. Ludovico IV. factæ ann. 1328. quam descripsit Goldastus tom. 1. Constit. Imp. pag. 329. qua ex assensu procerum eidem Castrucio, et successoribus masculis Comitatum sacri Palatii Lateranensis, quem ad fiscum et sacrum Romanum Imperium justis et legitimis causis devolutum et applicatum pronuntiat, concedit, cum omnibus honoribus et privilegiis eidem dignitati adnexis. Quorum quidem privilegiorum prærogativam hisce verbis exequitur : *Declarantes et nunc per hoc nostræ Serenitatis indultum tibi et prædictis successoribus tuis ex prædicta Comitatus dignitate competere jus assistendi perpetuo benedictioni, sacræ unctioni, et coronationi successorum nostrorum Principum Romanorum, et omnibus, et singulis ipsius coronationis solemnitatibus : et præcipue sociandi et deducendi ipsos Romanos Principes tempore coronationis faciendæ de eis, ad sacram unctionem de ipsis faciendam, et eosdem Romanos Imperatores successores nostros tenendi et juvandi in ipsa sacra unctione et actu ipsius, et eadem unctione perfecta, eos reducendi et sociandi ad altare et thalamum, prout et quoties Principes expediunt redire. Item jus levandi et tenendi imperiale diadema, de nostro et successorum nostrorum Romanorum Principum capite, tempore quo Imperialis coronationis solennia celebrantur, et etiam quocumque alio tempore, quoties publice ipsum diadema expedierit elevare de capite nostro*, et *successorum nostrorum Romanorum Principum reponi*. Aliæ istius dignitatis prærogativæ et jura pluribus recensentur in Charta MS. Caroli IV. Imp. pro Amizino de Bozullis, legum doctore et Milite, et Joanne de Bozullis, Cataneis, Papiensibus civibus, quam ex veteri Regesto Cameræ Comput. Paris. eruimus : *De certa nostra scientia et Imperialis plenitudine potestatis sacri Lateranensis Palatii Comites facimus, erigimus, nobilitamus, attollimus, et gratiosius insignimus, decernentes et hoc Imperiali statuentes edicto, quod vos et liberi ac descendentes vestri præfati ac vestrum quilibet ex nunc in antea omnibus privilegiis, juribus, immunitatibus, honoribus, consuetudinibus et libertatibus frui debeatis et gaudere, quibus cæteri Lateranensis Palatii, seu cujusque gradus hactenus Comites fruiti sunt, seu quomodolibet poterunt. Quodque vos et liberi descendentes vestri et vestrum quilibet possitis et valeatis per totum Romanum Imperium facere et creare Notarios publicos, seu Tabelliones et Judices ordinarios... de prædictis per pennam et calamarium investire.... Concedimus et auctoritate præsentium plenam damus et omnimodam potestatem et omnes et singulos et singulas spurios et spurias, bastardos et bastardas, manzeres et nothos et nothas.... seu defectum natalium patientes, illustrium Principum, spectabilium Comitum et nobilium Baronum natis duntaxat exceptis, auctoritate vestra... legitimare valeatis, ... ad honorem et actus legitimos, atque jura ac successiones paternarum hæreditatum et aliorum bonorum, sine præjudicio tamen legitimorum filiorum, ita tamen ut ipsi sicut alii legitimi æqualem hujusmodi hæreditatum obtineant et bonorum portionem, etc. ann.* 1370. *Comites Lateranenses* memorat Leo Ost. lib. 2. cap. 101. At unde Palatio Romano Laterani nomen inditum, pluribus observat Baronius ann. 312. n. 83. 48. Vide Falconem Benevent. pag. 303.

* Comes Palatinus, Qui placitis, quæ in palatio agebantur, judex intererat. Acta S. Rosæ tom. 2. Sept. pag. 442. col. 1 : *Dominus Christophorus de Malvicinis legum doctor et Comes Palatinus, sindici et procuratores, etc.*

Habuisse summos Pontifices suos Comites Palatinos videtur erui ex Bulla Johannis XIX. PP. quam descripsit Ughellus tom. 1. pag. 115. cujus frater *Albericus Comes Palatii* interest Judicato quod ipsemet Pontifex protulit in Ecclesia S. Silvestri infra Palatium Lateranense.

Comes Palatii. Glossæ MSS. : *Nomenculator, Comes Palatii*. Vide *Nomenculator*.

Comitis Palatini et Palatii titulus tribuitur Ebroino Majori-domus, in Vita S. Drausii Episcopi Suession. num. 14. et apud Philippum *Mouskes*, loco laudato in Dissert. 14. ad Joinvillam. Vide *Major domus*.

Comites Palatinos, Franciæ Pares Episcopos Noviomensem, et Belvacensem, Matthæus Paris ann. 1257. pag. 634. vocat, uti supra observatum.

Conspalatius, Comes Palatii, in Charta Heriberti Comitis Viromanduorum et Tricassium apud Camusatum pag. 85. Fulco, qui Palatii Comitem Carolo Calvo imperante egerat, ut auctor est Flodoardus lib. 3. Hist. Rem. cap. 26. dicitur fuisse *ejusdem Imperatoris Conspalatius*. Notitia anni 896. quæ exstat in Tabulario Arremarensi apud Duchesnium in Probat. Hist. Vergiac. subscribitur ab *Elduino Comite et Conspalatio*. Apud Petrum Diacon. lib. 4. Chron. Casin. cap. 18. fit mentio *Bertæ filiæ Compalatii Ticinensis*, ubi malim *Conspalatii* : est autem, ni fallor, *Comes iste Palatii Ticinensis*, Comes Lomelli, de quo pluribus egimus ad Joinvillam. Scriptor MS. *de la Mappemonde* cap. 14 :

Si manda son fil Loeys,
Et les Barons de lor pays,
Evesques, Dus, et Quens Palais.

Le Roman *de Garin* :

Et dit li mès, Merveilles ai oi,
Quant Cuens Palés Roy de France atist
De tornoier, et il li faut einsi.

Alius Poëta MS. :

Gadifer l'engendra li Gentil Cuens Palais.

Theobaldus Navarræ Rex in Tabul. Campaniæ Thuano, *de Champagne et de Brie Cuens Palais* inscribitur.

Comes Parochialis, apud Hungaros dicitur proprius regionis cujusque Præfectus, qui a Rege cum consilio Prælatorum et Baronum ex illis de eodem Comitatu eligitur. Illius Vicarius est *Vicecomes*, qui eligitur a Comite ex potioribus Nobilibus, et *Judex Nobilium* dicitur : qui ambo judicare et promulgare sedes seu assisias in suo Comitatu possunt. Vide Decretum Andreæ Regis ann. 1222. §. 6.

* Comes Parrochianus, Idem qui *Parochialis*, Proprius apud Hungaros regionis cujusque præfectus. Charta Andreæ reg. Hungar. ann. 1231. apud Cencium inter Cens. eccl. Rom. : *Comites Parrochiani prædia servientum et villas ecclesiarum non discutiant, nisi in causa monetæ et decima-*

rum. Curiales Comites, parrochiani nullum penitus discutiant, nisi populos castri sui.

* Comes Patriæ, Idem qui *Provincialis*, qui et *Landgravius.* Chartam ann. 1139. apud Leuckfeld. in Antiquit. Walckenr. part. 1. cap. 13. subscribunt *Thiedericus Comes patriæ de Alsatia. Ludovicus Comes patriæ de Thuringia.*

Comites Patrimonii, quod *privatum* Imperatorum dicitur in leg. 8. Cod. Th. de Jure fisci. (10, 1.) In Codice Justin. est titulus de *Comite sacri Patrimonii.* (1, 34.) Habuerunt etiam Gothi *Comites Patrimonii*, seu *Patrimoniorum*, qui patrimonium Regis et mensam procurabant. Epitaphium Senarii, qui hoc munere functus est sub Theoderico Rege, apud Pithœum lib. 4. Poëm. veterum :

Aulica quippe Comes rexi Patrimonia Clarus.

Hujus dignitatis apud Gothos non semel mentio est apud Senatorem lib. 1. Epist. 16. lib. 5. Epist. 7. 18. 19. 20. et lib. 6. Epist. 9. ubi formulam *Comitivæ Patrimonii* exhibet; in Concilio Cæsaraug. II. æræ 630. Toletano IX. XIII. et XVI. apud Ennodium lib. 4. Ep. 7. in Lege Wisigoth. lib. 12. tit. 1. §. 2. et in Charta Cindasuinthi Regis æræ 684. apud Anton. *de Yepez* in Chr. Ord. S. Bened. tom. 2.

Comes per utramque Germaniam, apud Ammianum lib. 27.

Comes Perpetuus, apud Hungaros dicitur, cum dignitate natus, qui solius Regis judicio nititur. Sambucus.

Comes Pilosus, apud Alemannos, idem qui *Silvester,* de quo infra. Gloss. Græc. Lat.: Δασύς, *Hirsutus, pilosus.* Willel. Brito lib. 10. Philipp. ubi de prælio Bovinensi, vers. 407 :

Et Comitem, quem Theutonici dixere Pilosum.

Chronicon Flandriæ cap. 15. de eodem Comite : *Et un Comte d'Alemaigne qu'on appelloit le Comte Pelu.* Quo loco Sauvagius contra MSS. fidem restituit ex Meiero, *Le Comte Palatin du Rhin,* ut et cap. 21. ubi inter Electores seculares Imperatorum primus post Ecclesiasticos *Le Pelu du Rhin* recensetur, quem Comitem Palatinum Rheni esse constat. Gaspar Barthius ad hunc locum Will. Britonis : *Raugraffen, non Rauchgraffen intelligimus, asperarum regionum Dominum, non ipsum hirsutum, aut pilis obsitum.*

Comes Portus Romæ, Qui navibus onerariis, seu victum et annonam in Urbem ex mari per Tiberis alveos invehentibus præfectus erat, ne quid iis et mercatoribus detrimenti accideret. Exstat apud Senatorem lib. 7. Epist. 9. formula istius dignitatis, quæ erat sub dispositione Præfecti Urbis, ut est in Notit. Imp. cap. 4. et 9. Vide eumdem Senator. lib. 2. Epist. 12.

Comes Præsenti, Κόμης πραισέντου, apud Theophanem pag. 141. Qui militibus in *Præsenti* præerat. Vide *Præsens.*

Comes Provinciæ, Idemque *Rector Provinciæ,* Qui provinciæ, Comitiva primi ordinis decoratus, præest. Hujus dignitatis formula exstat apud Senatorem lib. 7. Epist. 1. ex qua colligitur dignitatem fuisse etiam militarem : *Tua tamen dignitas a terroribus ornatur, quæ gladio bellico rebus etiam pacatis accingitur;* præterea jus habuisse vitæ et necis, functumque officio Judicis. Habetur titulus in Cod. Theod. et Justin. de *Comitibus qui Provincias regunt. Provinciarum Comites,* in Lege Wisigoth. lib. 8. tit. 1. §. 9. Plures ejusmodi provinciarum Comites recenset Notitia Imperii lib. 2. cap. 70. et seq. Comitem Africæ, Tingitanæ, Britanniæ, Italiæ, Argentoratensem, Hispaniarum, etc. quos *Comitiva rei militaris* etiam functos constat. Joannes Sarisber. Epist. 263. de Comitibus : *Et quidem qui hoc officii gerunt in Palatio juris auctoritate, Palatini sunt; qui in provinciis, Provinciales.*

Comes Provincialis, Qui et *Landgraffen* Germanis, *Landgravius,* Judex seu Comes territorii mediterranei, ad discrimen Marchionum. *Dominus Provincialis*, in Speculo Saxon. lib. 1. art. 58. §. 2. Præsertim vero et per excellentiam ita nuncupatur apud Scriptores Landgravius Thuringiæ. Arnoldus Lubec. lib. 2. cap. 35 : *Cui occurrit Ludovicus Comes Provincialis, etc.* Ita et lib. 3. cap. 9. In Privilegiis Ecclesiæ Hamburg. Diplomata Friderici Imp. subscribit idem *Ludovicus* Provincialis *Comes,* non semel, pag. 182. 184. 185. Quin et ipsi Hessi, *Provinciales* dicuntur in Libro Miracul. S. Ludgeri Episc. Mimigard. n. 3. apud Bollandum : *Provinciales, qui Hassi dicuntur.* Anonymus in Fragm. Hist. post Albertum Argentin. ann. 1238. : *Henricus Comes provincialis Alsatiæ, etc.* qui *Landgravius Alsatiæ. Landgravius de Wincenbourg,* apud Albertum Stadensem ann. 1112. *Landgravius de Kirchberg*, apud continuatorem Lamberti Schaffnab. ann. 1304. etc. *Ludovicus Comes provincialis de Isenac*, apud Joan. Mauritium Gudenum lib. 1. Hist. Erfurtensis n. 10.

Memorantur autem in Germania varii Landgravii qui Principum titulo gaudent : *Alsatiæ, Thuringiæ, Hassiæ, Leuchtenbergiæ, et Franciæ :* alii qui non sunt Principes, sed in Comitum dignitate : scilicet *Barensis, in der Baar, Brisgoviæ; Burgendiæ seu Burgundiæ Helveticæ, in Burgendem; Kletgoviæ seu Kleckoviæ; Nellenburgi; Sisgoviæ; Stefrungensis; Suntgoviæ; Susenbergæ, Tullingiæ vel Stuelingiæ; Turgoviæ; et Walgoviæ.* Vide Metropolim Salisburgensem tom 2. pag. 533. supra *Comes patriæ* et mox *Comes regionarius.*

Comes et Rationalis Summarum Ægypti, sub dispositione Comitis sacrarum largitionum, in Notitia Imperii lib. 1. cap. 73. Vide *Summa.*

Comes Regalis. Odo Fossatensis in Vita Burchardi Corboliensis Comitis : *Dedit Hugo Rex sibi fideli Militi castrum Milidunum,... Comitatumque Parisiacæ urbis, taliterque Comes regalis efficitur,* id est, Comes clientelæ jure Regi obnoxius.

** Comes regionarius. Idem qui *Provincialis.* Charta in Alsat. Diplom. vol. 1. pag. 231 : *Anno incarnations dominicæ* 1145. *indict.* 7. *Innocentio II. papa, Cuonrado II. regnante, Hugone comite de Tagesburch, Theoderico Comite Regionario.* '

Comes Rei Castrensis, apud Ammianum lib. 30 : *Post dignitatem Protectoris atque Tribuni, Comes præfuit Rei Castrensi per Africam : unde furtorum suspicione contactus, digressusque, multo postea pari potestate Britannicum rexit exercitum.*

Comites Rei Militaris, Qui *ad provincias defendendas milite credito destinabantur,* ut est in leg. 3. Cod. Theod. de Comitib. rei milit. (6, 14.) *Comes Militaris*, in Notit. Imperii lib. 1. cap. 141. Vide Jacobum Gotofred. ad C. Th. d. tit.

Comes Rerum Nitentium. Magno de Notis cap. 9 : C. R. N. *Comes Rerum Nitentium.* Vide *Tribunus Rerum Nitentium.*

Comes Riparum et Alvei, sub dispositione Præfecti urbis Romæ, in Notitia Imperii lib. 2. cap. 4. cui cura incumbebat aquarum et alvei Tiberis, et ut illius navigatio non impediretur. Is primum dictus *Curator Alvei et Riparum Tiberis et cloacarum urbis*, ut est in veteri Inscriptione : quam dignitatem Augustum adinvenisse auctor est Suetonius cap. 43.

Comes Rerum Privatarum, Qui præerat ærario, quod *privatis* Principis usibus erat dicatum, cum aliud esset ærarium, quod Largitionum appellatione donabant, quod nempe publicis necessitatibus addictum erat, cui qui præerat, *Comes sacrarum largitionum* dictus est. Istius dignitatis formulam habet Senator, lib. 6. Epist. 8. Varie autem indigitatur, nam etiam interdum

Comes Rei Privatæ nuncupatur, ut apud Magnonem de Notis, Ammianum lib. 22. et in leg. 27. Cod. Th. de Petitionib. (10, 10.) Vetus Inscriptio :

Privatæ Comes atque rei provectus in altum,
Sacrarum meruit sumere jura Comes.

Comes Privatarum, absolute in leg. 120. eod. Cod. de Decurion. (12, 1.) apud Senatorem loco laudato, et Gregorium Magnum lib. 11. Epist. 26. ubi perperam *Comes Privatorum* editum est. *Comes Privatarum largitionum*, in leg. ult. eodem Cod. de Incorpor. (10, 9.) et in Notitia Imp. lib. 2. cap. 4. Paulinus in Eucharist. :

. . . . Privatæ Comitivam largitionis
Dans mihi.

De hac dignitate passim Codex Th. Notitia Imperii, et Scriptores, præter neotericos, Cujacium, Pancirolum, Jacobum Gotofredum, Henricum Valesium, etc.

Comes Sacrarum Remunerationum, in veteri Inscriptione, 449. 7. Petronius Maximus *Sacrarum Remunerationum per triennium Comes* fuisse dicitur, id est, sacrarum largitionum : ita enim appellatur in leg. 20. Cod. Theod. de Palat. (6, 30.) et leg. 2. de Commeatu. (7, 12.) Vide Senatorum lib. 5. Epist. 27. Idem nude *Comes Sacrarum* dicitur in Gestis Constantini Mag. unde emendandus videtur Ordericus Vitalis lib. 2. pag. 437 : *Publius Torqueanus Sacrorum Comes multitudini Christianorum invidit* : legendum enim *sacrarum* : tametsi nescio an sub Trajano id nominis steterit.

Comites Sagittarii Armeni, Una e 6. Vexillationibus Palatinis, quæ erant sub dispositione V. I. Magistri militum Præsentalis, in Notitia Imperii lib. 1. cap. 40. *Comitum Sagittariorum* meminit Marcellinus lib. 18.

Comites Sagittarii Minores, Una e 5. Vexillationibus Palatinis, quæ erant sub dispositione V. I. Magistri Militum Præsentalis, in Notit. Imp. lib. 1. cap. 31.

Comes Scanciarum, quo titulo subscribunt nonnulli Proceres in Concilio Toletano VIII. et XIII. inter *viros illustres officii Palatini* et in Charta Cindasuinthi Regis apud Anton. *de Yepez* in Chronico Ord. S. Benedicti tom. 2. Eosdem esse par est credere cum iis, quos alii *Scanciones* appellarunt, nostri *Eschançons*, qui a poculis Regum sunt : hodie enim vulgari Hispanorum lingua *Escanciar*, est poculum porrigere.

Comes Scholarum, Qui *Scholis Palatinis*, puta Scholis Scutariorum, Gentilium, etc. de quibus Notitia Imperii, præerant. De his Comitibus est titulus in Cod. Theod. (6, 13.) et Justin. (12, 11.) de *Comitibus et Tribunis Scholarum*, ubi multa suo more congessit Jacobus Gotofredus. *Licinius Comes Scholæ*, in Suggestione Germani Episcopi tom. 1. Epist. Rom. Pont. in Hormisda. Κόμητες σχολῶν apud Theophanem pag. 118.

Comites Seniores, Una ex 6. Vexillationibus Palatinis sub dispositione Magistri militum in Præsenti. Notitia Imp. lib. 1. cap. 40 lib. 2. cap. 27.

Comes Siliquaticorum, apud Senatorem lib. 2. Epist. 12. Qui ponderibus et mensuris præerat, et ne in iis fraus admitteretur, invigilabat. Vide *Siliquaticum*.

Comes Silvester, in Chronico Augustensi ann. 1251. qui vulgo *le Comte Sauvage du Rhin*. Chartam Emichonis Comitis Seynensis ann. 1273. subscribit *Emicho Comes Silvester*, apud Freherum in Orig. Palat. part. 2. pag. 28. apud Serrarium in Rebus Moguntinis pag. 850. *Hugo Comes Silvestris et Rheni*, ann. 1311. [*Comes Silvester de Duna*, in Vita Balduini Lutzenburg. Arch. Trevir. lib. 3. cap. 8.] *Comes Transsilvestris*, apud Albertum Argentin. pag. 112. Vide *Comes Hirsutus*, *Comes Pilosus*.

Comes Solenniorum, apud Ammianum lib. 15. pag. 35. ubi vir doctus *Somnorum* restituit.

Comes Spartharioru m, Dignitas Palatina in Aula Regum Gothicorum Hispaniæ, cujus mentio in subscriptionibus Concilii Toletani VIII. in Charta Cindasuinthi Regis æræ 684. apud Anton. *de Yepez* in Chron. Ord. S. Benedicti tom. 2. et apud Rodericum Toletanum lib. 3. de Reb. Hispan. cap. 19. *Comes Spartharius*, in Concilio Tolet. XIII. qui scilicet militibus circa Principem excubantibus præerat. Vide *Spartharius*.

Comes Stabuli, Comestabilis, Conestabilis, etc. Qui Regii stabuli, et equorum Principis curam gerebat; *Tribunus stabuli*. in lege un. Cod. Th. de Comitib. et Trib. (6, 13.) et apud Ammianum lib. 14. 28. 30. *Tribunus Cæsaris Stabuli* lib. 20. *Comes Stabuli*, in leg. 3. Cod. Theod. de Equor. conlat. (11, 17.) et leg. 29. de Annona et tribut. (11, 1.) Procop. lib. 1. Gothicorum cap. 7: Κωνσταντιανὸν μὲν, ὅς τῶν βασιλικῶν ἱπποκόμων ἦρχεν, ἐς Ἰλλυριοὺς ἔπεμψε. In veteri Inscript. Stilicho *Comes Domesticorum et Stabuli sacri* dicitur. Vita S. Licinii Episc. Andegavens. n. 7 : *Comitem sui stabuli, et omnium equorum, eorumque custodem constituit*. Aimoinus lib. 3. Hist. Franc. cap. 71 : *Regalium Præpositus equorum, quem vulgo Comistabilem vocant*. Dignitatem ipsam *Comitatum stabularum* appellat Gregor. Turonens. lib. 5. Hist. cap. 48. Regino ann. 807 : *Burchardum Comitem Stabuli sui, quem corrupte Constabulum appellamus*. Vide eumdem Gregorium Turon. lib. 5. cap. 40. lib. 9. cap. 38. lib. 10. cap. 6. Gesta Regum Francorum cap. 26. et Hincmarum de Ordine Palatii cap. 22. [Κόμης τοῦ στάβλου apud Anonymum Combefisianum in Porphyrogenito num. 1. 16.]

Habuerunt Gothorum in Hispania Reges suos *Stabuli Comites*, ut liquet ex Concilio Tolet. XIII. in quo subscribit *Guisclamandus Comes Stabuli*.

Petrus Pantinus observat apud Castellæ Reges Comitum Stabuli dignitatem esse perinsiginem, sine administratione tamen, ac titulo tenus. Vide Blancam in Comment. Rerum Aragan. pag. 785.

At quæ primum in Equorum cura versabatur dignitas, militaris postmodum facta est : ita ut *Comites Stabuli* copiarum Duces præcipui fuerint. Marbodus in Vita S. Licinii Episcopi Andegavensis num. 5 : *Factum est ut a Rege flagitantibus cunctis Tribunus militum crearetur, qui nunc more nostro Comes Stabuli nuncupatur*. Bene ille, *more nostro*; nam longe secus dignitatis istius munus describitur, qua donatum S. Licinium aiunt, in vetustiori Vita ejusdem Sancti : locum supra descripsimus. Certe Comitibus Stabuli apud nostros copiarum et exercituum ducatum commissum interdum fuisse docent Fredegarius cap. 2. Poeta Saxonicus ann. 782. et Annales Francor. ann. 807. Leges Edwardi Confess. seu Additamenta ad easdem cap. 35. de Heretochiis Anglicis : *Latine vero dicebantur ductores exercitus, apud Gallos Capitulares Constabularii vel Marescalli exercitus*. *Conestabilem* Boemundi Principis Antiocheni copiarum non modo ducem, sed et signiferum facit Petrus Tudebodus lib. 3. Hist. Hierosol. statim initio. In Monastico Anglicano tom. 1. refertur Hugonem Comitem Cestriæ, Nigellum quemdam fecisse *Marescallum et Constabularium suum, ita ut quandocumque dictus Hugo Comes exercitum moveret versus Walliam, dictus Nigellus et hæredes sui in eundo præcederent, et in redeundo cum exercitu, ultimi remanerent*. Matthæus Westmonast. ann. 1254 : *Coram Comite Herefordiensi, qui secundum antiquum jus, Constabularius esse dignoscitur regii exercitus*.

Ex quibus Scriptoribus colligitur non omnino verum, sub Philippo Augusto demum datum Comitibus Stabuli copiarum ducatum, post extinctam *Senescallorum* dignitatem, quod post Stephanum Paschasium vult Duchesnius lib. 3. Hist. Monmorenciacæ cap. 1. pag. 112. tametsi non diffitear Senescallos non modo apud Reges nostros, sed etiam apud alios, exercitus duxisse, ac vexilla prætulisse.

Jura vero, privilegia, ac prærogativæ istius dignitatis habentur in veteri Rotulo Cameræ Computor. Paris. quæ hoc loco inserere haud absurdum forte fuerit, etsi Chartæ istius meminerit Tillius : *Le Connestable de France a tel droit pour le fait des Guerres. Premierement, le Connestable est par dessus tous autres, qui sont en l'Ost, excepté la personne le Roy, se il y est, soient Dux, Barons, Comtes, Chevaliers, Escuyers, sodoiers tant de cheval, comme de pié, de quelque estat qu'ils soient et doivent obeir à luy. 2. Item, les Mareschaux de l'Ost sont dessous luy, et ont leur office distincte de recevoir les Gens d'armes, Dux, Comtes, Barons, Chevaliers, Escuyers, et leurs compagnons; et ne pueent, ne ne doivent chevaucher, ne ordonner bataille, se n'est par le Connestable, ne faire bans, ne proclamations en l'Ost sans l'assentement du Roy ou du Connestable. 3. Item le Connestable doit ordonner toutes les batailles, les chevauchées, et toutes les establies. 4. Item, toutesfois que l'Ost se remue de place en autre, le Connestable prent et livre toutes les places de son droit au Roy, et aux autres de l'Ost, selon leur estat. 5. Item le Connestable doit aller en l'Ost devant les batailles, tantost aprez le Maistre des Arbalestriers, et doivent estre les Mareschaux en sa bataille. 6. Item le Roy s'il est en l'Ost ne doit chevaucher, ne les autres batailles ne doivent chevaucher, fors par l'ordonnance et le conseil du Connestable. 7. Item, le Connestable a la cure de envoier messages et espies pour le fait de l'Ost, par tout où il voit qu'il appartient à faire, et descouvreurs, et autres chevauchies, quant il voit que mestier en est. 8. Item le Connestable a de tous ceux qui sont retenus à gages le Roy une journée pour son droit, dés que ils sont retenus et désque ils prennent le premier paiement, puet le Connestable recevoir son droit se il li plaist. 9. Item, de ceux qui ne prennent gages du Roy, mes ont aucun certain salaire, ou restitution d'argent, ou d'autre chose, puisque l'en chevauche à Banniere desploiée, le Connestable doit avoir son droit pour le service dessus dit, sur ceuls qui prennent gaiges, despens, salaires, ou restitution, si comme dessus est dit. 10. Item, le Connestable prant devers les Tresoriers de la guerre ses droitures de tous ceuls qui comptent pardevers luy. C'est assavoir une journée autant comme il comptent par jour, quelle somme que ce soit. 11. Item, le Connestable prant une journée de sodoiers de cheval et de pié qui sont devers la retenue du Mestre et du Clerc des Arbalestriers, et le Mestre et le Clerc des Arbalestriers en prennent un autre. Et ainsi il est accoustumé des toujours du temps passé. Ista jura Constabularii Franciæ fuerunt extracta de quodam Registro antiquo Cameræ Computorum D. Regis cooperto corio viridi, in quo sunt* III^{c} *XXXVI. folia, virtute Litterarum Regis de mandato in dicto Registro sutarum fol. IX. XX. III. et de præcepto Dominorum die XXVIII. Nov. CCC.* IIII^{XX}. *michi facto. Signat Radulphi.*

Præallatis hæc etiam lubet addere ex MSS. Peirescianis descripta : *Philippe par la Grace de D. Roy de France, Sçavoir faisons à tous presens et à venir. Que sur ce que notre tres-cher et feal Cousin Raoul Comte de Eu, Connestable de France, disoit et maintenoit que ceux de nostre lignage, et les Princes et Prelats, et Barons dehors de notre Royaume, et toutes manieres de gens de cheval et de pié de quelque condition qu'ils soient, qui prengnent gages ou argent sur Nous, luy doibvent telles droitures, comme ses predecesseurs oudit Office ont accoustumé à prendre sur les souldoiers qui prengnent gages, ou argent sur Nous, et que de ce nul ne prenghe gage ou argent sur Nous, ne s'en puet, ou doit exempter : aucun de nostre lignage et autres maintenant le contraire, Nous voulons sur ce savoir la vérité, nous en somme informez par ceux qui miex en pevent et doibvent savoir la vérité. Et aucuns trouvent que nostredit Cousin et ses predecesseurs oudit Office, doivent prendre et avoir droiture de toute maniere de gens d'armes et de pié qui prenoient gages sur Nous, ou sommes d'argent, pour nous servir à certain nombre de gens d'armes, soient avec ceux de nostre lignage, ou autre de nostre Royaume, et de hors, de quelconque estat et condition qu'ils soient, qui servent és host de Nous, ou de nos gens pour Nous, exceptez toutevoies les personnes de nostre lignage, ceux de leurs hostieux, lesquiex il maintiennent de cous et de frais, et qui ne prennent nus gages, ou sommes d'argent, comme dist est, et tous ceux qui nous servent au leur, sans prendre gage sur Nous, ou somme d'argent en la maniere dessusdite, et exceptez les soudoiers de la Mer, esquiex nostredit Cousin n'a nul droit. Et ce declarons nous par ces Presentes au proffit de nostredit Cousin et de ses Successeurs, et voulons qu'il puisse demander, prendre, lever, et avoir doresnavant leursdites droitures à la maniere dessus dite sans nul empeschement, lequel empeschement Nous pour le temps à venir mettons du tout à neant, sauf toutefois nostre droit en autres choses, et en toutes l'autruy. Et donnons en mandement par ces mesmes Lettres à tous ceux à qui il puet, et pourra appartenir, que des droitures devant dites à toujours mais laissent jouir paisiblement nostredit Cousin et ses successeurs oudit Office, et les baillent et delivrent à nostredit Cousin et à ses successeurs Connestables de France sans nulle difficulté, et sans autre mandement attendre de Nous, ou de nos successeurs Roys de France. Et pour ce que les choses dessusdites soient fermes et stables à toujours, nous avons fait mettre nostre seel à ces presentes Lettres. Donné à sainte Levine, l'an de grace* 1340. *ou mois de Feburier.*

☞ Plura his videre potes apud R. Patrem Anselmum in Historia Genealogica Comitum Stabuli Franciæ; ex qua placet hic contexere seriem horumce illust. Officiariorum, qui floruerunt imperantibus tertiæ stirpis Regibus.

Albericus ann. 1060.

Baldricus ann. 1067.

Adelelmus ann. 1071. et 1072.

* Henricus *Regis Constabularius*, in Ch. ann. 1075. inter Instr. tom. 8. Gall. Christ. col. 414.

* Adam *Constabularius*, in Ch. ann. 1078. in Chartul. S. Maglorii ch. 8.

Adamus ann. 1079.

Theobaldus Monmorenciacus ann. 1083. 1084. et 1086.

* Guascio de Pisciaco, in Ch. ann. 1085. ex Reg. 125. Chartoph. reg. ch. 64. *Gascio de Pissiaco*, in Ch. ann. 1106. ex Chartul. Maurign. *Wasto de Pissiaco*, in Ch. ann. 1107. inter Instr. tom. 7. Gall. Christ. col. 44.

Gascius vel Gasto de Calvo-monte ann. 1107.

Hugo de Calvo-monte ann. 1111. ad ann. 1139.

Matthæus Monmorenciacus ab ann. 1139. ad ann. 1169

* Radulfus *Constabularius*, ex Chart. ann. 1153. 1164. 1167. et 1168. in Chartul. S. Joan. Laudun. Colomb. et S. Maglor. Hinc cum in Chartis ann. 1160. et 1162. annotatur *Constabulario nullo*, rursum confirmatur quod supra ubi de Buticulariis observavimus, hac scilicet formula nihil præter Comitis stabuli absentiam significari.

Simon Nealphæ Castelli Dominus renuntiatur Stabuli Comes in suo Epitaphio, quod legitur in Ecclesia Vallium Sernaii, sed nullam novimus chartam ab eo subscriptam. Florebat ann. 1150.

Radulfus Comes Claromontensis in agro Bellovacensi obiit ann. 1191.

* Droco de Merloto, vel *de Melloto Constabularius Franciæ*, in Ch. ann. 1201. ex Chartul. Pontiniac. lib. 5. ch. 25. ann. 1207. ex Tabul. episc. Paris. ann. 1212. ex Tabul. Carnot.

Drogo de Mello ad ann. 1218.

Matthæus Monmorenciacus, secundus nomine et cognomento *Magnus*, vita functus est ann. 1230.

Amalricus Montis-fortis Comes Babylone, quo captivus abductus fuerat, rediens morte præventus est ann. 1241.

Humbertus Bellijoci Dominus, occidit ante ann. 1251.

* Gilo de Trasegnies, *dictus le Brun*, *Constabularius Franciæ*, in Ch. ann. 1254. ex Chartul. Boniportus, et ann. 1260. et 1263. ex Tabul. S. Germ. Prat. qui ante ann. 1272. aut vita aut officio functus est.

Ægidius cognomento Fuscus, (*Le Brun*) vixit saltem ad ann. 1272.

* Humbertus vel *Imbertus de Bellojoco Constabularius* subscribit Chartam S. Ludov. ann. 1270. mens. April. in parvo Reg. S. Germ. Prat. et Phil. III. ann. 1271. ex Reg. 30. Chartoph. reg. ch. 440. Dehinc vero in Lit. ann. 1277. ex Reg. M. ejusd. Chartoph. ch. 4. et ann. 1281. ex Chartul. S. Steph. Autiss.

Humbertus de Bellojoco mortem oppetiit ann. 1285.

* Dominus Nigellæ *Constabularius Franciæ*, inter offic. hospit. reg. ann. 1287. et 1288. apud Ludewig. tom. 12. Reliq. Mss. pag. 14. et 18.

Radulfus II. Comes Claromontensis necatus est in prælio Corteriaco ann. 1302.

Galcherius Castellionis ad Matronam Dominus de vita migravit ann. 1329.

* *Constabularius Franciæ*, in Ch. ann. 1308. ex Inventar. Chart. ann. 1482. fol. 257. et in alia ann. 1326. ex Chartul. Calensi fol. 397.

Radulfus Briennensis Augæ Comes interiit ann. 1344.

* *Constabularius*, ex Reg. sign. *Noster* Cam. Comput. Paris. fol. 178. r°. ad ann. 1334. Obiit ann. 1344. 19. Januarii.

Radulfus alter Briennensis et Augæ Comes perfidiæ insimulatus capite plexus est ann. 1350.

* *Radulfus de Fulcardi-monte comes Augi* appellatur, in Annal. Victor. Mss. ad ann. 1350.

Carolus de Castella cognomento *Hispanus*, Comes Engolismensis trucidatus est ann. 1354.

* In Lit. 20. Oct. ann. 1353. quæ confirmantur a rege die 25. Jan. ann. 1354. ex Reg. 82. Chartoph. reg. ch. 623.

Jacobus Borbonius Marchiæ Comes Connestabularii dignitatem deposuit ann. 1356. obiitque mortem ann. 1361.

Galtherius Briennensis Comes et Dux Atheniensis creatus eod. ann. interiit in prælio Pictaviensi.

Robertus Fiennensis Dominus, cognomento *Morcan*, Connestabulatu abdicavit post annum 1368.

* Hac dignitate potiebatur die. 22. Dec. ann. 1358. ex Reg. 89. Chartoph. reg. ch. 436. et 5. Jun. ann. 1359. ex Chartul. 23. Corb.

Bertrandus Guesclinus ab ann. 1370. ad annum 1380. quo neci occubuit.

Oliverius Clissoniensis Dominus abdicare coactus est ann. 1392. Vixit ad ann. 1407.

* Memor. D. Cam. Comput. Paris fol. 208. r°. : *Dominus de Cliçon institutus in officio Constabularii Franciæ ad nobilitates, jura, vadia et emolumenta consueta, per litteras regis datas xxviij. die Nov.* 1380. Rursum memoratur in Lit. reg. 25. Sept. ann. 1392. ex Memor. E. ejusd. Cam. fol. 292. r°.

Philippus Artesius Augæ Comes mortuus est ann. 1397.

Ludovicus Sancerrensis naturæ satisfecit ann. 1402.

Carolus Lebreti-vici Dominus atque ab eo vico dictus *Lebretus*, ann. 1415. interemtus in prælio Azencurtiensi.

Valerannus Luxemburgensis factione Ducis Burgundiæ Carolo Albretensi deposito, Connestabulus declaratus est ann. 1411. Supremum diem obiit ann. 1413.

Bernardus VII. Armeniacensis Comes occisus est ann. 1418.

Carolus I. Dux Lotharingiæ ann. 1418. institutus, haud diu sibi concessam dignitatem tenuit, obiitque ann. 1430.

Joannes Stwart ann. 1424. quo interemtus est in prælio Vernoliensi.

Artus de Britannia extremum edidit spiritum ann. 1458.

Ludovicus Luxempurgensis ab ann. 1465. ad 1475. quo capite damnatus est.

Joannes Dux Borbonius ab ann. 1483. ad ann. 1488.

Carolus Dux Borbonius creatus ann. 1515. interfectus est ann. 1527.

Anna Dux Monmorenciacus ab ann. 1538. ad 1567.

Henricus I. Dux Monmorenciacus ab ann. 1597. ad ann. 1614.

Carolus d'Albert ann. 1621.

Franciscus de Bonne ab anno 1622. ad annum 1626. quo febri consumtus est. Anno sequenti Ludovicus XIII. Connestabuli dignitatem abolevit mense Januario.

☞ Addam juramentum a Connestabulis Regi præstitum, quod exhibet idem P. Anselmus loco citato : *Vous jurez Dieu le Createur, par la foy et la loy que vous tenez de lui, et sur votre honneur, Que en l'Office de Connestable de France, duquel le Roy vous a presentement pourveu, et dont vous luy faites hommage pour ce deu, vous servirez iceluy Sieur envers et contre tous, qui peuvent vivre et mourir, sans personne quelconque en excepter, en toutes choses luy obeirez comme à votre Roy et souverain Seigneur, sans avoir intelligence ne particularité à quelque personne que ce soit, au prejudice de luy et de son Royaume : et que s'il y avoit pour le temps present ou à venir, sur communauté ou personne quelconque, soit dedans ou dehors le Royaume de France, qui s'eslevast ou voulsist faire et entreprendre quelque chose contre ou au prejudice d'iceluy sondit Royaume, et des droits de la Couronne de France, vous l'en avertirez et y resisterez de tout votre pouvoir, et vous y employerez comme Connestable de France, sans rien épargner, jusques à la mort inclusivement ; et jurez et promettez de garder et observer le contenu és Chapitres et forme de fidelité vieux et nouveaux.*

Constabularius Castri, seu Tribunus militum, qui castri aut oppidi custodiæ adhibetur. Concilium Turon. ann. 1163. can. 10 : *In villis vero vel urbibus vel castellis, quæ Regis subsunt dominio, in quibus Constabularii ad tempus statuuntur, etc.* Willelmus Brito lib. 3. Philippidos :

> Septuaginta viros equites peditesque trecentos
> Gascolides secum Gilbertus habebat in arce,
> Qui præfectus erat et Constabularius illis.

Hugo de Cleeriis : *Goffridus autem veniens præmisit Constabularios suos, rogans ut ostenderet ei qua parte sederet.* Occurrunt ejusmodi Constabularii apud Richardum de S. Germano ann. 1193. Matth. Westmonast. pag. 369. Rogerum Hovedenum pag. 534. Robertum de Monte ann. 1173. Walsinghamum pag. 118. 226. etc. Vide Ducam cap. 144. Fletam. lib. 1. cap. 15. §. 3. cap. 20. §. 78. lib. 2. cap. 31. ubi eorum officium describitur, etc. et Edwardum Cokum ad Littleton. sect. 379. Apud nostros etiam, vox est frequens. *Connestable de Saint Malo*, apud Froissartem 1. vol. cap. 17. *Connestable de Bourdeaux*, apud Berrium in Hist. Caroli VII. de qua ultima dignitate, ac illius functione habetur Statutum Edw. Regis Angliæ in Regesto Constabulariæ Burdegal. Cameræ Comput. Paris. fol. 78. et 145. *Connestabiles Portarum*, in Statutis Mediolan. part. 2. cap. 163. [*Connestabilis Portæ S. Andreæ Vercellensis*, in Actis S. Amedei, tom. 3. Martii pag. 881.] In Computo Bartholomæi *du Drach* Thesaurarii Guerrarum ann. 1338. passim fit mentio *des Connestables des Communes, des Portes des Villes, des Sergeants, etc.* In Regesto Cameræ Comput. Paris. signato C. D. fol. 231. describitur Statutum Joannis Regis Franc. quo statuitur, ut in posterum, *tous pietons soient mis par Connestablies ou Compagnies de 25. ou 30. hommes, et que chaque Connestable prenne doubles gages, et que les Mareschaux pour les Gensdarmes et les Maistres des Arbalestriers pour les pietons assisteront aux monstres deux fois le mois.* Hinc *Constabularius Turris Londinensis* non semel occurrit apud Scriptores Anglicos, de cujus Jurisdictione videndus Bractonus lib. 5. de Essoniis cap. 13. §. 4. Thom. Walsinghamus pag. 147. etc. Hinc *Constabulatio Castri*, apud Continuatorem Florentii Wigorn. ann. 1126. *Constabularia*, pro Centuria militari, apud Anonymum de Gestis Friderici II. Imp. pag. 797. Ita vocem *Connestablie* pro turma militari, cui præest *Constabularius*, usurpat le Roman *de Garin* MS. :

> Quinze mille furent en la Connestablie,
> A cleres armes, as destriers de Nubie.

Willelmus *Guiart* sub ann. 1304 :

> Cil trouvent les autres mi voie,
> Dont chascune Connestablie
> Leur venoit au pont en aie.

Infra :

> Assemble ses Connestablies.

Rursum :

> O eus une Connestablie
> De soudoyers de Piguardie.

Adde Chron. Flandr. cap. 113. et vide Meursium [et Glossar. mediæ Græcit.] in Κοντοςαβλία.

* Quod *Stabilitis* seu præsidiis militaribus præfectus est, sic dictus. Vide *Stabilita* 2. Lit. Caroli VI. ann. 1418. tom. 10. Ordinat. reg. Franc. pag. 493 : *Quamobrem beatus Ludovicus et alii prædecessores nostri reges Franciæ in dicta civitate* (Carcassonæ) *garnisionem ducentorum et viginti servientium seu stipendiariorum et unius Constabularii seu capitanei....... instituerunt.* Nostris *Connestable*, eadem notione. Lit. remiss. ann. 1380. in Reg. 117. Chartoph. reg. ch. 149 : *Comme Loyset de Fontaines, escuier, Connestable de la ville de Louviers........ feust alez sur les murs de ladite ville pour visiter le guet, pour la seurte et garde d'icelle, etc.* Aliæ ann. 1381. in Reg. 120. ch. 4 : *Philippon Moran, escuier de Bretagne,...... Connestable du fort de Sainte Blancasse au terroir de Brandis, vers le païs d'Ottrance pour le duc d'Andre.* Rursum aliæ ann. 1415. in Reg. 169. ch. 160. : *Le suppliant qui est l'un des Connestables et gardes de la ville d'Espernay, qui peuent et doivent aler armez et acompaignez, mesmement en temps de doubte et de guerres.*

* Connestabuli ejusdem conditionis apud Siculos. Constit. Mss. Caroli reg. Sicil. : *Item Connestabuli Neapolis ac Aversæ non intromittant se, nisi de custodia civitatis nocturna...... Et caveant justitiarii ne extra officium connestabuliæ commitant eis aliquid.*

Constabularii Parochiarum, seu villarum, *Conestables des Paroisses* apud Froissartem 2. vol. cap. 96. in sublevamen *Constabulariorum Hundredi*, ævo, ut dicitur, Edwardi III. introducti sunt, talem in villis potestatem habentes, qualem in Hundredis Constabularii Hundredorum. Sunt vero apud Anglos duo plerumque in quovis Hundredo Constabularii, totidem in quavis Villa seu Parochia : et hi quidem *Inferiores* et *Subconstabularii* appellantur, illi autem *Superiores* et *Capitales.* De ejusmodi Constabulariis egit Thomas Smith. lib. 2. de Republ. Angl. cap. 25. [Fragm. vet. de rebus Ludovici VII. apud Duchesnium tom. 4. pag. 430 : *Hugo de Lasci et Hugo de Bello campo, qui inde Constabularii erant villam Vernolii viriliter et constanti animo defenderent*, contra Ludovicum Reg. Francorum, qui illud oppidum obsidebat tum Anglicæ ditionis.]

Constabulariorum apud Italos quod fuerit munus, ita docet Marsilius Patavinus in Defensore pacis part. 1. cap. 9 : *Unus quidem cum Monarcha statuitur ad aliquod unum opus determinatum circa regimen Communitatis : tamen ut ducatum exercitus, sive cum generis successione, sive pro solius unicæ personæ periodo, quomodo instituebatur dux exercitus Agamemnon a Græcis. Vocatur autem officium hoc in communitatibus modernis Capitaneatus, aut Contestabiliaria. Hic vero exercitus dux de nullo se intromittebat judicio tempore pacis : exercitu tamen militante, dominus erat occidendi aut aliter puniendi transgressores.* [Regimina Paduæ ad ann. 1320 : *Inter quos fuit quidam probus et stenuus vir dominus Simon Philippus Potestas Castri pontis Baxanelli, et etiam Contestabilis et Rector ccc. militum Ultramontanorum et Theotonicorum.* Continuatio Chronici Andr. Danduli, apud Murator. tom. 12. col. 448 : *Interjecto tempore Hungari cum Paduanis Castrum Romani insultant, obsident, pugnant, sed in pugnis deficiunt. Tandem subterraneis insidiis et unius Comestabilis interioris infidelitate....... Castrum obtinent salvis personis et rebus.*]

* Comestablis, Centuria militaris, ejusdemque præfectus, apud Italos. Stat. datiar. Riper. cap. 14. fol. 10. r° : *Quod Comestabiles pedestres communitatis prædictæ, nec alterius officialis, non possint vendere nec vendi facere vinum ad minutum sociis suis.* Et cap. 19. fol. 10. v° : *Dominus capitaneus Riperiæ possit et ei liceat vendi facere vinum cuilibet de sui familia, exceptis Comestabile et barroariis.* Chron. Domin. de Gravina apud Murator. tom. 12. Script. Ital. col. 623 : *Congregatis universis caporalibus et Comestabilis Theotonicis, etc.*

* Contestabilis, Eadem notione. Stat. Mantuæ lib. 1. cap. 6. ex Cod. reg. 4620 : *Habeat potestas..... unum Contestabilem bonum et expertum, et bene armatum, et aliis fulcitum more Contestabilium.* Stat. datiar. Riper. cap. 15. fol. 10. v° : *Quod aliquis castellanus, necnon Contestabilis alicujus fortilitii, etc.*

* Connestabulus, Constabularius, Judex civitatis et pagi circumjacentis, idem qui alibi *Baillivus* aut *Præpositus.* Comput. ex Bibl. reg. qui inscribitur : *Computus dom. Evrardi de Mediis campis militis, Connestabuli Alverniæ, de termino Ascensionis, anno Domini* 1267. Ubi de receptis *balliviæ* rationem exigit. Lit. Alfonsi comit. Pictav. et Tolos. ann. 1270. tom. 5. Ordinat. reg. Franc. pag. 413 : *Teneantur litigare.... coram Conestabulo nostro Arverniæ, præsenti vel qui pro tempore fuerit, sive ejus locumtenente.* Aliæ ann. 1369. ibid. pag. 421 : *Senescallo et Constabulario Carcassonæ, vel eorum locatenentibus, etc.* Lit. ann. 1368. in Reg. 120. Chartoph. reg. ch. 59 : *Haut homme, noble et poisant monsieur de Colesbert, Connestable de Boulenois el terroir d'Ostrewit, etc.*

* Contestabulus, Eodem significatu. Annal. Bonincont. ad ann. 1383. apud Murator. tom. 21. Script. Ital. col. 45 : *Johannes protojudex ex morbo interiit, cujus magistratum Carolus Alberico Cunii comiti concessit, magnusque Contestabulus postea dictus est.*

* Connestabulus Vici, Gall. *Connestable de la rue*, idem qui vulgo *Commissaire.*

Curator disciplinæ civilis politicæ. Lit. remiss. ann. 1364. in Reg. 96. Chartoph. reg. ch. 408 : *Ledit Lotart ala querre deux sergenz et les mena, ensemble le Connestable de la rue où il demeuroit pour le temps,* (à Tournay) *en la maison de ladite Jehanne.*

* Conestabulus, Artificii inspector et præpositus, vulgo *Garde*. Pactum inter archiep. et cives Rem. ann. 1258. in Reg. 30. Chartoph. reg. ch. 547 : *Item dicebat archiepiscopus, quod dicti cives Conestabulos fecerant in quolibet mesterio civitatis Remensis, quod facere non poterant nec debebant.*

Constabularios, seu Κονοσταύλους habuere etiam Byzantini Imperatores inter officia Palatina. Hi præerant Francis ad Palatii custodiam addictis, uti exerte docet Pachymeres lib. 1. cap. 7. et nos pluribus ostendimus in Notis ad Willhard. n. 210. et ad Alexiad. pag. 395. Francos vero a primæva sui origine Imperatorum custodiæ adhibitos, videtur innuere Ammianus lib. 15. : *Malarichus.... adhibitis Francis quorum ea tempestate in Palatio multitudo florebat, exactius jam loquebatur.* Erat autem is *Rector Gentilium*, adeo ut incertum sit an *Gentiles* appellati fuerint *Franci*, ad Palatii custodiam adhibiti.

Conestabulus, Officium Monasticum, de quo ita Bernardus Mon. in Consuetud. Cluniacensibus MSS. cap. 13 : *Est frater cui est commissa obedientia, ut de equis curam habeat et mulis, quem nos vulgariter Conestabulum vocamus; ipse habet agasonem suum, qui capit curam de equis, qui ad ejus observantiam pertinent; ... habet autem in custodia sua totam avenam et hordeum Monasterii.... sellas, calcaria, frena, ferra habet in custodia sua, etc. Stabularium* vocat Uldaricus lib. 3. Consuetud. ejusd. Monast. cap. 23.

* Comes, Societatis vel sacri sodalitii præfectus, nostris etiam *Connestable*. Stat. synod. eccl. Burdegal. ann. 1255. ex Cod. reg. 1590 : *Prohibemus ne confratres alicujus confraternitatis Comitem vel Comites eligant vel creent de cetero in aliqua confratria, absque proprio assensu et voluntate sui capellani.* Consuet. Mss. monast. S. Crucis ejusd. urbis ante ann. 1305 : *Quælibet confratria habet unum Comitem, unum burserium, etc.* Stat. tonsor. ejusd. civit. ann. 1483. in Reg. 207. Chartoph. reg. ch. 305 : *Lesquelz tondeurs s'assembleront en l'église de sainte Coulombe et esliront leur Compte et leur boursier et autres officiers* (de leur confrairie) *pour l'année advenir.* Lit. remiss. ann. 1398. in Reg. 153. ch. 220 : *Le Connestable desdis confreres de l'arbaleste avoit intention de faire traire par esbatement à un pié de buef, qui devoit estre mis en hault à un pel.* Occurrit præterea tom. 7. Ordinat. reg. Franc. pag. 279. art. 2. et 5.

Varie porro *Comitis Stabuli* dignitatis appellationem efferunt Scriptores :

Comes Stabulariorum, apud Ordericum Vital. lib. 3. pag. 501.

Constabulus, habet Regino ann. 807. Robertus de Monte ann. 1173. etc.

¶ Constabulis, in Chartulario Gemeticensi tom. 1. pag. 168.

Constabularius. Ugutio : *Stabularius, Stabuli Custos : unde Constabularius, et Conestabularius, et designat dignitatem officii, vel officium.* Matth. Westmon. pag. 356. et alii.

Conestabilis, Tudebodus lib. 3.

Connestabulus, Fredegarius cap. 30. 42. Gesta Dei per Francos pag. 1179. Falco Benevent. ann. 1113. etc.

¶ Connestabularia, Uxor Comitis stabuli, in Necrologio MS. FF. Minorum Silvanectensium ad annum 1548.

* Nostris *Conestablesse*. Charta ann. 1281. ex Chartul. S. Steph. Autiss. : *Humbert de Beaujeuc chevalier, connestable de France, ... et noble dame Isabelle de Mellot, jadis contesse de Joigny, Conestablesse de France sa femme.*

Comestabilis, Petrus de Vineis lib. 2. Ep. 58.

* Comes-tabularius, Comes stabuli, pro *Connestabularius*, in Chron. Guill. Bardini inter Probat. tom. 4. Hist. Occit. col. 11.

Comistabilis, Aimoinus lib. 3. Hist. Franc. cap. 71.

¶ Comestabulus *Hugonis Regis Cypri*, in Commentariis præviis de S. Alberto tom. 1. SS. April. pag. 774.

¶ Comestabulus *Theutonicorum*, apud Baluz. tom. 6. Miscell. pag. 228. Ibi vide pag. 268.

Constabulatus, Dignitas Comitis Stabulorum, apud Will. de Podio-Laurentii cap. 34. [et in Charta anni 1351. tom. 4. Hist. Harcur. pag. 1469.]

¶ Constabularia, Eadem notione, apud Rymerum tom. 2. pag. 191. et tom. 4. pag. 78. Marten. tom. 1. Anecd. col. 862. et in Hist. Harcur. tom. 4. pag. 1474.

* Constabularia, Tribunal *constabularii*. Reparat. factæ in senescal. Carcass. ann. 1435 : *In domo Constabulariæ civitatis Carcassonæ, etc.*

Comites Taifali, Una e Vexillationibus Palatinis sub dispositione Magistri militum præsentalis, in Notitia Imperii lib. 1. cap. 31. *Taifalorum* septentrionalium populorum meminit Ammianus lib. 17. Vide Pancirolum.

* Comes Terminalis, Provinciæ limitaneæ præfectus, idem qui *Marchio*. Charta Arnolfi reg. Germ. ann. 889. inter Probat. Hist. monast. S. Emmer. Ratisbon. pag. 72 : *Rudperti dilecti terminalis Comitis nostri suggestione, etc.* Vide *Comites marcarum*.

Comites de Tertio Denario appellabantur Comites in Anglia, quod Comitatuum reditus pars tertia ad illos, qui iis donati erant a Principe, pertineret : quod ab ipso Caroli M. ævo obtinuit. Capitulare Pipini Regis Italiæ cap. 18. et Lex Longob. lib. 1. tit. 2. cap. 10. [** Pippin. 30.] : *De compositionibus quæ ad Palatium nostrum pertinent, si Comes ipsam causam commoverit ad requirendum, illam tertiam partem ad eorum recipiant opus, duas vero ad Palatium, etc.* Capitula Ludovici Pii ad Legem Salicam cap. 1 : *Compositionis duæ partes ei contra quem testati sunt, dentur; tertia Comitis est.* Adde Capitula Caroli M. lib. 3. cap. 68. Liber Monasterii de Bello, apud Camdenum, et in Monastico Anglicano tom. 1. pag. 315. : *Consuetudinaliter per totam Angliam mos antiquitus inoleverat, Comites provinciarum tertium denarium sibi obtineri, inde Comites dicti.* Item alius Anonymus : *Comes est qui tertiam portionem eorum quæ de placitis proveniunt in quolibet Comitatu percipit : sed non omnes Comites ista percipiunt; sed hi quibus Rex hæreditario, aut personaliter concessit.* Leges Edwardi Confess. cap. 21 : *De istis octo libris Rex habebat centum solidos, et Consul Comitatus quinquaginta, qui tertium habebat denarium, de forisfacturis.* Joan. Brompton. pag. 1038 : *Præter tertium denarium, unde Hugo Bigoth est Comes.* [Vide *Tertius denarius* in *Denarius*.]

Nec in Anglia duntaxat, sed etiam in Hungaria id obtinuit. Otto Frising. lib. 1. de Gestis Friderici cap. 31. ubi de Hungariæ descriptione : *Hinc est ut cum prædictum regnum per 70. vel amplius divisum sit Comitatus, de omni justitia ad fiscum regium duæ lucri partes cedant, tertia tantum Comiti remaneat.* Decreta Colomani Regis lib. 1 : *De tributis autem et vectigalibus, sicut Comitibus tertiam partem dari decrevimus, ita, etc.* Quæ quidem vectigalium tertia pars, *jus Comitatus* dicitur in Drecretis Andreæ Regis §. 24 : *Comites jure Comitatus sui tantum fruantur : cætera ad Regem pertinentia,... et duas partes castrorum Rex obtineat.* Vide *Advocatorum jura*.

Comes Thesaurorum, in l. 14. et 22. Cod. Th. de Divers. Offic. et Appar. (8, 7.) Qui in provinciis Thesauros Principis servabat. Κόμης θησαυρῶν, apud Palladium in Vita Chrysostomi pag. 27. editionis Emerici Bigoti. *Comes Thesaurorum per Thracias* apud Ammianum lib. 29.

Dignitas etiam fuit in Palatio Regum Gothicorum Hispaniæ, ut ex Concilio Toletano XIII. colligitur.

Comites Vacantes, Qui post munus seu officium aliquod gestum, *Comitivam primi ordinis* consecuti sunt. Ita Jacobus Gotofred. ad leg. un. Cod. Th. de Comitibus vacant. (6. 18.) ubi multa.

Comes Vestiarii, in Notitia Imperii Occidentalis sub Comite sacrarum largitionum refertur, pro quo in Oriente, *Magistri lineæ vestis*, et *Magistri privatæ* ponuntur : illius erat *Scrinium*, quod *Vestiarii sacri* appellatur in eadem Notitia, præeratque susceptioni earum vestium, quæ largitionibus Principis inferebantur.

Comes Sacræ Vestis, inter *Illustres* recensetur in leg. un. Cod. Theod. Qui a præbit. Tiron. etc. (11, 18.) præeratque vesti Principis ipsius.

Comes Urbanus, in Vita S. Adalberti Egmundani cap. 23.

* Comes-Urbis, apud Leuckfeld. in Antiq. Walckenried. pag. 254.

* **COMESARIUS**, Officium monasticum, cui ciborum cura est demandata; nisi forte legendum sit *Cellerarius*. Pariag. inter reg. et monast. S. Andreæ Avenion. ann. 1290. tom. 7. Ordinat. reg. Franc. pag. 615. art. 29 : *Quod illos* (illi) *redditus quos habent in castro, monasterii sacrista et Comesarius et eleemosinarius, remaneant semper salvi.*

¶ **COMESOR**, Qui comedit. Tertull. advers. Marc. lib. 1. cap. 1 : *Mus Comesor arrosit.* Vide *Comestores*.

COMESSALITER. Sidonius lib. 1. Epist. 5 : *Ticini cursoriam* (*sic navigio nomen*) *ascendi : qua in Eridanum brevi delatus, cantatas sæpe Comessaliter nobis Phaetontidas, et commentitias arborei metalli lacrymas risi*. [Forte, inter epulas.]

¶ **COMESSUS**, pro *Comesus*, Dilaceratus. Canones Hibern. apud Marten. tom. 4. Anecdot. col. 11 : *Animalia quæ a lupis seu canibus Comessa, nisi porcis et canibus, nec cervus nec cerva, vel capræ, si mortui inventi fuerint, non comedendi*.

* **COMESTABILIA**, Regio, Gall. *Quartier*. Testam. ann. 1409. tom. 2. Hist. Cassin. pag. 591. col. 2 : *Item legavit... quoddam casalenum magnum situm intus dictam terram S. Germani* (in) *Comestabilia acorariorum, etc.*

¶ **COMESTABILIS**, Comestabulus. Vide *Comes stabuli*.

COMESTES. Chronicon S. Bartholomæi de Carpineto lib. 4. pag. 1273. apud Ughellum tom. 6. Ital. sacr. : *Constituens Gualterum de Camarda Comestem suum hujus restitutionis executorem*. Forte *Comestabulum* : nisi *Comestes* sit σύσσιτος, *Conviva*. Vide in hac voce.

* **COMESTIA**. Jus Comestiæ, an idem quod *Pastus, gisti, convivit?* Charta Adolphi Colon. archiep. ann. 1203. inter Probat. tom. 2. Annal. Præmonstr. col. 275 : *Ut ergo talis donatio rata permaneat, Henricus Rumescotele, cujus erat jus Comestiæ de prædictis domibus et bonis, jus suum resignavit*. Vide *Comestiones*. An vero Jus *comitatus* seu districtus aut dominii? Vide *Comitatus* 2. 4. et infra *Cometia*. [** Potius pro *Cometia* seu *Comitia*, Jurisdictio. Adel.]

* **COMESTIBILIS**, Esculentus, Ital. *Commestibile*. Stat. crimin. Saonæ cap. 30. pag. 61 : *Non possit....... repellare vinum, fructus aut similia Comestibilia*.

COMESTIONES, quæ alias dicuntur *Pastus, gistum, prandium, convivium, etc.* vulgo *Mangeries*. Fori Bigorrenses art. 17 : *Ex præcepto Comestiones non recipit Comes, nisi sex, unam a Vicecomite de silvis, etc.* Vetus Charta apud Labbeum tom. 2. Miscellan. : *Exactiones quas Joannes... Episcopus precibus Regis Ludovici prædicto Monasterio remiserat, videlicet in Quadragesima et Adventu Domini Comestiones, vel earum redemptiones, etc.* Charta Hugonis Comitis Marchiæ et Inculismensis ann. 1241. in Regesto Inculism. : *Pro Comestione vero rendali et jure quod habebamus in villa et in hominibus villæ Magniaci Prior de Botavilla reddet nobis et successoribus nostris Comitibus Engolism. centum solidos rendales*. Adde cap. 3. de Præscriptionibus, Specul. Saxon. lib. 2. art. 12. § 4. Bullam Gregorii IX. PP. ann. 1235. apud Ughellum tom. 1. pag. 83. etc.

Comestus. Charta Raimundi Abbatis Moissiacensis ann. 1212. in Regesto 30. Tabularii regii ch. 13 : *Nuncius autem Comitis qui venerit ad recipiendum hæc prædicta, mittet panem suum, et Prior loci, ad quem venerit, faciet ei alia necessaria Comestus bona fide*.

Comestio Matutinalis, vulgo *le Dejeuner*. Chronicon Montis Sereni ann. 1171 : *Matutinalem Comestionem, quæ puerorum esse solet, etc.* in monasteriis scilicet.

Esus, Eadem notione. Tabularium Nantoliense in Pictonib. ann. 1342 : *Amplius Dominus Prior habet a me unum Esum cum duobus paris Epularum coxatarum et assatarum ad opus et personam ejusdem Prioris*.

COMESTORES. Isidor. lib. 10. Orig. sect. 58 : *Comestor*, [** *Comesor*] *a Comedendo satis*. Gloss. Gr. Lat. : *Comestor*, καταφαγᾶς. Ita MS. [in Supplemento Antiquarii habetur *Comisator*, pro quo melius legeretur *Comissator*, a *Comissari* : quo verbo utuntur Plautus, Horatius et alii ea notione, qua Græci κωμάζειν, Bibere post cœnam. Vide Etymologicon Vossii pag. 151.] [* In Gl. Gr. Lat. etiam legitur : *Comisacio*, κῶμος. *Comisator*, ἐπικωμαστής. in Cod. Sanger. ex Castigat. : *Comesatio, Comesator;* sed melius legeretur, *Comissatio, Comissator*.] Comestores autem appellabant nostri vel milites, vel potius apparitores et *servientes*, quos creditores, ex decreto judicis, in debitorum ædes immittebant, qui illorum sumtibus alebantur, donec debita sua exsolvissent. *Mangeurs*, in Consuetud. Turnacensi tit. 27. art. 17. *Mangeurs et gasteurs*, in Manuale placitatorum in Parlamento 1. Decembr. ann. 1372. et in Charta laudata in Dissert. 29. ad Joinvillam. Concilium Turonense ann. 1282. cap. 9 : *Item Statutum provincialis Concilii contra illos qui ponunt Comestores in religiosis domibus dudum editum, ad illos extendimus qui ponunt hujusmodi Comestores vel custodes in domibus Prælatorum, aut aliarum Ecclesiasticarum personarum, etiam quarumcunque, quas simili sententia, auctoritate præsentis Concilii, innodamus*. Adde Concil. Redonense ann. 1373. cap. 4. et Andegav. ann. 1365. cap. 24. Charta Ludovici Hutini Reg. 1. April. 1315. pro Occitanis : *Item cum peterent quod garnisiones servientium, seu Comestores non ponerentur pro debitis nostris vel aliis exequendis, sed exequerentur in bonis et personis debitorum per bajulos et ordinarios locorum suorum, quod pro debitis concessimus inter privatas personas contractis sub sigillis suis : serviens noster requiret ordinarium loci quod ea exequatur, nec exequetur dictus serviens noster, nisi dictus ordinarius negligens, vel plus debito differens fuerit super hoc requisitus. Et si ad hæc debitor se opponat, remittatur cognitio ad judicis sigilli sui examen, qui cognoscat de dubio evidenti. Nostra vero propria debita, ubicumque sunt, per manum nostram, et non per aliam exequentur, nec pro hujusmodi debitis ponentur Comestores, seu servientium garnisiones, quamdiu invenire poterunt bonorum emptores, nisi hoc exigeret potentia, seu proterva contumacia debitoris*. Aresta Parlamenti Pentecostes ann. 1285. in Reg. B. fol. 70. verso : *Quia per saisinas, custodes, sive Comestores qui in Viromandensi, Ambianensi, et Silvan. balliviis, in domibus et in locis debitorum pro debitis quæ debent, poni consueverunt, creditoribus ad nullum cedebat commodum, sed ipsis debitoribus ad maximum incommodum, cum bona sua consumerentur, de quibus deberent sua debita solvere, nullo de dictis debitis relevamine subsequente : Ordinatum fuit quod pro debitis, catallis, conventionibus, pro executione literarum D. Regis, seu aliarum quarumcumque personarum, hujusmodi saisinæ, custodes, sive Comestores de cætero non ponantur; dum tamen ipsi debitores per captionem bonorum et corporum instituentur, si necesse fuerit. Poni tamen poterunt tantummodo pro enormi facto, vel in casu criminis, vel si aliquis vellet subterfugia quærere, et bona sua abscondere, seu distornare, seu ad alienum dominium transferre, vel esset ita inobediens justitiariis, quod non posset alias commode justitiari*. Charta Ludovici Regis Franciæ ann. 1315. in 2. Regesto Philippi Pulcri Reg. ex Tabulario regio num. 209 : *Cum peterent quod garnisiones servientium, seu Comestores non ponerentur pro debitis nostris, etc.* Alia ann. 1318. in Tabular. Episcop. Ambian. : *Cum peterent quod garnisiones servientium, seu Comestores non ponerentur pro debitis, etc.* Vide Gesta Guillelmi Majoris Episcopi Andegav. cap. 41. pag. 362. Franc. Polletum lib. 3. Hist. Fori Romani cap. 2. extremo. Ludovicum Charondam ad Summam Ruralem Butelerii pag. 234. Loisellum de Offic. lib. 2. cap. 4. num. 51. etc. Cæterum *Comesor* pro *Comestor* dixit l. 18. D. de Ædilit. Edict. (21, 1.)

¶ **COMESTUS**. Vide *Comestiones*.

COMETANEI, vel Commetanei, in Jure Hungarico, Contermini, quorum territoria et agri eadem *meta* iisdemque terminis distinguntur.

COMETIA. [* Gloss. Cæsar. Heisterbac. in Reg. Prum. tom. 1. Hist. Trevir. Joan. Nic. ab *Hontheim* pag. 682. col. 2 : *Comes de Wiede tenet homines aliquot ex alia parte Rheni in sua Cometia*.] Vide in *Comitia* 1. et *Comestia*.

COMIATUS, Ital. *Comiato*, Licentia, venia, ex Latino *Commeatus*, quod verbum usurpatur non semel pro abeundi licentia : unde Græci recentiores κομίατον et κομέατον eadem notione induxerunt, apud Hesychium et Leon. in Tact. cap. 7. § 4. Atque inde Galli suum *Conjé*, vel *Congé*, mutuati sunt. Capitula Caroli Mag. lib. 5. cap. 16. [** 18.] : *Mulier si sine Comiatu viri sui velum in caput suum miserit*. Cap. 42. [** 62.] : *Si... aliquid de suo officio sine Comiatu facere præsumpserit*. Capitulare Pipini Regis Italiæ cap. 5 : *Ut nullus eos debeat recipere in vassallatico sine Comiato Senioris sui, etc.* Tabul. Casauriense 1. part. cap. 94. Ch. 3. ann. 901 : *Ego Rimizo... vendidi vobis Elperimo... ad vestram proprietatem possidendum omnes ipsas res proprietatis meæ quæ mihi per cartulam obvenerunt a Ramburga filia quondam Gilonis conjuge Otteberti, per Comiatum memorati Otteberti viri sui, sicut in ipsa cartula mea continetur*. Alibi : *Ego Flora... per consensum et Comiatum Petri viri mei dono et trado pro anima mea, etc.* Ibidem : *Ego Raymundus Comiatum dedi*, (*uxori*) *et consentiens sum*. Vide *Commeatus*.

** Comigatus. Annal. Petavian. ad ann. 781 : *Taxilo, dux de Bawaria .... per suum Comigatum rediit ad patriam*.

COMICILIUM. Descripsit Henricus Meibomius in Andronici Imp. CP. Aurea bulla Diploma Alberti Ducis Brunswicensis ann. 1309. in quo hæc habentur : *Et si proprietas bonorum jure terræ consuetudinario dari debet in Comicilio : verum quia id in desuetudinem abiit, propter defectum*

Comicilii, necessario aliis aminiculis quæsitis et habitis, hujusmodi datio in publicam redigitur notionem. [** Chart Comit. de Kirchberg. ann. 1266. ap. Scheid. de Nobilitat. : *Quod quando primo fiet Comicilium ad illud cum .... coheredibus nostris personaliter accedentes, ipsos mansos ... ecclesie faciemus sub banno regio confirmari.*] Nescio an pro *Concilium* hæc vox sumatur. [** Vide Haltaus. voce *Goding* col. 732.]

COMICTIA, aut COMICTIUM. Capitulare 5. Caroli Mag. incerti anni cap. 6. de Presbyteris seu Curionibus : *Neque ea quæ pertinent ad cultum religionis augmentaverunt, sed semper Comictiis et contritionibus, aut rapina vivunt.* Dicant eruditiores, quid sibi hæ duæ voces velint, hic enim hæreo : an *Comictiis*, positum pro *Comessationibus*, vel etiam pro *Convitiis?* Sed cum *rapinæ* adjungantur hæ voces, vix id crediderim. *Contritiones* videntur esse *oppressiones*. [** *Convitiis* leg. Baluz. et Pertz.]

¶ **COMICULA**, mendose pro *Conucula*, quod vide.

COMICUS, pro libro Ecclesiastico sic appellato. Vide *Comes* 1.

* **COMIENTIA**, Licentia, venia, idem quod *Comiatus*. Acta S. Privati tom. 4. Aug. pag. 440. col. 1 : *Nec populum* (debere) *in loco tutissimo commorantem deditionis Comientiam præstaturum.* Ubi alias *Conniventiam*. Vide supra *Comeatus*.

¶ **COMINIS** LIBER, pro *Comitis liber*. Vide in *Comes* 1.

* **COMINUM**, pro Cuminum, ut videtur, Ital. *Comino*. Charta ann. 1288. ex Reg. S. Ludov. ex Chartoph. reg. fol. 106. v° : *Arrestata fuerunt... duodecim pontes Comini et duæ capsiæ papirii.* Leudæ major. Carcass. MSS. : *Item pro cargua de Comino, xviij. den.* Ubi versio Gallica ann. 1544 : *D'une charge de Comin, etc.* Occurrit præterea in Stat. Riper. cap. 12. fol. 3. v°. et in Chartul. S. Dion. Exoldun.

COMINUS, Prope, juxta. Tabularium Conchensis Abbat. in Ruthenis ch. 73 : *Testamentum et breve memoriale de Ecclesia B. Martialis quæ est in pago Tolosano Cominus fluvium, quod vulgariter dicitur Saucia.*

¶ **COMIS**, pro *Comes*, in Liturgia Gall. Mabillonii pag. 469 : *Tunc Sisinius Comis una cum spiculatoribus, etc.* Alter locus exstat in *Distringere*.

¶ **COMISATOR**, COMISSATOR. Vide *Comestores*.

¶ **COMISSA**, συμβολή, *Symbolum*. Supplementum Antiquarii.

* Gloss. Lat. Gr. : *Comissam*, συμβολήν.

¶ **COMISSARI**, Laudare. Gloss. Lat. Græc. : *Comissor, Laudo*, ἐγκωμιάζω.

* Male quasi ex Glossis Lat. Gr. additum, *Laudo*; maxime cum pro ἐγκωμιάζω, legendum prorsus videatur, ἐπικωμάζω. Vide supra *Comestores*.

* **COMISSUS**, pro *Commissus*, Fisco addictus vel addicendus, passim occurrit. Vide *Commissum* 2. et *Committere*.

¶ **COMISTABILIS**. Vide *Comes stabuli*.

COMISTÆ, Valdensium sectarii, in Constitut. Friderici Imp. de Hæretic. ab urbe *Como* in Lombardia, cujus incolæ potissimum hac infecti erant hæresi. Vide Matth. Paris pag. 589. [** *Comistos* ap. Pertz. vol. Leg. 2. pag. 238.]

COMITALADUS. Charta Raimundi Berengarii Marchionis Provinciæ ann. 1229. apud Jo. Columbum in Episcopis Sistaricensibus lib. 3. n. 10 : *Damus Radulpho Sistaricensi Episcopo albergum sive Comitaladum de Revesto et de Fontiana castrorum nostrorum.* Idem forte quod *Comitatus*, seu feudum vel dominium.

¶ **COMITALIA**, Idem, ut conjecto, quod infra *Comitatus* 3. seu territorium vel jurisdictio alicujus loci suis finibus circumscripta. Charta G. Ducis Aquitaniæ pro Adalberto Episc. Agennensi inter Instrum. tom. 2. novæ Gall. Christ. col. 429 : *Credatis Comitaliam, quam pater meus et ego S. bonæ memoriæ Agennensi Episcopo dedimus, Adalberto quoque Episcopo vestro dedisse similiter et concessisse.*

¶ **COMITALIS** POTESTAS, Comitis dignitas, jurisdictio, territorium. Privilegium Conradi Regis ann. circiter 956. inter Instrum. tomi 2. Gall. Christ. col. 259 : *Omnia quæ ad monasterium S. Theofredi... nunc videntur pertinere; aut hic de fisco, aut de potestate episcopali, aut de postestate Comitali, sive de franchesia, et quæ in posterum ibidem ipsi Monachi poterunt acquirere, omnia regali potestate deffendantur.* Testamentum Herivei Episcopi Eduensis apud Acherium tom. 8. Spicil. pag. 152 : *In Comitatu etiam Augustodunensi, in montibus scilicet eidem civitati prominentibus, mansos duos penitus absos et omni cultura destitutos, pascuis solummodo animalium aptos, quos de Potestate Comitali domnus Jonas antecessor noster regia auctoritate adeptus est.* Vide *Comitatus* 3. [* Et *Bannerialis*.]

¶ **COMITANDISA** HOMINICATUS, Homagium, ut videtur, seu præstatio, quæ domino pensitatur ab eo qui debet homagium. Chartular. S. Vandregesili tom. 2. pag. 2062 : *Terram quæ vocatur Cristot ab Abbate et Fratribus suscepi in meo dominatu et hæredum meorum in perpetuum... a qua etiam terra Comitandisam hominicatus Abbati facio, et centum solidos per singulos annos me daturum promitto.* Vide *Comitatus* 4.

COMITANTIA, Comitatus, comitiva, apud Ericum Upsaliensem lib. 1. Hist. Suecorum pag. 17 : *Quanta sit virorum pugnatorum in nostra Comitantia multitudo.*

* Charta ann. 1203. inter Instr. tom. 6. Gall. Christ. col. 303 : *Licet munus quod in voluntate consistit modicum judicetur, si careat operis Comitantia, cum locus affuit, etc.*

¶ **COMITANUS**, Paganus, rusticus, a Græco κώμη, Pagus, vicus. Acta SS. Junii tom. 1. pag. 251. de S. Nicolao Peregrino : *Quidam Comitanus videndi officio sic privatus... ante aram Christi Confessoris est ductus, etc. Comitatinus* ead. notione in iisdem Actis SS. Junii tom. 3. pag. 936. ubi de B. Michelina. Vide *Comitatinus*.

COMITARE. Loqui cum aliquo. Vide *Comitiari*.

** **COMITARI**, Comitis dignitatem tenere. Chronic. Comit. Capuæ ap. Pertz. vol. Script. 3. pag. 208. ad ann. 840 : *Land ejus filius Comitatus est post eum in castru Sicopole.*

¶ **COMITARIA**, Cohors, ut conjecto, militum turba, caterva vel centuria. Jacobi de Varagine Chron. Januense apud Murator. tom. 9. col. 16 : *At Januenses videntes tam diu negotium in curia Romana differri, et nihil ad effectum deduci, considerantes etiam quod treguæ per summum Pontificem terminus assignatus jam erat elapsus, ideo ad complendum et perficiendum armamentum viriliter processerunt, Comitarias assignantes, vexilla distribuentes, stentarium cingentes, et super signa fieri facientes.*

* **COMITAS**, Societas, congregatio. Mandat. Henr. VII. imperat. ann. 1311. apud Lam. in Delic. erudit. inter not. ad Hist. Sicul. Benincont. part. 3. pag. 213 : *Insuper omnes et singulos cives et incolas et districtuales dictæ civitatis Florentiæ exbannimus, decernentes quod nulla civitas, castrum, vel baro, Comitas, aut spiritualis persona, dictos commune, cives....... receptet.* Stat. colleg. Navar. ann. 1315. in Lib. rub. Cam. Comput. Paris. fol. 516. r° : *Nobis autem de medio sublatis, ponentur per episcopum Meldensem, abbatem S. Dionysii, magistrum in theologia dictæ domus,... necnon et per decanum Comitatis seu congregationis magistrorum theologicæ facultatis, etc.* Necrolog. MS. eccl. Meld. fol. 77. r°. : *Bartholomeus de Mintriaco clericus et Symon laicus, pro quorum animabus distribuuntur annuatim decem solidi de Comitate capellanorum majoris altaris B. Stephani.*

1. **COMITATENSIS**, Qui in sacro Principis Comitatu militat, vel qui ad sacrum Comitatum spectat, ut *Comitatensis fabrica*, apud Ammianum lib. 18. *Comitatense auxilium*, apud eumdem lib. 19. *Comitatense exercitium*, apud Ennodium lib. 4. Epist. 33. ubi Senarium *virum Comitatensis exercitii* appellat, qui inter Exceptores merebat. Præsertim vero *Comitatenses* appellabant *Palatinos*, qui scilicet in officio erant utriusque Comitis largitionum, ex quorum numero seligebantur qui in provincias mitterentur : unde et *Mittendarii* dicuntur, ut est in Glossis Basilic. de quibus suo loco.

COMITATENSES NUMERI, Qui in Comitatu et Palatio merebant. Horum mentio apud Ammianum lib. 29. in Notitia Imperii, et in Cod. Th. non uno loco. Vide Jac. Gotofredum ad l. 18. de Re milit. (7, 1.)

COMITATENSES LARGITIONES, in l. 7. Cod. Th. de Palatinis, (6, 30.) eædem quæ *Sacræ largitiones*. Vide *Comes largitionum*.

* 2. **COMITATENSIS**, *Comitatus* seu territorii urbis incola. Theod. *de Niem* de Vit. et fat. Constant. tom. 2. Conc. Const. part. 15. cap. 10. col. 348 : *Bononienses et postea Comitatenses seu habitantes in comitatu Bononiensi, etc.* Mirac. B. Ægid. ord. Minor. tom. 3. April. pag. 245. col. 1 : *Quod cum maxima reverentia a civibus Perusinis et Comitatensibus Perusium portabatur, etc.* Vide mox

* **COMITATINUS**, Eadem notione. Stat. aut. Florent. lib. 3. cap. 36. ex Cod. reg. 4621 : *Quilibet Comitatinus vel districtualis civitatis Florentiæ existens, etc.* Chron. Mutin. ad ann. 1327. apud Murator. tom. 11. Script. Ital. col. 115 : *Ita tamen quod ipsi intrinseci cives, Comitatini vel stipendiarii, deinde ad triennium, non teneantur*

ad eundum vel mittendum in cavalcato. Annal. Estens. ad ann. 1403. ibid. tom. 18. col. 981 : *Advenientibus etiam nonnullis montanariis sive Comitatinis, qui ex circumstantibus locis ad dictos exules occurrerunt, etc.* Vide *Comitanus* et *Comitatus* 3. [** Bannitio Civitatum Tusciæ ann. 1313. Pertz. vol. Leg. 2. pag. 542 : *Nomina vero illorum sunt infrascripti : In primis de civitate Florentiæ .... Nomina vero Comitatinorum Florentinorum .... sunt isti infrascripti, etc.* *Comitativus* eodem sensu. Sententia contra Paduanos ejusd. anni ibid. pag. 549 : *Cum nuper contra civitatem Paduæ et commune ipsius, ac etiam contra quosdam cives et Comitativos civitatis ejusdem, etc.*]

¶ **COMITATINUS.** Vide *Comitanus.*

¶ **COMITATIO,** ut *Comitatus.* Charta Henrici Regis Angliæ pro omnibus Normanniæ incolis apud D. *Brussel* de Feudorum usu tom. 2. ad calcem pag. 111 : *Recognitiones de nova dessaisina de morte antecessoris, non capiantur nisi in suis Comitatibus, et hoc modo : Nos quando extra regnum fuerimus et capitalis Justitiarius noster, mittemus Justitiariis per unamquamque Comitationem solum in anno, qui cum militibus Comitatuum capiant in Comitatibus assisias prædictas; et ea quæ in illo adventu suo in Comitatus per Justitiarios prædictos ad dictas assisias capiendas missos, terminari non poterunt per eosdem terminentur alibi in itinere.*

¶ **COMITATIVA,** Comitatus. Charta Henrici III. Regis Angl. ann. 1255. de Nuntiis Regis Castellæ curialiter recipiendis apud Rymerum tom. 1. pag. 557. col. 1 : *Et Communitati ejusdem Civitatis, in fide qua Regi tenentur, quod assumpta cum eis decenti Comitativa concivium suorum Londonensium, præfatis Nuntiis extra civitatem prædictam occurrant, et eos curialiter recipiant et honorent.* Vide *Comitiva.*

¶ **COMITATOR,** Socius, consors, Gall. *Associé.* Charta Hugonis Episc. Senecensis ann. 1052. inter Instrum. tom. 3. Gall. Chr. col. 200 : *Nos Hugo supradicti donatores, laudatores, cessores et Comitatores hanc Chartam fieri scribi præcepimus, et sub una firmitate propriis manibus nostris signamus.*

¶ **COMITATULUS.** Vide post *Comitatus* 3.

¶ **COMITATUM.** Vide post *Comitatus* 3.

COMITATURA, Idem quod *Comitatus,* dominium, *Seigneurie,* in [Charta Joannis Episcopi Morinensis ann. 1109. ex] Tabulario S. Bertini. Vide infra *Comitatus* 4.

1. **COMITATUS,** Palatium, aula regia, locus ubi Rex aut Imperator moratur, seu, ut definit Anianus ad l. 20. Cod. Th. de Decurion. (12, 1.) *Ubi rerum domini fuerint : a Comitibus* dictus, seu Proceribus qui in aula commorabantur : sic enim Proceres Curiæ appellatos supra ostendimus. Κομιτάτος Palladio in Vita Chrysostomi pag. 73. 77. etc. Marcellinus Comes : *Divi Valentiniani Magni cadaver Theodosius Princeps ab Italia reportatum apud Comitatum regio in sepulchro recondidit.* Alibi : *Amputata apud Comitatum auricula.* Iterum : *Solus Laurentius Anastasium Imp. in Palatio pro fide Catholica sæpe convincens apud Comitatum, ac si in exilio relegatus, retentus est.* Acta S. Sebastiani cap. 4 : *Proficiscentes ad Comitatum cæli.* S. Ambrosius in Obitu Valentiniani : *Jussit eam ad Comitatum venire.* Sulpitius Severus de Vita S. Martini lib. 3 : *Eodem ferme tempore quo primum Episcopus datus est, fuit ei necessitas adire Comitatum.* Capitula Caroli Mag. lib. 6. cap. 257 : *Presbyteri qui contra Canones adversum nos ad Comitatum ... ire voluerint.* Hincmarus in Opusc. LV. Capitulor. adversus Hincmar. Laudun. cap 6 : *Ad quamlibet provinciam sine meis litteris regulariter proficisci vel mittere longius ad Comitatum comministrum tuum non potes. Gloriosissimus Comitatus,* apud S. Augustinum Epist. 68. 129. 152. Senatorem lib. 1. Ep. 27. 78. lib. 2. Ep. 20. lib. 3. Epist. 22. etc. Occurrit passim. Vide Fragmenta S. Hilarii pag. 49. Canones Eccl. Afric. cap. 93. 97. 106. Liberatum Diacon. cap. 10. Alypium Antiochen. in Descript. orbis cap. 25. et Juretum ad Symmachum, lib. 2. Ep. 83.

COMITIUM, Comitatus. Acta Episcopor. Cenoman. pag. 303 : *Vir quoque illustris, præfulgens in sæculo divitiis, usque in sui potestate, Comitii idem videbatur locus fore, etc.*

2. **COMITATUS,** Comitis, seu judicis dignitas, districtus, jurisdictio, territorium. Papias, et Jo. de Janua : *Comitatus, Comitis dignitas, vel terra, sive tantum spatium, quantum unus Comes tenet.* Guillelmus Apul. lib. 1. de Gest. Norman. :

.... Numero cum viribus aucto
Omnes conveniunt, et bis sex nobiliores,
Quos genus et gravitas morum decorabat et ætas,
Elegere duces : provectis ad Comitatum
His, alii parent. Comitatus nomen honoris
Quo donantur erat.

☞ *Comitatus* nomen hac notione sumtum antiquum est et jam inde a Carolo Magno, uti probat Mabillonius in suis additionibus ad calcem libri sexti de Re Diplomatica. Argumento sunt Charta Joannis Episcopi Sistariensis in eod. libro edita n. 202. in qua legitur *Comitatus Sistariensis,* imperante Carolo Magno, *Comitatus Camliacensis,* in Diplomate Caroli Calvi apud Doubletum Hist. San-Dionys. pag. 777. *Comitatus pagi Autissiodorensis,* in Præcepto Carolomanni lib. 6. Diplom. Charta 113. *Comitatus Arvernensis,* ibid. Charta 116. in Litteris Caroli Crassi. Atque hinc patet, inquit idem Mabill. ante dictos fuisse Comitatus, quam hi in hereditariam successionem devenirent : quod accidit maxime Carolo Simplice regnante; tametsi ante eum filii in Comitatus, quos eorum patres administraverant, non raro succedebant, sed ex regia concessione, non ex hereditario jure. Vide Annales Bertinianos, ad ann. 839. ubi octodecim Comitatus numerantur, quibus procul dubio totidem Comites præsidebant. [** *Comitatus* indicari in Chartis Gallicis a seculo octavo usque ad seculi undecimi finem monet Guerardus in Prolegomenis ad Chartul. S. Petri Carnot. § 3.]

COMITATUS, apud Anglos, est locus publicus in quo Vicecomes uniuscujusque provinciæ, quæ apud illos Comitatus nomen obtinet, jurisdictionem suam exercet. Cowell. Ingulfus, de Alfredo Rege Angliæ : *Exemplo namque, Danorumque colore, etiam quidam indigenarum latrociniis ac rapinis incendere cœperunt. Quos cupiens Rex compescere, et de hujusmodi excessibus cohibere, totius Angliæ pagos et provincias in Comitatus primus omnium commutavit, Comitatus in Centurias, i. Hundredas, et in Decimas, i. Trithingas, divisit, etc.* Joan. Fortescutus de Legibus Angl. cap. 24 : *Regnum Angliæ per Comitatus, ut regnum Franciæ per ballivatus distinguitur; ita ut non sit locus in Anglia, qui non sit infra corpus alicujus Comitatus. Comitatus quoque dividuntur in Hundreda, quæ alicubi Wapentagia nuncupantur : Hundreda vero dividuntur per villas, etc.* Vide leges Henrici I. cap. 31. 41. 48. 51. 59.

¶ COMITATUS SEDES, Eadem notione. Ulmarus de Miraculis S. Vedasti cap. 9 : *Comes Atrebatensis provinciæ, nomine Teutboldus, ambiebat fratribus auferre quandam culturam cum horto, quia sedes Comitatus videbatur in dominica curte cui villæ proxima erat ipsa cultura et hortus.*

COMITATUS, Conventus juridicus qui fit in Comitatu seu provincia, vulgo *Assisia, Comité.* Leges Henrici I. Regis Angl. cap. 51 : *Summoneatur Comitatus 7. dies antea.* Cap. 53 : *Qui secundum legem submonitus a justitia Regis ad Comitatum venire supersederit, etc.* Quoniam Attachiamenta cap. 48. § 14 : *Quod debet diebus fori, vel in Ecclesia proclamari, vel in Comitatu diversis vocibus.* Statuta secunda Roberti I. Scotor. Regis cap. 21. § 1 : *Et ad hoc probandum invenerit plegium ad proximum Comitatum, seu ad proximam curiam, etc.* Fleta lib. 2. cap. 52. § 2 : *Nullus Comitatus teneatur nisi de mense in mensem.* Vide Leges Willelmi Nothi cap. 64. et Bractonum lib. 3. tract. 2. cap. 11. § 1.

3. **COMITATUS,** Territorium urbis, jurisdictio loci alicujus suis finibus circumscripta. Charta Dagoberti Regis Francorum apud Freherum lib. de Lupoduno : *Omnes res juris nostri in pago Laudenburgensi, et quidquid ad nostram urbem ambulare visum est, et omne quod ad fiscum nostrum pertinebat, excepto stipe et Comitatu, ex eo nihil dimittentes, tradimus totum ex integro.* Quæ quidem repetuntur in variis Regum et Impp. Confirmationibus pag. 22. Charta divisionis Imperii Caroli M. : *Has civitates cum suburbanis et territoriis suis atque Comitatibus, quæ ad ipsas pertinent ... accipiat Karolus.* [Bulla Frederici Imp. ad Heracleum Archiep. ann. 1157. inter Instrum. tomi 4. novæ Gall. Chr. col. 17 : *Concessimus itaque præfato Archiepiscopo ... omnia jura regalia ... in Abbatiis et in earum possessionibus, Monasteriis ... Comitatibus, foris, duellis, mercatis, monetis.*] Charta Henrici II. Regis Angl. apud Rogerum Hoved. : *Castellum de Notingham cum Comitatu, etc.* Matth. Paris ann. 1234. de Civibus Romanis : *Præterea Comitatum suum ... metis novis et amplis, jubente Senatore, voluerunt sibi appropriare.* Mox : *Infra metas illas continentur quædam prædia et etiam civitates et castra .... quas Comitatui suo assignare præsumunt.* Albertinus Mussatus lib. 10. cap. 2 : *Ne licentiosior his abutatur concessionibus, timendum esse et urbi et Comitatui.* [** *Comitatus præfecturæ civitatis* di-

citur in Chart. ann. 1137. ap. Schannat. in Episcop. Wormat. tom. 1. pag. 199.]

Hanc porro *Comitatus* pro territorio appellationem a Longobardis fluxisse tradit Otto Frisingensis lib. 2. de Gestis Frid. cap. 12 : *Cumque tres inter eos ordines i. Capitaneorum, Vavassorum, et plebis esse noscantur, ad reprimendum superbiam; non de uno, sed de singulis prædicti Consules eliguntur, neve ad damnandi libidinem prorumpant, singulis pene annis variantur. Ex quo fit ut tota illa terra intra civitates ferme divisa, singulæ ad commanendum secum diocesanos compulerunt, vixque aliquis nobilis, vel vir magnus, tam magno ambitu inveniri queat, quin civitatis suæ non sequatur imperium : consueverunt autem singulis singula territoria ex hac comminandi* (f. commanendi) *potestate, Comitatus suos appellare.* Hodie Itali *Contado*, villam, pagum, rus, vicum, vocant : unde *Contadini*, rustici, qui ex pagis aut ex rure sunt. Academici Cruscani : *Contado propriamente tutto il paese fuori della citta che sia sotto al dominio d'essa.* Vide *Comitanus* et *Comitatinus.*

Comitatulus, Exiguus Comitatus, in Diplomate Henrici I. Imp. apud Baron. ann. 1014. n. 9. quo sensu usurpasse Italos vocem, *Comitatus*, observavimus : *Quatenus.... quemdam Comitatulum, qui in valle Auxula infra ipsius Episcopatus parochiam adjacere dignoscitur, prædictæ Ecclesiæ cum omnibus functionibus, quæ de ipso Comitatulo publice parti pertinent, concederemus.*

Comitatum, neutro gen. Joannes VIII. PP. in Epist. ad Bosonem : *Ideo rogamus, ut eorum Comitata in Provincia posita... securiter habeant.*

4. **COMITATUS**, Dominium, *Seigneurie.* Lambertus Ardensis : *Eo quod totus terræ Popelingharum Comitatus, et universi juris et denominationis potestas ad ipsum pertinebat.* Infra : *Hic unum polkinum vel bussellum frumenti, hic duos vel plures, ... hic quantamcunque possessiunculam, hic quemcumque terræ alicujus Comitatum... obtulit.* Idem : *In primis arbores quasdam quæ in Comitatu Ghisnensis Comitis.... plantatæ erant, abscindere cœperunt.* Charta Guillelmi Comitis Flandr. ann. 1127 : *Guillelmo Grosso homini meo, Comitatum mansionum suarum quas in Ministerio S. Bertini possidet, benevole concessi et dedi.* Alia ann. 1211 : *Emerunt 2. mensuras maresci... scilicet in Comitatu, et in omni jure alio libere... possidendas.* Chronicon Andrense ann. 1214 : *Quosdam homines nostros de Hottinghem occasione Comitatus diu et multum vexaverat.... calumniam remisit, et eumdem Comitatum Ecclesiæ possidendum perpetuo concessit.* Idem Chronicon : *Coram nobis recognovit se quendam Comitatum, quem super quosdam homines cœnobii Andrensis habuerat, ipsi cœnobio in eleemosynam contulisse.* Charta Guidonis Comitis Pontivi in Tabul. S. Judoci : *Dedi Ecclesiæ præfati Confessoris 7. aquatias apud Waben, et unam apud Stapulas, et Comitatum a mari usque Montawis, etc.* Charta ann. 1228 : *Confirmo Ecclesiæ S. Bertini Comitatum totius terræ suæ apud Sauvinghem.* Alia ann. 1241 : 14. *denarios cum omni Comitatu et dominio quod ibi habebam.* Charta Widonis Episcopi Ambianensis : *Dimisit totam advocationem et Comitatum villæ Costenceii, atque sibi adjacentis territorii, excepto quod Milites ejus de ipso Comitatu suo beneficio possidebant.* Charta Friderici Episc. Tarvanensis ann. 1270. apud Miræum in Donat. Belg. cap. 120 : *Ut sit regalis, franca, sine resorto, aut Comitatu... villa S. Hermetis.* Ita veteres passim Chartæ in Historia Guin. pag. 25. 26. 27. 262. apud Malbrancum lib. 8. de Morinis cap. 46. 85. lib. 9. cap. 5. 31. 35. lib. 10. cap. 10. 18. 38. 40. lib. 11. cap. 21. Miræum in Donat. Belg. lib. 1. cap. 65. lib. 2. cap. 25. 56. 57. in Diplom. Belg. lib. 1. cap. 66. lib. 2. cap. 34. 41. 44. in Cod. donat. cap. 50. 68. 70. 75. in Hist. Francomerovingica pag. 809. 810. 837. 880. 1026. 1028. 1031. 1036. 1048. apud Ubbon. Emmium in Groninga pag. 53. 54. 55. in tom. 2. Hist. Leod. pag. 108. apud Ughellum tom. 5. Ital. sacr. pag. 182. 245. etc. *Comté*, in Tabulis Gallicis. Charta Arnulphi Comitis Guinensis ann. 1264. apud Duchesnium : *A vendu Espelleke et le fons et le Comté, et toute la droiture, laquelle li devant dit Gilles avoit en iceluy.* Alia anni 1280 : *Et en rente ke jou avoie à Campaigues, et en le Contée, et ès ruës et ès Communitez, etc.*

Comitatus, pro ipsa quæ dominii jure pensitatur præstatione interdum sumitur. Charta Eustachii Com. Bononiæ ann. 1112. apud Malbrancum lib. 9. de Morin. cap. 35 : *Ab omni Comitatu et omnimoda consuetudine, necnon ab omni prorsus exactione liberam... terram, etc.* Alia Philippi Regis Franc. ann. 1063 : *Sex mansa terræ liberæ a Comitatu.* Alia Idæ Comitissæ Bonon. ann. 1096 : *Ab omni Comitatu et censu tributario libera.* Eadem habentur apud Miræum in Cod. Donat. piar. cap. 50. 68. 70. 75.

¶ 5. **COMITATUS**, *Illa militum multitudo, cui quis præest.* Barthii Glossar. ex Hist. Palæst : *Nostri vero obsidebant illam portam magno Comitatu, Podiensis Episcopus et Comes S. Ægidii.* Ibid. ex Alberto Agnensi : *Et vere Solymannus cum omni suo Comitatu intolerabili eandem silvam ex fronte altera intraverat.* Item : *Balduinus adsumptis ducentis sociis et omni civitatis pedestri et equestri Comitatu, castrum Samusat est aggressus.*

6. **COMITATUS**, pro *Facultas*, Commeatus, Ital. *Comiato.* Vetus diploma apud Ughellum in Sulmonens. Episcop. : *Ut Domnus Carolus Rex judicavit, et in suo Capitulare affixit, ut quæcumque fœmina potestatem habeat per Comitatum viri sui res suas vendere*, hoc est viro suo Comitata, nisi legendum sit *Comiatum*, quod puto. Vide *Comiatus.*

¶ 7. **COMITATUS.** Diploma Caroli Calvi ann. 843. inter Instrum. tomi 1. novæ Hist. Occitan. col. 79 : *In villis, villaribus, in Ecclesiis, tam in donaticiis et traditionibus, quam etiam in empticiis et Comitatu.* Vereor ne pro *Comitatu* legendum sit *Comparatu*, quod labore et parsimonia acquiritur : sensus belle cohæreret. Si retinendum *Comitatu*, suspicor esse appendicem, Gall. *Dépendances.*

* 8. **COMITATUS**, Comes, judex territorii. Charta ann. 1314. ex Cod. reg. 10196. 2. 2. fol. 28. v°. : *Ludovicus Dei gratia Romanorum rex et semper augustus, prudentibus viris grutimagnis, consiliariis et Comitatibus terræ Frisiæ de westrogo et ostrogo, etc.* Vide in *Comes* 2.

¶ **COMITELLUS.** Vide *Comitulus.*

COMITES, *Modioli, vel humeruli.* Glossæ MSS.

1. **COMITIA**, Cometia, Comitatus, seu Comitatus districtus, vel etiam Dominium, uti vox *Comitatus* sumitur. [** Immo et Jurisdictio, uti omnia exempla probant, primum si excipias. Adel.] [Acta dedicationis Ecclesiæ Monasterii Rivipullensis ann. 997. Marcæ Hispan. col. 917 : *Dehinc veneranda succedens* (Wifredi Comitis) *propago, adprime divinis dapibus farta, imperialibus Commiciis sublimata, Miro videlicet atque Suniarius, haud secus ac genitor augmentatores tutoresque possessionum ejusdem Cœnobii extiterunt.*] Charta Henrici Comitis Palatini Rheni ann. 1197. apud Browerum lib. 15. Annalium Trevir. et Freher. in orig. Palat. 1. part. cap. 11 : *Nos a Comitibus de Spanheim 650. marcas mutuo accepimus, et pro hac pecunia Comitiam in Meinevelde ex illa parte Mosellæ super petitione annonæ et denariorum et aliorum quæstuum, eis in pignore dedimus.* Et infra : *Impignoravimus eidem Comiti pro eadem pecunia sub eodem tenore villas quasdam Engelstad et Hedeneshem has 2. villas cum Comitia pro 550. marcis.* Chronicon Episcopor. Mindensium pag. 730. et 745 : *Ecclesiæ Mindensi in ejus gratiam donat Comitiam liberorum in Steynwerd, etc.* Charta Ludovici Comitis Palatini Rheni ann. 1273. apud Freherum part. 2. Orig. Palat. : *Godfrido Comiti Seynensi Seynensem propter suæ probitatis merita et servitia.... Comitiam cum omnibus suis pertinentiis contulimus titulo feodali.* Vide eumdem parte 1. pag. 81. 82. *Comitia de Monte*, apud Cæsarium lib. 8. cap. 26. *Comitia de Rinecke* lib. 9. cap. 48. Occurrit præterea in Speculo Saxonico lib. 3. art. 53. 64. in Jure feudali Saxonum cap. 36. in Chron. Aulæ Regiæ cap. 1. 5. 9. etc. in Hist. Archiep. Brem. ann. 1133. 1144. et 1350. apud Hermannum *de Lerbeke* in Chron. Comitum *de Schowenburg* non uno loco, Henricum Aquilonipolensem in Adolpheide cap. 3. et de Primordiis Lubicanæ Urbis cap. 2. in Chronico Mindensi ab H. Meibomio edito non semel, [in diplomate Ottonis IV. Imp. ann. 1213. apud Marten. tom. 1. Anecdot. col. 841. Litteris Volradi Episcopi Halberstad. ann. 1257. apud Ludewig. tom. 2. Reliq. MSS. pag. 231.] *Comitia Palatina*, dignitas Comitis Palatini, in libro de Fundatione Monasterii Gozecensis pag. 229. Vide Notas nostras ad Cinnamum. [* Consule Junckerum Introduct. ad Geograph. med. ævi pag. 552.]

Cometia, Eadem notione. Vita S. Desiderii Episcopi Cadurcensis cap. 3 : *Sub iisdem ferme diebus... Rusticus Desiderii germanus Archidiaconatus officium in urbe Ruthena suscepit : Siagrius quoque hoc tempore Cometiæ indeptus est.* Helmodus lib. 1. cap. 50 : *Adolphus accepit Cometiam terræ Nordalbingorum.* Adde Albertum Stadensem ann. 1106. 1112. 1133. 1138. 1139. Arnoldum Lubec. lib. 3. cap. 1. lib. 4. cap. 9. 11. 22. et Metropolim Salisburg. tom. 3. pag. 497. [*Comecia* in Charta anni 1225. apud Miræum tom. 1. pag. 742. col. 2.]

2. **COMITIA**, TIÆ, pro Curia generali. Vetus Charta in Metropoli Salisburgensi tom. 2. pag. 30 : *Dum præfatus Dux in civitate Ratisponensi celebrem postea ageret Comitiam, causa nostra coram principibus et optimatibus terræ nostræ, ipsis Advocatis astantibus solenniter innotuit.*

¶ COMITIÆ, in Glossis Isid. *dicuntur tempora bonorum, quando dant honores; item ubi milites sunt.* In Pithœanis vero : *Cometiæ dicuntur tempora bonorum, quando dant honores. Comitia sibi milites sunt commeatus.* Quid ex hac confusione possit extricari plane non video. Grævius suspicatur harumce glossarum sutores fortean scripsisse : *Comitia dicuntur tempora honorum, quando dant honores. Comeatus cibi militares sunt;* quod commeatus annona sit, ut notum est. Melius divinet alter.

COMITIACUS, Dignitas, cujus formulam exhibet Senator lib. 6. Epist. 13. lib. 7. Ep. 31. Erat autem ille Vicarius *Principis* (officialis ita dicti) in urbe Roma. Vide *Senator*.

** **COMITIALIS** POTESTAS i. e. Comitis. Charta Ludov. Pii ann. 817. in Alsat. Diplom. num. 83 : *In tutelam nostre imperialis defensionis exclusa omni Comitiali seu fiscali potestate reciperemus.*

* **COMITIALITER**, Jure *comitatus* seu dominii. Charta inter Probat. Hist. Britan. tom. 1. col. 523 : *Scripto retinere curavimus, quod comes Alanus de Britannia et uxor illius Ermengardis, videlicet comitissa, forestam de puteo Arlesii, sicut eam tenebant Comitialiter........ dederunt.* Vide *Comitatus* 4.

COMITIANA, κομητιανή, in Novella 8. Justin. cap. 2. pro *Comitiva*, vel *Comitatu*.

COMITIANI, Officiales *Comitis Orientis*, in l. 18. Cod. Th. de Cohortal. (8, 4.) Sic etiam appellantur Officiales *Comitis domorum*, in Novella Justin. 30. cap. 1. et 2. Concil. Calchedon. act. 10. pag. 302 : Τίς ποτε γυμνώσας παραμήριον . . . Κομητιανὸς τάχα ὢν, ἦλθε.

COMITIARI, Colloqui, conversari cum aliquo. Isidor. in Gloss. : *Comitare, loqui in Conventu, eundo, redeundo, ambulando;* forte *Comitiare*, [ut habent Excerpta Pithœana.] Ducta autem metaphora ab iis, qui *Comitiis* publicis interesse solent. Guillelmus Bibliothecarius in Vita Paschal. II. PP : *Comitiari cum excommunicatis, Rex, nosti nos non debere, nec posse, eo maxime, cum Comitiis tuis interesse non liceat, dum contingat abesse, qui omnium nostrum debuit interfuisse primus;* ubi *Comitium* est colloquium. Vide Salmasium ad Tertulliani pallium pag. 388.

¶ **COMITIDA**, Joannes Diac. in Vita S. Athanasii Episc. Neap. apud Murator. tom. 2. part. 2. col. 1046. VIII : *Item, paravit duas conchas argenteas appendentes libras viginti, ex quibus una nomen Sergii exaratum habebat; fecit et Comitidas, quibus Cantores per festivitates uterentur.* Ex sensu conjicit Cl. Editor, *Comitidas* fuisse quoddam vestimenti vel instrumenti genus, quo Lectores in Ecclesia utebantur. Forte posset analogium intelligi, ubi lectiones legebantur, quod *Comitida* dictum fuerit a *Comite*, seu Lectionario. Vide *Comes* 1.

¶ **COMITISSA**, Comitis uxor. Exstant Litteræ Avæ *Comitissæ* pro Cœnobio Rivipullensi, quæ datæ dicuntur XII. *Kal. Julii ann.* VI. *regnante Ludovico Rege filio Caroli;* id est, Ludovici Pii, inquit Mabill. lib. 3. Diplom. cap. 1. num. 7. quæ si vera est interpretatio, hæ Litteræ ad ann. 787. revocandæ sunt : octavo igitur sæculo usurpata vox *Comitissa*. Id confirmant Carmen de S. Brigita a Chilieno seu quovis alio exaratum eodem sæculo, inter Acta SS. Benedict. sæc. 4. part. 2. pag. 304. et Charta Stephani Comitis, quam ex Chartario Parisiensi vulgavit Baluzius in notis ad Capitularia col. 1061. ubi sic habetur : *Ego Stephanus Christi humilis gratia Dei Comes, necnon et Amaltrudis Comitissa ... Actum ... in anno* XI. *imperii domni Karoli gloriosique Augusti*, XLIII. *regni ejus in Francia*, XXXVI. *in Italia, sub Indictione* III. Occurrit eadem vox in Bulla Johannis VIII. PP. pro Monasterio Anianensi et in sequentis ævi instrumentis passim, maxime ab initio sæculi x. quo *Comitatus* cœperunt hæreditario jure possideri.

¶ **COMITISSUS**, an Vicecomes? Mabillonius narrat lib. 49. Annal. Benedict. ad ann. 983. n. 38. Guill. Comitem Astaracens. et Arsi-Garsiam *Comitissum* multa prædia Simorrensi Monasterio restituisse; et lib. 50. n. ad ann. 988. eumd. Guillelmum Comitem prædicto Arsi-Garsiæ Comitisso quamdam Ecclesiæ S. Johannis Stauli partem vendidisse, quam tandem ambo sanctæ Dei Genitrici Mariæ Simorræ contulerunt.

1. **COMITIVA**, Comitis dignitas. *Sacri Patrimonii Comitiva*, in vet. Inscript. apud Sirmondum ad Sidonium; *Apparitor illustris Comitivæ sedis*, in Collat. Chartag. 1. Fortunatus de Vita S. Medardi cap. 6 : *Pontificatus in Ecclesia culmen, et in privatis Comitivam honoribus exercuit.* Occurrit passim in Codice Theodos. et Justinian.

COMITIVA, Idem quod *Obsequium*, Comitatus viæ, Italis *Comitiva*, *Compagnia propriamente che accompagna per honorare;* Gallis, *Suite*. Bromptonus in Henrico II : *Filio suo mandavit ut sororem suam et Comitivam ejus reverenter susciperet.* Henricus Rebdorf. ann. 1360 : *Cum solemni Comitiva armatorum illuc venientibus.* Matthæus Paris ann. 1249 : *Pro recuperatione et defensione jurium nostrorum tam in cismarinis quam in transmarinis partibus ad quas nuper misimus Comitivam, etc.* Thwrocz. : *Perrexit cum bona Comitiva militum.* [Chron. Trivetti apud Acher. tom. 8. Spicil. pag. 587. Edmundus Cantuar. Archiep. *in Comitiva sua fratres Prædicatores habebat continue.* Occurrit in Statutis Humberti Bellijoci apud eumdem Acher. tom. 9. pag. 241. in Maceriis Insulæ Barbaræ tom. 1. pag. 255. Anecd. Marten. tom. 3. col. 77. Vita B. Coletæ, etc. Adde Litteras Officialis Paris. ann. 1324. e Chartulario Montis Martyrum, ubi *Comitiva* sumitur pro pompa funebri, Gall. *Convoi : Item legavit unam caudam vini sufficienter ad potandum illis, qui sibi die obitus et die sepulturæ suæ facient Comitivam.*]

COMITIVÆ, etiam dictæ Prædatorum militarium Cohortes, quas vulgo *Societates* appellabant. *Comitiva*, *Brigata*, *Compagnia di Gente*, Italis. Bulla Urbani V. PP. apud Waddingum ann. 1364. num. 12 : *Impietas quorumdam virorum crudelium, quos sub titulo Comitivarum, seu Societatum immanitas congregavit.* Alia ann. 1365. n. 2 : *Litteras ipsas et processum, quem contra Comitivas impias fecimus vobis, per harum bajulum destinamus.* Bulla Gregorii II. apud eumd. ann. 1373. n. 8 : *Ne faciant Comitivas . . . . suis colligatis et fidelibus morituras.* Thomas Walsinghamus ann. 1366 : *Interpellaverunt auxilium Regis Angliæ contra magnas Comitivas quæ debacchabantur in Francia, etc.*

* 2. **COMITIVA**, Societas, Gall. *Compagnie*. Lit. remiss. ann. 1351. ex Reg. 80. Chartoph. reg. ch. 111 : *Ambulantes insimul et in una Comitiva per vicum sancti Martini, etc.*

COMITIUM, Placitum. Charta ann. 1123. apud Hieron. Vignerium in Stemmate Alsatico pag. 110 : *Cartam D. Leonis PP. et avi sui Gerardi fecit legere coram se ac principibus suis, quæ nihil quæstus Advocatis in familiam S. Crucis ostendit, nisi tria Comitia per annum, in quibus quidquid judicio vel decreto Scabinorum, conditionaliter fuerit conditionatum, duas partes Abbatis Villicus, tertiam partem accipiet Advocatus.* Vide *Advocatus*, *Comitiare*, et *Comitatus* 1.

* 1. **COMITIVUS**, pro *Convicinus*, ut legitur ibidem, Vicinus. Stat. ann. 1279. tom. 6. Ordinat. reg. Franc. pag. 276 : *Cum quidam probi homines, ... habentes domos circa prædictum locum, pro se ipsis omnibus et aliis Comitivis suis, juxta prædictum locum commorantibus, ... comparuissent, etc.*

* 2. **COMITIVUS**, adject. Ad *comitia* pertinens. Instr. ann. 1114. inter Probat. tom. 2. Hist. Occit. col. 393 : *Cumque augmentatione virtutum sanctus experiretur Antonius, ad Comitivas aures ejus convolavit opinio, ex qua re, quamvis mendose, vulgatum est, quod concupiscentia adepti, vellet comes vi corpus aufferre sancti.*

COMITORES, apud Catalanos, [Rhutenos et Gabalos,] dicuntur, qui in ordine Militiæ seu Vassalatus post Vicecomites, et ante *Vavassores*, recensentur in Actis antiquis. Usatici Barcinonens. MSS. cap. 2 : *Qui interfecerit Vicecomitem, vel vulneraverit, sive desonoraverit in aliquo, emendet eum sicut duos Comitores, et Comitorem sicut duos Vavassores.* Cap. 19 : *Placitare vero debent cum Comite Vicecomites, et Comitores, et Vasvassores sui, nec non et Milites ubicumque eis mandaverit infra suum Comitatum.* Cap. 71. de Curia Principis : *Sunt in ea Principes, Episcopi vel Abbates, Comites et Vicecomites, Comitores et Vasvassores, Philosophi et sapientes, atque Judices.* Vox etiam nostris nota. Tabul. S. Eparchii Inculism. fol. 75 : *Comitores de Lugerac prius condonaverant Deo et S. Eparchio illum mansum de Chasenvilla, etc.* Adde fol. 123. [Vide *Comdorii*.]

Comptores, in Charta Philippi Regis Franc. ann. 1306. pro Ecclesia Mimatensi, in Regesto Philippi Hutini Regis Fr. fol. 55 : *Et super Barones, Comptores, Castellanos et alios nobiles, etc.* Ita fol. seqq. Et in Tabulario Celsiniacensi : *Petrus Monachus de Cazlada acquisivit in guadio totum censum de obedientia S. Maximini : videlicet de annona et de denariis, et de uno de Comptoribus de Murol, de Petro Comptor, et de uxore Calixti, et donavit ipse Petrus Monachus propter hunc censum ad supradictos Comptores 60. solidos Claromontenses, ad unumquemque 20. solidos.* [Narratio de constructione Monasterii S. Flori apud Stephanotium Fragm. Hist. MSS. tom. 4 : *Amblardus de Brezons vocavit Amblardum Comptorem, et dixit ei . . . de qua re respondit Comptor Amblardo, etc.* Pluries ibi legitur indiscriminatim *Comptor* et *Comtor*. Instrum. tom. 2. novæ Gall. Christ. col. 89 : *Hugo Episc. Claromont... accepit hominium Ademari Comptoris an.* 1239. Et col. 91 : *Nobilis vir Guillelmus Comptor dominus de Apchonio recognoscit Episcopo castra d'Apchon et de Vaulmieres cum pertinentiis, etc. an.* 1267.] Vide quæ de ejusmodi *Comitoribus* commentatur Andreas Boschus in Catalania pag. 317.

¶ Comtor. Chartular. S. Illidii Claromont. ex Charta *Chastel* Comitoris anno 1215 : *Ego Chastel Comtors de S. Niteri* (Necterio) *posui in pignore decimas, quas ego emi de Milo Danglars, Monasterio S. Illidii.*

¶ Comtoria, Dignitas et feudum *Comitoris*. Sacramentalia Arnalli Vicecomitis de Castro-Bovo et Ermengaudi Comitis Urgellensis ann. 1185. in Appendice Marcæ Hisp. col. 1380 : *Et ego Ermengaudus præfatus Comes dono et laudo et concedo illam Comtoriam et castra et honores de Cabozed cum omnibus quæ ad illam jure pertinent; et precor et mando et admoneo te, ut non accipias illam Comtoriam et castra et honores per alium dominum nec per alium seniorem nisi per me, et dones mihi potestatem de ipsis castris prænominatæ Comtoriæ, sicut mos est dare potestatem castrorum, et facias mihi illud servicium, quod antiquitus Comitores de Cabozez faciebant antecessoribus meis, secundum quod illa tenueris. Et ego A. Vicecomes de Castro-Bovo accipio præfatam Comtoriam per te, et convenio et promitto tibi, ut faciam illud servitium de illa, quod exire debet, et non faciam alium dominum, nec alium seniorem, neque accipiam illam per alium nisi per te, et donem potestatem.*

COMITULUS, Comitellus, *Parvus Comes*, Joanni de Janua.

¶ 1. **COMITUS**, Præfectus navis. Vide *Comes, Comitus*, in *Comes* 2.

2. **COMITUS**, [Liber Ecclesiasticus.] Vide *Comes* 1.

¶ **COMIXIUS**, *Verbosus, loquax*. Gloss. Isid. In Pithœanis est *Camixtus*, nobis ut Grævio, æque aut ignotum, aut corruptum, nisi forte dictus sit *Commixius*, a *Comitiari*, Colloqui, de quo supra.

¶ **COMLIBERTI**. Vide *Colliberti*.

1. **COMMA**, Commaticus. Gloss. Isid. : *Commatibus, disciplinis, Commaticus, versificator.* [An huc referri potest *Coma*, quod legitur in Vita MS. sancti Wenvaloei fol. 85. : *Hujus autem Comatis, et secundum historiam et secundum etiam interiorem sensum prudentissimus rimator.*] Vide infra *Commaticus*.

* 2. **COMMA**, Locus declivis et propensus, qui in vallem desinit, idem quod *Cumba* 2. Vide ibi. Charta Guidonis episc. Lingon. ann. 1260. in Chartul. ejusd. eccl. fol. 238. r°. : *Quatuor jornalia sita in Comma Remberti, ... et decem jornalia sita in Comma dicta dou Fauguz, ... unum jornale situm juxta Commam dictam as Damoisiaus.*

¶ **COMMACINUS**. Vide *Comacinus*.

* **COMMACTORES**, *Argentarii*. Glossar. vet. ex Cod. reg. 7641. Vide *Comatores*.

¶ **COMMAGENUM**, f. Species fructus. Locum vide in *Rosum*.

* **COMMAILLA**. Charta ann. 1170. ex Chartul. S. Mart. Augustodun. : *Hugo dux Burgondiæ......... dedit Deo et S. Martino..... boscos, quos Commaillas vocant.*

COMMALLIOLARE, Malleo in ære incidere. Hygenus : *Quicumque modus limitem excedit, Commalliolari debet.*

COMMANDA, Commandaria, etc. Vide *Commenda*.

* **COMMANDA**, Depositum. Constit. Jacobi I. reg. Aragon. ann. 1269 : *Statuimus quod si quis Commandam aliquam fecerit alicui, causa portandi ipsum in uno viatico, et reversus fuerit ille, qui Commandam* (acceperit) *et fuerit insimul cum ipso, qui ipsam Commandam sibi tradiderit per decem annos continue in Barchinona, et infra ipsos annos ipsam Commandam non petierit, ipse Comendatarius ex tunc eandem petere non possit, nec habeat firmitatem aliquam nec valorem instrumentum aliquod, si quod de ipsa Commanda ostenderetur.* Vide *Commenda* 1.

* **COMMANDERIA**, Gall. *Commenderie*. Beneficium equitum Melitensium. Inventar. Chart. reg. ann. 1482. fol. 289 : *Carta dom. Karoli regis super ratificatione doni, facti ad vitam per Templarios ordinis S. Johannis Hierosolymitani Tholosæ, ... de certis domibus et Commanderiis in littera declaratis sub certis conditionibus. De anno* 1323. Charta ann. 1388. in Reg. 135. Chartoph. reg. ch. 88 : *Cum religiosis viris priore et conventu ecclesiæ beati Johannis Jerosolimitani ad unam domum seu Commanderiam, etc.* Vide *Commenda* 5.

* **COMMANDESIA**, Mandatum, jussio, præceptum. Lex Godefridi Camerac. episc. ann. 1227. art. 47 : *Nullus omnino bannus, vel præceptum, vel Commandesia, vel quocumque modo nominetur, etc.* Ubi versio Gallica : *Commandise*. Vide mox *Commandisia*.

* **COMMANDICIA**, Præstatio, quæ pro *Commendisia* seu tutela et protectione solvitur. Charta Theob. comit. Bles. ann. 1164. inter Instr. tom. 8. Gall. Christ. col. 516 : *Ita tamen, ut cum præpositus noster de sancto Deodato in festivitate sanctæ Crucis in Maio ad clientelas, quas vulgo Commandicias vocant, venerit recipiendas, etc.* Vide *Commendisia*.

* **COMMANDISIA**, ut supra *Commandesia*. Charta ann. 1280. ex Tabul. S. Autberti Camerac. : *Item cum nullus bannus, præceptio seu Commandisia, vel alio quocumque modo nominetur, in civitate Cameracensi possit fieri nisi per episcopum Cameracensem, etc.* Vide *Commendare* 3.

* **COMMANDUS**. Declarat. chirurg. pro homine de lepra suspecto ann. 1456. in Reg. parlam. Tolos. ex Cod. reg. 9879. 6 : *Quapropter ipsum* (Gourdin) *dicimus Commandum, ... ipsumque a curia elongandum....... Et en outre ont dit sur ce interrogés, que ledit Gourdin est contagieux, et que ce mot* Commandum *mis en leur dit rapport, selon les termes de médecine, veut à dire que ledict Gourdin ne doit point aller à la boucherie achepter de la chair, ne à la poisonnerie achepter du poisson, ne au marché, ne à l'église, sinon bien matin, avant qu'il y ait guerres gens, propter contagium.* Vide alia notione in *Commendatus*.

1. **COMMANENTES**, Dictæ eæ mulieres, quas Concilia συνειςάκτους vulgo vocant, in veteri Cod. apud Henric. Valesium ad lib. 7. Eusebii cap. 30.

2. **COMMANENTES**, Manentes, incolæ. Donationes factæ Ecclesiæ Salisburg. cap. 8 : *Tradidit villam... Comanentes 30. cum sylva et venatione.* Vide *Mansuarii* post *Mansus* et *Manentes* suo loco.

COMMANENTIA, Mansio, *Demeure*. Philippus Eystetensis in Vita S. Willibaldi cap. 20 : *Unanimi benignitate consenserunt, ut cum ipsis et inter ipsos, quanto tempore vellet, Commanentiam et consortium haberet.* [Peregrinus Monachus lib. 1. Speculi virginum : *Cum in hoc sæculo huic Commanentiæ non parum periculum sit, si timor et amor Christri non intercesserit.* Occurrit iterum in Vita B. Willelmi Abb. tom. 2. SS. Julii pag. 158.] [** Charta Ludov. Pii pro Monast. Schwarzac. ann. 840. ap. Guden. in Syllog. pag. 446 : *Hoc etiam ipsis petentibus concedimus, ut a villanorum Commanentia segregati, debita familiaritate secretius utantur.*]

¶ **COMMANERE**, Una manere, habitare. Legitur apud S. August. lib. 22. de Civ. Dei cap. 8. Macrobium lib. 6. Saturn. cap. 8. et Thomam *Madox* Formularis Anglic. pag. 275. etc.

¶ **COMMANES**, Iidem qui *Commanentes* seu *Manentes*, Inquilini, coloni, vel *Cotmanni*, Rustici qui in *Cotis* seu tuguriis et mansiunculis habitant. Chartular. SS. Trinit. Cadom. fol. 28. v°. : *In Dineslai... habemus homines* VIII. *quisque tenet dimidiam virgam... et* VI. *Commanes, qui tenent duas virgas, et operantur duos dies et tertia die arant, et dant quisque* VIII. *denarios.* Vide *Cota*.

¶ Commanes-Land, Possessiuncula, quam colunt *Commanes* ab Anglo *Land*, Terra, possessio. Idem Chartular. Cadom. loco citato : *Godesone tenet* I. *Commanes-Land.... Alius tenet dimidiam virgam et unum Commanes-Land, et dat per annum* VII. *sol.... David Clericus tenet* I. *Commanes-Land.*

COMMANIPULARIS, *Simul cum alio manipularis*, Joanni de Janua. Gildas de Excidio Britan. : *Sanguinarios, superbos, parricidas, Commanipulares, et adulteros, Dei inimicos. Commanipulones*, et *Commanipulatio*, apud Spartianum in Pescennio nigro. [Gloss. Isidori, *Commanipularis*,

Conscius, Collega. Papias, *Commanipularius, Conscius, Collega.* Grævius mallet, *Consocius.* Tacitus usus est voce *Commanipularis*, quæ ignota est purioris Latini amatoribus. Hi constanter usurpant *Manipularis*, ut Tacitus ipse non semel.] Vide *Manipulus.*

¶ COMMANIPULUS. Vetus Inscriptio apud Gruter. 46. 10 : *Regressi cum Commanipulis libentes votum solverunt.* Et 532. 1 : *Titus Commanipulus et heres ejus, etc.* Et 551. 4. contracte *Commaniplus.*

¶ COMMARA. Charta Roberti Nannet. Episcopi Hist. Brit. col. 348 : *De oblationibus et cofessionibus a Commaris post Pascha habitis Presbyter quartam partem habebit, Canonici et Monachi tres.* Lobinellus in Glossario Gallice reddit *Commere, Commater*, an bene?

* Hujus oblationis a *Commaris* factæ rursum mentio fit inter Redit. priorat. S. Vinc. *de Naintré* in diœc. Pictav. : *Item la moitié des offertes des Commeres.*

¶ COMMARCA, COMARCHA, ut mox *Commarchia.* Præceptum concambii Lotharii Regis cum Olberto ann. 861. apud Marten. tom. 1. Collect. Ampliss. col. 177 : *Dedit itaque prædictus Olbertus ad partem fisci nostri in Comitatu Juliacensi in Commarca Bardunbach curtilem cum arboreta unum, ac de terra arabili et prata jugera* XXXIII. Chron. Parmense ad ann. 1281 : *Et tunc fuit ordinatum per Comune Parmæ, quod datium solveretur ducentibus blavam de alieno episcopatu... et ob hoc stabant Notarii pro Communi in Comarchis, qui faciebant publica instrumenta de dicto blado conducto de alieno episcopatu.*

COMMARCHIA, Confine, limes, Gallis, *Frontiere, Comarque*, in Consuet. Solensi tit. 14. art. 27. Wibertus in Vita Leonis IX. PP. cap. 14 : *Odonem vicinæ Commarchiæ Francorum Comitem in B. præsulem Concitavit.* [Hist. Mediani Monasterii pag. 239. in Excerptis Joannis a Bayono de Abbatibus hujus Monasterii : *Quia illud oppidum in trium finibus regnorum, quas Commarchias vocant, positum, argenti pondera quæ Marchæ Francicæ vocantur, Francigenis solvebat.*] Leges Alfonsinæ seu *Partidæ*, part. 2. tit. 1. lege 11 : *Marques tanto quiere dezir como sennor de alguna gran tierra que esta en comarca de Reynes.* Vide Papebrochium tom. 3. Maii pag. 418.

COMMARCHIANI, Quorum *marchæ* vicinæ sunt. Histor. Erchemberti n. 32 : *Invitatus itaque Lodoguicus Cæsar... a Beneventanis, Capuanis, cunctisque Commarchianis ad tuitionem patriæ perditæ, etc.* Occurrit in Lege Bajwar. tit. 11. § 5. tit. 16. § 2. tit. 21. § 11. et in Chronico S. Vincentii de Vulturno pag. 695.

COMMARCHUS, seu COMARCHUS, ut habet Jo. de Janua, *Princeps super Comites.* Gloss. Lat. Gall. : *Commarchus, Prince ou Comte.*

¶ COMMARCANEUS, apud Joann. Diaconum in Actis S. Isid. Agricolæ n. 13. tom. 4. SS. Maii pag. 518.

COMMARCUS. Tabular. Deiparæ Santonens. : *Matrona nomine Hildegardis, mater Commarci Santonicæ civitatis nobilissimi Viri, fecit piscationem in flumine Carentæ super montem et tenuit eam cum filio, usque quo Franco tenuit Commarcum in capitolio in prehensione sua captivum et compeditum, quem Fulco Comes veniens Santonas, secundum seniorum patriæ judicium liberavit.* Infra vero *Commarcus* is vocatur *Gaufridus cognomine Martellus, etc.* Vide tom. 4. Analect. Mabillonii pag. 358.

¶ COMMASCULARE, Firmare, roborare, mascula quadam virtute perfulcire. Apuleius Miles. 2. pag. 290 : *His cognitis animum meum Commasculo.* Macrob. Saturn. lib. 7. cap. 11. de Servio : *Commascula frontem, et sequestrata verecundia, quam in te facies rubore indicat, confer nobiscum libere.*

¶ COMMASSARE, Massare, in unam *massam* coagmentare, Gallice *Reduire en une masse.* Venerab. Beda : *Spiritus Sanctus verbi glutino Commassata animando formavit, et forma distinxit.*

¶ COMMASTICARE, Mandere, dentibus terere, Gall. *Mâcher.* Macer Carmine 2. 15 :

Ægilopas curat, si quis Commasticet illam.

Et Carmine 4. 8 : *Commasticatæ frondes.*

COMMATER, Mulier dicitur esse ei, cujus filium vel filiam de fonte baptismatis suscepit : vel e contra, mulier *Commater* est illius qui filium suum aut filiam suam de fonte baptismatis suscepit. Lex Longob. lib. 2. tit. 8. § 5. [** Liutpr. 34. (5, 5.)] : *Nullus præsumat Commatrem suam ducere uxorem.* Ita in Capit. Carol. M. lib. 5. cap. 100. [** 167.] lib. 6. cap. 316. [** 421.] Aimoinus lib. 3. Hist. Franc. cap. 6 : *Non potero te habere conjugem, cum Commatris adepta sis nomen.* Andreas Silvius in Chronico Marcianensi : *Domina mea, ex filia baptizata, Commater tua effecta est.* Vide Concil. Rom. sub Gregorio II. PP. can. 4. Petrum Damian. lib. 2. Epist. 15. etc. *Commater spiritalis tam de sacro fonte, quam de confirmatione*, in Responsis Stephani II. PP. cap. 4. et in Concilio Wormatiensi ann. 868. cap. 34. Conciliis vetantur Monachi pueros de fonte baptismatis suscipere, *Commatres habere*, aut *facere*, apud S. Gregorium lib. 3. Epist. 40. in Concil. Autisiod. cap. 25. in Addit. Cap. 1. cap. 16. [Occurrit non semel in Statutis MSS. Augerii II. Episc. Conseran. ann. 1280.] Vide Filesaci Selecta lib. 1. cap. 3.

* Quo sensu, ut opinor, uxorem ballivi Gisortii *Commere* appellat Carolus regens in Lit. ann. 1358. ex Reg. 87. Chartoph. reg. ch. 148 : *Aians en mémoire nous grandement estre tenuz à damoiselle Aveline du Bois, nostre Commere, femme de nostre bien amé Nicolas du Bois, nostre bailli de Gisors, etc.* Quod ut minus usitatum observo. Vide infra *Compater.*

* COMMATRES appellatæ mulieres, quæ una in domo cum episcopis et clericis manebant, interdum et *Sorores* vocatæ. Chron. Guill. Burdini ad ann. 1303. inter Probat. tom. 4. Hist. Occit. col. 11 : *Querimoniæ cameræ populi hæ erant : quod domini episcopi et alii clerici....... feminas nimis juvenes in domiciliis suis haberent, quas Commatres vocant.*

* Deteriori sensu *ire ad Commatres* dixit Menotus, teste *la Monnoie* in Glossar. Burgund. pag. 184.

COMMATERNITAS, Affinitas inter *Commatres*, apud Hocsemium in Adolpho Markano cap. 3.

COMMATICUS, Incisus, brevis, ex Gr. Κομματικός. Gregorius III. PP. in Pœnitent : *Hanc Epistolam Commatico sermone perstrinximus.* Vide S. Hieron. Epist. 89. cap. 2. et Epist. 21. [supra *Comma* et infra *Commenta.*]

¶ COMMATRINA, ut *Commater*, Gall. *Commere.* Vita B. Notkeri Balbuli tom. 1. SS. April. pag. 589. D. *Si Commatrina sua domi sit, etc.*

¶ COMMATRONA, Matrona, Domina. Tertull. ad uxorem lib. 2. cap. 6 : *Nam quanto dives aliqua est Commatrona nomine inflata, tanto capacem oneribus suis domum requirit.*

COMMEARE, Iter facere, non semel in Cod. Theod. leg. 16. 23. 27. de Cursu (8, 5.) leg. 6. de Curiosis, (6, 29.) etc. Breves *Commeare* dicuntur in leg. 2. eodem Cod. de Bonis vacant. (10, 8.) cum mittuntur. *Commeandi officium*, id est, navicularii, leg. 27. eod. Cod. de Navicul. (13, 5.) *Frequentet maritimos Commeatus*, in leg. 7. eod. tit. [Verbum *Commeare* Terentio notum est et Ciceroni.]

¶ COMMEATALIS, Miles cui dabatur *Commeatus*, seu pars sibi contingens ex alimentis publicis. Justinianus Cod. de Offic. Pref. Præt. Africæ lib. 1. tit. 27. const. 2. § 9 : *Et nullum audeant Duces vel Tribuni Commeatalem de ipsis dimittere, ne dum sibi lucrum student conficere, incustoditas nostras relinquant provincias.*

1\. COMMEATUS, Idem quod *Comiatus*, de qua voce supra : Licentia, facultas rei alicujus peragendæ. Concilium Vernense ann. 755. can. 9 : *Si quis Presbyter ab Episcopo degradatus... aliquid de suo officio sine Commeatu facere præsumpserit.* Adde Concilium Compendiense ann. 757. can. 3. 13. 16. Chrodegangum Metensem in Regula Canonicorum cap. 15. Editionis vero Labbei cap. 5. ejusd. Chartam ann. 763. apud Meurissium pag. 167. Utuntur etiam Latini Scriptores veteres.

2\. COMMEATUS, Scriptoribus Christianis, est vitæ prorogatio, seu facultas vitam producendi a Deo impetrata. Passio SS. Perpetuæ et Felicitatis : *Domina soror, jam in magna dignatione es, tanta ut postulem visionem, et ostendatur tibi, an passio sit, an Commeatus.* Apud Palladium in Lausiacis cap. 86. Melania Evagrio letaliter ægrotanti impetrat a Deo χαιρὸν κομιάτου, καὶ προθεσμίαν ζωῆς, vitæ prorogationem. Paulinus in Vita S. Ambrosii, Stiliconem et Magnates ad Ambrosium ægrotantem misisse scribit, qui *persuaderent illi, ut sibi vivendi peteret a Domino Commeatum.* Marius Mercator l. Subnotat. cap. 7. [** ed. Baluz. pag. 20.] : *Si autem Deus vitæ Commeatum dederit, et ad retractandos hos optimos libros tuos:... tempus indulserit, etc.* Paulinus Nolanus Ep. 16. [nunc 20. ad Dalphinum n. 2.] : *Denique si dominus Commeatum donaverit, ut ad eum usitato solenniter nobis tempore recurramus, etc.* [Idem Epist. 50. novæ edit. ad S. Augustinum num. 14 : *Præstante mihi ac* *tibi Commeatum dierum Christo.* Et Ep. 13. ad Pammachium num. 8 : *Quia spirantis adhuc filii Commeatum poterat impetrare.*] S. Fulgentius Epist. 1. de Conjugali debito: *Sic sum repentina corporis ægritudine correptus, ut febrium violenta nimietas Commeatum mihi vitæ præsentis auferret, nisi verus animarum corporumque medicus..... dignaretur medicinæ suæ largiri subsidium.*

3. **COMMEATUS**, pro Refectione. Concilium Ænhamense ann. 1009. can. 1 : *Canonicis honor fuerit, si Commeatum in Refectorio, somnum in dormitorio capessentes, Monasterium teneant in Castitate juxta Regulæ suæ rationem, et ut justum est.*

¶ 4. **COMMEATUS.** Vectigal transeuntium. Summa proventus Monasterii Centul. inter Acta SS. Benedict. sæc. 4. part. 1. pag. 104 : *De mercato per hebdomadam* XL. *solidos, de Commeatu per hebdomadam* XX. *solidos.*

* **COMMEIANUS**, Limes, terminus. Charta ann. 1114. inter Probat. tom. 2. Hist. Occit. col. 389 : *Donamus vobis...... tertiam partem de totis placitis, de Christianis falsatoribus et latronibus, qui fuerint capti de S. Juliano usque ad crucem S. Affrodisii, ... et infra istos Commeianos, etc.* Vide *Commarchia.*

¶ **COMMEMBRATUS**, Conjunctus ut membrum corpori. S. Paulinus Ep. 44. alias 31. n. 4 : *Commembrata in Domini corpore fidei compago.*

¶ **COMMEMBRIS**, Ejusdem corporis membrum. Guibertus lib. 2. de Pignerib. Sanctorum cap. 3. § 1 : *Si enim a quolibet digne percipitur* (Christus in Eucharistia) *quid aliud quam summo illi Capiti cohærentem, per sui ipsius quam suscipit carnem, illico Commembris efficitur.* In Epistola Nuncupatoria ad eosdem libros idem Guibertus habet : *Christus in cœlo suos sibi Commembres unit.* Vita S. Columbæ Abbat. tom. 2. SS. Junii pag. 225 : *Quia Dominus Austrum nunc in Aquilonarem convertet flatum, nostros de periculis Commembres retrahentem.*

COMMEMORARE, pro *Commonefacere*, admonere, ad memoriam revocare, crebro utitur sanctus Augustinus lib. de Unitate Eccles. cap. 11. lib. post Collat. cap. 20. lib. 1. Contra Crescent. cap. 38. etc.

* Nostris *Comméemorable*, Memorabilis. Charta Joan. ducis Alenc. ann. 1444. ex Tabul. Cartus. B. M. de parco : *Savoir faisons que nous voulons à nostre pouvoir ensuivir les Comméemorables fais de nos prédécesseurs.*

1. **COMMEMORATIO.** Hanc vocem usurpant Latini Patres pro ea recitatione nominum eorum quos *Fideles* vocant, quæ fiebat in sacris Missæ Liturgiis. Avitus Viennensis Epist. 4 : *Quos si absque capitalibus culpis, in usu conjugalis copulæ dies suprema recipiat, nec damnatione dignos putamus, nec a sacrificio Commemorationis excludimus.* Adde Epistolam 11. sub finem. [Græci μνημόσυνον vocant.]

¶ 2. **COMMEMORATIO**, Anniversarium, seu officium pro defuncto celebratum. Testamentum Bertichramni apud Mabill. tom. 3. Analect. pag. 117 : *Quidquid exinde in tributum aut in suffragium annis singulis poterit obvenire, medietas ex hoc quando fuerit mea Commemoratio, aut in vestimentum aut in aurum erogetur.* Testamentum Bernardi Domini de Turre apud Baluz. tom. 2. Hist. Arvern. pag. 498 : *Item lego omnibus Sacerdotibus qui intererunt primæ Commemorationi, quæ fiet post mortem meam pro anima mea, cuilibet tres solidos et unum denarium.*

¶ **COMMEMORATIO ANIMARUM.** Vide in voce *Anima.*

COMMEMORATIONES DEFUNCTORUM, in Concilio Bracarensi can. 39. Vide *Dyptichum.*

COMMEMORATORIUM, Optato Milevitano lib. 1. idem est quod *brevis*, syngrapha, libellus. Hadrianus PP. Epist. 71. Cod. Carolini : *Obtulit nobis Commemoratorium, ut asserebat, vestræ Excellentiæ exaratum, scilicet de electione Episcoporum Ravennatis Ecclesiæ.* [Ambros. de Offic. cap. 25 : *Sit nobis vita majorum disciplinæ speculum, non calliditatis Commemoratorium*, hoc est, Inventarium. Vide Barth. Adv. 35. 22.]

1. **COMMENDA**, Depositum. Curia Generalis Cataloniæ in villa Montissoni ann. 1289. sub Alphonso Rege Arag. MS : *Statuimus quod aliqui homines non possint capi vel retineri in persona pro aliquo debito, nisi esset Commanda.* Charta Jacobi Regis Aragon. ann. 1304 : *Scriptura Commandæ seu depositi.* [Literæ Ludovici X. Franc. Regis ann. 1315 : *Cum datum sit nobis intelligi, quod Judei fuerunt a regno nostro ejecti, bonaque eorum ad manum nostram per gentes nostras posita, plura de bonis Judeorum ipsorum in inventariis super hoc confectis scripta non fuerunt, Commendeque et accusationes* (f. actiones) *dictorum Judeorum recelate, etc.* Charta Ecclesiæ Aniciensis ann. 1312 : *Andreas Chaberti Donatus Hospitalis levavit in Arragonio et aliis locis, se dicens esse Procuratorem Eccles. Anic. licet non esset, mangometas, Commendas, legata, helemosinas factas Ecclesiæ prædictæ.* Vetus Poeta MS. e Bibl. Coisliniana :

> II. mille besans li bailla,
> En son voyage s'en alla :
> Sitost comme il pot repaira,
> Sa Commandise demanda.]

Vide Foros Aragon. lib. 1. tit. de Immunitate Ecclesiar. Gesta Innocentii III. PP. pag. 106. Columbum in Manuasca lib. 2. n. 42. Foros Morlanenses cap. 11. apud Marcam in Hist. Beneharn. lib. 5. cap. 1. Foros Jaccæ apud Blancam in Comment. rerum Aragon. pag. 595. [Van-Espen. part. 1. tit. 31. cap. 7. Acherium Spicil. tom. 6. pag. 34.] etc.

* Charta ann. 1355. ex Reg. 84. Chartoph. reg. ch. 366 : *In gardia, deposito seu Commenda habere.* Stat. Vercel. lib. 2. pag. 37. r° : *Item statutum est, quod ille penes quem factum fuerit aliquod depositum vel Commenda, non possit nec debeat petere libellum, si dictum depositum vel Commenda peteretur per deponentem.* Vide supra *Commanda.*

¶ 2. **COMMENDA**, COMANDA, vel COMMANDA, Societas mercatorum, qua uni sociorum tota negotiationis cura commendatur certis conditionibus, Gall. *Société en Commendite.* Statuta Massil. lib. 3. cap. 19 : *De societatibus et Commandis : Constituimus, ut si quis alicui pecuniam, aut rem aliquam in societate vel Commanda ad certum viagium cum ea faciendum ad aliquod locum nominatum dedit, vel concessit, etc.* Passim occurrit ibi, ut cap. 20. 21. 22. 23. et 24. ejusd. libri, et cap. 16. lib. 2. § 11. Vide *Commendator* 1.

3. **COMMENDA.** Dare in *Commendam*, vel *Commendare*, Prædia, ac beneficia Ecclesiastica vel Monastica sæcularibus vel aliis fiduciario jure concedere. Gloss. Græc. Lat. : Παρακαταθήκη, *Commendatio.* Παρακατατίθημι, *Demando, Commendo.* Παρατίθημι τὸ φυλακτησόμενον, *Commendo, depono.* Luithprandus lib. 4. cap. 3 : *Commendavit illi, seu, quod verius est, in escam dedit Ecclesias.* Tabularium Abbatiæ Conchensis in Ruthenis Ch. 13 : *Vetamus autem, ut nullus homo aut femina in ipsum jamdictum alodem guardam nec Commandum neque nullam tultam non habeant, nisi solus Dominus, et beatissima virgo Fides, et Monachi Conchacensis Monasterii.* Ch. 29 : *Et illum meum alodem, quæ habeo in Sentres, et tota Commanda, et boscos, et pratos, etc.* Ch. 250 : *Illam terram de Condadense, quæ est sancti Salvatoris et sanctæ Fide de Conchas, mittimus in Commanda Bernardo de Nuiago, et filio suo Umberto etc.* Radulphus de Diceto ann. 1176 : *Ecclesiam Carnotensium indulgentia Domini Papæ tempore longo Commendatam obtinuit.* Vita Benedicti XII. PP. : *Revocavit omnes Commendas factas per prædecessores suos de Ecclesiis Cathedralibus et Abbatiis, quibuscumque personis, Cardinalibus et Patriarchis duntaxat exceptis.* Chronicon Senoniense cap. 20 : *Omnes obedientias fere ita sibi retinuit, ut nullus Monachorum statum Monasterii... scire posset; unde in aliis locis quæcumque habebat, Commendabat.* Atque ita vox *Commenda* accipi debet tom. 13. Spicilegii Acheriani pag. 355. Vide Ingulphum pag. 871.

¶ IN COMMANDUM MITTERE, Eodem significatu. Chartularium Matisconense fol. 150 : *Gislebertus Monetarius in Commandum misit vineam sitam in Fontanillas Canonicis S. Vincentii, eo tenore ut si eam vendere necesse habuerit, nulli liceat eam vendere nisi dictis Canonicis.*

* HABERE PER COMMENDAM, Ea ratione possidere. Charta ann. 1162. inter Probat. tom. 2. Hist. Occit. col. 588. : *Et illud* (castrum) *debemus habere et tenere a te et Rogerio filio tuo, et ab omni vestra posteritate per Commendam.* Vide infra *Commendatio* 1.

Commendarum auctorem fuisse aiunt Leonem IV. PP. sed qui eum ab hoc abusu eximere conantur, eas revera excogitasse propter irruptionem et invasionem Saracenorum, et deprædationem Siciliæ, et maximæ partis Italiæ, in gratiam Episcoporum et Clericorum, qui suis Ecclesiis pulsi erant : factumque postea ut abusus iste longius serpserit et propagatus fuerit.

☞ De hoc abusu vehementiori stylo multa scripsit Auctor libelli cui titulus : *L'Abbé Commendataire.* Insimulari non potest Gregorius Magn. Sanctissimus Pontifex, qui Ecclesias propriis Præsulibus orbatas plerumque commendavit Episcopis vicinis, aut exsulibus concessit administrandas, dum eis legitimum propriumque provideret pastorem, exsulesque propriis redderet Ecclesiis. Sed longe alia fuit ratio commendarum, secundæ stirpis Regibus in Francia imperantibus. Tum non solum Episcopis plures Ecclesiæ, sed laicis etiam potentioribus commendabantur Monasteria a suis *Commendatariis* plerumque expolianda. Cessavit ille abusus, huicque novæ successerunt *Commendæ*, non ad spiritalem Ecclesiæ, sed ad temporalem *Commendatariorum* utilitatem excogitatæ. Juxta Leonis X. Papæ cum Francisco I. pactionem Rex Franc. designat *Commendatarios*, quibus Abbatias vel Prioratus conferat Romanus Pontifex, hac in re pro auctoritate sua *Commendatarios* solvens antiquis canonibus, qui hujuscemodi commendas non patiebantur. Verum notior res est, quam ut in illa exponenda diutius immoremur. Vide *Commendatarius*.

COMMENDARI dicebantur prædia, vel feuda, quæ ad vitam et ad tempus utenda alicui concedebantur. Pactus Legis Salicæ tit. 72 : *Si quis alteri avitam terram suam Commendaverit, et ei noluerit reddere, etc.* Will. Malmesbur. lib. 2. de Gest. Reg. Angl. cap. 7 : *Provincia quæ vocatur Cumberland, Regi Scotorum sub fidelitate jurisjurandi Commendata est.* Vide Henricum Huntindon. lib. 5. pag. 355. Hugonem de Cleeriis, etc. Guillelm. de Podio-Laurentii cap. 40 : *Comes Tolosanus dictam terram.... Comiti Fuxensi tenendam tradidit ex Commenda, reddendam ei quandocumque requireret sine mora, et eam in vita sua tenuit usque modo.* Adde cap. 45. Charta ann. 1218. in Regesto Carcassonensi fol. 9 : *Noverint, etc. quod nos Amalricus Dei Providentia Dux Narbon. Comes Tholos. et D. Montisfortis tradimus in Commenda dilecto et fideli nostro Stephano Ferriol castrum de Monteastruc, salvo in omnibus jure nostro, et ipse sub sacramento nobis facto ab ipso, nobis promisit quod in castrum illum non receptabit Pontium Manerii vel aliquem alium de inimicis nostris, etc. Et ego Steph. Ferriol recognosco me recepisse castrum de Monteastruc de Commenda dicti D. mei Amalrici, .. salvo in omibus jure suo, et promisisse ei sub sacramento homagii a me sibi facti, quod in dicto castro, etc.* Alia Charta Bernardi de Mercorio mens. Januar. ann. 1226 : *Not. fac. etc. quod D. Ludovicus Rex Franc. etc. mihi concessit castrum suum Gredonense cum omnibus pertinentiis ejus et cum omnibus illis quæ pertinent ad Vicecomitatum Gredonensem tenenda de eod. Dom. Rege per totam vitam meam et post decessum meum hæc omnia ad ipsum... revertentur.* Diplomatis titulus ita concipitur, *De recognitione D. Bernardi de Mercoria de Commenda Castri et Vicecomitatus de Greiza ad vitam suam a Dom. Rege sibi tradita.* Ejusmodi *Commendarum* aliæ habentur formulæ ac diplomata in eodem Regesto fol. 38. et in Regesto Viennensi fol. 59. [Instrum. anni circiter 1297. tom. 2. novæ Gall. Christ. col. 453 : *Quo facto Episcopus reddidit ei dictas claves, dicendo : Commendo vobis istas claves et custodiam reparii hujus de Torcio, quousque nos vel successores nostri huc venientes, eas a vobis requiramus; qui Dominus eas hoc modo recepit.* Instrumentum anni 1394. quo Maria Regina et Comitissa Provinciæ mittit F. *d'Arcussia* in fiduciariam possessionem locorum *Auzet, Salignac, etc.* e Camera Comput. Provinc. Regest. *Armorum* fol. 70 : *Tradimus et assignamus ac damus, concedimus et donamus, ac pro se ac suis transferimus in eumdem in tenesonem et Commendam*; id est, lege fiduciariæ possessionis et non definitivæ seu absolutæ : quare in altero Instrumento anni 1490. quo Carolus VIII. ejusdem *Arcussiæ* successores in absolutam mittit illorum locorum possessionem, eadem loca dicuntur *Terres laissées en tenue et Commende.*] Willelmus *Guiart.* in Philippo Augusto :

Si ravoit en sa Commandie
La Duchée de Normandie.

Ut plurimum autem commendabatur feudum a vassallo, cum in longinquam aliquam expeditionem, aut peregrinationem, non continuo reversurus, pergebat : ut esset qui eo absente et militiam, et alia feudalia servitia Domino exhiberet, ne in commissum eorum defectu feudum caderet. Bifariam vero commendabatur feudum a vassallo : interdum enim Domino ipsi, quandoque extraneo. Prioris Commendationis meminit Tabularium Monasterii Longi-Pontis in diœcesi Paris. : *Dom. Guido Trossellus, postquam terram suam in manu Dom. Ludovici Commendavit, eum subnixe rogavit, ut Ecclesiam sanctæ Mariæ de Longoponte ejusque habitatores custodiret, et omnes consuetudines et res quas ubique habebat, sicut in diebus suis, et decessorum suorum tenuerat, liberas et immunes esse concederet. Cujus precibus cum omni humilitate Dominus Ludovicus libentissime annuit, etc.* Charta Ottonis Ducis Meraniæ et Comitis Burgundiæ ann. 1225. in Tabulario Campaniæ Tuano fol. 313 : *Nos non possumus Commendare Comitatum Burgundiæ alicui, neque ponere extra manum nostram, nisi in manum Comitis Campaniæ.*

Prioris istius Commendationis rationem pluribus exponunt Assisiæ Hierosolymitanæ MSS. cap. 182 : *Qui se veaut partir dou païs, ou en aucune autre maniere laisser son Fié, il le doit commander au Seignor : car la Commande est plus seure chose; et mains y a de peril que l'extraier, par tel raison que se home commande son Fié, par l'assise et l'usage du Roiaume de Hierusalem, il le peut ravoir aprés un an et jour, toutes les fois que il le requerra sans autre amende que le Seignor y peut avoir, se il ne li comandoit au point que il fu semons d'aucuns des semonces, que aprés son dites, par que on pert son Fié toute plevine qui en deffaut, et se le Seignor l'a en sa main par la comande, et aucun autre se veaut mettre, le Seignor le li doit garentier, que autre ne s'y met. Et qui commande son Fié au Seignor ou à son baill, par l'assise et l'usage doudit Royaume, le Seignor, ou le baill à qui lon le comande, le doit recevoir, ou dire que il ne veaut le Fié recevoir, se Court ne l'esgarde que recevoir le doie, et dire aucune raison pourquoi. Car il est plus seure chose au Seignor de recevoir le par esgart de Court, ou par connoissance, que autrement, etc.*

Non poterat tamen vassallus feudum suum domino *Commendare*, cum ab eo ad aliquod servitium erat submonitus : quia commendatio ista dolo facta præsumebatur. Infra : *Ne il ne le peut comander par raison, puis que il est semons de service, tant com celle semonce dure.* Quod cap. 255. et 256. pluribus exponitur. Ratio autem quare vassallus commendatum domino feudum ab eo repetere non poterat, nisi post annum exactum, ea erat, ut nullum domino ejusmodi commendatio damnum afferret, et ut dum feudi reditibus fruitur, suis sumptibus, si aliqua necessitas urgeret, quempiam qui feudum deserviret, præficeret : unde si dominum intra anni curriculum contingeret decedere, licebat hæredi reliquo anni tempore feudum commendatum tenere : ut e contra, si vassallus intra annum fato fungeretur, illius hæres feudum, nisi exacto anno repetere non poterat. Denique licet ad plures annos feudum posset commendari, ea tamen commendatio vassalli vitam non excedebat.

Atque hinc percipimus, cur Guillelmo Episc. Parisiensi, in Terram Sanctam profecto, anno 1102. Ecclesiæ Regalia in manu Regia remanserint, cum quoad spiritualia vicarios constituisset, uti docemur ex Tabulario Maurigniacensi ch. 90. in qua hæc habentur : *Hanc rem confirmaverunt Stephanus Archidiaconus, Fulco Decanus, Rainaldus Archidiaconus, in quorum manu Guillermus Episcopus dimisit curam et providentiam Episcopalium rerum.* Et sub finem : *Tempore quo hæc firmata sunt, erat in Hierusalem Guillermus Parisiorum Episcopus, et Episcopatus erat in manu Philippi Regis, qui benigno animo hæc omnia concessit, et regali auctoritate firmavit, etc.*

Jure denique Aragonum licebat vassallo feudum ad tempus Domino commendare, quo durante, ab omni servitio liber erat, licebatque ei non aliis modo sed et Regi guerram facere : super qua re audiendus Eximinus Salanova Justitia Aragonum : *Per quem forum habes qualiter potest infancio se expedire a domino Rege, dimittendo beneficia Regi, si quæ tenet ab eo, et Commendando uxorem, filios, et bona sua fidei Regis, quam expeditionem et Comandam debet Rex recipere, et custodire fideliter, sicut dominus naturalis; qua expeditione facta, potest cum alio, vel aliis, guerram Regi facere : salvo quod non potest ignem in terram Regis apponere : et si ad campale bellum cum aliquibus venerit contra Regem, debet transire in adjutorium Regis cum equo et armis.* Vide Foros Aragon. lib. 6. tit. de Conditione Infantionatus, et tit. seq. Præterea lib. 7. tit. de Omnibus locis, etc.

¶ 4. **COMMENDA**, Protectio. Litteræ Jacobi Regis Aragon. insertæ in Epistola Clementis IV. PP. ann. 1268. apud Marten. tom. 2. Anecd. col. 595 : *Noverint universi, quod nos Jacobus Dei gratia Rex Aragonum... constituimus in nostra protectione et custodia, Commenda et nostro guidatico speciali vos venerabilem et dilectum nostrum Remundum, et per eumdem Abbatem Monasterii Crassensis, et vestrum Monasterium cum castris, villis, etc.*

* Nostris *Commande*, eadem notione. Libert. pro hominibus *de Boussac* ann. 1427. in Reg. 178. Chartoph. reg. ch. 42 : *Après qu'ilz auront demouré quatre ans* (à

Boussac) *ilz seront tenuz de nous paier Commande, comme les autres de nos hommes et femmes.* Alio sensu occurrit, in Lit. remiss. ann. 1418. ex Reg. 170. ch. 233 : *L'un desdiz varlez, qui besongnoit avec le suppliant* (tisserant) *dist à ladite femme : Maistresse commandez ceste Commande, en lui monstrant un fil de laine qui estoit rompu, et lui voulant dire qu'elle noast ledit fil.* Vide infra *Commendia.*

Commenda, Comanda, Præstatio quam Libertus [ac forte alius quivis Cliens] pro jure tutelæ Patrono suo exsolvit. Charta Guigonis Comitis Nivernensis et Forensis ann. 1229 : *Cum aliqui homines de villa S. Regneberti censum sive Comandas nobis olim super suis capitibus contulissent, nos ea quitavimus et gurpivimus Priori S. Regneberti, etc.* Charta ann. 1278. apud Thomasserium in Consuetud. Bituric. lib. 1. cap. 68 : *Salvis similiter et retentis nobis... duobus denariis de Commenda, semel in anno solvendis a quolibet uxorato, etc.* Alia ann. 1285. apud eumdem cap. 70 : *Quoties vero aliquis ab extra venerit, et voluerit esse homo noster, in signum homagii solvet semel in vita Priori dicti loci 2. den. de libera Commenda.* Vetus Notitia : *Anno Dom. 1285 : Cum dominus Simon Archiep. Bituricensis esset apud S. Nazarium die Martis post festum S. Michaelis, Gaudinus Dominus de Ramefort, filius et hæres Gaufridi Lobe, de Remefort quondam Domini, Militis, concessit coram Domino literas manumissionis centum puellarum, quas pater suus manumitti jusserat in terra sua de Maignec et de Remefort, ab omni tallia et Commenda. Cui manumissioni consenserunt coram nobis executores dicti defuncti.* [Charta anni 1058. ex Archivo S. Victoris Massil. armar. Ruten. n. 2 : *Donamus etiam... Comandam et convenientiam quam habemus in uno manso, quod nullus potest dare aut impignorare nisi nobis, et unum multonem in ipso manso.*] Consuetudo localis Castellinovi in Biturigib. tit. 22 : *Sont tenus lui paier par chascun an 4. den. T. en reconnoissance, qui s'appelle la Commande.* Tabular. S. Theofredi in Velavis : *Demisit Commendam, quam exigebat in ipsa villa, etc.* Vide eumdem Thomasserium ibid. pag. 127. et 150.

☞ Singularem hic addam Werpitionem, quam exhibet Mabillonius sæc. 6. SS. Benedict. part. 1. pag. 648. ubi non video quid sit *Comanda* nisi præstatio pro jure tutelæ, quam sibi Boso arrogabat in Polliaco; sed Lector ipse judicet : *Venit Boso ad Placitum, ubi cum Geraldo Comite erant nobilissimi homines, et juravit Boso hoc sacramentum, ita dicens manu sua propria : Ego Boso, nec meus conductus, me jubente, homo nec femina ad meam artem, nec ad meum ingenium, in Polliaco nec in ejus obedientia Comandam non requiram, prensionem nullam faciam de bove, vacca, etc. Et si ego vel meus conductus homo vel femina aliquam Comandam vel prensionem fecerit, post quindecim dies postquam sciero, vel ad rationem missus fuero per te, Geralde, vel per tuos missaticos, sive per Abbatem qui modo est, vel per ipsum qui in antea erit, et per Monachum qui ipsam obedientiam tenuerit, captam emendabo, et postea ad tuam misericordiam, Geralde, veniam, sive ad Abbatem vel Monachum, qui modo est vel in antea erit.* Vide *Commendatio* 2.

¶ Comandia, Eadem notione. Tabularium S. Petri Vosiensis fol. 31 : *Gautbertus de Malamort dereliquit Deo et S. Petro Apostolo Vosiensi in vita et in sanitate sua totam Comandiam, quam in villa quæ vocatur Orgot habebat... Similiter quoque Girbertus uno eodemque modo eandem Comandiam B. Petro Vosiensi dimisit.... Deinde quidem Elias.... Gausberti nepos hujus Comandiæ particeps et par Dominus... fecit guirpitionem de ea.*

¶ Commandaria, Eadem significatione. Antiq. Recognit. in Regesto *Probus* fol. 60. et 61 : *Petrus Cosunneuz debet Comiti de Commandaria* 1. *em. avenæ. Petrus Jordanz debet pro eodem* 1. *maut avene... Homines de Montsecerox debent Comiti pro garda* 5. *sextar. Vienn. avenæ, etc. Summa avenæ de garda et Comandaria* 30. *sextar.*

¶ 5. **COMMENDA**, Beneficium equitis Templarii, Gall. *Commenderie.* Notitia Ecclesiæ Mazarensis apud Roccum Pirrum Siciliæ sacræ pag. 548 : *Alii vero ex antiqua relatione testati sunt hunc Equitem appellari Guerregium, qui cum aliis tribus Templariis ex sua Commenda in Suria, metu Saracenorum, signum istud B. Virginis in navi transferendum in Italiam patriam suam curavit.*

¶ 6. **COMMENDA**, Certæ preces pro defuncto faciendæ. Necrologium Monasterii Josaphatensis apud Mabill. tom. 2. Analect. pag. 562 : *Unde ad perpetuam rei memoriam in nostro Capitulo generali statutum est, ut in hac die sollemne anniversarium cum Commenda et Missa sollemni et in fine* Libera *tumulum ejus perpetuo celebretur.* Vide *Commendationes.*

¶ 7. **COMMENDA**, vel Comanda, Commodatum, Gall. *Prêt.* Statuta Arelat. MSS. art. 128 : *Item statuimus quod quandocumque exeatur ad arma vel cavalcatam, nullus quidem civis possit ducere duos equos nisi essent sui vel habeat eos ex causa Comande ab extraneo et non a cive.* Versio Gallica, *S'ils ne lui appartiennent ou qu'ils les aiet en prest, etc.*

* 8. **COMMENDA**, Cautio, fidejussio. Libert. villæ Brager. ann. 1334. in Reg. 68. Chartoph. reg. ch. 330 : *Item si dicta vulnera judicentur immortalia, dictus burgensis tradatur ad recredentiam vel in Commendam.* Vide infra *Commendator* 3.

* 9. **COMMENDA**, Eleemosyna, munus sponte oblatum. Regest. capit. eccl. Carnot. ad ann. 1518 : *Ordinavit capitulum quod, ... pro reponendo Commendas ecclesiæ, fiat repositorium secundum protractum in capitulo exhibitum.*

* **COMMENDABILITER**, Laudabiliter. Epitaph. card. Guill. de Longhis ann. 1319. in Hist. sacr. Bergam. part. 3. pag. 30 : *In quo* (cardinalatus honore) 25. *annis Deo et ecclesiæ Commendabiliter militavit.*

* **COMMENDAMENTUM**, Mandatum, jussio, Gall. *Commandement.* Tabul. S. Albani Andegav. : *Parata fuit probare, videntibus multis, ipsa aut alius per suum Commendamentum judicio legali, etc.* Vide *Commendare* 3.

¶ 1. **COMMENDARE**, Dare in commendam. Vide *Commenda* 3.

2. **COMMENDARE**, Rem mutuo dare, apud alium deponere, Gloss. Lat. Græc. : *Commendavit*, παρακατέθετο. Gregorius Turon. lib. 7. Hist. cap. 22 : *Quod vero Commendatum habuit, publicatum est.* Capitula Caroli Calvi tit. 32. cap. 5. [** ap. Tusiacum. ann. 865.] : *Si ad casam Dei aliquid Commendatum habent, ipse Episcopus, vel rector Ecclesiæ, ubi Commendatæ sunt, aut illis præsentaliter in præsentia Missorum nostrorum reddant qui eas Commendaverant, etc.* [Litteræ Ludovici Jun. Regis Franc. ann. 1145. quibus pravæ consuetudines urbis Bituric. abrogantur : *Statutum vero a patre nostro est, ut quicumque ad urbem venerint et ibi stare vel res suas Commendare voluerint, ipsi cum rebus suis in eundo et redeundo sint securi, et si eorum dominium vel castrum unde venerint, cum regia Majestate male fuerit, nihil eis nocebit.* Eadem repetit Ludovicus VIII. in earum Litterarum confirmatione ann. 1224.] Adde Legem Alaman. tit. 5. §. 1. Bajwar. tit. 14. cap. 4. Longobard. lib. 2. tit. 27. [** Liutpr. 131. (6, 78.)] etc.

¶ Commandare, Eadem significatione. Literæ Caroli primogeniti Johannis Franc. Regis ann. 1357. apud D. *Secousse* tom. 3. Ordinat. Reg. pag. 204. num. 6 : *Si quis habitantium in dicta Villa moriatur sine testamento, nec habeat liberos, nec appareant alii heredes, qui sibi debeant succedere, Baillivus dicti Domini nostri et Consules dicte Ville bona deffuncti, descripta tamen, Commandabunt duobus probonis* (probis) *hominibus dicte Ville ad custodiendum fideliter per annum et diem ; et si infra eumdem terminum appareat heres, qui sibi debeat succedere, omnia bona debent integraliter sibi reddi, alioquin bona mobilia dicto Domino tradantur et etiam immobilia, etc.*

* Gall. *Consigner.* Charta Balduini comit. Fland. ann. 1116. inter Libert. monast. Elnon. : *Vadium etiam, si pro qualibet forisfactura acceperit ab aliquo, non alibi quam infra curtim S. Amandi Commendabit.*

3. **COMMENDARE**, Mandare, præcipere ; *Commendatio*, præceptum, mandatum, *Commandement*, in Capitulis Caroli C. tit. 28. tit. 30. cap. 6. tit. 31. cap. 2. 23. 24. [** Edict. in Carisiac. ann. 861. Convent. ad Sablonar. ann. 862. Edict. Pist. ann. 864.] Leges Henrici I. Regis Angl. cap. 8 : *Nemo ignotum vel vagantem ultra triduum absque securitate detineat, vel alterius hominem sine Commendante vel plegiante.* Hinc potuisset Seldenus cap. 46. Legum Willelmi Nothi interpretari : *Nuls ne receit hom ultre 3. nuis, si cil ne li Comand od qui il fust avis.* Id est, nisi ei præcipiat ille cum quo venit : quo casu legendum fuerit *vehis*. [** in cod. *ainz* a latino *ante.*] [Tabularium Montis S. Michaelis : *Ego Ansgerius et Herveus frater meus, Commendavimus facere istam cartam.*] De hac voce vide Jac. Gotof. ad leg. un Cod. Theod. Quod jussu. (2, 31.)

¶ 4. **COMMENDARE**, perperam pro *Contramandare*, in Charta ann. 1153. apud Acherium tom. 11. Spicil. pag. 338. et apud D. *Brussel* tom. 1. de Feudorum usu pag. 275. et 276. Vide *Contramandare.*

¶ 5. **COMMENDARE** nude, Pro aliquo preces fundere. Vide *Commendationes.*

¶ Commendare Antiphonam dicitur

Cantor, cum prima illius verba præcinit alteri, qui eam canere incipiat. Ordo Canonicorum S. Laudi Rotomag. XIII. sæc. : *Hanc antiphonam* Genuit puerpera, *et tres sequentes Cantores hebdomadarii Commendant, et omnes sine pneumate finiuntur.* Vetus Consuetudinarium Monasterii S. Marcellini Cantagilensis : *Cantor qui regit chorum Commendat antiphonam de Magnificat ad Sacristam quam debet dicere.* Occurrit semel et iterum in Regula Toribii Archiep. Limæ tom. 4. Concil. Hispan. pag. 668. col. 1. pag. 669. col. 1. et 2.

COMMENDARE ECCLESIAM dicuntur Patroni Laici Ecclesiarum, qui Presbyteros ut in iis munia Ecclesiastica obeant, Episcopis offerunt, in Concilio Salegunstadiensi ann. 1022. can. 13. Vide Concilium Bituricense ann. 1031. cap. 22.

¶ COMMENDARE PER CERAM ET SETAM. Vide in *Cera.*

*6. **COMMENDARE** SE, Tutelam seu protectionem alicujus advocare. Vide infra in *Commendatio* 2.

COMMENDARE SE AD CURTEM REGIS, in Lege Longobardor. lib. 2. tit. 11. §. 1. et 3. [** Rothar. 195. et 197.] dicitur puella libera, de crimine accusata, cum illius protectionem ac *mundium* implorat.

¶ COMMENDARE SE IN VASSATICUM. Vide infra *Commendatus.*

*7. **COMMENDARE**, Indicare, nuntiare. Cerem. vet. eccl. Carnot. : *Duæ lectiones Commendantur, et primam legit ille, cujus est septimana evangelii.* Chartul. ejusd. eccl. ann. circ. 300 : *Debet* (matricularius) *per parvam pulsationem parvæ campanæ completorium Commendare.*

¶ **COMMENDARIA**, Præstatio pro tutela. Libertates Gratianopoli concessæ ann. 1244. Hist. Dalphin. tom. 1. pag. 23. col. 1 : *Item statuimus ne aliquis ex civibus nomine Commendariæ sive gardiæ alicui de civitate donet aliquid, vel dare conveniat, et si repertus fuerit, tam dans, quam accipiens viginti solidos Curiæ dabit.* Permutatio Castri de Bellacumba cum Castro de Varsia inter Humbertum Dalphinum et Aymericum de Briançone, ejusd. Hist. tom. 2. pag. 50. col. 2 : *Item fuit actum... quod non potestis aliqua quoquo titulo acquirere infra territorium et mandamentum Castri de Varsia, guardas vel Commendarias recipere, vel receptas retinere, nec homines dicti mandamenti in civitatibus vel villis affranchitis, vel homagia seu fidelitates eorum recipere, vel receptas retinere.* Vide *Commenda* 4. et *Guarda* 1.

COMMENDARIUS, Qui aliquem in *Commendatum*, seu in suam tutelam suscipit. Charta Aldegastri, filii Sylonis Regis Ovetensis, ann. 781. apud Sandovallium : *Et nullis ex eis tamen damus licentiam neque potestatem ullum dominum accipere, neque habere Commendarium, nisi soli Deo et B. Mariæ matris ejus, et Abbatem et Monachis in loco isto sancto de Obona Deo servientes, etc.*

¶ 1. **COMMENDATARIUS**, in Jure Canonico dicitur Oeconomus Ecclesiæ seu beneficii ecclesiastici vacantis, dum ipsi de legitimo pastore vel possessore provideatur. Ad sex menses vulgo protrahi poterat ille Oeconomatus. Cum Ecclesiæ vacans erat sedes episcopalis, illius administratio et cura fere Episcopo viciniori secundum jus antiquum credebatur. Hic appellabatur Episcopus *Commendatarius.* Posterioribus vero sæculis regnante *Commendarum* abusu, *Commendatarius* dictus est Episcopus, qui plures simul Ecclesias obtinebat, unam cujus erat *Titularis*, alteram aliasve quas *Commendatarius* administrabat, ut plurium posset Ecclesiarum una fructus percipere. Ne plurium Ecclesiarum unus esset Episcopus Canones prohibebant : ne violarentur hæ sacræ regulæ, una nomine *tituli*, altera nomine *commendæ* possidebatur. Hæc religio temporum. Reversales Christophori Episcopi Pataviensis pro Johanne Episcopo Vespriniensi ann. 1397. apud Ludewig. tom. 4. pag. 317 : *Dominus Johannes Episcopus Vespriniensis Viennensisque Ecclesiæ perpetuus Commendatarius.* Charta Johannis de Bavaria electi Leodiensis Episcopi ann. 1398. apud Miræum tom. 2. pag. 893. col. 1 : *Per dominum Leodiensem Episcopum Commendatarium Cameracensis Ecclesiæ supradictum.* Vide *Commenda* 3. et *Comedentarius.*

¶ 2. **COMMENDATARIUS**, in Monasterio Sandionysiano. Vide infra *Commendatorius.*

¶ 3. **COMMENDATARIUS**, Custos carceris. Concil. Salmant. ann. 1335. cap. 8 : *Nonnulli Commendatarii seu Carcerarii ab iisdem Clericis sic carceratis extorquent pecunias et alias res... injuste.* Vide *Commentariensis* 1.

¶ 4. **COMMENDATARIUS**, Mercator, etc. Vide *Commendator* 1.

COMMENDATELA, Præstatio pro tutela, in Tabulario S. Cyrici Nivern. Ch. 94. Vide *Commendatio* 2.

¶ 1. **COMMENDATIA**, Concessio beneficii seu feudi ad vitam, *Præstaria.* Hujus formula habetur in Formulis veteribus apud Bignonium pag. 409. 1. Edit. Domesdei apud Spelmannum : *Ibi liber homo Edrici Commendaciæ* (tenet) *20. acr. et 3. bordar. et dimid. car. sil. ad 10. porc. et valet 5. sol.* Vide *Commenda* 3.

2. **COMMENDATIA**, Idem quod *Commendisia*, in Gestis Consul. Andegav. cap. 11. num. 3. et in Charta Joannis D. Balgentiaci ann. 1196. in probat. Histor. Blesensis pag. 16.

1. **COMMENDATIO**. Lex Longobard. lib. 2. tit. 44. § 2. [** Carol. M. 100.] : *Cæteri vero homines liberi, qui vel Commendationem, vel Beneficium Ecclesiasticum habent.* Id est, qui domino alicui se commendarunt, accepto ab eo beneficio, seu prædio.

* Beneficium, seu prædium jure fiduciario concessum. Charta ann. circ. 1027. ex Tabul. S. Albini Andegav. : *Fuit quidam Rainardus,... qui tenuit Commendationem a seniore suo Gelduino, ipsius oppidi domino, etc.* Vide supra *Commenda* 3.

2. **COMMENDATIO**, Tutela, protectio. *In Commendationem* autem potentiorum, se et res suas *ponebant* inferioris conditionis homines, ut essent qui se et sua tuerentur et protegerent contra inimicos aut bonorum invasores, iisque in tuitionis mercedem alicujus census pensitationi sese adstringebant. Vetus Charta apud Duchesnium in Hist. Ducum Burgund. pag. 52 : *Philippus Abbas Ecclesiæ S. Benigni... villam prope Divionem, quæ dicitur Longus vicus... Hugoni Duci Burgundiæ in Commendationem posuit pro centum solidis annuatim solvendis, etc.* Alia Theobaldi Comitis Blesensis ann. 1148. in Tabulario Vindocinensi Thuano fol. 203 : *Robertus Abbas volens devitare injurias et infestationes malefactorum, posuit in Commendatione mea duas villas suas quas habebat in partibus Vindocinensibus, 10. solidos Blesensis monetæ mihi reddendo ad festum S. Joannis Baptistæ,... pactum etiam fuit, quod ego vel hæredes mei Commendationem illam de manu nostra non ejicerimus, alicui eam tribuendo.* Ejusmodi præstatio

COMMENDATIO passim dicitur. Tabular. S. Albini Andegavensis : *Vicecomes de Toarcio expetebat Guardam, quam Commendationem vocant, de villa, quæ dicitur Brociacus. Quare Losdelinus Monachorum Præpositus de Maírono Vicecomitem Haimericum adiit, fecitque hac de re tale placitum cum eo : Monachus de Brociaco dabit per singulos annos ad Pascha 5. solidos de Commendatione Vicecomiti : qui solidi si ipso die Paschæ redditi non fuerint, ad 8. dies reddentur sine lege. Igitur pro hac re promisit Vicecomes prædictus supradictam villam, et omnes homines ipsius villæ se ubique servaturum, et etiam ipsos homines de Brocaco, qui morantur in burgo Monachorum apud Mosteriolum, custodiet euntes et redeuntes, quamdiu de Brociaco fuerint, etc.* Tabular. S. Cypriani Pictav. : *Neque bidannum, neque alium debitum ab illis hominibus, qui habitaverint, exigant, solummodo Commendationem salvum faciendi, propter amorem Dei nobis retinemus, etc.* Charta ann. 1076. apud Duchesnium in Hist. Ducum Burgundiæ : *Salvamentum sive Commendationem quam in Nerontis villa accipiebant.* Alia Gaufredi Comitis Andegavensis in Tabulario S. Laudi Andegavens. : *Et de tertio sive lembo, sive, navi, unum sextarium salis, et dimidiam partem Commendationis.* Alia ejusdem Comitis in Gallia Christ. Sammarthanorum tom. 4. pag. 394 : *Commendatio vinearum, Commendatio asinariorum vinum deferentium.* Vide *Salvamentum.*

* *Commandacion*, eadem acceptione, in Lit. ann. 1377. tom. 6. Ordinat. reg. Franc. pag. 318 : *Constitua encor ledit conte, que chevaliers ne aulz autres, aucun homme de ladicte ville, pour aucune convenance ou pour autre cause, ne pourroit revoquier de ladicte ville, se il n'estoit son homme de corps, ou qu'il eust en icellui aucune ancienne Commandacion, etc.*

* COMMENDATIONEM REDDERE, Tutelæ seu protectioni alicujus nuncium remittere. Charta Guill. comit. Nivern. ann. 1165. inter Probat. Hist. Autiss. pag. 22. col. 2 : *Si homines S. Germani se commendarint Bucardo, quandiu voluerint commendati sui erunt ; et cum inde exire voluerint, Commendationem reddent, et postea commendati sui non erunt.* Vide mox *Commendatus.*

3. **COMMENDATIO**, Mutuatio, in Legibus Henrici I. Regis Angl. cap. 45. Vide *Commendare* 2.

¶ COMMENDATIO ECCLESIÆ, Qua Patronus Laicus Episcopo præsentat Presbyterum, qui in Ecclesia, cujus Patronus est, munia obeat Ecclesiastica. Concil. Arelat. ann. 813. can. 5 : *Ut laici a Presbyteris non audeant munera exigere propter Commendationem Ecclesiæ.* Vide supra *Commendare Ecclesiam.*

¶ Commendatio Pontificalis Baculi, Idem quod *Investitura*, qua Princeps traditione baculi pastoralis, Episcopum recens electum mittebat in possessionem Episcopatus. Vita S. Remberti Archiep. Hammaburg. num. 11 : *Die depositionis domni Ansgarii Rimbertum omnes concorditer elegerunt. Cum concordiæ pacto, ad gloriosum tunc temporis Regem Hludowicum adduxerunt eum viri venerabiles, Thiadricus Mindensis Ecclesiæ Episcopus, et Adalgarius Abbas monasterii novæ Corbeiæ : susceptusque ab eo honorifice, cum pontificalis baculi juxta morem Commendatione, Episcopatus est sortitus dominium.* Quæ verba in gratiam imperialis investituræ intrusa fuisse tempore Henrici IV. censet Henschenius, hac maxime ratione ductus, quod in primariis Ecclesiæ Hamburgensis et Bremensis privilegiis nullum hujus rei vestigium appareat. Et tamen Adamus, ut recte Mabillonius observat, Henrici æqualis, hæc privilegia pro investitura imperiali laudat his verbis capitis 28 : *Pallium Rembertus pontificale suscepit a Papa Nicol·o, ferulam pastoralem a Cæsare* (Rege) *Luthewico, sicut in privilegiis dignosci potest.*

Commendatio Vassallorum. Fulbertus Carnot. Epist. 6 : *Hoc a vobis exigo, securitatem de mea vita et membris,... de receptu Vindocini castri ad meum usum et meorum fidelium, qui vobis assecurabunt illud; Commendationem vestrorum Militum, qui de nostro casamento beneficium tenent, salva fidelitate vestra, etc.* Id est, ut vassallos vestros, qui mei etiam sunt, mihi præstare velitis, Gall. *Prester.*

* 4. **COMMENDATIO**, ut *Commenda* 1. Depositum. Charta Henr. comit. Trecens. ann. 1179. in Chartul. Campan. Cam. Comput. Paris. : *Quæ quidem quinquaginta libræ jam positæ sunt in Commendatione in ecclesia B. Mariæ de Chagia...... Ponerent pecuniam in custodia in ecclesia de Chagia.* Vide supra *Commanda.*

COMMENDATIONES, officium vel orationes pro defunctis. Ἐντολαί, apud Clementem lib. 8 Constitutionum Apostolic. cap. 43. *Officium Commendationis*, in Statutis ordinis *de Sempringham; quia in eo fit Commendatio animæ defuncti a Sacerdote.* Ebo Remensis, de Ministris : *Mortuos cum Commendationibus animæ et orationibus dignis obsequiis sepulturæ venerabiliter tradere.* Vita S. Deodati Abbatis num. 9 : *Interea jam exanimem et quasi sopore depressum vultum roseum mitissimi Deodati aspicientes, odorem suavissimum trahentes, cum salutaribus Commendationibus operuerunt.* Concilium Milevitan. II. cap. 12 : *Placuit et illud, ut preces, vel orationes, seu Missæ, quæ probatæ fuerint in Concilio, sive præfationes, sive Commendationes, seu manus impositiones, ab omnibus celebrentur.* Παραθέσεις in Cod. Canonum Eccles. Afric. can. 103. Vide Concil. Carthag. III. can. 29. Concil. Toletan. IV. cap. 13. et Tolet. XI. cap. 12. [Compostell. ann. 1031. cap. 2. Baluz. tom. 2. Hist. Arvern. pag. 595.] *Commendare*, ἁπλῶς, vel *diis Commendare*, est εὔχεσθαι ὑπέρ τινος, ut observatum a Casaubono ad Spartianum, ex eodem Spartiano et Lampridio.

Commendationes Morientium. Ordericus Vital. lib. 5 : *Denique mortem sentiens, fratres acciri fecit, ac ut sibi morientium Commendationem facerent rogavit.*

* Nostris *Commendaces.* Testam. ann. 1448. ex Chartul. 21. Corb. fol. 277 : *Item je laisse... aux trois ordres mendians, est assavoir freres Prescheurs, Augustins et freres Meneurs de ladite ville* (d'Amiens) *à chacun vingtz solz, par sy qu'ils seront tenus de dire vigilles, Commendaces le jour de mon obseque.* Occurrit etiam in Hist. Caroli VI. pag. 127.

* **COMMENDATITIA**, Concessio beneficii seu feudi ad vitam, idem quod *Præstaria*, Charta ejusmodi concessionis. Form. Bignon. cap. 21. apud Baluz. tom. 2. Capitul. col. 507 : *Propterea hanc Commendatitiam manu nostra firmatam tibi pro hoc dedimus, ut annis singulis censum tantum, etc.* Vide *Commendatia* 1.

COMMENDATITIÆ Consuetudines, Præstatio pro tutela. Gesta Dominorum Ambasiens. cap. 4. n. 12 : *Goffridus Pruliaci Consul Vindocinensis effectus, Consuetudines, quæ vulgariter Commendatitiæ vocantur, ab Ambasiensibus auferre excupiebat.* Adde cap. 6. n. 1. Vide *Commendisia.*

* Charta Joan. dom. Balgent. ann 1196. eu Tabul. Miciac. : *Ipsos et hæredes eorum ab omni penitus Commendatitia vel redhibitione quittavimus.* Vide infra *Commendia.*

COMMENDATITIÆ Literæ, Epistolæ, Quæ ab Episcopis dabantur ad alios Episcopos, quibuscumque, sive Clericis, sive Laicis suæ diœceseos peregrinaturis, ut ab iis fideles in sacris synaxibus admitterentur, vel ut Clerici ad ordines promoverentur, vel ut in peregrinatione eorum solatiis foverentur, vel propter alias causas : has συστατικὰς vocant Græci. Gloss. Lat. Græc. : *Commendatitiæ litteræ*, συστατικαί. Gloss. Græc. Lat. : Συστατική, *Commendatitia.* Lexicon Gr. MS. Reg. Cod. 2062. : Συστατικαὶ ἐπιστολαὶ, αἱ ἐγχειριζόμεναι κληρικοῖς ἢ λαϊκοῖς ἀφορισμένοις, ἢ ἀναγνώσαις, ἐν ἑτέρα πόλει ἀπιοῦσι. *Literæ Comendatitiæ, quas Formatam vocant*, apud Reginonem in Inquisit. de Presbyt. cap. 79. et in Formula 39. ex Baluzianis. Συστατικῶν, mentio est in Canonib. Apost. Can. 33. in Concil. Sardic. cap. 9. in Concil. sub Menna Act. 1. etc. *Commendatitiarum* vero in Concilio Andegav. cap. 1. Venetico cap. 5. Agath. cap. 38. Remensi cap. 12. Francoford. ann. 794. ann. 27. Turon. III. cap. 13. Parisiensi VI. lib. 1. cap. 34. apud Hieronym. Epist. 48. cap. 5. Crisconium cap. 15. 35. Zachar. PP. in Epist. ad Pipinum cap. 27. in Capit. Caroli M. lib. 1. cap. 3. lib. 7. cap. 195. [** 269.] in Capitul. 1. Caroli M. incerti anni cap. 2. in Addit. 3. Ludov. Imp. cap. 49. apud Nicolaum I. Epist. 70. Innocent. III. PP. cap. 3. de Clericis Peregrin. in Decretis Calomanni Reg. Hungar. lib. 2. cap. 19. apud Joannem VIII. PP. Epist. 273. etc. Harum autem formulæ et exempla prostant apud Fortunatum lib. 5. Poem. 19. lib. 10. Poem. 19. Desiderium Cadurcensem Episcop. Epist. 16. Ruricium lib. 2. Epist. ~.8. 11. 43. 52. Bedam lib. 2. de Wiremuthensi Monasterio, seu in Vita S. Benedicti Biscopi cap. 18. Lupum Ferrariensem Epist. 101. 102. 106. 107. Alcuinum Epist. 51. 73. Simeonem Dunelmensem de Gestis Reg. Angl. ann. 1125 in Formulis veterib. cap. 12. apud Bignonium, apud Pithœum in Gloss. ad Julianum antecess. Vide *Commendatoriæ*, in Concilio Exoniensi ann. 1287. cap. 37. etc.

Commendatitiæ Literæ Abbatum, Monachis ad aliam Ecclesiam transire volentibus datæ, apud Rainardum Abbatem Cisterciens. in Institut. cap. 11. Vide Bullar. Cluniac. pag. 39.

Commendatoriæ Literæ etiam dicuntur Sidonio lib. 9. Epist. 10. et Juliano antecessori constit. 6. §. 3. in Synodo vero Nugarolensi ann. 1302. cap. 1. *Recommendatoriæ*, cap. 2.

¶ **COMMENDATITII**, Iidem qui infra *Commendati*, apud Mabill. tom. 4. Annal. Benedict. ad ann. 1025. num. 71 : *Attribuens B. Petro et Fratribus ibidem viventibus apud Lauriacum liberos suos, collibertos, servos, ancillas et Commendatitios, eorumque substantias et possessiones, etc.*

COMMENDATITIUS Indiculus, Epistola Commendatitia ab Episcopis pro Clericis suis ad Principes et illustres viros scripta, ut euntibus et redeuntibus res necessarias et solatia iis impendant. Hujusmodi indiculorum formulas binas exhibet Marculfus lib. 2. form. 50. 51.

¶ 1. **COMMENDATOR**, Commendatarius, promiscue enim scribitur : Mercator socius, qui uni alteri *commendat* integram negotiationis curam certis conditionibus. Statuta Massil. lib. 4. cap. 20. §. 2 : *Si vero socius vel Commendator prius ea mandaret ei* (cui Commenda credita est) *per literas sigillo capituli vel curiæ Massiliæ munitas, ut cum dicta societate vel commanda completo primo viagio revertatur, teneatur ille hoc facere, nisi aliud viagium tunc jam inceperit, ex quo damnum incurreret, si illud non compleret.* Passim occurrit ibi. Vide *Commenda* 2.

2. **COMMENDATOR**, Officium seu dignitas in Ordinibus Militaribus Religiosis, verbi gratia S. Joannis Hierosol. *Magister sive Commendator. Commendator domorum*, in Militia B. Jacobi, apud Innocentium III. lib. 13. Epist 11. *Præceptor*, eadem notione in Militia Templi. [*Commendator domus Teutonicæ Trajectensis*, apud Miræum tom. 1. pag. 436. col. 2. *Domus Leprosorum Appamiæ*, apud Limborch. Sentent. Inquis. Tolos. pag. 295. *Hospitalium*, in Hist. MS. Beccensi pag. 464. *Monasterii B. Mariæ* vel *Dominæ nostræ de Mercede*, tom. 4. Concil. Hisp. pag. 290. et 453. etc.]

*3. **COMMENDATOR**, Fidejussor. Charta Primislai reg. Bohem. ann. 1211. inter Probat. tom. 2. Annal. Præmonstr. col. 732 : *Notum sit omnibus quod dux Wladislaus, ... per preces Rogobudi, sylvam, quæ vocatur Obeekti, cesserit. Commendatores hi sunt : Stephanus, Sudko, Joannes.* Vide supra *Commenda* 8.

* **COMMENDATORIA**, Beneficium equitum Melitensium, Gall. *Commanderie.* Formul. MS. Instr. fol. 38 : *Ipsas bajulas, præceptorias, Commendatorias et domus dicti prioratus ac membra..... religioso, in*

Christo nobis carissimo, fratri Fulconi de Villareto dictæ domus (Hospitalis S. Joan. Jerosol.) *priori dicti prioratus Capuæ domus.* Infra : *Bajolias, Commendatorias*, etc. Vide supra *Commanderia.*

¶ **COMMENDATORIUS**, vel Commendatarius, Gall. *Commandeur*, Monachus S. Dionysii, qui pro Abbate omnimodam habebat jurisdictionem in quosvis delinquentes in Ecclesia et in toto Monasterii circuitu : quam exercebant Baillivus aliique officiales ad hoc unum instituti, ut narrat Doubletus pag. 424. Epitaphium Fr. Petri *Bochart* apud Felibian. Hist. Sandion. pag. 584 : *In ætate constanti viam ingressus universæ carnis, hujusce domus Commendatarius Fr. Petrus Bochart, e longa serie Consulum et Præsidum supremi Senatus Franciæ... hic sepultus ann. Dom.* 1607. Aliud Epitaphium ibid. pag. 586 : *Hic jacet Fr. Augustinus de Valles, Cantor et Commendatorius, necnon tertius Prior hujusce domus, qui obiit quarto Nonas Aprilis ann. Dom.* 1636.

* Alia erant ejusdem officii munia apud Corbeienses monachos, ut discimus ex Charta ann. 1285. in magno Chartul. nig. ipsius monast. fol. 50. r° : *Dant Resson, moine de Corbye, Commandeeur et recheveur des biens de ledite église, etc. Præceptor et receptor bonorum, ecclesiæ*, infra in Ch. ejusd. anni fol. 55. v°.

¶ Commendatoriæ Litteræ. Vide in *Commendatitiæ.*

COMMENDATUS, Vassallus Domino fidelitate ac hominio astrictus : interdum obnoxius ratione beneficii et feudi, quod olim *Commendabatur* seu ad vitam concedebatur. *Qui in vassallitico Commendati sunt*, in Capitul. Pipini Regis Italiæ cap. 36. Charta Caroli magni pro divisione Imperii cap. 5 : *Et unusquisque liber homo post mortem Domini sui licentiam habeat se Commendandi inter hæc tria regna ad quodcumque voluerit; similiter et ille qui nondum alicui est Commendatus.* Nithardus lib. 1. sub. ann. 840 : *Et quoniam olim regnum Aquitaniæ Carolo donaverat, ut illi se Commendarent, hortando suasit, jussit. Qui omnes Commendati, eidem sacramento fidem firmarunt.* Vide eumdem lib. 3. pag. 371. Capitul. 3. ann. 811. cap. 8. Capitul. Pipini Regis Italiæ cap. 13. Præceptum Lud. Pii pro Hispanis ann. 816. Chartas 44. et 74. in Appendice ad Capitul. Steph. Baluzii, Legem Longobard. lib. 3. tit. 9. §. 1. [** Pipin. 23.] Concilium Duziacense I. part. 4. cap. 3. pag. 253. et tom. 13. Spicilegii Acher. pag. 314. 315.

* Non raro etiam, qui alterius tutelæ sese commendavit, ob idque fidelitatis sacramento ei astrictus. Vide supra *Commendationem reddere* et infra *Vassaticum* in *Vassus* 2.

Se in Vassaticum Alicui Commendare, in Charta Privilegior. concessorum Hispanis tom. 2. Hist. Franc. : *Noverint tamen iidem Hispani sibi licentiam a nobis esse concessam, ut se in vassaticum Comitibus nostris more solito Commendent.* Alia ann. 816 ibidem : *Se ad Comites, sive vassos nostros, vel etiam ad vassos Comitum Commendaverat. Se in manus alicujus Commendare*, apud Eginhardum Epist. 27. 28. *Se solenni more Commendare*, apud eumd. Epist. 26. Querimonia Berengarii Vicecom. Narbon. adversus Guifredum Archiepisc. Narbon. : *Insuper, quod pejus est et inhonestum, Commendavit se manibus ad Comitissam Urgelli. Homo manibus Commendatus.* Usatici Barcinonenses MSS. cap. 68 : *De donatione facta a parentibus : Constituerunt Principes sæpe dicti qualiter omne donum stet inconvulsum perenniter... talem convenit adhibere firmitatem, quod etiam postmodum voluntatem suam nullatenus mutare possit, hoc scilicet ut recipiat eum ad hominem manibus Commendatum, aut donet ei potestatem de Castro*, etc. Cap. 70 : *Sed postea non possunt mutare suam voluntatem, si adquisitor jam erat homo illorum manibus Commendatus, aut propter illud ad hominem receperint.* Cap. 116 : *Statuerunt etiam quod si parentes cum filiis, aut filii cum parentibus intentionem vel placitum habuerint, parentes sint judicati et seniores, et filii velut manibus propriis Commendati.* Cap. 128 : *Et utraque parte sacramenta fiant per singulos homines qui sint Christiani, et homines illorum manibus propriis Commendati.* Joannes VIII. PP. Epist. 303 : *Joannes Diaconus, fidelis Commendatus noster.*

Non multum absimile fuit quod *jus applicationis* Romani appellabant, quod ab Atheniensibus ortum aiunt, apud quos peregrini se alicui opulento civi in clientelam dabant dicabantque. Hinc *Commendare se in clientelam*, apud Terentium in Eunucho. Vide quæ in hanc rem congessit Turnebus lib. 24. Advers. cap. 32. Sed et hac voce *applicare* eadem propemodum notione utitur Charta Ludovici Comitis Sacricæsaris ann. 1219. ex Tabul. S. Satyri : *Quod si aliquis de omnibus hominibus S. Satyri hominem se domini de Sancero esse dixerit, et ei se applicare voluerit, ubi Abbas tres legitimos homines jurare fecerit, quod eum vel eos Ecclesia S. Satyri per unum annum et unum diem sine calumnia tenuerit, deinceps cum vel eos in pace habebit, sine campo, et batalia, vel aliqua contradictione.*

¶ Commandus, Eadem notione. Chartularium Virzionense fol. XVII : *Theudorius dat suam Commandam quidtam de omnibus hominibus huic suo Commando nomine Archembaldo.*

Commendati, Dicuntur liberti, qui libertatem consecuti Patroni, seu manumissoris patrocinio se commendaverant. Quippe per *Chartam ingenuitatis* servo in libertatem adserto facultas dabatur, seu Ecclesiæ, seu alterius cujuscumque personæ, quæ ejus ingenuitatem tueretur, patrocinio se commendandi, ut patet ex Marculfo lib. 2. Form. 32. etc. Canon Lugdunensis in Canonibus selectis apud Jacobum Petitum post Pœnitentiale Theodori pag. 242 : *Quicumque contra libertos Ecclesiæ Commendatos actionem habet, non audeat magistratui eos tradere, sed in Episcopi judicio, quæ sunt veritatis audiantur; quia justum est ut contra calumniatorum versutias defendantur, qui immortalis Ecclesiæ patrocinium concupiscunt.* Concilium Toletan. IV. can. 72 : *Liberti qui a quibuscumque manumissi sunt, et Ecclesiæ patrocinio Commendati existunt, ... sacerdotali defensione a cujuslibet insolentia protegantur.*

Legibus vero Scaniæ editis ab Andrea Suenonis Archiepisc. Lundensi lib. 6. cap. 5. servum, statim atque libertatem consecutus erat, *ex auctoritate consuetudinis approbatæ, ingenuorum aliquis suo generi conjungebat, eum in suum consanguineum eligendo, et qui pro factis ejus se sponderet responsurum, et hoc facto pro parte tertia recipiendæ satisfactionis onus sentiebat, vel pro parte tertia recipiendæ satisfactionis lucrum percipiebat cum liberto, duplo minore semper liberto quam ingenuo satisfactione pro homicidio attinente.*

Neque tantum liberti, sed quivis villarum incolæ, liberi et ingenui, qui sub dominorum tutela et protectione vivebant, et in signum ejusmodi protectionis certam præstationem annuam vel servitium iis exsolvebant, *Commendati* dicuntur. Scribit Lactantius lib. de Mortibus pesecutor. num. 21. apud Persas eum fuisse morem, *ut Regibus suis in servitium se addicerent, et Reges populo suo tanquam familia uterentur.* Leges Wisigoth. lib. 5. tit. 3. § 1 : *Si quis ei, quem in patrocinio habuerit, arma dederit, vel aliquid donaverit, ad ipsum quæ sunt donata permaneant. Si vero alium sibi patronum elegerit, habeat licentiam cui se voluerit Commendare : quoniam ingenuo homini non potest prohiberi, quia in sua potestate consistit, etc.* Adde § 3. et 4. et Legem Longobardorum lib. 3. tit. 9. Tabularium Burguliense fol. 94 : *Guillelmus Castri Mirabelli Princeps requirebat in Vosallia villa pravas consuetudines, et homines, quos Commendatos vocant.* Neque alii sunt de quibus agit Conventus Ticinensis ann. 853. cap. 3 : *De liberis hominibus qui super alterius res resident, et usque nunc a ministris reipublicæ contra legem ad placita protrahebantur, et ideo pignerabantur, constitutum est, ut secundum legem patroni eorum vos ad placitum adducant, etc.* Domesdei : *In eadem* (villa) *tenet Ailw. Commendatus antecessori* (Mallet) 60. *acr. pro manerio, tempore Regis Edwardi.* Alio loco : *Soca Abbatis in eadem* 11. *liberi homines* 70. *acr. et fuere Commendati antecessori Malet, præter unum qui fuit Commendatus antecessori Rogeri Bigot, nomine Harainus.* Ex quibus patet Commendatos fuisse liberos homines, quibus licitum fuit cui vellent sese commendare. Ranfredus Jurisconsult. qui vixit sub Frederico II. in Ordine judiciario, tit. de Villanis : *Recommendati dicuntur, qui veniunt sub alienis partibus, et habitare volunt in civitate tua, elegit patrocinium tuum, et dicit, Domine, volo esse tuus Recommendatus, ut habeamus tuam defensionem annis singulis, et serviam in Pascha vel in Natali duas gallinas, vel libram piperis, vel aliquid aliud. De istis multos invenies apud Neapolim in villis eorum et Bononiæ. Isti de jure nihil aliud debent conferre; sed Neapolitani ab illis multa exigunt, et fere omnia, quæ exigunt Domini a vassallis.*

Interdum tamen ita clientelæ ac patrocinio Domini alicujus sese commendabant, ut obnoxiæ conditionis censerentur, et tanquam servi, si fugitivi essent, retraherentur, ut est in Lege Ripuar. tit. 72. § 5.

Hæc enim lege alterius potestati se commendabant, ut quoad viverent, de victu ac vestitu sibi ab illo caveretur, cui *ingenuili ordine*, hoc est absque ingenuitatis ac libertatis præjudicio, servitium et obsequium sese præstituros profitebantur, hoc addito quod ab eo se subtrahendi potestatem non haberent, ut est in Formulis secundum Legem Roman. cap. 44. Diploma Ludovici Imp. filii Lotharii ann. 24. pro Monasterio Casauriensi in Tabul. ejusdem Monasterii : *Vel quæ extrinsecus ad eandem respiciunt cum servis et ancillis, cartulariis, Commenditis, aldionibus, libellariis, etc.* Aliud ibidem : *Necnon etiam universos Commenditos, Cartularios, vel libellarios ipsorum.* Alibi *Commendati* dicuntur. Occurrunt passim in Chartis, apud Puricellum in Monumentis Ambrosianæ Basilicæ pag. 215. 216. 226. 228. 231. Ughellum tom. 2. pag. 580. tom. 5. pag. 646. Perardum in Burgundicis pag. 276. Duchesnium in Probat. Hist. Monmorenciacæ pag. 34. Vide *Affidati.*

Interdum ejusmodi Commendati servis ipsis accensebantur. Quoniam Attachiam. cap. 54. § 7 : *Est autem tertius modus nativitatis et bondagii, cum aliquis liber homo pro Domino habendo vel manutenentia alicujus Magnatis, reddit seipsum illi Domino, suum nativum, sive bondum in Curia sua per crines anteriores capitis sui, etc.*

** Commendati ecclesiæ. Papyr. Ravennat. ap. Maium Classic. auctor. tom. 5. pag. 362 : *Actores ecclesiasticos, domesticos aut Commendatos Ecclesiæ diverso sexu, staurophoros, etc.* Vide supra linea *Commendati, dicuntur liberti, etc.*

* **COMMENDIA**, Præstatio pro tutela. Charta Theob. comit. Campan. pro commun. villæ de Escuelleio ann. 1229. in Chartul. Camp. Cam. Comput. Paris. : *Homines istius communiæ de mortuis manibus, de forimaritagiis, de talliis, de toltis, de corveis, warennis, Commendiis, chevagiis, quantum ad me pertinet, quiti erunt et liberi.* Vide supra *Commendatitiæ consuetudines*, et mox *Commendisa.*

COMMENDIRE, pro *Commendare*, licentia Poetica. Utuntur Alcuinus Epigr. 124. 164. 170. 214. 267. et Candidus Monach. in Vita metrica Eigilis Abbatis Fuld. cap. 24.

¶ Commenditus, pro *Commendatus.* Epistola Faroaldi Ducis ad Joannem V. PP. apud Mabill. tom. 2. Annal. Benedict. pag. 756. col. 1 : *Credimus, Sanctissime Pater, Sanctitati vestræ non latere, qualiter Monasterium in territorio nostro Sabinensi consistens, per aliquas donationes nostras in cespitibus et servis et coloniensibus locum ipsum per Thomam Abbatem et Commenditum nostrum restauravimus.* Vide *Commendatus.*

* **COMMENDISA**, Eadem notione. Charta ann. 1157. ex Chartul. Miciac. : *Meam mihi Commendisam et consuetudinem, sicut habeo in hominibus ejusdem villæ retinui. Tout le droit des Commendises*, in Ch. admodiat. major. Castel. ann. 1380. ex Reg. 116. Chartoph. reg. ch. 243. Vide in *Commendisia.*

COMMENDISIA, Idem quod *Commendatio*, Tutela, etc. Charta ann. 1229. in Tabular. Campaniæ Thuano fol. 361 : *Ego Theobaldus, etc. Quod ego retinui sub me in Commendisia mea Reinaudum Seiguer civem Tolosanum. Concessi siquidem ipsum peregrinum quamdiu sub me morabitur, in Commendisia mea fore liberum ab omni tallia, tolta, et demanda, a justitia villæ, turris et gabiolæ, ab omni exercitu et chevaucheia et ab omni alia exactione. Propter hoc autem dictus Renaudus tenetur mihi vel mandato meo reddere annis singulis in nundinis S. Aigulfi 60. sol. Pruvin. pro uno scypho argenti, unius marchæ, interius deaurato. Actum, etc.* Alia ann. 1200. in eodem Chartul. : *Ego recepi in Commendisia mea bona fide Margaretam uxorem Petri Raymundi Tolosani. Ita tamen quod dicta Margareta reddet mihi, etc. scyphum argenti, etc. et per hoc volo eandem Margaretam esse immunem ab omni tallia, etc.* Tabularium Absiense fol. 52 : *Pro quibus annuatim reddant Fratribus de Massigne 4. nummos de Commendiza.* Tabularium S. Trinitatis Vindocinensis ann. 1083 : *Terram quæ vocatur Balneolus, misit Amelina in Commendisiam Odoni Comiti, talem videlicet, ut unusquisque qui ea terra bordam vel domum haberet, minam avenæ redderet illi ob tutamentum.* Cur vero Amelina prædium suum Odoni commendaverit, sic prodit in Charta 289. fol. 67 : *Sed quia* (terra apud Balneolos) *contigua cætero non erat meo casamento, et ab illo longe manebam, ideo ad Odonem Comitem accessi, qui me valentior erat, eam tueri deprecans, ut ipsam a suis omnibus receptis ob amorem meum, ac si propriam, suo tutamine defensaret, dans illi loco mercedis 60. arietes, etc.* Charta Hugonis Ducis Burgundiæ ann. 1236 : *Ex præmissis igitur plenius attendentes quod memoratus avunculus noster D. Guill. de Vergeiaco aut aliquis alius nullam habet guardiam aut Commendisiam in Abbatem et Conventum aut homines villæ Besuensis, nisi de voluntate Episcopi Lingonensis, etc.* Vide *Warda.*

Est etiam *Commendisia* ipsa præstatio pro *Commendisia.* Charta ex Tabulario Vindocinensi, cujus titulus *De Comandisia de Domzei*, concipitur : *Paganus de Montedublello promisit Deo et D. Gaufrido Vindoc. Abbati se servaturum obedientiam de Domzeio, cum omnibus quæ ad eam pertinent, et ab omnibus cum quibus pacem haberet, defensurus, eo pacto ut pro quadriga in terra singulis annis daretur unus sextarius frumenti, et pro dimidia quadriga, una mina.* Idem Tabularium, Charta 86 : *Donavit Consuetudines omnes quas habebat in terra de Loirs et de Forgetis; vicariam scilicet et Commendisiam et carreium, etc.* Charta fundationis Abbatiæ omnium SS. Andegav. ann. 1049 : *Similiter perdonat* (Comes) *Commendisiam villanorum Montisfortis, etc.* [Tabularium Monasterii S. Florentii : *Radulfus de Monterebelli Vicecomes cedit Commendisiam sive toltam, quam in terra S. Florentii habuerat. Item et Goffredus de S. Quintino, qui partem istius Commendisiæ in feudo tenebat.*] Chronicon vernaculum laudatum a Duchesnio in Hist. Vergiac. : *Et avec ce donna ausdits Abbé et Convent la Commendise qu'il avoit des hommes de Givry et de Veanne, sans vouloir en aucune chose venir contre la Cha te de Hugues Duc de Bourgogne son pere, par laquelle il ne devoit prendre en Commendation les hommes de l'Eglise de Cluny.* Vide Chopinum lib. 3. de Sacra polit. tit. 7. § 5. Louvetum in Hist. Bellovac. tom. 2. pag. 182. 183. Guichenonum in Probat. Hist. Bress. pag. 23. etc.

¶ Commenditia. Charta Gaufredi de Leziniaco pro Monasterio Malleacensi ann. 1232. apud Stephanotium tom. 4. Antiquit. Pictav. MSS. pag. 409 : *Commenditias autem meas de Volvento, vel aliis locis in terra dicti Monasterii vel membrorum, de cetero recipi non permittam; nec impediam nec faciam impediri, quominus idem Monasterium cum membris et pretinentiis suis plena fruatur ac perpetua libertate.*

¶ Commendicia. Chartularium Virzionense fol. xv. verso : *Aganus Christi famulorum famulus trahit Monasterio Virzionensi filium suum Rainaldum in presentia D. Berengarii Abb. una cum Commandicia terre loci ejusdem.*

¶ **COMMENDITUS.** Vide in *Commendire.*

COMMENSALIA, Symbola, quæ ad communem *mensam* conferuntur. Concilium Laodicenum can. 54 : Οὐ δεῖ ἱερατικοὺς ἢ κληρικοὺς ἐκ συμβολῆς συμπόσια ἐπιτελεῖν. Quæ sic reddidit Isidorus Mercator : *Non oportet ministros altaris.... ex symbolis*, (*quæ vulgus Commensalia appellat*) *convivia celebrare.* Atto Episcopus in Capitulari cap. 55. habet *Commessalia.* Vide *Confertum.*

COMMENSALIS, ὁμοτράπεζος, σύσσιτος, *Conviva*, convictor, qui ex Principis aut alterius familia et *mensa* est. Charta ann. 1172. apud Perardum in Burgundicis : *Accipiant de expensa Curiæ, tanquam Commensales Ducis in perpetuum duos solidos pro pane, 4. sextarios vini, etc.* Charta Caroli IV. Imp. pro Galterio *de la Rocha* Papiensi ann. 1380 : *Te in judicem, officialem, seu Auditorem causarum Imperialis Palatii nostri, et Consiliarium, familiarem nostrum, domesticum et Commensalem constituimus.* [Index MS. Beneficiorum Eccles. Constantiensis fol. 40. v°. : *Rector jacet in quadam camera Prioratus, et est Commensalis Prioris et Conventus.* Occurrit in Prosa SS. Sacramenti et alibi non semel.] Vox nostris notissima, qui hac appellatione domus regiæ officiales donant. Vide *Conviva.*

* Commensalis Assiduus, in Bulla Innoc. VIII. PP. ann. 1484. ex Contin. magn. Bullar. Rom. pag. 292. col. 2. *Comensales continuos*, in Privil. capit. de Roman. ann. 1348. tom. 3. Ordinat. reg. Franc. pag. 282. art. 1.

¶ 1. **COMMENTA.** Miracula S. Apollinaris Episc. tom. 5. Julii pag. 354 : *Ille vero suscepto Abbatis imperio, ut oportebat obtemperare cupiens, in hujus initio descriptiunculæ, dum quinque vel sex Commenta peregisset, invasit illum quidam animi torpor, totamque spem incepti operis illi per agendi subripuit.* Ita legit apographum Cisterciense; at Trecense *Commata*, teste Sollerio, quæ fere eodem redeunt, inquit; nam κόμμα Græcis est Incisio. Vult itaque dicere Auctor puncta quædam historica huc spectantia incise seu breviter, κομματικῶς, notata fuisse.

* 2. **COMMENTA**, Mulier incola. Vide infra *Commentus.*

¶ **COMMENTARE**, pro *Commentari*, Excogitare, in Vitis Patrum Emerit. tom. 2. Concil. Hisp. pag. 653. col. 2 : *Fraudulenta consilia, qualiter eum interficerent, Commentavit.*

* **COMMENTARIA**, *Commentariensis* seu carceris custodis officium; carcer ipse, vulgo *Conciergerie*. Arest. parlam. ann. 1416. in Memor. H. Cam. Comput. Paris. fol. 81. v° : *Officium conciergeriæ seu Commentariæ palatii nostri Parisius tunc vacans, etc.* Aliud ann. 1420. in lib. 1. Stat. super artif. Paris. ex ead. Cam. fol. 22. r° : *Carceribus nostris Commentariæ seu conciergeriæ palatii nostri Parisius mancipari fecisset.* Vide *Commentariensis* 1.

1. **COMMENTARIENSIS**, Custos carceris, sic dictus, quod *Commentarios*, id est, rationes custodiarum et reorum conficeret, et inscriptiones criminum (nostris *Escroues*) reciperet. Hesychius : Κομμενταρίσιος, τὰς ἐγγραφὰς τῶν ἐγκλημάτων δεχόμενος. *Escroue* vero ab ἐκκρούειν, quod est contrudere, conjicere in carcerem, deducit Cujacius. Firmicus lib. 3. Mathes. cap. 6 : *Erunt Cornicularii aut Commentarienses, quibus damnatorum cura committatur, seu clavicularii, vel carcerum custodes, et quibus publicarum catenarum cura mandatur.* Vetus Arestum Parlam. Paris. ann. 1394 : *Uxor Commentariensis claves sibi carcerum tradere noluerat.* Occurrit non semel in Cod. Th. et apud Scriptores.

2. **COMMENTARIENSIS**, Notarius. Gloss. Ælfrici : *Commentariensis*, Gerefa. *Commentariensis Imperii*, in Vita Ludov. Pii ann. 812. Vide Fortunatum de Vita [non exstat apud Fortunatum, sed apud Anonymum de Miraculis] S. Medardi cap. 10. [1. num. 13.]

¶ **COMMENTARIOLUS**, Modus agri, ut videtur. Donatio anni 855. apud Marten. tom. 1. Ampliss. Collect. col. 142 : *Hæc sunt nomina locorum præfatæ hæreditatis. In pago qui dicitur Felva... mansos dominicales tres... item Commentariolum de hæreditate Folckeri, quam habet in Frisia.* * Vel potius Index seu indiculus eorum, quæ Folckerus in Frisia possidebat, quæ dehinc enumerantur.

¶ **COMMENTARIUM**, Carcer. Vita S. Athanasii, tom. 1. Maii pag. 229 : *Præfectorum carceres Commentaria dictos, etc.* [* Vide supra *Commentaria*.]

¶ **COMMENTATOR**, ut *Commentariensis*, Custos carceris. Acta S. Canionis, tom. 6. Maii pag. 30 : *Cumque fuisset adductus Jacinthus Commentator, pronunciabat : Canio Christianorum Episcopus, qui in carcere fuerat mancipatus, ecce nunc examinandus assistit.*

* **COMMENTUM**, Commentarium. Stat. S. Flori MSS. fol. 48. v° : *Decimus nonus* (casus) *est contra facientes Commentum, scripturas seu libellos ex certa scientia et deliberate, determinantes in scolis seu prædicantes contra ea, quæ in constitutione continentur prædicta.* Vita S. Alnei tom. 3. Sept. pag. 808. col. 2 : *Siquidem sunt et aliarum virtutum Commenta innumerabilia : quarum prolixitatem vitantes, ea hic inserere distulimus.* Vide *Commenta* 1.

* **COMMENTUS**, pro *Commanens*, incola, qui sub domini tutela est. Charta ann. 1233. in Chartul. S. Joan. Laudun. : *Item in dicta villa, nos vel hæredes nostri nullos Commentos vel Commentas de cetero recipere poterimus; et illi qui modo sunt, liberam habent, si voluerint, renuntiandi potestatem.* Vide *Commanentes* 2.

¶ **COMMERCATIO**, Mercatio. Vide *Romanizare*.

¶ **COMMERCATOR**, Mercator. Gloss. Gr. Lat. : Συνέμπορος, *Commercator*. Vide infra *Commercius*.

¶ **COMMERCATRIX**. Vide in *Commercium* 3.

* **COMMERCHIUM**, Tributum, quod pro mercibus seu pro *Commercio*, a mercatoribus pensitatur. Convent. Saonæ ann. 1526. pag. 8 : *Et si quis devetum generale non servaret, et nisi etiam pro Commerchiis et gabellis communis Januæ, etc.* Et pag. 9 : *Item de gratia speciali concedunt, quod Saonenses pro Commerchiis, drictibus et gabellis, pro tempore præterito pro quibus essent, non possint nec debeant trahi ad præsentem civitatem Januæ.* Vide in *Commercium* 1.

* **COMMERCIARE**, Commercium agere, negotiari, Gall. *Commercer*. Acta varia ad Conc. Basil. ann. 1433. apud Marten. tom. 8. Ampl. Collect. col. 700 : *Et vos alias terras intrabitis et ecclesias, venient alii populi ad vos cum pace, communicabitis et Commerciabitis, florebit gloria regni vestri, etc.*

¶ **COMMERCIARIUS**. Vide post *Commercium* 1.

¶ **COMMERCIONES**. Vide in *Commercium* 3.

1. **COMMERCIUM**, Permutatio, commutatio. Gloss. Lat. Gr. : *Commercium*, συναλλαγή. Papias : *Commercia, commutatio mercis. Commercia, negotia.* Chronicon Besuense : *Et pro tali Commercio dedit illi 25. sol. et unam combam.*

Commercium, Merx ipsa. Glossæ antiquæ MSS. : *Mercimonia, Commercia.* Gloss. Lat. Gall. : *Commercium, Mercerie, ou marchandise.* Fortunatus lib. 3. de Vita S. Martini :

Oceanusque negat Commercia ferre Britannis.

Capitulare Lud. Pii ann. 821. cap. 1 : *Ut nullus teloneum exigat, nisi in mercatibus, ubi communia Commercia emuntur ac venundantur.* Charta ejusd. Imp. ex Tabulario S. Germani Autisiod. : *Teloneum de 4. navibus quæ per Ligeris flumen, seu cætera flumina propter sal et cætera Commercia discurrebant, etc.* Vetus Charta sub Carolo C. apud Catellum lib. 5. Rerum Occitan. pag. 746 : *Et de quocunque Commercio ex quo telloneus exigitur vel portaticus, etc.*

Commercium, Tributum quod pro mercibus seu pro Commercio, a mercatoribus pensitatur. Charta Balduini Reg. Hierosol. ann. 1109. apud Ughellum in Episcop. Genuensib. : *Commercium nullum dabitis in tota terra quam habeo, vel acquirere potero.* Sanutus lib. 2. part. 2. cap. 4 : *Quod præfata tributa, datia, et Commercia, aliaque necessaria nequaquam transferri valeant.* Conventiones Michaelis Paleologi cum Genuensibus ann. in Hist. nostra Gallo-Byzantina : *Item promisit et convenit quod non imponet, aut exiget, aut exigi faciet aliquod novum Commercium, dacitum, seu exactionem in toto imperio prædicto.* Vide Ughellum tom. 7. pag. 1362. Glossæ Basilic. : Τελώνιον, κομμέρκιον. Anna Comnena lib. 6. Alexiad. pag. 162 : Μήτε μὴν ὑπὲρ κουμερκίου, ἢ ἑτέρας τινὸς εἰσπράξεως τῷ δημοσίῳ εἰσκομιζομένης παρέσχεν ἄχρι καὶ ὀβόλου ἑνός. Sæpe hac notione occurrit apud Græcos Scriptores sequioris ætatis. Vide Glossar. Meursii, Fabroti [et med. Græcit.] Hinc

Commerciarius, Κομμερκιάριος, pro tributorum exactore, in Chronico Alexandrino pag. 900. apud Constantinum Porphyrog. de Administr. Imp. cap. 43. et in Actis S. Anastasii Persæ cap. 4.

Commercius, Negotiationis socius, commerciarius. Gloss. Græc. Lat. : Συνωνητής, *Comparator, Commerciarius.* Veteres formulæ cap. 45 : *In quoscumque portus civitatis, seu mercada, nullo contradicente suus venditor, vel Commercius quodlibet negotium potestatem habeat vendendi.* Glossar. Ælfrici : *Comercimus*, Cepena þinga gevrixle. Sed legendum *Commercium*, quod Saxonica videntur sonare, *rei venalis permutatio.*

2. **COMMERCIUM**, Idem quod *Merces*. Vide in hac voce. Charta Caroli C. Reg. Francor. ann. 3. Ind. 7. ex Tabul. S. Cyrici Nivernensis : *Nam Dominus et avus æquivocus noster, sicut in auctoritate genitoris nostri continetur, ad petitionem Hieronymi quondam ejusdem loci et urbis Episcopi, pro Commercio animæ suæ ac remuneratione ipsius sancti loci ejusdemque Ecclesiæ, ex ipsis rebus proprius villas et cellulas reddit, etc.* [Annal. Bened. tom. 3. pag. 710. col. 1. ex Donatione facta Monasterio S. Juliani Turon. ann. 940 : *Exinde sibi cœlestia credunt percipere Commercia.*]

3. **COMMERCIUM**, Idem quod *Commarchia*, Confine, limes. Tabula Peutingeriana VII : *Fines exercitus Syriatici et Commercium barbarorum.* Annales Francor. ann. 809 : *Aureolus Comes, qui in Commercio Hispaniæ atque Galliæ..... residebat.* Frustra hic *Confinio* reponunt viri docti, quod idem est quod *Commercium*, quod ita apud Eginhardum legi advertant : neque enim id factum vitio librariorum, nam ita etiam præferunt Annales Bertiniani, et alii. Hinc

Commerciones, qui aliis *Commarchani*, qui in confinibus ac limitibus habitant, Leges Inæ Regis Westsaxonum cap. 11 : *Si quis inter Commerciones regni nostri roboriam et violentam captionem faciat.* Saxonica editio habet gemerum, limites, confinia.

Commercatrix Romanorum Barbaries, in Vita Lietberti Episcopi Cameracensis cap. 1. id est, Gentes barbaræ Romanorum finibus vicinæ.

* 4. **COMMERCIUM**, *Loier*, in Glossar. Lat. Gall. ex Cod. reg. 7692.

* Commercium Utile, Reditus, proventus, Gall. *Droits utiles*. Tabul. S. Albini Andegav. ann. 1098 : *Quod quia erat dos uxoris suæ secundæ Adeleiæ, ... pro monasterio illo dedit ei utile Commercium, ad voluntatem ejus, dimidium fevum, scilicet de Balneolis.*

¶ **COMMERCIUS**. Vide in *Commercium* 1.

¶ **COMMERDIUM**, f. Commercium, inquit Muratorius tom. 3. pag. 544. c. 2. Concordia inter Benedictum Cardinalem et Thomam Patriarcham CP etc. : *De Commerdio quod infra Constantinopolim vel extra, nomine civitatis receperint, quintam decimam non dabunt. Si in ipsa civitate Constantinopolitana nomine alterius civitatis aut loci, vel alibi Commerdium solvetur, quintam decimam dabunt Ecclesiæ.* Videtur esse tributum ex Commercio solutum.

* **COMMERSUM**, Hara cunicularia, ubi nutriuntur cuniculi. Acta capitul. eccl. Lugdun. ad ann. 1342. fol. 78. r°. col. 2. ex Cam. Comput. Paris. : *Item confitetur et asserit dictus Johannes se tenere et habere de retrofeudo Commersum, garenam et chaciam.* Vide supra *Comercium.*

COMMESSALIA. Vide *Commensalia.*

¶ **COMMETANEUS.** Vide *Cometanei.*

* **COMMEXTIO**, pro *Comestio*, Convivium, *pastus.* Census eccl. Reatin. MSS : *Sanctus Johannes Evangelista vj. spatulas et xij. tortulos, episcopo dupplerium et speram olei, canonicis candelam, pro S. Eleutherio Commextionem....... S. Eleutherius Commextionem quatuor canonicis et quatuor equis cum tribus famulis.* Vide *Comestiones.*

* **COMMICIUM.** Charta commun. *de Poix* ann. 1208. tom. 7. Ordinat. reg. Franc. pag. 604. art. 11 : *Super omni querela, et super omni forefacto infra banlivam, nullus debet alicujus supponi judicio, nisi judicio scabinorum de Commiciis et de ingestionibus manuum violentarum*, etc. Legendum prorsus *Conviciis*, ut ex sensu ipsoque Chartoph. reg. Registro certum est.

¶ **COMMICIA.** Vide *Cometia.*

¶ **COMMICUS.** Liber Ecclesiasticus, de quo supra in *Comes* 1.

* **COMMILITO**, Officium municipale, cujus munia describuntur in Stat. criminal. Riperiæ fol. 20. r°. cap. 131 : *Eligatur et eligi debeat singulo anno bonus et fidelis Commilito, cujus officium sit superesse ad faciendum servare statuta, provisiones et reformationes ipsius communitatis super victualibus edita et edenda, necnon super stratis, et immundiciis viarum*, etc. Vide *Milites.*

COMMINARE, Idem quod *Minare*, ducere, Gallis *Mener.* Lex Longob. lib. 1. tit. 19. § 27. [** Lothar. I. 78.] : *Si quælibet persona in finibus regni nostri ignem in silva Comminare ausa fuerit, etc.* [** al. *convivare, conjurare.*]

* **COMMINATIO**, Prædictio, augurium. Conc. Trevir. ann. 1238. tom. 1. Hist. Trevir. Joan. Nic. ab *Hontheim* pag. 722. col. 2 : *Cum Comminationes, quæ fiunt per inspectionem unguis aut gladii, vel alio quovis modo, penitus sint reprobatæ*, etc. Leg. forte *Divinationes.*

* **COMMINATIVE**, Minaciter. Processus Egid. *de Rays* ann. 1440. fol. 180. v°. ex Bibl. reg. : *Vidit Ægidium reum tenentem in manu sua unum gesum, vulgariter dictum jusarme, qui associatus nonnullis aliis impetuose intravit ecclesiam prædictam et Comminative loquendo, etc.*

¶ **COMMINATORES**, *Argentarii.* Papias. * Rectius ex Cod. reg. 7641. *Commactatores.* Vide supra in hac voce.

COMMINELLI, Communelli, Hæretici Valdensium sectarii, sic forte dicti quod omnia sibi invicem communia essent : nam *Communalis*, idem valet ac *Communis.* Horum mentio est in Constitutione Friderici II. Imp. contra Catharos et Patarenos, apud Waddingum in Annalib. Minorum ann. 1254. n. 16. Vide *Communalis.*

COMMINISCENTIA, Compensatio, merces, *Reconnoissance.* Charta Willelmi Episcopi Acconensis ann. 1163. apud Ughellum tom. 7. pag. 268 : *Et mihi pro hac libertate donoque prælibato* 1300. *Byzantios de Comminiscentia atque eleemosyna B. Andreæ, ac proborum hominum Malfetanorum ex propria deliberatione dederunt.*

¶ **COMMIS**, pro *Comes.* Placitum anni 852. inter Instrum. tomi 1. novæ Hist. Occitanæ col. 99 : *Ad tunc nos Commis, vassi dominici hac judices interrogavimus Odilone, quid ad hæc respondere vellet.*

COMMISCULARE, Miscere. Vide *Misculare.*

¶ **COMMISCULUS**, Communis. Vide in hac voce.

¶ **COMMISERO**, una miserandus. Tertull. lib. 4. adversus Marcionem cap. 9 : *Sed quoniam attentius argumentatur apud illum suum nescio quem* συνταλαίπωρον, *id est Commiseronem, et* συμμισούμενον, *id est, coodibilem.* Ibidem cap 36 : *Commiserones et coodibiles hæretici.*

COMMISSARII, apud Italos dicuntur Executores testamentorum. Rollandinus in Summa Notariæ cap. 8. rubr. de Legatis et fideicom. : *Commissarii dicuntur quibus committitur legatum animæ solvendum : unde in multis locis appellantur Executores testamentorum, quia exequuntur legatum animæ.* Vide Statuta Venetorum ann. 1242. lib. 4. cap. 17. et seqq.

* *Commissaires*, eodem sensu, in Testam. Guill. *de Chamborant* ann. 1399 : *Ordonna ses vrays, bons et loyaulx amis exécuteurs et de foy Commissaires*, etc.

Commissaria, Actio *Commissarii*, executio testamenti, ibidem, et in Constitutionibus Nicosiensibus cap. 30. extremo.

¶ Commissaria, Munus *Commissarii* cui custodia castri credita est, in Litteris Bonifacii VIII. PP. apud Illustr. Fontaninum in Appendice Antiquit. Hortæ pag. 415 : *Non obstantibus aliquibus litteris apostolicis sub quavis forma vel expressione confectis, impetratis vel etiam impetrandis, quibuscumque personis seu personæ concessis vel etiam concedendis super institutione dicti castri vel Commissariæ, castellaniæ aut custodiæ castri ejusdem vel alicujus partis, etc.* Rursum occurrit in Chron. Andreæ Danduli apud Murator. tom. 12. col. 391. ubi de electione Jacobi Contareno Ducis Venetorum : *Qui hunc jam grandævum procuratorem S. Marci super Commissariam existentem, et per lineam rectam a Dominico Contareno Duce ortum trahentem, die* vi. *Septembris Ducem electum populo nunciaverunt.* Qualis sit hæc *Commissaria* mihi incompertum. [* Vox Italica, Præfectura, Academ. Cruscanis.]

¶ Commissarius, generatim is est, cui negotium quoddam curandum creditur, v. g. causa disceptanda, lis dirimenda, tuenda in provinciis Regis auctoritas etc. Gall. *Commissaire.* Passim occurrit in instrumentis recentioribus.

1. **COMMISSI**, qui aliis et nostris *Commendati*, de quibus supra. Charta Henrici Imp. ann. 1082. apud Ughellum in Episc. Fulginatensib. : *Largimur etiam atque confirmamus ejusdem Ecclesiæ Priori, vel ei qui successor fuerit, ut habeat potestatem suos liberos homines suosque Commissos judicare secundum legem, et justum arbitrium corripere.* Ita *Committere se alicui*, pro *Commendare* eadem notione, qua supra, usurpat Flodoardus in Chr. ann. 922. 924. et 940. Gloss. Lat. Gr. : *Committit*, ἐμπιστεύει.

2. **COMMISSI**, apud Casinenses, dicuntur, qui aliis *Conversi.* Vide Haeftenum lib. 3. Disquisit. Monast. tract. 2. disq. 8.

¶ 1. **COMMISSIO**, Legatum negotium, mandata rei alicujus provincia, Gal. *Commission.* Epist. Principis Palatini ad Carolum VIII. Galliæ Regem apud Ludewig. tom. 6. Reliq. MSS. ann. 1497 : *Post tardum ipsius adventum ad dictam Dietam, admissa excusatione de sua adversa valetudine, de predicte pensionis solutione, ut asserit, non modo Commissionem non habuit; sed et regia Celsitudo de ea provisione solvenda, nunc scribendo suis litteris mentionem prorsus nullam facit.*

* Commissio, Charta ipsa, qua quis ad negotium agendum instituitur, procuratio, Gall. *Commission, pouvoir.* Inventar. Chart. reg. ann. 1482. fol. 119 : *Processus verbalis dom. de Craon archiepiscopi ducisque Remensis ac paris Franciæ et dom. Johannis le Maingre dom. Bouciquault,... in quo sunt incorporata duo posse sive Commissiones regis Karoli V. tunc regnantis, per quem rex præfatus dabat potestatem dicto archiepiscopo ac Bouciquault tractandi treugas, abstinentiam guerræ, pacem et concordiam inter Johannam ducissam Britanniæ,..... et Johannem comitem Montisfortis.*

¶ 2. **COMMISSIO**, Confiscatio, bonorum multatio, Gall. *Confiscation.* Charta Philippi Regis pro Ecclesia Mimatensi ann. 1306. ex Tabulario ejusdem : *Jure tamen Commissionis et extorrentiæ cujuscumque ad nos nihil proprium de locis communitatis venire poterit, quin nobis et dicto Episcopo absque recompensatione aliqua sit commune.* Pactum ann. 1306. in Hist. Dalphin. tom. 2. pag. 125. col. 2 : *Item promiserunt, ut supradictus Dominus Dalphinus et ejus liberi dicto D. Drodoni, Guidoni et mihi Notario stipulantibus ut supra, se remittere et cedere pro se et suis cum effectu ipsi Rolleto Jus Commissionis et offensæ, si quod habebant in bonis patris sui usque ad præsentem diem ratione feloniæ, etc.* Vide *Commissum* 2. et *Lactamia.*

* Charta ann. 1344. in Tabul. Gellon. : *Quod camerarius possit et debeat in ipsis locis et tenemento uti Commissionibus, quoties necesse fuerit, contra quascumque personas, absque licentia abbatis.*

¶ Commissio feudi, Ead. notione. Vide *Caducitas feudi.*

* Commissio, Practicis nostris *Commise*, cum scilicet defectu servitiorum feudalium, domino feudum in *commissum* cadit. Lit. ann. 1409. tom. 9. Ordinat. reg. Franc. pag. 454. art. 86 : *Nec dominus directus aliquam prætendere Commissionem aut laudimium, si per debitorem prædictæ res et jura redimantur, etc.* Vide *Commissum* 2.

* 3. **COMMISSIO**, Commissum, Gall. *Délit.* Charta ann. 1280 : *Si contingeret*

quod aliquid committeretur a transeuute seu transeuntibus, nomine vel occasinone managii, passagii,.... seu alio modo nomine prædictorum, quod cognitio ipsius Commissionis, tam ad dictum dom. Regem, quam ad dictum Pontium Bremundi debeat pertinere. Vide infra Commissus 3.

* 4. **COMMISSIO**, Immissio. Charta ann. 1341. in Reg. 72. Chartoph. reg. ch. 368 : *Idem procurator dicebat quamplurima ysshartu et ignis Commissiones quamplurimas in diversis nemoribus et dumis... eos immisisse et ad novam culturam reduxisse.*

¶ **COMMISSIONARIUS**, Delegatus ad tractanda alterius negotia, idem qui supra *Commissarius.* Charta Elizabethæ I. Reginæ Angl. ann. 1559. apud Rymerum tom. 15. pag. 505. col. 1 : *Assignavimus vos Commissionarios nostros ad tractandum, communicandum et componendum cum omnibus et singulis subditis nostris, etc.* Gallis *Commissionnaire* est Institor, qui mercatoris agit negotia.

COMMISSIONATUS, Delegatus, qui mandatum seu *Commissum* alterius defert, Gallis, *Porteur de Commission.* Gloss. Græc. Lat. : Ἐπιτροπή, ὅ ἐστι ἐντολή, *Commissum.* W. Thorn. in Chronic. : *Archiepiscopus Aquinensis fuit a D. Papa Commissionatus.*

¶ **COMMISSIORATUS**, Officium *Commissarii* ad custodiendos regni limites delegati. Charta Edwardi IV. Angl. Regis pro Duce Glocestriæ apud Rymerum tom. 11. pag. 658. col. 1 : *Dantes et concedentes præfato fratri nostro potestatem et mandatum speciale faciendi et exercendi omnia et singula quæ ad officium hujusmodi custodiæ et Commissionatus nostri pertinent ibidem.* Similia habes ejusdem tomi pag. 665. col. 1.

COMMISSORIUM, Donatio, testamentum, seu diploma. Vide Anton. Brandaonum lib. 8. Monarch. Lusitan. cap. 15.

¶ 1. **COMMISSUM**, Depositum, ut sunt chartæ quæ apud Notarios deponuntur. Charta Agnetis Ducissæ Silesiæ ann. 1363. apud Ludewig. tom. 6. Reliq. MSS. pag. 406 : *Allexio Notario qui præsentia habuit in Commisso.* Ibidem pag. 43. in Charta Bolkonis Ducis Silesiæ : *Thammonæ de Schellendorff nostro Protonotario, qui præsentia habuit a nobis in Commisso.*

¶ 2. **COMMISSUM**, Bonorum multatio. Acta SS. Junii tom. 2. pag. 493. de S. Rosselina : *Quod si aliquo modo contingeret d. Monasterium de Cella Robaudi d. censum v. solidorum non solvere... non ob hoc incideret in Commissum.* Consuetud. Tolos. in rubrica de feudis n. x : *Est usus sive Consuetudo Tolosæ, quod si feudatarius per annos vel amplius, vel per quantumcumque tempus cessaverit ab oblitis Domino seu Dominis feudi persolvendis, feudum non potest nec debet venire in Commissum ipsi Domino seu in incursum, sed feudatarius debet et tenetur solvere Domino feudi pro dicto feudo oblias, census et alias dominationes in cartis feudi contentas, pro tempore quanto illud tenuerit.* Vide Commissio 2. et *Committere.*

¶ 3. **COMMISSUM**, Confessio fidei Felicis Urgellit. Episc. tom. 3. Concil. Hisp. pag. 115 : *In Dei nomine Felix olim indignus Episcopus, domnis in Christo fratribus..... Presbyteris... Clericis in parochia Urgellitanæ Ecclesiæ degentibus, seu cæteris fidelibus in superdicto Commisso commorantibus in Domino Deo Patre... æternam salutem.* Vox *superdicto* addita voci *Commisso* indicat jam superius dictum fuisse de loco, qui hic appellatur *Commissum :* nullus autem alter locus est prius memoratus, præter *Parochiam*, id est, Diœcesim, *Urgellitanæ Ecclesiæ;* hinc conjicio nomine *Comissi* intelligendam esse parochiam ipsam Urgellitanam forte *Commissum* dictam, quod Pastoris curæ et sollicitudini committeretur.

* **COMMISSURA**, *La castratura.* Glossar. Lat. Ital. MS.

¶ 1. **COMMISSUS**, Commendatus. Vide *Commissi.*

¶ 2. **COMMISSUS**, Idem qui *Commissarius*, Legatus ad gerendum quoddam negotium. Charta Johannis Eborac. Archiep. ann. 1428. apud Thomam *Madox* Formul. Angl. pag. 100 : *Pro vitandis dampnis, dispendiis atque periculis, contencionibus et debatis, quæ inter commissos et deputatos præfati Archidiaconi, etc.*

* 3. **COMMISSUS**, pro Commissum, delictum. Charta Ottonis I. ann. 961. inter Probat. Hist. monast. S. Emmer. Ratisbon. pag. 112 : *Partem hæreditatis cujusdam nobilis viri, Diotmar vocati; nostræ regiæ potestati judicio scabineorum...... pro suo Commissu judicatam,..... donamus.* Vide mox *Committere* 2.

1. **COMMITTERE**, Confiscare, quando nempe Cliens patronum agnoscere non vult, et temere Clientelam inficiatur. Budæus ad L. *Herennius*, de Evict. : *In jure civili et apud JC. Commissum appellatur, quod ob vectigal non solutum, vel omissam apud publicanos professionem fisco vindicatur.* Jure vero feudorum *in commissum cadere* dicuntur dominia, quæ ex delicto vassalli ad dominum feudi redeunt. Gl. Lat. Græc. : *Commisit*, ὑπέπεσεν, ἐναντιώθη. *Commisit in legem*, ὑπέπεσεν τοῖς νόμοις. *Committit*, ἁμαρτάνει. *Commettre son fief*, in Consuetudinibus municipalibus nostris passim. *Commissi legem incurrere*, in leg. 2. Cod. Th. de Susceptor. (12, 6.) Charta Ottonis Imp. ann. 953. apud Willelm. Hedam : *Terram quam Hatto in loco Ecki habere videbatur, et ad nostrum regale jus pro sui ipsius Commissu fiscata erat, ad prædictam Ecclesiam tradidimus.* Alia ann. 1250 : *Eadem* (bona) *tenebant ab Ecclesiis antedictis, et ideo si ea Commiserunt, non Domino Regi, sed potius ipsis ecclesiis fuerant applicanda.* [Consuetud. Marchiæ Dumbarum art. 17 : *Homo taillabilis alterius Domini, qui ponet se in franchesia alicujus alterius Domini, quia ipse denegat et reneat Dominum suum, omnes ejus res et bona Committuntur Domino cujus ille erat homo taillabilis, antequam positus fuisset in franchesia prædicta, sub tali conditione, quod ille Dominus, cujus ipse homo denegans et reneans erat homo taillabilis ante dictam franchesiam, reddat et reddere teneatur Domino, de cujus .. . dicta bona moverent, sufficientem tenementarium intra annum et diem de manu mortua.*] Vide *Feudum perdere*, et Ferrarium in *Scomettere.*

* Rectius Cangius dixisset : *Commissi* culpam vel pœnam incurrere; qua notione legitur in Libert. Briancz. ann. 1343. tom. 7. Ordinat. reg. Franc. pag. 728. art. 15 : *Quod dicti sindici.... possint quibuscumque pœnas imponere, usque ad quinque vel decem solidos; et qui pœnæ hujusmodi non paruerit, eam Committat tociens quociens non curaverit obedire. Commettre*, eodem sensu, in Lit. ann. 1374. tom. 6. earumd. Ordinat. pag. 72 : *Et en Commettant les peines, sur ce ont esté indictes et ordonnées.* Italicum vero *Scommettere*, Academ. Crusc. est Disglutinare, vel Discordiam concitare, aut Sponsionem facere.

* 2. **COMMITTERE**, nude, pro Crimen committere. Charta Ludov. VII. reg. Fr. in Chartul. Campan. fol. 61. v°. col. 2 : *Statuimus.... ut tam clerici quam laici, pauperes seu divites, omnes ejus* (Compendii) *accolæ tanta in perpetuum securitate donentur, qui non Committit, ne timeat; qui autem Commiserit, secundum leges expectet judicari.* Hinc *Committens*, pro Delicti reus, in Charta ann. 1257. ex Tabul. S. Autberti Camerac. : *Servientes vero mei ad simplicem requisitionem et instantiam dicti custodis debent Committentes in dicto nemore in meam ducere prisoniam.*

* 3. **COMMITTERE**, pro Commiscere. Charta official. Noviom. ann. 1318. in Reg. 61. Chartoph. reg. ch. 488 : *Cum prædicta uxor ibidem venisset, eamdem oppresserunt et se Commiserunt carnaliter cum eadem.*

¶ **COMMITTIMUS**, Vox Latina, quam Practici nostri Gallicam fecerunt atque etiamnum retinent. Significat facultatem eligendi tribunal opportunum ad dirimendas lites suas quibusdam concessam regio diplomate, in quo vox illa *Committimus* semper legitur; hincque dicta *Committimus* illa prærogativa.

* **COMMIXERE**, pro Commiscere. Ordinar. MS. S. Petri Aureæ-val. : *Prædictus capellanus accipiat de aqua fontium cum vase mundo et honesto, et eam habeat Commixere cum alia aqua in benedictario.*

¶ **COMMODALE**, Fructus, quidquid commodi in agris est, vel ex agris nascitur. Formula venditionis anni 1250. apud Ludewig. tom. 5. Reliq. MSS. pag. 112 : *Præmissa omnia vendidimus prædicto hospitali cum advocatia et utilitatibus omnibus quæ in eis nunc sunt, quæ in superficie terræ vel in subter ejus Commodalibus in posterum potuerint provenire.*

COMMODATIONES CARRUCARUM. Vide *Carruca.*

* **COMMODIFER**, Commodus, Gall. *Avantageux.* Elmham. in vita Henr. V. reg. Angl. edit. Hearn. cap. 25. pag. 59 : *Ut noticia loci, in quo erat crastinum prælium committendum, ad Commodiferam ordinacionem exercitus sui prodesse valeret, etc.*

* **COMMODIOSUS**, Commodus, utilis, Gall. *Profitable.* Charta ann. 1321. in Reg. 61. Chartoph. reg. ch. 31 : *Plures alii interrogati per me notarium,..... si dicto domino regi erat Comodiosum et utile infeudare... piscaria, vocata dom. regis de Vauro, cum adhærentibus eisdem nemora de campo Maurello.* Lit. ann. 1340. tom. 7. Ordinat. reg. Franc. pag. 193 : *Cum in privilegiis et libertatibus, tempore constructionis dictæ bastidæ* (Regalis-montis) *eisdem concessis,...*

aliqua dictæ bastidæ Commodiosa petere omiserint, etc. Mandat. ann. 1489. inter Probat. tom. 4. Hist.Nem. pag. 50. col. 2 : *Cujus quidem robinæ.piscaria domino nostro regi ad causam sui domanii singulis annis multum utilis et commodiosa erit, etc.* Vide infra *Comodosus.*

* **COMMODISIA**, Tutela, protectio, idem quod *Commendisia;* quomodo etiam fortassis legendum est. Charta ann. 1220. in Chartul. Campan. fol. 252. r°. : *Præpositi de Parguis aliquem forensem in Commodisia retinere non poterunt, nisi in eadem villa fecerit mansionem.*

* **COMMODITATES**, Reditus, proventus, bona quævis, id omne quod ad *commodum* est. Charta ann. 1332. in Reg. 66. Chartoph. reg. ch. 947 : *Item ad petendum, habendum et recipiendum rationem et computum ab omnibus hominibus dicti castri de Genestaribus, qui... dicti castri emolumenta et Commoditates receperunt et ministrarunt.*

COMMODOLARE, pro *Commodare*, in Formulis Andegavensibus n. 58.

* **COMMODOSIUS**, Commodius. Stat. lepros. Gandav. MSS. ann. 1424 : *Sic minuti aliquantulum Commodosius procurentur.*

1. **COMMODUM**, Stipendium, salarium. Gloss.Lat.Gr. : *Commoda,* λυσιτελῆ, χρήματα. Suidas : Κόμοδα, δόσις ἐπὶ τοῦ σιτισμοῦ παρεχομένη. Perperam editum σεισμοῦ, quod non advertit Meursius. S. Augustinus, seu quivis alius, homil. 19. de Verbis Domini : *Fraudes suas ac rapinas Commodum vocant, cum ipsa præda inferatur in commodum.* Joannes VIII. PP. Epist. ad Rostagnum Archiep. Arelatensem : *Quibusdam narrantibus agnovi quod in Galliarum... partibus, nullus ad sacrum ordinem sine Commodi datione perveniat.* Vide Vitruvium in Præfat. lib. 1. Senatorem lib. 4. Epist. 27. lib. 5. Epist. 5. lib. 7. Epist. 15. lib. 9. Epist. 14. lib. 11. Epist. 8. Privilegium Emmonis Episcopi Senonensis in sæculo 3. SS. Ord. S. Benedicti tom. 2. pag. 614. et quæ observarunt Salmasius de Usuris pag. 96, Savaro ad Sidon. lib. 6. Epist. 9. Cujacius. Carolus Labbeus, Jacobus Gotofredus, et alii. Hinc

Commodum, pro quavis pensitatione vel etiam exactione usurpat Gregorius M. lib. 1. Epist. 42. 59. ut et Diurnus Romanus cap. 4. tit. 2. Interdum sumitur pro pecunia quæ pro mulcta exsolvitur. Auctor Queroli sub finem : *In loxu autem et ossibus loco motis, usque ad deuncem solidi injuriarum Commodum placuit extendi. Censum sive Commodum aliquod imponere*, in Conventu Pistensi ann. 864. tom. 2. Spicilegii Acheriani.

Commodum Facere. Vide Leges Henrici I. Regis Angl. cap. 79.

2. **COMMODUM**, Comodium, Cubiculum, hospitum. Isiderus in Glossis : *Comodia, hostiaria.* Perperam in Excerptis Pithœanis *Comedia :* est enim hoc loco *Commodium*, hospitium, quod per *Ostiarium* expressit Historia Australis ann. 1298 : *Et venerunt cum tanta multitudine Ungarorum et Comanorum, quod vix poterant invenire hospitia in civitate, imo circumquaque extra partes civitatis receperunt se cum equis suis, in cubiculis, et stabulis, et cameris, in stupis, de suis Comodiis hominibus ejectis.* Buschius in Chronico Windesem. lib. 2. cap. 45 : *Missam in portatili in Commodo ubi decubuit coram ipso celebravi.* Lib. 2. cap. 57 : *Cum Prior in civitates, oppida, loca, domus, et Commoda hospitum suorum divertere contigisset.* Et cap. 5 : *Commodo satis pulchro inclusus.* Ex his emendandus Anonymus in modo examinandi Valdenses : *Quotiens audivisti prædicationes eorum? ubi primam? in quot domibus istius loci? in quo Coramodo istius domus?* Legendum enim *Commodo.*

¶ **COMMOLERE**, Una molere. Supplem. Antiquarii : *Commolo*, συναλήθω,

* Hæc sic emenda ex Gloss. Lat. Gr. : *Commolo*, συναλήθω.

¶ **COMMOMONENTUM**, ἀρχεῖον, *Basilica, Palatium*, in eodem Supplemento. Infra legitur *Comomonentum.*

* Glossæ Lat. Gr. : *Comomonentum*, ἀρχεῖον. In Castigat. vero ad utrumque Glossar. legitur : Codex reg. *Munimentum.* Sangerm. ἀρχιον, *Monumentum.*

¶ **COMMONACHUS**, Ejusdem Monasterii seu Congregationis Monachus, apud Thomam *Madox* Formularis Anglic. pag. 267. et Rymerum tom. 8. pag. 401. col 1.

* Reg. feudor. Aquit. sign. JJ. rubr. in Cam. Comput. Paris. fol. 21. r°. : *Abbas monasterii de Blavimonte, pro se et toto conventu ejusdem monasterii, juratus recognovit, quod tenet et sui antecessores tenuerunt ab antiquo in feodum immediate a dom. rege Angliæ et duce Aquitaniæ castrum de Blavimonte, cum justitia alta et bassa et omnibus suis pertinentiis; et ipse abbas et conventus debent pro eo tradere dicto dom. regi, vel suo senescallo in Vasconia, si requirantur, unum Commonachum eorum presbiterum, cum una equitatura et garcione suo, qui eat et stet cum eis ad eorum expensas, et celebret eis missas et dicat horas, quamdiu eis placuerit.*

¶ **COMMONERE** Placitum, Litigare, litem movere, intentare. Literæ Seguini Condomensis Abbat. tom. 2. novæ Gall. Christ. Instrum. col. 443 : *Ut si vim vellet inferre, vel ulla occasionis intentione Placitum Commonere, ipsi in fidelitate Dei et S. Petri placitarent; et si opus esset et contra omnes defensarent.*

* **COMMONIA**, Idem videtur quod alibi *Synodus*, Conventus scilicet ad quem ab episcopo presbyteri diœcesis suæ quotannis convocantur seu *commonentur;* unde vocis origo. Charta ann. 1157. inter Probat. tom. 2. Hist. Occit. col. 565 : *Raymundus episcopus in remissione suorum peccatorum dedit donum Ceciliæ abbatissæ Vetuli muri, quod ullus capellanus S. Orientii monachorum amplius in Commoniam non perrexisset.*

¶ **COMMONIALIS**, Una cum aliis Monacha, apud Rymer. tom. 4. pag. 314. col. 1.

* **COMMONIMENTUM**, Commonitio. Charta ann. 1124. inter Probat. tom. 2. Hist. Occit. col. 426 : *Hæc suprascripta adjutoria fecerimus tibi per quantas vegadas tu nos commonueris per te, vel per tuum missum, vel per tuos missos; et de ipso Commonimento non nos vetabimus ullo modo.*

1. **COMMONITORIUM**, Epistola qua aliquid præcipitur, qua quis *Commonetur* ut rem mandatam exequatur. Lexic. Græc. MS. Reg. Col. 2062. : Κομμονιτήριον, εὐταλτήριον εἰς ὑπόμνησιν, κατὰ Ῥωμαίους. Qua notione pro memoriali quodam libello, quo scilicet memoria juvatur, usurpat Vincentius Lirinensis contra Hæres. in Præfat. : *Me vero sublevandæ recordationis, vel potius oblivionis meæ gratia, Commonitorium mihimet parasse suffecerit.* S. Augustinus lib. de Hæresib. : *Quæ cum dicis, unum quasi Commonitorium de his omnibus te desiderare significas : audi ergo unde commonearis, quid petas.* Nicolaus I. PP. Epist. 27 : *Dicitis enim vos præfatum commonuisse Hotarium, sicut in Commonitorio nobis a vobis directo legere prævaluissemus, etc.*

Alias et fere semper pro Epistola qua mandata dantur. Suidas et Glossæ Basil. : Κομμονιτόριον, ἐπιστολὴ προςακτικὴ ἀποςελλομένη εἰς χώρας, vel, ἐπιςολὴ ἀποςελλομένη μετὰ προςτάξεως. Gloss. Saxon. Ælfrici : *Commonitorium, vel pictacium,* Ærend...gevrit, i. *Epistola.* Proterius in Ep. ad S. Leonem PP : *Ex illo tempore, quo Commonitorium vestrum accepi.* Anastasius in Hist. Eccl. pag. 52 : *Decepit Imperator Macedonium per Celerem Magistrum, Commonitorium faciens ad eum, in quo se primam... confitebatur suscipere Synodum.* Alio loco : *Per Commonitorium scriptum omnibus Ecclesiis præcepit Trisagium in litaniis cum additamento dicendum.* Ubi Theophanes pro *Commonitorium*, ὑπομνηστικὸν habet. Gl. Græc. Lat. Ὑπομνηστικόν, *Commonitorium.* Balsamon ad Synod. Carthag. : Κομμονιτόριον, ἤτοι ἔγγραφον ὑπόμνημα. Utuntur passim Scriptores, Concil. Ephesinum pag. 289. edit. 1618. Concil. Carthag. 6. cap. 6. Cod. Canon. Eccl. Afric. cap. 93. Codex Theodosian. Paulinus Epist. 9. S. August. Ep. 99. et alibi, Gregorius Mag. lib. 3. Dial. cap. 10. Innocentius I. PP. Epist. 18. cap. 1. Guillelmus Bibliothec. in Hadriano PP. pag. 228. Flodoard. lib. 3. Hist. Rem. cap. 28. pag. 564. edit. Colvener. Vita Ludovici Pii ann. 836. Lex Wisigoth. lib. 7. tit. 5. §. 3. Fulbertus Carnot. Epist. 7. 63. 92. Lanfranc. Epist. 26. Ægid. Aureævallis in Adalberone Leod. Episc. cap. 34. Odo Clun. in Tract. de Reversione B. Martini a Burgundia, Vita S. Fulgentii Rusp. Episc. cap. 24. Concil. Ticinense ann. 855. etc. Vide Juretum ad Symmachi lib. 5. Epist. 22. et Lindenbrogium ad Ammiani lib. 28. pag. 178.

* In l. unica Cod. de Suffragio lib. 4. tit. 3 : *Quod si quis dum solo Commonitorio suffragio nititur.* Ubi Gothofr. id est, sola adnotatione et scriptura conventionis. Monet tamen veterem Interpretem hujus legis in Cod. Theod. interpretari suffragium sine scriptura promissum seu non scriptum. Extat *Commonitorii* formula apud Cassiodorum 7. Var. Utitur præterea Ammian. Marcell. lib. 28. Symmachus lib. 5. epist. 22. et 26. Consule Jac. Gothofr. qui de hac voce docte disputat ad Cod. Theod.

Commonitoriæ Litteræ. Flodoardus lib. 3. Histor. Rem. cap. 23 : *Pro litteris Commonitoriis, quas jussione Regis mittebat Hugoni, etc.* Cap. 28 : *Quibus etiam pro reversione ipsorum Commonitorias direxit litteras.*

Commonitoria Rescripta, Scripta. Anastas. Bibl. in Greg. II : *Rescriptis Commonitoriis, nisi ad Catholicam converteretur fidem, etiam extorrem a Sacerdotali officio esse mandavit.* Et in Greg. III : *Ut ab hoc resipiscerent ac se removerent errore, Commonitoria scripta, vigore apostolicæ sedis instituta... direxit.*

* 2. **COMMONITORIUM**, *Lettener*, in Vocabul. Lat. Germ. Twingeri MS. in alio rursum ejusd. Germ. Lat. : *Berfrit*, *analogium*, *Commonitorium*.

¶ **COMMONRA**, Commonras, Commonrias, Voces Occitanæ, quarum duæ posteriores *Commonueris*, prima *Commonuerit*, significat. Jusjurandum Guillelmi Montispessulani præstitum Johanni Episc. Magalonensi ann. 1184. apud Acherium tom. 10. Spicil. pag. 171 : *Audi tu Johannes Magalonensis Episcope. Ego Guillelmus Dominus Montispessulani, filius Mathildis, ab ista hora in antea personam tuam non capiam, vitam et membra tua tibi non tollam, nec homo nec femina meo consilio vel meo ingenio. Et si in illo honore quem tu hodie habes et possides, et Canonici Magalonenses habent et possident in communia, vel in antea tu acquisieris meo consilio, et Canonici meo consilio acquisierint, ego Guillelmus tollerem, vel forisfactum ibi facerem, cum tu Commonras per sacramentum, vel si præsens non fueris, aut Ecclesia Magalonensis tum forte Episcopum non habuerit, Prior Magalonensis consilio Capituli Magalonensis me Commonra per sacramentum, infra quadraginta dies* cabalmen rendrai od emendarai, *vel ad tuam mercedem* meconlarai, *et ad mercedem Canonicorum similiter.* Infra legitur *Commonrias* pro *Commonras.* Ceteræ voces Occitanæ sponsio sunt reparationis damnorum Episcopo Magalonensi inferendorum.

COMMORSUM [vel Commorsus.] Lex Bajwar. tit. 36. 11 : *Acceptorem non domitum pro 3. sol. tribuat, Commorsum Gruarium pro 6. sol. tribuat, acceptorem mutatum pro 12. sol. tribuat.* [Eadem habet Lex Ripuariorum iisdem tit. et §. ubi *Commorsum gruarium* non male interpretatur Eccardus *Accipitrem in gruum venatione et pugna cum eis exercitatum.* Hunc Commentatorem, si vis, consule.]

¶ **COMMOTARE**, Commutare, Alterare; item Lædere vel potius Impellere, trudere, a *Motu*, pro *Moveo.* Canones Hibernenses apud Marten. tom. 4. Anecd. col. 8 : *Si quis errans Commotaverit aliquid de verbis sacris, ubi periculum adnotatur, triduanum aut 3. superpositiones faciat.* Ibidem col. 6 : *Qui vero Episcopum sine effusione sanguinis percusserit, Commotaverit, dimidium VII. ancillarum pretium reddat.* Octav. Horatianus lib. 1. cap. 8. dixit, *Assidue Commotare*, pro continuo movere.

* **COMMOTIVUS**, Ad commotionem excitans. Testim. de S. Dominico tom. 1. Aug. pag. 641. col. 2 : *Item dixit quod in prædicationibus erat assiduus et solicitus, et verba habebat ita Commotiva, quod sæpissime commovebat se et auditores ad fletum.* *Escommovoir*, pro Commovere, vulgo *Exciter, animer*, in Vit. SS. MSS. ex Cod. 28. S.Vict. Paris. fol. 92. v°. col. 1 : *Justine empereris Escommovoit le pueple encontre S. Ambroise par dons et par honors.*

COMMOTUM, Comotum, apud Cambrobritannos, Quarta pars Cantredi. Silvester Giraldus lib. 1. Itiner. Cambriæ cap. 2 : *Gruffino filio Resi... unius Commoti solum, id est, quartæ partis Cantredi... tunc domino, etc.* Et cap. 10 : *In his autem de Cantref-Mawr finibus, Commoto videlicet de Caos, etc.* Occurrit non semel in Statutis Walliæ ann. 12. Edw. 1. apud Spelmannum, qui perperam *Commotum* dixit esse dimidium Cantredi, cum ex Giraldo constet fuisse quartam partem tantum. Vide *Cantredus.*

¶ **COMMULCARE**, *Complodere. Commulcat, Conculcat.* Gloss. Isid. Apul. Met. 8. dixit, *Commulcare ictibus*, hoc est, cædere sive calcibus sive pugnis. Verbo *Mulcare* hoc sensu usi sunt Latini. Vide Turnebi Adversaria, Gronovium ad Livium, Fabri Thesaurum et Daceriam in Notis ad Eunuchum Terentianum 4. 7. 4. etc. Papias MS. habet : *Commulcat, Conculcat, Commulcet, Turbat.* Glossar. San-German. MS. n. 501 : *Conmulare, Conculcare, Conturbare.*

* **COMMULITARE**. Glossar. vet. ex Cod. reg. 7641 : *Commulitat, molle fecit.* Vide *Commulcare.* [** Not. Tir. pag. 169 : *Commolliat.*]

¶ **COMMUNA**. Vide *Commune* 2. *Communia* 2. *et* 3.

COMMUNALE, Occitanis *Coumudal*, Pastura communis. *Communaux et pasturages*, in Consuet. locali Castrimeliandi reg. 64. Charta ann. 1072. in Hist. Pergamensi tom. 3. pag. 273 : *Extra pasculum et Communalia.* [Vide *Communia* 2.]

* **COMMUNALIA**, Bona, quæ in commune possidentur. Charta ann. 1014. apud Murator. tom. 4. Antiq. Ital. med. ævi col. 13 : *Cunctos Arimannos in civitate Mantuæ, sive in castro,.... et in comitatu Mantuano habitantes, cum omni eorum hæreditate, paterno vel materno jure, proprietate, Communaliis, sive omnibus rebus, etc.* V. *Communia* 3.

1. **COMMUNALIS**, Communis, *Communale* Boccacio. *Paries Communalis*, in Charta ann. 1178. apud Ughellum tom. 7. pag. 410. [*Aquæmoli Communales*, in Chronico Farfensi apud Murator. tom. 2. part. 2. col 560.] *Communalis*, familiaris, amicus. Le Roman *de Garin :*

Ferez François, tuit sommes Communal.

Philippus *Mouskes :*

Et tout li bien sont Communels.

Gaces *Brulés :*

Mes trop parest Communaus.

Villarduinus n. 100 : *Ensi furent mult Communel li Grieu et li François de totes choses, de merchandises et d'autres biens.* Adde n. 123. et Perardum in Burgundicis pag. 488. a. Vide *Comminelli*, et *Communis.*

* Is præsertim apud Provinciales *Communalis*, et vulgo *Communiste*, dicitur, qui aliquod municipale officium exercet. Vide infra *Communerius* et *Comunarius.*

¶ 2. **COMMUNALIS**, Communialis, Municeps, civis. Matth. Masius in Vita S. Gerii, tom. 6. Maii pag. 160 : *Communales Racanati descendunt, volentes corpus B. Gerii portare.* Eadem, ut puto, notione in Inquisitione de juribus Curiæ regalis in Auseto, e Camera Computorum Provinciæ : *Anno Domini 1364. die 29. mensis Aug. 2. Indict. apud Ausetum existentes prædicti Domini Comissarii pro prædictis juribus Curiæ inquirendis, fecerunt ad ipsorum præsentiam venire magistros Petrum Salloni, Petrum Auberti Notarium, Giraudum Bonafossi Communialem, etc.* Recensio eorumdem jurium ann. 1414 : *Bona hujusmodi appretiantur per Communales dicti loci.*

¶ **COMMUNANTIA**. Vide in *Commune* 2.

* 1. **COMMUNANTIA**, Incolarum urbis aut oppidi communitas, Gall. *Commune.* Charta ann. 1252. apud Cencium inter Cens. eccl. Rom. : *Concedo eisdem hominibus, quod de cetero possint Communantiam constituere, et constitutam inter eos retinere, et quod de cetero in Communantia sint et perseverent.* Constit. Jacobi reg. Sicil. cap. 38 : *Ad novas Communantias vassalli baronum vel aliorum ire non compellantur inviti; sed nec voluntarii admittantur, si sint ascriptitii.* Vide in *Commune* 2.

* 2. **COMMUNANTIA**, Stipendium, salarium, Gall. *Solde.* Constit. MSS. Caroli reg. Sicil. : *Prædictis marinariis Communantiam, sine diminutione, persolvant, et panaticam tribuant eis integram, sine aliqua diminutione.* Infra : *Item marinarii, tam supersalientes quam remigii, postquam eis Communantia data fuerit, non ad galeas seu alia vassella ascendant, nec aliqua fraude, arte vel ingenio inde se subtrahant.* Vide *Commodum* 1.

* **COMMUNANTIÆ**, Bona, quæ in commune possidentur, vel Res quæ communitatem spectant. Stat. Montis-reg. pag. 57 : *Item statutum est, quod stantes in villa nova de Rochaforti et monasterio Vaschi possint inter eos ordinare de eorum Communantiis id quod voluerint, salvo tamen quod illi de civitate Montis-regalis in illis ordinamentis aliquas expensas non faciant.* Vide supra *Communalia.*

¶ **COMMUNARIUS**. Vide *Communia* 3.

1. **COMMUNE**, Pensitationis species tam a Clericis quam Laicis pro *sustentatione et defensione securitatis et pacis* publicæ, quam *Treugam Dei* vocabant, in Comitatu Ruthenensi, fieri solita : in Bulla Alexandri III. PP. ad Hugonem Ruthenensem Episcopum edita a Marca, ad Can. 1. Conc. Claromontani : sic porro appellata, quod in *Commune* et ab omnibus ea pecunia conferretur : *Commune autem istud per singulas parochias debet reddi cum Scripto unius parochianorum, etc.* Mox : *Quisquis autem res suas amiserit, postquam Commune, sicut prædictum est, solverit, in integrum restituatur.* Rursum : *Sed non dato Communi, si forte res suas perdiderint, eis nequaquam emendabuntur.* [*Commune pacis Senescalliæ Ruthenensis*, in Conventionibus ann. 1344. Histor. Dalphin. tom. 2. pag. 496. *Le Commun de la paix de la Senechaucié de Roergue* in Litteris Gallicis ejusdem anni ibid. pag. 488.] Vide *Compensus.*

☞ Observat Auctor Hist. Dalph. loco mox laudato pecuniam ex hujuscemodi pensitatione coactam in Eccl. Cathedralib. servatam fuisse ad compensationem damnorum, quæ passi fuerant ii, qui eam pensitationem, ut jure securitatis potirentur, exsolverant : quamobrem haud raro dicebatur *Compensum pacis.* Pensitatio hæc pro *Treuga Dei* primum instituta, facta est succedentibus annis tributum ordinarium, quod a suis vassallis exegere plures Episcopi aliique locorum Domini. Denarios sex adulti quatuordecim annorum, duodecim denarios exsolvebant conjugati. Imponebatur etiam pecudibus cujuscumque generis : ferratæ seu calceatæ duos solidos debebant, non ferratæ duodecim denarios; bovibus quoque et ovibus ceterisque animalibus, sicut et molendinis, sua erat æstimata taxatio : quam aliquando Reges nostri, deinde, cessione facta, Navarræ Reges perceperunt in tractu Ruthenensi.

* Tributum quodvis, quod a rege aut domino *Communiæ* exigebatur, vel in *Communiæ* utilitatem convertebatur, sic appellatum.

* COMMUNE PACIS, vulgo *le Commun de la paix*, idem proinde quod *Paxiagium*. Charta ann. 1272. ex Bibl. Reg. cot. 15 : *B. de Podio, dictus bajulus de Layssazes, pro illustrissimo dom. rege Franciæ levator Communis pacis sive pazagii,.... in possessione pacifica seu quasi levandi Commune pacis sive pazagium.* Libert. civit. de Sarlato ann. 1370. tom. 5. Ordinat. reg. Franc. pag. 340. art. 4 : *Totum prædictum Commune pacis, usque ad valorem pro nunc lx. lib. Turon. annuatim ad utilitatem regiam in dicta civitate de Sarlato levari consuetum, ex nostra certa scientia et de speciali gratia... remittimus perpetuo. Servitutis* nomine designatur, in Lit. ejusdem an. ibid. pag. 354. art. 3 : *Ratione seu occasione denarii seu servitutis, quæ dicitur Commune pacis.* Lit. remiss. ann. 1445. in Reg. 179. Chartoph. reg. ch. 33 : *A l'occasion de ce que les habitans desdiz lieux estoient refusans de paier le Commun de la paix à nostre cousin d'Armagnac.* Vide infra *Communis* 2. et *Compensus.*

* COMMUNE VINI, Vectigal ex vino vendito exactum ad *communiæ* utilitatem, Gall. *Octroy*, alias *Commun*. Pactum inter Joan. delph. et Petr. Barral. ann. 1315 : *Item nolumus quod a prædictis hominibus possit nec debeat levari vintenum, vel aliquod Commune vinorum, vel aliarum rerum.* Charta ann. 1346. in Reg. 151. Chartoph. reg. ch. 279 : *Supplicarunt nobis ut eis concedere dignaremur, quod inter se Commune vini possint facere, constituere et ordinare, videlicet picotorum, adeo quod de qualibet sommata vini, quod ab inde inantea venderetur ad minutum,.... exigere valeant tres picotos vini,.... et quod pro exigendo dicto Communi eligere et deputare unum vel duos de ipsis possint.* Libert. villæ *d'Aigueperse* ann. 1374. in Reg. 198. ch. 360 : *Item voulons et octroions que lesdiz consoulz et conseillers.... puissent... imposer.... taille, queste, gepte, Commun et imposition.*

2. **COMMUNE**, COMMUNIA, COMMUNIO, COMMUNITAS, Incolarum urbis aut oppidi universitas, domino, vel rege concedente, sacramento invicem, certisque legibus astricta. Varie autem hanc appellationem efferunt Scriptores :

COMMUNE enim appellatur, apud Ciceron. in Verrina 4. Innoc. III. PP. lib. 13. Ep. 95. et Rodericum Tolet. lib. 8. de Reb. Hisp. cap. 9. Ita κοινόν, et *Commune* usurpant l. 37. D. de Judiciis (5, 1.) l. 5. D. ad Leg. Jul. de Vi publ. (48, 6.) l. 6. § 2. D. de Excusat. tutor. (27, 1.) l. 25. D. de Appellat. (49, 1.) l. 16. Cod. Th. de Legat. (12, 12.) Inscriptiones veteres, Symmachus, et alii : κουμούνιον apud Pachym. lib. 12. cap. 28.

COMMUNIA, in Gestis Lud. VII. Fr. Reg. cap. 3. apud Matth. Paris, Rigord. Willelmum Briton. lib. 2. 3. Philipp. Sugerium Epist. 83. Radulfum de Diceto, et alios passim.

COMMUNIO, apud Guibertum lib. 3. de Vita sua cap. 7. Will. Malmesb. lib. 2. Hist. Novellæ pag. 189. in Charta Baldrici Noviom. Episcop. apud Vassorium pag. 805. etc. Nicolaum de Braia in Ludovico VIII. pag. 315. [in Vita B. Caroli Boni tom. 1. SS. Martii pag. 191. et in Charta Balduini Comitis Hannoniæ ann. 1169. apud Miræum tom. 2. pag. 829.]

COMMUNITAS, in Gestis Ludov. VII. cap. 1. et apud Ordericum Vital. lib. 11. [necnon in juramento Ordinum regni Daniæ apud Ludewig. tom. 5. Reliq. MSS. pag. 316. et in Ottoboni Scribæ Annalibus Genuensibus ad ann. 1188.]

COMMUNA, non semel apud Radulfum de Diceto, et Rogerum Hoved.

COMMUNANTIA, in Bulla Honorii III. apud Ughellum tom. 1. pag. 821. [et in Regiminibus Paduæ apud Muratorium tom. 8. col. 385. E.]

Primus vero ejusmodi *Communias* in Francia Ludov. VII. Rex multiplicavit et auxit. Nam cum regnante Philippo parente regalis potentiæ vigor elanguisset, invaluissetque in omnibus ferme provinciis Procerum tyrannis, qui in Regem perinde ac subditos desæviebant, *Ludovicus in primis ad comprimendam ejusmodi tyrannidem prædonum et seditiosorum, auxilium totam per Galliam deposcere coactus est Episcoporum. Tunc ergo Communitas in Francia popularis instituta est a Præsulibus, ut Presbyteri comitarentur Regi ad obsidionem vel pugnam, cum vexillis et parochianis omnibus.* Verba sunt Orderici Vitalis lib. 11. pag. 836.

Hinc crebro legimus in prœliis adfuisse et dimicasse urbium *Communias*, quibus prævii erant ipsi Presbyteri seu Curiones cum vexillis Ecclesiæ, quod testatur rursum Ordericus lib. 12. pag. 855. et 856 : *Episcopi et Comites aliæque potestates regni tui ad te conveniant, et Presbyteri cum omnibus parochianis suis tecum quo jusseris eant, etc.* His adjungenda sunt quæ habet Sugerius in Vita Ludovici VI. cap. 8 : *Cum Communitates patriæ parochiarum adessent, cujusdam casu Presbyteri suscitavit fortitudinis Roberto spiritum, cui contra opinionem humanam datum est possibile, quod armato Comiti et suis contingebat impossibile, etc.* Charta Communiæ Crespiacensis ann. 1223 : *Et ipsi nobis debent exercitus et equitationes, sicut aliæ Communiæ nostræ.*

Ita quæ in Oppidis Regi ipsi obnoxiis duntaxat erant Communiæ, postmodum, Regibus concedentibus, in aliis, quæ Episcoporum erant, inductæ sunt. Sed ipse Ludovicus VII. novas statuit in iis quæ sui juris erant, quibus leges dixit. Nam pleraque ex iis quæ supersunt Communiarum instrumenta et diplomata ejusd. Ludovici sunt, firmata deinceps a Ludovico VIII. Philippo Aug. et aliis Regibus. Sed et regii vassalli in suis oppidis Communias pariter statuerunt, quibus statuendis eo magis assensum præbuere Reges nostri, quod in bellis opem ab iis exposcere licebat : unde Ludovicus VIII. in Hist. Episc. Autissiod. cap. 57. *reputabat civitates omnes suas esse, in quibus Communiæ essent :* nec injuria, cum eo ipso deinceps oppidorum incolæ quodammodo a dominorum dominio absoluti, Regi ipsi directe parerent. Quod prodit auctor Hist. Ludovici VII. pag. 418. ubi tradit *Vezeliacenses Communiam inter se facientes, communiter conjurasse, quod Ecclesiæ dominio ulterius non subjacerent.* Eadem habet Aimoinus lib. 5. Hist. cap. 65. Guibertus vero lib. 3. de Vita sua cap. 10 : *Inter Missas sermonem habuit de execrabilibus Communiis illis, in quibus contra jus et fas violenter servi a dominorum jure se subtrahunt.* Idem vero Scriptor Regia potissimum auctoritate erectas ejusmodi *Communias* innuit cap. 14 : *Post funestum excidii Laudunensis eventum, Ambiani Rege illecto pecuniis fecere Communiam, cui Episcopus nulla vi exactus debuisset præstare favorem, præsertim cum et eum nemo urgeret, et infaustorum civium conflictum non lateret.* Acta Episc. Cenoman. [* apud Mabill. tom. 3. Analect. cap. 39.] pag. 315 : *Facta itaque conspiratione, quam Communionem vocabant, sese omnes pariter sacramentis adstringunt, etc.*

Assensum vero Reges ejusmodi a vassallis Communiarum institutionibus factis præbuisse docet Charta Baldrici Episcopi Noviomensis descripta a Vassorio pag. 805. [Non semper tamen, ut ex Chartulario Communiæ Meldensis ann. 1344. de Comite Campaniæ probat D. *Brussel* tom. 1. de Usu feudorum pag. 187.] Sed ut plurimum in vassallorum civitatibus et oppidis supremo jure, et inconsultis vassallis Communias Reges instituebant, auferebantque, si peccassent incolæ, ut Laudunensibus, post cæsum Galdricum Episcopum, Ludovicus VI. apud Sugerium in illius Vita pag. 306. et Guibertum lib. 3. de Vita sua cap. 7.

Ad id denique instituebantur *Communiæ*, ut et dominorum suorum, et sua propria jura subditi tuerentur. In Charta ann. 1204. Alienor Regina Angliæ et Ducissa Aquitaniæ, dicitur concessisse *Universis hominibus de Pictavia et eorum liberis in perpetuum Communiam juratam apud Pictavum, ut tam ipsius jura, quam sua propria melius defendere possint, et magis integre custodire.*

Inter Communiæ vero jura præcipua recensentur *Scabinatus, Collegium, Majoratus, Sigillum, Campana, Berfredus,* et *jurisdictio*, in Aresto ann. 1322. De sigillo hæc habentur in Charta S. Ludovici Regis ann. 1235. pro Episcopo Remensi : *Dicebat etiam quod* (cives Remenses) *non debebant habere sigillum, cum non habeant Communiam.*

In Chartis Communiarum describebantur præterea leges, quibus delinquentes incolæ subdebantur, et pensitationes, quas præstare dominis vel Regi debebant. Guibertus lib. 3. de Vita sua cap. 7 : *Communio autem novum ac pessimum nomen sic se habet, ut capite-censi omnes solitum servitutis debitum dominis semel in anno solvant, et si quid contra deliquerint, pensione legali emendent; cæteræ censuum exactiones, quæ servis infligi solent, omnimodis vacent.* Unde percipimus cur ejusmodi Communiarum institutiones in plerisque oppidis *Libertatum* nomine donentur : quia videlicet incolæ ex iis ab omni jugo servitutis eximuntur, et sibi invicem confœderati et juramento adstricti jura sua tuentur. Hinc *Communiæ juratæ* dictæ, et oppidorum incolæ *jurati* appellati. Vide Zonaram lib. 6. Annalium n. 15.

Communiarum a Regibus nostris concessarum non pauca prostant instrumenta, præsertim in Regesto Philippi Aug. Herouvalliano, et in aliis veteribus Codicibus, quæ ipsi perlegimus : sed multo plura a variis Principibus seu Regni Proceribus regiisque vassallis, eorum subditis indulta prostant in Tabulariis ac Regestis Regii Chartophylacii et Monasteriorum, quæ fere semper *Libertatum* titulo donantur. Horum diplomata, præsertim quæ *Communiæ* titulum præferunt, indicasse haud inutile fortasse fuerit : aliorum qui *Libertatum* aut *Franchisiarum* nomine edita leguntur sparsim in variis hujusce Glossarii locis indicantur, tametsi in mergitum acervo acum quærere sit.

Abbatis villæ in Pontivo Communiam indulsit Willelmus Cogn. Talvacius, Comes Pontivi, deinde Joannes ex filio nepos mense Junio ann. 1184. Exstat in Hist. Comitum Pontivi cap. 18.

Ambiano in Picardia, Philippus August. ann. 1190. et 1209. Exstat in Regesto Scabinatus Ambian.

* *Andeliaco* Communiam concessit Philippus Aug. ann. 1204. Exstat Charta in Reg. 34. bis ejusd. reg. fol. 27. v°. col. 2. part. 1.

Aquis mortuis in Provincia, S. Ludovicus ann. 1246. Chartam descripsit Gallandus in Tract. de Franco alodio.

Arcis (vulgo *Arkes*) prope S. Audomarum, Abbas S. Bertini ann. 1231. M. Febr. Exstat Charta in Tabul. S. Bertini.

* *Archesium* inter villas, quæ jure communiæ gaudent, recensetur in Reg. Cam. Comput. Cod. nunc Bibl. reg. 8406.

Argilleio in Ducatu Burgundiæ, Communiam indulsit Hugo D. Burgund. ann. 1234. Chartam habet Perardus pag. 436.

Ariæ in Atrebatibus, Philippus Comes Flandriæ ann. 1188. Habetur in tom. 11. Spicilegii Acheriani pag. 35.

* *Asneriæ* ad Sequanam, in cod. reg. 8406.

Atheiis in Viromanduis, Philippus Augustus Rex Communiam concessit ann. 1212. Exstat in Regesto Philippi Aug. Herouvalliano fol. 164.

Attrebato, Ludovicus, Philippi Augusti Regis Filius ann. 1211. Exstat tom. 11. Spicilegii Acheriani pag. 362.

Aurelianensis Communiæ mentio est in Vita Ludovici VII. cap. 1.

* Exstat Charta ann. 1181. apud Baluz. tom. 7. Miscell. pag. 293.

Ausonæ in Ducatu Burgundiæ, Communiam indulsit Stephanus Comes Burgundiæ et Joann. Comes Cabilonensis ann. 1229. Chartam descripsit Perardus pag. 412.

* *Autissiodoro* Communiam concessit Petrus comes Nivern. ann. 1194. in Reg. 34. bis Chartoph. reg. part. 1. fol. 59. v°. col. 1. et part. 2. fol. 46. r°. col. 2.

* *Azilhano* ad Atacem fluvium prope Carcassonam Carolus V. ann. 1379. in Reg. 119. Chartoph. reg. ch. 100.

Bapalmis, Philippus Aug. ann. 1196. Exstat Charta in Regesto ejusd. Regis f. 46.

Barro super Sequanam, Theobaldus Comes Campaniæ ann. 1234. Chartam habet Perardus pag. 430.

Baugiaco, Guido Dom. Baugiaci. Charta habetur apud Guichenonum in Hist. Bress. pag. 63.

* *Bellaquercus* inter villas communia donatas, recensetur in Reg. Cam. Comput. Cod. nunc Bibl. reg. 8406.

* *Bellirivi, de Chandurdre, Curiaci* et *Creonellæ* villarum ad abbatiam de Aurigniaco pertinentium Charta communiæ ann. 1221. in Reg. 34. bis Phil. Aug. part. 2. fol. 55. v°. col. 2.

* *Bellivisus* ann. 1266. in Memor. Geneal.

Bellovaco, Ludovicus VI. Communiam concessit; confirmavit Ludovicus VII. ann. 1144. Habetur Charta apud Loisellum pag. 271. et in Reg. Philippi Aug. f. 36.

* *Bellusmons* communia donatur itidem in Cod. reg. 8406.

Belnæ in Burgundiæ Ducatu, Communiam indulsit Hugo Dux Burgundiæ ann. 1203. Exstat Charta apud Perardum in Burgundicis pag. 274. et seqq.

Biturigensibus, Ludovicus VII. ann. 1145. et Philippus Aug. ann. 1181. Habetur Charta in Regesto Philip. Aug. fol. 34. 53. et apud Thomasserium in Consuet. Bituric. lib. 1. cap. 44. 45.

Braio in Picardia, Philippus Aug. ann. 1210. Habetur Charta in Regesto ejusdem Reg. f. 61.

Britolio in Normannia, idem Rex. Vide Reg. fol. 58.

Brueriis, Caraco, Norgiæ et Vallobo, Philippus August. Rex Fr. ann. 1186. assensu Bartholomæi Episc. Laudunensis. Exstat in Regesto Ph. Aug. fol. 39.

* *Burgi-Comitis* Communia instituta a Philippo V. ann. 1318. ex Reg. 56. Chartoph. reg. ch. 584.

Burgo in Bressia, communiam concessit Amedeus VII. Comes Sabaudiæ 5. Jul. ann. 1397. Charta habetur apud Guichenonum in Probat. Hist. Bress. pag. 22. 23.

Buxiaco, in Ducatu Burgund. Beatrix Comitissa Cabilonensis. Chartam descripsit Perardus pag. 311.

* *Cadomo* Communiam confirmat Philippus Aug. ann. 1204. in Reg. 34. bis Chartoph. reg. part. 1. fol. 36. r°. col. 1. et part. 2. fol. 52. v°.

* *Cala* in Parisiensi pago inter villas, quæ communiam habent, recensetur in Reg. Cam. Comput. nunc. Cod. Bibl. reg. 8406.

* *Calniacum* ad Isaram, vulgo *Chauni*, communia donatur ann. 1213. et memoratur in Cod. reg. 8406.

Calvomonti, Communiam concessit Philippus Aug. ann. 1182. Exstat Charta in Regesto ejusd. Reg. pag. 50.

¶ *Calvomonti* in agro Bassiniaco, Campaniæ Comes ann. 1228. uti narrat D. *Brussel* tom. 1. de Feudorum usu pag. 186.

* *Candelanum*, in Cod. reg. 8406.

Capellæ d'Angillon in Biturigibus, Archembaldus de Soliaco ann. 1212. apud Thomasserium lib. 1. cap. 55.

* *Capiacum*, in cod. reg. 8406.

Carrosio seu *Charrot* in Bitur. Gauterius Dom. Carrofii ann. 1194. apud Thomasserium lib. 1. cap. 53.

¶ *Castellioni* ad Sequanam Odo III. Dux Burgundiæ ann. 1208. cui stabilimento multum adversatus est Episcopus Lingonensis. Vide D. *Brussel* de Feudorum usu tom. 1. pag. 187.

Castro-Meliandi in Biturigibus, Ebo de Dolis Dominus ejusdem Castri-Meliandi ann. 1220.

Castronovo in Turonibus, Philippus Aug. ann. 1181. in ejusdem Reg. f. 61.

Cellis in Biturigibus, Robertus de Cortiniaco. Charta ann. 1216. descripta a Thomasserio lib. 1. cap. 58.

Cerniaco, etc. in Laudunesio Philippus Aug. ann. 1184. Habetur Charta in Reg. ejusdem Regis f. 38.

* *Chambleium* seu *Cameliacum* in Bellovaco, in cod. reg. 8406.

* *Chamoliæ, Belnæ, Chenis, Cortonæ, Vernolii, Commi* in Laudunesio, Phil. Aug. ann. 1184. in Reg. 34. bis ejusd. part. 1. fol. 12. v°. col. 2. et part. 2. fol. 35. v°. col. 1.

Coicheio in Ducatu Burgund. Hubertus D. de Monthelone et de Coicheio. Chartam descripsit Perardus pag. 476.

* *Colangiis* in pago Autissiodorensi ann. 1365. tom. 5. Ordinat. reg. Fr. pag. 665.

Compendio Ludovicus VII. [* VI] ac deinde Philippus Aug. ann. 1186. Habetur Charta in Regesto Philip. Aug. fol. 36. 50.

* *Condeti* aliarumque villarum in pago Suessionensi Communia a Ludovico VI. concessa confirmatur a Phil. Aug. ann. 1185. ex Reg. 62. Chartoph. reg. ch. 231.

Corbeiæ, Communiam indulsit Ludovicus VII. deinde Philippus Aug. ann. 1180. in eod. Regesto f. 56.

Cramdelæ, Troisiaco, Cortetono, et Malevalli, idem Philip. ann. 1186. Vide idem Reg. f. 37.

Credulio in Bellovacis, Ludovicus Comes Blesens. et Claromont. ann. 1197. MS.

Crispiaco in Comitatu Vadensi, Ludovicus Rex Fr. ann. 1223. Exstat tom. 10. Spicil. pag. 642. et in Reg. Philippi Aug. f. 151. 16.

* Philippus Aug. ann. 1184. in Reg. 34. bis part. 1. fol. 15. v°. col. 1. et part. 2. fol. 37. r°. col. 2.

Divioni in Burgundiæ Ducatu, Hugo D. Burgundiæ ann. 1187. Exstat Charta apud Perardum in Burgundicis pag. 274. 333. 346. 356.

* *Dompnomedardo*, vulgo *Dommart* in diœcesi Ambian. communiam concessit Joannes comes Drocarum ann. 1246. quam confirmat Carolus VI. ann. 1394. tom. 7. Ordinat. reg. Franc. pag. 689.

* *Duacensis* Communia restituta ann. 1368. tom. 5. Ordinat. pag. 130.

Dullendio in Ambianis, communiam indulsit Guido Comes Pontivi, deinde Willelmus Comes, Guidonis ex filio nepos, confirmavit ann. 1103.

Duno in Biturigib. Ludov. VII. et Philippus Aug. Vide Regestum Phil. Aug. f. 35. et Thomasserium lib. 1. cap. 47. 48. 49.

* *Engolismensis* Communia instituitur Literis Caroli V. ann. 1372. ibid. pag. 581.

Erviacensi Castellaniæ in Campania, Communiam concessit Theobaldus Trecensium Comes Palatinus ann. 1199. MS.

* *Escuil* villæ Theobaldus comes Campan. et Briæ ann. 1229. in Chartul. Camp. fol. 334. v°.

Falesiæ in Normannia. Vide Normannica Duchesnii pag. 1066.

* *Faræ* in Laudunesio Ingerannus de Couciaco ann. 1207. apud Thomasserium.

Ferrariis in Normannia, Phil. Aug. ann. 1204. Vide ejus Regest. fol. 58.

* *Figiaco* in Cadurcino Literis Philippi V. ann. 1318. confirmatis ann. 1394. tom. 7. Ordinat. Reg. Fr. pag 659.

* *Fimmis* in diœcesi Rem. concessa Communia a Theobaldo Campan. et Briæ comite ann. 1226. confirmata a Philippo V. Lit. ann. 1316. in Reg. 53. Chartoph. reg. ch. 109.

Graciaco in Biturigib. Petrus Dom. Graciaci. Charta ann. 1246. descripta a Thomasserio lib. 1. cap. 61.

Hamensi urbi in Picardia, Odo Hamensis Dominus ann. 1158. Exstat in Regesto Marchionatus Incrensis.

Hiermonti in Pontivo, Willelmus Comes Pontivi ann. 1192. Exstat Charta in Hist. Comitum Pontivi cap. 28.

Lauduno, Ludovicus Rex ann. 1138. Exstat in Regesto Philippi Aug. f. 49.

* Leg. 1128. in Reg. Phil. Aug. part. 1. fol. 22. v°. col. 1. et part. 2. fol. 41. v°. col. 2.

Lorriaco, Philippus Aug. ann. 1187. Habetur in Hist. Vastinensi pag. 170. et apud Galandum lib. de Franco alodio pag. 375

* Ludovicus VII. ann. 1155. in Reg. Phil. Aug. part. 1. fol. 58. v°. col. 1. et part. 2. fol. 52. r°. col. 2.

Luriaco, in Biturig. Hervæus Dom. Virsionis. Charta ann. 1213. descripta a Thomasserio lib. 1. cap. 56.

Machau, villæ ita dictæ in Comitatu Regitestensi, Hugo Comes Regitest. assensu Feliciæ uxoris et Huarti filii, in MSS.

* *Maincho* in comitatu Pontivi Guillelmus comes ann. 1209. tom. 5. Ordinat. reg. Franc. pag. 281.

Marquenterræ in Comitatu Pontivi, Willelmus Comes Pontivi mense Sept. ann. 1199. in Hist. Comitum Pontivi cap. 35.

Martello in Lemovicino ann. 1219. Raimundus Vicecomes Turenæ. Exstat Charta apud Justellum in Probat Hist. Turen. pag. 40.

Medanto in Vilcassino, Ludovicus VII. ann. 1150. Habetur Charta in Reg. Phil. Aug. f. 46.

Meldis in Campania, Henricus Comes Campaniæ ann. 1279. Exstat Charta in Tabulario Campaniæ Thuano fol. 299. apud Fabrum Canterellum tract. de Feudis pag. 272. [et D. *Brussel* tract. de Feudorum usu pag. 183.]

Mellento, Robertus Comes Mellenti. Habetur Charta in Regesto Phil. Aug. f. 52.

* *Moirenco* in Delphinatu ann. 1164.

Monasteriolo in Picardia, Philippus Aug. ann. 1188. in Reg. Phil. Aug. f. 37.

Monbarro in Ducatu Burgundiæ, Hugo Dux ann. 1231. Exstat Charta in Burgundicis Perardi pag. 419.

Montibrisonis in Comitatu Forensi, Guigo Comes Forensis mens. Nov. ann. 1223. MS.

Montidesiderii in Picardia, Ludovic. VII. Chartam exhibet Regestum Phil. Aug. f. 50.

Montiregali in Bressia, Humbertus Domin. *de Thoire* et *de Villars* ann. 1207. Exstat Charta in Probat. Hist. Bressensis pag. 202.

Niorto in Pictonibus, Philippus Aug. ann. 1204. Vide ejus Regest. f. 58.

Nivernensi urbi, Petrus Comes Nivernensis ann. 1194. Habetur Charta in eod. Regesto. f. 55.

Nonencurti in Normannia, Philippus Aug. ann. 1204. Vide idem Reg. f. 58.

* *Novavilla* in Bellovaco, inter villas jure communiæ gaudentes, recensetur in Reg. Cam. Comput. nunc Cod. Bibl. reg. 8406.

Noviomo, Baldericus Episcopus communiam indulsit concedente Ludovico VI Vide Vassorium in Histor. Noviom. pag. 805. et Reg. Phil. Aug. f. 46.

* *Pardilhano* communia concessa a Carolo V. ann. 1379. in Reg. 119. Chartoph. reg. ch. 100.

Peronæ in Picardia, Philippus Aug. ann. 1207. Habetur Charta in ejus Regesto f. 58.

* *Perrices* villæ a Guidone dom. Clarimontis in Bassigneio ann. 1347. in Reg. 124. Chartoph. reg. ch. 87.

* *Piceyo*, vulgo *Poix*, in Picardia Galterus Tyrellus dominus de Piceyo ann. 1208. communiam concedit quam confirmant Joannes dom. de Piceyo ann. 1353. et Carolus VI. ann. 1393. tom. 7. Ordinat. reg. Fr. pag. 602.

Pictaviæ, Alienor Regina Angliæ, ac deinde Philippus Aug. ann. 1204. Habetur in ejus. Regesto f. 53.

Pissiaco, Phillippus Aug. Habetur Charta in eodem Reg. fol. 52.

* *Pomponium* ad Matronam, inter villas communia donatas, annumeratur in Reg. Cam. Comput. nunc Cod. Bibl. reg. 8406.

Pontallerio in Ducatu Burgund. Communiam concessit Guillelmus de Champlita Vicecomes Divionensis ann. 1257. Chartam descripsit Perardus pag. 486.

Ponti Audomari in Normannia, Philippus Aug. ann. 1204. Vide Regest. Philippi Aug. f. 58.

Pontisaræ in Vilcasino, Philippus August. ann 1188. Chartam exhibet Regestum ejusdem Regis fol. 52.

Prulliaco in Biturigib. Radulfus Dom. Magduni ann. 1177. apud Thomasserium lib. 1. cap. 52.

Riomo in Arvernis, Alphonsus Comes Pictavensis et Tolosan. mense Julio ann. 1270. Habetur Charta tom. 11. Spicilegii Acheriani.

Roiæ in Picardia, Philip. Aug. Habetur Charta in Reg. Philippi Aug. f. 47.

* *Romonium*, in Cod. reg. 8406.

Rotomago in Normannia, Philippus Aug. Rex Fr. ann. 1207. Exstat in Normannicis Duchesnii pag. 1062. 1066. et in Regesto Philippi Augusti f. 57. 60.

Rouvreio in Burgundiæ Ducatu, Hugo Dux Burg. ann. 1215. Chartam descripsit Perardus pag. 316. 317.

Saigeio in Ducatu Burgund. Aimo de Sabaudia D. Baugiaci ann. 1226. Chartam descripsit Perardus pag. 509.

S. Desiderii urbi in Campaniæ Comitatu, Guillelmus D. de Domna Petra prid. Non. Maii ann. 1228. MS.

S. Germano de Bosco in Biturigib. Ludovicus VII. etc. ann. 1202. apud Thomasserium lib. 1. cap. 54.

S. Joanni Angeriacensi in Pictonibus, Philippus Aug. ann. 1204. Habetur Charta in Regesto ejusdem Regis f. 53.

S. Quintini urbi in Viromanduis, Philippus Augustus ann. 1195. Charta exstat apud Hemereum in Augusta Viromand. in Regest. pag. 47. et in Regesto ejusdem Reg. f. 66.

S. Ramberti oppido in Bressia, Ludovicus Dux Sabaudiæ 20. Jun. 1442. Chartam descripsit Guichenonus in Hist. Bress. pag. 235.

S. Richarii oppido in Comitatu Pontivensi, Ludovicus Rex Franc. ann. 1126. Describitur in Regesto Philippi Aug. f. 135.

* *S. Romani* de Tarno Charta communiæ a Carolo IV. concessa ann. 1322. exstat in Reg. 61. Chartoph. reg. ch. 81.

Salicibus (*Saux*) in Ducatu Burgund. communiam indulsit Jacobus D. *de Saux*, ann. 1246. Chartam descripsit Perardus pag. 460.

Setsello in Bressia, Amedeus Comes Sabaudiæ ann. 1285. Chartam habet Guichenonus in Hist. Bress. pag. 244.

Semuro in Burgundiæ Ducatu, Robertus Dux Burgundiæ ann. 1276. Exstat Charta apud Perardum in Burgundicis pag. 529.

Senonensi urbi [Ludovicus VII. anno 1146. uti legimus in Chronico S. Petri Vivi tom. 2. Spicilegii Acheriani pag. 776.] ac deinde Philippus August. ann. 1189. Habetur Charta in Reg. Philippi Aug. fol. 54. Communiæ Senonensis meminit Vita Ludovici VII. cap. 3.

* *Serenum* in Cod. reg. jam laudato 8406.

Silvanecto, Philippus Aug. ann. 1201. Vide ejusdem Regest. f. 55.

* *Sim* prope Duacum Communia confirmatur a Carolo V. ann. 1368. tom. 5. Ordinat. reg. Fr. pag. 146.

Soliniaco in Arvernis, communiam indulsit Delphinus Comes Clarimont. MS.

* *Stamparum* Communiæ Charta irrita declaratur Literis Philippi Aug. ann. 1199. in Reg. ejusd. part. 2. fol. 71. v°. col. 2.

Suessioni, Ludovicus VI. Communiam concessit [ante annum 1136. uti patet ex

Charta ejusd. Regis, quam refert D. *Brussel* tom. 1. de Feudorum usu pag. 179.] confirmavit Philippus Rex ann. 1181. Exstat in Regesto Philippi Aug. fol. 47. apud Perardum pag. 336. et tom. 11. Spicil. Acheriani.

Teneræmundæ, Robertus ejusdem urbis Dominus ann. 1233. Exstat Charta apud Lindanum in Teneræmunda pag. 93.

Tornaco, Philippus August. ann. 1187. Habetur Charta in Regesto Phil. August. f. 35. in 3o. Regesto Chartophylacii Regii Ch. 382. et tom. 11. Spicilegii Acheriani.

Vailliaco, etc. Ludovicus VI. ac postmodum Philippus Aug. ann. 1185. Habetur Charta in Regesto ejusdem Reg. f. 42. et tom. 13. Spicilegii Acheriani pag. 323.

Vernolio, Philippus Augustus. Vide idem Regest. f. 58.

Vicenovo in Campania, Theob. Com. ann. 1228. Exstat Charta in Tabul. Campaniæ Thuano f. 155.

Villæfrancæ in Burbonesio, Archembaldus D. Burbon. et Agnes uxor, mens. Dec. 1217. MS.

Villænovæ, in Bellovacis, Philippus Aug. ann. 1200. in Regesto ejusd. fol. 45.

Vitriaco in Campania, Theobaldus Comes Campan. mense Aprili ann. 1230. MS.

Vizeliacensis in Ducatu Burgundiæ meminit Histor. Ludovici VII. pag. 418.

Wabano in Pontivo, Willelmus Comes Pontivi ann. 1192. Vide Hist. Comitum Pontivi cap. 35.

* 3. **COMMUNE**, Quidquid ex bonis alicujus cathedralis ecclesiæ canonicis in commune distribuitur. Acta Mss. capitul. eccl. Lugdun. ad ann. 1337. fol. 28. r°. col. 1 : *Item quod cum dominus decanus et capitulum teneantur dom. Guillelmo de Rosseillione canonico Lugdunensi, anno quolibet, in xl. libris Viennensium sibi assignatis super payo ecclesiæ Lugdunensis, ipsi dom. decanus et capitulum ipsam pecuniam sibi assignant super Commune ecclesiæ Lugdunensis.* Vide *Communia* 3.

¶ **COMMUNELLI.** Vide *Comminelli.*

* **COMMUNERIUS**, Civis et maxime qui in *Communia* aliquod municipale officium exercet. Arest. ann. 1364. 13. April. in vol. 5. arestor. parlam. Paris. : *Major, pares et Communerii villæ Belvacensis, etc. Le maire, bourgeois et Communiers de la ville de Beauvais, etc.* Vide supra *Communalis* 2. et infra *Comunarius.*

¶ 1. **COMMUNIA**, Universitas urbis vel oppidi. Vide *Commune* 2.

2. **COMMUNIA**, quæ Festo dicitur, *Compascuus, ager relictus ad pascendum communiter vicinis.* Rastallus : *Common, est le droit que homme a de mitter ses beasts a pasture, ou de user et occuper le terre qui n'est son propre soile.* Bracton. lib. 4. tract. 1. cap. 38. § 1 : *Est enim Communia in eo quod dicitur pastura, de omni quod edi poterit, vel pasci, large sumpto vocabulo, vel stricte : large, ut si quis habeat in alieno Communiam pasturæ, scilicet herbagii, pessonæ, sive glandis, sive nucis, et quidquid sub nomine pessonæ continetur; item foliorum et frondium : stricte, scilicet aliquod istorum unum vel duo.* Vide Fletam lib. 4. cap. 19. Formulæ veteres : *Cum terris, sylvis, campis, pratis, pascuis, Communits.* Speculum Saxon. lib. 2. art. 47. § 4 : *Qui pecora sua in Communia alterius præsidii, seu villæ, pascua immiserit, etc.*

¶ **COMMUNA**, Eadem notione. Charta Henrici III. in Hist. Harcur. tom. 4. pag. 2207 : *Dedi et concessi.... unum ferlingum ad Roichene, cum omnibus pertinentiis ejus in manerio de Tonstoke cum pasturis et omnibus aliis ad prædictas terras pertinentibus; et præterea omnimodam Communam inter gentem meam ubique libere et quiete habendam et possidendum.* Charta Willelmi *Patric* apud *Madox* Formul. Angl. pag. 188 : *Cum Communa et pastura in bosco, in plano, in viis, in pratis, in pascuis, in aquis, in omnibus aisiamentis dictæ villæ de Malopassu pertinentibus.*

Communiarum originem observat Aggenus Urbicus de Controvers. agror. : *Relicta sunt et multa loca quæ veteranis data non sunt. Hæc variis appellationibus per regiones nominantur. In Etruria Communalia vocantur.* Frontinus de Limitib. Agror. : *Est et pascuorum proprietas pertinens ad fundos, sed in commune, propter quod ea compascua multis in locis in Italia Communia appellantur.* Varias autem species Communiarum recenset idem Rastallus, quem consule in verbo *Common.*

3. **COMMUNIA**, Bona quæ in commune possidentur a Canonicis Ecclesiæ alicujus Cathedralis; vel quidquid ex iisdem bonis ac proventibus in commune iisdem distribuitur. Charta Paschalis II. Papæ ex Tabulario Ecclesiæ Gratianopolitanæ : *Ad hæc præceptum est et repetita præceptione firmamus, ne Viennensis Episcopus ulterius in illa parte Gratianopolitanæ Ecclesiæ aut partem, aut Communiam, aut aliquam exactionem requirat.* Alia Hugonis Episcopi Gratianopolit. ann. 1105. ibid. : *Cum consilio Canonicorum nostrorum scilicet Gratianopolitanæ Ecclesiæ S. Donati Nantelmo Ulcensis Ecclesiæ Præposito, et omnibus succesoribus ejus, ut eis obedientiam promittant, et præmissa secundum Dominum in omnibus et per omnia teneant, et professionem illis faciant, et totam Communiam ipsius Ecclesiæ, quam modo habent, vel in futuro juste acquisituri sunt, eis perpetuo jure dono, salva obedientia et reverentia, subjectione et potestate Gratianopolitani Episcopi, etc.* Statuta Ecclesiæ Eboracensis in Monastico Anglic. tom. 3. pag. 165. ubi de Residentia Canonicorum : *Facta vero prædicta quotidiana distributione, quod residuum erit de Communia... inter solos Canonicos qui residentiam fecerunt, distribuetur : præterea soli Canonici Communiam percipiant.* Statuta Eccles. Leichefeld. ibid. pag. 244 : *Si Vicarius scriptus fuerit in tabula ad cantandum, et defuerit, duas Communias amittet, scilicet diei illius, si quam accepturus uerit, et diei sequentis. Et si propter carentiam Commune* (leg. *Communiæ*) *absentaverit se per tres dies, etc.* Infra, *Communio* appellatur : *Si Vicarius ensigne fuerit, duas noctes solummodo quietis habebit, Communionem non amittat. Commune*, ni fallor, appellatur in Charta Alexandri Coventrensis Episcopi, ibid. pag. 233. Matthæus Paris pag. 590 : *Congregati igitur Scholares, collectam fecerunt, et contribuerunt, scilicet quilibet secundum posse suum : et cujuslibet Communia hebdomadalis abbreviata est, ut inde Romanæ Curiæ pro parte satisfieret.* [Vita Guidonis Episc. Anic. inter Acta SS. Benedict. sæc. 5. pag. 838 : *Canonicorum vero Congregatio, ut partem sempiternæ remunerationis a Deo accipiant, pro ejus* (Guidonis) *rogatu promiserunt, se talem securitatem pro stabilitate hujus prædicti Monasterii post mortem ipsius Guidonis Episcopi a futuris Episcopis ipsius loci petere, ac pro hoc consuetudine ac lege teneri laudaverunt, qualem pro sua parte altaris et Communia.* Litteræ Societatis Archiepiscopi Camerac. cum Rotomagensi inter Concilia Normanniæ pag. 632. novæ edit. : *Si prædictam Ecclesiam a statu suæ prosperitatis, quod absit, labefactari contigerit, promptum sit.... de stipendiis, quæ nos* (Cameracenses) *Quotidianam, Rotomagenses vero Communiam vocant, ordinato et solito... participio refoveri, donec Deus in auram statuerit procellam.* Charta Johannis Episc. Dolensis ann. 1208. ex Archivo ejusd. Ecclesiæ : *Nos pro Dei amore dedimus Communiæ Ecclesiæ Dolensis Ecclesiam de Espiniaco in puram et perpetuam elemosinam.* Occurrit in Epistola Arnulfi Lexoviensis Episc. ad Lucium Papam apud Acherium tom. 2. Spicilegii pag. 484. in Indice MS. Beneficiorum Ecclesiæ et Diœc. Constantiens. fol. 89. verso, etc.]

¶ **COMMUNA**, Eadem notione. Hist. Beccensis MS. pag. 448 : *Concessimus etiam quod sive Abbas, sive alius Monachus Beccensis, vel de ordine Becci per Velles transitum fecerit, plenariam habeat Communam tanquam Canonicus Vellensis.*

COMMUNUARIUS, vel **COMMUNARIUS**, Canonicus seu alius, qui *Communia*, vel *Communias* aliis Canonicis distribuit, in Monastico Anglic. tom. 3. pag. 237 : *Et si contingat quod Communuarius, qui pro tempore fuerit, de bonis Ecclesiæ communibus, in manibus suis non habeat, unde nobis seu successoribus nostris Canonicis residentiariis singulis anni stadiis, ac Vicariis, singulis anni mensibus, quotidianas Communias solvere valeat, ex tunc ad solvendum Communias ejusmodi, de pecunia reposita per viam præstiti, summam in hac parte necessariam mutuetur.* Pag. 249 : *Communarius.* [Vide *Communicarius.*]

¶ 4. **COMMUNIA**, Cohors, turba, exercitus. Litteræ Alfonsi Regis Arag. ann. 1289. apud Rymerum tom. 2. pag. 457 : *Propter brevitatem temporis, cum nos haberemus parare cum magna Communia militum et peditum, pro recipiendo tanto viro non potuissemus aliquatenus nos parare.*

¶ 5. **COMMUNIA**, Opera servilis domino præstita, vulgo *Corvée*, in nova Gall. Christ. tom. 1. Instrum. pag. 50. col. 2 : *Quo facto, concessit etiam dicto Monasterio* (S. Sepulcri Villæ-Novæ) *ut qualicumque Episcopus Ruthenensis vellet Communia facere, secundum consuetudinem patriæ; tunc Prior congregatis agricolis vel habitatoribus sui honoris, licentiam haberet ad opera sua explenda, scilicet ad constructionem Ecclesiæ et aliorum ejusd. loci ædificiorum, ut tamdiu faceret illos ibi operari, quandiu cognoverit alios in Communia demorari.* Vide *Corvatæ.*

¶ 1. **COMMUNIALIS**, Communis, generalis. Charta Humberti Delphin. Vienn.

circa ann. 1296. pro fundatione Carthusiæ Monialium Saletarum inter Instrum. tomi 4. Gall. Christ. col. 34 : *Quibus dedit triginta solidos grossos super talliis Communialibus seu generalibus Ulciensibus ovis.* Vide *Communalis* 2.

* 2. **COMMUNIALIS**, Eadem notione qua *Communerius.* in Charta ann. 1532. ex schedis Pr. *de Mazaugues.*

* **COMMUNIALITAS**, De officiis et oneribus *communiæ* dicitur in Consuet. Carcass. ex Reg. L. Chartoph. reg. ch. 3 : *Nullus habitator Carcassonæ possit se deffendere de Communialitate villæ et populi Carcassonæ, occasione alicujus religionis, nisi habitum domus religionis omnino secum et super se tulerit.*

* **COMMUNIARIUM**, Pascuum quod ad *Communiam* pertinet. Arest. ann. 1372. ex Tabul. S. Joan. Laudun. : *In possessione et saisina... tallias seu collectas, pro utilitate et necessariis dictæ communiæ sive pacis, super Communiariis et hæreditagiis ipsius communiæ indicendi.* Vide *Communia* 2.

* **COMMUNIARIUS**, Qui ex *communia* est seu ex plebe. Solemnis ingressus Joan. *de Dormans* episc. Bellovac. ann. 1360. inter Instr. tom. 10. Gall. Christ. col. 274 : *In cujus adventu jucundo nobilis vir, dictus Broquart, major, et prudentes et honesti viri pares seu scabini, et multi concives, burgenses et Communiarii dictæ villæ Belvacensis, in turba maxima existentes, ibidem obviam præbuerunt eidem domino episcopo salutationem et reverentiam exhibentes.*

* **COMMUNICABILIS**, Communis, sociabilis, apertus. Processus visitat. medicor. ann. 1452. inter Probat. tom. 3. Hist. Nem. pag. 282. col. 2 : *Cum tamen locus, in quo pro nunc habitat dictus Amauric, sit comunis et taberna, ad quem plures decurrunt, ideo consulimus....... ut laborem, officium et locum minus Communicabilem, quantum fuerit possibile, sequi ortentur et moneantur per illos, ad quos spectat.* Vide infra in *Communicare.*

COMMUNICALES, Vasa argentea vel aurea, quorum inter communicandum usus fuit, quæ in stationibus præferebantur : hæc Bulengerus. Anastasius in Leone III. PP. pag. 146 : *Fecit vero Communicales ex argento purissimo per singulas regiones, qui præcederent per stationes per manus Acolythorum numero 24. pens. simul lib. etc.*

* Tabellas seu mensulas, quæ olim Eucharistiam accepturis supponebantur, quemadmodum hodie linteamina, intelligendas suspicatur Georg. Rhodig. Lib. de Liturg. Rom. Pontif. cap. 28. art. 5. Vide Baron. ad ann. 57. § 146.

* **COMMUNICANDA**, Idem quod *Communio* 5. ex vet. Missal. apud Castell. pag. 1289.

¶ **COMMUNICANTES**, Inter Anabaptistas ii dicuntur, qui more veterum Nicolaitarum omnia habent communia. Gualterius in sæc. 16. *Communicantes* alia notione sumitur post *Communio* 4.

¶ **COMMUNICARE.** Vide *Communio* 4.

* **COMMUNICARE**, De sacra Eucharistia sæpius intelligitur, ut observat Cangius in *Communio* 4. Sed et de pane benedicto nonnumquam accipitur, teste D. *Le Vert* pag. 444. Qua ultima notione occurrit in Stat. Lanfranci : *Communicet sacerdos ipsos pauperes de oblatis non consecratis.* Vide alio sensu post *Communio* 4. et infra in *Communio* 8.

* **COMMUNICARE.** Charta Henr. II. reg. Angl. pro Libert. Norman. ex Reg. S. Justi Cam. Comput. Paris. fol. 36. r. col. 2 : *Si quis autem de cetero terram suam alicui dominæ religiosæ sic dederit, et super hoc Communicatur, etc.* Sed leg. omnino *Convincatur.* *Communiquer,* pro *Approcher,* Appropinquare, accedere, in Lit. remiss. ann. 1471. ex Reg. 195. Chartoph. reg. ch. 604 : *Girault de Monmiral s'estoit vanté qu'il manieroit bien le suppliant et autres en despit de lui, s'ilz ne se gardoient de le Communiquer.* Vide supra *Communicabilis.*

COMMUNICARIUM, Papiæ, *Participarium, communicatio.* In Glossis Isid. : *Partiarium.*

¶ **COMMUNICARIUS**; Qui Canonicorum *Communias* distribuit. *Le Brasseur* in Hist. Comitatus Ebroicensis pag. 11. Probat. : *Si autem Canonici aliquos redditus emere voluerint et potuerint, si personæ S. Albini et alii Communicarii requisiti de suo ponere voluerint, similiter participabunt et communicabunt.* Ibidem : *Computum autem reddere Communicarii seu Receptores tenebuntur in Natali Domini, etc.*

* Charta ann. 1263. inter Instr. tom. 11. Gall. Christ. col. 266 : *Insuper super eo, quod dictum capitulum petebat eidem episcopo injungi, quod distributiones, quas idem episcopus in sua absentia percepit et percipere consuevit, quatuor clericis Constantiensis ecclesiæ per manum Communicarii erogaret, etc.* Vide infra *Distributarius.*

COMMUNICATA MANUS. Vide *Manus.*

¶ **COMMUNICATIO**, Sumtio sacrosanctæ Eucharistiæ. Contractus arrendamenti Monialium Artacellæ ann. 1403. ex Schedis Præsidis *de Mazaugues : Debent dare... dominæ Sacristanæ unum justial vini, dum sit Communicatio. Communicatio utriusque speciei,* in Diario belli Hussitici, apud Ludewig. tom. 6. pag. 129. Vide *Communio* 4. [** Berengar. Turon. adv. Lanfranc. lib. poster. pag. 38 : *Quod si me privare ecclesiam communione scripsisti.... secundum nullam eruditionem scripsisti, quod participatio sacramentorum altaris nunquam proprie Communio dicitur, sed Communicatio.*]

¶ **COMMUNICATIO FRACTI PANIS**, id est, Panis benedicti. Libellus supplex Monachorum Fuld. Carolo M. porrectus, inter Acta SS. Benedict. sæc. 4. part. 1. pag. 261 : *Quod Communicationem Fracti Panis ante cibum quotidie sumere non respuatur, secundum exempla præcedentium Patrum.*

* **COMMUNICATIVUS**, Gall. *Communicatif,* Qui rerum suarum libenter copiam facit. Joan. de Cardalhaco serm. in Assumpt. B. M. : *Simus fontes Communicativi aquas divitiarum nostrarum per eleemosinarum largitionem.*

COMMUNICATORIÆ LITERÆ, Κοινωνικαί, κοινονικὰ γράμματα, Palladio in Vita Chrysostomi pag. 24. κοινωνικόν, in Nomocanone edito a Joanne Bapt. Cotelerio cap. 454. dicebantur eæ, quas Episcopi dabant lapsis, et exacta pœnitentia ad Communionem receptis : interdum etiam fidelibus peregrinaturis, et in alienam diœcesim proffecturis, quo a cæteris fidelibus in Communionem reciperentur. Neque enim licebat *Clericum alienum ab aliquo suscipi sine literis Episcopi sui, neque apud se retinere, nec Laicum usurpare sibi de plebe aliena, ut eum ordinaret sine conscientia ejus Episcopi, de cujus plebe erat.* Verba sunt Concilii Carthag. I. can. 5. Harum mentio occurrit non semel apud D. Augustinum Epist. 162. et 163. et lib. 3. Contra literas Petiliani cap. 1. in Concilio Eliberitan. can. 25. 58. Arelat. I. can. 9. et Agath. can. 52. Auctor est præterea S. Augustinus dicta Epist. 163. Communicatorias easd. esse cum *Formatis* : sed *Formatarum* nomen genericum esse contendit Bernardinus, atque complecti Communicatorias, Dimissorias, Pacificas, etc. Vide *Epistolium.*

COMMUNICATURA. Synodus Herbipolensis ann. 1287. cap. 10. *De habentibus duas vicarias : Presbyteris duas Communicaturas recipere prohibemus omnino, cum impossibile sit quod sufficienter possit Ecclesiis servire duabus.* Id est, duas Ecclesias in quibus *communicat,* seu Missam celebrat; nisi legendum sit *Vicariaturas,* pro *Vicarias.*

* Idem videtur quod *Communia* 3. Retributio nempe seu stipendium, quod ex bonis ecclesiæ assignatur presbytero illam deservienti.

* **COMMUNILOQUIUM**, Titulus libri Joan. Walensis ordin. fratrum Minorum XIII. sæc. : *Summa collectionum seu Communiloquium a fr. Johanne Walensi.*

¶ 1. **COMMUNIO**, Communitas hominum unius urbis vel oppidi. Vide in *Commune* 2.

¶ 2. **COMMUNIO**, Communis mensa. Edward. II. Rex Angl. Epist. ad Johannem XXII. Papam apud Rymerum tom. 3. pag. 896. col. 1 : *Cum dilectus nobis in Christo, Confessor ac familiaris noster, Frater Robertus de Duffeld de Ordine Prædicatorum, propter Communionem quam habet cum aliis, dum nostro assistit lateri, silentium usquequaque juxta dicti Ordinis exigentiam nequeat observare, Clementiæ vestræ supplicamus, quatinus eidem indulgere dignemini, ut in mensa loqui valeat, ac aliis suis Confratribus, vestra fretus auctoritate, loquendi in mensa ubicumque dictus Confessor noster præsens erit, licentiam tribuat, sui Ordinis observantia non obstante.*

¶ 3. **COMMUNIO**, nude, Communis bonorum possessio. Epist. Odonis Canonici Regul. apud Acherium tom. 2. Spicil. pag. 525 : *In professione igitur nostra... tria... promisimus, castitatem, Communionem, obedientiam.* Ibid. pag. 527 : *Dicamus de Communione... Quia nihil exterius proprium se videt habere, ideo Communionem se perfecte putat tenere.*

4. **COMMUNIO**, COMMUNICARE. Hæ voces varie sumuntur apud Patres et in Conciliis : nam *Communicare* dicuntur, qui cum aliquo communionem invicem habent, ut Christiani ac fideles. Deinde *Communicare* dicitur qui sacram Eucharistiam percipit. Pœnitentiale MS. Thuaneum : *Sciendum est quod 4. modis Communicatur*

in Ecclesia, vel Corpus Domini sumendo, vel pacem dando, vel benedictionem sumendo, ut in fine Missæ, vel quando dicitur, Humilitate vos ad benedictionem, quod ideo institutum est, ut si quis hoc modo non Communicet, Communicet illo. De priori notione, sic Papias : *Communio dicitur spiritualis esca, quia in commune ad vivificandas animas a cunctis percipitur dignis.* S. Joannes Damascen. lib. 4. de Fide cap. 4. ait *Communionem* nuncupari, quia per ipsam communicamus Christo, et quia participamus ejus carne et Deitate, et quia communicamus et unimur ad invicem per ipsam. Concilium Turonense II. can. 4 : *Ad orandum vero et Communicandum, Laicis et feminis, sicut mos est, pateant Sancta Sanctorum.* Concilium Toletanum IV. can. 18 : *Nonnulli Sacerdotes post dictam orationem Dominicam statim Communicant, etc.* [Active sumitur in Capitulari secundo Theodulfi Episcopi Aurelian. apud Baluz. tom. 7. Miscell. pag. 46 : *Tunc Sacerdos det ei* (ægroto) *pacem et Communicet eum dicens : Corpus et Sanguis Domini sit tibi remissio omnium peccatorum.*] Vide *Communicatio.*

* *Communionem sanctam*, in Reg. S. Bened. cap. 38. Quod de sacra Eucharistia intelligendum esse colligitur, quia, deficiente vino, quod post communionem sumerent, ab ea abstinebant. Reg. visitat. Odonis archiep. Rotomag. ex Cod. reg. 1245. fol. 388 : *Septies in anno tenentur* (moniales S. Albini) *confiteri et Communicari : invenimus tamen eas aliquociens fuisse negligentes super hoc; et dixerunt quod hoc prætermiserant facere, pro eo quod vinum post Communionem non habebant.*

* Religiosior erat erga sacram Eucharistiam cultus apud monachos S. Stephani Cadomensis : eam enim percipere non omittebat, qui sanctis mysteriis aderat minister, ut discimus ex eodem Reg. fol. 216. v°. : *Visitavimus monasterium abbatiæ S. Stephani de Cadomo...... Consueverant quod omnes ministrantes missis nisi essent pro defunctis, Communicarent corpori et sanguini Christi : sed istam consuetudinem jam per negligentiam aliquantulum dimiserant. Injunximus abbati et priori quod hanc consuetudinem ab omnibus plenius faciant observari.*

* Communio *generalis in triduo ante Pascha*, in Consuet. Mss. S. Emmeram. Ratisbon. art. 24. et seqq. ex Cod. 1074. 3. S. Germ. Prat.

* Communicandis infirmis calice utebantur. Stat. Guidonis episc. Lexov. ann. 1321. ex Cod. reg. 4653 : *Singuli sacerdotes singulos habeant calices, in quibus Communicentur infirmi, qui decori sint et mundi, ut in eis infirmi devotio excitetur.* Vide in *Eucharistia.* Consulendus autem omnino est D. *Le Vert*, qui docte et erudite de iis, quæ ad vocem *Communio* spectant, disserit in Comment. a pag. 42. usque ad 86.

Communione Dominica privari dicitur Episcopus, qui contra Ecclesiasticam disciplinam deliquit, et a perceptione sacræ Communionis abstinere jubetur in Concilio Taurinensi can. 5. quæ *Communio Dominicorum Sacramentorum*, in Concilio Venetensi can. 3. appellatur.

Communio Viatica, Idem quod *Viaticum*, in Concil. Aurelian. III. can. 6. Vide *Viaticum.*

Communio Ecclesiastica, Ἐκκλησιαστικὴ κοινωνία, in Concilio Ephesino can. 5. a qua privantur quivis gravioribus obstricti criminibus (neque enim soli Clerici, quod vult Morinus) in Concilio Venetensi can. 1. Aurelianensi III. can. 10. 22. Aurelianensi V. can. 17. *Communio Ecclesiæ*, in Aurelianensi I. can. 1. Aurelianensi IV. can. 16. *Ecclesiæ Catholicæ Communio*, in Concilio Arvernensi ann. 533. can. 14. quæ quidem Communio non alia est a communione fidelium.

Communio Sacerdotalis dicitur, quæ Sacerdotum erat, a qua qui deliquerat, abstinere jubebatur, donec *ad sanitatem rediret*, ut est in Concilio Arelat. II. can. 49.

Communio Pacis, in Concilio Eliberit. can. 47. quæ fit per manus impositionem pœnitenti in extremis agenti. Vide *Pax.*

A Communione Abstineri, in Concilio Eliberit. can. 50 : *Communionem ab Episcopo accipere debet is a quo abstentus in aliquo crimine fuerit*, in eod. Concilio Eliberit. can. 53. Concil. Nicæn. can. 5. etc.

Accipere in Fine Communionem, aut *ea privari*, est in articulo, ut aiunt, mortis absolvi vel non absolvi ab excommunicatione, in Concilio Eliberit. can. 1. 2. 3. 5. 7. 10. 12. 13. et ibi passim, Ancyr. can. 6. 15. Toletan. XVI. can. 12. in Pœnitentiali Gregorii III. PP. can. 4. 14. etc. apud Innocentium I. Epist. ad Exuperium Tolosan. Bernaldum Constantiensem de Reconciliatione lapsorum p. 244. etc.

Acta Poenitentia ad Communionem Admitti, in Concilio Eliberit. can. 5. 14. 22. 31. 59. 76. post exacta in classe Pœnitentium tempora præstituta.

Communione Reconciliare, Absolvere ab excommunicatione, in Concil. Eliberit. can. 72. 79. *Dominicæ Communioni reconciliari*, in eodem Concilio Eliberitan. can. 78.

Communicantes, nude, dicuntur orationum cum populo participes, absque oblatione. Concilium Arelat. II. can. 10 : *De his qui in persecutione prævaricati sunt, si voluntate fidem negaverint, hoc de eis Nicæna Synodus statuit, ut quinque annos inter Catechumenos exigant, et duos inter Communicantes : ita ut Communionem inter Pœnitentes non præsumant.* Ubi Nicæna Synodus can. 11 : Ὅσοι οὖν γνησίως μεταμέλονται, τρία ἔτη ἐν ἀκροωμένοις ποιήσουσιν οἱ πιστοὶ, καὶ ἑπτὰ ἔτη ὑποπεσοῦνται· δύο δὲ ἔτη χωρὶς προσφορᾶς κοινωνήσουσι τῷ λαῷ τῶν προσευχῶν.

¶ Communicantes etiam appellatur oratio canonis sacrificii Missæ, quæ variat in variis festivitatibus, ut et Præfatio. Sic vocatur quod semper incipiat ab hoc vocabulo *Communicantes*, nostramque cum Sanctis in cælo regnantibus communionem significet.

Communio Laica, est illa quæ Presbyteris aut Clericis, ex delicto aliquo imponebatur per pœnitentiam, vel in pœnam, ut videlicet non ut Presbyteri et Clerici, sed inter laicos communicarent, hoc est in laicorum ordine deinceps censerentur, ita ut neque Missam facere, neque cum Clericis in Choro communicare possent. Sanctus Cyprianus Epist. 52 : *Admissus est Trophimus, ut laicus Communicet, non ... locum Sacerdotis usurpet.* Epist. 68 : *Episcopatum pro conscientiæ suæ vulnere deponens ... satis gratulans, si sibi vel laico Communicare contingeret.* Et Epist. 72 : *Eos quoque hac conditione suscipi cum revertuntur, ut Communicent ut laici.* Ita in Canonibus Apostolorum cap. 14. presbyter, qui in aliena Parochia commoratur, inscio Episcopo, λειτουργεῖν vetatur, jubeturque ibi κοινωνεῖν ὡς λαϊκός, id est, *Communionem inter laicos recipere*, ut loquitur Gregorius Magnus. lib. 4. Epist. 5. 16. Et can. 60. Clerico qui pœnarum metu Christianam fidem abjurasset, Clerici dignitas abrogatur, si tamen pœniteat, ut laicus recipitur, ὡς λαϊκὸς δεχθήτω. In Concilio Sardicensi cap. 19. hæreticis quibusdam interdicitur Episcopi nomen, et dignitas, εἰ δὲ λαϊκὴν κοινωνίαν ἀπαιτοῖεν, μὴ χρῆναι αὐτοῖς ἀρνεῖσθαι. Libellus precum Marcellini et Faustini pag. 47 : *Nullo genere talibus Episcopis posse communicari, qui fidem illo modo quo supra retulimus, prodiderunt, nisi si laicam postulaverunt Communionem.* Et pag. 49 : *Quis est enim, qui considerans vim divinæ religionis pacem perfidorum Deo placere confidat, nisi, ut a Patribus decretum est, in Laicorum se numerum tradant, suæ perfidiæ dolentes?* Annales Franc. Bertin. ann. 868. ubi de Gunthario Episcopo : *Communionem inter laïcos ab Adriano PP. accepit.* Et mox : *Accipiens autem isdem Papa a Gunthario consistente inter laïcos hanc professionem, relectam inter laïcos ab ipso publice coram omnibus dixit illi, Tibi concedo laïcam Communionem, ea conditione, ut ita quamdiu vixeris observes, sicut modo professus fuisti.* In illa vero professione Guntharius ait : *Judicium depositionis in me ... canonice datum non reprehendo, sed humiliter porto; unde nec alterius sacrum ministerium contingere præsumo, nisi per misericordiam mihi subvenire volueritis.*

Hæc quidem obtinebant, si levior esset culpa Clerici, aut Sacerdotis, vel Episcopi : nam si esset gravior, interdum ne laïca quidem donabantur Communione, sed ad pœnitentiam relegabantur, id est, in classe poenitentium consistere jubebantur ad fores Ecclesiæ donec eidem reconciliarentur. Concil. Sardic. can. 1. Episcopum, qui a parva civitate in aliam migraverit ne quidem laica Communione donari debere decernit : Ἡγοῦμαι γὰρ μηδὲ λαϊκῶν ἔχειν τοὺς τοιούτους χρῆναι κοινωνίαν. Concilium Agripin. sub Julio I. PP. : *Quia Euphrata Christum Deum negat, consentio eum Episcopum esse non posse, qui nec laicam debet Communionem accipere.*

☞ Hinc quidem planum est Clericos etiam Majores, Episcopos videlicet Presbyteros et Diaconos *interdum ne laïca quidem donatos fuisse Communione; sed eos ad pœnitentiam relegatos fuisse ad fores Ecclesiæ, donec eidem reconciliarentur*, ut hic dicitur, non ita constat apud omnes. Qui ad pœnitentiam relegabantur ad fores Ecclesiæ, ii *publicam* agebant pœnitentiam; Clerici autem Majores nusquam adstricti sunt *publicæ* pœnitentiæ, saltem elapsis tribus primis Ecclesiæ sæculis, de quibus solis disputant Eruditi, aliis affirmantibus, aliis vero negantibus, pœnitentiam publicam iis sæculis impositam fuisse Clericis Majoribus. Hac de re consulere potes Sirmondum in Hist. Publicæ Pœnit. cap. 6. Morinum in Libris de Pœnitentia, Dupinium tractatu de Excomm. part. 1. §. 8. et Coustantium nostrum tom. 1. Epistolarum Pontif. Rom. pag. 195.

Illi igitur quibus etiam interdicebatur *laïca Communio* propter criminis gravitatem, inter Pœnitentes agebant, nec ad illam admittebantur, nisi purgato et expiato per diuturniorem pœnitentiam crimine. Concilium Tolet. I. can. 4. Subdiaconus qui tertiam uxorem duxerit *abstentus biennio, postea inter laïcos, reconciliatus per pœnitentiam Communicet.* Concil. Tolet. IV. can. 45 : *Oportet Canonibus in tali scelere proditum a Clericatus ordine submoveri, et pœnitentiæ triennio deputari.* Clericorum qui propter facinoris atrocitatem et depositione mulctabantur et laica Communione privabantur, exempla extant in Can. Apost. can. 29. 30. 51. 62. in Concilio Eliberit. can. 20. in Concil. Neocæsar. can. 1. Laodic. can. 36. Agath. can. 68. Trull. can. 61. Tolet. IV. can. 5. Tolet. VIII. can. 7. apud Vigilium Epist. 1. cap. 6. Apud Theophilum Alexandr. in Commonitorio, apud Balsamonem, etc.

Postremo denique Clericis exauctoratis vel excommunicatis, laica Communio in fine tantum, vel ne in fine quidem concedebatur. Quibus in fine tantum, ii ab omni fraternitatis Communione arcebantur toto vitæ tempore, præterquam quod morituris et animam agentibus restituebatur, ita ut tunc in laicam reciperentur Communionem, iisque quemadmodum cæteris laicis Viaticum, seu Eucharistiæ sacramentum præstaretur. Synodus Romana sub Felice III. can. 2. de Clericis qui se rebaptizari passi erant : *Usque ad exitus sui diem in pœnitentia si resipiscant, jacere conveniet, nec orationi modo fidelium, sed nec Catechumenorum omnimodis interesse, quibus Communio laïca tantum in morte reddenda est.* Vide Concil. Eliberit. can. 3. et Theophilum Patr. Alexandr. in Commonitorio quod accepit Ammon.

At qui severiore mulctabantur judicio, iis ne quidem in morte laica Communio concedebatur, proinde nec Eucharistiæ viatico potiri fas erat. Concilium Sardicense can. 2. statuit ut Episcopus qui artibus et fraudibus plebem alienam concitavit, quo postuletur Episcopus, ne in fine quidem laica Communione dignus habetur, Μηδὲ ἐν τῷ τέλει λαϊκῆς ἀξιοῦσθαι κοινωνίας. Hac igitur notione accipiendam *Communionem laicam* constat in Epist. Innocentii I. PP. ad Marcian. cap. 4. in Ep. 1. Siricii PP. cap. 11. in Libello precum Marcellini et Faustini pag. 47. in Concilio Eliberit. can. 76. In Synodo Romana sub Leone IV. PP. in Synodo Agath. cap. 51. Aurelian. III. can. 2. 19. Synodo Suession. act. 2. in Canonibus Romanorum ad Gallos Episc. can. 14. apud Flodoardum lib. 3. Hist. Rem. cap. 11. Reginonem ann. 865. Auxilium de Causa Formosi PP. etc. De Communione ista laica, multa habent Baronius, Pamelius, Durantus, Binius ad Concilii Nicæni can. 19. Suares. Disputat. 40. quæst. 73. Cellotius lib. 6. de Hierarch. cap. 16. § 1. Altaserra in lib. 4. Epist. Gregor. M. Morinus lib. 2. Exercit. cap. 1. et alii.

Communionem in Oratione Accipere dicebantur ii, qui post peractam pœnitentiam ad publicas quidem admittebantur preces, non autem ad sacræ Eucharistiæ perceptionem : Εὐχῆς μονῆς κοινωνῆσαι, in Concilio Ancyrano can. 4. et Nicæno cap. 12. 13. idque stato et definito tempore, quo elapso ad perfectionis gratiam, ἐπὶ τὸ τέλειον perveniebant, id est, ad Communionem μετὰ προσφορᾶς, *cum oblatione*, admittebantur, ut loquitur idem Concilium Ancyr. can. 5. 6. seu μετὰ τῆς Εὐχαριστίας, ut Nicænum can. 13. id est, in oblatione et Eucharistia communicabant, ut est in Pœnitentiali Gregorii III. PP. cap. 19. *Sine oblatione Communicare*, in Pœnitent. Halitgarii cap. 6. *Absque oblatione tantummodo populis in oratione sociari*, in Capit. Caroli Magni lib. 5. cap. 69. 71. [** 134. 136.] lib. 7. cap. 295. [**380.] Addit. 4. Lud. Pii cap. 44. [** 64] etc. Vide Albaspinæum lib. 1. Obs. 6. Cellotium lib. 6. de Hierarch. cap. 16. etc. Triplicem hanc Communionem prodit supra laudatum Concilium Ancyranum can. 16. ex veteri Interprete : *De his qui cum pecoribus mixti sunt, aut more pecudum incesta cum consanguineis aut cum masculis concubuerunt. Qui igitur ante vicesimum ætatis suæ annum tale crimen admiserunt*, 15. *annis in pœnitentia exactis orationi tantum incipiant participare* : (ubi Glossa MS. superlinearis, *ut orent cum pœnitentibus*) *et quinquennio altero in Communione simplici perdurantes* (ubi Gloss. *Ut offerant oblationem*) *post vicesimum cum oblatione ad Communionem suscipiantur. . . . . Quotquot vero ultra* 20. *annorum ætatem et uxores habentes in hoc crimen inciderint*, 25. *annis pœnitentia acta ad Communionem orationis* (Gloss. *ut simul orent*) *tantum admittantur, altero vero quinquennio perdurantes, ad plenam Communionem cum oratione recipiantur;* et Concil. Nannetense can. 18. de pœnitentia ejus qui non volens fecerit homicidium : *Biennio ab oratione fidelium segregetur, non communicet, nec offerat : post biennium in Communione orationis offerat, non tamen communicet : post quinquennium ad plenam Communionem recipiatur.* Adde can. 17. Ejusmodi Communionis meminit Ruffinus lib. 1. in Hieronymum : *Qui usque ad ipsum tempus etiam videre me, et salutare, et in oratione Communicare solitus erat.* Et Cumeanus Abbas de Mensura pœnitentiarum cap. 3 : *Plena pœnitentia acta ad Communionem oratione* (f. orationis) *permittantur.*

Communio Peregrina ea est, quæ peregre cum Formatis advenientibus Ecclesiasticis vel Laicis concedi solebat, ita ut si Episcopus peregrinus cum Metropolitani Formatis in alienam diœcesim veniret, nullo quidem in ea dignitatis suæ munere fungeretur, sed in consessu Presbyterorum, seu ut vocabant, Presbyterio, ante Presbyteros sederet, et ab Episcopo civitatis, cum cæteris Presbyteris diœcesanis sacram Eucharistiam sumeret, sicut in can. 18. Nicænæ Synodi dicitur. Idem porro erat de peregrinis Presbyteris et Diaconis qui intra Cancellos sedebant, ut peregrini tamen ab officio cessabant, sed tantum communicabant tum in oratione, tum in Eucharistia, cum aliis Presbyteris, cum ea quæ erant sui ministerii exercere iis non liceret injussu Episcopi, ad cujus diœcesim accedebant. Quæ quidem Communio ideo Peregrina dicitur, quod Episcoporum et Presbyterorum peregrinorum propria esset. Qua quidem notione Communionem peregrinam accipi in Concilio Regiensi ann. 439. can. 3. observat Sirmondus; quippe peregrinis Episcopis et cum formatis proficiscentibus *Communionem* datam liquet ex Concil. Milevitano II. can. 20. Afric. can. 73. Venetico cap. 5. 9. Aurelianensi III. cap. 15. etc. Sed et Cælestinus PP. Ep 4. scribit S. Athanasium Ario persequente fugatum, Romæ *redintegratum ei fuisse statum, et in hac sede quietem Communionis invenisse, a qua semper Catholicis subvenitur.*

Factum postea ut instar peregrinæ Communionis proprie dictæ, pœnalis quædam Communio dicta sit Peregrina, rei effectu inspecto : quoties Episcopo adimitur Episcopatus, ad quem ordinatus est, administratio; nomen vero, ordo, et dignitas relinquitur, sedet, communicat cum Episcopis, abstinet tamen ab officio dignitatis, atque, ut verbo dicam, communicat ut peregrinus. Ita in Concilio Calchedonensi Act. 11. et 12. Episcopatus Ephesinus adimitur Bassiano et Stephano, qui contra Canones occupaverant Ephesinam sedem, nominis tamen honor relinquitur : unde conficitur leviorem fuisse Communionis hujus pœnam, quam laicæ, cum hac postrema Clerici gradu suo carerent in perpetuum : priori vero, si resipiscerent, locum suum reciperent, ut est in Concilio Agathensi can. 2. Communionis peregrinæ ut pœnæ, mentio est in Concilio Agathensi can. 2. et 5. Ilerdensi can. 16. Vide Sirmondum in Historia Pœnitentiæ publicæ cap. ultim. Franciscum Florentem ad tit. 7. Decret. Gregorii IX. PP. de Translat. Episcop. Albaspinæum, Cellotium lib. 6. de Hierarch. cap. 16. Altaserram ad Gregor. Magn. lib. 4. Ep. 5. Bosquetum ad lib. 13. Innocentii III. PP. Ep. 50. 147.

* Alio iterum significatu accipitur Jac. Henr. *Born* in Comment. edit. Lipsiæ ann. 1742. nempe pro Censura ab episcopo judice lata in clericum nocentem, qua nomine ipsius e matricula seu catalogo clericorum deleto, ab ordine et officio suspensus pronuntiabatur, eaque tantum communione gaudebat, quæ clericis peregrinis cum formatis advenientibus concedebatur, quousque peracta pœnitentia locum suum reciperet.

Communicare Tertio Gradu. Benno Cardinalis de Gestis Gregorii VII. pag. 4. 46 : *In quibus manifeste a fide Catholica erravit, cum injuste excommunicatum Imperatorem, et Episcopos communicantes ei excepit ab excommunicatione tertio gradu Communicantes ei.* Infra : *Ecclesiasticam scidit unitatem, dum Cæsarem et Episcopos communicantes Cæsari absque judiciario ordine excommunicabat, et tertio gradu Communicantes eis ab excommunicatione, nova pietate excipiebat, quos hujusmodi artibus et Regi subducere, et sibi allicere festinabat.*

5. **COMMUNIO**, Antiphona, vel cantus Ecclesiasticus, qui, dum communicant fideles, a Cantoribus cantatur, a Gregorio Magno inventus, quem ille in Missa cantari instituit, ut habent Honorius Augustod. lib. 1. cap. 90. Auctor Chronici Reicherspergr. ann. 424. et alii. Vide Card. Bona lib. 2. Rerum Liturg. cap. 17. num. 1. et alios.

¶ 6. **COMMUNIO**. Chron. vet. Ducum Brunsvic. apud Leibnit. tom. 2. pag. 16 : *Anno Domini* 834. VII. *Kal. Oct. facta est a Saxonibus occisio Thuringorum. Hæc ergo dies victoriæ læta et celebris apud Saxones communiter habita, Communio dicebatur. Unde Communes dicuntur dies, qui in Oct. servantur.* Hinc emendandus Buschius de Reformatione Monast. apud eumd. Leibnit. ibid. pag. 494 : *In Hildensheim etiam sabbato post conciones;* legendum enim *Communes.*

* 7. **COMMUNIO**, Oblatio, largitio. Charta ann. 1213. in Chartul. Maurign. ch. 91 : *Oblationes et Communiones, quæ fient in Natali Domini, Epiphania, etc. communes erunt prioris et capicerii.*

* 8. **COMMUNIO**, Societas, participatio : dicitur cum quis in partem prædiorum alterius adsciscitur. Reg. *Olim* parlam. Paris. ad ann. 1317. fol. 166 : *Cum abbas et conventus monasterii Carrofensis Pictavensis diocesis in curia nostra conquererentur, quod cum ipsi carissimo domino genitori nostro, pro se et ejus hæredibus et successoribus Franciæ regibus, communicassent et eos associassent, ac in Communione et pariagio cum ipso domino genitore nostro posuissent totum locum, cum suis pertinentiis. Compaignie,* eodem sensu, in Charta ann. 1263. ex Chartul. Campan. fol. 209. col. 1 : *Nos Guiz, par la grace de Dieu evesques de Langres, faisons savoir...... que nos avons faite tele Compaignie antre nous et honorable baron Thiebaut, par la grace de Dieu roi de Navarre, ... an tele maniere que quanque nos avoiens, avons et poons avoir et lidiz rois ausiment an ladite vile et ou finage, etc. Et nos doiens et li chapitres de Langres ceste Compaignie devant dite loons et nos i consantons.* Hinc *Compaingnon*, Particeps quæstus, in Stat. ann. 1373. tom. 5. Ordinat. reg. Franc. pag. 649. art. 18 : *Noz fermes ont esté moins souffisans baillées et souvantes foys pour dons; et pour ce que aucuns desdis officiers les ont fait prandre à leur prouffit, et en ont esté Compaingnons, et ont eu part en icelles.* Vide in *Par.*

* 9. **COMMUNIO**, Conspiratio. Vide *Commune.*

1. **COMMUNIS**, Accessu et affatu facilis, qui cum omnibus *communiter* versatur. Victoris Epit. in Pertinace : *Communem affatu.* In Theodosio : *Clemens animus, misericors; Communis, solo habitu differre se cæteris putans.* Ita Terentius in Seipsum cruciante, *animum Communem et lenem* dixit.

* 2. **COMMUNIS**, ut supra *Commune* 1. Libert. novæ bastidæ S. Ludov. ann. 1325. in Reg. 64. Chartoph. reg. ch. 127 : *Et ab illa exactione, quæ dicitur Comunis sive Comu* (sic) *et aliis servitutibus perpetuo sint immunes. Laquelle rente est appellée Comun,* in Charta ann. 1326. ibid. ch. 203. *Qui quidem redditus vocatur Comune,* in Lit. Eduardi reg. Angl. ibid. ch. 311. Consuet. Auxit. Mss. art. 76 : *Item est consuetudo ibidem, quod aliquis ex civibus vel hominibus civitatis et villæ Auscitanæ non compellatur per dominos dictæ villæ eis facere....... talliam vel Communem, vel aliquam aliam servitutem.* Vide infra *Communitas* 3.

* 3. **COMMUNIS** dicitur civitas, quæ caput est provinciæ. Lit. Humberti delph. ann. 1349. tom. 5. Ordinat. reg. Franc. pag. 49. art. 37 : *Quia Gratianopolitana civitas, locus insignis et Communis toti Delphinatui, etc.* Id est, ad quem ex toto Delphinatu concurritur.

Communis, Amicus : quippe, ut est in Proverbio πάντα τῶν φίλων κοινά. Flodoardus lib. 3. Hist. Rem. cap. 23 : *Pro Evrardo, quem Communem suum vocat, et ipsius filium, ut pro eo apud Ludovicum Regem... intercedat, obsecrat.* Villardhuin. n. 100 : *Ensi furent Communel li Grieu et li François de totes choses.*

Communis esse præterea dicitur, qui alteri assentitur. Gregorius Turon. lib. 9. Hist. cap. 28 : *Illo quoque recusante non se his verbis esse Communem.* Anastasius in S. Anastasio PP. : *Fotino, qui Communis erat Acacio,* id est, qui eadem sentiebat quæ Acacius. [** *Communes personæ*, Homines neutrius partis. Chart. ann. 1323. in Guden. Cod. Diplom. tom. 3. pag. 200 : *Si vero inter nos nostramque ecclesiam Moguntinam, et Coloniensem ecclesiam aliquam fortassis contingeret discordiam suboriri; in illa discordia per se et suas municiones et homines suos prædicti fratres Communes Personæ esse debent, et Communiter se tenere, neutram earumdem ecclesiarum quomodolibet adjuvando.*]

¶ 1. **COMMUNITAS**, Privilegium, immunitas. Charta ann. 844. ex Archivo B. Mariæ Tolos. : *Cognoscat utilitas seu solercia omnium fidelium nostrorum tam et præsentium quam et futurorum, quod vir venerabilis Samuel Tolosane Ecclesie civitatis Episcopus... detulit serenitati nostre Communitates Domini et genitoris nostri, videlicet Ludovici memorie serenissimi Imper. et Regum prædecessorum nostrorum, qualiter ipsam sedem cum Monasterio S. Mariæ, quod est infra muros civitatis, etc.*

¶ 2. **COMMUNITAS**, Universitas incolarum urbis vel oppidi. Vide *Commune* 2.

* 3. **COMMUNITAS**, Idem quod supra *Commune* 1. Præstatio, quæ ab hominibus unius *Communiæ* exigitur. Pactum inter Joan. delph. et Petr. Barral. ann. 1315 : *Concesserunt etiam nobis et successoribus nostris perpetuo valorem seu Communitatem pictorum vallis et villæ de Alavardo prædictarum de vinis, quæ vendentur ad tabernam.* Vide supra *Communis* 2.

¶ 1. **COMMUNIUM**, Societas, contubernium. Concil. Compostell. anni 1031. cap. 3 : *Mulieres extraneæ nullum Communium neque consortium cum Episcopis . . . habeant.*

* 2. **COMMUNIUM**, Antiphona, quæ post *Communionem* cantatur. Libri veteres liturg. ad usum eccl. Bitur. in Sabbato S. : *Agnus Dei non dicitur et pacis osculum datur; sequitur Communium.* Vide *Communio* 5.

¶ **COMMUNUARIUS**. Vide *Communia* 3.

* **COMMUNUS**, pro Communis, consuetus. Reg. *Olim* parlam. Paris. ad ann. 1257. fol. 4 : *Dominus Gaucelinus de Ferrariis miles petit habere Communa auxilia per Normanniam in feodis de Droocort, ratione baroniæ suæ de Ferrariis.* Vide in *Auxilium.* [** *Communia* in edit. Beugnot. tom. 1. pag. 27. et supra in *Auxilia* pag. 510. col. 2.]

¶ **COMMUTATIVA**, Commutatio, Gall. *Echange.* Charta Augonis Ducis Burgund. pro Ecclesia Lingonensi ann. 1178. Instrum. tom. 4. novæ Gall. Chr. col. 188 : *Comitatum Lingonensem quem a Guidone de Saux per Commutativam accepi, Ecclesiæ Lingonensi . . . in eleemosynam dedi.*

¶ **COMMUTUARE**, pro *Commutare*, legitur in Chartul. Gemeticensi ex Instrumento anni 1027 : *Vendere vel Commutuare.*

* **COMODA**, pro *Comenda*, ut supra *Commenda* 3. Charta ann. 1152. inter Probat. tom. 2. Hist. Occit. col. 542 : *Illud* (castrum) *debemus habere et tenere a te, Rogerio filio tuo, et omni vestra posteritate per Comodam, salva vestra fidelitate, etc.*

¶ **COMODATARIUS** *est ille, cui res aliqua datur utenda, videlicet ipsum Comodatum.* Vocabular. Juris utriusque. [** In quatuor editionibus, quas inspexi, *Commodatarius* et *Commodatum.*]

* **COMODIOSUS**. V. supra *Commodiosus.*

¶ **COMODIUM**, Cubiculum. Vide *Commodum* 2.

* **COMODOSUS**, Commodus, utilis, Gall. *Profitable, avantageux.* Charta ann. 1324. in Reg. 67. Chartoph. reg. ch. 70 : *Cum teneremur ex justo titulo et causa nobis et terræ nostræ profigua ac etiam Comodosa, in 74. libris redditualibus, ... fuimus requisiti ut ad nostri benesedentiam et bonum placitum faceremus....... dictos redditus assideri.* Ordinat. ann. 1362. in Reg. Cam. Comput. Paris. sign. *Vienne* fol. 41. v° : *Quod præfatus dominus noster dalphinus....... alias monetas in aliis locis ordinare non possit, nisi videretur Comodosum.* Vide supra *Commodiosus.*

* **COMOLUS**, Cumulatus, Occit. *Coumoul*, Gall. *Comble.* Charta ann. 1342. in Reg. 74. Chartoph. reg. ch. 238 : *Item unam ponhaderiam Comolam avenæ censualem debitam quolibet anno.* Leudæ min. Carcasson. Mss. : *Item pro somata de napis j. den. et duos copos Comolos; et de homine onerato j. ob. et j. copum Comolum.* Vide *Comblus.*

¶ **COMOMONENTUM**, ἀρχεῖον. Gloss. Lat. Gr. Domus Principis. Supra habetur *Commomonentum*, quod vide.

* **COMONBELON**, Comondiaulion, Ludorum species. Constit. Feder. reg. Sicil. cap. 78 : *Deinde vero ordinent quinque ludos; Comonbelon, id est, ludus, ubi lapis in longum projicitur; Comondiaulion, id est, ludus, ubi lapis vel palus in breve spacium projicitur.*

COMONIA. Tabularium Ecclesiæ Uticensus ann. 1208 : *In eis habere debes Comonias seu cavalcadas ad defendendum bona Ecclesiæ Uticensis, et pacem vel treugam, etc.* pro *Communias*, id est, plebem congregatam et armatam.

* **COMOPOLUS**, *Lo dono*. Glossar. Lat. Ital. Ms.

COMORBANIA, Comorbanus. Vide *Corba*.

COMORTHA, Collecta, Contributio, a voce Saxon. Cymborδ, subsidium, auxilium. In Statut. ann. 4. Henrici IV. cap. 27. Choraula prohibetur *Comorthas facere*.

COMOTUM. Vide *Commotum*.

COMPACTARE, Compingere, formare, fabrefacere. S. Eulogius lib. 2. Memorial. cap. 10 : *Non filiarum affectus societati Sanctorum est præponendus, cum et illas potest Deus in sæculo enutrire, qui Compactavit in utero.* Idem lib. 3. cap. 10 : *Non talem habet Christus sponsam, quæ immutari de pristina Compactione arrarum ejus prævaleat.* Vide *Compactio*.

¶ **COMPACTATUM**, Pactum, Conven-Gall. *Convention*, alias *Pacte* : quod nunc ad pactionem cum dæmone initam apud nos restringitur. Epist. Sixti IV. Papæ ad Imperatorem tom. 2. Ampliss. Collect. col. 1544 : *In causa Constantiensi vide quam mature a nobis processum sit, et quod Compactata nationis Germanicæ infringendi animum nusquam habuimus.* Et col. 1545 : *Nam et ex forma Compactatorum, factis quibuscumque electionibus canonicis, in manibus nostris est, et illis permittitur, si quem alium magis dignum et utilem putamus. . . illum præficere. Compactata Bohemorum* appellata sunt, ea pacta, quæ cum Ecclesia Romana percussere Bohemi ann. 1433. pridie Kalendas Decembris, per quæ ad Catholicam communionem rursus admissi sunt : ab ea quippe discesserant, ex quo, ineunte scilicet sæculo xv. totam ferme Bohemorum gentem Hussitarum hæresis dementaverat. Nulla autem vincendi erroris, nulla pacandæ gentis illius patuit via usque ad Basileense Concilium, ad quod vocatis Bohemis rationes concordiæ ineundæ a Patribus propositæ sunt; inter quas præcipuum obtinet locum licentia communicandi sub duplici specie panis et vini. Hæc autem pacta, quæ *Compactata* dicta sunt compendiose exhibet Æneas Silvius in Historia Bohemica cap. 52. integre vero Gotefridus Leibnit. in Codice Diplomatico juris gentium part. 2. pag. 138. Vide ejusd. Silvii Orationem ad summum Pontificem apud Muratorium Anecdot. tom. 3. pag. 336. ubi iterum de *Compactatis Bohemorum*.

¶ **COMPACTIO**. Vide *Compactare*. [** Ubi est pro *Pactio*; ut in Chart. Otton. I. Imperat. ann. 961. ap. Guden. in Syllog. pag. 451 : *Jubemus eandem Compactionem ab utrisque peractam .... perpetim mansuram permanere*.]

COMPACTUM. Gloss. Lat. Græc. : *Conclusio et Compactum*, συνδιασμός. *Compactum facit*, συνδιάζει. Concilium Copriacense can. 37 : *Prohibemus Clericis, ne ex uno eodemque contractu mutui, emptionis bladi, vel vini, ad secundum deveniatur Compactum, vel tertium, et sic deinceps : ne emant illicite alias, vel ut revendant.*

* Laur. in Amalth. : *Compactum, conventum, compromissum, a compaciscor.*

COMPADIATIM. Paulus Diaconus Emerit. de Rebus gestis Episcorum Emeritensium in S. Paulo cap. 1. apud Bivarium ad S. Maxim. pag. 516 : *Atque ipsum infantulum* (ex alvo matris) *jam putridum membratim Compadiatimque abstraxit.* Sed legendum opinor *Competiatim*, per *petias*, seu frusta : Galli dicerent, *par pieces et par morceaux*. Vel potius *Copadiatim*, per κοπάδια, per frusta. Vide *Copadium*.

¶ **COMPAGANUS**. Vide *Compagus*.

¶ **COMPAGES**. Vide *Compagus*.

* **COMPAGI**, Calcei episcopales, interprete Henschenio ad vit. S. Greg. M. tom. 2. Mart. pag. 183. col. 2 : *Pervenit ad nos, Diaconos ecclesiæ Catanensis, calceatos Compagis procedere præsumpsisse. Quod nulli hactenus per totam Siciliam licuisse, nisi solis tantummodo diaconibus ecclesiæ Messanensis, quibus olim a prædecessoribus nostris non dubitatur esse concessum, bene recolitis.* Hinc Papiæ : *Compagi, genus calceamenti, quo utebantur diaconi Romani.*

* ¶ **COMPAGIA** *Capita sunt ossium, dicta eo quod sibi compacta nervis velut glutino quodam adhærent.* Isid. Orig. lib. 11. cap. 1.

COMPAGINA. Vide *Pagina*.

¶ **COMPAGINARE**, Conjungere, copulare, compingere; item in unum volumen congerere. S. Paulinus Epist. 32. (alias 12.) n. 10 : *Hac igitur ratione persuasus, Basilicas nostras tuis, sicut et operis tempore, et voti genere conjunctæ sunt, ita etiam litteris Compaginare curavi.* Concil. Tolet. XVI : *Quæ si de omnibus sanctarum Scripturarum codicibus maluerimus colligere, enormis voluminis telam nostri oris videbimur Compaginare textrinio.* Acta SS. Julii tom. 2. pag. 500. de S. Willibaldo : *Vestræ memoriæ apta pauca excerpere, Compaginare edissereque me libet.* Mabill. de Liturg. Gall. pag. 407. ex Regul. Ferreoli Uticensis Antistitis : *Gesta Martyrum, id est passiones Sanctorum fidelium, quæ quorumdam Compaginata studio et sermone digesta sunt.... recenseri in Oratorio audientibus cunctis omnino decernimus.* Gunzo Epist. ad Augienses Fratres ann. 969. apud Marten. tom. 1. Collect. Ampliss. col. 309 : *Linearum compositiones ita Compaginat, ut etc.* S. Aug. Conf. lib. 13. cap. 30 : *Quæ tu contraheres, et Compaginares, atque contexeres.* Barthius in Glossario apud Ludewig. tom. 3. Reliq. MSS. pag. 53. ex Rodulpho Ardentio : *Ostendunt se Ecclesiæ membris non Compaginari unione caritatis.* Idem ex Anastasio Bibl. : *Vetera nequitiæ opera abjicientes Compaginemur Deo, et initium purioris conventionis facimus.* Idem ex Continuatore Matthæi Paris in Henrico III : *Doleo, novit Dominus, quod per omnia nequit caritas nostra Compaginari.* Supplem. Antiquarii : *Compagino*, συναρμόζω, *Copulo, coniungo.*

¶ Compaginantes Agri, vel Limites, Invicem cohærentes. Vide *Pagina*.

¶ Compaginatus, συνάρμοσις, *Coagmentatio*, in Supplemento Antiquarii.

¶ Compagitus, ἁρμολόγησις, *Compaginacio*, ibid.

* **COMPAGIUM**, Exactionis genus. Libert. Avinioneti ann. 1463. in Reg. 199. Chartoph. reg. ch. 347 : *Item quod omnes venientes ad dictas nundinas....... sint liberi a leuda, Compagio, aida, vectigalibus et æquivalentis, aut alio quocumque onere.* Idem videtur quod *Commune* 1. Vide supra in hac voce.

* **COMPAGNA**, ut *Compagnia*, Militum centuria, vox Italica. Chron. Mutin. apud Murator. tom. 15. Script. Ital. col. 600 : *Die Martis xxiij. Januarii et sequenti die Mercurii, Theutonici, sive Compagna, quorum caput et dux erat dux Guarnerius, etc.* Annal. Cæsenat. ad ann. 1353. apud eumd. tom. 14. col. 1182. Ita et nostris *Compaigne*, pro *Compagnie* unde *Homme de Compaigne* dicebatur, qui ex iis militarium turmis erat, quas *Compagnies* vocabant. Lit. remiss. ann. 1376. in Reg. 109. Chartoph. reg. ch. 91 : *Lesquelx exposans, qui auront presumption que ledit de Carrino fust pillars et homme de Compaigne, pour ce qu'il parloit estrange langaige, et estoit vestuz d'un gipon de futaine noire, et avoit à sa poitrine une petite boursete pendue.* Vide infra *Sociales*.

COMPAGNIA, ex Ital. *Compagnia*, Militum centuria. Κουμπανία, apud Nicetam in Alexio lib. 1. n. 1. Petrus de Vineis lib. 2. Epist. 3 : *Compagniæ projiciunt symbola, sumunt arma.* [Passim occurrit apud Scriptores Italos simili notione, et interdum pro societate seu fœdere, ut in Brev. Hist. Pisanæ ad ann. 1171 : *Quod sentientes Pisani Compagniam cum Florentinis fecerunt per* XL. *annos duraturam, et multa sibi promiserunt et juraverunt invicem observare.*]

Hac autem appellatione donabant nostri *Ruptarios*, seu militarium turmas, cujusmodi erant eæ, quas anathemate non semel damnarunt Summi Pontifices Bullis suis, quæ habentur in Chartophylacio Regio, in scrinio, cui titulus, *Contra magnas societates et Compagnias.* Hæ potissimum floruere sub Carolo V. Rege Franc. sicque describuntur in Chronico MS. Bertrandi Guesclini :

Mais ou noble Royaume avoit confusion
D'une grant Compagnie, et estoient foison,
Gens de maint pays et de mainte nation,
L'un Englois, l'autre Escot, si avoit maint Breton,
Hanuyers et Normans y avoit à foison
Par li pays aloient prandre leur mansion,
Et prenoient par tout les gens à raençon,
Vingt-cinq Capitaines trouver y pouvoit-on.
Chevaliers, Escuyers y avoit ce dit-on,
Qui de France exillier avoient devotion,
Et il n'y demeuroit buef, vache, ne mouton,
Ne pain, ne char, ne vin, ne oye, ne chapon.
Tout pillart meurtrier, traiteur, et felon
Estoient en la route dont je fais mention.

Postmodum *Compagnias* istas in Castiliam traduxit idem Gueslinus, quibus a candida Cruce, qua insigniri voluit, nomen sumpserunt *de Compagnie blanche.* Idem Chronicon :

Et je vous chanteray une bonne chançon
De Bertrand de Glaicquin, dont je fais mention,
De la Compagnie blance, dont je fu compaignon,
Il n'y avoit en l'Ost Chevalier ne garçon,
Qui ne portast la Croix blance comme coton,
Pourtant la Blance Compaigne les apeloit-on.

Vide editum Chronicon ejusdem Gueslini pag. 181. 183. Matthæum Villaneum lib. 9. cap. 109. lib. 10. cap. 84. 92. 94. Chronicon Petri IV. Regis Aragon. lib. 6. cap. 10. etc.

Societates et Comitivæ, Latinis potissimum Scriptoribus vocantur. Thomas Walsinghamus ann. 1357 : *Sub his diebus surrexit in Francia illa famosa Societas, quæ Gens sine capite vocabatur; quæ primo parva, postea magna agressa, magnam Franciæ partem occupans sine legibus, expulsis vel subactis locorum Dominis, subjugavit; erantque non tantum de una gente vel natione, sed de pluribus regionibus congregati.* Ann. 1361 : *Magna et famosa Comitiva de diversis nationibus adunata, etc.* Adde eumdem anno 1369. Henricus de Knyghton ann. 1361 : *Eodem tempore crevit quædam Societas virorum fortium, vocata Societas fortunæ, et per quosdam vocata est La Grant Companie : et adunati sunt de diversis partibus non habentes unde vivere, etc.* Adde eumdem ann. 1366. Vitam Innocentii VI. PP. pag. 127. 128. Edit. Bosqueti, Albertum Argentinensem ann. 1354. Waddingum ann. 1364. num. 1. 2. Ammiratum tom. 2. de Famil. Neopolitan. pag. 239. Gariellum in Episcopis Magalonensibus pag. 405. et seqq. etc.

COMPAGO, Gariopontus lib. 3. Passion. cap. 26 : *Multa enim intervalla atque spatia sunt intrinsecus membrorum, multæque Compagines, unde ante excoquitur virtus medicaminum, quam perveniat ad locum, qui patitur.* Lib. 4. cap. 1 : *Sciaticos apprehendimus primum ex parvo dolore ossis, qui de ilio descendit in vertebrum coxæ, sive in Compaginem.*

COMPAGUM. Leges Henrici I. Regis Angl. cap. 93 : *Si quis in humero plagietur, ut glutinum Compagum effluat,* 30. *solid. emendetur.* [Hoc est, ut humor glutinosus e Compagibus humeri effluat. Igitur *Compagum* non vox nova, sed Genitivus pluralis est a singulari *Compages.*]

COMPAGUS, Ejusdem pagi. Ethelwerdus lib. 4. cap. 3 : *Cernit reliquias sui Compagi socii,* ubi *socii* vox videtur Glossema. *Compaganus*, in veteri Inscript. apud Gruter. 209. 1. Hinc nostri *Compagnon* dicunt, quam quidem vocem quidam aliunde arcessunt : Lipsius Cent. 3. Epist. 44. a *Combino* : Henricus Stephanus a *Combenno*, qui eodem curru utitur. Albertus Acarisius a *Compages* : alii denique a pane, ut sint qui eodem pane vescuntur, quia veteribus *Compains* dicti qui posterioribus sæculis *Compagnons* : qua voce utuntur Chronicon Flandriæ vernaculum cap. 79. et Berrius in Carolo VII : [Hoc posterius etymon ceteris præfert Menagius confirmatque ex Psalmo, ubi pro Socio dicitur, *Homo pacis meæ, qui edebat panem mecum* ; vel *panes meos*, ut in Vulgata,] Vide *Companium*, et Steph. Paschasium lib. 8. Disquisit. Francic. cap. 24.

Compagus, perperam pro *Campagus* editum in Bullario Cluniacensi pag. 24. 36. Vide in hac voce.

* Vide Labbeum tom. 10. Concil. edit. Paris. ann. 1671. pag. 1342. Hinc nostri *Compagnon* dicunt : quam vocem multiplici significatu usurpavere, ut videre est supra in *Communio* 8. et infra in *Compaignonus* et *Companium.*

* *Compaignons*, honoris causa, archidiaconum et decanum ecclesiæ suæ appellat Guido episcopus Cameracensis, in Charta ann. 1333. ex Tabul. ejusd. eccl. : *Guis par le grace de Dieu evesques de Cambray à honerables hommes et amés Compaignons l'archediacre de Cambresis et no cousin le doyen de notre église, etc.*

* Eo etiam nomine compellabantur apud Corbeienses præpositi monachi ab ipso abbate, ut probant Chartæ ann. 1340. et 1480. ex Chartul. 21. ejusd. monast. fol. 329. v°. et 331. r°. Pro Commilitone occurrit in Poem. *de Garin* :

D'armes soions moi et toi Compagnon,
Tien toi lez moi, gentil fius à baron.

Ibidem :

Compagnons d'armes avons esté set ans.

* *Compaignable*, Qui inter adolescentes innuptos, quos *Compagnons* vocabant, accensetur. Lit. remiss. ann. 1383. in Reg. 122. Chartoph. reg. ch. 344 : *L'exposant qui est jeunes homs et Compaignables, combien que mariez soit, etc.*

* **COMPAIGNONUS**, vulgo *Compaignon*, Monetæ Flandricæ species. Lit. remiss. ann. 1353. in Reg. 82. Chartoph. reg. ch. 83 : *Item ipsa existens nuper in domo sui hospitis prædicti, invenit in lare tres grossos Turon. argenti de lege et tempore B. Ludovici,...... unum denarium argenti,....... qui dicitur Compaignon.* Aliæ ann. 1357. in Reg. 85. ch. 17 : *Buchelinus ad Simonem accessit ipsumque rogavit, ut certam summam denariorum Flandriæ, nuncupatorum Compaignons,........ apud Ypram deffere vellet;...... ipse Simon credens dictos Compaignonos bonos esse, etc.* Denique aliæ ann. 1377. in Reg. 111. ch. 49 : *Un denier, nommé Compaignon de Flandres, etc.*

¶ **COMPALATIUS**, pro *Comes Palatii.* Chronicon Casin. lib. 4. cap. 18 : *Bertha filia Compalatii Ticinensis obtulit beato Benedicto.*

* Vox errore amanuensis conficta, qui scriptum *Com. palatii* utrumque vocabulum conjunxit, ut observat Murator. tom. 1. Antiq. Ital. med. ævi col. 388.

¶ **COMPALLIDUS**, Simul pallidus, S. Paulino Ep. 22. alias 7. cujus locus est in *Cohortales.*

COMPANAGIUM, Companaticum, quidquid cibi præter panem et potum sumitur, id est, cibus qui *cum pane* in escam datur. Will. Brito in Vocabul. MS. et auctor Mamotrecti ad 14. Numer. : *Pulmentum vel pulmentarium dicitur quilibet cibus præter panem, Companage in Gallico,* seu, ut efferunt Occitani, *Coumpanatge*, quæ vox id potissimum denotat, quod in hospitio præter panem et vinum expenditur. Ita Lombardi, ut auctor est Pergaminus in *Camangiare, Companatico dicono, cioe ogni cosa da mangiare, toltone il pane.* Ugutio et Joan. de Janua : *Obsonium, quilibet modicus et delicatus cibus inter alios sumptus : dicitur obsonium, quod vulgo Companaticum. Pulmentum,* et *pulmentarium* Latinis, Græcis προσφάγιον. Leges Athelstani Regis Angl. cap. 12 : *Si contingat eum mori, omnis congildo det unum panem, et Companagium pro anima ejus.* Leges Hoeli Boni : *Companagium* 60. *panum debet esse porcus, etc.* Costumar. de Hecham : *Ad Nonam* 4. *panes, et* 8. *harincs* (haleces) *vel aliud Companagium quod tantum valet.* Monasticum Anglic. tom. 1. pag. 419 : *Abbas Aucherius constituit domum leprosorum,... ad quorum sustentationem dantur singuli cantelli dimidium panis habentes, et dimidium galonis cervisiæ mediocris. Præterea singulis mensibus cuilibet eorum dantur ab Eleemosynario* 5. *denarii ad Companagium emendum.* Statuta Hospitalis S. Lazari Placentini ann. 1214. apud Petrum Mariam Campum in Regesto 2. part. Ch. 62 : *Simul in Refectorio uno conveniant, edentes et bibentes de eodem pane, vino, et eodem Companatico.* [Statuta Monialium S. Salvatoris Massil. ann. 1400 : *Quando dictus Conventus recipiet panem, vinum, Companagium, etc.* Occurrit in Statutis Arelat. MSS. art. 80. et alibi non semel, ut et vox *Companage* in Chartis Gallicis. Hanc vocem etiamnum usurpant Provinciales.]

* Charta fundat. colleg. de Verdala Tolos. ann. 1337. ex Cod. reg. 4223. fol. 6. r°. : *Quicumque...... in dictis missis solemnibus...... cessaverit interesse, illa die panis et vinum sibi solummodo ministrentur, et ejus Companagium et potagium pauperibus erogetur.* Charta ann. 1350. ex Tabul. Goriano : *Item assignavit pro Companagio cuilibet dictarum monialium in perpetuum quolibet anno quatuor scudatos auri seu eorum valorem in pecunia. Compenage,* Libi ac placentæ species, in Lit. remiss. ann. 1385. ex Reg. 128. Chartoph. reg. ch. 36 : *Laquelle servante avoit fait cuire audit four pour son maistre certain Compenage, nommé darioles, lequel Compenage cuit elle le prist et l'emporta sur sa teste;...... elle trouva que il lui deffailloit une dariole.* V. *Ordinarium*, 2.

Companaticus. Statuta antiqua Corbeiensis Monast. cap. 4 : *Ceteris vero pauperibus,... solet dari quartarius, vel juxta quod Hospitalarius prævideret in majori vel minori numero aut necessitate compedire, Companaticus, aut secundum consuetudinem tribuatur.* [** ... *expedire, Companaticus autem, etc.* ap. Guerard. pag. 309. Polypt. Irmin.] Vetus Inscriptio Epitaphii ann. 1053. apud Puricellum in Monumentis Basilicæ Ambrosianæ pag. 433 : *Distribuentes uniquique dimidium panem frumenti, tres fialas vini, Companaticum juxta modum, etc.*

¶ Companatitium, Eadem notione, in Lexico Philos. Goclenii.

¶ **COMPANATORES**, Hæretici qui asserunt panem cum corpore Christi remanere in Altaris Sacramento. Vide Hierolexicon Macri.

¶ **COMPANIES**, Contubernium, Gall. *Compagnie.* Vide *Companium.*

¶ **COMPANIS**, Obsonium, quod pani additur comedendum. Raphael Volaterranus in Vita B. Humilianæ tom. 4. SS. Maii pag. 411 : *Quatuor tantum panes in hebdomada solita est edere, raro ac tenui vilique Compane contenta.* Vide *Companagium.*

COMPANIUM, Contubernium, societas, *Compagnie.* Pactus Legis Salicæ tit. 66. § 2 : *Si quis hominem ingenuum, qui Lege Salica vivit, in hoste in Companio de Companiei suorum occiderit, in triplo componat.* Id est, si quis hominem ingenuum Lege Salica viventem, in castris in contubernio ac societate suorum contubernalium occiderit. Galli dicerent, *En la compagnie de ses Compagnons.* Ubi Wendelinus hoc Castrensi vocabulo dictos putat, qui communi pane ac distributione buccellati, et in eodem Contubernio sodalitium fovent cum altero, indeque *Compagnon* et *Compagnie* vocum Gallicarum etymon hauriri debere. Vide *Compagus*.

☞ Eccardus vocem *Companium* non Contubernium interpretatur, sed quasi scriptum esset pro *Campanium*, vult intelligi Campum militarem seu locum prælii. Utra præstet interpretatio judicet lector attentus.

* Hinc *Compain*, pro *Compagnon*, socius, in Annal. regni S. Ludov. edit. reg. pag. 282. unde etiam apud Scriptores nostros *Compagner* et *Compaigner*; sed vario sensu. Pro Necessitudinem cum aliquo, vel etiam cum muliere rem habere. Lit. remiss. ann. 1385. in Reg. 128. Chartoph. reg. ch. 219 : *Lequel prestre ledit Aleaume Compaignoit plus que amy qu'il eust et appelloit à touz ses affaires.* Charta ann. 1347. in Reg. 76. ch. 218 : *Icelui Jehannot promis et jura moult estroitement que jamais d'ilec en avant avec sadite famme ne Compagneroit ou converseroit.* Lit. remiss. ann. 1377. in Reg. 112. ch. 34 : *Comme renommée feust que Guillemot Petit Compaingnast charnelement la femme dudit Enguerran.* Aliæ ann. 1386. in Reg. 129. ch. 82 : *Nicole Menart prestre fourtraioit la femme dudit Thomas et la Compaignoit charnelement.* Quod *Avoir fole Compaignie* dicitur, in Lit. remiss. ann. 1376. ex Reg. 109. ch. 186 : *Pierre de Hergeville après la mort de sa femme s'acointa de Guillemete son hostesse et ot fole Compaignie avecques elle de son bon gré : en laquelle fole Compaignie il persevera par long temps.* Unde ridicule satis *Compaignon de cuisse*, Mariti commilito appellatur, in aliis Lit. ann. 1482. ex Reg. 208. ch. 216 : *Jehan Guillebault reproucha au suppliant qu'il avoit chevauché sa femme et estoit son Compaignon de cuisse.* *Bonne Compaigne*, Mulier accessu facilis, quæ cum hominibus versari amat, in Lit. ann. 1386. ex Reg. 129. ch. 207 : *Nonobstant que ladite fille ou temps passé eust esté bonne Compaigne, et de son corps sa voulenté eust faite, etc.* Denique *Compaigner* dixerunt, pro Alicui favere, societatem habere, comitari. Stat. ann. 1361. tom. 3. Ordinat. reg. Franc. pag. 526 : *Et se aucuns desdiz malfatteurs et rebelles sont en forteresses,........ faites commandement de par nous à ceulx de la forteresse et qui lesdiz malfaiteurs soustendront et Compaigneront, que il les vous baillent et rendent sans delay.* Le Roman de *Cleomades* Ms. :

Cleomades les Compaignoit,
Comme chils qui tout bien savoit.

Hinc *S'entrefaire Compagnie*, Cum aliquo versari, in Lit. remiss. ann. 1400. ex Reg. 155. ch. 249.

* **COMPANSANTUS**, pro Compensatus Charta ann. 1350. in Reg. 80. Chartoph. reg. ch. 162 : *Donec de suis deperditis et damnis extiterent sufficienter Compansanti.*

COMPAR, Conjux. Glossar. Lat. Græc. : *Compar*, σύζυγος. Vetus Inscriptio : *Manilia Paulla de patrimonio suo sibi et Aurelio Paullino Compari suo domum æternam.* Alia : *Julia Matrona Aur. Aquilino Comp. cum quo vixit, etc.* Vide *Par.*

* *Compeins*, in Charta Isabellis Rom. Regin. ann. 1305. inter Prob. tom. 2. Hist. Burg. pag. 122. col. 2 : *Com Raouls, jadix roys des Romains, nostres tres chiers sires et amez Compeins, etc.*

COMPARES præterea dicti *Pares*, inter se comparati respectu superioris Domini. Ordericus Vitalis lib. 5. pag. 572 : *Helias quoque Vicedominus* (Gerberiaci in agro Belvacensi) *cum Compari suo exulem gratanter regium suscepit, ... moris enim illius castri, ut ibidem duo pares Domini sint, et omnes ibidem fugitivi suscipiantur.* Idem lib. 11. pag. 807 : *Pacem igitur inter eos obnixe seramus, ut hero Comparique nostro legitime proficiamus.*

* Charta ann. 1227. ex Chartul. Valcel. sign. E. ch. 13 : *Quam* (terram) *coram Comparibus suis, hominibus curiæ nostræ, qui tot ibi præsentes aderant, quantum lex portat, per cyrotecam in manus nostras ad opus ipsius ecclesiæ reddiderunt et sollempniter werpiverunt.*

COMPARITAS, Paritas conditionis ac dignitatis, in Charta Alsatica exarata sub Leone IX. PP. apud Glareanum lib. 2. Rerum German. pag. 102 : *Liber vel personatus serviens, si infra patriam est, post 7. dierum inducias cum totidem suæ Comparitatis testibus, plebeius autem et minoris testimonii rusticus aquæ frigidæ se expurget judicio.*

* **COMPARA**, Præstatio, quæ pro mercibus penditur. Charta ann. 1117. inter Probat. tom. 2. Hist. Occit. col. 400 : *Adjecerunt unum inter alia esse usatica, quod numquam habuerant nec quæsierant antecessores mei, cum illius antecessores apposuissent, et meis præsentibus tenuissent per multum tempus sine querela, videlicet medietatem lesdarum, quas vulgo dicunt Comparas, quas vellet definiri nominatim, ne forte postmodum possemus alterutrum irasci.* Et col. 401 : *Prætendunt etiam quod lesdas primas, quas ego requirebam, hoc est, Comparas, sibi ad fevum donaveram.* Charta ann. 1138. in Hist. Ms. Montis-maj. : *Tres Judæi emerunt ab abbate Pontio Comparam vermiculi in quantum obtinet territorium Mirimari.* Vide *Compares.*

* COMPERA, COMPERULA, Eadem notione. Convent. Saonæ ann. 1526 : *Nec concessus* (salvus conductus) *servari debeat in præjudicium devetorum,........ et gabellarum excelsi communis Januæ, sive Comperarum S. Georgii et aliarum Comperularum, nec civium vel subditorum prædicti communis Januæ.* Adde Stat. Genuens. l. 2. c. 3. pag. 38.

COMPARAGIUM. Charta ann. 1230. in Tabular. Abbatiæ Frigidimontis fol. 92 : *Eadem vinea debet 4. sextarios vini pro Comparagio dominis de Noetel.* Forte idem valet quod Gallis *Comperage.* Vide *Filiolatus* post *Filiolus.*

☞ Potius crediderim *Comparagium* sumi pro Pariagio, quam pro *Filiolatu.* Est autem *Pariagium*, Societas plurium unius prædii vel feudi dominorum.

¶ 1. **COMPARARE**, Alii rapere et sibi conferre. Gasparis Barthii Glossar. apud Ludewig. tom. 3. Reliq. MSS. pag. 8. ex Hist. Palæst. : *Audiens Imperator quod Turci sic dissipassent nostros, et mandavit pro eis, fecitque eos brachium transmeare. Postquam ultra fuerunt, Comparavit omnia eorum arma.*

2. **COMPARARE**, COMPARATUM. Papias : *Comparare, emere, cum alio æquare.* Gloss. Græc. Lat. : *Comparare*, συνωνήσασθαι. Vide Legem Salicam tit. 39. Aleman. tit. 83. et Longob. lib. 2. tit. 14. § 4. 28. 38. [**Rothar. 156. lib. 2. tit 25. § 4. Lothar. I. 59.] [* Stat. Mss. Montispess. ann. 1204 : *Quicumque Comparat domum vel solum forte inædificatum in Montepessulano, dat inde pro consilio quintam partem domino, etc.*] Hinc

COMPARATUM, Proprium, labore et parsimonia acquisitum, emtum. Gloss. Gr. Lat. *Comparata*, συνωνηθέντα. Atque in eo differebat *Comparatum* ab *alode*, quia *alodis* dicebatur quidquid hæreditario jure possidebatur. Chronic. Laurisham. ann. 764 : *Hoc est, villam nostram... quæ mihi de parte genitoris mei nomine Adelhelmi Legibus obvenit, vel undecumque tam de alode, quam de Camparato, seu de quolibet adtractu ad nos noscitur pervenisse, etc.* Ch. Caroli Magni ibid. : *Seu quod pro collata populi, vel de Comparato, vel de quolibet adtractu augmentare, vel immeliolare, seu adtrahere potuerit.* Hincmarus Rem. Opusc. 54 : *Ut in mansis suis de alode, vel naturali, vel Comparato feminas habeant, quæ illorum pannos lavant, etc.* Marculfus lib. 2. For. 7 : *Tam de alode, quam de Comparato.* Et infra : *Tam de hæreditate parentum, quam de Comparato.* Adde Cap. de Villis cap. 32. [Charta Fulquini viri potentis pro Monasterio Gemblacensi ann. 950. apud Miræum tom. 1. pag. 141. col. 2 : *Totum ad integrum tam de allodio quam de Comparato, seu de quolibet attractu ad nos ibidem dignoscatur pervenisse.*]

COMPARATIO, Eadem notione, in Concilio Francoford. ann. 794. can. 41. [Charta anni circiter 1090. ex Archivo S. Victoris Massil. Armar. Ruthen. n. 32 : *Dono unam petiam de vinea, quæ mihi per opera manuum mearum obvenit ad proprium alodem... donamus ea quæ per Comparationem et vestitum nobis advenerunt.*] [** Lex Longob. Liutpr. 116. (6, 63.)]

¶ COMPARATUS, Eadem significatione. Acta SS. April. tom. 2. pag. 73. in Charta Rotaldi Episcopi Veron. pro Monasterio S. Zenonis circiter ann. 824 : *Jubemus ergo, ut quantumcumque memorata Ecclesia.... per donationem nostram.... vel ceterorum fidelium traditione, vel ipsorum Comparatu, seu quolibet attractu, juste et legaliter habere dignoscitur.*

* 3. **COMPARARE**, a veteri Gallico *Comparrer*, Solvere, pœnas dare. Lit. remiss. ann. 1357. in Reg. 89. Chartoph. reg. ch. 120 : *Qui quadrigarius......., cucurrit cum uno magno baculo, Gallice levier,....... adversus dictos consocios dicendo eis alta voce,....... ut vos Comparabitis.* Aliæ ejusd. ann. ibid. ch. 121 : *Lors respondi Aubriet : Tu le Comparras; et sur ce sacha une espée sur ledit Guillemet.* Rursum aliæ ann. 1390. ex Reg. 138. ch. 232 : *Ça Belon sau hors, vien ça, par saint Jehan tu le Comparras.*

* **COMPARATIO**, Inter proventus, ex quibus portio ad vicarium pertinet, recensetur. Charta ann. 1452. apud Pezium tom. 6. Anecd. part. 3. pag. 271. col. 2 : *Item stolam, Comparationes, oblationes, præsen-*

tias seu quotidianas distributiones, et alios obventionales accidentales, etc. Vide alia notione in *Comparare* 2.

* **COMPARATIUM**, Acquisitum, emtum, ut *Comparatum*. Charta ann. 1042. ex Bibl. reg. cot. 17 : *Vindimus vobis petias vij. de terra,....... et ipsas terras advenit nobis de parentorum nostrorum, de Comparatio de Girberga consina mea.* Vide in *Comparare* 2. et *Comparicia*.

COMPARATORES, apud Julianum Antecess. nov. 49. § 2 : 'Αντεξετάζοντες τὰ γράμματα, τοῦτ' ἐςὶ οἱ συγκρίσεις ποιούμενοι, qui scripturas inter se comparant, ut scripti falsitas aut veritas comprobetur.

¶ **COMPARATUM**, Comparatus. Vide *Comparare* 2.

* **COMPARCERARIUS**, Comparticeps, qui aliquid in commune possidet. Recogn. Raym. Moiseti domicel. ann. 1336. in Reg. 70. Chartoph. reg. ch. 73 : *Confessus fuit idem domicellus* (abbatem Aurel.) *esse dominum superiorem dicti castri* (de Ruppe Athonis) *et esse Comparcerarium cum dicto Raymondo et aliis Comparcerariis dicti castri.* Vide infra *Compariarius* et *Parcennarii*.

¶ **COMPARCUS**, Locus clausus, a Gallico, *Parc*, Septum. Charta anni 1181. apud Lobinellum tom. 2. Hist. Britan. col. 136 : *Qui habent Comparcum vinearum et ortorum Doli, debent invenire Archiepiscopo napas in Natali domini et Pascha.*

* **COMPARENTIA**, Vadimonium, constitutum, Practicis nostris *Comparution*, alias *Comparance*. Judic. Henr. episc. Claromont. ann. 1392. tom. 8. Ordinat. reg. Franc. pag. 189 : *Tunc nos, instantibus ipsis partibus, certum peremptorium terminum Comparentiæ ad prædicta hinc inde probandum, assignavimus.* Lit. remiss. ann. 1403. in Reg. 158. Chartoph. reg. ch. 327 : *Ledit le Boucher, qui ignoroit ledit adjournement, ne comparut point; parquoy et mesmement pour la non Comparance, etc.* Vide infra *Comparitio*.

COMPARES. Ita appellabant certum Leidæ, seu pensitationis genus, Narbonensibus Vicecomitibus in Narbon. urbe exsolvi solitum, ut auctor est Catellus lib. 4. Rerum Occitanarum pag. 586. Cujus vocis notionem videtur indicasse Suidas, cui Κόμπαρος, est ὃς συνέζευκται εἰς ὑπηρεσίαν τινὶ ὁμοίων τὴν αὐτὴν ἐκτελῶν χρείαν, qui scilicet in aliqua pensitatione alteri *Compar* est. [* Vide *Compara*.]

* **COMPARIARIUS**, ut supra *Comparcerarius*. Charta Caroli IV. ann. 1327. in Reg. 64. Chartoph. reg. ch. 492 : *Bernardus Martini pro se et Guillelmo Bedocii Compariario suo, etc.* Vide in *Par*.

COMPARICIA, vel Comparicium, Comparatum. Charta Henrici I. Imp. apud Baronium ann. 1014. num. 9 : *Cum..... terminis, concessionibus, Comparicis, aliisque universis redhibitionibus, etc.* [Vide *Comparare* 2.]

COMPARIETICI, Papiæ, *Consortes, vicini, quasi unum parietem habentes.* [Glossar. San-Germ. MS. n. 501. habet *Comparietici*, Martinii Lex. *Comparietini*.]

* **COMPARILE**, Compar, par, simile. Lex Bajwar. tit. 9. cap. 2. § 5 : *De minore vero quod Scopar appellant, cum solido uno componat, et universa Comparilia restituat;* ubi Cod. Reg. habet *parilia*, Gall. *La pareille.*

¶ **COMPARIMINI**, a verbo Comparere, dicebatur Libellus a Judice Ecclesiastico adversus excommunicatum contumacem Judici laico oblatus, de quo hæc Butillerius in sua Rurali Summa lib. 2. tit. 12. pag. 758 : *Le Juge spirituel doit envoyer un libelle qu'on appelle en Court* Comparimini, *qui doit contenir comment l'excommunié luy incité et condamné, en ce s'est laissé excommunier et endormir comme chien sans crainte de Dieu, en sentence d'excommuniment par an et plus, et ainsi se laisseroit et voudroit laisser, si qu'il démontre ou contempt de partie, et de l'Eglise, si remedié n'y estoit, qu'il plaise au Juge lay dessous qui ledit excommunié est demeurant, qu'il soit prins et detenu prisonnier et envoyé au Juge spirituel, tant qu'il soit devenu à obeissance de sainte Eglise et à partie de qui il est tenu.*

COMPARITAS, Paritas conditionis et originis. Conventio pacis publicæ instituta ann. 1051. apud Goldastum tom. 2. Constitut. Imperial. pag. 48 : *Si quis aliqua intentione quasi reus acclamatus fuerit.... liber vel personatus serviens, si infra patriam est, post 7. dierum inducias cum totidem suæ Comparitatis testibus; plebeius autem et minoris testimonii rusticus, aquæ frigidæ se expurgabit judicio.* Vide *Jurare*, et supra in *Compar*.

* Nostris *Comparager* et *Comparagier*, pro *Comparer*, Aliquem cum altero comparare, æquare. Lit. remiss. ann. 1373. in Reg. 105. Chartoph. reg. ch. 185 : *Lequel Jaquemart dist audit Pierre qu'il estoit aussi bon gentilhomme comme ledit Pierre,.... et ledit Regnault dist à icellui Jaquemart qu'il ne se Comparagast point audit Pierre.* Aliæ ann. 1382. in Reg. 122. ch. 75 : *Le suppliant dist à icellui Guillaume qu'il estoit et faisoit que simples, et ne faisoit pas que saiges de soy Comparagier aux chevaliers et escuiers du pays.*

* **COMPARITIO**, Idem quod supra *Comparentia*, Italis *Comparigione*. Stat. crimin. Saonæ cap. 5. pag. 7 : *Reus possit etiam uti beneficio dispositionis præsentis statuti, si statim, vel in secundo examine, sive prima Comparitione, post primum examen confessus fuerit ea, vel eorum partem, quæ continentur in accusatione vel inquisitione.*

¶ **COMPARTAGIUM**, Partitio inter plures, Gall. *Partage*. Hist. Beccensis MS. pag. 516. num. 3 : *Compositum est jurgium quod emerserat de quibusdam servitiis, emendationibus et Compartagiis in granchia faciendis.* Vide *Compartum*.

COMPARTIMENTUM, Divisio, in Observantiis Regni Aragon. lib. 6. tit. Interpretationes, § 11. et tit. de Munerib. agnoscend.

¶ **COMPARTIONARIUS**, Qui una partitur. Enumeratio redditiuum Ecclesiæ Nobiliac. apud Stephanotium tom. 3. Antiquit. Pictav. MSS. pag. 525 : *Quinque solidos in festo omnium Sanctorum de censu, novem solidos de Aimerico Malepea pro se et Compartionariis suis.*

COMPARTIRE, Partiri, *Partager*. Abbo in Epist. ad Desiderium PP. tom. 1. Hist. Franc. pag. 886 : *Melius est aliquid cum eo Compartire, quam solus nihil habere.*

* **COMPARTITIO**, Divisio, partitio, æquatio, Gall. *Partage, régalement*, Lit. ann. 1469. ex schedis. Pr. *de Mazaugues* : *Cum universitas Judæorum hujus patriæ Provinciæ ex Compartitione noviter nobiscum facta, authoritate dictæ nostræ commissionis, summam decem octo millium florenorum.... magnæ regiæ curiæ dare et integriter solvere teneatur.*

¶ **COMPARTUM**, Idem quod *Compartagium*. Hist. Beccensis MS. pag. 516. n. 3 : *Compartum villæ sit commune præter Compartum quindecim jugerum, quæ sunt de dominio Prioris.*

¶ **COMPASSARE**, a Gallico *Compasser*, Circino dimetiri : in moralibus, Actiones suas ad rationis normam dirigere, ut ad optatum exitum provehantur. Charta Elizabeth II. Reginæ Angl. ann. 1559. apud Rymer. tom. 15. pag. 558. col. 1 : *Sed instigatione diabolica seducti, imaginantes, conantes et Compassantes, etc.*

* **COMPASSIBILIS** Via, Per quam transiri potest. Arest. ann. 1354. 30. Aug. in vol. 4. arestor. parlam. Paris. : *Per arrestum curiæ dictum fuit, quod....... dictæ duæ viæ erant Compassibiles.*

COMPASSIO, Condolentia, συμπάθεια, apud Arnulfum Lexov. Epist. 12. et alios non semel. Anastasius Bibl. in Adeodato : *Peregrinis Compassionem exhibuit.*

Compassiosus, Qui facile compatitur, vel Compassione dignus, apud Knygthonum. *Compassionevole* Italis.

* **COMPASSIONARI**, *Compassione* seu miseratione permoveri. Chron. Joan. Whethamst. pag. 363 : *Compassionantur plurimum omnes pertranseuntes, et sicuti modo jacent contemplantes ea* (cadavera interfectorum).

* **COMPASSIONIS** Festum. Vide in *Festum*.

* **COMPASSUM**, Charta in qua ad modum mappæ repræsentantur portus, maria, distantia viarum, loca periculosa et terræ, in Gloss. Barber. ad *Docum. d'amore* pag. 257. v. 26 :

Et al Compasso stieno
Color che dotti en sieno.

* 1. **COMPASSUS**, Commiseratus. Transact. inter monachos Montis-maj. et S. Vict. Massil. ann. 1040 : *Quod dum ad notitiam domni Raimbaldi archiepiscopi Arelatensis pervenisset, eorum Compassus fragilitatis, etc.* Vide *Compassiosus* in *Compassio*.

¶ 2. **COMPASSUS**, Circinus, Gall. *Compas*, Ital. *Compasso*. Liber obituum Eccl. Lugdun. sæc. xv : *Dedit... pluviale de brodatura facta ad Compassus, casulam, dalmaticam, et tunicellam cum floribus lilii.* De re ad amussim facta dicimus, *Faite au Compas*.

* Vel potius Circulus circini ductu formatus, nostris *Compas*, eadem notione, Ital. *Compasso*. [** Vide Acad. Crusc. in *Compasso, Compartimento*.] Inventar. S. Capellæ Paris. ann. 1335. in Reg. I. Chartoph. reg. ch. 7 : *Item quatuor marchipedes de lana de armis Franciæ ad quatuor Compassus Franciæ et Burgundiæ.* Ordinat. Caroli delph. ann. 1357. in Reg. Cam. Comput. sign. *Vienne* fol. 18. r° : *Et habeant dicti denarii ab una parte arma nostra dalphinalia infra Compassum rotundum, ... et ab alia parte sit una crux longa transiens totum Compassum,*

etc. Inventar. ann. 1389. tom. 3. Cod. Ital. diplom. col. 365 : *Cortina una..... laborata ad ramum, cum pluribus Compassibus dominarum.* Aliud jocalium Eduardi I. reg. Angl. ann. 1297 : *Item un pot lavoir d'argent à une fuellie desus le couvercle, s'est semeis d'escuchons et de Compas esleveis.* Rursum aliud ann. 1393. in Cod. reg. 9484. 2. fol. 367. r° : *Une Chambre de Satanin vermeil, ouvrée à cinq Compas aux armes de Mlle. d'Ostriche.* Quo etiam sensu intelligendum *Compasum* in *Armigatus* 2.

* **COMPASTIENS**, vel *Compasciens*, pro Compatiens, in Lit. ann. 1363. tom. 3. Ordinat. reg. Franc. pag. 667.

¶ **COMPASUM**, ut *Compassus*, 2. Vide locum in *Armigatus* 2.

COMPATER, Joanni de Janua : *Quasi simul ejusdem filii pater, qui filium alicujus baptizat, vel Christianum facit, vel ad baptismum, vel ad Confirmationem tenet.* Raymundus Orn. Prædic. in Summula :

Patrem, Compatrem, fratrem mihi fons parit iste,
Me levat inde pater, carnalis filius hujus
Fit mihi tunc frater : sic commater mea mater.
Sexus femineus tot depingit tibi gradus.

Folcardus in Vita S. Bertini cap. 7. de eodem Sancto : *Necnon et Compater fuit* (Walberto) *secundum sæculi laudabilem ritum ad conjungenda fraternæ caritatis fœdera conservatum.* Versus descripti in libro Evangeliorum, qui Tolosæ in Ecclesia sancti Saturnini asservatur :

Præsulis officio tunc Adrianus functus in arvis
Culmen Apostolicum Romana rexit in urbe.
Principis hic Caroli claris natalibus auctam
Karlinam sobolem mutato nomine Pipin,
Fonte renascentem, et sacro baptismate lotum
Extulit oblatum sacratis Compater undis.

Inter Epistolas Stephani III. PP. exstat una cum hac inscriptione : *Pipino Regi et nostro spirituali Compatri.* Chron. Fontanell. cap. 11. de Raginfredo Archiepiscopo Rotomagensi : *Compater etiam spiritualis regenerationis Pipini Regis, etc.* Anastasius Bibl. in Vita S. Joann. Eleemosynarii num. 21 : *Talis autem amborum confirmata est ex tunc a Deo charitas, ut Compater supradicti fieret Patricii.* Quo loco Metaphrastes habet, ὡς καὶ ἀνάδοχον τῶν αὐτοῦ παίδων γενέσθαι τὸν Πατριάρχην.

* Stat. Guill. *Duprat* episc. Claromont. ann. 1537 : *Inhibemus ne ad levandum ex sacro fonte infantem admittantur, in masculo scilicet, plures quam duo Compatres et una commater; et in femella unus Compater et una commater : qui quidem Compatres et commater sint ætatis ad minus decem annorum.* Eo nomine Petrus Meldensis episcopus compellat Theobaldum Campaniæ comitem et regem Navarræ in Lit. ann. 1241. ex Chartul. Campan. fol. 188. v°. col. 2. Ita et civem Parisiensem Carolus regens in Lit. ann. 1358. ex Reg. 96. Chartoph. reg. ch. 55 : *Comme nous aions pieça donné à nostre très-chier et amé Compère Jehan Maillart, bourgois de Paris, nostre hostel de Leri vers le Pont de l'arche.* Vide supra *Commater.*

* COMPATER, Amitæ vir, ut opinor. Diploma Ludov. II. ann. 855. inter Monum. eccl. Aquilej. cap. 49. col. 439 : *Id ipsum etiam præfatus et venerabilis Theutmarus patriarcha, per jam dictum Evardum III. comitem dilectumque Compatrem nostrum, nostram exoratus est celsitudinem.* Porro Evrardus uxorem habuit Gisellam Ludovic. Pii filiam et sororem Lotharii hujusce Ludovici patris, atque adeo ejusdem amitam.

* COMPATER, Sodalis, amicus, quomodo *Compere* non raro dicunt. Vita S. Audom. tom. 3. Sept. pag. 400. col. 1 : *Quidam vir avaritiæ æstibus accensus, pravisque, ut fertur, moribus plenus, ad suum accesit Compatrem, etc.* Infra *amicus* appellatur.

COMPATERNITAS, Cognatio spiritualis quæ inter Compatres intercedit; *Comparatico*, Italis; *Comperage*, Gallis. Petrus Damiani lib. 2. Epist. 17 : *Duo quidam viri, qui et amicitiæ invicem fœdere, et Compaternitatis necessitudine tenebantur.* Thwroczius in Gersa Rege Hung. cap. 66 : *Apud quem aliquamdiu commoratus, Compaternitatis vinculo Regi sociatur.* Vide cap. 1. et 3. de Cognatione spirit. [Statuta Augerii II. Episc. Conseran. MSS. ann. 1280 : *Omnes tamen filii vel filiæ duorum Compatrum vel duarum Commatrum, sive ante Compaternitatem sive post geniti fuerint, possunt inter se matrimonialiter copulari; illa tamen persona excepta per quam Compaternitas est contracta, etc.*]

* Reg. Bern. abb. Cassin. tom. 2. Hist. ejusd. monast. pag. 460. col. 1 : *Item ut rectores ecclesiarum monere debeant semper populum et præsertim parrochianos, quod per lavationem panni vel fasciatorii Compaternitatem non debeant contrahere; sed solum per baptismi et confirmationis sacramentum. Si quis autem deinceps scienter talem Compaternitatem contraxerit, pœnam excommunicationis incurrat.*

¶ COMPATERATUS, Eadem notione. Acta S. Bertichramni tom. 1. pag. 724. Junii : *Te dulcissime Compater meus Ghiso, pro amoris affectu et Compateratu.... æqualiter dividendum habere præcipio.*

* COMPATRINATUS, Eodem significatu. Stat. Danielis episc. Nannet. art. 7. tom. 1. Probat. Hist. Brit. col. 1383 : *Prohibemus ne babtizandis parvulis plures personæ quam tres ad patrinatum seu Compatrinatum hujusmodi admittantur.*

* COMPATERNITER, Compatrum more. Glossar. Gall. Lat. ex Cod. reg. 7684 : *Compaterniter, Comperaument.*

COMPATERNICUM, Bona paterna, aut materna, patrimonium. Vetus Diploma apud Wadianum : *Quidquid genitor meus... vel mater mea Beata de Compaternico, vel suo conquisito, aut comparato mihi dereliquerunt.*

COMPATESCERE, pro *Compati.* Liber Epistolarum S. Bonifacii Arch. Mogunt. Epist. 83 : *Compatescere infirmitati.*

¶ **COMPATIBILE** BENEFICIUM, apud Thomam *Madox* Formularis Angl. pag. 271. in Instrumento dato an. regni Henrici VI. 27. Dicitur de Beneficio Ecclesiastico, quod simul cum alio potest possideri, Gall. *Benefice Compatible.*

COMPATRIANUS, pro *Compatriota*, apud Eckeardum Jun. de Casib. S. Galli cap. 2.

COMPATRIENSIS, Eadem notione. Miracula S. Ursmari num. 21. [tom. 2. April. pag. 570 : *Monachus quidam... Mosomagensis pagi indigena, amore Compatriensium a Domino Abb. Hugone, ex Reliquiis Sanctorum petiit donari sibi aliqua.*]

COMPATRIOTA. Gloss. Lat. Gr. : *Compatria*, συμπατριώτης, ubi forte legendum, *Compatriota.* Gloss. Gr. Lat. : Συμπολίτης, *Compatriota.* Nicolaus PP. in Epist. ad Egilonem Archiep. Senonensem : *Ad te et tuos Compatriotas et consacerdotes literas direximus. Universi Compatriotæ regni*, in Legibus Edw. Confess. pag. 138. edit. Lambardi. Vide Folcardum in Vita S. Bertini n. 4. Cæsarium Heisterb. lib. 1. cap. 6. [supra vocem *Coindigena.* Acta SS. Maii tom. 6. pag. 79. pag. 853. Marten. tom. 5. Ampliss. Collect. col. 418.] etc.

¶ COMPATRIOTUS, in Laudibus Papiæ, apud Murator. tom. 11. col. 27.

¶ **COMPAUPER**, Una pauper, in Passione S. Victoris Mart. tom. 2. SS. Maii pag. 190.

* **COMPAUSARE**, Una *pausare*, dormire. Chronic. Joan. Wethamst. pag. 327 : *Promisit.... fratrum dormitorium ibidem collapsum et ruinosum iterum reerigere reparareque de novo, modo sic congruo et honesto, ut possent fratres honeste quiescere in eo et Compausare.*

¶ **COMPEDERE**, πεδίζειν. Gloss. Lat. Gr. *Pedicis vincire.*

* **COMPEDITARE**, Compedire, compedibus vincire. Lit. remiss. ann. 1453. in Reg. 181. Chartoph. reg. ch. 276 : *Infra quandam turrim dictum Bernardum intrusit et Compeditavit, et sic Compeditatum..... per diversa loca..... transduxit.*

* **COMPEDIUM**, Impedimentum, cavillatio. Epist. Lucii II. PP. ann. 1144. inter Probat. tom. 2. Hist. Occit. col. 503 : *Sacrilegium et contra legem est, si quis quod venerabilibus locis relinquitur, pravæ voluntatis studiis suis tentaverit Compediis retinere.*

¶ **COMPELLARE**, In jus vocare. Leges Ludovici Aug. [** cap. 19.] apud Murator. tom. 1. art. 2. pag. 129. col. 2 : *Si quis de statu suo, id est, de libertate vel de hæreditate Compellatus est, juxta legis constitutionem manniatur.* Haud absimili prorsus notione Cornel. Nepos : *Hoc crimine in concione ab inimicis Compellabatur*, id est, accusabatur vel increpabatur. Et alio in loco : *Quin eum fratricidam impiumque detestans Compellaret.*

* *Compellir*, pro *Contraindre*, Compellere, in Libert. villæ *de Pereuse* in Ruthenis ann. 1368. tom. 5. Ordinat. reg. Franc. pag. 706. art. 20 : *Compelliz par paines ou autrement de la payer.* Et art. 21 : *Et à ce Compelissoient les dictes parties.*

¶ **COMPELLATIO**, In jus vocatio, in Legibus Luitprandi [** cap. 89. (6, 36.)] apud eumdem Murator. ibid. pag. 68. col. 2.

COMPELLATIVUM. Leges Athelstani Reg. Angl. : *Debet etiam* (Episcopus) *sedulo pacem et concordiam operari cum sæculi judicibus qui rectum velle diligunt, et in Compellativum adlegiationem docere, ne quis alii perperam agat in jurejurando, vel in ordalio.* Quidam *Compellationum* legunt, ut Foxus et Spelmannus. Sed forte hoc loco *in Compellativum*, idem valet ac *Compellando* : ut sensus sit, Episcopum compellare debere accusatorem, eumque docere non temere adversarium ad *allegiationem* per sacramentum vel per *ordalium* adigendum.

¶ **COMPENDERE**, *Competenter operam dare.* Papias MS.

¶ **COMPENDIARE**, Abbreviare. Capitula Synodorum Oriental. inter Concil. Hisp. tom. 2. pag. 335 : *Si quis multis nuptiis fuerit copulatus, pœnitentiam agat : conversatio autem et fides pœnitentis Compendiat tempus.* Tertull. adv. Marcion. lib. 4. cap. 1 : *Compendiatum est novum Testamentum.* Et cap. 9 : *Facturus sermonem Compendiatum.* Rursum occurrit apud Marten. tom. 6. Ampliss. Collect. col. 1215.

Compendiaria, Via brevior, σύντομος ὁδός, in Gloss. Gr. Lat. [Eadem prorsus ratione dixit Seneca Epist. 2 : *Hanc Compendiariam excogitavit.* Et Epist. 119 : *Ad maximas te divitias Compendiaria ducam.*]

¶ Compendialiter, Compendiose. *Compendialiter et simpliciter*, apud Interpretem Irenæi lib. 3. cap. 11.

¶ Compendiatim, Eadem notione, in Vitis Patrum Emeritensium inter Concil. Hisp. tom. 2. pag. 643. col. 2.

¶ Compendiositas, Compendium, brevitas, in Vita S. Eusebiæ tom. 2. SS. Martii pag. 454. D.

¶ 1. **COMPENDIUM**, Compendius, Idem quod *Precaria*, de qua fusius suo loco. Donatio villæ de Blangiaco facta Ecclesiæ Brivatensi ann. 760. apud Baluz. tom. 2. Capitular. col. 1392 : *Postea cœleste auxilio monitus superscriptam villam ipsi cassæ Dei reddere ordinavi, et duas partiones tam de terra, vineis, censu, tributo, aut ex omni re sibi pertinenti, pro mole peccatorum, vobis visus fui condonasse, ut omni tempore Missæ ibidem decensitæ esse debeant, petivi a vobis ut de ipsis duabus partionibus misit* (mihi) *Compendium faceretis; quod ita fecistis ut dum ego viverem, hoc per vestrum Compendium habere debeam. Et ego pro ipso Compendio dedi vobis de ratione S. Juliani villam, cui vocabulum est Blanciago, una cum agacentia sua, vel servos, vel tributa, quod inde exire debet annis singulis, libras* II. *partionum de ipsa villa Maceragio in vos vissus sum emisisse; ut si in tempore aut post tempus ego vobis perro* (f. pro hoc) *judicium facere voluero aut fecero, spondionis* (f. spondeo nos) *vobis desolvere, partibus vestris aut successoribus vestris, qui tunc temporis post fuerint, auri libram* I. *et ipsam villam Blanciago in vestra revocatione ponam, et inantia vestra Compendius vos dominus recognoscat, et præsens precaria mea in vos scripta omni tempore firma stabilita perduret.*

* 2. **COMPENDIUM**, Commodum, emolumentum, ut interpretantur docti Editores ad Vit. S. Filiberti tom. 4. Aug. pag. 76. col. 2 : *Nunc ascendens mare eructuat, nunc ad sinum rediens aquarum impetus manat, Compendia navium, commercia plurimorum, nihil pœne indigens.* Pactum inter reg. Fr. et episc. Aniciens. ann. 1307. tom. 6. Ordinat. reg. Franc. pag. 344. art. 1 : *Dictus episcopus..... nos associavit in dominio dictæ civitatis, ... et in omnibus pertinenciis, Compendiis, emolumentis, et accessionibus prædictorum.* Quam Compendii significationem, ut pote Latinis notam, prætermisissem, nisi emendanda visa fuisset prolata a D. Secousse ejusdem vocis interpretatio.

* 3. **COMPENDIUM**, Index, libellus, in quo uniuscujusque civis facultates compendiose et summatim descriptæ sunt, idem quod supra *Cabale*. Charta ann. 1416. tom. 10. Ordinat. reg. Franc. pag. 401. art. 6 : *Transegerunt.... quod incontinens.... eligantur pro faciendo de novo Compendium dictæ universitatis de Pedenacio, pro aliverando et compensando juste et debite in eodem Compendio omnia cabalia et bona immobilia omnium singulorum et habitatorum prædicti loci de Pedenacio, sex boni, ... probi et sufficientes homines,... qui... dictum Compendium.... debeant perficere et complere infra sex menses proxime futuros.*

* 4. **COMPENDIUM**, *Adresce*, in Glossar. Lat. Gall. ex Cod. reg. 7692.

* 5. **COMPENDIUM**, *Parc, Prov. Caula, ovile.* Glossar. Provinc. Lat. ex Cod. reg. 7657.

¶ **COMPENSA**, Compensatio. Vita S. Canuti tom. 1. Januarii pag. 396 : *Quod S. Canuto in Compensam regni, quod a parente ejus Erico occuparat, ditionem aliquam dare cogebatur.* Ruricius apud Barthium Adversar. 12. 14. eodem sensu dicit, *Scripturarum Compensa.* [** Glossar. Lat. Teuton. ap. Haltaus. col. 2100 : *Compensa est retribucio, talio, equacio, persolucio, Germ. Widergelt.* Vide *Recompensa.*]

¶ Compensum, Eadem notione. Precaria per quam Sigefridus ab Asuero Abb. Prumiensi accipit quædam prædia ann. 771. apud Marten. tom. 1. Ampliss. Collect. col. 36 : *Similiter hæc contra in Compenso dedit jam fatus Ragibaudus de ratione S. Carilesi Meroldo Episcopo, etc.* Vide mox *Compensus.*

COMPENSUS, Compensum. Concilium Autisiodorense can. 3 : *Non licet Compensos in domibus propriis in festivitatibus Sanctorum facere, nec pervigilias in festivitatibus Sanctorum facere.* Hic hærent viri docti. Sunt enim qui, *Compensos facere*, sic explicant, ut sit serotinos cœtus habere, quibus mulieres certum lanæ, aut staminis pensum, in votum sancti alicujus nendo, texendove conficiunt, quod pensum subinde sacris altaribus offertur : quem quidem morem adhuc in nonnullis Galliæ provinciis perstare aiunt. Hoc autem fit in pervigiliis Sanctorum, et in pervigilio Natalis Christi. Sic auguratur N. *le Maistre* lib. 1. de Decimis et Oblat. cap. 41. quo spectant quæ habet Martinus Bracarensis cap. 75 : *Non liceat mulieres Christianas aliquam vanitatem in suis lanificiis observare, sed Deum invocent adjutorem, qui eis sapientiam texendi dedit.* Subdit idem Nicolas *le Maistre*, nisi fortasse velit aliquis *Compensos in domibus facere*, nihil aliud esse, quam stare domi in otio certis diebus, præsertim Maio mense, quo superstitiose feriari solebant veteres Galli, ut liquet ex eo sermone qui refertur inter tractatus Augustini tract. 20. creditúrque esse Eligii Noviomensis.

At Innocent. Cironius lib. 3. Observat. Jur. Canon. cap. 8. et Lalandus ad hunc canonem, *Compensos* hoc loco oblationes interpretantur quæ in domibus privatis fiebant, in quibus et vigilias quidam in festis Sanctorum peragebant, derelictis Ecclesiis : quod vetat Synodus Laodicena can. 58. Gangr. can. 5. 6. Antioch. can. 5. Carthag. can. 2. Matiscon. can. 1. et Ferrandus Diac. cap. 72. unde Tertullianus lib. de Spectac. cap. 81. *Prohiberi* ait *ceremonias et religionem deorum domesticorum.* Idque firmant ex genuina vocis significatione, quam profert Glossarium Rhabani laudatum a Barthio in Adversariis; *Compensum* enim dicitur esse *oblata, collata.* Qua certe notione *Compensum* videtur usurpari in Charta Ludovici Regis ann. 1156. pro Raimundo Episcopo : *Adhuc etiam concedimus tibi et Ecclesiæ Uticensi in perpetuum redditus omnes Pacis, qui per totum ejusdem Episcopatum pro pace persolvuntur, quod etiam Compensum dicitur.* Ibi enim *Compensum* est collatio, præstatio. Concilium Monspeliense ann. 1214. cap. 33 : *Qui commonitus a Paciariis infra* 15. *dies ad cognitionem Paciariorum facere vel firmare noluerit, Episcopus eum excommunicet, et de Pace dejiciat, et terram ejus interdicto supponat. Quod si et homines sui ei faverint, post* 14. *dies ejiciantur a Pace, et restituatur eis Compensum, si quid dederunt. Sed si homines ipsi velint mandatis parere, dimittantur in pace.* Cap. 39 : *Si pax fracta fuerit ab iis qui sunt intra terminos pacis, debet pax fracturam pacis quærere utroque gladio : et si non poterit recuperare, debet emendare de Compenso, vel de nova collecta : de quo Compenso seu nova collecta, si Compensum non sufficit, debent expensæ fieri Equitibus qui cum armis pacem sequuntur.* [Charta Pariagii Gaballit. inter Regem et Episcopum Mimatensem ann. 1306. ex Tabulario Mimat. : *Ad Episcopum et Ecclesiam Mimatensem pertinet jus... cudendi monetam contaminatam et monetam argenteam, levandi Compensum seu paxiagium pro pace servanda et omnia alia et singula explectandi pro majori potestate et seignoria sua, quæ ad majorem potestatem, regaliam et majus dominium pertinere noscuntur.* Ibidem : *Compensum seu paciagium erit commune nobis et dicto Episcopo, et levari non poterit nisi communi nomine.*] Quod vero hic *Compensum* dicitur, *Commune* appellatur in Bulla Alexandri III. PP. Vide in hac voce [1°. loco : ubi diximus *Commune* vel *Compensum* primo solvi solitum pro securitate et pace, deinceps evasisse tributum ordinarium, quod exegerunt Episcopi, aliique viri potentes : illud ipsum confirmant ultima laudati Pariagii verba, quibus dicitur Compensum seu Paciagium levari non posse nisi communi Regis et Episcopi Mimatensis nomine.]

* Chart. comit. Montisf. ann. 1214. inter Instr. tom. 6. Gall. Christ. col. 306 : *Præterea in Compenso pacis diœcesis Uticensis habebo ego ad feudum quartam partem Compensi a te et ab ecclesia Uticensi.* Transact. ann. 1351. tom. 6. Ordinat. reg. Franc. pag. 134. art. 4 : *Quod Compensum hominum de Montezellis, fiat et sit una simul cum Compenso de Alignano ; et si accideret reficere aut reparare dictum Compensum, quod reparetur ad æstimationem dictorum procerum de Alignano.* Vide Hist. Dalph. tom. 2. pag. 489.

* 1. **COMPERA**, vox Italica, Acquisitio, emptio. Charta ann. 1202. tom. 2. Cod. Ital. diplom. col. 254 : *Dominus episcopus*

(Lucensis) *debeat habere et tenere, cum suis successoribus de cetero in perpetuum, medium Comperam seu accatum, quod ipsi marchiones fecerunt a marchionibus de Esti in curia et districtu Vezani, etc.* Vide in *Comparare* 2. *Comperare* et infra *Comprator.*

* 2. **COMPERA**, COMPERULA, Præstatio, quæ pro mercibus penditur. Vide supra in *Compara.*

¶ **COMPERARE**, pro *Comparare*, Emere, apud Murator. tom. 1. part. 2. pag. 102. col. 1. ex Caroli M. legibus [** cap. 73. in var. lect.] : *Ut nemo præsumat aliquem hominem vendere aut Comperare nisi in præsentia Comitum.* Bartholom. Scriba Annal. Genuens. lib. 6. ad ann. 1252 : *Pretio octo millium librarum Comperavit.* Vide *Comparare.*

¶ **COMPERDICTUS**, Perditus, amissus, pro *Comperditus.* Commemoratorium de quibusdam villis S. Victori restitutis circa annum 780. tom. 1. Collect. Ampliss. col. 41 : *Ardingus ille Alamannus ipsas casas Ecclesiæ Dei Massiliensis in temerato hordine.... disvertivit, et ad Hinniberto suo vasso hoc beneficiavit, et postea pro hac causa ipsas casas Ecclesiæ Dei S. Mariæ et S. Victoris Martyris Comperdictas, etc.* Hic desunt nonnulla ad perfectiorem hujus loci elucidationem.

COMPERNOLA, Textus vel contextus aliquot *perularum* seu margaritarum. Monasticum Anglic. tom. 3. part. 2. pag. 87 : *Quinque Compernoles integri de auro, cum cavillo aureo, et saphyro in fine, et quatuor Compernolæ de auro.* Vide *Perna.*

¶ **COMPERTIO**, Inventio. *Processus Compertionis et novæ repositionis B. Wernheri*, in Actis SS. April. tom. 2. pag. 706.

¶ **COMPERTORIUM**, Inquisitio judiciaria, Gall. *Enquete*, quæ in causis civilibus fieri solet ad cognoscendam rei veritatem. Kennettus in Antiq. Ambrosden. pag. 575. ex Instrumento anni 1425 : *Et in carnibus porcinis emptis pro Clericis domini Archiepiscopi, sedentibus super Compertorium apud Burcestre in die Mercurii proxime ante festum Conversionis S. Pauli* XIX. *den.* Posset intelligi locus in quo facta est ipsa Inquisitio.

* 1. **COMPES**, Septum, ambitus, Gall. *Enceinte.* Inquisit. ann. 1302. in Reg. *Olim* parlam. Paris. : *In villa de Villaribus ad nodos Milo de Murtriaco miles habebat altam et bassam justitiam ratione banni sui seu territorii, excepto Compede seu domo Constantii præpositi ecclesiæ Remensis.* Vide infra *Comprehendalis.*

2. **COMPES**, Subditus dominio, potestati et jurisdictioni. Charta Ruperti de Durne ann. 1302. ap. Haltaus. col. 1660 : *Damus, tradidimus et tradimus .... strenuum militem Popotonem, dictum Dunen, cum omnibus juribus et dominio, quod habuimus hactenus in eodem .... volentes jam dictum militem .... in omnibus obedire, prout omnis Compes sive subditus tenetur suo domino famulari.*

COMPESCATIO. Gloss. Gr. Lat. : Σωφρονισμὸς, *Compescatio.* σωφρονισμός, *Coercitio*, ἐπὶ τιμωρίας. Ita etiam Codex MS. Ibidem : Σωφρονίζω, *Compesco.*

¶ **COMPESCERE**, sensu neutrali, Abstinere. Vita S. Canuti tom. 3. Julii pag. 135 : *Seditiosos cuneos cum prudentibus adiit, et sermone placido ut ab insolentia..... Compescant, instigat.* Vide *Compescatio.*

¶ **COMPETA**, pro *Compita.* Fridegodus in Vita S. Wilfridi num. 8 :

. . . . . . Verum ille juventæ
Excursus trepidat, ne forsan mobilis ætas
Præcipitem pravæ retrahat per Competa sectæ.

Ibid. num. 34 :

Pacifice qui currebant per Competa vitæ.

COMPETENTES, Baptismi Candidati, qui baptismum postulabant. Unde Gennadius de Scriptoribus Ecclesiast. ait, Nicæam Romanæ civitatis Episcopum *Composuisse sex Competentibus baptismum instructionis libellos.* Catechumenorum enim alii fuere *Audientes*, sic dicti, quod verbo Dei erudiri eos necesse esset, priusquam ad baptismum accederent; alii vero jam eruditi et instructi qui ad baptismum admitti postulabant, dicebantur *Competentes*, quod una et simul baptismum peterent, et expectarent id temporis quo baptismus conferri solet, Sabbatum nempe, quod Pascha aut Pentecosten præcedit. Isidorus lib. 8. cap. 4 : *Competens vocatur qui post instructionem fidei competit gratiam Christi. Inde a petendo Competens vocatur.* Idem lib. 2. de Eccl. offic. cap. 21. et ex eo Papias : *Competentes sunt qui post doctrinam fidei, post continentiam vitæ ad gratiam percipiendam petendo festinant. Ideoque appellantur Competentes, id est, gratiam Christi petentes; nam Catechumeni tantum audiunt, necdum petunt.* Leidradus Episcop. Lugdun. de Baptismo cap. 1 : *Differt sane inter Catechumenos et Competentes. Catechumeni itaque sunt, qui primum de gentilitate veniunt, et habentes voluntatem credendi in Christo audiunt verbum fidei, sed nondum appellantur Fideles. Competentes autem sunt, qui jam post doctrinam fidei, post continentiam vitæ, gratiam Christi percipere festinant, ideoque appellantur Competentes, id est, gratiam Dei petentes.* S. Augustinus lib. de Cura pro mortuis habenda cap. 12 : *Pascha appropinquante, dedit nomen inter alios Competentes.* Et Homil. 49 : *Quod dico Compentibus et fidelibus audiant pœnitentes.* Lib. 22. de Civit. Dei cap. 8 : *Qui cum dedisset nomen ad baptismum.* Idem lib. de Fide et operib. cap. 6 : *An usque adeo dissimulamus a sensibus nostris, ut vel nosmetipsos non recordemur quam fuerimus attenti atque solliciti quid nobis præciperent a quibus catechisabamur, cum fontis illius sacramenta peteremus, atque ob hoc etiam Competentes vocaremur?* Idem Epist. 155 : *Desiderio... te nomen dedisse inter Competentes, vel daturum esse jam jamque cognosceret.* Serm. 7. de Diversis cap. 1 : *Ipsum vestrum nomen quod Competentes vocamini ostendit : quid enim aliud sunt Competentes, quam simul petentes?* Infra : *Competentium vocabulum non aliunde quam de simul petendo, atque unum aliquid appetendo, compositum est.* In Psalm. 62. de Baptizando : *Ante Pascha enim cœpit petere de Ecclesia Christi medicinam.* Vide eumdem Homil. 49. cap. 2. de Divers. Serm. 8. Concilium Agath. can. 13 : *Symbolum etiam placuit publice in Ecclesia Competentibus prædicari.* Ferrandus Diac. Carthaginensis in Epist. ad S. Fulgentium, de quodam Æthiope baptizando : *Propinquante solemnitate Paschali, inter Competentes offertur, scribitur, eruditur.* Vide S. Hieron. Epist. 60. ad Pammachium cap. 16. S. Fulgentium Homil. 78. S. Pacianum Barcinon. Episcop. Serm. de Baptismo initio. Isidor. lib. 1. de Eccl. offic. cap. 27. S. Ambrosium lib. 2. Epist. 13. Zenon. Veronensem Serm. 7. de Paschate, Rabanum lib. 1. de Instit. Cleric. cap. 26. lib. 3. cap. 35. Honorium Augustod. lib. 3. cap. 53. Missale Gallicanum vetus pag. 472. Edit. Roman. etc.

* **COMPETENTIA**, Debitum, quod alicui *competit*, et quod ille exigere potest. Charta Godefr. Camerac. episc. ann. 1232. en Chartul. S. Sepulc. ch. 36 : *Contentus autem erit capellanus proventibus superius expressis, ita quod nihil prorsus a domo S. Johannis pro suis exigenciis sive pro Competentia sui beneficii poterit exigere.* Alia ann. 1264. in Suppl. ad Miræum pag. 415. col. 1 : *Si minutæ decimæ et oblationes ad Competentiam earumdem ecclesiarum non sufficiant, unusquisque possessorum novalium, qui pro tempore erunt, pro rata sua tenebitur hujusmodi Competentiæ supplere defectum. Fiat ipsa Competentia pro rata possidentium decimas;* in alia ann. 1265. ibid. pag. 416. col. 2.

¶ **COMPETENTIÆ**, *Verisimilitudines, analogiæ.* Barthii Glossar. apud Ludewig. tom. 3. Reliq. MSS. pag. 147. ex Baldrici Hist. Palæst. Sed et Gellio nota est vox *Competentia* hac notione, ait enim lib. 1. cap. 1 : *Comprehensa mensura Herculani pedis, quanta longinquitas corporis et mensuræ conveniret, secundum naturalem membrorum inter se Competentiam modificatus est.* Eumdem vide lib. 14. cap. 1. *Sobrietatis Competentia*, Quæ competit seu convenit sobrietati, in translatione SS. Georgii et Aurelii, inter Acta SS. Benedict. sæc. 4. part. 2. pag. 53.

1. **COMPETERE**, Invadere, rapere, pervadere. Concilium Parisiense III. cap. 1 : *Is qui res Dei Competit, etc.* Matisconense II. cap. 24 : *Res alienas Competere.* Turonense II. cap. 14 : *Res Ecclesiæ... quaqua temeritate pervadere, Competere, vel confiscare.* Chlotarii Regis Constitutio cap. 10 : *Ut oblationes defunctorum Ecclesiis deputatæ nullorum Competitionibus auferantur... præcipimus.* Vide Concil. Parisiense V. cap. 9. Capitul. 1. ann. 769. cap. 18. lib. 7. Capitul. cap. 140. etc. Hujus autem vocis notio deducta videtur ab iis qui *Competitores* dicuntur in leg. 1. Cod. Th. de Quinquen. præscr. (4, 15.) qui bona damnatorum, mortuorum, aut proscriptorum vacantia a principe impetrabant, atque pervadebant. Vide tit. de Petitionibus.

¶ 2. **COMPETERE**, Accusare, in jus vocare. Canones Hibernenses apud Marten. tom. 4. Anecdot. col. 15 : *Si Clericus laicum Competit, ad Judicis adstantiam debeant pervenire.* Et col. seq. : *Clericus vero si qua causa Competitus fuerit, et nullam infamiam antea portaverat, in ipsius juramento causa finiatur. Quod si antea infamiam portavit, indictis juratoribus, sed causam laici ordine libret.*

COMPETIÆ, Frusta. Vita 2. S. Carthaci Episcopi num. 24 : *Et per viam egrediens invenit cratem stridentem et mobi-*

lem in Competiis positam, quæ ab artificibus in aquæductu supradicti stagni causa lædendi facta est, etc. Vide *Pecia*.

COMPETITIO, pro Querela, in leg. 5. Cod. Th. de Censu (13, 10.), leg. 4. et pen. de Censitoribus (13, 11.). [Sidonius Apollinaris lib. 2. Epist. 9 : *Inter aleatoriarum vocum Competitiones.*] Vide Concilium Aurelianense III. cap. 22. et Lugdunense II. cap. 3.

¶ **COMPETITOR.** Vide *Competere* 1.

* **COMPIEGNIUM**, a Gallico *Compiegne*, Compendium, apud Murator. tom. 21. Script. Ital. col. 136. *Compieng*, Cœnum, Gall. *Bourbier*, in Charta commun. Tornac. ann. 1187. ex Cod. reg. 10196. 2. 2. fol. 93. v° : *Se aucuns hom waite u espie un autre homme et le touelle ou Compieng, u en le boë, etc.* Ubi textus Latinus tom. 3. Spicil. pag. 552. habet : *Si aliquis alicui ponens insidias, ipsum cœno vel luto involverit, etc.*

* **COMPILARE**, Pilos evellere, excutere, apud Apul. lib. 7. Metamorph. : *Totum me Compilabat, cædens fuste grandissimo.*

* **COMPILATIM**, Omnino, prorsus, Gall. *Entièrement*. Steph. de Infestura MS. ubi de Innoc. PP. VIII : *Meretrix ideo evasit, quia advenientibus flammis et solario Compilatim combusto et ad terram cadente, in quandam fenestra, partim intus et partim foris sedendo, salutem sibi quæsivit.* Nostris *Compilation*, Coitio, vulgo *Cabale, conspiration.* Charta ann. 1319. in Reg. 59. Chartoph. reg. ch. 414 : *Et en ladite plache, quant il y assemblaient pour eus alouer, il firent Compilations, taquehans, etc.* Lib. rub. fol. parvo domûs publ. Abbavil. ad ann. 1358. fol. 82. r° : *Jehan de la Mare pour plusieurs helles, Compilations, ou paroles sentans commotion de peuple, ... fu jugié à avoir coppé le teste.*

¶ **COMPILATIVE**, Succincte, in Actis B. Francisci Fabriani tom. 3. April. pag. 985.

¶ **COMPILATUS**, Exstructus. Narratio de Dedicatione Ecclesiæ Stabulensis apud Marten. tom. 2. Ampliss. Collect. col. 63 : *Nam infra muralem parietem in medio occultus arcus cæmentaria arte Compilatus.*

COMPLACABILIS, Gratiosus, Gallis, *Complaisant.* Vita B. Coletæ n. 8 : *Gratiositas Complacabilis.*

¶ 1. **COMPLACENTIA**, Obsequium, Gall. *Complaisance.* Prima Appellatio Universitatis Paris. pro Schismate Benedicti XIII. apud Acherium tom. 6. Spicil. pag. 145 : *Omnes fere aut abierunt retrorsum, Complacentias et beneficia, proh dolor! illac istacque venantes, etc.* Epist. Caroli VII. Regis Franc. Summo Pontifici : *Et ea jugiter agere, quæ sunt ad honorem et Complacentiam ejusdem vestræ sanctitatis.* Charta Wenceslai Regis Bohemiæ pro Nicolao de Lobkowiz ann. 1418 : *Cum famosus Nicolaus de Lobkovic... pro usibus familiarium et stipendiariorum nostrorum dilectorum, de mandato nostro et in Complacentiam nostram, de substantia sua propria quatuor millia sexagenarium gross. Pragensium dederit.* Quandoque etiam sumitur pro Delectatione, ut Lexic. Philos. Gocl. : *Complacentiam habere in aliquo, est illo oblectari.*

¶ Complacentia, apud Ludewig. tom. 8. Reliq. MSS. pag. 139. e vestutis membranis : *Iringus fecit Complacentiam Reginæ.*

* 2. **COMPLACENTIA**, Delectatio, Gall. *Plaisir, divertissement.* Instr. ann. 1438. inter Probat. tom. 3. Hist. Nem. pag. 261. col. 1 : *Quod si plantentur et nutriantur salices circumcirca ipsum fontem Nemausi, et in plano, ac prato, et ripalibus ejusdem,.... cives manentes et habitantes in eadem urbe recipient magnam Complacentiam et ebatum.* Paulo ante : *Ad umbras ipsarum salicum accipient placitum et ebatum.*

* **COMPLACERE**, Solvere, stipendia militibus erogare. Charta ann. 1052. ex Cod reg. 9612. X : *Arnulfus stipendiaria militibus, qui sibi adjuverant contra Rainaldum, volens reddere, ad Berengarium abbatem venit postulans, ut aliquid ei tribueret ad milites, sicut dictum est, Complacendos.* Vide *Placare* 2.

¶ **COMPLACIBILIS**, Idem quod *Complacabilis*, apud Rymerum tom. 8. pag. 296. col. 2.

* **COMPLACITARE**, Convenire, pacisci. Charta ann. 822. inter Probat. Hist. S. Emeram. Ratisbon. pag. 23 : *Quod* (donum) *postea ipse Richpald voluit Complacitare nepotibus suis Engilmone et Isandeone, sed non perfecit.* Id est, nomine *precario*, seu ad vitam sub annuo censu concedere. Est enim

COMPLACITATIO, Placitum, pactum initum inter quosvis. Charta Arnulphi Imperat. : *Qualiter Tuto... et fœmina quædam quandam Complacitationis inter se more populari perpetratæ Chartam nostris præsentavit obtutibus, supplicantes nostri edicti tenore consolidari.* [Præceptum ejusd. apud Marten. tom. 1. Ampl. Collec. col. 237. pro Suestra Abbatia Monialium ann. 891 : *Propriæ commoditatis suæ Complacitatione per eam affecta potenter contradat, nullo unquam successore nostro irrumpente neque immutante.*]

* Ch. Ludov. reg. Germ. ann. 870. ibid. pag. 58 : *Igitur nos super eandem Complacitationem hoc nostræ auctoritatis præceptum fieri jussimus.* Alia ann. 879. pag. 59 : *Postulantes ut ipsis per nostræ licentiæ consensum quandam aptam utilemque Complacitationem facere liceret.*

Complacitum, in Capitulari Caroli Magni ann. 802. cap. 9. 35. [** Ubi accipiendum videtur pro Placito, conventu publico; alio vero sensu, scilicet pro Placito, decreto est apud Marium Mercatorem pag. 426. ed. Baluz. : *Conjunxit sibi secundum voluntatem patris et Complacitum hominem simpliciter.*]

¶ **COMPLACUO**, ἐναρεςῶς, *Placite*, in Supplem. Antiquarii.

* **COMPLAINCTA**, Præstatio quævis, tributum exactum, idem quod *Complainta.* Charta Guigon. dalph. ann. 1253 : *Item de voluntate et consensu prædictorum hominum dicti castri retinuimus nobis.... aempras seu Complainctas in his casibus, scilicet pro nostra militia, et pro dotanda filia vel filiabus nostris, etc.* Vide supra in *Auxilium.*

* Compleynta, Eadem notione. Libert. villæ Ayriaci in Dalphin. ann. 1328. tom. 7. Ordinat. reg. Franc. pag. 310. art. 2 : *Volumus etiam quod burgenses et habitatores villæ prædictæ Ayriaci, non teneantur nobis aut heredibus nostris ad præstationem alicujus tailliæ, collectæ, Compleyntæ, seu alicujus novi usagii vel gravaminis.*

COMPLAINTA, Vox præstationibus tributa, quæ per vim imponuntur, ansamque præbent querendi, quæ vis est vocis *Complainte* apud nos. Charta ann. 1314. apud Dionysium Salvagnium in Tractatu de Placito Dominico pag. 35 : *Quod ipsi sint liberi et immunes omni tallia, tolta, corvata, Complainta, quæsta, angaria, parangaria, etc.* Alia ann. 1322. apud eumdem lib. de Usu feudor. pag. 136 : *Quitum et immunem ab onere totæ, talliæ, manuoperæ, coroatæ, Complaintæ, specialis vel generalis, gaschæ, clausuræ castri, etc.* Charta R. Comitis Forensis et Dom. Bellijoci ann. 1270 : *Cum Castellani nostri, qui pro tempore fuerint in Castro nostro S. Baldomeri levaverint et levare consueverint tallias seu Complaintias ab hominibus de Ruias, etc.* Alia ann. ejusd. : *Exactiones, collectas, Complaintas, chavalgatas, etc.* [Regest. *Probus* fol. XLII. Inquis. de Moras ann. 1262 : *Complaintam vero ipsis hominibus de foris nunquam fecit præter taylliam, attamen messem habet ab eis, et habere etiam consuevit cujuscumque sint homines. Illis autem de burgo et castro facere consuevit Complaintam quando acquirebat aliquid, et posset etiam si maritaret filiam, vel si aliud faceret, quod esset sibi necesse.* Occurrit semel et iterum in Hist. Dalphin. tom. 1. pag. 22. col. 1. et pag. 28. col. 2.] Vide *Complaincta.*

¶ Compleintia. Consuetudines Dumbenses art. 2. ann. 1325 : *Quilibet Nobilis* (habens altam jurisdictionem) *potest habere Compleintiam in casu in quo vellet ire vel transire ultra mare ad voluntatem, et in casu in quo vellet ipse Dominus esse Miles novus, vel vellet filiam suam maritare, duplum servitium ei solvere teneantur.* Hinc palam fit certis dumtaxat temporibus imponendas fuisse Complaintas, non quovis casu pro voluntate Dominorum : verum in hujuscemodi rebus fortioris prævalet auctoritas, unde paulo superius dictum est, *Dominum facere consuevisse Complaintam, si maritaret filiam, vel si aliud faceret, quod esset sibi necesse.* His posterioribus verbis quanta Dominis permittantur, nemo est qui non videat. Rursum occurrit vox *Compleintia*, in *Cornu*, lin. *Cum cornu, etc.*

¶ **COMPLANATORIUM**, Instrumentum ad levigandum. Vide *Leviga.*

* **COMPLANATUM**, ut *Complantum*, Ager usufructuario jure ad complantandas vineas, sub certis conditionibus concessus, nostris *Complant* et *Complent*, eadem acceptione, vel etiam Præstatio, quæ ex eo agro debetur. Tabul. Major. monast. tom. 1. Probat. Hist. Brit. col. 473 : *Concedo eis etiam meam partem duarum vinearum, quarum una a Petrone filio Alberici juxta castrum ad Complanatum est plantata.* Lit. remiss. ann. 1394. in Reg. 147. Chartoph. reg. ch. 148 : *Mathelin de Gastorgnoille escuier..... feust en un fief, appellé la Bessere, pour faire vendengier et recevoir le quart pour droit de Complant seigneuriable,*

à lui appartenant en la vendenges et fruiz dudit fief. Aliæ ann. 1479. in Reg. 205. ch. 317 : Ouquel fief de vignes a plusieurs hommes tenens, qui tiennent en particulier au droit de Complant, devoir feodal, etc. Charta ann. 1404. in Reg. 158. ch. 455 : Item un Complent de vigne, ou il y a bien quatre arpens de vigne. V. in Complantare.

¶ **COMPLANCTUM.** Vide *Complantare.*

¶ **COMPLANCTUS.** Vide *Complangere.*

COMPLANGERE, Queri, Gall. *Se Complaindre.* Capitulare Pipini Regis Italiæ cap. 37 : *Explicare debent ipsi Missi qualiter Domino Regi dictum est, quod multi se Complangunt legem non habere conservatam.*

Complanctus, Querela, *Plainte, Complainte.* Fulbertus Carnot. Epist. 17 : *Et ecce mitto vobis utrumque scriptum et Complanctum suum, etc.* Epist. 42 : *Episcopum, qui Complanctum facit de te.*

¶ 1. **COMPLANTA**, Querela, Conquestio, Gallice *Plainte, Complainte.* Forma pacis anni 1353. apud Rymerum tom. 5. pag. 767. col. 1 : *Ad obviandum querelis supradictis et Complantis, rancoribus, periculis, homicidiis et dampnis.*

* 2. **COMPLANTA**, ut supra *Complaincta.* Libert. villæ novæ *de Coynau* ann. 1312. tom. 8. Ordinat. reg. Franc. pag. 107. art. 1 : *In primis volumus et eisdem concedimus, quod ipsi sint franchi, liberi et immunes ab omni collecta, taillia, Complanta, etc.*

¶ **COMPLANTAGIUM.** Vide post *Complantare.*

COMPLANTARE, Complantum, Complanctum.

Complantum vocant agrum jure usufructuario ad complantandas vineas, certis quæ in diplomatibus recitantur conditionibus, datum. Glossar. Gr. Lat. : Φυτεύω, *Planto, Complanto, novello.* Καταφύτευσις, *Complantatio.* Καταφυτεύω, *Complanto.* Tabularium S. Joannis Angeriac. : *Erantque illius Complancta in rem S. Andreæ, et est sita in pago Pictavo infra Quintam ipsius civitatis.* Charta anni 1028 : *Dono medium junctum de vinea, quam per Complanctum acquisivi, cum una mansione et horto.* Tabularium Absiensis Monasterii fol. 4 : *Concesserunt... scilicet terragium et Complantum et 4. denarios census annuatim, tali conditione, ut qui hanc terram excoleret, etc.* Exstat præclara et vetus *Dationis in Complantum* Charta inedita Abbatis Nobiliacensis in Pictonibus, quam hoc loco præstat describere : *Legis legum sanxit authoritas, et Theodosiana editio divulgatur (ut) uniuscujusque provinciæ jus quæ a legali authoritate sibimet discrepare non videtur, jure legitimo custodiatur. Id circo egomet Raynaldus ætherea deliberatione ex cœnobio Nobiliacensi Abba, libuit mihi, atque proprio fruitus sum arbitrio, una cum consensu Monachorum ibidem degentium, ad quemdam virum... nomine, et uxore sua nomine Aldagardim, et filio suo nomine Constantino, junctum 1. ad Complanctum impertiri deberet, quod et ultro videmur fecisse, eo demum rite, et postquam in agro Falernico per quinquennium bene fuerit redacta, rector ejusdem Ecclesiæ medietatem in proprio usus partibus ejusdem Ecclesiæ retorqueri faciat. Ex alia nempe de parte, ipsi excultores annis singulis, sicut mos provinciæ docet, sumptus reddant. Quod si propter aliquam insolentiam contemptores extiterint, legali institutione mulctentur. Alienare vero si rector ipsius Ecclesiæ conatus fuerit, emere nullatenus præsumant : de repetitione vero, id absit, si nos ipsi, quam minime credo, aut de universa mundi climata qui fuerint, qui contra hanc Chartam aliquam calumniam inferre tentaverit, minime vindicet. Insuper is cui contra litem intulerit, sol. xxx. cogatur exsolvere. Ut hæc vero carere valeat omnimodo titubationis pœna, et ubi ubi firmitatis rigorem adipisci, manu subterfirmavi propria et subjectorum manibus ad firmitatem et stabilitatem perducere non destiti. Sign. Raynaldo Abbate, etc. Data in mense Januario anno 8. regnante Karolo Rege* (*Chr.* 898.) Vide *Complanatum.*

Dare ad Complantandum. Gaufridus Comes Pictavensis in Charta fundationis Adbatiæ S. Mariæ Santon. : *Ibi quoque juxta de silva nostra dominica tantum delegamus ad Complantandum et hospitandum cultores, etc.* Tabular. Burguliense, sub Hugone Capeto : *Placuit nobis, atque bona decrevit voluntas, ut aliquid de terra nostra, coadjuvante Domino, ad Complantandum dare deberemus, quod ita et fecimus... tali modo ut per 5. annos optime excolatis, et advineare faciatis.*

Medium Plantum, Idem quod *Complantum.* Charta exarata ann. 7. regnante Radulfo Rege Burgundiæ, ex Tabulario Ecclesiæ Gratianopolitanæ : *In Christi nomine, Notum esse volumus quod laboratores quidam Folcherius et Aschericus venientes postulaverunt Dominum Odonem Episcopum, ut aliquid terræ ex ratione S. Andreæ, quam per precariæ largitatem adquisivit, sibi et uxoribus, et hæredibus eorum tradidit ad Medium Plantum, secundum Galliarum morem, quod et fecit. Prædicta cespis sita est in pago Gratianopolis, in agro Salmoriacense, in villa Cotonaco, et cingitur undique ex eadem arva infra hanc definitionem, prædictus Episcopus, ut supra taxavimus, prælibatis viris tradidit more Burgundiorum ad Medium Plantum. Si quis vero chartulam hanc, etc.* Exstat ibidem alia ejusdem tenoris anni 10. Radulfi Regis. Alia Isarni Episcopi Gratianopol. anni 39. Chunradi Regis : *Isarnus Gratianopolitanensis sedis Episcopus, quandoquidem Adalbert et sorore sua Guittrud nostram expetierunt paternitatem quod et fecerunt, et siquidem petierunt a nobis campum ad Medium Plantum, et ipse campus est in Comitatu Gratianopolitano, in agro Taulianense, in villa similiter, et habet fines et terminationes de uno vero latus Fura aqua volvent, de secundo silva quæ nominatur Sinsei, quantum ædificare potueritis usque ad quinque annos possideant, ædificent et plantent, et de una medietate quod voluerint, post quinque annos alia medietas ad potestatem sancta Maria, et sancti Vincentii revertatur, nec vendere, nec alienare non præsumant nisi a successoribus sancta Maria et S. Vincentii, et si emere noluerunt, faciant quod voluerint, hoc est vendendi, habendi, donandi, seu liceat commutandi. Si quis ego ipse aut Canonici nostri contradicere voluerint, non hoc vindicent, sed componant nobis tantum, et alium tantum, quantum Medium Plantum valere potuerit, et inantea firma et stabilis permaneat cum stipulatione subnixa. Signum Isarni Episcopi, etc.* Alia ibidem sub Artaldo Episcopo : *Nos donatores donamus aliquid de hæreditate nostra, quæ nobis per Medium Plantum advenit et advenire debet, domino Deo et ad supradicto loco,... tali vero tenore, ut dum ego vivo usum et fructum possideam, etc.* Alia ex Tabulario S. Andreæ Viennensis : *Dono etiam tibi ego Gaidinus terram ad Medium Plantum, ad vineam construendam usque ad annos 7. tali convenientia, et Aimo et uxor sua Arey unam medietatem habeat ad alodum, id est, habendi, vendendi, donandi seu liceat commutandi, etc.* Tabularium Brivatense Ch. 156 : *Advenerunt quidam homines... expostulantes a nobis et petentes ut ei quandam terram... ad Medium Plantum concederemus... infra autem hos dictos terminos jam dictam eis terram concedimus, ut ædificent et plantent eam, et ad perfectum usque perducant. Quinto autem anno quando vinea perfecta fuerit, a ministerialibus nostris dividatur, et quam partem meliorem prospexerint, partibus S. Juliani in stipendiis scilicet fratrum subjiciant, et reliquam partem eis habere permittant. Quam partem ipsi ab illo die et deinceps habeant, teneant, atque possideant, vendendi aut commutandi, aut in alienam potestatem tradendi licentiam non habeant, donec præsentibus nobis in pleno capitulo denuntient : si in commune fratrum eam emere voluerint, utantur arbitrio suo, et si in commune noluerint, et aliquis ex Canonicis eam voluerit emere aut commutare, vilius quam aliquis extraneus habeat eam. Si autem et hoc noluerint, commoneat tertio; quod si nec tunc, ab ipsa die et deinceps liberam atque firmissimam in omnibus habebit potestatem faciendi quidquid voluerit. Actum Kal. April. anno 8. regni Caroli Francorum sive Equitanorum* (907.) Exstant similes Chartæ in eodem Tabulario Ch. 230. 300. *de terris ad Complantandum medietarie concessis*, ubi eædem *Complantus* conditiones recitantur, dicunturque *Chartæ Semiplantariæ* in eadem Ch. 300 : *Facta cartula ista, quæ dicitur Semiplantaria, in mense Marcio, etc.* Tabularium Ecclesiæ S. Cyrici Nivernensis Ch. 54 : *Roclenus dat cuidam villano nomine Bercherio et uxori Adaliardi arpentos 2. qui conjacent in pago Nevern. in villa Valledæ ad Medietatem Plantationis.* Et Ch. 58 : *Nantrannus Episcopus concedit terram in villa Pusco ad Medietatem Plantationis Adraldo, ann. 15. Lotharii*, hac formula : *Concessimus illis hanc terram ad Medietatem Plantationis, eo tenore, ut infra quinquennium eam teneant et possideant : et expleto quinquennio unam medietatem advineatam, et bene constructam nobis reddant, et ex altera faciant quod voluerint.*

Complantagium, Præstatio ex *Complanto.* Tabular. Absiense fol. 229 : *Rupturam terræ ejusdem vineæ, tali pacto, ut de vinea reddatur Complantagium, et denarius recepti.*

De hujusmodi *Complantis* agunt Consuetudines, Andegavensis art. 160. Cenomanensis art. 177. Santonensis art. 18. 21. 127. Rupellensis art. 62. Pictavensis art. 59. 82. 101. Pensitatio vero quæ ex iis Domino solvitur, *Complanterie* dicitur in Pictavensi art. 75.

¶ **COMPLECTERE**, pro *Complecti*. Liturgia Gall. Mabillonii pag. 295. col. 2. in Missa Dominicali : *Deus Pater omnipotens.. deprecamur, ut... qui se affectant osculis, puro semper corde Complectant : atque etiam illi studeant esse pacifici, qui se non videntur labiis osculari.*

* **COMPLECTISSIME**, Accuratissime, Gall. *Completement*. Testim. medicor. ann. 1327. inter Probat. tom. 2. Hist. Nem. pag. 61. col. 2 : *Quam* (pronunciationem) *nos magistri parati sumus defendere rationibus et auctoritatibus philosophorum omnium et sapientum in scientia medicinæ, qui de ista materia Complectissime tractaverunt. Accomplissement* nostri Ornamentum dixerunt, quo res quævis completa redditur. Comput. Rob. de Seris in Reg. 5. Chartoph. reg. fol. 6. v° : *Une selle à parer à palefroy, ... où siege le veux du paon, et les Accomplissemens tout d'ivuire.*

* **COMPLECTUS**, pro Completus, in Stat. Cadubrii cap. 93.

¶ **COMPLEGIUM**, Pignus, Gall. *Gage, Plege*. Polyptychum Fiscamnense ann. 1295 : *Robertus de Gamachiis tenet unum masagium, quod continet circa dimidiam acre pro triginta solidis et duobus caponibus... et posuit in Complegium centum solidorum Turon.* Chartular. S. Vandregesili tom. 1. pag. 379 : *Ego prædictus Robertus Forestarius et hæredes mei prædicto Johanni Louvel et suis hæredibus prædictum redditum cum omni jure et dominio, quod in prædicta pechia terræ habebam seu habiturus eram, garantizare tenemur de dote, actionibus, querelis omnimodis et omnibus aliis impedimentis deliberare et expedire per Complegium totius hæreditagii nostri, ubicumque sit.... Actum ann.* 1244. Gallice diceremus, *Par l'engagement de tous mes biens*, vel *de tous mes heritages*. Charta Radulphi *de Herecort* Armigeri ann. 1255. in Histor. Harcur. tom. 4. pag. 1277 : *Et de omnibus prædictis faciendis et tenendis fideliter nos posuimus prædictis Monachis in Complegium omnia mobilia et immobilia nostra ubicumque valeant inveniri.* Vide *Plegius*.

¶ **COMPLEINTIA**. Vide *Complainta*.

¶ **COMPLEMENTUM** Justitiæ Facere dicitur Judex aut Litigator, qui quidquid æquum est et leges postulant ad litem finiendam complet ac perficit. [* Quod vel absolutione, vel supplicio fit. *Accomplissement de justice*, in Charta ann. 1339. ex Tabul. S. Joan. Laudun.] Vide in *Justitia*.

¶ **COMPLENDA**. Vide post *Completa*.

1. **COMPLERE** dicitur qui officium suum recte exequitur, implet. Ita *Monachum Complere*, dixit Sidonius lib. 4. Epist. 9. *Personam religiosi Complere*, lib. 7. Epist. 14. Vide Savaronem ad eumdem pag. 448.

Complere dicitur is, qui officium quodvis Ecclesiasticum *Collecta* seu oratione concludit et Complet. Gregorius M. lib. 3. Dial. cap. 7 : *Cumque diu orassent, Complere orationem quadragesimum Subdiaconum servus Dei jubet.* Græca habent τέλος τῇ εὐχῇ ἐπιθεῖναι. Ordo Romanus : *Surgit Pontifex cum Archidiacono*, (finita Missa) *et veniens ad altare, dat orationem ad Complendum.* [Hanc orationem hodie vocamus *Post-communionem*. Acta SS. Junii tom. 4. pag. 698. ubi de Festis S. Joannis Bapt. : *Tum super Oblata eadem quæ supra in Vigilia. Ad Complendum sive Post-communio :* Præsta quæsumus, etc. Vide *Complenda* post *Completa*.] Helgaudus in Roberto Rege Franc. : *Incumbentibus jam noctis tenebris dum ad Complenda et quæ sunt Deo reddenda cogitaret, ad domum Dei de more processit, præeuntibus ante se Clericis cum ceroferariis non minimi ponderis.* Rupertus de Divin. off. lib. 1. cap. 19 : *Collectæ quæ dicuntur ad Complendum, orationes sedentis in cælo capitis nostri J. C. signant.* Regula Magistri cap. 50 : *Complenti Abbati genua osculetur.* Cap. 52 : *Omnes audiant Abbatem Complentem.* Cap. 53 : *Orationes illas Quadragesimæ puras Compleant.* Cap. 83 : *Nihil aliud eis* (Sacerdotibus) *in Monasteriis liceat, nisi orationes colligere, Complere, et signare.* Adde S. Epiphan. Episc. Cypri Epist. ad Joan. Hierosol. inter Epistolas S. Hieron. Epist. 61. cap. 5. Dynamium Patric. in Vita S. Maximi Episcopi Regiensis sub finem, Walafridum Strab. de Reb. Eccles. cap. 22. etc. Vide *Collecta* 8.

¶ Complere, Legi satisfacere sumta de crimine vindicta. Murator. tom. 1. Scriptor. Ital. part. 2. pag. 56. col. 2. C. in Legibus Luitprandi [** 24. (4, 6.)]: *Si mulier libera servum tulerit* (ei nupserit) *et parentes ejus intra anni spatium in eam vindictam dare neglexerint, sicut in anteriori Edicto continetur, tunc quandocumque post ipsum anni spatium inventa fuerit, sit ancilla Palatii, et ipse servus similiter ad Palatium replicetur; et filii qui ex iis nati fuerint Curti regiæ omnino serviant. Nam si parentes ipsius mulieris vel dominus servi Compleverint intra supradicti anni spatium, quod anterius Edictum continet, sic permaneant.* [** Conjungendum *Compleverint quod continet anterius edictum*, scilicet Rothar. cap. 222.]

* 2. **COMPLERE**, Complicare, Gall. *Plier*; dicitur de aulæis aliisve rebus, quæ complicantur, ut serventur. Glossar. Provinc. Lat. ex Cod. reg. 7657 : *Complir, Prov. Complere, observare.* Lit. remiss. ann. 1352. in Reg. 81. Chartoph. reg. ch. 403 : *Cum Perrinus, dictus Aubree, serviens eques castelleti nostri Paris. in vigilia Epiphaniæ, de præcepto Stephani de Fonte argentarii nostri, ivisset apud S. Audoenum ad Complendum et conservandum paramenta sive incourtinamenta ibidem pro festivitate illa, tunc in nostra nobili domo stellæ facta, ordinata. Complir*, Complere, perficere, inter Probat. tom. 2. Hist. Nem. pag. 3. col. 1.

** Compleri dicuntur instrumenta per subscriptionem Notarii, quod vulgo formula *Complevi et absolvi* fiebat. Vide Marin. Pap. Diplom. ad num. 76. not. 11.

1. **COMPLETA**, Completorium, Complenda, Officium Ecclesiasticum, quod cætera diurna officia complet et claudit : unde dicitur sub noctis initium.

Completorium. Amalarius lib. 4. de Eccl. offic. cap. 8 : *Completorium ideo dicitur, quia in eo completur quotidianus usus cibi sive potus, qui necessario sumitur ad sustentationem corporis, seu locutio communis. Unde et apud Monachos tenetur usus ex Regula S. Benedicti, ut ab eo officio claustra oris muniant, et ea aliena faciant a communi colloquio usque dum iterum ad opera redeant.* Adde eumdem lib. de Ordine Antiphon. cap. 7. S. Isidorus in Regula cap. 7 : *Ante somnum autem, sicut mos est, peracto Completorio, valedictis invicem fratribus cum omni cautela et silentio quiescendum est, usque quo ad Vigilias consurgatur.* Regula S. Benedicti cap. 7 : *Completorium trium Psalmorum dictione terminetur. Hora Completoria*, in Concilio Cabilonensi II. cap. 59. [** *Carmina Completoria* in Reinard. Vulpe lib. 3. vers 557 :

Carmina nunc stares ad Completoria juste,
Qui tardas demens? hinc eremita sali!]

Completa. Vita S. Agili Abbat. cap. 19 : *Consuetudo talis erat, quod Janitor, ut signum pulsabatur ad Completam, confestim portas Monasterii firmans, Abbati claves referret.* Regula Monast. : *Quidquid ab hora nona mens maculæ adtraxerit, ante Completam confitendum est.* Necrologium Cenomanense : *Horaque Completæ complevit dies suos, etc.* Ita S. Isidor. lib. 1. de Off. Eccl. cap. 21. Vita S. Bercharii lib. 2. pag. 101. etc.

Complenda. Pilichdorffius contra Valdenses cap. 29 : *Ultimis collectis, quas Complendas vocamus, agimus gratias pro perceptis beneficiis.* [*Postcommuniones seu Complendæ*, in Statutis MSS. Augerii II. Episc. Conseran. ann. 1280.] Hanc *Complendam, consummationem Missæ* vocat Missale Gotthicum pag. 272. Alia Sacramentaria *orationem super*, vel *ad populum*, vel etiam *benedictionem populi*, ut in voce *Oratio* docuimus : de qua etiam egimus in Glossar. med. Græcit in V. Εὐχή. Vide Durandum in Ration. lib. 5. cap. 10. Durantum de Ritib. Eccl. lib. 3. cap. 11. Menardum in Concord. Regul. et alios passim, [necnon supra *Complere*.]

* 2. **COMPLETA**, Restis species. Stat. ann. 1391. ex Tabul. Massil. : *Quod corderii in Massilia non faciunt Completas, neque vendunt ad brassam.*

COMPLETOR, Fide Jussor, qui pacta *Complenda* fidejubet. Tabul. Fossatense, ann. 1272 : *Fecerunt et constituerunt plegios et principales debitores et redditores ac Completores erga dictos religiosos, etc.* [** *Complere*, Solvere, debitum reddere. Vide Marin. in Papyr. Diplom. pag. 335, a. 352, b. not. 5.]

¶ **COMPLETORIUM**. Vide *Completa*.

¶ **COMPLEX**. Charta Othonis I. Imper. ann. 948. apud Miræum tom. 1. pag. 140 : *In Comitatu videlicet Masau, in villa quæ dicitur Masnic quamdam terræ partem Complicemque navium per annos solventem singulos quinque solidos denariorum.* Vide *Complices*.

* Occurrit præterea in epist. Joan. VIII. PP. ann. 877. tom. 9. Collect. Histor. Franc. pag. 158. et in Conc. Tricas. ann. 878. ibid. pag. 304.

¶ **COMPLEXARE**, Complecti. Corippus Carmine de Laudibus Justin. Min. lib. 1. vers. 104 :

Portum, quam geminæ Complexant brachia ripæ.

Occurrit in Præfatione Juliani Pomerii in Librum Ildefonsi de intemerata Virgine, et alibi.

¶ **COMPLEXIO**, Corporis constitutio, Gall. *Complexion*, Ital. *Complessione*, apud Murator. tom. 3. pag. 607. col. 2.

* Chron. MS. abbat. de Valcel. : *Vicesimus abbas fuit dom. Petrus, dictus de Brunaumont, de Duaco, mitis et pacificus, quamquam grossæ Complexionis et rudis.*

COMPLEXIONATUS, [Certa ratione constitutus, ab Italo *Complessionare*, Gall. *Complexioné*.] Auctor de Disciplina Scholarium cap. 3 : *An inferioris naturæ Complexionata virtutem sive eclipsim contrahant ex planetis, an ex primis generantibus.* [Menot. Serm. Quadragesim. fol. 215. recto col. 1 : *Quamvis enim non sit naturale sanguinem sudare, si tamen consideremus causam, non est mirum quod corpus Christi erat excellentissime Complexionatum, etc.*]

* Glossar. Gall. Lat. ex Cod. reg. 7684 : *Complexionatus*, *Complexionné*, *i. dispositus.* Pro temperatione cœli utitur Froissart. vol. 2. cap. 92 : *Le pays* (d'Espagne) *n'est pas Complexionné à celui de France.*

¶ **COMPLEXIVE**, Breviter, compendiose in Actis S. Stanislai Episcop. Cracov. tom. 2. Maii pag. 272.

* **COMPLEXIVUS**, Verus, sincerus. Odilo in Translat. S. Sebast. cap. 43 : *Complexiva et omni ævo reminiscenda devotione singillatim a stemmate usque subuculam cultu regali exuti, etc.*

* **COMPLEYNTA**. Vide supra in *Complaincta*.

* **COMPLEYTUM**, Idem ut opinor, quod supra *Complanatum*. Reg. feudor. Aquitan. sign. JJ. rub. ex Cam. Comput. Paris. fol. 39. r°. : *De alienatis dixit, quod exequtores testamenti patris sui sepeliverunt dictum patrem suum, contra ordinationem suam, in hospitali de la Pressera, et concesserunt ei Compleytum libere, et ipsi utuntur malo velle suo.*

¶ **COMPLICAMENTUM**, Volumen. Concil. Toletan. VII : *Quicquid productionibus loquelarum in concione diffundere potui, totum in tomi hujus Complicamento respersum calamo vestræ Sanctitudini offerre decrevi.*

¶ **COMPLICENTIA**, Licentia, consensus, apud Rymerum tom. 11. pag. 413. col. 2.

1. **COMPLICES**, Scelerum socii : nos vulgo *Complices*, Isidorus lib. 10. Orig. : *Complex, in uno peccato vel crimine alteri est applicatus ad malum : ad bonum vero nunquam dicitur.* Joan. de Janua : *Complicitas, concors inter duos vel plures dolositas, in malo consensus.* Utuntur Prudentius, Salvianus, Sidonius, Senator, et alii passim. Vide Olai Borrichii Cogitationes pag. 68. et Gloss. mediæ Græcit. in Κομπλικίων.

¶ COMPLICES etiam aliquando dicti sunt qui Principis cum aliis bellantis partes tenent, Gall. *Partisans*, *Fauteurs*. Chronicon Trivetti ann. 1183 : *Post clausum Paschæ convenerunt Sylvanectis in præsentia Henrici Albanensis Episcopi, domini Papæ Legati, Reges Franciæ Philippus, et Angliæ Henricus tam pater quam filius, Philippus Comes Flandrensis et alii qui ejus fuerant Complices, etc.* Charta pacis inter Ildefonsum Aragon. Regem et Raymundum Comitem Tolosanum ann. 1176. ex Schedis Peirescianis : *Præterea jam dicti viri illustres per se et homines et Complices suos faciunt inter se bonam pacem et firmam concordiam de guerris et malefactis, et adventis omnibus, quæ hucusque ad invicem sibi fecerunt.*

¶ COMPLICES CIVITATES, Confederatæ, in Annalibus Mutinensium ad annum 1234.

* 2. **COMPLICES** SANCTI, Qui ejus cultui sunt dicati. Charta ann. 1045. ex Tabul. S. Vict. Massil. : *Nos fratres, scilicet Petrus et Feraldus metuentes feralia nostra nostrorumque parentum innumerosa crimina, ex possessionibus nostris largimur SS. Christi martyri Victori ejusque Complicibus, etc.* Nisi sit pro Sociis. [** Pro Sociis in Bertold. Argentorat. Episc. Chart. ann. 1224. pag. 466. Syllog. Guden. : *Ministeriales etiam S. Petri, Cunradus Knopf et sui Complices, cum eorum coherédibus et alii feodati, similiter debent esse liberi.*]

COMPLIFICARE, Papiæ, *Multiplicare*. [** In edit. ann. 1496 : *Complificaresi, Multiplicare*, at in Cod. reg. 7609 : *Complicare, simul plicare.*]

* **COMPLITUS**, *Bagnato de pioba*, in Glossar. Lat. Ital. MS. pro *Complutus*. Vide in hac voce.

¶ **COMPLOSUS**, Compositus. Paschasius Radbertus in Vita S. Adalhardi num. 87 : *Sequitur ecloga duarum Sanctimonialium uno favoris planctu Complosa, etc.*

¶ **COMPLUTUS**, Irrigatus, compluvius, Varroni; Gall. *Arrosé, mouillé*. Amos 4. 7 : *Plui super unam civitatem, et super unam civitatem non plui : pars una Compluta est, et pars super quam non plui, aruit.* Privilegium Universitati Lovaniensi per Ducem Brabantiæ concessum ann. 1426. apud Marten. tom. Anecd. col. 1766 : *Tamquam in tellure Compluta fructum germinent preciosum.* Legitur etiam apud Solinum cap. 10. de Thracia : *Nautæ Compluti sæpe ex illo casu imbre saxatili.*

COMPLUVIUM, Pluvia densior. Vita S. Lupicini Abbatis Jurensis n. 11 : *Si Frater forsitan... uspiam processisset in frigore, vel forsitan hyemali Compluvio rediisset infusus.* Alias : *Compluvium, est locus ad quem multæ pluviæ confluunt.* Johannes de Janua. [Utitur Suetonius in Augusto cap. 92 : *Enatum inter juncturas lapidum ante domum suam palmam, in Compluvium Deorum penatium transtulit.* Utuntur et alii, ut Columella, Varro, etc. quamobrem hinc amandari potuisset.]

* **COMPNA**, Locus, ut videtur, arundinibus vel alia quavis ratione circumseptus, quo pisces capiuntur et servantur. Reg. feudor. Aquitan. sign. JJ. rub. ex Cam. Comput. Paris. fol. 2. v°. : *Petrus Doati de S. Emiliano.... tenet de feudo vicecomitis Franciaci..... undecimam partem Compnarum existentium ibidem, et undecimam partem quarteriorum piscium, videlicet creacorum, qui capiuntur in mari prædicto per homines de Franciaco.* Consuet. MSS. monast. S. Crucis Burdegal. ante ann. 1305 : *Item dicti monachuli seu juveniles recipiunt in die Ramis palmarum unum colacum, quod solvunt de redditibus illi, qui tenent Compnas de Magello et de Marsaux.* Vide supra *Bordigala*.

¶ **COMPONAGIUM**, pro *Companagium*, Cibus cum pane datus ad vescendum. Concordia inter Abbatem de Bordesleia et Nicolaum de Berlega apud *Madox*, Formularis Angl. pag. 222 : *Et præterea idem Abbas concessit pro se et successoribus suis, quod prædictus Nicolaus habeat qualibet die, si fuerit in Abbacia de Bordesleia, duos panes, scilicet unum panem Monachi et alterum panem Militis, et cervisiam et Componagium unius Monachi.* Vide *Companagium*.

¶ 1. **COMPONERE**, Fimo impinguare. Vide *Compostare* post *Compostum*.

2. **COMPONERE**, Delictum transactione et compositione interveniente expiare, ac luere, et cum læso, aut ejus hæredibus, de mulcta ac pœna propter illud irroganda, pacisci. [** Vide Grimm. Antiq. Juris German. pag. 649. sqq.] Nam apud Germanos quævis delicta certa pecuniæ summa æstimabantur, neque homicidia, ipsa morte lui lex erat, præterquam in Majestatis crimine, ut docemur ex leg. Bajwar. cap. 1. tit. 7. § 3. cap. 2. tit. 1. § 4. quod et pridem observarat Tacitus : *Luitur homicidium certo armentorum ac pecorum numero, recipitque satisfactionem universa domus.* Gregorius Turon. lib. 3. Hist. cap. 31 : *Ad Theodatum legationem dirigunt, exprobrantes de morte ejus, atque dicentes : Si hæc quæ egisti nobiscum non Composueris, regnum tuum auferemus, et simili pœna te damnabimus. Tunc ille timens quinquagena eis millia aureorum transmisit.* Lib. 7. cap. 3 : *Composuit tamen filiis Saxo ille mortem ejus.* Lib. 9. cap. 18 : *Tamen quæ contra rationem gessimus, cuncta Componere non moramur.* Et cap. 19 : *Magnas mihi debes referre grates ..... eo quod interfecerim parentes tuos, de quibus accepta Compositione, aurum argentumque superabundant in domo tua.* [Juramentum Ordinum regni Daciæ de fidelitate Regi Christierno præstanda apud Ludewig. tom. 5. Reliq. MSS. pag. 329 : *Quod vir bellator Militem in domo communis scorti, inconsulta ira, vulneraverit, cum quo sese etiam priusquam arriperet, amiciter Composuit et concordavit. Amicabiliter Componere*, in Statutis Massil. lib. 1. cap. 6. § 3.] *De vita Componere*, in Capit. Caroli C. tit. 31. cap. 25. [** Edict. Pistens. ann. 864.]

Quod si in judicium crimen vocaretur, nec partes de compositione inter se convenirent, tunc judex reum cum accusatore componere cogebat. Idem Gregor. lib. 7. cap 2 : *Comitibus pax usque in audientiam data est; scilicet ut in die quo judicium erat futurum, pars quæ contra partem injuste exarserat, justitia mediante, Componeret.*

Quandoque et crebro mulctam ipsam pecuniariam definiebat judex pro delicti vel criminis modo et qualitate, nisi mulcta ipsa a lege definita esset. Tunc enim mulcta quæ a lege præscripta erat reo irrogabatur. Unde *legem et bannum Componere*, *Secundum legem Componere*, dicunt Leges antiquæ et Capitularia passim. *Compositio legalis* in Cap. Caroli C. tit. 29. cap. ult. [** Synod. Pistens. ann. 862.] quæ *Compositio secundum legem suam*, dicitur in Cap. Caroli M. lib. 3. cap. 65. et alibi.

Interdum etiam mulcta a lege definita, secundum criminis atrocitatem multiplicabatur, idque *Bannum dupliciter aut tripli-*

citer Componere; Bannum aut legem in triplum Componere, dicunt Capitularia. Gregorius Turon. lib. 4. Histor. cap. 38 : *Quid plura? quatuor millibus solidorum Archidiaconum condemnavit. Quod in præsentia Regis Sigeberti veniens, quadrupla satisfactione, insequente Jovino, Composuit. Compositio simpla*, in Legibus Frisicis, quæ non duplicatur aut triplicatur. *Compositio duplex*, quæ ad Regem spectat ex Lege Astulphi Regis Longob. [** cap. 8.] apud Heroldum pag. 156. *Compositio tripla*, in Capitul. Caroli M. lib. 3. cap. 63. et alibi non semel. *Quadrupla satisfactio*, apud Gregor. Turon. lib. 4. Hist. cap. 38. Vide *Bannum* 1. *Niungeldum*, *Triniumgeldum*.

Quod si crimen vel delictum, de quo mulctam pecuniariam lex statuit, publicum esset, id est, Regem vel Principem spectaret, tunc reus *cum fisco*, vel *ærario Componere* tenebatur, mulcta a lege definita, vel a judice statuta. Sæpe etiam duplicem mulctam in delictis privatis statuunt leges antiquæ, alteram actori, alteram ærario et fisco, quod passim observare est.

Si denique compositionem complere non posset reus, tunc *semetipsum inwadiare* tenebatur, *usque dum plenam Compositionem adimplesset*, ut est in Lege Longob. lib. 1. tit. 14. § 10. [** Carol. M. cap. 31.] et in Capitulis Caroli M. lib. 3. cap. 65.

Compositio non semper læsum, vel occisi hæredes, sed et ipsos agnatos et cognatos spectabat, inter quos dividebatur, ut ex Tacito docuimus. Andreas Suenonis lib. 5. Leg. Scaniæ cap. 5 : *Secundum antiqua jura, sic est persolutæ pecuniæ facienda distributio, ut unaquæque tertia principalis in tres tertias principales divisa, per vices singulis una semper partialium cadat in commodum hæredis occisi, et agnatis secunda, cognatisque tertia debeatur. Sic per agnatos omnes et cognatos distributio pecuniæ facienda, ut semper prior gradus duplo majorem partem quam posterior consequatur, etc.* At Lege Longob. lib. 1. tit. 9. § 18. [** Liutpr. 13. (2, 7.)] compositio ad propinquiores parentes, seu agnatos vel cognatos pertinebat, siquidem filia occisi tantum superesset.

* Nostri *Composer quelqu'un*, pro Pecuniam ei irrogare, Gall. *Le taxer*, dixerunt. Lit. remiss. ann. 1409. in Reg. 164. Chartoph. reg. ch. 54 : *Le suppliant et Jehan Lolier dirent qu'ilz avoient Composé cellui, sur qui se devait faire ledit chalivari, à xij. solz pour le boire des compaignons à iiij. solz Par. pour la chandelle, que les femmes mettent ardent l'image de Nostre Dame dudit lieu.* Vide infra *Compositio*.

☞ *Componere* etiam haud raro cogebantur conventionum et pactorum violatores perturbatoresque, ut discimus ex variis instrumentis. Charta Pontii Comitis tom. 1. novæ Gall. Christ. pag. 5. Instrum. col. 1 : *Sane si quis, ego, aut ullus de heredibus nostris, qui contra carta ista donationis temere aut usurpare, aut inquietare venerit, non hic valeat vindicare quod requirit, sed Componat tibi hæc omnia superius scripta dupla meliorata; et in antea donatio ista firma et stabilis permaneat omnique tempore.* Ejusdem tomi pag. 83. col. 1. in Charta Willelmi Provinciæ Comitis : *Sane si quis, nos aut hæredes nostri, vel ulla opposita persona, quæ contra hanc guirpicionem ire voluerit, non valeat vindicare quod repetit; et Componat illi, cui litem intulerit, auri optimi libras* x. Interdum verbo *Componere* additur *in vinculo*, quo major, si bene conjecto, indicatur obligatio *Componendi*, sive *Vinculum* istud seu obligatio *Componendi* a lege sit, sive a voluntate illius, qui sua constituta cupit firma esse et stabilia. Charta Gancelmi Episc. Forojuliensis ann. 1038. in nova Gall. Christ. tom. 1. pag. 83. col. 1 : *Sane si ego aut quispiam de supra dictis personis vel successoribus nostris, qui contra hujus donationis cartulam aliqua fraude tentaverit, aut eam irrumpere... Componat in vinculo centum libras auri et mille argenti.* Charta Pontii Ruthenensis Episc. ann. 1079. ejusd. tomi pag. 50. col. 1 : *Si quis autem Episcoporum, Clericorum vel secularium, hanc auctoritatis nostræ cartam annulare tentaverit... a consortio fidelium Dei alienus existat nisi resipuerit; insuper Componat in vinculo auri pondus centum librarum.* Eadem habes in Charta seq. ab eod. Pontio data ann. 1082. ex quibus conjicit D. Dionysius Sammarthanus *Componere in vinculo* idem esse, quod Componere ante solutionem vinculi excommunicationis, quo irretitur quisquis laudatas chartas violare præsumeret. Sed aliæ sunt chartæ in quibus, nulla facta excommunicationis mentione, imponitur illa necessitas *in vinculo Componendi* : quare vinculum istud non videtur esse vinculum excommunicationis; verum potius legis vel voluntatis ejus qui vult inviolatum id quod constituit, ut dictum est. Charta Guarachonis pro Imberto regnante Chonrado Rege Indict. VI. in Chartulario Aptensi fol. 22 : *Sane si quis... contra hanc donationem inrumpere qoluerit... Componat in vinculo auri libras decem.* Altera Charta ejusd. Chartular. fol. 46 : *Si quis sane ... velit hanc perfringere venditionem, non valeat, sed in Vinculo Legis Componat hoc ad duplum.... Acta est hæc venditio in Abbadia S. Petri tertio Kal. Januarii, anno a Domini nostri totius Regis Incarnatione 1041. Romæ, imperante Domino nostro Jesu Christo.* Ibidem fol. 52. legitur : *Convictus per leges res ipsas in duplum Componat* : quod idem est atque *in vinculo Legis*. Vinculum igitur aliud ab excommunicatione significat : quod iterum confirmari potest Charta Guinamandi Archiep. Ebredun. anno 1066. in nova Gall. Christ. tom. 3. col. 205. ubi sic legere est : *Si quis autem hanc chartam inrumpere aut contradicere voluerit... Componat ipsis hereditariis in vinculo auri optimi libras* xv. *et insuper excommunicatus et ab Ecclesia Dei separatus nisi resipuerit, etc.* quibus, nisi fallor, satis patet, *Vinculum* esse ab excommunicatione distinguendum.

¶ Componere Tantum et aliud Tantum. Chartularium Aptense fol. 47 : *Si quis volens irrumpere hanc donationem.... Componat tantum et aliud tantum et incurrat maledictiones Dei, etc.*

¶ **COMPORTALITIUS**, Portatu facilis, Gall. *Portatif.* Mirac. S. Maioli n. 21. tom. 2. SS. Maii pag. 700 : *Hæc quoddam Comportalitium instrui sibi fecit instrumentum, in quo aliorum manibus ponitur in eleemosyna.*

* Vel potius id quo portatus facilis fit : unde *Comporte* nostris dicitur, vas quo aliquid portatur; Hispan. *Comporta*, doliolum. Lit. remiss. ann. 1469. in Reg. 197. Chartoph. reg. ch. 88 : *Le suppliant print incontinent son cheval et le basta, et mist dessus les semales, dittes Comportes ou portouoires, et se transporta en laditte vigne.*

¶ **COMPORTARE**, Ita se habere, Practicis nostris, *se Comporter*. Tabularium Calense pag. 40. in Sententia contra Hugonem de Pompona : *Item unam noam sitam prope Kalam... prout se Comportat in longitudine et latitudine.* Declaratio ann. 1255. in Histor. Harcur. tom. 4. pag. 1278 : *Unam peciam terræ arabilis, sicut se Comportat in longo et lato.*

* *Comporter*, alia notione, scilicet pro Circumferre, per urbem merces deportare; unde *Comporteur*, Circumforaneus mercator, nunc *Colporteur*. Stat. ann. 1357. tom. 3. Ordinat. reg. Franc. pag. 184. art. 3 : *Que nulz ne puisse Comporter ne faire Comporter euvre de lormerie hors de son hostel. Comporteurs de ferperie*, in alio ann. 1295. ibid. tom. 4. pag. 82. Memor. C. Cam. Comput. Paris. ad ann. 1349. fol. 61. v°. : *Item... petiz Comporteurs aval la ville ne seront tenuz de riens paier de laditte imposition, se il ne vendent en un jour dix solz de denrées.*

COMPORTIONALES Termini, apud Latinum Agrimensorem, quos Veterani vel Consortes posuerunt in portionibus suis.

¶ **COMPORTIONARII**, Socii, consortes, Gall. *Associez*, *Consors*. Charta Philippi Episc. Pictav. ann. 1230. apud Stephanot. tom. 3. Antiq. Pictav. MSS. pag. 796 : *Dictus Miles et Comportionarii sui... quitaverunt dicto Abbati et Monasterio suo* (Nobiliac.) *sirventiam, et quidquid juris tunc habebant in tribus arbergamentis.* Homagium quoddam ann. 1366 : *Noverint universi, quod ego Perrotus Vichart valletus Domine de Bagnaux, pro me et meis Comportionariis confiteor, etc.*

* **COMPORTUS**, Vecturæ onus, quod vassalli domino præstabant, idem quod *Carreda*. Charta Guid. vicecom. de Combornio ann. 1284. in Reg. 61. Chartoph. reg. ch. 424 : *Item volumus et concedimus, quod vinatarii de Traynhaco nobis et successoribus nostris non teneantur ad Comportum faciendum, nisi pro proprio vino nostro apportando. Comport*, alio sensu, in Libert. Joinvillæ ann. 1354. tom. 4. Ordinat. reg. Franc. pag. 298. art. 24 : *Et mettront à juste pris* (les vivres) *au proffit commun et selon le Comport du pais.* Id est, regionis habita ratione.

COMPOSCIONALIS. In formula Andegav. 31. et 33 : *Seu et strumenta sua quam pluremas venditionis, dotis Composcionalis, contulitionis, pactis, commutationis, etc.* Videtur hæc vox usurpari pro *Compositionalis*, ita ut dos sit, de qua conventio facta est, non vero ex lege sit : quam vulgo *douaire conventionnel* appellamus.

* **COMPOSITARIUS**. *Compositarii continentes de composito.* Hæc inter voces Latino-barbaras, quibus Glossarium augeri potest, refert Bern. Mar. de Rubeis in Monum. eccl. Aquilej. sed vocis notionem,

et quo expiscari possit, tacet. An qui fructus saccharo componit? *Compositalia* enim eo significatu occurrere in ecgrapho Actorum S. Bertholdi testes sunt docti editores tom. 4. Jun. pag. 62. inter notas. Unde *Composte Lombarde*, in Lit. remiss. ann. 1420. ex Reg 171. Chartoph. reg. ch. 282 : *Jehan Caillel requis au suppliant que il vousist estre à un esbatement, ... pour gaingnier un craquelin et un tonnelet plain de Composte Lombarde.*

¶ **COMPOSITIO**, Mulcta sonti imposita ad luendum crimen damnumve resarciendum. Leges Luitprandi [** cap. 121. (6, 68.)] apud Murator. tom. 1. pag. 75. col. 1 : *Si quidem forsitan talis fuerit ipse liber homo, ut non habeat unde Compositionem facere possit, tunc publicus debet eum dare in manu mariti, et ipse in eum faciat vindictam in disciplina vel venditione.* Litteræ Johannis Franc. Regis ann. 1356 : *Item quod dicti Consules tertiam partem condempnacionum et Compositionum, que fient in dicto loco Avinionesi per judicem nostrum Lauraguesii, possint exigere et levare, quousque ex ipsis recepenrint usque ad valorem sexaginta marcharum argenti convertendarum in reparatione Castri novi Regii supradicti, dum tamen condempnaciones seu Compositiones supradicte perveniant ex delictis seu excessibus delatis per Consules supradictos, vel per alios habitantes dicte ville, remanente nobis toto residuo, videlicet duabus partibus Condempnacionum seu Compositionum earumdem.* Vide *Componere* 2.

* Unde nostris *Compositionner*, ejusmodi mulctam decernere, aut de ea pacisci. Charta senesc. Santon. ann. 1331. in Reg. 66. Chartoph. reg. ch. 1015 : *Avons Compositionné et acordé avecques ledit Henry..... à sis vins cinq livres Tournois. Composition* vero, Tributi species, in Lit. ann. 1380. tom. 6. Ordinat. reg. Franc. pag. 480. art. 16 : *Et que durant le temps dessus dit, ilz soient exemps, francs et quictes de toutes Compositions, subsides, maletoutes, aides, etc.* Vide supra *Componere* 2.

¶ 1. **COMPOSITOR**, Arbiter, qui a litigantibus eligitur ad lites et controversias amice componendas, Gall. *Arbitre.* Pactum inter Jacobum Aragoniæ Regem Montisque Pessulani Dominum et Berengarium Magalonæ Episcopum ann. 1278 : *Et in continenti dicta pronunciatione lecta, facta et recitata, approbaverunt eandem laudem et diffinitionem dicti D. Archiepiscopi arbitri, arbitratoris seu amicabilis Compositoris.* Compromissum Wenceslai Masoviæ Ducis de Johanne Bohemiæ Rege electo in Arbitrum ann. 1323. apud Ludewig. tom. 5. Reliq. MSS. pag. 606 : *In Principem magnificum Dominum Joannem Boemiæ et Poloniæ Regem... tanquam in arbitrum, arbitratorem seu amicabilem Compositorem consensimus.* Vide *Bonus Dominus.* [** et Haltaus. Glossar. German. col. 1766. voce *Sunemann.*]

* 2. **COMPOSITOR**, Titulus libri Arnauldi de Villanova ex Cod. reg. 7149 : *Iste liber nominatur Compositor, alias Rosarius, eo quod ex libris Philosophorum breviter abreviatus est, etc.*

¶ **COMPOSTARE.** Vide post *Compostum.*

¶ **COMPOSTERIALIS** Major vel Minor. Vide *Scriptura.*

COMPOSTILE, Repositorium, Petronio, a compositis in eo lancibus obsoniorum. Ita nimirum fiebat, ut non singulas mensæ lances apponerent, sed multas simul in uno compostile, seu repositorio congestas. Exstat Epigramma Ennodii, *de Compostile habente septem gravatas.* Vide ibi Sirmondum. Gregorius Turon. lib. 3. Hist. cap. 15 : *Verum enim dico tibi, quia etiam si Regi epulum cupias præparare, fercula regia componere possum.*

COMPOSTUM, Fimus, quo impinguatur terra. Anglis *Compost.* Charta Henrici Regis Angl. apud Matth. Paris ann. 1258 : *Insuper et manerium de Kingsburg cum omnibus pertinentiis suis, et cum 5. hominibus in villa de Westwike, cum Composto Curiæ S. Albani, ad prædictum manerium meliorandum.* [Alium locum vide in *Benium.*] [* Vide mox *Compostus.*]

Compostare, Fimo terram impinguare. Charta Thomæ D. *de Moubray* tom. 2. Monastici Anglic. pag. 243 : *Item concessi eis... dictas terras excolendas et Compostandas, sive per carectam, sive per ovile, et ad dictas terras seminandas, et blada sua metenda, colligenda et carianda.* [Kennettus in Glossario ad calcem Antiquit. Ambrosden. : *Inter Hokeday et diem S. Martini bene possunt ibidem ducentæ quadraginta muttones sustentari ad opus Domini ad terram suam Compostandam.*] Vide Fletam lib. 2. cap. 73. §. 5. Idem forte sonat *Componere*, in Capitul. de Villis cap. 37 : *Ut campos et culturas nostras bene Componant, et prata nostra ad tempus custodiant.* Nam a *Componere* facta vox *Compostum.*

¶ Compostura. Chartularium S. Vandregesili tom. 1. pag. 395 : *Terra antedicta non debet jacere nisi per Composturam.*

* **COMPOSTUS**, Dicitur vel de minuto tritico, vel de agro proscisso, non sato, Gall. *Qui est en jachere;* sic dictus, quod tunc fimo, seu *Composto* impinguatur. Charta ann. 1276. in Lib. nig. 2. S. Vulfran. Abbavil. fol. 70. r°. : *Cum autem avena vel Compostus, qualis in dicta terra fuerit, dictus Bernardus tenetur nobis reddere.... Dictus etiam Bernardus tenetur dicta viginti jornalia terræ mallare, propriis custibus et expensis, infra festum omnium Sanctorum proximo venturum, et in Compostis dictorum viginti jornalium terræ, quando acciderint, dictus Bernardus faciet talia trameta, qualia sibi placuerit. Composture* et *Compoture* nostris, Præscripta colendi seu impinguandi agros ratio. Charta decani et capit. ejusd. eccl. ann. 1317. ibid. fol. 68. r°. : *Avons baillé à Ricart Heket de Vaucheles à moitai quarente deux journeux de terre; .... le devant dite terre menée par droite Composture.* Reg. Corb. 13. sign. *Habacuc* ad ann. 1510. fol. 42. v°. : *Seront lesditz prendeurs tenus de labourer bien et deuement toutes les terres de ladite cense par droite solle et Compoture, sans les desroyer, dessoler, ne descompoter.* Rursum ad ann. 1511. fol. 119 · *Sera aussi tenu ledit fermier prendeur de entretenir les terres de ladite cense en bon labeur et Composture.* Quo ultimo loco stercoratio, Gall. *Engrais*, intelligi potest. Vide *Compostum.*

¶ **COMPOSTUS**, pro *Compotus.* Vide in *Computus.*

COMPOTIRE, *Investire, ut, Mando vobis ut Compotiatis eum præbenda sua : et derivatur a Compos.* Ita Joan. de Janua. [Plautus dixit : *Piscatu novo me uberi Compotivit;* et Apuleius Metamorph. lib. 11. *Quo me maximi voti Compotiret;* hoc est, me compotem faceret.]

¶ **COMPOTISTA.** Vide post *Computus.*

¶ **COMPOTUM**, Tractus, regio. Tabularium Rothon. : *Cunmael et frater ejus Judhael vendiderunt Budworeto Presbytero rem proprietatis suæ in Compoto Bachin, in villa Trebarail.* Ibidem : *Wetenglovi vendidit terram sitam in pago Brouveroc in condita plebe Sizo, in loco qui dicitur Compotloionn.* Ibidem : *Jarnwobri vendidit terram sitam in condita plebe Sizo in loco qui dicitur Compot-noial.* Pluries occurrit in eodem Tabulario.

COMPOTUS. Vide *Computus.*

¶ **COMPRA**, Hispanis, Comparatio, acquisitio, emtio. Acta dedicationis duarum Ecclesiarum in Monast. Lavacensi, Marcæ Hisp. col. 1012 : *Ego Dacco mitto mea Compra in villa Ventolano, terras vel vineas.* Sacramentum fidelitatis Raymundi de S. Ægidio exhibitum Guiffredo Archiep. Narbon. ann. 1072 : *Et ego Raymundus subterscriptus juro quod jurare faciam istos prædictos ad prædictum Guiffredum, totam medietatem civitatis Narbonæ... de ipsos Compras et de lizdas et de omnes census, qui per terram et per aquas exeunt.* Charta ann. 1067. ex Archivo S. Victoris Massil. Armar. Narbon. n. 8 : *Omnes Compras quas fecit Bernardus Delfinus et ipsam Compram de Petro Remigio in territorio, etc,* Vide *Compera*, 1.

Comprare, pro *Comparare*, Emere, in Foris Aragon. pag. 146. Hispanis *Comprar.* Vide *Comprator.*

* **COMPRATOR**, Emptor, comparator, Ital. *Compratore*, Hispan. et Provincialibus *Comprador*, a *Compra*, comparatio, emptio. Vide in hac voce. Glossar. Provinc. Lat. ex Cod. 7657 : *Comprador, Prov. emptor, auctionator. Comprar, Prov. emere, nundinare.* Charta ann. 1331. ex schedis Pr. a S. Vinc. : *Et quando ipse non fuit Comprator, vidit alios Compratores ita utentes et exercentes.* Stat. Vallis-Ser. cap. 72. ex Cod. reg. 4619. fol. 119. r°. : *Compratores qui eligentur ad emendum vinum in tabernis, etc.* Vide *Compera* 1. et *Compra.*

* **COMPREHENDALIS**, Qui intra ambitum ejusdem loci manet : nam nostri *Compris* dixerunt, pro *Enceinte*, ambitus, circuitus. Lit. remiss. ann. 1414. in Reg. 168. Chartoph. reg. ch. 15 : *Lequel cheval estoit ou Compris et circuite d'icelle foire, afin que celui à qui estoit le dit Cheval, le peust surement et aisément recouvrer. Comprins*, eadem notione, in Ch. ann. 1470. ex Chartul. Latiniac. fol. 232. Charta decani et capit. Carnot. ex Lib. albo episc. : *In ecclesiis nostræ donationis, atque ministris et parrochianis earum, nec episcopus, neque archidiaconus ullam optinet potestatem, sed per Comprehendales eorumdem locorum canonici, pro dispositione capituli, plenam ibidem, archidiaconi vice, funguntur. Comprehensa-*

ble vero, qui rei alicui una cum aliis obnoxius est, in Charta ann. 1412. ex Reg. 167. ch. 29. : *Les heritaiges seront Comprehensables et contribuables à laditte taille abosnée selon leur valeur.* A verbo *Comprendre*, eodem sensu, in Stat. ann. 1377. tom. 6. Ordinat. reg. Franc. pag. 282 : *Lesdiz bourgois disoient que à faire lesdiz status point n'avoient esté appellez, ne consentens, et par ce ne les Comprenoient point.* Id est, non admittebant, nec eis obedire tenebantur.

COMPREHENDERE, Comparare : COMPREHENSIO, Comparatum, acquisitum. Charta Germanica ann. 796. apud doctissimum Henschenium ad Vitam S. Ludgeri Episcopi Mimigard. n. 22. et seqq. : *Tradidi particulam hæreditatis et proprii laboris, id est, totam Comprehensionem in silva, quæ dicitur Heissi, in Aquilonari ripa fluvii Ruræ, quam ibi dudum Comprehendi, inter montem et ipsum fluvium, communionemque in eandem silvam.* Alia ann. 797 : *Cum illis Comprehensionibus in silva, quæ notæ sunt juxta Hislam.* Alia ann. 799 : *Sed ipse venerab. Abbas Ludgerus hanc traditionem quæ dudum Comprehensio mea esse dinoscitur, simul cum illa terra, quæ ibidem jam culta esse videtur, etc.* Alia ann. 801 : *Tradidit... in eleemosynam suam Comprehensionem illam, quam ipse Helembaldus in propria hæreditate et in communione proximorum suorum proprio labore et adjutorio amicorum suorum legibus Comprehendit, et stirpavit, id est, in loco, etc.... et postea postulavit ut dimidiam ipsam Comprehensionem in beneficium accipere deberet diebus vitæ suæ, etc.* [Donatio Folckeri ad construendum Verdinense Monasterium ann. 855. apud Marten. tom. 1. Collect. Ampliss. col. 142 : *In Archi, quicquid illic habeo tam in pratis quam in Comprehensionibus. In pago qui dicitur Flethetti, in villa Brara mansos dominicales duos, Frithuric unum, Athalgot dimidium, Alfgot unum et illam Comprehensionem quam possidet Frithubodo.*] [** Vide *Bifang*.]

¶ COMPRESBYTER, Una vel ejusdem Ecclesiæ Presbyter, apud S. Augustinum Epist. 228. in Testamento S. Remigii Archiep. Remensis et alibi passim.

COMPRESBYTERIUM, jam olim vocabatur, inquit Holstenius ad Synodum Romam. sub Bonifacio II. PP. Concessus Presbyterorum, qui ab Episcopo, vel Summo Pontifice, pro emergente quapiam difficultate congregabantur. Vide *Presbyterium.*

COMPRESSARE, Comprimere. Aimoinus lib. 2. de Miracul. S. Georgii et Aurelii num: 1 : *Compressantibus se hinc et inde turbis.* [Tertull. advers. Gnosticos cap. 3 : *Manus erat super illos in mala, et Compressati sunt valde.*]

¶ COMPRETIATUS, ut *Appretiatus*, Gall. *Apprecié, evalué*, Cujus pretium constitutum est : *Res Compretiatæ valentes solidos centum*, in Charta anni 1060. ex Archivo S. Victoris Massil. Armar. Ruthen. num. 26.

¶ COMPREXIA, Spatium *Comprehensum* seu conclusum. Actus notorietatis usuum stagnorum Bressiæ apud Guichenon. in Probat. pag. 170. et in Usibus Bressiæ Revelli pag. 266. et 267 : *An licitum sit elongare et altiare calciatam sui stagni inferioris, et an possit propter altiationem et elongationem calceatæ ipsius stagni inferioris comprehendere majorem Comprexiam prædiorum sicuti pratorum, terrarum, nemorum et aliorum consimilium absque alia recompensa Dominis utilibus facienda, et proprietariis rerum et prædiorum, quæ ultra et præter solitam Comprexiam aquæ dicti stagni comprehendi consueverat.*

¶ COMPRIMITIALIS. Orig. Murensis Monasterii pag. 17 : *Cum ad villam Othuigen convenissent pene cuncti Comprimitiales Principes, etc.* Forte *comprovinciales.*

COMPRIMOTÆ, Primores. Ingulphus : *Tam Abbas, quam Monachi sui universi cum omnibus Comprimotis occiduntur.*

¶ COMPRINCEPS, Simul Princeps, in Charta ann. 1356. apud Ludewig. tom. 5. Reliq. MSS. pag. 578. et Tolnerum in Probat. Hist. Palat. pag. 108.

* COMPROBATUS, Convictus. Annal. Franc. Loisel. ad ann. 788 : *Et de his omnibus* (Tassilo) *Comprobatus, etc.*

¶ COMPROFESSUS, Qui monasticam vitam cum aliis profitetur in uno Monasterio. Chron. Mellicense pag. 242. col. 2 : *Quidam Udalricus Egendorffer Custos hujus Ecclesiæ et Comprofessus noster.* Vide Annal. Benedict. tom. 5. pag. 106.

¶ COMPROMISSARIUS, Arbiter ad lites aliasve res definiendas ex *Compromisso* electus. Charta Comitis Atrebat. ann. 1247. e Tabulario Audomarensi : *Poterunt autem dicti Compromissarii ordinare de portis habendis in claustro Ecclesiæ prædictæ...... Ordinabunt dicti Compromissarii prout eis melius videbitur expedire.* Charta Edwardi Regis Angl. ann. 1366. apud Rymer. tom. 6. pag. 511. col. 1 : *Dicti Compromissarii pronunciarunt et ordinarunt contra dictum Bernardum... Dictusque Bernardus a dictis pronunciatione et ordinatione, ac sasina dictorum Compromissariorum et Locumtenentis, tanquam ab iniquis et injustis, reclamasset et appellasset ad dictum Primogenitum nostrum, seu ejus Curiam, prout in instrumentis Compromissi, etc.* Vide L. 41. D. de recept. qui arbitr. (4, 8.) L. 4. de tutor. et curat. (26, 5.) et Chronicon Parmense ad ann. 1298.

¶ COMPROMISSARII etiam dicuntur, quibus electio per *Compromissum* facienda creditur : qua notione legitur in Chronico Mellicensi pag. 459. col. 2. et alibi non semel.

¶ COMPROMISSIO, Pactum, conventio, fœdus initum et *promissum.* Promissio fidelitatis Petri de Bosembergk Camerarii Joanni Bohemiæ Regi ann. 1315. apud Ludewig. tom. 6. Reliq. MSS. pag. 37 : *Tunc gratiæ Domini mei Regis memor, non obstante Compromissione illiusmodi inita*, (cum quibusdam aliis de ferendo mutuo subsidio) *ut præmittitur, cum iisdem ipsum Dominum meum Regem juvabo.*

¶ COMPROMISSOR, Fidejussor, qui simul cum aliis aliquid *promisit.* Fœdus Kasimiri Regis Poloniæ cum Imperatore ann. 1356. apud Ludewig. tom. 5. Reliq. MSS. pag. 499 : *Quod de pecuniis omnibus, de quibus eædem literæ mentionem constituunt, dictus Dominus Imperator, Boemiæ Rex ac Fidejussores et Compromissores sui, liberi sint totaliter et penitus absoluti.*

COMPROMISSUM. Inter electionum in Episcopos aut Abbates formas, quarum mentio est in Decretal. Gregor. IX. tit. de Electione lib. 1. una est quæ *per Compromissum* appellatur. Cum videlicet dissidentes invicem Electores, transferunt potestatem eligendi tribus vel pluribus, juramento plerumque astrictis, qui omnium vice eligant personam idoneam, et secundum formam Concilii Generalis. Hujusmodi electionis per Compromissum exemplum exstat apud Sidonium lib. 7. Epist. 9. in Gestis Innocentii III. PP. pag. 83. in Actis Joan. Majoris Episc. Andegav. tom. 10. Spicilegii Acheriani, etc. Vide Leges *Alfonsinas*, seu *Partidas*, part. 1. tit. 5. lege 20. et infra in voce *Medianus.*

¶ COMPROMISSUM *de alto in bassum et de basso in altum facere*, in Sententia arbitrali ann. 1497. de iis dicitur litigantibus, qui arbitris electis supremam omnimodamque tribuunt litis dirimendæ facultatem. Vide *Alte et basse.*

¶ COMPROVINCIALIS, Ejusdem provinciæ. *Comprovinciales Episcopi*, tom. 1. Concil. Hisp. pag. 196. *Circulus Raceburg cum aliis Comprovincialibus pertinentiis*, in Charta Henrici Ducis Saxoniæ ann. 1158. apud Ludewig. tom. 6. Reliq. MSS. pag. 237. [** Consortes marcæ dicuntur *Comprovinciales* in Chart. Annon. Episc. Mind. ann. 1183. ap. Treuer. Hist. Munchhaus. Cod. Dipl. pag. 6.]

* COMPS, Lignum quoddam. Pedag. castri de *Les* ann. 1263. ex Cod. reg. 4659 : *In fusta de Comps battitorii, xj. sol.*

¶ COMPTABILIS, f. Numeratus, a Gall. *Compte*, Numerus. Polyptych. Fiscamn. ann. 1235 : *Durandus de Lametria... reddit duo centum pipellarum et tres anguillas Comptabiles.*

* Idem videtur quod Gallicum *Comptable*, solvendo debito idoneus, admittendus, vulgo *Recevable.*

* COMPTALE, Pascuum, pastura. Sentent. Henr. dom. de Causanciis senescal. Vascon. ann. 1263 : *Item* (conquerebantur) *super eo quod, ratione Comptalis sive paduenti terræ, recipiebat* (Girardus dom. Blaviæ) *ab prædictorum abbatum* (Blaviæ) *et militum hominibus bladum et alia indebite et injuste.*

¶ COMPTALIA, f. Præstatio vel servitus Comiti debita. Transactio anni circiter 1193. ex Archivo S. Victoris Massil. : *Donat... excepta Comptalia et villa de Cloquerio, etc.* Vide *Comtalia.*

¶ COMPTARE, Ornare, apud Murator. tom. 2. pag. 103. col. 2. in Agnelli libro Pontif. : *Hæc, ut dixi, valde Comptavit, sed nunc a malignis hominibus destruitur.* Vide *Comptitare.*

¶ COMPTATUS, Comitatus, Gall. *Comté.* Tabularium Rothon. : *Anno* XXI. *imperii Ludowici tenente Richowino Comptatum Nanneticum.* [* Vide *Comitatus* 3. et *Compotum.*]

* COMPTIO, Concio, congregatio. Stat. Placent. lib. 1. fol. 4. r°. : *Omnes condemnationes et absolutiones criminales, quæ fient per potestatem vel alios quoscumque communis officiales, teneantur potestas et ipsi of-*

ficiales incontinenti, postquam fuerint latæ in publica Comptione, tradere et consignare camerario communis Placentiæ. [** Nithard. lib. 2. cap. 9 : *Comptionem advocat, concilium iniit, etc.*]

¶ **COMPTITARE**, Comere, ornare. Agnellus in lib. Pontificali apud Murator. tom. 2. pag. 58. col. 2 : *Ex una autem parte frontis interius triclinei mundi fabricam Comptitavit.* Vide *Comperta.*

COMPTORES, Comptoria. Vide *Comitores.*

* **COMPTORIUM**, Mensa, nostris alias *Comptouoir.* Vide infra in *Computatorium.* Arest. ann. 1325. 25. Jan. in Reg. *Olim* parlam. Paris. : *Comptoria, nappas, pannos, lintheamina, utensilia .... ceperunt et secum asportaverunt.*

¶ **COMPUGNATIO**, Pugna, Gall. *Combat.* Isidorus in Additione ad Librum S. Hieronymi de Viris illustr. : *De Compugnatione virtutum ac vitiorum.*

* **COMPULS**, Pultis species. Carmen anonymum apud D. *Le Beuf* tom. 2. Dissert. pag. 423 :

Nam tibi Hadda prior nocte non amplius unum
In Traject mel Compultimque buturque ministrat.

* **COMPULSA**, Coactus, vis. Pax Brestensis ann. 1436. inter Leg. Polon. tom. 1. pag. 118 : *Liberum sit vendere hujusmodi res seu merces absque impedimento et Compulsa.* Infra pag. 123 : *Sine impedimento et angaria.*

1. **COMPULSARE**, [Omnes simul campanas pulsare.] Vide *Pulsare signa.*

¶ 2. **COMPULSARE**, Compellere, exhibenda in judicio instrumenta exigere, Gall. *Compulser.* Acta SS. Maii tom. 3. pag. 543. de S. Isidoro Agricola : *Cum facultate Compulsandi alios processus scripturasque authenticas eodem spectantes. Compulsit*, συνήλασεν, *Compulit*, in Supplemento Antiquarii.

¶ Compulsatoriæ Litteræ, Gall. *Compulsoires*, Quibus Tabellio adigitur ad documenta litiganti necessaria exhibenda. Legitur in mox laudatis Actis S. Isidori. Jurisconsulti frequentius dicunt, *Compulsoriales*, quam *Compulsatoriæ.* Vide *Compulsoria Littera.*

¶ Compulsamentum, Compulsio. Fulgentius Mythol. 3 : *Sororum Compulsamento percita.*

* **COMPULSIO**, Practicis nostris *Contrainte*, Actio, qua quis per sententiam judicis aliquem compellit ad aliquid exequendum. Pactum inter vicecom. Lemovic. et homines castri Lemov. ann. 1275. tom. 3. Ordinat. reg. Franc. pag. 64. art. 19 : *Et quascumque Compulsiones faciebant aut fecerant pro prædictis, revocent et faciant revocari usque ad terminos antedictos.* Aliud ann. 1392. ibid. tom. 8. pag. 203. art. 10 : *Compulsionem faciet dictus capitaneus absque salario.*

* Compulsio, Jus ejusmodi *compulsione* juridica uti. Pariag. inter Phil. V. et priorissimam *de Paulhaguet* ann. 1316. in Reg. 56. Chartoph. reg. ch. 273 : *Retinemus..... nobis priorissis tailhias, et manobras, et alias servitutes nobis et prioratui nostro debitas, et Compulsiones pro prædictis.*

COMPULSORES, Fiscalium onerum exactores, qui publicis functionibus obnoxios ad solutionem compellunt. Ἐπείκται, et ἐκβιβασταί, in Basilicis; Ἐπείκτης τοῦ βασιλέως, apud Cedrenum in Leone Philos. Κατεπείγοντες, Libanio Orat. contra Florent. Gloss. Lat. Gr. : *Compulsio*, εἴσπραξις, ἀπαίτησις. Glossæ Gr. Lat. : Ἔπαξις, *instantia, compulsio.* Occurrunt ejusmodi *Compulsores* passim apud Ammianum lib. 22. Senatorem lib. 5. Epist. 39. lib. 7. Epist. 45. lib. 9. Epist. 4. lib. 10. Epist. 30. lib. 12. Epist. 8. Ennodium lib. 7. Epist. 10. in l. 7. de Executoribus l. 3. de Luc. advoc. lib. 12. Cod. (60 et 61.) l. 5. Cod. Theod. de Offic. Rector. provinc. (1, 7.) l. 16. de Jure fisci (10, 1.) l. 34. de Annona, (11, 1) et l. 15. de Exaction. (11, 7.)

Compulsores Exercitus, apud Gothos, Qui milites in hostem exire compellebant. Lex Wisig. lib. 9. tit. 2. § 2 : *Servi Dominici, id est, Compulsores exercitus, quando Gothos in hostem compellunt exire.* § 9. *Inferiores sane vilioresque personæ, Thyaphad scilicet, omnisque exercitus Compulsores, etc.*

Compulsores, in Monasteriis, Qui officii Canonici Horas indicant, Monachos ad Ecclesiam cogunt : apud Cassianum lib. 3. de Cœnob. instit. cap. 2.

* **COMPULSORIA** Litera, Qua judex rem aliquam executioni mandat. Lit. ann. 1411. tom. 9. Ordinat. reg. Franc. pag. 599 : *Sic quod in Compulsoriis, quæ super eisdem instrumentis emanantur, tres duntaxat admittantur exceptiones, etc.* Vide ibi notam docti Editoris.

COMPURE, Papiæ, *Bene, diligenter.*

COMPURGATOR, [Testis qui una cum reo jurabat, ut absolveretur. Inquisitores Albigensium hujusmodi Compurgatores admittebant, qui fidem facerent pro suspectis de hæresi. Modus procedendi contra Hæreticos apud Marten. Anecd. tom. 5. col. 1801 : *Qualiter Compurgatores jurare debeant. Compurgatores jurabunt in hunc modum : Ego talis juro per Deum et hæc sancta quatuor Evangelia, quæ in manibus meis teneo, me firmiter credere, quod talis non fuit Insabbatus, Valdensis, vel Pauperum de Lugduno, neque Hæreticus credens eorum erroribus, et credo firmiter eum in hoc jurasse verum.* Post hoc juramentum additur : *Videat tamen Judex quia ex quo certum numerum Compurgatorum duxerit alicui injungendum, non est honestum, quod postea mutet, ut sic Lateranense Concilium illudatur.*] Vide *Juramentum* ad lineam, *Sacramentarii.*

COMPUTARE, Narrare, Gall. *Compter.* [* *Conter.*] Regino lib. 2. de Ecclesiast. Disciplin. cap. 231. et Burchardus lib. 7. cap. 25 : *De illa parentela, quam dicunt esse inter illum et istam ejus conjugem, quidquid inde scis vel audisti Computare a tuis vicinis, aut suis antecessoribus, quod tu per nullum ingenium.... celabis Episcopo tuo, etc.*

* *Aconter*, in Vita J. C. MS :

Quant il oi de Deu parler,
Et des miracles Aconter,
A ses noches l'en a mené.

Vide *Computus* 2.

* 2. **COMPUTARE**, Scribere, vel Legere. Scheda vetus laudata tom. 3. Mart. Act. SS. pag. 467. col. 2 : *Domino Cencio de Fraiapanis juramentum Computante, etc.*

* 3. **COMPUTARE**, Rationem reddere, Gall. *Rendre compte.* Stat. synodi Senon. ann. 1269. in Chartul. episc. Paris. fol. 169 : *Durabit autem præsens statutum usque ad sequens concilium; et tunc melius videbitur quis fructus ex hoc poterit provenire, et de hoc Computabunt in concilio subsequenti. Conter escos*, male sonat, in Lib. rub. fol. parvo domus publ. Abbavil. ad ann. 1288. fol. 95. r°. : *Canepins a esté fustés .... pour Conter esquos, (infra Conter escos) et pour mellées, et pour sairemens trespassés.* Vide supra *Assidator scotorum.*

* **COMPUTARIUS** Liber, Gall. *Livre de compte*, Rationum sive accepti et expensi liber. Stat. MSS. eccl. S. Laurent Rom. : *In qua (arca) illud quod super venit una cum libro Computario et aliis instrumentis dictæ fabricæ pertinentibus ponantur.*

¶ **COMPUTARIUS**, Computatio, Computator. Vide in *Computus* 1.

COMPUTATRICES. Vide in *Cantatrices.*

* **COMPUTATORIUM**, Aula in qua rationes excipiuntur, vel ubi pecunia numeratur. Reparat. factæ in senescal. Carcass. ann. 1435 : *Ad introitum magni Computatorii thesaurariæ Carcassonæ, etc. Comptouer*, pro Jurisdictione eorum, qui de re monetaria judicant, in Lit. ann. 1405. tom. 9. Ordinat. reg. Franc. pag. 66 : *Et pour accomplir l'ordonnance des monnoyes, contenue ès lettres dessus transcriptes, il a esté deliberé par le Comptouer, etc. Comptouoir*, pro *Comptoir*, Arca seu mensa, in qua pecunia servatur. Lit. remiss. ann. 1398. in Reg. 154. Chartoph. reg. ch. 126 : *Aucuns siens serviteurs (du chevalier) lui avoient rapporté que ilz l'avoient veu (ladite Jehannete) furiller et aler outour ledit Comptouoir.* Vide alia notione in *Computus* 1.

* **COMPUTRIBILIS**, Conjunctim putridus. Epist. Dieder. episc. Met. ann. 984. tom. 9. Collect. Histor. Franc. pag. 280 : *Abhinc nisi resipiscas, Spiritus sancti gladio, qui mihi commissus est, te cum tuis Computribilibus membris rescindam.* Id est, cum scelerum sociis.

1. **COMPUTUS**, Compotus, vel Compotum, et Computum. Joan. de Janua : *Compotus, a Computo, as, numeratio, vel numeri assignatio, vel doctrinalis ars. Antiqui tamen dicebant Computus, sicut exigit derivatio, quod nos abhorremus, propter vocis absonantiam.* Est igitur Computus *numeratio*, vel *numeri assignatio* : qua notione Julius Firmicus, si Scaligerum audimus, primus usus videtur. Idem Firmicus lib. 1. cap. 2 : *Cursus hos sydernm assiduæ observatione Computationis invenimus.* Infra : *Vides ut primos discentes Computos digitos tarda agitatione deflectant?* Lib. 3. cap. 11 : *Cœlestium rerum scrutatores, alii enim Computos exercent, alii difficilium litterarum aut inventores aut magistri oriuntur.* Lib. 4. cap. 1 : *Scient Computos, scient Musicam, etc.* Cap. 2 : *Cœlestibus religionibus occupatos, seu peritis Computationibus syderum cursus interpretantes.* Lib. 6. cap. 30 : *Et quantacumque Computus fecerit summam.* S. Hieron. Epist. 58. cap. 2 : *Omnes propositionum vestrarum calles ad unum Computum confluunt.* Utitur etiam Innocentius de Casis

litterarum. Versus antiqui apud Hariulfum lib. 4. Chron. Centul. cap. 36. :

Ex his thesaurus fit mercibus amplior unus,
Quem numerare nequit, vel si quis Compota novit.

Leges Edwardi Confess. ubi de urbe Londinensi : *In ea itaque supersunt ardua Compota, et ambigua Placita coronæ, et curiæ Domini Regis.*

COMPUTATOR. Gloss. Gr. Lat. : Συμψηφιστής, *Computator*. Σύμψηφος, *Computator*. S. Hieronymus in Quæst. Hebraicis : *Ipsi enim erant doctores, Computatores et magistri, sive ad festivitates celebrandas, sive ad cætera.*

* *Compteur*, idem videtur qui Thesaurarius, in Charta ann. 1431. ex Chartul. 23. Corb. : *Comparut en sa personne Jehan le Merchier, ou nom et comme procureur de laditte ville de Corbye, et a recognut comme les Compteurs de laditte ville, par certain sergent à mache dicelle ville, avoient ou eussent fait contraindre, etc.* Vide Ordinat. reg. Franc. tom. 9. pag. 610. art. 11. *Compteur* præterea appellatur, qui ex officio lignum vendendum numerat, et ejusdem salarium *Comptaige*, in Ordinat. ann. 1415. ex Reg. 170. Chartoph. reg. ch. 1 : *Item les molleurs et Compteurs auront droit de Comptaige et mollage de toute maniere de busche vendue et livrée à Paris à compte et à molle.*

* COMPOTUM TENERE, Phrasis Gallica, *Tenir compte, priser*, Æstimare. Lit. remiss. ann. 1395. in Reg. 149. Chartoph. reg. ch. 164 : *Respondit dictus Raymundus quod ea quæ arrestaverat* (bajulus) *ipse desarrestabat, et quod de ejus arresto aliud Compotum non tenebat, quam de pejori fundo femoralium sive bracarum totius patriæ faciebat. Acompter*, eodem sensu, legitur in aliis Lit. ann. 1393. ex Reg. 144. ch. 265 : *La femme Jehan Poulain se complaignist que Pierre le Leu et Gilet son frere...... lui avoient dit villenie, ... disans qu'ilz ne Acomptoient à elle ne aux siens un festu.*

¶ COMPUTATORIUM, f. Mensa, qua utuntur in Computis faciendis, Gall. *Comptoir*. Memoriale anni 1364. apud D. *Brussel* tom. 2. de Usu feudorum ad calcem pag. CXXI : *Dominus Rex surrexit de camera requestarum, quæ tunc sibi fiebant, et ivit ad aliam minorem cameram bene prope, in qua erat paratum unum Computatorium.*

¶ COMPUTORUM CAMERA, Gall. *Chambre des Comptes*, Suprema regalium rationum Curia, cujus est accipere rationes dominii Regii, ejusdem instrumenta omnia servare, lites de eo obortas dirimere, homagia vassallorum excipere, etc. Hæc *Camera* antiqua est apud nos, et ipsi Regno, ut creditur, coæva; probabilissimum enim est semper extitisse viros Palatinos, quibus *Computa* seu rationes ederentur denariorum fiscalium. His rationum Præfectis nullum erat olim stabile domicilium : quocumque Rex pergebat, pergebant et ipsi. Sunt qui putant *Camerum Computorum* Parisiis a S. Ludovico stabilitam fuisse; quod in illius Regis Præcepto anni 1262. legatur : *Que ceux qui auront receu et despendu les biens des villes, viennent à Paris pour rendre Compte à nos Gens, de leur recette et de leur dépense.* Sed verisimilius est id non contigisse nisi regnante Philippo Pulcro, qui ut *Parlamentum* ita et *Cameram Computorum* Parisiis constituit. Huic *Cameræ*, quæ unica tum erat in toto regno Gallicano, rationes referebantur omnium Provinciarum : sed aliæ postmodum in variis urbibus institutæ sunt, quarum jurisdictio certis limitibus coercetur. Rotomagensis ab Henrico III. instituta Curiæ vectigalium ejus urbis ab eodem Rege conjuncta est ann. 1580. Aliæ sunt Divionensis, Nannetensis, Montispessulana, Aquensis, Gratianopolitana, Mettensis et Palensis, ambæ supremo harumce urbium Senatui copulatæ; ac tandem Insulensis pro regionibus in ditionem Ludovici Magni redactis. In iis omnibus Curiis Præsides sunt, Regiarum rationum Magistri, Auditores, Correctores, Advocatus et Procurator generales, ac demum Scriba, aliique, sed inferioris ordinis Officiales seu Ministri.

☞ Suas etiam habuere *Cameras Computorum* Dalphini Viennenses, quas *Computatorum Banchas* appellabant. De his audiendus est Humbertus II. in sua Ordinatione de variis Officiorum generibus ann. 1340. in Hist. Dalphin. tom. 2. pag. 402 : *Unde cupientes*, inquit, *imitari Prædecessorum nostrorum, aliorumque Regum et Principum bonos mores et anticas consuetudines pro reformatione agendorum suorum et consulto regimine, ut Computorum examinatio, dubiorum declaratio, et negotiorum concurrentium frequens collatio, modo et forma debitis fieri possint, Magistrorum Rationalium et Computatorum Bancham in dicta civitate Grationopolitana teneri perpetuo statuimus et immutabiliter ordinamus, volentes quod quatuor inter Magistros Rationales et Computatores, et non plures, ad ipsum exercendum Officium sint certitudinaliter deputati, ibidem personaliter residendo, qui Computa nova et vetera, ac præsentia et futura diligenter examinent, neminem gravando prece, pretio, timore, gratia et amore, nec jura nostra aliquatenus obmittendo, nec minus pro dubiis concurrentibus declarandis ad nos, vel ad dictum nostrum Consilium debeant habere recursum, et alia conservare procurent quæ nos sub sigillo nostro trademus iisdem.*

☞ Superioribus quatuor Magistris Rationalibus et Computatoribus unus additur ad scribenda Computa et scripturas alias opportunas Notarius fidelis et idoneus, qui nihil aliud præter sexaginta florenos auri per annum, pro arrestis et scripturis seu aliter ratione dicti Officii recipere teneatur; sed de Cancellario, de jure sigilli et de arrestis satisfactionem recipiat competentem.

COMPOTUS, seu COMPUTUS, apud Scriptores, *Ecclesiasticus* potissimum intelligitur, uti definitur a Durando lib. 8. Rational. cap. 1 : *Notitia cursus lunæ ac Kalendarum*, seu *scientia certificandi tempus secundum solis et lunæ progressum*. Quæ quidem methodus a Græcis ψηφισμὸς τῶν τοῦ ἡλίου καὶ τῆς σελήνης ἐτῶν dicitur, Hebræis *Embolismus*, seu *mysterium embolismi*, a parte totum. In Computo autem præsertim docentur, tempus Paschatis, Cyclus decemnovennalis, Epactæ, Bissextus, saltus Lunæ, 4. Tempora, Kalendæ, Idus, etc. Concurrentes, et alia hujusmodi. Eadmerus in Vita S. Wilfridi cap. 10 : *Quatuor ab eo libros Evangeliorum, rationabilem Paschæ terminum, aliaque nonnulla quæ in patria sua nequiverat, didicit.*

Compoti notitiam Presbyteris et Clericis adeo necessariam censuerunt veteres, ut Statuta Ecclesiastica seu Episcoporum pro suis diœcesibus, pene omnia, illud iis magna cum sollicitudine ediscendum præscribant. Cap. Aquisgran. ann. 789. cap. 70. et Capitula Caroli M. lib. 1. cap. 68 : *Ut Scholæ legentium puerorum fiant, Psalmos, Notas, Cantus, Compotum, Grammaticam,... discant.* Lib. 4. addit. 1. § 5 : *De Computo, ut partes discant omnes.* Eadem habentur lib. 6. cap. 226. [** 259.] et in Capitulari ejusdem ad Salz cap. 5. Herardus Turon. Archiepisc. in Capitulis : *Ut Presbyteri Computum discant.* Ratherius Veronensis in Synodica ad Presbyteros, et Inquisitio de Presbyt. apud Reginonem cap. 92 : *Compostum minorem, id est, Epactas, Concurrentes, Regulares, Terminum Paschalem, et reliquos, si est possibile, sapiat.* Ita apud Hincmarum in Capit. ann. 852. cap. 8. Haitonem Basileensem Episc. in Capit. cap. 6. Walterium Aurelian. Episc. in Capitul. cap. 22. Joan. Abbatem S. Arnulfi in Vita B. Joan. Abb. Gorziensis cap. 3. num. 18. etc. Adde Lambecium lib. 2. Comment. de Bibl. Cæsar. pag. 212. Ea etiam notione *Compotum* usurpat Aimoinus in Vita S. Abbonis Floriac. cap. 7 : *Post exaratas Compoti calculationes, post solis ac lunæ viarum declaratas dimensiones, in divinas quoque animum intendit.* Rudolphus Presbyter auctor est Rabanum *de Computu confecisse dialogum unum.* Hunc nuper edidit Steph. Baluzius lib. 1. Miscellan. Scripserunt præterea *Compotos* Venerabilis Beda in Carminib. quæ inscribuntur *de Variis Computus regulis*, et lib. *de Ratione Computi* : Manfredus, cujus Compotus habetur tom. 1. operum ejusdem Bedæ : Gilda, cujus Compotum haberi MS. in Bibliotheca Cottoniana monet Usserius Armachanus in Epistol. Hibernic. Pandulphus Capuanus, ut auctor est Petrus Diacon. de Viris illustr. Casin. cap. 26. Fulbertus in Poemat. pag. 180. Chilpericus, vel Helpericus Abbas, apud Vincentium Belvac. lib. 25. cap. 9. Trithemium et Mabillonium; Cassiodorus, Richardus Præmonstr. Abbas apud Pithœum pag. 256. Magister Anianus, Durandus lib. 8. Rational. Joannes de Janua, ut ipse testatur in V. *Concurrens*, et alii, præter veteres, qui de Cyclo Paschali scripsere. Cujusmodi sunt e Græcis, S. Maximus, Andreas Cretensis, Nicephorus Gregoras, Isaacus Argyrus, et alii, quorum computos collegit Petavius, in Uranologio.

* *Compoust* Gallice, in Lit. remiss. ann. 1472. in Reg. 197. Chartoph. reg. ch. 278 : *Ung frere du suppliant, qui va à l'escolle et alloit estudiant le Compoust.*

COMPOTISTA, *Qui docet Compotum, vel qui vacat Compoto*, Joanni de Janua. *Artis Computatoriæ magister*, apud Monachum Egolismensem in Vita Caroli Magni ann. 787. *Calculator*, apud eumdem eod. anno : Εμβολιστής Judæis, ut auctor est Scaliger. Honorius cap. 88 : *Victorius natione Aquitanicus, Calculator studiosissimus composuit Paschalem Cursum post quatuor priores Compotistas, id est, Hippolytum, Eusebium,*

Theophilum, et Prosperum. Charta Sancii Regis Navarræ 1061. apud *Yepez* in Chronico Ordinis S. Benedicti tom. 4 : *Sunt præterea bene instructi ad Ecclesiastica officia Psalmistæ, Computistæ, Cantores, Lectores, et fide sancta pleni.* Thwroczius in Carolo Rege Hungariæ cap. 97 : *Quorum Walachorum numerum ibi per Ungaros occisorum subtilis solummodo infernalis Compotista collegit.* Epitaph. Joannis a Sacrobosco :

De Sacrobosco qui Compotista Joannes, etc.

Computarius, Eadem notione, apud S. Columbanum Epist. 5.

¶ Computorium, Sacrorum fastorum liber. Vita S. Mathildis Reginæ, inter Acta SS. Benedict. sæc. 5. pag. 351 : *Dedit etiam ei in manu Computorium*, id est, Kalendarium cum Necrologio communi solitum, inquit Mabillonius, *in quo nomina defunctorum procerum scripta erant, etc.*

Computus, Sertum globulorum, vulgo Rosarium. Hispani *Cuentas*, numerorum calculos, seu rationes vocant. Guill. de Thoco in Vita S. Thomæ Aquin. num. 106 : *Computum suum, cum quo quotiens diceret orationem Dominicam, numeraret.* Vide *Capellina.*

Compotus. Charta Jacobi II. Regis Aragon. ann. 1307. in Foris Aragon. lib. 9 : *Nobis humiliter supplicarunt quod faceremus augeri et cudi dictam monetam Jaccensem, sub eadem lege, pondere, et figura, usque ad quatuor Compotos et dimidium, sic quod esset dimidius Compotus obolorum, et nos quatuor Compotos et dimidium faceremus cudi a festo S. Michaelis proximi ad tres annos continue numerandos.* Eadem habentur in Charta Petri II. Reg. Arag. ann. 1350. ibidem.

¶ 2. **COMPUTUS**, vel Computum, Fabula, commentum, Gall. *Conte, Fable.* Articuli contra Bernardum *Saget* Episc. Apamiarum circiter annum 1300. apud Marten. Anecd. tom. 1. col. 1333. C. : *Item mandavit sibi dictus Episcopus, quod haberet bonum cor et nobile, et quod omnia venirent sibi ad votum, asserens prædicta posse fieri de facili, quia Rex omnino nihil valebat, et mandavit sibi unum Computum de ave. Aves elegerunt in Regem quamdam avem vocatam Duc, et est avis pulchrior et major inter omnes aves, et accedit semel quod Pica conquesta fuerat de Accipitre dicto Domino Regi, et congregatis avibus, dictus Rex nihil dixit nisi quod flavit Vel. Idem de Rege nostro dicebat ipse Episcopus, qui ipse est pulchrior homo de mundo, et tamen nihil scit facere, nisi respicere homines.*

¶ **COMTALIA**, f. Præstatio vel servitus Comiti debita. Sententia arbitralis ann. 1316. inter Priorem B. Mariæ de Manuasca et Priorem Hospitalis S. Ægidii ex parvo Chartulario. S. Victoris Massil. fol. 157 : *Faciebant exactiones, Comtalias, cavalcatas, corroatus, lesdas, tascas, linguas boum et lumbos porcorum, justitias tam civiles quam criminales, firmantias, fidelitates, juramenta, bannum vini, etc.* Vide *Comptalia* et *Contalia.*

* An non potius Exactio pro pascuis? Vide supra *Comptale.*

¶ **COMTOR**, Comtoria. Vide *Comitores.*

* **COMTORESSA**, Uxor *Comtoris.* Vide *Comitores.* Charta Roger. comit. Fuxi ann. 1221. inter Probat. tom. 2. Hist. Occit. col. 418 : *Estque notandum quod abbas Lezati non debet dare comedere vel pecuniam suam ad comitissam Fuxi, nec filiabus suis, nec ad Comtoressas, scilicet de Villamuro, Altæ ripæ atque Marquefaræ, nec filiabus earum.*

¶ **COMUE**, pro *Commune* variis notionibus, de quibus supra. Passim occurrit.

¶ **COMULA**, Parva Coma. Legitur apud Commodian. Instr. 60. 11. et Petron. ut jam habetur in voce *Betalis.*

* **COMUNARIUS**, Qui in *Communia* aliquod municipale officium exercet, idem, ut videtur, qui thesaurarius, pecuniæ communis custos. Charta ann. 1221. inter Probat. tom. 3. Hist. Occit. col. 273 : *Quod nemo de cetero possit...... patrem, nec filium, nec fratrem, nec quemquam in domo sua manentem mittere vel eligere pro Comunario, aliquo tempore, ullo modo; sed alteri, exceptis prædictis, consules et Comunarii eligantur quoquo anno...... Comunarii electi ab eisdem consulibus teneant illam pecuniam et numma.* Vide supra *Communalis* 2. et *Communerius.*

* **COMUNE**, Comunis. Vide supra in *Communis* 2.

* **COMUNUUM**, Idem quod *Communia*, homines alicujus communiæ. Charta ann. 1342. in Reg. 74. Chartoph. reg. ch. 62 : *Sciendum tamen est quod pro dicta molneria,... facere debebamus et consueveramus magistratum dictæ rotæ cum Comunuo, operariis, lignis, lapidibus, aliis omnibus ad dictam rotam necessariis universitati prædictæ.*

* **COMURARE**, Communire. Liber censuum eccl. Rom. : *Urbanus PP. II. cœnobium Generesen. in Guasconia in jus et proprietatem sedis Apostolicæ recepit et privilegio Comuravit, sub annuo censu ij. unciarum auri.*

1. **CONA**. Joan. de Janua : *Merga, furca cum qua Cona segetis portatur. Merges, garba segetis, scilicet gononus, sive Cona, vel manipulus.* [Epist. Hamburgensium ad Henricum IV. Regem Angliæ ann. 1403. apud Rymer. tom. 8. pag. 297. col. 1 : *Habuit in ea (navi) decem et octo Conas allecum ad ipsos veraciter, ut idem Johannes asserit, pertinentes.* Hic *Cona* cadus est, Gall. *Caque*, certam complectens alecum quantitatem. Papiæ MS. : *Cona, Alta rotunditas.* Est Conus Latinorum, Gal. *Cone.* Vetus Gl. San-German. MS. n. 501 : *Cona, Poma silvestria.*] [** In Epist. Hamburgens. legendum *Tona.* Vide *Tunna.*]

2. **CONA**, Clima, vel angulus, ex Gall. *Coin.* Poëta anonymus de Pontificib. Eboracensib. :

Harmoniam cæli, solis lunæque labores,
Quinque poli Conos, errantia sidera septem,
Astrorum leges, etc.

☞ Recte pro *Cona* corrigit Valesius in Valesianis *Zona* : quod Anonymus noster hausit a Virgilio, apud quem : *Quinque tenent cœlum Zonæ*, sicut *Solis Lunæque labores* et *Errantia sidera.*

¶ 3. **CONA**, pro *Icona*, Figura, Sacrum numisma *rosario* appensum. Hist. Dalphin. tom. 2. pag. 275. in Computo anni 1333. et seqq. : *Pro... duobus filis de paternostris de curallo et duobus filis de paternostris de vitro, et una Cona de plumbo, etc. unc.* 1. *taren.* VIII. *gran.* XVIII. Ibid. pag. 279 : *Item, pro factura cujusdam Conæ de mandato Domini taren.* v. Vide *Icona.*

¶ **CONABBAS**, Abbatis Vicarius. Vita B. Notkeri Balbuli tom. 1. April. pag. 585 : *Temporibus prædicti Grimaldi Canonici Abbatis et Harmoti ejus Conabbatis.* Vide *Coabbates.*

* **CONABILIS**, Laboriosus. Cæl. Aurel. Acut. lib. 3. cap. 1 : *Conabiles et laboriosi vomitus.*

¶ **CONABISTO**, *Concludito.* Papias MS. Gloss. Sangerm. MS. n. 501. habet, *Concabisto, Concludito.* [** Gloss. Lat. Gr. *Conclavo*, Συγκλώω.]

¶ **CONABUS**, *Phiala ænea aut pelvis*, apud Sussannæum in Vocabulario. Gr. κόναβος, Sonitus, strepitus; sed nihil ad phialam aut pelvim.

* **CONALIA**, Agenda, tentanda. Formulæ Mss. ex Cod. reg. 7657. fol. 19. v°. : *Prudentia prospicax futura maxime attente conspiciens omnia disponit, opportuna præparat et eventura devitat, et dum Conalia ante tempus excogitat et subcidia meliora præmunit.*

* **CONANDRUM**, *La fiore de l'ortica.* Glossar. Lat. Ital. Ms.

¶ **CONARDI**. Vide *Abbas Conardorum.*

¶ 1. **CONARE**, pro *Conari*, in Actis SS. Maii tom. 6. pag. 97 : *Quantum auferre Conaverat.* Pluries occurrit alibi.

* 2. **CONARE**, Cudere, a Gall. *Coin*, sigillum ferreum, quo nummi cuduntur, ut infra *Coniare.* Bened. abb. Petroburg. de Vita Henr. II. reg. Angl. edit. Hearn. tom. 2. pag. 611 : *Et ne aliquis Conet monetam domini regis, in qua moneta apparebit, nisi fracta fuerit infra circulum.*

* **CONATIO**, Vox medicorum, cum scilicet stricta alvo nihil egeri summis viribus potest. Alex. Iatrosoph. Ms. lib. 2. Passion. cap. 80 : *Patitur igitur Conationes cum assellandi delectatione et ventositate.*

* **CONATRIX**. Charta Loth. reg. ann. 961. tom. 9. Collect. Histor. Franc. pag. 624 : *Unde gloriosissima mater nostra Gerberga regina, ecclesiarumque Conatrix, etc.* Ubi Labbeus in Miscel. Cur. pag. 536. edidit *Curatrix.*

¶ **CONATUS**, *Anxius*, in Onomastico ad calcem Actorum SS. Benedict. sæc. 4. part. 2.

¶ **CONAUDITOR** Dalphinalium Computorum, in Litteris anni 1345. Hist. Dalphin. tom. 2. pag. 529. col. 1. unus est ex *Auditoribus* seu *Magistris Rationalibus*, de quibus supra in *Computorum Camera.*

¶ **CONBATUS**, pro *Concubinatus.* Vide *Concuba.*

* **CONBINARE**, Conjungere, innectere, copulare. Chron. Anonymi Leobiens. ad ann. 1336. apud Pezium tom. 1. Script. rer. Austr. col. 945 : *Quem (comitem) dux Otto sibi in familiaritatem militaris contubernii Conbinavit, etc.* Vide *Combinare.*

¶ **CONCA**. Vide *Concha.*

¶ **CONCADA**, Modus agri, tertia circiter parte minor arpento. Sententia arbitralis anni 1292. MS. in Archivo Monasterii Gimontis in Occitania : *Arpentum computetur de centum duabus libris cum octo squaquis, et Concada terræ computetur de septem.*

ginta quatuor libris cum decem squaquis ad perticum superius memoratum. Vide Concada post Concha 3.

¶ CONCÆNA. Vide Concœna.

¶ CONCÆSA. Vide Concisa.

CONCAGATUS, Concacatus, sordidatus: Gallis, *Foireux*, *Breneux*. Lex Salica tit. 32: *Si quis alterum cenitum clamaverit... si quis alterum Concagatum clamaverit*, 120. *denar... culp. jud.* Glossar. Lat. Galli: *Crucientatus*, *Conchié de sang.* Le Roman du *Renard* MS.:

Renard se pense qu'il fera,
Et comment le Cunchiera.

Philippus *Mouskes* in Hist. Franc. in Henrico I:

Et de ses hueses emboées
Qui grandes estoient et lées,
Et del tai divier Cunchiées,
Le foula plus de sept fiés.

Alibi:

Ce m'est vis que vous redoutez,
Que mon mantel si Cunciiés, etc.

Mox:

Quar li mantiaus fu depeciés,
Descirés, et Cunciiés.

Vide supra *Cenitus*, et Marcam. lib. 1. Hist. Beneharn. cap. 16. n. 6.

* *Conchier*, nostris, pro *Souiller*, *salir*, Inquinare. Annal. regni S. Ludov. edit. reg. pag. 192: *Il espandirent le sanc des gens, non par la cité seulement, mais toute l'eglise dou sepulcre Nostre Seigneur en Conchierent. Conchiement* vero Rei alicujus deterioris cum alia mixtio, in Charta ann. 1320. ex Chartul. S. Maglor. ch. 195: *Se il avoient aucune presumption de fraude ne Conchiemens contre lesdiz muniers, que il pourroient iceus arrester en leur terre: mes se il est ainsi que lesdiz muniers veulent bailler leur foi, que il n'y ait fraude ne Conchiement, etc.* Stat. pro monetis ann. 1327. tom. 1. Ordinat. reg. Franc. pag. 805. art. 19: *Il doivent faire biaus deniers et nez, sans nul charge et sans nul Conchiement, ne n'y doivent mettre nulle chose, fors ce que le mestre leur baudra, pieur, ne meilleur.* Haud scio an inde vox Gallica *Acongnienture*, pro Impuritas, fæces, in Stat. ann. 1294. ex Reg. 205. Chartoph. reg. ch. 304: *Que ilz ne mettent en la chandelle point d'empirement, comme Acongnienture de chaudiere ou rature d'estaux de boucheries.*

* CONCAMBITIO, Commutatio, in Charta Henr. III. imperat. ann. 1043. apud Leuckfeld. Antiq. Ganderheim. cap. 14. § 10. Vide in *Cambiare*.

CONCAMBIUM, Concambire, etc. Vide *Cambiare*.

¶ CONCAMERA, Idem quod *Camera*. Chartular. Virzionens. fol. VII: *Habetur ibi casa indominicata, Concamera, solaria duo, cellarium, coquina, fenile, lavandria, etc.* Cave ne legendum sit *cum Camera*.

¶ CONCAMERATIO, *Transvolatio*. Papias MS. Melius Gloss. MS. Sangerm. *Fornix*. Vox *Concameratio* Vitruvio nota hac notione. [** Vide *volutio*.]

¶ CONCAMIARE, Concamium, etc. Vide in *Cambiare*.

* CONCAMPIUS, Ager permutatus. Charta commutat. ann. circ. 814. apud Pezium tom. 6. Anecd. part. 1. col. 47: *Si quis deinceps aliquid de ista cartula immutare aut frangere tentaverit, dupliciter, contra quem repetit, componere cogatur, id est, quantum ipse Concampius eo tempore emelioratus, exsolvat, etc.* Vide *Cambiare*.

¶ CONCANONICUS, Ejusdem ecclesiæ Canonicus, in Litteris Henrici Præpositi Canonicorum Monasterii Novioperis ann. 1350. apud Ludewig. tom. 5. Reliq. manuscriptarum pag. 79.

* Occurrit præterea in Lit. ann. 1348. tom. 3. Ordinat. reg. Fr. pag. 289. [** et in Chart. ann. 1222. ap. Schannat. in Histor. Wormat. tom. 1. pag. 151.]

¶ CONCAPACITAS, Capacitas, amplitudo campi vel agri, Gall. *Etendue*, *Espace*. Anamodus lib. 1. Traditionum Sant-Emmerammensium cap. 15. apud Bern. *Pez* tom. 1. Anecd. part. 3. col. 212: *Contra etiam tradidit in Reitinpon Adalpertus talem Concapacitatem et proprietatem, quam in illa Concapacitate habet, conveniente ad causas S. Emmerammi.*

* CONCAPERE, Capere, recipere. Chron. Angl. Th. *Otterbourne* pag. 178: *Pactis hujusmodi confirmatis, Concepit dux Lancastriæ multa milia librarum a rege Castellæ pro tunc in arram, et obsides pro residuo persolvendo.*

¶ CONCAPITULARIS, Concapitularius, Cui cum sodalibus jus est suffragii, Gall. *Capitulant*. Epist. Joannis *Gwarlich* Canonici ad Dominum N. Præpositum Monasterii in Rayttenbuech apud Raimundum Duellium lib. 2. Miscell. pag. 105: *Supplicamus vobis et vestris Concapitularibus vestri Monasterii, quatenus gratiose dignemini sub alas vestræ religiosæ et pervigilis animæ acceptare ad tempus nostræ revocationis exhibitorem præsentium, scilicet Eberhardum Mertem Confratrem et Concapitularem nostri Monasterii in Rebdorf.* Annal. Tolosani Probat. tom. 1. pag. 86. in Arresto Parlamenti Paris. ann. 1335: *Capitularii in sua domo communiter congregati... occasione quorumdam vulnerum Francisco de Gaure eorum Concapitulario quadem die illatorum.*

* Ad ædiles Tolosanos, qui *Capitoux* appellantur, pertinet hoc ultimo loco. Vide in *Capitulum* 5.

¶ CONCAPOLARE. Vide *Capulare*.

CONCAPTIO, Idem videtur quod *Comprehensio*, de qua voce supra. Charta Aleman. Goldasti 71: *Convenit nos una cum consensu fratrum nostrorum, et Advocati Emichonis, ut in Concaptione, quæ sita est in marcho Wangon... hobas 3. dari deberemus.* Vide *Cœptus*. [** et *Bifang*.]

¶ CONCAPTIVATUS, Simul captus. Vita B. Caroli Comitis Flandriæ tom. 1. Martii pag. 209: *Per sex dies commorati sunt Concaptivati.*

CONCAPULARE. Vide *Capulare*.

CONCASUS, Collisus, collisio. *Dentium Concasus* apud Cælium Aurelian. lib. 2. Acut. cap. 12.

¶ CONCATATUS. Sic legit Eccardus in Lege Sal. Cangius autem *Concagatus*: quod vide.

CONCATHEDRARE, Cathedræ, seu honoris sui consortem et participem facere. Pseudo-Ovidius lib. 3. de Vetula:

Te superexaltans, cœlosque locans super omnes,
Et sibi Concathedrans.

Infra:

Non opus est ut eam velit exaltare gradatim,
Sed simul assumet, simul et sibi Concathedrabit.

¶ CONCATHOLICUS, Æque rectus, æque justus. Vide *Catholicus* 4. Canones Hibernens. apud Acherium tom. 9. Spicil. pag. 16: *Sors aut inter duo dubia, aut inter duo æqualia, aut inter duo Concatholica mitti debet.*

CONCAVARIUM, Aquarum receptaculum, cantharus. Fulcuinus de Gestis Abbatum Lobiensium cap. 29: *Refectorium,.. in cujus introitu fecit vestibulum, in quo per subterraneos meatus aquæ ductum fecit, quæ sursum ebulliens ibidem scaturire videtur. Concavaria huic superiori receptaculo præparata, quæ per 4. foramina in supposita alia aquam cribrans, sufficientem fratribus administrationem aquæ distillat.*

* CONCAVATUS, Concavus, Gall. *Concave*, vel in parte concava effictus. Inventar. S. Capellæ Paris. ann. 1376. ex Bibl. reg.: *Item unum magnum repositorium,... habens cruces Concavatas intrinsecus.*

¶ CONCAUSA, Simul causa. Buschius de Reform. Monast. apud Leibnitium tom. 2. Scriptor. Brunswic. pag. 932: *Si nobiscum autem permanseritis, eritis Concausa omnium vos hic subsequentium æternæ salutis.*

* Vox philosophis scholasticis usurpata, aliter *Causa cooperans*.

CONCEDENTIA, *Concessio*, *indulgentia*, *remissio*, *inducia*, συγχώρησις, in Gloss. Græc. Lat.

CONCEILUM, Concelamentum, Concelatio, Voces forenses apud Anglos. Monasticum Anglican. tom. 2. pag. 827: *Et sint quieti... de murdro, et latrocinio et Conceylis, et Ulflat, et hamsoka.* Eadem habentur in Charta alia laudata in *Uslact*.

Concelamentum, Idem quod *Conceilum*, apud Bractonum et in Fleta lib. 1. cap. 38. § 2: *Cum de perjurio vel Concelamento non fuerint convicti, etc.* [necnon apud Rymerum tom. 7. pag. 166. col. 1. in Charta Richardi II. Angl. Regis ann. 1377.]

* Occurrit etiam apud Bellomaner. Ms. cap. 20: *Mes se je tieng l'iretage par mauvaize cause, si comme par forche, ou par nouvele dessaizine, ou par toute, ou Conchelëement, etc.* A veteri Gallico *Concheler*, pro *Celer*, *cacher*. Lit. ann. 1399. tom. 8. Ordinat. reg. Franc. pag. 343. art. 10: *Lesdiz gardes seront tenuz apporter par escript...... toutes les amendes,...... sanz en Concheler aucun.* Guignevil. in Peregr. hum. gen. Ms.:

..... Mais l'apointon muchoit
Derriere li et Concheloit.

Concelatio, Idem quod *Concelamentum*. Vetus Charta tom. 2. Monastici Anglic. pag. 201: *Sint quieti de shiris, et hundredis, et placitis, et querelis, et geldis, et denegeldis, et themanatale, et Concelationibus, et scottis, et assisiis, etc. Conceler*, celare, abscondere, in Consuetudine Normanniæ art. 394. Regestum Feodorum Comitatus Claromontensis in Bellovacis Cameræ Comput. Paris.: *Le Prevost prend amende de 60. sols en plusieurs choses seur non nobles, c'est asavoir se un homs Concele pour quel cas que ce soit les drois de son Sei-*

gneur, il doie 60. *sols.* Infra : *Concelement d'espaves.*

¶ **CONCELARE** Facinora, In iis connivere, Gall. *Les dissimuler.* Chronicon Trivetti tom. 8. Spicil. Acher. pag. 173 : *Nec valentes ratione juramenti.... præmissa facinora ulterius Concelare, nec jura nostra indefensa.*

CONCELLANEUS. Vide *Cellulanus.*

CONCELLITA, Monachus qui in eadem cella vel Monasterio habitat, ejusdem cellæ cohabitator. Sidonius lib. 8. Epist. 14 : *In illo quondam Cœnobio Lirinensi spectabile caput, Luporum Concellita, Maximorumque, etc.* Vide *Syncellita, Cellulanus, Comprofessus.* [** Gemma Gemnarum : *Concello, monachus.*]

¶ **CONCENA**, Vide *Concœna.*

* **CONCENSIRI**, Inter censuales recenseri. Consuet. Carcass. in Reg. L. Chartoph. reg. ch. 3 : *Nullus hæreticus in omni terra et posse domini Carcassonæ moretur nec Concensiatur.* Vide *Censire* in *Census.*

* **CONCENSUS**, *Census* seu Præstatio ex agris, prædiis, etc. Chartul. Celsinian. ch. 862 : *Ego Oda dono....... Celsiniensi loco omnem rectum et Concensum, tantum quantum ipsa jure hæreditatis ex parentibus meis habebam in clausum, qui est prope ecclesiam, quæ est constructa in castello de Monteacuto, ut ab hodierna die fratres ejusdem ecclesiæ...... nulli amplius mortali hominum ex mea progenie ullum censum redant.* Alia ibid. num. 882 : *Dederunt appendariam, vineas, hortosque ac mansiones, sed et exsartos,.... cum eodem Concensu, quem reddebat ipse* (Girbernus).

¶ **CONCENTOR** *autem dicitur, qui consonat ; qui autem non consonat, nec concinit, nec Concentor, nec succentor erit.* Isid. lib. 7. cap. 17. Vide *Succentor.*

CONCENTRICUS, Oppositus. [Malim cum Valesio in Valesianis, Appositus, Conveniens.] Paraphrasis simboli apud Guillelmum de Guilevilla in Peregrinatione hominis :

> Nunquam volo nec effici
> Ut Planeta erraticus,
> Malo mori quam infici
> Erroribus hæretici,
> Legi Dei Concentricus.

¶ **CONCENTURIARE**, *Instruere, dictum a Centurionibus, qui milites ordinant.* Papias MS. Bituric. et Gloss. vetus Sangerman. MS. n. 501. Apud Nonium vero : *Concenturiare est Colligere, dictum a centuriis quæ ad suffragia conveniebant.* Plautus Pseudolo : *Concenturio in corde sycophantias.* Terent. Phorm. : *Ego in insidiis hic ero Succenturiatus, si quid deficies*

¶ **CONCEPTELA**, Piscina, apud Frontinum lib. 1. de Aquæductibus.

* **CONCEPTACULUM**, *Lo logo de la conceptione*, in Glossar. Lat. Ital. Ms.

* 1. **CONCEPTIO**, Jus aliquem capiendi et detinendi. Statuta Avenion. ann. 1243. cap. 18. ex Cod. reg. 4659 : *Nullus in curia vel occasione curiæ utatur notariæ vel scrivanariæ officio, nisi in illo vel illis rector, vel rectores hujus civitatis habeant Conceptionem, plenam jurisdictionem usque ad sanguinem.*

* 2. **CONCEPTIO**, a Gallico *Conception*, Intelligentia. Epitaph. in eccl. Paris. : *Hic jacet summæ Conceptionis et magnæ scientiæ vir magister Andreas Grangerius in Decretis professor, consiliarius regius, in hac ecclesia canonicus et archidiaconus Briæ, qui obiit anno Christi* 1399. *die* 13. *Augusti.* Aliud anni 1433. ibid. : *Hic jacet reverendæ Conceptionis et magnæ scientiæ magister Guillermus, etc. Conception*, pro vulgari *Projet*, Designatio, in Epist. ann. 1562. tom. 2. Comment. Condæan. pag. 98. ult. edit. : *L'on ha envoyé ce matin vers ceulx de la ville de Rouen la Conception de quelques articles.*

* 3. **CONCEPTIO.** Charta Henr. imperat. ann. 1310 : *Necnon ad omne scrupulum removendum, et ut omnes* (omnis) *Conceptionis et dissentionis cujuslibet materia præcludatur, etc.* Sed legendum videtur *Contentionis.*

CONCERGERIA, Sergenteriæ species. Tabular. S. Dionysii ann. 1201 : *Cum Abbas et Conventus S. Dionysii concessissent Joanni de Cyris sergenteriam suam de Cyris, quæ dicitur Concergeria... pro qua Concergeria facienda ipse percipiebat annuatim in granchia B. Dionysii de Cyris* 2. *modios bladi, etc...... Custodiebat segetes, et pro iis custodiendis accipiebat donum et messagium, faciebat submonitiones ad mandatum Præpositi B. Dionysii vel sermens* [servientis] *ipsius et debebat facere fidelitatem ipsi Præposito vel servienti ipsius de segetibus custodiendis fideliter, etc.*

* **CONCERGERIUS**, Concergius, Custos domus regiæ, præfectus palatii ; cujus officium vel dignitas *Concergeriatus* dicebatur. Memor. E. Cam. Comput. Paris. fol. 55. v° : *Dom. Arnaudus de Corbia miles, primus præsidens in parlamento, ordinatus Concergerius palatii regis per litteras regis datas xiiij. Sept.* 1384. Memor. G. ejusd. Cam. fol. 177. v°. ad ann. 1411 : *Anthonius de Essartis scutifer, nuper ordinatus Concergerius et custos palatii et hospitii regii Paris. loco Theobaldi de Mescreyo, tunc exonerati ab inde, nunc de novo in dicto Concergeriatu receptus et ordinatus.* Charta ann. 1309. in Lib. rub. ejusd. Cam. fol. 322. v°. col. 2 : *Galeranus Brito domini regis scancio, domusque regalis Parisius Concergius.* Vide infra *Conciergerius.*

¶ **CONCERGIUS**, Custos domus regiæ, Gall. *Concierge.* Chartularium S. Vandregesili tom. 2. pag. 1661 : *Stephano Concergio S. Germani in Laya.* Vide *Consergius.*

¶ **CONCERNERE**, Ad aliquid attinere, spectare, Gall. *Concerner.* Delegatio Basileensis Synodi ann. 1439. tom. 3. Gall. Christ. col. 243 : *Quibuscumque ad causam seu causas hujusmodi facientibus et eas quomodolibet Concernentibus.* Eadem notione occurrit apud Rymerum tom. 8. pag. 440. col. 1. in Charta Henrici IV. Angl. Regis ann. 1406. Sed in Legibus Palat. Jacobi II. Reg. Majoric. tom. 3. SS. Jun. pag. XII. sumitur pro Considerare, *Hoc namque æquissime disponimus, prædictorum statui deferentes, et severitatem dictarum sententiarum etiam Concernentes.*

¶ **CONCESIA.** Vide in *Consisa.*

¶ **CONCESSATUS**, Concessus, Gallice *Accordé; Avoué.* Confœderatio ann. 1368. apud Rymer. tom. 6. pag. 601. col. 1 : *Tanquam pro judicato condempnato et Concessato.*

¶ **CONCESSIATOR**, Qui concedit jure delegationis. Fragment. visitationis Simonis de Sulliaco Archiep. Bituric. ann. 1284. apud Mabillonium tom. 3. Analect. pag. 505 : *D. Helias Porta Abbas sæcularis Ecclesiæ S. Asterii Petragoricensis diœcesis, Concessiator provisionis seu ordinationis a sede Apostolica super jura primatiæ prædictæ.*

* **CONCESSIBILIS**, Concedendus, admittendus. Arest. parlam. Paris. ann. 1416. 8. Aug. super jure in bona defunctorum a parochis, diœcesis præcipue Cenoman. exacto : *Præterea secundum sacros canones, dicti usus et consuetudines non contra bonos mores, nec peccatum mortale inducentes erant, ac in favorem ecclesiæ et pro salute animarum introducti, ut dicti curati et ceteræ gentes ecclesiasticæ ad rogandum pro defunctis multo plus astringerentur, rationabilesque, Concessibiles et præscriptibiles reputari debebant.*

CONCESSUS, Concessio, Idem quod *Favor, consilium, laudimium* : consensus nempe Domini in feudi, vel prædii distractione, seu præstatio quæ eidem fit pro ejusmodi consensu. Tabularium Brivatense Charta 110 : *Et habet Concessum, et ubladas et nebulas, et pigmentum.* Tabularium Vindocinense Charta 343 : *Haiminius emit de Engilberto duos pratorum agripennos* 25. *solidis : horum de uno Canonici sancti Georgii de Concessu habuerunt* 3. *sol. quia de potestate eorum erat.* Ordericus Vitalis lib. 3. pag. 467. enumeratis aliquot donationibus addit, *Hæc omnia supradicta Concessit dominus eorum, etc.* Et pag. 496 : *Nec omnia quæ Fulcoius dederat Monachis, Concessit Robertus de Calvimonte, qui Capitalis Dominus erat.* Et pag. 575 : *Et pro concessione auri unciam habuit.* Adde pag. 582. etc. Concessionem facere præterea dicebantur infantuli, quibus ut ii concessisse seu donationibus assensum præbuisse putarentur, dabatur nummus seu denarius. Tabular. Absiense fol. 126 : *Et filiæ Petronilla et Nigra, et quæ non poterat loqui, sed nummus ei datus est pro Concessione cum esset in Chauvin Ugo, et qui nummum accepit pro Concessione ; cum esset infantulus, quod fecerunt in villa, quæ vocatur Chillos.* Fol. 137 : *In crastino vero apud Jalceroiam Petrus filius Joannis Marot, et Joannes ejusdem Petri frater, qui non loquebatur ; sed in ulnis matris suæ nummum pro Concessione accepit.* Et fol. 175 : *Et alius, qui erat infantulus, pro cujus Concessione nutrix sua nummum accepit.* Tabularium Vindocinense ann. 1130 : *Notandum vero et sciendum est, quod Haldeburgis minor filiæ Amelinæ sorori Rainaldi sexto loco superius nominata in cunabulis erat, quando hæc Concessio facta est. Mater vero ejus, quæ eam nutriebat, nomine filiæ suæ, sicut mos est, Concessionem fecit.* Idem Tabular. ch. 747 : *Infantesque ipsius, qui præfatæ non interfuerunt conventioni, Burchardum scilicet et Aremburgem et Joannem, tangendo eam, firmare seu annuere fecit, datis pro hac singulis denariis.* Tabular. S. Eparchii Inculism. fol. 131 : *Statuimus ut denarios pellitiis eorum deditos, qui de infra nomina-*

tiis obedientiis in Natali Domini censualiter debentur, unus e Monachis, quem Abbas et Capitulum elegerint, recipiat. Tabular. Monasterii S. Joannis Ambian. fol. 221 : *Cum autem Beatrix filia mea non haberet ætatem creantandi, recepit denarios, qui dari solent pueris in consimili venditione secundum consuetudinem patriæ approbatam. Act. ann. 1226. mense Maio.* Idem Tabular. fol. 288: *Alii vero cum necdum haberent ætatem, quoad jurare possent, habuerunt denarios pro Concessione, qui solent dari pueris, secundum terræ consuetudinem approbatam. ann. 1225.* Ita rursum fol. 490. 258.

¶ **CONCEYLUM.** Vide *Conceilum.*

1. **CONCHA,** Labrum, vas concavum, ac superius patulum instar conchæ. Vetus Interpres Juvenalis Sat. 3 : *Pelves, Conchas, in quibus pedes lavant, ut vasa fictilia,* ποδόνιπτρα. Paulus lib. 3. Recept. Sentent. : *Delphicæ, pelves, Conchæ, aquimanilia, etc.* Ennodius :

Parturit unda sitim, quam splendens Concha ministrat.

S. Hieronym. Epist. 2. de Vita Clericorum : *Baccarumque succum non calice bibere, sed Concha.* [Hist. Beccensis MS. pag. 340. in Archivis ejusd. monasterii : *Fecit et aquæductum per quem adduxit fontem pulcherrimum de longinquo, qui per officinas monasterii dividitur, et Concham eleganti opere jussit effodi ad recipiendum aquam, tectumque desuper ædificari.* Hic agi de majori labro seu cratere, Gall. *Bassin*, nihil necesse est moneam.]

¶ Conqua, Eadem notione. Ceremoniale MS. B. M. Deauratæ Tolos. : *Et in Mandato pauperum debet providere Hospitalerius Deauratæ de aqua calida et de aqua frigida pro temperando, et de Conquis et bacinis, etc.*

Concha vero recensetur vulgo inter vasa ac ministeria sacra, cujus varii fuere usus. Anastasius Bibl. in Paschali PP. : *Pariterque et Concham ad spongiam pro nocturnis diligentiis ibidem ex argento constituit.* Vide pag. 26. 28. 32. etc. Chronicon Casin. lib. 3. cap. 57 : *Concham argenteam cum aquimanili suo.* Lib. 4. cap. 90 : *Conchas duas librarum 8. etc.* Bernardus Monach. in Consuetud. Cluniac. MSS. cap. 37 : *Urceus argenteus cum Concha argentea.* [Rursum occurrit in iisdem Constitut. editis part. 1. cap. 52.] Idem Bernardus MS. cap. 56 : *Candelabrorum pateras ac cereorum Conchas diligenter abradat.* Hariulfus lib. 2. Chron. Centul. cap. 10 : *Concha argentea major cum imaginibus argenteis una.* Lib. 3. cap. 3 : *Conchæ argenteæ pendentes duæ*, scilicet lucernarum vel candelabrorum. Κρατῆρας vocat Paulus Silentiarius in Descriptione S. Sophiæ. [Testamentum Guillelmi Raymundi Comitis Ceritaniæ ann. 1095. in Appendice Marcæ Hispan. col. 1195 : *Item dimitto ad retabulum S. Michaelis restaurandum meam Concam, et ad tabulam S. Martini meas copas et cifos.*] Concilium Eliberit. can. 48 : *Emendari placuit, ut hi qui baptizantur, nummos in Concham non immittant, ne Sacerdos quod gratis accepit, pretio distrahere videatur.* Conchæ ad Baptismum meminit etiam Chronicon Petri Regis Aragon. editum a Michaele Carbonello, lib. 1. cap. 2 : *E per ço en la dit dia nos nos batejaren en la cambra en una Concha. Cum Concha, aut cum manibus infanti in infirmitate posito aquam super caput fundere, et sic baptizare,* in Responsis Stephani II. PP. cap. 12.

Conchæ ad Chrisma. Testamentum Riculfi Episcopi Helenensis : *Candelabros cum argento 4. Conchas æreas 2. ad Chrisma conficere, etc.* Vide Sacramentarium S. Gregorii Magni pag. 71. 73. edit. Menardi.

* Glossar. Provinc. Lat. ex Cod. reg. 7657 : *Conca, Prov. pellivium ad pedes abluendos et sordes colligendas.* Ordinar. Rotomag. Ms. ubi de lotione pedum in Cœna Dom. : *Debet dominus archiepiscopus facere distribui cuilibet canonico præsenti...... unam Concham, Gallice gatte, unam olam terræ. Conque*, eadem notione, in Ch. ann. 1543.

2. **CONCHA,** Navigii species in *Conchæ* formam efficta, ut sunt *Gondolæ Veneticæ.* Epistola Jacobi Regis Aragoniæ ad Carolum Regem Franc. ann. 1326. tom. 8. Spicilegii Acheriani : *Quædam navis seu Concha, cujus erat ductor sive patronus Bernardus de Ilario.* Caresinus Scriptor Venetus ann. 1378 : *Destinatis quampluribus usseriis, seu galeis grossis, Conchis, aliisque navigiis, etc.* Chronicon Petri Regis Aragon. edit. a Mich. Carbonello, lib. 1. cap. 12 : *Encara hic venguer en altres navilis, e moltes naus, e Quoques, e vexeills de la ciutat de Valencia.* Cap. 14 : *Parti donchs le Senior Infant . . . . en la Qaoqua d'En Bernart, etc.* Etiamnum nostri Picardi *Coquets*, [Occitani *Conquo*, vel *Conco*] vocant vasa lignea in quibus eluuntur panni linei, [instrumenta escalia, etc.]

* Cangii mentem minime hic assecutus est Muratorius, cum in Antiq. Ital. med. ævi tom. 2. col. 526. scribit vocis *Conchæ* significationem eo loci depravate exhiberi, quasi inter minutas cymbas esset computanda : nam *Concharum* formam, non earum magnitudinem Cangius exprimere voluit. *Cocham* vero vel *Cocchum* scribendum esse non ausim cum Muratorio definire : non aliam equidem opinor esse navigii speciem; sed frequentius occurrit *Concha*, quam ut amanuensis oscitationi tribuam. Vide supra *Coccha* et *Cocha* 2.

3. **CONCHA,** Mensuræ frumentariæ species, quæ in Consuetudine Bayonensi tit. 23. art. 9. quinquaginta quatuor librarum esse dicitur. Adde tit. 22. art. 2. tit. 23. art. 3. et Consuetud. Solensem tit. 10. art. 7. tit. 16. art. 7. Historia Abbatiæ Condomensis pag. 473 : *Quatuor Conchas tritici, totidem sextarios vini.* Pag. 483 : *Hæc terra sita est in Cirisol, mensura decem Concarum.* [Chartarium Ecclesiæ Auxitanæ MS. Bibl. San-Germanensis : *Et* XIIII. *Concas de frumento dedit similiter Sanctæ Mariæ.* Scribitur *Conqua* in exemplo supra relato in voce *Bladeria.*] Hinc

Conçada Terræ, Modus scilicet agri conchæ frumenti reditus. Historia Abbatiæ Condomens. pag. 491 : *Et unam Concadam terræ in pago sancti Gorgoni, quæ reddit* 12. *Concas tritici.* Pag. 476 : *Dedit B. Petro . . . unam Concadam de terra et dimidiam, et unam cartaladam ad Fontem de Pisol, etc.* Pag. 480 : *Dedit . . . Concadas terræ, et æstimante una denariata de vinea pro salute animæ suæ.* Adde pag. 491. 496. [et vide *Concada* et *Conchata* suis locis.]

¶ Conquada, supra legitur in voce *Arpentum.*

4. **CONCHA,** Pars ædis sacræ, in qua scilicet sacra mysteria peraguntur, et ubi stat altare; sic dicta, quod qua parte est θυσιαστήριον, seu βῆμα, quidam in hemicylindri formam effingatur recessus, qui superne in *Conchæ* figuram clauditur. Paulinus : *Totum vero extra Concham Basilicæ spatium alto et lacunato culmine geminis utrinque porticibus dilatatur.* Sed de *Conchis* ædium sacrarum, pluribus egimus in Descript. S. Sophiæ num. 50.

¶ 5. **CONCHA,** Sepulchrum in formam *Conchæ* constructum. Cardinalis Aragonius in Vita Innocentii II. Papæ apud Murator. tom. 3. pag. 434. col. 2 : *Moritur et in Lateranensi Ecclesia in Concha porphyretica sepelitur.* Bernardus Guido in eadem Vita ibid. pag. 436. col. 2 : *Defunctus est Romæ . . . et in Ecclesia Lateranensi honorifice tumulatus in Concha porphyretica, miro opere constructa.*

6. **CONCHA.** Charta Willelmi Aquitanorum Ducis c. ann. 1137. apud Sammarthanos in Abbatibus Angeriac. : *Dono et concedo . . . quidquid in Concha de Esnenda habebam, cum omni libertate et sine aliqua mala consuetudine. Hæc enim Concha tenet a cruce, quæ est in via usque ad portum Savarici, et in eadem Concha molendina, piscatorias, vel aliud quodlibet ædificium, etc.* Nescio an utrobique *Comba* legi debeat. Vide *Comba* 2. Vasconibus, locus declivis.

* **CONCHATA,** Modus agri *conchæ* frumenti reditus, ut *Concada* in *Concha* 3. Charta ann. 1276. ex Tabul. S. Vict. Massil. : *Dedit pro se et suis dicto ordini pro una Conchata terræ auchesa apud bastidam Valentiæ, etc. Tres Conchatas vinearum*, in alia ann. 1346. ex eod. Tabul. Vide infra *Conquata* in *Conqua.*

* **CONCHORIALIS,** Clericus ex choro, qui cantorem comitatur, dum officium suum peragit. Stat. S. Capellæ Bituric. ann. 1407. ex Bibl. reg. : *In festis vero annualibus cantor et Conchorialis suus cantabunt responsorium.* Vide supra *Choralis.*

CONCHYLIOLEGULI, vel Chonchyleguli, vel Conchyloleguli, in Cod. Theod. leg. 5. et 17. de Murilegul. (10, 20.) leg. 9. de Lustrali collat. (13, 1.) iidem qui *Murileguli*, piscatores ac nautæ conchylii seu muricis, πορφυρεῖς. Joann. de Janua : *Conchilegus, qui conchilia legit, collegit.* Vide *Murileguli* et Glossar. med. Græcit. in Κογχυλευτζί.

* **CONCIA,** vox Italica, Refectio. Privil. Pisanis concessa a Conrado rege Sicil. ann. 1269. apud Lam. in Delic. erudit. inter not. ad Chron. imper. Leon. Urbevet. pag. 274 : *Quod Pisani nihil solvere teneantur pro drictura, vel alio modo de his, quæ reducerent vel amitterent, pro Concia suarum navium, vel lignorum, videlicet ferro, pice et stuppa, et aliis necessariis pro ipsa Concia vel refectione.* Vide infra *Concium.*

* 1. **CONCIARE,** Italis, Ornare, reparare, reficere. Charta ann. 954. in Access. ad Hist. Cassin. part. 1. pag. 114. col. 2 : *Quatenus propter omnes inclitas illorum om-*

nium personas daremus nos pro Conciandum et renovandum vos palatium vestri episcopii una libra de auro purissimo. Alia ann. 1030. apud Turrig. de Crypt. Vatican. part. 2. pag. 533 : *Si....... de ipsam domum lignamenta fortiorem fregerint, omnia Conciare, et de ipso perditum restaurare promitto.* Denique alia ann. 1094. apud Murator. tom. 1. Antiq. Ital. med. ævi col. 573 : *Potestatem habeant....... sepulturam fabricatam....... aperire et mundare, et foras ejicere, et Conciare,........ et quod ex inde ejectum fuerit, ibidem reducere, et ipsam sepulturam restaurare.*

* 2. **CONCIARE**, Rationes putare, Academ. Cruscan. *Acconciare.* Charta ann. 1089. tom. 1. Hist. Cassin. pag. 47. col. 2 : *Quando venerimus nos, vel nostros heredes, labores ipsos ad metendum et recolligendum, et Conciandum annualiter, faciamus nos vel nostros heredes scire ad partem suprascripti monasterii, ut ibidem dirigat missum suum ad conspiciendam et recipiendam ipsum fruges et labores.*

* **CONCIATA**, f. Sacellum domesticum, a forma *conchæ* sic dictum. Vide *Concha* 4. Instr. ann. 1411. apud Marten. tom. 7. Ampl. Collect. col. 1208 : *Actum in civitate Arimini, in Conciata S. Columbæ, in domibus palatii et residentiæ præfati magnifici domini Caroli.*

* **CONCIATURIA**, Supellex quævis ad aliquod artificium pertinens. Charta Paldolfi Langobard. princ. in Access. ad Hist. Cassin. part. 1. pag. 130. col. 1 : *Licentiam habeat mittere in lacu Patriensem pro piscandum eodem lacu duos lontres, una cum quatuor homines cum suis retiis, et cum reliqua omnia Conciaturia.*

CONCIBIONES, in Gloss. Isid : *Quatuor stellæ quæ per astrologiam concipientibus aptantur.* Joan. de Janua : *Concipiones, stellæ quæ concipientibus aptantur et favent.*

CONCIBUS, Conlactaneus, σύντροφος, in Gloss. Gr. Lat. [Σύνσιτος, *Commensalis* in Suppl. Antiquarii.] [* Σύσσιτος, *Sodalis*, in iisdem. Gl. Gr. Lat.]

CONCICLA. Apicius lib. 5. cap. 3 : *Concicla cum faba, coques, etc.* Ubi Humelbergius legendum putat *Conchicla*, intelligique fabam, quam Martialis lib. 13. Epigram. 7. *Conchin* vocat, fabam scilicet quæ *Solida* dicitur Plinio, hoc est integra et cum cortice suo decocta, ad discrimen fabæ fresæ, quæ molliter fracta sine cortice coquitur : eadem quæ faba *Concicula* appellatur a Marcello Empirico cap. 33. pag. 227.

CONCIDA, Concides, Conciduа. Vide *Concisa.*

CONCIENIA, *Imbrium collectio, quasi continens aquas.* Ugutio. Vide *Concinium.*

* **CONCIERGERIUS**, Conciergius, a Gallico *Concierge*, Custos domus regiæ, præfectus palatii ; cujus officium vel dignitas *Conciergeria* et *Conciergia* appellatur. Memor. G. Cam. Comput. Paris. fol. 173. r°. ad ann. 1411 : *Anthonius de Essartis scutifer et varletus scindens regis et custos denariorum suæ parcimoniæ, ordinatus Conciergerius et custos regalis palatii Paris. loco Theobaldi de Mescreyo.* Tabul. Fossatense fol. 5 : *Item Milo de Gastins, Conciergius de Vicenis, cepit sagenas Jaqueti Chastelains.* Memor. G. jam laudatum fol. 172. r°. ad ann. 1411 : *Dominus comes Nivernensis pro Conciergeria domus seu hospitii regis de Bauté, loco dom. Karoli de Lebreto.* Charta Phil. Pulc. ann. 1313. in Lib. rub. ejusd. Cam. fol. 359. r°. col. 1 : *Quamdam domum in platea S. Michaelis olim sitam;...... oneratam in uno denario Par. reddituali imperpetuum, debito Conciergiæ nostræ Paris. pro fundo terræ.* Quod officium reginis etiam concessum reperimus in eod. Memor. G. fol. 211. v°. ad ann. 1412 : *Domina Ysabellis regina Franciæ ordinata Conciergeria seu custos palatii regalis Parisius, loco Anthonii de Essartis.* Vide supra *Concergerius.*

* Conciergeria, Carcer dictus vulgo *la Conciergerie.* Arest. parlam. ann. 1420. in lib. 1. Stat. super artif. Paris. ex Cam. Comput. fol. 22. r°. : *Carceribus nostris commentariæ seu Conciergeriæ palatii nostri Parisius mancipari fecisset.*

* Conciergius, Ædis cujuslibet custos. Necrolog. MS. Paris. eccl. 11. Id. Nov. : *Item apud Moissiacum emit tres masuras retro domum Conciergii.*

CONCILIABULUM, *Locus ubi in Concilium conventur*, Festo ; *ubi plures sui juris sedent*, in Glossar. Isid. Gloss. Lat. MS. Regium Cod. 1013 : *Conciliabulum, locus in quo multi homines sui juris sunt.* Frontinus : *Prius fuere Conciliabula, et postea sunt in municipii jus relata.* At proprie

Conciliabula dicuntur furtivi et clandestini conventus, congressus. Concilium Carthag. IV. can. 71 : *Conventicula hæreticorum, non Ecclesia, sed Conciliabula appellantur. Conciliabula hæreticorum*, in lege 2. Cod. Th. de Fide Cathol. (16, 1.) *Conciliabula judæorum*, in leg. 1. eod. Cod. de Judæis. (16, 8.) Ψευδοσύνοδος, et ψευδοσύλλογος, in VII. Synodo Act. 1. Συνέδριον ἀποςατικόν, in Concilio Ephesino part. 2. Act. 1. *Latrocinium Ephesinum*, quod contra Flavianum Constantinop. a Dioscoro Alexandrino coactum est, vocant Gelasius I. PP. Epist. 13. Liberatus Diac. cap. 12. et 13. et Nicolaus I. PP. Epist. 8 : Ληςρικωτάτην ἐν Εφέσῳ δευτέραν σύνοδον, Auctor Vitæ S. Sabæ. *Concilium Latrocinale*, Concilium Constantinopol. de depositione Ignatii Patriarchæ CP. Nicolaus I. PP. Epist. 9. Hincmarus Remensis, apud Flodoard. lib. 3. Hist. Rem. capite 14 : *Ad Conciliabulum nuper Metis habitum : quod vocari Synodum vetuistis.* Vide *Martyrium.*

☞ In bonam partem accipit Eddius in Vita sancti Wilfridi, ubi loquens de illius absolutione per Johannem PP. hæc habet : *Per plura spatia dierum et mensium ab omni piaculo scelere degradandi pure perfecteque excusatus probabilis sanctus Pontifex noster apparuit; nam per quatuor menses et* lxx. *Conciliabula sanctissimæ sedis, de fornace ignis examinandi* (f. examinandus,) *apostolica potestate hoc modo auxiliante purificatus, ut dicam, evasit.* Will. Malmesbur. etiam habet : *Quatuor mensibus* lxx. *Conciliabula coacta :* hinc patet, uti ex sensu, conjunctionem *et* ante lxx. in Eddii textu redundare.

CONCILIALES, Consiliarii, apud Steph. Eddium in S. Wilfridi Vita cap. 44.

CONCILIARE, Colligere, συναθροίζειν, in Glossis. Hac notione usurpatur in Cod. Theod. leg. 2. de Liber. (4, 8. const. 6. § 5.

* Nostris *Concueillir, Concuilir* et *Conquillir*, eadem notione. Lit. remiss. ann. 1373. in Reg. 105. Chartoph. reg. ch. 3 : *Disant qu'elle li avoit emblé ses poumes et Concueilliez. Il Concuilist pierres*, in aliis ann. 1396. ex Reg. 149. ch. 330. Rursum aliæ ann. 1400. in Reg. 155. ch. 211 : *Le suppliant apperceut ledit Hebert en un courtil Conquillant des noiz. Aconcueillir*, eodem sensu, apud Guil. Guiart. :

Par foiblesces Aconcueillés.

¶ Conciliare, Ad convenire, adire ad aliquem. Chronicon Mauriniac. apud Duchesnium tom. 4. pag. 377 : *Exinde rediens Innocentius* (*II. PP.*) *ad Galliam, diuque Autissiodoro commoratus cum tempus convocati Concilii, quod in festivitate B. Lucæ Evangelistæ Remis celebraturus erat, appropinquaret, Conciliato prius apud Turonum Gaufrido Martello nobilissimo et strenuissimæ indolis adolescente, Comite Andegavensium atque Cenomanensium, rursumque Aurelianensem Stampensemque rediens provinciam, sua præsentia Parisius illustravit.*

¶ Conciliare se, *Congregari*, in Glossario Barthii ex Anonymi Hist. Palæst. : *Conciliaverunt se denique nostri, et una voce concorditer dixerunt.*

¶ Conciliare Ecclesiam, illam scelere aliquo pollutam iterato consecrare et aqua benedicta aspergere. Chronicon Parmense ad ann. 1307 : *Dominus Henricus Dei gratia Episcopus Rheginus venit Parmam et Conciliavit majorem Ecclesiam, quæ fuerat et steterat a S. Petro proxime præterito mensis Junii violata, propter quoddam maleficium cum sanguine in ea factum in præsentia dicti Domini Ghiberti.* Vide *Reconciliare.*

CONCILITAS, διαλλαγή, *Reconciliatio*, in Gloss. Græc. Lat. : *Reconcilitas*, διαλλαγὴ φιλίας, in eodem.

1. **CONCILIUM**, Cœtus, corpus et universitas hominum simul et una convenientium. *Concilium Deorum*, apud Tertullianum. *Concilium Patrum*, pro Senatu, apud Symmachum lib. 1. Epist. 89. *Concilium Naviculariorum*, in leg. 32. Cod. Theod. de Navicular. (13, 5.) Vide Gruteri Inscript. 305. 8. 321. 10. 325. 15. 467. 3.

* *Concile* etiam nostris, pro *Conseil.* Le Roman *de Robert le Diable* MS.

Quant chil qui furent au Concile,
La verité oirent dire, etc.

Concilium, Nundinæ, apud Eugraphium Terentii interpretem.

Concilium, Parlamentum. Vide Prynneum in Libertatibus Anglic. tom. 1. pag. 1248.

Concilium Catholicæ, Ecclesia Catholica, vel certe cœtus Clericorum Ecclesiæ, ac ædis sacræ, in leg. 1. Cod. Just. de SS. Ecclesiis (1, 2.) : *Habeat unusquisque licentiam sanctissimo Catholicæ venerabilique Concilio decedens bonorum quod optaverit relinquere.* Ubi Basilic. lib. 1. tit. 1. ταῖς ἁγίαις ἐκκλησίαις vertunt.

Concilium Martyrum, Sanctorum, Locus ubi multorum Martyrum ac Sanctorum corpora conquiescunt, *Confessio*, vel etiam ipsa Basilica ; *Martyrum sedes*, in lege 6. Cod. Theod. de Sepulcr. violat. (9,

17.) Acta Stephani PP. III. apud Baronium ann. 259. num. 24 : *Nemesius autem gratia Christi roboratus, circuibat criptas et Concilia Martyrum, et ubicumque reperisset Christianum egentem, de suis facultatibus ei ministrabat.* Anastasius in S. Damaso PP : *Hic multa corpora sanctorum Martyrum requisivit, quorum etiam Concilia versibus decoravit. Martyrum Conciliabula*, apud S. Hieronymum in Epistola ad Heliodorum. Adde Martyrol. Rom. 23. Junii; συνάξεις Μαρτύρων, in Concilio Gangrensi can. 20. ubi vetus Interpres vertit *Confessiones Martyrum. Martyrum tumuli*, apud S. Hier. Epist. 7. *Martyrum limina*, Epist. 15. *Martyrum sepulchra*, Ep. 17. *Martyres*, nude Ep. 22. cap. 6. Epist. 50. cap. 6. Vide *Martyrium*.

Concilium Sanctorum. Gaudentius Brixiensis in Tract. in Dedicat. Basilicæ xl. Martyrum : *Habemus ergo et hos* xl. *et prædictos decem Sanctos ex diversis terrarum partibus congregatos : unde hanc ipsam Basilicam eorum meritis dedicatam, Concilium Sanctorum nuncupari oportere decernimus.* Ausonius in Parent. iv. 29 :

Et modo Conciliis animarum mista piarum
Fata tui certe nota nepotis habes.

Vide *Custodes Martyrum*.

Concilium, Episcoporum consessus de rebus Ecclesiasticis deliberantium. Gloss. Latino Græc. : *Concilium*, συνέδριον, συμβούλιον, σύνοδος. Codex Canonum Bibl. Regiæ qui fuit S. Petri Pictavensis : *Synodum autem ex Græco interpretari Comitatum, vel Cœtum; Concilii autem nomen tractum ex more Romano : tempore enim quo causa agebatur, conveniebant omnes in unum, communique intentione tractabant; unde et Concilium a communi intentione dictum, quasi Concilium : nam cilia oculorum sunt, unde est et Concilium dictum, D. in L. littera transeunte.* [** Corrigendus hic locus ex Isidor. Origin. lib. 6. cap. 16. sect. 12 : ... *dictum, quasi Communicilium ; nam cilia oculorum sunt; unde et considium consilium D. in L. litteram transeunte.*] Idem Codex : *Canones autem generalium Conciliorum a temporibus Constantini cœperunt : in præcedentibus namque annis, persecutione fervente, docendarum plebium minime dabatur facultas. Inde christianitas in diversas hæreses scissa est, quia non erat licentia Episcopis in unum convenire nisi tempore supradicti Imperatoris : ipse enim dedit facultatem Christianis licere congregari.* [** Hæc ex eod. Isidor. ibid. sect. 2. sqq.] Facundus Hermaniensis lib. 5. cap. 5 : *Neque enim est alia faciendorum Conciliorum utilitas, quam ut quod intellectu non capimus, ex auctoritate credamus, et sicubi ratio minus nobis occurrerit, fides ne labamur cito succurrat.* Arnulfus Sagiensis Archidiac. contra Girardum Egolism. Episc. cap. 2 : *Ad hoc Concilia celebrari Sanctorum Patrum sanxit auctoritas, ut inde virtutum doctrina malorumque correctio proveniret, et velut exercitus sui facultate conspecta, ipsam se plenius Ecclesia mater cognosceret, ut adversum vitia severius insurgendo, instantium bellorum triumphos posset confidentius auspicari.* De Episcoporum in Conciliis consessus ratione, vide Concilium Toletanum IV. can. 4.

Conciliorum vero quadruplex distinctio est. Unum *Episcopale* Episcopi cujusque, quod Parœciæ unius Presbyteri frequentant. Alterum *Provinciale* Metropolitani, quod ex provincia Episcopos habeat suffraganeos. Tertium *Primatis*, ad quod ex integra diœcesi singularum provinciarum Metropolitani convocantur. Quartum ad quod diversarum Occidentis diœceseon Primates conveniunt, cui præest summus Pontifex Romanus, qui diœceses illas omnes præcipuo jure ac potestate subjectas habet.

* *Concile*, prima acceptione, in Lit. remiss. ann. 1384. ex Reg. 126. Chartoph. reg. ch. 33 : *Comme un jour de Dimanche en Caresme l'exposant feust venuz en procession après la croix et les chapellains, avec les autres ses voisins, qui venoient au Concile ou à sesne, qui lors se tenoit audit Clugny, etc.*

Concilium Magnum, quod alias *Oecumenicum* dicitur : *Synodus Magna*, in Concilio Arelat. II. cap. 56. Ita passim Nicænum Concilium appellant veteres, ut Sardicense, Athanasius Apolog. 2. in princip. *Magnum et universale Concilium*, apud Liberatum Diacon. cap. 6. Agobardus lib. de Dispensatione cap. 20 : *Bina per annos singulos Concilia fieri, et Romani Pontifices decreverunt, et Magna Concilia sollicite commendarunt.*

Concilium Oecumenicum, seu Universale, vel Generale, cui adesse possunt, et ad quod evocantur totius orbis Episcopi. Sulpitius Severus lib. 2. Hist. sacræ, de Concilio Nicæno : *Concilium ex toto orbe convocatum.* S. Augustinus Epist. 162. de eodem : *Plenarium universæ Ecclesiæ Concilium.* Lib. 1. Contra Donatist. cap. 7 : *Plenarium totius orbis Concilium.* Adde lib. 2. cap. 4. 8. etc.

Concilium Universale, interdum idem quod *Provinciale*. Joannes. VIII. PP. Epist. 56. et 57 : *Auctoritate Apostolica decrevimus Reverendorum fratrum et Coepiscoporum nostrorum Italici regni Universale, id est, totius provinciæ advocare Concilium.*

Concilium Plenarium dicebatur etiam illud, cui Metropolitanus cum cæteris suæ diœcesis Episcopis intererat. *Concilium plenarium totius Africæ*, apud S. Augustinum Epist. 47. 170. 235. *Concilium plenum*, et *Tractatus plenus*, apud Vigilium Tapsensem lib. 1. Contra Palladium pag. 488. Leo IX. PP. Ep. 4 : *Decus Ecclesiarum Africanarum ita conculcatum a gentibus nimium dolemus, ut modo vix quinque inveniantur Episcopi, ubi olim ducenti quinque solebant per Concilia plenaria computari.* In Concilio Bracarensi II. cap. 9. *Integrum et perfectum Concilium* dicitur illud, *in quo Metropolitanus Episcopus fuerit.* Concilium Antiochen cap. 16 : Τελείαν δὲ ἐκείνην εἶναι σύνοδον, ᾗ συμπάρεστι ὁ τῆς Μητροπόλεως.

Concilium Universale Anniversarium, Ad quod singulis annis ex omnibus provinciis Africæ Episcopi convenire in unum consueverant, in Concilio Carthag. III. can. 7. *Generale Concilium*, in præfatione Concilii Wormaciensis ann. 868. Vide Concilia Africana can. 64. 65. Epistolam Aurelii Episcopi Carthag. apud Baron. ann. 419. n. 59. Ferrandum Diac. in Breviario cap. 21. etc.

Concilia Provincialia. Bernaldus Constantiensis Presbyter de Reconciliatione lapsorum pag. 267 : *Sunt et Provincialia Concilia, quæ post illa universalia necessario recipere debemus, quia et in illis multa Ecclesiasticis negotiis necessaria reperimus. Horum etiam observationem ipsa decreta Romanorum Pontificum et statuta universalium Synodorum nobis indicunt, quæ per singulas provincias annuatim hujusmodi Concilia celebrari sæpissime præcipiunt.* Quæ quidem Concilia Provincialia bis in anno teneri, vel saltem semel, sanxerunt passim Concilia, Nicænum cap. 5. Antioch. can. 20. Carthag. III. can. 2. Carthaginense V. can. 7. Concil. Afric. can. 60. Calchedon. can. 19. Toletan. III. can. 18. Tolet. IV. can. 3. Emerit. can. 7. Regiense can. 8. Arausic. I. can. 29. Agath. can. 48. Aurelian I. can. 1. Aurel. II. can. 1. etc. Vide Avitum Viennensem Epist. 80.

Concilium Regionale, apud Augustin. lib. 7. contra Donatist. cap. 53. *Locale*, in Concilio Bracar. I. can. 18.

Concilium Civile, Synodus Episcopalis, seu quæ ab Episcopo in sua *civitate* fit cum Presbyteris suæ diœcesis. Epistola 18. Hadriani II. PP. ad Carolum Calvum, de Causa Herlefridi Presbyteri : *Sed nunc melius faceretis si quod in civili Concilio apud suum Episcopum perperam gestum est, in provinciali Synodo apud vos rationabiliter et apud fratrem nostrum Hincmarum cassaretur. Concilium Episcopi*, in Capitul. Caroli M. lib. 5. cap. 60. Ubi vide Steph. Baluzium.

Concilia Palatina. Concilium Tullense ann. 859. cap. 7 : *In eorum quoque* (Regum) *Palatiis saltem semel intra biennium generalis Episcoporum Conventus agatur.* In Concilio Calchedonensi, Anatolius Episcopus Constantinopolitanus interrogatus a judicibus cognitoribus in causa Photii, *an Synodum appellare oporteat Conventum Episcoporum, qui in Regia civitate diversantur*, ita respondit : *Tenuit pridem consuetudo, ut qui in magna hac civitate morantur sanctissimi Episcopi, cum eo temporis occasio vocat, de emergentibus quibusdam Ecclesiasticis causis conveniant, ac singula definiant, responsoque eos dignentur qui precantur aliquid.* Vide Marcam in Dissertat. de Primatib. cap. 16.

* Concilium, Archidiaconorum districtus, vel jurisdictio. Charta ann. 1235. in Suppl. ad Miræum pag. 682. col. 1 : *Capella in decanatu Concilii de Leewis nostræ diœcesis sita, etc.* Alia ann. 1462. ibid. pag. 624. col. 1 : *Proviso quod investitus recipiet suam institutionem a loci archidiacono, et Concilia visitabit, prout moris est, per se vel per alium.*

** Concilium vulgare, Placitum provinciale, in Tradit. Fuldens. ann. 929. ap. Schannat. pag. 233. Vide *Comicilium*.

* 2. **CONCILIUM**, Præstatio, quæ in feudi vel prædii distractione domino pro ejusdem consensu exsolvitur. Charta ann. 1096. tom. 1. Probat. Hist. geneal. domus reg. Portugal. pag. 2 : *Qui emerit aut vendiderit nullo abere in Constantin ante illo Concilio, habeat eum libere, etc.* Instr. ann. 1304. inter Probat. tom. 2. Hist. Nem. pag. 52. col. 2 : *Item census, usatica, lau-*

dimia, Concilia, tascas, cartones, etc. Vide *Consilium* 3.

* 3. **CONCILIUM**, Incolarum urbis aut oppidi universitas, idem quod *Commune* 2. Stat. pro reformat. regni Navar. ann. 1322. in Reg. A. Cam. Comput. Paris. fol. 162. r°. : *Item Concilium de Caparroso emit terminum de Coscoilleta, quem tenere non potest sine pecta....... Ordinatum est quod prædictum Concilium compellatur solvere pectam de roturis, quas fecit in bardena, una cum dampno nemoris facto.*

CONCINERATIO, Reliquiæ Sanctorum. Mirac. S. Ursmari n. 5 : *Sumptis de Concineratione sanctissimi corporis in sepulchro ejus duobus dentibus.* Hinc *Cinerarios*, Catholicos appellabant Hæretici, uti supra in hac voce observatum. S. Hieron. Epist. 53 : *Ais Vigilantium... os fœtidum rursum aperire, et putorem spurcissimum contra sanctorum Martyrum proferre reliquias, et nos qui eas suspicimus, appellare Cinerarios, et Idololatras, qui mortuorum hominum ossa veneremur.*

¶ **CONCINERATUS**, Cinere conspersus. Tertull. de Pudicitia cap. 13 : *Conciliatum et Concineratum prosternens.*

¶ **CONCINIUM.** Vide *Concivium.*

¶ **CONCINNANTIA**, Concinnitas, ornatus. Præfatio Isidori ad Concilia tom. 1. Concil. Hisp. pag. 28 : *Horum vero Concinnantiæ, si omnia ponerentur, ante deficeret dies, quam horum singula explicarem.* Vide Sidonium lib. 8. Epist. 4.

1. **CONCINNARE**, Concinnatio, voces in *luminaribus* Ecclesiæ præsertim usurpatæ, apud Interpretem Biblior. non semel : *Ad luminaria Concinnanda, ad Concinnandas lucernas*, Exod. cap. 25. 35. Levit. 24. numero 4. Ἔλαιον εἰς τὴν φαῦσιν, Græco Interpreti. S. Hieronym. Epist. 26. cap. 6 : *Vel lucernas Concinant, vel succendunt focum, pavimenta verrunt, etc.* Nicolaus I. PP. Epist. 2 : *Quoniam irrationabile est ut Ecclesiastica possessio, unde luminaria et Concinnationes Ecclesiæ Dei fieri debent, terrena quavis potestate subtrahantur.* Concilium Metense ann. 888. can. 2 : *Ipse* (*Presbyter*) *eas* (*decimas*) *cum integritate accipiat in sui sustentationem, et ad luminaria Concinnanda, et Basilicæ ædificia, etc.* Leo IX. PP. Epist. 9 : *In ædificandis parietibus, picturis, tignis, tectis, imbricibus, et præterea luminariorum Concinnationibus assiduis olei et ceræ, nec non lampadibus vitreis et cicindulis, etc.* Adde Braulionem in Vita S. Æmiliani cap. 29. apud Bivarium. [** Vide Marin. Pap. Diplom. num. 78. not. 2.]

* 2. **CONCINNARE**, pro Concionari. Charta ann. 1252. apud Cencium inter Census eccl. Rom. : *In qua concione seu parlamento nobilis vir Monalducius domini Paganelli, olim unus ex dominis dicti castri seu pennæ,... surrexit et inter alia Concinnando dixit....... In eodem etiam parlamento surrexit magister Jacobus Munaldi notarius, et nomine suo et omnium masariorum seu popularium castri et loci prædicti Concinnando dixit, etc.*

¶ **CONCINNATIO**, Machinatio. Vitæ Patrum Emerit. tom. 2. Concil. Hisp. pag. 654 : *Auctores vero hujus nefandi sceleris, ut viderunt Concinnationes sui nequissimi consilii divino judicio frustratas.... ad domos suas cum amaritudine redierunt.* Vide alia notione in *Concinnare.*

¶ **CONCINNATOR**, *Calumniator*, Κατασκευαστής, ὁ κακοπράγμων. Gloss. Lat. Gr. Sussannæus in Vocabulario : *Concinnator litium, Qui in longum cavillis ducere nititur.*

¶ **CONCINNATORIA** Vasa, in L. Dig. de penu legata (33, 9.) id est, ad concinnandum, efformandum et effingendum accommoda.

CONCINNATURA, κόλλησις, in Gloss. Gr. Lat. [* Et Lat. Gr. Codex reg. *Glutinatura.*]

CONCINNUS, *Potio ex multis herbis sibi congruentibus facta.* Glossæ MSS.

¶ **CONCINUS**, *Canticus.* Glossar. Sangerman. MS. n. 501. f. *Concentus.*

CONCIO, Multitudo, Congregatio, Concilium. Glossar. Gr. Lat. : Ἐκκλησία, *Concio, Concilium.* Glossarium Lat. MS. Regium : *Concio, conventio populi, vel conversatus, vel Ecclesia, vel oratio.* Idem : *Concionem, convocationem populorum.* [Festus : *Concio significat Conventum, non tamen alium quam eum, qui a Magistratu vel a Sacerdote publico per præconem convocatur.*] Adde Papiam. Vita Hadriani PP. :

Auribus intentis expectet Concio plebis.

Matthæus Vindocinensis in Tobia :

Israelitarum Concio jussa facit.

Infra :

Concio Claustralis tibi sit, plebs Israel, herbæ
Disciplina, rigor olla, Propheta Deus.

Domnizo lib. 2. de Vita Mathildis cap. 3 :

Gaudet turba Petri, turbatur Concio Regis.

Adde cap. 6. et 7. Utuntur passim Scriptores, Hariulfus in Vita S Angilberti Abbatis Centul. n. 23. Bonifacius in Vita S. Livini Episcopi cap. 9. Jonas Monachus Bobiensis in Vita S. Bertulfi Abat. cap. 3. Osbernus in Vita S. Elphegi Archiep. Cantuariensis num. 6. Gosselinus in Vita S. Wereburgæ virgin. cap. 3. Harmerus in Miracul. S. Maurilii Episcopi Andegav. Willelmus Brito lib. 4. et 8. Philipp. pag. 136. 185. Abbo Floriac. in Encyclica. Auctor vitæ S. Madelgisi n. 3. Acta Concilii Remensis apud Baron. tom. 10. Vita S. Aicadri cap. 30. Vita S. Magnobodi Episcopi Andegav. cap. 51. Vita S. Joannis Abbat. Reomaensis lib. 2. cap. 2. Historia Invent. S. Secundini cap. 1. Charta Roberti Regis Franc. apud Sammarthanos in Episcopis Andegav. Orderic. Vital. pag. 468. 547. 588. 708. Dudo lib. 3. pag. 158. Fridegodus in Vita S. Wilfridi cap. 21. 46. Hildricus Abbas Casin. in Epitaphio Pauli Diaconi, etc. Ea etiam notione usurpatam vocem hanc a Suetonio in Vespasiano cap. 8. observavit pridem Casaubonus. [Neque alia ratione dixit Tullius de amicitia cap. 25 : *Concio ex imperitissimis constans*, et Cæsar de Bello Civili lib. 2. cap. 32 : *Advocare Concionem.*] Vide Festum.

Concio Legum. Conradus Uspergensis in Lothario Imp. : *Nuptias cum ea apud Augustam civitatem, convocatis fere omnibus Principibus, magnifice celebravit, in loco qui dicitur Concio legum.* Meminit rursum istius loci in Henrico VI. qui videtur esse *Campus* ille, quem *Martium* vocabant, de quo Velserus in Augusta Vindelicor. ubi scilicet conveniebant Imperatores et Imperii ipsius Proceres pro sanciendis Legibus.

Conciola, seu Conciuncula, Congregatiuncula. Glossæ MSS. : *Conciola, Congregatio.* Erkembertus in Hist. Longobard. pag. 47 : *Post hæc Pando creato Marino a Conciolis, Cæsarium cum universis libertati restituit.* Vita S. Hugonis Abbatis sancti Martini Eduensis : *Perparva primitus fratrum Conciola est in eodem constituta loco, quoniam idem Princeps dominium in promptu non habebat, quod daret.* [Historia Monasterii S. Florentii Salmur. apud Marten. tom. 5. Ampliss. Collect. col. 1094 : *Deinde alia vice cum Matutinæ fuissent celebratæ, Monachorum Conciola in dormitorium redeunte etc.*] Occurrit præterea apud Thietfridum Abbat. Epternac. in Florib. lib. 4. cap. 7. etc.

* Interdum *Concio* idem quod *Commune*, 2. Incolarum urbis vel oppidi universitas. *Sigillum Concionis de Moullenc*, in Descript. Norman. super. tom. 2. pag. 248.

CONCIONABULUM, Conciliabulum, vox deducta pariter a *Concio*, conventus. Innocentius PP. in Decretis : *Si statim cederes de tuo pessimo Concionabulo.* Vita S. Deicoli Abbatis Lutrens. n. 5 : *Concionabulum Diaboli fecerunt Ecclesiam Christi.*

CONCIONARIUS, *Qui populum alloquitur.* Papias.

¶ **CONCIONATIO**, Concio, oratio. Charta Elizabetæ II. Angl. Reginæ ann. 1560. apud Rymerum tom. 15. pag. 599. col. 2 : *Ita tamen ut Concionationes suas ordinarias.... per alium idoneum Concionatorem fieri curet.*

¶ **CONCIONATURA**, μετάφρασις, Gloss. Lat. Gr. [* Leg. ex Castigat. in utrumque Glossar. *Cocionatura*, μετάπρασις.]

* **CONCIPERE**, Exprimere, enuntiare, *Concevoir* practicis nostris, eadem notione. Instr. ann. 1384. inter Probat. tom. 3. Hist. Nem. pag. 72. col 1 : *Tamdiu incarceratos tenuerunt, donec se obligarunt daturos magnas pecuniarum quantitates, Concipiendo obligationes ex aliis causis.*

* **CONCIPIUM**, *Gourdine*, in Glossar. Lat. Gall. ann. 1352. ex Cod. reg. 4120.

CONCISA, Arborum eversarum strages itineri præcludendo : *Concides*, Cæsari, Tacito lib. 1. Annal. Vegetio lib. 3. cap. 23. S. Ambrosio in Orat. de Excessu Satyri, Silvestro Giraldo in Hibernia expugn. cap. 5. 26. etc. *Lignorum cædes*, A. Gellio lib. 19. cap. 19. *Cæsa nemora, truncarum arborum coagmenta*, Saxoni Grammat. lib. 14. Hist. Danicæ. Δένδρων ἐκκοπή, Polybio, Ξυλοκλασία, Annæ Comnenæ lib. 13. Alexiad. pag. 389. Paulus Warnefrid. lib. 3. Hist. Longob. cap. 4 : *Factis etiam Concisis per devia silvarum, irruit super eos.*

Concæsa, apud Ammian. l. 16 : *Difficiles vias.. Concæsis clausere solerter.* Sic enim in MSS. legi monet Valesius, ubi Codex editus habet *concædibus.*

Concides, Eadem notione. Gregorius Turonens. lib. 2. Hist. : *Franci simulato metu se in remotiores saltus receperunt, Concidibus per extrema silvarum procuratis.* Alibi : *Qui conjunctis arborum truncis vel Concidibus superstantes, etc.*

Concisa, in Lege Salica tit. 18. § 4. aliud sonat : *Si quis Concisam, vel sepem alterius capulaverit, vel incenderit, etc.* Hoc enim loco Wendelinus *Concisam* sepimentum interpretatur, quod fit circum agros et fundos, cum leviter semicæsa virgulta prodinantur, implicanturque invicem perpetua textura, eaque interim succrescente: quod firmissimum est sepium genus, cujusmodi in agro seu Comitatu Perticensi complura cernuntur. Nec ab hac sententia procul abest Salmasius in lib. de Jure Attico. Monachus Sangallensis lib. 2. cap. 2: *Inter quorum confinia plantabatur arbuscula, quæ, ut cernere solemus, abcissæ atque projectæ comas caudicum foliorumque proferunt.*

¶ CONCESIA, Eadem notione, in Charta Thossiacensi ann. 1404: *Juxta pratum de Loye Concesia et terrello dicti prati intermedio.*

At posterioribus sæculis hæc fere voces pro *silva cædua usurpantur: Silva* autem *cædua*, [Gall. *Bois taillis*,] illa est *quæ cujuscunque existens generis arborum, in hoc habetur ut cædatur, et quæ etiam succisa, rursus ex stirpibus aut radicibus renascitur,* in Provinciali Ecclesiæ Cantuar. lib. 3. tit. 16. lib. 5. cap. ult. Charta Caroli C. Regis in Tabulario Dervensi: *Simul etiam quidquid memorati fratrum famuli de jam dictis silvarum Concisis extirpare poterunt, totum in usus fratrum absque subtractione alicujus permaneat.* [Altera ejusdem Caroli Charta anni 847. apud Baluzium tom. 2. Capitular. Reg. col. 1457: *Dedit igitur præfatus Herchenradus Episcopus Ecclesiæ sibi commissæ, de villa quæ vocatur Fontanedus, ad partem Eginardi Abbatis et Ecclesiæ suæ, perpetualiter ad habendum: una cum consensu Canonicorum suorum Concidem quæ vocatur Vilcenna habentem in gyro perticas 537.*] Atque inde silvæ juxta Lavallum in Armoricis, *Concisæ* nomenclatura etiamnum manet: cujus quidem appellationis meminit Stephanus Episcopus Redonensis in Vita S. Guillelmi Firmati num. 7. Hac igitur notione

CONCISUM usurpat Charta Caroli C. apud Hariulfum lib. 3. cap. 16: *De prato bunnaria 2. et quadrellos 48. et de silva bunnaria 20. et de Conciso bunnaria 5. etc.* Tabularium S. Bertini ann. 1205: *Cum super quandam decima unius campi juxta Concisum Columbel sibi quæstio verteretur, etc.* Hugo Flaviniacensis in Chron. pag. 110: *Quidquid in eodem loco possidebat, Basilicæ S. Vitoni condonavit, in mansis, campis, oleis, pratis, pascuis, Concisis, silvis, aquis, etc.*

CONCISIÆ. Charta venditionis prædii dicti *Caseaux: Sive consistant in terris cultis et non cultis, vineis, pratis, pascuis, seu pasturellis, nemoribus, silvis, garennis, dumis, Concisiis, arboribus, fructiferis, et non fructiferis, etc.* Tabular. Prioratus de Paredo fol. 69: *In bordelariis, in campis, in vineis, in silvis, rispis, in Concisiis, in terris cultis et incultis, etc.*

CONCIDA, CONCIDES. Vetus precaria apud Sirmondum in Notis ad Capitul. Caroli C.: *Hoc est in mansis, campis, oleis, pascuis, pratis, Concidis, sylvis, aquis, etc.* Charta alia apud Baldricum in Chronic. Camerac. lib. 1. cap. 27: *Hos igitur mansos cum terris, Concidis, pascuis, etc.* Tabularium S. Remigii Remensis: *Habet de Concide ubi potest colligi clausura, etc.* [Codex MS. Irminonis Abb. San-German. fol. 2. verso col. 1: *Ratgis habet... de vinea arip.* VI. *et dimidium, de silva Concidem parvam, habet bun.* IIII. Idem Codex fol. 20: *Habet in Castinido Concidam duas partes de Leuva.* Et fol. 52. verso col. 1: *Altmarus... habet de terra arabili bun.* XV. *de prato arp.* 1. *de Concidis bun.* 1... *Aclulfus colonus.... habet de terra arabili bun.* XX. *de prato arpen.* 1. *de Concidis bun.* IIII. Annal. Bened. tom. 2. pag. 719. ex Charta divisionis bonorum, quam fecit Braidingus Benedicto Abbati Aniano: *Pratis, pascuis, silvis, garricis, farinariis, Concidis, communiis.*]

CONCIDUA. Charta Alberti Comit. Viromand. ann. 986. apud Hemereum: *Vineam bunarii unius, pratum* 1. *sylvam bunariorum* 7. *Conciduas bunariorum* 10. *cambam unam etc. Copeis* dicuntur ejusmodi silvæ cæduæ in Libertatib. villæ S. Paladii in Biturigibus ann. 1279. apud Thomasserium pag. 113. [Vide *Copecia*.]

¶ **CONCISIO**, Idem quod *Arborum incisio* in truncis plerumque facta ad limites designandos: qua de re supra in *Arbor* 1. Notitia judicati pro Monasterio Arulensi ann. 876. in Appendice Marcæ Hist. col. 798: *Ubi nos testes Concisionem fecimus, et pedibus circumdavimus, et manibus insinuavimus ad saione jam dicto Isselmo.*

¶ **CONCISUM**. Vide in *Concisa*.

CONCITARIUM, *Donum Imperatoris, quia excitat animos militum ad obediendum ei.* Ugutioni, Joann. de Janua.

* **CONCITATORIUM**, *La casa del imperatore.* Glossar. Lat. Ital. MS. Vide *Concitarium*: unde hæc facile emendantur.

¶ **CONCITO**, Statim, illico. Abbo de Obsidione Lutetiæ:

Concito vitalis calor ossa reliquit eorum,
Frigidus atque pavor possedit corda reorum.

* **CONCITUM**, Intrita, mortarium, ut videtur. Stat. Astæ collat. 11. cap. 61. pag. 32. r°.: *Si quis vellet prædicta* (garavellam vel sablonum) *vel aliquod prædictorum capere in glarea consortis seu vicini sui, pro aliquo laborerio seu Concito faciendo, prope terram vel possessionem illius sui consortis seu vicini, etc.*

CONCIVILITARE, Civem efficere. Theodericus Monachus de Inventione S. Celsi Episcopi Trevirensis cap. 2: *Beatum Celsum,... quem hactenus in supernis sedibus Concivilitavit* (Deus) *frequentiis Angelorum.* Vide *Civilitare*. [** *Concivilitas, Concivium, Germ. Medeburgerschaft*, in Glossar. MS. Lat.-Theut. ap. Haltaus. col. 1355.]

CONCIVIUM, Civium cœtus. Adso Abbas Dervensis, in Vita S. Basoli cap. 11: *Eodem tempore urbis Remorum florente Concivio, etc.* Ægidius Parisiensis in Karolino lib. 5:

. . . . Illum sublimis sacri
Eloquii quondam ructantem pectore pleno:
Illum in Concivio tacitum pro voce legendi
Præfectum gradibus, etc.

Ita enim legendum pro *Concinio*, apud Duchesnium pag. 324.

* Nostris *Concitain*, pro *Concitoïen*, Concivis. Lit. remiss. ann. 1389. in Reg. 138. Chartoph. reg. ch. 100: *Jaqueme de Langle, né Concitains de cette ville* (de Cambray).

* **CONCIUM**. IN CONCIO TENERE, Phrasi Italica, Sartum tectumque servare, Gall. *Tenir en bon état.* Correct. stat. Cadubrii cap. 48: *Faciant aptare seu reficere omnes pontes, qui indigent reparatione seu refectione, et in Concio eos tenere juxta formam statutorum, ... ita et taliter, quod liber transitus sit et securus omnibus per ipsos pontes transire volentibus.* Vide supra *Concia* et *Conciare* 1.

* **CONCIUS**, CONGIUS, Ponderis vel mensuræ species. Stat. Cadubrii lib. 1. cap. 16: *Quod quilibet homo et persona, qui vendunt aliquas res ad pondus vel ad mensuram, debeant....... portare sive portari facere ad domos ipsorum juratorum calveas, Concios, libras, etc.* Correct. eorumd. stat. cap. 54: *Ad minutum vendi intelligatur, si minus uno Congio vendatur pro vice qualibet.*

¶ **CONCLAMANTISSIMUS** TESTIS, Fortissimus, locupletissimus, apud Mabillonium, Liturg. Gall. pag. 220. col. 1: *Justum est.... B. Saturninum tremendi Nominis tui Conclamantissimum testem debito honore suscipere.*

CONCLAMARE, pro *Clamare*, Causam agere, dicere. Lex Alemann. tit. 36. § 5: *Ut in ipso placito pauperes Conclament causas suas.* Gloss. Isid.: *Conclassare, Conclamare.* Vide *Clamare*.

¶ **CONCLASSARE**, *Conclamare; Conclassare, Conjungere classes.* Gloss. Isid. Papias MS. Bituric.: *Conclassare, Classes jungere.* Vet. Glossar. San-German. MS. n. 501: *Conclassare, Adjungere classem*, hoc est, ut Justinus loquitur, adunare Classiarios et ipsas naves.

¶ CONCLASSARE SIGNA, Pulsare campanas. Guidonis Disciplina Farfensis cap. 4. de Sabbato sancto: *Ad Vesperam preces faciendæ, ad ultimum Conclassentur omnia signa, etc.* Vide *Classicum, etc.*

CONCLAVE, Vestiarium, *Gardaroba.* Matth. Paris. ann. 1245: *Domini Papæ Camera, quæ Conclave, id est, Guardaroba dicitur.* Sic etiam vocant locum ubi coeunt Cardinales ad eligendum summum Pontificem, qui pluribus describitur in Ceremoniali Romano lib. 1. sect. 1. [Papias MS. Bitur.: *Conclave, Locus inclusus vel munitus, sive domus quæ multis clauditur cellis, interior cella.* In Legibus municip. Mechlinensium tit. 1. art. 38. *Conclave* dicitur quidquid obseratum est: *Decanus lanificii omnes ædes, ubi lanificium fit, ut sibi recludantur imperare potest, neque licitum est habitatoribus, obsequium aperiendi quidquid ibi est Conclavium et obserati, denegare.*]

* **CONCLAVIS**, Interpositus, procursus, Gall. *Enclavement.* Charta Ludov. Pii ann. 836. ex Chartul. Miciac.: *Terminante quadam Conclavi terræ alterius rippæ prædicti monasterii contra.*

CONCLAVUM. Gloss. Græc. Lat.: Συγκλεισμα, *Conclavum, Conclavia, insula.*

¶ **CONCLEATIUS**, velut habet Papias MS. Bituric.: *Concleatus, Lapis cocleis lapillisque et arena concretus, asperrimus et interdum fistulosus.* Isidor. lib. 19. Orig. cap. 10. Vide *Cochlearius*.

¶ **CONCLERICUS**, Clericus una cum aliis. Index vet. Canonum tom. 3. Concil. Hisp. pag. 8: *Nec laicus post pœnitentiam Conclericus fiat.*

* **CONCLINUS**, *Insieme inclinato.* Glossar. Lat. Ital. MS.

¶ **CONCLODERE**, *Delidere.* Papias MS. Bitur.

¶ **CONCLUDERE**, pro Concludi, terminari. Privilegium Ordonii II. Regis pro monasterio S. Martini Compostellani tom. 5. Concil. Hispan. pag. 171. col. 2 : *Similiter damus vobis ipsam nostram cortem de villa Patrono cautatam cum suis domibus et ædificiis, cum sua cortina, quomodo Concludit ipsum flumen Saris.*

* **CONCLUDENTISSIMA** Ratio, Efficacissima, valentissima. Epist. dom. Barens. ann. 1409. apud Marten. tom. 7. Ampl. Collect. col. 905 : *Nec rationes multiplices per illos, quos præmiseram, allatas et Concludentissimas, etc.*

¶ **CONCLUDIUM.** Leges Rotharis apud Murator. tom. 1. part. 2. pag. 35. col. 1. [** Rothar. 234. in var. lect.] : *Quod conscius non sit fraudi nec ullo Concludio fecisset.* Lege et vide *Conludium.*

CONCLUSIO, Clusa, *Ecluse. Conclusiones aquarum*, in Legibus Wisigoth. lib. 8. tit. 4. §. 30. *Retenuës d'eaux.*

* **CONCLUSITER**, Denique, tandem. Charta Guntheri Magdeburg. archiep. ann. 1444. apud Ludewig. tom. 12. Reliq. MSS. pag. 345 : *Breviter et Conclusiter, cum omnibus et singulis ad eadem castra pertinentibus.* Galli diceremus, *Bref et pour Conclusion, etc.*

CONCLUSUM, Conclusus, Idem quod *Clausum, Clos* Gallis, locus, seu ager sepibus septus, in Legib. Wisigoth. lib. 8. tit. 3. §. 6. tit. 4. §. 25. lib. 10. tit. 1. §. 13.

CONCŒNA. Gloss. Græc. Lat. MS. : Σύνδειπνος, *Conviva, Concœnæ.* In Edito, *Concena.* Gloss. Lat. Græc. : *Concœnæ*, σύνδειπνοι. [Supplem. Antiquarii, *Concœna.*]

¶ **CONCOFANARIUS**, mendose pro *Gonfanonarius*, Vexillifer. Vide in hac voce post *Gunfano.*

* **CONCOLATUS**, Conglutinatus : dicitur de Chartis glutine simul junctis, apud Doublet. pag. 1141.

¶ **CONCOMITANTIA**, Comitatus. Gesta in captura Bernardi *Saget* Episc. Apamiensis circa annum 1300. apud Marten. tom. 1. Anecd. col. 1322 : *Idemque Episcopus ex tunc de Tholosa arripuit iter suum eundi in Franciam, concomitantibus ipsum prædicto Magistro Balistariorum ac Senescallo Tholosano.... Qui in tali Concomitantia veniebat, seu ducebatur, etc.* Theologis Gallice scribentibus nota est vox *Concomitance* non prorsus absimili ratione in moralibus, ut cum disserunt de virtutum inter se connexione, de corpore et sanguine Christi sub utraque specie panis et vini positis per *Concomitantiam*, quod amplius nequeant separari. Bract. lib. 2. tract. 1. cap. 16. n. 8 : *Sunt etiam quædam consuetudines, quæ servitia non dicuntur, nec Concomitantia servitiorum;* id est cum servitiis connexa, quemadmodum Philosophi *Concomitantia* dicunt pro *Connexa.*

* **CONCOMITAS**, perperam pro *Concavitas*, in Lit. S. Ludov. ann. 1269. ex Cod. reg. 9612. A. B. M. ut videre est in iisd. Lit. editis tom. 1. Ordinat. reg. Franc. pag. 294. et infra in voce *Judæi.*

¶ **CONCONSULES**, Ejusdem urbis una Consules. Occurrit in Annalibus Tolosanis inter Instrumenta probantia tom. 1. pag. 39.

* **CONCONUS**, diminut. ab Italico *Cocco*, Ovum : unde leg. *Cocconus*, a forma sphærica sic dictum lignum, de quo in Chron. Tarvis. apud Murator. tom. 19. Script. Ital. col. 754 : *Et obtuso foramine illo cum Concono uno ligneo intra* (bombardam) *calcato, etc.*

CONCORDANTIÆ, apud Walsinghamum in Edw. I. pag. 47 : *Hujus* (Johannis de Derlinghton Ordin. Prædicat.) *studio et industria editæ sunt Concordantiæ magnæ, quæ Anglicanæ vocantur.* [Memoriale Potestatum Regiens. ad ann. 1244 : *His temporibus floruit vita et scientia venerabilis dominus Ugo Cardinalis, frater Prædicatorum ordinis, qui doctor eximius doctrina sana et prælucida totam Bibliam postillavit; Concordantiarum Bibliæ primus auctor fuit.*]

* 1. **CONCORDARE**, Statuere, definire, Gall. *Arrêter, régler.* Stat. ann. 1363. tom. 3. Ordinat. reg. Franc. pag. 654. art. 14 : *Articulis igitur traditis, dentur per curiam commissarii ad Concordandos articulos sine sumptu.* Aliud ann. 1370. tom. 5. earumd. Ordinat. pag. 366. art. 30 : *Vobis præcipimus injungendo, quod in pertractando et Concordando dictas financias, evocetis vobiscum procuratorem generalem et receptorem nostros, aut eorum legitimos substitutos senescalliæ, in qua financia Concordabitur; et statim financia Concordata, registretis eam penes vos.*

* 2. **CONCORDARE**, Conferre, comparare. Charta ann. 1162. apud Spon. tom. 2. Hist. Genev. pag. 29 : *Cum dictis imperialibus literis originalibus superius insertis de verbo ad verbum ausculta vi, colationavi et Concordavi. Concorder*, a Lat. Concordare, *s'Accorder*, in Mirac. B. M. V. MSS. lib. 2. :

La bouce à Dieu ment et descorde,
S'à lui li cuers ne se Concorde.

¶ **CONCORDATUS**, Compositus, de quo conventum est, Gall. *Accordé. Transactum, compositum et Concordatum*, in Charta ann. 1463.

CONCORDENSES, Valdensium sectarii hæretici, de quibus Constitutio Friderici Imp. de Hæreticis, et Reinerus contra Valdenses cap. 6. a *Concordia* Lombardiæ oppido dicti : iidem qui interdum *Concorezenses* appellantur. Vide *Concorezenses.*

¶ **CONCORDIA**, pro Fœdere vel pacto legitur apud Thomam *Madox* in Formulari Anglicano pag. 75. Rymerum tom. 4. pag. 396. col. 1. et alibi. Hinc *Concordia celata* dicitur, si bene conjecto, de ea conventione seu pactione, quam inconsulto judice ineunt litigantes, postquam res in judicium vocata est : quod fieri vetant Consuetudines Furnenses in Archivo S. Audomari his verbis : *Quicumque plegios dederit de prosequendo clamore suo et non fuerit prosequutus, emendabit Comiti tres libras, et amittet clamorem suum : quamvis aliquis clamorem suum facere noluerit vel perdiderit, Justitiarius tamen jus suum habebit. Quicumque fecerit Concordiam celatam, id est, Halesona, emendabit Comiti tres libras.* Vide *Halesone.*

CONCORDIOSUS, *Concors*, Ugutioni.

CONCORDIUM, pro *Concordia*, Pactum, fœdus, *Accord* : apud Micham de Barbazanis in Hist. cap. 6. et Cortusios lib. 8. Hist. cap. 5. et alibi.

* **CONCOREZENSES**, Valdensium sectarii hæretici, a *Concorezo* agri Mediolanensis vico sic nuncupati. Sentent. ann. 1295. apud Murator. tom. 5. Antiq. Ital. med. ævi col. 91 : *Quod a multis retro annis fuerit credens, fautor, receptator, et amicus hæreticorum sectæ de Concorezo.* Peregr. Priscianus MS. ibid. col. 93 : *Non prætereuntes et eisdem fere temporibus tres viguisse sectas, Albigensium scilicet, illorum de Bagnolo, et illorum de Concoretio....... Et quamquam inter se aliquantulum discrepent, et nonnumquam conveniant, etc.* Vide *Concordenses.*

¶ **CONCORPORALIS**, Ejusdem corporis vel societatis, in Chronico Halberstadensi apud Leibnitium tom. 2. Scriptor. Brunswic. pag. 126 : *Cives et cohæredes, et Concorporales in habitaculum Dei coædificatos.* Hausit Scriptor ex Epist. ad Ephesios 3. 6. ubi dicitur, *Gentes esse cohæredes, et Concorporales, et comparticipes promissionis ejus in Christo Jesu per Evangelium.* Legitur etiam apud Ammianum lib. 28. cap. 28.

¶ **CONCORPORATE**, Corporaliter. *Christo sedenti ad dexteram Patris veraciter, Concorporate*, in Epistola 36. Gaufredi Canonici Regul. apud Marten. tom. 1. Anecd. col. 533.

¶ **CONCREBARE**, Crebro dicere, prænuntiare vel promittere; nisi mavis *Concrebare* scriptum esse pro *Concrepare* active sumto, quomodo Ovidius dixit :

Rursus aquam tangit, Temesæaque Concrepat æra.

Antiquum Epitaphium ex Agnelli libro Pontif. apud Murator. tom. 2. pag. 144. col. 2 :

Prima fides nostrisque Pater promiserat olim
Perspiciendum oculis, et Legis voce vocandum
Christum Concrebans, Christum sonat, omnia Christum.

¶ **CONCRECATIO**, pro *Congregatio*, in Instrumento ann. 873. tom. 1. novæ Hist. Occitan. col. 124.

CONCREDERE Se, dicebatur ille qui judici vel parti se tradebat, et delictum illius arbitrio, compositione expiabat. Capitula Caroli C. tit. 16. §. 3. [** De Carisiac. ann. 856.] : *Quia si se Concrediderit et humiliaverit, et emendare voluerit, etc.* Flodoardus lib. 3. Hist. Remens. pag. 558. edit. Colvener. : *Quod placitum eidem Presbytero denuntietur ad 30. dies, ut ita præparatus veniat, quo se vel Canonice purificet, vel Concredat.* Definitio Concilii Duziacensis II. de Duda Monacha cap. 4 : *Et si ipse Presbyter se Concrediderit, facilior ei erit pœnitentia : sin autem in pertinacia sua perstiterit, etc.* [Præceptum Ludovici Regis ann. 870. de rebus Herici Prumiensi monasterio concessis apud Marten. tom. 1. Collect. Ampliss. col. 191 : *Ille vero nulla ratione eas sibi usurpare potuit ad possidendum, sed Concredidit sibi de illis, quod eas injuste voluisset, et reddidit tunc eas illis Fratribus in præsentiam nostram.*]

¶ **CONCREPARE**, *Conibere*, i. e. *Con-*

sentire. Glossar. MS. Sangerman. n. 501.

* **CONCRETUS**, Coætaneus. Vita S. Emmer. tom. 6. Sept. pag. 486. col. 2 : *Quadam autem die quendam e fratribus, Concretum et conscholasticum meum, præsente me, aculeum mortis contigit obire.*

* **CONCTIO**, pro *Concio*, Locus, ubi congregatur concilium. Chron. Placent. apud Murator. tom. 16. Script. Ital. col. 455 : *Anno Christi* 1179. *platea communis Placentiæ fuit adampliata, et Conctio remota fuit a S. Antonino ad majorem ecclesiam.* Vide *Concio.*

CONCUBA, Concubina. Decretum Synodi Sardicensis in Fragm. S. Hilarii pag. 20 : *Probra multa criminaque objecit, quod diceret illum Concubas et habuisse et habere.* Hinc *Concubatus* pro *Concubinatus*, in leg. 3. D. de Concubinis. (25, 7.)

* Glossar. Lat. Ital. MS : *Concuba, che fa quelle cose.*

¶ **CONCUBIA**, *Cum omnes excubant.* Glossar. MS. Sangerman. n. 501. Livius dixit : *Hannibal Concubia nocte movit*, id est, cum itum est cubitum. Simili notione Plautus, *Concubium sit noctis.* Vide in hac voce.

CONCUBIALITER, Continuo, perpetuo. Vita S. Vitalis Siculi num. 6 : *In hoc... Monasterio Concubialiter perseverans.*

CONCUBINA, Ugutioni : *Quæ ad usum venereum non legitime tenetur.* [* Martin. in vocabul. Jur. can. MS. : *Concubina est, quæ cessantibus legalibus instrumentis, unica est et conjugali affectu tenetur.* Vide supra in *Clerici*.] Tria sunt, inquit Casaubonus ad Spartianum in Ælio Vero, conjunctionis nomina apud juris auctores et alios, *Uxor, Pellex, Amica. Uxor*, aiebat Verus, *nomen est dignitatis, non voluptatis. Pellex* honestior est quam Amica, ut quæ accedat propius ad uxoris naturam : est enim παλλακὴ quasi legitimæ conjugis dimidium. Balsamon : Παλλακὴ δέ ἐστιν ἡ νομίμως τινὶ συζῶσα χωρὶς γάμου· ἡ δὲ ἧττον τιμιωτέρα φίλη λέγεται. Canones Apostolorum ex versione Dionysii Exigui can. 17 : *Si quis post baptisma secundis fuerit nuptiis copulatus, aut Concubinam habuerit, non potest esse Episcopus*, etc. Concilium Toletan. I. cap. 17 : *Si quis habens uxorem fidelem, si Concubinam habeat, non communicet. Cæterum qui non habet uxorem, et pro uxore Concubinam habet, a communione non repellatur : tantum ut unius mulieris, aut uxoris, aut Concubinæ (ut ei placuerit) sit conjunctione contentus.* Quibus in locis, ut observat Turrianus lib. 1. pro Canonib. Apostol. cap. 13. non intelligitur Concubina fornicaria, sed sicut Scriptura sancta vocat Concubinas Patriarcharum, ea scilicet Concubina quæ secundum legem matrimonii, infra dignitatem tamen uxoris ducitur : *Quæ uxor Concubina* dici videtur in Charta Ludovici VI. pro Monasterio S. Cornelii Compendiensis : *Ut Clerici ejusdem Ecclesiæ sicut usque modo vixerunt, permaneant : hoc tamen præcipimus, ut Presbyteri, Diaconi, Subdiaconi, nullatenus deinceps uxores Concubinas habeant : cæteri vero cujuscumque ordinis Clerici propter fornicationem, licentiam habeant ducendi uxores.* Eadem etiam *Concubina legitima* dicitur, ad discrimen *ejus quæ quæstum facit*, apud Bractonum lib. 3. Tract. 2. cap. 28. §. 1. cui ita appellatur uxor matrimonio copulata, quod *legitimum est quantum ad hæredem et hæreditatis successionem, et tamen illegitimum, quoad dotis exactionem; cum dos constituta fuerit alibi quam ad ostium Ecclesiæ, propter verba in intentione mulieris contenta*, ut idem Bracton. ait lib. 4. de Actione dotis, cap. 8. §. 2. Vide Cujacium in Paratit. ad tit. Cod. de Concubinis, ad Nov. 18. et lib. 5. Obser. cap. 6. Concubinas præterea olim toleratas, vel non omnino prohibitas, vel denique adeo hunc invaluisse abusum, ut eas tolerari necessum judicarint Pontifices, tametsi subinde variis in Conciliis damnatus sit, colligere licet ex Concilio Vermeriensi ann. 752. can. 7. ex Nicolao I. PP. Epist. 59. et in Respons. ad Bulgar. cap. 3. ex Joanne VIII. Epist. 198. etc. Vide Crisconium in Brev. cap. 230. 231. adeo ut etiam cum uxore legitima Concubinam habere quodammodo licuerit, quam uxoris appellatione donant Capitula Herardi Archiep. Turon. cap. 110. Salvianus lib. 4. de Gubern. Dei, de Concubinis : *Quippiam dici forsitan etiam injustum esse videatur : quia hoc in comparatione supradictorum quasi genus castitatis est, uxoribus paucis esse contentum, et intra certum conjugii numerum frenos libidinum continere. Conjugium dixi, quia ad tantam res impudentiam venit, ut ancillas suas multi uxores putent : atque utinam sicut putantur esse quasi conjuges, ita solæ haberentur uxores.* Sed et cum Concubina perinde ac cum uxore alterius adulterium fieri dicebatur. Vide S. Columban. Ep. 5.

¶ Concubinales Illecebræ, apud Sidon. lib. 9. Epist. 6.

Concubinaticæ Luxuriæ, in Concilio Meldensi ann. 845. cap. 74.

¶ Concubitalis, Ad concubitum pertinens, apud Tertullianum ad Nation. lib. 2. cap. 11.

¶ **CONCUBINARIUS**, Catullo et Curtio *Concubinus*, Qui Concubinam habet, Gall. *Concubinaire*. Legitur apud Lindwoodum lib. 1. Provincialis tit. 2. et Martenium tom. 4. Anecd. col. 390. necnon alibi.

* Catullo in Epithal. Mallii et Quintil. in Institut. lib. 1. cap. 2. et Declamat. 3 : *Concubinus* est *Catamitus;* at in Q. Curtio lib. 10. cap. 2. καταχρηστικῶς dicuntur Milites *Concubini* pellicum suarum. Hæc ex animadversionibus D. *Falconet.* Sensu vulgari pro eo, qui concubinam habet, legitur apud Joan. *Clerée*, qui Ludov. XII. a confessionibus erat, in serm. Domin. palmar. : *Pauper Concubinarie, quot sunt anni quibus tenes concubinam? Concubin*, in Lit. remiss. ann. 1468. ex Reg. 195. Chartoph. reg. ch. 139 : *Le suppliant respondit : ort, vil, villain, Concubin, je ne te crains. Quoqubinaige*, pro *Concubinage*, in aliis ann. 1407. ex Reg. 161. ch. 348 : *Icellui Jaquet et Perrette la Platelle demouroient ensemble en Quoqubinaige.*

* **CONCUBINIUM**, *Societas ad tempus comessendi conventorum, Companhia, Prov.* Glossar. Provinc. Lat. ex Cod. reg. 7657. Charta compromissi inter archiep. et vicecom. Narbon. ann. 1276. ex Bibl. reg. col. 2 : *Quæ dixi de decendentibus ex dictis Judæis, nolo ad feminas extendi, quin possint causa matrimonii seu Concubinii de jurisdictione una ad aliam transferri.* Vide *Concubina.*

CONCUBITOR, Qui concubinam habet, apud Julianum Antecessor. Nov. 82. cap. 12. Nov. 34. cap. 5. *Concubitor masculorum*, ἀρσενοκοίτης. *Concubinus*, παιδίον, Quintiliano lib. 1. cap. 3.

¶ **CONCUBIUM**, Papiæ in MS. Bituricensi, *Excubiæ*, Gall. *Garde, Sentinelle.* Apud Plautum in Trinummo *Concubium* est tempus primi somni, cum omnes fere cubant, altiusque regnat silentium. Isid. Gloss. : *Concubium, Pellicatus.* Constantiensis hac etiam notione ait : *Concubia a cubare sive dormire dicta : Concubium, Concubitus, Pellicatus.* Pro honesto et legitimo concubitu Gellius 9. 10. habet : *Sed puris honestisque verbis venerandum istud Concubii pudici secretum neminem quemquam alium dixisse.* Vide *Concubia.*

* **CONCUISIO**, f. pro Conquisitio, Gall. *Enquête.* Stat. ant. Florent. lib. 1. cap. 61. ex Cod. reg. 4621. fol. 30. v°. : *In condempnationibus, absolutionibus, saldationibus et Concuisionibus, etc.* Ubi de Rationalium officio agitur.

¶ 1. **CONCULA**, *Mensura tres cochleares habens.* Papias MS. Bituricensis. Glossar. MS. Sangerman. num. 501 : *Concula, Genus mensuræ quæ fit totiens cocleur triplicatur. Concula, Mensura, dragma una et dimidia adimpleta.* Corruperunt Isidorum, ex quo hauserunt; hic enim lib. 14. cap. 25 : *Mensurarum pars minima Cochlear, quod est dimidia pars dragmæ, appendens siliquas novem. Qui triplicatus Conculam facit. Concula dragma una et dimidia adimpletur.* Vide *Concha* 3.

* 2. **CONCULA**, pro Conchula. Glossar. medic. MS. Simon. Januens. ex Cod. reg. 6959 : *Concula, conchilium, pro marinis intelligi debet.* Inventar. MS. thes. Sedis Apostol. ann. 1295 : *Item unam cupam ad Conculas cum coperculo de argento deauratam. Item aliam cupam ad Conculas cum liliis in fundo.* Pluries occurrit ibidem.

CONCULCATURIA Epistola, qua Dominus servi qui ingenuam uxorem duxit, *Conculcato* et irrito facto ob agnationem, quæ inter eos intercedebat, matrimonio, mulierem libertati suæ reddit. In Chartis quæ *Parensales* dicuntur, apud Bignonium, Formulæ 10. titulus sic concipitur : *Conculcaturia quam Abbas facit ad hominem suum.*

* Ut vocis originem indicaret Cangius, ab ejus genuina notione longe erravit : ex ipsa enim formula laudata aperte patet Epistolam, quæ *Conculcaturia*, appellatur, eandem esse cum *Agnationis Charta*, qua scilicet, ut ipse Cangius docet in v. *Agnatio*, dominus servi, cui se ingenua junxit, illis indulget, ut qui ex eis nascentur, liberi permaneant. Hæc observo post Auctores novi Tract. diplom. tom. 1. pag. 262.

CONCULMA, *Maxima bellua, de cujus sanguine tingitur purpura.* Ita Ugutio MS. an *Concalina?*

¶ **CONCURIALIS**, Ejusdem Curiæ Judex. Charta D. Antonii Capelli Patricii in Diario Italico pag. 65 : *Volusianum at-*

que Luminosum nostros Concuriales agnovimus. [** Vide Marin. Pap. Diplom. pag. 324. a.]

¶ **CONCURRENTER,** Unanimiter, concorditer. Legitur apud Rymerum tom. 11. pag. 813. col. 2. et alibi non semel.

CONCURRENTES, sic Epactas solis vocat Latinus Computus, Æthiopicus Græco et vetusto nomine πλινθίον. Scaliger lib. 1. Canon. Isagogic.: *Concurrentes, est numerus dierum nunquam excedens septenarium, qui cum regularibus compositi componunt feriam dierum.* Dionysius Exiguus de Ratione Paschæ : *Concurrentium hebdommadarum ratio, quæ de solis cursu provenit, septeno anno jugi circuitu terminatur.* Joannes de Janua : *Concurrens, secundum quod sumitur a Compotistis, est supercrescentia unius diei vel plurium supra* 52. *septimanas, vel plurium : ideo dicitur quia in anno Bissextili supercrescunt duo dies, in reliquis vero annis unus tantum, unde versus :*

Hebdomadæ decies quinæ numerantur in anno,
Atque quæ post duas, lux una, duæve supersunt.

Et ab illo incremento originem habent Concurrentes. Alii postea formantur uno addito, sic tamen quod septimanarum numerum non excedant, unde scias quod primus annus cycli solaris habet unum pro Concurrente, secundus habet duos, tertius habet 3. *quartus habet* 4. *quintus* 6. *propter bissextilem, sextus habet* 7. *septimus habet* 8. *et sic procedendo usque ad* 28. *annos invenitur, qui postea revertitur ad caput procedendo per ordinem sicut prius : unde et appellatur Circulus solaris, sive Concurrentium. Si autem vis scire quantus sit annus Concurrentium, adde annis Domini* 9. *annos, et a totali summa subtrahe* 28. *quoties poteris, et quotus sit annus cycli solaris quod residuum fuerit demonstrabit, et si nihil remanserit, ultimus annus erit.* Vide eumdem Scaliger. lib. 7. de Emendat. tempor. pag. 748. 775. 776. Fulbertum Carnotensem in Compendio Computi, Honorium Augustod. lib. 2. de Imagine mundi cap. 87. 88. 97. Durandum lib. 8. cap. 5. n. 6. 7. 8. et alios Compotistas, [necnon supra vocem *Annus* pag. 292.]

1. **CONCURRENTIA.** Observantiæ Regni Aragon. lib. 6. de Privilegiis Militum §. 1 : *Non enim contribuent cum peyteriis in exactionibus regalibus, nisi tempore guerræ, vel Concurrentiæ ad constructionem, refectionem, et sustentationem fossatuum, portarum villæ, etc.* id est, cum omnes ad ejusmodi opera publica *Concurrere* seu pergere tenentur.

¶ 2. **CONCURRENTIA,** certa quædam ac determinata summa ultra quam non erogetur supra, Gall. *Concurrence.* Epist. Petri Infantis Massiliensibus ann. 1332. ex Archivo S. Victoris ejusdem urbis : *Recepit in solutum usque in Concurrentiam, etc.*

* 3. **CONCURRENTIA,** Æmulatio, competitorum certamen, Gall. *Concurrence.* Gualvan. de la Flamma apud Murator. tom. 12. Script. Ital. col. 1008 : *Christi anno* 1335. *supradictis exstantibus Concurrentiis, plures loco potestatis rexerunt civitatem : et die* 28. *Julii factus est potestas Mediolanensis Ursus Ravistianus de Venetiis.*

CONCURRERE CUM ALIQUO, Consentire alicui, Gallis *Concourir avec quelqu'un.* Phrasis familiaris Tertulliano lib. de Spectac. Optato lib. 4. S. Augustino lib. de Unico Bapt. cap. 14. et Epist. 164. Dicebant etiam *Concurrere alicui.* Ita Cyprianus lib. 1. Epist. 4. lib. 2. Epist. 3. Augustinus lib. 2. contra Crescon. cap. 19. lib. 7. contra Donat. cap. 15.

1. **CONCURSUS,** Submonitio, vel evocatio civium ad vindicanda maleficia. Vitalis Episcopus Oscensis : *Si eas* (junctas) *exercitum facere contigerit, vel repentinum Concursum, Appellitum vulgariter appellatum, etc.* Infra : *Sed flagitante maleficio, et Concursu subitaneo concurrente, si maleficium fuerit manifestum, etc.* Vide *Huesium.*

¶ 2. **CONCURSUS,** Conventus. Capitula Monachorum San-Gall. n. IX : *Ut* Kyrie eleison, Amen, Deo gratias, *et versus in unoquoque Concursu altius et distinctius atque protractius honeste dicantur.* Ibidem n. XXX. in non absimili formula legitur *in unoquoque Conventu.*

* Mihi idem videtur atque *Cursus* 2. Vide ibi.

¶ 1. **CONCUS** inter vasa et ministeria sacra recensetur in Donatione S. Rudesindi pro Monasterio S. Salvatoris de Cellanova tom. 3. Concil. Hisp. pag. 181. col. 1 : *Concos inmaginatos* VII. *casticales* II. *vasa vitrea, choncas acyralis* II. *arrodamas sic acyralis* IX. Alterum locum vide in *Cogina.* [* Vide in *Concha* 1.]

¶ 2. **CONCUS,** f. Angulus, Gall. *Coin.* Conditiones reparationis Monasterii S. Andreæ Exalatensis ann. 879. in Appendice Marcæ Hisp. col. 808 : *Terra quæ infrontat in torrente et vinea ad illo Conco qui infrontat in vinea dominicale, et terra, etc.*

* Glossar. Lat. Ital. MS. : *Concus, una pietra.*

** **CONCUSARE,** Accusare, in Chronic. Salernit. cap. 75. et 152. Pertz. vol. Script. 3. pag. 505. et 547.

* **CONCUSSURA,** Concussus, Gall. *Secousse.* Charta Phil. Aug. pro hominibus Bonævallis ann. 1205. in Reg. 72. Chartoph. reg. ch. 82 : *Avenam reddent sine Concussura recte mensuratam.*

¶ **CONCUTERE,** f. Monetam cudere. Diarium Belli Hussitici apud Ludewig. tom. 6. Reliq. MSS. pag. 182 : *Rex Sigismundus receptis Ecclesiæ Pragensis et Cœnobii S. Georgii capitibus, manibus, manphantiis cæterisque de auro et argento clenodiis, Concutere jubet et stipendia præbet.* Posset solum intelligi Frangere : adeo ut stipendia præbuerit ex clenodiis comminutis, sed non cusis.

¶ **CONDADUM,** Hisp. *Condado,* Comitatus, dominium. Vide locum in *Cotum* post *Cautum.* [** Conf. S. Rosa de Viterbo in Append. Elucid. pag. 24. voce *Condado.*]

* **CONDAL,** Exactionis species. Tabul. S. Vict. Massil. : *Nec ipsum Condal quod injuste accipiebamus, et porcos quos tollebamus, et servitia quæ injuste usque hodie requirebamus, etc.*

CONDAMINA, vel **CONDOMINA,** Narbonensibus *Condomine,* quasi, *Condominium* a jure unius Domini dicta, vel ut alii volunt, quasi *Campus Domini,* nam in Occitania, maxime versus Sevennas *Camp,* aut *Con, Campum* sonat; ubi hæ Condaminæ ab omni onere agrario immunes censentur. *Condomina,* legitur in Glossis Isidori, et est agrorum σύγκτησις. Gloss. Græco-Lat. : Σύγκτησις, *Saltus.* Placitum Attonis Arelatensis Archiepiscopi, in Chartulario Archiepiscopi Arelat. fol. 22 : *Et laxaverunt similiter Archiepiscopo Attoni affrontationem suæ Condaminæ quæ est juxta domum, cum juncaria quantum prædicta Condamina tenet.* Chronicon S. Benigni Divion. : *Dedit partem unius Condaminæ. Condamina mea dominicaria,* in Tabul. Belliloc. n. 174. Vita S. Gallæ apud Bollandum 1. Febr. pag. 940 : *Cum messium tempus advenisset, nuntiatum est S. Gallæ ab actore suo,... quod Condaminam suam quidam Presbyter cum messe tulisset.* Sic enim legendum, pro *Condanimam,* uti præfert Codex MS. [Charta anni 979. in Archivo S. Victoris Massil. num. 13. Diœc. Avenion. : *Condamina una quæ habet pro longo dextras de ambos latus* 238. *et in quacumque fronte dextras* 130. Notitia anni 993. de conventione inter Adalardum Abb. S. Victoris Massil. et Willelmum Vicecomit. de villa Cathedræ apud Marten. tom. 1. Ampliss. Collect. col. 350 : *Abbas vero missis bobus cepit terram, quæ est ante Ecclesiam S. Damiani ambienter excolere, et huc illuc rumpere terram ad faciendam Condaminam.* Charta Alphanti Episc. Aptensis ex Chartul. ejusd. Ecclesiæ fol. 44 : *Est autem Condamina illa capiens de terra arabili modiatas tres.*] Vide Bibl. Sebusianam Cent. 2. cap. 7. Anton. Ruffium in Comitib. Provinciæ pag. 61. tom. 6. Spicileg. pag. 455. Perardum pag. 208. Steph. Baluzium in Append. ad Capitul. num. 90. [Marcam Hispan. col. 765. 853. 984. Marten. tom. 6. Ampliss. Collect. col. 458.] etc.

* Non unius significationis fuit hæc vox : pro Agris oppido adjacentibus legitur in Charta ann. 1328. ex Reg. 65. Chartoph. reg. ch. 166 : *Tota Condamina sive ortus prædicta ad ampliationem burgi Carcassonensis per gentes regias posita fuisset et retenta, ac pro tota ipsa Condomina vel orta, etc. Bastidæ* seu prædio rustico cum mansione synonyma est, in Charta ann. 1351. ex Reg. 80. ch. 107 : *Quandam Condaminam seu bastidam, etc.* Idem ergo quod *Casalaticum, Casata, Mansus,* et cætera id genus.

CONDOMINA, in Charta ann. 1088. apud Catellum in Comitib. Tolos. pag. 134. [in Charta ann. 1032. ex Archivo S. Victoris Massil. et in Statutis Arelat. MSS. art. 134.]

CONDEMINA. Charta ann. 937. in Tabul. Eccl. Augustod. : *Sunt ibi mansi absi novem, et solvunt reditus terræ. Sunt aliæ Condeminæ* 3. *ad sationem mod.* 100. Infra : *In villa Ploado invenerunt Condeminas* 3. *ubi possunt seminare modios* 13. Alia Caroli Regis ann. 18. Ind. 6. ex Tabulario Eccl. S. Cyrici Nivern. : *Mercatum ibi adhærentem fronti jamdictæ Ecclesiæ, etc.*

¶ CONDIMINA. Aimoinus in Translatione S. Vincentii Mart. lib. 2. num. 18 : *Monachi Hermengaudum Albiæ Comitem adierunt, orantes ut ab hostium invasione equorumque depastione sata Condiminæ suæ protegeret.*

CONDUMA, Eadem notione. Papias

Conduma, domus cum curia et cæteris necessariis. Glossæ MSS. : *Conduma, vel Cumma, domus elevata.* Gregorius M. lib. 9. Epist. 14 : *Unam illi de jure Ecclesiæ deputare Condumam debuisses.* Idem lib. 10. Epist. 12 : *Percepta prius donatione legitima, id est fundos campulos cum Conduma una.* Occurrit rursum lib. 11. Epist. 20. Charta Caroli C. Reg. Fr. ann. 18. Ind. 2. in Tabul. Dervensi : *In Almiaca corte terras indominicatas, ubi Conduma Monachorum fieri debeat, cum prato et mansis undecim et dimidio.*

Condoma. Charta Longobardica ann. 774. apud Ughellum tom. 8. pag. 35 : *Concessimus in nominato Monasterio S. Sophiæ Condomas 4. ex ipso Gastaldo.* Infra : *In ipso loco cortes et Condomas tres.* Adde pag. 40. 41. 576. 583. 585. 590. 615. 618. 625. 638. quibus omnibus in locis *Conduma*, et *Condoma*, idem valet quod *Condamina* : neque a *dumetis* vox formata, ut censet Ludovicus de la Cerda.

* Alia est Muratorii tom. 1. Antiq. Ital. med. ævi col. 792. opinio, quam validis certe argumentis probat Vir eruditissimus : apertiora pro Glossarii instituto seligemus. Et primo quidem non loca, non prædia *Condumæ* fuerunt, sed viri et feminæ servilis conditionis, in una domo ac prædio, sibi ad excolendum traditis, habitantes et conviventes; unde vocis fortean origo. Diploma Liutprandi Benev. ducis ann. 747. tom. 1. part. 2. Script. Ital. col. 374 : *Condoma nomine Dodone cum uxore, filios et filias suas, vel cum integra eorum pertinentia, et Condoma nomine Condolus, ... et Condoma nomine Mauro, etc.* Aliud Sichenolfi Salernit. princip. ibid. col. 392 : *Narraverunt nobis ut rem illam, quam ego dare volebam, fuisset appretiata auri solidos mille quincentos, absque Condomas duas cum filiæ suæ, qui inde sunt pertinentes, id est, Rodepertus cum uxore sua et tres filiæ suæ, et Domoaldus cum uxore et una filia sua.* Unde etiam colligitur *Condomas* appellatas fuisse familias ejusmodi colonorum. Quænam vero fuerit eorumdem conditio, discimus ex Judicato Arichisii Benev. ducis in Chron. S. Sophiæ apud Ughell. tom. 8. Ital. sacr. 1æ. edit. pag. 617 : *Condoma, quam bonæ recordationis domna Theoderada, cum domno Gisolfo filio suo, obtulerunt in prædicto monasterio, quæ habitare videtur in Prata, Zacharias, qui fuit abbas, contra canonicam regulam liberavit, sicque modo se a suo servitio subtrahere quærunt. Nos dum talia audissemus, jussimus ante nostra vestigia ipsos homines, id est, Cœlestinum, Lupum et Ursum....... et inquisivimus eos, pro qua ratione se a servitio ipsius monasterii subtraherent.* Aliquid tamen discriminis inter vulgares servos et *Condomas* intercessisse innuit Charta Gisolfi ducis ibid. qua eidem monasterio largitur *substantiam Auroaldi, casas, domos coltas, Condomas, servos et ancillas.* Non alii itaque fuerunt *Condomæ* a *Casatis, Colonis, Massariis*, quorum non una eademque fuit conditio. Vide in his vocibus.

¶ Contamina. Charta ann. 1222. Hist. Dalphin. tom. 2. pag. 505 : *Imprimis concedo et confirmo donum quod Guido Comes et Mathildis uxor ejusdem eidem domui dederunt, scilicet quamdam Contaminam, etc.*

Contaminia, Eodem perinde significatu. Charta Falconis de Jaligniaco ann. 1056 : *Dedi... omnia quæcumque in Tressalio... possidebam; scilicet in Contaminiis, in molendinis, in olchis, in ordeis, etc.*

Contaminea. Charta ann. 1020. apud Guichenonum in Bibl. Sebusiana Cent. 1. cap. 40 : *Vineam indominicatam unam medietatem, Contamineam indominicatam unam medietatem, etc.*

Condominicatus. Hist. Episcopor. Autissiod. cap. 53 : *Et campos, qui vulgo Condominicati vocantur, Episcoporum ditione restituit.*

CONDARE, Condator. Gloss. Lat. Gr. : *Condatoribus*, συντελεσαῖς. *Condavit*, προσένειμεν. [Acta sancti Bertichramni, tom. 1. SS. Junii pag. 719. et tom. 3. Analect. Mabill. pag. 115 : *Villa Umbriaco, quam Basilius et Baudegundus quondam per donationis titulum ad sanctam Ecclesiam Condederunt*, id est, simul dederunt.]

** **CONDARIUM**, Pensitatio quædam apud Lusitanos dominis superioribus persoluta, vulgo *Condado* dicta, de qua agit S. Rosa de Viterbo in hac voce Elucid. pag. 299. Chart. ann. 1111. ibid. pag. 122 : *De montaria non dent ulla Condaria ad Alcaide, neque de caro, neque de pelle, neque de mella, vel cera.*

¶ **CONDARIUS.** Epistolæ MS. Burgensium et Capellanorum Calvimontis in diœcesi Lingonensi hæc est inscriptio : *Rdo. in Xρῶ Patri et Dño Dño Joanni de Montemirali Episcopo Carpentatorensi SSmi. D. N. Papæ Prothonotario et Condario... Burgenses et Capellani oppidi et Ecclesiæ Calvimonti.* Hic Joannes de Montemirali summo Pontifici Referendarius erat anno 1476. Hinc suspicor in autographo scriptum fuisse *Rndario* per abbreviationem pro *Referendario*, primamque litteram *R.* sic male efformatam fuisse, ut Amanuensis legerit *Co*, unde pro *Rndario* perperam scripserit *Condario.*

CONDATE, vox Gallica vetus vel certe in Gallia familiaris, quæ confluentem denotat, quasi a *condando, seu congregando, seu confluendo*, uti vult Nicolaus Bergerius lib. 3. de Itinerib. Romanis cap. 39. num. 15. Unde quæ hodie supersunt oppida id nominis, seu vernaculum *Condé* præferentia, ad ejusmodi fluviorum confluentes sita esse constat. Ita *Condate* in Aquitania, ad confluentes Durantiæ, et Insulæ, *Libourne* hodie, apud Auson. Epist. 6. et Paulinum in Epist. ad eumdem Auson. v. 156. *Condate* in Turonib. ad confluentes Vigennæ et Ligeris, apud Gregor. Turon. lib. 1. Hist. cap. 43. lib. 8. cap. 40. et lib. 10. ubi obiit S. Martinus, hodie *Condé*, [vel *Cande*, uti vult Valesius in Valesianis,] *Condate*, hodie *Cosne*, ad confluentes Ligeris et fluvii dicti *Noain*, *Condatum*, hodie *Condé* ad confluentes Scaldis et fluvii dicti *Haisne*, apud Antoninum in Itinerar. et in Capitul. Caroli Calvi tit. 37. [*Condatum* illud ab Antonino memorari sub hoc nomine negat Valesius; sed aliud situm inter Nivernum et Brivodurum, hodie *Cosne*, et aliud prope Senonas hodie *Montcreau-faut-Yone*, ac tandem tertium inter Lexovium et Drocum, hodie *Condé* super Itonam : quartum meminit Ptolomæus in Britannia minori hodie Redones,] *Condate* in Brigiensi agro, Principum Borboniensium nobilissimus Principatus, ad confluentes Matronæ et alterius fluvioli qui Brigensem saltum percurrit. Tabular. S. Remigii Remensis ann. 861 : *Episcopatus autem Dom. Hincmari 17. veniens Missus Domini Regis Caroli in villam Condatum, situm super fluvium Matronam, etc.* *Condate* in diœcesi Ebroicensi ad confluentes Itonis fluvii, quo loco insulam efficit, vulgo *Condet.* *Condate* in diœcesi Suessionensi ad confluentes fluviorum d'*Aisne*, et de *Vesle*. *Condate* in Cestrensi agro in Anglia, hodie *Congleton*, ut censet Camdenus in Britan. pag. 486. Edit. 3. ad confluentes Dani et alterius fluvioli. Hæc vero præmisimus, ut intelligatur quid velit Auctor Vitæ S. Romani Abbatis Jurensis cap. 1 : *Reperit tandem ulterius inter saxosa convallia culturæ patulum locum, qui altrinsecus trijugi montium paululum ardua secedente natura, in planitiem aliquantulum relaxatur. Illic namque bifidi in solidum concurrente natura, mox etiam ab unitate elementi jam conditi, Condadisconæ loco vulgus indidit nomen.* [Vide Valesium in Notitia Gall. pag. 153.]

* Hic mirari licet Cangii accurationem et temerariam Menagii censuram in Hist. Sabol. pag. 230.

¶ **CONDATOR.** Vide *Condare.*

* **CONDECENTER**, Satis, Gall. *Suffisamment.* Inventar. ann. 1476. ex Tabul. Flamar. : *Item plus unum alium lectum parvum, munitum unius culcitræ, unius pulvinaris, sive capserii, plenòrum plumæ Condecenter.*

* **CONDECENTIA**, Dignitas, nobilitas, Gall. *Etat, qualité.* Contract. matrim. inter Margar. Bermunde et Folcon. de Fortia domicel. de Ribeyr. ann. 1400. ex Tabul. Flamar. : *Lectum et vestes competentes ad opus dictæ Margaritæ, juxta conditionem et Condecentiam dictorum conjugum futurorum.*

* **CONDECERNERE**, Una decernere. Conc. Pontigon. ann. 876. cap. 7 : *Sicut dominus Papa Joannes sanxit, connivente et consentiente et Condecernente domno et gloriosissimo Karolo imperatore semper Augusto, etc.*

¶ **CONDECIMÆ**, ut *Decimæ.* Locum vide in *Bavinum.*

¶ **CONDECUMBERE**, [* Una decumbere.] Buschius de Reform. Monast. apud Leibnitium tom. 2. Scriptor. Brunsvic. pag. 480 : *Pauci tamen duo vel tres ibidem permanserunt secum ad tempus retinentes Moniales seu concubinas suas, quæ eis Condecumbentibus subservirent.*

* **CONDELIUM**, *Anel*, *Prov.* Glossar. Provinc. Lat. ex Cod. reg. 7657 : *Condilium, lo anello*, in Glossar. Lat. Ital. Ms. *Condalium* dixit Plautus. Vide *Condolium.*

¶ **CONDEMINA.** Vide in *Condamina.*

CONDEMNARE Terram, vel Domum. Lex Salica tit. 71 : *Si quis terram alienam Condemnaverit, et ei fuerit adprobatum*, MMD. *den. qui faciunt sol.* LXII. *culpabilis judicetur.* Ubi *terra Condemnata*, nihil aliud est, quam ager cujus fructus exciduntur : in quo damnum fit. Rogerus Hoved. pag. 804 : *Captus est Thomas Præpositus, captique* *sunt complices sui quidam et incarcerati : quidam autem illorum fugerunt, relictis domibus et facultatibus suis. Rex quidem Franciæ iratus fecit domus illorum demoliri, et vineas et arbores illorum fructiferas extirpari.* Ita et domus judicis decreto diruta, *Condemnata* dicitur in Speculo Saxonico lib. 3. art. 1. §. 1 : *Ædificia prædiorum seu villarum propter nullam aliam injuriam succidi, seu ad terram prosterni debent, nisi in ipsis fuerint virgines, aut mulieres violenter oppressæ, aut post factum introductæ : tunc enim domus illæ per jus Condemnantur, si non, ut juris est, excusentur. Postquam Condemnata jam fuerint ædificia ejusmodi, si reus postmodum absolvitur ab actione, destructa jam ædificia non exsolventur, etc.* Art. 68. *Castrum Condemnatum a judice*, quod exciditur et destruitur sententia judicis. *Facultatum Condemnatio*, in leg. 16 Cod. Th. de Re militari (7, 1.). Observantiæ Regni Aragon. lib. 6. tit. de Generalib. privileg. §. 32 : *In Aragonia quantumcunque fuerint facta diffidamenta, non possunt bona talari, vel bona Comburi, vel bona occupari, nisi tantum in personis guerræ, etc.*

Porro is olim atque adeo in Francia mos invaluerat, ut non corporis modo pœna, vel morte, mulctarentur rei, sed et eorum diruerentur [vel comburerentur] domus, nisi id pecunia data redemissent. Joannes Presbyter apud Chappeavillum ad Joannem Hocsemium cap. 3. *Cum tunc esset mos in civitate posterni ædes malefactorum.* Ch. Philippi Aug. ann. 1195. pro Communia Sanquintin. : *Si quis forisfactum fecerit, de quo clamor in præsentia Majoris et Juratorum factus sit, Major judicio Juratorum super hoc emendationem accipiet talem, quod domus forisfactoris diruetur, si eam habeat, aut pro domo ad voluntatem eorum pecunia accipietur. De redemptione vero domorum diruendarum, muri et firmitates villæ reficiantur.* Mox : *Si quis intra villam hominem occiderit,... de eo justitiarius noster faciet justitiam,... et si ille malefactor domum habuerit infra banleucam, diruetur.* Guntherus lib. 8 Ligurini :

> Qui pacis jurare modum formamque tenere
> Improbus abnuerit, quæ possidet omnia vulgo
> Diripienda patent, evertendique penates.

Philippus *de Beaumanoir* cap. 61 : *Quiconque rachete un bani, et set le bannissement, se meson doit estre abatue, et est l'amende en la volonté du Seigneur, etc.* Vetus Consuet. municipalis Ambianensis MS : *S'aucune mesons est jugié à abattre pour le forfaiture de celi cui le mesons est, ja pour chiaus à cui li cens sont, ne laira-on à justichier.* Vetus Consuetudo Normanniæ MS. 1. part. 3. sect. cap. 6 : *Sçachiez que les mesons de forsbannis doivent estres arses le temoignage de leur dampnement, et que la memoire de ceux qui vendront aprés, le tiengnent en leurs cuers, et que il en aient poor et criente : et se les mesons des forsbannis sont en tel lieu, que il ne puissent estre arses, la couverture et le mesrein en doivent estre ostez et esrachiez, et portez en tel lieu où il puisse estre ars, si que aucun n'y puisse avoir dommage.* Ubi observare licet domus damnatorum incendio absumptas, quod etiam apud Succos obtinuisse tradit Joan. Loccenius lib. 2. Hist. Suecanæ pag. 65. quo loco scribit, Amondum vel Amundum Regem, *Carbonarium* cognominatum, *quod legem tulisset de incendenda parte domus, aut totis ædibus delinquentis, pro noxa damnive dati portione :* quam tamen legem abrogasse postea ait. Charta Odonis Domini Hamensis ann. 1227 : *Et si forefactor captus non fuerit, Major potest bannire eundem de villa Hamensi in perpetuum, et domum suam diruere infra 40. dies, quotiescumque voluerit, postquam dies unus et nox una, sicut dictum est, post factum transierit. Et si forte infra 40. dies Major forefactoris domum non diruerit, domus stans Domino remanebit. Et si domus diruta fuerit, meremma et fundus domus Domino remanebit, et de alia hæreditate faciat quod debebit.*

Interdum quodam privilegio ad id indulto urbium incolæ ab hac ædium condemnatione exempti leguntur. Charta Guillelmi Archiepiscopi Remensis ann. 1182. pro Scabinagio Remensi : *Concedimus etiam quod si Burgensis in banno nostro constitutus aliqua occasione in causam tractus fuerit, quamdiu ordine judiciario se tractari voluerit, neque ipse, neque res ejus capientur, sed nec domus ejus diruetur, si domum vel hæreditatem Remis habuerit, sed fidem dabit, quod pro exequenda justitia obsides interponet, etc.* Edictum Philippi Pulcri ann. 1302. pro Reformatione Regni : *Item volumus, quod si non mandavimus aut præcepimus bona alicujus Prælati, seu alterius personæ Ecclesiasticæ, vel Clerici clericaliter viventis, capi, seu ad manum nostram poni, quod virtute prædicti mandati seu præcepti nostri bona eorum recte mobilia non capiantur, saisiantur, aut ad manum nostram ponantur, neque domus eorum discooperiantur, seu destruantur.* Vide Excerpta Dionis ex Edit. Valesii pag. 582. et ejus notas, Concilium Nugarolense ann. 1190. can. 7. Concil. Tolosan. ann. 1229. can. 6. Epist. Innocentii IV. PP. ad Potestates, Rectores, etc. cap. 20. 26. Privilegia urbis Ratisponens. ann. 1230. 1380. in Metropoli Salisburgensi tom. 1. pag. 238. tom. 2. pag. 380. Foros Beneharnenses rubr. *de Sententias* art. 7. Fortescutum de Laudib. Legum Angliæ cap. 26. Duchesnium in Probat. Hist. Guinensis pag. 195. Molineum tom. 3. pag. 2147. præterea Bouclerum lib. de Crimine læsæ majestat. pag. 101. [** Grimm. Antiq. Jur. German. pag. 729. num. 2.]

* Abrogata lege diruendi vel comburendi domos reorum, et maxime homicidarum, fundus ipse defuncti parentibus ad fruendum aut vendendum concessus fuit, ut judicatum est sententia ann. 1445. Vide infra *Hanot.*

CONDEMNATIO, pro mulcta pecuniaria, apud S. Ambrosium Epist. 33. Lampridium, et in Cod. Theod. Vide Jacob. Gotofred. ad leg. 12. eodem Cod. de Re militari. (7, 1.)

¶ **CONDEMPSARE.** Albertinus Mussatus de Gestis Ital. apud Murator. tom. 10. col. 642 : *Cum demum ruptam laceramque Caroli aciem Petrus cum Dyadego incompositis signis pæne Borræ passu expedit Condeprensant, quaque valent acceleratione reintegrant. Fit pugna ingens, etc.* Malim cum MS. Ambrosiano *Condempsant*, quod scriptum fuerit pro *Condensant;* id est, Milites dissipatos congregant in unum.

¶ **CONDEMPTIO**, pro *Condemnatio*, nisi fallor. Conventionum cum Gastone de Insula ratificatio Eduardi III. Angl. Regis ann. 1339. apud Rymerum tom. 5. pag. 133 : *Concedit in perpetuum omne jus, omnem actionem ... quæ idem dominus noster Rex haberet... in hæreditate, locis, villis... quæ quondam fuerunt domini Jordani de Insula Militis defuncti, patrui quondam domini Gastoni, tam ex incursu, Condemptionibus, quam ex alio quovis modo.*

CONDENSA, Papiæ, *Spissa, constipata, opaca : significat secreta divinæ Scripturæ.*

¶ **CONDENTALIS**, συγγεγομφώμενος. Gloss. Lat. Gr. *Clavis* compactus.

* **CONDEPENDENCIA**, Cohærentia, Gall. *Liaison*. Lit. ann. 1403. tom. 8. Ordinat. reg. Franc. pag. 618 : *Persæpe nec in serie congruitas vel ordo debitus, nec in effectu sive sensu, sentencia seu Condependencia reperitur, impertinentes conclusiones adaptant.*

¶ **CONDEPRENSARE.** Vide *Condempsare.*

¶ **CONDERGERE**, ut infra *Condirigere* 2. Testamentum Guillelmi Vicecomitis Agathensis tom. 1. Anecdot. Marten. col. 181 : *Et dono tibi, Arsendis, Ecclesia quæ vocant S. Pontii cum ipso poio, et ipsa villa quæ vocant Maloscanos, cum ipsa Ecclesia, et alium alodem, quantum ibi habeo, et divisit tibi, Arsindis, ipsa honore de S. Tiberio Monasterio ad Condergendum, ad benefaciendum, ad ædificandum.* Ch. ann. 925. ex Archivo S. Victoris Massil. num. 12. diœcesis Usetiensis : *Convenit inter Drogonem gratia Dei S. Massiliensis Ecclesiæ Episcopum et Poncionem et uxori suæ Alexandriæ, et quamdiu Deus vitam concesserit, ipsum mansum cum bono studio, cum omnia supradicta diligenter Condergere faciatis.*

* Occurrit præterea in Ch. ann. 936. inter Probat. tom. 1. Hist. Nem. pag. 20. col. 2.

¶ CONDERZERE, Eadem notione, apud Stephanotium tom. 10. Fragm. Histor. pag. 260 : *Ista terra superscripta donamus tibi... ad beneficium, ad panem et ad vinum, ad complantandum, et ad Conderzendum, et ad vineam faciendam... Facta Carta donationis ista sexto Calendas Aprilis regnante Lodoico Rege.*

* **CONDERSERIUM**, Res in vadimonium data, qua quis interdum legitime utitur. Charta ann. 1173. ex Bibl. reg. cot. 17 : *Prædictum pignus habeas et possideas,..... tamdiu donec nos vel nostri tibi prædicto et tuis totum prædictum debitum persolvamus : quod si in Conderserio, quod tibi hodie est, aliquid ceciderit vel pejoraverit, refice illud.* Vide in *Condirigere* 2.

¶ **CONDESCENDENS**, Condecens. Capitula Generalia MSS. S. Victoris Massil. : *Habeant omnia necessaria tam in rebus medicinalibus, quam in aliis Condescendentibus.* Ibidem : *Dispensator Monasterii debeat providere de duobus pulmentis et de piscibus et de salamentis et condimentis Condescendentibus.*

¶ **CONDESCENDENTIA**, Idem quod

Condescensio prima notione. Vita B. Coletæ tom. 1. Martii pag. 540 : *Cordialis humilitatis Condescendentia officialiter oblatam.*

1. **CONDESCENDERE**, Consentire, alicujus sententiam sequi, [alicui morem gerere, Gall. *Condescendre*,] Willelm. Brito in Vocab. : *Condescendere, deorsum a re scandere, vel de rigore propositi desistere, mitigari.* Marius Mercator in Sermone Nestorii 12. § 8 : *Sciebat namque etiam Paulus talia facere, ne scissuræ fierent per aliquam justitiam coloratam, cum gratiam prædicabat, legisque inutilitatem confitenter arguebat : sed Hierosolyma veniens docetur ab Apostolis Condescendere debere ibidem habitantibus, ut non fierent scissuræ in Ecclesia, etc.* Auxilii Libellus de Formoso Papa : *Denique id approbo, condescendo tibi, quasi tuis assertionibus favens.* S. Isidorus lib. de Justitia Principum : *Prodesse ergo debet populis principatus, non nocere, nec dominando premere, sed Condescendendo consulere, etc.* Gregorius Mag. Homil. 34. in Evang. : *Qui de falsa justitia superbire solent, cæteros quoque despiciunt, nulla infirmantibus misericordia Condescendunt.* Lupus Ferrar. Epist. 113 : *Ut vestra sublimitas meæ humilitati dignaretur Condescendere.* Adde Ivonem Carn. Ep. 5. et 19. etc.

* Nostris se *Condescendre*, Subjicere se, vulgo *Se soumettre.* Lit. remiss. ann. 1390. in Reg. 138. Chartoph. reg. ch. 189 : *Jehan Malingres accusé de larcins et de femmes prises à force devant le vicomte royal du Pont de l'arche, mis dans les prisons dudit lieu, et depuis transporté dans celles de Rouen, se sentant innocent desdits cas, il voulut par devant le bailli de Rouen ou son lieutenant se Condescendre et mettre à l'enqueste du pays.*

2. **CONDESCENDERE**, Alienare. Wichbild Magdeburg. art. 20. § 1 : *Proprium si unus alienare, aut resignare, jure municipali velit, extinctis qui Condescendere seu alienare intendit, etc.* Et mox : *Quærat per sententiam quo pacto proprium alienare et Condescendere debeat, etc.* [Charta qua Albertus de Swatomewicz cedit Neblasio de Scalicz villam Pertholticz ann. 1363. apud Ludewig. tom. 6. Reliq. MSS. pag. 396 : *Quod Albertus de Swathomewicz Condescendit nobis villam Pertoltiz,* hoc est nobis eam cessit sua *alienatione.*] [** Germ. *Auflassen.*]

¶ 3. **CONDESCENDERE**, Descendere simul, una, venire cum aliis. Charta Rodulphi Ducis Lotharingiæ pro Mediano Monasterio ann. 1341. in Historia ejusdem Monasterii pag. 355 : *Præfatus Joannes junior debet et tenetur apud nos Condescendere personaliter videlicet in proximo festo Nativitatis Domini ad faciendam processionem.*

¶ 1. **CONDESCENSIO**, Indulgentia, obsequium, Gall. *Condescendance.* Nicolaus I. Papa Ep. 9. apud Labbeum tom. 8. Concil. pag. 361. B : *Sed nec in Photii Sacerdotali præstando favorem vota Condescensionis nostræ modo quolibet inclinabimus.* Hincmarus Rem. Ep. ad eumd. Papam inter Diplom. Belg. Miræi tom. 1. pag. 36. col. 2 : *Contentionem in hac causa dissimulando vitavi, et Condescensionem quasi in tempus aliud differendo dissimulavi. Condescensio* apud Theologos Scholasticos frequenter accipitur pro illa divina demissione, qua Deus infirmitati nostræ sese attemperat. Vide *Condescendere* 1.

2. **CONDESCENSIO**, apud Hungaros Leguleios, ut auctor est Sambucus, est *citatio irrita, vel litis in alios translatio :* apud Albertum Molnarium, *depositio et collapsio causæ.*

¶ 3. **CONDESCENSIO**, Concessio, alienatio. Ch. Hermanni Comitis ann. 1325. apud Ludewig. tom. 6. Reliq. MSS. pag. 28 : *Testes vero hujus ordinationis et prædictorum feodorum Condescensionis sunt honorabiles et religiosi viri, qui ipsam Condescensionem placitarunt.* Vide *Condescendere.* 2.

¶ **CONDESCENSIVE**, Indulgenter, Gall. *Par condescendance.* Bulla Johannis XXII. Papæ contra Hæreticos Marsilium et Johannem, apud Rymer. tom. 4. pag. 316. col. 1. Christus solvit didragma *non Condescensive et liberalitate sua pietatis, sed necessitate coactus.*

¶ **CONDI**, *Scivus* (l. Scyphus) *patera.* Vetus Gloss. Sangerman. MS. num. 501. Vide *Condus.*

¶ **CONDIACONUS.** S. Augustinus jam Episcopus factus Epistolam 92. novæ edit. inscribit *Sancto fratri et Condiacono Cælestino.*

CONDIARIUM, *Ærarium*, in Gloss. Isid. [A condendo dicitur, quod in ærario condatur pecunia publica.]

CONDICARE, pro *Condicere.* Acta Episcoporum Cenomanensium pag. 254 : *Et postea ante domnum Carolum Condicavit suum placitum, et conquæsivit jam dictum monasterium ad jus suæ sedis Ecclesiæ.*

¶ **CONDICIA**, *Conditiones*, Gl. MS. Sangerm.

* **CONDICIARIUS**, Aliqua servitii seu servitutis conditione obligatus. Charta Caroli IV. ann. 1326. in Reg. 64. Chartoph. reg. ch. 280 : *Femina Condiciaria et manus mortuæ.* Vide *Conditionales* et infra *Conditionati.*

* **CONDICIUM.** Ordo eccl. Ambros. Mediolan. ann. circ. 1130. apud Murator. tom. 4. Antiq. Ital. med. ævi col. 875 : *Et præterea sciendum, quia in omni die Dominico, custodes ebdomadarii similiter dant novem candelas subdiacono ebdomadario, si quidem ille dederit eis prænominatum Condicium.* Quæ respicere videntur ad ea quæ leguntur supra col. 861 : *Ebdomadarius subdiaconus ...... dat vinum et fruges per totius anni circulum custodibus ebdomadariis, et ligna per totam hyemen ad faciendum ignem.* Ibid. col. 890 : *Si archiepiscopus defuerit, archipresbyter facit prædictum officium. Archiepiscopium vero facit Condicium.* Est ergo *Condicium*, munus quod ex *Condicto* fit.

* **CONDICTATUS**, Condictus, decretus, ut *Condicare*, pro Condicere. Mirac. S. Bertini tom. 3. Sept. pag. 600. col. 1 : *Ambitus castelli, cum consensu populi et procerum Condictatus, etc.*

¶ **CONDICTIO.** Vox Ulpiano et Jurisconsultis aliis nota, quam sic exponit Festus : *Condictio, in diem certum ejus rei quæ agitur denunciatio;* Gall. *Assignation, sommation, dénonciation.*

* **CONDICTIONALIS**, Servitiis obnoxius. Stat. Mantuæ lib. 2. cap. 24. ex Cod. reg. 4620 : *Si vero res fuerit emphiteotica, vel fictualis, vel decimalis aut Condictionalis, etc.* Vide *Conditio* 1.

* **CONDICTIONALITER**, Servorum, qui *Conditionales* vocabantur, more. Placit. ann. 905. apud Murator. tom. 1. Antiq. Ital. med. ævi col. 775 : *Quia legibus servi simus monasterii S. Ambrosii et curtis Lemontas, et Condictionaliter colliere debemus olivas de olivetas curtis ipsius.*

¶ **CONDICTRUM**, pro *Condirectum :* quod vide in *Condirigère* 2.

CONDICTUM, in Concilio Clovesboiensi ann. 747. cap. 4. 7. quod *Decretum* appellatur cap. 10. 13. *Mandatum*, cap. 11. 18. *Edictum* cap. 12. etc. [Sed in Actis fundationis Monast. Murensis idem videtur quod tribunal ubi jus dicitur;] [* idem videtur quod *Condictio*] : [*Populus autem iste vadit ad Condictum Episcopi, et quo cæteri ejus convicanei vadunt, scilicet ad Windesch, ibique Ecclesiasticum jus audiat et sustinebit, sicut constitutum est omni sanctæ Ecclesiæ.*] [** Chart. ann. 1262. ap. Guden. in Cod. Diplom. tom. 4. pag. 903 : *Advocatus habebit et tria Condicta in anno, quæ dicuntur Jahrgeding. Quicumque absentaverit se ab his componet. Post ista tria Condicta homines ibunt ad alia Condicta, rogati vel vocati, secundum justitias ibidem dictatas et approbatas.*]

CONDICTUS. Henricus a Gandavo scribit Gerardum Monachum sancti Quintini in Insula, edidisse Antiphonas et Responsoria pro festo S. Elizabethæ Turingicæ, iisque Hymnos adjecisse Petrum Canonicum S. Autberti Camerac. et composuisse etiam *Cantica, quæ vulgo Condictus vocant.* [* Vide infra *Conductus* 11.]

CONDIGNARE, Condignum putare. Annales Francor. S. Nazarii ann. 786 : *Rex nempe sciscitabatur ab eis, si verum an falsum fuisset quod, etc... illic enim nullo modo poterant, neque Condignaverunt hoc negare.*

* Nostris *Condigne*, Congruus, vulgo *Proportionné.* Charta Caroli regent. ann. 1360. ex Chartul. 23. Corb. : *Ils seront prest et appareilliés et offeront à faire amende Condigne.*

* **CONDILIUM.** Vide supra *Condelium.*

* **CONDILOMATICUS**, *La passione delli membri.* Glossar. Lat. Ital. Ms. Vide *Condilus* et in *Condoloma.*

** **CONDILOSUS**, *Condylomate* laborans, nodosus. Miracula S. Cunegundis cap. 69. ap. Pertz. Script. tom. 4. pag. 827 : *Quidam miles de castro quod Sebere dicitur. ... Condilosas manus sacro pulvere aspersas sentiens sanari, etc.* Vide

¶ **CONDILUS**, Papiæ MS. Bituric. est *Nodus. Inde Condilogmatica passio, id est, nodositas manuum, et Condilo, as, Pugnis cædo : Condilomata, id est, glandulæ.* Hæc a Græco Κόνδυλος, Digiti articulus et junctura. Vide *Condoloma.*

* Glossar. Provinc. Lat. ex Cod. reg. 7657 : *Condilus, nodus, nodulus, Nos, Prov.* [** Luidpr. Antapod. lib. 1. cap. 11 : *Sevissima autem harum Atropos articulos jam in Condilum solam imperii tui sententiam exspectat, ut fila contrahens rumpat;* i. e. articulas forficis jam in manu curvata

tenens, ut interpretatur illustrissimus Pertz. Script. tom. 3. pag. 278.]

¶ **CONDIRECTA**, CONDIRECTIO, CONDIRECTUM. Vide *Condirigere* 2.

1. **CONDIRIGERE**, Dirigere, mittere. Capitulare de Villis cap. 8 : *Aliunde vinum peculiare comparando emere faciant, unde ad villas dominicas Condirigere possint.* Vita S. Bathildis num. 7 : *Theodefredus nunc Episcopus, tunc vero Abbas, magno gregi fratrum præfuit, quem de Lexovio Monasterio ... ad prædictum fratrum cœnobium Condirexit.*

2. **CONDIRIGERE**, interdum est frui, uti re aliqua, eam possidere, regere, instruere, etc. Formula incerti auctoris 27. apud Bignon : *Sic taliter ut tempore vitæ meæ ipsas res habere et usare, vel Condirigere debeam.* Alia quæ proxime sequitur : *Quod et ita fecimus, sic taliter, ut tempore vitæ suæ ipsas res per nostrum beneficium habere, vel Condirigere, sive usare debeas.* Form. 50 : *Et usque ad annos tantos fructum quem ibidem Deus dederit, ad partem tuam habere debeas, et ipsam vineam Condirigere facias.* Formulæ Pithœi cap. 38 : *Tibi ipsa portione ad excolendum et Condirigendum, etc.* Usatici Barcinonenses MSS. cap. 65 : *Rochas namque habeant Potestates in tali dominio, ut quicumque eas habet in suo fevo, vel in suo alodio, non Condirigat super eas, nec juxta eas, fortitudinem aliquam, nec castrum, nec Ecclesiam, sive Monasterium, sine licentia et consilio Principis : quod si fecerit aliquis, qui suum honorem habeat juratum Principi, perjurus erit, et hoc sine aliqua intermissione, donec dimittat Condirectionem.* Querimonia Berengarii Vicecom. Narbonensis adversus Guiffredum Archiepisc. Narbon. ann. 1056 : *Ego autem consensi ipsam meam medietatem Condirectioni ipsius Ecclesiæ, sed ille non in ejus Condirectionem, sed in destructionem misit, etc.* Charta Ludov. VII. Reg. Franc. ann. 1165. pro Ecclesia Narbonensi : *Et ut liceat jam dicto Pontio Archipræsuli et successoribus suis omnia castra, quæ nunc habet, et possidet, sive aliquis Narbonensis Ecclesiæ, Condirigere, et efforsare, et in alio loco de novo construere et transmutare, etc.*

CONDIRECTUM, CONDIRECTA, et CONDRICTA TERRA, crebro occurrit in Chartis Occitanicis : cui vocabulo annectitur, vel opponitur *Erema : Terra erema et Condirecta.* Charta Bernardi Vicecomitis Carcassonensis ann. 1082 : *Eremum et Condirectum, sensos, usaticos, etc.* Charta Berengarii *de Belpin* Militis Comitatus Ceritaniæ ann. 1238 : *Molendina Condirecta et destructa.* [Donatio Rogerii Comitis Fuxensis circa ann. 1075 : *Ego Rogerius Comes et conjux mea Sicardis Comitissa ... donamus Domino Deo... dompno Abbati Frotardo omnibusque Monachis Thomeriensis Cœnobii alodem nostrum, qui mihi Rogerio advenit per alodem, sive per aprisionem, vel Condirectionem parentum nostrorum ... et Ecclesiam.... cum suis decimis, et premitiis, et oblationibus, et cimeteriis atque alodiis suis, et Condirectis et heremis, etc.*] Litteræ vernaculo idiomate, hoc est Occitano scriptæ ann. 1244 : *Terras heremas et Condrezellas, et albres, domestques, etc.* Aliæ anni 1246. habent *Condrichas.* Hinc emendanda Charta Trincavelli Vicecom. Biterrensis ann. 1211. apud Gallandum : *In foriscapiis et laudamentis, in heremis locis et Conductis.* Leg. *Condritis*, vel *Condrictis.* Nam occurrit

CONDRICTUS, Eadem origine et notione. Capitulare Caroli Magni ann. 807. cap. 7 : *Ut scire possimus qui sint, aut qui suum beneficium habeat Condrictum aut destructum.* Capitul. 1. ann. 809. cap. 9 : *De Beneficiis nostris non bene Condrectis.* Adde Capit. 2. ann. 810. cap. 9. Capit. 3. ann. 812. cap. 6. *Condirectum* habet Capitul. 1. Caroli Magni incerti anni cap. 50. Capitula Caroli M. lib. 3. cap. 81 : *Quomodo eadem beneficia Condricta sint, aut quis de beneficio suo alodem comparavit.* Capitula ejusdem Imper. ann. 789. cap. 19 : *Ut Missi nostri provideant beneficia quomodo sint Condricta, et nobis renuntiare sciant.* Ubi Cod. alius *Condirecta* præfert. Adde ejusdem Imp. Capitulare 2. ann. 802. cap. 11. Charta ann. 1204. apud Catellum in Comitib. Tolosan. pag. 229 : *Et quod unusquisque vel unaquæque teneat Condrictam carreriam, quæ est ante suum honorem, cognitione Consulum, ita quod aqua possit transire, sicut debet Consulum cognitione.*

¶ CONDICTRUS. Dotalitium anni 1191. apud Acherium tom. 8. Spicil. pag. 205 : *Villis, campis, vineis, molendinis, cultis et incultis hermis et Condictris, etc.*

¶ CONDREGTA. Chartarium Ecclesiæ Auxitanæ MS. cap. 47 : *In ipso loco dabat alodem, terras et casalos, et vineas et culturas, ermas et Condregtas.*

CONDRICTUS. Lex Ripuar. tit. 26. § 11 : *Bruniam bonam pro 12. sol. tribuat, helmum cum directo pro 68. sol.* ubi quidam Codd. habent *Condrictum*, alii *Condrecto.* Vide *Directum.*

CONDRITUS. Regestum Comitum Tolosan. : *Acquisitiones et proprietates, heremos et Condritos.* Tabular. Eccl. Cadurcensis : *Dono illam honorem meam quæ est in pago Caturnico, ... totum vel integrum, vel eremo vel Condricto S. Stephani remaneat.*

☞ Ex iis omnibus locis confici, ni fallor, potest *Condirectam terram, Condrictum beneficium, etc.* dici illa quæ recte culta sunt, et unde *Condirectiones* seu emolumenta debita possunt percipi : quæ etiam voces ad quascumque res bene curatas transferuntur; unde jam vidimus supra, *Molendina Condirecta et destructa, Condrictam carreriam,* legimusque in Transactione Abbatis et Monachorum Cranensium ann. 1351. ex Libro viridi fol. 53 : *Quando aliquis Monachus vel Monachi in Monasterio prædicto infirmantur, semper de nocte ardeat lucerna vel lampas in camera, ubi talis Monachus vel Monachi jacent : quam lucernam seu lampadem dictus Infirmarius suis expensis, cum adjutorio tamen unius sextarii olei, tenere tenetur Condirectam;* hoc est bene curatam et semper lucentem. Ibidem simili notione memorantur sumtus *ad puteum annuatim exhauriendum et mundandum, et ad tenendum Condirectum de cistulis sive ferratis ex catena et rota, sive carrello aut tecto ejusdem putei;* sicut et tom. 4. Concil. Hisp. pag. 152. col. 2 : *Canonici seu Clerici qui in domibus capitularibus seu dignitatum, absentibus earum possessoribus, habitare voluerint, pro Condirecto dictarum domorum et conservandis ædificiis teneantur solvere singulis annis mercedem secundum taxam... pro singulis domibus assignatam :* ubi *pro Condirecto*, idem est ac pro conservatione, Gall. *Pour l'entretien.*

CONDIS, Modus agri apud Burgundos. Tabular. Prioratus Persiaci in Burgund. ann. 933. apud Perardum pag. 42 : *Dono... Condem meam quæ resedit in Bargias, quæ terminat de uno latus, etc.* Charta ann. 1367. apud W. Thorn : *Quandam parcellam cujusdam Condos juxta campum ipsorum.* Infra : *Et in Condos, ut prædicitur, etc.* ubi legendum videtur *Condis.* At Somnerus, mendose, inquit, forte pro *Condot*, al. *Condol*, quod Gallis dorsum terræ, porca, vulgo *a ridge.* Vocis Gallicæ vestigium non agnosco.

* Occurrit utraque apud Cotgravium eo sensu, quo etiam *Condot* legitur, in Lit. remiss. ann. 1417. ex Reg. 170. Chartoph. reg. ch. 29 : *Lequel Vigneron estoit sur un Condot d'une ourdiere decharrette sur le chemin.*

* **CONDISCORDIA**, Discordia, dissidium. Stat. synod. Tornac. ann. 1366. pag. 52 : *Diligenter investigent omnes controversias et Condiscordias, quæ sunt in parochiis suis, et amicabili compositione, amicorum utriusque partis iræ, rixæ, odia... expellantur.*

1. **CONDITA**, Annonæ in horreis reconditæ, repositæ ad militarem usum, et ad erogationem militaris annonæ, quæ *horreorum Condita* dicuntur in leg. 10. Cod. Th. de Numerar. (8, 1.) *Frumentorum Condita*, Senatori lib. 9. Epist. 5. *Condita militaria*, Spartiano in Adriano. Ὅρια εἰς ἀποθέτα σίτου, in Chron. Alexandrino ann. 7. Anastasii. Horum frequens mentio apud Symmachum, Capitolinum, Gregorium Magn. et alios. S. Cyprianus Epist. 16 : *Ut tritici jam purgati et Conditi.* Et Epist. 51 : *Ut cum cœperit frumentum dominicis horreis Condi.* Ammian. lib. 4 : *Ubi Conduntur nunc usque commeatus.* Et lib. 17 : *Ex annona... portionem subtractam in iisdem Condidit castris.* Denique l. 18 : *Horrea quin etiam extrueret, ubi Condi posset annona.* Arnobius in Psalm. 118 : *Triticum non est in horreo, oleum non est in vasculo, vestimentum in Conditis non est, etc.* Vide titulum Cod. Th. de Conditis in publicis horreis (11, 14.), et Epist. 16. inter Francicas tom. 1. Hist. Franc. Cæterum hujusce vocis crebra occurrit mentio in Actis Episcoporum Cenomanensium pag. 78. 190. 213. 272. apud Mabillonium tom. 3. Analector. et in Vita Aldrici Episcopi Cenom. num. 26. 27. 28.

2. **CONDITA**, Locus certus, territorium, villa. Formulæ secundum Legem Romanam cap. 1. 4. et 5 : *Villam juris mei nuncupantem illam, sitam in loco illo, in Condita illa cum terris, ædificiis, etc.* Tabularium S. Mauri ad Ligerim : *Hoc est alodum nostrum, qui est in pago Andegavensi, in Condita Marcianense, quæ est in Vallegia, loco nuncupato Maiminias.* Charta Isemberti Episc. Pictav. in Tabul. S. Cypriani fol. 100 : *Trado ..... quemdam alodum situm in pago Pictavino, in Condita Calviniacensi castelli.* Tabularium S. Junii Nobiliacensis

Ego Ingelgerus et uxor mea Aldegardis ..... fratri meo Launoni (trado) alodum nostrum in pago Pictavo, in Vicaria Igoradinse, in Condita Niverniacense, in villa Marciacus, etc. Et mox : Alodum nostrum in ipso pago, in Condita Briocinse, in Vicaria Icioninse... an. 16. regnante Carolo. Rege. Vita S. Richmiri Abb. apud Cenom. cap 4 : Ordinatisque Fraterculis, quos jam in suo proprio, in Condita super fluviolum sub sancta regula congregaverat. Vita S. Thuribii Episc. Cenoman. n. 3 : Ecclesiam quam consecraverat..... in Condita Labricinensi. Ita enim legendum pro Condito. [Præceptum Pippini Regis pro Sigobaldo Abbate apud Mart. tom. 1. Collect. Ampliss. col. 27 : Quia Sigobaldus Abbas de Monasterio Anisola, qui est in honore S. Carilefi Confessoris constructus in pago Cinomannico, in Condita Labrocinse, ad nos venit, etc. Testamentum Berarii Episcopi Cenoman. apud Mabill. tom. 3. Analect. pag. 213 : De Caladuno Monasterio.... quod in pago Cenomannico constructum in Condita Diablentica, in honore S. Mariæ. Ibidem pag. 272. in Charta Ludovici Imp. pro Francone Episc. Cenoman. : Conquisivit villam quandam sui Episcopii, quæ Britanniacus nominatur, quæ est sita in pago Cenomannico, in Condita Bruslondense.] Nescio an vox hæc sit ab horreorum Conditis, ita ut sic appellata fuerint loca in quibus illa erant, quæ horrea fiscalia dicuntur in l. 16. Cod. Th. de Susceptor. (12, 6.) cujusmodi erant in Provinciis quorum meminit Ammian. lib. 28. pag. 385. edit. Valesii.

¶ **CONDITIA.** Vide Conditio 1.

1. **CONDITIO**, Obnoxiatio, tributum, pensitatio. Appendic. Codic. Theodos. Const. 5 : Inverecunda arte defenditur, si hi ad Conditionem vel originem reposcuntur, quibus tempore famis, cum in mortem penuria cogerentur, opitulari non potuit Dominus, aut patronus. Gregorius Turonens. lib. 2. de Mirac. S. Martini cap. 4. de servo manumisso, sanato a S. Martino : Qui uno ictu, unoque momento, sine numismate auri, et corpus a debilitate, et Conditionem solvit ab onere. Concil. Carthagin. sub Reparato Episc. ann. 535 : Neque Ecclesiasticis eos Conditionibus aut angariis subdens. Martinus Bracarens. cap. 46 : Si quis obligatus est tributo servili, vel aliqua conditione, vel patrocinio cujuslibet domus, etc. Chr. Casin. lib. 3. cap. 60. (al. 61.): Ut omni tempore navis nostra cum nauclero et nauticis suis libera maneat ab omni Conditione, et debito pensionis. [Notitia judicati pro ingenuitate cujusdam Laurentii ann. 874. Marcæ Hisp. col. 797 : Nos vero judices diximus Laurentio : Unde advenit ista femina Ludinia in isto breve, qui fuit soror aviæ tuæ, si ancilla fiscalis non fuit? Et Laurentius respondit : Nescio quomodo hic resonat; sed unum scio, quod ancilla inclinata in servitio non fuit; sed si aliunde ad filios suos Conditio servilis non avenit, de parentes quod mihi conjuncta est non pertinet ad filios suos Conditio.] Charta Hugonis Episcopi Noviomens. ann. 1039. apud Buzelinum lib. 2. Gallo-Fland. : Curam animarum Episcopus electo ab ipsis Fratribus Priori delegabit ipsi catervulæ, et sic erit libera ab omni Conditione, necnon et Principis potestate. Adde Diplomata Innocentii III. et Alexandri PP. apud Ughellum tom. 1. pag. 783. tom. 3. pag. 725. et Puricellum in Ambrosiana Basilica pag. 929. Vide Conditionales.

Conditia, Eadem fere notione, in Statutis Mediolanensibus part. 2. cap. 231 : Onera, Conditia, etc. [* Charta Ottonis III. ann. 1210 : Ripaticis, teloneis, pedagiis, curadiis, præclariis, amisceribus, Conditiis, etc.]

* Conditio Candelæ, Servitutis species. Vide supra Candela 3.

2. **CONDITIO**, pro re creata, vel creatione, non semel usurpat vetus Interpres Irenæi.

3. **CONDITIO**, pro ipsis verendis, apud Sueton. in Augusto, Capitolinum in M. Antonino et Lampridium in Heliogabalo.

4. **CONDITIO**, Negotium. Epist. Desiderii Episcop. Cadurcensis ad Grimoaldum Majorem domus : Conditiones Monasterii nostri... digneris recipere per omnia commendatas. Passim in Epistolis ejusdem Desiderii tom. 1. Hist. Franc. 52. 55. 56. 66. 71. 74. 75. 81.

Conditiuncula, Eadem notione, ibidem, Epist. 53 : De Conditiunculis etiamnum Ecclesiæ nostræ et pauperum suorum singulari mercede studete habere, easque per omnia habere commendatas. Adde Epist. 56.

¶ 5. **CONDITIO**. Concilium Mexicanum anni 1585 : Visitent Episcopi Ecclesias, et quas Doctrinas vocant seu Conditiones, ubi Religiosi commorantur, ibique Eucharistiæ sacramentum, fontem baptismalem.... ac reliqua omnia ad Ecclesias et divinum cultum spectantia.

* 6. **CONDITIO**, Morum et ingenii habitus, nostris Condition, eadem notione. Stat. colleg. Navar. ann. 1315. in Lib. rub. Cam. Comput. Paris. fol. 516. v°. : Item (jurabunt) quod fidele testimonium perhibebunt de Conditionibus bonis vel malis suorum scolarium. Christ. Pisana in Hist. Car. V. part. 2. cap. 12. ubi de duce Bitur. : Jolis estoit, amoureux et gracieux, et de moult joyeuse Condicion en France. Lit. remiss. ann. 1474. in Reg. 204. Chartoph. reg. ch. 91 : Le suppliant saichant que Jehan Boubaion sa partie adverse estoit homme de terrible Condition. Hinc Bien conditionné, Placidus, facilis, commodus, in aliis Lit. ann. 1394. ex Reg. 147. ch. 5 : Comme le suppliant eust pris par mariage Thomine la Quesnelle, ycelle cuidant estre femme bien Conditionnée et paisible, etc. Conditionné d'estre rioteux, Ad rixam concitus, in aliis rursum Lit. ann. 1463. ex Reg. 199. ch. 277.

* 7. **CONDITIO**, Corporis constitutio, Gall. Complexion. Lit. remiss. ann. 1356. in Reg. 84. Chartoph. reg. ch. 561 : Ipsa Perrota, quæ erat fortis Conditionis et status, etc.

* 8. **CONDITIO**, in Charta communiæ de Atheiis ann. 1212. ex Reg. Phil. Aug. 34. bis part. 2. fol. 53. v°. col. 2. ubi Chartæ commun. Peron. et Tornac. habent Creditio, quomodo legendum arbitror. Vide Vicinagium in Vicinus.

* **CONDITIONABILE** Feudum. Vide infra in Feudum.

¶ **CONDITIONABILIS**, Pendens a conditione. Tertull. adv. Gnost. cap. 11 : Si persecutionem Conditionabilem in solos Apostolos destinasset.

CONDITIONALES, in Jure Civili, dici putant quidam Tabularios, ex lege 11. C. Qui potior. in pign. hab. (8, 17.) quia apud Isidorum lib. 5. cap. 24. Conditiones dicuntur, dicta seu depositiones testium : [qua notione sumitur eadem vox in Judicato anni 843. Marcæ Hispan. col. 780.] Alii sic dictos censent, quod conditioni servili obnoxios esse tabularios, actuarios, annonarios, et similes voluerunt Imperatores : Utilitate suadente Annonarios et Actuarios Conditionales esse præcipimus, ait lex 3. Cod. Theod. de Numerar. Actuar. etc. (8, 1.) Adde l. 8. eodem tit.

Certe constat ævis posterioribus Conditionales appellatos, quia aliqua servitii seu servitutis Conditione obligati erant : Conditionez, in Consuetud. Arvernensi cap. 27. art. 3. et seq. Gens de Condition, in Nivernensi cap. 8. art. 13. et seq. Originali aut alicui Conditioni obligati, apud S. Leonem in Epist. ad Episc. Campan. c. 1. Tabul. S. Dionysii ann. 1283 : Bona sic decedentis vel decedentium ad amicos carnales eorum propinquiores in hac parte qui non sunt Conditionis, vel homines de corpore, licet sint proximiores eis alii homines Conditionis seu de corpore, etc. Innocent. III. PP. lib. 15. Ep. 7 : Vesprimensis Episcopus Conditionales homines, qui certa ei servitia exhibent, eximit a præstatione decimarum integrarum. Infra : A Regis vel Reginæ Conditionalibus, qui vulgo Regales servi vocantur. Ejusmodi, ni fallor, erant qui a servitute manumittebantur sub operarum servitio, aut aliis conditionibus. Apud Leon. Ost. l. 1. c. 11. Leo quidam servos suos et ancillas omnes per chartulam libertate donavit,.... ea scilicet lege, ut singuli eorum quatuor per mensem operas, ubi necesse esset, Monasterio impenderent, res suas atque substantias nulli omnino nec inter se vendere, aut donare præsumerent, etc. Et cap. 16 : Servos autem suos et ancillas omnes libertati donavit : ita tamen ut essent sub ditione et tutela Monasterii, singulique singulas annuatim operas Monasterio, ubi eis præciperetur, exercerent. Atque hæ Conditiones dicuntur Marculfo l. 2. Form. 33. Servitium, Libertinitatis obsequium, in Formulis vett. Bignonii cap. 48. Libertaticum, servitium scilicet quod in libertis seu manumissis sibi reservabant patroni : cum contra in manmissionibus directis, id est plenariis, ab omni noxiæ Conditionis servitio eximerentur, ut est in Chartis Alemannicis Goldasti cap. 7. Conditionales villæ, apud Thwroczium in Belo Cœco cap. 64. Conditionibus, et oneribus servilibus obnoxiæ.

* **CONDITIONALIS** Lex. Vide infra in Lex.

CONDITIONARE, Conditionem imponere, modum ponere, Mettre ou apposer une condition. Vetera Acta Aragonensia, apud Molinum in Repertorio : Et Conditionarunt potestatem Regis; id est, Ils bornerent le pouvoir du Roy.

* Nostris Conditionner, pro Pacisci, vulgo Convenir, faire une convention. Lit. ann. 1304. tom. 1. Ordinat. reg. Franc. pag. 413. art. 2 : De tous ceux qui sont en

autre demaine et justice, qui ne sont Conditionez ou abonnez, levez ladite aide. Reg. Corb. 13. sign. *Habacuc* ad ann. 1510. fol. 64. v° : *Il a esté dit et Conditionné que se lesdits religieux voeullent tolerer ausdits prendeurs les prendre* (les prez) *et despouller, faire le porront.*

CONDITIONARII, Iidem qui *Conditionales*, de quibus mox. Ivo Carnotens. Epist. 147 : *Conditionarios de familia Carnotensis Comitis, qui de legitimo conjugio nati fuerint, et regios fiscalinos, etc.* Charta Fundationis Abbatiæ S. Steph. Cadom. quæ est Guillelmi Nothi : *Cum colonis, et Conditionariis, seu liberis hominibus, etc.*

¶ Conditionus *atque Burgensis Domini Ducis Borbonii ad causam castri sui Villænovæ*, in Charta Villæ-novæ in provincia Dumbensi anno 1426.

* **CONDITIONATI**, Manumissi a servitute sub operarum servitio, aut aliis conditionibus, Charta Egidii abb. S. Dion. ann. 1306. in Reg. 62. Chartoph. reg. ch. 66 : *Præfatum Herbinum a servili conditione..... absolvimus, ... salvo tamen... quod si ipsum.... perpetrare contingat per quæ, tam de jure quam consuetudine, servi et homines Conditionati in pristinam servitutem et conditionem debent non immerito redigi et reduci, extunc et ipso facto idem Herbinus in servilem conditionem pristinam redigatur. Homo de Conditione*, in Charta Regin. abb. S. Faron. Meld. ann. 1356. ex Reg. 84. ch. 652 : *Renaudus Benedicti homo de corpore seu de Conditione monasterii nostri prædicti, etc. Persona Conditionis*, in Ch. ann. 1369. inter Instr. tom. 7. Gall. Christ. col. 247 : *Guillelmus Mahueti apud Pressiacum supra Matronam commorans, persona Conditionis et homo de corpore ecclesiæ B. Genovefæ Parisiensis existens, etc.* Libert. villæ *de Tannay* ann. 1352. tom. 6. Ordinat. reg. Franc. pag. 64. art. 23 : *Ne se accroistront nulles personnes de Condicion en ladicte pooste, excepté les hommes et femmes serfs desdiz seigneurs et dames.* Vide *Conditionales.*

* **CONDITIONATUM** Feudum. Vide infra in *Feudum.*

¶ **CONDITIUNCULA**. Vide *Conditio* 4.

CONDITORIUM, Sepulcrum, monumentum. Epitaphium Caroli Magni Imp. : *Sub hoc Conditorio situm est corpus Caroli Magni atque orthodoxi Imperatoris.* Utuntur hac notione Suetonius in Augusto cap. 18. in Caligula cap. 52. Petronius in Satyr. Plinius lib. 7. cap. 10. Quintilian. Decl. 8. Sidonius lib. 5. Epist. 17. etc. Sed et *Condi* dicuntur, qui humantur. *Quolibet in loco Sanctorum est aliquis Conditus*, in leg. ult. Cod. Theod. de Sepulcr. violat. (9, 17.) Generatim *Conditoria* sunt ὑπόγαια, loca depressa, subterranea, quæ Seneca Epist. 683. *Conditiva* appellat.

Conditoria Frugum, apud Ammianum lib. 31.

CONDITUM, Vini seu potionis genus, aromatibus et aliis odoriferis fragrantibusque rebus variis concinnatum, elegans, et suave. *Conditum paradoxum, Conditum melizomum*, apud Apicium lib. 1. cap. 1. 2. 3. etc. ubi Gabriel Humelbergius pag. 42. Lampridius : *Condito piscinas et solia temperavit.* Cælius Aurelianus lib. 5. Chron. cap. 1 : *Diocles probat Conditum bibendum, quod plerique Latini Mulsum vocant.* Κονδῖτον, Palladæ lib. 1. Anthol. Aetio, Myrepso sect. 1. cap. 45. et aliquot aliis et Græcis medicis. Acta SS. Fructuosi et socior. num. 3 : *Cumque multi ex fraterna caritate eis offerrent, uti Conditi permixti poculum sumerent, etc.* Tabularium Monasterii S. Theofredi in Villavis : *Procuraret exhibere fratribus refectionem aliquo certo die de piscibus, et aliis, quibus posset escis, cum potione Conditi.*

CONDITURA, *Impensa*, in Gloss. MS. Regio Cod. 1013. Ita etiam Isidorus et Papias. Lampridius in Heliogabalo : *Pisces semper quasi in marina aqua cum colore suo coctos Conditura Veneta comedit.* Vide *Impensa*. Est etiam *Conditura*, Humelbergio, ipsa condimenti cum aromatis et aliis intrimentis elegans et delicata factura et opus. [Petronio cap. 51. *Conditura vitrorum*, idem est ac structura.]

* 1. **CONDITUS**, pro *Conductus*, in Terrear. *de Busseul* ex Cod. reg. 6017. fol. 10. v°. 21. et 25. v°. Vide *Conductus* 4.

* 2. **CONDITUS**, Vasis lignei genus. Charta Petri Candiani ducis Venet. ann. 971. tom. 4. Cod. Ital. diplom. col. 1525 : *De lignamine autem promittimus, ut portare non debeamus, ... quæ ad nocumentum sint Christianis, ... nisi tantum....... Conditos, catinos et napos...... Licentiam eis tribuimus portandi ...... Conditos atque scutellas et cætera minutalia.*

CONDIUM, Gregorius Turon. de Vitis Patr. cap. 11 : *Concavum in lapide parvulum, in modum cisternæ, faciens, tenentem quasi Condia duo.* Videtur legendum *Congia.*

* **CONDO**, *Lo gladiatore*, in Glossar. Lat. Ital. Ms.

CONDOLIUM, *Annulus, a Condo, is.* Jo. de Janua. [* Vide supra *Condelium.*]

¶ **CONDOLOMA**, pro *Condyloma*, Gr. Κονδύλωμα, dicitur de tuberculis ex inflammatione natis circum anum. Vita S. Maximi Episc. tom. 5. Junii pag. 52 : *Brachiis stupefactis et cruribus, omne pene corpus obriguit, donec advixit, continui Condolomatis ægritudinem non evasit.* [* Vide supra *Condiloma.*]

Condolomatus, pro *Condylomate* laborans, apud Fridegodum in Vita S. Wilfridi cap. 33.

CONDOMA, pro *Condamina*, de qua voce supra egimus. Occurrit in Testam. Bertichranni Episc. Cenoman. pag. 143. Edit. Mabillonii tom. 3. Analect.

* Locum laudatum referre non abs re fuerit, ut manifestiora rursum fiant, quæ post Muratorium observavimus supra ad hanc in *Condamina.* Vide ibi. *Singuli Condomæ de unaquaque villa, qui nitidiores esse noscuntur, et nobis vel basilicæ sanctæ deserviunt.*

CONDOMINA, Condominicatus. Vide *Condamina.*

* **CONDOMINUS**, Ejusdem dominii socius, Gall. *Coseigneur.* Lit. ann. 1357. tom. 3. Ordinat. reg. Franc. pag. 174 : *Qui quidem consules annuatim, in sui nova creatione, jurare habeant et tenentur in manibus bajuli dicti castri, dicto domino nostro ac nobis et Condominis dicti castri fore fideles. Joannes de Tuiracio Condominus loci S. Aviti*, in Inventar. ann. 1476. ex Tabul. Flamar. Vide *Ganerbii.*

¶ **CONDONARI**, Extendi, pertinere, pandi, Gall. *s'Etendre.* Præceptum Childeberti I. Regis Franc. pro S. Carilefo apud Marten. tom. 1. Ampliss. Collect. col. 3 : *Inde deducitur de Fonte-caballorum per loca designata leucam in longum de latere processionis, quæ appellatur Mala-patria, et de alio latere est locus qui vocatur Sancitus, qui et ipse locus in ipsa leuca Condonatur usque ad Anisolam.*

CONDONATUS, Idem quod *Donatus, oblatus.* Charta ann. 1232. tom. 9. Spicilegii Acheriani : *Cum.... diu tanquam Condonati nostri in Ecclesia et membris Ecclesiæ nostræ mansissent.* Occurrit non semel in Chartis in Hist. Monast. S. Nicolai Andegav. pag. 10. 73. 74. [et in Chartulario S. Vincentii Cenoman. fol. 55. et 98.] Vide *Donati, Oblati.*

* *Condonatorum* utriusque sexus meminit Charta ann. 1329. in Reg. 66. Chartoph. reg. ch. 9 : *Præmissa tenet dictus prior, ratione Johannis de Malolcone et uxoris suæ Condonatorum suorum, etc.* : *Condonati* cum *fratribus professis* confunduntur in Lit. ann. 1330. tom. 1. Probat. Hist. Brit. col. 1355 : *Quod licet perpetui vicarii ecclesiarum ad dictum monasterium* (S. Sulpitii) *spectantium, qui..... ex fratribus professis dumtaxat, Condonatis vulgariter appellatis, instituuntur, etc.* An quod abbati obedientiam profiterentur, *professi* dicuntur? nam etsi ex familia monachorum erant *Donati*, monachi tamen minime reputabantur. Vide in *Oblati* 2.

CONDONES, *Gladiatores*, in Glossis Isidori. Vide *Condis.*

¶ **CONDORMIENTES**, Hæretici sæculi XIII. in Germania. A Toletano quodam seducti, Luciferi imaginem adorabant in loco prope Coloniam, responsa accipientes. Sine discrimine sexus ætatisque somnum capiebant, etc. Seductor in Angliam transiens profundo mersus est. Item secta Anabaptistarum. Hofmanni Lexicon ex Chronico Galterii.

¶ **CONDORMITIO**, Mors, obitus. Monumentum Benedicto-Buranum cap. IX. apud Raimund. Duellium Miscell. lib. 2. pag. 8 : *Ibi Condormitione præventus anno XXVIII. pausat.*

¶ **CONDORSUM**. Chartularium S. Vandregesili tom. 2. pag. 1562. ex Instrumento anni 1267 : *Siquidem retinui... unam virgatam terræ ad Condorsum juxta terram Vincentii Sadon.* Fortean est nomen proprium. [* Vide supra *Conderserium.*]

¶ **CONDORSUS**, Modus oneris, quo lignum portatur, ut opinor. Statuta Massil. lib. 3. cap. 5 : *De saumatis lignorum non mutandis vel reficiendis... Decernentes similiter inviolabiliter observandum, ut nullus de cætero afferat Condorsos aliquos, sed fornillam tantum; et si quis fornellerius contra hæc ausu temerario venire præsumpserit, etc.*

* Caudex seu ramus arboris grassior intelligendus videtur : ibi enim *Condorsus* opponitur *fornillæ*, id est, ramusculis calefaciendo furno idoneis.

¶ **CONDREGTA**, Condrictus, Condrictus. Vide in *Condirigere* 2.

* **CONDRICTIO**, ut *Condirectio*, Ususfructus. Tabul. Gellon. sub Roberto reg. : *Gaufredus Gellonis et Pontius Anianæ abbates eorumque monachi talem fecerunt convenientiam de Condrictione fluminis, nomine Arauri, usque paxeriam de Gurgite nigro.* Vide in *Condirigere* 2.

1. **CONDUCERE**, Salvum et incolumem præstare, Græcis διασώζειν. Dudo de Actis Norman. lib. 3. pag. 145 : *Misit qui Conduceret ad se Episcopum salvum et incolumem.* Charta Alexandri PP. in Chronico Reicherspergensi ann. 1176 : *Non erat nobis tutum Teutonicum regnum intrare, præsertim cum prædictus Marchio, qui nos Conducere pollicebatur, puer sit annorum tredecim.* Le Roman *de Garin* MS. :

Qui le Conduira, Sire, dit Lancelins,
Sil ne pooit euvers vos asovir,
Que il s'en r'alast scins et saus et gariz.
Je le Condui, dit Hue de Belin,
De par le Roy qui France a à tenir.

Adde Froissartem 4. vol. cap. 6.

Hinc vulgo *Conducere aliquem* dicimus, cum abeuntem deducimus et comitamur. Ugutio : *Conducere est deducere amicum abeuntem, prosequi, comitari, quod vulgale quoddam redolet.* Vide *Conductor*, 5. et *Conductus.*

2. **CONDUCERE**, Hospitio excipere, *Mansionaticum* præbere. Charta Leonis IX. PP. in Tabulario S. Vitoni Virdunensis : *Eo tenore eis contulisti* (altaria, etc.) *ut Abbas vel Fratres libere quam voluerint personam eligant, et per se præbenda investiant, et pro cura tantum animarum suscipienda, Episcopo vel Archidiacono Conducant. Conductus vero Abbati, vel Fratribus fidelitatem faciat, et duo servitia per annum Abbati cum comitatu* 15. *equitum in domo sua faciat, et* 12. *nummos in festivitate S. Vincentii pro servitio solvat,* etc. Alia Nicolai PP. ibid. : *Deinde pro cura suscipienda Episcopo et Archidiacono Conducant, postea fidelitatem Abbati et Fratribus faciant, et bis in anno Abbati cum* 14. *equitibus et uno summario serviant, et* 12. *nummos in festivitate sancti Vincentii solvant.* Vide *Conductus*, 3.

* Nequaquam *Hospitio excipere*; agitur enim ibi de sacerdote electo, quem monachi episcopo *præsentant*, ut ab eo *cura animarum* investiatur : *Conducere* ergo hic, idem est quod Exhibere, *præsentare.* Vide infra *Conductus* 7.

* 3. **CONDUCERE**, Recipere, investituram accipere. Charta Frider. II. imper. ann. 1156. apud Pezium tom. 1. Script. rer. Austr. col. 1196 : *Dux Austriæ.... insuper more aliorum principum Imperii, Conducere feoda sua ab Imperio debet.*

* 4. **CONDUCERE**, *Salvum-conductum* seu privilegium alicui concedere, ne ei vis inferatur. Charta ann. 1185. ex Tabul. eccl. Camerac. : *Si quis, quem dom. episcopus Conduxerit, ab aliquo detentus fuerit, dicere debet episcopus, ut dominus, quod tunc eum Conducebat, illeque liber abibit : dum vero capitur, nisi Conductum domini episcopi statim prætenderit, teneatur.* Vide *Conductus* 1.

* **CONDUCHARII**, Sacerdotes vel clerici, qui licet nunc vitam monasticam non profiteantur, in quibusdam prioratibus S. Victoris Massiliensis sedes habent perpetuas, vulgo dicti *Conduchers*; a *Conductu*, quæ vox Convictum, communem mensam sonat. Vide *Conductus* 5. Stat. ejusd. monast. ann. 1348 : *Verum cum sint aliqui qui, licet sint panaterii, Conducharii, convivæ vel pensionarii in aliquibus prioratibus nostris, etc.* Quam vero monachis infesti fuerint illi, docent eadem statuta, ubi dicuntur *quales serpens in gremio, mus in pera, ignis in sinu.* Vide *Ducherii.*

¶ **CONDUCHERII**, Conduciarii, Clerici Canonicis inferiores, eorumque quasi Conductitii in quibusdam Ecclesiis, Gall. *Conduchers.* Sententia Raymundi de Baucio Principis Auraicæ inter Joannem Episc. Diensem ex una parte, Capitulum Diense et universitates Clericorum et laicorum ex altera, ann. 1294. Hist. Dalphin. tom. 1. pag. 124 : *Item dictus Dom. Princeps ordinavit, quod Clericos Ecclesiæ Diensis et familiares suos seu Conducherios, qui reperirentur deliquisse... Capitulum Ecclesiæ Diensis seu Correarii dicti Capituli contra eos inquirant seu inquiri faciant, et si aliquos culpabiles invenerint, quod corrigant et castigent, prout justitia postulabit.* Ibidem : *Maxime cum ex iis, ipsius Capituli, Clericorum, Conducheriorum et familiæ eorumdem jura, privilegia, libertates, usus, mores et consuetudines, et possessio, et quasi dicti Capitulo in exercenda jurisdictione læderentur... Omnes supradicti, vi et nominibus quibus supra, tam Capituli, Conducheriorum quam Clericorum ac familiarium eorumdem, etc.* In Ecclesia Narbonensi quatuor sunt Ordines Clericorum, Canonici, Conducherii seu Conduciarii, Beneficiati et Vicarii. Post Canonicos in superioribus subselliis sedent Conduciarii, alii, ut moris est, in inferioribus. Vide *Conductitius.*

* **CONDUCHERIUM**, Conductio, Gall. *Louage.* Stat. ann. 1302. ex Tabul. Massil. : *Ultra quinque solidos unicuique taxatos pro Conducherio, nihil plus recipiant seu petant publice vel occulte.*

CONDUCIBILE, Quod conducit, utile est, in leg. 3. Cod. Th. de Indictionib. (11, 5.) leg. 3. de Tironib. (7, 13.) leg. 4. de Itin. muni. (15, 3.) [Legitur apud Plautum, Apuleium et Auctorem ad Herennium.]

Conducibilitas, *Utilitas*, in Glossis MSS. S. Germani Paris. Cod. 524.

* **CONDUCTA**, Territorium, villa, idem quod *Condita* 2. Stat. ant. Florent. lib. 1. cap. 37. ex Cod. reg. 4621. fol. 24. r° : *Quilibet officialis communis Florentiæ forensis scribi facere debeat coram officialibus Conductæ.... omnes et singulos eorum et cujusque eorum judices familiares, notarios, officiales et equos quoscumque.* Vide infra *Conductus* 10. Nisi sit ab Italico *Condotta*, vectura; adeo ut *Officiales conductæ* dicantur, qui vecturis publicis præsunt.

** **CONDUCTARE**, Prandium præstare. Vide *Conductus* 3. Charta Alphons. II. Lusit. Reg. ann. 1218. ap. S. Rosa de Viterbo tom. 1. pag. 301 : *Et ipsa die quando currerint ad montem, ipse rex vel vicarius ejus, debet una vice in die Conductare ipsos homines, qui cum eo currerint ad montem.*

CONDUCTELA, Conductio. *Vectigalium Conductela*, in leg. unica Cod. Theod. de Vectigalib. (4, 12.) Joannes Biclariensis ann. 2. Mauricii : *Contra Longobardos, Francos per Conductelam movet.*

* **CONDUCTERIUS**, in ecclesia Elnensi, inter Observat. Godefr. ad Carol. VIII. ex Pacto ann. 1493. pag. 668. pro *Conducherius*, aut *Conductitius*, vel saltem eadem notione. Vide in his vocibus.

** Conducterius, Conductitius, mercenarius. Fori Evoræ aren. 1166. ap. S. Rosa de Viterbo tom. 1. pag. 301 : *Qui Conducterio alieno mactaverit, suo amo colligat homicidio et det* 7. *a palacio : similiter de suo ortelano, etc.* In Foro Castelli Blanc. ibid. pag. seq. *Conductereiro.*

¶ **CONDUCTIALES** Litteræ, Eædem quæ infra *Conductitiæ*, in Charta anni 1236. laudata tom. 3. Gall. Christ. col. 108.

¶ 1. **CONDUCTIO**, Quod domino solvitur pro securitate rerum exportandarum. Caffarus lib. 1. Annal. Genuens. ad ann. 1161 : *Pacem usque ad quindecim annos cunctis Januensibus Rex hoc modo firmavit, ut per omnes terras Moadinorum et posse ipsorum secure Januenses cum omnibus rebus suis mari et terra debeant ire, et in aliqua terra ipsorum nisi de centum octo millia dare debeant Conductionem, exceptum Bureæ ubi decimum debent, quia quartum ipsius decimi debet reverti ad Commune Januæ.* Vide *Conductus* 2.

¶ 2. **CONDUCTIO**, Sententia judicialis. Canones Hibern. apud Acherium tom. 9. Spicil. pag. 51 : *De tarditate Conductionum et ejus brevitate. Non oportet Judices tam veloces esse in judicio, donec sciant quod probum fiat; quia dictum est :* Noli judex esse cito. *Isaias e contra :* Væ mihi quia tacui. Forte judicium hic dicitur *Conductio*, quod res illius in tuto ponat, qui causam obtinet.

* Vel potius idem quod *Condictio*; quomodo etiam legendum opinor.

3. **CONDUCTIO**, Morbi species, quam Græci σπασμόν vocant. Vide Cælium Aurelian. lib. 3. Acut. cap. 6.

¶ **CONDUCTITIÆ** Litteræ, Quæ ad fidem publicam et tutum commeatum dantur. Litteræ Edwardi III. Regis Angl. ann. 1367. apud Rymer. tom. 6. pag. 567. col. 2 : *Eisque salvum et securum conductum pro se... tam per Litteras vestras Conductitias, quam alias quibus indiguerint.* [** Narrat. de Canonisat. S. Bernwardi ap. Leibnit. Script. tom. 1. pag. 470 : *Legatus romanæ sedis monebatur, ne sine potentis personæ conductu procederet .... Litteras Conductitias ab Imperatore impetrat.* Vide *Conductoriæ Litteræ.*]

¶ **CONDUCTITIUS**, *Procurator plebis vel Minister altaris, qui canonica portione minus accipiendo, subjectione indebita munus ab obsequio suo Conductori persolvit : quam speciem simoniæ beatus Papa Gregorius damnat aperte, simul cum ea quæ fit per munus a manu, vel per munus a lingua.* Sic Gerohus Præpositus Reichesperg. in Expositione ad Eugenium III. Papam, apud Baluzium tom. 5. Miscell. pag. 217. Proximo ante de Conductoribus eorum, id est, de præcipuis Pastoribus seu Parochis, qui habent hujusmodi Conductitios, *quia et ipsi domum Dei domum negotiatio-*

nis faciunt, dixerat : *Ipsi Conductores cum suis Conductitiis pari sorte censendi, et quasi transgressores canonum arguendi et cavendi. Velim hic esse commonitos quosdam Episcopos et Abbates, qui sub nomine Plebanorum palliant fœditatem Conductitiorum suorum.* [** Epistol. Sigefrid. vicar. Archiep. Mogunt. ann. 1178. ap. Guden. in Cod. Diplom. tom. 1. pag. 269 : *Nullatenus aut baptismi aut sepulturæ usus ibidem celebretur, nisi forte eorum qui conversi et professi loco ipsi deservire teneantur. Neque Conductitiis ipsorum si decesserint sepulturæ locus ibi concedatur;* ubi Gudenus *Conductitios* interpretatur *ministros altaris*, sed potius crediderim homines qui operas suas in agrorum cultura mercede locaverant.] Constitutiones Ecclesiæ Barchinonensis ann. 1288. tom. 4. Anecdot. Martenii col. 608 : *Noverint universi, quod nos Frater B. miseratione divina Barchinonensis Episcopus, et Capitulum ejusd. Eccles. Barchinon. et deservientium in eadem, in melius reformare statuimus, et perpetuo ordinamus, quod omnes Clerici Beneficiati in dicta nostra Ecclesia, et alii etiam Clerici Conductitii in Ecclesia deservientes vice Beneficiatorum, continue et assidue intersint omnibus horis Canonicis in ipsa Ecclesia a Cantico Graduum usque ad Completorium, sicut in manu Episcopi in præsentia Capituli promiserunt.*

¶ 1. **CONDUCTOR**, Qui conducit, vector. Chronicon Parmense ad ann. 1284 : *Quum Commune Parmæ faceret conduci certam quantitatem salis de versus Bononiæ Parmam, et Conductores et vecturales non venirent per stratam rectam propter guerram Mutinensium.*

* *Conduiseur*, eadem notione, in Lit. ann. 1371. tom. 5. Ordinat. reg. Franc. pag. 406 : *Les Conduiseurs desdites bestes et charroy, seront tenus de l'amender. Conduils*, ibid. pag. 405.

¶ 2. **CONDUCTOR**, Conductrix, Qui et Quæ agit lenocinium. Laurentius Byzinius in Diario belli Hussitici, apud Ludewig. tom. 6. pag. 183 : *Item quod manifesti peccatores, adulteri et adulteræ, fornicatores et fornicatrices, Conductores et Conductrices, ruffiani et meretrices... non tolerentur absque pœna.*

¶ 3. **CONDUCTOR**, in Formula veteri apud Murator. tom. 1. part. 2. pag. 127. de eo dicitur, si bene conjecto, qui Campionem seu pugilem conducit ad duellum, ut alias fieri consueverat : *Camphioni cadenti dextra manus incidatur. Ceteri vero partis testes manus uniuscujusque redimant. Conductor Widrigild suum tribuat.* Vide *Campiones* pag. 65. col. 3. [** Non absimili ratione in Chart. ann. 863. ap. Acher. Spicil. tom. 12. pag. 154 : *Sigibertus cum aliis conductis hominibus, liberis et servis, emunitatem S. Mauricii..... per vim infregisset.*]

¶ 4. **CONDUCTOR**, Redemptor, qui certa pecuniæ summa reditus Ecclesiæ Romanæ *conducebat* vel emebat, ut ex iis quæstum faceret. Chron. Farfense apud Murator. tom. 2. part. 2. col. 449 : *Incipiunt relationes ex authenticis desumptæ de præjudicio, quod fecerunt nobis Actores S. Rom. Ecclesiæ... Teuto Conductor tulit de casale Orclaniæ hortum cum arboribus, et pecora x. Gualdefridus Conductor tulit nobis de casale Cosiniaco pecora III. boum paria III. De Casale Berbusano tulit Anzipertus Conductor terræ et vineæ uncias II. pecora VIII. et de Paterno unciam I. quæ nobis retradita fuit.* Passim occurrit pagg. seqq.

5. **CONDUCTOR**. Conductores, Qui conductum præstant, *duces Conductorii*, Gauterio de Bellis Antiochenis pag. 460. Διασώςαι et ἀπισώςαι, Constantino Porphyrogenito de Administrat. Imp. cap. 7. Luitbprando in Legat. et Pachymeri lib. 10. cap. 6. Gloss. : Lat. Græc. *Deductores*, καθοδηγοί, ἀρχηγέται. Laurentius Leodiensis in Hist. Episcoporum Virdunensium : *Ab eis Conductum pro salute sui corporis quæsivit, pollicitantibus quos vellet Conductores denominavit, etc.*

* Officium militare, *Conductier*, in Ordinat. milit. MS. Caroli ducis Burgund. ann. 1473 : *Les Conductiers après leur institution et qu'ils seront arrivez en leurs compaignies, les départiront en quatre escadres égales, et sur les trois d'icelles commettront trois chiefz d'escadre, lesquels ils pourront eslire, ... icellui seigneur leur baillera le quatriéme.*

* 6. **CONDUCTOR**, Actor, curator, nostris etiam *Conduiséeur*. Synod. Vern. ann. 755. cap. 16. apud Baluz. tom. 1. Capitul. : *Ut clerici Conductores non sint, hoc est, ut non habeant actiones seculares, nisi pro causa ecclesiarum, orphanorum vel viduarum.* Charta Phil. Pulc. ann. 1308. in Lib. rub. Cam. Comput. Paris. fol. 340. col. 2 : *Jehanne dame du bois Arnaut et Rogier du bois Arnaut tuteurs, curateurs, meneurs et Conduiséeur de Philippot, Jehannot et Nicaysot, freres souzaagiez, fuz jadis et hoirs de feu Jehan le Veneeur le juesne, jadiz chevalier, ou nom de tuteur, curateur, meneur et Conduiséeur desdiz enfans. Conduit*, eodem sensu, in Charta ballivi Cadom. ann. 1321. ex Reg. 64. Chartoph. reg. ch. 380 : *Lucasse, jadiz fame de Richart, et Ricardet le Prevost son fils souzaagé, avec son Conduit.* Alia ann. 1341. in Reg. 72. ch. 224 : *Joiret Carbonnel souzaagé o Conduit, etc.*

7. **CONDUCTOR**, Hospes, stabularius, apud Rutilium. Vide in *Conductus* 3.

¶ **CONDUCTORIA**, Districtus *Conductoris* seu territorium, in quo redemtor reddituus percipiebat. Chronicon Farfense apud Murator. tom. 2. part. 2. col. 453 : *In Bussule uncias IV. et est in Conductoria Raciperti... in Optiano uncias III. in Conductoria Raciperti... in Cisternule uncias II. in Conductoria Sansonis... in Criptule unciam I. in Conductoria Luponis.* Vide *Conductor* 4.

¶ **CONDUCTORIÆ** Litteræ, Commeatus, Gall. *Sauf-conduit.* Bulla Nicolai V. PP. ann. 1453. in Bullario Carmelit. pag. 237. col. 1 : *Quidam etiam alii ex fratribus prædictis absque Superiorum suorum licentia, acquirentes sibi a sæcularibus etiam Nobilibus Litteras Conductorias et defensorias contra religionem et ad Romanam curiam pergentes, etc.* Vide *Conductitiæ Litteræ.*

CONDUCTURA, pro *Conductio*. Occurrit in lege Longobard. lib. 1. tit. 21. §. 4. [** Rothar. 332.]

1. **CONDUCTUS**, nostris *Sauvegarde*, [Defensio, tutela, præsidium, comitatus, Gall. *Escorte*.] Constantino de Administ. Imp. cap. 12. διάσωσις. Charta Lotharii Regis Francor. apud Vassorium in Annalib. Noviomens. pag. 925 : *Suscipimus etiam eum in Conductu et custodia nostra.* [Contractus anni 1275. inter Abbatem Mediani Monast. et Cunradum *de Landesperg*, in Hist. ejusdem Monast. pag. 334 : *Dictas curias... in protectione mea recipio et Conductu.*] Philippus Eystetensis Episcopus in Vita S. Willibaldi cap. 16 : *Ut quocunque pergere vellet, eorum Conductu cum pace iret ac rediret.* [Charta Philippi Regis Franc. ann. 1091. pro Archiepiscopo Rotomag. apud D. *Brussel* tom. 1. de Usu feudorum pag. 281 : *Cum autem ad curiam meam venerit, mittam ei Conductum ad Calvummontem sive ad Pontem Isoræ.* Charta Johannis Regis Angliæ in Libro nigro Scaccarii pag. 381 : *Petiit ab eis Conductum, ut ad nos venire posset, ad quærendam pacem nostram.*] Occurrit præterea in Capitulis Caroli Calvi tit. 12. cap. 9. [** Populo denuntianda a Missis ann. 853. Pertz. pag. 424.] tit. 31. cap. 31. [** Edict. Pistense ann. 864. Vide in *Conductus*, 3.] apud Ratherium Veronensem in Itinerario pag. 265. Fulbertum Carnotensem Epist. 93. Joannem Sarisberiensem in Prœmio Policratici, Hildebertum Cenomanensem Epistola 26. Ordericum Vitalem lib. 2. pag. 392. Matthæum Paris pag. 445. etc. Philippus de Bellomanerio in Consuetudine Bellovacensi MS. cap. 67 : *Toutes les fois qu'aucuns n'ose venir à droit, de peur de ses anemis, le Signor li dojt bailler Conduit. Mais li Conduit et li envoi qu'il fet en autrui cort, est aus cousts de cix qui les requieront.* Le Roman *de Garin* MS. :

Més l'Empereres n'ot pas mis en obli
La felonie que li ot fet Garin,
En son Conduit li ot Guillaume ocis,
Grant felonie et grant pechié en fist.

Chronicon Bertrandi Guesclini MS. :

Le Heraut se parti, et le cheval brocha,
Le Conduit du Seigneur droit à son col porta.

Saufalant dicitur in eodem Chronico :

En coste lui ala, et manda Saufalant.

Vetera Statuta MSS. oppidi Arearum, (*Yeres*) in Provincia ann. 1237 : *Item es estatuts que degun trop d'aver gros vo menut non ause jacer deforas, sinon que sia en Souhalat sufficiement, non si entent de bous laurans sot à la pena de 10. sols.* Formulæ conductus exstant apud Petrum de Vineis lib. 5. Epist. 51. et 125. Formulam aliam habemus apud Hesychium Milesium lib. περὶ σοφῶν, et Suidam in Potamone. [** Vide Haltaus. Glossar. German col. 626. sqq. voce *Geleite*, et infra *Ducatus*, 5.]

2. **CONDUCTUS**, Quod pro rerum quæ exportantur securitate, Domino exsolvitur, alias *Guidaticum*. Charta Rodulphi Viromanduor. Comit. : *Concessimus et dedimus Ecclesiæ B. Medardi de Capi ad luminaria facienda singulis annis 10. solidos in Conductu mercatorum, quod vulgo dicitur Guionagium, capiendos Peronæ, et in festo S. Remigii percipiendos, etc.* Charta Adolfi Imp. ann. 1293. in Insulis Rheni : *In Comitatu alicujus Comitis, qui in ipso flumine recipit teolonia et Conductus, etc.* Charta Ludovici VII. Regis Franc. ann. 1153. in Tabulario Fossatensi fol. 19 : *Quod in villa quæ dicitur de Seaux, Ecclesia Fossatensis*

habebat totum fundum terræ, et omnimodam justitiam in hospitibus ibi commorantibus, et Nos in eadem villa semel in anno herbergagium, Conductum, et pedagium, etc. [Alia Charta ejusdem Regis ann. 1171. apud Baluz. tom. 2. Hist. Arvern. pag. 66 : *Juraverunt etiam sese nihil in stratis neque pro pedagio, neque pro Conductu sive guisagio... a transeuntibus accepturos.*] Vetus Charta apud Augustinum *Du Pas* in Stemmat. Armoric. part. 1. pag. 246 : *Ita dico, ut nullus mihi consuetudines, id est, teloneum et Conductus reddat.* Ita *Conduit* appellatur in Regesto Peagiorum Parisiensis urbis, tributum, quod exsolvitur pro mercibus quæ per urbem, et ultra ejus banleucam transvehuntur. [Plura vide in *Guida.*]

* Nostris *Conduit.* Charta ann. 1333. in Lib. rub. Cam. Comput. Paris. fol. 443. v°. : *Le Conduit, qui est membre du grant tonlieu.* Pedag. Peron. ex Chartul. 21. Corb. : *Le charrette, de Conduit v. den.* Lit. ann. 1400. tom. 8. Ordinat. reg. Franc. pag. 378 : *Or voulons en ceste seconde partie traictier des chaucées, des coulins, des travers, des Conduits, des rivages, des halages, etc.*

¶ Conductus Nundinarum, Qui solvitur a mercatoribus ad nundinas venientibus. Regestum Campaniæ, apud D. *Brussel* tom. 1. de Usu feudorum pag. 42 : *Apud Musteriolum, in terris et hospitibus et in Conductu nundinarum.*

¶ Conductus, Nundinæ ipsæ, aut aliud simile commercium, ut videtur. Miracula B. Simonis de Lipnica, tom. 4. SS. Julii pag. 562 : *Feria quarta post Conductum Paschæ.* Et mox infra : *Infirmitas duravit a sabbato proximo post Conductum Paschæ usque ad feriam quartam proximam.* Nisi idem sit quod post *Clausum Paschæ.* Vide in *Pascha.*

3. **CONDUCTUS.** Tabularium Falense in Hist. Benearn. lib. 4. cap. 11 : *Dedi ei in fiscum et filiis suis 12. Conductus, quos ipse Guillelmus Dux Aquitaniæ habebat in Clairag, et a Clairag usque ad Arganjon in Bearn, et a Maria in Eleron, et omnia quæ pertinent ad ipsos Conductus de re Comitis.* Quo loco Marca *Conductus* appellari ait *les rentes affectées à l'entretenement des Comtes de Gascogne, lorsqu'ils venoient faire leurs visites et chevauchées dans le pays.* Sed videtur potius esse id quod *Albergatam* vocabant, seu *Mansionaticum* : nam et *Conductus* hospitia appellarunt Latini Scriptores. Seneca lib. 6. de Benefic. cap. 5 : *Nec Conductum meum, quanquam sis Dominus, intrabis.* Petronius : *Paulo ante in Conductum meum accurrit.* Julius Africanus lib. 2. Hist. Apost. : *Mansit toto biennio in Conducto suo, et suscipiebat omnes qui ingrediebantur ad eum.* Infra : *Ipse autem Paulus mansit Romæ toto illo biennio in Conducto suo.* Agobardus contra Judæos : *In ipsa autem Roma biennio in suo habitasse Conductu, etc.* Concilium Bituricense ann. 1336. can. 12. extremo : *Omnes tamen tales et similes et singulos auctoritate hujus Concilii excommunicamus in his scriptis, eorumque familiam seu Conductum Ecclesiastico supponimus interdicto.* Sed et ita *Conductus* accipitur in Capitulis Caroli Calvi tit. 12. cap. 9. et in Edicto Pistensi cap. 31. Hinc *Conductor,* pro hospite et stabulario, apud Rutilium. [Haud scio an eadem notione, in Leonis IX. PP. Bulla pro Parthenone S. Laurentii in Hesse, apud Lud. *Laguille* in Probat. Hist. Alsac. pag. 26. col. 1 : *Quarta pars Ecclesiæ de Tesselingen cum Conductu et omni integritate. Ecclesia de Belnoylre tota cum Conductu et omni integritate.*] Vide *Conducere,* 2. et *Conductare.* [** Lusitanis olim *Conducturia, Condoito,* hodie *Conduto,* Omne quod in escam daturcum pane; Testam. S. Pelagii Episc. ann. 1246 : *Totum punnem de Heremita mandat fratribus de Heremita pro Conducto.* Vide S. Rosa de Viterbo tom. 1. pag. 301. et 302. Confer *Companagium.*]

* Charta ann. 1319. ex Tabul. Savign. : *Asserunt dicti confitentes se habere quemdam Conductum, receptum seu prandium. Asserunt se debere habere quartam partem cujusdam Conducti, recepti seu prandii..... Habet quartam unius Conducti seu prandii.* Sed et pro Hospitio, quod jam observaverat Cangius, occurrit in Reg. S. Justi Cam. Comput. Paris. fol. 163. v°. : *Conductum Mellenti, quem tenet senescallus.* Et fol. 167. v°. col. 1 : *Dom. Johannes de Poiz tenet de rege Conductum suum de Joiaco : unde est homo ligius regis, et hic Conductus valet xv. libras de reditu.* Charta ann. 1336. in Cod. Ms. Commerc. pag. 79 : *Item à chascun bled, chascun Conduict nous doit chascun an un silleur, et en fenaulx ung faulcheur.* Alia ann. 1406. in Chartul. priorat. Belleval. : *Item chacun Conduct deizdites dous villes doit aussi payer à ladite esglise de Belleval et payerat chacun an une journée à la crowée de la seille az waiien.*

* Conductus Feudalis, Prandium, quod ratione feudi exigitur. Charta ann. circ. 1130. ex Chartul. Stirpensi : *Iterum quæsivit feudales Conductus in festis multis. Et veni inde ad placitum, et laudaverunt michi, quod antequam sustinerem guerram, non propter feudum, sed causa amicitiæ suæ adquirendæ, licet in justitia* (injuste) *quæreret, quod darem sibi manducare quatuor festis; quod et feci......... Iterum causa pacis concessi sibi dare Conductum v. festo* (festis) *laudantibus placitatoribus nostris. Sed ipse contemptis placitis, ... injuste quæsivit pluribus festis manducare.*

¶ 4. **CONDUCTUS,** Canalis, tubus, Gall. *Conduit.* Hist. Beccensis MS. pag. 468 : *Ut facilius ad Monasterium deduceretur aqua, permisit idem Willelmus, ut per totam terram suam per Conductum Monachi deportarent.* Acta S. Franciscæ Rom. tom. 2. Martii pag. 104 * : *Qui cum veniret per unum Conductum, omnes venas et membra... solabatur.*

* Alias *Conduisement.* Charta ann. 1243. ex Chartul. S. Joan. in Valle : *Intelleximus quod vos cloacam sive Conductum ad purgandas coquinæ vestræ immunditias fecistis in fossato.* Lit. remiss. ann. 1466. in Reg. 194. Chartoph. reg. ch. 186 : *Icellui Guillaume se prist à foir ledit pré pour y faire une raize ou besal pour conduire l'eaue au pré dudit Guillaume.... En faisant laquelle raise ou Conduisement, etc.* Alio significatu *Conduisement,* nempe Ductu, directione, in aliis Lit. ann. 1375. ex Reg. 107. ch. 50 : *Avint d'aventure que ledit Girart par le Conduisement de sa main, fu feru dessoubz son œil du tilleul dudit Jehan.*

¶ 5. **CONDUCTUS,** Cibus ad communem refectionem appositus. Charta Hugonis Abbat. Insulæ Barbaræ, in Maceriis ejusdem tom. 1. pag. 113 : *Quotiescumque breve Fratrum Monasterii S. Petri foris muros portæ ad nos venerit, pulsatis signis, septem officia plenaria in Conventu persolvantur, et per tres dies in refectorio Conductum habeant.* Privilegium Pontii Arelat. Archiep. pro nova Basilica Montis-majoris ann. 1016. laudatum a Mabillonio tom. 4. Annal. Benedict. pag. 250 : *Ut pascat tres pauperes ad unum manducare de ipso Conducto, quo ipse manducaturus est.* Statuta Eccl. Lugdun. ann. 1251. apud Acherium tom. 9. Spicil. pag. 77 : *Statuimus et juramento firmamus, quod quilibet Canonicus, seu alius Beneficiatus, non habeatur pro residenti, nec aliquid capiat in divisione terrarum, nec cotidianas distributiones in scholis, nisi per dimidium annum primo fecerit residentiam in Ecclesia nostra : pro residenti tamen tenebitur, si teneat Conductum continuum et perseveraverit. Conductus* hic idem est qui Convictus, communis mensa, vel saltem communis habitatio.

Conductus, [f. Ead. notione.] Tabular. Prioratus de Domina in Delphinatu fol. 12 : *Unus mansus debet porcum unum.... et multonem denariorum 8. et agnellos 2. pro recepto, excepto eo Conducto, quem dederit recipienti eos.* Infra : *Et de his omnibus bene recipere ipsum villanum, aut suum missaticum qui ista Conduxerit.*

Conductus Thesauri, Cui obnoxii erant urbium incolæ. Charta Edwardi III. Regis Angl. tom. 2. Monastici Angl. pag. 71 : *Sint quieti de omnibus placitis, querelis,... et de pontium et castrorum ædificatione, et de Conductu Thesauri, etc.* Vide *Conducere,* 1.

* 6. **CONDUCTUS,** Sumptus in victum, vestitum, cultum, etc. Gall. *Entretien.* Testam. Guill. V. dom. Montispess. ann. 1121. inter Probat. tom. 2. Hist. Occit. col. 416 : *De isto supradicto honore, qui est de Amancione versus Occidentem, jubeo ut uxor mea nutriat infantes suos, et faciat Conductum cum triginta modiis de blado de Palude, quos dabit ei Lambertus bajulus meus, vel ille qui vicem suam tenebit per unumquemque annum in adjutorio Conducti.*

* 7. **CONDUCTUS,** Jus patronatus, quo quis electum a se presbyterum ad episcopum *conducit* seu præsentat, ut ab eo *cura animarum* investiatur. Vide supra *Conducere* 2. Charta ann. 875. tom. 8. Collect. Histor. Franc. pag. 425 : *Comitis-villa cum ecclesia atque Conductu, ... ecclesia in honore S. Glodesindis in silva libera nulli respiciens, cum Conductu cujuscumque voluerit abbatissa sacerdotis.* Pluries ibi. Alia Alberonis Trevir. archiep. ann. 1137 : *Conductum presbyterorum in ecclesia de Messuns et duas partes per omnia decimarum et medietatem dotis ecclesiæ..... confirmamus.*

* 8. **CONDUCTUS,** Consensus, ut videtur. Pactum ann. 1103. inter Probat. tom. 2. Hist. Occit. col. 361 : *Demandabant.... de Conducto domini, ut bailli essent per ipsos.*

* 9. **CONDUCTUS,** In jus vocatio, cita-

tio, vadimonium, ut opinor. Libert. villæ *de Coynau* ann. 1312. tom. 8. Ordinat. reg. Franc. pag. 109. art. 21 : *Concedimus eisdem, quod pro aliquo Conductu vel delito* (delicto) *dum ipsi de una tota die parati fuerint secundum eorum posse, satisdare ydonei de stando juri coram nostra curia, non possint nec debeant expelli de domibus eorumdem, nec eciam pignorari aliqua de causa, etc.* Vide supra *Conductio* 2.

* 10. **CONDUCTUS**, Dominium, districtus, territorium. Diplom. Ludov. IV. imper. ann. 1332. tom. 2. Hist. Trevir. Joan. Nic. ab *Hontheim* pag. 1119. col. 2 : *Indulgentes eisdem ut omnia telonia sua hujusmodi levare possint conjunctim vel divisim in dominio aut Conductu suo, ubi magis viderint expedire.* Charta ann. 1340. ibid. pag. 145. col. 1 : *Insuper angarias seu exactiones...... in nulla parte Conductus seu districtus domini nostri Trevirensis..... ab aliquo recipiemus.* Eodem fortean sensu intelligendum est, vel certe pro familia, Concil. Bitur. laudatum in *Conductus* 3. Vide supra *Conducta*.

* 11. **CONDUCTUS**, Canticorum species, nostris etiam *Conduis*. Reg. visitat. Odonis archiep. Rotomag. ab ann. 1248. ad ann. 1269. ex Cod. reg. 1245. fol. 358. v°. : *In festo S. Johannis et Innocentium nimia jocositate et scurrilibus cantibus utebantur* (moniales monasterii Villaris) *ut pote farsis, Conductis, motulis; præcepimus quod honestius et cum majori devotione alias se haberent.* Mirac. B. M. V. Mss. lib. 2 :

De bien chanter estoit si duis,
Que chansonetes et Conduis
Chabte si affaitiement, etc.

Vide *Condictus*.

* 12. **CONDUCTUS**, Armentum, grex. Inquisit. ann. 1268. ex schedis Pr. *de Mazaugues : Item dixit quod ipse accepit pasquerium in dicto territorio pro domino Barrallo, et de singulis Conductis ovium, unum multonem de uno anno.* Quod ibi *Conductus*, paulo ante appellatur *Paria* et *Baillia*. Vide supra in hac voce.

* **CONDUCUM**, *Lo fiore del pomo granato.* Glossar. Lat. Ital. Ms.

¶ **CONDULCARE**, Condulcorare, Dulce reddere. Vetus Interpres Eccl. 27. 26 : *Annuens oculo fabricat iniqua, et nemo eum abjiciet : in conspectu oculorum Condulcabit os suum, et super sermones suos admirabitur.* Gaufredus Canonicus Regul. Ep. 33. apud Marten. tom. 3. Anecd. col. 531 : *Ipse* (Deus) *arva arentia irrigat, et torrentem spinarum ac mare mortuum Condulcorat.*

¶ **CONDULIUM**, pro *Edulium*, ut puto. Continuatio Chronici Andreæ Danduli, apud Murator. tom. 12. col. 454 : *Carentes autem carnibus, oleo et aliis adminiculis compellebantur muscipulas edere atque canes, et vulgus etiam quotidie fœtidos et fracidos, et Condulia ex lacunis legebant ad vendendum et ad cibum, ita ut si devotionis causa tantam austeritatem passi fuissent, antiquos Patres in heremo superassent.*

¶ **CONDUM**, *Consilium*, apud Papiam.

CONDUMA. Vide *Condamina*.

* **CONDUMA**, f. pro *Cosduma*, Præstatio, quæ ex consuetudine pensitatur. Charta ann. 1069. inter Probat. tom. 1. Hist. Lothar. col. 464 : *Molendinum infra curtim cum banno, ... cum Condumis et corvadis et vineis indominicatis.*

* **CONDUNATIO**, pro *Coadunatio*, Conventum. Constit. Feder. reg. Sicil. cap. 111 : *Qui ad prædictas conventiones et Condunationes vocatus, vel sponte accesserit, etc.*

¶ **CONDURARIUS**, Sarcinator, vulgo *Coûturier*. Inquisitio MS. pro Canonizatione B. Yvonis : *D. Yvo fecerat fieri quandam tunicam pro se; Condurarius venit ad domum suam, ut videret utrum esset bene facta, etc.* Vide *Codurerius*.

CONDUS, *Scyphus, patera, poculum unde bibitur.* Ita Gloss. Arabico-Lat. Papias, et Joan. de Janua.

* **CONDUSMA**, ut supra *Conduma*. Charta ann. 1218. apud Baluz. Hist. Tutel. col. 528 : *Dedi etiam eis unum hominem, ... et hæredes suos liberos et immunes ab omni servitio et Condusma, talleia et exactione.* Vide *Consuetudo* 4.

CONE et Keye, seu ut in Bractoni MSS. Codicibus legi annotat Cowellus, *Kover et Key*, ad verbum significat operculum et clavem : metonymice autem illas res quæ sub operculo, aut clavi a prudentioribus matribus familias custodiri solent. Apud eumdem Bractonum in lib. 2. cap. 37. §. 2. femina, in Sockmannis, dicitur esse plenæ ætatis, *cum possit et sciat domui suæ disponere, et ea facere quæ pertinent ad dispositionem et ordinationem domus, ut sciat quæ pertineant ad Cone et Keye, quod quidem esse non poterit ante 14. annum vel 15. quia hujusmodi ætas requirit discretionem et sensum.* Idem §. 3 : *Quia in tali ætate potest disponere domi suæ, et habere Cone et Keye.*

¶ **CONECTA**, Capsa sacrarum reliquiarum, Gall. *Chasse*, Hisp. *Custodia*. Notitia Ecclesiæ Catanensis apud Rocchum Pirrum Siciliæ Sacræ pag. 53 : *Caxectam unam de cristallo cum argento deaurato circumquaque cum diversis reliquiis multorum Sanctorum, Conectam unam de argento deauratam cum multis et diversis reliquiis Sanctorum.* Suspicor utrobique legendum esse *Caxectam*, nisi forte *Conecta* dicta fuerit a *Conum*, quod hæc capsa figuram habuerit *Coni* seu pyramidis.

* **CONELA**, Poculum, vasculum aquarium. Inventar. ann. 1376. ex Tabul. Flamar. : *Item plus unam aliam aygasseriam stagni, cum uno poto sive Conela.*

* **CONELIUS**, Ad cuniculum pertinens. *Pellicia conelia*, Vestis pellibus cuniculorum munita, in Charta ann. 1096. inter Probat. hist. geneal. domus reg. Portugal. tom. 1. pag. 2. Vide *Coninæ pelles*.

¶ **CONELLUM**, Dolium. Charta anni 1409. apud Rymerum tom. 8. pag. 576. col. 2 : *Septem ardicos pro quocumque dolio sive Conello.* Lege *Tonello*, Gall. *Tonneau*.

* **CONEROTORIUS**, adject. Flexus, deflexus, Gall. *Tournant*, ut opinor. Charta Phil. V. ann. 1319. in Reg. 61. Chartoph. reg. ch. 428 : *Et de dicta paxeria tenendo quoddam vallum Conerotorium, quod tendit recte usque ad quoddam genu carreriæ orbe.* Vide infra *Contorium*.

CONESTABILIS, Conestabularius, Conestabulus. Vide *Comes stabuli*.

* **CONESTAGIUS**, ut *Constabularius* apud Italos. Vide in *Comes* 2. Annal. Genuens. ad ann. 1399. apud Murator. tom. 17. Script. Ital. col. 1193 : *Gubernator præmissus decrevit, quemadmodum in cunctis urbis partibus, non eligantur de cetero, ut inter vocatos de populo solet agi, qui vicarii, confalonerii et Conestagii dicti sunt.*

¶ **CONFABULA**, Socia quæ confabulatur. Vita S. Waldetrudis tomo 1. SS. Aprilis pag. 838 : *Cum hanc visionem quibusdam suis Confabulabus humiliter retulisset.*

¶ **CONFABULARIS**, Socius, collocutor, qui confabulatur. Acta S. Cononis tom. 7. Maii pag. 7 : *Conon... Confabularis Angelorum.*

CONFABULATI, [Qui ex *fabula* seu fœdere nuptiali orti sunt.] Vide *Gamales*.

* **CONFACERE**, Conficere. Dipl. Alphon. VI. reg. Castel. æra 1139. tom. 6. Jul. Act. SS. pag. 53. col. 1 : *Quod secundum meum imperium Confactum fuit atque completum. Confecte*, pro *Fait*, factus, in Lit. ann. 1372. tom. 5. Ordinat. reg. Franc. pag. 564.

¶ **CONFALO**, Confalon, ut *Confano*, Vexillum; unde

¶ **CONFALONERIUS**, Vexillifer. Vide *Guntfano*.

¶ **CONFAMILIARIS**, Ejusdem familiæ, in Annal. Benedict. tom. 2. pag. 456.

¶ Confamulans, Eadem notione, in Chronico Parmensi ad ann. 1304.

CONFANO, Vexillum, *Gonfanon*. Orig. Murensis Monast. pag. 29 : *Sunt hic et 2. offertoriala, et linteum, analogium subter Evangelium ponendum in festivis diebus, et 5. Confanones et 1. sericum super sedile Sacerdotis ponendum.* Vide *Guntfano*.

¶ **CONFANONARIUS**, Vexillifer, Gall. *Gonfanonier*. Vita Urbani II. PP. apud Ruinartium, tom. 3. Operum posthum. Mabillonii pag. 183 : *In festo S. Georgii super quodam equo albo, una cum Confanonariis Mediolanensibus numero duodecim.*

* **CONFANONERIUS**, Vexillifer, dignitas apud Italos, quibus *Gonfaloniere* dicitur. Charta ann. 1262. inter Stat. Placent. lib. 6. fol. 71. r° : *Dominus Manfredus Confanonerius potestas Placentiæ volens providere publicæ utilitati, etc.* Pro milite signifero, in Stat. Mutin. apud Murator. tom. 2. Antiq. Ital. med. ævi col. 488 : *Item si contingeret, quod militia Mutinensis cum inimicis perveniret ad prælium, nullus Confanonerius debeat recedere de prœlio, nec in fugam se ponere, nec declinare vexillum.* Occurrit præterea apud eumd. Murator. tom. 12. Script. Ital. col. 1028. et tom. 20. col. 963. Vide *Guntfano*.

* **CONFANONUM**, Vexillum, Italis *Gonfalone*. Chron. Placent. ad ann. 1374. apud Murator. tom. 16. Script. Ital. col. 520 : *Qua de causa dicti Florentini.... levaverunt unum maximum vexillum sive Confanonum, super quo erat scriptum literis aureis, Liberta.* Vide *Guntfano*.

¶ **CONFANTES**, Simul fantes. Joannis Trosteri Epist. apud Raym. Duellium Miscell. lib. 1. pag. 232 : *Quid est quod tanto concitato gressu, submissis cervicibus, collectis capitibus, divo quodam silentio Confantes aulam petunt regiam?*

* **CONFARONUM**, ut *Confanonum*, in Stat. Avellæ ann. 1496. cap. 115. ex Cod.

reg. 4624 : *Tempore guerræ nullus homo.... exeat ultra confines Avillianæ cum armis vel sine armis, absque Confarono vel banderia et rectoribus.*

CONFARREATIO, *Consacrorum* [sacrorum] *communicatio. Confarreatus, consociatus*, in Glossis Isid. Gloss. Lat. Græc. : *Confarreatus*, συμβιώσεως χάριν ζευχθείς. *Farre convenire in manum*, apud Ulpianum tit. 9. Charta Clodovei I. Regis Franc. pro Fundat. Abbat. Miciacensis tom. 5. Spicilegii Acheriani pag. 303 : *Miciacum concedimus, et quidquid est fisci nostri intra fluminum alveos, et per sanctam Confarreationem et annulum inexceptionaliter tradimus.* [Plinius 18. 3 : *Quin et in sacris nihil religiosius Confarreationis vinculo erat.* Respiciunt confarreata matrimonia, in quibus alias Romani placentam in templum deferebant, ex qua gustabant recens conjugati. Vide Brissonium de ritu nuptiarum et Lipsium ad 4. Annal. Taciti cap. 16.]

* CONFAUTOR, Qui una cum aliis alicui favet, Gall. *Fauteur, partisan.* Epist. Gerberti tom. 9. Collect. Histor. Franc. pag. 291 : *Sententiam damnationis eadem die, quo animo vultis, vestris Confautoribus expectate.*

¶ CONFECTÆ, Fructus saccharo conditi, Gall. *Confitures.* Computum anni 1333. Hist. Dalphin. tom. 2. pag. 278 : *De zuccaro albo libras* 12. *taren.* 11. *Item de Confectis libr.* 12. *taren.* XII. Alium locum vide in *Camerlengus.*

* CONFECTERA, Vas, in quo *confectæ*, Gall. *Confitures*, mensæ apponuntur, Ital. *Confettiera.* Inventar. ann. 1389. tom. 3. Cod. Ital. diplom. col. 365 : *Sequuntur vasa argentea..... Confecteræ iv. magnæ argenti deauratæ, intaliatæ ad foliamina, cum esmaillis xij. et aliis pluribus operagiis.* Vide mox *Confectorium.*

CONFECTIO, *Confectionarius. Confectio*, vulgo *Medicina; Confectionarius*, qui confectionem parat, Apothecarius. Constitut. Siculæ lib. 3. tit. 54. §. 3 : *Confectionarii vero facient Confectionem expensis suis cum testimonio medicorum.* Infra : *De simplicibus confectionibus et medicinis.* [Memorabilia Humberti II. Dalphini ann. 1343. ex Adversariis D. *Lancelot : Item die* XIX. *Aprilis fecit unam Confectionem de una magna olla tenente circa unum sestarium de vino pomorum Gratianopolis, de aliis pomis albis, de duobus panibus grossis sacchari, de p..... bus decinerandis pretiosis, de auro fracto in pulverem seu limaturam, quod decostitit circa cc. floren. dicens eam invenisse in libro medicinæ, et hoc fecit motu suo contra voluntatem Medicorum, et fecit fieri unam bacignam de auro purissimo, in quo hæc omnia posuit, qui ponderabat* XVIII. *marchas auri fini.*] *Confectiones venenatæ*, apud Cortusios lib. 8. Chron. cap. 4. Vide Statuta Facultatis Juris Civilis Academiæ Viennensis in Austria tit. 11. §. 4.

CONFECTOR, Carnifex, qui hominem conficit. Gloss. Lat. Græc. : *Confector*, ἀναιρέτης. *Confectores*, κατάδηλοι, ubi Scaliger καταβόλοι restituit. Glossar. Basilic. : Κομφέκτωρ, καταστιωαστής. Ado in Martyr. 26. Jan. in S. Polycarpo : *Ad ultimum videntes scelerum ministri corpus igni non posse consumi, jusserunt propius accedere Confectores, et corpus, si ignis cesserat, mucrone transfodere.* Euseb. lib. 4. cap. 14. de eodem Sancto : Ἐκέλευσαν προσελθόντα αὐτῷ κομφέκτορα παραβῦσαι τὸ ξίφος. Adde Epistolam Ecclesiæ Smyrnensis de Martyrio ejusdem S. Polycarpi num. 16. Apud Suetonium in Augusto cap. 43 : *Confectores ferarum. Malis artibus inimicos Conficere*, in leg. 5. Cod. Th. de Maleficis. (9, 16.)

* 1. CONFECTORIUM, ut *Confectera.* Charta ann. 1360. ex Tabul. Massil. : *Senescallus dixit se pridem impignorasse penes syndicos civitatis Massiliæ unum bassinum de argento, item paropsides sex et tassias sex de argento, item Confectorium unum de argento cum esmaldis.* Vide infra *Confiteria.*

2. CONFECTORIUM, Locus ubi bestiæ trucidantur. Gloss. Græc. Lat. : Χοιροσφαγεῖον, *Confectorium.*

CONFECTUARII, Qui bestias conficiunt, carnifices. Vetus Inscript. : *Confectuariorum et suariorum corpus.*

CONFECTURA, Clades, nostris *Déconfiture.* Rigordus ann. 1198 : *In illa vero Confectura capti fuerunt viri nominati, etc.* Utitur rursum ann. 1208. Vide *Disconficere.*

CONFECTURÆ, Dulciaria, Gallis, *Confitures.* Occurrit in inquisitione de Vita et moribus B. Joannis Episc. Vicentini. [Vide *Confectæ.*]

* Comput. ann. 1412. inter Probat. tom. 3. Hist. Nem. pag. 205. col. 2 : *Item solverunt plus dicto Petro Barroni pro sex libris Confecturarum, pretio cujuslibet libræ vij. solid. vj. den. etc.* Vide infra *Confituræ.*

* CONFEDERATIVUS, Socius, amicus. Charta ann. 1422. ex magn. Chartul. S. Vict. Massil. ch. 124 : *Quidam monachus effudit parvum brocum vini, qui erat ad bassum, mixtum et acetosum, generativum morborum, ... Confederativum pigritiarum, etc.*

* CONFEDUSTUS, *Conjunto in uno pato.* Glossar. Lat. Ital. Ms. Vide infra *Confodustus.*

¶ CONFEMINA, Conjux, uxor. Acta SS. Aprilis tom. 1. pag. 53. ubi de quinque Martyribus Franciscanis in India : *Contigit litem oriri inter hospitem et ejus Confeminam.*

* CONFEODATIO, Plurium rerum una concessio in feudum. Charta ann. 1319. in Reg. 59. Chartoph. reg. ch. 242 : *Totum jus, quod eisdem feodatoriis competebat..... in dictis furnis Gimontis, ratione Confeodationis prædictæ de ipsis.* Vide in *Feudum.*

¶ CONFEOFFATUS, Una feudo donatus. Vide *Feudum* sub finem.

CONFERENTIA, Papiæ, *Collatio, confœderatio, sacrorum communicatio.* Isidorus in Gloss. *Conferentia, collatio* : nos etiamnum *Conference* eadem notione dicimus. [Vide *Collatio apud Monachos.*]

¶ CONFERENTIA ARMORUM dicitur de obsidentibus et obsessis arma sua quasi simul *conferentibus*, dum hi illorum impetum repellere conniuntur. Epistola Magistri Hospitalitatis Jerosolymitanæ de obsidione Rhodi a Turcis apud Ludewig. tom. 5. Reliq. MSS. pag. 297 : *Turci vero perpulchre armati* IIICIↃ. *super muros erant confertissimi, qui secum magnam Conferentiam armorum vi propellere et loco expellere nitebantur.*

¶ CONFERIATUS, *Sociatus.* Glossar. Isid. Mallem *Confarreatus*, ni forte quis præferat *Confœderatus.* Vide *Confarreatio.*

CONFERNOVA, Una e 12. speciebus auguriorum, de quibus in verbo *Venta*, quæ describitur a Michaële Scoto de Physionomia cap. 56 : *Confernova est augurium quando prius invenies hominem vel avem euntem vel volantem, et se repauset ante te in dextra parte tui, vidente te : et istud est tibi bonum signum super negotio.*

CONFERT, Unum e 12. Auguriis, de quibus mox. Vide *Fert*, et *Venta.*

* CONFERTA, Symbola, compotatio. Stat. synod. eccl. Carcass. ann. 1270. cap. 2. ex Cod. reg. 1613 : *Præcipimus clericis universis, ut...... convivia nuptiarum fugiant et Confertas.* Gloss. Lat. Gr. ex Cod. S. Germ. Prat. in Castigat. ad utrumque Glossar : *Confertus*, συμπεφωρημένος. Vide *Confertum.*

CONFERTUM. Glossæ MSS. : *Confertum, conlatum, plenum.* Item *Confertum, comportatum, plenum.* Collectio Canonum Martini Bracarensis cap. 61. et Gratianus Dist. 44. c. 12 : *Non liceat Sacerdotibus vel Clericis, sed nec religiosis laicis convivia facere de Confertis.* In MSS. *Non licet Sacerdotes vel Clericos, sed nec religiosos laicos convivia facere de Confertis.* Atto Episcopus in Capitulari cap. 55. habet *Collatis : Quod non oporteat Sacerdotes aut Clericos ex Collatis, vel commessalibus convivia celebrare.* Hæc autem sumpta sunt ex Concilio Laodic. cap. 54 : Οὐ δεῖ ἱερατικοὺς ἢ κληρικοὺς ἐκ συμβολῆς συμπόσια ἐπιτελεῖν : ubi Isidorus Mercator, *Ex symbolis, quæ vulgus Commensalia appellat*, vertit. Sunt igitur *Conferta*, symbolæ, seu *Collationes*, uti appellantur in Glossis veterib. : *Collatio*, σύγκρισις δεῖπνου. *Collatio*, συνεισφορά, συνεισένεξις, συντέλεια. Gloss. Græc. Lat. : Συνεισφέρω, *Collationem fero, confero.* Συνεισφορά, *Collatio. Fertum* dixerunt veteres, pro *oblatione*, ut est apud Isid. lib. 6. cap. 19. Unde *Fertores, ferto libantes*, in Gloss. Isid.

CONFERVETUS, Una e 12. speciebus auguriorum, de quibus in verbo *Venta*, quæ sic describitur a Michaële Scoto de Physionomia cap. 56 : *Confervetus est augurium, quando prius invenis vel vides hominem vel avem se repausantem in dextra parte tui, te vidente : et istud est tibi malum signum super negotio.*

¶ CONFERUI, *Cognovi, comperi.* Gloss. Isid. cum Excerptis Pithœanis.

CONFESSA, Sanctimonialis. Vide post *Confessor* 4.

¶ CONFESSARE, Confiteri, agnoscere, declarare, Gall. *Confesser, avouer, declarer.* Charta Ludovici Hutini Regis Franc. inter Instrum. tom. 1. Annal. Tolos. pag. 61 : *Quod ex nunc et deinceps perpetuo ab hujusmodi debitis inquirendis et exigendis omnino cessabitur, nisi sint adeo clara et Confessata in judicio coram Commissariis ad hoc deputatis.* Charta Annæ Dapsaco Dominæ de Monte Astruco ann. 1488 : *Tanquam pro re clara, liquida, cognita, notoria, manifesta et in judicio Confessata.* Legitur apud Baluzium Hist. Arverniæ tom. 2. pag. 320, in Charta anni 1354.

Limborch. Hist. Inquisit. pag. 39. in Lib. Sent. et Actorum Inquisit. Tolos. Rymer. tom. 5. pag. 767. col. 1. tom. 8. pag. 275. col. 1. tom. 14. pag. 468. col. 2. [** in Alberti I. Imperat. Constitut. ann. 1303. ap. Pertz. Leg. vol. 2. pag. 484. lin. 44.]

¶ Confessare, Peccata sua Sacerdoti declarare, Gall. *Se Confesser.* Vita S. Philippi Archiep. Bituric. apud Marten. tom. 3. Anecdot. col. 1938 : *Petronilla... non sentiebat manus, nec poterat eas movere, et ita stetit ab hora nona usque ad Completorium, vel circa : tandem Confessata, et voto facto dicto Philippo, statim sanata fuit, et postmodum non habuit illam infirmitatem.* Statuta MSS. Milonis Episcopi Aurelian. n. 4 : *Si adulti fuerint suis Sacerdotibus Confessati.* Usus Monasterii Culturæ Cenoman. : *In tribus diebus ipsis Confessant se Fratres.*

¶ Confessare, Confitentium pœnitentium peccata audire, Gall. *Confesser.* Israël Canonicus in Vita S. Erici Regis Sueciæ tom. 4. Maii pag. 196 : *Affligebatur animo, quod eam non Confessasset, et quod ei sacramenta non ministrasset.*

CONFESSARIUS. Vide *Confessor* 3.

1. **CONFESSIO**, Professio, responsio, in leg. 4. Cod. Theod. de Maleficis (9, 16.) : *Augurum et vatum prava Confessio. Confessiones testium*, depositiones, in l. ult. ad Legem Juliam de Vi, (9, 10.) eod. Cod.

* Hac ultima notione *Confession* accipi videtur, in Stat. ann. 1377. tom. 6. Ordinat. reg. Franc. pag. 304. art. 6 : *D'un mémorial, deux deniers, excepté des mémoriaux... esquelz il aura dedens aucune Confession ou ordennance de justice.*

2. **CONFESSIO.** Confessiones appellarunt veteres Sepulcra Martyrum, seu *Confessorum*, quibus ut plurimum imposita erant ipsa altaria : unde proprie ita dictus locus sub majori altari positus, quo Sanctorum reliquiæ ac corpora reconduntur. Ceremoniale Episcop. lib. 1. cap. 12 : *Locum, qui in plerisque Ecclesiis sub altari majori esse solet, ubi SS. Martyrum corpora requiescunt, qui Martyrium, seu Confessio appellatur, etc.* Ordo Romanus de Dedicatione altaris : *Hac expleta* (oratione) *ponat Chrisma in Confessionem per angulos quatuor in Crucem, dicendo, etc.... tunc ponat tabulam super reliquias.* Gervasius Dorobernensis in Descriptione Ecclesiæ Cantuariensis : *Ad hæc altaria nonnullis gradibus ascendebatur a Choro Cantorum, quam cryptam vel Confessionem Romani vocant.* Histor. Translat. S. Austremonii : *Hæc demonstratio facta fuit subtus majus altare, in inferiori crypta, quæ vocatur Confessio.* [** *Oratione facta in Confessione beatissimi apostolorum principis Petri*, in Vita S. Corbiniani ex Aribone cap. 5.] Ita usurpant Senator lib. 10. Ep. 2. Anastasius Bibl. in Vitis PP. pag. 26. 28. 31. 32. 33. 34. 46. 108. 117. 173. etc. Guaiferius Monachus in Vita S. Secundini Episcopi n. 10. Triumphus S. Remacli cap. 22. Vita S. Aldrici Episcopi Cenoman. n. 2. et alii passim Scriptores. Nolim vero fidem præstes Perdiccæ Ephesio de Thematib. Hierosol. vers. 139. scribenti de vocis origine plane ridicula. Porro κατάβασιν, *Confessionem* vocat Theophanes pag. 362. quod ad eam per gradus aliquot descensus pateret. Sed et ipsum Martyrium *Confessionem* appellat Lactantius lib. de Mortib. Persec. n. 15 : *Comprehensi Presbyteri et Ministri, et sine ulla probatione ad Confessionem damnati.* [** Liberii PP. ep. 7. ap. Coustant. pag. 430. C : *Ad confessionis illustrem gloriam pervenire.* Martyrio opponitur Confessio ap. Gregor. Turon. lib. 1. cap. 28. in fine. Vide *Confessor*, 1.]

¶ Confessorium, Eadem notione. Laudes Papiæ apud Murator. tom. 11. col. 19 : *Ex ipsis Ecclesiis quindecim vel circa reperiuntur, quæ cryptas maximas cum testudinibus et columnis marmoreis habent, quæ vulgo Confessoria vocantur, in quibus Sanctorum corpora requiescunt intra marmoreas arcas.*

Confessio interdum sumitur pro ipso *Confessionis* seu altaris ornamento, quod Anastasius in S. Joanne PP. *Ornamentum super Confessionem* appellat : *Positum est ornamentum super Confessionem B. Pauli Apostoli de gemmis prasinis et hyacinthinis.* Idem in S. Hilario : *Confessionem S. Joannis Baptistæ fecit ex argento quæ pensabat libras* 100. Ita in S. Anastasio, S. Symmacho, Honorio I. Leone III. etc. pag. 31. 33. 46. 123. 132. 150. 156. etc.

Confessio etiam aliquando pro Basilica, vel potius oratorio usurpatur. Joannes Archidiac. Barens. de Invent. S. Sabini cap. 1 : *Illi autem retulerunt ei respondentes eandem fuisse Archiepiscopatus Ecclesiam, quæ modo est Confessio.* Id est, Ecclesia particularis, non Metropolitana. Infra : *Altare prædictæ Confessionis,... altare vetus quod erat in Confessione.*

Caput ponere super Confessionem *B. Petri.* Bulla Gregorii IV. PP. in Privilegiis Ecclesiæ Hamburgensis pag. 145 : *Et posito capite et pectore super corpus et Confessionem S. Petri Apostoli, tibi tuisque successoribus vicem nostram perpetuo retinendam, publicamque evangelizandi tribuimus auctoritatem.* [** In textu genuino vitæ S. Anskarii : *Et ante corpus et Confessionem S. Petri Apostoli publicam evangelizandi tribuit auctoritatem.* Vide Pertz. vol. Script. 2. pag. 699. not. c. et 29.]

Capillos (Monachi) *tonsurati in Confessione deponere.* Regula S. Aureliani cap. 4 : *Si quis laicus tonsurandus est, de Capillis illius in Confessione mittatur, ut ei testimonio sit.* Id est, in Ecclesia.

3. **CONFESSIO**, Ἐξομολόγησις, qua delictum nostrum Domino confitemur, non quidem ut ignaro, sed quatenus satisfactio confessione disponitur, confessione pœnitentia nascitur, pœnitentia Deus mitigatur. Ita Baronius ann. 50. n. 17. et seqq. ubi plura de Confessione et ejus apud veteres usu : de quo etiam consulendi Menardus ad Sacramentar. Gregorii M. pag. 225. 231. et seqq. vir doctissimus Joann. Mabillonius in Præfat. ad tom. 3. Vitarum SS. Ordinis S. Benedicti n. 73. et seqq. et Steph. Baluzius ad Reginonem pag. 616. et alii passim, ubi de formulis Confessionum, maxime generalium.

** Confessio, Professio. Marius Mercator. pag. 365 : *Appellatum vero Apostolum et pontificem Confessionis nostræ, tamquam sacrificantem deo et Patri fidei nostræ Confessionem, quæ a nobis ipsi et per ipsum deo et Patri incessanter affertur, etc.*

Confessiones Recipere, *et pœnitentiam pœnitentibus judicare* dicuntur Sacerdotes in Concilio Remensi II. can. 12. ubi perperam *indicare*; nam *judicare* est decernere : hinc *Judicia pœnitentium*, de quibus in voce *Pœnitentialis.* Vide Addit. III. Capitul. cap. 31.

Confessiones Facere, id est, suum *Confiteor* dicere. Joannes Episc. Abrinc. de Offic. Eccles. : *In capite jejunii, Nona dicta, Clerus et populus ante altare ab uno quoque Confessione singulariter facta, et pœnitentia accepta, prosternantur, et sic ab Episcopo vel a majore Ecclesiæ Sacerdote absolvantur.*

Confessiones Exigere, *pœnitentiam cum cautione imponere* jubentur Chorepiscopi in Charta Ebonis Remensis de Ministris.

Confessiones Dare dicebantur Monachi, vel Canonici, qui ad Primam canendam in Ecclesia convenientes, completo ipso officio, ante Psalmum 50. vicissim *donabant Confessiones suas*, dicentes : *Confiteor Domino et tibi Frater, quod peccavi in cogitatione et opere, propterea precor te, ora pro me*; et ille respondet : *Misereatur tui omnipotens Deus, etc.* Ita Chrodegangus Metensis in Regula Canonicor. cap. 18. Pœnitentiale S. Columbani cap. 1 : *Statutum est... ut demus Confessionem ante mensam, sive ante lectorum introitum, aut quandocumque fuerit facile, quia Confessio et pœnitentia de morte liberant.* Dicebantur etiam revera *Confessiones dare*, qui ad exomologesim ad Presbyteros accedebant, ut apud Theodulfum in Capitul. cap. 31. 36. Herardum Turon. in Capit. cap. 75. Ordericum Vital. lib. 7. pag. 643. lib. 11. pag. 835. in Vita S. Bertilæ Abbat. Kalensis cap. 6. etc. Hugo Flaviniac. pag. 267 : *Sed qui ad Patris ire distulit exequias, ipse eo* (ejus) *qui sibi Confessionem daret, viaticum porrigeret, morienti exequias faceret, obsequio caruit, subita et inopinata morte defunctus.* Vide S. Columbanum de Pœnitentiarum mensura cap. 42. et infra *Libellus Confessionis* et *Pœnitentia.*

Confessio, Oratio quæ a voce *Confiteor*, vulgo incipit, de qua consulendus Card. Bona lib. 2. Rerum Liturg. cap. 2. num. 5.

Confessio, Locus in æde sacra, ubi Sacerdos priusquam ad Missam celebrandam accedat, confessionem seu exomologesim pronuntiat, ut auctor est Beletus de Divin. offic. cap. 53.

Ita etiam appellabatur cellula in qua Presbyteri fidelium confessiones excipiebant. Hariulfus lib. 4. cap. 27 : *Erat enim super hoc officii ei deputata cellula, quam Fratres Confessionem vocabant, in qua... is vir beatus multorum hominum scelerum enormitate devias per confessionis humilitatem, et suæ precis interventionem divinæ misericordiæ restituit animas.*

¶ Confessionum Pater. Vide *Confessor* 3.

* Haud ita, ut nunc est, frequens erat olim confessio, etiam in monasteriis, uti colligitur ex Reg. visitat. Odon. archiep. Rotomag. ann. 1248. in Cod. reg. 1245. fol. 8. r°. ubi legitur sanctimoniales S.

Amandi quinquies confiteri per annum, nihil ultra statuendo. Ibid. fol. 20. r°. : *Novem sunt presbyteri apud S. Laudum, ter confitentur in anno. Injunximus eis quod quater ad minus confiteantur in anno.* Septies in anno confiteri solitas moniales S. Albini testatur idem Odo ibid. fol. 388.

.*. Ubi præsto non est sacerdos et imminet mortis periculum, posse laico confiteri, definiunt Statuta synod. eccl. Carcass. ann. 1270. cap. 5. ex Cod. reg. 1613 : *Cum imminet mortis periculum, nec potest habere proprium sacerdotem, in quo casu si alii defuerint, potest etiam layco Confiteri.* Cujus moris testis est Joinvilla in S. Ludov. edit. reg. pag. 75 : *Messire Gui d'Ybelin, connestable de Chypre, s'agenoilla encoste moy et se confessa à moy; et je li dis : Je vous asolz de tel pooir comme Dieu m'a donné.* Sed tum laicus confessionem sacerdoti referebat injunctamque pro delictis defuncti agebat pœnitentiam, ut efficitur ex Lit. remiss. ann. 1474. in Reg. 195. Chartoph. reg. ch. 1066 : *Le suppliant mena dehors* (la maison le blessé) *en l'admonestant de son salut, et lui priant en l'onneur de Dieu qu'il se confessast et ne mourust point sans confession; et que s'il vouloit se confesser à lui, qu'il s'obligeoit dire sa confession à bouche de prestre et faire la pénitence pour lui.* [** Vide S. Rosa de Viterbo Elucid. Append. pag. 25. voce *Confessar.*]

.*. Iis, qui capite plectebantur, ut nunc Eucharistia, ita et Confitendi facultas olim negabatur : dehinc vero mitius in eos actum est; imo Statutis synodalibus ecclesiæ Castrensis ann. 1358. cap. 11. ex Cod. reg. 1592. A. definitur judices monendos, imo censura ecclesiastica coercendos, ut reis ultimo supplicio damnatis confessorem concedant : *Monendi sunt per locorum ordinarios, et si necesse fuerit, per censuram ecclesiasticam compellendi judices et domini temporales, ut dampnatis ultimo supplicio, si petant, non denegent pœnitentiæ sacramentum; sed potius faciant ad eos venire Confessorem.* Qui usus exinde obtinuit, uti discimus ex Lib. rub. fol. parvo domus publ. Abbavill. ad ann. 1366. fol. 118. r°. : *Que se depuis il* (le crimінel) *requeroit avoir Confession, que prestre li fust baillié pour le confesser; et pour che fu ledit Jehan confessé au gibet par un prestre.* [** Vide Vitam S. Corbinian. ex Aribon. cap. 7.]

4. **CONFESSIO**, Emolumentum quod ex fidelium confessionibus, seu exomologesi Sacerdotibus obvenit. Tabular. S. Cypriani Pictavensis fol. 27 : *Arbertus de S. Jovino et Tomasia uxor ejus concesserunt monachis S. Cypriani Ecclesias de Braja in honore S. Joannis et S. Petri constructas, et sepulturam, et baptismum, et Confessiones, et offerendam, et decimam de vino et pane, et oblationes de rogationibus, et quicquid offertur ad Ecclesias, et ad altaria, etc.* Tabular. Episcopatus Ambian. ann. 1281. fol. 27 : *Habebit insuper Curatus gratuita quæ sequuntur : videlicet oblationes Confessionum, visitationes, vina nuptiarum, etc.* Charta Petri Episcopi Inculismensis ann. 1160. ex Tabul. S. Eparchii fol. 11 : *Quicquid etiam in Confessionibus oblatum fuerit dividatur.* Tabularium Burguliense ann. 1005. ch. 51 : *Ego Alo Alonis filius ... do Ecclesiam de Villa quæ dicitur Nioli, et fevum Sacerdotalem cum pane et candelis, et cum sepultura, simulque cum Confessionibus, et decima lanæ, porcorum, atque agnorum, etc.* Vetus Charta apud Perardum in Burgundicis pag. 29 : *Ecclesiam S. Sulpitii cum cunctis redditibus, scilicet baptisterio, offerenda, decimis, et Confessionibus, etc. Oblationes Confessionum,* in Charta ann. 1234. apud eumdem pag. 434. et in alia apud Ughellum tom. 7. Italiæ sacræ pag. 274. Goffridus Vindocinens. lib. 3. Epistol. 40 : *Si dicitis quod ille oblationem Confessionis habere debet, cui pœnitens confitetur : simili modo dicere potestis, ut oblationem altaris habeat, a quo Missa cantatur, et oblationem mortui, a quo mortuus sepelitur, et sic minister noster totum accipiat, ut nihil oblationum in Ecclesiis, quibus die ac nocte servimus, nobis relinquat.* Vetus Charta apud Augustinum *du Pas* in Stemmate Tinteniacensi pag. 572 : *Sed si parrochiani Tinteniacensis Ecclesiæ qui extra castellum habitant, aliquid oblationis obtulerint, id sanctæ Mariæ et Abbatissæ proprium erit ad Nativitatem Domini; ad Confessionem in Quadragesima, ad adorandam Crucem, ad baptisterium, ad festivitatem S. Mariæ requirant parochiam suam matrem Ecclesiam. Quod si forte ibi, in capella scilicet, baptismum factum fuerit, vel sponsus benedictus cum sponsa, sive Confessio data, vel hujuscemodi alia, quod inde Presbyter Guillelmus habuerit, per Tinteniacensem habeat Sacerdotem.*

* Lit. remiss. ann. 1476. in Reg. 195. Chartogh. reg. ch. 1618 : *Lequel Havart demanda à icellui Thomassin cinq solz et demy à prester pour soy confesser et ordonner à Pasques.* Idem probant aliæ Literæ ann. 1422. ex Reg. 172. ch. 182. ex quibus discere est quæ hujus temporis fuerit religio : *Le suppliant ayant rencontré une jeune fille de 15. à 16. ans, lui requist qu'elle voulsist qu'il eust sa compagnie charnelle : ce qui lui fut accordé par elle, parmi ce qu'il lui promist de donner une robe et chapperon, de l'argent pour avoir des souliers et pour aller à confesse le jour de Pasques.* Vide infra in *Denarius.*

¶ CONFESSIONES TRICENARIÆ, f. Emolumentum ex fidelium confessionibus Sacerdotibus obveniens quolibet mense, qui tricenariis, aut circiter, diebus constat. Charta Roberti Lingon. Episcop. pro Abbate Molismensi ann. 1101. inter Instrum. tom. 4. Gall. Christ. col. 151 : *Similiter et de omnibus, quæ ad præfatam Ecclesiam pro sua dimiserunt salute morientes, tertiam... partem Sacerdos, duas vero partes ipsi percipietis. Eamdem percipere partem vestrum est in caritatibus, quæ vestro fuerint Sacerdoti, quomodocumque et a quolibet parrochiano fiant. Tricenariis quoque Confessionibus et reconciliationibus; item in benedictionibus nubentium et ipsius Sacerdotis procurationibus quoties redimuntur.*

5. **CONFESSIO**, Pœnitentia quæ per confessionem injungitur; sed maxime ea quæ in Monasterio exigitur. Sampirus Episcopus Astoricensis in Ordonio II. Rege Hispaniæ : *Aliam quoque duxit uxorem ex partibus Galleciæ nomine Aragontum, quæ postea ab eo fuit spreta, quia non fuit illi placita, et postea tenuit inde Confessionem dignam.* Idem in Adefonso Rege æra 964 : *Huic consistenti in regno voluntas evenit arripiendi viam Confessionis; et in illius operibus satagens nuntios misit pro fratre suo Ramiro in partes Virci, dicens, qualiter vellet a regno discedere, et fratri suo tribuere.* Rursum ibidem : *Ad Legionem reversus, ab omnibus Episcopis, Abbatibus valde exoratus, Confessionem accepit, et vespere Aparitionis Domini ipse se proprio regno abstulit, etc.* Vetus Charta apud Anton. *de Yepez* in Chronico Ordinis S. Benedicti tom. 5. pag. 37 : *Ut faciatis ibidem Confessionem in vita sancta, et teneatis ibi Monasterium de nostro dato.* Epitaphium Ansurii Episcopi Orensis, apud Ambrosium Moralem lib. 16. cap. 3 : *En quem cernis cavea saxa tegit compago sacra præsulis auri per omnia illustrissimi viri, affatim fuit dogma sancta, et vita militavit clara, non extitit anceps de Domini vita, quia sic prorsus faleravit Confessio pia. Sinens cathedra prædicta, conglutinans se norma monastica, ibique egit cuncta, qui Domino congruit, subsequens Domini voce, requievit in pace, etc.* æra 960. Bulla Lucii PP. in Metropoli Salisburgensi tom. 3. pag. 157 : *Liceat quoque vobis Clericos vel Laicos e sæculo fugientes liberos et absolutos ad Confessionem recipere, et eos sine contradictione aliqua retinere, etc.* Charta æræ 976. apud Sandovallium in Episcopis Pampilonensibus pag. 23 : *Simul et orationibus fratrum ibidem in Confessione nominis Christi deservientium commendarem, etc.* Vide mox *Confessor* 4.

¶ 6. **CONFESSIO**, Fidelitatis professio. Ordericus Vitalis lib. 23. n. 29. Anno 1107. Robertus Abbas Cadomensis Falesiæ, ubi *Confessio Procerum coram Rege* Henrico *fuit, subita ægritudine percussus* interiit.

¶ 7. **CONFESSIO**, apud Monachos Fontanellenses idem quod apud alios *Proclamatio*, qua frater fratris delicta coram omnibus in Capitulo declarabat. Spicil. MS. Fontanell. pag. 226 : *In Capitulo lecta lectione consueta de nataliciis Sanctorum debet legi de Regula B. Benedicti de hoc quod pertinet ad salutem animarum. Post agantur quæcumque ibidem aguntur, Confessio, etc. Confessio celari debet; itaque si quis deprehensus fuerit extra loqui de hiis, quæ acta sunt in Capitulo, districte emendari debet.* Vide *Clamare et Clamari dicebantur, etc.* in *Clamare* 2.

* 8. **CONFESSIO**, *Communitas*, incolarum urbis aut oppidi universitas, idem quod *Commune* 2. Lit. comit. Arman. ann. 1356. in Memor. C. Cam. Comput. Paris. fol. 171. v°. : *Pour la finance ont accordé les nobles pour euls et pour leurs terres, et les gens des bonnes villes, que tout homme et toute femme de Confession, excepté gens mandians, paieront chascun iij. den. Tour. par sepmaine.* Quæ facile explicantur ex Ordinat. trium statuum ejusd. ann. ibid. fol. 248. v°. : *Quilibet homo et femina, tam nobilium quam communitatum, etc.*

¶ 1. **CONFESSIONALE**, Sacrum pœnitentiæ tribunal, Gall. *Confessional.* Occurrit hoc sensu in Concilio Valentino anni 1563. et apud Vincentium Mariam in Constitutionibus Dominicanorum col. 121. etc.

¶ 2. **CONFESSIONALE**, Liber agens de Confessione, quales v. g. sunt Instructiones S. Caroli Boromæi. Conc. Limanum ann. 1591 : *Religiosi qui in doctrinis gerent curam animarum, habebunt penes se Concilia provincialia... itemque Catechismum et Confessionale et Sermonarium.*

* **CONFESSIONALES** Literæ, Eædem quæ *fraternitatis*, quibus quis in participationem orationum admittitur, apud Marten. inter Acta varia ad Conc. Basil. tom. 8. Ampl. Collect. col. 407. Vide *Fraternitas* 5.

¶ **CONFESSIONARIUM**, pro sacro pœnitentiæ tribunali, legitur in Conc. Hispalensi ann. 1512.

¶ **CONFESSIONISTÆ** Molles, sic dicti Lutherani, quorum *princeps fuit Melanchthon.* Cancellariæ Imperii Regest. sub Ferdinando II. Interim imperiale ann. 1529.

1. **CONFESSOR.** Confessores dicti olim qui martyrio vitam pro Christo, quem palam confessi et contestati sunt, finierunt. Joannes Antiochenus et Synodus Orientalis in Epistola ad Cyrillum, apud Facundum Hermianensem lib. 8 : *Quis autem deceptorum hominum de istis occasionem assumens, non Confessorem vocaverit, veluti propter illum passum, qui passus est ea, quæ etiam illi, qui in Ecclesia fulserunt, passi sunt.* S. Ambrosius lib. 2. ad Imp. Gratianum : *Jam satis, omnipotens Deus nostro exitio, nostroque sanguine Confessorum neces, exilia Sacerdotum, et nefas tantæ impietatis eluimus.* Paulinus Epist. 28. sub finem : *Niveas sacratorum Antistitum vittas et floridas Confessorum purpuras occurrentium manus afferent Angelorum.*

Confessores interdum etiam dicti ii, qui Christum palam et coram tyrannis, seu fidei hostibus confessi, quolibet tormentorum vel pœnæ genere affecti, superstites tranquillam mortem obierant. Cyprianus lib. de Simplicitate Prælator.: *Confessio exordium gloriæ est, non meritum coronæ : non perficit laudem, sed initiat dignitatem.* Mox : *Post Confessionem majus periculum est, quia plus adversarius provocatus est.* Item Serm. de Lapsis 5 : *Religiosa vox Christum locuta est, in quem se semel credidisse Confessa est, etc.* Adde eumdum Epist. 7. 9. 10. 15. 30. 37. 52. 81. Pontius Diacon. in Vita ejusdem S. Cypriani : *Quis tot Confessores frontium notatarum secunda inscriptione signatos, et ad exemplum martyrii superstites reservatos, incentivo tubæ cœlestis animaret?* Lactantius de Mortibus persecut. num. 15 : *Comprehensi Presbyteri, ac Ministri; et sine ulla probatione ad Confessionem damnati cum omnibus suis deducebantur.* Idem. n. 16 : *Novies enim tormento cruciatibusque variis subjectus, novies adversarium gloriosa Confessione vicisti.* Acta S. Saturnini et Socior. n. 1 : *Confessionis etiam ipsorum pugnas atque victorias cum in litteris digerimus, etc.* Infra : *Aggrediar sanctissimorum Martyrum felicissimam Confessionem.* Adde num. 13. Victor Tunnensis in Chron. : *Hunericus Vandalorum Rex persecutioni per totam Africam insistens... Monachos atque Laicos circiter millia exiliis durioribus relegat, et Confessores et Martyres facit, Confessoribusque linguas abscidit.* Alibi, de quodam Archimimo Christiano : *Qui cum fortis atque invictus maneret, jubet eum subire sententiam capitalem :... sed ille ut columna immobilis, Christo solidante, fortis effectus, Confessor revertitur gloriosus, et si Martyrem invidus hostis noluit facere, Confessorem tamen noluit violare.* Acta Passionis S. Maximini : *Bis Confessores, tertio Martyr eris per gladium.* Alexander Monachus de Inventione S. Crucis, ubi de Episcopis qui Synodo Nicænæ interfuere : Ὧν οἱ πλεῖςοι εἴσαν ὁμολογηταὶ, καὶ ςίγματα τοῦ Ἰησοῦ ἐν τῷ σώματι περιφέροντες. Vide Anastas. Bibl. in S. Fabiano, et S. Cornelio PP. pag. 7. et Sidonium lib. 7. Epist. 17, etc. Obtinuit postmodum usus, ut omnes qui sancta et laudabili vita vixissent, sanctoque demum ac probato fine in Domino quievissent, Confessores appellarentur, inquit Baronius. Egbertus Archiepiscop. Eborac. in Excerpt. cap. 28 : *Sancti Patres, quos Confessores nuncupavimus, id est Episcopi, Presbyteri, qui in castitate servierunt Deo.* Odo Cluniac. Præfat. in Vitam S. Geraldi Auriliac. : *Cum igitur Confessor a confitendo vocetur, Geraldus tanto rectius Confessor dici potest, quanto justioribus factis Deum est confessus.* Vita S. Eusebiæ Abbatissæ Hamaticensis :

> Omnis Martyr Confessor : non sic quoque Martyr
> Omnis Confessor.

Innocentius III. PP. de Mysterio Missæ lib. 3. cap. 10 : *Ecclesia post tempus B. Silvestri cœpit sanctorum Confessorum memoriam celebrare.* Vide Filesacum ad Vincentium Lirinensem pag. 105.

2. **CONFESSOR.** Confessores, Cantores et psalmistæ qui sunt in inferiori Clericorum gradu, in can. 11. Concilii Carthag. ita dicti, inquit Menardus in libr. Sacram. S. Gregorii, quia *Confiteri* passim in sacra Scriptura, est Dei laudes decantare. Concilium Toletanum can. 9 : *Nulla professa vel vidua, absente Episcopo vel Presbytero, in domo sua Antiphonas cum Confessore vel servo suo faciat.* Et can. 6 : *Itemque puella Dei nec familiaritatem habeat cum Confessore.* Sacramentar. S. Gregorii : *Oremus et pro omnibus Episcopis, Presbyteris, Diaconibus, Acolythis, Exorcistis, Lectoribus, Ostiariis, Confessoribus, Virginibus, Viduis, et pro omni populo sancto Dei.* S. Hieronym. in Quæstion. in Genesim : *A Confessione itaque nomen Confessoris est dictum : verumtamen hic Confessio pro gratiarum actione, aut pro laude, accipitur, ut frequenter in psalmis et in Evangelio, etc.* Idem in cap. 5. Isaiæ : *Omnis lingua cunctarum gentium barbararum non in Synagogis, sed in Christi Ecclesiis Confitetur Deum.* Vide Clement. lib. 8. Constit. Apost. can. 23.

3. **CONFESSOR**, Qui hodie *Confessarius.* Walafridus Strabo de Visione Vettini Monachi :

> Confessor Fratrum, gnarus conferre medelam.

Occurrit apud Ditmarum lib. 8. Aigradum Monach. in Vita S. Ansberti Archiepisc. Rotomag. num. 22. In Vita Aldrici Episcopi Cenoman. n. 1. pag. 5. et apud recentiores non semel. *Pater Confessionis*, in Regula Ordinis *de Sempringham* cap. 3. *Sacerdos Confessionis*, cap. 5. Vita S. Bertini cap. 7 : *Huic vero Wauberto et conjugi pater Confessionum fuit B. Bertinus. Cui Abbas officium Confessionum injunxerit*, in libro Ordinis S. Victoris Parisiensis MS. cap. 31. Vide eruditum Mabillonium in Præfat. ad tom. 3. Vitarum SS. Ordinis S. Benedicti num. 86. 87.

☞ Valesius pag. 198. Valesianorum, relatis Guillelmi de Nangiaco verbis his : *Aliquando postquam jam sederat* (S. Ludovicus) *coram Confessore ad confitendum*, subdit : Sic et hodieque in Asia et in tota Græcia Græci confitentur peccata Presbyteris, sedent utrique Confessor scilicet seu Presbyter, et pœnitens confitensve : ita ut colloqui inter se familiariter et sermones de rebus suis habere videantur : ut accepi a Monacho Jacobita seu Dominicano reformato, qui Græciæ et Asiæ insulas viderat, ibique erat commoratus, nimirum a Jacobo *Goar.*

Confessarius Regis, quo nomine subscribit Didacus Fernandus Chartam Ordonii II. Regis æræ 947. apud *Yepez* in Chronico Ord. S. Bened. tom. 4. pag. 450.

* *Confessor regis* inscribitur Joannes episcopus Abrincensis, in Charta ann. 1475. tom. 5. novi Tract. de Re diplomat. pag. 604.

* Confessor Regni, Qui Regi est a confessionibus. Vide supra *Auricularius.*

Confessor Pauperum. Vita S. Hugonis Abbatis Bonævallis num. 8 : *Quidam famulus cellerarii infirmatus est usque ad mortem, et confessus est peccata sua Monacho pauperum Confessori,... et injunxit illi infirmo, ut hoc confiteretur* (peccatum) *Abbati, etc.* Occurrit rursum infra.

** Confessor *dicitur doctor, prædicator, Germ. ein lichtiger, furweser der kirchen, etc.* in Melber. Vocab. Prædic.

¶ Confessarius, qui peccata sua confitetur Sacerdoti. Chronicon Mellicense pag. 328. col. 1. in Regula reformat. Monast. Mellic. : *Confessarius autem nude, pure, humiliter ac breviter confiteatur culpas suas : et Confessor habens intentionem latissimam absolvendi.... subjungat : Dominus noster Jesus Christus, etc.*

4. **CONFESSOR**, Monachus, qui pro expiandis delictis *Confessionem*, seu pœnitentiam, abdicata vita sæculari, Monasticam init. Vetustissimum Epitaphium Amansvindi Monachi, qui obiit æra 1020. apud Bernardum Aldretum lib. 3. de Orig. linguæ Castellanæ cap. 18 :

> Requiet in hunc tumulo, migravitque a sæculo,
> Conlocatus in gremio nunc Confessorum cætuo,

Chartam *Froylæ*, fratris S. Rudesindi Episcopi Dumiensis, æræ 974. apud Anton. de *Yepez* in Chronico Ord. S. Benedicti tom. 5. pag. 427. subscribunt *Ovato, Hermenegildus, et Salomon Episcopi*; deinde subjicitur, *Confessores : Franquila Abbas testis, Ranecaldus Abbas testis, Busianus Abbas, Islarius Confessor, Lupus Confessor,* et plures alii hoc titulo. Aliam ejusdem Rudesindi æræ 930. *Ermoigius Episcopus Confessor.* Aliam ejusdem Rudesindi æræ 1016 : *Vitisanus Præpositus et Confessor.* Aliam Sanctii Regis æræ 965 : *Trasonius Confessor.* Charta alia apud eumdem *Yepez* eod. tom. pag. 28 : *Sic eam* (Ecclesiam) *concedimus sub manibus Pontificis Domini Rudesindi Episcopi, ita ut qui in prædicto loco in vita sancta perseveravit, tam Presbyter, Confessor, vel quem Dominus ibi du-*

xerit, *sub religione ipsius Pontificis sit in præfato loco.* Alia Beremundi Regis æræ 1007., eodem tom. : *Et ab eis constitutum est in hæreditate propria Monasterium construere, vocabulo S. Laurentii territorio Deza; prope flubio Ulia, loco prædicto Algali, vocabulo Carbonario, ut esset illic habitatio Confessorum, advenientium hospitum atque pauperum refrigerium, et in illorum memoria in vita sancta ibi habitantium, sicut in eorum vita actum, et Deo annuente completum est. Post excessum vitæ vero illorum, ut fieri adsolet, de ipsorum genere nati et geniti sunt, qui literis eruditi, et in Confessione nutriti, Confessionis gradum adepti sunt, quorum unus, Arias Pelagii gradum Episcopatus percipiens et tenens, etc.* Infra : *Et faciatis ibidem Confessionem, in vita sancta perseverantes, etc.* Ibid. : *Abinde vobis jam dictis Anscario Presbytero et Transvario Confessori in nomine Domini do et concedo, etc.* Rursum : *Teneatis ipsum Monasterium de nostro dato,... et post vos obtineant eum sancti homines et eximii Confessores, etc.* Apud Græcos recentiores συνθήκην et ἐξαγόρευσιν ποιεῖν dicebatur qui in Monasterio votum emittebat. Vide Archieraticon Haberti pag. 575. et supra in *Confessio* 5. [** et S. Rosa de Viterbo Elucidar. tom. 1. pag. 303. voce *Confessor*, 5.]

Confessa, Monialis, sanctimonialis : quæ *Confessionem* seu *pœnitentiam* exigit in Monasterio. Charta Muniæ Abbatissæ *de Sobrado* in Hispania ann. 922. apud Anton. *de Yepez* in Chron. Ord. S. Benedict. tom. 4. pag. ult. : *Ego Munia, quamvis indigna Confessa, una cum consensu fratrum vel sororum permanentium in Cimiterio Superadi, sive et ego Gutier Abbas cum omne collegium Clericorum vel Monachorum normam sanctitatis obtinentium in ipso præfato Monasterio, etc.* Ita mox subscribit. [Hæc Mabillonius tom. 2. Annal. pag. 264. refert ad ann. 782. non ad ann. 922. quo aliud Ordonii III. Diploma datum est pro restauratione ejusdem Superadi Monasterii Abbati Petro et Geloyræ *Confessæ* seu Abbatissæ, *vel eorum Congregationi fratrum, vel Deo devotarum utriusque sexus* inscriptum legitur æra 1006. teste eod. Mabillonio tom. 3. Annal. pag. 373.] Vetus Epitaphium, apud eumd. *de Yepez* tom. 6. pag. 17 : *In hoc recluso lapide requiescit famula Dei Ildontia defuncta Confessa septimo Kalendas Septembris æra centesima prima post millesimam.* [Aliud apud Mabillonium sæc. 5. Actorum SS. Bened. pag. 524. n. 7 : *Degit hic humatum Ilduaræ Confessæ sanctum corpus, conditum a Rudesindo Episcopo prole sua, tertio decimo Kalendas Januarii CMLXXX.* scilicet æra, quæ incidit in annum Christi 962.] [** *Confessora* apud Lusitanos. Vide S. Rosa de Viterbo in Append. pag. 26.]

* 5. **CONFESSOR**, apud Victorenses, idem qui apud Benedictinos *senior* et *sempecta*, monachus ætate, scientia et vitæ probitate insignis. Charta Ludov. episc. Paris. ann. 1481. inter Instr. tom. 7. Gall. Christ. col. 137 : *Item recipiet* (abbas) *aut induet aliquem novitium, nisi introducatur per aliquem quatuor Confessorum, et de consensu cameræ.* Sed forte legendum est *Consessorum*, hoc est, eorum, qui una cum abbate in consilio sedent.

* **CONFESSORATUS**, Officium *confessarii.* Chron. abbat. Valcell. MS. : *Domnus Jacobus de Fontanis XXXVII. abbas,.... fuit pater confessor monialium de Flinis, de quo Confessoratu assumptus est in regimen præfatæ domus.* Vita B. Columbæ Reat. tom. 5. Maii pag. 372. col. 1 : *Ne forenses sub specie Confessoratus contra nos seditionem facerent, etc.*

CONFESSORIÆ Literæ dicebantur, quas *Confessores*, seu qui persecutionis tempore gloriosa voce Christum confessi erant, lapsis dabant, quibus pacem ab Episcopis acciperent, jusque Communionis reciperent, relaxata scilicet præscripta ab iis pœnitentia et satisfactione. Ejusmodi literas cum temere lapsis darent *Confessores*, eorum importunitate victi, (de quo Cyprianus non semel conquestus est) statuit Eliberitanum Concilium can. 25. ut pro Confessoriis, *Communicatoriæ* quæ ab Episcopis scribuntur, darentur : *Omnis qui attulerit literas Confessorias* (al. *Confessionis*) *sublato nomine Confessoris, eo quod omnes sub hac nominis gloria passim concutiant simplices, Communicatoriæ ei dandæ sunt literæ.* Quod in Concil. Arelat. I. can. 9. postea fuit confirmatum. Vide Bernardinum Ferrarium, et Philippum Priorium de Literis Canonicis.

¶ **CONFESSORIUM.** Vide *Confessio* 2.

CONFESSUS moritur, [qui ante mortem peccatorum absolutionem accipit simul et viaticum; *non Confessus* vero qui moritur neutro percepto sacramento, ut fusius exponetur] in voce *Intestatio.* [Hinc *Confessum facere* in Tabulario S. Vincentii Cenoman. ministrare est illa duo sacramenta. Ibi legitur : *Perrexit Abbas Ranulfus apud castrum Bellimontis, et ibi visitavit Hugonem de Juliaco decubantem ægritudine, et fecit eum idem Abbas Confessum. Testes Amelina mater Hugonis et frater ejus Robertus.* Alio in loco ejusd. Tabularii : *Gervasius de Monte Betonis dedit S. Vincentio quidquid habebat in Ecclesia de Monte Betonis. Hoc factum fuit apud Carnotum, ubi idem Gervasius in quadam gravi infirmitate detentus, a Christiano Monacho S. Vincentii visitatus est. Testes Judikellus Presbyter S. Martini de Valle, qui prædictum Gervasium fecit Confessum.*]

* **CONFFINA**, an Locus muris vel sepibus clausus? Charta ann. 1282. in Chartul. Cluniac. ch. 394 : *Costumas, nemora, Conffinas, prata, vineas, justiam omnimodam, cum omnibus pertinentiis suis, etc.*

¶ **CONFIBULARE**, Connectere, conjungere. Novatianus de Trinit. cap. 18 : *In semetipso concordiam Confibulare.* Sallas Malaspinæ apud Baluzium tom. 6. Miscell. pag. 260 : *Proconsul.... horam pugnæ cum quibusdam commilitonibus suis anticipans ipsius burgi muris absque metu discriminis imminentis se Confibulavit impavidus.*

¶ **CONFIBULATIO**, Connexio, conjunctio. Idem Novatian. cap. 19 : *Mutui fœderis confibulatione sociatum.*

¶ **CONFICCATUS**, Confixus. Acta SS. Junii tom. 1. pag. 56. de S. Secundo : *Præfatum sepulcrum constructum placidis ferreis plumbo Conficcatis aperuerunt aliqua rimula.*

* **CONFICERE**, *Confire, ou consacrer Corpus Christi.* Glossar. Gall. Lat. ex Cod. reg. 7684. Vide infra *Configere.*

¶ **CONFICISCI**, Simul proficisci. Chronicon Siciliæ apud Marten. tom. 3. Anecd. col. 77 : *Incœperunt insurgere venti contrarii, non permittentes dictum exstolium versus Trapanum Conficisci.* [* Leg. *Proficisci.*]

* **CONFICTIO**, Adulteratio. Stat. ann. 1314. inter Probat. tom. 2. Hist. Nem. pag. 19. col. 1 : *De prædictis dominus rex retinuit sibi soli cognitionem et forefacturam, una cum forefacturis omnibus de Confictionibus monetarum.*

CONFIDA, *Dubitator*, in Gloss. MS. Regio 1013. et Isid. [Grævius locum credit utrobique corruptum.]

* **CONFIDATUS**, Ital. *Confidato*, Fidus, cui fides habetur. Stat. pro castro Castil. ann. 1371. ex Cod. reg. 5376. fol. 85. v°. : *Ponatur unus probus et idoneus civis Aretinus, et non aliunde, pro Potestate dicti castri Castilionis,..... Confidatus et gratus dicto communi Castilionis.... per tempus et terminum sex annorum.* Vide *Confidentia* et *Fidatus.*

CONFIDELES, Qui fidelitatem seu hominium cum aliis fidelibus præstiterunt, in Hist. Cortusiorum lib. 10. cap. 8.

CONFIDENTIA, Habere confidentiam in aliquo, *Avoir confiance en quelqu'un*, in Hist. Cortusior. lib. 1. cap. 3. lib. 6. cap. 6.

* **CONFIDUCIARE**, Fidem alterius per suam *fiduciam* præstare ac veluti pignus simul obligare. Charta ann. 1228. ex Tabul. S. Germ. Prat. : *Præterea constitui me plegium.... de assensu et voluntate uxoris meæ dominæ Adelinæ, quæ hæc omnia voluit, laudavit et Confiduciavit.* Vide *Fiduciare* in *Fiducia.*

* **CONFIERMARE**, pro Confirmare, in Lit. ann. 1355. tom. 3. Ordinat. reg. Franc. pag. 3.

* **CONFIGERE.** Glossar. vet. ex Cod. reg. 7641 : *Configit, consecrat, dedicat.* Vide supra *Conficere.*

* **CONFILIUS**, Nepos, Gall. *Petit-fils.* Stat. ant. Florent. lib. 5. cap. 5. ex Cod. reg. 4621 : *Jubemus quod quicumque de magnatibus;.... vel ejus Confilius, vel descendens per lineam masculinam, offendet... aliquem popularem civitatis,.... in persona vel bonis puniatur.*

* **CONFIMENTA.** Vide supra *Coffimenta.*

¶ **CONFINA**, Confinatus. Charta Domini *Aubel* in Bellijocensi pago ann. 1460 : *Item possidet de Confina Aymonis Bergerii de Romanense quoddam vierrum quod fuit alias Confinatum a Marguarita Claret.* Hinc *Confina* et *Confinatus* eodem redeunt, significantque novi domini possessionem, cujus *Confinia* declarabantur ab antiquis tenentibus : hinc *Confina*, vel *Confinata* dicta est illa nova possessio.

* Legendum facile crediderim *Censiva, Censivatus*, id est, sub *censiva* seu censu annuo concessus : si asserta est lectio, rectius definiretur : Recognitio, Practicis nostris dicta *Titre nouvel*, qua possessionis alicujus limites et servitia inde debita domino fundi declarantur.

* 1. **CONFINARE**, *Confines* seu metas

ponere. Charta ann. 1304. ex Cod. reg. 5186. fol. 11. v°. : *Termini autem et confines dictorum locorum, castrorum et villarum.... positi sunt et Confinati, seu metæ Confinatæ inter dominia et mandamenta dictorum locorum.* Vide infra *Confrontare.*

* 2. **CONFINARE**, Conterminare, Gall. *Confiner.* Correct. stat. Cadubr. cap. 107 : *Quotienscumque aliqua condemnatio lata fuerit per vicarium et consules contra aliquem forensem, volumus quod præco centenarii vicinioris vel Confinantis cum territorio forensis illius, teneatur et debeat exigere dictam condemnationem contra talem forensem.* *Confonne* vel *Consonne*, dubia enim lectio, f. pro Conventio, pactum, in Ch. ann. 1270. ex Tabul. S. Mich. in Eremo : *Avons renuncié en ce fait à plain instruit, et renuncion..... à toutes Confonnes, sazines, possessions, parscripcions, etc.* Vide alia notione in *Confinium* 1.

¶ **CONFINES**, Exsilium. Vide *Confinare* in *Confinium.*

1. **CONFINIUM**, Συνορία, in Gloss. Græc. Lat. : *Vicinitas, locus ubi fines duarum terrarum conveniunt*, apud Joan. de Janua. Siculus Flaccus : *Alii in Confinio Domini erant.* Charta ann. 1231. apud Catellum in Hist. Occitan. pag. 901 : *Hæc omnia sunt in uno Confinio. Item in alio Confinio sunt 2. bacini, etc.* Occurrit ibi pluries. Qua quidem voce nostra *Coin*, angulus, videtur intelligi, unde et derivatur. Occurrit pluries in Cod. Theod.

Confinati, Confinates, Eadem notione, non semel in Tabulario Brivatensi ch. 172.

¶ Confinia, Vita S. Gregorii Papæ VII. tom. 6. SS. Maii pag. 141 : *In illa namque Confinia, hoc est in Confinio Noricorum et Alamannorum, etc.*

¶ Confinis, Finis, meta, limes. Caius l. 35. ff. § 8. de contrah. empt. (18, 1.) : *Si quis in vendendo prædio Confinem celaverit.* Charta anni 1299. in Hist. Dalphin. tom. 2. pag. 91. col. 2 : *Prædictum autem locum infra dictos Confines prædictis Monachis et Monialibus ac eorum successoribus sic damus cum suis ingressibus et egressibus, nihil in dicto loco infra dictos Confines retinendo.* Charta anni 1293. apud Baluzium tom. 2. Hist. Arverniæ pag. 297 : *Si quis intra Confines prædictos ultimo aliquod delictum vel crimen commiteret, etc.* Informatio Commissariorum redituum curiæ regalis ann. 1377. ex Camera Computor. Provinciæ : *Item habet in castro de Istrio jus pedagii, cujus Confines seu districtus sunt totum territorium, quod, etc.*

¶ Confinius, Eadem notione. Præceptum Childeberti I. Regis Franc. ann. 528. pro S. Carilepho apud Marten. tom. 1. Ampliss. Collect. col. 4 : *Inde descendit ipse Confinius Baliavensis et Marojalensis in Axona quæ vocatur Petrosa, et sic per Axonam et arbores vel lapides fixas vadit usque foras ad summos campos.*

¶ Confinire, Terminari, Gall. *Aboutir.* Annal. Bened. tom. 2. pag. 708. col. 1. ex Testamento Tellonis Episcopi Curiensis : *Agrum subter Sala modiales sex, Confiniente in via.* Passim legitur ibid.

Confiniales, Contermini, in Capitul. 4. Caroli M. incerti anni cap. 3. apud Monachum Egolismens. in Carolo Mag. ann. 773. et in Annalib. Tilianis ann. 774. [Chronico Farfensi, apud Murator. tom. 2. part. 2. col. 440.] Hinc

Confinare, Confinatio, in Historia Cortusior. Nostri *Confiner* dicunt, [Itali *Confinare*, Relegare, amandare. Obertus Stanconus lib. 9. Annal. Genuensium ann. 1277 : *Qui suspecti et tanti criminis participes credebantur, Confinati fuerunt, qui longo tempore observaverunt Confines. Tandem vero ab ipsis soluti Confinibus, amicorum rogaminum interventu, repatriandi licentiam impetrarunt.* Occurrit in Charta anni 1293. apud Baluzium tom. 2. Hist. Arvern. pag. 297. in Statutis S. Claudii ann. 1448. pag. 63. et pluries alibi.]

¶ Confiniare, apud eumd. Obertum ann. 1272.

* 2. **CONFINIUM**, Arx in confinibus ac limitibus exstructa. Capit. pacis initæ ann. 1257. ad calcem Statut. MSS. Massil. fol. 106. r°. col. 2 : *Item promiserunt destruere fortalicia facta in confinis, et ipsa Confinia et eorum fossata explanare : ita tamen quod ligna, et lapides, et tota materia dictorum Confiniorum remaneant dictis Massiliensibus, ad solvendum debita pro dictis Confiniis contracta.*

CONFINIUS, *Urbanus.* Papias. [Vide alia notione in *Confinium.*]

¶ **CONFINUS**, Cophinus. Antiquus Ordo Rom. MS : *Vadit ad incensandum altare et subsequenter Confinum, ubi est Corpus Christi positum.* Vide *Cofinus.*

¶ **CONFIRMAMENTUM**, *est Corpus sydereum in homine.* Rochus *le Baillif* in Dictionario Spagyrico.

[* Vide Lexic. medic. Panor. Brunonis.]

CONFIRMARE Populum dicitur Archidiaconus, Diaconus, aut Subdiaconus, dum post porrectam a Sacerdote Eucharistiam eidem Dominicum sanguinem hauriendum præbet. Ordo Romanus : *Archidiaconus... tradit calicem Subdiacono regionario, qui tradit ei pugillarem, cum quo Confirmet populum.* Infra : *Descendit Pontifex a sede, tenentibus ei manus qui eum duxerunt, ut communicet eos qui in Senatorio sunt, post quem Archidiaconus Confirmat. Postea Episcopi communicant populum, innuente Pontifice, et post eos diaconi Confirmant, Presbyteri autem jussu Pontificis communicant populum, et ipsi vicissim Confirmant.* Occurrit ibi non semel vox *Confirmare* hac notione. Ita in Expositione Missæ, de Pontifice sacra faciente, *Confirmari de calice* dicitur, *tenente eum Archidiacono.* Adde Eclogas Amalarii sub finem. Vide Rabanum lib. 1. de Instit. Cleric. cap. 29.

* **CONFIRMARE** Tabulam, qua Reliquiæ in altari includuntur, dicitur episcopus, quod eam chrismate perungat, in Pontif. MS. Senon. ad usum eccl. Paris. fol. 33. v°. : *Et accipiens* (episcopus) *tabulam, Confirmet eam cum chrismate in crucem.... Tunc imponat tabulam super reliquias.* Vide *Confessio* 2.

** Confirmare Placitum, Judicium constituere et banni formula *instaurare.* Fred. a Sande de Effestucat. cap. 3. num. 2 : *Judicium legitime munitum ac confirmatum, quod nostrate lingua dicimus gheheegt ende ghebannen.* Chart. Henric. March. Misn. ann. 1256. ap. Buder. in Collect. Chart. tom. 1. pag. 439 : *Acta sunt hæc Zcolin in provinciali placito nostro sententialiter Confirmato, etc.* Vide Haltaus. Glossar. German. voce *Hægen*, col. 774. et voce *Fried-bann*, col. 518.

* **CONFIRMARIUS**, Qui sigilli appositione Chartam *confirmat.* Instr. ann. 1473. inter Probat. tom. 3. Hist. Nem. pag. 322. col. 1 : *Attestor ego Simon Fazenderii, notarius regius, et curiæ præsidalis Nemausi Confirmarius, quod, etc.* Et pag. 324. col. 1 : *Acta fuerunt hæc... præsentibus.... magistris Stephano de Croso, Petro Dulceti, notariis regiis, et curiæ domini senescalli Confirmariis, etc.* *Confermanche*, *Confremance* et *Confermement* nostris, Confirmatio. Charta ann. 1283. ex Chartul. 21. Corb. fol. 96. v°. : *Le mien seel qui mis i est en Confremance et en seureté des coses et de le vente devantdite.* Alia ann. 1293. ex eod. Chartul. fol. 103 : *Qu'il meche son seel à ces presentes lettres en Confermanche de toutes les coses dessusdites.* Lit. ejusd. an. ex Chartul. B. M. de Josaphat : *En tesmoing et en Confermement de laquelle chose nous avons donné ces lettres.* *Conferment* vero est præstationis species, quæ pro confirmatione alicujus privilegii solvitur. Charta Phil. Pulc. ann. 1298. qua Ludovico comit. Ebroic. feoda aliaque assignat, in Lib. rub. Cam. Comput. Paris. fol. 41. et seqq. : *La prevosté de Meullent,.... la menue coustume, le Conferment de la commune de Meullent.*

CONFIRMATIO, Sacramentum Christianorum, sic dictum, quod baptismum quodammodo confirmet ac compleat : unde ejus τελείωσις appellatur a Dionysio Areopag. de Eccles. Hierarch. cap. 4. *Consummatio*, a Cypriano Epist. 73. et *Perfectio* a S. Ambrosio lib. 3. de Sacram. cap. 6. *Confirmatio* igitur dicitur, quia hujus vi Sacramenti id in nobis confirmat Deus, quod baptismo jam operari cœperat, nosque admirabili quadam ratione sancto Spiritu vestit, ut loquitur Tertullianus lib. de Præscript. hæretic. seu virtute ex alto induit, quod Apostolis dictum fuit, in quibus præ cæteris vis illa divini Spiritus, et efficientia mirabiliter eluxit. Recens autem baptizati statim confirmabantur ab Episcopo, postea communicabant de Corpore Domini, ut habent Alcuinus de Offic. divin. de Sabbato S. Paschæ pag. 259. Rabanus lib. de Instit. Cleric. cap. 29. Isidorus et alii : de quo in Ecclesia servari solito perinde ritu, agunt etiam Patres, Dionysius de Eccles. Hierarch. cap. 2. Tertullianus de Præscript. cap. 40. de Baptismo cap. 7. Cyprianus Epist. 70. 73. Cyrillus Catech. 2. 3. Concil. Laod. can. 48. Toletan. I. can. 20. Ambrosius lib. de Initiand. cap. 6. et lib. de Sacrament. cap. 1. etc. Capitula Theodori Cant. Archiep. cap. 4 : *Nullum perfectum credimus in baptismo sine Confirmatione Episcopi; tamen non desperamus.* Hinc Jonas Aurelianensis Episc. lib. 1. de Institut. Laicali cap. 7. reprehendit eos, qui Sacramentum istud differebant.

Quod igitur Baptismum *Confirmatio* statim subsequeretur, pro ipso Baptismo interdum usurpatur. Simeon Dunelmensis de Gestis Regum Anglor. ann. 994 : *Quem*

Rex honorifice suscepit, *Confirmari ab Episcopo fecit, sibi in filium adoptavit, regioque munere donavit.*

AD CONFIRMANDUM TENERE, LEVARE, in Lege Longobard. lib. 3. tit. 30. [** Carol. M. 134.] in Concil. Mogunt. cap. 55. Concil. Liptin. apud Fulbertum Epist. 13. Burchardum lib. 19. etc. Vide *Tenere, Patrinus.*

* **CONFIRMATIO**, pro Subscriptio, in Charta laudata a Joseph. *Parez* Dissert. eccl. pag. 251. uti monent Auctores novi Tract. Diplom. tom. 4. pag. 735.

CONFIRMATORES TESTES. Testium, qui instrumenta subscribebant, non eadem semper ratio fuit. Ad duplicem enim effectum in antiquis monumentis apponebantur. Alterum siquidem pro eorum robore et firmitate, quod sit de solennitatibus substantialibus contractuum, ut testes illorum stipulationi intersint; atque hos testes *Visores* et *Auditores* appellabant, et ita appellati inveniuntur : alterum vero ad temporis notationem, quo talis contractus celebrabatur, inducendam, quasi potentiores, qui tunc apud eos degebant, nominando. Atque inde Optimatum, quos Ricos homines et Seniores illa ætas vocavit; interdum etiam Magistratuum sæcularium et Ecclesiasticorum nomina instrumentis apposita leguntur : quos ne talium contractuum celebrationi, ut priores, interfuisse inducerentur, *testes Confirmatores* appellare consueverunt. Hæc autem hujusmodi testium confirmatorum appositio in solennibus tantummodo Regum aut Principum privilegiis adhiberi consuevit, unde paulatim ad privatorum negotiorum contractus defluxit. Hæc Hieron. Blanca in Præfat. ad Commentar. Rerum Arag. Vide eumdem pag. 599.

¶ **CONFISCALIS.** Charta Bertrandi Comitis Tolosani ann. 1109 : *Quod per vim a Patre meo Raimundo Comite .... Confiscalibus sublatum est, reddo illi Monasterio* S. Andreæ. Forte legendum *Confiscationibus*, ut sensus videtur postulare.

* **CONFISCARE**, Fisco addicere, Gall. *Confisquer*, alias *Confichier.* Arest. parlam. Paris. ann. 1394. in Hist. Lugdun. pag. 73 : *Alioquin ipsam* (domum) *domanio dicti archiepiscopi Confiscabat.* Charta ann. 1350. in Chartul. abbat. Regalis-loci part. 2. ch. 12 : *Lequele maison et jardin furent Confichié à ledite eglyse par le forfaiture de feu Helyot.* Hinc

* CONFISCATIO, Gall. *Confiscation*, Bonorum alicujus fisco addictio. Charta ann. 1308. in Lib. rub. Cam. Comput. Paris. fol. 334. v°. col. 2 : *Asserentibus.... terras prædictas, pertinentias et omnia jura earumdem ad nos jure commissi seu Confiscationis pertinere.*

* **CONFISCERE**, pro Conficere, condire. Ordinat. ann. 1363. tom. 3. Ordinat. reg. Franc. pag. 624. art. 27 : *Quia plerumque prope salinas, ubi fit sal seu excressit, sunt magnæ piscationes, et ibidem oportet pisces sali Confiscere, etc.*

* **CONFISCUS**, pro *Confiscatus*, fisco addictus. Charta Henr. V. reg. Angl. ex Cod. reg. 8387. 4 : *Bona quæ fuerunt Bertout de Baigx et quæ occasione revellionis suæ Confisca extiterunt.*

¶ **CONFISUS**, Fidus, amicus, familiaris, Gall. *Confident.* Epistola Jacobi Scotiæ Regis ad Carolum VII. Franc. Regem apud Acher. tom. 10. Spicil. pag. 243 : *Christianissime Princeps, frater et confœderate amantissime... reverendum in Christo Patrem Thomam Episcopum Candidæ Casæ, Johannem Dominum Lindessay de Byris... nostros Consiliarios intime Confisos ... ad eamdem vestram Majestatem credimus pervenisse.*

¶ **CONFITERI**, passive sumtum pro Prædicari, dici. Donatio S. Rudesindi Episcopi pro Monasterio S. Salvatoris de Cella-nova, tom. 3. Concil. Hispan. pag. 179 : *Qui cum eo et Spiritu S. sic personaliter in singulis manes ; ut unus adoreris, lauderis atque Confitearis.*

* **CONFITERIA**, ut supra *Confectera.* Charta ann. 1366. inter Monum. eccl. Aquilej. cap. 97. col. 946. ubi inter varias oblationes Aquilej. patriarchæ factas in cereis, nummis vasisque recensetur *una Confiteria cum pede.*

* **CONFITUM**, Salsamentum, conditura, Gall. *Saline.* Charta Ludov. VII. reg. Franc. ann. 1179. apud *Fleureau* in Hist. Bles. part. 1. cap. 28. pag. 111 : *Nemo pellem præposito debebit, nisi Confitum faciens.* Vide supra *Confiscere.*

¶ **CONFITURA**, ut supra *Confectio*, ni fallor, potius quam Fructus saccharo conditi, quos vulgo dicimus *Confitures.* Hist. Dalphin. tom. 2. pag. 405. col. 2. in Ordinatione domus Humberti II : *Item quod Magister hospitii aut Provisor, vel Thesaurarii magis eligent pro utilitate nostra, fieri debere in hospitio candelas et torchias, et alias Confituras, quod ipse Apothecarius eis obediat, et suum magisterium fideliter exerceat in præmissis.*

* **CONFITURÆ**, a Gallico *Confitures*, Dulciaria. Comput. ann. 1488. inter Probat. tom. 4. Hist. Nem. pag. 47. col. 2 : *Pro dono facto dictæ egregiæ* (uxori Petri d'Urfé) *tam pro drageys, Confituris, etc.* Vide supra *Confecturæ.*

* **CONFLACTORIUM**, *Lo logo di scolari.* Glossar. Lat. Ital. MS.

* **CONFLAGARE**, pro Conflagrare, in Stat. crimin. Saonæ cap. 34. pag. 71.

¶ **CONFLAGES.** Vide *Confragmentum.*

* **CONFLAGIES**, CONFLAGIUM, *Li logi ventosi*, in Glossar. Lat. Ital. MS. Vide *Confragmentum.*

¶ **CONFLAGITIUM**, ut Flagitium vel delictum commune. Epistola Joannis II. Archiep. Lugdun. ad G. Glascuensem Episcopum, apud Mabillon. tom. 3. Analect. pag. 492 : *Rectorem Dominus Papa ordinat, qui vel per seipsum, vel certe per cives ejusdem urbis Conflagitia ejusdem loci punit et purgat.*

* **CONFLAGRAMEN**, Conflagratio, incendium. Illat. S. Bened. tom. 9. Collect. Histor. Franc. pag. 143 : *Cuncta illius regni bona diripuit, vastavit, incendit, Conflagramine consumsit, etc.*

¶ **CONFLAGRARE**, active sumtum pro Inflammare, incendere, instigare. Vita S. Gregorii VII. Papæ tom. 2. Martii pag. 175 : *Nonnullos Pontificum simulque sæcularium Judicum ad ejus invidiam Conflagravit hostis generis humani.*

¶ **CONFLARE**, *In unum colligere, involvere, copulare, commovere, furari. Conflatum, involutum, contextum.* Papias.

CONFLARI pecunia dicitur, in leg. 11. Cod. Th. Si quis pecun. conflav. (9, 23.) Gloss. Lat. Græc. *Conflare*, συγχωνεῦσαι.

CONFLATOR, Qui pecuniam conflat, in leg. 1. Cod. Theod. de Conlat. æris. (11, 21.) Gloss. Lat. Græc. *Conflator*, χωνευτής.

CONFLATORIUM, *Locus ubi ferrum vel argentum conflatur.* Joan. de Janua. [* *Conflatorium, dicitur Locus in quo fit conflatio, sicut est fornax aurificis; potest et dici Conflatorium, instrumentum conflandi, sicut est follis.* Gloss. bibl. MSS. anonymi ex Bibl. reg.]

CONFLATURA. Julius Firmicus lib. Mathes. cap. 30 : *Falsarios faciet, aut qui pecunias publicas Conflaturarum adulterinis artificiis imitentur.*

CONFLASCERE, pro *Conflare.* Smaragdus in Præfat. Commentarii ad Regulam S. Benedicti :

Adnihilat pravum, justum Conflascit ut aurum,
Limat et examinat, et poliendo librat.

¶ CONFLATILIS, Conflando factus, Gallice, *De fonte, Jetté en fonte.* Prudentius in Romano v. 293 :

Fabri deorum vel parentes numinum,
Qui si caminis institissent segnius,
Non esset ullus Jupiter Conflatilis.

Hieronym. Ep. 130. ad Marcell. *Sculptile atque Conflatile*, de idolo Mich. Judic. 17. Vide Exod. 32. 4. et Deut. 11. 12.

CONFLATIM, *Copulatim, contexte.* Gloss. Isid.

* **CONFLATOR**, Auctor, molitor. Epist. Nicolai I. PP. ann. 867. tom. 7. Collect. Histor. Franc. pag. 431 : *Cujus* (mali) *Guntharius et Theutgaudus auctores et Conflatores inventi sunt.* Vide alia notione in *Conflare.*

¶ **CONFLECTA**, pro *Conflicta, id est, Afflicta.* Papias Ms. Bituric.

¶ **CONFLICTUS**, adject. Dissipatus, fugatus, Gall. *Mis en deroute.* Bartholom. Scriba lib. 6. Annal. Genuens. ann. 1258 : *Et bello commisso Conflicti fuerunt nostri, et amiserunt nostri galeas* XXV. Occurrit in Chronico Parmensi ann. 1307. et 1309.

* **CONFLICTUS** LEGALIS, Duellum ex lege statutum, in Charta Roberti reg. Franc. ex parvo Reg. S. Germ. Prat.

¶ CONFLICTUS, Substant. Exercitus dissipatio, fuga, Gall. *Deroute*, apud eumd. Bartholom. Scribam ann. 1242. *Prædictos inimicos volentes intrare civitatem posuit in Conflictu*, apud Anonymum in Chronico Veronensi ad ann. 1317. *Dominus Canis fuit positius in Conflictum cum ejus militia et comitiva, multis ex suis interfectis et captis*, ibid. ad ann. 1320.

CONFLIGATIO, *Prœlium, congressio*, συμβολὴ ἐπὶ μάχης, in Gloss. Gr. Lat.

CONFLIGIUM, pro *Conflictus.* Guibertus lib. 3. de Vita sua cap. 18 : *In ultimo carnis spiritusque Confligio, etc.* Utitur et cap. 3. et 14. eod. lib. *Fluctuum Confligia* dixit Solinus cap. 15.

* **CONFLUENS**, Rivus. Charta vet. apud Meichelbec. tom. 2. Hist. Frising. pag. 36 : *Propriam hereditatem.... ad B. Zenonis ecclesiam confessoris Christi Confluentibus Hisanis mœniis consitam tradedi.*

¶ **CONFLUENTIA**, Frequentia, Gall.

Affluence. Confluentia populorum, apud Adsonem in Translatione S. Basoli cap. 1. Utitur Macrobius pro fluxione seu humorum destillatione. *Hæc est*, inquit lib. 7. Saturn. cap. 4. *triplex caussa podagræ, vel cujuslibet ex Confluentia morbi, multitudo humoris, etc.*

* **CONFOAGIUM**, Jus lignum exscindendi ad focum, annona lignaria. Charta ann. 1228. inter Probat. tom. 1. Annal. Præmonstr. col. 314 : *Dedimus et in prædictis nemoribus usagium ad ædificationem ecclesiæ tantummodo et abbatiæ cum foagio; excepto quod in Boulloy Confoagio quercum vel fagum non scindent.* In Ch. Gallica ann. 1256. ibid. col. 316. hæc ita redduntur : *Fors tant que por lur Affoage, ne devent il trancher ne fol, ne chesne.* Unde legendum videtur *Affoagium*, vel saltem eodem sensu accipiendum esse. Vide supra in hac voce.

* **CONFODUSTUS**, *In eodem fœdere conjunctus, Companhon, Prov.* Glossar. Provinc. Lat. ex Cod. reg. 7657. Vide supra *Confedustus*.

¶ **CONFŒDERARE**, Fœdus facere, inire. Legitur apud Tertull. Apol. cap. 2. Prudent. in S. Laurentio v. 437. Orosium 2. 4. et alios posteriores.

¶ CONFOEDERATIO, apud Hieronymum Epist. 2. de Custod. Virg. cap. 15. Rymerum tom. 2. pag. 659. in Maceriis Insulæ Barbaræ tom. 1. pag. 137. 158. et alibi non semel.

** CONFOEDERATIO PACIS. Chronic. Mindens. ap. Leibnit. Script. tom. 2. pag. 193 : *Facta est in Westphalia pacis et concordiæ quædam Confœderatio, quæ Lantfrede nominabatur.*

* **CONFŒDERARI**, Fœdus inire. Chron. Saxon. tom. 8. Collect. Histor. Franc. pag 225 : *Anno Domin. Incarnat. 924. reges Heinricus et Karolus apud Bunnam Confœderantur.* Vide *Confœderare*.

¶ **CONFOMENTUM**, Chronic. Andreæ Danduli apud Murator. tom. 12. col. 460 : *Contra Istriam se convertit, civitatemque Justinopolis a fronte maritima partem defensibilem rapit et spoliat, salvo castro Leone, quod semper recuperandæ urbis fuit efficax Confomentum;* id est, quo spes fovebatur recuperandæ urbis.

CONFORANEUS, Ejusdem artis : ἀγοραῖοι enim dicti opifices et mercatores, quia et in foro habitant, aut in forum deferunt cum aliis institoribus quæ habent venalia opificia. Gloss. Lat. Gr. : *Conforaneus*, σύντεχνος. Gloss. Isidori : *Conforaneus, unius fori.* Vide Salmasium libro de Usuris pag. 340. et 341.

CONFORMIA. Anonymus de Gestis Frederici II. Imp. pag. 864 : *Est Romæ locus ab utroque Tiberis latere circum se positi divisus, ad quem præstant aditum pontium munitæ Conformiæ, Insula Lycaonia ex antiqua nuncupatione vocatus.* [In MS. quem laudat Murator. tom. 8. col. 595. legitur, *munita Conformia, Insula Licinia, etc.*] Vide *Forma* 11.

¶ **CONFORTAMEN**, Corroboratio. Acta S. Franciscæ Viduæ Rom. tom. 2. SS. Martii pag. 109 : *Amor magni Confortaminis, qui mortuos vivere facis.*

¶ CONFORTAMENTUM, Eadem notione. Acta SS. Maii tom. 7. pag. 831. de S. Humilitate : *Angelos cœli omnes diligo, sed duo mihi fiunt deliciæ gaudii, qui diu noctuque mihi dant Confortamenta.*

* Unde nostris *Confortement*, pro *Consolation*, Solatium, quo quis confortatur. Vita J. C. MS. :

Là (eu Galilée) lor donra Confortement.

CONFORTARE, Corroborare, firmare. Pseudo-Ovidius l. 1. de Vetula :

> Sed quod sic fauces sitibundas impleat, ut non
> Confortetur eo sua virtus.

Utuntur alii. [Charta Edgari Angl. Regis ann. 971. tom. 1. Monastici Anglic. pag. 17 : *Ego Kinadius Rex Albaniæ adquievi. Ego Mascusius Archipirata Confortavi. Ego Dunstanus.... corroboravi.*]

¶ CONFORTATIO, Corroboratio, lib. 2. de Imit. Christi cap. 1. n. 4 : *In tribulatione Confortationem senties.*

¶ CONFORTATORIÆ EPISTOLÆ FIDEI, Ad confirmandam fidem. Anast. Bibl. in Hormisda : *Idem secundo misit Ennodium ipsum et Peregrinum Episcopum Merenensem, portantes epistolas Confortatorias fidei et contestationes secretas numero XIX.*

* **CONFORTATICIE**, Auxilium præstando. Charta ann. 1202. tom. 2. Cod. Ital. diplom. col. 256 : *Si unus vellet inde alium vel alios exfortiare, adjuvare* (teneantur) *illum vel illos, quem vel quos alia pars vellet inde exfortiare, et cui vel quibus Confortaticie non attenderetur vel observaretur, etc.*

* **CONFORUM**, Forum, nundinæ, seu fori emolumentum. Charta Boleslai ducis Polon. ann. 1149. inter Probat. tom. 2. Annal. Præmonstr. col. 691 : *Contuli Conforum supradicti martyris per octo dies institutum et tabernam in Polsnica.* Vide infra *Confurtium*.

* **CONFORZA**, Compitum, ut videtur, Gall. *Carrefour*. Statuta Avellæ ann. 1496. cap. 67. ex Cod. reg. 4624 : *Nulla persona ponat vel poni faciat in plateis, vel viis seu Conforzis Avillianæ aliquod fimum, terram, etc.*

CONFOSCERA, mendosa vox. Vide *Gunfus*.

¶ **CONFOSSATUS**, Fossis munitus. J. Episcopus Acconensis ad Honorium III. Papam apud Acherium tom. 8. Spicil. pag. 374 : *Nostri igitur quia pauci erant, et cum Sarracenorum multitudine secure congredi non poterant, infra lictas Confossati suam ut civitatem custodirent, commorabantur.*

¶ **CONFOSSUM**, Stagnum, fossa major ubi aquæ continentur. Leges Norman. cap. 7. apud Ludewig. tom. 7. Reliq. MSS. pag. 158 : *Sciendum est quod nullus fluvium aliquem in stannis vel Confossis suis detinere potest, nisi a sole occidente usque ad eundem orientem.*

¶ **CONFRA**. Joslenus Episc. Suession. in Expositione Symboli : *Sicut ergo multi convivæ Confram faciunt, id est Commune convivium.*

¶ **CONFRACTIO**. Acta SS. Junii tom. 4. pag. 699. de Festis S. Joannis Bapt. : *Confractio, quando scilicet post Pater noster Hostia frangitur.*

¶ **CONFRACTORIUM**. Liturg. Gallic. Mabillonii pag. 8 : *Post Canonem Hostiæ Confractio et commistio in calice, dum interim canitur Confractorium sive Antiphona ad Confractionem.* Confractorium in Missal Ambrosiano dicitur illa oratio, quæ sequitu[r] fractionem Hostiæ. Ita Macer in Hierolexico.

* **CONFRACTUS**, *Constrictus*, ex Gloss. ad Alex. Iatrosoph. MS. lib. 1. Passion. cap. 6 : *Hæc autem omnia, qui condensatos habent poros vel Confractos, utilia sunt.*

¶ **CONFRAGA**. Vide *Confragmentum*.

CONFRAGANEUS, pro *Consuffraganeus*, Coepiscopus, in Vita S. Theodardi Archiep. Narbonensis apud Catellum pag. 759.

¶ **CONFRAGES**. Vide *Confragmentum*.

¶ **CONFRAGMENTUM**, *Simul rugosum, ut mons*. Gl. Isid. ad quas erudite Grævius : Quamvis sic quoque legatur in Excerptis et Constantiensi, nullus tamen dubito quin scribendum sit : *Confragosum, Simul fragosum, ut mons*. Papias : *Confraga, loca ubi venti undique concurrunt, ac saxa frangunt;* quæ vox legitur apud Lucanum 11. 6 : *Confraga densis arboribus dumeta.* Talia loca dixerunt etiam *Confrages*, teste Isidoro Orig. 14. 8 : *Confrages loca, in quæ undique venti concurrunt, ac saxa frangunt, ut Nævius ait; In montes ubi venti frangebant locum.* Constantiensis Nævii verba sic legit : *In montibus ubi venti frangebantur;* et in prioribus quoque pro Isidori verbis, *ac saxa frangunt*, apud illum melius (ut in nostro Sangerman. Glossario MS. n. 501.) legitur, *ac sese frangunt.* Pro *Confrages*, apud Festum legis *Conflages*, quod idem est. Nam litterarum *l* et *r* perpetua est permutatio. Festus : *Conflages loca dicuntur, in quæ undique confluunt venti.* Veteres dixerunt *Frago* pro quo posteriores euphoniæ causa interposito *n* dixerunt *Frango*, ut pro *Tago*, unde *Tagax*, *Tango;* inde apud Nævium in Constantiensi *Fragebantur.* Apparet id quoque ex præterito *Fregi*, et Supino *Fractum*, quod est ab obsoleto *Frago*.

¶ **CONFRARAGIUM**, Quod *Confraternitatis* causa solvebatur. Regest. Comput. Dalphin. tit. Graysivod. ann. 1349. 24. April. fol. 64 : *Item pro Confraragio sex Confratrum relictorum in Confratria S. Spiritus de Mura per prædecessores Domini* IX. *sestar. siliq.*

¶ **CONFRARIA**, Sacrum sodalitium, Gall. *Confrerie*. Officialis Bitur. de percipiendis decimis in parochia de Præliaco ann. 1391. apud Thomasserium Consuetud. Bituric. pag. 246 : *Et in casu quo di[u] defunctus fuit frater alicujus Confrariæ, i[n] quo quidem luminari Confrariarum ips[i] Prior et Curatus nihil percipient.* Antiq. Recognit. in Regesto *Probus* fol. XXXII. v° *Domus Confrariæ de Vilario pro casal[i] ejusdem domus et curtili debet Comiti* I. *em[inam] frumenti et* IIII. *den. cens. et Confrari[a] debet reddere Comiti tenementarium, q[uod] debet dare de placito* III. *sol.* Testament[um] Florentii de Castellana ann. 1398. e[x] Schedis Præsidis de Mazaugues : *Lega[vit] Confrariæ S. Spiritus..... solidos 40. parv[o]rum.*

¶ CONFRATERNIA, Eadem notione. Pr[o]cessus SS. Virg. Eichsellen. tom. 3. Jun[ii] pag. 137 : *Confraterniæque super atriu[m] Decano.* Capitul. Generale Cisterc. ann. 1204. apud Marten. tom. 4. Anecdot. co[l].

1300 : *Insuper Confraterniæ et quæstorum seu Prædicatorum collectæ omnimodis inhibentur.* Interdum accipitur in malam partem ut infra *Confratria.*

* *Confrurie*, pluries in Lit. ann. 1362. tom. 3. Ordinat. reg. Franc. pag. 583. *Conflaerie*, in aliis ann. 1411. ibid. tom. 9. pag. 580. Charta ann. 1175. ex Chartul. S. Aviti Aurel. : *Decedente autem Petro cameræ satisdictæ ad Confrariam B. Aviti revertentur, et de Confrariæ bonis sex solidi deinceps reddentur in prædicto anniversario.*

* CONFRATICA, Eadem notione. Stat. crimin. Saonæ cap. 27. pag. 56 : *Et quia interdum tempore rogationum et etiam Confraticarum, quæ fiunt annuatim festivitatibus solemnibus in civitate Saonæ, etc.*

** CONFRATIA, Chart. Leonhardi de Florentia FF. Prædicat. Magistr. Gener. ann. 1416. in Guden. Cod. Diplom. tom. 2. pag. 677 : *De consortio seu Confratia in honore S. Petri Martiris etc.*

¶ CONFRATERNIÆ DOMUS, in Chartario Ecclesiæ Auxitanæ cap. 85.

¶ CONFRATISSA, ut *Confratrissa.* Miracula S. Petri Ord. Prædicat. tom. 3. April. pag. 710 : *Quod viderant a Confratribus et Confratissis fieri.*

1. **CONFRATRES** *dicuntur quasi simul fratres, sive in Ecclesia, sive in alio loco, vel consortio, sive etiam secundum carnem.* Joann. de Janua. Collegæ, qui eodem officio funguntur. Utuntur Ivo Carnotens. Epist. 133. et Galfridus Monemuth. lib. 11. cap. 3. etc. [Vide *Congermanus.*]

* 2. **CONFRATRES**, quinam appellentur in ecclesia Matisconensi, docet Poletus ejusd. eccl. Ms. redactus ann. 1513. fol. 4. r° : *Sunt etiam in dicta ecclesia septem, qui Confratres nuncupantur; quorum tres dicuntur majoris altaris, qui suo ordine cum dominis episcopo, decano, cantore et certis canonicis magnam missam in magno altari celebrant, et in divinis voces* (vices) *canonicorum supplent. Habitum tamen canonicalem non deferunt nec habent, nisi eisdem de gratia speciali fuerit indultum; nec etiam in capitulo vocem habent. Alii quatuor dicuntur minoris altaris, quia missam Primæ, in dicto parvo altari solitam celebrari, et horas canonicas in dicta ecclesia dicendas incipere* (debent) *vicissim et suo ordine.*

CONFRATRIA, Societas, *Confrerie.* Hincmarus Remensis in Capitul. ad Presbyt. parochiæ suæ cap. 16 : *De Collectis, quas Geldonias, vel Confratrias vulgo vocant, etc.* Infra : *Conventus autem talium Confratrum, etc.* Guillelmus de Podio-Laurent. in Chron. cap. 15 : *Obtinuit Tolosæ magnam fieri Confratriam, Confratres omnes consignans Domino signo Crucis, etc.* Ibidem : *Confratria candida, alia nigra.* Helias de Roffiaco in Abbatib. S. Martialis Lemovicens. : *Exactionem, quam Episc. Lemovicensis vel canonici sub nomine Confratriæ a populo violenter expetebant.... irritam fecit.* [Bern. Ytherius in Chronico apud Stephanotium tom. 1. Fragm. MSS. : *Confratria obolorum tunc* (ann. 1197) *orta est.*]

¶ CONFRATRIA, Sacrum sodalitium, nostris etiam *Confrerie.* Ordinarium Ecclesiæ Rotomag. ad calcem libri Johannis Abrinc. de Offic. Eccl. pag. 165 : *Etiam debent habere* (Capellani) *quilibet unum par chirotecarum a fratribus Confratriarum.* Vox recentioribus familiaris hac notione. Vide *Confraria.*

CONFRATRIA et CONFRATERNITAS, in malam partem. Concil. Arelat. ann. 1234. cap. 9 : *Quia propter conjurationes et conspirationes, quæ Confratriæ vocantur, in civitatibus et villis et castris quammultæ discordiæ et dissensionis materiæ suscitantur.* [*Confratrie vel Conspirationes*, in Statutis MSS. ejusd. urbis art. 90.] Concilium Avenionense ann. 1326. can. 37 : *Qui in nostrarum provinciarum partibus nobiles, plerumque, et interdum alii, colligationes, societates, et conjurationes faciunt, tam canonibus quam humanis legibus interdictas, semel in anno sub nomine Confratriæ se in loco aliquo congregantes, ubi conventiculas et conventiones faciunt, et pacto juramento vallata ineunt, quod se adversus quoscunque, præterquam Dominos suos, ad invicem adjuvent, et in omni casu unus det auxilium, consilium, et favorem : et interdum se omnes veste consimili cum signis aliquibus exquisitis vel characteribus inducentes, unum majorem se eligunt, cui jurant in omnibus obedire. Ex quibus justitia offenditur, mortes et deprædationes sequuntur, pax et securitas exulant, innocentes et inopes opprimuntur, etc.* [Constitutiones Synodales MSS. Augerii II. Episcopi Conseran. : *Districte igitur præcipimus ne aliquis conjurationes, colligationes, Confratrias, seu alias quascumque oblationes fide vel juramento, seu qualibet alia firmitate interpositas facere præsumat contra Ecclesias, vel Ecclesiasticas personas, seu contra ecclesiasticam libertatem, si præmissas* (excommunicationis) *pœnas convaluit evitare.*] Agunt pluribus de ejusmodi Confratriis Concilium Monspeliense ann. 1214. cap. 45. Tolosanum ann. 1229. cap. 38. Campinacense ann. 1238. cap. 31. Valentinum ann. 1248. cap. 20. et Avenionense ann. 1281. cap. 8. [Trevirense ann. 1310. num. 61. apud Marten. tom. 4. Anecdot. col. 253.]

1. CONFRATERNITAS. S. Stephanus in Regula Grandimontensium cap. 20 : *Comessationes, quas populus Confraternitates vocant, nullo pacto faciant apud vos.*

¶ CONFRATRIA, Eadem notione. Commentatio prævia de S. Vincentio inter Acta SS. Aprilis tom. 1. pag. 481 : *Inter alia vero enormia inveni in partibus istis unum errorem nimis dilatatum, celebrando Festum solemniter in crastina Corporis Christi, tenendo Confratrias sub nomine S. Orientis.*

* Eodem sensu legitur *Confrairie* non semel, in Lit. ann. 1317. apud Marten. tom. 1. Anecd. col. 1351 : *Sur ce qu'ils disoient que nous avions fait les alliances et Confrairies jurées au préjudice d'eux* (Charles de Valois et Philippe son fils) *de leur honneur et noblesse, jurisdiction; et pour ce eussent mis main en nos terres.*

¶ 2. CONFRATERNITAS DEI, Pax ab Episcopis et Occitaniæ Aquitaniæque Proceribus inita regnante Philippo Augusto, de qua dictum est in *Agnus Dei.*

** 3. CONFRATERNITAS, Societas inita inter varias ecclesias sive monasteria, qua pro defunctis alterius exequias sicut pro fratribus facere spondebant. Charta ann. 1074. ap. Würdtwein. Subsid. Diplomat. tom. 10. pag. 9 : *Ecclesia Compostellana... recipit in societate et Confraternitate sua Dom. Annonem Episc. Eccl. Mindonensis et conventum ejus et constituit facere pro defunctis eorum exequias sicut pro fratribus suis, postquam illorum obitum cognoverit... et secundum eumdem tenorem ecclesia Mindensis recepit conventum nostrum in societate et Confraternitate sua.* Vide Confraternitat. Eccles. Fuldens. et Aschaffenburg. ann. 1321. in Guden. Cod. Diplom. tom. 3. pag. 193. De Confraternitate, qua laici in participationem orationum monachorum admittebantur vide *Fraternitas*, 5. Anon. de Waldensium Doctrina ap. Freherum Script. rer. Bohem. pag. 225 : *Confraternitatem Clericorum et laicorum, quæ dicitur Zech, dissuadent; et hæc omnia dicunt agi propter quæstum.*

** 4. CONFRATERNITAS, Collegium, corpus. Chart. Otton. Duc. Brunswic. ann. 1323. ap. Ludew. Reliq. MSS. tom. 9. pag. 523 : *Ne quis in eo tractu pannum incidat, nisi sit in Confraternitate sive gilda pannicidarum.* In Chart. Woldemar. March. Brandenb. ann. 1314. *Mercatorum Confraticinia civitatis Pritzwalck*, ap. Haltaus. voce *Gilte*, col. 724.

¶ **CONFRATRISSA**, *Consoror vel Congregatio Confratrum, vel Consororum*, Joanni de Janua.

* Stat. confrat. S. Affrod. ann. 1393. in Reg. 145. Chartoph. reg. ch. 313 : *Item quod post mortem alicujus confratris vel Confratrissæ, etc.*

¶ **CONFRATRUELIS.** Homagium anni 1351. apud Ludewig. tom. 5. Reliq. MSS. pag. 542 : *Nos Henricus Dei gratia Dux Glogoviæ... notum facimus... quod, quia... Carolus Romanorum semper Augustus et Boemiæ Rex, Dominus noster generosus nobis necnon illustri Dominæ Annæ, Confratrueli nostræ legitimæ, hæredibus et successoribus nostris Ducatum Glacentiæ, qui per mortem illustris Principis D. Bolkonis, olim Ducis ibidem, soceri nostri dilecti, vacavit et ad coronam regni Bohemiæ noscitur devolutus.* Si bene conjecto *Confratruelis* hic conjugem significat. Nulla quidem vocis et significationis necessitudo, sed integra contextus series ad hanc notionem videtur deducere.

CONFRERIA, ut *Confratria*, in Charta anni 1296. in Probat. Hist. Sabaudicæ pag. 45.

* **CONFRIATILIS**, Friabilis, qui in pulverem facile reducitur, Gall. *Friable.* Servius ad lib. 1. Georg. : *Est autem rubigo segetum putrefactio, cum spicæ Confriatiles et vanæ redduntur, et culmi pereunt, quod a rusticis calamitas dicitur.*

* **CONFRINGERF** SOMPNUM, Interturbare. Comœdia sine nomine act. 1. sc. 2. ex Cod. reg. 8163 : *Savium quid agit regina meum? potuit an nocte quiescere intempesta? ego vero minime. Tu in primis altum in capite Confregisti sompnum.*

* **CONFRONTARE**, Limites assignare. Charta ann. 1406 : *Quæ quidem dicta quantitas nemoris et brugeria supra Confrontata erant....... Pro qua quidem assensa dicti conjuges assensatores habuerunt...... xx.*

libras monetæ regiæ nunc currentis a dicto Joanne Dubois assensatorio, pro intragiis præmissorum assensatorum et supra Confrontatorum. Vide supra *Confinare* 1.

¶ **CONFRONTARI**, Adjacere, contiguum, adsitum esse. Hist. Dalphin. tom. 2. pag. 119. col. 1. in Instrum. anni 1302 : *Quod castrum Confrontatur cum territoriis Valriaci, Ventayroli, etc.* Ibidem pag. 166. in Donatione anni 1317 : *Quod quidem castrum de Medullione cum suo territorio situm est in Diœcesi Vapincensi, et Confrontatur ab una parte cum territorio de Sederone, etc.* Decies occurrit in hoc Instrumento. Acta SS. Maii tom. 1. pag. 64. de S. Africano : *Recognosco me habere quasdam domos a Baylo S. Africani, quæ Confrontantur cum Ecclesia S. Saturnini.* Charta æræ 914. apud Stephanotium Antiquit. Occitan. MSS. tom. 1. pag. 344 : *De parte Circi in terminio de villa quæ dicitur S. Eulalia, et de Aquilonis Confrontatur usque in Medius flumine.* Legitur in Arresto Parlamenti Tolosani ann. 1515. inter Privilegia Equitum Ord. S. Joan. Jerosol. pag. 315. [** Vide Haltaus. Glossar. German. voce *Anstosser*, col. 45.]

¶ 1. **CONFRONTATIO**, Adjacentia, limes, terminus. Charta anni 1080. apud Stephanotium tom. 1. Antiquit. Occitan. MSS. pag. 509 : *Cum domibus, curtibus, aquis, ripariis, Confrontationibus, montibus, vallibus, etc.* Charta ann. 1164. apud Acher. tom. 8. Spicil. pag. 196 : *Terræ vero illorum has habent Confrontationes, etc.*

¶ 2. **CONFRONTATIO**, Collatio, comparatio, Gall. *Confrontation.* Acta SS. Junii tom. 1. pag. 369. de S. Andrea Hispellate : *Præsentem copiam..... copiare feci, et facta diligenti Confrontatione cum eodem processu convenire inveni.*

¶ **CONFRUNTARI**, pro *Confrontari.* Saisimentum Comitatus Tolos. apud *La Faille* tom. 1. Annal. Tolos. pag. 36. Probat. : *Bajulia et districtus dicti castri de Villamuro Confruntantur et protenduntur versus Rabastenis.*

¶ Confruntatio, Ibidem : *Asseruerunt quod infra dictas Confruntationes sunt castra et villæ scriptæ propriæ Domino Regi.*

CONFUGA, Πρόσφυξ qui ad Ecclesiam confugit. Lex 4. Cod. Th. de His qui ad Eccl. (9, 45.) : *Quidquid fuerit interjacens confugas interioris templi vice teneatur.* Vide leg. Si qua per calumniam, Cod. Just. de Episcop. et Cleric.

1. **CONFUGIUM** Facere, Fugere, confugere, in Capitulari Pipini Regis Ital. ann. 795. cap. 28. in Capitul. ann. 793. cap. 16. in Lege Longobard. lib. 1. tit. 25. § 74. [** Pipin. 40.] in Form. 6. 10. ex Baluzianis, apud Glabrum in Vita S. Guillelmi cap. 1. *Confugium facere ad Ecclesiam*, in Decretione Childeberti cap. 4. in Lege Bajwar. tit. 1. cap. 7. § 1. in Capitulatione de partibus Saxoniæ cap. 2. in Capitulari Saxonum ann. 796. cap. 10. in Capitulari 2. ann. 805. cap. 3. lib. 1. Capitularium cap. 34. lib. 1. Legis Longobard. tit. 40. § 5. etc. [** lib. 1. tit. 25. § 19. 21. et 24. Rothar. 275. 277. et 281.]

Confugium. Charta ann. 906. ex Tabulario Brivatensi : *Dantur etiam ei decimæ de ipsa villa Blaneda, totum et ad integrum, et omne Confugium ejus.*

* f. Territorium, districtus; vel Præstatio, quæ propter tutelam solvebatur.

* 2. **CONFUGIUM**, Invocatio. Vita S. Rayner. Pisan. tom. 3. Jun. pag. 459. col. 1 : *Sed, quia vult omnium Creator, qui nondum plene noti sunt, sanctos suos omnibus innotescere, expectabat ad Confugium beatissimi Raynerii in suis clamoribus exaudire.*

CONFUNDERE, Pudore suffundere, nostris *Confondre.* S. Ambrosius lib. 1. de Offic. cap. 18 : *Quæ abscondenda accepimus, et si casu aperiantur hæ partes, Confunduntur verecundia : si studio, impudentia æstimatur.* Vide leg. 4. Ne Christ. mancip. (16, 9.) leg. 3. 13. de Re milit. (7, 1.) leg. 25. de Episc. (16, 2.) et leg. 8. de Fide test. (11, 39.) in Cod. Theod.

* **CONFUNDERE** Personam, Habitum alicui tollere vel mutare, quo internosci posset. Charta ann. 1327. in Reg. 65. Chartoph. reg. ch. 55 : *Dictus notarius fecit dictum Remondum spoliare ad Confundendum personam sua in jupa, quando fecit poni ipsum in dictis carceribus.*

¶ **CONFURANEUS**, σύντεχνος. Gloss. Lat. Græc. Qui eamdem profitetur. [* Vide *Conforaneus.*]

* **CONFURTIUM**, Forum, vel Compitum, ubi res venum exponuntur. Stat. Montis-reg. pag. 280 : *Item statutum est, quod pisces recentes et aliæ salvasinæ teneantur ad vendendum ut infra, scilicet in platea dictæ civitatis, in Confurtio Plani vallis, in Confurtio Breduli et in Confurtio Carassoni, et non alibi.* Vide supra *Conforum.*

CONFUSANEUS, pro *Confusus*, apud Gellium lib. 20. cap. 11. [*Confusaneus panis, e diversis constans.* Amalthea.]

* **CONFUSE**, Ignominiose. Chron. Claustro-Neoburg. ad ann. 1227. apud Pez. tom. 1. Script. rer. Austr. col. 481 : *Alium equo ad caudam ligatum et Confuse per civitatem tractum rotatur* (l. rotavit). Vide *Confusive.*

* **CONFUSI.** Chron. Sublac. apud Murator. tom. 4. Antiq. Ital. med. ævi col. 1045 : *Quodam tempore* (circa ann. 1070.) *venerunt in Italiam ex Francia homines insani, qui dicebantur Confusi, qui circumquaque pergentes per Campaniam et reliquas provincias, calamitatis tantæ incutiebant timorem. Contigit, ut tres ex ipsis advenerint Sublacum, agitando sine intermissione caput, insana facta agendo. Cumque ibi per dies aliquot morarentur, primus eorum in præfata est sanatus, Domino juvante, ecclesia. Postea vero reliqui duo ibidem adducti, gratia Dei sano capite exierunt, laudantes et benedicentes Dominum.* Vide supra *Adversatus.* [** Vide Haltaus. Glossar. German. voce *Stærtzer*, col. 1750.]

* 1. **CONFUSIBILIS**, Ignominiosus. Vita S. Elzear. tom. 7. Sept. pag. 588. col. 2 : *Confitebatur tali morte et ad amplius Confusibili se fore dignum.* Vide mox *Confusio.*

* 2. **CONFUSIBILIS**, perperam, ut opinor, pro *Confiscabilis*, in Actis Mss. inquisit. Carcass. ann. 1308. fol. 51. r° : *Promissa sibi gratia de corpore, et rebus, et pecunia Confusibili, etc.*

* **CONFUSIO**, Probrum, dedecus. Epist. Nicolai I. PP. ad Carolum C. ann. 866. tom. 7. Collect. Histor. Franc. pag. 415 : *Quid opus fuit eis* (episcopis) *tantam injuriam vel Confusionem ingerere?*

¶ **CONFUSIVE**, Ignominiose, cum dedecore et probro. Laurent. Byzinius in Diario belli Hussitici apud Ludewig. tom. 6. Reliq. MSS. pag. 174 : *Teutonici et advenæ videntes se sic turpiter a rusticana gente prostratos, imponunt crimen Bohemis, qui ipsis adhærebant, dicentes se fore ab eisdem Confusive traditos.*

* **CONFUTATOR** Malarum Mercium, Inspector rerum, quæ venum exponuntur; cui ex officio competit vitiosas refutare, idem qui alibi *Regardator.* Charta ann. 1454. tom. 5. Cod. diplom. Polon. pag. 138. col. 1 : *Malarum mercium Confutatores, vulgariter Wraker, et ponderatores, ac alios communes officiales constituere.* Vide infra in *Regardus.*

¶ **CONGADIARIA**, Mutuæ obligationis et sponsionis, Gall. *de mutuel engagement.* Talis est Charta Adealis Matronæ filium suum cum quatuor mansis S. Theofredi Monasterio offerentis, de quibus pactum ineunt Abbas et Monachi tom. 3. novæ Gall. Christ. col. 1237 : *Facta est inde Charta Congadiaria anno ab Incarnatione Domini* 991. Vocis etymon vide in *Vadium.*

* **CONGADIUM**, Pignus a pluribus simul constitutum. Tabul. S. Ursini Bitur. ch. 18 : *Humbaldus istud Congadium dimisit S. Ursino per talem convenientiam, ut si quis redimere voluerit, S. Ursinus habeat.* Vide *Vadium.*

¶ **CONGAMIUS**, ut *Concamius*, Permutatio. Vide *Cambiare.*

CONGEARE, Dimittere, licentiam abeundi dare, Gallis, *Congeer, Congedier.* Aresta ann. 1265. in 1. Regesto Parlamenti fol. 39 : *Inquesta facta... utrum Major et Pares usi fuerint licentiare, seu Congiare a civitate Belvacensi homines de sua Communia..... Item utrum Episcopus Belvacensis usus sit Congiatos seu licentiatos a civitate Belvac. per Majorem et Pares Belvac. in villam retinere seu revocare, etc..... ejiciantur extra villam tanquam licentiati.* Compositio de hac re ipsa, anni 1266. apud Loisellum in Histor. Bellovac. pag. 295 : *Nec ipsum poterunt deadvocare propter hoc de sua Communia, vel Congeare de villa.* Et pag. 296 : *Fuit Concordatum quod ex nunc in antea dicti Major et Pares in aliquo casu Congeare non poterunt hominem de villa Belvacensi, nec puniendo uti hoc vocabulo, Congeare, vel bannire : sed poterunt deadvocare de Communia sua, etc.* Ex quibus *Congiationem*, fuisse speciem *bannitionis*, tametsi *bannitione* mitiorem, colligimus, cum bannitio per sententiam judicis, *Congiatio* ex mero Principis decreto fieret. Denique *deadvocatio* mitior etiam fuit *Congiatione.* Assisiæ Hierosol. cap. 207 : *Le Roy Aimery Congea Messire Raoul de Tabarie dou Royaume de Hierusalem, etc.* Cap. seq. : *Se il avient que un Seignor de sa volenté Congée un de ses homes de sa Seignorie, sans ce que il attaint de chose de quoi il* *e face. Congéer par esgard, ou par conoissance de court, etc.*

Congearium. Charta ann. 1346. apud Sebast. Rouillardum in Lehuno : *Item* (Præpositus) *habet ratione sui officii, jus et potestatem dandi omnia et singula Congearia in tota terra nostra, percipiendique omnes profectus provenientes ex illis Congeariis, etc.*

Congedia, ex Gall. *Congé*, in Itinerario Gregorii PP. XI. apud Massonum.

¶ **Congedium**, in Arresto Parlamenti Paris. pro Ballivo Atrebat. in altero Aresto ejusd. Curiæ ann. 1400. ex Tabulario Corbeiensi, in Processu de B. Petro Luxemburg. tom. 1. Julii pag. 598. et alibi non semel.

* Ital. *Congedo*, Concessus, licentia. Lit. ann. 1262. in Reg. 108. Chartoph. reg. ch. 177 : *Concedimus per præsentes licentiam et Congedium venandi, etc.* Charta ann. 1377. ex Bibl. reg. : *Venimus ad vos pro Congedio recipiendo.* Vide præterea Ordinat. reg. Franc. tom. 6. pag. 408. et Hist. Lugdun. pag. 78. col. 1.

* **Congeium**, Jus *congeandi* seu ejiciendi ex urbe. Charta Henr. episc. Silvanect. ann. 1177. inter Instr. tom. 10. Gall. Christ. col. 433 : *Pro censiva itaque prænominata communiæ Silvanectensi dimisi in perpetuum mortuam-manum, Congeium, bannum meum mihi et successoribus meis, etc.*

* **Congerium**, a Gall. *Congé*, Licentia. Charta Bern. vicecom. Ventador. ann. 1330. in Reg. 66. Chartoph. reg. ch. 440 : *Tenutam dictorum redditum apprehendat, teneat et conservet absque alia licentia, vel mandato nostris seu Congerio.* Lit. remiss. ann. 1383. in Reg. 124. ch. 124 : *Circa horam vesperorum ab eodem domino episcopo licentiam seu Congerium recedendi recepit.* Ita quoque legendum apud Marten. laudatum in *Congenium* 1.

¶ **Congediare**, ut *Congeare*, in Actis variis de Schismate Pontificum Avenion. apud Marten. tom. 2. Anecdot. col. 1726.

* Fortasse idem est quod *Bannire*; Expellere saltem sonat, in Lit. ann. 1420. inter Probat. tom. 3. Hist. Nem. pag. 213. col. 2 : *Ob hoc ipsi supplicantes, tamquam bonam fidelitatem et obedientiam suo posse domino nostro regi et nobis illibatas observantes, ad villas et loca remota Congediati, sive banniti, vel dejecti de facto propterea fuerint, ... pendentibusque hujusmodi Congedio ac dejectione, etc.*

¶ **Congiatus**, ut *Congedia*. Chronicon VIII. sæculi apud Stephanotium tom. 4. Fragm. Hist. MSS. : *Anno 781. venerunt Franci ad placitum, et ibi fuit Taxilo dux de Bavarios, magnaque munera præsentavit domno Rege, et per suum Congiatum rediit ad patria.* Vide *Comigatus* in *Comiatus*.

CONGELLUS, pro *Concellaneus*, occurrit apud Notkerum in Martyrolog. Vide *Cellulanus* [et Gloss. med. Grec. ad Σύγκελλος.]

** **CONGENERALIS**, Affinis. Ruodlieb fragm. 15. vers. 11 :

Vellem, si velles, quo nostros Congenerales
Et nobis fides nunc conveniamus amicos, etc.

Confer *Congentilis* apud Forcellinum.

CONGENERI, dicuntur duarum sororum mariti, σύγγαμβροι, apud Harmenopul. lib. 4. tit. 6. § 14. Gl. Gr. Lat. : Σύγγαμβρος, *Congener*. Hesychius et Lexic. MS. Reg. Cod. 930 : Ἄλιοι, σύγγαμβροι. Hinc συγγαμβρία, affinitas. Lexic. Græc. MS. Reg. Cod. 2062 : Κηδεία, ἡ ταφὴ, καὶ ἡ συγγαμβρία. Vide Notas ad Annam Comnen. pag. 274. [** Symmach. Epist. 8, 40. Confer *Consocer*.]

¶ 1. **CONGENIUM**, ut supra *Congedium*, Licentia, permissio, Gall. *Congé*. Hist. fundationis Monasterii Cælestinorum Suession. apud Marten. tom. 6. Ampliss. Collect. col. 610 : *Hujus doni jure fuimus sæpe usi, ut possumus per multa mandata et Congenia a dicto Domino vel suis concessa probare.*

¶ 2. **CONGENIUM**, pro *Ingenium*, Ars, machinatio, fraus. Formulæ Andegav. art. 57 : *Si quis... contra hanc epistolam cessione ista venire aut agere forte præsumpserit, in primitus Dei incurrat judicium... et quod repetit nullo Congenio evindicare non valeat, et hæc cartola omni tempore firma permaneat.*

¶ **CONGERERE**, Simul gerere, administrare. Sallas Malaspinæ lib. 3. Rerum Sicularum num. 26. apud Baluz. tom. 6. Miscell. pag. 276 : *Ad hæc Rex prædictus... quosdam regnicolas, qui penes Manfredum officiorum administrationes et justitiam ministeriose Congesserant in sui familiaritatem advocat et receptat.*

CONGERIES, Congeria. Gloss. Lat. Gr. : *Congeries*, σωρὸς λίθων ἢ ξύλων. Vitalis Gromaticus : *Aliis locis Congeries lapidum fecimus.* Utuntur non semel Agrimensores. Nescio an huc pertineat quod habet Gregorius Turonens. lib. 1. de Miracul. cap. 45 : *Et ascendentes ita Alpium juga, neque alium Congeriorum oppleta multitudine pertransierunt, atque Arvernum perlati sunt.* Quæ quidem manca sunt : sed leg. videtur, *nivalium Congeriorum*, etc. Vide *Ramata*, [et mox *Congerrones*.]

* Stat. Astæ ubi de reva molegii : *Quod aliquis non possit fieri facere Congeriam seu balbos vel aliud ædificium in Tanagro.*

¶ **CONGERIRE**, Idem ac *Congeare*, Dimittere, Gall. *Congedier*. Acta varia de Schismate Pontificum Avenion. apud Marten. tom. 2. Anecd. col. 1535 : *Item, allegabunt quod dictus Angelus adversarius suus solus ruperit tractatum unionis Ecclesiæ, nolendo dare seu prorogare salvum conductum nuntio dicti Petri, etiam Congeriendo eos expresse a civitate, et interdicendo suis Cardinalibus, quod dictis nuntiis non loquerentur.*

* **CONGERIUM.** Vide supra in *Congeare*.

¶ **CONGERIUS**, Salutatio ante discessum, a Gallico *Congé*. Vet. Ceremoniale MS. B. M. Deauratæ Tolosanæ : *Et ibi recipitur Congerius ab omnibus.* Infra : *Dicta Missa, sive elevato corpore Christi, sicut in prima die quilibet revertitur ad Ecclesiam suam, recepto Congerio a Canonicis S. Stephani.*

CONGERMANUS. Sebastianus Salmanticensis in Chron. : *Post Froylanis interitum Congermanus ejus in primo gradu Aurelius, filius Froylani fratris Adefonsi Magni successit in regnum.* Eadem verba habet Sampirus Episcopus Astoricensis. Alius Scriptor ejusdem ævi : *Post Froilanis interitum, Confrater ejus successit in regnum.* Ubi *Congermanus in primo gradu*, est quod Hispani dicunt *primo hermano*, Græci infimæ ætatis πρωτεξάδελφος, nostri *Cousin germain*. Proinde *Confrater* idem sonat. [Confirmatio Athonis Comitis Ripacurtiæ pro fundatione Monasterii S. Mariæ de Alaon tom. 3. Concil. Hispan. pag. 135. col. 2 : *Comite Vaisaredo Congermaneo meo in Ripacurtia et in Pallaria.*] Vide Ambrosium Moralem lib. 13. cap. 21.

CONGERO. Charta ann. 1029. apud Catellum in Comitib. Tolos. pag. 103 : *Nos simul in unum reminiscentes peccatorum nostrorum pondera, seu etiam timentes Congeronis antiqui timorem et terrorem, et ut eruat nos Dominus ab ejus machinamentis, et convertat cum suis astringis in cubilibus regni cælestis, etc.* Ita hic innuitur diabolus, dæmon, forte quod peccata peccatorum congerat, ut ea divino judicio exhibeat.

CONGERRONES, Qui divitias et opes congerunt. Concil. Ticinense sub Benedicto VIII. PP : *Filiis Congerrones infrontati omnia congerunt.* [Fulgentius : *Congerones qui aliena ad se congregant, unde apud Romanos Gerones, Brutiani dicti.* Plauto *Congerrones* sunt socii itineris vel ludi et nugarum. Unde Continuatores Bollandi tom. 2. SS. Maii pag. 290. emendato Gregorii Turonensis loco in voce *Congeries* relato, pro *Congeriorum* legunt *Congerronum*, per quos intelligunt socios itineris; sed integer locus exhibendus est : *Et ascendentes Alpium juga, Congerronum completa multitudine, ita pertransierunt, ut a nullo interrogarentur, quo tenderent. etc.*]

CONGESTE, pro *Confuse*, sine ordine. Capitolinus in M. Antonio : *Et quidem hæc breviter et Congeste. Congestim* dixit Apuleius in Apologia.

* **CONGIA** inter voces Latino-barbaras, quibus Glossarium augeri potest recenset Bern. Mar. de Rubeis in Monum. eccl. Aquilej. cap. 74. col. 747. Sed nec locum profert, nec vocem explicat.

¶ **CONGIARE**, Congiatus. Vide *Congeare*.

CONGILDONES, Congilda. Vide *Gildum*.

¶ **CONGIVE**, Conjux, uxor. Vett. Formulæ Andegav. n. 45 : *Igitur ego in Dei nomen inluster vir ille, necnon et Congive mea inlustra matrona illa, etc.*

* **CONGIUS.** Vide supra *Concius*.

¶ **CONGLACIARE**, mendose, ni fallor, pro *Congraciare*, Simul impertiri gratiam, simul favere. Propositio Johannis Goffredi Cardinalis Albiensis facta Henrico Regi Castellæ ann. 1469. apud Acherium tom. 8. Spicil. pag. 338 : *Ergo ut fabulis doctissimi homines prodiderunt tres esse Gratias, quæ Deæ et filiæ Deorum dictæ sunt, Pasitheam, Egyalem, et Eufronissam, quas Attrahentem, Oblectantem, Retinentem interpretavi, vide ut istæ Gratiæ fœderi Francorum et Hispanorum Conglaciant.*

¶ **CONGLEA**, pro *Cochlea*. Vet. Gloss. San-Germ. MS. n. 501 : *Conce et Conglee hac ex causa vocate, quia deficiente luna cavantur i. e. evacuantur.* Mendum corrigitur ex Isidoro lib. 12. Orig. cap. 6.

CONGLESCERE, Coalescere. Candidus Monachus in Vita Eigilis Abbat. Fuldensis cap. 21. GG. vers. 22 :

... Templumque Deo Conglescit in almum.

* **CONGLOBORARE**, Conglobare. Chron. Tarvis. apud Murator. tom. 19. Script. Ital. col. 841 : *Martinus tunc jubet tubas receptui reboare, seque cum suis arcto Conglomerat, et Marosticam suas gentes cum captivis adducit.* Galli dicimus, *Se mettre en peloton.*

* **CONGLOMERATIO**, Congregatio, concilium. Charta ann. circ. 1059. inter Probat. tom. 2. Hist. Occit. col. 232 : *Sanctæ huic Conglomerationi vicariorum Dei, legatis scilicet summi pontificis Romani, ... archiepiscopis videlicet et episcopis, etc.*

¶ **CONGLORIFICARI**, Eadem gloria affici, amplificari. Utitur Interpres Pauli Rom. 8. 17. Tertull. de Resurrectione carnis cap. 40. Carolus M. Epist. ad Elipandum inter Concilia Hisp. tom. 3. pag. 113. etc.

* **CONGLUTINATURA**, Conglutinatio : dicitur de ea parte, qua plures Chartæ glutino aliove modo simul junguntur, cum una ad rei expositionem non sufficit. Charta vendit. comitat. Montispencer. ann. 1385. in Reg. Cam. Comput. Paris. ab ann. 1360. ad ann. 1416. fol. 111. r° : *Et ad omnem fraudem et sinistræ suspectionis stipulam tollendam, contrasigillum dicti sigilli dictæ curiæ Riomi quod tenemus, in principio et in fine dictæ conjuncturæ seu Conglutinaturæ dictarum duarum pellium pargameni apponi fecimus et appendi.* Vide supra in *Charta* 1.

** **CONGRANDIS**, Æque grandis. Reinard. Vulp. lib. 3. vers. 1833 :

Congrandis furno, testaque rotundior ovi
Lar mediastina planus in arce sedet.

¶ **CONGRAPHIARE**, Conscribere. Vide *Graphia.*

* **CONGRATARI**, Congratulari. Charta ann. 994. tom. 10. Collect. Histor. Franciæ pag. 562 : *Quapropter magni atque summo dignissimi honore ducis Burgundiæ, Henrici nomine, sanctæ Congratantes voluntati, etc.*

¶ **CONGRATULAMEN**, Congratulatio. Gonzo Florinensis Abbas in Miraculis S. Gengulphi tom. 2. Maii pag. 651 : *Mox parens uterque consurgens celerrime, stata præ oculis prole, de rei hujus certificantur veritate : factoque invicem festivo Congratulamine, Florinas properant pro gratiarum reddenda actione.*

* **CONGREARE**, Gratum invicem habere, comprobare, nostris etiam *Congréer.* Charta official. Camerac. ann. 1416 : *Laudaverunt, Congreaverunt, ratificaverunt, approbaverunt et expresse concordaverunt, etc.* Lit. remiss. ann. 1425. in Reg. 173. Chartoph. reg. ch. 250 : *Lesquelz se Congréerent ensemble d'eulx deux de retourner au lieu de Hamel.*

¶ **CONGREGALIS**, Ejusdem gregis. Acta SS. Junii tom. 1. pag. 725. C. de S. Bertichramno : *Donet eis caballos Padi duos, et poledros Congregales duos.*

* **CONGREGARIUS**. Bened. abbat. Petroburg. de vita et gestis Henr. II. edit. Hearn. tom. 1. pag. 159. ad ann. 1176 : *Non ex Congregariis tantum quidam, sed etiam multi ex clarissimis et ex intimis consanguineis ipsius imperatoris ibi perierunt.* Ubi rectius Hoved. pag. 555. habet *Gregariis.*

CONGREGATIO, pro *Collecta*, seu Synaxi. Ferrandus Diac. in Breviario cap. 184 : *Ut nullus ad Angelos Congregationem faciat.* Ubi Concilium Laodic. cap. 35 : Οὐ δεῖ χριστιανοὺς.... καὶ ἀπιέναι καὶ ἀγγέλους ὀνομάζειν, καὶ συνάξεις ποιεῖν.

* **CONGREGATIO** Cucullata, Monachorum cœtus. Charta Agnetis Aquit. ducissæ ex Chartul. S. Nicol. Pictav. : *Si quis ita dementia captus fuerit, ut inde clericis canoniciter sive regulariter degentibus expulsis, cucullatam Congregationem dico aut monachos inducere maluerit, nullam licentiam habeat.*

* **CONGREMENTUM**, Accretio, Gall. *Accroissement.* Charta permutat. inter Robert. ducem Burgund. et Amed. com. Sabaud ann. 1289. inter Probat. tom. 2. Hist. Burg. pag. 76. col. 1 : *Nos dictus dux et uxor nostra..... non possumus nos crescere, vel concrementum seu Congrementum aliquod facere in tota terra et seignoria.. Baugiaci.*

* **CONGRESSUS**, Impugnatus, lacessitus. Chron. Malleac. tom. 7. Collect. Histor. Franc. pag. 228 : *Nam a Carolo Calvo ibi Congressi* (Normanni) *et usque ad internecionem omnes deleti sunt.*

CONGREX, Ejusdem *gregis*, Contribulis. Gloss. Gr. Lat. : Ὁμόφυλος, *tribulis, Congrex, gentilis.* Hinc *Congregare.* Vide Josephum Scaligerum lib. 1. Ausonian. lection. cap. 17. [Vocem *Congrex*, vel *Congregis* usurparunt Apuleius lib. 7. Fabul. Miles. de Asino aureo : *Equinis armentis me Congregem pastor egregius aliquando permiscuit.* Tertullian. de Pœnit. cap. 11. Prudent. adversus Symmachum, etc.]

* **CONGRUA** vel Congruens Portio, Sufficiens pars reditus beneficii vicario perpetuo assignata, nostris *Portion congrue*, in Conc. Lateran. sub Innoc. III. PP. et in alio German. ann. 1225. Vide in *Portio.*

¶ **CONGRUENTIA**, Bona cuidam Ecclesiæ aut Presbyterio addicta. Præceptum Lotharii Imper. pro Ecclesia Helenensi inter Concilia Hisp. tom. 3. pag. 142. col. 1 : *Villam quæ dicitur Torrante, et Alamannis villa, et pro Congruentia Ecclesiæ suæ territorium a Petrasita usque super sua claustra.*

¶ Congruum, Eadem notione. Cambium ann. 1086. in Additam ad Chron. Casaur. apud Murator. tom. 2. part. 2. col. 1003 : *Prima petia est in vocabulo S. Silvestri, sunt modiola sex, habet fines ex utraque parte Congruum de prædicta nostra Ecclesia.*

* **CONGRUIUS**, Congruentius. Lit. ann. 1511. tom. 2. Maii pag. 597 : *Et ut a Christi fidelibus ibidem in dies affluentibus Congruius decoretur et veneretur, unam cupri deaurati capsam fieri fecerunt.*

* **CONGUIRANS**, pro *Congyrans*, apud Dion. Exiguum.

¶ **CONGUSTUM**, f. Augustus montium aditus, Gall. *Détroit.* Donatio Garsiæ Regis Navarr. pro Bartrando Abb. Olivæ æra 1188. apud Jos. Moret. Antiquit. Navar. pag. 657 : *A Marchuellis usque ad Podium-rotundum sicut ipsa via indicat, et a Podio-rotundo usque ad Congustum Caracastelli.*

* **CONHASSA**, Securis, Gall. *Cognée.* Lit. remiss. ann. 1390. in Reg. 139. Chartoph. reg. ch. 91 : *Bernardus Porquerii, una cum pluribus suis complicibus, cum quibusdam Conhassis sive securibus fregit januas majores communis domus de Biterris. Conhet* vero, Cultelli species quo nuces enucleantur, in aliis Lit. ann. 1410. ex Reg. 165. ch. 72 : *Lequel prist un petit coustel ou Conhet, dont l'en cerne les noiz, qui avoit environ deux doys d'alumelle.*

CONHIBERE, Cohibere, quasi *Connivere*, apud Ugutionem, *assentiri.* Gloss. Lat. MS. Regium : *Cohibentibus, faventibus. Cohibet, adquiescit, connivet. Conhibere, capitis motu adquiescere.* [Glossar. San-German. MS. n. 501 : *Conibere, Consentire, Conibentia, Consensus.*] Glossar. Græc. Lat. : Ἐπιμύω, *Conhibeo.* Μύω, *Conhibeo.* Gloss. Lat. Græc. : *Cohibet*, καμμύει, καταμύει. Glossæ MSS. ad Concilia Africana : *Conspirantes, Conhibentes, vel conscientes, sive conjurantes.* Eæd. Glossæ : *Cohibere, adquiescere. Cohibet, consentit. Conspiratio, Conibentia, consensio.* Martianus Capella lib. 9. Philolog. : *Alia Cohibentia, alia discrepantia.* Aurelius Victor Schotti in Claudio : *Sceleribus Conhibentes.* Facundus Hermian. lib. 2. cap. 2 : *Sancta illa Synodus hæresi Nestorianæ Cohibuit.* Cap. 5 : *Videtur illa Synodus, ut non dicam, hæresi Cohibuisse, aliquid certe minus fecisse, etc.* Ita lib. 5. cap. 3. lib. 6. cap. 4. lib. 8. cap. 1. Anastasius. in Hist. Eccles. pag. 110 : *Non enim Cohibebat tyranno.* Hincmarus Rem. de Prædestinat. : *Timeo ne Cohibere sit hoc tacere. Conhibere*, in leg. 66. Cod. Th. de Hæret. (16, 5.) leg. 7. de Decurion. (12, 1.) eod. Cod. in Novella Theodosii de Lenonibus in Capitular. Caroli Mag. lib. 6. cap. 245. [** 318.] in Cap. Caroli Calvi 35. pag. 375. 1. edit. [** Carol. II. Coronat. ann. 869. Pertz. pag. 513. lin. 25. Baluz. Capit. tom. 2. col. 217.] apud Atton. in Cap. cap. 41. etc.

Cohibentia, Conlusio, ita legendum in Glossis Isid. pro *Conclusio.* Joan. de Janua : *Cohibentia, assensus, item Conniventia et Collibentia.* Gl. Lat. Græc. : *Cohibentia*, Ῥαθυμία, συνοχή. Gloss. Lat. Gall. : *Conhibentia, Assentement. Conhibere, Assentir.* Carolus Mag. in Præfat. ad libros de Cultu Imag. : *Quod opus aggressi sumus cum Cohibentia Sacerdotum.* [Præceptum Ludovici Imp. ann. 823. apud Marten. tom. 1. Ampliss. Collect. pag. 79 : *Dedit igitur... Tancradus Abba ex ratione prædicti Monasterii, una per consensum et Conhibentiam Monachorum ibidem degentium, etc.*] Utuntur passim hac notione Codex Theodosianus, Novella Theodosii de Tyronibus, Xystus PP. in Epist. apud Holstenium in Synodo Rom. pag. 93. S. Augustinus de Unitate Eccles. cap. 2. et Epist. 93. S. Hilarius in Fragm. pag. 28. Facundus Hermianensis lib. 2. cap. 6. lib. 7. cap. 3. lib. 8. cap. 1. Concilium Toletanum æræ 648. Synodus Ticinensis ann. 850. cap. 9. Lex Wisigoth. lib. 3. cap. 21. Capitula Caroli Magni lib. 5. cap. 129. Concilium Duziacense I. part. 5. pag. 298. Vita S. Sulpitii Episc. Bituric. n. 28. Vita alia ejusdem n. 1. Chronic.

Reichersperg. pag. 189. Gregorius Turon. de Gloria Confess. cap. 75. Warinus Abbas Metensis in Ep. etc. Vide Casaubon. ad Apuleii Apolog. pag. 148.

Cohibenda. Concilium Arelat. II. can. 27 : *Professas viduas, si in Cohibenda perstiterint, cum raptoribus esse damnandas.* Ad marg. *Cohabitatione*, perperam : idem est enim *Cohibenda*, ac *Cohibentia*, seu conniventia, consensus. [** can. 46 : *Si conniventiam præstiterint.*]

Cohibuli, alias : *Conivoli, concordes, juncti*, in Gloss. Isid. Gloss. Lat. Gr. : *Cohibilis, facilis*, εὐχερής. [Glossar. Saugerm. MS. n. 501. *Conlboli, Concordes, conjuncti.*] Gloss. Lat. MS. : *Conjuga, Conhibulus* [Papias : *Cohibilis, conducibilis, Cohibilius, conducibilius*. MS. unus, *Cohibilius, Constabilius. Cohibita oratio*, gracilis et venusta, apud Gellium, et apud Apuleium, *Cohibitius conscribere*, est pressiori stilo scribere.]

* **CONHOL**, Panis species. Acta Mss. Inquisit. Carcass. ann. 1309. fol. 31. r° : *Misit dictis hæreticis ...... unam cannam plenam vino et unum panem, dictum Conhol*, Vide infra in *Panis* 2.

¶ **CONI**, *Munuscula, quæ pueris dabantur*, in Vocabulario Sussannæi.

¶ **CONIA**, *Poma silvestria vel fructus cipressi dicti quod conum imitentur*. Papias MS. Vide *Cuma*.

¶ **CONJACTURA**, pro *Conjectura*. Chartul. S. Vandregesili tom. 2. pag. 1889. ann. 1305 : *Tracta ad futurum de præterito Conjactura.*

¶ **CONIADA**. Codex Irminonis Abb. SanGerman. fol. 72. [** Br. 13. cap. 100. Guerard. pag. 149.] : *Ainfredus... solvit ad Nativitatem Domini porcos* II. *ferreolos* II. *Coniadas* VIII. hoc est, si recte opinor, Panes ovis et lacte subactos, quos etiamnum Picardi *Cuignets*, Gallo-Belgæ *Quenieux* appellant; quosque die Nativitatis Domini solent distribuere præsertim pueris; similes vero eo ipso die præstationes olim debitas fuisse, videre est in voce *Focacia*, et alibi. Vide *Cuneus* 3.

* **CONIARE**, Cudere, signare monetam, vox Italica, a *Conio*, cuneus, Gallis *Coin*, sigillum ferreum, quo nummi cuduntur. Stat. ant. Florent. lib. 3. cap. 129. ex Cod. reg. 4621 : *Nullus.... aurum sive florenum auri audeat monetari vel signari vel Coniari facere sub ymagine S. Johannis vel lilii, vel sub alio signo vel Conio communis Florentiæ, nisi in loco zechæ seu in zecha dictæ civitatis, ... sub pœna concremationis personæ et confiscationis omnium bonorum suorum. Coignier*, eodem sensu, in Lit. ann. 1303. tom. 1. Ordinat. reg. Franc. pag. 389 : *Et desores nous aions commandé à battre, Coignier et faire hastivement et continuelement les noz dites monnoies bonnes et anciennes*. Vidè supra *Conare* 2. et infra *Connius*.

* **CONJATOR**, Aleator, qui globulos lusorios vel taxillos projicit, unde nomen, contra quosvis obvios. Stat. castri Redaldi lib. 2. pag. 39. r° : *Si qui Conjator repertus fuerit ludere ad corizolam vel polverellam, solvat ipso facto soldos viginti pro qualibet vice, et si quid ob id receperit, in totum restituat*. Vide supra *Averitator*.

¶ **CONIBENTIA**. *Per consensum et Conibentiam*, apud Marten. tom. 1. Anecd. col. 70. Vide *Conhibere*.

¶ **CONIBOLI**. Vide *Cohibuli* post *Conhibere*.

¶ **CONIDARIUS**, a Græco Κόνις, Lens, pediculus. Nomen per contemtum diabolo tributum, quasi sordidissimus esset pediculosus, aut lendibus scatens. Legitur in Vita S. Lucæ Junioris tom. 2. Febr. pag. 96.

* **CONIDUS**. Charta Ludov. Pii ann. 836. inter Instr. tom. 8. Gall. Christ. col. 483 : *Et in pago Dunensi cellam habet in loco qui dicitur Monsletardi, cum aqua Conida, molendinis, silva, pratis, etc.*

¶ **CONJECTA**. Vide mox in *Conjectare*.

¶ **CONJECTABUNDUS**, Suadens, consulens, apud S. Augustinum.

¶ **CONJECTANTER**, Per conjecturam, apud Tertullianum.

CONJECTARE, Contribuere. Lex Salica tit. 45. §. 1 : *Omnes mortis illius compositionem Conjectent.* Capitulare ann. 807. cap. 2 : *Et unicuique ex ipsis qui in hoste pergunt, fiant Conjectari solidi quinque a suprascriptis pauperioribus, etc.* Leges Henrici I. Regis Angl. cap. 59 : *Si furtum redimendum sit, captale redimentis Conjectent.* Adde cap. 58. 68. 92 : *Weram et compositionem mortui Conjectare*, in Legibus Aluredi Regis West-Sax. cap. 21. et 32.

Conjectus, Contributio, symbolum, collecta : quod quisque in unum confert ad exsolvendam certam pecuniæ summam, [vel ad colligendam certam cibariorum quantitatem.] Maxime quod a populis Regiis Missis in itinere exsolvebatur. Capitulare tertium Ludovici Pii cap. 9 : *De Comitibus et Vicariis eorum, qui in aliquibus locis tantum accipiunt de Conjectu populi ad minorem legationem, quantum ad majorem.* Cap. 10 : *Volumus ut talem Conjectum Missi nostri accipiant, quando per Missaticum suum perrexerint : hoc est unusquisque accipiat panes 40. friskingas duas, etc.* Annales Francor. Bertiniani ann. 886 : *Juxta quod unusquisque Regni primorum de honoribus habuit Conjectum tam in argento quam et in vino, etc.* Flodoardus lib. 3. Hist. Rem. cap. 19 : *De Conjecto Normannis dando.* Capitula Caroli Magni lib. 3. cap. 35 : *Ut illi qui heribannum solvere debent, Conjectum faciant ad Heribannatorem. Conjecto* respondet *Schot*, seu *Scot*, Germanicum et Anglicum. Charta Ludovici Imp. apud Will. Hedam : *Ut nec bannum, aut fredum, aut Conjectum, quod ab ipsis Geschot vocatur, contingere, aut exactare præsumeret.* [Codex MS. Irminonis Abbatis Sangerman. fol. 70. col. 1 : *Autlemarus.... tenet dimidium mansum servilem...* (solvit) *pullos* III. *ova* XV. *de Conjecto de annone dimid. modium.* Eodem fol. v°. col. 1 : *Solvit ad hostem denar.* VI. *et denar.* IIII. *de capite suo, et dimidium modium de Conjecto, et modium* I. *de spelta.*] [** Br. 13. cap. 64. et 76. bis. Guerard. pag. 143. 145. Br. 13. cap. 99. pag. 149 : *Solvunt de Conjecto de viva annona modios* 99. *ad forstarium.* Guerardo est Contributio a singulis hominibus ejusdem villæ sive prædii in unum collata.] Vide Capit. 5. ann. 803. cap. 17. Capitul. 1. ann. 812. cap. 7. Capitul. 5. ann. 819. cap. 26. Capit. Caroli M. lib. 4. cap. 69. Legem Langob. lib. 3. tit. 1. §. 38. tit. 6. §. 2. 3. [** Ludov. P. 54. Carol. M. 97. 98. ubi glossa interlin. *gaforium.*] Capitularia Caroli Calvi tit. 5. §. 4. tit. 28. pag. 254 tit. 42. pag. 424. tit. 43. §. 30. [** ap. Tolos. ann. 844. Edict. in Carisiac. ann. 861. Exact. Nortmann. const. ann. 877. ap. Carisiac. ann. 877.] Chartam Dagoberti Regis Franc. apud Browerum lib. 7. Annal. Trevir. pag. 421 1. Edit. aliam Henrici III. apud Meurissium in Episc. Metensib. pag. 359. [Analecta Mabillonii tom. 3. pag. 266. in Præcepto Caroli M. Ampliss. Collect. Martenii tom. 1. col. 144. in Præcepto Lotharii ann. 856. Diplomata Belg. Miræi tom. 1. pag. 242. col. 2. in Charta Dagoberti I. Regis Franc. ann. 643.]

Conjecta, in Chronico Laurisham. ann. 776.

Geta, pro *Conjecta*. Observantiæ ad tit. de Muneribus agnoscendis in Foris Aragon. fol. 31. apud Michaelem *del Molino* in Repertorio pag. 75. v : *Quando debent facere Getam pro cœna Domini Regis vel Domini infantis, vel pro subsidiis eorumdem, etc.* Occurrit ibi pluries.

Conjectio. Capitulare Sicardi Principis Beneventani cap. 14 : *De tertiatoribus, et Conjectionibus illorum.*

Conjectura. Gloss. Lat. Græc. : *Conjectura*, Στοχασμός, ζημία. Gregorius Turonens. lib. 6. Hist. cap. 45 : *Nihil de fisco suo Rex dari præcepit, nisi omnia de pauperum Conjecturis.*

CONJECTORIUM Danielis, Liber sic inscriptus de divinatione. Illius meminit Joan. Sarisberiensis in Policrat. lib. 2. cap. 17. Ὁράσεις seu *Visiones Danielis* vocat Luithprandus in Legatione. Vide Descriptionem nostram Constantinop.

¶ **CONJECTURA**. Vide *Conjectare*.

¶ **CONJECTURARI**, Conjicere, *Conjectare*, Gall. *Conjecturer*. Processus de Vita S. Thomæ tom. 1. Martii pag. 699 : *Ipse testis imaginatus et Conjecturatus est. Conjecturare* dixit Raymundus Capuanus in Vita S. Catharinæ Senensis tom. 3. SS. April. pag. 886. Sed hoc verbum quidam dicunt a Seneca fuisse usurpatum : pro quo tamen alii legunt, *Conjectura ire*.

¶ **CONJECTURATIVE**. Conjectando, Gall. *Par Conjecture*, in Dissertatione Jac. Thomasii de poculo S. Johannis §. 29. apud Eccardum col. 173. Hist. Geneal. Marchionum Misniæ.

¶ **CONJECTUS**. Vide *Conjectare*.

¶ **CONIFLO**, ἐμπλήκτος, *Stolidus*, apud Janum in Supplemento Antiquarii.

* Ἐμπλέκτης, in Gloss. Lat. Gr. at in Gr. Lat. : Ἐμπλέκτης, *Ciniflo*. Ἔμπληκτος, *attonitus*. Vide *Ciniferus*.

* **CONIGLI**, Pelles cuniculorum ab Ital. *Coniglio*, cuniculus. Stat. Astæ, ubi de intrat. portar. : *Conigli laborati, sive in pennis, sive in sola pelle, sive sint positi in laborerio, sive non, solvant pro centenario lib. viij.* Vide *Coninæ pelles*.

¶ **CONILLOS**, f. Vivarium cunicularium, Gall. *Garenne*, a Gallico *Conil* vel *Conin*, Cuniculus. Charta anni 1052. ex Archivo Infirmariæ S. Victoris Massil. : *Ego Bonifacius et uxor mea Vandalmasia donamus medietatem bosci et duas partes Conillos cum terris, etc.* Charta anni 1043 : *Medietates* *boschi et duas partes Conillos cum terra, in qua boschus sedet.*

* **CONILLUS**, a Gall. *Conil* vel *Connin*, Cuniculus. Libert. Petræ assisiæ ann. 1341. in Reg. 74. Chartoph. reg. ch. 647 : *Item quod nullus capiat in retis seu foveis et claperiis alienis cirogrillos seu Conillos, cum canibus seu furonibus.* Lit. remiss. ann. 1456. in Reg. 183. ch. 127 : *Le suppliant trouva une jeune fille de l'age de douze ans ou environ sur le chemin, ... laquelle lui demanda s'il chaçoit aux Connins, à quoy il lui respondy que ouy aux connins privez et qu'il chaçeroit au sien.* Hinc *Connineur*, Haræ cuniculariæ custos vel redemptor, in aliis Lit. ann. 1350. ex Reg. 78. ch. 272 : *Goffroy Chauboneau Conineur prist ja pieça en la garenne de l'evesque de Chartres xx. ou xxij. conins.*

CONINÆ Pelles, Cuniculorum, *Peaux de Conins* vel *de Conils*. Rainardus Abbas Cisterciensis in Institut. ejusd. Ord. distinct. 14. cap. 15 : *Pelles silvestres non operentur Conversi nostri, non catinas, non Coninas, non varias, non grisias, seu alias hujusmodi, etc.* Ubi antiquæ Definitiones ejusdem Ord. dist. 14. cap. 6. habent *Caninas.* [Privilegium Leduini Abb. S. Vedasti Atrebat. de censu ann. 1036. e Chartul. ejus Monasterii fol. 243. c. : *Pelles agninæ* IV. *den. Penna agnina vel pellicia* L. *den. Grisia vel varia* IV. *den. De cattis vel Coninis* II. *den.*] [* Vide *Chirogryllus* et supra *Conigli.*]

* **CONIOLUM**, an Conclave, Gall. *Cabinet?* Testam. Ant. de Villanova ann. 1516 : *Item recolens...... reliquisse* (uxori meæ) *unam cameram et retrocameram, cum uno lecto et uno Coniolo, cum suis garnimentis necessariis, etc.*

¶ **CONIRE**, *Coire, simul ire, consilium accipere.* Papias in Amalthea.

* **CONIS**, a Gr. κωνίς, Urceolus, vas aquarium. Vita S. Lugidii tom. 1. Aug. pag. 344. col. 2 : *In illo autem tempore mos erat, ut sphæra ferrea in igne calefacta in Conices fratrum daretur, ad calefaciendum liquorem.* Pluries ibi. In alia vita, ut monent docti Editores, legitur *cupas*, et in compendio Ms. *vas* potum continens.

¶ **CONITIO**, Populi multitudo. Vet. Gloss. San-german. MS. n. 501. Latinis *Coitio*, Conventus, congressio.

¶ **CONIVA**, pro *Conniventia*, sumta tamen strictiori modo, pro conspiratione, pacto conspiratorum, seu assensu conspiratis et rebellatoribus dato ab iis, qui eorum partes amplectuntur. Charta Henrici IV. Angl. Regis ann. 1400. apud Rymerum tom. 8. pag. 150. col. 1 : *Sciatis quod de gratia nostra speciali et pro bono servitio quod dilecti Ligei nostri et Communes villæ nostræ de Circestre, tam homines quam mulieres nobis impenderunt, circa captionem Comitum Kantiæ et Sarum et aliorum de eorum rebelli Coniva, concessimus eisdem hominibus quatuor damas percipiendas tempore seisonæ in foresta nostra de Bradon, per liberationem Magistri forestarii.* Charta ejusd. Regis ann. 1403. pag. 333. col. 1. de tractando cum gentibus Comitatus Cestriæ : *Omnes aliæ personæ ecclesiasticæ, quæ contra nos in bello nuper juxta Salopiam commisso, armatæ, seu de assensu dictæ rebellionis contra personam nostram regiam extiterunt... Et omnes et singuli bellum illud causantes, omnesque et singulæ gentes villæ Cestriæ, quæ ad idem bellum præsentes seu de Coniva Henrici de Percy defuncti extiterunt.* Liquet *De Coniva Henrici, etc.* idem esse, quod paulo superius *De assensu dictæ rebellionis*, ac proinde *Conivam* per *Conniventiam* seu assensum rebellibus esse explicandam.

* Legendum videtur *Covina.* Vide in hac voce.

¶ **CONJUDEX**, Assessor, qui cum primario Judice judicat. Charta Duranni Episc. Cabil. tom. 8. Spicil. pag. 230 : *Cum discordia verteretur .... coram Decano et Conjudicibus suis Senonensibus.*

CONJUGA. pro *Conjux*. Burchardus Wormaciensis in Lege familiæ cap. 5 : *Si quis cum manu Conjugæ suæ cum bono testimonio aliquam traditionem... fecerit, etc.*

¶ **CONJUGALIS**, Eadem notione. Charta Ademari et ejus uxoris Aldebergæ pro Monasterio Nobiliacensi apud Stephanotium tom. 3. Antiq. Pictav. MSS. pag. 402 : *Dono pro remedium animæ meæ, vel pro remedium Conjugale meo.*

¶ **CONJUGES**, in Libris feudalibus dicuntur domini et vassalli, teste Salvagnio, de Usu Feudorum cap. 11. et 13. ubi docet *Conjuges* ideo dici, quod mutua, licet dispari, inter se fide conjugentur et obstringantur. Dominus vassallo benevolentiam debet atque protectionem; vassallus autem domino reverentiam, honorem, servitium, etc. Vide *Consortes* et *Vassalli* in *Vassi.*

CONJUGIUM, pro *Conjuge*, in l. 3. de Re milit. (7, 1.) et leg. 14. de Episc. (16, 2.) in C. Th. Vide *Matrimonium.*

CONJUGLA, Conjuncla, Lorum quo vinciuntur ac conjunguntur boves. Gloss. vet. : *Conjuglæ*, ζευκτῆρες. Gloss. Lat. Gr. : *Jungula*, ἡνίαι ζευκτικαί.

* *Congle*, eadem notione, inter Redit. comit. Namurc. ann. 1265. ex Reg. Cam. Comput. Insul. sign. *Papier velu* fol. 13. r°. : *Et si a li cuens sor deux quartiers de tiere trois sols de cens au Noel pour les Congles, dont on joint les buves ki mainent le laigne el castiel de Namur.* Piscis vero genus est, in Reg. sign. *Pater* Cam. Comput. Paris. fol. 247. r°. : *Morues et Congles salés, le cent xviij. den.* Pro *Congre.*

Conjuncla. Gloss. Saxon. Ælfrici, c. de Instrumentis agricolarum; *Conjuncla*, vristra. Saxonibus vriðа est lorum. Statuta antiq. Corbeiensis Monast. lib. 2. cap. 1 : *Dent unusquisque ad hortum cui deservit in tertio anno, aratrum* 1. *jugum cum amblacio et Conjunclis, quando necesse fuerit.* Chron. Besuense pag. 538 : *Accessit ubi boves juncti erant, et juncturas super capita eorum, quas rustici Convinculas appellant, omnes truncavit.* Sed legendum *Conjunculas*, aut *Conjunclas*, quas *juncturas* revera vocant Paulus 3. Sentent. tit. 6. et Capitolinus in Vero.

* **CONIUM**, *Cicuta*, ex Glossar. ad Alex. Iatrosoph. MS. lib. 1. Passion. cap. 113 : *Item castoreum et Conii semen æquali pondere solves cum aceto et tepidum mittes in aurem.*

* **CONJUNCTIO** Solis et Lunæ. Hanc certis in casibus perniciosam esse aliquando opinati sunt medici, qui nihilominus *scientifici* nominantur. Bernardus *Chaussade* reginæ Margaretæ medicus *indignus*, ut sese inscribit, in Tract. *de Conceptione et Generatione præcipue filiorum* lib. 2. cap. 4. ex Cod. reg. al. 7064 : *Ego vidi Parisius anno* 1472. *quod quidam nomine Johannes Cortin Paris. licentiatus in medicinis, cum quadam, vocata La belle Cypriane, in actu emissionis seminis mortuus est subito. Et prædicta apprehensa per justitiam, excusans se justitiæ et parentibus, venisset punienda. Sed quia medici scientifici audientes hunc casum et desiderantes cognoscere causam mortis, informatione debita facta de hora mortis et cohitus, invenerunt in illo instanti Conjunctionem fore* (solis scilicet et lunæ) *et quod prædictus Cortin usus erat cohitu superfluo, ut asserebat prædicta mulier. Ideo non mirum, si natura carens humiditatibus sufficientibus, in illa ultima evacuatione defecit :*

Felix, quem faciunt aliena pericula cautum.

* **CONJUNCTURA.** Vide supra *Conglutinatura.*

CONJUNGERE, Pervenire aliquo. Nos etiamnum dicimus, *joindre quelqu'un*, cum quempiam convenimus. Vita S. Macarii Romani cap. 3 : *Post hæc vero decem et septem dies ambulantes; Conjunximus Jerusalem, et sanctam Resurrectionem Jesu Christi, et Crucem adoravimus.* Anastasius Biblioth. in Stephano III. PP : *Et dum hæc agerentur, Conjunxit Romam Joannes Imperialis Silentarius.* Infra : *Et dum valide... opprimerentur, subito Conjunxit Missus Regis a Francorum nomine, etc.* Ibidem : *Conjungente vero eo Papiam.* In S. Adriano : *Et dum reversus fuisset Sacellarius, Ravennamque Conjungeret.* Occurrit non semel, in Epist. Sigeberti Regis ad Desiderium Episc. Cadurcensem, in Epistolis Summorum Pontific. tom. 3. Hist. Franc. pag. 745. 748. 760. 777. etc. Gregorii Magni lib. 10. Epist. 3. in Actis S. Anastasii Persæ cap. 6. num. 38. etc. Theophylactus Simocatta lib. 8. cap. 11 : Ἀναζεύξαί τε πρὸς αὐτὸν ἀνέταξεν.

Jungere, Eadem notione. Epistola 4. ad Desiderium Episc. Cadurcensem apud Canisium tom. 5. Antiq. lect. : *Flavianus autem denuntiavit, ut quinta feria apud ipsum jungamur.*

* **CONJUNGERE** Testes, Componere, Gall. *Confronter.* Annal. Bonincont. ad ann. 1421. apud Murator. tom. 21. Script. Ital. col. 125 : *Postquam ille* (Tartalia) *Conjunctis testibus inficiari rem non potuit, supplex a Sfortia auxilia postulabat.*

¶ **CONIVOLI.** Vide *Cohibuli* in *Conhibere.*

* **CONJURA**, Conjuratio, conspiratio, Italis *Congiura.* Specim. Hist. Sozom. Pistor. ad ann. 1362. apud Murator. tom. 16. Script. Ital. col. 1069 : *Pisani timentes de dicta Conjura, revocaverunt in civitatem Pisanam omnes equites et pedites.*

1. **CONJURARE**, Simul jurare, simul sacramento firmare. *Communiam Conjurare*, in Charta Theodorici Comitis Flandriæ ann. 1147. in Tabulario Monasterii S. Bertini : *Concesserim hominibus S. Bertini ad Poparingehem pertinentibus ejusdem pacis securitate per omnia gaudere, qua Furnen-*

ses fruuntur, quam Conjuraverunt, in qua et confirmati sunt. Vide Galliam Christian. tom. 1. pag. 100. a. Vetus Inquesta ann. 1228. apud Petrum Mariam Campum in Hist. Eccl. Placent. lib. 17 : *De fratribus dicit, quod nescit aliquid emendandum in iis, nisi quod Conjuraverunt simul, excepto Joanne et Magistro Alberto, et inde debuit esse instrumentum, sed nescit, utrum sit destructa illa Conjuratio, vel non.* Vide *Confratria.*

* Charta Phil. Aug. ann. 1187. in Reg. 34. bis part. 2. Chartoph. reg. fol. 79. v°. col. 2 : *Item quia servientes nostri burgenses gravabant et redimebant, imponentes eis quod in morte patris nostri communiam Conjurassent, ipsi burgenses se hoc non fecisse nobis juraverunt.*

¶ Conjuratores, Qui simul jurant ad ejusdem rei confirmationem. Arestum Parlamenti Pentecostes ann. 1280. in Tabul. S. Richarii : *De quibus liquebit per eorum juramenta, additis cuilibet eorum de Feuqueriis duobus vel tribus Conjuratoribus de vicinis suis fide dignis.* Vide *Sacramentarii* post *Juramentum.*

¶ Conjurare, Jurare nude. Vett. Formulæ Andegav. num. 49 : *Sin melius in Ecclesia seniore loci in ipsa civitate hoc debiat Conjurare, quod ad morte sæpe dicto numquam consensisset, nec eum occessisset, nec consciens, nec consentanius ad hoc faciendum numquam fuisset.*

¶ Conjurare Terram, Jurare terram, de qua lis est, ad certum hominem pertinere. S. Audoen. in Vita S. Eligii apud Acherium tom. 5. Spicil. pag. 284 : *Sparvus Abbas... accepit a Principe judicium, ut si posset in loco sancto* (ad Sepulcrum S. Eligii) *terram Conjurare, ad partem utique Ecclesiæ vendicaret; sed ille maluit, ut idem pertinax vir, qui eam invadere quærebat, jurejurando asseveraret suam.*

Conjuratio, Quodvis juramentum. Capitulare 3. ann. 779. cap. 10 : *Et istas Conjurationes quas faciunt per S. Stephanum, per nos, aut per filios nostros, prohibemus.*

1. **CONJURARE**, Submonere, in jus vocare, per fidem et sacramentum, quo domino feudali obstrictus est, quempiam citare. Charta ann. 1081. apud Sammarthan. in Archiepisc. Turon. : *Quapropter prædictus Radulphus ad Curiam Regis ab ipso Rege fide et juramento Conjuratus, ut de hac re justitiam sibi faceret, ire non ausus est.*

Ut porro vassallum conjurare poterat dominus, ita dominum vassallus, si de jure deficeret. Assisiæ Hierosol. MSS. cap. 241 : *Ce sont ceaus qui peuvent gager, ou semondre, ou Conjurer le Seignor de sa foi. Celui à qui le Seignor doit aucune chose de son fié, le peut semondre, ou gager dou service, que il li doit de celui fié, ou Conjurer de sa foi, etc.* Cap. 244 : *Il doit Conjurer le Seignor de sa foy, que il le paie, ou face paier de ce que il li doit.* Cap. 247. narratur vassallum non posse conjurare suum dominum de ejus fide, nisi post ratas aliquot submonitiones, quarum hæc erat formula : *Si vous Conjure come à mon Seignor par la foi que vous me devez, come à vostre home, que vous m'en aiés paiés, ou fait paier dedans tel jour. Et si le Seignor ne le faisoit dedans le terme, le vassal le pouvoit gager de son service.* Proprie autem *Conjurari* dicuntur *Pares* feodorum, cum ad judicium exercendum in Curia sua a Domino evocantur. Eædem Assisiæ Hieros. cap. 206 : *Doit requerre et Conjurer ses Pers, si comme il doit, que ils destraignent le Seignor, si comme ils peuvent et doivent.* Et cap. 207 : *Quant le Roy Aimery congea Messire Raoul de Tabarie, Messire Raoul requit et Conjura ses Pers, que ils le menassent à droit, comme leur Per, et que il en offroit à faire à droit.* Adde vetus Chron. Flandrense vernac. cap. 14. et 34.

Quod si *Pares* post *Conjuramentum*, Domini superioris judiciis non interessent, ad id feudorum suorum interceptione compellebantur. Statutum Caroli V. Reg. Franc. ann. 1363. mens. Jun. : *Statuimus et ordinamus quod præfati homines feodales ad judicium faciendum et reddendum ad locum consuetum, ut moris est, evocati, infra statutum et eisdem assignandum tempus accedere et comparere teneantur sine defectu, nisi causam veram et legitimam habuerint absentiæ, quæ si vera et legitima non fuerit, et ad judicium evocati minime comparuerint, eorumdem hominum feoda in manu dicti fratris nostri ad causam prædictam poni volumus et arrestari, et in ea detineri per Baillivum dicti loci Guysiæ, quousque dicti homines sic contumaces et absentes pro suo defectu et absentia, vel contumacia, emendam præstiterint condecentem.*

* Judices ad judicium exercendum evocare; quod domini superioris jus erat. Charta ann. 1315. ex Cod. reg. 4184. fol. 22. r°. : *Cum abbas et conventus S. Saumerii* (Samer) *in bosco essent et fuissent in possessione et saisina Conjurandi cormangnos et scabinos villæ de Colonia prope Calesium, habendique et faciendi executionem judicatorum per eosdem factorum, quotiens casus se offerre contigit.* Arest. parlam. Paris. ann. 1322. in Chartul. S. Petri Gand. ch. 32 : *Dictus abbas,... tanquam superior et dominus, potest Conjurare dictos scabinos in defectum majoris.* Paulo ante : *Dictus abbas est in saisina præcipiendi dicto majori, quod ipse faciat judicare scabinos.*

Conjuramentum, Submonitio Parium. Regestum Andegavense in Camera Comput. Paris. fol. 76. 77. ann. 1363 : *Homines prædicti feodales, qui in dicta villa et castellania Guysiæ in Viromandia, ratione et ex debito feudorum suorum ad Conjuramentum Baillivi dictæ castellaniæ Guisiæ judicia facere et reddere tenentur, etc.* Quod porro hic *Conjuramentum* dicitur, *Conjure et semonce* eadem notione vocant Consuetudines municipales S. Audomari art. 16. Tervann. art. 8. Bethun. art. 30. 38. Valentian. art. 1. 2. 4. Hannon. cap. 56. et Summa Ruralis.

* Lit. ann. 1390. in Reg. 138. Chartoph. reg. ch. 252 : *Elles* (les informations) *furent recordées par loy et par jugement par les eschevins de la Leve à le semonse et Conjure des baillis dudit lieu.* Vide Ordinat. reg. Franc. tom. 5. pag. 140. 146. et 623.

Conjuratio, Eadem notione. Charta ann. 1260. in Probat. Hist. Guinensis pag. 528 : *Per legitimam monitionem nostram et Conjurationem super hoc sibi factas.* [Vide alia notione in *Conjurare* 1.]

Conjuratio, Communia, *Commune*, Juratorum conventus : *jurati* enim et *Conjurati* dicuntur cives unius oppidi. Charta Friderici I. Imper. ann. 1161. apud Browerum lib. 14. Annal. Trevirens. pag. 801. 1. Edit. : *Communio civium Trevirensium, quæ et Conjuratio dicta, quam nos in ipsa civitate destruximus, etc.* Vide *Juratus.*

* *Conjure* et *Conjurement*, eadem acceptione. Libert. Cales. ann. 1304. ex Reg. 69. Chartoph. reg. ch. 365 : *Quiconques destourbera eschevins ne coremanz, quant il sieent en banc et font Conjure, il doit amender au seigneur de iij. soulz.* Lit. remiss. ann. 1381. in Reg. 121. ch. 43 : *Ledit Andrieu,.... au Conjurement des jurez de nostre ville de Tournay,.... encoulpa et empescha ledit exposants, etc.*

Conjuratio in Legibus Canuti Regis Angl. idem videtur quod *Adjuratio*, seu, ut vocant, *Exorcizatio.* [Statuta Ecclesiæ Valentinæ tom. 3. Concil. Hisp. pag. 511. col. 1 : *Nec in Ecclesiis fiant Conjurationes aquæ ferventis, vel ferri candentis, vel aquæ frigidæ conjuratæ, quia omnia ista sunt superstitiosa penitus et contra Deum.*]

Conjuratores, pro *Conjurati*, in Conventu Alsatico ann. 1050. § 3. 5. apud Goldastum tom. 2. Constit. Imp. et Freherum. [Vide in *Conjurare* 1.]

¶ Judex Conjurator *hominum judicantium*, Qui *homines judicantes* submonet et vocat ad judicium; in Edicto Philippi VI. Fr. Regis ann. 1344. n. 6.

Conjuratus, Eodem astrictus juramento. Ὁμότης, συνωμότης, Nicetæ in Man. lib. 7. n. 1. Historia de Expedit. Asiatica Frider. I. Imp : *Offerentes auxilium tam de se quam de ipsorum Conjuratis et amicis.* Vetus Inquesta tom. 1. Monastici Angl. pag. 207 : *Ernaldus Marescallus juratus idem dicit per omnia, quod Ac filius Andreæ Conjuratus suus.* Vide Dissert. 21. ad Joinvillam.

* 3. **CONJURARE**, Exilio damnare, Gall. *Bannir.* Banna S. Genovefæ ann. 1282. inter Consuet. ejusd. MSS. fol. 26. r°. : *Bietris de Prouvins et Agnes d'Abbeville, toutes fames de chans, furent Conjurées, sus poine d'estre brullées, de la terre.* Vide *Abjurare.*

* 4. **CONJURARE** Sententiam, Animo statuere, decernere. Vita S. Emmer. tom. 6. Sept. pag. 490. col. 2 : *In hoc proposito suam Conjurasse sententiam, ut aut vivit compos professionem vitæ cum fructuosa pace finiret, aut devoto certamine sanguinem martyr effunderet.*

* **CONJURIUM**, Sortilegii species, quo potissimum in sanandis vulneribus utebantur; et quidem licite ex Statutis Mantuæ lib. 1. rubr. 83 : *Per hoc statutum non includatur.... qui vel quæ prædictas incantationes fecerit ad sanandum vel liberandum aliquem de aliqua infirmitate et alio modo licito.* Charta fundat. colleg. de Verdala Tolos. ann. 1337. ex Cod. reg. 4223. fol. 8. v°. : *Sortilegia, maleficia, Conjuria, divinationes... fugiant et evitent.* Lit. remiss. ann. 1397. in Reg. 152. Chartoph. reg. ch. 92 : *Icellui Jehan s'en ala sans faire aucune diligence d'envoyer querir mire ne phisicien, fors seulement qu'il se feist Conjurer la playe*

par un homme dudit lieu..... et quant il s'apperceut que ledit Conjurement ne lui pourfitoit aucunement, il envoya querir un barbier. In vestigandis quoque rebus abditis usi sunt, ex aliis Lit. ann. 1400. in Reg. 155. ch. 222 : *L'exposant et Pierre Ricart, prestre et curé de la ville et paroisse de Fricourt, qui est renommé de faire Conjuremens et enseigner choses perdues, et que par fame et commune renommée aucunes personnes dudit pais estoient souspeçonnez d'avoir mis et bouté le feu depuis un an ença ès maisons de Baudin,..... ont pris un sautier ou autre livre, et icellui lié pardessus d'une petite laniere de cuir de serf, et entre deux feulles mis un fusel, et sur ledit livre fait plusieurs conjurations, et tant que ledit livre ilz firent tourner contre ceulx que l'en souspeçonnoit avoir mis et bouté ledit feu èsdites maisons.* Vide supra *Carminare.*

* **CONIUS**, Cuneus, Sigillum ferreum, quo nummi cuduntur. Locus est supra in *Coniare.*

¶ **CONJUVES**, Conjux, uxor. Formula vetus apud Baluz. tom. VI. Miscell. pag. 551 : *Ob hoc igitur in Dei nomen et Conjuves mea illa dilectissimo amico nostro illo pro benevolentia vel servitia tua; quæ circa nos impendis, sed in comea facere non desinis, propterea cessimus tibi, etc.*

¶ **CONIVUM**, κάλιξ ῥόδου μεμυκώς, *Calix, cohivum*, in Supplemento Antiquarii. Folliculus est rosæ clausus, ut explicat Martinius, qui legit *Connivum*, additque florem *conniventem* eumdem esse ac *clausum.* [* Melius in Glossis Lat. Gr. κάλυξ ῥόδου.]

* **CONIX**, *Genus avis*, in vet. Glossar. ex Cod. reg. 7613. An pro Cornix?

¶ **CONKA**, f. Pars fluminis sic dicta, quod circulo suo quasi *concham* repræsentet. Chartularium S. Vandregesili tom. 2. pag. 1384. ex Charta anni 1229 : *Dicti Monachi possint piscari sicut ego in Conka aquæ de Rivecort infra metas positas tempore dicti Richerii... dicti Monachi S. Wandregisilli poterunt piscare in dicta Conka quando voluerint.*

¶ 1. **CONLABORATIO**, Oeconomia, administratio. Annal. Bertiniani ann. 867 : *Carolus Rex Abbatiam ipsius Monasterii sibi retinuit; causas Monasterii et Conlaborationem per Præpositum et Decanum atque Thesaurarium... geri disponens.*

¶ 2. **CONLABORATIO**, Proventus agrorum et pratorum *labore* cultorum. Præceptum Caroli M. pro restauratione Monasteriorum apud Mabil. tom. 3. Analect. pag. 266 : *Præcipimus, ut de omnibus Conlaborationibus terræ tam feni, quam et annonæ omnium generum, tam de sua dominicata, quam et de vassallorum suorum, de vinericiis quoque et perdonato... de melle et Conlaborationibus, quæ in hortis fiunt.... censum legitimum... persolvere faciant.*

* Occurrit præterea apud Marten. tom. 1. Ampl. Collect. col. 180.

3. **CONLABORATIO**, CONLABORATUS. Acquisitio conjugum, stante matrimonio. Vide post *Labor* 2.

* **CONLABORATUS**, ut *Conlaboratio*, 2. Partit. honor. S. Dion. ann. 862. tom. 8. Collect. Histor. Franc. pag. 580 : *Quicquid extra fabricam cellæ de redditibus supra scriptæ villæ ac Conlaboratu vel censu remanserit, etc.*

¶ **CONLACTANEUS**, σύντροφος, ὁμογάλακτος, Gl. Lat. Græc. *Simul nutritus.* Glossæ Cyrilli : *Collactaneus*, ὁμογάλακτος. Vide *Collacteus.*

* **CONLARGIRE**, Largiri, concedere. Hist. Cortus. apud Murator. tom. 12. Script. Ital. col. 812 : *Lofmastrus quæsivit a domino Cane burgum S. Johannis, ita quod nullus alter secum vadat præter gentes suas, et sibi Conlargivit.*

¶ **CONLATERANUS**, Transverso cognationis gradu junctus, Gall. *Collateral.* Charta S. Eduardi Regis Anglorum ann. 1059. apud Felibianum in Hist. Sandionys. pag. LXXXV : *Ego Eadgyd Conlateranus ejusdem Regis hoc mihi placere cum benivolentia professa sum.*

* **CONLATERARE**, Ad latus esse : dicitur de agro, qui alteri a latere conjungitur. Charta ann. 1027. inter Instr. tom. 6. Gall. Christ. col. 173 : *De oriente confrontat in terra de nos donatores, de meridie Conlaterat in via publica.* Vide *Collaterare.*

¶ **CONLATERATIO.** Vide *Collateratio.*

¶ **CONLATERE** SE, Occultare, abscondere se. Vita S. Columbæ abbat. tom. 2. Junii pag. 231 : *Sed frater quidam callidus explorator, alia means via, in cujusdam monticelli cacumine, qui eidem supereminet campulo, se occulte Conlatebat, etc.*

CONLATOR, Adulator. Vita S. Præjecti Episcopi tom. 1. Hist. Franc. 675 : *Sed ut est Conlatorum mos, amici cœperunt eum cogere, ut tali pro causa non differret dare responsum.*

* **CONLAUDACIO**, αἶνος, ὁ ἔπαινος, ἐγκώμιον. *Conlaudo*, συνεγκωμιάζω, συνεπαινῶ. Gloss. Lat. Gr.

¶ **CONLAUDANTES**, Iidem cum *Sacramentalibus*, qui juratori ut testes adjungebantur in judiciis. Vide locum in *Forbatudus.*

* **CONLAUDATIUM**, Consensus, conventio, pactum. Placit. vet. inter Probat. tom. 2. Hist. Occit. col. 58 : *Et astringere fecisset Adalberto mandatario Bernardo, ut confirmasset suum Conlaudatium.* Vide *Laudatio.*

¶ **CONLECTOR**, Qui simul legit. Utitur S. Augustinus Confess. lib. 1. cap. 17.

* **CONLIA.** Charta ann. 1166. inter Probat. tom. 2. Hist. Occit. col. 606 : *Tali videlicet pacto dono vobis hunc podium, quod vos et successores vestri mihi vicecomitissæ et vicecomiti de omnibus fructibus, qui de podio exierint, de blado, et de ligno, et de Conliis, tascham detis.* Audacior forte videbitur correctio, *et de cet. aliis.*

¶ **CONLIBERTI.** Vide *Colliberti.*

* **CONLIBIUM**, *Genus est certæ pecuniæ.* Glossar. vet. ex Cod. reg. 7641. Vide *Collibrum.*

¶ **CONLIBRUM.** Vide *Collibrum.*

¶ **CONLIGARE**, Sese pariter obligare, uti solent qui de re aliqua paciscuntur. Tabular. Vosiense fol. 31 : *Hoc idem audierunt Petrus Abbas in cujus manu Conligatum est, Petrus Ainardus, etc.*

¶ **CONLIMITANIUS**, Cui sunt iidem limites, finitimus, vicinus Gall. *Limitrophe. Collimitaneus*, Solino cap. 40 : *Collimitanea Galatiæ Phrygia.* Hincmarus Remens. Epist. ad Ludovicum III. Regem Franc. apud Baluz. tom. 7. Miscell. pag. 50 : *Sicut sacræ leges et regulæ præcipiunt, Archiepiscopis et Episcopis Conlimitaniorum* (sic) *dioceseon.* Et infra : *Diocesi vero Conlimitania, etc.*

¶ **CONLISUM.** Vide *Collisum.*

* **CONLOCUTORIUM**, Locus colloquiis destinatus in Monasteriis, vulgo *Parloir.* Chartul. Angeriac. fol. 102. v°. : *Domum matris in Conlocutorio novi monasterii sancto Johanni concessit.* Vide *Collocutorium.*

CONLUDIUM. Gloss. MSS. ad Cod. Th. lib. 1 : *Conludium, est jurgium, rixæ.* Glossæ aliæ MSS. : *Colludium, dolus.* Gl. Græco-Lat. : Συμπαιγνία, *Conlusio, Conludio.* Συμπαίζω, *Conludo.* Gloss. Lat. Gr. : *Conludium*, συνδοίασμος. *Conludit*, συνδοιάζει, συμπαίζεται. [Aliæ Glossæ apud Eccardum in notis ad Legem Salicam, *Conludium*, συνδυασμός; aliæ, *Compactum, Collusio.*] Vide Gregor. Turon. lib. 10. cap. 11. Leges Wisigoth. lib. 2. tit. 3. § 3. Edictum Theoderici Regis § 114. Legem Burgund. tit. 6. § 3. 6. Addit. ad Legem Burgund. § 8. Decretum Chlotarii Regis § 1. 4. 9. Capit. Caroli Calvi tit. 31. [** Edict. Pistens. ann. 864.] cap. 21. [Innocentium III. Papam tom. 3. Concil. Hisp. pag. 431. Acta SS. April. tom. 2. pag. 584.] Occurrit passim in Cod. Theod.

COLLUDIUM. Gildas de Excidio Britan. : *Illam cujus Colludio ac suggestione tantæ sunt peccatorum subitæ moles, etc.* Utuntur Sidonius, Ammianus, Symmachus, Claudianus, Mamertus, Leges Wisigoth. lib. 5. tit. 4. § 17. lib. 6. tit. 5. § 14. lib. 7. tit. 1. § 5. tit. 2. § 6. Leg. Longobard. lib. 1. tit. 25. § 57. lib. 2. tit. 8. § 6. tit. 12. § 6. tit. 29. § 4. tit. 36. § 1. tit. 52. § 24. tit. 55. § 14. [** Liutpr. 111. (6, 58.) 104. (6, 51.) 97. (6, 44.) 74. (6, 21.) Rothar. 234. Lothar. I. 94. Liutpr. 61. (6, 8.)] etc.

CONLUDIO, in Lege Bajwar. tit. 8. § 6.

CONLUDIUS, in Decreto Chlotarii § 7.

COLLUSIO, apud Juriscons. Anglos quid sit, vide apud Rastallum in Exposit. vocum Leg. Anglic.

CONLUDIOSUS, in Charta ann. 981. in Bullario Casinensi tom. 2. pag. 55 : *Ego eam* (Chartam) *silens, aut occultam aut Conludiosam habuissem, aut detinuissem.*

¶ **CONLUMINARE**, Accendere, inflammare. Charta Caroli Calvi apud Doubletum Hist. Sandionys. pag. 791 : *Complacuit serenitati nostræ prælibato sancto loco ad luminaria ipsius jugiter Conluminanda... duos mansos.... contradere.*

¶ **CONLUSIO.** Vide *Conludium.*

¶ **CONMANDARE**, Mutuo dare vel deposito. Formulæ Andegav. num. 29 : *Veniens homo, nomen illi, aput femina, nomen illa, qui fuit conjux illa quondam germanus illius, ante venerabile vir illi Abbate, interpellaverunt hominem, nomen illo, quasi servitium qui fuerunt ipsius illi, quondam post se habuissit Conmandatas, hoc est illam rem qui illi ad præsens aderat : et hoc totum fortiter denegabat. Interrogaverunt ipsius illi, se* (si) *habebat homines qui de præsente fuissent, ut vidissent quando ipsa rauba, ipsi illi et illi Conmandasset.* V. *Commendare* 2.

¶ **CONMARTYRISARE**, Aliquem e medio tollere per *martyrium.* Hist. Ingulfi pag. 72. tom. 1. Scriptor. Angl.: *Pridie Kalendas decollatur et Conmartyrisatur.*

¶ **CONMULARE**, pro *Commulcare*: quod vide.

CONNA. Charta Longobardica in Chron. Benevent. S. Sophiæ: *Et pascuum in ipsa insula ad peculia eorum qui ibi residentur, et de ipso Panatano Connas et paleas tollendum, etc.* [Alium locum vide in *Cuba* 2.]

* F. Leg. *Cannas*, arundines. In *Cuba* 2. vero, non *Conna*, sed *Tonna* legitur; et quidem recte.

¶ **CONNERELIS**, An Inspector *finantiarum*, Gall. *Controleur des finances?* Jacobus *Gelu* Archiepisc. Turon. in Vita sua apud Marten. tom. 3. Anecd. col. 1948: *Dominus meus prædictus et Dalphinus, cui Rex commiserat administrationem et regimen omnium finantiarum regni, me absentem et ignorantem constituit Connerelem Franciæ.*

* Perperam scriptum aut lectum, pro *Generalis*. Vide *Generales* 2.

¶ **CONNESTABILIS**, Connestabularia. Vide *Comes stabuli*.

* **CONNESTABULIA**, Connestabulus. Vide supra in *Comes* 2.

* **CONNESTARIA**, Urbis regio, Gall. *Quartier*, sic dicta quod a *Connestabulo* regeretur. Vide supra in *Comes* 2. Stat. crimin. Saonæ cap. 25. pag. 53: *Teneatur magistratus Saonæ, toto tempore sui regiminis, quærere et investigare facere diligenter per singulas Connestarias et omnes vicos dictæ civitatis, etc.*

¶ **CONNEXITAS**, pro *Connexio*, Affinitas, apud Rymerum tom. 4. pag. 157. col. 2: *Ob Connexitatem attinentiæ, quæ inter nostram, et vestram domus regias, etc.*

¶ **CONNIBENTIA**, pro *Conniventia*, Assensus. Privilegium Monasterii Grassellensis ann. 684. tom. 1. Annal. Bened. pag. 700. col. 1: *Hoc igitur eis indultum Privilegium... per omnipotentem Deum conjurare præsumimus per omnia manere inconvulsa, cum omni Connibentia fratrum nostrorum indultum esse prospexerint, quorum Connibenti consilio ad præsens cernitur institutum, roboratum manibus et consensionibus, etc.* Vide *Conhibere* et *Conniventia*.

¶ **CONNICERI**, f. pro *Conjicere*, vel *Conjici*, apud Rymerum tom. 3. pag. 949. col. 1: *Ex quo poterit Conniceri, quod nobis circa expeditionem guerræ nostræ prædictæ existentibus... a tergo guerram movere contra nos subdole machinentur.*

CONNIVENTIA, Pactum, conventio. Gregor. Turon. lib. 7. Hist.: *Ecce manus vestræ subscriptiones, quibus hanc Conniventiam confirmatis.* Lib. 9. cap. 29: *Sed ille non obvius de hac Conniventia, consilium ad confirmandum pacem præbuit.*

Conniventia, Assensus, apud Lampridium in Severo: *Vel per Conniventiam seditionem fecissent exercitus.* Facundus Hermianensis lib. 4. cap. 1: *Intelligis igitur, Auguste, quod Ecclesiæ conturbatores evidentissimam Conniventiam suam, quam Eutychianis contra sanctum Concilium præstant, nequicquam exemplo B. Cyrilli obumbrare nitantur.* Vita S. Præjecti n. 8: *Ex permisso et Conniventia Warnecharii optimatis.* [Diploma Ludovici et Lotharii Imperator. apud Acherium tom. 8. Spicil. pag. 138: *Cum Conniventia Metropolitani sui Jeremiæ Archiep. et Canonicorum Ecclesiæ, cui Deo largiente ministrat.* Index veterum Canonum tom. 3. Concil. Hisp. pag. 5: *Non ordinandos Clericos sine testimonio et Conniventia Clericorum et civium.*] Adde Præfat. ad Concil. Turon. II. idem Concil. cap. 24. Arnulfum Lexoviensem in Epist. ad Episcopos Angliæ, Saxonem Grammat. lib. 14. etc.

CONNIVERE, Consentire. Vetus Inscriptio Massiliæ: *Augustius Augustalis tutor Connivente Dunnio fratre ejus et hærede ponendum curavit.*

* **CONNIUS**, Connus, Sigillum ferreum, quo nummi cuduntur, Ital. *Conio*, Gall. *Coin*. Formul. MS. Instr. fol. 59. v°.: *Floreni boni et puri auri, justi et recti ponderis de Connio Florentiæ.* Infra fol. 65.: *Floreni boni et puri auri de Conno Florentiæ.* Vide supra *Coniare*.

¶ **CONNIVUM.** Vide *Conivum*.

* **CONNOPEUM**, pro Conopeum. Glossar. Lat. Gall. ex Cod. reg. 7692: *Connopeum, Grondine.* Unde *Conopeu*, velum, in Vit. SS. MSS. ex Cod. 28. S. Vict. Paris. fol. 409. v°. col. 2: *Cele columbe* (colonne) *estoit couverte d'un Conopeu, c'est d'un couvercle, etc.* Infra: *Conopieu*.

* **CONNOTARIUS**, In officio notarii socius, in Attestat. Georg. *Frey* notar. Basil. Conc. apud Menag. in vita Math. Menag. pag. 48: *Una cum Connotariis meis.*

CONNUBERE, pro *Concumbere*, apud Anastasium in Hist. Eccl. pag. 175.

* **CONNUS**, Angulus, Gall. *Coin*. Charta ann. 1270. in Chartul. Guillel. abb. S. Germ. Prat. fol. 235. v°. col. 2: *Concessimus.... quandam peciam vineæ,.... sicuti se comportat, protendendo recta linea a Connis dictæ vineæ dictorum religiosorum ad viam quæ ducit de Britigniaco apud Manzeyum.* Vide *Cuneus* 1.

* **CONON**, *Consuetudo*, in Glossar. vet. ex Cod. reg. 7613.

CONOPPI, Papiæ, *Somnia attendentes*, forte *Somnopti*, vox hibrida, pro ὑπνόπται. [** In Glossar. cod. reg. 7644: *Conorum, prophetorum.*]

* **CONOSTABULUS**, ut *Conestabulus*. Vide supra in *Comes* 2. Comput. ann. 1393. inter Probat. tom. 3. Hist. Nem. pag. 125. col. 1: *Necnon milites, marescallos, Conostabulos, scutifferos, et plures artifices in dicto officio merceriorum, etc.*

¶ **CONPARIETICI.** Vide *Comparietici*.

** **CONPATRINUS**, Popularis. ap. Ekkehard. IV. Cas. S. Galli cap. 2. Pertz. pag. 93. lin. 30. Vide *Compatrianus*.

CONPERONES, in Fleta lib. 2. cap. 41. § 24. sed leg. *Coopertiones*. Vide *Ceppagium*.

* **CONPHILOSOPHUS**, In studio philosophiæ socius, collega. Will. Malmesbur. tom. 10. Col. Histor. Franc. pag. 244: *Gerbertus Galliam repatrians, publicasque scholas professus artem magisterii attigit; habebat Conphilosophos et studiorum socios, etc.*

¶ **CONPLACENTIA**, Obsequium. Vide *Complacentia*.

¶ **CONPLACIA**, f. per abbreviationem pro *Complacentia*, apud Rymer. tom. 9. pag. 508. col. 2: *Nobis in hoc gratiam et Conplaciam exhibentes singulares.*

¶ **CONPLEGIUM.** Vide *Complegium*.

¶ **CONPLUVIUM**, *dictum aquæ partes, quæ circa sunt, eo conveniunt.* Gloss. Sangerman. MS. n. 501. Vide *Compluvium*.

* **CONPOTRIX**, *Conviviola vel celebriosa.* Glossar. vet. ex Cod. reg. 7641.

** **CONPROVINCIALIS**, Chart. conjurationis hominum vallis Uraniæ et de Switz. ann. 1291. ap. Kopp. Init. Foeder. Helvet. pag. 33: *Si quis vero quemquam de conspiratis, die seu nocte silentio, fraudulenter per incendium vastaverit, is nunquam haberi debet pro Conprovinciali.* Vide *Comprovincialis*.

¶ **CONPTUS.** Chartular. S. Vandregesili tom. 2. pag. 1428: *Vendidimus viris religiosis Abbati et Conventui S. Vandreg. unum modium vini annui redditus tempore vindemiarum Conptum in cava;* id est, si bene conjecto, Coctum, Gall. *Cuvé*, quod de musto dicitur in cupis aliquandiu relicto cum vinaceis, ut firmius fiat.

¶ **CONQUA**, Conquada. Vide *Concha* 2. et 3.

* **CONQUA**, Conqueta, Mensuræ frumentariæ simul et vinariæ species, cujus capacitas ex sequentibus æstimare licet. Charta ann. 1299. in Lib. rub. Cam. Comput. Paris. fol. 110. v°.: *Unam Conquam tritici, quam extimant omnes prædicti, pacis tempore annuatim, valere in reddita annuatim, sub præstito juramento, secundum magis et minus, v. sol. Morl.* Charta ann. 1346. in Reg. 81. Chartoph. reg. ch. 530: *Item pro una Conqua vini debita a dicta universitate de Godorio,... quæ Conqua vini est octava pars saumatæ, computando saumatam saumerii duorum pipotorum ad viginti solidos Turon. juxta usum senescalliæ Bigorrensis, valet dicta Conqua vini duos solidos Turon. Item pro centum sex Conquetis vini,... computando, ut supra Conquetam vini ad duos solidos, sex denarios Turon. Item pro clij. Conquetis avenæ,... quarum xij. faciunt unum cartaronem, quia mensurantur et solvuntur in pleno,... computando cartaronem avenæ ad tres solidos Turon.... Item pro lv. Conquetis frumenti, quarum undecim faciunt unum cartaronem, quia mensurantur et solvuntur in raso.... computando cartaronem ad undecim solidos Turon.* Codicil. ann. 1434. ex Tabul. Flamar.: *Dare jussit duas Conquas frumenti boni, puri et marchantis mensuræ Leomaniæ.* Inventar. ann. 1476. ex eod. Tabul.: *Item plus novem Conquas speutonis..... Quatuor Conquas milhii ad communem mensuram dicti vicecomitatus Leomaniæ.* Vide *Concha* 3. Hinc

* Conquata, Modus agri *conquæ* scilicet frumenti alteriusve rei reditus. Libert. Salveter. in Reg. 74. Chartoph. reg. ch. 658: *Ad opus vineorum unam Conquatam terræ.* Inventar. ann. 1476. jam laudatum: *Item plus unam Conquatam terræ,... confrontatam ab una parte cum barta, vocata Deus Pagets.... Item plus octo Conquatas terræ insimul contiguas in pertinentiis dicti loci de Maurosio.* Vide supra *Conchata*.

¶ **CONQUADRARE**, Adversari, contradicere, Gall. *Contrecarrer*. Bruschius lib. 2. de Reformat. Monasteriorum cap. 16. pag. 879: *Præmiserunt autem primo ad me unam audactricem, quæ me primum Conquadraret.* Apud alios legitur pro Convenire non semel.

CONQUADRATUS, [Scientia vel virtute ornatus, instructus.] Locos vide in *Quadrivium* sub finem.

* **CONQUÆRERE**, Bello et armis acquirere, Gall. *Conquerir.* Chron. Angl. Th. *Otterbourne* pag. 29 : *De Germania in Britanniam pervenerunt, eamque 240. annis paulatim Conquærentes, Angliam vocaverunt.* Infra non semel *Conquirere.* Vide in hac voce. *Conquérir*, pro Arripere, in Lit. remiss. ann. 1373. ex Reg. 105. Chartoph. reg. ch. 22 : *Ledit Robin qui n'avoit de quoy soy deffendre, Conquist l'espée dudit Philippot, et l'en fery parmi la teste.*

* **CONQUATA.** Vide supra in *Conqua.*

CONQUATERNO, [Quaternatim jungo.] Glossar. Græc. Lat. : Ζευγίζω κατὰ τέσσαρα. *Conquaternatio*, Ζεῦξις κατὰ τέσσαρα.

* **CONQUATUS**, pro *Conquinatus*, inquinatus, ut opinatur doctus Editor, in Charta commun. *de Poix* ann. 1280. tom. 7. Ordinat. reg. Franc. pag. 604. art. 11 : *De pannis dilaceratis vel Conquatus, etc.* Mendum certe latet in voce *Conquatus*, cum synonyma sit alterius *dilaceratis* : unde restituendum puto *Concisis*, aut quid simile ejusdem significationis.

* **CONQUAVARE**, pro Concavare, Gall. *Creuser.* Charta ann. 1394. in Reg. 149. Chartoph. reg. ch. 78 : *Possint dicti consules in dicto loco et juxta insulam prædictam,.... in dicto arenacio, in quo erat alveus antiquus fluminis prædicti, Conquavare et aquam dicti fluminis.... in sua principali matrice reducere.*

** **CONQEIRO**, Concharum vel *Conquarum* artifex. Vide *Concha*, 1. Charta Alfonsi II. Lusit. reg. ann. 1220 : *Olleiro de 3. cozeduras det duas ollas, primam grandem et aliam parvam ; Conqueiro det pro uno anno, inter concas et vasos 12; pelitarii inter duos unum mantum de foro.*

¶ **CONQUEREMENTUM**, Acquisitio, Bona *Conquisita*, parta. Charta Stephani Domini *de Villars* pro Ecclesia Insulæ Barbaræ ann. 1226. in Maceriis ejusdem Monasterii tom. 1. pag. 139 : *Exceptis feodis Militum et guardis aliarum Ecclesiarum et Conquerementis post Stephani de Villars prædecessoris mei* (obitum) *factis.* Homagium ann. 1272. apud Guichenonum in Hist. Bressiæ Probat. pag. 19 : *Hugoninus de Tenarre... recognoscit se tenere in feodum a dicto Domino Baugiaci quiquid tenet in parrochia de la Frana, ubique exceptis Conquerementis habitis a Domino Guillermo Chagrin.* Ch. Philippi Regis Franc. ann. 1320. apud Baluz. tom. 2. Hist. Arvern. pag. 153 : *Cum omnibus Conquerementis et acquisitis per ipsum factis.* Antiq. Recogn. Revel. Vienn. in Regesto *Probus* fol. 57 : *Item Comes non consuevit capere ibi in suis hominibus talliam, nisi pro Conqueremento faciendo, vel quando vadit ad Imperatorem.* Vide *Conquirimentum* et *Conquisitus.*

¶ CONQUERIMENTUM, in Franchesiis habitatoribus Belli-visus de Marco concessis ann. 1256. per Guillelmum de Bello-videre Hist. Dalphin. tom. 1. pag. 59 : *Item, si nos et successores nostros Conquerimentum facere contigerit, cujus pretium sit centum librarum vel ultra, habitatores supradicti nos nostrosque successores juvare tenentur pro sua bona et spontanea voluntate.*

* Nostris, *Conquise*; ita enim legendum existimo, pro *Conguise*, in Lit. ann. 1346. tom. 2. Ordinat. reg. Franc. pag. 349. art. 18 : *Ne aides de mariage, ne de prisons, ne de Conguises, etc.* Ibi siquidem de auxilio, quod subditi domino præstare tenebantur, cum terram suæ proximam acquire volebat, sermo est. Vide in *Auxilium.*

¶ **CONQUESTA**, Idem quod *Conquestio.* Tractatus inter Edwardum Angliæ Regem et Franciscum Ducem Britanniæ ann. 1468. ex Archivo Castri Nannet. : *Si Rex Angliæ transeat in propria persona ultra mare cum potestate et armatura ad faciendam Conquestam, etc.*

CONQUESTARE, Bello et armis acquirere, apud Thomam Walsinghamum pag. 573. [Gallis *Conquester*, nunc melius *Conquerir.* Vide *Conquistare.*]

¶ CONQUESTATUS, Gall. *Conquis*, in Litteris patentibus Edwardi III. Angl. Regis ann. XXVIII. pro Rogerio David ex Archivo Turris Londin.

CONQUESTIO, CONQUESTUS, Armis aut bello quæsitum, partum, apud Bromptonum et alios, Gallis *Conqueste.*

CONQUESTRATIO, Idem quod *Conquestio*, apud Thwrocz. parte 1. Chr. Hungar. cap. 24. *Conquestrare*, vincendo acquirere, apud eundem part. 2. cap. 9. Hinc Willelmus Nothus, Britannia subacta, *Conquestor* vulgo dictus Scriptoribus passim.

¶ CONQUESTUS verbaliter et active sumitur in Instrumento tom. 2. novæ Hist. Britan. pag. 837 : *Henricus Rex Castelle fuerat Conquestus totum regnum Castelle.*

¶ CONQUESTUS, pro quibuslibet bonis quavis ratione acquisitis. Chartularium Brivatense apud Baluz. tom. 2. Hist. Arverniæ pag. 7 : *De rebus proprietatis nostræ quæ per Conquestum nobis evenerunt.* Nova Histor. Britann. tom. 2. pag. 399 : *Assignetur in bonis meis patrimonialibus vel Conquestis... In manibus Executorum meorum pono omnes Conquestus meos, tam in Andegavia quam in Britannia, exceptis Conquestis meis de Condeia et de Chalem.* Charta Ludovici Regis Franc. ann. 1160. e Chartulario Montis Martyrum : *Insuper ipsum Conquestum... et herbergarium, quod in Conquestu fecerat mea liberalitate.* Occurrit apud Thomam *Madox* in Formulari Anglicano pag. 217. etc.

** CONQUESTRARI, Aquirere. Traditio Wicfridi Archidiac. Trever. ann. 975. in Guden. Cod. Diplom. tom. 3. pag. 1030 : *Dedi eis, ut Conquestrarer id precario jure, in eodem pago .... ecclesiam unam, etc.* Vide *Conquistare*, 1.

* Etiam quæ a patre et matre jure hæreditario quis possidet. Charta Mauric. episc. Paris. in Chartul. ejusd. fol. 28 : *Insuper Conquestum quendam terræ et vinearum, quem idem Giroldus a patre et matre sua habuerat, prædicti canonici* (S. Marcelli) *vendicare conabantur. Conquest* vero idem quod Quæstus, lucrum, commodum, vulgo *Profit*, in Charta ann 1313. ex Tabul. eccl. Camerac. : *Le Conquest et pourfit qu'il i a eu ou faire la monnoie.* Vide in *Conquestare.*

* POST CONQUESTUM, Putandi ratio apud Anglos, qua annus, quo rex inauguratus seu regnum auspicatus est, designantur, ut ad Chartam ex Monast. Angl. tom. 2. pag. 600. observant Auctores novi Tract. de Re dipl. tom. 5. pag. 601 : *Data apud Mottingham... quarto die mensis Decembris, anno Domini 1226. regni vero domini regis Edwardi tertii, post Conquestum, tertio.* Et tom. 6. pag. 50. memorantur Literæ sub Richardo *secund, puis le Conquest d'Angleterre, premier.* [** *Anno Edwardi, tertii post Conquestum, tertio.*]

* **CONQUESTENUS**, *Che acquesta alcuna cosa.* Glossar. Lat. Ital. MS.

* **CONQUETA.** Vide supra *Conqua.*

¶ 1. **CONQUINISCERE**, Quiescere, cubare. Glaber Rodulphus apud Duchesnium tom. 4. pag. 52 : *Nocte quadam in strato Conquiniscens, ita contractus sum membris omnibus hicterica passione, ut non erigere memet, neque in latus aliud vertere ullo modo valerem.* Utitur Plautus pro Caput inclinare, seu totum corpus incurvare, contrahere.

* 2. **CONQUINISCERE**, *Faire signe des yeux ou de la teste.* Glossar. Gall. Lat. ex Cod. reg. 7684.

¶ **CONQUIRERE**, Armis comparare, Gall. *Conquerir.* Johan. Iperii Chronicon S. Bertini apud Marten. tom. 3. Anecd. col. 465 : *Duravit sic Monasterium istud donec Normanni Gentiles Neustriam Conquirentes subverterunt, Monialibus trucidatis.* Vide Barthii Glossar. apud Ludewig. tom. 3. pag. 274.

¶ **CONQUIRIMENTUM**, ut *Conquerementum.* Commutatio inter Robertum Ducem Burgundiæ et Amedæum Comitem Sabaudiæ : *Non possimus crescere vel Conquirimentum facere in terra tota.*

¶ **CONQUISITE**, Jure belli, vi armorum. Vita SS. Valentini et Damiani tom. 2. Martii pag. 431 : *Et alia plurima castella sorte et Conquisite tenebat.*

¶ **CONQUISITOR**, Victor gentium, qui populos suo subegit imperio, Gall. *Conquerant.* Sic appellatur in Chron. Trivetti ad annum. 1136. Willelmus Dux Normanniæ subjectione regni Angl. clarissimus, qui aliis dicitur *Conquestor* vel *Conquæstor.*

CONQUISITUS, Bona quæsita, vel simul quæsita, *Aquests*, vel *Conquests.* Capitula Caroli Calvi tit. 26. [** Adnunciat. Ludov. et Karol. ann. 860. Pertz. pag. 472. lin. 49.] : *Illorum alodes de hæreditate et de Conquisitu, et quod de donatione nostri senioris habuerunt.* Capitula Ludov. ad Legem Salicam cap. 2. et Capit. Caroli M. lib. 4. cap. 74 : *Si quis... de qualibet causa fuerit interpellatus, verbi gratia de Conquisitu suo, vel de mancipiis suis, etc.* Vide Skenæum de Verborum significat. in voce *Conquestus.*

¶ **CONQUISTA**, Vox Hisp. Gall. *Conquête*, Bello quæsita. Legitur in Epitome Constitut. Eccles. Valent. ab ann. 1200. ad 1580. tom. 4. Concil. Hisp. pag. 155. col. 2.

¶ 1. **CONQUISTARE**, Acquirere. Donatio Hugonis et Julittæ uxoris ejus S. Sepulchro Jerosol. ann. 993. tom. 1. Collect. Ampliss. col. 345. C : *Cum rebus suis vel cum omnibus ad ipsa curte pertinentibus, sicut Conquistaverunt Berta Regalis et Albertus.* Testamentum Ademari Schalarum Vicecomitis tom. 2. Gall. Chr. Instrum. col. 207 : *Quodcumque in Gintraco et in Salle, quod de Sigeberto Sacerdote Conquistavi. Conquistar*

Hispanis est Bello quærere. Vide supra *Conquestare.*

* 2. **CONQUISTARE**, Vincendo et debellando acquirere, Hisp. *Conquistar.* Chron. Bergom. ad ann. 1406. apud Murator. tom. 16. Script. Ital. col. 967 : *Et ibi steterunt ipsa die usque in sero, et non potuit Conquistare ipsum castrum propter veretonos, quos extra trahebant de ipso castro.* Vide supra *Conquærere.*

CONQUISTUM. Tabularium Monasterii S. Andreæ Viennensis :...... *Totum et sub integro vobis impignoravimus pro solid. unius quadrannos duos de moneta decima, et debet de Conquisto de musto modio unos duos, etc.* Alibi : *Vobis impignoravimus pro solid. 12. usque ad annos 5. et debet in Conquisto de musto in quisque annos modios tres, etc.* Rursum : *Ut singulis annis 12. modios de vino in Conquisto reddatur.* Ubi *Conquistum* sumitur pro *censu.* [Verum, ut *Conquisitus,* pro Bonis acquisitis usurpatur in Charta Fundationis Monasterii Cantogilensis tom. 3. Annal. Bened. pag. 708. col. 1 : *Concedo ad ipsum locum... quod mihi ex hæreditate vel Conquisto legitime obvenit.* Et in alia vet. Charta ex Archivo S. Victoris Massil. : *Mansi... qui nobis per Conquistum obvenerunt.*]

* **CONQUISUS**, Italis *Conquiso*, Male affectus, devictus, superatus, nostris *Conquis*, eadem acceptione. Chron. Domin. de Gravina apud Murator. tom. 12. Script. Ital. col. 638 : *Tandem tota illa die fatigati insultibus bellicis sunt Conquisi, qui in manibus æmulorum reddere se nolentes, prius maluerunt ab inimicis in bello interfici, quam vivos intercipi ab inimicis eisdem.* Le Roman *d'Athis* Ms :

> Lors est doulons, mas et Conquis,
> Et dist qu'il est tout seul chetis.

Infra :

> Es si malades et Conquis.

Rursum :

> Cil qui par dueil est trop Conquis
> Fait grant joie à ses ennemis.

¶ **CONRADIUM**, Conragium. Vide *Conredium.*

* **CONRASERIA.** Vide infra *Conresarius* in *Conredium.*

¶ **CONREARIUS.** Vide *Correarius.*

CONREATORES, Gallis *Conréeurs*, qui pelles parant, præparant, vox ejusdem originis qua *Conredium.* Charta Philippi Regis Franc. ann. 1345 : *Tennatores corii, Conreatores, baudrarii, cordubanerii et fuerii, Conroieur de Cordouen,* alibi. Charta Ludovici Reg. Franc. ann. 1160 : *Noveritis quod nos dedimus et concessimus ex nunc et in posterum Theci uxori Ivonis la Choe et ejus hæredibus magisterium Cavatorum, baudreorum, sutorum, mesgeyciorum, et burseriorum in villa nostra Parisiensi, etc.* Lemma Gallicum habet : *Lettres des cinq mestiers, c'est assavoir, Conratiers, Baudroieurs, Sucurs, Mesgissiers et Boursiers donnez par le Roy.*

* Charta hic laudata ann. 1160. rursum legitur apud *Brussel* tom. 1. de Usu feud. pag. 536. ubi loco *Cavatorum*, edidit *Canatorum*; nequaquam rectius : utrobique enim legendum, *Conreatorum.* Glossar. Gall. Lat. ex Cod. reg. 7684 : *Conrreour, qui parat coria.*

CONREDIUM, Corredium, etc. Quidquid ad alimentum, ad cibum, ad mensam datur, cibus, mensæ apparatus, alimonium, convivium.

* Bona quævis quæ ad victum, vestitum, cultumve ministrantur et inserviunt.

Conredium, Præbenda Monachi, vel Canonici. Monasticum Anglicanum tom. 1. pag. 149 : *Abbas et Monachi ejus loci per totum annum post obitum suum totum Conredium, sicut in vita sua perceperint, habere debent, quod alicui indigenti pro anima sua erogabitur.* Alibi : *Totam decimam Conredii domus suæ.* Et pag. 777 : *Insuper concessimus quod ipsi* (Monachi) *et successores sui ad pensionem, Corrodium, seu sustentationem aliquam alicui de Prioratu prædicto, etc.* Tom. 2. pag. 32 : *Duo Conradia Monachorum.* Ibidem : *Conradium quotidianum.* [Charta anni 1218. ex Archivo Montis S. Michaelis : *Ego Ruelendus Goion, per voluntatem Roberti Goion fratris mei primogeniti dimisi Abbati et Conventui S. Michaelis quoddam Conredium, quod continebatur in portione, quæ me de paterna hæreditate contingebat, quod scilicet in Abbatia percipere solebam annuatim.*] Vide Will. Thorn pag. 1872. Bractonum lib. 4. tract. 1. cap. 16. § 7. [Thomam *Madox* in Formulari Anglic. pag. 79. Edmund. Marten. tom. 3. Anecd. col. 1227.] etc.

* Conredum, Eodem significatu. Testam. Protas. abb. Cuxan. ann. 878. in Append. ad Marcam Hispan. col. 803 : *Supplicamus præsentia domni nostri, ut audiatis Conredum monasterii hujus vestri. Sunt apud nos quingentæ oves et centum animalia et quinquaginta jumenta et porcos quadraginta et caballos duos et asinos quinque, ... et vestimenta obtima ecclesiarum quinque parilia, de vestimenta quoque usu monachorum pleniter ad sufficientiam illorum, et de victu tritici ccclxv. modios appiliarios, centum ferramenta vel vascula plenius est in vestro monasterio.*

Conredium, interdum pro *Procuratione*, seu conviviis, quæ Dominis præstabantur a vassallis ex jure definito, quoties per illorum terras pergebant. Diploma Ludovici VII. Regis Franc. ann. 1157: apud Hemereum de Academia Paris. cap. 3. ex M. Pastorali lib. 19. Charta 48 : *Ut nec nostro, nec aliorum tempore quædam convivia, quæ vulgo Coreede, vel Giste vocantur, in villis prænominatis exigere, vel quærere liceat.* Charta Willelmi Comitis Cabilonensis ann. 1180. in Bibl. Cluniac. : *Et in universa terra ejus non habet talliam, vel porcellagium, vel besonagium, vel messionagium, seu annonagium, vel Corredum. Hæreditaria Conradia*, in veteri Charta in Additamentis ad Matth. Paris pag. 110. Charta Walteri Giffardi in Tabul. Fiscanensi fol. 13 : *Eidem Ecclesiæ liberum et quietum clamavi Conredium, quod per singulos annos in eadem Ecclesia habebam in feodo.* Speculator tit. de Feud. lib. 4. part. 3. pag. 306. ait, *Imperatori servitium a vassallis deberi pro Corredo Imperiali, ut videlicet quando Imperator transierit per illum locum, contribuat in sumptibus ejus.* Adde Constit Sicul. lib. 3. tit. 18. Leges Inæ Regis Westsax. cap. 74. apud Brompton. Gervas. Dorobern. in Stephano Rege pag. 1347. et Rastallum in verbo *Corredy.*

Corrodium. Henricus Huntindon. lib. 6. pag. 367 : *Tosti igitur furibunde discedens a Rege et fratre suo perrexit ad Hereforde, ubi frater suus Corrodium regale maximum paraverat : ubi ministros fratris sui omnes detruncans, singulis vasis vini, medonis, cervisiæ, pigmenti... crus, humerum, vel caput, vel brachium imposuit.* Adde Leges Ethelredi Regis cap. 2. Statutum 2. Westmonast. cap. 29. tom. 2. Monast. Angl. pag. 321. 355. 430. 532. 933. Fletam lib. 4. cap. 1. §. 16. cap. 6. §. 2. etc.

* Conreus, ut *Conredium*, *Procuratio, Gistum, Pastus,* nostris etiam *Conroi.* Libert. S. Andr. prope Avenion. ann. 1292. in Reg. 122. Chartoph. reg. ch. 336 : *Quod si plures Conrei debendi in solidum sint in dicto loco, non possint conveniri nec exigi aliquid ab eis, nisi pro rata cujuslibet, aliis Conreis præsentibus et solvendo existentibus.* Eadem totidem verbis leguntur in Libert. villæ de Boceyo ann. 1294. ex Reg. 59. ch. 63. Charta ann. 1310. in Reg. 47. ch. 98 : *Les Conrois, qui sont appellé repas, lesquiex, cil qui ladite ferme tient, prent par an de redevance en l'abbaye de Bernay. Le Conrroi de nos et de no mainie*, in Ch. ann. 1253. ex Chartul. 21. Corb. fol. 114.

Correda, et Corredum. Vetus Charta ann. 1279. apud Ammiratum in Familia Caldora tom. 2. pag. 190. Famil. Neap. : *Præpositus corporum et Corredorum navis curiæ nostræ quæ dicitur Comitissa.* Contractus navigii Regis S. Ludovici cum Venetis, tom. 5. Hist. Franc. : *Quarum prædictarum 5. navium quælibet cum Corredis et apparatibus suis.* Vide Joan. Lucium lib. 4. de Regno Dalmat. pag. 180.

* Quidquid navi instruendæ necessarium est. Informat. Mss. de transmar. passag. : *Et costabit quodlibet vysserium munitum omnibus sarciis et apparatu seu Corredis, mille cc. lib. Turon.* Charta ann. 1274. tom. 1. Corpor. diplomat. pag. 236. col. 2 : *Item quod dictus dom. rex commodabit universitati Sibenici unam galeam munitam cum offesis et Corredis ad navigandum.* Pro apparatu muliebri, Gall. *Trousseau*, in Stat. Pistor. lib. 2. rubr. 93 : *De Corredis dandis et fulcimentis mulierum.*

Conragium, Idem quod *Conredium.* Vetus Charta Corbeiensis Monasterii inscripta, *de Mensa Abbatis : De bonis istis tenetur Abbas facere hoc quod debet erga Dominum Papam, sicut in Conragiis et exercitibus suis, etc. ... et debet Celerarius dictis famulis suum Conragium de pane et vino et carne.*

¶ Conregium, Ead. notione. Charta Nicolai Abb. Corbeiensis ann. 1158. ex Tabulario ejusd. Abbatiæ : *Illas consuetudines, quæ superius scriptæ sunt, et omnes illas quas clamabat in horreo et curte, et in campis, et Conregium corvearum quod sibi deberi asserebat eo die quo illas submonebat.* Vide Historiam Harcurianam tom. 3. pag. 38. et suo loco *Bicocaria.*

Conreium, apud Perardum in Burgundicis pag. 138. [Chartular. S. Vandreg. tom. 1. pag. 877. ann. 1228 : *Procurationes. comestiones et omnia Conreia, etc.*

Iterum occurrit in Indice MS. Beneficiorum Eccles. et Diœc. Constantiensis fol. 65. verso.]

¶ Correium. Chartularium idem S. Vandreg. tom. 1. pag. 877. in Charta anni 1259 : *Ego Walterus de Esquetot... vendidi, quitavi et omnino dereliqui in perpetuum Domino Abbati S. Vandregesilli et Conventui ejusdem loci totum Corveium* (lege *Correium*) *quod percipiebam annuatim pro me et conductu meo in Abbatia dictorum Religiosorum... Ita quod in dicto Correio sive in pertinentiis ejusdem Correii ego vel hæredes mei nichil de cætero poterimus reclamare.*

¶ Courrium, Eadem notione, pro *Conreium*. Chartularium S. Vandregesili tom. 1. pag. 79 : *Ego Robertus de Bellomonte Vicecomes Caleti remisi et omnino quietavi in perpetuum Abbati et Conventui S. Vandregesilli... omnes procurationes, Coureia illa, quæ clamabam et clamare poteram hæreditarie in Abbatia S. Vandregesilli, etc.* Iterum occurrit, si fides sit Amanuensi, alioquin accurato, ejusdem tomi pag. 372. et pag. 878. necnon tom. 2. pag. 1261. verum timeo, ne ubique legendum sit *Conreium*.

Corrogium, Idem quod *Conredum*. Charta ann. 1247. in Regesto Comitum Tolosæ : *Fontes, rivi, aquæ, et piscaria, questæ, et albergii, Corrogia, et adempriva, et servicia et homagia, etc.*

Corrodarius, Cui *Corrodium*, vel alimentum datur, *Præbendarius*. Monasticum Anglic. tom. 2. pag. 390 : *Decedente vel cedente fratre non leproso, aut Corrodario dicti Hospitalis, loco ipsius... alius subrogetur.*

¶ Conresarius, *Conrasier*, Monachus qui fratribus *Conredia* seu cibaria ministrare tenebatur ex officio *Conraserie* dicto, in Monasterio Nantensi, uti liquet ex 2. Chartis Gallicis MSS. ann. 1543. et 1571. ubi multa ad Conresarium spectantia.

* Pariag. inter reg. et abbat. S. Andr. Avenion. ann. 1292. in Reg. 93. Chartoph. reg. ch. 133 : *Item quod illos redditus, quos habet in castro monasterii sacrista et Conresarius et elemosinarius, remaneant semper salvi.* Extitit quoque in ecclesia Montispess. officium *Conraseria* appellatum, ut videre est in Hist. Magal. pag. 447.

¶ Conrezare, Cibis apparatis excipere, *Conrodia* parare, dare. Statuta Massil. lib. 2. cap. 34 : *Magistri seu carpentarii d'aissa, vel calafati operantes in mari nullatenus audeant... accipere... per pan e beoure, nisi unam denariatam panis... eo excepto quod quando catena navis videbitur, prima die domini navium seu lignorum, vel alii pro eis, possint prædictos magistros Conrezare, sicut consuetum est.*

Conreer, nostris *Conrodia* parare. Le Roman *d'Aubery* MS. :

La nuit le fait en sa maison jesir,
Et Conreer, et richement servir.

Le Roman *d'Amile et d'Amy* MS. :

Li mangiers fu richement Conréé.

Alibi :

Et le manger ferez bien Conraer.

Le Roman de *Guillaume au Court-nez* MS. :

Or li Queus l'ot souvent bien Conréé.

Hinc apud Scriptores nostros formata vox *Conroy*, pro quolibet apparatu. Tractatus MS. de Torneamentis Militum Tabulæ rotundæ : *Et ainsy par cet ordre se mestoient tant qu'il y avoit de batailles, ad ce que les Conrois estoient assemblez.* Chron. Flandriæ vernaculum cap. 78 : *Ils approcherent la navie du Roy de France, et tantost se meirent les François en Conroy.* Cap. seq. : *Quant la chevalerie, qui à S. Omer estoit, veirent les Flamans arrangez au bout des fauxbourgs de la Ville par routes, et sans Conroy, adonc issirent tous les bannerets a toutes leurs batailles.* Chr. MS. : *Saint Loys ordonna et mist en Conroi ses batailles.* Guill. *Guiart* ann. 1270 :

Tost sont en Corrois devisez
Des Reaumes et de l'Empire.

Alibi :

Toute la gent que li Rois a,
Et qui s'est ô lui arréée,
Se relient d'autre part serrée
En Conroi, nul ne s'en esloche.

Conreé, in Poëmate cui titulus *le Roman de Garin* :

Conréé d'armes, apresté, et garni.

[Le Roman *de Partenopex* MS. :

Que Partonopex est levez,
Et s'est vestus et Conraez.

Vide Borelli Thesaurum in voce *Conroy*.] Le Roman *de Merlin* MS. : *Ains s'empassent outre ambedui mal arréé et tout desconrée. Cavalieri di corredo*, apud J. Villaneum lib. 9. cap. 277. *Chevaliers de Conroy*, bene apparati. Vide Octavium Ferrarium in *Corredo*, [et infra *Conreix*.]

* Aliud sonat hæc eadem vox, Pretium nempe quod mercium vectori competit, in Ordinat. ann. 1415. ex Reg. 170. Chartoph. reg. ch. 1 : *Les voicturiers, maronniers et prudes bacheliers, qui icelles marchandises conduiront et amenront, auront droit de prendre et avoir ...... dix nuefs deniers Par. pour chacune navée ou batelée; lequel droit est appelle d'ancienneté les Conrois.*

¶ **CONREGIONALIS**, *Ex una eademque regione.* Vetus Glossar. Sangerman. MS. n. 501. [** Marius Mercator pag. 10. edit. Baluz. : *Te verissime Amsanctinæ scaturiginis Conregionalis tuæ teterrimus fœtor... te postremo Atabulus provinciæ tuæ pestifer flatus inflavit.*]

* Joan. ab Insula de Gestis memoral. Franc. apud Lamium tom. 3. Delic. erudit. pag. 21 : *Quatenus Conregionales de levi mutabiles ab inobedientia consimili perterret.*

¶ **CONREGIUM**. Vide in *Conredium*.

* **CONREGNARE**, Una cum alio regnare. Chron. Alber. tom. 10. Collect. Histor. Franc. pag. 287 : *Filium quoque suum* (rex Hugo) *fecit consecrari in regem et coronari Robertum ad Conregnandum secum.*

¶ **CONREGUARDI** Solidi, Species monetæ. Chartularium S. Vincentii Cenoman. fol. 34 : *Robertus Ruandi pro anima uxoris suæ* (dedit) *unam massuram de quinque solidis Conreguardis.*

* Idem quod *Censuales*, qui ratione census una cum aliis debentur. Vide *Regardum* 4.

¶ **CONREIUM**. Vide *Conredium*.

¶ **CONREIX**, Turma, ab antiquo Gallico *Conroy*, de quo paulo superius. Epistola B. Reginæ Legionis et Galeciæ ad Blancham Ludovici Regis Francorum Primogeniti uxorem ann. 1212 : *In secunda acie fuit Rex Aragoniæ cum suis et cum tribus Conreix, quos pater noster ei dedit : et de alia parte fuit Rex Navarræ cum suis, cum tribus similiter Conreix, quos pater noster ei dedit.*

¶ **CONRESARIUS**. Vide in *Conredium*.

¶ **CONRESATOR**, Coriarius, alutarius, Gall. *Corroieur*. Charta Massil. : *Oblata supplicatione ex parte sabateriorum contra blanquerios et Conresatores, etc.*

* Occurrit præterea in Ch. ann. 1405. inter. Probat. tom. 3. Hist. Nem. pag. 189. col. 2.

¶ **CONRESIGNARE**, Aliquid alicui simul tradere, transcribere, traducere, Gall. *Resigner* : quod tamen verbum Gallicum restringi solet ad eos qui beneficium ecclesiasticum vel munus aliquod gratuito transfundunt in alios. Donatio Bechemanni de Scurode et aliorum apud Ludewig. tom. 5. pag. 106 : *Vendidimus rite et rationabiliter, et illis bonis renunciamus, et Conresignamus ipsa in his scriptis, talia bona de cetero nunquam impetendo, neque repetendo.*

* **CONREUM**, Id omne, quo terra vestitur. Charta ann. 986. apud Ughell. tom. 1. Ital. sacr. edit. 1717. col. 839 : *Terris, vineis, salectis, ficetis, campis, silvis et pascuis, diversisque terra, Conreis plenum et vacuum.* Vide in *Conredium*.

¶ 1. **CONREUS**, vel Corrēus, Qui cum alio in jus vocatur. Ulpian. Leg. 3. §. 3. Digest. de liberat. legat. (34, 3.) : *Nec etiam Conreus meus liberetur contra testatoris voluntatem.*

* 2. **CONREUS**, ut *Conredium*. Vide supra in hac voce.

* 3. **CONREUS**, Una cum aliis sponsor. Vide infra *Coureus*.

¶ **CONREZARE**. Vide in *Conredium*.

* **CONRIVALIS**, Concivis. Vita S. Emmer. tom. 6. Sept. pag. 501. col. 1 : *Hujus rei testimonium cum publico rubore homo portans secum, et valde miratus se bis cæcatum atque illuminatum, repedavit ad propria. Hujusmodi sermone inter Conrivales et consanguineos exeunte, etc.*

¶ **CONROTUNDARE**, Στρογγυλεῖν, Gloss. Lat. Græc. Rotundum efficere.

1. **CONSA**, [Laterna cœca.] Vide *Absconsa*.

* 2. **CONSA**. Charta Remundi abb. Salmod. ann. 1248. ex Cod. reg. 8407. 2. 2. fol. 50. r° : *Quod territorium incipit a cā Johannini quæ dividit terram donnæ Gayraudæ a territorio domini regis, et de illa Causa* (sic) *directe protenditur, etc. A mari usque ad prædictam Consam Johannini, etc.* Ubique fortassis legendum *Causea*, via strata. Vide in hac voce.

¶ **CONSACERDOS**, Simul Sacerdos, Coepiscopus, Collega in *Sacerdotio*. Passim occurrit apud Scriptores ecclesiasticos.

CONSACRAMENTALES, [Qui eamdem rem affirmant *sacramento*.] Vide *Juramentum* [ad lineam, *Quo vero pacto*.]

CONSACRANEUS, Συμμιστής, in Gloss. Gr. Lat. id est, eorumdem sacrorum participes. [In Supplemento Antiquarii : *Consecraneus*.] Gloss. Lat. Gr. : *Consacraneo*, συνμύστῃ. Maximinus apud Capitolinum in tribus Gordianis : *Sacrati commilitones, imo etiam mei Consacranei.* Tertull. Apologet. cap. 16 : *Sed et qui Crucis nos religiosos putat, Consacraneus erit noster, etc.*

[Holmannus habet, *Consecraneus.*] Hinc emendandus Anonymus Barensis in Chr. ann. 1048 : *Rebellavit Tornikei cum Makedonis et Botazzi Consocraneo suo perrexit Constantinopolim, ut faceret se Imperatorem.* Legendum *Consacraneo*, id est, eodem sacramento obstricto, conjurato.

CONSACRARE, pro *Consecrare*, occurrit in aliquot Inscript. 18. 6. 867. 5. ut *Sacranea Deæ Cereris*, pro *sacrata.*

¶ **CONSÆPE**, *Ut adsolet.* Gloss. Isidori.

** **CONSAGITTATIO**, Collatio pecuniaria, pecunia *Conjecta*, Germ. *Schosz*. Chart. Marchion. Brandenb. ann. 1296. ap. Gerken. Fragm. March. part. 1. pag. 37 : *Nihil exactionis nec prorsus Consagittationis in eventum aliquem nobis dabunt.* Alia Otton. duc. Brunswic. ann. 1247. in Lunig. P. Spec. Cont. IV. part. 2. pag. 640 : *Ministeriales autem nostri, in civitate manentes, qui dant ad Consagittationem et petitionem, quod dicitur Schot et Schulde, nec rade nec herewede dabunt.*

CONSALANEUS, Σύναλος, in Gloss. Lat. Gr. Contubernalis, qui eodem sale utitur, conviva. [Vox Hieronymo nota. Hinc emenda Supplem. Antiq. ubi σύναλος perperam redditur *Conmarinus.*]

CONSANARE, neutraliter : *si Consanaverit*, in leg. 10. D. de Ædil. Edict. (21, 1.)

¶ **CONSANGUINITARE**, *Sanguini propinquitare.* Vet. Glossar. MS. Sangerman. n. 501.

CONSARTUM, *Plumatum vel acute textum*, Papiæ. Vide *Sarsorium.*

* **CONSCABINUS**, In officio municipali *scabinatus* collega, in Ch. commun. Abbavil. ann. 1184. ex Hist. major. ejusd. ch. 39.

CONSCAPLIUM, Interscapulium. Gloss. vet. cap. de Membris humanis : *Conscaplium*, μετάφρενον.

CONSCAPULA, Κόγχη, in Gloss. Græc. Lat. [in Suppl. Antiq. *Conscapula* : Κύγχη, *Dorsum.* Græcis recentioribus Κόγχη est pars templi in conchæ formam sinuata, præsertim illa in qua exstat altare. Vide *Concha* 4. et Gloss. med. Græcit. in Κόγχη.]

* Cod. S. Germ. ex Castigat. in utrumque Glossar. Κόγχη, *Concha*, *pulba*, pro *pulpa*. Gloss. Lat. Gr. : *Conscapula*, κόγχη. Male ergo κύγχη, in Suppl. Antiq.

¶ **CONSCARIFICARE**, pro *Scarificare.* Suppl. Antiquarii : *Conscarifico*, Καταξύω, *Derado.*

CONSCEMATIZARE. Vide *Scematizare.*

* **CONSCHOLASTICUS**, Condiscipulus. Flodoard. in Hist. Rem. lib. 2. cap. 19 : *Huic* (Vulfario) *successit Ebo, vir industrius et liberalibus disciplinis eruditus, ... imperatoris, ut fertur, Ludovici collactaneus et Conscholasticus.* Vide supra *Concretus.*

* **CONSCIENTIA**, Cognitio, monitum, Ital. *Coscienza.* Correct. stat. Cadubrii cap. 113 : *Consules possint et valeant, facta tamen eis prius Conscientia, mittere quos homines voluerint cujuscumque alterius centenarii ad capiendum hujusmodi malefactores.*

¶ **CONSCIENTIAM** FACERE, Gall. *Faire conscience*, Religioni habere. Utitur Bern. de Breydenbach Itiner. Hierosol. pag. 139. Alia notione sumitur in Chartular. magno S. Victoris Massil. : *Cogitavi vobis facere Conscientiam*, id est, vobis notum facere.

* Comput. ann. 1334. inter Probat. tom. 2. Hist. Nem. pag. 85. col. 1 : *Messagerio, qui portavit duas litteras Parisius, unam confessori domini regis, ut faceret Conscientiam domino regi, ut subsidium nobis remitteret.*

* **CONSCIENTIATUS**, Qui omnes actus suos ad recti et æqui normam exigit. Mirac. S. Nicetæ tom. 4. Sept. pag. 8. col. 1 : *Fuit quidam presbyter Conscientiatus, nomine Guaspar, vir religiosus et timoratus, etc.* Vide *Conscientiosus.*

* **CONSCIENTIOSITAS**, *Grant scrupule de conscience.* Glossar. Gall. Lat. ex Cod. reg. 7684.

¶ **CONSCIENTIOSUS**, Gall. *Consciencieux*, Religiosus, qui omnes actus suos ad recti et æqui normam exigit. Occurrit in Berntenii Chronico apud Leibnitium tom. 2. Scriptor. Brunswic. pag. 445.

** **CONSCITUS**, Conscientia. Chart. ann. 1377. ap. Westphal. Monum. Cimbr. tom. 2. pag. 2281 . *Cum consilio, Conscitu et consensu hæredum et proximorum nostrorum.*

¶ **CONSCOPARE**, Scopis mundare. Vide *Arsura.*

CONSCRIPTI, Charta, contractus, libellus. Formula 49. inter Lindenbrogianas : *Quicunque contra hanc donationem, unde inter nos uno tempore Conscriptos firmavimus, venire aut infringere voluerit, etc.*

¶ CONSCRIPTIONIS CHARTA, Eadem notione. Charta anni 1069. ex Archivo S. Victoris Massil. Armar. *Frejus* num. 28 : *Et inde hanc Conscriptionis Chartam fieri jussit.* [** *Per hanc nostræ Conscriptionis auctoritatem*, in Chart. Ludov. P. ann. 833. ap. Seibertz. Histor. Westphal. num. 3.]

1. **CONSCRIPTIO.** Julius Firmicus lib. 8. Mathes. cap. 30 : *Qui ex sororum vel affinium Conscriptione filios suscipiant, ex incestuoso coitu conquisitos.* Forte leg. *Coitione.*

* 2. **CONSCRIPTIO**, pro Subscriptio, in Charta inter Probat. Hist. S. Germ. Prat. pag. 3. ut volunt Auctores novi Tract. Diplom. tom. 4. pag. 733.

¶ **CONSECRANEUS.** Vide *Consacraneus.*

1. **CONSECRARE**, Terminum constituere, figere : vox Agrimensorum. Gloss. Lat. Græc. : *Consecravit*, καθίδρυσεν.

2. **CONSECRARE.** Gillebertus Lunicensis Episcopus de Usu Ecclesiastico : *Dedicat Pontifex atrium, templum, altare, tabulam altaris. Dedicare enim est locum Deo offerre, benedicere et sanctificare. Consecrat autem Episcopus utensilia Ecclesiæ, quæ fere omnia Sacerdotibus sunt communia, vestimenta videlicet sacerdotalia, et pontificalia, altaris velamina, calicem, patenam, et corporalia, et vasculum Eucharistiæ, chrisma, oleum, vas chrismale, thus, et thuribulum, baptisterium, arcam vel scrinium reliquiarum, ciborium, id est, altaris umbraculum, crucem, tintinnabulum, et ferrum judiciale. Ea enim tantum Consecrat quæ a communi usu in cultum divinum separantur.*

CONSECRATIO, τελετή, in Gloss. Græc. Lat.] [Initiatio. S. Laurentius ad Sixtum PP. : *Cui commisisti dominici corporis et sanguinis Consecrationem*; hoc est, Commixtionem, quæ tum fieri solebat in distributione Eucharistiæ per manus Diaconorum : quod non satis intelligentes quidam e recentioribus pro *Consecrationem* perperam scripserunt *Dispensationem.* [* Hinc sacerdos Hostiæ particulam miscens cum pretioso sanguine dicit : *Hæc commixtio et Consecratio Corporis et Sanguinis Domini, etc.* Vide *Diaconus.*]

CONSECRATIO VIRGINUM, in Concilio Carthag. III. cap. 4. Carthag. IV. cap. 11. apud Leon. PP. Epist. 92. cap. 15. in Concilio Wormaciensi ann. 868. can. 8. 20. in Legibus Luithprandi Regis Longobard. tit. 22. § 1. [** 30. (5, 1.)] et in Capitulari 1. incerti anni Caroli Magni cap. 20. ubi ante 25. annum ætatis consecrari vetantur. *Monialis Consecrata*, pro *Abbatissa*, in Concilio Oxoniensi ann. 1222. cap. 38 : *Et sola Monialis Consecrata deferat annulum, et uno sit contenta.* Vide *Benedictio.*

* CONSECRATIO, Regis inauguratio dicitur, in Charta Ludov. VI. reg. Franc. ex Chartul. Maurign. : *Actum Stampis in palatio publice, anno incarnati Verbi 1112. anno vero Consecrationis nostræ quarto.*

CONSECRARI, Baptizari; *Consecratus*, Baptizatus. Paschazinus Lilybitanus Episcopus in Epist. ad Leonem PP. de Paschate : *In cujus* (Ecclesiæ) *baptisterio, nocte sacrosancta Paschali, baptizandi hora, cum nullus canalis, nulla sit fistula, nec aqua omnino vicina, fons ex se repletur, paucisque qui fuerint Consecratis, cum deductorium nullum habeat, ut venerat aqua, ex sese discedit.* Infra : *Usque ad lucem aqua non veniente, non Consecrati, qui baptizandi fuerant, recesserunt.* Hinc ἁγιαστήριον, pro *baptisterio*, apud Theophanem pag. 98.

¶ CONSECRARI alicujus Sancti corpus dicitur, cum e terra eximitur honoris ergo, atque inter sacras reliquias fidelibus exponitur venerandum. Annales Mutinens. ad ann. 1228. apud Murator. tom. 11. col. 50 : *Eodem anno die XXIII. Julii Consecratum fuit corpus S. Francisci.*

CONSECRARIA, *Pernitialis*, Papiæ. [** In cod. reg. 7609. et edit. ant. *Consectaria.* Ita etiam Placid. ap. Maium vol. 3. pag. 449. Glossar. in cod. reg. 7644 : *Consectariam, permittalem.*]

CONSECRETALIS. Gloss. Ælfrici; *Symmistes, vel Consecretalis*, g e h a l a, *vel* g e r u n n a, id est, domesticus. Charta Ottonis Imp. ann. 980. ex Tabulario S. Vitoni Virdunensis : *Quare noverint omnes Consecretales Palatii, cæterique fideles nostri, etc.* Occurrit in aliis Imperatorum Chartis ibid. [*Consecretalis cubicularius*, in Vita S. Eadmundi Anglorum Regis, apud Marten. tom. 6. Ampliss. Collect. col. 826.]

☞ Alibi non solum domesticum vel familiarem, sed secretorum participem et conscium significat. Vita S. Geraldi Episc. Tullensis tom. 3. Aprilis pag. 210. F : *Occulta etiam suorum judicia consiliorum ei Omnipotens declarabat, ac velut Consecretali intimo, arcana suæ dispensationis certissime revelabat.* Vita S. Evermari tom. 1. Maii pag. 124. A : *Sanctam quoque Gertrudem, eorum in his quæ Dei sunt Consecretalem, etc.* Chronicon Waticensis Monasterii apud Marten. tom. 3. Anecdot. col. 825. E. : *Quemadmodum sanctorum Consecretalis fuit in audiendo, ita quoque cautus reum non prodidit detegendo.* Vide Acta SS. Aprilis tom. 2. pag. 657. et 770. etc.

** **CONSECRETARIUS**: Chart. Annon. Archiep. Colon. ann. 1074. in Seibertz. Histor. Westphal. num. 31 : *Procul mora igitur eodem preposito Hadone ad me accersito ut Consecretario et familiari.*

CONSECTANEUS, *Ejusdem sectæ*, in Glossis vett. qua notione vocem usurpat Sidonius lib. 1. Epist. 2. lib. 5. Ep. 6. et lib. 7. in Concion. et Ep. 14.

¶ **CONSECUTIA.** Epistola A. Monochi ad Odonem Episc. Paris. apud Marten. tom. 1. Ampliss. Collect. col. 1016: *Utinam malum istud nec tu in consuetudinem ducas, nec exemplo tuo miser mundus ad Consecutiam trahat;* hoc est, te *consequatur* malum idem perpetrando; sic dicimus de re ad exemplum pertinente; *C'est une chose qui tire à Consequence.*

CONSEDERE, Invadere, per vim auferre. Antiq. Fuldens. lib. 2. Tradit 45 : *Villiperaht et uxor ejus tradiderunt ad S. Bonifacium partem hæreditatis suæ. Tunc contigit quod Villiperaht obiit, ... et gener ejus Wolfhart injuste Consedit illam traditionem, quam tradiderat Williperaht et uxor ejus.* Infra : *Et ille Wolfhart supra dictam rem injuste concessam coram Centurione illo... et coram hominibus multis reddidit, cum suo jure, et emendavit quod injuste Consedit illam traditionem, etc.* Et Tradit. 209 : *Hanc traditionem accepit Wolfmant Advocatus Abbatis, Albuin Monachus, et N. Vilicus, et Consederunt in dominium S. Bonifacii.* [** Possidere, occupare, Germ. *Besetzen.* Vide Grimm. Antiq. Jur. pag. 187. et Haltaus. Glossar. col. 1960. voce *Sich Unterwinden.*]

¶ **CONSEEL**, Gall. *Segle*, aut potius frumentum cum secali mixtum, unde addita præpositio, *Con* apud D. *Brussel* de Feodis tom. 1. pag. 241. ex Regesto Magnorum Dierum Campaniæ fol. 33 : *Lambertus dictus Li Bouchuz Miles quondam Camerarius Campaniæ eisdem Priori et fratribus in fundatione Ecclesiæ suæ dedit et concessit singulis annis duos modios bladi, videlicet unum modium frumenti, et unum modium de Conseel in quatuor granchiis quas habebat in Castellania de Barro super Album percipiendos.* Vide *Mixtum* 2.

¶ **CONSEGALLUM**, Eadem notione. Litteræ Vidimus Petri Novelli Præpositi Eccl. Massil. ann. 1564. e Tabulario ejusdem Ecclesiæ : *Item pro eleemosyna danda quolibet die Mercurii 150. eminæ Consegalli pro anno... Summa bladi annonæ 140. eminæ, summa Consegalli 40. eminæ, summa hordei 120. eminæ.* Vide *Consialium.*

* **CONSEGALE, CONSEGALIUM**, Occit. *Consegail*, Frumentum cum secali mixtum. Charta ann. 1304. inter Probat. tom. 2. Hist. Nem. pag. 49. col. 1 : *De Consegali triginta quinque cestarios.* Et pag. 50. col. 1 : *Quinque cestaria de Consegail.* Alia ann. 1316. in Reg. 65. Chartoph. reg. ch. 210 : *Una aymina bladi Consegali* (sic) *computata duos solidos.* Testam. ann. 1323 : *Item lego hæredibus Guillermi Bertrandi decem saumatas Consegalli.* Vide *Cossegalhum.*

** **CONSENSARE**, Consentire. Carol. M. Capitul. missor. Aquitan. ann. 789. art. 10 : *De missis nostris, quicquid apud illis seniores consensaverit.*

** **CONSENSUS**, Consessus, concilium. Carol. II. Synod. ap. Tolos. ann. 844. cap. 2 : *Accipiant, si volunt, pro his omnibus 2. solidos in denariis, sicut in Toletano et Bracharense Consensu episcopi considerasse dicuntur.* Vide Conc. Tolet. VII. can. 4. Bracar. II. can. 2.

¶ **CONSENSUS ELECTIONIS**, Instrumentum electionis, in Vita S. Gervini Abb. Centul. apud Mabillon. sæc. 6. SS. Benedict. part. 2. pag. 321.

* Accuratius definitur in notis ad lib. 4. Hist. Franc. Greg. Turon. pag. 155. Instrumentum publicum, quo de ecclesia pastore viduata rex certior fiebat, ab eo postulando ut eum, qui in successorem electus fuerat, consecrari permitteret. Ejus formulam habes apud Marculf. lib. 1: Formul. cap. 7. ubi inscribitur : *Concessio civium pro episcopatu.*

* **CONSENTANEUS**, Conscius, particeps, Gall. *Complice.* Epist. Joan. VIII. PP. tom. tom. 9. Collect. Histor. Franc. pag. 163 : *Prædictos fures cum omnibus Consentaneis suis....... excommunicamus.* Vide mox *Consentiarius.*

¶ **CONSENTANIUS**, pro *Consentaneus*, Consentiens. Formulæ Andegav. num. 49 : *Nec eum occessit, nec consciens, nec Consentanius ad hoc faciendum numquam fuisset.*

¶ **CONSENTIARIUS.** Simili notione, Conscius, particeps criminis. Cod. Legum Norman. apud Ludewig. tom. 7. Reliq. MSS. pag. 295 : *Consentiarii latronum in latrociniis, et receptores eorum alio modo sunt puniendi.*

* Ubi textus Gallicus earumd. Leg. habet : *Les Consentans aux larrons, etc. Consenteur*, in Pœn. ducat. Aurel. apud Thaumass. ad calcem Assis. Hierosol. pag. 469 : *Li receleur et l'aydeur et li Consenteur sont punis comme li seigneur.*

1. **CONSENTIA**, Pactum, conventio. Præcept. Ludov. Pii ann. 835. tom. 6. Collect. Histor. Franc. pag. 413 : *Quod si de his statutis atque Consentiis aliquid casu quolibet vel ignorantia, quod non optamus, inruptum fuerit, præcipimus ut quam citissime secundum justitiam emendare studeant.*

* 2. **CONSENTIA**, Consensus. Charta ann. 1006. inter Probat. tom. 2. Hist. Occit. col. 164 : *Ego igitur in Dei nomine Austendus, ... una cum Consentia vel cum voluntate Ermengaudo archipræsule excamianus, etc.*

CONSENTIATIVUS, Consentaneus, σύμψηφος, apud veterem interpretem Concilii Constantinopolit. sub Mena, et Concilii Hierosol. sub Petro.

¶ **CONSENTIMENTUM**, Consensus, Gall. *Consentement.* Chartularium Eccles. Aptensis fol. 89 : *Neque homo neque fœmina per meum consilium, neque per meum Consentimentum.* Charta ann. 1044. ex Chartulario majori S. Victoris Massiliensis : *Pro nostro consilio nec pro nostro Consentimento, etc. Per voluntatem et Consentimentum filiorum suorum*, in altera Charta anni circiter 1063. ibid. fol. 91.

* **CONSENTIVIT**, pro Consensit, in Charta Odonis reg. ann. 888. tom. 9. Collect. Histor. Franc. pag. 446.

CONSEQUENTIA, Consensus. Lambertus in Vita S. Heriberti Archiepisc. Colon. num. 8 : *Favet in idipsum tota curia una Consequentia.*

¶ **CONSEQUERE**, pro *Consequi*, in Liturg. Gallic. Mabillonii pag. 276. col. 2 : *Ut gloriam mereretur æternam Consequere.*

CONSEQUUTIVUM, Consequentia, apud Petrum Cellensem lib. 1. Epist. 15.

¶ **CONSERGIA**, Custos mulier, seu uxor *Consergii.* Computus anni 1202. apud D. *Brussel* de Usu feudorum tom. 2. ad calcem pag. CLXIV : *Consergia Montis Desiderii* XL. *s.*

CONSERGIUS, Custos, nostris *Concierge*, quibusdam quasi *Conservus.* [Tabularium Ecclesiæ sancti Clodoaldi : *Actum Pissiaco, adstantibus de Palatio nostro, quorum nomina subtitulata sunt, Roberto atque Fulchardo Præpositis nostris, Hugone Consergio nostro... anno ab Incarn. Dom.* MCVI. *an. vero Regni nostri* XLVI.] *Consergius forestæ*, in 1. Reg. Parlam. fol. 40. De vocis etymo, vide an arrideat V. Cl. Ægidii Menagii conjectura. [Vide *Concergius.*]

¶ 1. **CONSERVA**, Vivarium, ubi pisces conservantur, Gall. *Reservoir.* Consuetud. Brageriaci art. 93 : *Qui pisces in Conservis mercatorum et burgensium positos furatus fuerit, etc.*

¶ 2. **CONSERVA**, Gall. *Conserve*, Fœderatæ naves, quæ eumdem cursum tenentes sibi mutuam opem promittunt. Salla Malaspinæ lib. 5. Rerum Sicul. num. 2 : *Sed eo propter vicinitatem terræ personam e naufragio educente, omnibus fere tum naufrago facto rebus, multi de Conserva sua consectis abietibus et cottis apertis, e quovis inundantionum concussionibus perierunt.* Lancfrancus Pignolus lib. 7. Annal. Genuens. ad ann. 1266 : *Invenit quandam galeam de Portu Veneris... et facta Conserva et dicto Peschetto Admirato ordinato dictarum trium galearum et dictæ sagitteæ, etc.*

¶ **CONSERVAGIUM**, Eadem notione. Statuta Massil. lib. 4. cap. 23 : *Si qui inter se Conservagium fecerint, vel facient in aliquod viagium faciendum de voluntate spontanea, vel mandato Rectoris, vel Consulum Massiliæ illius loci, ubi Conservagium dictum fieret in aliquod certum viagium, et pœnam sibi ad invicem promiserint de hoc observando, statuimus ut illi qui dictum Conservagium non observarent, nisi justo impedimento interveniente hoc facerent, promissa pœna Conservagium observare volentibus solvere compellantur, vel communi Massiliæ, si communi, vel alicui pro communi dicta pœna promissa fuerit, quam pœnam si dicti fidem Conservagii rumpentes solvere nollent, Rector vel Consules qui pro tempore erunt, eos qui eam promiserunt ad solvendam dictam pœnam sine mora compellant; si autem pœna promissa non fuerit, etc.*

¶ **CONSERVANTIA**, Conservatio, Vita B. Coletæ, tom. 1. Martii pag. 540.

¶ **CONSERVATIA**, Conservatio. Littera Richardi II. Regis Angl. ann. 1394. apud Rymer. tom. 7. pag. 765. col. 2 : *Conservatores dictarum treugarum pro parte sua deputet, et eos onus Conservatiæ hujusmodi in se assumere... jurare compellat ad ejus-*

modi treugas debite observandum et observari faciendum.

¶ Conservatia, Idem quo *Reservatio*, in materia beneficiali, Gall. *Reserve*, Rescriptum seu mandatum, quo summus Pontifex sibi reservat collationem quorumdam beneficiorum. Veteribus et Gratiano ipsi ignota fuerunt hujusmodi rescripta, quorum neque hodie ullus est usus in Galliis. Litteræ Edwardi II. Regis Anglorum ann. 1324. contra Cardinalem Eliensem, apud Rymer. tom. 4. pag. 26. col. 2 : *Magister Johannes de Lescopon, Archidiaconus Navatensis, prætendens se Commissarium in quadam Conservatia, per bonæ memoriæ Clementem Papam Quintum... super beneficiis suis concessa, præfatos Commissarios et alios dicti Episcopi ministros, ad comparendum coram eo extra regnum nostrum Avinionæ, in hospitio habitationis suæ, ad locum tam remotum, contra canonicas sanctiones, citari fecit responsuros de præmissis, in juris et nostri ac subditorum nostrorum injuriam manifestam : præsertim cum hujusmodi Conservatiæ quæ a tramite juris communis exorbitant, non consueverunt fieri in regno nostro temporibus retroactis.* Vide *Conservatoria.*

¶ **CONSERVATIO**, Officium seu jurisdictio *Conservatoris* Universitatum. Compendium jurium et consuetud. Universit. Paris. per Rob. *Goulet* fol. 12. v°. : *Officiarii autem Conservationis qui debent per ipsum Conservatorem institui et ipsi Universitati præsentari et recipi ad juramentum sunt, Vicegerens Conservatoris, Scriba Conservationis, Promotor Universitatis, duodecim Notarii Conservationis.* Vide *Conservatores Privilegiorum.*

1. **CONSERVATOR**, [in veteri Vocabulario juris utriusque dicitur *Judex datus ad defendendum aliquos contra manifestas injurias, judiciali indagine non utens.*]]** Ex Sext. Decret. lib. 1. tit. 14. cap. 1.] *Conservatores libertatum* Angliæ, apud Matthæum Paris ann. 1244. pag. 433.

Conservatores, *Qui*, ut est in Concilio Herbipolensi ann. 1287. cap. 39. *personis religiosis et Monasteriis maxime dari consueverunt, exemptis per summum Pontificem aut Legatos ejus missos a Latere, etc.*

¶ Conservatores Romæ dicuntur Magistratus seu Scabini ad exiguum dumtaxat tempus instituti. Pontificale Rom. Venetiis excusum ann. 1561 : *Ante Pontificem Conservatores, Capita regionum, et alii Magistratus ac nobiles Urbis pedites præibunt.*

¶ Conservatores Privilægiorum Academiarum seu Universitatum, de quibus sic scribit Robertus *Goulet* in Compendio jurium et consuetud. Universitatis Paris. fol. 12 : *Pro tuendis autem ipsius Universitatis et suorum officiorum juribus instituti sunt duo Conservatores ; scilicet Conservator Apostolicus, et Conservator Regius, coram quibus ipsius Universitatis supposita, quascunque personas sibi reas et in aliqua re obligatas faciunt convenire.* Vide Concil. Trid. Sess. xiv. de Reform. cap. 5.

* Diploma Caroli IV. imper. ann. 1366. tom. 5. Ordinat. reg. Franc. pag. 226 : *Conservatores autem hujus privilegii, graciæ, libertatis, franchisiæ, et immunitatis facimus, constituimus et creamus, videlicet illustrem dalphinum Viennensem, ... et venerabilem episcopum Gratianopolitanum.*

¶ Conservator Judæorum *est in possessione cognoscendi de omnibus causis criminalibus Judæorum, et injuriis per eos factis et passis, active et passive ; ita quod nullus Prælatus, Baro, vel alius habens Judæos in suo territorio, de præmissis quoquo modo cognoscere non potest : volumus præfatum Conservatorem in sua possessione manutenere, etc.* Ita Ludovicus III. Provinciæ Comes in Diplomate anni 1424.

** **CONSERVATOR**, Delegator. Vide *Salamannus.* Chart. ann. 1244. in Histor. Frising. part. 2. tom. 1. pag. 22 : *Idem etiam comes juramento suo publice declaravit, se nullum habere, qui vulgo Salman nuncupatur ad suprascriptam villam, proinde consensu et voluntate D. Episcopi D. Gebehardum de Tolle prelegit fore Conservatorem et suum constituit esse salman;.. sepe dictam villam ad usus ecclesiæ B. Virginis tamquam verus salman conservabit simul et defendet.* Pro Administratore, procuratore occurrit in Chart. Capitul. Mindens. ap. Würdtwein. Subsid. Diplom. tom. 10. pag. 92 : *Quam pensionem ipsorum Conservator agrorum terminis jam predictis bona fide tenebitur erogare.*

CONSERVATORIA, Rescripti Apostolici species, de qua Concilium Andegavense ann. 1365. can. 1. [Epitome Constitut. Eccl. Valentinæ tom. 4. Concil. Hisp. pag. 149. col. 2 : *Bulla Pauli Papæ III. Conservatoria nuncupata in favorem Capituli... Ecclesiæ Valentinæ... per quam... Judicibus per ipsum Capitulum nominandis committitur conservatio bonorum omnium.* Epistola Joannis de Monsteriolo ad Nicolaum Clemangis tom. 2. Ampliss. Collect. col. 1424 : *Præterea quæ ipse in Conservatoria seu Hortatoria pro Lucio Archia... in recommendationem Poetarum inducit.*]

* **CONSERVATORIALES** Litteræ, Quibus *conservatores* privilegiorum concessorum instituuntur. Instr. ann. 1394. apud Pezium tom. 6. Anecd. part. 3. pag. 94. col. 1 : *Perpetuis litteris Conservatorialibus majori forma impetratis a sede Apostolica et obtentis, etc.* Et pag. 96. col. 1 : *Et quia in dictis litteris Conservatorialibus talis clausula :* Quatenus vos vel duo, aut unus vestrum, per vos vel alium seu alios *contineatur, quilibet dictorum conservatorum procedendi et subdelegandi habuit potestatem.* Quæ literæ appellantur *Conservatorium* ibid. col. 2 : *Cujus quidem commissionis seu Conservatorii originale sive autenticum pars monasterii S. Emmerammi... exhibebit.*

* **CONSERVATORIUM**, Vivarium, ubi pisces conservantur. Charta ann. 1374. in Reg. 106. Chartoph. reg. ch. 313 : *Cum duobus stannis seu salvatoriis vel Conservatoriis piscium.* Vide *Conserva* 1. et *Salvatorium* 1. Extat alia notione supra in *Conservatoriales literæ.*

CONSERVATORIUM ; in Jure Hungarico, *Sacristia,*

¶ **CONSERVATUS**. Charta Wenceslai de Zbiron pro Petro Ressek ann. 1410. apud Ludewig. tom. 6. Reliq. MSS. pag. 68 : *Quod ipsi præfati non poterunt vendere hominibus brigossis, seu male Conservatis vel reprobis, sed honestis et Conservatis nobis, Communitati villæ prædictæ Obezou placentibus.*

* Dicitur de homine probo vel malo ; unde legendum esse *Conversatus* facile est suspicari, ni rursum occurreret *Conservatus*, eodem significatu, in Lit. Casimiri III. inter Leg. Polon. tom. 1. pag. 200 : *Quas quidem dignitates et officia, dum vacare contigerit, nulli extraneo, nisi indigenæ bene Conservato illius terræ..... dabimus et conferemus.* Vide *Conversatio* in *Conversare.*

¶ **CONSERVITIUM**, Mutuum officium, obsequium. Breviarium Historiæ Pisanæ ann. 1163 : *Et tunc prædictos Pisanos Rex ipse allocutus est, promittens eis pro amore Pisani Communis amicitiam et Conservitium gaudenter.*

¶ **CONSERVITUR**, pro *Conservetur*, in Charta anni 690. apud Felibianum in Histor. San-Dionys. pag. x.

¶ Conservitus, pro *Conservatus*, ibid. xvi. in Privilegio ann. 696.

¶ **CONSERVIUM**, mendum, ut puto, pro *Consortium*. Codicillus Frederici Imp. quo rem judiciariam ordinat ann. 1156. apud Ludewig. tom. 2. Reliq. MSS. pag. 194 : *Et si prædicti quadraginta Judices in aliquo discordaverint... si quis... innocentem condemnare attentaverit et de hoc convictus fuerit per tres Judices suos, videlicet Consortes, de Conservio eorum ignominiose ejiciatur.* [** *de Consortio*, ex autogr. ap. Schannat. Hist. Wormat. tom. 2. pag. 77.]

* **CONSETTUM**, Frumentum cum secali mixtum, f. pro *Consellum*. Charta Alaydis ducissæ Burg. ann. 1234. inter Probat. tom. 2. Hist. Burg. pag. 15. col. 2 : *Sexaginta vero minas de Consetto et sex viginti de avena et dicto blado.* Vide supra *Consegale.*

¶ **CONSIALIUM**, ut supra *Conseel* vel *Consegallum*. Chartular. S. Nicasii Remensis ann. 1250. bis habet : *Octo sextaria Consialii mercalis.*

* **CONSICIO**, *La piatacione*, in Glossar. Lat. Ital. Ms.

¶ **CONSIDERABILIS**, Spectandus, laudabilis, tom. 3. Concil. Hisp. pag. 80.

CONSIDERARE, Decernere, re expensa et considerata judicare. Epistola Caroli M. de victoria Avarica : *Sic Consideraverunt Sacerdotes nostri, et nos omnes ita aptificavimus, etc.* Nicolaus I. PP. in Resp. ad Consulta Bulgar. cap 26 : *Pœnitentiæ, quam Antistes loci... Consideraverit, submittantur.* Hincmarus Remens. Opusc. 34 : *Mandavit suos homines ad se venire præterita die Sabbathi, et voluit Considerare de servitio Regis, et de illa opera ad suam Ecclesiam.* Capitulare ann. 828 : *Item Consideravimus ut Missos nostros per universum regnum nostrum mitteremus, etc.* Capitulare Tolosanum Caroli Calvi [** ann. 844.] cap. 2 : *Accipiant 2. solidos,... sicut in Toletano et Bracarense consensu Episcopi Considerasse dicuntur.* Vita Aldrici Episcopi Cenoman. num. 23 : *Sanxit quoque antedictus Aldricus Episcopus,... et Consideravit, ut in die ordinationis ejus, etc.* Infra : *Est namque a præfixis Sacerdotibus et Dei servis Consideratum et decretum, ut, etc.* [Charta Philippi Aug. Franc. Regis ann. 1194 : *Qui pacem et concordiam quam Scabini Considerant, refutaverit, 60. libras perdet.*]

Sicut Curia Consideraverit, in Fleta lib. 1. cap. 34. § 33. Vide Leges Luithprandi Regis Longobard. tit. 42. § 5. [** 62. (6, 9.)] et Capitulare Caroli M. ann. 807. cap. 3. Hinc

CONSIDERATIO CURIÆ, Decretum, judicium Curiæ. Lex Longobard. lib. 1. tit. 9. § 21. [** ex leg. Liutpr. modo laud.] de Mulctis pro occiso homine : *Majores vero secundum quales personæ fuerint, ut in nostra Consideratione vel successorum nostrorum, debeant permanere, quomodo ipsa compositio usque ad 300. sol. debeat ascendere, amplius non.* Epist. 58. ex iis quæ habentur tom. 4. Hist. Franc. : *Ita quod de querelis, quæ inter nos sunt, mittantur in Consideratione Archiep. Remensis.* Charta Communiæ Meldensis Henrici Comit. Trecensis ann. 1170. in Tabular. Campaniæ Bibl. Thuan. f. 298 : *Si quis alicui de Communia injuriam illatam ad Considerationem Scabinorum emendare voluerit.* [Charta Philippi Aug. Fr. Regis. ann. 1194 : *Quicumque intra pacem civitatis infracturam fecerit de raptu, vel de furto, vel de plaga ad bannileugam, justitia nostra debet eum arrestare, et coram Scabinis ducere, et ibi debet facere securitatem per Considerationem Scabinis tantum faciendi, quantum Scabini judicabunt.*] Charta anni 1240. in Tabulario Campaniæ Bibl. R. f. 366 : *Consideratione Majoris illud emendabit.* Iterum : *Ad Considerationem Majoris illud emendabit.* Additam. ad Matth. Paris pag. 97 : *Semper paratus est stare ad Considerationem Parium suorum, quod nunquam de maritagio se intromisit.* Monastic. Angl. tom. 2. pag. 221 : *Abstulit ei dictam terram per Considerationem Curiæ suæ.* Adde Regiam Majest. lib. 1. cap. 13. § 2. Bromptonum pag. 397. etc. Duchesn. in Probat. Hist. Monmorenc. pag. 87. Thomasserium in Consuetud. Bituric. pag. 438. [Librum nigrum Scaccarii pag. 384.] etc.

¶ CONSIDERANTIA, in Donatione Dominæ Onecæ pro Rege Sancio, apud Morettum Antiquit. Navarræ pag. 597 : *Post obitum vero de me Onnechæ quidquid exinde facere vel judicare elegeritis, vestra sedeat digna Considerantia.*

CONSIDERATIO, Interdum Juriscons. Anglis est illud συνάλλαγμα, quod contractibus vires dat. Vide Cowellum lib. 3. Instit. tit. 16. § 4.

** Petri Alphons. Discipl. Cleric. cap. 1. sect. 4 : *Modum tamen Consideravi, ne si plura necessariis scripserim, etc.*

¶ **CONSIDUM**, *Consilium*, in Vet. Glossar. MS. Sangerman. num. 501. [** Isidor. Origin. lib. 6. cap. 16. sect. 12.]

CONSIGILLATIO. Leges Athelstani Regis cap. 19 : *Insigilletur manus ejus, et inquiratur die tertia si mulaminum sit intra Consigillationem.* Versio Saxonica, *manus* (*ordalio* probati, projecto jam ferro ignito, e vestigio) *obsignetur, et inquiratur die tertia si munda sit, immunda*, (inusta scilicet nec ne) *intra obsignationem.*

¶ **CONSIGLERIA**, Locus consilii, ab Italico *Consiglio*, Consilium. Chron. Mutin. ad ann. 1324 : *Tarabotto Anconitapo novo Prætore designato* XXIII. *Aug. die, consilio populi novum palatium in Regali strata, ut inquiunt, quod vulgus Consigleriam novam dixerunt, ædificant.*

* **CONSIGNAMENTUM**, Depositio, Gall. *Consignation.* Stat. Vercell. lib. 2. pag. 32. r° : *Qua tamen probatione pendente et factis Consignamento et oblatione prædictis, non possit debitor personaliter detineri, pignorari vel banniri, statuto aliquo alio non obstante.*

¶ **CONSIGNARE**, Asserere, confirmare, probare. Leges Aistulphi [** cap. 9.] apud Murat. tom. 1. part. 2. pag. 91. col. 2 : *Si quis... possessionem suam per* XXX. *annos Consignaverit... possideat et in antea.*

¶ 2. **CONSIGNARE**, Concedere, tradere. Gesta Aigliberti Episc. Cenoman. apud Mabillon. tom. 3. Analect. pag. 193 : *Villulas duas, quas et Petro adjutore et Chorepiscopo suo sua vice Consignare ad eandem Ecclesiam præcepit : id est Lantionem villam, quam... segregavit... et ad jam dictam Ecclesiam in adjutorium dedit... et aliam villulam de suo Episcopatu ad prædictum Monasterium S. Karileffi in adjutorium, prædicto Petro Consignante, dedit, cujus vocabulum est Savonerolas, et Villarem, pro qua re hactenus præfatæ villulæ in jus et dominationem prædicti Monasterii et jam dictæ Ecclesiæ cesserunt.* An *Consignare* sumitur pro *Concedere*, quod donationes Donatorum testiumque *consignationibus* firmarentur?

* Burcard. de Alex. VI. PP. pag. 13 : *Hodie Consignatæ fuerunt claves portæ viridarii, ... et aliarum portarum urbis magno marescallo regis Francorum. Consignare* vero donationes dicebant, non quod testium *consignationibus* firmarentur, sed quia per *signa* seu per Chartas ejusmodi traditiones fiebant. Vide infra *Consignatio* 2.

3. **CONSIGNARE**, Fronti baptizati oleo signum Crucis imprimere, seu *Confirmationis* Sacramentum impertiri baptizato, quod solius est Episcopi. Innocent. I. PP. Epist. 1. cap. 3 : *De Consignandis vero infantibus, manifestum est non ab alio quam Episcopo fieri licere.* Infra : *Frontem ex eodem oleo* (chrismate) *signare solis debetur Episcopis, etc.* Adde cap. 6. Messianus in Vita S. Cæsarii Arelat. : *Cum ad benedicendum oleum annis singulis, competentibus diebus, in baptisterio venisset, et ingrediens cocinnulam ad Consignandos infantes, etc. Consignationem pontificalem adhibere*, in Epist. 9. Gelasii I. PP. [** Decret. Gelas. cap. 6.] : *Spiritum sanctum per impositionem manus Episcopalis in Consignatione accipere*, in Capitul. Caroli Calvi tit. 29. § 1. [** Synod. Pistens. ann. 862.] Concilium Romanum ann. 904. can. 6 : *Consignationes autem sacri chrismatis et olei, etc. Consignatio infantum*, apud Riculfum Suessionensem Episcopum in Constit. cap. 5. Anastasius in S. Silvestro. PP : *Et privilegium Episcopis dedit, ut baptizatum Consignarent propter hæreticam suasionem.* Hac notione usurpant Concilium Arausican. I. can. 1. Arelat. II. can. 26. Toletan. XI. can. 8. Crisconius cap. 93. Diurnus Romanus cap. 3. tit. 7. Statuta Mainardi et Joannis Cardinalium ann. 1067. apud Baron. hoc ann. n. 9. vetus inscriptio Christiana apud eumd. ann. 367. num. 5. Capitularia Attonis Episc. cap. 77. Bruno Signiensis de Vestimentis Episc. pag. 95. etc. Vide Henric. Valesium ad Eusebii Histor. Eccl. lib. 6. cap. 43. et infra *Consignatio*, 3.

4. **CONSIGNARE**, Signo sanctæ Crucis alicui benedictionem impertiri, in Vita S. Theotonii Canonici Regul. num. 10. et apud Cyprianum in Vita S. Cæsarii Arelat. sub finem, etc.

* 5. **CONSIGNARE**, Judici sistere. Correct. stat. Cadubrii cap. 113 : *Addatur statuto de malefactoribus per homines villarum capiendis, quod quotienscumque contigerit aliquos bannitos pro casibus capitalibus venire in districtum Cadubrii, in centenaria, villas et regulas, in quibus commissum fuerit delictum, vel alibi, et prædicta centenaria, regulæ et villæ non Consignaverint toto posse suo illos seu illum malefactorem spectabili domino vicario et consulibus, etc.* Vide *Consignatio* 1.

* 6. **CONSIGNARE**, CONSIGNUM FACERE, Recensere, lustrare, Gall. *Passer en revue.* Electio Amalrici primog. Aymer. vicecom. et dom. Narb. in capitan. Tusciæ ann. 1290 : *Dominus Amalricus ipsa die vel sequenti, acceptato officio dictæ capitaniæ, facere teneatur ...... monstram et Consignum suorum equorum, et suorum militum; ...... alios vero, ... tam de conredo quam domicellos, conducere et Consignare teneatur.* Quod in ejusmodi inspectionibus militum notæ seu *signa* accurate describerentur, illos *Consignari* dicebant.

1. **CONSIGNATIO**, Probatio per *signa*, seu per chartas. Capitulare Radelchisi Principis Beneventani cap. 18 : *Omnes homines qui sub tua potestate sunt, ex quocunque habent prædicta munimina sua perdita, si contentio fuerit de rebus aut servis aut ancillis aut aldionibus eorum, si aut per Consignationem, aut per pugnam approbare potuerint, quousque ad ipsum tempus quo barbaricum exortum est inter nos, et vos, etc.* [Præceptum Chilperici Franc. Regis pro Gauzioleno Episc. Cenom. et Sichaudo Abb. S. Carilefi apud Mabil. tom. 3. Analect. pag. 235 : *Et post ejus discessum prædictum Monasteriolum absque ullius contradictione vel Consignatione, cum omni integritate et superpositio immelioratum, ad memoratam matrem et civitatis Ecclesiam et ad jus et dominationem matris Ecclesiæ Episcoporum in integrum convertatur.*]

CONSIGNATIO JUDICIS. Veteres precariæ in Vita Aldrici Episcopi Cenoman. num. 62. 66 : *Nos rectores S. Gervasii sine ulla judicis Consignatione, aut hæredum meorum contradictione in vestram faciatis revocare dominationem, etc.* [Similia leguntur apud Mabillon. tom. 3. Analect. pag. 105. in Gestis Domnoli Episc. Cenoman.]

* 2. **CONSIGNATIO**, Concessio, traditio. Notitia rerum monast. Gellon. ex Tabul. ejusd. : *Et postea Amalbertus modiatas de vineis tres S. Salvatori largitur, facta notitia guirpitionis vel Consignationis sub die Lunæ, xj. Kal. Oct. anno tertio regnante Ludovico rege.* Vide supra *Consignare* 2.

* 3. **CONSIGNATIO**, Confirmationis sacramentum. Charta ann. 847. apud Murator. tom. 2. Antiq. Ital. med. ævi col. 773 : *Quando circatas ad Consignationes faciendum de pleve in pleves vestras feceritis.* Vide *Consignare* 3.

CONSIGNATORIUM, Locus in quo baptizati confirmantur. Joan. Diaconus in Episcopis Neapolitanis in Joanne, qui vixit ann. 616 : *Hic pulcrum construxit ædificium marmoreis columnis affabre suffultum, atque nobilibus picturis decoratum, quod Consignatorium Albatorum vocabatur, inter Fontes nempe majores quos Soter Episcopus fecerat, et Ecclesiam Stephaniam per cujus januas duas, qui sacrum Baptisma recepissent a dextera parte ingredientes, Episcopo qui illorum in medio residebat, offerebantur, et benedictione accepta, ordinatim a sinistra parte exirent.* At Alcuinus lib. de Divin. offic. cap. de Sabbato sancto Pasch. ait recens baptizatos in sacrario confirmatos : *Pontifex ergo a fonte in sacrarium* (procedat,) *et habens ibi compositam sedem, sedeat in ea, ut cum vestiti fuerint infantes, confirmet eos, etc.*

¶ **CONSIGNATUS**, Signo sanctæ Crucis benedictus. Vita Urbani II. Papæ pag. 260. Operum posthum. Ruinartii : *Et sic diebus quinque nobiscum commorantibus, vivis ac defunctis Consignatis, cum laude et gartiarum actione discessit.* Vide *Consignare* 4.

* **CONSIGNUM**. Vide supra *Consignare* 6.

* **CONSILIABULUM**, Locus, ubi multorum martyrum ac sanctorum corpora conquiescunt. Vita S. Guidonis tom. 4. Sept. pag. 42. col. 1 : *Ubicumque eum quæreres, in ecclesia invenires, floribus quoque diversis et arborum ramis cancellos et Consiliabula sanctorum vestiebat.* Vide *Concilium Martyrum.*

CONSILIARE, Consilium dare. Passio S. Maximiliani : *Dion ad Victorium patrem ejus dixit : Consiliare filium tuum. Victor respondit, ipse scit Consilium suum.*

* Charta commun. Rotomag. ann. 1204. tom. 5. Ordinat. reg. Franc. pag. 672. art. 6 : *Si quis eschevinorum, consultorum seu aliorum parium, diebus sibi constitutis, postquam pro recto faciendo cum aliis sederint, sine majoris licentia sedem suam, Consiliandi causa, reliquerit, pagabit xij. denarios.*

Consiliare, Consilium inire adversus aliquem, mortem alicui clam machinari. *Mortem viri sui Consiliare*, in Concilio Vermeriensi ann. 752. can. 5. *Consiliare in mortem Regis*, in Capitul. Francoford. ann. 794. cap. 7. Annales Francor. et Chron. Reischersperg. ann. 788 : *Comprobatus est ad Avaros se postea transtulisse, et in vitam fidelium Regis Consiliasse.* Regestum Petri Diac. Casinensis num. 409 : *Contra animam nostram cogitaverunt et Consiliaverunt, ac inimicos infra nostram provinciam invitaverunt, et conduxerunt, et propterea res eorum nostro fisco deductæ sunt.* Vide Concil. Francoford. ann. 794. cap. 9. Chronicon S. Sophiæ Benevent. pag. 598 etc. Vide Suidam in Ἀλλοτριοπραγεῖν.

Consiliari, Eadem notione. Lex Saxonum tit. 3. § 1 : *Qui in regnum, vel Regem Francorum vel in filios ejus de morte Consiliatus fuerit, capite puniatur. Consiliari contra animam Regis*, in Lege Longobard. lib. 1. tit. 1. § 1. [** Rothar. 1.] *In vita Regis Consiliari*, in Capitulari Pipini Regis Italiæ cap. 35. *In alterius mortem Consiliari*, in Legib. Rotharis Regis Longobard. tit. 3. [** 10.] qui inscribitur *De Consilio mortis*. Paulus Warnefridus de Gestis Longobard. lib. 6. cap. 6 : *Postquam hoc Consiliati sumus.* Anastasius in Hist. Eccl. : *Consiliati sunt milites Salomonem in templo perimere.* Ubi Theophanes habet ἐπεβουλεύσαντο. Eadmerus lib. de Similitudinib. S. Anselmi cap. 30 : *Ut cum aliquis intuetur et auscultat quosdam, quos Consiliari conspicit, et de quibus suspicatur aliquid mali.* Ubi *Consiliari* proprie est secreto colloqui. Historia Belli-sacri vernacula MS. : *Saladin les trait a Conseil comment il porroit esploitier, etc.* *Parler Conseil*, apud Joinvillam in S. Ludovico. Vetus Poema cui titulus *le Doctrinal :*

Certe j'ay grant merveille d'une caitive gent,
Qui blasment les preudomes à Conseil coiement.

Robertus Bourronus in Merlino MS. : *Et quant il se departi de vous, il vous dist en Conseil, en riant, etc.* Christina Pisana 2. part. *du Tresor des Dames*, cap. 7 : *Et s'acointeront à Conseil, etc.*

Consilium malum seu *Consilium mortis*, in Legibus Luithprandi Regis Longobard. tit. 105. § 3. tit. 108. § 1. [** 134. (6, 81.) 138. (6, 85.)] Alias Latinis

Consiliare, est *Consultare*, Ad Consilium venire, consilium inire de re aliqua. Vide Gloss. Jacobi Gotfredi ad Cod. Theod.

* *Conseiller*, nostris, eodem sensu. Le Roman *de Robert le Diable* MS. :

Mais li chevaliers s'emerveillent,
Et entr'eux li pluisour Conseillent.

Lit. remiss. ann. 1450. in Reg. 186. Chartoph. reg. ch. 38 : *Le suppliant ala en la ville de Bruges....... pour Conseiller sa matiere avecques aucuns coustumiers et gens de conseil d'icelle ville.*

CONSILIARIS, Consiliarius. Passio S. Victoris Massiliensis :

Ultra quemque parem faceret tibi Consiliarem.

Occurrit etiam apud veterem Interpretem Juvenalis Sat. 3. qui *ministrum*, *Consiliarem* vertit.

CONSILIARIUS, Consiliorum particeps : Gallis, *Conseiller*, *Consiliarii Regis*, in Lege Burgund. in Proœmio, et in Capitul. Caroli Calvi tit. 16. cap. 12. et tit. 30. [** De Carisiac. ann. 856. Convent. ad Sablonar. ann. 862. post Adnuntiat. Hlothar. Pertz. pag. 487. lin. 31.] Constantinus lib. 1. de Them. : Κονσιλαρίους, τουτέστι βουλευτάς. Gloss. Græco Lat. : Γνώμη, *Sententia*, Γνωμοδότης, *Consiliarius, consiliator, suasor*, [Philippus Valesius Franc. Rex in Litteris ann. 1339. Johannem Episcopum Lingonensem *Consiliarum suum* appellat, hoc est, *Parem*, uti videtur Valesio in Notitia Galliarum pag. 280. col. 1.]

1. **CONSILIATOR**, *Consiliarius*. Gloss. Græco-Lat. : Σύμβουλος, *Consultor*, *Consiliator*, *Consiliarius*. Occurrit in Charta Roberti Comitis et Abbatis Sancti Martini Turon. apud Sammarthanos in Archiep. Turon. n. 54. Utitur etiam Plinius lib. 4. Epist. Lactantius lib. 2. et 4. vetus Interpres Juvenalis Sat. 7. v. 124. Annales Francorum Fuldenses ann. 887. etc.

* 2. **CONSILIATOR**, Auctor, suasor. Stat. comit. Tolos. de hæreticis capiendis ann. 1233 : *Receptor, aut guidator, vel Consiliator, vel adjutor latronum aut prædonum, etc.* Formul. MS. Instr. fol. 16. v°. : *Quoscumque alios fautores, Consiliatores et valatores ipsum* (Johannem) *et alios quoscumque contradictores et rebelles...... excommunicatos publice nuncietis.*

CONSILIATORIUM, *Locus consiliorum*, Ugutioni.

* Glossar. Gall. Lat. ex Cod. reg. 7684 : *Consiliatorium, Le lieu de conseil.*

* **CONSILIATRIX**, Quæ consilium dat. Charta Ugonis reg. ann. 930. apud Murator. tom. 2. Antiq. Ital. med. ævi col. 938 : *Qualiter interveniente Aldæ amantissimæ et carissimæ conjugis nostræ, seu Ermengardæ comitissæ et dilectæ sororis ac Consiliatricis nostræ, etc.* Utitur Apul. Metamorph. lib. 5. pag. mihi 163.

* **CONSILIATURA**, Quæstio consulenda. Stat. Taurini ann. 1360. cap. 15. ex Cod. reg. 4622. A : *De non mittendo aliquas Consiliaturas alicujus quæstionis extra civitatem Taurini. Item statutum est, quod ad utilitatem maxime pauperum et miserabilium personarum, judex civitatis Taurini non possit nec debeat mittere aliquas Consiliaturas alicujus quæstionis vel controversiæ...... extra civitatem Taurini.*

CONSILIOSUS, Prudens, consilio præstans. Fredegarius in Chronico cap. 61 : *Cum esset cautior cunctis et Consiliosus valde, et plenissimus fide.* Gervasius Tilleberiensis MS. lib. 3. de Otiis Imperial. cap. 94 : *In omnibus angustiis Consiliosus.* Hinc *Consiliosior* et *Consiliosissimus*, apud Sidonium lib. 1. Epist. 1. et in Concion. apud Joannem Sarisberiensem in Policrat. in Prol. lib. 6. cap. 25. Epist. 282. Guillem. Pictavinum in Gestis Guill. Ducis Norman. pag. 184. et in Gestis Domini Ambas. cap. 2. num. 4.

Consiliose, Prudenter, cum consilio, apud Fredegar. in Chron. cap. 61. Petrus Blesensis Epist. 12 : *Quidam omnia Consiliose disponunt, et semper in contrarium eis cedit. Consiliosissime perpendens*, apud Willelm. Malmesbur. lib. 5. Hist. pag. 166.

Consiliose, Per insidias, apud Fredegarium in Epitome cap. 71.

¶ 1. **CONSILIS**, pro *Consul*, apud Baluzium tom. 6. Miscell. pag. 547 : *Honorio et Theodosio Consilibus.*

* 2. **CONSILIS**, Mendose, pro *Censilis*, in Charta Henrici I. ann. 1036. apud Loisel. in Comment. Bellovac. pag. 252. Vide *Terra censilis* in *Census*.

1. **CONSILIUM**, seu *Dies Consilii*, Qui concedebatur reo, ut ei de actori respondendo caveretur : *Jour de Conseil*, in Consuetudine Senonensi art. 143. et in Stabilimentis sancti Ludovici lib. 2. cap. 13. § 1. Leges Henrici I. Regis Angl. cap. 46 : *In aliis quærat accusatus Consilium, et habeat ab amicis et paribus suis, quod nulli jure debet defendi, etc.* Cap. seq. : *Si quis a justitia Regis implacitatus ad Consilium exierit, etc.* Adde cap. 48. 49. 51. Ordericus Vitalis lib. 11 : *Cumque Robertus licentiam, ut moris est, eundi ad Consilium cum suis postulasset, eademque accepta egressus, purgari se objectis criminibus non posse cognovisset, etc.* Arestum ann. 1260. in Probat. Hist. Guinensis pag. 374 : *Et habuerat super hoc diem Consilii et ostensionis.* Vetus Franciæ Consuetudinarium : *Selon l'usaige de Court-laye, il y a grande difference entre deliberation et Advis. Car jour d'Avis est prins par le deffendeur au commencement de la cause; mais deliberation est prinse par le*

demandeur, quand sur le jour d'Advis le défendeur propose aucunes exceptions ou défenses, sur lesquelles le Procureur de deffendeur a à parler à son Maistre. Cap. seq. : *Le défendeur comparant en personne ou par Procureur aura Advis de 40. jours, et puis auraveue.* Cato Vernaculus MS. :

Amis, quant tu as à plaidier,
Et tu n'as qui te vocille aidier,
Ton jugeour Conseil demande,
La Loi du droit si le commande.

Vide Magnum Recordum Leodiense pag. 60. [et supra vocem *Arestum* 1.]

* *Mettre à Conseulx une requeste*, in Tabul. capit. Carnot. pro vulgari, *Renvoier à un plus ample informé*, Amplius deliberandum censere. *Dire à Cousoil*, Secreto dicere, in aurem susurrare, apud vet. Poetam ex Cod. reg. 7615. fol. 210. r°. col. 1 :

A Cousoil li dist, Belle amie,
Alez tost, ne vous ennuit mie.

Conseus, a Lat. Consilium, vulgo *Projet, dessein*, in Annal. regni S. Ludov. edit. reg. pag. 166 : *Pour ce que il avoit revelés leurs secrez et leur mauvés Conseus, etc.*

Consilium Eruditum, apud Juriscons. Anglos, *Conseil erudit*, qui alias Attornatus, seu Advocatus vel Procurator, qui pro quovis reo et accusato in jure respondet, illius jura plene edoctus. At in crimine læsæ majestatis reus per se respondere tenetur, non vero per Attornatum, Vide Stanfordium in Placitis Coronæ lib. 2. cap. 63.

2. **CONSILIUM**, pro *Concilium*, Cœtus, quomodo *Consilium* vocamus cœtum Consiliariorum. Gloss. Basilic. : Κονσέλιον, συνέδριον, ἐκ φανερῶν ἀνδρῶν. Vide Jacobum Gotofred. ad leg. 1. Cod. Theod. de Legat. [Statuta Arelat. MSS. art. 139 : *Neque Clavarii.... possint libellum facere super bona Communis.... nisi de voluntate totius Consilii. Consilium Communis Rupellæ*, Collegium Scabinorum et Parium, ut recte interpretatur Valesius Notit. Gall. pag. 488. col. 1.] [** Frider. II. Imper. edict. ann. 1232. ap. Pertz. vol. leg. 2. pag. 286 : *Cassamus in omni civitate vel oppido Alemanie Comunia, Consilia et magistros civium, etc.* Vide Indic. ejusd. vol. voce *Civitas* et *Consul.*]

* Charta Joan. vicedom. Ambian. ann. 1300. ex Chartul. 23. Corb. : *Aller à ses assisses pour estre as Consaulx et as jugemens avec ses autres hommes, qui sont no per.*

Magnum Consilium; ita passim in veteribus Tabulis Gallicis appellatur Consessus Consiliariorum intimorum, quod et *Privatum* interdum, ut et hodie dictum. Guill. *Guiart* ann. 1276 :

Cil du Privé Conseil connurent,
Qu'il n'iert pas tans de l'estriver.

Consilium Strictum, seu *Conseil estroit*, in Ratificatione Testamenti Philippi Pulcri per Ludovicum Hutinum mense Decemb. ann. 1314. Postmodum peculiari appellatione donata Curia, quæ hodie *le Grand-Conseil* nuncupatur, instituta a Carolo VIII. Edicto dato Donjoni in Boiis 2. Aug. ann. 1497. et verificato Molini : in Magno Consilio 13. Septemb. seq. quo idem *Magnum Consilium* in *Collegium* redegit, conflatum ex Cancellario, Magistris Requestarum, et 17. Consiliariis ordinariis per trimestre tempus cum eodem Cancellario servientibus, qui cum eo de Cancellariæ negotiis, et majoris momenti litibus tum hæreditariis, tum beneficiariis, quæ in Magno Consilio dirimi solebant, judicarent.

☞ In hac superiori Curia hodie ab anno 1690. supremus Præses unus est, inferiores octo, Consiliarii 54. alterno semestri servientes, Advocati duo generales, Procurator unus, Scriba superior, inferiores duo, etc. Hi Judices cognoscunt de omnibus controversiis Archiepiscopatuum, Episcopatuum, Abbatiarum, etc. de donis novo Regi faciendis, de *indultis* Cardinalium et supremi Senatus Parisiensis, de contradictionibus *arrestorum*, statutis Judicum, etc. Tam late patet jurisdictio Majoris Consilii, quantum est regnum.

3. **CONSILIUM**, Favor, consensus, *laudimium*. Charta Guillelmæ filiæ Guillelmi D. de S. Michaele ann. 1203 : *Videlicet albergium duobus Militibus et tertiæ partis alterius Militis, et dominium, et Consilium, et laudimium, etc.* Charta Willelmi D. Montispessulani ann. 1103 : *Pertinent etiam Vicariæ omnes, donationes, et omnia Consilia omnium honorum, et omnium pignorum totius Montispessulani.* [Altera ejusdem anni apud D. *Brussel* de Usu feudorum tom. 2. pag. 728 : *In omnibus supra scriptis domibus, dono vobis totum censum, et totas vendedas et Consilia impignorandi.*] Alia ann. 1246. apud Gariellum in Episc. Magalon. pag. 256 : *Omnia laudimia, acapita, seu Consilia omnium honorum, etc.* Vide eumdem pag. 293. Regestum Comitatus Tolosæ ann. 1231 : *Petebatque idem Abbas quartam partem justitiarum quæ fuit dominorum de Lauriaco, quia dicebatur esse de feudo Ecclesiæ Galliacensis, et quidquid sine Consilio ejus Comes emerat, dicebat emptionem non valere de jure.* Statuta Monspeliensia ann. 1204. cap. 13 : *Qui comprez maison o sol non bastit à Monpell. dona daqui per Consell la quinta al senhor.* In Statut. iisdem Latine editis : *Quicumque comparat domum vel solum forte inædificatum in Montepessulano, dat inde pro Consilio quintum domino : hoc est, si venditor habuerit de pretio centum solidos, dat emptor 25. solidos. etc.* Cap. 57 : *Dominus Montispessulani vel ejus Bajulus nullatenus donare, vel vendere, vel concedere potest Consilium, vel laudimium alicujus rei quæ ab ipso teneantur, donec ipsius rei venditio vel alienatio sit contracta.* Vide *Consiliare.*

¶ Consilium Regni et Juvamen, honoris gratia, dictus *Robertus venerabilis Marchio*, avus Hugonis Capeti, in Charta Caroli Simplicis, ann. regni 26. apud D. *Brussel* tom. 1. de Usu feud. pag. 128.

** **CONSIMILES**, Æquales, ejusdem conditionis, *pares.* Chart. Turing. ann. 1227 : *Cum sibi Consimilibus, videlicet liberis hominibus.* Vide Haltaus. Glossar. Germ. col. 659. voce *Genossen.*

CONSIMULARE, Idem quod *Assimulare*, Simul cogere, *Assembler.* Leges Luithprandi Regis Longobard. tit. 110. § 4 : *Quia non potuimus mulierum collectionem ad Arschild Constmulare, etc.* [** 141. (6, 88.) ubi Murat. *Assimulare.*]

* **CONSINA**, Consobrina, Gall. *Cousine.* Charta ann. 1042. ex Bibl. reg. cot. 17 : *Vindimus vobis petias vij. de terra ad panem laborandum, ... et ipsas terras advenit nobis de parentorum nostrorum de comparatio de Girberga Consina* (sic) *mea.* Vide infra *Consobrina.*

¶ **CONSIPERE.** Gloss. Isid. : *Consipit, saporem habet.* Gellio *Consipere*, idem est ac sapere.

CONSISTENTES, dicti ii qui cum aliis fidelibus stantes orabant, necdum tamen ad Sacramenta admittebantur : preces enim fideles stantes peragebant : συνεςῶτες in Concilio Ancyrano can. 24. 25. et in aliis apud Allatium lib. de Narthece veteris Eccles. pag. 85. Concilium Agathense can. 60 : *In pœnitentium loco standi et orandi humilitatem ita noverint observandam. Consistentes feminæ*, in Conc. Rom. sub Eugenio II. PP. in quo præcipitur *ne viris sociari permittantur.* Id est, viduæ, vel virgines quæ *pœnitentiæ benedictionem* acceperunt.

¶ **CONSISTERE**, Constare, certum esse. Spicil. MS. Fontanellense fol. 70 : *Ex duobus quippe generibus hominum domus Religionis implenda est, vel de simplicibus, qui sensu et voluntate ad assequendam religiosam prudentiam ferventes apparuerunt; vel de prudentibus quos religiosæ et sanctæ simplicitatis Consistit esse simulatores.*

CONSISTERIUM, Papiæ, *Rupis alta.*

* **CONSISTI**, *Constipasti*, in vet. Glossar. ex Cod. reg. 7613. [** in cod. reg. 7644 : *Consiti, constipati.*]

CONSISTOR, Dignitas aliqua urbana, Consiliarii Consistoriani forte. Charta Walteri *de Gant* in tom. 2. Monastici Angl. pag. 848. sic clauditur : *Testibus Roberto de Gaunt, Willelmo Consistore Cestriæ, Will. de Mandeville, Lamberto Consistore.* Academici Cruscani tradunt in Republica Senensi esse Magistratum, qui *Consistoro* appellatur.

¶ **CONSISTORIALIS** Advocatus, Qui causas agit in *Consistorio.* Epistola Reginæ Siciliæ ad Joannem Ducem Bedfordiæ ann. 1420. apud Rymerum tom. 9. pag. 865. col. 1 : *Nobili et egregio viro.... utriusque juris Doctore, Advocato Consistoriali, Consiliario fideli, etc.* Dicitur *Advocatus Consistorii* in Provinciali Guillelmi Lyndwoodi pag. 115.

CONSISTORIANI. Vide *Comites sacri Consistorii*, [et infra *Consistorium*, lin. *Stetisse autem, etc.*]

1. **CONSISTORIUM**, est quivis locus ubi consistitur. Ita Tertullianus de Resurrect. mortuor. cap. 20. *terram in qua homines consistimus, Consistorium* vocat. De vocabulo, Latinumne sit, an barbarum, videndus Olaus Borrichius lib. de Variis Linguæ Latinæ ætatibus pag. 73.

Consistorium, Joanni de Janua, est *vestibulum, porticus, locus ad consistendum*, quod iis scilicet in locis consistant qui ad januas ædis præstolantur, donec in eas admittantur. Liber Esther cap. 5 : *Et ille sedebat super solium suum in Consistorio Palatii contra ostium domus.* Quod quidem Regis Consistorium non erat exterius Palatii vestibulum, seu Græcorum πρ[illegible]αύλιον sed interius; nam paulo ante : *Induta est Hester regalibus vestimentis, et stetit in atrio domus regiæ, quod erat interius intra basili cam Regis*, *Et ille sedebat*, *etc.* Qua quidem notione *Consistorium*, exterius cubiculum, ex quo in *Silentiariorum*, et ex eo in ipsum Principis cubiculum ibatur, a consistente multitudine, et Principis audientiam præstolante, appellatum auctor est Cyrillus Scythopolitanus apud Alamannum ad Procopii Historiam arcanam. Ita etiam usurpavit Ordericus Vitalis lib. 2 : *Ecce Januas hic disponam*, *et ad ortum solis ingressum : primo Proaulam*, *secundo Salutatorium*, *in tertio Consistorium*, *in quarto Tricorium*, *etc.* Sed et ejusmodi

Consistorium, Locus fuit Cubiculariis potissimum addictus, in quo excubabant potius quam cubabant, quo paratiores essent ad Domini præcepta. Sidonius lib. 1. Epist. 2 : *Interjecto Consistorio perangusto*, *ubi somnolentiæ Cubiculariorum dormitandi potius quam dormiendi locus est.* Ita Monachus Sangallensis lib. 2. de Caroli M. Gest. cap. 8. ait quosdam Legatos, priusquam ad Imperatoris admitterentur conspectum, *reperisse in Consistorio Cubicularios Imperatoris circa magistrum suum.* Cum igitur in hisce locis consisterent qui Principis audientiam præstolabantur, ipseque Princeps ex interiori cubiculo in illud exterius progrederetur et veniret, quo supplices audiret, et causas ac negotia dirimerêt subditorum, in eo pro tribunali sedebat, quin etiam inquirentibus in negotium et dispicientibus Consistorianis, ut Ammianus lib. 15. ait. Atque inde

Consistorium, appellavere generatim locum in quo Princeps de rebus publicis consultat ac deliberat cum suis Consistorianis. Lexicon Græc. MS. Reg. Cod. 20[illegible]2 : Κονσιςόριον κατὰ Λατίνους, θεῖον συνέδριον. Glossæ Basilicωn : Κονσιςόριον, [illegible] βασιλικὸν σέκρετον. Alibi : Κονσιςόριον, σεκρ[illegible]ριον βασιλικόν. Ita enim legendum, pro σο[illegible]κατάριον. Concilium Calchedonense Act. 1 : Σηκρητάριος τοῦ θείου κονσιςορίου. *Acta in Consistorio Gratiani Augusti*, seu *Commentaria rerum gestarum*, *ipsaque judicia*, habet Lex 3. Cod. Theod. de Offic. judic. (1, 8.) cujusmodi præterea habentur in l. 2. Qui bonis ex lege Jul. (4, 20.) in l. 1. de His quæ administ. (8, 15.) et in l. 5. et 8. de Fide test. (11, 39.) eodem Cod. *Consistorii* Gratiani meminit Ausonius in Grat. act. : *In illa vero sede, ut ex more loquimur, Consistorii*, *ut ego sentio sacrarii tui*, *nullus unquam superiorum aut dicenda pensius cogitavit*, *aut consultius cogitata disposuit*, *aut disposita maturius expedivit.* Postmodum Justinianus juri dicundo *novum Consistorium* extruxit in ea urbis parte, quam Hebdomum vocabant, de quo pluribus egimus ad Villharduinum n. 85. [et in Constant. Christ.]

Stetisse autem, non adsedisse Consistorianos in *Consistoriis* Principum, videtur indicare S. Ambrosius Epist. 133 : *Ubi sedit in Consistorio*, *ingressus sum : assurexit ut osculum daret*, *ego inter Consistorianos steti.* Et Lex 5. Cod. Theod. de Fide test. : *Pars actorum habitorum apud Imperatorem Julianum... Constantinop. in Consistorio*, *adstante Jovio viro clarissimo Quæstore*, *Anatolio Magistro officiorum*, *etc.* Certe stetisse Imperatorem, cum sententiam diceret, aut alloqueretur Concilium, observare est ex Sguropulo in Histor. Concilii Florent. Vide Glossar. med. Græcit. in Σιλέντιον. Interdum tamen adsedisse Consistorianos constat, ut ex Vopisco in Aureliano, Ammiano lib. 22. Procopio, et aliis observare est.

Consistorium, Exedra ædi sacræ adjuncta, in qua forte consistebant Sacerdotes de rebus sacris cum Episcopo disceptaturi. Charta donationis Ecclesiæ Cornutianæ edita a Suaresio : *Item ante regias basilicæ vela linea plumata majora fissa numero tria. Item vela linea pura tria*, *ante Consistorium velum lineum purum. In Pronao velum lineum purum* 1. *et intra basilicam pro posticia* (sic legendum) *vela linea rosulata* 6. *et ante secretarium vel curricula vela linea rosulata pensilia*, *habentia arcus* 2.

¶ Consistorium, Thronus excelsior. Odilo in Translatione S. Sebastiani et S. Gregorii Suessionem cap. 43 : *Missarum sollemnia Cæsar Consistorium ascendens in honore Martyris fecit decantari.*

Consistorium postmodum etiam appellaverunt consessum Episcoporum aut Presbyterorum, qui pro emergente quapiam inopinata difficultate congregabantur, ex loco ubi consistebant, appellationem sortitum, uti observat Holstenius ad Synodum Romanam sub Bonifacio II. pag. 228. quomodo etiamnum vocant Cardinalium consessum coram Pontifice. Joannes Villaneus lib. 7. cap. 63 : *Il Papa pieno Concistoro fece loro questa risposta.* Adde lib. 8. cap. 5. Gesta Innocentii III. PP. : *Ter in hebdomada solenne Consistorium*, *quod in consuetudinem jam devenerat*, *publice celebrabat*, *in quo auditis querimoniis singulorum minores causas examinabat per se tam subtiliter et prudenter*, *ut omnes super ipsius subtilitate et prudentia mirarentur.* [Vide Provincialem Lyndwoodi pag. 98. 115. et 119. edit. 1679. Hist. Dalphin. tom. 1. pag. 125. col. 2.] De Consistorio Papali multa habet Ceremoniale Romanum lib. 1. sect. 9.

¶ Consistorium Lutheranorum, de quo Chronicon Episcoporum Merseburgensium apud Ludewig. Reliq. MSS. tom. 4. pag. 483 : *Supra jam mentio facta judicii ecclesiastici vulgo Consistorii Merseburgi instituti. Judicium hoc ecclesiastica gaudebat jurisdictione in ventilandis causis theologicis*, *ecclesiasticis ac matrimonialibus.*

* 2. **CONSISTORIUM**, Solemnis consessus de rebus regni deliberantium, Gall. *Consistoire.* Lit. remiss. ann. 1402. in Reg. 157. Chartoph. reg. ch. 321 : *Comme les ducs de Bourgogne et d'Orléans*, *et autres de nostre conseil eussent n'aguerres ordonné à faire Consistoire pour les besoignes de nous et de nostre royaume en la ville de Ponthoise*, *etc.*

* 3. **CONSISTORIUM**, Curia, jurisdictio ecclesiastica, locus ubi consistunt judices sive ecclesiastici, sive seculares. Pariag. inter reg. Franc. et episc. Anic. ann. 1307. tom. 6. Ordinat. reg. Franc. pag. 343 : *Gentes nostræ dicebant nos habere in civitate Aniciensi jurisdictionem omnimodam*, ... *dictumque episcopum non posse subditos et vassallos ac homines suos justiciare*, *et de hiis quæ a sua curia seu judice suo*, *tam prædictæ civitatis quam castrorum*, *emanabant*, *ad eum seu judicem suum appellationum appellare non posse nec debere*, *cum idem Consistorium censeatur.* Aliud inter eumd. reg. et monaster. de Candolio ann. 1306. in Reg. 40. Chartoph. reg. ch. 61 : *Ita quod in domo in qua tenebitur Consistorium seu curia communis*, *erit signum commune domini regis et monasterii*, *et servientes et messacgerii portabunt in baculis suis dom. regis et dicti monasterii... In qua villa dominus rex et dictum monasterium facient communiter et communibus sumptibus*...... *Consistorium pro litibus audiendis et determinandis.* Charta ann. 1454. in Reg. 3. Armor. gener. part. 2. pag. XXXIX : *Cum dalphinus*..... *quamplurimum indigeret quadam domo decenti et apta ad Consistorium seu auditorium curiæ senescalli sui Valentinensis et Dyensis*, *etc.*

* 4. **CONSISTORIUM**, Cœtus hominum simul et una consistentium, collegium scabinorum, etc. Lit. ann. 1370. pro Tornac. tom. 5. Ordinat. reg. Franc. pag. 378. art. 31 : *Que lesdis prevoz*, *jurez*, *eswardeurs et eschevins*, *ou les trois Concistoires seront d'accort*, *puissent faire toutes manieres de ordonnances*, *etc.*

¶ **CONSITI**, f. Iidem qui *Curtarii* vel *Cortasiani*, Qui colunt vel tenent *cortes.* Charta Edwardi I. Regis Angl. ann. 1285. apud Rymerum tom. 2. pag. 304 : *Omnibus Baronibus nostris*, *Castellanis*, *Vavassoribus*, *Vassallis*, *Feodatariis*, *Emphiteotecariis*, *Consitis*, *Colonis nostris*, *etc.* [** *Censitis ?*]

¶ **CONSITUS**, ut Commixtus vel conditus. Gaufredus Canonicus Regul. circa ann. 1170. Epist. 43. ad Hugonem Priorem S. Martini Sagiensis apud Marten. tom. 1. Anecdot. col. 544 : *Gemens dico*, *cum absinthium meum respicio*, *cum Consita melle pocula vestra deprehendo.*

¶ **CONSMUS**, pro *Cosmus*, Κόσμος, Mundus. Chartularium Gemetic. tom. 1. pag. 323 : *Quousque hic Consmus volvetur.*

* **CONSOBRINA**, *Cousine ou niece*, *fille de sa sœur*, in Glossar. Gall. Lat. ex Cod. reg. 7684.

* **CONSOBRINUS**, Patruelis. Vita S. Ansberti tom. 2. Febr. pag. 350. col. 2 : *Inclytus princeps Pipinus*, *Ansegisi filius*, *Consobrinus videlicet beati patris Wandregisili*, *etc.* Uterque Arnulphi nepos.

CONSOCER, Græcis συμπένθερος, de qua voce diximus in Notis ad Alexiadem pag. 281. Adde Nomocanonem editum a Joan. Bapt. Cotelerio c. 492. Confer *Congener.*

* **CONSOCIUS**, Collega. Charta ann. 20. imperii Ludov. Pii ex Chartul. eccl. Vienn. : *Hæc omnia infrascripta*, *tam exquisita quam inexquisita*, *prælibato S. Maximo Regensi episcopo suisque Consociis*, *quorum corpora secus eum fore videntur humata*, ... *vendo.* Lit. ann. 1372. tom. 5. Ordinat. reg. Franc. pag. 587 : *Prænominatis consulibus eorumque Consociis seu collegis*, *etc.*

CONSOCRANEUS. Vide *Consacraneus.*

* **CONSODALIS**, Socius, sodalis. Vita S. Bononii abbat. scripta circa ann. 1030. in Raccolta d'opuscole scientifici, etc. tom. 21. pag. 207 : *In gestis piissimi patris nostri Bononii per Consodalem nostrum super expositis*, *etc.* Vide infra *Consortialis.*

¶ **CONSODES**, Sodalis, socius. Vide *Sodes.*

CONSOLAMENTUM, Ita manus impositionem et Baptismum appellabant *Cathari* hæretici, ut auctor est Reinerus contra Valdenses cap. 6. pag. 60. et 71. [et in sua Summa, quam publici juris fecit Martenius noster tom. 5. Anecd. col. 1761.] Ermengardus vero contra eosdem, cap. 14. ritum conferendi *Consolamenti* pluribus refert. [Durandus lib. 6. Ration. cap. 24 : *Arnoldistæ perfidi hæretici dicentes manuum impositionem sive Consolamentum fieri posse a quolibet homine bono.* Petrus Abaelardus adversus Hæreses cap. 15 : *Omnium Hæreticorum est fides, quod nullus post suum Consolamentum receptum, si carnem, vel caseum, vel ova comederit, potest salvari.* Vide Librum Sentent. Inquisit. Tolos. pag. 5. 6. et 14.]

* **CONSOLARE**, Manus imponere, baptismum conferre; vox Catharorum hæreticorum. Examen testium ab ann. 1270. ad ann. 1288. apud Murator. tom. 5. Antiq. Ital. med. ævi col. 121 : *In domo de Spata de Verona...... Punzilupus fuit Consolatus per prædictum dominum Guillelmum et Martinum Darindam hæreticos.* Vide mox *Consolatio* 4.

** **CONSOLARI**, Consolationem dare, pecuniam distribuere. Vide *Consolatio*, 3. Annales Vedastini ann. 892. ap. Pertz. Script. tom. 1. pag. 627 : *Per consilium Everberti,... contra voluntatem regis Balduinum receperunt.... Per hoc itaque quod Everbertus Consolatus est.* Chart. Ludolf. Episcop. Mindens. ann. 1302. ap. Würdtwein. Subsid. Diplom. tom. 10. pag. 48 : *Pensantes in hoc utilitatem nostræ ecclesiæ ut ipsa in revocatione dictorum mansorum commodius Consolatur.* Ubi fortasse emendandum *ipsi.... Consulatur.* Vide *Consolatio*, 2.

CONSOLATI, Paterini hæretici, sic appellati in Lombardia qui *Boni-Homines* in Theutonia. Reinerus contra Valdenses cap. 6. et Ermengardus contra eosdem cap. 14. ita dictos aiunt, quod *Consolamentum*, seu *Consolationem*, uti habet Concilium Narbonense anno 1235. can. 29. quo nomine *manuum impositionem* et Baptismum appellabant, suis impertirent.

1. **CONSOLATIO**, Serotina cœna, quæ post *Collationem* fiebat a Monachis, qui quod vice *Consolationis*, et gratuitæ refectionis, post impensas orationi et lectioni horas complures iis impertiretur, detorto inde vocabulo, *Consolationem* hanc refectionem pro collatione appellarunt. Chrodegangus Metensis Episc. in Regula Canonicorum cap. 8. novæ Edit. 23 : *Si vero contigerit quod vinum minus fuerit, et istam mensuram Episcopus, vel qui sub eo est, implere non potest,... impleat de cervisia, et eis Consolationem faciant.* Idem cap. 36. novæ Edit. 30 : *Postquam de refectorio exierint, in caminada bibant duabus vicibus aut tribus, qualiter Consolatio fit, et ebrietas non dominetur.* Conventus Aquisgranensis ann. 817. et Additio 1. Capit. cap. 11 : *Ut certum phlebotomiæ tempus non observent, sed unicuique secundum quod necessitas expostulat, concedatur, et specialis in cibo et in potu tunc Consolatio præbeatur.* Charta ann. 862. apud Doubletum pag. 793. et in Tabul. S. Dionysii Ch. 31 : *Et Consolatione carnium in famulos eorum censita quæ illis dabatur in iisdem tribus festivitatibus, et initio Quadragesimæ.* Concilium Moguntinum ann. 847. can. 16 : *Sanctimoniales vero..... horas canonicas..... celebrent, et omnibus diebus ad Consolationem veniant, et ut cætera servent, quæ in regula sanctimonialium continentur.* Atque hac notione usurpatur in variis Tabulis apud Browerum in Antiquitatib. Fuldensib. pag. 207. 269. 270. [et in Privilegio ann. 1323. apud Ludewig. tom. 1. Reliq. MSS. pag. 304. 305. et 307. necnon in Vita S. Aldrici Episc. Cenom. pag. 76. 92.] Vita S. Nili Junioris pag. 80 : Ἤνεγκέ τις ἰχθύας ἐν τῇ μονῇ καλοὺς καὶ μεγάλους,.... ἵνα μικρὰν παράκλησιν λάβωσιν οἱ ἀδελφοὶ ἐκ τῆς πολλῆς καὶ μακρᾶς νηστείας. [** Vide Glossar. med. Græcit. voce Παράκλησις, *Refectio extraordinaria*, col. 1107. S. Rosa de Viterbo Elucid. pag. 306. voce *Consolaçao*, qui serotinam cœnam post jejunium Lusitanis significare scribit, supra] *Caritas* 3. [** et *Consolatio*, 3.]

2. **CONSOLATIO**, Solatium, auxilium, in Form. 33. apud Lindenbrog. et Gloss. med. Græcit. in Παράκλησις et Παραμυθία. [** Concil. Agathense can. 10 : *Ut nullus clericorum extraneæ mulieri qualibet Consolatione aut familiaritate jungatur.* Concil. Andegavense : *Sed si qui sunt cœlibes, nonnisi a sororibus aut amitis suis aut matribus Consolentur.* Vide *Solatium*.]

* *Consolation*, eadem acceptione, in Lit. remiss. ann. 1387. ex Reg. 131. Chartoph. reg. ch. 240 : *Comme au mois de Février ou environ l'exposant et autres de sa compaignie, par maniere d'esbatement et de Consolation, etc.*

¶ Consolatio Annua, f. mendum pro *Collatio*. Privilegium Philippi Augusti apud Marten. tom. Ampliss. Collect. col. 1101 : *Si vero pons fractus fuerit, similiter debent habere liberam per navem transvectionem, nihil dando, nisi quod propter hoc pro reparatione pontis datur Annua Consolatio tredecim solidorum et quatuor denariorum.*

* 3. **CONSOLATIO**, Dicitur quædam denariorum distributio, quæ canonicis fit, ab annuo reditu beneficii distincta. Stat. capit. Gandersh. apud Leuckfeld. in Antiq. Gandersh. pag. 447 : *Si aliquis absentium canonicorum de hac vita migraverit, prærbenda integra, exceptis Consolationibus et bursa, anno integro post mortem illius dabitur eidem....... Omnes obventiones et proventus, tam Consolationum quam bursarum, etc.* Charta ann. 1277. inter Probat. tom. 2. Annal. Præmonstr. col. 730 : *Ne denarii Consolationum et præsentiarum inter vos de cætero dividantur.* Nihil ergo emendandum in Privileg. Phil. Aug. in *Consolatio* 2. laudato : ibi enim idem sonat quod *Collata* et *Collatio* 1. [** Vide *Consolatio*, 1. neque enim semper est serotina cœna, sed distributio quævis extraordinaria, seu denariorum seu vini et similium, item cœna vel prandium extra ordinem et solito suavior atque delicatior, præsertim in vigiliis et anniversariis. Vide Haltaus. Glossar. German. voce *Trost-pfennige*, col. 1809. et Guden. adnotat. in cod. Diplomat. tom. 1. pag. 509. Charta Capitul. Mindens. ann. 1264. ap. Würdtwein. Subsid. Diplomat. tom. 10. pag. 23 : *Distributionem autem prædictæ Consolationis taliter ordinavit, scolaribus ad prandium sol. unum, octo denarios ad nocturnalem candelam, campanariis quatuor denarios; reliqui 17. solidi inter canonicos et vicarios, qui presentes fuerint, equaliter dividentur.* Alia ann. 1285. ibid. pag. 39 : *Bona comparabimus, quibus eadem Consolatio certo tempore peragatur, in supradicto autem festo quilibet de sex minoribus canonicis recipiat 6. denarios, quilibet de duodecim vicariis 6. denarios, scholares solidum ad prandium, etc.* Chart. Siguiwin. Archiep. Colon. c. ann. 1080. ap. Seibertz. Hist. Ducat. Westphal. num. 33 : *In anniversario supradicti ..... Consolationem quam refectoriam vocamus largiter exhibeat.*]

* 4. **CONSOLATIO**, Ceremonia, qua aliquis inter Catharos admittebatur, idem quod *Consolamentum*. Sent. ann. 1244. apud Cl. V. Garamp. in Dissert. 4. ad Hist. B. Chiaræ pag. 175 : *Andreas filius Ugolini.... dixit interrogatus, quod ipse est hæreticus consolatus, et consolatus fuit ab hæreticis, jam 13. vel 14. anni, et dixit quod Consolationem recepit apud Pratum a Marchisciano consolato.* Alia ann. 1268. ibid. pag. 169 : *Consolationi filii sui, quin potius desolationi interfuit, qui fuit in quadam infirmitate hæreticus consolatus per impositionem manuum hæreticorum.* Vide supra *Consolare*.

¶ **CONSOLATIUS**, adverb. a ficto *Consolate*, legitur in Anecdotis Martenii tom. 1. col. 496. A. *Consolatorie* apud Sidonium lib. 6. Epist. 9.

¶ **CONSOLATUS**, ut infra *Consulatus*, Comitatus, Comitis districtus, Jurisdictio. Pactum ann. 1300. inter Comitem et Cives Vapincenses, Hist. Dalphin. tom. 1. pag. 53 : *Super Consulatu civitatis Vapincensis et ejus jurisdictione, necnon et super medietate territorii Montis-Alquerii olim ad Consolatum ipsum, sicut dicitur, pertinente.* Et pag. 54 : *Imprimis, super Consulatu prædicto et ejus jurisdictione ordinamus, quod dictus Consolatus et jus quod olim dicebatur esse de juribus Consolatus prædicti, et percipiebatur ac tenebatur a Consulibus, dum ipse Consolatus per Consules regebatur.* Litteræ Humberti II. Dalphini ann. 1345. pro Jacobo de Ruffo Consiliario ac Professore Juris Civilis et Canonici in Studio Grationopolitano : *Constituentes tibi salarium quinquaginta florenorum auri per annum, quandiu ibi fueris, percipiendum per te, et habendum de et super emolumentis leydæ et bannorum nostri Consolatus Vapinci, mandantes districte Rectori dicti Consolatus moderno et futuris, vel eorum loca tenentibus, quatenus dictos quinquaginta florenos annis singulis tibi solvant.* Vide *Consul*, 2.

¶ **CONSONA**. Ad Consonam, E regione, si bene conjecto. Ordinatio Anderii Aureilla et aliorum ann. 1223. e MS. D. *Brunet* : *Aberratorium sit de 4. cannis in latitudine ad Consonam Petri Caurentii et protendatur a Rodano in Ornedam.* Ibid.: *Aberratorium protendatur recta linea ab ipsa albatorium usque ad quandam capam, quæ est ultra Rodanum ad Consonam Nuera.*

CONSONANTER, *Convenienter*, in Gloss. MSS. ad Canones Concilior. ad can. 20. Concilii Nicæni.

¶ **CONSORCIA**, Consortia, Societas, Collegium, Conventus. Tabularium Vosiense fol. 20. v°. : *Galterius de Varez dedit Deo et S. Petro Vosiensi.... XVIII. denar. in manso Delvilar in terra, ubi G. Malianus manet VI. denar. in Consorcia S. Petri.* Et fol. 25 : *Ego quoque Arbertus supradictus dono post mortem matris meæ VI. denarios in manso Deselpers qui molo vocatur, ut oblati per unumquemque ad Consortiam ejusdem Apostoli reddantur in æternum.* Vide *Consortia.*

¶ **CONSOROR**, Soror, Virgo mulierve quæ se suaque, vel saltem bonorum suorum partem aliquam obtulerat Ecclesiæ seu Monasterio, ea vel simili ratione qua *Oblati*, de quibus suo loco. Notæ marginales veteris Martyrologii MS. Cathedralis Aquensis, in qua tum erant Canonici Regulares : *Eodem die obiit Uga Soror nostra, quæ semetipsam et filium suum Marcum dedit huic Ecclesiæ cum omnibus quæ ad eos jure pertinebant.* Ibidem : *Ipso die Azalais de Lesignana Consoror nostra, pro cujus anima Bertrandus de Lesignana maritus ejus dedit... an. 1210.* Plures aliæ *Consorores* ejusmodi, simul et *Fratres*, ibi memorantur. Vide *Sorores.*

¶ 1 **CONSORS**, Conjux, uxor. Contractus matrimonii inter Ludovicum filium Regis Hungariæ et Margaretam filiam Caroli Marchionis Moraviæ ann. 1338. apud Ludewig. Reliq. MSS. tom. 5. pag. 488 : *Nos et serenissima Principissa, Domina Elizabeth, Regina Hungariæ, Consors nostra carissima.*

¶ 2. **CONSORS**, pro *Concors*, unanimis. Gesta Consulum Andegav. n. 19. apud Acherium tom. 10. Spicil. pag. 467 : *Ipse vero Rex licet aliquanto tempore tali facto tristis effectus, postea tamen, ut decebat, Consors Reginæ fuit.*

* 3. **CONSORS**, Vicinus, qui sortes suas vicinas habet. Stat. Astæ collat. 11. cap. 61. pag. 32. r°. : *Si quis vellet prædicta vel aliquod prædictorum capere in glarea Consortis seu vicini sui, etc.* Vide in *Consortes.*

¶ **CONSORTALIS**. Vide infra *Consortes*, Fines agrorum.

¶ **CONSORTARE**, Limites habere *Consortes*, vicinos et eosdem. Charta de terra Avæ in Chartulario Aptensi fol. 57 : *Quod nobis ex parentum nostrorum legibus obvenit... et habet dextros ab Oriente* XXXVII. *et in fronte terra S. Petri, ad Occidentem dextros* XLIX. *et in fronte terra Faraldi, a Meridie dextros* XL. *et inlaterat in terram Faraldi, ad Septentrionem* LXXX. *dextros, et Consortat in terram Lamberti.* Vide infra *Consortes*, Fines agrorum.

* Charta ann. 1054. ex Tabul. S. Vict. Massil. : *Marinus gener de Agarno vendidit sex sextairatas de terra in valle S. Juliani, quæ Consortant cum ipso alode de Pontio Boirello.*

¶ Consortari, Eadem notione. Charta anni circiter 1050. ex Archivo S. Victoris Massil. Armar. *Frejus* n. 69 : *A septentrionali parte Consortatur grada ipsa usque ad ipsam viam de Boxa.*

* **CONSORTARIA**, Societas, Ital. *Consorteria.* Stat. ant. Florent. lib. 3. cap. 36. ex Cod. reg. 4621 : *Quilibet comitatinus vel districtualis civitatis Florentiæ existens de Consortaria seu familia, etc.* Vide mox

* **CONSORTATUM**, Consortio, consortium, Ital. *Consorzio.* Charta ann. 1202. tom. 2. Cod. Ital. diplom. col. 255 : *Teneantur dominus episcopus* (Lunensis) *et marchiones se ad invicem adjuvare, nemine exceptato, et Consortati vice debeant se inde juvare ad invicem contra omnes homines.*

CONSORTES. Gloss. Lat. Gr. : *Consortis*, κοινόβιος, σύγκληρος. *Consors*, σύγκληρος. Vetus Inscriptio : *L. Ælius.... L. Ælio Antigon. lib. Consorti.*

Consortes proprie dicuntur ejusdem agri vel dominii participes, qui sortes suas vicinas habent, ut apud Frontinum de Limit. agror. pag. 47. Constitutio Tiberii Cæsaris, apud eumdem : *Est et aliud quod proximis ædibus unusquisque miles vel Consors condidit in portionibus suis;* quo sensu sumitur non semel in lege Wisigoth. l. 8. tit. 5. § 5. lib. 10. tit. 1. § 4. 6. 7. tit. 5. § 5. in Lege Burgund. tit. 49. § 3. apud Senatorem lib. 7. Epist. 3. etc.

¶ Consortes, *in libris feudorum*, ut habet Calvinus in Lexico, *dicuntur Domini et Vassallus quasi σύμμαχοι, ejusdem militiæ socii, ejusdemque fortunæ participes.* Vide *Vassalli* in *Vassi.*

Consortes Coloni, Qui vicinos agros colunt, arant. Vita S. Domitiani Confess. apud Guichenon. : *Concedimus... vineam unam supra villam quæ dicitur Deserta, et terminatur a mane, interque Consortes colonos et campum de ipsa ratione subtus viam a meridie via a sero inter Consortes colonos, etc.*

Consortes, Fines agrorum, termini, limites, quos *lineas Consortales*, id est, quæ consortium agros dividunt, vocat Frontinus de Coloniis : *Nam sunt termini proportionales, quos milites inter se veterani posuerunt, et custodiunt lineas Consortales.* Charta ann. 1032. in Chronol. Lerinensi pag. 365 : *Est autem inter Consortes de uno latere fluvius, qui nominatur Lupus, de alio, rivus Malvanus, et de uno fronte Mare magnum, de alio fronte mons qui est supra Ecclesias, sicut demergit aqua in imo, vel si qui alii Consortes sunt.* Charta Riculphi Forojuliensis apud Sammarthan. : *Consortes de uno latere Mare magnum, de altero latere castrum Gorgia, etc.* Charta Manassis Archiepisc. Arel. apud eosdem : *Commutamus vobis campo culto ad ipsa Elseria Consortes de uno latus, Bermundus de alio latus, etc.* Vide Petrum Joffredum in Nicia pag. 159. *Consors*, non semel in Consuet. *de la Perouse* ann. 1260. Scabinos, quasi *Consortes*, appellari putat Editor Thomasserius, sed videtur pro *Consules* vox usurpata.

Consortales Stratæ, in jure Vicentino lib. 1. quæ juxta *Consortes* protenduntur.

* **CONSORTIA**, Ager vel dominium seu prædium, cujus plures sunt participes. Correct. stat. Cadubrii cap. 92 : *Decernimus quod si fuerint vir et uxor consortes in uno et eodem monte, ... utrique non habeant nec habere possint, nisi unam Consortiam tantum, et pro uno consorte habeantur, et dissoluto matrimonio, filii seu filiæ venientes ad successionem non possint neque valeant habere in dicto monte, nisi unam Consortiam tantum pro quoque et quaque. Et quicumque suas Consortias vendere voluerit, possit cum licentia consilii eas vendere, dummodo illam prius osserrat* (offerat) *consortibus, qui si eam emere voluerint, teneatur et debeat illis vendere.* Vide *Consorcia.*

¶ **CONSORTIALES** Collectores. Vide *Collectores.*

* **CONSORTIALIS**, Sodalis, socius, in C. un. Extrav. comm. tit. de Decim. : *De illis oblationibus, quæ colliguntur interdum per laicos, qui Consortiales dicuntur; interdum per clericos, quæ ad opus consortii reducuntur.* Vide supra *Consodalis.*

CONSORTIARE, In consortium admittere, vel simul partiri. Fori Oscæ Jacobi I. Regis Arag. ann. 1247. f. 17 : *Si unus frater ante divisionem paternorum bonorum ex ipsis bonis aliquid acquiesierit, tenetur cum aliis fratribus aut sororibus Consortiare.*

CONSORTIUM, Conventus, et congregatio Presbyterorum, cum scilicet invicem de rebus Ecclesiasticis et parochiarum suarum deliberant. Concilium Nannetense can. 15 : *De collectis, vel confratriis, quas Consortia vocant, etc.* Walterius Aurelian. Episc. in Capitul. can. 17 : *Ut quando ad Conventum, quod ipsi* (Presbyteri) *Consortia vocant, religiose equitent, juniores prioribus fratribus honorem impendant.* Vide *Gildonia.*

* Laicorum quoque pia societas, sodalium, Gall. *Confrairie.*

CONSPALATIUS. Vide *Comes Palatii.*

CONSPARSUS, Aspersio aquæ benedictæ, quæ *Aqua aspersionis* dicitur Anastasio in S. Alexandro PP. Lib. 3. Sacrament. Eccl. Roman. cap. 75. 76 : *Benedictio aquæ spargendæ in domo. Item alia. Item ad Consparsum faciendum.* Visio S. Baronti num. 1 : *Tunc tremefactus Frater, ad quotidiana arma conversus cœpit se signare, et cum gemitu gravi rogabat Consparsum in ipsam domum facere, ut turba malignorum spirituum exinde fugaretur.* Vide *Aqua benedicta*, et Cujacium lib. 11. Observ. cap. 7.

¶ **CONSPECTARE**, Conspicere, videre. Acta SS. April. tom. 3. pag. 75. de S. Senorina : *Nam ulterius nullum hujus generis in termino illo Conspectatur entoma.*

* **CONSPERECTUS**, *Insieme spresiato.* Glossar. Lat. Ital. MS.

¶ **CONSPERSUS**, *Panis aqua Conspersus*, Panis Eucharisticus, qui per verba sacra factus est corpus Christi. Paschasius Radbertus Abb. Corbeiensis lib. 20. de corpore et sanguine Domini cap. 20 : *Hæc igitur Conspersio de multis granis fecit unum corpus, corpus inquam sinceritatis et veritatis : si tamen sumus azymi, id est, absque fermento malitiæ et nequitiæ, ut digne panem de aqua Conspersum accipere possimus.*

* *Ut sitis nova Conspersio*, in Epist. 1. ad Cor. cap. 5. v. 7. Gloss. Gr. Lat. : Φύραμα, *massa, Conspersio. Consparsio*, in Lat. Gr. Cathol. : *Conspersio, farina per aquam conglutinata, sine fermento.*

CONSPICABILIS, Qui conspici potest, visibilis. Vigilius Tapsensis lib. 7. de Trinitate pag. 260 : *Dum dicitur mihi, quod multifarie a Patribus in Conspicabili materia visus fuerit, ignoras in præfigurationem operis assumpti hominis, sive futuri judicii hæc cuncta in eo præostensa fuisse.* Occurrit præterea apud Prudentium,

¶ **CONSPICARE**, *Spicas colligere*, Johanni de Jan. Italis *Spigolare*.

¶ **CONSICATOR**, Speculator, explorator, Gall. *Espion*. Albertinus Mussatus de Gestis Ital. lib. 3. rubr. 7 : *Conspicatoribus trans fluvium missis, qui præcedentes acies despicerent*.

* **CONSPICIA**, Conspicacitas, *La solilita, e speciosita, e apteza*. Glossar. Lat. Ital. MS.

¶ **CONSPICULATIO**, Conspectus, in Chronico Novaliciensi, apud Murator. tom. 2. part. 2. col. 728 : *Conspiculatio hominum ostendit minime nos falli*.

* **CONSPICULUM**, *Lo logo apto a insieme guardare*, in Glossar. Lat. Ital. MS.

* **CONSPIRAMENTUM**, Conspiratio. Chron. Joan. Whethamst. pag. 464 : *Remota enim justitia, nil aliud sunt regna,..... nisi..... prodiciosa prodigiosaque Conspiramenta*. Vide *Conspirationes*.

¶ **CONSPIRARE**, Simul sentire et credere. Confessio fidei Felicis Urgellitani tom. 3. Concil. Hisp. pag. 116 : *Unum igitur Filium dicimus et Dominum Christum, per quem omnia facta sunt, principaliter quidem Deum Verbum intelligentes substantialiter Filium Dei et Dominum, Conspirantes autem assumptum Nazareth, quem unxit Deus Spiritu et virtute*.

CONSPIRATIO, apud Cistercienses, dicitur *Contra ordinis disciplinam et majorum instituta confœderatio*. Ita Institutiones Capituli general. ejusdem Ordinis ann. 1256. distinct. 10. cap. 7. *Conspiratrix* Monialis, distinct. 15. cap. 8.

CONSPIRATORES, Leguleis Anglis, dicuntur duo aut plures, qui sacramento invicem sibi dato et firmato crimen feloniæ vel litem injuste alteri intentant. Statutum Berwicense Edwardi III. Reg. Angl. ann. 20 : *Quicumque voluerit conqueri de Conspiratoribus falsarum querelarum sustentoribus, et inventoribus falsarum querelarum, et inde partem habentibus, et controversiarum barganizatoribus*, etc. Statutum Edwardi I. ann. 35 : *Conspirators, sont ceux queux se entrelient par serement, convenant, ou auter aliance, que chescun aidra et sustiendra auters entreprise, de falsement et maliciousement enditer, ou falcement mover plees, ou maintener, et auxi ceux queux sont enfantés deins age appeler les gens de feloines, per qui ils sont emprisonnez, et molt grievez, ou de ceux queux receivont gentes de pays à lour robes, ou à lour fées, pour maintenir lour maliciouse emprises, et pour vérité esteinder*, etc. Vide Stanfordium lib. 3. de placitis Coronæ cap. 12.

CONSPOLIUM, apud Arnobium lib. 7. Libi species.

CONSPONSALIS, Commater. Leges Presbyterorum Northumbrensium cap. 53 : *Ut nemo matrimonium contrahat in cognatione sua, scilicet infra gradum seu geniculum quartum, nec cum Consponsali sua ad sanctum fontem*.

CONSPONSUS, *Janitrix*, σύννυμφος, in Gloss. Gr. Lat.

* **CONSSOA**, Idem forte quod *Cossa* 1. Pensitationis species. Charta Gaucelini abb. Anian. ann. 1202. inter Probat. tom. 3. Hist. Occit. col. 192 : *Cedo tibi Guillelmo dom. Motispessulani...... totam pro indiviso medietatem totius pulmenti et usatici maris, et stagni, et terræ, et Conssoæ*, etc. Vide *Consua*.

¶ **CONSTA**. Inventar. Recogn. de Vouta tom. 2. fol. 343. ex Archivo Principis de Rohan : *Item pro certis casalibus, terris... sitis in perrochia Romponis veteris confront. cum rivo sive Consta Johannis Rapino*. Charta anni 1060. ex Archivo S. Victoris Massil. Armar. Aquens. num. 156 : *Donamus totam decimam tam in pane quam in vino, quam in carne, quam in fructibus, et totam pletonedam, quæ est contra S. Christoforum in Consta, quæ Consta tenet se cum prato*.

* Pro *Costa*, ni fallor, Clivus latus montis. Vide *Costa* 1.

CONSTABILITOR, in Charta Roberti II. Principis Capuani apud Michaelem Monachum in Sanctuario Capuano pag. 643.

CONSTABULARIUS, Constabularia, Constabulatio, etc. Vide *Comes stabuli*.

¶ **CONSTAFOLARII**, *Assessores judicii*, in Amalthea. Vide *Constapholarii*.

CONSTAMENTUM, Constamen. Vide *Custus*.

¶ **CONSTANCIO**, pro *Constitutio*. Ordinatio Philippi cognomento Pulcri Franc. Reg. in Chartulario S. Vandregisili tom. 2. pag. 1849 : *Item hac irrefragabili Constancione sanximus*, etc.

¶ **CONSTANGIA**. Vide post *Custus*.

* **CONSTANGIATUS**, Impensis indebitis obnoxius. Artic. Petro de Cugneriis proposit. num 56 : *Aliqui capellani dicunt se habere privillegia Apostolica, ... et sic subditi regis damnificati et Constangiati existunt, nec possunt jus vel recuperationem habere de ipsis. Coustangé*, in Lit. ann. 1349. tom. 2. Ordinat. reg. Franc. pag. 314. art. 32 : *Plusieurs personnes frequentans lesdites foires en pourroient estre Coustangez et endommagez. Coustengié*, in Ch. ann. 1369. ex Reg. 102. Chartoph. reg. ch. 84 : *Parquoy lesdites parties pourroient estre fraiez et Coustengiez*, etc. Occurrit præterea inter Probat. tom. 3. Hist. Burg. pag. 21. col. 2. Vide mox

* **CONSTANTIA**, Expensæ, impensæ. Charta ann. 1189. tom. 1. Probat. Hist. Brit. col. 711 : *Si Constantiam fecerint, quisque suam partem mittet*. Vide *Custus* 1.

CONSTANTINUS Solidus, Moneta aurea Imperatorum Constantinop. Charta Petri Salernitani Episcopi ann. 6. Principatus Gaimarii Principis mense Martio circa ann. 877. apud Ughellum tom. 7. Italiæ sacræ pag. 501 : *Obligamus nos et successores nostros ad componendum vobis... mille aureos solidos Constantinos*. Et pag. 504 : *Componat ipsi patruo, et nepotibus eorum 50. aureos solid. Constant*. Ita pag. 500. 978. tom. 6. pag. 844. tom. 8. pag. 302. 714. 718. At tom. 7. pag. 509. *Quatuor millia solidos Constantinopolitanos* habetur. Vide Dissertationem nostram de Nummis Imperatorum Constantinopolitanorum.

* Constantinatus Solidus, Idem. Charta ann. 1051. apud Murator. tom. 2. Antiq. Ital. med. ævi col. 790 : *Obligavit se et suos heredes componere custodibus ipsius ecclesiæ ducentos auri solidos Constantinatos*. Vide *Constantinus solidus*.

* *Coustentinois* vero, Constantiensis, *Habitant du Cotantin*, in Lit. remiss. ann. 1389. ex Reg. 136. Chartoph. reg. ch. 1 : *Jehan de Nesiement dist audit Guillaume qu'il vuidast d'illec et s'en alast comme mauvais Coustentinoys qu'il estoit*.

* **CONSTELLATI** Fratres. Vide infra in *Frater*.

CONSTAPHOLARII, Germanis ad Rhenum *die Constofler* : Assessores judicii, a stapfolo seu tribunali, in quod gradibus ascendebatur, sic appellati. Ita Browerus lib. 8. Annal. Trevir. pag. 473. 1. Edit. Vide *Staplus* [et Lexicon Calvini in *Constafolarius*.]

CONSTARE, pro *Stare*, *Demeurer*. Lex Bajwar. tit. 3. cap. 11 : *Si quis liber a facie inimicorum suorum fugerit, et alius eum per vim Constare fecerit*, etc.

CONSTELLATIO, Θέμα τοῦ ἀνθρώπου, in Glossar. Græc. Lat. Papias : *Constellationes Latini vocant superstitiones Mathematicorum, id est, notationes siderum, quomodo habeat unusquisque*. Poeta infimi sæculi MS. ex Bibl. Thuana :

> Constellatio, mors, parcæ, responsa deorum,
> Eventus rerum, signantur nomine fati.

Spartianus in Ælio Vero : *Quid si non recte Constellatio ejus collecta est, quem credimus esse victurum?* Ammianus lib. 29: *Cum objiceretur illi, quamobrem Constellationem Principis collegisset*. Althelmus de laude virginitatis : *Fato et genesi gubernandur futura, juxta Mathematicorum Constellationem*. Vide Firmicum lib. 4. Mathes. cap. 3. Hinc dictus

Constellator Mathematicus. Vide *Cantellator*.

* **CONSTERNATUS**, Prostratus. Legenda S. Lander. ex Breviar. Paris. ann. 1492 : *Humiliavit se ægrotus in præsentia; et Consternato corpore, devotionem quam voce non poterat, nutu exhibebat*.

* **CONSTERNERE**, Diruere, evertere. Chron. Patav. ad ann. 1202. apud Murator. tom. 4. Antiq. Ital. med. ævi col. 1125 : *Ceperunt castrum Carturi, et turrim Canfreduli Constraverunt*.

* **CONSTEUM**, Impensa, sumptus, Ital. *Costo*, ut supra *Constantia*. Stat. Genuens. lib. 4. cap. 14. pag. 117 : *Si quis mandaret alicui in aliqua mundi parte, seu mandatum aut ordinem daret de emendis mercibus, vel aliis rebus mobilibus, et non solveret....... Consteum vel pretium*, etc. Vide *Custus* 1.

** **CONSTIPATIO**. Marius Mercator in Sermon. V. Nestorii pag. 88 : *Parco enim et mihi qui fessus sum, et vobis qui Constipatione laboratis*.

¶ **CONSTIPENDIALIS**, Particeps stipendii. Acta SS. Junii tom. 1. pag. 525. de B. Meinwerco : *Stipendialis refocillatio quæ convenit uni fratri Constipendiali ejusdem Ecclesiæ dari*.

CONSTIPS, Papiæ, *Particeps*.

¶ **CONSTIPULATIO**, Idem quod *Stipulatio*, Contractus stipulando confirmatus. Charta Pipini pro Monast. Epternac. ann. 706. ap. Marten. tom. 1. Ampliss. Collect. col. 16 : *Sed præsens confirmatio ad instar testamenti, Constipulatione* (sic legendum pro *Constipulatio*) *adnixa, omni tempore firma stabilitate capiat firmitatem*. Charta Sanegundis pro Rorardo Abbate apud Stephanotium Antiq. Pictav. MSS. tom. 3. pag. 336 : *Ut prorsus venditio ista omni tempore in Dei nomine valeat perdurare, Constipulatione subnixa, manu propria subterfirmavi.* [** Passim in chartis secul. IX. et X. *cum stipulatione subnixa*, Vide *Stipulatio.*]

** Constipulator. Charta Edgari reg. Angl. laudata in voce *Charaxare : Hujus doni Constipulatores fuerunt, quorum nomina, etc.*

* **CONSTITUCIA**, Præstatio, quæ ex *constituto* exsolvitur. Pactum inter ducem Burg. et episc. Æduens. ann. 1360. inter Probat. tom. 2. Hist. Burg. pag. 262. col. 1 : *Attendentes nos dicto episcopo et ejus ecclesiæ multipliciter obligatos et specialiter ob remissionem fructuum et arreragiorum nobis factam ad exonerationem Constituciarum nostrarum, etc.* Vide *Constitutio.*

CONSTITUTIO, Census, consuetudo, præstatio quæ ex *constituto* exsolvitur. Orig. Murensis Monasterii pag. 23 : *Iste locus Mura cum omnibus justitiis et Constitutionibus legitimis ad se pertinentibus, etc.* Pag. 25 : *De Constitutionibus autem rusticorum, ne penitus memoriæ decedat, necesse est ut scribatur, etc.*

¶ **CONSTITUTOR** *dicitur qui pro alio se solutarum promittit, vel aliqua facturum, et alterius in se transfert, vel suscipit obligationem.* Vet. Vocabularium utriusque juris.

CONSTITUTUM, Decretum. Gloss. Lat. Græc. : *Constitutum*, Συςαθέν, συνταγέν. Aliæ Glossæ : *Constitutum*, ὅρος, τύπος. *Constitutum*, σύνταγμα. Vopiscus in Probo : *Miraris fortassis quod ego imberbem Tribunum fecerim contra Constitutum D. Adriani.* Vigilius PP. Epist. 15 : *Rogo te piissimum Principem, ut edita sua quæ præcepit appendi, removere dignetur, et Constitutum commune expectare, id est, ut scandalizati Episcopi Latinæ linguæ ad Synodum veniant.* Vide Codicem Justin. Anastasium in Vitis PP. passim, Lupum Ferrar. Epist. 80. Baronium ann. 553. n. 213. ann. 601. n. 12. ann. 721. n. 1. etc.

Constitutum, Dies constitutus, præfinitus. Lex Longobard. lib. 2. tit. 41. § 3. [** Liutpr. 27. (4, 9.)] : *Si talis causa fuerit, quam deliberare minime possit, ponat Constitutum, et distringat hominem illum de judiciaria sua, etc.* Id est, diem constituat, ut lib. 2. tit. 21. § 2. [** Roth. 240.] Alias ita etiam usurparunt Varro, Cicero, et alii e Latinis Scriptoribus.

* **CONSTONI**, Hæretici Valdensium sectarii, in Constit. Freder. contra Hæret. ex Cod. reg. 10197. 2. 2. fol. 19. r°.

¶ **CONSTORIA**, Idem quod *Custus* vel *Coustangia*, Gall. *Coust*, Expensæ. Index MS. Beneficiorum Eccl. Constantiensis fol. 7 : *Et tenetur facere Constoriam dictæ Ecclesie dictus Rector pro dicta eleemosyna.* Ibid. fol. 29 : *Et percipit* (Rector) *sex bussellos frumenti supra terram quæ debet Constariam facere.*

CONSTREINUS. Fragmentum Petronii : *Destinavi illum artificii docere, aut Constreinum, aut præconem, aut certe causidicum.* Apparitorem forte, quod reum *constringat.*

¶ **CONSTRINGERE**, Cogere, Coercere, Gall. *Contraindre.* Leges Caroli M. apud Murator. tom. 1. part. 2. pag. 110. col. 1 [** 131.] : *Et quia sunt nonnulli, qui... non habent res aut substantiam quibus Constringi possint; ideoque circumquaque malitias exercere non cessant, etc.*

* **CONSTRINGIBILIS** Homo, Qui coerceri ex jure potest. Lit. Joan. ducis Bitur. ann. 1401. in Memor. F. Cam. Comput. Paris. fol. 132 r°. : *Molendina le Roy vulgariter nuncupata, una cum eorum saltibus, aquis,...... aquæductis, hominibus Constringibilibus, banneriis, fundis, partibus et ceteris juribus........ concedimus.* Nostris *Constraignement*, pro *Contrainte*, Vis, necessitas. Charta ann. 1247. ex Chartul. 21. Corb. fol. 95. v° : *Je le voleil et otroy de me pure volunté et sans Constraignement.* Alia Th. de Couciano ann. 1265. ex Chartul. S. Joan. Laudun. : *Je Margaite, femme au devantdit Thoumas, lo et gré et otroi par ma volonté, sans Constraignement d'autrui, le don et les choses deseur dites. Contraignement*, in Ch. ann. 1306. ex Tabul. Carnot. *Contraintisvement*, in Lit. remiss. ann. 1423. ex Reg. 172. Chartoph. reg. ch. 558 : *L'appatiz ou composition Contraintisvement mis sus icelle parroisse, etc.* Id est, per vim. *Constrente*, eodem sensu, in Stat. ann. 1366. tom. 4. Ordinat. reg. Franc. pag. 629. art. 1.

* **CONSTRUCTOR**, Qui construendis aut reparandis ædificiis invigilat. Stat. Mss. eccl. S. Laurent. Rom. : *Item voluerunt quod ille, qui pecunias levabit, de tribus in tribus mensibus aliis duobus sociis suis legale et bonum compotum de receptis et datis reddere teneatur; et id quod supererit dicto depositario sive Constructori tradere teneantur.*

* **CONSTULA**, ab Ital. *Costola*, Costa parva. Inventar. Ms. thes. Sedis Apost. ann. 1295 : *Item unam aliam cupam cum coperculo ad Constulas parvas.* Vide in *Costa* 2.

¶ **CONSTUMA**, Constumarius. Vide post *Consuetudo* 4.

* **CONSTURA**. Vide infra *Coustura* 2.

¶ **CONSUA**, f. vox scripta per abbreviationem pro *Constuma*, eadem notione, qua *Consuetudo* 4. Charta ann. 1228. ex parvo Chartulario S. Victoris Massil. : *Totæ Consuæ remanent in dominio S. Victoris.* Altera ann. 1223. ex eod. Chartul. : *Consuæ, totum affare, scilicet et dominium et seigneuriam et jurisdictionem omnimodam et jura universa pertinentia ad monasterium S. Victoris, etc.* [* Vide an idem sit quod supra *Conssoa.*]

* **CONSUENTER**, Pro consuetudine, nostris alias *Coustuméement.* Charta ann. 1291. inter Instr. tom. 10. Gall. Christ. col. 473 : *Propono quod vos in regressu nostro de consecratione vestra ad ecclesiam nostram Silvanectensem, quam cum humilitate et devotione et per modum illum, quem prædecessores vestri Consuenter intrant, etc.* Reg. sign. *Pater* Cam. Comput. Paris. fol. 259. v° : *Et est assavoir que ceuls qui par plusieurs fois et Coustuméement y ont esté, perdront tous leurs muebles. Acoustuméement* et *Acoustumierement*, eodem sensu. Lit. remiss. ann. 1380. in Reg. 117. Chartoph. reg. ch. 165 : *L'epidimie et mortalité estoit ja commenciée, dont plusieurs moururent plus que Acoustuméement.* Assis. Hierosol. cap. 72 : *Celui qui Acoustumierement garde la parole dou seignor. Coustumement*, Assuetudo, vulgo *Habitude*, in Bestiario Ms :

Tousjours est par Coustumement
En une place solement.

Acoustumement, eodem significatu, ibid. :

Au serpent, qui a non aspis,
Sont acomparagié tel gent;
Dirai vous l'Acoustumement, etc.

¶ **CONSUETA**, Liber ritualis. Constitutiones Synodal. diœcesis Valentinæ tom. 3. Concil. Hisp. pag. 507. col. 1 : *Statuimus quod Rectores Ecclesiarum parochialium Valentinæ Ecclesiæ habeant Consuetam secundum consuetudinem Valentinæ Ecclesiæ, per quam instruantur divinum officium uniformiter cum matrice sua Ecclesia celebrare.* Semel et iterum ibidem occurrit, necnon in Concilio Tarracon. ann. 1591. Vide *Consuetudinarius* 2.

¶ **CONSUETUDINALITER**, Ex more. Legitur in Vita S. Gregorii Papæ tom. 2. Martii pag. 151. in Charta anni 1019. inter Instrum. tom. 4. novæ Gall. Chr. col. 141. in Conventu Episcoporum apud Monasterium Balneolnense tom. 3. Concil. Hipan. pag. 286. col. 2. et alibi.

¶ **CONSUETUDINARIUM**. Vide *Consuetudo* 4.

1. **CONSUETUDINARIUS**, Φιλεσυνήθης, Glossar. Gr. Lat. [Comis, affabilis. Idem etiam ac consuetus. Supplement. Antiquarii : *Consuetudinarius*, συνήθης. Miracula S. Ludgeri n. 21. tom. 3. Martii pag. 657 : *Jamque finitis nocturnis, cum Evangelium more monachis Consuetudinario, etc.* Vita S. Leonis IX. Papæ tom. 2. April. pag. 659 : *Illud etiam habebat Consuetudinarium, etc. Operationes Consuetudinariæ* in Charta Caroli C. apud Doubletum Hist. Sandionys. pag. 801. *Jus Consuetudinarium*, in Charta ann. 1339. apud Ludewig. tom. 5. Reliq. MSS. pag. 565.]

2. **CONSUETUDINARIUS**, Ritualis liber, in quo officiorum divinorum ritus formulæque describuntur, in quo Consuetudines Conventuales et Monasticæ exaratæ sunt. Bromptonus de Osmondo Sarisberiensi Episcopo : *Hic composuit librum Ordinalem Ecclesiastici officii, quem Consuetudinarium vocant.* Vitæ Abbatum S. Albani : *Duos Textus auro et argento et gemmis ornatos, sine Ordinalibus, Consuetudinariis, Missalibus, etc.* Infra : *Hic quoque consuetudines quas transmisit scriptas Lanfrancus Abbati Paulo, approbavit et conservari persuasit, quas qui videre desiderat, in Consuetudinario scriptas poterit invenire.* Quibus verbis innuuntur *Ordinationes* Lanfranci Archiepisc. Cantuariensis, *quas Monachi tum in Monasteriis, tum etiam in Ecclesiis Cathedralibus observare debent.* Ejusmodi sunt *Udalrici Consuetudines Cluniacenses*, editæ ab R. P. D. Luca Acherio viro doctissimo, et *Consuetudines Floriacenses*, a Joan. a Bosco.

¶ 3. **CONSUETUDINARIUS**, Consuetudinibus, seu tributis obnoxius. Vide post *Consuetudo* 4.

1. **CONSUETUDO**, Lex municipalis. Ebrardus Bethuniensis in Græcismo cap. 12.

Mos est antiqua consuetudoque probata,
Est Consuetudo jus scriptum more statutum.

S. Gregorius Naziazenus Carmine de Vita sua :

Ἔθος γὰρ ἐγχρόνιζον εἰς νόμον τέλει. S. Cæsarius quæst. 47 : Ἐν τοῖς μὲν τὸ γράμμα, ἐν τοῖς δὲ ἡ συνήθεια.

Usatici Barcinonenses MSS. editi a Raimundo Berengarii Comite Barcinon. et Adelmodi uxore, cap. 130 : *Unaquæque gens propriam sibi ex consuetudine eligit legem : longa Consuetudo enim pro lege habetur. Lex autem juris est species, Mos autem longa consuetudo est, de moribus tractat tantundem. Consuetudo autem est jus quoddam moribus institutum, quod per legem habetur; nam quod Rex vel Imperator edicit, Constitutio vel Edictum vocatur. Omne autem jus legibus et moribus constat : Mos vero est vetustate probata Consuetudo. Institutio æquitatis duplex est, nunc in legibus, nunc in moribus. Privilegia autem sunt leges privatorum, quia privatæ leges : nam privilegium inde dictum, quod in privato feratur.* [** Quæ omnia fluxerunt ex Isidor. Origin. lib. 2. cap. 10. et lib. 5. cap. 3.] Ita porro vulgo appellamus Leges municipales civitatum, de quarum tanta diversitate ac varietate liceat dicere, quod de variis gentium Legibus, quæ olim in Francia obtinuere, Agobardus lib. adversus Legem Gundobadam cap. 14 : *Atque utinam placeret omnipotenti Deo, ut sub uno piissimo Rege una omnes regerentur lege, ea ipsa ad quam et ipse vivit, et proximi ejus respondent.*

*'Quævis lex, sive ex consuetudine recepta, sive etiam literis exarata. Epist. Tolosan. ad. Petrum reg. Aragon. ann. 1211. inter Probat. tom. 3. Hist. Occit. col. 233 : *D. abbas Cisterciensis nuntios suos cum litteris ad nos direxit, præcipiens ut omnes illos, quos sui nuntii credentes hæreticorum nominarent, cum omnibus eorum rebus, baronibus exercitus tradere non differremus, ut ipsi ad cognitionem baronum, secundum judicium et Consuetudinem de Brayna se purgarent.* Hinc *Crier coustume* dicebant, cum aliquid ex lege vel jure exigebatur. Lit. remiss. ann. 1412. in Reg. 166. Chartoph. reg. ch 250 : *Icelle femme dist au suppliant qu'il alast crier Coustume sur Godefroy Baudement chaussetier, qui là estoit, pour un denier ou autre chose que ledit Godefroy devoit à ladite femme...... A quoy le suppliant obtempera,...... et de fait le voult exécuter pour l'amende de ladite Coustume, qui estoit d'une pinte de vin.*

* Quod iisdem *Consuetudinibus* seu legibus regeretur societas quælibet artificum, ipsa *Coustume* nuncupatur, in Lit. remiss. ann. 1343. ex Reg. 74. ch. 60 : *Oye la complainte qui nous a esté fait par la Coustume des tisserans de la ville de Moustier-Viller, etc.* Unde *Coustumier*, qui easdem Consuetudines servandas curat, appellatur, in Stat. pro *talemelariis* ann. 1300. inter Consuet. S. Genov. Mss. fol. 7. r° : *Quant li nouviau talemelier aura en tele maniere fait quatre ans acomplis, il prendra un neuf pot de terre et aura dedenz le pot noiz et niules, et venra en la maison aus mestres des talemeliers et les mestres vallez, que l'en apele joindres; et doit cil nouviaus talemeliers livrer son pot et ses nois au mestre, et dire : Mestre, j'ai fait et acompli mes quatre années; et li mestre doit demander au Coustumier si c'est voirs, et se il dit que c'est voirs, li mestre doit baillier au nouviau talemelier son pot et ses nois, et commander lui que les il gite au mur; et lors li nouviaus talemeliers doit jetter son pot et ses nois et ses nieules au mur de la maison le mestre au dehors; et lors doivent li mestre Coustumier, li nouviaus talemeliers et touz li autre talemelier et li vallet entrer en la meson au mestre, et le mestre leur doit livrer feu et vin; et chascun des talemeliers et li nouviaus et li mestre vallet doivent chascun un denier au mestre des talemeliers pour le vin et pour le feu qu'il livre.* Infra : *Celui qui la Coustume garde pour le roi.*

* Consuetudo Maris, Qua scilicet res maritimæ reguntur. Privil. pro mercator. Castel. ann. 1383. in Memor. E. Cam. Comput. Paris. fol. 71. r° : *Donnons povoir et auctorité desdiz descors, debas et discensions cognoistre et determiner sommierement,....... selon la Coustume de la mer.* Extant ejusmodi Consuetudines editæ tom. 1. Probat. Hist. Brit. col. 786.

* Consuetudo Usufructuaria, *Coustume viagiere et fruttuaire*, in Ch. ann. 1387. Vide *Fructuarius* et *Viagerius*.

2. **CONSUETUDO**, Regula monastica, seu vivendi ratio monastica, ab alia diversa. Orig. Murensis Monasterii pag. 18 : *Qui cum constitutus esset, non tamen benedictus ad Abbatem, cœpit secundum priorem conversationem suam non tam regulariter vivere, etc.* Mox : *Contigit vero interim ut fratres de cella S. Blasii ... mutarent suam priorem Consuetudinem.* Occurrit ibi pluries. Et pag. 16 : *Interrogavitque fratres qui sub anteriori Consuetudine hic fuerunt, si vellent obedire fratribus quos ipse huc adduxit.* Statuta antiqua Ord. Cartusiensis 1. part. 14. § 15 : *Secunda die et tertia leguntur fratribus Consuetudines post capitulum Monachorum.* Quibus verbis intelliguntur Statuta, seu Consuetudines ejusdem Ordinis a Guigone II. descriptæ, uti appellantur part. 2. cap. 1. § 7. cap. 3. §. 2. cap. 22. § 19. quarum hic est titulus : *Incipiunt capitula Consuetudinum Domini Guigonis Prioris Cartusiæ.* Ita *Cluniacenses Consuetudines* dicuntur ejusdem Ordinis Regulæ, editæ primum a Bernardo Monacho, postmodum Archiepiscop. Toletano, cujus MS. Codex servatur in Bibliotheca Sangermanensi, deinde ab Udalrico, quod non primariæ essent regulæ, quæ forte nullæ ab institutoribus descriptæ fuerant, sed quod suos mores, vitæ rationem ac institutum, aliis eorumdem Ordinum Monasteriis, a quibus rogati fuerant, scripto mandarent.

3. **CONSUETUDO**, Menstruus sanguis feminarum, qui consueto tempore redit, nostris etiamnum, *Ordinaire*. Vetus Interpres Alexandri Iatrosophistæ MS. lib. 1. Passion. : *Cognoscens quod non purgabatur menstruis, pro qua re magis exinde ei expediebat detrahi sanguinem, et hoc adjutorium duplex ei fuisse remedium, manifestum est : nam et Consuetudo (id est, menstrua*, sic Glossæ MSS.) *regressa est, et a passione est liberata.* Mulier τὰ συνήθη ἔχουσα, in Nomocanone seu Pœnitentiali Græc. c. 337. 544. συνήθεια ἔχουσα, c. 419. apud eruditissimum Cotelerium tom. 1. Monumentor. Eccles. Græcæ.

4. **CONSUETUDO**, Præstatio, pensitatio quæ ex consuetudine præstatur, cujus initium ignoratur, et a quo inducta. Charta Pipini Regis apud Doubletum lib. 3. pag. 694 : *Et unumquemque hominem ingenuum 4. dinarius dare fecissent, et hoc eis malo ordine tulerunt, et postea Gairehardus Comes Parisii, vel agentes sui ipsam deprecationem, quomodo invenerunt per Consuetudinem ipsos homines hoc expectabant.* Gregorius Turon. lib. 9. cap. 30 : *Et ille cum juramento promisit, ut leges Consuetudinesque novas populo non infligeret.* Hist. Miscella : *Ne illos prius aliqua participatione conferendarum Consuetudinum, etc.* Ubi Theophanes : Μηδὲν αὐτοῖς ἀποφέρειν τῶν εἰωθότων παρέχεσθαι. Utuntur passim Scriptores, et Chartæ veteres, Senator lib. 1. Epist. 10. lib. 3. Ep. 23. lib. 7. Ep. 2. Lex Wisigoth. lib. 10. tit. 1. § 19. Capitula Caroli Magni lib. 4. cap. 47. Willelmus Tyrius lib. 3. cap. 1. lib. 12. cap. 15. lib. 20. cap. 20. Anastasius in Vitis PP. pag. 213. Henricus Rebdorf. ann. 1360. etc. Συνήθειαι, Græcis, eadem notione in Justiniani Nov. 123. 128. apud Annam Comnenam lib. 3. Alexiad. pag. 85. Leonem in Tactic. cap. 19. § 18. etc. Gloss. Lat. Gr. : *Salarium*, συνήθεια. *Consuetudinario more aliquid tollere*, in Charta Hugonis Regis Italiæ apud Ughellum tom. 7. pag. 193. id est, vice tributi. [*Officium magnæ Coustumæ seu Consuetudinis*, recensetur inter *Officia positorum ad domanium* Regis in urbe Lauduno ann. 1362. ex Memoriali Cameræ Comput. Paris. fol. 57. verso. Plurimas hujuscemodi consuetudines a Dominis locorum pro voluntate suis hominibus, altera stirpe Regum nostrorum desinente, impositas fuisse rite probat D. *Brussel* de Usu feudorum 2. lib. cap. 31. Ibi, si vis, consule.] [** Vide Irminon. Polyptych. Br. 12. cap. 51. Guerard. pag. 130.]

* Præstatio sive pecunia, sive aliis rebus, aut etiam servitiis, puta *chevaucheia* et *exercitu*, exhibeatur. Lit. Guidon. comit. Nivern. ann. 1231. tom. 3. Ordinat. reg. Franc. pag. 115 : *Omnes Consuetudines qualescumque, quas nos et prædecessores nostri in villa Nivernensi habebamus aut solebamus habere, et nominatim chevaucheiam nostram et exercitum nostrum, eisdem burgensibus........ quittavimus imperpetuum penitus et quittamus. Descoustumanche*, eodem sensu, in Charta Gallica Joan. comit. Pontiv. pro commun. Abbavil ann. 1184. ex Lib. albo domus publ. ejusd. urbis fol. 2. v° : *Je Jehans quens de Pontieu ne mi hoir....... ne vorront demander nule redevauleté ou Descoustumanche des bourgois.* Ubi Lat. habet : *aliquam exactionem a burgensibus exigere non poterunt.*

¶ Consuetudines Burgi, Quæ a *Burgensibus* seu *Burgorum* incolis solvuntur. Charta fundationis Prioratus Barbezilli Ordin. Cluniac. inter Instrum. tom. 2. novæ Gall. Christ. col. 270. 2 : *Dedit et cimeterium S. Mariæ liberum et omnis exactionis immunem a successoribus suis, et Consuetudines Burgi, etc.*

** Consuetudines rectæ, Quæ legitime debentur. Chart. Henric. II. reg. Angl. ap. Lappenb. Init. Fœder. Hanseat. pag. 4 : *Firmam pacem habeant faciendo Rectas Con-*

suetudines suas, et nullas ab eis exigatis novas Consuetudines vel rectitudines. Consuetudines vero apud Anglos, hodie *Customs*, sunt portoria mercibus imposita, qua notione vox etiam in Chartis Hanseaticæ societatis non raro occurrit. Vide ibidem num. 6. et 28.

CONSUETUDO SÆCULARIS, Ordericus Vital. lib. 4. pag. 541 : *Ab omni reditu atque Consuetudine sæculari omnimodis absolvit.*

CONSUETUDO CONSULARIS, Quæ Comiti debetur. Charta ann. 1068. apud Beslium pag. 448 : *Repertum est omnem omnino terram S. Trinitatis Cœnobii Vindocinensis... ab omni Consuetudine Consulari liberam penitus et quietam esse.*

JUDICIARIA CONSUETUDO, Districtio, mulcta a judice irrogari solita. Charta Balduini Cancellarii Henrici Reg. Franc. ann. 1047. apud Hemereum in Aug. Virom. : *Dedi quoque prædictum alodium... liberum ab omni Judiciaria Consuetudine.*

¶ CONSUETUDO JACENDI ET COMEDENDI, Idem quod Jus *gisti* et *procurationis*. Diploma Ludovici VII. Franc. Franc. Regis pro Carnotensi S. Petri monasterio ann. 1143. apud Marten. tom. 1. Ampliss. Collect. col. 773 : *Cujus inter cætera beneficia illud maximum præfata Ecclesia recognoscit, quod terras et villas quas in Belsia possidet, ab omni vexatione et gravamine Putiacensium dominorum, et ab omni prava Consuetudine jacendi et comedendi, et ab omni penitus exactione liberavit, et sigilli sui auctoritate communivit.* Vide *Jacere*.

¶ CONSUETUDINES MINORES, apud Stephanotium tom. 1. Antiquit. Bened. in Vasconia MSS. pag. 14 : *Willelmus de la Loubeyra... Abbas S. Crucis instituitur anno circiter 1284... Cessit Majori et Proceribus urbis Burdegalensis Consuetudines dictas minores.* Vide paulo post *Custumarius*, *Custumator*, Publicanus.

* Charta ann. 1452. in Chartul. Henr. V. reg. Angl. ex Cod. reg. 8387. 4. fol. 116. r° : *Donnons et octroions....... les deux deniers oboles negres, appelés la Coustume de Roian, qui est une partie de la petite Coustume cuyllie et levée.... dedens le chastel de l'Ombriere de Bourdeaux sur chacun tonneau de vin.* Vide Glossar. juris Gallici v. *Coustume*.

¶ CONSUETUDINES VOLUNTARIÆ Regibus nostris a suis subditis primum exsolvebantur certis dumtaxat temporibus : sed Reges eorum successores easdem fecere necessarias et perpetuas. Vide D. *Brussel* tract. de Usu feudorum tom. 1. pag. 410.

CONSUETUDO PAROCHIALIS. Charta ann. 1100. in Hist. Monasterii S. Nicolai Andegavens. : *Retenta Canonicis parochiali Consuetudine Burgensium, videlicet annualibus, oblationibus, decimis, sepulturis, et si quæ alia eis parochialiter competunt.*

CONSUETUDINES EPISCOPALES, apud Ordericum Vitalem lib. 6. pag. 604. lib. 9. pag. 722. Vide *Denarii Paschales*.

* CONSUETUDINES *Archidiaconi, Decani*, in Ch. Gaufridi Carnot. episc. ex Tabul. S. Petri Carnot.

* CONSUETUDO COMITIS, Quæ comiti vel ratione comitatus debetur. Chartul. sign. *Ezéchiel* Corb. ad ann. 1423. fol. 193. v° : *Lieva dampt Regnier le Cat procureur à Jacque le Waite le Coustume le Comte à goir depuis le nuit de le S. Mathieu vespres sonnant jusques à la nuit monsieur S. Fremin ensuivant vespres sonnant.*

* CONSUETUDO *quæ mori non potest*, Usucapioni non obnoxia. Reg. forest. de Broton. ex Cod. reg. 4653 : *Hæc est Consuetudo Brotonniæ de feodo dom. Thomæ de Bornevilla, quæ mori non potest, scilicet xvj. minæ avenæ et xvj. gallinas, etc.*

* CONSUETUDO PISCIUM. Charta Phil. Aug. ann. 1208. in Chartul. Compend. fol. 68. r°. col. 1 : *Insuper concedimus eis* (majori et communiæ Compendii) *redditus prutelli, et Consuetudinem piscium et salis.*

* CONSUETUDINES VULCEMENSES. Charta Hugon. comit. Campan. pro eccl. Dervensi ann 1114. in Reg. 142. Chartoph. reg. ch. 134 : *Apud Sparnacum me existente, quidam frater eorum, nomine Thebaldus, me adiit, remissionem supra Consuetudines, quas Vulcemenses, qui in terra SS. Petri et Pauli sanctique Bercharii commorantur, debebant, petiit....... Consuetudines autem quas debebant hæ sunt, ad festum S. Remigii avenam et quatuor denarios et obolum, et vaccam ad curiam Sparnacensem, et gallinam, etc.* An *Consuetudines* quæ percipiebantur apud *Vultiacum*, vulgo *Eussi*, vicum ad Matronam ? Vide Vales. Notit. Gall.

MALÆ ET PRAVÆ CONSUETUDINES. Vide in *Malatolta*.

CONSUETUDINARIUM. Gregor. Magn. lib. 12. Epist. 12 : *Visum autem nobis est, ut Consuetudinaria, excepta ejus utilitate debeatis inferre.* [Charta Henrici IV. Imp. ann. 1114. apud Eccardum de Orig. familiæ Habsburgo-Austriacæ col. 213 : *Nullum autem aliud servitium, jus aut beneficium sibi pro hoc concedi recognoscat, nec æternam Dei mercedem et tertium bannum et Consuetudinaria.*]

COSTUMA, Eadem notione, ex Gallico *Coustume*. Charta Roberti Regis Franc. in Tabul. Fiscanensi fol. 21 : *Neque in fredis, aut in aliquo usu indebito, quem Costumam vulgo nuncupant, etc.* Charta Fulconis Andegavensis Comitis apud Sammarthanos : *Quod nullus homo potest in eis aliquam Costumam reclamare.* Infra : *Vendas vel Costumas persolvat secundum consuetudinem loci.* V. eosdem in Abbat. pag. 25. [et Martenii Anecdota tom. 1. col. 408. 573. et 809.]

¶ COSTUMA EXARTORUM, Quæ præstatur propter silvas et dumeta succisa et in agrum cultum redacta. Charta anni 1244. inter Instrum. tom. 4. novæ Gall. Christ. col. 102 : *Concessimus stagnum nostrum de Nyore, decem modios avenæ, quinque percipiendos apud Ligniacum castrum nostrum in censa burgensium nostrorum Ligniaci, et in Costuma exartorum Ligniaci.*

* COSTUMA FALSA, Quæ a barone ad tempus imponi et exigi potest ; *Falsa* nuncupatur, quod legitimæ *consuetudinis* initium debet ignorari et a quo inducta. Charta Joan. reg. Franc. ex Cod. reg. 9824. 7. fol. 606. r° : *Mandamus. ...... quatenus falsam Costumam, et barragium seu transversum hujusmodi per aquam et terram........ levari permittant.* Bellomaner. Ms. cap. 25 : *Bien puet chelui qui tient en baronnie donner une fausse Coustume un an, ou deux ou trois, selonc che que mestiers en est, por amender et pour faire bons les chemins qui sont convenables à le communeté dou pais et aus marchissans estranges. Mes à tousjours ne puet il establir tele coustume nouvele, se che n'est par l'octroi dou roy.*

¶ CONSTUMA, in Charta fundationis S. Capellæ Bituricensis ann. 1405. inter Instrum. tom. 2. novæ Gall. Christ. col. 34. et in Litteris Johannis I. Franc. Regis ann. 1352.

¶ COUSTUMA. Charta Childeberti Franc. Regis ann. 705. aut 706. apud Miræum tom. 1. pag. 244. col. 1 : *Et quidquid fiscus noster tam de garantia quam de merceria ibidem tenuit, vel de qualibet Coustuma ibidem possiduit.* [** Apud Brequin. num. 261. ubi pro *Coustuma* legitur *Attractum*.] Occurrit apud Martenium tom. 1. Collect. Ampliss. col. 1049. in Chart. S. Vincentii Cenoman. fol. 44. et 124. in Bullar. Fontanel. fol. 115. in Ch. S. Vandregesili tom. 1. fol. 32. etc.

* COUSTUMA AVALAGIORUM. Vide supra *Avalagium*.

* COUSTUMA BLADI *et Fructus*, in Reg. S. Justi Cam. Comput. Paris. fol 206. v°.

* COUSTUMA CANAPIS. Charta Phil. V. ann. 1318. in Reg. 56. Chartoph. reg. ch. 510 : *Item Coustumam canapis, videlicet super quemlibet focum unum manipulum, sub precio xviij. sol. Turon.*

* COUSTUMA CORIORUM, SICCARUM. Charta. ann. 1305. in Reg. 38 : Chartoph. reg. ch. 219. *Hermero de Monte Martyrum dedimus Coustumam coriorum et siccarum in nundinis edicti.*

* COUSTUMA DOLIORUM, in Reg. S. Justi Cam. Comput. Paris. fol. 206. v°.

* COUSTUMA FILI *et lanæ*, ibidem.

* COUSTUMA NUMMORUM, Quæ *nummis* exsolvitur. Charta ann. 1209. ex Chartul. Campan. fol 317 : *Statutum est inter nos* (abbat. et conv. Arremar) *et ipsam comitissam* (Campaniæ) *quod in Coustumis nummorum et avenæ, quæ in festo S. Remigii solventur annuatim ab hominibus de Pargis,...... habebit ipsa medietatem, et nos alteram medietatem.*

* COUSTUMA QUATUOR PEDUM, Quadrupedum, in Reg. S. Justi Cam. Comput. Paris. fol. 206. v°.

* COUSTUMA SEDENTIUM *iiii^{xx}. x. lib. quantum ad den. et obol. Coustuma de super septima quadrigarum, vj. lib.* in eod. Reg.

* COUSTUMA, ut *Costumia*, in Charta ann. 1239. in Probat. Hist. Sabol pag. 349.

¶ COUSTUMIA. Charta ann. 1135. inter Instrum. tomi 4. novæ Gall. Christ. col. 165 : *Insuper addo omnes aasentias in omnibus terris nostris absque omni redditu et Coustumia, etc.* Legitur alibi non semel.

¶ COUSTUMATIO, Res obnoxia *Coustumæ*. Leges Norman. apud Ludewig. Reliq. MSS. tom. 7. pag. 400 : *Per sacramentum unius fit, videlicet in mercatibus et Coustumationibus, de quibus Coustuma requiritur a tali, qui in his utitur libertate.*

CUSTUMÆ, in Legibus Burgor. Scoticorum cap. 141. 142. 143. in Itinere Camerarii Scotici cap. 12. 13. in Statut. Davidis II. Regis Scotiæ cap. 49. apud Will. Thorn. pag. 1796. Henr. Knyghton. ann. 1340. Tabular. Albæripæ in Diœcesi Lingonensi ann. 1176 : *Qui autem in maso domini*

Huonis manserit, allodium atque Custumam custumabit, et ejus terragium domini Huonis erit. Rursum : *Neque hi, qui in masis eorum manent, Custumabiles erunt, etc.*

CUSTUMIA, Mos, consuetudo, apud Baldric. lib. 3. Chronic. Camerac. cap. 40. [Alibi præstatio consueta. Conventio inter Abbatem S. Urbani et Hugonem de Villers ann. 1193. ex Archivo ejusdem Monasterii : *Habebit S. Urbanus medietatem cum hereditate et D. Hugo aliam, salvis Custumiis domini cujus trefundus fuerit.*]

* COSTUMIA. Eadem notione qua *Consuetudo 4.* ter legitur in Ch. ann. 1206. ex Chartul. Campan. fol. 428. v°. col. 1. *Costumel*, in Inquisit. ann. 1338. ex Reg. 74. Chartoph. reg. ch. 429 : *Item huit deniers pour un Costumel, que doivent chascun an li hoirs Pierre Sesille. Coustumerie*, eodem significatu. Lit. remiss. ann. 1474. in Reg. 195. ch. 1145 : *Le suppliant pour aider à Jehan Ermenier à cuillir et lever certaine Coustumerie,...... laquelle icellui Ermenier tient à ferme, etc.*

COSDUNA, Idem quod *Consuetudo*, Tributum. Tabularium Burguliense fol. 156 : *Mauricius Dominus Credonis concessit Ecclesiæ et Canonicis omnes homines quos H. habebat in suo feodo, absolutos ab omnibus Cosdunis.* Infra : *Concessit omnes Cosduneas tam de advena, quam de talliata sua de tota terra quam acquisierat, etc.* Occurrit præterea in Monast. Anglic. tom. 1. pag. 562. Charta Gaufridi Archiepisc. Burdegal. : *In curte vero de Faia... habere solebat quinque solidos Cosdunales in anno.* Ibidem : *Quod in in curte de Benays habere debebat talliatam suam quantum vellet : avenas quoque, gallinas, et caseos Cosdunales, etc.*

¶ COSTDUMA, in Privilegio Templariis Domus Montispessulani concesso per Guillelmum Dominum Montispessulani ann. 1189.

COSDUMA, in Charta Gaufredi Comitis Andegav. apud Sammarthanos in Episcop. Andegav. pag. 125 : *Concessi etiam ut omnia quæ habent... sine retinaculo ullius meæ Cosdumæ quitta habeant.* Chopinus lib. 3. de Sacra polit. tit. 1. § 8. qui eamdem Chartam describit, *Cosdunæ* habet. At in alia ann. 1108. apud eosdem Sammarthanos in Abbatib. S. Nicolai Andegav. pag. 690. et in alia ann. 1108. apud Duchesnium in Hist. *des Chastaigners*, pag. 4. *Cosduma* etiam scribitur. Tabular. Dalonensis Abbat. : *Exactionem unius navis, quæ nominatur la Cosduma, scilicet 4. denarii et 1. ciphum sale plenum.* [Rursum legitur pud Marten. tom. 5. Collect. Ampliss. col. 152.]

¶ COSDUPNA, COSDUPENA. Charta Guillelmi de Craveneze ann. 1234. ex Chartulario Abbatiæ S. Stephani de Vallibus apud Xantones : *Notum facio, quod cum Stephanum Abbatem de Vallibus impeterem super calefagio foreste de Saliz de Cosdupna quadam in eadem foresta, que vulgariter Baton appellatur.* Aliud exemplar habet, *Cosdupena.*

CONSUETUDINARII, Consuetudinibus seu tributis obnoxii, *Villani, Cotarii : Coustumiers*, in Consuetudinibus municipalibus passim. Charta ann. 1092. apud Beslium : *Quicunque voluerit habitare in ipso burgo, cujuscunque homo sit, exceptis nostris dominicis et Consuetudinariis hominibus, habitet libere.* Alia Guillelmi VIII. Ducis Aquitan. apud eumdem : *De cetero villam... liberam concedo eo tenore, ut deinceps nullum Consuetudinarium meum ibi recipiant. Tannatores, homines Consuetudinarii*, in aliis Tabulis apud eumdem pag. 504. 505. 467. [et in nova Gall. Christ. tom. 4. Instrum. col. 352.] Notitia sub Gaufrido Martello Comite Andegav. ann. 1111. pro Ecclesia S. Laudi : *Volens contra constitutionem illustrissimi Comitis habitatores prædicti loci Consuetudinarios sibi facere.* [** Chart. abbat. Nobiliac. c. ann. 1085. et Notit. Nivel. ann. 1089. ap. Guerard. in Irminon. Polypt. pag. 364. et 366.]

* CONSUETUDINARII VAVASSORES, Consuetudinibus seu tributis obnoxii. Charta ann. 1207. in Chartul. Norman. ex Bibl. reg. : *Damus...... centum libratas terræ in terra, quæ fuit Hugonis de Monteforti, in tali videlicet assisia,...... in auxilio Consuetudinariorum vavassorum hominum tenentium de dominio et feudo Gutoci.*

CUSTUMARII, Eadem notione. Vetus Inquisitio apud W. Dugdalum in Antiq. Warwicensis provinciæ pag. 665 : *Et etiam omnes illi qui tenuerunt in bondagii tenura, solebant vocari Custumarii.* Inquisitiones de forisfacturis forestar. cap. 19. in Addit. ad Matth. Paris : *Si aliquis eorum habeat Custumarios reddentes illis redditus annuos, etc.* Monasticum Anglic. tom. 1. pag. 838 : *Cum homagiis et servitiis tam liberorum hominum, quam Custumariorum, etc.* Tom. 2. pag. 243 : *In liberis hominibus et redditibus, in nativis et Custumariis, etc.* Adde pag. 398. Fletam lib. 2. cap. 71. § 15. etc. Stabilimenta S. Ludovici. lib. 1 : *Se gentis feme prent home vilain Coustumier.* Passim in Legib. Francorum municipalibus, locis a Raguello indicatis, in quibus *Nobiles* opponuntur *Custumariis.* [Sed in Stylo Leodiensi cap. 3. art. 20. et apud Froissart. lib. 1. cap. 147. et alibi *Coustumiers* appellantur antiqui Practici, quorum est testari apud Judices has vel illas fuisse et esse patrias consuetudines, ad quas oporteat lites dijudicari.]

* COUSTUMARIUS, Tributo *coustumæ* obnoxius. Charta Phil. Pulc. ann. 1309. in Reg. 13. Chartoph. reg. ch. 34 : *Quæ domus est contigua domui Roberti de Karentonio Coustumarii nostri.* Nisi sit *coustumæ* exactor. Priori notione *Coustumier*, quatenus nobili opponitur, in Lit. remiss. ann. 1415. ex Reg. 168. ch. 327 : *Lesquelz pillarts prenoient femmes par force, tant nobles que Coustumieres.* Adde Consuet. Andegav. art. 30. 32. 150. Cenoman. art. 276. 349. Turon. art. 302. 303. etc. *Coustumier* et *Coustumable* præterea nostris, Vir *Coustumarum* peritus et in iis versatissimus. Lit. remiss. ann. 1397. in Reg. 152. ch. 298 : *Comme Hennequin deust estre seigneur proprietaire et à bon tiltre de certaine terre tenue en fief de feu Pierre frere Jehan, advocat en court laye et homme Coustumable;....... mais soubz umbre du grant port que ledit Pierre frere Jehan avoit en Justice par le moyen de sa science et de la praticque, etc.* Aliæ ann. 1450. in Reg. 186. ch. 38 : *Le suppliant ala en la ville de Bruges... pour conseiller sa matiere avecques aucuns Coustumiers et gens de conseil d'icelle ville.* Adde Ordinat. reg. Franc. tom. 9. pag. 673. Vide *Custumarii* in *Consuetudo 4.*

¶ COUSTUMAGII, Iidem qui *Consuetudinarii.* Vide locum in *Festagium*, Jus etc.

COUSTUMARIA, Locus ubi *Custumæ*, seu tributa exiguntur, verbi gratia in viis. *Coustumiere*, in Consuetud. Andegavens. art. 50. *Coustumerie*, in Cenoman. art. 62.

CUSTUMARE, *Custumam*, seu tributum exigere, nostris, *Lever la Coustume.* Charta ann. 1270. in Regesto Constabulariæ Burdeg. fol. 224 : *Ita tamen quod nullus Custumare debet sine dicto Elià. Bona Custumanda*, in Itinere Camerarii Scotici cap. 13. *Pecunia non Custumata*, in Statut. Davidis II. Regis Scotiæ cap. 49. § 9. [*Mercandisæ Custumatæ*, pro quibus tributum consuetudinarium exsolutum est, apud Rymerum tom. 5. pag. 274.]

* COSTUMARE, COUSTUMARE, Tributum, quod *Costumam*, vocabant, pro mercium transvectione solvere. Charta Ludov. X. ann. 1315. in Reg. 53. Chartoph. reg. ch. 214 : *Cum plures nautæ mercatores Bayonenses et Ispani apud villam nostram Rupellæ vina comparaverint,...... et ibidem in suis navibus ipsa vina oneraverint et Coustumaverint, nonnullique mercatores alii in navibus dictorum mercatorum Bayonensium et Ispanorum vina in quantitate non modica oneraverint similiter Coustumata, etc.* Infra : *Costumaverint* et *Costumata. Coustumé* vero dici videtur de eo, quod in usu publico est, in Lit. remiss. ann. 1394. ex Reg. 146. ch. 185 : *Icellui suppliant ne forga, ne ne fist forgier monnoye, qui onques fust Coustumée.*

CUSTUMARIUS, CUSTUMATOR, Publicanus, qui tributa exigit. Iter Camerarii Scotici cap. 1 : *Custumatores, seu Custumarios tam parvæ quam magnæ custumæ, Custumarios tronæ, etc.* Cap. 12. cujus lemma *de Custumariis parvæ custumæ : Primo capiunt custumam largiori modo quam impositum est a D. Rege, etc.* Cap. 13. *De Custumariis magnæ custumæ.* Ubi *magna Custuma* dicitur, quæ exigitur a subditis pro modo bonorum, in Statutis Davidis II. regis Scotiæ cap. 49. § 7 : *Custumarii burgorum qui de mandato Camerarii in dicta Custuma levanda intromiserunt.*

* COUSTUMERIUS, *Coustumæ* exactor, Gall. *Coustumier.* Lit. ann. 1363. tom. 7. Ordinat. reg. Franc. pag. 383 : *Pedagiariis, portuum et passagiorum custodibus, reveriis, leuderiis et Coustumeriis, etc.* Occurrit præterea in Lit. ann. 1390. ibid. pag. 381. et in aliis ann. 1400. ex Reg. Bitur. in Cam. Comput. Paris. fol. 11. v°. Aliæ ann. 1343. tom. 5. earumd. Ordinat. pag. 318 : *Nous a esté donné à entendre que plusieurs prevoz, Coustumiers et autres s'efforcent à aler encontre le teneur desdictes lettres, en inforsant lesdis religieux et leurs tenans de paier coustumes, trespas, etc.*

CONSUETUDINARIA TERRA, Consuetudinibus seu tributis obnoxia. Vetus Formula : *Ita ut ab hac die ipso campo et vinea cum grato ipsius Monasterii habeas, teneas, atque possideas, et quidquid ex eo, sicut mos est aliis ingenuis super terram Consuetudinariam faciendi, facere volueris, liberam in omnibus habeas facultatem.*

CONSUETUDINARIA LEX. Charta Roberti Ducis Burgund. ann. 1042. ex Tabular. Sangerman. : *Inter cætera in villa quæ dicitur Gilliacus... plures accepi Consuetudines, sicut ab eis didiceram, lege Consuetudinaria.* Vide Probat. Hist. Burg. Duchesnii pag. 7.

¶ COSTUMIERUS, Tributo *costumæ* obnoxius. Tabularium S. Florentii : *Quicumque de hereditariis in eodem cimiterio propter guerram habitare necesse habuerit, non cogetur aliquod solvere debitum. Si domum fecerit ibi, recuperata pace, poterit eam inde portare. Si vero eam cuicumque vendiderit advenæ, fiet ex tunc eadem domus Costumiera.*

CONSUFFUGARE, [mendose pro *Consuffocare*, Suffocare.] Vide *Suffugare.*

1. **CONSUL**, et CONSULATUS, quid sit in hoc Fredegarii Chronici loco, cap. 110. video inter eruditos controverti : *Eo etenim tempore bis a Roma sede S. Petri Apostoli, beatus Papa Gregorius claves venerandi sepulcri, cum vinculis S. Petri, et muneribus magnis et infinitis, legatione,* (*quod antea nullis auditum aut visum his temporibus fuit*) *memorato Principi* (Carolo Martello) *destinavit, eo pacto patrato, ut a parte Imperatoris recederet, et Romanum Consulatum præfato Principi sanciret.* Variant hic Editiones quotquot extant. Nicolaus Alemannus in Dissert. de Lateranensib. Parietinis cap. 14. *Consulatum*, Patriciam dignitatem, et civilem urbis administrationem intelligi contendit. Id negat vir doctissimus Carolus Cointius in Annalibus Ecclesiast. Francor. ann. 796. num. 12. Nam præterquam quod pro *Consulatum* apud Fredegarium, *Consultum* legi debere existimat, secundum Editionem Brolianam, quoquo modo se res habeat, *Consulatus* voce Imperatoriam dignitatem intelligi inde opinatur, quod in Caroli M. Edicto de Legibus Longobard. emendandis apud Sigonium lib. 4. de Regno Italiæ ann. 801. quod etiam descripsere Vitus Amerbachius et Steph. Baluzius, hæc verba reperiantur : *Anno ab Incarnatione Domini nostri Jesu Christi* 801. *Indict.* 9. *anno regni nostri in Francia* 33. *in Italia* 28. *Consulatus autem nostri primo.* Unde conficit per *Consulatum*, Imperium necessario designari, cum Augusti eo anno titulum consecutus fuerit Carolus : adeo ut de Patricii titulo accipi non possit, quem longe antea obtinuerat, et a quo abstinuerat factus Imperator, ut Eginhardus, et alii scribunt. Tametsi valida videatur prima fronte viri admodum eruditi conjectura, nolim tamen negare Consulatum hocce loco Fredegarii pro Patriciatu accipi posse, qui et Martello oblatus fuit, et ab eo acceptus. Nam alias *Patricii* et *Consulis* diversæ fuere ea tempestate in Italia dignitates, quod ex diurno Romano cap. 1. tit. 3. etc. colligere est : ubi *Consul* is intelligitur, qui Romæ vel certe Ravennæ, tum præerat, quemadmodum ὑπάτοι in cæteris Italiæ urbibus, quod exerte indicat idem Diurnus cap. 2. tit. 4. 5. 6. et cap. 3. tit. 7. Extr.

Quod vero ad Caroli Magni Diploma spectat, vox *Consul*, non tam revera Imperatoriam dignitatem designat, quam receptam apud sequioris ætatis Græcos Augustos formulam, abrogata scilicet a Justiniano ea dignitate, quam sibi solis deinceps reservarunt Imperatores, tanquam *Consules perpetui*, quem sibi titulum arrogasse Vitellium legimus : quod et ipse Justinianus exerte ait in Novella 5. Tum enim ii Diplomatibus annos Imperii cum annis Consulatus adscribebant, ita ut fere semper idem fuerit et Imperator et Consul, cum Consulatum una cum Imperio inirent. Sed longe antea Consulis titulum adscribunt Carolo Magno Versus inscripti libro Evangeliorum anno 780. tom. 1. Histor. Francor. pag. 187 :

Tempore vernali transcensis Alpibus ipse
Urbem Romuleam voluit quo visere Consul.

Quandoque tamen non Consulatus annus in iis descriptus legitur, sed alia formula, quomodo sub Justiniano obtinuit, scilicet, *Post Consulatum anno, etc.* quam quidem fere semper servatam constat a subsequentibus Augustis, qui ipso primo Imperii anno in Diplomatibus, *Post Consulatum anno primo*, subdebant, verbi gratia, in Actis liberatæ a dæmonio virginis, apud Baron. ann. 713. n. 6 : *Imperante domino nostro piissimo perpetuo Augusto Anastasio* (Artemio) *magno Imperatore anno primo, et post Consulatum ejusdem Serenitatis anno primo.* Ita tamen Consulatus annum cum Imperii anno conjungebant, si sub anni initium utramque consecuti essent dignitatem : si enim secus, Consulatus annum a Kal. Januarii subsequentis auspicabantur. Verbi gratia, Epistola Theodori PP. ad Babolenum Bobiensem Abbatem, apud Ughellum et Margarinum, *data* dicitur *quarto Nonas Maii, Imperii domini piissimi Augusti Constantini anno secundo, Consulatus primo, Indictione prima.* Unde colligitur, Constantinum, qui et Heraclius dictus est, Heraclii majoris ex filio nepotem, Consulatum iniisse Kal. Januarii, Indict. 15. anno Imperii 2. quod inierat mense Junio Indict. 14. Id pluribus disceptamus in ea Dissertatione quam de Imperatorum Constantinopolitanorum, seu inferioris ævi vel Imperii, uti vocant, numismatibus instituimus.

Quo igitur Carolus Mag. recens Augustus dictus, eadem qua Constantinopolitani Imperatores dignitate sese donatum ostenderet, vel in se translatam totius Imperii auctoritatem ac dignitatem, iisdem quibus ii titulis uti voluit, adscripto scilicet Consulatus perinde titulo, quem Imperatorio ii semper adjunxere. Quinimo in Diplomate a Sigonio laudato, omissus forte, notarii vel exscriptoris vitio, Imperii annus primus, qui Consulatus annum præcedere debuit, prout fieri consueverat in Byzantinorum Augustorum Tabulis, quod etiam in Caroli successorum Chartis factitatum observamus. Exstat siquidem Hadriani II. PP. Epistola ad Actardum Namnetensem Episcopum, quæ est undecima inter ejusd. Pontificis Epistolas, quæ sic clauditur : *Quinto Kalendas Martias...... imperante domino nostro piissimo perpetuo Augusto Ludovico magno Imperatore anno* 19. *et post Consulatum ejus anno* 18. *Indict.* 1. Ubi observandum annum Imperii, anno uno Consulatus annum præcedere. Quippe Ludovicus II. a patre in Italiam missus, a Leone IV. PP. in Imperatorem unctus fuit ann. 850. ut est in Annalibus Franco-Bertinianis. Consulatum autem iniit, aut sane auspicatus est Kl. Januarii, ann. 851. quibus hæc dignitas iniri solebat, uti mox docuimus. Prostat Diploma aliud Joannis VIII. PP. pro Monasterio Herensi diœcesis Pictavensis, in Spicilegio Acheriano tom. 12. pag. 554. datum *Imperante domino piissimo Augusto Karolo a Deo coronato magno Imperatore, post Consulatum ejus anno primo.* Præterea aliud pro Monast. S. Medardi Suessionensi pag. 151. datum *mense Januario Indict.* 9. *quarto Non. Januar. Pontificatus nostri anno* 4. *anno* 1. *regnante domino piissimo Carolo Imperat. a Deo coronato, et post Consulatum ejus anno* 1. Pro quibus quidem verbis, *post Consulatum*, alia ejusdem Pontificis Charta pro Monasterio Trenorchiensi, apud Chiffletium, ista habet, *et post Coronationem ejus anno* 1. Sed perperam, ni fallor, cum Imperator appellari cœperit demum, cum coronatus fuit. Porro dictus est Imperator Carolus Calvus die Christi natalitio anno 875. Indict. 9. Aliud Diploma Joannis PP. VIII. in Tabulario Flaviniacensi, sic clauditur : *Scriptum per manum Gregorii Notarii Regionarii et Scriniarii S. R. E. in mense Maio Indict.* 10. *Bene valete.* 4. *Kal. Junias, per manum Anastasii Bibliothecarii sanctæ Sedis Apostolicæ, imperante domno piissimo perpetuo Augusto Karolo a Deo coronato magno Imperatore anno* 2. *et post Consulatum ejus anno* 2. *Indict.* 10. Eandem denique formulam in Diplomate Formosi PP. pro Monasterio S. Theuderii diœcesis Viennensis descriptam legimus : *Data* 7. *Kal. Decemb. per manum Sergii Primicerii Defensoris sanctæ Sedis Apostolicæ, imperante domino piissimo perpetuo Augusto Widone a Deo coronato magno Imperatore anno primo, et post Consulatum ejus anno primo.*

2. **CONSUL**, Comes, Bracton. lib. 1. de Rer. divis. cap. 8. § 2 : *Comites a Comitatu, sive a societate nomen sumpserunt, qui etiam dici possunt Consules, a consulendo : Reges enim tales sibi associant ad consulendum et regendum populum Dei, etc.* Leges Edwardi Confess. cap. 2 : *Quod modo vocatur Comitatus, olim apud Britones temporibus Romanorum in regno isto Britanniæ vocabatur Consulatus; et qui modo vocantur Vicecomites, tunc temporis Viceconsules vocabantur.* Vita S. Guillelmi Ducis Tolosani scripta a coætaneo cap. 3 : *Ambo quidem de summis Franciæ Principibus, Consules ex Consulibus, etc.* Cap. 4 : *Igitur Willelmus...... suscipit nomen Consulis et Consulatum, in rebus bellicis primæ cohortis sortitur principatum.* Et cap. 5 : *Adjudicatur etiam conclamante exercitu, ut totius Aquitaniæ, quoniam dignus est, investiatur Ducatu, et de Consule sublimetur in Ducem.* Ordericus Vitalis libro 6. ex eadem Vita sancti Guillelmi : *Guillelmus ex patre Theodorico Consule et matre Abdana natus est.... nomen Consulis et Consulatum, et in rebus bellicis primæ cohortis sortitur principatum.* Abbo Mon. l. 1. de Bellis Paris. de Odone postmodum Rege vers. 45 :

Hic Consul venerabatur, Rex atque futurus.

Et lib. 2 :

Belligeri fuerant Uddonis Consulis ambo.

[** lib. 1. vers 653. Adde 453.] Petrus Abaelardus pag. 143 : *Vicem Imperatoris, cui per omnia obeditur, obtinet Diaconissa; sex vero aliæ sub ea, quas dicimus Officiales, Ducum sive Consulum loca possident.* [Chronicon S. Petri Vivi ad ann. 1108. apud Acherium Spicil. tom. 2. pag. 752 : *Hludovicus... multa passus a Proceribus Franciæ in eodem anno, præcipueque a Widone, Rubeo cognominato, qui ei fraude et dolo suo filiam suam nuptum dare volebat; quod quia dignitati regiæ indecens erat, et Consulibus regni displicebat, auctoritate apostolica Paschalis PP. dimiserat.* Et pag. 753 : *Similiter et Consul Pictavorum, et Dux Burgundiorum, et multi alii Consules, qui sunt sub Rege Francorum.*] Ita usurpant passim Scriptores, Paschasius Radbertus in Epitaphio Walæ Abbat. Corbeiensis lib. 2. cap. 6. Capitula de Weregildis post Concilium Grateleanum ann. 928. Hildebertus Episc. Cenoman. Epist. 18. 25. 26. et in Vita S. Hugonis Abbatis Cluniacensis, Rob. Monachus lib. 3. Hist. Hierosol. Sigebertus ann. 439. Vita S. Leodegarii cap. 5. Matth. Paris pag. 13. Gaufridus Gross. in Vita S. Bernardi Abbat. Tiron. cap. 22. [Scriptor Gestorum Comitum Andegav. qui librum suum *Gesta Consulum Andegav.* inscripsit.] Ordericus passim, etc. Vide Marcam lib. 3. Hist. Benearn. cap. 3. num. 2. 3. [et Historiam translationis S. Audoeni, apud Marten. tom. 3. Anecd. col. 1676. ubi Richardus I. *Dux* Normannorum, eorumd. *Consul* appellatur; sed in *Comes* 2. observatum hunc Ducem interdum etiam *Comitem* dictum fuisse.] [** Annal. S. Columbæ Senon. ap. Pertz. Scriptor. tom. 1. pag. 106. ad ann. 1066 :

Consul Willelmus multa virtute notatus .....
Ipse coronatus rex est de Consule factus.]

* Pluribus licet hanc vocis *Consul* acceptionem probet Cangius; hæc tamen, quia ad historiam nostram maxime pertinent, nec cuique obvia sunt, addenda judicavi. Charta Ingelran. episc. Ambian. ann. 1118 : *Quam* (familiam) *ante nostra tempora domini Castelli injuste sibi usurpaverant, quamque scilicet clerici loci, triennio antequam Consul Flandrensis Encram haberet, recuperaverant. Cum vero Balduinus Consul Flandrensis Encram possideret*, etc. Alia ejusd. episc. ann. 1124. in Chartul. prior. Lehun. ch. 11 : *Actum est hoc...... Ludovico Philippi in Gallia regnante, Karolo Ambianensi Consule feliciter.* Charta Beatr. comit. Bigor. pro monast. de Scala Dei ann. 1160. in Reg. 148. Chartoph. reg. ch. 51 : *Facta est hujusmodi donatio, ... Petro Consule Bigorritano.* Occurrit etiam in Vita Ms. S. Mart. Lemov. ubi voces *Consul* et *Comes* promiscue adhibentur. Vide infra *Consulatus* 1.

* Eodem titulo insigniebatur apud Neapolitanos is, cui supremum civitatis regimen committebatur, quem simul et *Ducem* nominabant. Extat Diploma ann. 944. apud Murator. tom. 1. Script. Ital. part. 2. col. 431. datum a *Johanne Consule et duce Neapolis.* Charta ann. 1011. apud eumd. tom. 1. Antiq. Ital. med. ævi col. 195 : *Nos Sergius in Dei nomine eminentissime Consul et Dux*, etc. Iisdem quoque appellationibus donatur Johannes Dolensis tom. 2. Hist. novæ Brit. pag. lvij :

Splendidus ex atavis, atavorum splendor et ipse,
Gente Britannus homo conditur hoc tumulo.
Hic armis, patria, natis cum matre relictis,
Dux modo, continuo de Duce fit monachus.
Metropolitanæ sedi, quia vixit honeste,
Cui Dolus est nomen, præsul hic eligitur;
Ut quibus extiterat Consul, de Consule præsul,
Præsul quam Consul consuleret melius.

3. **CONSUL.** Consules in civitatibus, qui in aliis vulgo *Scabini* vocantur, quorum dignitas antiqua. Ausonius in Urbibus :

Diligo Burdigalam, Romam colo, civis in illa,
Consul in ambabus, cunæ hic, ibi sella curulis, etc

[Recte Valesius in Valesianis pag. 130. et seq. adnotat, hunc locum a Cangio nostro non satis intellectum fuisse. Ausonius quippe non ideo se dicit Burdigalæ Consulem, quod hujus urbis Magistratus, qui Consul dictus fuerit, dignitatem obtinuisset, sed quod, qui Romæ renunciabatur Consul, in omnibus totius imperii urbibus Consul haberetur. Ab Ausonii temporibus ad institutionem *Scabinorum*, qui in Galliis appellati fuerint Consules, effluxerunt anni plus septingenti. [** Vide Savinii Histor. jur. Roman. med. temp. lib. 1. cap. 2. § 21.]

Consul Barcinone, in veteri Inscriptione apud Gruterum 429. 9. *Consules municipales*, apud eumdem 90. 8. 351. 5. 438. 7. [Libertates ann. 1209. concessæ per Raibaldum de Calma hominibus terræ suæ tom. 1. Hist. Dalph. pag. 19. col. 2 : *Et volo quod singulis annis in Calma quatuor Consules eligantur ad festum omnium Sanctorum, quorum consilio tota terra mea videatur de cetero subjacere; si tamen aliquis fecerit injuriam, vel commiserit unde puniri debeat, consilio Consulum puniatur.* Haud satis scio an ead. notione in Charta Philippi Franc. Regis ann. 1218. apud Baluzium tom. 7. Miscell. pag. 338 : *Conspirationes aut conjurationes vel Consules non possunt facere cives Anicienses contra nos nec contra Episcopum nec Ecclesiam Aniciensem, quandiu Episcopus et Ecclesia Aniciensis erga nos se habuerint ut debebunt.*] Statuta MSS. Monspeliensia art. 125. de forma juramenti Consulum : *Statutum est ut* XII. *probi et legales viri Montisp. jam electi ad Communitatem Montispessulani jurare debeant, quod bona fide consulant eum quem Dominus loco suo statuerit in hac terra, et ille requirere teneatur consilium dictorum* XII. *et eorum stare consiliis*, etc. Et art. 139. *Qualiter eligitur Bajulus Curiæ : Similiter consulant Domino et Bajulo Curiæ, et ei quem Dominus loco suo statuit in hac terra.* [Vide Casaubonum ad Apuleii Apolog. pag. 178.]

* *Conssous*, in Libert. villæ *de Peyrusse* ann. 1368. tom. 5. Ordinat. reg. Franc. pag. 703 : *Noti Jaques de Pereuse et Pierre Bourgois Conssous de la ville et appartenances de Pereuse, etc.*

4. **CONSUL.** Consules etiam dicuntur, qui in emporiis, seu portubus maris mercatorum jura ac merces tuentur. Charta Jacobi Regis Aragon ann. 1268. pro Barcinonensib. : *Concedimus et donamus integram licentiam et potestatem vobis... ponere et eligere Consulem, vel Consules, quem et quos volueritis, in partibus ultramarinis, et in terra de Romania, etc.* [Exstat in Statutis Massil. lib. 1. caput integrum num. 18 : *De Consulibus extra Massiliam constituendis... in viagiis Suriæ, aut Alexandriæ vel Cæpte, vel Bogiæ, vel alicubi alibi... eligendis de melioribus facundia, et discretione, et probitate, et honestate, ad honorem et utilitatem communis Massiliæ....* et constituendis *a Rectore Massiliæ, qui pro tempore fuerit, cum consilio et assensu Syndicorum, et Clavariorum communis Massiliæ, et Septimanariorum capitum ministeriorum, vel majoris partis eorum*, quibus *dentur Consiliarii* numero ibi non determinato. Deinde plura statuuntur ad eos Consules spectantia, quæ longius esset hic referre.]

Habebant porro ii jurisdictionem in mercatores suæ nationis, exceptis tamen majoribus criminibus. Charta Guidonis Regis Hierosol. ann. 1190. apud Guesnaium in Annalib. Massil. : *Damus etiam vobis Curiam in Accon, et ut Vicecomites et Consules de hominibus vestræ gentis habeatis, ita quod si aliquis extraneus contra quemlibet de vestris querelam moverit, ante Vicecomites vestros debeat devenire, et ibidem judicium recipere, excepto furto, homicidio, tradimento, et falsamento monetæ, violatione mulierum, quod Rapt vulgariter dicitur, quæ omnia Curiæ nostræ reservamus. Vicecomes autem quem vobis ibidem ordinare placuerit, sacramentum fidelitatis nobis faciet, et jurabit quod secundum terræ Consuetudinem, Curiæ vestræ causas judicabit et discernet.* Habetur etiam in Statutis MSS. urbis Monspeliensis Sacramentum, quod ejusmodi mercatorum Consules, cum magistratum suum ineunt, faciunt lingua vernacula sic conceptum : *Jen hom elegat en Cossol dels mercadiers navegans de Montpeslier promet à vos* XII. *Cossols, que bon lial cossel donarai à tos é à cascuns dels dits mercadiers é des autres que son ni seran desotz mon regimen, et lur proficq enquerrai, el dan esquivarai, é la honor del Commun de Monpeslier, é de la Universitat desdit mercadiers farai et procurerai, é dels constrats, et del clams que seran entrels mercadiers, etc. é totas aquestus causas entendrai per tot lo temps de mon oficizi, gitadas tota amistatz, é tota enemistat*, etc. Quotannis ii eligebantur. Dicuntur etiam *Regens dels mercadiers que van per mar*, in Charta ann. 1328. De iis Consulibus, et eorum officio, pluribus egit Andreas Bosch in libro *dels Titols de honor de Cathalunya* lib. 4. cap. 24. Maxime vero liber Italicus, cui titulus, *il Consolato del mare*, editus Venetiis ann. 1576. Codinus lib. de Offic. cap. 7. n. 9. Pachymeres lib. 2. cap. 32. et Gregoras lib. 4. observant Pisanorum Magistratum qui Constantinopoli degebat, *Consulem* appellatum, qui apud Venetos *Bajulus* dicebatur.

* *Consules mercatorum Lucensium*, et *Consules majores et Consules mercatorum de Mutina*, in Charta ann. 1182. apud Murator. tom. 2. Antiq. Ital. med. ævi col. 887. *Consules paraticorum*, eadem notione, ibid. col. 876. *Consules mercantiæ*, in Annal. Placent. ad ann. 1443. apud eumd. tom. 20. Script. Ital. col. 881. *Consules artis maris*, Florentiæ ann. 1356. 1400. etc. apud *Manni* de Sigil. tom 2. pag. 71. [** De con-

sulibus in terris externis pluribus egit vir illustrissimus Pardessus. in Collect. Leg. Maritim. tom. 4. pag. 256. tom. 5. pag. 108. *Consuli in arte de mare* in Statut. civit. Trani eodem tom. 5. pag. 237.]

¶ CONSULES etiam dicuntur in Francia Mercatores electi ad dirimendas lites sociorum, primum Parisiis ann. 1563. instituti Edicto regio, in aliis vero præcipuis urbibus ann. 1566.

* 5. **CONSUL**, *Consiliarius*, qui est a consiliis. Inventar. Chart. reg. ann. 1482. fol. 121 : *Rege Parisii in sua domo S. Pauli existente, pluribus prælatis, baronibus et aliis magnatibus Consulibusque suis comitato, et aliis magnis personis, etc.* Extract. ex comitiis Turon. habitis ann. 1483 : *Respondit* (D. Borbonius) *quod nequaquam nos ad hoc astringere volebant quominus libere auferremus adderemusque, si quid nobis mutandum videretur, eumque numerum Consulum faceremus, quem regi regnoque utilem fore crederemus.* Vide *Consularius.*

¶ CONSUL REGIUS, Idem, ni fallor, qui *Consiliarius*, apud Robertum *Goulet* in Compendio Jurium et Consuetud. Universitatis Paris. fol. 9 : *Similiter Universitas expensis suis distribuit cereos benedictos Regi et Reginæ, si fuerint Parisius, Dominis Presidentibus, Preposito Parisiensi, Locum tenentibus, et quibusdam Regiis Consulibus, etc.*

* **CONSULARE**, Consilium dare, Gall. *Conseiller.* Charta Guid. episc. Claromont. ann. 1281. in Reg. 73. Chartoph. reg. ch. 1 : *Consulare possunt illis, qui erunt de parentela sua quod pacem faciant, non tanquam consules, sed tanquam privatæ personæ.* Vide infra *Consulere.*

CONSULARES, appellati provinciarum Rectores, quorum dignitatem et munus primus invexisse videtur Hadrianus Imp. qui, ut auctor est Spartianus, *quatuor Consulares per omnem Italiam judices constituit.* Postmodum aliæ etiam Imperii provinciæ per *Consulares*, aliæ per *Præsides, Duces, Comites, etc.* gubernatæ. Per Orientem quindecim, per Occidentem viginti duo a Consularibus gubernatas recenset Notitia Imperii, quorum etiam mentio passim occurrit in veteribus Inscriptionibus; [Hinc illæ provinciæ *Consulares* appellatæ, ut rite adnotat Valesius Notit. Gall. pag. 302. col. 1.]

A *Consularibus* etiam urbes præcipuas gubernatas, auctor est Constantinus Porphyrog. lib. 2. de Themat. Anastasius in Adriano PP : *Tradidit Paulum Consulari Ravennatium urbis.* Infra : *Accersito Consulare Ravennatium urbis, præcepit ei ipsum interficiendum Paulum.* Vide Valesium ad Ammiani lib. 14. et JC.

CONSULARES HONORARII, seu codicillarii. Julianus Antecessor Constit. 56. cap. 200 : *Urbicaria præfectura omnibus aliis præsideat dignitatibus, id est, ante sedeat, et post Præfectum cæteri Patricii numerentur, et Consules quidem et qui inter eos Consularibus insignibus decorantur secundum Consularem ordinem et prærogativas Consulatus sui sedeant, ut tamen anteponantur ordinarii Consulares honorariis Consularibus.*

* **CONSULARIA**, *Ipsa centuriata, quando fiunt milites consules, vel ornamenta.* Glossar. vet. ex Cod. reg. 7641.

* **CONSULARIS**, Ad *consulem* seu comitem pertinens. Charta ann. 1098. ex Tabul. S. Albini Andeg. : *Ad hæc adversarii nostri longas quidem de Consularibus donis historias.... responderunt.* Alia Beatr. comit. Bigor. pro monast. de Scala Dei ann. 1160. in Reg. 148. Chartoph. reg. ch. 51 : *Donavi..... pastus Consulares gregibus et armentis de Scala Dei.* Vide supra *Consul* 2.

1. **CONSULARITAS**, Dignitas *Consularis*, non *Consulis*, uti vult Jacobus Gotofredus in leg. 74. Cod. Theod. de Decurion. (12, 1.) ubi agitur de honoribus et dignitatibus Codicillaribus, quas inter præcipua fuit *Consularium*, quæ exerte *Consularitas* appellatur in l. un. eod. Cod. de Consularibus et Præsid. (6, 19.)

2. **CONSULARITAS**, Comitatus, dignitas Comitis. Charta Johannis Macloviensis Episcopi ann. 1149. sic clauditur : *Actum apud Andegavum . . . . Eugenio Papatum obtinente, ... Consularitatem vero Gauffredo.* [Vide *Consul* 2.]

CONSULARIUS, Consiliarius, consiliorum particeps. Vigilius PP. in Epist. ad Rusticum et Sebastianum apud Baron. ann. 550. n. 27 : *Cum Joanne Episcopo et Surgentio Primicerio, atque Saturnino Consulario nostro, etc.* Freculfus in Chron. tom. 1. lib. 2. cap. 16 : *Quidquid Diceneus eorum Consularius præcepisset, hoc modis omnibus expetendum, hoc utile dijudicantes fore.* [Charta Lotharii Regis ann. 950. apud Eccardum de Orig. familiæ Habsburgo-Austriacæ col. 157 : *Manasses venerabilis Archiepiscopus noster et consanguineus, atque Asto egregius Præsul reverentissimi Consularii nostri.*] Ita *Consularium* haberi in MSS. Codd. Ammiani lib. 28. monet Henr. Valesius, ubi *Consiliarium* ex ingenio restituit. Apud Hesychium, Κονσουλάριος, est ὑπατικός, Consularis.

CONSULATOR, Consiliarius, vel Consiliator. Joan. Brompton. in Chron. : *Totius subversionis Regni Angliæ Consulator extitit.*

1. **CONSULATUS**, Comitatus, Comitis districtus, jurisdictio. Leges Edwardi Confessoris et Willelmi Nothi cap. 1 : *Fecit summoniri per universos Angliæ Consulatus nobiles, sapientes, et sua lege eruditos.* Cap. 12 : *Quod modo vocatur Comitatus, olim apud Britones temporibus Romanorum in Regno isto Britanniæ vocabatur Consulatus, etc.* [Libertates ann. 1209. concessæ per Raibaldum de Calma hominibus terræ suæ in Hist. Dalphin. tom. 1. pag. 19. col. 2 : *Volo præterea, et pro posse meo laborabo, quod omnis terra mea sit in Consulatu Vapincensi, et Ebredunensi, et Cistariensi, et etiam in majori, si poterit, Consulatu.* Occurrit pluries in Tabular''s Kemperlegiensi et Fontis Ebraldi. Vide *Consul* 2. et *Consularitas* 2.]

* Order. Vital. lib. 3. pag. 492 : *Unde Heraldus patris Consulatum, quem Tosticus, quia major natu erat, longo tempore sub Eduardo rege jam tenuerat, ei violenter abstulit ipsumque exulare compulit.* Chartul. album eccl. Auxit. *Bernardus* : *Vasconum comes Consulatum Armaniacensem..... vovens vovit se suosque filios et nepotes nepotumque successores singulis annis in die Assumptionis B. Mariæ hoc tributum reddituros, videlicet duo modia frumenti, et tres porcos, et unum creatum, et xij. sextaria vini pro Armaniacensi Consulatu, quem sub B. Mariæ sedis Auxitanæ dominio vult mancipari, sicut P. Bigoritanorum consul fecerat, qui S. Mariæ de Podio subjugaverat.* Charta ann. 1162. inter Instr. tom. 10. Gall. Christ. col. 214 : *Totum denique quidquid prædictæ ecclesiæ fratres tenebant in omni Consulatu Domini Martini, tam in nemoribus, quam in planis, etc.* *Consolat*, eadem acceptione, in Lit. remiss. ann. 1460. ex Reg. 192. Chartoph. reg. ch. 84 : *Ung villaige ou bourgade du Consolat de Murel ou pais de Cominge.* Nisi Consulum seu scabinorum Murelli districtus intelligatur. Vides upra *Consul* 2.

2. **CONSULATUS**, Dignitas Amiralii, seu supremi rerum aut classium Præfecti, apud Saracenos. Eulogius Toletan. lib. 2. Memorial. Sanct. de Abderramen Rege Arabum : *An Incarnat.* 850. *æra* 888. *Consulatus autem Habdarrahgman* 29. Occurrit apud hunc Scriptorem non semel. Willelmus Rishangerus ann. 1272 : *Admiralius Joppensis, natione Saracenus, quæ dignitas apud nos Consulatus vocatur.* Sed an revera *Consulatus*, uti hæc vox apud Classicos Scriptores sumitur, viguerit apud Saracenos aut Arabes, quod vult vir doctus, pluribus disceptamus in Gloss. med. Græcit. in Ὑπατεία.

3. **CONSULATUS**, Consiliariorum conventus. Joann. a Leydis in Chron. lib. 32. cap. 21 : *Postquam Dominus de Arkel in civitate Ducis Willelmi esset, idem Dominus de Arkel tribus vicibus coram Consulatu prænarrati Ducis Willelmi vocatus, cum juramento narravit et manifestavit omnem traditionem.* [Charta Bernardi de Turre ann. 1308. apud Baluz. Hist. Arvern. tom. 2. pag. 782 : *Item Bajulus dictæ villæ aut serviens, ad requestam Consulum faciet præconisare in villa S. Amantii, quod omnes veniant ad Consulatum pro negotiis et necessitatibus dictæ villæ.*] Vide *Consul* 3.

CONSULATUM DARE, Ὑπατείαν, Missilia spargere, quod Consules facere solebant, cum magistratum adibant. [Epistola Episcoporum Arelatensis Provinciæ inter Epistolas Leonis II. Papæ : *In hac urbe quicumque intra Gallias ex tempore prædictorum ostentare voluit subsignia dignitatis, Consulatum suscepit et dedit.*] Vetus Chron. Latino Barbarum, apud Lambecium lib. 2. Comment. de Biblioth. Cæsarea cap. 8. pag. 858 : *Justinianum ab honore Imperii dignitate conantes ejicere, factionem quidam* (quodam) *die Justinianum hortantes ut Circum expectaret, et Consulatum populus* (populo) *daret, electum quemdam nomen Florianum volentes Imperio sublimare, etc.* Vide Gloss. med. Græcit. in Ὑπατεία.

¶ 4. **CONSULATUS**, Munus *Consulis*, qui mercatorum jura tuetur in emporiis et portubus, in Statutis Massil. lib. 1. cap. 18. Vide *Consul* 4.

CONSULATUS CURIÆ, Summa rerum ac præcipua administratio. Albertus Stadensis ann. 1066 : *Albertus Archiepiscopus Consulatum Curiæ adeptus est, æmulisque remotis, solus primatum arcemque Capitolii possedit.* Idem ann. 1068. de eodem : *Summam rerum, quod est Vicedominatus, jam septies Consul meruit.* Vide *Vicedominus.*

Post Consulatum, Formula literis vel actis adscribi solita, cum scilicet qui tum hoc anno quo scribebantur, Consules creati essent, ignoraretur, et necdum nuntius Constantinopoli ubi designari solebant, in regiones remotiores, scilicet in Africam, ubi ejusmodi formula præsertim adscripta legitur, allatus esset, ut in Conciliis laudatis, et in Cod. Canon. Eccl. Afric. cap. 56. 103. 127. Concil. Milevit. II. can. 20 : *Formatæ autem quæ a Primatibus, vel a quibusdam Episcopis Clericis propriis dantur, habeant diem Paschæ. Quod si adhuc ejusdem anni Paschæ dies incertus, ille præcedens adjungatur, quomodo solet, Post Consulatum, in publicis gestis adscribi;* nempe cum Consulatus istius anni incertus est. Tametsi genuina videatur istius canonis interpretatio, de hac tamen quidam subdubitant; cum verbi gratia Concilium Carthaginense V. celebratum dicatur post Consulatum Cæsaris et Attici mense Maio : Carthaginense VII. post Consulatum Honorii XII. et Theodosii VIII. 3. Kal. Julii : Ephesinum incœptum 10. Kal. Julii post consulatum Theodosii XII et Valentiniani III; quibus tum mensibus vix, inquiunt, credi potest, novorum istius anni Consulum creationis nuntium Carthaginem aut Ephesum nondum pervenisse. Verum id mirum videri non debet, cum certum sit Consules non semper Kalendis Januarii suos iniisse magistratus, nec tum creatos, sed eorum *proclamationem* ac institutionem dilatam in aliquot post Calendas Januarias menses, pro libitu Principum; quod docet præ cæteris Libellus de Præfectis Urbi, editus a Cuspiniano, Panvinio, et Bucherio : in quo nominari solent post singula Consulum paria. At anno Christi 307. hæc leguntur : *Maximiano VII. et Maximiano. Ex mense Aprili factus est VI. Consulatus, quod est novies.* (Cusp. et Panvin. addunt hic *Diocletiano.*) VI. *Kal. Septembris, Justeius Tertullus P. V.* Et anno subsequenti : *Consules quos jusserint D D. N N. Augusti. Ex* XII. *Kalendas Maii factum est, Maxentio et Romulo : quod est decies et Maximiano.* Anno 311. *Consules quos jusserint D D. N N. Augusti. Ex mense Septembri, factum est, Rufino et Eusebio.* Anno 317. *Consules quos jusserint DD. NN. Augusti. Ex die* XIII. *Kalendas Martii, Gallicano et Basso.* Denique anno 345. *Amantio et Albino,* scilicet *Coss.* Denique anno sequenti : *Post Consulatum Amantii et Albini.* Quo quidem anno nulli Consules creati : aliis vero annis, horum post aliquot a Kalendis Januarii menses, atque adeo usque in Septembrem interdum, dilata creatio. Unde non mirum si in remotioribus Imperii provinciis ea persæpe in incerto esset, vel etiam ignoraretur. Vide præterea quæ in hanc rem commentantur Baronius, Panvinius, Godefridus Henschenius tom. 3. Act. SS. pag. 216. [Alemannus ad Procopii Hist. arcan. pag. 106. 1. edit.] et Stephanus Baluzius in Notis ad Capitul. pag. 1252. et seqq. Ut porro abrogatis Consulibus ordinariis sub Justiniano eadem formula obtinuerit, plura adnotamus in Syntagmate de Imperatorum Constantinopolitanorum numismatibus. Idem argumentum in Gloss. med. Græcit. attigimus. Bolandus in Præfat. tom. 1. cap. 4. § 3. ad hæc verba Polemei Silvii in Laterculo : *Ab Urbis exordio mille et ducentis completis annis Posthumiano et Zenone Consulibus, Asterio Consule tanquam primus annus incipit,* recte conjectat Protogenem qui Constantinopoli designatus est Consul cum Asterio ann. 449. hic non adscribi, quod necdum Romæ, ubi Silvius scribebat, qui Constantinopoli Consul designatus fuisset, sciretur. Idem Silvius suffectos Consules et Prætores designari solitos 5. Non. Januarii scribit.

* 5. **CONSULATUS**, Collegium *Consulum* seu scabinorum, eorumdem officium et dignitas, nostris *Consulat.* Inquisit. ann. 1268. ex schedis Pr. *de Mazaugues : Dixit quod quando ipse erat Consul Lansiaco, ipse bannizavit et alii Consules per totum græsum.... Dixit quod a viginti annis citra fuit ter vel quater Consul, et anno præterito exivit de Consulatu.* Libert. loci de Insula ann. 1309. in Reg. 74. Chartoph. reg. ch. 365 : *Primo in villa et parrochia prædictis non fiet perpetuo majoratus vel Consulatus; sed anno quolibet.* Libert. villarum de Pardilhano et de Azilhano ann. 1379. in Reg. 119. ch. 100 : *Donamus Consulatum et insignia Consulatus, domum, archam et sigillum, et arma communia, consiliarios, famulum, banderias et alia ad Consulatum pertinentia.* Eadem leguntur in Libert. villæ de Lespiniano ejusd. ann. ex Reg. 118. ch. 163. Adde tom. 4. Ordinat. reg. Franc. pag. 675. Charta ann. 1481. in Pomer. diplom. pag. 182 : *Cum..... inter illustrem principem ducem Pomeraniæ... ex una, et Consulatum ac universitatem oppidi nostri Colberg..... ex altera.... graves controversiæ et inimicitiæ exortæ fuerint, etc.* Et pag. 184 : *Qui Consulatus cum sua communitate, etc.* Vide infra *Consultatus.*

* 6. **CONSULATUS**, Locus, ubi congregantur *Consules* seu scabini, vulgo *Hôtel de ville*, alias *Consulat.* Arest. parlam. Paris. ann. 1308. in Reg. *Olim : Major et consules congregabantur in Consulatu seu in domo communi villæ, etc.* Libert. villæ *de Peyrusse* ann. 1368. tom. 5. Ordinat. reg. Franc. pag. 706. art. 16 : *Pour ce que lesdis conssous ont a assembler souvent les conseilliers dudit Consulat, ... il auront un saint ou campane commune, qui sera au dedens de leur Consulat.*

** **CONSULCANEUS**, Finitimus, confinis. Chart. monast. Schonaug. ann. 1277. in Guden. Syll. pag. 263 : *De duobus jugeribus agri campestris .... quorum unus .... Consulcaneus Weinhero, alter vero tendit super bundam episcopi, Consulcaneus liberis Gotzonis.*

* **CONSULERE**, Consilium dare, suadere, Gall. *Conseiller.* Acta B. Amadei tom. 2. Aug. pag. 579. col. 2 : *Quæ cum vocata esset Romæ comparere coram tunc SS. Papa, et ipsa ire dubitaret, Consulta ab eodem patre Amadæo fuit, ut iret.* Vide supra *Consulare.*

¶ **COSULTA**, Ital. et Hisp. *Consulta*, Gall. *Consultation, Consulte*, Consultatio, deliberatio. Acta SS. Maii tom. 1. pag. 616. de B. Pio V. Papa : *Catena fuit vir insignis auctoritatis in Romana curia valde celebris, et a secretis tum Cardinali Alexandrino . . . tum Congregationi Episcoporum et sacræ Consultæ :* sic dictæ quod ea Congregatio pluribus de negotiis consulatur, deliberet, statuatque.

* Consultam Facere, pro Consulere, Gall. *Tenir conseil.* Stat. Genuens. lib. 4. cap. 16. pag. 120 : *Patronus sive præfectus cujusvis navigii eligens ob adversam tempestatem, seu aliam justam causam, facere jactum pro salvatione navigii, ... teneatur ante jactum alicujus rei facere Consultam cum omnibus officialibus navigii et mercatoribus in eo existentibus.*

CONSULTARE. Aurelius Victor Schotti in Antonino Pio : *Quin etiam maribus frustratus, filiæ viro, Reipublicæ Consultavit*, id est, filiæ virum dans Reipublicæ consuluit. Idem in Philippo : *Usum virilis scorti removendum honestissime Consultavit;* id est, consultius existimavit.

* **CONSULTATIO**, mendose pro Conculcatio, in Stat. Sigism. I. ann. 1523. inter Leg. Polon. tom. 1. pag. 425 : *Pro Consultatione et depastione frumentorum. Pro eo, quia tu immisisti de industria et violenter familiam tuam, cum equis et pecoribus in et super hæreditatem ipsius N. et Conculcasti sibi frumenta diversi generis, etc.*

* **CONSULTATUS**, ut supra *Consulatus* 5. Lit. procurat. Caroli V. reg. Franc. ann. 1380. ex Reg. Cam. Comput. Paris. fol. 31. r°. : *Damus auctoritatem et potestatem..... privilegia, franchisias et libertates quorumcumque Consultatuum, universitatum, locorum et personarum suæ prædictæ locumtenentiæ confirmandi.*

¶ **CONSULTORES**, quorum electio et officium sic exponuntur in Litteris Philippi III. Fr. Regis apud *de Lauriere* tom. 1. Ordinat. pag. 307 : *De centum vero prædictis Paribus eligentur viginti quatuor assensu centum Parium, qui singulis annis renovabuntur, quorum duodecim Eschevini vocabuntur, et alii duodecim Consultores. Isti viginti quatuor in principio sui anni, jurabunt se servaturos jura sanctæ Ecclesiæ, et fidelitatem Domini Regis, atque justitiam, quod et ipsi recte judicabunt secundum justitiam suam, quod et siquidem Major forte celari præceperit, celabunt, hoc quicunque dixerit a suo officio deponetur, et in Communia misericordia remanebit. Major vero et duodecim Eschevini convenient bis qualibet ebdomada, pro Civitatis vel Castelli Fales. negociis, et si in aliquo agendo dubitaverint de duodecim Consultoribus, quot voluerint convocabunt, eorum consilio super hoc fruituri; et duodecim Consultores cum Majore et Eschevinis quoque sabbato simul erunt, et quaque quindena die Sabbati, similiter omnes simul Pares. Quicumque vero omnium prædictorum ad dies, ut prædictum est, sibi constitutos antequam prima cantetur, sine submonitione cum aliis non affuerit Paribus, si sit Eschevinus pagabit quinque solidos ad negotia Civitatis Rothomag. vel Castelli Fales. et Consultor absens tres solidos, et sic de aliis Paribus duos solidos, nisi idoneam excusa-*

tionem die præcedenti Majori notam fecerit... Si quis Eschevinorum, Consultorum seu aliorum Partum diebus sibi constitutis, postquàm pro recto faciendo cum aliis sederit, si sine Majoris licentia sedem suam consiliandi causa reliquerit, pagabit XII. *denarios, octo scilicet Urbi Rothomag. vel Castello Fales. et quatuor Clericis et servientibus.*

* Iidem qui alibi *Adsessores* vel *Adjutores* nuncupabantur, *Consultores* dicti quod Officiales municipales consiliis adjuvarent.

CONSULTUM, Sermo, res ipsa de qua consulitur. Est etiam Consilium per quod alicujus utilitati consulitur. S. Eulogius lib. 2. Memorialis sanctor. cap. 10 : *Suscipit lætantibus animis venerabilis mulier pium viri Consultum.* Cap. 11 : *Ibi se famuli Dei alterno fovent Consultu, roborantur invicem.* Idem in Documento martyrii : *Nostrum Consultum . . . ut pii patris mentibus tuis reponas.* Gregorius Magnus lib. 4. Moral. cap. 36 : *Videat sanctos Apostolos sic susceptam Ecclesiam regere, ut ei prædicationis verbo non desinant Consultum præbere.* Vide eumdem lib. 1. Epist. 47.

CONSULTUM, Relatio ad Principem super aliquot dubio a judice facta, in leg. 11. Cod. Theod. de Appellat. (11, 30.) *Consultatio*, alibi non semel.

CONSULTUM, *Judicium synodale*, in Glossis Regiis MSS. Cod. 1197.

* **CONSULTUS**, Consilium. Dipl. Caroli. C. ann. 863. apud Hemer. in Aug. Viromand. pag. 28 : *Ita duntaxat ut nullus in reliquum tempus abbas aut ejus villicus de eisdem rebus quidquam aliter usurpando vendicet; sed tantum cum Consultu ejus.* Charta Almar. archiep. Aquens. ann. 1002 : *Tandem sumpto Consultu, magno quidem resultu, prædictus præsul ac clericatus cunctus dedere conlaudantes sibique confirmantes.*

* CONSULTUS REGIUS, Consessus Consiliariorum regiorum. Charta Ludov. VI. reg. Franc. ann. 1120. inter Instr. tom. 8. Gall. Christ. col. 322 : *Te quoque, sancte vir et venerabilis Bernarde, tuosque successores abbates Tironenses ex domo, familia et Consultu regiis in perpetuum esse volumus, et eorum qui de domo, familia seu Consultu regiis sunt, libertatibus, prærogativis, privilegiis suis et immunitatibus gaudere in perpetuum largimur.* Vide *Consilium* 2.

* **CONSUMMA**, *Pars galeare*. Leg. *galeæ*. Glossar. vet. ex Cod. reg. 7641. Rectius infra : *Conum, summa pars galeæ.*

¶ 1. **CONSUMMATIO**, f. Officium divinum et oratio sic dicta quod sint opus *consummatum* seu perfectum. Canones Hibern. apud Marten. tom. 4. Anecd. col. 8 : *Qui non occurrerit ad Consummationem canat* VIII. *in ordine psalmos. Si excitatus veniat post missam; quidquid cantaverunt, replicet ex ordine, Fratres.* Et col. 21 : *Pœnitentia hominis libentis urinam hominis seu ejus sanguinem,* VII. *annos in pane et aqua et in Consummatione*, hoc est, ut videtur, oratione. Vide *Complenda* post *Completa*.

* 2. **CONSUMMATIO**, Opus ex diversis auctoribus collectum, in Præfat. Digest. Vide *Consummatum*.

¶ **CONSUMMATOR**, Perfector, Qui *consummat* et perficit. S. Cyprian. de Lapsis cap. 5 : *Dominus in verbis Doctor, Consummator in factis.* Theod. adv. Marc. lib. 4. cap. 22 : *Consummator novi Testamenti.* Eodem sensu Theologi nostrates aiunt de Christo : *L'auteur et le Consommateur de notre foi.*

¶ **CONSUMMATUM**, Gall. *Consommé*, Succus ex decoctis carnibus expressus. Miracula B. Joannis Taussiani tom. 5. Julii pag. 802 : *Et ita dolore erat extenuata et naturæ viribus consumpta, ut cibum nullum præter Consummatum, et illud in modica quantitate sumere valebat.*

¶ **CONSUMMISSI**, Simul *summissi* vel *submissi*, Qui una sese submittunt. *Animo toti Consummissi*, apud Acherium tom. 3. Spicil. pag. 456.

¶ **CONSUMPTUM**, vel CONSUMPTIO, in veteri Vocabulario utriusque juris, *est Rasio, videlicet quando dictio vel syllaba abraditur, et alia inscribitur.*

¶ **CONSUTITII**, id est, certa ratione, quæ vanitatis indicium sit, consuti, *sotulares et rostrati* Canonicis prohibentur, in Statutis Benedicti Episc. Massil. ann. 1230. ex lib. viridi Episcopatus ejusdem urbis fol. 10.

* Ornatiores, elegantiores, ut discimus ex versione Gallica Statut. eccl. Turon. ann. 1396. cap. 24. in Cod. reg. 1237 : *Clerici..... manicis aut sotularibus Consuticis* (sic) *seu rostratis..... non utantur.* Quæ Gallice ita redduntur : *Les clers ne usent pas de manches, ne soulers Cointés.* At vox Gallica *Consut* explicatur in Lit. remiss. ann. 1425. ex Reg. 173. Chartoph. reg. ch. 237 : *Lequel Despinau tenant en sa main une espée toute nue, dist au suppliant ces paroles : Avant faulx Bourguignon Anglois, toutes sont Consutes; qui vault autant a dire en Francois comme, Tu n'en pues aler et demourras cy.* Id est, confecta res est.

** **CONSUTORES**, Qui *Consutitios* conficiunt. *Garinus Consutor*, in Chartul. S. Petri Carnot. pag. 366. *Adventio et Durando Consutoribus*, ibid. pag. 509.

¶ **CONTA**, Species navigii. Chronicon Andreæ Danduli apud Murator. tom. 12. col. 445 : *Bonus Dux noster, ne annona civitatibus et fidelibus suis desit, semper vigilans, destinatis quampluribus usceriis seu galeis grossis, Contis aliisque navigiis, etc.* Vix dubito quin legendum sit *Concis* pro *Conchis*. Vide *Concha* 2.

* **CONTABULATUS** LAPIDEUS, Chorium, Gall. *Assise, lit de pierres*, interprete D. *Bouquet* ad Hist. Translat. corpor. S. Corn. PP. tom. 7. Collect. Hist. Franc. pag. 374 : *De hujus scilicet ecclesiæ fabrica, miro lapideo Contabulatu constructa, multum nobis quod loqueremur aderat.*

¶ **CONTACIUM**. Κοντάκιον duo significat apud Græcos; Hymnum brevem sic dictum a voce Κοντός, Parvus, eo quod paucis laudes alicujus Sancti vel Festi complectatur : et tenuem membranam, rotundo ligno, quasi jaculi fragmento (κοντῷ) circumvolvi solitam. De hujusmodi rotulis hæc habet D. Bern. *de Montfaucon* Palæographiæ Græcæ pag. 53 : Est vero Contacium brevis baculus, ut plurimum palmæ longitudine, cui hæret obvoluta miræ longitudinis charta membranea, ex multis foliis consequenter agglutinatis confecta, ubi descripta sunt orationes et officia Sacerdotibus recitanda, cum Sacra administrant. Sunt porro Contacia ex utraque folii parte descripta, ita ut cum ad primæ paginæ lectionem ineant, pergantque donec ad baculum, unde ab altera pagina legere orsi sunt, denuo recurrant. Vide Glossarium mediæ Græcitatis.

* **CONTACTUS**, *La vicinità*, in Glossar. Lat. Ital. Ms.

* **CONTADINA**, Uxor. Bareleta serm. in Domin. 1. Advent. : *Christus qui cepit in uxorem carnem nostram, quæ est filia Adæ, et super omnes hanc Contadinam exaltavit, scilicet super Angelos, etc.* Vide *Contadinus*.

¶ **CONTADINUS**, Accola. Tebaldus in Vita S. Ubaldi, tom. 3. Maii pag. 635 : *Mittunt interea boni cives legatum ad Contadinos suos, cum quibus guerram habebant, et eos, ut ad tanti Patris obsequium securi veniant, vocant : remittunt sibi vicissim culpas; et præcipue nobilibus Contadinis, omnes, quas per guerram contraxerant, offensas ignoscunt.* Italis *Contadino*, Rusticus, qui ruri habitat, vicanus.

¶ **CONTADOR**, Vox Hispana, Calculator, Præfectus ærarii. Acta SS. Maii tom. 7. pag. 376. de S. Ferdinando Rege Castellæ : *Felix de Scudero de Spinosa, officio quod dicitur Contadoris fungens ..... dixit quod.... cum advenissent galeones Indicæ, ipse cum aliis compluribus conscenderunt lembum Averiæ, ad excipiendos prædictos galeones.*

¶ CONTADORIA, Ærarium, seu locus ubi numeratur pecunia. Acta SS. Maii tom. 3. pag. 533. de S. Isidoro Agricola : *Bartholomæus de Urena Ostiarius ejus loci quem a numeranda pecunia regia Contadoriam majorem nominant.*

CONTAGIARE, Citare, in jus vocare, idem quod *Attachiare*. Petrus de Cugneriis Advocatus Regius : *Faciunt Contagiari et compelli per suos Præpositos Clericorum mulieres viduas, et nituntur habere eorum cognitionem.*

¶ **CONTAGIATUS**, Contagione correptus. Acta S. Deicolæ Abb. sæc. 2. SS. Benedict. pag. 115. ubi de subita funestaque morte Lotharii Regis : *Ita cum suis omnibus subita aura Contagiatus atque plagatus est, ut de tanta multitudine nec inventus sit unus, cui inhæreret cibus aut pilus.*

* Nostris *Contagieux*, Morbosus, ad morbos proclivis, vulgo *Maladif*. Lit. remiss. ann. 1388. in Reg. 135. Chartoph. reg. ch. 20 : *Jehannete femme Jehan Ferry maladive et Contagieuse de pluseurs, diverses et grans maladies, etc.*

CONTAGIUM in Gloss. Gr. Lat. exponitur ἁφὴ νοσοῦντος προβάτου. Virgilius Ecl. 1.

Nec mala vicini pecoris Contagia lædent.

Acta S. Quirini Mart. lib. 2. n. 42 : *Bos infectus Contagio, non amplius pedibus insistens, putabatur confestim moriturus. Contagionem* dixit Salustius : *Post ubi Contagio, quasi pestilentia invasit, civitas immutata.* Hinc nostri *Contagion*, pro *pestilentia*. Vide Gloss. Jacobi Gotofred. ad Codic. Theod.

¶ CONTAGIUM CARNIS, Turpitudo, pudendum flagitium. Statuta generalia Cisterc. ann. 1195. apud Marten. tom. 4.

Anecd. col. 1284 : *Qui deprehensus fuerit in manifesto carnis Contagio, de domo illa penitus emittatur, nec nominatim alia ei assignetur.* Et col. 1458. in Statutis anni 1277 : *Quicumque vero in carnali Contagio deprehensus fuerit et convictus, si Monachus fuerit, ablato sibi habitu, per deceninum ultimus sit omnium et etiam novitiorum in Ecclesia.*

* **CONTAGIUM** Originale, Peccatum originale, ipsa ad malum proclivitas, quam a parentibus nostris accepimus. Charta ann. 1180. ex Tabul. eccl. Camerac. : *A nostri prothoparentis Adæ corrupta radice defluxit in posteros originale Contagium, quo nobis innata peccandi pronitate, etc.*

¶ **CONTAGRUM**, ignota notione, legitur in *Escoragium.*

* Vox fictitia pro *Estocagium*, ut videre est infra in hac voce.

CONTALAGIUM. Charta Guillelmi Comitis Forcalcariensis ann. 1206. pro Manuascensibus : *Nec teneantur solvere bladagium, sive albergam, nec Contalagium, sive civatam, nec cossius ,... de eorum bladis, et rebus quæ ad mensuram sestarii venduntur et mensurantur.* Idem forte quod *Contalia*, [*Contalata.*]

* Idem quod infra *Contalia* et *Contaliatum.*

¶ **CONTALATA.** Regestum Comput. Dalphin. de Graisivod. ann. 1336. fol. 173. Johannes Bruni Locum-tenens Castellani de Veneto in recepta granorum computat plurima de jure contalata sibi persoluta : *De Contalata S. Marcellini, de Contalata Veneti, de Contalata Castri-veteris, de Contalata Argenzoni, etc.* An præstatio Comiti debita iis in locis?

* Comitis seu castellani districtus, ni fallor : nam *Contalata S. Marcellini, Castriveteris*, alibi *Castellania S. Marcellini, Castriveteris* appellatur. Aliud vero sonat in Charta ann. 1362. ex Reg. Cam. Comput. Paris. sign. *Vienne* fol. 47. v°. : *Dictus Marinus redditus, obventiones et valores dictæ castellaniæ, condempnationes, Contalatus, compositiones et obventiones curiæ..... Vapincensis exigere et recuperare debeat et levare.* Obi *Contalata* inter jura, quæ ex curia judiciali proveniunt, recensetur.

CONTALIA. Liber Rubeus Archiepiscopatus Aquensis ex Bibl. Regia : *Item habet Dominus Archieres annuatim in castro de Tollono pro Contalia in festo S. Michaelis sol. Coro.* 100. Occurrit ibi pluries. [Vide *Comtalia.*]

* Tributum videtur pro frumenti mensuratione exsolutum. Charta ann. 1212. ex Hist. Ms. Montis-major. : *Et in lesdis, mercato, banno vini, et lumbis porcorum, et Contalia de blado, et crida villæ, et bannis extra villam, etc.* Vide mox

* **CONTALIATUM**, Eadem notione, in Transact. inter Guill. comit. Forcal. et monast. Montis-major. ann. 1242 : *Contaliatum bladi, census, oblias panum, fogassarum, et hordei, caponum, etc.* Vide *Contalagium.*

¶ **CONTALIS** Terra, Quæ pertinet ad Comitem, in Archivo S. Albini Andegavensis.

¶ **CONTAMEN**, pro *Cantamen*, Incantatio. Vide *Canterma.*

* **CONTAMINATIO**, Corruptio. Correct. stat. Cadubrii cap. 85 : *Jubemus quod quilibet et quælibet leno, qui et quæ vulgariter Ruffiani dicuntur, quorum et quarum suggestione, Contaminatione et industria fuerit seducta aliqua juvenis et mulier honestæ vitæ, etc.*

CONTAMINIA. Vide *Condamina.*

¶ **CONTANGERE**, Invadere, usurpare, manum affere. Charta Theoderici III. Franc. Regis apud Felibianum in Hist. Sandionys. pag. IX : *Proinde per præsente præceptum specialiter decernimus ordenandum, ut res suas neque vos, neque juniores, seu successores vestri, nec quilibet contradicere, vel minuare, nec Contangere, nec infiscare non præsummatis.* Eadem notione dicimus, *Ne toucher point au bien d'autrui*. manus ab alieno distrahere.

¶ **CONTANTUS**, Numeratus. Acta SS. Maii tom. 7. pag. 380. de S. Ferdinando Rege Castellæ : *Dederunt huic Confraternitati centum quadraginta ducatos de Contantis*; i. e. numerata pecunia, Gall. *Argent Contant*, Ital. *Contanti*. Vide *Contentus.*

* **CONTARIA**, Numerus, quantitas. Charta ann. 1324 : *Contariam biscocci quadraginta ad cantarium Massiliæ de biscocco curiæ nostræ per manus vestras sistenter computanda.*

* **CONTASSARE**, Acervare, congerere, Gall. *Entasser*. Lit. remiss. ann. 1397. in Reg. 151. Chartoph. reg. ch. 287 : *Qui Bonitus tenebat tunc in manu sua quemdam baculum, vocatum gayrr sive croucit, cum quo trahitur fenum de fenario pro animalibus, quando fenum est nimis Contassatum.* Vide *Intassare.*

¶ **CONTASTATUS**, Captus, interceptus, ab Italo *Contastare*, Impedire. Miracula B. Ægidii tom. 3. April. pag. 246 : *Eum arripuit quædam infirmitas valde gravis, ita quod sibi caput omnino videbatur habere divisum, et omnia membra Contastata, et legitimo actu privata*; Gall. *Entrepris et perclus.*

¶ **CONTATA**, Modus agri. Charta permutationis anni 1304. ex Archivo D. Marchionis *de Flamarens* : *Cambiavit Bernardo et Galhardo de Sentis... omnia jura et deveria, que ipse habet et habere debet in omnibus illis viginti quatuor Contatis terre, que teneri dicebantur ab eodem domino Petro in decimario S. Martini Delebret villa.* Vide *Contrata.*

* Leg. *Concata.* Vide supra *Conchata* et *Conquata.*

* **CONTATIO**, pro Percontatio. Glossar. Gall. Lat. ex Cod. reg. 7684 : *Contatio, Enserchement.*

1. **CONTECTALIS**, Sub eodem tecto habitans, uxor, conjux, apud Ditmarum lib. 2. pag. 15. lib. 3. pag. 29. in Vita S. Kunegundis Imperat. cap. 1. [in quibusdam exemplaribus habetur *Collectilis* vel *Conlectilis*.] etc. Perperam edit. *Antectalis*, pro *Contectalis*, apud Ughell. tom. 1. pag. 501.

* Charta ann. 962. inter Probat. tom. 1. Hist. Lothar. col. 368 : *Per quam Contectalem nostram, more prædecessorum nostrorum regum et imperatorum dotali lege nobis associare, et in regnum et imperium sublimare debemus.* Alia Conradi imper. ann. 1038. ex Chartul. eccl. Vienn. fol. 15. r°. col. 1 : *Ob interventum ac petitionem Gislæ imperatricis, nostræ dilectissimæ Contectalis, nostrique imperii consortis.* [** Ita etiam legendum pro *Confectalis* in Chart. ann. 1119. ap. Hahn. Collect. Monument. tom. 1. pag. 77.]

¶ Contectilis, Eadem notione, tom. 3. SS. Junii pag. 79. de S. Aureo : *Interventu dilectissimæ Contectilis nostræ.* [** leg. *Contectalis.*]

* Occurrit præterea in Ch. ann. 1044. apud Pezium tom. 6. Anecd. part. 1. col. 234.

** Conjuges dicuntur *Contectales* in Ruodlieb fragm. 4. vers. 111 :

Nunquam majorem nos cernebamus amorem
Nec Contectales sibi tam bene convenientes.

Vide *Conthoralis.*

** 2. Conrectales, Nobiles sibi pares, Germ. *Hausgenossen*. Chart. Bernon. Episc. Hildesh. ann. 1193. ap. Scheid. de Nobilit. pag. 494 : *Quod Heinricus ministerialis ecclesiæ nostræ .... proprietatis suæ sex mansos .... vendere disponens, eos juxta consuetudinem loci, primo nobis optulit, deinde proximis heredibus suis, postmodum Contectalibus, etc.* Vide Haltaus. Glossar. German. col. 848.

¶ **CONTECTUM**, in Legibus Caroli M. [** cap. 97.] pro quo Muratorius tom. 1. part. 2. pag. 105. col. 1. B. censet legendum esse *Conjectum* : *Ut heribannum aut aliquod Contectum pro exercitali causa Comes de liberis hominibus recipere aut requirere non præsumat.* Vide *Conjectum* in *Conjecture.*

¶ **CONTELEMPNERE**, f. Perdere, amittere. Testamentum Aodiselini Canonici Rotomag. ann. 1000. apud Marten. tom. 1. Anecdot. col. 121 : *Quod repetit non evendicetur sibi, sed confusus Contelempnat, et excommunicatus et anathematizatus recedat.* Vereor ne mendum sit in voce *Contelempnat.*

* **CONTEMPERARE**, Obtemperare. Synod. Mettens. ann. 859. tom. 7. Collect. Histor. Franc. pag. 636 : *His perpensis, fratres carissimi, si, ut diximus, jam dictum regem a nobis amabilem ita Contemperatum divinæ voluntati et sacræ auctoritati inveneritis, etc.*

CONTEMPLABILITER, Palam. Utitur Ammianus lib. 20. pag. 174. [** Vide Forcellin. in *Contemplatio.*]

* **CONTEMPNOSA** Verba, Quæ contemptum sapiunt. Lit. remiss. ann. 1358. in Reg. 86. Chartoph. reg. ch. 463 : *Prolocutis inibi pluribus verbis spernosis atque Contempnosis, etc.*

¶ **CONTEMPLATIO**, Respectus, Gall. *Egard, Consideration.* Epistola Philippi Electoris Archipalatini ad Carolum VIII. Regem Galliæ ann. 1497. apud Ludewig. tom. 6. Reliq. MSS. pag. 96 : *Igitur Regiam Celsitudinem vestram rogamus, quatenus præfatos Christophorum et Anshelmum de Regia beneficentia plurimum commendatos suscipiat, nostri Contemplatione* ; id est, nostri ergo vel causa. Similis locutio occurrit apud Rymer. tom. 2. pag. 398. col. 2. necnon apud Acherium tom. 9. Spicil. pag. 289.

CONTEMPORALIS, Æqualis, æquævus, coætaneus, *Contemporain*, σύγχρονος. Ditmarus lib. 6. pag. 77 : *Carus cunctis suimet Contemporalibus.* Utitur lib. 3. 7. et alibi non semel. *Contemporaneum* dixit A. Gellius lib. 19. cap. 14. [** Vide Forcellinum.]

* Hinc nostris *Contemple*, pro *même temps*, idem tempus. Chron. S. Dion. lib. 5. cap. 14. tom. 3. Collect. Histor. Franc. pag. 292 : *En ce Contemple morut Landegesilles frere la roine Nantheut.* Gesta Ludov. Pii ad ann. 788. tom. 6. ejusd. Collect. pag. 129 : *En ce Contemple avint que uns Gascoins, etc.* Adde tom. 7. pag. 139. Lit. remiss. ann. 1474. in Reg. 204. Chartoph. reg. ch. 120 : *Lesquelx compaignons commancerent à railler et jouer avec icelle Bonnette fille amoureuse, et en ce Contemple arriva ung nommé Pierre le Noir.*

¶ **CONTEMPORARE**, Esse eodem tempore. Tertull. de Resurrectione carnis : *Contemporant fœtu, coætaneant natu.* Vide *Temporare.*

¶ **CONTEMPOREITAS**, in Vita B. Giraldi de Salis, apud Martenium tom. 6. Ampliss. Collect. col. 999.

¶ **CONTEMPSA**, Contemptus, neglectus. Privilegium Ordonii II. Regis pro Monasterio S. Martini Compostellani inter Concil. Hisp. tom. 3. pag. 171 : *Quicumque... quod nos damus et concedimus inde auferre præsumpserit, aut in Contempsa miserit* (id est, neglectui habuerit,) *quisquis ille fuerit sit maledictus et excommunicatus.*

* Idem potius quod mox

* **CONTEMPTIO**, Contentio, controversia, *calumnia.* Vide in hac voce. Charta ann. 1187. tom. 1. Probat. Hist. Brit. col. 713 : *Sciendum est vero, quod aliæ Contemptiones erant inter ipsum priorem H. et G. supradictum militem super quibusdam donis, quæ parentes ipsius G. domui Pontis in eleemosinam ab antiquo contulerant, quas omnino dimisit.* Alia ann. 1208. ibid. col. 810 : *Willelmus..... movit Contemptionem adversus monachos Pontisotranni super quibusdam donacionibus, quas pater ejus.... fecerat.* Vide infra *Contentia.*

¶ **CONTENDERE**, Extendere, exponere. Hincmarus Remens. Epist. ad Carolum Regem apud Acherium tom. 2. Spicil. pag. 824 : *Cur autem ita vobis scientibus scribo, quia vobis tacere non audeo, patenter Contendo.*

* Nostris ab eodem verbo, sensu quo a Latinis usurpatur, *Contendre*, pro *Tacher, faire ses efforts.* Lit. remiss. ann. 1382. in Reg. 121. Chartoph. reg. ch. 229 : *Jehan de Hanappes .... pour l'affection désordonnée qu'il avoit ou Contendoit à avoir à ladite Marie de l'accompaigner charnelement, etc.*

¶ CONTENDERE TESTAMENTUM, Contendere ut irritum fiat, illud rescindere. Consuetudines quas Comes Montis-fortis stabilivit apud Pamias ann. 1212. inter Anecd. Marten. tom. 1. col. 837 : *Item, maritagia mulierum revertantur ad hæredes ipsorum, ut possint inde Contendere Testamentum, si voluerint.*

CONTENEMENTUM. Vide *Continere.*

¶ **CONTENERARE**, Tenerum facere, macerare, Gall. *Attendrir.* Jacobus Cardinal. in Vita S. Petri Cælestini tom. 4. Maii pag. 454 :

Non cicer atque fabas lymphis liquantibus unquam
Contenerans, etc.

1. **CONTENTARE**, Satisfacere, nostris, *Contenter.* Synodus Sodorensis in Hibernia : *Si vir aut mulier obierit, et nulla bona ad Contentandam Ecclesiam pro sua sepultura habuerit, etc.* [Occurrit apud Acherium Spicil. tom. 6. pag. 128. Rymerum tom. 11. pag. 467. col. 1. in Actis SS. Julii tom. 2. pag. 427. superius in voce *Annata* et alibi non semel.]

¶ CONTENTATIO, Eadem notione, Gall. *Contentement.* Occurrit in Hist. Dalphin. tom. 2. pag. 151. et in Conciliabulo Perpinian. ann. 1409. Concil. Hisp. tom. 3. pag. 638.

* 2. **CONTENTARE**, Placare, satisfacere, Gall. *Contenter, appaiser.* Inventar. Chart. reg. ann. 1482. fol. 83. v° : *De quo pro parte sua extitit Contentatus. De anno* 1237. Elmham. in vita Henr. V. reg. Angl. edit. Hearn. cap. 18. pag. 35 : *Guerrarum stipendiis pro futuro anni dimidio persolutis, vel saltem viris stipendiariis Contentatis, etc.* Oliver. *Maillard* serm. 41. de Adv. : *Sed filii statim pacificantur et Contentantur pro causa parva, ut pro pomo.*

* 3. **CONTENTARE**, vox Italica, Assentiri, consentire. Charta ann. 884. apud Murator. in Antiq. Estens. pag. 212 : *Et illi heredes et proheredes mei, qui exinde subtrahere voluerit, et in hanc ordinationem minime Contentare voluerit ad ipsum abbatem orninandum, quem ipsi vicini sacerdotes et laici exegerint, etc.*

¶ **CONTENTIA**, pro *Contentio*, Lis, jurgium, apud Rymerum tom. 12. pag. 59. col. 1.

* Nostris *Contens*, eadem notione. Joinvil. in S. Ludov. edit. reg. pag. 141 : *Et tandis que le Contens en dura, l'evesque me fit escommenier.* Charta ann. 1286. ex Chartul. S. Mart. Pontisar. fol. 58 : *Faisons asavoir que comme Contens fust meu, etc. Que se Contens mouvoit entre lesdis seigneurs et lesdis supplians, etc.* in Lit. ann. 1370. tom. 5. Ordinat. reg. Franc. pag. 367.

* **CONTENTIBILITER**, Contendendi seu pugnandi animo. Lit. remiss. ann. 1358. in Reg. 90. Chartoph. reg. ch. 116 : *Cum habitatores ipsi non Contentibiliter, sed ut possent dictorum hostium, saltem ad tempus, furorem rabidum temperare, præmissa omnia fecissent.*

¶ **CONTENTIONARIUS**, Qui contendit, apud Ludewig. tom. 7. Reliq. MSS. pag. 319.

* **CONTENTOR.** Vox notariis usitata, qua jura exsoluta esse et se *contentos* profitebantur ; Cotgravio, *Droit de registre.* Confirmat. stat. ann. 1389. tom. 7. Ordinat. reg. Franc. pag. 274. art. 5 : *De Cartis prædictis, ut in audiencia expediantur et prosequentibus deliberentur, tradetur le Contentor per dictos commissarios vel deputatos, etc.* Lit. ann. 1372. in Reg. 103. Chartoph. reg. ch. 214 : *Dictus Guillelmus promisit per suum juramentum coram 1. domino, reddere le Contentor notario, si notarius minime sit contentus.* Adde tom. 5. earumd. Ordinat. pag. 22. et 99.

¶ **CONTENTUS**, Numeratus. Epistola Johannis de Monsteriolo apud Marten. tom. 2. Ampliss. Collect. col. 1391 : *Asserit uno in foro, unica expeditione, sola in hora pro duodecim florenis scutatis aureis in Contento vendidisse;* id est, numerata pecunia, Gall. *Argent contant.* Vide *Contantus.*

CONTERATI, Italis *Terrazzani.* Conterranei, ex eadem *contrada, de mesme contrée.* Anonymus Barensis in Chron. ann. 1040. et 1041 : *Et ipsi Conterati interfecerunt Chirosfacti Criti.* Perperam apud Lupum Protospatham *Contracti* scribitur anno 1040. [** Vide Murator. Antiq. Ital. tom. 2. col. 1190. voce *Contrada.*]

CONTERRANEI, Eadem notione. Brocardus in Descript. Terræ Sanctæ : *Tales sunt hodie in Terra Sancta non pauci, qui spoliant peregrinos et Conterraneos suos.*

* **CONTEREVER**, vox Belgica. Telon. S. Bertini Ms. : *Pensa de Contereνer, xj. den.*

¶ **CONTERIBUSTERIUS**, Homo conditionis obnoxiæ, qui tributa domino tenetur exsolvere. Berengarius de Tarragona in Epistola ad Ildefonsum Reg. Arag. de cæde Hugonis Archiep. Tarrac. ann. 1171. inter Concil. Hisp. tom. 3. pag. 383. et in Appendice Marcæ Hisp. col. 1354 : *Ibique cum Conteribusteriis nostris, qui inimicabantur fratri meo, fecit sacramentum, et eos fecit jurare adversus eum.* Vide *Tributales.*

¶ **CONTERMINALIS**, *Confinalis*, in Glossar. San-German. MS. num. 501.

¶ **CONTERMINUS**, Confinis, Contingens. *Civitas Ferrariæ fluvio Pado Contermina*, in parvo Chronico Ferrar. apud Murator. tom. 8. col. 473. [** Vide Forcellinum.]

1. **CONTERNARE**, CONTERNATIO. Higenus de Limitibus agror : *Quod si illis permissum erit, ut inter convenientes Conternentur, Conternati sortiri debebunt, qui tres primam Centuriæ sortem accipere debeant. Conternationum factarum singula fratribus nomina inscribemus, etc.* Sic *Conternatio* fuit sors ea quæ in tres partes dividebatur. Gloss. Lat. Græc. : *Conquaternat*, ζευγνύει κατὰ τεσσάρων.

2. **CONTERNARE.** *Vitulam Conternantem*, apud Isaiam cap. 15. v. 5. Hierem. cap. 48. v. 14. Μόσχον τριετίζουσαν vertunt Græci Interpretes. *Conternans, dicitur ille qui est in completione tertii anni : unde dicitur Conternans, quasi complens tertium annum, quasi triennis, vel trium annorum existens. Unde Isaias cap.* 15. *Vectes ejus usque ad Segor vitulam Conternantem, id est, vitulam trium annorum : vel Segor civitatem parvam dicit vitulam Conternantem, id est, robustam : quia secundum Glossam, animalia sunt robusta tertio anno, sicut homo in trigesimo anno. Hierem. cap.* 48. *dicitur : A Segor usque ad Oranaim vitulam Conternantem. Ubi quidam libri falsi habent, vitulam Consternantem; et secundum Papiam, Conternans est vitula tertium annum agens.* Joan. de Janua. Vide S. Hieronymum in Epitaphio S. Paulæ.

¶ **CONTERRANEI.** Vide *Conterati.*

¶ **CONTESSERARE**, Amicitiam, societatem inire cum aliquo. Tertullian. adv. Hæreticos : *Cum Africanis Ecclesiis Contesserarit.*

¶ CONTESSERATIO HOSPITALITATIS, apud eumdem.

¶ **CONTESTA**, f. Sepimentum seu pali virgis vimineis *contexti* vel jugati. Chron. Parmense ad ann. 1247 : *Et molendina de brachiis et equis propter defectum aquarum* *et canalium facta fuerunt per civitatem et pali spezzati et strinati per omnes vicinias et Contestas et palancata. Corbes virgis Contestæ* pro *contextæ*, in Charta ann. 1439. ex Archivo Piscatorum Massil.

* Ab Italico *Contesto*, contextus. Hinc

* CONTESTA, Servitii genus, quo subditi sepimenta dominorum contexere tenentur. Charta ann. 1194. inter Instr. tom. 6. Gall. Christ. col. 142 : *Recognitum est igitur et concessum, quod Biterrensis vicecomes in villa Biterris in hominibus ecclesiarum vel in suis non haberet toutam, Contestam, aut albergam.*

¶ **CONTESTABILIARIA**, Dignitas *Comitis Stabuli.* Vide locum in *Capitaneatus* post *Capitaneus.*

CONTESTABILIS, CONTESTABULUS. Vide *Comes Stabuli*, in *Comes* 2.

CONTESTADA. Vide *Contestatio* 3.

1. **CONTESTARE**, Donare, veluti testamento, in Charta Ranimiri Regis Lusitaniæ æræ 939. apud Rodericum *da Cunha* in Hist. Episcop. Portensium 1. parte cap. 13. pag. 150.

2. **CONTESTARE**, Admonere, monere, seu potius repugnare, pro *Contrastare* : quomodo *Contester*, usurpamus. Lex Bajuvar. tit. 2. cap. 5. § 6 : *Si servus hoc fecerit, capitali subjaceat sententiæ : dominus vero ejus omnia similia restituat, quia servo suo non Contestavit, ut talia non faceret.* Capitula Caroli Magni lib. 6. cap. 15 : *Si bos cornupeta fuerit,... et Contestati sunt dominum illius, nec reclusit eum, occiderit-que virum, aut mulierem, etc.* Adde Anastas. in Vitis PP. pag. 50. Vide *Contrastare.*

¶ CONTESTARE LITEM, Litigare, repugnare, litem instruere. Instrumentum appellationis anni 1481. ex Archivo B. M. de Bono nuncio Rotomag. : *Litem Contestando et negando, prout negarunt eumdem de Paris habere jus percipiendi decimam in eadem pecia terræ articulata.* Epistola Michaelis Episcopi Andegav. ann. 1244. apud Lobinellum tom. 2. Hist. Britan. col. 418 : *Convocatis partibus, facias infra duos menses post receptionem præsentium, super singulis articulis in libello presentibus inserto contentis, litem coram te legitime Contestari.* Festo *Contestari litem dicuntur duo, aut plures adversarii, quod ordinato judicio utraque pars dicere solet, Testes estote.*

¶ **CONTESTATA.** Vide post *Contestatio* 3.

1. **CONTESTATIO**, Litis contestatio, in Lege Longobard. lib. 2. tit. 21. §. 2. [** Rothar. 250.] Gloss. Græc. Lat. : Προκατάρξις ἐπὶ δίκης, *Contestatio.*

* Practicis nostris unica voce *Litiscontestation* Occurrit in Stat. ann. 1367. tom. 7. Ordinat. reg. Franc. pag. 706. art. 8.

2. **CONTESTATIO**, Libellus, scriptura, in leg. 8. Cod. Theod. de Famosis libell. (9,34.) et apud Gregor Magn. lib. 5. Epist. 30 : *Nocturno silentio in civitatis loco, Contestationem posuit in ejus crimine loquentem.*

CONTESTATIO, Testatio. Concilium Arelat. II. sub Siricio PP. can. 32. et ex eo Capitul. Caroli M. lib. 6. cap. 142.[**144] : *Si expositus ante Ecclesiam cujuscumque fuerit miseratione collectus, Contestationis ponat epistolam.* Id est, qua testatur se eum collegisse. Anastasius in S. Hormisda : *Portantes epistolas confortatorias fidei, et Contestationes secretas numero 19. etc.*

3. **CONTESTATIO.** Ordo Romanus de Consecratione Episcopi : *Pontifex ponit manum super caput ejus, et dicit unam orationem in modum Collectæ, alteram in eo modulamine, quo solet Contestatio cantari.* Gregorius Turon. lib. 2. de Miracul. S. Martini cap. 14 : *Cumque nos rite sacrosancta solennia celebrando Contestationem de Domini virtutibus narraremus, etc.* [Acta SS. Junii tom. 3. pag. 10. de S. Ferreolo : *Contestatio*, Vere dignum et justum est, *quotiescumque pugnas Sanctorum recolimus.*] Quibus locis *Contestatio* idem sonat quod

CONTESTADA; ita enim appellari in Codice Remensi MS. monet Menardus, *Præfationem*, seu Orationem quæ Canoni præmittitur, qua disponitur Sacerdos et populus ad tremendorum mysteriorum confectionem, quod, ut est in alio Codice Thuano, *Contestetur Sacerdos fixam ac veram professionem populi, id est, gratias referre Deo dignum esse.* Ita etiam in veteri Liturgia, apud Cardinal. Bona lib. 1. Rerum Liturgicar. cap. 12. n. 5. Præfatio *Contestatio Missæ* appellatur. Eumdem vide lib. 2. cap. 10. n. 1. et in lib. 3. Sacrament. Eccles. Rom. cap. 106. in Missali Gothico pag. 270. 288. quo spectant ista Gennadii de Scriptorib. Eccles. in Musæo : *Composuit Sacramentorum egregium et non parvum volumen, per membra quidem pro opportunitate officiorum et temporum, pro lectionum textu psalmorumque serie et decantatione discretum : sed supplicandi Deo et Contestandi beneficiorum ejus sodalitate sui consentaneum.* Glossæ Lat. Græc. : *Contestatur*, συνμαρτύρεται, ἐπισφραγίζεται, διαμαρτύρεται. Festus : *Contestari, est, cum uterque reus dicit, Testes estote.* Paulinus Natali 9 :

Quid Paschale epulum? nam certe jugiter omni
Pascha die cunctis Ecclesia prædicat oris,
Contestans Domini mortem cruce, de cruce vitam
Cunctorum.

Annales Francor. Fuld. ann. 888 : *Salubri utens consilio, Contestans se malle suum regnum gratia cum Regis pacifice habere, quam ulla jactantia contra ejus fidelitatem superbire.* Papias : *Contestari, ad judices; obtestari vero ad adversarios pertinet.* Glossæ Græc. Lat. : Μαρτυροποίημα, *Contestatio, testificatio. Contestatari sacramentum fidelitatis*, in Capitulari 3. ann. 789. cap. 2.

CONTESTATA, in Missali vet. Francor. pag. 422.

* **CONTESTATORII** APICES, Literæ testium munimine confirmatæ. Vita S. Leon. IX. PP. tom. 10. Collect. Histor. Franc. pag. 383 : *Hinc totius recrastinationis impatiens, deprecatorios atque Contestatorios super tam unanimi electione sua dirigit imperatori apices.* Vide *Contestatio* 2. et mox *Contestis.*

* **CONTESTATURA**, Litis expensæ. Stat. Vercel. lib. 2. pag. 26. r° : *Causæ autem quarum cognitio pertinet ad dominum potestatem et ejus vicarium, et de quibus non debet solvi Contestatura, sunt istæ, scilicet causæ robariæ, incendii, etc.*

* **CONTESTIS**, Una cum aliis ejusdem rei testis. Inquisit. ann. 1340. ex Cod. reg. 5190. fol. 74. r° : *Idem Poncius comparuit..... in loigiis bassis domus episcopalis Lingonensis, præsentibus ibidem dom. Rembaudo de Scarampis, Guillelmo de Chatenayo... Contestibus secum juratis et aliis.* Vide in *Juramentum.*

* **CONTESTUM**, Scrinium, ut videtur, locus ubi asservantur Chartæ publicæ, vel *Regestum* publicum. Charta Florent. ann. 1258. apud Lamium tom. 3. Delic. erudit. pag. 152 : *Ego Bellond. prædictum capitulum, prout in Contesto communitatis inveni, ita hic exemplavi.* [** *Contextus.*]

¶ **CONTESTUS**, Lis, altercatio, Gall. nunc *Contestation, debat*, alias *Contest*, præsertim Practicis. Charta compositionis cum Abbate Berdonensi et Gentili de Montesquivo ann. 1309. ex Archivo Domini *de Montesquiou : Cum lis, quæstio, Contestus, contentio, petitio et controversia, seu demanda verteretur, seu verti spereretur inter, etc. super quibus quæstione, Contestu, contentione, etc.*

CONTHORALIS, Conjux, uxor, [interdum etiam Maritus.] Tidericus Langenius in Saxonia :

Huic Conthoralis Mechtildis erat specialis.

[Epistola Edwardi III. Regis Angl. ad Reginam Castellæ apud Rymerum tom. 5. pag. 462. col. 1 : *Ad vos et consanguineum nostrum carissimum, illustrem Regem Castellæ, Conthoralem vestrum.* Et paulo post : *Penes dictum Conthoralem vestrum.* Charta Ludovici Regis Hungariæ apud Ludewig. tom. 5. Reliq. MSS. pag. 494 : *Juxta continentiam dicti Domini Regis Conthoralis nostri.*] Utuntur Beka, Thwroczius, et alii.

* *Conthoral*, eadem notione, in Contract. matrim. inter Joan. ducem Turon. et Jacobam Holland. ann. 1406. ex Memor. G. Cam. Comput. Paris. fol. 47. v° : *Il a pleu à monsieur le roy de France Charles à présent regnant et à madame la royne sa loyal Conthoral, etc.*

CONTICINIUM, Concubium, nox intempesta, cum cuncta silent; Isid. lib. 5. Orig. cap. 31. Gloss. Lat. Græc. *Conticinium*, ὁ μεταξὺ ἀλεκτρυοφωνίας χρόνος. *Noctis Conticinium*, apud Ordericum Vital. pag. 508. Historia Translat. S. Sebastiani cap. 13. num. 66 : *Cum jam Conticinii tempus incumberet.* [Translatio S. Audoeni apud Marten. tom. 3. Anecd. col. 1676 : *Triduanum itaque prælibantes jejunium cum vigiliis et instantia precum, tertiæ noctis in Conticinio, sacrorum Custodibus alto sopore depressis, latenter ad feretrum accedunt.*] *Primum conticinium*, in Miraculis S. Adelardi Abbat. n. 5. Utitur Plautus. [** Ita etiam legendum pro *Canticinio*, in voce *Canticinium.*]

¶ **CONTIENS**, f. pro *Contestans.* Vide *Contestare litem.* [Officialis Rotomag. ann. 1341. in Bullario Fontanellensi fol. 60. recto : *Rector dicebat et asserebat sibi ratione suæ prædictæ Ecclesiæ de jure communi jus competere percipiendi... omnes et singulos grossos fructus decimales... dictis Religiosis in contrarium Contientibus, dicentibus, etc.*

CONTIFICIUM, vox Circi, cum bestiæ contis conficiuntur, aut *figuntur* : unde et quidam *Contifigium* legunt apud Vopiscum in Probo, ubi de leonibus in Circo : *Qui omnes Contificiis interempti sunt.* Lampridius in Commodo : *Virium ad conficiendas feras tantarum fuit, ut elephantum Conto transfigeret.*

¶ **CONTIGER**, Funambulus, sic dictus, quod ad librandum corpus gerat contum. S. Paulinus in Poëmate de S. Felice :

Clauserat hic manibus vultus, et fronte supina
Contigero similis juveni spectabat in altum,
Ut daret immotum librato corpore funem.

¶ **CONTIGIA**, pro *Corrigia*, si bene conjecto. Modus agri. Epistola Galerani Comitis Mellenti ad Eugenium III. Papam, Hist. Harcur. tom. 3. pag. 44 : *De clauso suo dimidias Contigias et duas acras terræ.*

¶ **CONTIGNARE**, *Comportare*, in Glossario Sangerman. MS. num. 501. Supplendum puto, *Tigna*, cum Contignare sit Tigna conjungere; quod Glossator expresserit per *Comportare*. [** In cod. reg. 7644. *Contiguare*, apud Papiam in cod. reg. 7609 : *Contignare, comportare, conjungere*. Gemma Gemmarum : *Contiguare, Contiguum facere vel contingere, esse vel fieri contiguum.*]

* **CONTIGUARI**, Contiguum esse. Charta ann. 1318. in Reg. 56. Chartoph. reg. ch. 564 : *Porprisium Contiguatur ex una parte jardino regio, ... et Contiguando dictum proprisium dictæ domus seu manerii jardinis pertinentibus ad masuras sitas supra rippariam Secanæ.* Alia ann. 1323. ex Tabul. Hospit. S. Jacobi Paris. : *Ita tamen quod domus infrascriptæ licet Contiguentur et confrontentur, etc.* Rursum alia ann. 1406. in Reg. feud. comit. Pictav. ex Cam. Comput. Paris. fol. 88. r° : *Item buxeriam de podio Aynardi, una cum quadam oscha dictæ buxeriæ Contiguans.*

¶ **CONTIGUATUS**, pro *Contiguus*, Vicinus. Index MS. Beneficiorum Ecclesiæ Constantiensis : *Cujus Capellanus habet curam leprosorum seu parochiarum dicte Ecclesie Contiguatarum.*

¶ **CONTIGUITAS**, *Cognatio et amicitia*, in Gloss. Barthii ex Guiberti Hist. Palæst. [** lib. 5. cap. 3. sect. 15. lib. 6. cap. 1. sect. 3. et sæpius.]

CONTILE, Dominium, Comitatus; Italis enim *Conto*, est *Comes*. Pactum inter Thomam Comitem Sabaudiæ et Abbat. S. Mariæ Pinarol. ann. 1246 : *Pronuntiaverunt quod prædictus Comes et ejus hæredes habeant in perpetuum pacem et guerram, et plenum Contile in tota prædicta valle, et in omnes homines in ea habitantes.* Infra : *Cum omni jure, jurisdictione, et Contili, ut supra, et dominio.*

* Stat. Astæ pag. 7. r° : *Quod nemo civis Astensis nec aliquis alius possit nec debeat emere seu acquirere aliquod feudum communis Astensis, tam in castro quam in villa seu in hominibus, nec in Contili et jurisdictione et dominio, etc.* Hinc

* Contilis, Ad comitem, Italis *Conto*, spectans. Charta ann. 1400. in Stat. Perus. pag. 23 : *Pro censu cavalcatæ et talea ipsius; item et pro talea Contili, etc.* Vide infra *Continus*.

¶ **CONTIMINATUS**, an non *Contaminatus*, Corruptus, violatus? Præceptum Ottonis III. Imp. pro Monasterio S. Maximini circiter ann. 1000. apud Mart. Collect. Ampliss. tom. 1. col. 361 : *Quicumque autem hujus nostræ auctoritatis, concessionis et potestativæ perdonationis contradictor et violator in aliqua re exstiterit; sciat se componere nostrum bannum, ita sicut ille qui mercato Moguntiæ, Coloniæ et Treviris contracto et Contiminato damnatus fuerit.*

CONTINÆ, Slavica lingua, Templa dicta, ut auctor est Andreas Abb. lib. 2. de Vita S. Othonis cap. 30. apud Gretzerum in Divis Bambergensibus, ubi ad quæstionem, *Quare illa templa vocabant Continas?* respondetur : *Slavica lingua in plerisque vocibus latinitatem attingit, et ideo puto ab eo quod est Continere, Continas esse vocatas.* Adde cap. seq.

¶ **CONTINARI**, *Congredi vel coire*. Glossar. MS. Sangerman. num. 501.

¶ **CONTINENS**, dicitur de campo plura arpenta terræ continenti nullo medio separata. Instrument. anni 1248. ex Archivo Portus Regii : *Johannes Comes Montis-fortis assensu Johannæ uxoris meæ do Conventui Portus Regii* CCXL. *arpenta terræ, quam habebam in uno Continenti.* Ead. notione Cæsar dixit, *Continentes silvas*.

¶ In Continenti, apud Baluzium tom. 6. Miscell. pag. 239. idem est ac Statim, illico, continuo, Gall. *Incontinent*. Vide *Incontinente*.

CONTINENTES, Græcis ἐγκρατεῖς, dicti potissimum, qui et in castitate vivunt, et a sæcularibus prorsus abstinent : est enim continentia, (ἐγκράτεια) ut ait Clemens Alexandr. lib. 3. Strom. neglectus corporis juxta factam Deo professionem, quæ non solum versatur circa castitatem, sed etiam circa alia omnia, quæ prave desiderat anima, necessariis non contenta, etc. quam ἐγκράτειαν, profitentur Monachi. Hesychius, ἐγκράτεια, ἄσκησις. S. Hieronymus Epist. 24. ad Marcellam : *Nos quia serica veste non utimur, Monachi judicamur : quia ebrii non sumus, nec cachinno ora dissolvimus, Continentes vocamur et Tristes.*

Præsertim tamen *Continentium* vocabulo intelliguntur viri qui ab uxoribus, et feminæ vicissim quæ a maritis abstinent. Ita S. Epiphanius hæresi 59. et in Expos. fidei. Tertullianus lib. de Præscr. cap. 40 : *Habet et Virgines, habet et Continentes diabolus et Marcion.* Et S. Gregorius Nazianz. : Ὁ μὲν ἀλλότριος εὐνῆς, ἴσος ἀγγέλοις ὑπάρχει, ὁ δὲ τὴν ἐγκράτειαν ἀσκῶν μετὰ παρθένων τετάχθω. Ruffinus Aquileiensis lib. 2. in S. Hieronymum : *Nam Porphyrius te docuit de Christianis male loqui, concidere Virgines, Continentes, Diaconos, Presbyteros, etc.* Zachæus lib. 3. Consultation. cap. 3 : *Quidam etiam velut in postremo sectæ istius gradu parva observatione contenti, tantum cœlibes vivunt, ut nunquam experti matrimonia respuentes, vel amissorum recordatione commoniti, secunda, si prima habuere, devitant, etc.* ubi multa de hoc vivendi genere. Salvianus lib. 5. de Gubern. Dei : *Quomodo igitur talis ipsos pœnitentiam se egisse non pœnitet? Sicut etiam illos de conversione ac Deo aliquid cogitasse, qui a conjugibus propriis abstinentes, a rerum alienarum pervasione se non abstinuerunt, et cum profiteantur Continentiam corporum, in incontinentiam debacchantur animorum. Novum prorsus est conversionis genus, licita non faciunt, illicita committunt, temperant a concubitu, et non temperant a rapina.* Lex 20. C. Th. de Episc. (16, 2.) : *Ecclesiastici, aut ex Ecclesiasticis, vel qui Continentium se volunt nomine nuncupare, viduarum ac pupillarum domos non adeant.* Similia habentur in Concilio Carthag. III. can. 25. Horum præterea meminit Novella Majorani de Test. Clericor. ut et S. Augustinus lib. 5. Contra Faustum cap. 9 : *Quam multi Continentes in Ecclesia et Monasteriis, victum et tegumentum commune habentes, et in his ipsis professionibus multi fallaces.* Et Serm. 53. V. D. cap. 8 : *Sunt Continentes humiles, sunt et superbi, etc.* Idem Serm. de Tempore 248 : *Continentia et sobrietas non in sola integritate carnis consistit, sed etiam in cultu et ornatu, vita pariter et moribus consistit.* Vita S. Sulpitii Pii Episc. Bituricensis cap. 5. n. 23 : *Monasterium... in quo virginum ac Continentium feminarum incluserat agmen.* Mox : *Quæ dum sapientiæ studio semper vestiunt, non solum corpora, sed et animas virginitati consecrant, præparantes vasa munda ad sapientiam, ex quibus divini verbi concubitus sanctos et immortales expetunt.* Vide S. Cyprianum Epist. 62. et lib. de Disciplina et habitu virgin. Possidium in Vita S. Augustini cap. 28. ipsum S. Augustinum de Urbis excidio cap. 2. lib. de Utilitate credendi cap. 17. S. Ambros. lib. 6. Hexaemer. cap. 5. etc. *Veneris Continentiam* dixit Curius Fortunatus lib. 3. de Arte Rhetor. *Continentiam supercilii* Hieronymus ad Marcellam, id est, Christianorum ab omni fastu continentiam; *Continentiam vovere*, Arnoldus Lubec. lib. 7. cap. 9.

* Calendar. Ms. eccl. Camerac. fol. 44. v°. in mense Nov. : *Festum Helisabeth Continentis.*

Quos vero *Continentes* Latini, ἐγκρατεῖς Græci vocant : iidem ipsis Græcis ἀσκηταὶ appellati. Ita τάγμα τῶν ἀσκητῶν, in Concilio Laodiceno can. 24. Idem Concilium can. 30 : Οὐ δεῖ ἱερατικοὺς, ἢ κληρικοὺς, ἢ ἀσκητὰς, ἐν βαλανείῳ μετὰ γυναικῶν ἀπολούεσθαι. Quibus locis ἀσκηταὶ, *Continentes* dicuntur Dionysio Exiguo et Isidoro Mercatori. Joan. Phocas in Descript. T. S. cap. 11 : Καὶ διαφορὰ οἰκήματα καὶ κελλία εἰς ἀσκητῶν καταμονάς. Gloss. Græc. Lat. : *Cœlibes*, ἄγαμοι, ἀσκηταί.

Continentes dicti præterea Fratres et Sorores Tertii Ordinis Fratrum Minorum, instituti ab ipso S. Francisco, qui et *de Pœnitentia* nuncupabantur, in Bullis Joannis XXII. PP. ann. 1319. et 1320. apud Waddingum.

1\. **CONTINENTIA**, Synopsis, argumentum, tenor instrumenti, συνοχὴ, περιοχὴ, in Gloss. Lat. Gr. Gallis *le Contenu*. *Continentia venditionis*, in leg. 29. Cod. Theod. de Petit. (10, 10.) *Continentia edicti*, in leg. 11. eod. Cod. de Liberali causa. (4, 8.) *Continentia scripturæ*, in leg. 31. de Testam. (4, 4.) eodem Cod. Thomas Catabrig. Episc. apud Radulfum de Diceto : *Fraternitatis vestræ scriptum suscepimus,.... cujus Continentia plus videtur habere mordacitatis quam solatii.* Gervasius Dorobern. : *Litteras Regi Franciæ porrexerunt, quarum Continentia erat, etc.* Adde Cæsarium de Mirac. lib. 2. cap. 10. [et alios bene multos.] Alia notione vide in *Continere*.

¶ 2. **CONTINENTIA**, Continuitas, complexus, annexus. Æthicus Cosmograph.

initio opusculi : *De omni ejus* (orbis terrarum) *Continentia perlatum est ad Senatum.* Sic apud eumdem : *Oceani Occidentalis Continentia. Virgilianam Continentiam* Fulgentius dixit Complexum rerum physicarum, quæ in Virgilio continentur, in quam rem peculiaris ejus exstat libellus. Macrob. lib. 5. Saturn. cap. 15 : *Continentia regionum.* Idem in Somnium Scipionis lib. 2. cap. 12 : *Omnem operis Continentiam revolvam.*

¶ 3. **CONTINENTIA**, pro rebus ad victum necessariis, mox inf. post *Continere.*

* *Contenement*, eadem acceptione, in Lit. remiss. ann. 1410. ex Reg. 164. Chartoph. reg. ch. 357 : *Guillemin Alexandre jeune homme non marié et de bien simple Contenement ou affaire*, etc. Vide *Contenementum* in *Continere.*

4. **CONTINENTIA**, Contrectatio. Cælius Aurelianus lib. 3. Acut. cap. 5 : *Utendum etiam articulorum blandi tactus Continentia.*

5. **CONTINENTIA**, Habitus, moris et gestus conformatio, Gallis *Contenance.* Anonymus de Miracul. S. Ursmari per Flandriam num. 6 : *Stupuerunt, oculos humiliter demiserunt, et quis inter eos delatus fuerit, etiamsi nescirent, satis patenter ipsa sua Continentia ostenderunt.*

* Lit. remiss. ann. 1354. in Reg. 82. Chartoph. reg. ch. 417 : *Baculum de salice in manu sua cepit quasi pro Continentia, et ut se juvare posset de eodem, si opus forsan esset.*

* 6. **CONTINENTIA**, Status, dispositio, Gall. *Contenance*, alias *Contiennement.* Bened. abb. Petroburg. in vita Henr. II. reg. Angl. edit. Hearn. tom. 2. pag. 474. ad ann. 1187 : *Baldewinus de Fortuna et Ranulfus Buccus et Laodicius de Tabaria cum aliis tribus sociis, diabolico spiritu arrepti ad Saladinum confugerunt, et sponte Saraceni facti, de omni esse et proposito atque Continentiis Cristianorum eum instruxerunt.* Froissart. vol. 3. cap. 13 : *Pour aviser justement et clerement l'ordonnance et Contiennement des Espaignols.* Sed et *Convenant*, eodem significatu, idem Froissartes usurpat vol. 2. cap. 8 : *Quand les coureurs Escoçois eurent advisé le Convenant des Anglois.... Nous avons advisé leurs Convenans, et vous disons qu'ils vous attendent en deux belles batailles.* Vide infra in *Convivium.*

* 7. **CONTINENTIA**, Agendi ratio, Gall. *Conduite.* Charta ann. 1240. in Reg. 31. Chartoph. reg. fol. 112. r°. col. 1 : *Hemericus de Castro-novo miles ad Ludovicum regem Francorum illustrem accedens ductus pœnitentia super sua Continentia præcedenti, ... super sacrosancta in ejusdem domini regis præsentia juravit, ... quod ipsi domino regi et suis hæredibus de cetero serviet fideliter et benigne.*

* 8 **CONTINENTIA**, Septum, ambitus, Gall. *Enceinte.* Charta Alfonsi reg. Aragon. ann. 1440. ex Tabul. S. Mich. Caietæ inter schedas Mabill. : *Abbas et conventus venerabilis monasterii S. Angeli de Palanzana... majestati nostræ reverenter exposuerunt et humiliter supplicarunt, ut cum abbas, monachi et conventus ipsi propter constructionem nuperrime factam de castro nostro Caietæ, quod intra se continet ecclesiam S. Theodori, ... non possint in eadem ecclesia.... divina misteria habiliter et commode celebrare, ... dignaremur..... gratiose concedere, quod loco ejusdem ecclesiæ S. Theodori possint quamdam aliam capellam, sub vocabulo etiam S. Theodori, prope dictum monasterium seu in Continentiis dicti monasterii S. Angeli construi facere et ædificare.*

* 9. **CONTINENTIA**, Castitas, abstinentia a mulieribus. Pœnitent. vet. Ms : *Si adolescens sororem suam duxerit, v. annos pæniteat; si matrem, vij. annos; et quamdiu vixerit, numquam sit sine Continentia.* Vide *Continentes.*

* 10. **CONTINENTIA**, *Conversatio*, in vet. Glossar. ex Cod. reg. 7641.

CONTINERE, Alere, sumptus suppeditare : nostris, *Entretenir.* Gregorius M. lib. 2. Indict. 1. Epist. 28 : *Et locum vel actionem provideat, ex qua cotidianis stipendiis valeat Contineri.*

CONTENEMENTUM, Æstimatio, et conditionis forma ac ratio, qua quis in republica subsistit, Spelmanno : seu potius quod cuique ad sumptus necessarios sufficit, ex voce *Continere*, de qua mox. Magna Charta Libertatum Angliæ cap. 14 : *Liber homo non amercietur pro parvo delicto, nisi secundum modum illius delicti, et pro magno delicto secundum magnitudinem delicti, salvo sibi Contenemento suo, et mercatori eodem modo salva mercandisa, et villanus... salvo wainagio.* Glanvilla lib. 9. cap. 8 : *Secundum quantitatem feodorum suorum, et secundum facultates, ne nimis gravari inde videantur, vel suum Contenementum amittere.* Id est, ne conditioni suæ derogare cogantur, amissis, vel certe imminutis suis facultatibus : nam ea est vocis notio, quidquid dicat Somnerus. Nos dicimus *Entretien*, seu *Intertenementum*, quod cuique ad suam conditionem manutenendam necessarium est, vel sufficit.

CONTINENTIA, Idem quod *Contenementum.* Gregorius M. lib. 1. Epist. 5 : *Miror autem quod in me collatas Continentias vestras ex hac moderna pastoralis officii Continentia distraxistis, in qua sub colore Episcopatus, ad sæculum sum reductus.* Idem Epist. 43 : *De ancilla Dei, quæ cum Theodosio fuit, Extranea nomine, videtur mihi ut ei Continentiam facias, si utile conspicis, aut certe donationem quam fecit, reddas.* Lib. 4. Epist. 30 : *Sed quia vos valde in Continentia nostra benignos invenimus, eidem benignitati vice simili respondemus.* Ita hanc vocem usurpat lib. 1. Epist. 18. 42. lib. 2. Indict. 1. Epist. 28. lib. 4. Epist. 50. et Julianus Antec. Const. 59 : *Hæc constitutio... jubet ut si quis rem immobilem eidem Ecclesiæ dederit,... et adjecerit, ut in Continentia pauperum reditus administretur*, etc. Vide *Pactimonium.*

¶ **CONTINGARE**, pro *Contingere.* Capitulare Arechis Principis Beneventi apud Murator. tom. 2. pag. 336. col. 1 : *Omnino prohibemus nullo quolibet argumento, quod Contingaverit, vel dici humana versutia potest, his donationem facere posse, qui hoc facinus contraxit.*

* **CONTINGATUS**, Contiguus. Charta Caroli VI. reg. Franc. ann. 1388. inter Probat. tom. 4. Hist. Occit. col. 376 : *Visum fuit patriam Linguæ Occitanæ et ducatum Aquitaniæ ad invicem Contingatos*, etc. Vide supra *Contiguari.*

* **CONTINGNATIO**, pro Contignatio. Gloss. Bibl. anonymi Mss. ex Bibl. reg. : *Contingnatio, dicitur contingnorum conjunctio vel copulatio in ædificio.*

CONTINIUM, Gratuitæ ad fines muniendos operæ, et militum submissio, Sambuco in Gloss. ad Leges Hungar. Albertus Molnarius habet *Continuum*, aitque Hungaris dici *Tortenethol Valodolgoc.*

¶ **CONTINOSUS**, Μηνόρηκτος, *Cerritus*, apud Janum in Supplemento Antiquarii.

* Gloss. Lat. Gr. : *Continosus*, μηνόρηκτος; et vicissim in Gloss. Gr. Lat. at in Castigat. ad utrumque Glossar. emendat Vulcanius, σύνειρκτος, id est, Conclusus, detentus : ita ut *Continosus* sit a Contineo, cohibeo.

¶ 1. **CONTINUARE**, *Disputare.* Glossar. MS. Sangerman. num. 501.

¶ CONTINUARE ECCLESIAM, In ea *continuo* ministrare, Gall. *Desservir.* Vetus Ceremoniale MS. B. M. Deauratæ Tolos. : *Et primo nota, quod Presbyteri S. Nicholai et Capellani Dealbate debent et tenentur interesse in nostris prossessionibus, videlicet in istis tribus diebus Rogationum, ac etiam Capellani Curati S. Michaelis, et etiam Presbyteri qui Continuant Ecclesiam nostram.*

* 2. **CONTINUARE**, Consectari, Gall. *Suivre.* Lit. remiss. ann. 1442. in Reg. 176. Chartoph. reg. ch. 153 : *Johannes Fabri vagabondus, qui antea per plures annos rotas Continuaverat, armatus ense, præcincto clipeo*, etc. Quo etiam sensu intelligendum videtur *Continuare ecclesiam*, hoc est, Comitari monachos cum solemniter procedunt. Unde *Continuenté*, pro *Continuité, suite*, Continuatio, continuitas, in Consil. Petri de Font. cap. 21. art. 51 : *Nus ne soit, fait le lois, escusés ni escoutés, ki devise le Continuenté de se querelle, et ki veut par l'avantage de bénéfise mener se querelle pardevant divers juges, ce qui puet* (estre) *déterminé par un meimes juge.* Sic et *Continue*, pro *Suivant*, subsequens, in Lit. baillivi Constant. ex Reg. 69. Chartoph. reg. ch. 133 : *L'an de grace mil ccc. vint et sept le Samedi Continue du Vendredi après la Trinité*, etc. *Continue* vero nude, pro Febris continua, in Lit. remiss. ann. 1366. ex Reg. 97. ch. 38 : *Il saigna tant qu'il entra en une Continue, et acoucha au lit malade, dont il ala de vie à trépassement.* Aliæ ann. 1455. in Reg. 191. ch. 128 : *Au villaige de Maignelz le mal de Continue et de corson avoit esté et estoit.* Coursson, in aliis ann. 1482. ex Reg. 209. ch. 223.

* 1. **CONTINUARI**, *Continuum* seu contiguum esse. Charta ann. 1139. inter Probat. tom. 2. Hist. Occit. col. 486 : *Ego Guillelmus Lezati abbas intuens monasterium.... ab incolis et extraneis per violentiam expoliari, deprædari et destrui, nec non et villam, quæ monasterio præfato Continuatur*, etc. Vide supra *Contiguari.*

* 2. **CONTINUARI**, Alia notione. Glossar. vet. ex Cod. reg. 7641 : *Continuatur, declamat, vel judicat, vel conjungit.*

¶ **CONTINUATIM**, Continue, apud Marten. tom. 2. Itiner. Litter. pag. 149.

* **CONTINUATUS**, *Congressus*, *contestatus*, in Glossar. ex Cod. reg. 7641.

* CONTINUS, Comes, Italis *Conto*. Epist. Soldani Ægypt. in Chron. Johan. Whethamst. pag. 406 : *Johannes Soldanus quondam Christianus, affinis Deorum, Babiloniæ imperator, Continus Alexandriæ Macedo, etc.* Vide *Contile* et *Contitus*.

* CONTINUUS, Dic videtur de officio ecclesiastico, quod uno tenore recitatur, in Obituar. Rotomag. Ms : *Nota quod tempore Quadragesimæ vesperæ sunt Continuæ.... Nota quod matutinæ in Ramis palmarum sunt Continuæ a primo psalmo de Cœli enarrant tertii nocturni usque ad finem.*

* CONTINUUS, Qui divino officio continue interest, in eod. Obituar. : *Nota quod die Lunæ post Ramos palmarum, fit obitus magistri Guillelmi le Gras; præsentibus et Continuis, cum minutis et recreatis iiij. lib. v. sol.*

¶ 1. CONTIO, pro *Concio*, Congregatio, legitur in Charta Gauzlini Episcopi Tullensis apud Mabillonium tom. 3. Annal. S. Benedict. pag. 706. col. 1.

¶ 2. CONTIO, *Contemptio*, in Glossario MS. Sangerman. num 501. [* Per scripturæ compendium, ut cuique patet.] [** Glossar. in cod. reg. 7644 : *Contio, contentio, concilium, etc.*]

* CONTIONATORES, *Errores*, in vet. Glossar. ex Cod. reg. 7641. Sed leg. : *Concionatores, oratores. Contionare, componere*, ibidem.

¶ CONTIQUALIS, Contiguus, vicinus. Guibertus lib. 3. de Vita sua cap. 14 : *Antequam autem ad Contiqualia devolvamur.* [** Ap. Dacher. *Contigualia*.]

CONTIQUIA, *Imbrium collectio*, Papiæ. Addit Joan. de Janua, *quasi continens aquam*. [MS. Bituric. habet, *Contiquiæ*, et Amalthea Laurentii *Contiguia*.] [* forsan pro *Colliquiæ*, ut conjectat D. *Falconet*.]

* CONTITUS, ut supra *Contile*, Dominium, comitatus. Stat. Astæ collat. 1. cap. 52. pag. 11. v° : *Ordinatum est quod si aliquæ terræ et possessiones et res, seu aliquod castrum, vel villa, seu jurisdictio, vel Contitus, vel segnoritum, datæ, data seu datum sint vel fuerint, etc.* Vide supra *Continus*.

¶ CONTIUS, *Orsus aut locutus*. Glossar. MS. Sangerman. num. 501. [** Placid. ap. Maium vol. 6. pag. 518 : *Contius, ortus vel adlocutus.* Glossar. in cod. reg. 7644 : *Concius, orgus aut locus.*].

¶ 1. CONTO, pro *Contus*. Otto Morena in Hist. Lauden. apud Murator. tom. 6. col. 1047 : *Sic eos cum lapidibus et ensibus atque lanceis, ac maxime cum Contonibus urserunt.*

¶ 2. CONTO, a Græco-barb. Κόντος, Comes, Italicis *Conto*, apud Cantacuz. lib. 1. cap. 40.

CONTOGATUS, Socius, sodalis, qui toga pariter utitur. *Sodalis et Contogatus*, apud Ammian. lib. 29.

* CONTORATUS, Dicitur de castro fossatis cincto et circumdato, ut videtur. Chron. Gaufr. Vosiens. tom. 10. Collect. Histor. Franc. pag. 269 : *Hic dicitur acquisivisse castrum de Torrena, quod erat Contoratum.* Forte pro *Contornatum*. Vide mox *Contornare* et *Contorneriæ*.

¶ CONTORIUM, Modus agri, a Gallico *Contour*, Ambitus, Circuitus. Instrumentum venditionis anni 1276. in Chartulario minori S. Benigni Divion. : *Item super medietatem corveyæ sitæ ad limitem de Perrigney et super Contorium, quod fuit Bignot sive liberorum suorum... et super unam peciam terræ, quæ fuit Arberti, quæ partitur cum Contorio, quod fuit Valteri... et super medietatem Contorii siti super Forest, quod Contorium fuit au Mercier.* Vide *Conturnus*.

* Ager qui in flexum vadit, a Gall. *Contour*. Charta ann. 1319. in Reg. 61. Chartoph. reg. ch. 428 : *Sicut rivulus de Canavages descendit usque ad unum Contorium.* Vide supra *Conerotorius*.

* CONTORNARE, Ambire, circumdare, Gall. *Entourer*. Chartul. eccl. Lingon. ex Cod. reg. 5189. fol. 12. v° : *Tria jornalia terræ Contornantia super terram curati.* Hinc *Contorneriæ*.

¶ CONTORNATUS SERMO, Bene *tornatus*, Concinnus. Epistola Decani Ecclesiæ Cenoman. apud Marten. Collect. Ampliss. tom. 1. col. 1056 : *Sic prudentissima soror nostra Paterburnensis Ecclesia stilo altiloquo et Contornato Sermone matris suæ primitivæ Ecclesiæ statum feliciorem commemorat.*

* CONTORNERIÆ dicuntur Fossata, quæ agrum cingunt et circumdant. Privil. loci de Portello ann. 1405. in Reg. 184. Chartoph. reg. ch. 586 : *Dictus faber...... tenetur agusare cuilibet laboratori unam pictam* (picam) *pro fodiendo Contornerias camporum, sine alique pretio.* Unde *Contour* appellatur Consiliariorum consessus, quia in circuitu sedere soleant; nisi legendum putes *Contour*, consiliarius, qui est a consiliis. Vide supra *Consul*. 3. et. 5. Vita J. C. Ms. :

Lor a Herodes commandé
Ses chevaliers, ses vavassours,
Et ses princes, et ses Contours.

Ibidem :

Li mestre prince et li Contour,
Qui dou pueple estoient seignour,
Devant eus font venir Jhesu,
Et li demandent : Qui es-tu?

* CONTORTIA, Ager, ubi *contortæ* seu viminea vincula crescunt. Charta comitat. Marchiæ ann. 1406 : *Cum omnibus et singulis ipsius mansi sive villagii et tengudæ supradictæ introitibus, exitibus, fundibus, passagiis, nemoribus, arboribus, veruhiis, Contortiis, aquarum cursibus, etc.* Vide *Retorta* 1.

1. CONTRA, pro *Circa*, Versus. Leges Edw. Confess. cap. 39 : *Consueverant animalia in foro mercari sine plegio ad occisiones Contra Natale Domini faciendas.* Monasticum Anglic. tom. 1. pag. 149 : *Ad formictas vero in Adventu Domini debent habere 14. summas Contra Natale Domini, Contra Quadragesimam tantundem, Contra Pascha totidem, etc.*

* Reg. S. Justi Cam. Comput. Paris. fol. 127. v°. col. 1 : *Recognitum fuit quod debent* (monachi de Lira) *habere per liberationem duos fagos Contra Natale, ad faciendum alveos, et unam tiliam Contra Pascha floridum, ad faciendum gatas ad mandatum cenæ. Contre*, eodem significatu. in Lit. remiss. ann. 1383. ex Reg. 122. Chartoph. reg. ch. 344 : *A icellui geu* (de dez) *geue l'en communalment Contre le Noel en tost pays.*

2. CONTRA, Erga, versus. Tabularium Viennensis Ecclesiæ sub Rostanno Archiepiscopo fol. 60 : *Pro amore et benevolentia quam contra te habeo, etc.* Tabularium S. Andreæ Viennensis : *Ego igitur in Dei nomine Rotgerius pater tuus ego in pro amore et bona voluntate mea, quam Contra te habeo, in pro ipsa amore dono tibi vineam unam, etc.*

3. CONTRA SE, E regione, ἀπέναντι, ἄντικρυς, Gall. *Contre*. Vetus Inscriptio : *Item Contra se porticus et ariola cum memoria ad hoc monimentum pertinet.* Vide Salmasium ad Solinum pag. 1094.

4. CONTRA, Pro. Lex Alemann. tit. 20 : *Nullus Presbyter... potestatem habeat vendendi Ecclesiasticam terram, nisi Contra aliam terram* Nos dicimus, *Contre une autre terre*. Capitulare 5. ann. 806. cap. 18. et lib. 1. Capitul. cap. 125 : *Sed propter cupiditatem comparat annonam aut vinum, verbi gratia de duobus denariis comparat modium unum, et servat usquedum iterum venundari possit Contra denarios quatuor aut sex, aut amplius.* Adde cap. 19. liber Epistolarum S. Bonifacii Mogunt. Epist. 100 : *Tradidit eos* (servos) *in Saxoniam Contra equum unum.* Usi sunt hoc loquendi modo veteres. Varro lib. 1. de Re rust. : *Poma vœneunt Contra aurum.* Vide Scaligerum ad hunc locum.

* *Contre*, eodem sensu, in Charta ann. 1386. ex Reg. 130. Chartoph. reg. ch. 98 : *Comme le grant Vendredi, qui est jour de dévotion, et là où chascun bon Crestian doit estre au service de Nostre Seigneur, et pourpenser de amender sa conscience Contre Pasques.* Vide *Contra*, 1.

5. CONTRA, Prope, juxta, Gallis *Contre*. Lactantius lib. de Mortib. Persecutor. num. 23 : *Servi quique fidelissimi Contra Dominos vexabantur : filii adversus parentes suspendebantur, etc.* Vita S. Henrici Imperat. cap. 6 : *Contra urbem... Ecclesiam sub Canonico ordine initiavit.* Charta Caroli C. Imp. apud Mabillon. lib. 5. de re diplomat. pag. 404 : *Et omne teloneum annualis mercati, cum prato, ubi Contra Venittam congregari solet.* S. Audoenus de Vita S. Eligii cap. 10. *Sedebat fabricans indefesso* (tom. 1. Hist. Franc. pag. 628. perperam *indefossum*) *et Contra eum Thille vernaculus ejus, etc.* Cæsarius lib. 1. Miracul. cap. 23 : *Veniensque Contra Monasterium nostrum, loci nomen requisivit.* Historia fundat. Monasterii Gladbacensis cap. 4 : *Et omnibus affluenter epulantibus, nuntiisque Regis Contra Episcopum honorabiliter residentibus, etc.* Le Roman de *Garin* MS. :

Et a mandé par Renaut de Buugi,
Que a Dijon fusent Contre lui Samedi.

Ita Κοντὰ, hac notione dixerunt Græci nuperi pro *Contra*. Anonymus de Locis Hierosol. cap. 6 : Καὶ κοντὰ εἰς τὸν τάφον εἶναι ὁ λίθος ὅπου ἐκάθησεν ὁ Χριςός. Cap. 9 : Καὶ κοντὰ τῆς Ραΐθοῦ ἔναι ἡ ἐρυθρὰ θάλασσα. Alibi sæpe.

6. CONTRA, Capitulare 3. ann. 811. cap. 6 : *Dicunt ipsi Comites, quod alii eorum pagenses non illis obediant, nec bannum Domini Imperatoris adimplere volunt, dicentes quod Contra Missos Domni Imperatoris pro heribanno debeant rationem reddere, nam non Contra Comitem.* Ubi *Contra Missos*, pro *Missis* nude ponitur.

¶ 7. **CONTRA** Aliquem, Eo invito. Paschalis II. Papa Epist. ad Philippum Catalaunensem Episcop. Annal. Bened. tom. 5. pag. 420 : *Præsentium igitur auctoritate dilectioni tuæ præcipimus, ne præfatum Abbatem ad festivitates tuas ire cogas, neve Monachos ejus Contra eum suscipias.*

* 8. **CONTRA**, Obviam. Annal. Vedast. ad ann. 888. tom. 8. Collect. Histor. Franc. pag. 88 : *Odo vero rex Remis civitatem Contra missos Arnulfi perrexit, qui ei coronam, ut fertur, misit.* Rursum occurrit pag. 90. Vide ibi notam docti Editoris. [** Reginon. Chron. ad ann. 870 : *Sequenti die Contra fratrem ad Marsana proficiscitur.*] Stat. Præmonstr. MSS. dist. 4. cap. 1 : *Pulsentur campanæ ecclesiæ Contra processionem.* Id est, cum processio ecclesiam appropinquat.

* 9. **CONTRA**, Apud. Stat. S. Flori MSS. fol. 8. v°. : *Sacerdotes vero scientes Contra se venturum episcopum, etc.* Vide *Contra*, 5.

** 10. **CONTRA**, Hincmar. Remens. Annal. ad ann. 875 : *Filium suum Hludowicum in partem regni, quam post obitum Lotharii, nepotis sui contra fratrem suum accepit, dirigens, etc.* Idem ad ann. 879 : *Partem de regno Latharii junioris, quam Carolus Contra fratrem suum Ludovicum acceperat.*

* **CONTRABANNUM**, Merces banno interdictæ, Italis *Contrabbando*, Gall. *Contrebande.* Charta ann. 1445. tom. 3. Cod. Ital. diplom. col. 1756 : *Item quod non permittant committentes Contrabanna dicti salis vel aliarum rerum ,..... in dictis locis tute et secure permanere.*

* **CONTRABARE**, Adversari, contradicere, refutare, Gall. *Contrequarrer.* Chron. Isidor. Hispal. ad ann. 937. ex Cod. reg. 4999. A : *Stephanus Papa in Francia ad Pipinum venit adjutorium contra Haistulfum regem Longobardorum quærens ; et Karlomannus monachus venit ad Pipinum fratrem jussu abbatis ad Contrabandam peticionem Papæ.*

* **CONTRACAMBIUM**, Clarigatio, Gall. *Représailles :* tunc quippe, ut in permutationibus, par pari refertur. Stat. Vercell. lib. 3. pag. 61. v°. : *Item quod Vercellenses non offendant scholares, vel eorum nuncios, et famulos ad eos venientes, nec capiant propter aliquam guerram, discordiam, vel rixam, vel Contracambia, quam et quæ commune haberet cum aliqua civitate seu castro, vel singulari persona.* Rursum lib. 7. pag. 156. r°. : *Item teneantur prædicti, qui habent Contracambia scribi facere ipsa ad cameram communis Vercellarum in uno libro ad hoc per dominum potestatem seu rectorem deputato.* Vide infra *Contragagium* et *Contravengia.*

¶ **CONTRACAMIUM**. Vide post *Cambiare.*

¶ **CONTRACAUSARIUS**, ut mox *Contracausator*, in Placito ann. 878. inter Instrum. tomi 1. novæ Hist. Occitan. col. 135.

CONTRACAUSATOR, vox forensis, Reus, in jus vocatus, in legibus Henrici I. cap. 61.

CONTRACLAVIS, nostris *Contreclef.* Charta ann. 1250 : *Prohibuit hominibus et mulieribus diebus solennibus, ne offerrent, clavibus sanctæ Ecclesiæ faciens quodammodo Contraclavem.* [Consuetudines Brageriaci art. 93 : *Qui archas seu huchas debotaverit, aut falsas claves quæ dicuntur Contraclaves, tenuerit et eis usus fuerit... furca suspendatur.*]

¶ **CONTRACTA**. Vide *Contrata.*

¶ **CONTRACTATIO**, Contractus, negotium cum aliis initum. Capitulares ann. 1482. apud Rymerum tom. 12. pag. 150 : *Ad hoc quod.... possitis facere vestram Contractationem et capitulationem cum dicto Rege Angliæ.... vel cum Ambaxiatoribus suis, qualesvis Contractationes et capitula... quod ulterius non utamini dicta Contractatione et assensu, quam cum dicto Rege Angliæ.* Et pag. sequenti : *Quas viderint esse convenientes et concedentes* (f. condecentes) *quieti et amicabili et pacificatæ Contractationi subditorum dicti Domini Regis.*

¶ **CONTRACTIO**. Vide post *Contractus.*

* **CONTRACTIO**, Contractus, conventum, pactio ; *Contrait*, in Annal. regni S. Ludov. edit. reg. pag. 194. Lit. ann. 1291. tom. 4. Ordinat. reg. Franc. pag. 25 : *Quod aliquis habitator dictæ villæ extra dictam villam ad aliquod judicium seu curiam, coram aliquo judice, commissario justitiario minime citabitur,... nisi pro Contractionibus in illis locis, in quibus citari mandabuntur. Contract mobiliaire*, qui circa res mobiles versatur, in Lit. remiss. ann. 1427. ex Reg. 173. Chartoph. reg. ch. 664 : *Le suppliant ou contempt de certain Contract mobiliaire qu'il avoit eu à certaine persone par marchandise pour le fournir de certaine quantité de pommes à faire cidres, etc.* Vide alia notione in *Contractus* 3.

* **CONTRACTISTA**, Notarius, contractuum scriba. Stat. comitat. Venaiss. sub Clemente VII. PP. cap. 36. ex Cod. reg. 4660. A : *Sæpe contingit quod, tam notarii curiarum quam alii Contractistæ, in instrumentis........ verborum superfluitates cumulant et apponunt pro amplioribus salariis et pecuniis a partibus et aliis contrahentibus extorquendis, etc.*

* **CONTRACTORIA** Domus, Xenodochium contractorum seu membris captorum, in Charta ann. 1279. apud *Brinais* in Descript. urbis Lugdun. pag. 60. *Contret*, a *Contractus*, vulgo *Estropié*, in Chron. S. Dion. tom. 3. Collect. Histor. Franc. pag. 245. et *Contrat*, in *Farsia.* Hinc *Contraiture*, pro *Contraction*, *Contracti* morbus, in Mirac. S. Ludov. edit. reg. pag. 460 : *Ele se senti alegiée et délivrée de cele Contraiture et du braz et de la jambe et de la cuisse senestres.*

CONTRACTORIUM, Musculus qui astringit rectum intestinum, ne intempestive excrementa effluant. Gloss. Lat. Græc. : *Contractorium*, σφιγκτήρ.

CONTRACTUM, [Comparatum, acquisitum.] Vide *Adtrahere*, *Adtractum.*

¶ 1. **CONTRACTUS**, Territorium, regio, tractus. Vita S. Vindiciani Episcopi tom. 2. Martii pag. 77 : *Cum in Contractu insigne Monasterium extruxisset.* Vide *Contrata.*

¶ 2. **CONTRACTUS**, pro *Contactus.* Concil. Tolet. VIII. tom. 2. Concil. Hisp. pag. 542 : *Optamus nulla prophanatione solius et summæ Divinitatis nomen existere ad sumendum, nullo perjurii sacrilegio indebite profanandum, nullo uspiam Contractu fallaciæ contingendum.*

3. **CONTRACTUS**, Mancus, membris captus, *Attratto* et *Ratratto* Italis. Glossæ MSS. ad Canones Concilior. : *Contractis, claudis.* Tabularium Bellilocense in Lemovicib. num. 65 : *Adolescens etiam qui deportabatur ad tumulum Contractus, fuit in ipsius intercessione cum magna felicitate (liberatus,) et ad altare B. Petri currendo festinus pervenit.* Vita S. Willibaldi : *Et manus ejus Contractæ sunt solutæ.* Occurrit passim in Vitis SS. Robertus Bourronus in Merlino MS : *Urfins l'emmena, si trouverent un Contrait, quant il furent issu de l'ost ; et li Rois passa par devant lui, et li Contrais li crie, Rois, etc.* [Le Roman *de la Chantepleure* MS. :

D'une vieille boçue,
Et d'un vilain Contrait,
Comment est l'ame belle,
Quant li cors est si lait.]

Contractio, Ipse contracti morbus, in Historia Translat. S. Gorgonii cap. 15. Glossæ S. Bened. cap. de Medecina : *Contractio*, παράλυσις.

* 4. **CONTRACTUS**, *Commercium.* Glossar. vet. ex Cod. reg. 7641.

CONTRADA. Vide *Contrata.*

¶ **CONTRADERE**, pro *Tradere*, Donare. Occurrit passim. [** Vide Marin. Pap. Diplom. pag. 297.]

* **CONTRADICENTIA**, Lis, quæstio, controversia. Sentent. arbitr. ann. 1395. inter Probat. domus de Chaban. pag. 72 : *Quod dominus Hugo de Chabanis, miles..... et nobilis Hugo de Ussello, dominus de Carlutio haberent Contradicentiam de quadam capella disruta, etc.*

CONTRADICERE, Interdicere, vetare. Concilium Moguntinum ann. 847. cap. 30 : *Contradicimus quoque ut in quarta generatione nullus amplius conjugio copuletur.* Synodus Vernensis ann. 755 : *Ut nec Episcopus, nec Abbas, nec ullus Laicus pro justitia facienda sportulas Contradictas accipiat ; quia ubi dona intercurrunt, justitia evacuatur.* Capitulare 1. ann. 802. cap. 39 : *Ut in forestes nostras feramina nostra nemo furari audeat, quod jam multis vicibus fieri Contradiximus.* Concilium Wormatiense ann. 868. cap. 78 : *Contradicimus quoque ut in quarta generatione nullus amplius conjugio copuletur.* [Leges Pippini Regis Italiæ cap. 8. apud Murator. tom. 1. pag. 119. col. 1 : *Et si forsitan Francus aut Langobardus habens beneficium justitiam facere noluerit, ille judex in cujus Ministerio fuerit, Contradicat illi beneficium suum, interim dum ipse aut Missus ejus justitiam faciat.*] Occurrit præterea in Statutis Nicolai II. PP. promulgatis in Synodo Romana ann. 1059.

Contradicere, Renuere, denegare, etc. Concil. Francoford. ann. 794 : *Si quis Contradicit eos* (denarios) *in ullo loco, in aliquo negotio emptionis vel venditionis, etc.* id est, accipere non vult. *Res suas ei Contradixit*, in formula 119. apud Lindenbrogium, id est, denegavit, reddere noluit. Eadem notione in Lege Alemannorum tit. 85 : *Si Contradixerit eum* (servum) *et reddere noluerit. Proprietatem terræ alicui Contradicere*, tit. 84. *Contester la propriete de quelqu'un. Servile opus ancillæ Contradicere* tit. 18. § 2. impedire. [Charta ann. 1120. ex Archivo S. Victoris Massil. : *Invenerunt quemdam Presbyterum ferentem vinum ad Monachos : tulerunt autem caballum et asinos, et Contradixerunt vinum*, id est, ni fallor, impedierunt ne deferretur.] *Contradicere jussionem*, in Lege Ripuar. tit. 47. § 2. Id est, domum ad quærendum intrare cupientem probibere. *Contradicere viam*, in Capit. pro partibus Saxon. cap. 26.

** CONTRADICERE, idem quod *Diffidare*. Frider. I. Constit. contra Incendiarios ann. 1187. ap. Pertz. vol. Leg. 2. pag. 185 : *Per certum nuntium suum diffiduciet eum. Quod si lesus diffiduciatum se fuisse negare voluerit, nuntius idem, si vivus est, juret, quod Contradixerit ei ex parte domini sui.* Infra : *Quicumque treugas alicui dederit .... Contradicere eas ante terminum statutum nequaquam possit.* Vide Haltaus. Glossar. German. voce *Wiedersagen*, col. 2106.

* **CONTRADICTARIA**, Oppositio, contradictio. Conc. Constant. tom. 1. part. 10. cap. 7. col. 599 : *Auditor Contradictariarum sit etiam unicus et excellens doctor, et assumatur de rota, vel aliunde, dummodo sit excellens in scientia juris.*

¶ **CONTRADICTARUM AUDIENTIA**, Ubi auditis partibus contradicentibus judicium pronuntiatur. Litteræ Johannis Ostiensis Episcop. ad Universitatem Coloniensem ann. 1417. apud Marten. tom. 2. Anecd. col. 1699 : *Capitula concordata et ab utraque parte sponte suscepta.... in Audientia Contradictarum... lecta et publicata.*

¶ **CONTRADICTOR**, Oppugnator, qui contradicit. Charta Ducis Bohemiæ ann. 1048. apud Ludewig. Reliq. MSS. tom. 6. pag. 57 : *Contradictores vero hujus privilegii et invasores prænominatæ Ecclesiæ cum Datan et Abiron... accipiant portionem.*

* Charta ann. 869. tom. 8. Collect. Histor. Franc. pag. 618 : *Ut nemo de his....... audeat quicquam calumniare vel repetere; sed sicut concessimus absque ullo Contradictore, etc.*

CONTRADICTORIA, et CONTRADICENS PARS, Opposita, contraria, apud Alanum de Insulis de Planctu naturæ pag. 283. ult. Edit.

¶ 1. **CONTRADICTUM**, Gall. *Contredit*, Controversia. *Sine Contradicto* apud Thomam Madox Formularis Anglicani pag. 293. Vide mox *Contradictus*.

* 2. **CONTRADICTUM**, Appellatio seu provocatio ad superiorem judicem, qua inferioris sententia *contradicitur*. Charta ann. 1155. tom. 1. Probat. Hist. Brit. col. 622 : *Hæc omnia prædicta ego Eudo* (dux Britanniæ)... *monachis confirmavi libera et quieta cum omni jure et dominio, et cum omni justitia alta et bassa, ab omni consuetudine, et servitio, et exercitu, et curia, et homagio, et Contradicto, et ressorto, etc.* Vide in *Contradictus* 1.

¶ 1. **CONTRADICTUS**, Cui contradicitur, adversus quem lis movetur. Conventio inter Andream Dominum Vitreii et Guill. de Guircha ann. 1198. apud Lobinellum Hist. Britan. tom. 2. col. 324 : *Si Curia Dom. Guirchæ Contradicta fuerit de illo feodo quem tenet de Domino Vitreii, Contradictum illud ibit in Curiam Domini Vitreii... Et si Curia Domini de Resteriis Contradicta fuerit, Contradictum illud ibit in Curiam Domini Guirchæ, et demum in Curiam Domini Vitreii.*

* 2. **CONTRADICTUS**, Contradictio. Capitul. Caroli C. ann. 869. tom. 7. Collect. Histor. Franc. pag. 677. art. 13 : *Nonas et decimas unde statutum est absque alicujus Contradictu recipiant.* Vide *Contradictum* 1.

¶ **CONTRADITIO**, Traditio, Donatio. Occurrit in Epistola Stephani VI. Papæ inter Concil. Hispan. tom. 3. pag. 161. col. 1. et alibi non semel.

¶ **CONTRADITUS**, Traditus, donatus, in Charta Caroli Regis Franc. et Longobard. apud Doubletum Hist. Sandionys. pag. 713. et alibi.

* **CONTRADOS**, Idem quod practicis nostris *Gain de survie*, Quod conjugum superstiti, ratione dotis habita, competit. Testam. Guill. milit. de castro Barco ann. 1319. tom. 3. Cod. Ital. diplom. col. 1943 : *Pro solutione mille libras* (sic) *denariorum Veronensium quas* (accepi) *in dote et pro omni lucro, seu Contradote suæ* (uxoris meæ) *dotis.* Stat. Cadubrii pag. 59. cap. 40. cujus titulus est : *De dotibus et Contradotibus, et quis modus debeat observari. Et affirmatum fuit quod in Cadubrio de dotibus et Contradotibus inter virum et uxorem seu eorum hæredes, non obstantibus aliquibus pactis dotalibus in instrumentis dotium contentis, talis ordo, jus et consuetudo deinceps observetur et observari debeat, videlicet si vir seu maritus, durante matrimonio, decederet prius ejus uxore sine legitimis hæredibus ex ipsis descendentibus, quod talis mulier seu uxor de bonis dicti ejus viri integre habere debeat suam dotem ab hæredibus dicti ejus mariti, et libras xv. sol. Pap. pro centenario totius illius, quod fuerit dos prædicta; et e converso si uxor, etc.* Eadem, quæ pro uxore, statuuntur etiam pro marito. [** Vide Haltaus. voce *Wiederlegung* col. 2102. et Mittermaier. Princip. Jur. German. § 393.]

* **CONTRADRUPLUM**, Dupla mulcta. Charta Fernandi reg. Hispan. æra 1210. apud Cencium inter Census eccl. Rom. : *Si quis igitur...... hoc meum spontaneum factum irrumpere præsumpserit, ... pro temerario ausu parti regiæ et nostræ centum libras auri persolvat; et quod invaserit vobis vel voci vestræ in Contradruplum reddat.*

CONTRADRUTUM, quasi *Contra directum, drectum*, Contra jus, nostri *Contredroit*. Charta Alemannica Goldasti 99 : *Cum resideret Unfredus vir inluster Retiarum Comes in mallo publico,... ibique veniens homo aliquis nomine Hrothelmus proclamavit, eo quod in Contradrutum suum mansum ei tollutum fuisset.*

¶ **CONTRADUTUS**, pro *Contraditus*, in voce *Tradavium*.

¶ 1. **CONTRAFACERE**, Imitari, effingere imitando, Gall. *Contrefaire*. Synodus Mediolanens. ann. 1287. apud Murator. tom. 8. col. 1061 : *Item statuimus, ne aliquis Religiosus, Clericus seu laicus Contrafaciat, vel Contrafieri faciat, aut falsificet vel falsificari faciat Literas nostras, etc.* Occurrit apud Rymerum tom. 7. pag. 383. col. 1. infra in v. *Implutus* et alibi.

¶ CONTRAFACTURA, Imitatio, apud eumdem Rymerum tom. 15. pag. 292. col. 2.

¶ CONTRAFACTUS, Fictus, supposititius, Gall. *Contrefait*, in Annal. Benedict. tom. 4. pag. 718. col. 2. et apud Rymer. tom. 8. pag. 27. col. 2.

* 2. **CONTRAFACERE**, Absolvere, perficere. Stat. Taurini ann. 1360. cap. 139. ex Cod. reg. 4622. A : *Quod nullus rapolator intret causa rapolandi in vineam alicujus custodiæ, donec omnes vineæ fuerint Contrafactæ et vindemiatæ.*

** **CONTRAFACTOR**, Legi non audiens. *Conscientiæ neglectores, profusa impudentia Contrafactores aut rebelles*, in charta Dieth. Archiep. Mogunt. ann. 1478. ap. Guden. in Cod. Dipl. tom. 4. pag. 446.

¶ **CONTRAFORUS**, Quod contra *foros* seu leges agitur. Vide *Forus*.

¶ **CONTRAGAGIAMENTUM**. Litteræ Caroli VI. Fr. Reg. ann. 1392 : *Item, quod venientes ad dictas nundinas et mercata in loco predicto, non possint pro aliquo Contragagiamento, seu aliquo facto gagiari seu detineri, nisi pro debito nostro, vel nisi pro delicto proprie persone, vel contractu in dicto loco facto vel inito tempore nundinarum vel mercati, durantibus ipsis nundinis aut mercato.* Dubium non est, quin *Contragagiamentum* hic idem sit, quod *Contragagium* in loco subsequenti. Id satis docent vocum affinitas et utriusque loci comparatio; sed affirmare non ausim explicationem Cangii genuinam esse. Verum quidem est Gallicum *Contragage* olim acceptum fuisse ea notione, quam voci *Contragagium* subjicit Cl. Scriptor : si tamen verborum seriem attendes, vix credas *Contragagiamentum* aut *Contragagium* aliud esse quam obligationem, debitum seu æs alienum. Nulla in laudatis locis dominorum feudalium facta mentione omnes indiscriminatim creditores actoresve spectari videntur, qui debita consectarentur a mercatoribus ad nundinas venientibus; neque enim horum mercatorum securitati, quæ legis scopus est, provideretur satis, si ipsis solum a dominis feudalibus et non a quibusvis creditoribus vel actoribus caveretur. Vide *Contragagiamentum* in v. *Vadium*. [** *Contraprisa* et *Represaliæ*.]

CONTRAGAGIUM, Jus quod dominis feudalibus competit, quo possunt pro rei suæ ablatæ ab aliis vindicatione, eorum pariter res sibi adserere ac retinere : *Contregage*. Usatica Aquarum mortuarum ann. 1246 : *Quicumque extranei ad dictum locum venerint, salvi ibidem cum suis rebus consistant, nec possint occasione guerræ supervenientis, vel occasione Contragagii, vel aliqua causa simili detineri.* Vide *Vadium*.

* Unde *Contregaigier*, pro Vindicare, clarigare, vulgo *User de représailles*. Lit. remiss. ann. 1390. in Reg. 138. Chartoph. reg. ch. 275 : *Le procureur des doyen et chapitre de S. Estienne de Toul, accompagné du maieur de leur ville de Voy, estoient venus en la ville de Bouée,..... et avoient pris, battu, decouppé et emmené prisonniers en la forteresse de Voy des hommes du s. de Ligny....... Le presvost de Ligny envoya plusieurs fois pardevers lesdis chapitre et leurs gens, les requerant qu'ils meissent au delivre lesdis hommes et biens, et lui en feissent renduë ou recreance. Ils repondirent qu'ils*

n'en seroient renduë ne recreance. Sur cette reponse le presvost de Liney (sic) *fu conseillié qu'il feist Contregaigier iceulz doyen et chapitre, comme l'en a accoustumé à faire au pais de Barrois à ceulz, qui ne sont point subgiez les uns aux autres, pour iceulz faire venir à raison. Pour ce ordonna ledit presvost que Hussenet et plusieurs autres de ladite ville, tant à pié comme à cheval, alassent pour Contregaigier audit lieu de Bouée sur la terre desdis doyen et chapitre.* Vide infra *Contravindicare.*

¶ 1. **CONTRAHERE**, Protrahere. Charta Henrici III. Regis Angl. ann. 1260. apud Rymer tom. 1. pag. 713. col. 1 : *Ibidem moram salve et secure Contrahendo.* Et pag. seq. col. 1. in altera Charta ejusd. Regis eod. ann. : *Et si contingat eamdem usque ad tempus pariendi ibidem moram Contrahere.* Pluries occurrit apud eumdem Rymerum.

* 2. **CONTRAHERE**, Acquirere. Vide *Contractum*. Charta ann. 1241. inter Probat. tom. 2. Annal. Præmonstr. col. 388 : *In primis autem assignavit præposito decem marcas, quas Contraxerat a domino Detmaro antiquo. Contraier*, pro Contracter, in Stat. ann. 1355. tom. 3. Ordinat. reg. Franc. pag. 45. art. 14. *Contraire*, eodem sensu, in Lit. remiss. ann. 1370. ex Reg. 102. Chartoph. reg. ch. 81 : *Ledit Jehan savoit que durant la vie d'icelle Jehanne, il ne povoit bonnement Contraire mariage avec autre femme que elle, selonc conscience.* Aliæ ann. 1377. in Reg. 112. ch. 47 : *Icellui exposant qui avoit grant desir de Contraire mariage avec Jehannete suer de Jehan Houdin.*

** **CONTRAHERE**, nude pro Renubere in charta ann. 1244. in Guden. Cod. Diplom. tom. 3. pag. 1112 : *Bertoldus idem et uxor ejus tam in rebus quam in personis Conferant monasterio sepedicto, ita quod altero defuncto alter Contrahere minime debeat, sed de abbatis pendeat consilio.*

* 3. **CONTRAHERE**, Licitando cunctari. Glossar. Lat. Gall. ex Cod. reg. 7692 : *Contrahere, Marchander.*

¶ **CONTRAJURIS**, **CONTRALEGIS**, παράνομος. Gloss. Lat. Gr. Violator legis.

* **CONTRALITTERA**, Gall. *Contrelettre*, Arcana syngrapha alterius vim imminuens. Inventar. Chartar. reg. ann. 1482. fol. 167. v° : *Quædam Contralittera Jacobi regis Majoricarum facta et concessa domino regi Philippo.*

¶ **CONTRAMAGISTER**, Gall. *Contremaitre*. Proreta, secundus a Præfecto turbæ nauticæ. Legitur apud Rymerum tom. 13. pag. 37. col. 1. et alibi passim.

¶ **CONTRAMANDAMENTUM**, Gall. *Contremandement*, Præceptum monitumve posterius priori præcepto vel monito contrarium. Treugæ initæ inter Amedæum Comit. Sabaudiæ et Humbertum Dalphinum ann. 1285. Hist. Dalph. tom. 2. pag. 26 : *Damus et concedimus bonas et firmas treugas... videlicet tamdiu duraturas, quousque Contramandentur, et post Contramandamentum durent per dies quindecim.*

¶ **CONTRAMANDARE**, Gall. *Contremander*. Dare præceptum secundum primo contrarium. Contramandum Humberti Dalphini Viennens. ann. 1338. Hist. Dalphin. tom. 2. pag. 361 : *Parlamentum et Concilium generale, quod ordinaveramus teneri apud Gratianopolim in Octava B. Joan. Bapt. Contramandamus, donec iterum ipsum remandemus. Igitur vobis præcipimus et mandamus, quatenus omnibus et singulis Nobilibus, Prioribus Conventualibus, etc. significetis præsens Contramandum, intimando eis, quod parati existant venire, cum alias nos remandare continget.*

CONTRAMANDATIO, **CONTRAMANDATUM**, est Excusatio legitima, quam quis in judicium vocatus, coram judice, per Procuratorem, aut per alium proponit, quo minus juri stare possit. Leges Henrici I. Regis Angliæ cap. 59 : *Si dies placiti sit Contramandatus, etc. Contramandatio*, ibidem, et cap. seq. ubi tota materia Contramandati expenditur. Ordinationes parlamenti : *Diem habens in Curia, ipsa die veniat, vel Procuratorem constituat in casibus, in quibus constitui potest Procurator, vel Contremandet, si Contremandatum locum habeat, alioquin sequenti die infra prandium deficiens reputetur.* Chronicon Mauriacense lib. 2 : *De quo Rainaldus Abbas ante Ivonem Episcopum Carnotensem placitum acceperat : et quia nec interfuerat, nec legitime Contramandaverat, deciderat a causa.* Chronicon Besuense pag. 684 : *Duellum inde firmaverunt, sed statuto die pugnæ, Roberto conveniente adstante, Humbertus et sui non advenerunt, neque Contramandaverunt.* In Assisiis Hierosol. MSS. cap. 44. qui *Contramandatum* seu excusationem proponit, id facere tenetur per duos viros *ex lege Romana*, (*de la Loy de Reme*) id est, Christianos Romanos, quique ex iis non sint, *qui ne n'ont vois ne respons en Cour, et que il soient a tems, et heure, à jour que la Cour li aura donné, etc.* Atque viri isti sacramento supra Evangelia præstito affirmare debent excusationes, quas afferunt, esse legitimas. *Contramandatorum* solennia sic pluribus explicant Usatica MSS. urbis Ambianensis : *Quiconque soit entré en gages de loi de bataille, et en ait jour de venir souffisament dedans midi, et lui presenter contre l'averse partie, et garder son jour, si come il doit, ou il pardroit la querelle, si n'avoit Contremandé, pourtant que l'averse partie viengne avant souffisament à jour, et se presente aussi, et gart son jour, si come il doit. Derechief quiconques soit entrez en wages de loi de bataille, et ait jour de venir à l'ostel de chelui et à la justice, de Soleil luisant, le jour devant puet Contremander dusques a quinzaine, et trois fois puet aussi de quinzaine en quinzaine Contremander, pourtant kil Contremant souffisamment de Soleil levant le jour devant à le justiche et à l'ostel chelui, si veut, s'en ira : et sil avenoit que lequel des parties que che fust ait un de ses Contremans, l'autre partie porra de novel trois fois ensievans Contremander, et seront li Contremant kil avoit fait devant, nul. Derekief quiconques ait fait ses trois Contremans continuelement, venir ni envoier ne li convenra plus a court, si ne veut, dusque à chou kil sera rajornés. Derekief quiconques che soit qui on envoie Contremander a le justiche et a l'ostel à chelui envers qui il Contremande, envoier home pour lui li convenra, et li Contremanderes dira kil Contremande dusques à quinzaine, et doit nommer chelui pour kil Contremande, et cil envers qui il Contremande par non et par seurnon, et doit dire que chil n'a ne bien, ne à droit n'a dit le Contremant, se li avoit chil pour qui il Contremande, bien et souffisament baillé, et ainssi sera li Contremans souffisament fais, et sera li Contremanderes retenus, ou fera souffisant seurté, ou prouvera souffisamment que de par chelui est envoiés et venus pour le jour de lui Contremander. Derekief quiconques Contremande par desagié, ou par mal de son cors, où il meimes en Contremans soit, et vient, li Contremans ne vaurra riens, ains perdra le querelle, se au jour kil a Contremandé souffisamment ne vient. Derekief quiconques soit en gages de loi de bataille, ja soit che kil ait fait ses trois Contremans continuement de mal de son cors Contremander et estre en se maison descaus et sans braies, puet estre dusques à un an, et au kief de l'an sera rajourné, et venra souffisamment pour faire che kil devera, ou il perdera le querelle, et s'il avenoit cose que chil qui Contremande du mal de son cors, et vausist dedens l'an aler avant en ses gages et le querelle ; il puet chelui par le justiche rajourner dedens le quinzaine d'aler avant en le querelle ; mais il ne porra plus Contremander le mal de son cors : et sil avenoit que chil des parties qui avoient Contremandé le mal de son cors, et l'averse partie puist monstrer par tesmoins que chil qui Contremande, soit seur piés, cauchiés et vestus et le puisse montrer par tesmoignage, chil aroit perduë sa querelle si n'en voloit aler à nouviaus gages, et les tesmoins de cel tesmoignage lever. Derekief se Contremans est fais à le justiche et à l'ostel chelui envers qui on Contremande, et chil le noie et nit, chil qui a Contremandé par tesmoins le Contremant trouvera kil a fait en se maison où il a Contremandé, et par son sairement avenc son passera, se chil ne veut lui ou ses tesmoins tenir et revenir de che à uns autre nouviaus gages. Derekief quiconques sont en wages de loi de bataille, la justiche puet de s'autorité trois fois de son droit Contremander, ou le jour alongier ou continuer.* Reliqua vide in verbo *Campio*. Ex his emendanda Charta ann. 1153. descripta tom. 11. Spicilegii Acheriani pag. 336 : *Hic dictis itum est ad judicium : sed judices de judicio alium diem quæsierunt, et nos præfiximus alium diem. Episcopus venit, Dux Contramandavit. Iterum dedimus alium diem. Episcopus venit, Dux rursus Contramandavit, etc.* Ubi perperam *commendavit* editum. Adde quæ observamus in Notis ad Stabilimenta S. Ludovici lib. 1. cap. 2.

* Hujus conditiones, ut legitima habeatur, præter propositas a Cangio, hæ sunt ex Reg. feudor. comitat. Clarimont. in Cam. Comput. Paris. fol. 109. r°. : *Item les Contremans des gentizhommes et autres qui le doivent avoir, et qui veulent estre contremandez, doivent envoyer leur message gesir oudit chastel la veille du jour qui sont ajournés, soit en baillage ou en prevosté et lendemain, lui ou son sergent, doit aller devant le bailli ou prevost certifier le Contremant, et mener avec soi le message, et doit avoir pour chascun Contremant, vj. deniers.* Occurrit præterea tom. 3. Ordinat. reg. Franc. pag. 144.

* **CONTRAMARCA**. Vide in *Marcha* 1.

* **CONTRAMURALE**, Prætentum muro propugnaculum. Elmham. in vita Henr. V. reg. Angl. edit. Hearn. cap. 54. pag. 134: *Ultra profunda fossata, licet Contramuralibus tutissimis defensiva, etc.* Vide *Antemurale*.

* **CONTRAPARARE**, Præparare. Stat. Genuens. lib. 4. cap. 88. pag. 140. r°. : *Et propterea hujusmodi dominis opportuna cupientes Contraparare remedia, salubri ac matura deliberatione consideraverunt fore utilissimum provideri, etc.*

CONTRAPELLARE, Calumniare, repetere. Liber Mirabilis, seu Tabularium Monasterii Conchensis in Ruthenis, ch. 13 : *Gurpimus nos et exvacuamus, et securitatem facimus tibi Domina Garsinde Comitissa de ipsum alodem suprascriptum quæ nos tibi antea Contrapellabamus, ut nec de ista hora inantea, etc.* Charta 113 : *Et si homo est qui istum alodem Contrapellaverit, etc.* Adde ch. 168. 188. 206. 313.

* Tabul. S. Vict. Massil. : *Et omnia quæ aut per directum aut per tortum in hoc loco Contrapellabam, amore Dei omnipotentis, B. Mariæ sanctoque Victori perdono et exsolvo.*

¶ **CONTRAPELLATIO**, Actio, calumnia, repetitio. Venditio facta Petro Abbati S. Victoris Massil. ann. 1048. Ampliss. Collect. tom. 1. col. 416 : *Possideant sine Contrapellatione nostrorum hæredum.* Charta ejusdem anni ex Chartulario magno ejusd. S. Victoris fol. 170 : *Nos audita causatione et Contrapellatione, quam Dominus Isarnus et Monachi S. Victoris fecerunt adversum nos.* Chartarium Ecclesiæ Aptensis fol. 123 : *Ista hereditate teneant.... sine ulla Contrapellatione.* Chartarium Ecclesiæ Auxitanæ : *Teneant, habeant, et sine ulla Contrapellatione cujuscumque mortalium possideant.*

* **CONTRAPESIUM**, Æquipondium, Ital. *Contrappeso*, Gall. *Contrepoids*. Stat. Taurini ann. 1360. cap. 324. ex Cod. reg. 4622. A : *Liceat..... quibuscumque abratoribus tramæ et laborantibus ipsam tramam et tenere et ponere unum quarteronum seu quartam partem unius libræ pro Contrapesio.* Vide infra *Contrapondus*.

¶ **CONTRAPLEGIAMENTIUM**, Contraplegiare. Vide post *Plegius*.

* **CONTRAPLEGIATIO**, Fidejussio; *Contreplege*, cautio, in Instr. ann. 1366. tom. 4. Ordinat. reg. Franc. pag. 716. art. 5. Charta ann. 1247. ex Lib. albo episc. Carnot. : *Unum modium terræ semeuræ...... in contraplegium assignaverunt; ita sane quod dicta duret Contraplegiatio quousque Raulinus, Guillelmus et Johannes filii defuncti Nicholai de Rupe..... ad legitimam pervenerint ætatem. Encontrepleger*, *Plegium seu vadem dare*, in Charta ann. 1301. ex Lib. rub. Cam. Comput. Paris. fol. 187. r°. col. 2 : *Especialement Encontreplegons toute nostre terre de nostre contée de Forays tout pour vendre, aliener et estrangier à tel fuer, tel vente pour droite garentie porter.* Vide *Plegiatio* in *Plegius*.

CONTRAPLEGII, Sponsorum sponsores, *Plegiorum plegii* : *Contrepleges*, in Consuetudine S. Severi tit. 1. art. 9. 14. 15. 18. nostris *Certificateurs*. Vide Rastallum in verbo *Counterplée*.

Contraplegium. Will. Brito lib. 6. Philipp. :

> Obligat et sese duo fortia tradere castra
> Botavan et Tileras, sic assignando Philippo
> In Contraplegium, etc.

Charta Henrici Archiepisc. Remensis ann. 1227 : *Hæc est autem securitas quam dictus Comes debet dare; videlicet ponere Brayam, et Castrum-celsum, cum feudis et appenditiis omnibus in securitatem, et Contraplegium.* [Vide in *Plegius*.]

* **CONTRAPONDUS**, ut *Contrapesium* supra. Charta ann. 1410. inter Probat. tom. 3. Histor. Nem. pag. 201. col. 2 : *Conventum quod dicta campana sic modo præmisso noviter refecta, et etiam rotæ, Contrapondera, et omnia universa et singula alia ferramenta..... tradantur.*

CONTRAPOSITIO, Repositio, responsio : *Deffenses en droit*. Leges Henrici I. Regis Angliæ cap. 34 : *Si quis in placito per justitiam posito, sui, vel suorum causam injustis conterminationibus vel Contrapositionibus diffórciet, hanc perdat.*

¶ **CONTRAPRISA**, Repetitio rerum suarum vel similium. Confirmatio conventionum cum Januensibus ab Edwardo III. Angl. Rege ann. 1371. apud Rymerum tom. 6. pag. 681. col. 1 : *Offensio vel injuria, petitio vel requisitio, marcha seu Contraprisa, detentio vel arestatio.* Et pag. seq. col. 2. in Proclamatione ejusd. Regis pro iisdem Januensibus eod. ann.: *Absque impedimento, aresto, molestia, marcha, seu Contraprisa, seu gravamine per nos, etc.*

¶ Contraprista, in Epistola Edwardi II. Regis Angl. ad Philippum Franc. Regem ann. 1318. apud eumdem Rymer. tom. 3. pag. 731. col. 2 : *Nosque per easdem vestras literas rogaveritis cum effectu, ut a Contraprisiis hujusmodi desisti... curaremus.* Vide *Represaliæ*.

¶ **CONTRAPUNCTUM**. Vide *Cantus Contrapunctus*.

CONTRARATIO Sanctorum, Sortilegii seu præstigiî species. Halitgarius Cameracensis Episcopus in Pœnitentiali cap. 6 : *Si quis sortes habuerit, quas Sanctorum Contrarationem vocant, vel aliquas sortes habuerit, etc.* [** leg. *contra rationem*. Vide *Sortes Sanctorum*.]

CONTRARATIOCINATIO, Syllogismus, in Glossis Isonis ad Prudentii Apotheosin.

CONTRARCHA. *Annas*, *Contrarcha*. Papias Edit. et MS.

CONTRARE, pro *Contraire*, nostris *Aller à l'encontre*. Vide Ughellum tom. 7. Italiæ sacræ pag. 509.

1. **CONTRARIA**, Pars altera, Gallis, *Contrepart*. Notitia Judicati ann. 1028. in Tabulario Casauriensi : *Et reclamaverunt ipse Abbas et Monachi de ipsis pontibus, unde habebant Contrariam, propter exitum et introitum de ipso Monasterio.* Aliud Judicatum ejusdem anni, ibidem : *Pro damnietate aut Contraria de ipso Monasterio quantumcumque ei pertinet in Comitatu Marsicano, qui hoc fecerit componat de auro libras centum.*

* 2. **CONTRARIA**, Contradictio, oppositio, molestia, Hispan. *Contrarea*. Charta Adefonsi. reg. Aragon. pro habitatoribus Tutelæ æra 1165. in Reg. 53. Chartoph. reg. ch. 295 : *Et absolvo vobis illas petras et illo gisso, quod prendatis et faciatis inde opera vestra ubi volueritis, et nullus homo non vobis ibi pignoret nec faciat ullam Contrariam.* Charta pro Pisanis apud Lam. in Delic. erudit. inter not. ad Hist. Sicul. part. 1. pag. 209 : *De necessitate quantum dixistis, quod gens vestra patitur de nostros piratos, ... imperamus ut non tangant aliquem vestra gente, nec aliquam Contrariam illis faciant, nec damnum.* Vide *Contrarietas*.

¶ **CONTRARIARE**, Contra ire, Adversari, Gall. *Contrarier, aller à l'encontre*. Chartularium S. Vandregisili tom. 2. pag. 2110 * : *Quod si qui de cætero Contrariaverit scripto, sciat se contra divinam et humanam justitiam agere et consuetudini Catholicorum virorum contradicere.* Imit. Christi lib. 2. cap. 1. n. 3 : *Qui hodie tecum sunt, cras Contrariari possunt.* Occurrit alibi non semel.

* **CONTRARIARI**, Conviciis et maledictis insectari, Gall. *Injurier*. Libert. S. Joan. Angeriac. ann. 1204. tom. 5. Ordinat. reg. Franc. pag. 672. art. 7 : *Si major et eschevini sedent in eschevinagio, et tunc aliquis Contrarietur alii in audientia, erit in misericordia majoris et eschevinorum, secundum quantitatem convitii, et quod convitiari consuevit.* Nostris mutato *r* in *l*, ut sæpe fit, *Contralier*, pro *Contrarier*, Adversari. Le Roman *de Robert le Diable* MS :

> Car li pluisour encontre dient,
> Qui viers les autres Contralient.

CONTRARIETAS, Molestia. Diurnus Romanus cap. 7. tit. 22 : *Neque ullam læsionem aut Contrarietatem malam in ipso Beati Ill. Monasterio... inferre audeat.* Epistola Eugenii III. PP. ad Narbonensem Archiepisc. in Bullario Cluniacensi pag. 57 : *Qui quoddam molendinum antefati Monasterii fregit, et ex eo molestiam et Contrarietatem fratribus ipsius loci contra justitiam inferre præsumit.* [Chron. Farfense apud Murator. tom. 2. part. 2. col. 380 : *Liceat nobis proprias Monasterii terras omni tempore defendere atque animalia nostra ad pabulandum mittere absque cujuslibet personæ vel potestatis Contrarietate.* Hic intelligi posset Oppositio, ut apud Macrobium de Somno Scipionis lib. 2. cap. 15 : *Nunquam ex duplicatis similibus Contrarietas emergit.* Et cap. 16 : *Nulla est Contrarietas, etc.* Hac notione usurpant Tertul. adv. Hermog. cap. 35. Sidon. lib. 4. Epistola 12. etc.]

¶ **CONTRARIOSITAS**, Obstaculum, oppositio, apud Rymerum tom. 15. pag. 302 : *Negligentia, repugnantia seu Contrariositas, etc.* Rursum occurrit pag. 324.

¶ **CONTRARIOSUS**, Contrarius, molestus, calamitosus. *Contrariosi eventus*, in Edicto Philippi Pulcri Franc. Regis 23. Martii ann. 1302. apud *de Lauriere* tom. 1. Ordinat. pag. 357.

1. **CONTRARIUS**, Dæmon, Diabolus. Glossarium vetus : *Satan, adversarius, Contrarius.* S. Hieron. de Nominibus Hebraicis : *Satanas, παραβάτης, Contrarius.* Alibi : *Satanas, adversarius, sive transgressor.* Et Epist. 23 : *Vade retro Satana, quod interpretatur, adverse.* Interpres vetus Epistolæ S. Barnabæ : *Cum sint ergo dies nequissimi, et Contrarius habeat hujus sæculi potestatem.* [Καὶ ἀπὸ λύκου τοῦ ἐναντίου φυλάχθῆναι, in Enchologio

apud Morinum de sacris Ordinat. pag. 103.] Ita apud Paulum Silentiarium in Descript. ædis Sophianæ 1. part. vers. 140. ἀντίβιος dicitur :

. . . . ὅσσον ἐρίζειν
Δαίμονος ἀντιβίοιο βαρυτλήτοισιν ἐρωαῖς.

2. **CONTRARIUS**, Qui molestiam infert, qui aliquem in rei cujuspiam possessione turbat. Bulla Benedicti VIII. PP. in Bullario Cluniacensi pag. 7 : *Warulfus de Branceduno et frater ejus Walterius Matisconensis Præpositus, qui eis Contrarii sunt de precaria quam tenebat de sancto Petro, etc... Girardus de Centarpennis, qui eis Contrarius est de villa Fontanedo, etc.*

* *Contraire* nude, pro Inimicus, adversus, in Charta ann. 1369. ex Reg. 100. Chartoph. reg. ch. 461 : *Loys Larcevesque chevalier, filx du seigneur de Taillebourc nostre Contraire, qui tousjours a tenu et tient encore la partie de noz annemis et Contraires.*

CONTRARIUM FACERE, Molestiam inferre. Capitulare Caroli Mag. ann. 797. apud Holstenium in Collect. Rom. § 6 : *De Presbyteris statuerunt, quod si aliquid eis, aut eorum hominibus quis Contrarium facere, aut tollere præsumpserit contra justitiam, omnia in duplum restituat, et ei componat.*

¶ **CONTRAROTULATIO**, Rationes rationibus adversæ, Gall. *Contrôle.* Charta Henrici IV. Regis Angl. ann. 1406. apud Rymerum tom. 8. pag. 436. col. 1 : *Per fines et redemptiones, ad opus nostrum, illis, quos ad hoc deputari fecerimus, per Contrarotulationem dilecti nobis Johannis Bodenham, quem ad hujusmodi Contrarotulationem faciendam similiter deputavimus, solvendos pro vita, terris, etc.*

¶ **CONTRAROTULATOR**, Qui præest adversis rationibus, Gall. *Contrôleur.* Charta Henrici IV. Regis Angl. ann. 1399. apud Rymer. tom. 8. pag. 118. col. 2 : *Rex de eo, quod sibi per testimonium Contrarotulatoris Regis ibidem sic solverit, etc.* Vide *Curiosus.*

* *Contreroleur,* in Stat. ann. 1372. tom. 5. Ordinat. reg. Franc. pag. 538. art. 1. Dicitur etiam *Contrarotulator,* qui acceptum et expensum in commentaria refert. Memor. D. Cam. Comput. Paris. fol. 144. r°. : *Die ix. Sept. 1374. magister Johannes Rouselli institutus Contrarotulator receptæ Bellicadri.* Stat. colleg. Longobard. MSS. ann. 1392 : *Sit unus Contrarotulator, qui habeat scribere omni septimana misias et recepta. Contreroleux* vero, Censor importunus, in Lit. remiss. ann. 1400. ex Reg. 155. Chartoph. reg. ch. 54 : *Homme moult arrogant, malicieux et Contreroleux, etc.*

* CONTRAROTULATOR *Argentariæ Regis*, in Memor. D. Cam. Comput. Paris. ad ann. 1378. fol. 182. r°.

¶ CONTRAROTULATOR AUDIENTIÆ, apud Marten. tom. 1. Anecd. col. 1672.

¶ CONTRAROTULATOR PIPÆ, infra in voce *Ingrossatores.*

* **CONTRAROTULATUM**, Exemplum aut antigraphon actorum. Inventar. Chart. reg. ann. 1482. fol. 104 : *Duo quaterni papiri, quorum primus* (continet) *Contrarotulatum sive copiam expletorum et emendarum parlamenti Dolæ, incepti xv. Febr. ann. 1439. secundus vero continet similiter copiam sive Contrarotulatum expletorum et emendarum parlamenti Belnæ et S. Laurentii.*

¶ **CONTRAROTULUM**, Recognitio scripta, Gall. *Contrôle.* Litteræ Regis Angliæ Vicecomiti Glocestr. : *Ille quem mittes ad ipsos conducendos, per visum et Contrarotulum prædicti Willelmi de nominibus et personis, etc.*

* **CONTRARULLATOR**, Idem qui supra *Contrarotulator.* Charta ann. 1342. in Reg. 75. Chartoph. reg. ch. 581 : *Johannes de Turno Parisiensis diocesis Contrarullator Marmandæ pro domino nostro Francorum rege, etc.*

* **CONTRASCRIBA**, Eadem notione; ἀντιγραφεύς, Jul. Polluci. Inscript. seu epitaph. ex marmor. Lingon. tom. 9. Comment. Acad. Inscript. pag. 148 : DIS MANIBUS LIULICHI CRESCENS JULIORUM DISP. FIL. ET ULLINUS CONTRASCRIBA. Vide *Contrascriptor.*

¶ **CONTRASCRIPTOR**, Idem qui *Contrarotulator.* Vetus Inscriptio : *Contrascriptor rationis summi Choragi.* Vide Salmasium in Hist. Aug. pag. 480.

CONTRASIGILLUM, [Sigillum sigillo ex adverso oppositum, Gall. *Contrescel.*] Vide *Sigillum secreti.*

✠ ¶ CONTRASIGILLATÆ LITTERÆ, Munitæ *Contrasigillo.* Charta ann. 1311. apud Baluzium Hist. Avern. tom. 2. pag. 139 : *Patentes litteras... continentes duas pellas pergamenti tenaci glutinio conglutinatas, et ab utraque parte in principio cujuslibet juncturæ Contrasigillo Curiæ Riomi Contrasigillatas.*

¶ **CONTRASIGNETUM**, ut *Contrasigillum.* Inter Statuta S. Capellæ Parisiensis ann. 1098. habetur Provisio de Contrasigneto, in qua sic legere est : *Extitit per eos concorditer ordinatum, videlicet quod unum fiet parvum signetum, nuncupandum Contrasignetum sacræ Capellæ, quo in omnibus et singulis finantiarum litteris, etc..... deinceps utetur, et litteris et contractibus eisdem una cum præfati dictæ sacræ Capellæ appensione sigilli affigetur.*

* Mendum esse in anno recte opinati sunt Auctores novi Tract. diplom. tom. 4. pag. 13. legendum quippe est 1398.

CONTRASIMILIS. Vide *Pares, qui ejusdem sunt conditionis, etc.*

CONTRASTARE, Adversari, sese objicere : Italis *Contrastare.* Historia obsidionis Jadrensis lib. 1. cap. 27 : *Jadertini potenter Contrastabant.* Vox Sidonio nota lib. 2. Epist. 2. 9. Hinc nostris *Contrester,* et *Contester.* Maistre Vacces *au Roman du Rou* MS. :

N'i a ne fort ne fieble qui à Rou Contrestace.

Chronicon Flandriæ Vernaculum cap. 72 : *Ils se doutoient que les Gentils hommes ne peussent Contrester à leurs rebellions.* Adde cap. 1. 51. etc.

* *Contraster.* Lit. ann. 1372. tom. 5. Ordinat. reg. Franc. pag. 483 : *Pour Contraster à leur mauvaise volonté, etc. Obvier et Contrester aux malices et fraudes,* in aliis ejusd. ann. ibid. pag. 482. *Non contrestant,* pro vulgari *Nonobstant,* ibid. pag. 353. *Contretenir,* eodem sensu, in Contin. Guill. Tyrii apud Marten. tom. 5. Ampl. Collect. col. 684 : *Quant li Sarrazins virent que li Crestiens s'apareilloient de monter le flun, si s'armerent et alerent sor la rive por Contretenir qu'il n'arrivassent.* Pro Continere vero, legitur in Lit. remiss. ann. 1479. ex Reg. 206. Chartoph. reg. ch. 341 : *Il convint aux gens, qui estoient en la taverne, Contretenir iceulx compaignons, afin d'eschever à noise.*

CONTRASTARE ALIQUEM, Accusare, alicui crimen objicere. Capitula ad Legem Alamannor. cap. 22. Edit. Stephani Baluzii : *Et si ipsam vir Contrasteterit culpabilem, et ille propter quem ei reputatur, mortuus fuerit, ille qui feminam Contrasteterit Wiregildum ejus desolvat.*

* **CONTRASTATIO**, Contentio, concertatio, Ital. *Contrasto,* Gall. *Contestation.* Acta S. Franciscæ Rom. tom. 2. Mart. pag. 161. col. 2 : *Audiebant etiam Contrastationes ipsorum et responsiones ipsius beatæ, sed ipsos dæmones nulla earum videre poterat.* Vide mox

* **CONTRASTUM**, Eadem notione : item, Prohibitio, impedimentum. Inquisit. ann. 1268. ex schedis Pr. *de Mazaugues : Et tunc invenerunt Contrastum et devetum in dicto territorio a baillonis dom. Barralli, ita quod nullus audebat ire in dictum territorium, nisi emeret pascairagium ab ipsis .... Quod si aliquis homo impediret vel freeret Contrastum Artiguæ in herbis, etc.* Charta ann. 1273. ex Tabul. Cantogil. : *De quæstionibus, petitionibus, rancuris et Contrastis, quæ et quas haberent vel facerent, Compromiserunt.* Stat. Massil. lib. 1. cap. 34 : *Quod illi qui haberent Contrastum inter se, debeant ei* (pacificatori) *ressarcire ambæ partes communiter suum jornale sive damnum.*

CONTRATA, Regio, vel tractus, Italis *Contrada,* Gallis *Contrée,* Anglis *Country,* quasi *Conterrata,* ut quibusdam placet. Acarisius, a *Contraho* : alii denique a *Contado,* seu potius a *Contea,* Comitatus, vocem effictam putant. [** A *Conterrata* Murator. Antiq. Ital. tom. 2. col. 1190.] Occurrit apud Albertum Argentin. pag. 117. Joan. Hocsemium in Theobaldo a Barro Episc. Leodiensi cap. 32. Sanutum lib. 1. part. 1. cap. 6. lib. 2. part. 2. cap. 2. Petrum de Vineis lib. 2. Epist. 54. lib. 3. Epist. 11. Fridericum II. lib. 2. de Arte venandi cap. 11. 43. Joan. Carmessonium in Vita S. Petri Thomasii cap. 2. in Constit. Siculis lib. 3. tit. 38. etc. [*Contracta urbis,* Regio, Ital. *Rione,* Pars urbis, Gall. *Quartier* apud, Ottobonum Scribam in Annal. Genuensibus ad annum 1181. Hac notione passim Annal. Mutinens. Andreas Dandulus in Chronico et alii.] [** *Contrada* eodem sensu in Chart. Roman. ann. 1151. ap. Pertz. vol. 4. pag. 88. et sæpius.]

CONTRACTA, non semel eadem notione apud Ericum Upsaliensem in Histor. Suecor. lib. 1. pag. 6. lib. 4. pag. 115. et alibi.

* **CONTRATENENS**, Gracilium ab acuto partium cantor, Gall. *Haute-contre;* Contreteneur, apud Cotgravium. Kalendar. et obituar. eccl. Camerac. MS. fol. 1. v°. : *Acceptavimus institutionem cujusdam commemorationis B. V. Mariæ fiendæ singulis diebus Sabbati....... per magistrum, cum sex pueris altaris suæ regimini commissis, assistente sibi uno Contratenente,.... quibus fiet*

distributio singulis ebdomadis per officium assisiæ.

CONTRATENERE. Leges Alfredi et Godrini Daci Regis Eastangliæ, cap. 9. apud Bromptonum : *Si quis decimam Contrateneat, reddat Lashlite cum Dacis, Witam cum Anglis.* Saxonica Editio habet forhealdan, quod *contra legis præceptum, ex contemptu tenere*, vel *detinere*, sonat.

* **CONTRATITULUS**, Responsum, refutatio, Gall. *Replique.* Stat. Montis. reg. pag. 84 : *Statuat terminum jusdicens parti, contra quam intentiones producerentur, duorum dierum continuorum exinde proxime sequentium, ad accipiendum copiam dictarum intentionum contra se productarum, et ad faciendum ejus Contratitulos, si quos facere voluerit, et dictos Contratitulos, ipsi judicenti in jure præsentandum, et illis præsentatis, teneatur dictus dominus jusdicens eos corrigere et superfluos resecare.*

* **CONTRATULATOR**, pro *Contrarotulator*, in Lit. ann. 1370. tom. 5. Ordinat. reg. Franc. pag. 370. Vide supra *Contrarullator.*

¶ **CONTRAVADIUM**, ut *Vadium*, Pignus, Gall. *Gage.* Charta Alberici Archiep. Rem. ann. 1217. in Chartulario S. Nicasii Rem. : *In Contravadium posuerunt viginti sextarios frumenti.* Altera Curiæ Archidiaconi Rem. ann. 1256 : *Pro dicta legitima garandia ferenda dedit in Contravadium omnia bona sua.* Alia ejusdem anni et ejusdem Archidiaconi : *Pro legitima garandia ferenda dederunt in Contravadium Ecclesie memorate bona.* Occurrunt passim hujuscemodi loquendi formulæ in Chartis laudati Tabularii, quibus adde Chartam Curiæ Suessionensis anni 1259. ex secundo Chartulario S. Medardi : *Item asseruit idem Mattheus, quod dictus Adam Miles posuerat eidem Conventui in Contravadium pro dicto censu, quandam petiam terre... que quidem pecia terre honerata Contravadio supradicto... Mattheus loco illius pecie terre posuit coram nobis dicto Conventui alias possessiones in Contravadium.*

* Vel potius Fundus terræ, qui in cautionem debiti census aut reditus annui ex aliis fundis assignatur; cujusmodi pignus *Contrepant* appellatur in Stat. Lossens. art. 39. apud Joan. Mantel. Hist. Lossens. part. 3. pag. 24 : *Item quand quelqu'un prend biens en héritage, à condition et devis qu'il mettra Cantrepant, suivant la coutume et stile, ou s'il ne fait reforme particuliere, tel doit mettre Contrepant si suffisant, que joint avec le gage ou bien principal, il puisse estre estimé le tiers meilleur que les biens heritables, et ce sur des heritages, qui ne peuvent perir ni par feu ni par eau.* Unde *Rentes contrepannées sur heritages*, in Consuet. Hannon. cap. 95. et Mont. cap. 34. Vide Glossar. jur. Gall. voce *Contrepan*, *Contragagiamentum* et *Contragagium* supra.

* **CONTRAVENGIA**, Vindicatio, clarigatio, nostris *Contrevenge* et *Contrevangement*; idem quod *Repræsaliæ.* Vide in hac voce. Lit. remiss. ann. 1353. in Reg. 81. Chartoph. reg. ch. 665 : *Cum Guillelmus de Gouy armiger.. .... pro vindicta seu Contravengia...... accipienda et facienda ivisset, etc.* Aliæ ann. 1483. in Reg. 207. ch. 298 : *Jehan de Tinteville se tira devers le suppliant, et lui dist qu'il avoit congié de nous de soy venger de l'oultrage et desplaisir que les habitans de la ville d'Avignon lui avoient fait; mais qu'il fist ladite Contrevenge hors de nostre royaume.* Lit. Phil. VI. reg. Fr. ann. 1348. ex Chartul. 23. Corb. : *Par vertu du general commandement que nous aviens fait faire pour cause de nos guerres, que aucuns ne guerroiast, ne fit aucun contrevangement, etc.* Litter remissor. ann. 1382. in Reg. 121. ch. 18 : *Ledit Hennequin .... accompaigné d'aucuns de ses parens et amis, par maniere de guerre et de Contrevengement ala ès maisons et hostelz d'aucuns des parens et amis dudit Mahieu, etc.* Vide supra *Contracambium* et mox *Contravindicare.*

* **CONTRAVENIRE**, Prævaricari, legem violare, perfringere, Gall. *Contrevenir*, Ital. *Contravenire.* Stat. Vercell. lib. 2. pag. 43. r° : *Et ultra solvat pro banno qualibet vice qua Contravenerit, solidos lx. Pap.*

CONTRAVINDICARE, Vindicare, clarigare. Lit. remiss. ann. 1351. in Reg. 81. Chartoph. reg. ch. 159 : *Plures injurias et excessus fecerant et intulerunt ipsi se Contravindicando, etc. Contrevenguer*, in Lit ann. 1370. pro commun. Tornac. tom. 5. Ordinat. reg. Franc. pag. 378. art. 26 : *Que s'aucuns forains couroit sus, ou faisoit assault ou invasion contre les bourgois et habitans de la ville de Tournay, et les bourgois.... en eulx ostant et deffendant moderéement ou en Contrevenguant de bel-fait, mutiloit ou mettoit à mort...... son annemi forain, qu'il trouveroit en ladicte ville et banlieue; etc.* Ubi minus bene editum videtur *Contrevengnant.* Vide supra *Contragagium* et *Contravengia.*

¶ **CONTREDA**, Regio, Gall. *Contrée*, apud Lobinellum in Glossario ad calcem Histor. Britan. Vide *Contrata.*

* **CONTRIBUABILIS**, Contribuibilis, Gall. *Contribuable*, Impositionibus obnoxius. Arest. ann. 1374. 10. Jun. in vol. 6. arestor. parlam. Paris. : *Aliquos prosecuti fuerant de tallia nostra .... tanquam Contribuabiles ad dictam talliam.* Instr. ann. 1490. inter Probat. tom. 3. Hist. Occit. pag. 8. col. 2 : *Ita fiet in lingua Occitana ad utilitatem omnium habitantium in dicta patria Contribuibilium in denariis regiis.* Ch. Caroli VIII. reg. Franc. ann. 1483. ibid. tom. 4. pag. 32. col. 1 : *Item quod personæ ecclesiasticæ, pro bonis eorum de antiqua contributione non admortisatis, sint Contribuibiles, cum ceteris habitantibus ruralibus, in talliis et aliis subsidiis.*

¶ **CONTRIBULARE**, Conterere, affligere, in sacris Bibliis non semel.

CONTRIBULES, Contribunales, Contribuni, Consanguinei, cognati. Gloss Isidori : *Contribules, Consanguinei, quasi ex eadem tribu.* Rursum : *Contribuni, Consanguinei, parentes.* Leges Edmundi Regis Angl. cap. *De assultu in itinere* [** II. cap. 1.] : *Si quisquam cognationis suæ firmet eum postea, reus sit omnium quæ habebit erga Regem, et portet faidam erga Contribunales mortui, quia primitus reprobaverat eum.* Saxonica apud Lambardum pag. 75. wege þa fæhðe wið þa megðe, id est, is jam cognatis interfecti pro inimico habetor. [** Vide Forcellinum. Exstat in Erchemb. Histor. Longob. ap. Pertz. vol. Script. 3. pag. 256. et 263. et in Chronic. Salern. ibid. pag. 542. in Ruodlieb fragm. 8. vers. 45. fr. 10. vers. 18 et sæpius.]

* Glossar. Gall. Lat. ex Cod. reg. 7684 : *Contribulis, qui est d'une même lignié.*

Contribulitas, *Cognatio, vel consanguinitas*, apud Will. Britonem in Vocabulario MS.

* **CONTRIDERE**, pro Conterere, in Act. S. Silvini tom. 7. Sept. pag. 647. col. 1.

CONTRITIO. Vide *Comictia.*

CONTRITUS *assensus, id est, impeditus; unde pulsus Contritus, id est, debilis, ut velox in principio paroxismorum.* Matth. Silvatic.

¶ **CONTROFACTOR**, Imitator, qui exprimit aliquid imitando, Gall. *Contrefaiseur. Controfactor misteræ monetæ*, apud Rymerum tom. 9. pag. 471. col. 2. Vide *Contrafacere*, 1.

¶ **CONTROMARCHA**, Facultas repetendi res sibi ablatas in ditione Principis alieni. Forma tractatus Regis Castellæ cum Henrico Rege Angliæ ann. 1410. apud Rymerum tom. 8. pag. 619. col. 2 : *De et super omnibus et singulis roberiis prædictis, marchis, Contromarchis seu aliis captionibus quibuscumque factis sive perpetratis per quascumque personas.* Vide *Marcha*, Facultas, etc.

CONTROPATIO, quasi *Contrapactio*, Compensatio. Lex Wisigoth. lib. 6. tit. 1. § 5. de Servo qui in tormentis mortuus est : *Verum ut de servorum meritis omnis ambiguitas cesset contentionis, non pro artificii qualitate excusatio videatur haberi, sed pro servis quæstionandis, Contropatio adhibeatur ætatis et utilitatis, etc.* Lib. 10. tit. 1. § 17 : *Utrique domino æqualiter sexus, numeri, vel ætatis Contropatione noveris dividendum.* Lib. 4. tit. 5. § 3 : *Contropatis his quæ tempore nuptiarum promeruit;* id est, compensatis. [** In Foro Judic. *asmado.* Est Æstimatio.] Apud Butilerium *Contrepaner* est Compensare : ubi forte legendum *Contrepacter.* [* Vide *Contravadium.*]

¶ **CONTROROTULATOR**, ut supra *Contrarotulator*, apud Rymerum tom. 1. pag. 244. col. 1.

CONTROVERSIONES, Controversiæ, in Epist. Clementis PP. apud Bromptonum.

* *Querelles et toutes Controversions civilles*, in Libert. villæ *de Peyrusse* ann. 1368. tom. 5. Ordinat. reg. Franc. pag. 706. art. 21.

* **CONTROVERSUS**, Controversiarum amator, pugnax, contentiosus. Stat. Raim. Magalon. Episc. ann. 1138. inter Instr. tom. 6. Gall. Christ. col. 355 : *Nolite fieri fornicatores, neque Controversi, neque fures, neque maledicti, neque rapaces, neque adulatores, neque inter vos discordiam habeatis.* Nisi quis *Controversos* hic interpretetur de iis, qui aversa venere utuntur, quod inter *fornicatores* et *fures* collocentur addaturque postea, *neque inter vos discordiam habeatis;* quod jam significatum esset voce *Controversi*, priori sensu intellecta. Vide infra *Delictum spinæ dorsi.*

CONTUBERNIUM. Gloss. Lat. Græc. : *Contubernium*, συνοικέσιον, σύνοιτον γρατιωτῶν. Gloss. Græc. Lat. : Ἀνδρῶν σύσημα, *Con-*

tubernium. Lex Salica tit. 16. § 1 : *Si quis villam alienam adsalierit, ipse et omnes qui convicti fuerint, quod in ejus Contubernio fuissent, etc.* Tit. 44 : *Si quis collecto Contubernio hominem ingenuum in domo sua adsalierit, etc.* Id est, *Contubernariis*, vel *Contubernalibus*, uti appellantur a Festo : *Contubernium dicitur Contubernalium habitatio.* Idem Glossarium : *Contubernarius*, σύνοικος, σύνσκηνος. Glossar. Lat. Gr. : ὁμοδίαιτος, *Conversator*, *Contubernalio.* Apud Tacticos, *Contubernium* dicitur constitisse decem aut minoris numeri militibus. Vide Gloss. Rigaltii.

¶ Contubernium malam in partem accipitur pro Cohabitione illicita viri et mulieris, in Litteris Clementis Papæ pro Ducissa Yolendi, apud Lobinellum Histor. Britannic. tom. 2. col. 467 : *Non ignari quod gradibus consanguinitatis et affinitatis prohibitis essent conjuncti, matrimonio invicem de facto, cum de jure non possent... clandestine contraxerunt, et in hujusmodi matrimonio, imo verius Contubernio, diutius minus legitime permanentes, ex illo filios et filias procrearunt.* Vide *Conturnus.*

Contubernales et Apparitores, in Relatione Symmachi apud Baron. ann. 419. n. 6.

* **CONTUCIARE**, Contundere, ferire, sauciare, Gall. *Faire des contusions.* Charta Ludov. Bucil. abb. ann. 1170. inter Probat. tom. 1. Annal. Præmonst.. col. 338 : *Si aliqui de familia ecclesiæ intra curtis ambitum rixantes, se invicem Contuciaverint, etc.*

¶ **CONTULATIO**, ut infra *Contulitio*, Collatio. Formulæ Andegav. num. 32 : *Strumenta cartarum vindicionis, cautionis, cessionis, donationis, dotis conposcionalis, Contulationis, pactis, commutationis, convenientiis, securitatis, etc.*

¶ **CONTULERE**, Conferre, donare. Scriptura Mironis pro Monasterio Bisuldunensi in Catalonia inter Concil. Hisp. tom. 3. pag. 183. col. 2 : *Et laudatus glorificatusque Omnipotens Deus ab omni populo qui talem dignatus est Contulere patronum.*

CONTULITIO, Collatio, donatio. Gloss. Lat. Gr. : *Contulisse*, εἰσκεκομικέναι. Formulæ veteres secund. legem Romanam cap. 18 : *Ego in Dei nomine ille, dulcissimæ conjugi meæ illi, dono tibi per hanc Epistolam Contulitionis, donatumque esse volo locellum rem proprietatis meæ, etc.* Infra : *Si fuerit ullus de hæredibus nostris, vel quælibet persona quæ contra has duas Contulitiones uno tenore conscriptas aliquid agere... præsumpserit.* Charta Roberti Comitis et Abbatis S. Martini Turonensis apud Sammarthanos in Archiepiscopis Turon. n. 54. sic clauditur : *Data est hæc Contulitionis, seu potius restaurationis auctoritas, etc.* [Formulæ Andegav. art. 31 : *Strumenta sua quam pluremas, vindicionis, dotis composcionalis, Contullitionis, etc.* Vide *Contulatio.*]

* **CONTUMACIA**, Gall. *Contumace*, Vadimonii detrectatio. Stat. comitat. Venaiss. sub. Clem. VII. PP. ex Cod. reg. 4660. A. cap. 12 : *Notarii officia exercentes singulis diebus juridicis, quibus curia tenebitur, antequam discedant a curia, scribere in uno quaterno omnes Contumacias et dictas fallitas........ teneantur. Contumacion*, in Lit. ann. 1372. tom. 5. Ordinat. reg. Franc. pag. 521. Vide *Contumacio.*

* Contumacialis Litera, Qua vadimonii detrectatio declaratur. Lit. official. Noviom. ann. 1396. in Reg. 151. Chartoph. reg. ch. 45 : *Dictis clericis coram nobis sufficienter comparentibus, et quantum debuerunt expectantibus, litterasque Contumaciales de dictis diebus contra omnes citatos a nobis reportantibus, etc.*

¶ **CONTUMACIO**, Vadimonii detrectatio, Gallis Practicis, *Contumace.* Appellatio anni 1495. ex Archivo B. M. de Bonozuntio Rotomag. : *Sic transit in rem judicatam, cum ad illam ferendam fuit debite convocatus, et pluribus Contumacionibus intermediis... quæ fuerunt notæ tam apud civitatem Rotomag. quam supra locum dicti appellantis.*

¶ **CONTUMACIUM**, *Inquinamentum*, in Glossario MS. Sangerman. num. 501. [** In cod. reg. 7644. *Continuatium.* Conf. *Contumia*, nisi sit pro *Contaminatio.*]

¶ **CONTUMASSARE**, Gallicis Præcticis, *Contumacer.* Vadimonii deserti reum pronunciare. *Contumassare et de Contumassia condemnare*, in Privilegiis a Raymundo de Agouto concessis Johanni de Masalguis ann. 1348. ex Archivo Præsidis de *Mazaugues.*

CONTUMAX Capitis, id est, *vertex.* Ita Glossæ MSS. ad Alexand. Iatrosoph.

CONTUMELIARE, Contumelia afficere. Ado Viennensis in Chron. ann. 799 : *Jussit eos, qui Pontificem Leonem tam inhoneste et indecenter deponendo Contumeliaverant, sibi exhiberi.* Occurrit præterea in Actis Martyrii S. Didymi et Theodoræ n. 6. apud Christianum Grammaticum in Matthæum, in Legib Henrici I. Reg. Angl. cap. 39. etc.

* **CONTUMELIUM**, Contumelia. Annal. Franc. tom. 5. Collect. Histor. Fr. pag. 41 : *Et multitudo Saxonum ibi occisi sunt, et reliqui fugientes cum magno Contumelio reversi sunt Saxoniam.*

CONTUMIA, *Derisio*, in Gloss. Arabico Lat. *Contumelia*, Joanni de Janua, [et Glossatori Sangerman. MS. num. 501.] Marcianus Capella lib. 4. extremo :

> Populum Cecropidarum bene quo palliatarum
> Bromius conciperet Contumias nosse dolere.

[** Grotius ad hunc locum ut ex Isidori Glossis habet : *Catumia, Contumelia;* apud Grævium legitur *Contumia.*] Porro *Contumeliam* proprie pro adulteris dici annotat Jacobus Gotofredus ex leg. 2. Cod. Th. ad L. Jul. de Adult. (9, 7.)

CONTUPICTA. S. Columbanus Ep. 5 : *Licet enim mihi nimirum micrologo, illud cujusdam egregium supientis elogium, quod dixisse fertur, quandam videns Contupictam, non admiror artem, sed admiror frontem.* Ubi leg. forte *comptam*, vel *acu comptam* id est capillos acu discriminatos, vel denique, ut Editor censet, *compte pictam.*

¶ **CONTURBARI**, Commorari, ut explicat Barthius in Glossario ex Anonymi Hist. Palæst. apud Ludewig. tom. 3. pag. 28 : *Cæperunique omnes simul quærere, qualiter S. Sepulcri iter valerent peragere; dicentes, quoniam appropinquaverat eundi terminus, nulla erat hora Conturbandum amplius.* Nimirum, inquit idem Barthius, quia tales sententiæ non sine tricis turbisque effectui dabantur.

CONTURBIUM. Capitulatio Caroli Magni pro partibus Saxoniæ cap. 28. apud Holstenium in Collectione Romana : *Si forte inter eos aliqua discordia, aut Conturbium ortum fuerit.* Annales Franc. ann. 774 : *Sine læsione vel aliquo Conturbio clusas apertas... introivit.* Occurrit præterea in Capitulari Pipini Regis Italiæ cap. 35. et in Diplomate Egicæ Regis, quod præfigitur Concilio Toletano XVI. Vide *Disturbium.*

¶ **CONTURMALIS**, Ejusdem turmæ. Ammian. Marcel. lib. 16. cap. 30 : *Opitulatum Conturmalibus suis venire.* Non semel occurrit apud eumdem.

¶ **CONTURMARE**, eidem Ammiano lib. 16. cap. 29. est in turmas ordines arcte congregare : *Cum eques in ipso prælii articulo se fortiter Conturmaret.*

CONTURNUS. Marculfus lib. 2. Form. 16. de Puella invita rapta : *Dum et te, faciente Conturno, contra voluntatem parentum tuorum, rapto scelere, in conjugio sociavi.* Bignonius reponit *Contubernio*, id est copiis contractis, ope sociorum et amicorum, uti vox *Contubernium* sumitur in Lege Salica : quo casu, erit *Contubernium* non auxilium, sed illicita conjunctio, uti usurpatur in leg. ult. C. de Incestis nuptiis, qua Anastasius Imp. decernit ea rescripta viribus carere, *quæ quibusdam personis permiserunt scelesto contubernio nomen matrimonii imponere.* At cum *Conturno* præferant Codd. MSS. ea vox accipi potest, quomodo apud nostros *Contour*, ita ut virgo deceptam se raptoris suasionibus, ejusque calliditate circumventam, seductam, et sollicitatam dicat.

☞ Marculfi locus, qui negotium hic facessit, videtur a Bignonio lectus male, sed bene interpretatus, contra a Cangio bene lectus, at interpretatus male. Itaque legendum cum Cangio et MSS. codd. *faciente Conturno* vel *Coturno;* nam nihil refert. Editio Bignoniana Paris. 1613. habet *Conturno* : eadem editio inserta Bibliothecæ Patrum ann. 1624. legit, *Coturno.* Chronic. Besuense infra citatum utitur *Coturno* pro *Conturno.* Exponimus autem Marculfi verba fere ut exponit Bignonius. *Faciente Conturno*, id est, faciente amico, amicorum, seu potius amici ope atque consilio. Ea namque ætate, quod Bignonium Cangiumque fugit, ex recepto loquendi usu *Coturnus*, Amicus dicebatur. Res confficitur auctoritate veteris Glossarii MS. Sangerman. num. 501. quod sic habet : *Coturnus, Venaticum et agreste calciamentum est, quia unius* (lege *unus*) *pedi utrique convenit; unde si quis duobus discordantibus fuerit amicus, Coturnus dicitur.* [** E Servio in Ecclog. VII. vers. 32.] Coturnus ergo juxta veteres Glossas est amicus inter duos discordantes : quæ vocis acceptio mirum quam apte Marculfo conveniat. Rapuerat aliquis puellam contra puellæ ejusque parentum voluntatem : raptam, *faciente Conturno*, sibi matrimonio copulavit. Intervenit amicus tum viri, tum puellæ, qui eo puellam adduxit, ut quem raptorem invita passa erat, non invita maritum haberet. Certe primum discordabant inter se raptor et rapta : Coturnus itaque fuit amicus, qui utrique conveniens discordanti, utrumque conciliavit. Sed ut ut est de Marculfi loco constat vocem *Coturnus* in Gloss. Sangerm. singularem habere notionem haud indignam quæ observaretur. [** An *faciente Contrario*, i. e. Diabolo? Sed Bignonii conjectura non displicet.]

CONTURNUS, pro Flexu, deflexu, circuitu accipitur, in veteri Charta ex Tabulario S. Benigni, apud Perardum pag. 20 : *De uno fronte terra S. Benigni, de alio latere Conturno S. Benigni et S. Stephani, etc.* Alia apud eumd. pag. 53 : *De uno fronte strada publica pergit, et de alio fronte Conturnis.* Adde pag. 99. [et vide *Contorium*.]

COTURNUS, pro *Conturnus*. Chronicon Besuense pag. 531 : *Habentes terminationes de uno latere terram S. Vincentii, de alio stratam publicam, de una fronte fiscum, de alia fronte Coturnum vicinorum.*

¶ 1. CONTUS, f. pro *Comtus* vel *Conditus*, Concinnatus. Chronicon Siciliæ apud Marten. tom. 3. Anecd. col 20 : *Cum enim magnificus Rex Conradus divæ memoriæ carissimus pater noster, testamento sollerter Conto, quondam tempore mortis suæ, nos tenellum et infantulum... in manibus S. matris Ecclesiæ reliquisset.*

* 2. CONTUS, Calculus, ratio, Ital. *Conto*. Correct. stat. Cadubrii cap. 41 : *Ne mercatores suis talleis defraudari possint, jubemus quod quicumque seccator, vel alius capiens vel capi faciens talleas mercatorum sive forensium, sive civium, teneatur et debeat ipsas separatim cancellare et pro Conto recipere, et ipsis mercatoribus pro Conto designare.*

¶ CONTUTARE, Tutare Plauto, aliis Tutari, In tuto collocare, curare. Vita S. Antonii de Padua tom. 2. Junii pag. 706 : *Ibi se totum dispositioni divinæ commendans, sursum firmissimæ spei anchoram Contutavit.* Concil. Gerundense Hispan. tom. 2. pag. 242 : *Si vero matrem in domo habuerit aut sororem, secundum priorum canonum statuta per earum personas ejus debet Contutari substantia;* id est, administrari et defendi.

* CONTUTELLA, Tutela, quæ pluribus administranda committitur; unde *Contutor* et *Contutrix*, qui res pupilli una administrant. Inquisit. MS. ann. 1449 : *Durante tempore ipsius Contutellæ, ... dominus Joannes Gantelmi Contutor, etc.* Inventar. ann. 1476. ex Tabul. Flamar. : *In quo* (coffreto) *vestes sive raupas dictæ nobilis Annæ d'Absaco Contutricis erant protunc.*

¶ CONVADARI, Laurentio in Amalthea, *Vadimonium denunciare, Vadimonio obstringere.*

¶ CONVADIUM, ut *Contravadium*, Pignus, impignoratio, in Annal. Bened. tom. 3. pag. 633 : *Matrona quædam... Dominis Fratribus Gausmaro Saviniacensis Monasterii Abbati et Congregationi Monachorum sub eo degenti, mansum unum in villa Scannatis, in Convadio, seu impignoratione dedit pro triginta solidis*

* Charta ann. 1063. ex Tabul. Dervensi : *A Brunone Abbate S. Bercharii ut alodium meum, quod est Viridiolas, in Convadium acciperet rogavi, ea conventione, ut post curriculum sex annorum liceret redimi. Convainerie*, Occupatio, manucaptio, usurpatio, in Libel. suppl. Gandav. ann. 1385. apud Marten. tom. 1. Anecd. col. 1620 : *Item que toutes Convaineries, qui sont faites par contumaces ou autrement d'un côté ou d'autre, de fiefs, de treffons, de heritages, de franche rente, où qu'il gisent, pour l'occasion des guerres de l'un Convaincu sur l'autre.*

¶ CONVALESCENTIA, Gall. *Convalescence*, Recreatio ab adversa valetudine. Miracula B. Edmundi Archiep. apud Marten. tom. 3. Anecdot. col. 1889 : *Lecto incubans et quasi de Convalescentia jam desperans.* Symmachus lib. 3. Epist. 11 : *Jam mihi Convalescentiæ portus aperitur.*

* CONVALESCENTUM, Tantumdem valens, Gall. *Equivalent*. Charta ann. 4. Lothar. reg. ex Chartul. Lemov. : *Recepimus de te pretio tuo, sicut inter nos convenit, hoc est, in argento, aut in Convalescento, solidos centum et quadraginta. Convaloir*, Convalescere, in Lit. remiss. ann. 1416. ex Reg. 169. Chartoph. reg. ch. 285 : *Après aucuns jours icelle femme releva et Convalu aucunement.*

¶ 1. CONVALIDARE. Gloss. Gr. Lat. : Στερεοποιῶ, *Consolido, Convalido.*

* 2. CONVALIDARE, Confirmare, roborare. Stat. crimin. Saonæ pag. 118 : *Insuper Convalidaverunt et comprobarunt, comprobantque et Convalidant omnia et quæcumque acta, et quascumque deliberationes ac executiones factas et sequutas hucusque.*

CONVALLIA, *Convallia loca*, Convalles, apud Agrimensores.

¶ CONVASARE, Furari. Janssonius in Auctario ad Glossas Isidori : *Convasassem, Furassem, figuratum a colligendis vasis.*

* CONUBIUM, Donatio, quæ a parentibus filiæ fit propter nuptias, seu intuitu *connubii*. Charta Radulfi dom. Magdun. ann. 1195. ex Chartul. B. M. de Josaphat : *Vendidi pro trecentis libris Andegavensium avunculo meo Gaufrido, Leviarum domino, et uxori ejus et suis hæredibus totum Conubium matris meæ, tam in feodo quam in dominio.* Vide *Maritagium*.

CONUCULA, Colus, Gallis *Quenouille*, Italis *Conocchia;* [Germanis *Kunckel.*] Gloss. Latino Theotisc. : *Colus, Chunchla.* Lex Ripuar. tit. 59. § 18 : *Si ingenua Ripuaria servum Ripuarium secuta fuerit, et parentes ejus hoc contradicere voluerint, offeratur ei a Rege, seu a Comite, spatha et Conucula. Quod si spatham acceperit, servum interficiat, si autem Conuculam, in servitio perseveret.* [Tilius apud Eccardum habet *Comiculam*, male. Codex vero Gothan. *Conuglam*, et Codex Guelf. *Cuniculum*. Le Roman *de la Violette* MS. :

> Et besche et Coloigne et fusel
> Leur apporta pour labourer.

Sermo est de Adamo et Eva pulsis e paradiso.] Vide Steph. Baluzium ad Capitul. Reg. pag. 996.

* Alias *Cologne*, *Connoille* et *Conoingnole*. Lit. remiss. ann. 1358. in Reg. 86. Chartoph. reg. ch. 77 : *Et lors quant ladite Jehanne oy ces paroles, prist sa Coloigne et en feri le suppliant trois coups sur la teste.* Aliæ ann. 1412. in Reg. 166. ch. 257 : *Et estoit le descort pour ce que Richart Goubin avoit donné à Thomin Picot d'une Connoille à femme sur la teste.* Neque aliud fortassis sonat *Conoingnole*, in Aresto ann. 1279. ex Reg. *Olim* parlam. Paris. fol. 48. v°. : *Item les tisserands disoient que li tainturiers ne devoient avoir en leur maison oustius, que l'en appelle cornebers, tonres, lates, Conoingnole. Quelongne*, eadem notione, in Lit. remiss. ann. 1376. ex Reg. 108. ch. 371 : *Ledit Guiot print une Quelongne de cane, de laquelle il la fery plusieurs cops, tant que ladite Quelongne brisa sur elle.* Pro re ipsa, qua colus amicitur, in aliis Lit. ann. 1400. ex Reg. 155. ch. 333 : *Il avoit donné une Quelongne de laine pour six solz.*

¶ CONVEARE, Convehere, adducere, Gall. *Conduire, Amener;* apud Rymer. tom. 12. pag. 471 : *Diversas hernesias in hoc regnum nostrum Angliæ pro viagio nostro afferre et Conveare possit.* Vide *Conviare*.

* CONVENA, *Che viene cum altri.* Glossar. Lat. Ital. MS.

CONVENABILIS, a Gall. *Convenable*, Conveniens, aptus. Inventar. ann. 1476. ex Tabul. Flamar. : *Item plus quosdam compedes ferreos satis magnos carceris, ad intrudendum et ponendum personerios aptos et Convenabiles. Couvignable*, eodem sensu, in Homil. in Advent. ex Cod. 28. S. Vict. Paris. fol. 1. v°. col. 1 : *Couvignable chose fu que .... li granz fisiciens vint, quant par tout le monde estoit et gisoit la grant desattiez.* A voce *Covignableté* et *Covignance*, Opportunitas, ibid. fol. 1. r°. col. 2 : *Poons veoir deux choses, c'est asavoir la Covignableté del avenement et le porfit. La Covignance de venir est entendue, etc.* Unde *Covignablement*, Opportune, ibid. : *Donques vint Covignablement li filz de Dieu, quant hons fu convencus de ignorance et de non puissance.*

CONVENANZERIUS, ex Italico *Convenenza*, Pactum, in Charta Longobardica, apud Ughellum tom. 7. Ital. sacræ pag. 566 : *Convenanzeriis suis Convenanzam dare judicavit.*

¶ CONVENCIONARE, ut infra *Convenire*, Per pactum promittere. Conventio Henrici Regis Angliæ et Willelmi Regis Scotiæ, in libro nigro Scaccarii pag. 39 : *Præterea, Episcopi, Comites et Barones Convencionaverunt domino Regi et Henrico filio suo, quod etc.*

* CONVENCIONATOR, Qui alterius nomine stipulatur. Charta Guill. ducis Norman. pro monast. S. Georg. de Banquervilla in Reg. 64. Chartoph. reg. ch. 666 : *Et de hoc fuit Leudo sacerdos Convencionator.* Vide *Convencionare*.

* CONVENCIONATUS, Conventione et amicitia conjunctus. Lit. Caroli VI. reg. Fr. ann. 1415. in Memor. H. Cam. Comput. Paris. fol. 71. v°. : *Ita quod omnes et singuli Januenses cives, districtuales, incolæ, Convencionati et qui pro Januensibus se tractant, possint et valeant..... ire, stare, morari, mercari....... per omnes et singulas civitates....... regni Franciæ.* Et fol. 72. v°. : *A donné* (le roi) *treve....... aux Jennevoys bourgois, habitans, et à ceulx de leurs destroits, à leurs Convenancés et alliez, et qui pour Jennevois se tiennent.* Vide. *Convenire*.

¶ CONVENENSA, Italis *Convenenza*, ut in *Convenanzerius* jam dictum est, Conventio, qua candidatis suis Albigenses promittebant sese eis *Consolamentum* præstituros. Erat hæc veluti secunda initiatio ad profana sectæ mysteria. Prima vocabatur *Adoratio*, tertia *Consolamentum*. Adorationis ritum habemus Lib. sentent. Inquisit. Tolosan. pag. 13. et seqq. : *Vidit Hæreticos pluries et in pluribus locis, et adoravit eos, flectendo genua ter, inclinando se profunde coram eis, et dicendo ter*, BENEDICITE. Ista autem Adoratio iterabatur toties quoties. De Convenensa ibidem his verbis : *Item fecit pactum Hæreticis, quod ipsi vocant la Convenensa, quod reciperetur ab eis in fine suo secundum pessimam eorum consuetudinem.* Similia leguntur pag. 220.

* **CONVENENTIA**, Conventio, pactum, nostris alias *Conveance* et *Convence*. Annal. Franc. ad ann. 786. tom. 5. Collect. Histor. Fr. pag. 44 : *Tunc domnus rex Carolus prospiciens se ex omni parte, Deo largiente, pacem habere, sumpsit consilium...... cum missis imperatoris placitum habendi de Conventiis eorum.* Lit. ann. 1360. tom. 5. Ordinat. reg. Franc. pag. 495. art. 25 : *Que tous nottaires...... puissent recevoir et mettre en escript tous les contraux et Conveances faites entre eulx et avec autres. Seront les marchans tenus de bailler bons et souffisans pleges de paier et accomplir leur marchié et Convences*, in Stat. ann. 1376. ibid. tom. 6. pag. 229. art. 15. *Esconvenence*, eodem sensu, in Charta ann. 1338. ex Tabul. S. Autberti Camerac. : *Robiers Rosiaus, qui fu fiex Jehan Rosiel escuier, qui jadis fut ou traitiet et ens Esconvenences dou mariage de lui et de demisielle Jehenne de Herin, fille à monsigneur Ansiel de Herin, chevalier.* Vide *Convenientia* 1.

¶ **CONVENENTIO**, Pars alicui competens ex conventione. Charta Matthæi de Pariniaco pro Monachis S. Sulpicii apud Thomasserium Consuetud. Bituric. pag. 698 : *Dant autem Convenentiones in hæredibus qui nascentur et qui sunt in hominibus de Cellario.* Vide *Convenientia.*

* **CONVENENZA**, Eodem significatu, vox Italica. Charta ann. circ. 1128. inter Probat. tom. 2. Hist. Occit. col. 445 : *Testes et laudatores sunt de ista Convenenza episcopus Carcassensis, Ger. de la Redorta, etc.*

¶ **CONVENGUDA**, Vox Catalana. Sacramentale Poncii factum Raimundo Comiti Barcin. in Appendice Marcæ Hisp. col. 1122 : *Non retinuerit integriter omnes illas convenientias, quas habet Convengudas ad vos.* Ibid. col. 1226. in Conventione ejusdem Raimundi cum Ermengado Comite Urgell. ann. 1064 : *Quæ sunt Convengudas ad eum, etc.* de quibus pactum est et conventum.

CONVENIA. Tabularium S. Benign. ann. 679. apud Perardum pag. 8 : *Si ego ipsa, aut ullus de hæredibus meis, vel qualibet alia opposita Convenia vel persona... venire temptaverit, etc.* [An idem qui *Convena?*]

* Qui ex conventione jus habet ad rem aliquam, ut opinor. Vide *Convenientia* 1.

1. **CONVENIENTIA**, Pactum, Conventio, Contractus. Sicul. Flaccus de Condit. agror.: *Omnes ex Convenientia terminos ponebant.* Idem : *Terminos autem Convenientia possessorum confirmabat.* Occurrit passim, in Capitul. ann. 779. cap. 16. Addit. 4. Capitul. cap. 134. in Capitul. 1. ann. 805. cap. 16. in Capitul. Caroli C. tit. 1. cap. 4. tit. 6. cap. 14. [** 53.] tit. 8. cap. 8. tit. 16. cap. 11. tit. 26. cap. 12. tit. 30. cap. 1. [** in Colon. ann. 843. in Sparnaco ann. 846. ap. Marsnam. ann. 851. de Carisiac. ann. 856. ap. Confluent. ann. 860. Conventus ad Sablonar. ann. 862. in prolog.] in pacto Caroli et Henrici, in Lege Longobardor. lib. 2. tit 12. § 9. lib. 3. tit. 19. § 1. [** Liutpr. 139. (6, 86.) ......] apud Fredegar. in Chron. cap. 187. Leonem Ost. lib. 1. cap. 24. (al. 26.) lib. 2. cap. 6. 90. in Chron. Farfensi pag. 657. in Cloveshoviensi cap. 29. apud Egbertum in Dialog. cap. 13. In Vita Aldrici Episcopi Cenoman. n. 69. etc. Vide *Conniventia.*

CONVENIENTIA, Pars, quæ alicui in re quapiam ex pacto competit. Charta, seu Testamentum Rogerii Comitis Carcassonensis ann. 1062. apud Catellum pag. 627 : *Et dono ad ipsum Raimundum Convenientia de Comitatu Redensi, quæ habeo cum fratre meo Odone Comite, et cum filio suo Arnaldo, si Odo moriatur, et filio suo Arnaldo remaneat, ad te Raimundo ipsa Convenientia de ipso Comitatu, et alia Convenientia, quæ habeo cum fratre meo Odone de Castello de Corba, etc.* [Charta anni 1058. ex Archivo S. Victoris Massil. Armar. Ruten. n. 2 : *Donamus etiam ... comandam et Convenientiam, quam habemus in uno manso, quod nullus potest dare aut impignorare nisi nobis.*]

2. **CONVENIENTIA**, pro *Conniventia*, Consensus, in Concilio Vermensi ann. 752. cap. 4. et alibi sæpe.

* Charta Ludov. Pii ann. 836. ex Chartul. Miciac. : *Ad notitiam autem futurorum placuit nobis in hoc pragmatico, quod in præsentia nostra ipse Jonas episcopus una cum Convenientia metropolitani sui Jeremiæ dictando composuit. Esconvenue* vero, pro Quantum cuique convenit seu opus est, in Lit. ann. 1356. tom. 4. Ordinat. reg. Franc. pag. 593.

* 3. **CONVENIENTIA**, Societas inter monachos aliosque certis sub conventionibus inita, unde nomen. Martyrol. S. Albini Andegav. Ms. : *Convenientiæ quas habemus cum monachis et clericis atque sanctimonialibus, quid debemus pro defunctis eorum facere.* Vide *Fraternitas* 3.

¶ **CONVENIENTIARIA** CHARTA, Quæ Complectitur *convenientiam* seu conventionem. Notitia quædam apud Stephanotium tom. 10. Fragm. Hist. MSS. pag. 122 : *Quibus ipse dederat possidendum, partim pro dono Alcherii avunculi sui, partim quia erit ei propinquior, partim pro Charta Convenientiaria patrum.*

* **CONVENIENTIARIUS**, Cui adjuncta est conventio. Placit. ann. 1122. inter Instr. tom. 6. Gall. Christ. col. 277 : *Conchenses proponebant donationem Convenientiariam laicorum se habuisse et ecclesiam S. Martini de Canalibus, prius quam Juncellenses eam obtinerent.* Vide *Convenientiaria Charta.*

* **CONVENIENTUM**, ut *Convenimentum*, Pactum, vel etiam res pacto et conventione data. Charta Guid. episc. Claromont. pro villis Biliomi et S. Lupi ann. 1281. in Reg. 73. Chartoph. reg. ch. 1 : *Item volumus et concedimus quod quicquid bajulus noster concesserit in vendis, pedis et Convenientis, ratum et firmum nostro nomine habeatur. Convenant*, eodem sensu, in Ch. Guid. de Brit. dom. *de Penthievre* ann. 1319. ex Reg. 59. ch. 484 : *Item d'un Convenant sus les courtils dou Boigu de Hillon, trente seis soulz et seis deniers. Item d'un Convenant, etc.*

¶ **CONVENIMENTUM**, ut *Convenientia*, Pactum, vel etiam res pacto et conventione data. Charta Artaldi Archiep. Gratianop. tom. 4. Annal. Bened. pag. 732. col. 1 : *Asserentes quoddam donum vel Convenimentum antiquitus Romanæ Ecclesiæ factum ab avo vel patre præfixi Ismidonis ipso confirmante et ab Ecclesia Romana, sibi esse conlatum, etc.* Transactio quædam in parvo Chartulario S. Victoris Massil. fol. 147 : *Si recuperare potuerimus in ipso Convenimento permanebimus.*

1. **CONVENIRE**, Per pactum vel conventionem promittere, stipulari. Charta Ildefonsi Regis Aragon. æræ 1218 : *Promitto et Convenio, quod ero vobis bonus adjutor et defensor per bonam fidem, etc.* Occurrit ibi non semel, apud Marcam in Histor. Beneharn. lib. 6. cap. 1. et. 5. et in Chartis Hispanicis passim. Alia Aragonensis anno 1250. apud Diago in Hist. Regni Valentiæ lib. 7. cap. 45 : *Demas juro et Convengo, et otorgo que tendre totas estas convenientias, etc.* [Tabularium Calense pag. 278 : *Concedens eidem Procuratori suo plenariam et liberam potestatem... Conveniendi, reconveniendi, excipiendi, replicandi, duplicandi, triplicandi, proponendi, etc.*]

* *Avoir en convent*, in Stat. ann. 1352. tom. 5. Ordinat. reg. Franc. pag. 509. art. 1. Ubi divisis vocibus leg. *en convent. Mettre en convenant*, in Stat. ann. 1376. tom. 6. earumd. Ordinat. pag. 229. art. 15. *Convenancier*, eadem notione. Charta ann. 1301. in Lib. in rub. Cam. Comput. Paris. fol. 143. r°. col. 1 : *Comme mon sire Pierre Bouchart et dame Hyolent de Rochefort sa fame m'eussent Convenancié et otroié à perpetuauté, par non d'eschange, le chastel de Rochefort, etc.* Pariag. inter Carolum VI. reg. Fr. et episc. Virdun. ann. 1389. in Memor. E. ejusd. Cam. fol. 210. r°. : *Avons promis et Convenancié, prometions et Convenançons par ces presentes au roy nostredit seigneur et à ses gens, de faire accepter cedit pariage et agréer de nostre chapitre de Verdun.* Occurrit præterea tom. 5. Ordinat. reg. Franc. pag. 494. art. 12. et pag. 565. *Conventer*, in Stat. ann. 1359. tom. 4. earumd. Ordinat. pag. 210. art. 10. *Enconvenancer*, eadem acceptione, in Lit. remiss. ann. 1450. ex Reg. 186. Chartoph. reg. ch. 6 : *Le suppliant fiança et Enconvenança de prendre en mariage Marie, fille de Loys Masure.*

* 2. **CONVENIRE**, Citare, in jus vocare, Practicis nostris *Convenir.* Charta ann. 1264. ex Chartul. Campan. fol. 369. v°. col. 1 : *Quandoque baillivus Trecensis, quandoque baillivus Pruvinensis, quandoque præpositus de Nogento, quandoque præpositus de Braio, quandoque præpositus Villemauri coram se nos Conveniant, etc.*

Scacar. Paschæ ann. 1211. in Reg. S. Justi fol. 18. r°. col. 1 : *Judicatum est quod rex faciat justitiam de quadam muliere de terra comitis Alenchonii, quæ Convenitur de fide.* Quo etiam sensu intelligendum Tabul. Calense laudatum in *Convenire*, 1. Lit. remiss. ann. 1389. in Reg. 138. Chartoph. reg. ch. 98 : *Audoin repondoit qu'Oudin Malet avoit fait Convenir pardevant lui au Chastellet Richart de Vitry.* Aliæ ann. 1451. in Reg. 181. ch. 30 : *Icellui bastart faisoit excommenier et missionnoit très-grandement les citez et Convenuz, et quant lesdiz citez,...... Convenuz et excommeniez s'en plaignoient, etc.* Vide *Reconvenire*

* Hispan. *Convenio*, nostris *Convenant*. Charta ann. 1112. inter Probat. tom. 2. Hist. Occit. col. 381 : *Totum istum honorem donat eum rex Adefonsus ad Bernardum in fevum, tali Convenio, quod Bernardus donet inde potestatem ad regem, etc.* Froissart. 1. vol. cap. 29 : *Ils eurent Convenant de defier le roy de France et d'aller avec le roy d'Angleterre, quand il lui plairoit, et que chacun le serviroit à un certain nombre de gens d'armes.* Bestiarius Ms. :

Chaus qu'il trova premierement
Loua par itel Conveneut
C'a cascun donroit un denier.

CONVENIUM, Conventio. Charta Ildefonsi Regis Aragon. æræ 1218 : *In eodem pacto atque Convenio*, in Foris Aragon. lib. 3. de Ordine cognit. [Vetus Poeta MS. e Bibl. Coislin. :

Et cil repont et si li jure
Qu'il la portera sans faille,
Pour ce qui du Convent ne faille.]

CONVENTARE, Convenire, conventum agere, apud Cæsarium Eysterbach. lib. 5. cap. 22 [Et Solinum cap. 40. Tertulliano *Conventare* est *Frequenter venire*. In veteri autem Formula apud Muratorium Scriptor. Ital. tom. 1. part. 2. pag. 87. col. 1. A. *Conventare*, idem est ac Consentire, promittere, Gall. *Convenir* : *Petre, te appellat Martinus, quod ipse vendidit tibi unam suam casam, et Conventasti sibi dare 100. sol. et non dedisti nisi 50.*] [** Rach. 4.]

¶ **CONVENTATUS**, Doctor, ab Italico *Conventare*, Doctoris gradum in Academiis obtinere. Laudes Papiæ apud Murator. tom. 11. col. 26 : *Plures mittuntur ad scholas Bononiam... de qua veniunt periti et docti in legibus, decretalibus et medicina multi, et quidam in iis artibus Conventati.* [** Vide Savinii Histor. Jur. med. temp. lib. 2. cap. 21. § 80.]

* 1. **CONVENTIA**, Pactum, conventio. Præcept. Ludov. Pii ann. 835. tom. 6. Collect. Histor. Franc. pag. 413. art. 12 : *Quod si de his statutis atque Conventiis aliquid casu quolibet, vel ignorantia...... inruptum fuerit, præcipimus, etc.* Convintaille, vel *Convinçaille*, ut leg. suspicor, eodem sensu, in Contin. Guil. Tyrii apud Marten. tom. 5. Ampl. Collect. col. 723 : *Et de Convintaille lor rendi Biaufort et la terre de Saiete et cele de Tabarie.* Vide *Convenientia* 1.

* 2. **CONVENTIA**, Consensus, *laudimium*. Charta Garini Humolar. abb. ann. 1159. in Chartul. Montis S. Mart. fol. 116. r°. col. 1 : *Neque Gerbertus, neque hæres ejus hunc censum vendere, ... absque nostro beneplacito poterit et Conventia.* Vide *Conventare*.

¶ **CONVENTIALE** Scriptum, Quod pacta continet et conventa. Flodoard. de S. Gondeboato Martyre tom. 3. April. pag. 620 : *Unde Conventionale quoque scriptum digestum apud nos adhuc reservatur, utriusque partis assignatione roboratum.*

* **CONVENTIALIS** Libellus, Charta conventionum. Vide infra in *Libellus*.

* **CONVENTIARIA**, Pactum, conventio. Charta ann. 930. tom. 9. Collect. Histor. Franc. pag. 562 : *Facta Cunventiaria ista in mense Aprilis, etc.* Vide supra *Conventia* 1. et infra in *Libellus*.

¶ 1. **CONVENTICULA**, Congregatio. Ordinatio Teuderici Abb. Campirotundi ann. 962. in Appendice Marcæ Hispan. col. 882 : *Conventiculam Monachorum Christo Domino ibidem servientium aggregavit.*

¶ 2. **CONVENTICULA**, Conventio prava, pactum illicitum. Edictum Johannis I. Reg. Fr. tom. 3. Ordin. pag. 63 : *Colligationes aut Conventiculas factas aut initas in castro et villa predictis, a viginti annis circa, totaliter et imperpetuum annullamus.* Archivum Castri Nannet. armar. K. cass. H. n. 25 : *Articuli contra Episcopum Rhedonensem missi per illustriss. Ducem Britanniæ. Novissime sunt inventi aliqui alterius generis divinatores, qui affirmantes Ducem modernum parum esse victurum, induxerunt multos ad faciendum ligas et Conventiculas, ac etiam ad tractandum de capienda et maritanda denuo Ducissa in eventum mortis Ducis, et habendis fortilitiis Britanniæ ad manus suas, etc.*

* Ceremon. Rom. Ms. fol. 4. v°. ubi de Cardinal. in conclavi existentibus : *Et in primis ne Conventiculas noctu agitent.*

1. **CONVENTICULUM**, de hæreticis proprie dicitur, ut in leg. 10. et 20. Cod. Theod. de Hæret. (16, 5.) in leg. 4. et 5. eodem Cod. de His. qui super religione (16, 4.). Concilium Carthaginense IV. can. 71 : *Conventicula hæreticorum, non Ecclesia, sed Conciliabula appellantur.* Ubi alii Cod. habent *Concilia diaboli*. Hugo Diensis Episcopus in Ep. ad Gregor. VII. PP. apud Hugonem Flaviniac. pag. 202 : *Si pateretur uspiam, ubi posset, Conventicula, et quasi Concilia, (sic ea vocans) celebrare, etc.* Vide infra *Conventus* 5.

* 2. **CONVENTICULUM**, Cœtus, collegium. Privil. capit. de Roman. ann. 1348. tom. 3. Ordinat. reg. Franc. pag. 287. art. 26 : *Numquam per nos vel per alium concedemus,.... incolis dictæ villæ de Romanis,... quod ipsi habeant vel habere possint commune aliquod, nec etiam universalitatem, Conventiculum, nec sindicos, consules, procuratores vel actores per modum collegii seu universitatis, seu corporis, seu communitatis.*

CONVENTIO. Jus feudale Saxonum cap. 7. § 3 : *Dominus potest duobus solum feudum conferre, uni possessionem, et alteri expectationem, quæ dicitur Conventio, si moriatur absque hærede feudali possessor.* Cap. 9. § 4 : *Si moriatur possessor, quia feudum Domino non vacavit, nisi forte Conventio facta fuerit, etc.*

¶ **CONVENTIONALES** Ecclesiæ, Collegiatæ. *Secundum Ecclesiarum consuetudinem Conventionalium volumus ordinari*, in Charta Fundationis Eccles. Collegiatæ B. M. de Mirabello, inter Instrum. tom. 2. novæ Gall. Christ.

* **CONVENTIONALIS** Libellus, Charta conventionum. Vide infra in *Libellus*.

CONVENTIONARE, Pactum, conventionem inire, paciscendo convenire, promittere, pacisci. Radulfus de Diceto : *Omnes homines Scotiæ Conventionaverunt Regi, quod si, etc.* Math. Paris. : *Omnia, quæ Conventionavit Domino Regi.* Brompton : *Pro quibus Conventionavit Domino Regi de terris Baronum Northumbriæ 300. marcas dare.* [Epistola Henrici Regis Angl. ad Ludovicum VII. Franc. Regem apud Duchesnium tom. 4. pag. 584 : *Ego Henricus assecurabo Regi Francorum, sicut domino vitam suam et membra sua et terrenum honorem, si ipse mihi assecuraverit sicut homini et fideli suo vitam meam et membra mea et terras meas, quas mihi Conventionavit, de quibus homo suus sum.*]

¶ **CONVENTIONES**, f. Qui simul *convenientes* unam et eamdem componunt familiam. Charta ann. 1239. pro fundatione Marciliaci prope Avalonem inter Instrum. tomi 4. Gall. Christ. col. 100 : *Buretus et Maria ejus uxor dant circiter quindecim solidos, et duas familias hominum, scilicet Duranum de Marciliaco, Robertum Lathonum cum omnibus Conventionibus suis, suis hæredibus, successoribus eorumdem, et in posterum procreandis.*

¶ Conventiones Regiæ, Jurisdictio peculiaris Nemausi, ad instar jurisdictionis nundinarum Campaniæ et Briæ, ad mercatorum lites dirimendas, a Philippo III. Franc. Rege ann. 1272. instituta : de ea consule D. *de Lauriere* tom. 2. Ordinat. pag. 231. et 232.

** **CONVENTIUM**, Merces conventa. Chart. Albert. duc. Austr. ann. 1346. ap. Haltaus. col. 1343. voce *Miete* : *Volumus, quod nulla donatio, Conventium (quod vulgo* Miet *dicitur) steura vel exactio a quoquam advocato ... exigatur.*

¶ **CONVENTIUNCULUM**, ut *Conventiculum*. Vita B. Columbæ Reatinæ Maii tom. 5. pag. 379 * : *Quem statim tota pestilentiæ Conventiuncula sinistra suggestione prævenerant.*

CONVENTORES, Partes quæ invicem de re quapiam conveniunt, paciscuntur, in Capitulis Caroli Magni lib. 5. cap. 127. [** 198. Conf. Capitul. Francic. ann. 779. cap. 13.]

* **CONVENTUALES** dicti ex ordine S. Francisci, qui annuos reditus possidebant, ad discrimen *Observantinorum*, qui regulam severius observabant. Gualvan. de la Flamma apud Murator. tom. 12. Script. Ital. col. 1012 : *Ab Azonis vicecomitis tempore usque ad Ludovicum Mariam Sfortiam Mediolani ducem perduravere in hoc cœnobiolo fratres ordinis S. Francisci, Conventuales appellati, qui divina ibidem officia et sacra ad principis aulæque commodum peragebant.* Vide in *Conventus* 5.

¶ **CONVENTUALIS**, Conventualitas. Vide post *Conventus* 5.

1. **CONVENTUS**, Mallum, placitum publicum. Gloss. Lat. Gr. : *Conventus*, Συνοδία, σύνοδος, ἀγορά, συνέλευσις, ἄθροισις. Lex Alemann. tit. 36. § 1 : *Conventus secundum*

antiquam consuetudinem fiat in omni Centena coram Comite, aut suo Misso, aut Centenario. Ipsum placitum fiat de sabbato in sabbatum, aut quali die Comes aut Centenarius voluerit, etc. Vide *Campus Martii*. [** *Conventus populi* in Chart. ann. 1310. ap. Haltaus. voce *Goding*, col. 732. *Conventus publicus* in Tradit. ann. 819. ap Schannat. in Tradit. Fuldensib. pag. 131.]

2. **CONVENTUS**, Græcis, σύναξις, Ecclesia, ad quam conveniunt fideles. Concilium Agathense ann. 506. can. 21 : *Si quis extra parochias, in quibus legitimus est ordinariusque Conventus, oratorium in agro habere voluerit, reliquis festivitatibus, ut ibi Missas teneat propter fatigationem familiæ, justa ordinatione permittimus, etc.* Cæsarius Arelat. Serm. 12 : *Quia vos ad audiendas lectiones divinas video ad Conventum Fratrum, vel ad Ecclesiam fideliter accurrere.*

3. **CONVENTUS**, Districtus, diœcesis Episcopi. Concilium Toletan. IV. can. 35 : *Sicut diœcesim alienam tricennalis possessio tollit, ita territorii Conventum non adimit. Ideoque Basilicæ, quæ novæ conditæ fuerint, ad eum procul dubio Episcopum pertinebunt, cujus Conventus esse constiterit.* Vide Gratianum 16. q. 2. *Possessio*. 16. q. 3. *Sicut diœcesim*, et Burchardum lib. 3. cap. 147. Ubi *diœcesis* est Ecclesia parochiana; *Conventus* vero, diœcesis, seu districtus jurisdictionis Episcopalis. Adde can. 53. [Occurrit passim in Chronico Idatii.]

¶ 4. **CONVENTUS**, Conventum, pactum. Codex MS. Stephani Lemovic. inter Stephanotii Fragmenta MS. tom. 1. pag. 12 : *Petrus de Vernolio in manu Iterii Episcopi et Canonicorum Lemovic. Præposituram Quadriviensis Ecclesiæ propter* DCCCLX. *solidos in vadimonio concessit. Post ejus mortem Katardus Vicarius filiam supradicti Petri accipiens in uxorem, similiter et eamdem Præposituram S. Stephani Canonicis in vadimonium concessit, et ab iis plus accipiens* CCCXXX. *sol. eo pacto ut Conventum, quem Petrus iis fecerat, idem ipse et uxor sua fecerunt.*

5. **CONVENTUS**, Collegium Monachorum. Ebrardus in Græcismo cap. 12 :

> Est Monachorum Conventus, nec non Monacharum,
> Vel diversorum collectio discipulorum.
> Sed Conventiculum dicas pietate carentum.

Ordericus Vitalis lib. 5. pag. 542 : *Ut greges duorum Cœnobiorum permitterent adunari, Deique ad laudem sub uno Abbate, et sub una Regula unum Conventum effici.* Lib. 3. pag. 480 : *Dum Uticense Cœnobium aucto Conventu 40. Monachorum gloriose corroboraretur.*

Conventus, Locus, seu Camera, ubi conveniunt Monachi, de rebus suis invicem deliberaturi. Chronicon Fontanell. cap. 16 : *Jussit præterea aliam condere domum juxta absidam Basilicæ S. Petri.... quam Conventus, sive Curiæ, quæ Græce Bouleutirion dicitur, nomine appellari placuit, propter quod consilium in ea de qualibet re perquirentes convenire fratres soliti sunt.* Chronicon Lobiense pag. 635 : *Locum Conventus, quo videlicet ad sedendum et legendum Fratres conveniunt, decentiori opere... adimplevit.* Chronicon Trudon. lib. 6. pag. 401. 402 : *Per eum locum, quem tunc appellabamus, et nunc habemus, Conventum.*

¶ Conventus Claustri, Latus peristylii, Gall. *Côté de cloître*. Rituale. MS. Eccles. Cathedr. S. Stephani Tolos. : *Et statim fit processio, ut sequitur, per claustrum pro omnibus fidelibus defunctis cum Responsorio*, Libera me Domine, *eundo ad S. Jacobum, transeundo per primum Conventum Claustri... Postea exitur de Ecclesia S. Jacobi, et transeundo per quartum Conventum Claustri itur ad Ecclesiam magnam. Et post in primo Conventu.... Cantores incipiunt... deinde revertitur ad quartum Conventum, etc.*

Conventum Tenere dicitur, qui primus occurrit inter Monachos, absente Abbate vel Priore in Officiis divinis, vel in refectorio, in libro Ordinis S. Victoris Parisiens. cap. 27. et in libro Usuum Ord. Cisterciensis cap. 81.

Conventuales Fratres, Monachi, qui collegialiter in *Conventibus vivunt*. Matth. Paris ann. 1233 : *Rex Angliæ Henricus quamdam decentem Ecclesiam et congregationem Conventuali sufficientem... fabricavit.* Vide Waddingum in Annalib. Minor. ann. 1252. num. 18. et ann. 1375. n. 44.

¶ Conventualis Ecclesia, Prioratus Canonicorum Regularium. Instrum. anni 1484. in Formulari Anglic. Thomæ *Madox* pag. 70 : *Dilecto nobis in Christo Fratri Willelmo Cokk Canonico Regulari Prioratus sive Ecclesiæ Conventualis de Erdebury, in Priorem dicti Prioratus sive Eccl. Conventualis, per mortem bonæ memoriæ Fratris Thomæ Hay ultimi Prioris ibidem, vacantis, per Conventum præfatæ Eccl. Conventualis, quasi per inspirationem divinam canonice electo, Salutem in Domino.*

¶ Conventualis Locus, in Statutis Ordinis Cluniac. MSS. Monasterium in quo sunt Monachi numero sufficientes ad omnes Ordinis regulas rite observandas; *non Conventualis* autem, in quo præ minori Monachorum numero constitutiones omnes non possunt observari : *Item, quod in omnibus Locis Conventualibus Ordinis in honore B. M. Virginis cantetur a modo post Completorium alta voce et cum nota*, Salve Regina, *vel alia Antiphona de eadem. Id idem si bono modo possit fieri in aliis Locis non Conventualibus, fiat.* Paulo post : *Item, quod in Abbatiis et in quinque principalibus Prioratibus, et in aliis Locis Conventualibus dicti Ordinis, ubi in vigilia Paschæ Cereus benedicitur, et tabula Cerei scribitur anni regiminis cujuslibet Abbatis, Cluniacenses ponantur de cetero et scribantur.* Hac notione etiamnum dicimus *Prieuré Conventuel, Prieuré simple*.

¶ Conventualitas, Societas religiosa, Gall. *Conventualité*. Occurrit in Bullis Pauli III. Papæ pro sæcularizatione Monasteriorum Insulæ Barbaræ et Vezeliacensis; necnon in Bullario Carmelit. pag. 419. col. 1. etc.

¶ Conventualiter Vivere, in eodem Bullario pag. 220. col. 2.

* 6. **CONVENTUS**, Collegium canonicorum. Magn. Pastorale Paris. fol. 238 : *Episcopo et Conventui S. Mariæ ecclesiæ Parisiensis carissimis dominis suis, pacem et concordiam, quam fecistis cum Simone de Obergenvilla homine meo, concedo fieri, et manucapio teneri.*

* 7. **CONVENTUS**, Præstatio, quæ pro facultate *conveniendi* ad scholas privatas, rectori publicarum solvitur. Charta pro unione scholarum Trecens. ann. 1327. in Reg. 65. Chartoph. reg. ch. 23 : *Illi qui extra scholas prædictas litteras Latinas usque ad Donatum in Trecensi civitate et suburbio addiscebant, Conventus suos rectori dictarum scholarum S. Johannis et Remigii solvebant.*

* 8. **CONVENTUS**, *Navium commeatus*. Glossar. vet. ex Cod. reg. 7641.

¶ **CONVENUSTARE**, *Adornare*, in Glossar. MS. Sangerman. num. 501.

* Charta Ludov. VII. reg. Franc. ann. 1157. inter Probat. tom. 2. Hist. Occit. col. 562 : *Ad quæ renovanda et quadam novæ scripturæ pueritia Convenustanda, etc.*

¶ **CONVERRA**, *Commune auxilium, subsidium*. Glossar. Joannis Lidii ad calcem operum Nicolai de Clemangis.

¶ **CONVERSA**, Monacha. Mortilogium B. M. Andegav. : IV. *Non. Junii obiit Domina Ermengardis Britanniæ Conversa. Nonis Febr. ob. Adenor Vicecomitissa Consoror nostra...* VIII. *Idus Dec. ob. Lucia de Castro-Brientii Deo sacrata, et Agata de Vitreio Conversa et Monacha.*

* Vel Mulier, quæ in extremis habitum religionis suscipiebat, vel quæ monachorum obsequiis erat addicta. Charta Simon. de Chavigniaco ann. 1210. ex Tabul. S. Crispini in Cavea Suession. : *Volo et concedo elemosinam, quam carissima mater mea, Conversa S. Crispini in Cavea, ob remedium animæ suæ contulit ecclesiæ supradictæ.* Vide *Conversi* in *Conversio*.

Conversæ, Mulieres, quæ a prava et dissoluta vita ad meliorem transeunt, vulgo nostris, *Converties*. Honorius Augustod. lib. 2. Gemmæ animæ cap. 242 : *Conversæ, quæ eumdem habitum* (ac viduæ) *gerunt, a Maria Magdalena formam sumpserunt.* Iis vero recludendis binæ olim exstitere domus Constantinopoli, prior a Justiniano M. exstructa, cui Μετανοίας, ὁμωνύμως τῷ ἔργῳ, seu *Pœnitentiæ*] nomen imposuit, ut auctor est Procopius lib. 1. de Ædif. Justin. altera quam τὴν νέαν Μετάνοιαν vocat Theophanes anno 1. Heraclii, nostris, *Maison des Repenties*. De utraque pluribus agimus in nostra Constantinopoli Christiana.

Conversa Uxor, Quæ cum mariti consensu Deo se dedicavit, in Concilio Arelat. II. cap. 3.

¶ **CONVERSABILIS**, Comis, facilis, quocum familiariter uti licet. Goclen. in Lexico Philos. pag. 297.

* Vita S. Emmer. tom. 6. Sept. pag. 475. col. 2 : *Erat enim Conversabilis supra modum, tam cum feminis, quam cum viris.*

CONVERSARE, Vitam religiosam seu monachicam profiteri. Charta Pipini Majoris Domus apud Doubletum lib. 3. pag. 693 : *Ipsi Monachi de ipso sancto Cœnobio, qui in ipsa sancta casa Conversare, vel vitam degere videntur.* Marculfus lib. 2. form. 48 : *Supplicaturia pro eo qui in Monasterio Conversare desiderat.*

Conversari, Eadem notione. Lex Aleman. tit. 15 : *Monachus qui sub Regula in Monasterio Conversatus fuerit*. S. Bernardus in Apol. de Vita et morib. Relig. cap. 3 : *An forte qui juxta altum ordinem Conversari videor, propterea huic suspectus habeor.* Et cap. 8. *Sic Patres in Ægypto Conversati sunt?*

CONVERSATIO, Monachismus, vita monachica. Rathbertus Monachus de Casibus S. Galli cap. 5 : *Cum Conversatione habitum mutavit, et tunc demum monachicis indutus vestimentis susceptus... Abbas est ordinatus.* Epistola Dagoberti Regis in Vita S. Desiderii Cadurc. Episcopi cap. 7 : *Sub habitu sæculari Christi militem agere, ac mores angelicos et sacerdotalem Conversationem habere. Sanctæ Conversationis fundamenta jacere*, apud S. Hieron. in Epist. 8. ad Lætam. *Sanctæ Conversationis habitum tradere*, apud Gregorium Magnum lib. 2. Dial. cap. 1. *In sancta Conversatione permanere*, apud Petrum Damian. de Vita S. Romualdi cap. 15. *Habitus sanctæ Conversationis*, apud eumdem lib. de Perfect. Monachor. cap. 15. Vide Bedam in Vita S. Cuthberti cap. 28. Ordericum Vitalem pag. 477. 518. S. Anselmum lib. 1. Epist. 13. etc.

CONVERSATIO, interdum vox generica, pro quorumvis vivendi ratione. Gloss. Lat. Græc. : *Conversatio*, ἀναςροφή, διαγωγή, βίος. S. Hieronymus lib. 1. in Ruffinum cap. 3 : *Eo quod te dicerent cum sodalibus tuis indigna nomine Christiano de mea Conversatione jactitare.* Adde Epist. 4. 24. S. Valerianus Cemelenensis lib. de Bono disciplinæ : *In hoc solum constat Conversationis nostræ ratio, ut boni simus.* Heitto Episcop. Basileensis in Visione Wettini Monachi Augiensis num. 9 : *Quam terribilem vero sententiam de Conversatione Comitum intulerit, quis enarrare sufficiat?* Vide Capitul. 2. ann. 811. cap. 1. Capitul. 5. Caroli M. incerti anni cap. 1. 2. etc.

CONVERSATIO, CONVERSATIO PUBLICA, Usus publicus, proprie de moneta, *Cours de la monnoie*, in Cod. Theod. leg. 1. de Conlat. æris (11, 21.), leg. 2. Si quis pecun. confl. (9, 23.) et leg. 3. de Suariis. (14, 4.)

¶ CONVERSIM, Perperam, præpostere. Epistola Godehardi Abbatis Tegernsensis ad Theodulum Episc. apud Mabill. Analect. tom. 4. pag. 350 : *Neque omnes Christiani Christiani sunt, neque omnes viri viri sunt, nec omnes Monachi Monachi sunt. Christiani tamen isti sunt et Monachi. Sed hæc Conversim volumus, sed non possumus; nitimur, sed infirmamur.*

CONVERSIO, CONVERSUS, CONVERTI, voces de vitæ monasticæ professione usurpatæ.

CONVERTI, dicitur, qui Monachus fit. Gregorius Magn. lib. 2. Ind. 11. Epist. 6 : *In qua lege continetur, ut nulli qui in manu signatus est, Converti liceat.* Idem lib. 7. Epist. 11 : *Ne militiæ, vel rationibus publicis obligati ad Ecclesiasticum habitum veniant, vel in Monasteriis Convertantur.*

CONVERSI, Monachi. Concilium Aurelianense I. can. 2 : *Monachus in Monasterio Conversus.* Salvianus lib. 4. ad Ecclesiam Cathol. : *Et licet de Conversorum venerabili choro esse videaris, licet religionem vestibus simules, etc.* Exstat Isid. liber *de Conversis* id est, Monachis. Conversi autem proprie dicebantur qui a sæculari vita, quam aliquandiu professi fuerant, vitam monachicam amplectebantur, et ad morum conversionem veniebant : differebantque ii a *Nutritis*, qui scilicet ab infantia in Monasteriis enutriti eamdem vitam amplexati erant. Ita enim *Conversi* intelligendi apud Anselmum lib. Similit. cap. 78. non vero ii, quos *Fratres Conversos* dicimus, ut vult Haeftenus, [et alibi non semel, ut fuse probat Mabillonius in Præfat. in Acta SS. Benedict. sæc. 3. part. 1. num. 21. et in Notis ad Vitam S. Erminonis Abb. Laubiensis eodem tom. pag. 565.]

CONVERSIO, Monachismus. Beda lib. 4. Hist. Eccl. cap. 5 : *Monachi in ea permaneant obedientia, quam rem tempore suæ Conversionis promiserunt.* Capitula Caroli Magni lib. 1. cap. 63. in Lemmate : *De Conversione liberi hominis. Ad Conversionem venire*, pro Monachicam vitam amplecti, in Regula S. Benedicti cap. 4. apud Petrum Venerab. lib. 1. de Miracul. cap. 4. in Chron. Fontanell. cap. 4. apud Ordericum Vital. lib. 3. pag. 477. in Chronico S. Benigni pag. 402. 415. 416. 419. in Orig. Murens. Monast. pag. 40. 48. in Vita S. Hermelandi n. 5. etc. Formula promissionis monachalis: *Ego promitto stabilitatem et Conversionem morum meorum.* Vide Filesacum lib. 1. Selector. pag. 161.

* Hinc *Conversionem intrare*, pro Monasterium ingredi, vitæ monachicæ amplectendæ causa, in Charta ann. 1195. ex Chartul. Thenol. fol. 21. r°.

CONVERSIO dicitur præterea de iis qui abjurandæ vitæ sæcularis proposito facto, ad strictus vitæ genus pervenire student. Ita in Concilio Arausicano I. can. 22. Arelat. II. can. 43. et Agath. can. 16. statuitur, *non ordinandos Diacones conjugatos, nisi prius Conversionis proposito professi fuerint castitatem.* Idem de Presbyteris conjugatis statuitur in eodem Concilio Arelat. II. can. 2. de Episcopis et Presbyteris qui de laicali statu ad eas dignitates provehuntur, in Concilio Arelat VI. can. 1. et 2. in Epistola Felicis VI. PP. ad Cæsarium Arelat. in Concil. Aurel. III. cap. 6. Aurel. V. cap. 9. et Cabilonensi cap. 5. in quibus requiritur annalis conversio. De viduis vero et puellis quæ ad propositum servandæ in posterum castitatis aspirant, vide Epaonense cap. 21. et Aurel. V. cap. 19. præterea Filesacum lib. 1. Selector. pag. 162.

CONVERSI, in Monasteriis, dicuntur laici Monachi, laicis exercitiis et Monachorum obsequiis addicti, vulgo *Freres Convers.* Sic autem appellati quod primitus viri laici pietatis, seu etiam quærendi victus gratia Monasteriis totos se darent, offerrent, et addicerent, operam suam locantes ad vitam suam : unde et *Laici*, et *Oblati*, et *Donati*, sæpe dicti leguntur, ut suis locis docemus. *Conversi, qui Monachi non sunt*, in Epistola Innocentii II. PP. tom. 10. Spicilegii Acheriani. Guigo in Vita S. Hugonis Episcopi Gratianop. n. 11 : *Duos Laicos, quos appellamus Conversos.* Vide eumdem in Statutis Cartusiensib. cap. 78. et Statuta antiqua ejusd. Ord. 2. part. cap. 26. §3. [Acta S. Hamonis Monachi Savigneii MSS. : *In prædicta Savigneii Abbatia non solum Monachi, sed etiam Laici quos Conversos nuncupant, sub habitu religionis Deo deserviunt. His autem Monachus aliquis præficitur, qui sapientiæ doctrina et religionis prærogativa præpollere cognoscitur. Eo ipso tempore quo eis S. Hamo præerat, accidit plures ex illis propositum relinquentes ad sæculum redire, et stivam, quam tenere videbantur, dimittere.* Charta ann. 1313. inter Instrum. Hist. Eccl. Meld. tom. 2. pag. 201 : *Dignum duximus ordinandum, quod deinceps in Prioratu nostro prædicto* (S. Fiacrii) *novem fratres Monachi, de gremio tamen Monasterii nostri* (S. Faronis) *ibidem divinis obsequiis mancipati; et una cum iis unus Conversus et una Conversa, qui eorum insistent obsequiis, sub habitu regulari per Priorem, qui denarium numerum faciet, etc.* In Tabulario Calensi ab initio ad pag. 92. plurimi memorantur *Fratres Conversi*, modo ut testes, modo ut procuratores hujus Monasterii, ac speciatim pag. 92. in Litteris P. Episc. Meld. ann. 1240. pag. 114. in Sententia arbitrali Johannis Episc. Trecensis ann. 1269. et pag. 129. in Charta anni 1221.] Heloissa Abbatissa Paraclet. : *Religionis erat de cultu terrarum et labore proprio vivere; sed quia ex debilitate non possumus, admittimus Conversos et Conversas, ut quæ per nos administrari non permittit rigor religionis, per eos adimpleatur.* Vide *Conversa* suo loco. Raymund. Ordin. FF. Prædicat. in Summula :

Si fugit ex claustro laicus Conversus, et inde
Duxerit uxorem, cum crimen constat ab isto,
Hæc eat, et repetat correctus apostata claustrum,
Si fuerit sua nota professio : conjugium stet,
Si nullum fecit : tamen illos æqua voluntas
Separat, ut caste vivant injungitur istis.

[Statuta Cisterc. ann. 1275. apud Marten. tom. 4. col. 1446 : *Ordinat et definit Capitulum generale, quod Conversi nostri Ordinis in Provincia et Wasconia et ultra, non Conversi, sed Fratres nominentur, eo quod nomen illud in dictis provinciis abominabile habeatur propter hæreticam pravitatem.*] Vide Institutiones Capit. Gener. Cistercens. distinct. 14. et Haeftenum lib. 3. Disquisit. Monastic. tract. 1. disquisit. 8. [** Schannat. Histor. Fuldens. tom. 1. pag. 13. et supra *Barbatus*, 1.]

* Interdum monasteriorum procuratores, præsertim monialium. Charta Margar. comit. Flandr. ann 1262. ex Tabul. Flin. : *Dictum monasterium debet nostra placita* (frequentare) *ter in anno per Conversum aut aliquam personam aliam secularem ad hoc institutam.*

* A monachis nihilominus distinguebantur *Conversi*, adeo ut decima ex agris, quos ipsi colebant, exigeretur, quam monachi non reddebant, si eosdem agros propriis sumptibus excolerent : unde non strictiori sensu hic intelligendi sunt *Conversi*; sed Coloni, qui peculiari ratione monasterio adstricti, rusticis operibus vacabant. Charta capit. S. Steph. Trecens. ann. 1248. in Chartul. Arremar. ch. 34 : *Ipsos* (monachos Arremarenses) *quandocumque terras dictæ grangiæ propriis sumptibus suis excolent, a solutione decimæ unanimi assensu liberos esse concedimus et immunes : quandocumque autem dicta gran-*

chia vel terræ ipsius pro parte vel pro toto per admodiationem, alienationem, pensionem vel donum ad vitam seu alio quoquo modo ad manus Conversi seu Conversorum, vel aliarum quarumcumque personarum devenerit, tunc ex eis nobis decima persolvetur.

Conversus ad Succurendum, [Qui urgente mortis periculo *Conversi* vestem induit.]. Necrologium Monast. S. Petri Remensis: xii. *Kl. Febr. Margareta Chauchons Conversa ad succurrendum.* Vide *Monachus ad succurrendum.*

Conversos præterea vulgo appellabant qui a Judaica vel Mahumetana superstitione ad religionem Christianam convertebantur. Narrant Matthæus Paris et Matthæus Westmonasteriensis sub ann. 1233. Henricum III. Anglorum Regem exstruxisse Londini *Domum Conversorum* pro errorem Judaicum relinquentibus, *in qua ii sub honesta vivendi regula certum haberent in tota vita sua domicilium, tutum refugium, et sufficiens vitæ sustentamentum.* Istius domus meminit rursum Paris anno 1244. pag. 436. quam quidem, expulsis postmodum Judæis, Edwardus III. anno regni sui 51. in Scriniorum custodiam commutavit, ut auctor est Spelmannus. [Historia Bertrandi du Guesclin pag. 5 : *Entretandiz entra leenz une Converse qui Juifve avoit esté, etc.*]

* *Convers* nostris, eadem acceptione. Lit. ann. 1368. tom. 5. Ordinat. reg. Franc. pag. 167 : *Neantmoins aucuns Chrestiens Convers, qui depuis ce que lesdits Juifs commancerent à habiter en nostredit royaume, se sont convertis à la foy Catholique et faits baptiser, etc.* Vide supra *Baptizati.*

Ejusmodi Conversis victum et vestitum primo conferebant Reges, verum cum iis impensis ob ingruentia bella sufficere minime possent, eorumque numerus sat magnus esset, in Abbatias et Monasteria singulatim illos amandabant, a quibus victus necessaria perciperent, quod potissimum ex Guil. Prynneo in Libertatib. Eccl. Angl. tom. 3. pag. 835. et sequentibus docemur, ubi nomina Conversorum, et uxorum interdum, ut et Monasteriorum quibus alendi tradebantur, recensentur.

Ejusmodi in Gallia *Conversorum*, qui ex partibus ultramarinis adducebantur, cum e Judæis, tum e Mahumetanis, frequens occurrit mentio in Computis Baillivorum Franciæ : verbi gratia in Computo ann. 1233 : *Pro expensis Conversorum de partibus transmarinis* 108. *sol.* 6. *den.* In alio ann. 1302 : *Philippotus Conversus filiolus Regis pro roba pro medio* 30. *sol.* In alio 1333 : *Philippus filiolus Regis* 8. *den. per diem et pro roba pro med.* 30. *sol. Isabella Conversa filiola Reginæ Angliæ* 3. *denar. per diem. Hugueninus Conversus filiolus Hugonis Ducis Burgundiæ den. per diem.* In aliis Computis, vulgo sub *Baptizatorum* appellatione recensentur, ex quibus percipimus Reges et Magnates istorum Conversorum in Baptismo fuisse patrinos, iisque certos attributos reditus ad victum et vestitum, quos *Bursam Baptizatorum* appellat aliud Computum anni 1285. De Baptizatis istis habetur istud Arestum datum in octavis Nativitatis B. M. ann. 1260 : *Placuit Domino Regi quod Majores bonarum villarum habeant justitiam de Baptizatis in villis suis manentibus, quando delinquunt, in iis tamen in quibus justitia pertinet ad ipsos.* Vide Matth. Westmonast. ann. 1254. et Notas nostras ad Joinvillam pag. 112.

Conversus. In Tabulario Ecclesiæ Gratianopolitanæ sub Hugone Episcopo, occurrit crebrius quidam *Guigo Conversus*, fere semper primus in subscriptionibus Chartarum ejusdem Episcopi. Habentur etiam ejusd. Guigonis literæ aliquot. At fol. 86. idem Guigo dicitur *Conversus Episcopi*, hacce ratione : *Inde sunt testes videntes et audientes Guigo Conversus Episcopi, in cujus manu hæc donatio sive laudatio facta fuit, et Petrus Presbyter, etc.* [In placito Hugonis II. Episc. Gratianop. ann. 1130. ex Tabulario ejusd. Ecclesiæ nominatur inter testes, qui subscripsere, *Thedebertus Conversus Episcopi.* Quibus in locis *Conversus*, ut suspicor, sic dictus est Administrator bonorum Episcopi, ad instar *Conversorum Monachorum*, qui sæpius erant Monasterii bonorum Administratores.]

Convertere, Ad conversionem venire, seu vitam monachicam amplecti. Vetus Charta ex Tabulario Ecclesiæ Gratianop. : *Quia ingredientibus Monasterium Convertendi gratia ulterius nulla sit testandi licentia, sed res eorum ejusdem Monasterii juris fiant, aperta legis definitione decretum est, etc.*

* *Conversion*, Consuetudo, familiaritas, in Vita J. C. Ms. ubi hæc Lucæ cap. 1. v. 34 : *Dixit autem Maria ad Angelum : Quomodo fiet istud, quoniam virum non cognosco?* ita Gallice redduntur :

> Sainte Marie respondi :
> Comment ert chou, car le me di,
> Ja ne n'eue jou onques baron,
> Ne vers homme Conversion.

* *Convers* vero Antrum, cubile, ubi animal *conversatur.* Bestiarius Ms. ubi de Unicorni :

> Quant il ont trové son Convers,
> Et tres bien avisé lors mers, etc.

* **CONVERSORIA**, Idem quod *Hala*, forum frumentarium, sic fortasse dictum, vel quod locus sit contectus, vel quia ibi conversantur mercatores. Chartul. Thenol. fol. 62. r° : *Apud Landousis percipimus singulis annis in Conversoria dictæ villæ sexdecim galetos bladi.*

¶ **CONVERTIBILIS**, Qui converti potest seu mutari. Concil. Tolet. I : *Si quis dixerit vel crediderit Deitatem Christi Convertibilem esse vel passibilem, anathema sit.*

* **CONVERTIBILITAS**, Mutabilitas, flexibilitas. Homil. de S. Helena tom. 3. Aug. pag. 590. col. 1 : *Hominem autem Convertibilitate naturæ ac libertate licentiæ et infirmum esse et contumacem.*

* **CONVERTIBILITER**, E converso, vicissim, Gall. *Réciproquement.* Placent. JC. in Summ. Institut. Justin. lib. 1. tit. 1. pag. 3 : *Ergo et omnis justitia est voluntas talis, et omnis voluntas talis Convertibiliter est justitia.*

¶ **CONVERTILITAS**, *Conversio.* Papias MS. et Glossar. Sangerman. MS. num. 501. necnon Laurentius in Amaltbea.

¶ **CONVESCERE**, Una vesci, tom. 2. Concil. Hispan. pag. 684. *Convescens*, in Actis Apost. cap. 1.

* **CONVEXUS**, Cumulatus, acervatus. Glossar. Lat. Gall. ex Cod. reg. 7692 : *Convexus, Amuncelé.*

¶ **CONUGLA.** Vide *Conucula.*

CONVIARE, Comitari, ire cum aliquo. Anastasius in S. Zacharia PP. : *Ipsa vero nubes cum eis usque ad Basilicam S. Apollinaris.... tegendo Conviavit.* Infra : *Rex egressus.... eidem sancto viro Conviatus eum deduxit.* Vide Theodor. Campedon. de S. Magno cap. 16. 19. 21. Chronic. Besuense pag. 574. Consecration. Lamberti Episcopi Atrebat. tom. 5. Spicilegii Acheriani pag. 544. Vitam S. Deicoli n. 15. Petrum Damianum lib. 1. Epist. 10. et alibi non semel, etc.

Conviator, Comes itineris, comperegrinans. Anastasius in S. Zacharia PP. : *Cum suis Sacerdotibus et Clero Conviatoribus, etc.* Ubi perperam editum, *cum viatoribus.* Occurrit præterea in Chronico Augustensi ann. 1101.

¶ Conviates, Eadem notione. Miracula S. Henrici Imp. tom. 3. Julii pag. 767 : *Mulier quædam non solum incessu privata, sed et totius corporis miserabili specie deformis et distorta, Conviatibus vehiculo trahebatur.* [** An *cruciatibus?*]

* Glossar. Gall. Lat. ex Cod. reg. 7684 : *Conviare, convoier. Conviatus, Convoiement. Convoy*, comitatus, in Lit. remiss. ann. 1403. ex Reg. 158. Chartoph. reg. ch. 142 : *Les compaignons baillerent à ladite femme, l'un deux solz Parisis et l'autre un gros de Mes; et puis la vouldrent ramener en son hostel : mais elle ne volt point de Convoy.*

CONVICANEUS, Ejusdem vici ac parœciæ. Orig. Murensis Monasterii pag. 42 : *Populus autem istic vadit ad condictum Episcopi, quo et cæteri ejus Convicanei vadunt... ibique Ecclesiasticum jus audiat.* [*Concives et Convicanei*, in Chron. Cornelii *Zantfliet*, apud Marten. tom. 5. Ampliss. Collect. col. 443.]

* **CONVICANUS**, ut *Convicaneus*, Ejusdem vici ac parœciæ. Vet. Inscript. apud Spon. tom. 2. Hist. Genev. pag. 376 : G. Aros. Marciano optimo juveni et pientissimo, officio inter Convicanos suos puncto Ædil. [** Vide Forcellin.]

¶ **CONVICINALIS**, Vicinus, Gall. *Voisin*, in Actis S. Isidori Agricolæ n. 4.

¶ **CONVICINIUM**, Vicinia, Gall. *Voisinage*, in Actis SS. April. tom. 3. pag. 886. 915. et Maii tom. 7. pag. 176.

* **CONVICINUS**, Vicinus, in Stat. criminal. Saonæ cap. 24. pag. 46.

* **CONVICIUM**, Accusatio. Vita S. Lamb. tom. 5. Sept. pag. 585. col. 2 : *Faramundus, ... suis exigentibus culpis, plurimorum criminatus Conviciis, expulsus est a pontificali cathedra, et ab eadem ejectus provincia.*

¶ **CONVIGUITAS**, Gregorius Monachus in Chronico Farfensi, apud Murator. tom. 2. part. 2. col. 378 : *Et ubicumque per bonorum hominum testimonium rei veritas inventa fuerit, neque hoc ulla difficultas impedit, statim hujus Monasterii pars recipiat justitiam suam, et ea tantum differantur quæ propter Conviguitatem diffiniri non possunt;* hoc est, si recte conjecto, propter æqualem contendentium *vigorem*, seu rationes et probationes æque verisimiles, adeo ut a quo veritas stet, non cognoscatur.

¶ **CONVINCERE** Terram Suam, Apud judices eam esse suam comprobare. Leges Rotharis cap. 382. apud Murat. tom. 1. part. 2. pag. 47. col. 2 : *Si quis cassinam aut tectum alienum foris in curte, ubi viri non habitant, dum intentio est de terra, disturbaverit aut in terram jactaverit, et Terram suam, sicut Lex habet, Convincere non potuerit, restauret ipsam cassinam.*

CONVINCLA. Vide *Conjugla.*

¶ **CONVINCULARE**, Vinculis illigare, conjungere. Oratio sacra Rathbodi Episc. Noviomensis de Annunciatione ann. 1081. in antiquo Lectionario Abbatiæ S. Eligii ejusd. urbis n. 3. pag. 29 : *Dum vero eadem die, prout in nendo moris est mulieribus, filum saliva madefaceret, filum idem linguæ inhæsit, et utraque quasi Convinculata distorsit.* Vetera Monumenta Monasterii S. Victoris apud Marten. tom. 6. Ampliss. Collect. col. 245 : *Nos ergo, Frater mi dilecte, quamvis non parva chaos disjungat intercapedo, tamen non solum carnis affinitate, verum etiam orationum in Christo devotione exopto Convinculari.*

CONVINERE. Apitius lib. 6. de Re culin. cap. 6 : *Et jus scissuris infundes, ut Convinet; et ubi Convinerit, assabis.* Ubi *Convinere*, est imbibere : at Humelbergius legit, *Combiberit.*

¶ **CONVINNA.** Vide *Covinus.*

¶ **CONVIPERINUS,** Una viperinus. Vide locum in *Impuderatus.*

¶ **CONVIRGINALIS**, Socia virginum. Acta SS. Junii tom. 2. pag. 973. de SS. Anastasio, Felice et Digna Virgine : *Hæc autem puella cum pro summa humilitate atque obedientia inter Convirginales ultimam se judicaret.*

CONVITARE, Invitare, unde nostris, *Convier.* Gregorius VII. PP. lib. 4. Ep. 22 : *Volumus etiam ut fratrem nostrum Hugonem venerabilem Cluniacensem Abbatem tecum Synodo interesse ex nostra parte Convitare rogando et multum instando procures.* [Occurrit etiam in Miraculis S. Simonis tom. 2. April. pag. 825.]

¶ Convitatio, Invitatio ad convivium. Statuta Massil. lib. 2. cap. 7. § 14 : *Prohibemus ut nullus Notarius... recipiat... xenia vel dona, aut remunerationem, vel convivium seu Convitationem, etc.*

¶ Convitatus, Invitatus. Vita S. Zenobii Episc. Florentini tom. 7. Maii pag. 51 : *Quodam die Convitatus in Cathedrali Ecclesia civitatis Florentinæ ad prædicandum.*

* **CONVITIATUS**, Convicium. Vita S. Godelevæ tom. 2. Jul. pag. 419. col. 1 : *Aliis detestandis Convitiatus contumeliis, aliis etiam, dum verbera minitaretur, erubescentibus super fera insolentia, etc.*

¶ **CONVIVA**, Invitator. Vita S. Canuti Regis auctore Alnotho Monacho tom. 3. Julii pag. 137 : *Et quibus jam Convivam pium traderes, advocabas.* Doctissimus Editor mallet legere *Invitatorem*, quod *Conviva* dicitur is qui invitatus est.

CONVIVÆ Regis, Ex familia, ex domo Regia. *Ministri Regis*, nostris vulgo, *Officiers Commensaux de la Maison du Roy.* Gl. Gr. Lat. : Συμβιωτής, *Conviva.* Ὁμόβιος, *Conviva.* Gl. Lat. Gr. : *Convictor et Convivator*, συμβιωτής, συνεστιάτωρ. Ἐσίοντες τὴν τράπεζαν τοῦ βασιλέως, in cap. 1. Danielis : seu ἀπολαύοντας τῆς τραπέζης τῆς βασιλικῆς, ut vertit Chrysostomus in hoc cap. Chronic. Alexandrin. ann. 13. Theodosii Junior. : Ὁ δὲ βασιλεὺς Θεοδόσιος Παυλῖνον ὡς φίλον, καὶ μεσασάντα τῷ γάμῳ, καὶ συναριστοῦντα αὐτοῖς, ἐποίησεν διὰ πάσης ἀξίας ἐλθεῖν. Epitaph. Probi viri illustris :

Lætabar prius mensæ regalis honore,
Principis alloquio, Regis amicitia.

Lex Salica tit. 43. § 6 : *Si quis Romanum hominem Convivam Regis occiderit.* Lex Burgund. tit. 38 : *Quicumque hospiti venienti tectum aut focum negaverit, 3. solidorum inlatione mulctetur : si Conviva Regis est, 6. sold. mulctæ nomine solvat.* Fortunatus de Conda Domestico :

Jussit et egregios inter residere penates
Convivam reddens proficiente gradu.

Jonas in Vita sancti Columbani cap. 24 : *Tum unus e Convivis Chrodoaldus nomine, cujus conjux erat amita Theodeberti Regis.* Et cap. 18 : *Vir nobilis Hagnericus Regis Theudeberti Conviva, vir sapiens et consiliis Regis gratus.* Adde Vitam S. Agili Abbatis. Vetus Scheda reperta in tumba S. Canuti Regis Daniæ ann. 1582. apud Isaacum Pontanum lib. 5. Hist. Danic. : *Gloriosus Rex Protomartyr Danorum Canutus pro zelo Christianæ religionis et justitiæ operibus, ut Christus, a proprio Conviva Blacone traditus, etc.* Qui quidem Blaco in Versibus ibidem repertis, *Minister*, id est, Officialis domus Regiæ, Saxoni Grammatico lib. 11. *primam Regis familiaritatem adeptus* dicitur. Vide Ordericum Vital. pag. 534. Proinde Convivæ Regis, ii sunt, *qui honore mensæ regalis aliis anteponuntur, quos participes mensæ suæ efficit*, ut est in Concilio Toletano XII. can. 3. et quos *divinis epulis adhiberi, et adorandi Principis facultatem* habuisse ait l. 1. Codic. Theod. de Comitib. et Tribun. scholar.(6, 13.) ubi Jacobus Gotofredus plura congessit de honore mensæ Regiæ, ut et Bignonius ad Legem Salicam, Savaro ad l. 1. Epist. Sidonii, et alii. Charta Ottonis M. Imp. ann. 962. et Henrici III. ann. 1045. apud Zyllesium : *Ipsi quoque quoties ad Regalem curiam venerint, de Regia mensa pascantur, et inter curiales et domesticos Regis et Reginæ qui regio cibo vescuntur, non infimi semper habeantur.* Vide Dissertat. 2. ad Joinvillam, [et Theodorum Marsilium ad Vespas. Suetonii cap. 2.]

Conviva Apostolorum, et Martyrum Consors, dicitur S. Thomas Cantuariensis Archiep. a Gervasio Dorobern. lib. de Combustione Dorobern. Eccl. pag. 1293.

¶ **CONVIVALES** Denarii, Qui cibariorum loco Canonicis distribuebantur certis diebus. Consuetudines MSS. Ecclesiæ Coloniensis e Bibliotheca Atrebatensi : *In vigilia Assumptionis B. Mariæ in anniversario Archiep. Renaldi Convivales denarii a Camerario sic dividuntur. Majori Ecclesiæ dantur* xx. *sol. et* vi. *denar. ad S. Geneonem* x. *sol. etc.*

¶ **CONVIVANTES**, in Ecclesia Lugdunensi dicebantur Canonici, qui pro majoribus, quos percipiebant, redditibus, certum aliorum Canonicorum, Presbyterorum Clericorumque numerum excipiebant hospitio et mensa. Scriptum de fundatione Ecclesiæ Lugdunensis : *In Ecclesia Lugdunensi sunt viginti duo Canonici qui tenent hospitia, et quilibet ipsorum tres tam Presbyteros quam Clericos, et sunt nonnulli qui plures tenent, sub spe futuri præmii. Item sunt quindecim Canonici residentes qui non tenent hospitia, quia non habent* xxx. *lib. Viennenses in redditibus, sed comedunt cum aliis Convivantibus. Nam est consuetudo, quod nullus Canonicus debet tenere hospitium, quousque* xxx. *lib. Vienn. in redditibus fuerit assecutus; postquam vero eas assecutus fuerit debet tenere hospitium cum numero Clericorum, ut Convivantes prædicti; alias nihil perciperet ulterius. Item sunt in dicta Ecclesia quatuor Capellani qui Custodes appellantur, et quilibet ipsorum percipit medietatem portionis, quam percipit Canonicus Convivans. Et quando fit divisio terrarum, et quando quis personatum obtinens percipit septem libras, Canonici Convivantes percipiunt quilibet quatuor libras, et simplices Canonici quinquaginta solidos.*

¶ **CONVIVATIO**, *Convivium*, συμπόσιον. Glossar. Lat. Græc.

¶ **CONVIVATORIUM.** V. *Conviviarium.*

¶ **CONVIVAX**, ὁμόβιος. Gloss. Lat. Græc. Qui simul vivit. Vide *Convivæ.*

¶ **CONVIVIALIS**, Convivalis, Pertinens ad convivium. Macrob. lib. 2. Satur. cap. 1 : *Convivialis lætitia.*

CONVIVIARIUM et Convivatorium, *Locus ubi convivantur*, Ugutioni et Joanni de Janua.

CONVIVIUM, vulgo *Pastus*, *Droit de past*, cum tenens aut vassallus tenetur ex conditione feudi aut tenementi, domino *Convivium* semel aut pluries quotannis exhibere. Marculfus lib. 2. formul. 1 : *Nullas functiones, vel exactiones, neque exquisita et lauta Convivia, neque gratiosa vel insidiosa munuscula... de ipsa facultate penitus non requirantur.* Regularis concordia Monachorum Anglicæ nationis, apud Seldenum ad Eadmerum pag. 150 : *Potentibus vero non causa Convivandi, sed pro Monasterii utilitate atque defensione, quotiens expedierit, obviandi intra infraque Monasterium licentiam habent.* Charta S. Audomari Episcop. Tarvanensis apud Folcardum in Vita S. Bertini cap. 6 : *Neque in agris ipsius Convivia ego, vel Pontifices successores nostri, vel Archidiaconus præparare non præsumant, etc.* Charta Henrici Regis Franciæ ann. 1058. ex Tabular. Fossatensi f. 15 : *Nec ullas molestias ullus suorum servis Dei inferre præsumat, nec Convivia sibi præparare jubeat.* Tabul. Ecclesiæ Cadurcensis : *Damus unum mansum qui vocatur Castinel, unum Convivium cum* 10. *Militibus, unum porcum optum, et alium vivum.* Ibidem : *Ego Raterius de Belloforte concedo Convivium illud, quod accepi in pignore pro* 300. *sol. de Vicecomite de S. Cirico.* Charta Beatricis Abbatissæ B. Mariæ Suession. ann. 1232. pro Communia Aisiaci : *Nos quitavimus dictis hominibus totam talliam, quam Ecclesia nostra consuevit accipere super eos, et* 4. *libras nigrorum, quas Ecclesiæ nostræ debebant de Conviviis et tensamentis.* Vide *Prandium*, *Paratæ*, *Procuratio*, *Pastus*, *Cœnaticum.*

¶ Convivium Rufum. Consuetud. MSS. Eccl. Coloniensis in Bibl. Atrebatensi : *Pondus panis de rufo Convivio.* A cibis dictum videtur.

A Conviviis Fidelium Ejici, Excommunicari : neque enim licebat cum excommunicato communicare, nec cum eo cibum capere, ut est in Conc. Autisiod. cap. 38. Concil. Andegav. can. 4 : *Non solum a communione habeantur alieni, sed nec Conviviorum quidem admittantur esse participes.* Turon. I. can. 8 : *A communione Ecclesiæ, vel a Convivio fidelium extraneus habeatur.* Concil. Veneticum can. 3 : *Non solum a communione divinorum Sacramentorum, sed etiam a Conviviis fidelium submovendos.* Ita passim in Conciliis Aurelian. I. can. 1. 3. 11. Epaonensi can. 15. Arvern. cap. 6. Lugdunensi II. can. 2. Parisiensi V. can. 13. etc.

CONVIVIA DEFUNCTORUM. Concilium Coyacense ann. 1050 : *Clerici et Laici qui ad Convivia defunctorum venerint, sic panem defuncti comedant, ut aliquid boni pro ejus anima faciant; ad quæ tantum Convivia vocentur pauperes et debiles pro anima defuncti.* Vide *Parentalia.*

* Nostris *Convi*, *Convier* et *Convive.* Lit. remiss. ann. 1453. in Reg. 182. Chartoph. reg. ch. 9 : *Icellui Portalier convia le suppliant à certain jour ensuivant pour le vouloir festier en sa chambre, ... auquel Convy ledit suppliant se trouva sans y penser à aucun mal.* Bestiarius Ms. :

Et feroit pour nous grant mangier,
Et grans noces, et grant Convi.

Convier, eodem sensu, in Stat. pro Audomar. ann. 1447. art. 22 : *Item est de cy-en-avant interdit et deffendu ausdits mayeur et echevins de faire diners ou Conviers aux depens de la ville.* Lit. remiss. ann. 1461. in Reg. 198. ch. 124 : *Le filz du suppliant estoit seant à table à ung Convive, qui se faisoit en laditte ville d'Aire.*

¶ **CONVIVOLA.** Janssonius in Auctario Glossar. Isidori : *Compotrix*, *Convivola*, *Coebriosa.*

* **CONUM.** Vide supra *Consumma.*

¶ **CONVOCATOR.** f. Is cui cura erat Canonicos *convocandi*, ubi id erat necessarium. Epitome Constitututionum Ecclesiæ Valentinæ tom. 4. Concil. Hispan. pag. 191 : *Si alicui fuerit capitulariter tradita possessio dignitatum, canonicatuum, aut præpositurarum Ecclesiæ, etiamsi postea in juribus suis succumbat, amittatve possessionem, nihilominus Scriba, Convocatores et Scholares et alii Ministri Ecclesiæ minime restituere teneantur id quod ratione sui præstiti officii in præfata possessione lucrati fuerunt et receperunt.*

** **CONVOCUS**, Æquivocus. Annal. Xantens. ad ann. 835 : *Ludovicus imperator cum Convoco suo perrexit ad Burgundiam.* Sæpius ibid. pag. 229. 230. 235. ap. Pertz. Scriptor. tom. 2.

¶ **CONVOLVULUS**, Dolor alvi, colica, Gallic. *Colique.* Medicina Salern. edit. 1622. pag. 36 : *Convolvulus etiam Latinis hoc malum nominatur a circumactione nimirum doloris.* Est autem *Convolvulus* vel *Convolvolus* Plinio, uti exponit Calepinus, Vermiculus minor eruca, erodens pubescentes uvas, quem alii Volvocem appellant, convolvendo, quia se involvit in pampino.

* Ex animadversionibus D. *Falconet* : Idem ac *Volvulus*, qui et in scholis medicorum Passio iliaca dicitur, cujus verum nomen εἰλεός, ileus.

CONVOTUS, Conjuratus, eodem voto astrictus, *obligatus*, Festo, et Joanni de Janua. Gerardus Abbas Silvæ Majoris in Vita S. Adelardi cap. 5 : *Quatenus cum separent a latere Regis, firmantur Convoti, ut justitiam ulterius non habendo, defensorem Regnum amitteret, etc.*

¶ **CONUMNUM.** Vide *Covinus.*

¶ 1. **CONUS**, vel CONUM, Gall. *Coin*, Angulus seu cujuscumque rei extremitas angulosa. Chartularium S. Vandregisili tom. 1. pag. 684 : *Ascendendo in recta linea versus campum de quatuor acris a Cono illius campi usque ad, etc.* Charta Hugonis de Chalancone ann. 1313. in Chartul. S. Martini Pontisar. : *A Cono seu bouto domus dicti Rectoris usque ad aliud Conum granchiæ et jardini de suo conquestu.* Charta Philippi Regis Francorum ann. 1328. ex eodem Chartulario : *Domus sita in Cono vici de Bello-Burgo.* Vita B. Coletæ tom. 1. Martii pag. 588 : *Cujus fasciæ seu mappæ Conos seu terminos duæ mulieres trahebant una hinc, altera illinc.* Joannis Iperii Chronicon S. Bertini apud Marten. tom. 3. Anecd. col. 592 : *Sepultus fuit in septemtrionali Cono claustri juxta introitum capituli.* Acta SS. Junii tom. 1. pag. 86. de S. Wistano : *Et caput Domini sui quassantes, cum capulo letale vulnus in Cono ejus infixit.* i. e. vertice.

2. **CONUS**, *Cuneus monetalis*, *Coin.* Leges Ethelredi Regis cap. 36 : *Eos etiam qui Conos faciunt in occultis, et vendunt falsariis pro pecunia, et incidunt monetam alterius mundam, etc.* Vide *Cuneus.*

¶ CONUS, *Instrumentum pistorium*, in Vocabulario Sussannæi.

* 3. **CONUS**, *Crista jubi*, *crepitaculum.* Glossar. vet. ex Cod. reg. 7641. Aliud ex Cod. 7613 : *Conus est curvatura, quæ in galea ponitur, supra quam cristæ sunt.* Vide Martin. Lexic. in hac voce.

* 4. **CONUS**, *Fructus cupressi*, in eod. Glossar. 7613. Aliud Lat. Ital. MS. : *Conus, lo in cipresso el suo fructo.*

¶ **CONUSCUS**, *Prehensus*, in Glossario MS. Sangerman. num. 501.

* **CONUTA**, Piscis genus. Stat. Placent. lib. 6. fol. 79. v°. : *Item sturiones et Conutas, pro qualibet libra xiiij. den.*

¶ **CONVULSIO**, Abolitio, violatio, a *Convellere*, Abolere. Charta fundationis S. Mauritii Agaunensis in Maceriis Insulæ Barbaræ tom. 1. pag. 32 : *Videat ne quis violare hoc audeat, et iram omnipotentis Dei incurrat; et si tempus advenerit, quod Deus avertat, quod Convulsione aut disceptatione contra hac agere tentaverit, etc.*

* **CONZARE**, Reparare, ab Italico *Conciare*, concinnare. Stat. Placent. lib. 4. fol. 39. v°. : *Item statutum est, quod potestas teneatur Conzari facere pontem Nuriæ.* Hinc

* 1. **CONZATOR** VIARUM, Qui earum reparationi invigilat, in iisd. Stat. lib. 7. pag. 179. v°. : *Ego superstans et Conzator viarum et rugiarum juro ad sancta Dei Evangelia bene et legaliter facere et exercere officium meum.* Ejusdem originis

* 2. **CONZATOR**, Coriarius, pellium concinnator, Ital. *Conciatore.* Inquisit. ann. 1288. in Access. ad Hist. Cassin. part. 1. fol. 388. col. 1 : *Item dixit quod Conzator ab eo tempore, quo incipit esse magister et tenere apothecam per se, defendit se a præstatione gallinarum.* Vide *Conzatura.*

¶ **CONZATURA** CORIORUM, Coriorum suffitio, seu inspersio pulveris quercini cum inficiuntur coria. Ital. *Conzare*, Suffire, *Concia-corame*, Coriarius, Gall. *Tanneur*, *Corroieur.* Chronicon Richardi de S. Germano apud Murator. tom. 7. col. 1030 : *Jus coriorum pro Conzatura dimittitur in forma antiqua. Factum canapis omnino remittitur.*

* **CONZUNTUS**, Conjunctus, Ital. *Congiunto.* Tract. MS. de Re milit. et machin. bell. cap. 82 : *Et sunt ambæ cannæ, intus in roca Conzuntæ et bene serratæ, cum uno foramine in sumitate dictarum cannarum.*

¶ **COODIBILIS**, Qui omnibus odio est. Tertull. lib. 4. adv. Marc. : Συμμισούμενον, *id est Coodibilem.*

* **COOPATA**, pro *Copata*, Mensura frumentaria, apud Massilienses sacci decima sexta pars. Vide *Cupa* 3. *Item tres choncatas* (conchatas) *vinearum et unam Coopatum*, in Charta ann. 1346. ex Tabul. S. Vict. Massil. Vide infra *Copata.*

* **COOPERANA**, Tempus, quo sata cooperiuntur, in provinciis quibusdam *Couvraine. Coopertio seminis*, in Ch. ann. 1248. ex Chartul. Guill. abb. S. Germ. Prat. fol. 113. v°. col. 1 : *In seminis hyemalis Coopertione per alium diem usque ad vesperam.* Quo tempore *corveia* seu opera ejusdem nominis a subditis exigebatur. Charta Joan. milit. *de Foilluel* dom. Ramicurtis ann. 1242. in Chartul. Montis S. Mart. part. 1. ch. 115 : *Remisi dictæ ecclesiæ tres corveias in una carruca, in versana, in Martio, in Cooperana; in versana et Cooperana cum duobus equis tantum, in Martio cum quatuor.* Vide infra *Coopertura* 5.

** **COOPERARIUS.** *Tamquam divinæ Cooperarium auctoritatis*, ap. Mar. Mercator. pag. 64 et 114.

¶ **COOPERATOR**, Qui domos *Cooperit*, Gallice *Couvreur.* Polyptych. Fiscamn. ann 1235 : *Nicolaus de Monte tenet unum bordagium... et debet excubare grangiam et ministrare Cooperatori et Cementario et mondare grangiam.* Vide *Coopertor.*

¶ COOPERATOR EPISCOPI, Coadjutor, in Præfatione Rabani ad libellum de sacris Ordinibus.

* **COOPERATUS**, Elaboratus, Gall. *Mis en œuvre.* Leudæ minut. Carcass. MSS. : *Item de cartairono cupri Cooperati, duos denarios; et de cupro non operato, unum denarium. Acouverter*, pro Aulæis vestire, ornare, in Vita J. C. MS. :

N'i ot ne rue, ne destour
Ne fust trestoute pourteudue
De paile et de pourpre vestue,
De mantiaus vairs, de dras aperche
Fu cascune bien Acouverte. .

* **COOPERIRE**, Gall. *Couvrir*, Ital. *Coprire*, De animalibus dicitur, quæ feminam ineunt. Stat. Mantuæ lib. 1. cap. 119. ex Cod. reg. 4620 : *Statuimus quod nulla persona terreria vel forensis possit vel debeat in civitate Mantuæ vel districtu guaragnum vel equum aliquem dare vel dari facere alicui equæ, seu equum equam aliquam facere Cooperire, nisi prius ille guaragnus vel equus admissus, acceptatus et approbatus fuerit.* Hinc

* COOPERTURA, Ipsa ineundi actio, admissura, Ital. *Copritura*, ibid. : *Et pretium*

geniturœ sive Coopertura alicujus guaragni. statuere debeant et taxare.

¶ 1. **COOPERTA** Navis, Superius tabulatum, Ital. *Coperta*, Gall. *Tillac.* Pluries occurrit in Statutis Massil. lib. 4. cap. 20.

* 2. **COOPERTA**, Locus contectus, unde nomen, ubi merces venum exponuntur, Gall. *Halle.* Charta ann. 1308. in Reg. 40. Chartoph. reg. ch. 63 : *Pro foro sive mercato in dicta nova villa faciendo halam sive Coopertam sufficientem.* Hinc *Couvertiz*, Tributum, quod exsolvebatur pro facultate exponendi merces in *Cooperta.* Charta Guill. de Veteri-ponte ann. 1289. ex Chartul. S. Joan. in valle : *Nous dison, recognoisson et affermon leaument que les talemeliers et les bouchiers et les sueurs de la terre S. Nicolas devant dite sont tenuz de nous poier chacun Juedy en l'an leur Couvertiz, c'est assavoir chacun talemelier vendant pain ou marchié, maille ; et chacun bouchier un denier ; et chacun sueur un denier.*

1. **COOPERTIO.** Additamenta ad Matthæum Paris : *Inquiratur qui ceperint Coopertiones, ceppagia, et escaetas quercuum, sive aliarum arborum.* Ubi Watsius *Coopertiones* interpretatur, *capita sive ramos arborum succisarum.*

* 2. **COOPERTIO**, Ager vestitus seu segete *Coopertus.* Charta Milonis abb. S. Petri Meledun. ann. 1226. in Chartul. Barbell. pag. 903 : *Hugo de Espaillart miles dedit dictis fratribus.... pasturas per totam terram suam, tam proprias quam communes, salvis tamen rebus terrarum et Coopertionum.* Vide alia notione supra in *Cooperana.*

* **COOPERTIVUM**, Tectum, Gall. *Couverture.* Charta Aymerici vicecom. Rupecavardi ann. 1296. in Reg. 77. Chartoph. reg. ch. 311 : *Concedimus quod nobis et nostris hæredibus non teneantur ad aliquod jornale seu manobram, nisi ad reparationem Coopertivi ipsius castri.* Vide Coopertura 1.

¶ **COOPERTOR**, ut *Cooperator.* Rymer. tom. 9. pag. 40. col. 1 : *Nullus Burgensis... aliquam domum... nisi cum tegulis vel sclatis de novo cooperiat sub pœna foris faciendi nobis domum istam et Coopertorem banniendi.*

COOPERTORIUM, Stragulum quo lectus insternitur, Καταλέκτιον in Chronico Alexandrino pag. 902. S. Augustinus in Psalm. 33 : *Nolite interrogare stratos pretiosis vestibus lectos, et carnem multis divitiis obvolutam.* Vegetius lib. 3. de Re veterin. : *Calidis Coopertoriis involutus.* S. Bernardus de Vita et morib. religiosor. cap. 10 : *An non posset dormiri nisi supra varium stratum, aut sub peregrino Coopertorio?* Vincentius Belvac. lib. 28. cap. 95. habet, *sub silvestri Coopertorio. Coopertorium martrinum*, et *Coopertorium de Alfanex*, in Testam. Arnoldi Ep. Tolos. Vide Statuta Ordinis *de Sempringham* pag. 719. Petrus Cluniac. in Statutis Cluniac. cap. 17 : *Nil se habere non parva priorum, eisque adhærentium multitudo putabat, nisi ex pilosis illis et condensis Numantinorum, hoc est, juxta modernos, Amorensium cattorum pellibus contexto multi pretii Coopertorio, lectus muniretur pariter et ornaretur.* Rotulus Cameræ Comput. Paris. a nobis laudatus ad Joinvillam pag. 66 : *Pro scallatis et Tiretan. persia et viridi pro Coopertorio.* Ibidem : *Unum Coopertorium foratum de erminis. Convertoirs Hermins*, in Poem. *de Garin le Loherans.* Consule Notas nostras ad Joinvillam pag. 65. [** Examen testium ann. 1349. in Guden. Cod. Diplom. t. 3. p. 347 : *Magnam pecuniæ summam testis se dicit tunc vidisse jacentem in uno Coopertorio, Germ. Küssen.*]

Coopertoria inter vestes sacras, vel ministeria sacra, recensentur ab Anastasio in Sergio PP. : *Hic fecit Coopertoria, vel vasa aurea et argentea plura per diversas Ecclesias ad usum et ornatum Ecclesiarum Christi.* Gregorius Turon. de Vitis Patrum. cap. 8. *Dans Coopertorium Sarmaticum, quo altare Dominicum cum oblationibus tegeretur.* Et mox : *Coopertorium vero, quia rarum est, non ponatur super munera altaris, quia non exinde plene tegitur mysterium Corporis Sanguinisque Dominici.* Decreta Stephani Regis Hugar. lib. 2. cap. 34 : *Vestimenta vere, corporalia, et Coopertoria Rex* (Ecclesiis) *provideat.* Vide *Palla* 2. et *Pallum* 2.

¶ Coopertorium, Tectum. Computus anni 1202. apud D. *Brussel* tom. 2. de Usu feudorum ad calcem pag. CLIV. col. 1 : *Ad faciendum Coopertorium turris Exoldunì*, XVIII. *l.*

Coopertoria Equorum, Quibus ii insternuntur. Vegetius lib. 3. Artis veterinariæ cap. 77 : *Animal calidis Coopertoriis involutum deambulet.* Κοπριτόριον, apud Codinum de Offic. cap. 3. n. 8. Vide *Sagum*, [et mox *Coopertorius.*]

Coopertorium, Idem quod *Festum*, Culmen. Monasticum Anglic. tom. 2. pag. 813 : *Concessi eisdem fragium, focalia et Coopertoria sufficientia in omnibus mariscis et communibus villæ, etc.*

Coopertoria. Fridericus II. lib. 2. de Arte venandi cap. 24 : *Pennæ majores sunt recollectæ sub duabus, quæ dicuntur Coopertoria.* Cap. 48 : *Pennas caudæ tenet recollectas sub duabus mediis superioribus, quæ duæ vocantur Coopercula.* Vide *Coopertum*, et Glossar. med. Græcit. in Καλυπτῆρες.

¶ Coopertorium et Coopertoreum ferreum, Species armaturæ qua corpus vel pars corporis tegitur, Gall. *Cuirasse.* Testamentum Bartholomæi de Lega apud Th. *Madox* Formularis Anglic. pag. 423 : *Item G. nepoti suo loricam et Coopertoria ferrea et caligas ferreas.* Testam. Hengeromi de Budlecs apud eumdem *Madox* pag. 424 : *Item Coopertorea sua ferrea et unum loricam.*

¶ **COOPERTORIUS**, Qui facit equorum *Coopertoria* seu stragula. Statuta Avenion. : *Sellerii et Coopertorii teneantur fideliter facere officium suum, et non apponantur in bardis, bardonibus, sellis et Coopertoriis nisi boriam et cotonum.*

1. **COOPERTUM**, vox forestarum, Gall. *le Couvert*, Dumetum, locus nempe in forestis, arbustis et dumetis consitus, ubi feræ latitare solent, cum venatores eas insectantur. Charta Joannis Regis Angl. de Forestis apud Matth. Paris ann. 1215 : *Unusquisque liber homo de cætero sine occasione faciat in bosco suo, vel in terra sua quam habet in foresta molendinum, vivarium, stagnum, marleram, fossatum vel terram arabilem, extra Coopertum in terra arabili.* Monast. Anglic. tom. 2. pag. 318 : *Et illum campum adhuc tenent ad voluntatem usque ad præsens tempus, qui est de propriis dominicis terris, et extra Coopertum forestæ.* Et tom. 3. pag. 236 : *Habeant et teneant boscos prædictos cum venatione, vasto, et omnibus pertinentiis suis quibuscumque, tam infra Coopertum, quam extra, deafforestatos, liberos et quietos de foresta et placitis forestæ, etc.* Adde Fletam lib. 2. cap. 41. § 2. 3.

Coopertorium, Eadem notione. Leges forestarum Scoticarum cap. 1. § 1 : *Inhibitum est... ne qui Coopertorium silvarum intrent cum animalibus suis.*

Coopertus Mansus, qui alias *vestitus.* Charta Ermengardis Comitissæ Ceritanensis ann. 893 : *Et in aliis locis in rio Ferrario superiore mansos Coopertos, cum curtes, ortos etc.* Infra : *Videlicet omnes supra nominatis mansis, casis, casalibus, Coopertis, et discoopertis*, (id est, absis) *quintanalibus, curtis, curtalibus, hortis etc.*

¶ 2. **COOPERTUM**, Libri tegumentum, Gall. *Couverture.* Inventio linguæ S. Cataldi tom. 2. Maii pag. 576 : *Invenies quemdam librum plumbeum subtus dictam crucem cum Coopertis plumbeis.* Vide *Copertum.*

¶ 1. **COOPERTURA**, Tectum ædificii, Gallic. *Couverture.* Chartularium S. Vandregisili tom. 1. pag. 279 : *Et debent dicti Johannes et Guillelma ejus mater managium dictorum Religiosorum existens apud Daregni bene, legitime et sufficienter retinere tam de Coopertura quam de clausura... Actum an. D. 1281. Coopertura tegularum* apud Th. *Madox* Formul. Anglic. pag. 145

¶ Coopertura Arcæ, Operculum, Gall. *Couvercle.* Miracula S. Eutropii tom. 3. April. pag. 738 : *Et apprehensum tandem militem in quadam arca fortissima, cujus Coopertura erat de ære fortissimo, incluserunt.*

2. **COOPERTURA**, Prætextus, Italis *Covertura*, nostris *Couverture*, in Statutis Venetis ann. 1242. lib. 1. cap. 5.

3. **COOPERTURA**, vox forensis apud Anglos, Matrimonium, *Couverture.* Rastallus : *Coverture, est quant un home et un feme sont espousé ensemble : ita ut quod constante matrimonio de bonis uxoris disponit maritus, dicatur factum esse durant la Coverture ; et le feme est appel un feme Convert.* Statutum Henrici VI. Regis Angliæ ann. 20. cap. 9 : *En quel Statut n'est mie mention fait, coment femes Dames de grande estate, per cause de lour Barons, Pieres de la terre, Convertes, ou soules, sçavoir Duchesses, Countesses ou Baronesses, seront mises à respondre, etc.* Vide Littletonem sect. 31. 380. 403. 559.

4. **COOPERTURA**, Stragulum, in Legibus Henrici I. Regis Angl. cap. 82. [et in Statutis S. Claudii pag. 79.]

¶ Cohopertura. Garnisiones inventæ in castro civitatis Carcasson. ann. 1294 : v. *Cohoperture ferri equorum.* XXIII. *Cohoperture equorum de tela puncta.*

¶ Cooperturæ Dieta. Vide *Dieta* 4.

* 5. **COOPERTURA**, Idem quod supra *Cooperana.* Charta Ansoldi abb. Compend. in Chartul. ejusd. monast. fol. 128. r°. col. 2 : *In gascheriis similiter debent corveiam et debent habere panem et vinum. In Coopertura similiter.* Vide alia notione supra in *Cooperire.*

* **COOPIDANUS**, Ejusdem oppidi, in Lit. ann. 1300. ex Lib. rub. Cam. Comput. Paris. fol. 176. v°. col. 2. V. *Cooppidanus.*

¶ **COOPPIDANUS**, Concivis, Gall. *Concitoien.* Legitur in Tabular. Nantolii et apud Rymerum tom. 8. pag. 273. col. 1.

¶ **COORDINARE**, Simul ordinare, decernere vel præscribere, apud Albertinum Mussatum de Gestis Ital. tom. 10. Muratorii col. 729 : *Interdum cum Spineta Lucensi Marchione in colloquia secreta... convenire, res novas tentare, Coordinare, etc.*

¶ **COORS.** Vide *Cortis.*

¶ **COOSTRUM**, *Est media pars septi transversi vel diaphragmatis.* Rochus *Le Baillif* in Dictionario Spagyrico.

* Vide Ruland. in Lexic. chymico.

* 1. **COPA**, Cupa, Gall. *Cuve*, Germ. *Kufen.* Stat. pro textoribus ann. 1295. apud Ludewig. tom. 11. Reliq. MSS. pag. 626 : *Insuper statuimus quod omne genus filaminis, quod semel intinctum est in Copa, quod post hæc ad caldariam non debeat deportari.* Vide *Cupa* 1.

* 2. **COPA**, Mensura vinaria, olearia, salinaria. Stat. Montis-reg. pag. 279 : *Non possint dicti venditores vini mensurare seu mensurari facere, vendere seu vendi facere vinum ad Copam seu miolium, vel ad aliud vas, nisi ad mensuras contentas in præsenti capitulo.* Charta ann. 1436. ex Tabul. S. Vict. Massil. : *Quolibet anno solvere domino priori de Ameliano duas Copas olei boni olivarum.* Lit. remiss. ann. 1409. in Reg. 163. Chartoph. reg. ch. 262 : *Le suppliant ala acheter une Cope de sel, pour saler le potage.* Vide *Cupa* 3.

* 3. **COPA**, Navicula. Pactum inter Arn. de Villanova dom. de Transio et homines ejusd. castri ann. 1303 : *Quocumque tempore cum vertolenis, excepto tempore procreationis;.... possint piscare cum Copis.* Vide infra *Copana* et *Cupa* 2.

* 4. **COPA**, Rami arborum; Hispan. *Copa*, arboris fastigium, cacumen, *Coupel* nostris, eadem notione. Lit. remiss. ann. 1452. in Reg. 181. Chartoph. reg. ch. 151 : *Quant le suppliant eut amassé sa hachete, remonta oudit arbre jusques au Coupel d'icellui, et lui estant audit arbre demanda à ladite Collette s'elle vouloit que ledit suppliant tranchast les branches, ou qu'il le escoupelast, et ladite Collette lui dist, fust escoupelé.* Charta ann. 1264. in Chartul. eccl. Lingon. ex Cod. reg. 5188. fol. 210. v°. : *Item duo molendina possunt capere arbores et Copas ad opus eorumdem in omnibus nemoribus finagii, ubicumque melius poterunt invenire.* Vide infra *Copellus* 2. et *Cuparia.*

* Sed et eadem voce aut aliis huic similibus, quævis rei alicujus pars superior, puta montis, capitis, significatur. Chron. S. Dion. lib. 4. tom. 3. Collect. Histor. Franc. pag. 249 : *En une cité se mist, qui est outre l'iaue de Gironde, sour le Coupel d'une montaigne haute.* Eadem lib. 4. cap. 3. ibid. tom. 5. pag. 286 : *Lors fu li cors de li trouvez par aventure tous défroissiez sor le Couperon d'un saut.* Lit. remiss. ann. 1377. in Reg. 111. ch. 285 : *Bouchier li couru encore sus à tout un grant coustel et l'en feri tellement, qu'il le profendi du Couplet de la teste jusques au front.*

* 5. **COPA**, Tributi vel pensitationis species, apud Occitanos, eadem forte quæ *Coponagium.* Arest. ann. 1347. 19. Jan. in vol. 2. arestor. parlam. Paris. : *Executio facta in certis bonis suis in villa Montispessulani existentibus, videlicet super certis leudis, Copis et aliis redditibus.* *Coppe*, eadem acceptione, in Pedag. *de Doing* ann. 1348. ex Chartul. 21. Corb. fol. 347 : *Merchiers à taulette doit j. Coppe... Le cent de fer doit iij. Coppes.* Vide *Cupa* 4.

COPADIUM, Κοπάδιον. Papias : *Copadium, particula carnis, quod Græci Copadium dicunt.* Ita MS. habet pro *Copium* [seu *Copian*, ut alter MS. Bituric.] Apicius lib. 7. cap. 6 : *In Copadiis jus album, Jus in Copadiis, Jus in elixa.* Pelagius in libello 4. num. 63 : *Et accipiens Archiepiscopus unum Copadium, dedit juxta se recumbenti.* Glossæ veteres : *Copadia*, κοπάδια. Gloss. Græc. Lat. : Τέμαχος, *Copadium, frustum.* Apophtegmata Patrum in Theophilo n. 3 : [Λέγων, ἰδοὺ τοῦτο καλὸν κοπάδιον ἐςὶ, φάγε, Ἀββᾶ. *Ecce istud Copadium bonum est, manduca, Abba.* Hic agitur de carne vitulina.] Vide Meursium in Κοπάδιον et supra in *Compadiatim.*

¶ **COPAGIUM.** Vide in *Cupa* 3.

* **COPAGORGIUS**, Coppagorgas, vulgo *Coppegorge*, Gladii species, sica, pugio. Lit. remiss. ann. 1455. in Reg. 191. Chartoph. reg. ch. 153 : *Unus contra alium irruerunt et se irruendo cum gladiis suis seu Copagorgiis, etc.* Aliæ ann. 1449. in Reg. 180. ch. 47 : *Evaginavit quemdam gladium, ... vocatum Coppagorgas.* Rursum aliæ ann. 1455. in Reg. 187. ch. 134 : *Ung grant coustel, appellé Coppegorge, autrement ganivete. Une longue dague ou cousteau appellé selon le commun langaige ung Coppegorgias*, ibid. ch. 214. *Avoir Coppe-le-teste*, Capite damnari, decollari, in Lib. rub. fol. parvo domus publ. Abbavill. ad ann. 1358. fol. 82. r°. : *Jehan de la Mare pour plusieurs helles, compilations ou paroles sentans commotion du pueple,... fu jugié à avoir Coppe-le-teste.*

* **COPALLUS**, Candela cerea minutior, nostris *Coppon*, et *Coupon.* Ordo eccl. Ambros. Mediol. an. circ. 1130. apud Murator. tom. 4. Antiq. Ital. med. ævi col. 902 : *Et super tabulas ponunt Copallos cereos tredecim cum candelis intus positis, quas duo minores ostiarii accendunt. Cupallos ceræ*, infra col. 925. Charta Guid. comit. Fland. ann. 1282. in Chartul. Namurc. ex Cam. Comput. Insul. fol. 24. r°. : *Dus Coupons de candelle, teille que on le livre et sceut livrer en l'ostel de Flandres.* Reg. Corb. 13. sign. *Habacuc* ad ann. 1511. fol. 88. v°. : *Item quant aux sierges et Coppons, que on apporte à l'offrande en ladite église S. Thomas le jour de la Chandeleur, etc.* Vide *Colpo* et *Coponum.*

* **COPANA**, Navicula, Hispan. *Copano*, ut supra *Copa* 3. Charta ann. 1275. in Reg. M. Chartoph. reg. ch. 6 : *Item quod rubina una talis fiat et fieri debeat per dominum regem, per quam res et mercadandiæ mercatorum possint cum Copanis libere conduci et portari de mari ad civitatem Nemausensem.* Vide *Cupa* 2.

¶ 1. **COPARE**, Alligare, adnectere, Ital. *Copipare.* Charta Visitationis Monast. Castrensis ann. 1261. ex Archivo S. Victoris Massil. Armar. mixtorum Albiens. num. 53 : *Helemosinarius faciat natas in claustro et capitulo et eas Copari et innitari ac etiam paleari in festivitatibus Natalis Domini, Paschæ etc.*

* Hac notione *Appiccare* dicunt Itali; *Copipare* vero non legitur apud Academ. Cruscanos. Sed nec vim vocis *Copare* satis percipio : legendum forte *Copulari*, quod innuere videtur vox sequens *Innitari.* Id est, innecti. Vide infra *Coppla.*

* 2. **COPARE**, Cædere, Gall. *Couper*, alias *Coper.* Charta E. abbat. Paracliti ann. 1233. ex Chartul. Campan. fol. 393. col. 1 : *Et sciendum quod idem comes retinet in illis lx. arpentis nemoris totam justitiam et garenniam suam, excepto hoc, quod si nos vel servientes nostri aliquem inveniremus Copantem in dicto nemore, forefactum erit nostrum.* Ibid. col. 2. ex Ch. Gall. ann. 1245 : *Se nus i estoit trovez Copant ou essartant, l'amande et li forfaiz seroit nostres.* *Coper les fermes*, Redemptiones addicere, adjudicare. Arest. ann. 1389. in Memor. E. Cam. Comput. Paris. fol. 202. r°. : *Ledit Henri avoit exigié des fermiers au temps de la délivrance, que l'en dit Coper les fermes, de la livre du pris que la ferme estoit mise, douze deniers Tournois.* An quia inter plures dividuntur? Ejusdem originis est ludus quidam dictus *Coper les harens*, quem sub exitu Quadragesimæ peragebant. Lit. remiss. ann. 1367. in Reg. 97. Chartoph. reg. ch. 373 : *Comme le Jeudi absolu ledit Jehan et Andri Teste d'or fussent assemblez amiablement ou marchié de la ville de Teraire, pour jouer par compaignie à un jeu, appellé audit païs Coper les harens.* *Décopper* vero, pro Cæsim ense ferire. Lit. remiss. ann. 1390. in Reg. 138. ch. 275 : *Le procureur des doyen et chapitre de S. Estienne de Toul... avoient pris, battu, Découppé et emmené prisonniers en la forteresse de Voy des hommes du S. de Ligy. Et aussi ait Raoulin navré et Découppé Jaquemart d'Amerval escuier, telement et si inhumainement, qu'il en est defectif d'oye*, in aliis ann. 1397. ex Reg. 153. ch. 151.

* **COPARIUS**, Qui est a *Copis* seu poculis, Gall. *Echanson.* Charta ann. 1294. tom. 1. Probat. Hist. geneal. domus reg. Portugal. pag. 108 : *Quæ quidem vinea fuit Petri Fernandi, quondam Coparii domini regis Alphonsi et ejusdem almoxarifæ in civitate Ulixbonensi.*

* **COPATA**, Modus agri. Terrear. S. Maurit. in Foresio ann. 1472. fol. 42 : *In quadam Copata terræ, etc. Couppe*, eodem sensu, in Lit. remiss. ann. 1423. ex Reg. 172. Chartoph. reg. ch. 387 : *Une rente héritiere, annuelle et perpetuelle.... sur trois Couppes de terre ou environ.* *Coppée* vero, Mensura frumentaria, in aliis Lit. ann. 1460. ex Reg. 190. ch. 172 : *Cent a six vins Coppées d'avoine, mesure de Mascon.* Vide *Cupa* 3.

* **COPATIO**, Cæsio, Gall. *Couppe.* Charta ann. 1235. in Chartul. Pontiniac. ch. 57 : *A tempore incisionis sive Copationis dictæ brosciæ et aliorum nemorum, etc.* Vide supra *Copare* 2. et infra *Copecia.*

¶ **COPATOR** Monetæ, Qui scindit monetas prohibitas, ut nemo deinceps iis utatur. Præceptum Johannis Franc. Regis ann. 1353. apud *de Lauriere* tom. 2. Ordinat. pag. 519 : *Nostræ insuper intentionis existit, quod deinceps præfati fractores seu*

Copatores monetarum prædictarum hujusmodi officio nostro non possunt uti, imo sint penitus revocati, nisi in casu quo monetæ prohibitæ extra regnum portarentur, litteris in contrarium impetratis suprepticiis vel impetrandis non obstantibus quibuscumque. Ibidem dicuntur *Scisores monetarum.* Aliud Præceptum ejusdem Regis ann. 1355. Ordinat. tom. 3. pag. 27 : *Item, nous avons osté et rappellé, ostons et rappellons tous Coupeurs de monnoyes; mais toutes voyes nous pourverrons par bon conseil comment nulles autres monnoyes que les nostres n'ayent cours en nostre Royaume et que le billon ne soit porté hors de nostre Royaume.* Ibid. pag. 113. Litteris ann. 1356 : *Tollentur Copatores monetarum qui pocius dici possunt depredatores.* De iis monetarum *Copatoribus*, *Scisoribus*, vel potius *Scissoribus* sic continuator Chron. Guillelmi de Nangis ad ann. 1346. apud Acherium tom. 11. Spicil. pag. 803 : *Tunc etiam et deinceps antea superscindebantur floreni propter novas monetas, quæ noviter fiebant; et super quos inveniebantur aliæ monetæ quam illæ, quæ erant noviter factæ, sine misericordia scindebantur, et adhuc illi cujus erant, tradebant salarium non voluntarium Scindentibus pro labore, et tunc oportebat tales pecunias tradere camsoribus cum damno non modicæ quantitatis.*

* **COPAUDUS**, Coupaudus, Vir, cujus uxor, ipso sciente, mœchatur, nostris *Coppau*, *Coupaut*, *Couppaut* et *Copereau.* Lit. remiss. ann. 1357. in Reg. 89. Chartoph. reg. ch. 68 : *Dictus Johannes plura verba injuriosa et contumeliosa ipsi Guillelmo de Nuce dixit, et inter cetera ipsum, dicta uxore sua et pluribus aliis præsentibus, pluries nominavit Copaudum.* Infra ch. 189. *Coupaudum.* Aliæ ann. 1360. ibid. ch. 379 : *Reversus fuit ad dictum pasticerium et vocando iterato eundem cuculum, Gall. Coupaut.* *Couppaut*, in aliis ann. 1396. in Reg. 149. ch. 297. Aliæ ann. 1395. ibid. ch. 96 : *L'exposant dist audit de Mez : Traistre, mauvais, batras-tu ainsi ma famme, ou paroles semblables; et ou content de ce ledit de Mez lui dist : Copereau en parole tu, etc.* *Coupereau*, in aliis ann. 1380. ex Reg. 118. ch. 303. *Couppereau*, in aliis ann. 1377. ex Reg. 111. ch. 82. Aliæ ann. 1346. in Reg. 76. ch. 275 : *Comme un certain jour un homme eust appellé le suppliant Coupperiau de sa femme, en disant que ce estoit de lui et d'autres.* Rursum aliæ ann. 1389. in Reg. 138. ch. 4 : *Jean Pauleve dit audit Bressaut : Dieux ait malgré de tant de Coppaux, et le suivit jusque dans sa maison; la il lui dit à courroux que se tous les Coppaux et les putains l'avoient juré il auroit ce compaignon en icelle nuit.* *Couers*, eodem sensu, in Lit. remiss. ann. 1384. ex Reg. 126. ch. 61 : *Tais-toy, tu es Couers; qui vuelt autant dire, comme cellui qui couche les autres avec sa femme.* *Couppere*, in aliis ann. 1458. ex Reg. 187. ch. 246 : *Icellui Rousselot appelloit le suppliant Couppere, et faisoit chanter la chançon du Copere (sic) devant son hostel.* Hinc *Acouppaudir*, Uxorem alterius adulterio polluere, in Lit. remiss. ann. 1416. ex Reg. 169. ch. 132 : *Laquelle femme appelloit son mary sanglant Couppault, et se vantoit de l'avoir Acouppaudi.* Unde qui hanc non semel passus fuerat injuriam, *Coux racouppi* dicitur, in aliis ann. 1408. ex Reg. 163. ch. 79. V. *Cugus.*

¶ **COPECIA**, Copicia, Silva cædua, Gall. *Bois taillis.* Angl. *Coppis.* Charta Henrici Dawbeni Militis apud *Madox* Formul. Anglic. pag. 215 : *Sciatis me... concessisse... præfato Thomæ Arundell omnes illas quinque Copecias bosci et bosca mea existentia in Crachill... quarum una prædictarum Copiciarum vocatur Overekyll Copys, secunda vocatur Feyroke Copys, tertia etc. super et in quibus prædictæ quinque Copiciæ bosci et boscum prædictum crescunt et stant.*

* Charta ann. 1215. ex Chartul. Campan. fol. 356. col. 2 : *Homines animalia sua ad pascendum ibidem mittere poterunt, præter in Copeciis continue factis, a quibus post triennium abstinebunt.* V. supra *Copatio.*

* Copeiia, Eodem significatu. Charta Guill. archiep. Senon. pro hominibus villæ S. Juliani ann. 1259. in Reg. 30. Chartoph. reg. ch. 561 : *Burgenses dictæ villæ habeant...... pasturas in nemoribus nostris, in Copeiis existentibus septem annorum completorum.*

¶ Copeiz vel Coppeiz, ut habet MS. Coislin. Eadem notione, seu silva cædua recens succisa. Charta Guidonis Archiep. Bituric. ann. 1279. apud Thomasserium in Biturig. pag. 113 : *Si in illa foresta essent Copeiz, animalia sua in dictis Copeiz non possent pascere... solvent emendam, scilicet quinque solidos Paris. pro omnibus animalibus cujuslibet hospitii in dictis Copeiz sive arseiz inventis.* Vide *Coppis.*

* **COPEDINARIUS**, *Voluptuarius*, in vet. Gloss. ex Cod. reg. 7641. V. *Cupidinarius.*

* **COPEDIOSIS** Vicaria. Vide infra *Cupedensis centena.*

* **COPEIIA.** Vide supra in *Copecia.*

* **COPELLETUS**, diminut. a *Cupa*, Gall. *Coupe.* Addit. ad Chron. Estens. apud Murator. tom. 15. Script. Ital. col. 504 : *Dom. Raynaldus de Ursinis Palumbini dominus se obligavit daturum regi præfato* (Aragonum) *tributum singulo anno marcharum octo auri et Copelletum unum auri.* Vide in *Cupa* 2.

* 1. **COPELLUS**, Mensuræ species aridorum simul et liquidorum. Pactum inter abbat. et consules Aureliaci ann. 1350. in Reg. 78. Chartoph. reg. ch. 246 : *In quolibet sextario olei sint et contineantur quinquaginta duo Copelli olei et non ultra.* Inventar. ann. 1361. ex Tabul. S. Vict. Massil. : *Unum Copellum fusteum, etc.* Vide supra *Copa* 2. et infra *Copetum.*

* 2. **COPELLUS**, Coupellus, Assula, recisamentum, imo et rami arborum succisarum, nostris alias *Couppier*, nunc *Coupeau.* Charta Thomæ comit. Pertic. ann. 1214. in Reg. forest. comitat. Alencon. etc. ex Cam. Comput. Paris. fol. 55. v°. : *De arboribus quas in usu nostro capimus, non habent Copellos nec esmundas.* Arest. scacar. Paschæ ann. 1285. in Reg. S. Justi ejusd. Cam. Comput. fol. 40. r°. col. 1 : *De personis religiosis et nobilibus dicentibus et asserentibus se posse et debere vendere Coupellos bosci sui, quem ad usum suum capiunt, absque licentia dom. regis et absque solvendo tertium et dangerium. Concordatum fuit et per arrestum redditum, quod Coupelli et alii bosci sic venditi domino regi tanquam forefacti remaneant.* Chartul. sign. *Ezechiel* Corb. ad ann. 1415. fol. 2. v°. : *Et doibvent avoir les Couppiers des quesnes, qu'on fera abatre audit bos.* Aliud est *Coppuis*, in Lit. baillivi castell. Moritan. ann. 1385. in Reg. 144. Chartoph. reg. ch. 303 : *Willaumes de Forest, dit Malprivet, disoit à avoir.... en sa terre et seignorie de Forest..... le Coppuis ou Coppuiez des regiez.* Ubi jus cædendi ramusculos renascentes intelligi videtur. Vide supra *Copa* 4. et mox *Coperta*, 2.

¶ **COPERCHIUM**, Operculum, Ital. *Coperchio.* Acta SS. Junii tom. 1. pag. 367. de B. Andrea Hispellate : *Crucibus tribus laminarum ferri a parte superiori in Coperchio d. capsæ.*

¶ 1. **COPERTA**, Tabulatum navigii, Ital. *Coperta.* Informationes Civitatis Massil. de passagio transmarino e MS. Sangerman. : *Hec sunt mensure navium de tribus Copertis... Prima et infima Coperta, etc.*

¶ Coperta, Operculum. Acta SS. Maii tom. 4. pag. 623. de B. Augustino Novello : *Vidi duos libros in quarto folio, alterum in charta pecudina cum Copertis ligneis.*

* 2. **COPERTA**, Idem quod *Copellus* 2. Leudæ minut. Carcass. MSS. : *Item de saumata circulorum, unum circulum, excepta Coperta. Item de homine onerato circulis, unum circulum, excepta Coperta.* Id est, exceptis ramis, quibus circuli cooperti erunt. Vide *Coopertio.*

¶ **COPERTARIA** Equorum, Quibus equi insternuntur, in Histor. Dalphin. tom. 2. pag. 280. Vide *Coopertoria equorum.*

¶ Coperteria pro Capite, Quibus caput tegitur, ibidem. Locum vide in *Cappula.*

* 1. **COPERTORIA**, Stragulum, quo lectus insternitur, Gall. *Couverture*, alias *Couvertoirs* et *Couvretoir.* Inventar. ann. 1476. ex Tabul. Flamar. : *Et primo unum lectum incortinatum, bonum et sufficientem, munitum.,. unius lodicis sive Copertoriæ lanæ.* Pedag. Peron. ex Chartul. 21. Corb. fol. 333 : *Item ungz Couvertoirs de vair doit iiij. den.* Lib. rub. fol. parvo domus publ. Abbavill. fol. 105. v°. : *Le melleur Couvretoir de lyt. Couverteur*, eodem sensu, in Lit. remiss. ann. 1452. ex Reg. 181. Chartoph. reg. ch. 181 : *Deux draps de lit, le Couverteur, etc.* Vide *Coopertorium.*

* 2. **COPERTORIA**, Tegmen, Ital. *Coperta*, in laudato jam Inventar. : *Item plus unam seladam hominis armorum, cum sua Copertoria coherit.*

* **COPERTORIUM**, Retis genus, *Copertoio*, Academ. Cruscan. : *Una rete, con che si cuopre una brigata di starne, o simili.* Stat. nova crimin. Cumanæ cap. 142. ex Cod. reg. 4622. fol. 94. r°. : *Nullus...... teneat retia duarum alarum, neque retia, quæ Copertoria appellantur.*

* **COPERTURA**, Tectum, Gall. *Couverture*, alias *Cuvertiere.* Reparat. factæ in senescal. Carcass. ann. 1435 : *In reparando..... Coperturam dicti castri de fustibus, tegulis, morterio, etc.* Reg. Cam. Comput. Paris. sign. *Bel* fol. 114. r°. : *Item sus la Cuvertiere de deux mesons, qui furent aus Juifs de Chinon, xx. l. Tournois.* Vide *Coopertura* 1.

* **COPETATA** Missa. Vide infra in *Missa* 4.

¶ **COPETIUM**, f. pro *Capetium* vel *Capetum*, de quo supra. Statuta Equitum Theuton. art. 72. apud Duellium lib. 2. Miscell. pag. 59 : *Frater qui gerit vicem Magistri potest deferre vexillum et Copetia, et magnum tentorium et alia quibus eum constat indigere.*

* **COPETUM**, Mensura frumentaria. Charta Dalph. ann. 1343 : *Item tria Copeta frumenti, quæ sibi facit Johannes Russeti pro una pecia terræ.* Vide supra *Copa* 2. et *Copellus* 1.

* **COPEX**, Piscis genus. Stat. Mantuæ lib. 1. cap. 103. ex Cod. reg. 4620 : *Nec aliquis possit sturionem vel adalum, seu Copicem seu copizosum vendere alicui revenditori..... Qui vero sturionem vel adalum, seu Copicem seu copizosum repertus fuerit exportasse........ extra districtum Mantuæ, amittat piscem, et condemnetur insuper arbitrio potestatis.*

¶ **COPHA**, Tegmen capitis. V. *Cuphia.*

¶ **COPHANUS**, Cophinus seu sporta major, quæ solet terra oppleri ad munimentum, Gall. *Gabion.* Marchisii Annal. Genuens. apud Murator. tom. 6. col. 425 : *Insuper Cophanum unum plenum lapidibus et muratum ante faucem Vintimilii pro ipsa claudenda demersit.*

¶ **COPHIA**, Tegmen capitis. V. *Cuphia.*

* **COPHINARE**, In *cophino* reponere. Benzo episc. Albens. de gest. Henr. III. lib. 7. cap. 6. apud Ludewig. tom. 9. Reliq. MSS. pag. 412 : *Ficum ergo Cophinemus in viridiario, grossos semper habeamus in nostro ficario.* Vide *Cophinus.*

* **COPHINELLUS**, diminut. a *Cophinus*, Arcula, Gall. *Coffret.* Testam. Petri dom. de Paluello ann. 1241. inter Probat. tom. 2. Hist. Burg. pag. 14. col. 2 : *Concedo ecclesiæ B. Vincentii de Cabilone........ reliquias, quæ invenientur in Cophinello meo sigillato sigilli mei, pro quadam cruce plena facienda.* Vide supra *Coffrinellus* et in *Cophinus.*

COPHINUS, Corbis qua terra portatur, apud Vegetium lib. 2. de Re milit. cap. 20. et ult. et lib. 1. de Re veterin. cap. 56. lib. 2. cap. 33. et Isidor. lib. 20. cap. 9. Monachus Pegaviensis pag. 11 : *Wigberto consuluerunt, ut propriis humeris per 12. angulos fundamenti totidem Cophinos lapidum primus deferret, scilicet imitando factum religiosissimi Principis Constantini, qui primus ac potissimus Ecclesiarum fundator inter Principes extitit.*

Cophinus, in ministeriis sacris. Anastas. in Vitis PP. pag. 188 : *Necnon et super columnas ipsius Ciborii, propter amplam pulcritudinem ex argento purissimo fecit Cophinos numero 4. pensant. lib. 42.*

¶ Cophinus, Arca, Gall. *Coffre*, potius quam corbis viminea, qua notione Latinis accipitur. Testamentum Hugonis Aycelini Cardinalis Episc. Ostiens. ann. 1297 : *De Samitis etiam et zendatis nostris quæ invenientur in Cophinis nostris ordinabunt executores nostri.*

¶ Cophinus Marmoreus, in quo corpus B. Jacobi Philippi requiescebat, inter Acta SS. Maii tom. 6. pag. 175.

In Cophino Servire. Psalm. 80 : *Manus ejus in Cophino servierunt;* id est, *in servitute*, uti interpretantur Eucherius et Senator. *Ismaelita cum Cophino*, apud Sidonium lib. 7. Epist. 6. Gregorius Turon. lib. 5. Hist. cap. 48 : *Sed quia lippis erat in adolescentia oculis, quibus fumi acerbitas non congruebat, amotus a pistillo promovetur ad Cophinum. Sed dum inter fermentatas massas se delectari consimulat, servitium fugam iniens dereliquit.*

** **COPHREA.** Privileg. Imper. in papyr. Ravenn. ap. Maium Classicor. Auctor. vol. 5. pag. 363 : *Commendatos ecclesiæ diverso sexu, staurophoros, Cophreas, stratores, etc.*

* **COPHRUS**, Arca, Gall. *Coffre*, alias *Coffe*, a vet. Gallico *Cophe*, Cavus, *Creux.* Tabul. Nannet. : *Fregere serraturas, Cophros, et scrinia scrutati sunt.* Vide supra *Coffrus.*

COPHTI, a Mahumetanis confictum vocabulum, quo Christianos Ægyptios, seu Monachos, aliosque religiosæ vitæ sectatores, quasi *incisos*, per contemptum appellare solent. Diversos porro a *Coptis*, a quibus lingua Coptica, seu Ægyptia antiqua nomen deduxit, pluribus ostendit Athanasius Kircherus in Prodromo Copto cap. 1. De iis etiam agit Franc. Quaresmius lib. 1. Elucidat. Terræ Sanctæ cap. 49. Vetus Scheda continens seriem Regum Ægypti edita a Drusio post Hist. Severi Sulpitii : *Secundus* (*Ægyptiorum Rex*) *Cabtim, unde denominati sunt Cophti.* Vide Scaligerum lib. 7. de Emendat. temp. pag. 705.

* Ex animadversionibus D. *Falconet* : *Cophti* et *Copti*, quibusdam per aphæresin ex voce *Jacobitæ.* Verosimilius ab urbe *Copto*, quam Ægyptii Christiani incolebant, ut post alios censet D. *Bruzen de la Martiniere* in Lexico suo Geographico.

COPIA, Exemplum scripti, Chartæ, πρωτοτύπου, seu *originalis*, ἀπόγραφον, ἀντίγραφον, ἰσότυπον, Gallis *Copie.* Vetus Interpres Concilii Constantinop. sub Menna, ἴσον πράξεως συστάσης, etc. *Copia actionis formatæ contra Petrum, etc.* Occurrit apud Joan. Hocsemium in Adolpho a Marka Episc. Leod. cap. 6. in Statuto Philippi Pulcri pro reformat. Regni art. 13. in Chronico Magno Belgico pag. 318. [in Statut. Eccl. Forojul. MSS. ann. 1276. ex Archivo S. Victoris Massil. Armar. Forojul. n. 163.] etc. Vocem ita effictam a recentioribus censet Reinhartus Robigius lib. 10. cap. 15. quod instrumentis multiplicatis inde eorum *Copia* emergat. Vide Oct. Ferrarii Orig. Ital.

* Nostris *Copie*, eodem sensu, quo Latinis *Copia*, vulgo *Abondance, jouissance.* Lit. remiss. ann. 1379. in Reg. 115. Chartoph. reg. ch. 70 : *Les exposans trouverent en leur chemin un jeune prestre de l'aage de vint ans ou environ, qui estoit curé de Corcelles dessoubz Beaune, et portant une espée en sa main; lequel prestre, quant il ot veu et avisé laditte Guillemette, qui estoit belle et jeune, dist audit Guillemin son mary ces mots : Compains il te faut laissier ceste fille; car j'en veuil aussi bien avoir Copie, comme tu l'en as.* Consolat. Boetii lib. 3. MS. :

Car cil de Mede et cil de Perse,
Qui des éléphans hont Copie,
Les mainnent en la chevauchie.

Copia Rotulorum Curiæ, est Exemplum aut antigraphon actorum quæ in Curia Baronis expediuntur : quorum hoc unum est in plerisque, si non præcipuum, scilicet, *Venit talis tali die, et ad petitionem suam admissus est ad talem terram, etc.* Qui autem sic tenet, hujus acti solum exemplum tituli loco habet. Cowellus. Atque hi

Copitenands, Anglis *Copiholders*, appellantur : Villani scilicet, Sokmanni, Costumarii, quod, ut dictum est, nullum aliud tenementorum suorum habeant instrumentum, quam *Copias Rotulorum Curiæ*, unde et Tenentes *par Copie du roole de Court*, dicuntur. De iis agit Littletonus sect. 73. 75. Vide præterea Spelmannum in *Bocland.*

¶ **COPIADUM.** Vide *Copadium.*

* **COPIALITER**, Per *copiam* seu exemplum, Gall. *Par copie.* Process. ann. 1448. inter Probat. tom. 3. Hist. Nem. pag. 274. col. 2 : *Nec eam* (potestatem) *inserere voluit in dictis litteris,........ præsentibus nostris litteris Copialiter alligata, etc.*

* **COPIARE**, Exscribere, Gall. *Copier.* Vita B. Torelli tom. 2. Martii pag. 504 : *Suprascriptum exemplum ex quadam Copia... transsumpsi et Copiavi.* Occurrit tom. 2. April. pag. 193. tom. 7. Maii pag. 74. tom. 3. Julii pag. 112. et alibi sæpe.

¶ **COPIATA**, Oeconomus, f. sic dictus, quod illius sit vitæ necessariorum *Copiam* ministrare. Hierat. Juris Pontif. pag. 134 : *Copiatus seu Oeconomos Commendatarius possideat.*

Copiatæ, Vespillones. Gloss. Lat. Gr. : *Vespelliones*, Νεκροθάπται, Κοπιαταί. Epiphanius. lib. 3. contra Hæretic. : Κοπιαταί, οἱ τὰ σώματα περιστέλλοντες τῶν κοιμωμένων. Clerici videntur accenseri in leg. 1. Cod. Theod. de Lustrali conlat. (13, 1.) quæ est Constantii, ubi recens instituti dicuntur, sed et in leg. 15. de Episc. (16, 2.) quæ est Juliani : unde eosdem, quos *Fossarios* vocabant, haud absurde conjectant viri docti. De iis etiam, tacito licet nomine, agit lex 2. Cod. de Veteranis (12, 46.) : *Dum se quidam vocabulo Clericorum, et infaustis defunctorum obsequiis occupatos, non tam observatione cultus, quam otii et socordiæ amore defendunt.* Adde Novell. Justin. 59. Vide *Fossarius.*

* **COPIATOR**, Librarius, amanuensis, Ital. *Copiatore*, Gall. *Copiste.* Specimen hist. Sozom. Pistor. apud Murator. tom. 16. Script. Ital. col. 1156 : *Et ut novi priores eligerentur a Copiatoribus, et collegia extraherentur de novis marsupiis, etc.* Vide *Copista.*

COPIDERMUS, Κοπίδερμος, in Gloss. Gr. Lat.

* **COPILLA**, *Lo ligame del collo.* Glossar. Lat. Ital. MS. Vide *Copularius.*

¶ **COPINA**, Gall. *Chopine*, Oenophori Gallici pars quarta. Utitur Menotus in Sermon. Quadragesimal. fol. 40. verso col. 2. Vide *Chopina.*

* Glossar. Gall. Lat. ex Cod. reg. 7684 : *Copina, Chopine.*

¶ **COPIOSITAS**, Copia, abundantia, legitur apud Laurent. Byzynium in Diario Belli Hussitici, et Rymerum tom. 4. pag. 687. col. 1.

¶ **COPISTA**, Librarius, qui chartas et

alia id genus transcribit, Gall. *Copiste*. Advisamenta styli Curiæ Ecclesiæ Brioc. : *Juramentum Copistæ. Quod litteras productas fideliter exemplabo seu copiabo, nec animo partes vexandi eas copiare differam, sed mediante salario competenti, sine ulla procrastinatione exemplar seu copias partibus tradere non tardabo. Dum in litteris exemplandis aliquid suspectum in rasura, cancellatura, data, sigillo seu aliis comperero, Judici revelabo.*

¶ **COPITENANDS.** Vide post *Copia*.

* **COPIZOSUS**, Piscis genus. Vide supra *Copex*.

COPKINUS, Moneta argentea, cujus mentio fit in Legibus Opstalbomicis Frisicis cap. 21.

COPLA, Acta Proconsularia sub Munacio Felice, apud Baron. ann. 303. n. 12 : *Tunicæ muliebres paria 47. Coplæ rusticanæ* 19. [* Vestimenti species.]

¶ **COPO**, *Negotiator*, in Glossario MS. Sangerman. num. 501. est pro *Caupo*.

COPONAGIUM. Vide *Cupa* 3.

* **COPONATUM BLADUM**, Idem quod *Cupa*, 3. Mensura frumentaria, cujus exigendæ jus ex frumentariis mercibus, quæ in mercatis veneunt, *Coponum* et *Coponagium* appellabatur. Sentent. ann. 1396. ex Tabul. Lugdun. : *Dixerunt quod dicti dom. archiepiscopus et decanus et capitulum ecclesiæ Lugduni habent jus, possessionem et saisinam........ percipiendi, tam per se quam eorum gentes et familiares et censerios seu firmarios dicti granetagii, in et super bladis, quæ venduntur in villa et civitate Lugduni et bladis eisdem, videlicet de qualibet asinata unam mensuram, appellatam Coponati bladi.... Deliberamus per præsentes supradictis dom. archiepiscopo et decano et capitulo et eorum censeriis et firmariis dicti granetagii ad quos pertinet, decem et octo asinatas bladi saisiti supradicti pro Coponis et granetagio dictarum octies centum asinatarum, ad dictas decem octo asinatas ascendentes....... supradictum bladum, pro dicto Coponagio saisitum, etc.* Vide infra *Copum* et in *Cupa* 3.

¶ **COPONICULA**, Καπηλεῖον. Gloss. Lat. Græc. Est a *Caupona*.

¶ **COPONUM**, Species cerei seu tædæ. Obituarium MS. Eccles. Morin. fol. ultimo : *Thesaurario pro vino et luminaris redemptione, quod est duorum cereorum in altari, unius thedæ accensæ ab elevatione SS. corporis D. N. J. C. usque Post-communionem, duorumque Coponorum pro vicariis hyemali, tempore* 10. *sol.* Etiamnum in quibusdam locis Belgii Galliæ finitimis *Copons* vocitantur fila cerata, quæ nos *Bougies* appellamus. Sic, ni fallor, dicuntur a Gall. *Couper*, quod præ longitudine sæpius secentur.

¶ **COPONUS.** Vide in *Cupa* 3.

* **COPONUS**, Dolii obturamentum, Gall. *Bondon*. Stat. Astæ ubi de reva vini venditi ad minutum : *Quod tabernarius vel alius vendens vinum ad minutum,...... debeat bullari facere omnes carrarias, quas ipsi habebunt in suis domibus sive caneva,....... et bullatas tenere de bulla dicti emptoris ad spinas et Coponos.* Italis *Coppo*, Dolium, urceus. Vide *Capa* 2.

¶ **COPOUS**, Assula, Recisamentum, Gall. *Copeau*. Inquisitio MS. pro canonizatione S. Yvonis : *Vidit lectum qui fuerat D. Yvonis, qui erat de frustis lignorum, seu Copous, super terram et aliquantulo de paleis desuper, cum quodam cohopertorio de cannabe modici valoris.*

1. **COPPA**, Cæsio, sectio, Gallis *Couppe* : *Coppare*, cædere, secare, *Couper*. Will. Thorn in Chronico : *Pacti sunt homines de Halmoto... fruges omnes suas Coppare ex tunc et deinceps, et sic per Coppas omnes, decimas suas ipsi et hæredes sui amodo et in æternum legitime dare.* [Fere maluerim interpretari *Coppas*, Cumulos, et *Coppare*, Cumulare, quam Cæsiones et Cædere : quod Saxonibus *Coppe* et Armoricis *Coppa* vel *Koppa*, sit Apex, vel Culmen. Deinde fruges in cumulis disponi solent antequam decimentur.] Vide *Cupa*.

* Vide *Copare* 2. Charta ann. 1317. in Reg. 58. Chartoph. reg. fol. 5. r°. : *Dominus rex concessit Andreæ Thiardi hostiario armorum unum arpentum bosci pro ædificando, capiendum in foresta de Guernella, in Coppa priorissæ de Pissiaco.* Tabul. S. Albini Andegav. an. circ. 1080 : *Bosculum de Lanthono monachi, ut mos est, ad omnem suum capient usum, exceptis Coppis.* Vide supra *Copecia*.

2. **COPPA**, *Cataplasma quod ponitur juxta patientem partem.* Ita Glossæ MSS. ad Alexand. Iatrosoph.

* 3. **COPPA**, Idem quod supra *Copa* 2. Mensura liquidorum. Inventar. ann. 1271. in Access. ad Hist. Cassin. part. 1. pag. 328. col. 2 : *Item quando Coppa debet relevari, debet refici hoc modo : debet inveniri ordeum alustrosum, et de ipso ordeo debet fieri jumella una et pugillus unus,........ et ista Coppa debet esse in molendinis quæ sunt juxta monasterium.* *Coppe*, nostris, et *Copa*, Hispanis, galeæ vertex. Lit. remiss. ann. 1397. in Reg. 152. Chartoph. reg. ch. 111 : *Comme le suppliant eust marchandé à un nommé Berthelot Thiphaine, demourant en nostre ville de Paris, de fourbir et lui faire deux mirouers d'acier, pour mettre sur le Coppe d'un bacinet, etc.* Vide in *Coppa* 1. et *Copula* 2. [** *Coppa* pro *Cuppa*, Calix. Vide *Cupa*, 1.]

* 4. **COPPA**, Fasciola, ut videtur, Gall. *Bandelette, ruban.* Stat. eccl. Leod. ann. 1360. tom. 2. Monum. sacr. antiq. pag. 451 : *Item prohibemus ne aliquis de dicto clero vestes aut togas particas seu intercissas, seu scacacas, caputiola cum Coppis longis nodata sub gutture, intercissa seu scissa, certam oram vel in Coppis aut spatulas alligata, etc.*

* **COPPAGORGAS.** Vide supra *Copagorgius*.

¶ **COPPEIZ.** Vide *Copeiz* in *Copecia*.

¶ **COPPARE.** Vide *Coppa* 1.

COPPETELLA, Parvula *coppa*, seu vasculum. Chron. Casin. lib. 3. cap. ult. : *Coppetellæ de pernis tres, calices onychinos* 2.

* *Coppete*, eadem notione, in Lit. remiss. ann. 1478. ex Reg. 206. Chartoph. reg. ch. 380 : *Lesquelz se leverent de table en gettant les Coppetes, potz et chandelles l'un à l'autre.*

¶ **COPPIRE** DOMUM, Tegere, cooperire, tectum imponere, Gall. *Couvrir.* Kennettus in Glossario ad calcem Antiquit. Ambrosden. : *Johanni Banbury tegulatori capienti in grosso ad Coppiendam prædictam domum* IV. *lib.* 1. *den.* Verbum hoc Kennetus derivat a Saxonico *Coppe*, Apex, culmen, fastigium. Vide *Coppus*.

¶ **COPPIS**, Vox Anglica, Silva cædua. Vide Spelmanni Glossarium pag. 44. col. 2. edit. 1664. et supra *Copecia*.

* **COPPLA**, Copula canum venaticorum, Gall. *Couple*. Charta ann. 1325. in Reg. 62. Chartoph. reg. ch. 474 : *Unam Copplam cordæ canapis pro duobus canibus acouplandis........ solvere perpetuo tenebuntur.* Vide infra *Copula* 1. et *Cupla* 2.

¶ **COPPONAGIUM.** Vide post *Cupa* 3.

* **COPPONUS**, Mensura frumentaria, vulgo *Copon*. Terrear. Bellijoc. : *Decem Copponos siliginis, unum rasum cum dimidio, et unum Copponum avenæ pegulum ad prædictam mensuram Bellijoci.* Charta admort. ann. 1412. in Reg. 166. Chartoph. reg. ch. 272 : *Les six Copes valent un bichot; les xij. Copons valent un bichot.* *Copponus* ergo dimidia parte minor *Copa*. Libert. Matiscon. ann. 1346. tom. 2. Ordinat. reg. Franc. pag. 349. art. 17 : *Li tierce part des Coupons doit estre laissée aux citoiens de Mascon du bled que il vendent.* Vide *Cupa* 3.

¶ **COPPULA**, pro *Cappula* : quod vide. Insuper pro Parva *Cupa*, ut in hac voce.

COPPUS, Tegula, Itali *Coppo*, in Pacto inter Venetos et Tragurienses ann. 1322. apud Joan. Lucium lib. 4. de Regno Dalmat. cap. 14. [Vide *Coppire*.]

* Stat. Mutinæ rubr. 66. pag. 13. v°. : *Cum in terra Castri veteris, ubi est fornax una, non possint fieri boni Coppi nec quadrelli, propter malum terrenum, quod est ibi, etc.* Vide infra *Copus* 3. et *Cuppus*.

* **COPRILECTUS**, Stragulum, quo lectus insternitur, ab Italico *Coprire*, Cooperire. Convent. Saonæ ann. 1526 : *Pro sclavinis, Coprilectibus, birrectis, capellis lunæ, etc.*

¶ **COPS**, *Copia*. Glossarium Sangerman. MS. n. 501. Amalth. : *Cops, Coops. Simul opulentus, Ops, Opulentus.* Vide *Copus*.

* Glossar. Lat. Gall. ex Cod. reg. 7692 : *Cops, copis, Riche.*

¶ COPSUS, *Copiosus*. Glossar. S. G. 501.

COPTUMUM, *Coustuma*, Tributum, præstatio. Bulla Honorii III. PP. ann. 1217. apud Ughell. in Episc. Interamn. : *Si dominus molendini retinuerit molendinum, ita quod non det aliis ad partem, vel Coptumum, similiter solvat unum raserium annonæ; etc.* Occurrit ibi semel ac iterum. Vide *Consuetudo* 4.

1. **COPULA.** Charta Communiæ Hamensis : *Nullus famulus Hamensis domini, neque Castellani, accipiat Copulam, aut funem in foro, nisi tantum bis in anno, in Martio videlicet et in Septembri.* Eadem Gallice : *Nus Sergans li Seigneur, ne li Castellain de Ham ne prenge Couplel ne corde au marquié, fors que tant seulement deux fois en l'an, etc.* Vide *Cupla*.

* Vinculum, quo canes venatici copulantur, inter præstationes a subditis debitas non semel occurrit. Charta Phil. Pulc. ann. 1309. in Reg. 13. Chartoph. reg. ch. 147 : *Debet sex Copulas cordæ pro canibus copulandis, absque omni alia redibentia.*

Alia ann. 1310. in Reg. 62. ch. 235 : *Radulphus et ejus hæredes unam Copulam ad canes in festo Penthecostes nobis annuatim reddere tenebuntur. Un Couple à chien*, in Ch. ann. 1315. ibid. Vide supra *Coppla*. *Coupples* vero, Tributum esse videtur, quod pro jure alligandi naves ad portum exigebatur, in Charta Phil. VI. ann. 1339. ex Reg. donor. ejusd. reg. Cam. Comput. Paris. fol. 163. r°. : *Le chargage et barrage, la chaucié, l'avalage et Coupples*. Et quidem *Couppie* et *Couplet* vocabant quidquid rem aliquam cum altera copulat et jungit. Lit. remiss. ann. 1391. in Reg. 141. ch. 228 : *Un chappel à Coupples d'argent esmaillié*. Aliæ ann. 1447. in Reg. 179. ch. 49 : *Icellui Gallipaud mist son arbaleste au devant, qui retint et receut le coup; et dudit coup fist descharner les Coupletz ou charnieres de ladite arbaleste*. Rursum aliæ ann. 1453. in Reg. 185. ch. 305 : *Le suppliant print icelle boete et arracha avec les mains le clou, qui tient la charniere ou Couplet du couvercle de ladite boete*.

¶ 2. **COPULA.** Vita S. Bernardini Episc. Senensis tom. 5. Maii pag. 275 * : *Cum accepisset quod quædam devota mulier haberet partem bireti sancti viri, quam Copulam appellant, magna devotione conservatam*. An superior pars ab Armoricano *Coppa*, Apex? Johannes in Vita S. Petri Damiani num. 46 : *Unde factum est inter cætera, ut projicerent Copulas, quibus quasi quibusdam pileis capita contegebant*. Non dubitat Mabillonius sæc. 6. part. 2. SS. Benedict. pag. 264. quin legendum sit *Cofulas*, Tegmen capitis, de quo fuse in *Cuphia*; erit forte qui retineat *Copulas*, quod etiam legatur in Vita sancti Bernardini mox laudata. Vide *Cappula*.

* Vide supra *Coppa* 4.

** 3. **COPULA**, Grex equorum. Jura Mauromonasterii ann. 1144. in Alsat. Diplom. tom. 1. pag. 228 : *Stabularius, ut marshalcus abbatis, stabulo, famulis, equis, equituræ atque Copulæ abbatis præsideat; quamdiu et ubi manere debeat juxte statuta disponat. Abbas in Copula sua a festo S. Georgii usque dum fenum secatur, 12. equos habeat euntes. Porro ut in posterum omnis rixæ et contencionis reprimatur occasio, placuit litteris adnotare, quibus in locis Copula abbatis pasci debeat. A festo S. Georgii pascatur, etc.* Charta Adelbert. Archiep. Mogunt. ann. 1133. in Guden. Cod. Diplom. tom. 1. pag. 108 : *Hortos illos.... pascuis nostræ episcopalis Copulæ addictos, ab omni Copulæ jure, et mariscalcorum potestate in perpetuum me absolvisse, etc.* Conf. *Cupla*, 2. Hinc

** Coppelweida. Chart. ann. 1158. in Alsat. Diplom. tom. 1. pag. 257 : *Et ut ipsi justitiam annualis pascuæ, quæ vulgari nomine Coppelweida dicitur, quam advocato debebant, deinde relaxatam haberent*. Hodie vero Germani dicunt *Koppelweide* non tam servitutem compascui, quæ alicui debetur, quam jus reciprocum compasculationis vicanorum, eodemque sensu effertur *Koppelhut, Koppeljagd, etc.* Vide Mittermaier. Princip. Jur. German. § 169.

COPULARIUS, *Vinculum in collo canis*. Joanni de Janua.

* **COPULATUS.** Translat. S. Januar. tom. 6. Sept. pag. 889. col. 1 : *Princeps vero eximius tantæ lætitiæ Copulatus est, quam si urbem illam suæ subdiderit ditioni*. Ubi codex alter MS. Neapolitanus habet, *non minori lætitia cumulatus est, etc.* ut moment docti Editores.

* 1. **COPUM**, Jus exigendi *Copam* ex frumentariis mercibus aliisve. Præcept. Rob. reg. Franc. ann. 1028. inter Instr. tom. 10. Gall. Christ. col. 153 : *Wavoreio villæ medietatem ex integro, Copa, terras, denarios in censu persolventes quadraginta*. Vide supra *Coponatum*.

* 2. **COPUM**, Frustum, quasi particula abscissione avulsa. Consuet. Exoldun. ex Chartul. eccles. S. Dion. ejusd. loci : *Item de quolibet equo portante cum dicto baat balenam, Copum continens labrum ad minus, et ad plus labrum et dimidium; et si dicta balena deferatur in quadriga, pro quolibet equo trahente quadrigam, unum Copum*. Vide supra *Colpo*.

* 2. **COPUS**, ut supra *Copponus*. Vide ibi. Charta ann. 1329. in Reg. 66. Chartoph. reg. ch. 317 : *Pro tribus modiis minus uno Copo frumenti, in portionibus, taschis et agreriis campodorum seu prædiorum, quæ sub feudo dictæ forefacturæ ab emphiteotis possidentur*. Leudæ minut. Carcass. MSS. : *Item pro saumata de napis, unum den. et duos Copos comolos; et de homine onerato, unum obol. et unum Copum comolum*.

* 3. **COPUS**, Tegula, Ital. *Coppo*. Stat. Taurin. ann. 1360. cap. 271. ex Cod. reg. 4622. A. : *Habeatur modus monorum et Coporum fornasariorum ripolarum, ad quem modum fiant moni et Copi bene cocti*. Vide supra *Coppus*.

¶ **COPUS** Vini, Cyathus unus, Gall. *Un Coup de vin*. Consuetud. Festorum Monasterii Solemniac. MSS. : *In Dominica Septuag... ad cenam farinam coctam adipe et Copos de vino puro*. Ibidem : *Et ad cenam Cops de vino puro*.

COQUA, Species navigii. Vide *Cogo*.

* **COQUA**, Arenæ cumulus, quod *conchæ* formam referat, sic dictus, Gall. *Banc*. Charta ann. 1394. in Reg. 149. Chartoph. reg. ch. 78 : *Ripparia est ibidem tantæ latitudinis, quod ibidem effecta est quædam Coqua sive resallum arenæ, occasione cujus gentes...... barcas oneratas transire sive vehi facere minime possunt, imo necessario oportet dictas fustas vehi usque ad reccum de Amacio, qui est quædam modica pars dicti fluminis Eraudi*.

* **COQUCIA**, Cucullus, capitis tegmen, Gall. *Coqueluchon*. Inventar. S. Capellæ Paris. ann. 1376. ex Bibl. reg. : *Item caput S. Symeonis argenti deaurati in factione hominis antiqui;....... quod caput habet unam Coquciam desuper firmatam cum una verula esmailliata*. Aliud Gallicum : *Item le chief saint Symeon en façon d'omme ancien;...... et à une Coqusse d'argent sur la teste fermant à une viz esmailliée*. Lit. remiss. ann. 1414. in Reg. 168. Chartoph. reg. ch. 37 : *Le suppliant prinst... une aumusse ou Coqueluche*. Vide *Coqueluca* et infra *Coquibus*.

¶ **COQUEARIUM**, Cochlear, Gall. *Cuilliere*. Transactio inter Abbatem et Monachos Crassenses ann. 1351. ex Libro viridi fol. 53 : *Pro siphis, amphoris, saleriis, butellis et Coqueariis in refectorio 25. sol. Turon*.

¶ **COQUELUCA**, Cucullus, Gall. *Coqueluchon*. Statuta Synodal. Eccl. Andegav. ann. 1423. n. 12 : *Prohibemus universis et singulis personis ecclesiasticis... ne ipsi tunicas et vestes superfluas... in latere atque retro Coquelucas ac retro fixas, zonas auro cum clavis clavatas, etc.* Vide *Quoqueluca*.

* **COQUERE**, Calido balneo purgare, ut interpretantur docti Editores ad Mirac. S. Nic. Tolent. tom. 3. Sept. pag. 726. col. 1 : *Bartholomæa filia Manfredini Tolentinas cum uno die nocteque spasmo laborasset, et medicus eam Coquere decrevisset, etc.*

¶ **COQUERIA**, ut *Coquearium*, Cochlear. *Pro valore quarumdam tassiarum et Coqueriarum et bassini de argento*, in Charta Massil. ann. 1352. Joan. *Silvestre* Notario.

* **COQUESTRUS**, *Lo pistore*, in Glossar. Lat. Ital. Ms.

¶ **COQUETTUM**, Coquetum, ab Anglico *Cocket*, Portorium seu signum, quo Publicanus obsignat merces, quæ portorium exsolverunt. Charta Edwardi V. de Cancellario Hiberniæ constituto anno 1483. apud Rymerum tom. 12. pag. 182. col. 1 : *Necnon de Custumis et Coquettis nostris, de coriis, pellibus lanatis, et aliis merchandiis et rebus quibuscumque custumalibus...... et aliorum occupatorum eorumdem custumarum et Coquettorum pro tempore existentium, ac etiam de feodi firma*. Dilucidatio articulorum tractatus anni 1559. apud eumdem Rymer. tom. 15. pag. 525. col. 1 : *Qui sufficientem habent notitiam per Coqueta, sive alia evidentia et documenta... dummodo per hujusmodi Coqueta sive documenta evidenter constet eisdem, quod alterius partis subditi naves et bona sint*. Vide *Coket*.

¶ **COQUIBUS**, Species caputii. Statuta ultima Capituli Senon. : *Omnes Canonici tam majores quam minores possunt portare caputia officiando in choro tempore capparum nigrarum; sed in festis annualibus, si Præcentor tenendo chorum caputium seu Coquibus non habuerit, tunc Choriales non habebunt*.

* Vox Gallica ejusdem notionis atque *Coquille*, Capitis scilicet tegmen in formam conchæ effictum; unde nomen. Lit. remiss. ann. 1391. ex Reg. 141. Chartoph. reg. ch. 66 : *Le suppliant print le quevrechief et le chappel, que lors estoit sur le chief de l'ymage Nostre Dame en ladite eglise* (de Laon) *avec certain Coquibus, qui estoit sur le chief de l'ymage de Dieu. Et ce fait, avecques lesdiz quevrechief, chappel et Coquibus se bouta dedans les aumaires estans dessoubz l'ostel* (autel) *devant ledit ymage*. Aliæ ann. 1421. in Reg. 171. ch. 513 : *Un chaperon de brun vert et une Coquille fieloquié, etc.* Quod capitis ornamentum, mulieribus et pueris maxime in usu fuisse ex his colligitur, et præterea monet *de Brieux* pag. 31. Orig. consuet. ant. et var. loquendi formul. Atque inde fortassis accersenda vocum *Coquart* et *Coquillard* origo, quibus significatur vir, cujus uxor mœchabatur, vel stultus, fatuus, ineptus, Gall. *Sot*; quemadmodum, ut verosimile est, *Caffard*, hypocrita, a *Caphardo*, capitis itidem tegumento, est appellatus, uti observavimus supra. Lit. remiss. ann. 1391. in Reg. 142. ch. 20 : *Icellui Bernart dist audit Duchesne : ...... Va-t-en hors de me maison, Co-*

quart; lequel Duchesne respondi audit Bernart qu'il n'estoit point Coquart, mais que ledit Bernart estoit bien Coquart,. bernart et tous sós : car il n'estoit si mauvaise Cornardie que sotie. Aliæ ann. 1392. in Reg. 143. ch. 275 : *Le suppliant leur dist que ilz estoient bien folz et bien Coquars de vouloir plus illecques estre contre la voulenté et defense dudit tavernier.* Rursum aliæ ann. 1445. in Reg. 176. ch. 54 : *Le suppliant respondit à icellui Robitaille, quel Coquillard te fais-tu, te courousce-tu? Coquillart*, pro marito uxoris adulteræ, in aliis Lit. ann. 1456. ex Reg. 183. ch. 193.

* Neque alterius originis videntur *Coquebers* et *Coquebin*, ad designandum hominem stultum et fatuum, in Mirac. Mss. B. M. V. lib. 1 :

Bien estoit Coquebers, par m'ame,
Quant il guerroioit Nostre Dame.

Ibidem lib. 2 :

Li fax vilains, li faus bobers,
Li faus bouviers, li Quoquebers.

Lit. remiss. ann. 1426. in Reg. 173. ch. 393 : *Sanglant villain, traittre, bigame, Coquebin, puant, etc.*

* Haud scio vero unde deducenda vox Gallica *Quoquillon*, qua lini manipulus significatur, in Lit. remiss. ann. 1398. ex Reg. 154. ch. 2 : *Un Quoquillon de lin sur chascun feu de laditte ville de Vrevin.* Nisi sit a *Conucula*. Vide supra in hac voce.

* **COQUILHIA**, COQUILIA, COQUILLIA, a Gall. *Coquille*, Concha. Memor. D. Cam. Comput. Paris. fol. 53. r° : *Ultima die Februarii 1362. D. P. de Hodench, thesaurarius S. Capellæ dom. regis Parisiis, retulit viva voce, quod dicta capella fuerat derraubauta* (sic) *de una Coquilhia argenti, de qua fit mentio in inventario suo.* Inventar. ejusd. S. Capellæ ann. 1363. ex Bibl. reg. : *Item solebat esse una Coquillia argentea pro thure reponendo, quæ est perdita et sublata.* Aliud ann. 1376 : *Una Coquilla argentea pro sale ad aquam benedictam faciendo. Item une Coquille d'argent pour mettre le sel*, in Inventar. Gall.

* **COQUILLA**, Eadem quæ *Focaria*, presbyteri concubina, in Vita David. Parei apud *Bayle* in Diction. art. *Pareus* not. C : *Portenti igitur simile habebatur matrimonium pastoris ecclesiæ eo loci, ubi numquam nisi sacrificulorum concubinas, Coquillas et scortilla viderant.* Vide supra in *Coquibus*.

¶ **COQUIMELLA**, Prunus, Gall. *Prunier*. Isid. Orig. lib. 17. cap. 7 : *Coquimella quam Latini ob colorem Prunam vocant : alii a multitudine enixi fructus Nixam appellant, etc.*

* Adde ex animadversionibus D. *Falconet* : Verum nomen est *Coccymelea*, Gr. κοκκυμηλέα, pruni species Ægyptiaca descripta a Theophrasto lib. 4. cap. 3. Hist. plantar. quæ etiam a Plinio describitur nomine *Pruni Ægyptiæ* lib. 13. cap. 10. Memorat etiam *Coccymeleam* Dioscorid. lib. 1. cap. 174. Alia est κοκκυμηλέα in Theophrasto lib. 3. cap. 16. quæ putatur eadem atque *Coccygia* Plinii lib. 13. cap. 22. species scilicet cotini.

¶ **COQUINA**, Cibaria coacta. Acta SS. Maii tom. 4. pag. 425. de S. Petro Cœlestino : *Faciamus hac nocte bonum officium ad honorem B. Joannis, et cras dabo vobis Coquinam.* Chronicon Mellicense pag. 333. col. 2. in Regula reformat. ejusdem Monasterii : *Non tamen sonet, nisi prius sciat a coco, si Coquina sit parata.* Antiqui usus Fontanell. MSS. fol. 94 : *Capient panem et vinum et Coquinam.* Chartul. S. Vandregisili tom. 1. pag. 716. in Litteris anni 1262 : *Quidquid reclamare poteram, tam in pane quam in vino, et Coquina, etc.*

* Charta Reginaldi episc. Carnot. ann. 1215. ex Chartul. ejusd. episc. : *Serviens ad prata ducens eosdem fenatores, die illo de nostra curia recipit tres panes, semisextarium vini et Coquinam, vel duos denarios pro Coquina. Cosine* et *Cuisine*, eodem significatu. Charta ann. 1267. ex Chartul. Campan. fol. 273. col. 2 : *Et les jors que an ne mangera char,...... chacun jor juque à Quaroime, Cosine à huile, et a chacun un haran.* Lit. remiss. ann. 1379. in Reg. 115. Chartoph. reg. ch. 18 : *Mahiet Clouel dist : Vous deux qui avez perdu, paierez chascun un pot de cervoise, et nous autres paierons la Cuisine et le pain.* Poema *de la Male Dame* ex Cod. reg. 7615. fol. 174. v°. col. 1 :

Li quens qui amor a souspris
Manga o la bele meschine;
Moult parfu riche la Cuisine.

* **COQUINARIA**, *Cuisinerie.* Glossar. Gall. Lat. ex Cod. reg. 7684. Vide supra *Coquina*.

COQUINARE, vulgo, Coquinam facere. Regula Magistri cap. 19 : *Post sextam inchoent Coquinare, ut dicta Nona omnes exeant ad mensam.* Regula Canonicorum Metensium Chrodegangi cap. 3 : *Laici coqui ad Coquinandum tantum ingrediantur.*

* Charta ann. 1334 : *Item quod nulla persona coquat seu Coquinari faciat panem suum, nisi ad furnum prædictæ dominæ* (de Grauleriis.)

¶ **COQUINARIUS**, Præfectus coquinæ. Actum capitularem pro unione Prioratus de Bischiis ann. 1329. ex Archivo B. Mariæ de Charitate, subscribunt inter alios *Guillelmus Bursarius, Johannes Granetarius, Stephanus Coquinarius, etc.* Diploma Adephonsi Regis Hisp. ann. 1094. apud Marten. tom. 1. Collect. Ampliss. col. 549 : *Sancius Pincernarius Regis confirmat. Diacus Coquinarius Regis confirmat. Pearnus Comes confirmat.* Occurrit alibi non semel. Vide *Coquus*.

COQUINATOR, Coquus. Sanutus lib. 2. part. 4. cap. 10 : *Quælibet galearum habet unum Coquinatorem, qui semel in die pro gente galeæ coquinare tenetur, etc.* Utitur et cap. 20. [Guidonis Disciplina Farfensis lib. 2. cap. 26 : *Cum viderint Fratres Coquinatores opus esse, ut bulliantur scutellæ propter adipem, dent eas Cellerario.... et faciat eas abluere, et iterum reddant eas Coquinariis.*]

* **COQUINELLA**, *Prunus, Pruniens, Prov.* Glossar. Provinc. Lat. ex Cod. reg. 7657. pro *Coquimella.* Vide supra in hac voce.

¶ **COQUINULA**, Parva coquina. *In quo solario est Coquinula cum camerula*, apud Fontanum Histor. Avenion. pag. 178.

COQUINUS, [Homo vilissimus nec nisi infimis *coquinæ* ministeriis natus, interdum etiam Nequam, Improbus, ut nostrum Gallicum *Coquin.* Processus de Vita S. Yvonis tom. 4. Maii pag. 545 : *Et ex hoc dictus juvenis dicebat verba opprobriosa D. Yvoni, vocando ipsum Coquinum et Truannum.* Ejusd. B. Yvonis Acta MSS. : *Erat autem pium pulchrumque spectaculum, aliquando Yvonem sanctum Domini, licet generosum et in cunctis spectabilem, subsannationibus et blasphemiis impugnatum, et Coquinum Communissime vocatum, placido et hilari vultu, gratis et rationalibus responsis adversarios convincentem.*] Vide *Cociones*.

* Nostris alias *Coquin* et *Quoquin* sæpissime, pro *Mendiant*, Mendicus. Lit. remiss. ann. 1375. in Reg. 107. Chartoph. reg. ch. 152 : *Lesquelx jeunes hommes venant de la ville de Roches en la ville de Rueil, ou chemin trouverent un homme en habit de Quoquin, etc.* Aliæ ann. 1392. in Reg. 142. ch. 297 : *Un homme querant et demandant l'aumosne, qui estoit vestuz d'un manteau tout plain de paleteaulx, comme un Coquin ou caimant.* Aliæ ann. 1409. in Reg. 164. ch. 114 : *Quatre Coquins ou au moins gens poures, qui queroient et mandioient leur vie.* Unde *Coquiner*, Mendicare, victum quæritare, et *Coquinerie*, Mendicatio. Lit. remiss. ann. 1407. in Reg. 161. ch. 386 : *Icellui Regnault dist au suppliant que son pere aloit Coquinant aval la ville.* Aliæ ann. 1460. in Reg. 190. ch. 99 : *Pierre Perreau homme plain d'oisiveté,...... alant mendiant et Coquinant par le pais.* Occurrit præterea apud Marten. tom. 1. Anecd. col. 1833. Guignevil. in peregr. hum. gen. Ms. :

Cheste mains chi, truanderie
Est nommée et Coquinerie,
Hoguinele par non le clain
Et qui apelle Mengue-pain.

* **COQULUS**, Coquus secundarius, Gall. *Aide de cuisine.* Privil. capit. S. Barnardi de Roman. ann. 1348. tom. 3. Ordinat. reg. Franc. pag. 274. art. 7 : *Coquum, Coqulum, porterium, excubium, campanarum pulsatorem, etc.*

COQUUS. *Magnus coquus*, Dignitas in Palatiis Principum, eorum scilicet qui coquinæ ac cibis præsunt. *Coquorum Præpositus*, in Legibus Wisigoth. lib. 2. tit. 4. § 4. Fortunatus lib. 6. Poem. 10. de Coquo Regio :

Venimus ut Mettin, Cocus illic regius instans
Absenti nautas abstulit, atque ratem.
De flammis ardente manu qui diripit escas, etc.

Apud Herimannum de Restauratione Monasterii S. Martini Tornacensis cap. 94. Fulcherus Episcopus Noviomensis dicitur fuisse *spurius generatione, ex patre scilicet ignobili natus, filiusque Principis Cocorum Regis Franciæ.* Ita apud Gregorium Nyssenum lib. 1. contra Eunomium, quidam Demosthenes dicitur ὁ ἐπὶ τῶν ὄψων τεταγμένος, καὶ μαγείρων ἄρχων, et apud Theodorium lib. 4. cap. 17 : Τῶν Βασιλικῶν προμηθούμενος ὄψων. Theodulphus Episc. Aurelian. lib. 3. Carm. pag. 187 :

Pomiflua solers veniat de sede Menalcas,
Sudorem abstergens frontis ab arce manu.
Quam sæpe ingrediens, pistorum sive Coquorum
Vallatus cuneis, jus synodale gerit.
Prudenter qui cuncta gerens, epulasque, dapesque
Regis honoratum deferat ante thronum.

De eodem Menalca, Alcuinus Poem. 221 :

Ipse Menalca Coquos nigra castiget in aula,
Ut calidos habeat Flaccus per fercula pultes.

Fleta lib. 2. cap. 75. ait *officium Coqui esse de singulis ferculis ratiocinium reddere singulis diebus*. Nostri eosdem officiales in Palatiis *Grans Queux* vocant, id est, *Magnos Coquos*. [Vide *Magister Coquinæ*,] [** et Grimmii Poet. latin. sec. X. et XI. pag. 386.] Le Roman de *Garin :*

N'ot Panetier qui le deust servir,
Queu de cuisine, ne Eschançon de vin,
Ne Chamberlanc, qui puist avoir roncin, etc.

Alibi :

Cuez de cuisine plus de quarante cinq.

Chron. MS. Bertrandi *du Guesclin :*

Dignes d'estres Queux pour les souppes manger.

Joannes de Condato MS :

Gibiers li Cas fut en saisine
D'estre grans Queus en la cuisine.

Vetus Poema MS. de Vulpe Rege coronato :

Ranginer, mesire Talpa,
Furent maistre de la cuisine.

Idem Poeta *du Roman de Garin*, describens nuptias Pipini Regis :

Vers la cuisine fu Bues le Marchis
Qui del mengier devoit li Rois servir.

Id autem muneris in Regum nostrorum Palatiis obiisse leguntur

Robertus Coquus, sub Henrico I. et Philippo I. ann. 1060. et 1065. in Martinianis pag. 6. 17.

Herius Coquus, sub eodem Philippo I. anno 1070. in Martinianis pag. 19.

Harcherius *Regis Franciæ* Coquus, *et Miles insignis* ann. 1124. apud Ordericum Vitalem lib. 12. pag. 878.

* Bernardus Coquus, sub Philippo Aug. ann. 1203. ex Reg. 34. bis Chartoph. reg. part. 1. fol. 67. r°. col. 1.

* Girardus de Bosco Coquus, ann. 1212. ibid. part. 2. fol. 76. v°. col. 1.

* Odo Coquus, ann. 1215. ex Chartul. AB. S. Germ. Prat. fol. 42. r°. col. 1.

Adam Coquus, sub S. Ludovico, ann. 1243. Veteres Tabulæ S. Martini de Campis.

* Robertus de Soysiaco Coquus, ann. 1263. ex Chartul. Guill. abb. S. Germ. Prat. fol. 114. v°. col. 2.

¶ Radulphus de Bellomonte, ann. 1298. et seqq. de quo vide R. Patrem Anselmum.

* *Radulphus de Bellomonte Coquus*, sub S. Ludovico et Philippo ejus filio, ex Ch. Caroli IV. ann. 1326. in Reg. 64. Chartoph. reg. ch. 120.

¶ Ansellus caprusio, ann. 1302. apud eumdem Patrem Anselmum.

* Petrus de S. Germano Coquus, sub Phil. Pulcro ann. 1306. ex Reg. 38. Chartoph. reg. ch. 167.

Guillelmus de Haricuria, D. de Salceia, Magnus Franciæ Coquus sub Philippo Pulcro ann. 1312.

* Charta ann. 1307. in Reg. 37. Chartoph. reg. ch. 93 : *Guillaume de Harecourt, chevalier, seigneur de la Sauçoye et mestre Queu de France, salut. Comme pour raison de nostre keuerie de France, etc.* Infra : *Queurie.* Rursum ann. 1315. ex Ordinat. hospit. reg. apud Ludewig. tom. 12. Reliq. Mss. pag. 61. col. 1. Hinc delendus

¶ Petrus de Marcheny, ann. 1311. Vixit saltem ad ann. 1334. Vide Patrem Anselmum. [* Appellatur *de Mathinaco*, in Ch. ann. 1311. ex Reg. 46. Chartoph. reg. ch. 34. *de Mateny*, in Ch. ann. 1314. ex Reg. 50. ch. 23. *de Matheniaco*, in alia ann. 1317. in Reg. 61. ch. 496. *de Mathigniaco*, in altera ann. 1323. Reg. 62. ch. 446. ubi dicitur nuper defunctus, inter magnos Coquos minime censendus videtur; ut et

* *Stephanus de Capella Coquus*, in Ch. ann. 1322. ex Reg. 61. ch. 110. *Hi Queux de la bouche* nuncupabantur, ut colligitur ex Lit. Phil. VI. ann. 1334. in Reg. 69. ch. 99 : *Nostre amé Queu de la bouche Heroet de Malregart, autrement dit l'Arceprestre, etc.* Tunc quippe coquinæ regiæ præerat Joannes de Castellione.

¶ Guiardus de Bellomonte, apud Patrem Anselmum.

¶ Stephanus de Capella, ann. 1320. apud P. Anselmum.

¶ Adam de Taverny, apud eumdem.

¶ Guillelmus Sicartus, apud eumdem.

¶ Joannes Bataille, ante annum 1326. apud eumdem.

¶ Joannes Bonnet, ante annum 1324. apud eumdem.

Joannes de Castellione, Dom. *de Gandelus* M. Franciæ Coquus, sub Philippo VI. anno 1344. [Hac dignitate jam donatus erat ann. 1328. juxta P. Anselmum.]

¶ Bernardus, Dominus Moroliensis, 24. Septemb. ann. 1344. juxta P. Anselmum.

Joannes de Nigella, ann. 1345. et seqq. apud P. Anselmum.

Joannes de Dampetra, Dom. S. Desiderii et Vangionis rivi M. Coquus, sub Carolo VI. anno 1360. [saltem ad annum 1367.] [* sub Joanne rege ann. 1358. ex Lit. ejusd. ann. in Reg. 86. Chartoph. reg. ch. 142. et sub Carolo V. ann. 1360.]

* Guillelmus Castellanus Bellovacensis M. Coquus sub Carolo V. ann. 1380. et Carolo VI. ann. 1382. et 1386. Lit. ann. 1382. in Reg. 121. Chartoph. reg. ch. 237 : *Nostre amé et féal chevalier et grant Queux de France, le Chastellain de Beauvaiz, etc.* Ordinat. hospit. reg. ann. 1386. in Memor. E. Cam. Comput. Paris. fol. 100. v° : *Le Chastellain de Beauvez, Queu de France.*

N. Castellanus Bellovacensis, M. Coquus sub Carolo VI. ann. 1388. [ad 1390. quo obiit.]

¶ Carolus de Castellione, ab ann. 1390. ad. 1401. quo vita functus est.

¶ Philippus Dominus de Linario ab ann. 1401. ad ann. 1412.

¶ Joannes ejus filius a morte patris. Vixit saltem ad ann. 1432.

Guillelmus de Castellione, D. Feritatis in Pontivo, M. Franciæ Coquus, sub Carolo VI. ann. 1418. Vide Duchesnium.

Antonius de Pria, Dom. *de Buzançois*, M. Fr. Coquus ann. 1431.

Ludovicus de Pria, Antonii filius, M. Franciæ Coquus, ann. 1490. Vide Probat. Histor. *des Chastaigniers* pag. 103. Suppressa postmodum hæc dignitas, uti habet Tillius, qui observat præterea Comites Campaniæ habuisse suos *Magnos Coquos* hæreditarios.

Porro Magno Coquo suberant Officiales, seu Ministeriales aliquot, qui ita recensentur in Compulo Hospitii Regis et Reginæ ann. 1385 : *Queus, Aideurs, Asteurs, Paiges, Souffleurs, Enfans, Saussiers du Commun, Saussier devers le Roy, Sommiers, Poulliers, Huissiers.* In alio Computo facto Lorriaci ann. 1317 : *Escuiers, un Maignen, Clerc saussier, Clerc de Cuisine.*

☞ Hæreditarium olim fuisse in Prioratu B. M. de Argentolio Coqui officium discimus ex Charta ejusdem Monasterii ann. 1200. quam hic integram exscribere visum est, quod et singularis sit, et omnia hujus ministerii jura fusius exponat : *In nomine sanctæ et individuæ Trinitatis, amen. Hugo Dei gratia B. Dionysii Abbas, et Hugo Prior de Argentolio et ejusdem Ecclesie conventus omnibus præsentem paginam inspecturis, in vero Salutari salutem. Noverit universitas vestra quod controversia erat inter Conventum Ecclesie de Argentolio et Stephanum Coquum super caritatibus et pitanciis ejusdem Conventus, que assensu nostro taliter sopita est. Stephanus Coquus et heres ejus in omnibus communibus cibis et pitanciis predicte Ecclesie Conventus, quicumque dederit, undecumque venerint, ubicumque distribute fuerint infra ambitum ejusdem loci, integram portionem percipiet, sicut unus de Monachis ibidem commorantibus, simulque omnia jura sua integre percipiet in hisdem cibis et pitanciis, ac si Prior ejusd. Ecclesie vel quilibet pro eo emisset, vel gratis contulisset. Si autem Conventus pitancias de carne emerit vel alius pro Conventu, separare non poterunt jura ejus postquam juncta vel coherentia viderint et invenerint, cum venerint ad emendum. Preterea jus suum habebit in pitancia que fertur ad discum ejusdem Ecclesie. Si vero aliquis Monachorum sepedicti Conventus vel Ecclesie B. Dionysii superveniens aves emerit, cujuscumque generis sint aves, in domum ejusdem Stephani deferentur ut ibi diligenter preparentur : Si anser fuerit domesticus idem Stephanus plumam tantum et boellos percipiet; de ceteris avibus nihil habebit preter plumam ..... Si aves vel quelibet alia que a predictis Monachis comparentur ad mensam Prioris, idem Stephanus jus suum inde percipiet, ac si Prior emisset. Idem vero Stephanus vel quem voluerit pro eo panem suum in refectorio recipiet, qualem Conventus comedit, et tale vinum quale conventus bibit, ad eamdem mensuram qua mensuratur Monachis ibidem commorantibus. Predictus Stephanus propter pacem hanc conferendam spontaneus prædicto Priori et Conventui remisit tenchias et caudas omnium piscium preterquam salmonis quas sine contradictione percipiebat, salvis omnibus aliis consuetudinibus sibi et heredi ejus; et duos sol. Paris. capitalis census eis in perpetuum concessit habituros : scilicet* XII. *denar. super domum que sita est in Marcheil et* XII. *denar. super duas vineas simul junctas in Orgemont. Quod ut ratum permaneat presentem paginam sigillis nostris fecimus roborari. Actum Incarnati Verbi* MCC. Etiamnum in Monasterio Exaquiensi hæreditarium est et feodale Coqui officium.

1. **COR**, Medium cujusvis rei. Ordericus Vitalis lib. 10. pag. 767 : *Tyrum opulentam urbem, in Corde maris sitam, per mare obsedit.* Adde pag. 849. 856. [Καρδίαι θαλάσσης, apud Nicetam pag. 292.]

* Formulæ Mss. ex Cod. reg. 7657. fol.

ſo. v° : *Ex quibus ictibus dictus talis percussus vulneratus extitit quatuor ictibus,.... alio in Corde manus sinistræ.*

Corde, Ex Corde, Cordetenus, Memoriter, nostris *Par cœur*, Occitanis *Decouru.*

Corde. Rainerus contra Valdenses cap. 3 : *Magnam partem veteris* (Testamenti) *sciunt Corde.*

Corde tenus. Vita MS. S. Magnobodi Episc. cap. 5 : *Corde tenus omnem peragens perlegit libri paginam.* Alphanus Archiep. Salernitan. Carm. ad Transmundum :

Fertur corde tenus sic homilias
Quadraginta legens scire, etc.

Utuntur liber Ordinis sancti Victoris Parisiensis, S. Bonaventura in Specul. part. 1. cap. 14. Willelmus Abbas Andrensis in Chron. pag. 456. Herimannus de Restaurat. S. Martini Tornacensis cap. 108. Herbertus lib. de Mirac. cap. 32. Petrus Blesensis Epist. 101. Petrus Diacon. lib. 4. Chronic. Casin cap. 41. et Lib. de Viris illustr. Casin. cap. 36. Andreas Abbas in Vita Ottonis Bambergensis Episc. cap. 5. Regula Ordinis de *Sempringham* pag. 718. 770. Matth. Paris in Vitis Abbatum S. Albani pag. 70. Silvester Giraldus de Topogr. Hibern. cap. 34. Thomas de Cantiprato, Radulfus de Hengham in Summa pag. 1. et alii.

Ex Corde. Hincmarus Rem. in Capitul. ad Presbyteros parochiæ suæ cap. 1 : *Psalmorum etiam verba et distinctiones regulariter et ex Corde cum Canticis consuetudinariis pronuntiare sciat.* Occurrit etiam non semel apud Scriptor. in Reg. S. Benedicti cap. 9. 12. in Vit. Patr. lib. 5. Libell. 4. n. 67. Libell. 10. n. 91. in Capitulari Abytonis Episcopi Basileensis cap. 4. apud Ratramnum Monachum Corbeiensem in Synodica ad Presbyter. etc. Ita Græci recentiores ἐκ στήθους usurpant, ut Joannes Tzetzes in Chiliad. pag. 6 .unde ἀποστηθίζειν formarunt, pro *memoriter dicere.* Vide Meursium in hac voce. Ἀποστοματίζειν in Synaxariis 22. Jan. in S. Anastasio Persa. Ex supra laudatis Scriptoribus liquet, Psalmos memoriter et *ex Corde* Clericos ac Monachos tenuisse. Vide præterea Altaserram ad lib. 4. Ep. 45. Gregorii Magni, et Stephanum Paschasium lib. 8. Disquisit. Francicar. 8.

¶ 2. **COR**, Quercus. Charta Petri de Roteys vicarii Tolosæ ad Bajulos de conditione materiæ ann. 1272. ex Codice MS. Consuetud. urbis Tolosæ fol. 27. e Bibl. D. de Crozat : *Requirimus .... quatenus amodo faciatis fieri per Magistros et carpentarios vestros... fustas bonas et pulchras et de legitimis pecielis; videlicet quod peytrales de Cor et de abiete de* VI. *brachiatis, et de* V. *et de* IV. *quod illas habent infra trancos et infra eschalmamentos secundum longitudinem cujus debent esse... et quod filæ de Cor et de abiete, etc.*

* Nostris *Caure*. Lit. remiss. ann. 1365. in Reg. 98. Chartoph. reg. ch. 738 : *Ledit Loubet aians..... une grosse buste de Caure en sa main, etc.* Aliæ ann. 1380. in Reg. 118. ch. 16 : *Assigna et feri d'un baston de Caure, qu'il portoit en sa main sans autres armes; ledit page.* Vide infra *Corallus.*

¶ **CORA**, Consuetudo, Statuta ex quibus lites judicantur; item Cœtus ipse *Coratorum* seu judicum juxta has leges judicantium. Leges et Consuetudines Furnens. ex Archivo S. Audomari : *In nomine P. et F. et Sp. S. amen. Anno Domini* MCCXL. *mense Julio facta est hæc lex et Consuetudo, quæ Cora vocatur, in terra Furnensi a Thoma Comite et Johanna Flandriæ et Hannoniæ Comitissa. Ordinatum est in primis, quod qui Scabini erunt, erunt et Coratores, et illos jam instituit Comes et usque ad voluntatem suam fecit eos jurare Scabinagium et Coram.* Infra : *Emendabit Comiti* III. *libras et ei cui facta fuerit violentia quidquid Cora judicabit.* Rursum infra : *Si tertio nihil de eo dicet Cora, de eo dominus Comes faciet justitiam pro voluntate sua.* Passim occurrit ibi tam pro ipsa lege, quam pro consilio *Coratorum :* qui judices passim etiam memorantur ibidem. Charta Gallica Comitis Flandriæ ann. 1274. ex eodem Archivo : *Nous N. Cuens de Flandre et Marchis de Namur faisons à sçavoir à tous que comme lui Eschevin luy Qoeriers et Communité de notre terre de Furnes nous requississent, que nous aulcuns points, qui sont au brief de leur Cuere, leur amendissiens et amoienssiens, Nous à leur request pour Dieu et pour le paix de nostre terre de ce les points et les articles, qui chi dessoubs sont expresse, leur ottroions et amoûons ainsi que chi dessoubs est escript. C'est à sçavoir que comme en leur Ceure soit contenu quiconque faiche et aultrui trespassant; que on dist Dorghinghe ou afoluere d'oel ou de membre qui soit ad ire paye envers le Maieres et envers nous en merchi de tout son avoir.* Ibi *Cora* indiscriminatim redditur *Cuere*, vel *Ceure; Coratores* vero *Qoeriers*, *Coriers* et *Ceuriers*. Vide *Chora.*

* Privil. pro Audomar. ann. 1447. art. 35 : *Les mayeur et echevins et jurez* (pourront) *faire Kœurs, bans, statuts, et ordonnances pour l'avanchement et profit de ladite ville et habitans, tant sur le fait des mestiers, comme autrement.* Vide supra *Chora* [** et *Accordare*, ubi *Cora* pro *Coratore.* Adde Haltaus. col. 1119. sqq.]

¶ **CORAAGIUM**, Impositio quædam extraordinaria, ut Thomæ *Blount* videtur, e frumento percipienda, atque sic dicta a *Corus*, Mensura frumentaria. Bracton. lib. 2. cap. 116 : *Sunt etiam quædam communes præstationes, quæ servitia non dicuntur, nec de consuetudine veniunt, nisi cum necessitas intervenerit, vel cum Rex venerit, sicut sunt hidagia, Coraagia et caruagia, et alia plura de necessitate, et ex consensu communi totius regni introducta, etc.* Vereor ne legendum sit *Cornagium* : quod vide. [* Vide *Coragium* 3.]

CORABELLA, Corbis, ex Gallico *Corbeille.* Kalendar. Eccles. Lemovicens. apud Labbeum tom. 2. Biblioth. : *Unam Capellam viridis coloris munitam, et duas Capellas nigras, cum novem Corabellis.* [In ipso MS. cod. legisse se nos admonuit Cl. D. *David* ejusdem Ecclesiæ Canonicus, *Cortiballis :* sunt vero *Cortiballæ*, Dalmaticæ Diaconorum et Tunicæ Subdiaconorum, quæ etiamnum apud Bituricenses, Santones, aliosque Galliarum populos dicuntur *Courtibauts.* Hanc vocem deducit Nicot. a *Curta Tibenna*, quod Arcadius quidam nomine Tebennus hujusmodi vestes *curtas* adinvenerit; Menagius autem a *Curtum tibiale.* Vide *Curcinbaldus.*]

* *Tebennam* fuisse curtam non dicit Nicotius, ut observat. D. *Falconet;* sed a Tebenno Arcade inventore sic appellatam : quod a Suida post Artemidorum depromptum est, Τήβεννος στολὴ Ῥωμαϊκή.

** **CORABUS**, pro *Carabus*, Piscis genus, alias Gobio fluviatilis. Vocabul. Lat. Germ. ann. 1482 : *Corabus*, *Cubio*, *Germ. Gropp*, *Kaulhaupt*, *Koppet.* Ubi *Cubio* pro *Gobio.* Adel.

* **CORAÇARIUS**, Thoracum confector, Ital. *Corazzaio*, in Stat. ant. Florent. lib. 5. cap. 19. ex Cod. reg. 4621. Vide infra *Coracium.*

* **CORACINUS**, Piscis genus. Tractat. Ms. de Piscibus cap. 20. ex Cod. reg. 6838. C : *Coracinum nostra Gallia Narbonensis per acopem appellat Corp, alii durdo, alii vergo, alii corbau, Italia fere tota corvo.* [** German. *Karrausche. Coracinus* et *Coracius* propter nigredinem, a Græco κόραξ, Corvus. Adel.]

* **CORACIUM**, Lorica, Ital. *Corazza*, Gall. *Cuirasse.* Pet. Azar. de Bello Canepic. ad ann. 1362. apud Murator. tom. 16. Script. Ital. col. 435 : *Nullus in Caluxeno erat, qui armatus non esset sicut miles, et multi duabus Coraciis erant præmuniti.* Vide *Coratium.*

CORACULUM. Statuta Veronensia lib. 4. cap. 33 : *Nec apud ipsum flumen habeo per tres perticas aliquod Coraculum, dugale, vel fossatum, etc.* [* Canalis, rivus, aqua decurrens.]

1. **CORAGIUM**, *Quod ex toto et intimo corde petitur, a Cor, et ago.* Ita Joan. de Janua. Ugutio : *Coragium, suffragium : et Coragium est virginale signum, vel pompa virginalis, quam solent virgines facere in quibusdam locis contra mortuum, scilicet chorea, et quælibet chorea sic potest dici.* Græci χορήγιον, χορηγεῖον, et χοραγεῖον locum vocant, in quo chori et choreæ ducuntur. Gl. Ælfrici : *Coragium*, meden a bergen. Vox meden, puellam et virginem sonat. Sed quid hoc loco bergen velit, mihi non liquet. [Vide *Corugio.*] Occurrit vox *Choragium*, non omnino certæ notionis, in Vita S. Wilfridi cap. 9 :

Utpote præteritæ recolens Choragia vitæ.

* 2. **CORAGIUM**, Audientia, fidentia, Ital. *Coraggio*, eadem notione. Guido de Vigevano de Modo expugnandi T. S. Ms. cap. 10 : *Super hac bota homo ascendat in nomine Christi, et sibi liget ipsam ante et retro ad suum Coragium. Courage* vero, idem quod Dignitas, in Lit. remiss. ann. 1412. Chartoph. reg. ch. 329 : *Le suppliant dist a icellui Duval : Tu m'as bouté et je suis clerc; j'en appelle à mon Courage.* Verum *Courageux*, Superbus, arrogans, in aliis Lit. ann. 1409. ex Reg. 164. ch. 171 : *Jacotin Blanquemains, homme Courageux et plain de oultrageuse voulenté. Couraigé*, Iratus, infensus, in Lit. remiss. ann. 1478. ex Reg. 206. ch. 5 : *Le suppliant tempté de l'ennemi et aussi mal Couraigé de ce que son pere ne l'avoit voulu marier, etc.* Hinc forte *Courreseusement*, pro Iracunde, irato animo, in Lit. remiss. ann. 1394. ex Reg. 146. ch. 339 : *Le suppliant lui respondi*

Courreseusement que, sauve sa grace, il lui devoit son argent. Neque etiam aliunde repetenda videtur origo vocis *Courroucer*, pro Ferire, verberare. Lit. remiss. ann. 1390. in Reg. 138 : *Alez vous en, se je vouloye, je vous Courrouceroye tout maintenant, et se vous me ferez, je vous Courroucerai.* Aliæ ann. 1409. ex Reg. 163. ch. 308 : *Le suppliant dist a icelle Jehanne que si feroit, ou elle en seroit Courroucíée; et laditte Jehanne lui dist qu'elle le feroit si bien Courroucier, etc.*

* 3. **CORAGIUM**, Præstationis species. Chartul. S. Quint. in insula pag. 120 : *Puer aut jurans sub tutela patris sui aut alicujus hominis.... nullum debet domino suo Coragium, nec alicui respondere justitiæ, donec proprium habeat catallum de quo lucratur. Corrage*, eodem sensu, in Reg. Cam. Comput. Paris. sign. *Bel* ann. 1310. fol. 121. v° : *Item le vieustrage, Corrage et roage de Jausy.* Vide *Coraagium.*

¶ **CORAILLATOR**, Qui vendit Corallium, vel facit opuscula e Corallio. *Antonius de Templo Coraillator*, in Charta Massil. ann. 1327.

¶ 1. **CORALE.** Privilegium Wifridi Comitis Barcinon. pro Monasterio Rivipullensi in Catalonia tom. 3. Concil. Hisp. pag. 165 : *Ex alio vero latere descendit de serra super Corale et pervenit per ipsa grita usque in flumine Febreti.* Agitur hic de limitibus. Coral vel Corale vocant Hispan. in America locum ubi porci nutriuntur. An hic quid simile potest intelligi?

* Hispani in re nautica *Coral* vocant Tignum quoddam incurvum : unde fortassis *Corale* hic dicitur Ager incurvus seu inflexus, angulatus, Gall. *Qui fait un coude. Courreil* vero, Pessulus, vulgo *Verrou* vel *Pene*, in Lit. remiss. ann. 1471. ex Reg. 194. Chartoph. reg. ch. 345 : *Icellui Guionnet de toute sa force frappa audit huys, tellement qu'il rompit le Courreil d'icellui et se ouvrist ledit huys. Courroil*, in aliis ann. 1459. ex Reg. 190. ch. 10. *Verroul ou Croil*, in aliis ann. 1405. ex Reg. 160. ch. 174. Vide infra *Vectare.*

¶ 2. **CORALE**, Opus corallinum, seu ex Lithodendro, Gall. *Coral.* Epitome Chronicorum Casinensium apud Muratorium tom. 2. pag. 366. col. 1 : *Item tertio tulit in coronis, bariis, annulis, Coralibus et codeariis* (vel *cocleariis*) *argenti libras cccc. et aureos quatuordecim mille.*

* 3. **CORALE**, Armorum genus, quo crura teguntur, Gall. *Cuissart.* Glossar. Lat. Gall. ex Cod. reg. 7629 : *Corale, Cuissel.*

CORALES Pennæ, [dicuntur in alis avium quatuor pennæ corpori propinquiores.] Vide *Vani.*

* **CORALIA**, Lorica, thorax, Ital. *Corazza.* Stat. Mantuæ lib. 1. cap. 112. ex Cod. reg. 4620 : *Arma vero ad defensionem sint et intelligantur panceria, guarnacia, cassetus, Coralia, gamberiæ, etc.* Vide supra *Coracium* et infra *Coratia.*

1. **CORALIS.** Gregorius Turon. lib. 5. Hist. cap. 35. de quadam lue, seu dysenterico morbo : *Ea vero quæ ex ore projiciebantur, colore croceo, aut certe viridia erant; a multis autem adserebatur venenum occultum esse. Justiciores vero Corales, hoc est, Pusulas, nominabant.* Papiæ, *Coralis*, est regionarius, a χῶρος forte.

* An quod pustulæ in corde ortæ, vel quod sputa essent purpurei coloris, *coralio similis?* ut notat D. *Bouquet* ad hunc locum tom. 2. Collect. Histor. Franc. pag. 253.

* 2. **CORALIS**, ut *Choralis.* Vide supra in *Choralitas.*

¶ **CORALLITICUS**, Isidoro lib. 16. Orig. cap. 5. sect. 9. de marmoribus, *in Asia repertus mensuram* (Gloss. MS. Sangerm.) *non ultra cubitos binos, candore proximo eboris ad quandam similitudinem e diverso niger.*

1. **CORALLUM**, *Interior pars.* Glossæ MSS. ad lib. 2. Passion. Alexandri Iatrosophistæ : *Corallum abietis.* Nos dicimus etiamnum *le Cœur d'un arbre.* Olim vero *Corailles* corporis interiora, seu intestina appellabant nostri, quæ Itali *Corata* et *Coratella.* Le Roman *de Garin* MS :

> L'escu li tranche et auberc li failli,
> Que la Coraille del cuer qui desoz tint,
> Bien le sachiez, li a trenchié parmi.

Robertus Bourronus in Merlino MS : *Et se fiert de si tres-grand forche parmi la Coraille, qu'il en fait la pointe paroir parmi le dos de l'autre part.*

¶ 2. **CORALLUM**, f. Clathri, nostris olim *Caroles.* Computus ann. 1202. apud D. *Brussel* tom. 2. de Usu feudorum ad calcem pag. CLXIX. : *Pro domo Meriaci reficienda, et pro seris et pro Corallis carceris, et pro prima catena xx. s.* Vide *Carola.*

* **CORALLUS**, Quercus, Gall. *Chêne*, Occitan. *Coral.* Charta ann. 1343. in Reg. 75. Chartoph. reg. ch. 227 : *Fustes dictorum hospitiorum erant grossæ et magnæ et de Corallo, et pro majori parte de castanherio.* Reparat. factæ in senescal. Carcass. ann. 1435 : *Pro media sarcinata de polpre de Coralli. .... Pro duabus quadrigatis fustium de Corail..... Pro una pecia fustis de Coral, pro faciendo unum somerium ad sustinendum pontem, etc.* Pluries ibi. Vide supra *Cor* 2.

¶ **CORAMARIUS**, Coriarius, [* Hispan. *Corambrero.*] tom. 7. Maii pag. 373. de S. Ferdinando Rege Castellæ : *Cum ego infrascriptus Notarius dederim Extremam unctionem in mea parochia S. Marinæ cuidam viro, qui dixit vocari Gabriel Perez Coramarius.*

¶ **CORAMEN**, Corium. Litteræ Ducis Januensis ann. 1382. ex Archivo Communis Massil. : *Franchesinus de Montexoro cordoanerius cum certis mercibus et Coraminibus per quandam galeotam de portu Massiliæ patronisatam extitit captus.*

* Ab Italico *Corame.* Stat. Vercel. lib. 3. pag. 101. v° : *Item licitum sit cuilibet... portare .... per districtum Vercellarum pannos, pennas, pelles, Coramen, telas, etc.* Occurrit præterea in Stat. Mantuæ lib. 1. cap. 139. ex Cod. reg. 4620. Vide infra *Coriamen.*

¶ **CORANUS**, *Lapis albus et durus.* Papias MS. Glossar. Sangerm. MS. n. 501 : *Coranus, lapis albus est duriorque Pario;* ex Isidoro lib. 16. cap. 8.

¶ 1. **CORARIUS**, Puer Clericus addictus Choro, Gall. *Enfant de Chœur.* Rituale MS. Ecclesiæ Tolosanæ : *Vadit Episcopus vel Sacerdos ornatus stola et pluviali ante fores Ecclesie, et cum eo Diaconus.... et cum eo duo Corarii portantes candelabra accensa, et alius Corarius qui sal et cacabum argenteum plenum aqua deffert.*

¶ 2. **CORARIUS**, Coriarius, Gall. *Corroyeur.* Leges Sanseverenses circa annum 1104. apud Stephanotium tom. 1. Antiq. Bened. MSS. in Vasconia pag. 486 : *Si extranei causa vendendi in animalibus vel plaustris aliquid abstraxerint, in exitu portarum lemmam persolvant. Idem dicimus de Corariis, quod lemmam debeant dare.*

¶ **CORASTUS.** Vide *Coraustus.*

¶ **CORATA**, Exta, Viscera, Intestina, Gall. *Corée* vel *Courée.* Regest. Chartarum Philippi Pulchri ann. 1310. 1311. et 1312. num. XLVI. tit. 203 : *Macellarii Matisconis dederunt et concesserunt omnes Coratas animalium, scilicet boum, vaccarum, arietum, et ovium, infirmis hospitalis Matisconis, et leprosis ejusdem civitatis.* Le Roman *d'Athis* MS. :

> Le fer qu'il ot en son trenchant
> Lui mist parmi le jaserant,
> Ou corps lui trenche la Courée.

* *Escorée*, in Lit. remiss. ann. 1419. ex Reg. 171. Chartoph. reg. ch. 83 : *Sept Escorées ou costes de pourceaulx.* Hinc *Contrecurée* appellatur Armorum genus, quo intestina proteguntur, in Assis. Hierosol. cap. 103 : *Se il* (le chevalier) *ne veaut gambison, il doit mettre devant son ventre une Contrecurée de tele ou de coton.*

* **CORATERIUM**, Semita, via, Gall. *Courroir.* Guido de Vigevano MS. de Modo expugnandi T. S. cap. 12 : *Extra ipsam domum vel in medio domus fiat unum Coraterium aspaldum, taliter quod ab una parte et ab alia unus homo possit ipsam domum circuire.*

¶ **CORATERIUS**, ut infra *Corraterius*, Proxenata, Gall. *Courtier.* Statuta Avenion. : *Statuimus quod Coraterii non sint participes emptionum vel aliorum contractuum quorum sunt Coraterii.*

* **CORATIA**, Lorica, Gall. *Cuirasse*, Ital. *Corazza.* Charta ann. 1324. ex Tabul. S. Vict. Massil. : *Coratiarum quingentarum et quinque, ac totidem gorgialium.* Vide supra *Coralia.*

* **CORATIARIUS**, Proxeneta, Gall. *Courtier.* Charta Rob. reg. Sicil. ann. 1324 : *Magistro Guillelmo de Bulzano de Janua, dilecto et devoto nostro Corattario, vel suo pro eo procuratore aut nuncio, etc.* Vide *Coraterius* et infra *Curaterius* 2.

CORATIUM, Thorax ferreus : Ital. *Corraza*, Gallis, *Cuirace*, Κοράτζα et κουράτζα, Græcis recentioribus. Sanutus lib. 2. part. 4. cap. 8 : *In maris navigio tot Coratia debent esse cum collariis et ferreis chirothecis.* Joan. Villan lib. 7. cap. 144 : *Armati di Corazze.*

Corrazarii, Thoracum confectores, *Cuiraciers*, apud eumd. Sanutum cap. 4. 21 : *Corrazarii et etiam, qui sciant facere arma capitis.*

¶ **CORATORES.** Vide in *Cora.*

CORAULA, seu Choraula, *Joculatius*, in Gloss. Isidor. ex Græc. χοραύλης. Annal. Franc. Metenses ann. 837 : *Cum Coraulis et cytharistis.* Fragmentum Petronii de Cœna Trimalcionis pag. 37 : *Nam et comœ-*

dos emeram, et malui illos Attellam facere, et Choraulem meum jussi Latine cantare. Ordericus lib. 12. pag. 881 : *Indecentes de me cantilenas facetus Coraula composuit, ad injuriam mei cantavit.* [Guibertus lib. 2. de Vita sua cap. 1 : *Non in morem nostrorum ordo disponitur sepulcrorum, sed circulatim in modum Coraulæ sepulcrum unius multa ambiunt;* id est choreæ seu coronæ.]

CORAULARE, *Conculcare, concutere, concussare, complodere.* Ugutio. [Britonibus nostris *Corolli* saltare est, quod faciunt maxime in conculcandis novis areis.]

¶ **CORAUSTUS**, *Superior linea cujuslibet figuræ* (geometricæ.) Papias in Amalthea. In MS. Bituricensi habet *Coraltus.*

* **CORAZINA**, ut supra *Coratia.* Stat. Placent. fol. 108. r°. *Item pro una Corazina, lib. v.*

1. **CORBA**, Corbanus, apud Hibernos idem sonat, quod apud nos Plebanus, Decanus ruralis, Archipresbyter, Chorepiscopus, unde et nomen sortitum videri quidam censent. Isidorus Moscovius de Majestate militantis Ecclesiæ lib. 1. cap. 13 : *Corbanatus, sive plebanatus, dignitas est.... In matrice Ecclesia debet necessario esse, initiatus sacris Ordinibus, omnesque decimas pertinentes ad hanc debet habere, et beneficia adjuncta huic, ipsius sunt, eorumque conferentiam habet et præsentationem. Dictum hoc nomen quia populo et plebi Ecclesiasticæ matricis Ecclesiæ præsunt. Certum numerum Sacerdotum quasi Collegialium debet habere secum. Primum stallum vacuum in Ecclesia Cathedrali, et vocem in omni Capitulo tam publico quam privato. Inscribitur Romano Registro, ideoque dignitas est.*

Comorbania sive Rectoria, in Chartis ann. 1406. et 1473. apud Spelmannum, *Corbanatus*, dignitas *Corbæ.* Colganus ad 17. Feb. in Vita S. Lomani ait, *Comorbanum* successorem significare. Vide præterea Jacob. Waræum in antiquit. Hibernic. pag. 91. 95. 152.

* 2. **CORBA**, Corbis, canistrum, Gall. *Corbeille, Corba*, Italis et Provincialibus. Glossar. Provinc. Lat. ex Cod. reg. 7657 : *Corba, Prov. Corbis, corbiculus.* Chron. Tarvis. ad ann. 1380. apud Murator. tom. 19. Script. Ital. col. 777 : *Ova sorbilia quærunt, pro quibus curia, castro et suburbiis exploratis, impleta est Corba, quam duo ex familia comitis humeris sustulerunt suis.* Est et mensuræ genus, ut videre est in *Corbus.*

* 3. **CORBA**, Tigillum incurvum, pars aratri, Gall. *Courbe.* Inventar. ann. 1361. ex Tabul. S. Vict. Massil. : *Item duas Corbas aratri.* Hinc *Corbesson*, Jugum, quo boves plaustro subjunguntur, quia incurvum est, dicitur in Lit. remiss. ann. 1451. ex Reg. 181. Chartoph. reg. ch. 27 : *Le suppliant d'un Corbesson de beufs.... donna audit feu prestre ung cop par la teste.* Ejusdem originis videtur vox *Corbet*, qua instrumentum ferreum ligno cædendo aptum significarunt. Lit. remiss. ann. 1397. ex Reg. 152. ch. 192 : *Seurvint un nommé Wit Duflois tenant en sa main un hostil esmoulu, nommé fermant ou Corbet, dont il entendoit à couper bos. Courbet*, eodem sensu, in aliis Lit. ann. 1390. ex Reg. 140. ch. 148 : *Icellui Hennequin getta après ledit larron un Courbet ou sarpe, dont on coppe les bois. Une sarpe ou Courbet*, in aliis ann. 1408. ex Reg. 163. ch. 169. *Courbeil ou scerpe à taillier vignes*, in aliis ann. 1420. ex Reg. 171. ch. 232. Huc etiam spectare opinor *Corbete*, de qua in Comput. Rob. *de Seris* ex Reg. 5. fol. 4. r°. : *Une selle de guerre,..... la couverture de veluel vert bordée de Corbetes.* Vide supra *Corale* 1. et infra *Curva.*

¶ **CORBADA**, ut *Corvata*, Gall. *Corvée.* Cod. MS. Irminonis Abb. Sangerman. fol. 24. col. 2 : *Arat ad hibernaticum perticas IIII. ad tramisem perticas II. Corbadas Capituli nostri carop. manuop. ubi ei injungitur.* Alium locum vide in *Hostilitium solvere* post *Hostis.*

¶ **CORBAN**, Panis sacrificalis Copticus. Vide Acta SS. Junii tom. 5. pag. 72. de S. Benjamino Anachoreta. קרבן Hebraice generatim significat omne donum Deo factum vel hominibus, specialius oblationem seu victimam. Marc. 7. 11 : *Vos autem dicitis : Si dixerit patri aut matri, Corban, quod est donum, quodcumque ex me, tibi profuerit.* Vide *Corbona.*

* **CORBANA**, *Tresour*, in Glossar. Lat. Gall. ex Cod. reg. 7692. Vide *Corbona.*

¶ **CORBANATUS**, Corbanus. Vide *Corba* 1.

* **CORBANUM**, Arca, ubi pecunia asservatur. Arest. ann. 1403. 1. Jun. in vol. 8. arestor. parlam. Paris. : *Vas, nuncupatum Corbanum, in quo pecuniæ pro misiis necessariis fiendis deponi consueverant.* Vide mox *Corbona.*

CORBECULA, Corbula, Corbis, *Corbeille.* Ermentarius lib. 3. de Vita et Translat. S. Philiberti cap. 19 : *Advehitur humeris hominum in quodam vasculo, quod Corbes dicitur, quædam femina, etc.* Cap. 27 : *Videres..... aliquos carrucis, Corbeculis, sellis gestatoriis, atque scalis advehi.*

Corbulus, *Parvus corbis*, apud Joan. de Jan. Gl. Græc. Lat. : Κόφινος, *Corbis, hæc Corbula, qualus.* Κουρβούλας ἀμπελώνων, apud Joannem Cananum de Bello CP. pag. 189. *vitium truncos* vertit Allatius.

Corbelia, Corbula, ex Gallico *Corbeille.* Charta Guillelmi Episcopi Carnotensis ann. 1166. in Histor. Perticensi pag. 195 : *Durare autem forum dicitur, quamdiu tres Corbeliæ sutorum cum mercibus in foro inveniuntur.*

Corbilla, in Charta pro Vicariis Bituricensib. ex Tabulario S. Sulpicii Bituric. : *Sutores non mittent Corbillas suas in foro sine jussu Vicarii, etc.*

¶ Corbella. Index Redituum Monast. Corbeiens. : *Bolengarii debent Corbellus ad vindemiandam vineam.* Legitur etiam apud Thomam *Madox* in Formulari Anglic. pag. 27.

Corbillarios, seu Corbilliers, Canonicos Semipræbendatos in Ecclesia Andegavensi vocari auctor est Renatus Chopinus lib. 1. de Sacra politia tit. 3. num. 4. [Macer in Hierolexico melius eos appellat *Corbicularios*, sic dictos, inquit, a *Corbula*, quæ apud Gallos idem est quod *Rochetum* Clericorum. Vide Itiner. Liturgicum editum ann. 1718. pag. 83. ubi de urbe Andegavensi.] [* Reg. ejusd. eccl. ad ann. 1443. 6. Mart. ex Vita Math. Menag. pag. 93 : *Super causa mota inter ipsum et Corbicularios, etc.*]

* **CORBELIO**, Corbis, canistrum, Gall. *Corbeille.* Arest. ann. 1345. 6. Aug. in vol. 2. arestor. parlam. Paris. : *Panetarius* (debet habere) *buletelos, Corbeliones, charpas, saccos et omnes alias res residuas pertinentes ad servitium officii panetariæ.* Vide supra *Corba* 2.

* **CORBELLAGIUM**, Tributum quod ex mercatoribus, qui merces suas in *corbellis* deferunt, exigitur. Chartul. S. Sulpit. Bitur. fol. 81. r° : *Ad loideriam pertinet consuetudo de cordoano, de coreis tannatis, et de unctis, et de Corbellagio.* Vide infra *Corbio.*

* **CORBELLATA**, Quantum *corbella* continetur, nostris *Corbeillonnée* et *Corbellonnée.* Stat. Taurini ann. 1360. cap. 46. ex Cod. reg. 4622. A : *Item quæ ceperit, ... vel exportaverit in et de alienis possessionibus vel arboribus, nuces castaneas, pira, ... usque ad unam Corbellatam* (solvat) *solidos quinque.* Occurrit rursum in Stat. Perus. pag. 54. Lit. remiss. ann. 1373. in Reg. 105. Chartoph. reg. ch. 76 : *Quant il auroit mis une Corbeillonnée de blé, qu'il tenoit entre ses mains, en la tremuye dudit moulin, etc.* Aliæ ann. 1400. in Reg. 155. ch. 454 : *Trois Corbellonnées de fiens de coulon, etc.*

CORBELLI, Pollinctores, libitinarii, vulgo *Corbeaux*, aves mali ominis. Miracula S. Wlfranni Episcopi num. 32 : *Quidam ex eorum hominum genere, quos vulgus* (in Oximensi pago Normannico) *Corbellos vocat, equum quasi suo domino, qui ad villam erat, apud Curiam ducendum, accepit, etc.*

* **CORBELLIA**, Corbis Gall. *Corbeille.* Charta Henr. reg. Angl. in Reg. 62. Chartoph. reg. ch. 368 : *Quæque Corbellia unam denariatam panis, etc.* Vide *Corbecula.*

¶ **CORBEL-STONES**, f. Lapides politi sic in muro dispositi, ut statuam possint continere, ab antiquo Anglico *Corbel*, vel *Corbetel*, Statuæ loculamentum, Gall. *Niche.* Antiquit. Ambrosden. pag. 575 : *Ei in solutis Johanni Chepyn Latamo optanti et facienti XVIII. Corbel-stonys ponendis in prædicto muro v. sol. IV. den. etc.* Vide Kennetti Glossarium ad calcem Antiq. laudatarum. [* Vide infra *Corbeyus.*]

* **CORBERIUS**, Arboris genus, f. Sorbus, Gall. *Cormier.* Charta Henrici comit. Trecens. ann. 1165. in Chartul. Campan. fol. 168. v° : *Notum facio quod in foresta mea de Joyaco quercum, fagum, pomum, pirum, esculum, alierium et Corberium propriæ defensionis meæ et proprii juris mei ita habeo, etc.*

¶ **CORBESTIERUS**, *Corbestiero* Calabris, Pellio, nomine ex corio et bestia derivato. Vita S. Francisci de Paula tom. 1. April. pag. 187 : *Erant magistri Corbestieri et vendebant pelles.*

* **CORBEYUS**, Mutulus, structoribus nostris *Corbeau.* Charta ann. 1417. ex Tabul. S. Germ. Prat. : *Et illud fundare a vivo fundo de eadem materia et spissitudine, sicut dicti duo panni muri protunc erant, et ad faciendum fieri cathenas et Corbeyos de lapidibus talliatis et ablerias ligneas subtus eorum salivos.*

¶ **CORBICULARIUS.** V. *Corbillarius* post *Corbecula.*

¶ **CORBILLA**, Corbillarius. Vide post *Corbecula.*

¶ **CORBILUS**, *Corda multiplex.* Papias MS. Vide *Corbius.*

* **CORBIO**, *Qui vent ou fait des corbeilles.* Glossar. Gall. Lat. ex Cod. reg. 7684 : *Corbeillogneurs, faiseurs de corbeilles, sportarius*, ibid. *Corbisier*, eodem sensu, vel mercator, qui in *corbellis* merces suas deportat. Reditus comitat. Namurc. ann. 1265. ex Reg. sign. *Papier velu* Cam. Comput. Insul. fol. 6. v°. : *Namur. Si a li cuens l'estalage de le hale des dras, des toiles, des Corbisiers, etc.* Vide *Corbellagium* et *Corbulo.*

CORBIS, Mensuræ frumentariæ species, apud Bononienses Italos. Rollandinus in Summa Notariæ cap. 5.

* Aliorumve granorum. Stat. Vercell. lib. 3. pag. 99. v°. : *Item statutum est, quod Corbis gallæ quolibet anno incantetur, et quod emptor det denarios duos de qualibet Corbe.*

** De Pœna *Corbis* vide infra *Tumbrellum* et Haltausium Glossar. German. col. 1116. voce *Korb.*

CORBITA, *Navis oneraria, et dicitur a Corbis.* Joan. de Janua.

CORBITARIA. Legis Rotharis Regis Longobardorum Edit. Heroldi titulus 10. inscribitur *de Unegworfin*, id est, *Corbitaria.* Ubi agitur de iis qui *viam antestant*, vel *in via se anteponunt*, quod Lex Fresionum vocat *alteri viam contradicere*, quod crimen Germani *Straetschenderye* dicunt. Sed hic non *Corbitaria*, sed *Chorditaria*, vel *charditare* legendum censet Goldastus in Notis ad Parænuses Tyrolis Regis Scotorum, quod *Chorda* expansa, vel vimineis cratibus viam clauderent, ac ita homines exspoliarent. [** Rothar. 26. Murator. ex cod. Ambros. *De Vegoveri Arbitraria.* In Glossar. Longob. cod. Vatican. num. 5001 : *Guecurion, Obitaria qui mulieri vi antesteterit.* In Cod. Cavensi : *Vehorin, id est Orbitaria.* Fortasse ad radicem Gothic. *Arbaidjan* pertinet vox, quum in § 5. hujus tituli, al. cap. 29. agatur de eo *qui laborem suum vindicaverit.*] Nescio an huc pertineat vox *Corbiere*, in Chronico MS. Bertrandi Guesclini :

Bertran le chosi bien emmi une Corbiere.

¶ **CORBITOR.** *Simpludeariis funeribus Corbitores adhibitos* fuisse Festus ait. Guntherius 1. 21. de jure Manium vult hos fuisse comestores et helluones, qui epuli reliquias in corbibus exportatas ad rogum et sepulturam pauperiorum avidius absumerent; distentoque ventre convivas scurrili saltatione oblectarent, rejectis et inversis post tergum manibus ad circuli modum caput deorsum ad pedes usque inflectentes, etc. Thesaurus Fabri. Laurentius in Amalthea : *Corbitores, Corvitores*, similes corvis. *Item, Funambuli, ad corbes in summa navium scandentes per funes.*

CORBIUS, *vel Corbinus, Qui duplex habet cor : versipellis, inconstans.* Joan. de Janua.

CORBONA, Gazophylacium. Papias : *Corbonam, gazophylacium, ubi pecunia Sacerdotum erat, et interpretatur oblatio, et ut dicitur in historiis super Actus Apostolorum, Corbonan erat arca in qua reponebantur donaria Sacerdotum.* Ugutio : *Corban interpretatur oblatio unde hæc Corbona, æ, vel Corbonam, indeclinabile, ultima acuta, id est, gazophylacium., ubi divinæ oblationes reponuntur.* [Matth. 27. 6 : *Non licet eos mittere in Corbonam, quia pretium sanguinis est.*] Cyprianus lib. de Oper. et eleem. : *Locuples et dives es, et Dominicum celebrare te credis, quæ Corbonam omnino non respicis.* [*Corbona* vernacule dicitur *los Corbarans*, in Instrumento anni 1339. tom. 2. Hist. Dalphin. pag. 386. col. 2.] Vide Bernardum Aldretum in Antiquit. Hispan. lib. 2. cap. 2. pag. 192.

* Arca, concha, apud Tertull. Apolog. et Concil. Illiberit. can. 41. Vide *Corban.*

CORBULO, Papiæ, *Gestator manualis, laturarius.* Ita MS. pro *laturius.* In alio MS. est *Corbillo.* [Amalthea : *Corbulo, Dossuarius bajulus, gerulus*, Gall. *Crochetur.*]

¶ **CORBULUS.** Vide *Corbecula.*

* **CORBUM**, Situla vimine contexa. Tractat. MS. de Re milit. et mach. bellicis cap. 86 : *Naspum hoc est utilissimum causa de fondo putei aut cavernæ aquam sive renas aut lapides vacuandi et habet duas situlas, alias Corba.*

CORBUS, Idem quod *Corbis :* Mensura frumentaria. Capitulare de Villis cap. 9 : *Volumus ut unusquisque Judex in suo ministerio mensuram modiorum, sextariorum... Corborum eo tenore habeat, sicut et in palatio habemus.* Adhalardus in Statutis Corbeiensis Monasterii lib. 1. cap. 6 : *Volumus ut singulis annis veniant de spelta bene ventilata atque mundata Corbi* 750. Chronic. Trudonense lib. 1 : *Habent ipsi Fratres ad propium usum deputatam speltam ad panem faciendum, Corbos centum et viginti, quod colligitur ad modios mille sexcentos : ad cerevisiam faciendam ordei Corbos* 192. *quod colligitur ad modios* 1920. *etc.* Tabularium S. Remigii Remensis : *De spelta solvit in Corbo modios* 10. *pullos* 2. *ova* 25. Infra : *Donat annis singulis in Corbo de spelta mod.* 12. *aut inter frumentum et sigalam modios* 6. *et debent unum Corbum inter se compartire.*

Corba, Crescentio in lib. de Agricult. est etiam mensuræ species : *Tre paia di Colombi fanno una Corba di columbina.* [Chronicon Parmense apud Murator. tom. 9. col. 765 : *Eo anno* (1237.) *per totam Italiam fuit magna fames... et in civitate Bononiæ Corba frumenti valebat* xx. *solidos Imperiales.* Annal. Mutin. apud eumdem Murator. tom. 11. col. 65 : *Eo anno* (1258.) *valuit Corba frumenti Bononiæ libras tres Bononienses.* Vox etiamnum in usu apud Italos.]

In Gloss. Anglos. *Corbus* exponitur, sadulboga. In alio, sadol-boga, *carpella.* Fortasse, inquit Somnerus, arcus ephippii, pars anterior ephippii, a *Sadlebow*, Anglis, Belgis vero *Sadelbogen.*

* **CORCELLUS**, a Gall. *Corset*, Thorax, vestis species. Acta dissolut. matrimonii Ludov. XII. fol. 141. r°. ex Bibl. reg. : *Deponit quod vidit eam* (Joannam) *pluries de prope in Corcello suo, et secundum vidit, est valde gibbosa a parte posteriori. Courcet*, Tegmen capitis, in Lit. remiss. ann. 1392. ex Reg. 143. Chartoph. reg. ch. 193 : *Un Courcet, dont la suppliante devoit couvrir sa teste.*

* **CORCERIUS**, Equus cursor, Hisp. *Corcel*, Ital. *Corsiere*, nostris *Coursier.* Inquisit. ann. 1385. in Reg. 139. Chartoph. reg. ch. 133 : *Per ordinationes regias cavetur, quod nullus.... sit ausus a regno Franciæ extrahere...... magnos equos sive Corcerios.* Vide *Corserius* 1. et in *Cursor* 6.

¶ **CORCHA**, Urna, Gall. *Cruche.* Inventar. ann. 1342. ex Archivo S. Victoris Massil. Armar. Diniens. num. 38 : *Item unum morterium et unum pestellum ; item unum grayale ; item duas Corchas, etc.*

* **CORCISTA**, pro *Chorista*, vel *Corista*, ut efferunt Itali. Glossar. Lat. Ital. MS : *Corcista, che canta in coro.*

¶ **CORCIZARE**, Cornu canere, Gall. *Sonner du cor.* Statuta General. Ord. Cisterc. ann. 1240. apud Marten. tom. 4. Anecd. col. 1372 : *Statuitur, ut quicumque serviens Abbatum venientium ad Capitulum generale, maxime apud Divionem, movere rixam, Corcizare, vel aliquid aliud facere, unde grave scandalum oriatur, præsumpserit, a servitio totius Ordinis irrevocabiliter expellatur.*

¶ **CORCUBA.** Vide *Cucurba.*

CORCULA, *Joculator*, Ugutioni : *Joculatrix*, Joanni de Janua. Sed videtur legendum *Coraula.*

1\. **CORDA**, Modus agri terræ, *Corde*, in Consuetudine Dunensi art. 51. ubi *Corda* 22. pedibus, et aripennis centum cordis constare dicuntur. Charta ann. 1167 : *Ego Guillelmus Dominus Montispessulani filius Sibiliæ... concedo Ecclesiæ S. Mariæ de Cazano, et tibi Joanni Priori, et successoribus tuis, spatium et locale duarum Cordarum terræ, inædificatum, vel ædificatum, ubi acquirere poteritis extra vallum Montispessulani : si vero amplius usque ad tertiam Cordam acquirere volueritis, liceat vobis, etc.* Charta Philippi Regis Franc. ann. 1216 : *Nos* 38. *arpennos terræ ad Cordam nostram.... concessimus.* [Statuta Civitatis Avenion. : *Statuimus de Corda et hoc plusquam ad Cordandum duo boni viri eligantur, qui jurent fideliter Cordare.*]

* Mensura agraria. Charta ann. 1238. ex Chartul. Valcel. sign. E. ch. 27 : *In qua terra sunt duodecim modiatæ et quinque boistellatæ Cameracenses, ad Cordam Valcellensem ita legitime mensuratæ, quod non sunt remensurandæ de cætero.* Alia ann. 1255. ex Chartul. S. Juliani ch. 63 : *Vendiderunt xlij. mencaldatas terræ, et unum boistellum in una piecia, sitas in territorio de Mallaincourt, ... mensurandas ad Cordam S. Georgii.* Charta Guill. de Maloleone ann. 1273. in Chartul. S. Dion. pag. 376. col. 1 : *Soissante et dis arpens et xxvij. Cordes et demie de terre en divers lieus.* Alia Phil. VI. ann. 1333. in Reg. donor. ejusd. reg. ex Cam. Comput. Paris. fol. 139. r°. : *Item soixante et nuef Cordes de terre, séant..... ou terroir de Gonesse.*

¶ Cordia, Eadem notione. Charta anni 1236. e Tabulario Cartusiæ Belli-Larici : *Tendit ad quarrogia et distat a quarrogiis quatuor Cordiis, et ab ipsa faya tendit ad planum.*

2\. **CORDA**, Tributi species, apud Occitanos [et alios. Videtur esse tributum pro rebus mensuratis exsolutum, ut *Quintale* pro ponderatis; sic autem dictum puto, quod *Corda* fuerit nomen mensuræ, qua res illæ mensurabantur.] Charta ann. 1060 : *Medietatem Cordæ et piscationem Atacis, scilicet de molendino, de filo usque in stagnum.* In Tabul. Episc. Autisiodor. : *Costumæ de Cordis et polanis, et minagium sunt Comitis.* Charta Raymundi Comitis. S. Ægidii ann. 1164. in Bibl. Sebusiana. lib. 2. cap. 50 : *Et in Corda et in leda de mercato medietas erit mea, et medietas illorum.* Alia ann. 1242. in Notis ad Concilia Narbonensia : *Item medietatem ledde majoris et medietatem ponderis ferri et mensuræ Cordæ, et medietatem mensuræ vermeilh.* Usatica Aquarum mortuarum : *Item molendina, quintale, et Corda, et furni erunt omnes nostri, cum leudis et omnibus usaticis, et accipietur ad quintale, et Cordam tantum.* Charta ann. 1066 : *Habeat medietatem leddarum quæ veniunt in civitate sive per terram, sive per aquam, medietatem Cordæ et piscationem Atacis, justitias et balhias, et forchias, et gistos, et Albergas, et Acaptes, etc.* [Charta ann. 1164. ex Schedis D. *Lancelot* : *In quintalio et Corda et in leda de mercato medietas erit mea et medietas illorum.* Conventio inter Comitem Provinciæ et Matrem Bausenquorum e MS. D. *Brunet* : *Nec ibi habeant Cordam et quintale.* Charta ann. 1070. n. 465. Regest. 80. Chartophylacii Regii : *Molendina, quintile et Corda et furni omnes erunt nostri... accipietur ad quintale et Cordam tantum ab extraneis, quantum continetur in libertatibus concessis a nobis universitati mercatorum.*]

¶ 3. **CORDA**, pro *Chorda*, Funis, Gallice *Corde.* Passim occurrit : hinc

CORDARUM TORMENTA, Quibus, quasi super equuleum, reus tensus torquetur, eliciendæ veritatis causa, apud Gobelinum Personam in Cosmodromio pag. 258.

¶ CORDÆ PASSÆ. Hist. Dalphin. tom. 2. pag. 275 : *Pro Cordis passis quadrag. pro camera Domini ad cursandum, taren.* II.

¶ CORDÆ TORTORERIÆ, ejusd. Hist. pag. 245 : *Item, die* XXVII. *Julii solvit Petro Corderio civi Gratianopol. pro dimidio quintali et* II. *libris Cordarum tortoreriarum missarum Dom. Johanni de Austoduno pro charreyandis ingeniis quæ erant in portu de Moyrenco versus Moyrencum et Pereriam* XVIII. *s.* VI. *d.*

* 4. **CORDA**, Mensura telarum. Leudæ Nem. inter Probat. tom. 4. Hist. Nem. pag. 78. col. 1 : *Item pro octo Cordis de tellis albis aut crusiis, unus denarius Turon. Item pro octo Cordis de tella de trelis, unus denarius Turon.* Vide infra *Cordagium* 2. et *Cordator.*

* 5. **CORDA**, Repagulum, quo locus ad singulare certamen clausus erat, quod funibus nonnunquam conficeretur, sic dictum. Chartul. Corisopit. tom. 1. Probat. Hist. Brit. col. 376 : *Medietatem de emendatione duelli, postquam pugilles ingressi fuerint intra Cordam. Cordic* dicitur in Usaticis Camerac. MSS. pro duello.

* **CORDACHISTA**, *Che canta cum lo core.* Glossar. Lat. Ital. MS. Vide *Chordicista.*

¶ 1. **CORDAGIUM**, Funis, restis a Gall. *Cordage* : quod proprie significat Apparatum funium navi necessariorum : *De carcandis ducentis garbis sagittarum, et ducendis Cordagiis pro arcubus*, apud Rymerum.

* *Cordail*, et *Cordailles*, iisdem notionibus. Lit. remiss. ann. 1378. in Reg. 113. Chartoph. reg. ch. 243 : *Comme se feussent meues certaines paroles... pour cause de certains exploiz* (sic) *et Cordailles de vaisseaux de mer;.... tandiz apploiz et Cordailles, etc.* Aliæ ann. 1482. in Reg. 206. ch. 813 : *Le suppliant print.... une bonnette et du Cordail.* Inter res ad molendinum pertinentes, *Cordail* recensetur in Inventar. ann. 1510. ex Reg. Corb. 13. sign. *Habacuc.* fol. 60. v°.

2. **CORDAGIUM**, Jus quod ex rebus mensuratis ad *cordam* exigitur, nostris *Cordage.* Reditus comitat. Hannon. ann. 1265. ex Cam. Comput. Insul. : *Et si a li quens au Cordaige des toilles de Mons, de xxxix. aunes corder, une maille.* Charta Margaretæ comit. Fland. ann. 1274. ex Chartul. 1. Fland. ch. 264. in ead. Cam. : *No pesage de Mons, no Cordage de Mons, etc.* Vide supra *Corda* 4.

* **CORDANNUM**, ut supra *Cordagium* 1. Leudæ major. Carcass. MSS : *Item pro cargua de Cordanno, xviij. den.* Versio Gallica ann. 1544 : *D'une charge de cordes etc.*

¶ **CORDAPSUS**, vel ut habet Amalthea *Cordapsum*, Græcis χορδαψός vel χόρδαψος, Tumor tenuis intestini, ut videatur intestinum ad chordæ similitudinem convolutum. In Glossario Sangerm. MS. n. 501. habetur *Cordapsu; Cordapsum* vero apud Papiam in MS. Bitur.

* **CORDARE**, Ad *cordam* metiri. Vide *Corda* 1.

* **CORDARITIA**, Pensitatio, quæ pro *chordis* habendis ad usum scholarium fiebat. Stat. ant. Cumanæ cap. 31. ex Cod. reg. 4622. fol. 33. v°. : *Quod potestas teneatur...... facere dare et solvere Cordaritiam, quolibet anno ante festum S. Andreæ, scolaribus Cumarum.*

* **CORDARIUS**, Textor chordarum, Gall. *Cordier.* Reg. episcop. Nivern. ann. 1287 : *Quilibet Cordarius in dictis vigiliis debet unam tesiam cordæ nec de grossiori, nec de minori, sed de mediocri.* Vide infra *Corderius.*

¶ 1. **CORDATA**, Certum pondus, vel certa mensura, ut videtur. Cod. MS. Eccl. Audomar. ubi de oneribus navium : *Kerka bresil* IV. *den. dimidia Kerka* II. *d. dimidia Cordata* IV. *d. Kerka alun* IV. *d. dimidia* II. *dimidia Cordata* IV. *d. Kerka grani* IV. *den. dimidia* II. *d. dimidia Cordata* IV. *d.* Semel et iterum occurrit ibid. eadem constanter ad *Kerkam* servata ratione.

* 2. **CORDATA**, Vestis ornamentum intertextum; unde nomen. Constit. Feder. reg. Sicil. cap. 105 : *Cordatam autem ipse dominus militum et socii sui milites, vel intendentes ad militiam possint in indumentis portare pro libitis.* Vide *Cordellatus.*

¶ **CORDATÆ** TUNICÆ prohibentur in Concilio Vallisoletano ann. 1323.

* **CORDATOR** TELARUM, Qui ex officio telas *corda* metitur. Stat. Avenion. ann. 1243. cap. 16. ex Cod. reg. 4659 : *Cordator vero telarum singulis annis mutetur, et non redeat in eodem officio per triennium.* Vide supra *Corda* 4.

CORDAVIA, apud Papiam MS. *Interior cella.* Edit. *Corclavia* : sed videtur legendum *Conclavia.*

1. **CORDAX**. Fragm. Petronii : *Nemo, inquit, vestrum rogat Fortunatam meam, ut saltet : credite mihi, Cordacem nemo melius ducit.* Κορδακισμός, Græcorum.

¶ 2. **CORDAX**, Alia notione, apud Joannem Longini Canonicum Cracoviensem in Vita B. Kingæ Virg. tom. 5. Julii pag. 735. E : *Puerilem adhuc ætatem agens Nicolaus... Cordacis, existens etiam tune puer, conditionis, nimio fletui ex levi momento et causa, plus quam illi conveniret ætati, indulgebat.* Recte doct. Sollerius in notis : Cordacem hic vocat conditionem pueri, cui cor tenerum est et propensum ad tristitiam ac lacrymas ciendas.

* **CORDAXUM**, *Cordis arsura*, in Gloss. ad Alex. Iatrosoph. MS. lib. 2. Passion. cap. 129 : *Item aliud mirabile faciens ad multa, cardamomo ex interionis semine est j. amomi botros; quod quidam Cordaxum vocant in nimiis doloribus dum datur.*

¶ **CORDEBANARIUS**. Vide post *Cordebisus.*

CORDEBISUS, Pellis de Corduba, corium caprinum alutariorum arte præparatum, Gallis *Cordouan*, Ital. *Cordouano.* Gloss. Lat. Gall. MS. Thuanum : *Alutarius, Cordoanniers. Aluta, Cordoan.* Ugutio : *Aluta, pellis canuta cavata, vulgo Cordoüan.* Chronicon Fontanellense pag. 246 : *Ad pelles hircinas* 60. *compositas lib.* 3. *ad Cordebisos* 40. *comparandum lib.* 3. *ad coria bovina* 20. *lib.* 1. Tabularium Casauriense anno Caroli Calvi in Italia 3 : *Et censum vobis do, Romane Abbas, vel successoribus tuis reddendum annualiter de mense Maio bovem unum bonum, inter pannos et argentum et Cordebisi valentem usque ad solidoquinque Franciscos.*

CORDOVESUS. Charta Ludovici Pii apud Doubletum lib. 3. Hist. Sandionys. cap. 7 : *Ad Cordovesos, et in solas eorum componendas, modia uncti* 200. Alia Caroli Calvi in Tabulario ejusdem Monasterii Ch. 31 : *Et pro* 200. *unctis qui dabantur fratribus per singulos annos ad Cordovesos eorum, et coria componenda, et diversis aliis fratrum necessitatibus.*

¶ CORDOANUS, in Charta pro Communia de Balneolo ann. 1288. inter Schedas D. *Lancelot*, et in Statutis Massil. lib. 1. cap. 38. § 2. *Sotulares de Cordoan*, in Chartul. S. Vincentii Cenom. fol. 72.

¶ CORDUANUS, in Hist. Dalphin. tom. 1. pag. 87. col. 1. *Grossa bestia onerata de Corduanis.*] *Sotulares Corduani* apud Ordericum Vitalem pag. 591. 596.

CORDEWAN, Idem quod *Cordebisus.* Statuta Ordinis *de Sempringham* pag. 783 : *Nec sotulares de Cordewan ab aliquo accipiant.* Matthæus Paris in Vitis Abbatum sancti Albani : *Calceamenta quæ de vili corio, quod vulgariter bazan dicitur, in alutam, id est, Cordewan civiliter commutavit.* Rogerus Hovedenus in Ricardo I. pag. 715 : *Melega civitas, ubi fit copia de Cordowan vermeil.* [Codex MS. Ecclesiæ Audomar. : *De Dozina de Cordewan.* II. *den.*] Tabularium Vindocinense Ch. 508 : *Dedit Willel-*

mus Monachus calceos de Cordovano. Vide Hist. Monasterii S. Nicolai Andegav. pag. 61. Willelmus *Guiart* ann. 1202 :

Nus et de chauces deschauciez,
Et de soulers et de Cordouan.

Le Roman *de Jordain* MS. :

Chauces de paille, sollers de Cordoant.

A *Corduba* Hispaniæ oppido celeberrimo deducta hæc vocabula, vulgo *Cordova*, ubi præparabantur pelles, et, ut ait Rebuffus Tract. de Mercator. min. vend. Gloss. 11 : *Quia ab urbe deportari ad cæteros solent pretiosi corii species. Unde* subdit quasi *Cordubones* dictos Cerdones *Cordowaniers. Calcei de Corduba*, apud Guibertum lib. 1. de Vita sua cap. 11. Theodulfus lib. 1. Carm. pag. 138 :

Iste tuo dictas de nomine Corduba pelles,
Hic niveas, alter protrahit inde rubras.

Inde *Cordubanarii*, Sutores, in Diplomate Ludovici VII. Regis Franc. ann. 1144. apud Gallandum de Franco-allodio pag. 343. *Cordouanniers*, Monstrelleto 1. vol. pag. 319. qui nostris hodie *Cordonniers*. [** *Sutoribus qui Cordewender dicuntur*, in Chart. ann. 1247. ap. Guden. Cod. Diplom. tom. 1. pag. 598. *Carduanarios*, ap. eund. tom. 2. pag. 454. in Chart. ann. 1318.]

¶ CORDUBANASII, in Charta Comitis Nivern. ann. 1166. e Tabulario B. M. de Charitate. Vide *Cordenisæ Pelles*.

¶ CORDUBENARIUS, in Charta Philippi Regis Fr. ann. 1328. e Chartulario S. Martini Pontisar.

¶ CORDUARIUS, in Chartulario S. Vincentii Cenoman. fol. 38.

¶ CORDEBANARII et CORVESARII, in Charta Officialis Rotomag. ann. 1267. tom. 3. Hist. Harcur. pag. 149. [** Vide Guerard. in Prolegom. Chartul. S. Petri Carnot. pag. 59.]

¶ CORDOANERIUS, in Literis Ducis Januensis ann. 1382. ex Archivo Communis Massil.

* **CORDELARIA**, Gall. *Cordeliere*, Sanctimonialis sub regula S. Francisci. Charta Ludov. X. ann. 1315. in Reg. 52. Chartoph. reg. ch. 67 : *Jardinum, vocatum Paradis, situm Parisius inter domum episcopi Amb. ex uno latere, et Cordelarias ex alio, etc.* Vide *Cordeleriæ*.

¶ **CORDELATUS**. Vide *Cordellatus*.

¶ **CORDELERIÆ**, Sanctimoniales Franciscanæ, nostris vulgo, *Cordelieres*. Memorabilia Humberti II. Dalphini ex Adversariis D. *Lancelot* : 1344. *item die* XVI. *Septemb. apud Moirencum ordinavit fieri juxta Fratres Minores Monasterium Dominarum Cordeleriarum S. Claræ, et fecit cavari et signari, etc.* Vide *Cordelaria*.

¶ **CORDELITA**, Franciscanus, a *chorda* seu fune quo cingitur, vulgo dictus *Cordelier*. Chronicon Australe ad ann. 1206 : *Minores Christum prædicant ut Israelitæ sub Innocentio, sed et Cordelitæ*. Vide *Cordiger*.

1. **CORDELLA**, Chordula, *Cordelle*. Occurrit apud Rigordum ann. 1214.

* 2. **CORDELLA**, ut *Cordelaria*, in Charta ann. 1219. ex Chartul. S. Germ. Prat. : *Una cum quibusdam aliis mansionibus et masuris dictæ domus nostræ, usque ad portam Cordellarum adjacentibus et contiguis.*

* **CORDELLÆ** inter vestimenta virilia recensentur in Stat. Genuens. lib. 2. cap. 17. pag. 48. v°. : *Et intelligantur esse in bonis et de bonis viri vestes, zonæ, corrigiæ, Cordellæ, etc.*

¶ **CORDELLATUS**, *Chorda* seu fune ligatus. Statuta Synodal. Eccl. Biterr. ann. 1368. apud Marten. tom. 4. Anecd. col. 628 : *Et ut manicis consutitiis amplis aut sotularibus Cordellatis seu diversitate foraminum pictatis laicali abusione non utantur.* Ejusd. tomi col. 664. in Statutis ejusd. Eccl. ann. 1375 : *Vestes deferant Cordelatas anterius, et a summo usque deorsum.* Occurrit iterum in Statutis Eccl. Nemausensis ibid. col. 1044.

* Vide supra *Cordata* 2. *Encordé* nostris, Chorda instructus. Lit. remiss. ann. 1470. in Reg. 196. Chartoph. reg. ch. 293 : *Une arbaleste d'assier Encordée et montée, etc.* Guill. Guiart. ad ann. 1264 :

Et mainte arbaleste Encordée, etc.

* **CORDENISÆ** PELLES, Ex Corduba, corium caprinum alutariorum arte præparatum, in Dipl. Chilp. II. ann. 716. tom. 4. Collect. Histor. Franc. pag. 694. Vide *Cordebisus*.

¶ **CORDERIA**, Gall. *Corderie*, Officina vel jus funium texendorum. Charta Lugdunens. ann. 1308 : *Item* 12. *denar. Vienn. pro Corderia de l'Echerveno super ponthem Rodani. Cheveno* cannabim appellant rustici Lugdunenses : *L'echerveno* igitur idem est quod Cannabinus.

* Obituar. eccl. Lingon. ex Cod. reg. 5191. fol. 113. r°. : *Super domibus, grangia et Corderia, quas tenent dicti conjuges.*

¶ **CORDERIUS**, Restio, textor funium, Gall. *Cordier*. Vide locum in *Cordæ tortoreriæ* post *Corda* 3.

* Charta ann. 1391. ex Tabul. Massil. : *Quod Corderii in Massilia non faciant completas, nec vendunt ad brassam, etc.* Vide supra *Cordarius*.

* **CORDESCUS**. Vide infra *Cordiscus*.

¶ **CORDETENUS**, Memoriter. Vide in *Cor*.

¶ **CORDETUM**, Pannus vilior. Vita B. Yvonis tom. 4. Maii pag. 539 : *Tunicam et epitogium de panno albo grosso, vocato Burello seu Cordeto modici pretii.* Legitur etiam in Inquisitione MS. pro canonizatione ejusd. B. Yvonis.

* Hispan. *Cordellate*, pannus laneus catenatis funiculis intertextus. Stat. Mauricii episc. Cenoman. ann. 1227. ex Tabul. monial. S. Juliani de prato : *Inhibemus etiam ne moniales habeant tunicas de Cordeto Castridunensi, aut sargia de Bonavalle.... Coopertorii etiam de Cordeto aut burello albo, vel nigro, sive rufo.*

* **CORDEUS**, Ex *chorda* seu fune. Annal. Placent. ad ann. 1443. apud Murator. tom. 20. Script. Ital. col. 878 : *Scalis Cordeis arcem noctu conscenderunt.*

¶ **CORDEWAN**, CORDEWANARIUS. Vide in *Cordebisus*.

CORDEX, *Qui facit cordam*, Joanni de Janua : Forte *Cordifex*. [Papias in MS. Bituricensi : *Cordex, Concordatus, vel qui canit cum cordis vel qui facit illas.* Laurent. in Amalthea : *Cordex, Qui canit corda vel facit illam. Cordex* præ constantiori lectione videtur retinendum.] [** In cod. reg. Papiæ 7609. ut ex Prisciano; in Gemma Gemmarum *Chordex*.]

* Glossar. Gall. Lat. ex Cod. reg. 7684 : *Cordex, Cordier.* Vide infra *Cordifex*.

¶ 1. **CORDIA**, ut *Corda* 1. Ibi vide.

¶ 2. **CORDIA**, pro *Concordia*. Charta Guillelmi Comitis Cabilonensis ann. 1174. in Tabulario Floriacensi : *Feci duas cartas fieri.... ut si de aliquibus rebus inter nos discordia surrexerit... cartarum testimonio ad Cordiam revocemus.* Rursum occurrit in Charta ann. 1085. ex Archivo S. Victoris Massil. Armar. Forojul.

* 3. **CORDIA**, *Maladie de cuer. Cordiacus, qui patitur illum morbum.* Glossar. Lat. Gall. ex Cod. reg. 7692. *Cordiaca passio*, in Mirac. S. Hyacinth. tom. 3. Aug. pag. 371. col. 2. Glossar. Gr. Lat. : Καρδιακός, *Cardiacus*. Vide Lexic. med. Panor. Brunonis voce *Cardiaca passio* et infra *Cordiacus. Coreux*, qui nauseam movet, in mirac. B. M. V. Mss. lib. 1 :

N'est nule odour envers celui
Ne soit Coreuse, amere et fade.

Vide infra *Excordatus*.

¶ **CORDIACUS**, CORDIATUS, CARDIACUS, *Morbus nascens ob nimiam imbecillitatem corporis languente stomacho.* Amalthea. Miracula S. Amalbergæ tom. 3. Julii pag. 108 : *Quædam Domicella patiebatur Cordiacum, id est morbum cordis gravem. Cordiatus*, καρδίακος, *Cardiacus*, in Supplemento Antiquarii. Vide *Cordia*, 3.

¶ **CORDIALE**. Bern. *Pez* Anecdot. tom. 1. pag. LXXIX. meminit Codicis Mellicensis, cui titulus : *Cordiale seu Tractatus de quatuor novissimis.* Quod cor seu animum commoveat, dictum puto *Cordiale*.

* **CORDIALIS**, Gall. *Cordial*, Intimus, ex animo. Lit. ann. 1369. tom. 5. Ordinat. reg. Franc. pag. 693 : *Nos ergo attendentes qualiter propter Cordialem obedienciam, quam ipsi supplicantes ad dictum dominum nostrum se habere ostenderunt, etc.* Lit. remiss. ann. 1351. in Reg. 81. Chartoph. reg. ch. 7 : *De cujus morte veluti ex amissione sui Cordialis amici doluit.*

¶ **CORDIALISSIMUS**, intimo cordis affectu dilectus. Exstat Epistola apud Duellium Miscell. lib. 2. pag. 103. cujus hæc est inscriptio : *Cordialissimo suo fratri Oswaldo Tuklhauser illustris Principis Henrici Bavariæ Ducis Cancellario.*

¶ CORDIALISSIME PRECES FUNDERE, in Vita B. Lidwinæ tom. 2. April. pag. 347.

¶ **CORDIALITAS**, Ital. *Cordialità*, Gall. *Cordialité*, Singularis et sincerus amor, in Laudibus Papiæ apud Murator. tom. 11. col. 27.

* **CORDIALITER**, Ex Corde, Vita B. Cicci tom. 1. Aug. pag. 660. col. 2 : *Ita a terrenis disjunxit, ut.... nihil in hoc mundo Cordialiter possideret, superni æternitate pensata. Coreument*, in Mirac. B. M. V. Mss. lib. 1 :

Ne doit pas estre as Juis douche,
Car trop le hecent Coreument.

Vide mox *Corditer*.

¶ **CORDICCA**, Funes navium, Gall. *Cordage*. Informationes Civitatis Massil. pro passagio transmarino, e MS. Sangerman. : *Item debet habere ipsa navis duas puegas et* VI. *gratillos et sarciam subtilem pro faciendis Cordiccis* VI. *quintals.*

** **CORDICINIUM**, *Germ. Einkelligkeit mit dem Hertzen*, in Melber. Vocabul. ed. ann. 1488. in alia *Corditiocinnium*.

CORDICITUS, *Corde tenus*, Joanni de Janua. Penitus, intime. Sidonius lib. 4. Epist. 6 : *Prudentibus Cordicitus insitum est vitare fortuita*.

¶ **CORDIDICIA**, ῥυπαρία, *Pædor, squallor*. Supplem. Antiquarii. Lege *Sorditia* et vide *Sordities*.

* Vox nihili, ut observat D. *Falconet*, et ab auctore Antiq. suppl. efficta. Legitur in Gloss. Lat. Gr. : *Sordidicia*, ῥυπαρία. Ubi codex Sangerm. habet : *Sorditia*.

* **CORDIFEX**, Chordarum textor, Gall. *Cordier*. Comput. Ms. fabricæ S. Petri Insul. ann. 1478 : *Item Michaeli Matthieu Cordifici, pro cordis puteorum claustri et campanæ capituli per spatium trium annorum, liiij. sol.* Vide supra *Cordex*.

¶ **CORDIGER**, Franciscanus, idem qui *Cordelita*. Regulæ pro Theologis Paris. apud Acherium Spicil. tom. 6. pag. 381 : *Sermo de mane et collatio in vesperis in Cordigeris vel in Jacobitis*. Occurrit iterum in Obituario MS. Ecclesiæ Morinensis fol. 21.

¶ **CORDINA**, Cordinæs. Vide in *Cortis* 2.

¶ **CORDINARIUS**, Sutor, Gall. *Cordonnier*, in Charta Officialis Rotomag. ann. 1267. Hist. Harcur. tom. 3. pag. 149. Vide *Cordebisus*.

¶ **CORDINTIME**, Ex intimo corde. *Petimus Cordintime*, apud Leibnitium tom. 2. Scriptor. Brunsvic. pag. 895.

¶ **CORDINTIMUS**, Amicus ex animo, in Vita B. Lidwinæ tom. 2. April. pag. 316.

CORDIPUNGUS, *Versus vel quodlibet corda pungens*. Papias.

CORDISCERE. Gloss. Arabico-Lat. : *Cordiscosio, agnosco* : ubi viri docti emendant, *Condisco, scio* : ego vero sic puto, *Cordisco, scio* : est enim *Cordiscere*, *ex corde*, seu memoriter discere, scire. Vide *Cor*, 1.

* **CORDISCUS**, f. Cordus, Hispan. *Cordero*. Charta ann. 1221. tom. 1. Hist. Cassin. pag. 317. col. 1 : *Beneficium, dictu Mulici, debet.... in festo S. Mariæ sex panes, et duos pullos, et Cordiscum. Tenimentum Dameli debet..... in tempore messis et vinemiæ duos dies et Cordiscum*. Infra : *Cordescum*.

¶ **CORDITER**, Amice, ex corde, apud Rymerum tom. 3. pag. 314. col. 2.

* Vita S. Bertell. tom. 3. Sept. pag. 449. col. 2 : *Ne ergo verborum prolixitas auditorum generet fastidium, compendiosam exaudiamus Corditer veritatem*. Vide supra *Cordialiter*.

¶ **CORDIVARIUS**, pro *Cordinarius*, in Charta Officialis Rotomag. in *Cordinarius* laudata.

¶ **CORDIVOLENTIA**, Benevolentia. Scriptum Caroli Simplicis ann. 921. pro Monasterio Elnonensi, apud Marten. Collect. Ampliss. tom. 1. col. 278 : *Ideo sit notum omnibus fidelibus sanctæ Dei Ecclesiæ.... quia adiens nostram Cordivolentiam venerabilis Abba Cœnobii S. Confessoris Christi Amandi Robertus, etc.*

¶ 1. **CORDO**, Cingulum, vitta, Gall. *Cordon*, Ital. *Cordone*. Translatio S. Antonini tom. 1. Maii pag. 768 : *Cingulo sive Cordone cinctus*. Cerimoniale vetus MS. B. M. Deauratæ Tolos. : *Prædicta crux debet pendere cum uno Cordone de cirico*. Vita S. Francisci de Paula tom. 1. April. pag. 177 : *Posuisti istum cingulum, quem eorum lingua Cordonem appellant*. Vide *Cordonus*.

* 2. **CORDO**, Sutor, idem qui *Corduarius*. Charta ann. circ. 1055. tom. 1. Probat. Hist. Brit. col. 406 : *De Cordonibus vero duodecim nummi et subtalares in Natale Domini et in Pascha*. Vide in *Cordebisus*.

* **CORDOA**. Corium de Cordoa, Corium caprinum alutariorum arte præparatum, Gall. *Cordouan*. Stat. sabater. Carcass. ann. 1402. tom. 8. Ordinat. reg. Franc. pag. 560. art. 7 : *Non sit ausus ponere seu immiscere de duobus coriis, quasi dicamus corium mutonis immiscere cum corio vaquæ seu de Cordoa*. Vide in *Cordebisus*.

¶ **CORDOAN**, Cordoanum, Cordoanerius. Vide *Cordebisus*.

* **CORDOANARIUS**, Sutor, Gall. *Cordonnier*, Ital. *Cordovaniere*. Stat. Placent. lib. 6. fol. 82. v° : *Item provisum est, quod Cordoanarii, vel callegarii, vel aliqui alii facientes vel vendentes scarpas vel calzarios, etc.* Vide supra *Cordo* 2.

CORDOLENS, Cardiacus, apud veterem Interpretem Juvenalis Sat. 5.

CORDONA. Chronicon S. Vincentii de Vulturno pag. 685. [** ap. Murator. Scriptor. vol. 1. part. 2. pag. 372. col. 2. B.] : *In Ecclesia vero S. Dei Genitricis Mariæ... præceptum obtulit de duodecim Cordonis servorum*.

¶ **CORDONARIUS**, Sutor, Gall. *Cordonnier*, in Enumeratione jurium Comitis Biterr. in Civitate Albiensi ann. 1252. et in Codice obit. S. Geraldi Lemov. ann. 1491. Vide *Cordebisus*.

¶ **CORDONUS**, Vitta, Gallis et Hispanis, *Cordon*. Statuta Petri Episc. Helen. ann. 1375. Concil. Hisp. tom. 3. pag. 605 : *Per litteras sigillo Præfati Domini Legati ceræ rubeæ in cera albo impresso, in quodam Cordono serico viridis coloris impendente sigillatas. Litteræ Cordono ciriceo Sigillatæ*, in Regesto 87. Cameræ Comput. Paris. : *Sigillatum, ut prima facie apparebat, magno sigillo Dalphinali rotundo in cera rubea pendenti in quodam Cordono grosso et quadrato cirici viridis*, in Litteris ann. 1358. apud D. *Secousse*, tom. 3. Ordinat. Reg. pag. 271. Vide *Cordo*.

* *Cordon de bois* dicitur Tigillum ex corona materiariæ structuræ, in Lit. remiss. ann. 1480. ex Reg. 208. Chartoph. reg. ch. 66 : *Icellui Simon d'un gros fretail ou Cordon de bois, qu'il avoit osté de ladite cloison, et dont icelle cloison estoit cordée, frappa le suppliant tellement qu'il cuida tumber à terre.*

¶ **CORDOUANUM**, Cordovesus, Cordowan, Corduanum. Vide *Cordebisus*.

* **CORDOVANUS**, ut supra *Cordoa*. Stat. Astæ ubi de Intrat. portar. : *Cordovani affaitati solvant pro quolibet rubo lib. xij. sol. x*. Vide in *Cordebisus*.

* **CORDUANARIUS**, Corduarius, ut supra *Cordoanarius*, in Ordinat. reg. Franc. tom 5. pag. 416. et 417.

* **CORDUBANARIUS**, Eadem notione, in Lit. Matth. comit. Bellimont. ann. 1159. ex Cam. Comput. Bles. : *Militibus meis astantibus et laudantibus, ... et de servientibus quoque meis, scilicet Lamberto cubiculario, Gisleberto Cordubanario, Ermenfrido coquo, etc.*

* **CORDUBANUS**, Corium caprinum alutariorum arte præparatum, ut supra *Cordoa*. Lit. ann. 1277. tom. 4. Ordinat. reg. Franc. pag. 670. art. 4 : *De qualibet duodena Cordubani, sive rubei sive alterius coloris, quatuor denarios*, Vide *Cordebisus*.

* **CORDUBATUS**, pro *Cordulatus*, *Cordulis* ornatus. Stat. colleg. S. Cathar. Tolos. ann. 1394. ex Cod. reg. 4223. fol. 180. v° : *Prohibentes ne de cetero scissas, apertas, vel Cordubatas publice et per villam a parte anteriori opelandas, sive alias ves es portare præsumant, quatuor vel quinque cordulis a parte superiori exceptis*. Vide supra *Cordata* 2. et *Cordellatus*.

¶ **CORDUCTUM**, Sericum. Vide *Mataxa*.

CORDUELLUM, Idem forte quod *Corduanum*, de quo supra. Regestum Castri-Lidi in Andibus fol. 31. de Pedagiis : *Quadriga onerata de Corduello, equus 4. d. ad tractum quadrigæ*. Occurrit alibi.

¶ 1. **CORDULA**, Botellus, Gall. *Saussisse*. Vide *Mazaccara*.

* 2. **CORDULA**, Zona, cingulum, Gall. *Ceinture*. Constit. Carmelit. Mss. part. 1. rubr. 11 : *Prohibentes ne aliquis frater portet.... Cordulas seu claveria de serico*. Vide supra *Cenchetum*.

¶ Cordula Musica, Parva *chorda* instrumenti musici. Statuta Canonicorum S. Augustini apud Duellium Miscell. lib. 1. pag. 86 :

Non vox, sed votum, non musica Cordula, sed cor,
Non clamor, sed amor cantat in aure Dei.

* **CORDULARINI**, Sutores. Glossar. Lat. Gall. ex Cod. reg. 7679 : *Alutarii dicuntur qui operantur in aluta; Cordonnier, alio nomine, dicuntur Cordularini*.

¶ **CORDULATIO**, Quidam suturæ modus ad ostentationem in vestimentis. Statutum Capituli generalis S. Victoris Massil. sub Stephano Abbate ann. 1378 : *Statuimus quod nullus vestes inhonestas, scilicet oppellandas, vel cocardias, froncicas aut cum colari, cum manicis largis ultra modum vel Cordulatione in capstina nec in manicis*.

* Vestis ornamentum intertextum, idem quod supra *Cordata* 2. Vide ibi. Hinc

* **CORDULATUS**, *Cordulis* ornatus. Stat. colleg. Fuxens. Tolos. ann. 1457. ex Cod. reg. 4223. fol. 231. r° : *Sotulares etiam Cordulatos in parte exteriori ita apertos, quod carnem ostendant, etc.* Vide *Cordellatus* et *Cordubatus*.

¶ **CORDULUM**, Parvus *cordo*, in Inventario Ecclesiæ Aniciens. ann. 1444.

¶ **CORDURA**, a Provinciali *Cordure*, Gall. *Couture*, Sutura. *Cordura vestium*, in Statutis Arelat. MSS. art. 53. *Cordura de uno vestimento*, in Statutis Massil. lib. 2. cap. 39. *de Sartoribus*. Occurrit etiam cap. 38. de iisdem.

* Stat. ann. 1329. inter Probat. tom. 2. Hist. Nem. pag. 65. col. 2 : *Item quod nullus sartor vel sartressa audeat accipere ab aliquo, pro facienda tunica et supertunicali, cum Corduris planis, ultra iiij. sol. Turon.*

* Corduria, Eadem notione, in Com-

put. ann. 1334. ibid. pag. 85. col. 1 : *Item solvi magistro Guiraudo sartori de supertunicalibus et tunicis dictorum dominorum.... pro suis Corduriis, x. sol. Turon.* Hinc

* **CORDURARE**, Suere, Gall. *Coudre*, in Comput. ann. 1362. ibid. pag. 244. col. 2 : *Item pro Cordurando et pro serico necessario ad Cordurandum arma dominorum consulum in dicto guidone, solvi j. gross. et medium.* Alius ann. 1380. tom. ejusd. Hist. pag. 30. col. 1 : *Item solvi magistro Joanni sartori, ... qui Corduravit dictos xxiiij. scudetos circumcirca pannum B. Mariæ positum supra tombam pro dicto cantari, ... quatuor grossos.* Unde

* **CORDURIEYRA**, Sarcinatrix, Gall. *Couturiere*, in Charta ann. 1366. ibid. tom. 2. pag. 303. col. 2. *Cordurier*, Sartor, vulgo *Tailleur*, in Lit. admort. ann. 1412. ex Reg. 166. Chartoph. reg. ch. 272 : *Item Ylaire Bernard Cordurier du lieu de S. Syphorien tient, etc.*

CORDUS, *Serotinus, dicitur a Cor : unde et uvæ quæ tarde veniunt ad maturitatem, Cordæ dicuntur, secundum Ugutionem et Papiam. Cordum, serotinum quod tarde nascitur.* Joan. de Janua.

* Festus : *Corda frumenta, quæ sero maturescunt.* Vide ibi not. Dacerii. Gloss. Lat. Gr. : *Cordus*, ὀψίγονος. Verum Latinis haud ignota vox.

* **COREA**, Ambitus, circuitus, Gall. *Contour;* vel Circulus, Gall. *Cercle.* Elmham. in vita Henr. V. reg. Angl. edit. Hearn. cap. 12. pag. 23 : *Rege quoque in eodem* (solio) *corona aurea preciosa, gemmarum lasciviente Corea, regium capud circumdato, residente, etc. Corea* infra cap. 26. pag. 61. Hinc fortassis *Corer*, qua voce collare, Gall. *Collier*, intelligendum videtur, in Charta ann. 1404. ex Reg. feudor. comit. Pictav. fol. 100. r°. in Cam. Comput. Paris. : *Jehan Palardit.... confesse tenir.... à hommaige lige et à ung esparvier sor de devoir, à une longue de soye vermeille et à un Corer d'argent doré du poix d'ung gros Tournois de S. Loys, paier à muance de seigneur et d'omme.* Vide *Chorea*.

* **COREARE**, Corium subigere, polire, Gall. *Corroyer*. Stat. Astæ ubi de Intrat. portar. : *Roseum ad Coreandum coria solvat pro qualibet somata lib. vj.*

¶ **COREARIUS**. Vide *Correarius*.

* **COREATOR**, pro *Choreator*, Chorearum ductor et auctor. B. de Amoribus in Speculo sacerdot. Ms. cap. 5 :

Non sis ludator, nec ludorum speculator,
Sive Coreator, saltator, nec joculator.

* **CORECTUM**, *Gloise*, in Glossar. Lat. Gall. ann. 1352. ex Cod. reg. 4120. perperam pro *Carectum*. Vide supra in hac voce.

¶ **COREDULUS**, *Genus quoddam volatilis, quasi Cor edens*, apud Isid. lib. 12. cap. 7. sect. 53.

¶ **COREEDE**. Vide *Conredium*.

* **COREGGIARIUS**, ab Italico *Coreggiaio*, Corrigiarum faber, in Stat. ant. Florent. lib. 5. cap. 19. ex Cod. reg. 4621. Vide infra *Coriarius* 2.

* **COREGIA**. Vide infra *Corregia*.

¶ **COREHIZARE**, pro *Choreizare*, Choros agere, in Synodo Mediolan. ann. 1287. apud Murator. tom. 8. col. 1056.

¶ **CORELLUS**, inter ornamenta ecclesiastica recensetur, in Notitia Ecclesiæ Diniensis per Gassendum pag. 151 : *Item duo pallia alba diaspreti... duos Corellos de serico antiquo.*

* Vestis etiam militaris, idem quod *Corsetus*, tunica, thorax. Invent. ann. 1240. apud Cl. V. Garamp. in Dissert. 7. ad Hist. B. Chiaræ pag. 233 : *Item unum Corellum ad brazale....... Item unum Corellum privatum.* Test. ann. 1266. ibid. in Ind. pag. 510. col. 2 : *Unum Corellum ferri, etc.* Aliud ann. 1449. ibid. : *Placcas, Corellum, gurgeriam, barbutam, etc.* Vide *Curellus* 2.

* CORETTUS, Eadem notione, in Charta ann. 1230. in jam laudata Dissert. 7. pag. 231.

¶ **COREMEDE**, CORENIODA. Vide *Curmedia*.

CORENDARIUS. Vide *Chorearius*.

¶ **COREPH**, *Calvaria vel Campestria. Coreph, Lumbaria vel Tegimenta.* Gloss. MS. Sangerman. num. 501.

¶ **COREPISCOPUS**. Vide *Chorepiscopus*.

* 1. **CORERIUS**, Cursor, tabellarius, Ital. *Corriero*. Stat. Placent. lib. 1. pag. 44 : *Officiales ibidem deputati faciant ipsis Coreriis dari solutiones hactenus usitatas; et si ipsi Coreri ultra debitum et consuetum accipient, eos condemnent ut supra. Corlieus*, eodem sensu, in Mirac. B. M. V. Mss. lib. 2 :

Qui parleront plus bel c'uns pages,
C'uns trote-à-pié, ne c'uns Corlieus.

Vide *Correrius*.

* 2. **CORERIUS**, pro *Chorerius*, Clericus, qui choro debet interesse. Charta ann. 1446. ex Tabul. S. Vict. Massil. : *Capellani et Corerii de panno S. Pauli, etc.* Vide *Chorearius*.

CORETES. Hist. Landavensis Ecclesiæ, in Monastico Anglic. tom. 3. pag. 188 : *Et cum finibus istis... usque ad mare totum infra Taf et Elei, cum piscibus et Coretibus suis omnibus, cum omni sua dignitate, etc.* Pag. 195 : *Et cum corporibus suis ad sepulturam suam, in eleemosyna, et cum suis piscibus, et Coretibus anguillarum, et cum toto territorio suo, etc.* Et pag. 211 : *Et cum libera applicatione navium in ostio Taroci, et cum Coretibus suis omnibus sine ullo censu ulli homini terreno, etc.* In Glossario Wallico Cambro Buxhornii *Cored, cataracta* exponitur.

* **CORETTUS**, Idem quod *Corellus* supra. Vide in hac voce.

CORETUS. Mensuræ Germanicæ species. Wichbild Magdeburgense art. 19 : *Proconsul... potestatem judicandi habebit super injustas mensuras potabilium, et pondera et injustos Coretos, et cujuslibet cibi et potus mercimonia.*

* Stat. Casimiri III. ann. 1451. inter Leg. Polon. tom. 1. pag. 164 : *Zupparius..... pro quolibet equo debet dare unum Coretum avenæ dietim.* Et pag. 167 : *Unus Coretus minuti salis.*

COREUM, pro *Corium*. Statuta Ordinis de Sempringham pag. 720. 784 : *Non fiant marsupia.... nisi de Coreo albo, et sine serico colorato.* Alibi : *Omnium Canonicorum sotulares, tam diurni quam nocturni, rubei Corei sint.* Utitur etiam Cæsarius lib. 4. cap. 12. 13.

* **COREUS**, Coriaceus. Charta ann. 1364. inter Probat. tom. 3. Hist. Nem. pag. 79. col. 1 : *Dictum sigillum in quadam bursa Coreâ posuit, et ipsam bursam sigillo autentico curiæ ordinariæ dictæ villæ Bellicadri... sigillari fecit.* Hinc fortassis *Core* appellatur Atramenti vasculum, et illius apertura *Coret*, in Stat. ann. 1399. tom. 8. Ordinat. reg. Franc. pag. 358. art. 3. Vide *Coreum*.

* **COREZOLA**, Vide infra *Corizola*.

CORFICINA, *Macellum*. Papiæ, et Gloss. MS. Regio Cod. 1013. pro *Carnificina*.

CORGENARIUS. Charta Ludovici D. Bellijoci pro Libertatib. Villæ Bellijocensis ann. 1274 : *Judæi non debent commorari in franchesia Bellijocensi, nec Corgenarii ludere in eadem, nec Corsini debent commorari in villa Bellijoc. nisi voluntate domini et burgensium dictæ villæ.* [** Forte iidem qui Germanis *Riemenstecher*, Præstigatores seu agyrtæ, lori convolutione decipientes. ADEL.]

¶ **CORGO**, Stirps, truncus. Statuta Civitatis Avenion. : *Si quis vineam de die talaverit vel eradicaverit, talari, vel eradicari fecerit, pro singulis Corgonibus talatis seu eradicatis solvat Communi nomine pœnæ 3. sol.*

* Nostris *Corge*, Fustis vel armorum species ad nocendum. Lit. remiss. ann. 1416. in Reg. 169. Chartoph. reg. ch. 483 : *Un certain baston, appellé Corge.* Nisi sit pro *Courge*, Baculus sustinendis utrinque situlis aptus; unde *Courgée*, quantum duobus situlis continetur, in aliis Lit. ann. 1382. ex Reg. 120. ch. 248 : *Les supplians aient esté consentans..... à prendre et emporter de nuit de une nef estant au port des crochez* (à Meaux), *chargée de vin, environ une Courgée de vin en deux seaux.*

* **CORHABITES**, Idem videtur qui supra *Corerius* 2. Stat. Leod. eccl. ann. 1360. tom. 2. Monum. sacr. antiq. pag. 451 : *Diaconi vero, subdiaconi et cæteri clerici usque ad ultra medium tibiæ sic protensas, quod Corhabites notabiliter a laicorum gestu distingui valeat.*

* **CORIA**, Officina, ubi coria subiguntur, Gall. *Tannerie*. Chron. Angl. Th. Otterbourne pag. 64 : *Willelmus..... dictus est Bastardus, quod eum genuit pater ex puella quadam, nomine Arlett, pelliparii filia. Viderat enim eam pater suus in Coria cum aliis mulieribus tripudiantem, et amore ejus captus generavit ex ea diversis vicibus tres filios.* Nisi sit pro Chorea. Vide infra *Corisare*.

CORIAGO, Morbus in armentis, cum corium adhæret costis. Vide Vegetium lib. 3. artis veterin. cap. 54. et Columellam lib. 6. cap. 12.

¶ **CORIALINSE**, Corium. Constitutio Ansegisi Abb. inter Acta SS. Benedict. sæc. 4. part. 1. pag. 639 : *Ceræ ad illam Ecclesiam libras* cc. *ad opus Fratrum* c. *Sevo libras* cc. *de Corialinse calcibus* XXIIII. *bragal* LX. *ad saccos autem faciendos drappos albos* II.

* **CORIAMEN**, Corium, Ital. *Corame*. Privil. Pisan. ann. 1269. apud Lamium tom. 3. Delic. erudit. pag. 278 : *Pisani..... possint libere...... emere vel acquirere totum Coriamen seu coria cujuslibet speciei vel materiei.* Vide supra *Coramen*.

* CORIANDUS, Coriandrum, Ital. *Coriandolo.* Bareleta serm. in festo S. Mart. : *Si tibi donaretur una pecies Coriandorum, et desuper essent deaurati : sed in fundo esset venenum, etc.*

1. **CORIARE**, Idem Architectis quod *Loricare*, apud Varronem lib. 1. de Re rust. cap. 57. tectorio et crusta parietem tegere. *Coriis loricare* dixit Plinius lib. 8. cap. 24. *Loricare de saxo*, apud veterem Scriptorem de re architectonica cap. 19. Ubi Charta ann. 1223. in Tabulario Ducatus Guisiæ fol. 46. dixit, *Jossatum Coriare de lapidibus*, versio Gallica habet ibidem, *et porra embraidir le fossé de pierre*. Est autem nostris, *brai*, limus, seu terra humida. Vide Philandrum ad Vegetium lib. 7. cap. 1. et 3.

¶ 2. **CORIARE**, Consuere. Janus in Supplemento Antiquarii : *Coriet*, ῥάπτῃ, *Consuat*.

* 1. **CORIARIUS**, Calceamentorum sutor. Vita S. Emmer. tom. 6. Sept. pag. 500. col. 2 : *Ob paupertatem monachorum celeriter mihi revertendum ad lapidem coriorum. Hoc autem dixit, quia prius erat Coriarius, seu calceamentorum sutor dolosus.*

* 2. **CORIARIUS**, Corrigiarum faber, Gall. *Corier* et *Courroier*. Hujus artis statuta in Lib. rub. fol. magno domus publ. Abbavill. inscribuntur *Statuta Coriariorum*, quorum art. 1. habet : *Que nulz Coriers faice coroies estoffées de plonc d'estain, sur l'amende de le ville.* Lit. remiss. ann. 1365. in Reg. 98. Chartoph. reg. ch. 486 : *Comme Willemet Cotenchi Corier eust plusieurs choses et hostiz de son mestier de correrie, qui par justice avoient esté mises en garde à Hesdin, etc.* Aliæ ann. 1456. in Reg. 183. ch. 126 : *Jehan le Doys saintuvier et Courroier, etc.* Vide supra *Coreggiarius*.

* **CORIATA**, Corrigia, Gall. *Courroie*. Lit. ann. 1269. in Reg. 11. Chartoph. reg. fol. 81. v° : *Mandamus vobis quatinus...... duas testerias ad equos, et duas Coriatas.... apportari faciatis vobiscum.*

* **CORIATARIUS**. Vide infra *Coriatorius*.

* **CORIATIO**, Vox architectonica adhibita, cum tectorio et crusta paries tegitur. Sentent. ann. 1363. inter Probat. tom. 2. Hist. Nem. pag. 287. col. 1 : *Dictum Pascalem....... ad dandum et solvendum quindecim francos auri convertendos in Coriatione et reparatione portalium civitatis Nemausi...... condempnamus.* Vide *Coriare* 1.

¶ **CORIATOR**, Coriarius, Gall. *Corroyeur, Tanneur.* Fragmentum Chartularii Sand-Hippolytensis apud Duellium Miscell. lib. 2. pag. 443 : *Nos Hainricus Dei gratia Præpositus S. Hippolyti constitutiones Coriatorum civitatis, quas inter se de communi consensu fecerunt, pro parte nostra approbamus. Coriatores bona et legitima coria vendent competenter tannata*, in Litteris Philippi VI. Fr. Regis ann. 1329.

* **CORIATORIUS**, ut supra *Coriarius* 1. Charta ann. 1230. ex Bibl. reg. : *Leuda.... denarii qui accipitur a Coriatoriis.* Infra : *Coriatariis.*

* **CORIATUM**, f. Flagelli pars coriacea. Charta ann. 1196. apud Murator. tom. 2. Antiq. Ital. med. ævi col. 92 : *Item si quis inciderct in silva vallis Herminæ, tres solidos dabit curiæ, nisi pro pungulono, vel virga Coriati, vel ritorta.*

¶ **CORIATUS**, Ligatus. Magister Joannes in Vita S. Petri Parentii tom. 5. Maii pag. 94. D : *Hæc scabella duo ferens in manibus, repens super terram, tibias, crura et pedes Coriata post se trahebat. Lectica lignea Coriata*, in Annal. Benedict. tom. 2. pag. 636. hoc est, Corio vestita. Vide *Coriare*.

* **CORIBANS**, *Lo parte delli dey mati.* Glossar. Lat. Ital. Ms.

* **CORICA**, *La rema del capa*, in eod. Glossar.

CORICILLUM, pro *Corculum*. Fragmentum Petronii pag. 71 : *Virtute mea ad hoc perveni, Coricillum est quod homines facit, cætera quisquilia omnia.*

* 1. **CORICULA**, Armorum genus. Munit. castror. dom. reg. : *Loricæ xviij. Coriculæ xj. galeæ xv. etc.* Vide supra *Corata*.

* 2. **CORICULA**, *Initia infantium.* Glossar. vet. ex Cod. reg. 7613. Vide *Corricula*.

* **CORIDALIS**, *Species avis, quæ dulce canens dicitur*, in eodem Glossar.

* **CORIDULUS**, *Genus quoddam volatile.* Ibidem. *Corydalus*, Alauda cristata, quæ et *Cassita* et *Galerita* dicitur. Vide Thesaurum Fabri.

* **CORIETA**, Corrigia. Stat. synod. eccl. Attrebat. sæc. xv. ex Cod. reg. 1610. cap. 18 : *Vestes curtas, strictas, a parte anteriori bothonatas, longas manicas, et supertunicalibus Corietas longas capuciorum..... prohibentes.* Sed leg. videtur *Cornetas*. Vide in hac voce.

¶ **CORIETUM**. Leges Normann. apud Ludewig. Reliq. MSS. tom. 7. pag. 277 : *Ad diem autem duelli assignatam debent se pugilles in curia Justiciario offerre, antequam hora meridiei sit transacta; apparati in Corietis vel tunicis consuetis, et cum scutis et baculis cornutis armati.*

* Perperam editum *Corietis* : legendum enim haud dubie *Corcetis*. Vide supra *Corcellus*.

* **CORIFEX**, an Corrigiarium faber? Comput. fabr. S. Petri Insul. MS. ann. 1488 : *Michaeli Crespin Corifici pro reparatione librorum, tam in vestibulo* (sacristiæ) *quam in choro existentium, iv. lib. x. sol.* Vide supra *Coriarius* 2. et infra *Corizzarius*.

¶ **CORIGARE**, Choreas agere, Saltare, Gall. *Danser*. Vita S. Franciscæ Viduæ Rom. tom. 2. Martii pag. 170 * : *Vidit vanorum Corigantium animas, quæ propter tale peccatum ab eis commissum, imponebantur in quodam magno palo ferreo, etc.* Vide *Corizare*.

* **CORILETA**, ut *Corvata*, Opera, quam subditi dominis suis ex lege vel consuetudine præstare tenentur. Chartul. Floriac. fol. 27. v°. : *Coriletam in Molineto et nos et abbas Floriacensis semel in anno communiter habebimus ad vinum nostrum adducendum Aureliam.* Vide infra *Corregia*.

* **CORILETUM**, *Lo logo de essi.* Glossar. Lat. Ital. MS.

¶ **CORILETUS**, f. *Cartile*, Hortus rusticus, Gall. *Courtil*. Chartular. Gemeticense tom. 1. pag. 326 : *Habebunt ipsi Monachi propriam eam partem territorii de Beu, quam via Drocensis tendens ad Coriletum Henrici dividit a castello de Beu.* Vide *Cortis* 1.

* Pro Coryletum, Gall. *Coudrai*. Vide mox

* **CORILNUS**, Corilus, Corinus, pro Corylus. Vide infra *Zalaska*.

CORIMBATA, *Navis*, Isidoro in Glossis.

¶ **CORIMEDE**. Vide *Curmedia*.

¶ **CORINA**, Occitanis Occidens, Gall. *Couchant*. Venditio Pontii Bernardi *Catel* facta Templariis ann. 1215 : *Terminatur ab aquilone cum sylva dominorum de Portu, a Corina cum sylva Capituli Magalonæ, a vento cum mari, a Circio cum stagno.*

* A *Coro* sive *Cauro*, qui ventus est occidentalis. Nostris *Corine*, Stomachus, vulgo *Colere*, *dépit*, *mauvaise humeur*. Charta ann. 1309. apud Thaumass. ad calcem Assis. Hieros. pag. 418 : *Hayne, discention, Corine et malevoellance.* Phil. *Mouskes* MS :

Par leur outrage et par Corine,
S'en ala d'Audenarde Ernous.

CORINDA, in Lege Aleman. tit. 99. § 19. Editiones Heroldi et Lindenbrogii *Cornicula*, Tiliana habet *Corinda*.

CORINEUS, *Acervus lapidum*. Papias. [** *Cormeus* in cod. reg. 7609. Placidus ap. Maium vol. 3. pag. 447. et in cod. reg. 7644 : *Cormeos, Acervos quos rustici ex congerie lapidum faciunt.*]

CORIOCUS. Vide *Caragus*.

CORIOSUS, *Corio vestitus*, Ugutioni. Papias vero *Coriosum, spuma, corio vestitum.* [MS. Bituric. habet, *Coriolum, spuma, corio vestita.*]

* **CORISARE**, Choreas agere. Bareleta serm. in Domin. 1. Quadrag. : *Clamabit pes : per te Corisavi.* Vide mox *Corizzare*. Hinc

* **CORISATOR**, Saltator, in Decret. de Reform. tom. 1. Conc. Constant col. 693.

CORISCUM. Charta Willelmi Archiepisc. Rotomag. ann. 1196. apud Radulf. de Diceto : *Quia vero authenticum non inspexeramus, cujus mentio Literis nostris imprimi debuerat, tanquam illi cohærentibus, et vigorem, si quem habituræ erant, contrahentibus, Corisco cooperto, et scripto nobis ignoto assensum nobis præbere, vel illud confirmare, quod detectum tenebamur abhorrere, detestari et redarguere, minime volumus.* Forte *Codisco*, parvo *codici*.

¶ **CORISTA**, pro *Chorista*, Gall. *Choriste*. Legitur apud Rymerum tom. 14. pag. 161. col. 2.

CORITA, *Equus masculini generis*, Papiæ. In MS. *Coritha*.

CORIUM. Apicius lib. 4. cap. 2 : *Et in patella alterius de trulla refundes cum piperis granis integris, et nucleis spineis, ita ut per singula Coria substernas diploidem in laganum.* Ubi Humelbergius : *Per coria intelligo impensarum in struendo ordines, quemadmodum Vitruvius* (lib. 2. cap. 8. lib. 7. cap. 3.) *laterum in parietibus struendis ordines Coria etiam vocat, quæ vulgo turba opificum Cursus appellat.*

Corium Cervi. Vide *Cervicorum*.

* *Coria cervorum*, feno tomentove oppleta, ut verisimile est, in ecclesiis appendebant, uti colligitur ex Charta ann 1019. tom. 1. Hist. Cassin. pag. 81. col. 2 : *Appendi-*

mus in die festivitatis....... unum Corium de cervo miræ magnitudinis.

Corium Forisfacere, Ad verbera damnari, vapulare, quæ erat servorum pœna. Leges Inæ Regis West-Saxon. cap. 6 : *Si quis Corium suum forisfaciat, et ad Ecclesiam incurrat, sit ei verberatio condonata.*

Corium Perdere, Eadem notione. In Legibus ejusdem Inæ cap. 3. apud Brompton. : *Si servus sine testimonio domini sui operetur, Corium perdat.* Leges Alfredi et Goduini cap. 11 : *Si liber festis diebus operetur, perdat libertatem... servus Corium perdat, vel higildum.* Eadem habentur in Legibus Kanuti cap. 68. et in Legibus Presbyterorum Northumbrensium cap. 40. Lex familiæ Burchardi Episcopi Wormaciensis : *Constituimus ut ei tollantur Corium et capilli.* Infra : *Corium et capillos amittant, perdant, etc.* [** Apud Burchardum est Cutis detractio.]

Corio Carere, Eodem etiam significatu. Leges Kanuti cap. 71 : *Si servus tale quid egerit, careat Corio, vel redimat solutionem Corii pro facti qualitate.* Adde ejusdem Kanuti Leges de Forestis cap. 22. et infra in voce *Crinis.*

Corium Redimere, Virgas redimere, vel componere de flagello. Lex Frisionum tit. 3. § 4 : *Servus vapulet, nisi dominus ejus 4. solidis Corium ejus Redimere voluerit.* Leges Kanuti cap. 71. supra laudato : *Redimat solutionem Corii.*

Corio Componere, Virgis cædi. Leg. Ethelredi cap. 2 : *Si quis jejunium suum infringat, servus Corio suo componat, etc.* In Lege Salica tit. 42. § 2 : *Solidos pro dorso suo reddere.*

Pretium Corii *sui domino reddere in signum manumissionis*, in Legibus Henrici I. Regis Angliæ cap. 78. Vide *Hidgilde*, et *Decorticare.*

Corium Tollere et Capillos. Charta Henrici Claudi Imperat. in Chronico Laurishamensi pag. 75. et apud Browerum lib. 3. Antiquit. Fuld. cap. 15 : *Si quis.... aliquem servorum S. Bonifacii... vel ejus curtem, sive domum infregerit,... illi qui hujus facti Dux et Princeps fuerit, tollatur Corium et Capilli, et utraque maxilla ferro candenti comburatur, reliqui ejus sequaces cute et capillis priventur.* Vide *Capilli*, et *Decorticare.* [** Grimm. Antiq. Jur. Germ. pag. 702.]

¶ 1. **CORIUS**, pro *Corium*, habetur in in *Frondevola* post *Fundabulum.*

* 2. **CORIUS**, pro *Chorius*, Clericus choro addictus. Lit. Phil. VI. ann. 1343. in Reg. 74. Chartoph. reg. ch. 456 : *Nos ad supplicationem dilectorum nostrorum decani et capituli, singulorum canonicorum ac Coriorum et aliorum servitorum ecclesiæ S. Cyrenei Bilionensis, etc.* Vide supra *Corerius* 2.

¶ **CORIZA**, *cum inconcussio capitis in os venerit et præfocationem narium fecerit cum sternutatione.* Papias MS. Bituric. Haud multo clarius apud Isidorum lib. 4. Orig. cap. 7 : *Coriza est quoties infusa capitis in ossa venerit narium et præfocationem fecerit cum sternutatione, unde et Coriza nomen accepit.* Est pro Κόρυζα, Morbus cerebri, cum crudus humor e capite in nares distillat. Itali etiamnum dicunt *Coriza.*

* Adde ex animadversionibus D. *Falconet :* Species catarrhi, Latinis gravedo, cum crudus humor in nares distillat. Vide Foesii Œconom. Hippocrat.

¶ **CORIZARE**, ut *Chorizare*, Choreas agere, Saltare. *Breydenbach* Itiner. Hierosol. pag. 216 : *Omnis hospitis nostri familia insanire cœpit et cantare et Corizare, et cum instrumentis musicis ludere.* [** Vide Statut. Ecclesiast. Gerhard. II. Archiep. Mogunt. ann. 1290. in Guden. Cod. Diplom. vol. 1. pag. 909. Chart. ann. 1382. ibid. tom. 3. pag. 524.]

* **CORIZOLA**, Corezola, vulgo apud Pedemontanos *Coriola*, Ludi genus. Stat. castri Redaldi lib. 2. pag. 39. v°. : *Si quis conjator repertus fuerit ludere ad Corizolam, vel polverellam, solvat ipso facto soldos viginti pro qualibet vice.* Stat. Cremon. apud Murator. tom. 2. Antiq. Ital. med. ævi col. 845 : *Si quis avertator repertus fuerit ludere ad Corezolam, vel polverellam, etc.* Vide ibi notam docti Editoris.

* Corregiola, Eadem notione, apud eumd. Murator. ibid. col. 845.

* Correzola, Eodem significatu, in Stat. Vercell. lib. 4. pag. 84. r°. : *Item quod aliquis, cujuscumque conditionis existat, non audeat vel præsumat ludere ad ludum Correzolæ vel pulveretæ.*

* Corrizola, in Stat. crimin. Riperiæ cap. 168. fol. 23. v°.

* **CORIZZARE**, Choreas ducere. Chron. Jac. Malvecii apud Murator. tom. 14. Script. Ital. col. 1002 : *Cumque eam urbis portam introisset, illic nobilium dominarum cœtus cum cantilenis et tripudiis alacriter Corizzantes, coram ipso rege exultanter alludebant.* Vide supra *Corisare.*

* **CORIZZARIUS**, Corrigiarum faber, Ital. *Coreggiaio.* Inquisit. ann. 1288. in Access. ad Hist. Cassin. part. 1. pag. 387. col. 1 : *Tenentur picalotti et Corizzarii ad serviendum monasterio et abbatibus in suendis et aptandis taxillis in tendis abbatum.* Vide infra *Corrigiarius.*

* **CORLARE**, Numellæ versatili alligare, supplicii genus; *Corlare* Italis, versare, Gall. *Tourner;* nisi sit pro *Collare* ex frequenti mutatione *l* in *r.* Vide *Collistrigium.* Chron. Bergom. ad ann. 1402. apud Murator. tom. 16. Script. Ital. col. 898 : *Eo quia* (Niger) *transivit rastellum portæ S. Antonii contra voluntatem comestabilis dictæ portæ....... fuit Corlatus.* Et col. 904 : *Antonius de Lisignano vicarius fecit Corlare Montem de S. Gallo, pro eo quod fuit accusatus per Morellum filium Pagani de Adelaxiis calegarium, quod ipse cucurrit post ipsum cum uno cultro, dicendo quod volebat eum interficere.*

CORLINUS, seu potius *Corlivus*, Avis, quæ nostris *Corlieu*, Fridericus II. Imperator de Venat. lib. 1. cap. 12 : *Ut sunt genera Corlinorum, vanelli, pluerii, et speciei suæ similes, habentes rostrum longum ad modum Corlinorum, quorum major pars vitæ est cavare sub terra.* Adde cap. 13. 14. 18.

* **CORMANGNI**, Cormanni, Curiales, homines de *curia*, qui in *curia* communiæ officio funguntur *juratorum*, diversi tamen a scabinis. Charta ann. 1315. ex Cod. reg. 4184. fol. 22. r°. : *Cum abbas et conventus S. Saumerii in bosco essent et fuissent in possessione et saisina conjurandi Cormangnos et scabinos villæ de Colonia prope Calesium habendique et faciendi executionem judicatorum per eosdem factorum, quotiens casus se offerre contigit, etc.* Charta Inger. episc. Morin. ann. 1309. in Reg. I. Chartoph. reg. fol. 230 : *Majores, scabinos, consiliarios, Cormannos, advocatos, scultetos, milites, etc.* Vide supra *Chora.*

* **CORMEDA**, Idem quod *Curmedia.* Vide in hac voce. Glossæ Cæsar. Heisterbac. in Reg. Prum. tom. 1. Hist. Trevir. Joan. Nic. ab *Hontheim* pag. 684. col. 1 : *Et sciendum est quod omnes homines, et mansionarii, et capitales, quando moriuntur, Cormedas solvunt.*

¶ **CORMEDE.** Vide *Curmedia.*

¶ **CORMETA.** Inquisitio Jurium Dalphinalium in loco Argentariæ ann. 1220. Hist. Dalphin. tom. 1. pag. 93. col. 1 : *Et capit in quibuslibet sexdecim marchis provenientibus de argenteria, sex uncias et unum quartayronem, et hoc non æstimabitur, et in qualibet Cormeta dellis quæ venditur ibi, sex denarios pro dominio suo.*

* Pro *Cormeta dellis* legendum fortassis *Cornu* vel *Cormeta mellis;* adeo ut mensuræ species intelligatur. Vide infra *Cornu* 9.

¶ **CORMIUM.** In antiquis Regulis Officiariorum S. Martialis Lemovic. dicitur de Thesaurario, ipsius esse, Custodire *casulas, et cortiballos et Cormia* : pro qua posteriori voce forte legendum est *Cornua*, hoc est vasa; *Cornu* namque inter vasa ecclesiastica recenseri suo loco dicitur.

* **CORNA**, Cornu, extremitas in acumen desinens, Gall. *Pointe.* Guido de Vigevano de Modo expugn. T. S. MS. cap. 8 : *Cum navis fuerit completa, operator provideat ponere vella, ubi sibi videbitur pro meliori, taliter quod pertica velle non tangat Cornam capitis navis.* Vide *Cornu* 6.

CORNAGIUM, Præstationis aut tributi species. Fleta lib. 3. cap. 14. § 9 : *Sunt etiam aliæ præstationes, ut auxilia in Comitatu Vicecomitum... hydagia, Cornagia, cariagia, sectæ, etc.* Charta Henrici III. Regis Angl. tom. 2. Monast. Angl. pag. 1032 : *Et sint quieti et homines servientes sui... de geldo..... scuagio, et hidagio, caruagio, et Cornagio, et summagio, etc.* [** Abbreviat. Rotul. pag. 8. Edward. III. Northumbr. rot. 14 : *Et faciendi forinsecum servicium Regi Cornagii et sectam, etc.* Ibid. pag. 27. rot. 5 : *Pro warda castri et Cornagio.* Ibid. pag. 31. rot. 17 : *Per servicium* 43. *solid. et* 4. *denar. ad Cornagium annuatim solvendorum.* Ibid. pag. 232. rot. 6 : *Ut de terris ..... in manu regis existentibus per Cornagium in manu seisiri et in manu regis .... remanere.*]

Cornagium pariter apud nostros, præstationibus accensetur. Charta Theobaldi Comitis Franciæ Senescalli et Aalidis uxoris in Histor. Blesensi pag. 301 : *Nec Cornagium ultra capient.* Testamentum MS. Humberti D. Bellijoci Conestabilis Franciæ, mens. Julii ann. 1248 : *Et concessi hominibus et burgensibus meis et hominibus Ecclesiarum pro Cornatgio sicuti continentur in libertate quam dedi hominibus meis et hominibus Ecclesiarum : et hujusmodi Cornatgium juravi pro me et hæredibus meis, quod de cætero in terra mea non sit factum.* Libertates Villæ de Moneto ann. 1269. in Biturigib. apud Thomasserium lib. 1. cap. 65 : *Si Milites mei Cornagium vel aliud dq-*

num mihi dederint in bestiis terræ meæ, etc. Libertates Sacri Cæsaris ann. 1327. apud eumdem lib. 3. cap. 16 : *Videlicet Cornagium, hoc est, pro cornu cujuslibet animalis certam pecuniam, etc.* In Computo de Bladis Comitatus Campaniæ ann. 1348. est titulus : *De la recepte de froment et d'avoine de la Ferte-sur-Aube, des Cornages de Villers, de la ville d'Essoy, etc. tant de boissels de bled et d'avoine.* Alibi : *Des Cornages de bestes traihens de Montigny* 10. *razeaux*, 2. *bichots.* Infra : *De Cornaiges et des eschiez des bestes traihens de Montigny.* Ubi *Bestes traihens*, sunt animalia aratoria, vel quæ carris aptantur : præsertim vero ea quæ *cornibus* instructa sunt, ut boves, unde præstationi nomen inditum. Inde Callimacho hymno in Dianam v. 179. boves dicuntur κεραελκέες, διὰ τὸ τοῖς κέρασι ἕλκειν τὸ ἄροτρον, inquit Scholiastes. Recte enim Raguellus ait, Cornagium esse præstationem bladi, quæ pro quovis bove arante domino exsolvitur [ab iis, inquit D. *Brussel* de Feudorum usu tom. 1. pag. 396. qui in illius Domini silvis jus habent pascendi animalia *cornibus* instructa.] Tabular. Montismorilionis in Pictonibus fol. 59 : *Ipsi agricolæ ex unaquaque domo, ubi boves arabiles erunt, reddent nobis unum sextarium avenæ, defossore vero eminam.* Id præterea docet Consuetudo localis *de Troi* in Biturigib. art. 5 : *Et aussi (a droit de prendre) sur chascun ayant beufs 4. Parisis pour couple de beufs, et se appelle ledit droit de Cornage.* Vide *Hornegeld.*

* Charta Hervei dom. Virsion. ann. 1270. ex Cod. reg. 9612. X : *Si contigerit castrum meum Virsionense per guerram pati ruinam, aut si forte contigerit me crucesignari,..... vel corpus capi in guerra, tunc dictus dom. Virsionis in villa de Linerolis et de Lenayo certum Cornagium habebit.* Ubi idem sonat quod *Auxilium. Corneteau*, eadem, ni fallor, notione, in Charta ann. 1326. ex Reg. 72. Chartoph. reg. ch. 43 : *Item le Corneteau receu audit lieu* (de Chasteau Renart) *la foire du pré passée, quant l'en veult, dix et nuef deniers.* Haud scio an huc spectet vox *Cornay* ex Ch. homag. ann. 1328. inter Probat. ult. Hist. Trenorch. pag. 243 : *Item deux sous Parisis chacun an ou Cornay de Tornus.* Hoc est fortassis, tempore quo *Cornagium* solvitur. [** *Cornaria* dicebantur apud Lusitanos. For. Conimbr. ann. IIII : *Homines de Bolon dent nobis quartam partem, et non Cornaria.* Vide S. Rosa de Viterbo in Elucid. Append. pag. 28.]

Cornagium, et *Tenere per Cornagium*, quid fuerit apud Anglos, docet pariter Littleton. sect. 156 : *Item, il est dit que en le marches de Scotland, ascuns teignent de Roy per Cornage, c'est à sçavoir, pur ventier un Cornu, pour garner homes de pais, quant ils oyent que le Scottes, ou autres enemies veignont, ou voilent entrer en Engleterre, quel service est graund serjaunty, etc.* Camdenus in Muro Pictico : *Sed cum murus nunc jaceat et tubulus sit nullus multi hic circumquaque prædia et fundos in Cornage (ut Juridici nostri loquuntur) a Regibus nostris tenent, videlicet ut Cornu irruptiones hostium vicinis significent, quod a veteri Romanorum instituto deductum nonnulli existimant.* Vide *Warde corne.*

* **CORNALAGIUM.** Pariag. inter reg. et abb. Scalæ Dei Tarn. diœces. ann. 1328. in Reg. 65. Chartoph. reg. ch. 234 : *In decimis et præmiciis, Cornalagiis, legatis, præsentationibus, patronatu, et quibuscumque aliis deveriis spiritualibus, etc.* Sed legendum videtur *Carnalagium.* Vide in hac voce.

CORNALE, Vicus, pagus, districtus, *Cornau*, apud Vascones, et in Consuetudine Aquensi tit. 11. art. 19. vel vici, seu pagi regiones, *Quartiers.* Regestum Constabulariæ Burdegalensis fol. 92 : *Præpositura de Vasato, et primo de parochia d'Eston et dicta parochia dividitur in pluribus partibus, quæ nominantur Cornalia.*

CORNALIA. Concilium Avenionense ann. 1326. can. 57. ubi Judæi *jubentur deferre signum rotæ in veste circa pectus.* Mox additur : *Mulieres autem Judææ a 12. annis et supra, Cornalia deferant extra domum* : ad marg. al. *cornu.*

*¿ **CORNALINA**, Onyx corneola, Gall. *Cornaline.* Inventar. MS. ann. 1379 : *Item duo alii anuli auri, videlicet unus......... cum quodam lapide, vocato Cornalina.*

¶ **CORNAMUSA**, Vox ab Italis et Hispanis usurpata, Gall. *Cornemuse*, Uter symphoniacus. *Cornamusam pulsanti taren.* 1. in Hist. Dalphin. tom. 2. pag. 274.

* Buccina symphoniaca. Lit. remiss. ann. 1349. in Reg. 78. Chartoph. reg. ch. 45 : *Cum banneria distensa et cum Cornamusis, more hostili sive guerræ, personaliter ad dictam bastidam de Vesobre accessit.* Vide *Cornare.*

* Cornemusa, in aliis Lit. ann. 1357. ex Reg. 86. ch. 101 : *Rogerius dixit quod si non posset habere bucinatorem, seu pipatorem, saltem haberet fistulam, pipam seu Cornemusam.*

* **CORNAMUSATOR**, Qui *cornamusa* canit. Comput. ann. 1362. inter Probat. tom. 2. Hist. Nem. pag. 246. col. 1 : *Item solvi duobus joculatoribus sive Cornamusatoribus, qui cum eorum instrumentis iverünt per villam cum dominis consulibus, et cum aliis hominibus Nemausi armatis, vj. grossos.* Glossar. Gall. Lat. ex Cod. reg. 7684 : *Corneus, cornemuseurs, mimus, Cornemusaresse, mima.* Vide infra *Cornator.*

¶ **CORNARDI.** Vide *Abbas Conardorum.*

CORNARE, Cornu inflare, Gall. *Corner.* Charta Forestarum apud Matth. Paris pag. 181 : *Faciat Cornari, ne videatur furtive facere.* Froissartes 1. vol. cap. 19 : *Et faisoient grand bruit de Corner et de huier. Cornu sufflare* venatores dicuntur in Speculo Saxon. lib. 2. art. 61. § 2. Robertus Gaguinus in Poemat. vernaculo :

Par ce moyen il est permis
Aler gayement par les bois
Corner, chasser dains et conins.

[Chartularium S. Vandregesili tom. 2. pag. 1990. in Instrumento Gallico anni 1307 : *A tous ceux qui ces presentes lettres verront ou orront Symon dit Moleit Baillif de Rooni salu et bonne amor. Comme discort fust meu entre noble homme Monseignor de Rooni d'une part, et hommes religieux et honestes l'Abbé et le Convent de S. Vandrille d'autre, sur cen que ledit Seignor avoit fait arrester le bac desdis Religieux por le travers de Porvins qui passoient à Mante par le travers dudit Seignor, lesdis Religieux disans et maintenans, que il devoent passer quites parmi ledit travers por Corner en passant parmi ledit travers.* Ex hoc privilegio manavit Normannicum proverbium : *Croistu en etre quite comme les Moines de S. Vandrille en sifflant?*] De cornibus vice buccinarum, plura Olaus Wormius lib. de Cornu aureo pag. 25. etc.

* Unde *Cornerie*, ipse inflatus. Lit. remiss. ann. 1380. in Reg. 118. Chartoph. reg. ch. 27 : *Pour cause du souel, huerie et Cornerie qu'il avoit fait, etc.* Ubi de venatione sermo est.

Cornare, Cornu inflato rem quampiam promulgare : voce præconia nuntiare, *Publier à son de trompe.* Usatici Barcinonenses MSS. cap. 112 : *Facerent Cornare, ut nobiles et ignobiles venirent, etc.* Curia Generalis Barcinon. ann. 1291 : *Et quod nos possimus ibi Cornare et eligere Officiales.* Guibertus lib. 1. de Vita sua cap. 11 : *Sacrosanctæ verecundiæ pallio tegebantur indigna, ac idonea Cornabantur*, id est, disseminabantur. Ubi frustra *coronabantur* restituit vir doctus. Vide *Cornagium.*

* Rem publicare, aliquem publice vituperare, nostris *Cornéer*, quo sensu *Tympaniser* etiamnum dicimus. Lit. remiss. ann. 1460. in Reg. 190. Chartoph. reg. ch. 128 : *Le suppliant presentant le vin à Jehan de Montagu, icellui de Montagu lui dist..... que il n'en prendroit point de sa main, car il le aloit Corneant, qui est à dire qu'il lui avoit porté hayne.*

CORNARIA. Vide *Cornagium.*

CORNARIUS, Κερατξόος, in Gloss. S. Benedicti cap. de Artificibus, [Poliens cornua. Vide leg. fin. de Jure immun. (50, 6.) Liber niger Scaccarii pag. 256 : *Unusquisque de* IIII. *Cornariis* III. *d. in die.* Ubi Hearnius : Qui non tantum cornua inflare solebant, sed et iisdem itidem ita præfuerunt, ut ad ipsos eorumdem pertineret custodia : nihil obstat, quo minus *Cornarios* lingua vernacula (Anglica) *Cornets* appelles.]

¶ **CORNATGIUM.** Vide *Cornagium.*

* **CORNATOR**, Buccinator, qui cornu inflat. Comput. ann. 1362. inter Probat. tom. 2. Hist. Nem. pag. 251. col. 1 : *Solvi pro guidone empto de operatorio Bartholomei Juvenis, ad opus cornamusatorum et Cornatorum pro adventu domini nostri regis,...... ix. grossos.* Lit. remiss. ann. 1377. in Reg. 111. Chartoph. reg. ch. 67 : *Les menestriez alerent pour Corner et faire mestier en la chambre des compaignons de la ville de S. Goubain...... L'un desquelx menestriez respondi que non feroit, jusques à tant qu'il avoit Corné la danse qu'il faisoit.* Vide supra *Cornamusator* et infra *Cornetum* 2.

¶ **CORNEA.** Glossar. Sangerman. MS. num. 501 : *Cava, Cornea, buccina.* [** Leg. *Cava cornua.*]

* **CORNEIRUS**, Angularis, in angulo positus, nostris alias *Cornier.* Lit. remiss. ann. 1404. in Reg. 158. Chartoph. reg. ch. 418 : *Les pionniers ou fossoeurs, qui ouvroient ès fondemens d'une des tours Cornieres, etc.* Annivers. S. Martial. Lemovic. ex Cod. reg. 5137 : *Ad anniversarium Heliæ de Magnania debentur x. solidi in stagia Corneira domus Johannis de Monprezet ad quadruvium. Ad anniversarium B. Malgua-*

ratæ debentur xl. solidi in domo Gaucelini Rezis;...... quæ est Corneira, ad caput bancorum. Vide infra *Cornetum* 1.

¶ **CORNELIANA**, *Genus carte a Cornelio Galla Præfecto Egypti primum confecta.* Glossar. S. G. n. 501. Papias solum habet : *Corneliana, Genus cartæ a Cornelio.* An Leges intelligunt a Cornelio latas, quas alii *Cornelias* appellant? Plures sunt hujus nominis leges a variis Corneliis datæ; sed nullam novi latam a Cornelio Gallo Ægypti Præposito. [** Ex Isidor. Origin. lib. 6. cap. 10. sect. 5.]

* **CORNELLA.** Pactum inter abbat. et consules Aureliaci ann. 1350. in Reg. 78. Chartoph. reg. ch. 246 : *In qua domo consules non poterunt facere nec fieri facere turrim nec Cornellam, nec crenellos, nec alia fortalicia.* Sed leg. prorsus *Tornellam.* Vide in hac voce.

¶ **CORNEMANNUS**, pro *Choremannus*, de quo dictum est in voce *Chora.* Charta Eduardi III. ann. 1376. pro Burgensibus villæ Calesii apud Rymerum tom. 7. pag. 116. col. 1 : *Concessimus insuper vobis quod, loco Baillivi, Scabinorum et Cornemannorum, ibidem antiquitus ordinatorum, habeatis in eadem villa unum Majorem, et duodecim Aldermannos.* Vide *Chora* et *Cora.*

CORNEOLUS. Fragm. Petronii : *Sed Corneolus fuit, ætatem bene ferebat, niger tanquam corvus.*

CORNERIA, Angulus, *Corniere*, Vasconibus : nostris *Cornet.* [** Angl. *a corner.*] Vetus Charta in Monastico Anglicano tom. 2. pag. 874 : *Versus Hamburi usque ad Corneriam prati de Adgaref.* Infra : *Usque ad Corneriam haiæ Walteri Karles.* Alia ann. 1303. in Regesto 49. Chartophylacii Regii num. 32 : *Jusques à la Corniere de ladite maison, laquelle Corniere est pardevers la porte du Seigneur de ladite Ville.* Vide Leges Maris Oleronenses cap. 26.

¶ 1. **CORNERIUM**, ut *Corneria.* Charta ann. 1424 : *Debet 2. sol. de servitio super quodam Cornerio nemoris sito in nemore d'Allieu.* Charta Domini Barbarelli in Dumbis ann. 1407 : *Illud Cornerium vineæ continens operaturam unius hominis vineæ sub servitio 9. den. ex una parte et unum denarium de cremento, adeo quia ipsum Cornerium vineæ erat de manso taillabili dicti domini, qui remittit ad servitium recognoscibile.*

* Pactum inter Guichard. dom. Bellijoci et Guichard. de Marziaco ann. 1317. in Reg. 56. Chartoph. reg. ch. 474 : *A parte orientis usque ad Cornerium muri vercheriæ capellaniæ prædictæ Bellimontis;..... et ab illo Cornerio prout murus tendit juxta iter, usque ad Cornerium domus del fornil dictæ capellaniæ..... Pro quodam Cornerio prati siti in Cornerio prati Mulin.* Lit. remiss. ann. 1388. in Reg. 133. ch. 83 : *Cadendo in quadam bancha percussit seu attingit de capite, scilicet in Cornerio acuto et punctuoso, taliter quod exinde graviter vulneratus extitit. Quierre*, eodem sensu, in aliis Lit. ann. 1450. ex Reg. 185. ch. 31 : *Icellui le Mire, qui estoit foible et ancien, ala frapper de l'estomac contre la Quierre d'une huche ou piece de bois, etc.* Vide infra *Cornetum* 1.

2. **CORNERIUM.** Monasticum Anglic. tom. 3. pag. 107 : *Sciendum est quod isti supranominati tenent de illo burgagio ad Cornerium, de quo burgagio prædicta domus Hospitalis debet solvere domino Regi per annum 12. denar.... Item de Cornerio quod Adam Pelliparius tenet... ad Orientalem partem sancti Nicolai ultra pontem per annum 2. solid.*

* Vide *Tenere per cornagium* in *Cornagium.*

CORNESAGIUM. Charta Guillelmi Episcopi Carnotensis ann. 1166. apud Ægidium *Bry* in Hist. Perticensi pag. 195 : *Botagium et Cornesagium Vicecomitis est* (Castriduni.) Idem forte quod *Cornagium.* Vide in hac voce.

CORNETA, Bireti species in cornu formam desinens, quomodo hodie Ducum Venetorum, ex Gall. *Cornette*, quæ vox etiamnum usurpatur pro tegumentis capitis nocturnalibus mulierum nostratium. Concilium Rotomagense ann. 1345. can. 32 : *Item inhibet ne Clerici præsertim in sacris Ordinibus constituti longas et amplas Cornetas in suis Capuciis deferant, sed breves et decentes.* [Similia habes apud Marten. tom. 4. Anecdot. col. 527. et 528. in Statutis Ecclesiæ Andegav. ann. 1423. et col. 393. in Concilio Avenion. ann. 1509. apud Acherium tom. 5. Spicil. pag. 626. in Concilio Senonensi. *Nullus Monachus nostri Monasterii presumat portare caputium cum longiori Corneta*, in Statutis Lirinensibus ann. 1453. Synodal. Constitut. Ludovici de Carnossa Episc. Bajoc. ann. 1515 : *Quotidieque caputium seu domino panni nigri deferant. Et pileo atque Corneta, præcipue in Ecclesia officiando depositis, utantur a cetero caputio, vulgariter ung Domino.* Le Roman *de Partonopex* MS. :

Il s'en vont droit fuiant a Chars,
Et ont gité lor Corciars.]

* Capitis tegumentum non unius formæ, nec usus, ut ex sequentibus efficitur; *Corniere*, in Lit. remiss. ann. 1406. ex Reg. 160. Chartoph. reg. ch. 289 : *Lequel Charles print et empoigna la cornette ou Corniere du chapperon d'icelle Martine.* Regula fratr. Fontis-Ebraldi cap. 11 : *Sitis desuper induti caputio aptato capiti, sine superfluitate Cornetæ vel anterioris plicæ.* Stat. synod. eccl. Attrebat. ann. 1425. ex Cod. reg. 1610 : *Intelleximus...... quod quamplures curati eorumque vicesgerentes, aut clerici ipsarum ecclesiarum, dum divinum officium faciunt cantando matutinas, vesperas et alias horas diei, incedunt........ cum capuciis, quorum Corneta circa colla seu eorum facies habent tortas, adeo quod melius videntur et apparent seculares seu gallardi, quam presbyteri seu clerici.* Stat. eccl. S. Petri Insul. ann. 1531. MSS : *Domini canonici seu alii, qui sacerdotio funguntur, Cornetas suas ad collum deferant.* Deinde *Corneta* dignitatis insigne fuit; unde doctoribus et collegii regii professoribus etiamnum attributa. Le Roman *du Riche homme et du Ladre* MS :

Et si ont les longues Cornetes,
Et leurs solers fais à blouquetes.

¶ Cornetarii, Canonici, Capellani, a *Corneta* sic dicti. In Chartulario SS. Trinitatis Cadom. fol. 18. ubi describitur Charta Willelmi Angl. Regis paulo recentiori manu adjectum legitur ad marginem *Cornetarii*, scilicet e regione sequentis articuli : *Constituerunt quoque in eodem cenobio quatuor Canonicos, quibus domos dederunt ante Ecclesiam et quadraginta acros terræ.* Ex quo colligitur hujusmodi Capellanos seu Canonicos aliquando vocitatos fuisse *Cornetarios.*

1. **CORNETUM**, Angulus, idem quod *Corneria*, Gallis, *Cornet.* Monasticum Anglic. tom. 2. pag. 318 : *Item alius locus vocatus... juxta Cornetum de Haydale.* Alias *Cornetum* est locus ubi *corni* crescunt. [Vetus Glossar. : *Cornetum*, Κρανεών.] [* V. *Cornetum*, 3.]

* Lib. 1. niger S. Vulfran. Abbavill. fol. 49. r°. : *Johannes Barbafust xij. den. de stallo panifico, juxta S. Georgium in Corneto ecclesiæ.* Charta ann. 1369. ex Cod. reg. 5187. fol. 81. v°. : *Et cum Corneto dictæ vineæ, in quo est claperium, prout protenditur a dicta via, etc.* Codex censual. Castell. Dombens. ann. 1463 : *Servitium debitum super quodam Corneto prati, etc.* Lib. niger S. Petri Abbavill. fol. 20. v°. : *Une maison....... seant au bourg d'Abbeville, et fait le Cornet de le rue de le Carterie.* Lit. remiss. ann. 1379. in Reg. 115. Chartoph. reg. ch. 179 : *L'exposant bouta icellui Regnart contre le Cornet ou canton de la porte dudit fort.* Chartul. Latiniac. fol. 260 : *Aboutissant par un Cornet aux deux arpens cy-après.* Joan. *Chartier* in Hist. Caroli VII. ad ann. 1461. pag. 316 : *Il y avoit lors quatre seigneurs de la cour de parlement, qui tenoient les quatre cornieres ou Cornets du poisle.* Pro recessu, loco abdito, vulgo *Coin.* Lit. remiss. ann. 1387. in Reg. 131. ch. 105 : *Icellui Roulant se muça et tapy derriere un pilier ou post de bois en un Cornet.* Capitis pars, tempus scilicet, in aliis Lit. ann. 1406. ex Reg. 161. ch. 68 : *Le suppliant getta audit Cleret la serpe et du bout d'icelle, nommé neron, chey sur le Cornet dextre de la teste dudit Cleret... Le suppliant veant que ledit Cleret estoit souillé de sang le leva* (lava), *le condy et lui mist un peu de tente dedans un treu ou plaie, qu'il avoit en la teste. Quignon*, eadem acceptione, in Lit. remiss. ann. 1380. ex Reg. 116. ch. 262 : *Icellui Thibaut attaigny ledit Chiviere de ladite hache sur le Quignon de la teste environ l'œil senestre.* Vide supra *Cornerium* 1. et infra *Coronnus.*

* 2. **CORNETUM**, Cornu, buccina, Gall. *Cornet.* Lit. remiss. ann. 1355. in Reg. 84. Chartoph. reg. ch. 470 : *Cum Robinus pauper ystrio sive menestrellus, pro ludendo de suo artificio cum Corneto ivisset, etc.* Aliæ ann. 1357. in Reg. 86. ch. 101 : *Johannes Cornetum occupavit;....... post quæ dictus Robinus cepit dictum Cornetum, quod dictus Johannes tenebat.* Rursum aliæ ann. 1381. in Reg. 119. ch. 37 : *Dictus pastor cum quodam Corneto, quod more ceterorum pastorum gerebat, incepit fortiter clangere.*

* Cornetus, Eadem notione. Inventar. S. Capellæ Paris. ann. 1376. ex Bibl. reg. : *Item, in eodem thesauro duo Corneti eboris albi antiqui ad costas, habentes quilibet duos circulos cuppri deaurati.* Comput. MS. fabr. S. Petri Insul. ann. 1434 : *Pro uno Corneto pro carceribus, xlvj. sol.* Vide supra *Cornator.*

* 3. **CORNETUM**, Idem quod *Corneta*, capitis tegmen. Gloss. Lat. Gr. : *Cornetum*, κρανιόν. Ubi ex D. *Falconet* leg. κράνειον.

CORN-GAVEL. Vetus Charta Cantabrigiensis apud Somnerum in Tractatu *de Gavelkind* pag. 16 : *Et quod 4. swillingæ residuæ tenebantur et tenentur de prædictis Abbate et Conventu per fidelitatem et relevium, et per redditum et servitium vocatum Corn-Gavel, videlicet reddendo eisdem Abbati et Conventui et successoribus suis annuatim in festo S. Michaelis Archangeli de qualibet swallinga earumdem 4. swallingarum quindecim quarteria, et 5. buschellos ordei palmalis, etc.* In alia Charta ibid. dicitur *Gavel-Corn.*

* **CORNIBA**, Hircus, Molineto pag. 198. ad Epist. 135. Steph. Tornac. : *Barbas prolixas tanquam Cornibæ ventilantes.*

CORNICARE, Cornu inflare, cornare. Matth. Westmonast. ann. 870 : *Recessit venator.... et canes Cornicando ad se vocavit.* Will. Brito lib. 1. Philipp. pag. 90 :

Nec jam venantum voces, nec Cornua posset,
Latratusve audire canum.

Silvester Giraldus lib. 1. Itinerarii Cambriæ cap. 2. ubi de Cornu S. Patricii : *Cujus virtus ex fatua et inepta Bernardi Presbyteri Cornicatione, etc.*

Cornicare, *In aurem alicujus aliquid insusurare*, quod faciunt qui surdis per *corniculos* ad aurem appositos sua insinuant. Marius Mercator libro Subnotationum ad Pientium Presbyter. : *Nec ea* (quæstio) *palam profertur, sed ab ipsis, qui de ea Cornicantur, velut Catholicis intra Ecclesias, interim retinetur.* S. Hieronymus Epist. 4 : *Alii sublatis in altum humeris, et intra se nescio quid Cornicantes, stupentibus in terram oculis tumentia verba trutinantur.* Joan. Monachus lib. 1. Vitæ Odonis Abbatis Cluniac. : *Cœperunt interea rabido latratu omnes Canonici Cornicari contra eum. Quid agere vis, inquiunt, etc.* Galli dicunt, *Corner aux oreilles de quelqu'un.* Persio Sat. 5. *Cornicari*, est vocem cornicis imitari :

Nescio quid tecum grave Cornicaris inepte.

Gozechinus Scholasticus in Epist. ad Discipulum : *Profecto non ut Cornicaris, dedi ei libellum repudii, non elogii notam, sed honoris Coronam.*

Corniculare, Eadem notione. Matth. Westm. ann. 940 : *In silva Corniculantium strepitus resonabat venatorum. Chasser à cor et à cry*, in Consuetudine Meldensi locali.

¶ **CORNICATIO**, Clamor cornicis. Vide *Cornicuari.*

* **CORNICELLUM**, diminut. a Cornu, Corniculum, Ital. *Cornicello.* Inventar. MS. thes. Sedis Apost. ann. 1295 : *Item unum Cornicellum plenum balsamo.* Vide *Cornu* 5.

* **CORNICENA**, *Che sona cum corno.* Glossar. Lat. Ital. MS. Vide supra *Cornator.* [** Joann. Januensis : *Cornicena, fem. gen. femina quæ canit cum cornu et derivatura cornicen.*]

* **CORNICINARE**, Cornu inflare, buccinare, Gall. *Corner.* Lit. remiss. ann. 1373. in Reg. 105. Chartoph. reg. ch. 27 : *Ad mimos Cornicinantes seu buccinantes accesserunt iidem pater et Guillelmus ejus filius.* Vide *Cornicare.*

¶ **CORNICITARE**, ut *Cornicare.* De excidio urbis Acconis apud Marten. tom. 5. Ampliss. Collect. col. 784 : *Alii.... post feras insistendo cum canibus, tota die Cornicitantes, etc.*

CORNICIUS, Apertura fluminis, per quam derivantur aquæ in agros, in Statutis Mediolan. cap. 329.

¶ **CORNICUARI** dicuntur cornices in Chronico Novaliciensi apud Murator. tom. 2. part. 2. col. 743 : *Detulit autem eum versa vice ad absidam S. Dei genitricis ad crucem, et ibi eum sepelivit sub quercu quadam. Cornices vero quæ ibi Cornicuabantur, videntes puerum non integre coopertum, nitebantur comedere eum.... A Cornicatione harum excitati genitores cognoscunt illorum fuisse filium.* Vide *Cornicare.*

CORNICULA, Cornix, Gallis *Corneille*, Ital. *Cornacchia.* Glossæ veteres : *Cornicula*, Κορώνη. Vita S. Sori Eremitæ apud Petragorios n. 19 : *Aliasque domesticas aves, quas vulgo Corniculas dicimus, transmisit.*

¶ **CORNICULARE.** Vide *Cornicare.*

CORNICULARIUS, Officium ac munus, cujus frequens mentio in Notitia Imperii, et apud alios Scriptores. *Cornicularius Præfecti Prætorio*, in Inscriptionibus apud Gruterum 350. 1. 475. 1. *Cornicularii Præfecturæ*, in leg. 8. Cod. Theod. de Divers. offic. (8, 7.) Vide Acta SS. Valeriani, Tiburtii, etc. n. 14. *Cornicularius Secretarii Prætoriani*, apud Senatorem lib. 11. Epist. 36. *Cornicularii cujuscumque provincialis officii*, in leg. 32. Cod. Theod. de Erogat. milit. annon. (7, 4.) *Cornicularius Consulis*, in veteri Inscript. Vide in *Adjutores. Cornicularii legionum*, in Inscript. apud Joffredum in Nicia pag. 19. et Gruter. 17. num. 9. 545. 5. *Cornicularius Sub-præfecti Vigilum*, Gruter. 523. 4.

Salmasius ad Solinum *Cornicularios* dictos ait a *Corniculo*, seu apice galeæ, qui κεραία Græcis nuncupatur, eosdemque esse qui κεραιοῦχοι, Hesychio : quasi vero *Cornicularioram* munus fuerit militia. Quin potius constat *Cornicularios* fuisse Exceptores et Commentarienses : iis enim accensentur a Firmico lib. 3. cap. 6 : *Erunt... Exceptores earum sententiarum quæ de hominum capitibus proferuntur, aut Cornicularii, aut Commentarienses.* Unde recte a *Corniculis* appellatos censent viri docti, id est, atramentariis : quam appellationis rationem attigit Senator lib. 11. Epist. 36. ubi de Corniculario : *Præfuit enim Cornibus Secretarii Prætoriani, unde ei nomen derivatum.* Eorum autem munus fuit ad *Cornua* Secretarii stare, et ministrare judici agenti, loquenti, scribenti, rescribenti, cujusmodi fuit *Caniclinorum* apud Byzantinos. Horum munus annuum erat, ut colligitur ex leg. 8. Cod. Theod. de Divers. offic. De eorum dignitate vide quæ annotant Jacobus Gotofredus ad leg. 10. Cod. Theod. de Cohortalibus, (8, 4.) ex Symmacho lib. 10. Epist. 56. eodem Senatore lib. 11. Epist. 18. 19. et Juretus ad eumdem Symmachum.

Corniculo Merere, apud Suetonium. *Post transactos Corniculos*, id est, post exactum *Cornicularii* munus, in leg. 8. Cod. Theod. de Divers. offic. (8, 7.) Vide Inscript. Gruteri 431. 9. et Eckeardum Junior. de Casibus S. Galli cap. 10. pag. 81.

* **CORNICULATIM**, In modum cornu. Vita Ludov. Pii tom. 6. Collect. Histor. Franc. pag. 124 : *Luna, quæ se ei adversam præbuerat, paulatim Orientem petendo, Corniculatim illi lumen a parte Occidentali restitueret, in morem sui, quando prima vel secunda cernitur.*

¶ **CORNICULI.** Vide *Cerniculi.*

* **CORNIERUM**, Vasis genus, ampulla cornuta. Leudæ major. Carcass. MSS. : *Item pro Corniero, j. den. Turon.* Versio Gall. ann. 1544 : *Pour chacune Cornue, etc.*

¶ **CORNIFICATUS**, Curvatus ad instar cornu. Mantuanus in Thesauro Fabri :

Sidera in obliquos Cornificata sinus.

CORNIFICIUM Opus, Ex cornibus confectum. Vita S. Sori Eremitæ cap. 4 : *Atque in adjutorium ædificii ostium ei opere Cornificio aptatum misit.*

¶ **CORNIOLA**, vox Italica, *Cornum*, Gall. *Cornouille.* Acta S. Franciscæ viduæ Rom. tom. 2. Martii pag. 112 * : *Nonus vero lapis erat similis Corniolæ qui denotabat virginis virilitatem.* Vide *Cornolium.*

* **CORNIPEDARE**, Cornu petere. Comœdia sine nomine act. 2. sc. 2. ex Cod. reg. 8163 : *Ut fas fuerit et potero accomode persolvam, modo ne taceat Tacitus et Cornipedet Cornutus.*

¶ **CORNIPETA**, *Bos ferus. Cornipeta, Qui cornu petit quemquam.* Glossar. MS. Sangerman. n. 501. [** Benedict. Capitul. lib. 2. cap. 15. ex Exod.] Vide *Cornupeta.*

** **CORNISECA**, Reinard. Vulp. lib. 1. vers. 1677 :

Corniseca hic fieret fortasse, secare solebat
Cornua .....

Et vers. 1481 :

Hinc et ab antiquis cognominor Isengrimus
Corniseca .....

1. **CORNIX**, Gallina. Joannes Italus in Vita S. Odonis Cluniacensis lib. 3 : *Ibat autem circa pedes grex Cornicum quas nos Gallinas vocamus.*

¶ 2. **CORNIX**, Limbus. Onomasticon ad calcem tomi 5. Act. SS. Junii.

CORNOLIUM, Cornus, arbor, *Corno* Italis, *Cornolier* Gallis. Vetus Scheda apud Ughellum in Episcopis Anglonensib. : *Castaneis, fagis, quercubus, Cornoliis, et reliquis hujusmodi arboribus.*

* **CORNOMANNIA**, Ceremoniæ festivæ nomen, in qua acclamationes publicæ seu faustæ adprecationes fiebant Romano Pontifici; cujus appellationis ratio ex subjectis patet, quæ ex Cod. eccl. Camerac. sæculo XIII. ineunte scripto ad calcem epist. Ivon. Carnot. exscripsi : *De laudibus Cornomanniæ. Sabbato de Albis, quando laudes Cornomanniæ canendæ sunt domino Papæ hoc modo. Omnes archipresbiteri xviij. diaconiarum, post prandium prædicti diei, sonant campanas, et omnis populus suæ parrochiæ cucurrit ad ecclesiam. Mansionarius indutus tunica vel camiso, et coronatus corona de floribus cornuta, habens in manu phinobolum hujus operis. Est quidam caulus æreus concavus, unius brachii longitudo, a medietate et supra plenus tintinnabulis. Archipresbiter vero indutus pluvialem cum clero et populo it Latranum; et omnes expectant in campo dominum Papam ante*

palatium Suffolloniam (sic). *Cum autem noverit dominus Papa omnes venisse, descendet de palatio ad destinatum locum, ubi accipiendæ sunt laudes Cornomanniæ. Tunc unusquisque archipresbyter cum suis clericis et populo facit rotam, et incipit cantare :* Eya preces de loco, Deus ad bonam horam, *et alios subsequentes versus Latinos et Græcos. Mansionarius vero in medio saltat in girum, sonando phinobolum et cornutum, caput reclinando. Finitis laudibus, surgit quidam archipresbiter, retro se ascendit asinum præparatum a curia : quidam cubicularius tenet in capite asini bacilem cum xx. solidis denariorum, prædictus archipresbiter inclinans se retro tribus vicibus, quos potest, tribus brancatis tollit et habet sibi. Deinde archipresbiteri cum clericis ponunt coronas ad pedes ejus; sed archipresbiter in Via lata* (ponit) *coronam et vulpeculam non ligatam, quæ fugit; et Papa dat archipresbitero unum bizantium et dimidium. Archipresbiter S. Mariæ in Aquiro, coronam et gallum, et accipit unum bizantium et quartam. Archipresbiter S. Eustachii coronam et damulam ; et accipit unum bizantium et quartam. Unusquisque archipresbiter reliquarum diaconiarum bizantium unum. Accepta benedictione omnes revertuntur. Cumque reversi fuerint, mansionarius ita indutus, cum uno presbitero et duobus sociis portant aquam benedictam, et nebulas, et frondes lauri, euntes per domos suæ parrochiæ jocando, sicut prius, et sonando phinobolum. Presbiter salutat domum, spargit aquam, frondes lauri ponit in foco, et de nebulis dat pueris domus. Interim mansionarius barbarice cantat metros,* Jaritan, Jaritan, Jajariasti, Raphayn, Jercoyn, Jajariasti, *et ceteri qui secuntur. Tunc dominus domus dat eis munus unum denarium vel plus. Hoc fuit usque ad tempus Papæ Gregorii VII. sed postquam expendium guerræ crevit, renunciavit hoc.*

* *Incipiunt versus in laude Cornomanniæ :* Eya preces de loco, Deus ad bonam horam, Deus in tuo nomine, sancta Maria Dei genitrix. Eya preces de loco.

De Laudibus.

* Eya preces de loco, Deus ad bonam horam, Deus in tuo nomine, sancta Maria Dei genetrix, columpna bona, sancti Apostoli corona Christi. Exeant pueri de scola ad novum et argenzolum. *Hoc modo cantantur hæ laudes usque*, Octo Octobrias. Octobria dominus noster Papa Innocentius sanctissimus cum gloria, Magister victoria. *Hoc tono cantantur istæ laudes usque*, Yco despota chere. Yco despota chere, Chere, mezopanto, Deo ysoro, Orosisto mello, O chera sifilthe, Carpoforunta, Keagalliunta, Tysa galliusi. *Hoc tono cantantur usque ad* Aperite nobis portas. Aperite nobis portas ad domnum Papam Alexandrum venimus, salutare illum volumus, salutare et honorare, et laudes illi levare, quomodo qui ad Cæsares. *Hoc tono cantantur usque ad* Euge, benigne. Euge, benigne Papa Alexander, qui vice Petri cuncta gubernas, Orbita cœli clara refulget, nubibus atris atque fugatis. *Et alii subsequentes versus in hoc tono.* Quæ non minus barbara et absurda sunt, quam ea quæ referuntur v. *Kalendæ.* Vide ibi et *Laus* 2.

1. **CORNU**, Vas quo bibitur. Cornibus usos veteres ante pocula observat Scholiastes Homeri ad Iliad. Θ. πρὸ τοῦ γὰρ εὑρεθῆναι τὴν τῶν ποτηρίων χρῆσιν, εἰς κέρας ἔπινον. Vide auctorem Etymologici in Κεράσαι. *Corneus scyphus*, apud Saxonem lib. 7. et Ordericum Vitalem lib. 5. *Scyphus cum Cornu et argento*, in Testamento S. Everardi apud Miræum in Cod. Donat. Belgic. cap. 21. Charta Witlasii Regis Merciorum, apud Ingulfum : *Et Cornu mensæ meæ, ut senes Monasterii bibant inde in festis Sanctorum, etc.* Vetus Chronicon laudatum ab Camdeno in Brigantibus, et Olao Wormio ad Fastos Danicos : *Ulphus Toraldi filius Eboracum divertit, et Cornu quo bibere consuevit, vino replevit, et coram altari Deo et Petro Apostolarum Principi omnes terras et reditus flexis genibus propinavit.* Eadmerus de Similitudinibus S. Anselmi cap. 18 : *Aliquando delectat domum interius ornatam conspicere, ebriosos in ea decantantes audire, ibidem et vinum Cornibus deauratis potare, et flores per domum dispersos olfacere, ipsosque, vel Cornua aurea, vel alia tactu delectabilia contrectare. Tenere per Cornu* terram aliquam, apud Malmesbur. In Concilio Calchutensi ann. 787. can. 10. vetatur *ne de Cornu bovis calix aut patena fieret ad sacrificandum, quod de sanguine sunt.*

Observat idem Wormius in veteribus Fastis Danicis festum Nativitatis Domini *cornu* indicari, quod inquit, id temporis lætitiæ et exhauriendis poculis idoneum habitum sit. Vide eumdem in Dissertatione de Cornu aureo, pag. 23. ubi multis probat, ut et Stephanius ad Saxonem Grammaticum pag. 127. jam olim poculorum vicem obtinuisse cornua, et Janum Dolmerum ad Jus aulicum Norvegicum vetus pag. 461. et 533.

¶ Cornua, Vinum *cornu* contentum. Charta Arnoldi Præpositi B. M. ad Gradus in Moguntia, de Præbendis ann. 1222. Rer. Moguntiac. tom. 1. pag. 668 : *Item a principio Adventus Domini usque ad diem Innocentum, vinum quod Cornua nuncupatur.*

2. **CORNU** Pastorum, in Lege Alemann. tit. 79. § 1.

Cornu Metallinum, pro Tuba, apud Joan. Bekam in Hereberto Episcopo Ultrajectensi.

Cum Cornu Clamorem Levare. Charta Rainaudi Comitis Forensis ann. 1262 : *Quitam, francam, liberam et immunem ab omni toulta, tallia, cavalgata, Cornu, crito, messe Præpositi, Chaslani recognitionibus et compleintia, et ab omnibus aliis exactionibus, et servili conditione, etc.* ubi *Critus*, idem valet ac *clamor*, ex Gallico *Cri.* Vide *Huesium*, et Judicia Withredi Regis Cantuarior. cap. 28.

Cornu Sufflare dicuntur venatores, in Speculo Saxonico lib. 2. art. 61. § 2. *Cornea tuba*, in Chronico Novalicensi, [et Psalmo 97.]

3. **CORNU**, Atramentarium. Ugutio : *Calamarium, Cornu quo tenetur incaustum.* Willel. Brito in Vocab. : *Atramentarium dicitur vas in quo reponitur atramentum, Cornu etiam scriptoris.* Nostris *Cornet.* Charta Hervei D. *de Stafford* tom. 1. Monastici Angl. pag. 559 : *Testibus his .... et Ilberto Vicecomite, et ipso domino Radulfo testante, qui tenuit Cornu dum scriptor notavit ... supradicta.* [Charta anni e Chartulario Eccl. Biterr. : *Isimbertus Canonicus S. Nazarii tenuit Cornu cum tincta, de quo fuit scriptum testamentum.*] [** Vide S. Rosa de Viterbo Elucid. Append. pag. 29.] Statuta antiqua Cartusianorum 2. part. cap. 16. § 8. de suppellectile scriptoria : *Pennas, cretam, pumices duos, Cornua duo, scapellum unum, ad radenda pergamena novaculas sive rasoria 2. et punctorium 1. subulam 1. plumbum, regulam, postem ad regulandum, tabulas, graphium.* Vide *Cornicularius.*

¶ 4. **CORNU**, pro Charta seu Scriptura accipi videtur apud Kennettum Antiquit. Ambrosden. pag. 73. ad ann. 1091 : *Willi antecessores ante conquestum Angliæ tenuerunt jure hæreditario terram, boscum et ballivam prædictas de Domino Rege per unum Cornu, quod est Charta prædictæ forestæ, et per servitium reddendi Domino Regi pro terra prædicta x. s. et pro foresta prædicta* xl. *s.* Vide *Outhorn.*

5. **CORNU**, Vas Ecclesiasticum. Chronicon Fontanellense cap. 14 : *Urceos Alexandrinos cum aquamanilibus duos, Cornu fabricatum unum, etc.* Hugo Flaviniacensis in Chronico pag. 167 : *Capsam auream insignitam reliquiis 12. Apostolorum, et Cornua 2. eburnea identidem reliquiis conferta.* Charta Ethelstani Regis in Monastico Anglic. tom. 1. pag. 40 : *Quatuor magnas campanas, et 3. Cornua auro et argento fabricata, et 2. vexilla, etc.* Vide tom. 3. pag. 313. 1. Samuelis cap. 16. v. 1. et Canisium tom. 5. Antiq. lect. pag. 786.

¶ 6. **CORNU**, Extremitas vestis in acumen desinens. Statuta Ecclesiæ Andegav. num. 16 : *Prohibemus ... ne quis seu aliqua in vestimentis caudas et Cornua, coleratas reversas manicas ... habere et deferre.. præsumat.*

* Inventar. S. Capellæ Paris. ann. 1376. ex Bibl. reg. : *Et etiam deficiunt super duo Cornua mitræ duo lapides de vitro perforati.* Aliud Gall. : *Et y faut dessus les Cornes de la mitre deux pierres de verres perciez.* Vide supra *Corna* et infra *Pileus cornutus.*

** Extrema pars lintei. Discipl. Cleric. sect. 11 : *Extrahens linteum vetula quantum potuit unum Cornu illius sustulit, et alterum filiæ suæ sublevandum dedit.* Quæ in *Chastaiement d'un père à son fils* ita redduntur :

L'une des Cornerés leva
Et l'autre à sa fille bailla.]

¶ 7. **CORNU**, Instrumentum, quo ægris jumentis medicina seu potio in os infunditur. S. Gregor. in Vita S. Benedicti cap. 30 : *Quadam die dum ad B. Johannis Oratorium, quod in ipsa montis celsitudine situm est, pergeret, ei antiquus hostis in mulo-medici specie obviam factus est, Cornu et tripedicam ferens.*

8. **CORNU**, Vox in hac notione nota. Carmen de Curia Romana. v.

Femina si qua suo quæsivit Cornua sponso.

[Occurrit eadem notione apud Joan. Berberium in Viatoriis utriusque Juris part. 1. Rubrica de adulteris. Vide Etymolog. D. de *Caseneuve* ad vocem *Cornard.*]

* Hinc cornua ad domum alicujus affigere, injuriæ reputabatur. Statuta Mantuæ lib. 1. rubr. 78. ex Cod. reg. 4620 : *Si*

vero qui ad injuriam alterius posuerit ad domum alicujus Cornu seu Cornua bestiarum, puniatur et condemnetur in 50. *libris parvorum.* Unde *Cornart* appellatur vir, cujus uxor mœchatur. Lit. remiss. ann. 1400. in Reg. 155. Chartoph. reg. ch. 132 : *Renoul dist audit Boursaut qu'il estoit un grant Cornart, qui vault autant à dire, selon la coustume du païs, comme un grant coux.* Consule Orig. Menag. et vide *Cugus.* [** Vide H. Stephan. Thes. Ling. Gr. voce Κέρας, edit. Didot. vol. 4. col. 1456.]

* 9. **CORNU**, Mensuræ species. Inventar. ann. 1491. inter Probat. tom. 4. Hist. Nem. pag. 55. col. 1 : *Item una grossa de argento,... longitudinis septem Cornibus sive palmis.* Vide *Palmus.*

CORNU ALTARIS. Honorius Augustod. lib. 1. cap. 60. de templi dedicatione agens : *Post hæc quatuor Cornua altaris signavit, dum quatuor mundi partes cruce salvavit. Ante Cornu altaris ad Ecclesiasticos ordines promovere,* in Capitul. Caroli Magni lib. 1. cap. 88. [** 82.] et Formul. 101. ex Lindenbr. *Ante Cornua altaris* manumittere, in Formula 91. 97. apud eumd. Lindenbrogium, in Capitulari Aquisgran. ann. 816. cap. 6. etc. Theophylactus Simocatta lib. 8. cap. 8 : Ἠχηχόει Μαυρίκιος τῶν κεράτων τοῦ θυσιαστηρίου κάτοχον τὸν Γερμανὸν γεγονέναι. Occurrit passim apud Moysem et alios.

¶ CORNU CERVI. *Spagyrice est Rostrum alambici*, ap. R. *le Baillif* in Diction. Spagyr. [* Vide Lex. medic. Panorm. Brunonis.]

CORNUA ENSIS, apud Gregorium Turonensem lib. 4. Hist. cap. 38 : *Evaginat gladium, Cornuaque ensis pedibus calcans, acumen ad pectus evexit, etc.* Capulum qua parte reflectitur, ut manum tegat.

¶ CORNU EPISTOLÆ, CORNU EVANGELII, Latus altaris, ubi Epistola vel Evangelium legitur. Occurrit in Syn. Valentina an. 1590. et apud Script. Eccles. recentiores passim.

CORNU in maleficiis. Indiculus superstitionum et paganiarum ann. 743. cap. 22 : *De tempestatibus et Cornibus, et cochleis.*

CORNU SUB CORNU. Historia fundationis Abbatiæ Saltreensis in agro Huntindonensi, tom. 1. Monastici Angl. pag. 853 : *Convenerunt... ut pastura eis esset omnibus communis, id est, Cornu sub Cornu, pro pace et concordia inter se tuenda, per se sine scitu et permissu aliorum Dominorum concesserunt.*

CORNIBUS VENTILARE. Joann. Sarisber. lib. 7. Policrat. cap. 21 : *Et quasi Cornibus geminæ potestatis Ecclesiam in cujus sinu quiescunt, et proteguntur umbra, ventilare non cessant.* Chronicon S. Vincentii de Vulturno : *Positoque præsidio pugnatorum in Canusia, præcipue eos Cornibus ventilabat.* Utitur etiam Stephan. Tornac. Epist. 152. ex Psalmo 44. Machab. lib. 1. cap. 7. v. 46. Zachar. cap. 2. v. 21.

¶ 1. **CORNUA**, Mitra. Acta SS. Junii tom. 4. pag. 264. B. de S. Eberharda : *Et exosa Cornua frontem Metropolitani insigniunt.*

* Muliebris capitis ornamentum. Hist. desponsat. Frid. III. imper. cum Eleon. Lusit. ann. 1451. tom. 1. Probat. Hist. geneal. domus reg. Portugal. pag. 604 : *In eodem regno* (Navarræ) *mulieres gerunt Cornua in frontibus earum, cum pluribus ornamentis.*

¶ 2. **CORNUA**, Massiliensibus *Cornude*, Italis *Cornuta*, Species situlæ vel cadi cum ansis, cornuum formam quodammodo referentibus, unde nomen. Inventar. ann. 1342. ex Archivo S. Victoris Massil. Armar. Diniensi n. 38 : *Item tres Cornuas; item unum andelum pigram;* (sic) *item unam mapam piste, etc.* Vide alia notione in *Cornu* 1.

¶ **CORNUAGIUM**, Præstatio eadem quæ *Cornagium.* Charta Guillelmi Abbatis Floriacensis ann. 1296 : Burgenses de Castellione *remanebunt et erunt quitti et immunes... de omni hospitagio, de ferculis nuptiarum vocatis Espaules, de agrentio .... de Cornuagio, charruagio, etc.*

¶ **CORNUARE**, ut supra *Cornare*, Cornu canere, Gall. *Corner.* Ceremoniale vetus MS. B. M. Deauratæ Tolos. : *Quibus candelis extinctis tubicinatur, Cornuatur, pulsatur sive massatur ab omnibus cum cornibus, tubicinis, et fustibus.* Vide *Menetum.*

* **CORNUARII**, Cornuum opifices, in l. ult. § de Jure immunitatis, ex (60, 5.) Car. de Aquino in Lex. milit. qui aliis Lexicographis ab arcu corneo ita appellantur.

¶ **CORNUBIA.** Jacobus Cardinalis de Coronatione Bonifacii VIII. inter Acta SS. Maii tom. 4. pag. 470 :

At litui stridere vices et cymbala strident :
Tympana congeminant sonitum, nec verbere tunsa
Discunt ferre gradum, tibi sed Cornubia substant
Quæ digitis commota canis.

Hic Continuator Bollandi : Cornubia quidem nomen est civitatis in Anglia, sed Auctor per quamdam allusionem eo est usus, aut quia Cornubiorum inventum esse credidit, tympanorum pulsum ad fistulam regere, aut quia significatam voluit fistulam, non illam rectam instar tubi, quali utuntur Germani, sed cornu instar reflexam, quæ vulgo Cornetta appellatur. Hanc expositionem exscribit Murator. Script. Ital. tom. 3. pag. 653. col. 1.

* **CORNUDA**, Idem quod *Cornua* 2. Vasis species, Massiliensibus *Cornude.* Inventar. MS. ann. 1379 : *Item una Cornuda modici valoris. Cornue*, eodem sensu, in Lit. remiss. ann. 1405. ex Reg. 160. Chartoph. reg. ch. 213 : *Le suppliant print en la forge de Thevenin son maistre..... une Cornue, un gros martel à deux mains. Cornuel* vero, Clavæ species videtur, in aliis Lit. ann. 1375. ex Reg. 108. ch. 23 : *Ledit Bernart garni et prémuni d'un grant baston affaittié, appellé Cornuel.* Ab acuminibus quibus munitus erat ejusmodi fustis sic nuncupatus. Vide infra *Cornutum.*

¶ **CORNUGALLIA**, Cornubia, Regio Britanniæ minoris, Gallis *Cornouaille.* Annal. Benedict. tom. 4. pag. 203 : *Erat et ipse Brito Armoricanus ex Cornugallia.* Guill. Malmesbur. de Gestis Regum Angl. lib. 2. pag. 50 : *Inde digressus in Occidentales Britones se convertit, qui Cornewallenses vocantur quod in Occidente Britannia siti, Cornu Galliæ ex obliquo respiciunt.* [** Ducatus Curiensis in Helvetia *Cornu-Galliæ* dicitur in Adonis Continuat. prim. ap. Pertz. vol. Scriptor. 2. pag. 325 : *Karolo quoque Alemanniam et Curvalam, id est comitatum Cornugalliæ reliquit.*]

* **CORNULATUS**, Mitra pontificia infulatus. Chron. Alber. edit. Leibnit. part. 2. pag. 375 : *Quando mortui fuerimus et deducti ad paradisum, occurret nobis P. N. B. Benedictus, visis nobis monachis cucullatis cum gaudio introducet nos. Viso vero episcopo et cardinali infulato mirabitur et dicet : Quis enim es tu? Et ille, Pater, ego sum monachus Cisterc. Respondebit sanctus : Nequaquam, monachus Cornulatus non est.* Vide *Cornua* 1. et infra *Cornutus* 2.

¶ **CORNUM**, κέρας, *Cornu*, in supplemento Antiquarii. *Balistæ de Cornu vel de Corno*, in Statutis Massil. editis pag. 153. et 154. sed perperam pro *de cornu vel de torno*, ut in *Balista* jam observatum.

¶ 1. **CORNUPETA**, *Cornu appetens bos.* Papias ex Augustino. Labbæi Glossar. ex veteri Onomastico : *Cornupeta*, Κορυπτίλος. Glossar. Cyrilli : *Cornu petit*, Κορύπτει, *Cornupeto*, Κερατίζω. Legitur Exod. 21. 29. et 36.

* 2. **CORNUPETA**, *Hurtement.* Glossar. Lat. Gall. ex Cod. reg. 7692.

¶ 1. **CORNUTA.** Æneas Sylvius in Oratione ad Fredericum III. Regem Rom. ann. 1447. apud Baluz. Miscell. tom. 7 : *Cibaria in Cornuta feruntur clausa.* Et paulo post : *Cornutarum nomine nihil aliud intelligas, quam cistas ligneas depictas et armis cujuslibet Cardinalis ornatas.* Iis utuntur tempore Conclavis ad cibaria Cardinalibus deferenda. Hujusmodi cistæ *Cornutæ* dicuntur a binis cornibus seu ansis in extremitatibus positis, per quas hasta transagitur, ut commodius ferri possint. Idem Æneas lib. 2. Hist. Concilii Basileensis : *Cibaria comparabant quæ horis indictis in lignea capsa depicta, quam Cornutam appellant, usque ad Conclavis ostium deferebant.* Cerem. Rom. 1. 4 : *Prælati custodes Cornutam aperiant; fercula et omnia quæ intus sunt, diligenter perscrutentur, ne quid litterarum insit.*

* Inventar. MS. ann. 1379 : *Item quatuor magnæ Cornutæ de cadriga. Item tres parvæ Cornutæ.* Vide supra *Cornuda.*

¶ 2. **CORNUTA**, Species placentæ cornutæ, Lemovicibus *de la Cornuda.* Vetus Necrolog. S. Martialis Lemovic. : *Die ipso omnibus Fratribus manentibus in claustro et supervenientibus Cornutas dabit et nihil amplius. Ex alia parte acceptis ab Helemosinario Cornutis viginti sexcies, quæ fient de sex sextariis frumenti emptis a D. Abbate.* Liber MS. Consuetud. S. Augustini ejusd. urbis fol. 3 : *Missa finita pauperes revertantur ad parvum claustrum, et dentur eis una Cornuta et scutella plena de fabis coctis mediocriter.* Occurrit etiam pluries in Consuetudin. MS. Monasterii Solemniacensis.

* Seu Crustulum triquetrum, nostris *Echaudé*, alias *Cornudeau* et *Cornuyau.* Lit. remiss. ann. 1408. in Reg. 163. Chartoph. reg. ch. 229 : *Icelle Ysabeau, demourant à Montpelier,.... de la fenestre de son hostel va appeller une fille.... portant deux pains et deux eschaudez ou Cornudeaux.* Aliæ ann. 1456. in Reg. 183. ch. 160 : *Deux ou trois petits pains blancs ou Cornuyaux.* Vide infra *Cuneus* 3.

* 3. **CORNUTA**, Piscis marini genus. Tract. MS. de Piscibus cap. 105. ex Cod. reg. 6838. C : *Cornuta a nostris malarmat, a Liguribus malearmata per antiphrasim vocatur, a Romanis forchato et pesce forcha a duobus cornibus nominatur.*

¶ **CORNUTERIUS**, Fabricator opusculorum corneorum, *Ouvrier en Corne*. Recensetur inter varios artifices et sodales Confratriæ Nativitatis B. M. Virginis institutæ in Ecclesia B. M. Deauratæ.

* **CORNUTI** MILITES, videntur Car. de Aquino in Lex. milit. appellati ab Ammiano lib. 31. qui in exercitus cornu censentur vel merent : *Tribunum scutariorum cum suis Cornutisque, ut aliis peditum numeris castra ponentem assiliunt.*

* **CORNUTUM**, Vasis genus, Occit. vulgo *Cournudo*, quo in vindemiis utuntur ad vinum a cupa in dolia transferendum. Charta Leudar. minut. Carcass. MSS.: *Item de paribus semalium et Cornutorum, unum obolum.* Vide supra *Cornuda*.

¶ 1. **CORNUTUS**, Curruca. Concil. Mexican. ann. 1585. inter Hispanica tom. 4. pag. 311 : *Idemque servetur cum quis hæc convicia et opprobria, quæ majora sunt conjecerit, illum Sodomitam, Proditorem, Hæreticum, aut eo convicii genere, quod vulgus Cornutum, appellando.*

* 2. **CORNUTUS**, Episcopus a mitra, quæ episcopis propria est, sic appellatus. Vide supra *Cornulatus*. Chron. Henr. *de Blancforde* pag. 80 :

Nostri Cornuti sunt consilio quasi muti,
Et quia non tuti, nequeunt sermonibus uti;
Sunt quasi confusi, decreto legis abusi.
Sic perit ecclesia, juris et ipsa via.

* 3. **CORNUTUS**, Monetæ Francicæ aliarumque regionum species, Gall. *Cornu*, a forma cornuta sic dicta. Charta ann. 1214. mense Febr. in Tabul. Loci reg. : *Ego Odo archidiaconus de Sancerio notum facio,... quod Stephanus Feneuns et Alardis ejus uxor.... vendiderunt in perpetuum Arnulpho, quondam presbitero de Aziaco, quamdam vineam.... pro xxij. libris Cellensium Cornutorum pacifice possidendam.* Charta ann. 1327. in Reg. 66. Chartoph. reg. ch. 715 : *De dicto nostro regno extrahi fecerunt... decem sacos Parisiensium Cornutorum ponderantes nongentas marchas.* Stat. ann. 1332. tom. 2. Ordinat. reg. Franc. pag. 87. art. 12 : *Que nulles mittez doubles, Cornuz, esterlins, ne nulles autres monnoyes, faites hors de nostre royaume, n'aient nul cours, etc.* Charta pro civit. Montisdomæ ann. 1348. in Reg. 199. ch. 342 : *Item quod dicti consules, habitatores et jurati dictæ villæ sint perpetuo quitti et immunes a præstatione denarii, vocati le Cornu, debiti nobis in Petragocinio.* Vide in *Moneta*.

* 4. **CORNUTUS**, In acumen desinens. Stat. eccl. Sagiens. ex Cod. reg. 1224 : *Moniales..... comatis criminibus, et Cornutis, scacatis et virgatis capuciolis non utantur.* Vide supra *Cornu* 6.

* 5. **CORNUTUS**, Male digestus, Gall. *Cornu, malfait*. Charta Caroli IV. ann. 1325. in Reg. 64. Chartoph. reg. ch. 214 : *Nonnulli etiam notarii adeo ignorantes et imperiti,.... quod plerumque propter suam imperitiam instrumenta Cornuta et absque intellectu conficiunt.*

¶ CORNUTUS, haud scio qua ratione, pluries appellatur Theodoricus *de Perweis* Pseudo-Episcopus Leodiensis ann. 1405. electus : cujus etiam fautores fere *Cornutos* vocat Cornelius *Zantfliet* in Chronico, apud Marten. tom. 5. Ampliss. Collect. col. 369. 380. 386. 387. 389. et 397.

* Nomen familiæ est non infrequens : ejusdem nominis extitere XIII. sæculo archiepiscopus Senonensis, episcopi Carnotensis, Nivernensis, et alii.

** *Cornutus* hic nil aliud est nisi vox Saxoniæ inferioris *Kornut*, Socius, a *Kören*, Eligere et *Note*, Socius, Germanis superioribus *Genosz*, Socius electus; sed jam olim in vituperium abiit, socium hominis pravi et deperditi denotans. ADEL. Vide Haltaus. Glossar. col. 1123. voce *Kornoten*.

* **CORNUUM**, Cornu. Tract. MS. de Re milit. et mach. cap. 150 : *Habens Cornuum, remum, ac corio caprino cinctus super naticres conflato, vadit ac supernatat per pelagum sive flumen.*

¶ CORNUTUS PARVUS ARGENTEUS, sub Philippo IV. Vide *Moneta argentea*.

¶ **CORNUZULA**, Cicindela, sampiris, vermis lucens. Bertramnus in Vita S. Francæ Abb. tom. 3. April. pag. 391 : *Statim sic loquenti apparuerunt luminaria multa et innumerabilia quasi Cornuzulæ vel Padigarolæ.*

* **COROACA**, pro *Coroata*, Opera, quam dominis ex lege vel consuetudine subditi præstare tenentur. Libert. Briancz. ann. 1343. tom. 7. Ordinat. reg. Franc. pag. 722 : *Funcciones caponum seu gallinarum, palleæ, crossæ* (l. trossæ), *Coroacæ, fenatagia, etc.* Vide *Corvatæ*.

* **COROADA**, Eadem notione, in Chartis ann. 1124. et 1219. apud Spon. tom. 2. Hist. Genev. pag. 5. et 50. *Coroe* et *Corroie*, nostris. Charta ann. 1266. ex Tabul. Tolos. : *Et quoddam aliud servitium, quod vulgariter Coroe appellatur.* Pactum inter Galcher. de Castill. et homines *de Igni*, dicti *le Jart*, ann. 1298. in Reg. 59. Chartoph. reg. ch. 190 : *Lidiz messires Gauchiers a acensi aus gens de ladite communauté une coustume, c'on dit les Corroies, chascune Corroie par douze deniers de cens.*

COROATA, CORROATA, Idem quod *Corvata*, Gall. *Corvées*, in Statutis Delphinalibus pag. 38. *Corroata*, apud Dionysium Salvagnium in Tractatu de Juribus dominicis pag. 395. 397. Tabularium Monasterii sancti Andreæ Viennensis : *Similiter de pascuis de Liars non constringam homines de Crisinciaco, neque per consuetudinem requiram eis Coroatam, aut aliquod beneficium, nisi gratis mihi fecerint.* [Occurrit alibi non semel.]

¶ COROHATA, Eadem notione. Instrum. ann. 1390. in Hist. Dalphin. tom. 1. pag. 34. col. 1 : *Solvere debeant anno quolibet dicto Domino Geriæ unam Corohatam cum bobus suis, etc.* Semel et iterum ibidem occurrit.

¶ CORROADA, Eodem intellectu. Transactio anni circiter 1185. in parvo Chartul. S. Victoris Massil. f. 146 : *Duas tantum solas Corroadas de bobus, unam in annona, alteram in ordeo.* Occurrit rursus in Charta ann. 1177. ex Archivo ejusd. S. Victoris.

* **COROETA**, Eodem significatu. Charta Anselli præpositi S. Gauger. Camerac. : *Coroetam, tantam quantam terra illa debebit, faciet nobis.*

* **COROGINELLUS**, Italis *Correggiuolo*, Fusorium vas. Guido de Vigev. de Modo expugn. T. S. MS. cap. 6 : *Et super quatuor angulis ipsorum lignorum ponantur quatuor Coroginelli grossi ut grossum brachium : e super istis Coroginellis ponantur duæ sprangæ de ligno ante et retro, in quibus fiant duo foramina, tam lata ut perticæ possint intrare.*

* **COROLLA**, Vitta, ni fallor, qua calones alligabantur. Stat. Placent. lib. 6. fol. 82. r° : *Et si fuerint zochulæ magnæ et altæ cum zipello quarto ab hominibus sive a fœminabus et cum Corollis largis, non possint* (zocholarii) *accipere de pari ultra xj. solidos.*

¶ **COROLLARIA**, *Furta, Preda.* Glossar. Sangerman. MS. n. 501.

CORONA CLERICALIS, Tonsura Clericorum, et eorum qui sacris Ordinibus initiati sunt in modum coronæ, παπαλήτρα Græcis recentioribus, cujus auctorem S. Petrum Apostolum fuisse scribit Gregorius Turon. lib. 1. de Miraculis cap. 28. et quam instar Coronæ spineæ Domini nostri effictam docet Beda lib. 5. Hist. cap. 22. [Vide Dominum *Coustant* tom. 1. Epist. Rom. Pontific. in Aniceto Papa; etc.] Stephan. Eddius in Vita S. Wilfridi Episcopi Eborac. cap. 6 : *Etenim servus Dei Wilfridus desiderio concupiscens tonsuræ Petri Apostoli formulam, in modum Coronæ spineæ caput Christo cingentis a sancto Dalfino Archiepiscopo libenter suscepit.* Idem cap. 44 : *Ad verumque Pascha, et ad tonsuram in modum coronæ, quæ antea posteriori capitis abrasa vertice, secundum Apostolicæ Sedis rationem totam Ultraumbrensium gentem permutando converterent.* Ubi *coronam* Scotorum primævam indigitat. Vide Jacob. Waræum in Antiq. Hibernic. cap. 21.

Ita autem Clericorum erant olim coronæ, ut superior omnis capitis pars nudaretur, circulus in infima capillitii parte coronam formaret, ut colligitur ex Gregorio Turon. in Vitis Patrum cap. 17. Joanne Diacon. in Vita Gregor. Mag. PP. lib. 4. cap. 48. Concilio Albiensi sub Zoeno Avenionensi Episcop. Legato S. A. cap. 15. etc. *Coronæ apertæ* appellantur in Concilio Vercellensi ann. 1050. cap. 7. *Patentes*, apud Ailredum Abb. Rievall. apud Selden. ad Eadmer. pag. 161. in Concilio Londiniensi ann. 1102. et in Vita S. Gisleberti *de Sempringham* pag. 672. *Patulæ*, in Conc. Rotomagensi ann. 1189. can. 5. liber Ordinis sancti Victoris Parisiensis MS. cap. 62 : *Iste est ordo tonsuræ : Comam desubtus in rotundum attondeant, usque ad summum auricularum, fronte libera apparente, et collo prorsus detecto : Corona desuper lata et similiter rotunda fermetur, scilicet ut ambitus capillorum inter medium caput cingens latum modicus et æqualiter rotundus appareat.* At posterioribus sæculis coronulam sub frontem detulisse Clericos, auctor est Ethelvredus lib. 4. cap. 9 :

Advenit et populus pariter sine nomine turmæ,
Quin etiam ferro sincipite rasi Corona, etc.

Guillelmus de Podio-Laurentii in Præfat. ad Chronic. : *Clerici quoque si prodirent in publicum, Coronas modicas prope frontem pilis occipitis occultabant.* Atque id observare est in veteribus Tabellis. Vide Concil. Toletan. IV. can. 41. Quid autem in Clericis denotet corona, pluribus docent, Isidorus lib. 2. de Offic. Eccles. cap. 2. Æneas Pasisiensis loco laudato, Joannes Abrincensis Episc. de Offic. Eccles. pag. 2. 3. Hugo Archiep. Rotomag. lib. 3. de Hæretic. cap. 5. Hucbaldus Monachus Elnonensis in Vita S. Rictrudis cap. 15. Joannes de Janua in verbo *Clericus*, Durandus in Rationali lib. 2. cap. 1. Francisc. Turrianus lib. 5. pro Epist. Pontific. cap. 19. Haeftenus lib. 5. tract. 9. disq. 4. et alii. Vide Baron. ann. 58. n. 127. et seqq. et Menardum ad Concord. regular. et in Sacramentar. Gregor. Magn. Haeftenum. lib. 5. Disquisit. Monast. tract. 9. disq. 1. etc.

* Nostri *Couronne*, eodem sensu, dixerunt. Lib. rub. fol. parvo domus publ. Abbavil. ad ann. 1354. fol. 69. r°. : *Ledis Adams cognut qu'il n'estoit point clers, ne n'avoit onques eu Couronne d'Eveske.* Unde *Lettre de Couronne*, quæ ab episcopo alicui datur in testimonium clericaturæ, in Lit. ann. 1400. ex Reg. 155. Chartoph. reg. ch. 255 : *En faisant apparoir au suppliant de une Lettre de couronne ou tonsure.* Aliæ ann. 1474. in Reg. 204. ch. 92 : *Jehan de Berry dist au suppliant qu'il avoit emblé une robe à Gyen et la lettre de Couronne de son maistre.*

* Corona Adulterina, quam deferunt, qui statum clerici mentiuntur, quorum pœna sic decernitur in Constit. Jacobi II. reg. Aragon. ann. 1312 : *Sic decernimus puniendos (eos qui statum clerici mentiuntur) videlicet, ut in quantum Corona adulterina protendatur, corium cum rasorio a capite abscindatur.*

Coronas Facere, Dare, id est, Tonsuras, primas nempe, *Donner la Tonsure.* Liber S. Petri Carnotensis, qui *Apothecarius* inscribitur : *Die Lunæ D. Episcopus in dicta Ecclesia fecit Coronas multas, et tonsuravit.* Joannes Episc. Signiensis in Vita S. Berardi Episcopi Marsorum : *Hujus viri constantiam cernens, Corona, et cæteris Ecclesiasticis ordinibus, certis temporibus rite datis... Acolythum ordinavit.*

Benedictio Coronæ, Prima tonsura. Concilium Pictavense ann. 1109. can. 1 : *Ut nullus præter Episcopum Clericis Coronas benedicere præsumat, exceptis Abbatibus, qui illis tantummodo Coronas faciant, quos sub Regula B. Benedicti militaturos susceperint.* Exstat in Tabulario S. Bertini Bulla Alexandri IV. PP. qua Abbati ejusdem Monasterii et successoribus facultatem concedit *benedicendi pallas altaris, corporalia quoque, ac alia indumenta sacerdotalia, dandique benedictionem primæ tonsuræ, seu Coronæ.* Statuta Ord. Præmonstr. Dist. 1. cap. 15 : *Nullus vestiatur, antequam tonsuram habeat Clericalem, nisi in illis Ecclesiis, ubi Abbates habent a Domino Papa indulgentiam specialem suis Monachis faciendi Coronas.* Benedictionis vero coronæ Monachorum, quæ ad Abbates pertinet, mentio est in Usibus antiquis Ordinis Cisterciensis cap. 102. 110. 111. in Statut. Ordinis Præmonstr. dist. 1. cap. 15. dist. 2. cap. 1. et apud Bernardum Monachum in Consuet. Cluniacensib. MSS. cap. 16. 61. de qua etiam Vita B. Bernardi Abbatis Tironensis cap. 59 : *Ad extrema veniens, quod hactenus celaverat, innotuit, benedictionem Coronæ, quam necdum acceperat, cum viatico accepit, et obiit.*

Coronas Benedictas habere dicuntur Clerici in Concilio Rotomagensi ann. 1072. can. 11 : *Qui Coronas benedictas habuerunt, et reliquerunt, usque ad dignam satisfactionem excommunicentur.* Id est, qui clericatum dimiserunt.

Coronam Capitis Amittere, Clericatura excidere, in Reg. S. Fructuosi cap. 16.

Corona, Clericus, *Coronatus*, tonsuratus Magister Robertus de Flamesbura, in Pœnitentiali MS. laudato a Jacobo Petito in Notis ad Pœnitentiale Theodori pag. 155 : *Instituuntur autem ministri Ecclesiæ non a quolibet, sed ab Episcopo suo vel Sacerdote, ut ordo Psalmistæ, sive ille qui dicitur Corona apud nos, a Lombardis Clerico*, id est, *Clericio*, nisi ita legendum sit. Vide in hac voce.

Mala-Corona. Sic appellati olim quidam Clerici, qui Clericatus charactere abutebantur. Willelmus Gemeticensis lib. 7. cap. 10 : *Rodulfus autem frater ejus cognomento Clericus, quia copiose literatus erat ; et Malacorona quia militaribus exercitiis inserviens, Clericatus gravitatem male servabat.* Ordericus Vitalis lib. 3. de eodem Rodulfo pag. 464 : *Clericus cognominatus est, quia peritia literarum... apprime imbutus est. Hic et Mala-corona vocabatur, eo quod in juventute sua militaribus exercitiis et levitatibus detinebatur.* Adde pag. 477. Arnoldo Patriarchæ Hierosolymitano id nominis etiam, eamd. forte ob causam, adscribit Willelmus Tyrius lib. 12. cap. 6.

Corona, Dignitas Clericalis, Sacerdotalis, Episcopalis, Pontificalis : quia *corona* est insigne præcipuum Clericatus et Sacerdotii. S. August. Ep. 147. ad Proculianum : *Per Coronam nostram nos adjurant vestri, per Coronam vestram vos adjurant nostri.* Lex unica Cod. Theod. de Episc. ordin. [** Novel. Valentin. III. 2, 17. c. 1. pr.] *Cum igitur Sedis Apostolicæ Primatum S. Petri meritum, qui Princeps est Episcopalis Coronæ, et Romanæ dignitas civitatis, etc.*

Hac etiam voce, ut illustri honoris titulo, compellabantur Summi Pontifices et Episcopi. Ennodius lib. 4. Epist. 22. ad Symmachum PP. : *Erigat parvulos implorata Coronæ vestræ miseratio.* Tarraconenses Episcopi Epistol. 2. ad Hilarium PP. : *Provinciali literario sermone debita Coronæ vestræ obsequia deferentes.* Anastasius in S. Cornelio PP. : *Cornelius respondit, Ego de Corona Domini* (Cypriani Episcopi) *literas accepi non contra rempublicam.* Marculfus lib. 1. form. 26. quæ inscribitur, *Indiculus commonitorius ad Episcopum : Præsentem indiculum ad Coronam beatitudinis vestræ direximus.* Epistolæ Francicæ ex Edit. Freheri Epist. 17 : *Non tamen credit Coronæ vestræ magnitudo sufficere, etc.* Epist. 24 : *Humilitati meæ Corona vestri Apostolatus veniam dare dignaretur.* Adde Epist. 30. 44. Ita passim utitur S. Hieronymus Epist. 81. Paschasinus Lilybit. in Epist ad Leon. Florianus in Epist. ad Nicetium, Quodvultdeus Diac. in Epist. ad sanctum Augustinum tom. 6. Oper. ejusdem August. Sidonius lib. 6. Epist. 4. Paulinus in Ep. 18. 45. Braulio Cæsaraugust. in Epist. ad Isidorum Hispalens. Andreas Episcopus Prevalitanus in Relat. post Ep. 39. Hormisdæ PP. Fortunatus in Epist. præfixa libris de Vita S. Martini, et lib. 5. in Epist. ad Martinum Gallic. Episcopum, Beda in Præfat. ad Vitam S. Cuthberti Episc. n. 2. S. Bernardus Ep. 205. ad Episc. Roffens. [Petrus Cluniac. Abbas Epist. ad S. Bernardum inter hujus Opera tom. 1. col. 211. Edit. 1690 : *Non multum temporis est, ex quo scribens ad vos Coronam vestram debita veneratione salutavi, et non respondistis mihi verbum.*] etc.

Eadem notione Græci Patres Στέφανον usurparunt, Ἀλλὰ καὶ νῦν αἰτοῦμεν τὸν ὑμέτερον Στέφανον, εἰ καὶ, etc.

Coronati, Clerici, Tonsura, seu corona Clericali donati, (Hispanis *Clerigos de Corona* quibus opponuntur *Clerigos de Orden sacro*) in leg. 38. Cod. Theod. de Episcop. et Cleric. (16, 2.) Asserus de Rebus gestis Ælfredi pag. 14 : *Injustum mihi videbatur illa tam sancta loca, in quibus nutritus, et doctus et Coronatus fueram, atque ad ultimum ordinatus, pro aliquo terreno honore et potestate relinquere.* Eckeardus Junior de Casib. S. Galli cap. 6 : *Vidi egomet ipse Conrado Imperatore Ingilenheim Pascha agente S. Galli Monacho Scholas Moguntiæ curante, officium, ut solitum est, in medio chori crebro Coronati inspectu agere.* Ordericus Vitalis lib. 4. pag. 523 : *Sicut tyronibus suæ a Principibus erogabantur stipendia militiæ, sic quibusdam coronatis pro famulatu suo dabantur a Laicis Episcopatus et Abbatiæ, Ecclesiarum præposituræ, etc.* Ita lib. 12. et 13. pag. 867. 904. Le Roman *du Renard* MS. :

Nul ne doit estre Chapelcins,
Se cil n'est Couronné au mains.

Infra :

Se je puis un rasoir trouver,
Je vous voudroi ja Couronner.

Le Roman *de Vacce* MS. :

Jehan fu clers et Coronnez.

Apud Petrum Cellensem lib. 7. Epist. 16 : *Postulat ut de manu vestra primitias Clericatus, id est, Coronam accipiat.*

Coronati, appellati etiam gentilium Sacerdotes. Innocentius PP. in Epist. ad Episcopos in Synodo Tolosana constitutos : *Neque de curialibus aliquos ad Ecclesiasticum ordinem venire posse, qui post baptismum Coronati fuerint, vel Sacerdotium, quod dicitur, sustinuerint, et editiones publicas celebrant.* Firmicus lib. 3. Math. cap. 4 : *Alios per totam viam suam faciet Coronatos.* Cap. 7 : *Faciet etiam Coronari infulis et coronis.* Et cap. 14 : *Erunt autem aut Coronati, aut Sacerdotibus præpositi, aut sacrorum bajuli simulacrorum.* Vide Carolum Paschalium lib. 4. de Coron. cap. 13. 19.

Corona Imperialis, seu Imperatorum Occidentis, sic describitur ab Honorio Augustod. in Gemma animæ lib. 1. cap. 224 : *Corona Imperatoris est circulus orbis. Portat ergo Augustus Coronam, quia declarat se regere mundi Monarchiam... Arcus super Coronam curvatur, eo quod Oceanus mundum dividere narratur.* Et in Ceremoniali Romano lib. 1. sect. 5. cap. ult. : *Differt forma Coronæ Imperialis ab aliis : nam ea sub se tiaram quamdam habet in modum fere Episcopalis mitræ, humiliorem tamen, magis apertam, et minus acutam : estque ejus apertura a fronte, non ab aure, et semicirculum alium habet per ipsam aper-*

turam aureum, in cujus summitate crux parvula eminet. Porro corona aurea illa est qua Romæ a Summo Pontifice donatur, tanquam Imperator, quippe triplici corona coronatur Imperator Germanicus, argentea, ferrea, et aurea : argentea, tanquam Germaniæ Rex Aquisgrani : Modoetiæ ferrea, ut Rex Longobardiæ : demum aurea Romæ, ut Imperator. Albericus in Indice, verbo *Corona : Imperator triplicem Coronam recipit, primam argenteam pro Alemannia, ferream in Modoetia Comitatus Mediolani, et auream in diversis locis.* Tradit Otto Frisingensis Fridericum I. coronis quinque aureis fuisse decoratum : primam de Regno Francorum apud Aquisgranum, secundam Ratisponæ de Regno Germaniæ, tertiam Papiæ de Regno Lombardico, quartam Romæ pro Romano Imperio ab Hadriano IV. quintam vero Modoeciæ pro Regno Italico suscepisse. Ita legimus in Annalibus Francor. Fuldensibus ann. 869. Carolum Calvum Regem, comperta Hludovici fratris sui infirmitate, Regnum Hlotarii invasisse, et in urbe Metensi diadema capiti suo ab illius civitatis Episcopo imponi, et se Imperatorem et Augustum, quasi duo Regna possessurum, appellari præcepisse. Vide Hieronym. Balbum lib. de Coronatione cap. 3.

* Poggii Braccolinii Hist. lib. 7. col. 380. apud Murator. tom. 20. Script. Ital. : *Carolus Magnus apud Latinos, ob ejus in sacrosanctam Romanam ecclesiam et Pontifices merita, adeptus imperium, primus et a Romanis dictus est imperator, et a Leone pontifice coronatus ; atque hinc nova coronandi a pontificibus imperatoris consuetudo est exorta. Qua vero corona Carolus, et qui ab eo manarunt, usi fuerint incertum. Duo autem, quos ipsi coronari vidimus, Sigismundus ac Federicus, auream Coronam margaritis gemmisque distinctam, semicyclo supra caput in crucem reflexo, per Eugenium ac Nicolaum pontifices apud Divi Petri basilicam capiti impositam, ad Lateranensium sacras ædes euntes redeuntesque ingenti pompa apparatuque veste sacerdotali gessere.*

Corona Argentea illa est qua Imperatores adornantur, cum Aquisgrani inaugurantur, Regesque Alemanniæ renuntiantur. Beka de Coronatione Willelmi Regis : *Rex Bohemiæ Regis Pincerna de consensu Coloniensis Archiepiscopi Coronam argenteam capiti suo superimpressit.* Similia habent de Adolpho Ferretus lib. 2. Hist. sui temporis, de Henrico VII. idem Ferretus et Georgius Merula lib. 7. Vicecomit. antiquit. de Carolo IV. Marius Æquicola in Commentar. Italic. rerum Mantuanar. Ex quo errare auctorem Vitæ Clementis VI. PP. colligitur, qui tradit Archiepiscopum Coloniensem in oppido suo Bunnensi supra Rhenum Adolphum coronasse corona ferrea quod Aquisgranum tunc Bavari partes sectaretur.

Corona Ferrea Modoeciæ, quæ Radevico *Modoicum*, Gunthero lib. 8. *Modionum*, (nisi restituendum sit *Modoicum*, quod puto) Italis *Monza* dicitur, donatur Imperator, postquam argenteam Aquisgrani excepit, tanquam Longobardici Regni et Italiæ Rex. Landulfus de S. Paulo in Chronico Mediolanensi cap. 39 : *Anselmus* (Archiepiscopus Mediolanensis) *in Castellis habitans, intellexit quod Clerus et populus Mediolanensis nobilem Principem Conradum cum Ecclesiastica pompa et civili triumpho conveniente Regi naturali suscepit. Cum autem Clerus et populus.... idem Anselmus a Leuco descendit ad Modoetiam, qui est primus locus Coronæ Regis, ibique pernoctavit, etc.* Infra : *De cætero ipse, quasi consentiente communi omnium gentium voto, in Ecclesia S. Michaelis, quæ est Modoetiæ, benedixit, et unxit, et Coronam electo Conrado in festo S. Petri posuit, altero Episcopo astante Regi coronando.* Deinde : *Eandem quoque solennitatem Coronationis in Ecclesia S. Ambrosii... celebravit.* Radevicus de Friderico I : *Princeps Romanus a Mediolano castra movens apud Modoicum sedem Regni Itali Coronatur.* Guntherus :

> Tunc demum victa Fridericus ab urbe recessit,
> Modoinumque petens, prisco dignatus honore
> Illustrare locum, sacro diademate crines
> Induit, et dextra gestavit sceptra potenti.

* Annal. Victor. Mss. ad ann. 1342 : *Karolum* (comitem Lucemburgi) *sic electum* (in imperatorem loco Ludovici Bavariæ ducis a Papa depositi) *archiepiscopus Coloniensis in opido suo Velimensi supra regnum coronavit Corona ferrea, pro eo quod locus Aquisgrani et villa de Frankefort, ubi consueverat fieri tam electio quam coronatio regnum Romanorum, tunc Bavario favebant et adhærebant.* Qui plura hac de re voluerit, ea erudite disquisita reperiet in Dissert. illust. Fontanini de *Corona ferrea*, Lipsiæ edita ann. 1719. et in Comment. Murator. tom. 2. Anecd. ejusd. pag. 267. *Couronnation*, pro *Couronnement*, solemnis regum inauguratio, apud Froissart. vol. 3. cap. 28 : *Devant la Couronnation du roy de Portugal, qui fut couronné a Conimbres, etc.*

Interdum tamen alios Imperatores non Modoeciæ, sed Mediolani in Ambrosiana Basilica *Corona Ferrea* coronatos legimus, ut Henricum VII. apud Albertinum Mussatum lib. 1. Histor. Rubr. 12. Levoldum Northovium in Chron. Markano ann. 1310. in Historia Cortusiorum lib. 1. cap. 12. apud Continuatorem Nangii ann. 1310. Ughellum tom. 4. pag. 1109. 1110. et Corium in Hist. Mediolan. part. 2. qui observat Henricum Modoecensibus concessisse diploma, quo eorum juribus cautum decrevit. Idem de Ludovico Bavaro scribunt Albertus Argentin. pag. 124. et Continuator Nangii ann. 1327. De Carolo IV. testantur illius Tabulæ, quas descripsit Auctor Bohemiæ sacræ pag. 59. et Marius Æquicola in Comment. rer. Mantuan. præterea Albertus Argentin. pag. 163. Ita Fridericus III. Romæ corona ferrea donatus est a Nicolao PP. ob pestem quæ Modoetiæ grassabatur. Ceremoniale Romanum lib. 1. sect. 4 : *Et Corona Regni Longobardici sive Italici, quam superiores Imperatores Modoeciæ suscipere consueverunt, cum Fridericus pestis timore illuc accedere non potuisset, Pontificis manibus coronatus est in Basilica Petri apud altare majus, quæ Corona Ferrea, licet ærea sit, nuncupatur.* Infra de eadem Corona sect. 5 : *Quæ quidem Corona ideo appellatur ferrea, quod laminam quandam habeat ferream in summitate, alioquin aurea et pretiosissima.* Vita Balduini Lutzemb. Archiepisc. Trevir. lib. 2. cap. 10 : *Et ibidem D. Henricus Rex sequenti die Epiphaniæ Domini in S. Ambrosio a Mediolanensi Archiepiscopo una cum sua Regina Corona Ferrea ad instar lauri margaritis pretiosis ornata, de calibe tamen per ipsum Henricum Regem cunctis successoribus facta, eo quod Corona Regum antiqua ex negligentia esset amissa ; nam a nullo Regum de tempore Frederici Imperatoris fuerat requisita, gloriosissime extitit coronatus, etc.* Hinc *Lauream* a Modoecensibus peculiari vocabulo appellatam coronam istam ferream auctor est Rollandinus in Chron. ut et Albertinus Mussatus lib. 1. Rubr. 12. Vide Constitut. Imper. Goldasti tom. 1. pag. 320. Zucchum in Historia ferreæ coronæ, Puricellum in Ambrosiana Basilica, ex Galvaneo Flamma, et aliis, pag. 177. 178. 179. 277. 278. 580. 583. 1091. etc. Sed an ea corona a temporibus Caroli Magni obtinuerit, quod tradidit Sigonius lib. 4. de Regno Italiæ, pluribus disquirit vir doctissimus Carolus *le Cointe*, in Annalib. Ecclesiast. Franc. ann. 774. num. 30.

* In solemnioribus festis usus erat, teste Ivone Carnotensi Epist. 66. 67. etc. ut regibus Francorum coronam imponerent episcopi.

* Corona, nude, interdum *Festum Coronæ* appellatur Solemne festum coronationis Papæ, quod Romæ quotannis celebratur, in Cerem. Rom. apud Mabill. tom. 2. Mus. Ital. num. 26. 27. et 36 : *Papa debet accipere coronam in capite suo, et per mediam urbem cum processione redire ad palatium, perficere festum Coronæ. Coronatus redit ad palatium, sicut in aliis Coronis. Acceptis laudibus, et celebrata Corona, sicut mos est, omnes redeunt ad propria.*

Coronæ Ducum, Comitum. Continuator Aimoini cap. 32. de Carolo Calvo : *Romam exiens, Papiam venit, ubi et placitum suum habuit, et Bosone uxoris suæ fratre Duce ipsius terræ constituto, et Corona Ducali ornato... ad Monasterium S. Dionysii pervenit.* Rogerus Hovedenus de Joanne Comite Moritaniæ, postmodum Rege Angl. : *Accinctus est gladio Ducatus Normanniæ, in matrici Ecclesia per manum Walteri Rotomagensis Archiepiscopi : et prædictus Archiepiscopus posuit in capite Ducis circulum aureum habentem in summitate per circuitum rosas aureas.* Ordo ad benedicendum Ducem Aquitaniæ : *Post hæc imponit Episcopus capiti Ducis circulum aureum, cum oratione ista, etc.* Le Roman *de Garin*, cujus auctor vixit sub Ludovico VII. circulum aureum Ducibus tribuit :

> Prans cette Dame, gentis Dus Segnoris,
> Ains de tes els plus biele ne vis,
> Sire seras de trestot cest pais,
> Le cercle d'or tenrez el chief assis.

Ægidius de Roya ann. 1313 : *Rex Franciæ solennem Curiam Parisiis tenuit ; in qua omnes Principes sub Corona fuerunt, dempto Roberto Comite Flandriæ, unde Rex mirabatur, etc.* Vide Observata ad Joinvillam.

* Charta Frider. imperat. ann. 1157. apud Ludewig. tom. 11. Reliq. Mss. pag. 273 : *Wladislao illustri et serenissimo duci Boemiæ...... Circulum videlicet gestandum concessimus, et cum omnibus successoribus*

suis inperpetuum decrevimus. Itaque irrevocabili lege statuimus ut liceat præfato duci Boemiæ, duci Wladislao, illis temporibus, quibus nos coronam et diadema gloriose portamus, in Nativitate Domini videlicet, et in Pascha et Pentecostes, Circulum portare. Tunc temporis, ut legitur in Chron. Bohem. ibid. pag. 272. *propter excellentiam imperialis coronæ seu diadematis, coronæ regum, circuli ab imperatoribus vocabantur.* Quod male ex laudato diplomate efficit Auctor Chronici, cum duci, non vero regi, circulus concedatur ab imperatore. Vide *Circulus*.

Coronam de racemis, quam annuatim debebant Abbas et Conventus Humolariensis, remittit Ludovicus Rex Charta ann. 1223. quæ habetur apud Hemereum in Aug. Virom. pag. 52. Nescio an huc spectet quod habet Capitulare de Villis cap. 22 : *Coronas de racemis qui vineas habuerunt, non minus tres aut quatuor habeant* (judices.)

Corona Oblationis, Panis benedictus in modum coronæ, seu forma rotunda confectus. Gregorius M. lib. 4. Dialog. cap. 55 : *Tunc duas secum oblationum Coronas detulit.* Et mox : *Iste panis sanctus est, ego hunc manducare non possum.* Græca Zachariæ habent, Δύο σὺν μεθ' ἑαυτοῦ προσφορὰς λαβὼν, *etc*. Vide *Oblata*.

Corona, Nimbus, circulus qui circa Sanctorum capita depingitur. Honorius August. lib. 1. cap. 133. quod *de Corona in Ecclesia* inscribitur : *Lumina quæ circa capita Sanctorum in Ecclesia in modum circuli depinguntur, designant quod lumine æterni splendoris coronati fruuntur. Idcirco vero secundum formam rotundi scuti pinguntur, quia divina protectione, ut scuto, nunc muniuntur, etc.*

Coronæ, vox Agrimensorum : Loca circumposita, quibus scilicet oppida circumducta sunt. Vide Frontinum pag. 96. 115.

Corona, Nummus aureus Francicus. In veteri Regesto 7. Febr. ann. 1339 : *Fiebant Coronæ ponderis* 45. Vide *Moneta*.

Corona. Rabanus Maurus in Glossis Latino-Barbaricis : *Circulus, quo a pupilla albæ partes oculi separantur, discreta nigredine Corona dicitur.*

* Adde ex D. *Falconet* : Anatomicis dicitur Iris. Vide Lex. medic. a Panor. Brunone de variis significationibus vocis *Coronæ* in re medica.

Corona, Candelabrum in modum coronæ ac circuli, variis lucernis instructum, ab Ecclesiarum laquearibus dependens. Anastasius in S. Silvestro PP. : *Coronam ex auro purissimo, quæ est Pharus cantharus, etc.* Vita S. Desiderii Episcopi Cadurcens. cap. 9 : *Micant Coronæ, candelabra resplendent.* Joannes Diaconus in Episcopis Neapolitan. : *Multas ibidem fecit æreas Coronas, e quibus scilicet lucernæ seriatim dispositæ dependerent.* Gervasius Dorobernensis in Descriptione Ecclesiæ Cantuariensis : *In medio Chori dependebat Corona deaurata viginti quatuor sustinens cereos.* Ægidius Aureæ Vallis Monachus cap. 53 : *Augustæ operositatis Corona, quæ pendebat in medio Monasterio.* Vita B. Joannis Abbatis Gorziensis cap. 10 : *Taceo Coronas tam luminoso fulgore a laquearibus dependentes.* Versus inscripti a Theodorico Episc. Metensi *Coronæ*, quæ etiamnum in æde sacra Metensi conspicitur apud Meurissium :

Cujus in æde sacra rutilans micat ista Corona,
Ad lumen turbæ, vel decus Ecclesiæ.

Continuator Historiæ Episcoporum Virdunensium n. 4 : *Templum S. Mariæ ita Coronis ornavit, ut si manu primam tangeres, usque ad novissimam omnes moverentur.*

Coronæ Pharales, apud Anastasium in Vitis PP. pag. 25. 26. Vide *Phara*.

¶ Corona Ecclesiæ, f. Pars Templi choro postica, quod ea pars fere desinat in circulum. Charta anni 1170. in Tabulario B. Mariæ de Charitate : *Duo altaria in Corona Ecclesiæ.*

Coronæ cum Delphinis et Liliis, apud Gregorium Magnum lib. 1. Epist. 66. et Anastasium in Vitis PP. pag. 17. 18. Vide Descriptionem nostram sanctæ Sophiæ n. 48. Ejusmodi coronas recensent passim Scriptores, Honorius Augustod. in Gemma animæ lib. 1. cap. 141. Hariulfus lib. 2. Chron. Centul. cap. 10. Anastas. in S. Silvestro, in S. Cælestino, in S. Marco, in Sergio pag. 13. 16. 17. 19. 60. Ardo Mon. in Vita sancti Benedicti Anian. cap. 5. n. 23. Vita S. Silvini Episcopi cap. 2. n. 21. Continuator Hist. Episcop. Virdunensium n. 3. Ratbertus de Casib. S. Galli cap. 9. Iso Magister de Mirac. S. Galli cap. 8. Udalricus in Statutis Cluniac. lib. 2. cap. 11. Petrus Venerab. in Statutis Cluniac. cap. 52. Flodoardus lib. 3. Hist. Rem. cap. 5. lib. 4. cap. 13. Chronicon Casinense lib. 3. cap. ult. Milo Monachus Elnonensis in Præfat. ad Vitam S. Amandi, S. Bernardus de Vita et morib. Cleric. cap. 11. Fulcardus de Miraculis S. Bertini cap. 2. Chron. Atinense pag. 501. etc.

Coronæ, inter cimelia et ministeria sacra, non semel occurrunt in Chartis Hisp. Charta Christinæ filiæ Bermundi II. Regis apud Anton. *de Yepez* in Chron. Ord. S. Bened. tom. 5 : *Ad ministeria Ecclesiæ, cruces duas argenteas, calices duos argenteos, cum suis patenis, Coronas duas argenteas, cum candelabro uno argenteo, signos de metalos, etc.* Alia æræ 1016. ibid. : *Cruces, et calices, et Coronas pro in Ecclesia, etc.* Alia æræ 1111. tom. 6 : *Capsa argentea exaurata pensante solid.* cm. *dictatos pensante sol.* 10. *Corona argentea pensante sol.* 30. *etc.* Alia Ferdinandi M. Regis æræ 1101. apud eumdem tom. 6 : *Alios similiter tres frontales argenteos singulis altaribus, Coronas tres aureas, una ex his cum sex alphas* (unioninibus) *in gyro, et Coronas de... intus in ea pendens, alia est de... cum olovitreo aurea, tertia vero est diadema capitis mei aureum, et arcellinam de crystallo auro coopertam, etc.*

Corona Consecrata, apud Anastas. Bibl. in sancto Zephyrino.

Corona Linea. Constitutiones Petri Episcopi Ruthenensis Legati Apostol. in insula Cypro ann. 1313 : *Nec Coronam lineam ut Miles laïcus, seu vayletus* deferant Clerici.

Coronæ in Nuptiis. Tertullianus de Coronæ Militis cap 13 : *Coronant et nuptiæ sponsos.* Sidonius lib. 1. Ep. 5 : *Jam quidem virgo tradita est, jam Corona sponsus, jam palmata consularis, jam cyclade pronuba, jam toga Senator honoratur.* Nicolaus I. PP. in Responsis ad Consulta Bulgaror. cap. 3 : *Post hæc* (post peractam benedictionem nuptialem) *de Ecclesia egressi Coronas gestant, quæ semper in Ecclesia ipsa solitæ sunt reservari.* Anonymus in feminam loquacem pag. 6 : Ὥστε μικροῦ μὲν ῥίψας τὸν στέφανον ἐκ μέσων τῶν γάμων. Λαμβάνειν τοῦ γάμου στέφανα, apud Theophanem in Chronico pag. 374. 397. 409. [Anonymus Combefisianus in Romano Lacapeno num. 23. Καὶ εὐλόγησεν Πέτρον καὶ Μαρίαν, καὶ τοὺς νυμφικοὺς στεφάνους ταῖς αὐτῶν ἐπέθηκε κεφαλαῖς.] Theophanes Cerameus Homil. 6 : Καὶ τὸν στέφανον ὀνειροπόλει, καὶ τὴν παστάδα καὶ τὸν ὑμέναιον. Adde Leonem Grammaticum pag. 449. 458. 479. Hinc Στεφάνωμα pro nuptiis, in Euchologio, et Στεφανῖται, conjugio nexi, apud Theophanem in Chronico pag. 368. et ejus Continuatorem pag. 441. Bigami autem non coronantur, ut est in Nicephori Confessoris canone 10. Vide Chronicon Orientale ab Ecchellensi editum pag. 137. Goarum ad Euchalog. [et Gloss. med. Græcit. in Στέφανοι.]

Coronæ in mundo muliebri. Vetus Statutum ann. 1283 : *Nul Bourgeois ne Bourgeoise ne portera verd ne gris, ne ermine, et se delivreront de ceux qu'ils ont de Pasques prochain en un an, et ne porteront et ne pourront porter or, ne pierres precieuses, ne ceinture d'or ne à perles, ne Couronnes d'or ne d'argent.*

* Le Roman *du Riche homme et du Ladre* Ms :

Les femmes font encore pis,.....
Couronnes d'or, riques capiaus,
Et dras de soie boins et biaus.

Vide supra *Circulus* 1. *Couronne* vero, pro *Assemblée*, Corona, consessus. Le Roman *de Robert le Diable* Ms :

Jurés avant que sans boisdie
Li donrez vestre fille sage,
S'il le veut prendre, en mariage,.....
Et le vostre fille i ferés
Venir à toute la Couronne

* Corona, Virorum quoque fuit ornamentum, a forma rotunda sic dictum. Stat. S. Capellæ Bitur. ann. 1407. ex Bibl. reg. : *Item quod omnes et singuli de collegio prædicto deferant Coronas honorabiles et decentes ad honorem ecclesiæ, non tamen sicut advocati aut laici, sed tanquam ecclesiastici viri, ut differentia inter clerum et laicos sit.* Lit. remiss. ann. 1383. in Reg. 124. Chartoph. reg. ch. 163 : *Une Couronne d'argent dorée du pris de environ* v. *frans, laquelle estoit de la façon de celles, que portent entour leurs colz nostre très-cher et amé cousin le sire de Coucy et ses gens.*

* Corona Papyri meretricibus in ignominiæ signum imposita. Stat. Astæ collat. 11. cap. 124. pag. 37. v° : *Item statutum est, quod aliqua mulier secularis inhonestæ vitæ non audeat habitare in domo habitationis alicujus presbiteri vel alicujus alterius religiosi, vel sacratæ personæ,....... et quæ contrafecerit pro qualibet vice condemnetur et puniatur in lib.* xv. *Asten. quas si non solverit infra decem dies a die condemnationis numerandos, per civitatem Asten. publice fustigetur, cum Corona una papyri in capite.* Vide *Mitræ*.

* Corona. *Ordo de Corona*. Vide infra in *Ordo* 6.

CORONAMENTUM, Festum Regium, Curia Regalis, in qua Reges coronari solenni ritu solebant. Hugo de Cleriis de Senescallia Franciæ : *Si vero ad Coronamenta Regis Comes ire voluerit, Senescallus præparare et liberare faciet hospitium*, etc. Occurrit ibi non semel hac notione, ubi et *Dies coronæ Regis* dicitur. [*Rege Angliæ propter Coronamentum suum in Anglia commorante*, in Chronico Turon. apud Marten. tom. 5. Ampliss. Collect. col. 1038.] Vide *Curia coronata*.

CORONARI dicitur civitas, cum festa gaudia concelebrat. Luithprandus lib. 3. cap. 7 : *Tota mox civitas Coronatur, et Romanus Pater Basileos appellatur*. Otto de S. Blasio cap. 39 : *Tota Coronatur civitas, tapetibus sertisque diversi generis et pretii compita illustrantibus, thure, myrrha, aliisque speciebus odoriferis, intus et extra civitatem redolentibus plateis*. Et cap. 51 : *Ottonemque Regem regali ambitione Coronata civitate cum maximo triumpho susceperunt*. Theophanes in Constantino Magno de Constantinopolitanis : Τὴν πόλιν ςεφανώσαντες εἰσεδέξαντο μετὰ χαρᾶς τὸν νικητὴν Κωνςαντῖνον, etc. Theophylactus Simocatta lib. 1. cap. 10. de Nuptiarum Mauricii solemnitate : Ἡ δὲ πόλις ἐπανηγύρισεν ἐν ἡμέραις ἑπτὰ, ἀργυρέοις τε ἐςεφάνωτο σκεύεσι, etc. Ex Tertulliano in Apol. cap. 35. ad Uxor. lib. 2. cap. 6. et de Idol. cap. 15. docemur in hisce occasionibus ædium postes corollis exornari solitos. Vide Glossar. med. Græcit. in Στεφανοῦν.

CORONARIUM, Ἐπιςεφάνωμα, in Glossis Gr. Lat. Vide *Aurum*.

Coronarium Opus, apud Vitruvium lib. 7. cap. 6. et Anonymum de re architecton. cap. 23. de quo Philander ad eumdem Vitruvium.

CORONARIUS, Στεφανοπλόκος, in Gl. Gr. Lat.

Coronarii, Iidem qui *Coronatores*, de quibus infra, apud Radulphum in Miraculis S. Richardi Episc. Cistercens. n. 11.

** *Cron-Asche*, Germ. Cinis probatissimus, quem *Coronarium* vocant. Chytreus in Nomencl. Saxon. pag. 238. Adel.

CORONATOR, Anglis, dicitur Judex placitorum *Coronæ*, seu quorum cognitio ad *Coronam* speciatim pertinet; verbi gratia de homicidiis, murdris, et aliis hujusmodi criminibus Coronam Regis spectantibus. Spelmannus : *Coronator, apud nos Coronæ Officialis pervetustus est, ad tuendam pacem et dignitatem Regiam in quovis Comitatu populi suffragiis constitutus. Olim non minor equite aurato, sed diminuta hodie potestate, quatuor plerumque eliguntur, qui in exquirendis homicidiis operam præsertim navant. Universis præest Capitalis Justitiarius Banci Regis, qui ideo summus Angliæ Coronator habitus est*. De ejus officio et auctoritate multa habent Leges Malcolmi II. Scotor. Regis cap. 15. 16. Statutum 1. Westmonasteriense cap. 10. Bracton. lib. 3. tract. de Corona cap. 5. Fleta lib. 1. cap. 18. 20. Joannes Brito Herefordiensis cap. 1. Guillelmus Stanfford. lib. de Placitis Coronæ cap. 51. 52. Rastallus in Exposit. vocum Juris Anglici, et Skeneus lib. de Verbor. significat. verbo *Coroner*. Addit idem Stanffordius lib. 2. cap. 31. Majorem Londinensem *Coronatoris* officio semper fungi, id est, illius jurisdictionem ac cognitionem eamdem esse ac *Coronatorum*, ex indulto scilicet Henrici I. quod habetur in Legibus ejusdem Regis post caput secundum. Id etiam privilegii concessum Sandwico et *Stonores* tradit Willelmus Thorn. ann. 1367 : *Nec est in prædicta villa de Sandwico et Stonores aliquis Judex Coronæ, qui vulgo dicitur Coroner, nisi ipse Major cum suis juratis*. Ejusmodi Coronatorum passim mentio occurrit apud Scriptores et Historicos Anglicos. Vide *Placita Coronæ*.

¶ Coronatoria, Dignitas Coronatoris, apud Rymerum tom. 12. part. 78. cap. 2. Vide *Raglorium*.

¶ **CORONATORIUS**, Coronarius, Pertinens ad Coronam regiam. Sallas Malaspinæ Rerum Sicularum lib. 4. n. 9. apud Baluz. Miscell. tom. 6. pag. 299 : Acici *primæ præerat Jacobus de Gaucelino, secundæ regius Marescallus, qui regis Caroli verisimiliter simulabat personam, pro eo quod ejus receperat Coronatoria munimenta, et insignem sedebat sonipedem phaleris more regio et coopertúris ornatum*.

¶ 1. **CORONATUS**, Clericus, vel Gentilium sacerdos. Vide *Coronati* post *Corona clericalis*.

2. **CORONATUS**, Nummus aureus Ducum Burgundiæ et Comitum Flandriæ. Vide Froissartem 4. vol. cap. 67. extremo.

☞ Non semel etiam memorantur *Coronati* in Chartis Provincialibus xiii. sæculi et seqq. *Coronati Regales*, in Statutis Massil. lib. 1. cap. 40. 69. etc. ut et in Litteris Johannæ Reginæ pro Massiliensibus ann. 1364. ex Schedis D. *Le Fournier. Provinciales Coronati veteres et novi*, in Charta Guillermi Estandardi Senescalli Provinciæ ann. 1267. e MS. D. *Brunet* fol. 70. *Coronati parvi*, in Homagio Hugoni Episc. Aptensi præstito ann. 1310. cujus locus refertur in voce *Casbovis*. Vide *Moneta*.

3. **CORONATUS**. Coronatorum Cohors, cujus Tribunus exstitit Valentinianus, postmodum Imperator, ut scribit Theophanes pag. 43 : Τριβοῦνος τότε ὢν τάγματος Κωρωνάτων λεγομένων νουμέρου. Sed Κορνούτων restituunt viri docti.

* **CORONDALLUM**, Ligni genus. Reparat. factæ in senescal. Carcass. ann. 1435 : *Pro duodecim cannis cum dimidia Corondalli, et pro media sarcinata de polpre de coralli, etc.*

** **CORONELLA**, Forma panis, in Ruodlieb fr. 4. vers. 86.

¶ **CORONELLUS**, Hisp. *Coronel*, Gall. *Colonel*, Chiliarchus, Tribunus. Gomerius lib. 6. de Gestis Francisci Ximenii pag. 108 : *Erat in hac sententia ut militones tribunos, quos Coronellos appellari diximus, etc.*

¶ **CORONIX**, Tabellæ margo quadrata, Gall. *Quadre*, ab Italo *Cornice*, Gall. *Corniche, Bordure de tableau*. Joan. Ant. Gabutius in Vita B. Pii V. PP. tom. 1. Maii pag. 718 : *Alterius pontificis imaginem cum lignea Coronice combusta*.

* **CORONNUS**, Angulus, Gall. *Coin, encognure*, alias *Coron*, *Couron* et *Quoron*. Charta ann. 1280. ex Chartul. S. Vincent. Laudun. : *Juxta pratum Roberti dicti le Charlier, et ab illa meta usque ad metam, quæ est juxta Coronnum prati dicti Roberti carlarii....... Juxta semitam contiguam Coronno bosci de Cornella,...... usque ad illam metam, quæ est juxta alium Coronnum terrarum prædictarum S. Vincentii et alium Coronnum dicti bosci....... Prout dictæ esclusæ ad præsens se proportant; et a dictis esclusis usque ad Coronnum prati hospitalariæ*. Pactum inter Radulph. de Praellis et commun. *de Vailli* ann. 1311. in Reg. 48. Chartoph. reg. ch. 8. : *La cloture d'icele* (maison) *se comporte de ancienneté jusques au Quoron dou jardin de Courdemaine;...... et de ce Quoron tout selonc ladite voie qui joint à la vigne, qui fu Jehan Fagot, jusques au quoing de ladite voie;... et du Coron de la rue devant la maison S. Vincent*. Comput. Rob. de Seris in Reg. 5. fol. 5. r° : *Aus quatre Corons de la couverture quatre keues de mesmes*. Infra : *Courons*. Chorun, in Ch. ann. 1254. ex Chartul. Fidem. fol. 3. Guill. Guiart. ad ann. 1241 :

En Mautac fait sa gent embatre,
Qui tantost vont là tour abatre
Jusqu'en terre à chascun Coron.

Vide supra *Cornetum* 1.

¶ **CORONULA**, Parva *corona* seu parvum candelabrum in modum coronæ. Translatio S. Gorgonii Martyris inter Acta SS. Benedict. sæc. 3. part. 2. pag. 213 : *Pervenit demum ad stationem Abbatis, ubi ex more dependebat Coronula argentea cum candela*. Vide *Corona*, Candelabrum.

¶ **COROPLASTES**, Κοροπλάςης, Effictor puparum, quibus virgines in prima pueritia lusitare solent.

COROPLATES, *Corpolatius*. Vide *Curopalata*.

¶ **COROVATA**, pro *Corvata*, Operarum præbitio, Gall. *Corvée*. Vide locum in *Cignonus*.

¶ **CORPALASIUS**, Corpalatius. Vide in *Cura* 5.

* **CORPELLUS**, pro *Copellus*, Assula, recisamentum, Gall. *Copeau*. Reg. S. Justi ex Cam. Comput. Paris. fol. 191. v° : *Item habet Corpellos forestæ, quam rex facit scindi. Item si rex det alicui mesrenum, habet Corpellos, quos carpentarii dimittunt*. Vide supra *Copellus* 2.

* Aliud vero sonat *Corpel*, capulum scilicet, Gall. *Poignée*, in Lit. remiss. ann. 1405. ex Reg. 160. Chartoph. reg. ch. 214 : *Le suppliant avoit pris et emblé un Corpel d'une dague d'argent*.

CORPODICINA, in Gloss. Lat. Græc. Μαχελλίτης. Vide *Corficina*. [Lege et vide *Corporicida*.]

CORPORALE, Palla, qua *Sacrificium* contegitur in altari. Leges Alphonsi IX. Reg. Castellæ part. 1. tit. 4. lege. 57 : *Corporales, son dichos aquellos pannos blancos, que ponen sobre el caliz, con que lo cubren, quando faze el clerigo el sacramento del Corpus Domini, e estos non deven ser de sirgo, nin de panno tinto, mas de panno de lino puro e blanco. Sindone, quam solemus Corporale nominare*, apud Amalarium lib. 1. de Eccles. offic. cap. 19. *Chrismale, quod a quibusdam Corporalis appellatur*, apud Glabrum Rodulfum lib. 5. cap. 1.

Corporalis palla, in Ordine Romano, et in Libro Sacramentor. Gregorii Magni, in Missali Francor. vet. pag. 400. in Capitul. Caroli Magni lib. 7. cap. 334. [** 431.] in Vita S. Theotonii Canonici Regular. cap. 1. n. 5. apud Innocent. III. PP. lib. 2. Myster. cap. 56. et Durandum. lib. 4. cap. 29. *Corporale pallium*, in Epist. 11. S. Bonifacii Archiepiscopi Moguntini. *Pallium altaris*, *Pallium quo sacra munera conteguntur*, apud Gregorium Turon. lib. 7. cap. 22. *Coopertorium, quo altare dominicum cum oblationibus tegitur : quod ponitur super munera altaris*, apud eumd. de Vitis Patrum cap. 8. Καλυμμάτιον, in Vita S. Lucæ junioris cap. 6. n. 42. Bernardus Monachus in Consuetudinibus Cluniacensibus MSS. cap. 37. de Corporali : *Nam et alterum simplum semper servatur in scriniolo super sinistrum cornu altaris, sicut ego accepi, propter hoc maxime, ut ad manum possit esse contra periculum ignis, contra quod, si forte contigerit, creditur a multis quod multum valet expansum.* Atqui *Corporale Dominico corpore consecratum ad extinguendum incendium* projici vetat Concil. Salegunstadiense ann. 1012. can. 6. *Corporalia* autem linea esse jubentur. Alcuinus lib. de Divin. offic. et ex eo Remigius Autisiodor. lib. de Celebrat. Missæ : *Corporale, cui superponitur Dominicum corpus, non aliud quam lineum oportet esse, quoniam Joseph linteum mundum emit, unde Corpus Dominicum involvit.* Honorius Augustod. lib. 1. cap. 89 : *Silvester PP. Lineo Corporali offerri statuit.* Vide eumdem cap. 46. Liber Ordinis S. Victoris Parisiensis MS. cap. 20 : *Corporalia autem de purissimo et nitidissimo panno præparari oportet, et in capsulis mundis vel lineis sacculis diligenter complicata reponi.* [Similia leguntur in Statutis Ecclesiæ Biterrensis ann. 1368. apud Marten. tom. 4. Anecd. col. 634.] Quomodo autem ea abluantur, habes in Libro Sacram. Gregorii M. pag. 235. apud Udalricum in Consuet. Cluniac. lib. 3. cap. 14. et Lanfrancum in Decretis pro Ordine S. Benedicti cap. 6. Vide Ditmarum pag. 108. Petrum Diacon. lib. 4. Chron. Casin. cap. 72. Rigordum ann. 1183. Durandum lib. 4. Ration. cap. 29. num. 2. etc. [** Charta Adelbert. Archiep. Mogunt. ann. 1132. in Guden. Cod. Diplom. tom. 1. pag. 103 : *Electus autem* (Abbas monasterii Schonaviensis) *a nobis sive a posteris nostris investiatur et a proprio suo archiepiscopo consecretur, qui annuatim in festo B. Martini mundum Corporale super ipsum* (an ipsius?) *altare representabit, in memoriam et argumentum, quod ejus cenobium de patrimonio sit B. Martini.*]

* Unde nostris *Corporalier*, *Corporalium theca*. Inventar. ann. 1316. in Reg. A. Cam. Comput. Paris. fol 84. r° : *Item un Corporalier broudé, xl. s.* Aliud ann. 1403. inter Probat. tom. 3. Hist. Burg. pag. 217. col. 2 : *Parement d'aube et amict de drap d'or vermeil. Item un Corporalier de mesme.* Pro sacra pyxide, in qua asservatur Corpus Christi, unde nomen, occurrit in Inventar. bonor. ducis Bitur. ann. 1416. fol. 78. v. ex ead. Cam. Comput. : *Item un Corporallier d'yvoire, le couvercle de la passion à images d'écaille.* Inventar. Gall. S. Capellæ Paris : *Item un Corporallier d'argent esmaillié à tout le couvercle.*

CORPORALE Crimen, Lapsus carnis, *lapsus corporalis*, et *carnale delictum*, apud Isidorum Ispalensem in Epist. ad Masseonum Episcopum. Gregorius M. lib. 1. Epist. 34 : *Paulum Diaclynæ civitatis Episcopum inter alia mala in Corporale crimen lapsum. Corporale peccatum*, apud Ferrandum Diacon. in Brev. cap. 117. ex Conc. Neocæs. cap. 8. al. 9.

* **CORPORALIA** vel Incorporalia, Bona quævis; *Corporalia*, quorum fructus sive reditus statuti et stabiles sunt; *Incorporalia* vero, quorum fortuiti et improvisi fructus, vulgo *Casuels*. Charta Raym. Bereng. comit. Prov. ann. 1230. ex Bibl. reg. cot. 792 : *Donamus..... tibi prædicto Romeo quidquid Jordanus Riquerius quondam habet, vel possedit, vel quasi, in civitate Niciæ, in ejus territorio, sive fuit mihi, Corporalia vel Incorporalia, vel quasi.* Charta ann. 1334. in Reg. 66. Chartoph. reg. ch. 1358 : *Item habent dicti condomini in castellania seu baronia et castris prædictis pro indiviso..... pedagia per terram et aquam, piscaria, venationes, laudamina et multa alia consimilia, quæ confirmari* (sic) *non possunt, cum sint jura Incorporalia. Jus ad Corporale vel Incorporale*, in Ch. ann. 1231. ex Tabul. S. Vict. Massil.

¶ **CORPORALIS.** Epist. Johan. de Monsteriolo ad Nicolaum de Clemengis apud Marten. tom. 2. Ampliss. Collect. col. 1341 : *Quorum tamen Capitaneus, et, ut ipsi vocant, Corporalis, permodico ante tempore, ad Regem legatum cum aliis civitatibus Venetis, fuerant me sciente quam multipliciter honorati.*

* Corporalior, Gr. σωματικώτερος. Vet. Interpres comment. Origen. tract. 30 : *Et vide si potes in singulis quibusque classibus eos, qui Corporaliores et mundialiores fuerunt, dicere mulieres.*

¶ Corporalis Fides, Idem quod *Corporale juramentum* in Chartulario S. Vincentii Cenoman. fol. 74. [** *Fide prestita Corporali promisimus*, in Chart. ann. 1308. ap. Schannat. in Probat. Hist. Fuld. pag. 223. *Fidelitatis homagium Corporale*, in Chart. Carol. IV. Imper. ann. 1349. ap. Haltaus. voce *Huld* col. 966.]

¶ Corporale Juramentum, Quod præstatur protensa manu, tactis sive inspectis sacrosanctis Evangeliis, Cruce Dominica, vel Sanctorum reliquiis admotis. Charta Stephani Dom. *de Villars* pro Ecclesia Insulæ Barbaræ ann. 1226. in Maceriis ejusdem Monasterii tom. 1. pag. 140 : *Quittavi, et pro me et successoribus meis promisi Corporali præstito juramento.* Similia occurrunt apud Ludewig. tom. 5. Reliq. MSS. pag. 460. et 465. et plura in voce *Juramentum*.

¶ In Corporalem Possessionem *Aliquem mittere*, Aliquem verum rei alicujus possessorem solemni ritu declarare, apud Ludewig. Reliq. MSS. tom. 1. pag. 266. et tom. 5. pag. 558. [** *In Corporalem Possessionem inducere*, in chart. ann. 1258. ap. Kopp. Init. Fœder. Helvet. pag. 11.]

* Corporalis Dominus. Vide infra in *Dominus* 11.

* Corporalis Justitia. Vide infra in *Justitia* 1.

** Corporalis Residentia. Chart. Adolfi Comit. Nassov. ann. 1287. in Schilteri Com. J. Feud. Alem. pag. 440 : *Ad idem castrum locemus probum et honestum militem ..... inibi frequenter cum Corporali Residentia remansurum.*

¶ **CORPORALITAS**, Res corporea. Utuntur Tertu . de Anima cap. 7. et 9. Guibertus lib. 4. de Pigneribus Sanctorum cap. 1. § 2. et cap. 2. § 2.

1. **CORPORALITER** *et legitimo jure prædia possidere*, in Edicto Theoderici Regis cap. 142. [*Corporaliter jurare* pro *Corporale juramentum* præstare apud Rymerum tom. 1. pag. 353. col. 1. *Altare Corporaliter tangere*, simili notione, in Hist. Dalphin. tom. 2. pag. 130. col. 2.] [** *In possessionem ... mittatis finaliter, Corporaliter, etc.* in charta sec. XIV. ap. Haltaus. voce *Leiblich*, Glossar. col. 1246.]

* Vere, reipsa. Charta ann. 877. apud Mabill. tom. 3. Annal. Bened. pag. 683. col. 1 : *Quidam reverendus cœnobii basilicæ S. Martini... quo Corporaliter ejusdem venerandum corpus quiescit, etc.*

* 2. **CORPORALITER**, Quantum ad corpus. Passio SS. Serap. et Sabinæ tom. 6. Aug. pag. 502. col. 1 : *Juvenes vero..... neque loqui poterant; tantummodo oculi eorum erant aperti Corporaliter.*

1. **CORPORARE**, *Sauciare, ferire*, in Gloss. MS. Reg. Cod. 1013. Apud Joann. de Janua est *Corporeum facere*, *vel impinguare*, *vel in corpus immittere*, *vel ad sustentamentum et augmentum corporis sumere.* Gl. Isonis : *Indidit*, *Corporavit;* ubi Prudentius Hymm. 11. v. 51 :

> Hic ille natalis dies,
> Quo te Creator arduus
> Spiravit, et limo indidit,
> Sermone Carmen glutinans.

Vide *Incorporare*.

* Glossar. Gall. Lat. ex Cod. reg. 7684 : *Corporare*, *Corporer. Corporatio. Corporatus.*

* 2. **CORPORARE**, Acquirere, possessionem rei alicujus adipisci. Vide *Corporatio*, 2. Charta ann. 1258. ex Chartul. S. Euvert. Aurel. : *Duo sextaria metalli redditurles super terram,..... quam Corporavimus ego et Johannes maritus meus quondam.* Sed leg. fortassis *Comparavimus.*

¶ **CORPORASCERE**, Corpus fieri, apud Claudium Mamertum lib. 1. cap. 14.

CORPORATI, Urbium incolæ, qui ex certis *Corporibus* erant, præsertim artificum : quippe, ut est apud Lampridium, Alexander Severus Romæ *Corpora* constituit, pene omnium omnino artium. In provinciis etiam extitere. Corporatos civitatis Alexandrinæ memorat lex unica Cod. de Alexandrin. pleb. primat. (11, 29.) Id etiam patet ex Cod. Theod. non uno loco. Liberatus Diac. cap. 20 : *Habens autem consentaneos aliquantos ex Clero, et possessores civitatis, et Corporatos, et milites, et nobiles.* Erant autem *Corpora publicis obsequiis deputata*, ut est in Novella Severi 2. cujus meminit Papianus tit. 46. Relatio Symmachi P. V. apud Baronium ann. 418. n. 73 : *Corporatos Officii quoque interminatus sum.* Infra ann. 419. n. 32 : *Ego autem tam Corporatis directis, quam omni Officio, ideo illuc ire non potui, etc.* Vide titulum Codicis Theod.

de Privileg. Corporat. et ibi Gotofredum. [** et Savin. Tractat. jur. Roman. cap. 2. § 88.]

1. **CORPORATIO**, Christi incarnatio, in Missa Mozarabum : [ubi etiam *Corporatio* vocatur prima novem partium confractæ Hostiæ, ut in voce *Hostia* dicetur. S. Ambrosius in altera Apologia David n. 33 : *Dicit aliquis : Qua ratione et adulterium et homicidium commiserit Dominici generis Auctor electus a Deo? Aliud dico : Talis Auctor Dominici fuit corporis eligendus. Quid est enim Corporatio, nisi remissio peccatorum?*] Vide *Corporare*, [et *Corporatus.*]

2. **CORPORATIO**, Vox Leguleiorum Anglicorum, qua denotant rem permanentem quæ potest habere successionem. Est vero *Corporatio* composita ex diversis partibus, et in unum corpus coacta, quarum aliæ caput sunt, aliæ membra, totum vero simul junctum *Corporationem* faciunt. Multiplex autem est *Corporatio* : alia enim spiritualis, quæ constat ex personis religiosis et manumortuis in Lege, ut sunt Abbas et Conventus : alia spiritualis et personarum quæ in Lege sunt, ut sunt Decani, et Capitula, et Magistri Collegiorum, vel Hospitalium : alia est præterea *Corporatio temporalis* ex Legis auctoritate, ut sunt Majores et Communitates : denique est *Corporatio temporalis* ex usu recepto et communi Lege, uti sunt Parlamentales Conventus. Ita Rastallus.

* 3. **CORPORATIO**, Corporatus. Vide supra *Corporare* 1.

CORPORATURA, Σωμασκία, in Gloss. Gr. Lat. Exercitatio corporis. In MS. habetur *Corporatum*. Occurrit vox *Corporatura* in Notis Tyronis.

¶ **CORPORATUS**, Incarnatus. *Verbum Corporatum*, in Concilio Toletano XVI.

¶ 1. **CORPOREITAS**, Statura. Vito Carnotensis in Vita B. Humilianæ tom. 4. Maii pag. 391 : *Occurrit ad propriam sui formam, scilicet serpentinam, quam abhorrere consueverunt maxime mulieres; et ipsa forma magnæ Corporeitatis suscepta subito sibi apparuit.*

* 2. **CORPOREITAS**, Densitas, Gall. *Corps*. Leonardus in Speculo lapidum lib. 1. cap. 1 : *Cum duo elementa, videlicet terra et aqua majorem Corporeitatem sive densitatem reliquis duobus elementis habere videantur, etc.*

CORPORICIDA, Lanio, macellarius, μακελλίτης, in veteribus Glossis.

CORPOROSUS, *Corpulentus*, εὔσωμος, in Gloss. Gr. Lat.

* Nostris, *Corporeus* et *Corporu*, eodem sensu. Lit. ann. 1473. in Reg. 195. Chartoph. reg. ch. 1016 : *Icellui Thierry, qui estoit homme grant, Corporu, fort, hardy, etc.* Vita J. C. Ms :

Biaus est et gens et avenans,
Et forment Corporeus et grans.

Bestiarius Ms. :

L'oliphant est moult Corporu.

* **CORPORULENTIA**, Materia unde corpus compositum est. S. Victric. Rotomag. episc. Lib. de Laude SS. cap. 7. apud. D. *Le Beuf* tom. 2. Collect. var. script. pag. XXIX : *Si quidem unam Corporulentiæ massam, scriptura insinuante, colligimus. Quotus enim quis aut natura tam brutus, aut rationis expers inveniri queat, qui neget feminam ex viri lateribus sumpsisse principium?*

¶ **CORPORUPTUS**, Herniosus, ramicosus, Gall. *Hernieux*. Miracula B. Simonis Eremitæ tom. 2. Aprilis pag. 822 : *Erat impedita et sanchata ab utraque parte et Corporupta ante.*

CORPUS. Homo de Corpore. Vide *Homo.*

Corpus Domini, Hostia sacra. Joann. Villaneus lib. 8. cap. 80 : *Promise tutto per sacramento in sul Corpus Domini.* Idem lib. 12. cap. 2. : *Giurato sopra il Corpus Domini.* Adde cap. 35.

* Pontif. Ms. eccl. Elnens. ubi de Dedicat. eccl : *Pontifex paret reliquias in altari consecrando includendas;... vel deficientibus reliquiis ponat Corpus Domini.* Charta Ludov. XI. ann. 1477. ex Bibl. rég. : *A l'élévation du Corpus Domini, etc.*

* Corpus Christi, Incruentum Christianorum sacrificium, in quo Corpus Christi conficitur. Testam. Bertr. de Borno dom. de Altoforti ann. 1360 : *Postea de dicto panno fiat quædam cappa sive chazilla, cum qua in dicta ecclesia S. Eligii missæ dicantur et celebretur Corpus Christi.* Lit. remiss. ann. 1379. in Reg. 115. Chartoph. reg. ch. 241 : *Les exposans trouverent un jeune homme couchié sur l'autel de la Magdalaine, où l'en chante et célebre continuelement le Corps Nostre Seigneur.*

Corpus Politicum, dicuntur Episcopi, Abbates, Priores, Decani, Ecclesiarum participes, et ejusmodi, qui succedunt personaliter tantum. Rastallus.

Corpus Castri. Castrum ipsum, absque adjacenti *Burgo*. Constitutio Petri I. Reg. Aragon. ann. 1228. MS : *Item mansiones aliquis non incendat, vel alias ignem subponat ad nocendum. Si vero Barones nostri vel Milites guerram inter se habuerint, et ad expugnandum castrum vel fortitudinem inimicorum suorum venient, et in expugnando ipso Corpore castri vel fortitudinis, si ignem supposuerint, non teneantur pro pace fracta.* Villharduinus n. 203 : *D'autre part le bras de S. George ne tenoient que le Cors de l'Espigal, et tote la terre si tenoit Toldres Lascres.* Adde Stabilimenta S. Ludovici lib. 1. cap. 38. 59.

¶ Corpus Corporatum, Collegium, sodalitium, apud Rymerum tom. 15. pag. 108. col. 1. et alibi.

* Chron. Joan. Whethamst. pag. 393 : *Ita semper, quod.... hereditamenta superius recitata, data vobis, sive alicui alteri personæ, vel Corpori Corporato, etc.*

¶ Corpus Ecclesiæ, pro Navi Ecclesiæ seu pro priori ejus parte, Gall. *Nef*, accipitur in Concilio Mexicano ann. 1585.

Corpus Juris, ita vulgo Codices Juris civilis appellamus. Formula 16. ex Baluzianis : *Ut lex mundana Theodosiano Corpore arbitratus discernit.*

¶ Corpus Præbendæ, Præbenda ipsa, seu Portio bonorum Ecclesiæ ad unum pertinens Canonicum. Charta anni 1367. apud Miræum tom. 2. Diplom. Belg. pag. 893. edit. 1723 : *Item quod quilibet Canonicus, qui nunc est, sit contentus de Corpore seu grosso suæ præbendæ, quod habuit ante erectionem dictæ Ecclesiæ Collegiatæ.* Vide *Præbenda.*

* Charta Barthol. episc. Paris. ann. 1226. ex Chartul. Paris. fol. 40 : *Quod canonicus nihil percipiat de Corpore præbendæ suæ, nisi prius residentiam perfecerit... Corpus autem præbendæ dicimus illud quod percipitur præter distributiones cotidianas, quæ illis solis dantur, qui personaliter et præsentialiter intersunt.*

¶ Corpus Signaturæ. Bleynianus Institut. lib. 1. pag. 89 : *Cæterum quod ex subscriptionibus et annotationibus hujusmodi suæ junctis supplicationi emergit, Signatura... appellatur... ipsaque supplicatio in fine subscripta, Corpus signaturæ... dicitur.*

* Corpus Regis, Rex ipse, vulgo *La personne du Roy*. Memor. H. Cam. Comput. Paris. fol. 4. r°. ad ann. 1413. : *Monilia seu fermalia, et alia jocalia pro Corpore regis.*

* Corpus Abbatiæ, Ejusdem septum, ambitus, Gall. *Enceinte*. Charta Henr. archiep. Senon. ann. 1255. ex Chartul. Maurigniac. : *Concedens dictus abbas, quod ipse et successores sui.... teneantur eidem conventui singulis annis solvere et tradere ex granariis abbatis in Corpore abbatiæ..... dictos octo modios bladi.* In Charta vero abbatis ann. 1254. eadem de re legitur : *in granario nostro de Maurigniaco.*

* Corpus Fluvii, Ubi integer fluit. Stat. Mutin. rubr. 7. pag. 1. v° : *Quod aliquis non audeat extrahere aquam de Corpore Scultemnæ inferius, nisi per canalia per quæ aqua extrahi solet.*

* Corpus Villæ, Ejus pars interior. Charta ann. 1214. in Chartul. Campan. fol. 146. r° : *Notum facio..... quod domum meam de Herviaco, quæ in Corpore villæ Herviaci sita est, cum toto porprisio suo, etc.*

* Corpus Domus, Gall. *Corps de logis*, Ædium pars præcipua. Libert. villæ de *Poix* ann. 1208. tom. 7. Ordinat. reg. Franc. pag. 605. art. 14 : *Quicunque autem advena accesserit,..... si conduxerit domum alicujus, ita quod in principali Corpore ejusdem domus maneat, etc.*

* Corpus, Lorica, Gall. *Corps de cuirasse*. Inventar. bonor. Raym. de Villanova Ms. ann. 1449 : *Sequuntur ea, quæ reperta fuerunt in camera alia superiori : et primo, sedecim Corpus pro armis. Item una massa ferri.*

* Corpus, Rei alicujus summa, Gall. *Total*. Reg. Cam. Comput. in Bibl. reg. asservatum Cod. 8406. fol. 102. v° : *Ultimus incheriator seu mercator debet totum cum Corpore vendæ.* Id est, integrum venditionis pretium.

* Corpus, Cujusvis rei basis et fundamentum. Testam. Guill. de Meled. archiep. Senon. ann. 1376. in Reg. 108. Chartoph. reg. ch. 338 : *Item Corpus tabulorum, super quos dicta crux infixa existit, et plures reliquiæ plurimorum sanctorum in eisdem.*

* Corpus, nude, Cadaver, exanime corpus. Lex Sal. tit. 8. *De Corporibus expoliatis. Corps naturel*, eadem acceptione, apud Math. de Couciaco in Hist. Caroli VII. ubi de ejus funebri pompa pag. 733 : *Un chariot de cuir bouilly, dans lequel estoit le Corps naturel dudit feu roy, bien enoint et embausmé.* Unde *Corps* vel *Feste d'un*

Corps, Exequias et exequiarum convivium nuncupabant. Lit. remiss. ann. 1384. in Reg. 125. Chartoph. reg. ch. 250. bis : *Il estoit venuz à la table où il disnoit à la feste d'un Corps.* Aliæ ejusd. ann. ibid. ch. 258 : *Après ce que l'exposant et son pere orent soupé au Corps de feu Gilet Morelet, etc.* Stat. pro sartoribus Rotomag. ann. 1387. tom. 8. Ordinat. reg. Franc. pag. 340. art. 3 : *Que nul d'icelui mestier ne puist ouvrer au Samedi,..... excepté la besongne de noz seigneurs et de noz dames les royaulx, et robes de Corps et de nopces.*

* Corpus pro Corpore, Phrasis Gallica, *Corps pour corps*, Vadem se pro altero dare. Memor. C. Cam. Comput. Paris. fol. 231. v°. ad ann. 1359 : *Applegiaverunt eumdem Johannem Corpus pro corpore ad reducendum ipsum et faciendum comparere continue coram gentibus compotorum.*

* Corpus Facere, Gall. *Faire corps*, Dicitur de collegio scabinorum, qui res publicas administrant. Charta ann. 1310. ex Tabul. Corb. : *Accessimus ad quandam domum in medio mercati dictæ villæ* (Corbeiæ) *sitam, in qua consueverunt major et jurati dictæ villæ, tempore quo exercebant in dicta villa, Corpus et communiam facere, videlicet banna et proclamationes publicas.*

CORR. Capitulare Ludovici II. Imp. tit. 3. cap. 16. Edit. Baluzianæ : *Porcellum unum, annonam ad caballos modios sex, fœnum Corr. tres, mel, etc.* Vide *Conredium.* [** Ap. Pertz. pag. 482 : *Fœnum Carradas tres.*]

CORRATA. Charta Guidonis Fulcodii apud Columbum lib. 3. de Episcop. Vasion. : *Corratas insuper et ligna in vigilia Natalis Domini in omnibus hominibus totius civitatis eidem Domino Episcopo adjudico, exceptis Clericis et militibus.* Legendum forte *Corvatas.* Vide *Coroata.* [Crediderim potius esse Præstationis genus. Recogn. de Vouta apud Vivarienses tom. 2. fol. 356. v°. : *Sex denarii Turon. pro Corratis unius Caponis cum dimidio.* Et fol. seq. : *De frumento 1. Carter. cum dimidia pro una Corrata.*]

* **CORRATAGIUM**, Corretagium, Jus et officium *corratarii* seu proxenetæ, Gall. *Courtage*, alias *Courratage*; sed et *Coulletaige*, ut in Charta scabin. Duac. ann. 1366. ex Reg. 97. Chartoph. reg. ch. 154 : *Les proufis et emolumens..... dou Coulletaige des vins, etc.* Vide mox in *Courratarius.* Charta ann. 1114. ex Tabul. episc. Carnot. : *Concessit... quod ipsi* (monachi Tironenses) *et sui conversi, donati, servitores et ceteri homines sub ipso monasterio et ejus membris manentes.... a molturis, Corratagiis, ... in perpetuum liberi sint.* Alia ann. 1376. tom. 7. Ordinat. reg. Franc. pag. 69. art. 6 : *Corraterius unus anno quolibet in dicto loco de Paulhe instituatur,..... qui emolumentum pro Corratagio levet, prout corraterii de Competro et de Agassato levabunt et exigent : cui dictum Corratagium detur, si vendi non potest.* Libert. Avenioneti ann. 1463. in Reg. 199. Chartoph. reg. ch. 347 : *Poterunt dicti consules exigere.... Corratagium pannorum præparatorum et crudorum, ac etiam Corratagium minutum.* Adde Hist. Nem. inter Probat. tom. 4. pag. 31. col. 2. Reg. Cam. Comput. Paris. sign. *Bel* fol. 2. r°. : *Dom. Petrus de Chambli pater escambiavit cum domino rege duas partes quartæ partis Corretagii Campaniæ.* Charta Phil. V. ann. 1319. in Reg. 58. fol. 27. v. : *Quodlibet dolium vini xij. denarios pro Corretagio solvet, de cujusmodi Corretagio corretarii habebunt vj. denarios, et nobis residuum remanebit.* Alia Phil. Pulc. ann. 1305. in Lib. rub. ejusd. Cam. Comput. fol. 167. r°. col. 2 : *Sept cenz livres Tournois de rente perpétuel... sus les profiz et en la recepte de nostre vicontée de l'yaue de Roen, en restor des deuz parz du quart du Courratage des foires de Champaigne. Cauretage* tom. 6. Ordinat. reg. Franc. pag. 460. art. 10. Vide infra *Courretagium.*

¶ **CORRATARIUS**, ut mox *Corraterius.* Pactum inter Jacobum Aragoniæ Regem Montisque Pessullani Dominum et Berengarium Magalonæ Episcop. ann. 1278 : *Quia Corratarios et proxenetas habitantes, partem suam voluit recipere ad sacramentum, etc.*

* *Couletier*, mutato *r* in *l*, pro *Couretier*, in Sent. ballivi Insul. ann. 1351. ex Reg. 81. Chartoph. reg. ch. 394 : *Comme donné nous fust à entendre que Locas dele Longhecourt fust souspeçonnez de y estre Couletiers et marchans de fausse monnoie, etc. Corratarius equorum*, in Lit. Phil. Pulc. ann. 1297. ex Lib. rub. Cam. Comput. Paris. fol. 40. r°. col. 1. Glossar. Provinc. Lat. ex Cod. reg. 7657 : *Corratier, Prov. mango, equorum proprie, quod equos manu agat. Cossous*, eodem sensu, accipi videtur in Reg. sign. *Pater* Cam. Comput. Paris. fol. 249. r°. : *Marcheans et vendeurs de chevaus, soient Cossous ou autres, paieront pour chascun cheval vendu du pris de c. s. et de plus jusques à x. livres, xij. den. Caurretier*, in Ch. ann. 1514. ex Reg. Corb. 13. sign. *Habacuc* fol. 227 : *Les bledz et autres grains,... mesmes sur ceulx que les Caurretiers vont acheter hors de la ville, etc.* Ubi pro mercatore frumentario, vulgo *Blatier*, usurpatur.

* **CORRATEGARE**, Corratejare, Officium *corraterii* exercere, res quavis ratione vendendas æstimare et emptoribus proponere. Stat. ann. 1272. inter Probat. tom. 1. Hist. Nem. pag. 97. col. 2 : *Item statutum est, quod si corraterius vel corraterii, mandato venditorum, traxerint rem venalem ad inquantum, vel alio modo ipsam Corratejando, et dicti corraterii laboraverint monstrando emptoribus rem venalem, et postea venditor noluerit vendere et tradere dictam rem Corratejatam, etc.* Charta ann. 1307. in Reg. 48. Chartoph. reg. ch. 213 : *Petrus Felicis et Poncius Guirandelli corraterii publici civitatis Nemausensis jurati dixerunt et retulerunt dicto domino locumtenenti, et suo juramento se de mandato dictorum commissariorum Corratejasse et fecisse subhastari... prædictum hospitium.* Stat. ann. 1371. inter Probat. tom. 2. ejusd. Hist. Nem. pag. 309. col. 1 : *Quod dicti corraterii seu mediatores, et eorum quilibet teneatur bene et diligenter Corrategare et perquirere emptores quoscumque, quos cum diligentia reperire poterunt, pro rebus eis traditis ad vendendum.*

* **CORRATERARE**, Eadem notione; nisi etiam legendum sit *Corrateiare*, in Lit. ann. 1375. ex Reg. 108. Chartoph. reg. ch. 62 : *Usatica sive taschæ prædictæ dictorum cl. sextariorum bladi prædicti censualium sive pensionalium, ... tradita Johanni Pisani corraterio et inquantatori publico, ... pro ipsa Corraterando per villam Nemausensem et inquantando sive subhastando publice in platea ipsius loci, ... indeque legitime inquantatis et subhastatis, sive Corrateratis per tempus debitum.*

¶ 1. **CORRATERIA**, Officium *Corraterii* seu proxenetæ. Vide in *Corraterius.*

* *Courraterie*, in Lit. ann. 1360. tom. 5. Ordinat. reg. Franc. pag. 493. art. 9. Vide supra *Corratagium.*

¶ 2. **CORRATERIA**, Officia ubi coria subiguntur. Statuta Avenion. : *Rectores duas personas eligant suspicione carentes, quæ curam habeant Corrateriæ et blancariæ, et operatores coriorum aptent coria prout melius potuerint.* Vide *Corrateria de peilha* in *Corraterius.*

CORRATERIUS, Proxeneta, pararius, *Courtier*, seu *Couretier*, nostris : *Courratier*, in Consuetud. Burbonensi art. 131. Nivern. cap. 32. art. 21. Aurelian. art. 338. 429. et aliis, sic dictus *ab intercurrendo*, ut ait Salmasius. Verdala in Episcopis Magalonensibus sub ann. 1278 : *Item quod homines partis Episcopalis recipiantur per Curiam Regis in Corraterios vel Proxenetas.* [Statuta Massil. lib. 1. cap. 40. *de Corrateriis : Constituimus ut omnes Corraterii rerum mobilium vel immobilium teneantur annuatim in festo S. M. Candelariæ innovare, et de novo facere sacramentum curiæ Massiliæ eo modo quod constitutum est; et nullus nisi civis Massiliæ possit esse Corraterius, nec se audeat intromittere de Corrateria exercenda.... Quot in officio Corrateriæ esse debeant, sit in provisione Curiæ, et nullus Corraterius, et quod scienter non faciet vel sustinebit damnum civium Massiliæ in emendo vel vendendo.* Plura ibi, quæ potes consulere. Rursus memorantur *Corraterii* apud Limborch. Inquisit. Tolos. pag. 152. in Catalago MS. sodalium confratriæ B. Mariæ in Ecclesia ejusdem B. M. Deaur. Tolos. ann. 1328. etc. Vide *Corraterius.*] Joannes de Condato in Poemate contra Dominicanos MS. :

De mainte marcié sont Couratier,
Encore plus il sont Curatier
De mariages.

Corraterii Peilhæ, seu pellium, [Qui subigit et vendit pelles.] in Consuetudine Tolosæ part. 2. rubrica de debitis.

¶ Corrateria de Peilha, ibid. Uxor *Corraterii peilhæ*, quæ vendit pelles.

* **CORRATIS**, f. pro *Cortis*, Prædium rusticum. Charta ann. 1069. inter Probat. tom. 1. Hist. Lothar. col. 470 : *Donamus etiam eis vineam apud villam, vocabulo Colombariam, et pratum quod dicitur ad Canirol, juxta pratum nostrum indominicatum; sed et Corratem in loco, qui vocatur Blasiris fontana.* Ubi *Corvatem* edidit Miræus; an rectius nescio. Vide in *Corvata.*

* **CORRATORIUM**, Profluens aquæ cursus, Ital. *Corrente*, nostris *Courant d'eau. Courance*, in Lit. remiss. ann. 1460. ex Reg. 192. Chartoph. reg. ch. 10 : *Les-*

quelles femmes accorderent qu'elles se rendroient et assembleroient en une Courance d'eaues. Couroye d'eaue, eodem intellectu, in Reg. Corb. 13. sign. *Habacuc* ad ann. 1515. fol. 247. Charta Massil. ann. 1263. ex schedis. Pr. *de Mazaugues : Divisisse unum Corratorium aquæ, ... et habeant de dicta aqua, quæ venit ad molendina domini episcopi, unum Corratorium aquæ.*

¶ **CORRAZARIUS**, Thoracum confector. Vide *Coratium.*

¶ **CORRE**, Piscandi modus, quo e navicula rete jacitur secundum aquæ cursum, factoque longiori circuitu eo retrahitur, ubi jactum fuerat. Statuta Piscatorum Massil. : *De non piscando a festo Resurrectionis Domini usque ad festum S. Johannis ad tonairas dictas vulgariter de Corre.* Infra : *Non audere piscari ad tonairas vulgariter de Corre sub grandi pœna.* Præceptum vernacule scriptum Vicarii Massil. ann. 1479 : *Sous la peine per cascum que correra ny fara l'art de la tonaire de Corre per cascuna vengude cinquanta marcs d'argent fin et confiscation de las barquas, engiens, ambeque correran et faran l'art de Corre de las tonaires.* Pluries memoratur ars illa piscandi in laudatis Statutis aliisve Chartis Archivi *Proborum hominum* seu Piscatorum *quarterii S. Johannis* Massil.

* **CORREA.** Vide supra *Corea.*

CORREARIUS. Charta Guillelmi Episcopi Gratianopolit. ann. 1279 : *Coreario, seu Procuratori nostro, etc.* Bulla Gregorii X. PP. ann. 1274. apud Paradinum lib. 2. Hist. Lugd. cap. 52. et Petrum Mariam Campum in Histor. Eccl. Placentinæ in Regesto 2. part. num. 188 : *Curiam vero supradictam infrascripto modo decernimus ordinandam : videlicet ut ipse Archiepiscopus rectorem et directorem Curiæ, Correarium, sive Præpositum, vel aliter, prout ipse voluerit, nominandum, ac judicem, sive judices, necnon et sigilliferum instituat.* [Processus inter Archiepiscopum Vienn. et Humbertum Dalphin. coram Domino Papa ann. 1339. Hist. Dalphin. tom. 1. pag. 128 : *Ad officium Correarii spectat facere exequi sententias, et facere executiones damnatorum per sententias ad mortem, seu alias corporaliter, vel ad pœnam sanguinis, et omnes alias sententias, condemnationes et mulctas pecuniarias et reales pro dicto Archiepiscopo. Item dictus Correarius est in possessione inquirendi et perquirendi malefactores et delinquentes in civitate Viennensi, et hujusmodi malefactores et delinquentes capere et captos ducere et duci facere ad carcerem Archiepiscopi, et ipsos captos tenere in carcere præfato, quousque de ipsis facta fuerit justitia ac condemnati fuerint. Ac etiam facere excubias die ac nocte in civitate et territorio prædictis pro dicto Archiepiscopo, et hujusmodi malefactores et delinquentes in civitate et territorio prædictis capere, et captos ducere et duci facere ad carcerem præfati D. Archiepiscopi.* Ibidem pag. 124. col. 1. in Sententia Raymundi de Baucio Principis Auriacæ inter Joannem Episc. Diensem ex una parte, Capitulum Diense et Universitates Clericorum et Laicorum ex altera ann. 1292 : *Dominus Episc. instituat Correarium suum bonum, et legalem et sufficientem, et Officialem jurisperitum bonum, et legalem et sufficientem, qui jurent in præsentia civitatis Diensis, secundum formam libertatum Civium Diensium, reddere et facere jus unicuique tam extraneis, quam privatis; et qui jurent punire delinquentes in civitate prædicta, et ejus territorio et districtu, et qui jurent specialiter inquirere veritatem super delictis commissis erga ipsum Dom. Episcopum, etc.* Et col. seq. : *Capitulum Ecclesiæ Diensis seu Correarii dicti Capituli contra eos inquirant seu inquiri faciant, et si aliquos culpabiles invenerint, quod corrigant et castigent, etc.* Infra : *Præcepit Dom. Princeps prædictus fieri per Capitulum memoratum, seu Correarium et Officialem ejusdem infra duos menses, numerandos a tempore denunciationis per dictum Dom. Episc. vel ejus Officiales faciendæ, alioquin potestas inquirendi, puniendi et emendam fieri faciendi super prædicta, post dictum terminum, devolvetur apud Dom. Episcopum.* Ex his non solum liquet quodnam fuerit Correarii munus, sed etiam alium fuisse Episcopi, alium Capituli Correarium. Illius amplior jurisdictio ad omnes cives, hujus minor ad solos Capituli Clericos et domesticos extendebatur. Hunc e gremio Capituli fuisse docent sequentia : *D. Jordani Canonicus et Procurator et Correarius dicti Diensis Capituli.* Ille Laicus fuit et *Locum-tenens* Episcopi *in temporalibus.* Ejusdem tomi pag. 105. legimus : *Nobilis et potens vir Dom. de Groslea Miles, Correarius Viennæ, Locumtenens Dom. Archiepiscopi in temporalibus.* Vide pag. 24. col. 1. pag. 26. col. 1. tom. 2. pag. 134. col. 1. et] Petrum Colubum in Histor. Episc. Valentin. pag. 212. 228. *Correarios seu Courriers*, etiamnum hodie judices ordinarios et Matricularios Confraternitatum vocant Lugdunenses. [Vide *Chorearius* et *Corregidor.*]

¶ Conrearius, Idem. Protestatio Bernardi de Valle-Bona Vicarii Archiepiscopi Ebredun. ann. 1297. Hist. Dalphin. tom. 2. pag. 80. col. 1 : *Tandem dictus Dom. Vicarius una cum discreto viro Dom. Petro Duranti Conreario et Judice terræ dicti Dom. Archiepiscopi.* Occurrit iterum in Instrum. tom. 3. novæ Gall. Christ. col. 80.

¶ Correrius, Eadem notione. *Correrius aut alius Officiarius Dom. Archiepiscopi*, in Histor. Dalphin. tom. 2. pag. 15. col. 2. Capitulum Generale S. Victoris Massil. ann. 1342. ex Archivo ejusdem Monasterii : *Cum Commissarii, Notarii, Correrii Episcoporum supervenerint ad Prioratus dicti Monasterii pro tenendis assisiis, aprisiis, inquestis seu executionibus faciendis contra Clericos seculares, etc.*

¶ Courrerius, in Hist. Dalphin. tom. 1. pag. 106 : *Publicaverat ex parte dicti D. Episcopi et ejus Correarii seu Courrerii quod omnes et singuli habitantes et incolæ civitatis prædictæ parati sint et se parent sequi vexillum et cavalcatas dicti Dom. Episcopi quandocumque tubicinabitur ad cornu vel ad sonum cornu.* Ibidem pag. 128. col. 2.

* **CORREATOR.** Comput. ann. 1326. ex Cod. reg. 9434. fol. 21. v°. : *Correator fayæ de Jumilhac, lx. solid. Petragoricenses.* Leg. *Corrector*, id est Præceptor, ut ibidem non semel occurrit.

* **CORREBELLARE**, Simul rebellare. Chron. Andr. presbyt. ad ann. 869. tom. 7. Collect. Histor. Franc. pag. 204 : *De Burgundia vero surrexit quidam dictus Hupert nomine, qui aliquanto tempore domino imperatori Hludovico se fidelissimum esse dicebat; postmodum Burgundionibus adjunctus Correbellare disponebat.*

* **CORRECTARIUS**, Idem qui *Corraterius*, Proxeneta, pararius, Gall. *Courtier.* Stat. ann. 1454. inter Probat. tom. 3. Hist. Nem. pag. 286. col. 1 : *Johannes Boneti.... applicuit in Nemauso cum certis chargiis allecorum; ..... ibi dum fuit, ad eumdem venire fecit Petrum Pellorgas Correctarium præsentis civitatis Nemausi, eidemque Pellorgas tradidit mostram dictorum allecorum, ut manifestaret quibuscumque de dictis allecis emere volentibus, ad unum francum pro quolibet centum : prohibendo eidem Pellorgas ne pro minori pretio centum dictorum allecorum dimicteret.* Pluries ibi.

* **CORRECTIO**, apud monachos, Castigatio, flagellatio. Stat. Præmonstr. MSS. dist. 3. cap. 2 : *Qui autem scienter silentium fregerit in ecclesia, dormitorio, refectorio sive claustro, si clamatus inde fuerit, unam Correctionem accipiat.... Qui autem non clamatus veniam de hoc sponte sua postulaverit, Correctionem non accipiet.* Et cap. 3 : *Pro hujusmodi culpis* (gravibus) *et hiis similibus veniam petentibus, et non clamatis, tres Correctiones in capitulo dentur.* Vide *Disciplina. Corrigement* vero, pro *Correction, avertissement*, Admonitio, animadversio, in Lit. remiss. ann. 1369. ex Reg. 100. Chartoph. reg. ch. 364 : *Jehan du Tot dist audit Fresquet par maniere de Corrigement, etc.* Ital. *Correggimento. Courrugier*, Corrigere, multare, Gall. *Chatier*, in Charta pro restit. commun. Tornac. ann. 1340. ex Reg. 71. ch. 387 : *Se clerc meffait, où il soit enregistré en la halle à telle amende, dont un homme lay seroit Courrugié, etc.*

¶ **CORRECTIONALIS** Jurisdictio, in Maceriis Insulæ Barbaræ tom. 1. pag. 274. dicitur Jus Monachos delinquentes corrigendi et statuendi quidquid monasticam spectat disciplinam. Defensiones Monachorum adversus Cardinalem Ferrariæ Archiep. Lugdun. : *Et primum de jurisdictione, certe in ea nihil cavetur in Bullis in sui præjudicium, et non impediunt impetrantes, quin habeat jurisdictionem contentiosam, quam habuit antea; sed de Correctionali et ea quæ concernit statuta, mores et ritus et Ecclesiæ et aliarum rerum, et quam respective semper habuerunt dictus Abbas; et etiam Prior et Capitulum illam semper habere debent.*

CORRECTOR Litterarum Apostolicarum, apud Innocent. III. lib. 15. Epist. 166. Vide Vorstium.

¶ Correctores Capellanorum *et Clericorum literarum Curiæ Ecclesiæ Lugdun.* supra in *Batitores.*

* Correctores, Magistratus provinciales, maxime per Italiam, titulo *Clarissimorum* honestati; medium inter consulares et præsides locum tenuisse colligitur ex ordine a Notitia imperii observato. Horum præterea mentio fit in l. *de omnib.* ff. *de offic. præs.* (1, 18. fr. 10.) et in l. unic. Cod. *ut omn. judices.* (1, 49.) Cod. Theodos. lex 8. tit. *de Accusat. et Inscript.* (9, 1.)

ad Maximinum Correctorem Tusciæ dirigitur. Extat in Mercur. Franc. mensis April. ann. 1736. pag. 691. vetus Inscriptio in via Tiburtina reperta, quam Ill. memor. Pr. *de Mazaugues* communicavit, his verbis : BEATISSIMO SÆCULO DOMINORUM NOSTRORUM CONSTANTI ET CONSTANTIS AUGUSTORUM SENATUS POPULUSQ. ROMANUS CLIVUM TIBURTINUM IN PLANITIEM REDEGIT, CURANTE L. TURCIO SECUNDO APRONIANI PRÆF. URB. FIL. ASTERIO C. V. CORRECTORE FLAM. ET PICENI. Vide Gruter. Reynes. Gudium, Pitisc. in Lexico Antiq. Rom. v. *Correctores* et alios.]

¶ CORRECTORES INDORUM, dicuntur Præfecti seu Judices a Regibus Hispaniarum in Indiam missi, ut ibi præsint, lites dirimant, corrigant delinquentes, etc. Sæpius memorantur in recentioribus Conciliis Hispaniæ. [* Iidem, qui apud Hispanos *Corregidors* appellantur.]

¶ CORRECTORES alias dicebantur Grandimontensium Superiores, ut hodie Minimorum. Tabularium Monasterii de Crisenone ad ann. 1258 : *Cum inter Curatum de Chaciaco, nomine Ecclesiæ suæ ex una parte, et Correctorem domus de Veteri-pediculo Ordinis Grandimontensis nomine domus suæ... contentio verteretur, etc.* Ibid. decies occurrit et in Anecdotis Martenii.

¶ **CORRECTUM** *est Acetum distillatum*, Rocho *le Baillif* in Dictionario Spagyrico.

¶ **CORREDA**, CORREDIUM. Vide *Conredium.*

¶ **CORREDOR**. Vide *Cursor*, 4.

CORREDUM. Vide *Conredium.*

* **CORREDUM**, Ornamentum vel signum honorarium. Stat. Pistor. ann. 1107. apud Murator. tom. 4. Antiq. Ital. med. ævi col. 539 : *Et statuimus ut potestas Pistorii non portet Corredum de collo vel de dosso de Communi, nisi consilio omnium consiliariorum, vel majoris partis.*

* **CORREGERIA**, Officina, ubi coria præparantur, Gall. *Corroyerie.* Charta ann. 1270. inter Probat. tom. 1. Hist. Nem. pag. 94. col. 1 : *Et in alia carreria de Corregeria non possit aliquis habere tabularium.* Alia ann. 1469. ex Tabul. S. Vict. Massil. : *Item sex denarios pro quadam butigia, sita in carreria S. Jacobi de Corregeria.* Hinc

* CORREGERIUS, Qui coria parat, Gall. *Corroyeur*, in laudata jam Charta ex Hist. Nem.

* **CORREGEUM**, Servitium, quod subditi dominis suis cum equis, bobus, aliisve animalibus exhibere tenentur. Charta Occit. ann. 1311. in Reg. 47. Chartoph. reg. ch. 114 : *Item Corregea seu jornalia boum æstimata valere viginti sex solidos Turon.* Vide infra *Corrogium.*

* **CORREGIA**, COREGIA, Eodem significatu. Charta ann. 1319. in Reg. 59. Chartoph. reg. ch. 318 : *Item pro Coregia, scilicet a quolibet arante cum bobus, unum jornale..... Item pro Coregia saumeriorum in hyeme pro lignis deferendis, videlicet a quolibet saumerio, unam saumatam lignorum.* Infra, *Corregia*, ut et in alia Charta ejusd. ann. ex Reg. 61. ch. 428 : *Item pro Carregia* (l. *Corregia*, ut infra non semel) *saumeriorum in æstate, videlicet a quolibet habente saumerium, unum jornale.... Item pro Corregia a quolibet agricultore arante cum uno pari boum vel pluribus, duo jornalia.* Vide supra *Corileta.*

¶ **CORREGIA**, pro *Corrigia*, Gall. *Courroie*, in Concilio Avenion. ann. 1509. apud Marten. tom. 4. Anecdot. col. 393.

¶ **CORREGIDOR**, Vox Hispana. Concil. Liman. anni 1591 : *Prætores locales, vulgo Corregidores, et alii Ministri justitiæ sæculares, etc.* Vide *Correarius.*

* A Lat. Corrector, Urbis præfectus, moderator, prætor.

* **CORREGIOLA**. Vide supra *Corizola.*

CORREGIONALIS, *Ex una regione*, Joanni de Janua. Utitur S. Augustinus Epist. 76. [et alii.]

¶ **CORREGIUM**. Vide post *Conredium.*

* **CORREIUM**, Convivium, *procuratio, pastus.* Chartul. Fiscamn. fol. 50. v°. : *Relaxavi pro me et hæredibus..... Deo et ecclesiæ Fiscan. duo Correia, quæ habebam annuatim apud Fiscanum, ratione decimarum, quas dicti abbas et conventus percipiunt in feodo meo apud Cailleville, et Aupegart.* Quæ præstatio *Courlonge* appellatur, in Recognit. feud. ann. 1369. ex Invent. Chart. castri *de Jaucourt* ann. 1392. fol. 20. v° : *Item environ x. livres de menues censives, ensamble autres rentes deues à plusieurs journées, appellées gistes et Courlonges.* Vide *Conredium.*

CORRELAGIUM, Præstationis species. Compotus Baillivorum Franciæ ann. 1295 : *Partes domaniorum Castellaniæ de Loches. De Correlagio de Loches, pro toto 29. solid.* [Vide *Corretagium.*]

* **CORRELATIO**, Mutua relatio, Ital. *Correlazione*, Gall. *Correspondance.* Charta ann. 1276. in Hist. Lugdun. pag. 19. col. 2 : *Tamquam ingrati filii subtrahentes, et quantum in se est, in Correlatione et sollicitudine mutui affectus patris ad filios quærentes inducere sectionem.*

* **CORRELHARE**, Corallium e profundo maris petere. Charta ann. 1433. ex Tabul. Massil. : *Quod non sunt ausi* (Massilienses) *nec audent mittere eorum barchias ad Correlhandum. Courau*, pro *Corail*, Corallium, ut videtur, in Lit. remiss. ann. 1389. ex Reg. 138. Chartoph. reg. ch. 145.

¶ **CORRELIGIOSUS**, Ejusdem Ordinis vel Cœnobii Religiosus, Monachus, in Actis S. Francisci de Paula tom. 1. April pag. 152.

* **CORREPTIO**, an idem quod supra *Correctio*, flagellatio, quæ pro anima defuncti abbatis a monachis suscipiebatur? Charta Gervasii abb. Bellogiens. inter Probat. tom. 1. Annal. Præmonstr. col. 656 : *Tantum pro omni abbate Bellogiensi audito ejus obitu, quantum pro fratre domus illius agetur, excepto quod pro eo ab eis Correptiones non recipientur.* [** Papyr. Ravenn. ap. Maium in Classic. Auct. vol. 5. pag. 362 : *Pauperes namque in Corpore suo dignam habeant Correptionem.* Vide Coustant. Epist. Pap. pag. 36. c. et 1213. c.]

¶ **CORREPTITIUS**, *Numine captus*, θεόληπτος. Gloss. Lat. Græc.

* **CORRERARIUS**, Cujus officium *Correraria*, idem qui *Correarius.* Lit. remiss. ann. 1384. in Reg. 125. Chartoph. reg. ch. 2 : *Johannes Alamandi miles fuit Carrerarius* (l. *Correrarius*) *et capitaneus villæ Aucæ, tam pro nobis quam decano et capitulo ecclesiæ Lugdunensis, ... dictum officium Correrariæ in manibus dictorum decani et capituli resignavit. Coureier*, eodem sensu, in aliis Lit. ann. 1389. ex Reg. 137. ch. 23. et *Courrier*, in Lit. remiss. ann. 1476. ex Reg. 204. ch. 136 : *Criée fust faicte au lieu de Dommaine de par le Courrier d'icellui lieu, que ung chacun alast curer et nettoyer le bealaige de la riviere dudit lieu.*

¶ 1. **CORRERIUS**, Cursor, tabellarius, Gall. *Courrier*, Ital. *Corriere*, in Chronico Parmensi ad ann. 1283.* apud Murator. tom. 9. col. 802. Vide alia notione in *Correarius.*

* 2. **CORRERIUS**, Officium in ecclesia Matisconensi, cujus munus ita describitur in Poleto MS. ejusd. eccl. fol. 6. r°. : *Ipse* (prior) *et conventus dicti monasterii* (S. Petri) *habent quamplures redditus, decimas et emolumenta, quæ per alterum canonicum dictæ ecclesiæ, per priorem et conventum eligendum et deputandum, amovibilem ad nutum, Correrium nuncupatum, gubernari, regi et canonicis dicti conventus ministrari et liberari singulis diebus consueverunt.* Vide *Correarius.*

* **CORRESEYRIA**, Corrigia, lorum. Leudæ major. Carcass. MSS. : *Item pro cargua de Correseyria, iij. sol. Turon.* Versio Gallica ann. 1544 : *D'une charge de Courreges, etc.*

CORRESPONDENTER, Eadem tempestate. Ericus Upsaliensis lib. 2. Histor. Suecor. : *Circa hæc tempora Romanum Imperium regebat Otto Ruffus, seu Rubeus, Correspondenter huic Hacquino.*

¶ **CORRETAGIUM**, Jus vel munus proxenetarum, Gall. *Courtage* apud Lobinellum Hist. Britan. tom. 2. pag. 410 : XXVII. *lib.* XIV. *sol.* VI. *den. in coperturis equorum et Corretagio.* Vide *Corretarius, Corrmethod*, *Corratagium* et *Courtagium.*

¶ **CORRETARIUS**, Proxeneta, Gall. *Courtier.* Archivum Ecclesiæ Macloviensis : *Anno 1423. 13. Sept. fuit creatus in Capitulo Johannes Fortin in Prosenetam seu Corretarium villæ civitatis Macloviensis, per duos dictæ Ecclesiæ Canonicos; qui juravit in dicto officio fideliter se habere, contractusque mercatorum damnum evitare, jura domini in venditionibus et revenditionibus Receptori generali Ecclesie diligenter reportare.* Vide *Corraterius.*

¶ **CORRETERIUS**, ut *Corretarius*, in Statutis Massil. lib. 4. cap. 25.

¶ **CORRETTARIA**, Idem quod *Corretagium.* Ordinatio Humberti II. Dalphini Vienn. ann. 1340. in Hist. Dalphin. pag. 395. col. 2 : *Item, quod ipse Magister Sartor... a mercatoribus vendentibus pro nobis folraturas vel vestes, nullam Correttariam in pecia vel rebus præsumat recipere publice vel occulte, sed totum nostris commodis applicari.*

¶ **CORREUM**. Vide *Conredium.*

¶ 1. **CORREUS**, Simul reus, in Hieratio juris Pontificii pag. 107. Vide *Conreus.*

* 2. **CORREUS**, Cursor, tabellarius, Hispan. *Correo*, Gall. *Courier.* Charta Petri II. reg. Aragon. pro Libert. Catalaniæ : *Mittantur nuncii per vicarios et alios officiales nostros pro citationibus faciendis, qui nominentur Correus.*

* **CORREZOLA**. Vide supra *Corizola.*

* **CORRIAGIUM**, Idem quod supra *Corregeum*: Reg. S. Justi Cam. Comput. Paris. fol. 196. r°. : *Thomas de clauso* (debet) *unam jornatam Corriagii.* Occurrit rursum infra non minus distincte scriptum; legendum tamen forte est *Carriagium*, vecturæ onus. Vide supra *Cariagium.*

* **CORRICORIUM**, Pergula, Gall. *Corridor*. Charta ann. 1340. ex Lib. virid. episc. Massil. : *Actum in Corricorio ante cameram, in qua jacet dominus abbas.* Leg. forte *Corritorium*, ab Ital. *Corritoio*, eadem significatione. Vide infra in hac voce.

¶ **CORRICULA**, *Initia infantium*. Papias MS. f. pro *Curricula.*

¶ **CORRIDIUM**, Cibus, alimonium. *Corridium duorum hominum, et quatuor servientes capellæ unusquisque duplicem cibum*, in libro nigro Scaccarii pag. 342. Vide *Conredium.*

* 1. **CORRIDORIUM**, ut *Corricorium*. Burcard. in Alex. VI. PP. : *Sanctissimus dominus noster per deambulationem seu Corridorium de palatio suo apud S. Petrum ivit.* Glossar. Provinc. Lat. ex Cod. reg. 7657 : *Corredor, Prov. lacunar, ubi sit cursus vel gorga.* Vide *Corridorum.*

* 2. **CORRIDORIUM**, Pars navis, vulgo *Galerie*. Contractus navigii Reg. Franc. cum Venetis ann. 1268. in Reg. sign. *Noster* Cam. Comput. Paris. fol. 284. r°. : *Navis, quæ vocatur Sancta Maria, est longa pedibus cviij. quæ longitudo est de pedibus lxx. in columba....... Est alta in Corridoriis pedibus v. et dimidio, et a Corridoriis in superius pedibus iiij. et dimidio, et est alta in capitibus columbæ pedibus xl.*

¶ **CORRIDORUM**, Via terreo aggere tecta, Ital. *Corridore*, Gall. *Corridor, Chemin couvert.* Chron. Andreæ Danduli apud Murator. tom. 12. col. 447 : *Murus quoque fortissimus erat a mari usque ad mare claudens Monasterium habensque tres foveas, successive bitifreda et Corridora cum bombardis abunde, ita ut omni ex parte opponeretur adventui hostium galearum.*

1. **CORRIGIA**, Modus agri. Diploma Roberti Regis Neapol. ann. 1321. apud Waddingum : *Item alia petia de terra arbustata, quæ est quasi duæ Corrigiæ de terra, una juxta aliam conjuncta.* [Charta anni 1098. e Tabulario B. M. de Charitate : *Dalmatius de Sinemuro donat Monachis Charitatis terram de Magobrio... usque ad viam quæ venit ex certa Corrigia, quæ a dextra parte ejusdem montis, etc.*]

* Quod ad instar *corrigiæ* in longum productus, ita appellatur, eadem notione qua *Langue de terre* dicimus. Charta ann. 903. apud Murator. tom. 3. Antiq. Ital. med. ævi col. 144 : *Ad suprascriptas fundoras, seu casalias, et dossos atque Corrigias et valles, etc.* Alia ann. 1054. inter Instr. tom. 6. Gall. Christ. col. 177 : *Cum ipsa villa S. Laurentii, et cum ipso usu, et cum ipso censu, et cum Corrigia S. Felicis, et de ipsis terminis suprascriptis usque in silva.* Alia ann. 1168. inter Probat. tom. 2. Hist. Occit. col. 502 : *Ego Raino dom. Castlarii trado et dono...... tibi Bernardo abbati Francarum vallium, ... videlicet quandam paludem, sive pascherium, sive Corrigiam, quæ tenet in longum a plantata W. S. Michaelis usque ad portum Caboti.* Denique alia ann. 1231. ex schedis Peiresc. : *Nos Jacobus..... concedimus vobis Montispessulanis fidelibus nostris stagna et maria et Corrigiam, quæ est in medio, cum litore maris et stagni, prout extenditur a Latis usque ad montem Sete et usque ad portum de Aquis mortuis.*

* CORRIGIUM, Eadem notione. Testam. Almer. march. ann. 948. apud Murator. tom. 2. Antiq. Ital. med. ævi col. 175 : *Totum Corrigium, qui vocatur de Rovere, et totum et integrum fundum Ponticelli.* Charta ann. 999. ibid. col. 171 : *Usque ad Corrigia in Tengola, et usque ad Corrigia Boniverti, etc.* Alia Mathildis comit. ann. 1100. ibid. col. 179 : *Corrigium unum, quod habet fines de meridie palude Saliceti, de sera Vangaicii et paludem unam juxta prædictum Corrigium.* Vide quæ adnotat doctissimus Editor ibid. col. 170.

CORRIGIA JUGALIS, apud Innocentium Agrimensorem : *Montem in medio usque in jugalem Corrigiam permittit.* Id est, qua parte mons vel collis in jugem sese erigit.

2. **CORRIGIA**, [Fasciola chartis appensa.] Charta ann. 1122. ex Tabulario Fontevraldensi fol. 102 : *Ego Aimericus Prior de Brajerac propria manu subscripsi, et in Corrigia, quæ in charta dependet, nodum feci.* Infra : *Ego Willelmus de Scannis propria manu mea præsenti chartæ signum Crucis impressi, et nodum in Corrigia quæ de ✝ pendet, feci.*

* Pactum inter Carol. II. comit. Provinc. et capitul. S. Salvat. Aquens. ann. 1292. ex schedis Pr. *de Mazaugues* : *Sigillatum erat quodam sigillo magno ceræ albæ pendentis per Corrigiam albam.*

CORRIGIAM SIBI IN COLLO PONERE, in signum servitutis. Chronicon Mosomense pag. 641 : *Corrigiam sibi in collo posuit, ancillatui se subdidit, capitaticum suum .... repromisit.* Anonymus de Miraculis S. Vedasti num. 6 : *Surrexit ire ad capitium, quasi per Corrigiam sui vestimenti Sancto seipsum dediturus.* Hist. Translat. S. Gorgonii cap. 17 : *Corrigia discinctus collum suum circumdedit, atque per eumdem se sancto Gorgonio famulum contradidit, etc.* Joan. Villaneus lib. 6. cap. 65 : *Venne à Firenze col le Corregge in collo, chiedendo merce.*

* *Corrigia* collo imposita veniam petere, in Chron. Modoet. apud Murator. tom. 12. Script. Ital. col. 1164 : *Et qui interfecerat patrem, filium, fratrem vel propinquum, ibat cum Corrigia in collo ad eum, cui talem injuriam fecerat, et pro divina gratia admonitus a dicto fratre Venturino, ei osculum pacis dabat.* Nostris, *Demander grace la corde au cou.*

CORRIGIÆ BOUM, inter malas consuetudines recensetur in vet. Charta ex Tabul. Celsinianensi : *Et agnos, et civadam, quam apprehendebat, et Corrigia boum, et fœnum et paleas, etc.* Corrigiæ scilicet, quæ bobus aratoribus ministrare tenebantur tenentes.

¶ 3. **CORRIGIA**, Zona, cingulum, Gall. *Ceinture.* Hist. Dalphin. tom. 2. pag. 274. in Computo annorum 1333. et seqq. : *Pro una Corrigia pro Comitissa redimenda, quæ erat in pignore de mandato Domini, etc. unc. II. taren. xv.* Pag. 276 : *Pro una Corrigia de auro et argento pro Domino, taren.* XXVII. Et pag. 281 : *Item, pro una Corrigia de seta empta pro Domino munita de argento albo, v. flor.* Miracula S. Simonis, tom. 2. April. pag. 819 : *Quædam mulier... sacramento affirmavit, quod erat impedita et contracta a Corrigia infra.* Eo quod cingi soleant, hic renes sunt intelligendi. Quandoque *Corrigiæ* recensentur inter ornamenta sacra : *Nonis Augusti Corrigiam de serico; v. Idus Septembris duas Corrigias argenteas*, in quodam Necrologio MS. Ecclesiæ Remensis.

* Math. de Afflictis J. C. Neapolit. Decis. 315 : *Maritus mittit uxori suæ, quando est in domo patris vel fratris, ... Corrigias de argento.* Charta ann. 1273. in Chartul. Buxer. part. 6. ch. 59 : *Lego monachis Buxeriæ ciphum meum argenteum et Corrigiam meam de argento et parvum cingulum meum de argento pro uno calice faciendo.* *Courroie*, pro Sacculo, bulga, in Lit. remiss. ann. 1398. ex Reg. 153. Chartoph. reg. ch. 301 : *Le suppliant portoit sur son cheval une bourse de cuir, appellée Courroie, en laquelle avoit la somme de vint et quatre livres.* Vide in *Cingulum* 1.

* CORRIGIUM, Eodem sensu, in Charta ann. 1360. ex Tabul. Massil. : *Senescallus dixit se pridem impignorasse penes sindicos civitatis Massiliæ... Corrigium unum de argento, etc.* Hinc

* CORRIGIA REGINÆ, Idem quod *Zona Reginæ*, Præstationis species. Memor. F. Cam. Comput. Paris. fol. 54. r°. ad ann. 1398 : *Inhibitum fuit Micheleto Laillet et Baudeto Noque firmariis firmæ cinguli seu Corrigiæ Reginæ, ... ne de cetero, quando domini compotorum aut clerici facient adduci vina sua domorum suarum, extra villam existentium, Parisius, ipsi firmarii impediant aut impediri faciant dicta vina, vecturas aut alias res dictorum magistrorum.*

CORRIGIAM SUPER TUMULUM PROJICERE, id est, bonis defuncti renunciare. Vide tom. 8. Spicilegii Acheriani pag. 264. et Pithœum in Consuetud. Trecens. tit. 2. art. 12. [** Grimm. Antiq. Jur. Germ. pag. 157. sqq.]

* Quod et coram judice zonam seu *Corrigiam* dimittendo, ipsique eam porrigendo fiebat. Arest. ann. 1367. 7. Mart. in vol. 5. arestor. parlam. Paris. : *Ipsa domina in eadem curia nostra bonis mobilibus omnibus et singulis ubicumque existentibus, ac debitis universis dicti quondam mariti sui...... omnino renunciavit, ... et in signum renunciationis hujusmodi zonam seu Corrigiam suam decinxit seu deposuit, et in manu curiæ nostræ, prout supra foveam dicti defuncti die obsequiorum, si factæ fuissent aut fierent, facere potuisset, et prout est consuetum fieri, eandem suam zonam seu Corrigiam ad nostram dictam parlamenti curiam incontinenti porrexit, dereliquit et demisit, retenuta seu protestatione per eandem facta de retinendo et petendo....... dotem seu dotalitium sibi promissum, ... ac etiam suum vevagium.* Lit. Caroli V. ejusd. an. ibid. : *Par la coutume générale de nostre royaume gardée entre personnes nobles, il loist aux dames ou damoiselles nobles veuves, après le décès de leurs maris, prenre et retenir, se il leur plaist, les meubles, en elles chargeant des debtes; ou renuncier audi-*

meubles et les laissier en demourant franches d'icelles debtes; et est de coustume de faire ladite renunciation sur la fosse du trespassé en la présence de ses amis, le jour que l'en fait ses obseques ou service. Ejusmodi renunciationis meminit Monstrel. vol. 1. cap. 18 : *La duchesse Marguerite sa femme* (de Philippe duc de Bourgogne) *renonça à ses bien meubles pour la doupte qu'elle ne trouvast trop grans debtes, en mettant sur sa représentation sa Ceinture avec sa bourse et les clefs, comme il est de coustume; et de ce demanda instrument à un notaire publique.*

* 4. **CORRIGIA**, Lamina. Inventar. ann. 1389. tom. 3. Cod. Ital. diplom. col. 366 : *Botacii duo argenti deaurati cum esmaillis duobus in bottis, et cum literis Græcis et Corrigiis sprangatis.*

** CORRIGIA TONSORUM. Reinardus Vulpes lib. 3. vers. 2295 :

Nam quotiens paulisper hebent rasoria, cautus
Inverrens corio tonsor acuta facit.
Nulla tibi pendet Corrigia, detege, si qua est.
Corrigarus penem nudat, aitque : Vide.

¶ **CORRIGIAMEN**, Corrigia, lorum. Engelbertus de Longævitate ante diluvium cap. XIV. apud Bern. *Pez* Anecdot. tom. 1. col. 460 : *Qualiter exemplificat Philosophus ibidem in catulis nobilium mulierum, quibus circumligantur panni, et Corrigiaminibus involvuntur et colligantur, et cibus eis subtrahitur, ut parvi remaneant non crescendo amplius.*

* **CORRIGIARIUS**, Corrigiarum faber, Italis *Coreggiaio*. Reg. S. Justi Cam. Comput. Paris. fol. 192. r°. : *Halæ Corrigiariorum* (male *Corrigianorum*) *ij. lib. perpetuum.* Arest. ann. 1346. 21. Jul. in vol. 2. arestor. parlam. Paris. : *Corrigiarii seu zonarum operarii ejusdem villæ Paris. etc.* Vide supra *Corizzarius*.

* **CORRIGIATA**. Glossar. Provinc. Lat. ex Cod. reg. 7657 : *Correiada, Prov. scutica, Corrigiata.*

* 1. **CORRIGIBILIS**, Emendandus, qui corrigi debet. Charta apud Cencium inter Census eccl. Rom. : *Talem nichilominus consuetudinem, licet generalem et plurimum ipsis commodam, si forsan ab ipsis legatis Corrigibilis videtur, ad ipsorum placitum .... corrigi cupientes.*

* 2. **CORRIGIBILIS**, Jurisdictioni obnoxius, nostris *Justiciable*. Charta ann. 1332. in Reg. 66. Chartoph. reg. ch. 988 : *Cum nos Ludovicum Poqueire, clericum Senonensis diocesis, subditum et Corrigibilem nostrum... coram nobis traxissemus, etc.*

* **CORRIGIOLA**, diminut. a *Corrigia*, Italis *Coreggiola*, nostris alias *Coroyette*, parva zona. Glossar. Provinc. Lat. ex Cod. reg. 7657 : *Correia, Prov. corrigia, Corrigiola.* Lit. remiss. ann. 1388. in Reg. 135. Chartoph. reg. ch. 165 : *Deux petites verges et une Coroyette.*

* **CORRIGIUM**. Vide supra in *Corrigia* 1. et 3.

CORRIGIUNCULA, Nola, seu campanula quæ percutitur in Monasteriis, cum *Disciplinæ* dari debent; a *correctione* dicta. Liber Revelationum Anonymi cap. 6 : *Quo perveniens audivi mox sonitum Corrigiunculæ post me factum a fratre illo a quo disciplinas expectabam suscipere. Relictis itaque his quæ ibi videram, nescio quali modo in capitulum confestim deveni; et post, disciplinas, ut prius feceram, accepi sex vicibus, etc.*

* **CORRITOR**, Excursor, Ital. *Corritore*, Gall. *Coureur*. Instr. ann. 1358. inter Probat. tom. 2. Hist. Nem. pag. 206. col. 1 : *Consuluit quod portalia claudantur de nocte, et custodes ponantur supra muros in competenti numero, ad intelligendum utrum Corritores de nocte venirent, necne.*

¶ **CORRITORIUM**, Opertum iter in ædificiis, Gall. *Corridor*, Ital. *Corridore*. Chronicon Parmense ad ann. 1302. apud Murator. tom. 9. col. 844 : *Incœptum fuit fieri Corritorium super baptisterio de columellis lapideis.*

* Stat. ann. 1357. inter Probat. tom. 2. Hist. Nem. pag. 194. col. 2 : *Et fiat unum Corritorium infra dictam turrim, per quod libere possit ire de una janua ad aliam.* Charta ann. 1368. ex Tabul. Massil. : *Juxta scolam Judæorum fiat unum Corritorium fustæ, ut possint ire bene et secure.* Vide supra *Corricorium*.

* CURRITORIUM, Eadem notione, in Comput. ann. 1356. inter Probat. tom. 2. Hist. Nem. pag. 172. col. 2 : *In camera ante Curritorium domus noviter acquisita.*

* **CORRIZOLA**. Vide supra in *Corizola*.

CORROATA, CORROADA. Vide *Coroata*.

¶ **CORROBORAMENTUM**, Scriptum quo aliquid *corroboratur* seu confirmatur. Charta Gaudini de Bruismo pro fundatione Ungiaci inter Instrum. tom. 4. novæ Gal. Christ. col. 85 : *Factum est hoc Corroboramentum anno ab Incarnatione Domini* MCVI.

¶ **CORROBUCUM**, Idem quod *Cordebisus*, Corium caprinum alutariorum arte præparatum, sic dictum, quasi *Corium Buci* seu Capri, Gall. *Bouc*. Charta *Vidimus* Offic. Rotomagensis ann. 1267. Hist. Harcur. tom. 3. pag. 149 : *Sciatis quia concessi Willelmo Carnuto.. et sociis cordebanariis et corvesariis Rotomagensibus, ut habeant gildam suam... et nullus faciat ministerium de Corrobuco, desit illam gildam habuerunt tempore Vullelmi Regis avi mei.* In confirmatione habetur : *Et nullus faciat ministerium eorum nisi per eos.* Ex quo liquet hic agi de arte sutoria, quam nulli liceat præterquam Cordebanariis *gildæ* institutæ.

CORRODIUM, CORRODARIUS. Vide *Conredium*.

CORROGATA. Tabularium S. Remigii Remensis : *Ad hibernaticam sationem map. 1. continentem in longitudine perticas 40. in latere perticas 4. ad estivaticam simul facit Corrog. 9. donat annis singulis in hostelina denar. etc.* Infra : *Facit in anno Corrog. 9.* Rursum : *Ailoldus tenet mansum ingenuilem 1. facit in anno map. 2. habens in unaquaque in long. perticas 40. in lat. 4. et Corrogat. 3. donat pullos 3. ova 15. etc.* Occurrit ibi pluries. Tabularium Deiparæ Santonensis : *Tres dies plenæ Corrogatæ.* Idem videtur, quod *Corvatæ*, quod ejusmodi operæ a singulis corrogentur. Glossæ veteres : *Corrogatio*, ἐρανισμός. Vide *Corvatæ*. [* Idem quod mox *Corrogium*.]

* **CORROGIUM**, Servitium, quod subditi dominis suis cum equis, bobus aliisve animalibus ex lege vel consuetudine præstare tenentur, et ejusdem in pecunia vel annona redemptio. Charta ann. 1314. in Reg. 52. Chartoph. reg. ch. 34 : *Item pro Corrogio boum et saumeriorum, ... pro parte dom. regis, xxxiij. solidos Turon. annui redditus.* Alia ann. 1318. in Reg. 56. ch. 511 : *In Corrogiis seu jornalibus bouum et saumariorum, xl. sol. x. den.* Alia ann. 1343. in Reg. 74. ch. 232 : *Item in Corrogiis sive jornalibus animalium, qui consueverunt cum bajula arrendari, extimatis valere in redditu xiv. lib. xij. sol. Turon.* Denique alia ann. 1361. in Reg. 103. ch. 78 : *Quilibet laborator cum bobus debet solvere sex punherias avenæ; et quilibet laborans cum asinis, debet solvere unam punheriam avenæ; quæ ascendunt dicta Corrogia in universo septem sextaria....... Item est in dicto loco Corrogia animalium bouorum et equinorum, videlicet quod quilibet laborans cum bobus, debet solvere duo jornalia.* Vide supra *Coroada* et *Corregeum*.

CORROGIUM. Vide *Conredium*.

¶ **CORRORARE**, pro *Corroborare*, Confirmare. Charta Caroli Calvi pro Monasterio Vedastino : *Ad Corrorandum etiam amplius quam ad fulciendum nostræ Celsitudinis præceptum.* Moretus Antiquit. Navarræ pag. 131 : *Facta Carta et Corrorata Era 1170. in mense Marci, in illa populatione de Cantabrica.*

* **CORROSARIUS**, Idem qui supra *Conresarius* in *Conredium*, quomodo etiam legendum videtur, Monachus, qui fratribus cibaria ministrare ex officio tenebatur. Charta ann. 1282. ex Tabul. S. Andr. Avenion. : *Ut Corrosarius in monasterio instituatur, qui habeat ecclesiam S. Veredimii de Podio-alto, cum omnibus juribus et pertinentiis suis, cum censu sexaginta manganariorum, ... xxx. libris quas abbas assignare debet eidem Corrosariæ in bono loco. Item quod abbas teneatur dare ipsi Corrosario xxv. cannas boni olei annuatim v. manganarios amigdularum. Item quod dictus Corrosarius percipiet omnia legumina, ... oves, capras, ovilia et pascua monasterii.*

* **CORROSIO**, Corruptio, consumptio; *Corrusion*, Lit. Car. V. ann. 1372. tom. 5. Ordinat. reg. Franc. pag. 515. Chartæ Ludov. VI. ann. 1122. confirmatio per Carol. IV. ann. 1324. in Reg. 62. Chartoph. reg. ch. 200 : *Quia vero dictarum litterarum sigillum eisdem litteris, non per modum appensionis appositum, sed per impressionem affixum, tam propter ipsius sigilli vetustatem, quam propter partis cartæ, cui sigillum ipsum adhærebat, Corrosionem, erat a dictis litteris, licet quantum ad scripturam et karacteres sanis et integris, separatum, ipsas de verbo ad verbum transcribi fecimus.* Vide *Corrositas*.

¶ **CORROSITAS**, Caries qua aliquid *corroditur* et consumitur. Vita B. Ursulinæ Parm. tom. 1. April. pag. 738 : *Nulla penitus putredine aut Corrositate vitiatum.* Transactio inter Abbatem et Monachos Crassenses ann. 1351. ex Libro viridi fol. 53 : *Et in casu quo sigilla ipsa Corrositate aut alio casu rumperentur.*

¶ **CORROSOR**, Qui aliorum bona *Corrodere* et invadere nititur. Donatio Monachis S. Salvatoris de Thyrone apud Stephanotium in Antiquit. Aurelian. MSS. pag. 554 : *Concessit... tali siquidem conditione, ut dein-*

ceps contra omnes Corrosores sive quoslibet calumniatores terram illam Monachis tueretur.

¶ **CORROX**, Idem quod *Conredium*, Quod datur ad cibum. Consuetudines MSS. urbis Tolosæ fol. 19. ex Bibl. D. Abbatis de Crozat : *Habitantes vero extra dictos terminos vicariæ Tholosæ solvunt . . . fromagium, et ovagium, et Corrox et gallinas, etc.*

* Vel potius quod supra *Corrogium*. Vide in hac voce.

¶ **CORRUA**, ut *Corvea*, Gall. *Corvée*. Chartular. S. Vincentii Cenoman. fol. 126 : *Ab biennio, equitatu, carreio et omni Corrua liberi et absoluti.* Vide *Corvatæ*.

¶ **CORRUEA**, **CORRUEYA**, Ead. notione. Charta Joannis Lotharing. et Brabant. Ducis in Chron. Bonæ Spei pag. 264 : *Tenebuntur exhibere singulis annis mille et sexcentas illas Corrueus tantummodo, de curribus munitis et estoffatis rationabiliter sine dolo . . . servitium unius currus stoffati per unum diem pro una Corrueya reputantes.*

¶ **CORRUWEIA** pluries occurrit eadem notione, ibidem pag. 264. 310. 311. 312. etc.

* **CORRUAGIA**, Idem quod *Corvatæ*, Operæ, quas subditi ac rustici dominis suis præstare ex lege vel consuetudine tenentur. Arest. ann. 1310. in Reg. *Olim* parlam. Paris. : *Item* (in possessione) *habendi et recipiendi corveias et Corruagia a prædictis habitantibus in locis superius nominatis. Corvaige*, Jus exigendi *corveias*, in Charta ann. 1410. ex Reg. 164. Chartoph. reg. ch. 23 : *Jehan du Melle escuyer baille à Jehan Gueront escuyer la terre des Yveteaulx ; ...... sauf le droit de son Corvaige.* Vide infra *Corvagium*.

* **CORRUERE**, active usurpatur pro Diruere, evertere, Gall. *Abatre, démolir*, in Comput. redit. et expens. eccl. Paris. ann. circ. 1381 : *Item Johanni Huberti lathomo, per forum factum cum ipso...... Corruendi totam hostiariam magnæ portæ, ... et reficiendi de novo de petra et plastro...... decem francos auri.*

* **CORRUMPERE**, Abrogare, rescindere, irritum facere, *Corrumpre*, eodem intellectu, in Lit. ann. 1368. tom. 5. Ordinat. reg. Franc. pag. 381 : *Avons juré de tenir et faire tenir sans Corrumpre, venir ne faire venir encontre, etc.* Charta ann. circ. 1160. apud Cencium inter Census eccl. Rom. : *Corrumpentes itaque et omnino evacuantes et in irritum reducentes omnia privilegia et invasiones atque investimenta, quæ super tenimenta Tusculani facta sunt, sive a Romanis, sive ab omnibus aliis personis.* Bened. abb. Petroburg. de vita Henr. II. reg. Angl. edit. Hearn. tom. 1. pag. 344. ad ann. 1180 : *Vetus namque moneta Corrupta fuit, et rex monetarios suos redemit. Corrore des temoins*, Testes subornare, in Lit. remiss. ann. 1391. ex Reg. 141. Chartoph. reg. ch. 226 : *Icellui suppliant a congneu que sesdiz tesmoings il avoit induis et Corroz et leur avoit promis de donner le vin, mais qu'ilz deposassent à son entention.* Occurrit rursum infra.

* **CORRUMPERE**, Discerpere, lacerare. Leg. Polon. a Prilusio collectæ pag. 448 : *Si vero non statim easdem chartulas vel Corruperit, vel igni consumpserit, etc.*

* **CORRUMPERE**, *Devirginare*, Papiæ. *Corrupter*, eodem sensu, in Lit. remiss. ann. 1374. ex Reg. 105. Chartoph. reg. ch. 581 : *Ledit maire, pour mieulx savoir se l'exposant avoit congneu charnelement, ne Corrupté ladite fille, il la fist veoir et visiter diligemment par certaines femmes matronnes.* Unde *Corrumpement*, virginitatis vitiatio, in aliis Lit. ann. 1385. ex Reg. 127. ch. 91. bis : *Icelle Perrote doubtant le deshonneur, vitupere et Corrumpement de la virginité de son corps, etc. Corrumpre nature*, Semen citius, quam par est, extra vas debitum effundere, in Lit. remiss. ann. 1456. ex Reg. 183. ch. 127 : *Avant qu'il peust toucher ou entrer à l'instrument naturel d'elle* (la jeune fille) *il Corrumpit nature en lui.*

CORRUPTICOLÆ, Hæretici, qui Corpus Christi perinde ac nostrum detrimenta pati, propter quæ reparanda esuriret, opusque haberet cibo, et fatigaretur, ac egeret requie ad reficiendas vires, asserebant. De his Liberatus Diaconus in Breviario cap. 9. 19. 20. ubi consulendus vir eruditissimus Joannes Garnerius ad idem cap. 19.

¶ **CORRUPTIO**, Actus quilibet venereus sive licitus sit sive illicitus. Papias in MS. Bituric. : *Continentia est post Corruptionem sexus renuntiatio . . . Continens non solum in castitate post Corruptionem, sed ab omni vitio.* Eidem *Corumpere*, *Devirginare*.

CORRUPTIO SANGUINIS, apud Leguleios Anglos, dicitur, cum quis feloniæ vel Majestatis criminis convictus est : tunc enim illius *sanguis corruptus* dicitur, quia neque liberi, neque ullus ex illius sanguine, sive consanguineus, illius hæreditatem percipere potest. Præterea si nobilis sit, ejus liberi ignobiles fiunt, ita ut paterna nobilitate frui non possint, nisi auctoritate Regia. Rastallus.

* **CORRUPTUS**, Italis *Corrotto*, Luctus funebris. *Corruptum levare*, lamentabiles voces ac ejulatus occasione funerum emittere, interprete Muratorio ad Stat. Ferrar. ann. 1269. tom. 2. Antiq. Ital. med. ævi col. 336 : *Quod nemini de civitate Ferrariæ seu burgis liceat levare Corruptum seu plangere alta voce propter aliquod corpus mortuum, postquam ipsum corpus extractum fuit de domo, et portabitur seu portatum fuerit ad ecclesiam.* Nunc vero Italis *fare il Corroto*, eodem auctore, designat tantummodo lugubris vestis usum in luctu pro funeribus. Vide *Cantatrices*.

* **CORRUVERA**, f. pro *Corruweia*, idem quod *Corvata*, Gall. *Corvée*. Charta Margar. comit. Fland. ann. 1261. ex Tabul. Flin. : *Notum fieri volumus, quod abbatissa et conventus de honore B. Virginis juxta Flines ordinis Cisterciensis emerint........ xliij. cappones in Natali et lix. Corruveras annis singulis eidem monasterio persolvendas ab illis, qui tenementa possident.*

¶ **CORRUWEIA**. Vide in *Corrua*.

¶ **CORS**. Vide *Cortis* 1.

* **CORSA**, Excursio, vox Ital. et Hispan. Gall. *Incursion*, alias *Courerie* et *Courrerie*. Lit. remiss. ann. 1412. in Reg. 167. Chartoph. reg. ch. 1 : *Est advenu que à la fraicheur d'iceles Coureries des gens d'armes, etc.* Aliæ ann. 1417. in Reg. 170. ch. 65 : *Comme le bastart de S. Pierre feust alé en Courrerie avec plusieurs autres ; .... en laquelle Courrerie eussent esté gangnez... trois chevaulx.* Comput. ann. 1383. inter Probat. tom. 3. Hist. Nem. pag. 51. col. 1 : *Guiraudo Calcati nuncio misso Avinione ad dom. nostrum Papam, ... et judici majori notifficando eisdem quamdam Corsam factam per gentes armorum, etc.* Vide *Cursa* et *Cursus* 3.

* **CORS-A-CORS**, Privatim. Consuet. Catalon. Mss. cap. 25 : *Si in aliquo castro fuerint duo castellani, et alter eorum non tenuerit castellaniam pro altero castellano; sed quilibet eorum particulariter, Cors-a-Cors, tenuerit suam castellaniam, etc.* [** *Mas quiscu dells la tindra cos a cos per algun tercer, qui sie lur senyor, etc.* in edit. ann. 1688. pag. 360.]

¶ **CORSARE**, proprie Piraticam exercere, ab Italico *Corsare*, quod idem significat; generalius quasvis prædas agere. Prosper Sanctacrucius de civilibus Galliæ dissentionibus, apud Marten. tom. 5. Collect. Ampliss. col. 1446 : *Ita et ad vindictæ studium, ad cupiditatem rapiendi, quod in his tumultibus semper aliquid Corsari solet . . . animos confirmant.*

¶ **CORSARIUS**, Pirata, prædo maritimus, Gallice *Corsaire*, Ital. *Corsare*, *Corsario* et *Corsaro*. Etymon Ital. *Corso*, Cursus. Chronicon Richardi de S. Germano, apud Murator. tom. 7. col. 960 : *Excommunicationis vinculo innodat Corsarios et Piratas, qui capiunt transeuntes.* Eadem notione Κουρσάριος dicunt Græci recentior. Vide Glossar. mediæ Græcit. in Κουρσεύειν.

* **CORSATUS**, Thorax, vestis species, Gall. *Corset*. Comput. MS. ann. 1239 : *Pro duobus Corsatis oblitis ad computandum, xx. sol.* Vide *Corsetus*. *Corsetiere* vero, pro Crumena vel sacculo, in Lit. remiss. ann. 1368. ex Reg. 99. Chartoph. reg. ch. 141 : *Comme Guillaume Noel marchant changeur eust receu une Corsetiere de toile, en laquelle il avoit en monnoie blanche, blans pour cinq deniers Tournois, la somme de cent et cinq livres ou environ.* Vide supra in *Corrigia* 3.

¶ **CORSERIA**, Via in mœniis ad hostes propulsandos accommoda, per quam tuto curritur ab una turri ad aliam, unde nomen. Charta Thossiacensis ann. 1449 : *Licentia datur faciendi aponsam supra Corserias villæ apponsatam muris tali modo, quod dessubtus possit transire una charrata feni.* Altera ann. 1404 : *Juxta ruatam vocatam Les Corsieres de la ville.* Tertia anni 1462 : *Juxta muros dictæ villæ, Corseriis dictorum murorum intermediis ex meridie, et juxta dictas Corserias ex occidente.* Vide *Curseria*.

¶ 1. **CORSERIUS**, Equus bellator, Gall. *Coursier*. Comput. Johannis Humberti sub Guigone Dalphino ann. 1328 : *Item pro uno Corserio morello affollato in Flandriis, quem reddit apud Montem fleuritum Aymarono de Bello-visu marescallo Domini Dalphini*, xxxv. *flor.* Regest. Dalphin. de Graysivod. ann. 1336. fol. 149 : *Pro Corseriis, palafredis et roncinis habitis ab eodem.* Vide *Cursor equus*.

2. **CORSERIUS**, Ratis amnicæ species, apud Occitanos. Charta anni 1231. in Regesto Comitum Tolosæ pag. 89 : *Possunt piscare quandocumque voluerint per Garonnam, et per Arigiam, et navigare et arripare cum eorum Corseriis libere.* Et infra : *In istis duabus aquis prædictis ubi possunt ingredi cum eorum Corseriis.* Vide *Cursoria.*

* Lugdunensibus etiam nota. Acta capit. eccl. Lugdun. ad ann. 1340. fol. 67. r°. col. 1. ex Cam. Comput. Paris : *Voluerunt quod dom. custos Corserium fustenum, factum pro et contra factum dom. Bellijoci, possit delacerare.*

¶ **CORSETUS**, Tunica, thorax, Gall. *Corset.* Computum anni 1324. in Hist. Dalphin. tom. 1. pag. 133. col. 1 : *Item pro duobus Corsetis Domini Dalphini et Humberti de Vilars et pro duobus paribus caligarum, videlicet pro septem ulnis de virido, computata qualibet ulna xxxii. sol. valent. xi. lib. 10. sol.* Vita S. Philippi Archiep. Biturig. apud Marten. tom. 3. Anecdot. col. 1931 : *Et quadam die dum obviaret pauperi trementi frigore . . . Corsetum foderatum quo erat sub cappa indutus exuit et pauperi tradi fecit.* Ordinatio Humberti II. Hist. Dalphin. tom. 2. pag. 315. col. 2 : *Item, quod in festo Paschæ Corseti prædictarum Dominæ Dalphinæ et aliarum Dominarum ac Domicellarum sint longæ cum caudis.* Corseti muliebres rursus memorantur ejusd. tomi pag. 275. 334. col. 1. et 406. col. 2. *Corseti ferri* recensentur inter Garnisiones seu munitiones inventas in castro civitatis Carcass. ann. 1294. Vide *Cursetus.*

¶ **CORSINI.** Vide *Caorcini.*

CORSNED. Gloss. Sax. tempore Edw. III. exaratum : Corsned, *panis conjuratus.* Anglo-Saxonibus, ait Lambardus, erat in more positum, panem certis quibusdam destinatisque sententiis consecratum reo gustandum offerre : habebant enim penitus insitam opinionem, non posse quemquam mali conscium panem hoc modo dedicatum deglutire. *Offam judiciariam* dixerunt. Cors autem, Saxonibus, *execratum* sonat : sneð, vel snid, est offa, bolus, vel ned, aut neod, id est, *necessitate ductum.* Unde Nedbread iisdem coactus panis. Reus enim, seu accusatus, crimen objectum qui negabat, panem vel offam illam sumere et comedere cogebatur in purgationem. Leges Kanuti Regis cap. 6. apud Bromptonum : *Si quis altari ministrantium accusetur, et amicis destitutus sit, cum sacramentales non habeat, vadat ad judicium quod Anglice dicitur Corsned, et fiat, sicut Deus velit, nisi super sanctum Corpus Domini permittatur ut se purget.* Cap. seq. : *Si quis Ordinatus homicidii particeps, vel auxilio fuisse compellatur, purget se cum parentibus, quorum interest occisionis factionem tolerare, vel emendare. Si parentes non habet, cum sociis se purget, vel jejunium ineat, si opus sit, et applicetur ad Corsned, et fiat voluntas Dei.*

Extat hujusce purgationis exemplum apud Ingulfum pag. 898 : *Cum Godwinus Comes, in mensa Regis de nece sui fratris impeteretur, ille post multa sacramenta tandem per buccellam deglutiendam abjuravit, et buccella gustata continuo suffocatus interiit.* Id ipsum sic enarrat Philippus *Mouskes* in Hist. Francorum MS. :

En dementiers que il mangoient,
E de mult de coses parloient,
Li Quens seoit devant le Roi,
Sire, dit-il, entendes moi,
Bien sai que vous me mescrées,
De vo frere ki fu tués,
Mais trestoust aussi voirement,
Puisse jou manger sainement
Cest morsel de pain que je tieng,
Que par efort, ne par engien,
N'eue coupe en la mort vo frere,
Ne adonques de ralt bien nere,
Ne dont ne or ne m'enfu biel.
Lors saina li Rois le morsiel
De cuer et de projiere douce,
Et li Quens le mist en sa bouce,
Li fu esranment estranlés.
Voiant le Roi qui fu d'alés,
Qui l'esgarda mult volentiers,
Confu li miracles premiers
Que Dieu fist pour le Roi Euvart
Ki pourfu sains en son eswart.

Vacces au Roman *de Rou* MS. de eodem Godwino :

Godwine puis remaint issi,
Le Rois en pais le consenti,
Je ne sai combien il dura,
Més je sai bien qu'il s'estrangla,
D'un morsel que le Roi seigna,
A Odihan où il manja.

Ubi observandum buccellam panis cum aliquod precibus signo Crucis a Rege signatam.

Huc etiam referri potest quod habet Historia Trevirensis pag. 235 : *Post multum vero temporis cum idem Dux* (Limburgensis Henricus) *inflictum sibi anathema parvipenderet, et in malis supradictis et similibus perseveraret, accidit ut quidam de Militibus ejus die quadam in domum ejus advenisset, et facta hora prandii, apposita mensa coram ipso, panem comedere debuisset, et Dux illi illudens, Surge, ait, et foras egredere, coram me comesturus non es, excommunicatus enim es. Et ille, Ubi, inquit, et quis me præter eum qui et te excommunicavit? Cui Dux ait : Ecce nunc vide, et jam parebit, si ita sumus excommunicati, ut aliquid nobis exinde molestiæ possit accidere : si hic canis,* (*qui forte illis edentibus aderat*) *buccellam quam illi dedero, comederit, non pertimesco. Sin autem, timenda est nobis excommunicatio. Et hoc dicto, misit buccellam, quam canis ut naribus adhibuit, ultra contingere non curavit : et ne quis hoc saturitati canis posset imputare, cum alius illi buccellam mitteret, festinus arripuit. Unde omnes qui aderant summa admiratione ducti, una voce dixerunt : Oportet eos ad satisfactionem venire; et ita fecerunt.*

Exstat apud Lindenbrogium post veteres Formulas *Exorcismus panis hordeacei, vel casei ad probationem veri*, pag. 107. Orationes vero quæ in hocce judicio recitabantur, ejus effectum satis declarant; ac prima quidem ex iis : *Fac eum, Domine, in visceribus augustiari, ejusque guttur conclude, ut panem vel caseum istum in tuo nomine sanctificatum devorare non possit hic qui injuste juravit ac negavit illud furtum vel homicidium, aut adulterium, seu maleficium quod quærebatur, et jusjurandum pro nihilo habuit, et nomen tuum nominavit,* etc. Altera : *Præsta quæsumus per sanctum ac mirabile nomen tuum, ut qui reus erit hujus furti vel homicidii, aut adulterii seu maleficii, de quo hic requiritur, vel in facto vel in conscientia, ad adpositam ei pro ostensione veritatis creaturam panis sanctificati vel casei faux ejus claudatur, guttur ejus stranguletur, et in nomine tuo ante illud rejiciatur, quam devoretur.* Hinc nostris loquendi formula manavit, *Que ce morceau de pain m'étrangle, si ce que je dis, n'est vray.* Sed cur panis hordeaceus potius adhibitus fuerit quam alius, non comperi. Hanc porro divinationis aut sortis speciem videtur intellexisse Concilium Autisiodorense ann. 578. can. 4. ubi *sortes de pane et ligno vetantur.* Huc etiam referri potest ἄρτος τῆς μεγάλης τῆς πέμπτης, de quo Matthæus Blastares Litt. M. cap. 1. Vide *Eucharistia.*

* Alias rursus orationum formulas, quæ super pane vel caseo ad probationem recitabantur, videsis inter Probat. Hist. Sabol. pag. 354. ex Chartul. S. Sergii Andegav. descriptas. [** Confer Grimmii Antiquit. jur. Germ. pag. 931.]

¶ **CORSORIUM**, Agri portio. Vide *Cursorium.*

¶ **CORSOYRUM**, Parvus agger quo præterfluens aqua coercetur. Consuetudo Lemovic. art. 40 : *Item quia quicumque ædificat in dicto castro, debet ita ædificare, quia non dimittat aliquam terram ad faciendum Corsoyra infra domum suam.* Versio Gallica : *Item, celui qui batira audit chateau, doit tellement batir, qu'il ne laisse croupir en rue ses terres ou ciments devant sa maison pour arrester les eaux courantes, et empécher la liberté du passage.*

* **CORSSERIA**, Via lustrandis vigiliis aliisque usibus accommoda, per quam de loco ad locum tuto *curritur*, unde nomen, vulgo *Chemin des Rondes*, alias *Coursiere.* Stat. ann. 1358. in Reg. 93. Chartoph. reg. fol. 92. r°. : *Extitit ordinatum, quod certæ Corsseriæ sive carreriæ infra et juxta muros villæ fierent, per quas possent fieri die nocteque excubiæ seu custodiæ, tam eques quam pedes, juxta dictos muros.* Aliud ejusd. ann. inter Probat. tom. 2. Hist. Nem. pag. 232. col. 2 : *Sic quod de duabus Corsseriis fiat una; et ordinetur quod .... gentes armorum equitum possint libere per Corsseriam prædictam, saltim quatuor eques ad frontem equitare et discurrere.* Lit. Caroli V. ann. 1366. ibid. pag. 295. col. 1 : *Ils* (les habitans) *aient fait abatre et dirruer touz les hostels, qui entour ladite cité touchoient au murs d'icelle, affin que par terre, aussi comme par la Coursiere de dessus, on puisse aler et venir delivrément à pié et à cheval à ladite defense et gart de ladite cité.* Vide *Corseria.*

* **CORSSETTUS**, Decumanus, ut videtur. Charta ann. 1342. in Reg. 74. Chartoph. reg. ch. 238 : *Item ducentas viginti septem anguillas Corssettas, debitas quolibet anno per homines de Caiarco.*

* **CORSULUS**, *Lo herede.* Glossar. Lat. Ital. MS.

¶ **CORSURA**, Species præstationis e bladis, f. ead. quæ *Cossa* 1. Charta ann. 1312. ex Archivo S. Victoris Massil. : *Salva et retenta dictis dominis et colonis trezeno, Corsura et balagio bladorum et culitia olivarum de decimis in terminio de garriga habitantium.* [* Aut mendum esse aut male lectum suspicor pro *Calcatura*. Vide supra in hac voce.]

* **CORTADA**, Habitatio rustica, idem quod *Cortis* 1. Charta ann. 1333. ex Bibl. reg. cot. 2 : *Accedens ad quandam Cortadam, quæ est quasi in medio dictæ insulæ, et inveniens in porta majori dictæ Cortadæ baculum seu astellum dicti dom. archiepiscopi, etc.*

* **CORTAGO**, perperam forte pro *Sartago*. Inventar. MS. coquinæ ann. 1379 : *Item duæ Cortagines, videlicet una magna et una parva...... Item una magna Cortago antiqua.*

¶ **CORTAL**, Cortalis. Vide in *Cortis* 1.

* **CORTALE**, Domus rusticana prædiolo vel horto adjuncta. Charta ann. 1331. in Reg. 66. Chartoph. reg. ch. 924 : *Item significantur quod dictus Jacobus Rodomi...... quoddam Cortale ferrariorum fratrum de Cannis, sive quacumque causa, demoliri seu dirui totaliter fecit.* Alia ann. 1341. in Reg. 80. ch. 466 : *Cambanas etiam et Cortalia pro pastoribus et animalibus suis inde fecerant et construxerant.* Vide in *Cortis* 1.

CORTALINI. Vide *Cohortales* suo loco, et *Cortinarii* post *Cortis* 3.

¶ **CORTANEUM**, Cortabium. Vide in *Cortis* 1.

* **CORTARE**, Curtare, secare, Hispan. *Cortar*, Gall. *Couper*. Charta Aldefonsi reg. Castellæ ann. 1181. apud Baluz. Hist. Tutel. col. 495 : *Concedo.... ut scindatis et Cortetis omni tempore ligna et maderiam sufficienter in nemoribus regiis, ad vestros proprios usus.* Inquisit. ann. 1218. inter Probat. tom. 1. Hist. Nem. pag. 60. col. 2 : *Dixit R. Bartholomeo quod duo homines Cortabant erbam in tenemento domini episcopi.*

¶ **CORTELINI.** Vide *Cortinarii* in *Cortis* 3.

* **CORTELLUS**, Culter, Cultellus, Ital. *Coltello*, Gall. *Couteau*. Inquisit. ann. 1288. in Access. ad Hist. Cassin. part. 1. pag. 387. col. 1 : *Ferrarii de S. Germano serviunt monasterio Cassinensi de arte ferrariæ singulis annis in festo paschatis de stillo, videlicet uno anno de martello et paletta, et alio anno de recalco et Cortello.*

¶ **CORTESANI.** Vide in *Cortis* 4.

* **CORTESANUS**, Qui in *corte* seu curia Romana versatur. Stat. regni Polon. pag. 200 : *Cæterum quia aliqui ex subditis nostris jam a multis annis Romæ agunt, et in regno nostro non pauca sacerdotia, curam etiam animarum habentia, possident;...... statuimus omnes hujusmodi Cortesanos ex urbe Romana ad regnum nostrum et ad sacerdotia, quæ obtinent, revocandos esse.* Vide in *Cortis* 4.

* **CORTESCA**, ut *Cortis* 1. Charta ann. 1500. inter Probat. tom. 3. Hist. Lothar. col. 331 : *Dominus Joannes de Andegavia gratis, ut supra, dedit et donavit....... usum Cortescarum quatuor pignorum.* Vide supra *Cortada*.

* **CORTEX**, Putamen, Gall. *Coquille*. Convent. Saonæ ann. 1526 : *Amigdolæ sine Cortice, etc.*

* Corticem Facere, Delibrare, arborem decorticare, Gall. *Ecorcer*. Lit. de Operariis corticum in Chartul. eccl. Lingon. ex Cod. reg. 5188. fol. 143. r°. : *Ventarius debet ire Chalandreyum ad colligendos redditus suos ibidem ;....... interrogatus prius ab illis vel ab aliquo illorum, qui faciunt Corticem, quando ipse velit ire; et tunc procuretur ab eisdem hominibus in uno prandio...... Præterea homines de Chalandreyo non exercent opus Corticis, sine licentia ventarii, et illi qui volunt hoc opus exercere, propter hoc serviunt ei.* Vide infra *Corticarius*.

¶ **CORTHECA**, An Chirotheca? Chartularium S. Vandregisili tom. 2. pag. 1397 : *Et etiam quasdam Corthecas et unam sarpam, quas mihi persolvere debebant.*

* **CORTHESANUS**, Aulicus, Gall. *Courtisan*. Instr. ann. 1408. apud Marten. tom. 7. Ampl. Collect. col. 839 : *Ille* (Innocentius VII.) *in palatio factus cursor, more epulonis, Corthesanorum mensas visitabat.* *Courtois*, eadem acceptione, in Poem. Rob. Diaboli MS. :

Li bourgois, et li cytoain,
Et li Courtois, et li villain
Contre lui vont, salus li rendent.

Vide in *Cortis* 4.

CORTIBALDUS, Cortiballus, etc. Vide *Curcinbaldus*.

¶ **CORTICANUS**, Corticella, Cortifer, Cortigium, Cortile, etc. Vide in *Cortis* 1.

* **CORTICARIUS**, Qui arbores decorticat. Charta Odonis comit. Trecens. ex Cod. reg. 9612. T : *Absolvimus....... carpentarios, qui marrienium cæsum vendunt, et Corticarios, ut servientes.* Vide supra in *Cortex*.

* **CORTILLAGIUM.** Vide infra in *Cortis* 1.

CORTINA, Cortinale, etc. Vide in *Cortis* 2.

¶ **CORTINARII.** Vide in *Cortis* 3.

* **CORTINULA.** Vide infra in *Cortis* 2.

1\. **CORTIS**, Curtis. Palladio lib. 1. de Re rust. cap. 22. *Cors*, Varroni lib. 1. cap. 13. lib. 3. cap. 3. *Cohors*, est atrium rusticum stabulis et aliis ædificiis circumdatum. Velius Longus de Orthographia : *Talis quæstio est circa cohortes et coortes : ubi diversam esse significationem voluerunt Grammatici, ut Coortes sint villarum, unde homines cooriantur, . . . at Cohortes militum, a mutua cohortatione. Nam Cortes quidem audimus vulgo, sed barbare dici.* At Scriptoribus inferioris ævi, est villa, habitatio rustica ædificiis, colonis, servis, agris, personis, etc. ad rem agrestem necessariis instructa, alias *Colonia* dicta. Lindwodo ad Provinciale Cantuariensis Ecclesiæ lib. 3. tit. 16. *Curtis* est mansio vel manerium ad inhabitandum, cum terris, possessionibus, et aliis emolumentis ad tale manerium pertinentibus. Herimannus de Restaurat. S. Martini Tornacensis cap. 71 : *Deinde 4. domos sive mansiones, quas abusive Curtes vocamus, in pago Tornacensi . . .* construxit. Cap. 79 : *In his itaque domibus, sive ut usitatius dicamus, Curtibus, quæ in diversis locis, construxit, plusquam 60. carucas posuit.* Canones Concilii Tricassini ann. 878. can. 2 : *Mansa, Cortes, villas, patrimonia, etc.* Petrus Damianus lib. 4. Epist. 7 : *In tantum dives erat ac præpotens, ut glorietur se plures habere Curtes atque castella, quam dies sint, qui numerantur in anno.* Domnizo lib. 2. de Vita Mathild. cap. 21 :

Ejus quocirca tribuit sub jure Filiam,
Egregiam. Curtem dantem fruges sat abunde.

Conradus Usperg. in Frider. I : *Præcepit muros et fossata dejicere . . . et quatenus in una Corte non consistat plus ædificiorum quam una domus.* Charta Hlotarii Regis Franc. ex Tabul. S. Trinitatis Pictav. : *Curtes duas cum suis appenditiis nostro daremus præcepto, etc.* Infra : *Altera vero Cors vocatur Secundiniaca, etc.* Charta alia apud Gallandum : *Monachi S. Albini et Canonici S. Licinii habebant . . . . 2. Ecclesias, et 2. Curtes ad illas pertinentes, in omnibus earum redditibus inter se sine divisione communes.* Augustinus Mussatus lib. 2. Rubr. 11 : *In Colonia Patavii, quam Curte vocant.* Vetus Formula : *In Curtibus vel villis.* Sic passim usurpant, Lex Wisigoth. lib. 8. tit. 1. § 4. Lex Burgund tit. 23. § 1. tit. 54. § 4. Addit. 1. ad eamdem Legem tit. 5. Lex Salica tit. 6. § 3. tit. 36. Lex Aleman. tit. 10. 11. 31. 81. § 2. tit. 82. § 6. Lex. Longobard. lib. 1. tit. 8. § 29. tit. 23. 24. [** Rothar. 357.] Lex Bajwar. tit. 8. cap. 2. § 1. tit. 20. § 6. Capitula Caroli Magni lib. 3. cap. 19. Flodoardus lib. 1. Hist. Rem. cap. 17. Adam Bremensis cap. 86. Capitula Ludov. II. tit. 2. cap. 2. Goffridus Vindoc. lib. 4. Epist. 44. Leo Ost. lib. 1. Chronic. Casin. cap. 6. 11. 20. et alibi passim, Liber de Feud. 2. tit. 52. § 1. etc. [** Vide Mœser. Histor. Osnabr. tom. 1. cap. 4. § 7. not. D. Herrgott. Genealog. Habsburg. tom. 2. pag. 167. not. 2. Guerard. Proleg. Chartular. S. Petri Carnot. § 22. Eidem in Glossar. pecul. Irminon. *Curtis* est : « Area sub dio relicta, « domo, stabulis, aliisque ad rem rusti« cam necessariis tectis circumdata. » Index Possession. Monaster. Retterens. ann. 1222. in Guden. Cod. Diplomat. tom. 3. pag. 794 : *In Cruftila Curtis una et 6. mansi et 5. vineæ et 3. curtæ.* Pro Curia dominica vel superiore, ad quam rusticorum prædia spectabant sæpius usurpatur *Curtis*; German. *Fronhof.* Vide Eichhorn. Histor. Jur. German. § 83. Haltaus. Glossar. German. col. 540. Recensio possessionum in Comitat. Habsburg. ann. 1299. De curte Rinach. in Geneal. Habsburg. vol. 3. pag. 579. Chart. Bering. Episcop. Spirensis c. ann. 1220. in Guden. Syllog. pag. 133 : *Grangiarius in Rorheim plaustrum novum cum instrumentis, feno capiendo necessariis, annuatim nuntio Ecclesiæ nostræ in Curti nostra Kaytsch, quæ dicitur Fronehof exhibere consuevit.* Chart. ann. 1376. ap. Kindling. in Anecdot. Monaster. tom. 1. pag. 391 : *Domum H. de Polingen et domum Borchardi, sitos in parochia veteris ecclesiæ Alen, ad officium seu Curtim nostram Broichusen pertinentes.... nomine castrifendi... dedimus et damus.* Charta Goswini majoris decani in Colonia ann. 1259. ibid. pag. 404 : *Bona nostra spectantia ad Curtim nostram in Goir, quæ leyn* (i. e. feodum) *vulgariter appellantur... monasterio Vallis Gratiæ prope Nussiam concessimus... Dictum monasterium nobis adjunget et demonstrabit unum hominem laicum, qui nomine ipsius monasterii et ratione dictorum bonorum veniat ad placita dictæ Curtis, quæ zo dinge et zo ringe vulgariter appellantur, qui* *laicus faciat omnia et singula, quæ Curtis prænotata requirit.* *Magister curtis*, in Charta ann. 1240. ibid. pag. 11. Adde aliam sec. IX. ap. Bodmann. in Rhingav. pag. 97.]

☞ *Cortis* vel *Curtis* nomen pro toto vico, qui villæ alicui magnificæ accesserat accreveratque, a Scriptoribus nostris acceptum fuisse, docet Valesius ex plurimis vicorum nominibus in *Court* desinentibus, qualia sunt præ ceteris Beltonis Cortis non una, *Betancourt*, Hunulfi Curtis *Hounicourt*, Alamannorum Curtis *Aumencourt*, Harecortis *Harcourt*, et aliæ quas indicat in Notitia Gall. pag. 416. 418. 419. et in Præfat. pag. XIX. et XX.

CURS, in Diplomate Henrici I. Imp. apud Baron. ann. 1014. num. 9. [** *Cors*, in Charta Henr. V. Imper. ann. 1114. in Alsat. Diplom. num. 242. *Tu qui multa potes ad regis Chortem*, in Brunon. Vita S. Adalberti ap. Pertz. vol. Scriptor. 4. pag. 611. lin. 51. Vide *Cortis*, 4.]

COHORTIS, in Tradit. Fuld. pag. 250.

CURTA, pro *Curtis*. Charta Ludovici VII. Regis Franc. in Tabul. Maurigniacensi Ch. 9: *Dederunt etiam eis Curtam, quæ ibi erat fossis limitata, etc.* Occurrit pluries : [semel vero apud Eccardum in Hist. geneal. Marchionum Misnensium col. 253.]

CURTUS, pro *Curtis*. Tabular. Brivatense Ch. 118 : *Casam dominicam cum Curto et orto, cum campis, etc.* [** Vide *Cortis*, 2.] Item Regius Comitatus, aula Regia. Asserus de Ælfredi reb. gest. : *Cum... ab omnibus nimium diligeretur, et in Regio semper Curto inseparabiliter nutriretur, etc.* Infra : *Eadwerd et Ælfthryth semper in Curto Regio nutriti cum magna nutritorum et nutricum diligentia.* Rursum : *Cum igitur ad eum venissem in villa Regia... cum eo illa vice 8. mensibus in Curto mansi.* Occurrit adhuc semel. Ita ubi de eodem Ælfredo, Florentinus Wigorn. pag. 587. *Curtum* habet. [Vide *Cortis* 4.] [** *In Curtis*, in chart. ann. 716. ap. Breq. num. 287. *Cum Curtis clausis*, in alia ann. 744. ap. Hergott. Geneal. Habsb. num. 1.]

CORTEM BONAM RECIPERE dicitur, qui convivio lauto excipitur. Ita Itali vocem *far buona Corte* usurpant. Vide Joannem Villaneum lib. 7. cap. 88. Cæsarius lib. 1. Mirac. cap. 34 : *Tale dictum proposuit : Si aliquis esset, inquit, qui veris indiciis vera mihi de anima patris mei dicere posset, bonam Cortem a me reciperet.* Et infra : *Domine, Cortis vestra vobis maneat, ego cogitabo quid animæ meæ expediat.*

CURTIS INDOMINICATA. Tabul. Bellilocense n. 176 : *Tradimus villam seu Curtem nostram Indominicatam Bellomontem.*

CORTES DOMINICALES, apud Lambertum Schafnab. ann. 1073. et Adam. Brem. c. 161.

CURTIS DOMINICA, in Pancharta nigra S. Martini Turon. apud Beslium in Comit. Pictav. pag. 209. 210. [et in Historia Novientensis Monasterii, apud Marten. tom. 3. Anecd. col. 1131.] [** Frequenter in Polypt. Irminon. Vide Guerardi indicem.]

CURTIS REGIA, ut *Villa Regia*, Quæ Regis propria est. Chartæ Alamannicæ Goldasti Ch. 18 : *Actum in Curte Regia Zurich.* Annales Francor. Fuldenses ann. 889 : *Placitum Curte Regia Franconofurt haberi cum Francis Regi complacuit.* [** Lex Longob. lib. 2 tit. 17: § 2. Lothar. 1. cap. 73 : *Concedimus et Gastaldiis nostris, Curtes nostras providentibus*] *etc.* [V. post *Cortis* 4.]

CURTIS PUBLICA, Quæ ad Regem et Rempublicam spectat. Charta Balduini Comitis Flandriæ ann. 1038. apud Buzelinum lib. 3. Gallo-Flandr. cap. 20. sic clauditur : *Hoc placitum fecerunt 4. Milites advocati, Udo, Ursio, Garderus, Mambodo. Actum Atrebati, Curte Publica, in Capella S. Benedicti, etc.*

CURTES DOMINICÆ, Quæ domini sunt, in Capitulari de Villis cap. 27.

CURTES VILLICALES, Quæ a suis *villicis* reguntur, in Chronico Reichersperg. pag. 192. et in Metropoli Salisburg. tom. 1. pag. 373. *Curtes villicanæ*, tom. 3. pag. 494.

CURTES STABULARIÆ. Charta anni 1136. in Metropoli Salisburgensi tom. 3. pag. 371 : *Aream ubi curia quondam, modo novella vinea plantata est, cum Curte stabularia, etc.* Adde tom. 2. pag. 531. 532. 549. 556. tom. 3. pag. 383.

** CURTIS CLAUSA. Vide in *Cortis*, 2.

CURTICULA, Minor Curtis. *Curticula Abbatis*, in Statutis antiquis Corbeiensis Monasterii. [Archivum Majoris Monasterii : *Gorioces Hervei filius dedit S. Martino Curticulas quæ sunt inter aquas juxta Lambaulum.*] [** *Curticulam unam in Hostercho*, in Bodmann. Rhingav. pag. 86. in chart. ann. 1021.]

CURTICLUS. Charta Odonis Episcopi Belvacensis ann. 875. apud Louvetum : *In suburbio nostræ civitatis molendina 2. et cambas 11. et hortos cultos 2. et Curticlos 10. pratum 1. etc.* Idem videtur cum *Curtillus*, de quo infra.

* CURTICULUS, Bulla Leonis IX. PP. pro monast. B. M. de Bretolio : *Ecclesiam S. Cyrici* (concessit) *cum altari et uno Curticulo.*

¶ CURTICLIS et CURTICLUS. Charta Ængelberti pro Monasterio Epternacensi ann. 709. Ampliss. Collect. tom. 1. col. 16. E : *Casatas* XI. *cum sala et Curticle meo.... cum mancipiis... casis, Curticlis, silvis.* Similia iterum habentur col. 22. E. in Charta anni 721. Hincque corrigenda Hedeni Ducis Charta anni 704. laudatæ Collect. tom. 1. col. 13 : *Curtem nostram in loco nuncupante Arnestali super fluvio Huitteio, cum omni integritate sua, id est casis, Curtidis, campis, pratis, etc.* Legendum enim *Curticlis*.

CORTICELLA, CURTICELLA, Curtis minor. Ruricius, seu Rauracius Epist. ad Desider. Cadurc. Epist. tom. 5. Antiq. lect. Canisii : *Simulque suggerimus, ut de ipsa Curticella, vel hominibus inibi consistentibus sub vestra defensione.... dignetis habere Corticella.* Notitia ann. 1041. apud Augustinum *de la Chieza* in Chron. Pedem. cap. 19 : *Addidit quoque præfato Monasterio Corticellam unam inter Cercinaschum et Schalengiam, quæ ab incolis Gorreta dicitur.* Infra : *Curticellam unam in territorio Suavis.* Adde Miracula S. Columbani Abbat. cap. 29. [Chronicon Farfense apud Murator. tom. 2. part. 2. col. 423.] et Chartas Longobardicas apud Ughellum passim. [** Marinii Papyr. Diplomat. pag. 309.]

CORTIFER, CURTIFER, Idem quod *Curtis*, [vel *Curtile*. Præceptum Ludovici Imperat. ann. 836. Ampliss. Collect. tom 1. col. 96. C : *Cum domibus cæterisque ædificiis, Curtiferis, vineis, terris, silvis, pratis, pascuis, aquis, etc.* Præceptum Caroli Calvi ann. 869. inter Concilia Hispan. tom. 3. pag. 151. col. 1. et in Appendice Marcæ Hisp. col. 792 : *Cum domibus, ædificiis, Curtiferis, viridigariis, hortis, vineis, etc.*] Donationes factæ Ecclesiæ Salisburgensi cap. 8 : *Tradidit quoque ad Chuchil casam cum Curtifero suo et territorio, et manentes novem cum colonis et aliis appendiciis suis.* Occurrit iterum cap. 4. et alibi. Traditiones Fuldenses lib. 2. cap. 148 : *Trado S. Bonifacio... unum integrum Curtiferum.* Chronicon Besuense : *Mansum cum suprapositis, campis, pratis, Curtiferis, silvis, etc.* Alibi : *Mansa, servos, ancillas, Curtiferos, terras, silvas, etc.* [Chronicon Novaliense apud Murator. tom. 2. part. 2. col. 747 : *Cum ædificiis, Cortiferis, exavis, ortis, vineis, campis.*] Adde Perardum pag. 44. et Formulas veteres 18. 19. 50. 58. 79. et Metropolim Salisburgensem passim, ubi Hondius tom. 3. pag. 2. *Curiam* et *Curtiferum* confundit.

¶ CULTIFER, in Chartulario S. Sulpitii Bituric. fol. XI. verso : *Domibus, ædificiis cum appenditiis earum, urtiferis et Cultiferis, viridigariis, etc.* [** i. e. cultis.]

¶ CURTIFICIUM. Hist. Novientensis Monasterii, inter Anecd. Marten. tom. 3. col. 1131 : *In Sulza curtis dominica cum omnibus appenditiis suis, Ecclesia videlicet matrice cum decimis suis, mansus censuales atque serviles, agri cum vineis ac pratis, curtes cum Curtificiis, familia ministerialis, servilis et censualis.*

¶ CORTAL, CORTALIS, Eadem significatione. Litteræ ann. 1358. ex Chartophylacio regio Regest. 89. Ch. 521 : *Ipse accedens ad quamdam bordam sive Cortal Petri Couvilli dicti loci, ubi prædicti inimici se poterant retrahere.* Charta Guifredi Comitis Ceritaniæ ann. 1035 : *Dono.... domos, cortes, Cortales, hortos, hortales, areas et palumbarios, terras cultas et eremas, silvas, prata.... molendina et molendinaria cum caputaquis, etc.*

CORTARIUM, Idem quod *Cortis, Curtis, Curtilis*, Charta Hugonis de Feritate in Hist. Monasterii S. Audoeni Rotomag. pag. 460. 462 : *Et in ipsa villa terram unius carrucæ, et unum mansum, et 10. Cortaria.* In alia Hugonis, prioris filii : *In eadem villa octo Cortes, etc.*

¶ CORTORIUM, vel *Cortoria*. Donatio anni 1054. in Appendice Marcæ. Hisp. col. 1100 : *Cum Cortoriis et matrocibus et planitiis et cum omnibus adjacentiis earum.*

* Legendum fortassis *Corsorium*. Vide infra *Corzorium*.

CURTARII, Curtium possessores, vel tenentes. Charta Anselmi Abb. Laureshamensis apud Freherum in Origin. Palatin. : *Aream et vineas in Sciezeseim, cum hobariis atque Curtariis, præter ea quæ in servitio habuerunt, sub annua pensione jure hæreditario contradidi.* Infra : *De 12. hobariis pro servitio et reditu solvuntur 8. libræ : de dimidiis vero hobariis et molendinariis et aliis Curtariis 8. talenta et 14. solidi.*

¶ CORTIGIUM, Idem quod *Cortis*. Diploma Ferrandi Castellæ Regis ann. 1224. pro Militia Fratrum Silvæ-Majoris, apud Marten. tom. 1. Anecd. col. 916 : *Ad faciendum insuper vobis Cortigium in Altalaya de Ferrus me obligo, in quo possitis. competenter habitare, et ad dandum vobis viginti paria boum cum necessariis eorum ad populandum agriculturam usque ad annum, et vitalia ad custodiendum castrum et caveas memoratas duobus primis annis, prout aliis speculatoribus eorum tradidi usque modo.*

CURTILE, Curtillum, Spelmanno, Locus vel sedes curtis : Vadiano, villula aliqua paucis ædificiis constructa, domus rusticana prædiolo conjuncta : rectius, cui adjunctus est hortus, nam *Curtile* proprie hortum rusticum, seu curtis sonat. Gloss. Lat. Gall. : *Ortus*, *Courtil.* Charta Caroli Calvi : *Cellulam S. Clementis una cum Curtili in quo Monachi ibidem Deo famulantes labores manuum exercere videntur, vel in quo res illorum consistunt, etc.* Ita Chartæ Alamann. Goldasti num. 28. 62. Tradit. Fuld. lib. 2. cap. 210. Chronica S. Benigni et Besuense pag. 419. 451. 512. 544. Gesta Abbatum Gemblacens. pag. 533. 534. et Scriptores alii passim. Le Reclus *de Moliens* in *Miserere* MS. :

Il convoita par grant foiblece,
La piour pome du Courtil.

Le Roman *du Renard* MS. :

La bonne femme du Maisnil
A ouvert l'uis de son Courtil.

¶ CURTILIS. Johan. Iperii Chronicon S. Bertini ann. 871. inter Anecd. Marten. tom. 3. col. 524 : *Curtiles duos cum casticiis, terram arabilem et pratum bunariorum quadraginta octo, etc. Actum an. 35. Caroli Regis.* [** Thangmari Vita Bernwardi Episc. ap. Pertz. vol. Scriptor. 4. pag. 761. cap. 8 : *Ut 30. vel plures præcipuos Curtiles, cum litorum ac colonorum familiis, clarissimis ædificiis prænitentes, compararet.* Ibid. cap. 27. pag. 771. lin. 23.]

¶ CORTILE, in Testamento Guillelmi Comitis Arverniæ ann. 910. de Fundatione Cluniaci inter Instrum. t. 4. novæ Gall. Christ. col. 272. [** ap. Lacomblet. num. 30.]

¶ CURTILE, apud Fantonum in Historia Avenion. pag. 167. [** ap. Lacomblet. num. 20. 22. Chart. ann. 1144. in Guden. Cod. Dipl. tom. 1. pag. 151. Alia c. ann. 1020. ibid. tom. 3. pag. 1036 : 60 *mansionalia, quæ et Curtilia dicuntur.* Chart. ann. 961. in ejusd. Gudeni Syllog. pag. 451. Vide Haltaus. voce *Hofstættel*, col. 942.]

¶ CORTILIS, in Obituario S. Gerardi Lemovic. fol. 34.

CORTILIUM, in Chronico Gemblacensi pag. 533. 534. [in Instrumento 1. tomi 4. novæ Gall. Christ. col. 7. et etiam alibi.]

CURTILIO, Eodem significatu, in Charta Rainoldi Archiepiscopi Remensis apud. Locrium in Chronico Belgico ann. 1129.

¶ CORTILLUM, in Charta Johannis Michaël ann. 1258. ex Archivo B. Mariæ de Bono-Nuntio Rotomag.

¶ CORTILLUS, in Instrumento jurium Capituli Ambian. in villa de Camons, ex Archivis ejusd. Capituli : *Item in veteri villa sunt* XXXII. *Cortilli, quorum unusquisque... persolvit.... tres denarios, etc.*

¶ COURTILLUM, Index MS. Beneficiorum Ecclesiæ et Diœc. Constantiens. fol. 18. e Musæo Domini *de Cangé : Habet manerium cum Courtillo.*

¶ CURTILUS. Charta ann. circiter 1000. ex Chartulario Saviniaci fol. 101 : *Dat Curtilum, ortum et vercheriam seu dimidium mansum.* Charta Præpositi Burgensium Cuciaci ann. 1375. apud Baluzium Hist. Arvern. tom. 2. pag. 208 : *Mansis, maisagiis, et Curtilis ad dictam terram spectantibus.* Iterum legitur pag. seq. [** *Curtilum indominicatum ubi Tedgerius stat*, in Chart. ann. 998. ap. Guerard. in calce Irminon. pag. 352.]

CURTILLUM, Idem quod *Curtile.* Leges Inæ Regis Westsaxiæ cap. 42 : *Rustici Curtillum debet esse clausum æstate simul et hieme, etc.* [** cap. 40. Anglos. weorðig.] [*Decimam herbarum et Curtillorum*, in Hist. MS. Monasterii Ceccensis fol. 465.]

CORTILAGIUM, CURTILAGIUM, Idem quod *Curtile.* Lindwodo ad lib. 3. Provincialis Cantuar. tit. 16. Locus adjunctus curti, ubi leguntur herbæ vel olera. Ordericus Vitalis lib. 3. pag. 466 : *Tertiam partem decimæ, et quinque Cortilagia.* [Polyptych. Fiscamn. ann. 1235 : *Tenet unum vilanagium de* XXIV. *acris ad decimam et campartum, et reddit sex denarios de Cortilagio ad festum S. Petri ad Vincula.* Venditio ann. 1344 : *Vendidit... domum, pratum et Cortilagium situm in loco dicto Apud Tuscham.*] Monasticum Anglican. tom. 1. pag. 256 : *Et etiam si in Curtilagio alicujus bladum seminaretur, decimam gerbam illius bladi, sicut in campis, percipiet.* Tom. 2. pag. 89. *De una virgata terræ, in Stodleya... cum duabus Curtilagiis ad eam pertinentibus.* Pag. 306 : *De uno mesuagio cum Curtilagio in villa de Mellyng.* Will. Thorn. pag. 2098 : *Minutas decimas, cum decimis fœni et Curtilagiorum.* Pag. 2101 : *Super decimis quibuscumque garbarum et bladorum de ortis seu Curtilagiis aut aliis terris, et locis plantatis, etc. Courtilages*, in Cons. Montensi cap. 50. Will. Guiartus ann. 1298 :

Et s'espendirent fols et sages
Cà et là par les Courtillages.

Charta Stephani Comitis Burgundiæ et Joannis Comitis Cabilonensis ann. 1229. pro Libertatibus oppidi Aussonensis : *Li Courtilaige de la Ville seront sehur en telle maniere que l'on n'y peut riens prendre de par nous, si par achat non : iceux deux choses de foin et de Courtilaige sont sans creance, etc.* Infra : *Cils qui fera dommaige de la closon de la ville, et de la closon des Courtils, et des Courtillaiges, et des fruits et des arbres, s'il le fait à aiciant, il doit amender le dommaige, etc.* Vide Innocent. III. PP. lib. 13. Epist. 76. Statutum 2. Westmonast. cap. 50. Fletam lib. 2. cap. 71. § 3. Britonem pag. 109. v. etc. Vetus Charta : *Courtillage est toute maniere de poirée, poix nouveaux, feves nouvelles, en cosse, etc.* [Edictum Johannis Fr. Regis ann. 1350. apud *de Lauriere* tom. 2. Ordinat. pag. 368 : *Nuls laboureurs de houe ne pourront labourer de houe ou de besche qu'en vigne, excepté ès terres où les chevaux ne pourroient labourer, et aussi les teres à guesdes et Cortillages.*]

* CORTILLAGIUM, Charta Girardi archidiac. Paris. ann. 1314. ex Tabul. episc. Paris. : *Super pluribus petiis ortorum seu Cortillagiorum, sitis ultra portam comitis Atrebatensis, in terra et dominio episcopi Parisiensis.* Alia Henr. reg. Angl. in Reg. 69. Chartoph. reg. ch. 280 : *Willelmus Pacnellus...... concessit monialibus S. Juliani de prato...... grangiam et Cortillagium et terram juxta idem Cortillagium. Cortillage* et *Curtillaige*, nostris. Charta ann. 1369. ex Chartul. 21. Corb. fol. 316 : *Certaines dismes, tant de fains, de fruis, de Cortillages, come de vins, etc.* Consuet. Castell. ad Sequanam ex Cod. reg. 9898. 2 : *Blef, Curtillaiges, fromaiges, qui sont en paniers,...... ne doivent place ne estaul.* Ubi herbæ seu olera, quæ in *curtili* crescunt, intelliguntur, Gall. *Legumes*, ut et *Courtillage*, in Lit. ann. 1400. tom. 8. Ordinat. Franc. pag. 378. art. 9 : *Courtillage, c'est assavoir, toutes manieres de porées, pois nouveaulx, etc.*

¶ CURTILIARIUM. Vetus Consuetudo Corbeiensis in Tabulario ejus Abbatiæ : *Omnes generaliter præter liberos debent sex diebus pro singulis mansis ad opus manuale, ad fossatum, et debent submoneri a portariis in Templo : Qui non solverit, emendat. Et hoc debent annuatim ad fossatum, ad Curtiliarium et ad ortiliarium.*

** CURTELOCUM, *id est Hovestat*, in chart. ann. 793. in Schannat. Tradit. Fuldens. num. 103. pag. 51. Ibidem ann. 788. pag. 40 : *Duas ariales id est Hovasteti.* Vide Haltaus. voce *Hofstatt*, col. 941.

** CURTIMARCHIA. Vide suo loco.

¶ CORTICANUS, CURTICANUS. Præceptum Carlomanni Regis ann. 884. apud Mabill. de Re Diplom. pag. 550. D : *Omnes clausi indominicati, scilicet ille qui adhæret Monasterio, et campaniæ, plantæ, habundantia, Curticanus, et clausellus cum aliis vineolis de Parriniaco.* Legitur *Corticanus* in Annal. Bened. tom. 3. pag. 61.

¶ CORTANEUM. Chronicon Casinense lib. 1. cap. 19. ann. 636 : *Dachopertus quidam Capuanus genere obtulit B. Benedicto casalem suum in loco, qui Colimniana vocatur, cum casis et Cortaneis, et omnibus ex integro pertinentiis ejus.*

CURTILARIUS, Officium monasticum, cujus curæ potissimum incumbebat, ex curtili Monasterii, aut aliunde olera et pulmentaria Monachis subministrare, quod postea in beneficium et feudum Ecclesiasticum Summo Pontifici obnoxium transiit, ut docemur a Doubleto in. Hist. Sandionysiani Monasterii lib. 1. cap. 59. quem lingua vernacula *Courtillier* appellari annotat. Catholicum parvum : *Ortilio, Ortelain, Courtilleur.* Gloss. Lat. Gall. : *Olitor, Courtiller.* Alibi : *Ceparia, Courtilliere.* Rursum : *Orticola, Courtiller.*

* CURTILLARIUS, Qui *curtile* curat aut incolit. Charta ann. 1225. in magn. Chartul. nigr. Corb. fol. 94. r°. : *In dictis quatuor curtillis potest dictus Johannes habere si voluerit, quatuor Curtillarios liberos quantum ad ecclesiam Corbeiensem. Cortoisien*, Injuriæ loco habetur, in Lit. remiss. ann. 1474. ex Reg. 204. Chartoph. reg. ch. 110. : *Le suppliant chaussetier, demourant à Grenoble, dist à icellui Robert, tu m'as appellé Cortoisien ; pour laquelle injure, etc.* Forte, *Curtilis* direptor.

¶ CURTICULARIUS, in Epitaphio Fratris Jacobi *Poussemotte*, apud Felibianum in Hist. San-Dionys. pag. 586.

Alia interdum notione videntur nuncupari *Curtilarii*, seu *Curtiliers* : dicti enim qui domini sui principalis seu capitalis *Curiam* sequi tenentur, et ejus placitis interesse. Charta ann. 1244. in Tabul. Corbeiensi : *Aprés en autel fait il tort de le terre le Visconte, ki est Courtilliers de l'Eglise.* In altera Joan. *de Mainieres* Militis ann. 1283. ibidem : *Chest assavoir que come li Abés desist que je fuisse leur Courtilliers, et voloit que je alasse à ses plais, et jujaisse aussi come autre Curtillier, il est ensi ordené que je et mi hoir irons à trois plais generaux chascun an, et jugerons et ferons aussi come li autre Courtillier.* [*Come il deissent et proposaissent contre mi, que je ne peusse ne ne deusse lever, mener, ne carier nus des fruits de mes teres, ke je tieng d'aus en Courtillage, ne blé ne marchainnes, dusques adont qu'il ou leur Serjant eussent terchié, et que je ou mes Serjans eussent mené leur terage en leur grange à Mainieres.* Similia habes in altera ejusdem anni Charta Domini Altermi de Maineriis fratris supradicti Joannis : *Li dis Abbé et Convens disoient ke li dis mesire Willames mes peres m'avoit donné une partie de le terre, que il tenoit d'aus à Mainieres en Courtilage, par lequel cose il voloient que je fuisse leur Courtilliers, et fesisse en toutes coses aussi comme li autre Courtillier, tant de venir à leur plais, de faire reseandise, de carier les terages, et du tertier, et de toutes autres redevanches, ke leur Courtillier leur doivent.* In hisce Chartis *Courtilliers* ii sunt qui possident terram *terragio* obnoxiam, *Courtilage* vero aliud nihil est, quam *terragium*, et *Courtis*, vel, ut interdum habetur, *Courtiex* est ipsa terra obnoxia terragio.]

Cortisani, Cortisiani, Qui *Cortes* curant, vel colunt aut incolunt. Charta Longobardica ann. 774. apud Ughellum in Archiepisc. Benevent. : *Necnon in Gastaldato Bisernensi concessimus Cortisanos, hi sunt cum uxoribus suis et omnibus sibi pertinentibus.* Alia ibid. : *Sed et substantiam Calendini Cortisani nostri qui habitare visus fuit in Uriniano.* Chronicon Monasterii S. Sophiæ Benevent. : *Substantiam quæ Auroaldi fuit Curtisani nostri.* Charta Ludovici Pii in Chronico S. Vincentii de Vulturno. [** ap. Murator. pag. 372. col. 1. C.] : *Statuimus quoque ut nullus ex servis, aut ex familia ejusdem Monasterii, vel eos, quos Cortisanos vocant, audeat inquietare, aut quodlibet pensum ejus exactor tollere, vel exigere præsumat.* Adde eumdem Ughellum tom. 6. pag. 297. [** *Curtulanus*, in charta ann. 1265. ap. Günther in Cod. Rheno-Mosellano tom. 2. pag. 342.]

Servatur ejusce appellationis memoria in fœcialium libris, uti appellant, *Provincialibus*, in quibus inter Flandrensium nobiles familias, mentio fit *Cortisiani Flandriæ*, ex Curtriaca gente, cui pro insignibus tres cantherios miniatos in campo aureo adscribunt. Idem videtur cum eo qui *le Sire de Cortesiex* dicitur non semel Guillelmo Guiarto. Chronicon Flandr. vernaculum cap. 72 : *Si feit prendre un Chevalier de Flandres, qu'on appelloit Courtoisien.* Adde cap. 46.

** Cortisania. Vide suo loco.

1. **CORTIS**, Curtis, Atrium, impluvium ædificiis cinctum, nostris, *Court.* Monachus Sangallensis lib. 2. de Carolo M. cap. 31 : *Pauperes pannos jucundissime dealbati Kyrie eleison Ludovico beato per latissimam Curtem, vel Curticulas Aquarum Grani, quas Latini usitatius Porticuum nomine vocant, usque ad cœlum voces efferent, etc.* Hariulfus lib. 3. Chronici Centul. cap. 1 : *Jussit portari in suæ domus atrium, quod vulgus Curtem dicit, et ut fieri assolet, ante januam jactari.* S. Eulogius lib. 2. Memorial. Sanctor. cap. 8 : *Quadam nocte per contiguum infra Cortem domui hærens tugurium, celsum parietem, Deo juvante, scandens, etc.* Eckeardus junior de Casib. S. Galli cap. 10 : *At equus exaltanter eum gestans, in postem valvarum Curtis hominem... impegit.*

Curtis Monasterii, apud Joannem Diac. lib. 4. de Vita S. Gregorii Magni cap. 97. id est, *clausura*, uti *Cortis* appellatur in Lege Salica tit. 8. §. 1. ubi Pactus Legis Salicæ habet *clausuram.* Vide *Curia.*

¶ Cortis Coenobii. Miracula S. Bercharii Abb. inter Acta SS. Benedict. sæc. 2. pag. 853 : *Fidelissimus Dei Abbas Berengerius audiens quosdam a partibus Tullensium volentes cupiditate prædæ et spoliorum effringere istud Monasterium, indixit ut ipsa Cortis Cœnobii valide muniretur, et vigiles ipsam circumeuntes omni nocte insisterent.* Rursum occurrit ibi pag. 857.

Curtis Clausa. Charta Alaman. Goldasti 60 : *Hoc est, casa cum casalibus, Curte clausa cum omnibus officinis ejus.* Ch. 64 : *Curte clausa, aliisque ædificiis, etc.* Vita Burchardi Wormaciensis Episcopi : *Curtim suam muro, civitatem instar castelli circumdedit.* [** Vide Grimmii Antiq. Juris German. pag. 534. not. Polypt. Irminon. Br. 13. B. Guerardo pag. 131 : *Faciunt clausuras ad ortum, ad Curtem, ad messes.* Ibid. sect. 1. pag. 132 : *Claudunt de tunini perticam 1. in Curte dominica et claudunt ad messes perticas* 8. Ibid. sect. 64. pag. 143 : *Claudit in Curte dominica de tunino parietem* 1. *ad messes perticas* 4.]

Cortina, Curtina, Minor *Cortis*, seu rustica area, quæ muris cingitur : *Cortis clausa*, in laudatis Chartis Alamannicis Goldasti 60. et 64. Vetus Notitia apud Ughellum tom. 5. pag. 1538 : *Domuncula minor cum Cortina, vinea, etc.* Paulus in Vita S. Hilarii Abbatis Galeatensis n. 8 : *Antequam ad Cortinam ipsius Monasterii ingrederetur, etc.* Charta ann. 1210. apud Guichenonum in Bibl. Sebusiana cent. 1. cap. 78 : *Cum terris, Cortina, justitiis, pedagiis, albergiis, etc.* Tabularium Casauriense : *Concambiavi Curtinam meam de terra et vinea sub ipsa curtina cum ficariis super se habentem.* Thwroczius in Salomone cap. 52 : *Milites autem Ladislai agmina Salomonis tanquam in Cortinis concluserunt.* Paulus in Vita S. Hilarii Abbat. n. 8 : *Antequam ad Cortinam hujus Templi accederet, etc.*

* Hinc *Cortina* appellari videtur pars ecclesiæ lateralis, in Necrol. MS. eccl. Paris. ad 6. Aug. circa ann. 1270 : *Centum libras Paris. ad opus Cortinarum, quæ de novo sunt inceptæ in ecclesia Parisiensi.*

Inde murorum loricæ, seu prominentes urbium muri, *Cortinæ* appellari videntur nostris, quod iis veluti *Cortes* incingantur; *Cortes* enim *rotundæ sunt*, ut ait Varro in Origin. Unde *Cortinæ*, seu Tripodis Apollinis, etymon accersit Jos. Scaliger, etsi Varro et Servius aliter censeant. Anna Comnena lib. 11. Alexiad. pag. 309. Κορτίνας vocat muros urbis, seu loricas, inter binas turres : Τοὺς πύργους, καὶ τὰς μέταξι κορτίνας σφίσιν αὐτοῖς διενείματο. Synod. Romana sub Silvestro PP. cap. 1 : *Quoniam bonum est ut fixas Cortinas habeat Ecclesia, ut regia Ecclesiæ non vacillet, sed sit firma, et claudat ostium propter persecutorem.* [Hist. Dalphin. tom. 2. pag. 104. col. 1. in Instrum. ann. 1300 : *Dominus R. infra Cortinas fortalii dicti Castri constitutus in præsentia nobilis Domicelli, etc.*] Neque aliunde petenda origo *Cortinarum*, seu velorum, vel aulæorum, quibus altaria clauduntur apud Christianos, atque adeo lecti ipsi nostrates. Ebrardus Bethun. in Græcismo :

> Velum Cortina, velum Tectura vocatur.

Alibi :

> Aulæ dicuntur Aulæa : Petasmata Templi :
> Cortinæ Thalami : Velaria, vela Theatri.

Iso Magister in Gloss. : *Aulæa, proprie Umbhang, ab aula Attali Regis dicta, proprie Cortinæ.* Auctor Breviloqui : *Cortina est ornamentum Ecclesiarum, vel tabernaculorum, sicut vela depicta, quæ in lateribus altarium suspenduntur, ne Sacerdos aspectu circumstantium confundatur.* S. Augustinus lib. 2. Quæst. super Exod. cap. 174 : Αὐλαίας, *quas Græci appellant, Latini Aulæa perhibent, quas Cortinas vulgo vocant.* S. Hieronymus lib. 1. in Lamentat. Hierem. cap. 2 : *In tentorii nomine et tabernaculi, quamvis unum videatur sonare, eo quod tabernacula inde sint dicta : quod Cortinæ distentæ funibus, tabernaculis infra stantibus appenderentur, quæ tentoria sustinerent.* Monachus Sangallensis lib. 1. cap. 2. ex emendatione Codicis Cæsarei apud Lambecium : *Tunc adolescens ille, quem post Cortinam, juxta quam consederat Rex, stare præceperat, ut audiret quomodo singuli supplicarent, cum ipsa Cortina ipsum circumplexus, in hos quæstus erupit, Domine, etc.* Anastasius in Leone III. PP. : *Fecit Cortinam sericam albam habentem periclysim et crucem de fundato.* Occurrit apud eumdem non semel, Continuatorem Florilegi pag. 672. in Gestis Regum Francorum cap. 14. et alios. Vide Durandum lib. 1. Ration. cap. 3. n. 39. [** *Cortinæ, stragula, tapetia*, in Division. thesaur. Carol. M. apud Eginhard. *Tapecia* 2. *mappam* 1. *lectisternia* 7. *Cortinas* 2. *tentorium* 1. in Polypt. Irminon. Br. 12. sect. 50.]

Cortinæ Regiæ, Signa, vela regia, quæ bonis debitorum Fisco addictis appendebantur, tituli. S. Ambrosius Epist. 33 : *Dum hæc tracto suggestum est mihi Cortinas Regias esse collectas, refertam autem populo Basilicam præsentiam mei poscere.* Infra : *Postea vero quam cognoverim Cortinas Regias inde esse sublatas.* Vide *Titulus*, *Velum.*

Cortina, Panni vel serici species, sic dicta, ut *pallium*, pro pallii materia. Liber Anniversariorum Basilicæ Vaticanæ fol. 144. ubi de Bonifacio VIII. PP. : *Item 4. camisas de Cortina cum pectoralibus et gramiciis de opere Cyprensi.... Item tria superpellicia de vinipa et Cortina.*

¶ CORDINA, pro *Cortina*, Velum, aulæum. Statuta MSS. Augerii II. Episc. Conseran. ann. 1280 : *Sub pœna suspensionis ab officio prohibemus ne capuellæ baptizatorum ponantur in aliis quam in ecclesiasticis usibus; videlicet inde faciant supercapellitia vel Cordinas.* Altera manus habet *Cordines*, minus recte.

¶ COURTINA, Eadem notione. Charta ann. 1458. ex Archivo B. Mariæ de Bono Nuncio Rotomag. : *A nonnullis Christi fidelibus dati fuerunt et erogati thesauro dictæ Ecclesiæ... tres solidi Turon. convertendi ... pro manutentione cujusdam Courtinæ super altare B. Mariæ.*

¶ CURTINA. Charta ann. 855. in Appendice Marcæ Hisp. col. 788 : *Septelanios tapites* II. *cupertorio siricio* I. *et vellatus* XI. *et quadincos* XL. *et vadelincos* VIII. *Curtinas* II. *pellicas* VI. *etc.*

* CORTINULA, dimin. a *Cortina*, Velum, aulæum. Necrol. MS. eccl. Carnot. : *xix. Kal. Sept. obiit Fulcherius hujus sanctæ ecclesiæ sacristes, qui dedit B. Mariæ duas cappas et tunicam unam et pallium optimum unum et Cortinulam rubeo serico intextam. Gourdine*, eadem acceptione, in Vita J. C. MS. ubi de scissura veli :

Et la Gourdine as fils Davi
Voirs est qu'ele fendi parmi.

INCORTINARE, Tapetibus et aulæis ornare. Matth. Paris ann. 1259 : *Jussit autem Rex ut civitas mundata stipitibus, truncis, luto et fimo, Incortinaretur.* Boccacius : *Un bellissimo letto Incortinato. Curtiner*, Includere, apud Brittonem pag. 144

CORTINUM, Idem quod *Cortina*, Cortis, seu rustica area. Charta 33. inter Alamannicas Goldasti : *Vendiderunt.... Cortinum aruncale, quem habuerunt de sui patris, etc.* Occurrit ibi pluries.

¶ CURTINUM, Idem. Testamentum Tellonis Episcopi, in Annal. Bened. tom. 2. pag. 708. col. 1 : *Item Curtinum ... cum pomiferis suis.* Miracula B. Henrici Baucenensis, tom. 2. Junii pag. 376 : *Moratur cum Jacobo in Curtino S. Martini.*

CORTINALE, Atrium, *La court d'une maison.* Verdala in Episcopis Magalon. apud Gariellum pag. 105 : *Lavatorium claustri superioris similiter fecit, Cortinale et portalia et murum quo clauditur.*

CURTICULA, Atrium Ecclesiæ, vel Palatii, porticibus circumdatum, atque adeo ipsa Porticus. Monachus Sangall. lib. 1. cap. 33 : *In Ecclesia, vel in porticu, quæ tunc Curticula dicebatur, etc.* Lib. 2. cap. 31 : *Per latissimam Curtem, vel Curticulas Aquarum Grani, quas Latini usitatius Porticuum nomine vocant, etc.*

** CURTIS, CURTILE, Locus domui ædificandæ aptus, area. Statut. Friburg. ann. 1120. in Histor. Zar.-Bad. tom. 5. pag. 58 : *Si domus alicujus in civitate arserit... jus burgensium non amisit, si autem alter Curtim emerit burgensis inde non erit, nisi superedificet.* Chart. Otton. I. Imper ann. 937. ap. Erath. Cod. Diplom. Quedlinb. num 5. pag. 3 : *Urbem in Quidilingoburg. . cum Curtilibus et cunctis ædificiis inibi constructis.*

3. **CORTIS**, CURTIS, Tentorium Principis, vel Ducis exercitus. Jornandes de rebus Geticis, ubi describit Attilæ tentoria : *Videres Triclinia ambitu prolixiore distenta, porticus in omni decore dispositas. Area vero Curtis ingenti ambitu cingebatur, ut amplitudo ipsam regiam aulam ostenderet.* Anastasius in Histor. Eccl. : *Aulam incendit quæ dicebatur Cortis Crummi.* Ubi Theophanes : Ἐπύρωσε δὲ καὶ τὸ τοῦλδον, χρήματά τε καὶ ἵππους, καὶ τὴν κόρτην, μετὰ πάσης βασιλικῆς ὑπουργίας. Eadem habet Cedrenus. Ita hanc vocem usurpant ex Græcis, Leo in Tacticis cap. 11. § 21. Constantinus Porphyrogen. in Basilio cap. 15. (ubi vim vocis non percepit Interpres Allatius;) Codinus de Offic. cap. 5. n. 52. et in Orig. Constantinop. ubi de Columna Fori, pag. 23. Edit. Regiæ. [** Vide Glossar. med. Græc. in Κόρτη.] Hinc

CORTINARII, qui et CORTELINI, Qui *Cortem* seu tentorium Principis observabant et servabant, qui inter ἀτίμους, et εὐτελεῖς reponuntur a Constantino lib. 1. de Themat. cap. 5. et in Glossis Basilic. : Κορτελίνων, τῶν εὐτελῶν. Κορτελῖνοι, εὐτελεῖς, θυρωροὶ τοῦ πραιτωρίου. Nam his locis eosdem esse cum *Cortinariis* (quidquid dicat Meursius) ex Codino de Offic. cap. 5. num. 52. satis constat : si quidem, ut *Cortinarii*, ministrabant ad tabernaculum Imperatoris, et in symbolum vilissimæ conditionis, ex veteribus tabernaculi pannis vestes confectas habebant. *Cortinariorum* meminit Pachymeres lib. 4. cap. 29. *Cortalini* autem videntur dicti primitus *Cohortales*, de quibus supra. [Liber niger Scaccarii pag. 356 : *Cortinarius in domo comedet, et quando faciebat cortinas portare, habebat liberationem ad* 1. *hominem ad* 1. *sumar.* Hic *Cortinarius* Hearnio non magis videtur signare custodem *cortis*, quam curatorem *cortinarum* seu aulæorum ipsi *corti* lectoque regio necessariorum.]

** COMES CURTIS, Κόμης κόρτης, uti scribit Cangius in Glossar. med. Græcit. apud Byzantinos, Cui tentoriorum cura incumbebat, seu potius imperatoris, vel ducis exercitus in tentorio versantis custodia, qui *Cortalinis* præerat. Liutprand. Antapodoseos lib. 2. pag. 295 : *Adelbertos Comis Curtis, macrospathis, gundopistis.* Lib. 6. cap. 2 : *Constantinus .... per Andream quendam qui ab officio Comis Curtis dicebatur, literas Berengario dirigit.* Pertzius interpretatur Præfectum prætorio.

4. **CORTIS**, CURTIS, Regia, Aula, Palatium ipsum, incinctus Palatii. Ugutio : *A Cura hæc Curtis, tis, pro districtu alicujus castri vel villæ.* Lambertus Schafnaburg. ann. 1066 : *Qui statim raptis armis Curtem regiam circumdederunt.* Mox : *Ejectus est de Curte Regia cum omnibus tyrannidis suæ fautoribus.* Warnerius MS. in Macrum Scottum Poetam :

Per totam Cortem versus ructabat oberrans,
Dignos consertis stercore pagiolis.

Vide Legem Bajwar. tit. 2. cap. 12. §. 1. cap. 13. §. 1. Monachum Sangal. lib. 1. cap. 12. 33. et Eckeardum juniorem de Casib. S. Galli cap. 10. [Vide *Curtus* et *Chors* in *Cortis* 1.]

CURTISANI Regis vel alterius Principis aulici, *Courtisans*, qui in Regis *Corte* versantur, apud Gobelinum Personam in Cosmodromio ætate 7. cap. 77. 88. in Chronico Montis S. Agnetis, apud Gersonum in Serm. de sancto Antonio, [in Chronico Marienrod. apud Leibnitium tom. 2. Scriptor. Brunsvic. in Chronico Episcoporum Merseburg. apud Ludewig. tom. 4. Reliq. MSS. pag. 437. et in Chronico Cornelii *Zantfliet*, apud Marten. tom. 5. Ampliss. Collect. col. 480. etc.]

¶ CORTESANI, Eadem notione, in Vita Eugenii IV. Papæ, apud Baluzium Miscell. tom. 7. pag. 507. Bulla Benedicti XIII. Pseudo-Papæ, ex Archivo Civitatis Massil. : *Marescallus noster habet jurisdictionem civilem et criminalem in Cortesanos seu nos et Curia mnostram sequentes.* Vide *Corthesanus.*

CORTIS, CURTIS, Comitatus : nostris, *La Cour du Prince.* Hincmarus Remensis Opusc. 17 : *Cum valde vesperi a Corte Regis nostri ad mansiones nostras...festinarem.* Mox : *Cui respondi, ut teneret ipsum hominem secum,... donec ad Cortem redirem.* Capit. Caroli Magni [** Calvi] tit. 11. [** Apud Valentianas ann. 853. Adnunt. Carol. cap. 5.] : *Qualiter honeste et sine indigentia in Curte nostra, sicut antecessores nostri fecerunt, vivere possimus.* Tit. 26. et 27. [** Apud Confluent. ann. 860. Adnunt. Ludov. cap. 6. Post redit. a Confluent. ejusd. ann. Adnunt. senior. cap. 6.] : *In hostem, vel ad placitum sive ad Curtem veniens.* Tit. 39. cap. 1. [** Apud Carisiac. ann. 873.] : *Si ad Cortem nostram venerit.* Capitul. Carlomanni tit. 2. §. 6. [** Apud Vernis Palat. ann. 884.] : *Dum ad Curtem pergunt.* Vide Synodum Confluentinam sub finem, et Capitula Caroli Calvi non uno loco, Ditmarum pag. 88. etc. Idem : *Interrogati sunt qui in Corte degebant.* Ratherius Veronensis in Qualit. Conject. : *In exercitum nunquam, ad Cortem rarissime, etc.* Rathertus de Casibus S. Galli cap. 9 : *Harmotus... omnes labores et itinera, sive ad Curtem, sive in expeditionem, et ad omnes alias necessitates vice illius strenue accepit.* [** Chart. Wolframmi Episc. Mindens. sec. XI. ap. Würdtwein. in Subsid. Diplomat. tom. 6. pag. 314 : *Quatuor scutis serviat nobis, sive in Curte, sive in expeditione.*] Agio Narbonensis Episcopus apud Catellum in Comitibus Tolosanis pag. 83 : *Audivimus, quod vos Curtim pergere his diebus debetis.* Ita apud Brunonem de Bello Saxon. et alios.

CORTIS, CURTIS, Familia et domus Principis. Epistola Episcoporum provinciarum Remensis et Rotomagensis ad Ludovicum Regem : *Quin potius habeatis unde sufficienter et honeste cum domestica Corte vestra possitis vivere.* Vide Capitula Caroli Calvi tit. 11. cap. 5. tit. 23. cap. 14. [** Epistol. Episc. ann. 858.]

CURTIS REGIA, Fiscus Regius. Lex Longobard. lib. 1. tit. 2. §. 9. [** Rothar. 8.] : *Compositionem duplicem exigere videtur.... sicut Cortis Regia exigere videtur.* Tit. 9. §. 12. [** Rothar. 201.] : *Tunc ipsa compositio .... ad Curtem Regis perveniat.* Tit. 10. §. 1. et 2. [** Rothar. 163. Liutpr. 17. (3, 3)] : *Tunc illi Curtis Regia succedat.* Lib. 2. tit. 14. §. 1. [** Rothar. 153. 159.] : *Et si intentio fuerit contra Curtem Regis, etc.* §. 6 : *Tunc Curtis Regia suscipiat ipsas* 4. *uncias.* Lib. 3. tit. 1. § 17. [** Pippin. 1.] : *Et tam Curtis Regia, quam Longobardi, tales ibi habeant dominationes, etc.* Adde §. 13. 18. 19. 25. tit. 35. §. 1. etc. [** Lib. 2. tit. 14. § 13. 15. 16. 25. Rothar. 171. 199. 224. Liutpr. 76. (6, 23.) lib. 2. tit. 34. §

1. Rothar. 225.] Quæ vero his locis compositiones ad *Curtim Regiam*, alibi, *ad Palatium* pertinere dicuntur, lib. 1. tit. 2. §. 10. tit. 25. §. 50. [** Pippin. 30. Liutpr. 44. (5, 15.)] et alibi passim. [Vide alia notione in *Cortis* 1.]

* 5. **CORTIS**, Curtis, Pullus, quia in *corte* nutritur. Charta ann. 1380. ex Tabul. S. Vict. Massil : *Item xix. pulli masculi, vocati Cortes, trium annorum*. Charta Milonis *de Marchais* ann. 1210. in Reg. 66. Chartoph. reg. ch. 122 : : *Agnum in die Maii, et Curtes ad Natale, etc.* Vide *Curti* 2.

¶ **CORTISANI**, Cortisiani. Vide post *Cortis* 1.

* **CORTISANIA**, Idem quod *Cortis* 1. Prædium rusticum cum ædificiis adjunctis. Testam. ann. 1382. ex schedis Mabill. : *Item legavit in dicto casu mortis dicti filii sui, completis vero dictis tribus annis, Cortisaniam S. Urbani cum terris ad eam spectantibus, monasterio S. Annæ seu S. Benedicti de Aquis vivis*. Vide infra *Corvata*.

¶ **CORTIVIA** *dicitur Morsus fræni, vel secundum alios, illud quod comæ equi imponitur, ut curvetur*. Vocabul. Juris utriusque. [** In aliis editionibus *Coremia* et *Cucurnia*; ubique additur *secundum Accursium*. Locus est in Justin. Cod. lib. 11. tit. 11. const. 1. ubi hodie *Curcuma*. Glossema Accursii ita se habet : *Cucurnia dicitur morsum freni, sed Rogerius dicit, id quod equis imponitur ut non incurventur*.]

¶ **CORTORIUM**. Vide in *Cortis* 1.

* **CORTOUWE**. *Bombardæ quas Cortouwe appellamus*, apud Marten. in Itiner. altero Liter. pag. 380. [** Germ. *Karthaune*. Adel.]

* **CORTUARIUS**, f. Cortinarum artifex; nisi sit pro *Coctuarius*, coquus, ut suspicantur docti Editores. Vita S. Bertel. tom. 3. Sept. pag. 452. col. 2 : *Erat in villa Stafford homo quidam, nomine Willmot, Cortuarii utens arte*. Vide in *Cortis* 2.

¶ **CORTULA**, *La zugulatrice*. Glossar. Lat. Ital. MS.

* **CORTUM**, Aromatis species. Dipl. Chilp. II. ann. 716. tom. 4. Collect. Hist. Franc. pag. 694 : *Corto libras triginta, etc.*

* **CORTUS**, pro Curtus, in Lit. remiss. ann. 1359. ex Reg. 90. Chartoph. reg. ch. 190 : *Duos equos, videlicet unum-ruffum grissum, habentem unam radiam nigram supra dorsum, Cortum in duabus tibiis anterioribus et naribus,.... furtive adduxit dictus Johannes Martelet*. Italis *Corto*, brevis, curtus.

CORVA, Corvis, Prædium, vel modus agri. Charta Longobardica ann. 774. apud Ughellum in Archiepisc. Beneventan. : *Concessimus et prædicto Monasterio S. Sophiæ Corvam quæ videtur esse in campo Senercunis,... integram sanctæ Sophiæ Monasterio concessimus possidendam.... sed et Corvam ad Pontem Bajanum, quam comparavimus a Joanne, etc.* Infra, semel ac iterum *Corvis* scribitur, ut et crebro in Chronico S. Sophiæ Benevent. pag. 585. 586. 587. 589. etc. [Vide *Corvata*.] [* Vide infra *Curva*.]

¶ **CORVADA**, Corvagium. V. in *Corvatæ*.

CORVANA. Charta Lusitanica apud Brandaonum in Histor. Lusitanica tom. 3. pag. 382 : *Homines de Bolon dent vobis quartam partem, et nos Corvana*.

¶ **CORVATA**, Ager, non unius quantitatis. Inquisitio ann. 1220. Hist. Dalphin. tom. 1. pag. 129. col. 1 : *Item dominus Comes habet apud Avalonem in dominico 1. Corvatam ad Capellam Albam continentem 18. jornalia terræ, in quibus mistrales capiunt 4. gerbas et crientas et solagium... et pro iis quæ mistrales capiunt in dictis Corvatis, debent facere arare, seminare et herciare eas quando seminantur, et bladum recolligere et facere apportare ad granarium Comitis, et alias operas circa culturam earum necessarias, etc.* Vide *Croada*, 2.

* Prædium vel modus agri idem quod *Corva*. Charta ann. 1048. inter Probat. tom. 1. Hist. Lothar. col. 418 : *Campum a Romoldo villico datum, juxta nostram Corvatam situm*. *Courvée*, eodem intellectu, in Not. prædior. eccl. de Sommer. ann. 1497 : *Et premier trois Courvées, dont l'une est appellée la Courvée de la bergerie, qui contient environ cinquante jours de terre, et fiert le bout d'icelle Courvée au haut du chemin, etc.* Vide supra *Cortisania*.

¶ Corveia, Eadem notione. Instrumentum concordiæ inter Capitulum Æduense et Dominum de Perreria ann. 1257 : *Præterea habent Decanus et Capitulum in finagio dictæ villæ tres Corveias, quæ continent undecim jornalia terræ*.

* Charta ann. 1187. ex Chartul. Buxer. part. 7. ch. 3 : *Dederunt monachis de Buxeria in elemosinam quandam Corveiam terræ, adjacentem inter Gille et Marre*. Alia ann. 1250. ibid. ch. 14 : *Vinea quæ fuit Martin Lesoit de Chambole, et Corveia, quæ plantata est inter Marreium et Gilleium*.

¶ Corvatis, f. eodem intellectu. Charta Godefridi magni Lotharingiæ Ducis pro Monachis Gorziensibus ann 1069. apud Miræum tom. 1. pag. 353. col. 1 : *Donamus etiam eis vineam apud villam vocabulo Columbariam, et pratum quod dicitur ad Canirol... sed et Corvatem in loco qui vocatur Blatizis-fontana*. Vide *Corva*. [* Vide supra *Corratis*.]

CORVATÆ, Corveiæ, Courbiæ, Curvatæ, Operæ quas subditi ac rustici dominis suis præstare ex Lege tenentur : *Corvées*, nostris, quas Cujacius ad l. un. C. Ne operæ a collatorib. exig. lib. 10. ait operas esse *a nostris sic dictas* quasi *Corpées, scilicet opera corporalia* : quomodo dicuntur *corporales molestiæ*, in leg. 126. Cod. Theod. de Decurionib. (12, 1.) Nam et Lugdunensibus *Veé*, operam significare addit. Alii a *curvando* deducunt, quia præstando hujusmodi operas homines curvantur : unde *Curvadæ*, *Curvatæ* et *Courbiæ*, interdum appellantur. Alii quasi *Corrogatas* dictas putant. Vide in hac voce. Rigaltius in Gloss. ab *Angariis* deducit. Sed potior videtur Cujacii sententia, non quod sint *opera corporalia*, sed quod præstarentur ab iis quos *homines de corpore* appellabant, qui ejusmodi operis soli obnoxii erant. [Vide *Corrua*.]

Corvata. Chronicon Besuense : *Tali servitio, ut omnibus annis in Corvata Monachorum, jornalem unum de tritico, et alium de avena persolverent*. Alibi : *In villa nostra... voluerunt aliquando Corvatam consuetudinaliter facere*. Tabularium Burguliense Ch. 97 : *Curtis vero ipsa libera est ab omni hominum extraneorum consuetudine, Corvata, biduanno, etc.* Adde Libertates villæ Montis Regal. ann. 1287. apud Guichenonum in Hist. Bressensi pag. 206.

Curvata, et Curvada. Epistola Abbatis S. Germani tom. 4. Histor. Franc. pag. 737 : *Curvadas suas in melioribus terris nostris ponit*. [*Curvada* legitur passim in Codice MS. Irminonis Abb. San-German. ut fol. 20. col. 2. fol. 40. col. 2. fol. 41. col. 2. fol. 59. col. 3. etc. *Curvata* vero fol. 28. col. 2. et fol. 79. col. 2.] Charta anni 1101. tom. 1. Spicilegii Acheriani pag. 238 : *Curvatæ rusticorum*. *Droit de Courvage*, in Consuet. Pertic. art. 39.

Corvada. Capitulare de Villis cap. 3 : *Non Corvadas, non materiam cedere, etc.* Charta ann. 1058. apud Duchesnium in Hist. Castrovillana : *Neque bannum neque Corvadam, neque ullam ibi accipiet consuetudinem*. [Codex MS. Irminonis Abbatis San-german. fol. 2. col. 1 : *Gautselmus colonus... habet de terra arabili bunaria* XII. *facit inde perticas* VI. *Corvadas donat*.]

¶ Corveda, in Chartulario Parthenonis SS. Trinit. Cadom. fol. 22. v°. in Charta Hugonis *de Villers* ann. 1193. ex Archivo Monasterii S. Urbani, et apud Miræum tom. 2. pag. 1152. col. 2.

¶ Corweda, in Litteris Geraldi Episc. Tornac. pro Monasterio Elnonensi, apud Marten. tom. 1. Anecd. col. 432.

¶ Curbada, Eadem notione. Codex MS. Irminonis Abb. Sangerman. fol. 21. v°. col. 1 : *Ingenulfus colonus S. Germani debet pullos* IV. *ova* XV. *carop. manuop. Curbadas, ubi ei injungitur*.

Croada, Croata, Idem quod *Corvada*. Charta ann. 950. apud Meurissium in Episcopis Metensibus :...... *Forestam quæ dicitur Heis, cum integro banno, eidem loco concedimus, in omnes usus, cum redditibus suis, id est, Croada et suffusa, quas debent solvere quicumque de adjacentibus exinde volucrit focariam de mortua silva habere, et plaustra ad aratra sua, stabula etiam facere*. Chronicon Senoniense cap. 9 : *Adveniente tempore veris, quo agricolæ ad colenda arva et hortos procedere solent, ille malorum adinventor Renaldus prohibuit, ne homines Ecclesiæ Senoniensis Croadas debitas persolverent, nec agros nec hortos, prout solebant, excolerent*. Cap. 10 : *Præcepit ut homines Ecclesiæ nostræ Croadas et hortos, sicut antea solebant, excolerent*. Tabularium S. Vitoni Virdunensis : *In Meraldi curte habebamus antiquitus Croatam unam indominicatam, quam quidem Præpositus noster sine consensu et consilio Capituli cuidam homini ejusdem villæ Duranno nomine vendidit, etc.* Ibidem : *Solum mansa 1. carratam de virgis, et 40. noctes, et 12. Croadas, unam herbæ, alteram fœni, idem tres carratas herbæ, alteram feni*. Rursum : *Duos dies ad Croadam homo de potestate facit cum bestiis suis, quibus si caret, cum fossorio totidem dies*. [** Charta Poppon. Abbat. S. Maximin. c. ann. 1020. in Guden. Cod. Diplom. tom. 3. pag. 1036 : *Vennas reficere, Croadas facere, ad opera castelli venire*.] [Seherus de Primordiis Monasterii Calmosiac. inter Anecd. Marten. tom. 3. col. 1197 : *In festo S. Remigii duos nummos debet, etiam suo tempore Croatam, bruillium et furcam. Census* *brolii et Croatæ* in Hist. Mediani Monasterii pag. 316. Vide alia notione suo loco.] Hinc, ni fallor, emendanda vetus Charta Luxoviensis, edita in operibus S. Columbani pag. 355 : *Similiter et decimas proprii laboris omnium dominiorum quoquo modo laborantium, et Croacarum, bovariarum, jugerum, coloniarum, nemorum, etc.*

¶ Corvea. Chartular. S. Vandregesili tom. 1. pag. 670. in Charta anni 1265 : *Pro molta et Corveis, quas dicti Religiosi petebant a me ratione feodi mei.* Charta anni 1282. inter Instrum. tom. 4. novæ Gall. Christ. col. 191 : *Salvis Corvea et falce et furca et aliis consuetudinibus.* Vide alia notione in *Corvata.*

Corveia. Charta ann. 960. apud Hemereum in Augusta Viromand. : *Quod eandem terram tenentes... ei bis in anno carrucam Corveiam facerent.* Id est, agrum domini gratis ararent. *Corveias submonere.* Regestum Philippi Aug. f. 125 : *Singulis annis in Natali Domini submonebat Corveias suas. Corveiæ vanni, sacci, baleii, carrugarum*, in Charta ann. 1230. ex Tabular. Fossat. f. 50. Vide *Corvehia* suo loco.

Courbia, in Consuetudinibus *de Boidecené* in Pictonibus ann. 1265 : *Habent Courbiam in terra, sed sciendum quale : tale est enim ad domos faciendas in estagiis suis et in illis estagiis claudendum et .... emand* (f. *eundum*) *cum tot bobus cum quibus terram suam unusquisque coluerit, vel cum corpore suo, si dominus submonere ipsum fecerit. Habent etiam Courbiam ad fœnum suum faciendum, habent etiam Courbiam ad ligna ad portandum, etc.*

¶ Corveamentum. Tabularium Compendiense : *Dicti homines ibunt de cætero ad Corveamenta et equitationes Domini Johannis, sicut ire solent.*

¶ Corveria. Charta Philippi III. Fr. Regis ann. 1275. Ampliss. Collect. Marten. tom. 1. col. 1379 : *Eidem Petro damus... manerium nostrum et villam de Fontibus Cadoci, cum eorum pertinentiis et juribus, scilicet campipartibus, censibus, pratis, Corveriis carrucarum, caponibus, gallinis et ovis reditualibus.*

¶ Corviata. Chartular. Prioratus S. Petri de Domina : *Debet taschiam de manso Totani... procurationem unam Ministrallo cum uno socio cum duobus et Corviatam unam.*

¶ Corveabilis, Homo *Corveis* obnoxius. Charta Villæ novæ in Dumbis ann. 1426 : *Joannes Buro recognoscit se esse homo taillabilis, Corveabilis, justiciabilis, explectabilis, manus mortuæ et servæ conditionis atque burgensis Domini Ducis Borbonii.*

¶ Corvagium, Idem quod *Corvata*; Jus etiam exigendarum *Corvatarum.* Statuta Andegav. pag. 147 : *Prohibetur districte ne aliqua persona ecclesiastica Domino terræ Corvagium aut aliquid tale facere præsumat, donec habeat super hoc Episcopi sui consilium, ut ejus auctoritate fiat quod fuerit faciendum.* Charta Johannis Episc. Carnot. ann. 1180. apud Mart. Anecd. tom. 1. col. 596 : *Vindicabat enim in illis sibi jus hospitandi, talliam, Corvagium, avenagium, justitiam cruoris et latronis.*

* Charta Phil. V. ann. 1316. in Reg. 53. Chartoph. reg. ch. 20 : *Concessit Corveyac seu Corvagia animalium trahentium dictæ villæ d'Aubepierre.* Recognit. feudal. ann. 1348. in Invent. Chart. castri *de Jaucourt* ann. 1392. fol. 33. r° : *Item les enffens feu Aveline,...... et sont lidit enffens à Corvage et de mainmorte.* Redit. Coput. Compan. ex Cod. reg. 8312. 5. fol. 103. v° : *Item a le sire la moitié de Courvages; et appelle l'en Courvages que cil qui a beste traiant doit pour chacune beste traiant iiij. sols, et cil qui point n'en a, ne doit que ij. sols. Crowée*, pro *Corvée*, in Ch. ann. 1406. ex Chartul. priorat. Belleval. : *Et payerat chacun an une journee à la Crowée de la seille az waiien. Item chascune charrue..... paierat chacun an trois journées à la Crowée de la charrue.* Vide supra *Corruagia.*

¶ Corveagium, Idem in Statutis Ecclesiæ Nannetensis apud Marten. Anecdot. tom. 4. col. 954.

* **CORUCA**, Infamis adulterio, vel vir cujus uxor mœchatur; idem quod infra *Curuca* 2. Stat. Cadubrii lib. 3. cap. 15 : *De dicentibus injuriam et verba injuriosa alicui Statuimus quod si quis vocaverit aliquem servum, Corucam, perjurum, latronem,.... condemnetur pro quolibet et qualibet vice in centum solidos Pap.*

* **CORVEHIA**, Opera, quam subditi dominis suis ex lege vel consuetudine præstare tenentur. Gall. *Corvée.* Charta ann. 1210. in Chartul. S. Joan. Laudun. ch. 104 : *Ego Thomas, dominus de Vervino. Notum sit...... quod homines de Fontanis super Corvehiis talem mecum bona fide inierunt compositionem, etc.* Vide *Corvatæ.*

* *Courvée* vero, Ludi seu pugnæ ludicræ species, in Lit. remiss. ann. 1387. ex Reg. 131. Chartoph. reg. ch. 20 : *Comme par maniere de jeu et esbatement l'en ait acoustumé de faire au dehors et près des murs d'icelle ville* (de Lengres) *un jeu appellé la Courvée, chascun jour de feste deux foiz le jour, l'un après disner et l'autre après souper .... Lequel jeu communément s'encommence par enfanz et aucunefoiz se parfait par genz bien aagiez et puissans de corps, habiles audit jeu, privez et estranges, en gettant les uns contre les autres pierres grosses et menues au plus efforciément qu'ilz peuent, chascun en espérance de rebouter sa partie, telement que aucunefoiz sont navrez et bleciez ;... et se il avient que aucun d'eulx preigne aucun autre de sa partie adverse, le preneur a accoustumé de] oster le chaperon de son prisonnier, et mettre en la taverne, et lui renconner d'une pinte de vin, et vont boire ensemble en faisant paix comme devant.*

* **CORVEIA.** Vide supra in *Corvata.*

CORVESARII, Sutores veterinarii, qui *Corio veteri* utuntur : Gall. *Sueurs de vieil, Savetiers.* Charta Ranulfi Comitis Cestriæ in Monastico Anglic. tom. 1. pag. 987 : *Quapropter prohibeo super amorem meum, ut nec mercator, nec institor, nec permentarius, nec Corvesarius, nec ullus minister volens vendere vel emere, non vendat, etc.* Diploma Henrici I. Regis Angl. in Regesto Chartarum Normanniæ : *Sciatis nos concessisse Willelmo Canuto et Osberto filio Huardi, et sociis Cordewanariis et Corvesariis Rotomag. ut habeant gildam suam bene et honorifice et plenarie de ministerio suo, sicut eam habuerunt.* In Regesto Feodor. Carnoti pag. 16 : *Les Corvoisiers qui vendent soulers ou marchié, doivent chascun obole.*

* *Courvoisiers*, in Sent. ann. 1311. tom. 5. Ordinat. reg. Franc. pag. 273. quorum ars *Corvoiserie* et *Courvoiserie* dicitur in Lit. remiss. ann. 1374. ex Reg. 105. Chartoph. reg. ch. 361 : *Guillaume Mauguyn poure varlet servant du mestier de Corvoiserie, etc.* Aliæ ann. 1465. ex Reg. 194. ch. 101 : *Guillaume Pigeart poure compaignon du mestier de Couvoiserie.*

* **CORVETA**, ut supra *Corvehia.* Charta Renaudi dom. Baugiaci ann. 1282. inter Probat. Hist. ult. Trenorch. pag. 193 : *Illi vero de colungiis et mansis, in quibus habemus talliam prænominatam, pro garda debent nobis Corvetas et cavalcatas nostras.* Vide *Corvatæ.*

* **CORVEYSA**, Eodem significatu. Charta Radulph. de Filger. ann. 1163. tom. 1. Probat. Hist. Brit. col. 652 : *Ex dono patris mei quictam ab omni servitio et Corveysa.*

* **CORUGIA**, pro *Corrigia*, Zona, cingulum. Testam. Petri dom. de Paluello ann. 1241. inter Probat. tom. 2. Hist. Burg. pag. 14. col. 2 : *Concedo ecclesiæ B. Vincentii de Cabilone duas marchas auri et duas Corugias auri et unam argenti, et omnes annulos nostros, etc.* Vide supra *Corrigia* 3.

¶ **CORUGIO**, *Puer. Est ludus, quando proverbia dicunt. Alibi igitur : Coragium, pars est in ludis quando proverbia dicuntur.* Gloss. Isid. Vide *Coragium.*

¶ **CORVIATA.** Vide post *Corvatæ.*

CORVILLA, Corbula, *Corbeille.* Glossæ Bibl. MSS. : *Cartallum, Corvilla.*

¶ **CORVINIUM.** Vide *Corvinus.*

¶ **CORVIS.** Vide *Corva.*

* **CORVO**, vox Italica, Piscis genus. Vide supra *Coracinus.*

CORUS, Chorus. Mensuræ annonariæ species apud Anglos et Germanos. Bract. lib. 2. cap. 16. § 7 : *Decem Coros tritici, sive decem quarteria.* Nicol. Trivettus ann. 1194 : *Coros frugum, vel modios rerum venalium, sive quascumque mensuras.... fieri statuit uniformes.* Apud Isidorum lib. 14. Orig. cap. 26 : *Corus 30. modii impletur. Hic ab Hebraico sermone descendit, qui vocatur Cora a similitudine collis : Cora enim Hebraice colles appellantur. Coacervati enim modii 30. instar collis videntur, et onus cameli efficiunt.* [Papias MS. : *Corus qui est triginta modiorum.*] [** Sagittar. in Disput. de Sulcia Luneburg. : *Ein Cor Salz hælt* 3. *fuder, oder* 12. *rümpfe, oder* 24. *schæffel, das ist ein Wispel.* Adel.]

Chorus, Eadem notione. Chronicon Montis Sereni ann. 1217 : *In Szoberiz quidem* 25. *Chori, hoc est, Wischepele triticum, reliquis vero duabus* 6. *Chori siliginis, et* 19. *marcæ, fertone minus. Porro mansi de Nienborch in foribus Ecclesiæ positi solvebant* 80. *Choros de* 4. *generibus frumenti, et servitium rusticorum.*

CORUSCUS, Fulgetrum, Ἀςραπή; *Esclair*, nostris. Plinius : *Fulgetrum prius cernitur, quam tonitrum auditur. Coruscare*, apud Apuleium de Mundo, *Esclairer*, ἀςράπτειν. Gloss. Lat. Gr. : *Fulget*, ἀςράπτει. *Coruscatio* apud Solinum, et Matth. Westmonast. ann. 1198. 1218. 1230. 1246. Ebrardus Bethuniensis in Græcismo :

Sol radiat, mucroque micat, fulgorque Coruscat,
Quum fulgor supra nos paret, tunc fulgurat æther.

Vetus Interpres Juvenalis Stat. 13. v. 223 : *Nam ex nimio flatu vel certamine ventorum nubes inter se conlisæ tonitrua et Coruscos faciunt, veluti saxa inter se collisa ignem faciunt.* Gregor. Magn. lib. 2. Dialog. cap. 15 : *Roma a gentibus non exterminabitur, sed tempestatibus, Coruscis, turbinibus, ac terræ motu fatigata, marcescet in semetipsa.* Cap. 33 : *Tunc vir Dei inter Coruscos et tonitruos atque ingentis pluviæ inundationem, etc.* Gregorius Turon. lib. de Mirac. S. Martini cap. 29 : *Factus est super illos splendor Corusco similis.* Fortunatus lib. 3. Poem. in Epistola ad Felicem Episc. : *Et soporantes oculos, quos mihi aperuistis tonitruo, clausistis Corusco.* Hugo Flaviniac. in Chron. pag. 245 : *Inter Coruscos et turbines tempestatis imminentis.* Occurrit præterea apud Bedam lib. 4. Hist. Angl. cap. 3. Petrum Damian. lib. 6. Epist. 32. extrema, Cæsarium lib. 2. Miracul. cap. 27. etc. [*Corusciferi laquearia cæli*, apud Martian. Capellam.]

Coruscus. Ugutio : *Coruscus, splendidus, crispus, tremulus.* Gloss. Græc. Lat. : Ἀστραποειδής, *Coruscus.* [Haud absimili notione Virgilius Æneid. 2 : *Stat ferri acies mucrone Corusco.* Unde Servius : *Coruscum alias fulgens, alias tremulum est.*]

* **CORVULI**, Factionis nomen apud Italos, de qua mentio fit in Charta ann. 1156. apud Murator. tom. 4. Antiq. Ital. med. ævi col. 201 : *Breve recordationis, qualiter capitanei de Fregnano, videlicet omnes illi, qui appellantur Corvuli, jurant unusquisque pro se salvare et adjuvare homines Mutinæ, etc.*

CORYNETUS, Petrus Damian. lib. 1. Epist. 20 : *Si a Corynetis suis matrona potens negligit arcere petulcum, quid mirum si in eam quoque ille postmodum vesaniæ suæ porrigit appetitum.* Ubi Editor ad marginem, *famulabus.* Sed legendum videtur *cœtonitis*, ex Græc. Κοιτωνίτης, cubicularius, eunuchus. [** An *Cosmetis?* Vide in hac voce locum ejusd. Petr. Damian.]

* **CORZORIUM**, Canalis, ut videtur, per quem aqua decurrit. Charta Caroli Simpl. ann. 898. apud Acher. tom. 13. Spicil. pag. 265 : *Cum illorum salinas, et matroces, et Corzoriis, vel adjacentiis eorum.* Hinc emendanda fortean similis Charta ann. 1054. laudata in v. *Matroces*, ubi *Cortoriis* legitur. Vide *Corsoyrum.*

1. **COS** *Ocularis, id est, qui oculis valet, et est viridis coloris.* Sic interpretantur Glossæ MSS. ad lib. 1. Passion. Alexandri Iatrosophistæ. [Medicina Salernit. pag. 104. edit. 1622 : *Cos vulgari joco appellari solet Vinum ob colorem, odorem, et saporem.*]

* 2. **COS**, Mensuræ vinariæ species. Charta Joan. archiep. Narbon. ann. 1385. in Chartul. Caunens. : *Quod dictus abbas cuilibet monacho quotidie..... unam mensuram et mediam vini puri et sufficientis, vocatam Cos, æquipollentem duobus cartonibus ad rectam mensuram de Caunis, donet.* Vide infra *Cossus* 2.

1. **COSA**, pro *Causa*, Res, in veteri Charta apud Ughellum tom. 3. Ital. sacr. pag. 40. 41. [Hinc Gallicum *Chose.*]

* 2. **COSA**, Provincialibus, Vestis muliebris genus. Glossar. Provinc. Lat. ex Cod. reg. 7657 : *Cosa, Prov. sirma, vestimenta feminarum.* Sed legendum videtur *Cota.* Vide ibi.

¶ **COSAMATTA**, Species munitionis, Italis, *Casa armata*, Hispanis, *Casamata*, Nostris *Casemate* : Ima crypta est ad latera propugnaculorum. Utitur Melchior *de Redern* de Obsidione Varadinensi apud Ludewig. Reliq. MSS. tom. 6. pag. 329.

* **COSATGIUM**, Recognitio feudalis, clientelaris professio seu homagii species. *Cosatgium in barriis Allusaci*, in Charta ann. 1213. ex Tabul. episc. Lemovic. Vide notas G. *Pavillon* in Dianam Montem. fol. 347. v°. edit. Paris. ann. 1603.

¶ **COSCA.** Vide *Cossa* 1.

COSCEZ et Coscet. Domesdei tit. *Wiltshire, Rogerius Comes : Octo villani, et octo Coscez cum quinque carucis.* Vox, inquit Spelmannus, in lustratione hujus Comitatus frequens, uti et *Coscet*, quæ *bordariorum* loco villanos plerumque sequitur. In burgo autem Malmesburia cum bordariis sæpe jungitur. Agardus opinatus est operarios pauperes significare : nos, ait idem Spelmannus, id quod *Cotmanni* et *Cotarii*, id est, *Cotorum* habitatores : nam *Coshe* idem apud veteres Anglos quod *Cote*, id est, tugurium. Iidem videntur qui *Cothseti*, in Legibus Henrici I. cap. 30. et 31. Vide *Cota* 2. et *Cocseti.* [Le Roman *de Partonopex* MS. :

Quar donc est li termes pleniers,
Que porrois estre chevaliers,
A donc à primes à henor
Vos porrai eslire à seignor;
Quar ne lor seroit bon ne bel
Que m'offrisse à prendre un Cosel.]

¶ **COSCIA**, vox Italica, *Coxa*, Gall. *Cuisse.* Acta SS. April. tom. 2. pag. 954. de S. Joagnolo : *Pateretur anguinem in tibia seu Coscia ex parte sinistra.* Junii tom. 1. pag. 333. de S. Davino Peregrino : *Cosciæ, genua, crura cum pede sinistro, etc.*

* **COSCINARIUS**, Qui mensura frumentaria, *Coscinus* dicta, ex officio metitur. Charta Bern. abb. ann. 1267. in Access. ad Hist. Cassin. part. 1. pag. 305. col. 1 : *Quæ per emtorem mensurabitur sine fraude, et non per Coscinarium : si autem molinarii vel Coscinarii contra hæc statuta venire tentaverint, etc.* Vide mox

* **COSCINELLUS**, Idem quod *Conscinus*, Mensuræ frumentariæ species apud Italos. Inquisit. ann. 1371. in iisd. Access. pag. 427. col. 2 : *Homines castri Sarracinisci tenentur universaliter dicto officio* (cellerarii) *ad Coscinellos grani et ordei, etc.* Vide *Cossa* 1.

COSCINUS, Coscina, Mensuræ frumentariæ species apud Italos. Bulla Alexandri III. PP. ann. 1179. apud Ughellum in Archiepiscopis Benevent. : *De quo sex Coscinos frumenti unoquoque mense et alia quædam proveniunt, etc.* Vide Chartam Alexandri IV. Pontif. apud Petrum Mariam Campum in Histor. Eccl. Placentinæ, Regesto Privileg. pag. 364.

COSDUNA, Cosdupena, Cosdupna, etc. Vide *Consuetudo* 4.

* **COSEUM.** Stat. datiar. Riper. cap. 12. fol. 5. v° : *De qualibet soma foleiæ, Cosei pensium duodecim, pro introitu soldus unus* Leg. *Casei.*

COSIA. Otto Morena in Hist. Rerum Laudensium pag. 30 : *Nullo etiam fossato, aut Cosia, nullis arboribus inter utramque partem existentibus.* Ubi legendum *Cesia*, ex Cod. MS. monet Felix Osius, quæ vox, vel *Cesa*, Italis sepem sonat. Vide *Concisa.*

COSIMENTUM, Protectio. Homagium Mariæ Vicecomitissæ Benebarnensis æræ 1208. factum Ildefonso Regi Aragon. apud Marcam lib. 6. Hist. Beneharn. cap. 1. § 2 : *Ego recipio vos in Dei Cosimento et meo, et promitto vobis, etc.* [* Vide supra *Causimentum* 2.]

* **COSINERIUS**, Gall. *Cuisinier*, Coquus. Comput. ann. 1488. inter Probat. tom. 4. Hist. Nem. pag. 48. col. 1 : *Item solverunt uxori de Bernisson pro una magna olla impromptatâ pro decoquendo potagium, quæ fuit fracta per Cosinerium, videlicet duos solidos.*

* **COSINIUM**, Pulvinus, Gall. *Coussin.* Exposit. Ordin. Rom. ubi de Parasceve ex Cod. 74. S. Martial. Lemov. : *Ante gazofilacium tapeta et Cosinium, etc.* Vide *Cossinus.*

* **COSINUS**, Consobrinus, patruelis, Gall. *Cousin.* Charta ann. 1000. ex Tabul. Massil. : *Dono ego Bertrannus fidejussorem Cosino meo Isnardo, etc. Cousin fraireur*, vulgo *Cousin Germain*, in Lit. remiss. ann. 1391. ex Reg. 142. Chartoph. reg. ch. 2 : *Robine vesve de feu Pierre Moisson ante du suppliant, et Pierre Moisson prestre filz de laditte femme et Cousin fraireur d'icellui suppliant.* Aliæ ann. 1428. in Reg. 174. ch. 252 : *Guillemine chambriere de Michiel le Pourcel et Cousine frereuse dudit Michiel, etc. Cousin en autre* vel *second*, pro *Cousin issu de germain*, in Lit. remiss. ann. 1389. ex Reg. 135. ch. 234 : *Gilliart le Coq Cousin en autre à Griffon du Casteller, etc.* Aliæ ann. 1395. in Reg. 148. ch. 50 : *Cebille fille de feu Pierre del Bals Cousine seconde du suppliant. Cousin en tiers*, id est, in tertio gradu, in aliis Lit. ann. 1389. ex Reg. 136. ch. 54. *Cosinaige*, Consanguinitas, in Charta ann. 1303. ex Reg. 44. ch. 81 : *Nostre sire li roys* (Philippe) *considérant et regardant le Cosinaige et la prochainneté de linaige, qui est entre lui et le roy d'Engleterre, etc.* Vide *Cusinus* 1.

COSINUS. Vide *Cussinus.*

COSMARIUS, *Dominus mundi*, Joan. de Janua. Ex κόσμος.

COSMETA, Ornator, exornator, cujus circa cutim occupatur industria : interdum vespillo, pollinctor. Hesychius : Κοσμητής, κουρεύς, ἐνταφιαστής. Gl. Græc. Lat. : Κοσμήτρια, *ornatrix.* Erotianus in Lexico Hippocrat. : Κοσμίους λέγομεν τοὺς εὐτάκτους, τοὺς τῶν ἐφήβων εὐταξίας προνοοῦντας. Papias : *Cosmetæ, dicuntur ornatrices crinium, a comando.* [** Gemma Gemmarum : *Cosmeta, id est servus vel ancilla ornans et comens dominam. Item Cosmeta masc. gen. dicitur imperator.*] Petrus Damian. lib. 7. Epist. ult. pag. 680. de nobili Constantinopolitana Ducis Venetiarum uxore : *Corpus ejus omne computruit, ... ut nec quispiam tantam perferre narium injuriam potuit, non Cosmeta, non servulus, vix una duntaxat ancilla, non sine speciei redolentis auxilio, in* *ejus obsequii sedulitate permansit.* Κοσμητὴς ἐφήβων, *exornator adolescentum*, in veteri Inscript. 79. 6. 317. 3. dignitas apud Græcos, qua qui insignitus erat, κοσμητεύειν dicitur ead. pag. 317. 1. Vide Casaubonum ad Spartianum in Adriano.

¶ **COSMICUS**, Mundanus. Gloss. Græc. Lat. : Κοσμικός, *Secularis.* Addit Laurentius in Amalthea, *Extra clerum.* Vide *Cosmus.*

¶ **COSMITES**, Ædis sacræ navis in formam crucis facta, quod quatuor mundi, Κόσμου, plagas repræsentet, dicta a S. Germano. Sed et *Cosmodin* nomen aliquot Templorum Romæ alibique ab eadem origine arcessendum. Sic Romæ hodieque exstat in regione Ripæ Ædes Diaconiæ, quæ dicitur, *S. Mariæ in Cosmodin*, vel *Cosmedin*, ut in Chron. Casin. Vide Hieron. Fabrum Memor. sacr. Ravennæ antiqq. Carol. Macrum in Hierolexico.

* **COSMODROMIUM**, Titulus libri Gobelini Personæ, qui florebat tempore Constantiensis concilii, quem laudat Launoius in epist. tom. 5. Oper. ejus part. 1. pag. 574.

¶ **COSMOPEIA**, Græc. Κοσμοποιΐα, Mundi fabricatio. Utitur Christoph. Mullerus in Introduct. ad Hist. Canonicæ Sand-Hyppolit. apud Duellium Miscell. lib. 1. pag. 312.

COSMUS, Κόσμος, Mundus. Turpinus de Vita Caroli M. cap. 11 : *Cosmi potentiores, fortiores, etc.* Alius Codex MS. habet *mundi.* Lib. Miracul. S. Bertæ Abbatissæ parte 1. cap. 1 : *Sciatis vos ipsos non hujus Cosmi cum honore esse residuos.* Fridegodus in S. Wilfrido cap. 4 :

Cosmica si spreto repetam contagia Christo.

[** Abbo de bellis Paris. lib. 1. vers. 49 :

Imperio cujus regitur totus prope Kosmus.]

[Charta MS. Hugonis Archiepisc. Bisuntini ann. 1033. sic incipit : *Cum Cosmi decidentis variante procella, etc.*] Adde Itinerar. S. Willibaldi n. 7. Edgarum Regem Angl. in Legibus Monachorum Heydensium cap. 2. Epitaphium Isidori Hispal. in ejus Vita n. 39. [** Ruodlieb fr. 13. vers. 50.] etc.

¶ **COSPATICUM**, pro *Cespaticum.* Charta Pippini Regis apud Stephanotium in Antiq. Pictav. MSS. tom. 2. pag. 406 : *Nullus ab eis Cospaticum, repaticum, pulveraticum... aut ullam exactionem temptet inquirere.*

1. **COSSA**, [Cosca,] Cossia, Pensitationis species Provincialibus nostris nota. *Coisse, ou droit de mesurage*, exponitur in Histor. Monast. S. Barbaræ Lugdun. cap. 40. n. 4. [Charta pro Communia de Balneolis ann. 1208. inter Schedas D. *Lancelot* : *De omnibus illis quæ ad mensuram venduntur vel emuntur datur de sextario una Cossa, quarum* XXXII. *complent eminam.*] Charta Beatricis Comitissæ Provinciæ ann. 1245 : *Salvis... lesdis, et Cossis, et pedagiis, et boagiis consuetis.* [Sententia anni 1216. in parvo Chartulario S. Victoris Massil. fol. 157. v° : *Item homines Ecclesiæ immunes sunt a lesdis, Coscis, a talliis et quistis et exactionibus quibuscumque.*] Charta Willelmi Comitis Folcalcarii ann. 1206. pro Manoscensibus, apud Columbum pag. 470 : *Nec teneantur solvere.... bladagium, sive albergam, nec contalagium, sive civatam, nec Cossias, sive medias Cossias de eorum bladis, et rebus quæ ad mensuram sestarii venduntur et mensurantur.* [Donatio Reg. Ludovici Comitis Provinciæ ann. 1349. ex Schedis Præsidis *de Mazaugues* : *Cossias bladorum et partem quam percipit curia Regia in lesdis, focagiis castri, etc.* Statuta Avenion. lib. 1. rubr. 25. art. 1 : *Molendarius habere teneatur duas mensuras, vulgo vocatas Cossas signatas signo Curiæ.* Exiguam hanc mensuram Provinciales etiamnum appellant *Cuesso* : qua mensura cum uterentur in percipiendis pensitationibus frumentariis, hujuscemodi pensitationes *Cossas* vel *Cossias* vocavere. Vide *Copanagium* in *Cupa* 3.]

Cocia, Eadem notione. Tabularium Eccles. Dignensis : *In Cociis bladorum, leguminum, nucum, etc.* Quo loco Gassendus, *jus cociarum*, mensuræ jus in divendendis frumentis, leguminibus, et nucibus interpretatur pag. 21. Notitiæ ejusd. Ecclesiæ. Vide Claudium Expillium orat. 15. pag. 169.

☞ Interdum accipitur pro mensura vinaria. Statuta Civitatis Avenion. : *Qui vendiderit vinum minutatim teneatur habere ad minus mediam Cociam, quartonem et pogesiale, quibus teneatur mensurare sine superverso.*

* Pro mensura olearia legitur in Consuet. Perpiniac. Mss. cap. 32 : *Item si quis vendiderit oleum cum mensura militiæ Templi in die Jovis, debet dare pro turnis unam Cossam, quorum duodecim faciunt medium cartonum, cum quo oleum mensuratur.*

¶ 2. **COSSA**, pro *Coxa*, Coxendix, Gall. *Cuisse*, *Hanche*, Ital. *Coscia.* Miracula B. Henrici Baucenensis, tom. 2. Junii pag. 377 : *Antonia... fracta in Cossa dextra a quatuordecim annis circiter, et non poterat ire sine baculo.*

* 3. **COSSA**, Cossia, Anteris, erisma, Gall. *Jambe de force*, Italis *Coscia.* Tract. Ms. de Re milit. et mach. bellicis cap. 103 : *Unus arcus fiat sine columnis, Cossis sive muris. Tunc in fundo est ædificandus unus pons lapidibus, calce, rena confectus, et postea super eum ædificetur Columna sive Cossia, super quam ædificetur arcus cum toto ponte.*

COSSÆ, Siliquæ, Gallis *Cosses*, ut siliquæ fabarum, etc. Hist. Translat. S. Guthlaci num. 17 : *Porcum quasi bimum spe futuræ utilitatis nutriverat, et siliquis, et Cossis, et migmate depastum impinguaverat.*

¶ **COSSALUM**, Ferreum feminis seu coxæ tegumentum, Gall. *Cuissart.* Hist. Dalph. tom. 2. pag. 278 : *Item, solvit pro gamberiis, Cossalis, bracheriis pro ante et retro, et quantis lattunatis, unc.* II. *taren.* XII. Vide *Cosserium* et *Cossa* 2.

* **COSSARE**, Cogere, legere; Hispan. *Cosecha*, frugum coactio, lectio. Charta ann. 1341. in Reg. 72. Chartoph. reg. ch. 250 : *Cum contra sindicos universitatis et singulares castri et bajuliæ de Angulis......, denuntiatum fuisset..... glandes, fagias et alios quoscumque fructus ipsarum forestarum et arborum in eisdem existentes Cossando, colligendo, secumque ad domos suas adportando.* Alia ejusd. ann. ibid. ch. 368 : *Prædictis consulibus* (S. Amancii) *asserentibus se esse in possessione..... quoscumque fructus arborum nemorum et forestarum prædictarum colligendi, Cossandi et sibi appropriandi et secum asporandi.*

COSSATUM, Pensitationis species, eadem forte quæ *Cossa* 1. Vide *Esbonagium* [post *Bonna.*]

¶ **COSSATUS**, vel est pro *Casatus*, vel pro Obnoxius præstationi *Cossatum* dictæ. Diplomatarium Ludovici Ducis Brandenburgici num. 142. apud Ludewig. tom. 7. Reliq. MSS. pag. 119 : *Volumus quoque prædictarum incolas, agricultores et Cossatos, ultra pensam, ut præmittitur, per ipsos non aggravari, etc.* [* Vide *Coscez.*] [** Germ. *Kossath.* Adel. Vide Grimmii Antiquit. Jur. German. pag. 818. num. 30. Mitterm. Princip. Jur. German. § 97. not. 13. Composita vox a *Cot*, Domunculus et *Sat*, a verbo *Sittian*, Sedere.]

* **COSSEGALHUM**, Cossegallinum, Miscellum frumentum, ut supra *Consegale.* Charta ann. 1316. in Reg. 66. Chartoph. reg. ch. 502 : *Una emina bladi Cossegallini computatis duobus solidis.* Alia ann. 1394. in Reg. 146. ch. 441 : *Petrus Ros de Rossilha servit xiij. cops Cossegalhi et ij. denarios.* Vide *Conseel.*

* **COSSERIA**, ut supra *Caveria.* Vide in hac voce.

¶ **COSSERIUM**, ut *Cossalum*, Armatura coxæ. Hist. Dalphin. tom. 2. pag. 274 : *Pro gamberiis, Cosseriis, guantilectis, et aliud arnense pro persona Domini, unc.* IV. Et pag. 276 : *Pro uno paro de platis cum Cosseriis et gamberiis, unc.* II. *taren.* XII. Vide *Cossignerium.*

COSSI, Vermes qui in equis nascuntur. Vegetius lib. 1. de Arte veterinaria cap. 52 : *Ita omnes vermes, quos Cossos appellamus, et tineolas purgabis.* Festus *Cossos*, vermes ligno editos appellari auctor est, nos *Cossons* vocamus. [Papias in MS. Bituric. : *Cossi, Vermes in ligno qui et Teredones dicuntur.* Armoricanis etiamnum *Cosset*, Insectorum genus est, quod triticum et pisa corrodit.]

* Gloss. Lat. Gr. : *Cusus*, ξύλου σκώληξ. Vide Martin. Lexic. voce *Cossus.*

* **COSSIA**, Coxa, Ital. *Coscia*, Gall. *Cuisse.* Stat. Montis-Reg. pag. 170 : *Si quis aliquem cum gladio, irato animo, percusserit et sanguinem exire fecerit, si quidem in brachio, vel tibia, vel Cossia, pede, etc.* Chron. Estense ann. 1350. apud Murator. tom. 15. Script. Ital. col. 456 : *Quidam juvenis tulit coram illis quamdam Cossiam equi mortui, etc.* Vide *Cossa* 2. Aliis notionibus exstat in *Cossa* 1. et 3. Hinc

* **COSSIALA**, Coxæ armatura, Gall. *Cuissart.* Tract. Ms. de Re milit. et mach. bellic. cap. 142 : *Post equites armatos torace, Cossialis, gamberiis, etc.* Vide *Cosserium.*

¶ **COSSIGNERIUM**, An non idem quod *Cosserium?* Hist. Dalphin. tom. 2. pag. 307. col. 1 : *Item, apud Avinionem pro duobus Cossigneriis et una ense et uno pari caligarum pro Domino,* III. *s.* IV. *d. gr.*

¶ **COSSIM.** Vide *Cossus.*

¶ **COSSINUS**, Pulvinus, Gall. *Coussin.* Inventar. Ecclesiæ Noviom. ann. 1419 : *Cossinus ad ponendum subtus librum.* Occurrit etiam in Legibus Palatinis Jacobi II. Regis Majoric. inter Acta SS. Junii tom. 3. pag. LVI. Vide *Cussinus.*

COSSIO, Porcellus, ex Gallico *Cochon*, in Charta Arcembaldi D. Borbonii ann. 1217. pro libertatibus Villæ franchæ. [Vide *Cousio.*]

* COSSONARIA, Vicus Parisiis, vulgo *Cossonerie.* Inventar. Chartar. reg. ann. 1482. fol. 91. v° : *Acquisitio terræ, quæ dicitur Morinensis, sitæ Parisiis, quæ protenditur a vico Straminis et S. Dionysii usque ad forensem burgum, et comprehendit Cossonariam pluresque domos ante plateam fori publici seu fallarum.* Vide infra *Falla* 2.

¶ COSSORIUM. Vide *Cursorium.*

* COSSOYRA, Provincialibus, *Calculus*, in Glossar. Provinc. Lat. ex Cod. reg. 7657.

1. COSSUS, [*Rugosus et Contractus et curvus*, in Gloss. Sangerman. MS. n. 501. Papias in MS. Bituric. : *Cossum, Rugosum, contractum, curvum.*] Fridegodus in S. Wilfrido cap. 12 :

Præterea Andreæ germana diaulia sancti
Ingressus dictu mirabile! poplite Cosso
Ingentes animos labiis patefecit apertis.

Id est, *genibus flexis.* Pomp. Porcaria, apud Nonium : *Sciant omnes, quantum est, qui Cossim cacat.* [Apuleius lib. 3. Miles. : *Complicitis denique pedibus ac palmulis inter alternas digitorum vicissitudines super genua connexis, sic grabatum Cossim insidens, ubertim flebam.*]

* *Cossi ab antiquis dicebantur natura rugosi homines, a similitudine vermium ligno editorum, qui Cossi appellabantur.* Festus. [** Vide Scaliger. ad Festum voce *Cossilires.*] Vide in hac voce. Hist. Cortus. lib. 3. apud Murator. tom. 12. Script. Ital. col. 839 : *Rebellibus ecclesiæ favebant Raynaldus et Obizo marchiones, qui Cossis Guasconibus ceperunt Ferrariam.* Sed leg. *cæsis*, ut adnotatur ibidem.

* 2. COSSUS, Mensuræ vinariæ species. Charta ann. 1325. ex Chartul. Caunens. : *De Cosso et dimidio vini, dimidium; et de sex denariis, duos, in annos duos liberaliter ei* (abbati) *concedunt.* Alia ann. 1376. ibid. : *Post novenam tres alii moffleti et Cossus vini cum dimidio per xxx. dies pauperibus pro defuncti anima tradantur.* Vide supra *Cos* 2. et *Cossa* 1.

1. COSTA, Clivus, latus montis, Italis *Costa*, nostris *Coste.* Charta Hugonis et Lotharii Regum Ital. apud Joan. a Bosco in Vienna : *Donamus atque largimur Costam unam juris nostri, quæ Castaneto inferiore nuncupatur... una cum mansis, casis, terris, vineis, . . . ad ipsam Costam aspicientibus* [In *Costis* 2. Cangius ipse legit *Costem* pro *Costam.*] Alia ann. 1196. in Probat. Hist. Sabaudicæ : *Costam totam quæ est a muro inferius ex parte Abbatiæ, et domum confrariæ retinuimus nobis,* [Regestum 87. Chartophylacii Regii : *Item tenet. . . . quædam nemora et quosdam essartos sit. in Costis montis Allodii.* Ibidem : *Item unam peciam nemoris . . . sit. in Costis super montem Alodium.* *Costagium montis Alodii*, ibid.] Crescentius de Agricultura : *Nella quale assai presso a Salerno e una Costa supra il mare riguardante, la quale gli habitanti chiamano la Costa d'Amalfi.* Dantes in Inferno cant. 19. *Vidi per le Coste et per lo fondo.* Adde Ottonem Morenam in Hist. Rer. Laudens. pag. 30. 34. tom. 5. Ughelli pag. 1553. etc.

¶ COSTERIA MONTIS, in Chronico Dominici de Gravina, apud Murator. tom. 12. col. 611. et 617.

COSTA MARIS apud Matth. Paris pag. 179. Gall. *Coste de la mer*, Ora maritima. Ital. *Costa.*

2. COSTA, Alia, sed incerta mihi notione. Anastasius in S. Silvestro PP : *Fecit . . . Angelos 4. ex argento, qui sunt in pedibus quinis, Costas cum crucibus tenentes.* Hinc forte

COSTULA. Capitolinus in Maximino juniore : *Reticulum de prasinis undecim, dextrocherium cum Costula de hyacinthis quatuor.* Vide ibi Salmasium pag. 255. [An ejusdem esset notionis, cujus est in sequentibus exemplis, ubi

¶ COSTA, Latus, Gallis *Costé.* Anonymus apud Acherium tom. 5. Spicil. pag. 146. de Craticula S. Laurentii : *Hæc vero fuerunt capita virgarum, quæ per transversum jacuerant Costis exterioribus infixa.* Rymer. tom. 7. pag. 160. col. 1 : *Ad dexteram vero Costam dictæ aulæ tenebant principalem mensam Barones quinque portuum, et ad alias mensas inferiores, in eadem Costa . . . . . et ad mensas in sinistra parte ejusdem aulæ, Vicecomites, etc.* Vide *Costis* et Ottonem Frisingensem Episc. lib. 1. de Gestis Friderici I. Imp. in Prologo.

* Vetus inscriptio in Diar. Ital. Montefalc. pag. 264. IN COSTA FECIT, id est, a latere monumenti. Aliæ habent, *in coxa*, hoc est, in angulo, secundum Fabret. Unde *Costéer*, ad latus positum esse, vulgo *Côtoyer.* Charta ann. 1359. in Reg. 87. Chartoph. reg. ch. 216 : *Une petite place, que les religieux Carmes de Rouen ont, faisant le bout de leur église et Costéant leur dite église prez de la rue de grant pont.* Ibid. ch. 217 : *Une vuide place..... Costéant d'un costé iceulx religieux, et d'autre costé en la rue de l'aumosne. Costéer* vero, Consanguineus, in Assis. cap. 273 : *Ma feme, laquel ne n'a heirs prochains ne Costéers, ne lontains, à qui le fié puisse ne doie escheir.*

¶ 3. COSTA, Hisp. *Costa*, Gall. *Coust*, Expensæ, sumtus. [* Charta ann. 1219. in Hist. Lugdun. pag. 45. col. 1 : *Vos rogamus et in amore requirimus, quatenus sitis plegii et debitores in manu Poncii de Chaponay, de quingentis libris Proveniensium et de Costis reddendis in instantibus nundinis Trecarum S. Joannis.* Quæ subduntur, sequenti notione *Costæ*, 4. mihi videntur intelligenda.] Charta Johannis Abbatis Compendiensis ann. 1264. in Tabulario ejusd. Monasterii : *Ipsis negantibus esse homines nostros, immo se esse liberos ex omni Costa.* Charta ann. 1243. ex Archivo Communis Massil. : *Conqueri occasione lesdarum, usaticorum, Costarum, ribagiorum seu gabelarum et aliarum dacitarum.* Sententia compromissoria anni 1339. mense Febr. ex Schedis Præsidis *de Mazaugues : Possint immittere infra prædictam sylvam agnos et hædos, qui nondum annum compleverint absque præstatione pecuniæ, seu rei alterius cujuscumque, quod alias vulgo dicitur sine Costa.* Vide *Custus* 1.

* 4. COSTA, Pensitationis vel servitii species, Hispanis etiam Labor, opus, industria Charta ann. 1264. in Chartul. Compend. fol. 107. v°. col. 2 : *Nos dictos fratres esse homines de corpore ecclesiæ nostræ dicebamus, ipsis fratribus e contrario dicentibus et negantibus se esse homines nostros, immo se esse liberos ex omni Costa asserentibus; tandem post aliquas controversias de bonorum consilio super dicta discordia servagii seu homagii..... compromisimus.* Nisi eo loci *ex omni costa* significet ex omni parte, omnino, Gall. *de tout côté.* Inquisit. ann. 1322. inter Probat. tom. 2. Hist. Nem. pag. 34. col. 1 : *Item pro censibus in denariis et Costis annuis, quinquaginta solidos vel circa.*

* 5. COSTA, Cista, calathus, Gall. *Panier.* Charta V. abb. S. Cathar. Rotomag. ann. 1244. in Reg. 31. Chartoph. reg. fol. 61. v°. col. 2 : *Cum nos singulis annis teneremur reddere excellentissimo domino nostro regi Francorum illustri unam Costam racemorum de vineis clausi nostri de Autiz, ... idem dominus rex dictam Costam racemorum... nobis quitavit.* Alia ann. 1311. in Reg. 64. ch. 5 : *Modiationes quoque nostras de Vernone cum pertinentiis suis, quæ consistunt in vinis, minutis censibus,.. quibusdam botis, quatuor Costis racemorum, et duobus sextariis musti..... tradimus.* Lit. remiss. ann. 1379. in Reg. 115. ch. 268 : *Icelle exposant ala en une vigne, où elle cuilli une Coste de raisins ou boissellée, que elle emporta en sa maison.* Pluries ibi. Aliæ ann. 1358. in Reg. ch. 68 : *Jacquinus et Robinus reperunt in dicta domo quandam Costam, similem illis in quibus pisces ponuntur, super quam dictus Jaquinus sedit et dictus Robinus se appodiavit, ignorantes penitus quod esset aliquid infra Costam.* Arestum ann. 1382. 6. Dec. in vol. 7. arestor. parlam. Paris. : *Gentes episcopi Parisiensis de dictis piscibus et alecibus plenos calathos seu Costas capiebant.* Nec forte alio sensu accipienda *Costa* 2.

* 6. COSTA, Ornamentum ad instar *Costæ* in vasis. Inventar. Ms. thes. Sedis Apostol. ann. 1295 : *Item unum urceum auri ad Costas, cum manico et rostro et coperculo.* Vide *Costilatus.*

COSTÆ CIRCULORUM. Tabularium Prioratus de Domina in Delphinatu fol. 110 : *Et 5. sextarios avenæ, et 1. de fabis, et tascham, et dimidium decimum, et 2. boxias, et 3. Costas circulorum, et 4. pulzinos, etc.* Fol. 114 : *Et 50. essendolas, obra et manobra, et per vindemias 2. Costas.* Ch. 171 : *Præterea* prædicti fratres *promiserunt se reddituros omni anno prædictis Monachis mense Septembrio 30. Costas circulorum, et in Nativitate D. 2. sol. et dimidium.*

* Fasciculi, ni fallor, Gall. *Bottes.* Comput. ann. 1202. apud *Brussel* de Usu feud. tom. 2. pag. cxlvj : *Pro xxvij. Costis hif, xxiij. sol.*

¶ COSTAGIUM, ut *Costa* 3. Vide *Custus.* Occurrit etiam ead. notione qua *Costa* 1. ut ibi dictum.

¶ COSTALARIUS, Acinaces, Gall. *Coutelas*, Hisp. *Alfange.* Concil. Hisp. tom. 3. pag. 519. col. 2 : *Arma portant diversorum generum et signanter Costalarios et gladios... Statuimus quod de cætero non portent de die neque de nocte Costalarios neque coltellos.* Statuta Ecclesiæ Cadurcensis apud Marten. tom. 4. Anecd. col. 726 : *Balistas et arcus, lanceas, falsones, Costalarios seu alia arma non deferant.* De Costalario puto intelligendam esse veteris Poetæ Gallici vocem *Coterel* apud Borellum in Dictionario, ubi de homine sordido :

Si le convient armer,
Pour la terre garder;
Coterel et haunet,
Et maçue et guilet,
Arc et lance enfumée,
Qu'il n'ait soin de melée.
Qu'avec lui ait couchiée
L'espée enrouillée,
Puis ait son viel escu.

* **COSTALE,** Clivus, latus montis, Gall. *Côteau.* Charta ann. 1332. ex Tabul. Flamar. : *Et tenet ab ipso fasendam unam, situm.... inter fasendam de la Ribeyrola ex parte una et castanetum Gerardi de Chalans, ... et Costale de la Bermondia ex reliqua.* Vide infra *Costatum.*

* **COSTALLUM,** vel COSTALLUS, Saccus, ab Hispan. *Costal.* Arest. ann. 1330. 28. April. in Reg. *Olim* parlam. Paris. : *Quatuor Costals de pellibus cirogrillorum, et tres Costals de corduano albo, ... et unum Costallum de bedanas.*

¶ **COSTAMENTUM,** Impensæ. Vide *Custus* 1.

¶ **COSTARE,** Constare, Gall. *Coûter.* Hisp. *Costar,* Ital. *Costare.* Testament. Johan. de Seliniaco D. de Bellomonte prope Autiss. ann. 1268 : *Item pro fabrica sepulturæ meæ, uno milite supersculpto, quindecim libras, vel quantum Costare poterit ad respectum executorum meorum.* Pluries occurrit in Informationibus Civitatis Massil. de passagio transmarino e MS. San-German.

COSTAREZ. Charta Ricardi Regis Angliæ, apud Sammarthanos in Archiepisc. Turonensib. : *Et foagium de Maumine, et unam saumam mellis, cum vasis, quæ dicuntur Costarez, etc.* In alia Henrici Regis Angl. ann. 1277. in Regesto Castri Lidi in Andibus, fol. 3. v. scribitur *Costerez.* Vide *Costrelli.*

1. **COSTARIUM,** *Locus Costarum,* Ugutioni.

¶ 2. **COSTARIUM,** COSTERIUM, ut *Costrellus,* Poculum vinarium. Chartularium S. Vincentii Cenoman. fol. 1 : *De quittatione quinque Costariorum vini a Willelmo Clerico Lancelini facta ann. 1208. . . . . . Willelmus Clericus filius Simonis Lancelini dedit et concessit in puram et perpetuam eleemosynam Monachis B. Vincentii Cenoman. quinque Costeria vini, quæ Gaiternus de Piace ei dederat charitative, et quæ ei Monachi debebant de vinea apud Maresche sita.* Vide *Costrelli* et *Costarez.*

* **COSTATUM,** Idem quod supra *Costale.* Inquisit. ann. 1268. ex schedis Pr. *de Mazaugues : Et a dicto pererio protenditur usque ad aliud pererium, quod est in Costato, et abillo Costato protenditur ad deffensum.* Vide *Costa* 1.

* **COSTATUS,** Pars corporis, ubi sunt costæ, pectus, Italis *Costato,* Gall. *Poitrine.* Chron. Estense ad ann. 1348. apud Murator. tom. 15. Script. Ital. col. 448 : *Quidam alter Hungarus percussit et vulneravit dictum ducem in Costatu cum quodam ense.* Inquisit. ann. 1270. in Access. ad Hist. Cassin. part. 1. pag. 318. col. 1 : *Si vero in ipsa venatione contingat ipsos capere porcum silvestrem, tenentur reddere de ipso porco dicto monasterio quarterium anterius usque ad collum cum Costato; ita quod ex ipso Costato remaneant tres costæ tantum in quarterio posteriori. Costatus, Qui a grans costes,* in Glossar. Gall. Lat. ex Cod. reg. 7684. Vide infra *Decotare.*

¶ **COSTDUMA.** Vide *Consuetudo* 4.

* **COSTECIUM,** pro *Costerium.* Vide infra in hac voce num. 2.

* **COSTELERIUS,** Pugio, sica, dimin. a *Cultellus.* Formulæ Mss. ex Cod. reg. 7657. fol. 39. v° : *Armatus uno jaque et uno Costelerio subtus mantulum, quem portabat, etc.* Vide *Costalarius.*

COSTELLUM. Vide *Flecarius.*

* **COSTELLUM,** ut *Costellus,* Supplicii genus, Gall. *Carcan, pilori.* Charta Ludov. X. reg. Franc. ann. 1315. ex Cod. reg. 9852. 3. 3. fol. 50. r° : *Item volumus quod dicti prælati.... possint libere, absque impedimento aliquo, furcas, Costella et pilloria erigere.* Vide *Collistrigium.*

¶ **COSTELLUS,** Instrumentum supplicii, idem, ut videtur, quod *Collaria,* Gall. *Carcan;* sed unde dictum? Pactum anni 1300. in Hist. Dalphin. tom. 2. pag. 54 : *Costellus etiam qui similiter pertinere olim ad dictos Consules dicebatur, si ipsius D. Episcopi, et ad ipsum solum pertineat et pertinere debeat in futurum, hoc salvo quod ubi propter bannum fractum aliquis non habens unde solvat, ponendus, ut moris est, fuerit in ipso, ponatur in ipso communiter nomine Dominorum Episcopi et Comitis prædictorum, et quantum ad casum istum duntaxat Costellus ipse dictis Dominis Episcopo et Comiti sit communis.* Libertates Regni Majoricarum MSS : *Flecaria, si vendiderit panem de minus penso, vel ponatur in Costello, vel donet quinque solidos.* Charta pro Communia de Balneolo ann. 1300 : *Quisque macellarius teneatur sagnare animalia sua in die mercati sub Costello et recipere sanguinem, vel tempore pluvioso si sagnare voluerint in macello, teneantur recipere sanguinem in aliquo vasculo.* Statuta Massil. lib. 5. cap. 19. § 4 : *Si hoc bannum solvere non poterit fustigetur per civitatem vel ponatur en lo Costell.* Eadem repetuntur ibi §. 7. Statuta Avenionensia : *Si autem aliquis pœnam et bannum solvere et restitutionem damnum passo facere nequiverit, ponatur in Costello a pudibundis superius nudus vel nuda, et istud bannum duret post vindemias in omnibus prædiis usque ad festum omnium Sanctorum.* Privilegia Johanni de Masalgis ann. 1348. 24. Aprilis concessa, ex Archivo Præsidis *de Mazaugues : Possit habere carcerem . . . Costellum . . . adcathenare . . . . et citra sanguinem fustigare.* Vide *Crustellum.*

* **COSTENGIA,** Impensa, sumptus, Gall. *Coust.* Charta Odonis Tull. episc. ann. 1221 : *Quotiescumque et ubicumque præfatos homines ad expeditiones transduxerit* (comes Vademontis) *ab egressu domorum suarum usque ad regressum ad ipsas de propriis curabit Costengiis et expensis. Coustage,* in Ch. ann. 1270. ex Tabul. S. Mich. in eremo. Vide *Custus* 1.

* **COSTEPASTILIS,** Mensuræ annonariæ species. Glossar. Lat. Gall. ann. 1352. ex Cod. reg. 4120 : *Costepastilis, Rasiere.* Vide *Raseria.*

COSTER. Inventar. sacræ Capellæ Westmonaster. in Monast. Angl. tom. 3. parte 2. pag. 81 : *Panni. In primis duo Costers panni magni de velveto, pro principalibus festis, etc.* [Species est veli seu aulæi. *Madox* Formul. Anglic. pag. 432 : *Item do et lego Ricardo de Nevill filio meo . . . unum lectum de arvas, cum Costeris paled de colore rubeo, qui solebant pendere in magna camera.*]

1. **COSTERA,** Ora maritima, Gallis *Costiere.* Magna Charta libertatum Angliæ : *Omnes bedelli deponantur per Tamisiam, Medelweiam, et per totam Angliam, nisi per Costeram maris.* [Apud D. *Brussel.* de Usu Feudorum tom. 2. ad calcem pag. v. habetur *Costeria.*] Bromptonus : *Qui voluerit transire a capite Turkiæ per Costeram Romaniæ, transibit, etc.* Historia MS. Bellorum Hierosol. vernacula : *Ala conquerre un Roiaume ki estoit . . . par dela Tabarie en la Costiere de la mer.* Crescentius de Agricultura : *Nella Costeria del monte.* Alibi : *Intorno alle sue Costiere.* Vide Leges Maris Oleronenses pag. 101. et supra *Costa,* 1.

¶ COSTERA MONTIS, ut *Costa* 1. Latus montis apud Thomam *Madox* in Formulari Anglic. pag. 46. et 252. [** Vide S. Rosa de Viterbo voce *Costeira.*]

* 2. **COSTERA** MARIS, Jus in naves, quæ ad *costeram* seu littus appellunt. Charta ann. 1407. in Chartul. Henr. V. et VI. reg. Angl. ex Cod. reg. 8387. 4. fol. 36. r° : *Ex nostra pura, libera atque spontanea voluntate ad hoc moti etiam et inducti, omne jus talium et possessionem, ... cum omnibus mero et mixto imperio, ... et emolumentis, Costera maris, ac omnibus aliis juribus.... volumus tradi et realiter liberari, tamquam bene merito, nobili viro domino Johanni Tiptot supradicto et suis hæredibus imperpetuum.* Vide *Wreckum.*

* **COSTERELLUM,** COSTERETUM, Liquidorum mensuræ species, dolium seu vas vinarium certæ capacitatis, nostris *Costeret. Costent,* in Stat. ann. 1347. tom. 4. Ordinat. reg. Franc. pag. 170. art. 9 : *Chacun habitant de ladite ville* (de Poitiers) *aura et tendra à son huys eaues en vesselz, qui tiengnet un Costent d'eaue au moins.* Lit. remiss. ann. 1350. in Reg. 80. Chartoph. reg. ch. 752 : *Et de vino dicti Johannis, quod erat in suo celario, usque ad quantitatem unius Costerelli cepit.* Charta ann. 1212. ex Chartul. S. Euvert. Aurel. : *Adam de Trusi miles pater, dum vivebat, in elemosinam dederat B. M. de Franchardo in Bierra quoddam Costeretum olei de nucibus singulis annis percipiendum.* Alia ann. 1240. in Chartul. Barbell. pag. 448 : *Dictus presbiter percipiebat singulis annis, nomine recognitionis, unum Costeretum vini.* Alia ann. 1309. in Reg. 13. ch. 103 : *Concedimus quod dictæ capellæ capellani xiv. modios et tria Costereta vini vel circiter annui et perpetui redditus... habeant.* Dotatio monial. de Pantoison ann. 1229. inter Instr. tom. 8. Gall. Christ. col. 361 : *Donavimus eidem Nicolao et ejus successoribus in perpetuum octo barillos terceolagii annui redditus, qui barilli vulgariter appellantur Costerez, tales de quibus sex faciunt modium Carnotensem, in tribus arpentis vinearum.* Lit. remiss. ann. 1394. in Reg. 146. ch. 237 : *Le*

suppliant prist pour son vivre un Cousteret de vin, qui valoit environ dix sols Par. Aliæ ann. 1399. in Reg. 154. ch. 518 : *Pierre Canin avoit baillé à tiltre de loier audit Demia certains instrumens ou estoremens, appellez basses-Costeres ou hottes à vendangier.* Doliolum vero sonat in Pedag. Peron. ann. 1295. ex Chartul. 21. Corb. fol. 355. v° : *Chacune mande de merlanc ou poisson doit deux deniers, et s'il sont en Costerés, chacun Costeret doit deux deniers.* Ita et in Munit. castrorum reg. ex Reg. 34. bis fol. 93. r° : *Unum Costerez ferrorum equi.* Vide *Costarez* et *Costrelli.*

¶ **COSTEREZ**, Genus mensuræ vini apud Lobinellum in Glossario ad calcem Historiæ Britann. Vide *Costarez.*

¶ **COSTERIA.** Vide in *Costa* 1.

¶ 1. **COSTERIUM**, Pars alicujus loci. Limborch. Sentent. Inquisit. Tolos. pag. 107 : *Vidit prædictum Petrum . . . in eadem domo in quodam Costerio dicte domus.* Pag. 190 : *Infirma fuit mutata ad quoddam Costerium domus.* Et alio in loco : *Steterunt ibi jacendo in quodam Costerio domus.* Vide alia notione in *Costarium.*

* Angulus, Gall. *Coin.* Vide supra *Costa* 2. *Costet*, Manubrium, seu pars lateralis brachiatæ cratis, in Lit. remiss. ann. 1471. ex Reg. 196. Chartoph. reg. ch. 363 : *Ung manche ou Costet de civiere de bois, etc.*

* 2. **COSTERIUM**, ut supra *Costerellum.* Charta ann. 1343. in Reg. 75. Chartoph. reg. ch. 37 : *Una pipa vini duodecim Costeciorum annui redditus, etc.* Leg. *Costeriorum.* Pro pensitione, quæ in *Costeriis* fit, accipi videtur, in Charta ann. 1391. ex Reg. 146. ch. 235 : *Quandam boariam in Lauraguesio, cum blado censuali, obliis,... Costeriis, etc.*

* 3. **COSTERIUM**, Velum, aulæum. Arest. ann. 1321. 9. Maii in Reg. *Olim* parlam. Paris. : *Item unum repositorium pro corporalibus, cum duobus Costeriis pro altari.* Vide *Coster.*

* **COSTIEYRA**, An idem quod Hispanis *Costero*, Trabs contabulationis? Comput. ann. 1363. inter Probat. tom. 2. Hist. Nem. pag. 258. col. 2 : *Pro duobus cannis de Costieyra et una poste magna necessaria, pro complendo januam noviter factam in portali Carmelitarum, j. flor. Dicta die solvit eidem pro xiij. cannis de Costieyra necessariis pro complendo januam factam noviter in primo portali de Campo-Martio, ij. flor.* et dimid.

COSTILATUS, seu potius *Costulatus*, Costulis distinctus, vel in *costularum* speciem dispertitus : Gall. *Costellé.* Visitatio Thesaurariæ S. Pauli Londinensis anno 1295. in Monastico Anglic. tom. 3. pag. 310 : *Duæ phialæ argenteæ Costilatæ et deauratæ cum alternis vineis, quarum una deaurata, etc.* Salmasius ad Pollionis locum in Salonino Galieno, *His auratos Constellatosque baltheos rapuisse perhibetur*, monet in Codice Palatino legi *Costilatos*, ubi nescio an bene restituat *pustulatos.* Hunc vide et expende.

* **COSTILLA**, *Lo bochale*, in Glossar. Lat. Ital. MS. Vide *Costrelli.*

* **COSTILLUM**, pro *Cortillum*, ni fallor, Gall. *Courtil*, Hortus rusticus. Vide *Cortis* 1. Reg. S. Justi ex Cam. Comput. Paris. fol. 196. v°. : *Ecce partes* (firmæ) *videlicet Costillum Laurenciæ Rousée, continens dimidiam acram.* Vide infra *Costorium.*

1. **COSTIS.** Lex Ripuarior. tit. 32. § 4 : *Quod si ipse strudem contradicere voluerit, et ad januam suam cum spatha tracta accesserit, et eam in porta, sive in Coste posuerit, tunc judex fidejussores ei exigat, etc.* Id est, ad latus, Gallice, *a costé.* [** Al. *in poste.*]

2. **COSTIS**, Prædii rustici species, forte pro *Cortis.* Charta Hugonis et Lotharii Regum Italiæ ann. 945. in Tabulario Ecclesiæ Viennensis fol. 12 : *Donamus atque largimur Costem unam juris nostri, quæ Casteneto inferiore nuncupatur, etc.* Infra : *Cum . . . . servis quoque et ancillis, aldionibus et aldiabus ad ipsam Costem et res aspicientibus.* [Vide *Costa* 1.]

* **COSTO**, Clivus, latus montis. Charta ann. 1314. in Reg. 52. Chartoph. reg. ch. 34 : *Item pro medietate motæ, ubi est ecclesia parrochialis dicti loci, cum Costonibus et fossatis contiguis,... viginti solidos Turon.* Vide supra *Costale* et infra *Costum* 3.

¶ **COSTORARIUS**, Sartor, Gall. *Couturier.* Mirac. S. Angeli Mart. tom. 2. Maii pag. 84 : *Qualiter ab octavo suæ ætatis anno manserit apud quemdam Mag. Gregorium Costorarium artis discendæ causa.* [** Vide Guerard. in Prolegom. Chartul. S. Petri Carnot. pag. 63. et infra *Cousturarius.*]

* **COSTORIUM**, f. pro *Cortorium, Curtile*, hortus rusticus. Vide in *Cortis* 1. et supra *Costillum.* Charta ann. 1327. in Reg. 65. Chartoph. reg. ch. 58 : *Item quoddam Costorium, cum quadam parte hospitii, etc.*

COSTRELLI, Pocula vinaria, *Chaucero.* Lexicon Cambro Britannicum : *Costrel, Lagena, uter, obba.* Matth. Paris ann. 1258 : *Vasa quædam quæ Costrelli vocantur, veneno repererunt plena.* Monasticum Anglic. tom. 2. pag. 550 : *Habebit de Celerario 5. albos panes, et Costrellos suos plenos cervisiæ.* Vide *Costares.*

* **COSTRIS**, Idem quod supra *Costerium* 2. Charta ann. 1254. tom. 1. Probat. Hist. Brit. col. 959 : *Matheus Barbotin, miles, pro redemptione animæ meæ.... dedi ecclesiæ B. Jo. de Castro-celci tres Costres vini boni, in carteriis meis de Castro-celci annuatim reddendos.* Vide infra *Coustra.* Aliud vero est vox Gallica *Costre*, Cuneus nempe, vulgo *Coin*, in Lit. remiss. ann. 1457. ex Reg. 187. Chartoph. reg. ch. 274 : *Incontinent que le suppliant fut dedens la maison, avecques ung Costre à fendre boys leva la claveure d'un coffre. Cotir* autem est Caput allidere ad aliquid, vulgo *Cogner*, in aliis Lit. ann. 1377. ex Reg. 111. ch. 210. bis : *En procédant de paroles à fait, féri ledit Lorrain et Coti la teste au mur.... Ledit Lorrain dist pourquoy il l'avoit feru et Coti la teste au mur.*

¶ **COSTRUS.** Vide *Chosdrus.*

¶ **COSTUCIA.** Charta Philippi Augusti de Privilegiis S. Martini Turon. ann. 1211. Ampliss. Collect. Marten. tom. 1. col. 1101 : *Tantum capit Ecclesia S. Martini, quantum Comes : et qui ea recipiunt debent esse per fidem constricti servientibus B. Martini, et qualibet septimana eadem Ecclesia debet habere consuetudinem muiblorum et Costuciæ carnificum.* An pro *Costuma*, Tributum ex consuetudine debitum?

* F. Tributum, quod in *coctis* persolvebatur. Vide supra *Costatus.*

¶ **COSTULA.** Vide *Costa* 2.

1. **COSTUM.** Charta Aldrici Episcopi Cenoman. in illius Vita num. 31 : *De vino autem optimo modios 4. insuper et de Costo optimo modium unum.*

* F. pro *Coctum*, Gall. *Vin cuit.* Vide in *Vinum.*

* 2. **COSTUM**, *Radix amara.* Glossar. medic. Simon. Januens. ex Cod. reg. 6959.

* 3. **COSTUM**, Clivus, latus montis, Ital. *Costa*, nostris *Coste.* Charta ann. 1201. ex Tabul. Regniac. : *Laudo elemosinam, quam fecit Raynaldus, cognomento Caprarius, fratribus Regniaci, videlicet de terra plana, quam habebat ou Bruaul citra Choram, et Costa nemorosa sita super fluvium Choræ.* Vide supra *Costo.*

COSTUMA. Vide *Consuetudo* 4.

* **COSTUMARE**, COSTUMIA. Vide supra in *Consuetudo* 4.

* **COSTURA**, Impensa, sumptus, Gall. *Coust.* Stat. sabater. Carcass. ann. 1402. tom. 8. Ordinat. reg. Franc. pag. 567. art. 28 : *Quod quilibet famulus dicti ministerii, commorans in burgo Carcassonæ, sive sit conductus, sive operetur ad Costuras, solvat.... pro sustentacione dicti sancti luminaris... unum denarium.* Id est, sive operando lucrum percipiat, sive non. Vide *Custus* 1.

COSTURA. Vide *Cultura* 1.

* **COSTURARIUS**, Custos ecclesiæ, æditnus, Gall. *Coutre*, alias *Cousteur.* Kalendar. vetus MS. eccl. B. M. Graciac. : *Anniversarium Guillelmi Henriet et Helioti Costurariorum, id est, custodum nostræ ecclesiæ, qui nobis aliquos redditus donavere.* Charta Guill. de Haricur. ann. 1317. in Reg. ch. 122 : *Le Cousteur ara la garde des aournemens et de autres choses de ladite chapelle.* Testam. ejusd. ann. 1317. in Reg. 65. ch. 229 : *Item au Cousteur de ladite église de S. Loys de la Sauçoye,... je lais cent souls.* Charta admort. ann. 1409. in Reg. 163. ch. 377 : *Les trésoriers, prestres, clercs et Cousteur de l'église parrochial S. Pierre de Coutances, etc.* Cujus officium *Cousturerie* appellatur, in Lit. remiss. ann. 1467. ex Reg. 200. ch. 26 : *Incontinant sordit langaige entre Jehan Nelet et le suppliant touchant le fait de la Cousturerie de l'église dudit lieu de Cristot. Aquoy le suppliant dist : Jehan, vous fustes autreffois Cousteur de l'église de ceste parroisse, et vous vy venir servir a l'autel le prestre, nulz piez et nues jambes, etc.* Vide infra *Coulter.* Aliud est *Costorarius.*

COSTUS. Vide *Custus* 1.

¶ **COSUERE.** Vide *Cusire.*

1. **COTA**, COTTA, COTTUS, Tunica Clericis propria, Gall. *Cotte*, Germ. *Cutt.* Concilium Moguntiacense apud Reginonem lib. 1. cap. 335. et Burchard. lib. 2. cap. 208 : *Ut laïcalibus vestimentis Clerici non utantur, id est, mantellum, vel Cottam sine cappa, etc.* Alexander IV. PP. lib. 6. Ep. 256 : *Clerici induti vestimentis sericis, aut superpelliciis, sive Cotis vadant processionaliter.* Idem Epist. 24. ann. 7. ex Regula Canonicorum S. Marci de Mantua : *Cano-*

nicis non liceat uti Cottis, nisi tantum in Capitulo et in Choro, divinis officiis, et obsequiis circa altaria exhibendis, et cum ad opus Dei vadunt, et inde redeunt, et in afferendo ignem et aquam, et alia quæ necessaria sunt divinis officiis. Infra : *Cottas minus subtiles vel etiam sumptuosas nullus faciat.* Ch. ann. 1428. in Hist. Eccles. Placent. lib. 17 : *Item, dicit, quod fratres bene intersunt divinis officiis, et in decenti habitu, cum cappis et Cottis etc.* Statuta Synodalia Alberici Episcopi Placentini ann. 1298 : *In decenti habitu, scilicet in cappa clausa, vel Cotta etc.* Bulla Nicolai III. PP. apud Bzovium ann. 1280. n. 5 : *Lineis togis superpelliceis sive Cottis.* Charta Petri Episc. Anagnini apud Odor. Raynald. ann. 1299. n. 30 : *Diaconus stet cum Cotta et stola, et Subdiaconus et Acolythus cum Cotta.* Concilium Budense cap. 20 : *Rectores et simplices Sacerdotes cum Cottis, seu superpelliciis et stolis tantum, inferioris vero status vel ordinis Clerici cum Cottis Synodum intrent.* Constit. Joannis Archiep. Nicosiensis ann. 1320. cap. 3 : *In hieme Canonici capis, et Assisii et alii Beneficiati capis in æstate superpellicio sine Cotta, et Canonici cum almutiis.* Eadem notione usurpat Michas Madius in Histor. Spalatensi cap. 25. Apud Ughellum tom. 3. pag. 633 : *Cotta seu camisia superanea*, ubi perperam bis editum *Cocca*. [Armoricis hodie *Cod* vel *God* est Vestimentum tegens pectus. Vide Octav. Ferrarium lib. 3. de Re vestiaria.]

Vocem *Cotta* Josephus Scaliger in Append. ad Virgil. et alii a *Crocota* derivant, decurtata parte anteriori. Vide *Cottum*.

¶ Cotta Candens, Superpellicium, quo utuntur Canonici Regulares S. Augustini. Statuta eorumdem art. 66. apud Duellium Miscell. lib. 1. pag. 98 :

Interulas, bracas, caligas, soccosque coturnos,
Pelles, pellicia, tunicas, pedibusque diurnos
Vestitus, Cottas candentes, omnia bina
Ad minus (habeant.)

¶ Cottis. Vita S. Meinwerci Episc. tom. 1. Junii pag. 523 : *Cum una camisia, una braca, uno Cotte, una tunica, duabus caligis.*

Cottus. Concilium Meteuse ann. 888. can. 6 : *Nemo Clericorum arma portet, vel indumenta laïcalia induat, id est, Cottos vel mantellos sine cappa non portet.*

Cocta, in Concilio Ravennensi ann. 1314. can. 6 : *Et in Missa parati Coctis, emictis, pluvialibus, etc.* Supra : *Cum Coctis et pluvialibus.*

* Cotta Linea, Superpellicium. Stat. eccl. S. Laurent. Rom. MSS. : *Canonici teneantur ire bini et bini, cum superpliciis sive Cottis lineis, cum vestibus longis et almuciis, etc.*

[Cotæ ad Armandum, recensentur inter *Garnisiones* seu munitiones Castri Carcasson. ann. 1297. Gall.] *Cotte à armer*, Paludamentum, chlamys militaris, tunica quæ armis superinduitur. Vide in *Zatouin*. *Cotte à plates*, Computum Stephani *de la Fontaine* Argentarii Regii ann 1351 : *Pour deux aunes de camocas de Lusques à or à faire autres Cottes à plates.*

* Cota ferrea, in Invent. ann. 1361. ex Tabul. D. Veneciæ. Stat. ann. 1351. tom. 4. Ordinat. reg. Franc. pag. 67. art. 1 : *Un escuyer armé en coste* (l. cotte) *de ses armes, dix sols Tournois.* Ubi minus recte editum *en costé*.

¶ Cota, Tunica laici. Computa Graysivod. ann. 1332. fol. 56 : *Item pro duabus Cotis et duobus mantellis emptis a dicto Giraudo ad opus Domini Guidonis de Grolea et Domini Johannis Humberti, mandato Domini* xxiiii. *s. grossorum.*

¶ Cotella, Parva tunica. Notitia de Concordia Ernaudi fol. 3. verso Chartularii S. Vincentii Cenoman. : *Notum autem fiat, quod* xxx. *sol. Ernaudus pro hoc facto habuit, et filius ejus Hugo Cotellam de Brugedio et caligas et sandalia.* Vide *Coticium*.

* Nostris *Cotelle, Cotellette* et *Cotielle*. Lit. remiss. ann. 1377. in Reg. 111. Chartoph. reg. ch. 285 : *Pierre print la Cotelle, et la osta et geta de dessus son cheval,... lors ledit Bouchier print ladite Cotelle, et sur une charrette où il estoit s'en envelopa les jambes pour les mouches. Une Cotellette à femme*, in Lit. ann. 1399. ex Reg. 154. ch. 439. Aliæ ann. 1428. in Reg. 174. ch. 187 : *Le suppliant print une Cottelle à usaige de femme avec unes manches.* Vita J. C. MS. :

Quant sains Pieres oi nommer
Jhesu, plus n'i vault demorer,
Sa Cotielle chainst plus en haut,
Et en la mer a fait un saut.

2. COTA, Tugurium, latibulum, a Saxon. Cote, spelunca, latibulum. [Cambro-Brit. ex Johanne Davies, *Cwt*.] Hinc rusticorum mansiunculæ, quæ nostris *Bordariæ*, ita appellatæ sunt, a qua voce sequentes deducuntur. [** Vide Haltaus. Glossar. col. 1125. vocibus *Kot* et sequentibus, Mœser. Histor. Osnabr. sect. 1. § 2. not. b. et § 38. not. a. supra *Cossatus*.]

* *Cotin*, eodem intellectu, in Poem. *de Vacces* MS. :

A un pastour s'accompaigna,
En son Cotin o lui entra.

Cotagium, Tenementum villanum, rusticum, *villenagium*, *Borderie*. Tabul. S. Dionysii ann. 1236 : *Super quodam censu, quem ipsi dicebant esse Cotagium, etc.* Ingulphus et Charta Witlasii Regis Mercior. tom. 1. Monastici Anglic. pag. 167 : *Tres bovatas terræ, unam mansionem, et tria Cotagia.* Vetus Charta tom. 1. ejusdem Monastici pag. 306 : *Istos servos meos et omnia bona et catalla eorum, cum omnibus Cotagiis meis situatis in Orientali parte fluminis, etc.* Charta alia pag. 427 : *Et dicunt quod prædicta 34. messuagia valent per annum ultra reditum resolutum* 11. *sol.* 3. *den. et non plus, quia non sunt nisi Cotagia.* Vide tom. 2. pag. 196. 279. 293. 401. 461. Edw. Cokum ad Littlet. sect. 69. et Dugdalum in Antiquitat Warwic. pag. 665. [Lobinellum in Hist. Britan. tom. 2. pag. 162. Codicem MS. reddituum Episcopatus Autissiod. Testamentum Rotherami Episc. Eborac. ann. 1498. in Libro nigro Scaccarii pag. 672.] *Cotage*, in Charta Gallica tom. 1. Monast. Anglic. pag. 903.

Cotagius Census, in Charta ann. 1233. apud Gallandum de Franco alodio pag. 89. *Cens cottier*, apud Philippum de Bellomanerio cap. 23. Idem qui *Surcens*, nempe census qui præter *rectum censum* prædio imponitur. [Vide *Census crescens*.]

Cotarius, Cottarius, Coterius, *Cotæ* habitator, *Bordarius*, *mansionarius*, nostris. Domesdei tit. Midlesex. : *S. Petrus. Unus Cotarius de* 5. *acris qui reddunt per annum* 40. *sol. pro hortis suis.* Alibi, ex Monast. Anglic. tom. 3. pag. 305 : *Ibidem* 12. *bordi, et* 16. *Cottarii,* 11. *servi, etc.* Apud Seldenum in Præfat. ad Eadmeri Histor. pag. 15 : *Hic subscribitur inquisitio terrarum, etc. Deinde quo modo vocatur mansio, quis tenuit eam tempore Reg. Edwardi, quis modo tenet, quot hidæ, quot carrucatæ in dominio, quot hominum, quot villani, quot Cottarii, quot servi, quot liberi homines, quot sochemani, etc.* Charta Alexandri Conventrensis Episc. tom. 2. Monastici Anglic. pag. 266 : *Decimam* 8. *acrarum, quas Cotarii dicti Prioris tenebant.* Charta Aliciæ Comitissæ Augi, ibidem pag. 976 : *Ipsos nativos cum omni sequela sua... et* 6. *Coterios in Hoton, videlicet Rogerum qui tenet* 2. *Coterios, Willelmum, etc.* [Consuetudines Brageraci art. 99 : *Item si Cotarius de dictis fructibus accipiat, sive sint de vineis, sive de hortis, sive de die, sive de nocte, eo quia tenetur eos custodire, ut supra dictum est, puniatur... De inventione vero et perceptione dictorum fructuum contra dictum Cotarium, stabitur et credetur Domino seu Dominis fundorum per suum juramentum, et nuncio suo cum una alia persona.*] [* Vide *Coterius*, Custos agrorum, hortorum, etc.] Vide tom. 2. Monast. Angl. pag. 480. et Knyghton. ann. 1340. [Kennettum in Glossar. ad calcem Antiquitat. Ambrosden. Testamentum J. *de Nevill*, apud *Madox* Formul. Anglic. pag. 428 : *Omnibus tenentibus meis, videlicet Husbandis, Cotiers et Bond.*] *Tenans Cottiers*, in Consuetud. Ambianensi art. 42. 43. Pontivensi art. 72. 93. Monstroliensi art. 5. 8. Fulliensi art. 1. Audomarensi art. 18. *Hommes Cottiers*, in Artesiensi art. 1. Bononiensi art. 46. 52. 55. Cameracensi tit. 5. art. 2. etc. Vide *Coteria*.

Cotlanda, Cotlandum, Idem quod *Cotagium*, Terra *cotalis*, ex Cot, et Land, terra. Ch. Roberti de Albineio tom. 1. Monastici Anglic. pag. 325 : *Item una virgata terræ, cum dimidia unius Cotlandt tota, sicut fuerat Walteri.* Alia tom. 2. pag. 128 : *Vendiderunt.... scilicet unam waram, et 2. Cotlandas cum dominio et prato quod ei in matrimonio dederamus.* Infra scribitur *Cotelanda*.

¶ Cothlanda, apud Thomam *Madox* Formularis Anglicani pag. 277 : *Pro una virgata terræ et una Cothlanda, quas idem Radulphus et Robertus tenuerunt de præfato Willelmo de Buckingham.*

¶ Cotselda. Chartular. SS. Trinit. Cadom. fol. 49 : *Semer pro una Cotselda quaque hebdomada duobus diebus debet operari, Robertus pro una Cotselda ejusdem servitii est.* Et fol. 50 : *Hernaldus pro una Cotselda, sicut alius Cotseldus.*

Cotsethlanda. Liber Ramesiensis sect. 265 : *Dedit prædictus Abbas prædicto Hugoni.... unam Cotsethlandam cum libero servitio.* Et mox : *Et insuper 60. sterlingorum solid. Cotsethlandam.*

Cotseti, Cotarii. Leges Henrici I. Regis Angl. cap. 30 : *Willani vero vel Cotseti, vel Perdingi, vel qui sunt hujusmodi viles vel inopes personæ, non sunt inter Legum vindices numerandi.* Adde cap. 81. Vide *Coscez* et *Cossatus.*

COTMANNI, *Cotarum* possessores, qui alias *Cotarii*, *Gens de cote.* Domesdei apud Spelman. : 8 *bordarii et Cotmanni cum* 2. *carucis.* Vide *Coterelli.*

¶ 3. COTA, Rata pars, Gall. *Cotte* vel *Quote.* Concilium apud S. Tiberium ann. 1389. inter Anecdota Marten. tom. 4. col. 344 : *Quod indicatur in tota provincia Narbonensi unum tallium de mille francis incontinenti levandum, et in singulis diœcesibus levandum pro Cota sua.* Testamentum Guidonis de Turre ann. 1375. apud Baluz. Hist. Arvern. tom. 2. pag. 616 : *Volo et ordino, quod dicta Ludovica et aliæ filiæ meæ, quæ tunc vivent, residuum terræ et bonorum meorum inter se æquis portionibus dividant, et ipsarum quamlibet, videlicet dictam Ludovicam in dictis Castellania et terra de Turre cum mille libratis terræ prædictis, et ipsam et quamlibet aliarum filiarum mearum in Cota seu ferva sua residuorum terræ et bonorum meorum mihi et dictis Bertrando et postumo heredibus instituto et substituto heredes substituo.* Vide *Quota.*

¶ 4. COTA, Navis species. Johannis XXII. Papæ Processus in Ludovicum Bavarum apud Marten. tom. 2. Anecd. col. 751 : *Arrestatus, ad portum supradictum deveniens, seque reddens cum dictis complicibus fugitivum, primo quamdam navem seu Cotam, ac deinde galeam supradictam conscendit.* Sed legendum est *Coca* seu *Cocca.* Vide *Cogo.*

* COTABUS, perperam pro Cacabus, Gall. *Marmite*, *chauderon*, in Instr. ann. 1379. inter Probat. tom. 3. Hist. Nem. pag. 20. col. 2. et 41. col. 1.

¶ COTACELLI, Militum genus, de quo in *Mainada* post *Maisnada.*

¶ COTAGIUM. Vide *Cota* 2.

* COTAGIUM, Tributum, quod pro custodia agrorum, vinearum aliarumve rerum exigebatur, simul et mulctæ, quæ ob delicta in iis commissa imponebatur, taxatio. Lit. Phil. VI. ann. 1335. in Reg. 69. Chartoph. reg. ch. 222 : *Prædictos decos seu Cotagia et gardiagia de Lauserta, et ejus honoris et ressorti, prout et in quantum ad dictos consules et consulatum pertinent.... vendidit, tradidit et liberavit.* Vide infra *Cotus* 1.

COTALATA. Charta Guidonis Fulcodii, apud Columbum in Episcopis Vasion. lib. 3. pag. 396. : *Hoc salvo, quod Dominus Comes in civitate et castris supradictis Cotalatam, seu albergam habeat, quantum hactenus Comites habere consueverunt, et cavalcatam, etc.* In alia Guilelmi Comitis Forcalcarii pro Manoscensibus, apud eumdem, scribitur *Contalagium*, nescio an prave : *Nec bladagium, sive albergam nec Contalagium sive civatam*, etc. [* Vide supra *Contalata.*]

¶ COTANUM, Cydonium malum, Gall. *Coin.* Laurent. in Amalthea : *Cotana, Mala cotonia*, Ital. *Cotogni.* S. Wilhelmi Constitut. Hirsaug. cap. 10 : *Pro signo Cotani, generali signo præmisso signum lapidis adde.* Rolandinus Patavinus de Factis in Marchia Tarvisina lib. 1. cap. 13 : *Tortellis, pyris et Cotanis, rosis, liliis.* Vide *Coctanum.*

¶ COTANUS. Cydonia malus, Gall. *Coignassier.* Vide Acta S. Franciscæ viduæ Rom. tom. 2. Martii pag. 92*. cum adjuncta nota.

COTARDIA, Cotæ, sagi vel tunicæ species, viris perinde ac feminis familiaris. Statuta Massiliensia MSS. ann. 1276. et 1293 : *Item de Cotardia sine penna cum collario, et 12. botonis positis in utraque manica 20. denar.* Homagium Gerardi de Ventadorio ann. 1362 : *Amotis caputiis et jupileis, et remotis zonis, et in cultellis, et in Cotardia, cum desubtus Cotardiam, ut dixerunt, tunicam aliam decentem non haberent, genibus flexis, etc.* [Concilium Massil. sæculi XIII. vel XIV : *Nullus homo cujuscumque conditionis existat in civitate Massiliæ de cetero portare audeat supertunicale, tunicam, Cotardiam, jaquetum, giponem : quando desuper portabitur vestis illa, superior sit et esse debeat longitudinis usque genu, nisi sit marinarius navigando, cursor, leno vel latro, aut alius brevis conditionis; quæ vestis superior sit in rotunditate sex palmorum ad minus.*] *Cottardita*, apud Matthæum Villaneum lib. 3. cap. 79. *Cotte hardie*, in Computo Stephani *de la Fontaine* anno 1351 : *Desdits garnisons pour 2. mabres bruns des Cours de Broisselles baillez à Huistace du Brulle, pour faire Cottes hardies fourrées d'aigneaux, et houces à chevaucher en estat d'Escuirie, pour nosseigneurs qui furent fais Chevaliers à la feste de l'Estoile, c'est à savoir Messeigneurs Jean et Philippe de France, Loys de Bourbon, Philippe et Loys de Navarre, et Charles d'Artois. Neant.* In Capitulo *des pennes et fourrures : Pour fourrer une Cote hardie que ledit Seigneur ot ou mois de Juillet, etc.* Alibi : *Il est à savoir que des draps dessusdits pour la Chevalerie des Seigneurs dessus nommez, l'en a délivré à chascun pour Cote hardie et houce six aunes et demie, etc. Pour fourrer une Cote hardie de camelin à bois, que ledit Seignor ot aprez la feste de S. Michiel, etc. Pour fourrer une Cote hardie d'un blanc caignet, etc. Pour fourrer à chascun une Cotte hardie d'un brun tanné qu'il orent de livrée ensemble, et avec eux ceux qui furent faits Chevaliers en leur compagnie, pour chascune Cote une penne d'aigneaux noirs, et un chapperon fourny de semblables aigneaux d'Arragon, pour chevaucher en estat d'Escurie.* Alibi : *Pour un fin camelin de Chasteaulandon à faire pour ledit Seigneur Cotes hardies fourrées de menu ver, et houces sengle pour aller en son déduit.* In Computo ejusdem anni 1349 : *20. aunes de draps tannez de Louvain, pour faire 6. Cotes hardies à relever de nuiz pour les Damoiselles et Femmes de chambre de ladite Duchesse.* Alibi : *Cotte hardie d'hyver.* Litteræ Joannis Regis Franc. de institutione Ord. militaris *Stellæ*, 6. Novemb. 1351 : *Porteront une Cote blanche, un sercot, et un chaperon vermeil, quand ils seront sans mantel, et quand ils vestiront mantel, qui sera fait à guise de Chevalier nouvel à entrer et demourer en l'Eglise de la noble maison, il sera vermeil et fourré de vair, et non pas d'ermines, de sendail ou samit blanc, et faudra qu'ils aient dessous ledit mantel sercot blanc, ou Cote hardie blanche, chauces noires, et souliers dorez, et portent continuellement un annel, entour la verge duquel sera escrit leur nom et surnom, auquel annel, etc.* Balduinus de Condato vetus Poëta MS. de Joculatoribus :

> Ils ont mis jus les heraudies,
> Et vestent les Cotes hardies,
> Et les robes as Chevaliers.

Continuator Gallicus Nangii ann. 1378. de Rege Carolo V : *Et estoit vestu d'une Cote hardie d'une escarlate vermeille, et d'un manteau à fonds de cuve fourré.* Guillelmus Guiart sub anno 1248. ejusmodi saga intellexit :

> Li Rois et son Conseil privé,
> Ou gens è hardies et à oses,
> Parlent entr'eux de maintes choses.

Denique Christina Pisana *au Tresor de la cité des Dames*, 2. part. cap. 11 : *Comptoit l'autre jour ung Taillandier de robes de Paris, qu'il avoit fait pour une Dame simple, qui demeure en Gastinois, une Cote hardie, où il y a mis cinq aunes à la mesure de Paris de drap de Bruxelles à la grand moison, et traine bien par terre trois quartiers de queuë, et aux manches à bonbardes qui vont jusques aux pieds.*

* COTARDITA, Vestis species, eadem quæ *Cotardia*, Ital. *Cottardita.* Inventar. ann. 1389. tom. 3. Cod. Ital. diplom. col. 363 : *Cotardita una scarlatæ granæ, laborata ad fichetos, cum floribus boraginis.*

* COTARELLI, ut *Coterelli*, Prædones militares. Sentent. P. archiep. Narbon. ann. 1179. inter Probat. tom. 3. Hist. Occit. col. 148 : *Mandamus quatenus hæreticos et eorum fautores et deffensores, Bravantiones, Aragonenses, Cotarellos,.... publice excommunicetis.*

* COTARIUM, Officium *coterii.* Vide infra *Coterius.*

¶ COTARIUS. Vide in *Cota* 2.

¶ COTE-ARMURS, Sagum militare, Gall. *Cotte-d'armes*, apud Rymer. tom. 4. pag. 371. in Charta Edwardi III. Angl. Regis ann. 1328 : *Mandamus vobis, quod omnes armaturas, tam Cote-armurs, quam alias ... liberetis.* Vide *Cotæ ad armandum* in *Cota* 1.

¶ COTECIS pro *Codices.* Formulæ Andegav. art. 1 : *Defensor principalis simul et omnis Curia puplica dixerunt : Patet tibi Cotecis puplici, prosequere quæ optas.*

¶ COTELANDA. Vide *Cotlanda* post *Cota* 2.

¶ COTELLA. Vide *Cota* 1.

* COTELLA, *Cotula, dimin. a Cos, Prov. Cot.* Glossar. Provinc. Lat. ex Cod. reg. 7657. Aliud Gall. Lat. ex Cod. 7684 : *Cos, couz pour aguiser. Cotella, cotula, petite couz. Cueux de pierre à aguisier faulx ou couteaulx*, in Lit. remiss. ann. 1393. ex Reg. 144. Chartoph. reg. ch. 367.

COTERELLI. Iidem qui *Cotarii.* [Eos distinguendos esse putat Kennetus in Glossario ad calcem Antiquit. Ambrosden. aitque se in MSS. codicibus observasse, Cotarios liberos fuisse bonorum suorum possessores ea conditione, ut certam pecuniæ summam vel frumenti quantitatem, *corvatas* quasdam Dominis suis præstarent; Coterellos vero neque juris sui fuisse, neque liberos bonorum, quæ tenebant, possessores, sed ut bona ita et personas ad Dominos absoluto jure pertinuisse. Vellem hujus discriminis probationes attulisset.] Domesdei, in Monast. Anglic. tom. 3. pag.

305 : *Septem villani quisque de una virgata, et 16. Coterelli, et 2. servi.* Charta Edwardi III. Regis Angl. tom. 2. ejusdem Monastici pag. 94 : *Cum wardis, relevits et escaetis, nativis et Coterellis suis, et eorum Catellis et sequelis.* Charta alia tom. 3. pag. 69 : *Una cum omnibus villanis, Coterellis et eorum catallis, servitiis, sectis, etc.* Extenta manerii apud Spelman.: *Inquirendum est de Coterellis, quæ cotagia et curtilagia tenent et per quæ servitia.* Hinc

COTERELLI, Prædones militares, qui alias *Ruptarii*, quos a Philippo Augusto anno 1183. deletos narrant Rigordus pag. 11. Willelmus Brito lib. 1. Philipp. pag. 108. et de Gestis ejusdem Regis pag. 72. Guillelmus *Guiart*, Nangius in Chron. ann. 1183. et alii Francorum Historici, Albericus anno 1183. et Guillelmus Armoricus in Philippo Augusto ann. 1182 : *Coterelli, qui vulgo dicuntur Ruptarii.* Hoveden. pag. 585. *Basculi et Coterelli.* Historia Franciæ MS. vernacula ex Bibl. Memmiana fol. 199 : *En celle année furent occis en la contrée de Bourges en Bery sept mille hommes et plus, appellés Costereaux, que aucuns gens appellent Brigans. Tels gens comme Costereaux, Brigans, gens de compagnies, pillars, robeurs, larrons, c'est tout un; et sont gens infames et dissolus et excommuniez. Ils ardoient les Monasteres et les Eglises, où le peuple se retraioit, et tourmentoient les Prestres et les Religieux, les appelloient Cantatours, par desrision, et leur disoient quand ils les battoient, Cantatours cantez.* Agunt de Coterellis præterea Concilium Lateran. ann. 1179. cap. 27. Chron. Vosiense cap. 73. Chronicon Marcianense pag. 894. Chronicon M. Belgic. pag. 190. Rad. de Diceto ann. 1199. Galbertus in Vita Caroli Comit. Flandr. num. 117. 141. Stephanus Tornac. Epist. 90. etc.

Censet Marca lib. 6. Hist. Beneharn. cap. 14. *Coterellos* nuncupatos ejusmodi prædones, quod majoribus cultellis armati et instructi essent, *quos Tolosani vulgo* Cotterels *vocant*, eosdemque esse qui *Cultellarii* dicuntur in Statutis Raymundi Comitis Tolosani ann. 1152. apud Catellum lib. 2. Hist. Tolosan. pag. 218. 209. Certe ita gladios istos vocari docet *le Roman de la Prise de Jerusalem par Titus MS.* :

Vestu ont les clavains, et les bons Coteriaus.

In Regesto Ducis Andegavensis fol. 93. fit mentio *de Cotellerie, et de ceux qui vendent et achetent ferremens esmolus.* Alii *Cotarellos*, a *Cotis*, et *Cotariis*, et *Cotarellis* dictos volunt, ita ut collectitia ista prædonum manus conflata fuerit ex agricolis et rusticis, qui bellorum abusi licentia prædationi sese addixerant.

* Aliud ejusdem vocis etymon tradit Gaspar Barthius in Comment. ad lib. Philipp. *Coterellos* scilicet quasi *Scoterellos* fuisse vocitatos, abjecta litera S, existimat. Et quidem Brabancionibus, quibus constat sæpe a scriptoribus jungi *Coterellos*, permixti erant Scoti sive Hiberni. Vide Carol. de Aquino Lexic. milit. in hac voce.

* **COTERIA**, Tenementum villanum, rusticum, idem quod *Cotagium.* Vide in *Cota* 2. Charta Odonis archiep. Rotomag. ann. 1255. ex Cod. reg. 1245. fol. 168. v°. : *Philippus clericus unam Coteriam de antiquo tenemento pro xl. denariis... Thomas de Dicaire tres Coterias, de quibus dimidia virgata est de dominio nostro, pro x. sol. vj. den.* Pluries rursum ibidem. Unde *Tenir en Coterie*, est possidere sub onere præstationis, census et operarum. Lit. ann. 1376. in Reg. 109. Chartoph. reg. ch. 417 : *Item xxxvj. mencaudées de terre ou environ, tenues en Coterie du seigneur de la Falesque.* Lit. remiss. ann. 1406. in Reg. 161. ch. 14 : *Comme Robin de Chaumont escuier tenist en fief et Coterie certaines terres et autres choses de Jehan de Gouy à cause de sa femme, et eust icelles relevées, mais il n'eust oncques fait féalté ne hommage, etc. Trois journeaux de prez tenus en Cotterie*, in Reg. Corb. 13. sign. *Habacuc* ad ann. 1511. fol. 106. Vide Glossar. jur. Gall. v. *Cotterie.* Eodem pariter intellectu *Tenir en Cousel*, occurrit in Charta ann. 1317. ex Reg. 56. ch. 120 : *Plusieurs héritages et possessions, tenuz en partie en fié, et en partie en Cousel.* Vide *Coscez.*

* **COTERIUS**, COTHERIUS, Custos agrorum, hortorum, vinearum, aliarumve rerum, *Coti* etiam seu mulctæ, ob commissum in iis delictum impositæ, exactor. *Juge Cotier*, qui de ejusmodi delictis judicat mulctamque decernere potest, in Lit. remiss. ann. 1407. ex Reg. 161. Chartoph. reg. ch. 284 : *Le suppliant qui estoit juge Cotier de la ville de Ruaucourt, etc.* Occurrit præterea apud Butiller. in summa rurali. Libert. novæ bastidæ S. Ludov. ann. 1325. in Reg. 64. ch. 127 : *Item quod Coterius in facto cotarii sui credetur suo juramento, quantum ad pœnam levandam.* Confirm. libert. castri de Caslucio ann. 1327. ibid. ch. 586 : *Item bajulus vel ejus locumtenens et consules annis singulis eligent quatuor deguarios seu Coterios ad levandum decos, more solito levare consuetos.* Libert. Caturc. ann. 1344. in Reg. 68. ch. 312 : *Item habent dicti consules... Coterios seu deguerios et messagerios instituere et destituere pro suo libito voluntatis.* Pactum inter reg. episc. et consules Caturc. ann. 1351. in Reg. 80. ch. 487 : *Pro custodia dictarum terrarum, ortorum et vinearum,.... certi et ydonei Coterii seu deguerii per dictos consules.... instituantur.* Libert. Mirabelli in Reg. 74. ch. 564 : *Item quod dicti consules pro hiis* (fructibus) *custodiendis possint instituere degarios et Cotherios, quibus stare debeat per eorum juramenta de hiis, quod se refferent invenisse, nisi dominus animalium posset contrarium in continenti probare.* Qua notione etiam intelligendæ Consuet. Brager. laudatæ in v. *Cotarius* sub *Cota* 2. Vide *Cotagium* et *Cotus* 1.

¶ **COTERIUS.** Vide in *Cota* 2.

COTEROTUS, Mensura liquidorum, forte pro *Quarteratum.* Tabular. Fossatense : *Percipit Ecclesia Fossatensis in pressorio... unum Coterotum vini albi.*

¶ COTETUS, Ead. notione. Charta Officialis Autissiod. ann. 1277 : *Johannes Clericus filius defuncti Guillelmi Talnerii de Bello-videre recognovit se recepisse a Vener. viris Decano et Capitulo Autiss. clausum ipsum de Bello-videre, et* XVIII. *bichetos avenæ, et duos modios et tres Cotetos vini annui reditus.* Statuta reformationis S. Claudii ann. 1448. pag. 81 : *In die Nativitatis Domini debet Pitantiarius in unum receptum, secundum consuetudinem Monasterii, in quo pigmentum, videlicet cuilibet Religioso unum Cotetum et quatuor pintas vini, quinque rossolas et unum magnum panem.*

(*) **COTERUS**, Modus agri. Charta Hugon. de Mortuomari pro S. Vict. in Caleto ex Reg. 64. Chartoph. reg. ch. 176 : *Apud Bertonam unam hidam terræ et septem Coteros.... Apud Sumbornam duas partes decimæ de omni dominio meo et unum Coterum.*

¶ **COTEUS**, *Iracundus*, in Glossario Sangerman. MS. n. 501. Est a Græco Κότος, Ira vetus manens alta mente reposita.

* **COTHECARIUS**, f. pro *Chirothecarius*, Chirothecarum artifex vel mercator. Charta ann. 1252 : *Tradidimus domum, quam habemus in Lormeria Autissiodorensi, sitam inter domum Ottrandi sellarii et operatoria prædictorum decani et capituli, quæ vocantur operatoria Cothecariorum.*

* **COTHERIUS.** Vide supra in *Coterius.*

¶ **COTHIDIE**, pro *Quotidie*, in Capitulis general. MSS. S. Victoris Massiliensis.

* **COTHINI.** Lit. Caroli VI. ann. 1384. in Reg. 125. Chartoph. reg. ch. 106 : *Attentis periculis et inconvenientibus, quæ anno præterito tempore Cothinorum advenerunt, etc.* Leg. *Tuchinorum.* Vide *Tuchinatus.*

¶ **COTHLANDA.** Vide in *Cota* 2.

¶ **COTHOFLE**, Massiliensibus *Goudouflet*, Scyphus vel lagena. Statuta Massil. lib. 1. cap. 39 : *De dolio vini* (præco habebit) *unum denarium et unum Cothofle vini.*

¶ **COTHON**, Portus artificialis. Servius ad illud Virgilii Æn. 1. 431 : *Hinc portus alii effodiunt*, id est *Cothona faciunt. Cothona sunt portus in mari non naturales, sed arte et manu facti. Est autem et masculini et neutri generis. Nam et Cothon hujus Cothonis facit, et Cothonum hujus Cothoni.* Festus : *Catones appellantur portus in mari interiores arte et manufacti.* Lege *Cothones.* Gloss. Lat. Gr. : *Cotones*, λιμένες. Κώθω Græcis poculi genus est Laconici et militaris, aliquando sumtum pro Compotatione ipsa; quod maximus *Cothoni* in compotationibus usus esset.

COTHSETI. Vide *Cota*, 2.

¶ **COTHURNOSUS**, Superbus, fastosus, quasi *Cothurno* gradiens, seu subere altius elevato. Vita S. Medardi tom. 2. Junii pag. 86 : *Pervit vir sanguinarius Cothurnoso gressu ante Sancti tumulum, cruentis manibus oraturus. Cothurnatum* dixere Seneca, et Ovidius eum, qui Cothurnis utitur seu calceis altius elevatis, Martialis vero eum, qui sublime dicendi genus adhibet :

Grande Cothurnati pone Maronis opus.

Alcimus denique Avitus *Cothurnatum* intelligit hominem illustrem et splendidum, quoniam qui in tragœdiis utebantur *cothurnis*, nonnisi personas agebant illustriores. Sic igitur hic Scriptor hominem divitem ex Evangelica parabola describit :

Ipse Cothurnatus gemmis, et fulgidus auro,
Serica bis coctis mutabat tegmina blattis.

COTHURNUS. Major calceus. Liber ordin. S. Victoris Paris. MS. cap. 18 : *Sub* *talares majores, id est Cothurnos, vel etiam minores cotidianos.*

* COTI, *Lunatici*, in vet. Glossar. ex Cod. reg. 7613. Vide *Cotio*.

¶ 1. COTIA, Ora maritima, Gall. *Côte*. Charta anni 1213. ex Archivo Civitatis Massil. : *In justitiis, terris, vel portu, seu ribagio, vel Cotiis, vel censibus, etc.* Vide *Costa* 1.

* 2. COTIA, Navis Indica, in Lex. mil. Car. de Aquino ex Maff. Hist. Ind. lib. 10 : *Naves incensæ viginti et Cotiæ, quas vocant, multæ mercibus et commeatu cæsaque materia in ædificationem onustæ.* Vide *Cogo*.

¶ COTIARIUS, Qui acuit *cote*. Glossar. Sangerman. MS. : *Samiarius, Cotiarius, Acutiator*, Ἀκονητής. Gloss. Gr. Lat. : Ἀκονητής, *Cotiarius, Acutiator*.

* COTICELLA, dimin. a Cos. Inventar. MS. thes. Sedis Apostol. ann. 1295 : *Unus cultellus parvus, cum una Coticella.* Vide supra *Cotella*.

* COTICIUM, Tunica monachalis. Stat. monast. Beccens. ex Bibl. S. Germ. Prat. : *De Coticiis quilibet confratrum nostrorum quatuor alnas panni sufficientis, sicut veniet de fullone de biennio in biennium.... habebit, et vetus Coticium tunc tenebitur resignare.* Vide *Cota* 1.

* COTIDIANA, Diurnum, distributio vel refectio quotidiana, quam qui curabat, *Cotidianarius* nuncupabatur. Stat. eccl. S. Vulfran. Abbavill. ann. 1233. in Lib. rub. ejusd. eccles. fol. 10. r°. : *Firmæ autem, tam cellariæ, quam Cotidianæ, sine decano vel aliquo cellario ejus similiter, et Cotidianario unoquoque veteri, alio quoque novo canonicis, alicui non tradantur.* Vide *Quotidiana*.

* *Cothidian*, eodem sensu, in Inventar. ann. 1403. inter Probat. tom. 3. Hist. Burgund. pag. 217. col. 2 : *Un Cothidian de chapelle garni de chazuble à un orfroy de brodeure à Apostres, de frontier, doussier, estole, phanon, parement d'aube et amict, de drap d'or vermeil.* Vide supra in *Cotidiana*.

¶ COTIDIANARIUS, Quo singulis diebus utimur. Gesta Hildeberti Episcopi Cenoman. apud Mabill. Analect. tom. 3. pag. 311 : *Dedit ad Componendum thuribulum Cotidianarium* 11. *marcas argenti.*

* COTIDIANITAS, Usus *cotidianus* seu ordinarius, consuetudo, ut videtur. Chartul. S. Austreg. de Castro fol. 5. v°. : *Decernimus ut priore decedente de aliquo, nisi fuerit de ecclesia beati Austregesili residens canonicus, juxta antiquam Cotidianitatis formam, electionem faciant.*

¶ COTIDIARE, *Assiduum esse*. Glossar. Sangerman. MS. n. 501.

¶ COTIDIE, ut *Quotidie*, Assidue, unoquoque die. Legitur in Barthii Glossario ex Histor. Palæst. et alibi. [** *Cottidie* in chart. ann. 1207. in Guden. Cod. Diplom. tom. 3. pag. 1076. *Cottidianus*, in Ruodlieb fragm. 14. vers. 30.]

* Nostris *Cotidiannement*. Charta Caroli VI. reg. Franc. ann. 1403. ex Bibl. reg. : *Emporterent cinq lampiers d'argent, qui estoient pendens et servoient Cotidiannement en la nef de la sainte Chappelle.* Inventar. Gall. S. Capellæ Paris. : *Et sert* (celte Croix) *à porter Cotidiannement à l'Evangile. Cotidianamente*, Hispanis.

¶ COTIDINIANITAS, *Assiduitas*. Glossar. Sangerman. MS. n. 501.

¶ COTIERS. Vide *Cotarius* in *Cota* 2.

¶ COTILE, *id est, Ciatus*. Glossar. Sangerman. MS. n. 501. Est pro Cotula vel Cotyla, Mensura quæ medium sextarium continet. Vox Cotyla nota est Martiali.

¶ COTIO, *ad acominandum*. Idem Glossar. Est *Cos*. In Papiæ MS. Bituric. habetur : *Cotis limacii, Cocio ad Comminandum.* [** Series in cod. reg. 7606. hæc est : *Coti, limatii*. (In edit. ann. 1496. *lunatii*, ortum fortasse ex *Cotilum, ciatum*.) *Cotio ad Comminendum*. (An *Cotis ad acuminandum*?) *Cotis dicta quod ferrum ad incidendum acuat.* (Ex Isidor. Origin. lib. 16. cap. 3. sect. 6.) *Cotis, dignitas corporis*. (Glossar. cod. reg. 7644. addit : *Virgilius : Nec scio quid sit amor nudis in cutibus.* Conf. Ecl. 8. vers. 43.]

COTIONES. Vide *Cociones*.

¶ 1. COTIS. ἀκόνη, *Cos*. Item, ὀργή, *Ira*, in Supplemento Antiquarii. Posterior notio est Græci Κότος, vel Κότις Hesychio, Ira vetus.

* Gloss. Lat. Gr. : *Cotis*, ὀργή, ἀκόνη, ὑποδερμίς.

2. COTIS, *Dignitas corporis*. Papias An *Dotes*? [Vide *Cotio*.]

¶ COTISARE, Tributum imponere, Gall. *Cotiser*. Chronicon Bonæ Spei : *His temporibus Quæstor seminarii Namurcensis prætendens Cotisare nostra bona Diœcesis Namurcensis condemnatus est.*

¶ COTLANDA, COTMANNUS, etc. Vide *Cota* 2.

¶ COTO, Gossipium, Gall. *Coton*. Inventar. Ecclesiæ Aniciensis ann. 1444 : *Item aliud tersonum* (tersorium) *de lino habens in quolibet capite duas barras de Cotone albo.*

¶ COTONUM, Eadem notione. Præceptum Philippi Pulcri Franc. Regis ann. 1304 : *Cendala, telas, sericum seu Cotonum, etc. Boria vel Cotonum*, in Statutis Avenionensibus.

¶ COTONUM POMUM, ut *Cydonium*, Gall. *Coing*, Ital. *Cotogno*. Acta S. Franciscæ vid. Rom. Mart. tom. 2. pag. 92. * F : *Et in horto speluncam sibi quandam sub arbore cujusdam pomi Cotoni constituit.* Amalthea habet, *Cotoneum, Cydonium, Pomi genus*.

* COTONNARE, Gossipio farcire, Gall. *Cotonner*. Arest. ann. 1395. 13. Febr. in vol. 8. arestor. parlam. Paris. : *Nec attendi debebat, quod aliqui Cotonnare volunt.*

¶ COTSELANDA, COTSELDA, COTSETUS Vide *Cota* 2.

¶ 1. COTTA, Tunica. Vide *Cota* 1.

2. COTTA, Tugurium, COTTARIUS. Vide *Cota* 2.

¶ 3. COTTA, f. pro *Cocca*, Species navis, de qua in *Cogo*. Litteræ Senescalli Provinciæ ad Massilienses ann. 1326. ex Schedis D. *Le Fournier : Se muniant de biscotto cum Cotta, quam expectamus de Napoli venturam.*

* 4. COTTA, vox Italica, Pars, portio. Stat. Vercell. lib. 2. pag. 33. v°. : *Item quod si aliqua persona jurisdictionis Vercellarum tenet sive laborat possessiones, unde det alii medietatem, vel tertium, vel quartum, vel fictum, vel aliam Cottam in pecunia, vel alia re, etc.* Et lib. 3. pag. 81. r°. : *Item quod quicumque habens, tenens vel recognoscens aliquam rem in emphyteosim, vel ad fictum, mercedem seu censum, vel ad Cottam fructuum, etc.*

* 5. COTTA LINEA. Vide in *Cotta*.

* COTTARE, Indicare, ordine describere, Gall. *Cotter*, inter Acta varia prævia ad Conc. Pisan. apud Marten. tom. 7. Ampl. Collect. col. 464 : *Cottando omnes vias in mundo, totum sine expressione personarum, etc.* Vide *Quotare* in *Quota*. Hinc

* COTTATIO, Scriptoris testimonium, locus, Gall. *Citation*, in Lect. Alber. de Rosate J C. Bergam.

COTTIO. Vide *Cocio*.

¶ COTTIS, Tunicæ Species. Vide in *Cota* 1.

¶ COTTONUS, Ital. *Cottone*, Gall. *Coton*. Gossipium, Tela e filo xilino texta, apud Jacobum Auriam lib. 10. Annal. Genuens. ad ann. 1282.

COTTUM, Culcitra, ex Gallico *Coite*. [* Alias *Couette*. Stat. MSS. monial. Congregat. Casalis Bened. cap. 8 : *Le lit garny de Couette de paille, etc. Cousser*, in Glossar. Provinc. Lat. ex Cod. reg. 7657.] Statuta antiqua Monasterii Corbeiensis lib. 1. cap. 3 : *Cappam vero de sago et pelliciam, Cottum aut lectarium, sive sagum in tertio anno accipiant.* Statuta antiq. Cartusiens. 2. part. cap. 16. § 1 : *Accipit incola cellæ ad lectum paleam, filtrum, si possit haberi, sin autem pro eo pannum grossum simplicem, non duplicatum, pulvinar, Cotum, vel coopertorium de grossis ovium pellibus, et panno grosso coopertum.* Udalricus lib. 3. Consuetud. Cluniac. cap. 11 : *Ad lectum, capitale, coopertorium, Cottum, stragulatum, brachiolineum, quo femoralia succinguntur, etc.* Usus antiqui Ordinis Cisterciensis cap. 72 : *Nec jaceant super Cotos, præter minutos et infirmos qui extra chorum sunt.* Cap. 90 : *Super Cotos in lecto quiescere.* [Capitulum generale ejusdem Ordinis ann. 1186. apud Marten. tom. 4. Anecd. col. 1261 : *De Cottis et omnibus coopertoriis Conversorum ubique generaliter teneatur sicut tenetur apud Cistercium, et in quatuor primis domibus, nisi forte in frigidissimis regionibus aliquid a Capitulo dispensetur.*] Bernardus Prior Portarum in Epist. ad Inclusum : *Ad lectum habeto stramen, filtrum, coopertorium de grossis ovium pellibus, rustico panno coopertum, vel Cotum, et pulvinar.* Petrus Damian. lib. 2. Epist. 15. de Monacho : *Qui fessa in lectulum membra projiciens, jacendo Canonicas Horas complebat. Tunc, ait* (Dæmon) *ille es, qui sub Cotto quotidie Completorium insusurras?* Male Vossius *Cottum* pro casa seu tuguriolo usurpari hic putat. [Le Roman *de Narcisse* MS. :

Ge m'en suis bien aperceue,
La Coute ne fut pas meue,
La plume n'est pas remuée,
Ainçois est toute amoucelée.]

COTTUS, COTUS. Statuta Ordinis *de Sempringham* : *Non jaceant super Cotos, præter minutos et infirmos.* [Bernardi Ordo Cluniac. part. 1. cap. 17 : *Pro signo Cotti, trahe manum per brachium eodem modo quo trahitur pro coopertorii, et hoc adde, ut cum digitis teneas manicam frocci, quia utrumque et froccus, et Cottus est de lana.*] Vide *Cota* 1.

** Soccus de Cotto. Charta Præpos. Erford. ann. 1121. in Guden. Cod. Diplom. tom. 1. pag. 50 : *In festo S. Martini* 2. *Soccos de Cotto.* Iidem forte sunt qui Socci filtrini, calceamentum hiemale.

* **COTTUS**, Septum, Hispan. *Coto*, pratum prohibitum, interprete Car. Lud. Hugone abb. Stivag. ad Chartam Guter. *Fernandez* ann. 1151. inter Probat. tom. 1. Annal. Præmonstr. col. 393 : *In vineas, in rastroxos, y en los Cottos, de ovibus el calnero, etc.* Vide *Cautum* 2. et infra *Cotus* 1.

COTUCA. Thomas Walsinghamus in Edw. II. pag. 114 : *Ad arma prosiliunt, et Milites quidam super armatura Cotucas induerunt vocatas Quarteloys : armigeri vero indumenta bendas habuerunt.* Legendum forte *Cottas*, nostris *Cottes d'armes. Quartilatas*, quadrifido colore distinctas. Vide *Quartilatus.*

¶ 1. **COTULA**, *Coxa.* Papias in MS. Bitur.

* 2. **COTULA**, *Coturnum altum, vel superbia, fastus.* Glossar. vet. ex Cod. reg. 7613. Vide *Coteus.* Alia notione, vide supra in *Cotella.*

COTULOSUS Campus, in Provincia ad Rhodanum, qui vulgo *la Crau* dicitur, quod inspergatur *lapidibus Cotulosis*, est, qui quaquaversum latera habent acuminata, forte in modum *Costæ*, uti vocem *Cota* nostri usurpant. Vetus Charta de juribus Ecclesiæ Arelatensis apud Guesnaium in Annalib. Massiliensib. ann. 1266. n. 40 : *Possidebat insuper eadem Ecclesia pleno jure Campum Cotulosum, qui Cranus* (leg. *Cravus*) *dicitur, plenam ibi jurisdictionem privatam et publicam exercendo*

* A *Cotulum*, Provincialibus *Coudoulé*, calculus, vulgatius vero in Chartis *Campus lapidosus* appellatur. Notit. xi. sæc. ex Chartul. archiep. Arelat. fol. 54. v°. : *Conquestus ei fuerat P. Aquensis archiepiscopus in publico concilio in Arelatensi ecclesia, quod non posset venire una die de archiepiscopatu suo usque Arelatem, propter asperitatem viæ Lapidosi agri. Campus lapideus*, apud Plin. et Pompon. Mel. λιθώδης, Straboni lib. 4. Vide Bouch. tom. 1. Hist. Prov. pag. 19. et Saxi Pontif. Arelat. pag. 3.

¶ **COTUM**, Tributum pro mercimoniis venditis exsolvendum. Statuta Ecclesiæ Leodiensis ann. 1287. inter Anecdota Martenii tom. 4. col. 879 : *Præterea omnes Beghinas negotiatrices et mercatrices manifestas, amplius quam decem marcharum in negotiationibus habentes, a privilegiis Beghinarum excludimus, nec a solutione Cotorum seu exactionum volumus esse liberas.* Vide *Cota* 3. et *Cotus* 2.

¶ **COTUNUM**, Gossipium, Gall. *Coton.* Inter sacras Ecclesiæ S. Luciani Belvacensis Reliquias visitur theca cum plurimis inscriptionibus Gothice exaratis, quarum una est : *De Cotuno unde tersa sunt vulnera Domini.* Vide *Coto.*

¶ **COTURA**. Vide *Cultura.*

* **COTURNUM**, *Superbum*, in vet. Glossar. ex Cod. reg. 7641. Vide *Cothurnosus* et supra *Cotula* 2

¶ **COTURNUS.** Vide *Conturnus.*

1. **COTUS**, [Custos hortorum, agrorum et vinearum. Charta Philippi Franc. Regis ann. 1287 : *Voluit etiam dictus Bertrandus, quod Cotus et garda dicti castri et ejus honores... nobis et sibi sint communes.*] Pactum inter Dom. et Consules Brageraci ann. 1372. MS. [in Consuetudinibus editis art. 13.] : *Item quod in Castro et Castellania Brageracensi sit Cotus sive gardiagium : videlicet in terra dicti Domini et districtu qui nunc est vel erit in futurum, inter flumen vocatum La Yla, etc. cujus quidem Coti seu gardiagii erit guagium 4. solidorum, et infra secundum consuetudinem villæ prædictæ, in quibus damnum dare* [Edit. *dans* melius.] *tenebitur ratione guatgii, et ultra hoc emendare damnum passo. Itaque* [vel potius *ita quod*, ut in Edito.] *pro dicto Coto de cætero infra dictos terminos gagium novem, nec sex solidorum, quod consuevit exigi seu levari, de cætero non levetur.* Ad marginem scriptum *Droit de Quot.* [Eædem Consuetud. editæ art. 97 : *Item si quis intraverit hortos clausos vel non clausos de nocte, et cœperit inde furtive de fructibus excrescentibus inde ad valorem duodecim denariorum, curret villam, et ponetur in ispillorio, vel solvet sexaginta solidos Domino, necnon et solvet duplex gatgium Coti, et ultra hoc damnum passo emendabit.* Art. 98. de eo qui furatus fuerit de fructibus vinearum dicitur : *Solvet, si sit de nocte, duplex gatgium Coti; si vero de die, gatgium simplex.* Et art. 101. de animalibus terras, hortos, etc. vastantibus : *Dominus animalis tenebitur de damno dato, et solvet pro dicto damno pro quolibet bove et vaca decem et octo denarios pro gatgio Coti, et ultra hoc emendabit damnum passo; pro quolibet roncino.... solvet pro gatgio Coti duodecim denarios.* Eadem notione sumitur vox *Cotarius* in iisdem Consuetud. Brager. art. 99. cujus locus exstat in hac voce post *Cota* 2.] Vide *Quota*

* Potius, Tributum, quod pro hortorum custodia exigebatur, simul et mulctæ, quæ ob delicta in iis commissa imponebatur, taxatio, Hispan. *Coto.* Pariag. inter reg. et monast. Obasin. ann. 1329. in Reg. 66. Chartoph. reg. ch. 484 : *Item Coti sive dechi terræ propriæ dictorum religiosorum, quam habent inter dicta duo flumina, et eorum emendæ sive emolumenta, ad dom. regem et dictos religiosos communiter pertinebunt.* Charta ann. 1334. ibid. ch. 1358 : *Item habent dicti condomini in castellania seu baronia et castris prædictis pro indiviso baylivias, Cotos seu decos, pedagia per terram et aquam.* Libert. civit. Caturc. ann. 1344. in Reg. 68. ch. 312 : *Item habent dicti consules... cognitionem Coti et gardiagii quorumcumque prædictorum.* Lit. Joan. comit. Arman. pro villa Florenciæ ann. 1358. tom. 8. Ordinat. reg. Franc. pag. 91. art. 35 : *Concedimus dictis consulibus et habitatoribus ejusdem villæ, quod nos per nos aut per aliquos alios, aliquo tempore, non faciemus Cotum in dicta villa.* Vide supra *Cotagium* et *Coterius.*

2. **COTUS**, pro *Quota*, seu quantitas pecuniæ. Fori Cæsar-augustæ ann. 1301. sub Jacobo II. Rege Aragon. : *Cum per cartam seu statutum usurarum.... sit statutum quod omnes Christiani teneantur jurare in contractibus usurariis, quod in illo contractu non erat usura, nec machinatio ultra Cotum in dicta carta usuraria contentum, etc.* [Edictum Jacobi I. Regis Aragon. ann. 1242. in Appendice Marcæ Hisp. col. 1437 : *Christiani qui pignera tenent vel tenebunt in posterum, saltem postquam eis secundum formam Coti Judæorum fuerit satisfactum, pignora et instrumenta debiti libere, simpliciter et absolute restituere compellantur.*] Vide Observantias Regni Aragon. lib. 6. tit. Interpretat. § 7. et infra in *Quota.* Vide etiam *Cautus.*

¶ 3. **COTUS**, Locus defensus. Vide in *Cautum.*

¶ 4. **COTUS**, Equus bimus. Magnum Chartularium S. Victoris Massil. fol. 13 : *Comparaverunt unam semodiatam terræ et dederunt pro ea unum optimum Cotum et* VIII. *alnas de cannabas.* Ibidem fol. 91 : *Pro ipsa quarteirada dedi unum Cotum.*

¶ 5. **COTUS**, Culcitra. Vide *Cottum.*

* 6. **COTUS**, Plaustri rustici species. Lit. Anser. archid. castri Radulph. et Girardi archipresbyt. Bitur. quibus testantur se reperisse in grangia de Cornossa *tres Cotos sive trahentes, unum voge, item duos martellos lathomiorum*, ex Chartul. archiep. Bitur. fol. 165. v°. *Cressol*, eodem sensu, in Lit. remiss. ann. 1455. ex Reg. 191. Chartoph. reg. ch. 188 : *Les supplians avoient fait porter certaine quantité de pierres avecques leur Cressol et paire de beufz.*

* 7. **COTUS.** Alex. Iatrosoph. MS. lib. 2. Passion. cap. 67 : *Nos autem rorem, quo Coti utuntur, i. marinum, admiscemus coctioni.* Leg. videtur *Coci.*

* **COTYLA.** Idem Alex. lib. 1. cap. 7 : *Vini Ytalici Cotylas tres.* Ubi Glossæ : *Mensura libras ij. continens.* Glossar. medic. Simon. Januens. ex Cod. reg. 6959 : *Cotyla, est pondus ix. unciarum.*

COTZIA. Chronicon Casauriense lib. 4 : *Stans in ipso ponte ante portam insulæ in habitu peregrini cum Cotzia et palma ei apparuit.* [** German. superior. *Kotze* est Culcitra. Vide *Cottum.* Adel.]

COTZUMBER. Vide *Coczumber.*

1. **COVA**, Cavea, locus cavus. Lucas Tudensis pag. 72 : *Ecce in ista Cova inclusa est maxima pars militiæ Gothorum, etc.* Infra *spelunca* dicitur. Leg. f. *Cava.* [** Hispani hodie *Cueva* efferunt, Lusitanis *Cova*: olim idem quod *Silo.* Vide S. Rosa de Viterbo voce *Cova.*]

* Hispan. *Covacha.* Charta pro monast. de Bolbona ann. 1364. in Reg. 103. Chartoph. reg. ch. 78 : *Confrontatur ex una parte cum via publica et ex alia parte cum vallo sive Cova communi dicti loci.*

* 2. **COVA**, Manipulus, Ital. *Covone*, Gallice *Botte, gerbe.* [** German. infer. *cin Schoof Stroh.* Adel.] Chron. Bergom. ad ann. 1402. apud Murator. tom. 16. Script. Ital. col. 911 : *Combusserunt unum torcular, cum uno magno porticu, sub quo erat una maxima quantitas bladæ in Covis.* Stat. Astæ pag. 80. v°. : *Statuerunt quod nulli laboratores audeant portare manipulum sive Covam messium de possessionibus suis vel alienis, sub pœna solidorum v.* Vide infra *Covis.*

* **COUAGIUM**, Præstationis species. Charta ann. 1308. in Reg. 42. Chartoph. reg. ch. 9 : *Item vintragium, Couagium et*

rotagium, quæ habebamus apud Jauzi. Ubi Covagium legit Cangius in v. Vineragium. Couage, vectigalis genus, quod ex navibus mercatorum certis in locis exigitur, in Consuet. maris tom. 1. Probat. Hist. Brit. col. 789. art. 14 : *Une neff se frette à Bourdeaux ou ailleurs, et vient à sa droite descharge, et font chartre-partie, Couages et petits locmans sont sur les marchants, etc.*

COVALUM. Hist. Cortusiorum lib. 7. cap. 12 : *Et capitur Covalum de Custoza, quod multis deliciis spoliatur.*

¶ **COVALUS,** *Qui lusu assimulato fallit, vel parasitus, vel blatero, hallucinatorque vel prædo, vel sicarius.* Vocabularium Sussannæi. Vide *Gobelinus.*

* **COUBETUS,** Ictus, pulsus campanæ, Gall. *Coup.* Consuet. canon. regular. Plenipend. diœces. Bitur. : *Finito completorio diei et B. Mariæ, quando fit de feria, statim afflictionem et orationem faciant fratres prostrati, quousque tres Coubeti pulsati fuerint et magister ordinis fecerit signum surgendi.* Alias nostris *Gobet* et *Gobetei.* Vide infra in *Missa copetata.*

COUCA. Consuetudines Ecclesiæ de Regula apud Labbeum pag. 745 : *Molendinarius de unoquoque molendino unam Coucam unoquoque die, si voluerit, accipiet ad molendum.* Sed legendum *Concham.*

* **COUCULATUS,** Cuculatus, Munitus, opertus quasi *cuculla,* Gall. *Garni.* Inventar. MS. ann. 1449 : *Item unum cofre Couculatum de ferro...., Item duo coffres Cuculati de ferro, cum clavibus et serris.*

¶ **COUDERCUM,** apud Anicienses. *Couderc,* Ager compascuus, Gall. *Communal.* Legitur in Charta S. Crucis Savigniacensis.

¶ **COUDRA,** Corylus, Gallice *Coudre, Coudrier.* Charta Petri de Roteys Vicarii Tolos. ann. 1272. in Codice MS. Consuetud. ejusd. urbis fol. 27. e Bibl. D. Abbatis de Crozat : *Nullus fusteriorum Tholosæ sit ausus emere aliquas fustas seu trabes vel perticas de podio... nisi Coudram et mairannum et mastz et virgas.*

* **COUDREIA,** Locus *coudris* seu Corylis plenus. Charta an. circ. 1220. ex Bibl. reg. : *Et de alia acra terræ Johannis Fabri super prædictum meslerium ad Coudreiam sub monte Landrici. Coudrier* vero, Pluma putredine vitiata, in Stat. ann. 1341. tom. 5. Ordinat. reg. Franc. pag. 547. art. 3 : *Que nulz ne nulle ne mette en euvre plume pourrie, que l'en appelle Coudrier.* Sed perperam; legendum enim *Poudrier,* ut in iisdem statutis ex lib. 2. Stat. super artif. Paris. in Cam. Comput. fol. 162. v°.

¶ **COUDURERIUS,** Sartor, Sarcinator, Gall. *Couturier, Tailleur. Galterius Couduererius* inter testes recensetur in Instrumento ann. 1309. Hist. Dalphin. tom. 2. pag. 144. col. 2. Vide *Codurerius.*

¶ **COVENTIO,** pro *Conventio,* apud Thomam *Madox* Formul. Anglic. pag. 74.

COVENUM, *Indigestio,* Papiæ. Idem : *Covium, inane vel vacuum.*

* **COVERCELLUM,** Gall. *Couvercle,* Operculum, Italis *Coverchio.* Inventar. MS. ann. 1379 : *Item quinque poti stagni sine Covercellis... Item duo scrinei sine Covercellis.* Pluries ibi. *Couvelsque,* in Stat. ann. 1399. tom. 8. Ordinat. reg. Franc. pag. 358. art. 3. Vide infra *Couvercla.*

¶ **COVERELIUM,** Angl. *Coverlet,* Gall. *Couverture,* Stragulum, apud Rymerum tom. 10. pag. 470. col. 1.

* **COUFREDUS,** Arca, Gall. *Coffre.* Lit. remiss. ann. 1414. in Reg. 168. Chartoph. reg. ch. 183 : *In qua camera... Petrus de rivo sex archetos ferreos, in cuspide ab utraque parte artificialiter turnatos, cum quibus dicti latrones seras portarum et Coufredorum apperiebant, posuerat.*

COVINA. Liber Anglicus inscriptus *Justice of peace,* pag. 69. v°. : *Si aliquæ personæ ex earum conspiratione et Covina aliqua falsa facta et munimenta imaginati fuerint, seu fabricaverint, etc.* [Pluries occurrit apud Rymerum eadem notione, ut tomo 6. pag. 642. col. 2. tom. 7. pag. 539. col. 1. tom. 8. pag. 774. col. 1. etc.] Vox Anglica *Covin,* ex vetere Francico *Convine,* quæ vox agendi rationem significat, interdum rerum statum. Vide Glossarium nostrum ad Vilharduinum, [et supra vocem *Coniva.*]

* Conspiratio etiam, consilium, nostris *Convine* vel potius *Covine* et *Couvine.* Joinvil. in S. Ludov. edit. reg. pag. 54 : *L'en me dit, cil qui bien le savoient, son Couvine.* Annal. regni ejusd. reg. ibid. pag. 260 : *Courrardins et Dans Henris qui sorent bien que li roys Charles estoit occupés du siege de Nochieres et qu'il ne savoit riens de ceste Couvine, entrerent en la terre de Puille par devers Sezile, etc.* Continuat. Guil. Tyrii apud Marten. tom. 5. Ampl. Collect. col. 622 : *Li mandoit* (à Saladin) *qu'il savoit toute la Covine de Sur, et que li Crestiens s'en devoient la nuit fuir.* Ibid. col. 665 : *Que nus ne peust issir ne entrer que l'en ne seust la mort l'empereor en l'ost, ne la Covine de la cité.* Chron. S. Dion. tom. 5. Collect. Histor. Franc. pag. 307 : *Tierris li Ardenois,.... qui savoit tout le Couvine, comme cils qui presens avoit esté a la bataille.* Lit. remiss. ann. 1421. in Reg. 171. Chartoph. reg. ch. 420 : *Pour faire assavoir à noz gens estans à Corbueil et ailleurs la Couvine de noz ennemis.* Utitur Villehard. parag. 67. Guill. Guiart. :

> L'emperere Othes d'Alemaigne,
> O lui gens de maintes Couvines,
> Vainquit il ès chans de Bovines.

Le Roman *de Garin* :

> Amis biau frere, prend mon peliçon gris,
> Va m'en en l'ost lor Couvine veir.

Poema *du Médisant* MS. :

> Mesdisans set maint mal Couvine.

Le Roman *de Robert le Diable* MS. :

> Vous diray la vérité fine,
> Ne vous doy celer men Couvine.

Hinc emendandus Froissartes vol. 2. cap. 225 : *Pour apprendre et entendre de la Convive de leurs ennemis.* Legendum enim *Couvine.*

¶ **COVINARIUS.** Vide mox in *Covinus.*

COVINUS, Gallorum et Britannorum veterum currus. Gloss. Lat. Græc. : *Covinnus,* κάῤῥιον καθεδρωτόν, id est, currus cathedra instructus. Papias : *Covinum genus vehiculi quo Belvacenses utuntur.* Belgas enim Bellovacos alibi interpretatur : *Belga, est Belvacum civitas.* [Hinc corrige Codicem Bituric. ubi male *Conumnum, Genus vehiculi, etc.* Glossar. MS. Sangerman. ubi *Covina, Genus vehiculi,* et alterum MS. ubi *Covinium.*] Pomponius Mela de Britannis : *Dimicant non equitatu modo aut pedite, verum bigis et curribus Gallice armati. Covinos vocant, quorum falcatis axibus utuntur.* Martial. lib. 12. Epigramm. 24 :

> O jucunda, Covine, solitudo,
> Carruca magis essedoque gratum
> Facundi mihi munus Heliani :
> Hic mecum licet hic, Juvence, quicquid
> In buccam tibi venerit, loquaris, etc.

Lucanus lib. 1. vers. 426 :

> Et docilis rector monstrati Belga Covini.

Ubi quidam legunt *constrati,* alii *rostrati.* Willelm. Brito lib. 9. Philipp. :

> Belga Covinorum Lucano teste repertor.

Inde *Covinarius,* apud Tacitum, pro auriga. Monet Cambdenus hodieque Anglis, *Covayn,* vehiculo vehi significari.

* **COVIS,** ut supra *Cava* 2. Manipulus. Stat. Montis reg. pag. 226 : *Item statutum est, quod qui ceperit alienas Coves super tectis alienis vel alibi, de die solvat bannum solidos decem, de nocte vero solidos viginti.*

* **ÇOULA,** pro *Soula* vel *Choulla,* Ludi genus. Lit. remiss. ann. 1356. in Reg. 84. Chartoph. reg. ch. 544 : *Cum luderet ad Çoulam seu pilam, etc.* Vide *Cheolare* et supra *Choulla.*

* **COULERUM.** Reg. Phil. Aug. de feudis Norman. ex Cod. reg. 4653. A. fol. 181 : *Præterea ipsa* (Agnes) *tenet de rege apud Pontisaram Coulerum lini et canabi et lanæ; unde debet mensam domini regis servire de mapis, quando rex vel regina sunt apud Pontisaram.* Sed legendum videtur *Tonleium,* ut et pro *Coulins, Tonlius,* in Lit. ann. 1400. tom. 8. Ordinat. reg Franc. pag. 378 : *Or voulons en ceste seconde partie traictier des chaucées, des Coulins, des travers, etc.* Vide *Telon.*

¶ **COULEVRINA,** Gall. *Coulevrine,* Tormentum bellicum a Colubro sic dictum. Vide Lobinellum in Onomastico ad calcem Hist. Britan.

* Vide *Colubrina.* Eadem vero atque *Balista* videtur machina jaculatoria, quam *Coullart* vocabant nostri. Expensæ pro munitionibus cujusdam castelli ann. 1391. ex Bibl. S. Germ. Prat. : *Pour la feczon des dous angins, un angin et un Coillart* (sic, infra *Coullart*) *pour la deffense doudit chastel, etc.* Hist. Caroli VI. ad ann. 1405. pag. 172 : *Laquelle* (place de Mortaing) *les François delibererent d'assieger; et de faict y mirent le siege, et y assortirent canons et Coullars et autres engins;.... et si endommageoient fort ceux de dedans les Coullars, par où on jettoit grosses pierres et pesantes.*

* **COULTER,** Coultrerius, Custos ecclesiæ, æditius, Gall. *Coutre, sacristain,* ut supra *Costurarius.* Comput. MS. eccl. S. Egid. Abbavill. ann. 1386 : *Lodoico Laleu Coultri, pro paratione ornamentorum in missis, iv. den.* Memor. H. Cam. Comput. Paris. ad ann. 1424. fol. 176. v°. : *Fuit tradita Jacobo Sacquespée, canonico et Coultrerio ecclesiæ B. Quintini in Viromannia, quædam obligatio,.... per quam magister Jacobus Quieret, perantea Coultrerius dictæ ecclesiæ, extunc se obligaverat defuncto magistro Henrico de Savoisy, postmodum Coultrerio ipsius ecclesiæ, in iiii[c]. francis solvendis.* Cujus officium *Coultrerie* dicitur,

in Lit. remiss. ann. 1400. ex Reg. 155. Chartoph. reg. ch. 273 : *Les chappellains dirent au suppliant qu'il estoit venus bien à point pour estre coultre et clerc de leur paroisse.... Ledit suppliant qui savoit bien lire, escrire et chanter, et estoit bien habile à laditte Coultrerie exercer, etc.* Vide *Custos* 1.

¶ 1. **COUPA**, Cuppa, Gall. *Coupe*, Calix, Patera, crater. Inventarium Ecclesiæ Noviom. ann. 1419 : *Item caput B. Acharii in quadam Coupa argentea.* Vide *Cupa* 2.

* 2. **COUPA**, Cæsio, Gall. *Couppe.* Charta ann. 1247. in Chartul. S. Dion. pag. 327. col. 2 : *Sicut jardinum venditum fuit et amputatum sive scissum; et de Coupa illa habeat dominus abbas.... partem suam cum denariis, quos dictus Odo abbas mutuo tradidit dicto Mathæo comiti Pontivi.* Vide supra *Copatio.*

* **COUPARE**, Cædere, a Gall. *Couper.* Reg. *Olim* parlam. Paris. fol. 130. v°. ad ann. 1263 : *Determinatum est quod executores episcopi mortui habebunt boscum Coupatum tempore mortis suæ; dominus rex habebit boscum Coupatum tempore regalium suorum.* Vide supra *Copare* 2.

* **COUPAUDUS.** Vide supra *Copaudus.*

* **COUPELLUS.** Vide supra *Copellus* 2.

¶ **COUPIATOR**, a Gallico *Couper*, Cædere; Lignator, Qui cædit ligna, Gall. *Bucheron.* Litteræ Regis Angliæ apud Rymerum tom. 2. pag. 207. et 208 : *Rex Vicecomiti Gloucestr. salutem. Quia ad passus amputandos in partibus Walliæ Coupiatoribus multum indigemus, quod .... provideri facias de centum Coupiatoribus... ita quod quilibet eorum habeat unam bonam, magnam et fortem hachiam vel securim ad grossas et parvas arbores succidendas.* Occurrit iterum ejusdem tomi pag. 345.

COUQUACIUM, Cubatio, pernoctatio, Gallice *Couchage*, seu ut Picardi efferunt, *Couquage* : nam et *Couquer*, pro *Coucher* dicunt. 1. Regest. Parlamenti Paris. in Aresto ann. 1257. fol. 8: *Petrum costumam in foresta de Leonibus... herbagium et Couquagium ad oves, vaccas, boves, porcos, et alia animalia, exceptis capris*, hoc est, facultatem immittendi oves, etc. in forestam ad pernoctandum.

¶ **COURANTIA**, pro *Cobrantia*, Acquisitio. Charta Audeberti Abb. Nobiliac. ann. 1310. apud Stephanot. tom. 3. Antiquit. MSS. Pictav. pag. 953 : *Necnon omnes donationes quascumque eidem Priori factas a Reverendo in Christo Patre Domno Helia Episcopo Eduensi prædicto, tam de Courantiis suis factis tempore quo nostro Monasterio præsidebat, quam de Courantiis per prædecessores dicti Prioris hactenus factis, et specialiter de domo de Brioco ... quam dictus Dominus Eduensis acquisivit sive Couravit, ratificamus.*

* *Couvrance*, eodem intellectu, in Charta ann. 1270. ex Tabul. S. Mich. in Eremo : *Les aumosnes, les Couvrances, les conquestes, soient par don, par achat, par eschange, ou en aucune autre maniere, que lesdiz religieux ou leurs successeurs feront, conquerront desoresnavant.*

¶ **COURARE**, pro *Cobrare*, Acquirere. Vide *Courantia*, et *Curantia.*

¶ **COURATAGIUM.** Vide *Courtagium.*

* **COURATERIUS**, Qui coria parat et subigit, Gall. *Courroieur.* Charta ann. 1197. inter Probat. tom. 3. Hist. Occit. col. 184 : *Vendant Couraterii et sabaterii sotulares, soleas et coria, et omnia ad ipsorum officia pertinentia.*

* **COURBA**, Tigillum incurvum, Gall. *Courbe.* Comput. MS. fabr. S. Petri Insul. ann. 1507 : *Johanni Nollart carpentario, pro omnibus partibus lignorum pertinentium, tam ad tectum librariæ quam ad plancquarium ;..... et Courbis, etc.* Vide *Corba* 3.

COURBIA. Vide *Corvatæ.*

* **COURCEPITA**, Vestimenti acu puncti genus. Sent. official. Paris. ann. 1332. ex Tabul. S. Germ. Prat. : *Unum manteletum duplicem de marbreco et panno flavo, unam Courcepitam valleti, et quamdam modicam peciam panni de caneto.*

* **COURCERIA**, Parva *cortis*, atrium rusticum stabulis et aliis ædificiis circumdatum, in Arest. parlam. Paris. ann. 1536. ex Tabul. castri *de Chissé* in Turon. : *Totum hujusmodi clausum curtibus, Courceriis et uno parvo orto..... comprehensis, etc. Courcieres*, ibid. ex Decreto ann. 1538.

¶ **COUREIUM.** Vide in *Conredium.*

* **COUREUS**, pro *Conreus* vel *Correus*, Una cum aliis sponsor, Gall. *Coobligé.* Lit. Phil. Pulc. ann. 1292. tom. 3. Ordinat. reg. Franc. pag. 611. art. 9 : *Quod si plures Courei debendi in solidum, sint in dicto loco, non possint conveniri nec exigi aliquid ab eis, nisi per rata cujuslibet, aliis Conreis præsentibus et solvendo existentibus.*

* **COVRICUM**, Cuprum, Gall. *Cuivre.* Inventar. ann. 1320. ex Tabul. S. Vict. Massil. : *Item unam sartaginem bonam de Covrico. Coyvre*, in Lit. remiss. ann. 1387. ex Reg. 132. Chartoph. reg. ch. 164.

¶ **COURRATAGIUM.** Vide *Courtagium.*

* **COURRATARIUS**, Proxeneta, pararius, Gall. *Courtier.* Stat. Avenion. ann. 1243. cap. 99. ex Cod. reg. 4659 : *Statuimus quod Courratarii non sint participes emptionum vel aliorum contractuum, quorum sunt Courratarii.* Vide supra *Corratarius.*

¶ 1. **COURRERIUS**, Officialis, Vicarius seu Judex Episcopi. Vide *Correarius.*

¶ 2. **COURRERIUS**, Cursor, Gall. *Courrier.* Epistola Ruperti Regis Romanorum ann. 1401. apud Marten. Anecd. tom. 1. col. 1683. F : *Desiderantes vos litteram eamdem per velocem Courrerium vestrum præfato Duci Venetorum diu noctuque absque medio præsentare.*

* **COURRETAGIUM**, Jus *courratarii* seu proxenetæ, nostris etiam *Courretage.* Arest. parlam. Paris. ann. 1388. in Reg. inchoato 13. Dec. ann. 1384. fol. 331. r°. : *Dicebant* (major et scabini de Rupella) *quod ipsi erant in possessione et saisina de qualibet nave.... percipiendi tantam pecuniæ summam, quantam navium conductores habere debebant pro vectura unius dolii vini,... quæ pecuniæ perceptio fretum seu Courretagium appellabatur. Le Courretage des charretes, le vergage, le Courretage des vins*, in Lit. Phil. VI. ann. 1339. ex Reg. donor. ejusd. reg. in Cam. Comput. Paris. fol. 163. Vide supra *Corratagium.*

¶ **COURTAGIUM**, Munus proxenetæ, Gall. *Couretage*, vel *Courretage.* In Memoriali Cameræ Comput. Paris. fol. 57. v°. inter officia domanii Regis in urbe Lauduno recensentur, *Officium Courtagii vinorum, Officium Courratagii et alnagii pannorum, Officium Courratagii vacarum, Officium Couratagii equorum et cadrigarum.* Hæc anno 1360. Vide *Corretagium.*

¶ **COURTILLUM.** Vide in *Cortis* 1.

¶ **COURTINA.** Vide in *Cortis* 2.

¶ **COUS**, *Proximus*, in Glossario San-German. MS. num. 501.

* **COUSERERIUS**, Sartor, sarcinator, Gall. *Couturier, tailleur.* Charta ann. 1407. in Reg. 161. Chartoph. reg. ch. 337 : *Petrus Bernardus den Volta Cousererius.* Vide *Coudurerius.*

¶ **COUSIO**, Porcus, Gall. *Cochon.* Privilegium Archembaldi Borbonii pro Villa-Franca apud Thomasserium in Biturig. pag. 226 : *Quisque pellifex dabit duos denarios, quisque panifex duos denarios... de sex Cousionibus unum obolum.* Vide *Cossio.*

¶ **COUSSINUS**, Gall. *Coussin*, Pulvinus. Inventar. Ecclesiæ Noviom. ann. 1419 : *Una toya operata de serico ad faciendum Coussinum.* Vide *Cussinus.*

* **COUSTA**, Clivus, latus montis, Provincialibus *Coustiero*, Gall. *Coste.* Charta ann. circ. 1063. ex schedis Pr. *de Mazaugues* : *Totam blecovedam, quæ est contra S. Christoforum in Cousta; quæ Cousta tenet se cum prato, etc.* Vide *Costa* 1.

¶ **COUSTAMENTUM**, Coustancia. Vide in *Custus* 1.

* **COUSTANCIA**, Coutancia, Ager cultus, vel Modus agri, qui colitur et aratur. Charta ann. 1319. in Reg. 59. Chartoph. reg. ch. 194 : *Item Jaquinus, dictus Loier, pro sua Coustancia du Luat, duos denarios. Item Johannes dictus Cochon pro sua Coutancia du Luat, viiij. denarios.* Vide *Cultura* 1.

* **COUSTEPOINTARIUS**, Stragulorum acu punctorum artifex, nostris *Coustepointier.* Lit. remiss. ann. 1352. in Reg. 81. Chartoph. reg. ch. 311 : *Michael Brassardi Coustepointarius, commorans in villa Meldensi. Jehan Burel Coustepointier*, in aliis ann. 1376. ex Reg. 109. ch. 317.

* Stragulo reos imponebant, ut cruciatibus veritatem ab eis extorquerent. Lit. remiss. ann. 1381. in Reg. 119. ch. 124 : *Jehanne Dupont,...... après ce qu'elle ot une fois esté mise en la gehyne en la Coustepointe seulement,...... confessa ledit larrecin....... Après ledit Guillaume la fist mettre en la Coustepointe, et pour lui faire paour, fist apporter du feu et fist semblant de lui mettre soubz les piés, mais point n'y fust mis.*

* **COUSTERETUS**, a Gallico *Coteret* vel *Cotret*, Brevium lignorum fasciculus. Lit. remiss. ann. 1358. in Reg. 86. Chartoph. reg. ch. 589 : *Onerabat majorem quantitatem lignorum vel Cousteretorum...... in quadrigata, etc.*

¶ **COUSTORIA.** Vide *Cursoria.*

* **COUSTRA**, Hortus rusticus, idem quod *curtile.* Acta MSS. Inquisit. Carcass. ann. 1308. fol. 51. r°. : *Invenit eum ibi juxta domum suam, juxta unam Coustram, et salutavit eum modo communi.* Vide supra *Costris.*

¶ **COUSTUM.** Vide *Custus* 1.

¶ **COUSTUMA**, Coustumia, Coustumagii, Coustumatio. Vide *Consuetudo* 4.

* **COUSTUMARE**, Coustumerius. Vide supra in Consuetudo 4.

¶ 1. **COUSTURA**, Ager cultus. Vide *Cultura*, 1.

2. **COUSTURA.** Charta Burchardi D. Marliaci ann. 1240. apud Duchesnium in Hist. Monmorenciaca pag. 410 : *Absque alio servitio, consuetudine, vel Coustura.* Sed legendum *Coustuma.*

* Nequaquam; lege ut in Chartul. S. Dion. pag. 185. col. 2. *Constura*, eadem notione, qua *Custus* 1. Vide in hac voce.

* **COUSTURARIUS**, Sartor, sarcinator, Gall. *Couturier, tailleur.* Charta Odonis abb. S. Dion. ann. 1241. ex Chartul. ejusd. monast. pag. 167. col. 2 : *Retro domum Gaufredi Cousturarii cum suo jardinulo.* Lit. remiss. ann. 1351. in Reg. 80. Chartoph. reg. ch. 737 : *Qui dictus Cousturarius inhoneste cum dicta conversabatur domicella.* Vide supra *Costorarius* et *Cousererius.*

* **COUSTUS**, Impensa, sumptus, Gall. *Coust.* Charta ann. 1301. in Chartul. Guil. abb. S. Germ. Prat. fol. 122. v°. col. 2 : *Tenebuntur insuper dictus Gaufridus et sui successores solvere tertiam partem in misiis et Coustibus meliorationis prædicti fontis.* Vide *Custus* 1.

¶ 1. **COUTA**, Culcitra, Gall. *Coite.* Hist. Dalphin. tom. 2. pag. 274. in Computo ann. 1333. et seqq. : *Colino de Camera pro emenda una sartagine, uno pulzinetto et una Couta pro Domina taren.* VI. *gran.* XVII.

* Alias *Couste, Coute,* et *Couyte;* unde *Cousticier* et *Coustier*, earum artifex; et illius ars, *Cousterie* et *Cousticerie* appellabatur. Lit. remiss. ann. 1452. ex Reg. 181. Chartoph. reg. ch. 181 : *Une Couyte, ung traversain, etc.* Reg. sign. *Pater* Cam. Comput. Paris. fol. 254. r°. : *Marchans et vendeurs de Cousticerie, soient Cousticiers ou autres, paieront pour une Couste vendue au pris de xx. solz et au dessous, j. den.* Lit. ann. 1347. tom. 4. Ordinat. reg. Franc. pag. 136 : *Les Coustiers et Coustieres de la ville de Paris nous ont fait monstrer..... que les droiz, libertez et franchises de leur mestier de Cousterie, etc.* Vita J. C. MS. :

> Illuec se sont aresteu,
> N'i ot ne Coute, ne cendal.

Quieute, eadem acceptione, in Charta ann. 1238 : *Li sires peut prendre, si comme il suit, les Quieutes en se terre;....... et se li homs u li femme pert se Quieute à court, li sires li doit rendre. Keute* et *Kieute*, eodem sensu, in Chartul. 21. Corb. fol. 345. et 347. Unde *Keutespointe*, Straguli seu aulæi species, in Poem. Rob. Diaboli MS. :

> Devant lui par les rues tendent
> Pailes, tapis et Ceutespointes,
> Tous l'enclinoient as mains jointes.

* Aliud vero *Keute* et *Kieute* sonat, Potionis scilicet seu cerevisiæ genus, in Charta Phil. ducis Burg. ann. 1441. ex Tabul. Camerac. : *Et quant aux deux tonneaulx de cervoise, appellée Queute, etc.* Alia ejusd. ann. 1446. ibid. : *Pour l'empeschement mis à certaine cervoise ou Keute, etc.* Lit. remiss. ann. 1463. in Reg. 199. Chartoph. reg. ch. 108 : *Laurens Dugmain tenant ung pot de Keute en sa main, lequel pot pour ce que ladite Keute ne se pouoit boire en ladite ville* (de Gand). *Huit pos de Kieute*, in Charta ann. 1358. ex Reg. 91. ch. 409. Vide supra *Cerevisia.*

¶ 2. **COUTA**, pro *Colta*, Collecta, tributum. Conventiones Ludovici Regis Siciliæ cum Arelatensibus ann. 1385. e MS. D. *Brunet* fol. 7 : *Item quod dicti domini Regina et Rex... aut aliquis eorum nomine, non possit facere talliam, questam vel Coutam, exactionem novam seu indictionem.* Vide *Colta.*

* **COUTAGIUM**, Impensa, sumptus, nostris *Coustage*, ut supra in *Costengia.* Pariag. inter reg. et abbat. Elnon. in Ruthen. ann. 1313. in Reg. 61. Chartoph. reg. ch. 21 : *Dicta abbatissa pro se et conventu suo volens et cupiens evitare Coutagia et expensas, et esse in pace cum domino rege, etc.* Vide *Custus* 1.

* **COUTANCIA.** Vide supra *Coustancia.*

* **COUTELARIUS**, Cultrorum faber, Gall. *Coutelier.* Charta ann. 1280. in Chartul. Thenol. ex Cod. reg. 5649. fol. 54. v°. : *Johannes de Insula Coutelarius,..... mediantibus duodecim cutellis de valore duorum solidorum Paris. etc. Couteliere*, Cultrorum theca, vagina, in Lit. remiss. ann. 1364. ex Reg. 95. Chartoph. reg. ch. 191 : *Le suppliant sacha de la Couteliere dudit Hennequin un coutel. Coustelesse* et *Coutelasse*, nostris, Acinaces, pugio, sica. Lit. remiss. ann. 1408. in Reg. 162. ch. 305 : *Lequel Benoit se mist à deffense à tout une grant Coustelesse qu'il portoit. Icellui Helie s'efforça de prendre une Coutelasse, que le suppliant avoit pendue à sa sainture*, in aliis ann. 1410. ex Reg. 164. ch. 182.

¶ **COUTERINUS**, Uterinus, Gall. *Uterin*, Ex eadem matre natus. Buschius de Reformatione Monasteriorum apud Leibnit. tom. 2. Scriptor. Brunsvic. pag. 810 : *Et habuit Fratrem Johannem Bodiker, quasi Coüterinum suum, in omnibus coadjutorem.*

* Charta ann. 1346 : *Et specialiter contra Engelinam et Clewelonem nostrorum dictorum liberorum Coüterinos.* Glossar. Lat. Ital. MS : *Coüterinus, de uno medesemo parto.*

COUTHUTLAUGHE, Qui exlegem scienter recipit : vox Saxonica, ex C o u ð, sciens, u t l a u g h, exlex. Ita Bractonus lib. 3. tr. 2. cap. 13. § 2.

* **COUTRUS**, Aratri culter, dentale, Gall. *Coutre.* Lit. remiss. ann. 1355. in Reg. 84. Chartoph. reg. ch. 372 : *De quodam Coutro aratri, quem in manu sua tenebat, dictum Baudetum percussit.* Vide *Cultellus.*

* **COUTUMIA.** Vide supra in *Consuetudo* 4.

¶ **COUTURA**, Ager cultus. Vide *Cultura* 1.

¶ **COWELE**, Vas ansatum, quod a duobus baculo transverso portari potest, apud Kennettum in Glossario ad calcem Antiquit. Ambrosden. : *Pro novo Cowele empto* IX. *den.* Vide *Crocca Cowellet.*

* *Coutoufflle*, amphora, vulgo *Bouteille*, in Lit. remiss. ann. 1387. ex Reg. 131. Chartoph. reg. ch. 36 : *Ledit Jaquet print un Coutouffle de voirre, où il avoit du vin;....... et de fait en but.*

* **COUVERCLA**, Gall. *Couvercle*, Operculum. *Couverteur*, in Lit. remiss. ann. 1452. ex Reg. 181. Chartoph. reg. ch. 181 : *Rompirent le Couverteur d'un coffre. Couvrechias*, in aliis ann. 1399. ex Reg. 154. ch. 458. Comput. ex Bibl. reg. : *Pro quodam alio poto sine Couvercla ponderante iij. marchas, xxx. stellingi.* Vide supra *Covercellum.*

¶ **COUVERTUM**, Simulatio, causa, prætextus, Gall. *Couverture, prétexte.* Litteræ Philippi III. Franc. Regis ann. 1275. insertæ Litteris Johannis Regis ann. 1356. tom. 3. Ordinat. pag. 62 : *Illam vero exactionem obolorum ... de cetero non levabunt, nec eis de cetero aliquam exactionem sub Couverto vel figmento mutui vel alterius fraudis imponent.*

* *En couvert*, clam, in Lit. ann. 1371. tom. 5. Ordinat. reg. Franc. pag. 432.

* **COUVETZ**, vox Gallica ignotæ mihi significationis, Grani species videtur. Terrear. villæ *de Busseul* ex Cod. reg. 6017. fol. 2. v°. : *Item unum cartonem de Couvetz pro quadam platea, in qua solebat esse quædam nucz sive nugeir. Couvet* vero est flatus ventris tenuior, in Lit. remiss. ann. 1468. ex Reg. 197. Chartoph. reg. ch. 69 : *Auquel Jehan print taulent de laschier ung pou de ventosité, lascha c'est assavoir ung Couvet.*

¶ **COWIRANNUS** Caballus, f. Scabiosus equus, Elephantiacus, ab Aremorico *Cowin*, Pestilentia, lues. Tabularium Rothonense : *Emptor dat pro pretio caballum unum cannum, non Cowirannum, contra solidos* XX. *et* X. *in argento.*

¶ **COUVIVA**, pro *Covina.* [* Vel *Couvina.* Vide supra *Covina.*] Charta Henrici IV. Angl. Regis apud Rymer. tom. 8. pag. 525. col. 2 : *Dimisit prædictum hospitale in dicta terra nostra Hiberniæ per abbettamentum, fraudem, Couvivam, etc.*

¶ **COVUS**, Ital. *Covo*, Merges, manualis fasciculus, Gall. *Javelle.* Memoriale Potestatum Regiensium ad ann. 1218. apud Murator. tom. 8. col. 1093 : *Sicut campum est plenum de Covis cum metitur, ita campum et fossatum erat plenum de Saracenis mortuis.*

* Vel potius *Cova.* Vide supra in hac voce num. 2.

COWYLL, vox Wallica, Vestimenti muliebris species, in Legibus Hoeli Boni Regis Walliæ cap. 13.

COXÆ, Cubiti, versuræ : vox Agrimensorum. Siculus Flaccus : *Termini in omnibus angulis Coxisque positi.*

COXALE, *Lumbatorium*, in Gloss. Lat. MS. Reg. Cod. 1013. [Hinc corrigendum Isidori Glossarium, ubi male, *Libatorium*, *Coxale.* Papias : *Femina sunt mulierum, femora virorum. Dicuntur enim femora proprie inter Coxalia, quibus equis insidemus.*] Italis *Cosciali* est *armatura da gambe.* Boccacius in Philocal. : *Primieramente gli fece calzare due bellissime calze di maglia : sopra le calze gli mise le gambiere, et un paio di Cosciali.* Chronicon Bertrandi Guesclini MS. :

> Leurs Cuisseres osterent trestout communément,
> Pourquoi aler puissent trop plus légierement.

Coxale, Os, quod ad coxam extenditur, apud Adamnanum in S. Columbano.

* **COXARE**, pro *Coaxare*, Ranarum clamor. Carmen de Philomela ex Cod. reg. 6816 :

> Ecce venenosus serpendo sibilat anguis

Carrula rimosis ranula Coxat aquis.

Leg. fortassis *Rana coaxat aquis.*

* **COXELLUS**, Vestis seu mantelli pars, vel ornamentum. Constit. Feder. reg. Sicil. cap. 107 : *Item quod prædicti comites, magnates, barones, milites et uxores eorum... possint etiam habere mantellum unum de serico, et liceat in hujusmodi mantello posse ferri Coxellos de auro filato vel seta absque pernis.* Floccus vel paniculus fortassis, Gall. *Flocon, houppe.*

¶ **COXIA**, pro *Coxa*, Italis *Coscia*, Gallis *Cuisse*. Legitur in Actis SS. Aprilis tom. 3. pag. 526. et Maii tom. 7. pag. 158.

¶ **COXIGARE**, Claudicare. Gloss. Lat. Græc. : *Coxigat*, χωλαίνει.

* **COXIMUM**, an *Coxæ* armatura? Charta ann. 1069. Tabul. S. Vict. Massil. : *Dederunt ei monachi xlviij. solidos, tres multones et tres agnos, et Coximum unum, et feltrum et cotum.* Nisi forte legendum sit ut mox

* **COXINUS**, Pulvinus, culcitra. Inventar. MS. thes. Sedis Apost. ann. 1295 : *Item xviij. Coxinos de xamito rubeo ad usum Papæ.* Charta ann. 1327. in Reg. 65. Chartoph. reg. ch. 55 : *Ivit ad domum dicti servientis, et de inde fecit abstrahi circa primum sompnum tassas argenti, chalonos, Coxinos, etc.* Chartul. Celsinian. ch. 881 : *Dimitto etiam tres cotos, tres stratos, tres Coxinos novos, ubi tres monachi jaceant.* Vide supra *Coisinus.*

¶ **COXUS**, Claudus. Gloss. Lat. Gr. : *Coxus*, χωλός. Vide *Catax.*

¶ **COYFFIA**, Coysia. Vide *Cuphia.*

* **COYFFINUS**, pro *Cophinus*, Corbis. Formulæ MSS. ex Cod. reg. 7657. fol. 28. v°. : *Abstulit sibi certam quantitatem cibi,....... unum capellum, et unum Coyffinum plenum fabris* (l. fabis) *quæ secum portavit ad quamdam bastitam suam.* Vide supra *Coffinus.*

* **COYFIA**, Capitis tegmen, quod totum caput ambiebat; unde *Coyfier*, earum artifex, in Ch. ann. 1310. ex Chartul. Pontiniac. pag. 229. Stat. MSS. eccl. Lugdun. : *Nullus canonicus vel clericus Coyfias laicales deferat de die subtus caputtis suis per claustrum, ut ab aliquo videri possit.* Vide *Coifferius* et *Cuphia.*

¶ **COYRARIUS**, Coriarius, Qui parat corium. Gall. *Corroyeur, Tanneur.* Charta Bernardi de Turre ann. 1308. apud Baluz. Hist. Arvern. tom. 2. pag. 783 : *Drapparii, Ferrarii et Coyrarii, Sutores sotularium, Pelliparii, etc.*

* **COYRATERIUM**, Corium, Gal. *Cuir.* Comput. ann. 1400. inter Probat. tom. 3. Hist. Nem. pag. 152. col. 2 : *Pro portu duorum tabulariorum Coyraterii...... necessarios ad recipiendum panem, dum præsentatur in ecclesia, etc.* Id est, corio coopertos. Vide supra *Coiratorium* et infra *Coyrum.*

¶ **COYRATERIUS**, Eadem notione, apud Marten. Anecd. tom. 4. col. 191 : *Anno Domini* MCCLXXX. *mense April. ordinatum fuit in Concilio Bituricensi, quod Clerici exercentes vilia officia moneantur in casibus infra scriptis. Imprimis Fabri ferrarii et Parcolerii... Item, Coyraterii sive Balnearii coriorum.*

* **COYRATIA**, Thorax, lorica, Ital. *Corazza*, Gall. *Cuirasse.* Constit. Feder. reg. Sicil. cap. 99 : *Videntes igitur ab experto quosdam fideles nostros morem novum et alienigenum usurpantes, pancerias seu Coyratias de maleis, vel arma privatim vel occulte deferre, etc.* Vide supra *Coratia.*

* **COYRUM**, Corium, Ital. *Cuoio*, Gall. *Cuir.* Charta ann. 1306. tom. 4. Cod. Ital. diplomat. col. 464 : *Si quis emerit civis Coyra aut pelles animalium mortuorum Neapoli et districtu ejus, etc.* Vide supra *Coiram.*

* **COYSINETUS**, Coyssinetus, diminut. a *Coisinus*, Pulvinus, Gall. *Coussin.* Charta ann. 1377. ex Tabul. S. Vict. Massil. : *Item tres Coysinetos pro missale.* Inventar. MS. bonor. Joan. de Madalhano ann. 1450 : *Duos parvos Coyssinetos cadratos, copertos cirico albo.* Vide supra *Coxinus.*

¶ **COYSINUS**, Pulvinus. Vide *Cussinus.*

* **COYTARE**, Coire. Stat. synodal. eccl. Reatinæ MSS. : *Anathematizamus omnes et singulas mulieres, quæ dimissis viris suis, aliis adhærent seu adhærebunt Coytando cum eis. Se Coyter* Occitanis, *se dépêcher* interpretatur Anonymus, qui circa medium sæc. XIV. de hæresi Albigensium scripsit tom. 3. Hist. Occit. *Coyer* vero, Alligare significat, in Ordinat. ann. 1415. ex Reg. 170. Chartoph. reg. ch. 1 : *Icellui maistre Coyera ou fera Coyer, c'est assavoir fermer une hune au cul du batel pour le retenir, se mestier est.*

* **COYTARIUS**, Culcitrarum, Gall. *Coite*, artifex. Libert. Montisfer. ann. 1291. in Reg. 181. Chartoph. reg. ch. 154 : *Item draperius, ferrarius, pelliparius, cordoanarius, Coytarius, culcitrarius, et quilibet mercator alius, etc.* Vide supra *Couta* 1.

¶ **COYZIUM**, Species mensuræ frumentariæ, f. eadem notione quæ aliis *Coket.* Charta ann. 1295. ex Chartulario S. Vandregisili tom. 2. pag. 1333 : *Concessi viris Religiosis... duas minas ordei duobus denariis minus Coyzio, sitas supra totum hereditagium meum ubicumque sit.*

¶ **COZAMBER.** Vide *Coczumber.*

COZARDUS, Aviculæ species, apud Fridericum II. Imperat. in lib. 1. de Arte venandi cap. 46.

* **COZETA**, Italis *Cosetta*, Recula. Stat. Astæ ubi de Intrat. portar. : *Cozetæ laboratæ in pennis, solvant pro qualibet penna ad æstimationem officialium.* Nisi diminutivum sit a *Cozzo*, vestis species. Vide in hac voce.

* **COZOLIUM**, Mensuræ species apud Italos. Stat. Saluciar. collat. 5. cap. 127 : *Quilibet molinarius Saluciarum habeat ad suum molendinum unum solum Cozolium, quod sit justum et signatum signo potestatis, ita quod viginti quatuor Cozolia faciant unum sextarium, et non plus.* Stat. Montisreg. pag. 183 : *Quælibet persona, quæ mensuraverit ad falsam seu mancham mensuram seu scandalium, libram, teisam, rasum seu sestarium et Cozolium, etc.*

COZUMBER, Cozumbris. Vide *Coczumber.*

COZZO, Vestis species. Historia de Fratribus conscriptis tom. 2. Alamannicorum Goldasti : *Aut camisile subtile ac grande, seu Cozzonem, sive lenam* [f. *lanam*] *opere plumario contextam... perceperunt.* [Opinor *Cozzonem* hic idem esse quod *Cotonem* Gossypium, Gall. *Cotton.*] [** In antiqui Glossis Latino-Germanicis verbum Ger manicum *Kozzo*, *Chozzo*, *etc.* redditu *Byrrum*, *kottus*, in aliis *Lacerna*, *penula* Vide Graff. Thesaur. Ling. Franc. vol. 4 col. 538. Adelungus habet ex Altenstaig Vocabul. : *Vestes fluxæ et intonsæ* Germ. *u beschoren oder Kotzetkleid.* Confer *Lena*, 2.

* **CRAANTIA**, Creditum, Gall. *Créance* idem quod *Credentia*, 6. Libert. villæ *d Chaigne* ann. 1224. tom. 4. Ordinat. reg Franc. pag. 375. art. 4 : *Et quadraginta dies de Craantia; et si post nobis factan Craantiam, quadraginta diebus expletis, creditoribus factum non fuerit pagamentum, debent nobis permonstrare, et debemus ei graantagium suum facere; alioquin non tenerentur nobis Craantiam facere.*

¶ **CRAANTARE**, Craantum. Vide *Creantare.*

* **CRABOTA**, Occitanis *Crabe*, *Crabot*, Capra, hædus junior. Inventar. ann. 1476. ex Tabul. Flamar. : *Et ultra prædicta animalia, ad præsens reperiebatur de lucro et profiguo ejusdem gasalhiæ,...... septem capita Crabotarum et edulorum anni præsentis.* Consuet. MSS. villæ *de Buzet* ann. 1273 : *De Crabe, Crabot et anhet no deben aber res ny lhevar. Crabacer* vero, Prosternere, evertere, vulgo *Abatre*, *renverser*, sonat apud Guill. Guiart. ad ann. 1191 :

Les uns contre val Crabacier.

Infra :

Maisons ardent, viles Crabacent.

Et sub S. Ludovico :

Tant en ocient et Crabacent.

Ubi male editum a Cangio in Joinvil. pag. 144. col. 1. *Tant en Orient.*

¶ **CRACARE**, Crocitare. Gloss. Isid. : *Cracat*, *Cracerrat.* Pithœus : *Cracat*, *Cracerat.* Alter addit, *Acerbat.* Saxon. Cracettan, *Corcitare*, Ital. *Cra cra*, Crocitus.

* Glossar. vet. ex Cod. reg. 7641 : *Cracat*, *accernat.*

* **CRACCIA**, f. Ovile, prædium rusticum, ubi nutriuntur oves, capræ, etc. Italis *Greggia*, eodem intellectu; nisi idem sit quod *Creca* vel *Crecca.* Vide ibi. Chartul. S. Joan. Angeriac. fol. 141. v°. : *Est etiam ex alia parte parvula Craccia, quam dedit Magnerandus et uxor ejus S. Joanni, habens areas sexaginta. Crache*, stabulum, apud Guill. Guiart. ad ann. 1207 :

Es yglises comme en viex Craches
Metoient les bucs et les vaches.

Cresche, eadem notione, in Charta Joan. comit. Augi ann. 1379. ex Reg. 115. Chartoph. reg. ch. 348 : *Donnons à nostre très-cher et très-amé filz Philippe d'Artois son franc maisonner,..... et aussi closture et Cresche pour tous ses manoirs. Crebe* vero, Præsepe, vulgo *Creche*, in vita J. C. MS. :

Alés, dist-il, em Belleant,
Illueques trouverés l'enfant
Jouste le mur en une Crebe.

* **CRACEDA**, Idem videtur quod *Craccia*; vel Locus ubi impinguantur pecora. Bulla Alex. III. PP. ann. 1180. inter Probat. tom. 2. Annal. Præmonstr. col. 514 : *Cracedam sub eadem villa, juxta molendinum vestrum et pratum apud Villers.*

¶ **CRACENTES**, *Graciles*, Gloss. Isid. Festus addit ex Ennio :

Succenti gladiis media regione Cracentes.

Vide *Cragentes.*

¶ **CRACERARE**, CRACERRARE. Vide *Cracare.*

* **CRAERIA**, an Jus eruendi cretam, vel tributum exigendi ab eis, qui eam ad usum suum eruunt? Charta permutat. inter Phil. Pulcr. reg. et Hugon. de Bovilla ann. 1303. in Lib. rub. Cam. Comput. Paris. fol. 223. v°. col. 2 : *Item piscariam aquæ ibidem. Item Craeriam. Item partem suam de furnis.* Eadem Gallice sic efferuntur ibid. fol. 227. r°. col. 1 : *Item la peescherie de l'yaue, vj. lib. Item la Craeire, x. s.*

* **CRAERIUM**, f. Pagi Autissiodorensis regio, nunc *Clarion*. Charta Radulphi abb. S. Germ. Autiss. in Chartul. Barbel. pag. 897 : *Duo arpenta vinearum, quæ sunt prope Autissiodorum in Craerio, juxta petrariam S. Symeonis.*

¶ **CRAFI**, CRAPONES. Vide *Cratones.*

CRAGENTES, *Graciles.* Papias. Infra, [ut et in Glossario Sangerman. MS. n. 501.] *Creantes, Graciles.* [Vide *Cracentes.*]

¶ **CRAIERA**, Navigii genus apud Septentrionales. Charta Edwardi III. Regis Angl. ann. 1360. apud Rymer. tom. 6. pag. 174. col. 1 : *Dominis sive magistris navis vocatæ La Berthelemeu de Plummuth.... et Johanni Sely Domino sive Magistro Craieræ vocatæ La Berthelemeu de Plumuth, salutem .... Vobis mandamus quod dictas tres naves et Craieram, duplici eskippamento et aliis necessariis, pro periculis et aggressibus inimicorum nostrorum supra mare eminentibus, evitandis, et easdem naves et Crateram Constantiæ pro passagio suo et hominum suorum prædictorum, ad dictas partes Britanniæ, liberari faciatis.* Charta Henrici IV. Regis Angl. ann. 1405. apud eumdem Rymer. tom. 8. pag. 404. col. 2 : *Mercatorem de regno Daciæ, Magistrorum et possessorum duarum Craierarum, etc.* Pluries occurrit ibidem. Vide *Creyera.*

* Navis piratica, nostris etiam *Craier, Créer* et *Croyer*. Charta ann. 1334. ex Reg. 66. Chartoph. reg. ch. 1373 : *Regnaut d'Amiens, jadis bourgois de Dieppe, capitaine au temps des dittes guerres d'un vaissel ou nef, que on dit Créer, lequel estoit au roy de France.* Alia ann. 1366. in Reg. 99. ch. 260 : *Comme Jehan Bonne de la ville de Leure, nostre maronnier, eust armé, appareillié et avitaillié un Craier à ses propres coux, fraiz et despens, appellé la Mahiere, garni de quarente-cinq compaignons, pour aler en la mer sur nos ennemis, etc.* Lit. remiss. ann. 1394. in Reg. 146. ch. 403 : *Le suppliant estant en un Croyer en la mer,...... dist aux compaignons et mariniers, qui estoient audit Croyer, qui s'alassent couchier.* Sed legendum forte *Crayer.* Minor ejusmodi navis, *Crenelle* appellari videtur, in aliis Lit. ann. 1457. ex Reg. 189. ch. 167 : *Le suppliant èstant contremaistre et boursier pour Jehan Dourdoigne de la Crenelle de Touque,....... print ung pescheur d'Angleterre.*

¶ CRAIERA CALSATTATA. Charta Richardi II. Angl. Regis ann. 1386. de navibus et marinariis arestandis pro passagio ad partes Hispaniæ : *Sciatis quod assignavimus te* (alloquitur *Servientem ad arma*) *ad viginti naves et Craieras Calsattatas, de portagio sexaginta et decem doliorum et ultra, pro passagio Johannis Regis Castellæ.* [* Leg. *Calfattatas.*]

¶ **CRALLEN**, Germanis per syncopen pro *Corallen*, Corallium, Gall. *Corail.* Buschius de Reformatione Monasteriorum apud Leibnitium Scriptor. Brunsvic. tom. 2. pag. 889 : *Summa argenti et Crallen, quæ in pondere valent, sicut totum puri et argenti*, 33. *marcæ puri argenti.* Et pag. 891 : *Summa in auro, argento et Crallen, etc.*

CRAMACULUS. Capitulare de Villis cap. 42. inter utensilia rustica villarum recenset *andedas, catenas, Cramaculos, delaturas, secures, etc.* Ubi *andedæ*, videntur esse *andenæ*, (*landiers*) *et Cramaculi*, cremasteres focarii, *Cramaillieres.* Pro *delaturas*, leg. *dolaturas.*

* **CRAMEN**, *Uno fruto*, in Glossar. Lat. Ital. Ms.

* **CRAMINA**, *Lo saculo*, ibid.

* **CRAMMALE**, Cremaster focarius, Gall. *Cremaillere.* Glossar. Lat. Gall. ann. 1348. ex Cod. reg. 4120 : *Crammale, Gallice Crammais, dicitur a cremo. Cramelié*, in Chartul. S. Cornel. Compend. fol. 95. v°. col. 1. *Une Cramelié de fer, etc. Cramail* vero, mendose pro *Tramail*, in Stat. ann. 1327. tom. 2. Ordinat. reg. Franc. pag. 12. art. 4 : *Les buchieres, que l'en dit Cramail à fouller, ne courra point my May et my Avril.* At *Cramignolle*, Pilei species, in Addit. ad Monstrelet. fol. 16. v°. : *Tous lesquels vingt hommes d'armes avoient...... en leurs testes Cramignolles de veloux noir à grosses houppes de fil d'or de Chippre dessus.* Vide *Cramaculus* et infra *Cremale.*

* **CRAMOISIUS**, a Gallico *Cramoisi*, Color ostrinus, purpureus. Testam. Annæ de Arman. uxoris Caroli *d'Albret* ann. 1472. ex Cod. reg. 9573. 2. 2. fol. 91. v° : *Item legavit....... suam vestem belosii Cramoisii.* Vide *Carmesinus.*

CRAMESINUM, a voce *Kermes* Arabica, Coccus : unde *Kermesinus color* pro purpureo lucidiore. Ita Gorop. Bekanus lib. 5. Gallic. pag. 139. nostris *Cramoisi.* Laonicus lib. 3. extremo : Φέρει δὲ κριμίζιν σηρὰν οὕτω καλούμενον πορφυρὰν, ἐπὶ τὰ ἱμάτια, τάτε ἀπὸ ἐρίων καὶ σηρῶν, βαφὴν ἐνδεικνύμενα ἀξίαν λόγου. [Vide *Carmesinus*]

¶ **CRAMPA**, Spasmus, seu manuum pedumve contractio vel extensio. Gall. *Crampe* a Germanico *Krampff.* Vide Goclenii Lexicon Philosophicum.

* Hinc *Crombe*, ut videtur, qui ejusmodi morbum patitur, apud Guignevil. in Peregr. hum. gen. Ms. ubi senectus hominem sic alloquitur :

Crombe et impotens te ferai
Des grans cops que je te dourai.

Ejusdem vocis vim non percipio in Charta ann. 1349. ex Chartul. Godefr. dom. Asperim. fol. 4. r° : *Nous avons heut et receut, par la main Colard Deffranoy clerc, le rouviant des Crombes d'outremer, que nous aviens prestei à nostre chier oncle.... Henry...... évesque de Verdun, en temps qu'il vivoit.*

* **CRAMPO**, Gall. *Crampon*, Ansa ferrea. Comput. Ms. eccl. Paris. ann. circ. 1381. ex Bibl. S. Germ. Prat. : *Cum quatuor Cramponibus et quatuor cavilliis ferri.*

¶ **CRANAGIUM.** Vide in *Cranohari.*

* **CRANARE**, an pro *Tranare*? Stat. Taurini ann. 1360. cap. 94. ex Cod. reg. 4622. A : *Item quod nulla persona ponat leamen, paleam....... vel aliquid aliud sordium projiciat in mercatum vel in vias publicas solatas,..... vel* (possit) *Cranare rapiam seu feciam....... in ipsa civitate sub pœna denariorum xij. Cranner* vero, pro *Crenas* reficere, in Chartul. sign. *Daniel* Corb. ad ann. 1429. fol. 126. r° : *Seront tenuz...... de Cranner autour de ledite maison, aveuc les taupaincz dudit mollin rendre en bon et souffisant estat. Craffer* vero, Desquamare, *Ecailler*, et *Creffe*, Squama, scabies, in Mirac. B. M. V. Mss. lib. 2 :

Tout en plourant de l'erbe saine
El nom le haut segnor de gloire
Au grief mesel doua à boire;
Tout maintenant qu'il l'a beue,
Tout ausistost si est keue
Sa puans roffée, s'orde Creffe,
Com à poissons, quant on les Craffe.

* **CRANCUS.** AVIS CRANCA, Ab accipitre capta. Charta ann. 1212. in Hist. Ms. Montis-major. : *De avibus Crancis, trezenum pro pulmento, et de venatione, capita aprorum, et quarterios aliarum ferarum.* Vide *Cranohari.*

¶ **CRANEA**, pro *Cranium*, Calva, Gall. *le Crane*, in Vita B. Kingæ, tom. 5. Julii pag. 743.

* **CRANELLUS**, Pinna muri, quæ fenestræ quadratæ effigiem præfert, per quam milites jaculantur, Gall. *Creneau.* Charta Guid. de Ruppe ann. 1314. in Reg. 56. Chartoph. reg. ch. 424 : *Concedimus....... quod idem magister* (Arnaldus Leutardi) *aut sui hæredes.... possint ædificare....... donum fortem........ cum necessariis muralibus, Cranellis, portalibus, archeriis, etc.* Vide *Quarnellus.*

* **CRANETUM**, Cranium, calvaria, Gall. *Crane.* Charta ann. 1330. in Reg. 66. Chartoph. reg. ch. 1114 : *Dicta Ayronis impotens de omnibus membris suis seu ipsorum majori parte facta, ac Craneto usque ad cerebrum et ossibus sui corporis...... totaliter effractis...... obierat.* Infra : *Craneum.* Vide mox

* **CRANEUM**, Eadem notione. Glossar. Lat. Gall. ann. 1352. ex Cod. reg. 4120 : *Craneum, Gallice Hannepier.* Lit. remiss. ann. 1355. in Reg. 84. Chartoph. reg. ch. 132 : *Item interrogatus barberius de modo aperturæ* (*dictæ bociæ*) *deponit, quod illud vulnus erat curabile et absque periculo, et quod rosarium, Craneum non tetigit, sed solum tetigit pellem et carnem.*

¶ **CRANEUM.** Papias in MS. Bituric. : *Colores, Candidum, pallidum, rubeum, Craneum, nigrum, etc.* f. legendum est *Croceum.*

¶ **CRANIHARI.** Vide *Cranohari.*

¶ **CRANNA**, Tributum e porcis saginatis. Analecta Norbertina inter Acta SS. Junii tom. 1. pag. 869 : *Dum post pastionem glandium porci taxantur, quod Crannam vocant, Officialis fratrum decimam omnium porcorum vel denarios pro porcis accipiat.* Vide *Hranne.*

¶ **CRANNOCA**, Mensuræ genus apud Hibernos. Litteræ Communitatis de Gragfergus ann. 1275. apud Rymerum tom 2. pag. 1061 : *Cui quinque villas duobus mili-*

bus Crannocis bladi, tribus molendinis combusserunt.

¶ Crannocus. *Centum Crannocos frumenti*, apud eumdem Rymerum tom. 1. pag. 341. et 342.

CRANOHARI, seu *Commorsus gruarius*. Lex Bajwariorum tit. 20. cap. 1. § 1 : *Accipiter qui Cranohari dicitur* MS. *Cranihari*, sed legendum censet Lindenbrogius *Cranichapich* : Germanis enim *Cranich* et *Cranen*, est *grus; hapich*, accipiter : atque is ipsus est qui in Lege Alemannorum tit. 99. vocatur *Accipiter qui gruem mordet* : de qua accipitrum specie, Heildebertus Rex Cantiæ in Epist. ad S. Bonifacium Episcop. Moguntin. : *Unam rem præterea a vobis desidero mihi exhiberi, quam vobis acquirere valde difficile esse, juxta quod mihi indicatum est, nullatenus reor, hoc est, duos falcones, quorum ars et artis audacia sit grues velle libenter captando arripere, et arripiendo consternere solo.... quia videlicet perpauci hujus generis accipitres in nostris regionibus hoc est, in Cantia, reperiuntur, etc.* Vide Baron. ad ann. 715. n. 18.

Anglo-Saxonibus Cræn, Cambro-Britannis garan, gruem, et machinam elevatoriam significat : unde *Cranagium*, tributum pendi solitum pro usu gruis seu tollenonis, machinæ ad trahendas e nave merces. Skinnerus in Etymol. Anglic.

¶ **CRANTANEUS**, Crantare. Vide *Creantare*.

* **CRAPA**, Calvaria, Ital. *Crepa*. Chron. Bergom. ad ann. 1401. apud Murator. tom. 16. Script. Ital. col. 925 : *Sub uno dictorum altarium inventum fuit corpus domini sancti Narni episcopi et de Crapa ipsius S. Orcebati de aqua clarissima.*

CRAPALDUS, Bufo, ex Gallico *Crapaud*. Lucas Tudensis lib. 3. contra Vald. cap. 15 : *Miræ magnitudinis bufo, qui alio nomine Crapaldus vocatur.* [Vide *Crapollus*.]

* Haud scio an inde *Crapault*, pro Ostiolo, portula, vulgo *Guichet*, in Lit. remiss. ann. 1459. ex Reg. 188. Chartoph. reg. ch. 189 : *Le suppliant envoya querir la clef du Crapault d'icelle porte* (de la ville de Bourdeaux) *que les coustumiers de la ville gardoient.*

¶ **CRAPINUM**, f. Palea minutior sic dicta a Belgico *Krappen*, Excidere, quod hujusmodi palea minor a crassiori excidatur et separetur. Charta Theodorici Comitis Flandriæ ann. 1163. in Tabulario S. Nicasii Remensis : *Stramen et Crapinum et paleam prædictis monachis in eleemosynam contulit.* Vide *Crappa*.

* Gall. *Crapin*, qua voce significantur Purgamenta tritici, quæ de vanno excidunt, vulgo *Criblures*. Chartul. sign. *Decanus* S. Petri Insul. fol. 206. v° : *Item au deschargier le disme en le grange, prent et lieve le xiij. s'elle veult, ou au batre le xiij. havot, lequel qu'il leur plaist. Item près ce xiij. Nostre Dame de Tournay le fait batre, et en a le x. havot à comble pour son bataige. Saint Pierre de Lille n'a riens au droit Crapin, qui chiet du van. Crulure*, eodem significatu, in Lit. remiss. ann. 1376. ex Reg. 109. Chartoph. reg. ch. 347 : *Jehan Thomas tantost prist de la Crulure et hauton de son blé et le geta en ladite entremuye dudit molin, pour le faire moldre avec le blé de Jehan Garlet.* Occurrit rursum infra. *Creanz*, eadem acceptione, in vet. Necrol. Ms. eccl. Carnot. : *Anno Domini 1283. 13. Kal. Apr. obiit Petrus de Touchiis levita, canonicus Carnotensis, vir utique nobilis genere,... qui..... dedit nobis..... le Creanz de subtus vannos granchiæ capituli Carnotensis, sitæ apud Grandem-Hussum.* Vide infra *Crientia*.

¶ **CRAPOLLUS**, Bufo. Acta SS. Maii tom. 4. pag. 423. de S. Petro Cælestino : *Item in loco illo reptilia erant, serpentes, scorpiones, stelliones, et hujusmodi : unde aliquando cum dormiret, qui vulgo dicuntur Crapolli, intrabant in pectus ejus.* Vide *Crapaldus*.

CRAPPA. Fleta lib. 2. cap. 82. §. 2 : *Abjectio vero bladi, ut Crappæ hujusmodi quæ in anno remanserint, recolligatur, ac potius trituretur.* Etiamnum Galli *Crappe*, fæces appellant. [Vide *Crapinum*.]

* Chartul. C. eccl. Camerac. ch. 54 : *In trituratione segetum, in Crappis, in stramine, etc.*

* **CRAPULA**, Nimia ciborum voluptas, apud S. Aug. lib. 10. Confess. cap. 31. et Aelred. edit. P. Gibbon. pag. 260. et 410. Vide Camusat. in Hist. crit. Diar. tom. 2. art. 4. pag. 54.

¶ **CRAPULARI**, Inebriari. Psalm. 77. 65 : *Tanquam potens Crapulatus a vino.* Hieratium Juris Pontificii pag. 146 : *Nunc sunt ut plurimum convivarum seu potius convitiorum hospitia, non ara Sacerdotum, sed hara Crapulantium.* Improbat hoc verbum Vossius de Vitiis Latinitatis. *Crapulatus cibo nimio*, in Vitis Patrum Emerit. tom. 2. Concil. Hisp. pag. 641. col. 2. *Crapulatus pinguedine imperii*, in Chronico Siciliæ apud Marten. tom. 3. Anecd. col 65.

* Glossar. vet. ex Cod. reg. 7641 : *Crapulatus, subito inebriatus.*

¶ Crapulatio, Crapula, apud Leibnitium tom. 1. Scriptor. Brunsvic. pag. 994.

¶ Crapulentus, Crapula gravatus, apud Ammianum Valesii.

¶ Crapulosus. *Gulæ Crapulosis libidinibus serviens*, apud Firmicum lib. 8. cap. 20.

* **CRAPUS**, Hædulus, Occit. *Crabot*, Gall. *Chevreau*. Testam. ann. 1469. ex Tabul. Flamar. : *Item unam suem sive troyam cum tribus tessonibus, duos Crapos et tres oves.* Vide supra *Crabota*.

** **CRAS**, Mane; apud Germanos quippe *Morgan*, sive *Morgen* et cras et mane significat. Walterius vers 399 :

Taliter insomnem consumpserat Attila noctem ....
Vix tamen erupit Cras rex patribusque vocatis
Dixerat, etc.

Vide Grimmii Mythol. German. pag. 431.

* **CRASIS**, Gr. κρᾶσις, Complexio, rei alicujus temperatio. Vita S. Rosæ tom. 5. Aug. pag. 933. col. 2 : *Tam abstrusa, monstrifica, ignota erat harum desolationum figura et natura, ut vix demum reperti fuerint theologi perspicaces et gnari, qui de illarum Crasi quidpiam certi præsumerent diffinire.*

CRASPISCIS, Qui alias *Piscis crassus* nostris et Anglis dicitur, sicut Balæna, et ad Regem peculiari ac Regio jure pertinet : unde Piscis Regius vulgo dictus, ut in hac voce docemus : Spelmanno *Grampois*, quasi *grand poisson* dicitur, Bractono *Crassus piscis*, lib. 2. cap. 5. §. 7. cap. 24. § 1. lib. 3. tract. 2. cap. 2. § 4. *Poisson à lard*, in Legibus Maris Oleronensib. art. 37. 38. 44. Leges Æthelredi Regis cap. 23 : *Qui ad pontem veniebat cum bato, ubi piscis inest, 1. obolus dabatur in telonium, et de majori navi 1. denar. Homines de Rothomago qui veniunt cum vino vel Craspisce... monstrabant res suas et extolneabant.*

* *Crapois*, in Lit. ann. 1315. tom. 1. Ordinat. reg. Franc. pag. 600. *Grapois*, in aliis ann. 1349. ibid. tom. 2. pag. 319. art. 15. Arest. ann. 1384. 13. Febr. in vol. 7. arestor. parlam. Paris. : *Quant est des sept estaux pour vendre seiches, et deux pour vendre Crapois, etc.* Bestiarius Ms. :

En la mer ki est grant et saine
Est l'esturjon et la balaine,
Et le tourbot et le Crapois,
Et uns grans, qui a non poupois.

Neque tamen semper Regis erat *Crassus* piscis, sed interdum dominorum feudalium, si hoc jus alias iis per chartam indultum esset. Charta Guillelmi Nothi Regis Angliæ in Monastico Anglic. tom. 1. pag. 317. et apud Prynneum in Libertatib. Angl. tom. 1. pag. 1192 : *Et si piscis, qui Craspeise vocatur, illic advenerit, Abbatis et Monachorum sit totus.* Charta Henrici III. Reg. Angl. apud eumdem Prynneum tom. 2. pag. 739 : *Cum nullus in regno nostro jus habeat hujusmodi regium piscem vendicandi, ubicumque applicuerit, nisi de jure speciali a vobis vel prædecessoribus nostris ei fuerit indultum.* Adde pag. 982. Monasticum Anglican. tom. 2. pag. 961 : *Totam terram quam Acelinus Clericus ibi in Sotavilla tenuit, et duas naves ad Crassum piscem, et 2. salinas, et dexteram alam de Crasso pisce, et frustum unum de Crasso ejusdem piscis, et aliud de macro.* Charta Roberti Comitis Augi ann. 1059. ex Tabulario S. Michaelis de Ulterioriportu : *Si homines Abbatis piscem qui dicitur Sturjon, capiunt, totus erit S. Michaelis. Crassus piscis, si captus fuerit, ala una et medietas caudæ erit Monachis.* Idem habetur in Charta Philippi Regis Franc. ann. 1301. Radulfus de Diceto ann. 1194 : *Circa dies istos piscis quidam vocatus vulgo Crassus piscis, vi ventorum et impulsu maris appulsus est apud... villam Canonicorum S. Pauli Londoniæ : cum quæstio moveretur utrum ad Regem, an ad Canonicos piscis pertinere deberet, sententiatum est, piscem non ad Regem, sed tam ad Decanum, quam ad Capitulum spectare debere.* Aresta Pentec. ann. 1271. in Regest. Parlam. fol. 73 : *Super eo quod D. Guillelmus Crispini intendebat probare se esse in possessione et usu habendi grossum piscem quocumque nomine vocetur, qui valeat 50. libras, vel plus aut minus, quando contingit quod idem piscis arrestatur ad littus maris apud Popevillam, etc.* Ballivo *contradicente pro Rege, quod Consuetudo generalis est in Normannia, quod quando talis piscis invenitur in littore maris, quod Baro, nec Miles, nec alius, qui a Rege teneat, talem piscem habet, si valeat ultra 50 libras, nisi per cartam eum habeat, ... Pronunciatum fuit quod dictus Guillelmus ipsam balenam non debebat habere, nec erat supe hoc audiendus.* Vide Argentræum lib. I. Hist. Britan. cap. 9. et *Aquaria.*

CAMPARTURA CRASSI PISCIS, in Charta Richardi de Haya, apud Columbum in Blancalanda pag. 550. Vide *Geaspecia.*

¶ 1. **CRASSA**, Species exactionis. Litteræ Johannis Franc. Regis ann. 1351. quibus confirmat Statuta Sartorum Monspelliensium, tom. 2. Ordinat. pag. 469 : *Sartores infra scripti dixerunt et protestati fuerunt ibidem, quod per infra scriptas ordinationes et conventiones, non intendunt facere Crassam, rassam, seu monopolium, nec easdem facere in prejudicium juris, sed tantummodo ad honorem Dei... et ad utilitatem caritatis, artificii, seu misterii sartorie.* Videtur legendum *Trassa.* Vide in hac voce.

¶ 2. **CRASSA**, Adeps, Gall. *Graisse.* Canones Hibern. apud Marten. Anecd. tom. 4. col. 19 : *Carnes suillæ si morticinum comedent, Crassa vel pinguis, ut morticinum quo pinguescunt sues, refundendæ sunt.*

* Hinc *Crasset*, Lampas seu vas, in quo adeps infunditur et accenditur, in Lit. remiss. ann. 1475. ex Reg. 195. Chartoph. reg. ch. 1356 : *Le baston à quoy l'en pend le chalcil ou Crasset les soirs, pour alumer en la maison.* Vide infra *Crucibulum.*

* **CRASSÆ**, Compedes, Gall. *Entraves.* Arest. ann. 1316. in Reg. *Olim* parlam. Paris. fol. 341. v° : *Furchas dicti Bernardi in terra sua et jurisdictione patentes et erectas, ac quasdam Crassas ligneas fregerant, diruerant et combusserant.* Sentent. inter episc. Petragor. et procurat. reg. ann. 1325. in Reg. 65. 2. Chartoph. reg. ch. 322 : *Cum olim leprosi de Basilhaco essent apud Basilhacum capti et positi in quisbusdam Crassis,.... venerunt ibidem gentes episcopi et dictas Crassas seu compedes fregerunt.*

CRASSANTIA. Albertinus Mussatus lib. 2. de Gestis Italicor. pag. 84 : *Viro sapienti, nobilique expedire, inquiens, non ob juvenis Ubertini impetum, Crassantiæque unius excessum, statum hunc periculosum urbis concutere.* Utitur alibi : pro *grassatione* dictum quidam putant.

CRASSANTUS, Piscis species. Eucheria lib. 4. veterum Poemat. pag. 188. et tom. I. Analector. Mabillon. pag. 368 :

> Auratam Crassantus amet saxatilis Anguem,
> Limacem pariter nunc sibi Tructa petat.

* **CRASSARE**, *Engresser. Crassere, estre gras*, in Glossar. Gall. Lat. ex Cod. reg. 7684. Vide *Crassari*, 1, et *Crassatus.*

¶ 1. **CRASSARI**, Turgescere, tumescere, Gall. *Enfler, Grossir.* Sebastian. Perusin. in Vita B. Columbæ Reatinæ tom. 5. Maii pag. 335. * : *Cum advertisset Crassatos admodum pedes et horribiles visu.* Translatio S. Athanasii Episc. Neapolitani apud Murator. tom. 2. col. 1074 : *Adolescens quidam oppleto capite morbo oculorum lumen amiserat, cujus palpebræ Crassantes supra genua.* Apul. lib. 3. de Asino : *Pili Crassantur in setas*, id est, Crassiores fiunt instar setarum.

¶ 2. **CRASSARI**, pro *Grassari*, et CRASSATURA pro *Grassatura.* Vocabular. utriusque Juris : *Crassaturæ dicuntur quæ fiunt a latronibus in itinere, dum crudeliter contra transeuntes Crassantur.* Annal. Mutinens. apud Murator. tom. 11. col. 63 : *Eodem anno (1247.) Mutinenses castrametati sunt... prope Bazanum... et de nocte die 23. Julii Bononienses Crassati sunt eos, et Bononienses conflicti fuerunt, et mortui sunt multi ex utraque parte.* [** Vita S. Galli ap. Pertz. vol. Scriptor. 2. pag. 16 : *Febrium .... acredo tantum in eo Crassata est.*]

* **CRASSARIUS**, Adipis vel uncti mercator, Gall. *Graissier*, alias *Crassier.* Comput. Ms. fabr. S. Petri Insul. ann. 1473 : *Item sciendum quod Egidius Marliere Crassarius posuit duo scuta aurea in trunco,....... unum illorum ordinatum fuit fabricæ generali, liiij. sol.* Lit. remiss. ann. 1463. in Reg. 199. Chartoph. reg. ch. 396 : *Zegre Dumay Crassier, natif de la ville de Gand,... fut en la compaignie d'autres dudit mestier de Crasserie boire en ung cabaret.*

CRASSATUS et *Incrassatus porcus*, Gallis, *Un porc mis en graisse.* Speculum Saxonicum lib. I. art. 24. § 1 : *Crassati autem porci non his, sed domesticis cibariis applicantur.* Lib. 3. art. 51. § 3 : *Porci Incrassati.* Vide *Crassare.*

CRASSEDO. Apud Fulgentium Placiadem de Virgiliana continentia : *Adipata Crassedo ingenii.*

¶ **CRASTERIUS**, an Operarius, Gall. *Manœuvre, Homme de journée*, a voce *Cras* sic dictus, quasi qui diurno quæstu propulsat famem, nihilque servat in Crastinum, ut Galli dicimus, *Qui vit au jour la journée?* Saisimentum Comitatus Tolosæ n. XXIII. inter Instrumenta probantia Annal. Tolos. tom. I. pag. 16 : *Item de quolibet Crasterio unum jornale ad fodiendam vineam Domini, et aliud jornale ad faciendum ligna, salvo victu ipsorum ad festum Natalis Domini.* Laurentius in Amalthea : *Crasterium, Ligna quatuor sunt colligata ad pabulum jumentis ferendum.* Quid hinc elici queat ad expositionem vocis *Crasterius* non video.

* **CRASTINA**, Feriæ, Gall. *Vacances*, quod crastino die actus publici concederentur, sic appellatæ; nostris etiam *Crastine*, Nundinæ, quæ diem festum patroni alicujus loci sequuntur. Stat. Universit. Tolos. ex Cod. reg. 4222. fol. 44. v° : *Si autem aliquis magister in artibus, vel in grammatica, vel etiam in medicina faciat principium suum, cum intentione legendi ordinarie in strudio Tolosano, tunc ipso facto Crastina sit concessa : quæ Crastina tantummodo a grammaticis, logicis et medicis observetur.* Stat. Universit. Andeg. IV. ann. 1395. tom. 8. Ordinat. reg. Franc. pag. 243. art. 49 : *Quia retroactis temporibus, propter Crastinas et vacationes, quæ fiebant in studio supradicto, multa mala et scandala obvenerunt, statuimus quod nulla fiet Crastina in dicto studio in futurum; hoc tamen excepto,.... si ab aliqua nacione in honorem alicujus sancti festum solempniter celebretur, et tunc fiat sola et unica Crastina.* Lit. remiss. ann. 1388. in Reg. 133. Chartoph. reg. ch. 172 : *Le lendemain et Crastine du jour de feste S. Pierre entrant Aoust, etc.* Aliæ ann. 1390. in Reg. 139. ch. 137 : *Le lendemain d'une feste de Penthecouste, que la Crastine de la feste de la ville avoit esté, à heure de quatre lieues de nuit ou environ, etc.* Aliæ ann. 1473. ex Reg. 195. ch. 827 : *Le jour de la feste S. Eloy, qui estoit le jour de la Crastine de la feste de Bersigny, etc.*

* CRASTINATIO, Eadem notione. Stat. Universit. Aurel. ann. 1307. ex Cod. reg. 4223. A. fol. 17. v° : *Nulla quoque festa dabunt vacationes a lecturis, nisi quæ celebrantur a clero et populo; ex quo relinquitur quod festa repentina pro Crastinationibus aut aliis inventionibus quibuscumque sibi noverint interdicta.* Vide mox *Crastinum.*

* **CRASTINARE**, *Répéter*, in Glossar. Lat. Gall. ex Cod. reg. 7692.

* **CRASTINATIO.** Vide supra in *Crastina.*

* **CRASTINUM**, Dies crastinus, vulgo *Lendemain*, alias *Crastin.* Chron. vet. Celtense edit. a Struvio pag. 151 : *In Crastino Matthiæ apostoli, etc.* Charta Roberti comit. Claromont. ann. 1286. in Reg. feudor. ejusd. comitat. ex Comput. Paris. : *Pour un pain et un denier de rente par an, à paier..... à nous et a noz hoirs ou Crastin de la Nativité de Nostre Seigneur.* [** Dicebant *Dies crastinus, Crastinus, In crastino mane, Nox quæ incrastinavit, etc.* Vide Haltaus. Calendar. med. Ævi. part. gen. cap. 6.]

¶ **CRASTINUM** CRASTINII, Dies perendinus, Gall. *Après demain.* Robertus *Goulet* in Compendio Jurium Universit. Paris. fol. 5. verso : *Eorum examen in Crastino Crastinii post festum Regum aperitur, et in festo Purificationis clauditur.*

* **CRASTINUS**, Subsequens, futurus. Charta ann. circ. 1079. ex Tabul. Burgul. : *Ne posteros desiderii mei....... consummatus lateret effectus, quoniam si lateret, nulli dubium per Crastina temporum curricula oblivioni traderetur, etc.*

¶ **CRATA**, pro *Crates*, Gall. *Grille, Balustre.* Miracula B. Simonis de Lipnica tom. 4. Julii pag. 541 : *Et a Crata chori Ecclesiæ Fratrum usque ad sepulchrum... geniclinavit.*

CRATARE, ex Gallico *Grater*, Scabere, vel scalpere. Addit. Legis Frision. tit. 3. § 44 : *Si quis alium unguibus Crataverit, etc.* Sicama vocem a Græco χαράττειν, seu Latino *Caraxare* deducit.

CRATENA. Monast. Anglic. tom. 2. pag. 432 : *Quantum vero ad restagnationem aquæ vivarii.... et ejusdem Cratenæ moderationem, ac divisionem prati, etc.*

* **CRATENS**, *Gratille, e magro, e sotile.* Glossar. Lat. Ital. Ms. Vide *Cracentes.*

¶ 1. **CRATER**, *Catena, filiola, vel vas habens tres urnas.* Papias in MS. Bituricensi. [** Melius in edito : *Crater vel Cratera, fiala, etc.* ex Isidor. Origin. lib. 20. cap. 5 sect. 3. et lib. 16. cap. 16. sect. 13.]

2. **CRATER**, Lampas, seu discus lampadis. Itinerarium S. Willibaldi n. 18 : *Et ibi stant in lecto 15. Crateres aurei cum oleo, ardentes diu noctuque.* Ἀργύρεοι κρατῆρες, eadem notione apud Paulum Silentiarium. Vide Descriptionem ædis Sophianæ a nobis editam cum Cinnamo n. 58.

¶ **CRATERA**, Corbis, ut videtur. Sporta, qualus, Gall. *Panier.* Vita S. Gregorii Papæ tom. 4. Martii pag. 132 : *Obtinet is a negotiatoribus, ut in Cratera occultatus educeretur ab urbe.* Isid. Orig. lib. 20. cap. 5 : *Fiebant autem primum* (Crateræ) *a connexionibus virgularum : unde et dictæ Cra-*

teræ ἀπὸ τοῦ κρατεῖν, *id est quod invicem se teneant.*

* **CRATHERIA**, Crates, Gall. *Claie.* Sentent. arbitr. ann. 1500 : *Glaudius Lamberti, alias Guillon, dicebat et proponebat, quod dicti parerii martineti de Reveniers comblablant bialerias martineti..... de Cratheriis et petris. Craticula, cril vel cloye*, in Glossar. Lat. Gall. ex Cod. reg. 7679.

¶ **CRATICEA**, Crates, Gall. *Grille, Treille, Balustrade.* Acta SS. Junii tom. 1. pag. 57. de S. Secundo : *Prope altare majus, arca marmorea et Craticea ferrea ære publico constructis.*

CRATICULÆ. Vita S. Pardulphi : *Et rursum se erigens ad Craticulas, ubi fratres ad psallendum se subponere soliti sunt.* Polycandeli species in formam *cratis* efficta.

* **CRATICULATUM**, *Gallice, Hour de cloe.* Glossar. Lat. Gall. ann. 1352. ex Cod. reg. 4120. *Craticula, Roteil*, ibid.

¶ **CRATICULATUS**. De S. Laurentio in craticula tosto dicitur apud Marten. Ampliss. Collect. tom. 1. col. 959. et in Vita S. Heriberti tom. 2. Martii pag. 473.

* **CRATILIS**, Cratibus clausus, defensus. Terear. villæ *de Busseul* ex Cod. reg. 6017. fol. 32. v° : *Item tres solidos pro quodam prato, quod solebat esse Cratile.*

CRATIS, Repagulum ferreum in modum cratis, quo Sanctimonialium locutoria clauduntur, nostris, *la Grille.* Regula Monialium Damianitarum cap. 5 : *Non licet Sororibus loqui ad locutorium, vel ad Cratem, sine licentia Abbatissæ, etc.* Mox : *Ad Cratem vero pannus interius apponatur, qui non removeatur, nisi cum proponitur verbum Dei, vel aliqua alicui loqueretur. Crates ferreæ* per quas Communio accipitur, in Regula Clarissarum, *quibus apponitur pannus interius, ita ut nulla inde valeat exterius in Capella aliquid intueri.*

* **CRATON**, NIS, *Conduch, Prov. conductus.* Glossar. Provinc. Lat. ex Cod. reg. 7657.

CRATONES, Cibi genus. Udalricus lib. 2. Consuetud. Cluniac. cap. 4 : *Pro signo rufeolarum, vel ut Theutonici loquuntur Cratonum* (al. *Crafonum*) *præmisso signo generali panis, simula cum duobus digitis illas minutas involutiones quæ in eis sunt factæ, ex ea parte qua sunt complicatæ, et quasi rotundæ.* Forte legendum *flatonum.* Vide in hac voce. [Apud Bernardum in Ordine Cluniac. part. 1. cap. 17. ubi eadem habentur, pro *Cratonum* legitur *Craforum.* His recte substitueretur *Crapforum* vel *Grapforum*, seu *Grapfonum*, a Theutonico *Grapfen*, Species placentulæ in altum erectæ ex farina et butyro confectæ.]

* **CRATULA**, Vestis ecclesiasticæ species. Charta ann. 1266. ex Tabul. S. Vict. Massil. : *Uno pallio, una de altari toualia, una planeta de purpura, stolis duabus, Cratulis duabus, alia planeta de sendato blandecto, camisio, amicto et manipulo, et duabus Cratulis.* Vide *Retiolum.*

** **CRATUS** pro *Crater.* Ecbasis vers. 113 :

Nec biberam Cratum pecoris de sanguine tinctum.

CRAVARE, Postulare, impetere, in judicium mittere; vox Anglo-Saxon. Crafian, quæ idem sonat. Leges Henrici I. Regis Angl. cap. 80 : *Si homicida divadietur ibi, vel Cravetur, fitwitam recipiat.* Cap. 94 : *Si homines unius hominis* (al. *domini*) *pugnent cum sanguinem faciente, vel non faciente, sive in præsenti, sive postea, quoniam Cravetur, non remanet wita domini. Si sint duorum dominorum, et alius alium verberet cæcis ictibus et non cruentis, sive Cravatus ibi sit, vel non convictus noxæ, witam emendabit domino cujus hominem verberavit. Si sanguinem ei faciat, et recedat sine Cravatione et divadiatione, witam domini retulit, et non habebit eam dominus, cujus hominem vulneravit.* Hinc

MISCRAVATIO, in iisdem Legibus cap. 22. pro injusta postulatione.

Crebro etiam in iisdem Legibus *Curvare*, et *Curvatus*, pro *Cravare* et *Cravatus*, legitur, cap. 41. 81. 82. 88. et 94. ubi tamen plerique Cdd. MSS. *Cravare* præferunt. Iterdum

GRAVATIO scribitur, ut in Legibus Ethelredi Regis cap. 19 : *Et qui permanet sine Gravatione et calumnia, etc.*

INGRAVARE, Impetere, postulare, in Legibus Edmundi Regis apud Culintonam editis, § 7 : *Omnes infamati, et accusationibus Ingravati sub plegio redigantur.* Vide *Aggravatus.*

* **CRAVARIUS**, Caprarum custos. Stat. Taurini ann. 1360. cap. 297. ex Cod. reg. 4622. A : *De custodiendis bestiis per vaccarios, porcarios et Cravarios, et de solutione fienda..... Cravarius pro qualibet capra habeat et exigere possit eminam unam siliginis. Cremail*, f. capra vel hædulus, in Tabul. S. Vict. Massil. : *Consanguinei nostri acceperunt pro hac donatione unum optimum asinum et unam trojam, cum quinque porcellis, et unum Cremail.* Vide supra *Crabota* et *Crapus.*

* **CRAVATUS**, Lamina seu ansa ferrea constrictus, ut videtur, Gall. *Cramponé*, ab Ital. *Chiavato*, Clavis confixus. Charta ann. 1375. ex Tabul. Cassin. : *Quod trabes sint Cravati a parte exteriori murorum.* Vide mox

* **CRAVELLA**, Clavus, Ital. *Chiavello*, Gall. *Cheville.* Stat. Montis-reg. pag. 311 : *Item pro quolibet ballono Cravellarum solvat unum denarium.*

CRAVER, Ξηρὸν κουρέως, in Gloss. Græc. Lat. MSS. Editum habet *Traver.*

* **CRAVIS**. Mirac. S. Raymundi tom. 6. Jul. pag. 663. col. 1 : *Puer quidam duorum annorum.... transglutivit granum Cravis sepnei, et stabat quasi mortuus : nutrix, mater, et avia voverunt eum, et vovit* (f. vomit) *illum Cravem, et sanatus est.*

* **CRAWEGIÆ**, Operæ, quas subditi dominis suis ex lege vel consuetudine præstare tenentur, idem quod *Corvatæ.* Vide in hac voce. Charta ann. 1470. in Supplem. ad Miræum pag. 627. col. 1 : *Ipsæ moniales solvere debent singulis annis et temporibus omnia jura, onera et Crawegias, tam principis quam singulorum officiariorum.* Ubi leg. forte *Corwegias.* Vide supra *Corvehia.*

¶ **CRAXARE**, pro *Charaxare*, de quo supra, Scribere. Adamnanus de Locis sanctis, inter Acta SS. Benedict. sæc. 3. part. 2. pag. 502 : *Mihi Adamnano hæc universa, quæ infra Exaranda sunt, experimenta diligentius perscrutanti, etc.* ubi Mabill. pro *Exaranda* legendum monet *Craxanda* vel *Caraxanda*, ut infra pag. 506 : *Hanc quam nunc Craxamus narrationem, etc.* Rursum pag. 513 : *Huc usque de sepulcris Patriarcharum sufficit Craxasse.*

¶ 1. **CREA**, *Stercus, spurcitia, unde Excreare dicimus, Spurcitias ejicere.* Gloss. Isid. Vide *Screa.*

¶ 2. **CREA**, *Agrestis capra*, in Glossario MS. Sangerman. n. 501. Vide *Creas.*

¶ **CREACRÆ**, (melius *Creagræ*) *Tridentes fuscinulæ ad carnes de caldaria proferendas.* Papias. Est a Græco κρεάγρα. Vulg. Interpres 2. Paralip. 4. 11 : *Fecit autem Hiram lebetes, et Creagras et phialas.* Legitur iterum Jerem. 52. 18. Gloss. Isid. : *Creagras, Tridentes.* Auctorium Janssonii : *Creagræ, Fuscinæ ad carnes de caldariis proferendas.* Martian. Capella lib. 9. pag. ult. Artes *Creagris vix amicas Atticis.*

* **CREACUS**, vel CREATUS, Piscis marini species, Acipenser, silurus, Gall. *Esturgeon*, Burdegalensibus *Creat.* Reg. sign. JJ. rub. ann. 1273. ex Cam. Comput. Paris. fol. 2. v°. : *Petrus Doati de S. Emiliano....... tenet de feudo vicecomitis Franciaci..... undecimam partem quarteriorum piscium, videlicet Creacorum, qui capiuntur in mari prædicto per homines de Franciaco.* Vide *Sturgio.*

* **CREAGA**, pro *Creagra*, passim in Glossar. Lat. Gall. et Gall. Lat. ubi legitur : *Creaga, Havet.* Glossar. Provinc. Lat. ex Cod. reg. 7657 : *Creaga, fuscina, grapa, Prov.* Aliud Lat. Gall. ann. 1348. ex Cod. 4120 : *Creaga, Gallice Croille.* Vide *Creacræ* et infra *Havetus.*

¶ **CREALIS**, *Vitreis.* Papias MS.

* **CREALIUM**, *Guernier*, in Glossar. Lat. Gall. ex Cod. reg. 521. Leg. *Cerealium, Grenier. Cerealium, Locus ubi panis et cibus paratur*, in Amalth. ex Cath. Vide *Cerealis* 1.

* **CREANDA**, Modus agri, f. pro *Croada*, ut recte notatur ad Ch. ann. 1138. inter Probat. tom. 2. Hist. Lothar. col. 318 : *Præterea notum fieri volo, ... quod dominus Erardus de Risnel advocatus de Vanderiis quandam supradictæ ecclesiæ Creandam, in territorio ejusdem villæ jacentem donaverit.* Vide *Croada* 2.

CREANTARE, ex Gallico *Creanter*, Fide aut sacramento interpositis promittere, cavere, stipulari. Catholicon Armoricum : *Cret*, Gall. *Plege, Fidejussor. Cretat, Pleiger, Fidejubere.* [Charta Petri Episcopi Tarvanensis ann. 1244. inter Instrum. tom. 4. novæ Gall. Christ. col. 126 : *Promiseruntque et Creantaverunt fide interposita.* Charta Philippi Augusti Collect. Ampliss. tom. 1. col. 1041. E : *Quando nos illud castrum dedimus eidem Vicecomiti, et salvis consuetudinibus ejusdem castri, quas nos ei tenere Creantavimus.* Charta Galcheri Comitis S. Pauli ann. 1216. inter Anecd. Martenii tom. 1. col. 853. E : *Ego et filius meus Hugo ei Creantavimus, quod ipsam redderemus immunem.*] Charta Roberti Episcopi Claromont. ann. 1212. apud Justellum : *Nos autem Creantavimus quod castrum illud bona fide custodiemus.* Alia apud eumdem : *Ego Rainaldus et Ida Comitissa uxor mea Creantavimus D. nostro Philippo Regi Franciæ, quod nos Mathildem* filiam nostram dabimus in uxorem Philippo ejusdem Regis filio, etc. Tabularium Abbatiæ S. Joan. Ambian. ann. 1226 : *Cum autem Beatrix filia mea non haberet ætatem Creantandi, recepit denarios qui dari solent pueris in consimili venditione secundum consuetudinem patriæ approbatam.* Alia ann. 1225 : *Alii vero cum necdum haberent ætatem, quoad jurare possent, habuerunt denarios pro concessione quæ solent dari pueris secundum terræ consuetudinem approbatam.* Ibidem f. 290 : *Joannes etiam filius meus habuit denarios qui solent dari pueris pro concessione venditionis secundum terræ consuetudinem approbatam.* Fol. 338 : *Cum autem Elizabeth soror Ingerranni nondum ætatem haberet jurandi, habuit denarios concessionis quæ solent dari juxta consuetudinem terræ approbatam.* Adde fol. 458. Le Roman *de Garin :*

Est Craantez, et li jors est assis.

[Vetus Poëta MS. in Bibl. Coislin. :

O lui doige faire danger,
Ou Creanter sans atarger.

La Bataille *du Caréme et du Charnage* MS. :

Ains que le pays soit Creantée,
Que sa gent soit abandonnée,
En totes saisons sans danger
A ceux qui en verront manger.

Bellomanerius cap. 59 : *Cil qui est en autri pooste ne puet mie me Creanter convenant que une cose si soit aprés la mort à celui en cui pooste il est.* Tradit. des Institut. : *Marchies est fes si-tôt comme il est Creantez à tenir.*] Chronicon Flandr. cap. 71 : *Et leur fit Creanter par la foi du corps, comme fils à pere, qu'il tiendroit celle alliance jusques à la fin.* Ubi perperam editum *Creancer*. Vide Glossar. ad Villharduinum.

¶ Craantare, Eadem notione. Charta Adami Porci ann. 1197. e Chartulario Montis-Martyrum : *Ab ipsis et omni eorum genere imperpetuum garandiam ferre Craantaverunt.*

¶ Crantare. Charta Nicolai Abb. Mediani Monasterii ann. 1238. in Hist. ejusdem Monasterii pag. 316 : *Villicus, si necesse fuerit, debet Crantare pro expensis Abbatis usque ad xx. solidos Tullenses, et pro Advocatis usque ad decem.*

* Creantiare, Idem. Charta Willel. de Bethunia ann. 1228. in Suppl. ad Miræum pag. 585. col. 2 : *Nos ipsos penitus quitabimus et sine dampno et custo omni et dedecore ipsos a dicto placito absolvere debemus, et hoc eis Creantiamus. Creenter*, in Lit. Theob. comit. Campan. ann. 1231. tom. 5. Ordinat. reg. Franc. pag. 550.

* Creantatio, Fide aut sacramento interpositis promissio, cautio; item Consensus, voluntas, nostris *Creante.* Charta Jacobi *de Seiles* milit. ann. 1220. ex Tabul. S. Vulmar. Samer. : *Per assensum et Creantationem ejusdem Eustachii promittens et obligans me dictæ ecclesiæ ad guarandizandum eidem dictam decimam.* Alia Ferrici ducis Lothar. ann. 1257. ex Tabul. S. Apri Tullens. : *Et toutes cealz choses sont faites par lou lous et par lo Creante de madame Gaudine sa fame.*

Creantum. Cautio de re quapiam facienda, *Creant.* Statut. Philip. Augusti Reg. Fr. apud Rigordum ann. 1188 : *Faciant creditoribus per fidejussores, vel per vadia, Creantum suum solvendi debita ad prædictos terminos. Crant ou scureté*, in Consuetudine Hannoniensi cap. 88. 89. 90. [Litteræ Matthæi Ducis Lotharingiæ ann. 1220. inter Anecd. Marten. tom. 1. col. 881 : *Videlicet de tribus millibus libris Metensibus, de quibus tenentur facere Creantum ipsius Comitis Barri-Ducis.* Concil. Trevir. ann. 1310. n. 152. inter ead. Anecd. tom. 4. col. 282 : *Statuimus ut iidem Tabelliones non occulte in privatis domibus, sed publice et in loco publico hujusmodi prothocolla et Creanta super conficiendis ab eis instrumentis recipiant, adhibitis ad minus duobus testibus fide dignis, nisi contractus talis sit, qui de consensu partium contrahentium usque ad certum tempus, vel ad voluntatem eorumdem contrahentium teneri debeat in secreto.*] *Promesses, Grez*, in Consuetudine Britanniæ art. 686.

* Nostris, *Crant*, *Creant* et *Crantement. Par le Crant et par le los del devantdit duc*, in Lit. Theob. comit. Campan. ann. 1231. tom. 5. Ordinat. reg. Franc. pag. 550. Charta ann. 1299. in Lib. rub. Cam. Comput. Paris. fol. 63. v°. col. 1 : *Et promist ledit chevalier par son léal Créant et par son serement, etc. Dix lettres obligatoires soubz seelle royal et un Crantement de la court de l'évesque de Beauvaiz*, in Lit. remiss. ann. 1391. ex Reg. 141. Chartoph. reg. ch. 227. Vide supra *Creantatio* et *Creantare*.

* Creantium, ut *Creantum*, in Charta ann. 1273. ex Chartul. Campan. fol. 449. col. 2.

Grantum, Eadem notione. Forma pacis inter Reges Franciæ et Angliæ apud Rogerum Hovedenum pag. 729 : *Si autem Hugo noluerit obedire ad Regem Angliæ cum terra, quam de Rege Franciæ tenet... oportebit Regem Angliæ facere Grantum Hugoni rationabiliter.* Infra pag. 730 : *De Driencurt, et de Archis, Senescallus Normanniæ faciet pro victualibus et custodia ad Grantum et voluntatem Archiepiscopi Remensis. Faire grant*, apud Littletonem sect. 259. et in veteri Consuetudine Britanniæ art. 177.

Grantare. Idem quod *Creantare.* Histor. Fundationis Prioratus Wigmorensis in Angl. tom. 2. Monast. Angl. pag. 214 : *Et l'Abbé Granta lour request, et envoya illecques 4. freres nées et norris en Engleterre, etc.* Ibidem pag. 215 : *Si jeo usse*, (*dit-il un Abbé*) *tutz les biens que Olyver lor donna, lor Granteray, et plus a ceo lor dorray.* Ita vocem hanc usurpant Chartæ aliquot Gallicæ apud Knyghtonem pag. 2558. 2689.

Gratus, Gratum, Idem quod *Creantum* et *Grantum :* unde nata vox nostris usitata, *Gré*, pro assensu, voluntate, quod qui *creantat*, seu cavet alicui, ultro fidem præstet. Capitula Caroli Calvi tit. 24 : *Ipse autem de suo Gradu respondit, quod in illud scriptum non intraret.* Ubi Sirmondus, forte *de suo Gratu*, sua sponte, ultro. At Itali *grado*, pro *grato*, eadem notione dicunt. Vetus Charta apud Beslium pag. 382 : *Tu qui meus es, quomodo teneas hoc quod ego non dedi tibi extra meo Gratu?* Ratherius Veronensis de Qualitat. conjectura : *Sufficeret ei quod ipse dederat castrum, et ille remandasset ei, quod sic vellet eum tenere pro suo Gratu, sicut pro felle.* Infra : *Numquid vero non satis haberem ad meam vivere terram, si eam saltem, quam parochiani mei sine Gratu meo tenent, tenerem?* Charta ann. 1197. in Probat. Hist. Vergiac. pag. 122 : *Idem feodum a manu Monachorum alienare non possumus, nisi Grato et voluntate Ducis Burgundiæ.* Adde aliam ann. 1243. in Probat. Hist. Ducum Burgundiæ pag. 138. *Faire gré*, Creantare, in Usaticis MSS. civitatis Ambianensis : *Se il avient que uns hom fesist semonrre un autre pardevant le Justiche por dete, et cil de qui on se clameroit, ne seroit mie de le quemugne, si conissoit le dete, il seroit tantost à 2. sols et demi, et se li convarroit faire son Gré s'il avoit de coi; et s'il desconnoissoit le dete, il en demoueroit quites.*

Malo-grato, Gallicum *Malgré*, *Maugré*, Invitus, nolens. Matth. Paris ann. 1245 : *Libertatem Ecclesiæ, quam ipse nunquam auxit, sed magnifici antecessores ejus Malo-grato suo stabilierunt.* Id est, Gallice, *Malgré lui.* Idem sub ann. 1252. *Malo-grato Dei*, id est, *Malgré Dieu*, invito Deo. Le Roman *de Rou* MS. :

Guert out si le Conseil troublé,
Que puis n'i out homme escouté,
Qui de faire pais ait parlé,
Qui des plus riches n'ait Malgré.

Hemricurtius de Bellis Leodiensibus cap. 38 : *Car ilh s'estoient tos bin wardeis, sans avoir Mal-greit de nulle des parteis.*

¶ Crantaneus, Spontaneus, gratus. Sententia Gilonis de Versaliis et Sigeberti de Lauduno Domini Regis Bailliviorum ann. 1219. ex Tabulario Corbeiensi : *Notum facimus, quod Radulfus Decanus de Colomellis et homo venerabilis viri domini Abbatis Corbeiæ in assisia Montis Desiderii coram nobis constitutus Crantanea voluntate Creantavit, quod si ipse aliquo modo, quod absit, interciperet de pace facta inter Abbatem Corbeiæ et ipsum, si tamen monstrari poterit vel probari, quod hoc fecerit, quod ipse erit in fuga Domini Regis et de hoc faciendo se abandonavit.* Similia leguntur in altera ejusdem Gilonis sententia de eadem re, eodem anno.

Gratare, Idem quod *Creantare.* Charta Joan. Ducis Britan. ann. 1239. apud Argentreum lib. 5 : *Insuper Gratamus et concedimus, quod hæredes nostri, etc.* Nostris olim *Gréer.* Hinc in Chartis Gallicis ann. 1292. 1307. *Gréer, Loër, Approuver*, apud Duchesnium in Probat. Hist. Drocens. pag. 288. et *Aggréer*, ratum habere.

¶ **CREANTES.** Vide *Cragentes.*

* **CREANTIA**, Crehantia, Jus domini res præsertim ad victum necessarias a subditis mutuo exigendi, idem quod *Credentia* 6. Charta Manassis episc. Aurel. ann. 1163. ex Chartul. Miciac. : *Asseruit etiam* (Buchardus) *quod in eodem burgo nullam Creantiam de consuetudine habere debebat.* Alia ann. 1179. ibid. : *Nullam Crehantiam, nullam omnino consuetudinem in burgo S. Mariæ habebamus. Créance* nostris, pro *Credit*, emptio sine præsente pecunia. Charta ann. 1266. in Chartul. Campan. fol. 403 : *Et ce que nos despandons, pran l'an à Créance.*

1. **CREARE.** Glossæ MSS. ex Cod. Regio 1013 : *Gnatus, natus, generatus, filius, Creatus, vel nexus, vox Gallica.* Paulo ali-

ter Glossæ Isid. : *Gnabat, natus, generatus, filius, Creatus, vel enixus, lingua Gallica.* Ubi Pithœus, f. *gnatatus.* Sed hæc aliter emendanda censuerim, ut *gnatus*, vel *gnabat*, Gallis, fuerit idem quod *netus, filatus, creatus, vel nexus*, sicque omnino legendum sit. Vocem *creare* usurpat Joannes Guillemannus de SS. Herlinde et Renilde Virgg. num. 5 : *Simili etiam modo in universi operis arte, quod manibus feminarum diversis modis ac varia compositione fieri solet, honestissime fuerant instructæ, videlicet nendo, ac texendo, Creando, ac suendo, etc.*

☞ Quæcumque sit vocis *Creare* notio in hocce Gillemanni contextu, quam vocem Mabillonius generatim reddit, *Aliquod muliebre opus facere*, probare non possum longius arcessitam Glossarum Codicis Regii et Isidori emendationem. Simplicius restitui potest ex utroque loco simul collato : *Gnatus, natus, generatus, filius, Creatus vel enixus.* Synonymæ sunt hæ voces omnes. *Gnatus* pro *Natus* Terentium et alios uti, notum est omnibus. *Generatus, Filius, Creatus*, eadem esse quis dubitet? Neque alia est vocis *Enixus* significatio. Ut *Eniti* pro Parere Livius, Suetonius, Quintilianus, etc. sic *Enixus* passive pro Partus dixere nostri Glossatores, ut et Patres Concilii Toletani XVI. ubi aiunt : *Qui est ante sæcula ex Dei Patris substantia genitus, in fine sæculorum de virgine Maria Evangelio teste Enixus.* Huc referri potest vox *Creatus*, quam Morettus *Alumnus* vertit in Antiquit. Navarræ pag. 272 : *Facta Carta sub Era* DCCCCLXVI. *regnante Scemeno Garseanes, et suo Creato Domno Garsea in Pampilona.* Vide Grævium ad Glossas Isidor. in voce *Gnabat.*

* CREARE, Generare. Charta ann. 1043. qua Raymundus dat bona sua uxori suæ Arsindi ex Bibl. reg. cot. 17 : *Et si infante abueris, qui de me fiant Creati et de te nati, habeant ipsi.* Glossar. vet. ex Cod. reg. 7641 : *Creatus, generatus, partus enixus.* f. *partu. Croyer*, pro *Créer*, in Poem. inter Instr. tom. 1. Hist. Brit. col. 918 :

Et servir Dieu, auquel à son ymage
Il lui a pleu nous Croyer et former.

2. **CREARE**, Acquirere. Fori Alcaçonenses : *De omnibus, quæ seminaverint et plantaverint, et acquisiverint et Creaverint.* [** *Criar* Hispanis Nutrire, educare.]

* 3. **CREARE**, Constituere, eligere, qua acceptione *Creare* Itali et Galli *Créer* usurpant. Charta ann. 1181. ex Tabul. Major. monast. : *Monachi vero Lehonenses abbatem sibi Creare volebant, etc.* Vide *Creatores* et infra *Creatrix.*

¶ **CREAS**, *Agrestes.* Papias MS. Vide *Crea.* [** *Agrestes capræ*, in cod. Reg. 7609.]

¶ 1. **CREATIO**, Res Acquisita, in Annalibus Bened. tom. 2. pag. 273. Vide *Creare* 2. et *Creatores.*

* 2. **CREATIO.** Libert. Montis-olivi ann. 1312. tom. 7. Ordinat. reg. Franc. pag. 508. art. 66 : *Quod serviens dicti loci, intra castrum, pro qualibet Creacione unum recipiat denarium, et pignoris capcione, alium, et non magis.* Sed legendum *Citacione.*

¶ **CREATIUM**, An pro κεράτιον, Species nummi, de qua in Glossario mediæ Græcit. Chartarium Ecclesiæ Auxitanæ cap. 36. in Charta Bernardi Comitis Wasconum : *Duo modia frumenti, et tres porcos, et unum Creatium, et duodecim sextarios vini.*

* Vel *Creatius*, si tamen bene lectum est, f. pro *Creacus* ut supra, vel *Creatus*, uti ex alia ejusdem Chartæ lectione habeo.

* **CREATOR** dicitur episcopus alterius inaugurator, ab Eberhardo Babenberg. episc. in epist. ad Eugen. III. PP. apud Pez. tom. 6. Anecd. part. 1. col. 368 : *Reverendissimo domino patri et Creatori suo Eugenio, etc. Eo quod in episcopali benedictione percipienda de plenitudine gratiæ vestræ participare præsumpsimus, etc. Crerres*, pro *Createur*, in Annal. regni S. Ludov. edit. reg. pag. 200 : *Li haus Creerres du ciel et de la terre, etc.* Vide *Creatores.*

CREATORES, Qui ad publica munera alios nominant, in leg. ult. Cod. Theod. de Decurion. (12, 1.) et leg. 1. de Curator. Kalend. (12. 11.) *Creare magistratum*, vox frequens apud Jurisconsult. ut *Creer*, apud nostros in ejusmodi nominationibus. Glossæ Græc. Lat. : Χειροτονητής, *Creator.* Χειροτονία, *Creatio, procreatio, creatura.* Adde Glossas Lat. Græc. Vide *Creator.*

* **CREATRIX**, *Generatrix, mater*, in vet. Glossar. ex Cod. reg. 7641. Aliud Lat. Ital. MS. : *Creatrix, la matre.* Vide supra *Creare* 1.

CREATURA, Res quævis. Vetus Pœnitentiale MS : *Si aliquis Creaturam perdiderit, hoc est, thus, thuribula, tabulas, aut scedulam, etc.*

* Reg. Phil. Aug. de feudis Norman. ex Cod. reg. 4653. A. fol. 184 : *Item feudum et domanium in nemore et plano, in molendinis et in vivario, et in omni Creatura.*

* CREATURA, Homo. Epist. capit. Auxit. ad Papam pro Joan. *de Lescun* eorum archiep. : *Ubi ferme decem millia Creaturarum fame et egestate periissent, nisi numerosa bladorum sua abundantia sustentatæ fuissent.*

* CREATURA. Ordinar. Capellæ reg. MS. : *Deinde fiat benedictio palmarum, et postea Creaturæ*, Asperges me, *etc.* an Populi?

¶ CREATURÆ BELLUARUM, Belluæ, apud Marten. tom. 2. Itinerarii pag. 365. ex Indico Itiner. Balthasaris Spinger : *Ammirabimur illic præclara opera et mirabilia, varia bestiarum genera, et Creaturas belluarum.*

* **CREATUS.** Vide supra *Creacus* et *Creatium.*

* **CREBADURA**, Disruptio, fractura, fissura, rima, nostris alias *Graveure.* Lit. remiss. ann. 1376. in Reg. 109. Chartoph. reg. ch. 14 : *Laquelle (espée) il bouta par les Graveures de l'uis de l'hostel, où estoit entrez ledit Brion.* Charta Alfonsi reg. Aragon. ann. 1286 : *Ordinamus ex certa scientia, quod de cetero in tota Cathalonia non audeat aliquis, cujuscumque conditionis existat, capere vel usurpare, aut etiam detinere aliquas res nomine naufragii, vel etiam Crebaduræ, quæ fiunt de aliquibus navibus, lignis, barchis vel aliis vasis periclitatis aut periclitantibus.* Hinc in Glossar. Provinc. Lat. ex Cod. reg. 7657 : *Crebadura, Prov. hernia, defluccio intestinorum. Crebar, Prov. Crepare, Crebat, Prov. hernitus, qui lapidem habet in mentula.* Vide *Crepatura.*

CREBANTARE. Fori Alcaçonenses æra 1267 : *Et qui Crebantaverit sinal cum sua muliere, pectet ad judic.... et mulier, qui leixaverit maritum suum de benediction pectet* 3000. *sol. a palatio Episcopi : Et qui Crebantaverit brachium, aut oculum aut dentem, pro utroque membro pectet* 100 *sol. alisiado.* [* Percutiendo fissuram facere. Vide *Crepare.*] [** Hispani hodie *Quebrantar; crebantare sinal* videtur esse Confringere annulum, uxorem repudiare. Vide mox *Crebrare.*

** CREBRANTARE. Chart ann. 1141. ap. S. Rosa de Viterb. Elucid. tom. 1. pag. 317 : *Per lex Gothorum a servitio liberatus duplicia non sedeat Crebrantado, sed semper sit ingenuo et affirmado.* In Foro Judic. *Crebantancia* est Mœstitia, molestia, hodie *Quebranto.*]

CREBARE. Formula barbare scripta, quæ est 14. ex Baluzianis : *Non est homo, hic miser talis latrat, sed non ut canis, psallat de trapa ut linguaris dilator major, nullis talis falsator grunnit, post talone buccas inflat, in rotore Crebat, et currit in sudore, fleumas jactat in pudore, etc.*

* Pro *Crepare*, Findere, scindere. Libert. Montisfer. ann. 1291. in Reg. 181. Chartoph. reg. ch. 154 : *Item quotiescumque acciderit quod aliquis inventus fuerit de nocte seu die... furando domum, granerium, cellarium vel aliud simile, Crebando, incendium ponendo, rapiendo, etc.* Vide supra *Crebadura.*

CREBE. Isidorus Pacensis in Chronico, de Heraclio Imp. : *Seductus a laudibus populi, non Deo, sed sibi, ut ferunt, honorem victoriæ exaggerando increpationum per visum non modicum graviter præsagando Crebem, expavit*, (lege *expiravit.*) [** In edit. ann. 1729. cap. 5 : .... *increpationem per visum non modicam graviter præsagando crebro expavit.*]

* **CREBRA**, *Pugillo*, in vet. Glossar. ex Cod. reg. 7641. Hinc

CREBRARE. Fori Alcaçonenses : *Qui linde alieno Crebraverit, pectet* 5. *st. et* 7. *a palatio Episcopi.* Ubi forte leg. *Liude.* Vide *Leudis.* [** Hispan. *Quebrar.* Vide *Crebantare. Linde* est Terminus. Fori Castelliblanci ann. 1213. Eboræ ann. 1186. apud S. Rosa de Viterbo Elucid. tom. 2. pag. 90 : *Qui moiom alieno in suo hero mudar, pecte* 5. *solidos et* 7. *a palacio. Qui linde aliena Quebrantar pecte* 5 *ſſ. et* 7. *a palacio.*

* **CREBRIUSCULE**, Interdum, nonnunquam. Stat. ann. 1496. inter Leg. Polon. tom. 1. pag. 256 : *Quoniam Crebriuscule contingit judicia non teneri terrestria propter absentias, etc.*

¶ **CREBRO**, *nis, Porca, terra inter duos sulcos eminens.* Gloss. Isid.

CREBROSITAS, Frequentia, in Vita Burchardi Episcopi Wormaciensis : *Regalis Crebrositate serviminis... impeditus, etc.*

¶ **CRECA**, CRECCA, Anglis *Creek*, Parvus sinus vel portus, littus, crepido, Nautis Gallis *Crique, petite Baye, petit Port*; apud Rymerum tom. 12. pag. 796. col. 2 : *Si per terram vel portus et ipsorum Crecas ac villas et villagia, super littoribus ipsorum portuum et Crecarum existentia.* Et pag. 809. col. 1 : *Portus et ipsorum Crecas ac villas etc.* Tom. 15. pag. 129. col. 1 : *Visuque* *corporum mortuorum in mari vel Crecis maris, aut aliis rivis, etc.* Iterum pag. 158. col. 1 : *Permare littoraque Creccasque aut ceteras maris rivos seu Creccas quascumque, etc.*

* Privil. pro mercator. Castell. ann. 1364. tom. 4. Ordinat. reg. Fr. pag. 427. art. 5 : *Nous volons.... que il soit fait en la Crique de Leure et devant la ville de Harefleu port et hable.*

CRECHE, Hydria, situla, crater : Gallis *Cruche*. Monasticum Anglic. tom. 1. pag. 104 : *In æstate vero constituit ad cœnam fratrum lac acidum in vasis pulcherrimis, quæ Creches vulgari onomate dicuntur.* Mox : *Vas vero quod Creche nuncupatur, 7. pollices continet, videlicet ad profunditatem a summitate unius, usque ad profundum lateris alterius.*

* **CRECIO**, *Uno numero de di*, in Glossar. Lat. Ital. MS.

¶ **CREDA**. Vide *Crida*.

¶ **CREDEMICA**. Chartular. S. Vedasti Atrebat. fol. 264 : *Ad pontem de Wendin debet Cellerarius* XII. *alletia et Credemicas.*

* **CREDENCERII**, Vectigalium conductores. Constit. Jacobi reg. Sicil. cap. 11 : *Quod de procurationibus et officiis, quæ per officiales nostræ curiæ ad credentiam nostræ curiæ procurantur, vel deinceps exerceri et procurari contigerit, non secundum tempora dicti Caroli, quo singuli Credencerii, nedum perceptos proventus etc.* Vide mox *Credentia* 3.

* **CREDENZERII**, Eadem notione. Constit. Caroli reg. Sicil. MSS. : *Credenzerii de meris et puris juribus et reditibus teneantur nostræ curiæ respondere; et ipsi secreti, cabelloti vel Credenzerii simili modo cabellas et jura secretiæ vendant vel concedant in Credentiam.* Vide infra *Credentia* 7.

¶ **CREDENDARIUS**, Fidus, cui secreta creduntur. Acta SS. Maii tom. 7. pag. 24. de S. Maximino Episcopo : *Carolus Credendarium vocans suum.* Vide *Credentia* 7. et *Creditarius*.

¶ **CREDENSA**. Vide *Credentia* 6. lin. *Denique adeo, etc.*

¶ **CREDENSERIUS**, Vectigalium et tributorum exactor. Tabularium S. Victoris Massil. ann. 1389. Armar. Forojul. num. 38 : *Maria Regina Jerusalem et Siciliæ, etc. Officialibus regiis necnon Gabellotis, Arrendatoribus et Credenseriis regiæ gabellæ, etc.* Vide *Credenzerii* post *Credentia* 7.

¶ **CREDENTERIUS**, Eadem notione legitur in *Gabelloti* post *Gablum*.

1\. **CREDENTES**, Fide digni, *Hommes de Creance*. Lex Longobard. lib. 2. tit. 52. § 15. [** Pippin. cap. 9. ann. 782. cap. 8.] : *Ut judex unusquisque faciat jurare ad Dei judicia per civitates homines Credentes, etc.* Infra : *Et si Credentes homines fuerint, in manu Comitis sui dextram dent.* Charta Ludovici II. Imp. pro Ecclesia Volaterrana : *De rebus seu familiis Episcopi ipsius, tanquam Dominicatis nostris, per idoneos et Credentes homines inquisitionem fieri jubemus.* Charta Udonis Episc. Tullensis ann. 1069 : *Utrorumque decernant res sacramento 7. hominum bene Credentium. Tesmoins de credence*, Fide digni, in Stylo Normannico, qui simpliciter ac nude deponunt *se ita credere.*

2\. **CREDENTES**, Qui hæreses sectantur, aut hæreticis opinionibus imbuti sunt. S. Aug. l. de Utilitate credendi cap. 1. discrimen statuit inter *Hæreticos*, et *Credentes*. *Hæreticos* enim esse ait, *qui alicujus temporalis commodi, et maxime gloriæ, principatusque gratia, falsas ac novas opiniones vel gignunt, vel sequuntur* : illos autem *qui hujusmodi hominibus credunt, homines esse imaginatione quadam veritatis et pietatis illusos.* In eamdem sententiam Salvianus libro quinto de Gubernatione Dei, de Hæreticis : *Veritas apud nos est, sed illi apud se esse præsumunt. Honor Dei apud nos est, sed illi arbitrantur honorem divinitatis esse quod credunt... Errant ergo, sed bono animo errant, non odio, sed affectu Dei, honorare se Deum atque amare credentes. Quamvis non habeant rectam fidem, illi tamen hoc perfectam Dei existimant charitatem. Qualiter pro hoc ipso falsæ opinionis errore in die judicii puniendi sint, nullus potest scire, nisi judex.*

Quos porro *Credentes* appellarunt nostri, cum in hæreticos Albigenses gravius animadverterent, docet Concilium Narbonense ann. 1295. can. 29 : *Sane inter culpas ex quibus Credentes possunt judicari, ne ulterius dubites, has esse firmiter arbitramur, si reverentiam fecerunt hæreticis, ubi Credentes, orationes ipsorum implorantes, et Bonos homines profitentes, quasi adorant illos : si Consolationes eorum, ubi eum, quem consolantur, in hæreticum recipientes, per impositionem manuum se salvare proditionaliter mentiuntur : aut servitio eorumdem, ubi Majore ipsorum librum tenente apertum, per ipsum, quasi sub generali Confessione, remissionem intelligunt fieri peccatorum : aut Cœnæ Valdensi... nos causa prodendi vel reprehendendi eos, vel alia commendabili seu excusabili affuerunt : si eisdem Valdensibus peccata sua confessi sunt, etc.* Infra : *Quæ etsi quidam ex his similiter negent se illorum errores audivisse, vel auditis credidisse, a participatione tamen credendi eisdem erroribus, saltem implicite, immunes esse non sinunt.* Jacobus I. Rex Aragon. in Constitut. Catalaniæ MSS. ann. 1233 : *Statuimus ne aliquis Credens vel hæreticus puniatur, nisi per Episcopum loci, vel personam Ecclesiasticam, quæ habeat potestatem cognoscendi, sive Credens vel hæreticus habeatur.* Infra : *Contra hæreticos et eorum Credentes... Eligantur qui hæreticos vel Credentes et receptores eorum in suis parochiis perquirere teneantur.* Gesta Innocentii III. PP. pag. 135. 136 : *Receptatores, fautores, defensores, et Credentes eorum* (Patarenorum.) [** Vide Pertz. vol. Leg. 2. pag. 244. lin. 30.] Guillelm. de Podio-Laurentii in Prologo ad Chron. : *Domos latissimas in quibus hæreses publice publicarent suis credentibus, venditantes.* Adde Concilium Tolosanum ann. 1229. cap. 17. Arelatense ann. 1234. cap. 4. 21. et alia passim Concilia acta contra Albigenses.

¶ 1\. **CREDENTIA**, Fides, opinio, hæresis, Gall. *Croyance*. Liber Sentent. Inquisit. Tholos. pag. 10 : *Interrogatus de Credentia hæreticorum, respondit quod non credidit eis.* Passim ibidem occurrit. Miracula S. Zitæ tom. 3. April. pag. 523 : *Hæc ei fecerunt secundum suam veram Credentiam.* Concil. Tarraconense inter Hispan. tom. 3. pag. 499 : *Dubitatio etiam oritur apud quosdam, utrum relapsi in Credentiam, et hæretici dogmatizantes, si postquam fuerint deprehensi voluerint pœnitere, relinqui debeant judicio seculari.* Vide *Credentes* 2.

2\. **CREDENTIA**, Abacus, Tabula seu mensa, in qua vasa ad convivia reponuntur, vel etiam mensula quæ vasa altaris continet : Italis *Credenza*, *Credentiaria*, [Gallis *Credence*.] Ceremoniale Romanum l. 1. sect. 3 : *Credentiam appellant mensam supra quam vasa argentea, sive aurea ad convivium opportuna præparantur : et similiter in divinis, supra quam ad sacrificandum necessaria continentur. Dicitur et Credentia actus ipse prægustationis cibariorum, et aliarum rerum.* Describitur pluribus in Ceremoniali Episcopor. lib. 1. cap. 12. Credentia Ecclesiæ.

3\. **CREDENTIA**, Locatio, conductio, *Bail*. Constitutiones Siculæ lib. 1. tit. 59. § 1 : *Sancimus, ut omnes Camerarii et Bajuli, priusquam in gabellam vel Credentiam bajulationes nostras administrandas susceperint, ... corporalia subeant sacramenta, etc.* Tit. 61 : *Locorum Bajuli ... quanquam in Credentiam, vel in extalium bajulationem recipiuntur, etc.* Tit. 68. de iisdem Bajulis : *Sive in extalium, sive ad Credentiam collocentur.*

* Constit. Jacobi reg. Sicil. cap. 48 : *Officiales quoque, qui tempore prædicti Caroli officia et servitia suæ curiæ exercuerunt et gesserunt ad Credentiam vel gabellam, de ponendis exinde rationibus coram magistris rationalibus magnæ curiæ nostræ, vel alibi, et satisfaciendo curiæ nostræ, etc.* Vide infra *Credenzeria*.

4\. **CREDENTIA**, Fides data, interposita, *Creance* Gallis, *Credenza* Italis, quibus etiam *Far la Credenza*, est securitatis gratia cibos prægustare, ut observat Scipio Ammiratus in Stemmatibus Neapolitanis tom. 1. pag. 53. Annales Francorum ann. 785 : *Petentibus illis ut Credentias haberent, quod inlæsi fuissent.* Charta divisionis Imperii Caroli M. cap. 8 : *De obsidibus autem qui propter Credentias dati sunt, etc.* [Instrumentum ann. 1394. apud Acherium Spicil. tom. 6. pag. 74 : *Supponatur etiam Credentia exposita mense Octobri per Nuntios apostolicos Domino Regi missa, et responsio tunc eis facta.* Litteræ Ducis Andriæ ad Massilienses ex Schedis D. *Le Fournier* : *Verba Credentiæ commisimus venerabili viro Abbati Johanni de Caramanno Abbati S. Martini ad Plebem... cui placeat, ut nobis, dare Credentiæ plenam fidem.* Vita B. Deicolæ, apud Eccardum in Probat. Originum Habsburgo-Austriacarum col. 167 : *Si divinæ providentiæ placet, ut moveam de loco isto, et vestro cedam hortamento, talem facite Credentiam mihi in conspectu fratrum nostrorum ceterorumque fidelium, ut omnia divini officii ornamenta, quæ penes me habeo, salva atque intacta illuc deferatis.*] [** Charta Joan. Magunt. Archiepiscop. ann. 1410. in Guden. Cod. Diplom. tom. 4. pag. 61 : *Fridericus ... nobis sub certis Credenciis significare curavit, etc.* Vide mox *Litteræ de Credentia*.]

* Charta ann. 1157. inter Probat. tom.

2. Hist. Occit. col. 567 : *Et ego Berengarius archiepiscopus accipio te Raymundum Trencavellum in fide et Credentia mea loco sacramenti.* Credence, pro *Croyance, confiance*, Fides, fiducia, apud Math. de Couciaco in Hist. Caroli VII. pag. 709 : *Le seigneur de Prie, en qui le roy adjoustoit grande foy et Credence, etc.*

Litteræ de Credentia, apud Matth. Paris ann. 1252. *Litteræ Credentiæ et favoris*, apud eumdem ann. 1259. Litteræ scilicet, per quas quis petit, ut Legato aut Misso suo plene credatur, ac fides habeatur in negotiis pro quibus mittitur. *Credentiales literæ*, apud Ericum Upsaliensem lib. 2. Hist. Suecorum pag. 37. [Acherium Spicil. tom. 7. pag. 301. Murator. tom. 12. col. 709. et Marten. Anecd. tom. 1. col. 1665. et 1675.] Nostris, *Lettres de Creance.* [*Bulla Credentialis* in Epist. Petri de Luna. Concil. Hispan. tom. 3. pag. 635.]

Credentiam Tenere, Italis *Tener Credenza*, Secretum servare. Charta ann. 1179 : *Item juraverunt quod Credentiam tenebunt Consulibus Papiæ, et illi qui regimen Papiæ habuerit.*

* *Teneri* vel *Haberi in Credentia*, id est, secreto. Stat. Cadubrii cap. 3. pag. 54 : *Tertia* (pars) *sit accusantis, et teneatur in Credentia.* Correct. eorumd. cap. 74 : *Tertia* (pars) *accusatoris, qui de Credentia teneatur.* Stat. Ferrar. ann. 1264. apud Murator. tom. 4. Antiq. Ital. med. ævi col. 662 : *Et accusator habeatur in Credentia*, id est, nemini ejus nomen reveletur.

5. **CREDENTIA.** Fridericus II. Imp. lib. 2. de Arte venandi in Prologo : *Quædam* (instrumenta) *sunt in instruendo ipsas* (aves rapaces) *exire de manu et ad manum redire, ut id quod Fileria, seu Credentia dicitur, loyrum cum carnibus et sine carnibus, et alia cum quibus revocantur ad homines.*

6. **CREDENTIA**, Creditum, Italis *Credenza*, Gallis *Credit*, et *Creance*, ut in Consuetudine Pictavensi art. 79. Matthæus Paris ann. 1247 : *Et cum sacros apices Papalis mandati eminus dejurantes præcipue de Credentia pecuniæ, nam... sex millia videlicet marcarum ex Episcopatu suo exigebant.*

Credentiam, vel *Creditionem* habere dicebantur domini, jure quodam peculiari, in rebus præsertim ad victum necessariis, quas emebant a subditis, quasve ab illis mutuo sumere iis fas erat, quæ *Creditio rationabilis* appellatur in Charta Communiæ Mellentensis, quod ea certis finibus coarctaretur, nec obvia ac indefinita esset. Quippe in tabulis, seu potius pactis initis inter dominos et subditos, plerumque definiebantur pecuniarum summæ ad quas creditio ista extenderetur. Charta ann. 1243. de Lege Landousiarum in Tabulario Foisniacensi : *Ditior nihil Credet communibus dominis, nisi panem, vinum aut carnes, et hæc usque ad 5. sol. mediocriter dives usque ad 3. sol. pauper usque ad 12. denarios. Du Pas* in Familiis Britann. pag. 398. 500 : *Guiguenous Archiepiscopus dedit Ruellano fratri suo... feuda 12. Militum, et masuras quas habet in burgo S. Mariæ, et Creditiones mille solidorum in Dolo.* [Charta Balduini Comitis Flandriæ pro Abbatia S. Amandi ann. 1116. apud Miræum tom. 2. pag. 1346 : *Neque Creditionem ullam unde damnum aliquod homines Sancti sustineant, habeat, neque exactionem, quam vulgo Tolpri vocant.* Occurrit in altera Charta ann. 1123. apud eumd. Miræum tom. 1. pag. 373. in alia ann. 1158. ex Tabular. Majoris-Monasterii, in Charta Philippi Franc. Regis ann. 1187. de Consuetudinibus Lorriaci ex Archivis Archiepiscopi Senon. in Charta Comitis Mellenti tom. 4. Hist. Harcur. pag. 2173. etc.]

Interdum etiam res ipsæ designabantur, quas dominis mutuo sumere jus erat, quæ fere semper eæ fuere quæ ad victum sunt necessariæ, ut panis, vinum, et carnes. Nam mutui datio consistit in his rebus, quæ pondere, numero et mensura consistunt, ut est in l. 2. D. de Rebus creditis. (12, 1.) Tabul. S. Dionysii de Capella, Ch. 17. et 23 : *Habebit quoque Creditionem in villa in pane et in carnibus et in omnibus aliis rebus venalibus usque ad 14. dies. In vino autem quod venditum fuerit, habebit Creditionem post 14. dies venditionis vini.* Lex Vervini ann. 1233. art. 26 : *Ditior nihil Credet domino nisi aut panem, aut vinum, aut carnes, et hæc usque ad 5. solidos : mediocris dives usque ad 3. solidos, pauper usque ad 15. den. nec plura, donec dominus ea solverit.* [Bulla Innocentii Papæ ann. 1249. in Archivo Castri Nannet. : *Multa etiam idem Comes sub Credentia recepit ab hominibus Ecclesiæ Nannetensis, videlicet in pane, vino, carnibus, et aliis comestibilibus et pannis.*] Vide Thomasserium pag. 239.

Rerum creditarum pretii exsolvendi tempus ipsis interdum tabulis præfinitum erat. Charta anni 1145. in Tabul. Episcop. Autissiod. : *Credentiam habet Episcopus in omnibus victualibus 40. diebus, et inde donec reddiderit, ab eis quibus debetur, nihil ei Credetur.* Consuetudo Lorriaci ann. 1187 : *Lorriaci autem habebimus Creditionem in cibis ad nostrum et Reginæ opus ad dies 15. completos persolvendam.* Charta Libertatum Bellevillæ ann. 1233 : *Bellijocensis Dominus debet habere Credentiam in villa Bellevillæ per 14. dies.* Charta Libertatum villæ S. Laurentii super Barenjonem ann. 1234. art. 11 : *In villa autem sancti Laurentii habebimus Creditionem in cibis ad nostrum et uxoris nostræ opus ad dies 15. completos persolvendum.* Alia Ludovici Comitis Blesensis et Clarimontis pro villa Creduliensi ann. 1197 : *Creditionem in cibis meis et Comitissæ Credulii emendis ad tres menses habeo persolvendum.* Ita etiam in Charta Communiæ Suessionensis, [in Compendiensi,] et in alia ann. 1310. apud Duchesnium in Hist. Monmorenc. pag. 339. [in Charta Guidonis Comitis Nivern. ann. 1231. apud D. *Secousse* tom. 3. Ordinat. Reg. pag. 116.] Adde Perardum in Burgundicis pag. 274. 333. 529. Thomasserium in Consuetud. Bituric. lib. 1. cap. 58. 61. 65. 66. lib. 3. cap. 6. [Historiam Dalphin. tom. 1. pag. 123. col. 2. et pag. 126. col. 1. et Hist. Ecclesiæ Meld. tom. 2. pag. 657.] etc.

Interdum præterea dominis res ad victum necessarias mutuo a subditis sumere licuit, sed dato pignore, vel vadimonio præstito. Charta Joannis II. Comitis Pontivi ann. 1184. pro Communia Abbatisvillæ cap. 16 : *Nec Credent mihi, neque alicui dominorum, sine vadimonio, nisi ex propria voluntate, nisi tale fuerit tenementum, cujus possessor certam summam domino suo ex debito Credere teneatur.* Charta Libertatum urbis Aussonæ ann. 1229. apud Claudium *Jurain* in Histor. urbis istius, et Chiffletium in Beatrice Cabilon. : *Li Courtilaige de la ville seront sehur en telle maniere que l'on n'y peut riens prendre de par vous, si par achat non, iceux deulx choses de foin et de courtilaige sont sans Creance, mais que par le gaige rendant, tant que cils qui le vent, en ait son grantey, et qui se brisera, il lui coustera 60. sols. A ceux qui vendent à derraul, comme cil qui achetent pour revendre, avons nous 40. jours de Creance, en tel maniere que ce qui vendront les danrées, doivent avoir bon gaige en bonne seurreté : et aprés les 40. jours cil qui auront les gaiges, les pourront vendre sans toutes accusons, se il ne sont payé.*

Rei creditæ et mutuo datæ pretium imponebant, ex condicto, viri selecti. Libertates MSS. villæ S. Desiderii in Campania ann. 1228 : *In eadem villa habebit dominus appretiationes escarum suarum, sive eodem modo quo Comes Flandrensis habet in villa Ypræ, et expectabitur de debito, sicut expectatur dictus Comes in dicta villa.* Charta Henrici D. Solliaci ann. 1301. pro Libertatibus oppidi *des Ais* in Biturigibus : *Credentiam meam habebo, et cibos meos et uxoris meæ, ita quod tenebor pagare de tribus mensibus in tribus mensibus, et duos legitimos homines, sicut credam, in dicta villa bona fide eligam, qui per sacramentum suum cibos meos appreciabunt.*

☞ Seligebantur etiam aliquando viri, qui nomine Dominorum peterent Credentiam, sacramento prius præstito sese in illa postulatione bona fide acturos esse. Ordinatio Gregorii X. Papæ ann. 1274. Hist. Dalphin. tom. 1. pag. 126. col. 1 : *Archiepiscopus* (Viennensis) *amodo certos deputet ad petendam dictam Credentiam, qui ad sancta Dei Evangelia jurent, quod bona fide, sine dolo et exactione aliqua, juxta facultates hominum, petent Credentiam fieri de iis quæ exponuntur venalia, quæ necessaria fuerint ad usum dicti Dom. Archiepiscopi et suorum, et quod elapso statuto tempore ad solvendum, si non solverit dictus Dom. Archiep. non petent ab illis, quibus persolutum non fuerit, Credentiam, nec illi tenebuntur Credere; si vero certo statuto tempore non solverint eisdem, non petent etiam ab aliis ejusdem negotiationis, seu qui vendunt merces consimiles, Credentiam,* (id quoque notandum) *neque ipsi tenebuntur facere, donec dicto Creditori fuerit satisfactum. Ordinantes et præcipientes, quod occasione seu timore hujus Credentiæ dicto Dom. Archiepiscopo faciendæ, dicti homines, nec aliquis eorum exposita venalia, vel quæ alias essent vendituri non occultent, nec ob hoc vendere seu exponere ad vendendum prætermittant; et hoc volumus et præcipimus, quod jurent etiam, cum super iis fuerint requisiti a petentibus Credentiam juratis.*

Quod si dominus jure credentiæ abuteretur, nec pretium rerum creditarum exsolveret, eo excidebat, donec satisfecisset. Tabularium Monasterii S. Sergii Andegav. fol. 143 : *Tali convenientia, ut Credentiam habeat in burgo, sicut prius habuerat cum omnibus hominibus illius burgi, usquequo injuriam illis faciat : et si injuriam illis fecerit, perdat Credentiam, donec reddat; et postquam reddiderit, suam habeat sicuti prius Credentiam.* Pactum inter Clericos Ecclesiæ Lugdunensis et Guigonem Comitem Forensem ann. 1167 : *Archiepiscopus et Comes communiter habent per totam civitatem, excepto claustro, Credentiam in cibo et potu tantum, eo excepto quod ab extraneis vendendi causa defertur, ita tamen ut quater in anno Credentias persolvant. Si vero persolvere noluerint, Credentiam amittant, quousque solverint.* Charta Communiæ Meldensis ann. 1170. in Tabulario Campaniæ Thuano fol. 290 : *Homines mihi de pane et vino et carnibus, et aliis victualibus die quo Meldis venero, et in crastino, si tamen ibi fuero, Creditionem facient : et si infra 15. dies Credita non reddidero, nihil amplius mihi Credent, quousque iis debita persolvantur.* Charta Petri filii Regis Ludovici VI. ann. 1170. pro Montargiaco : *Homines de Monteargo domino suo de rebus suis pro victu Creditionem per unum mensem facient. Et si Præpositus Montisargi debitum domini non persolverit, dominus facta conquestione a Creditoribus illud infra mensem alium persolvi faciet.*

Denique adeo invaluerat jus istud Creditionis, ut pro ordinario et ab omnibus recepto haberetur : ita ut cum domini subditis suis immunitates ab consuetis oneribus impertiebant, fere semper *Creditionis* immunitatem adjungerent. Charta Radulfi de Balgenciaco in Tabulario Vindocinensi fol. 193 : *Et in dicto burgo, vel in omnibus rebus ad jus Monachorum pertinentibus ipse per vim nihil faciet, nec quenquam suorum facere jubebit, aut consentiet, sed a nullo burgensium Creditionem quæret, aut mutuum et hospitalitatem in domibus eorum, vel suorum, vel extraneorum.* Charta Libertatum Villæ-francæ apud Gallandum : *Non hospitabitur ibi Archembaldus, nec habebit ibi Credenzam*, [seu *Credensam*, ut legit Thomasserius in Consuetudinibus Bituric. pag. 227.] Charta Communiæ Meduntensis in Regesto Rerum Normannicarum signato P. ex Camera Computor. Paris. : *Ut qui in eadem permanebunt Communitate, ab omni talliata, injusta captione, Creditione, et universa rationabili exactione sint liberi et immunes.* Vide Miræum in Diplomat. Belgic. lib. 2. cap. 44. et Thomasserium in Consuetudinib. localib. Bituricensib. cap. 29. [Historiam Dalphin. tom. 2. pag. 593. initio.]

Creditensia, Eadem notione. Tabularium Morigniacense : *Creditensiam facere non cogantur.* [** In prima Glossarii editione legitur *Creditantia.*]

7. **CREDENTIA**, dictus in Italia publicus civium conventus de rebus publicis deliberandi causa coactus. Quippe cum in civitatibus Consules essent qui curam Rei publicæ gererent, litesque ac controversias civium dirimerent, siquando res majoris momenti agenda incumberet, ex singulis artificum corporibus seligebantur, qui consiliis istis publicis interessent, suasque in iis sententias rogati expromerent, quos inde *Credentiarios* appellabant, quod in *Secretorum* Reipublicæ partem adhiberentur, cum eorum fidei prudentiæque publica negotia a contribulibus *crederentur.* Atque inde Sigonius lib. 7. de Regno Italiæ ann. 995. *Credentiæ nomine* appellatos dixit reliquos cives, *qui artes opificiave tractabant.* Charta Friderici I. Imp. ann. 1185. apud Puricellum in Ambrosiana Basilica pag. 1031. 1032 : *Idem etiam sacramentum faciemus præstare Regem Henricum filium nostrum in anima sua, et parabola sua faciendum, ad terminum quem Consules Mediolani cum consilio Credentiæ nobis dixerint.* [** Vide Pertz. vol. Leg. 2. pag. 155. 156. 166. 174.] Otto Morena in Hist. Rerum Laudensium pag. 5 : *Quo sic peracto, prædicti Laudenses a Curia discedentes, Laudamque redeuntes, ac convocato Consulum consilio aliorumque Sapientum de Laude, qui Credentiam Consulum pararent, omnia quæ ad Regem fecerint, per ordinem eis patefecerunt.* Infra : *Omnes Consules aliosque de Laude Sapientes qui de Credentia fuerant, ad se insimul venire præcepit.* Eadem Hist. pag. 109 : *Qui cum venissent Laudam, et totam insimul Laudensium Credentiam habuissent, etc.* [Jacobus Auria lib. 10. Annal. Genuens. ann. 1282 : *Creatum fuit de novo quoddam Consilium in Janua de hominibus* XV. *quod Credentia vocabatur... Ordinatum fuit etiam per Sapientes Credentiæ, quod, etc.* Idem ann. 1290 : *Ipso etiam anno et mense fuit Januæ Consilium celebratum... in quo ordinata est Credentia de novo, in qua homines* XIV. *tantum erant, quibus circa prædicta data est in omnibus potestas plenaria : quæ Credentia statim armare fecit... unum galeonum. Sapientes a Credentia eligebantur*, in Regiminibus Paduæ ad ann. 1293. *Concilium Credentiæ populi*, in Chronico Parmensi ad ann. 1292. Florentiæ octoginta erant Credentiæ Senatores, qui duodecim viris urbem administrantibus consilium conferebant. Vide Jacob. Wilhel. *Imhoff.* in Genealogiis viginti illustrium in Italia familiarum,] et Felicem Osium in Notis ad Historiam Laudens. Otton. Morenæ.

* Hæc, quanquam post Sigonium aliosque Italicos scriptores, quos appellat Muratorius tom. 4. Antiq. Ital. med. ævi col. 660. non plus æquo patere monet vir eruditus, probatque ad *Consilium*, quod nunc *secretum* appellatur, restringendam esse genuinam vocis *Credentiæ* iis in locis significationem : neque enim probabile est tot capitibus, maxime si quosvis artifices inter eos annumeres, secretiora reipublicæ negotia commissa fuisse. Vide mox *Credentierus.*

Credentiarii, Italis, *Credenzeri* : de quibus supra. Regestum Privilegiorum civitatis Vercellarum ann. 1358 : *Convocato et congregato generali consilio Credentiæ communis Vercellarum,... ad quam Credentiam interfuerunt centum Credentiarii et ultra in dicto consilio.* Alia Charta : *Prædicti omnes Credentiarii seu Consiliarii.*

Credendarii, in Consilio Ravennensi ann. 1311. can. 26 : *Consiliarios vero, Credendarios et Præsidentes ipsi civitati, etc.*

Credenzerii, in Charta Joannæ Reginæ Siciliæ ann. 1378. apud Ughellum tom. 9. pag. 211. 213.

¶ Credentierii, in Chronico Cremonensi apud Murator. tom. 7. col. 644.

* 8. **CREDENTIA**, Italis *Credenza*, Experimentum, prægustatio. Paridis de Grassis Ceremon. capellar. Papal. MS. : *Hostiam unam ex tribus simul contactis, vidente pontifice, primo dat sacristæ ad prægustandum pro Credentia ..... De vino et aqua offerendis facit per sacristam, pontifice vidente, fieri Credentiam.*

¶ **CREDENTIARIUS**, *Prægustator*, qui Principis cibos prægustat, apud Goclenium in Lexico Philosoph. Vide *Credentia* 4.

* **CREDENTIERUS**, Qui est a secretis, Ital. *Credenziere.* Steph. de Infestura de Bello inter Sixtum IV. PP. et reg. Ferdin. ann. 1482. MS. : *Ignis dicti fulguris sparsus per dictum locum quosdam famulos dicti dom. cardinalis tetigit, ... adeo ut omnes putarent se esse mortuos; non tamen habuerunt aliquod malum, excepto Credentiero, qui adeo attonitus est relictus, ut videretur amens.*

* **CREDENZERIA**, Vectigalium seu tributorum locatio, conductio. Constit. Feder. reg. Sicil. cap. 32 : *Jubemus quod Credenzeriæ et notariatus tonnariarum et dohanarum et aliarum gabellarum Siciliæ concedantur et committantur tantum Siculis idoneis et sufficientibus.* Vide supra *Credentia* 3.

* **CREDENZERII.** Vide supra in *Credencerii.*

* **CREDENZINUS**, Abacus, Ital. *Credenziera.* Inventar. ann. 1389. tom. 3. Cod. Ital. diplom. col. 368 : *Item Credenzinus unus cum corallis et linguis serpentum.* Vide *Credentia* 2.

¶ 1. **CREDERE**, sine præsenti pecunia vendere, Gall. *Vendre à credit.* Charta Wilboldi Abb. de Translatione villæ Longiæ ann. 1138. tom. 2. Ampliss. Collect. Marten. col. 108 : *Qui vero carnes aut panem seu cervisiam vendent, Credent nobis* XII. *denarios, et venditor vini* V. *sol. ultra quos nobis Credere ex justitia non habebunt.* Vide *Credentia* 6.

* *Croire*, eodem intellectu, in Lit. remiss. ann. 1374. ex Reg. 105. Chartoph. reg. ch. 274 : *Pour ce que icellui Michiel lui respondi que en verité il ne lui pooit ce Croire, et que paier lui convenoit aus gens à qui il devoit ce que lesdis complices et bastard avoient despendu.*

* 2. **CREDERE**, pro Concedere. Charta commun. Peron. ann. 1207. tom. 5. Ordinat. reg. Franc. pag. 161. art. 18 : *Credimus autem et volumus ut nullus ex communia Peronnæ, vel res eorum, pro debito alterius arrestentur, de quo non fuerit debitor vel plegius.*

* 3. **CREDERE**, vox forensis, Confiteri. Lit. remiss. ann. 1343. in Reg. 74. Chartoph. reg. ch. 512 : *Primus est articulus, quod dicti rei* (Joannes Saupin et Joan. ejus filius) *et eorum quilibet sunt clerici et diu fuerunt et pro talibus se gesserunt et gerunt, et ita habiti sunt et reputati, et super hoc est publica vox et fama : Credit pater, Credit filius..... Item quod dicti rei et eorum quilibet in hoc homicidium perpetrarunt, qui*

tanquam homicidæ sunt puniendi, et super hoc est publica vox et fama: non Credit pater, non Credit filius.

* 4. **CREDERE**, Timere, metuere, apud Murator. tom. 21. Script. Ital. col. 13 : *Quum nihil tale Crederetur.* Galli diceremus : *Comme on ne craignoit rien, ou comme on ne s'attendoit à rien de semblable.* Vide *Sperare* 2.

* 5. **CREDERE**, Desiderare. Glossar. vet. ex Cod. reg. 7641 : *Credidi, desideravi.*

¶ **CREDIBILES** Viri, Viri probi et fide digni. Chartularium Monasterii Aquicinctensis fol. 38 : *Coram duobus Scabinis, si in villa præsto sunt, sin autem coram duobus Credibilibus viris.* Vide *Credentes* 1.

* *Gens créables*, in Lit. ann. 1372. tom. 5. Ordinat. reg. Franc. pag. 681. art. 5. *Preudomes creaules*, in aliis ann. 1290. apud Marten. tom. 1. Anecd. col. 1235. Vide infra *Creditivus* 2.

* **CREDIBILIS**, Credulus. Fragm. Hist. Brit. tom. 7. Collect. Histor. Franc. pag. 49 : *Auditis autem vir Dei hujus tyranni locutionibus, omnis fallaciæ ignarus, et existimans hæc esse pro patriæ certitudine et gentis salute relata, omnino ei Credibilis extitit.*

¶ **CREDICIO**, ut *Creditio* superius in *Credentia* 6. Legitur in Charta Communiæ Divion. MS. et ap. Perardum in Burgundicis : *Credicio de pane et vino et aliis victualibus, etc.*

* **CREDITANCIA**, ut *Credentia*. 6. Creditum. Charta Phil. I. reg. Franc. ann. 1085. in Chartul. Maurigniac. : *Quod si ad forum nostrum vendere vel emere venerint, nihil ab eis præter justam fori consuetudinem requiratur aut exigatur,, Creditancias facere non cogantur.* Perperam *Creditensia* editum in *Credentia*, 6.

CREDITANTIA. Vide *Credentia* 6.

CREDITARIUS, Fidus, Joanni de Janua, *Consiliarius, vel Camerarius, cui secreta committuntur.* Fredegarius Scholasticus in Historia Francorum epitomata cap. 11 : *Misit puerum Creditarium sibi cum media parte aurei, etc.* Fortunatus Pictavensis in Vita S. Radegundis cap. 8 : *Curam domus committens Creditariis, etc.* Vita Ludovici Pii ann. 814 : *Per universas regni sui partes fideles ac Creditarios a latere suo misit.* Vide Baronium ann. 259. num. 25. Πιστικούς vocant Græci. Acta SS. Sadothi Episcopi et socior. 20. Febr. Ἄρχοντες καί πιστικοί : ubi de vocis notione nescio an recte conjicit vir doctissimus.

Creditaria, in Glossis Isidori, et apud Joann. de Janua, *Cameraria.* [Sed apud S. Bernardum in Charta mox laudanda *Creditaria* idem est quod *Creditio* seu jus *Creditionis*, de quo fusius in *Credentia* 6. *Creditariam habet Episcopus in omnibus victualibus quadraginta diebus; donec reddiderit, ab iis quibus debetur, nihil ei credetur.*]

Creditarius, Alia, ut videtur, notione. Charta S. Bernardi Abbatis Clarevallensis ann. 1145. in Tabulario Ecclesiæ Autisiodor.: *De illis qui pisces vendunt, Comes habebit quatuor Creditarios, in quibus Episcopus nihil accipiet.* Ubi *creditarii* sunt, aut viri fidi et amici, aut piscarii propolæ, qui Comiti soli, non vero Episcopo pisces sub crediti fide dare tenebantur.

* **CREDITIO**, Jus civitatis, vel bonum nomen. Libert. Peron. ann. 1207. tom. 5. Ordinat. reg. Franc. pag. 160. art. 16 : *Major debet super hoc militem convenire ut burgensi debitum reddat, aut communionem villæ, Creditionem et vicinagium interdicere.* Vide alia notione in *Credentia* 6.

¶ **CREDITIO.** Vide *Credentia* 6.

¶ 1. **CREDITIVUS**, Qui credit. Epistola ann. 1401. inter Anecdota Martenii tom. 1. col. 1675 : *Cui in dicendis supplicamus fidem dignetur adhibere Creditivam.* Sic etiam alibi, pro quo legitur in Epistola seq. : *Quatenus in referendis hac vice parte nostra fidem Credulam velitis adhibere.*

* 2. **CREDITIVUS**, Cui fides haberi debet. Chron. Mediolan. apud Murator. tom. 4. Antiq. Ital. med. ævi col. 660 : *Consules credentiæ sic dicti, quia erant viri Creditivi et fide digni. Littera creditiva*, Gall. *Lettre de créance*, in Conc. Constant. ann. 1415. sess. 4. apud Labb. Vide in *Credentia* 4. et supra *Credibiles.*

¶ **CREDITOR**, Curator, Cui creditur res aliqua administranda. Vita S. Germerii tom. 3. Maii. pag. 592 : *Ex quibus unum Sanctus a sacris fontibus assumpsit, alium suæ rei Creditorem præfecit.* Notum est Creditorem Jurisconsultis eum esse qui dat mutuo, Gall. *Creancier* : quo sensu pluries occurrit supra in *Credentia* 6.

* *Créditeur* olim nostris, pro *Créancier.* Charta ann. 1292. ex Tabul. S. Joan. Laudun. : *Laquele somme d'argent est convertie... en paiement de plusieurs detes, esqueles nous et nostre commune devant dite estiemmes obligié à plusieurs Crediteurs.*

* **CREDITUM**, a Gallico *Crédit*, Auctoritas, gratia. Acta dissolut. matrim. Ludov. XII. ex Bibl. reg. fol. 150. v° : *Quidam Joannes Drouyn, servitor cameræ et falconnarius dicti regis Ludovici XI. qui habebat magnum Creditum erga ipsum.*

¶ **CREDITURUS**, pro *Credendus.* Concil. Pampilonense ann. 1023 : *Concedo illa dominatui S. Salvatoris posthac Creditura pertinere.*

CREDITUS, Idem qui *Creditarius*, Fidus, cui creditur, et fides adhibetur, Gallis *Accredité.* Gloss. Græc. Lat. : Πίστεως ἄξιος, *credibilis, fidelis.* Gregorius Turon. lib. 7. cap. 40 : *Statimque misit Rex viros qui hæc deferre deberent, cum uno puero, quem valde Creditum Mummolus habens, hæc ei commendaverat.* Lib. 9. cap. 10 : *Transmitte Abbates, et Creditos tuos, ut hæc quæ loquor, exponant.* Vita S. Eligii lib. 2. cap. 74 : *Multos ex publica moneta misit solidos per Creditam personam.* Occurrit ibi supra semel. Capitulare de Villis cap. 5 : *Missum bonum de familia nostra, aut alium hominem bene Creditum... dirigat.* [Acta SS. Junii tom. 1. pag. 771. de B. Gerardo : *Quædam honestæ vitæ, Credita et nobilis matrona.*]

CREDRA. Fragmentum Petronii : *Lana, Credræ, piper, lac gallinaceum, si quæsieris, invenies.*

1. **CREDULITAS**, Professio fidei Christianæ, vel potius fides ipsa : Gall. *Croyance.* S. Cyprianus Epist. 78 : *Dum non desinis tractatibus tuis sacramenta occulta nudare, sic nos in fide facis crescere, et de sæculo homines ad Credulitatem accedere.* Sedulius lib. 1. Paschalis operis cap. 22 : *Hæc est vera fides et firma Credulitas.* Ratherius Veron. in Synodica ad Presbyteros : *Fides autem, id est, Credulitas Dei, etc.* Adde eumdem in Itinerario pag. 271. Anastasius in S. Urbano PP : *Hic sua traditione multos convertit ad baptismum et Credulitatem.* Idem in sancto Victore : *Christiana confessione Credulitatis clarificata.* Vita MS. S. Arnulphi Archiep. Turon. : *Discedens enim confundebatur iniquitas, et gaudens augebatur in Christo Credulitas.* Occurrit in Concilio Eliberitano can. 42. 44. apud Salvianum lib. 3. de Gubern. Dei, Nicolaum I. PP. in Resp. ad Bulgaros cap. 1. Gennadium de Script. Eccl. in Pastore Episcopo, Petrum Chrysologum serm. 159. Valerianum Cemeleniensem Epist. ad Monachos, Gregor. Turon. lib. 5. Hist. cap. 45. lib. 9. cap. 15. Theodulfum de Ordine Baptismi cap. 7. et 8. Odon. Cluniac. in Credulitate, Othlonum lib. 2. Vitæ S. Bonifacii Mog. cap. 10. in Capitulari Gregorii Magni PP. apud Canisium tom. 1. Antiq. lect. in Constit. Sicul. lib. 1. tit. 1. apud Aimoinum lib. 1. Hist. Fr. cap. 16. lib. 3. cap. 41. Saxonem Grammat. lib. 14. Alanum lib. 6. Anticlaud. cap. 1. Stephanum Eddium in S. Wilfrido cap. 17. etc.

Credulitas. Apud Leidradum Episcop. Lugd. lib. de Baptismo, cap. 5. inscribitur *de Credulitate*; [et in veteri Expositione Officiorum divinorum, ad calcem libri Joan. Abrincensis de Offic. Eccl. pag. 397. idem est quod Symbolum Apostolorum : *Oratio Dominica et Credulitas et preces quæ sequuntur pro minimis dicuntur peccatis.*]

* 2. **CREDULITAS**, Fides data, interposita. Charta ann. 1227. inter Probat. tom. 3. Hist. Occit. col. 322 : *Ego Trencavellus D. G. vicecomes Biterrensis .... mitto in bajulia et custodia ac protectione et in bona fide et Credulitate tui D. Rogerii Bernardi D. G. comitis Fuxensis .... villam de Limoso, de etc.* Vide supra *Credentia* 4.

* 3. **CREDULITAS**, Mutuum, Gall. *Prêt, creditum.* Charta fundat. priorat. Uldon. tom. 1. Probat. Hist. Brit. col. 563 : *Si qui vero panem et vinum, aut aliquid hujusmodi vendiderint, consilio prioris et cum bonis vadimoniis Credulitatem ei facient.* Vide *Credentia* 6.

* 4. **CREDULITAS**, Opinio, sententia, consilium. Charta ann. 1382. ex Bibl. reg. : *Johannes de Basnalen miles, nuntius...... litteras Richardo regi Angliæ flexis genibus præsentavit, ... quibus litteris per ipsum regem visis et inspectis, dixit idem rex, quod continebatur in ipsis litteris quædam Credulitas dicenda ipsi regi ex parte dicti ducis* (Britanniæ).

* 1. **CREDULUS**, Cui fides habetur. Annal. Bertin. ad ann. 877. tom. 7. Collect. Histor. Franc. pag. 124 : *Carolus vero febre correptus pulverem bibit, quem sibi nimium dilectus ac Credulus medicus suus Judæus, nomine Sedechias, transmisit, ut ea potione a febre liberetur.* [** Apud Aimoinum *Creditus.*] Vide supra *Creditum*

** Credulus, Fidelis. Prudent. Trecens. Annal. ad ann. 838. ap. Pertz. tom. Script.

1. pag. 431 : *Tandem sacramento cum sibi maxime Credulis .... firmavit.*

* 2. **CREDULUS**, Ex fide fervidus. Translat. S. Glodesind. tom. 6. Jul. pag. 217. col. 1 : *Hæc mox ut limina ædis sanctæ contigerant, virgine in sui auxilium precibus Credulis invocata, integerrimam membris omnibus recuperaverunt salutem.*

¶ **CREENTATA** Palea. Janssonius in Auctario Glossarum Isid. : *Quisquiliæ, Frumentorum purgamenta, vel palea Creentata.*

¶ Creentum, Eadem, opinor, notione. Charta Guillelmi de Jociaco Episc. Autissiod. et Arraudi Abb. Floriac. de Concordia quam statuerunt inter Ecclesias S. Laurentii de Abbatia in Diœcesi Autiss. et S. Hilarii Pictav. ann. 1178 : *Controversia erat superquibusdam consuetudinibus, quas Terricus serviens S. Hilarii dicebat se habere debere in quibusdam villis prædictæ Ecclesiæ S. Laurentii... asserens, quod homines prædictarum villarum non habebant in nemore mortuo de Lonna usuarium, nisi messionem annuatim ei darent, et Creentum suum facerent,* id est fortassis, Frumentum detererent et purgarent, *Creentum* a frumento separando, vel forte darent ei *Creenta* seu frumentorum purgamenta. Nota est hæc præstationis species. Vide *Crapinum* et *Crienta.*

* Idem mihi videtur quod *Creantum* in *Creantare.* Vide in hac voce.

* **CREHANTIA.** Vide supra *Creantia.*

CREISAMENTUM, Creisendarius. Vide *Cressementum.*

* **CREISSIAMENTUM**, Accretio, incrementum, Gall. *Croissance :* dicitur de silva cædua vel de arboribus junioribus. Charta ann. circ. 1200. ex Bibl. reg. cot. 19 : *Et hæc omnia libera dedi monachis et quieta ab omnibus, ... sicut divisa sunt omnia.... per fossata, quæ facta sunt inter boscum et terram monachorum, in dono meo et Creissiamento.* Alia ejusd. ætatis ibid. : *Ego Basilia dedi monachis et abbatiæ S. Mariæ de Noa, in bosco meo de Glisoliis, unum Creissiamentum ad grangiam monachorum de Jumellis. Istud autem Creissiamentum vadit per viam, quæ ducit ad maram de ponte Galteri, et inde tendit hujus divisa Creissiamenti per maram de Rochetis usque in vallem. Cressement*, eodem, ut videtur, sensu, in Ch. Phil. Pulc. ann. 1298. qua Ludovico comiti Ebroic. feuda aliaque assignat, ex Lib. rub. Cam. Comput. Paris. fol. 41. et seqq. : *Item les griages de la chastelerie de Meullent, excepté les Cressemens, qui se estent ès fiez et ès arrerefiez.* Vide infra *Crescentia* 4.

¶ **CRELHAT.** Necrologium Parthenonis S. Petri de Casis : iv. *Augusti ob. D. Petrus Estelatz, qui dedit Conventui unum librum mixtum et unam Crelhat aprés lo mas pro pitancia.*

CRELIACA. Hist. Trevirensis tom. 12. Spicilegii Acheriani pag. 245 : *Ventris fluxu, quod Creliacam nuncupant, vexabatur.* Sed legendum *Cœliacam*, κοιλιακὴν, nemo non videt.

CREMA. Papias : *Opium, Crema vitium appellatur, quoniam apud renas nascitur : est autem succus lassar, herbæ.*

¶ Crema Lactis, Cremor, Gall. *Creme.* Vita B. Lidwinæ tom. 2. April. pag. 275 : *Miscebatur quoque supradictis in emplastri confectione Crema lactis, vel arvina de albis anguillis.* Vide *Cremum.*

* Inter præstationes feudales recensetur, in Reg. S. Justi ex Cam. Comput. Paris. fol. 213. r° : *Una Crema lactis, quam Guillelmus vavassor debet.*

* **CREMALE**, *Cramillon*, in Glossar. Lat. Gall. ann. 1352. ex Cod. reg. 4120 : Aliud ex Cod. 7679 : *Cremale, cremilliée.* Vida supra *Crammale* et *Cravarius.*

* **CREMALHERIA**, a Gallico *Cremaillere.* Ms. ann. 1379 : *Item duæ Cremalheriæ ferreæ.* Vide *Cremalleria.* Hinc *Cremasculus*, diminutivum.

¶ **CREMALLERIA**, Catena uncinata vel lamina denticulata suspendendis in foco lebetibus, Gall. *Cremailliere* vel *Cremillere.* Recensio munitionum castri Sommeriæ ann. 1260 : *Item 50. forcipes, item quoddam englumen, item 1. Cremalleriam.*

* **CREMASCLUS** et Cremasculus, Eadem notione. Inquisit. ann. 1363. ex Cod. reg. 5956. A. fol. 80. v° : *Unum Cremasclum, unum cacabum, etc.* Inventar. Ms. ann. 1379 : *Item unum Cremasculum, cum quadam alia quantite ferri.*

¶ **CREMATESCENTES**, *Diffinientes.* Papias MS. Forsitan est a Græco χρηματίζειν, Rebus explicandis constituendisque vacare.

¶ **CREMATIOSUS**, *Pecuniosus.* Glossar. Sangerman. MS. num. 501. a Græco χρήματα, Pecuniæ, facultates.

CREMATIUM, pro *Cermatium*, ex Gr. Κερμάτιον. Excerpta Pithœana : *Crematium, colibum*, κερμάτιον. Perperam apud Isidorum, *Crematum, collybum.*

* **CREMATUS**, Destructus, dirutus. [** Quidni *Exustus?*] Episcopium superiorum temporum injuria Crematum, in Inscript. 1498. apud Naldin. in Chorograph. ecclesiast. civit. et diœc. Justinop. pag. 59. Nostris vero *Cremer* et *Cremir*, Timere, metuere. Annal. regni S. Ludov. edit. reg. pag. 171 : *Simples et droituriers et Cremans Dieu, etc.* Ibid. pag. 173 : *Douter et Cremier leur segnieur terrien, etc.* Unde *Cremor*, pro *Crainte*, Timor, *Cremereux* vel *Crementeux*, Timidus, et *Crementeusement*, Timide. Annal. jam laudati pag. 274 : *Il respondirent aus gens le Roy et dirent, plus par Cremor que par amour, etc.* Vita ejusd. reg. ibid. pag. 331 : *Cil de ton conseil pourroient estre Cremeteus de parler contre toi, etc.* Vita J. C. Ms. :

Venues sont à monument
Plorant et Cremeteusement;
Car moult Cremoient les felons.

Lit. remiss. ann. 1375. in Reg. 107. Chartoph. reg. ch. 326 : *L'exposant qui est simple laboureur et Cremereux homs, etc. Cremeu* autem et *Cremu*, Metuendus, pertimescendus. Lit. remiss. ann. 1401. in Reg. 156. ch. 427 : *Perrin qui estoit homme Cremeu, rigoreux et acquerans debas et riotes. Lequel Nicaise estoit homme rioteux et Cremu*, in aliis ann. 1407. ex Reg. 161. ch. 345.

¶ **CREMENSINUS.** Vide *Carmesinus.*

¶ 1. **CREMENTUM**, Incrementum. Gloss. veteres : *Crementa*, αὐξήσεις. Supplem. Antiquarii : *Crementum*, προσθήκη, *Auctus.* Occurrit in Actis SS. Jan. tom. 1. pag. 111. Martii tom. 3. pag. 564. in Computo ann. 1261. apud D. *Brussel*, de Usu feudorum tom. 1. pag. 475. sed et apud Varronem referente Nonio 2. 767. Tertullianum de Resurr. carnis cap. 58. etc. Verum alia notione sumitur, pro Fundo in Berntemi Chronico Marienrod. apud Leibnitium Scriptor. Brunswic. tom. 2. pag. 451 : *Ministrabant de diversis ferculis, cerevisiis et de vino nostri Crementi*, Gallice *du vin de nostre Cru.* Chartularium S. Vandreg. tom. 1. pag. 214 : *In quodam Cremento terræ sito in parrochia de Betteville... Actum an. D.* mcclxvi. Isidoro lib. 9. Orig. cap. 5 : *Crementum est Semen masculi, unde animalium et hominum corpora concipiuntur. Hinc Creatores parentes dicuntur.*

¶ Crementum, Secundarium vectigal, Gall. *Surcens.* Locus exstat in *Cornerium.* Vide *Census crescens.*

* 2. **CREMENTUM**, Locatio seu traditio pecoris sub augmenti habendi vel dividendi conditione, ut infra *Crescentia* 3. Charta ann. circ. 1080. ex Tabul. S. Albini Andegav. : *Si villanus de Mairono bestias suas extra illam curtem pro aliquo profectu suo duxerit, et infra unum annum et diem eas reduxerit, pedagium inde non dabit; si autem eas ad Crementum alicui dederit, die quo abierint pedagium dabit : cum vero redierint de Cremento, tantum pedagium dabit.* Pactum ann. 1522. ex Tabul. S. Vict. Massil. : *Dictis hominibus non liceat aliquod avere, nec animalia grossa nec minuta ad medias restas et medium Crementum accipere neque tenere.* Vide *Cressementum.*

¶ **CREMENSINUS.** Vide *Carmesinus.*

* **CREMESINUS**, Coccineus, Ital. *Cremisino*, nostris *Cramoisi*, ut supra *Cramoisius.* Ceremon. Rom. Ms. fol. 50. v° : *Tum quatuor nobiles portantes quatuor pilea ex Cremesino super baculos quosdam, ad mensuram trium palmorum; hii scutiferi honoris vocantur. Cramesino*, in edito lib. 1. cap. 1. Vide mox

* **CREMEXILE**, Coccus. Convent. Saonæ ann. 1526 : *Granæ pulveris, granæ Cremexilis, verdeti, brazilis, etc.* Vide *Cramesinum* et infra *Cremosinus.*

¶ **CREMIA.** Ogerii Panis Annal. Genuenses lib. 4. ad annum 1211 : *Et ut strata securior iret, fecit fieri Potestas viam levatam a Gavi usque Cremiam Montiscucelli.* An locus pendens seu præruptus a Græco Κρημνός? Sed legendum esset *Cremna*, non *Cremia.*

¶ **CREMISTA**, f. Possessio, a Græco χρήματα, Bona, facultates. Literæ Præpositi de Caldenborn pro Ecclesia Novioperis ann. 1251. apud Ludewig. tom. 5. Reliq. MSS. pag. 71 : *Noverint universi, quod cum Ecclesia nostra debitis augeretur, quandam casam inter antiquas Cremistas Hallis sitam... pro quatuor marcis et dimidia vendidimus et contulimus Ecclesiæ Novioperis.* [** Germ. *Kræmer*, *Mercator minutarius.* Vide Haltaus. col. 1128. vocibus *Kram* et *Kramer.*]

CREMIUM, *a Cremare : siccamentum lignorum vel frixorum in patella : et etiam quod remanet in patella aridum de carnibus post pinguedinem liquefactam, dicitur Cremium, unde Propheta, Ossa mea sicut Cremium aruerunt.* Joan. de Janua. Passio

Sanctarum Hilariæ, Dignæ, etc. apud Velserum in Augusta Vindelicorum : *Implete memoriam Cremiis, et siccis spinis, et claudite super eas ipsum memoriam, et ita demum ignem supponite : ut nulla ex eis evadat.* Odo de varia fortuna Ernesti Ducis Bavariæ inter Anecdot. Marten. tom. 3. col. 356 :

Dux protinus ignem
Excutit scilice ex dura, quem vivere sicco
Efficiunt Cremio.

Sed et ipse Columella 12. 19 : *Levi primum igne, et tenuibus admodum lignis, quæ Cremia rustici appellant, fornacem incendemus.* Gloss. Græc. Lat. : Φρύγανον, *Cremium.* Papias MS. : *Cremium, Frixorium.*]

* *Cremium, a cremando dicitur sacrificium, quod dicebatur holocaustum antiquitus, quia totaliter cremabatur. Item, Cremium dicitur, id quod de frixis carnibus, extracta pinguedine, aridum remanet in patella,* in Gloss. Bibl. Mss. anonymi ex Bibl. reg. Glossar. Lat. Gall. ex Cod. reg. 4120 : *Cremium dicitur sacrificium; dicitur etiam Gallice Creton, quod fit ex carnibus assatis.*

¶ **CREMNARII.** Vide *Crenkinarii.*

* **CREMOSINUS**, ut supra *Cremesinus.* Inventar. monast. Cassin. ann. 1497. tom. 2. Hist. ejusd. pag. 599. col. 1 : *Planeta una de broccato Cremosino, cum tunicellis et pluviali.*

CREMUM, Cremor, nostris, *Creme.* Fortunatus lib. 11. Poem. 13 :

Aspexi digitos per lactea munera pressos,
Et stat picta manus heic ubi Crema rapis.

CREMUTIUM, *Holocaustum*, in Gloss. Isid. Joannes de Janua *Cremium* habet. [Martinius vult legi, *Crematium, Hypocaustum.*] [* Vide supra *Cremium.*]

¶ **CRENELLUS**, Pinna, Gall. *Creneau.* Locum vide in *Ballium.*

CRENKINARII, ut scribit Chapeavillus in Ernesto Episcopo Leodiensi cap. 14. dicuntur *Justitiæ ministri*, apud Leodienses; *Crenqueniers*, in Stylo Leodiensi cap. 12. art. 5. sic nuncupati ab arcubalista quam deferebant, quæ *Kraeneke* Kiliano dicitur. Apud Froissartem 4. vol. cap. 77. Monstreletum 3. vol. pag. 44. 59. et Comineum in Ludovico XI. cap. 11. *Crannequiniers* sunt milites arcubalista instructi, ut plurimum equites. De vocis origine egit Fauchetus lib. de Militia Francica, [et Menagius in Etymol. Gall.]

* Lit. remiss. ann. 1476. ex Reg. 204. Chartoph. reg. ch. 159 : *Michel de Commelanné Alement, lors Cranequinier de la compaignie, etc. Les arbalestriers ou Crennequiniers auront brigandine ou corsset comme les coustilliers,* in Ordinat. milit. Ms. Caroli ducis Burgund. ann. 1473. Perperam *Crevequiners* apud Ludewig. tom. 11. Reliq. Mss. pag. 29. Lit. remiss. ann. 1420. in Reg. 172. ch. 33 : *Lequel Haquinet a chevauchié, tendu Grenequins et arbalestes à croq.* Aliæ ann. 1422. ibid. ch. 55 : *Icellui Bauduin prist une arbalestre, nommée Cranequin, et la monta. Bande ton Crennequin, qui est dire arbalestre à pié*, in aliis ejusd. ann. ch. 118. *Crenequin*, in Testam. Th. *de Failly* ann. 1473. ex Bibl. reg. : *Item a legué, donné et devisé à son frere Jehan de Failly son petit Grenequin fourny.*

¶ **CREMNARII**, Iidem. Charta Hugonis Ducis Burgundiæ ann. 1104. inter Instrum. tomi 4. novæ Gall. Christ. col. 236 : *Præcepit etiam et interdixit, ne quis venatorum suorum, vel Cremnarii sui, nec aliquis serviens ejus in Floriaco quæstum, nec violentiam faceret.*

¶ **CRENTER** vel **CRENDER**, Armorice Rotunditas seu Res corrotundata. Necrologium Abbatiæ de Daoulas Diœcesis Kemperleg. : *Dedit nobis Claustralibus cyphum argenteum ponderis unius marchæ, vel Crenter, quod nullo modo potest alienari.* Germanis *Creuker* est libella argenti : quod melius huic loco convenit, quam notio Armoricana. *Marcha* seu bes est selibra Francica.

* **CRENUM** vel **CRENUS**, Munimentum *crenis* instructum. Reg. Cam. Comput. Paris. sign. JJ. rub. fol. 32. v° : *Item tenentur* (habitatores Millani castri) *claudere ipsum locum palo et Creno congruo, videlicet lissas et barbacanas et barreyras de guerra vicina.* Vide supra *Cranellus.*

¶ **CREOPENSORIUM**, vox ibrida a Græco Κρέας, Caro, et Latino *pensorium* a Pendere efficto, Uncus ad suspendendum aptus. Buschius de Reformat. Monast. lib. 3. cap. 22 : *Ubi omnes illi Fratres inobedientes, funibus per colla eorum constrictis, in Creopensorio ad trabem pendebant, quidam mortui, alii extremum spiritum jam trahentes.*

CREPA, [pro *Crypta*, ut videtur, Fornix, Gall. *Voute* vel *Caveau.* Chronicon Erfordiense inter Vindemias Litter. Freder. *Schannat* pag. 92 : *Hoc etiam anno* (1226.) *Norimberc in nuptiis Heinrici Regis rupta Crepa* xxx. *milites et* xx. *servi cadentes interierunt.*] Vide *Repa.*

* **CREPALUS**, *Maredus, madidus.* Glossar. vet. ex Cod. reg. 7641. Vide *Crepolus.*

* **CREPARE**, Effodere, eruere. Arest. parlam. Paris. ann. 1314. in Reg. *Olim : Robertus de Hamio argimer erat in saisina Crepandi et turbas faciendi in maresio de Hamio.*

CREPARE OCULUM, Phrasis Gallica, *Crever l'œil.* Oculum ita a capite avellere, ut exeundo crepet. *Excutere oculos* dixit Plautus, et Suetonius in Julio; *Oculos exculpere*, Terentius; *Eruere*, Valerius Max. lib. 3. cap. 2. *Effundere*, Ulpianus. Leges Henrici I. cap. 93 : *Si quis alii Crepet oculum, solvat ei* 60. *sol.* Vide *Abacinare.* Italis *Crepare, rompersi, fendersi.* Virgil. lib. 5. Æneid. vers. 205 :

. . . . Et acuto murice remi
Obnixi Crepuere.

[Papiæ ad vocem *Decrepitus, Crepare loqui* est.]

CREPATIÆ, Morbus equinus, *inter juncturam cruris et ungulam, ubi corium rumpitur et caro ad similitudinem scabiei, etc.* apud Petrum de Crescentiis lib. 9. de Agricult. cap. 45. ubi vetus ejus Gallicus Interpres vertit *Crevace.*

CREPATURA, Italis *Crepatura*, Fissura, rima. *Crepatura apostematis*, apud Constantinum Afric. lib. 5. de Morborum curat. cap. 4. *Creveure d'aposteme.* Magister Ægidius de Urinis :

Minctio fit pura venæ chilis ex Crepatura.

Charta ann. 1320. apud Julianum Saracenum in Histor. Anconit. pag. 162 : *Visa etiam Crepatura, sive scissura aliorum murorum, etc.* Hinc forte emendandus Michael Schotus lib. de Physionomia cap. 20 : *Animalium quædam habent dentes in ore, ut homo, canis, etc. quædam Scripaturam, et non dentes, ut anser.* Legendum enim *Crepaturam*, id est, fissuram. [Miracula B. Gerlandi, tom. 3. Junii pag. 660 : *Passus est in genitalibus Crepaturam*; hoc est, Herniam. Legitur iterum hoc sensu tom. 3. April. pag. 987.] Vide *Criptura* [et *Crepido.*]

¶ **CREPATUS**, Ruptus hernia. Miracula B. Simonis Erem. August. April. tom. 2. pag. 819 : *Franciscus erat Crepatus, et virtute B. Simonis et meritis ejus liberatus est.* Legitur iterum pag. 820. et 822.

CREPECTATOR. Vitalis Episcopus Oscensis, apud Hieron. Blancam in Comment. Rerum Aragon. : *Crepectatorum officium, quod Cambium appellatur.*

¶ **CREPEDA**, f. Crepida, Genus calceamenti. Chartularium S. Vigoris de Cerasio : *Remittimus unam minam de brasio et Crepedas quas antecessores mei habere consueverant.*

CREPEDO, Rima. Kecellus in Miracul. S. Joan. Beverlac. num. 8 : *Unde penitus defectis humoribus rimarum Crepedine circumquaque dehiscens, etc.* [Vide *Crepatura* et *Crepido*]

¶ **CREPERE.** [* *Spisare vel aspere*, in vet. Glossar. ex Cod. reg. 7641.] Vide *Creperus.*

CREPEREGICUS. Fortunatus lib. 3. Poem. in Ep. ad Felicem. Episcop. : *Et si res exigeret, plausum Creperegico Oetan Thirynthiam, cum Pindaro spirante, pulsassem.*

CREPERUS, vox antiqua, pro *dubius.* Papias : *Creperum, asperum, dubium, incertum, inde et crepusculum. Crepere, spissare, dubitare.* Utuntur Ausonius, Martianus Capella lib. 1. Symmachus Epist. 1. Ennodius lib. 2. Epist. 20. Hepidannus lib. 1. de Vita S. Wiboradæ cap. 33. Gerardus in Vita S. Adelardi cap. 9. Ratherius Veron. in Vita S. Urmari cap. 1. Conradus de Fabaria de Casibus sancti Galli capite 19. etc.

* **CREPESCERE.** Pariag. inter reg. et monast. S. Andr. Avenion. ann. 1292. tom. 7. Ordinat. reg. Franc. pag. 612. art. 1 : *In criminalibus* (causis) *quæ mortem seu membri mutilacionem de jure vel consuetudine patriæ Crepescunt, etc.* Corrupte procul dubio; fortassis pro *requirunt.*

* 1. **CREPIDA**, *Glarea res*, in vet. Glossar. ex Cod. reg. 7641. *Crepon*, pro *Crepi*, Arenatum, in Chartul. sign. *Ezechiel* Corb. ad ann. 1421. fol. 95. v° : *Couvrir et parfaire le grange de Waigny, aveuc le Crepon de ledite grange.*

** 2. **CREPIDA**, Placenta frixa, *Crepis*, ap. Frischium in Nomencl. *Crepides* ap. Gal. in Onomast. Germ. *Krapfen*, placenta farta. Vide *Cripiscula.* ADEL.

¶ **CREPIDES**, Papiæ, *Pavimenta, vel ut quidam dicunt Calciamenta... Est autem nominativus singularis Crepis*; a Græco videlicet κρηπίς, pro quo Latini dixere Crepida. Idem Papias in MS. Bituricensi : *Coturni, Tragica calciamenta, quibus calcia-*

bantur dicturi in theatro alta voce, similes Crepidibus. Hii Calones dicuntur. Vide Isid. lib. 19. Orig. cap. 34.

¶ 1. **CREPIDO**, Fissura. Vita S. Alferii tom. 2. SS. April. pag. 101 : *Cutis gingivæ dolentis crepuit, atque per illius vulnus Crepidinis emissa putredine, et faciei tumorem perdidit et dentium dolorem.* Vide *Crepedo.*

* 2. **CREPIDO**, *Caverna ubi viæ conveniunt, in qua solent latitare pauperes et mendicare. Item, Summitas vel extremitas altaris in circuitu, dicebatur Crepido et ipsum propitiatorium : unde Ezechielis cap. 43. 14. Et de sinu terræ usque ad Crepidinem novissimam, etc. id est, propitiatorium.* Gloss. Bibl. Mss. anonymi ex Bibl. reg. Glossar. Lat. Gall. ex Cod. reg. 7692 : *Crepido, pié.* Vide Thes. Fabri in hac voce et infra *Crispido.*

* 3. **CREPIDO** Pestis, Tumor, tuber, ulcus pestiferum; cujus appellationis rationem docet Glossar. Lat. Gall. ann. 1352. ex Cod. reg. 4120 : *Crepita, Bosse, a crepo.* Acta S. Peregr. tom. 1. Aug. pag. 80. col. 2 : *Et quicumque mei memoriam habuerit usque grandines et nives, Crepidinem pestis, seu quibuscumque tribulationibus me devote invocaverit, etc.*

* 4. **CREPIDO**, Calceamenti genus, cujus ligneæ tabellæ suppedales pluribus clavis compingebantur, ut notant docti Editores, unde legendum putant *Crepida.* Passio S. Faustæ tom. 6. Sept. pag. 146. col. 1 : *Adduxit clavarium cum mille clavis, et clavavit ei caput, et frontem, et faciem, et pectus, et tibias, et clavata est sicut Crepido militum.* Vide mox *Crepita.*

* **CREPIS.** Vide infra *Cripiscula.*

* **CREPITA**, pro Crepida. Glossar. vet. ex Cod. reg. 7613 : *Crepita, genus calceamenti.* Aliud Gall. Lat. ex Cod. 7684 : *Crepita, Heuse, quia crepitatur in ambulando.* Charta ann. 1223. ex Tabul. Major. monast. : *Cum domini de Monte Gerulfi a retroactis temporibus unam pelliciam et quasdam Crepitas habuissent a monachis Majoris monasterii Meduanæ morantibus,..... Gaufredus miles, dominus de Monte Gerulfi,....... quidquid juris in pellicicia et in Crepitis prætaxatis habebat,... in manu nostra resignavit.* Vide alia notione supra in *Crepido* 3.

CREPITUDO, [Fissura. Vita. S. Drogonis tom. 2. April. pag. 444 : *Sepulcrum viri Dei adeo est elevatum, quod fontium fundamenta corruerunt, et per quasdam Crepitudines interiora sepulcri patuerunt.*] Gariopontus lib. 3. Passionarii cap. 34 : *Emanatio sanguinis, et venarum, et renum Crepitudo et loco dolenti deducitur.* Cum crepant.

* **CREPITUS**, Enterocelicus, ruptus, hernia laborans, Ital. *Crepato.* Inquisit. ann. 1270. apud Murator. tom. 5. Antiq. Ital. med. ævi col. 102 : *Bennatus de Portu Francolini, Ferrariensis diœcesis,...... juravit dicere veritatem super infirmitate et liberatione filii sui Benvenuti....... Et sacramento dixit, quod dictus ejus filius Crepitus erat, et stetit sic detentus acriter illa infirmitate, quod vix se poterat movere, sex mensium spatio.* Vide *Crepatus.*

¶ **CREPIUS**, pro *Crebrius*, in Testamento anni circiter 690. apud Felibianum pag. xi. Probat. Historiæ San-Dionysianæ.

CREPOLUS, *Madidus*, Papiæ. [* Vide supra *Crepalus.*]

¶ **CREPOR**, a *Crepo.* Gloss. Isid. : *Creporem ferri, sonum catenæ.*

* **CREPPA**, Fissura, rima. Stat. Cadubr. lib. 3. cap. 19 : *Et si contigerit necessitate talem percussum incidi debere ob dictam percussionem, tunc percutiens in faciem vel in caput, curiæ in xl. libris Pap. condemnetur;...... si vero oportet necessitate incidi de Creppa vel de osso, tunc condemnetur in lx. libris Pap.* Vide *Crepatura.*

* **CREPSEDRA**, pro *Clepsedra.* Glossar. Gall. Lat. ex Cod. reg. 7684 : *Crepsedra, Broche de tonel.* Vide *Clepsydra.*

* **CREPUDIA**, *Lo rompimento che se fa nel parto.* Glossar. Lat. Ital. Ms. Vide mox

* **CREPUDIUM** *dicitur Cunabulum, a crepando dictum, quasi Crepadium; quia puer ibi jacens vagiendo crepat, i. sonat.* Glossar. vet. ex Cod. reg. 521. Aliud Lat. Gall. ex Cod. 7692 : *Crepudium, Bers.* Vide *Crepundia.*

¶ **CREPULUM**, *Imber cum sono gravi ruens.* Papias MS.

¶ **CREPUNDIA**, *Monimenta*, Γνωρίσματα τὰ ἐπιτάφων. Gloss. Lat. Græc. Proprie Crepundia dicuntur Delectamenta puerorum et etiam signa, quæ cum infantibus olim exponi solebant, unde possent agnosci, ut erant litteræ, annuli, etc. unde Plautus Rud. 4. 4. 125 : *Sunt Crepundia, ensiculus aureolus, securicula aurea, sicula argenteola, et duæ connexæ maniculæ, et sucula, et porculi, et bulla aurea.* Arnulphus Sagiens. Archidiac. contra Girardum Engolism. Episc. apud Acherium Spicil. tom. 2. pag. 341 : *Quod dum pater insolentiam criminis divinitatisque contemptum civibus incredibile videtur, parturientis Abbatissæ gemitus, et novi partus Crepundia fidem fecerunt.*

¶ **CREPUSCULASCERE**, Illucescere. Sidon. lib. 8. Epist. 3 : *Cum me defatigatum ab excubiis ad diversorium Crepusculascens hora revocavit.*

* **CREPUSCULUM**, *Ajournement vel asserement*, in Glossar. Lat. Gall. ex Cod. reg. 7692. Vide *Assecurare* 1.

¶ **CREPUSUM**, ὄμφαξ. Gloss. Lat. Gr. Uva acerba.

CRESAMENTUM, Augmentum : Gallis, *Accroissement.* Placitum Childeberti III. Reg. Fr. apud Mabillonium de Re diplomat. pag. 477 : *Interrogatum fuit ei, se ipsi genitur suos Ibbo quondam ipsa portione sua in supra scripto loco ordinio ipsius Hainoni Abbati per suo Cresamentum delegasset vel firmasset.* Supra : *Quicquid ibidem sua fuit possessio pro suo Cresamentum delegasse vel firmasse.*

¶ 1. **CRESCENTIA**, Fructus in aliquo fundo crescentes, necnon etiam locus ubi crescunt, et unde advehuntur; quem locum Galli dicimus, *Cru.* Sigillum Ludovici VI. Regis Franc. ann. 1124. tom. 1. Collect. Ampliss. col. 684 : Dono *similiter et decimam annonæ meæ, et avenæ, et leguminum de Aquilina, et omnium Crescentiarum mearum, si quæ in ea fuerint factæ.* Pluries occurrit apud Rymer. ut tom. 12. pag. 7. col. 2 : *Mercandisas quascumque, de quacumque Crescentia, tam de bonis suis prius, quam alterius cujuscumque.* Pag. 81. col. 2 : *Pro aliis novis ejusdem Crescentiæ et patriæ cujus sunt veteres* (lanæ.) Et pag. 166. col. 1 : *De triginta et tribus doliis vini annuatim de Crescentiis partium Franciæ, Gasconiæ et Burdegaliæ in regnum Angliæ adducendis.*

* 2. **CRESCENTIA**, Accretio, augmentum. Obituar. eccl. Lingon. ex Cod. reg. 5191. fol. 53. r° : *Procurator dictæ fundationis de redditibus dictæ capellæ debet Crescentiam luminaris ultra feriale.*

* 3. **CRESCENTIA**, Locatio seu traditio pecoris sub augmenti habendi vel dividendi conditione, idem quod supra *Crementum* 2. Charta ann. 1188. ex Chartul. Cluniac. : *Si homo noster alicui bovem suum ad Crescentiam dederit, secundum quod emolumenti inde habuerit, de censu solvet.* Qua notione *Baillier à croiz et à chatel* nostri dixerunt. Lit. remiss. ann. 1385. in Reg. 128. Chartoph. reg. ch. 132 : *Un agneau que le suppliant avoit baillié en Croiz et en chatel à Guiot Choppart.* Aliæ ann. 1394. in Reg. 146. ch. 434 : *Comme le suppliant et son frere eussent pris à Croiz et en chastel deux buefs, etc.* Vide *Cressementum.*

* 4. **CRESCENTIA**, Silva cædua, Gall. *Bois taillis*, ubi arbores crescunt. Charta Oliver. Abb. S. Remig. Senon. ann. 1311. in Reg. 47. Chartoph. reg. ch. 127 : *Quæ sex vaccæ cum eorum sequentiis poterunt ire et depascere per totum dictum nemus et Crescentias seu scisuras dicti nemoris.* Vide supra *Creissiamentum.*

1. **CRESCERE.** Prima Curia Generalis Catalaniæ sub Jacobo Rege Arag. ann. 1291. MS. : *Quod si aliquis fuerit reptatus de baudia, quod ille qui reptabit, non possit Crescere de divitiis parem, quem sibi voluerit dare : quod si ipsi fecerint, quod divitiæ sint sui et suorum in perpetuum, sic quod non possint renunciare ipse ante dominationem, vel postea.* Capitis lemma sic concipitur : *Qualiter ille qui reptat, potest Crescere parem, quem voluerit dare batayam.*

¶ Crescere se super Aliquem, apud Lobinellum in Historia Britan. tom. 2. pag. 324. est Invadere res alienas, Gall. *Empieter sur quelqu'un : Alter eorum super alterum se Crescere non poterit.*

* 2. **CRESCERE**, *Cogere, tergere.* Glossar. vet. ex Cod. reg. 7641.

* 3. **CRESCERE**, Augere, Gall. *Accroître.* Erardi de Brena ann. 1222. in Chartul. Campan. Cam. Comput. Paris. fol. 322. col. 2 : *Hanc itaque valenciam debent dominus G. Valentinensis episcopus et dominus Lambertus de Castellione minuere, vel approbare, aut Crescere, secundum quod expedire viderint. Croicir*, in Testam. Joan. II. ducis Brit. ann. 1304. tom. 1. Probat. Hist. Brit. col. 1189 : *Et vueil que mes executeurs.... puissent Croicir à ceux qui m'ont servi, se ils voient que bon soit. Creistre*, eadem notione. in Poemate *de Rou* Ms. :

Sa fille et Normendie, voiant touz, li donna,
De Flandres li vout Creistre : mes Rou li reffusa,
Poure est, ce dit, la terre, ja planté n'i aura;
Bretaigne li requist, et li roiz li donna.

** 4. **CRESCERE**, Oriri. Chart. ann. 1288. in Wenck. Histor. Hassiac. tom. 1. pag. 225. num. 214 : *Omne impedimentum, quod a* *nostris successoribus sive heredibus jam dictæ ecclesiæ suæ Crescere posset in posterum.*

¶ **CRESCITIVUS**, *Celeriter crescens.* Onomasticon ad calcem tomi 1. SS. Junii.

* **CRESCITUDO**, idem quod supra *Crescentia* 4. Arest. Senat. Chamber. ann. 1492 : *Albergas omnes et singulas Crescitudines seu augmentationes brotellorum, situatorum inter Indis fluvium.*

¶ **CRESERE**. Vide *Croisare.*

* **CRESPA**, vox Italica, Ruga, Gall. *Pli*, vestis ornamentum. Stat. Ferrar. ann. 1279. apud Murator. tom. 2. Antiq. Ital. med. ævi col. 424 : *De vestito bixelli....... cum tribus cusituris et Crispis, quatuor solidos Ferrarienses....... De gonellis dominarum frexatis cum gironibus et Crespis et butonis, octo solidos Ferrarienses.* Nostris vero *Crespinier*, Panni bombycini crispi et tenuis artifex. Lib. 1. statut. super artif. Paris. ex Cam. Comput. fol. 139. r° : *Quiconques veult estre Crespiniers à Paris de fil et de soie, c'est assavoir ouvrier de coiffes à dame, et toies à orilliers, et de paveillons que on met par dessus les autels, que on fait à l'aguille et au mestier, estre le puet.* Vide *Crispa.*

¶ **CRESPELLÆ**, Ex herba, farina et oleo. Onomast. ad calcem tom. 7. SS. Maii. Vide *Crispellæ.*

* Lagana, Gall. *Beignets* vel *Gauffres*, quibusdam in provinciis *Crepes*, Ital. *Crespelli.* Vita B. Jacobi Venet. tom. 7. Maii pag. 469. col. 2 : *Matrona quædam....... per nuntium requisivit, ut Crespellas ex herbis et farina commixtas, quas vulgo fritellas vocant, pro ejus prandio cum oleo præpararet.* Glossar. Gall. Lat. ex Cod. reg. 7684 : *Bignet ou Crespe, Laganum Crepias*, eodem sensu, in Glossar. Lat. Gall. ann. 1352. ex Cod. 4120 : *Lapana*, (l. lagana) *Crepins.* Unde *Crepillon*, Cibus ex *crespellis* appellari videtur, in Lit. remiss. ann. 1399. ex Reg. 154. Chartoph. reg. ch. 494 : *Comme l'exposant eust esté à unes noces avec plusieurs autres compaignons, lesquelz se feussent partis après ce qu'ilz orent esté au Crepillon tous ensemble, etc.* Vide *Crispellæ.*

* **CRESPIACA** Moneta. Vide infra in *Moneta Baronum.*

¶ **CRESPULUS**. Gloss. Græc. Lat. : Ὀρθρινός, *Matutinus, Crespulus.* Melius legeretur *Crepusculus.*

* Ut in Cod. S. Germ. ubi : *Crepusculus, antelucanus*, ex Castigat. in utrumque Glossar.

¶ **CRESSA**. Instrum. novæ Gall. Christ. tom. 2. col. 433 : *Sciant cuncti quod anno Incarnat. Domini* M. CCC. LXIV. *die* XIV. *mensis Sept. apud Abbatiam de Moysiac. Caturc. diœcesis, in exitum magnæ Cressæ RR. in Christo Pater et Dominus Remundus de Salg, Dei gratia Patriarcha Antiochenus, etc.* In hanc vocem Editores : Cressa Nomen proprium loci, forsan desumtum a Creta, quæ ibi abundaret, aut ex qua locus esset conditus. A creta derivata est *Cressa nota : Cressa ni careat pulcra dies nota*, apud Horatium. Si legeretur *Crista*, explicatio esset facilis; nam censeretur hoc juramentum, vel hæc recognitio data in exitum magnæ Cressæ seu Cristæ, id est circa exitum loci sublimis; nam Cresta et Crista significant verticem montis vel collis. Facilis fuit lectio *Cressæ* pro *Crestæ :* quare ad hanc conjecturam lubens accedo.

CRESSEMENTUM, Creisamentum, Creisendarii Porci. Rainardus Abbas Cisterciensis in Institut. Cisterciens. cap. 26 : *Nullam cum sæcularibus societatem in pecoribus nutriendis, seu terris excolendis habere permittimus : videlicet dando vel accipiendo medietariam vel Cressementum.* Tabularium Monasterii S. Gemmæ in diœcesi Santonensi. : *Cum Seguinus Beraldi charnagium peteret de porcis Creisendariis, quos Monachi S. Gemmæ susceperunt ad Creisamentum.* Ubi *Creisamentum*, est id quod *Bail à croist et à chaptel* nostri vocant, cum scilicet pecus datur, sed æstimatum, ita ut id in fructu et augmento habeatur quod pretium pecoris excedit, ut ait Raguellus. Proinde *Porci Creisendarii* hic dicuntur, qui locati sunt sub hac augmenti conditione. Vide veterem Consuetudinem Bituricensem editam a Thomasserio cap. 87. [* Vide supra *Crescentia* 3.]

¶ **CRESSIMENTUM**, Accessio, appendix, Gall. *Dependance.* Fundatio Monasterii de Altaripa ann. 1137. apud Marten. tom. 6. Ampliss. Collect. col. 311 : *Primo dedit... grangiam de Combis et Cressimentum circumquaque in campis, in nemore; item 24. jugera cultæ terræ apud Escuvillens, juratum quoque Dossel, etc.* Italis *Crescimento* est Accretio, augmentum, Gallis *Accroissement.*

CRESSO, Nasturtium, *Cresson.* Matth. Silvaticus : *Olus aquæ, id est, senationes, vel Cressones.* [S. Wilhelmi Constitut. Hirsaug. lib. 1. cap. 12 : *Pro signo nasturtii, quod vulgariter Cresso dicitur, etc.*]

Crisonium, Eadem notione. Vita S. Amalbergæ : *Herbam, quam vulgo Crisonium vocant, circa irrigua Sennæ fluminis, etc.*

¶ 1. Cressonaria, Gall. *Cressoniere*, Locus ubi crescit Cresso. Charta Johannis Hamensium Domini ann. 1248. ex Tabulario Corbeiensi : *Ortos, prata et Cressonarias faciendo.* Vide mox

* 2. **CRESSONARIA**, Cressonnaria, Palus, lacus, stagnum, nostris etiam *Cressonniere*, vulgo *Mare ;* quia ibi *Cresso* nascitur. Vide in hac voce. Charta ann. 1202. ex Chartul. S. Autberti Camerac. fol. 1 : *Præterea quasdam aisantias, quas eadem ecclesia fecerat juxta vivarium nostrum in Cressonaria sua de Vinchi.* Charta Bald. dom. *de Wallaincourt* ann. 1231. in Chartul. Mont. S. Mart. part. 1. ch. 89 : *Dedi perpetuo possidendam illam terram, ... in qua fratres ecclesiæ memoratæ...... Cressorias* (sic) *ad opus suum extruxerunt juxta meas. Insuper aquæ ductum, qui de meis Cressonariis pleno cursu dirivatur, quem dictorum fratrum Gressonariis* (sic) *necessarium esse scio, eisdem fratribus in elemosinam concessi.* Alia A. abb. Fusniac. ann. 1261 : *Nos dicebamus eos exaltasse sclusam vivarii sui de Laudousies, et fecisse quandam Cressonariam, et sic occupasse aisentias dictæ villæ communes.* Reg. S. Justi ex Cam. Comput. Paris. fol. 235. r°. : *Pro terris feodatis xxiiij. solidi redditus, pro tribus Cressonnariis, iij. den. Une petite mare ou Cressonniere*, in Lit. remiss. ann. 1469. ex Reg. 197. Chartoph. reg. ch. 86. Vide *Kersonaria.*

* Cressoneria, Eodem intellectu. Charta vendit. majoriæ de Atheis ann. 1219. in Reg. 34. bis Chartoph. reg. fol. 53. r°. col. 2 : *Retinuit præterea* (major) *foragium, ... et quartam partem furni villæ et Cressoneriam suam.*

1. **CRESTA**. Visitatio Thesaurariæ S. Pauli London. ann. 1295. in Monastico Angl. tom. 3. pag. 309 : *Morsus Willelmi de Ely argenteus, etc. Cresta ejusdem argentea cum triphorio exterius aureo, et lapillis insitis, etc.* Habetur ibi pluries. Vide *Crista.*

* 2. **CRESTA**, Cujuslibet rei apex, vel superior pars. Inquisit. ann. 1363. in Cod. reg. 5956. A. fol. 82. r°. : *Item domum juxta furnum et egredarium, quæ fuit dampnificata in Cresta parietis et in tegulis. Crete*, Mons, collis, nisi sit Ager incultus circa domum rusticam, a Normannis *Crete* dictus, in Charta ann. 1321. ex Reg. 61. Chartoph. reg. ch 156 : *Pour une Crete de laquelle l'en li souloit rendre sis deniers de cenz. Crestes* vero, virgæ seu ligna fastigio domus componendo apta, appellantur in Chartul. sign. *Ezechiel* Corb. ad ann. 1423. fol. 198. r°. : *Pour un millier de vergue ou Creste, iiij. solz Parisis.* Vide *Crista.*

* *Crester* vero nostri alias dixerunt, pro vulgari hodierno *Peigner*, Male aliquem multare. Lit. remiss. ann. 1399. in Reg. 154. ch. 754 : *Je te Cresterai si bien la teste, que tu ne trouvas onques ribaut, qui si bien la te Crestat.*

* 3. **CRESTA**, Pinna muri, quæ fenestræ quadratæ effigiem præfert, per quam milites jaculantur, vulgo *Creneau*, alias *Crestiau.* Charta ann. 1370. ex Tabul. Massil. : *Pro portu mille lapidum in sua barca aportatarum, ad faciendum Crestas per murum dicti portalis.* Alia ann. 1303. apud Marten. tom. 1. Ampl. Collect. col. 1410 : *Come pour la presente guerre... nous eussiens ledite ville enforchié, si comme des murs et des Crestiaux de ledite ville refaire, ... et pour faire voies et alées entour les murs as Crestiaux, as tours et as deffenses de ledite ville, etc.* Hinc *Crestelé*, Pinnatus, dentatus, in Lit. remiss. ann. 1410. ex Reg. 165. Chartoph. reg. ch. 70 : *Le suppliant fery icellui Jacque de la vireulle d'un plançon Crestelé qu'il portoit, comme l'en fait communement au pays, qui est pays de frontiere.* Neque aliud significare videtur *Cretu*, in Lit. remiss. ann. 1459. ex Reg. 189. ch. 354 : *L'un des compaignons avoit ung espieu, l'autre ung Cretu. Ung baston, appellé Cretu*, in aliis ann. 1473. ex Reg. 195. ch. 915. Vide *Quarnellus.*

* **CRESTACIO**, f. Fastigium, culmen. Vide supra *Cresta* 2. Chron. Joan. Whethamst. pag. 530 : *Et circa nudam facturam domus istius expendisse fertur, deducta vitriacione, Crestacione, posicioneque decorum, ultra summam cl. lib.* Nisi sit pro Trullissatio, Gall. *Crépissure.* Vide supra *Crepida.*

* **CRESTALLUS**. Comput. Ms. fabr. S. Petri Insul. ann. 1321 : *Item pro uno Crestallo pingendo Parisius, etc.* Forte pro *Trestallo*, tripedis species. Vide *Trestellus.*

¶ **CRESTATA**. Vide in *Crista.*

¶ **CRESTEGNUS**, Castaneus. *Archa*

Crestegna, in Inventario ann. 1342. ex Archivo S. Victoris Massil. num. 38. Diœces. Din. Gall. *Coffre de Chataigner.*

¶ **CRESTO**, Caper, Gall. *Bouc.* Consuetud. Brageriaci art. 93 : *Boves, vaccas, oves, porcos, sues sive trogas, mutones, Crestones, capras, hedulos, etc.* Gallica versio : *Bœufs, vaches, brebis, pourceaux, truyes, moutons, Boucs, chevraux, etc.*

* *Creston*, in Foro Navar. tit. 28. art. 46. Hædus, Gall. *Chevreau. Cresta*, pro Porcello, ut videtur, in Consuet. Mss. villæ de Buzet ann. 1273. art 41 : *Les senhors...... de casoun porc, troya et Cresta au mazer aportadas à vendre, preneram les loms.* Infra de capris et hædis agitur.

* **CRETABOLINUS**. Chron. Asserii Menevens. ad ann. 817. ex Cod. reg. 6236 : *Pagani non segnius, Cretabolino more, totis viribus bellum perquirunt.* An Bohemorum et Sclavorum irruptio intelligenda, de qua Annales Fuldenses ad hunc annum? Vide Lexic. Martin. v. *Crethi*, et mox *Cretina.*

CRETELLÆ, *Cletellæ*, vel *Clitellæ*, in Gloss. MS. Regio Cod. 1013. et Isidori.

1. **CRETICARE**, In crisin, ut vocant Medici, incidere, quam scite *passionis atque naturæ conflictum* vocat Cælius Aurelianus lib. 2. Acut. cap. 19. Philippus Eystetensis Episcop. in Vita S. Willibaldi cap. 33 : *Eadem die Creticavimus, et brevi post in tempore, sanitati omnimode restituti sumus.* Thomas Cantipr. lib. 2. de Apib. cap. 54. num. 14 : *Tertia igitur die, digesta materia, Creticavit, et ad se rediit compos mentis.* Alexander Iatrosophista lib. 2. Passion. cap. 66 : *Cretica, id est, determinativa febrium. Creticos dies*, ait Isidorus lib. 4. Orig. cap. 9. *Medici vocant, quibus ut credo, ex judicio infirmitatis illud nomen impositum est, quod judicent hominem, et sententia sua aut puniant aut liberent.*

2. **CRETICARE**, *Crocitare.* Vetus Gloss. Lat. Gall. : *Creticare, Grailler à la maniere de corneille.*

¶ **CRETIFODINA**, Locus, ubi effoditur creta. Donatio anni 1294. Hist. Dalphin. tom. 2. pag. 74. col. 1 : *Cretifodinis, lapidicinis, argenti fodinis, auri fodinis, etc.*

* **CRETINA**, Alluvio, exundatio, vulgo *Crue d'eau, débordement*, a veteri Gallico *Cretine* et *Creture*, eadem notione; unde perperam infra *Cretiva* ex Rymero. Reditus Ebroicæ in Reg. 34. bis Chartoph. reg. part. 2. fol. 106. r°. col. 2 : *Gesina molendinorum per Cretinam aquæ evenience, debet restaurari illi, qui tenet molendina.* Pactum inter dom. et abb. de Longovillari ann. 1328. in Reg. 65. 2. ch. 4 : *Et se y a noeries, ou Cretine d'yaue y venoit en cas perillous, li religieux le porroient torner à aler entre leur dous portes pour leur dommage eschiver.* Chron. S. Dion. lib. 4. cap. 6. tom. 3. Collect. Histor. Franc. pag. 254 : *En celle année* (584.) *fu si grant Crestines em Bourgoigne, que les yaues des flueves issirent hors des chanes.* Annal. regni S. Ludov. ad ann. 1258. edit. reg. pag. 245 : *En cel an meismes plut tant et fut si grant Cretures de yaues, etc.* Occurrit præterea in versione Gallica annorum circ. 500. Instit. Justin. *Quertine*, eadem significatione, in Charta ann. 1269. ex Lib. nig. episc. Carnot. : *S'il avenoit que ledit molin par Quertine d'aiue, ou par feu, ou par tempeste, ou par autre quas d'aventure fust abatu, etc.*

¶ **CRETIVA** Aquæ, Abundatio aquarum, eluvio, Gall. *Creuë d'eau*, apud Rymer. tom. 10. pag. 244. col. 2 : *Volumus etiam quod, si contingeret quod dicti molendini feriarent, sive jacerent propter Cretivam aquæ, vel propter defectum aquæ, etc.*

¶ **CRETURA**, Quod cribrando rejicitur. Pallad. lib. 1. de Re Rustica tit. 24. inter columbarum pabula refert *Triginta columbis volantibus diurni tres sextarii tricici sufficient, aut Creturæ.*

* **CRETUS**, *Cribratus, cribro secretus*, ex Gloss. ad Alex. Iatrosoph. Ms. lib. 2. Passion. cap. 71 : *Fit etiam pultis staltica de pane Alexandrino trito et Creto, et sic cocto in pultes.* Vide *Cretura.*

* **CREVA**, pro *Greva*, Arena, sabulum, regio Parisiis nota, vulgo *Greve.* Charta ann. 1222. in Chartul. AD. S. Germ. Prat. fol. 60. v° : *Sufficientem redditum assignavit...... in quadam domo, sita in Creva, in censiva cellarii ecclesiæ nostræ.*

* **CREVARE**, a Gallico *Crever*, Crepare, rumpi. Mirac. Mss. Urbani PP. V : *Convalescere cœpit de febre, et post illæ bossiæ, quas habebat, penitus Crevaverunt, et pristinæ restitutus est sanitati.*

* **CREVASSERIUM**, Locus, a Gallico, ut videtur, *Crevasse*, Apertura, fissura, sic dictus. Charta ann. 1341. in Reg. 72. Chartoph. reg. ch. 408 : *Usque ad rivum de las Trilhas et ultra usque ad Crevasserium regis extra remanens, et deinde usque ad capud rocarum.* Nisi legendum sit *Crenaserium*, quo significetur Munimentum *crenis* instructum. Vide supra *Crenum.*

CREVEDELLA, Mali seu pomi species, in Capitulari de Villis, cap. 70.

CREVENTIA, [Societas, Gall. *Association.*] Capitulare Radelchisi Principis Beneventani cap. 27 : *Si vero populus portionis meæ cum populo vestræ partis ierint per Creventiam in exercitu, quocumque, et quolibet modo occiderint vel apprehenderint vestros honoratos ac vassallos, etc.*

¶ **CREVESCERE**, pro Crebrescere, vel Crescere. Capitulare Arechis Principis Beneventi apud Murator. tom. 2. pag. 336. col. 1 : *Nonnulla flagitiorum veteres Jurisperiti, dum fieri posse non crederent, decernere præcaventes, posteritati erronea relinquere vestigia : at nunc Crevescentibus malis, et fieri posse creduntur, et quod dictum nephas est, facta videntur.*

* **CREUSARE**, Cavare, fodere, Gall. *Creuser*; unde *Creusatio*, fodicatio. Comput. Ms. eccl. S. Egid. Abbavill. ann. 1386 : *Willelmo de Brach pro fossa, quam Creusavit in ecclesia ad mortem dominæ Mathildis, ij. den. Pro Willelmo Louireh, qui aidavit in Creusatione dictæ fossæ, j. den.*

¶ 1. **CREUTA**, Accretio, accessio, Gall. *Creuë.* Præceptum Johannis Franc. Regis ann. 1350. pro Magistris monetarum, tom. 2. Ordinat. pag. 336 : *Mandamus vobis ex causa, quatenus, visis præsentibus literis, faciatis dare et solvi in omnibus et singulis monetagiis, ultra pretium quod datur ad præsens, septem solidos Turonenses de Creuta, pro qualibet marcha billoni, etc.*

* 2. **CREUTA**, Antrum, specus, seu tugurium subterraneum; unde nomen loci, de quo in Charta ann. 1280. ex Chartul. S. Vincent. Laudun. : *Item remanebit imperpetuum ecclesiæ S. Vincentii prædictæ justicia alta, media et bassa villæ des Creutes et totius territorii des Creutes,... usque ad magnam viam per quam itur de Creutis versus villam, quæ dicitur Mons.* Vide *Crota* 2. 3. et *Cruta.*

¶ **CREWET**, Anglis, Urceolus, Gall. *Burette.* Testamentum Rotherami Eborac. Episc. ann. 1498. in Libro nigro Scaccarii pag. 673 : *Item dedi collegio meo prædicto unum par Crewetts deauratum, et scribitur super eisdem Ihesus Christus.*

* **CREXENTUM**, Fermentum, quod farina fermento imbuta intumescat et *crescat.* Stat. Vercell. lib. 3. pag. 72. v°. : *Item qui levatum suum sive Crexentum vetabit casuariis, et qui recusabit accipere levatum factum in domo casuariorum, det solidos. v. Pap.*

¶ **CREYERA** vel Creyeris, Navis species, eadem quæ *Craiera.* Charta Edwardi III. Regis Angl. apud Rymer. tom. 5. pag. 243 : *Volumus quod centum naves vocatæ Pessonseræ et Creyeris et aliæ minutæ naves... ad opus nostrum provideantur et arestentur.* [* Vide supra *Craiera.*]

* **CREYSSUA**, Accretio, incrementum. Charta ann. 1309 inter Instr. Hist. Lugdun. pag. 112 : *Quod dictus dominus Henricus de cætero non possit facere aliquam Creyssuam seu aliquod incrementum in dictis operatoriis, in alia majori latitudine.* Vide supra *Crescentia* 2.

CRIACIO, Creatio, vox Hispanica. At in Charta Aldegastri, filii Sylonis Regis Ovetensis ann. 781. apud Sandovallium, videtur sumi pro *servis*, quomodo *Creatures* appellamus, quos enutrivimus; Nutritii : *Damus siquidem nostras Criaciones, nominatas Saderno cum filiis et filiabus suis, Thomiro cum filiis et filiabus suis,... et isti serviant Monasterio de sancta Maria, de Obona, in quantum et quale servitium ab Abbate vel Vicario hujus Monasterii eos vocaverint vel injungerint.*

* Academ. Hispan. in Diction. *Criacion* et *Crianza*, nutricatio, nutritus. [** Vide *Creare*, 2. Hodie *Criado* Hispanis Famulus, minister. Vide S. Rosa de Viterbo in hac voce.]

¶ **CRIAFORA**, Clamor excitans ad irruendum in aliquem, Gall. *à courir sus* vel *à se jetter sur quelqu'un*, ad injiciendas manus in aliquem. Sententia lata contra Franciscum de Bardoneschia per Dom. Dalphinum ann. 1334 : *Si quis eum viderit vel sciverit infra jurisdictionem et terram nostram, ipsum debeat capere vivum vel mortuum et Curiæ nostræ præsentare, et si capere non poterit, vel ad eum capiendum se imbecillem vel non fortem reputaverit, raydam seu Criaforas faciat et moveat patriam contra eum pro eo, ut supra dictum est, capiendo.* [* Vide infra *Cridafora.*]

1. **CRIAGIUM**. Charta Philippi Regis Franciæ ann. 1182. in Tabul. S. Dionysii : *Noverint universi... quoniam Guido Buticularius noster Silvanectensis, et Guido filius ejus fideli servienti nostro Rogero Picæ Criagium suum de Stampis dederunt, et ipsi et*

hæredibus suis libere et quiete in perpetuum possidendum concesserunt. Quia vere res hæc de feodo nostro est, et ad Buticulariam pertinet, nos ad petitionem utriusque partis prænominatæ donum stabile esse volumus, et præcipimus. Sed in Chartæ lemmate habetur *griagium.* Vide in hac voce [post *Gruarius.*]

* Vectigal, quod pro vini venalis proclamatione ejusque venditione buticulario Franciæ vel domino loci persolvebatur; salarium etiam præconi debitum : quo sensu intelligenda Charta Phil. reg. ann. 1182. supra laudata; male ergo in lemmate ejusdem habetur *Griagium;* quanquam *Criagium* ea notione occurrat, ut mox dicetur. Charta Buch. de Magduno ann. 1179. ex Chartul. Miciac. : *Mensuram ad vinum vendendum debent accipere monachi, vel alii quicumque vinum in burgo vendere velint a serviente dom. Buccardi, qui tantum pro banno vel alia re mensuram negare vel contradicere poterit; sed tantum Criagium suum habebit.* Charta ann. 1276. in Chartul. Domus Dei Pontisar. : *Dicebant nos debere sibi quasdam consuetudines, vulgariter nuncupatas havagium et Criagium, apud Pontisaram, ipsosque ac eorum prædecessores esse et fuisse in possessione vel quasi percipiendi prædictum havagium et Criagium, nomine annui redditus sibi a nobis debiti.* Alia vernacule scripta ibid. de eadem præstatione : *Sachent tuit que comme content fust... d'un havage et d'un Bufetage de Pontoise, etc.* Idem proinde quod *Bufetagium.* Vide supra in hac voce. Assignatio dotalit. Joan. regin. Franc. ann. 1319. in Reg. 60. Chartoph. reg. ch. 69 : *Item pro Criagio vinorum Nicholao hostiario ad vitam suam donato, quatuor libras.* Charta ann. 1352. in Reg. 81. ch. 414 : *Item Criagium de Virtuto, valoris sexaginta solidorum Paris. annui redditus.* Chartul. Latiniac. fol. 115 : *Noverit posterorum successio Goibertum camerarium huic ecclesiæ post obitum suum uxorisque suæ Criagium, quod tenebat, concessisse. Criage*, eadem acceptione, in Ch. Guill. de Veteri-ponte ann. 1289. ex Chartul. S. Joan. in valle : *Chacun tavernier de la devantdite terre S. Nicolas est tenu de nous rendre et poier chacun an, pour chacun tonneau que il vent en l'an, maille pour Criage, et nous sommes tenuz de faire crier leur vin à leur requeste.* Ordinat. ann. 1415. ex Reg 170. Chartoph. reg. ch. 1 : *Item nul ne fera taverne ou vendra vin à détail en la ville de Paris sans mettre cerceau, afin que ladite ville ne puisse estre fraudée de ses droits, tant de cellui dessusdit et de Criages et celerages, comme d'autres.* Vide *Cridagium* in *Crida.*

* 2. **CRIAGIUM**, f. pro *Griagium.* Vide in *Gruarius* 1. Jus, quod ratione officii *gruario* competit. Charta E. abbat. Paracl. ann. 1233. ex Chartul. Campan. fol. 393. col. 1 : *Pro istis omnibus rebus superius nominatis et pro Criagio de Pruvino, quod erat nostrum....... et sciendum quod idem comes retinet in illis lx. arpenta nemoris, totam justitiam et garenniam suam.* Reg. Phil. Aug. ex Cod. reg. 4653. A. fol. 184 : *Habet octavam partem Criagii de foresta de Celes.*

CRIANÇA, Hispt. *Crianza*, Urbanitas, comitas, morum suavitas. Testam. Alph. III. reg. ann. 1271. tom. 1. Probat. Hist. geneal. domus reg. Portugal. pag. 56 : *Rogo reginam Beatricem uxorem meam pro Criança quam feci ei, et quia confido de ea plusquam de omnibus rebus mundi, etc.*

CRIARE, ex Gallico *Crier :* Per præconem publicare. Charta ann. 1221. apud Sammarthanos in Episcopis Cabilonens. n. 39 : *Si Crietur pro communitate villæ, Criari debet assensu Episcopi.* [Charta Caroli M. ann. 779. inter Instrum. tomi 4. novæ Gall. Christ. col. 225 : *Nullus judex publicus, nec ulla potestas ad causas audiendum, vel frida Criandum, aut fidejussorem tollendum... ibidem ingredi non deberent.*]

CRIARIA, Officium eorum quos hodie Lutetiæ Parisiorum *les Crieurs de corps et de vin* dicunt. Charta Philippi Augusti Regis, in Regesto Herouvalliano : *Phil... Notum... quod nos mercatoribus nostris hansatis aquæ Parisius concedimus Criarias Parisius in perpetuum tenendas, in eo puncto quo Simon de Pissiaco eas tenebat, et in eo puncto in quo eas postmodum tenebamus, et terram dicti Simonis quæ erat in firma Criariarum Paris. Mercatores autem poterunt clamatores ponere et amovere pro voluntate sua, et mensuras ponere, etc. anno* 1220.

* **CRIBARE**, Crepare, rumpere. Comœdia sine nomine act. 1. sc. 1. ex Cod. reg. 8163 : *Sterem Cribavit misera morbus.*

¶ **CRIBELLATUS**, Cribratus. Gall. *Criblé.* Vide locum in *Plagella.*

* **CRIBELLUM**, Cribrum. Glossar. Gall. Lat. ex Cod. reg. 7684 : *Cribellum, Crible.*

* **CRIBIARE**, Cribrare. Stat. Vercell. lib. 3. pag. 73. r°. : *Si receperit molinarius sive conductor ad macinandum quartaronos sex rasos frumenti cumunalis, et bene Cribiati sive vallati, etc.*

CRIBLUS, [Cribrum. Gall. *Crible.*] Charta Edwardi II. Regis Angl. tom. 2. Monastici Anglic. pag. 424 : *Vigenti solidis annuatim percipiendis de molendino... et 4. Criblis farinæ avenarum de molendino bladonico, etc.*

¶ **CRIBRARIUS**, Qui cribra conficit. Gloss. Græc. Lat. : Κοσκινοποιός, *Cribrarius.*

CRIBRIONES, In zala executores, ac ministri juridici, juxta Sambucum. Decreta Andreæ Regis Hung. cap. 24 : *Comites jure Comitatus sui tantum fruantur, cætera ad Regem pertinentia, scilicet Cribriones, tributa, boves et duas partes castrorum Rex obtineat.* Idem Decretum apud Raynaldum ann. 1232. num. 18. habet *Ibriones.*

¶ **CRICA**, ut *Creca*, Parvus portus. *In portubus et Cricis*, apud Rymerum tom. 11. pag. 511. col. 2.

CRICELLA, Avis species. Glossæ MSS. ad Alexandrum Iatrosophistam Cod. Reg. 1486 : *Attagines, i. Cricellæ, quædam aves quæ vadunt juxta flumen.* Nos *Crecerelles* appellamus hos accipitres, quos Latini *Tinnunculos* vocant. Vide Julium Scaligerum in Arist. de Animal. pag. 250. et Salmasium ad Solinum pag. 340.

* **CRICWARDIA**, Justitiæ minister, vox Belgica. Charta Phil. comit. Flandr. pro libert. franci et castell. Brug. ex Cam. Comput. Insul. : *Ex quo virscarnia bannitur, et homo prolocutorem accipit, et in causam trahitur vel a Cricwardia, sive ab aliquo alio..... Post judicium scabinorum, si Cricwardia falcificare voluerit aliquem scabinorum, etc.* Idem videtur atque *Crichouder*, in Ch. ann. 1323 : *Le bailli, leur Crichouder, ou autre official des comtes de Flandres, etc.*

1. **CRIDA**, Bannum, proclamatio quæ per præconem fit; *Grida* Italis, Gallis *Cry public :* [*Crida quæ fiet, etc.* in Conventionibus Caroli I. Andegav. Comitis Provinciæ cum Massiliens. ann. 1257 : *Præconisationes sive Cride*, in Charta Philippi de Sangineto ann. 1317. e MS. D. *Brunet. Vendere ad Cridam*, in Litteris ann. 1319. apud de *Lauriere* tom. 2 Ordinat. pag. 259. *Injungere Cridas*, in Processu anni 1339. Hist. Dalphin. tom. 1. pag. 128. col. 2. *Creda*, in Consuetud. Mediolan. cap. 428. *Crieria*, in Præcepto Philippi Franc. Regis ann. 1274. tom. 2. Ordinat. pag. 435.] *Criée*, in Charta 1314. apud Guichenonum in Hist. Sabaudica pag. 147. *Cride*, in Consuetudine Solensi tit. 29. art. 13. 19. et Baionensi tit. 15. art. 1. 6. [*Criage*, in Edicto Caroli VI. Francorum Regis ann. 1413. art. 22.] *Cridar* Itali, Nos *Crier.* A *Quiritare* deducit Scaliger ad Priap.

¶ **Crida Pignorum**, Tributum a Dominis locorum perceptum pro rebus hasta posita venditis. Vide Hist. Dalphin. tom. 2. pag. 374. nota K.

¶ **Cridagium**, Simili notione, seu tributum pro proclamatione vini venalis exsolutum. Extenta jurium quæ levantur a Comite Sabaudiæ apud S. Simphorianum de Auzone ann. 1309. Hist. Dalphin. tom. 1. pag. 97. col. 1 : *Item habet Dominus in villa S. Andreæ mensuras vini et Cridagium, et pedagium bestiarum portantium vinum venale per terram, etc.* Et pag. seq. col. 1 : *Item de qualibet veyssellata vini exposita venditioni in villa prædicta, levantur quatuor denarii; videlicet unus denarius pro Cridagio, et tres denarii pro mensuris, etc.* Vide ejusdem tomi pag. 77. sub finem. Jus illud appellatur *Criage* in antiquo Instrumento Gallico Tabularii Calensis pag. 171 : *Item les mesures a blé et à vin sunt de l'Eglise, et le Criage du vin, et le minage du blé et des maarz, etc.*

¶ **Cridare**, Clamare, proclamare, de iis dictum, qui vendunt hasta posita. Regestum Parlamenti ann. 1491. apud Baluzium Hist. Arvern. tom. 2. pag. 642 : *Pro eadem bona Cridando et subhastando, ac plus offerenti et ultimo incariatori vendendo, etc.* Rursus occurrit apud Muratorium tom. 8. col. 432. et 434.

¶ **Criderе**, Eadem notione legitur in Statutis Massil. lib. 1. cap. 39.

¶ **Cridia**, Proclamatio, ut *Crida.* Arrestum Parlamenti Tolosani pro Episcopo Albiensi ann. 1498. die 2. Martii : *Officiarii fieri facient Cridias et præconisationes in ipsa Civitate Albiæ.*

* 2. **CRIDA**, Conclamatio ad arma, seu clamor publicus, quo edito, cives aliique vicorum homines accurrere tenentur. Stat. Vercell. lib. 4. pag. 115. r°. : *Item quod omnes homines civitatis et districtus Vercellarum teneantur ire ad Cridas et stremitas, quas audirent fieri alicubi in districtu Ver-*

cellarum, occasione prædictorum baruderiorum et prædonum, cum armis et sine armis, secundum quod parati essent. Lit. Guill. episc. Lingon. ann. 1348. tom. 3. Ordinat. reg. Franc. pag. 251 : *Et avec ce, seront tenu les habitans de la ville de S. Loup de aler au Cri de Gurgé, avec les autres de la prevosté de ce leu.* Consut. vet. Britan. cap. 148 : *Tous et toutes doibvent aller au Cry communement, quant Cry de feu ou de meurtre oyent.* Vide infra *Cridum.*

* **CRIDAFORA**, Eodem intellectu. Stat. Montis-reg. pag. 245 : *Accusationibus factis ad suum officium revertatur, nisi justam causam haberet ægritudinis, vel citationis factæ de eo coram curia, vel propter Cridamforam, vel aliam evidentem causam et probabilem.* Vide *Biafora* et *Criafora.*

* 1. **CRIDARE**, Publico banno edicere, per præconem publicare. Inquisit. ann. 1268. ex schedis Pr. *de Mazaugues : Bajulus tunc de Moreriis pro domino Barallo fecit Cridari in pœna l. solidorum, quod nullus furaretur de dictis ovibus,...... et post cridam, etc.* Chron. Estense ad ann. 1307. apud Murator. tom. 15. Script. Ital. col. 358 : *Tunc dom. Marchio Cridari fecit per totum exercitum, quod omnes præparati essent, ut viriliter contra inimicos accederent.* Occurrit præterea apud eumd. tom. 16. col. 874. in Hist. Lugdun. pag. 130. col. 2. et alibi passim. Vide *Criare.*

* 2. **CRIDARE**, Clamare, vociferari, Gall. *Crier.* Hist. Cortusior. lib. 2. apud Murator. tom. 12. Script. Ital. col. 800 : *Plures ex ipsis venerant usque ad palatium habitationis dom. Canis Cridantes et dicentes : Vivat populus Vicentiæ, et Canis de la Scala penitus moriatur. Cridando alta voce : moriantur Gibellini*, in Chron. Placent. ad ann. 1312. apud eumd. tom. 16. col. 489.

* 3. **CRIDARE** FAME, Fame interire, consumi, panem clamare, quo fames expleatur, Gall. *Crier à la faim.* Chron. Modoet. apud Murator. tom. 12. Script. Ital. col. 1153 : *Patet ipsos crudeles fuisse, quia incarceratos numquam dimittebant exire et infinitos in carceribus crudeli fame perire fecerunt; et gaudebant et ridebant audiendo incarceratos fame Cridare.*

* **CRIDATIO**, Proclamatio, edictum publicum; *Cry*, pro Jure banna indicendi, in Libert. villæ *de Tannay* ann. 1352. tom. 6. Ordinat. reg. Franc. pag. 63. art. 14. Charta pro Archiep. et capit. Lugdun. ann. 1376. in Reg. 108. Chartoph. reg. ch. 327 : *Proclamationes et Cridationes, quæ fiunt et hactenus fieri consueverunt in dicta civitate, etc. Crieour* et *Crye*, præco, cujus officium *Criage* appellabant. Charta ann. 1403. in Reg. feud. comitat. Pictav. ex Cam. Comput. Paris. fol. 91. r° : *Jehan Girault Crye de Gençay,... à cause de mon office de Criage, ay et tiens ...... sur le prieurté de S. Maurice de Gençay huit deniers de rente, pour appeller et faire venir les gens au service de saint église le Jeudi, le Vendredi et le Samedi de la sepmaine sainte. Item sur le cure de Nostre-Dame de Gençay pour semblable cause, huit deniers.* Unde *Cride*, pro *Cude*, legendum opinor, in Libert. villæ *de Peyrusse* ann. 1368. tom. 5. Ordinat. reg. Franc. pag. 705. art. 8 : *Pourront* (les consuls) *crier et faire crier par la Cude* (le Cride) *de ladicte ville de leur propre auctorité .... les choses et causes appartenantes à leur consulat.* Ita et *Cride* seu *Cridæ* pro *Crude*, Libert. Montis-olivi ann. 1312. tom. 7. earumd. Ordinat. pag. 508. art. 68 : *Quod nullus bladorum revenditor....... sit ausus emere bladum, cujuscumque conditionis bladum sit, revendendi causa vel coquendi, nisi Crude et consulum licentia vel assensu, dum frumenti ultra quindecim solidos valuerit sestarium.* Le Roman *de Robert le Diable* MS :

Lors sont mandé li Crieours,
Et li maistre deviseours,
Chou qu'il doit crier li aprendent.

* **CRIDUM**, Inclamatio, dum crimen aliquod capitale perpetratur, nostris *Cri.* Lit. remiss. ann. 1357. in Reg. 89. Chartoph. reg. ch. 68 : *Oportuit quod dictus Chartrotus, timens hostium suum frangi, moveret Cridum contra defunctum et suos complices.* Vide supra *Crida* 2.

* **CRIEIA**, Querimonia adversus aliquem clamoribus publicis significata, inclamatio. Arest. parlam. Paris. ann. 1278. in Reg. 2. *Olim* fol. 40. v°. : *Burgenses Cadomenses, qui conspiraverant in præpositos, et qui procuraverant Crieiam fieri in adventu domini regis contra ipsos, et etiam in reditu suo de Cæsarisburgo, condemnati etc. Faire criée*, pro Designare, Gall. *Indiquer*, in Lit. remiss. ann. 1383. ex Reg. 122. Chartoph. reg. ch. 337 : *Philippot...... prist un baston à terre, qui ilec estoit gisant, et qui faisoit Criée et passe de leur jeu, etc.* An inde *Criquet* dicitur ejusmodi baculus, in aliis Lit. ann. 1478. ex Reg. 205. ch. 189 : *Le suppliant arriva en ung lieu où on jouait à la boulle, près d'une atache ou Criquet.*

¶ **CRIENTA**, Inquisitio anni 1220. Hist. Dalphin. tom. 1. pag. 129. col. 1 : *Item Dom. Comes habet apud Avalonem in dominico 1. Corvatam ad Capellam Albam continentem 18. jornalia terræ, in quibus Mistrales capiunt 4. gerbas, et Crientas et solagium.* Adnotat eruditus Auctor *Crientas* dici pro *Carrientas;* sed quid sunt *Carrientæ?* Retinerem *Crientas*, quas idem puto, quod supra *Creentum.* [* Eadem notione qua mox

* **CRIENTIA**, Idem quod supra *Cario*, jus nempe quod illi competebat, qui ex officio decimam carro vehebat, frumentum nempe quod de manipulis excidebat vel excutiebatur, *Crien* appellatum in Ch. ann. 1330. ex Chartul. S. Mart. Pontisar. fol. 35. v°. : *Comme Pierres Dardel et Jehannin Dardel..... disoient qu'eulz et leurs prédécesseurs eussent ou aient accoustumé et de lonc temps à prendre, à avoir et à recevoir les trois partis du Crien, qui estoit fait du grain venant à la grange dimeresse du terrouoir de Menouville, duquel grain l'en eust acoustumé à faire Crien; lequel Crien les gens desdiz escuiers eussent fait ou fesoient aucune foys outrages et en excessive quantité amenuisant les parties de le disme, etc.* Charta Will. Norman. ducis ann. 1042. in Reg. 153. Chartoph. reg. ch. 542 : *Addo insuper Crientiis unam salinam, et ligna in luco meo sufficienter ad incendium ejus.* Alia Henr. reg. Angl. pro monast. de Exaquio in Reg. 64. ch. 161 : *Ex dono Willelmi de Mercheyo mensuram pantof in Crienciis. Crinchon*, Arista vulgo *Barbe*, in Charta ann. 1358. ex Reg. 90. ch. 157 : *Le bled bien vané et appareillé de paille et de Crinchon.* Vide supra *Crapinum.*

¶ **CRIERIA**. Vide *Crida.*

¶ **CRIFIA**. Vide *Cryphia.*

CRIGNUM, Panis vel cibus qui fit ex tribus partibus farinæ, hordei grossi, et una parte subtili. Matthæus Silvatic.

* **CRILIS**, CRILUS, an Cribrum, Gall. *Crible?* Reg. episc. Nivern. ann. 1287 : *Item quilibet qui vendit archas vannæ scilicet, situlos, tinas, Criles, bussellos, debet in festo S. Cirici ij. denarios, excepto quod venditor Crilorum non debet nisi unum denarium.* Vide *Criblus.*

¶ **CRIMINALITAS**, Crimen capitale. Vide *Civilitas*, Mulcta pecuniaria.

* Lit. ann. 1383. inter Probat. tom. 3. Hist. Nem. pag. 57. col. 2 : *Criminalitatem hujusmodi in civilitatem penitus convertentes, abolendo; tollendo prorsus omnem criminis maculam atque notam. Criesme*, pro *Crime*, in Annal. regni S. Ludov. edit. reg. pag. 194. *Criminel*, Funestus, in Lit. remiss. ann. 1482. ex Reg. 206. Chartoph. reg. ch. 906 : *Lequel Sombret estoit fort et puissant, dangereux et Criminel de la main.* Vulgo dicimus, *Qui a la main malheureuse.*

CRIMINARE, Crimen alicui impingere, de crimine accusare, apud Matthæum Paris ann. 1251 : *Miles super hoc Criminatus attachiabatur.* [Concil. Legion. ann. 1012. can. 15 : *Et si jurare noluerit ex parte Regis, Criminatus habeat licentiam jurandi.*]

CRIMINOSUS, Reus. Auxilius de causa Formosi : *Quidam itaque Presbyter, ut puta heri baptizavit, et ipse Criminosus, etc.* [Occurrit alibi non semel.]

¶ CRIMINOSUM CRIMEN, Gravius delictum, in Statutis Augerii II. Ep. Conser. MSS. ann. 1280.

* **CRIMOR**, *La longeza de li capilli.* Glossar. Lat. Ital. MS.

CRINALE, Cereus instar plicæ seu Crinium complicatorum, cujus passim usus in Cracoviensi Ecclesia in Processionibus publicis. Occurrit in Vita S. Stanislai Canonici Regularis Lateranensis.

¶ CRINALE, Discerniculum seu Acus comatoria. Odo de varia fortuna Ernesti Bavariæ Ducis inter Anecdota Martenii tom. 3. col. 345 :

...... Subcitrinos Crinale capillos
Crispat, et inserto nexus castigat in auro.

Agitur de virgine. Apuleius dixit, *Crinalis acus;* Ovidius vero, *Curvum Crinale.*

** CRINALIS IGNIS, Cometæ stellæ scilicet, quam *crinitam* dixit Suetonius in Cæsar. cap. 88. Reinard. Vulp. lib. 2. vers. 370 :

Stella minax subito, mutandis regibus index
Crinali visus occupat Igne mcos.

¶ **CRINARIUM**, f. Idem quod *Crinile*, Sertum. Narrat Anonymus in Libello de Vita S. Beregisi, apud Mabillonium in Actis SS. Benedict. sæc. 4. part. 1. pag. 294. sanctum Abbatem Pippini indignationem incurrisse, *eo quod*, cum quondam in Ecclesia *solus Crinarii ornamentum* gestaret, nec deponere vellet Pippinus, ipsum ad osculum admittere noluit.

CRINES. *Punire in cute et Crinibus*, in Speculo Saxon. lib. 2. art. 13. § 1. *Crinis et cutis tormentis subjici*, art. 28. § 3. *Ad* *cutem et Crines condemnari*, lib. 3. art. 3. § 1. *Demereri cutim et Crines*, in Wichbild Magdeburgensi art. 19. § 1. art. 44. § 1. art. 96. *Cute et capillis privari*, in Chron. Laurisham. pag. 74. 75. *Cutem et capillos amittere*, in Lege familiæ Burchardi Episc. Wormaciensis. Vide *Decalvatio*, *Corium* et *Cutis*. [** Grimm. Antiq. Jur. pag. 702.]

Crines Libidinose Virgini Detrahere, in Lege Bajwar. tit. 7. § 5. Quibus ad amoris incitamentum malis artibus uti solent.

Crines Mulieri Ingenuæ Capulare, in Lege Burgund. addit. 1. tit. 5. Vide *Capilli*.

* Crine nostris, Coma, capillus, vulgo *Chevelure*, Vita J. C. MS :

Andoi estoient vieilles gens,
Cascuns avoient plus de cent ans,
Plus avoient blanche la Crine
Que flours de lis, ne piaus d'ermine.

¶ **CRINEUM**, f. pro *Scrinium*, Arca in qua res asservantur pretiosiores. Chronicon Comodoliac. inter Fragm. Hist. Stephanotii MSS. tom. 2 : *Hic jacet in ipso vase corpus S. Juniani, in quo sepelivit eum Roricius Episcopus; Rainaldus vero Petragoric. Episcopus, qui meruit Martyr fieri, collegit eum in Crineis ligneis infra vas repositis.*

CRINILE, Sertum. Albertus Argentinensis in Chr. pag. 114 : *Prandentibus autem illis cum Rege ejusque filiis, Rex cuilibet filiorum et Joanni Duci unum Crinile rosarum posuit super caput.* [Processus de SS. Virg. Eichsellen. tom. 3. Junii pag. 136 : *Quoddam Crinile sive sertum, quod S. Christiana in capite suo sancto, dum vixit, tulisse et habuisse dicitur.*]

Crinile nuptarum virginum, pro quo eis reformationem dotis non habentibus solvuntur marcæ 30. (marito mortuo) aut possessio, ubi 3. marcarum fit proventus : nam indotatæ mulieri 30. marcæ solvuntur, ex Consuetud. terræ Cracoviensis.

* Consuetudinis hic laudatæ verba sic leguntur inter Leg. Polon. tom. 1. pag. 326 : *De Crinili nuptarum virginum. Item dum aliquis copulat sibi matrimonialiter virginem seu puellam, et privatur vita non reformans eidem uxori, extunc talis uxor accipiet pro Crinili marcas triginta, aut possessionem, ubi trium marcarum esset proventus, habebit tamdiu donec sibi persolvetur Crinile, tenendam.*

¶ **CRINIOSUS**, Crinitus. Vita S. Columbæ Abb. tom. 2. Junii pag. 232 : *Quemdam Criniosum igneum globum et valde luminosum de vertice S. Columbæ... sursum ascendentem vidit.*

* **CRINIRE**, τριχοφυεῖν, in Gloss. Lat. Gr. Statius lib. 4. Thebaid. v. 217 :

Frondenti Crinitur cassis oliva.

Ubi vetus Scholiastes : *Ut habeat olivæ folia pro crinibus.*

* **CRINIS**, Fons, depravate a Gr. κρουνός, ut notat D. *Falconet*. Utitur Aethicus, ut videre est apud Reines. Var. Lection. lib. 1. cap. 13. pag. 46. quicquid obstrepat Rivinus in Epimetro suo Hallucinat. Reinesii.

CRINISATUS, Ex crinibus factus vel natus. Sidon. Carmine 22 :

Hic Crinisatas jungebat Pegasus alas.

Vide Sirmondi Notas.

* **CRINITA**, Pulchros cincinnos habens. Gloss. Lat. Gr. : *Crinita*, εὐπλόκαμος. Vide *Criniti*.

* **CRINITÆ**, Hæretici, de quibus ita Monachus Cisterc. in Chron. ab ann. 1107. ad ann. 1430. ex Cod. reg. 5950 : *Anno Domini 1146. hæresis Crinitarum intra Britanniam pullulat, cujus princeps fuit quidam Crinus nomine, qui se filium Dei nominabat, et quamvis esset idiota, de divinis tamen disputabat, absque sacris ordinibus missam celebrabat, episcopos et archiepiscopos ordinabat, et alia multa execrabilia perpetrabat... Anno Domini 1148. Remis a Papa Eugenio concilium celebratur,..... in quo Crinus hæreticus condemnatus est. Sed impetrata impunitate membrorum in carcerem relegatus est, et ibi non multo post mortuus.*

CRINITI, Crinosi, Εὐπλόκαμοι, in Glossis Gr. Lat. apud Francos Reges dicti, et præcipui ex nobilitate, quod iis solis crines promittere liceret. *Merovingi, seu Criniti*, in Chron. Andrensi pag. 338. Lex Salica tit. 26. § 1 : *Si quis puerum infra 12. annos Crinitum, sive incrinitum occiderit.* § 2. *Si quis puerum Crinitum, sine voluntate parentum totonderit.* Decretio Childeberti Regis § 2 : *Ut nullus de Crinosis incestum usum sibi societ conjugio.* Vide Stephanum Baluzium ad hunc locum. Chronicon Moissiacense : *Ille dedit eis consilium, ut eligerent Faramundum,.... et levarent eum in Regem super se ex genere Priami Crinitum.* Ado Viennensis in Chronico, ubi de Chlodione : *Abhinc Franci in finibus Thoringorum habitantes, Crinitos Reges habere cœperunt.* Avitus Viennensis Epist. ad Clodovechium Regem : *Cum sub casside Crines nutritos salutaris galea sacræ unctionis indueret.* Gregorius Turon. lib. 6. cap. 24 : *Hic cum natus esset in Gallia, et diligenti cura nutritus, (ut Regum istorum mos est) Crinium flagellis per terga demissis, etc.* Vide Aimoinum lib. 3. cap. 61. Idem Gregorius lib. 8. cap. 10 : *Sed cum ignorarem quisnam esset, a Cæsarie prolixa cognovi Chlodoveum esse.* Et mox : *Una tantum pars capillorum quæ subter fuerat, jam defluxerat; alia vero cum ipsis Crinium flagellis intacta durabat.* Idem de Vitis Patr. cap. ult. : *Nec ille ut quidam dimissis capillorum flagellis aut barbarum dimissione plaudebat, sed certo tempore capillum tondebat et barbam.* Gesta Dagoberti I. cap. 14 : *Rex autem super ripam fluminis stans, galea induto capite, Crinesque cum canitie obvolutos habens, et hæc audiens, galeam celerrime a suo capite deposuit : cum nudatum a galea apparuisset caput Regis, agnovit eum Berthoaldus Regem esse, etc.* Erchanbertus de Majorib. domus : *Danielem quondam Clericum cæsarie capitis crescente Regem Franci constituunt, quem Chilpericum nuncupant :.... quia Merovæi, ut aiunt, sicut antiquitus Nazarei, nullo capitis crine inciso erant.* Eginhardus in Carolo Magno : *Neque Regi aliud relinquebatur, quam ut regio tantum nomine contentus, Crine profuso, barba submissa, solio resideret.* Sidonius lib. 1. Epist. 2. Theodoricum Gothorum Regem describens, ait, *aurium legulas (sicut mos gentis est) Crinium superjacentium flagellis operiri.* Carm. 5. de Francis :

..... Rutili quibus arce Cerebri
Ad frontem Coma tracta jacet, nudataque Cervix
Setarum per damna latet.

Ubi Savaro et Sirmondus. Scribit Scylitzes pag. 522. apud Armenios præcipuam fuisse τῶν Κρηνίτων familiam, ut pote Regiam. Manilius lib. 5. delicatorum fuisse scribit :

.... Tortos in plexum ponere Crines,
Aut nodis revocare, et rursus vertice denso
Fingere, et appositis caput emutare capillis.

Ut et Martialis lib. 4. Epigram. 42 :

..... Mollesque flagellent
Colla comæ : tortas non amo, Flacce, comas.

Hinc Starchaterus apud Saxonem Grammaticum lib. 6 : *Virilibus comis muliebre redimiculum injici non oportere monet.* Idem Saxo :

Splendida nexuerant tortum redimicula Crinem.

Ejusmodi in Regibus prioris stirpis crinium flagella intueri licuit in Portali Ecclesiæ S. Germani Pratensis Lutetiæ. Vide Annulum Childerici apud Chiffletium.

Cæteri e plebe tonsi erant, ut auctor est Agathias lib. 1. Gregor. Turon. lib. 3. Hist. cap. 18 : *Debes velociter adesse Parisius, et habito consilio pertractari oportet, quid de his fieri debeat : utrum incisa cæsarie, ut reliqua plebs habeantur, etc.* Vide Savaronem et Sirmondum ad Sidonium lib. 1. Epist. 2. Bignonium ad Legem Salicam tit. 26. Hotomanum et Matharellum in Franco-Gall. cap. 7.

At hæc quidem obtinuere sub prima Regum Francicorum stirpe : nam sub altera Reges non promissos ac in flagella digestos, sed decurtatos crines, atque adeo cæteri e plebe gessere : quod potissimum colligi datur ex Caroli Magni et Ludovici Pii sigillis, et Lotharii et Caroli Calvi imaginibus, quas delineari curavit Stephanus Baluzius in Notis ad Capitularia Regum Francorum pag. 1276. 1278. 1279. 1284. 1305. 1307.

¶ **CRINON**, κρίνον, Lilium. Locum vide in *Rosum*.

CRINONES, [Barba infra nares.] Vide *Grani*.

¶ **CRINOSI**. Vide *Criniti*.

¶ **CRIOBOLIUM**, Κριοβόλιον, Sacrificium Matri Deum vulgo oblatum, sic dictum ab arietibus cæsis, ut *Taurobolium* a bobus. Memorantur Criobolia in Inscriptionibus Gruteri 27. 3. et 4. apud Muratorium tom. 3. pag. 74. Vide Salmasium in Notis ad Lamprid. in Heliogabalo cap. 7.

* **CRIODOCHE**, Machinamenti genus. Vitruvius lib. 10. cap. 18 : *Constituebatur autem in ea* (turri) *arrectaria machina, quæ Græce Criodoche dicitur.* Philander exponit trabem arietis; Turnebus machinam ex ariete et trabe; Baldus machinam, quæ arietem recipit. Hæc post Carol. de Aquino in Lex. milit.

¶ **CRIOLLA**. Tiburtius Navarrus in Miraculis S. Francisci Solani, Julii tom. 5. pag. 894 : *Floriana nigra Criolla ab artuum debilitate* (sanata fuit.) In hunc locum Sollerius : Hispani vulgo appellant Criollos, qui ex patre Hispano et matre Inda nascuntur. Hinc *Criolla* vocatur mulier, quæ hoc modo nata est.

* Ab Hispan. *Criollo*, Academicis nostris *Criolle*, vulgatius *Creole*.

¶ **CRIPA**, pro *Crypta*. Vide in *Cumba* 2.

¶ **CRIPHIA**. Vide *Cryphia*.

¶ **CRIPHICUS**, *Fraus*. Papias MS.

¶ **CRIPIDO**. Vide *Crispido*.

* **CRIPISCULA**, Placentulæ species. Glossar. Lat. Gall. ann. 1352. ex Cod. reg. 4120. : *Cripiscula*, *Crouteille*. Diminut. a *Crepis, placentula ex melle confecta et farina*, in Amalthea. Vide *Crespellæ*.

¶ **CRIPPA**, Panni genus, f. idem quod Galli dicimus *Crepe*, Itali *Crespo*, Bombycinus pannus crispus tenuisque. Vita S. Moduennæ tom. 2. Julii pag. 303 : *Præter vestes nostras communes nihil portabimus de omni Crippa*.

¶ **CRIPTA**, Criptella. Vide *Crypta*.

CRIPTURA, Ruptura, fractura. Italis *Crepatura*, nostris *Creveure*. S. Audoenus in Vita S. Eligii lib. 2. cap. 32 : *Vidit ex fronte Basilicæ.... parietem ex parte dissipatum, Cripturamque imminentem ac ruinam minitantem instare*. Et cap. 45 : *Apparuit subito in pariete.... veluti arcus in rotundo prærupta ingens Criptura, ut liquido cunctis patesceret, Dei id nutu fieri quod disponerent, ac per eum locum materiam debere evertere, quo nimirum viderent hoc opus Cripturam præire*. Vide *Crepatura*.

** **CRIS**, pro Res, in Chart. Longob. ann. 746. in Brunett. Cod. Diplom. tom. 1. pag. 522 : *Duplu pretiu et Cris meliorata*.

* **CRISANTICUM** Vinum, *i. Aureum, reperitur in antiquis libris*. Glossar. medic. Simon. Januens. ex Cod. reg. 6959.

* **CRISATUS**, Aureus, pro *Chrysatus*, χρύσεος. Glossar. Lat. Ital. MS. : *Crisatus*, *dorato*. Vide *Chryseus*.

* **CRISELECTRUS**, *Gemma similis auro*, in vet. Glossar. ex Cod. reg. 7613. pro *Chrysolectrum*.

CRISEUS, Canus, nostris *Gris*. Durandus lib. 7. Rat. cap. 25 : *Capilli ejus nigri et Crisei, caro candida, etc. Cheveux gris*. Vide *Griseus*.

¶ **CRISIBE**, *in Propheta, Erugo vel rubigo messium*. Papias MS. Bituricensis.

¶ **CRISIS**. Glossographus ad cap. Significasti. De elect. : *Apocrisiarii dicuntur Nuntii Dom. Papæ, q. Secretarii, nam Crisis quandoque dicitur Secretum*.

CRISMA, pro *Chrisma*, in Indice MS. Beneficiorum Ecclesiæ et Diœc. Constantiens. fol. 4 : *Dicti Rectores solvunt.... pro Crismate* xx. *den*. [** Chart. ann. 1252. in Kremer. Histor. Ardenn. Chartul. Saraep. num. 40. pag. 334. Orat. ann. 1320. ap. Guden. in Cod. Dipl. tom. 3. pag. 187.]

* **CRISMALE**, pro *Chrismale*, Pannus lineus cera imbutus, quo altare cooperitur. Pontif. MS. eccl. Elnens. ubi de consecratione altaris : *Ministri vestiant altare lintheaminibus et ornamentis benedictis, supposito prius Crismali sive panno lineo cerato ad mensuram altaris facto*. Vide in *Chrisma*.

¶ **CRISMON**, *Nota quæ in libro ex voluntate uniuscujusque ad aliquid notandum ponitur*. Papias in MS. Bituric. *Crismon* vel *Chrismon* proprie est Monogramma Christi sic expressum  Vide *Benevalete* et *Chrisismus*.

* Quod hac nota in libris χρήσιμα notarentur, sic appellata, non a Christi monogrammate, licet ejusdem figuræ. Vide Menag. in Diogen. Laert. pag. 161. Vide supra *Chrestus*.

CRISOBOLUM. Vide *Chrysobolum*.

¶ **CRISONIUM**, Nasturtium. Vide *Cresso*.

* **CRISONPHILAX**, Nomen officii, non proprium, quod addita voce *Thesaurarius* explicatur, *Chrysophylax*. Mirac. S. Mauril. tom. 4. Sept. pag. 76. col. 2 : *Aderat cum præsule supradicto Crisonphilax, thesaurarius, cum aliis officialibus clientibus*.

* **CRISOPOLUM**, Grisopolum, perperam pro *Chrysobolum*, Bulla aurea, in Instruct. Pisan. Legat. ad Alexium imper. CP. ann. 1199. tom. 3. Cod. Ital. diplom. col. 1492 : *Item ubi dicitur in Grisopolo, Non ejiciemus eum, etc*. Ita pluries, semel *Crisopolum*. Vide *Chrysobullum*.

¶ 1. **CRISPA**, Plica, Gall. *Pli*. Translatio S. Antonini tom. 1. Maii pag. 767 : *Recognovit.... piegas seu Crispas vestis ipsius, juxta Regulam et Ordinem S. Dominici, similiter inibi depictas. Quod depositum, imaginem, vestem et Crispas, etc*. [* Vide supra *Crespa*.]

* 2. **CRISPA**, Placentulæ species. Necrol. eccl. Bitur. MS : *Sciendum est quod in carniprivio debet quilibet canonicus habere duos solidos pro Crispis*. Vide supra *Cripiscula*.

¶ **CRISPATIO**, in Musica forsan est Sonus inflexo crebrius spiritu variatus, Gall. *Fredon*. Notker apud Mabill. Annal. Bened. tom. 4. pag. 688. de significatione litterarum in superscriptione cantilenæ : *R rectitudinem vel rasuram non abolitionis, sed Crispationis rogitat*. [* F. pro *Crissatio*. Vide in *Crissare*.]

CRISPELLÆ. Liber Ordinis S. Victoris Pariensis MS. cap. 25. et Udalricus lib. 2. Consuetud. Cluniac. cap. 4. ubi de signis : *Pro signo Crispellarum*, (addit Udalricus [cum Bernardo Ord. Cluniac. part. 1. cap. 17.] *vel ut alii dicunt, frigdolarum*) *cum pugno accipe crines, quasi cupias eos facere crispos*. [Rustici apud Normannos vocant *Crespes*, ova pauca mixta cum farina, et in sartagine frixa.] [* Vide supra *Crespellæ*.]

** **CRISPES**, *Lipsonium Germ. Kaffs oder Heiligenpuchs*. Vocab. vet. ann. 1482. Theca reliquiarum. Adel.

¶ **CRISPICAPILLUS**, Οὐλόθριξ. Gloss. Lat. Græc. *Qui Crispos habet Capillos*.

* Seu cincinnatos : nam *Crespir* dicebant, pro *Friser*, ut ex Glossar. Lat. Gall. Cod. reg. 7692. colligitur : *Calamistrum, esclice à crespir les cheveus. Calamistrare, Crespir*. Unde *Crespinois* appellabatur, qui cincinnatos capillos habebat, vel cui nomen erat *Crispinus*. Charta Roberti primogeniti comit. Fland. ann. 1292. in Chartul. Namurc. ex Cam. Comput. Insul. fol. 16. v°. : *Bauduin et Robiert Crespin freres, dit les Crespinois d'Arras*.

CRISPIDO, *Propiciatorium, vel 4. anguli altaris*. Ita Papias : sed *Crepido* legitur in Levit. cap. 1. 15. et apud Ezechiel. cap. 45. 19. ubi de *Crepidine* et *angulis Crepidinis altaris*. [Glossar. Sangerman. n. 501. habet *Cripido*.] [* Vide supra *Crepido* 2.]

¶ **CRISPIRE**, de clamore gallinarum dicitur in voce *Baulare*.

¶ **CRISSARE**, *Cevere*, *Clunem movere*. Papias MS. Codex Bituric. habet : *Crevens*, *Crissans*, *Clunem agitans*. Apud Juvenalem et Martialem, *Cevere* est canum more caudam clunesque movere; et translate apud Persium est adulari, quia dum canes adulantur caudam et clunes movent. Remig. Autissiod. Commentar. in librum de Musica Martiani Capellæ MS. in Bibl. Reg. : *Hoc tamen in cordis non potest reperiri, nisi in humana voce quando Crissatur vox in ascendendo et descendendo* : id est, quando movetur vox et varie flectitur. Verbo *Crissare* etiam utitur Lucilius apud Nonium; *Medullinæ frictus Crissantis*, apud Juvenalem.

CRISSARIUS. Conradus Fabariensis de Casib. S. Galli cap. 19 : *Hujus auxilio protectus, non solum, sed et optime, prout decuit Principem, Regis* (*ut ita dicam*) *Crissarium, susceptus est, ac aliquanto tempore honorifice habitus*. Ubi *Crissarius* perperam pro *Apocrisiarius*, editum videtur : [a *Crissare* congruenter derivatus, erit idem qui adulator, seu Regi gratiosus, Gall. *Favori* : quæ notio recte cohæret.] [** Ap. Pertz. pag. 182. *Crisarium*.]

* **CRISSORIUM**, Instrumentum ferreum, quod stridorem edit, ut videtur, a Gallico *Crisser*, stridere. Lit. remiss. ann. 1350. in Reg. 80. Chartoph. reg. ch. 535 : *Ipse Theobaldus tenens in manu sua quemdam baculum cum cuspide et Crissorio ferreis, etc*.

CRISTA, Mons, collis, montis apex. Charta Roberti Principis Capuani ann. 1121 : *Ecclesia S. Angeli sita in Crista montis ditionis suæ*. Leo Ost. lib. 3. cap. 28 : *Statuit... ejusdem montis saxeam Cristam igni ferroque excindere*. Will. Brito lib. 7. Philipp. :

Nec rupis Cristam, qua turris pes erat imus.

Charta ann. 1157. apud Guichenonum in Bibl. Sebus. cent. 1. cap. 81 : *Et inde per Cristam collis usque ad summitatem montis Orselli pervenit*. Occurrit etiam in Chartis Ital. apud Ughell. tom. 7. pag. 196.

Crestata, Eadem notione. Charta Amedei Comitis Sabaudiæ ann. 1360. apud Guichenon. in Episcop. Bellicensib. : *Et a dicto loco recte protendendo inferius semper per summitatem, seu Crestatam montis de Myeimont*.

Crista, Apex feretri operculo imminens. S. Audoenus lib. 1. Vitæ S. Eligii cap. 32 : *Fabricavit etiam Eligius mausoleum sancti Martyris Dionysii in Parisiensi civitate, et super illud tectum* (al. *tugurium*, f. tegurium,) *marmorem mirifico opere, auro et gemmis ornatum, Cristam quoque et species de fronte magnifice composuit*. Sugerius lib. de Administratione sua cap. 32 : *Dum illam ammirabilem S. Eligii cum minoribus crucem, dum incomparabile ornamentum, quod vulgo Crista vocatur, aureæ aræ superponi intueremur, etc*. Rigordus, de Carolo Calvo : *Hic attulit ad Ecclesiam sancti Dionysii clavum et spineam coronam,...... et Cristam auream cum gemmis pretiosissimis, et preciabilem, etc*. Vitæ Abbatum sancti Albani, ubi de feretro S. Albani : *Cristam tunc temporis minime perfecit, expectans ad hoc tempora commodiora, quibus ad hoc auro et argento ac gemmis uberius abundaret*. Et mox : *Proposuerant tamen illam Cristam adeo nobilem et sumptuosam procul dubio facere, ut ex ea totius operis series venustatem sortiretur, et pluris foret quam totius feretri coopertura residua.* Vide *Repa.*

* **CRISTALLUM**, *Lapis pretiosus, de quo ignis est producendus*, apud Bern. mon. in Consuet. Cluniac. cap. 69. Ordinar. S. Martial. Lemov. ex Cod. reg. 1138. fol. 10. r°. : *In Purificatione S. Mariæ...... Post Tertiam induti sacerdos et ministri in albis, et igne de Cristallo vel silice noviter excusso, procedunt ad altare, et ibi ignem benedicat et cereos a sacrista præparatos.* Ordinar. MS. S. Petri Aureæ-val. ad eumd. diem : *Igne de cilice vel Cristallo noviter cum calibe excusso, dompnus abbas benedicat ignem.* Pontif. MS. Eccl. Elnens. in Sabbato S. : *Dicta Sexta ignis novus de Cristalo vel scilice excutitur et accenditur.* Vide *Novus ignis* et *Ignis lapideus* in *Ignis.*

* *Cristallier* nostris, Operum crystallinorum artifex. Lib. 1. statut. super artif. Paris. fol. 124. r°. ex Cam. Comput. : *Des Cristalliers et des pierriers des pierres naturelz. Il peut estre Cristallier à Paris qui veult, c'est assavoir ouvriers de pierres de cristal et de toutes autres manieres de pierres natureux.*

CRISTATICUM, *Genus humi*, Papiæ : sed legendum *numi*, licet MS. præferat *vini*. Intelliguntur enim nümi Imperatorum Constantinopolitanorum, in quibus Augusti cum camelaucio cristato effinguntur : de quibus copiose egimus in Dissertat. ad Joinvillam 24. [** *Vinum* etiam in Glossar. cod. reg. 7644. Vide *Crisanticum Vinum.*]

CRISTATUS. Gloss. Lat. Græc. : *Cristatus*, εὐσχήμων. Isidor. Gloss. : *Cristatus, honestus, decens.* Item galeatus. Abbo lib. 1. de Bell. Paris. :

Cristatosque vident cunctos, etc.

[Hac voce utuntur Latini pro Crista ornatus, *Cristatus Achilles*, apud Virgilium, *Galea Cristata*, apud Livium, etc.]

CRISTEGUM, Crystallus, vitrum crystallinum. Diploma Lotharii Imp. apud Browerum lib. 8. Annal. Trevir. pag. 504. 1. Edit. : *Et aliam item capsulam modicam altari superpositam, necnon et crucem auream altari affixam cum diversis Cristegis hinc inde connexis optimi generis, gemmis undique decoratam.*

* *Cristogis* edidit Joan. Nic. ab *Hontheim* tom. 1. Hist. Trevir. pag. 348. col. 1.

¶ **CRISTEUS** Ales, Cristatus Ales, Gallus. Jacobus Cardinalis in Vita S. Cœlestini PP. apud Murator. tom. 3. pag. 637. col. 2 :

...... dum terrea virtus
Suscipitur scissura horas, et Cristeus ales.

Martialis dixit, *Cristatæ aves*. Vide *Cristiger.*

* **CRISTIBIA**, *Lo astrologo*, in Glossar. Lat. Ital. MS.

* **CRISTICUS**, *Judice, e medico el di determinato.* Ibidem. f. pro *Criticus*, a Gr. κριτής, Judex. Vide mox *Crita.*

** **CRISTIGER**, Gallus *cristatus*. Reinard. Vulp. lib. 3. vers. 909 :

Cristiger objecit : Scio te duce tutus ego essem.

Vide *Cristeus Ales.*

¶ **CRISTILIA**, Cuspis hastæ, ut interpretatur Colganus. Vita S. Columbæ Abb. tom. 2. Junii pag. 211 : *Sub navi residens, cultello proprio Cristiliam de hastili eradebat.*

* **CRISTOGUM.** Vide supra *Cristegum.*

** **CRISUS**,] ut *Criseus*, Gallis *Gris.* Ruodlieb fr. 2. vers. 6. fr. 3. vers. 132. 141. Vide *Griseus.*

* **CRITA**, a Gr. κριτής, Judex. *Instituit super illos Critas*, apud Tertull. in Scorpiac.

* **CRITAGIUM.** Vide supra *Carcagium.*

¶ **CRITHOPHAGUS**, Hordeo vescens in Onomastico ad calcem tom. 2. SS. Januarii. Vox Græca est.

CRITI TU BILU. Anonymus Barensis in Chron. ann. 1032 : *Descendit Michail Protospata Criti tu bilu, ke tu ypodromu.* Id est, Κριτὴς τοῦ βήλου, καὶ τοῦ ἱπποδρόμου. De dignitate *Judicis veli*, quædam adnotavimus ad Cinnamum pag. 485.

¶ **CRITICARE**, Reditus febriles pati. Vita S. Francisci de Paula tom. 1. April. pag. 126 : *Concluserunt, quod permitteretur natura Criticare, et non darent plures medicinas.* Acta S. Lutgardis tom. 3. SS. Junii pag. 240 : *Unde aliquando accidit, ut acutissima febre laborans, statim ubi die debito Criticavit, de lecto surgens, sine omni difficultate, conventum et chorum ad cantandum intraret.* Vide *Creticare.*

¶ **CRITICI** DIES, Medicis dicuntur ii, quibus et morbus magis patefit, et ægri majori sunt in periculo moriendi, Gall. *Jours critiques.* Memorantur in Miraculis S. Alexii tom. 4. Julii pag. 260.

¶ **CRITUM**, Septum, inquit Henschenius in Onomastico ad calcem tom. 1. SS. Aprilis. Acta S. Francisci de Paula tomi citati pag. 166 : *Item cum nonnulli venatores caprum adinvenissent, et eum cum canibus insequerentur, is vero fugeret, et intra Crita B. Francisci pro sui tutela se reciperet.* Legerem lubens, *intra Cryptam*, Antrum, Cavernam, speluncam.

* 1. **CRITUS**, Bannum, promulgatio, quæ per præconem fit, Gall. *Cri.* Libert. Montis-fer. ann. 1291. in Reg. 181. Chartoph. reg. ch. 154 : *Dummodo suo juramento asserat..... se non audivisse præconisationem vel Critum, etc.* Vide *Crida.*

¶ 2. **CRITUS**, Clamor. Gall. *Cri.* Vide *Cornu*, lin. *Cum cornu clamorem levare.*

* Instr. ann. circ. 1401. inter Probat. tom. 3. Hist. Nem. pag. 156. col. 2 : *Non advertentes quod tanta copia est et semper fuit ferarum animalium in præsenti patria, et in tantum convaluit, quod in pluribus locis gentes nocte et die cum canibus, cornu, Critu et retibus vigilare et prædia custodire, si volunt aliquos fructus recolligere, etc.*

* 3. **CRITUS**, *Lo coperto delli archi.* Glossar. Lat. Ital. MS.

* **CRIVELLUS**, Cribrum, ab Ital. *Crivello.* Charta ann. 1427 : *Unum sextarium frumenti boni, sicci, novelli et bene merchantis, purgati cum duobus Crivellis, ad mensuram cartonis Tholosæ.* Alia ann. 1469 : *Tres cartones cum dimidio bladi frumenti seu mossolæ et cum duobus Crivellis purgati.* Pro cribrorum artifice vel illo qui ex officio frumentum cribrat, occurrit in Stat. Vercell. lib. 7. pag. 212. r°. : *Qui etiam promittat de non exercendo unquam per seipsum manualiter officia.... fornariorum, molinariorum, Crivellorum, etc.*

¶ **CRIZARE**, Κελητίζειν. Gloss. Lat. Græc. *Equitare*, Celete equo vehi.

1. **CRO**, CROO, CROY, Scotis, est Compositio vel satisfactio pro delicto, pretium hominis occisi, capitis æstimatio, *Weregildus.* Regiam Majestatem lib. 4. cap. 24. § 1 : *Ita quod mortem inde subierit,... reddat, pro homine mortuo et taliter occiso Croo et Galnes, quasi eum propriis manibus occidisset.* Diversa porro fuit istiusmodi capitum æstimatio pro dignitatis ratione, uti statuitur cap. 36. Nam *Comitis Cro fuit* 140. *vaccæ*, 3. *oræ pro vacca : filii Comitis* 100. *vaccæ : filii Thani* 66. *vaccæ, etc.* Videtur autem spectasse compositio ista parentes interfecti. Ibid. cap. 38. § 5 : *Si uxor liberi hominis sit occisa, vir suus habebit le Kelchin, et parentes ejus habebunt le Cro et le Galnes.* Adde § 6. Statuta Jacobi I. Parl. 6. cap. 89 : *Homicida pendere jubetur Regi* 40. *lib. le Croy vero proximis interfecti.*

2. **CRO**, CROY Anglis, est Cœnosa et cruda terra, vel palustris. Ingulfus pag. 853 : *Et quia palustris hujus Croyland, ut ipsum nomen indicat, nam crudam terram et cœnosam significat, etc.* Eadem habet Ordericus pag. 541. ex Vita S. Guthlaci cap. 41.

CROIA, Eadem notione. Prima Statuta Roberti I. Scotorum Regis cap. 12 : *Omnes illi qui habent Croias vel piscarias, seu stagna, aut molendina in aquis ubi mare ascendit et se retrahit, et ubi salmunculi, vel smolti, vel friæ cujuscumque generis piscium maris, vel aquæ dulcis, ascendunt vel descendunt, tales Croiæ et piscariæ machinæ interpositæ sint ad minus 2. pollicum in latitudine.* Vide Skenæum lib. de Verbor. significat.

CROACA. Vide *Croada* in *Corvatæ.*

1. **CROADA**, Operarum præbitio. Vide *Corvatæ.*

¶ 2. **CROADA**, Ager non unius quantitatis. Privilegium Pibonis pro Abbatia S. Leonis apud P. *Benoit* Hist. Tullensis pag. LXXXV : *Reposuimus etiam super ipsum altare B. Leonis in banno et potestate maseriorum Croadam quamdam desuper ipsam villam inter vineas et prata jacentem, omni decimatione et censu liberam.* Litteræ Innocentii II. PP. ann. 1140. in Hist. Mediani Monasterii pag. 286 : *Apud Manierias decimas de avenigis et Croadis, quod fuit de beneficio ipsius Mediani Monasterii.* Excerpta Johannis a Bayono de Abbatibus ejusd. Monast. ibid. pag. 271 : *Hic autem Hugo circa finem vitæ suæ contulit ex indominicatura in allodio suo duas Croadas cum parte prati in territorio Purensi pro anniversario suo.* Eadem notione accipienda videtur Gallica vox *Crovée* in Instrumento Gallico cui titulus *Declaration des heritages de l'église nôtre Dame de Sommiere de l'an 1497. par Colin la Heyre Notaire*, in Codice MS. Commerciaco pag. 205 : *Item l'autre Crovée est en Jouchery vers le ban de Saulx contenant environ cinquante jours.* Vide *Corvata* et *Curvalis.* [** Chart. Ermenfr. Abbat. Gorz. ann. 964. ap. Guerard. in Polypt. Irmin. pag. 352 : *Quidquid creverit in ancingis et Croadis totum triturabunt. In Croada quaque dabuntur ex nostra parte 2. modii parati ad panem.* Chart. Theodor. Archiep. Trevir. ann. 973. ap. Gunther. in Cod. Dipl. Rheno-Mosellan. tom. 1. pag. 79 : *Sunt autem hæc appendicia, 14. mansi, 3.*

Croadæ, *stagnum uni croadæ assidens, vineæ quoque, etc.* Non semel occurrit in chart. ann. 1030. ibid. pag. 113. Gunther. monet in chart. ann. 1284. *croadas* Germanice dici *Aiten*. Conf. *Rothus* et *Cunden*.]

* **CROADERA**, Modus agri, idem quod *Croada* 2. Charta ann. 1093 : *Trado sub certa astipulatione ... Croaderam integram, in qua fundata est ecclesia prædicta.*

¶ **CROATA**. Vide *Croada* in *Corvatæ*.

* **CROATS**. Charta Alfonsi reg. Aragon. ann. 1444 : *Cum Cuditio sive operatio monetæ Barchinonensis argenti, vocata communiter Croats,..... maximam attulerit utilitatem, etc.*

1. **CROCA**, Sustentaculum, baculus incurvus, vulgo *Croce*. Miracula S. Petri Archiepiscopi Tarentas. n. 20 : *Adducunt ei mulierem, quæ . . . juncturæ femoris ossibus dislocatis, nisi cum Crocis, et aliquo sustentante non valebat incedere.* Vita S. Arnulphi Episcopi Metensis cap. 29. [inter Acta SS. Bened. sæc. 2. pag. 157 : *Per idem namque tempus homunculus fuit nomine Cicero nequiter pedibus contractus... Hic cum Crocis suis etc.* Vide *Croceus*.]

* 2. **CROÇA**, Pedum, baculus episcopalis, Gall. *Croce*. Inventar. S. Capellæ Paris. ann. 1376. ex Bibl. reg. : *Item, una Croça pro episcopo argenti deaurata, in quodam repositorio servata.* Vide infra *Crocia* 2.

CROCARDUS, Reprobum nummi genus. Pembrigius anno 1300 : *Numisma Pollardorum prohibetur in Anglia et Hibernia.* Matthæus Westmonaster. ann. 1299 : *Hoc anno corrupta insula Angliæ de falsa moneta, quæ dicitur Crokard et Pollard, in Natali S. Stephani fundebatur, et pro obolo habebatur.* Adde eumdem ann. 1300. initio. H. Knyghton : *Rex Edwardus damnavit subito monetam subreptitiam et illegitimam, quam Pollardos, Crocardos, Rosarios nominabant, qui paulatim et latenter loco sterlingorum irrepserant. Et primo eos valere obolum fecit, deinde eos omnino exterminavit.* Thomas Walsinghamus in Edw. I. ann. 1300. pag. 77. 78. *Cocodones* vocat. Vide in hac voce. Pollardos vero valuisse medietate nummorum sterlingorum observat Jacob. Waræus.

* **CROCARETIUS**. Balista Crocaretia, Quæ unco, vulgo *Croc*, tendebatur. Inventar. ann. 1233. ex Cod. reg. 4659 : *Habet commune Avinionis.... balistam corneam Crocaretiam, quæ fuit Catellæ. Item aliam Crocaretiam corneam habet dictum commune.... Item aliam Crocaretiam.* Lit. remiss. ann. 1474. in Reg. 204. Chartoph. reg. ch. 88 : *Une arbalestre avecques son engin, appellé Croc, à quoy se bandoit ladite arbalestre.* Vide *Crochum*.

¶ **CROCATA** Charta. Vide in *Charta*.

CROCCA Cowellet. Leges Henrici I. Regis Angl. cap. 78 : *Et si plures aliqui faciant homicidium quorum Crocca cowellet, si velint, simul componant.* Id est, quorum olla simul bullit; a Saxon. Crocca, olla, et fællen, bullire, Co præposito, quod ut Con, in compositis *simul* notat.

¶ **CROCCIA**. Vide *Croceus* et *Crucca*.

¶ **CROCCUS**, Gall. *Croc*, Uncus. Vide locum in *Branca*. *Crocci ad opus balistarum*, in Recensione munitionum castri Sommeriæ ann. 1260. *Croci*, in altera castri Carcasson. ann. 1294.

1. **CROCEA**, *Genus chlamydis longe ad terram usque a parte anteriori aperta, a summo ad imum rugosa, in formam capparum Prælatorum, si demas cucullum.* Ita auctor Ceremonialis Romani lib. 1. sect. 1. qui Cardinalium vestem esse ait, ut et lib. 3. sect. 3. sed nescio an non legendum *Clocea* : nam *Cloccas* seu *Cloches* nostri vocabant, ut in voce *Clocca* docuimus.

☞ Retinendum *Crocea* conficitur ex Commentariis Jacobi Cardinalis Papiensis, ubi sic : *Mane Patres indutis pallis a summo deorsum, quos Croceas vocant, in cellam B. Nicolai quæ ad dexteram primæ aulæ est, silentio convenire, etc.* Loquitur de Conclavi in quo creatus est Pontifex Paulus II. Vide Hierolexicon Macrorum fratrum, ubi Cardinalem repræsentant hujusmodi clamyde decoratum.

¶ 2. **CROCEA**, Baculus pastoralis. Ordinarium Ecclesiæ Lexov. MS : *Custodes cinerem ministrant, qui benedicitur, et capas purpureas Episcopo et hebdomadario, et Crocea eburnea Episcopo traditur.* Vide *Crocia* 2.

* 3. **CROCEA**, Sustentaculum, baculus incurvus. Vita S. Petri confess. tom. 6. Aug. pro 643. col. 2 : *Per quod diversorium servus Dei iter faciens, pannum cum Crocea tetigit, etc.*

* 4. **CROCEA**, *Cuna infantium, dicitur Ubriacz.* Glossar. Lat. ex Cod. reg. 4120.

¶ Crocea Charta. Vide in *Charta*.

* **CROCEARE**, Modus piscandi astacos fluviatiles, quod baculo incurvo fit, unde nomen. Charta ann. 1287. in Chartul. Guill. abb. S. Germ. Prat. fol. 218. v°. col. 2 : *Nec habere poterunt in dicta riparia naves, nec filetum, vel massinas; sed Croceare poterunt in dicta riparia ad canceres.* Vide supra *Crocea* 3. et infra *Croignim*.

* **CROCELLUS**, diminut. a *Croceus*, Uncus, Gall. *Croc*. Instr. ann. 1260. inter Probat. Hist. Lugdun. pag. 13. col. 2 : *Item in quibusdam vicis Lugduni remanserunt instrumenta ferrea affixa parietibus, sicut Crocelli et annelli, quibus firmabantur catenæ.* Vide infra *Crochetus*.

¶ **CROCEOLUS**. Vide *Croceus*.

¶ **CROCEUM**, Idem quod infra *Crocium*. Charta Edwardi II. Angl. Regis ann. 1319. pro Johanne de Bermyngeham apud Rymerum tom. 3. pag. 768. col. 2 : *Salvis etiam et reservatis nobis et hæredibus nostris Croceis in dicto Comitatu de Loveth, sicut in aliis Comitatibus libertatum in terra nostra Hiberniæ nobis reservantur.*

* Haud scio an inde accersenda sit vox Gallica *Crochet*, qua Exactio, coactio, vulgo *Recette*, significari videtur, in Memor. H. Cam. Comput. Paris. ad ann. 1423. fol. 163. v° : *Dominus Johannes de Pulligny miles, antea et de novo ordinatus in officio contrarotulatoris et Crochet pedagii, reveæ et cartularii S. Johannis de Losne.* Infra fol. 169. r° : *In officio receptæ cartularii apud Cabilonem sur la Sone.*

CROCEUS, Croceolus, Fulcrum subalare in modum Crucis superne effictum, vulgo *Potence*. Historia Translationis S. Gorgonii num. 9 : *Virtute renum carens, curva super Croceos quodam vespere accessit, et recuperata virtute dimissis Croceolis.... rediit.* [Stepelinus in Miraculis S. Trudonis lib. 1. num. 10 : *Dum quidam Croceis hinc inde sustentatus ibidem a Domino medelam sospitatis similiter expeteret, continuo se sensit cælesti medicina salvatum, et baculis... super fores Monasterii suspensis, etc.*]

Croccia, Eadem notione. Geminianus in Vita B. Finæ Virg. num. 14 : *Qui sine baculorum sustentaculo, qui Crocciæ dicuntur vulgariter, ambulare non poterat.* [Miracula S. Zitæ tom. 3. April. pag. 515 : *Vidit eum bene sanum et sine Crocciis ire ea recte.* Legitur iterum pag. 455. ubi de S. Raynerio.] Vide *Croca*, *Crocia* et *Crucia*.

¶ **CROCHA**, f. Uncinus, hamus, Gall. *Crochet*. Locum vide in *Saurarium*.

* Non una significatione *Croche* a nostris usurpatur; pro Pollice, vulgo *Crochet* vel *Courson*, occurrit in Lit. remiss. ann. 1412. ex Reg. 166. Chartoph. reg. ch. 173 : *Le suppliant et icellui Mauclerc eurent débat ensemble pour cause de certaine vigne à Croches, esquelles Croches ledit Mauclerc avoit getté certaines pierres.* Pro mensura salis, in Chartul. Gemmet. tom. 1. pag. 24 : *Cinq Croches de sel ou la valeur, à présent estimez trois deniers le Croche.* Ejusdem originis est *Crochere*, Instrumentum, quo boves ad carrum alligantur, jugum. Lit. remiss. ann. 1446. in Reg. 177. ch. 226 : *Ung instrument, nommé Crochere, sans lequel les beufz estans à la charrette ne pourroient charroier.* Vide supra *Corba* 3.

¶ **CROCHETUM**, Contus uncatus, uncus, harpago, Gall. *Croc*, *Crochet*. Processus de Vita S. Yvonis, Maii tom. 4. pag. 577 : *Nauta civitatis Trecorensis Crochetum ligneum quod perdidit in Sequana... invenit ad invocationem dicti Yvonis.* Litteræ de *Vialmus* Ludovici Regis Franc. ann. 1236. mense Decembri e Chartulario Montis Martyrum : *Dicti vero homines de Maisnilio in dicto nemore nostro de Roberto habent mortuum ramum ad acrochandum cum Crocheto per mortuum nemus.*

¶ Crochetum, Croquetum, Uncinus, fibula, Gall. *Crochet*, *Agrafe*. Concil. Aptense ann. 1363. inter Anecd. Marten. tom. 4. col. 334 : *Ut nostrum quilibet vestes suis Domicellis Scutiferis, fieri faciat longitudinis competentis... cum botonis vel Croquetis.* Ejusd. tomi col. 393. in Concilio Avenion. : *A cetero vestis a parte posteriori altiores, quod colla eorum* (Clericorum) *non ita pateant, et ita a parte anteriori cum Crochetis clausas deferant.* Ibidem col. seq. : *Non ultra accedant capuciati cum botonis vel Croquetis.*

* Crochetus. Charta ann. 1270. in Hist. Lugdun. pag. 14. col. 1 : *Item in pluribus locis civitatis Lugdunensis erant catenæ, scilicet lapides angulares habentes Crochetos et annulos ad affigiendas catenas.* Inventar. ann. 1476. ex Tabul. Flamar. : *Item plus unum mille tegulorum platorum cum Crochetis.* Quidquid uncum referebat, *Crochet* vocabant nostri. Lit. remiss. ann. 1414. in Reg. 168. Chartoph. reg. ch. 85 : *Icellui Jehannin prist une eschace, appellé Crochet.* Aliæ ann. 1378. ex Reg. 113. ch. 87 : *Le charretier prist tantost un baston, qui pendoit à*

cordes aus chevilles de sa charrete, appellé le croichet, dont l'en lie la charrete. Hinc etiam *Croichet* appellatur ludi seu saltationis genus, quo crura cruribus implicantur, in Lit. remiss. ann. 1361. ex Reg. 91. ch. 98 : *Commes les supplians feussent passez par la ville de Moncharnot ou il avoit feste, et illec eussent trouvé pluseurs personnes de laditte ville et autres, qui dançoient à une dance, que on appelle au pays chanoyer, à laquelle dance l'en joue du Croichet des jambes, par telle maniere que souvent l'en chiet à terre.* Unde etiam *Crocheteur*, Fur, latro, qui arcas unco aperit. Lit. remiss. ann. 1464. in Reg. 199. ch. 473 : *Aucuns larrons et gens de mauvaise vie, que on appelle communément Crocheteurs, ont en nostre pays de Languedoc crocheté plusieurs églises et autres lieux.* Vide infra *Croqum.*

¶ 1. **CROCHIA**, Excubatio. Charta Agnetis Comitissæ Nivern. ann. 1191. ex Chartulario Ecclesiæ Autissiod. : *Ab omni exercitu et chevalchia et excubatione, quæ vulgo Crochia dicitur, quittavimus.*

* Male lectum aut scriptum pro *Cerchia*, ut ex eadem Charta legitur in *Circa* 3.

¶ 2. **CROCHIA**, Pedum. Vide *Crocia* 2.

CROCHUM, Uncus, quo arcubalistæ tenduntur. Sanutus lib. 2. part. 4. cap. 22 : *Expedit etiam dari tendentibus balistas validas Crochorum bonorum auxilium, et largorum : præsertim quod a parte posteriori sint ampla Crocha præfata, et quod prædictas balistas tendentes utantur prædictis Crochis tam tendendo, quam etiam balistando, etc.*

* **CROCHUS.** Vide infra *Crocus* 4.

1. **CROCIA**, Fulcrum subalare, in Miraculis S. Richarii lib. 2. cap. 6 : *Cæpit jam sustentaculo iter suum agere, quod vulgari nomine Crocia vocatur.* Vide *Crucca*, [*Croceus* et *Crossa.*]

2. **CROCIA**, Pedum, baculus pastoralis, Episcopalis. Papias : *Crocia, dicta a similitudine crucis.* Vide *Croceus.* Hariulfus lib. 4. Chron.Centul.cap.28 : *Virga pastoralis quam vulgus Crociam vocat.* [Charta ann. 1086. in Tabulario S. Florentii : *Quod cum ipso baculo Abbatis, qui Crocia dicitur, factum est.* Concil. Lugdun. anni 1527. inter Anecd. Marten. tom. 4. col. 399 : *Baculo pastorali Crocia nuncupato.* Occurrit rursus in Historia Translationis S. Wandregesili, inter Acta SS. Benedict. sæc. 5. pag. 206.] Vide *Cambuta, Investitura per Crociam.*

Crochia. Charta Joannis Archiepisc. Capuani ann. 1301 : *Item Crochiam unam cum baculo de ebure.* Tabularium Prioratus de Domina in Delphinatu Ch. 97 : *Et Dominus Episcopus laudavit et confirmavit per Crochiam suam in manu Dom. Hugonis Prioris.* Philippus *Mouskes* in Hist. Franc. MS. :

En cel tans si fu afolés,
L'arceveskes du Ruen Maugers,
Qui Dieu servi mult volentiers,
Et il a sa Croce rendué :
Mais li Dus sans longue attendue
Donna la Croce à Amaurri,
Moine de Fescans, né de Berri.

Crocia. Charta Anglica apud Gul. Prynneum in Libertatib. Angl. tom. 2. pag. 254 : *Mandatum est etiam eidem quod faciat habere ... Rogero omnes reditus et res Clericorum habentium reditus de feudo suo, ... et res Abbatum de feudo suo, si alicujus Crociæ habent de dono suo et Priorum, seu cujuscunque domus religiosæ, si sit de dono suo, quia ipse Domino Regi inde respondebit.*

* *Baculus justitiæ et misericordiæ, quæ Crocia dicitur*, in Ch. ann. 1092. apud Menag. in Hist. Sabol. pag. 79.

* 3. **CROCIA**, Canonicorum regularium vestis. Modus vivendi in Conc. Basil. apud Marten. tom. 8. Ampl. Collect. col. 244. art. 18 : *Canonici regulares pro veste exteriorio portent Crociam, mantellum vel redundellum.* Vide *Crocea* 1. ubi nihil emendandum esse rursum confirmatur ex Ceremon. Rom. Ms. fol. 4. v°. in quo ita legitur : *Est autem Crocia genus clamidis longæ ad terram usque, a parte anteriori aperta a summo ad imum, circa collare rugosa, etc.*

* **CROCIFER**, Qui pedum seu *crociam* ante episcopum vel abbatem defert, vulgo *Porte-croce.* Charta ann. 1112. apud. Menag. in Hist. Sabol. pag. 333 : *Domnus abbas Gofridus, Stephanus Crocifer ejus, etc.*

¶ **CROCIO**, Bos vetulus. Statuta General. Ordin. Cisterc. ann. 1156. vel 1158. n. 38. inter Anecd. Marten. tom. 4. col. 1249 : *Crociones, id est vetulos boves emere conceditur, ne longius coria perquiramus.*

* **CROCIS**, Palustris, cœnosus. Charta Radulphi abb. S. Apri ann. 1294 : *Item terras nostras, quæ appellantur Croces, et prata nostra, quæ vocantur brolii, etc.* Vide *Cro* 2.

* **CROCITATUS**, *Vox corvi*, in Glossar. Gall. Lat. ex Cod. reg. 7684. Carmen de Philomela ex Cod. reg. 6816:

Et barrus barrit, corvi Crocitant et onagri.

CROCIUM. Diploma Henrici II. Regis Angl. pro Hibernis : *Exceptis forestallis, thesauro invento, Crociis.* Ubi Spelmannus *Crocium* idem valere quod *Cro* 1. de quo supra, suspicatur. [Vide *Croceum* et *Crochia* 1.]

¶ **CROCOMAGINA.** Vide *Chrocomagina.*

¶ **CROCOTIA**, Crocotula. Vide *Crocyphantia.*

* **CROÇULA**, diminut. a *Crocia*, Baculus pastoralis. Charta ann. 1079. apud Murator. tom. 1. Antiq. Ital. med. ævi col. 321 : *Per Croçulam domini Oberti abbatis suprascripti monasterii, quam sua tenebat manu domna Adelagida comitissa,.... dedit investituram supradicto monasterio.*

¶ 1. **CROCUS**, Harpago, Gall. *Croc.* Processus de B. Petro de Luxemburgo, tom. 1. Julii pag. 593 : *Ipsum loquentem cum quodam hamo sive Croco de aqua extraxerunt.* Vide *Croccus.*

2. **CROCUS**, Cincinnus, Capillus in uncum, quem *Croc* dicimus, retortus. Charta Henrici III. Regis Angl. apud Guil. Prynneum in Libertatib. Angl. tom. 2. pag. 479 : *Sciatis quod concessimus et plenam potestatem vobis dedimus, capillos Clericorum nostrorum, qui sunt de hospitio nostro, et familia nostra, longos crines habentium, et ad Crocos capillorum suorum deponendos, etc.*

* Reg. visitat. Odon. archiep. Rotomag. ex Cod. reg. 1245. fol. 17. v° : *Visitavimus prioratum de villa Arcelli. Ibi sunt xxiij. moniales ...... Omnes nutriunt comam usque ad mentum, ponunt Crocum in peplis.*

* 3. **CROCUS**, Uncus, quo arcubalistæ tenduntur. Munit. castror. dom. reg. Mss : *Croci quatuor, una arca plena quarrellorum.* Vide *Crochum.*

* 4. **CROCUS**, an ab Italico *Croscio*, Sonitus, crepitus, Machina quæ crepitum edit, vel Baculus recurvus? Stat. Avellæ ann. 1496. cap. 19r. ex Cod. reg. 4624 : *Si aliquis canis vel catula inventus vel inventa fuerit in alienis vineis, ... postquam uvæ ceperint vayrare et maturari, quousque fuerint vindemiatæ, sine Croco sive encino longo ab hasta uno bono semisse seu medio pede, et cum hasta ipsius Crochi* (sic) *longa uno raso, applicato, et suspenso in collo, vel sine sonagla in collo suspensa, etc.* Stat. Perusiæ pag. 59 : *Si reperti fuerint* (canes) *sine Croco vel sonaglia, sint in pœna solidorum duorum.* Vide infra *Cruscire.*

¶ **CROCYPHANTIA**, vel, ut malunt aliqui, *Crocotia, Crocotula* ve, apud Ulpian. leg. 25. §. 10. ff. de auro argento legat. (34, 2.) sunt, ut quibusdam placet, muliebria ornamenta villosa reticulata. Gloss. vet. Philoxeni, Κροκύφαντος, *Reticulus.* Turneb. lib. 28. Advers. cap. 23. interpretatur ornamenta sine ullo flamine contexta. Glossar. Græco-Lat. : Κροκύφαντος, *Peplus seu velum ex trama textum.* Vide Calvini Lexicon Juridic.

* **CRODIUS**, Avis genus, f. pro *Erodius*, Gall. *Heron.* Chron. Bohem. apud Ludewig. tom. 11. Reliq. Mss. pag. 148 : *Non opus est armis, aut arma ad speciem militiæ jam portare, sed potius falcones, nisos et Crodios, aliaque volatilium genera, quæ ad ludum et jocunditatem pertinent, vobiscum tollite, quibus carnes inimicorum nostrorum, si forte sufficiet, dabimus ad edendum.*

CROEROLA. Lex Alamannor. cap. 99. §. 19 : *Cornicula, columba, et cohua, et Croerola, etc.* Ubi Editio Heroldi, *harocralu*, Lindenbrogii *querola.* Forte avis nocturna, quam nostri *Crecerelle* dicunt, proinde legendum *Crecerola.*

CROFFERA, Hara porcorum. Vide Skenæum de Verbor. significat. Catholicon Armoricum : *Crou an devet, Gallice Bergerie ou Clais où couchent les brebis aux champs. Lat. Caula, ovile. Crou an gueffr..... caprile. Crou an moch ... hara. Crou an hoven, bostar.*

CROFTUM, Croftus, Crofta. Saxonibus, Croft et Cruft, locus secretus. Est autem *Croftum*, inquit Spelmannus, prædiolum prope habitaculum rusticum a latioribus campis ideo distinctum, ut animalia rustica subitis usibus exhibeat : agellus inclusus, apud Somnerum : nostris *Clos.* Charta Eadredi Reg. Angl. apud Ingulfum, et tom. 1. Monastici Angl. pag. 168 : *Possunt etiam dicti Monachi de eisdem mariscis versus Occidentem adjacentibus pro se et hominibus sive tenentibus suis includere Croftos, sive pratum seperaliter, quantum illis placuerit.* Charta Edw. II. tom. 2. pag. 256 : *De quodam mesuagio et Crofto adjacente.* Infra : *Cum ædificiis et curtilagio, et Crofto incluso.* Ibidem : *De uno mesuagio cum orto et Crofto, et cum medietate Crofti palmerii.* Willelm. Thorn : *Cum gardino et Crofto. Tofta et Crofta* in Monastico Angl. tom. 2. pag. 55. 99. 116. et tom. 3. pag. 139. Ingulfus pag. 875 : *Possunt etiam* includere *Croftos sive pratum circa pontem separaliter, quantum illis placuerit.* [*Madox* Formul. Anglic. pag. 43 : *Unam Croftam quæ jacet inter pomerium ipsius Roberti et magnam viam.* Hist. Harcur. tom. 4. pag. 2200. ex Regist. Abbatiæ S. Mariæ de Pratis Leicestriæ : *Dedit nobis unam virgatam terræ in Schepished cum rofto et Crofto.* Et pag. 1378. ex Chartulario Abbatiæ Mortuimaris : *Cum toftis et Croftis, pratis, pascuis.*] Historia vernacula Prioratus de Wigmore in agro Hereford. tom. 2. Monastici Anglic. pag. 219 : *Roger...... demanda des autres quele fu cele place que on apela le trésor de Mortimer, et li fut dist que ce fut une Crouste joignant à l'Abeye, assés bonne terre et large, et à merveille bien fructifiante.* Eadem Historia Latine scripta : *Fertilissimum campum prope Monasterium situatum, Thesaurum Mortimer nuncupatum in... eleemosynam donavit.* Vide *Croffeta.*

CROIA. Vide *Cro* 2.

* **CROIGNIM**, Certa piscandi ratio, quæ baculo incurvo peragitur. Charta ann. 1060. inter Instr. tom. 11. Gall. Christ. col. 126 : *Apud Asnerias dedi totum quod in dominio habebam, excepto feodo militum, et nemore et aqua. Tamen in eis dedi eis piscationem, quæ vulgo dicitur Croignim.* Bulla Eugen. III. ann. 1152. ibid. col. 134 : *In qua tamen dedit piscationem, quæ a vulgo dicitur Croignum clavillæ.* Vide *Croceare.*

¶ **CROISARE.** Ricobaldi Ferrariensis Hist. Imperatorum ad ann. 1268. apud Murator. tom. 9. col. 137 : *Conradus igitur cum Duce Austriæ ac paucis nobilibus statuit furtivo aditu in regnum prodire, quod pro majori parte in Karulum se Creserat*, vel *Croisaverat*, ex additione doctissimi Editoris, qui ibidem annotat in Estensi Codice legi, *se erexerat*, melius quam alibi, ut puto : hic enim agitur de Siculis, qui a Carolo Siciliæ Rege discesserant. Confer *Crescere se.*

¶ **CROISCENS.** Vide *Census crescens.*

* **CROISEIA**, Parisiis dicebatur de viis, quæ urbem per medium et in transversum secant, vulgo *Croisie.* Arest. ann. 1391. 10. Apr. in vol. 8. arestor. parlam. Paris. : *Pavimentum de eisdem* (denariis) *et calceia antiquæ Croiseiæ villæ Parisiensis refici et reparari debebant et consueverant, dictusque vicus S. Martini fuerat et consueverat censeri et reputari antiqua Croiseia dictæ villæ.* Lit. remiss. ann. 1389. in Reg. 138. Chartoph. reg. ch. 82 : *Richart de Flacourt officier sur le fait des réparations des chaussées de nostre ville et banlieue de Paris confesse.... avoir emploiez ou fait emploier nos carreaulx et grez ès terres d'aucuns seigneurs hors de la Croiste de Paris, dont la réparation des chaucées n'appartient point estre faitte à noz dépens.* Hinc pars cujuslibet rei in modum crucis conformata, *Croisie* et *Croison* a nostris appellabatur. Lit. remiss. ann. 1387. in Reg. 132. ch. 152 : *Ledit Jehannot fu feruz... d'un espie ou de la Croisie d'icellui espie.* Aliæ ann. 1398. ex Reg. 153. ch. 392 : *Regnault feri icelui Ligier du Croison dudit espie un tout seul cop sur le col. Le suppliant.... rompi la Croix de son espée*, in aliis Lit. ann. 1397. ex Reg. 152. ch. 105. *Le manche ou Croix de son coustel*, in Lit. ann. 1392. ex Reg. 143. ch. 274.

* **CROISETA**, Crux parva. Charta ann. 1269. ex Chartul. S. Steph. Autiss. : *Exinde usque ad dunum terræ de Chaence ultra Croisetam et exinde usque ad cuneum campi Odini Botoer.* Ejusdem nominis ludi species memoratur, in Lit. remiss. ann. 1469. ex Reg. 195. Chartoph. reg. ch. 339 : *Lesquelz compaignons jouerent aux Croisettes. Jouer aux Croix*, in aliis ann. 1381. ex Reg. 120. ch. 218. Neque alius forte est, de quo in aliis Lit. ann. 1390. ex Reg. 138. ch. 189 : *Comme l'exposant et Gieffroy Buglart eussent joué aux Croez les foiriées de Noel, etc.* Vide infra *Crosetta.*

¶ **CROISIATUS**, Ad modum crucis efformatus, Gall. *Croisé.* Inventar. ann. 1419. in Archivis Ecclesiæ Noviom. : *Quatuor panni linei Croisiati nigro sendapillo ad ponendum supra corpora defunctorum.*

CROISUM, [Vas apum.] Vide *Truncus.*

¶ **CROIZATUS**, Gall. *Croisé.* Insignitus cruce ad sacram militiam. Chronicon Bern. Yterii Monachi S. Martialis Lemov. inter Fragm. MSS. Stephanotii tom. 1 : *Causa tanti gaudii fuerunt Croizati qui alacriter de patria exire volebant, etc.*

¶ **CROLLERIUS**, pro *Trollerius*, Olearius, perperam legitur in Commentariis ad Histor. Dalphin. Edit. Paris. pag. 133. col. 2. Vide *Trollerius.*

¶ **CROMA**, *Humores.* Insuper : *Frons atrii.* Glossar. Sangerman. n. 501.

¶ **Cromaticus**, ibidem, *Qui non confunditur, nec colorem mutat.* Est a Græco χρῶμα, Color; unde pro *Croma*, *Humores*, f. leg. *Colores.*

* **CROMCHONNAIL**, Morbi genus. Colgan. in annot. ad vitam S. Molaggæ tom. 3. Sept. pag. 382. col. 1 : *Desævit mortalitas in Hibernia anno 548. Cronchonnuill, aliis Cromchonnail dicta.* Vide *Cronculus.*

CRONCULUS, Saxonice, Angreta, in Gloss. Ælfrici : id est, pustula, pusula, unde Somnerus *Furunculus* restituendum putat.

¶ **CRONICA**, pro *Chronicum. Per testes, literas, Cronicas, formam, etc.* apud Rymerum tom. 5. pag. 808. col. 2. Vide *Chronica.*

¶ **CRONIS**, *Nota quæ in fine tantum libri ponitur.* Papias et Glossar. San-German. n. 501. Legendum, *Coronis.*

CRONTOCHIUM. Ordericus Vitalis libro 12. pag. 872 : *Dormitorium et Crontochium, et reliqua Cœnobitarum abdita... scurris ac meretricibus patuerunt.* Quid hoc loco sit *Crontochium*, non facile est divinare, etsi Græcam vocem sapere videatur. Unde nescio an eo expresserit *Gerontocomium*, quod γηροτροφεῖον, appellatur a Scylitze pag. 790. γηροκομεῖον a Codino in Originib. Lambec. pag. 47. 48 et 53. et in Menæis ad 27. Febr. Est autem *Gerocomium*, uti definitur a Juliano Antecessore Constit. 7. cap. 32 : *Locus venerabilis in quo pauperes et propter senectutem solam infirmi homines curantur.* Huic qui præerat, *Gerontocomus* dicitur in Novella 7. Justin. Certe in Monasteriis domicilia *senibus* et *infirmis* destinata extitisse, colligere est ex Regula Sanctimonialium canonice viventium cap. 23. in Concilio Aquisgranensi. Sed potius videtur vox conficta ex γηροδοχεῖον, tametsi vix occurrat.

¶ **CROO.** Vide *Cro* 1.

CROPA, Equi tergum, Gall. *Croupe.* Petrus de Crescentiis lib. 9. cap. 7 : *Caudam habeat longam cum paucis et planis crinibus : Cropas latas et bene carnosas, etc.*

* Ital. *Groppa.* Bareleta serm. in fer. 6. hebdom. 4. Quadrag. : *Si vis equum emere, prius illum vides si habet..... bonam Cropam.* Pro posteriori cujuslibet animalis parte, in Stat. datiar. Riperiæ cap. 12. fol. 4. v° : *De qualibet Cropa, pro introitu soldus unus.* Hinc forte nostris *Cropet*, pro homine obeso, vel brevis staturæ. Lit. remiss. ann. 1473. in Reg. 195. Chartoph. reg. ch. 871 : *Revenchez-vous, vous lairiez-vous battre à cestui Cropet.* Vide infra *Crupa* 1.

¶ **CROPARIA**, Croperia. Vide *Cropria.*

* **CROPARIUM**, perperam pro *Troparium*, Liber ecclesiasticus *Tropos* continens. Invent. abbat. Prum. ann. 1003. tom. 1. Hist. Trevir. Joan. Nic. ab *Hontheim* pag. 349. col. 2 : *Antiphonarium unum, cum tabulis eburneis, Croparium unum simile cum tabulis eburneis.* Vide in *Tropus.*

¶ **CROPPUS**, ab Anglico *Crop*, Fruges per annum nascentes, messis, Gall. *Moisson, Croupe, Recolte.* Saxonice Croppar, Spicæ, racemi. Kennettus in Glossario ad calcem Antiquit. Ambrosden. : *Idem Abbas ex mera liberalitate sua Croppum de dicta crofta præfato Priori instanter concessit pro hac vice.* *Madox* Formul. Anglic. pag. 131 : *Hanc dimidiam hidam terræ cum omnibus pertinenciis suis, receperunt præfati Monachi ad Nativitatem S. Johannis Bapt. anni Interdicti sexti, tenendam bene et in pace usque ad terminum duorum annorum sequencium, scilicet donec inde duos Croppos perceperint, pro viginti solidis quos etc.*

CROPRIA, Concilium Londinense ann. 1342. can. 2. de abusu Clericorum in vestibus : *Caligis etiam rubeis ac scaccatis, viridibus, sotularibus etiam rostratis et incisis multimode, ac Cropriis ad sellas, cornibus ad colla pendentibus, etc.* Forte legendum *Croperiis*, id est, postilenis, quas *Croupieres* Galli dicunt; [vel *Cropariis*, ut apud Lyndwoodum in suo Provinciali legitur pag. 123. edit. 1679 : *Caligis etiam rubeis, scacatis et viridibus, sellis cum Cropariis, etc.*]

¶ **CROQUA**, Baculus pastoralis, Gall. *Crosse.* Charta fundationis Monasterii S. Catharinæ ann. 1233. in Archivo S. Victoris Massil. : *Episcopus non intret Monasterium Monialium S. Catharinæ nisi cum mitra et Croqua.* Vide *Crocia*, 2.

¶ **CROQUETUS**, Uncinus, fibula, Gall. *Crochet, Agraffe.* Inventar. Ecclesiæ Aniciensis ann. 1444 : *Item unus parvus Croquetus cum duabus frangiis rubeis deargentatus in duobus capitibus quasi longitudinis unius unciæ digiti.* Vide *Crochetum.*

* **CROQUM**, a Gall. *Croc*, Uncus. Comput. ann. 1363. inter Probat. tom. 2. Hist. Nem. pag. 261. col. 1 : *Solvit Francisco Dohati peyrerio, qui fecit quoddam perforamen.... pro affixiendo ibidem quoddam Croqum ferreum, etc.* Hinc *Croque* et *Croquet* appellarunt nostri quidquid unco munitum vel ad formam unci recurvum erat. Lit. remiss. ann. 1397. in Reg. 152. Chartoph. reg. ch. 195 : *Lesquelz* (vendengeurs) *mistrent leurs hottes à terre, et de leurs Cro-*

ques, dont ilz apuyoient leurs hottes ou d'autres bastons,.... escarmoucherent plusieurs cops l'un contre l'autre. Aliæ ann. 1398. ex Reg. 153. ch. 405 : *Lequel bergier haussa un Croquet qu'il tenoit en sa main, dont il rachassoit ses brebis.* Neque alterius originis videtur vox Gallica *Croquebois* vel *Croquepois*. Lit. remiss. ann. 1381. in Reg. 119. ch. 332 : *Icellui Guillaume... feri ledit Raoul d'un baston, nommé Croquebois, en la joe et lui fist une petite escrifleure.* Aliæ ann. 1375. in Reg. 108. ch. 63 : *Lorens Davy..... donna audit Guillaume d'un grant planchon ou Croquepois par la cuisse. L'exposant se deffendi d'un baston qu'il avoit, nommé Croquebois*, in aliis ann. 1400. ex Reg. 155. ch. 213. Vide supra *Crochetus*.

¶ **CROS**, f. Species antiquorum armorum, ut *Crocs* apud Borellum in Dictionario. Epistola Guidonis de Dampetra ad Philippum Aug. ann. 1113. apud Marten. tom. 1. Collect. Ampliss. col. 1114 : *Gualerannus de Corbelles et Robertus tradiderunt mihi de munitione de Tornoilles... duas archas quarrellorum, unam ad estrif, et alteram ad duos pedes, et* II. *tors, et* II. *Cros, et* II. *glomos fili, et* C. *libras ceræ.* Anglis *Cross-bow* est *Arcubalista*, Gall. *Arbalete*.

* Vel Uncus, quo arcubalistæ tenduntur, vox Gallica. Vide supra *Crocus* 3.

¶ **CROSA**, apud Dumbenses, Lacuna, Gal. *Creux*, *Ravin*. Charta Thossiac. ann. 1462. signata *Bonnet* : *Juxta Crosam vocatam de Jargeat ex meridie.* In altera Charta legitur, *Juxta Crozam.* Vide *Crossa* 1. *Crosum* et *Cuma* 4.

* **CROSATA**, Expeditio sacra contra Infideles et hæreticos, aliosve, Gall. *Croisade*, alias *Croisée* et *Croisie*. Chron. Placent. ad ann. 1380. apud Murator. tom. 16. Script. Ital. col. 539 : *Fecit præconizare Crosatam contra dictam reginam Johannam.* Lit. remiss. ann. 1390. in Reg. 140. Chartoph. reg. ch. 100 : *Comme xx. et vj. ans a ou environ que nostre saint pere le Pape donna la Croisée encontre les compaignies, lors estant en nostre royaume, etc. Croisie*, apud Math. de Couciaco in Hist. Caroli VII. pag. 714.

¶ 1. **CROSATUS**, Ad instar crucis efformatus, Gall. *Croisé*. Statuta Massil. lib. 3. cap. 14. §. 2 : *Omnes autem eminæ.., sint semper Crosatæ cum ferro, sicut consuetum est.* Codex MS. præfert *Crozatæ*.

* 2. **CROSATUS**, Monetæ species cruce insignita, unde nomen. Comput. ann. 1363. inter Probat. tom. 2. Hist. Nem. pag. 250. col. 1 : *Tradidi magistro Raymundo de Remolinis, in Crosatis, xxj. florenos, j. grossum.* Et pag. 251. col. 2 : *Tradidi dicto magistro Raymundo xvij. florenos, iiij Crosatos.* Chron. Monspel. ex Cod. reg. 4656 : *L'an 1363. aultre provision fust faicte de quatorze mil sestiers de bled, ou est faicte mention de certaine monnoie, appellé Crozats.* Hinc fortassis *Croisaige*, pro certa tributorum ex pacto solutione, vulgo *Contribution*. Lit. remiss. ann. 1447. in Reg. 178. Chartoph. reg. ch. 216 : *Le suppliant et ung autre homme de guerre.... alerent courir une parroise du pais juré, tenant le party de nos anciens ennemis et adversaires les Anglois, pour l'appastiz ou Croisaige, que les habitans de ladite parroisse estoient tenuz paier à la garnison de sainte Suzane.* Vide *Crucifer* 2.

¶ **CROSCUS**, pro *Croceus*. Charta Capituli Tolos. apud *la Faille* Annal. Tolos. tom. 1. pag. 57. Instrum. : *Nec cancellatam, nec abolitam in aliqua sui parte, cum vero et integro sigillo ceræ quasi Crosci coloris.*

¶ **CROSERIA**, Fenestra, Gall. *Croisée*. Transactio ann. 1490. ex Schedis Præsidis de Mazaugues : *Liceat eisdem conficere Croserias et fenestras lapidum quarumcumque.*

* **CROSETTA**, Crucetta, Parva crux, Ital. *Crocetta*. Annal. Mediol. ad ann. 1384. apud Murator. tom. 16. Script. Ital. col. 808 : *Filum unum paternostrorum auri, in quo sunt Crosettæ tres perlarum, habentes perlas quatuor pro qualibet Crucetta.* *Croçon*, pro vulgari *Croix de par Dieu*, Literarum elementa, ut videtur, in Vit. SS. Mss. ex Cod. S. Vict. Paris. sign. 28. fol. 314. r°. col. 2. ubi de S. Chrysog. : *Ma mere moi fist faire Crestiene, que je estois encores ou Croçon.* Vide supra *Croiseta*.

¶ **CROSIA**, Pars illa templi chorum inter et navem ad crucis formam exstructa, Gall. *Croisée*. Johannis Iperii Chronic. S. Bertini continuatum, apud Marten. tom. 6. Ampliss. Collect. col. 623 : *Hic toto suo tempore, licet parvo, in ædificiis suis a prædecessoribus incœptis, scilicet novo choro, Croisia juxta claustrum atque aliis diligens extitit.* Et col. 624 : *Circa altaris ornamenta non mediocriter honestus fuit, Crosiam Ecclesiæ ab Johanne VI. incœptam cum fenestris consummavit.*

* **CROSINA**, Pallii seu vestis genus, mastruca. Charta ann. 1095. tom. 1. Cod. Ital. diplom. col. 1534 : *Accepi ego qui supra Fulco exinde laancchild* (leg. *launechild*) *a te jam dicto Ugo Crosinam unam, ut hæc mea promissio in te, cui supra Ugo tuisque heredibus, per omnibus temporibus firma permaneat.* Testam. Math. Calbani ann. 1197. apud Hier. Zanettum in Dissert. de Orig. et antiquit. monetæ Venet. Lego Stanæ ancillæ meæ *culcitram unam, ... et Crosinam unam meam de vulpibus, coopertam de bruna.* Vide *Crusna* et infra *Erosna*.

CROSNA. Vide *Crusna*.

* **CROSIS.** Charta ann. 1252 : *Venerunt ad quemdam locum, ubi domnus Amalricus fecerat mihi mitti Crosem.* Infra : *Crucem.*

* **CROSOLLUS**, Crosolus, ab Italico *Crosolo*, Gall. *Creuset*, Catillus, in quo aurum vel argentum liquatur. Acta Mss. Inquisit. Carcass. ann. 1308. fol. 63. v° : *Et surrexit a lecto ubi jacebat, et accendit quendam Crosollum.* Stat. crimin. Saonæ cap. 50. pag. 104 : *Eodem genere pœnæ quicunque adficiatur, in cujus habitatione vel forcipes ad tondendum, vel Crosoli aut furniculi ad conflandum, aut quid aliud instrumentum ad hæc aptorum inventum fuerit.* Eadem leguntur in Stat. crimin. Genuæ lib. 2. cap. 31. pag. 61. Vide *Cruselinum*.

1. **CROSSA.** Charta fundationis Abbatiæ de Miratorio Ordinis Cisterciensis, tom. 13. Spicilegii Acheriani pag. 312 : *Et a termino illo per juxta campum usque ad Crossam Vongeii, et a Crossa illa usque ad terminum Bellifortis et Calendiniaci.* Forte pro *Crux* vice termini.

☞ Potius crediderim *Crossam* pro *Crosa*, Lacuna, positam esse, quam pro Cruce. In Bressia, ubi situm est Monasterium de Miratorio, multa sunt hujusmodi loca lacunosa; deinde *Vongeium* idem puto quod Gallicum *Fange*, Lutum, cœnum. In lacunis lutum esse non est opus dicere.

¶ 2. **CROSSA**, Fulcrum subaxillare, Gall. *Bequille*, alias *Crosse*. Acta SS. April. tom. 2. pag. 259. de S. Benedicto Avenion. : *Dimittebant Crossas Ecclesiæ et recedebant recti.* Vide *Croceus*.

¶ 3. **CROSSA**, Lituus pontificius, Pedum, Gallis *Crosse*. Consuet. MSS. S. Augustini Lemovicensis : *Induat se Dompnus Abbas cum stola et Crossa et vestimento parato.* Diploma anni 1307. de Jurisdictione Canonicorum Attanensium inter Fragm. Hist. Stephanotii MSS. tom. 2 : *Abbas indutus sacerdotalibus et Crossa.* Occurrit apud Gassendum in Notitia Ecclesiæ Diniensis ad ann. 1430. Baluz. Hist. Arvern. tom. 2. pag. 596. etc. Vide *Crocia* 2.

¶ Crossalis Baculus *sive pastoralis*, apud Stephanotium Antiq. Wascon. MSS. tom. 1. pag. 586.

* 4. **CROSSA.** Libert. Brianczon. ann. 1343. tom. 7. Ordinat. reg. Franc. pag. 722 : *Funcciones caponum seu gallinarum, palleæ, Crossæ, seu coroacæ, etc.* Sed legendum *Trossæ*, ut habet Reg. 134. unde exscripta est hæc Charta. Vide *Trossa* 3.

* **CROSSARE**, a Gallico *Crosser*, Baculo recurvo pilam propellere; unde *Crossator*, qui pilam pulsat, nostris *Crosseur*, a vulgari *Crosse*, baculus iste, vel ipsa pila. Lit. remiss. ann. 1361. in Reg. 91. Chartoph. reg. ch. 126 : *Cum plures habitantes villæ de Chaillevello...... invicem ad pilam vel soulam luderent seu Crossarent, supervenissetque tunc messerius..... dicendo præfatis soulantibus vel Crossantibus, quod nonnulli vecturarii.... ducebant suas vecturas per agriculturas,...... plures ex magnis hominibus de dictis Crossatoribus accesserunt ad locum ubi transibant et erant vecturarii.* Aliæ ann. 1381. ex Reg. 120. ch. 129 : *Comme le premier jour de Janvier........ plusieurs jeunes gens de la ville et paroisse de la Chelles en Beauvoisis feussent assemblez pour chouler à la Crosse les uns contre les autres, etc. Grosse*, pro *Crosse*, in Lit. remiss. ann. 1397. ex Reg. 152. ch. 253 : *Ainsi que lesdiz enfans Croissoient ensemble, icelluy suppliant frappa ledit Jehan d'une Grosse ou masselote qu'il tenoit. Crosser*, pro Curvare, in aliis ann. 1444. ex Reg. 176. ch. 236 : *Duquel baston icellui Jehan donna au suppliant pluseurs cops et colées, tant qu'il fist ploier et Crosser le fer dudit baston.* Vide supra *Choulla*.

¶ **CROSSEA**, Idem quod *Crossa* 3. Inventar. Ecclesiæ Noviom. ann. 1419 : *Item una parva Crossea argentea ad baculum nigrum pro Episcopo Innocentium.*

¶ **CROSSENEYHT**, apud Rymerum tom. 2. pag. 247 : *Nobis nuper... Avianus et filii Walenses, partem illam pretiosissimi ligni Crucis, quæ a Walensibus Crosseneyht vocatur reddiderunt. La Croix neyht* appellatur ejusd. tomi pag. 1022. et 1023.

¶ **CROSSERIUS**, Episcopalis, si bene conjicio, a *Crossa* 3. Baculus pastoralis. Hist. Dalphin. tom. 2. pag. 76. col. 1 : in

Excerptis Ebredun. ann. 1295 : *Die 25. mensis Junii convenerunt in camera Crosseria prædicti D. Archiepiscopi.* [* Nisi sit a curvatura fornicis ita appellata.]

* **CROSSULUS**, Fulcrum subalare in modum Crucis superne effictum; vulgo *Crosse.* Mirac. S. Steph. episc. tom. 3. Sept. pag. 200. col. 1 : *Erectis tibiisquas per dictum tempus post se traxerat, relictis Crossulis, ad propria reversus est.* Vide *Croceus.*

¶ **CROSSUM.** Vide *Crosum.*

1. **CROSSUS**, pro *Grossus.* Leo Ost. lib. 3. cap. 31. (al. 33.) : *Decem iconas.... Crosso argento sculpsit ac deauravit.* Infra, *Crossa maceria.* Vide *Grossus.*

¶ 2. **CROSSUS**, pro *Crocus*, ut puto, Gall. *Safran.* Statuta Arelat. MSS. art. 45 : *Statuimus quod Crossi et alie hortorum herbe infra Arelatem nullo modo crementur.*

* **CROSTA**, Lacuna, ut videtur, locus ubi stagnat aqua, Gall. *Mare.* Charta Galfr. vicecom. *de Rohan* tom. 1. Probat. Hist. Brit. col. 831 : *Crostam, quæ jacet inter Crostam Johannis Tardif et Crostam Valterii filii Ailrichi, et quoddam pratum, quod jacet juxta Eye* (concessi). Vide infra *Crusta* 2.

* **CROSTELLUM**, Columbar, numella versatilis, idem quod *Pilorium.* Charta ann. 1360 : *Vitalis de Suslorda accusatus de blasphematione B. M. Virginis, fuit condemnatus ad currendum villam Tolosæ, cum valendrano depicto cum ymachinis diaboli depictis, et stetit in Crostello Tolosæ publico.*

* **CROSTO**, pro *Cresto*, ni fallor, Hædus, Gall. *Chevreau.* Vide supra in hac voce. Consuet. MSS. S. Crucis Burdegal. ante ann. 1305 : *Item debet recipere* (abbas) *a dicto cellerario semel in septimana, quando idem cellerarius dat, bonam unam peciam bovis; quando dat Crostonem, unum carterium Crostonis.* Nisi vervecem intelligas.

¶ 1. **CROSUM**, Caverna, excavatio, lacuna, Gallice *Creux, Ravin.* Hist. Dalph. tom. 1. pag. 41. col. 1. in Inquisit. ann. 1323 : *Item quod dictus Castellanus minatus fuit valde palam et publice Guigonem Radulfi, qui facit Crosum argenteriæ de Brandis, quod ipsum Guigonem Radulfi et ejus fidejussores, pignoraret de quingentis libris, quas habuerat a Domino Præfecto dictæ argenteriæ, ex eo quia dictum opus non faciebat.* Ordinatio Raimundi Anderii, de abevratoriis parvi Rhodani, ann. 1223. e MS. D. *Brunet* fol. 67. v°. : *Quoddam abevratorium habeat in latitudine duas cannas, sit de cetero ad Crosum de Vatona inter terram Domus militie et terram uxoris Bertrandi.* Eadem notione *Crossum* habetur in Transactione Florentii Domini de *Masalguis* cum incolis ejusdem loci anno 1438. ex Archivo Præsidis de *Mazaugues.* Vide *Crota* 2. *Crotum* et *Cuma* 4.

* 2. **CROSUM**, Cavitas, profunditas, Gall. *Profondeur.* Reg. 34. bis Chartoph. reg. part. 1. fol. 96. r°. col. 1 : *Tornella habebit quinque pedes et dimidium de spisso, et octo pedes de Crosso.* Et col. 2 : *Tornellæ erunt de sex pedes spissitudinis, et decem pedes Concavitatis.*

* 3. **CROSUM**, Cavum, locus cavus, ubi reponitur fimus, Gall. *Creux, trou.* Charta ann. 1371. in Reg. 103. Chartoph. reg. ch. 37 : *Item quoddam paillerium, situm in carreria orbatariæ, cum duobus Crosis pro fimo ibidem tenendo.*

* 1. **CROSUS**, Cavus, fodina, fossa, nostris alias *Cros.* Stat. ann. 1227. inter Probat. tom. 1. Hist. Nem. pag. 71. col. 2 : *Item quod si lis, controversia seu discordia emergeret seu incideret inter aliquos de facto Crosorum, seu balmarum, etc.* Charta ann. 1252 : *Crosum, quem ibidem operarii nostri fecerant, destruxerunt, et terram ibidem reducentes dictum Crosum clauserunt....... Durantes Graneti, qui est præpositus et magister cujusdam Crosi seu operis, quod fit perquirendo minario.* Alia ann. 1327. in Reg. 65. Chartoph. reg. ch. 65 : *Eis imponebatur quod..... blada in Crosis et extra Crosos et in locis taillivi seminando et colligendo, etc.* Lit. remiss. ann. 1387. in Reg. 132. ch. 37 : *Le suppliant bouta de lui Pierre Benoit, duquel boutement il chey oudit Cros ou fosse, qui estoit derriere lui.* Vide infra *Crotum.*

* 2. **CROSUS**, adject. Cavus, Gall. *Creux, profond.* Inventar. MS. ann. 1366 : *Quoddam hospicium suum, cum locali sibi contiguo, situm extra ambarria civitatis Avinionensis in via Crosa, etc.* Stat. Montis-reg. pag. 211 : *Debeat tantum de terra sua dimittere versus viam, quantum faceret vel fieri faceret fossatum Crosum, et teneatur et debeat ejicere terram, quæ exiverit de dicto fossato.*

1. **CROTA.** Rupes. Will. Brito lib. 10. Philippid. :

Dum tu conaris Monachi subvertere Crotam.

Quo loco intelligit castrum quod *Rupes Monachi* dicitur, seu *Roche du Moine*, Supra :

.... Monachi rupem confundere demum
Funditur horrescens, armis verbisque minantur.

2. **CROTA**, Antrum, specus, nostris *Crotte*, vel *Grotte*, ex *Crypta.* Ita censet Bernardinus Balbus ad Vitruvium. [* Locus subterraneus et concameratus in ecclesiis, idem quod *Crypta.* Charta ann. 1319. in Chartul. S. Maglor. ch. 58 : *Si quis....... suam elegerit sepulturam....... in votis seu Crotis dictæ ecclesiæ, etc.*] [*Crota S. Laurentii*, in Charta ann. 1219. ex Libro flavo Episcopatus Massil. pag. 25.] Le Roman de *Garin* :

Li destrier sont leans el sousterrin,
En une Crote que firent Sarazin.

Alibi :

Ne treuve Crotes que il ne face emplir.

[Le Roman d'Athis MS. :

Dehors les murs d'antiquité
Trouva une Crouste soubs terre,
Là se tourna pour la mort querre,
Et dit que jamais n'en istra,
Mais la dedans de duel mourra.]

3. **CROTA**, Domus. Charta ann. 1157. apud Gariellum in Episcopis Magalonensibus pag. 128 : *Uxor Guillelmi de Tortosa, timens mortem, in Crota turris majoris ante diem Jovis qua ipsa mortua fuit, dixit, etc.* Tabularium Ecclesiæ Uticensis ann. 1208. pag. 5 : *Acta sunt hæc apud Ucetiam in Crota Domini Episcopi, etc.* Charta Avenionensis apud Fantinum Castrucium tom. 1. Hist. Avenion. pag. 177 : *Item solarium supra Crotam Magistri Raimundi Praderii.* [Ibid. pag. 176 : *Hospitium hæredum Pontii Porcelli, exceptis Grota et duabus apothecis desuper;* ubi pro *Grota* puto legendum *Crota.* Charta anni 1288. ex Archivo S. Victoris Massil. Armar. Reg. num. 11 : *Actum in Castro Regii in Crota domus dicti domini Episcopi.* Instrumentum anni 1242. tom. 3. Gall. Christ. col. 214 : *Cum Crota et furnello et turre et fundamento supra, cum camera superiori, etc.* Instrum. ann. 1228. in parvo Chartulario S. Victoris Massil. fol. 128 : *Videtur impedire elevationem sive exaltationem prædictæ Crotæ turris vestræ.* Concessio anni 1253. Histor. Dalphin. tom. 1. pag. 30. col. 2 : *Actum apud Venetum retro Ecclesiæ.* His omnibus in locis non *domus*, ut Cangius exponit, sed pars domus, ut crypta vel cella inferior, vel quivis alius locus concameratus debet intelligi. Provincialibus *Croto* Cavea est, *Croutat* vero Concameratus : quo referri possunt, quæ Browerus scribit in Fortunatum pag. 181 : *Manet in Francico juxta Gallicoque sermone, ut testudines Crotte appellitent. Qua de re visum est subnectere viri eruditi judicium, Grottam scribentis, aut durius Crottam, esse omnino testudinem substructionis in ædificio subterraneo, voce Gallica, quæ Græcis κρύπτη, vel κρύπτα. Unde et Sidonio et Plinio Juniori usitatam Cryptoporticum Francos appellare Grotte et Grotesques, Leodienses Crotte.*]

* Charta ann. 1417 : *Quamdam Crotam seu fundamentum turris, sitæ in loco de Sabrano, etc. Crote*, eodem sensu, in Lit. admort. ann. 1445. ex Reg. 177. Chartoph. reg. ch. 151 : *Item une chambre et deux petites Crotes, assises en la cité de Viviers au carrefour de Magibosa. Crouste* vero, pro fornice, vulgo *Voute*, in Chartul. sign. *Ezéchiel.* Corb. ad ann. 1421. fol. 126. r°. : *Et avëuc che ressartiront* (les massons) *en le Crouste de l'église, partout la où il appartenra.* Vide infra *Crotonus.*

** **CROTALISSARE**, Crotala pulsare vel ad Crotula saltare. Incertus de verbis cap. 41. ap. Endlich. pag. 177 : *De frequentativa..... Sunt in ea nonnulla sine substantia principalis, ut cyathissare, Crotalissare.*

* **CROTATUS**, Concameratus, Gall. *Vouté.* Liber dictus *Tulmut* ex Tabul. S. Vict. Massil. : *Sacrista pro reparatione....... cameræ Crotatæ ac pavimentatæ, in qua consueverunt monachi radi, ecclesiæ antiquæ contiguæ. Necnon refici cameras Crotatas*, in Charta ann. 1337. ex eod. Tabul. Quid sit vero *Souppe crotée* non intelligo, in Lit. remiss. ann. 1472. ex Reg. 195. Chartoph. reg. ch. 806 : *Les compagnons d'icelles nopces porterent le cochet, autrement dit le plat de l'espousée, en une taverne, où ilz firent plein plat de souppes Crotées.* Italis *Crostata*, moretum, pulmentum.

¶ **CROTERIUM**, ut *Crosum*, Gall. *Creux*, excavationes, quas fodiunt metallici ad eruendum e fodinis metallum. Hist. Dalphin. tom. 1. pag. 93. Edit. Genev. et pag. 96. Edit. Paris. in Inquisitione anni 1220 : *Si alius minator dimittit Croterium suum in minaria, illud D. Comiti remanet pro voluntate sua facienda : inde et si alius eorum incipiat aliud Croterium, debet illud ei manutenere de omnibus per quinque tessas in latere.* Vide *Crota* 2.

CROTINA. Vide *Crusna.*

* **CROTOLARE.** Vide supra *Baulare.*

¶ **CROTONUS.** Nova Gall. Chr. tom. 3. col. 1144. ex Regesto Hugonis Bonifacii ad ann. 1461 : *Isnarda de Marculfo, Monialis, Vicaria nobilis et magnificæ Dominæ Johannæ de Medullione, Abbatissæ Monasterii Dignæ, Sistarici et de Subripis Procuratorem constituit ad constituendum quemdam Crotonum, in apotheca domus dicti Monasterii sitæ Dignæ, in porta Durandorum.* Idem videtur quod *Crota* 3.

* Locus subterraneus et concameratus, idem quod *Crota* 3. *Croton* in quibusdam provinciis est arctior carcer, vulgo *Cachot.* Catalog. episc. Nem. inter Probat. tom. 1. Hist. ejusd. civit. pag. 10. col. 1 : *Johannes de Blandiaco..... fecit fieri.... in auspicio episcopali Nemausensi Crotonum, cameram vicarii, quæ erat carcer ante.* Comput. ann. 1362. ibid. tom. 2. pag. 244. col. 1 : *Item in Crotono B. Mariæ, ubi erat panis caritatis, pro candelis et oleo, j. grossum et medium.*

* 1. **CROTTA**, Eadem notione. Charta ann. 1232. ex Tabul. S. Andr. Avenion. : *Factum fuit hoc apud S. Andream in Crotta, qua intratur in claustrum.*

* 2. **CROTTA**, Cavum, fossa, ut supra *Crosus* 1. Stat. Saluciar. collat. 3. cap. 98 : *Statutum est quod qui fecerit foveam vel Crottam in viis publicis,........ teneatur illam vel illud reaptare et implere.* Vide infra *Crotum.*

* **CROTTONUS**, Panni species. Convent. Saonæ ann. 1526 : *Pro....... pannis quibuscumque factis de saia vel de serico, cujuscumque generis existentibus, ... bombaxinis, Crottonis grossis vel subtilibus, etc.* Sed leg. forte *Cottonis*, ab Italico *Cotone*, gossipium.

* **CROTULA**, diminut. a *Crota*, Camera inferior et concamerata. Inventar. ann. 1218. inter Probat. tom. 1. Hist. Nem. pag. 65. col. 2 : *Inveni siquidem inprimis in Crotula, quæ est juxta crotam ecclesiæ S. Petri, in scrinio quodam duos calices.*

¶ **CROTUM**, Gall. *Creux*, Fossa, lacuna, locus cavus. Charta Thossiac. signata *Bonnet* ann. 1462 : *Juxta Crotum de la Coese ex meridie.* Altera anni 1404 : *Juxta Crotum vel foveam vocatam La Fosse, etc.* Index MS. beneficiorum Eccl. et Diœc. Constantiens. fol. 25. verso : *Rector percipit decimam quindecim virgatarum terræ in Crottis de Chatevill. et novalia et minutas decimas totius parochiæ.* Sed in hoc posteriori loco puto legendum *Croftis* pro *Crotis*, quod Diœcesis Constantiensis non multum distet ab Anglia, ubi vox *Croftum* frequentissima est. Vide *Croftum.*

* Nostris alias *Crot*, eodem Fossæ significatu. Lit. remiss. ann. 1372. in Reg. 103. Chartoph. reg. ch. 289 : *Le suppliant et son compaignon prinrent en ung Crot dedanz terre, environ quatre sextiers de seigle.* Aliæ ann. 1410. ex Reg. 165. ch. 137 : *Le suppliant feist ou celier de l'ostel....... un Crot ou une fosse, et y enterrast et couvrist sa vaisselle d'argent.* Vide supra *Crosus* 1.

* **CROUCHEUS**, pro Croceus. Lit. absolut. official. Attrebat. ann. 1349. in Reg. 77. Chartoph. reg. ch. 427 : *Domicella Maria, quondam uxor dicti d'Aloes, ad instantiam et requestam dicti rei et de consensu ejusdem, prout ipsa spontanea voluntate, ut dicitur, coram nobili viro domino Hectore de Bailloel castellano de Alodio in palude seu deputato ab eo confessa, quemdam buffonem indutum pannis Croucheis, consimilibus pannis Jacobi d'Aloes, quodam poto tecto novo ad gravandum dictum Jacobum d'Aloes posuit et nutrivit eumdem Buffonem.* Vide supra *Buffo.*

¶ **CROUTURA**, Locus septus, a Gall. *Cloture*, Sepimentum. Chartular. S. Vandregesili tom. 2. pag. 388 : *Totum masagium meum situm apud Fontains intra masuram Gilleberti sutoris et Crouturam Galteri de Pratelles... Actum an. D.* M. CCXXXI. Alter Amanuensis emendavit *Cloturam.*

* Idem quod supra *Crosta; Crouée*, eodem sensu, ut in *Croada* 2. Charta ann. 1285. inter Probat. domus de Castelleto pag. 5 : *Tout ce quan que je ay....... sur les Crouées, fruits et rentes de bleds et deniers.* Nisi tamen *Crouée* sit pro *Corvée.* Vide supra *Corvagium.*

¶ **CROXATI**, Iidem qui *Crucesignati*, apud Ogerium Panem lib. 4. Annal. Genuens. ad ann. 1203.

¶ 1. **CROZA**. Vide *Crosa.*

* 2. **CROZA**, Fulcrum subalare in modum crucis superne effictum, Gall. *Crosse.* Mirac. B. Anton. Ripol. tom. 6. Aug. pag. 539. col. 1 : *Nec ire poterat per vias et vicum, nisi una Croza, etc.* Vide *Crozola.*

¶ **CROZATUS**. Vide *Crosatus.*

¶ **CROZOLA**, Baculus superne rostratus vel in formam crucis efformatus, Gall. *Bequille.* Miracula B. Henrici Baucenensis tom. 2. Junii pag. 377 : *Contractus in anchis, et non poterat ire sine Crozolis aliqualiter, et modo vadit sine Crozolis.* Vide *Crucca* et *Croceus.*

* **CRUANTARE**, Sanguinare, sanguinem reddere, Gall. *Saigner.* Lit. remiss. ann. 1386. in Reg. 130. Chartoph. reg. ch. 179 : *Ceciderant ambo in fundum dicti fossati, videlicet dictus Vincentius ventrem contra terram, et Cruantavit de capite, occasione dicti casus.*

* **CRUBLUM**, Mensuræ species. Charta ann. 1258. tom. 1. Probat. Hist. Brit. col. 969 : *Item dictus Oliverius et sui post ipsum, debet capere in omnibus dominiis vicecomitatus* (de Rohan) *unum Crublum avenæ, amusuratum ex voluntate nostra et etiam dicti Oliverii.*

CRUCA, Cremaster, Gallis *Cremaillere*, ex Anglico *Crooke*, aduncus. Leges Malcolmi II. Regis Scotiæ cap. 3. § 4 : *De homine condemnato ad mortem, coram Justitiario, Coronator habebit.... omnia utensilia infra interiorem partem domus, videlicet infra Crucam, super igne pendentem.*

CRUCCA, Furca subalaris, qua claudi sese sustentant, quod pars superior in crucis formam, seu T effìcta sit. Joannes Monachus Bertinianus in Vita S. Bernardi Pœnitentis num. 10 : *Ambo non nisi cum Cruccis incedere valentes, ad Sanctum venerunt.* Vide *Croceus.*

Croccia, in Vita S. Zitæ Virginis Lucensis num. 18. Vide Skinnerum in Etymologico Anglico in *Crutches.*

CRUCEOLA, pro *Crucicula.* Lambertus Ardensis : *Fecit sibi apportari parvam Cruceolam, quam in collo suo per argenteam catenulam appensam de sepulcro Domini reportaverat.* Vide *Croceus.*

¶ **CRUCES**. Charta Alexandri III. Papæ pro Capitulo S. Mammetis Lingon. ann. 1170. inter Instrum. tom. 4. novæ Gall. Christ. col. 186 : *Consuetudines seu reditus, quos Cruces appellant de toto episcopatu Lingonensi, exceptis illis, qui ab Episcopis Lingonensibus concessi sunt Ecclesiis aut Monasteriis ejusdem Episcopatus, et scripto eorum corroborati noscuntur, vobis duximus confirmandas.* Hic *Cruces* intelligo Oblationes fidelium *processionaliter* ad quamdam Ecclesiam confluentium, quæ in voce *Crux* dicuntur *Cruces bannales* ex Catalogo Abbatum Andainensium; eademque notione accipiendum puto locum Codicis MS. redditûum Episcopatus Autissiod. : *Denarii pro Crucibus Kalendarum Maii circa* LII. *libras;* hoc est, si bene conjecto : *Denarii* qui offeruntur tempore *Crucium* seu processionum, quæ fiunt Kalendis vel circa Kalendas Maii, quales sunt *Rogationum* processiones.

* *Denarios pro Crucibus Kalendarum Maii* ex Codice reddituum episcopatus Autiss. interpretatur D. *Le Beuf* de præstationibus, quæ exigebantur a mercatoribus, qui ad nundinas Kalendis Maii haberi solitas, merces suas venum exponebant in quodam territorio *Crucibus* designato. Neque aliter intelligenda videtur Charta Will. episc. ann. 1175. inter Probat. Hist. Autiss. pag. 27. col. 2 : *Sex libras Autissiodorensis monetæ in Crucibus de Varziaco, in crastino Pentecostes. Nummi Pentecostales de Varziaco* dicuntur in Ch. ann. 1213. ibid. pag. 43. col. 2. Vide infra *Denerada.* [** German. medio ævo *Kreuzpfennige, Kreuzschuld*, nummi sunt monasterio debiti, census cœnobii. Chart. Monaster. Distorp. ann. 1315. ap. Frisch. in Lexico voce *Creutz : Traditur conventui monialium una curia in Ehhorst, solvens unum dorcum, valentem 8. solidos monetæ levis et 4. solidos Crucepenninghe.* Alia charta ibidem : *Solvit alia curia 4. solidos qui dicuntur Cruceschult.* Adel. Census annuus die S. Crucis solvendus. Vide Haltausium voce *Far-pfennige*, col. 439.]

¶ **CRUCESIGNATI**, Qui sacræ Crucis militiæ nomen dabant, Gall. *Les Croisez.* De his infra post vocem *Crux*, lin. *Crucem assumere.* Verum alii fuerunt *Crucesignati* apud Tolosanos; sic enim appellabantur, qui ab Inquisitoribus comprehensi et carceri aliquandiu mancipati propter hæresim, tandem erroribus abjuratis, pœnitentia et absolutione receptis, liberi dimittebantur. Inter pœnitentias impositas prima recensetur Crux, quæ simplex † aut duplex ‡, ante et retro, pro delictorum ratione erat deferenda. Harum crucium formam expressam habemus in libro Sententiarum Inquisitionis Tolosanæ a Philippo Limborch. edito pag. 13 : *Imponimus et injungimus pro pœnitentia duas cruces de filtro crocei coloris portandas, unam anterius et aliam posterius in omni veste vestra, præterquam in camisia... quarum quantitas in longitudine sit duorum palmorum et dimidii brachium unum, et duorum palmorum brachium aliud, scilicet transversale et trium digitorum in latitudine utrumque brachium... Et* *quia tu Matthæe, etc. amplius deliquistis... superaddimus vobis, quod cruces, quas vobis imponimus, sint duplices.* Vide *Crux* lin. *Cruces binas.*

* **CRUCETTA.** Vide supra *Crosetta.*

¶ **CRUCHIGLIA**, Idem quod *Crucca*, Fulcrum subaxillare. Acta SS. Junii tom. 1. pag. 797 : *Erant duo anni, quibus nunquam potuit ire sine Cruchigliis.*

¶ **CRUCIA**, Eadem notione. Magister Joannes in Vita S. Petri Parentii, tom. 5. Maii pag. 93 : *Nec aliquo modo posset incedere, nisi duas Crucias ascellis haberet suppositas.*

* **CRUCIARIÆ** PRECES, Officium de sancta Cruce. Vita S. Ludov. episc. Tolos. tom. 3. Aug. pag. 808. col. 2 : *Item laudes de S. Cruce Domino recitabat quotidie una cum socio, fratre ex ordine Minorum, clauso conclavi ab aliis sejunctus, ubi cupiens sentire quod et in Christo Jesu, quamdiu Cruciariæ illæ preces durabant, permanebat immotus, brachia extendens in formam crucis.*

CRUCIARIUM. Commodianus Instr. 32 :

Auro licet censeantur, bacchent aulica semper,
CruciariumDomini si non adorasti, peristi.

Crucem, vel cruciatum Christi interpretatur Rigaltius. Vide, an aliud sit σταυρεῖον, de quo Nicetas Rhetor in Passione S. Stephani et corporis ejus inventione : Προλαβοῦσα τοίνυν Ἰουλιανὴ, καὶ διαπεράσασα τοῦτον εἰς τὸ ἐπιλεγόμενον σταυρεῖον· ὅθεν δὴ τὰς ἡμιόνους ὑποζεύξαντες τῷ ἅρματι, etc.

CRUCIATÆ, Expeditiones sacræ contra Saracenos et Hæreticos, quod, qui iis sese adjungerent, Crucis signum in vestibus deferrent. Occurrit non semel apud Will. Thorn. et apud Ericum Upsaliensem lib. 3. Hist. Suecor. ann. 1292. ubi Loccenius, nescio quam *historiam de Cruce Christi* somniat : vulgo *Croisade.* Vide infra *Crux.*

CRUCIATIO, Miseria, calamitas, tormentum. Vita S. Ursmari Abbatis Laubiensis n. 5 : *Neque audivimus quemquam, qui in corpore tale aut tam prolixum sustinuisset martyrium, aut qui tantam Cruciationem sustinuisset in vita præsenti.*

CRUCIBULUM, Ugutioni, *Lucerna, ad quam vigilamus, quod Cruciet bolum, id est, bolum sepit.* Risum contine. Gloss. Lat. Gall. : *Crucibolum, Lumiere de nuit.* Catholicon Armoricum : *Creuseul, Gall. Croissol. Lumiere de nuit, Crucibolum, vel Crucibolus.* Vitæ Abbatum S. Albani pag. 70 : *Legebantur autem eadem voce 12. de B. Virgine lectiones, quas corde tenus sine candela bajuli transcurrere consueverunt, cum suis quæ sequuntur responsoriis, tenui tamen lumine Cruciboli per vitrum diaphanum translucente.* Vita B. Colettæ num. 74 : *De nocte proferenti sæpius extinguebat candelam, Crucibulum et oleum effundebat.* [Apud Lobinellum Hist. Britan. tom. 2. pag. 345 : *Monasterio igitur Kemperlegiensi, quod villicus suus Kemperlegiensis debet, hoc est.... Ad solempnitatem de dedicatione S. Michaelis in Monte Gargano duo ferrea Crucibola annuatim.*] Quidam a *Cruca*, Gallis *Cruche*, German. *Gruyke*, deducunt : malim ego, quod ejusmodi lucernæ in formam Crucis efficta quadrimyxæ sint. Hinc forte nostri Picardi, *Cracets* vocant, quasi *Crucets*; vel certe quod uncis ferreis ad parietes appendantur, quos *Crochets* vulgo dicimus. Sed et *Crucivolo* Itali appellant vas fictile, in quo metalla funduntur, nostri *Creuset*, quod ejusdem formæ est ac materiæ, ex quibus est vas illud, in quo infunditur oleum ad lucernas istas. Nam et Rulandus in Lexico Alchymiæ, *Crucibulum* dixit *vas esse fusorium, ex terra igni contumacissima factum, acutiore basi et tereti, in ampliorem capacitatem, forma triangulari, vel rotunda desinente, ad fundenda et eliquanda mineralia et metalla formatum.* Sic Geber Arabs lib. de Investigatione magisterii : *Ponatur veneris stratum super stratum de sale communi optime mundato in Crucibulo.* Vide Stephan. Skinnerum in Etymologico Anglico, verbo *Crucible.* Meminit Saxo Grammaticus lib. 8. nescio cujus *Frosti, cognomento Crucibulum.*

* Italis *Crociuolo.* Glossar. Lat. Gall. ann. 1348. ex Cod. reg. 4120 : *Crucibolum, Gallice Crusset, a verbo crucio et bolus, quod est morsus, quia Crucibolus cruciat per morsus studentem.* Glossar. Lat. Gal. ex Cod. reg. 7692 : *Crucibolum, Crastier.* Aliud Gall. Lat. ex Cod. 7684 : *Crucibolum, Crasset, lumière de nuit. Croisieu et Croisuel*, eadem quoque notione. Lit. remiss. ann. 1456. in Reg. 185. Chartoph. reg. ch. 340 : *Après que icelle Marguerite eut alumé ung chareil ou Croisieu, etc.* Mirac. B. M. V. MSS. lib. 1 :

Ki à Croisuel toute nuit velle,
Pour chest il faus qui s'emervelle,
Se decheant vont les escoles
Pour querre le maule as roissoles.

* Alia porro vocum *Crasset et Crastier* origo, alia *Crucibuli* vel Gallicarum *Croissel, Croisieu et Croisuel* : has adinventas cum Cangio facile putaverim, quod ejusmodi lucernæ in formam Crucis effictæ quadrimyxæ sint, potius quam a *Cruca*, Gallis *Cruche*, Germanis *Krug* : illas vero, quod *Crassa* seu adeps in iis lucernis olei vice accenderetur. Vide supra *Crassa* 2.

CRUCIBOLUS, Scyphus. Charta Witlasii Regis Merciorum apud Ingulphum pag. 857 : *Scyphum meum deauratum, et per totam partem exteriorem vinitoribus ad dracones pugnantibus cœlatum, quem Crucibolum meum solitus sum vocare, quia signum Crucis per transversum scyphi imprimitur interius, cum quatuor angulis simili impressione protuberantibus, etc.* Cruciboli Witlasii meminit rursum infra Ingulfus pag. 870. Hinc forte Germanis *Krauz* est genus poculi, ut est in Turcograph. Crusii pag. 490.

¶ **CRUCICHIUM**, Quadrivium, Italis *Crocicchio*, nostris *Carrefour.* Hieronymus Radiolensis in Miraculis S. Joannis Gualberti tom. 3. Julii pag. 392 : *Ad compitum seu divorticulum, quod vulgares et plebeii Crucichium dicunt, eo quod viæ quatuor in crucis formam ad loca tendant diversa.*

CRUCICOLÆ, appellati Christiani ab Ethnicis. Vide Aldhelmum de Laudibus Virginit. cap. 17.

¶ 1. **CRUCICULA**, Crux parva. Chronic. Fontanell. apud Acherium tom. 3. Spicil. pag. 229 : *Hic dedit in Ecclesia S. Petri Cruciculam auream unam, inaures sex, fibulam unam.* Vide *Crucilia.*

¶ 2. **CRUCICULA**, Furca subalaris. Richardus Abb. Virdun. in Miraculis S. Vitoni, inter Acta SS. Benedict. sæc. 6. part. 1. pag. 567 : *Lignea vero sustentacula, quæ vulgo Cruciculas vocant, sine quorum adminiculo, nec passum quidem pedis claudus ille ambulare poterat, in testimonium tanti miraculi, suspensa sunt multo tempore in pariete sacri Templi.* Vide *Croccus.*

* **CRUCIENSES** Cameraci appellantur Canonici ecclesiæ S. Crucis. Obituar. MS. eccl. Camerac. fol. 40. v°. : *Item xxxvj. sol. ut Crucienses existentes ad Te Deum in quatuor festis B. Mariæ, habeant distributiones.* Ordinar. MS. ejusd. eccl. ubi de Domin. in Ramis palmar. fol. 36. r°. : *Dum processio pergit circa claustrum, id est, circa ecclesiam infra, Crucienses ad S. Michaelem cantant : Ave rex noster.* Et fol. 54. v° : *Feria iij.* (Rogationum) *itur ad S. Crucem per ostium S. Johannis Evangelistæ, et Crucienses veniunt per claustrum.*

CRUCIENTATUS, in Gloss. Latino-Gall. *Conchié de sang.* Sed legendum *Cruentatus*, ut apud Joan. de Janua.

1. **CRUCIFER**, Qui Crucem ante Papam defert, apud Pandulfum in Actis Gelasii II. PP. [Vide *Cambucarius* post *Cambuta.*]

¶ 2. **CRUCIFER**, Species monetæ, in Chronico Mellicens. pag. 572. col. 1 : *Singuli status Hungarorum et Australium et personæ donaria conferunt : Episcopus* v. *flor. Abbas et Præpositus sub infula* IV. *flor.... Rusticus, servus, familia* (lege *famula*) *de talento Cruciferum, mercenarius et mercenaria* x. *num.* [* Vide supra *Crosatus* 2.]

CRUCIFERI, Ordo Monasticus, sic dictus, quod Monachi Cruces in baculis deferrent, ut auctor est Matth. Paris ann. 1244. pag. 439. Fasciculus Temporum, et M. Chronic. Belgic. : *Circa hæc tempora Ordo Cruciferorum renovatus est per Innocentium III. anno Pontificatus sui 18. jam devicta hæresi Albigensium per Cruce signatos.* Addunt quosdam scribere, B. Quiriacum Jerosolymorum Episcopum, istius Ordinis primum auctorem extitisse, et sub Innocentio IV. apud Lugdunum crevisse, et privilegiis donatum ab eodem, anno scilicet 1248. præterea primum et initiale Monasterium totius Ordinis extitisse in Hoio in diœcesi Leodiensi ab Joanne Episcopo Leod. ædificatum ann. 1233. Vide Aubertum Miræum lib. 1. Originum Monastic. cap. 12. 13. 14.

CRUCIFEROS etiam vocat Chronicon Aulæ Regiæ cap. 11. et 17. Fratres et Milites Ordinis Theutonici : ut et Ericus Upsaliensis lib. 3. Hist. Suecicæ pag. 61. lib. 5. pag. 148. et alibi. Vide Chronicon MS. Andreæ Danduli ann. 1154. et Bohuslaum Balbinum in Epistola rerum Bohemic. pag. 270.

Exstat Epistola Urbani III. PP. ad Magistrum et Fratres Cruciferos Hospitalis Bononiensis, qua eorum Ordinem approbat : post Epist. 4. in nupera Conciliorum Collectione.

CRUCIFERUS. Charta Ottonis Episcopi Frisingensis ann. 1154. apud Wiguleium Hondium in Metropoli Salisburgensi tom. 2. pag. 243 : *Unus Cruciferus apud Hachin, cum molendino aliisque pertinentiis, etc.* Alia apud eumdem Hondium tom. 3. pag. 469 : *Cum tribus Cruciferis, quæ ad possessionem Monasterii pertinebant, etc.* Sed legendum videtur *Curtiferis*, ut alibi passim. Vide in *Cortis*, 1.

¶ **CRUCIFICIO**, σταυρῶ, *Crucifigo*, apud Janum in Supplemento Antiquarii.

¶ **CRUCIFIGIUM**, Crucis supplicium, Gall. *Crucifiement*. Epistola Joannis de Monsteriolo, Collect. Ampliss. Martenii am. 2. col. 1395 : *Ut ille cujus Crucifigio salvi sumus, etc.*

¶ **CRUCIFIXORES**, Qui Christum Dominum crucifixerunt. Occurrit apud S. Paulinum Epist. 18. num. 7. novæ edit. et Joannem Sarisb. Epist. 286. et alios.

* **CRUCIFIXUM**, Christi in cruce pendentis imago, Gall. *Crucifix; Croicefiz*, in Ch. ann. 1388. ex Tabul. capit. Carnot : *Faire dire une messe à note à l'austel du Croicefiz de laditte église de Chartres.* Joan. Iperius in Chron. Sith. S. Bert. ad ann. 877. tom. 7. Collect. Histor. Franc. pag. 270 : *Tunc dedit* (Carolus imperator) *Johanni papæ munera, quæ B. Petro deportabat, et inter cetera Crucifixum aureum, quale non fuit ab ullis regibus factum.* Vide in *Vultus*.

¶ **CRUCIFIXUS**, Cruce insignitus. Miracula S. Cuneræ Virg. Junii tom. 2. pag. 566 : *Cum oblatione duorum cereorum oculorum atque denario Crucifixo.*

CRUCIFRATRES, seu Fratres Crucis : ita sese appellitabant quidam hæretici, exorti in oppido *Sangerhusen* in Marchionatu Misnensi sub ann. 1414. qui etiam *Fratres Flagellatores* dicebantur : de quorum hæresibus Gobelinus Persona in Cosmodromio ætate 6. cap. 93. diversi ab iis, qui *Fratres Crucis* appellati sub annum 1309. Vide *Crux*.

CRUCIGIRA. Ephemerides Monasterii S. Galli : *Eodem die dantur 4. fercula, scilicet carnes, caseus, ova, Crucigira, cum vino et majori leib.* [* Olera, ni fallor, Gall. *Légumes*.]

CRUCILIÆ, Cruces per vias erectæ, ex Gallico *Croisilles*. Concilium Suession. ann. 744 : *Constituimus, ut illas Crucilias, quas Adalbertus per parochiam plantaverat, omnes igne consumantur.* Codd. alii habent *Cruciculas*.

CRUCIOLA, Crucicula, in Actis Monasterii Murensis pag. 26.

¶ **CRUCIOLATUS**, Crucibus signatus. Testamentum Ermentrudis illustris Matronæ apud Mabill. de Liturg. Gall. pag. 463 : *Nepti meæ Deorovaræ scutella argentea Cruciolata.*

* **CRUCITA**, Expeditio sacra contra Infideles et hæreticos, aliosve, in Epist. Calixti III. PP. ann. 1456. ad Carolum VII. reg. Franc. ex Bibl. reg. Vide supra *Crosata*.

¶ **CRUCIUM**, *Vinum insuave et nimio plus austerum, aut asperum*, in Vocabulario Sussannæi.

CRUCIZARI, Crucem assumere, cruce insigniri ad peregrinationem Hierosolymitanam. Historia Hierosolymitana in Gestis Dei pag. 1156 : *Rex Franc. Philippus et Rex Angliæ Henricus apud Gizortium Crucizantur.* [Radulf. Goggeshale in Chronico Terræ-Sanctæ apud Marten. tom. 6. Ampliss. Collect. col. 573 : *Fere universi Proceres utriusque regni Crucizantur.*]

** **CRUCTANS** equus. Testament. ann. 1367. ap. Guden. in Cod. Diplom. tom. 3. pag. 484 : *Item legavit Hartmanno famulo suo equum suum Cructantem.*

* **CRUCULUS**, Juniperus. Glossar. Lat. Gall. ann. 1352. ex Cod. reg. 4120 : *Cruculus, Geneivrier.*

CRUDARIUM, ὠμόλινον, in Gloss. Græco-Lat. [Linum crudum, linteum nondum sole curatum, ut adnotat Martinius ex Vulcanio.]

* **CRUDE**. Vide supra in *Cridatio*.

* **CRUDELLUS**, Crudelus, Cincinnus, capillus in uncum, quem *Croc* dicimus, retortus; vel idem quod infra *Curdella*. Bareleta serm. 2. in Domin. S. Quadrag. : *Quare facis tibi Crudellos ?* Rectius infra : *Portant* (mulieres) *cornua etiam et Crudellos.* Idem serm. in Sab. 5. Quadrag. : *Dum mulier affert in capite sertum, aut velum subtile, cum Crudelis compositis.* Rursum serm. in fer. 5. hebdom. passion. : *Tertio* (offendit Magdalena) *per capillos eos vane componendo, faciendo Crudellos, cornua.* Vide supra *Crocus* 2.

* A Latino Crudelitas, nostri *Crudélité* dixerunt, pro sævitia, ferocitas. Lit. remiss. ann. 1365. in Reg. 98. Chartoph. reg. ch. 743 : *Le suppliant doubtant la Crudelité dudit Ridel, fery icellui d'un baston, que il portoit, par la teste. Cruel* vero, Metuendus, terribilis, in Stabil. S. Ludov. tom. 1. Ordinat. reg. Franc. pag. 108 : *Et n'ont li plusours poor, ni espouvantement du Cruel jugement Jesus-Christ. Crueusement*, pro *Cruellement*, Crudeliter, atrociter, in Lit. remiss. ann. 1406. ex Reg. 161. ch. 161 : *Tous les trois freres ensemble le batirent et navrerent moult Crueusement.*

* **CRUDES**, Baculus ferro munitus. Glossar. Lat. Gall. ex Cod. reg. 7692 : *Crudes, Bâton ferré.*

CRUDITARE, *Non digerere*, ἀπεπτεῖν, in Gloss. Gr. Lat. [Tertull. de Jejunio cap. 16 : *Populus carnis avidissimus usque ad choleram ortygometras Cruditando.*]

* **CRUEIRA**, Cavum, locus cavus, Gall. *Creux*. Charta ann. 1294. inter Probat. tom. 1. Hist. Nem. pag. 120. col. 2 : *Se tenere recognovit a dicto dom. G. archidiacono dictum ortum et quoddam mansum, quod est ibidem ad Crueiram, cum suis pertinentiis, et dictum locum, ubi tenebantur femorasses in dicto loco de Crueira.* Vide supra *Crosum* 3.

* **CRUELLUM** Ceræ, Massa cerea. Charta ann. circ. 1080. ex Tabul. S. Albini Andegav. : *De tabula aut Cruello ceræ, unum obolum.*

* **CRUENTINUS**, Cruentis respersus guttis. Chron. Malvecii apud Murator. tom. 14. Script. Ital. col. 819 : *Caligas dependentes laqueis corrigiarum hinc inde ligatas deferebant : albis etiam fasciolis Cruentinis utebantur.*

¶ **CRUETTUS**, Angl. *Cruet*, Gall. *Burette*. Urceolus. *Cum duabus Cruettis et uno tintinabulo argenteo*, apud Rymerum tom. 9. pag. 273. col. 2.

* **CRUGA**, Vasis genus, urceus, urna, Gall. *Cruche*; unde diminut. *Crugeon*, urceolus, vulgo *Cruchon*. Consuet. MSS. S. Crucis Burdegal. ante ann. 1305 : *Refectorarius debet habere duas magnas Crugas de terra bene mundatas.* Inventar. bonor. Joan. de Madalhano MS. ann. 1450 : *Item unam payrolam cupri parvi valoris sine garnitura, continentem unam Crugam aquæ.* Lit. remiss. ann. 1464. in Reg. 199. Chartoph. reg. ch. 519 : *Denis du Vergier vint querir de l'uylle;..... et en s'en retournant ung Crugeon d'uylle en uns sac à son col, etc. Cruye*, eadem notione. Lit. ann. 1458. in Reg. 187. ch. 328 : *Icelle Jehanne print sa Cruye ou bouteille, pour aler à l'eaue en une fontaine. Une Cruye de vin*, in aliis ann. 1449. ex Reg. 179. ch. 302. Hinc *Cruyse*, Testæ fragmentum. Vitæ SS. MSS. ex Cod. S. Vict. Paris. sign. 28. fol. 35. v°. col. 2. ubi de S. Vincent. : *Encloez le en une chartre bien obscure, et li mettez Cruyses fort agues, et ses piez li encloez en un fust, et soit estendus sus les Cruyses.*

CRUMA, *Crumena*. Joan. de Janua.

CRUMELUM. Gregorius Turon. de Gloria Conf. cap. 98 : *Sæpius in hoc vasculo vel olus, vel Crumelum coctum cum illo sumpsisse.* Occurrit in Notis Tyron. pag. 112.

CRUMENIA, *sunt proprie fragmenta auri*. Glossæ Isonis Magistri.

¶ **CRUMENIFER**, Qui fert crumenam, Gall. *Boursier*. Magister Giraudus in Vita S. Joannis Episc. Valentin. in Anecdotis Marten. tom. 3. col. 1696 : *Cum a portonariis naulum propter multitudinem caritative exigeretur, Crumenifero ut persolveret imperavit.*

* **CRUMENULA**, diminut. a Crumena. Paridis de Grassis Cerem. capellar. Papal. MS. : *Et in fine pro sui ministerii mercede,... ex vetusto ritu donatur* (Diaconus cardinalis) *Crumenula cum xl. solidis.*

¶ **CRUMILUS**. S. Paulinus Ep. 23. n. 7 : *Et ut totam juxta Dei verbum confectionem Prophetici panis impleret, lentem quoque et hordeum et viciam miscuisset in Crumilum.* Editor in notis : Forte legendum, *Grumulum*. MS. Reg. *Crubilum*. Edit. Rosweidi, *Cumulum*, Schol. in marg. *Cumerum*. ut et Cauchius. [* Vide *Crumelum*]

CRUMINARE. Fortunatus lib. 2. de Vita S. Martini :

Et levis umbriferæ volitavit imago figuræ,
Visibus exclusus cellam pedore Cruminans.

Ubi Interpres : *Crumina*, sacculi genus apud Plautum : unde *Cruminare*, prisci festive traxerunt ad eam corporis partem, qua operari naturæ solemus. Id satis in illo expressit. [Gloss. Isid. : *Cruminat, Ruminat.*]

* **CRUNICULA**, *quam accipiunt illi, qui vicem in bello servarunt.* Glossar. vet. ex Cod. reg. 7641. ita et in altero ex Cod. 7613.

** **CRUOGA**, in Tradit. Fuldens. passim occurrit, pro Taberna, caupona, Germ. *Krug. Chinzigu Cruoga*, pag. 544. Adel.

¶ **CRUOR**. Charta Joannis Episcopi Carnot. ann. 1180. inter Anecd. Marten. tom. 1. col. 596 : *Vindicabat enim in illis sibi jus hospitandi, talliam, corvagium, avenagium, justitiam Cruoris et latronis*; id est Sanguinis effusionis et latrocinii.

¶ 1. **CRUPA**, Tergum equi, Gall. *Croupe*. Processus de Vita S. Yvonis, Maii tom. 4. pag. 567 : *Nescit quomodo invenit se super Crupam equi sui, et tenens se ad sellam, equus natando portavit eum sanum et incolumem ad ripam maris.*

* Vide supra *Cropa*. Hinc *Cruppée* dici

videtur fustuarium, vulgo *Volée de coups de batons*, quia tergo infligitur, in Lit. remiss. ann. 1460. ex Reg. 189. Chartoph. reg. ch. 492 : *Le suppliant dist à icellui Perceval.... que s'il aloit à lui, il lui donroit une Cruppée d'un baston moyte que il tenoit.*

* 2. **CRUPA**, Graculus. Glossar. Lat. Gall. ann. 1352. ex Cod. reg. 4120 : *Crupa, Gai.*

CRUPELLARII, Gallorum gladiatores cataphracti. Tacitus lib. 3. Annal. : *Adducuntur e servitiis gladiaturæ destinati, quibus more gentico continuum ferri tegimen, Crupellarios vocant.* Boxhornius ab Hebræo *Cirbel*, amicire, vocem deducit.

CRUPPA, Crupes. Gloss. Lat. Græc. : *Cruppa*, Κάλος παχύς. *Crupes*, σχοινία, *funis*. [Amalth. : *Crupes*, *Funiculi*. *Cruppa*, *Rudens*.]

*. Leg. ex Vulc. in Castigat. κάλως παχύς. *Crupes*, σχοινία. Gloss. Gr. Lat. : Σχοινίον, *funis, restis, rudens*. An inde *Cropie*, vel *Croupie*, pro Tempus serotinum, quo lepores aliave animalia ad pastum procedunt? quia iis capiendis quoddam rete ejusdem nominis adhibent. *Chasser à la Croupie*, apud Cotgrav. Charta ann. 1328. in Reg. 65. Chartoph. reg. ch. 143 : *Le seigneur de Montgoubert affermoit qu'il avoit droit de chacer au levre et au goupill et de tendre à la Croupie et à la revenue, et de mettre en toutes sesons ses pors en pasture en nostre forest de Rest.* Infra : *Tendre à la Cropie et à la revenue.*

CRUPPONUS, Uropygium, summa clunium, vulgo *Croupion*. Fridericus II. Imp. lib. 1. de Venat. cap. 36 : *A lumbis vero desuper renes usque ad principium caudæ super anum, dilatantur spondilia, et intercipiuntur inter duo ossa ancharum, et in quibusdam avibus dilatantur plus, in quibusdam minus; et hic locus a quibusdam appellatur Crupponus, et solidiores sunt ipsorum juncturæ, et foramina illic ampliora, etc.*

CRUPTA. Vide *Crypta*.

* **CRURA**, Crus, coxa, Gall. *Cuisse*. Lit. remiss. ann. 1415. in Reg. 169. Chartoph. reg. ch. 32 : *Supplicans vulneravit Johannem de prato uno ictu de cuspide, cum quadrintelo sive lancea parva in Crura sive coxa sinistra.*

CRURALIA, quibus *crura* vestiuntur. Vita Ludovici Pii an. 786 : *Habitu Vasconum... indutus, amiculo scilicet rotundo, manicis camisiæ diffusis, Cruralibus distentis, calcaribus caligulis insertis, missile manu ferens.* Vide *Coxale*.

CRURARIUM, Σκελόδεσμος, in Gloss. Græc. Lat. Fascia cruralis, nostris, *Jarretiere*.

* **CRURATUS**, *Qui a grans cuisses*, in Glossar. Gall. Lat. ex Cod. reg. 7684.

* **CRURIFAGIUM**, pro *Crurifragium*, Supplicii genus. Chron. Joan. Vitodur. in Thesauro hist. Helvet. pag. 2 : *Per judicialem sententiam Crurifagio misere interiit.*

* **CRURIFERI**, Militiæ genus apud Hungaros; nisi sit pro *Cruciferi*, Milites ordinis Theutonici. Vide in hac voce. Charta Belæ reg. Hungar. ann. 1255. inter Probat. tom. 1. Annal. Præmonstr. col. 658 : *Prima meta terræ monasterii nostri de Jazo incipit.... a contigua villa Cruriferorum nostrorum, Zelleres vocatæ.*

¶ **CRURIFRAGIUM**, Crurifrangium. Gl. Lat. Græc. : *Crurifrangium*, Σκελιαγὲς ἤγουν σκελοκοπία, *Cruris fractio vel sectio.* Apul. Met. lib. 9 : *Crurum ejus fragium abominata. Crurifragium* Plautus appellat servum, cui crura debeant suffringi; sed alii legunt *Crurifragum*, ut rectus casus sit *Crurifragus*, non *Crurifragius.*

* **CRUSCHA**, Furfur, Ital. *Crusca*. Stat. Vallis-serianæ cap. 64. ex Cod. reg. 4619. fol. 117. r°. : *Molinarii debeant macinare... ad requisitionem macinari volentium omnem Cruscham, quam facient ex grano macinato in suis molendinis.*

¶ **CRUSCIRE**, Crepitare, Gall. *Craquer*. Vita S. Eligii cap. 27. apud Acherium Spicil. tom. 5. pag. 181 : *Omnes qui aderant, audiebant cum magno stupore juncturas et nervos atque omnia ossa claudi illius Cruscire ac solidari.*

* Hispan. *Cruxir*, nostris alias *Croissir* et *Croistre*. Annal. regni S. Ludov. edit. reg. pag. 227 : *La nef le Roy se feri à plain voile en une havaire de terre endurcie, si fort que elle en Croissi toute.* Vide ibi Glossar. in hac voce. Lit. remiss. ann. 1452. ex Reg. 181. Chartoph. reg. ch. 151 : *Lequel arbre commença à Croistre, et lors le suppliant commença à dire et crier à haulte voix par deux fois, ledit arbre s'en va,..... et tantost après ledit arbre fut cheu.* Unde *Croiz*, Crepitus, in Chron. S. Dion. lib. 2. cap. 17. tom. 3. Collect. Histor. Franc. pag. 197 : *Autre vilaine costume avoit; car il metoit hors le Croiz de son ventre devant la gent frontueusement et sanz nule vergogne. Strepitum quoque ventris in publico sine ulla emittebat verecundia*, apud Aimoin. lib. 2. cap. 26. ex quo hæc reddita sunt. Hinc etiam *Escrois*, Fragor, horrendus sonitus, vulgo *Fracas, bruit éclatant*, in iisd. Chron. lib. 4. cap. 6. ibid. pag. 254 : *Un grans brandons de feu chai du ciel tous ardans en grans Escrois et en grans tonnoires.* Quomodo legendum est ibid. pag. 226. pro *Estrois*. Adde tom. 6. ejusd. Collect. pag. 141. Continuat. Guill. Tyrii apud Marten. tom. 5. Ampl. Collect. col. 615 : *Li hordois chai et fist trop grant Escrois, dont les eschargailes* (eschargaites) *de l'ost et de la cité orent tele paor, etc.* Guill. Guiart. ad ann. 1194 :

Instrumens ties Escrois redonnent
Aus cops espouvantables rendre,
Comme se le ciel deust fendre.

Ibidem :

Eos vont mangoniaus et perieres,
Qui souvent tendent et destendent,
En destachant grans Escrois rendent.

Inde quoque *Escroissement*, pro *Grincement*, Stridor. Serm. MSS. ex Cod. xiv. sæc. S. Vict. Paris. serm. 29 : *Li rois dist à ses sergenz : liez li les piez et les mains, et si le gitez an tenebres forenes, où il aura plors et Escroissement de denz.* Vide supra *Crocus* 4.

CRUSCUMULUS, *Tumor crurum*. Joan. de Janua [et Laurent. in Amalthea, ubi etiam *Crussiculus*.]

* **CRUSCUNIUM**, *La infiasone delli gambe*. Glossar. Lat. Ital. MS.

CRUSELINUM, Vas potorium parvulum fictile, cujusmodi sunt, quæ *Creusets* vocamus. Cæsarius lib. 12. cap. 41 : *Portabat enim vas parvum et fictile, quod vulgo Cruselinum dicitur, in manu sua, in quali in tabernis potare solebat.* [** *Crusellinus* in Testam. ann. 1332 ap. Guden. in Syllog. pag. 634 : *Item lego et ordino duos Crusellinos argenteos ad altare in monasterio Ulnhusen prædicto, ad hoc, ut ampullæ argenteæ ad divinum officium aptæ, fabricentur ex eisdem. Crusilinus*, in Chart. Johann. Archiep. Mogunt. ann. 1372. ap. eund. Guden. in Cod. Diplom. pag. 506 : *Præpositus monasterii in Hirtzenau nobis ad nostram cameram singulis annis in festo B. Michaelis pro speciali dono clenodio et munusculo centum Crusilinos, valida et bona, in Siburg facta .... dare debebit.*] Vide *Crusellus*, 1.

1. **CRUSELLUS** Charta ann. 1144. apud Catellum lib. 2. Rerum Occitan. cap. 17 : *De Crusellis, quos extranei attulerint, et vendiderint, præbeant domino 4. den. et de barda duos.*

* Idem, ni fallor, quod *Cruselinum*, Vas potorium cujusvis materiæ, nostris *Creusequin*, a forma concava. Comput. ann. 1382. inter Probat. tom. 3. Hist. Burgund. pag. 63. col. 2 : *Ung Creusequin d'or.... avec le couvercle.* Charta ann. 1397. ex Cod. reg. 9484. 2. fol. 391. v°. : *Un gobelet d'or en guise de Consequin d'Allemaigne à un pied et trois signes d'or.* Leg. *Creusequin*, ut in Inventar. ann. 1415. ibid. fol. 491. v°. : *Item deux petits Creusequins d'or fermans en maniere d'une boette, pour tenir œufs à manger.* Inventar. bonor. ducis Bitur. ann. 1416. ex Cam. Comput. Paris. fol. 43. r°. : *Item un grant Creusequin de madre couvert, les bours garni d'argent doré...... Item un autre Creusequin de madre non garni.*

* 2. **CRUSELLUS**, Præstationis species, sic dicta fortassis quod vase, *Crusellus* dicto, perciperetur : unde *Cruchon* a nostris nuncupata. Assignatio dotalit. Joannæ regin. Franc. ann. 1319. in Reg. 60. Chartoph. reg. ch. 69 : *Item pro sexcentis octoginta quatuor sextariis bladi, quæ fuerunt Crusellorum...... Item pro sexaginta quatuordecim sextariis frumenti, quæ fuerunt dictorum Crusellorum.* Charta ann. 1311. in Reg. 46. ch. 4 : *Assignamus tenore præsentium redditus nostros, quos in villa Vernonis habemus et percipimus, vocatos le Cruchon, cum omnibus suis pertinentiis et emolumentis, ad valorem seu summam sex viginti quinque librarum Turon. æstimatos.... Concedimus quod..... redditus, dominium et emolumenta du Cruchon..... percipiant et possideant.* Vide in *Cupa* 3.

¶ **CRUSERIUS**, An *Crucifixus* seu Figura D. N. J. C. in cruce pendentis, quæ in Ecclesiis apponi solet ad pietatem, Gall. *Crucifix*. Charta Abbatiæ Savigniac. Lugdun. Diœces. ann. circiter 1300 : *Prior d'Alix habet locum et stallum suum, quando venit in Monasterium in choro dextro post Cruserium.*

* **CRUSILLA**, Crux parva, Hisp. *Cruzecilla*, Ital. *Crocellina*. Mirac. S. Jacobi tom. 6. Jul. pag. 52. col. 2 : *Quod si invenire posset aliquam Crusillam, quæ a sancto Jacobo per peregrinos redeuntes deferri solet et ex ea propriam gulam infirmam tangeret, statim remedium haberet.* Vide supra *Crosetta*.

* **CRUSIUS.** Tella Crusia, Nondum abluta sive dealbata, Gall. *Crue*. Instr. circa finem xv. sæc. inter Probat. tom. 4. Hist. Nem. pag. 78. col. 1 : *Item pro octo cordis de tellis albis aut Crusiis, unus denarius Turon.*

* **CRUSMA**, *Sonus musicæ*, in vet. Glossar. ex Cod. reg. 7613. *Instrumentum musicum, cymbalum*, in Martinii Lexico.

CRUSNA, Crosna, Crusina, Pallii, seu vestis genus, Mastruca, vel mastruga. Gloss. Saxon. Ælfrici : *Mastruga*, Crusne. Somnero Crusene dicitur, tunica scilicet ex ferinis pellibus. Hinc emendandæ Glossæ Isonis Magistri : *Vocamus etiam mastrugas Renones, quæ rustice Crotina vocatur*. Legendum enim *Crosina*. Hincmarus Remensis Opusc. 57 : *Mitto vobis per eum Crusnam de pellibus variis, cum panno coloribus vario*. Charta ann. 1180. apud Ughellum in Episcopis Vercellens. : *Et ad hanc confirmandam promissionis chartam, accepimus nos Othonus et Allus Launeschildt Crosnam unam, ut nostra hæc promissio, sicut supra habetur, firma permaneat atque persistat.* [** Formul. Veronens. ap. Cancian. in Leg. Barbar. tom. 2. pag. 477 : *Pro mundio det Fabius Senecæ Crosnam unam valentem* 20. *sol. et orator dicat : o Seneca tu per hanc Crosnam mitte sub mundio hanc ... et mundium et Crosnam trade ad proprium Fabio, etc.*]Statuta Veneta lib. 1. cap. 55 : *Accipiet etiam de bonis Viri per Crosnam et pellicium vidualem, quam mulieres ex consuetudine habent.* Quam vocem non intellexit Interpres Italicus. Charta Ottonis M. Imp. ann. 937. apud Meibomium : *Nisi tantum singulis annis unum cavallum, scutum et lanceam, vel duas Crusinas dent, ut sciant in mundibordio Regis se esse.* Christianus de Scala in Vita S. Wenceslai pag. 55 : *Tribuens abunde auri vel argenti copiam, Crusina mantiperiaque, vel vestimenta, hilariter largiens.* Ubi perperam Edit. *Trusina*. Bruno de Bello-Saxonico pag. 135 : *Unus ex ipsis cujusdam nobilis ex Curia Crusinam gulis ornatam, quasi furtim præcidit, et inde quasi furtum volens abscondere recessit, et tamen volebat deprehendi, ut acciperet, quod accepit. Nam ille, cujus honesta vestis erat dehonestata, ut illum, qui suæ vestis partem gestabat, insequutus est, colaphum ei tantum dedit, suique vestimenti particulam recepit.* Quo loco *Crusina gulis ornata*, est pallium, pellibus rubricatis ornatum. Hinc *Crusinatus* apud Ditmarum lib. 5. cap. 6. pag. 54 : *Vivente egregio Hudone, pater istius Miseco, domum, in qua eum esse sciebat, Crusinatus intrare, vel eo assurgente, nunquam præsumpsit sedere.* [** Vide *Rheno* et *Repti*. De etymo consulendi Grimm. Antiq. Jur. pag. 428. et Graff. Thesaur. Ling. Franc. tom. 4. col. 616.]

** *Chrusenna* et *Crusenna*, in Ruodlieb. fr. 2. vers. 6. 161. 237. fr. 3. vers. 142. fr. 5. vers. 119. *Chrusina*, fr. 10. vers. 39. *Crusina*, fr. 94. vers. 92. 98.

* **CRUSOLIUM**, Vasis concavi genus, Gall. *Creuset*. Inventar. ann. 1361. ex Tabul. S. Vict. Massil. : *Item unum Crusolium, etc.* Vide supra *Crosollus*.

* **CRUSPULUS**, pro Scrupulus. Charta Odonis Valent. episc. ann. 1184. apud Stephanot. in Antiquit. Clarom. MSS. pag. 373 : *Et ne longa temporum evolutione donatio a me facta evanescat, præsens instrumentum sigillo meo decoravi, ne forte, quod absit, Cruspulus dubietatis ad posteros oriri possit.*

¶ **CRUSSICULUS.** Vide *Cruscumulus*.

1. **CRUSTA**, Vestis species variegato colore ex purpura et alio mixta. Lex 11. Cod. Theod. de Scenicis (15, 7.) : *Nulla mima gemmis, nulla sigillatis sericis, aut textis utatur auratis, his quoque vestibus noverint abstinendum, quas Græco nomine a Latino Crustas vocant, in quibus alii admixtus colori, puri rubor muricis inardescit.* Sic videntur appellatæ crustæ, quod ut crustati parietes dicuntur, qui subinde crustis marmoreis exornantur, ita ejusmodi vestes assutis in *crustarum* modum segmentis vel limbis distinguerentur. Nam *Crustæ* non modo de marmoribus dicuntur; sed etiam de vasis auri et argenti, quæ interdum *Emblemata* vocantur, uti usurpat Tullius Orat. 5: in Verrem, et Paulus JC. in leg. 32. § 1. D. de Auro, arg. leg. (34, 2.) : *Cymbia argentea Crustis aureis illigata.* Vide *Crustum*, *Purpura*.

* Anonymus in Gloss. Bibl. MSS. ex Bibl. reg. : *Crusta vel crustula, lamina quælibet vel fragmentum auri vel argenti, vel alterius metalli, vel ligni, vel lapidis, unde marmorati lapides Crustati dicuntur. Item, Crusta vel crustula, superficies panis vel cortex alterius rei; unde hæc Crustaria dicitur taberna a vasis crustatis.* Vide infra *Crustatus*.

* 2. **CRUSTA**, Lacuna, locus ubi stagnat aqua, Gall. *Mare*. Charta Walteri abb. S. Quint. in Monte ann. 1214. ex Tabul. ejusd. monast. : *Et in aqua communi de Buiescourt supra molendinos de Fullieres* (habemus) *Crustam unam cum helchia.* Quæ in recentioribus Registris Gallice redduntur, *une Crouste avec une huche*. Vide supra *Crosta*.

¶ **CRUSTACIA.** Papias : *Lentaculum, Crustacia.*

CRUSTALIA, in Notis Tyronis pag. 161. inter lapillos pretiosos.

¶ **CRUSTALLUM**, ψόφος ποδῶν. Gloss. Lat. Græc. Strepitus pedum.

* Leg. *Crotalum* ex Castigat. ad utrumque Glossar. Vide Salmas. ad Hist. Aug. pag. 502.

¶ **CRUSTARE**, vulgo Crustam inducere; sed contraria notione sumitur pro Crustam tollere de vasis auro vel argento crustatis in Ottoboni Annalibus Genuensibus lib. 3. apud Murator. tom. 6. col. 388 : *Postmodum vero obliti Dominicæ Crucis recuperationem et ipsam crucem projicientes, Constantinopolim perrexerunt, et civitatem ceperunt et exspoliarunt, Ecclesias spoliantes et cruces, et textus Evangeliorum Crustantes, et Reliquias Sanctorum inter se dividentes, huc et illuc miserunt.* Vide *Crusta*.

¶ **CRUSTARIA** Taberna, *a vasis crustatis*. Gl. Isid. Festus habet : *Crustariæ tabernæ, a vasis potoriis crustatis dictæ*. Vide *Clepsedraria* post *Clepsydra*.

* **CRUSTARIUS**, *Lo tavernario*, in Glossar. Lat. Ital. MS. Vide *Crustaria taberna*.

* **CRUSTATUS**, Acupictus, intertextus, Gall. *Brodé* vel *Broché*. Andr. Floriac. in vita MS. S. Gauzlini archiep. Bitur. lib. 1 : *Albam supra et infra auro Crustatam..... dereliquit.* Charta ann. 1288. apud Ludewig. tom. 11. Reliq. MSS. pag. 637 : *Præsertim volumus, quod nullus deferat tunicas Crustatas..... in foro rerum venalium venales, præter in nundinas, quod interpretatur forum annuale.* Vide supra *Crusta* 1.

¶ **CRUSTELLUM**, ut supra *Costellus* : quod hic quoque forsitan legendum. Statuta MSS. Augerii II. Episc. Conseran. ann. 1280 : *In dictis quoque locis* (cœmeteriis et atriis Ecclesiarum) *et infra spatia vel* (f. iis) *adhærentia a jure privilegiata paticulas,* (patibula), *furcas, Crustella et similia poni, et posita teneri, vel quælibet alia inhonesta fieri districtius inhibemus.*

CRUSTIBIA, *Crux, Cruciatus*, in Glossar. Arabico-Lat. ubi forte legendum *Crucilia*. Vide supra.

CRUSTICA, Census, qui pro agris et prædiis rusticis Imperatori, vel domino feudi pensitabatur apud Græcos. Innocentius III. PP. lib. 13. Epist. 192 : *Salvo tamen terrarum censu, qui Crustica Græco vocabulo nuncupatur, et dudum solvebatur a Græcis.* Lib. 14. Epist. 110 : *G. de Villa-harduini, ad quem ratione feudi dicta Crustica pertinebat.* Occurrit hæc eadem vox non semel in Epistolis ejusdem PP. Est autem *Crustica*, census qui agri nomine pendebatur, Græcis ἀγροςικόν, nostris *agrarium* dictus. Conjecturam nostram firmat Epist. Roberti Imp. Constantinop. in Regesto Honorii III. PP. lib. 6. Epistol. 85. apud Odoric. Raynald. in Annalib. Eccles. ann. 1221. num. 25 : *Omnes Ecclesiæ Cathedrales habeant possessiones suas, quas habuerunt tempore Alexii Bambacoraci Imperatoris libere ab omni exactione, et laicali jurisdictione, salvo tamen debito, et justo Acrostico, si quod debent pro possessionibus ipsis.* Vide *Ager*, et *Acra*.

* **CRUSTOSUS**, *Pieno de croste*. Glossar. Lat. Ital. MS.

* **CRUSTULA**, Fragmentum, ciborum reliquiæ. Chartul. Celsinian. ch. 933 : *Adquisivi unum sextarium frumenti, quem debet major cocus propter Crustulas, quas comparavi octoginta quinque solidis.* Vide supra *Crusta* 1. et mox

1. **CRUSTUM**, *Crustulum*. Joan. de Janua : *Crustum, vel Crustulum, pro fragmento panis.* Ita Servius ad 3. Georgic. et 7. Æneid. *Crustum de hiis, quæ comedi possunt*, dici ait. Gloss. Græc. Lat. : Κάπυρον, *Crustum*, Καπύριον, *Crustulum*. Καπύρια de panibus dici annotat Athenæus. [* Anonymus in Gloss. Bibl. MSS. ex Bibl. reg. : *Crustum vel crustulum pro fragmento panis, et pro quolibet edulio.*] Spartianus in Adriano meminit tetrapharmaci, *quod erat de fasiano, sumine, perna, et Crustulo.* *Perna crustulata* apud eumdem in Ælio Vero. Vide S. Hieronym. Epistol. 12. initio, præter Horatium et alios. At longe aliud est

2. **CRUSTUM**, in Charta Eadredi Regis Angl. pag. 210 : *Duas patenas argenteas, auro decenter ornatas, cum 2. urceolis pretiosissimis, et Crusto aureo, columnis de liciis 96. a Rege Henrico Ecclesiæ donata in sua extorsit.* Et apud Matth. Paris ann. 1252 : *Auri sititor, talenta, vel Crusta, vel jocalia emunxit.* Eadem videntur hoc loco

Crusta aurea, quæ *Crustæ* dicuntur Scriptoribus Latinis, seu *emblemata* vasorum. Vide supra *Crusta*.

¶ CRUSUL, Species lucernæ, de qua fusius in *Crucibulum*. Consuetud. Ecclesiæ Colon. MSS. in Archivo Atrebat. : *Magister coquinæ providebit qualibet nocte unum Crusul*. [* Vide *Lucibrum*.] [** Germ. infer etiamnum *Krüsel*, Lampas pendens, forte a voce *Kreis*, quia pendens in circulum agitur. Adel.]

¶ CRUTA, Caverna, habitatiuncula subterranea, quibusdam in locis, *Creute*. Charta Simonis Comitis Meldensis pro Monasterio Rodoliensi ann. 1160. inter Instrum. Hist. Eccles. Meld. tom. 2. pag. 49 : *Quia vero ad nos pertinebat providere, unde Monachi sustentarentur, duo molendina, quæ sunt super Crutas cum prato, etc.* Vide *Grota*.

CRUX. Crucem Figere, πηγνύειν σταυρόν, in Nov. Justiniani 5. cap. 1. Nov. 67. cap. 7. Nov. 14. cap. 7. in signum scilicet Dedicationis Ecclesiarum. Julianus Antecessor Const. 61 : *Nullus audeat ædificare Ecclesiam, vel Oratorium, antequam civitatis Episcopus veniat, et vota faciens sanctissimam Crucem infixerit in eodem loco, publice procedens, et rem omnibus manifestam faciens.* Ennodius in Vita B. Epiphanii Episcopi Ticinensis pag. 388 : *Jam jamque tamen fastigia perfectionis majoris Ecclesiæ opus attigerat, ædificio et dedicationis insignibus adornato.* Capitula Caroli magni lib. 5. cap. 229. [** 382.] : *Nemo Ecclesiam ædificet, antequam civitatis Episcopus veniat, et ibidem Crucem figat publice.* Eadem statuuntur et habentur in Ordine Romano et apud Herardum Turon. Archiepisc. in Capitul. cap. 46. quibus consona tradunt Balsamon in can. 7. Synodi VII. Libr. Basilic. Eclog. 4. Theophylactus in Epistola a Meursio laudata, qui ejusmodi crucis fixionem σταυροπήγιον appellant : qua de voce multa habent Gretzerus tom. 1. de Cruce lib. 2. cap. 8. et in Apolog. pro S. Cruce cap. 8. pag. 1022. Crusius in Turco-Græcia pag. 300. Meursius in Gloss. Allatius de Consensu utriusque Eccles. pag. 269. Goarus ad Euchołog. Græcor. pag. 612. et eruditus Possinus in Gloss. ad tom. 1. Pachymer. pag. 414. Neque vero Episcopo licebat in aliena diœcesi Oratorium aut Ecclesiam dedicare, ut est in Concilio Arausic. can. 10. et Arelat II. can. 36.

Crucem Ubique Præferendi jus habet summus Pontifex. Anastasius in Leone IV : *Fecit isdem benignissimus Crucem auream : noviter et ipsa Crux, ut mos antiquitus est, Subdiaconi manibus ferebatur, ante equum prædecessorum Pontificum, quam Deo juvante in auro et argento ac gemmis melius renovavit.*

Majores Patriarchæ ubique etiam habent jus præferendi Crucem, præterquam in urbe Roma, et nisi summus Pontifex præsens extiterit, vel Legatus ejus utens insignibus Apostolicæ dignitatis cap. Antiqua. extr. de Privileg.

Primates et Metropolitani, et qui jus habent pallii, intra Primatus sui limites. Anselmus Cantuar. Archiepisc. lib. 3. Epist. 72. ad Samuelem Dubliniensem Episcopum : *Præterea audivi, quia facis portari Crucem ante te in via. Quod si verum est, mando tibi ne amplius hoc facias : quia non pertinet nisi ad Archiepiscopum a Romano Pontifice pallio confirmatum.* Vide eumdem lib. 4. Epist. 27.

Patriarchis, Primatibus, et Episcopis in præsentia Cardinalium ante se deferri vetuit Gregorius XI. PP. ea Constitutione quæ descripta legitur in tom. 2. Concil. Angl. et in nupera Concil. Editione Parisiensi. Vide Willel. Neubrigensem lib. 2. cap. 16. Gervasium Doroberneusem ann. 1193. pag. 1584. 1585. Continuatorem Florentii Wigorniensis ann. 1226. Gesta Innocentii III. PP. pag. 61. Bromptonum ann. 1125. Math. Westmonast. ann. 1279. Will. Thorn. ann. 1378. Monastic. Angl. tom. 3. pag. 147. Petrum Mariam Campum in Histor. Eccl Placentinæ in Regesto parte 2. num. 167. et Baronium ann. 1177. ubi de Romualdo Salernitano Archiepiscopo ex ejus Chronico, etc. præterea Saussaium in Tractatu super hoc edito, et Marcam in Dissertat. de Primatib. num. 128.

* Legati Apostolicæ sedis honore crucis præferendæ, a Romanis pontificibus concesso, utuntur jam inde a Christi sæculo nono, ut testis est Thomassinus lib. 2. de Discipl. ecclesiast. part. 1. cap. 58.

* Jus præferendi crucem intra suam provinciam a Romano pontifice accepisse archiepiscopos, efficitur ex Bulla Clementis IV. PP. ann. 1269. in Hist. MS. monast. S. Andr. Avenion. fol. 71. r°. : *Ad rememorandum sacramentum Dominicæ passionis, quæ fuit nostra redemptio, mortis nostræ destructio et vitæ reparatio salutaris, Crucem quam ipse Redemptor nos redimendo subiit, gerimus figuratam interius, et in Crucifixi memoriam devotis mentibus exterius adoramus : illius quoque mirificæ Crucis signum Romani pontifices, veluti Christi vicarii habent suis gressibus prævium, ut in eis signum cum signato concordet, ac ejus, cujus vices gerunt in terris, vestigia prosequi dignoscant. Licet igitur deferendæ Crucis dignitas solis eisdem pontificibus convenire noscatur; dignum tamen duximus ut Arelatensem ecclesiam, quam propter laudabilia suorum, qui fuerunt pro tempore, merita prælatorum, grandium honorum conspicimus titulis insignitam, hujusmodi Apostolicæ dignitatis participem faciamus. Quare ad tui et ipsius ecclesiæ decoris augmentum, tam tibi quam tuis successoribus, in perpetuum faciendi coram vobis deferri Crucem per Arelatensem provinciam, et præsenti privilegio, quo prædictam ecclesiam de speciali gratia præsignimus, plenam præsentium authoritate concedimus facultatem, anno Pontificatus nostri iv.* [** Bulla Joannis XX de pallio Bardan. Archiep. Mogunt. ann. 1032. in Guden. Cod. Diplom. tom. 1. pag. 16 : *Crucem ante vos portandam fraternitati vestræ concedimus et in stationibus festivis super equum equitandi licentiam damus.* Eadem fere in Bulla Leonis IX. ann. 1052. ibid. pag. 18.]

☞ Moris hujus ante Episcopos ferendæ crucis antiquitas patet ex Vita S. Samsonis Dolensis Episcopi, qui florebat medio sæculo sexto; sic enim ejus Vitæ Scriptor fere æqualis lib. 2. n. 10. inter Acta SS. Bened. tom. 1. pag. 183 : *Post cujus obitus aliquod intervallum imago Crucis, quæ ante eum ferri semper solebat, quamque benedixerat, quæ denique auri et argenti* (laminis.) *circum fuerat solidata, a quodam malefico ac pessimo homine furtim detecta ac dehonestata est.*

Crux Pectoralis, Ἐγκόλπιος, quam Episcopi ad pectus appensam deferunt, in Ceremoniali Episcopor. lib. 1. cap. 29. lib. 2. cap. 38. Hist. Translationis S. Antonini : *Et collo supra pectus aptata Crux aurea cum imagine Christi, quæ Crux Pectoralis appellatur.* Vide *Encolpium*.

Crux Collaria, quæ collo appenditur, ἐγκόλπιος, Episcoporum scilicet, apud Osbernum in Vita S. Elphegi Archiepisc. Cantuariens. n. 40. Vide *Crux pectoralis*.

Crucem de Chrismate faciunt Episcopi in Ecclesiæ parietibus, cum illam consecrant. Ordo Romanus : *Et faciat Crucem per parietes cum pollice suo de ipso chrismate in 12. locis.* Vide Librum Sacrament. Gregorii Magni, Ivonem Carnotensem de Sacramentis, et Petrum Damiani Serm. 1. de Ecclesiæ dedicat. Solebant vero Christiani signo crucis actiones omnes suas munire, juxta illud Hieronymi Epist. 22. cap. 15 : *Ad omnem actum, ad omnem incessum manus pingat Crucem.* [Similia habet Tertull. de Corona militis.]

Cum Cruce Signare, Episcoporum tantum fuit. Privilegium concessum ab Urbano II. PP. Abbati Cavensi : *Concedentes.... ut, inquam, successores tui per terras tui Monasterii habitas et habendas libere possis Ecclesias construere, cum Cruce signare, aliaque Pontificalia et spiritualia exercere, etc.*

In Cruce, vel Ante Crucem, *in altaribus, vel ante altaria* oblationes facere, in Charta ann. 1123. apud Puricellum in Monumentis Basilicæ Ambrosianæ pag. 568. 569.

Crucem ex Cinere *et aqua super pectus infirmi* faciebat olim Sacerdos cum extremæ unctionis conferebat Sacramentum. Vide Ratoldum Abbatem de Ordine unctionis infirmi, apud Menardum in Librum Sacram. Gregor. pag. 337. 339. 345.

* Cruces ex cereo Paschali ostiis domorum appositæ, religionis causa. Charta ann. 1398. inter Probat. Hist. Autiss. pag. 130. col. 1 : *Dictus parvus cereus per totam hebdomadam in Vesperis, et ardens portatur in processionibus, quæ fiunt in Vesperis per totam hebdomadam Paschæ et non plus; et de cera ipsius parvi datur omnibus de ecclesia modicum die Ascensionis Domini in missa ad faciendum Cruces, quæ poni consueverunt in liminaribus et ostiis eorum.*

Crucem Bajulare. Otto Morena in Hist. Rerum Laudeusium pag. 3 : *Quæ prædicti Laudenses qui ibi aderant, considerantes, placuit eisdem de mercato, quod Mediolanenses Laudensibus abstulerunt, ante ipsum Regem querimoniam proponere : statimque in quandam Ecclesiam introeuntes, duasque inde maximas Cruces ad humeros levantes; coram ipso Rege* (Friderico I. Imp.) *cæterisque Principibus redierunt, et precibus ipsius Regis cum ipsis Crucibus prostrati sunt, maxime lugentes, etc.* Radevicus lib. 4. de Gest. Frideric. cap. 5 : *Videns autem multitudinem eorum, qui Cruces bajularent : is enim Italorum mos est, ut habentes que-*

relas, Crucem manibus præferant, misertus illorum, ait, etc. Guntherus lib. 8. Ligurini :

.... Ex omnibus undique multi
Urbibus ac vicis aderant, queruloque ferebant
Innumeras clamore Cruces, hoc quippe querelas
More solent aperire suas.

Conradus Abbas Uspergensis : *Postremo cives ad id devenere consilii, ut se et sua Imperatoris traderent voluntati. Gladios itaque denudatos super colla ponentes, Cruces quoque et alia insignia præferentes, nudis plantis ad pedes Imperatoris miserabiliter se prostaverunt.* Vide Glabrum lib. 5. Historiæ cap. 1. extremo.

Bajulatio Crucis. Charta Edw. I. Reg. Angl. ann. 6. apud Gul. Prynneum in Libertatib. Eccl. Angl. tom. 3. pag. 215 : *Portionem agistamenti pasturæ a festo Pasch. usque ad festum Pentecost. quæ cessit bajulationi Crucis Archiepiscopatus illius* (Cantuar.) *pro rata temporis sui, etc.*

Crucem Levandi, Ponendi, Portandi ubilibet Parochis et Curionibus facultatem concedebant Episcopi. Charta Amati Archiepisc. Salernitani, apud Ughellum tom. 7. pag. 508 : *Vel ad ipsos Presbyteros, qui in supradictis Ecclesiis fuerint ordinati, nullam angariam aut servitium pars nostri Archiepiscopii illorum imponere queat, neque ad Cruces levandum, vel Codices, aut Baptismum faciendum, aut illos excommunicare, etc.* Infra : *Et potestatem habeant, quando meruerint, cereum benedicere, et Baptismum facere, et aquam sanctificatam per vicos vicinantes spargere, et Cruces ponere, et mortuos ibidem sepelire, etc.* Charta Alphani Archiepiscopi Salernitan. apud eumdem pag. 541 : *Et extra ipsam Ecclesiam sepelire, et per domos eorum qui ad ipsam Ecclesiam annualiter ad Dei officium audiendum ierint, ire, et aquam sanctificatam spargere, et Crucem in ipsis domibus ponere absque mea .... contrarietate.* Alia Ursonis Archiepiscopi Barensis, pag. 853 : *Habeat etiam potestatem recipere mortuos, et sepelire in sepulturis suis, et portare Crucem suam ubi voluerit, ut adducat mortuos qui debent ibi sepeliri.* Vide Monumenta Paderborn. pag. 134.

Crucis Adoratio in die Parasceves. S. Stephanus in Regula Grandimontensium cap. 5 : *Rursus Crucem sanctam in die sancto Parasceve nullis ad Ecclesias suas eodem die recurrere valentibus, in Ecclesiis vestris adorare permittatis.* Vide *Oblatio Crucis.* Ad *Crucis osculum*, in die S. Parasceves, neminem accedere debere, nisi qui a mortali peccato immunis sit, sancit Synodus Nemausensis ann. 1248. cap. *de Eucharistia.*

* Hinc *Le Vendredy de Crois aouré* nuncupatur, in Stat. pro Clamatoribus ex lib. 1. Statut. super artif. Paris. in Cam. Comput.

* Crucis Lavatio, peracta illius adoratione, in ecclesia Rotomagensi, ex Ordinar. ejusd. MS. ad diem Parasceves : *Crux adorata a clero et populo, Crucifixus in commemoratione sanguinis et aquæ fluentis de latere Redemptoris, vino et aqua lavetur, et dum lavatus fuerit, tollatur in altum et cantetur antiphona*, Super omnia ligna : *finita antiphona, deferat dom. archiepiscopus aut sacerdos, et cum eo duo presbyteri, qui cantaverunt*, Popule meus, *Crucifixum ad sepulcrum, cantore incipiente* ℟. Sicut ovis ad occisionem *cum versu et regressu. Quo finito dom. archiepiscopus aut sacerdos lavat ostium sepulcri et humili voce incipiat* ℟. Sepulto Domino.

* Crux Beleen, f. Bellicensis vel Bellismensis, perjuris timenda. Lit. remiss. ann. 1396. in Reg. 151. Chartoph. reg. ch. 22 : *Lequel Jehan Lestourmi lui respondi qu'il renioit Dieu et la Croix de Beleen, s'il mouroit ja par autres mains que par les siennes.*

* Crux S. Lupi Nannetis asservata, ad quam celebriora sacramenta firmabantur. Inventar. Chartar. reg. ann. 1482. fol. 122. v°. : *Littera Francisci ducis Britanniæ,... per quam... promittit observare tractatus et conventiones inter defunctum regem Ludovicum et dictum ducem Franciscum contentas in pluribus articulis, quos dicti rex et dux juraverant sub vera Cruce S. Lupi et aliis reliquiis inviolabiliter observare.*

* Crux Osannere. Ordinar. MS. S. Petri Aureævall. : *De aliis cerimoniis hujus processionis* (in Ramis palmarum) *faciendis, tam eundo quam de statione facienda ad Crucem, quæ vulgariter appellatur Crux Osannere.* Ab antiphona *Osanna*, quæ hac die ante istam crucem cantari solebat, sic nuncupata.

De Cruce Cantare. Capitula Adalhardi Abbat. de Admonitionibus in Congregatione cap. 7 : *De Cruce decantare et legere qui non potest, dimittat, et qui potest, se non subtrahat; et qui negligenter facit, corrigatur.* Hoc est, ni fallor, de ambone, de pulpito, ubi major Crux etiamnum statuitur, adeo ut qui voce non valeret, in eo canere vel legere non præsumeret. Vide *Pronuntiator.*

Crucem Apponere solebant in Wallia, qui rem sibi competere asserebant, *saisiebant.* Charta Edwardi I. Reg. Angl. apud Gul. Prynneum in Libertatib. Eccles. Angl. tom. 3. pag. 219 : *Quod quidam de partibus illis asserentes quædam blada, quæ idem David... emit... sua esse, quandam Crucem super blada prædicta, prout moris est in partibus illis, apponi fecerunt : occasione cujus Crucis prædictus David aliquam administrationem de bladis illis habere non potest, etc.*

Crucem Sanctificare. Capitula Theodori Cantuar. cap. 49. Edition. Acherianæ : *Presbytero liceat soli missam facere, si necesse est, et populum benedicere in Parasceven, et Crucem sanctificare.* Totidem ferme habentur in Pœnitentiali ejusdem Theodori cap. 2. Editionis Jacobi Petiti.

Jurare in Cruce *consecrata, pejerare*, in Pœnitentiali [Cumeani Abbatis cap. 5.] Gregorii III. PP. cap. 7. Bedæ cap. 3. 12.

Ad Crucem Confugere, veluti ad locum asyli et immunitatis jure donatum, in Concilio Claromontensi ann. 1093. can. 29. 30 : *Si quis ad aliquam Crucem in via persequentibus inimicis, confugerit, liber ac si in ipsa Ecclesia permaneat. Quod si quis pro securitate Ecclesiæ vel prædictæ Crucis aliquod crimen peregerit, ...et ad Ecclesiam vel Crucem confugerit, accepta securitate vitæ et membrorum, reddatur justitiæ.* Vetus consuetudo Normanniæ cap. 23 : *Si comme il advient de ceux qui sont fuitifs pour aucun crime, ou qui sont en chartre, ou en lieux, qui eschappent et s'enfuient en l'Eglise, où ils embrassent une Croix.* Cap. 82 : *Se aucun damné ou fuitif s'enfuit à l'Eglise ou en cymitiere, ou en lieu saint, ou si il s'aert à une croix qui soit fichée en terre, la justice laye le doit laisser en paix par le privilege de l'Esglise, si qu'elle ne mette la main à luy. etc.* Ubi Latina Editio, *vel Cruci fixe adhæret.* Vide Anonymum Combefisianum in Leone Philos. n. 22.

Cruce Super Caput Posita Jurare. Vide *Juramentum.*

Crucis Judicium, quo quis reus cujuspiam factus delicti seu criminis, sese expurgabat, cujusmodi per Crucem purgationis mentio est passim apud Scriptores ævi medii. Synodus Vermeriensis ann. 751. can. 17 : *Si qua mulier se reclamaverit, quod vir suus nunquam cum ea mansisset, exeant inde ad Crucem, et si verum fuerit, separentur.* Charta Divisionis Imperii Caroli Magni cap. 8 : *Si causa, vel intentio controversiæ talis inter partes, propter terminos aut confinia regnorum, orta fuerit, quæ hominum testimonio declarari, vel definiri non possit, tunc volumus, ut ad declarationem rei dubiæ Judicio Crucis Dei voluntas, et rerum veritas inquiratur, nec unquam pro tali causa cujuslibet generis pugna, vel campus ad examinationem judicetur.* Similia leguntur in Præcepto Ludovici Pii de Divisione Imperii cap. 10. nisi quod pro *judicio Crucis*, habetur *vexillo Crucis* : quæ quidem *purgatio* usurpari potissimum solita fuit in controversiis Ecclesiasticis. Capitula Ludovici Pii ad Legem Salicam : *In sæculari quidem causa hujuscemodi testium diversitas campo comprobetur : in Ecclesiasticis autem negotiis, Crucis judicio rei veritas inquiratur.* [** Vide Grimmii Antiquit. Juris pag. 926.]

At qualis illa fuerit Crucis examinatio, ambigunt doctiores, et in varias varii secedunt sententias. Quidam enim, atque in iis Delrius lib. 4. Disquisit. magic. sect. 3. quæst. 6. § 2. Lindenbrogius in Gloss. et alii, genus fuisse purgationis per sortes, quibus ad Crucem aliquam manus imponens, vel eam amplectens, quis sese expurgabat. Certe ad Crucem juramenta exacta testantur passim Scriptores. Nithardus lib. 2. Hist. ann. 841 : *Quæ dum sprevissent, classisque appropinquari videretur, Crucem in qua juraverant, et Karolum ut cognoverunt, relicto littore protinus fugerunt.* Beda de Remediis peccat. cap. 4 : *Qui perjurat in manu Episcopi, aut Presbyteri, vel altari, vel Cruce consecrata, unum annum pœniteat.* Pius PP. I. apud Gratian. 12. quæst. 5 : *Qui pejerat se in manu Episcopi, aut in Cruce consecrata, tres annos pœniteat. Si vero in Cruce non consecrata, annum unum pœniteat.* Eadem habentur in Pœnitentiali Gregorii II. PP. cap. 7. apud Rhabanum in Epist. ad Heribald. cap. 18. Reginonem lib. 2. cap. 331. 332. et Burchardum lib. 12. cap. 5.

Censent præterea idem Delrius, Spelman. et Lalandius examen Crucis istud forsitan esse quod in Legibus Frision. cap. 14. describitur, et fit per duos ramusculos, seu *tenos*, uti vocantur, quorum alter Cruce insignitur, altari impositos.

Alii, quos inter Gretzerus tom. 1. de S. Cruce lib. 2. cap. 21. et tom. 3. lib. 5.

Paralip. ad cap. cit. et Ferrandus lib. 2. Disquisitionis reliquiariæ 1. part. cap. 3. putant hanc Crucis explorationem factam ipso Crucis ligno in ignem conjecto, ut si illæsum permansisset, reus absolutus fuerit; si contra, damnatus.

Verum hisce repugnant sententiis istius examinationis per Crucem formulæ, quibus eæ conceptæ leguntur, *Cruce contendere, decertare*, in Capit. 4. ann. 803. cap. 3. in Lege Langobard. lib. 2. tit. 28. § 3. tit. 55. § 25. [** Carol. M. 132. 65.] Capitul. Caroli M. lib. 3. cap. 46. lib. 4. Append. 2. § 33. [** 34.] Unde quidam, ait Delrius, *Crucem* fuisse genus armorum, frustra hariolati sunt.

Legimus etiam non semel *Stare*, *Adstare ad Crucem*. Capitul. ann. 779. cap. 10. et Additio 4. cap. 129 : *Si accusator contendere voluerit de ipso perjurio, stet ad Crucem.* Formula vetus edita a Bignonio et Lindenbr. : *Taliter fuit ei judicatum, in ipso placito ante ipsum Vigarium, vel ante ipsos pagenses, ut ad Crucem, ad judicium Dei, pro ipsa terra in noctes 42. in ipso hoc deberent adstare, quod ita et fecerunt. Exire ad Crucem*, in Concilio Vermeriensi ann. 752. can. 17. Ordo Romanus : *Singula quæque dijudicet, et aliquos a cibis abstinendo, alios eleemosynas dando, nonnullos sæpius flectendo genua, sive in Cruce stando, aut aliquid aliud hujusmodi quod ad animæ salutem pertinet.* Eadem habet Beda in Præfat. ad lib. de Remediis peccator.

Exstat porro aliud præclarum istius judicii exemplum in veteri Notitia, quam in Cancellaria Canonicorum Veronensium asservari auctor est Hieronymus *dalla Corte* lib. 4. Hist. Veronensis pag. 178. quo non minime illustrantur quæ paulo videntur intricatoria in supra allatis verbis, et si rem non omnino expediant. Sic autem Chronicon istud sub ann. 798 : *Tandem habito consilio pacti sunt, ut hæc Dei et sancti Spiritus reservarentur judicio, eligentes duos juvenes Clericos, sine ullo crimine existimatos, statuerunt in Ecclesia S. Joannis Baptistæ ad Domum, et ad Crucem stare fecerunt, quorum unus Aregaus, post Archipresbyter Ecclesiæ majoris, nomine, ex parte publica, alter vero ex parte S. Zenonis, Pacificus videlicet, qui post Archidiaconus Ecclesiæ majoris fuit. Hi ambo ab introitu Missæ usque ad mediam Passionem tantum, quæ est secundum Matthæum, pariter starent, ille qui de parte publica datus fuerat, in terram velut exanimis corruit, Pacificus vero usque ad finem Passionis stetit. His gestis, et omnibus gratias Deo agentibus, quartam partem tam civitatis, quam castelli, pars Episcopii... accepit.* Notitiam integram descripsit ex Panvinio Ughellus in Episcopis Veronensibus pag. 610.

Ex his plane docemur eos qui hujusmodi subibant examen, revera in pedes stetisse, illumque qui hoc victus divino videbatur judicio, in terram corruisse : quod et indicant verba laudatæ a nobis Formulæ : *Sed et ipse in ipso placito ad ipsam Crucem visus cadisse : sed dum hæc causa sic fuit inventa, quod ipse ille qui ad ipsum judicium, vel ad ipsam Crucem cadisset, etc.* Eo etiam referenda videntur quæ habet Agobardus Lugdun. lib. contra Judicium Dei num. 1 : *Jube ferrum, vel aquas calefieri, quas manibus inlæsus attrectem : aut constitue Cruces, ad quas stans immobilis perseverem.* Illius autem qui ad Crucem ceciderat, et hac examinatione victus fuerat, *Crux evindicata* dicitur in lemmate ejusdem Formulæ.

Sed ut verum fatear, quale fuerit ad Crucem examen, ex his non omnino percipi constat. An enim qui illud subibant, ante Crucem aliquam in pedes stabant, quod vult Hieronymus *dalla Corte? E davanti ad una Croce gli fecero in piedi fermare.* An vero ad *Crucem stetisse* dicti sunt, quod expansis brachiis, efformata quodammodo Crucis specie, certo temporis spatio starent, quæ fuit pœnitentiæ species, potissimum apud Monachos, uti mox indicabimus? Verum nodum videtur solvere Rudolphus Fuldensis in Vita S. Liobæ Abbatissæ Biscofheimensis cap. 15. Cum enim infantulus recens natus in stagno Monasterio vicino inventus fuisset, crimenque alicui e Sanctimonialibus adscriberetur, Lioba Abbatissa ut an revera alicujus e suis Sanctimonialibus partus esset, detegeret, *præcepit omnibus Oratorium ingredi, et extensis in Crucis modum brachiis stare, quoadusque singulæ Psalterium totum ex ordine psallendo complerent, et deinde per tres vices in die, hoc est, tertia hora, sexta, et nona, vexillo Crucis elato, cum Litaniis Monasterium circuire, et pro purgatione sua divinam misericordiam invocare. Quod cum fecissent, et in hoc ordine jam bis expleto, hora nona omnes Ecclesiam intrarent, cunctusque populus pariter congregatus adesset, beata virgo Lioba perrexit ad altare, et stans ante Crucem, quæ jam tunc tertio portanda parabatur, extendit manus in cælum, et cum gemitu ac lacrymis precabatur dicens : Domine Jesu Christe Rex Virginum, integritatis amator, invictissime Deus, ostende virtutem tuam, et libera nos ab hac infamia, quia improperia improperantium tibi ceciderunt super nos. Hoc cum dixisset, paupercula illa*, (mendica) *antiqui hostis et captiva pariter et ministra, dæmonio repletur, et quasi flammis circumdata, nomen invocat Abbatissæ, crimenque quod commiserat confitetur. Tum vero in cælum clamore sublato, plebs omnis obstupuit miraculo, etc.* Ex his, inquam, percipitur eos, qui Crucis judicium subibant, expansis in Crucis formam brachiis, ad Crucem revera stetisse certo ac definito tempore, et donec recitaretur, vel Evangelium, vel Oratio Dominica, etc. qui si immobiles permanerent, innocui; si vero divino quodam judicio caderent, aut crimen fateri ultro cogerentur, rei habebantur. Proinde eo referendum existimaverim quod habet Halitgarius Cameracensis in Pœnitentiali cap. 10 : *Si titubaverit Sacerdos super Orationem Dominicam, quæ dicitur Periculosa, una vice 50. Psalmos, secunda vice centum plagis.* Eadem ferme habet Cumeanus Abbas de Mensura pœnitentiaria cap. 13. [Vide Mabillonium lib. 6. de Re Diplomat. Charta 51. et notam adjunctam, ubi examen Crucis eodem modo explicatur, quo hic a Cangio. Huic explicationi subscribit etiam doctissimus Muratorius Scriptor. Ital. tom. 2. part. 2. pag. 101. col. 2. Verum Sirmond. in Glossario ad calcem Supplementi Conciliorum Galliæ alio prorsus modo rem expedit. Examinationis Crucis, inquit, forma sic describitur ab antiquis. Duæ præparabuntur tesseræ, quarum una pura, altera Crucis charactere insignita sit, quæ duæ linteo obvolvuntur seorsim, ne internosci possint, et in Ecclesia super altare, foras super Sanctorum Reliquias ponuntur : deinde post varias ad Deum preces, Presbyter aut puer innocens, altero absente, harum unam tollit, quæ si ea sit, quæ Cruce signatur insontem pronuntiant accusatum, sin vero pura, reum judicant. Huc usque Sirmondus. Vellem ut vel unus ex illis antiquis conglobatim laudatis nominaretur, cum hæc expositio nullo modo conveniat dictis hactenus.]

Hanc demum per Crucem examinationis et judicii speciem abrogavit Ludovicus Pius Imp. ut habetur in Capitulari Aquisgran. ann. 816. cap 27. in Lege Longobard lib. 2. tit. 55. § 32. [** Lothar. 1. c. 90.] et in Capitulis Caroli magni lib. 1. cap. 102 : *Sancitum est, ut nullus deinceps quamlibet examinationem Crucis facere præsumat, ne Christi Passio quæ glorificata est, cujuslibet temeritate contemptui habetur.* Sed et, ut supra attigimus,

Ad Crucem Expansis Brachiis *stare, vel se prosternere*, pœnitentiæ species fuit, ut legere est in Canonibus Saxonicis Edgari Regis cap. de Magnatum pœnitentia § 3 : *Sæpe etiam se extendat super signum Crucis, nunc erectus, nunc in terram prostratus.* Chrodogangus Metens. Episc. in Reg. Canonicor. cap. 33 : *Si quis Clericus contumax aut inobediens.... aut indicti jejunii transgressor, aut juxta Crucem standi et adorandi contemptor.... fuerit, etc.* Ubi Editio Labbei cap. 17. *aut ad Crucem stare jussus contempserit, etc.* Eo etiam referenda, quæ habet auctor Vitæ S. Austrebertæ num. 15 : *Evigilansque Præposita, nesciens esse Dei famulam, valde eam increpavit, dicens : Cur ita agis, Soror? quare inquietas quiescentes? vade, inquit, ad Crucem. Illa autem gavisa, cucurrit quantocius, stetitque immobilis, psallens, donec hora competenti, signo dato, consurgerent omnes.* Ubi recte *Ypez* observat fuisse in usu ea ætate apud Monachos ejusmodi pœnitentiam, idque firmat ex Vita S. Lamberti [apud Canisium tom. 2. Var. Lect. pag. 176.] quæ quidem inde videtur fluxisse, quod qui criminis arguerentur, in purgationis judicium ita ad Crucem stare cogerentur. Præallatis addo quæ habet Petrus Damian. lib. 1. Epist. 19 : *Is itaque quandam scriptiunculam reperit, ubi dicebatur, quia si quis duodecim illic notatos Psalmos vices quater erectis in modum Crucis manibus caneret, pro uno posset anno pœnitentiæ regulariter compensare, etc.*

* Pœna apud monachos et moniales præsertim usurpata, cum scilicet expansis in crucem brachiis psalmum *Miserere* aliasve preces recitant, *Croisade* dicta in Stat. MSS. monialium Congregat. Casal. Bened. cap. 25 : *Et si pour cela elles ne s'amendent, on leur fera faire des Croisades au meilleu dudit chœur.*

¶ Ad Crucem Comedere, alia pœnitentiæ species fuit in Monasterio S. Victoris Massil. uti patet ex Capitulo generali anni 1312. in quo *pro bono pacis* statuitur, *quod Prior claustralis abstineat se a correctione Monachorum, nec comedat ad Crucem, nec det licentias comedendi.* Ex quibus verbis conjicere est hujusmodi pœnitentiam modo spontaneam, ut in Monasteriis fit, modo coactam fuisse.

CRUCES appellatæ Litaniæ publicæ, seu Processiones Ecclesiasticæ, in quibus præferri solent Cruces, [ut est apud Sozomenum lib. 8. cap. 8.] Visiones Flotildæ : *Cum venissent ad civitatem homines illarum villarum, inter quos habitabat, Deum precaturi cum Crucibus, vidit B. Remigium et S. Martinum deforis eisdem Crucibus obviantes.* Wolfardus Presbyt. lib. 3. de Miraculis S. Walburgis num. 11. *Hebdomadam Crucium* vocat, quæ nostris *Rogationum* dicitur. Ibidem : *Accidit... ut eo tempore, quo per universum mundum Cruces in Rogationibus solenniter solent elevari, etc.* Infra : *Dum paratis omnibus Cruces a fidelibus efferentur.* Vita S. Cunigundis Imp. n. 12 : *Dum ipsa cum Conventu Crucem (nam dies Dominicus erat) sequitur, Abbatissa defuit.* Num. 22 : *Cum ad sua a Crucibus homines essent reversi, nam dies Rogationum instabant, etc.* Vita S. Arnulfi Metensis Episcopi cap. 10 : *Extra civitatem cum Crucibus atque promiscuo genere populi orandi gratia secundum morem processit.* Supplex Libellus Monachorum Fuldensium Carolo Magno oblatus cap. 19 : *Ut Crucis gloriatio in singulis diebus Dominicis fiat ante Missam, fratribus omnibus circa vicina quæque loca Monasterii Crucem sequentibus, Hymnos et Antiphonas cantantibus, sicut apud majores nostros usus erat, in diebus Dominicis Passionis et Resurrectionis Domini gloriam celebrari, et quod in diebus jejuniorum ab Episcopo decretis, Crucem portare, et Litanias facere liceat.* Quo loco, *Gloriatio Crucis*, non est adoratio, uti vult Browerus, sed *elevatio.* Aresta ann. 1260. in 1. Regesto Parlamenti fol. 22 : *Super equo, quem Dom. de Bailleul debet ipsi Dom. de Caumont reddere in domo sua de Caumont quolibet anno; super quo Dom. de Caumont facit eum submoneri quolibet anno ad primas Cruces.* Id est, Processiones quæ fiunt in die S. Marci 25. April. nam secundæ sunt, quæ in Rogationibus. Processiones porro etiamnum in Andaino et vicinis locis in Ducatu Luxemburgico *Cruces* appellari, auctor est Joannes Robertus ad Vitam S. Huberti cap. 4. Vide Eckeardum juniorem de Casib. S. Galli cap. 6. et Chronicon Montis-Sereni pag. 125. Præterea Nov. Justiniani 123. cap. 31. et Eclog. Leonis et Constantini Impp. tit. 9. § 17.

* *Croix*, eodem sensu, in Lit. remiss. ann. 1374. ex Reg. 105. Chartoph. reg. ch. 458 : *Jehan Dourderon..... la vigile de l'Ascension Nostre Seigneur portast un confanon ou baniere de l'église de Landricourt aus processions et Crois, en la compaignie du curé et des gens d'icelle ville, etc.*

CRUCES NIGRÆ, ita dicta Litania major, seu Gregoriana, quod, cum agebatur, ædes sacræ, altaria, atque adeo populus ipse nigris ornamentis et vestibus induerentur. Durandus lib. 6. Ration. cap. 102. n. 2. 10 : *Litania hæc dicitur Gregoriana vel Romana : vocatur etiam Cruces nigræ, quoniam in signum mœroris ex tanta hominum strage et in signum pœnitentiæ homines nigris vestibus induebantur, et Cruces et Altaria nigris velabantur, etc.* Quo spectant, quæ ab ipso Gregorio scribuntur in Epist. ad Episcopum Ravennatem, in qua Litania ista, *Tempus cineris et cilicii* appellatur : et in Ordine Romano et ab auctore Micrologi cap. 57. narrantibus eam ob causam a Patribus sancitum, ut *non equitando, non vestibus pretiosis utendo; sed in cinere et cilicio* perageretur. Meminit porro Joinvilla *Crucium nigrarum*, dum ait, natum S. Ludovicum in festo die sancti Marci Apost. : *Celui jour portoit-on les Croix en Procession en plusieurs lieux de France, et les appelloit-on Croix noires.*

* Codex MS. S. Vict. Paris. sign. 28. fol. 118. v°. col. 2 : *La premiere Letanie en trois manieres est apelée : au premier Letanie gregnour : au secont est dite Processions de sept fourmes : au tierz est dite Croix noires.*

CRUCES BANNALES. Peregrinationes et Processiones, non quæ Imperiali banno et Edicto statutæ et confirmatæ erant, ut censet Joannes Robertus; sed quæ intra parœciarum seu Ecclesiarum *bannum* et districtum peragebantur, vel potius Processiones districtus cujusvis parœciæ, ut docuimus ad Joinvillam. Catal. Abb. Andain. apud Robertum ad Vitam S. Huberti : *Item obtinuit confirmari Monasterio oblationes fidelium, quæ vulgo Cruces bannales dicuntur de tribus Decaniis.* Charta Guidonis Cardinalis Prenestini ann. 1202. apud Bollandum 22. Martii pag. 391 : *Dilecti filii fratres Eykensis Ecclesiæ humiliter a nobis postularunt, quod Sacerdotes et parochianos quarumdam villarum Ecclesiam suam infra milliare circumjacentium... literis nostris commoneremus, ut singulis annis cum bannalibus Crucibus sicut de jure et antiqua consuetudine ad alias Conventuales Ecclesias per Episcopatum Leodiensem fideles solent convenire, ipsi quoque pro salute animæ suæ peregrinantes, infra 4. dies Pentecostes prædictam Ecclesiam visitarent, etc.* Alia Charta pag. seq. : *Et singulis annis cum bannalibus Crucibus suis et eleemosynis suis Eykensem Ecclesiam visitarent.*

¶ CRUX TENSA, Erecta ad Processionem. Testamentum Guillelmi Comitis Narbon. ann. 1397. inter Anecd. Marten. tom. 1. col. 1630. E : *Et ipsa Missa dicta et celebrata, volumus et testando ordinamus, quod omnes illi dictam Missam cantantes et celebrantes, veniant cum Cruce tensa, et aqua benedicta, ad dictos tumulos, nostrum et dictæ Dominæ matris nostræ, ubi cum fuerint, spargant aquam benedictam super dictos tumulos, et ibi decantent et dicant absolutiones et orationes pro mortuis dici et cantari consuetas.*

SCHOLA CRUCIS, seu eorum, qui in processionibus Cruces præferunt. Cencius Camerarius in Ceremoniali : *Præfecti navales, schola Crucium, et Capellani tale Presbyterium... accipiunt.*

CRUCE SUBSCRIBERE, seu Signum Crucis, subscriptionis vice, chartis et instrumentis apponere. [Diploma Witredi Cantiæ Regis editum in Synodo Becaceldensi ann. 694. quo Diplomate sancit non esse licitum cuiquam usurpare, *Quod antea fuerat Domino concessum, et Cruce Christi firmatum atque dedicatum.*] Concilium Celichytense ann. 816. can. 6 : *Sancitum est, ut non frangantur judicia Episcoporum, quæ a nobis nostrisque prædecessoribus synodali decreto constituta sunt, ... seu etiam de omni re quæcumque cum vexillo sanctæ Crucis Christi roborata est, sic stare servareque præcipimus.* Concilium Triburiense ann. 821. can. ult. : *Et Imperator et pæne omnes Galliæ et Germaniæ Principes subscripserunt, singuli singulas facientes Cruces.* Charta Philippi Regis Franc. ann. 1076. in Chron. Abbatiæ S. Joannis de Vineis : *Sicut usus postulat, imposita Cruce, et imposito meo sigillo regali adstipulationem litteris retractam confirmavi.* Charta Henrici II. Regis Angl. in Monastico Anglic. tom. 3. pag. 7 : *Has donationes et ordinationes confirmarunt et Cruce signarunt Henricus Rex et Mathildis Regina, etc.* Ordericus Vitalis lib. 4 : *Dunstanus etiam Archiepiscopus cum suffraganeis suis prædictarum rerum donationem facto Crucis in Charta signo corroboravit.* Idem lib. 12 : *Ipse vero* (Rex) *libenter eam* (Chartam) *Cruce facta firmavit, et optimatibus suis, qui aderant, Crucis signo similiter corroborandam tradidit.* Adde lib. 11. pag. 840. Arnulfus Lexoviensis Episcopus in Epist. ad Abbatem S. Ebrulfi : *Qui obedientiam Prælato suo viva voce et scripto, juramento etiam corporaliter interveniente, adhibita salutiferæ Crucis impressione signavit.* Ingulfus : *Nam chirographorum confectionem Anglicanam, quæ antea usque ad Edwardi Regis tempora fidelium præsentium subscriptionibus cum Crucibus aureis, aliisque signaculis firma fuerunt, Normanni condemnantes, chirographa Chartas vocabant, etc.* Ubi observare licet, in subscriptionibus effictas cruces aureas, ut et apud Matthæum Paris in Vitis Abbatum S. Albani pag. 52 : *Cumque inspicerentur Regum Anglicanorum, Offæ scilicet ac cæterorum scripta, in quibus pro sigillis novo more dependentibus veteri consuetudine Cruces aureæ manu Regum depictæ, in principio positæ erant, etc.* Istius porro moris Crucem apponendi in subscriptionibus prostant passim exempla, præsertim in Chartis Anglo-Saxonicorum Regum, apud Ingulfum, et in Monastico Anglicano tom. 1. pag. 14. 15. 17. etc. Vide Ordericum pag. 603. [et Mabillonium de Re Diplom. lib. 2. cap. 21. num. 9. ubi docet idem fuisse ab Hispanis Regibus observatum.]

Interdum vero ipsis Chartulariis cruce subscribebant, qui quidpiam Ecclesiis donabant. Liber Chirographorum Absiæ fol. 61 : *Concessit eisdem Monachis omnia dona matris suæ, faciendo Crucem cum matre in Chartulario.* Hujuscemodi subscriptiones complures exstant in Tabulario ejusdem Monasterii, hisce formulis ad Crucis figuras adscriptis : *Hanc Crucem fecit Goffridus Rufus : Hanc fecit Paganus frater ejus. Istam fecit Raginaudus frater ejus, etc.*

Quinetiam is mos apud Græcos obtinuit, ut perinde Cruce subscriberent. In Synodo VIII. act. 10. subscribunt Imperatores Basilius, Constantinus, et Leo, πιξαντες ἰδιοχείρως ἐν τοῖς πέντε βιβλίοις τοῦ τιμίου ςαυροῦ τὸν τύπον,... γεγραφότες τὰς οἰκείας ὀνομασίας. S. Joannes Damascenus in Synodica ad Theophilum Imp. pag. 134 : Ἀλλὰ καὶ πρὸς πλείονα πληροφορίαν, τοὺς ἰδιοχείρους μοῦ ςαυροὺς ὑπογράφω τῷ τῆς ὀρθοδοξίας λιβέλλῳ ἑπόμενος. Infra παραβάτης τῶν ἰδιοχείρων ςαυρῶν, dicitur perjurus, vel qui fidem scripto consignatam fallit, qui ςαυροπάτης aliis appellatur. Nicetas Paphlago in Vita S. Ignatii Patriarchæ Constantinop. : Τῷ μυριάκις τὸν τίμιον τοῦ Χριςοῦ καταπεπατηκότι ςαυρόν. Scylitzes in Michaele Calaphate, qui jusjurandum ruperat, pag. 730 : Ἡμεῖς ςαυροπάτην Καλαφάτην βασιλέα οὐ θέλομεν. Auctor incertus post Theophanem pag. 436 : Καὶ ἀθετήσας τὸν ςαυρὸν, καὶ τὴν ἐπιγραφὴν, ἣν ἐποίησεν, ἐςράφη εἰς τὸ ἐναντίον μέρος.

Interdum quo solennius ac firmius esset pactum, quod subscribebatur, cruces ipsæ exarabantur calamo in pretioso Christi sanguine intincto : cujus rei exempla produnt Theophanes sub ann. 20. Heraclii pag. 275. Leo Grammaticus in Michaele Theophili filio pag. 465. [et Symeon Logotheta in eodem Michaele num. 40.] Vide Chronici veteris fragmentum apud Baluzium ad Agobard. pag. 129. et Allatium lib. de utriusque Ecclesiæ perpet. Consens. pag. 1634. 1635. Denique cruce subscribebant, qui literas nesciebant. Vide Glossar. med. Græcit. in Σταυρούς ποιεῖν.

Inde porro origo vocis *signum*, pro *subscriptione*, petenda, quod qui subscriberent, *signum Crucis* non modo exararent; sed et in iisdem subscriptionibus *signum sanctæ Crucis* imprimere, vel *signo sanctæ Crucis* chartas firmare se testarentur : quod quidem adhibuere ut plurimum fideles, tanquam symbolum juramenti, seu sacramenti : cum duplex sit Sacramentum, corporale scilicet, et quod in instrumento continetur : *Instrumento* enim *jurare* dixit Lex 3. Cod. Si quis minor se majorem dixerit, (2, 42.) ut *manu jurare*, vetus Scheda Abbatiæ Moissiacensis : *Comes Tolosanus hanc eandem donationem ibi deveniens rogatu nostro corroboravit, firmavit, manuque propria juravit*, id est, subscriptione sanctæ Crucis. Nam ut sacramentum corporale fiebat tactu sanctæ Crucis, ita sacramentum instrumentale, ut ita dicam, fiebat appositione, et impressione signi ejusdem sanctæ Crucis. Atque ita censet vir doctissimus Marca lib. 5. Hist. Benebarn. cap. 55. Vide *Signum*.

* CRUCIS EXPRESSIO, Signum Crucis Chartis, subscriptionis vice, appositum. Chartul. S. Joan. Angeriac. fol. 31. r° : *Idem pergamenum acceptum per expressionem Crucis suæ fratrumque suorum super altare S. Johannis ideo posuit, ut nemo ulterius hanc emptionem delere possit.*

☞ Aliquando præ litterarum ignorantia signum crucis in Diplomatibus appositum fuisse testes sunt locupletissimi, Withredus Cantiæ Rex apud Spelmannum tom. 1. Conc. pag. 198. qui subscribit in hunc modum : *Ego Witheredus Rex Cantiæ omnia supra scripta confirmavi, atque a me dictata propria manu signum sanctæ Crucis pro ignorantia litterarum expressi :* quod iterum repetit ibid. pag. 193. Tassilo Dux Bajoariorum, qui Chartam pro Attone Abbate Saltzburgensi ita concludit Metrop. Salisbur. tom. 1. pag. 125 : *Quod manu propria, ut potui, characteres chirographi inchoando depinxi coram Judicibus atque optimatibus meis.* † *signum manus meæ propriæ Tassilonis, etc.* et Heribaldus Comes sub Ludovico II. Imperatore in Charta, quam exhibet Mabill. lib. 6. de Re Diplom. pag. 543. et 544 : †. *Signum Heribaldi Comitis sacri palatii, qui ibi fui, et propter ignorantiam litterarum signum sanctæ Crucis feci.* Justinian. Novella 73. cap. 8. præcipit, ut Contrahens illiteratus paucas ad minus litteras scribat, testibus quinque præsentibus, quorum unus addat quæ post illas paucas literas fuerint addenda. Et Leo Philosophus Novella 72. ut signo Crucis a Contrahente apposito fides habeatur : *Etiam si qui pactum inierunt sua manu sacro-sanctæ Crucis nota scriptum signarint.* [** Vide Marin. Pap. Diplom pag. 281. b. et 307. a. et S. Rosa de Viterbo Elucidarii tom. 1. pag. 321. sqq.]

CRUX TRIUMPHALIS, dicta Durando lib. 1. Ration. cap. 1. num. 41. *quæ in plerisque locis in medio Ecclesiæ ponitur. Crux triumphalis*, Crux Dominica, quam *Veram Crucem* vulgo dicimus, apud Vincentium Belvacens. lib. 32. cap. 97. In Charta Balduini II. Imp. Constantinop. ann. 1247. fit mentio *Crucis triumphalis*, quam Byzantio in Franciam ad S. Ludovicum Regem misit idem Princeps. Vide Addit. ad Matth. Paris pag. 108. et Notas ad Villharduinum pag. 311.

CRUCES vice terminorum, in agrorum confiniis, non semel occurrunt. [Præceptum Childeberti I. Franc. Regis ann. 528. pro S. Carilepho Collect. Ampliss. tom. 1. col. 2. et 3 : *Et inde pergit in dextram usque ad summum montem, et iterum descendit usque in vallem, ubi Cruces in arbore et lapides subtus infigere jussimus... Et illa in sinistra parte relicta peragitur per terminos et lapides fixas, propter stratum veterem per summum frafugetum, ubi Cruces in arbores quasdam, sed et clavos et lapides subterfigere jussimus, et pervenit ad locum, ubi junguntur fines Sunemurenses et Baliavenses et Marojalenses, ibique in arboribus Cruces facere et sub ipsas lapides subterfigere jussimus.*] Charta Childeberti II. ann. 706. apud Mabillon. de Re Diplomat. pag. 481 : *Et oratorio ille ad Cruce, qui conjungitur ad ipso termeno de ipsa villa Solemio, etc.* Charta fundationis Abbatiæ S. Guillelmi in deserto ann. 838 : *Omnia hæc cum omni integritate, sicuti a Misso genitoris nostri Caroli Leydrath Archiepiscopo traditum est in arboribus per Cruces et terminationes assignatum fuit.* Liber Mirabilis, seu Tabularium Abbatiæ Conchensis in Ruthenis Ch. 1 : *Per concava loca, et sicut mons dividitur per Cruces, quas manibus nostris posuimus et ibi construximus.* Charta Calixti PP. ann. 1120. pro Ecclesia Matisconensi apud Chiffletium in Tornutio : *Infra quos videlicet terminos, sicut per Cruces juxta terræ consuetudinem distincti sunt, captiones, deprædationes, ... penitus prohibemus.* [* Statut. Vladisl. Jagel. ann. 1420. inter Leg. Polon. pag. 76 : *Quod si contigerit aliquem litigantem pro limitibus, docere vel ostendere...... in silvis signa ad instar Crucis facta, ut est moris, etc.* Charta ann. 1177. pro Libertatibus Villæ Pruliacensis : *Si aliquis ex justitia nostra alicui de burgo intra Cruces injuriam intulerit, etc.* Id est, intra banleucam. Vide Catellum in Hist. Occitan. pag. 786. Doubletum in Hist. Sandionysiana lib. 3. cap. 12. pag. 835. Mabillonium tom. 5. Vitarum SS. Ordinis S. Benedicti pag. 90. Hist. Monasterii S. Nicolai Andegav. pag. 59. Ingulfum pag. 856. 878. 881. Thomasserium in Consuetud. Bituric. pag. 143. etc. [** Haltaus. Glossar. Germ. col. 214. voce *Creuz.*] Hispani porro *Encruzijada*, appellant vias duas, quæ ad unam Crucem tendunt, vel desinunt. Vide Thomasserium in Consuetud. localib. Bituricens. lib. 1 cap. 16. 57.

* CRUCIS IN FORMAM FOSSÆ ad confinia agrorum ad ecclesiam pertinentium designanda. Charta Goberti de Asperom. ann. 1152. inter Probat. tom. 2. Annal. Præmonstr. col. 422 : *Ecclesiæ Rengisvallis fratres in futurum præcaventes collatum sibi beneficium certius designantes, fossas formam Crucis habentes in omnibus prædictis terminis diligenter effodere curarunt.*

* CRUX, Signum jurisdictionis seu proprietatis ecclesiasticæ et Militum ordinis S. Joannis Hierosol. Scacar. Paschæ apud Rotomag. ann. 1230. in Reg. S. Justi Cam. Comput. Paris. fol. 23. v°. col. 1 : *Præceptum est quod Cruces removeantur desuper domos Pompontis episcopi, in quibus Hospitalarii petebant jurisdictionem suam, tanquam in elemosina propria, pro eo quod ibi habebant xij. denarios de redditu, vel duos solidos, vel circiter.* Charta ann. 1313. in Reg. 49. Chartoph. reg. ch. 203 : *Major et pares Rothomagenses dicebant quod hospitale prædictum* (vici S. Audoeni) *erat in justitia eorumdem, tanquam feodum laicale, quodque administrator prædictus seu gentes ejusdem in quodam oratorio, existente in hospitali prædicto, indebite posuerant quamdam Crucem in juris et justitiæ eorumdem præjudicium et gravamen : quare petebant amoveri seu dirui dictam Crucem; dicto administratore e contrario dicente Crucem prædictam amoveri vel dirui non debere, cum ædificium, in quo erat afixa, non sit oratorium, sed capella. Tandem post multos et diversos tractatus concordatum extitit inter partes prædictas, quod Crux prædicta, eo modo quo nunc est, in dicta capella de cetero remanebit, et quod dictam capellam, quando dictus administrator vel successores sui expedire viderint, facient benedici, et in ea divina poterunt celebrari; ita tamen quod major et pares prædicti, quotiescumque casus se obtulerit, in dicto hospitali et pertinentiis ejusdem, excepta capella prædicta, habebunt justitiam et eam ibi poterunt libere exercere de cetero, non obstantibus Crucibus, si quæ reperiantur in eisdem.* Vide infra *Denerada*.

Fidantiam de prima, secunda et tertia Cruce, appellant Fori Aragonenses, et Vitalis Oscensis Episc. apud Hier. Blancam in Comment. Rer. Arag. cum quis idoneum fidei-jussorem tenebatur dare. Siquidem in villa ista, in qua morabatur, invenire non poterat, qui in ea hæreditatem, id est, prædia vel immobilia possideret, jurando quod non poterat habere, alium tenebatur e duobus proximioribus oppidis dare. Quod si neque id, tunc se tradere debebat custodiæ creditoris. Et hanc veteres Fidantiam, de prima, secunda, et tertia Cruce appellabant, nempe a lapideis vel ligneis crucibus, quæ ad locorum portas, seu ad bivia poni solent. Martinus Didacus *Daux* Justitia Aragon. in Observantiis lib. 4. tit. de Fidejussorib. § 29 : *Fidancia de Cruce dicitur, qui habet bona sufficientia*. Fori Oscenses ann. 1247. fol. 8 : *Ipsa fidantia debet esse infantionia, et etiam quod sit hæres de illo loco, secundum quod judicat Forus : quod si forte habere non poterit de illo loco, donet eam de Cruce. Si pignoratus non potest dare fidantiam de loco, ubi habitat pignorator, det eam de prima Cruce : quam si habere non potest, det de secunda Cruce : quam si adhuc habere non potest, jurando quod non potest habere, det eam de tertia Cruce : quam si habere non potest, tradat se custodiæ Curiæ, quousque jus compleat conquerenti.*

Cruces Erigere. Statutum 2. Westmonasteriense cap. 37 : *Quia multi tenentes erigant Cruces in tenementis suis, aut erigi permittunt in præjudicium Dominorum suorum, ut tenentes per privilegia Templariorum et Hospitaliorum tueri se possent, contra capitales dominos feodorum : statutum est, quod hujusmodi tenentes capitalibus dominis aut Regi incurrantur.*

Cruces Erectæ, in magnatum funeribus, iis locis, in quibus pausabant, qui feretrum deducebant : quod docent etiamnum stantes in eo itinere Cruces, quod a Lutetia Parisiorum ad Monasterium Sandionysianum ducit, in quo Regum Franciæ humo reconduntur cadavera. Liber Miraculor. S. Wandregisili, de ejusdem Sancti reliquiis : *Ipso autem fluvii ponte beatissimis cum corporibus transito, in loco, ubi pausaverant, Crux lignea a fidelibus populis ponitur* Thomas Walsinghamus ann. 1291. de Reginæ Angliæ Edw. I. uxoris funere : *In omni loco et villa, quibus corpus pausaverat, jussit Rex Crucem miro tabulatu erigi ad Reginæ memoriam, ut a transeuntibus pro ejus anima deprecetur, in qua cruce fecit imaginem Reginæ depingi.*

* Annal. Victor. MSS. ad ann. 1271 : *Philippus rex Francorum et alii principes et barones corpus Ludovici regis et sancti de Tunisio conditum aromatibus in Siciliam attulerunt, carnemque et viscera ibi in abbacia, quæ dicitur Mons-regalis sepelierunt : ossa vero secum afferentes, in ecclesia S. Dionysii sepelierunt die Veneris ante Pentecosten cum ingenti honore, ut decebat : in honoremque et memoriam ejus inter Parisiacam urbem et villam S. Dionysii pulchræ Cruces sunt postea constructæ in locis, quibus corpus ejus portantes pausaverunt.* Vide Felib. Hist. Sandion. pag. 249.

¶ Crux Erecta *in Monumentum Miraculi* memoratur in Vita S. Liudgeri Episcopi, Auctore anonymo, qui scribebat nono Ecclesiæ sæculo, inter Acta SS. Benedict. sæc. 4. part. 1. pag. 43.

** Crux in nundinis, Pacis publicæ signum. Chart. Joh. Episc. Traject. ann. 1272. ap. Matthæi de Jure Gladii : *Omnes ad ipsas nundinas venientes .... tribus diebus antequam Crux ipsarum nundinarum erigatur, et tribus diebus postquam deponitur ipsa Crux, in protectionem nostram et ecclesiæ Trajectensis recipimus.* Plura vide ap. Haltaus. col. 214.

* Crux nude, vel Crux Transmarina, Expeditio sacra contra Saracenos. Gualvan. de la Flamma apud Murator. tom. 12. Script. Ital. col. 1037 : *Pontifex Romanus volens Sarracenorum incursibus obviare, Crucem prædicari fecit, cum plena indulgentia omnium peccatorum.* Charta Guid. vicecom. de Combornio ann. 1284. in Reg. 61. Chartoph. reg. ch. 424 : *Retinemus in quolibet quatuor casuum, si evenerint, scilicet..... pro Cruce Transmarina,.... sexaginta libras tantum. Descroisier*, pro Votiva expeditione absolvere, in Contin. Guill. Tyrii apud Marten. tom. 5. Ampl. Collect. col. 683 : *Après envoia l'apostole legas par toutes les terres por Descroisier, et por faire movoir ceus, qui ne se Descroiseroient.*

Crucem Assumere dicebantur, qui ad sacra bella profecturi Crucis symbolum palliis suis assuebant et affigebant, in signum votivæ illius expeditionis, cujus originem Concilio Claromontano sub Urbano II. adscribunt Scriptores omnes Rerum Hierosol. et alii passim.

Accipiebantur autem Cruces ab Episcopis, Abbatibus, et majoris dignitatis Prælatis; cujus moris exempla proferunt Guibertus lib. 2. Gestor. Dei cap. 2. Otto Frisingensis lib. 1. de Gestis Frideric. cap. 37. 40. Joinvilla in Hist. S. Ludovici. Villharduinus n. 22. Math. Westmonasteriensis ann. 1178. Godefrid. Monach. ann. 1188. Malbrancus lib. 11. de Morin. cap. 12. et alii sine numero.

Varie porro in his expeditionibus sacris Cruces vestimentis suis affixere peregrini. Nam in Hierosolymitanis, eas in dextris scapulis posuere. Urbanus II. PP. apud Robertum Monachum lib. 1. Hist. Hierosolymit. : *Qui vero voti compos ingredi voluerit, inter scapulas* (Crucem) *retro ponat.* Tudebodus lib. 1 : *Franci audientes talia eloquia, protinus in dextra fecere Cruces suere scapula.* Iisdem consona habent cæteri Scriptores Rerum Hierosolymitanarum; præterea Lupus Protospata ann. 1096. Galterus Tervan. in Vita Caroli Comitis Flandr. cap. 3. Willelmus Neubrig. lib. 3. cap. 23. Gesta Ludovici VII. cap. 3. Villharduinus n. 22. etc. Quibus hæc addo ex Poëmate MS. inscripto *le Roman du Renard*:

Mais coment que il en doie estre,
La Crois est en m'épaule destre,
L'escharpe et bordon li aportent, etc.

Erant Cruces illæ ut plurimum sericæ, vel auro textæ, ac denique ex quolibet panno in *chlamydibus, aut birrhis, sive tunicis*, seu *in vestibus superamictis*, assutæ, ut habent Guibertus lib. 2. cap. 5. Fulcherius Carnotens. lib. 1. cap. 1. et Baldricus Dolensis. Sed ut plurimum earum color erat coccineus, ut est apud Annam Comnenam lib. 10. Alex. pag. 284. Postmodum in ea, quam anno 1188. Philippus Franciæ et Henricus II. Angliæ Reges inierunt Hierosolymitana expeditione, *prædicti Reges in susceptione Crucis, ad cognoscendam gentem suam, signum evidens sibi et suis providerunt. Rex namque Franciæ et gens sua susceperunt Cruces rubeas, et Rex Angliæ cum gente sua suscepit Cruces albas, et Philippus Comes Flandriæ suscepit Cruces virides.* Ita Hovedenus, et alii a nobis laudati ad Alexiadem pag. 350.

In expeditione, quæ contra Manfredum Siculum, tamquam hæreticum decreta est ann. 1264. Crucem detulere peregrini *partitam ac divisam*, cujus pars una albi, altera rubei erat coloris. Chronicon MS. quod exstat in Tabulario S. Maglorii Parisiensis :

L'an mil deux cens soixante-quatre
S'alla Charles li Rois combattre,
En Puille encontre Mainfroy.
Alors fu une Croiserie,
Dont on portoit la Crois partie.
Les Crois furent, si come semble,
De blanc et de vermeil ensemble.

In aliis aliquot expeditionibus sacris, ad discrimen Hierosolymitanarum, non in scapulis, sed alibi assutæ Cruces leguntur. Verbi gratia, in ea, quæ contra Albigenses suscepta est, in pectore eas detulere Peregrini, ut observant Rigordus ann. 1213. Chronicon Andrense ann. 1212. et Chronicon Flandriæ vernaculum cap. 13. Nicolaus de Braia in Ludovico VIII :

Vexilloque Crucis munito pectore Regis,
Tota cohors Procerum signo se munit eodem.

Et Chron. MS. Tabularii S. Maglorii Parisiensis :

Et lors fist l'en un Croisement,
Dont l'en portoit la Croiz devant.

In prælio contra Mauros Hispanos anno 1212. Christiani pariter Crucem in pectore detulere, ut est in Epistola Arnoldi Archiepiscopi Narbonensis, quam descripsit Ughellus in Episcopis Sabinensibus pag. 191. In ea expeditione, quam Saxones adversus vicinas quasdam gentes idolorum cultui deditas suscepere, Cruces ii assumpserunt, quæ *non simpliciter vestibus assutæ erant; sed a rota subter posita in altum protendebantur*, ut ait Otto Frinsing. lib. 1. de Gestis Frid. cap. 40.

Ut porro Crucesignati, domo excedentes, solenni ritu, cum Ecclesiastica Processione deducerentur extra Parochiæ fines, vide in verbo *Peregrinatio*.

* Quanta cum religione S. Ludovicus ad ejusmodi expeditionem profecturus ecclesiam adibat, ut Deo sanctisque se commendaret, docet Chartul. episc. Paris. fol. 127. r° : *Anno Domini 1269....... die Sabbati in crastino Idus Martii accepit licentiam in ultimo suo recessu in ecclesia Parisiensi, et venit ad dictam ecclesiam de domibus suis Parisiensibus discalciatus et dom. Petrus filius suus similiter cum eo nudus pedes; dom. Philippus primogenitus suus et dom. Robertus comes Atrebatensis et quamplures alii non discalciati venerunt cum eo.*

Crucis Privilegium, seu Crucesignatorum, multiplex fuit : summi quippe Pontifices ac Principes, quo fideles ad expeditiones Hierosolymitanas subeundas pro Terræ-Sanctæ tuitione provocarent, eos identidem variis donavere privilegiis, in quibus sequentia recensentur.

A debitis persolvendis induciæ eis concedebantur, donec rediissent ab expeditione, vel aliquot definitos annos, ut est in Constitutione S. Ludovici mensis Octob. ann. 1245. tom. 6. Spicilegii Acherian. pag. 467. et apud Rigordum pag. 26. etc.

Ab usuris pecuniarum sibi a creditoribus creditarum exempti pariter erant, ex Conciliis Lateranensi IV. et Lugdunensi. Vide Otton. Frisingensem lib. 1. de Gest. Friderici cap. 35. Rigordum ann. 1188. Gesta Innocentii III. pag. 77. etc.

A collectis et talliis erant immunes, nisi illæ essent reales. Vide Concil. Lugdun. ann. 1245. apud Matth. Paris, et Spicileg. Acher. tom. 6. pag. 466. 467. Sed et

Licebat Crucesignatis terras sive possessiones suas inconsultis dominis, Ecclesiis vel personis Ecclesiasticis, vel aliis quoque fidelibus pignori dare, ex Rescripto Eugenii PP. apud Ottonem Frising. lib. 1. de Reb. Frider. cap. 35. et Will. Neubrig. lib. 3. cap. 23.

Eorum bona et personæ post Crucem assumptam erant in protectione B. Petri et summorum Pontificum, atque adeo omnium Prælatorum, ut est in eodem Concilio Lugdun. et Lateranensi IV. apud Rogerum Hovedenum pag. 639. Petrum Fontaneum nostrum in Consilio cap. 17. § 7. 14. Chopin. lib. 3. de Sacra Polit. tit. 4. § 15. etc.

Eorum lites ac causæ agitabantur in foro Ecclesiastico. Vide Innocent. III. lib. 15. Epist. 197. Gervasium Dorobern. pag. 1522. tom. 6. Spicilegii Acheriani pag. 467. 468. veterem Consuetudinem Normanniæ cap. 45. Sammarthanos in Archiepisc. Rotomagens. sub ann. 1267. et quæ notamus ad Stabilimenta S. Ludovici pag. 180.

Cessabant tamen ejusmodi privilegia in casibus criminalibus. Vide eadem Stabilimenta S. Ludovici lib. 1. cap. 82. Consuetud. Britan. art. 666. et Regestum 31. Chartophylacii Regii fol. 7. et 8.

Cum igitur ejusmodi Crucesignatorum privilegia non creditoribus modo, sed ipsis etiam Crucesignatis damnosa essent, ut quæ æs alienum propter ingruentes necessitates contrahendi facultatem iis adimerent, inducta postmodum in eorum favorem, et creditorum, in contractibus publicis, *Renunciatio privilegio Crucis*, vel *Crucesignatorum*, quam iis verborum formulis conceptam legere est in Charta ann. 1273. in Regesto Comitum Inculismensium : *Renuncians per fidem in hoc facto exceptioni doli mali, actioni in factum, omni privilegio Crucesignatorum et Crucesignandorum indulto et indulgendo, etc.* Et in alia vernacula ann. 1272. in eodem Regesto : *Et ont renoncié au privilege de Croix prise ou à prendre, au benefice de division, à l'aide de fait, à l'Epistre Velleien.* In alia denique ann. 1278 : *Renuntiantes . . . immensæ donationi, et culibet ingratitudini, et privilegio Crucis sumptæ et sumendæ, etc.* Occurrunt ejusmodi formulæ in Chartis aliis apud Ægid. Menagium in Originib. Gallic. pag. 830. 831. Gull. Pryneum in Libertat. Angl. tom. 2. pag. 981. etc. His videntur addenda quæ habet Statutum Philippi Pulcri ann. 1303. quod descriptum legitur in Regesto 36. Chartophylacii Regii, Charta 133 : *Item ordinamus, quod si quis expresse et ex certa scientia renuntiaverit privilegio exercitus Crucis, novæ bastidæ, seu quinquennalium induciarum, in instrumento debiti, vel alterius contractus expressi, non possit ex tunc se juvare dicto privilegio.*

* Per Crucem Se Defendere, Uti privilegiis Crucesignatorum. Assisia ann. 1235. in Reg. S. Justi Cam. Comput. Paris. fol. 30. r°. col. 2 : *In assisia apparuit crucesignatus, et dixit quod volebat se deffendere per Crucem..... Judicatum fuit quod....... Crux eum defenderet usque ad annum.* Vide in *Crucis privilegium.*

¶ Munere Crucis Armari. Ermoldus Nigellus lib. 3. vers. 279. Carminis Elegiaci in honorem Ludovici Imp. apud Murator. 2. part. 2. col. 53 :

Sæpius inde means mox dictam visitat urbem,
Se Crucis armari munere quærit ope.

Quo in loco sic constructo, *Quærit se armari munere et ope Crucis*, clarissimo Editori videtur quodammodo elucere aliquid simile consuetudini necdum iis temporibus invectæ, scilicet eos Cruce signandi, qui expeditionem bellicam pro Christiana religione suscipiebant. [** Pertz. Script. tom. 2. pag. 495. interpretatur : Ecclesiam S. Crucis oraturus visitat.]

Cruces Binas in vestibus deferre jubentur hæretici sponte conversi, in detestationis veteris erroris argumentum, in Concilio Tolosano ann. 1229. can. 10 : *Alterius coloris quam sint vestes eorum, unam a dextris, alteram a sinistris.* Ita in Concilio Biterrensi ann. 1233. can. 4. Tarraconensi ann. 1242. Biterrensi ann. 1246. in Concilio Archiepisc. Narbon. cap. 26. etc. [Vide *Crucesignati* suo loco.]

* Stat. Raim. comit. Tolos. contra hæreticos ann. 1233. in Reg. 30. Chartoph. reg. ch. 234 : *Item statuimus quod bona eorum, qui fuerunt hæretici vestiti, licet sponte ab hæreticorum recesserunt observantia, nisi de reconciliatione sua litteras testimoniales ostenderint, vel alias per personas catholicas et honestas illud probaverint, confiscentur; et etiam si de reconciliatione constiterit, si Cruces super hoc a suo episcopo amoniti ad portandum non assumpserint, aut assumptas autoritate sua deposuerint, aut etiam cum exterius super vestes ex utraque parte pectoris anterius prominentes portare debeant, eas celare intra vestes deprehensi fuerint, pœna simili puniantur.*

** Annal. Lauresham. ad ann. 786 : *Signa Crucis apparuerunt in vestimentis hominum.* Eadem fere in aliis Annal. ad hunc annum. In Annal. S. Amandi et Laubac. ad ann. 787 : *Signa † apparuerunt super homines.* Annal. maj. S. Galli ad ann. 956 : *Cruces apparuerunt in albis vestimentis.* Annal. Wirzib. ad. ann. 960 : *Cruces in vestibus apparuerunt.* Vide Pertz. in Scriptor. vol. 1. pag. 12. 13. 17. 33. 41. 64. 79. 88. 92. et vol. 2. pag. 242.

Crux, pro acie militari, quæ nostris olim *Scala* et *Scara*. Laurentius Veronensis de Bello Balearico :

Inde viris nummi veniunt, Balcæque ruina,
Pisanos equites cunctos jugulare, simulque
Constitit in totis circumdare noctibus agmen :
Tresque Cruces noctis quibus alternare labores
Continuos possent, et se recreare quiete,
Sub tribus egregie generosis distribuerunt.
Ergo Crucis primæ curam Gualandus habebat,
Gualando genitus, fuit Ildebrande secundæ
Tradita cura tibi, Otti pulcherrima proles.
Præsidet extremæ Leo, clara propago Leonis.
Hi loricati sociis Comitatibus ibant.
Murales aditus crebro terrore petentes, etc.

Fratres Crucis. Levoldus a Nortoff in Chron. Markano ann. 1309 : *Eo anno Crucesignati, qui Fratres Crucis vocabantur, in diversis terris et nationibus se per turmas collegerunt, et ad Romanam Curiam concurrerunt intendentes, ut dicebant, mare transire in subsidium Terræ Sanctæ. Sed cum venirent Avenionem vel ad mare, divisi ab invicem per vias diversas redierunt.* Iidem qui *Pastorelli.* Vide in hac voce, et supra *Crucifratres*, et in verbo *Stauria.*

Crux, Pars Ecclesiæ, quæ vulgo *la Croisade* [vel potius *la Croisée*,] nostris dicitur. Vide in *Cancellus.*

¶ Crux, in monetis dicitur pars illa, qua Crux representatur, *Pila* vero pars aversa : et si forte nulla sit in alterutra parte crux insculpta, tum pars illa, in qua Principis effigies exstat, *Crux* appellatur, retenta semper aversæ parti *Pilæ* nomenclatura. Hujus rei vestigium exstat in Transactione Gaufredi II. Episc. Apt. et Raubaudi de Agouto ann. 1233. ex Schedis Præsidis *de Mazaugues*, in qua Transactione *Raimundus Bot* dicitur *sigillasse* cum denario Guillelmensi *ex parte Crucis, quia sigillum non habebat.* Vide *Pila.*

¶ Crux, Fulcrum subalare in formam crucis vel T. figuratum. Miracula S. Vincentii Madelgarii, Julii tom. 3. pag. 686 : *Adminiculis (Cruces vocant) fulta, Moniali quoque quadam suppetias ferente, conabatur ingredi.* Vide *Croceus.*

¶ Cruxalis Poena, Crucis supplicium. Charta P. Maclov. Episc. ann. 1198. apud Lobinellum Hist. Britan. tom. 2. col. 338 : *Et si Prior ceperit latronem, Prior faciet eum judicare in Curia sua, et tradet eum Oliverio, Cruxalem recepturam ab eo. Crug* vel *Croug* et *Crouga* Armoricis Suspendere, *Croughet* Suspensus.

* Crux, Malleus in modum crucis superne effictus, unde nomen, cujus pulsu seu percussione super tabulam ligneam signa dabantur. Reg. capituli Autiss. ad ann. 1557. 3. Dec. : *Fuit prohibitum Crucem in ecclesia pulsare, Gallice le Martinet, sine permissione succentoris aut sui commissi.*

* **CRUXARE.** Vide supra in *Baulare.*

¶ **CRUZATA.** Concil. Tolet. ann. 1323. cap. 18. tom. 3. Concil. Hisp. pag. 575 : *Grandis malitiæ occasionem in congregatione et distributione eleemosynæ captivorum, et quæ vulgariter Cruzata dicitur, adhiberi solitam tollere, ut est possibile, cupientes, in archipresbyteratibus Archipresbyteros, in vicariis vero Vicarios esse volumus collectores.* [** Hispan. *Cruzada.*]

** **CRUZILADA**, Incruzilada, Locus in quem tres vel quatuor viæ conveniunt. Chart. Alphons reg. Portug. ann. 1152. ap. S. Rosa de Viterbo tom. 1. pag. 337 : *In Aquilone dividit cum Lamego per pelagum de Mauriano .... deinde ad cautum de Cruzilada de sancto Felice.* Alia ann. 1127 : *Ad illas Incruzilidas de suarua, e est inde a medio illa regina.* Lusit. hodie *Encrucilhada*, Hispan. *Encrucijada*, olim *Crucejada.* Pœma Hispan. *Milagros de nuestra Señora* vers. 147 :

Levolo la justicia para la Crucejada,
Do estaba la forca por concejo alzada.

Vide ibidem vers. 734. Germ. *Kreuzweg.*

¶ **CRYPHIA**, *Circuli pars inferior cum puncto ponitur in iis locis, ubi quæstio dubia et obscura aperiri vel solvi non potuit* ⏑ Isid. Orig. lib. I. cap. 20. Papias MS. Bituric. habet *Criphia*, Glossar. Sangerman. n. 501. *Crifia*. Legendum cum Isidoro *Cryphia*, a Græco Κρύφιος, Abditus, occultus. De *Cryphiis*, quos ostensos fuisse memorant veteres inscriptiones Romanæ in ceremoniis Deo Mithræ sacratis consulendus est Reinesius Epistola 69. pag. 650.

1. **CRYPTA**, Cripta, Locus subterraneus, quomodo *Cryptas* usurpat Ulpianus in leg. I. § 5. D. Uti Possid. [** fr. 3. § 7. lib. 43. tit. 17. ubi Græcis litteris scriptum. Conf. fr. 13. § 7. de usufr. lib. 7. tit. I.] Gloss. S. Benedicti cap. de Civitatibus : *Cripta*, ῥαίγη f. βαίτης. Gloss. Lat. Græc. : *Crupta*, Βαίτας. Hesychio vero βέτης, est τὸ ἀπόκρυφον μέρος τοῦ ἱεροῦ. At unde vox βέτης et βαίτας, plane incertum; [ab Hebræo בימה, *Baita*, domus pars interior.] Walafridus Strabo lib. de Reb. Eccles. cap. 6 : *Cryptæ sunt specus subterraneæ, dictæ a profunditate abrupta, sicut et Crepidines dicimus abruptas summitates quorumlibet corporum.* Senator. lib. 4. Epist. 51 : *Caveas illas saxis pendentibus absidatas, ita juncturis absconditis in formas pulcherrimas convenisse, ut Cryptas magis excelsi montis crederes, quam aliquid fabricatum esse judicares.* Gregorius Turon. lib. 10. Hist. Franc. cap. 31 : *Ac per Cryptas et latibula cum paucis Christianis per eum conversis mysterium solennitatis diei Dominici clanculo celebrabat.* Vide Gregor. Magn. lib. 9. Epist. 38. Anastasius Biblioth. in S. Hadriano PP. : *Constituit Monasterium SS. Hadriani atque Laurentii, quod ruinis marcescebat a priscis temporibus, et tanquam Crypta a sæcularibus inhabitabatur.* [Greg. Monachus in Chronico Farfensi, apud Murator. tom. 2. part. 2. col. 511 : *Et terra pastinata arboribus olivarum et nucum et ceterorum pomorum pomiferorum, fructiferorum et infructiferorum, et cum Cryptis ac terris sementariciis.* Et col. 525 : *Recepit ab eis curtem et domum cum puteo aquæ vivæ, et majori Cripta, post eam sinino opere cooperta, sicut a pariete antiquo circumdata videbatur.*] Sed et in *Cryptis* condita et sepulta Martyrum et aliorum corpora, docent S. Hieronimus lib. 12. in Ezechiel. cap. 40. Gregorius Turon. lib. I. Hist. cap. 39. etc.

Cryptæ potissimum appellantur Oratoria et Sacella subterranea, cujusmodi plurima etiamnum occurrunt in vetustioribus ædibus sacris, quæ in quibusdam provinciis *Croupies* dicuntur. Gregorius Turon. lib. I. Miracul. cap. 8 : *In qua Basilica est Crypta abditissima, etc.* Cap. 43 : *Hujus enim altare, positis in altum pulpitis, locatum habetur, cujus pars inferior in modum Cryptæ ostio clauditur.* Cap. 50 : *Hic in Crypta Basilicæ B. Joannis sub altari est sepultus.* Adde eumdem lib. 4. Hist. cap. 12. Hist. Episcoporum Autissiod. cap. 44 : *Patefecit quoque mediam Cryptam ipsius cochleæ ad introitum commeantium.* Cap. 45 : *Ambonem ibi vilem aspiciens, Cryptis honeste compositis desuper honorifice constructum locavit.* Cap. 52 : *Parietes Chori Ecclesiæ vitreavit, deinde Cryptas, antea nimium tenebrosas, geminis ingressibus illustravit.* Lanfrancus in Decretis pro Ord. S. Benedicti sect. 12. cap. 3 : *Egresso toto Conventu, accepta absconsa, si nox est, vadit per Cryptam, et cætera membra Monasterii.* Cap. 4 : *Circumeat omnia altaria in Cryptis, et quæ ex utraque parte Chori subtus sunt.* Anselmus Leod. cap. 65. seu potius Ægidius Aureæ vallis Monachus :

> Cujus præscriptam titulavi nomine Criptam.

Hariulfus lib. 4. Chron. Centul. cap. 18 : *Unde et Cryptam satis insignem condidit.... quam consecrare obtinuit ad honorem S. Dei Genitricis Mariæ. In qua Crypta per 4. quæ ibi sunt altaria... Sanctorum reposuit pignora.* Infra : *Quarum* (Reliquiarum) *multitudine decoratur majus altare Cryptæ Centulensis.* Aimoinus lib. 2. de Mirac. S. Benedicti cap. 6 : *Cryptas ipsius Ecclesiæ ingressa est, in quibus pretiosi Patris nostri Benedicti oratorium habetur.* Candidus Monachus Fuldensis apud Browerum lib. 2. Antiq. Fuld. cap. 2 :

> Arcubus atque interpositis hinc inde columnis
> Binas magnifice erexit pulchro ordine Cryptas.

Infra, cryptas istas *spelæi* et *antri* appellatione donat :

> Nec minus hoc speleum capitis in vertice gestat
> Altare, etc.

Et mox :

> In parte Occidua constructum cernitur antrum, etc.

Will. Thorn. pag. 1992 : *Ut ista Collecta... in Missa sanctæ Mariæ in Criptis habeatur perpetuo.* Vide Ditmarum lib. 6. pag. 66. Baldricum in Chron. Camerac. lib. 3. cap. 19. Ughell. tom. 6. pag. 867. etc.

Gripta, pro *Crypta*, in Charta ann. 1157. apud Ughellum tom. 5. pag. 1529 : *Consecravimus Griptam majoris Ecclesiæ, quæ est sedes Reatini Episcopatus, cum majori altari in eadem Gripta posito, etc.* Adde tom. 6. pag. 269.

Cryptatim, In modum et ad instar cryptæ, seu porticus cameratæ. Nam *cryptæ* Latinis Scriptoribus sunt porticus subterraneæ, quæ ideo etiam *Cryptoporticus* dicuntur Vitruvio, Plinio, Sidonio, et aliis : et cryptas cum porticibus jungit Spartianus in Adriano. Ado Viennensis in Chron. : *Non multo post venerabilis etiam Bonifacius Pontifex Ecclesiam S. Michaelis Archangeli nomine constructam dicavit in summitate Circi, Cryptatim miro opere altissime porrectam.* Auctor Mamotrecti ad Legendam ejusdem S. Michaelis : *Cryptatim, id est, per cavernas sive Cryptas porrectam et extensam.* Vide Baron. ad 8. Maii. Sidonius lib. I. Epist. 5 : *Vel certe pervii pontes, quos antiquitas a fundamentis ad usque aggerem, calcabili silice crustatum Crypticis arcubus fornicavit.* Gregorius Turonens. lib. I. de Miracul. cap. 38 : *Crypta super eos miro opere fabricata est, quæ in arcuum modo transvoluta, firmissima stabilitate subsistit.* Hieronymus Præfat. in Daniel. : *Cum et quasi per Cryptam ambulans, rarum desuper lumen aspicerem.* Monachus S. Mariani ann. 1024 : *Quam* (Ecclesiam) *protinus idem Præsul cœpit majore ambitu ac Cryptarum curvaturis, quadris lapidibus certatim reædificare.*

Cryptatus, In cryptæ modum fornicatus. Vitæ Abbatum S. Albani pag. 92 : *Cum atrio et subaula, quæ Palatium regium, quia duplex est et Cryptata, dici potest.*

¶ Cryptella, Criptella, Parva Crypta. Miracula S. Martialis tom. 5. Junii pag. 555. D : *In Cryptam, ubi conditum corpus sanctissimi Confessoris quieverat, introgressus, se in tertia Cryptella retro tumulum Ducis quondam Stephani occultavit.* Gesta Abbatum Mediani Monasterii inter Anecd. Marten. tom. 3. col. 1113 : *Post plurimorum curricula annorum honeste reconditi jacent in quadam Basilicæ S. Maximini Criptella.*

¶ Cryptuncula, Eadem notione. Acta SS. Maii tom. I. pag. 405. de S. Juvenale Episcopo : *Requiescebat in quadam Cryptuncula a natura condita.*

¶ Crypticus, *Occultus, subterraneus, fidelis.* Amalthea. Pro Subterraneo legitur supra in *Cryptatim*; pro Fideli vero seu pro homine abdito et taciturno, cui secreta tuto committi possunt, apud Julium Firmicum lib. 3. Mathes.

* 2. **CRYPTA**, *Cuneus, turba hominum.* Glossar. vet. ex Cod. reg. 7641.

CUADA. Gloss. Arabico-Lat.: *Ros, Cuada.*

* **CUANGIA.** Charta ann. 1277. apud Lam. in Delic. erudit. inter not. ad Hist. Sicul. Bonincont. part. 2. pag. 346 : *Cui domino comiti Simoni volenti et confitenti prædicta omnia et singula sic facere, observare promisit debere; ut superius dictum est, per Cuangiam nomine sacramenti, secundum formam capituli constitutionum Florentiæ.* Forte pro *Creangiam.* Vide supra *Creantiare* et *Creantum.*

1. **CUBA**, Cisterna, Syris, [Arabibus *Gubb*, Cisterna, Carcer in agro, Hebr. גבא, *Gebe*, Lacus.] Hieronymus in Vita S. Pauli Eremitæ cap. 5 : *In cisterna veteri, quam gentili sermone Syri Cubam vocant, quinque caricis per singulos dies sustentabatur.* [Gravius legit *Gubam.*] Vide eumdem Hieronymum ad cap. 6. Hierem.

2. **CUBA**, Cupa, labrum, Gall. *Cuve.* Ratherius Veron. in Itinerario : *Cubam frumento onerari præcepit.* Hepidannus de Vita S. Wiboradæ cap. 20. cujus lemma sic concipitur : *Qualiter dissoluta Cuba, ejus precibus rejuncta est*, in ipso textu *tyna*, pro *cuba* ponitur. Occurrit præterea apud Monach. Sangallensem in Carolo M. lib. I. cap. 17. Tabularium Conchensis Abbat. in Rutenis Ch. 252 : *Cum mansione cum trolio, cum tonnas, cum Cubas, cum hortos, etc.* Ch. 298 : *Cum ipsa vinea et cum ipsas Cubas, etc.* [Notitia Abbatiæ S. Stephani de Vallibus apud Santonas, inter Instrum. tom. 2. novæ Gall. Chr. col. 474 : *Dederunt et alia multa, scilicet terras, vineas, decimam totius parochiæ tam panis quam vini; ita quidem ut messis ad aream a colonibus deportaretur, et vindemia ad Cubas.* Legitur iterum in Charta Thomæ Abb. S. Germani Prat. ann. 1250. ex Tabulario ejusd. in Actis S. Austregisili, tom. 5. Maii pag. 230. * in Actis SS. Bened. sæc. 6. part. 2. pag. 8. etc. [** *Cubba*, ap. Ekkehard. IV. de cas. S. Gall. cap. 3. Pertz. pag. 106 : *Vinum quoque plenis Cubbis in medio positum.*]

3. **CUBA**, Alia notione, forte pro *Cumba*, Locus subterraneus. Rufinus Monachus S. Sabini apud Ughellum in Placentin. Episc. : *Ad pedes B. Sabini est altare S. Mar-*

tini.... in alia Cuba, juxta Orientem, sepulchrum SS. Victoris, Domnini, etc.

4. **CUBA**, in Glossario Cambronensi, *extrema pars navis, dicta quod incubet aquis. Cumba vero dicitur lectica, a Cubando.* Vide *Cumba.*

* 5. **CUBA**, Cella vinaria, ut videtur, locus, ubi cupæ servantur. Charta Joan. ducis Bitur. pro fundat. S. Capellæ Bitur. ann. 1405. ex Bibl. reg. : *Et una cum hoc medietatem pressorii, Cubarum, platearum, redditaum, etc.* [** Vide *Cuba*, 2.] *Cubarie*, eadem acceptione, in Lit. remiss. ann. 1383. ex Reg. 123. Chartoph. reg. ch. 181 : *Lequel Chaucial s'enfouy en la Cubarie dudit hostel et par la court, en cuidant s'en aler dehors.* Vide infra *Cupparium.*

¶ **CUBALUM.** Rolandinus Patavinus de Factis in Marchia Tarvisina lib. 9. cap. 10 : *Apertum est Cubalum de villa quæ appellatur Custodia. Inter cetera namque Cubala sive cavernas, quæ sunt multæ per montes illos, hæc est caverna præ ceteris mirabilior subter montem, longa per milliare et ultra, in altum ardua, in latum ampla, hyemali tempore calida, frigidissima in æstate, obscura omni tempore, si non illic luceant cerei aut faces; hinc vina optima quæ tamquam in cellario cuncti de circumstantibus villis tempore vindemiarum reponunt.*

¶ **CUBANTES ET LEVANTES** ii dicuntur, qui in alicujus domini territorio sedem habent stabilem, eique sunt obnoxii. Regestum magnorum dierum Campaniæ apud D. *Brussel* de Usu feudorum tom. 1. pag. 231 : *Dictus vero Dominus Johannes in dicta Curia personaliter constitutus dicebat, quod erat Cubans et Levans in potestate et jurisdictione Dominæ de Lyneriis, quæ in terra sua et potestate habet omnimodam justitiam altam et bassam super suos Cubantes et Levantes.* Vide *Levantes* in *Levare.*

* *Corbans et levans*, eodem sensu, in Charta Guid. comit. Fland. ann. 1289. ex Chartul. Namurc. in Cam. Comput. Insul. fol. 6. r° : *Et parmi tant, li cités de Tournay ne puet ne ne doit, heurs de se justice, defendre les Corbans ne les Levans de ledite cité des fais k'il feront en no terre devant dite.*

¶ **CUBARE**, active sumtum, pro lecto aliquem commendare. Processus de Vita S. Yvonis, tom. 4. Maii pag. 557 : *Lectos ipsemet faciebat et Cubabat pauperes.* Legitur etiam ap. Lobin. tom. 2. Hist. Brit. pag. 563.

CUBARE OVA, pro *Ovis incubare*, ex Gall. *Couver*, apud Frider. II. lib. 2. de arte venandi cap. 7 : *De tempore Cubationis avium rapacium certi non sumus.... opinamur tamen ipsas Cubare ova sua infra* 40. *dies.*

* *Geline couvice*, Gallina incubans, in Lit. remiss. ann. 1478. ex Reg. 206. Chartoph. reg. ch. 189 : *Icellui Willemet getta au geron du suppliant une pierre blanche en façon d'un œuf, que l'en nomme une coquelocte, qui estoit à entendre, par ledit Maillart, que ledit suppliant ressembloit à la geline Couvice, qui est voulentiers longuement sur ses œufs.*

¶ CUBATOR DOMINICI PECTORIS, Johannes Evangelista, S. Paulino Ep. 21. ad Amandum n. 4.

* **CUBATORIUM**, Lectus, cubile. Glossar. Gall. Lat. ex Cod. reg. 7684 : *Cubatorium, couche, lit.* Aliud Provinc. Lat. ex Cod. 7657 : *Liach, Prov. Lectus, Cubatorium.*

* **CUBATUS**, Cupa, labrum, Gall. *Cuve.* Inventar. ann. 1476. ex Tabul. Flamar. : *Item plus duos Cubatos bugaderios........ Item unum Cubatum foraderium.*

** **CUBBA**. Vide *Cuba*, 2.

¶ **CUBEBA**, Fructus insulæ Javæ Pharmacopolis notus, haud multum absimilis piperi, Gall. *Cubebe.* Iter B. Odorici Ordinis Minorum inter Acta SS. Januarii tom. 1. pag. 989 : *In ipsa* (insula Java) *nascitur camphora, Cubebæ crescunt et melegetæ, nucesque musquatæ.* Hist. Dalphin. tom. 2. pag. 284 : *Item, pro quinque libris de pipere, quinque de zinzibero, et duabus de candela, et una libra cum dim. de zufferana, una libra de gariofolio, dim. quart. de Cubebes, etc.*

¶ **CUBELA**, Diminut. a *Cuba*, Labrum. Liber Pontif. Agnelli, apud Murator. tom. 2. pag. 158. col. 2 : *Tunc extrahantur* (recens baptizati) *de Cubela, et permaneant in Ecclesia usque dum Missa celebratur, et Dominicis Sacramentis confirmentur.*

* 1. **CUBELLA**, Instrumentum ferreum quo perforatur. Lit. remiss. ann. 1355. in Reg. 84. Chartoph. reg. ch. 364 : *Cum unus dictorum malefactorum de quadam Cubella eumdem exponentem percussisset taliter, quod ejus robam penitus perforavit, etc.*

* 2. **CUBELLA**, diminut. a *Cupa* 3. Mensura frumentaria, a qua et Modus agri ejusdem appellationis. Chartul. S. Joan. Angeriac. fol. 160. r° : *Concessit.... quatuor sextariatas terræ, et duas cupas, et duas Cubellas.* Vide infra *Cubulus.*

¶ **CUBELLUM**, Arvernis, *Cubel*, Dolium, Gall. *Tonneau.* Stephanot. Antiquit. Pictav. MSS. tom. 3. pag. 627. ex Codice Nobiliacensi : *Apud Mazerol percipit Abbas in toto territorio decimas et terragia de omnibus bladis : in Prioratu percipit duo Cubella vini.*

* **CUBELLUS**, diminut. a *Cuba* 2. Labrum, Gall. *Cuve.* Chartul. Celsinian. fol. 272 : *Dimitto S. Petro duos Cubellos et unam arcam et duas cubas.* Codex. reg. 5600. al. S. Martial. Lemovic. 135. ann. circ. 800. fol. 101 : *Qualis est homo Christianus, qui pro Domino muras et tineas veneratur, quibus se per tutellum Cubelli aut arculi non subducantur. Cubel*, Doliolum seu vas vinarium, in Lit. remiss. ann. 1396. ex Reg. 150. Chartoph. reg. ch. 81 : *Icellui Bordeau disant avoir en son hostel un Cubel ou pot, qui contenoit environ cinq choppines, etc.* Vide *Cubellum.*

* **CUBERCELATA** ROCCA, sic appellatur Rupes quædam plana ad modum mensæ, in Charta dom. *de Luriec* in Foresio ann. 1417. teste D. *Aubret* rerum ejusdem provinciæ peritissimo.

* **CUBERCLUM**, Operculum, Gall. *Couvercle.* Inventar. ann. 1294. ex Tabul. monast. Montisol. : *Item octo pichonia argentea, quodlibet eorum cum coopertorio sive Cuberclo.* Vide *Cubertorium.*

* **CUBERTA**, Stragulum, quo lectus insternitur, Gall. *Couverture.* Inventar. bonor. Raym. de Villanova MS. ann. 1449 : *Sequuntur ea quæ reperta fuerunt in camera infra, vocata la Crota : et primo una lichiera cum quadam Cuberta.*

¶ **CUBERTORIUM**, Arvernis, *Coubertoire*, Cooperculum, Gall. *Couvercle. Cubertorium argenti*, in Testamento MS. A. San-Severini Episc. Agathensis ann. 1578.

¶ **CUBESSELLUM**, ut *Cubertorium.* Inventarium ann. 1358. ex Archivo S. Victoris Massil. : *Unam naviculam argenteam pro tenendo thure habens Cubessellum argenteum frechisum.*

1. **CUBIA**, Idem quod *Excubia* : Gallis, *la Garde.* Charta Libertatum Baugiaci ann. 1250. apud Guichenon. et Charta Libertatum Saigiaci ann. 1280. apud Perardum pag. 510 : *Item si Cubia vel excubia alicui imposita fuerit, et eam per se, vel per idoneum substitutum non impleverit, vel fecerit, nobis in* 3. *solid. teneatur.* Charta Libertatum Jasseronis apud eumd. Guichenonum : *Non tenentur nos juvare ad guerras nostras..... nec Cubiam, vel excubiam in castris nostris facere.*

¶ 2. **CUBIA**, *Poculorum genera.* Papias MS. Bituric. Vide *Cubila.*

* 3. **CUBIA**, Cupa, labrum, Gall. *Cuve.* Consuet. MSS. S. Crucis Burdegal. ante ann. 1305 : *Item hortolanus recipit a cellerario duas pipas vini primæ aquæ de Cubiis torcularis.* Vide *Cuba* 2.

CUBICULARIS. Sosipater Charisius lib. 1. Instit. Grammat. et ex eo Beda l. de Orthogr. : *Cubicularius, Custos cubiculi : Cubicularis vero, lectus cubiculo aptus. Cubiculares et tricliniares lecti*, apud Lampridium in Heliogabalo. [*Camera Cubicularis*, ubi cubatur, apud Muratorium tom. 3. pag. 420. col. 2.]

CUBICULARIS PUELLA, in Vita B. Mathildis Reginæ n. 4. et apud Beraldum Archidiac. in Vita Geraldi Archiep. Bracarensis n. 12.

CUBICULARIUS. Papias, ex Sosipatro : *Cubicularius, Custos cubiculi.* Gloss. Græco-Lat. : Κοιτωνίτης, *Cubicularius.* Præsertim vero ita appellati Eunuchi, quod præcipuum illorum fuerit munus, ut ait Corippus, de Laud. Just. lib. 3. vers. 218 :

Conservare domum, sanctumque intrare cubile.

Gloss. Lat. Græc. : *Cubicularius*, εὐνοῦχος. Lex penult. Codic. de Præpositis sacri cubiculi (12, 5.) : *Cum quis dederit Eunuchum sacri cubiculi ministeriis adhæsurum.* Scholiastes Juliani Antecess. ad cap. 83 : *Quæsitum est, et quid Cubicularii non sunt servi ? et dictum est, immo et constitutio posita est Leonis, ut mox oblatus fuerit aliquis Eunuchus Principi, mox in ipsa oblatione fiat liber.* Evagrius lib. 4 : Οἱ τοῖς βασιλικοῖς ἐξυπηρετούμενοι κοιτῶσι, οὓς Εὐνούχους ἡ συνήθεια καλεῖ. Sed et a cubiculi custodia Εὐνούχους appellatos indicat Novella 98. Leonis : Καὶ τῆς εὐνῆς ἀνυπόπτους φύλακας εἶναι, τοῦτο γὰρ ἡ κλῆσις ἐγγυᾶται.

Cubicularios Regum Franciæ 1. et 2. stirpis aliquot commemorant Scriptores, ac *Eberonem* sub Childeberto Austrasiæ Rege, *Faraulfum* sub Chilperico I. *Eberulfum*, sub eodem Chilperico, et *Chundonem*, sub Gunthramno, Gregorius Turon. lib. 7. cap. 13. 18. 21. lib. 10. cap. 10. *Bertharium*, sub Theodorico II. Fredegarius cap. 38. *Austrapium*, sub Dagoberto I. vetus Charta pro Monasterio S. Dionysii apud Miramontium. *Adalgisum*, sub Carolo Magno Eginhardus, Poeta Saxonic. et alii ad ann. 782. *Reginfredum*, sub eodem Carolo, Annales ejusdem Eginhardi ann. 791. *Rothbernum*, sub Carolo Calvo, ann. 852. Audradus in Revelat. etc.

Cubicularii, apud Julianum Antecessor. Constitut. 60. *Chartularii*, scilicet *sacri Cubiculi*, intelliguntur, ut est apud veterem Scholiastem.

Cubicularius Tonsuratus, in [familia Summi Pontificis, in Ordine Romano, ad discrimen *Cubicularii Laici*, cujus etiam meminit idem Liber. *Tonsurati* autem munus erat circa vestes Ecclesiasticas, ut Laici circa quotidianas. *Laico* autem, ut est in eodem Libro, *hæc cura est præscripta, ut sella Pontificis in sacrario sit parata, donec ille veniat celebraturus divina Mysteria.* De Tonsurato, idem alio loco : *Pontifex autem per manus Subdiaconorum mutat vestimenta hoc ordine : defert ea plicata Cubicularius tonsuratus, accepta de manibus Ostiarii.* Eligebantur autem Cubicularii isti Pontificii ex Schola Cantorum. Idem Ordo Romanus : *Primum in quacumque schola reperti pueri bene psallentes tollantur inde, et nutriantur in Schola Cantorum, et postea fiant Cubicularii. Si autem Nobilium filii fuerint, statim in cubiculo nutriantur, et hanc accipiant potestatem ab Archidiacono, ut liceat eis super linteum villosum sedere, quod mos est ponere super sellam equi.* Ceremoniale Roman. lib. 1. Sect. 2 : *Hos sequuntur quatuor nobiles, pilea quatuor supra baculos quosdam deferentes, qui Scutiferi honorarii vocantur Cubicularii.*

Cubicularii, Iidem, qui apud nos *Capellani*, Sacellorum, seu *Cubiculorum*, de quibus mox, custodes. Anastasius Bibl. in S. Leone I. PP : *Hic constituit super sepulcra Apostolorum custodes, qui dicuntur Cubicularii, ex Clero Romano.*

Cubicularius Ecclesiæ, Æditums, *Mansionarius.* Itinerarium S. Willibaldi num. 25 : *Et primo anno illuc veniens, Cubicularius fuit Ecclesiæ : et in secundo Decanus erat in Monasterio.*

Cubicularius Novæ Romæ. Ita indigitatur quidam Monachus apud Ughellum tom. 5. Italiæ Sacræ pag. 1505 : *Hilarius Sacerdos et Monachus, et magnæ Ecclesiæ novæ Romæ Cubicularius.* Quæ quidem dignitas alia non videtur ab ea, quam Κουβουκλεισίου appellat Pachymeres lib. 12. cap. 2. qua etiam donatus fuit Romanus quidam Κουβουκλήσιος τῆς τοῦ Θεοῦ ἁγίας καὶ μεγάλης Ἐκκλησίας, Πρωτομηνυτὴς τοῦ βασιλικοῦ ξενῶνος τοῦ Μυρελαίου καὶ περιδόξου, cujus liber περὶ ὀξέων laudatur a viro doctissimo Petro Lambecio lib. 6. Comment. de Bibl. Cæsarea pag. 141. ut et Joannes Cameniata, cujus narrationem de Excidio urbis Thessalonicæ edidit Leo Allatius, in cujus Epigrapha dicitur Κληρικὸς καὶ κουβουκλείσιος. Hujus etiam dignitatis Ecclesiasticæ meminit Balsamon ad Concil. VI. can. 7. [et Jus Græco-Roman. lib. 3. pag. 204.] Sed quæ illa fuerit, haud omnino promptum est definire, cum de ea sileat Codinus in Catalogo dignitatum Ecclesiæ Sophianæ. In Concilio Nicæno II. act. 1. et 4. memoratur Cosmas Diaconus, Νοτάριος καὶ Κουβουκλείσιος τοῦ εὐαγοῦς Πατριαρχείου. In Act. 5. κουβουκλεισίων dicitur. Eadem forte dignitas, quæ ὁ Κουβούκλης appellatur in Catalogo dignitatum S. Sophiæ Medoniano, ubi ejus officium sic describitur : Ὁ Κουβούκλης, ἵνα βαςᾷ τὸ δικανίκιον τοῦ Ἀρχιερέως, ὅταν περιπατεῖ. Ita *Cubuclesius* fuerit Capellanus Patriarchæ. Vide *Cubicularius.*

Cubicularius, interdum idem qui *Camerarius*, seu Thesauri Regii custos. Ita apud Ealredum in Vita S. Edwardi Confess. cap. 2. num. 9 : *Camerarius accessit ad thecam, in qua æs Regium servabatur.* Et mox : *Hoc enim Cubicularii nomen erat, etc.* Adde Vitam S. Wlstani Episcopi Wigorn. apud Capgravium cap. 2. Ughellum tom. 1. pag. 121. etc.

** Cubicularia. Vide S. Rosa de Viterbo Elucidar. tom. 1. pag. 337. voce *Cubilheira.*

CUBICULUM, Cubile, lectus. Vita S. Joannis Traguriensis Episc. : *Nec secus toto vitæ suæ cursu fuit usus thalami proprii Cubiculo, quod a Cubiculariis ejus egregie paratum spernebat,... et admisso secretius paupere eum in memorato cubili locabat.*

Cubiculum, Tumulus, sepulcrum, cubile, quomodo *lectus* eadem notione dicitur. Liber Miraculorum S. Andeoli apud Columbum in Episcopis Vivariensibus lib. 2. pag. 202 : *Cum frequens oratio esset cuncto populo, ut dominus Cubiculum servi sui revelaret, etc.*

Cubiculum, Oratorium, Capella. Paulinus Epist. 12. ubi templum S. Felicis Nolanum describitur : *Cubicula intra porticus quaterna longis Basilicæ lateribus inserta, secretis orantium, vel in lege Domini meditantium, præterea memoriis religiosorum ac familiarium accommodatos ad pacis æternæ requiem locos præbent. Omne Cubiculum binis per liminum frontes versibus prænotatur.* Anastasius Bibl. in Marcellino : *Hic sepultus est in Cœmeterio Priscillæ, in Cubiculo claro.* In Symmacho PP : *Fecit autem oratoria 2. S. Joannis Evangelistæ et S. Joannis Bapt... quæ Cubicula omnia a fundamento perfecta construxit.* In Sergio : *Hic tectum et Cubicula, quæ circumquaque ejusdem* (S. Petri) *Basilicæ sunt... studiosius innovavit ac reparavit.* Ita *Cubiculum* hac notione usurpat Anonymus de Locis SS. cap. 1 : Καὶ εἰς τὸ μέσον τῆς τρούλας εἰς τὸ ἔδαφος τῆς γῆς ἔναι κουβούκλιον πέτρινον ὡραιότατον. Cap. 15 : Ἔναι τὸ μνημεῖον τῆς Ραχὴλ με κουβούκλην πέτρινον. Vide Descriptionem nostram ædis Sophianæ numero 39.

Cubiculum, Idem quod *Camera*, Ærarium. Thesaurus Principis, seu locus, ubi reconditur : κοιτῶν Annæ Comnenæ lib. 2. Alexiad. pag. 56. Ita usurpat non semel Senator lib. 4. Epist. 51. lib. 5. Epist. 14. 39 44. lib. 11. Epist. 15. Inde *Cubicularius*, Regii ærarii custos. Vide *Bibliotheca.*

Cubiculum Secretum, Latrina, quam *Chambre aisée* appellant aliquot ex nostris Consuetudines municipales. S. Eulogius lib. 2. Memorial. Sanctor. cap. 1 : *Cum ad purgandam alvum secretius Cubiculum peteret.* Vide *Privata.*

CUBICULUS, pro *Cubiculum.* Itinerarium Burdegalense : *Ibi etiam constat Cubiculus, in quo* (Salomon) *sedit, et Sapientiam scripsit : ipse vero Cubiculus uno lapide est tectus.*

¶ **CUBICUTA**, Cubitus, Gall. *Coudée.* Chartular. S. Vandregisili tom. 1. pag. 240. ann. 1404 : *Quælibet candella continens unam Cubicutam de longo.*

CUBIERTA, vox fori Hispanici. Martinus Didacus *Daux* Justitia Aragon. lib. 2. Observantiar. Regni Aragon. tit. de Probationibus § 4 : *Vel poterat petere pecuniæ aliquam quantitatem, vel alia, quod fuerat pactum in fide, vel pro Cubierta, non admittetur hoc ad probandum per testes, etc.* Lib. 9. eod. tit. § 17 : *Si dicatur, quod instrumentum fuerit factum pro Cubierta, non admittitur probatio cum aliis testibus, etc.*

* Academ. Hispan. in Diction. Simulatio, prætextum.

CUBILA, *Poculorum genera*, apud Papiam MS. Edit. habet *Cubia*, *Copulorum genera.* [Vide *Cubia.* 2.] [** Cod. reg. 7609 : *Cubia, Populorum genera.* Leg. *Cymbia, Poculorum genera*, ex Isidor. Origin. lib. 20. cap. 5. sect. 4.]

CUBILARIS, Prædium rusticum, villa. Charta Alarici Regis Aragon. æræ 608. ex Tabular. S. Joannis Pennensis apud Bivarium ad Pseudomaximum pag. 570. et Martinezium in Hist. Pinnatensi lib. 2. cap. 6 : *Insuper ego Rex do illum Cubilarem, qui nominatur Arantela, etc.* Occurrit non semel in Charta Sanctii Majoris Regis Navarræ æræ 1052. apud Sandovallium in Episc. Pampilonensib. pag. 32.

1. **CUBILE**, Cubiculum. Cassianus lib. 4. cap. 12 : *Considentes intra Cubilia sua, et operi ac meditationi studium impendentes.* S. Hieronym. Epist. 22 : *Et quia nocte extra orationes publicas in suo Cubili unusquisque vigilat, etc.* Paulinus Nat. 5 :

Ergo Dei ductu capit in regione remota
Compluvium, angusto brevia inter tecta Cubili.

Berengosius Abbas lib. 3. de Invent. S. Crucis cap. 2 : *Sed et Cubile ejus aureis seris instructum et insignitum, nobilitatem in ea* (D. Helena) *quasi Romanorum testabatur.* Vide Cassiod. lib. 6. Epist. 13. Leonem Ost. lib. 3. Chron. Casin. cap. 26. al. 28. Heraldum in Adversariis pag. 64. [** et Isidor. Origin. lib. 15. cap. 3. sect. 9.]

* 2. **CUBILE**, *Lusum dicunt cum duo pene junctis cubitis pilam ferunt.* Glossar. vet. ex Cod. reg. 7613. [** Leg. *Cubitalem lusum .... feriunt*, ex Isidor. Origin. lib. 18. cap. 69. sect. 2.]

* **CUBILES**, *Concubiti*, in vet. Glossar. ex Cod. reg. 7641.

CUBILIA, *Promptuaria*, in Glossis MSS. ad Canones Conciliorum.

CUBIO, *Masculus*, in Gloss. Isid. et apud Joan. de Janua.

CUBITAL, Ἀγκωνόδεσμος, in Glossis Lat. Græc. MSS. S. Germani Paris.

1. **CUBITALE**, *Super quod cubitum, vel cervicem reclinamus, ut aurealia, id est, pulvinaria*, Ugutioni. Glossæ antiquæ MSS. : *Pulvinar Cubitale.* [** Vide Forcellin. voce *Cubital.*]

* 2. **CUBITALE**, *Mufo*, apud Papiam MS. Vide *Muffulæ. Coudiere* et *Couldier*, nostris, Pars vestis, quæ cubitum tegit. Lit. remiss. ann. 1402. in Reg. 157. Chartoph. reg. ch. 46 : *Une fillette commune vestue d'une houppelande longue à grans Coudieres nolées*

au poing. Ceremon. MS. eccl. Brioc. : *Et ne doit mye ladite robe estre à grans Couldiers, etc. Cuette*, Cubitus, *Coude*, in Ordinat. MS. milit. Caroli ducis Burgund. ann. 1473.

¶ **CUBITALES** Litteræ, Eædem quæ *Grandes, Quadratæ, Unciales*; quo postremo nomine vocabantur litteræ majusculæ, quoniam uncia id est pedis duodecima parte, constabant. Ita Mabill. lib. 1. de Re Diplom. cap. 11. n. 4.

1. **CUBITARE**, Cubito inniti. Hugo Parisiensis de Instit. Novitiorum : *Alii caput jactant, comam excutiunt, vestimenta adaptando componunt, et latera Cubitando, pedesque extendendo ridiculam satis ostentationis formam fingunt.* Vide *Accubitare* in *Accubitus.*

* *Se mettre à Coutes et à genoulz*, apud Joinvil. in S. Ludov. edit. reg. pag. 44. *Coute*, pro *Coudée*, in Vita ejusd. reg. ibid. pag. 329. *Couder* vero, pro Fune ligare, in Consuet. maris tom. 1. Probat. Hist. Brit. col. 789. art. 16 : *Une neff est en ung couvert lieu Coudée et amarrée.* Unde *Coudée*, pro quovis vinculo, vulgo *Lien*. Interrogat. ann. 1384. ibid. tom. 2. col. 485 : *Prindrent du feu, de la chandelle et une Coudée de paille, etc.* Nisi Manualis fasciculus hic intelligatur, tantum scilicet paleæ, quantum manu apprehendi potest. Vide *Cubitus candelæ.*

¶ 2. **Cubitare**, Cubito metiri. Consuetud. Lemovic. art. 16 : *Item, quia dicti Consules nomine suo et dictæ Communitatis habent in domo sua communi pondera et mensuras frumenti, vini, salis et olei, ulnas et Cubitos, ad quorum exempla mensuratur, ponderatur, ulnatur et Cubitatur.*

¶ **CUBITELLUM**, ut infra *Cubucellum*. Greg. Monachus in Chronico Farfensi, apud Murator. tom. 2. part. 2. col. 474 : *Item pro solidis centum Romæ in regione nona in Scorticlam crytam Sinino opere constructam habentem post se arcus* IV. *cum Cubitellis suis.*

CUBITORIUM. Ceremoniale Cencii Camerarii lib. 2 : *Transiens autem Pontifex per ipsam Basilicam, intrat cameram suam, ubi in scypho argenteo a Camerario Presbytero, eoque sicut in Nativitate Domini, erogato, surgit, et ducitur a Magistro Senescalco et Pincerna in locum, qui dicitur Cubitorium.* Ubi Alemannus in Dissertat. de Lateranensib. Parietinis cap. 4. *Cubitorium*, ait fuisse lectum, qui Pontifici sternebatur sub tribunali, nempe summo triclinii, in quo cum Clero et Proceribus epulari solebat, loco, quasi forte *accubitorium.*

1. **CUBITUS**, Versura, flexus, Græcis ἀγκών. Auctor incertus inter Agrimensores : *Pentigonum, quod interpretatur Cubitos quinque.* Vide Plin. lib. 3. cap. 13. ubi de Ancona.

Cubitus Usualis. Will. Brito in Vocab. MS. : *Cubitus, mensura geometrica, a qua differt Cubitus noster usualis.* Id observare est ex auctore Auroræ, ubi de Arca Noe :

Hæc mensura fuit geometrica quæ facit archam,
Non aliter caperet tanta tot illa silex.
Hic cubitus quo mensor habet geometricus uti,
Senos seu novem fertur habere pedes.
Sed Cubitus noster, quem communis tenet usus,
Ex uno constat dimidioque pede.

Apud Heronem in Belopœecis cubitus geometricalis est digitorum 24. Apud Vitruvium pes duas tertias partes cubiti continet, hoc est, digitos sexdecim. [Papias sic distinguit Cubitos : *Cubitus duorum fit palmorum. Cubitus habet pedem et dimidium. Cubitus geometralis sex nostros habet Cubitus. Cubitus dupl. Unus a cubito ad digitorum extremitatem protenditur, quali Moyses Arcam mensuravit. Alius... major dicitur, qui brachio extenso toto cubito capiti prælato se esse demonstrat, quo Arca Noe demetita est.*] Dimensio per cubitos familiaris fuit Hebræis, ut ex Libris sacris colligitur.

Cubitus Terræ, Modus agri, in Charta ann. 1152. tom. 11. Spicilegii Acheriani pag. 335.

Cubitus Candelæ, in veteri Charta apud Catellum lib. 5. Rer. Occitan. pag. 873. [et tom. 4. novæ Gall. Christ. col. 909. Idem est quod *Candela Cubitalis.*]

* 2. **CUBITUS**, Mensuræ pannorum species. Charta ann. circ. 1150. apud Pezium tom. 6. Anecd. part. 1. col. 359 : *Quatuor lineas cortinas, tria tapecia, viginti Cubitos de subtili tela. Cuire*, eodem sensu, in Lit. Phil. reg. Franc. ex Chartul. 2. S. Quint. Insul. pag. 84 : *Et longitudinem unius cubiti, qui Gallice dicitur une Cuire, non excedat.* Forte leg. *Cuite.* Vide supra in *Cubitale* 2.

¶ **CUBLISMONARIUM** Aurum. Testamentum Adalaidis ann. 978. inter Anecd. Marten. tom. 1. col. 97 : *Candelabra duo de argento, unum cum rotis et succinctam, unum cum auro Cublismonario, et det pro eis solidos* L.

¶ **CUBRECELLUM**, Operculum, Gall. *Couvercle.* Vide locum in *Capsia.*

¶ **CUBUCELA**, ut *Cubucellum.* Locum vide in *Ludis.*

CUBUCELLUM. Vetus Charta apud Ughellum tom. 5. pag. 1539 : *Oratorium S. Pantaleonis super pusterula, cum scala marmorea, et duobus Cubucellis, uno terrineo, et alio solariato, subtus tunc castellum Ponte, etc.* [Vide *Cubitellum.*]

CUBUCLARIUS, pro *Cubicularius.* Vetus Inscriptio Romæ : IIII. I. M. Livius, Augustæ. L. Amaranthus. Supra. Cubuclarios. Alia : Dis. Manibus. Polybi. Cubuculari. Sic Græci κουβούκλειον, pro *Cubiculum* dixerunt, uti observatum a Meursio. Vide supra *Cubicularius Novæ Romæ.*

¶ **CUBUCLESIUS**, Eadem notione, in Actis SS. Maii tom. 5. pag 304.

CUBULUS, Mensura vinaria apud Hungaros. Vide Innoc. III. PP. lib. 15. Epist. 7. Brocardus in Descript. Terræ sanctæ lib. 2. cap. 2. Edit. Venetæ ann. 1519 : *Christiani in lapidibus signum Crucis inscripserunt, illi autem signum Cubuli.* Sed an hæc vox idem sonet quod apud Hungaros, non definio.

* Aridorum mensura in Charta ann. circ. 1150. apud Pezium tom. 6. Anecd. part. 1. col. 356 : *Simul in festo S. Martini Cubulum mellis dant, et unam ovem, sex Cubulos brasii, sex annonæ, sex currus fœni.* Vide *Cupa.*

* **ÇUCARUM**, Çuccarum, Saccharum, Ital. *Zuccaro*, Gall. *Sucre.* Stat. Astæ ubi de Intrat. portarum : *Çucarum solvat pro quolibet rubo libras viginti.* Mirac. S. Rosæ tom. 2. Sept. pag. 464. col. 2 : *Dom. Petrutia....... septem mensibus in gutture ita passa est, ut dicto tempore nihil præter aquam cum Çuccaro et ovi vitello potuerit deglutire.* Vide *Zucara.*

* **CUCCHIARIUS**, Cochlear, Ital. *Cucchiaio*, Hispan. *Cuchara*, Gall. *Cuillier.* Inventar. ann. 1389. apud Murator. tom. 16. Script. Ital. col. 811. et tom. 3. Cod. Ital. diplom. col. 365 : *Cucchiarii xxxvj. argenti deaurati, cum glande in summitate manici. Cucchiarii cviij. albi facti ut supra.* Vide infra *Cugiarius.*

* **CUCHA**, an idem quod Italis *Zucca*, Cucurbita; an idem quod supra *Çucarum?* Concordia inter Mutinenses et Lucenses ann. 1281. apud Murator. tom. 2. Antiq. Ital. med. ævi col. 902 : *Tozzorum, lapetum de petra, Cucharum sacharum* (sic), *synapis, ruzæ,... de soma tres solidi Mutinenses auferantur.*

* **CUCHARUS.** Synodus Syriaca ann. 405. apud Murator. tom. 3. Antiq. Ital. med. ævi col. 976 : *Scribente ad nos dominus metropolitanus magnus et archiepiscopus, qui sedet super thronum Cucharum, alacriter congregamur, et ad adorationem et honorem paternitatis ejus convenimus.* Ad quem locum Syrus interpres hæc notat ibid. col. 980 : *Nota denique tertio, metropolitanum illum Cucharum ...... esse pontificem Romanum.* Vide quæ ad hæc observat doctus Editor ibid. col. 973.

¶ **CUCHO**, Meta, metula, parvus fœni cumulus, Rusticis Bressiæ, *Cuchon*, Gall. *Meule, Mule, Mulon.* Charta Domini de Verfay et S. Nicetii in Bressia ann. 1457 : *Clausum prati continens plateam unius Cuchonis feni.*

* Consuet. Dombens. MSS. ann. 1325. art. 30 : *Et si de fœno furatur in muello vel Cuchonibus, ad summam prædictam solvere teneatur. Coquon*, Ludi genus, in Lit. remiss. ann. 1395. ex Reg. 149. Chartoph. reg. ch. 150 : *Lesquels jouoient ensemble à un jeu, appellé le jeu de Coquon.*

¶ **CUCIBOLDUS.** Vide *Curcimbaldus.*

¶ **CUCINA**, *Carnificina*, Μαγειρεῖον, Gloss. Lat. Gr. Vide *Cocina.*

¶ **CUCINGA**, Pedules villosi. S. Wilhelmi Constitut. Hirsaug. lib. 1. cap. 16 : *Pro signo pedulium villosorum, qui usitato more Cucinga vocantur, idem quod pro calceis diurnis præmissum est, facies, addito pellicii signo.* [** Confer *Cozzo.*]

¶ **CUCIONES.** Vide *Cutiones.*

* **CUCITURA**, Cusitura, vox Italica, Sutura, Gall. *Couture.* Stat. Ferrar. ann. 1279. lib. 2. rubr. 345. apud Murator. tom. 2. Antiq. Ital. med. ævi col. 424 : *De vestito bixelli, ... et cujuslibet alii panni, sine tribus Cucituris, tres solidos Ferrarienses : cum tribus Cusituris et crispis, quatuor solidos Ferrarienses.*

* **CUCIUM**, Radicis tinctilis species. Leudæ major. Carcass. Mss. : *Item pro cargua de Cucio, xviij den.* Versio Gallica ann. 1544 : *D'une charge de racines de teinte.*

* **CUCOMERES**, *Chandeille*, in Glossar. Lat. Gall. ann. 1355. ex Cod. reg. 4120.

¶ **CUCTIO.** Vide *Cociones.*

¶ **CUCTO**, Gossipium, Ital. *Cottone*, Nobis *Cotton*. Chronicon Richardi de S. Germano apud Murator. tom. 7. col. 1031 : *De jure lini idem; de jure cannarum idem; de lana Syriæ idem; de bambace et de arcu Cutonis idem*. Vide *Cottonus*.

CUCUBA, Noctua, apud Papiam. Ita emendat Meursius pro *Cucuma* : unde *Cucubare* in Carmine de Philomela, quod Ovidio adscribitur. Hesychius κοκκόβα, ἡ γλαύξ. Ita etiam emendat idem Meursius : hinc κουκουβαῖος, cæsius, noctuinus, apud Scholiastem Oppiani. Nostri *Coucous* Cuculos vocant.

¶ **CUCUBARE**, Caput in terram defigere pedibus sursum erectis. Hierolex. Macri ult. edit. ex Dion. Carth. in 4. Reg. cap. 2. art. 3. Vide *Cucuba*.

* **CUCUBIRE**, pro *Cucubare*, Noctuæ clamor. Vide supra *Baulare*.

CUCUCIA. Vide *Cugucia* post *Cugus*.

CUCUFA, CUCUFARIA, CUCUFATUS. Vide *Cuphia*.

* **CUCULÆ**, *Servi militum*. Glossar. vet. ex Cod. reg. 7641. Vide *Caucula*.

¶ **CUCULARE**, dicitur de clamore cuculorum. Auctor Philomelæ vers. 35 : *Et cuculi Cuculant*.

CUCULATA. Gloss. Arabico-Lat. : *Lodix*, *Cuculata*.

* **CUCULATUS**. Vide supra *Couculatus*.

1. **CUCULLUS**, CUCULLA, CUCULLIO. *Cucullus*, Vestis nota Scriptoribus Latinis, qua scilicet caput operiebatur. [Gall. *Cucule*, alias etiam, *Coules*, *Goules* vel *Gules*. Armoricane *Cougoul* Operimentum capitis est et humerorum.] [* Glossar. Lat. Gall. ex Cod. 7679 : *Cucullus*, *Gall. Cheveteau*.] Vetus Scholiastes Juvenalis *Cucullum* esse ait *galerum fuscum et horridum ardeliunculum, quales sunt latrunculorum. Nocturni Cuculli*, apud eumdem Juvenalem Sat. 6. qui *nocturnales* Sidonio lib. 7. Epist. 16. *Cucullus talaris*, apud Guibertum lib. 2. Hist. Hier. cap. 8.

CUCULLA, femin. gen. dicitur præterea id genus vestis aliquot Scriptoribus, sed ævi inferioris, S. Ambrosio Serm. ult. S. Hieronymo de Testamento Hilarionis, Paulino in Epist. ad Citherium, Ennodio, et aliis : sed præsertim iis, qui monachicam vestem faciunt. Vita S. Deicoli Abb. Lutrens. num. 9. de eodem Sancto : *Succinctus Cuculla non Cucullo*.

Cucullarum monachicarum forma varia fuit pro temporum ratione. Cassianus de Habitu Monachi lib. 1. cap. 4 : *Cucullis perparvis usque ad cervicis humerorumque demissis confinia, quibus tantum capita contegant, indesinenter diebus utuntur ac noctibus*. Additio 1. Capit. cap. 2 : *Ut mensura Cucullæ duobus consistat cubitis*. Ardo in Vita S. Benedicti Abbatis Anianæ num. 40 : *In habitu quoque dissimiles fecerat multorum consuetudo : siquidem nonnullis usque ad talos Cucullæ pendebant. Quamobrem vir Dei uniformem cunctis tenendum Monachis instituit modum, ut non amplius a duobus cubitis excederet mensura, vel usque ad genua pertingere possent.* [Guidonis Disciplina Farfensis cap. 4. de vestimentorum mensura : *Cuculla quæ nostro singulariter convenit Ordini, quod vestimentum antiquitus vocabatur Colobium, id est Tunica sine manicis, tantum debet habere latitudinis, ut ambobus convenienter aptetur cubitis; longitudinis vero tantum antea, quod ad callum pedis usque pertingat : et sit apta corpori, ut sit ex omni parte rotunda. Capellum ipsius præter limbum integrum virilis pedis ex omni parte quadratam debet continere mensuram : apertura superior habeat cubitum usque ad pollicis summum, inferior cubitum, integrum et trium digitorum; in ante appareat latitudo Cucullæ cum capitio.* Vide Menardum in caput 62. Concordiæ Regularum, et Smaragdum in Regulæ caput 55.] Apologia Henrici IV. Imp. pag. 230 : *Cuculla est tunica talaris, et cucullata atque manicata, habens speciem Crucis per quatuor partes extensæ, etc.*

Cucullam, autem, et *Casulam*, et *Capam* vocitatam apud Monachos constat. Papias : *Cuculla per diminutivum dicitur a Casula, quasi minor cella*. Infra : *Cucullus, genus vestis monachalis, quam Capam dicimus*. Theodemarus in Epist. ad Carolum Magn. : *Cucullam nos esse dicimus, quam alio nomine Casulam vocamus. Et inde est, quod in hieme villosam, in æstate puram aut vetustam Beatus Pater habendam instituit, quia scilicet hoc genus indumenti solet vilius intexi. Illud autem indumentum, quod a Gallicanis Monachis Cuculla dicitur, nos Capam vocamus.* Ut *Capa* caput tegebat, ita et *Cuculla*. Ugutio : *Cucullus vel Cuculla, vestis caputiata, et lata, humeros tamen et caput tegens instar capucii*. Papias : *Cucullus, generis masculini, velamen nigrum vel venetum capitis est*. M. Justinus Lippiensis in Lippiflorio :

Vestis longa tegit corpus, caput ampla Cucullo.

Poëta seu Grammaticus ævi infimi MS. post Vocabularium W. Britonis :

Dic Monachi cullam vestem fore, sive Cucullam.
Vestis lata tegens caput, armos, esto Cucullus.

Gregorius Turon. lib. 7. Hist. cap. 39 : *Dum obtecto capite fugere niteretur, extracto quidam gladio, caput ejus cum Cucullo decidit*. Vide Addit. 1. ad Capit. Caroli M. cap. 35.

Nec desunt, qui *Cucullam* cum *Flocco* confundunt. Gloss. Lat. Gall. : *Cuculla, Froc ou Coule de Moine*. At Clemens V. in Concilio Viennensi discrimen inter utramque vestem statuit : *Cucullæ nomine habitum longum et amplum; sed manicas non habentem : nomine vero Flocci habitum longum, qui longas et amplas habet manicas, nos intelligere declaramus.* [Cucullam et et Froccum pariter distinguit S. Wilhelmus Constit. Hirsaug. lib. 1. cap. 70 : *Ergo cum ad lectum venerit, si est Frocco et Cuculla indutus, Froccum plicat et super tabulam, vel si opus habet, sub capitale ponit... Postea pedibus æqualiter levatis, et in lectum collocatis, Cucullam non prius exuit, quam coopertorium sub cubitos trahat. Tunc quidem eam exutam, sive sit cum pellicio, sive non, complicat, et ad caput ponit; vel si tale frigus habet, super se extendit, capitio tamen ad caput verso.* Hic observare est Monachos in lecto jacentes cucullam exuisse; at secus in Monasterio Palatiolo, ut satis indicat Andreas ejusd. loci Abbas in Vita S. Walfridi num. 12 : *Præterea frater quidam, qui suæ negligentiæ usu ducebatur, et nocturnis vel meridianis temporibus extra Cucullam illicite jacere præsumsit, eique per visum apparens* (B. Walfridus) *fortiter increpavit, et ubi suam haberet Cucullam inquirebat. Et dum ipse per somnium ubique quasi angustians Cucullam quæreret, ab eo ferula quam tenebat manibus cæditur, et sic fortiter, ac si nervis ab aliquo cæderetur* In Actis S. Bernardi Abbatis Claravallensis lib. 2. cap. 8. id de Eugenio PP. III. ejus discipulo observatur, quod Pontifex factus nunquam sine *Cuculla* ibat. Jam vidimus ex Cassiano Monachos *Cucullis* usos fuisse *diebus ac noctibus*.] Vide Haeftenum pag. 474. et in voce *Culla*.

CUCULLA MEMORIALIS, Cuculla, quam deferre jubebantur Canonici Regulares, qui Ordinem regularem Canonicorum, sine Abbatis licentia deseruerant, et monasticum susceperant : ii enim in Choro ultimi sedere, *in memoriam* (unde adjectivum) et pœnam desertionis jubebantur. Quippe id erat contra Sanctiones Ecclesiasticas. Concilium Aquisgran. : *Ne Canonici Cucullas Monachorum induant*. Ratherius Veron. in Apologet. de Clericis in Abbatiam introductis : *Cocullum nemo illorum portet*. Urbanus II. PP. can. 2. 19. qu. 3 : *Præcipimus, ut redeat, et deinceps memorialem Cucullam deferat, et ultimus in choro maneat*. Perperam editum *Cellulam*, apud Steph. Tornac. Epist. 1. ubi hic canon laudatur. Innocentius III. PP. lib. 2. Epist. 12. de Canonico, qui habitu Regularium Canonicorum rejecto, sine Abbatis sui licentia monasticum susceperat Ordinem : *Ad Ecclesiam redire priorem.... compellas, ubi et memorialem eum Cucullam deferre facias, et ultimum in choro manere*. Et in Cap. Intelleximus. de ætate et qualit. ord. : *Ultimus in Choro manendo Cucullam ad memoriam delaturus*. Narratio de ejusmodi Canonico, qui cucullam induerat : *Nuper te, frater Rigranne, Canonicum dimisi, et modo Cucullatum video*, in Appendice ad Capitul. n. 86. Vocem *memorialis* eadem notione usurpat Vita S. Theodardi, Archiepiscopi Narbon. apud Catellum in Hist. Occitan. pag. 752. ubi *memorialis conditio* dicitur, quæ in memoriam rei alicujus imposita dicitur.

CUCULLA ECCLESIASTICA, qua in sacris Liturgiis utuntur Diaconi et Sacerdotes Monachi, in Statutis antiq. Ord. Cartusiensis 1. part. cap. 37. § 27. cap. 43. § 6. cap 46. § 1. Statut. ann. 1368. 3. part. cap. 5. § 20.

* COCULLA, in Capit. Theodori Cantuar. Archiep. cap. 2 : *Septem dies velat caput Coculla sua*. Vide ejusd. Pœnitentiale cap. 3. [et superius vocem *Capitra*.]

CUCULLUMPEDO, et PEDOCUCULLUM, in Notis Tyronis pag. 157.

CUCULLARE, Idem quod *Monachizare*, Cuculla obtegere, κουκουλλόνειν apud Demetrium Zenum in Batrachom. Liber de Fundat. Monast. Gozecensis pag. 230 : *Laicus erat, se tonsuraverat, se Cucullaverat*. Will. Westmonast. ann. 1254 : *Loco eorum, qui recesserant, indignos Cucullavit*. Hinc

CUCULLATI appellati S. Æmilianus Confessor, et Petrus Abælardus ab aliquot Scriptoribus, uti observatum ad Alexiadem pag. 349. i. Monachi. Certe ita usurpat Petrus Cellensis lib. 7. Epist. 14.

¶ Cucullarius, Idem qui *Cucullatus*, in Vita S. Adalberti tom. 5. Junii pag. 103. inter Acta SS. Benedict. sæc. 3. part. 1. pag. 637. et tom. 3. Annal. Bened. pag. 648. Hujus tomi pag. 339. Notkerus sese ipse dicit *Cucullariorum S. Galli novissimum.*

¶ Cucullata Congregatio, Ordo Monasticus. Charta Agnetis Comitissæ Pictav. pro Ecclesia Collegiata S. Nicolai ann. circiter 1060 : *Si quis... Canonicis expulsis Cucullatam Congregationem, dico autem Monachos, inducere malueril... perpetuo anathemati subjaceat.*

Cucullio. Gloss. Lat. Græc. : *Cuculio*, σκεπαςόν, ubi Casaubonus reponit σκέπαςρον, id est, quo caput tegitur.

Cucullio Viatorius, Cucullus, quo peregere proficiscentes utebantur. Capitolinus in Heliogab. : *Qui nocte vagabantur obtecto capite Cucullione viatorio.*

Cucullio Mulionicus, Quo muliones utebantur, apud Lampridium in Heliogab.

* 2. CUCULLUS, Vir, cujus uxor mœchatur, nostris *Coucuol*, *Couquiol* et *Cucuault* a Lat. *Cuculus*, Gall. *Coucou*, qui in aliarum avium nidis ova edit. Vide *Cugus*. Lit. remiss. ann. 1350. in Reg. 80. Chartoph. reg. ch. 26 : *Petrus de Area volens ipsum matrimonium impedire, venit ad locum ubi dictus supplicans uxorem suam desponsabat, et præfato supplicanti dixit plura verba injuriosa clamando : ...... Ipse est et erit Cucullus, sive Cous.* Aliæ ann. 1451. in Reg. 185. ch. 152 : *Tu ne es sinon ung Coucuol, que je t'ai fait.* Rursum aliæ ann. 1462. in Reg. 198. ch. 529 : *Icellui sergent appella le suppliant coquart, coqu, Couquiol, autant Couquiol qu'il n'estoit pas digne de prandre l'eaue benoiste.* Denique aliæ ann. 1463. in Reg. 195. ch. 203 : *Cardin Tholomer en appellant le suppliant Cucuault, et lui disant qu'il alast garder sa femme.* Vide infra *Cucus* et *Cucusare*.

¶ 1. CUCUMA, Clava. Vide *Cucurma*.

¶ 2. CUCUMA, Noctua. Vide *Cucuba*.

3. CUCUMA, Vas æreum, in quo aqua calefit, aut aliquid maceratur, lato ventre instar cucumeris. Gloss. vet. *Cucuma*, θερμοφόρον. Gloss. Ælfrici : *Cucumas*, Cyperen hver, i. æreus lebes. Ugutio : *Cucuma, a sono fervoris, sicut et cacabus, i. vas æreum desuper coopertum, in quo aqua vel cibus coquitur.* Acta SS. Juliani et Basilissæ cap. 5 : *Dii vestri aut Crei sunt, aut lapidei : si Crei sunt, meliores sunt illis Cucumæ, quæ ad usus hominum ex ipso metallo fiunt.* S. Ambros. in Vita S. Agnetis cap. 2 : *Dii autem tui Crei sunt, ex quibus Cucumæ melius fiunt ad usus hominum.* Historia Miraculi S. Georgii in Puero Paphlagone n. 27 : Τὸ τοῦ θερμοῦ ἀγγεῖον, ὅπερ εἰώθεν ὁ ἐπιχώριος διάλεκτος Κουκούμιον καλεῖν, etc. Vide Fortunatum in Vita S. Germani Episc. Paris. cap. 4. Collationem Legis Mosaicæ tit. 1. Casaubonum ad Theophrasti Characteres pag. 219. et Meursium in Κουκούμιον.

Cucumellum, diminutivum a *Cucuma*, inter sacra ministeria vulgo reponitur. Indiculus rerum, quas Paulus Cirtensis Episcopus tradidit Felici Flaminii curatori, apud Baronium ann. 303. num. 12 : *Calices 2. aurei, item calices 6. argentei, Cucumellum argenteum, lucernæ argenteæ 7. etc.* Petrus Diac. lib. 4. Chron. Casin. cap. 90 : *Concas duas librarum octo, Cucumellum librarum sex.*

Cucumula, Minor cucuma, apud Cyprianum lib. 1. Vitæ S. Cæsarii Arelat. n. 13. [* tom. 6. Aug. pag. 79. col. 1 : *Et ingrediens Cucumula, cum ad consignandos infantes sederet.* Ubi baptisterium cameratum intelligendum esse recte monent docti Editores.]

CUCUMERARIUM. Gloss. Ælfrici Saxon. *Pomarium vel Cucumerarium* : æppel-hus. i. pomorum domus. [Vet. Interpreti Isaïæ 1, 8. *Cucumerarium* locus est ubi crescunt Cucumeres : *Et derelinquetur filia Sion, ut umbraculum in vinea, et sicut tugurium in Cucumerario.* Vide Tertull. adv. Judæos cap. 3. et 13. et adv. Marc. 2, 23.]

¶ CUCUMULA. Vide in *Cucuma*.

CUCURBA. Isidorus lib. 10. Orig. et ex eo Papias : *Spiræ, funes, quibus in tempestatibus utuntur, quos nautici suo more Cucurbas vocant.* In aliis exemplaribus habetur *Curcubas*. Gloss. Arabico-Lat.: *Corcuba, Lorum.* Ita emendant viri docti, pro *Lorcum*. Vide *Cucurma*, *Curcuma*.

1. CUCURBITA, *Ventosa, unde trahitur sanguis*, Joan. de Janua. Vox Celso et Medicis notissima.

* Glossar. Gall. Lat. ex Cod. reg. 7684 : *Couhourde, cougourde, Cucurbita.* Pedag. Peronæ ex Chartul. 21. Corb. : *Item ungz homs qui porte Couhourdes, doit j. den.*

¶ 2. CUCURBITA, Infamis adulterio. Papias : *Arga, Cucurbita.* Boherius in Longob. lib. 1. tit. 5. leg. 1 : *Argam i. Cucurbitam quæ est nomen verbale secundum Glossas*, scilicet a *Cucurbitare* 2. quod vide.

* Idem qui *Cugus*, cujus uxor mœchatur. Lit. remiss. ann. 1417. in Reg. 170. Chartoph. reg. ch. 27 : *Quod ipse exponens erat unus vafer Cucurbita, qui se omnino gubernabat per ejus uxorem.* Vide supra *Cucullus* 2. et mox *Cucurbitatio*.

1. CUCURBITARE, Cucurbitam, seu *ventosam* adhibere, more Medicorum, instrumentum nempe concavum, in cucurbitæ formam effictum, cum flamma corporibus adhibetur. Cælius Aurelianus lib. 2. de Tardis passion. : *Post Cucurbitationem, atque dropacis usum, etc.* Vide Gariopontum lib. 3. cap. 24. et Gorræum in Definition. medic. verbo Σικύη. Nescio, an ea significatione *Cucurbitare*, intelligant Glossaria, an vero sequenti. Gloss. Lat. Græc. : *Cucurbitat*, σικυάζει. Gloss. Græc. Lat. : Σικυάζω, *Cucurbito.*

2. CUCURBITARE, Uxorem alterius adulterio polluere : proprie de vassallo, qui domini uxorem adulterio polluit, et ejus ventrem instar *cucurbitæ* inflat, i. imprægnat. At Rodolphus Goclenius in Lexico Philosoph. pag. 298. vocem effictam ait a *Corbita*, Longobardico vocabulo, quod *stuprum*, seu *infamiam* sonat. Henrici Imp. Edictum, cui titulus : Quot testes sunt necessarii ad probandam ingratitudinem : *Si vassallus inhonestis factis atque indecentibus machinationibus dominum offenderit,.. vel si eum Cucurbitaverit, seu in campestri bello suum dominum dereliquerit, feudo privabitur.* Liber Feudor. lib. 1. tit. 5. §. 1. lib. 2. tit. 38. §. 57. lib. 3. tit. 2. §. 1 : *Si fidelis Cucurbitaverit dominum, id est, cum uxore ejus concubuerit,... vel si cum filia, etc.* Ubi vetus Interpres Gallicus MS : *Si avient, que le vassal gise charnellement avec la feme du Seigneur, dont il tient fié, il pert son fié. Si geve laidement à li, ou si gist avec la nièce du Seigneur, etc.* Exstat apud Boncompagnum in Arte dictaminis MS. lib. 1. ejusmodi Epistola : *Audeo vestræ consulere sapientiæ, ut postposito studio literarum ad propria reverti curetis, quia uxor vestra est plurimum habilis et formosa, unde sancti Spiritus igne non uritur, sed carnalis amoris; et multi student partibus, et laborant, ut fundum Cornelianum mereamini possidere, in quo vobis plantabitur Cucurbita ortolana.* Vide Stabilim. S. Ludov. lib. 1. cap. 50. Continuatorem Nangii ann. 1314. et Consuetud. Andegav. art. 193.

* CUCURBITATIO, Tori alieni violatio, adulterium. Stat. Mantuæ lib. 1. cap. 73. ex Cod. reg. 4620 : *De verbis injuriosis per quæ non improperatur alicui proditio, falsitas, hæresis, Cucurbitatio, vel uxoris adulterium seu meretricium, etc.* Vide *Cucurbitare* 2. Alia notione exstat in *Cucurbitare* 1.

¶ CUCURIRE. Auctor Philomelæ versu 25 :

Cucurire solet gallus, gallina grocillat.

* Cucurrire. Vide supra in *Baulare* et *Cacillare*.

CUCURMA. Joannes de Janua : *Cucuma, vel Cucurma dicitur quoddam genus clavæ.* In l. 1. D. ad Leg. Aquil.: *Si clava percussit aut Cucuma.* Ita etiam legitur in Collatione Legum Mosaïc. tit. 1. Vide *Curcuma*.

CUCURUM, Pharetra, corytus, theca sagittarum, ex Germ. *Koker*, theca. Capitulare de Villis cap. 64 : *Et ad unum quoque carrum, scirtum, et lanceam, Cucurum, et arcum habeant* : κούκουρον Græcis inferioris ævi, Constantino in Tacticis pag. 10. Cedreno pag. 441. et aliis a Rigaltio et Meursio laudatis Scriptoribus.

* CUCUS, *aliter Cuculus, Cucu, un oiseau*, in Glossar. Gall. Lat. ex Cod. reg. 7684. Vide *Cugus*.

¶ CUCUSARE, de clamore cuculorum dicitur in voce *Baulare*. Vide *Cuculare*.

* Nostris *Cucuser*, Uxorem vel amicam alterius corrumpere, vitiare. Lit. remiss. ann. 1377. in Reg. 111. Chartoph. reg. ch. 38 : *Pierre le Duc dist à ses quatre compaignons, qu'il tray à part, ces paroles ou semblables : celui Boçu qui s'en va, est cil qui m'a Cucusé de celle meschine que vous savez.* Vide supra *Cucullus* 2.

CUCUSSUS, Cucutiatus. Vide *Cugus*.

¶ CUCUTERA. Concil. Trevir. ann. 1310. inter Anecd. Marten. tom. 4. col. 240 : XIV. *contra gerentes Cucuteras et rigatas.* Sic est titulus articuli, in cujus corpore pro *Cucutera* melius legitur *Cucufa*. Vide in *Cuphia*.

¶ CUCUTIA. Vide *Cucucia* in *Cugus*.

CUCUTIUM. Trebellius Pollio in Claudio : *Bardocucullum unum, Cucutia villosa duo, etc.* Cucullorum speciem hic auguratur Casaubonus. Vide Salmasii Conjecturas pag. 344.

* CUCUTUS. Vide infra *Cugus*.

CUDA. Charta ann. 857. apud Ughellum tom. 1. Ital. Sacr. pag. 815 : *Et per jam dictum callem descendit in fossatum, quod vulgari nomine dicitur Cuda.* [** Germ. infer. *Kaut* est Fovea. ADEL.]

* **CUDATUS**, Cusus, Gall. *Monnoié.* Lit. Phil. Pulcr. ann. 1328. tom. 7. Ordinat. reg. Franc. pag. 127 : *De qualibet libra contractus emptionis, vendicionis vel cambii, auri vel argenti in massa sive non Cudati, etc.* Vide mox

1. **CUDIS**, in Gloss. Lat. Gall. *Coing à faire monnoye*, Instrumentum, quo moneta cuditur. [Gloss. Lat. Græc. in MS. Sangerman. : *Cudis, Incus,* ἄκμων.]

* Formul. Ms. Instr. fol. 49 : *Usque ad summam... florenorum boni et puri auri, justi et recti ponderis et Cudis Florentiæ.* Occurrit rursum ibidem. Vide infra *Cudius.*

* 2. **CUDIS**, Idem quod *Cuda*, Fossatum. Charta ann. 1313. in Reg. 52. Chartoph. reg. ch. 207 : *Prædictus honor .... protenditur...... de collo de Falgariis, sicut aqua vergit, usque ad Cudes, et de Cudibus usque ad rivum frigidum, etc.*

* **CUDITIO**, Fusio, signatura. Charta Alfonsi reg. Aragon. ann. 1444 : *Cum Cuditio sive operatio monetæ Barchinonensis argenti, vocata communiter Croats, ... maximam attulerit utilitatem, etc.*

* **CUDIUS**, Typus, quo moneta cuditur et signatur, Gall. *Coin.* Lit. Caroli V. ann. 1375. pro canonicis S. Galli de Leucagio diœc. S. Flori, in Reg. 108. Chartoph. reg. ch. 41 : *Concedimus per præsentes ut ipsi* (canonici) *amodo et in sempiternum, quociens opus fuerit in Cudiis seu cugneis de ferro seu calybe sculpatis, quos per magistros aut custodes monetarum nostrarum de Sancto Porsano, eisdem confici, sculpari et tradi volumus et jubemus merellos de cupro, vel stagno, sive plumbo de duobus aut tribus maneriebus aut formis dissimilibus.* Vide supra *Cudis* 1.

¶ **CUDO.** Miscell. Theodisca apud Bern. Pez tom. 1. Anecd. part. 1. pag. 400 : *Testudo, Sneceo; Mango, Choupho; Cudo, Smid.* Saxonibus et Belgis *Smid* est Faber ferrarius, Angl. *Smith*, Germ. *Schmied*, *Cudo* dictus a Cudere. *Cudo*, ἄκμων, in Glossis Lat. Græc. MSS. Sangerman. *Incus.* Additur in Supplemento Antiquarii : *Item*, εἶδος περικεφαλαίας, *Galea pellicea.* Silio Italico Poetæ, qui scripsit de Bello Punico *Cudo* vel *Cudon* est species galeæ non ex coactili lana, sed hircorum pilo vel duriori pelle contexta et quasi *succusa*, unde sic lib. 8. v. 494 : *Capiti Cudone ferino sat cautum.* Vide Salmasium ad Capitolin. in Pertinace cap. 8. et Lampridium in Alexandro Severo cap. 40.

CUDREACH, Hibernis, Plegius, seu fidejussor, quem quis post tergum suum, vel post se relinquit. Nam qui petit aliquem remitti ad Curiam domini sui, debet fidejussorem dare, et relinquere in Curia, a qua petit hominem replegiari, si scilicet replegiatio fuerit admissa per judicem. Hæc Skenæus ad cap. 8. § 4. Quoniam attach. : *Relinquet ibidem unum Cudreach, scilicet unum plegium, etc.*

* **CUDUM** vel CUDUS, Ærugo rasilis, Gall. *Verdet* et *Verd-de-gris.* Leudæ major. Carcass. Mss. : *Item pro cargua de Cudi, iij. solid. Turon.* Versio Gallica ann. 1544 : *D'une charge de verdet, etc.*

* **CUECHUM**, Coctio, Gall. *Cuisson;* Italis *Cuocere*, Coquere. Pactum inter monachos et habitatores Anianæ ann. 1332. in Reg. 69. Chartoph. reg. ch. 175 : *Item super illa quantitate pastæ, quam in singulis Cuechis mandatrici furni dari et solvi consuevit, dicimus .... quod amodo per imppertetuum ad tollendam omnem quæstionis materiam, per singula Cuecha unius sextarii detur, loco dictæ pastæ, unus denarius monetæ tunc currentis et pro emina obulus. Cuisage*, eodem sensu, in Lit. remiss. ann. 1383. ex Reg. 123. ch. 221 : *Comme........ Pierrart de la Crois eust demandé à l'exposant l'argent pour le Cuisage de sept hostiaux de pain, etc.*

CUETELLA. Ugutio : *Laganum, quoddam genus cibi, quod prius in aqua coquitur, postea in oleo frigitur; et sunt lagana de pasta quasi quædam membra iliæa, quæ quando in oleo statim friguntur, postea melle conduntur,* (condiuntur) *illa vulgo dicuntur Cuetella, ista Lassauia : et dicuntur sic, quia sunt suavia ad comedendum, etc.*

1. **CUFA**, Gloss. Lat. Græc.: *Cufa*, καμάρια. Est autem καμάριον, cerebri pars superior, in cameræ formam efficta. Atque inde forte *Cofiarum* etymon petendum, ejusmodi scilicet capitis tegumenti, quod vulgo *Coiffe* dicimus, quod supremam capitis partem, seu cerebrum tegat : quomodo *Cervellerium* appellarunt nostri eam Capitis armaturam, quæ caput et cerebrum tegit. Vide *Cuphia*, et *Cervellerium.* At Salmasius ad Hist. Aug. pag. 390. pro καμάρια, restituendum καμασία censet. [Janus in Supplemento Antiquarii habet, *Cufa*, καμαρία, *Fornix.*]

2. **CUFA**, Cucurbita, σικύη, Ventosa. Glossæ MSS. ad Alexandrum Iatrosoph. : *Ceber, id est, Cufa, quæ dicitur Ventosa.* Matth. Silvaticus : *Sicia, ventosa, Cuffa, cucurbita chirurgicorum.* Vide Gariopont. lib. 1. cap. 5. 8. 9. etc. et *Cuphia.*

* **CUFFA**, Tegmen capitis, quod caput totum ambiebat. Munit. castr. reg. in Reg. Chartoph. reg. 34. bis part. 1. pag. 93. v°. col. 1 : *Tres loricæ ad Cuffas, tres sine Cuffis, ... una lorica sine Coiffa. Cuffet*, eodem sensu, in Lit. remiss. ann. 1394. ex Reg. 146. ch. 191 : *Lequel Vidal priust ledit Guitart par le Cuffet, etc.* Vide *Cuphia.*

¶ **CUFIA**, CUFFIA. Vide *Cuphia.*

* **CUGIARIUS**, ut supra *Cucchiarius*, Cochlear. Chron. Placent. ad ann. 1388. apud Murator. tom. 16. Script. Ital col. 583 : *Utuntur taciis, Cugiariis et forcellis argenti, etc.*

* **CUGINUS**, Patruelis, consobrinus, Ital. *Cugino*, Gall. *Cousin.* Stat. antiqua Florent. lib. 1. cap. 3. ex Cod reg. 4621. fol. 13. r° : *Nec ducet aliquis officialis forensis, aut aliquo modo retinebit in palatio aut domo suæ habitationis... fratrem patruelem vel amitinum, aut Cuginum sive consobrinum ex maschulino vel feminino latere... in numero....... suorum officialium vel familiæ.* Occurrit rursum lib. 2. cap. 66. fol. 66. v°. Vide supra *Cosinus.*

* **CUGNARE**, Monetam *cugno* seu typo percutere et signare. Charta ann. 1439. in Chartul. Henr. V. et VI. reg. Angl. ex Cod. reg. 8387. 4 : *Prout alii monetarii consueverunt, possint cudere et Cugnare in civitate* (Burdegalæ) *et ducatu* (Aquitaniæ). Vide supra *Coniare.*

* **CUGNATUS**, pro Cognatus, in Stat. Palavic. lib. 2. cap. 34. pag. 100 : *Nisi fuerit agnatus vel Cugnatus, seu affinis, etc. Cunhat, Beaufrere*, inter voces Occit. Anonymi. qui circa medium sæc. XIV. de hæresi Albigensium scripsit, tom. 3. Hist. Occit.

* **CUGNEUS**, Typus monetalis. Vide supra *Cudius.*

* **CUGNIETA**, Securicula, nostris *Cugniete* et *Cuigniete.* Lit. remiss. ann. 1367. in Reg. 99. Chartoph. reg. ch. 106 : *De quadam securi seu Cugnieta, quam in manu gestabat, per caput taliter percussit, etc.* Aliæ ann. 1376. in Reg. 109. ch. 310 : *Le suppliant haussa une Cuigniete qu'il tenoit en ses mains, et en lui défendant feri d'icelle Cuigniete ledit de Laigny un cop par la teste, etc. Pierre de Waloncappelle.... tourna vers Jehan d'Esclimeu escuier, et getta contre lui un ou deux cops d'une Cuguiete, que ledit escuier receut sur sa taloche,* in aliis Lit. ann. 1382. ex Reg. 121. ch. 7. *Queugniete*, eodem sensu, in Lit. remiss. ann. 1369. ex Reg. 100. ch. 209 : *Une Queugniete, que l'en tient en sa main.* Vide infra *Cuygneia.*

* **CUGNO**, CUGNONUS, Cuneus, Gall. *Coin*, Ital. *Cugnolo.* Guido de Vigev. Ms. de Modo expugn. T. S. cap. 11 : *Et post has rotas firmentur duo Cugnones sic strictim positi inter ipsas rotas superiores et rotas carri, super lecto carri taliter positi, quod volvendo rotas cum manegia, volvantur ipsi Cugnones, et per Cugnones volvantur rotæ carri sic positi.* Ibidem cap. 12 : *Quantum est grosicies parvi Cagnoni, etc.* Vide *Cugnus* 3.

* **CUGNOLIUS**, Lateris species. Stat. Vercell. lib. 4. pag. 82. v° : *Item quod fornasarius faciat seu fieri faciat lapides, ... et Cugnolios, cujuscumque modi sint, bene coctos, maseratos et assaxonatos, latos, grossos et longos ad mensuram communis Vercellarum, secundum quod sculpiti sunt in lapidibus communis Vercellarum.*

¶ 1. **CUGNUS**, Typus quo nummi percutiuntur et signantur, Gall. *Coin.* Charta Capituli Autissiod. ann. 1360 : *Sub annuo reditu sexies viginti et decem florenorum auri ad scutum de Cugno Domini nostri Regis Franciæ.* Altera anni 1364. ex Archivo Castri Brientii : *Ducentos florenos auri de Cugno Domini Johannis Francorum Regis.* Occurrit in Actis SS. Maii tom. 1. pag. 65. apud Baluzium Hist. Arvern. tom. 2. pag. 209. Marten. tom. 1. Anecd. col. 1631. in Hist. Dalphin. tom. 1. pag. 96. Edit. Genev. et pag. 99. Edit. Paris. et alibi non semel. Vide *Cunhus* et *Cuneus* 2.

¶ 2. **CUGNUS**, Angulus, Gall. *Coin*, alias *Coing.* Edictum Caroli Regentis ann. 1358. inter Ordinat. Reg. tom. 3. pag. 242 : *Concedimus prædictis Decano et Capitulo, quod ipsi dictam ruellam a Cugno dicti refectorii usque ad capellam S. Joannis Evangeliste dicte Ecclesie Meldensis valeant claudere et firmare.* Vide *Cuneus* 1.

* Nostris *Cuignet.* Comput. Rob. de Seris ab ann. 1332. ad ann. 1344. in Reg. 5. Chartoph. reg. fol. 3. r° : *Et en chascun Cuignet desdites arçonnieres un angelot. Quignon*, ibid. fol. 6. v°. et *Quignet*, in Lit.

remiss. ann. 1391. ex Reg. 140. ch. 298. Aliæ ann. 1406. in Reg. 161. ch. 163 : *Lesquelx se logerent en un Cuignet des bergeries, où il avoit un tas d'essaies à brebis.* *Cugnet*, Ager in angulum desinens, in Ch. ann. 1497 : *Item encore ung Cugnet, contenant environ ung quartier. Cuygnié*, in Lib. nig. priorat. S. Petri Abbavil. fol. 41. v° : *Une eschache qui va en maniere de Cuygnié.*

¶ 3. **CUGNUS**, Cuneus, Gall. *Coin*, Instrumentum ferreum ligneumve findendis lignis et aliis usibus accommodum. Chron. Dominici de Gravina apud Murator. tom. 12. col. 678 : *Qui de nostris concivibus retinent in cippis ligneis calcatis pedibus Cugno ligneo velut canes.* Pluries occurrit apud hunc Scriptorem. Vide *Cuneus* 4.

* Inventar. ann. 1476. ex Tabul. Flamar. : *Item plus quinque Cugnos ferri aptos ad extrahendum lapides ex peyreriis.*

¶ **CUGUCIA**. Vide *Cucucia* in *Cugus*.

CUGUS, Gallis *Cocu*, vel *Coucou*, *Cornard*, Occitanis *Couyoul*, nostris olim *Couz*. Lexicon Lat. Gall. : *Niminvir, Couz, c'est de qui sa femme fait avouterie.* Usatici Barcinonenses MSS. cap. 67 : *Si quis.... appellaverit aliquem Cugus, propter bannum emendet ad Principem 20. unciis auri.* Usatica Regni Majoric. ann. 1248 : *Si quis dixerit alicui Cugus, vel Renegat, et statim ibi aliquod damnum acceperit, non teneatur respondere alicui domino, vel ejus locum tenenti.* Joannes de Condato MS :

Ce fu li Kuqus de pute aire.

Occitanis *Cougot*, idem valet ac *Cagot*, *Cafart*, iners, piger : cujusmodi sunt viri, quorum uxores mœchantur, iis tacentibus, quos ideo *Argas* vocabant Longobardi. Vide in *Arga*, [et in *Cucurbita* 2.]

* Glossar. Provinc. Lat. ex Cod. reg. 7657 : *Cogul, Prov. Cucutus, a voce Cuculus, cucus.* Lit. remiss. ann. 1412. in Reg. 166. Chartoph. reg. ch. 365 : *Cogul, qui vault autant à dire, selon le langaige du pais, comme coulz ou couppault; et est l'une des greigneurs injures que l'en puist dire à homme marié audit pais de par de-là.* Vide supra *Copaudus*.

Has vero voces nostri unde usurparint, non plane constat, et si plurimi in eam concedant sententiam, ut ita dictos censeant adulterarum conjuges, a cuculis avibus, quæ in aliarum avium nidis ova edunt. Nam *Cucus*, pro *Cuculus* inferior ætas dixit, uti in Glossario Arabico-Lat. restituit Meursius, pro *Tucus*. *Cucus, quem Spani Cuculum vocant, a voce propria nominatus.* [Vetus Poeta MS. e Bibl. Coislin. :

Quand du Cucu oient le cri,
Ne seront quel oisel ce fu,
Mais que tostens disoit Cucu.]

Suidas : Κόκκυξ, εἶδος ὀρνέου, ὃ παῤ ἡμῖν κοῦκκος.

At nostri olim non *Cocu*, sed *Coux* dicebant; ita ut *Cocu*, vox sit *Coux* repetita, tametsi istius etymon haud planum sit. Le Songecreux fol. 51 :

Plusieurs l'aiment pour sa beauté,
Et par amour complait à tous,
Garder doné ne peult feauté,
A son mary, mais le fait Coux, etc.

Apud Philippum Bellomanerium quæstio proponitur de eo, qui alium interfecerat, quod sibi exprobrasset *d'avoir geu ó se feme, et l'avoir fait Cos.* Le Roman *de la Roze* :

Suis-je mis à la Confrairie
Saint Arnoul le Seigneur des Coux.

Vide quæ de vocis etymo conjectarunt viri doctissimi Ægidius Menagius, et Octav. Ferrarius in voce *Becca*.

Cucussus, **Cucutiatus**, Idem quod *Cugus*. Petrus Rex Aragon. in Constitutionibus Catalan. MSS. : *Statuimus, quod si quis uxorem, quæ nondum 15. annum explevit, defloratam exiens de terra nostra per 7. annos reliquerit, si postea forte eam accusaverit, id est, Cucussum fecerit, non teneatur, nec pœnam aliquam patiatur.* Infra : *Et hac ipsa ratione ipse accusatus, id est, Cucuciatus fuerit, etc.*

Cucucia, **Cugucia**, Adulterium, vel raptus virginum, aut viduarum : proprie Placitum, quod in Gallia *Raptus* dicitur. Usatici Barcinonenses MSS. cap. 99 : *De rebus et possessionibus Cucuciorum, si maritis nolentibus erit facta Cucucia, ipsi et eorum seniores æqua portione habeant partem totam adulterantium conjugum. Si vero, quod absit, maritis volentibus, et præcipientibus sive assentientibus fuerit facta ipsa Cucucia, illorum talium jus et justitiam habeant integriter illorum Seniores.* Alibi : *Cum vero ambo simul fuerint, et eam* (uxorem) *maritus sæpe et sæpius aggravaverit et molestaverit, vel male inductam secum habuerit, et hac ratione ipse accusatus Cucutiatus fuerit, nullo modo ipsa increpetur, aut in aliquo puniatur.* Charta Raimundi Comitis Paliarensis ann. 1055. edita a Stephan. Baluzio : *Valentiam filiam vestram in conjugio accipio, et vobis manifeste convenio, ut eam semper cum honore teneam, sicut homo debet tenere suam legitimam uxorem, et nunquam eam dimittam, dum vixero, nisi propter Cucuciam, quam ipsa mihi faciat, et ipsa Cucucia mihi sit probata a me legaliter, et manifeste convicta, et non sit facta per meum assensum, nec per meum consilium, nec per meum stabilimentum. Lenocinium*, in Glossis antiquis MSS. dicitur *esse uxoris meretricatio mariti consensu.* Vide *Licentia mala*. Charta Hugonis *de Belpin* Militis, qua Gaucerando *de Pinos* vendit villam *de Pi* in Ceritania ann. 1238 : *Et ostem, et cavalcatas, et sequis, et Cucucias, et exorquias, et homicidia, et intestationes, et arsinas, etc.* Alia Rogerii Comitis Fuxensis 13. Kl. Madii 1250 : *Enfranquimus omnes et singulos homines et feminas de valle de Meranges et eorum proles in perpetuum de exorquia, intestia, arsena, et Cucugia, ... et de questis... justitiis, monetaticis, exceptis exercitibus et cavalcatis, etc.* Alia ann. 1304 : *Item pronuntiamus, quod Vicarius Ceritaniæ det tertiam partem de his, quæ habebunt ratione justitiarum, exorquiarum, Cogociarum et arsinarum ab hominibus Ceritaniæ, etc.* [Charta ann. 1153. Marcæ Hisp. col. 1318 : *Scilicet Cogocias, homicidia, adulteria, furta, etc.* Alia anni 1068. col. 1144 : *Cum baucias, Cugucias et exerquias et homicidiis, et omnia placita quæ pertinent ad seniorem majorem.* Alia anni 1141. ibidem col. 1288 : *Incendia atque homicidia, ruptiones* (f. *raptiones*) *atque Cucucias et omnia placita, etc.*] Alia vetus Charta Hispanica MS. : *Ego Minimill D. de Plano de Curtis accipio per te Oliba Comitem meum Seniorem ad fevum... meum alod de Placurt... et ego Oliba Comes... et sic totum dono et firmo et laudo, videlicet homicidias, Cugucias, firmancias et justitias, quæ ibi esse possunt, etc. Facta est scriptura 5. Kl. Aug. an. 22. regnante Leutario filio Lodenarii.* In alia Charta, *Cugucia* videtur reddi per *raptum virginum et viduarum.* Michael Carbonellus in Chron. Hisp. fol. 97 : *Especialment los enfranqui quels vene los usos e costums mals : ço es intesties, exorquies, Cucucies, e arsies; hon encara lo bovatge, rebotvage, e herbage a tots aquells, qui volgueren e comprar ne pogueren.* Vide tom. 8. Spicilegii Acheriani pag. 268. 270.

* **CUIDENS**, Cuspis, Gall. *Pointe*. Lit. remiss. ann. 1353. in Reg. 81. Chartoph. reg. ch. 842 : *Eundem Johannem percussit in capite solo ictu de quodam ense, videlicet de Cuidenti dicti ensis. Cuidiaus* inter instrumenta piscatoria recensetur, in Stat. ann. 1326. ex Reg. B. 2. Cam. Comput. Paris. fol. 32. r° : *Quant aus Cuidiaus, les chauces seront au molle d'un parisis de plat aisiement.*

¶ **CUIDERE**, Servire. Leges Palatinæ Jacobi II. Regis Majoric. inter Acta SS. Junii tom. 3. pag. XIV : *Si vero aliquo casu eveniret, quod nullus de scutiferis nostris ad Cuidendum coram nobis destinatis præsens esset; tunc unus ipsorum qui potus curam habent, qui antiquior erit officio... prædictorum absentium officium sibi assumat faciendum.* Alias Gallis *Cuider* vel *Quider*, Cogitare, æstimare.

¶ **CUIGNES**, Forma, qua monetæ percutiuntur, Gall. *Coin* vel *Coing*. Necrologium Confratriæ Clericorum apud Pontisaram : *Item tres florenos auri ad scutum de Cuigno Regis Philippi.* Vide *Cugnus* et *Cuneus*.

* Lit. Johan. reg. ann. 1361. tom. 3. Ordinat. reg. Franc. pag. 504 : *Summa trium millium florenorum regalium auri de Cuigno nostro nunc currentium.*

* **CUILHERIUS**, a Gallico *Cuillier*, Cochlear. Charta ann. 1351. in Reg. 81. Chartoph. reg. ch. 243 : *Petrus Fortis monasterium Vallis nigræ vestibus, pecunia, tasseis, Cuilheriis argenti...... deprædaverat.* Vide infra *Culherius*.

¶ **CUILIBET**, Vocabulum in Capitulo Bellovacensi usitatum, pro Cumulo minutarum obventionum et distributionum, quæ fiebant *Cuilibet* præsentium pro diurnis Horis, Missis extraordinariis, etc.

¶ **CUILLA**, Navis ad transvehendum. Lobinellus in Glossario ad calcem Hist. Britan. : *Petrus de Craon cum suis gentibus, in tribus Cuillis mare intravit.* An sic dicta navis per Synecdochen a Carina, quam vulgo dicimus, *Quille*, uti Poetæ Carinam pro navi dixerunt aliquando?

¶ **CUJORUM**, pro Quorum. *Cujorum interest*, apud Rymerum tom. 2. pag. 115.

* **CUIRENA**, **Cuirenia**, Thorax e bubali corio sine manicis, unde nomen, Gall. *Cuirie*, vulgo *Colletin*. Comput. Ms. ann. 1239 : *Pro tribus baccis et tribus Cuirenis*

ad eosdem, iv. lib. iv. sol. Ibidem : *Pro hernesio suo, videlicet baccis et Cuirentis et suis affecturis, ix. lib. v. sol.* Guill. Guiart. ad ann. 1268 :

Hyaumes, haubers, tacles, Cuiries
Fondent par les grans cops et fraignent.

Ejusdem originis est vox *Cuirier*, Corio tegere, in Stat. pro sellariis Ambian. ann. 1393. tom. 7. Ordinat. reg. Fr. pag. 564. art. 1 : *Seront* (li archons) *Cuiriez de noeuve toille.* Unde *Cuireur de selles*, in lib. 1. Statut. super artif. Paris. ex Cam. Comput. fol. 346. v°. *Cuyrien*, Vectigal pro corio præstitum, in Ch. Phil. VI. reg. Franc. ann. 1343. ex Cod. reg. 8428. 3. fol. 67 : *Cy ensuient lesdites parties de la revenue et de la despense..... Le Cuyrien, le gressin, les esgruns semblablement, xxxiv. liv. x. soulz, ij. den. Cuiret* vero dicitur pellis abrasa, sed aluta nondum concinnata. Neque aliunde repetenda videtur vocis *Cuirée* origo, qua luporum venatio significatur, in Lit. remiss. ann. 1402. ex Reg. 157. Chartoph. reg. ch. 62 : *Lequel veneur pria audit Symon qu'il lui voulsist aler querir un cheval.... pour faire la Cuirée aux loups, ausquelx loups icellui veneur avoit entention de chacier.* [** Esca quæ lupis projicitur, Gall. *Curée.*]

* **CUISINARIUS**, a Gallico *Cuisinier*, Coquus. Charta ann. 1330. in Chartul. S. Maglor. Paris. ch. 154 : *Tunc Cuisinarius S. Germani, cum pluribus monachis et complicibus suis, cum armis irruit in et contra præpositum prædictum.*

¶ **CUISSELLUS**, Ferreum femoris tegumentum, Gall. *Cuissard.* Testamentum Odonis de Rossilione Militis ann. 1298. apud Marten. Anecd. tom. 1. col. 1306 : *Meos Cuissellos, meos chantones, meum magnum cultellum et meam parvam ensem.*

¶ **CUISSERIUS**, ut *Cuissellus.* Garnisiones seu munitiones inventæ in castro Carcassonensi ann. 1294 : *II. paria camberiarum sine Cuisseriis, I. par camberiarum sine Cuisseriis.*

¶ 1. **CUISSETUS**, An genus panni? Testamentum Garini *Goujons* ann. 1314 : *Unum supertunicale de cindalo, unam pliciam de Cuissetis.*

* 2. **CUISSETUS**, Ferreum femoris tegumentum, Gall. *Cuissart*, alias *Cuisiaux* et *Cuissotz.* Charta comit. Marchiæ ann. 1269. in Reg. 11. Chartoph. reg. fol. 81. v° : *Mandamus vobis quatinus duo paria turnicliarum et duo paria Cuissetorum, duas testerias ad equos... apportari faciatis vobiscum.* Inventar. Ms. ann. 1316 : *Item un Cuisiaux gamboisez.* Le Roman *du Chevalier Délibéré* Ms :

Cuissotz, braconniere de maille,
Avoir te fault, et n'y fais faille.

* *Cuysot* vero, [illegible] Perna, vulgo *Jambon*, apud Andr. *de la Vigne* in Viridar. honor. fol. 19 :

Cuysots, pastez de haute venaison,
[illegible] pigeons, chappons de S. Denys.

[illegible] *Cuissete* dicitur Lana vel pellis, quæ [illegible]as vervecis tegit, in Lit. remiss. ann. 1408. ex. Reg. 163. ch. 22 : *Quatre hoppelandes, trois fourrées, les deux d'estaiz deroyez et l'autre de Cuissetes d'aigneaulx. Cuisseux* vero Sellæ latera, quibus insident femora equitantis, in Stat. sellar. Ambian. ann. 1393. tom. 7. Ordinat. reg. Franc. pag. 565. art. 8 : *Que nulz ne puist garnir selles à couverture, que il n'y ait Cuisseux doubles.*

¶ **CUISSIA**, Coxa, Gall. *Cuisse.* Onomasticon ad calcem tom. 2. SS. Aprilis.

¶ **CUISSINUS**, Pulvinar, Gall. *Coussin.* Charta Ludovici IX. Franc. Regis ann. 1228. apud Marten. Collect. Ampliss. tom. 1. col. 1221. B : *Cum hospites nostri de S. Germano in Laya... tenerentur nobis providere de culcitris et Cuissinis, quandocumque in eadem villa jacebamus.* Vide *Cussinus.*

¶ **CUISTA**, vel Cuistum, Quistum, Collecta, tributum a subditis exactum, collectum, *quæsitum.* Venditio Comitatus Rellaniæ per Ludovicum II. Comitem Provinciæ facta Petro *d'Acigné* Senescallo ann. 1410. ex Schedis Præsidis *de Mazaugues : Cum... albergis, cavalcatis, adempris, tasquis, Cuistis, vintenis, etc.* Inquisitio jurium Curiæ regalis in loco Auseto ann. 1364. ex iisdem Schedis : *Item habet ibi in dicto festo* (Paschæ) *pro Quisto dictarum cavalcatarum solidos 4. et denarios* 8. Quod autem hic *Quistum*, *Collectio* dicitur in Recensione anni 1414 : *Item habebat ibidem dicta Curia pro Collectione dictarum cavalcatarum solidos 4. denarios.* 8. Vide *Collecta* 1. et *Quæsta.*

CUJUSMODI, pro *qualibuscumque*, utitur crebro S. Augustinus. Vide lib. 2. de Ordine cap. 14.

* **CUITA.** Arest. ann. 1306. in Reg. *Olim* parlam. Paris. fol. 84 : *Ubi nostræ et dictorum religiosorum mensuræ currunt, etiam ab illis de communia prædicta, scilicet de una Cuita bladi, unum boissellum.* Mensuræ species videtur. Vide *Cocta* 3.

* **CULA**, pro Gula, Gall. *Gorge.* Formulæ Mss. ex Cod. reg. 7657. fol. 43. r° : *Ad Culam seu collum suum accepit, animo et intentione ipsum penitus suffocundi.*

* **CULACRA** vel Culacrum, Præstationis species. Chartul. Floriac. fol. 105. r° : *Homines de Castellione erunt perpetuo quieti et liberi.... de cornuagio, de charruagio et de Culacris quæ debebantur.* Vide infra *Cullarata.*

¶ **CULAGIUM**, Tributum a subditis matrimonio jungendis Domino exsolvendum, *Cullage* in quodam Instrumento anni 1507. quod laudat D. *de Lauriere* in suo juris Gallici Glossario. Polyptych. Fiscamn. ann. 1235 : *Cum villanus maritat filiam suam, extra villanagium, debet tres solidos de Calagio.* Vide *Marcheta.*

* Eodem nomine, varie tamen pronuntiato, vocabant munus in cibis, vino vel pecunia exhibendum a recens nupto sociis suis. Lit. remiss. ann. 1375. in Reg. 108. Chartoph. reg. ch. 172 : *Comme en la ville de Jallon sur Marne et ou pais d'environ, il soit accoustumé et de long temps, que un chascun varlet, mais qu'il ne soit clerc ou nobles, quant il se marie, soit tenuz de paier aus autres compaignons et varlez à marier son becjaune, appellé oudit pais Coullage.* Aliæ ann. 1385. in Reg. 127. ch. 287 : *Le vin du Couillage du fils Petitpas, qui fu de nouvel mariez.* Aliæ ann. 1391. in Reg. 142. ch. 6 : *Auxquelles noces certain grant debat fu meu entreulx pour savoir à qui appartenoit le droit du Coillage, deu par ledit espousé.* Aliæ ann. 1396. in Reg. 149. ch. 245 : *Lesquelz se partirent touz ensemble du lieu de la Greve après heure de cuevrefeu, pour venir au lieu de Monstierender en espérance de aler demander à Jehan Thibaut vigneron son Coillage, pour ce que ce jour il avoit espousé une fille dudit lieu de la Greve......... Lequel Jehan Thibaut ne leur voult donner aucune chose, fors.... que son pain et de son vin, et des biens de son hostel.* Aliæ ann. 1454. in Reg. 184. ch. 498 : *Lesquelz compaignons envoyerent..... oudit hostel ou se faisoient les nopces, pour demander à l'espousé son Culaige, ainsi quilz ont accoustumé de faire oudit lieu* (de S. Leu en Rethelois). Denique aliæ ann. 1458. in Reg. 189. ch. 284 : *Fut par les varlés de la ville de S. Just demandé le vin ou Coullaige, qui est une chose acoustumée ou pays.* Sicut a viro, ita et a muliere, quod compotationi inserviret, exigebatur sub vocabulo *Deschaussage* et *Deschaussaille.* Lit. remiss. ann. 1390. in Reg. 139. ch. 220 : *Pluseurs compaignons estoient alez boire en la taverne le Deschaussage d'une espousée, ainsi qu'il estoit de coustume ; et pourceque le pere à l'espousée, qui avoit respondu de paier ledi Dessauchage, c'est assavoir deux pintes de vin ou trois, etc.* Aliæ ann. 1395. in Reg. 148. ch. 248 : *Lesquelz compaignons vindrent boire le vin des Deschaussailles d'une espousée de Mully.* Vide supra *Cochetus* 3.

* **CULATA**, Rei alicujus pars extrema, Gall. *Queue.* Codex censualis Castellar. in pago Domb. ann. 1391 : *Pratum in quo fit una trossa feni, situm in Culata stagni de la Fargy.* Hinc pars extrema capuli pugionis, *Cul* dicitur, in Lit. remiss. ann. 1392. ex Reg. 143. Chartoph. reg. ch. 109 : *Icellui Cervoise donna audit Dufresne avecques le Cul de sa dague deux ou trois cops sur la teste.* In præcedenti Charta ubi de eadem re : *du manche de sa dague.*

CULBARE, *Substillare*, στραγγουρεῖν, in Gloss Græc. Lat. Ibid.: στραγγουρία, *Culbicio, substillatio.*

* *Culbitio*, στραγγουρά. Leg. ex Castigat. in utrumque Glossar. στραγγουρά. Vide Martinii Lexicon v. *Stranguria.*

CULCA, Culcare, Exculcator. Vide *Collocare.*

* **CULCICIA**, Culcitra. Inventar. S. Capellæ Paris. ann. 1363. ex Bibl. reg. : *Item quinque Culciciæ et quinque coissini, cum quinque materaciis.*

* **CULCIDERA**, Culcidra, Eadem notione. Stat. Vercell. lib. 2. pag. 27. v° : *Culcidra una et cussinum unum super quibus dormit, linteamina duo, coopertorium unum, etc. Culcidera*, ibid. lib. 7. pag. 189. v°.

* **CULCINUS**, pro *Cussinus*, Pulvinus. Locus est infra in *Culcitrepunctum.*

CULCITA, Culcitra. *Culcitarum* vel *Culcitrarum exactiones*, quæ fiebant a vassallis et tenentibus ad dominorum exceptiones, cum peregre ibant. Quæ quidem *Culcitarum præbitiones* Comitibus, vel Tribunis, aliisve Magistratibus fieri vetantur in leg. 2. 3. Cod. Theod. de Salgamo hospitibus non præbendo (7, 9.). Charta Willel. Nothi Regis Angl. pro fundatione Abbatiæ S. Trinitatis Cadomensis ann. 1082 : *Sed et gablum et consuetudinem Culcitrarum,* quod in eadem parte burgi habebat, Ecclesiæ S. Trinitatis ascribit. Charta Communiæ Bituricensis ann. 1281 : *Ab omni tolta, tallia et botagio, et Culcitrarum exactione quieti et liberi erunt.* Charta Hugonis Decani Autisiodorensis ann. 1280. in Tabular. Eccles. Autisiodor. fol. 249 : *Item consuetudinem de Culcitris tradendis, quotiescumque Decanum, vel Camerarium, seu alios Canonicos ad locum illum declinare contigerit, et ibidem pernoctare, remittimus.* Tabularium Fossatense : *Tenentes dictas terras de quarta debent Culcitras et linteamina ad opus D. Abbatis et ejus familiæ, quando pernoctat ibidem.* Charta Beatricis Abbatissæ B. Mariæ Suession. ann. 1232. pro Communia Aisiaci : *Item si contingat nos Abbatissam in dicta villa jacere, homines villæ tenentur nobis ministrare in qualibet hostisia Culturam* (f. culcitram) *et pulvinar ad petitionem majoris, vel alicujus Scabinorum, ubi viderit bona fide, quod haberi possit, etc.* Regestum Castri Lidi in Andibus fol. 47 : *Quando Dominus Susæ, vel Domina ad Susam venerint, Præco debet quærere paleam et bucham, et Culcitras, et lintea, et napas, et cyphos per domos burgensium, per amorem, non per feodum : et debet quærere ea, quæ necessaria fuerint in hospitio Domini.* Charta Alani Episcopi Autisiodor. apud Sammarthanos : *Si Episcopus venerit in villam, vel hospites ei supervenerint, accipiet patellam, cacabum, scutellas, aphos, Culcitras, quissinos et pannos ad jacendum.* Tabularium Fiscanense fol. 67 : *Et 2. corveias ad opus fœnorum suorum, et accommodationem Culcitrarum et linteaminum meorum, et foragium vinorum meorum, etc.* Charta ann. 1210. in Chronico Andrensi : *Consuetudinaliter solebamus habere apud Hames... dimidiam frescengam, tres bustellos avenæ, unam Culcitram, quoties supervenirent hospites.* Charta Philippi VI. Regis Fr. ann. 1340 : *Quod fuerint in possessione et saisina talis libertatis et immunitatis, quod dictus Archiepiscopus existens in villa Remensi, aut gentes suæ, lectos, Culcitras, cussinos, coopertoria, aut alia lectorum estoramenta, in domibus istorum conquerentium capere nequeunt, nisi ad hoc eorundem conquerentium voluntas occurrat, etc.* Compotus Præposituræ Parisiensis pro termino Ascensionis ann. 1333. per Joannem de Milone Præpositum Parisiens. : *De Præpositura Montislerici : De hallagio, . . . de pondere et costuma bestiarum, de egruno, de arrivagio, . . . de trubla, . . . de costuma Culcitrarum, etc.* Majus Tabular. Corbeiense, ubi de juribus Abbatis : .... *Item pluisour de ledite vile li doivent Coutes à court, quant il en sont semons.* Charta ann. 1247. apud Perardum in Burgundicis : *Que nuls ne en nostre venue, ne sens nostre venue, ne pregne à Rouvre, geline, ne pucin, . . . ne Coutte, ne cuissin, ne charroi, etc.* [Edictum Johannis Fr. Regis ann. 1355. tom. 3. Ordinat. Reg. pag. 28 : *Notre tres chiere compaigne et nostredit filz allanz par chemin par nostre royaume, noz maistre d'ostel pour nous, pourront hors bonnes villes, faire prendre par la justice des lieus, fourmes, tables, trestiaux, Coustes, cousins, feurres, etc.*] Acta Murensis Monasterii pag. 39 : *Adducit etiam ante Nativitatem Domini duo plaustra ligni, et ter in anno Lectos hospitibus præstabit.* Charta ann. 1312. in 48. Regesto Tabularii Regii num. 179 : *Tam in Corveis, quam in captione Culcitrarum, et aliis quibuscunque, etc.* Neque, opinor, aliud fuit servitium, cujus non semel mentio in Charta Grodegangi Episcopi Metensis ann. 765. apud Meurissium : *Debent autem curtim indominicatam muro circumdare, vineas vallo munire, vigilare, Lectos dare, arare, etc.* Adde Chartam Libertatum villæ S. Hilarii ann. 1324. in Probat. Hist. Castilionensis.

Culcitram Auferre, jure *Mortuæ manus.* Magnum Chronicon Belgic. ann. 1133. de Adalberone Episcopo Leodiensi, qui *Mortuæ manus* jus in sua diœcesi extinxit : *Maxima pax Leodiensium hoc tempore fuit : unde de nocte dicitur orare solitus hic Episcopus pro grege sibi commisso ante fores diversarum Ecclesiarum, ubi semel vidit mulierem flentem mortem mariti sui, et præsertim propter mortuum maritum Culcitram suam auferri ab Episcopo.*

Culcitra Puncta, Gall. *Coute pointe,* quam perperam vulgus *Courtepointe* vocat. Ebrardus in Græcismo cap. 12 :

Estque Thoral lecto quod supra ponitur alto,
Ornatus causa, quod dicunt Culcita puncta.

Perperam editum *picta* in editione Lugduneusi ann. 1490. Rainaudus Abbas Cisterciensis in Institutis ejusdem Ordinis cap. 29 : *Nullus ferat secum in via punctam Culcitram ad jacendum, nisi is, cui in Capitulo concessum fuerit.* Ubi *Manriquez* perperam *pulvinum sellæ equestri impositum* interpretatur. [Antiquæ Constitut. Vallis-Caulium in Anecdotis Marten. tom. 4. col. 1661 : *Nullus prior extra domum ferat Culcitram punctam vel coopertorium, exceptis his qui sunt in Scotia, vel qui longum iter arripuerint.*]

¶ Culcitrarum Portitor, inter Ministeriales Curiæ recensetur in Charta Joann. de Avenis Comitis Hannoniæ ann. 1287. agud Miræum tom. 1. pag. 777. col. 1 : *Ministeriales quoque in Curia Feodatos scilicet, Dapiferos, Pincernas, Pistores, Camerarios, Portarios, Coquos, Culcitrarum Portitores, Ballivos, etc.* Eorum, opinor, cura erat culcitrarum ferendarum quocumque pergeret Comes.

¶ Culcitrare, *Calcare plumis, farcire,* apud Laurentium in Amalthea.

¶ Culcitrarius, *Qui facit culcitras.* Ibidem. Occurrit in Mirac. S. Angeli Mart. tom. 2. Maii pag. 94.

* Culcitraria, Culcitrarius, Culcitrarum opifex, nostris *Coustier.* Lit. ann. 1372. tom. 5. Ordinat. reg. Franc. pag. 549 : *Dantes earumdem tenore in mandatis præposito nostro Pariensi cæterisque justiciariis nostris præsentibus, quatinus prædictos Culcitrarios et Culcitrarias nostra præsenti gratia...... uti et gaudere faciant.*

Culcitrum usum ac nomen a Gallis primum promanasse, sunt qui putant, ex hoc Plinii loco lib. 1. cap. 18 : *Sicut in Culcitris præcipuam gloriam Cadurci obtinent, Galliarum hoc et tomenta pariter inventum.*

¶ **CULCITERNUM**, Pulvinar, Gall. *Coussin, Oreiller.* Testamentum Guidonis de Cuisiaco Militis ann. 1247. Hist. Eccl. Meld. tom. 2. pag. 150 : *Unicuique domorum Dei de Porta S. Meloti Meldensis, de Cornillo, de Dompno-Martino, de S. Patusio, de Remeya, de Wareddis unam culcitram cum Culciterno et duo linteamina.*

* **CULCITREPUNCTUM**, ut *Culcitra-puncta*, Gall. *Coutepointe.* Regula soror. Fontis Ebraldi cap. 44 : *Super stramenta lectorum sunt mataricia vel Culcitrepuncta, super quibus jaceat quælibet soror inter pannos de blancheto, pulvinari et culcino de pluma supposito capiti.*

* **CULCURA**, *Lo leto da jacere de piume.* Glossar. Lat. Ital. Ms. Sed leg. *Culcitra.*

¶ **CULDEA**, πτέρνος, *Calx, calcaneum*, in Supplemento Antiquarii.

* Gloss. Lat. Gr. : *Culdex,* πτέρνος. f. *Calces,* πτέρναι, ex Castigat. in utrumque Glossar.

CULDEI. Vide *Colidei.*

* **CULEA**, Viride nucis putamen, Gall. *Brou.* Glossar. Lat. Gall. ex Cod. reg. 7692 : *Culea, toire de nois vel vesteure. Culé,* Pala vulgo *Chatton*, in Inventar. bonor. ducis Bituric. ann. 1416. ex Cam. Comput Paris : *Item de xij. chastons ou Culéz d'or.*

CULEATA. Charta ann. 1290. in Tabulario S. Maglorii Parisiensis fol. 96 : *Habent mortuum nemus tam in communi, quam in defenso, quoquo modo ceciderit, remota Culeata,* [Id est, Securi. Vide *Cuneata.*]

* 1. **CULERIA**, Postilena, Gall. *Croupiere*, vel postilenæ pars, quam sellarii *Culeron* vocant. *Coliere*, apud Joinvil. in S. Ludov. edit. reg. pag. 58. et 83. Arest. ann. 1304. in lib. 1. Statut. super artif. Paris. ex Cam. Comput. fol. 344. v° : *Declarantes quod licet dicti selarii, sui officii ratione, pectoralia, estriverias et Culerias de duobus coriis suere non possint, etc.*

* 2. **CULERIA.** Bulla Silvestri II. PP. ann. 999. tom. 6. Bibl. Germ. pag. 169 : *Ut idem locus Quiddiliggaburg.... cum.... omnibus rebus, Culeriis quoque et villis, ac tam divinis quam sæcularibus soli tantum summæ Romanæ ecclesiæ sedi..... subjectus, etc.* Ubi legendum suspicor *Ecclesiis.*

CULFUM, Sinus maris, Italis *Golfo,* nostris *Golfe.* Occurrit non semel apud Sanutum lib. 2. part. 4. cap. 25.

¶ **CULHERIUM**, Cochlear, Gall. *Cuillier.* Onomasticon ad calcem Anecd. Marten. : *Unum Culherium argenti.*

* **CULHERIUS**, Cochlear, Gall. *Cuillier.* Inventar. ann. 1476. ex Tabul. Flamar. : *Item plus septem cloquearia sive Culherios argenti..... Item unum cloquear sive Culherium ferri.* Vide supra *Culherius.*

* **CULHITA**, Frugum fructuumque collectio, Gall. *Cueillete.* Charta ann. 1496 : *Per modum arrendamenti tradidisset..... per tempus duorum annorum et duarum Culhitarum.* Vide supra *Collecta* 9.

¶ **CULIARIS**, ut *Culherium.* Scriptura Principis Adelgastri pro Monasterio S. Mariæ de Obona, inter Concilia Hisp. tom. 3. pag. 90 : *Damus . . . . . quatuor tapetes et tres vasos Salomoniegos et duodecim Culiares argenteas.*

** **CULICA.** Reinard. Vulp. lib. 3. vers. 1071 :

Vos (*dentes*) hebete exterebret Culica, quem compede
Alligat invidiæ nona gehenna Satan. (forti

CULINA. Isid. Gloss. : *Culina, latrina, secessum.* Gloss. Lat. Græc. : *Conclavis et Culina*, ἀφεδρὼν, ἀπόδατος. *Culina*, ἀπόδατος. *Culina*, λουτρών. Gloss. Græc. Lat. : Ἀπόδατος, *Culina, Recessum.*

Culina, Polyandrium. Aggenus de Limitibus agror. lib. 1 : *Sunt in suburbanis loca publica inopum destinata funeribus, quæ loca Culinas appellant.* An hac notione sumatur *Culina* in veteribus Inscript. apud Gruterum 24. 2. 48. 3. et in alia apud Jacob. Sponium in Itinerario tom. 3. pag. 47. plane incertum.

¶ **CULIT**, *Vehementer percussit.* Gloss. Isid. Est ab inusitato verbo *Cellere;* de quo Perottus ait : *Item a Cedo est Cello, quo veteres utebantur pro Cedo. Nunc compositis tantum utimur, Excello et Præcello, quod est Excedo et Antecedo.* Habet vero etiam, ut rite observat Martinius, percutiendi significationem : unde *Percello, Procello, Recello.*

¶ **CULITIA** Olivarum, Præstatio ex olivis. Vide locum in *Corsura.*

* Vel potius Olivarum collectio, ut *Culhita. Cullir*, pro *Cueillir*, colligere, in Lit. Phil. VI. reg. Franc. ann. 1346.

CULLA, *Genus vestis Monachorum, unde Cuculla, id est, parva Culla, et Cullatus, Culla indutus.* Ita Joan. de Janua, qui addit *Cullam* idem esse quod *Cuculla*, sic dicta, quasi minor *Culla.* Poeta infimi ævi MS. :

Dic Monachi Cullam vestem fore sive cucullam,
Vestis lata tegens caput, armos, esto cucullus.

[Armoricani *Cwfl* vel *Cwl* appellant.] Certe in Ordine Cisterciensi Moniales amplum et latum pallium, quo in majoribus Festis utuntur, etiamnum *Coule* vocant. Le Roman *de Vacces* MS. :

Du chef de son braier une clef deffermerent,
Et Cole et estamine, et un froc en osterent.

Vide *Cuculla.*

* Glossar. Gall. Lat ex Cod. reg. 7684. : *Culla, coule à moigne. Cullatus, vestu de coule.*

* **CULLARATA**, Præstatio ex bladis, quæ *Culherio* percipiebatur; unde nomen. Pactum inter Joan. dalph. et Petrum Barral. ann. 1315 : *Officiales nostri volebant... Cullaratas bladorum et manatas salis et leydam, cum emolumentis et exitibus corumdem, accipere et nobis applicare.*

¶ **CULLEA**, Scrotum. Miracula S. Zitæ, tom. 3. April. pag. 510 : *Semper fuit in Cullea ruptus, et quod habebat grossam Culleam propterea ire non poterat.*

¶ **CULLICOLUM**, θυλάκιον, *Culeus*, in Supplemento Antiquarii.

* Glossar. Lat. Gr. : *Culliculum*, θυλάκιον. *Hic follis*, in Cod. Sangerm. *Cullet*, Panni vel pellis species videtur, in Reg. feudor. comitat. Clarimont. ex Cam. Comput. Paris.: *Item d'une panne de Cullet, le vendeur doit ij. den. et autant l'acheteur. Culot* vero, Crumenæ species, in Lit. remiss. ann. 1410. ex Reg. 165. Chartoph. reg. ch. 53 : *Le suppliant print en l'ostel Jehan le Noir escuier, demourant à Noyon,..... un Culot, nommé bourse boutonnée de fraisetes dorées, et oudit Bulot ou bourse, etc.* Aliæ ann. 1418. in Reg. 170. ch. 262 : *Deux bourses à usaige d'homme ou de femme, nommées Culoz.*

* **CULMAGIUM**, Census, seu tributum, quod domino fundi penditur pro facultate habendi et construendi domum : nam *Culmen*, pro domo. Vide *Festagium* 1. Charta ann. 1400. inter Stat. Perus. pag. 28 : *Item de et pro Culmagiis; qui quidem census,... facta recta calculatione, de voluntate et consensu dicti domini nostri principis, etc.*

* **CULMARE**, Ædificium tecto tegere. Glossar. Lat. Gall. ex Cod. reg. 7692 : *Culmare, Fester vel combler.*

* **CULMATA**, Culmatus, Vertex, apex, locus editus, collis, Ital. *Colmo.* Charta Frid. I. imper. ann. 1177. apud Lam. in Delic. erudit. inter not. ad Hodœpor. Charit. part. 3. pag. 797 : *In pedagiis, Culmatibus et paludibus, etc.* Ubi leg. *plagiis*, ut in alia ann. 1297. apud eumd. inter not. ad Hist. Sicul. Bonincont. part. 3. pag. 168 : *Obventiones sive ususfructus terrarum et possessionum, plagiarum sive Culmatarum fluminis Arni imperialium;..... ita quod commune Samminiatis percipiat et percipere possit totum et quidquid de ipsis plagis sive Culmatis consuetum erat percipi seu percipi potuit per imperatorem Romanorum sive ejus nuntios.*

1. **CULMEN**, Tectum domus, nostris *Comble.* Gloss. Lat. Græc. : *Culmen*, ὀροφή. Servius ad Ecl. 1. *Culmen* dici ait tectum, quod veteres ædificia culmis tegerent, id est, paleis e messibus. Ita etiam Iso Magister in Glossis ad Prudentium. Lex Bajuvar. tit. 9. de Incendio domorum, cap. 1. § 2 : *De scuria vero liberi, si conclusa parietibus, et pessulis cum clave munita fuerit, cum 12. sol. Culmen componat.* Cap. 6 : *Si quis... liberi Culmen ejecerit, domino domus cum 40. sol. componat.* § 2. *Si eam columnam, a qua Culmen sustentatum ... ejecerit, etc.* Beda in Vita sancti Cuthberti Episc. Lindisfarn. n. 29 : *Culmina vero* (habitaculo) *de lignis informibus et fœno superposuit.* Charta Edgari filii Malcolmi Regis Scotor. tom. 1. Monastici Anglic. pag. 45 : *Quæ* (Ecclesia) *cum per 15. annos deserta sine tecto durasset, eam Monachi Culmine imposito revocaverunt, et per tres annos possederunt.*

Culmen, Titulus honorarius summorum Magistratuum, qui crebro occurrit in Constitutionibus Impp. in utroque Codice. [*Culmen regium*, in Chronico Andreæ Danduli, apud Murator. tom. 12. col. 493. et 494.]

Culmen, Culmus, calamus, Gallis, *Chaume.* Tabularium S. Egidii Pontis Audomari : *Habet... unam dietam ad garbas quadrigandum, unam ad poma terendum, unam ad Culmen colligendum.*

* 2. **CULMEN**, Altar. Ermold. Nigell. Carm. de Ludov. Pio lib. 4. tom. 6. Collect. Histor. Franc. pag. 65 :

Tramite more hominis uam Culmina cetera poscunt,
Ore sonant verba, ordine dantque preces.

¶ **CULMINARE**, *Culmen agere vel accumulare.* Papias MS. Mart. Capella lib. 9. pag. 309 : *Quæ senatum lumina Deum verendo Culminatis vertice* : id est Extollitis.

* Glossarium Provinc. Lat. ex Cod. reg. 7657 : *Festigiare, exaltare, Culminare, Eysaussar, Prov.*

CULMITES, *pro Divites ponitur.* Papias. [Gloss. Sangerman. MS. n. 501 : *Culmites pro Divites poni puto.* In edit. Glossarii Cangiani Francofurd. male legitur *Culmises.*]

* **CULMUM**, *Arista, stramen spicarum frumenti, panicii, gillonis.* Glossar. vet. ex Cod. reg. 7641.

1. **CULMUS.** Culmo *subnixa, connixa*, [hoc est, traditione culmi vel stipulæ roborata et confirmata.] Traditiones Fuldenses lib. 1. tradit. 5. et lib. 1. trad. 16. 21. 28. 42. 43 : *Firmissimam habeatis potestatem Culmo subnixam.* Alibi : *Hoc sit actum coram testibus subterpositis Culmo subnixum.* Tradit. 11 : *Firmissimamque habeatis potestatem stipulatione subnixam.* Unde liquet, *Culmum* et *stipulationem* idem sonare. Est autem *Culmus* idem quod stipula. Gl. Lat. Græc. : *Culmus*, καλάμη, στάχυς. Will. Brito in Vocab. MS : *Stipula sunt folia seu vaginæ, quibus Culmus ambitur, atque fulcitur, ne pondere fruges * cuetr.* [f. *curventur.*] Vide *Stipulatio.*

* 2. **CULMUS**, Culmen, fastigium. Glossar. Lat. Gall. ex Cod. reg. 7692 : *Culmus, feste vel comble*, Annal. Placent. ad ann. 1447. apud Murator. tom. 20. Script. Ital. col. 891 : *Die 25. mensis Julii hora 12. pluit fortiter,...... cum impetu et vento quammaximo; et tanta fuit vis et violentia, quod.... ex Culmo turris S. Francisci crucem ferream dejecit cum lapide marmoreo, in quo sita erat.* Vide supra *Comblus* 2.

3. **CULMUS**, Cumulus, cumulatus. Stat. Vercell. lib. 1. pag. 23. v° : *Res quæ consueverunt vendi ad Culmum, ad rasum illorum quartaronum, etc.* Stat. Avellæ ann. 1496. cap. 96. ex Cod. reg. 4624 : *Qualibet persona teneatur et debeat mensuras castaneas..... per unam eminam, et unam Culmam et unam rasam, pro uno sextario castanearum earumdem.* Vide supra *Comblus* 1.

* **CULNA**, pro *Culina, latrina, secessum*, in vet. Glossar. ex Cod. reg. 7641.

¶ 1. **CULPA**, ut *Colpus*, Ictus, interprete Eccardo. Lex Salica tit. 20. art. 8 : *Si vero sanguis exierit, taliter Culpam componat, quantum si eumdem ferramento vulnerasset.*

* *Courpe*, eodem sensu, in Lit. remiss. ann. 1319. ex Reg. 59. Chartoph. reg. ch. 292 : *Par laquelle bateure et Courpe dondit Jehan icelle Agnès avoit esté dedenz quinze jours après morte.* Nisi ibi sit pro *Coulpe*, culpa. Vide infra *Culpare.*

* 2. **CULPA** Damnabilis, Pœna vel supplicio mulctanda, *Coulpe damnable*, in Lit. ann. 1364. tom. 4. Ordinat. reg. Franc. pag 430. art. 15.

Culpam Facere, Culpam expiare, agnoscere. Hugo Flaviniac. in Chron. ann. 1097 : *Pro retentione Culpam fecit, et absolutus est.* Infra : *Multo tempore a nobis excommunicatus, tandem culpam fecit apud Conedam, et absolutus a nobis est.* [Schramb. Chronicon Mellicense pag. 334. col. 2. in Regula reform. ejus Monasterii : *Similiter servitores excedentes venias faciant, nihilominus de gravioribus in Capitulo fratres Culpas suas faciant.*]

* Nunc apud monachos, *Dire sa coulpe*, formula etiamnum usitata leviores culpas adversus regulam coram superiore in capitulo confitendi. Ordinar. Ms. S. Petri Au-

reaval. : *Si illa nocte vel die præcedenti non interfuerit in matutinis, tunc debent facere Culpam coram abbate, si præsens fuerit.... Quando prior claustralis facit suam ebdomadam, non consuevit facere Culpam, sed capellanus altaris illam facit loco sui, eo videlicet quod ipse capellanus honus habet horas inchoandi, et etiam benedictiones in prandio et cena faciendi, et comparendi in horis canonicis; et pro deffectibus suis suum faciat Culpam.*

* DICERE SUA CULPA, Eadem acceptione. Acta capit. eccl. Castel. ann. 1288. apud Cl. V. Garamp. in Dissert. 10. ad Hist. B. Chiaræ pag. 319 : *Qui dominus Ranaldus ad prædicta.... ipsi domino præposito et capitulo respondit Dicens sua Culpa de omnibus supradictis, in quibus deliquit et omisit.*

CULPA GRAVIS, et GRAVIOR, dicitur non modo gravius Monachi delictum, quod graviori pœną expiatur, sed etiam ipsa pœna, qua punitur. Joannes Monachus lib. 1. Vitæ S. Odonis Abbatis Cluniac. : *Ab illis non solum est auditus, verum e contra sub gravi Culpa adjudicatus.* Bernardus Monach. in Consuetud. Cluniac. MS. cap. 60 : *Nec silendum est, quod omnis, qui ei, qui in gravi Culpa est, loquitur, aut signum facit sine Abbatis jussu, dignus est poni in eadem Culpa.* Udalricus lib. 3. Consuet. Cluniac. cap. 2. de Abbate : *Sibi soli repositum est, ut quemlibet fratrem mittat, ut aiunt, in Culpam graviorem.* Quæ autem sit ista *Culpa*, seu potius pœna *gravior*, pluribus docet cap. proxime seq. Vide Statuta Ord. Præmonstrat. Dist. 2. cap. 2. Dist. 3. cap. 1. 2. 3. 4. 5. 10. Constitut. Fratrum Caritatis B. Mariæ cap. 18. et seqq. Stat. Prædic. etc.

¶ CULPA GRAVIS, Capitulum ubi hujusmodi culpæ seu pœnæ injungebantur, vel forte locus ubi expiabantur. Hist. Gemmetic. pag. 65 : *Epitaphium Domini Engilberti seu Enfulberti quiescentis in claustro coram Gravi Culpa, sculptum in lapide impresso in muro prope fenestram Gravis Culpæ respicientis in claustro.*

* CULPA LATA definitur in L. 223. ff de verbor. significat. illa, cujus *finis est, non intelligere quod omnes intelligunt.* [** *Quæ dolo proxima est*, in fr. 4. magistr. conv. 27, 8.] Libert. Dalphin. ann. 1349. tom. 5. Ordinat. reg. Franc. pag. 39. art. 2 : *Quocunque casu fortuito, sine lata Culpa eorum, amiserint equum, etc.*

¶ **CULPABILIS**, Gall. *Coupable*, Sons, nocens, in veteribus Chartis non semel, ut et apud Apuleium, Tertullianum, Arnobium, Salvianum, etc.

* *Coupaule*, in Lit. remiss. ann. 1391. ex Reg. 142. Chartoph. reg. ch. 86 : *Comme Jaques de Merlencourt ewst été souppechonnés estre Coupaules de la mort de feu Jehan Cappet, etc.*

¶ **CULPABILITER**, Nocenter, apud Symmachum, S. Augustinum, S. Paulinum et alios inferioris ætatis.

¶ **CULPALIS**, ut *Culpabilis*. Chartular. Ecclesiæ Aptensis fol. 137. v° : *Sane si quis.... inquietare voluerit, non hoc valeat vindicare quod quærit, et sit Culpalis et impleturus auri libras duas.*

CULPARE, Delinquere. Capitulare Pipini Regis Italiæ cap. 17. et Lex Longobard. lib. 2. tit. 56 [** Pippin. 28.] : *Pro satisfactione hominis illius, contra quem Culpavit, secundum ipsius legem... emendet.*

* *Corper*, eodem significatu, in Gestis Ludov. Pii. cap. 17. tom. 6. Collect. Histor. Franc. pag. 154 : *Bernarz dist que il estoit touz prez de soi purgier, et de monstrer par son cors et par ses armes, selonc la coustume de France, que il n'avoit Corpés ou cas, que on lui avoit sus mis.* Unde *Corpe*, pro *Coulpe*, culpa, ibid. pag. 159.

* **CULPATORIUM**, Emenda, mulcta, apud Lyranum in cap. 6. lib. 1. Regum.

1\. **CULPATURA**, Culpa, delictum. Charta Sanctii Regis Navarræ æræ 1125. apud Sandovallium in Episcopis Pampilon. pag. 76 : *In diebus vero mercati, si homines sanctæ Mariæ cum aliis hominibus in illo mercato Culpaturam fecerint, habeat sancta Maria medietatem de calumnias, et senior mercati alteram medietatem.*

2\. **CULPATURA**, Cæsio, scissio, ex Gallico *Coupeure*. Rogerus Hovedenus pag. 784 : *Qui autem forisfecerit in foresta Regis de viridi, sive per Culpaturam, sive per esbrancaturam, sive per foditionem turvarum, sive per excoriationem moræ, sive per culpationem desub nemore, sive per essartum, etc.*

* **CULPATUS**, ut supra *Culpabilis*. Charta. ann. 1358. inter Instr. tom. 12. Gall. Christ. col. 408 : *Ipsum sic Culpatum de crimine, inter parrochias Musterii et Salini puniendum remittant.*

CULPONES, vel CULPONEI, Papiæ et Ugutioni, *Rustica calciamenta.* Romualdus Salernitanus Archiepiscopus in Chronico MS. ann. 1132 : *Sacramenta Ecclesiæ, id est, sanctum chrisma, in suis peronibus deridendo, seu Culponibus fundebant.*

* Leg. *Sculponei.* Vide Martin. Lexic. v. *Sculponea.*

* **CULPULA**, diminut. *a culpa*, in Glossar. Provinc. Lat. ex Cod. reg. 7657.

* **CULSITRATOR**, Culcitrarum opifex. Charta ann. 1410. in Lib. nig. S. Petri Abbavil. fol. 115. v° : *Jacobus Clerici atque Ingerrannus dictus Grisel Culsitratores et culsistrium (sic) operatores, in dicta villa Abbatisvillæ manentes.* Vide supra *Culcitrarius.*

¶ 1. **CULTA**, Ager cultus. Mabillonius narrat tom. 3. Annal. Bened. pag. 229. in Caroli Crassi Diplomate pro Monasterio Brumadensi in Liguria memorari Carolum Magnum, ac Ludovicum Pium, necnon Lotharium et Ludovicum Imperatores, qui eidem Monasterio *quandam Cultam, quæ vocatur Accola*, cum adjacente silva, unus post alterum, suis præceptis confirmarunt. Vide *Cultura* 1.

* 2. **CULTA**, Culcita, nostris etiam *Culte*. Deposit. Guill. Catallani ex Bibl. reg. : *Intraverunt dictam camerum, et cum ibi fuerunt, vidit ille, qui loquitur, quendam Castellanum jacentem in quadam Culta. La Culte doit iiij. den. Le coussin doit ij. den.* in Stat. Ms. scabin. Maceriæ ad Mosam. Vide *Cultra* 1.

¶ **CULTARE**, Colere, Gall. *Cultiver.* Chronicon Farfense apud Murator. tom. 2. part. 2. col. 397 : *Constituit libertos ipsius ad Cultandum et meliorandum in libellario nomine... et ad persolvendum annualiter... hordei modia* x. Et col. 398 : *Constituit ipsius libertos... ut ipsas res Cultarent et meliorarent et annualiter persolverent hordei modia* x. Vide alium locum in *Precaria* lin. *Alia precariæ formula, etc.*

¶ 1. **CULTELLA**, f. Scutella, species lagani, de qua Ugutio in *Scutella.* Jura et reditus Ecclesiæ Nobiliac. apud Stephanot. tom. 3. Antiquit. Pictav. MS. fol. 532 : *In festo omnium Sanctorum percipit a Priore Mairiaci quadraginta solidos et quinquaginta Cultellas parvas et magnas. Similiter in Resurrectione et in festo B. Juliani.*

* 2. **CULTELLA**, vox Italica, Machæra, Gall. *Coutelas.* Stat. Avellæ ann. 1496. cap. 124. ex Cod. reg. 4624 : *Nulla persona....... portare audeat....... aliquem cultellum seu expontonum, vel aliquam Cultellam seu aliquem gladium.... majorem et longiorem uno pede et dimidio. Cutella*, in Stat. Cumanæ cap. 138. ex Cod. reg. 4622. fol. 92. v°.

CULTELLARE, *Cultellatæ vestes*, de vestibus, quas Franci nostri subinde in ligulas incidere solent : *Taillader les habits, habits tailladez.* Cæsarius Heisterbach. lib. 4. Mirac. cap. 15 : *Superbia vero sic in eis regnavit, ut cogitare non sufficerent, quali modo vestimenta sua inciderent, stringerent, atque Cultellarent.* Idem lib. 5. cap. 45 : *Dæmonem in specie viri, tunica Cultellata contra se stare conspexit.* Lib. 10. cap. 11 : *Erat indutus vestibus purpureis atque Cultellatis.* Et mox : *Concedam tibi unam lingulam pallii mei.*

Ejusmodi vestium scissuras, quæ frequentes fuere apud nostros, damnarunt passim Scriptores. Vita S. Gerlaci Eremitæ cap. 9 : *Milites de percussione et scissura vestium, de oppressione pauperum, de vanitate alearum... arguebat.* Chronic. Vosiense : *Dehinc repertæ sunt pretiosæ ac variæ vestes, designantes varias omnium mentes, quas quidam in sphærulis et ligulis minutissime frepantes, picti Diaboli formam assumunt.* De hujusmodi vestibus sic statuit Jacobus I. Rex Aragon in Constitutionibus Catalaniæ MSS. : *Item statuimus, quod nos, nec aliquis subditus noster non portet vestès incisas, listatas, vel tropatas, nec portet aurum vel argentum, nec aurifrigium, nec setam sudam, nec sembellinum, nec erminium, nec lutriam, nec aliam pellem fractam, nec affiblays cum auro vel argento, sed erminium, vel lutriam integram simplicem solummodo in longitudine incisam circa capucium capæ, et operturas manicarum, quæ dicuntur Brassaleres, et in capitibus manicarum, et in mantellis similiter et cotis, sive garnariis.* Balduinus de Condato MS. :

.... Et quis homs es tu,
Qui voisi faitement vestu
De draps ouvers et Fenestrez.

Ejusmodi scissæ vestes Clericis potissimum interdicuntur in Concilio Melfitano can. 13. et Remensi can. 2.

CULTELLARE AGRUM, Frontino de Limitibus agror. *est agrum eminentiorem ad planitiem redigere*, et quasi cultello decidere tumores. *Cultellatus ager*, est libratus, et ad planitiem exæquatam redactus. Vide Salmasium ad Solinum pag. 690.

¶ **CULTELLARII**, Milites *cultellis* instructi. Vide post *Cultellus.*

¶ 1. **CULTELLARIUS**, Μαχαιροποιός.

Gloss. Lat. Gr. MSS. Sangerman. Cultrorum artifex, Gall. *Coutelier*. [** *Reinaldus Cultillerius*, in charta sec. XII. ap. Guerard. Chartul. S. Petri Carnot. pag. 403.]

¶ 2. Cultellarius, Theca cultelli, Gall. *Gaine*. Apud Rymerum tom. 8. pag. 428. inter supellectilia Episcopi recensentur : *Duo Cultellarii cum cultellis*.

* **CULTELLATIOLUS**, diminut. a *Cultellus*, in Stat. Vallis-Ser. rubr. 44. ex Cod. reg. 4619. fol. 88. r°.

* **CULTELLAZIUS**, Culter, Ital. *Cultellaccio*, in Stat. Ferrar. ann. 1268. apud Murator. tom. 2. Antiq. Ital. med. ævi col. 515.

* **CULTELLERIUS**, Cultrorum artifex, Gall. *Coutellier*, in Charta ann. 1319. ex Reg. Phil. Pulcr. in Bibl. reg. sign. 9607. 3. ch. 80.

* **CULTELLESSIA**, ut supra *Cultella* 2. in Stat. castri Redaldi lib. 2. pag. 39. v°.

¶ **CULTELLIFERI**, Matthæo Paris ii dicuntur, qui aliis *Assasini*, qui scilicet accepta mercede homines jugulant. De iis actum in *Assasini*.

¶ 1. **CULTELLINUS**, Scalpellus acuendis calamis scriptoriis, Gall. *Canif*. Anonymi Epist. ad Joannem de Monsterolio apud Marten. Ampliss. Collect. tom. 2. col. 1455 : *Habui munera tua... videlicet instrumenta scriptoria... forficulas et Cultellinum argenteum et ornatum*.

* 2. **CULTELLINUS**, Parvus culter, diminut. a *Cultellus*, nostris *Coustelet*. Stat. ant. Florent. lib. 3. cap. 143. ex Cod. reg. 4621 : *Nullus, qui non sit de universitate fabrorum civitatis Florentiæ, audeat facere..... cultellos vel Cultellinos*. Lit. remiss. ann. 1413. in Reg. 167. Chartoph. reg. ch. 308 : *Le suppliant frappa icellui Jaquet d'un petit Coustelet par le coul auprès de la gaviete*.

¶ **CULTELLUM**-Podare, Massiliensibus *Poudadoire*, Species falcis vinatoriæ. Legitur in quodam Inventario Massiliensi ann. 1294.

CULTELLUS, Dentale, dens aratri : Plinio, *Culter prædensam proscindens terram* : nostris *Coultre*. Lex Salica tit. 29. §. 12 : *Si quis Cultellum alienum furaverit, etc.* Vide *Cultellare*.

Cultellus, Inter arma bellica recensetur in Mandato Regis super juratis ad arma : *Unusquisque habeat Cultellum*. Rigordus ann. 1214 : *Habebant Cultellos longos, graciles, triacumines, quolibet acumine indifferenter secantes, a cuspide usque ad manubrium, quibus utebantur pro gladiis. Coustilles* vulgo. Chronicon MS. Bertrandi Guesclini :

Et s'avoient Coustilles, qui bien furent tranchans.

Infra :

Chacun lance deus cos, ains qui fussent finez,
Puis traicnt les Coustilles par vive poesté.

* Vel *Coutille*. Lit. remiss. ann. 1351. in Reg. 80. Chartoph. reg. ch. 703 : *De quodam magno cutello, Gallice dicto Coutille, prædictum Galterum in tibia percussit Theobaldus*. Aliæ ann. 1375. in Reg. 108. ch. 288 : *Garni et premuni..... d'une grant Coutille ou miséricorde*.

Hinc

Cultellarii, Milites ejusmodi cultellis instructi, quemadmodum *Sicarii*, de quibus Josephus et alii. Statutum Raimundi Comitis Tolosæ ann. 1152. apud Catellum in Comitibus Tolosanis pag. 218. 219 : *Si quis aliquem hominem malum, quem Cultellarium dicimus, cum cultellis euntem nocte causa furandi occiderit, nullum damnum patiatur propter hoc*. Occurrit passim infra. *Coustillers* appellantur a Froissarte 1. vol. cap. 19. Monstrelleto 3. vol. pag. 29. Berrio in Hist. Caroli VII. pag. 144. 156. et Ravestano in Tacticis pag. 81. Vide *Cutellus* et *Coterelli*.

* *Coustillers*, in Hist. Caroli VI. ad ann. 1405. *Cousteliers* et *Coustilliers*, apud Joan. *Chartier* in Carolo VII. pag. 206. Ita quoque appellati, qui militum arma seu *cultellos* deferebant. Ordinat. milit. Ms. Caroli ducis Burgund. ann. 1473 : *Les hommes d'armes.... seront montez de trois chevaux, dont l'un sera souffisant de courre et rompre lance..... Les deux autres chevaux ne soient moindres du priz, l'un de xxx. escus, et l'autre de xx. escus pour porter leur paige et Coustillier*. Lit. remiss. ann. 1478. in Reg. 206. Chartoph. reg. ch. 415 : *Ainsi que le suppliant archier de nostre ordonnance se pourmenoit sur le petit marchié d'Arras,.... il vist deux ou trois Coustilliers ou paiges. Coustilleur*, in aliis Lit. ann. 1455. ex Reg. 189. ch. 66 : *Le suppliant homme de guerre..... soubz l'ordonnance et compaignie du mareschal de Loheac comme Coustilleur, etc.*

* Cultellus Allenalis, Pugiunculus, Gall. *Stilet*. Vide supra *Allenalis*.

Cultelli Barbarini. Statuta antiqua Ordinis Cartusiensis 2. part. cap. 19. §. 21. de Mercenariis : *Cultellos barbarinos non portent, etc.* E barbaria, seu Africa forte allatos.

¶ Cultelli Feritorii. Chron. Dominici de Gravina, apud Murator. tom. 12. col. 599 : *Factis per eos quasi scalis cum Cultellis feritoriis*. Italis *Feritore*, Qui *ferit*, vulnerat, cædit.

Cultelli, in alis avium. Fridericus II. Imp. lib. 2. de Arte venandi cap. 24 : *Pennæ majores alarum, tam coopertæ, quam illæ, quæ cooperiunt, quas cooperientes vocamus Vanos, et coopertas vocamus Cultellos, sunt planæ, non crispæ, amplæ, et duræ. Cousteaux* ejusmodi pennas etiamnum vocant.

¶ Per Cultellum Tradere. Vide *Investitura* ad lin. *Per Cultellum, etc.*

¶ Cultelli Tablarii sive Mensales, in Charta ann. 1256. e Tabulario S. Germani a Pratis. Gall. *Couteaux de Table*.

* Cultellus Bastardus, Qui a forma consueta differt, vel qui inter majorem et minorem medius est. Locus est supra in *Bastardus*.

* Cultellus dictus *Busche-greffe*, Securicula insitiva. Lit. remiss. ann. 1374. in Reg. 105. Chartoph. reg. ch. 487 : *Icellui Guillaume courut sus audit Jehan tenant le poing clos en icellui un Coustel busche-greffe, ou autre chose invasible*.

* Cultellus appellatus *Chappin*, in Lit. remiss. ann. 1366. ex Reg. 97. Chartoph. reg. ch. 356 : *Lequel Morisse sacha un petit coustel, appellé Chappin, qu'il pendoit à sa couroie, etc.*

* Cultellus dictus a *Coulletes* vel *Couillettes*. Lit. remiss. ann. 1382. in Reg. 120. Chartoph. reg ch. 320 : *Icelui feu Jehan tira un petit Coustel à Coulletes qu'il portoit, etc.* Aliæ ann. 1390. in Reg. 139. ch. 224 : *Gilot tira un Coustel à Couillettes et en feri ledit Colart*.

* Cultellus ad Crucem, Gall. *Coustel à Croiz*, Cujus capulus scutula, in modum crucis efficta, munitur. Lit. remiss. ann. 1357. in Reg. 89. Chartoph. reg. ch. 34 : *Evaginavit quemdam magnum Cutellum ad crucem, quem secum deferebat. Un grand Coustel à croiz resamblant a espée, fors que il n'estoit pas si très lonc*, in aliis ann. 1358. ex Reg. 90. ch. 119.

* Cultellus dictus *Draprier*, in Lit. remiss. ann. 1359. ex Reg. 90. Chartoph. reg. ch. 122 : *Un Coustel Draprier a taillier pain, etc.*

* Cultellus Flessus, Flexus, Gall. *Plié*. Vide infra in *Investitura*.

* Cultellus Fraudulosus, Alii quam consueto usui destinatus. Stat. Vallis-Ser. rubr. 44. ex Cod. reg. 4619. fol. 88. r°. : *Arma vetita... sunt hæc, videlicet, Cultellus punctosus, Fraudulosus, etc.*

* Cultellus a Galono. Vide *Galonus*.

* Cultellus Magnus, *Gallice à clau*, in Lit. remiss. ann. 1389. ex Reg. 138. Chartoph. reg. ch 115.

* Cultellus *vocatus à un mot*. Lit. remiss. ann. 1355. in Reg. 84. Chartoph. reg. ch. 348 : *De quodam parvo Cutello, vocato à un mot, solo ictu percussit*. Aliæ ann. 1364. in Reg. 98. ch. 24 : *Sacha le suppliant un petit Coutel à un mot, qu'il avoit à sa sainture boute parmi sa tasse*. Pugiunculus esse videtur, Gall. *Stilet*, cujus adeo mortifera est percussio, ut vix unum quidem verbum loqui permittat.

* Cultellus de Parma. Acta MSS. Inquisit. Carcass. ann. 1308. fol. 66 r°. : *Dedit mihi unum Cutellum satis pulcrum de Parma, quem abstraxi de quodam cassidulo*.

* Cultellus dictus *Parpain*, in Inventar. ann. 1415. ex Cod. reg. 9484. 2. fol. 492. v°.

* Cultellus Plicatus, Flexus, Gall. *Plié, fermé*. Vide in *Investitura*.

* Cultellus Pragensis. Lit. remiss. ann. 1456. in Reg. 183. Chartoph. reg. ch. 145 : *Le suppliant tira ung petit Cousteau Pragoys, etc.*

* Cultellus cum Puncta, Cuspide, Gall. *Pointe*, instructus, in Stat. Ferrar. ann. 1268. apud Murator. tom. 2. Antiq. Ital. med. ævi col. 515. *Cutellus ad pictam*, eodem significatu, in Lit. remiss. ann. 1344. ex Reg. 75. Chartoph. reg. ch. 360 : *Cultellus punctosus*, supra in *Cultellus fraudulosus*.

* Cultellus Punhalis, Pugio, sica, Gall. *Poignard*. Lit. remiss. ann. 1377. in Reg. 110. Chartoph. reg. ch. 236 : *Quemdam Cutellum punhalem, quem deferebat, evaginavit. Coustel de plain poing*, in aliis ann. 1404. ex Reg. 158. ch. 461.

* Cultellus Sarragossanus. Lit. remiss. ann. 1399. in Reg. 154. Chartoph. reg. ch. 739 : *Petrus Dominici obviavit retro conventum fratrum minorum Tholosæ Sancio de Podio portanti... Cultellum Saragossanum,... et cum dictus Petrus Dominici... dictum Sancium rapuit ad Cultellum Sarragossa-*

num, etc. Icellui Abarimacies s'efforca de blessier et ferir le suppliant d'un Coustel nommé Sarragocien (infra *Saragossan*), in aliis Lit. ann. 1406. ex Reg. 160. ch. 360.

* Cultellus Tolosanus. Lit. remiss. ann. 1381. in Reg. 120. Chartoph. reg. ch. 35 : *Lequel Breton... sacha un Cousteau de Tholose, que il avoit à sa couroie. Coustel Toulousain,* in aliis ann. 1389. ex Reg. 137. ch. 43 : *Un Coustel à la façon de Thoulouse,* in Lit. ann. 1400. ex Reg. 155. ch. 15.

* Ludus ad Cultellum, in Lit. remiss. ann. 1393. ex Reg. 145. Chartoph. reg. ch. 411 : *Comme l'exposant et Oudinet eussent joué ensemble au jeu, appellé au plus près du Coustel, etc.*

¶ **CULTERA**, Culcitra, Gall. *Coite.* Statuta Equitum Theutonic. cap. 4. apud Duellium Miscell. lib. 2. pag. 23 : *Ad lectisternia vero saccum .... et Culteram de lino vel de bukkerano et cervical habentes sint contenti.*

¶ **CULTERARE**, nude, Laurentio in Amalthea idem quod supra *Cultellare agrum.*

* **CULTERIUS.** Reg. Cam. Comput. in Bibl. reg. sign. 8406. fol. 180. v°. : *Domania in præpositura Parisiensi.... De allagio coriorum, pissiarum et cepium, pressoriorum, et de revenditione Culteriorum pro lx. lib. x. sol. per annum.* An pro *Cultrorum*, vel *Culcitarum?* Vide mox *Culticiarius.*]

¶ **CULTIBILIS** Terra, Quæ colitur vel coli potest, Arabilis, Gall. *Labourable.* Occurrit in Annal. Bened. tom. 5. pag. 118. num. 11. ex Charta ann. 1077. apud D. *Brussel* de Usu feudorum tom. 2. pag. 884. ex Charta ann. 1200. in Anecd. Marten. tom. 1. col. 769. et in Formulari Anglic. Thomæ *Madox* pag. 188. etc.

* **CULTICIARIUS**, Idem qui supra *Culcitrarius*, Culcitrarum opifex, a *Culta*, culcita. Vide paulo ante. Charta ann. 1200. ex Tabul. S. Germ. Prat. : *Ipse habebat quandam plateam,... sitam Parisiis in vico Poupée, contiguam domui Fabiani Culticiarii ex una parte.* Vide supra *Culsitrator.*

¶ **CULTIFER.** Vide post *Cortis* 1.

* **CULTILAGIUM**, Cultillagium, Locus adjunctus *curti*, ubi crescunt herbæ vel olera, hortus rusticus, idem quod *Curtile.* Charta Henr. comit. Trecens. ann. 1176. in Reg. 186. Chartoph. reg. ch. 98 : *Cum medietate thelonei, Cultilagii et fructuariorum, etc.* Alia Ingeran. de Marign. pro fundat. canonicor. in eccl. Escoiar. ann. 1310. in Reg. 47. ch. 64 : *Minutas decimas pecudum, animalium, Cultillagiorum* (concedo). Vide *Cortillagium* supra in *Cortis* 1.

CULTILLERIUS. Vide *Cultellarius.*

* **CULTILLUS**, Domus rusticana, cui adjunctus est hortus, Gall. *Courtil. Cultis*, in Lit. ann. 1347. tom. 7. Ordinat. reg. Franc. pag. 32. art. 8. Charta ann. 1169. ex Chartul. 21. Corb. fol. 175. v°. : *Tres Cultillos, quos Ingerrannus Cacabus, prædicti Roberti avunculus, in territorio de Guisi diu et libere possederat... concessit.* Alia Joan. comit. Drocar. ann. 1247. tom. 7. Ordinat. jam laudato pag. 694. art. 41 : *Nullus solvet corveias, nisi habeat terram propriam extra Cultillos.* Vide *Curtile* in *Cortis* 1.

¶ **CULTILUM.** Vide post *Cortis* 1.

* **CULTINA**, Velum vel aulæum, Gall. *Rideau.* Inventar. MS. bonor. Raym. de Villanova ann. 1449 : *In camera paramenti unum lectum,... cum quinque pectis Cultinarum albarum de tella linea.* Vide *Cortina* in *Cortis* 2.

¶ **CULTIVA** Terra, Terra culta, Gallice *Terre Cultivée. Manuoperator, qui terram Cultivam non habet,* apud Martenium tom. 1. Anecd. col. 654.

¶ **CULTIVARE**, Colere, a Gallico *Cultiver.* Sentent. arbitr. ann. 1446. ex Tabulario Corbeiensi : *Quod si contingat aliquem incolam villæ de Baiviller... Cultivare vineas in parrochia ... quod ipse reus ... fuit tempore Cultivationis ipsarum venearum incola dictæ villæ... Cultivavit quoque per se vel suos.* Charta anni 1284. ex Schedis D. *Lancelot* : *Diviserunt majorem partem ipsius territorii incolis dicti loci ad Cultivandum ad novum accapitum.*

* Alias *Coitiver, Coustiver* et *Coutiver.* Charta ann. 1285. in Chartul. S. Nicas. Mellet. : *En telle condition, que.... les vignes feroient Coutiver.* Alia ann. 1309. in Reg. 50. Chartoph. reg. ch. 35 : *Lequel bois avoit esté planté et Coustivé. Coitiver, colere. Coitiveur de terre, colonus,* in Glossar. Gall. Lat. ex Cod. reg. 7684. *Cultivage,* cultura, in Consolat. MS. Boetii lib. 1 :

A coultiver terre s'adonne,
Et sis qui le cuer ot volage,
Commence à louer Cultivage.

¶ 1. **CULTOR** Ecclesiæ, Idem, ut videtur, qui *Colonus*, Cultor agrorum Ecclesiæ. Concil. Legion. ann. 1012. can. 2 : *Si vero Ecclesia aliquid jure tenuerit, et inde testamentum non habuerit, firment ipsum jus Cultores Ecclesiæ juramento.* Testamentum Beatricis de Alboreya Vicecomitissæ Narbonæ ann. 1367. inter Anecd. Marten. tom. 1. col. 1529. subscribit *Stephanus Paschalis Cultor Narbonensis.* [** Chart. ann. 1191. ap. Guden. in Cod. Diplomat. tom. 1. pag. 308 : *Heroldo ... hereditas sive beneficium in bonis S. Johannis abjudicata fuit .... Mediantibus autem quibusdam personis ... postea apud conventum impetravit, quod præpositus cum conventu eandem curiam cum villicatione, et aliis redditibus curiæ attinentibus nomine Cultoris ei concesserint ..... Talis exceptio fuit expressa, quod Heroldus nec beneficio, nec hereditate, nec annorum computatione se confiteatur dicta bona possidere.*]

* 2. **CULTOR**, Qui colonis in prædio rustico præfectus est, vel qui res alterius curat. Pœnitent. vetus MS. ex Conc. Carthag. cap. 16 : *Presbyteri et diaconi non sint Cultores aut procuratores, neque ullo turpi negotio et inhonesto victum quærant.* Quo sensu intelligendus etiam forte est *Cultor ecclesiæ.*

* **CULTORES** nude, pro Christiani. Bonincont. Hist. Sicul. apud Lamium in Delic. erudit. pag. 145 : *Edessa Mesopotamiæ civitas, in qua erant corpora SS. apostolorum Thomæ et Thaddæi, a Turcis capta, Cultores cæsi, et urbis episcopus martyr decollatus est.* Nisi presbyteros intelligas cultui SS. Apostolorum mancipatos. Vide *Colidei.*

¶ 1. **CULTRA**, Culcita, vel Stragulum. Chartularium Compendiense : *Utensilia Parisius.* viii. *Cultras cum* v. *pulvinaribus et duo paria pannorum de lecto Domini Abbatis.* Raimundus Capuanus in Vita S. Catharinæ Senensis, April. tom. 3. pag. 950 : *Contigit eam lavare quoddam coopertorium lecti, quod de lineo panno et Bombyce conficitur, et vulgari vocabulo Cultra vocatur.* Mag. Joannes in Vita S. Petri Parentii, tom. 5. Maii pag. 89 : *Sepulto itaque Domino Petro Parentii, non lapide, sed Cultra zendadi coopertum est modico tempore monumentum.* Chartul. S. Petri de Domina fol. 87 : *Donavit Domnus Aubertus Prior Stephano quindecim solidos et Cultram.* Legitur etiam apud Murator. tom. 7. col. 951. 953.

¶ 2. **CULTRA**, μαχαιρία κούρεος, *Novacula, culter tonsorius.* Supplementum Antiquarii.

* Gloss. Lat. Gr. : *Cultra*, μαγείρου σφάγιον, μαχαίρια κουρέως. Ubi Vulcan. legit σφαγεῖον. Vide mox *Cultrus.*

* 3. **CULTRA**, Aratrum, culter aratri, pars pro toto. Charta Henr. II. imperat. ann. 1046. apud Murator. tom. 4. Antiq. Ital. med. ævi col. 801 : *Duos mansos* (concessi) *unum tenet Stefanus, et alterum excolit Petrimarcho, habentes Cultras viginti.* Galli diceremus, *vingt charrues.* Alia Mathild. comit. ann. 1104. apud Lam. in Delic. erudit. inter not. ad Chron. pontif. Leon. Urbevet. pag. 189 : *Concessit atque donavit sex Cultre de terra, quæ sita est in Cultre, etc.* Vide *Cultura* 1.

¶ **CULTRIX**, apud Rymerum tom. 7. pag. 356. col 1. idem quod *Cultra* 1. Culcita : *Unam magnam Cultricem pro lecto.*

¶ 1. **CULTRUM**, pro *Cultra* 1. Statuta Equitum Theuton. art. 74. apud Raimundum Duellium lib. 2. Miscell. pag. 59 : *Quilibet fratrum debet habere ... carpetam, linteamen, cussinum et Cultrum.* In Onomastico ad calcem tom. 5. SS. Maii, *Cultrum* redditur Jugerum.

2. **CULTRUM**, *Patella*, Joan. de Janua. *In Cultrum posita, collocata,* dicuntur apud Vitruvium lib. 10. cap. 14. ea, quæ perpendiculariter sunt collocata, ita ut opponantur planis.

¶ **CULTRUS**, Σφαγίς. Gloss. Lat. Græc. MSS. San-German. Σφαγὶς quandoque victimam, quandoque *cultrum*, quo jugulatur, significat. In Supplemento Antiquarii habetur : *Cultrus*, μαγείρου σφαγὺς, *Secespita, Securis poparum;* ubi puto legendum σφαγίς.

* Gloss. Lat. Gr. : *Cultrus*, σφαγίς, μαχαίριον. Vide supra *Cultra* 2.

1. **CULTURA**, Ager cultus, Gallis, *Couture.* [** Guerardo in indic. pecul. Irminon. Ager vel incertæ quantitatis, vel qui uno aratro in anno exarari potest.] Gloss. Lat. Græc. : *Cultura*, Γεωργία, γεωπονία. Lactantius de Mortibus Persecut. n. 7 : *Ut enormitate indictionum consumptis viribus colonorum desererentur agri, et Culturæ verterentur in silvam.* Lex Wisigoth. lib. 10. tit. 1. § 9 : *De silvis, quæ indivisæ forsitan resederunt, ... et fortasse fecerit Culturas.* Adde § 13. Polyptychus Floriacensis : *Nonus mansus est indominicatus, ubi habet Culturas 5. et pratum, et silvas, et aquas cum farinario.* Fulcherius Carnot.

lib. 3. Hist. Hieros. cap. 37 : *Hic potitur vineis, ille Culturis.* Sugerius de Reb. a se gestis cap. 12 : *Culturas nostras, quas ibidem habebamus dominicas .... colonis, qui ibidem inhabiturent, censuales fecimus.* Charta Gaufredi Comitis Andegav. apud Chopin. lib. 3. de Sacra polit. tit. 1. § 8 : *Terram quoque, quam pater meus bubus propriis excolebat, et dicebatur Cultura Comitis.* [Codex MS. Irminonis Abbatis San-German. fol. 94. col. 2 : *Habet ibi de terra arabili Culturas* VIII. *quæ habent bunaria* CCCIIII.] [** Passim ap. Irminon. Vide Guerard. indic. general.] [Index MS. Beneficiorum Eccles. et Diœc. Constantiensis fol. 24 : *Exceptis Culturis supra quibus Rectores duarum portionum percipiunt decimam.*] Fleta lib. 2. cap. 71. § 3 : *Quot campi, et quot sunt Culturæ in dominico, et quot acræ arabiles in qualibet Cultura.* Occurrit hæc vox passim in utroque significatu, apud Gregor. Turon. lib. 6. Hist. cap. 20. lib. 9. cap. 24. Ingulfum pag. 888. Silvestrum Giraldum lib. 1. Itiner. Cambriæ cap. 2. Hemeræum in Augusta Viromand. pag. 228. in Probat. Hist. Vergiac. pag. 145. apud Doubletum pag. 882. Vassorium in Hist. Noviomensi pag. 925. Perardum pag. 17. 21. 22. 47. in Miraculis S. Vedasti n. 10. etc. Habetur etiam pluries apud Agrimensores, locis a Rigaltio indicatis.

* *Coitiveure*, in Charta ann. 1270. ex Tabul. S. Mich. in Eremo.

Cultura sæpe sumitur pro modo agri, qui colitur et aratur. Tabularium S. Remigii Remensis : *Sunt ibi Culturæ tres, ubi possunt seminari inter utramque sationem, siguleæ, frumenti, hordei, modii* 116. Chronicon Valcidiorense pag. 526 : *Ipse vero Comes, quæ eidem Abbatiæ ab eodem Rege conferebantur, ibidem replicavit, et designatis* 95. *terræ mansis, Culturis* 10. *cum magnis redditibus, etc.* Baldricus Noviom. lib. 1. cap. 25 : *Mansos* 60. *Culturas* 11. *Ecclesias* 11. *etc.* Κουλτούρα eadem notione in Diplomate Rogerii Comitis Siciliæ apud Ughellum tom. 1. pag. 1023.

Costura, Idem quod *Cultura*, ex Gallico *Couture*, in Charta Hugonis Comitis S. Pauli ann. 1229 : *Et duo arpenta terræ in Costura nostra desuper Volengiatum.* [Chartularium S. Vandregesili tom. 1. pag. 148 : *Pratum.... situm intra hardineas ex una parte et Costuram S. Vandregesilli ex altera... Actum ann.* MCCLV.] Maistre Vacces *en son Roman de Rou* MS. :

N'y a buef ne charue, ne villain en arée,
Ne vigne provignie, ne Couture semée.

Le Roman *du Renard* MS. :

La sus emmi cele Couture,
Me faites une sepulture.

¶ Cotura, Eadem notione. *Madox* Formul. Angl. pag. 184 : *Ego Simon de Pinkeni dedi et concessi.... Roberto filio Hernaldi, pro homagio suo et servitio, et pro* IV. *marcis de gersuma, totam Coturam meam de Borthfurlong wannabilem, et tantum pratum quantum habui ibi, in campo Orientali Caturam* (Coturam) *meam super Hethul juxta terram molindinarii et super aliam Coturam de Hethul desuper, duas foreras cum capuciis prati.*

¶ Coutura, Eodem significatu. Chartularium SS. Trinitat. Cadomensis fol. 70. v°. : *Coutura quæ est juxta masuram Lefceline quatuor acrarum est, et valet quinque sext. frumenti.* Chartular. S. Vandregesili tom. 1. fol. 22 : *Vendidi... unam pechiam terræ... intra Couturam Monachorum S. Vandregesili.*

¶ Coustura, Idem. Charta Odonis Abb. Caziacensis pro Ecclesia Resbacensi ann. 1264. ex Archivo hujus Monasterii : *Noverint universi nos tenere ab Ecclesia Resbacensi terram des Essarts usque ad undecim quarteros continentem, medietatem Cousturæ de Luquie, etc.*

* Charta ann. 1351. in Reg. 81. Chartoph. reg. ch. 559 : *Quandam Cousturam seu peciam terræ, duo millia arpenta terræ continentem.*

¶ Custura. Bullarium Fontanell. fol. 17. v°. : *De Custuris quas ego vel homines mei in palustribus ejusdem villæ facimus vel inter facere poterimus... Ann.* MLXXXVI.

2. **CULTURA**, Cultus, adoratio, in leg. un. Cod. Theod. de Imag. Imper. (15, 4.) [*Cultura idolorum*, in 8. Ildephonsi additione ad librum S. Isidori de viris illustribus, Concilia Hisp. tom. 3. pag. 78.]

* *Cultivement*, eadem acceptione, in Charta S. Ludov. reg. Franc. ann. 1254. ex Reg. feud. comit. Clarimont. in Cam. Comput. Paris. : *Nous pour regart dou Cultivement divin, etc.*

* 3. **CULTURA**, Culcita, stragulum, Gall. *Coite.* Instr. ann. 1379. inter Probat. tom. 3. Hist. Nem. pag. 20. col. 2 : *Culturas, coperturas, vasa argentea... rapuerunt.* Vide *Cultra* 1.

¶ **CULTURARE**, Colere. Papias : *Holerare, Olera Culturare.* Gall. *Cultiver.* Onomast. ad calcem tom. 3. SS. Maii : *Culturare, ad culturam aptare.*

* Charta ann. 1026. ex Tabul. S. Vict. Massil. : *Ego Rotbaldus in eodem monte Cursono dono unam semodiatam ad panem Culturatam.* Alia Ludov. Junior. ann. 1160. ex Tabul. Colomb. : *Dedit... terram arabilem, quantum possunt tria paria boum Culturare omni satione.* Occurrit præterea inter Instr. tom. 6. Gall. Christ. col. 310. et inter Probat. tom. 2. Hist. Nem. pag. 279. col. 1. Vide supra *Cultivare.*

* **CULTURELLA**, in Tabul. Corb. diminut. a *Cultillus.* Vide supra in hac voce.

* **CULTUS**, pro Curtus, ut videtur, ex mutatione haud infrequenti *r* in *l.* Charta Theob. comit. ann. 1222. in Chartul. Campan. fol. 288. r°. : *Liceat servientibus ecclesiæ S. Salvatoris scindere longum et Cultum lignum, prout voluerint, ita quod arborem præcisam ducent, exceptis ramiculis.*

¶ **CULVERTA.** Libellus supplex anni circiter 1106. apud Murator. tom. 2. part. 2. col. 662 : *In tantum Ecclesiam affligebant, ut Culvertas suas mitterent, quas offertiones de manu Presbyteri per vim distraherent, in quorum manibus, qui offerebant, osculum præbebant.* Cl. Editor *Culvertas* servos viles intelligit. Recte quidem; id satis patet ex sequenti voce *Culvertagium.* Sed cum non una fuerit servorum vilium conditio, restat investigandum, quænam fuerit *Culvertarum* propria. Illam, mea quidem sententia, retegit Caput 96. libri 1. Stabilimentorum S. Ludovici cum veteri Consuetudine Andegavensi comparatum. Hoc caput inscribitur in stabilimentis : *De hons mesconnu en terre de gentilhons*, vel ut præfert codex MS. DD. Cancellarii : *De homme mescru de son seigneur*; in Consuetudine vero Andegavensi notis illustrata : *De home estrange et Cuvert.* Item sonant *Mesconnu*, *Mescru*, *Estrange et Cuvert* : sunt autem *Mesconnus* vel *Mescrus* hoc in loco, ut rite probat. D. *de Laurierre* tom. 1. Ordinat. pag. 187. Albani seu advenæ ex alio regno egressi, quorum origo incerta est et incognita. Hujusmodi advenas pluribus in locis cum servis annumeratos fuisse testis est inter alios Bellomanerius cap. 45. *Des Aveux* pag. 254 : *Il y a de telles terres, quant un frans home, qui n'est pas gentixhome de lignage, i va manoir et i est resident un an et un jour, il devient soit home, soit femme, Serf au seigneur sous qui il vient estre resident.* Statuta Davidis Regis Scotiæ lib. 2. cap. 3 : *Homo qui in terra Domini Regis sine domino inventus fuerit postquam breve lectum fuerit in curia domini Regis, habeat spatium quindecim dierum perquirendi sibi dominum. Et si ad proximum sibi terminum dominum sibi non invenerit, justitiarius domini Regis octo vaccas de eo capiat, et hominem ad opus domini Regis custodiat, donec dominum invenerit.* His addit D. *de Lauriere* Consuetudines Vitriaci art. 72. et Campaniæ art. 58. necnon *Inquisitionem alienigenarum Calniaci* relatam in Glossario Juris Gallici in voce *Aubaine* : ex quibus liquet alienigenas servituti sæpius obnoxios fuisse. Sed illud ipsum comprobant Stabilimenta S. Ludovici cap. 96. primum laudato, ubi : *Se gentilhons a hons mesconeu en sa terre, se il Servoit le gentishons* : vel ut habet MS. DD. Cancellarii, *S'il estoit Serf* : pro quo Consuetudo Andegav. *Si gentishome a homes Cuvert en sa terre* : quibus non solum declaratur servitus alienigenarum, sed vocum *Mesconnu* et *Cuvert* una et eadem notio confirmatur. His positis, nemo est qui non videat, quam facile explicentur loci, quos in voce subsequenti Cangius exhibet. Unus sit instar omnium : *Rex Francorum omnes cum equis jussit sub nomine Culvertagii convenire*, id est, Sub pœna dejectionis in conditionem *Culvertarum* seu servorum extraneorum : quo pœnæ genere congruenter plectuntur qui militiam detrectant, quam amore patriæ, ubi bellum urget, ultro sequuntur fideles indigenæ; hincque magis ac magis evincitur *Culvertas* extraneos fuisse infimæ conditionis et incognitæ. Neque fortassis aliunde arcessendum vocis etymon, quam quod hujus sortis homines parum noti essent et obscuri. Ad hanc notionem proxime accedit vox nostra *Couvert*, Tectus, velatus, occultus : quam alias *Culvert* vel *Cuivert* effere potuerunt. Huic conjecturæ non parum favet vox synonyma *Mesconnu*, ignotus. Sunt qui deducunt a *Collibertus* ex aliquanta vocum affinitate, quæ me non multum movet, quod non eadem sit *Culvertæ* et *Colliberti* notio. Vocem *Cuivert* usurpavit Helinandus in suo Poemate *de la Mort* :

Mors fait franc homme de Cuivert.

Hoc est, e servo facit liberum, ut recte interpretatur Menagius.

* Gall. *Cuivert*, *Culvert* et *Cuvert*, Ut ut est de vocis hujus etymo ejusque signi-

ficationc in locis supra laudatis, convicii loco sæpius adhibitam fuisse certum est, ut quis infamiæ, proditionis, vel perjurii crimine notaretur; quod ex sequentibus patet. Vita JC. MS. :

Enmi le vis l'ont escopi
Li fel Juis, li mal Cuvert.

Bestiarius MS. :

Chi mondes est si desloiaus,
Et si traitres, et si faus,
Si Cuvert, et de mal part,
Si tronchonneus, et si guernart, etc.

Ibidem :

Mais un monstre i a merveilleus,
Trop Cuvert, et trop perilleus,
Cetus a nom selone Latin.

Le Roman *de la guerre de Troyes* MS. :

Culvert, comant avez pausé,
Que feistes tiel cruelté?

Ibidem :

Culvert, fet elle, sathanas,
Vil, et hontcos, et renoiez, etc.

Rursum, ubi Achilles Hectorem occidit, *Culvert* dicitur :

Et quant l'aperçoit li Culvert
Droit vers lui broce son destrier.

Le Roman *d'Alexandre* MS. part. 2. ubi regem alloquitur :

Puis li dis en reprouche, ne s'en pot atenir :
Outré Cuivert vielhart, Dieux te puist maleir,
Tu voloies ma niece avoir à ton plesir;
Or convient tu lesses un autre o lui jesir.

* **CULVERTAGIUM.** Matth. Paris anno 1212 : *Rex Francorum omnes cum equis jussit sub nomine Culvertagii convenire, ne crimine læsæ majestatis damnum exhæredationis incurrere viderentur, etc.* Infra : *Rex Joannes brevi suo ad Vicecomites jussit, ut nullus remaneat, qui arma portare possit, sub nomine Culvertagii, et perpetuæ servitutis.* Ibidem : *Nihil magis quam opprobrium Culvertagii metuentes, etc.* Eadem habet Matthæus Westmonasteriensis ann. 1213. Vide Gul. Prynneum in Libertat. Angl. tom. 2. pag. 269. Vox servitutem quandam ignominiosam denotans Francis perinde ac Anglis, sed incertæ et ignotæ prorsus significationis utriusque gentis peritioribus. Nam vix est, ut quampiam ex prolatis a Spelmanno in *Nidering*, ut et a Watsio, Somnero, et Twisdeno sententiis amplectar, qui a *culum vertere*, seu fugam arripere, vocis etymon accersunt, nullo sane fundamento. Si tamen cum aliis divinationi liceat indulgere, *Culvertagium* idem valet hoc loco quod *confiscatio*, feudorum scilicet. Nam in Consuetudine Solensi tit. 10. art. 8. *Couvrir le feu de son fivatier*, seu ignem sui vasalli operire, dicitur dominus, cum ex defectu vel delicto aliquo, vassallorum feudalium feuda ac tenementa in manu sua ac potestate ponit. Verba autem *sub nomine Culvertagii*, idem sonant, quod sub pœna confiscationis. [Vide *Culverta*.]

CULULLI, *Calices fictiles*. Papias.

* **CULUS**, Tergum, nates, Ital. *Culo*. Glossar. Gall. Lat. ex Cod. reg. 7684 : *Culus, cul, anus.* Stat. Avellæ ann. 1496. cap. 30. ex Cod. reg. 4624 : *Ipsam cessionem faciendo, in loco juris Avillianæ publice Culum nudum super lapide imponat.* Hinc

* **CULUS**, Pars cujusvis rei posterior. Pactum inter Guichard. dom. Bellijoci et Guichard. de Marziaco ann. 1317. in Reg. 56. Chartoph. reg. ch. 474 : *Et ab ipso escarro domus usque ad Culum Johannis Presta-segla circuiendo, et ab ipso furno usque ad quendam lapidem.*

CULUSTA. Fragmentum Petronii : *Nam mihi nihil novi potest afferri, sicut illi feri Culusta mel habuit praxim.* [Valesius in Valesianis pag. 233. hunc locum Petronio perperam attributum sic corrigit : *Sicut ille feroculus, tamen habuit praxim.* Non multo clarior evadit locus obscurus ingeniosa correctione. Hinc tamen fit, ut vocem *Culusta* credamus fictis vocibus annumerandam.]

* **CULX**, vox Occitanica, qua Arbuscula quædam tinctoribus prohibita significatur. Stat. pro arte paratoriæ pannorum Carcass. renovata ann. 1466. in Reg. 201. Chartoph. reg. ch. 121 : *Item quod nullus possit.... tingere seu tingi facere aliquos pannos... cum racemis sambussi, neque de Culx, nec cum alio falso seu vili tinctu.*

* 1. **CUM**, Coram, apud. Greg. Turon. lib. 7. Hist. cap. 15 : *Nectarium autem, Baudegisili fratrem, nefandis accusationibus Cum rege tentavit obruere.*

* 2. **CUM**, pro Ab, ex, apud eumd. Greg. ibid. lib. 8. cap. 43 : *Cives Cum homine obtinere non queunt, ut saltem vel celebrata solemnitate paschali discutiatur.* Mirac. S. Nicetæ tom. 4. Sept. pag. 8. col. 1 : *Mulier, nomine Maria, habens oculum dextrum quasi evulsum de loco suo, nihil Cum eo videbat.*

* 3. **CUM**, Accusativo alligatum pro ablativo, in Epist. Sigeberti reg. tom. 1. Febr. pag. 232. col. 2 : *Ignoramus in quo loco una Cum reliquos fratres et comprovinciales vestros debeatis conjungere.*

** 4. **CUM**, Apud. Chronic. Moissiac. ad ann. 809 : *Saxones venerunt ultra Albiam et fregerunt ibi unam civitatem Cum nostris Hwinidis, qui appellantur Semeldinc, Connoburg.* Vide Pertz. Scriptor. tom. 2. pag. 448. not. 24. et pag. 596. not. 15.

¶ 1. **CUMA**, *Poma Silvestria*. Gloss. Isid. Grævius monet legendum ex Constantiensi : *Corna, poma sylvestria.* Virgil. 3. Æneid. vers. 649 :

Victum infelicem baccas lapidosaque Corna
Dant rami, etc.

Vide *Cosnia*.

¶ 2. **CUMA**, ἀσπάραγος, in Glossis Lat. Græc. *Asparagus.*

¶ 3. **CUMA**, *Brevis dictio*, in Glossar. San-German. num. 501. Legendum *Comma* ut in Gloss. Isid. Vide lib. 1. Orig. cap. 9. et lib. 2. cap. 18.

¶ 4. **CUMA**, COMA, ut infra *Cumba*, 2. Locus declivis, propensus, in vallem desinens. Acta consecrationis Ecclesiarum S. M. et SS. Petri et Pauli in valle Albania ann. 955. in Appendice Marcæ Hisp. col. 875 : *His affrontationibus includuntur, a parte orientis in Cuma crosa, et pergit per ipsa Cuma de pugo rotundo... et vadit per ipsa Cuma qui pergit ad mansione Radone... per ipsam rocham de Mazanedo, et per aliam Cumam quæ dicitur Gotalio.* Pluries occurrit ibi, atque bis aut ter scribitur *Coma.*

CUMACUS. Epistola Valeriani apud Pollionem in Claudio : *Fibulam auream, Cumacum, cypream unam.* [Forte legendum, *Cum acu Cyprea una.*]

CUMADA. Capitulare de Villis cap. 42 : *Unaquæque villa... habeat... catenas, cramaculos, delaturas, secures, id est, Cumadas, terebras, etc.* Ubi legendum indubie *Cuniadas* ex Gallico *Coignée*, securis. Vide *Cuneata*.

* **CUMARIA.** Charta Dagob. II. reg. Franc. ann. 684. in Suppl. ad Miræum pag. 282. col. 1 : *Molendini duo sub uno tecto, Cumaria super fluvio Suppia, vinea in Beterio cum vineatore.* Vide infra *Cumma.*

¶ **CUMASCLE'**, Provincialibus, Catena ferrea suspendendis in foco lebetibus, Gall. *Cremaliere.* Legitur in Inventario anni 1294. ex Schedis D. *le Fournier.*

* Charta Augustin. de Castellana ann. 1428 : *In suspendium seu Cumasclum, etc.* Sed leg. *Cremasclum.* Vide supra *Cremasclus.*

¶ **CUMATICUS**, *Versificator.* Gloss. San-German. num. 501. Lege *Commaticus*, ut in Glossis Isidori. Vide *Comma.*

CUMATILIS, vox formata ex Græc. κῦμα, fluctus; unde Commodianus, de Neptuno :

Patet esse Deum Cumatilem illo paratu.

[Nonius Marcellus cap. 16. de genere vel colore vestimentorum. n. 1 : *Cumatilis aut marinus, aut cæruleus a Græco tractum, quasi fluctuum similis, etc.*]

1. **CUMBA**, Cymba, navis, seu potius navis species. [** Vide Isidor. Origin. lib. 19. cap. 1. sect. 25. cap. 2. sect. 1.] Glossar. Arabico-Latinum : *Lembus, navicula brevis, dicta et Caupulus, et Cumba, et Lintris.* Papias : *Cumba, navicula, locus navis.* Gloss. Gr. Lat. : Σκάφη, τὸ πλοιάριον, *Alveum, Alveus, Cumba.* Alibi : Ἀκάτιον, *Cumba.* Gloss. Saxon. Ælfrici : *Cumba, vel caupolus, etc.* Lexicon. MS. Regium : Κύμβαι, πλοῖα περιφέρει, Ρωμαϊκῶς. Ugutio : *Cumba et Cimba, ima pars navis et vicinior aquis, sic dicta, quod aquis incumbit, unde et ipsa navis, et præcipue parva dicitur.* Festus Avienus in Descript. Oræ maritimæ :

... Cumbis turbidum late fretum
Et beluosi gurgitem Oceani secant.

Flodoardus lib. 14. Carm. 18 :

Sistere sic tridno cogens sine gurgite Cumbam.

Alibi :

Applicitas quæ littoribus propellere Cumbas
Insurgunt.

Utitur et Prudentius lib. Peristeph. Hym. 2. 25. Occurrit etiam in Notis Tyronis. Hinc forte Κομβάριον, navigium majus, apud Constantin. Porph. in Basilio cap. 42 : Τριάκοντα πλοίων μεγίςων, ἃ Κομβάρια λέγεται. Cap. 43 : Εἰκοσί κομβάρια. Utitur etiam Leo Imp. in Tactic. cap. 18. § 140. (qui a Saracenis vocabulum accersit, dicto cap. 18.) et cap. 19. § 70. ut et Cedrenus pag. 580. 581. Edit. Reg. et Zonaras in Basilio. Κομπάριον idem Constantinus dixit lib. 2. de Themat. cap. 11. pag. 106. *Gombarias* vocat Andreas Dandulus in Chron. MS. ann. 992 : *Naves, quas Veneti Gombarias nominant, contra Narentanos Sclavos misit.* Vide Glossar. med. Græcit. [et supra *Caupulus.*]

¶ **CUMBUS**, Eadem notione in Agnelli Libro Pontificali apud Murator. tom. 2. pag. 60. col. 2 : *Alia vero die, Cumbum ingressus propitiis ventis properavi ad istam servatam a Deo civitatem Ravennæ.*

2. **CUMBA**, Hispanis *Comba*, est Curvatura, Vasconibus locus declivis et propensus, qui in vallem desinit. [Armoricis *Combant.*] Gloss. Lat. MS. Regium Cod. 1013. et Glossæ Isidori : *Gumba, cuneus,*

crypta. Cripa, in Glossis Isid. ubi alii pro *Cuneus*, legunt *Cuniculus*. Anglo-Saxonibus etiam *Comb* est vallis, montibus undique obsita, quemadmodum veteribus Britannis *Kum*, ut observat Cambdenus in Dammoniis. Sic autem dicta, quod *Cumbæ*, seu navigii ita nuncupati, quod cavum est, et longius, speciem referat : seu ab alveo navis, qui Cumba etiam dicebatur. Historia fundat. Monasterii Miratorii in diœcesi Lugdunensi MS : *Tempore vero præcedente D. Guerricus prædicti Humberti filius anno* 1156. *Cumbam Ossei, et omnem terram prædictæ Cumbæ circumquaque adjacentem prædictis fratribus vendidit.* Tabularium Bellilocense in Lemovicibus n. 83 : *Mansos meos in Bretenis dimitto tres... ita quidem dimitto, ut frater meus Ratbodus teneat ad obedientiam S. Stephani ad sacrarium denarios* 2. *de vinea in Tiberia intrante in illa Cumba.* Eadem habentur in Charta ann. 1131. tom. 13. Spicilegii Acheriani pag. 311. Vetus Charta apud Perardum in Burgundicis pag. 116 : *Et in circum volvitur per rupes, infra quas Cumba permaxima tendens ad cursum Susionis, et per ipsum cursum pergit usque ad terram, unde fluunt olle.* [Charta anni 1068. in Appendice Marcæ Hisp. col. 1143 : *Et extra hoc habeat ibi Agrensis Ecclesia duas pariliatas terræ... in Cumba de Artesia.* Vide *Cuma* 4. et Valesii Notitiam Galliarum pag. 415. col. 2. ubi observat Provinciales, Dalphinates ac Sabaudos præter cæteros Convalles *Cumbas* appellasse.]

Comba, Eadem notione. [Pactum inter Jacobum Arragoniæ Regem et Berengarium Magalonæ Episc. ann. 1272. De limitibus jurisdictionis utriusque : *Fluit aqua pluvialis ad ipsum flumen per filum Combæ quæ est juxta ipsam rupem. Comba Rogerii*, in qua sitæ erant vineæ, pluries memoratur in Regesto 87. Chartophylacii regii.] Charta Henrici Comitis Augi tom. 2. Monastici Anglic. pag. 290 : *Wertham cum Comba juxta forestam meam, etc.* Chronic. Besuense pag. 640 : *Et pro tali commercio dedit illi* 25. *solid. et unam Combam, quam plantaverat.* Occurrit præterea in aliquot Chartis apud Duchesnium in Probat. Hist. Vergeiacensis pag. 135. 143. et Guichenonum in Probat. Hist. Sabaud. pag. 5. Le Roman *de Garin* MS. :

> Por chevauchier le bruel de Selve longue,
> Si descendirent lés une basse Combe.

*Lit. remiss. ann. 1425. in Reg. 173. Chartoph. reg. ch. 199 : *Le suppliant et icellui Rebours estans ou chemin royal en une Combe ou valée, appellée la Combe Savate. Icellui Carmen qui aloit en une Combe ou valée pleine de bois, assise près le grant et publique chemin de Basaas*, in aliis ann. 1450. ex Reg. 180. ch. 78. Unde diminut. *Comblelle*, in Poem. Alexandri MS. part. 1 :

> Vers les Turcs esperonnent parmi unes Comblelles,
> As espées lor trenchent les pis et les forcelles.

Hinc *Altacomba* in Sabaudia, et *Combalonga* in Consorannis, Monasteria seu Abbatiæ, nomen accepere, quod in altis, profundis, et longis vallibus exstructæ sint. Vide *Catacumbæ*.

¶ Cumbus, apud Moretum Antiq. Nanarræ pag. 300. et 301. ex Archivo S. Joannis : *Dedit illis unam speluncam, quæ est sub Orolis facie... et inde devallat contra illa serra de tras illos Cumbos de fonte frigida.* Ubi versio ejusd. Moreti : *Les dio una cueba a la vista del Uruel... y de alli corre por valle contra la sierra de aquellos Cumbos de fuen frigida.*

Subcumbus, Terminus cavus. Latinus de Terminis : *Terminus si Subcumbus positus fuerit, limitem ostendit : quidam maxime per convallia pergunt. Si autem in plano Subcumbus positus fuerit, ubi vallis non sit, in proximo ante se claudet finem.* Alius Agrimensor : *Terminus decum* x. *habuerit, quadrifinium exponet : si Succumbum fuerit, limitem ostendit, aut vallem desiderat.*

3. **CUMBA.** Theloneum Monasterii S. Bertini : *Carteia de Cumbis fulconum* 2. *den.*

* 4. **CUMBA**, Sepulcrum lapideum, quod cavum et longum ad modum *Cumbæ* seu navigii ita nuncupati, sic dictum. Stat. P. Burdegal. archiep. ann. 1263. ex Cod. reg. 1590 : *Si ob culpam propriam interdicti vel excommunicati fuerint, et per annum in hujusmodi sententiam permanserint, prohibemus in terra vel in Cumbis lapideis, etiam extra cymiterium, sepelire.*

* **CUMBALE**, Idem quod supra *Cumba* 2. Charta ann. 1339. in Reg. 71. Chartoph. reg. ch. 319 : *Dicta terra.... se extendit usque ad cumbam sive Cumbale, dictum Cumbel Paurut, et prout descenditur per dictum Cumbale usque ad puteum, dictum Potz vernios.*

* **CUMBIA**, *Poculorum genera.* Glossar. vet. ex Cod. reg. 7641. [** Isidor. Origin. lib. 20. cap. 5. sect. 4.] Vide *Cubia* 2.

* **CUMBRA**, Agger seu locus arboribus excisis in fluvio coarctatus, piscium capiendorum causa, Gall. *Combre*. Charta Caroli primogen. reg. Jerus. ann. 1279. in Chartul. priorat. de Guilcio fol. 46. v°. : *Concedentes de gratia ut prædictum monasterium Cumbram seu piscariam, cum omnibus juribus et pertinentiis suis,... teneat et possideat in futurum pacifice et quiete.* Alia ann. 1283. ibid. fol. 47. r°. : *Saichent tous que ge mestre Henri de Charlons proculierres et receiverres des rentes notre segnor le roy de Jerusalem,.... ei eu et receu.... sexante solz de monnoye courant dou priour de Goiz por la finance d'un Combre, assis ou leir à Goiz.* Vide supra *Combra*.

* **CUMBRARIUS**, f. pro *Cambrarius*, *Camerarius*, Rei vestiariæ præfectus. Charta ann. 923. tom. 1. Hist. Trevir. Joan. Nic. ab *Hontheim* pag. 267. col. 2 : *Sig. Bodonis præpositi. Sig. Motarii Cumbrarii.*

CUMBRI. Vide *Combri*.

CUMBUS. S. Audoenus lib. 2. Vitæ S. Eligii cap. 5 : *Arrepto Eligius sarculo cœpit... terram sanctis effodere manibus : mox reperit Cumbum sane veterrimum, tegentem corpus sacratum.* Ubi legendum puto *Tumbum*, seu *tumulum*, id est, *Tumbam*. [Vide *Cumbus*, aliis notionibus in *Cumba* 1. et 2.]

* Nihil hic emendatione opus est, ut colligitur ex *Cumba* 4. supra.

* **CUMDIRECTUM**, Ager cultus. Charta ann. 1150. inter Probat. tom. 2. Hist. Occit. col. 527 : *Damus similiter in omni fevo de Compania ligna ad ædificandas et construendas domos, et ad omnia necessaria, et in silvis, et in heremo, et in Cumdirecto, herbas et pastorales per totum ad bestias.* Vide in *Condirigere* 2.

* **CUMENTUM**, *Falso amaystramento*. Glossar. Lat. Ital. MS. *Commentum*.

CUMERA, *Vas frumentarium de festucis.* Ugutio, [Papias MS. Bituric. : *Cymeras, vas frumentarium.*] [** Vide Forcellin.]

¶ **CUMERUS**, *Urbanus*. Gloss. Isid. Conjectores restaurant : *Camerus, Curvatus.* Mallem, *Comes, Urbanus.* Mihi favet Constantiensis, ubi : *Cumes, Urbanus, Nomen civitatis.* Ultima verba pertinent ad vocem præcedentem, *Cumæ, Civitas Campaniæ.* Hæc fere Grævius.

¶ **CUMEX**, Scutella profundior, Belgice *Komme*. Acta SS. Junii tom. 1. pag. 320. de S. Coemgeno : *Coemgenus jam non inveniens patellam, lac effudit in Cumicem ligneam, posuitque manibus suis super ignem et ignis nullo modo ligno nocuit.*

* **CUMILA.** Vide infra *Cunela*.

* **CUMINA.** Vide infra in *Cumma*.

* **CUMINATOR.** Vide mox in *Cuminus*.

* **CUMINUS**, Idem quod supra *Commune* 1. Tributum, quod a rege aut domino *communiæ* exigebatur, vel quod in *communiæ* utilitatem convertebatur; *Cuminator* dictus illius exactor. Libert. Montisfer. ann. 1291. in Reg. 181. Chartoph. reg. ch. 154 : *Quod dicti consules...... possint et eis liceat facere Cuminum, Cuminos, jetam et jetas, talliam et tallias, qui et quæ sibi et eorum consiliariis videbuntur, in habitantibus...... Quamcito galgiatus de suo Cumino, jeta seu tallia satisfecerit Cuminatoribus seu levatoribus prædictorum, ipso facto sit degatgiatus.*

¶ **CUMLATERATIONES**, Limites. Charta Alcherii Auruci pro Abbate Sichardo, apud Stephanotium tom. 1. Antiq. Occitan. MSS. pag. 368 : *Quantum infra istas affrontationes vel Cumlaterationes includunt, sic vendidimus vobis.* Vide *Collateratio*.

¶ **CUMMA.** Vide *Conduma* post *Condamina*.

* Cumma, Prædium rusticum cum agri portione, idem quod *Condamina*. Charta ann. 1147. in Append. ad tom. 6. Annal. Bened. pag. 705. col. 2 : *Cumma ad quinquaginta modia seminanda, et ad avenam similiter.* Perperam *Cumina* in Ch. ann. 991. inter Probat. tom. 1. Hist. Lothar. col. 394 : *Dedi ei sibique servientibus in perpetuum Cuminam, quæ est in Chamberes ultra Mozellam.* Leg. *Cummam*. Vide infra *Cunden*.

¶ **CUMPADIS**, vel Cunpadis. Agnellus lib. Pontif. part. 2. cap. 3 : *Aiunt alii quod post mortem ipsorum post plura tempora Romæ in concilio hæc causa discussa fuisset; qui providentia Episcoporum quasi pro depositione illorum inciderunt summitatem Cunpadis* (vel *Cumpadis*, ut in nota) *pedis dextri.* Quid hoc sit post eruditissimum Editorem Muratorium ultro fatemur nos ignorare.

* **CUMPLARE**, Litigare, lite contendere, *placitare*. Charta hominii æra 1241. in Chartul. Campan. ex Cam. Comput. Paris. : *Si Binianus de Agremont fecerit damnum vel pesar alicui de vassallis regis Navarræ, vel cuilibet alteri, quod Binianus*

de Agremont Cumplat de directo in curia regis Navarræ.

* CUMULARE, Congregare, Gall. *Assembler*. Lib. 1. Rer. Danic. ad ann. 1317. apud Ludewig. tom. 9. Reliq. MSS. pag. 97 : *Qui autem prædictis ducibus zelabant, occulte exercitum Cumulabant, atque subito supervenientes regem Byrgerum de terra fugarunt, cum uxore et quibusdam liberis.*

¶ 1. CUMULATUS, *Cumulus*. Barthius in Glossario ex Historia Palæstina.

* 2. CUMULATUS, Iteratus, repetitus, Gall. *Réitéré*. Charta ann. 1308. in Lib. rub. Cam. Comput. Paris. fol. 374. v°. col. 1 : *Dictus miles de nostra liberalitate confidens, nobis duxit Cumulatis instantiis supplicandum, quatenus etc.*

* CUMULUS Fori, Summa et ultima causæ cognitio, Gall. *Dernier ressort*. Lit. Alfonsi comit. Pictav. ann. 1269. in Reg. 11. Chartoph. reg. fol. 123. v°. : *Cum dictus dominus comes mandaverit senescallo prædicto processum habitum a parte illorum de Cassanea contra illos de Marchia, in causa appellationis ad ipsum episcopum et dictum senescallum communiter, vel ad solum senescallum, vel ad dictum dominum comitem tantummodo interpositæ, irritam nunciaret, quod dominus comes super hoc provideat juri suo, cum ipse Cumulum fori apud Agennum habeat, in causis appellationum.*

* CUMUNALIS, Communis, Ital. *Comunale*. Stat. Vercel. lib. 3. pag. 73. r°. : *Si receperit molinarius sive conductor ad macinandum quartaronos sex rasos frumenti Cumunalis et bene cribiati, etc.*

1. CUNA. Vide *Cuva*.

* 2. CUNA, *Antiqua*, in vet. Glossar. ex Cod. reg. 7641. f. leg. *Cana*.

¶ 1. CUNAGIUM, a *Cuneus*, Gall. *Coin*. Typus, seu ipsa typi percussio, qua signantur monetæ aliaque quam plurima e metallo confecta ; Tributum pro impressione typi exsolvendum. Charta Edwardi III. Angl. Regis ann. 1337. apud Rymerum tom. 4. pag. 736. col. 1 : *Dederimus eidem filio nostro stannariam nostram in Comitatu prædicto, una cum Cunagio ejusdem stannariæ*. Et paulo post : *Cum omnibus ad prædicta stannariam et Cunagium ac curiam qualitercumque spectantibus... una cum Cunagio ejusdem stannariæ, et cum omnibus exitibus... curiæ prædictæ*. Ejusdem tomi pag. 748. col. 1. in Charta ejusd. Reg. pro Willelmo de Monte-acuto super exitibus Cunagii : *Rex Collectoribus sive Custodibus Cunagii stanni in Comitatu Cornubiæ salutem... Concesserimus... de exitibus Cunagii prædicti per manus vestras, et aliorum Collectorum et Custodum ejusdem Cunagii, etc.* Ibid. pag. 648. col. 6. in alia Charta ejusd. Edw. de compositione super emolumentis Cunagii : *Nisi tantum tertias partes emolumenti dicti Cunagii*. Et tom. 7. pag. 41. col. 1. in Charta ejusd. de moneta Scotiæ, ad Joannem de Bolton ann. 1374 : *Pro eo quod gentes Scotiæ per subtilitatem suam bonam monetam argenti extra regnum nostrum Angliæ subtraxerunt, et in Cunagium suum, ad minorem valorem quam moneta Angliæ extitit, posuerunt, et sic currit in solutione in regno prædicto, ad grave dampnum et deceptionem nostram, etc.* Denique tom. 9. pag. 471. col. 2. in Charta Henrici V. Angl. Regis ann. 1417 : *Controfactor misteræ monetæ et Cunagii multiplicator, et totor auri et argenti cum cuneo nostro Cunatorum.*

¶ 2. CUNAGIUM, f. ut *Cunicularia*. Vivarium cuniculorum. Tabularium Calense pag. 40 : *Metæ rerum prædictarum... sunt, hæc videlicet prædicta noa... usque ad ardillariam, et de ipsa ardillaria usque ad Cunagium S. Andreæ et de illo Cunagio usque ad vineam Petri, etc.*

¶ CUNATUS, *Cuneo* seu typo percussus. Vide *Cunagium* 1.

* CUNCA, *Prov. Amitta*, *soror patris. Matertera*, *soror matris. Matruellis*. Glossar. Provinc. Lat. ex Cod. reg. 7657.

* CUNCIATURA, Rei alicujus appendix, supellex, utensile, Ital. *Conciatura*. Charta ann. 1157. apud Murator. tom. 2. Antiq. Ital. med. ævi col. 561 : *Tradimus...... sanctæ Romanæ ecclesiæ in perpetuum ad veram hereditatem, perpetuamque proprietatem, id est, duo molendina in integrum, cum ferratura et Cunciatura sua, et aquæductu eorum et omnibus pertinentiis suis, etc.*

¶ CUNCIDA, ut *Concidà*, Sepimentum. Lex Salica tit. 19. art. 10. Edit. Eccardi : *Si quis Cuncidam alienam capulaverit, etc.*

¶ CUNCTABILIA, Moræ, dilationes ut conjicit Sollerius. Acta S. Reginswindæ, Julii tom. 4. pag. 95 : *Et tanta illum disciplina stigmatizavit, ut videlicet lividæ cutis apta vestigia divinæ visionis Cunctabilia omnia facerent credibilia.*

CUNCTALIS, *Generalis*. Papias. [Mart. Capella lib. 1. pag. 6 : *Lar omnium Cunctalis*, i. e. Generalis, oppositus familiari.]

¶ CUNCTARI, Inficiari, negare, aut saltem dubitare, quia qui *cunctantur* quasi dubitant inquirendo num acturi sint necne : hæc propria vis verbi Cunctari. Christophorus Papa in confirmatione Privilegiorum Corbeiensium, apud Acherium tom. 6. Spicil. pag. 415 : *Nulli Cunctandum est, quod cunctæ Ecclesiæ paci, saluti et quieti prospicere nos oporteat.*

¶ CUNCTICINUS, Omnisonus. Mart. Capella lib. 9. pag. 306 : *Plenitudo Cuncticinæ voluptatis.*

** CUNCTICOLOR. Ruodlieb. fr. 3. vers. 363 :

...... Lapides generosi, Cuncticolores.

CUNCTIGENA, Omnis generis, in Decretis Synodi Ænhamensis ann. 1009. can. 22 : *Nequitiæ Cunctigenæ, etc.*

¶ CUNCTIO. Vide *Cociones*.

¶ CUNCTIPARENS, Parens omnium. Prudent. Pass. S. Agnetis v. 128 : *Cui posse soli Cunctiparens dedit.*

¶ CUNCTIPATER, Omnium pater Deus. Theodulphus 1. Carm. v. 69. de Hiskia Rege :

Cui tria Cunctipater voluit superaddere lustra.

CUNCTIPOTENS, pro *Omnipotens*. *Cunctipotentia*, in Prologo ad Vitam S. Turiani, Episcopi Dolensis. [Prudent. in Pass. S. Quirini v. 56. *Jesu Cunctipotens*. Legitur et alibi.]

¶ CUNCTITENENS *et Omnipotens*, in Præcepto Ludovici Balbi ann. 879. apud Mabill. de Re Diplom. lib. 6. pag. 549.

¶ CUNCTITONANS Deus, in Actis SS. Julii tom. 1. pag. 133. de S. Swithuno.

¶ CUNCTIUM, Restauratio, reparatio. Acta SS. Junii tom. 3. pag. 936. de B. Michelina : *Res relictas Ecclesiæ prædictæ expendendas in Cunctio Ecclesiæ prædictæ.*

CUNCTUS, *Scyphus*, *patera*. Ita Papias MS. Edit. habet *Cundus*. [MS. Bituric. habet etiam *Cunctus*.]

* CUNDEMINA, ut supra *Condamina*. Charta ann. 859. inter Instr. tom. 12. Gall. Christ. col. 304 : *Cundeminam adhærentem fronti jam dictæ ecclesiæ.*

* CUNDEN, Germanis idem quod apud nostros *Condamina*, ut discimus ex Gloss. Cæsarii Heisterbac. in Reg. Prum. tom. 1. Hist. Trevir. Joan. Nic. ab *Hontheim* pag. 662. col. 2 : *Præterea etiam invenitur in libro de mansis indominicatis, qui sunt agri curiæ, quos vulgariter appellamus selgunt, sive atten, vel Cunden*. Vide supra *Cumma* et infra *Cuns*. Conf. *Croada*, 2.

¶ CUNDUS. Vide *Cunctus*.

CUNEATA, Gall. *Coignée*, Securis. Tabularium Vindocin. Ch. 54 : *Favente Hilgodo fratre suo Securi, sive, ut vulgus loquitur, Cuneata cognominato*. Vide Meursium in Κούννιον, et supra in *Cumada*.

¶ CUNELA, θύμβρα. Gloss. Lat. Græc. Sangerman. *Thymbra*. Lege cum Plinio, *Cunila*, Herba odorifera, quam vulgo dicimus, *Sariette*.

* In iisdem Gloss. Lat. Gr. : *Cunila*, θύμβρον, σίσυμβρον, εἶδος λαχάνου. Ad quem locum ita Castigat. in utrumque Glossar. : *Cunela*, θύμβρα. Vide Salmas. ad Plin. vel potius Solin. pag. 1275. et 1286. *Cunila*, σίσυμβρον. Cod. Sangerm. *Cunula*, et Reg. *Cumila*.

¶ CUNENEA. Computus ann. 1201. apud D. *Brussel* de Feudorum usu ad calcem tom. 2. pag. CLIV. col. 1 : *Pro Cunenea facienda veteris turris et pro aula dealbanda et capella* xx. *l*. Suspicor legendum esse *Caminea*, Gall. *Cheminée*, Camini spiraculum. Erit forte qui malit *Cuneneam* esse Angulum, Gall. *Coin*.

¶ 1. CUNEUS, Angulus, Gall. *Coin*. Charta Philippi Augusti ann. 1211. tom. 1. Ampliss. Collect. col. 1100 : *Ab era S. Venantii usque ad Cuneum muri, etc.* Charta Philippi III. Franc. Regis ann. 1272. in Hist. Sangerman. Jacobi *Bouillart* pag. LXV. col. 1 : *A Cuneo adaquatorii... eundo ad portam S. Germani de Pratis*. Liber Annivers. ejusd. Abbatiæ fol. 70 : *Super domo quæ facit Cuneum, etc.*

2. CUNEUS, Sigillum ferreum, quo nummi cuduntur, Gallis *Coin* ; a cudendo dictum censet Cokus ad Littletonem sect. 335. Alii a cunei figura, et probabilius. Lexicon Gr. MS. : Ἀργυροκοπεῖον, ἐν ᾧ κόπτεται τὰ νομίσματα, ὃ νῦν ἴμαντρον καλοῦσι. Leg. σήμαντρον. Matth. Paris ann. 1248 : *Cuneus monetalis : Cunei emolumentum*. Monastic. Angl. tom. 2. pag. 308. 313 : *Carucatam terræ, quæ jacebat olim ad Cuneos monetæ*. Adde Will. Thorn. in Chron. pag. 1816. Fleta lib. 1. cap. 22. § 5 : *Fabricatores Cuneorum*. § 6. *Fabricatores falsæ monetæ sine Cuneo*. Vide *Moneta*.

Sæpe etiam sumitur pro ipso jure cudendi monetam, in Assisiis præsertim Hierosol. MSS. : *Le chief Signor a Cour, Coins, et Justice, qui est la haute Cour*. Passim ibi.

3. **CUNEUS**, Species vel forma panis. Chron. Windesem. Buschii lib. 2. cap. 43 : *Uno Cuneo, hoc est, albo pane, modicisque cibariis in hebdomada sustentabatur.* Picardi *Cuignet* etiamnum appellant, panem lacte subactum, et in varios angulos formatum. Auctor Mamotrecti 7. Levit. : *Collyridis, id est, panes similagineos triangulos, vel circulos.*

* Lit. remiss. ann. 1467. in Reg. 195. Chartoph. reg. ch. 21 : *Le Dimenche d'après Noel....... iceulx compaignons vindrent soupper et menger leur Cuignet avec leur curé.* Vide *Coniada* et supra *Cornuta* 2.

4. **CUNEUS**, Latinis, est instrumentum ferreum, aut ligneum, quo finduntur ligna. Vita S. Joannis Episc. Traguriensis : *Accedentes autem plures prioribus, adjectis ferreis palis et Cuneis, submovere illum* (lapidem) *non potuerunt.* Miracula S. Richarii Abb. lib. 1. cap. 1 : *Cum findere tentassent cum malleis et Cuneis, et omni hujus generis machinamento, etc.* Vide Ordericum Vital. lib. 8. pag. 698. et Meurs. in Κουνία.

* 5. **CUNEUS**, *Crypta*, in vet. Glossar. ex Cod. reg. 7613.

** 6. **CUNEUS**, Militum multitudo, exercitus. Waltarius vers. 44 :

Ibant æquati numero, sed et agmine longo,
Quadrupedum cursu tellus concussa gemebat ....
Jamque Ararim Rodanumque amnes transiverat altos
Atque ad prædandum Cuneus dispergitur omnis.

Ibidem vers. 183 :

Jamque intra jactum teli congressus uterque
Constiterat Cuneus.

¶ **CUNGNUS**, Angulus, Gall. *Coin*, alias *Coing.* Consuetudines MSS. Tolosanæ ex Bibl. D. Abbat. *de Crozat* fol. 18. vel. 19 : *Et exinde usque ad crucem de Cungno.* Vide *Cuneus* 1.

¶ **CUNHUS**, Typus quo moneta cuditur et signatur, Gall. *Coin.* Extractum computi Siardelli Massaritiæ Magistri monetarum ann. 1339. Hist. Dalphin. tom. 1. pag. 95 : *Primo videlicet, quod fierent denarii curribiles... sub forma et Cunho, etc.* Pluries repetitur eadem vox ibidem, pro qua bis habetur *Cugnus.* Vide in hac voce et *Cuneus* 2.

¶ **CUNIADA**, Securis. Vide locum in *Caradrus* et supra vocem *Cuneata.*

* **CUNICERIA**, f. Idem quod *Curtile*, vel quod *Cuniglus* infra. Charta ann. 1263. in Chartul. Lingon. ex Cod. reg. 5188. fol. 208. r°: *Item* (vendidit) *jardinum et Cuniceriam ex utraque parte absque prato, quod est in medio.* At minus mihi asserta est lectio.

* **CUNICLUS**, Cuniculus, Gall. *Lapin.* Charta ann. 1442. ex schedis Pr. *de Mazaugues : Quod possint libere et impune et absque banno venari seu venari facere per territorium ipsius castri* (Grambodii) *Cuniclos, perdices, lepores.*

¶ **CUNICULA.** Vide *Conucula.*

CUNICULARIA, Vivarium cuniculorum, Gallis *Lapiniere*, *Garenne.* Occurrit non semel in Fleta lib. 2. cap. 52. §. 12. cap. 71. § 12. cap. 72. § 14. etc.

CUNICULARIS, Qui cuniculos venatur. Fori Leyrenæ : *Cunicularis post unam noctem det unum Cuniculum cum sua pelle.*

¶ **CUNICULINA** CARO, in Epistola Evantii Archidiaconi, inter Concil. Hisp. tom. 3. pag. 87. *Cuniculinæ pelles*, id est, *Cuniculi*, apud Johannem de Janua.

CUNICULUS, Mendose pro *Duciculus.* Ibi vide.

* **CUNIGLUS**, Cuniculus, Gall. *Conduit, canal.* Stat. Montis-reg. pag. 208 : *Ita quod non noceat viæ usque ad pontes seu Cuniglos, per quos discurrere debeat ipsa aqua.*

* **CUNILA.** Vide supra *Cunela.*

¶ **CUNIRE**, *Cuneo* notare, Typo signare, Gall. *Marquer au coin.* Præceptum Edwardi III. Angl. Regis ann. 1338. de stanno capiendo ad bellum, apud Rymerum tom. 5. pag. 39 : *Assignavimus vos conjunctim et divisim ad capiendum ad opus nostrum totum stannum in Comitatibus prædictis Cunitum et etiam Cuniendum, cum Cunitum fuerit et in eisdem Comitatibus jam inventum.* Apud Festum *Cunire* est Stercus facere, quod de infantibus fascias in *cunis* polluentibus maxime intelligendum est. Vide *Cunagium* 1.

CUNITÆ, Hæretici, quorum auctor *Cunus* quidam, in Anglia noti ann. 1147. M. Chron. Belgic.

* **CUNITILARE**, Rem cum muliere habere, a *Cunnus.* B. de Amoribus in Speculo sacerdotum MS. cap. 23. de peccato luxuriæ :

Niteris asserere quin pecces cum muliere,
Qui in præsente cessares a coheundo,
Aut pede vel dente proprio non Cunitilando.

* *Cunardir* vero, a Latino conari, opus faciendum redimere, Gall. *Entreprendre*, in Lit. remiss. ann. 1423. ex Reg. 172. Chartoph. reg. ch. 407 : *Lequel Perrinet vint pour marchander avec les compaignons ou l'un d'eulx, de Cunardir de faire une piece de vigne, qui est à dire bechier ou houer.*

* 1. **CUNIUS**, ut *Cuneus* 2. Sigillum ferreum, quo nummi cuduntur, Gall. *Coin.* Testam. Joan. Fabri episc. Carnot. ann. 1390 : *Una cum obligatione,....... quæ non ascendit de quingentis francis auri ad sexcentos francos auri de Cunio domini Francorum regis.* Vide infra *Cunus* 1.

* 2. **CUNIUS**, Cuneus, Italis *Conio*, Gall. *Coin.* Guido de Vigevano MS. de Modo expugn. T. S. cap. 8 : *Postea fortiter inclaveletur navis super curvis illis, et postea calchentur stopino cum Cuniis et maciis.*

¶ **CUNPADIS.** Vide *Cumpadis.*

* **CUNS**, Census species, Teutonice. Charta capituli S. Petri Traject. ann. 1310. in Suppl. ad Miræum pag. 427. col. 1 : *Willelmus comes Hannoniæ...... dedit censam suam annuam universam, quæ Teutonice Cuns sive marghenghelt dicitur, jacentem in de Nesse. Cum censibus annuis universis, qui Theutonice Cuns sive morgenghelt dicuntur*, in Bulla Clementis PP. V. ann. 1312. ibid. pag. 430. col. 1. Vide supra *Cunden.*

* 1. **CUNTA**, ab Hispan. *Cuenta*, Sertum precatorium, quibus Deiparam salutamus, ut videtur, idem quod *Capellina* 1. Testam. Mafaldæ regin. ann. 1256. tom. 1. Probat. Hist. geneal. domus reg. Portugal. pag. 33 : *Item mando domnæ Orracæ Sancii sorori meæ...... unas Cuntas de cristallo et corallis....... Item domnæ Adaræ Petri...... unas Cuntas de cristallis et corallo.*

* 2. **CUNTA**, *La indusia*, in Glossar. Lat. Ital. MS.

* **CUNULA**, diminut. a Cuna, Gall. *Berceau d'enfant.* Mirac. S. Emmer. tom. 6. Sept. pag. 504. col. 2 : *Is qui Cunulæ adhæsit ut pusio, repente robustus erigitur ac sistitur ut homo.*

* 1. **CUNUS**, Sigillum ferreum, quo nummi cuduntur, ut supra *Cunius* 1. Charta Phil. Pulc. ann. 1301. in Lib. rub. Cam. Comput. Paris. fol. 127. r°. col. 2 : *Cum quæstio verteretur super jure et dominio tallii Cunorum monetæ Tholosanæ, etc.*

* 2. **CUNUS**, *Foramen*, in vet. Glossar. ex Cod. reg. 7613. Aliud Lat. Gall. ex Cod. 7692 : *Cunus, fosse sus terre.*

1. **CUPA**, Vas vino condendo paratum, Latinis, *a Koupar* Anglis, nostris *Cuve*, [Germanis *Kufe.*] Lucanus lib. 4. de Bello civ. vers. 420 :

. . . Ratem vacuæ sustentant undique Cupæ.

Vide Petrum Blesens. Epist. 63. *Navis capacitatis* 40. *Cuparum*, in Novella Valentiniani de Naviculariis amnicis. Nos dicimus : *Un vaisseau de* 40. *tonneaux.* Gloss. Ælfrici : *Cupa*, tunne. [Computum Capituli Autissiod. ann. 1247 : *Eodem anno habebat Capitulum duo pressoria munita, et* XXII. *tonnas, et quinque canales ad eas implendas, et septem Cupas cum quadam parva, in qua vinum colatur.* Jonas Monachus in Vita S. Columbani n. 53 : *Reperit eos sacrificium profanum litare velle, vasque magnum, quod vulgo Cupam vocant, quod* 26. *modios amplius minusve capiebat, cervisia plenum in medio habebant positum.* Vita S. Austregisili Episc. Bituric. inter Acta SS. Bened. sæc. 2. pag. 97 : *Repleto vase musto, unum quod illi vocant Cupam, ferme viginti metra capiens resedit vacuum.* Sed et apud Ulpianum inter *vasa vinaria* numerantur *Cupæ et dolia, quæ in cello fixa sunt.* Bertha Monacha in Vita S. Adelheidis Abbatissæ n. 15 : *Cellerariam enim aliquando, vinum de Cupa producentem, festinanter per nuntium accersivit : quæ in obedientia nesciens moram, ejus præsentiam velociter adivit, ore Cupæ non obfirmato, sed ducibulo secum in manibus asportato.* Occurrit eadem notione pro dolio vel doliolo, in Vita S. Willibrordi, inter Acta SS. Benedict. sæc. 3. part. 1. pag. 619. n. XVIII. in Vita S. Genovefæ, tom. 1. Januarii pag. 140. 145. etc. Isid. lib. 2. Orig. cap. 6 : *Cupas, a capiendo, id est, accipiendo aquas vel vinum vocatas volunt.* Genuinum etymon κύπη, species navis de qua mox in *Cupa* 2.]

¶ CUPPA, Eadem notione. Charta anni 1047. inter Instrum. tom. 2. Gall. Christ. col. 480 : *Item de sylva... ad domos scilicet ædificandas vel restaurandas, ad Cuppas, ad dolia, ad vallum, ad naves, etc.* Bernardi Ordo Cluniac. part. 1. cap. 47 : *Cuppæ quatuor, una ad fabas servandas, quando fuerint bainatæ, altera in quam cadit aquæductus, tertia in qua lavantur scutellæ, quarta ad hoc ut aqua calida in eam mittatur ad mandatum et ad rasuram Fratrum.*

** CUBA, in chart. ann. 1249. ap. Guerard. in Polypt. Irminon. pag. 385. et in alia ann. 1250. ibid. pag. 388.

** Cubba. Ekkehard. IV. de Cas. S. Gall. cap. 5. Pertz. pag. 106 : *Vinum quoque plenis Cubbis adpositum.*

Cupella, Minor cupa. Epistola Bonifacii Arciep. Moguntini : *Vice osculi duas Cupellas vini Celsitudini vestræ transmisimus.*

2. CUPA, Cuppa, Coppa. Hesychius : Κύββα, ποτήριον. Gloss. Lat. Gr. : *Cupa*, βούτις μεγάλη, ἣν τινες γαυλὸν καλοῦσιν. Est autem γαυλὸς, certa navigii species : et apud Hesychium, κύπαι, εἶδός τι νεὼς, pariter esse dicuntur. [Sic vocem *Copa* Nicolaus Specialis usurpat lib. 7. de Rebus Siculis cap. 17. apud Murator. tom. 10. col. 1070 : *Sed die tertia, ut ipsos defensores urbis in multarum partium defensione distraherent, quo debilitatam urbem viris bellatoribus facilius superarent, cathenam quæ portum urbis concluserat, præmissis portennis, quas vulgo alii Filvas, alii Copas vocant, magnisque navibus succedentibus infringere conabantur.*] Idem Glossarium Κόψα, *urna*, *hydria*. Ubi forte legend. Κόπα. At apud Heronem Mathematicum, κοῦπα, et βοῦττις, pro vasis vinariis sumuntur; sed *Cupa* major est *butti*. Recentioribus vero *Cupa* et *Cuppa*, usurpantur pro poculo, seu vase potorio, quod videtur sic appellatum, quod *Cupæ* formam referat. Nostri *Coupe* appellant, [Armorici *Cop.*] Vita sancti Guidonis Abbatis Pomposiani : *Cuppam, qua bibebat Abbas, ab eo sibi petiit porrigi.* [*Cupa S. Columbani*, in ejus Vita inter Acta SS. Benedict. sec. 2. pag. 53.] *Cuppæ aureæ et argenteæ*, in Constitut. Siculis lib. 3. tit. 36. § 1. Liber de Contemptu mundi :

Insignesque thori, Cupæ, cyphique decori.

Vide Lupum Ferrariensem Epist. 85. Salmasium ad Hist. Aug. pag. 253. [Nævium ex quo laudatur : *Duas Cupas mero plenas exhausit*; et Anecd. Marten. tom. 1. col. 1527. *Coppa una argentea*, in Chronico Romualdi II. Archiep. Salern. apud Muratorium tom. 7. col. 242. *Cuppa argenti fusilis*, quam Calicem interpretatur Mabillonius, in Translatione S. Filiberti, inter Acta SS. Bened. sæc. 4. part. 1. pag. 552.]

* Copa, Patera, crater, Italis *Coppa*. Inventar. ann. 1389. tom. 3. Cod. Ital. diplom. col. 364 : *Planeta una drappi brocati auro in campo rubeo, laborati ad Copas, leones et alia animalia.*

Coppa, Eadem notione, apud Simeonem Dunelmens. Charta Æthelstani Regis Angl. tom. 1. Monastici : *Tria tapetia, et duas Coppas argenteas cum cooperculis. Cuppas* vocat mox idem Dunelmensis. Eckeardus junior de Casib. S. Galli cap. 1. *Coppam auream Domini tui... pincernæ meo confestim afferto.* Supra *cantharum* appellavit. Chronicon Casinense lib. 3. cap. 57. (al. 58.) : *Coppas duas argenteas deauratas cum nigello librarum 15.* [** Liutprand. Antapod. lib. 2. cap. 6 : *Coppas argenteas deauratas 2.*] Romualdus Salernitanus in Chronico MS : *Scrinium Hugolini Boni Comitis fregerunt, et ex eo Coppam unam argenteam, et privilegium, quod Rex Imperatori fecerat, asportarunt.* Otto Morena : *Et ipsi unam Copam auri et denariis plenam ipsi Regi portaverunt.*

¶ Copa Ferrea, recensetur inter coquinæ vasa, in Inventario anni. 1342. ex Archivo S. Victoris Massil. Armar. Din. num. 38.

Coparius Major, dignitas in aula Regum Lusitaniæ. Vide Brandaonum in Monarch. Lusitan. tom. 5. pag. 304. v.

¶ Cupparius. Traditiones San-Emmeram. apud Bernardum *Pez* tom. 1. Anecd. part. 3. col. 171 : *Udalric Swarscepfe Cupparius.*

Cupha, Idem quod *Cupa* 2. Vita S. Godehardi n. 62 : *Petendo eum, ut benedicat parum vini in Cupha vel scypho suo.*

Cupellus, vel Cupella. Vasis potorii species, ex *Cupa*, aut a Græco κύπελλον, quod Hesychio est εἶδος ποτηρίου ὠωτοῦ. Ubi forte legendum ὠωτοῦ, in formam ovi. Alii a Germanico, *Kübel* deducunt. Gloss. Lat. Græc. : *Cupillum*, γευςρίδιον, f. γευςήριον, poculum quo vini gustus capiebatur, apud Athenæum; *Gustatorium*, in Fragmento Petronii de Cœna Trimalcionis. Apitius lib. 1. cap. 2 : *Piper tritum cum melle despumato in Cupellum conditi modo mittito.* Alia Editio habet *Cupellam.*

Cupella, Vas potorium [Supplem. Antiquarii : Cupella, βούττιον, *Gaulus.*] Vita S. Paterni Episc. Abrincat. cap. 5 : *Potum per Cupellas dispositum evellere voluerunt.* Est etiam *Cupella*, parva cupa apud Gregorium Turon. lib. 2. de Mirac. cap. 35.

¶ Cupella Apum, Vas apum, Alvus, Gall. *Ruche*. Instrumentum anni 1267. ex Archivo S. Victoris Massil. : *Rector hospitalis S. Andreæ... inter alia promittit reddere Priori ejusdem Sancti a S. Victore dependentis Cupellas apum quadraginta.*

¶ Coppula, Cupa minor. Computum ann. 1333. Hist. Dalphin. tom. 2. pag. 277 : *Item pro duobus bacilibus de ære pro Domino, taren. VIII. gran. III. Et pro Coppulis pro Domino, taren. III.*

Cuppa. Charta Henrici III. Regis Angl. apud Prynneum in Libertatib. Eccl. Angl. tom. 2. pag. 834 : *Cum ex consuetudine approbata et obtenta habere consueverimus palefridos et Cuppas Episcoporum et Abbatum regni cedentium, etc.* Habentur similes aliæ Chartæ aliquot tom. 3. hujusce juris Regii testes. Vide *Heriotum.*

Cuppa vel Copa *ad reponendam Eucharistiam*. Necrologium Eccl. Parisiensis Id. Aug. : *Dedit nobis Calicem aureum cum patena ponderis 4. marcarum auri, de quo facta fuit Cuppa ad reponendum Eucharistiam.* Charta Anglica apud Prynneum in Libertatib. Angl. tom. 3. pag. 798 : *Mandatum est Justiciario Hiberniæ, quod in singulis Ecclesiis Cathedralibus Hiberniæ inveniat unam Cuppam ad Eucharistiam in ea reponendam.* [Chartularium S. Martialis Lemovic. : *Capsa capitis Apostoli* (S. Martialis) *manet renovata et Copa ubi Corpus Domini reservatur.*]

¶ Coppa, apud Martenium Itiner. tom. 2. pag. 241. ex antiquo Inventario Thesauri Monasterii Abdinghoff. Paderborn. : *Aureus calix 1. cum patena LXX. lapidum decoratus ornatu. Argentei vero VII. Coppa 1. argentea.* An ad reponendum Eucharistiam, non satis liquet.

* Nostris *Ciboire*. Inventar. S. Capellæ Paris. ann. 1363. ex Bibl. reg. : *Item una Cuppa argentea deaurata ad portandum Corpus Christi. Item une Couppe d'argent dorré à porter le Corps nostre Seigneur*, in Inventar. Gallico.

¶ Copa Calicis, in Notis marginalibus antiqui Martyrologii Ecclesiæ Aquensis.

* Cupa Elemosynaria, Colligendis vel reponendis eleemosynis destinata. Inventar. MS. thes. Sedis Apostol. ann. 1295 : *Item unam Cupam elemosynariam fractam, cum circulis deauratis.*

3. CUPA, Mensura frumentaria. Charta ann. 1241. tom. 10. Spicileg. : *Super sexterali, et corda, ferro, pondere, et Cuppis.* [Antiquæ Recogn. *de Moras*, in Regesto *Probus* fol. XXXV : *Guigona Panalli tenet de Comite 1. emin. terræ, et debet inde VIII. Cupas frumenti.* Est autem *Cupa* nude dicta, in quibusdam locis, ut Bellijoci, quarta pars Bicheti, sexque *Coponos* continet; *Cupa* vero *tertia* Bicheti pars est, et octo *Coponos* complectitur. Coponi viginti quatuor faciunt Bichetum. Sed omnium locorum non eadem ratio est. In agro v. g. Atrebatensi *Cuppa* est quarta pars Mencoldi, Burgi apud Sebusianos in Bressia *Cupa* est viginti quatuor librarum, etc.]

Cupa Octavalis. Consuetudines MSS. Solemniaci in Arvernis : *Omnes homines de dicta communitate debent molere unum sextarium bladi pro una Cupa octavali, persolvenda de tali blado, quo persolvi consuevit, nec debent desengranari.*

Cupellus, Mensura frumentaria. Libertates MSS. villæ S. Desiderii in Campania ann. 1228 : *Molendina habebit dominus in dicta villa bannalia, et erunt Cupelli rationabiles et mensurabiles, quorum Cupellorum sexdecim faciunt sextarium.*

Copa, Mensura frumentaria minutior, vox pariter formata a *Cupa*. Charta Alphonsi Comitis Tolosani ann. 1144. pro Montalbanensibus apud Catellum lib. 2. Rerum Occitanar. cap. 17 : *Usus talis est : de duobus sextariis avenæ, quam asportabunt extranei ad vendendum, habeat dominus unam Copam, de uno sextario mediam Copam.... de saumata salis.... habeat dominus unam Copam.* Charta ann. 1246. in lib. 1. Feodorum Burbonensis dominii fol. 96 : *Gerardus de Beria duas Copas ordei sisenals, et 2. denarios, etc.* Infra : *B. Raimundi 4. Copas sisenals siliginis, etc.* Occurrunt hæc verba pluries.

¶ Coppa, Eadem notione. Antiquæ Recogn. Alberipæ in Regesto *Probus* fol. LXIV. verso : *Reschi tenet de Comite 1. pedam et debet inde II. Coppas frumenti, et 1. quart. vini et IV. den. pro espalla, et habet ibi cibum, quando solvit censum.* Charta Roberti Comitis Arverniæ ann. 1284. apud Baluz. in Hist. ejus familiæ tom. 2. pag. 134 : *De quolibet sextario bladi debent levari et percipi pro moltura duæ Coppæ rasæ a festo Nativitatis B. Joan. Bapt. usque ad Natale Domini, et pro residuo temporis.... debet levari.... una Coppa cumulata et rata Coppæ pro rata bladi quod ibidem molet, et sic XII. Coppæ rasæ dictæ mensuræ debent complere et perficere cartam fori de Vico.* Chartularium primum Monasterii Aquicinctensis fol. XXV : *Lambertus tenet partem unius modii una Coppa minus, alii hospites cætera et silvam, de qua censum habemus quinque dozellos avenæ.*

¶ Cuppa, Idem. Litteræ Radulfi Episc.

Atrebat. pro Monasterio Strumensi ann. 1204 : *Recognovit se vendidisse... dimidiam mencoldatam et dimidiam Cuppam... et pro terra illa solvebat dictæ Ecclesiæ tres mencoldos frumenti et dimidium, et dimidiam Cuppam.* [** Vide S. Rosa de Viterbo voce *Cuba*, Elucidar. tom. 1. pag. 337.]

Coponagium, Copponagium, Jus exigendi ejusmodi *Copas* ex frumentariis mercibus, quæ in mercatis veneunt. Charta Odonis Ducis Burgundiæ ann. 1266. apud Perardum pag. 511 : *Item homines dictæ villæ ad præstandum, leida et pedagio penitus sunt immunes : Coponagium vero debent die mercati solvere tantummodo, et non aliis diebus. Copponagii* mentio occurrit in aliquot aliis Tabulis apud Guichenonum in Probat. Hist. Bressensis pag. 64. 107. et in Genealogia Dominorum *de Thoiré*, pag. 231.

¶ Copagium, Eadem, ut puto, significatione. Litteræ Johannis Franc. Regis ann. 1356. Ordinat. tom. 3. pag. 75 : *Primo, quod in universo omnes habitatores dicti loci Avinioneti qui nunc sunt et qui pro tempore erunt, possint sine licentia cujuslibet, usque ad tres annos a die concessionis præsentis nostre gratie computandos, a regno nostro extrahere pastellum cretum in terris propriis eorumdem, et etiam bladum cretum in eisdem, usque ad mille cartones pro quolibet dictorum trium annorum; proviso tamen quod dicte mercature seu aliquid ex eis ad nostros vel regni nostri inimicos nullatenus transferantur vel portentur.... Item, quod omnes venientes ad locum seu forum de Avinioneto predicto cum ipsorum mercaturis, sint immunes et liberi die fori dicti loci, emendo et vendendo, a leuda seu Copagio per tres annos, a die concessionis præsencium computandos. Item, quod omnes venientes ad nundinas dicti loci de Avenioneto, eundo et redeundo, vendendoque et emendo, sint immunes a Copagio, leuda et barra, atque gabella per tres annos continuos a die concessionis præsentium numerandos.* Ex integro textu liquet inter *mercaturas*, de quibus hic agitur, potissimum recensenda esse *blada*, quibus belle convenit notio *Copagii* a nobis prænotata.

¶ Copa, Mensura agraria in Comitatu Viennensi, f. tanta quæ capiat seminis unam Copam frumenti. Instrumentum ann. 1309. in Hist. Dalphin. tom. 1. pag. 97 : *Dominus Comes habet apud S. Simphoriacum in dominio suo unum curtile situm juxta fossata castri prope caminum Viennæ continens tres Copas terræ. Item habet ibi molendinum dictum de Novet infra villam, ubi sunt duæ rotæ, etc.*

¶ Cupata, Eadem notione. In agro Dumbensi, interdum est media pars *Bicheratæ*, modo tertia modo quarta secundum locorum varietatem.

¶ Cupa, Mensura olearia etiamnum in usu pluribus in locis, sed diversa in diversis regionibus. Memoratur in Charta anni 1130. ex Chartulario Aptensi fol. 69. v°. et in Charta anni 1252. apud Columbum Geneal. Simian. pag. 592.

4. **CUPA**, Cuppa, Tributi vel pensitationis species apud Occitanos, eadem forte quæ *coponagii*. Charta ann. 1292. apud Sammarthanos in Episcopis Magalonensibus : *Quantum ad Cupas et leudas.* Usatica, seu Leges municipales MSS. urbis Monspeliensis cap. 71 : *Quilibet habitator Montispessulani pro domo, vel locali suo, cujuscumque sit pretii, debent salvare Cuppas et lesdas, et Bajulus Montispess. debet ei laudare illam domum vel locale.* Vernaculum sic concipitur : *Casquun habitaire de Monpeslier per maison et per logal sien de qel prés que sia petit o gran, deu saluar Copas e laidas, etc.* Et cap. 91 : *Captalarius non debet præstare Lesdam vel Cuppas, nisi pro ea parte pro qua pertinet ad eum lucrum jam Curiæ acquisitum.* Vernacul. : *Captalier non deu donar leidas ni Copas, si non per aqella parte per la qal azel perten lo captal, o per aqella part, par laqal parten azel la gazanh que a dona.* Charta ann. 1231. in Regesto Comitum Tolosæ : *Item petebat medietatem del Cop, qui datur ab illis, qui vendunt bladum in villa Galliacensi ad pilam.* Infra : *Abbas autem et Monasterium Galliacense habebit tertiam partem in toto blado, quod colligitur del Cop, ab illis qui vendunt bladum in villa Galliaci.* Charta Libertatum oppidi de Meneto in Biturigib. ann. 1260 : *De tous blez de sextier une Cope de laide, etc.*

5. **CUPA**, Urna, arca sepulcralis. Vetus Inscriptio Romæ : *D. M. D. Apuleius Ionicus fecit Eutychiæ sorori suæ et Eutycheti filio ejus, in hac Cupa mater et filius positi sunt.* Vetus Scheda apud Ughellum tom. 2. Ital. sacræ pag. 247 : *In alia Cuba juxta Orientem sepulcrum SS. Victoris, Dominici, etc.* Vide *Cuba*.

* **CUPALLUS.** Vide supra *Copallus*.

¶ **CUPARIA.** Arborum extremitates, seu Rami decisi, Gall. *Coupiers*. Charta Hugonis Abb. Corbeiensis ann. 1183. e Tabulario ejusd. Monasterii : *Hugo guerpivit nobis quæ in nemoribus nostris tam ipse quam prædecessores sui reclamare consueverant, videlicet nemus mortuum, genestas, Cuparia, ramosque residuos, circam, custodiam.*

* *Couppiers*, in Consuet. Bononiensi §. 108. dicuntur arbores, quæ intercidi et deputari solent. Vide supra *Copa* 4.

* **CUPARIUS**, *Cuparum* seu doliorum artifex, Gall. *Tonnelier*, in quibusdam provinciis *Cuvelier*. Vide infra *Cupius*. Comput. fabr. S. Petri Insul. MS. ann. 1476 : *Johanni Diereware Cupario ante atrium moranti, pro cupis ad reponendum morterium seu cementum, una cum circulis circum eas positis per spatium trium annorum, xxxvj. sol. viij. den.* Vide alia notione in *Cupa* 2.

CUPATA Domus, in modum *Cupæ* seu *Cupellæ* tecta, in Charta ann. 1356. in Hist. Bononiensi Ghirardacci lib. 1. pag. 25. Vide *Cupla*, 1. *Cuppula* et *Cuppus*.

* Italicæ vocis significationem minime assecutus est Cangius, ut docet Murator. tom. 2. Antiq. Ital. med. ævi col. 165. *Cupata* siquidem *domus* appellatur, quæ tegulis contecta est, quas Itali *Coppi* vocant. Vide infra *Cuppus*.

¶ **CUPBURD**, Anglis *Cup-board*, Abacus, Gall. *Buffet*. Charta Henrici IV. Regis Angl. ann. 1405. apud Rymerum tom. 8. pag. 384. col. 2 : *Quatuor veteres tabulas pro camera et aula . . . unum vetus Cupbard, duo grossa plumba in fornacibus posita.*

* **CUPEDENARIUS**, Mercator, quia pecuniæ cupidus. Comment. Jac. Picin. comit. ad ann. circ. 1452. apud Murator. tom. 20. Script. Ital. col. 81 : *Illuc* (Florentiam) *Cupedenarii permulti concurrebant, quorum nulla exstare gloria potest, quandoquidem laudi bonæque famæ pecuniam anteponunt.* Vide *Cupidenarius*.

* **CUPEDENSIS** Centena, Pagus diœcesis Trecensis, in vet. Martyrol. Pruvin. MS. *Copedinsis vicaria* dicitur, in Ch. ann. 813. tom. 3. Annal. Bened. pag. 671. Hujus præterea mentio fit in Annal. Bertin. ad ann. 858. Vide quæ ibi post D. *Le Beuf* adnotat D. *Bouquet* tom. 7. Collect. Histor. Franc. pag. 74. et Mercur. Franc. mensis Maii ann. 1737. pag. 843.

* **CUPEDIA**, *La cupidita de manzare et de bevere.* Glossar. Lat. Ital. MS. Vide *Cuppes*.

¶ **CUPEDIUS.** Vide *Cuppes*.

¶ **CUPELLA**, Cupellus. Vide *Cupa* 2. et 3.

* **CUPELLE**, Servitutis vel Præstationis species. Gloss. Cæsarii Heisterbac. in Reg. Prum. tom. 1. Hist. Trevir. Joan. Nic. ab *Hontheim* pag. 670. col. 2 : *Possessiones nostræ ecclesiæ ac bona ab omnibus potestatibus secularibus sunt exemta : quæ potestates vulgariter appellantur pelline, grascaf, viltban, Cupelle, etc.* Vide *Copula*, 3.

* **CUPER**, Æs Cyprium, *cuprum*, Gall. *Cuivre*. Charta Beatr. comit. Cabilon. ann. 1212. in Chartul. Cluniac. : *Erat autem tunc temporis moneta Cluniacensis videlicet xij. denarii, secundum legalem probationem in pondere argenti v. denariorum et oboli, et Cuperis vj. denariorum et oboli.* Vide *Cuprum*.

CUPERAMENTUM, Acquisitio, *Recuperamentum*. Tabular. Montismorilionis in Pictonibus : *Joannes Arcos donavit pauperibus Dei de Monmorlo se et omnia sua Cuperamenta, quæ fecit in vita sua.* Et fol. 44 : *Donaverunt Pauperibus domus Dei de Monmorlo . . . omnia Cuperamenta sua, quæ Cuperaverant Domini domus Dei, vel quæ Cuperaturi fuerant in omni terra sua, etc.* Occurrit ibi non semel.

CUPERIA, [Quæ vendit salem cum *Cupa* singulatim.] Charta Ildephonsi Comitis Tolosæ apud Catellum in Comitib. Tolos. pag. 192 : *Et feminæ Cuperiæ, quæ salem voluerint revendere, emant ad salinum, etc.*

* **CUPERIUS**, ut supra *Cuparius*; vel Tributi, quod *Cupa* dicebatur, exactor, in Instr. ann. 1366. inter Probat. tom. 2. Hist. Nem. pag. 301. col. 1. Vide *Cupa* 4.

* **CUPERTA**, Ital. *Coperta*, Tabulatum navigii. Charta pro Pisanis ann. 1269. apud Lam. tom. 3. Delic. erudit. pag. 278 : *Et lignum quod gabbiam non habuerit cum Cuperta, unum tarenum auri tantum, etc.* Vide *Coperta* 1.

¶ **CUPERTORIUM**, ut supra *Coopertorium*, Stragulum quo lectus insternitur. Donatio anni 855. Marcæ Hisp. col. 788 : *Septelanios tapites II. Cupertorio siricio I. et vellatas XI. etc.*

¶ **CUPES.** Vide *Cuppes*.

¶ 1. **CUPHA**, Scyphus. Vide *Cupa* 2.

¶ 2. **CUPHA**, Cucurbita medicinalis, Gall. *Ventouse*. Vide *Scupha*.

CUPHIA, etc. Tegmen capitis, quod caput totum ambiebat. Ugutio : *Caleptra proprie dicitur Cuphia equi.* Olim virorum maxime, nunc mulierum, Gall. *Coife.* Papias : *Cydaris, mitra, tyara, pileus sacerdotalis, Cuphia.* Alcuinus de Offic. divin. ait, Græcos *pileos, id est, Cuphias gestare in capite, dum assistunt altaribus.* Joann. de Janua : *Caleptrum est proprie Cufia* (al. *Cuphia*) *equi.* [** Vide locum Rather. Veroneus. Episcop. ap. Pertz. vol. Script. 3. pag. 451. not. 2.]

¶ Cuffia, apud Lobinell. in Glossario ad calcem Hist. Britan. : *In possessionem misi per Cuffiam Comitis.* [** Chart. Henr. Duc. Saxon. ann. 1223. in Orig. Guelf. tom. 4. n. 3. pag. 98 : *Nos ... Ottoni, duci de Luneborch, tanquam heredi nostro et legitimo successori, Cupheo nostro a capite dempto, porreximus et in proprium dedimus Brunswich civitatem.* Vide Grimm. Antiquit. Jur. Germ. pag. 148.]

Coffia, Cofia. Chronicon Vosiense cap. 74 : *Mitras in capite gestabant juvenes utriusque sexus, quas vocabant Bonetos, post Capellos de lino, vel Coffias, dehinc Capellos de pilis cameli.* [Clemens IV. PP. Epist. 427. n. 52. inter Anecd. Marten. tom. 2. col. 485 : *Item, quod ipsi Clerici vel Canonici ... nec cappas quarum caputia alterius coloris existat, nec cum capellis seu Coffiis lineis apparentibus incedant.*]

Cofea. Fortunatus in Vita S. Radegundis cap. 13 : *Stapionem, camisas, manicas, Cofeas, fibulas, cuncta auro, quædam gemmis exornata ... sancto tradit altari.*

¶ Coyffia. Computum Johann. Humberti sub Guigone Dalphino ann. 1328 : *Item Judææ pro Coyffiis Dominæ augmentandis 12. sol.*

¶ Coysia. Ordinatio Regis Angliæ contra Majorem et centum Pares Baion. apud Rymerum tom. 2. pag. 169 : *Ordinamus, laudamus et dicimus, quod ... Major et alii prædicti... centum Pares, processionem solempniter faciant... in sola tunica, sine corrigia et Coysia, etc.* Puto legendum *Coyfia.*

Cucufa, Eadem notione. Gesta Guillelmi Majoris Episcopi Andegav. cap. 22 : *Omnibus ornamentis Pontificalibus etiam casula, et mitra albis, videlicet de bougran revestiti, et etiam propter unctionem, Cucufati quadam magna Cucufa subtus mitram.* Occurrit rursum infra, et in ejusdem Statutis Synodalibus ann. 1314. Regestum Parlamenti Paris. sign. B. fol. 44. inter Aresta ann. 1277 : *A distantia unius leugæ venient pedites in caligis ad domum dicti Militis, in tunicis sine zonis, sine capuciis et sine Cucufis, etc.* Occurrit etiam apud Continuatorem Nangii ann. 1326. et in Statutis Collegii Navarræi ann. 1215. apud J. Launoium in Hist. ejusd. Collegii pag. 89.

Cucufatus, Cucufa caput tectus, in Synodis Rotomagensib. ann. 1299. et 1313. can. 1.

¶ Cucufaria, Quæ facit aut vendit *cucufas.* Codex MS. redituum Episcopi Autissiod. : *Vendentes culcitras debent de qualibet culcitra unum denarium. Quælibet Cucufaria debet unum denarium et duas levatas ad manum.* Eadem vox, sed incerta mihi notione legitur in Obituario Bellijoci ante annos trecentos exarato : *Dedit domum suam sitam ante Cucufariam.* An taberna *Cucufariæ* seu vendentis *Cucufas?*

¶ Cucutera, pro *Cucufa.* Articulus xiv. Concilii Trevir. ann. 1310. inter Anecd. Marten. tom. 4. col. 240. inscribitur : *Contra gerentes Cucuteras et rigatas;* sed in ipsius articuli corpore vetantur *mitræ seu Cucufæ.*

Σκουφίας dixit Codinus de Offic. cap. 2. n. 52. Corona pretiosa σκουφία, capitium. Galli etiamnum dicimus *Scoufion.* Vide Pseudo-Chronicon Luithprandi pag. 322.

Coifis hodie etiam caput operire *Servientes ad legem* in Anglia, testantur Spelmannus et Watsius, ad tonsuram celandam Clericalem uti opinatur idem Spelmannus, indeque vulgo vocari *Sergeants of the Coife.*

¶ Cofa, Cassis, galea ferrea. Statuta Bajuliæ Forojul. ann. 1235. ex Archivo S. Victoris Massil. : *Peditem armatum intelligimus armatum scuto et propuncto seu aspergoto, et Cofa seu capello ferreo, et cargan vel sine cargan vel scutum inter duos pedites.*

¶ Coifa Ferrea. Testamentum Bartholomæi de Lega apud Th. *Madox* Formul. Anglic. pag. 423 : *Item W. Bordel loriculam suam cum Coifa ferrea.*

¶ Cophia. Vita S. Guillelmi tom. 5. SS. Junii pag. 117 : *Ut et galeatus posset ad bellum procedere, ad modum sui capitis ferreum tegumen fieri jussit, quod vulgo Cophia dicitur, quam postquam Domini miles in capite sumpsit, eam ulterius non removit.*

¶ Copha, Eodem significatu. Statuta Massil. lib. 2. cap. 38 : *Qui arma picta faciunt sive facient in Massilia, vel Cophas, vel galeas, etc.*

Cofiarum Ferrearum meminit Froissartes 4. vol. cap. 38 : *Cottes de fer, Gantelets, Coiffettes d'acier.* Guill. *Guiart* ann. 1301 :

Bouclicrs és poins, Coifes laciées,
Et blanches espées sachiées.

Idem ann. 1304 :

Armées de cotes à leur tailles,
Et de bons bauberjons à mailles,
De fors gans, de Coiffes ferrées,
De gorgieres et d'espées.

Le Roman *de Garin :*

Parmi la Coiffe de blanc hauberc saffré.

Charta Odardi Dom. Hamensis ann. 1328 : *Haubregon, bachinet, Coiffete, ou plate ou autre armeure semblable.*

Hoc porro tegumento Clerici caput operiebant, præsertim cum itineri sese committebant : nam alias id iis vix indultum. Constitutio Ottoboni apud Lindwodum, seu Concil. Londinense ann. 1268. can. 5. de habitu Clericorum : *Clerici non nisi in itinere constituti unquam aut in Ecclesiis, vel coram Prælatis suis, aut in conspectu communi hominum publice infulas suas, vulgo Cloyphos* (Lindwodus legit *Coyfas*) *vocant, portare aliquatenus audeant vel præsumant.* Alibi : *Quin tamen hujusmodi Cloypham vel tenam portare possit in bursa, vel crumena sua ad utendum de nocte. Coifam* Clericis etiam tribuit Matth. Paris ann. 1259 : *Willelmus de Bussey .... cum non posset objectis respondere, quia multis irretitus erat sceleribus, voluit ligamenta Coifæ suæ solvere, ut palam monstraret tonsuram se habere Clericalem.* At in Constitutione Petri Episcopi Rutenensis in insula Cypro ann. 1313. *Cofiæ* interdicuntur Clericis cap. 8 : *Et repertus portare Cofiam, solvat pro pœna 2. solidos, et perdat Cofiam.* [** *Cuphiæ* usum Archiep. Mogunt indulsit Leo PP. ann. 1052. Bulla exstat apud Guden. tom. 1. Cod. Diplom. pag. 18 : *Et quia in loco filii te diligimus, duos hos dies, quos prædecessores tui non habuerunt, Octavam scilicet Domini et festivitatem omnium sanctorum, tibi caritative concedimus; insuper et Cuphiam tibi permittimus et super nattum equitare concedimus, etc.*]

CUPIDENARIUS, *Mercator, cupidus denariorum.* Ita nugatur Ugutio, pro *Cupediarius.* [* Vide supra *Cupedenarius.*]

¶ **CUPIDICINUS** vel Cupidicoenus, Cupidus cœnæ, epulo, parasita. Gloss. Lat. Græc. : *Cupidicœnus,* Τρεχέδειπνος. MS. Sangerman. : *Cupidicinus,* Τρεχόδειπνος, Qui currit ad cœnam.

¶ **CUPIDINARIA** Fascinatrix, Cupiditas prava, effrenatus appetitus. Godehardus Abbas Tegernsensis ad Theodulum Episcopum, in Analectis Mabillonii tom. 4. pag. 350 : *Absit a me deceptrix cupiditas, ut aliis tam impie vellem inhiare, quamquam sine vestris nullo modo vivere possem. Veneria, quin immo Cupidinaria fascinatrix ita penitus fiat in me sopita, ut alterius copulæ junctam vel concupiscibili oculo invidiose inspicere præsumam.*

¶ **CUPIDINARIE**, Cupide, mala cupiditate. Charta Hugonis Archiep. Bisuntini ann. 1041. inter Anecd. Marten. tom. 1. col. 165 : *Visum fuit nostris Fratribus, ut quod antea Cupidinarie fuerat actum, caritative esset emendatum.*

¶ **CUPIDINARIUS**, *Voluptarius.* Papias. MS. Bituric. habet *Voluntarius.*

¶ **CUPIDINEUS**, Avarus, Cupidus pecuniæ. Gocelinus Monachus in Vita S. Augustini Cantuar. Maii tom. 6. pag. 407 : *Sed pecuniam, non pretium sanctitatis bruto intellectu pensabat. Hinc semen Cupidineæ vanitatis, etc.*

¶ **CUPIDINOSUS**, ut *Cupidineus.* Miracula S. Maximini, tom. 7. Maii pag. 28 : *Nostris Cupidinosam injuriam proclamantibus, causa refertur ad Comitem.*

¶ **CUPIDIOSUS**, ut *Cupidineus.* Gocelinus Mon. in Miraculis S. August. Cantuar. Maii tom. 6. pag. 407 : *Crescebat ævo, crescebat et avaritiæ studio. Jam canis albescebat, et Cupidiosa mente nigrescebat.*

CUPIDITIA, pro *Cupiditas.* Ratherius Veronensis Episc. in Synodica ad Presbyter. : *Qui Cupiditia æstuant, qui invidia vel odio tabescunt.*

CUPIENTIA, Ἐπιθυμία, in vett. Glossis, Cupido.

* **CUPIFER**, *Cuparum* seu doliorum artifex, ut supra *Cuparius.* Comput. MS. fabr. S. Petri Insul. ann. 1512 : *Datum item Colardo Cupifero, pro tribus situlis et reparatione alterius, xvj. sol.*

CUPILLUM. Gloss. Lat. Græc. : *Cupillum,* γευσρίδιον. [Vide *Cupellus* post *Cupa* 2. et Lexicon Martinii.]

¶ **CUPISCERE**, Cupere. Acta S. Cassiani apud Ill. Fontaninum in Appendice Antiq. Hortæ pag. 349 :

.... Animo et præstanti corde Cupiscens,

llas sitiens epulas, ne quid speraret, habebat, etc.

* **CUPITUS**, pro Cubitus, in Formul. MSS. ex Cod. reg. 7657. fol. 40. v°. : *Ipsum talem diversis ictibus percussit et vulneravit, tam in facie et capite, quam in Cupitis et aliis partibus suæ personæ.*

* **CUPIUS**, f. pro *Cuparius*, ut supra. Glossar. Lat. Gall. ann. 1348. ex Cod. reg. 4120 : *Cupii sunt illi, qui faciunt cupas, Gallice Cuvelier. Jehan le Fasseur Cavelier....... dist à Regnaudin qu'il le rainseroit autre part*, in Lit. remiss. ann. 1391. ex Reg. 141. Chartoph. reg. ch. 13.

1. **CUPLA**. Papias : *Cuplæ in tectis domorum, quod copulent in se luctantes.* Addit Joan. de Janua derivari a *copulare* et *luctantes* appellari, quod erecti invicem se teneant more luctantium. [Quæ omnia desumta sunt ex Isidoro Orig. lib. 19. cap. 19. sect. 6. Pro *Cuplæ* Martinius in Lexico legit *Captæ*. Unde, nescio.] Vide Philandrum ad Vitruvium lib. 4. cap 2.

2. **CUPLA**, Copula canum venaticorum, Gall. *Couple*. Capitula Caroli Magni ann. 879. cap. 15 : *Ut Episcopi et Abbates et Abbatissæ Cuplas canum non habeant, nec falcones, nec accipitres.* [** Vide *Copula*, 3.] Capitula Placitor. Coronæ sub Ricardo I. Rege Angl. apud Hovedenum : *Qui . . . canes duxerint sine Copula per forestam . . . Regis, . . . erit in misericordia Regis. Copula*, est ἀλυσίδιον, in Gloss. Lat. Græc. id est, interpreteSuida, πλοκίου γένος περὶ τὸν τράχηλον. Ovid. 7. Metamorph. vers. 769 :

Copula detrahitur canibus.

Et lib. 5. Trist. 9. vers. 28 :

Utque canem pavidæ nactum vestigia cervæ
Luctantem frustra Copula dura tenet.

Nemesianus in Cynegetico :

Libera nunc primum consuescant colla ligari,
Concordes et ferre gradus, clausique teneri.

Συνδυάζειν τοὺς κύνας, apud Xenophontem de Venat. cap. 20. Vide Sidon. lib. 8. Epist. 6. Roger. Hoveden. pag. 785. et in verbo *Discopulare*. Le Roman *de Garin* MS. :

Cuilliez ces Coples por ces chiens retenir.

[** Forcellin. monet *Coplum* per syncopen usurpari a Licentio, qui æqualis fuit Augustino, ap. Wernsdorf. Poetæ Latin. minor. tom. 4. pag. 535 :

Arcet amor Coplamque tenet communis honesti.]

¶ 3. **CUPLA**. Vita S. Drogonis, tom. 2. Aprilis pag. 444 : *Tanta plebium multitudo ad sepulcrum B. Drogonis confluebat, quod non poterant omnes sepulcrum præ multitudine plebis attingere, sed aptatis Cuplis oblationes suas . . . apponebant*, hoc est, munera sua simul *copulabant* sive colligabant, ut per manus tradita facilius offerrent.

1. **CUPPA**. Vide *Cupa*.

Cuppa Mazerina. Vide *Mazer*.

* 2. **CUPPA**, Carcer ad modum *cupæ* fornicatus, unde nomen. Arest. parlam. Paris. ann. 1283. in Reg. 2. *Olim* fol. 67. r° : *Item archiepiscopus* (Bitur.) *petebat habere cepum in domo sua Exolduni pro clericis suis ponendis. Præceptum fuit inquiri qualiter prædecessores sui usi erant; et fuit inventum quod ipsi usi erant dictos clericos ponere sub Cuppa et in ferris impruntatis; et ab inde ducebat eos Bitturis, quando sibi placebat.* Vide aliis notionibus in *Cupa* 1. 2. 3. et 4.

* **CUPPARIUM**, Cella, ubi *cupæ* servantur vel Modus agri. Vide in *Cupa* 3. Chartul;. S. Joan. Angeriac. fol. 160. r°. : *Dedit et medietatem unius Cupparii. quod hæret domui ejus.*

¶ **CUPPATUS**. Vide in *Cuppus*.

* **CUPPEDIOSUS**, *Superbus*. Glossar. vet. ex Cod reg. 7641. Vide *Cuppes*.

¶ **CUPPES**, *Fastidiosus*, *Cupidus*. Gloss. Isid. Papias addit, *Superbus*, quod idem est ac *Fastidiosus*, ut in illo Poëtæ :

Carpit singula dente superbo.

Plauto *Cupes* est Sectator Cupediarum :

Blandiloquentus, harpago, mendax, Cupes, avarus.

Festus : *Cupes et Cupedia antiqui lautiores cibos nominabant, etc.* Scaliger pro *Cupes* dictum fuisse *Cupedius* asserit : hunc consule ad Festum.

* **CUPPINA**, Patera, crater, vasis potorii genus, diminut. a *Cupa* 2. Inventar. ann. 1351. in Reg. N. Chartoph. reg. ch. 26 : *Item cuppas duas de auro magnas, unum potum sive pintam unam, et unam Cuppinam. Item....... unam Cuppinam de argento ejusdem facturæ et laborerii.* Vide supra *Chopina*.

¶ **CUPPLANTARE**, Impedire, compedibus irretire. Supplem. Antiquarii : *Cupplanto*, συμποδίζω, *Impedio*. Puto legendum *Supplanto*.

* Gloss. Lat. Gr. : *Cupplanto*, συμποδίζω. Ubi codex Sangerm. *Supplanto*, ex Castigat. in utrumque Glossar.

1. **CUPPULA**, Cupula, Tholus, trullus, fornix rotundus in altum porrectus, et in modum *cupæ* effictus : *Cupola*, Italis; *Coupele*, Gallis. Occurrit apud Baron. ann. 682. num. 41. [Translatio SS. Prosperi et Venerii tom. 5. Junii pag. 70 : *Retento sibi ex dictis reliquiis frustulo, ad effectum illud collocandi, ut dixit, in cruce Cupulæ Ecclesiæ prædictæ.*] Matthæus Villaneus lib. 3. cap. 42 : *Una folgore cadde in Roma, et percosse il campanile di santo Petro, et abbate la Cupola.* Ita apud Hesychium κουππίον, est καμάρα ἡ ἐπὶ τῶν ἁμαξῶν γινομένη, tegumentum curruum in *cupæ* formam cameratum. [Bernardinus Balbus in Vitruvium ait, tholum etiam vocari *Cubam* et *Capolam*, et hæc Arabica esse censet. Etenim, inquit, *Cabubu* Rotundavit, contraxit, et *Thachbubo* Rotundatio, contractio : unde Cuba Podium, menianum, tholus, fastigium, camera. Simplicius a *Cupa* derivaveris. Vide *Cuppus*.]

2. **CUPPULA**. Charta Eberhardi Archiepisc. Saltzburgensis ann. 1246. apud Wiguleium Hondium tom. 2. pag. 69 : *Nudi salis libram dimidiam Cuppularum . . . in salina nostra tradidimus annuatim.* Vide *Cupa* 3.

¶ **CUPPUS**, Tectum in modum *Cuppæ*. Chronicon Parm. ad ann. 1247. apud Muratot. tom. 9. col. 772 : *Asportantes Cuppos, lateres et alia ædificia domorum, ut suas domos de ipsis ædificarent.* Ibid. col. 773 : *Ædificavit civitatem nomine Victoriam et construxit burgos, et domus muratas et Cuppatas, faciens ibi circumquaque foveas magnas valde et plancata, bitifredos et betreschas, et pontes levatores, etc.* Vide *Cupata Domus*.

* Est ab Italico *Coppo*, Tegula. *Cupus*, eadem notione. Stat. Placent. lib. 6. fol. 67. v°. : *Habeant et vendant fornasarii civitatis et episcopatus Placentiæ Cuppos, quadrellos et tavellas secundum modum consuetum.* Stat. Vercel. lib. 4. pag. 66. v° : *Teneantur fornasarii habere modos seu mensuras Cuporum et lapidum rectas et legales.* Stat. Astæ collat. 7. cap. 6. pag. 24. r° : *Juro dare vel dari facere pro communi illis fornasariis de Ast, qui hoc anno coquere voluerint et habere fornacem, modulos communis, tam ad Cupos quam ad matones faciendos, etc.* Occurrit præterea in Ch. ann. 1293. apud Murator. tom. 4. Antiq. Ital. med. ævi col. 669. Vide supra *Coppus*.

Cuppus, pro *Cuppa*, in veteri Charta sub Justiniano scripta, apud Brissonium de Formulis pag. 647.

CUPRUM, Latinis *Cyprum*, sive *æs Cyprium*, vel etiam quodlibet æs : nostris *Cuivre*. Spartianus in Caracalla : *Ex ære et Cupro cancelli superpositi esse dicuntur.* Chronicon Abbatiæ S. Trudonis lib. 1 : *Item Cruciculas aureas 3. argenteas 6. ex Cupro 2. etc.* Occurrit apud Vegetium de Re veterinaria non semel, et apud alios Scriptores. Hinc *Cupratus*, *Cupreus*, apud Ebrardum Betun. in Græcismo cap. 25. [et alios. Statuta Arelat. MSS. art. 99 : *Commune habeat mensuram Cupream, qua legitimentur barralia.*] Commendatur vero præsertim cuprum Hispanicum. Gesta Francor. usque ad Robertum Reg. MSS. ex Bibl. Loiselliana ann. 1014 : *Chorum etiam psallentium tabulis Hispanici Cupri circumdedit opere fusili. Hispanicum metallum* paulo ante appellatur. Sed et *Cyprum*, pro Cuprum, dixit Ethelwulfus, lib. de Abbat. Lindenfarn. cap. 14 :

Nec minus ex Cypro sonitant ad gaudia fratrum
Ænea vasa cavis crepitant queis pendula sistris.

Vide in *Cyprinum*.

* *Coeuvre*, in Chartul. 21. Corb. fol. 334. v°. Vide *Cuper*.

CUPSONES. Vox incertæ notionis apud S. Augustin. in Sermonibus.

CUPTARE, Papiæ, *Cupere multum*. Alia notione vocem usurpat Pactus Legis Salicæ tit. 61. § 1 : *De eo, qui chrenecrudam* peragit, de qua supra : *Et postea debet in casam suam intrare, et de quatuor angulis terræ pulverem in pugno colligere, et postea in duropello stare, et intus casam Cuptare debet, et sic de sinistra manu trans suas scapulas jactare super proximiorem parentem.* Lex Salica recentior habet : *Et stare in durpilo, hoc est, in liminari, et intus Captare, etc.* Ubi Wendelinus *Cuptare* idem esse vult, quod Belgis *Kuppen;* obtegere, occultare, ita ut ille intra casam ab aliorum conspectu se submovere debeat. Nec scio, an a *Captare*, quæ in aliis Editionibus occurrit, vox nostra *Cacher*, pro *Occultare*, deduci debeat. [Eccardus aliter interpretatur *Cuptare* vel *Captare*, nimirum per Respicere. Respicere autem, inquit, et Circumspicere nobis olim *Capen* vel *Capfen* jam *Gaffen* dicitur.]

¶ **CUPULA**. Vide *Cuppula*.

* **CUPUS**, Mensura frumentaria, ut *Cupa* 3. Stat. Vercell. lib. 4. pag. 72. v°. : *Teneantur molinarii omne granum custodire bona fide per se et ductores suos, non et capere pro moltura cocte et menatura ultra Cupos sex.* Vide alia notione supra in *Cuppus*.

CUR, pro *Quia*, usurpat Lucifer Calaritanus pag. 24.

1. **CURA**, Dignitas seu munus Curionis, *Cure.* Concilium Rotomagense ann. 1072 : *Venduntur Curæ Pastorales, scilicet Ecclesiæ Parochiales.* Stephanus Tornacensis Epist. 179 : *Laborat et murum se opponit contra filios inobedientiæ, qui extra claustrum sub obtentu parochialium Curarum morari desiderant atque mori, etc.* Ubi plura in hanc sententiam. Braulio Cæsaraugustanus in Vita S. Æmiliani cap. 5 : *Quapropter in Ecclesia Bergegii Presbyteri est functus officio. Tunc relictis, quibus dediti esse solent istius ordinis, nostri quidam homines temporis sanctam impartiebatur Curam, etc.* [S. Bernardus Epist. 42. cap. 7. n. 27. ad Henricum Senon. Archiep. : *Curritur in clero passim ab omni ætate et ordine, a doctis pariter et indoctis ad ecclesiasticas Curas, tanquam sine curis quisque victurus sit, cum ad Curas pervenerit.* Occurrit alibi passim.]

Cura, Domus Curionis. Odo Cluniac. lib. 3. Collat. pag. 243 : *Timentes eos, in Curam Ecclesiæ diverterunt.*

2. **CURA**, in Monasteriis, qui curam hospitum habet, seu *Hospitalis*. Statuta Monastica in Vitis Abbatum S. Albani : *In æstate statim post Fratrum refectionem, et gratiarum actionem, in locutorio hospitum divertant, seu in alio quolibet loco sibi deputato, Cura cum ipsis existente, qui propter Ordinis disciplinam, hora illa cum eis remaneat.* Infra : *Hora vespertina semper remaneant, Cura cum ipsis remanente, qui cum ipsis manducet, etc.* Eadem nempe forma, qua *Cura Palatii*, dignitas, de qua mox, *Cura Prætorii*, genus servi apud Trebellium Pollionem, *Cura Epistolarum*, inter officia Præfecti urbis in Notitia Imperii, *Cura domus*, in Capitul. Caroli Magni lib. 6. cap. 122. [** 124.] *Cura haræ*, pro subulco, apud Ovid. in Epist. Penelop. [** Cura Cathedræ pro *Curatore* Cathedræ, Episcopo, ap. Thietmar. lib. 2. cap. 1 : *Hunc Hilliberitus Magontinæ Cura Cathedræ... benedixit.*]

¶ 3. **CURA**, vox Provincialis, Purgatio, ablatio sordium et luti. Capitula pacis inter Carolum I. Comitem Andegav. et Provinciæ cum Massiliensibus ann. 1257 : *Quod ad Curam portus Massiliæ eligantur, ut ceteri officiales, tres probi viri, quibus Vicarius annis singulis dabit ccc. libras regalium coronatorum vel Massiliensium minutorum... de quibus facient expensas ad Curandum portum;* id est, ad purgandum. Gallis, *Curer*, ut Italis *Curare*, Purgare.

¶ 4. **CURA**, Curatio vulneris, Gall. *Cure.* Litteræ Elizabethæ Reginæ Angl. ann. 1562. apud Rymerum tom. 15. pag. 627. col. 1 : *Ordinamus et facimus habendum, tenendum, gaudendum et occupandum dictum officium servientis chirurgorum nostrorum tam le bouge de courte hospitii nostri, quam vini, ceræ et aliorum requisitorum pro Curis, et aliis proficuis commoditatibus, etc.* Similia leguntur pag. 659. col. 1.

¶ 5. **CURA.** Epitaphium vetus apud Claudium *Menestrier* Hist. Lugdun. pag. 34 : *D. M. et memoriæ æternæ Aufidi Militaris, qui vixit ann.* XXII. *cujus suprema talia fuerunt. Hic iens in Curam per amnem Arar. subito casu abreptus. Hunc tumulum posuit L. Ignius Charito sororius ejus et Claudianus Dulcicius soror.* Quidam pro *Curam* legerunt *Curiam*, alii *Curru*, non satis attendentes, inquit laudatus Historiographus, *Curam* prædium esse Ulpiano leg. Abs. D. de Judic. § *Si quis tutelam, vel Curam, vel negotium, vel argentariam, vel aliquid aliud, unde obligatio oritur, certo loco administravit.* (lib. 5. tit. 1. fr. 19. § 1.) Hæc Menesterius, qui et ipse non satis attendit *Curam* hic non esse prædium, sed tutelam vel bonorum pupillarium administrationem, Gall. *Curatelle*, quæ tutelæ solet adjungi : quocirca si neque *Curiam* neque *Curru* legendum est in Epitaphio superiori, crediderim *Curam* munus esse, officium vel administrationem, qua notione Cura non semel legitur apud Scriptores Latinos. Tacitus lib. 4. Hist. : *Aretinum Clementem Prætorianis præposuit, patrem ejus sub Caio Cæsare egregie functum ea Cura dictitans.* Suetonius in Claudio cap. 25 : *Provincias Achaiam et Macedoniam, quas Tiberius ad Curam suam transtulerat, Senatui reddidit.*

* 6. **CURA**, Bonorum minoris curatio, quæ tutelam excipit, Gall. *Curatelle.* Lit. ann. 1368. tom. 5. Ordinat. reg. Franc. pag. 286. art. 5 : *Quod consules dicti loci de Caslucio, qui in causis criminalibus et civilibus........ judices existunt,....... in contractibus, Curis, tutelis et aliis causis....... decreta sua interponere possint.* Vide infra *Curatela.*

* *Curie* vero idem sonat quod Cupiditas, studium, voluntas, in Stat. ann. 1354. tom. 2. earumd. Ordinat. pag. 564 : *Pour obvier à telx fraudes et malices, et pour extirper tels Curies de malfait et de mal example.*

* 7. **CURA**, Prædium rusticum, possessio, f. pro *Curia.* Charta Boson. reg. ann. 881. tom. 9. Collect. Histor. Franc. pag. 671 : *Hoc omnibus modis auctoritate regia præcipientes jubemus,....... ut nullus judex publicus...... loca, vel agros, seu reliquas possessiones prædictæ casæ Dei in quibuslibet Curis et territoriis ..... freda exquirat, etc.* Vide *Curia* 5.

Cura-Pacis, apud Anianum ad leg. 1. Cod. Theod. de Pignorib. (2, 30.) in qua *Præfectus pacis* is dicitur, qui Græcis εἰρηνάρχης. Vide Jacobum Gothofred. ad hanc legem.

Cura Palatii, Dignitas Palatina, cui Senator lib. 7. Epist. 5. Palatinorum ædificiorum instaurandorum, et de novo extruendorum curam potissimum incubuisse ait : qua qui donatus a Principe fuerat, *aurea virga decoratus inter obsequia numerosa ante pedes regios primus incedebat.* De qua quidem virga videtur intelligendus S. Asterius Orat. in Oeconomum iniquit. : Τί δὲ τῶν ὑπαρχόντων ἀξίας ἡ σκηνὴ, τὸ ἀργυροῦν ὄχημα, ἢ καλαμὶς ἡ χρυσῆ; Ejusmodi est dignitas illa apud Reges nostros : *Intendant des bastimens du Roy.*

Certe quidquid sit de *Cura Palatii*, cujus muneri ædificia Palatina incumbebant, apud Gothicos fortasse Italiæ Reges, alia fuit istius dignitatis functio apud Augustos Byzantinos, quantum conjectura licet assequi, qua donatos Apollinarem et Saturninum sub Constantio tradit Ammianus lib. 14. et 22. de Apollinare : *Paulo ante agens Palatii Cæsaris Curam.* De altero : *Saturninus ex Cura Palatii.* Idem lib. 31 : *Tribunus Æquitius, cui tunc erat Cura Palatii credita.* Sidonius carm. 23 :

Intra aulam soceri mei expetitus,
Curam cum moderatus es Palatii.

In Codice Theod. *Curæ Palatii* mentio occurrit, jungiturque *Tribuno* et *Comiti Stabulorum* in leg. unic. de Comitib. et Trib. Schol. (6, 13.) et leg. 1. Qui a præbit. tyronum excusentur. (11, 18.) Sed quod illius potissimum fuerit munus, non omnino constat : etsi probabile sit, eosdem fuisse ejusmodi officiales, qui postmodum *Curatores Palatiorum*, vel qui *Præpositi Palatii* appellati sunt. At Alamannus existimat, eum, qui vulgo *Cura Palatii*, et postmodum *Curopalates* appellatus est, esse, qui Scriptoribus aliis *Præfectus Prætorianorum* indigitatur, quique Prætorianis militibus præerat : idque potissimum elicit ex Procopio, in Hist. Arcana scribente, Justinum Principem custodem Palatii constitutum ab Anastasio Augusto : Ἄρχοντα γὰρ αὐτὸν Ἀναστάσιος Βασιλεὺς κατεστήσατο τῶν ἐν Παλατίῳ φυλάκων. Quæ quidem dignitas eadem est, quæ *Curopolatæ*. Nam cæteri Scriptores hac donatum passim tradunt. Evagrius lib. 5. cap. 1 : Ἰουστῖνος τὴν φυλακὴν τῆς αὐλῆς ἐμπεπιστευμένος, ὃν Κουροπαλάτην ἡ Ῥωμαίων λέγει φωνή. Vigilius PP. Epist. 15 : *Sed et Justinum Exconsulem et Curapalatii.* Cujus quidem dignitatis auctoritas magna erat, ut quæ primas ab Augustali teneret, ut habent Theophylactus Simocatta lib. 3. cap. 18. S. Nicephorus in Breviario pag. 16. primæ Edit. Photius in Biblioth. etc. Corippus l. 1. de Laud. Justini vers. 137 :

Par extans Curis, solo diademate dispar,
Ordine pro rerum, vocitatus Cura Palati

Et lib. 2. vers. 285 :

Dispositorque novus sacræ Baduarius aulæ.
Successor soceri, factus mox Cura Palati.

Hinc viros primarios, et qui proxima Augustos attingebant necessitudine et affinitate, hac potissimum donatos legimus, in Chronico Alexandrino pag. 868. apud Luitprand. in Legatione, Zonaram pag. 82. 127. 166. etc. Apud Gregorium Turon lib. 2. Hist. cap. 8. Aetius *Curam Palatii gessisse dicitur*, quo loco meminit *Joannis Cura-Palatii.*

Curopalatas Iberiæ Principes appellatos docemur ex Constantino de Adm. Imp. cap. 43. 45. et Zonara pag. 178.

Curopalates. Paulus Diac. lib. 4. Chron. Casin. cap. 108 : *Maurum quoque Curopalatem Palatii Imperatoris Constantinopolitani.*

Choropalasius, eidem cap. 17.

Corpalatius, apud Baldricum in Hist. Hierosolymitana pag. 93.

Corpalasius, apud Petrum Tudebodum lib. 1. Vide *Major domus.*

¶ **CURACÆ**, Primores apud Indos Hispanos. Concil. Liman. ann. 1582 : *Vitia Primorum inter Indos, quos illi Caciques aut Curacas vocant, facile dissimulantur.* Alterum ejusd. urbis Concil. ann. 1594 : Indorum Parochi *caveant ne Indos ad offerendum... compellant claudendo portas Ecclesiæ, ne sine oblatione facta egrediantur... nec mittendo petitum eleemosynam ad ipsorum domos per ipsorum Curacas seu Rectores aut Officiales vel Ministros.*

* **CURACIA**, et Curatia, Lorica, Gall.

Cuirasse, alias *Curache*. Charta ann. 1335. ex Cod. reg. 5956. A. fol. 1. v°. : *Armaturas etiam in dictis galeis infrascriptas habebunt,........ scilicet in qualibet ipsarum....... Curacias cxxx. etc.* Chron. Mutin. ad ann. 1325. apud Murator. tom 11. Script. Ital. col. 109 : *Depopulatis etiam ibidem tentoriis, balistis, loricis, clypeis, Curatiis, etc.* Formulæ MSS. ex Cod. reg. 7657. fol. 35. r°. : *Munitus armorum generibus, ut pote gladio, Curatia, ense, bloquerio, etc.* Ordinat. milit. MS. Caroli ducis Burgund. ann. 1473 : *Les hommes d'armes seront armez, habillez et montez ainsi qu'il est déclairié cy après; c'est assavoir de Curache complette.* Vide infra *Curazia*.

* **CURACULUS**, Custos, villicus, bonorum reique domesticæ curator, Ital. *Curatore*, Hispan. *Curador*. Constit. MSS. Caroli reg. Sicil. : *Item quod prædicti magistri massarii ultra duos massarios et Curaculum unum in qualibet massaria non statuant.* Vide *Curagulus*.

CURADIA. Charta ann. 1149. apud Petrum Mariam Campum in Hist. Eccl. Placentinæ in Regesto 2. part. Ch. 41 : *Super causa quæ vertebatur inter D. Theobaldum Episcopum Placentiæ ex una parte, et Consules et Commune Placentiæ ex alia, de pedato Florenciolæ, de advocatia, et Curadia, etc.* [Forte melius legeretur *Curaduria*, Hispanis, Pupillarium bonorum curatio, Gall. *Curatelle*. Saltem eadem est notio. Hic *Advocatia* pro Tutela sumitur. Vide *Curatura*.]

* Tributi seu vectigalis genus, forte quod pro viarum cura exigebatur; nisi idem sit quod infra *Curatura*. Vide ibi. Charta Frider. I. imper. ann. 1160. tom. 1. Cod. Ital. diplom. col. 393 : *Cum omnibus ejusdem comitatus pertinentiis, videlicet castris, villis, mercatis, Curadiis, terris cultis et incultis.* Alia ann. 1183. apud Murator. tom. 1. Antiq. Ital. med. ævi col. 340 : *Insuper donamus et offerimus Curadiam et pedagium suprascriptæ ecclesiæ et monasterio per totam terram nostram.* Denique alia Ottonis III. ann. 1210 : *De nostra benignitate concessimus alienationes sive invasiones factas ab aliquo suorum parentum contra formam feudi de castris, sive castellis, jurisdictionibus, ... ripaticis, teloneis, pedagiis, Curadiis,........ et aliis quibuscumque rebus de feudo, quod ab imperio descendit.* Expungendæ igitur, quæ supra proponuntur, conjecturæ. Vide *Curaria* et mox.

* **CURAGA**, Eadem notione, qua *Curadia*. Stat. Taurini MSS. ann. 1360. cap. 57. ex Cod. reg. 4622. A : *De nulla re, quæ portata fuerit super dorsum, capiatur aliqua Curaga, seu pedagium, platagium vel sextanum; sed penitus sit immunis.* Vide *Viaticum*.

CURAGENDARII, qui et *Curiosi*, in leg. 1. Cod. Theod. de Curiosis (6, 29.), *qui Curas agunt.* in leg. 2. 4. et 5. eod. *Curam publicam agentes*, in veteri Formula. Historia S. Clementis Episcopi : *Post mysteria autem facta, prostravit se ad pedes B. Clementis Theodora, dicens, virum suum Curas agentem secretorum Domini nostri J. C. cæcitatem incurrisse oculorum amborum, et utrarumque aurium auditum perdidisse.* Cum is nimirum ad Christianorum collectas venisset, inspecturus, quid in iis ageretur. Passio S. Bonifacii Martyris, edita ab Holstenio : *Habens sub se septuaginta et tres Procuratores, qui Curas agebant in possessionibus ejus.* Vide *Curiosus*.

CURAGULUS, Curam gerens. Glossæ MSS. : *Curagulus, sollicitus.* Gloss. Isidori : *Curagulus, Curiosus.* [vel ut eas exhibet Georg. Grævius : *Curagulus, id est, Curiosus. Curaculus, Curiosus.*] Quæ verba videtur hausisse a Prisciano l. 4. Partitionum, qui tamen non dicit idem sonare *Curagulum*, ac *Curiosum*; sed vocem utramque a *Cura* derivari. Charta Edmundi Regis tom. 2. Monastic. Anglic. : *Ego Edmundus... Rex Anglorum, et Curagulus multarum gentium.*

* Sic *Æthelstanus Anglorum basileus et Curagulus totius Brytanniæ* dicitur, in Libro MSS. reg. Angl. Lond. edit. ann. 1734. pag. 357.

* **CURALHA**, CURALLA, Frutetum, dumetum, Gall. *Broussaille*. *Curalier*, in Charta ann. 1308. ex Reg. 40. Chartoph. reg. ch. 29 : *Domini de Fontesio possint depascere animalia sua, et ibidem ligna, videlicet motzes et boisses et argilax et Curaliers dumtaxat colligere ad voluntatem suam, ad opus furni sui.* Charta ann. 1341. in Reg. 162. ch. 323 : *Licentia scindendi, portandi et habendi de spinis et scuralha* (sic) *forestæ regiæ sancti Romani....... De valore dictorum lignorum, spinæ seu Curalhæ facta fuit informatio, etc.* Pluries infra *Curalha* et *Curalla*. Charta Joan. comit. Armaniaci ann. 1357. in Reg. 142. ch. 212 : *Idem Clericus calfagium pro dicto furno necessarium de Curallis nemorum seu forestæ de sancto Romano acquisivit .... Cum autem Curallæ, principaliter in dicto nemore seu foresta, quæ ad dicti furni calefactionem sufficere valeant, non possint reperiri, etc.* Vide *Bruscia*.

¶ **CURALLUM**, pro *Corallum* vel *Corallium*, Gall. *Corail*. Histor. Dalphin. tom. 2. pag. 275 : *Pro... duobus filis de paternostris de ambro, et duobus filis de paternostris de Curallo, etc. Paternoster de auro cum gaudiis de Curallo... Paternoster de Curallo cum gaudiis de ambro*, apud Rymerum tom. 9. pag. 276. col. 2.

* **CURAMEN**, pro *Coramen*, ab Italico *Corame*, Corium. Chron. Tarvisin. ad ann. 1380. apud Murator. tom. 19. Script. Ital. col. 777 : *Subtulares* (ferebat) *de Curamine nigro uncto desuper scissos.* Vide supra *Coriamen*.

¶ **CURAMENTUM**, Cura, curatio, Gall. *Soin, Administration*. Chartular. S. Vandreg. tom. 2. fol. 1282 : *P. miseratione divina Rothomag. Archiepisc. dilecto filio Decano S. Georgii salutem in Domino. Tenore præsentium tibi mandamus, quatenus Ricardum Presbyterum latorem præsentium ex parte Abbatis S. Wandreg. præsentatum et a nobis receptum, cui contulimus curam de Curamento Ecclesiæ de Cravençon auctoritate nostra institutas in eadem... datum apud Pratum S. Gervasii an.* MCCXL.

CURANDERII telarum, in Charta ann. 1337. in M. Pastorali Eccl. Paris. pag. 368. *Curatores*, λευκαντεῖς, seu πλῦται, Theophilo Antecessori.

* *Emolumenta Curanderiorum telarum in ipsa insula pertinent ad episcopum, a superiori parte insulæ versus campos, etc.* Italis *Curandaio*, fullo.

* **CURANDINUM**, Præstationis species, ratione *procurationis* seu *gisti*, ut videtur, exsoluta; vel idem quod infra *Curatura*. Vide in hac voce. Charta ann. 1347. in Reg. 68. Chartoph. reg. ch. 285 : *Rex habet in habitatores locorum de Peyrenchis et de villa Noveta, tam laboratores quam alios, certum Curandinum quolibet anno; quod quidem Curandinum fuit extimatum valere xxxij. sextaria avenæ.* Vide *Curadia* et *Curata* 2.

CURANTIA, Acquisitio. Charta Philippi Episc. Pictav. ann. 1236. apud Beslium in Episc. Pictav. pag. 82 : *Si vero in dicta Ecclesia aliquem monachando, seu consensu proprio aliquo modo acquisitiones, sive Curantias fecerit, eidem permanebunt propriæ, et si Capellanus ibidem fecerit sumptibus propriis acquisitiones, seu Curantias, eidem et successoribus suis remanebunt.* [Vide *Covrantia*.]

1. **CURARE**, Ἐνταφιάζειν, Curare funus, lavare, ungere, sepelire, et omnia præstare, quæ requiruntur ad sepulturam. Palladius cap. 10 : *Quem cum ego Curassem, et linteis sancti corpus involvissem, et deposuissem, etc.* Vide *Procurare*.

¶ 2. **CURARE**, Hospitio et convivio excipere. Vide *Procurare*.

¶ 3. **CURARE**, Purgare, Gall. *Curer*, Ital. *Curare*, in Statutis Massil. lib. 2. cap. 41. Arelat. MSS. art. 159. in voce *Cura* 3. etc. [** *Stabulum Curare*, in Polypt. Fossat. cap. 10. post Irminon. pag. 286.]

* **CURARIA**, Telonei species ex mercitus in nundinis distractis. Charta ann. 1227. apud Murator. tom. 6. Antiq. Ital. med. ævi col. 254 : *Petebat...... episcopus a communi Mutinæ jurisdictionem et districtum in civitate Mutinæ, et per tria milliaria in circuitu civitatis ejusdem, in emancipationibus, tutelis, curationibus, duellis et Curariis mercatorum.* Stat. Perus. pag. 59 : *Si quis furatus fuerit pedagium, gabellam, bastagum, leydam vel Curariam in Perusia vel valle, solvat pro banno solidos sexaginta.* Et pag. 60 : *Gabella, leyda seu Curaria, etc.* [** Charta Frider. I. Imper. ann. 1184. ap. Pertz. Leg. tom. 2. pag. 181 : *Dominus imperator habebit theloneum pontis super Tanarum et pedagium civitatis et Curariam rerum venalium.*] Vide *Curadia* et *Curatura*.

* **CURASSA**, CURASSINA, Thorax, lorica, Gall. *Cuirasse*. Proces. crimin. ann. 1488. ex Tabul. D. Veneciæ : *Armati cum Curassis, salatis, ensibus, etc.* Infra : *Curassinis, salatis, etc.* Vide supra *Curacia*.

¶ **CURASSIA**, Gall. *Cuirasse*, Thorax, lorica. Appellatio Conventus Monasterii S. Victoris Massil. ad Concilium generale ann. 1424 : *Lanceis et bombardis, Curassiis et cassidilibus, etc.*

1. **CURATA**, [Species telonii.] Vide *Curatura*.

¶ 2. **CURATA**, Idem, ni fallor, quod *Procuratio*, seu Hospitium et convivium ab Ecclesiis debita Episcopis et Archidiaconis, cum ab eis visitabantur. Charta fundationis Prioratus S. Fromondi ex Archivo Monasterii Carisiac. : *Concedente etiam Hugone Constantiensi Episcopo prædictam*

Ecclesiam esse quietam et liberam ab omni synodo et Curata et consuetudine. Vide *Procurationes Episcoporum.*

¶ 3. **CURATA**, Fossa, quæ purgari solet sæpius, unde egeruntur sordes, quas Galli dicimus *Curures*, Purgamenta. Charta Calomontis : *Juxta domum et pedam liberorum Petri Boneti, quadam Curata intermedia, juxta muros villæ et carreriam publicam.* Computum anni 1324. Hist. Dalphin. tom. 1. pag. 132. col. 1 : *Pro garita facienda.... Pro Curatis dictæ garitæ faciendis centum solid.* Hic Curatæ sunt effosa *garitæ* fundamenta. Vide *Curare* 2.

* *Cureure et nettoyeure*, in Stat. ann. 1348. tom. 3. Ordinat. reg. Franc. pag. 97. art. 3. Pro ipsis purgamentis, in Instr. ann. 1358. inter Probat. tom. 2. Hist. Nem. pag. 213. col. 2 : *Item de fossatis curandis, et Curata portanda super mota, vel alibi, ubi expediens fuerit, etc. Curet*, Instrumentum quo aratrum purgatur, in Lit. remiss. ann. 1431. ex Reg. 175. Chartoph. reg. ch. 38 : *Ainsi que le suppliant ot lié ses beufs à la charrue, apperceut qu'il avoit oublié son Curet, dont il curoit sa terre et sa charrue. Cureur*, eodem intellectu, in aliis ann. 1378. ex Reg. 112. ch. 315 : *Le signifiant trouva sa charrue où il print un baston que l'en appelle Cureur. Curotte*, in aliis ann. 1420. *Curete* et *Curecte*, in aliis ann. 1451. et 1457. *Cureboisson*, Ligonis species, in Lit. ann. 1452. ex Reg. 181. ch. 142 : *Les supplians prindrent ung ferrement, appellé Cureboisson, et autres choses necessaires à faire la closture desdites terres et prez.*

¶ 4. **CURATA** Ecclesia, Parochialis, cui præest Curio. Legitur in Charta Conradi Ducis Silesiæ ann. 1345. inter Reliq. MSS. Ludewig. tom. 5. pag. 635. *Curata Capella*, ead. notione, in Indice MS. Beneficiorum Diœcesis Constantiensis fol. 61. Vide *Ecclesia.*

** Curata Dignitas, in Chart. Wenceslai Imperat. ann. 1381. ap. Guden. in Cod. Diplom. tom. 3. pag. 538 : *Ut hujusmodi præposituram Pingwensem, quæ dignitas Curata et principalis, ut dicitur, existit una cum præpositura eccl. Fritzlariensis..... quæ similiter Curata et principalis..... existit, etc.*

¶ **CURATELA**, Curatio, Pupillarium bonorum administratio, Gall. *Curatelle.* Occurrit in Arresto Parlamenti Paris. ann. 1440. Hist. Harcur. tom. 3. pag. 328. et apud Rymer. tom. 16. pag. 178. Vox Jurisconsultis nota.

* Alias *Curaterie.* Lit. remiss. ann. 1408. in Reg. 162. Chartoph. reg. ch. 216 : *Le suppliant, qui lors estoit et encores est en Curaterie de bas aage, etc.* Hinc *Curatier* et *Curatresse*, qui vel quæ bona minoris curat, in Ch. ann. 1424. tom. 2. Hist. Leod. pag. 446 : *S'il advenoit que par séduction ou alourdement de Curatier ou Curatresse,...... filhe de sous l'eage de xij. ains fusse enminnée par aucune personne, etc. Cureur*, eodem sensu, in Charta ann. 1353. ex Reg. 84. ch. 306 : *Accordons que toutefoiz qu'il plaira audit Daurri, lui venu en aaige, ou à personne establie pour lui ou temps comme dessus de son desaaige, etc.* Vide supra *Cura* 6.

¶ 1. **CURATERIA**, Ars coriaria. Statute Massil. lib. 2. cap. 41 : *Constituimus ut omnes illi, qui erunt constituti a curia tam super ministerio Curateriæ quam blancariæ teneantur speciali sacramento, quod ipsi bona fide et sine dolo faciant jurare omnes blancarios qui faciunt aptari, et operarios suos qui pelles aptandas accipiunt, etc.* Vide *Corrateria* 2.

* 2. **CURATERIA**, *Curaterii* seu proxenetæ officium. Vide mox *Curaterius* 2.

¶ 1. **CURATERIUS**, Sutor, Gall. *Cordonnier.* Charta pro Communia Balneoli ann. 1300 : *Ordinaverunt quod unusquisque sabaterius et Curaterius de Balneolo possit et debeat tenere unam bancam in mercato... et si sabaterius esset Curaterius, vel Curaterius sabaterius existeret, in hoc casu sibi liceat tenere duas bancas in mercato, unam scilicet in loco ubi et alii Curaterii suas bancas tenent, et aliam in illo loco, ubi et sabbaterii tenerent bancas suas.* Alia ann. 1344. ex Schedis D. Lancelot : *Item statuerunt quod Curaterius sive semellator aut sabaterius sit ausus tenere in mercato villæ Balneolis banca, nisi etc.* Concil. Biterrense ann. 1299. inter Anecd. Marten. tom. 4. col. 225 : *De Clericis qui carnifices, pelliparii, sutores, sotularium Curaterii seu aluderii, sive fabri communiter publici ac manifesti existunt, vel alia mechanica viliora communiter et publice exercere noscuntur, auctoritate præsentis Concilii innovamus*, quod in alio superiori Concilio vetitum est.

* Glossar. Provinc. Lat. ex Cod. reg. 7657 : *Cusatier, Prov. Cerdo.* Nunc Provincialibus, teste D. Pr. *de Mazaugues*, Coriarium sonat; quo etiam sensu supra laudata facile est intelligere.

* 2. **CURATERIUS**, Idem quod supra *Corratarius*, Proxeneta, pararius, Gall. *Courtier*, alias *Curatier.* Lit. remiss. ann. 1355. in Reg. 84. Chartoph. reg. ch. 435. bis : *Cum Curaterii pannorum villæ Rothomagensis eo solum, quod repertum extitit, ipsos in dicto officio Curateriæ deliquisse, recipiendo salarium pro panno in dicta villa vendito, ultra id quod per statuta....... recipere poterant et debebant, per sententiam banniti, etc.* Lit. ann. 1331. tom. 5. Ordinat. reg. Franc. pag. 676. art. 8 : *Establir Curatiers jurez au profit des marchans, et les oster trouvez non suffisans ou abusans de leurs offices, et les punir.* Vide *Curator* 1.

* **CURATIA.** Vide supra *Curacia.*

¶ **CURATIUS**, Accuratius, curiosius. Acta SS. Julii tom. 3. pag. 150. de S. Udalrico : *Accepit provinciam, inspectoque Curatius loco, divinis ineptum servitii, et commodis Monachorum necessariisque adversum deprehendit.*

* **CURATIVUS**, adject. Medicus, Ital. *Curativo*, passim apud Medicos barbaros.

1. **CURATOR.** Curatores in civitatibus dicti, qui rebus venalibus pretia imponebant, Curialibus præerant, vectigalibus ac tributis persolvendis invigilabant, ut est in *Curatoris civitatis* formula apud Senatorem lib. 7. Epist. 12. ex qua præterea Curatores civitatibus a Principibus datos docemur : quod firmant etiam aliquot veteres Inscriptiones apud Gruterum. Capitolinus in Antonino Philosopho : *Curatores multis civitatibus e Senatu dedit.* Reditus etiam civitatis colligebant : unde et Λογιςαί dicti. Gloss. S. Benedicti cap. de Magistr. : *Curator*, φροντιςὴς καὶ λογιςής. Glossæ Nomicæ MSS.: Κουράτωρ, φροντιςής. Julius Firmicus lib. 5. cap. 1 : *Faciet... Curatores vel principales civitatum publicis rationibus præpositos, Rationales et qui fiscales rationes fideli semper officio exigant. Curatores pecuniæ publicæ, ærarii*, in aliquot Inscriptionibus ; *Curatores urbis*, aut *civitatis*, nude in aliis. *Curator civitatis*, in Actis Proconsularibus Martyrii SS. Didymi et Theodoræ n. 1. *Curator urbis*, apud Ammian. lib. 14. Apud Augustinum lib. 3. contra Crescon. cap. 29. ex Actis Munatii Felicis : *Flaminis perpetui Curatoris Coloniæ Cirtensis*; in Collat. 1. contra Donat. cap. 1. fit mentio *Curatoris celsæ Carthaginis ; Curatoris Alexandriæ*, apud Pollionem in Æmiliano : *Curatoris Aquini*, apud Spartianum in Pescennio, etc.

Megas Curator, Dignitas in aula Byzantina. Habetur tom. 1. Hist. Francor. Epist. Childeberti Reg. inscripta *Viro glorioso Meganti Curatori* : qui, nisi fallor, non alius est ab eo, qui *Curator Imperialium domorum* dicitur in Hist. Miscella, lib. 18. Κουράτωρ τῶν βασιλικῶν οἴκων, Theophani pag. 220. τῶν θείων οἴκων, in Novella Tiberii Imperat. cap. 1. Agathias lib. 5. de Anatolio : Ἄνδρα τῆτε τῶν ὑπάτων ἀξίᾳ τετιμημένον, καὶ πρός γε τὸ φροντίδα τίθεσθαι, καὶ ἐπιμέλειαν τῶν Βασιλέως οἴκων τε καὶ κτημάτων ἀρχὴν εἰληκότα. Κουράτωρας δὲ τούτους καλοῦσι Ῥωμαῖοι. Tradit Theophanes pag. 412. Nicephorum Imperatorem præcipua subditorum prædia εἰς τὴν βασιλικὴν κουρατωρείαν redegisse, id est, Magno Curatori subjecisse, qui eorum reditus fisco inferret. [Anonymus Combefisianus in Lacapeno num. 24. ait eumdem Imperatorem capta Melitene, hanc εἰς κουρατωρίαν redegisse, multis inde auri argentique millibus quotannis et tributis eo illatis. Vide *Curatura* sub finem.] Exstat apud Gregorium Magnum lib. 8. Epistola (quæ est 7.) inscripta *Theodoro Curatori*, ex qua colligitur, Curatorem dignitate admodum illustrem, militesque illius quodammodo imperio fuisse subditos. *Summus Curator*, occurrit in veteri Inscriptione 431. 1. sed alius forte a *Magno Curatore.* [** Vide Glossar. med. Græcit.]

Curator Divinæ *et dominicæ domus*, in leg. ult. Cod. de Quadrienn. præscript. (7, 37.) et Nov. 1. Justin.

Curatores vero singulorum *Palatiorum* non semel memorant Scriptores Byzantini; *Curatorem Palatii Hormisdæ*, sexta Synodus Act. 1. et Chronicon Alexandrinum pag. 868. 870. *Curatorem Palatii Manganorum*, Leo Grammaticus pag. 496. *Curatorem Palatii Antiochi*, Chronicon Alexandr. pag. 870. *Curatorem Palatii Marinæ*, Theophanes ann. 35. Justiniani. Ita porro appellati, non quod ipsorum Palatiorum curam haberent ; sed ærariorum, quæ in iis reposita erant, et asservabantur, quod ex Scriptoribus Byzantinis licet colligere. Vide Henr. Valesium ad Evagrium lib. 5. cap. 18.

Curatores Operum Publicorum,
Curatores Ærarii,
Curatores Annonæ,
Curatores Aquarum,
Curatores Viarum,
Curatores Calendarii,

Curatores Ædium, etc. habent passim veteres Inscriptiones, quas indicant Index Scaligeri, et JCtorum Libri.

Curatores Domus, id est, *villici*, vetantur esse Clerici et Monachi, in Capitulis Caroli Magni lib. 6. cap. 122. [** 124.] Vide Meursium in Κουρατωρεία.

Curatores Regionum, in veteri urbis Constantinop. descript. in Inscriptionibus apud Gruterum pag. 250. 251. apud Capitolinum in Antonino Philosopho, etc.

¶ 2. **CURATOR**, Prior, Superior apud Cartusianos. Chronicon Trivetti ad ann. 1200 : Henricus II. Rex Angl. *vix multis precibus, ut*(Hugo) *in domo quadam ejusdem Ordinis* (Cartusiani) *in Anglia.... Curatoris admitteret officium, potuit obtinere. Quem... vacante sede Lincolniensi, suasit Canonicis, ut Priorem domus suæ Hugonem in Episcopum eligerent et præficerent in Pastorem.*

* 3. **CURATOR**, Curio, sacerdos ecclesiæ, vulgo *Curé. Quilibet rector seu Curator, etc.* in Stat. MSS. eccl. S. Laur. Rom. Vide *Curatus* 1.

¶ **CURATORIA**, Officium Curatoris pupillorum. Vox forensis. Vide Leg. 1. et 2. Digest. de Excusationibus tutorum. [** 27, 1. in Græc.]

CURATORICII Equi. Lex 29. Cod. Theod. de Annona et trib. (11, 1.) : *Ut vicenis solidis, qui in præteritum pro equis Curatoriciis petebantur, duo solidi detrahantur.* Meminit præterea leg. 2. eodem Cod. de equorum collat. (11, 17.) : *Equorum, qui Curatoricio nomine flagitantur.* Ubi ejusmodi equos dictos putat Jacobus Gothofredus, quod iis uterentur *Curatores*, et *Curagendarii*, vel *Palatini*, qui *ad agendas curas reipublicæ* in provincias destinabantur. Vide alias ejusdem conjecturas ad has Leges.

CURATORIUM, Ædes curatoris. Lexic. Græc. MS. Reg. Cod. 2062 : Κουρατωρεῖον, ἐν ᾧ ὁ κουράτωρ.

¶ **CURATORIUS**, Spectans Curatorem pupillorum. Instrumentum ann. 1332. ex Archivo S. Victoris Massil. : *Causa ventilata inter Petrum de Brandisio de Massilia Curatorem et Curatorio nomine Bartholomææ neptis seu felezenæ suæ.*

CURATURA, vel Curata, Telonei species ex mercibus in nundinis distractis. Charta Berengarii Imper. ann. 916. apud Ughellum tom. 4. pag. 794. in Episcopis Cremonensibus : *Placita custodire, mansionatica facere, portatica tollere ac teloneа, ac Curatam publiciter erigere quærebat.* Infra : *Aut Curatam aut portaticum ibi tollat nemo, etc.* Ita pag. 817. At

Curatura, scribitur in Charta Henrici Imp. ibidem pag. 808. Alia Ardoini Regis Italiæ ann. 1011. apud Guichenonum in Biblioth. Sebusiana pag. 249 : *Omnem districtum, mercata, teloneum, Curaturam, etc.* Alia Anselmi Archiepiscopi Mediolan. anno 1100. apud eumdem Ughellum, et Puricellum pag. 482 : *Stabilitur quoque et communi institutione a nobis laudatur, quatenus ibi sit mercatum annuale omnium rerum fluens et venale, ex quo nullus præsumat Curaturas quærere, etc. Turadia*, perperam pro *Curadia*, editum apud eumdem Puricellum pag. 519 : *Coloneum* (l. teloneum) *quod vulgo Turadia dicitur, sive Portenaticum.*

* Charta Conradi imper. I. ann. 1031. apud Murator. tom. 1. Antiq. Ital. med. ævi col. 417 : *Cum persolutione omnium navium, et cum Curatura omnium negotiorum, qui fiunt in prædicta ripa, tam ab incolis civitatis, quam ab aliis aliunde ad negotium venientibus, etc.* Vide supra *Curaria.*

Curbita, perperam, ni fallor, exaratum legitur in Charta Lotharii III. Imper. anno 1133. apud eumdem Ughellum et Cælestinum in Episcopis Bergomensib. : *Theloneum videlicet, quod Currita vulgariter dicitur, de omni mercato, quod infra civitatem fit, etc.* Ut et

Curritura, in Charta Friderici I. Imper. anno 1156. apud eumdem Ughell. ibidem : *Cum usibus, conditionibus, fodro, districto, atque teloneo, quod vulgo Curritura dicitur, ubicumque mercatum fuerit, etc.* At unde dictum ejusmodi teloneum, non plane assequor, nisi debitum illud fuerit civitatum *Curatoribus*, tametsi extremis sæculis ejusmodi dignitatis vix mentio occurrat; vel potius, quod tributa in *Curatorias*, de quibus supra in voce *Curator* 1. inferrentur.

¶ **CURATUM** Beneficium, Sacerdotale, ad quod pertinet Cura animarum, Gall. *Benefice cure*, vel *Benefice à charge d'ames. Beneficium Curatum et non Curatum*, apud Rymerum tom. 8. pag. 293. col. 2. Vide *Curata* 4.

1. **CURATUS**, Curio, Sacerdos Ecclesiæ, vulgo, *Curé.* Thomas Walsinghamus pag. 275 : *Docuit etiam decimas et oblationes subtrahendas Curatis, si constaret subjectum aut Parochianum melioris vitæ fore quam Curatum suum.* Charta Joannis Regis Franc. anno 1363. de Episcopo Parisiensi : *Inter alias dignitates prælatus est et quasi Curatus Regum Franciæ.* [Occurrit alibi non semel. *Capellani Curati*, in Laudibus Papiæ, apud Murator. tom. 11. col. 38.]

¶ 2. **CURATUS**, Purgatus, in Charta anni 1471. ex Camera Comput. Provinciæ Regest. *Columba* fol. 282. Vide *Curare* 3.

* **CURAX**, *Bien courant*, in Glossar. Gall. Lat. ex Cod. reg. 7684. Idem qui *Currax*, apud Cajum JC. l. 18. ff de Ædilit. (21, 1.) Vide *Currax.*

* **CURAYRA**, Idem quod supra *Curaria.* Stat. Astæ collat. 9. cap. 6. pag. 26 : *Ordinatum est, quod potestas teneatur facere exemplari in communi omnia instrumenta sextayratici, Curayrarum et maletoltarum in uno cartulario, et illa legi facere in publica concione.*

* **CURAZIA**, ut supra *Curacia*, Lorica, thorax. Chron. Bergom. ad ann. 1404. apud Murator. tom. 16. Script. Ital. col. 957 : *Guelphi dimiserunt de eorum armis plusquam scutos cccc. balistas l. et multas Curazias et panceronos.* Vide *Curassia.*

CURBACULUM, Instrumentum ad capiendas aves tempore nivium, ex paucis virgulis confectum, interius concavum, et in parte postrema acutum, habens ostiolum, quod in terra jacet, coopertum palea, quod cum uno vimine in terram infixo elevatur, et posterius percutit avem ad escam intrantem quæ intus est, quam aliunde accipere nequit, cum sit undique terra tectum. Petrus de Crescentiis lib. 10. de Agricult. cap. 28.

¶ **CURBADA**, ut *Corvada.* Vide in *Corvatæ.*

¶ **CURBITA**, Stuprum, Infamia, in Legibus Longobard. teste Martinio. Hinc *Cucurbitare*, de quo supra.

¶ **CURCEBOLDUS.** Vide *Curcinbaldus.*

¶ **CURCILLA**, *Oppilago.* Gloss. Isid. et Papias. Martinius vocem hanc ducit a *Curculio*, quod guttur, inquit, exerceat edendo. *Oppilago*, quasi *Oppilatio*, quod corpus Oppilet cibis et oppleat.

CURCINBALDUS, Curceboldus, Vestis species. [* A brevitate sic dicta. Vide supra *Churzibolt.*] Odo Cluniacens. lib. 2. de Vita S. Geraldi cap. 23 : *De suo quoque vestimento, videlicet Curcimbaldo indutum latenter extra tentoria deduci fecit.* Wolphardus Presb. lib. 1. de Vita S. Walburgis num. 19 : *Curceboldum, quem prius ad texendum erexerat, flexis digitulis texere cœpit.* Quidam Codd. habent *Curciboldum*, alii *Cuciboldum.* Innocentius III. PP. lib. 1. Epist. pag. 31. Edit. Venetæ, et 29. Edit. Colon. de Canonicis Regularib. : *Cortibaldum insuper, subaros quoque in hieme, sotulares habeant in æstate, caligas tam lineas quam laneas, et scafones similiter habeant duplicatos, capas nigras singuli de mantellario habeant vel nadivo, pelles agninas albas, etc.* Ex his emendanda Acta Murensis Monasterii pag. 33 : *De stola sancti Desiderii, et Thurciboldo ejus, et caligula ejus.* Legendum enim *Curcinbaldo*, ut et in Querimonia Berengarii Vicecomitis Narbonensis adversus Guiffredum Archiepisc. Narbon. : *Non chlamydes neque capas polemitas, non cyclades, non dalmaticas, non Curebalti, non lignum dominicum, etc.* Ubi leg. *Curcinbaldos*, [aut *Cortiballos*; nam

¶ Cortiballus et Cortibaudus, Bituricensibus ac Lemovicensibus *Courtibault*, Tunica brevior est seu Dalmatica, quam gestabant Diaconi, cæterique ministri inferiores. Consuetudines MSS. S. Augustini Lemovic. fol. 2 : *Matricularius indutus debet præire processionem cum magna cruce et uno vexillo, et Diaconus indutus dalmatica portans librum Evangeliorum in manibus, cum duobus pueris indutis Cortibaudis et tenentibus candelabra cum candelis, debet ire ultimus post Priorem, etc.* Fol 3 : *Nona dicta induat se Dompnus Abbas cum stola et crossa et vestimento parato, et ministri cum Cortibaudis accipiant crucem et aquam benedictam.* Et fol. 22 : *Acquisivit huic Ecclesiæ xxx. sext. frumenti.... præterea quamdam casulam, dalmaticam, Cortibaudum dolsamit rubeum.* In Regulis antiquis Officiariorum S. Martialis ejusdem urbis dicitur Thesaurarii esse *Casulas et Cortiballos* custodire, et in MS. anni 1229. memorantur *Cortibaus festals et Cortibaus ferials.* Ordinarium ejusd. Eccles. apud Marten. de antiqua Eccl. Disciplina in Officiis celebrandis pag. 98. de Octava Natalis Domini : Primam lectionem vigiliarum nocturnarum *debet legere Succentor indutus Cortiballo, id est, dalmatica, assistente sibi Diacono ordinario, non Canonico, tenente duas parvas candelas insimul junctas ad librum : quinque lectiones sequentes leguntur per Canonicos in Cortiballis; tres ultimæ lectiones sequentes leguntur per Canonicos in cappis sericis.*

¶ **CURCIO**, ἔχιδνα. Gloss. Lat. Græc. Sangerman. Vipera.

¶ **CURCUBA**. Vide *Cucurba*.

CURCULIÆ. Papias : *Curculias nautæ suo more vocant, quibus in tempestatibus utuntur*. Eadem habent Ugutio et Joan. de Janua. [Vide *Cucurba*] [** et Isidor. Origin. lib. 28. cap. 4. sect. 2.]

* **CURCULIO**, Mus agrestis. Glossar. Lat. Gall. ex Cod. reg. 7692 : *Curculio*, *Mulot*. Latinis *Curculio* est vermiculus, qui frumentum corrodit, Gall. *Calandre*. Unde diminut.

* **CURCULIUNCULUS**, Glossar. Provinc. Lat. ex Cod. reg. 7657 : *Corgosson*, *Prov. curculio, quia pene nil aliud est quam guttur. Curculiunculus, dim.* Utitur Plautus in Rud. [** *Curguliunculus, animal segetes corrodens, quod rustici cozun vocant*, ex Cod. Monacensi Prisciani ap. Graff. Thes. Ling. Franc. tom. 4. col. 539. Locus Prisciani est lib. 3. cap. 6, 34.]

CURCUMA, Capistrum, κούρκουμον Hesychio et Achmeti cap. 271. Vegetius lib. 2. Mulomed. [cap. 33 : *Curcumam constrictam oportet imponi, ne depravet dentes et labia.* Hanc vocem restituunt viri docti in leg. unic. Cod. Null. in frenis, etc. (11, 11.) Vide Meursii Gloss. et *Cucurba*.

Curcuma, *Sandalium*, in Lexico Chaldaico, apud Cujac. lib. 11. Obs. cap. 10.

* **CURDELLA**, Tænia, qua crines implicantur et componuntur, interprete Bern. de Rubeis ad Stat. ann. 1342. inter Monum. eccl. Aquilej. cap. 90. col. 903 : *Item quod nulla mulierum vel dominarum...... audeat portare in ornamento capitis perlas, velos aureos et argenteos, nec alia ornamenta, excepta trezebia vel Curdella valoris unius marchæ, et non ultra.* Vide supra *Crudellus*.

** **CURDUANELLI**, Calceamenta e *Cordebiso* confecta. Ruodlieb. fr. 13. vers. 96 :

Contribulis rubeos soccos sub Curduanellis
..... gestans operosis.

¶ **CUREBALLUS**. Vide *Curcinbaldus*.

1. **CURELLUS**. Charta ann. 1185. pro pedagiis pontis Avenionensis : *De bove* 1. *denar. de bacone* 1. *den. de Curello* 4. *den. etc.* ubi quidam *Currum* interpretantur. [Non male. Vide infra *Currellus*.]

* Plaustri genus, vehiculum duabus rotis constans. *Coursel*, eadem notione in Lit. remiss. ann. 1455. ex Reg. 187. Chartoph. reg. ch. 109 : *Les supplians firent mener ung Coursel à deux roës, chargé de pierres.*

¶ 2. **CURELLUS**, Species loricæ. Statuta Massil. lib. 4. cap. 19. § 1 : *Generaliter decernimus observandum a modo, quod omnes mercatores portantes in aliqua nave Massiliæ valens c. lib. regal. vel amplius, habeant et portent loricam vel ausbergotum in quodcumque viagium ibunt per pelagus, et similiter omnes portantes valens cc. lib. vel amplius, portent garnisonem, et pro servitiali suo ausbergotum vel Curellum.*

CURERHET, Churereg th, Curia recti, forum judiciarium, in quo jus seu *rectum* dicitur. Charta Roberti Comitis Flandriæ in Tabulario S. Bertini : *Quicumque in præfata villa Poperingehen de furto aut falsis nummis, vel de alio crimine, præter quod pertinet ad Curerhet, convicti fuerint, ad Abbatem tota terra ipsius, et tertia pars substantiæ devolvatur.* Alia ann. 1201. ibidem : *In villa et terra de Poperinghem Churereg th, sicut Charta ejusdem avi nostri testatur, habeatis, et forum in eadem villa, et consuetudines, etc.* Vide *Chora* [et *Cora*.]

* **CURERIA**, Annulus coriaceus a quo tudicula campanæ dependet, aliter *Berleria*. Vide ibi. Comput. ann. 1472. ex Tabul. S. Petri Insul. : *Item pro reparando quatuor Curerias ad pendendum quatuor clipeos campanarum nuper renovatos.* Vide supra in *Cuirena* et *Curaterius* 1.

CURESCET. Vide *Ciricsetum*.

* **CURETA**, Auriscalpium et Dentiscalpium, Gall. *Cure-oreille* et *Cure-dent*, alias *Curette*. Comput. ann. 1402. inter Probat. tom. 3. Hist. Nem. pag. 170. col. 1 : *A Poncio Pojolaris quo* (pro) *quadam Cureta de argento, ponderis mediæ unciæ et iij. denariorum, vij. solid. xj. denar.* Lit. remiss. ann. 1460. ex Reg. 190. Chartoph. reg. ch. 86 : *Une bourse de cuir, en laquelle avoient plusieurs papilotes d'argent et une Curette à curer oreilles et dens.*

¶ **CURETTA**, Lorica, thorax, Gall. *Cuirasse*, Ital. *Corazza*. Hist. Dalphin. tom. 2. pag. 278. in Computo ann. 1333. et seqq. : *Item, pro Curettis tribus, barbuta una et cerbelleria una, unc.* III. *taren.* XVIII.

CURFODI, [in quibusdam codicibus legitur pro *Zurb*. Est autem *Zurb*, Cespes avulsus ad ignem, quem vulgo dicimus *Tourbe*.] Vide *Zurb*.

* **CURGULIONES**, in Hist. Liutprandi tom. 8. Collect. Histor. Franc. pag. 143. ubi Murator. edidit *Gurguliones*. Vide in hac voce.

¶ 1. **CURIA**, Κυρία, Domina. Translatio brachii S. Philippi, Maii tom. 1. pag. 16 : *Imperator Emmanuel largitus fuerat S. Apostoli Philippi brachium nepti suæ Curiæ Mariæ.*

2. **CURIA**, *Meretrix* : unde Joannes de Janua :

Curia jus curat, meretrix est Curia dicta.

Vide Meursium in Κούρβα.

* Hinc domus meretricia, *Curatrie* appellatur, in Lit. remiss. ann. 1479. ex Reg. 206. Chartoph. reg. ch. 124 : *Icelle Marie dist que le suppliant et sa femme avoient tenu Curatrie ou bourdeau en leur maison* (à Tournay).

3. **CURIA**, Dignitas vel Officium Curionis, *Cure*. Jacobus de Vitriaco in Histor. Occid. cap. 22. de Præmonstratensibus : *Habent autem Curias et Prioratus, non solum hominum, sed et feminarum, in quibus tam Clerici quam Laici, secundum quod eis a superioribus injungitur, commorantur.*

¶ Curia Personæ Ecclesiæ, Domus Curionis, Angl. *Parsonage*, Gall. *Presbytere*. Charta Hugonis Lincoln. et Jocelini Barthon. Episcoporum apud Kennettum in Antiquit. Ambrosden. ad annum 1228. pag. 205 : *Episcopus Sarum et ejus successores conferent in perpetuum cui voluerint idoneæ personæ tertiam partem decimarum garbarum totius parochiæ de Cumpton et omnes minutas decimas, quæ de jure debentur eidem Ecclesiæ, et omnes obventiones altaris et cimeterii prædictæ Ecclesiæ, et totam terram et Curiam, quæ fuit Personæ illius Ecclesiæ, cum omnibus libertatibus et liberis consuetudinibus ad prædictam Ecclesiam et terram illius pertinentibus : præter duas partes decimarum garbarum prædictæ parochiæ et croftam quæ jacet juxta Curiam Personæ, et unam acram prati vicinam eidem croftæ.*

4. **CURIA**, Senatus civitatis, cujus Magistratus *Decuriones* et *Curiales* dicuntur in Cod. Theod. et Justin. de Decurionibus passim, in Gloss. Lat. Græc. : Βουλή, βουλευτήριον. Gloss. Gr. Lat. : Βουλευτήριον, *Curia*, *ordo*. [** Vide Savin. Histor. Jur. Roman. med. temp. tom. 1. cap. 2. § 17. sqq.]

Institutæ porro *Curiæ* fuerunt in municipiis exemplo Senatus Romani, κατὰ τῆς βασιλευούσης πόλεως μίμησιν, ut est in Justiniani Novella 38. unde et Senatus nomen iisdem inditum. S. Ambrosius 2. ad Timoth. : *Quos constat in societatem Romanorum receptos, ut de cætero appellarentur Romani; idcirco necesse est eos Curiam habere, in quam more Romanorum penulati conveniant.* Senator lib. 6. Epist. 3 : *Curiales etiam verberat, qui appellati sunt legibus Minor Senatus.* Idem lib. 9. Epist. 2 : *Non enim incassum vobis Curiam concessit antiquitas, non inaniter appellavit Minorem Senatum, nervos quoque vocitans ac viscera civitatum.* Ausonius in Mosella :

. . . . Quos Curia summos
Municipum vidit proceres, propriumque Senatum.

Adde S. Augustinum in Psalm. 121. Marculphus lib. 2. form. 37 : *In civitate illa adstante viro illo laudabili Defensore, et omni Curia illius civitatis.* Vide Bertherium lib. 1. Pithan. cap. 10. Jacobum Gothofred. ad tit. Cod. Theod. de Decurion. et Jurisconsult. Vide *Curialis*, 1.

Curia Publica. Formulæ veteres apud Bignonium cap. 3 : *Gestis municipalibus cum Curia publica et defensore prosequi et alligare deberem.* Id est, *la Cour assemblée.*

Curiæ Obnoxius dicitur, qui *ad munera Curialia*, aut *ad Curiam devocatur*, ut est in leg. 7. et 11. Cod. Theod. de Episc. (16, 2.) Nam olim pœnæ genus fuit *Curiis* mancipari, quod gravissima Curialibus onera incumberent, quibus ex eo nec *Curiam* deserere fas erat, lege 122. Cod. Theod. de Decurion. (12, 1.) etc. Anastasius in S. Bonifacio : *Nec servum Clericum fieri, nec obnoxium Curiæ. Pœnitentiæ, vel Curiæ, vel cuilibet conditioni obnoxius*, apud Gregorium Magnum lib. 2. Ind. 10. Epist. 25. S. Ambrosius Epist. 17 : *Ministri Ecclesiæ retrahuntur a munere sacro, et Curiæ deputantur.* Concilium Ticinense sub Benedicto VIII. PP : *Ecce Clericos Curiæ et servos legibus traditos, num mutire fas erit? Si servi sunt patres, servi erunt et filii : servient itaque cum filiis patres in Curia, id est curam super his tantum in publico habebunt, quæ ad solam Ecclesiæ utilitatem forensem pertinebunt. Nulli obnoxius civitati*, in Edicto Theodorici cap. 64. *Curialis conditio*, in Capitulis Caroli Magni lib. 6. cap. 126. [** 128. e Julian. Novell.] At Valentinianus leg. 66. Cod. Theod. de Decurionibus vetuit supplicii loco quempiam in Curiam adgregari, mitti, addici. Adde leg. 108. infra.

Curia, nude, pro foro sæculari sæpe sumitur. Jura et Consuetudines Normanniæ cap. 53 : *Laicalis Curia est congrega-*

tio eorum certo loco et die assignato, per quos jus est super querelam contentionis placitantibus exhibendum. Anastasius in S. Silvestro PP. : *Hic constituit, ut nullus Clericus propter causam quamlibet in Curiam introiret, nec ante judicem cinctum causam diceret, nisi in Ecclesia.* Lex Longobard. lib. 2. tit. 51. § 12. [** Ludov. Pii cap. 4.] : *Nemo Clericus, vel Diaconus, vel Presbyter pro qualibet causa intret in Curiam, nec ante judicem causam dicere præsumat, quoniam omnis Curia a cruore dicitur et immolatione simulacrorum.* Hildebertus Cenomanensis Episcop. Epist. 30 : *Reos tormentis afficere, vel suppliciis extorquere confessionem censura Curiæ est, non Ecclesiæ disciplina.* Ivo Carnotensis Epist. 22 : *Calumniatoribus meis.... respondere non subterfugiam, vel in Ecclesia, si Ecclesiastica sunt negotia, vel in Curia, si sunt Curialia.* Epist. 53. de quodam Clerico : *Verberatum, spoliatum per manus servorum trahi fecistis ad carcerem, et Curiæ traditum nulla consolatione refovistis.* Epist. 137 : *De Curia autem in causis Clericorum vitanda*, etc. Adde cap. *Novimus*: Extra de Verbor. signific. Ita Clerici *Curiæ tradi dicuntur*, cum de crimine, quod vitæ dispendio luitur, accusantur, in Vita S. Anselmi Lucensis Episcopi num. 8. et apud Willelmum Neubrig. lib. 1. cap. 19. Vide Capit. Caroli Magni lib. 5. cap. 228. [** 381. e Julian. Novell.] etc.

* Charta ann. 1361. tom. 7. Ordinat. reg. Franc. pag. 431. art. 16 : *Curiæ non apponant manus in bonis defunctorum*, etc. [** Adde Chart. ann. 1110. de Casa Vicecom. in Picton. ap. Guerard. in Irminon. pag. 378.]

¶ Curia Appellationum Massiliæ ad hoc unum instituta, ut audiret causas eorum, qui a sententiis a Judicibus aliarum curiarum latis appellabant. Exstat de jure hujus Curiæ caput integrum in Statutis ejusdem urbis lib. 1. pag. 27. et seqq.

Curia Baronis, Anglis, est locus pedaneus, in quo dominus feudi intra limites feudi sui jurisdictionem in tenentes suos exercet. *Baro* enim in hac significatione a Domino feudi nihil differt. Ita Cowellus. Leges Edwardi Confess. cap. 9 : *Barones vero, qui suam habent Curiam de suis hominibus, videant, ut sic de eis agant, quatenus erga Deum reatum non incurrant, et Regem non offendant.* Mox : *Si quis Baronum justitiam non habet, in hundredo, ubi placitum habitum fuerit, ad propinquiorem Ecclesiam, ubi judicium Regis erit, determinandum est.* Adde cap. 21. 35. Leges Malcolmi II. Regis Scotiæ : *Nullus Baro vel Comes.... receptabit malefactorem aliquem.... infra dominationem suam sub pœna amissionis Curiæ suæ in perpetuum.* Assisiæ Hierosol. : *Il y a au Royaume du Jerusalem 4. Baronies et plusieurs autres Seigneuries, qui ont Cour, Coin, et Justice.* In Statutis Alexandri II. Scotiæ Regis, cap. 14. Barones non possunt tenere Curias suas nisi Vicecomes Regis, aut serviens Vicecomitis nomine, intersit, ad videndum si Curia recte tractetur : et in omnibus eorum Curiis 4. placita reservantur ad Curiam Regis, videlicet de raptu mulieris, de incendio, de murdro, et de roboria, quæ dicitur rapina. Qualiter autem Dominus seu Baro perdat Curiam suam, docent pluribus Leges Baronum Scoticorum, seu Quon. Attach. cap. 8. et 9. Agitur etiam de Curiis Baronum ibid. cap. 34. Britton. cap. 27. ubi Rex loquitur : *En Countés avons-nous double Court, une des plees de nostre peas, lequel tiennent nos Coronnes et les Suters*, (sectatores) *et dount les Coroners seulement ont record. Et si avons Court come Court de Baron, et dont les Suters sount chargez de jugement, et n'ont point de records hors de leur Court, etc.* Exstat in Libro Anglico, inscripto *Justice of peace*, forma procedendi in Curiis Baronum, pag. 82. et seqq.

¶ Curia Leta, iisdem Anglis *Court-leet*, minor est et inermis Jurisdictio, Gall. *Cour fonciere*, vel *Basse justice.* Charta Henrici VI. Regis Angl. ann. 1443. apud Rymerum tom. 11. pag. 41. col. 1 : *Feriis, marcatis, chaceis, parcis, warennis, Curiis Letis visibus franciplegiis, consuetudinibus, libertatibus, etc.*

Curia Christianitatis, Brittoni pag. 46. v. *Cour Chrestienne*, aliis *Cour de Chrestienté*, Jurisdictio Ecclesiastica, forum Ecclesiasticum, in quo causæ ac quæstiones, quæ ad religionem pertinent, agitantur. Quippe ex leg. 1. Cod. Theod. de Religione, (16, 11.) *quoties de religione agitur, Episcopos convenit judicare, cæteras vero causas, quæ ad ordinarios cognitores vel ad usum publici juris pertinent, legibus oportet audiri.* Ita in leg. ult. de Episcopali judicio (16, 12.) eodem Cod. in Nov. Valentiani III. de Episc. judicio, etc.

Religionis porro voce Episcopi deinceps jurisdictionem suam adeo porrexerunt, ut ordinariis judicibus nihil fere judicandum relinquerent; ex quo subinde graves querimoniæ exortæ de Ecclesiasticis judicibus, qui Ordinariorum jurisdictionem contra fas sibi adscribebant ac usurpabant : de quibus vide Chartam ann. 1204. *De interceptionibus Clericorum adversus Do. Regis Jurisdictionem*, in nupera Conciliorum Ecclesiæ Rotomag. Editione, Regestum Parlamenti signatum *Olim* fol. 63. Librum Jacobi de Cugneriis Advocati Regii ann. 1329. cui titulus : *Hæc sunt gravamina et usurpationes, quæ et quas Prælati Franciæ, et aliæ personæ Ecclesiasticæ Regni Franciæ, vel eorum officiales et judices pro ipsis fecerunt et faciunt in præjudicium jurisdictionis temporalis D. Regis, Baronum et aliorum subditorum suorum dominorum temporalium* : et Responsionem Cardinalis Bertrandi ad eumdem librum : Brittonum in Legib. Angl. cap. 3. Philippum Bellomanerium cap. 61. 66. veterem Consuetud. Franciæ, Will. Stanfordium lib. 2. de Placit. Coronæ cap. 41. et seqq. Guliel. Prynneum in Libertatibus Angl. passim, etc. Ad jurisdictiones denique istas Episcopales hæc spectant Guilielmi Neubrigensis lib. 2. cap. 16 : *Nempe Episcopi dum defendendis magis Clericorum libertatibus vel dignitatibus, quam eorum vitiis corrigendis resecandisque invigilant, arbitrantur obsequium se præstare Deo et Ecclesiæ, si facinorosos Clericos, quos pro officii debito, Canonicæ rigore censuræ coercere vel nolunt, vel negligunt, contra publicam tueantur disciplinam.*

Curiæ igitur *Christianitatis* amplissima fuit jurisdictio, cum quæstionum ac causarum omnium, quæ non modo res Ecclesiæ, sed et sacramenta, et quidquid ex iis dubietatis oriretur, spectant, cognitionem sibi arrogasset. Cognoscebat enim

De causis Clericorum ac tonsuratorum. Vide Appendicem Codicis Theodos. Constit. 6. 17. Capitul. 3. ann. 811. cap. 1. veterem Chartam apud Diago de Comitib. Barcin. lib. 2. cap. 31. Bractonum lib. 5. tract. 5. cap. 2. § 5. cap. 10. § 1. etc. Petrus de Cugneriis in Gravaminibus, ait, Prælatos, ut jurisdictionem suam augerent, et omnium pæne ad se causas traherent, *solere facere magnam multitudinem tonsurarum pueris ætate minoribus.*

In rebus criminalibus Clericorum judex Ecclesiasticus non habet jurisdictionem, sed tantum judicii executionem, v. gr. degradationem. Vide Matth. Paris pag. 113. et Bracton. lib. 5. tract. 5. cap. 9. § 3.

De causis spiritualibus, vel spiritualitati annexis, etc. Vide Bracton. lib. 5. tract. 5. cap. 2. § 5.

De decimis, et aliis Ecclesiæ proventibus. Vide eumdem Bractonum lib. 5. tract. 5. cap. 2. § 5. cap. 10. § 1. 6. cap. 16. § 1.

De causis, in quibus fidei aut sacramenti interpositio occurrit. Vide Matth. Paris pag. 113. Bract. lib. 4. tract. 1. cap. 12. Assisias Hierosol. cap. 20. Concilia Rotomagensia pag. 185. etc.

De Hæreticis. Vide Matth. Westmonast. pag. 333. et Gariellum in Episc. Magalonens. pag. 275.

De infractura Ecclesiæ vel atrii, de læsione Clerici, de oppressione et violatione feminæ. Vide Consuetud. S. Audomari ann. 1127. in Probat. Hist. Guinensis pag. 194.

De advocationibus Ecclesiarum. Vide Regiam Majestat. lib. 1. cap. 2.

De privilegiis Crucesignatorum. Vide eumdem Bract. lib. 5. tract. 5. cap. 9. § 1. Stabilimenta S. Ludovici lib. 1. cap. 82. etc. nuperam Edit. Concil. Rotomag. Eccl. pag. 179. 180. 181.

De causis matrimonialibus, dotibus, et earum accessoriis. Vide Joannem Sarisber. Epist. 89. Regiam Majest. lib. 1. cap. 2. Matth. Westmonast. ann. 1247. pag. 333. Matth. Paris pag. 113. 488. Bracton. lib. 5. tract. 5. cap. 2. § 2. cap. 10. §. 1. cap. 12. § 3. Stabilimenta sancti Ludov. lib. 1. cap. 18. 131. Assisias Hieros. cap. 20. Rocchum Pirrum tom. 1. pag. 145. Concilia Rotomagensia pag. 185.

De adulteriis. Vide eumdem Rocchum Pirrum in Notit. Eccles. Sicil. tom. 1. pag. 125. veteres Chartas apud Ughellum tom. 7. pag. 400. 1327. [et Statuta MSS. Caroli I. Regis Siciliæ cap. 296.]

De bastardia, legitimatione, seu de natalium jure. Vide Regiam Majestatem lib. 2. cap. 50. § 4. cap. 59. § 4. Bractonum lib. 4. tract. 3. cap. 19. lib. 5. tract. 5. cap. 6. § 1. cap. 19. § 1. Matth. Paris pag. 488. veterem Consuetud. Norman. cap. 27. Guliel. Prynneum in Libertatibus Angl. tom. 2. pag. 393. etc.

De Testamentis et causis testamentariis. Vide Regiam Majest. lib. 1. cap. 2. Matth. Paris. 113. 488. Bractonum lib. 2. cap.

16. § 2. lib. 4. tract. 1. cap. 12. lib. 5. tract. 5. cap. 2. § 3. cap. 10. § 1. 2. 4. Fletam lib. 2. cap. 57. § 13. Assisias Hierosol. cap. 20. Foros Beneharn. Rubr. de *Jugiament*, art. 8. Rocchum Pirr. pag. 145. Sed per Aresta Paris. 11. Januar. 1355. 18. Novemb. et Decemb. 1372. 14. Novemb. 1376. 15. Dec. 1377. etc. dictum fuit, Regem de jure et usu habere præventionem in cognitione testamentorum omnium in regno suo decedentium.

De catallis, quæ sunt de testamento vel matrimonio. Vide Concil. Insulæ bonæ ann. 1205. Bractonum lib. 5. tract. 5. cap. 1. § 5. 6. cap. 5. § 1.

De usuris. Vide Matth. Paris pag. 113. Matth. Westmonast. pag. 333.

De feudis et tenementis, datis in liberam eleemosynam. Vide Bracton. lib. 5. tract. 5. § 1. cap. 10. § 1. Inter querelas, quas Barones Franciæ Regi Ludovico VII. detulerunt contra usurpationes Ecclesiasticorum, illa est : *Quod Clerici trahunt causam feodorum in Curiam Christianitatis, propter hoc quod dicunt, quod fiduciæ vel juramentum fuerunt inter eos, inter quos causa vertitur, et propter hanc occasionem perdunt Domini justitiam feodorum suorum. Responsio. In hoc concordati sunt Rex et Barones, quod bene volunt, quod ipsi cognoscant de perjurio, et transgressione fidei : sed nolunt, quod cognoscant de feodo. Et si convictus fuerit de perjurio, vel transgressione fidei, injungant eis pœnitentiam : sed propter hoc Dominus non perdet justitiam feodi, nec propter hoc se capient ad feodum.* Sed *de fori Ecclesiastici* origine et usu consulendus Morinus lib. 1. de Pœnitent. cap. 9. [et D. *Fleury* in Præfatione ad tom. XIX. Hist. Ecclesiast.]

¶ Curia Archidiaconi, in qua Archidiaconus jurisdictionem exercebat suam. *Pro emolumento sigilli Curiæ Archidiaconalis*, in Charta ann. 1340. inter Probat. Hist. Eccl. Meld. tom. 2. pag. 218. In Chartulario S. Nicasii Remensis plures habentur Chartæ *Curiæ Archidiaconi*, vel *Archidiaconatus Remensis*. Vide *Archidiaconus*.

* Curia Palatii, Jurisdictio archiepiscopi Remensis. Chartul. Campan. in Cam. Comput. Paris. fol. 251. r°. col. 1 : *Ego Henricus comes Grandis-prati conquestus sum domino regi Navarræ de abbate videlicet S. Dionysii Remensis et de priore Grandis-prati, qui me fecerunt citari in Curia palatii coram officiali curiæ archiepiscopi Remensis.*

* Curia Magna Præsidentialis, Eadem quæ Regia. Diploma Ludov. VI. ann. 1121. in Append. ad tom. 6. Annal. Bened. pag. 636. col. 1 : *Caput ipsum* (monasterii Tironensis) *quibuscumque omissis mediis, super præmissis coram magna præsidentiali nostra regia Curia solummodo habeat et teneatur respondere, etc.* Vide *Consilium 2.*

* Curia Regalis, Jurisdictio regia. Libert. Figiaci ann. 1369. tom. 5. Ordinat. reg. Franc. pag. 264 : *Viguerius et judex ipsius villæ Figiaci, qui soli judices nostram Curiam regalem in dicta villa habent exercere et etiam gubernare, in causis criminalibus tractandis et dirimendis, etc. Nous reservons entierement la Court et Cognoissance*, in Lit. ann. 1370. ibid. pag. 368.

Curiæ Dominicales, Germanis *Dinghœfe*, quæ Dominis villarum vel territoriorum competunt : de iis Zazius part. 11. de feud. § 3. [** Vide Indiculum possessionum monasterii Schwarzacensis ann. 1154. ap. Guden. in Syllog. pag. 463. et Mitterm. Princip. Jur. German. § 472. Dicebantur etiam *Curiæ Placiti*. Vide Haltaus. Glossar. German pag. 231. Eædem sunt *Curiæ Militum* in Chartis ann. 1291. ap. Guden. Cod. Diplomat. tom. 2. pag. 266. et 268. Vide *Curia 5.* et *Cortis*, 1.

** Jus Curiæ, quod feudali opponitur. Germ. *Hofrecht*. Vide Mittermaier. Princip. Jur. Germ. § 5. et 84. Vetus auctor de Benefic. § 130 : *Quicquid homo non suscipit per hominium, non judicetur esse beneficium; sicut cum bona concedit dominus suis ministerialibus non per hominium sed secundum Jus Curiæ. Hæc concessio caret beneficiali jure, sed est concessio officialis, etc.*

Curia Inferior, seu Baronis, *Cour basse*, in Consuetud. Aquensi tit. 14. art. 1.

Curia Major, sic appellata apud Beneharnenses Curia illa, in qua residebant Episcopi duo, totidem Abbates; cum provinciæ magnatibus, qui de majoribus et publicis negotiis, et de vassallorum litibus supremo judicio dijudicabant, ut auctor est Marca lib. 5. Hist. Beneharn. cap. 3. n. 2. Vide Foros Beneharnenses Rubr. *de Cort Major*, ubi de illius jurisdictione, et eumdem Marcam lib. 4. Hist. Beneharn. cap. 17. n. 6. lib. 6. cap. 23. n. 3. cap. 24. n. 7.

¶ Dare Judices ad Curiam, dicebatur de Judicibus quos ad dirimendas lites exortas inter se et subditos Domini constituebant, qui judices ab adversa parte primum erant approbandi. Concessio feodi per Guillelmum Bertrandi pro Odone Alamandi coram *judicibus datis pro Curia*. Hist. Dalphin. pag. 20 : *Anno 1282. Indict.* x. xiv°. *Kal. Julii ad requisitionem nobilis viri Odonis Alamandi Domini de Campis fuit confessus et publice solemniter recognovit ex sua certa scientia et spontanea voluntate Dominus Guillelmus Bertrandi Miles, in præsentia Petri Domini de Bucurione et Falconis Domini de Canuto datorum pro Curia a prædicto Domino Odone Alamandi, et per prædictum Dominum Guillelmum Bertrandi approbata et recepta, se habere et tenere in feudum et nomine feudi ab ipso Domino Alamandi, et de feudo et dominio ipsius Domini Odonis, quidquid ipse habet, tenet et possidet, etc.* Vide tom. 2. pag. 20. col. 1.

¶ Ponere Judices pro Curia sua, Iisdem notione et conditione. Recognitio facta per Vuillelmum de S. Martino Annæ relictæ Petri Selvon ann. 1259. ibid. tom. 1. pag. 6 : *Ad requisitionem seu interrogationem Dominæ Annæ uxoris quondam Petri Selvon, coram Gorta de Monte Bononi et Guiffredo de Valle S. Stephani, quos dicta Anna posuerat pro Curia sua, quam quidem et approbavit dictus Vuillelmus de S. Martino.*

¶ Curiam Habere dicuntur Domini qui facultatem habent judicandi subditos suos in *Curia* sua. Chartular. S. Vincentii Cenoman. fol. 51 : *Si homines Monachorum ejusdem Nundinis forisfacerent, vel quod eis esset aliquid forisfactum, Monachi haberent Curiam et emendas suorum hominum.* *Madox* Formul. Anglic, pag. 38 : *Quod si hujusmodi forisfactura super terram Ecclesiæ evenerit, præcipio quod Prior et Monachi inde suam plenarie habeant Curiam; et defendo ne in aliis locis quocumque modo placitentur, nisi in eamdem Curia S. Mariæ et sua.*

¶ Curiam Petere, Litem aliquam ad suam *Curiam* advocare. Consuetudines Brageriaci art. 62 : *Item si duo Feodatarii ad invicem litigent, et Dominus feodalis petat Curiam ante litis contestationem, etc.* Gallica versio sic habet : *Si deux Tenanciers plaident l'un contre l'autre, et le Seigneur feodal demande le renvoy avant la contestation, etc.* Vide mox *Curiam reddere.*

Curiam Reddere, dicitur Dominus aut vassallus, cum ad vassallum, aut Dominum lis ante alterutrum intentata remittitur. *Rendre la Cour*, in Consuetudine Andegavensi art. 79. 80. et Cenomanensi art. 9. Regestum Parlamenti B. fol. 67 : *Cum ... tenens locum Comitis Campaniæ Curiam sibi reddi petiisset, etc. Curiam repetere, amittere*, fol. 70. Occurrit passim in hoc Regesto. [Vide D. *Brussel* de Usu feodorum tom. 1. pag. 223.]

* Arest. ann. 1284. in Reg. 2. *Olim* parlam. Paris. fol. 70. v° : *Reddita fuit Curia domino Danguto et vicecomiti de Meleduno de domino Guidone Bassi milite super partiali actione, quam Johannes de Soisiaco miles ejus filius et nurus proponebant contra ipsum.*

* Curiam Infortiare, dicebatur superior dominus, cum homines suos ad curiam inferioris delegabat, ut eam idoneo judicum numero muniret. Arest. ann. 1267. in Reg. *Olim* Parlam. Paris. : *Cum supplicasset abbas S. Richarii domino regi ut Curiam ejus infortiaret, quia satis fortis non erat ad justitiandum Mathæum de Roya militem, qui erat ejus homo ligius, ... ordinatum est quod baillivus Ambianensis iret ad curiam dicti abbatis infortiandam.* Vide in *Par.*

* Curiam Mittere. Charta Guid. episc. Claromont. pro villis Biliomi et S. Lupi ann. 1281. in Reg. 73. Chartoph. reg. ch. 1 : *Item si bajulus aliquem habentem causam in villa vult fovere, vel manutenere, vel eidem patrocinari; mittat Curiam sine suspicione.* Id est, a judicando abstineat.

* Curiam Requirere, Jus suum de lite judicanda repetere. Lit. pro S. Vict. Paris. ann. 1364. tom. 4. Ordinat. reg. Franc. pag. 540 : *Curiam et jurisdictionem seu causarum cognicionem, de suis justicialibus quibuscumque, coram et a quibuscumque dominis vel judicibus, requirere et restitui faciat* (Præpositus Paris.) *cum effectu.*

Curia Pedis Pulverizati, [id est, peculiaris extraneorum mercatorum in nundinis.] Vide *Pede pulverosi.*

Stare in Curia, et *in Curia detineri*, apud Venetos, quid sit, docent Statuta Venetorum, edita a Jacobo Theupulo Duce ann. 1242. lib. 1. cap. 51. Quippe debitor, qui judicis sententia ad solutionem debiti condemnatus erat, submonebatur et citabatur per ministerialem a Duce, ut in

Curia staret, et debitum exsolveret intra 8. dies, aut pignus vel *vadium* daret. Quod si juri non staret, capiebatur, et detinebatur in Curia. *Stare autem in Curia sic intelligimus* (verba sunt Statuti) *ut in territorio Ecclesiæ S. Marci per dies* 30. *stet, ita ut pontem aliquem non transeat, quod si recedens pontem aliquem transierit, Dux faciat eum capi, et in carcerem retrudi, ubi erit per* 30. *dies. Si vero a Curia non recesserit, sed præfato modo in Curia et in territorio S. Marci steterit, et creditori suo infra eosdem* 30. *dies non persolverit debitum, debet in carcerem retrudi usque ad alios* 30. *dies : quibus expletis, si debitum non persolverit, jurabit manifestare quidquid habet, quod Dux accipiens dabit illud creditori. Pro his vero, quæ defecerint creditori suo de suo debito, faciet debitor cartulam promissionis, et jurabit, quod de omnibus, quæ lucratus fuerit, tertiam partem creditori suo dabit, usque quo redditum erit debitum universum. Alioquin stabit in carcere, donec hæc faciat, aut persolvat.* Id postea immutatum a Francisco Dandulo Duce lib. 6. cap. 14. eorumdem Statutorum, ubi *stare in Curia*, est *remanere reclusus in carceribus Communis Venetiarum*, ubi incarcerari solent debitores, de quo exire non possit, nisi post 2. menses : quibus exactis, stare debent in Curia S. Marci per alios 2. menses, ex qua exire ei non licet : quod si exeat, vel pontes transeat, a Duce rursum in carcerem conjicitur, in quo per alios 2. menses detinetur, si debitum non solverit.

Curiam Tenere, eadem ferme notione habent Libertates urbis Barcinonensis a Petro Rege Aragon. concessæ ann. 1283 : *In electione est creditoris vel convenire principalem debitorem vel fidejussorem, salvo quod possit tenere Curiam per unum annum.*

Curia Franciæ, in Charta Galcheri de Castellione Comitis Porceani et Comitis Stabuli Franciæ 20. Febr. ann. 1316. apud Duchesnium in Probat. Hist. Castilion. pag. 209. videtur fuisse Magnatum ac Procerum Francicorum Conventus post mortem Ludovici Hutini Regis ad Regni gubernationem coactus, donec Clementia Regina ad partum veniret : seu *Curia Baronum*, vel *Parium Franciæ*, hoc est, *Curia Parlamenti* Parisiensis. Ubi hæc verba subinde repetita notanda : *Par jugement de nos grans Seigneurs : Par le jugement de la Cour de France : et avons encore promis.... loyaument et en bonne foi, et en nom de nos grans Seigneurs dessusdiz, que si-tost comme on commencera à escrire, et à seeller au nom de cellui ou de ceus, qui le Royaume de France deveront gouverner, nous leurs baillerons Lettres seellées, etc.* Habetur Regestum vetus, cujus titulus ita concipitur : *In nomine Domini nostri J. C. incipit Registrum Curiæ Franciæ de litteris et instrumentis sigillatis cum sigillis authenticis, prout ipsæ litteræ et instrumenta fuerunt in ipsa reposita per Magistrum Bartholomæum de Podio, Clericum D. Regis, judicem Carcassonensem, cum Mag. Nicolao de Autholio D. Regis Clerico, et quandoque cum Dom. Joanne de Marlento Canonico Capellæ Dom. Regis in sex scriniis per numerum et ordinem, de mandato Dom. Ludovici inclytæ recordationis Regis Franciæ ann. Dom.* 1269. *mensibus Octobr. Novembr. Decembr. quæ quidem scrinia sunt his litteris signata in thesauro Capellæ Parisiis ejusd Dom. Regis.* Deinde : *Hoc est Registrum Curiæ Franciæ D. Regis de Feudis et de negotiis Senescalliarum Carcassonæ et Bellicadri ac Tolosæ et Caturcensis et Rutenensis ann.* 1269. Vide *Curia*, 8.

* Curia Alemaniæ. Charta Frider. II. imper. ann. 1226. ex Tabul. eccl. Camerac. : *Cum ibi sit Alemaniæ Curia, ubi persona nostra et principes imperii nostri consistunt. De consilio et providentia principum, tunc existentium nobiscum in Curia memorata sententialiter decrevimus, etc.* Vide *Curia*, 8.

Curia de Arcubus, ita appellatur Curia Archiepiscopi Cantuariensis Londini, quod teneatur juxta *Ecclesiam B. Mariæ de Arcubus*, ut Rastallus auctor est : quæ quidem *Curia, Fama celebris*, dicitur in Synodo Cantuariensi ann. 1295. in Præfat. Ea autem Synodus continet Statuta Roberti Winchelsei Archiepiscopi Cantuariensis *pro meliori* ejusdem *suæ Curiæ regimine :* ubi *Consistorium de Arcubus* appellatur cap. 2. 32. etc.

Curia Rogationum. Libertates villæ Martelli in Lemovicibus ann. 1219. apud Justellum : *Nemo debet vendere ad talum res extraneas, nisi per concessum procuratoris particularis in Curia Rogationum, et qui fecerit, pro justitia* 60. *solidos dabit.*

5. **CURIA**, Prædium rusticum, possessio, *Curtis*, *mansus.* Charta Leonis IX. PP. apud Meurissium in Episc. Metensib. pag. 355 : *Cum Ecclesia et decimatione in villa sive Curia, quæ vocatur Rumeliacum.* Charta Ruperti senioris Comitis Palatini Rheni ann. 1380. apud Freherum lib. 2. Originum Palatin. : *Curtes, sive Curias in Nuwenhoffe prope villam Altripf.* Speculum Saxonicum lib. 2. art. 54. § 3 : *Ubi pretium Pastori solvitur de mansis, seu Curiis.* Art. 49 : *Unusquisque tenetur partem Curiæ suæ sepire.* Art. 50 : *Qui Curiam sepit virgis, etc.* Adde art. 48. § 7. et Wichbild Magdeburg. art. 124. § 1. art. 126. § 1. Chronicon Laurishamense pag. 91 : *Tres Abbatiæ Curias, videlicet Obbenheim, Wibelinghen, Cingen regiæ potestati in concambium tradidit.* Et infra : *Præter hæc etiam fratrum utilitati consulens, 2. huobas cum area in Winenheim sitas, multa pecunia ab hæredibus comparatas, itemque Curiam cum vineis in Hophenheim ipsorum victualibus adjecit. Curia Marsnensis* in Diplomat. Friderici I. ann. 1152. apud Miræum in Donat. Belgic. [*Curia Haneberg quæ quinque mansos habet*, apud eumdem tom. 1. pag. 281. col. 2. edit. 1723. in Charta Philippi Heinbergii Archiep. Colon. ann. 1180 : *Curia de Maidieres cum appenditiis et pertinentiis ejus*, in Charta anni circiter 1227. tom. 3. novæ Gall. Chr. Instrum. col. 140. *Curiæ dominicales* ejusd. tom. col. 153. in Charta anni 1155.] Burchard. de Casib. sancti Galli cap. 8 : *In hac pestilentia, fideles hujus Ecclesiæ possessiones nostras dividebant, optimos mansus Curiarum nostrarum eligebant.* Cap. ult. et alibi non semel utitur. Lib. 2. Feud. tit. 51 : *Quidam Capitaneus in quadam Curte sua beneficium dedit militibus, et postea eandem Curiam vendidit.* Charta Cunradi Regis in Privileg. Eccles. Hamburg. pag. 178 : *Insuper duas curtes Wiselam et Goganheim... matri suæ dedit, hac interposita rationis constantia, ut non ex jure beneficii easdem Curias teneant; sed, etc.* Adde pag. 190. [** *Quicquid percepimus ..... in Curia sive grangia de Vulenbach ... seu ab hominibus inhabitantibus dictam Curiam*, in Kremer. Hist. Ardenn. Dipl. Saraep. num. 164. pag. 377.] Vide præterea Statuta Ordinis Præmonstratens. dist. 4. cap. 2. 10. Diploma Joannis Comitis Holsatiæ ann. 1330. apud Pontanum lib. 7. Hist. Danicæ pag. 452. Conradum Uspergens. ann. 1209. Albertum Stadensem ann. 1105. 1112. [Historiam Mediani Monasterii pag. 330. 331. et Schilteri Glossarium in *Churt.*] [** Chart. ann. 1153. ap. Pertz. Leg. tom. 2. pag. 95. Vide Mittermaier. Princip. Jur. German. § 84. supra *Curiæ Dominicales*, *Jus Curiæ* in *Curia*, 4. et *Cortis*, 1. etc.]

Curia Capitalis, [Prædium præcipuum, Domus principalis eadem quæ *Caput mansi*, quod vide.] Charta Edw. II. Regis Angl. tom. 2. Monastici Anglic. pag. 271 : *Cum omnibus libertatibus, liberis consuetudinibus, et omnibus aliis rebus ad Capitalem suam Curiam de Worle pertinentibus.* Alia ibidem pag. 326. *Dedi etiam totum manerium de Thorne, cum Capitali Curia et virgulto, etc.* [Kennettus Antiquit. Ambrosden. ann. 1193. pag. 150 : *Ego Thomas de S. Walerico dedi... Deo et Ecclesiæ B. M. de Oseneia... totum manerium meum Mixebury... cum capitali Curia et cum omnibus pertinentiis, etc.*]

** Curiæ ad Mansos pertinentes. Chart. ann. 1140. in Guden. Cod. Dipl. tom. 1. pag. 125 : *Mansum unum terræ, quæ vulgo dicitur Erbe, cum duabus Curiis ad eum pertinentibus.* Charta ann. 1325. in Würdtwein. Subsid. Diplom. tom. 10. pag. 95 : *Proprietatem duorum mansorum, cum Curia una ipsis mansis annexa.* Chart. ann. 1143. ap. Guden. ibid. pag. 136 : *Nos ejusdem prædii, partem, Curiam videlicet .... recepisse.* Alia ann. 1191. ibid. pag. 307 : *Curia, prædium et villicatio.*

¶ Curia Jumentalis, sic forte dicta quod pleraque essent ibi jumenta. Litteræ Leopoldi Ducis Austriæ ann. 1202. apud Ludewig. Reliq. MSS. tom. 4. pag. 182 : *Confirmamus eidem Monasterio* (Admontensi in Styria) *Curiam Jumentalem dictam Vorwiz in præbendæ subsidium datam fratribus cum omnibus alpibus pascualibus, silvis, vallibus ad eandem Curiam pertinentibus.*

6. **CURIA**, Atrium, impluvium quod vulgo *Cour* dicimus. Ebrardus in Græcismo, cap. 10 :

> Curia planities in terris; Curia Regum :
> Sed Curtis proprie dicitur Canonicorum.

Leges Edwardi Confess. : *Si* (reus) *fugiendo domum Sacerdotis vel Curiam ejus intraverit, eamdem securitatem et pacem habeat, quam et apud Ecclesiam : dum tamen domus Sacerdotis et Curia ejus in fundo Ecclesiæ consistant.* Ita passim Scriptores. Vita Ludovici Pii ann. 811. Cæsarius Heisterb. lib. 4. Mirac. cap. 76. 77. 94. lib. 5. cap. 28. lib. 8. cap. 96. lib. 11. cap. 63. lib. 12. cap. 5. Speculum Saxon. lib. 3. art. 51.

§ 2. Thwrocz. 1. part. Chron. Hung. cap. 41. etc.

Curia, Ambitus, incinctus domus. Charta Ludovici Regis Franc. ann. 1120. pro Monasterio Sandionysiano apud Duchesnium in Hist. Drocensi pag. 220 : *Curiæ etiam et propriis domibus Beatorum Martyrum in eadem Curia perennem indulgemus libertatem, vicariam omnimodam in Curia ipsa, et Curiæ domibus conferimus.* Quod vero *Curia* hic dicitur, *Curtis Monasterii* appellatur Joanni Diacono lib. 4. Vitæ S. Gregorii cap. 197.

¶ Curia Beghinarum, Claustrum in quo Beghinæ commorantur. Statuta Ecclesiæ Leodiensis ann. 1287. inter Anecd. Marten. tom. 4. col. 879 : *Item, præcipimus, quod omnes Beghinæ privilegio Beghinali gaudere volentes, intrent Curiam Beghinarum, et præcipimus commorantibus extra Curiam Beghinarum, quod distinguant habitum suum ab habitu Beghinarum, et si aliqua Beghina extra Curiam accesserit moratura, vel ejecta fuerit propter incontinentiam vel aliud delictum, habitum non deferat Beghinarum.... alias autem in Curiis commorantes declaramus ad præmissa non teneri.*

¶ Curia Canonicorum, simili notione, apud Kennettum in Antiq. Ambrosden. ad ann. 1212. pag. 176. Charta Johannæ Priorissæ S. Trinit. de Bosco : *Noveritis quod nos dedimus... Hervico Priori de Berucester et ejus loci Canonicis duos seliones in Hodesham qui jacent juxta rivulum extra Curiam dictorum Canonicorum habendos et tenendos dictis Canonicis in perpetuum.* Canonicorum domum interpretatur Kennettus in Glossario, sed forte melius intelligeretur Prædium rusticum. Vide Curia 5. [** Chart. Capitul. Mindens. ann. 1303. ap. Würdtwein. Subsid. Diplomat. tom. 10. pag. 50 : *Nos Hermannus de Mandesloh canonicus et Volkerus civis Mindensis discordiam inter nos ortam super quibusdam domibus in area nostra claustrali ædificatis taliter duximus ordinandam .... post obitum vero Volkeri prædictæ domus ipsi Hermanno cedent, vel illi, qui tunc temporis ipsam Curiam tenet.* Vide *Claustralis Area* in *Claustrum.*]

7. **CURIA**, Regius Comitatus, vulgo, *la Cour.* Monachus Sangallensis lib. 2. cap. 41 : *In qua etiam cunctis in Palatio ministrantibus, et in Curia Regia servientibus, juxta singulorum personas, donativa largitus est.* Guntherus lib. 4. Ligurini :

Nec tamen emissa tantorum plebe virorum
Vel Princeps vacuus, vel Curia sola remansit.

Et mox :

Sive novi veniant, seu qui venire recedant,
Semper inexhausta celebratur Curia turba.

[** Chart. Frider. II. Imperat. ann. 1219. ap. Pertz. Leg. tom. 2. pag. 233 : *Multis nobilibus coram positis et approbante tota familia Curiæ nostræ, per sententiam coram nobis diffinitum est, etc.* Vide *Curia regalis* in Curia, 4. *Curia regalis* pro Palatio in vet. scheda ap. Guden. in Cod. Dipl. tom. 1. pag. 607 : *Regalis Curia Ingelnheim a rege Wilhelmo viriliter expugnata est.*]

Curia, nude pro Papali, vulgo, *la Cour de Rome.* Gesta Abbatum S. Germani Autissiodor. cap. 15 : *Pro qua postulatione... missus fuit ad Curiam : sed Papa postulationem hujusmodi non admittens, etc.* Rythmi antiqui de origine Monasterii Pratensis in Flandria :

Bis perrexit ad Curiam formam nequiens habere,
Paucam habebat monetam, nihil poterat præbere.
Et qui nihil potest dare, non est opus in Curia.
Bonum facit variare plures atque pecunia.

Adde Joannem Sarisber. lib. 5. Policrat. cap. 6. Michaëlem Scotum lib. 4. Mensæ Philosophicæ cap. 30. et alios passim. Carmen de Curia Romana :

Versibus eloquere, quis sit status Urbis avitæ
Detur materiæ Curia nostra tuæ.

Infra :

Plurimus impugnat Romam detractor, et ipsa
Curia multorum morsibus alma patet.

Passim in hoc poemate.

* Charta ann. 1113. tom. 1. Hist. Cassin. pag. 282. col. 1 : *Cum diu inter nos diversis temporibus in conspectu Romanæ Curiæ hæc causa sæpius ventilata foret, etc.* Ubi hæc notat Gattola : Quæ verba in Petri Diaconi etiam textu leguntur; ex quibus constat ante sæculum Christi XII. *Curiæ Romanæ* nomenclaturam usurpatam, contra ac censuit eruditus Baluzius, qui Præfat. ad. tom. 5. Miscell. primum nomen illud usurpatum ait a Geroho præposito Reicherspergensi in Exposit. ad Psal. 64. sive in Libro de Corrupto Ecclesiæ statu, quem inscripsit Eugenio III. Rom. Pontifici, et a Petro Vener. abb. Cluniac. lib. 2. de Mirac. cap. 23.

8. **CURIA.** *Curiæ* præterea dicti illi solennes Regum Conventus, quos in præcipuis anni festivitatibus celebrabant, advocatis omnibus Regni Magnatibus et Prælatis : iisque *Curiarum* nomen inditum, quod ut plurimum majoris momenti negotia in ipsis disceptarentur, et lites ac controversiæ Magnatum dirimerentur.

* Charta commun. Belvac. ann. 1182. tom. 7. Ordinat. reg. Franc. pag. 623. art. 8 : *Præterea, si episcopus Belvacensis ad tres Curias nostras et ad exercitus ire voluerit, tres equos tantum ad unamquamque Curiam accipiet.*

Curiæ Solennes appellantur apud Hariulphum lib. 4. cap. 6. Petrum de Vineis libro 3. Epist. 1. 21. Thwroczium part. 1. cap. 15. 17. in Charta anno 1129. apud Duchesnium in Histor. Drocensi pag. 221. etc,

Curiæ Generales, apud eumdem Petrum de Vineis lib. 3. Epist. 5. 77. in Chronico Longipontis pag. 8. in Hist. Cortusior. lib. 6. cap. 2. etc.

Curiæ Augustales, in Vita S. Ermenoldi Abbatis lib. 1. cap. 3. n. 3.

Curiæ Publicæ, in Diplomate Friderici II. Imp. ann. 1220. apud W. Hedam in Episcop. Traject.

Curia Paschalis, quæ in festo Paschatis tenebatur, apud S. Anselmum lib. 2. Epist. 26. [*Curia Paschæ*, in plerisque diplomatis.]

¶ Curia Epiphaniæ similem ob rationem dicitur in Charta Philippi I. Milidunensi cœnobio concessa, cujus meminit Mabill. lib. 2. de Re Diplom. num. 28. ubi etiam observat iisdem majoribus festivitatibus, alios etiam Principes Curiam suam habuisse et Diplomata condidisse, ut probat exemplo Balduini Comitis Flandriæ, qui Bergis diploma dedit *in sollemni Curia Pentecostes* ann. 1067. Vide lib. 3. cap. 1. n. 8.

** Imperatorum German. *Curiæ generales, imperiales, paschales, plenæ, publicæ, regales, solempnes, solempniter celebratæ, indictæ, et universales*, memorantur in eorum legibus ap. Pertz. tom. 2. ubi videndus index. *Curia celebris* in eod. tom. 2. Leg. pag. 95. in charta ann. 1153.

Curiæ istæ indicebantur, et *banno* seu edicto publico magnates, prælati, et urbium ac civitatum nuncii totius regni ad eas submonebantur. Hinc *Curia indicta*, quæ *Corte bandita*, Scriptoribus Italis dicitur. Fridericus II. Imp. apud Petrum de Vineis lib. 3. Epist. 1 : *Apud Parmam solennem Curiam duximus indicendam, ad quam ab Urbe citrà omnes urbium Italiæ nuncios invitamus.* Epist. 5 : *Indicta etiam Moguntina Curia generali, etc.* Adde Ep. 76. et Arnoldum Lubec. lib. 3. cap. 9.

In his porro Curiis quid potissimum ageretur, multis prosequitur Richardus de S. Germano in Chronico ann. 1233. ut et Anonymus de Gestis Friderici II. Imp. pag. 852. ubi earum magnificentiam describit; de qua adjungam, quæ habet Ditmarus lib. 4. pag. 36 : *Celebrata proxima Paschalis solennitas in Quidilingeburg a Rege* (Henrico Imp.) *ubi quatuor ministrabant Duces, Henricus ad mensam, Conradus ad Cameram, Hecil ad Cellarium, Bernhardus equis præfuit.* Albertus Argentin. ann. 1356 : *Eodem anno venit Carolus Imperator ad civitatem Metensem in Adventu Domini celebrans ibidem Natalem Domini : fueruntque ibi Electores et Officiales seu Ministrales Imperii, quorum quilibet ministrabat Imperatori sedenti in mensa, in officio seu ministerio suo proprio. Quilibet autem veniebat super equo usque ad mensam. Descendentes vero de equo coram mensa, histrionibus et mimis dabatur equus, et aliæ plures solennitates fiebant ibi, etc.*

Interdum ob angustias civitatum seligebantur ad ejusmodi solennes Curias amplæ planities, in quibus et tentoria, et ædes, et Palatia ex lignis tumultuario opere erigebantur, ut in illa Curia solenni, quam ad Moguntiam tenuit Fridericus I. ann. 1182. apud Arnoldum Lubec. loco proxime laudato, ubi multa perinde habet de harum Curiarum magnificentia, in qua *officium Dapiferi seu Pincernæ, Camerarii seu Marschalci, non nisi Reges, vel Duces, aut Marchiones administrabant.*

Reges ac Principes in hisce occasionibus coronati procedebant, et sacris Liturgiis intererant, et conviviis publicis, *in tribus solennitatibus*, ut est apud Gillebertum Lunicensem Episcop. de Usu Ecclesiastico sub finem, cujus moris passim exstant exempla apud Scriptores : in Gestis Dagoberti Regis cap. 51. in Annalib. Francor. Metensib. ann. 837. apud Wittikindum lib. 2. pag. 32. Wipponem ann. 1039. Conradum Uspergens. pag. 305. Edit. 1540. Godefridum Monach. S. Pantaleon. ann. 1231. 1235. Rogerum Hoveden. pag. 491. Will. Neubrigensem lib. 4. cap. 42. Hermannum Monach. lib. 3. de Miracul. S. Mariæ Laudun. cap. 22. Ordericum Vitalem lib. 4. pag. 515. 516. 669. 699. Ivonem Carnotens. Epist. 66. Continuatorem Florentii Wigorn. ann. 1126. Turpinum cap. 20. Albertum Aqu. lib. 12. cap. 7. Gaufridum Monemuthensem lib. 5. cap. 5. lib. 7. cap. 4. Sugerium in Ludovico VI. pag. 318. in Legibus Alfonsinis part. 2. tit. 5. lege 5. apud Ægidium de Roya anno 1313. in Chron. Fland. cap. 52. apud Prynneum in Libertatib. Angl. tom. 1. pag. 1248. et alios a nobis laudatos Scriptores in Dissertat. 5. ad Joinvillam, et in Descript. ædis Sophianæ num. 43.

Corona vero eorum capitibus imponebatur inter sacræ Liturgiæ solennia ab Archiepiscopis vel Episcopis, ut observare est ex iis, quæ habent S. Anselmus ad Ernulphum Priorem lib. 3. Epist. 90. Eadmerus lib. 4. Hist. Novor. pag. 105. Ivo Carnotensis Epist. 66. 67. 84. Joan. Sarisberiensis Epist. 34. Baldricus lib. 3. Hist. Camerac. cap. 55. Bromptonus ann. 1125. pag. 1016. Will. Neubrigens. lib. 1. cap. 18. etc. Hinc solennes isti Regum Conventus

Curiæ Coronatæ appellantur in Charta Ludovici VI. Regis Franc. ann. 1128. pro Communia Laudunensi; *Dies Coronæ Regis*, apud Eadmerum lib. 4. et Hugonem de Cleeriis de Senescallia Franciæ; denique *Coronamentum* nude apud eumdem Hugonem.

Descripta legitur Charta S. Ludovici Regis anno 1260. in Tabul. S. Dionysii, qua duas coronas aureas cum lapidibus pretiosis, quæ a Rege Philippo avo pro coronandis Regibus et Reginis Franciæ, olim factæ, in Thesauris Regiis servabantur, et unam coronulam auream cum lapidibus pretiosis, quam consueverat Rex die coronationis suæ in prandio deportare, Abbati et Conventui S. Dionysii custodiendas, et in Thesauro Ecclesiæ deponendas statuit, ut de ipso Thesauro cum aliis indumentis et ornamentis regalibus pro coronandis Regibus et Reginis Franciæ assumantur, etc. Exstat alia in hanc rem Matthæi Abbatis S. Dionysii m. Octobr. ejusdem anni quæ quidem Chartæ de Coronationibus Regum in præcipuis festivitatibus accipiendæ sunt.

Curiam Tenere, seu solennem Conventum celebrare, apud Turpinum de Carolo Magno cap. 20. Petrum de Vineis lib. 3. Epist. 77. in Addit. ad Willelm. Gemeticensem pag. 327. etc.

Curiæ Generales Aragonum, de Foro, celebrantur de biennio in biennium. Has Rex in quocunque loco regni ad arbitrium convocat: cui soli intersunt, qui revera Baroniam habent. His præest Justitia Aragonum, etc. Vide Michaëlem *del Molino* in Repertorio Fororum Aragon. pag. 79.

Curia Gallorum, [Celebrior Gallorum conventus in campo Roncaliæ super Padum celebrari solitus.] Vide *Roncalia* [post *Runcalis*.]

Curia Jesu Christi, vel Dei. Godefridus Monachus S. Pantaleon. ann. 1188: *Lætare Hierusalem, Curia celeberrima apud Moguntiacum celebratura totius Teutonici regni Capitaneis, tam de Clero, quam de ordine Laicali, præsente Henrico Cardinale, quæ a Serenissimo Imperatore et filio ejus Rege Curia Jesu Christi ante fuit intitulata.* Quod nempe indicta esset ad decernendam *Cruciatam* contra Saracenos. *Curiam Dei* dictam scribit Silvester Giraldus lib. 2. de Expugn. Hibern. cap. 26. [*Curia Dei* alia notione ac forte pro Valetudinario publico, Gall. *Hôtel Dieu* sumitur in Computo generali reddituum regni Galliæ ann. 1202. quem D. *Brussel* exhibet ad calcem tomi 2. de Usu feudorum pag. cxl: *Moniales de hospitio* xx *l. Curia Dei* x. *l. Cantolium* lx. *l.*]

Curia Plenaria. Hugo Flaviniacensis in Chronic. pag. 242: *Eodem anno Aymo reddidit* 3. *solidos censuales... de terris in circuitu castri ad jus Ecclesiæ Flaviniacensis pertinentibus in festivitate S. Petri, in plenaria Curia, quos retinuerat pluribus annis, etc.* Charta Willelmi Nothi Regis Angl. in Monastico Anglic. tom. 1. pag. 44: *Et ut Curiam suam plenariam et Wrech in terra sua habeant, concedo.* Charta Henrici II. Reg. Angl. tom. 2. pag. 281: *Et Curiam suam plenariam, præterquam de furtis et de propriis hominibus ipsius Comitis, etc.* Charta Petri Comitis Bigorræ in Regesto Bigorræ fol. 13: *Curia namque ibi erat magna et plenaria.* In Tabulario Vindocinensi fol. 250. extat Judicatum, *plenaria Curia vidente.* Chron. MS. Bertrandi *du Guesclin*:

> Et toute sa vaisselle face amener droit là,
> Pour ce que Cour plainiere, ce dit, tenir voudra.

Curiam autem *plenam* et *plenariam* proprie vocabant, quæ constabat pluribus *Paribus*, seu vassallis judicibus. Id potissimum discimus ex Consuetudine Belloquercensi art. 5: *Le Seigneur de fief, qui a un homme de fief, que l'on dit communement de Court, ou plusieurs hommes de fief, que l'on dit pleine Court, il a Justice de Vicomte: et s'il n'a qu'un homme de fief, il peut emprunter hommes pour faire ses Jugemens.*

Magna Curia, a Friderico II. Imp. instituta, cui præsidebat Magister Justitiarius, qui in Curia cum Imperatore commorabatur, et cum 4. assessoribus judicibus de crimine læsæ majestatis, de feudis, de appellationibus ordinariorum, seu delegatorum interjectis, de causis Curialium, seu eorum, qui Curiam sectabantur, etc. cognoscebat. Vide Constit. Sicul. lib. 1. tit. 37.

¶ Curia Magna Dalphinalis dicebatur illa, cui præsidebant Magistri Rationales, ut patet ex Litteris Humberti Dalphini ann. 1334. directis Judici Graisivodani, Hist. Dalphin. tom. 2. pag. 265: *Præcipimus dilectis nostris fidelibus Magistris magnæ nostræ Curiæ Rationalibus, ut, etc.*

¶ 9. **CURIA**, Conventus, cœtus publicus ad ludos, choreas etc. Statuta Eccl. Argentin. ann. 1435. inter Anecd. Marten. tom. 4. col. 550: *Choreas quoque omnibus Dominabus quorumvis Monasteriorum nostræ Diœcesis et specialiter in publico, scilicet in stupis virorum, quæ dicuntur* Trinkastuben, *et in Curiis et solemnitatibus quæ fiunt pro hastitudiis* (hastiludiis) *vel sponsalibus, districte inhibemus.* Parisius de Cereta in Chronico Veronensi ad ann. 1242: *Eo anno Dominus Henricus de Egna tunc existens Potestas Veronæ fecit magnam Curiam militum et dominarum cujuscumque conditionis in palatio communis Veronæ, et in foro seu mercato Veronæ milites bagordaverunt, et tunc dominæ ballaverunt in ponticellis factis extra palatium communis Veronæ.* Rolandinus lib. 2. Chronici cap. 14: *Erat nempe constituta Curia quædam causa solatii Venetiis, ubi fuit Azo Marchio pater Marchionis istius, et alii de Marchia nobiles et potentes, quam Curiam pater meus honorare desiderans, secum habuit* xi. *Milites et ipse exstitit duodenus, quorum omnia similia fuerunt vestimenta, etc.*

¶ 10. **CURIA**, Capitulum ubi Monachi solent congregari. Vita S. Ansegisi Abbat. Fontanell. inter Acta SS. Benedict. sæc. 4. part. 1. pag. 635: *Jussit præterea aliam condere domum juxta absidam basilicæ S. Petri ad plagam septentrionalem, quam Conventus, sive Curiæ, quæ Græce Beleuterion dicitur, appellari placuit; propter quod consilium in ea de qualibet re perquirentes convenire Fratres soliti sint.*

* 11. **CURIA**, Præstationis species ad *curiam* domini, vel *Curiæ* titulo exsoluta. Charta Bald. episc. Noviom. ann. 1152. inter Probat. tom. 1. Annal. Præmonstr. col. 70: *Pertinent etiam ad eosdem reditus tres Curiæ in Natali Domini, scilicet sex panes cum totidem gallinaciis, et sex sextarii vini.* Pactum inter episc. Apam. et comit. Fux. ann. 1297. ex Tabul. Fuxens.: *Quod omnes incursus et bona vacantia rerum mobilium et immobilium..... sint communes inter dom. episcopum....... et dom. comitem...... Leudæ et Curiæ sint communes inter eos.* Quo ultimo loco *Curia*, idem forte est quod supra *Curaria*. [** Chart. Otton. I. Imperat. ann. 943. ap. Seibertz. Ducat. Westphal. Docum. tom. 1. pag. 8: *Mansum ... in proprium donavimus, simul tributum cchurie* (sic) *in villa quæ vocatur Latterveld ... excepta mansa, quam habet Wighardus comes in villa Latterveld.*]

* 12. **CURIA**, Acies, militum turma, Gall. *Corps de troupes.* Chron. Bohem. apud Ludewig. tom. 11. Reliq. Mss. pag. 303: *Totam in adjutorio Altissimi spem ponentes, nostros adjutores et commilitones primitus exhortati, plurimas adversariorum Curias, data nobis de cœlo fiducia, irruimus confidenter.*

¶ **CURIACA**, Lorica, thorax, Gall. *Cuirasse*, Ital. *Corazza.* Informationes Civitatis Massil. pro passagio transmarino, e MS. Sangerman.: *Secuntur arma necessaria pro galeis, videlicet centum viginti Curiace pro galea; item centum viginti servellerie, etc.*

* **CURIADA**, Prædiolum. Reg. 138. Chartoph. reg. ch. 287. ad ann. 1359: *Item quoddam viridarium cum suo pacuo, contiguum ad Curiadam de Vatateta in civitate Narbonensi.* Vide *Curiaria.*

1. **CURIALES**, *iidem et Decuriones*, ait Isidorus lib. 10. cap. 4: *Et dicti Curiales, quia civilia munera procurant.* Senator lib. 9. Epist. 2: *Curiales quibus a provida gubernatione nomen est.* Gloss. Græc. Lat.: Βουλευτής, *Decurio, Curialis.* Πολιτικοὶ δικαςαὶ, in Novellis Justiniani. Salvianus lib. 3: *Quanquam non solum injuria contemnamus Deum, qua contemni a servis suis Curiales solent.* Infra: *Quid aliud est Curialium, quam iniquitas?* Idem lib. 5: *Quæ*

enim sunt non modo urbes, sed etiam municipia atque vici, ut non quot Curiales fuerint, tot tyranni sint? Vide *Curia*, 4. Maxime vero

Curiales dicuntur, qui *Curialium* oneribus et præstationibus obnoxii sunt et adscripti, apud Jurisconsultos. Vide Edictum Theoderici cap. 27. 52. 69. 113. 126. et Legem Wisigoth. lib. 5. tit. 4. § 19. Πραγματευόμενοι, in Concilio Calchedon. Act. 13 : Ἐποίησαν αὐτὴν τὴν πόλιν, καὶ λαβὼν ἀπὸ Νικαίας πραγματευομένους κατέστησεν ἐκεῖ. Ubi Interpres *Curiales* vertit.

Curiales dicuntur etiam *Homines Curiæ*, *Hommes de Cour*, in Consuetudine Belloquercensi. Charta anni 1275. in Tabulario S. Flori Arvern. : *Si vero aliquis de prædicta familia nostra... tale crimen committeret, per quod cognitum Curiam nostram debere decapitari vel puniri, judicatus hujusmodi per Curiales nostros traderetur Curialibus vestris ad ipsius judicati sententiam exequendam.* Statuta Philippi Pulcri Regis Franc. ann. 1302. art. 3. pro reformatione Regni : *Et volumus, quod in Parlamento et Curia per Curiales nostros tractentur.* Vide Ægid. Aureæ Vallis Monachum cap. 26. [Litteræ Petri Ducis Borbonii ann. 1345. confirmatæ Litteris Johannis Franc. Regis ann. 1356. tom. 3. Ordinat. pag. 159 : *Item, concedimus quod Bavilus seu alii Curiales dicti Castri* (S. Genesii) *et ejus mandamenti, non possint nec debeant procedere contra aliquam personam dicti mandamenti ad inquestam, nisi prius facta de crimine legitima informatione.* Ubi *Curiales* sunt *Ballivi* Consiliarii seu Assessores. Enumeratio jurium Comitis Biterr. in Civitate Albiensi ann. 1252 : *Cum dictus Episcopus et cives Albienses nuper citati fuerint ad parendum juri in curia vestra, idem Episcopus confœderavit se juramento interposito cum quibusdam civibus Albiensibus, qui detinent possessiones et bona faiditorum et de hæresi condemnatorum et alia jura ad dictum Regem pertinentia, ut omnes insimul se deffenderent contra Curiales domini Regis, qui peterent præmissa ab ipsis.*] Vide *Curialis*, 3.

Curiali Jure feudum possidere dicitur, qui illud possidet sine homagio, ut Ministeriales. Vide Jus feudale Saxonum cap. 32. § 2. et *Jus Curiæ* supra in *Curia*, 4.

2. **CURIALES**, Palatini, Magnates, Regum Officiales, et cæteri, qui Principum Curias sectantur, vulgo *Courtisans*. Glossar. Latin. Gall. : *Aulicus, Curiaux.* Sueno de Legib. Curialib. Danicis cap. 5 : *Priscorum autem Curialium, qui et nunc Militari censentur nomine, hæc vigebat consuetudo, etc.* Petrus Damiani lib. 2. Epist. 3 : *Sicut ii, qui Ecclesiæ militando promoti sunt, vocantur ex more Pontifices; ita qui famulando Principibus fiunt, dicuntur a Curia Curiales.* Will. Tyrius lib. 20. cap. 25 : *Ibi vero occurrentibus ei magnis sacri Palatii Principibus, cum maximo Curialium numero.* Lib. 22. cap. 4 : *Si famulorum et Curialium numerositatem scripto comprehendere tentemus.* Charta Simonis Comitis Leicestriæ ann. 1211. qua donat Raimundo de Cadurco castrum *de Tornes, consilio Procerum et Curialium suorum.* Alia ann. 1126 : *Actum est hoc sub præsentia strenui Comitis Theobaldi et ejus Curialium apud Vitriacum.* Libertates, concessæ Villæ Montisbrusonis a Guigone Comite Forensi ann. 1223. MSS. : *Si aliquis de Curialibus, vel de familia Comitis verberaverit aliquem de villa, etc.* Vide Joannem VIII. PP. Epist. 199. Constit. Sicul. lib. 1. tit. 9. tit. 37. tit. 29. § 2. etc.

Magnus Curialis, Dignitas in civitatibus. *Grand Curial de Baugé, d'Yenne*, apud Guichenonum in Probat. Hist. Bressensis pag. 51. 59.

☞ Recensendum non est inter dignitates civitatum Magni Curialis officium. Curialis Balgiaci *Magnus* dictus est, quod esset Scriba Judicis Balgiaci, majorque Castellanorum Curialibus, qui et ipsi inter Dignitates urbium in Bressia non debent annumerari. In usibus aut actu Notorietatis stagnorum Bressiæ, apud eumdem Guichenonum in Probat. pag. 170. et apud Revellum pag. 265. Curialem et Scribam unum eumdemque fuisse aperte claret : *Testes coram nobis Petro Castellani Castellano de Villariis et manibus mei Curialis subsignati de et super prædicta consuetudine interrogati... ann.* 1502. De iis Curialibus eorumque muniis fusius agunt Revellus pag. 261. et Colletus pag. 174. et seqq.

3. **CURIALIS.** Bulla Benedicti VIII. PP. Ind. 1. apud Ughellum in Episc. Portuensib. : *Concedimus vobis et vestris successoribus in perpetuum de civitate Portuense duos piscatores, et duos Curiales, quales vos eligere volueritis de ipsis hominibus, qui ibidem fuerint.* Et infra : *Ipsi namque duo piscatores et duo Curiales ulterius nullam dationem aut servitium facient.* Charta Libertatum villæ S. Germani in Foresio ann. 1247 : *Quod si aliquis de Curialibus vel de familia nostra verberaverit aliquem de villa,... nisi Curialis faceret illud causa correctionis, etc.* Ubi *Curiales* iidem videntur, quos *Hospites* et *Mansionarios* vocabant : *Curiæ* et præstationibus ac muniis *Curialibus* obnoxii.

* Apparitor, accensus, idem qui *serviens*, Gall. *Sergent*. Lit. ann. 1340. tom. 3. Ordinat. reg. Franc. pag. 605 : *Per arrestum ipsius curiæ dictum fuit, quod dicti religiosi...... de punitione suorum Curialium immediate sub ressorto dicti senescalli remanerent.* Inventar. Ms. ann. 1366 : *Item quoddam instrumentum super certis responsionibus per rectorem dicti comitatus de Curialibus seu servitoribus curiæ dicti rectoris conquerentibus factum.*

** Curiale Colloquium Germ. *Hofsprache*, Conventus ad *curiam* sive principis ita ut sit procerum, sive domini ita ut sit ministerialium. Charta Rudhardi Archiep. Mogunt. ann. 1090, in Gudeni Cod. Diplom. pag. 29 : *Ut nunquam cogatur abbas in expedicionem ire, vel curiam frequentare aut ad Colloquium Curiale ex justitia venire.* Vide Haltaus. Gloss. Germ. German. col. 641.

** Curialitas. Officium quod *Curiæ* debetur, *Jus Curiæ*. Charta ann. 1327. ap. Guden. tom. 4. Cod. Dipl. pag. 1041.

4. **CURIALIS.** Joann. de Janua : *Comis, suavis, Curialis*, [Gall. *Courtois*.] Henricus Huntindonensis de Contemptu mundi cap. 1 : *Guillebertus versibus et prosa et habitu Curialissimus.* [** *Curialissimum servitium*, in Chart. ann. 1434. ap. Haltaus. in Glossar. col. 1737.]

* Gualter. Hemingford. de Gestis Eduardi III. reg. Angl. ad ann. 1339. pag. 311 : *Mittitur ergo ad regem Franciæ, qui et diceret, quod Curiales et probos se non ostenderent, etc.* Specul. dominar. part. 2. cap. 21 : *Tertio studeat honorem Curialem ex urbanitate proximis impendere : nam sicut ab omnibus honorem recipit, ita decet eam omnibus, secundum exigentiam statuum et merita personarum, honorem Curialiter exhibere; decet enim eam esse totius Curialitatis exemplar. Modo Curialiori, quo posset fieri, postulaverat*, in Arest. parlam. Paris. ann. 1394. ex Cod. reg. 9852. 3. 3. fol. 90. v°.

Curialitas. Joan. de Janua : *Comitas, Curialitas, vel suavitas.* Alibi : *Facetia, Curialitas.* [** Donat. provincial. pag. 170 : *Curialitas, Cortesia.*] Gallis *Courtoisie*. Philippus de Pergamo in Catone moralizato : *Curialitas est quasi idem quod nobilitas morum.* Mox : *Sicut virtus legalis, quæ est justitia, est omnis virtus ex eo, quod facit actum omnis virtutis : sic Curialitas, quæ dicitur a Curia, est magna domus Nobilium, quantum ad mores, etc.* Deinde : *Ille, qui Curialis est, liberalis est, quia prompte tribuit : et est magnificus, quia magnos sumptus facit in magnis operibus, et est temperatus.... affabilis, etc.* Metellus in Quirinalibus :

> Ut convivarum primo summoque suorum,
> Et Curialitate se vivere mandat adhuc.

Nangius in S. Ludovico pag. 365 : *Eos adtrahebat ad pacem et benevolentiam suis Curialitatibus et auxiliis opportunis.* Rodericus Toletan. lib. 5. de Reb. Hispan. cap. 2 : *Quos Curialitate, affabilitate et bonis moribus sic instruxit, etc.* Idem libr. 7. cap. 25. Hist. Cortusiorum lib. 7. cap. 4 : *Tantæ Curialitatis et largitatis, ut vix sibi equum et tunicam retineret.* [** Beka in Chronic. Hollandiæ pag. 77. de Elect. Wilhelm. Imperat. : *Oportet unumquemque militare volentem esse .... Magnanimum in adversitate, Ingenuum in consanguinitate, Largifluum in honestate, Egregium in Curialitate et Strenuum in virili probitate.*] [Charta anni 1209. ex Archivo Monasterii B. M. de Bono Nuntio Rotomag. : *Monachi de Curialitate sua michi dederunt quinque libras Andegav.* Charta anni 1303. apud Stephanotium tom. 3. Antiq. Pictav. MSS. pag. 935 : *Concessit... Heliæ Guidonis... pro Curialitatibus et multimodis gratiis, etc.* Regest. Pa lamenti ann. 1456. apud Baluz. tom. 2. Hist. Arvern. pag. 433 : *In recompensationem plurium Curialitatum et servitiorum, etc.*] Charta vernacula ann. 1399. in Hist. Vergiacensi lib. 5. cap. 4 : *Les longs et agreables services et Curialitez qu'elle m'a fait au tems passé.* Vide Guichenonum in Episcopis Bellicensib. pag. 44. 79. Hemeræum in August. Viromand. pag. 202. [Acherium Spicil. tom. 6. pag. 664. Acta SS. Martii tom. 2. pag. 123. Maii tom. 7. pag. 831. 832. et 836. etc. Murator. tom. 12. col. 690.]

* Nostris *Curialité*. Lit. Guil. *de Chalon* comit. Autiss. an. 1298. in Lib. rub. Cam. Comput. Paris. fol. 96. v°. col. 1 : *En recompensation des granz Curialitez et des*

granz services que ledit Estienne nous a fais u temps passé, etc.

Curialitas Angliæ et Scotiæ. Ea olim, nescio an et hodie, inoleverat in Anglia Lex, qua, qui uxorem duxerat feodo simplici vel talliato saisitam, illa extincta, si liberi, qui ex eorum matrimonio nati fuerant, seu mas, seu femina, vel stante matrimonio, vel post uxoris mortem obiissent, feodo illo frueretur ad vitam. Quæ quidem Lex *Curialitas Angliæ* ideo dicta, quod in eo tantummodo regno locum haberet, inquit Littleton sect. 35. cujus lemma concipitur : *Curtesie d'Angleterre.* Monasticum Anglic. tom. 2. pag. 645 : *Lequel Sire Jean* (*le Spenser*) *engendra sur ly un fis, ou une fille, que mourust, issi ke après la mort Jeanne, Sire Jean le Despenser tint le maner du Chastel per la Curtaysie de Engleterre.* [Vide Nomolexicon Thomæ *Blount* in *Curtesie of England.*]

Neque tamen in Anglia duntaxat locum habuit *Curialis* seu officiosa Lex illa, sed et in Scotia; atque adeo in burgagiis. Leges Burgorum Scoticorum cap. 44. cujus lemma est *De Curialitate Scotiæ in burgo : Si aliquis capiat burgagium cum aliqua in liberum maritagium, et cum ea genuerit masculum vel feminam, et casu contingente moriatur uxor viri illius, et post mortem, si filius vel filia vivat, vel moriatur, vir illo burgagio omnibus diebus suis vitæ gaudebit, etc.* Vide *Tenens*, et *Viduitas* : præterea Skenæum de Verbor. significat. in verbo *Curialitas.*

Curialiter, Comiter, humaniter, *Courtoisement ;* more *Curialium, à la maniere des Courtisans.* Auctor de Disciplina Scholarium cap. 4 : *Quæsivit, cujas esset ? secumque me adduxit, Curialiter consolans, etc.* Adde cap. 5. Fulbertus Carnotens. Epist. 21 : *Qui noster neque Monachus sit, neque Clericus, et plures habeat testes Curialiter agitandi*, (f. *agendi*) *quam monastice vivendi.* Nangius in S. Ludovico pag. 356. *Et omnia necessaria... abundanter et Curialiter ministrari fecit.* Occurrit non semel in Hist. Cortusiorum, lib. 4. cap. 10. lib. 6. cap. 7. lib. 7. cap. 19. etc. Huic voci opponitur alia

Incurialiter, in Concilio Avenionensi anno 1326. can. 4 : *Manus temerarias ad capiendum Clericos aliasque personas Ecclesiasticas Incurialiter.... extendere non verentur.* Ubi vir doctus ad marginem, f. *inciviliter :* sed perperam.

* Curialiter, Cum cura, diligenter. Charta ann. 1282. ex Bibl. reg. : *Dicti archiepiscopus* (Remensis) *et prælati ipsa privilegium et litteras pacienter et Curialiter audierunt.*

5. **CURIALIS.** Charta Aldegastri, filii Sylonis Regis Ovetensis, ann. 781 : *Quatuor tapetes, et tres vasos Salomoniegos, et duodecim Curiales argenteas, et unum* (*aquimanile*) *argenteum.* Ubi Sandovallius editor vertit, *doze eucharas de plata, y un aguamanil de plata.* Proinde *aquimanile* deest in Latino. Est autem *Euchara*, Hisp. *Cochleare*, nostris *Cueilliere.*

* Leg. videtur *Culiaris ;* et emendandum apud Sandovallium *Cucharas*, pro *Eucharas :* Hispanis enim non *Euchara*, sed *Cuchar* vel *Cuchara*, cochlear, nostris *Cuillier.* Vide supra *Culherius.*

CURIARIA, Prædium, *Curia*, Curtis. Charta Baresoni Reg. Sardiniæ ann. 1164. apud Ughellum tom. 4. pag. 1203 : *Dabo etiam operi S. Laurentii duas Curiarias, quas consules Januæ prælegerint in tota Sardinia, ex quarum reditibus ipsa Ecclesia perficiatur.*

¶ **CURIARIUS.** Charta Hugonis Abb. Corbiensis ann. 1177. ex Tabulario ejusdem Monasterii : *Ipse Everardus sive ejus in Curiariis, id est, Curiam S. Petri inhabitantibus, sive in hospitibus in terra de dote altaris manentibus, sive in culturis, sive in cambariis nullum dominii jus possidebit.*

CURIATIO, Curia, seu Comitatus, vel etiam *Curia solennis.* Concilium Budense ann. 1279. cap. 2. de vestib. Prælatorum : *Cum ad exercitus, seu Curiationes, aut expeditiones ex certis et necessariis causis eos contigerit proficisci.*

CURIA-TOGA, *id est, advocatio juridica.* Papias.

¶ **CURIATUS**, Curia, Senatus. Statuta Philippi Regis ann. 1303. in Codice MS. Consuet. Tolos. fol. 35 : *Item quod Notarii Curiatus Tholos. scribant acta bene et fideliter, etc.*

* **CURICIUS**, *Vetustus.* Glossar. vet. ex Cod. reg. 7613.

* **CURIFRUGIUM**, Ventilabrum, vannus quo fruges purgantur ; unde nomen. Glossar. Provinc. Lat. ex Cod. reg. 7657 : *Vanayre, Prov. Curifrugiator. Vann, Prov. vannus, Curifrugium.*

¶ **CURIFUGIUS**, Qui fugat curas, et tædia dispellit. Angelus Rumplerus lib. 3. Hist. Monast. Formbacensis apud Bernard. *Pez* tom. 1. Anecd. part. 3. col. 466 : *Scribit Perottus homo doctissimus de villa sua, quam Curifugiam nominavit... Ego illud castrum præfero, quod et Curifugium genere neutro appellavero.*

* **CURILIS**, f. pro Scurrilis. B. de Amoribus in Speculo sacerd. Ms. cap. 26. de peccato linguæ : *Non sis Curilis, nec rebellis, sive bilinguis.*

¶ 1. **CURIO**, *Sanguis*, in Glossis Isidori. Patet legendum *Cruor.*

* 2. **CURIO**, pro *Scurio* vel *Scuriolus*, Sciurus, Gall. *Ecureuil.* Pacta ann. 1193. inter Bonon. et Ferrar. apud Murator. tom. 2. Antiq. Ital. med. ævi col. 894 : *De agnellinis, de Curionibus, de lutriis, de martiris, de chartis, etc.* Vide *Squirelus.*

* **CURIOSE**, Comiter, placide, Gall. *Avec douceur.* Lit. remiss. ann. 1354. in Reg. 85. Chartoph. reg. ch. 263 : *Exi cito de festo et depone virgam tuam ; aliter te videbis iratum : qui quidem major eis respondit Curiose, quod erat solus et in armis et injuriabatur.*

* **CURIOSITAS**, Cura, diligentia. Lit. remiss. ann. 1416. in Reg. 169. Chartoph. reg. ch. 251 : *Qui Mondonus de dictis vulneribus sanandis seu aptandis modicam fecit diligentiam seu Curiositatem.*

¶ 1. **CURIOSUS**, *Facetus, dicax, urbanus.* Papias MS. Haud absimili prorsus ratione Gallice quandoque dicimus, *Curieux*, pro Concinno et eleganti.

2. **CURIOSUS**, Κουριωσσός, Palladio in Vita Chrysostomi pag. 15. Edit. Emerici Bigotii. Gloss. Basil. : Κουρίοσος, εἶδος ἀξιώματος. Sic autem appellabantur, qui delecti ex *Memorialibus*, atque etiam ex *Agentibus in rebus*, ab Imperatoribus, per singulas provincias, modo duo, modo singuli, annuum munus acturi mittebantur, qui et cursui publico invigilarent, ne videlicet citra evectionem quis eo uteretur, et omnia, quæ geri in Republica viderent, ad Principis notitiam deferrent. Unde recte Scaliger ad Manilii lib. 5. dixit, *Curiosos* idem munus obiisse, quod in Gallia *Contrarotulatores* dispositorum equorum, *les Controlleurs des Postes.* In Notitia Imperii occurrunt *Curiosi cursus publici præsentalis*, et *Curiosi per omnes Provincias*, sub dispositione Magistri Officiorum ; *Curiosi litorum*, in Novella Theod. et Valent. de Tribut. fiscal. Curiosorum fit etiam mentio apud Firmicum lib. 3. cap. 13. Tertullianum lib. de Fuga in persecut. Athanasium Apolog. 2. Suidam in Vita Chrysostomi, etc. qui cum multiplici nequitia et concussionibus infamarentur, sublati demum sunt a Juliano Imp. De his pluribus agit præterea titulus Codicis Theodos. de Curiosis, (6, 29.) et ibi Jacobus Gothofredus.

Curiosi apud Ordericum Vitalem lib. 8. pag. 704. videntur iidem, qui *Curiales.*

Curiosi *et Correctores Fratrum Ordinis Grandimontis*, in Aresto Parlam. Paris. 15. Jan. 1322. [Antiqua Statuta ejusdem Ordinis in Anecd. Marten. tom. 4. col. 1232. n. 15 : *Ad portam eat ille quem Corrector et Curiosus huic officio deputandum decreverit pro communi utilitate et pace.* Literæ Simonis Archiep. Bituric. ann. 1223. pro iisd. Grandimontensibus, Anecd. Marten. tom. 1. col. 910 : *Duobus singularum domorum ministerio deputandis, uno videlicet Clerico, alioque Converso ; quorum alter, Conversus scilicet Curiosi, Clericus vero Correctoris officium gereret, secundum quod etiam nunc observatur in Ordine supradicto.* Corrector spiritualium curam gerebat, Curiosus temporalium.]

* 3. **CURIOSUS**, Elegans, exquisitus, qua notione *Curieux* usurpamus. Testam. Joan. Fabri Carnot. episc. ann. 1390. inter Instr. tom. 8. Gall. Christ. col. 379 : *Vellemque, et ita de bonis meis ordino, tumbam corpori meo superponi simplicem, non Curiosam, quæ pretium l. francorum auri non excedat. Curieux*, Studiosus, diligens, in Lit. remiss. ann. 1374. ex Reg. 106. Chartoph. reg. ch. 378 : *Le suppliant Jery ledit enfant plus pour le doctriner et enseigner, afin que autrefoiz il feust plus soigneux et Curieux de icelles bestes garder.*

* **CURIS**, *Asta dicebatur lingua Sabinorum.* Glossar. vet. ex Cod. reg. 7613.

CURITA. Vide *Curatura.*

CURITIS, pro *Curtis.* Occurrit non semel in Diplomate Mathildis Comitissæ anno 1078. apud Fr. Mariam in Mathilde.

CURITZE, Modius, Slavorum lingua, apud Helmodum lib. 1. cap. 88.

* **CURLATA**, Quantum vehiculo parvo vehi potest, ut videtur, ab Ital. *Curro*, Gall. *Brouettée.* Stat. Perus. pag. 54 : *Et si somatam seu Curlatam uvarum ceperit, solvat pro banno solidos viginti pro qualibet vice de die, et de nocte duplicet bannum et emendet damnum.* Vide supra *Curellus* 1. et infra *Curricula.*

* **CURLUS**, Italis *Curlo* vel *Curro*, Pa-

langa vel verticillum. Chron. Placent. ad ann. 1376. apud Murator. tom. 16. Script. Ital. col. 527 : *Faciebant tributare districtuales et etiam cives et forenses, qui transibant per dictum episcopatum; et habebant Carlos in domibus eorum, et capiebant homines et ipsos tormentabant, et faciebant ipsis facere redemtionem.*

* **CURMARCHUS**, Qui limitibus regionis vel agrorum præfectus est, ut *Comarchus* in *Commarchia*. Charta ann. 1097. apud Ughell. tom. 1. Ital. sacr. edit. 1717. col. 924 : *Ut..... neque a nobis, neque a nostris hæredibus, stratigotis, judicibus, vicecomitatibus, Curmarchis, platearíis, vel ab aliquibus ministris nostræ reipublicæ, inde aliquod contrarium aut calumniam habeant.* Vide *Curiosus* 2. et *Curtimarchia.*

CURMEDIA, servitutis species in Germania, quæ ejusmodi erat, ut obeunte aliquo obnoxiæ conditionis, dominus jus haberet rem, quam vellet, in illius bonis, verbi gratia equum, vestem, annulum, etc. seligere, sibique asserere. [** Vide Grimm. Antiquit. Jur. Germ pag. 318. 364.] Quæ species est *laudimii*, seu *relevii*, Germanis *Chur muart* dicta, ut auctor est Rosentalius lib. de Feudis cap. 2. §39. cap. 6. § 131. Cæsarius lib. 4. Miracul. cap. 62 : *Cui cum Conversus responderet : Talis homo eum* (pullum equinum) *nobis legavit; ait Præpositus, utrum ex devotione, vel ex aliquo jure legavit eum? Respondit Conversus : Ex decessu illius emersit, nam uxor ejus, eo quod esset de familia nostra, jure Curmediæ illum obtulit.* Charta Caroli IV. Imp. ann. 1349. apud Willelm. Hedam pag. 360. 1. Edit. : *Super solutione census, ceræ, pecuniæ, vestium, equorum, pecorum, et jurium (vulgariter Cormede) aut aliarum quarumcumque rerum, quæ in vita vel post mortem cujuslibet hominis, conditionis hujusmodi* (servituti obnoxii) *Episcopis et Prælatis ac Ecclesiasticis personis hactenus dari consueverunt.* Huc etiam pertinet Diploma Henrici Imper. et Cunegundis pro Fundatione Monasterii S. Michaelis Bambergensis apud Bruschium de Monast. Germ. pag. 87. Hæc servitus, inquit Molanus lib. 3. de Canon cap. 36. multis in locis primum redempta fuit pecunia, deinde ex magna summa in parvam est derivata, et paulatim per negligentiam et rebellionem evanuit. Vide *Catallum melius.*

¶ Coremede, Corimede, Eadem notione. Diploma Abbatialis Ecclesiæ Bilisiensis ann. 1181. apud Joan. Mantelium Hist. Lossensis part. 2. pag. 2 : *Notum facimus tam futuris quam præsentibus, quod quædam mulier Margareta liberis orta natalibus, titulum suæ ingenuitatis in liberiore Dei redigens servitute, Ecclesiæ B. Amoris condidit, hocque conditionis tenore, quod tam ipsa quam omnes posteritatis suæ soboles, singulis annis ibidem ad altare prædicti patroni sui duos persolvent denarios; mulieres libere nubentes in orbitu suo* xii. *denarios pro Coremede darent; viri vero alienas ducentes* xii. *denarios ad licentiam solvent, totidemque in orbitu suo darent, nullumque advocatum habentes præter altare suum, nullis placitis nullisque exactionibus tenerentur obnoxii.* Ibidem pag. 3. in Diplomate anni 1040 : *Tota autem illa cognatio post mortem suam de capite suo, pro jure quod vulgo attulit, sive Corimede dicitur, tantum* xii. *denarios, et nihil amplius solvat.* Hinc, ni fallor, emendandus alter locus Tabularii S. Trudonis ibid. part. 1. pag. 81. laudatus : *Cæterum licet Abbati vel ab ipso constitutis, de quocumque negotio sine Advocato placitare, id est, placito sive judicio decernere... scilicet de terris, de domibus, de externis uxoribus, Coreniedis sive citermiædis et familiis;* melius enim *Coremedis*, quam *Coreniedis* legeretur.

* **CURMEDIALE**, idem quod *Curmedia*, Jus domini in bona vassalli defuncti. Charta ann. 1361. tom. 2. Hist. Trevir. Joan. Nic. ab *Hontheim* pag. 215. col. 2 : *Item omnia in.... demortuorum juribus seu Curmedialibus, casualibus, fortuitis et certis, maneant et sint nunc et in ævum pro portione domini abbatis.*

CURMEN, Κούρμι, Dioscoridi lib. 2. cap. 110. aliis *Furmen*, Potus quidam ex hordeo, similis zytho. Gloss. Lat. Græc. : *Curmen*, ζύθος ἀπὸ σίτου. Occurrit apud Ulpianum. Vide Hadrian. Junium lib. 2. Animadvers. cap. 12. Salmasium ad Inscriptionem Herodis pag. 51. et Camdenum in Agro Dorbiensi.

* **CUROCINIUM**. Charta ann. 1380. tom. 5. Cod diplom. Polon. pag. 80. col. 2 : *Ita quod nullus exercitus, equester sive pedester sive per Curocinium, proprie Stroderic, de terra Jagellonis et illorum de Ploczek ad terram nostram Livoniam et Curoniam debent transire, nec aliquod dampnum nostris prædictis terris debeant inferre.* An idem quod infra *Cursaria?* Vide ibi et *Cursorius* 3. Sed forsan legendum est *Tyrocinium;* qua voce designarentur milites, qui ad *tornamenta*, seu ludos equestres pergebant, vel recens conscripti. Vide in *Tyro.*

CUROPALATES. Vide supra in *Cura* 5.

CURRABIUS, Species navis. Laurentius Diaconus Veronensis de Bello Balearico lib. 1. pag. 899:

> Hoc variæ fiunt diverso robore naves,
> Gatti, Dromones, Carabi, celeresque Galeæ,
> Barcæ, Currabii, Liotres, grandesque Saginæ,
> Et plures aliæ variantes nomina naves.

Ubi f. leg. *Currarii* vel *Cursarii.* Vide in hac voce.

CURRALE, Curtis atrium. Fori Oscæ ann. 1247. fol. 5 : *Qui pignorat boves, bravos,* (branas) *equas, vacas, vel oves, et miserit eos in Currali, peytet pro calonia* 60. *sol. etc.*

¶ **CURRATERIUS**, apud Hofmannum, Idem qui supra *Corraterius.*

¶ **CURRATORIA**. Charta fundationis Turritani Monasterii in Sardinia ann. 1205 : *Prædictus judex dedit præfato Conventui Paules cum pertinentiis suis, in Curratoria de Romagna curiam de Save cum pertinentiis suis omnibus... et in Curratoria de Nolauro curiam de Olneto cum omnibus pertinentiis.* Sic lego pro *Incurratoria*, ut scribitur tom. 1. Anecd. Marten. col. 800. *Curratoriam* autem puto idem esse quod Parochiam ab Italico *Curato*, Parochus, Curatus.

CURRAX, in leg. 18. D. de Ædil. Edict. ut *Vigilax* eodem loco. [Gloss. Lat. Gr. *Currax*, δρόμαξ. Gratius Cynegetico v. 89 :

> Nam fuit et laqueis aliquis Curracibus usus

Ubi *Laquei Curraces* dicuntur qui facile currunt, currenteque nodo, Gall. *Nœud Coulant*, illaqueant et nectunt.]

* **CURRECTERIA**, *Curaterii* seu proxenetæ officium, Gall. *Courtage.* Lit. ann. 1360. pro Judæis tom. 3. Ordinat. reg. Franc. pag. 476. art. 9 : *Quod possint sua ministeria vel opera, Currecterias, artes speculativas, praticas atque mechanicas exercere et facere, prout alibi sunt consueti. Courrateries*, ibid. in versione Gallica. Vide supra *Curaterius* 2.

* **CURREIA**, Corrigia, Gall. *Courroie.* Comput. Ms. ann. 1239 : *Pro una longia et una Curreia, xxxj. solid. Courre*, Funis, rudens, in Lit. remiss. ann. 1364. ex Reg. 98. Chartoph. reg. ch. 257 : *Lequel Jehan brisast une Courre, à laquelle estoit estachié une nef.*

¶ **CURRELLUS**, Currus. Charta Consulum Avenion. ann. 1195. apud Fantonum tom. 2. Hist. pag. 83 : *Concessimus ut de singulis equitionibus duos denarios, de asino unum denar. de Currello quatuor denar. de singulis peditibus singulos obulos, etc.* Vide *Curellus* 1.

* **CURRENTIA**, Profluens aquarum cursus, Gall. *Courant.* Charta Ludov. VII. ann. 1160. in Chartul. Barbel. pag. 206 : *Duas carrucatas terræ arabilis, inter Rarreium et Currentiam de Mesnilio.*

1. **CURRERE** dicebantur, qui ob crimen aliquod per urbem traducebantur. Charta R. Abbatis Caroffensis ann. 1308. ex Regesto 2. Philippi Pulcri Regis Franc. num. 11. in Tabulario Regio : *Item adulter et adultera, si deprehensi fuerint in adulterio, si inde factus fuerit clamor, vel per homines fide dignos convicti fuerint, vel confessi in jure, quilibet in centum solidis pro justitia puniatur, vel nudi Currant per bastidum, et sit optio eorumdem... Item quicumque aliquid valens duos solidos vel infra de die vel de nocte furatus fuerit, Currat villam cum furto ad collum suspenso, et in quinque solidos pro justitia puniatur, et restituat furtum, cui furatus est, etc.* Vide *Trotare.*

* Ea pœna aliquem damnare. Curia 2. gener. Terracon. sub Jacobo I. rege : *Judæi vero accipiant pro centum solidis xx. solidos in anno, et non plures; et si plus acceperint, ... et si forte debitores querimoniam curiæ fecerint, Currant eos per villam flagitando* (l. flagellando), *et amittant penitus pensiones.*

* 2. **CURRERE**, In usu esse, Gall. *Avoir cours.* Reg. Cam. Comput. Paris. sign. JJ. rub. ann. 1273. fol. 9. r° : *Debent etiam quadraginta panes albos, de quibus qui plus Current per villam Burdegalensem.*

* 3. **CURRERE**, dicitur de porcis, qui glandes pascuntur in silva. Vide *Cursus* 11.

* **CURRERIA**, Excursus militaris, Gall. *Course.* Chron. Bergom. ad ann. 1403. apud Murator. tom. 16. Script. Ital. col. 944 : *Dominus Galeaz cum sua brigata et cum Johanne filio.... fecerunt unam Curreriam usque ad pontem portæ de Crema.* Vide supra *Corsa* et infra *Cursaria.*

1. **CURRERIUS**, Apparitor, *Sergeant.* Charta ann. 1258. apud Petrum Mariam Campum in Hist. Placentinæ Ecclesiæ, in Regesto 2. part. Ch. 98 : *Citatis dictis vicinis, et ipsis Templariis per parabolam Currerii Communis ostiatim, ad quos ista*

divisio pertinere videbatur. [Statuta Massil. lib. I. cap. 9. §. 3 : *Licet autem inter officiales curiarum intelligamus nuntios curiarum, excipimus tamen... Currerios palatii et curiarum.* Vide *Currerus.*]

¶ 2. **CURRERIUS**, Cursor, Tabellarius, Gallice *Courier*, Ital. *Corriere.* Caffarus Annal. Genuens. lib. I. ad ann. 1162 : *Consules vero ne galeæ a civitate recederent, donec literas diffidentiæ Pisas mitterent, præceperunt, et sine mora Currerium quemdam cum literis Pisanos diffidando Pisas miserunt.*

¶ **CURRERUS**, Apparitor. Laudes Papiæ apud Murator. tom. II. col. 26 : *Omnes homines collegium facient, quod Paraticum vocant, etiam usque ad Curreros Communis, quos Missos vel Servitores appellant.*

* **CURREUOL**, Vox vulgaris. Charta ann. 1038. ex magno Chartul. S. Vict. Massil. : *Nepotes mei et sororia*(habuerunt) *unum modium de frumento ad sextarium per Curreuol.* An qui in usu est, an nomen officii monastici?

¶ **CURRIBILIS** Moneta, Quæ *currit*, ut in Chartis non semel, sive quæ in usu est, Gall. *Qui a cours.* Capitul. General. MSS. S. Victoris Massil. : *Libras quindecim Turonenses argenti cum O rotundo boni et Curribilis.* Occurrit alibi non semel.

* **CURRICULA**, Vehiculum trusatile. Comput. Ms. fabr. S. Petri Insul. ann. 1494 : *Item pro reparatione duarum Curricularum, Gallice Brouettes, xv. sol.*

CURRICULO, *Celeriter.* Papias. [Utuntur Plautus et Terentius.]

¶ **CURRICULOSUS**, Curreus. Vita B. Idæ Comitissæ, tom. 2. April. pag. 145 : *Festivitates SS. Viduarum Curiculosa per anni tempora dum revolvimus.* Vide mox *Curriculum.*

1. **CURRICULUM**, Annus, *le Cours d'un an*, nostris : quomodo *anni*, et *annorum Curricula* non semel in Cod. Theod. [et in Præcepto Ludovici Imp. ann. 823. in Appendice Marcæ Hispan. col. 768.] Vetus Diploma profert *Diago* in Comitibus Barcinon. lib. 2. cap. 34. quod sic clauditur : *Actum est hoc annorum Dominicæ Incarnationis quater quinquagenis et quinquies, quinis lustris, et tribus Curriculis, mensibusque quinque peractis.* Ubi innuitur annus 1228. nam quater 50. conficiunt 200. rursum quinquies 200. conficiunt 1000. quinque lustra 25. tria curricula 3. annos. [** In prima Glossarii editione est 1028. Computo annum 1128. ita ut quater quinquagena lustra conficiant annos 1000. et quinquies quina annos 125.]

* Pro quovis temporis spatio, in Vita S. Columbæ tom. 5. Sept. pag. 624. col. 1 : *Maximum etiam in obsecrationibus stando expendens Curriculum, etc.*

2. **CURRICULUM**, Semita, via. Charta donationis Ecclesiæ Cornutianensis edita a Suaresio : *In pronao velum lineum... ante secretarium, vel Curricula, vel a linea rosulata pensilia habentia arcus duos.*

* **CURRICULUS**, Pyroforum, Gall. *Chaufrette, réchaud,* quia rotis quatuor impositum, sic appellatum. Inventar. S. Capellæ Paris. ann. 1376. ex Bibl. reg. : *Item in capella unus Curriculus ferri, et una patella ad ignem prunarum deferendum.* Vide supra *Chariotus* 2.

* **CURRIFER**, Carri ductor. Charta Andreæ reg. Hungar. ann. 1231. apud Cencium inter Census eccl. Rom. : *Super domos servientum vel villas, nec nos, nec agasones, nec falconarii nec camferi, nec Curriferi descendant ipsis invitis.* Vide supra *Carriger.*

* **CURRIFEX**, Carrorum artifex, Gall. *Charron.* Necrolog. Ms. S. Aurel. ad Cal. Jan. : *Dager Lawelin balneator residens inter Currifices Argentinenses, etc.* Charta ann. 1386 : *Feria III. post festum Purificationis, dictus Espach Currifex etc.*

CURRILES *aquæ*, et *incurriles*, quæ fluunt, *cursum* habent, aut non habent, in Chartis Alfonsi VI. Regis Hispan. apud Antonium *de Yepez* in Chronico Ordinis S. Benedicti tom. 6. pag. 489. b. 490.

¶ **CURRISARE**, Curru vehi. Acta Capituli General. Ordinis Prædicator. ann. 1264. inter Anecd. Marten. tom. 4. col. 1738. num. 12 : *Item quicumque fratres equitaverint vel Currisaverint, secundum gravitatem culpæ gravius puniantur.*

¶ **CURRITA.** Vide in *Curatura.*

1. **CURRITORES**, Iidem, qui *Cursores*, infra. Tudebodus lib. 1. Hist. Hierosol. pag. 788 : *Cœperunt Curritores nostris anteire, donec pervenerunt ad Eracleam.*

2. **CURRITORES**, Proxeuetæ, nostris *Couretiers.* Curia Generalis Catalaniæ in villa Montis-albi ann. 1333. sub Alphonso Rege Arag. MS. : *Mercator vel draperius, et eorum negotiatores seu factores... hoc idem observari jubemus in Curritoribus et peleriis, qui pels o robes recipiunt ad vendendum, etc.* Vide *Cursor, Corraterius.*

¶ **CURRITORIUM**, f. Opertum iter ex altera parte domus in alteram, ab Italo *Coridore*, vel Hispano *Coredor*, nostris *Corridor.* Testam. Guillelmi Venciens. Episc. ann. 1257. inter Instrum. tomi 3. novæ Gall. Christ. col. 195. *Actum in dicto Monasterio* (S. Victoris Massil.) *in quadam turri quæ est juxta Curritorium.* Vide *Curseria.* [* Vide supra in *Corritorium.*]

CURRITURA. Vide *Curatura.*

* **CURRO**, Scortator, ganeo. Glossar. Lat. Gall. ex Cod. reg. 7692 : *Curro, Lechierre.* Vide infra *Curuca* 2.

* **CURRUCATURA**, Onus carri, in Charta official. Belvac. ann. 1498. ex Tabul. Britol. f. pro *Carrucatura.* Vide supra *Carrucare.*

CURRODREPANUS, vox hybrida, Currus falcatus; ex *Currus*, et Δρέπανον, *Falx.* Exstant apud Anonymum *de Rebus bellicis*, subjectum Notitiæ Imperii, *Expositiones Currodrepani, Currodrepani singularis, et Currodrepani clypeati*, quas consulere poterit, qui volet.

* **CURRULA**, diminut. a Currus. Andreas Floriac. Ms. lib. 3. Mirac. S. Bened. : *Dum viam accelerare æstimant pro libitu victores, eorum Currula eo loci ita subsistit, ut in rigorem æstimaretur durata lapidis.* Vide supra *Carriola.*

¶ **CURRULUS** Equus, δρομεὺς ἵππος, *Tolutarius*, in Supplemento Antiquarii.

* Ita Gloss. Lat. Gr. Ubi codex Sangerm. *Currulis* ex Castigat. in utrumque Glossar.

¶ **CURRUPIRE**, *Invadere.* Glossar. Sangerman. num. 501. f. *Corrumpere.*

* 1. **CURRUS**, Servitus rustica, quæ *curru* fieri debet, idem quod *Carropera.* Charta Henr. episc. Claromont. ann. 1392. tom. 8. Ordinat. reg. Franc. pag. 199 : *Dicebamus dictos habitantes dictæ villæ, habentes boves arabiles, nobis teneri bis in anno facere Currum, sive appellatum lo charres, videlicet in festivitatibus omnium Sanctorum et Nativitatis Domini, portare ligna de nemore nostro Deborii in castro Belli-regadi.* Vide supra *Carrigium* 2.

** Curruum Præstationes. Charta Henrici Imperat. ann. 1309. in Guden. Cod. Diplomat. tom. 3. pag. 736 : *Abbatissam et conventum sanctimonialium in Seligental .... a prestacione Curruum, qui nostris antecessoribus, vel eorum advocatis aut officialibus hactenus assignari consueverunt, de cetero liberas esse volumus et exemptas, nisi currus aliqui pec nostras regales litteras ab eisdem sororibus expresse et specialiter requirantur.* Alia ejusdem Henrici Imperat. ejusd. ann. ibid. pag. 58 : *Nec non Prestacione Curruum, qui tempore congregationis exercituum per ... nostros predecessores vel eorum advocatos requiri solebant .... sunt liberæ, nisi per nostras requirantur litteras speciales.*

* 2. **CURRUS**, Machinæ bellicæ species rotis imposita, unde nomen, qua muri urbium et castrorum tuto appropinquantur et oppugnantur. Tract. Ms. de Re milit. et mach. bellic. cap. 58 : *Currus cum cabiis. est valde necessarius ad muros castelli sive civitatis causa bataliandi; ...... et debet esse contextus dictus Currus tegillis sive tabulis duplicatis ex parte anteriori Currus, ac inter dictas perticas ponantur fuscinæ lignaminum, aut sachi lana sive aridio pleni, aut feno, aut fimo, ne bombardæ offendant Currum nec homines prœliantes in Curru stantes.* Vide supra *Carrum.*

¶ **CURS**, Cortis. Vide in hac voce. Alia notione vide in *Cursus*, 1.

CURSA, Gall. *Course,* Excursus militaris, incursio, præda ipsa, in Capitul. Sicardi Princip. Benev. in Præfat. [Fragmenta Hist. Dalphin. tom. 2. pag. 624. col. 1. ad ann. 1346 : *Baillivus Vienn. cucurrit vextillis erectis, in qua Cursa... omnia mala fecerunt quæ potuerunt excepto incendio.*] Vide *Cursus*, 3.

¶ **CURSABILIS** Mensura, Quæ in usu est, in Charta anni 1262. ex Chartulario S. Vandregesili tom. 2. pag. 1566.

¶ Cursabilis Moneta, Eadem notione, Gall. *Monoie qui a cours*, in Charta Bartholomæi Laudun. Episc. ann. 1138. apud D. *du Plessis* in Hist. Cociaca pag. 139. Vide *Cursalis.*

* **CURSABILIS** Via, per quam currus transire potest. Charta ann. 1285. in Chartul. Pontiniac. pag. 272 : *Currus suos et quadrigas suas ducebant et duci faciebant per quamdam viam minime Cursabilem.* Vide supra *Carcalis.*

¶ **CURSALICA** Litteralis. Vide *Scriptura.*

¶ **CURSALIS**, Idem qui *Cursarius.* Ottoboni Annal. Genuenses lib. 3. ad annum 1192 : *Præfati Consules armaverunt VIII. galeas pro fugandis galeis Cursalium de Provincia, quæ capiebant ligna per mare.* Iterum utitur ad annos 1171. 1194. 1195. 1205. et 1211.

¶ Cursalis Canis. Vide in *Canis.*

¶ Cursalis Mensura, ut *Cursabilis*, in Charta anni 1233. ex Archivis Abbatiæ de Lanvaux.

¶ Cursalis Moneta, ut *Cursabilis*, apud Acherium tom. 13. Spicil. pag. 629. Vide *Cursibilis.*

CURSARIA. Vide *Cursoria.*

* **CURSARIA**, Excursus militaris, incursio, Gall. *Course.* Chron. Bergom. ad ann. 1397. apud Murator. tom. 16. Script. Ital. col. 893 : *Die Sabbati iij. Novembris facta fuit una Cursaria per certos vallis Camonicæ equestres circa xvj. Gibellinos in valle Seriana, et venerunt super territoriis de Gazanica et de Flurano.* Vide supra *Curreria.*

* **CURSARIÆ.** Vide *Cursoriæ.*

CURSARII, Prædones maris, nostris *Corsaires*, Piratæ. Leges Alfonsinæ part. 2. tit. 14. leg. 18 : *Mas por razon de furto no deve matar, ni cortar membro ninguno, fueras ende si fuesse ladron conocido, que manifestiamente toviesse caminos, e que robasse otres en la mar, con navios armados, a quien dizen Cursarios, etc.* Tit. 26. leg. 31 : *Cursarios fazen muchas vegadas grandes dannos sobre mar, matando los omes, e prendiendo los, e robando les lo que traen, etc.* Epistola Gregorii PP. apud Matth. Paris anno 1234 : *Cursarii et piratæ nimis impediunt subsidium Terræ Sanctæ.* Utuntur idem Paris ann. 1245. Jacobus a Vitriaco in Hist. Occident. cap. 2. Sanutus lib. 1. part. 5. cap. 2. etc. Ita Græco-barbaris Κουρσάριος, in Gloss. Meursii. Ex quo emendare licet Glossas Βασιλικῶν, pag. 5 : Ἴσαυροι, οἱ φονεῖς, ἅρπαγες οἱ καὶ οἱ κοσιάριοι, legendum enim κουρσάριοι. Vide *Cursor* 3. 9. et *Cursus* 2.

* 1. **CURSARIUS**, Curserius, Equus cursor, Gall. *Coursier.* Inventar. Chartar. reg. ann. 1482. fol. 288 : *Per quam* (Chartam) *constat dictum commune Florentiæ a domino rege tenere civitatem Pisarum. In cujus recognitionem tenetur singulis annis dare procuratori regis, in Janua civitate existenti, unum pulchrum equum Cursarium seu dextrarium. De anno* 1405. Chron. Placent. ad ann. 1372. apud Murator. tom. 16. Script. Ital. col. 512 : *Et licet ibi essent plures Curserii currentes, tamen unus Curserius domini Barnabovis vicecomitis habuit dictum pallium.* Occurrit rursum in Annal. Estens. ad ann. 1401. apud eumd. tom. 18. col. 966.

* 2. **CURSARIUS**, Scriba, qui notis verba cursim expedit. Vide in *Curso* 3.

¶ **CURSATOR.** Vide *Cursatores* in *Cursor* 4.

¶ **CURSERIA**, Via in muris urbium ad hostes in expugnationibus propulsandos disposita, per quam ex una turri in aliam fit transitus : unde Cursoriæ dictæ. Litteræ Philippi Regis Franc. ann. 1280. de compositione murorum civitatis Carcassonæ, inter Anecd. Marten. tom. 1. col. 1160 : *Item, concessimus eidem Episcopo et dictis successoribus suis, quod unam de turribus quæ construuntur in muris prædictis habeant, teneant et possideant a parte inferiori usque ad Curserias, quæ fient desuper in muris prædictis : parte vero dictæ turris supra Curserias prædictas semper nobis et nostris gentibus remanente... Fiant siquidem clausuræ, sive portæ desuper in dictis Curseriis, ubi muri incipiunt domibus episcopalibus jungi in utroque capite dictarum Curseriarum a parte domuum episcopalium, ne transitus et aspectus in eisdem domibus pateat cuilibet transeunti.* Vide *Curritorium* et *Corseria.*

* **CURSERIUS.** Vide supra *Cursarius* 1.

¶ **CURSETUS**, Idem quod supra *Corsetus*, Thorax, tunica, Gall. *Corset.* Hist. Dalphin. tom. 2. pag. 283. in Computo annorum 1333. et seqq. : *Item, pro quinque alenis de zentato pro Dom. Andrea filio Domini, ad faciendum duos Cursetos,* xxix. *sol. Vienn.*

¶ **CURSIBILIS** Moneta, in Statutis Capituli Tull. ann. 1497. cap. 11. de Præpositis, Moneta communis, publice recepta, Gall. *Monnoie courante. Pecunia numerata, bona et approbata, Cursibilis*, in Tractatu Matrimonii ann. 1283. Hist. Dalphin. tom. 2. pag. 26. col. 1. Vide *Cursabilis* et *Cursualis.*

¶ **CURSILIS** Moneta, ut *Cursibilis*, in Charta ann. 1254. ex Archivo Castri Nannetensis.

¶ **CURSILITAS**, Ad cursitandum propensio. *Vagabunda Cursilitas displicet,* apud Fulgentium. 3. Myth.

¶ **CURSINARIUS.** Vide *Cursarius* in *Cursus* 2.

CURSITORES, Iidem qui *Cursores*, *Coureurs.* Apud Ordericum Vitalem lib. 9. pag. 731. 732.

¶ **CURSIVA** Italica. Vide *Scriptura.*

1. **CURSOR**, Tabellarius, sive, qui ad aliquid perferendum mittitur. Gloss. Græco-Lat. : *Exercipes*, Ταχυδρόμος, δρομεὺς καὶ κούρσωρ. Gloss. Lat. Græc. : *Cursor*, δρομεύς. Gesta Purgationis Felicis : *Subornatus est quidam privatus homo, qui modum Cursoris haberet.* Vetus Inscriptio Trevirensis, apud Browerum in Treveri :

Nuncius augusti, velox pede, Cursor ut aura.

In alia Christiana Inscript. apud eumdem : *Ursacius Cursor Dominicus.* Lupus Ferrar. Epist. ult. : *Cursor noster, donec veniamus, pauperis apud vos locum implebit.* Matthæus Paris ann. 1276 : *Cum... contra Regem tenere ausi fuissent, et paulo ante Cursorem Regis apprehendissent, et sibi manum amputassent. Cursores ordinis*, Tabellarii, in Nomastico Cisterciensi pag. 335. Vide Fabrotum in Gloss. ad Cedrenum, verbo Κούρσωρ, et Casaubonum ad Spartianum.

Cursores, ut est apud Academicos Cruscanos, *sono detti in Roma i Mandatarii publici del Papa, che intimano i Cardinali a Concistoro, et ad alli atti publici, etc.* Concilium Avenionense anno 1279. can. 4 : *Si Officiales vel locorum domini quilibet sæculares, seu eorum Cursores aut Bannerii ceperint Clericum aliquem, etc.* [Hoc in loco debet Apparitor intelligi, Gall. *Sergent, Huissier*, ut alibi non semel. Statuta Massil. lib. 1. cap. 33 : *De Nuntiis seu Cursoribus curiæ et baculis curiæ signatis.... Cursor pro loquerio cujuslibet personæ de qua quis conqueretur, pro singulis vicibus, quibus ipsum inveniet vel ibit ad domum ejus, ab illa persona unum obolum habeat.* Infra : *Statuentes etiam quod illi, qui voluerint esse Cursores... jurent ad sancta Dei Evangelia, quod fideliter faciant per totum unum annum messajarias et omnes alias causas, et ea quæ pertinebunt ad officium curiæ... et quod portent baculos et calotas de signo communis Massiliæ.* Rursum memorantur cap. 6. § 2. Charta Caroli Comitis Provinciæ, de pignoribus ann. 1290. e MS. D. *Brunet* fol. 76 : *Nullus... Cursor seu executor, vel alius officialis pignoret de bobus aut bestiis aliis aratoriis.* Occurrit hac notione in Statutis Avenion. lib. 1. rubrica 3. art. 2.]

2. **CURSOR.** Cursores, Tacticis dicuntur, qui aciem in præliis antecedunt. Vide Leonem in Tacticis cap. 4. § 20. cap. 7 § 36. et alios, quos laudat Meursius in Gloss. Qui iis præerat, Πρωτοκούρσωρ dictus. [Adde Gloss. med. Græcit.]

Cursores, Qui agmen Imperatorii comitatus præcedebant, et in Palatio cum Decanis, Lampadariis, Mensoribus, et aliis militabant. Corippus lib. 3. de Laud. Justini vers. 160 :

..... Jamque ordine certo
Turba Decanorum, Cursorum, in rebus Agentum, etc.

Lampadariis adjunguntur in leg. ult. Cod. de Divers. Offic. (12, 59.) de quibus idem Corippus ibid. lib. 2. vers. 293 :

...... Prænuntius ante
Signa dedit Cursor; posita de more lucerna, etc.

Ubi tamen alii legunt *lacerna.* De iis etiam intelligendus Philostorgius lib. 2. cap. 4. Videntur id muneris obiisse, quod in Regum nostrorum Palatio *le Guides des chemins*, qui Comitatum Regium præcurrunt, ne quod in viis impedimentum obstet, quibus qui præest, *Capitaines des Guides* dicitur. Qui cursoribus Palatinis præerat, *Præpositus Cursorum* dicitur in vetere Inscriptione : *Sep. Aug. lib. Zibi Præp. Cursorum.*

3. **CURSOR**, Cursores, Ταχυγράφοι, ὀξυγράφοι, Joanni Euchaitarum Episc. pag. 16. Ταχέως γράφοντες apud Eunapium in Proæresio, et Damascium in Vita Isidori : Notarii, qui notis verba cursim expediunt, in leg. 33. D. Ex quibus causis majores. (4, 6.) Ita describuntur a Nicolao de Clemangis. Ep. 109 : *Cessavit igitur cum dictatu antiqua scribendi formula, qua perfectam ac rite formatam litteram cum certa distinctione clausularum notisque accentuum tractim antiquarii scribebant, et surrexerunt scriptores, quos Cursores vocant, qui rapido juxta nomen cursu properantes, nec per membra curant orationem discernere, nec pleni aut imperfecti sensus notas apponere, etc.* Sidonius lib. 9. Epist. 11 : *Tribuit, et quoddam dictare celeranti scribarum sequacitas saltuosa, compendium, etc.* Vide *Brodiator.*

Cursarii videntur appellari in Fleta lib. 2. cap. 36. § 1.

4. **CURSOR.** Cursores, Proxenetæ, qui aliis *Curaterii*, et *Curritores.* Libertates Barcinonæ ann. 1283 : *Quod aliquis non possit repetere aliquam rem ab illo, qui emerit eam per Cursorem publicum, et publice, nisi restituerit pretium.* In alio capite *Corredores* et *Curritores* dicuntur.

Cursatores, Eadem notione in Charta Libertatum Caroffens. oppidi in Biturig. anno 1194. apud Thomasserium.

* Ex Reg. 185. Chartoph. reg. ch. 55 : *Cursatores, id est, qui mercatores ducunt, quotquot esse voluerint, poterunt.*

5. **CURSOR** Publicus, Præco, qui subhastationi præest. Jacobus I. Rex Aragon. in Foris Oscæ ann. 1247. fol. 2 :

Tamen si voluerit pignoratus, quod bestia illa ponatur in manu Cursoris publici, et vendatur, pretium illud tribuatur pignoratori. Fol. 3 : *Si ille, qui misit in pignore hæreditatem sæpe dictam, non habuerit, unde possit eam redimere, dicit Forus, Per buccam Justitiæ mittatur ipsa hæreditas in manu Cursoris, et ex illa die, qua fuerit posita in manu Cursoris, usque ad* 30. *dies vendatur, etc.* Observantiæ Regni Aragon. lib. 6. tit. de Generalib. privileg. § 39 : *Et facta est venditio sine traditione, et sine carta, et sine arra, et sine Cursore, etc.* Lib. 8. tit. de Contumacia, § 12 : *Et post* 30. *dies Cursor faciat fidem de præconizatione.* Lib. 9. tit. *Declarationes* § 2 : *Cursor seu Sagio.*

6. **CURSOR.** Cursores, apud Nicolaum Uptonum lib. 1. de Militari officio cap. 9. dicuntur *Nuncii peditantes* Imperatorum, Regum, et Principum, *quorum officium est pedibus transire, qui insuper portant arma Dominorum suorum in pixidibus depicta, pendentibus in suis cingulis, sive cinctoriis supra renes. Nec eis est permissum suorum Dominorum arma alio aliquo loco portare. Et isti possunt esse Milites propter peritiam in officiis habitam, non tamen sunt nobiles, et vocantur Milites Caligati, ut C. de Nuptiis, L. A caligato, per Accursium.* Vide *Prosecutor.*

* 7. **CURSOR,** Mercator, qui merces suas per diversa loca venum portat. Charta Alienoris ducissæ Aquit. ann. 1199. in Reg. A. Chartoph. reg. ch. 33 : *Cursores vero qui habitant in civitate ementes et vendentes, si in burgo illo venerint, et sua ibi vendiderint, debitam consuetudinem monachis reddant.* Vide infra *Cursorius.* 2.

* 8. **CURSOR** Bibliæ, Qui Bibliam iis, qui *cursum* theologicum percurrunt, explicat. Stat. Cisterc. ann. 1352. ex Cod. MS. Hardenh. : *Nullus etiam fiat Cursor Bibliæ, nisi legerit Logicam et Philosophiam in parvis scholis, quia in magistrum assumi non debet.*

Cursores Baccalarii, [Theologiæ Candidati, qui ad *cursum* Theologicum explicandum admittuntur in Academiis.] Vide *Baccalarii* 3.

Cursores de Oreia, qui dicantur apud Cæsaraugustanos, vide Michaelem *del Molino* in Repertorio Foror. Aragon. pag. 79.

Cursor Equus, *Coursier*, in Consuetudine Andegavensi art. 47. et Cenomanensi art. 55. Willelmus Malmesburiensis lib. 2. de Gestis Angl. cap. 6 : *Equos Cursores plurimos, cum phaleris fulvum, ut Maro ait, mandentes sub dentibus aurum.* Guntherus lib. 7. Ligurini :

> Non tamen aut galea muniri tempora curat,
> Aut Cursoris equi, quo prælia semper agebat,
> Officio fungi, etc.

Constitutio Caroli Crassi pro Expeditione Romana anno 884 : *Bini ducantur equi, unus Currens, alter ambulans. Cursorii equi*, apud Ingulfum pag. 878. et apud Bernaldum Archidiacon. in Vita B. Geraldi Archiepiscop. Bracarensis num. 11. [Vide *Corserius.*]

CURSORIÆ, Naves expeditiores, veloces, Isidoro lib. 19. cap. 1. *Navires de Courses.* Sidonius lib. 1. Epist. 5 : *Ticini Cursoriam (sic navigio nomen) ascendi, qua in Eridanum brevi delatus, etc.* Willelmus Brito lib. 7. Philippid. pag. 171 :

> Septuaginta rates, quibus est Cursoria nomen.

Naves Cursoriæ Rigordo ann. 1213. Rogerus Hovedenus in Ricardo I : *Anno eodem applicuerunt ibi naves et busciæ plusquam* 500. *exceptis galeis et Cursoriis, quæ multæ fuerunt.* Bromptonus habet *Cursariis.* Vide Scaligerum ad Auson. lib. 2. cap. 6. *Couraux* videntur appellari a Guiarto :

> Engins r'ont de part et d'autre,
> De fust parfais et achevez,
> En nez et en Couraux levez,
> Desquiex grosses pierres eschappent.

* *Naves de cursu*, apud Oger. Pan. in Annal. Genuens. lib. 4. ad ann. 1204. apud Murator. tom. 6. Script. Ital. col. 388.

¶ 1. **CURSORIE,** Cursim, celeriter. Ordinarium MS. Piperac. Abbatiæ ann. 1301 : *Antiphona dicitur Cursorie. Madox* Formul. Anglic. pag. 339. in Charta anni 1503 : *Et insuper quod septimanatim quolibet anno, perpetuis futuris temporibus, unus Presbyter Canonicus ipsius Monasterii per Abbatem ejusdem... Cursorie assignandus, Missam cum speciali Collecta pro animabus ipsorum.... celebrabit.* Hic vox *Cursorie* ducta videtur a *Cursu* seu Officio Ecclesiastico, quod quotidie certo ordine decantandum est, ac proinde idem sonare quod *per ordinem assignandus.*

* 2. **CURSORIE,** Demissa voce, hoc est, absque cantu. Charta ann. 1300. ex Tabul. Auriliac. : *Campana pulsetur in aurora, ut consuetum est ab antiquo in dicto monasterio, pro missa quæ dicitur B. Jacobi, et post, incontinenti missa dicitur Cursorie.* Missale MS. Lemov. ann. circ. 1400 : *Feria* VI. *Parasceves dicuntur Vesperæ Cursorie, tam a sacerdote cum suis ministris, quam ab utroque choro circa altare....... Feria* II. *Paschæ, immediate post Matutinum dicitur missa de Resurrectione Cursorie ad majus altare per canonicum hebdomadarium præteritæ septimanæ. Corsablement* et *Coursablement*, Communiter, vulgo, in Assis. Hieros. cap. 236 : *Car il est bien seure chose convenablement ou Corsablement et plusiors fois est avenu.* Infra : *Bien a l'on oy dire Coursablement et aucunefois l'on a veu avenir, etc.* Vide *Cusoria nota decantare.*

¶ **CURSORIUM,** Arelatibus *Cossou* vel *Coussou.* Sic vocantur apud Arelatenses singulæ pascuorum portiones, quas in planitie de Cravo singuli tenent pascendarum ovium causa hyemis tempore. Vocis etymon a *Cursu*, quod intra *Cursorii* limites pecori liceat Currere et pascere. Charta ann. 1221. pro Archiepiscopo Arelat. in Libro viridi fol. 119. verso : *Concedimus et confirmamus in perpetuum Cursorium quoddam de Cravo, quod vocatur Malcresset cum omni jure et pertinentiis, etc.* Charta Ludovici Regis Siciliæ e MS. D. *Brunet* fol. 108 : *Cursorium Avellini Comitis vulgariter appellatum, scitum utique in Cravo.*

¶ Corsorium, Eadem notione. Charta Curiæ Arelatis ann. 1225. e MS. D. *Brunet* fol. 84 : *Hec est carta continens quantum quodque Corsorium debeat continere..... Corsorium de Moliarie...... habuit* CCCXV. *cannas in longitudine et* CCLX. *in latitudine.* Non semel occurrit ibi.

* Charta Raym. de Baucio ann. 1216 : *Dederunt quoddam Corsorium, quod est in Cravo.* Alia Guil. de Baucio ann. 1237 : *El Cossor Baucens, quod est in Cravo.* Inquisit. ann. 1268. ex schedis Pr. de *Mazaugues : Item dixit quod Corsoria, quæ sunt infra prædictos confines, sunt data et consignata per curiam Arelatensem, et quotiescumque aliqui inveniuntur ampliantes dicta Corsoria, curia Arelatis eos condemnat.* Vide *Bouche* Chorograph. tom. 1. et infra *Cursus* 11.

¶ Cossorium, Eodem significatu. Conventio inter Ludovicum Regem Siciliæ et urbem Arelatem ann. 1385. e MS. D. *Brunet*, fol. 3. v°. : *Possidere bona ac acquirere de novo mobilia et immobilia, atque jura, census, redditus, patua, Cossoria, salinas.*

¶ 1. **CURSORIUS.** Vide *Cursor equus* et *Cursus* 1.

¶ Cursorius, Scriba citissimus, idem qui *Cursor* 3. Vide *Brodiator.*

¶ Cursoria Nota Decantare, in Capitulo generali S. Victoris Massil. ann. 1348. Cursim, celeriter non protrahendo. Vide *Cursorie*, 2.

* 2. **CURSORIUS,** Mercator, qui merces suas per diversa loca venum portat. Charta Rob. de Sablulio a rege Phil. I. confirmata ann. 1067. ex Tabul. Major. monast. : *Si mercator Cursorius fecerit venditionem aut emptionem in burgo monachorum cum homine illorum, habebo ego teloneum de mercatore.* Vide supra *Cursor* 7.

* 3. **CURSORIUS,** Depopulator, qui incursioni præest, Gall. *Pilleur.* Chron. abbat. Valcell. MS. : *Omnia tam ecclesiæ quam prophana rapiebant vasa, sub nullo duce aut capitaneo legitimo degentes, nisi sub comite de Liguiaco Cursorio et deprædatore.* Vide supra *Corsa* et *Cursaria.*

¶ **CURSOTENUS,** Juxta cursum. Supplementum Vitæ S. Bonifacii Mart. tom. 1. Junii pag. 474 : *Et sic Cursotenus fluminis Fuldæ nesciendo errabat.*

¶ **CURSUALES** Equi. Vide *Cursus* 7.

¶ **CURSUALIS** Moneta, id est, Communis et recepta, Gall. *Monnoye courante.* Legitur in Charta Mathildis Comitissæ Autissiod. pro Monasterio S. Mariani ann. 1226. Vide Lobinellum in Glossario ad calcem Hist. Britan. et supra *Cursibilis.*

1. **CURSUS** Limitis, *Cursorius terminus, Cursorium*, voces Agrimensorum, apud quos ita dicitur limes, terminus procurrens, quomodo se exporrigit in latitudinem, vel longitudinem. Vide Glossarium Rigaltii ad Agrimensores. [** Chart. Longob. ann. 765. ap. Brunetti pag. 586 : *In pede est Curs et via publica.*]

2. **CURSUS,** Officium Ecclesiasticum, seu series Orationum, Psalmorum, Hymnorum, et cæterarum precationum, quæ quotidie in Ecclesia decantantur, quam a D. Hieronymo, Damasi PP. rogatu, dispositam scribit Honorius Augustodunensis lib. 3. cap. 1. Concilium Calchutense ann. 787. cap. 7 : *Ut omnes Ecclesiæ publicæ Canonicis horis Cursum suum cum reverentia habeant.* Asserus de Ælfredi reb. gest. : *Post hæc Cursum diurnum, id est, celebrationes horarum, etc.* Item : *Libellum, in quo diurnus Cursus et Psalmi scripti habebantur.* Beda lib. de Gest. Angl. cap. 18 : *Accepit et præfatum Joannem Abbatem in*

Britanniam perducendum, quatenus in Monasterio suo Cursum canendi annuum....edoceret. Abbo lib. 2. de Bell. Paris. vers. 106 :
Qui Missas, Cursusque sacros illic celebrassent.
Eckeardus Junior de Casib. S. Galli cap. 3 : *Plerumque Cursus et Missas negligebat.* Cap. 4 : *Matutinas deinde Laudes, Cursum de S. Cruce... persolventes.* Passim Scriptores, Gregorius Turon. lib. 5. Hist. cap. 21. lib. 8. cap. 15. lib. 10. cap. 19. lib. 1. de Mirac. cap. 11. de Gloria Confess. cap. 38. Anastasius in S. Telesphoro PP. S. Bonifac. Moguntin. Epist. 17. Cæsarius Heisterbach. lib. 1. cap. 6. Vita S. Bertilæ. cap. 2. 6. Vita S. Alberti Gambron. num. 12. Leo IV. PP. de Cura Pastorali, initio. S. Audoenus lib. 2. Vitæ S. Eligii cap. 20. Jonas lib. 2. Vitæ S. Joann. Abbat. Reomaens. cap. 7. Lib. de Miracul. S. Quintini cap. 18. Willelm. Malmesb. lib. 2. de Gest. Angl. cap. 4. Hariulfus lib. 4. cap. 35. Vita S. Odon. Abbat. Cluniac. lib. 1. pag. 27. Paulus in Vita S. Hilari Abbat. Galeat. n. 9. Vita S. Ottonis Episc. Bamberg. lib. 2. cap. 44. Egbertus Eborac. Archiepisc. in Pœnitent. pag. 14. Vita S. Geraldi Auriliac. lib. 2. cap. 9. Baudovinia in Vita S. Radegundis cap. 18. etc. Wandelbert. in Vita S. Goaris. Hist. Episc. Saltzburg. pag. 250. Fortunat. in Vita S. Germani Episcopi Paris. cap. 63. 76. idem lib. 2. Poem. 19. et in Vita S. Radegundis cap. 4. 11. 18. 22. Beda lib. 1. de Wiremuthensi Monast. cap. 14. Riculfus Suessionensis in Constit. cap. 3. Vita Burchardi Wormaciensis Episcopi. Vita S. Valarici cap. 26. Vita S. Goaris cap. 4. 5. Vita S. Serenici cap. 9. 15. Vita S. Fructuosi Episc. Bracar. cap. 13. Vita S. Eparchii cap. 17. Vita S. Niceti Lugd. Episc. pag. 97. Honorius Augustod. lib. 2. cap. 63. 65. Amalarius de Ordin. antiph. cap. 1. Regulæ SS. Patrum parte 2. cap. 5. Regula S. Macarii cap. 9. S. Ferreoli cap. 12. S. Columbani cap. 7. 10. S. Aureliani ad Virgines cap. 38. Sic Δρόμος, Græcis. Vide Joan. Phocam cap. 1.

Regula et Cursus *sancti Benedicti*, in Charta S. Drausii Episcopi Suessionensis.

Cursarius, Cursinarius, Liber Ecclesiasticus, continens *Cursum*, seu Officium Ecclesiasticum. Acta Murensis Monasterii pag. 10 : *Lectionarius autem vetustus, et Cursarius antiquorum, et Liber regulæ, etc.* Alibi : *Sunt et duo Cursinarii, et tres Benedictionales libri.*

* Hinc *Clerc courrier* appellari videtur, qui huic officio decantando interesse tenetur in Lit. remiss. ann. 1458. ex Reg. 187. Chartoph. reg. ch. 321 : *Jehan Girard clerc Courrier et habitué en l'église collégiale de saint Julien de Brioude.*

3. **CURSUS**, Excursus, præda, quæ in ipsis excursibus capitur. [Gall. *Course.*] Gregor. Magn. lib. 12. Epist. 23 : *Hostem collectum habet, ... et si huc Cursum Deo sibi irato mittere voluerit, vos loca ipsius, quantum vos Dominus juverit, deprædamini, etc.* Ubi *mittere Cursum*, nihil aliud sonat quam *mittere ad prædam*, seu prædatores. *Cursus* enim, ut Tacticis Græcis Κοῦρσος, prædam sonat. Leo in Tactic. cap. 12. § 27 : Ἀπὸ κουρσόρων, ἤγουν τῶν εἰς κοῦρσον τεταγμένων στρατευμάτων. Joannes Cananus : Ὅτι τε τῆς πόλεώς τε τὸν πλοῦτον . . . εἰς διανομὰν παραδίδη, καὶ κοῦρσος τοῖς Μουσουλμάνοις. Et mox : Οἱ ἐπιςήμονες εἰς τὰ κοῦρση. Hinc Κουρσεύειν, Prædari. Historia Bellisarii MS. : Ἀεγλάτευν, κουρσεύουσιν ταῖς χῶρες τῶν Ρωμαίων. Alia suggerunt Rigaltius, Meursius, et Fabrotus in Glossariis Gr. [Obertus lib. 2. Annal. Genuensium apud Muratorium tom. 6. col. 303 : *Doleo quod galea ista exivit nunc de portu isto et vadit in Cursum.* Ibidem col. 394 : *Supradicti vero Consules maris tres magnas naves cum tribus galeis, tribusque barchis, tribusque cantheriis magnis viriliter armaverunt et in Cursu miserunt.*]

4. **CURSUS**. Fori Morlanenses art. 32. de Homicida : *Si vero istas leges dare nequiverit, quidquid habet, sit in Cursu meo, et sepeliatur subtus mortuum.* Ubi legendum, *in incursu meo*, [i. e mulctam *incurrat.*] Vide *Incursus* [1. post *Incurrimentum.*]

¶ 5. **CURSUS**, Locus ludicri certaminis. Vita S. Magdalenæ de Pazzis, tom. 6. Maii pag. 251 : *Erant autem parentum ædes ad plateam, quam Cursus appellant. Cum ergo circa festum S. Johannis . . . publicæ decursiones ad pallium, ut aiunt, celebrarentur, etc.*

Cursus Equorum, Ἱπποδρόμιον. Libertates, concessæ Villæ Franchæ ab Archembaldo D. Burbonensi ann. 1217 : *Dom. Archimbaudus et Agnes ejus uxor constituerunt Cursum equorum apud Villam Francham in crastinum nundinarum, quæ sunt in octabis Pentecostes, et dederunt illi, qui Cursum lucraretur, unam marcham argenti, et illi, qui equos equaret ad pontem de Baria 5. sol.* Vide Thomasserium in Consuet. Bituric. lib. 1. cap. 100. 101.

6. **CURSUS** Monetæ, [dicitur de Moneta, quæ in usu est.] Vide *Moneta.*

7. **CURSUS**, Cursus Publicus, Vehicularius, cujus Augustum auctorem memorat Suetonius in Aug. cap. 49. Trajanum, Aurelius Victor Schotti cap. 13. De cujus usu, et cæteris ad hanc rem pertinentibus, vide Titulum de Cursu publico in Cod. Theod. et quæ ibi notavit Jacobus Gothofredus, Casaubonum ad Spartianum, Savaronem ad Sidonium, etc.

Cursuales Equi, Ad cursum publicum destinati, in leg. 64. Cod. Theod. de Curs. (8, 5.) apud Senatorem lib. 4. Epist. 47. lib. 5. Epist. 5. *Qui ad continuos Cursus constituti sunt*, lib. 1. Epist. 29. *Cursualis tractus*, apud eumdem lib. 4. Epist. 47. *Cursuale ministerium*, apud eumdem Senatorem lib. 5. Epist. 5. *Præpositi Cursus publici*, in leg. 35. Cod. Theod. de Curs. leg. 9. de Curios. (6, 29.) *Primi quibus Cursus publici cura sollicitudoque mandatur*, Firmico lib. 3. cap. 4. *Mancipes Cursus publici*, leg. 15. de Curs. etc. Gregor. Magn. lib. 3. Dial. cap. 8 : *Andreas . . . qui quondam in stabulis itinerum Cursum servaverat equorum.* Vetus Inscriptio, apud Gualterum in Tabul. Sicul. pag. 18 : *Instante Fl. Valeriano Ducenario Agente in reb. et PP. Cursus publici.* Exstat Dialogus Theodori Abucaræ scriptus Πρὸς τὸν τοῦ δρόμου Ἐμέσης. Vide Glossar. med. Græc. in Δρόμος et Κοῦρσος.

¶ 8. **CURSUS**, Prædium. Diploma Rudolphi Reg. Rom. de Dotalicio Filiæ Regis Angl. apud Rymerum tom. 2. pag. 112 : *Damus et assignamus . . . oppidum Zuge et Cursum seu curiam ibidem.* Donatio anni 1978. apud Joan. Mantelium Hist. Lossensis part. 2. pag. 14 : *Hujus autem boni operis beatæ memoriæ Dominum Episcopum Henricum incentorem habuit et devotissimum suffragatorem : et ut hoc libentissime perageret, quorumdam Episcopi Cursuum delegavit ei redditus, donec viveret.*

¶ 9. **CURSUS**, Ordo laterum in struendis parietibus. Vide *Corium.*

* Ita et nostri *Cours* usurparunt, pro ordine ferculorum mensæ appositorum, vulgo *Service.* Tract. MS. de Officio herald. sub Henr. VI. reg. Angl. scriptus : *Et se doit la largesse crier quand ils* (les princes et grands seigneurs) *sont à disner, quand le segont Cours et entremais sont servis.*

* 10. **CURSUS**, Computandi ratio. Charta privil. Pisanis a Conrado II. reg. Sicil. concessorum ann. 1269. apud Lamium tom. 3. Delic. erudit. pag. 270 : *XVIII. Kal. Julii secundum Cursum Pisanorum, etc.* Vide *Curriculum* 1.

* 11. **CURSUS**, Pastio seu *glandatio* porcorum in silvis, quas pascendo percurrunt, unde nomen. Charta Rotrodi comit. Pertic. ex Reg. forest. comitat. Alencon. Pertic. etc. fol. 52. v°. in Cam. Comput. Paris. : *Dono etiam monachis supradictis* (Tironensis monast.) *omnia nemora mea ad....... Cursum porcorum suorum et pasturam porcorum suorum.* Alia ann. 1091. ibid. fol. 65. r°. : *Currant porci dominici S. Florentini, seu pauci seu multi, per omnes meos lucos absque pasnagio.* Charta ann. 1229. in Chartul. Buxer. part. 14. ch. 4 : *Quousque exartatum sit* (illud nemus) *prædicti homines in larretio illo, ubicumque nemus fuerit, habebunt usuagium et Cursum suum.* Hinc

* Cursum Facere, dicuntur animalia, quæ in locis prohibitis vagantur pascendi causa, in Inquisit. ann. 1268. ex schedis Pr. *de Mazaugues : Vidit tamen quod avere Arelatis jacebat et pascebat in valle de Moreriis, sine aliqua contradictione et prohibitione alicujus, hoc salvo quod abstinebant se a bladis, pratis et deffendudis; et si in prædictis faciebant Cursum, emendabant talam illi cujus erat; sed bannum erat dom. archiepiscopi Arelatis.*

** **CURSUS VULGI**, Notitia veri ore testium quamplurimorum in judicio edita. Charta ann. 1278. ap. Guden. in Cod. Diplom. tom. 3. pag. 702 : *Qui quidem homines ... per sententiam cognicionis seu per Cursum Vulgi qui Cuntschaft dicitur prædicto cœnobio ... adjudicati, etc.* Vide Haltaus. Glossar. vocibus *Kundschaft*, col. 1143. sqq.

¶ **CURSUVIROTOS**. Vide *Furswirotos.*

¶ **CURTA**. Vide post *Cortis* 1.

CURTALINUS. Vide *Cohortalis* et *Cortinarii* in *Cortis* 3.

CURTAMISIA. Historia de Fratribus conscriptis tom. 2. Alamannicorum Goldasti : *Unicuique fratrum pellicium cum pelle Curtamisia dari præcepit.* An *cum pelle et curta camisia?*

1. **CURTANA**, Curtein. S. Edwardi Confessoris Angl. Regis gladius, vel ensis, qui in Regum Anglorum coronatione a Cestrensi Comite præfertur, cuspide acie-

que retusus, in signum misericordiæ, populis a Rege præstandæ, unde nomen. [Hodie defertur inter duos gladios alterum Justitiæ temporalis, alterum spiritalis.] Matth. Paris de Apparatu nuptiarum Henrici III. anno 1236 : *Comite Cestriæ gladium S. Edwardi, qui Curtein dicitur, ante Regem bajulante, in signum, quod Comes est Palatinus, et Regem, si oberret, habeat de jure potestatem cohibendi.* Id etiam juris spectasse Ducem Lancastriæ, docet Processus factus ad coronationem Regis ... 2 : *Joannes Rex Castiliæ et Legionis, Dux Lancastriæ, coram dicto D. Rege, et Consilio suo comparens clamavit, ut Comes Leicestriæ officium Senescalciæ Anglicæ, et ut Dux Lancastriæ ad gerendum principalem gladium D. Regis vocatum Curtana, et ut Comes Lincolnensis ad scindendum et secandum coram ipso D. Rege sedente ad mensam dicto die coronationis, etc.* apud Edw. Cokum ad Littleton. sect. 35. [*Curtens* appellatur apud Rymerum tom. 3. pag. 63. cap. 2. ubi de Coronatione Edwardi II. ann. 1308 : *Gladium qui vocatur Curtens portavit Comes Lancastriæ.*] De hoc ense sic etiam Poeta nostras neotericus Morellus in Triumpho Henrici Magni :

Ces lames de Damas, ces coutelas chantez,
Ce branc que nos guerriers portoient à leurs costez,
Sous des titres pompeux bruient dedans l'Histoire,
Mais Joyeuse, Corto, Flamberge, Dordonnois,
Rompié, Durandal, et Courtin le Danois,
Cedent à son taillant, et bien plus à sa gloire.

Neque id Anglis duntaxat familiare fuit, ut ensis Regius peculiari interdum nomine donaretur. Nam similia narrantur de ense Regio Danic. apud Saxonem lib. 2 : *Biarco utebatur præstantis acuminis, inusitatæque longitudinis gladio, quem Lovi vocabat.* Lib. 4: *Erat Regi inusitati acuminis gladius Skrep dictus, qui quodlibet obstaculi genus uno ferientis ictu medium penetrando diffinderet.* Et lib. 7 : *Haldenus avitos a matre gladios recepit, quorum alter Liusingus, alter Hwyntingus ob collimati acuminis nitorem vocabulum habuit.* Ita Arthuri Brittonum Regis gladius *Caliburne* dictus, ut auctor est Rogerus Hovedenus in Ricardo I. Vide Garassum in sacris Remensibus cap. de ense Regio, et infra in verbo *Durandal.*

¶ 2. **CURTANA**, Scripturæ genus. Vide *Scriptura.*

CURTARE, Gloss. Lat. Græc. : *Curtatus*, Κολοβός. Gl. Græc. Lat. : Κολοβός, ὁ μέρος τοῦ σώματος ἀφῃρημένος, *mutilus, truncus. Comam alieni caballi turpare, aut caudam Curtare*, in Legib. Wisigoth. lib. 8. tit. 4. § 3. *Curtatus caballus*, in Lege Burgund. tit. 73. § 3. cui cauda decisa est. *Curtus canis*, apud Auctorem Queroli. *Membris decurtare*, in Epistola inter Sugerianas 59. [Horatius ipse 2. Sat. 3. 124 :

Quantulum enim summæ Curtabit quisque dierum.]

Vide *Decorticare, Caudatus.*

* **CURTARICIUM**, CURTARITIUM, Idem quod *Curtile*. Vide in *Cortis* 1. Chron. Placent. ad ann. 1388. apud Murator. tom. 16. Script. Ital. col. 582 : *Curtaricia, putei, hortuli, jardini et solaria, etc.* Stat. Placent. lib. 4. fol. 46 r°. : *Si quis civitate vel suburbiis requirat clausuram inter se et suum convicinum in domibus vel curtibus, compellatur per judicem convicinus communicare ad dictam clausuram fiendam ;............ et idem intelligatur de Curtaritiis et casamentis villarum.*

¶ **CURTARIUS**. Vide post *Cortis* 1.

* **CURTATA**, Atrium, impluvium ædificiis vel muris cinctum, Gall. *Cour.* Charta ann. 1351. in Reg. 81. Chartoph. reg. ch. 107 : *Item quandam Curtatam, sitam prope turrim de Capduel* (in Narbona). Vide infra *Curtevicium.*

* **CURTATIM**, Summatim, breviter, Gall. *En racourci.* Chron. Joan. Vitodur. in Thesaur. hist. Helvet. pag. 1 : *Summatim interdum et Curtatim, quandoque singularius et diffusius annotare etc.*

¶ **CURTE**. Vide *Cortis* 1. initio.

¶ **CURTEIN**, CURTENS. Vide *Curtana* 1.

* **CURTELLUS**, pro *Cultellus*, ex frequenti mutatione *l* in *r*, in Chron. Placent. apud Murator. tom. 16. Script. Ital. col. 583. Vide supra *Cortellus.*

* **CURTENSIS**, Familiaris, domesticus, vel *Curtis* habitator. Vita S. Wencesl. tom. 7. Sept. pag. 833. col. 2 : *Cunctos pene vernaculos extremos usque ad cocos, ita instruxerat, quod pene nullus Curtensium foret, qui psalmographorum hymnos canere, vel stylo exarare ignoraret.* Vide *Cortis* 1. et mox *Curtinus.*

CURTESTA. Otto Morena in Histor. rerum Laudensium pag. 18 : *Papienses vero iterum viriliter pugnantes, omnes Mediolanenses tunc debellassent, ac maxima Curtesta eos cepissent, nisi Dominus sua pietate . . . quandam pluviam eis tribuisset, etc.* [Murator. Scriptor. Ital. tom. 6. col. 985. pro *Curtesta*, restituit *Virtute*, additque in notis, observato primum apud Osium legi *Curtesta*, et ab Osio Cangium vocem hanc desumsisse : Si meam de hac re sententiam proferre debeam, expungendum prorsus dicerem peregrinum hoc antiquitatis vocabulum, cum illud censeam purum amanuensis mendum, qui in confuso aut corroso codice, male intellectis primis syllabis *Virt* pro *Curt*, reliquas pejori errore corruperit. Ingeniosa est pro more et verisimilis clarissimi viri conjectura.] [** An *certezza?*]

* **CURTEVICIUM**, ut supra *Curtata*, Ital. *Corticino.* Stat. Perus. pag. 49 : *Si res furata valuerit a solidis quinque supra, in domo vel in Curtevicio, solvat pro banno solidos centum.* Vide *Cortinale* in *Cortis* 2. et infra *Curtivum.*

1. **CURTI**. [* Pro *Curdi*, præmonente D. *Falconet*, Gall. *Curdes*, quorum regio *Curdistan* dicitur. Vide Diction. Geograph. D. *de la Martiniere.*] Tudebodus lib. 4. Hist. Hierosol. pag. 794 : *Saracenos, Publicanos, et Azymitas, et Curtos, et Persas, et Agulanos, et alias multas gentes.* Horum meminit rursum sub finem lib. 5. pag. 814. Populi ita appellati; sed qui ii fuerint, et an nomen factionis sit, ut *Publicani*, et *Azymitæ*, mihi non constat, nisi iidem fuerint cum Turcis, quomodo vocem hanc usurpare constat Albertum Argentin. pag. 141 : *Eo tempore Humbertus Delphini, qui per annum erat inter Curtos, etc. Rex enim Curtorum, cum venisset Delphinus in terram suam, etc.* Vide Hist. nostram Franco-Byzantinam lib. 8. cap. 6. ubi de hac Delphini expeditione.

2. **CURTI**. Tabularium Abbat. Conchensis in Ruthenis Ch. 415 : *Et habet censum ad Calendas duos solidos de Curtos, et 2. gallinas . . . et in Augusto duos solidos de Curtos, et unum porcum, etc.* [Vox *Curtus* quandoque sumitur pro *Cortis*, ut in hac voce dictum est post *Cortis* 1.]

¶ **CURTICELLA**, CURTICLIS, etc. CURTIFER, CURTILAGIUM, CURTILE, etc. Vide in *Cortis* 1.

* **CURTICULA**, Atrium ecclesiæ, vel palatii. Vide in *Cortis* 2.

* **CURTICULI**, Loci urbi vel castro proximi, ubi herbæ vel olera crescunt. *Curtilz* et *Curtiuls*, in Ch. ann. 1323. ex Chartul. S. Vincent. Laudun. : *Entour les Curtius des closiaus jusques à la bonde seant à la pointe, qui est entre les Curtiuls dessusdi. Curtils*, ibid. Vide infra *Curtinus.* Lit. official. Belvac. ann. 1341. in Reg. 77. Chartoph. reg. ch. 159 : *Ad lectum, in quo jacebat et dormiebat dicta Clementia accessit dictus reus, ipsamque........ eduxit extra domum prædictam usque ad Curticulos seu aerias, situatas extra et prope civitatem Belvacensem.*

* **CURTICULUS**, CURTILLARIUS. Vide supra in *Cortis* 1.

¶ **CURTIDUS**, mendose pro *Curticlus.* Vide *Curticlis* post *Cortis* 1.

CURTILIA. Vide post *Cortis*, 2.

* **CURTIM**, Curtiori via, vel ad curiam, ut interpretantur docti Editores ad vitam S. Bardonis archiep. Mogunt. tom. 2. Jun. pag. 306. col. 1 : *Igitur et abbas Richardus, adductus ex privilegiis, eadem ratus ventura, disposita domo sua, multorum ibidem eum lacrymis prosequentibus, Curtim pergere iter aggressus est.*

¶ **CURTIMARCHIA**. Terminus curtis, Quidquid ad eam pertinet. Præceptum Henrici II. Imper. apud Freder. *Schannat* pag. 41. Vind. Litter. : *Ergo curtes et Curtimarchias cum his quæ præscripta sunt, Monasterio S. Michaelis . . . nostra imperiali donatione contulimus.* Vide [** Haltaus. Glossar. German. voce *Hofmarck*, col. 937.] *Curtis*, 1. et *Marchia.*

* **CURTINA**, *Responsum*, in vet. Glossar. ex Cod. reg. 7641. Vide in *Cortis* 2.

CURTINA, CURTINUM. Vide post *Cortis.*

* **CURTINUS**, Chors, Gall. *Basse-cour.* Dialogus creatur. dial. 61 : *Gallus et capo in Curtino uno morabantur; sed gallus dominabatur gallinis. Curtin* vero, Domus rusticana, vel hortus leguminum, in Charta ann. 1387. ex Reg. 132. Chartoph. reg. ch. 155 : *Item un Curtin séant dehors les murs,....... emprès le Curtin messire Eude Bonni ;....... ledit Curtin au pris de quatre livres Tournois.* Vide supra *Curticuli.*

CURTIS. Vide *Cortis.*

CURTIS-BASSA. Vide *Bassa Curtis.*

1. **CURTISANI**, Aulici. Vide post *Cortis* 4.

¶ 2. **CURTISANI**, Qui *Cortes* curant. Vide *Cortisiani* post *Cortis* 1.

* **CURTIVUM**, Atrium, impluvium muris vel ædificiis cinctum, Ital. *Corticino*, Gall. *Cour.* Stat. Cadubr. lib. 3. cap. 59 : *Ordinamus, quod si quis tantæ temeritatis fuerit, ut domum habitationis alicujus, seu Curtivum dictæ domus intraverit cum armis contra voluntatem illius, qui dictam domum*

habitaverit, etc. Vide supra *Curtevicium.*

CURTORIA. Charta Henrici II. Regis Angliæ pro Monasterio de Bernaio in Norman. in 106. Regesto Tabularii Regii Ch. 84 : *Videlicet villam quæ dicitur S. Albini, et Ecclesiam ejusdem villæ, fagetum, logias, Curtoriam, cum suis appendiciis, etc.*

* Idem videtur quod *Cortis* 1. Vide in hac voce et supra *Curtaricium.*

* **CURTUS.** Curtum Tenere, Gall. *Tenir de court*, Aliquem cohibere, coarctare. Reg. Phil. Aug. ex Chartoph. reg. sign. 34. bis part. 1. fol. 86. r°. fol. 2 : *Mandavimus hominibus nostris, quod illos ita arctarent et Curtos tenerent, quod prædictas non possent capere nec terras comburere, nec munire fortericiam contra nos.*

* **CURVA**, Tignum incurvum, Gall. *Courbe*, Hispan. *Curva.* Guido de Vigevano MS. de Modo expugn. T. S. cap. 8 : *Et post hæc præparentur Corvæ vij. scilicet duæ completæ, sic factæ, quæ ponantur in capite navis, super quibus fortiter clavelabuntur assides navis, et aliæ quinque Curvæ sic factæ ponantur in medio....... Sed antequam firmetur navis super Curvis habeantur stapini;... et postea fortiter inclaveletur navis super Curvis illis.* Vide supra *Corba* 3.

¶ **CURTUS.** Vide in *Cortis* 1.

CURVADA. Vide *Corvata.*

¶ **CURVALICA** Simplex, Curvalis Antiqua, Species scripturæ. Vide *Scriptura.*

¶ **CURVALIS,** Modus agri. Charta Adeberti Moguntini Archiep. Rer. Mogunt. tom. 2. pag. 464. Edit. 1722 : *Madtildis vidua, soror Wolffmanni* XXIII. *Curvales, Wolffmannus et frater ejus decem et dimidium, Gezacha tres et dimidiam fretam . . . earum Fratrum usibus mancipavit.* Vide *Croada* 2.

¶ **CURVANA** Inæqualis, Species scripturæ. Vide *Scriptura.*

CURVARE. Vide *Cravare.*

¶ **CURVATA.** Vide *Corvatæ.*

* **CURVATICUM,** Jus exigendi *curvatas* seu operas, quas subditi et rustici dominis suis præstare ex lege vel consuetudine tenentur. Charta Rogerii reg reg. Sicil. ann. 1137. tom. 4. Cod. Ital. diplom. col. 8 : *Condonamus...... angarias, terraticum, herbaticum, Curvaticum, calendaticum, vinum, olivas et lanam.* Vide in *Corvatæ.*

* **CURVATOR** inter feudales famulos archiepiscopi Mediolanensis recensetur, in Charta ann. 1221. apud Murator. tom. 1. Antiq. Ital. med. ævi col. 637 : *Piscatoribus, pecorariis, releporiis, pictore, Curvatore.*

CURVATURA. Index errorum Valdensium § 25 : *Omnia paramenta Episcoporum, infulas, chirotecas, Curvaturam, annulos* (reprobant.) Legendum forte *paraturam*, nisi *Curvaturæ* nomine intelligatur pedum Episcopale incurvum.

1. **CURUCA,** Navis, alias *Carrucha*, nostris *Carrache*; Gildas in Epist. sect. 15 : *Itaque de illis ad sua remeantibus emergunt certatim de Curucis, quibus sunt trans Styticam vallem evecti, quasi in alto Titane, etc.* Polydori Virgilii Editio *Carruchis* præfert : Editio Jon. Josselini *Curucis.*

* 2. **CURUCA**, *Brunete, vel homo qui sanat estrange.* *Curucare, Corrumpre mariée.* Glossar. Lat. Gall. ex Cod. reg. 7692. Aliud Gall. Lat. ex Cod. 7684 : *Curucare, corrumpendo uxorem, faire cous.* Rursum aliud edit. apud Labbeum : *Curuca, coux qui nourrit autruy enfans. Curucare, acoupir.* Theod. Gazæ *Curuca* ex Sat. 6. Juvenal. v. 275. est avis, quæ Aristot. lib. 6. cap. 7. et lib. 8. cap. 3. dicitur ὑπολαίς vel ἐπιλαίς. Vide *Cucurbitare* 2. et supra *Cucusare.*

CURVIS. Vetus Charta Longobardica in Chronico Monasterii S. Sophiæ Beneventani pag. 613 : *In primis casas cum Curvibus et ortis, molinio, balneo, seu clausuris, etc.* Videtur legendum *Curtibus.*

CURULLUM, Supellectilis mensariæ species. Tabularium Monasterii S. Andreæ Viennensis : *Ut quicunque Cœnobita deinceps sacrilegium facere ausus fuerit, subripiendo de Refectorio cyffum, aut Curullum, aut mantile, aut quodlibet utensile refectorii, ultimus maneat ubique velut fur.* [An *Cochlear*, Gall. *Cuillier?*] [* Leg. forte *Cultellum.*]

¶ **CURULUS**, θρόνος ἡγεμονικός, *Sella Curulis*, in Supplemento Antiquarii.

* Ita Gloss. Lat. Gr. ubi codex Sangerm. habet, *Curulis*, ex Castigationibus in utrumque Glossar.

¶ **CURUSTUS**, *Magnus.* Gloss. Isid. Excerpta legunt, *Coruscus.* Cerda in Adversariis emendat : *Crossus* vel *Crassus, Magnus.*

¶ **CUSARE**, Frequenter cudere, apud Priscianum pag. 890. Sed infra in *Cusire* idem est quod Suere, Gall. *Coudre.*

CUSCHA. Charta anno 1158. apud Ughellum in Archiepiscopis Mediolan. : *Cum... campis, pratis, vineis, Cuschis, gerbis, etc.* Forte *Tuschis.* Vide *Tasca, Taschia.*

¶ **CUSCHINUS**, Anglis *Cushion*, Pulvinus, Gall. *Carreau, Cussin.* Charta Ricardi I. Angl. Regis ann. 1382. apud Rymer. tom. 7. pag. 356 : *Cortinas pro lectis blueti coloris continentes sex pecias, unam magnam cultricem pro lecto, et sex Cuschinos pro camera.* Vide *Cussinus.*

* **COSERE**, ut *Cusire*, Suere, Ital. *Cucire* et *Cuscire*, Gall. *Coudre.* Stat. Placent. lib. 6. fol. 80. v°. : *Item provisum est quod sartores de drapis non possint accipere de taliando et Cusendo infrascripta, ultra infrascriptas quantitates, etc.* Glossar. Provinc. Lat. ex Cod. reg. 7657 : *Cusir, Prov. suere, sarcire.*

* **CUSINA**, Ital. *Cucina*; Culina, Gall. *Cuisine* Stat. Cadubr. lib. 3. cap. 76 : *De non tenendo linum in Cusina vel supra, vel stupa. Statuimus et ordinamus quod nemo sit ausus in coquina aliqua, vel in stupa, ubi ignis, sive in furno, ponere linum, etc.*

¶ 1. **CUSINUS**, Gall. *Cousin*, Consobrinus, Patruelis. Miracula B. Henrici Baucenens. tom. 2. Junii pag. 384 : *Testis Benedictus de Tonello ejus Cusinus.*

¶ 2. **CUSINUS**, Pulvinus. Vide in *Cussinus.*

CUSIRE, Isidoro in Gloss. *Consuere.* Italis *Cucire*, Gallis, *Coudre.* Gloss. Græc. Lat. : Περιράπτω, *Suo, Cusio. Cusuere*, ῥάπτειν, in Gloss. Lat. Græc. Gloss. Arabico-Lat. : *Insuo, sagitto, Cosuo. Cusare* dixit Pelagius in Vitis Patrum : *Faciebat quoque plectam de ipsis palmis, et Cusabat usque ad horam sextam.* Occurrit præterea lib. 2. de Miracul. S. Bertini cap. 5.

* **CUSITURA.** Vide supra *Cucitura.*

* **CUSITUS**, Ital. *Cucito*, Consutus; dicitur etiam de re cum altera apte conjuncta, quasi consuta. Guido de Vigevano MS. de Modo expugn. T. S. cap. 8 : *Ex istis* (assidibus) *fiat fundus navis bene Cusitus et stagnus, taliter quod aqua non possit ingredi... Et assides ipsius spondæ sint fortiter Cusitæ et stagnæ, etc.* Vide supra *Cusere.*

¶ **CUSOR**, ἐλάτης χρύσου ἢ ἄλλης ὕλης, *Fur auri aut alterius materiæ.* Supplementum Antiquarii. [* Ita et Gloss. Lat. Gr.]

CUSORES Linarii, in leg. 1. de Excusat. artif. lib. 10, 64. Τῶν λιναρίων κνῆσαι, qui cudunt lina. Cujac. [** Conf. Cod. Theod. lib. 13. tit. 4. const. 2. ibique Hænelium ad vocem *Scasor. Linarii* in Cod. non legitur, ita ut *Cusorem* eundem esse qui in Gloss. Lat. Græc. ἐλάτης facile crederem, nisi *Bractearii* in Cod. loco mox nominarentur. Forcellino est Qui nummos cudit.]

* **CUSPIA**, Cuspis, Ital. *Cuspide*, Gall. *Pointe.* Guido de Vigev. MS. de Modo expugn. T. S. cap. 2 : *Habeat* (truncus) *duas cavaturas, scilicet unam ab una parte et aliam ab alia, grossas et profundas, ut Cuspia unius cutelli........ Sintduæ Cuspiæ una ab una parte et alia ab alia, altæ et grossæ sicut est Cuspia unius cutelli.*

CUSPUS, Ligneum sandalium. Gloss. Latin. Græc. : *Cuspus*, ξύλινον σανδάλιον. Glossæ Basilicon : Κοῦσπος, ξυλόπους. Regula Magistri cap. 81. de calceis Monachorum : *Ad nocturnos vero in æstate ligneos Cuspos utantur, ne inquinatis pedibus ad suum revertentes stratum, lectorum sagos coinquinent.* Ita Codex Regularum apud Menardum.

Græcis recentioribus, κοῦσπος, est *Cippus*, genus tormenti, quo servi torquentur. Glossæ Basilic. : Ποδοκάκκη, ξύλον τὸ ἐν εἱρκτῇ, ἐν ᾧ τὰς πόδας ἐμβάλλοντες ἔχουσιν, ὃ παρὰ Ῥωμαίοις καλεῖται κοῦσπος. Gloss. Lat. Græc. : *Cippus*, ποδοκάκκη. Vide Gloss. Meurs. et Fabroti ad Cedrenum, [ac med. Græcit.]

* **CUSSINA**, inter pastus porcorum recensetur, in Libert. castri Lautric. ann. 1273. tom. 8. Ordinat. reg. Franc. pag. 39 : *Volumus eciam quod liceat vobis et universitati prædictæ et singulis de eadem uti pasturalibus, nemoribus, lignis, glandibus, Cussinis, et aliis pastibus porcorum, animalium nostris, seu in toto Lautriguesio sitis.* Vide supra *Cassoata* et *Cursus* 11.

¶ **CUSSINUM**, Cervical, Gall. *Coussin, Oreiller, Chevet.* Bernardi Ordo Cluniac. part. 1. cap. 17 : *Pro signo capitalis, vel quod vulgariter Cussinum dicitur, etc.* Bis legitur in Testamento Abbonis Canonici Autiss. ann. 1191.

CUSSINUS, Pulvinus, Gall. *Coussin.* Occurrit apud Arnoldum Lubecens. lib. 3. cap. 29. in Speculo Saxon. art. 22. § 4. art. 24. § 2. in Chron. Centul. Hariulfi lib. 3. cap. 3. in Vita B. Dodonis *de Hasch* Ord. Præmonstr. num. 2. in Chronico Abbatiæ S. Trudonis lib. 1. pag. 350. apud Michaelem Scotum lib. 4. Mensæ Philosophicæ cap. 43. etc. Ex quibus emendandum Testamentum Riculfi Episcopi Helenensis ann. 915 : *Facistergio uno, Cessi-*

nos, *pallio uno*, *etc.* Legendum enim *Cussinos.* Videtur autem vox hæc Gallica *Coussin*, efficta, quasi *Coessin*, derivarique a *Coite*, Culcita. [Derivatur a Germano *Kussen*, quod idem significat.] [** Conf. Graff. Thesaur. Ling. Franc. tom. 4. col. 524.] Vide *Cottus*, et [*Coisinus.*]

Cusinus. Epistola Incerti ad Pipinum, tom. 2. Hist. Franc. pag. 664 : *Dirigo munuscula parva, non tamen parvo voluntatis affectu, id est, Cusinos 2. etc.*

¶ Cosinus. Eadem notione, in Statutis Cardinalis Trivulcii Abb. S. Victoris Massil. ann. 1531.

¶ Coysinus. Charta anni 1377. ex Archivo S. Victoris Massil. : *Item tres Coysinos pro tenendo missale.*

¶ Cuzinus. Leges Palatinæ Jacobi II. Regis Majoric. inter Acta SS. Junii tom. 3. pag. LXXII : *Necnon tuabola, et Cuzini, et frontalium, et alia de quibus in Ecclesia copiose haberi nostræ intentionis est.*

¶ Cussyns, Anglis *Cushion.* Chartula ann. 1388. apud Rymerum tom. 7. pag. 590. col. 1 : *Sex banthalia, duas duodenas de Cussyns de opere tapseriæ, viginti candelabra de laton, etc.*

* **CUSSO**, Modus agri. Charta ann. 1303. in Reg. 74. Chartoph. reg. ch. 308 : *Item acquisierunt* (religiosæ S. Saturn. Tolos.) *titulo emptionis....... quatuor Cussones ad allodium, tenentes tria sextaria....... frumenti ad mensuram Bazani.* Vide supra *Cursorium.*

¶ **CUSSIO** τῆς μονήτης, *Percussio monetæ*, in Supplemento Antiquarii. *Cussio monetæ*, apud Rymerum tom. 5. pag. 506. col. 2. [** *Cusio monetæ*, in Cod. Theod. lib. 11. tit. 16. const. 18.]

CUSSOLS, Species tributi, ac pensitationis. Curia Generalis celebrata Barcinone ann. 1291. a Jacobo II. Rege Aragon MS : *Item quod Clerici et Milites non teneantur solvere in Ilerda, vel in aliis locis leudas, pedagia, vel Cussols de reditibus eorum propriis.* [* Vide supra *Ccuraria* et mox *Cussura.*]

* **CUSSURA**, Præstationis genus, f. quod pro mensura exigitur. Charta ann. 1150. ex Cod. reg. 5132. fol. 106. v° : *Habet comes* (Barchinonensis) *in omni isto honore stachamenta, et placita, et justitias, et Cussuras totas...... Et tenent bajuli istius honoris ad feuum....... Cussuras totas de ordeo et de cibaria.*

¶ **CUSSUS**, Cusus, percussus. *Cussa moneta*, apud Rymerum tom. 4. pag. 609. et tom. 5. pag. 71.

* **CUSTA**, Impensa, sumptus, Hisp. *Costa*, Gall. *Coust.* Charta ann. 1208. ex Chartul. Longivadi : *Sciendum est quod maragium illud, quod in finagio Ulmacii capi non poterit, in nemoribus Longivadi capietur, et Custæ et gravamina in commune solventur.* Vide infra *Custus* 1.

CUSTAGIUM, Custamentum, Custancia, Custare. Vide in *Custus.*

* **CUSTELLUM**, Supplicii genus, Gall. *Carcan, pilori.* Charta ann. 1161. inter Probat. tom. 1. Hist. Nem. pag. 38. col. 1 : *Latronum custodia et cohertio minor, ut est vincire, verberare, tondere, in Custello ponere, ad vicarium pertinent.* Vide supra *Costellum.*

* **CUSTENGIUM**, ut supra *Custa.* Charta Henr. comit. Vienn. ann. 1227. ex Chartul. Campan. in Cam. Comput. Paris. fol. 218. r°. col. 2 : *Theobaldus Campaniæ et Briæ comes....... tradidit litteras suas patentes..... Henrico Barri comiti, quod se teneat ad feodum meum, quod a domino comite Campaniæ teneo in nundinis, donec de quingentis libris Stephaniensibus et Custengiis rationabilibus inde provenientibus, si de pagamento in statutis terminis deficerem. Tam de capitali quam Custengiis*, in alia Ch. ejusd. comit. ibid. Vide in *Custus* 1.

* **CUSTICA**, Frutetum, dumetum, Gall. *Crossaille.* Benzon. episc. Albens. Comment. de Reb. Henr. III. imper. lib. 5. apud Ludewig. tom. 9. Reliq. MSS. pag. 344 : *Sed Brandelli Asinander, asinus hæreticus, congregavit Patarinos ex viis et sepibus, et replevit totam terram Custicis et vepribus.* Vide supra *Curalha.*

* **CUSTODA**, Velum, aulæum, et præsertim illud quo tegitur pyxis Eucharistica, nostris *Custode.* Inventar. S. Capellæ Paris. ann. 1376. ex Bibl. reg. : *Item quatuor Custodæ antiquæ ex variis coloribus. Item una pecia Custodæ de serico albo radiata.* Hist. Caroli VI. ad ann. 1401 : *Et cheut le tonnerre ...... en la chambre de la reyne,...... et brusla toutes les Custodes et courtines de son lict.* Lit. remiss. ann. 1445. in Reg. 176. Chartoph. reg. ch. 375 : *Icellui Andry tira et sacha les courtines ou Custodes de la bouticle d'icellui barbier.* Pro Theca seu armario, in aliis ann. 1398. ex Reg. 153. ch. 296 : *Icelle suppliante prist huit cuvellettes d'argent estans en une Custode et unes heures à deux petits cloans d'argent.* Pro Lamina, Gall. *Platine*, legitur in Lit. remiss. ann. 1416. ex Reg. 169. ch. 471 : *Le suppliant... prinst et emprunta une Custode d'arain ronde à un biquet.* Vide *Cortina* in *Cortis* 2. et mox *Custodia* 7.

* **CUSTODERIA**, Idem quod infra *Custodia* 8. Instr. ann. 1545 : *In cujus rei testimonium nos custodes præfati sigillum prædictæ nostræ Custoderiæ quo utimur, et signo manuali notarii subsignati, præsentibus litteris duximus apponendum.*

1. **CUSTODIA**. Custodiæ, Vigiliæ, excubiæ Latinis Scriptoribus. Decretio Chlotarii II. Regis cap. 1 : *Decretum est, ut quia in vigilias constitutas nocturnos fures non caperent, eo quod per diversas intercedente conludio scelera prætermissa Custodias exercerent, Centenas fieri.* Infra : *Capitale tamen qui perdiderit, a Centena illa accipiat absque dubio, hoc est, de secunda et vel tertia Custodia.*

Sumitur etiam pro ea obligatione, qua tenentur vassalli *excubias* facere in castris dominorum, quas vulgo *Gardes* vocant. Regestum Castri Lidi in Andibus fol. 22 : *Hi sunt homines, qui debent Custodiam apud Castrum Lidi, Dominus Montis aurei per duos menses, etc.* Fol. 26 : *Hi sunt, qui debent Garde apud Castrum Lidi. Alainnus de Semblençai duos menses, etc.* Fol. 37 : *Comes habet in terra de Corcillon hostem, Custodiam, talliatam, etc.* [Regestum Campaniæ apud D. *Brussel* tom. 1. de Feudorum usu pag. 124 : *Lucans de Triaus et Gervasius de Vienna debent facere continuum estagium in castro sanctæ Menoldis ab instanti festo S. Remigii, quod est anno Incarnationis Dominicæ M°. CC°. primo, in duos annos completos. Et deinceps unusquisque eorum faciet in eodem castro singulis annis sex septimanas de Custodia. Ego autem Blanca Comitissa* (*Campaniæ*) *dedi unicuique illorum sexaginta libras pro domibus faciendis.* Pag. 125 : *Heres Galteri Chasce feneratoris, tres menses Custodiæ ; et quoniam Custodiam fecit, Comes dabit ei centum solidos.*] Vide *Warda.*

Custodia Terræ. Vetus inquesta in Regesto Philippi Aug. Herouvalliano fol. 163 : *Hugo de Bolcio tenet Custodiam terræ suæ, unde debet duos menses de Custodia.* Infra : *Unde debet exercitum et equitationem ad custum domini, et unum mensem de Custodia ad suum.* Vide *Stagium.*

Custodia, Idem qui *Circa*, *Circator*, qui vigilias circa Monasterium noctu obit. Vita S. Aicadri Abbatis Gemeticensis cap. 28 : *Quadam nocte ille pastor egregius vigilias divinas super gregem dominicum faciens, fratribus omnibus præter Custodias soporatis, vidit, etc.* [*Ne Prior Claustralis faciat Custodias*, prohibetur in Capitulo Generali S. Victoris Massil. ann. 1312. ex Archivo ejusdem.]

2. **CUSTODIA**, sic Monasterium suum, seu *Custodis* Monasterii dignitatem vocant Franciscani, quo modo Græcis Φυλακαί dicuntur mulierum Monasteria, apud Palladium in Hist. Lausiaca cap. 15 : Ὁ μὲν γὰρ πάντα διασκορπίσας ἔδωκεν ἀσκητηρίοις, καὶ Ἐκκλησίαις, καὶ φυλακαῖς. Idem cap. 39 : Οἰκονομοῦντες τὰ τῶν γυναικῶν Μοναστήρια καὶ φυλακάς. Adde cap. 144.

¶ Custodia Canonicorum, Simili notione pro Collegium. Præceptum Caroli Simplicis ann. 919. apud Mabill. lib. 6. Diplom. pag. 163. desinente : *Denique disponimus in eadem capella Custodiam Canonicorum, qui ibi sint jugiter, ac die noctuque Deo laudes horis psallant competentibus.*

3. **CUSTODIA**, Dignitas Custodis Ecclesiastica, apud Ughellum tom. 4. pag. 410.

4. **CUSTODIA** dicitur, quoties judex officialibus suis reum custodiendum tradit, quæ *Custodia officii* dicitur in leg. 2. Cod. Theod. de Exhib. reis (9, 2.) et leg. 4. de Abolit. (9, 37.)

Custodia Captorum, ad quam tenebantur ex Lege, urbium aut oppidorum incolæ. Charta Ludovici Comitis Blesensis et Claromontis pro villa Creduliensi, seu *de Creil*, anno 1197 : *Nullus Creduliti manens extra villam corvatam faciet. Custodiam captivorum quito, etc.* Eadem habet Charta Communiæ Britul. ann. 1224. Vide *Escapium*, *Priso.*

¶ Custodia Pupillorum. Vide post *Custos.*

5. **CUSTODIA**. Visitatio Thesaurariæ S. Pauli Londinensis ann. 1295 : *Item aliud Omelium,* (Homeliarium)... *incipiens, præter ea, quæ scribuntur in Custodiis, Dominica prima Adventus, in illo Evangelio, etc. præter ea, quæ scribuntur in Custodia... Item novum sanctorum Ricardi de Ely, incipiens in translatione S. Thomæ Martyris, quasi in primis Custodiis, et initio aliarum legendarum anni, et finit in legenda S. Edmundi Archiepiscopi.*

* F. Ordo recitandi officium ecclesiasticum.

6. **CUSTODIA**, Theca, Gall. *Custode*. Charta ann. 1321. apud Catellum in Hist. Occit. pag. 901: *Et unum amictum, et quædam palla, et 2. Custodiæ, et quidam manipulus de aurefrisio etc.* Petrus de Alectis Episcop. Senogalliensis in Itinerario Gregorii XI: *Reservata Eucharistia, repositaque per suas manus sacratissimas in Custodia.* [Constitutiones Ecclesiæ Valentinæ inter Concil. Hisp. tom. 4. pag. 177: *Collatio sive gustatio hactenus dari solita per Suboperarium Ecclesiæ Canonicis aliisque Presbyteris atque ministris deferentibus Custodiam in processione SS. Corporis Christi, etc.*] Occitanis, *Custodio* exponitur, *Coffre ou poitrine d'animal*, *Squelete*, in Dictionario Occitanico Goudelini.

* 7. **CUSTODIA**, ut supra *Custoda*. Inventar. S. Capellæ Paris. ann. 1363. ex Bibl. reg.: *Item solebant esse duæ Custodiæ et una toaillia parata ad lilia aurea, et aquilas et leunculos de perlulis.* Inventar. Gall.: *Item souloit avoir deux Custodes et une touaille parée etc.*

* 8. **CUSTODIA**, Dignitas seu beneficium curionis, Gall. *Cure*. Charta Margar. comit. Fland. ann. 1279. ex Chartul. 1. Fland. ch. 312. in Cam. Comput. Insul.: *Nos custodiam ecclesiæ beatæ Walburgis Aldenardensis ad collationem nostram spectantem in manus viri discreti P. Cetuniensis præpositi....... ponimus, ut eam quam primum vacabit, quoquo modo nostro nomine conferat.* Alia ann. 1287. apud Ludewig. tom. 12. Reliq. MSS. pag. 351: *Sunt autem hæc jura, quæ in capitulo nostro dominus noster præpositus obtinet in præsente; ... scholasticam conferet, quando vacat, et Custodiam, cui ecclesia S. Egidii in Bibera est annexa.* Vide supra *Custoderia*.

* 9. **CUSTODIA**, *Custodis* seu thesaurarii ecclesiæ dignitas et officium. Acquisit. castri Covini ab episc. Leod. ann. 1096. ex Tabul. ejusd. eccl.: *Tali conditione, ut duas præbendas darem duobus filiis* (Balduini comit. Montens.) *in ecclesia S. Lamberti et majori darem duas alias præbendas in omnibus aliis monasteriis, insuper et Custodiam post decessum domini Walsonis custodis.* Versio Gallica: *A telle condition que donnerois aux siens deux fils en l'église de S. Lambert deux prébendes, et au plus grand d'eage donnerois deux autres prébendes en tous autres monasteres, et au surplus la Costerie après le décès et trespas du seigneur Wason costre.* Vide supra *Costurarius*.

* 10. **CUSTODIA**, Tutela, protectio, simul et Præstatio a tenentibus facta dominis pro tutela; item Jurisdictio et districtus territorii, quod sub tutela est. Charta Theobald. comit. Campan. ann. 1232. tom. 4. Ordinat. reg. Franc. pag. 683: *Ego concessi et obligavi me et hæredes et successores meos erga ecclesiam Molismensem, quod Custodiam, quam habeo in quibusdam villis ad eamdem ecclesiam pertinentibus,...... neque ego, neque successores mei comites Campaniæ extra manum nostram ponere possimus.* Alia ann. 1287. ex Chartul. Latiniac. fol. 183. v°: *Decem arpenta pratorum vel circiter, quæ emimus a dom. Johanne de Julliaco milite, sita in praeria et Custodia de Latigniaco..... Remanentibus penes ipsos alta et bassa justitia et Custodia in dictis pratis.* Vide *Salvamentum* 1.

* 11. **CUSTODIA**, Observatio, victus ratio, Gall. *Garde, régime*. Lit. remiss. ann. 1350. in Reg. 80. Chartoph. reg. ch. 83: *Propter suam temerariam seu pravam Custodiam, infra quindecim dies..... dicitur expirasse.*

* 12. **CUSTODIA**, Custos pecorum, Gall. *Gardien*. Pactum inter Arn. de Villanova dom. de Transio et homines ejusd. castri ann. 1283: *Item fuit pactum quod si aliqua Custodia avere suum scienter de nocte* (intrare permiserit) *in prato alieno vel defenduta, solvat pro persona sua pro pœna quinque solidos.*

* 13. **CUSTODIA** Augusti, Jus *messarios* seu messium fructuumve custodes instituendi et emendas seu mulctas a delinquentibus exigendi Charta Inger. Codiciac. ann. 1260: *Nos pacem sive concordiam initam quondam inter cives Cameracenses...... et J. quondam avunculum nostrum,..... super justitia et arboribus eorumdem* (cheminorum) *et Custodia Augusti circa Cameracum, observabimus bona fide.*

* 14. **CUSTODIA** Rauxonnæ, Vestiarium, Gall. *Garderobe*. Testam. Caroli ult. comit. Prov. ann. 1481: *Item legavit dominus rex testator infrascriptis suis valletis Custodiæ Rauxonnæ, sive Valets de Garderobe, pecuniarum summas sequentes, etc.*

** Custodia sylvarum, idem quod Bannus forestæ vel ferarum. Charta Henric. Imper. ann. 1234. in Lunig. Corpor. Jur. Feudal. tom. 1. pag. 183: *Cum Custodiis Sylvarum per Brisgaugiam, quod vulgariter Wildban dicitur, obtinuit, etc.*

Custodiam dare. Species infeudationis, forte ad vitam. Benedictus Abbas in Hist. Henrici II. Regis Angliæ: *Tradidit autem Dom. Rex Willelmo filio Aldelmi Dapifero suo civitatem Wexfordiæ in Custodia, cum omnibus pertinentiis suis, et statuit ut subscripta in posterum pertinerent ad servitium Wexfordiæ, Arkelow cum pertinentiis suis, etc.* Infra: *Tradidit autem ibidem Dom. Rex Roberto le Poer in Custodiam civitatem Waterfordiæ cum omnibus pertinentiis suis, et statuit ut hæc subscripta in posterum pertinerent ad servitium Waterfordiæ, etc.* Rursum: *Postquam autem Dom. Rex apud Oxenford in prædicto modo terras Hiberniæ, et eorum servitia divisisset, fecit omnes, quibus Custodias commiserat, homines suos, et Joannis filii sui devenire, et jurare iis ligeantias et fidelitates de terris Hiberniæ.* Vide *Feudum Gardiæ*.

* **CUSTODIALIS** Obedientia, Redditus sacristæ seu thesaurarii, qui *Custos* dicebatur, officio assignati. Charta Roberti abb. Corb. ann. 1136. ex Chartul. 23. ejusd. monast.: *Percepi nichilominus sumptus Custodialis obedientiæ, non solum ad ejusdem ecclesiæ perfectionem, sed etiam sustentationem, nedum decorationem minus abundare, ut credo; itaque non sine aspiratione divina ipsi obedientiæ Custodiali augmentum rationabiliter atribuere decrevi .... Custos tamen inde solidos tantum viginti procuret solvendos fratrum mei memorum refectioni, in die anniversaria obitus mei.* Vide supra *Custodia* 9.

¶ **CUSTODIANATUS**, Officium Custodis, seu *Guardiani*, Gall. *Gardiennat* apud Fratres Minores. Necrologium MS. Fratrum Minorum Silvanect.: *Febr. obiit ann. Dom.* M. CCC. LXXX. v°. IX. *die mensis Februarii bone memorie fr. Joh. Hale quondam Custos Paris. et de Conventu isto nativus, recepit me ad sacrum* (Ordinem Franciscan.) *videlicet fr. Petrum Paymont pro tempore sui Custodianatus* VIII. *die Aprilis.* Vide *Custodiatus* et *Custodia* 2.

¶ **CUSTODIARIUM**, specula, tugurium Custodis. Tertul. adv. Judæos: *Derelinquetur filia Sion sicut casa in vinea, et sicut Custodiarium in cucumerario.* Vide eumdem ad Martyres cap. 2. Laurentio in Amalthea *Custodiarium*, est *locus ubi aliquid custoditur*.

CUSTODIARIUS, Ugutioni et Joan. de Janua, *Custos*. Vetus Inscriptio: *Sanctissimo. Herculi. invicto. corpor. Custodiar. L. Curtius, etc.*

¶ **CUSTODIATUS**, Idem quod *Custodianatus*. Miracula S. Antonii de Padua, tom. 2. Junii pag. 730: *Cum vero postea a Custodiatu Lemovicensi exoneratus, de Lemovicio versus Italiam tendens, etc.*

* **CUSTODI-NOS**, Canonistis, Confidentiarius, in Conc. Aven. ann. 1594. tom. 15. Concil. in Stat. pro reformat. monach. Bened. art. 54. pag. 27. et alibi.

1. **CUSTODIRE** Festum, seu observare festum alicujus Sancti; quomodo *Garder une Feste*, dicimus. Anonymus de Miraculis S. Bertini cap. 14. apud Mabillonium: *Nulla istic antiquitus de præfato Christi martyre Custoditio agebatur solennitatis, nisi tribus lectionibus totidemque responsoriis.* Infra: *Aram ipsius Martyris in eodem* (Oratorio) *jussit constitui, et ex tunc omni anno ejus na alem in albis cum omni devotione decentissime Custodiri. Observare*, cap. 29. [Ita φυλάσσειν usurpat Typicum S. Sabæ cap. 14. Vide Gloss. mediæ Græcit.]

* 2. **CUSTODIRE** Festum, Custodis nundinarum officium exercere. Vide in *Custos* 4. Lit. ann. 1352. in Reg. 82. Chartoph. reg. ch. 14: *Præpositus abbatis et conventus Altovillaris habebat ex officio suo Custodire festum, prout est aliter fieri consuetum.*

* **CUSTODIRE** Placita, Lites et controversias judicio dirimere. Vita S. Nivardi archiep. Rem. tom. 1. Sept. pag. 283. col. 1: *Nec placita Custodiantur ibi per missos regales, vel per aliquos duces vel comites, etc.* Vide in *Placitum*.

Custodire sese invicem dicuntur virgines Deo sacratæ, in Capitulari 1. Caroli Magni incerti anni cap. 20. tanquam vitæ testes: *Ut virgines Deo sacratæ simul habitantes invicem se Custodiant, nec passim vagando Ecclesiæ lædant existimationem.* Vide *Syncellus*, et *Concellaneus*.

* **CUSTODISSA**, Præfecta sacrario apud moniales, ut interpretantur docti Editores ad Vitam S. Hildegard. tom. 5. Sept. pag. 697. col. 2.

* **CUSTODITIO**, Observatio. Vide *Custodire* 1.

* **CUSTODITOR**, Sponsor, custos, Gall. *Gardien, répondant*. Consuetudo Norman. cap. 9. part. 2. ex Cod. reg. 4651: *Si appellator bonos Custoditores dederit, qui ipsum vivum vel mortuum ad diem nominatum,*

reddere valeant, eis potest ad custodiendum committi; et hujusmodi dicuntur viva prisonia ducis Normanniæ. Ubi Gallicum : *Et se l'appelleur donne bons pleges, qui le prennent en garde, etc.*

* **CUSTODIUM**, Custodia. Charta Gaucheri de Joviniaco ann. 1211. in Chartul. Pontiniac. ch. 67 : *Facient de prædictis duabus partibus* (nemoris) *quicquid voluerint extirpando, minando, arando, metendo, forestarios suos ad Custodium suum pro voluntate ibi ponendo.* Ibid. ch. 112 : *Ad custodiendum nemus suum.*

¶ **CUSTODRIX**, Custos femina. Hyppol. Florentinus in Miraculis S. Humilitatis, Maii tom. 4. pag. 403 : *Petiit a Domina Gista Custodrice ejus.*

¶ **CUSTOR**. f. pro *Custos*, nisi mavis *Custores* hic dici Procuratores a voce *Custus*, quod ipsi *custus* faciant seu expensas. Charta anni 793. apud Schannattum Tradit. Fuld. pag. 51 : *De supradicta te supradictus Abbas habendi, donandi, dominandi, possidendi, vel Custores illius... habeant potestatem.* Vide *Custos* 4.

* Eo certe intellectu, pro dignitate scilicet ecclesiastica, occurrit in Hist. Sabol. pag. 26. ubi legitur inter subscribentes Chartam fundat. monasterii de Cultura Cenoman. *S. Guiteri, Custoris.* [** Germ. hodie *Küster.* Adel. Gloss. Germ. Lat. ap. Graff. in Thesaur. Ling. Franc. tom. 4. col. 534 : *Custor, ædituus; Kuster, sacrista.*]

¶ **CUSTORIÆ**, f. Expensæ a Gallico *Coust.* [* Vel *Cultura.*] Index MS. Beneficiorum Eccl. et Diœces. Constant. fol. 29 : *Rector habet manerium presbyteratus continens septem virgatas terræ, et debet facere Custoriam.* Et fol. 41 : *Rector habet manerium continens unam acram vel eo circa, pro cujus parte facit Custoriam.* Vide *Custus.*

¶ Coustoria, ibidem fol. 39. verso : *Presbyteratus continet duas partes unius virgate terre, et debet facere Coustoriam.*

1. **CUSTOS**, Presbyter aut Clericus, cui Ecclesiæ seu templi cura incumbit, æditus, qui *Custos Ecclesiæ* dicitur in Ordine Romano. Adrevaldus lib. 1. de Miraculis S. Benedicti cap. 26 : *Excubitorum officium sacris templis dicatum non modo modernis temporibus constat : verum prisca ætate sub B. Moyse a Domino legimus tabernaculo sacrato Custodum munia subrogata : quæ processu temporis a sancto Propheta necnon Rege mirabili David, ampliori dispositione ordinata, morem nobis nostræque religioni, ut ita dixero, suggessere. Et quidem vetusta ætas idem officium per successionem prolis excipiebat : nostra vero non propagatione prolis, sed magis puritate vitæ, morumque probitate Officiales admittit, etc.* Custodis munus sic describit S. Isidorus in Regula cap. 19 : *Ad Custodem sacrarii pertinet cura vel custodia templi, signum quoque dandi in vespertinis nocturnisque officiis, vela, vestesque sacræ, ac vasa sacrorum, codices quoque, instrumentaque cuncta, oleum in usus sanctuarii, cera et luminaria.* Similia habentur ex Concilio Toletano lib. 2. Decret. tit. 27. cap. 2. et apud Bernardum Præpositum Papiensem lib. 1. tit. 19. cap. 1. Walafridus Strabus de Vita S. Othmari cap. 11 : *Presbyter quidam... dum in Ecclesia Custodis officium gereret, nocturnæ quietis tempore præficiendis luminaribus Basilicam solitus introire, etc.* Udalricus lib. 3. Consuet. Cluniac. cap. 8 : *Custodi Ecclesiæ, quando sunt omnia signa pulsanda pro anniversario cujusque, etc.* Willelmus Abbas Andrensis in Chron. : *Quidam ejusdem loci æditus, quem nostro more Custodem vocamus.* Eadmerus lib. 1. Vitæ S. Anselmi Archiep. Cantuar. cap. 20 : *Riculphus Secretarii, id est, Custodis, officio in ipso Cœnobio fungebatur.* Adde cap. 33. Ea notione occurrunt *Custodes Basilicarum*, seu *Ecclesiarum*, apud Julianum Antecessor. Constit. 61. in Lege Longobard. lib. 2. tit. 55. § 18. lib. 3. tit. 10. § 1. [** Aist. 10. et 11. 7.] in Capitulis Caroli Magni lib. 5. cap. 229. [** 382. e Julian. Nov.] apud Matth. Paris ann. 1244. et in Vitis Abbatum S. Albani pag. 35. Will. Thorn. pag. 1937. Paulum Warnefrid. lib. de Gestis Longobard. cap. 40. Baron. ann. 872. n. 15. etc. Adde Gregorium VII. PP. lib. 2. Epist. 10. [** Chart. Longob. ann. 782. in Chronic. Vulturn. pag. 364. unde apud Longobardos Custodi ecclesiæ vel cœnobii cura administrationis prædiorum et fundorum incubuisse videtur. Vide mox *Custos*, 4. Custodis vero officium, cui universa suppellex sacra et ecclesiæ custodia concreditæ erant, ita describunt Statuta Eccles. Pinguens. ann. 1403. apud Würdtwein. Subsid. Diplomat. tom. 2. pag. 342. ubi post Præpositum, Decanum, Scholasticum et Cantorem nominatur : *Custos licet personatus officio potiatur, tamen prælatione et cura est exemptus. Hic per se vel campatorem suum ecclesiam et ornamenta ad divinum cultum spectantia, ac libros usuales ad chorum spectantes fideliter custodit; signa horarum et missarum canonicalium pulsari ac luminaria ad summum altare et chorum spectantia, juxta instituta primæva procurabit diligenter.* Vide Chart. ann. 1245. in Guden. Cod. Diplom. tom. 1. pag. 652. *Subcustos* memoratur in Chart. ann. 1208. ap. Schannat. Episc. Wormat. tom. 1. pag. 72. plures ejusdem ecclesiæ custodes in Chronic. Episc. Mindens. cap. 19. ap. Pistorium pag. 726. *Custriæ officium*, in Charta sec. XII. ap. Seibertz. Ducat. Westphal. Docum. tom. 1. pag. 45.]

* Hinc *Contour*, pro *Marguillier*, in Lit. remiss. ann. 1397. ex Reg. 152. Chartoph. reg. ch. 68 : *A Pasques eust un an, le suppliant feust fait et ordonné Contour ou marreglier de l'église et paroisse de Cuercey, etc.*

Custos Altaris, Idem qui *Custos Ecclesiæ.* Charta Isarni Tolosani Episcopi, apud Catellum lib. 5. Rerum Occitan. : *Statuo et firmo cum Hunaldo Abbate Moissiacensi de loco S. Saturnini, quem ego laudo et committo domino Hugoni Abbati Cluniacensi et Hunaldo suprascripto.... hoc videlicet pacto, quod habendum semper retineo quartam partem omnium oblationum Ecclesiæ supradicti Martyris, et proprium Custodem altaris, et victum ipsius Custodis de Claustro accipiendum, et domum ad opus Custodis prope ostium Ecclesiæ, etc.*

2. **CUSTOS**. Custodes in Collat. I. Carthagin. cap. 132. 224. dicuntur, qui Notariis vel Exceptoribus publicis ac delectis adjunguntur, ne quid contra veri fidem in acta referant; *Qui Notariis et Exceptoribus videntur appositi*, ut est in Collat. II. cap. 19. Adde cap. 53.

3. **CUSTOS** Angliæ, qui alias *Gubernator, Rege absente*, nostris *Regent.* Florentius Wigorn. et Simeon Dunelmensis ann. 1067 : Rex *Guillelmus Normanniam repetiit.... fratremque suum Odonem Bajocensem Custodes relinquens, etc.* Tradit Matthæus Westmonaster. anno 1254. Henrico III. in Vasconia agente, *Reginam et Richardum* (Cornubiensem) *Comitem regni Custodes* fuisse; Henricus Knyghton Comitem Cornubiæ *Gardianum terræ Angliæ* constitutum anno 1284. ab Edwardo I. in Vasconiam proficiscente : et Seldenus, Joannem Bedfordiæ et Humfredum Glocestriæ Duces, quibus vicissim regimen Angliæ, Henrico Rege V. in Galliis agente, permissum est, *Custodes Angliæ* vocitatos. Sic Arthurus Princeps Walliæ *Custos Angliæ* constitutus est, Henrico Rege VII. ex Anglia profecto. Sic Petrus Gavestonus *Custos Angliæ* erat, Edwardo II. Rege in Galliis agente. Sic alii. Adde Chronicon Flandr. cap. 74. Sed et Hiberniæ Prorex, *Custos Hiberniæ*, et dignitas ejus, *Hiberniæ Custodia*, stylo solenni, Joannis et Henrici III. Regum maxime ævo nuncupabatur. [** Abbreviat. Rotul. Original. ann. 12. Edwardi III. pag. 128 : *Endenture faite entre Sire Edward eisnez fitz au noble roi d'Engleterre, ducs de Cornewaille, count de Cestrie et Gardeyn d'Engleterre d'une part, etc.*]

Custodes Regni : dicti etiam apud nostros, qui postmodum *Regentes* in Epist. 116. ex Sugerianis. Exstat Charta Philippi III. Regis ann. 1270. data in Castris juxta Carthaginem, descripta a Duchesnio in Probat. Hist. Castilioneæ pag. 69. qua, si quid sibi humanitus contingeret, fratrem suum Carolum *Custodem Regni* constituit, donec Ludovicus Regis filius annum 14. complevisset. Vide *Regens.*

¶ 4. **CUSTOS**, Syndicus, Procurator in Monasterio S. Bertini. Chron. Joannis Iperii inter Anecd. Marten. tom. 3. col. 757 : *Primum officium fuit Custodis, cui addiderunt officium Procuratoris ad causas Ecclesiæ defendendas et prosequendas, cum bonis Custodiæ ab antiquo deputatis.*

* 5. **CUSTOS**, idem qui Curio, parochus; eo nomine potissimum appellantur curiones sanctæ Crucis Lugdunensis. Locus est supra in *Custoderia.*

* 6. **CUSTOS**, Qui et *Magister* hospitalis, in Charta fundat. hospit. S. Joan. Bapt. *Braggewater* ann. 1219. ad calcem Chron. Walt. Hemingford. tom. 2. pag. 598. edit. Hearn. : *Item, ut fratres dictæ domus magistrum seu Custodem de suo gremio eligendi..... habeant facultatem.*

* 7. **CUSTOS**, Aulæum, velum, Gall. *Courtine, rideau.* Invent. S. Capellæ Paris. ann. 1376. ex Bibl. reg. : *Item, duæ Custodes et una thobalia parata ad flores lilii auri, cum aquilis et leonibus de perlis figuratis.* Obituar. eccl. Lingon. ex Cod. reg. 5191. fol. 203. v°. : *Tres toellas altaris cum duabus Custodibus.* Lib. niger. eccl. S. Vulfr. Abbavil. fol. 29. v°. : *Item duæ Custodes aureæ, etc.* Vide supra *Custoda.*

* 8. **CUSTOS**, Districtus custodis. Charta Hugon. de Monte-forti in Reg. 74. Char-

toph. reg. ch. 61 : *Hugoni senescallo meo dedi suum hospitagium in foresta mea de Monteforti in Custode sua et in Custode aliorum forestariorum meorum et duas arbores ad Natale Domini.*

* 9. **CUSTOS**, Cui aliquid agendum vel regendum committitur. Libert. S. Marcellini ann. 1343. tom. 9. Ordinat. reg. Franc. pag. 381. art. 14 : *Quod hæredes et successores dicti domini dalphini et dictæ villæ domini, quando de novo venient ad regimen dalphinatus,.... præstare debebant juramentum, quod ipsi dictas franchisias, libertates, immunitates et dicta privilegia dictorum burgencium.... illibata tenebunt et observabunt per se et suos Custodes.*

Custos Assisarum, in Fleta lib. 1. cap. 20. § 22.

Custos Cambii, apud Anglos, in Fleta lib. 1. cap. 22. § 12. Liber Rubeus Scacarii Dublinensis apud Jac. Waræum in Antiquit. Hibernicis cap. 25 : *Magister Guillelmus de Wimundham Custos Cambiorum Dom. Regis in Anglia.* [** *Mandatum est Johanni de Flete, Custodi Cambii regis Londinensis, etc.* in Abbrev. Rotul. Edward. III. ann. 12. pag. 128.]

Custodes Castrorum *vel Maneriorum Regis,* in Fleta lib. 1. cap. 20. 114. qui alias *Villici.*

* Custos Chori, Cantor, qui choro præest. Cerem. vetustiss. eccl. Carnot. MS. : *Custos chori incipiat ad vesperas antiphonas et hymnum.... Custodes chori de quinto statu et grandi, etc.* Vide supra *Choreatius.*

Custos Ciborum, Officium in Coquina Regia, in Ordinat. Hospitii S. Ludovici Regis Franc. ann. 1269. vulgo *Gardemanger.*

Custodes Civitatis *ad recognitiones debitorum accipiendas deputati*, in Fleta lib. 2. cap. 68. § 2. 7.

Custodes Communiæ, Major et Scabini urbis, penes quos observationis Chartæ Communiæ cura incumbebat, in Charta Communiæ Belnensis ann. 1202. apud Perardum pag. 275. et Valliaci ann. 1187. tom. 13. Spicilegii Acheriani pag. 325. Vide Chron. Flandr. cap. 76.

Custos Corporis Regis, Qui vestium Regis curam habebat, *Vestiarius.* Helgaudus in Roberto Rege Franc. : *Evocat sui corporis Custodem, et ut aliud sibi ejusdem generis deferat ornamentum, humillimis verbis imperat.*

Custos Crucis, Cui sacræ, ut opinor, Crucis Christi Hierosolymis in sancta Anastasi servandæ cura incumbebat, ut in aliis Ecclesiis reliquiarum Martyrum custodia penes eos erat, qui *Custodes Martyrum* et *Martyrarii* nuncupati sunt. Victor Tunnensis in Chron. in Anastasio : *Elias Episcopus Hierosolymitanus.... exilio traditur, et pro eo Joannes Crucis Custos Episcopus ordinatur.* Ubi Theophanes pag. 134 : Καὶ ἐχειροτονήθη Ἰωάννης ἀπὸ σταυροφυλάκων. Sane Francis nostris Hierosolymitanum regnum obtinentibus, hocce titulo, Dominicam crucem servabat Canonicus sanctæ Anastaseos. Vide Gretzer. de Cruce pag. 256. et 2584.

Custos Dominicorum Regis, apud Anglos, in Monastico Anglic. tom. 2. pag. 278. id est, Domanii Regii.

Custos Domus Infirmorum, Officium Monasticum, idem quod *Infirmarii*, de quo Chronicon S. Trudonis lib. 10. pag. 464.

Custos Dormitorii, in Libro MS. Ordinis S. Victoris Parisiensis cap. 68. Cui Dormitorii Monastici cura incumbit.

Custos Ecclesiæ. Vide supra *Custos* 1.

Custodes Ecclesiarum *et sanctorum locorum*, in leg. 26. Cod. Theod. de Episcop. (16, 2.) quam legem de Ecclesiis et cti. Vide Palæstinæ interpretantur viri doctis SS. Baron. ann. 381. n. 16. et *Warda.*

* Custos Fautalis. Vide infra *Fautalis.*

Custodes seu *Magistri, et Custodes Forestarum et Aquarum*, in Statuto Philippi Pulcri pro reformatione Regni ann. 1302. art. 7. nostris *Maistre des Eaux et Forests de France.* Vide *Forestarius.*

Custodes Gaolarum, seu carcerum, quorum munus fuit quandoque in feodo, et quædam *Serjantia* reputabatur, ut est in Fleta lib. 1. cap. 26. § 5.

Custodes Gaugeriæ, in Itinere Camerarii Scotici cap. 1. Vide *Gageria* post *Vadium.*

Custodes Hostiorum *in itineribus, qui virgam portant coram Justitiariis de Banco*, de quibus Fleta lib. 2. cap. 39. et Statutum 2. Westmonast cap. 48.

Custos Laboris, Qui Monachorum labori invigilat, in Usibus antiquis Cisterc. cap. 75.

Custos Martyrum. Vide *Martyrarius.*

Custos Meretricum. Charta Roberti Ducis Normanniæ Richardi filii, in Regesto Normanniæ sign. P. in Camera Computorum Paris. : *Et prædictus Baldricus et Regardator et Panagator meorum forestarum habens tantum in donis et liberationibus reguardi et panagii, quantum unus ex Magistris reguardatoribus et panagatoribus meis per totam Normanniam et .... Custodum meorum ad justitiam gladii mei pertinentium, et Custos meretricum publice venalium in lupanari de Roth. et Marescallus meus, quando moror Roth. habens unaquaque die pro ordinationis meæ Roth. de liberatione 6. panes, et 6. fercula coquinæ, et unum sextarium vini, etc.*

¶ Custos Monasterii, Idem qui *Ecclesiæ* Monachorum. Epistola Monachorum Burgidolensium, vitam Hervei continens, librosque ab eo conscriptos, apud Acher. Spicil. tom. 2. pag. 516 : *Librum etiam non minimum fecit de miraculis S. Mariæ Dei genitricis, quæ eadem inviolata Virgo temporibus ejus gessit in Dolensi Templo, quæ ipse mox postquam gesta erant, sicut audiebat ab ipsis, in quibus fiebant, et a Monacho Custode Monasterii, sine aliqua dilatione scribebat.*

Custodes Monetæ, in Statutis Davidis II. Regis Scotiæ cap. 46. § 2. qui Monetæ cudendæ præfectus est, nostris *Garde de la Monnoie.* Statuta S. Ludovici Regis : *Le Garde de la Monnoie devoit jurer, que il gardera bien et loiaument la Monnoie, et que les Trousseaux et les Piles, que li tailleur d'icelle monnoie lui baudra, que il les gardera bien et loiaument, et ne les baillera à nulli, fors que as monnoiers, qui la monnoie monnoieront.* Custodes Monetæ in unaquaque officina monetaria ad duos reduxit Carolus V. Regens, 27. Febr. ann. 1359.

* Custos *muri Carcassonensis*, Carceris custos, Gall. *Geolier*, in Actis MSS. Inquisit. Carcass. ann. 1308. fol. 12. r°.

Custodes Nundinarum Campaniæ, in Statuto Philippi Pulcri ann. 1302. pro reformatione Regni § 7. qui quidem ut plurimum ex Militari et Nobilium ordine erant, et mercatorum, qui ad has nundinas confluebant, lites et controversias dirimebant. In Regesto Magnorum dierum Campaniæ fol. 34. 35. mentio fit Joannis *de Breonne*, et Guillelmi *de Villarcey* Militum Custodum nundinarum Campaniæ, quo loco hæc habentur : *Ratione Custodiæ et officii nundinarum prædictarum, quod secundum usus et consuetudines dictarum nundinarum, et Custodes earumdem nundinarum ponunt, vel poni faciunt in prisionem aliquem debitorem de corpore nundinarum, ad requisitionem alicujus mercatoris, si evadat a dicta prisione sine voluntate et assensu dicti mercatoris, dicti Custodes ratione dicti officii, et Dominus Campaniæ, cujus personam repræsentant, in casu isto tenentur reddere et solvere, seu reddi et solvi facere mercatori prædicto suum debitum, ratione cujus dictas nundinas frequentantes erant et fuerant in tali prisione.* De nundinis vero Trecensibus, ita Monachus S. Mariani anno 1189 : *In crastinum ejusdem festi* (S. Magdalenæ) *Trecæ civitas populosa, referta opibus, tectis amplissima, repentina conflagratione fere funditus est eversa. Celebrabantur ibi nundinæ, in quibus diversas congesserant opes, qui de diversis partibus confluxerant institores.* [Instrumentum Tabularii Calensis pag. 208. inscriptum : *De quadam vendicione facta de mandato Magistrorum nundinum. De mandato discretorum virorum Domini Joannis de Brena Militis et Genciani de Parisiis Domini Regis Franciæ Pennetarii, Custodum nundinum Campaniæ et Briæ a Domino Rege deputatorum, etc.*] Vide Statuta secunda Roberti I. Regis Scotiæ cap. 20. et infra in verbo *Nundinæ.*

Custodes Ordinis appellantur *Decani* in Ordine Cisterciensi, ut observat Haeftenus lib. 3. Disquisit. Monast. tract. 6. disq. 4. Vide Ughellum tom. 4. pag. 1209. Historia depositionis Arnulfi Remensis Archiepiscopi : *Habitaque ratione totius summæ Synodi, dignitas prælaturæ ac potestas quasi judiciaria stetit penes Archiepiscopum Signinum* (Senonensem) *quem et ætas et vitæ meritum ac scientia commendabat. Arnulfus autem venerabilis Episcopus* (Aurelianensis) *Ordinis Custos. ac omnium gerendorum interpres declaratus est, eo quod inter omnes Galliarum Episcopos sapientia et eloquentia clarior haberetur.* Consuetud. Eoveshamensis Cœnobii in Anglia : *A Celerario igitur singulis diebus debent venire in Refectorium 72. panes monachiles, quorum quilibet erit ponderis 65. solidorum : ex quibus singuli Monachi singulos percipient : Prior et per duplum, nisi cum Abbate comederit. Nihilominus qui ad superiorem mensam, et Custos Ordinis, sederit, duplum ; qui Missam majorem celebraverit, duos, etc.*

* Custodes Ordinis, apud Cluniacenses

iidem, qui alibi *Seniores*, Monachi ætate provectiores, et scientia ac vitæ probitate insignes. Vita Bern. Tyron. apud Souchet. pag. 93 : *Erant inter eos plures artifices, quibus semper Custodes ordinis præerant, qui jubente patre, districtionem regularis observationis diligenter observarent.* Charta Will. comit. Cabilon. ann. 1180. in Chartul. Cluniac. : *Testes sunt ex parte monachorum, Beraldus prior Cluniacensis, Regnaldus et Nicolaus Custodes ordinis.* Interdum *Domini Ordinis* vocitantur. Vide infra in *Dominus* 11.

Custodes et *Gardiani pacis*, in Anglia, qui a Rege statuuntur, ut in delinquentes contra pacem Regiam animadvertant, eamque curent et tueantur. Hi sub Edw. III. *Justitiarii pacis* appellari cœpere. Multi horum, ait Spelmannus, in singulis urbibus et Comitatibus, cum e majori nobilitate, tum e minori, a Cancellario seu Custode magni sigilli Angliæ designati. Prima institutione duo vel tres solummodo, et juxta Statutum 13. Richardi II. non ultra sex : sed aucto in dies eorum munere, reperti demum sunt 60. atque eo amplius in uno aliquo Comitatu, ad hoc sustinendum. Erant olim *pacis Custodes* a populo electi in Comitatibus : nonnulli ex tenuræ ratione, et quidam virtute officii, de quibus Lambardus Eirenar. lib. 1. cap. 3. Vide *Paciarus*, in *Pax*.

Custos Palatii. Quidam Ludovicus hac dignitate donatus, inter *Ministeriales* subscribit Chartam Lotharii Imp. ann. 1131. apud Duchesnium in Probat. Hist. Luxemburg. pag. 34. Idem forte, qui *Cura Palatii*.

* Custus Passuum, Qui angustias et claustra itineris vel montium custodit et servat. Charta Humberti dalph. ann. 1348 : *Edictum pœnale dudum mandato nostro factum de bladis non extrahendis de terra nostra omnino volentes .... observari, de fidelitate et diligentia.... Bonacursii Guidonis merito confidentes, eumdem Custodem passuum et exituum locorum nostrorum bailliviarum Vapincensis et baroniarum Montisalbani et Medullionis propterea duximus specialiter deputandum.* Vide *Passus* 3.

Custodes quinque Portuum Angliæ. Vide *Barones quinque Portuum*.

Custos Puerorum Regis, *Maître des Pages du Roy*. Guillelmus Carnotensis de Vita et Miracul. S. Ludovici : *Dominus Petrus de Lauduno Miles Custos puerorum Domini Regis Philippi*.

Custos Puerorum, Infantium, seu eorum, qui adhuc pueri Monasterio oblati erant, Magister qui iis præfectus est : nam *Custodes* proprie juvenum et puerorum dicuntur, ut ex Tullio annotat Servius. Horatius :

Imberbis juvenis tandem Custode remoto,
Gaudet equis, etc.

Udalricus lib. 1. Consuetud. Cluniac. cap. 41 : *Et singuli* (Fratres) *sedent in sedili suo caput cooperti, juvenes, qui in Custodia sunt, juxta Custodes suos, de quibus summopere cavetur, ne simul ita sedeant, ut non habeant inter se probabilem et boni testimonii mediatorem.* Lib. 3. cap. 6. ait, *Circatores, Magistros puerorum, juvenum Custodes*, subesse Priori Claustrali. Hariulfus lib. 4. Cron. Centul. cap. 14 : *Ut humilitatis ejus constantia certius nosceretur, factus est Puerorum Custos, ut qui Dei judicio pastor animarum erat eligendus. Custodes Infantum*, apud Florentium Wigorn. pag. 631. Vide Consuetud. Floriacensis Monast. pag. 399. Chron. Trudonense lib. 3. 6. 8. pag. 381. 400. 439. S. Bonifacium Mogunt. Epist. 17. et Haeftenum lib. 4. Disquisit. Monast. tract. 1. disquisit. 6.

Custodia Pupillorum, quæ dominos feudales spectat in Vassallis. Duplex autem est, altera *Regalis*, altera feudalis. *Garde noble Royale et garde noble Seigneuriale*, in Consuetudine Normanniæ art. 214. *Custodia Pupillorum Regalis* illa est, quæ ad Regem ipso jure devolvitur ratione feudorum ab eo nude pendentium, qui non modo ejusmodi feudorum pupilli vassalli, sed etiam aliorum feudorum et *rupturarum* ab aliis dominis feudalibus pendentium redditibus fruitur, teneturque tanquam bonus pater familias et tutor ædificia ac prædia in bono statu continere, pupillumque juxta ejus natalium prærogativam alere et educare. Dominus vero feodalis iis tantummodo feodis nobilibus vassallorum gaudet, quæ ab ipso nude pendent, ut est in eadem Consuetudine Norman. art. 215. et 216. Jus feudale Saxonum art. 18. § 6 : *Dominus etiam est tutor pueri in bonis, quæ de ipso tenet infra annos pueriles, dum nulli contulit hoc emolumentum : et debet inde reditus accipere, donec puer ad annos perveniat suprascriptos, infra quos puer se negligere non valebit, si a Domino non potuerit investiri.* Charta Libertatum Angliæ ann. 1215 : *Si autem alicujus hæres talium fuerit infra ætatem, et fuerit in Custodia, dominus ejus non habeat Custodiam ejus, nec terræ suæ, antequam homagium ejus ceperit, perdat Curiam, et postquam talis hæres fuerit in Custodia, et ad ætatem pervenerit, scilicet viginti et unius anni, habeat hæreditatem suam sine relevio, et sine fine : ita tamen, quod si ipse, dum infra ætatem fuerit, fiat Miles, nihilominus terra remaneat in Custodia dominorum suorum usque ad terminum prædictum. Custos terræ hujusmodi hæredis, qui infra ætatem fuerit, non capiat de terra hæredis, nisi rationabiles exitus et rationabiles consuetudines, et rationabilia servitia, hæc sine destructione, et vasto hominum vel rerum, etc.* De Custodia Regali, hæc etiam habet Willelmus Malmesbur. lib. 5. de Ricardo Cestrensi Comite pag. 157 : *Erat ille tunc pro ætate parvulus, et Regis fidei tutelæque accommodatus.* [Henricus vero Rex Angl. in Charta ann. 1155. apud D. *Brussel* de Usu feudorum tom. 2. pag. v. ad calcem : *Nos non habemus Custodiam hæredis vel terræ alicujus, qui tenet de alio per servitium militare, occasione alicujus serjanturæ, quæ tenetur de nobis per servitium reddendi cultellos vel sagittas, vel hujusmodi.*] *De Custodiarum exitibus, spectantibus ad coronam*, rationes inibantur, ut est apud Matthæum Paris pag. 258. 277.

Custodias istas Regales Rex aliis donare, vel vendere ut plurimum consuevit, qui de iis computa ad pupillorum commodum reddunt, ut est in Consuet. Norman. art. 215. Matth. Paris ann. 1231. pag. 253 : *Ad hæc Rex dixit Comitem præfatum de se tenere in capite, et vacantes Custodias Comitum et Baronum et eorumdem hæredum ad suam Coronam usque ad ætatem legitimam pertinere : unde sibi licere proposuit tales Custodias cui voluerit vendere vel conferre.* Idem ann. 1245. pag. 445 : *Obiit... Gilbertus de Humfrevilla parvulum suum quemdam relinquens hæredem, cujus Custodiam statim concessit Rex Comiti Legecestriæ.* Idem ann. 1257 : *Concessa fuit Reginæ Custodia terræ Willelmi de Cantelupo, quæ prius concessa fuerat Edwardo, et Custodia terræ Willelmi Longaspathæ.* De ejusmodi custodiis pupillorum vide præterea eumdem Matthæum Paris pag. 253. Rogerum Hovedenum pag. 549. Leges Malcolmi Regis Scotiæ cap. 1. § 3. Regiam Majestatem lib. 2. cap. 41. 42. et seqq. Quoniam attachiamenta cap. 18. Stabilimenta S. Ludovici lib. 1. cap. 115. veterem Consuetudinem Normanniæ cap. 33. novam art. 129. 213. et seqq. Bractonum lib. 2. cap. 35. § 1. 6. cap. 37. § 1. 3. 5. Fletam lib. 1. cap. 9. § 2. Brittonem cap. 66. Littletonem sect. 103. et seqq. et sect. 125. Christophorum de S. Germano de Consuet. Angl. cap. 7. pag. 25. Froissartem 4. vol. cap. 90. pag. 271. Thomam Smith. de Republ. Angl. lib. 2. cap. 4. Chopinum lib. 1. de Domanio tit. 1. n. 18. lib. 3. tit. 19. num. 8. 9. 10. Cambdenum in Britannia pag. 168. Edit. 3. etc.

¶ Custodes Regaliarum. Vide *Regalia*, Fiscus.

Custos Regalis. Ita indigitatur Samuel Abbas S. Joannis Reomaensis sub ann. 691. in Catalogo Abbatum ejusce Monasterii. Vide Conjecturas Petri Roverii de hac nomenclatura num. 93.

Custos Regis Ingelrannus subscribit cum aliis Proceribus Præceptum Philippi Regis Franc. ann. 1060. Regis Philippi primo quo vix septennis Rex erat. Vide *Bajulus*.

Custodes Saltuum *villarumque regiarum*, in Chronico Fontanellensi cap. 1. pag. 194. iidem, qui *Saltuarii* ac *Villici*.

Custodes Sepulcrorum. Julius Firmicus lib. 3. cap. 11 : *Pollinctores, et funerarios, mortuorum cadaverum Custodes, aut sepulcrorum faciet janitores.* Lib. 4. cap. 1 : *Faciet quoque pauperes, miseros, destitutos, ... Custodesque sepulcrorum, etc.* Vide cap. 6. *Monumentorum Custodes*, lib. 8. cap. 26. In Concilio Parisiensi III. can. 9 : *Degeneres servi, qui sepulcris defunctorum pro qualitate ipsius ministerii deputantur.* Vide leg. 2. Cod. Theod. de Sepulcr. violat. (9, 17.) Alii Christianis fuere *Custodes sepulcrorum*, qui scilicet corpora, reliquias, et confessiones Martyrum custodiebant. Ademarus Cabanensis in Abbatibus S. Martial. Lemovicensis pag. 272 : *Et intra 15. dies crypta aurea cum gemmis a novo restaurata est a Josberto Custode sepulcri* (S. Martialis) *Monacho.* Vide *Martyrarius*.

Custodia Sigillorum Regalium. Statutum Philippi Regis anni 1302. pro Reformatione Regni : *Item volumus, et tenore præsentium sancimus, quod sigilla Senescalliarum et Bajuliarum, Vicariarum et Judi-*

caturarum regni nostri de cætero non vendantur; sed in Custodia tradantur personis legalibus et bonæ famæ. Idem statutum legitur a Philippo Rege, 13. Maii ann. 1347. in Regesto *Olim* fol. 20. [Vide *Cancellarius.*]

Custodes Silvarum. Vide *Forestarius.*

¶ Custos Spiritualitatis, Cui rerum spiritualium et ad animarum salutem pertinentium cura committitur, episcopali sede vacante. Provincialis Lyndwoodi pag. 323. Edit. 1679 : *Solis Episcoporum hujusmodi personis* (incestis) *absolutionem sententiæ reservantes, excepto mortis articulo, in quo absolvi valeant a quolibet Sacerdote; sic ut si convaluerint, peccatum suum hujuscemodi teneantur sub pœna anathematis infra spatium trium mensium propriis Episcopis confiteri, aut sede episcopali vacante, Custodi spiritualitatis, aut Decano Ecclesiæ Cathedralis.* Vide ibi notam *l.*

Custos Summariorum *et carrectarum Regis*, in Fleta lib. 2. cap. 14. § 4.

Custodes Vinearum, in lege Burgundion. Addit. 1. tit. 1. § 3. Vide *Messarius.*

Custos Vini. Vide *Vinarius*, Officium Monast.

* Custos Utensilium, Cui supellectilis argenteæ cura demandata. Charta Phil. Pulcr. ann. 1302. in Reg. 38. Chartoph. reg. ch. 109 : *Nos Thomassino Custodi utensilium nostri argenti..... duas domos, sitas apud Pontisaram in buto Juderiæ, ... concedimus.*

CUSTRIA. Vide in *Custos*, 1.

CUSTRIX, Officium, seu dignitas in Monasteriis feminarum ut *Custodis* in virilibus, cui scilicet incumbebat Ecclesiæ cura : occurrit hac notione apud Wolfardum Monachum lib. 3. de Vita sanctæ Walburgis cap. 2.

Custrix, Abbatissa. Formulæ vett. Lindenbrogianæ 21. 22 : *Ubi inlustris Abbatissa ill. Custrix præesse videtur, una cum norma plurima ancillarum, ibidem consistentium.*

¶ **CUSTULARIA**, Cultrorum officina, Gall. *Coutelerie. Vicus Custulariæ*, in Charta anni 1369. e Chartulario S. Mellani Pontisarensis.

CUSTUMA, Custumare, Custumarius. Vide *Consuetudo* 4.

¶ **CUSTURA.** Vide *Cultura.*

* **CUSTURARIA**, Sarcinatrix, Gall. *Couturiere.* Charta Reginaldi episc. Paris. ann. 1257. ex Tabul. priorat. Villæ-petr. : *Noverint universi quod coram nobis constituta Maria soror Guiardi Custuraria, etc.*

¶ **CUSTURARIUS**, a Gallico *Couturier*, Sartor, Sarcinator, in Chartulario S. Martini Pontisarensis.

* **CUSTURIA**, Sutura, Ital. *Cucitura*, Gall. *Couture.* Gloss. Cæsar. Heisterbac. in Reg. Prum. tom. 1. Hist. Trevir. Joan. Nic. ab *Hontheim* pag. 668. col. 1 : *Custuriam faciunt ad cameram, porros plantant.* Nisi idem sit quod *Cultura.*

* **CUSTURIARIUS**, Sartor, sarcinator, Ital. *Cuscitore*, Gall. *Couturier, tailleur.* Obituar. eccl. Lingon. ex Cod. reg. 5191. fol. 93. v°. : *Viginti solidi sumpti supra domum,..... quam nunc tenet Nicolaus Chosac Custuriarius.* Vide *Custurarius.*

1. **CUSTUS**, Costus, Costagium, etc. Expensæ, impensæ, ex Gallico *Coust*, Hispan. *Costa.* Matth. Paris ann. 1244 : *Ad proprium suum Custum ipsum compellent.* Ann. 1258 : *Sine omni Custu apponendo.* Occurrit apud Will. Thorn non semel, et in Prob. Hist. *des Chastaigners* pag. 53. [apud Rymerum tom. 8. pag. 727. col. 1. D. *de Lauriere* tom. 2. Ordinat. Reg. pag. 126. in Chartulario S. Vandreg. tom. 2. pag. 1673. et alibi passim.]

Costus, ex Anglico et Cambro-Britannico *Cost*, Sumptus. Regiam Majest. lib. 3. cap. 3 : *Si res talis fuerit, quod expensas, aut Costum, vel sumptus exigat necessarios.* [Apud Lobinellum. Hist. Britan. tom. 2. col. 224 : *Faciet servitium decem militum ... ad Costum et expensam ejusdem.*]

¶ Coustum. Charta S. Martini Pontisar. ann. 1244 : *Dampna et deperdita et Cousta inde habita Priori plenarie restituantur.*

Custagium, in Fleta lib. 2. cap. 1. § 27. [et in Formulari Anglic. Thomæ *Madox* pag. 148.]

Costagium, Statuta secunda Roberti I. Scotorum Regis cap. 19. § 10 : *Et reserventur semper mercatori sua damna et Costagia necessaria ot rationabilia, etc.* Knyghton. ann. 1357 : *Convenerunt dare Duci 100. mille scutorum pro suis Costagiis.* Hist. Prioratus Wigmoriensis tom. 2. Monastici Anglic. : *Et vesquit entre les Chanoines à ses Costages demeines.* Ibid. : *Més aprés il l'achevy à ses Costages demeines.* Et mox : *Laquelle il fist tost perfere à ses Costages.* Id est, propriis impensis.

Constangium, seu forte, *Coustangium :* in Chronico Senoniensi cap. 16 : *Unde contigit Abbatem ipsius Monasterii Constangiis dictorum armatorum ita attritum, etc.* [Gesta Trevir. Archiepiscoporum apud Marten. tom. 4. Ampliss. Collect. col. 376 : *Statim Ecclesiæ suæ terras plurimas et redditus pignorali cautione et litterali obligatione, Constangiis gravibus damnisque datas impignoratasque per maxima debita contraxit, de quibus parum dicitur persolvisse.*] Octavianus *de S. Gelais* in Viridario honoris :

Lesquels aprés merveilleuse Coustange
En cestui cas acquirent grand louange.

¶ Constangia, Gall. *Coustange.* Charta Hugonis Comitis Registestensis de Maceriis ann. 1233. e Musæo D. *de Cangé : Ipsos possum ducere in exercitum . . . per unam jornatam ad ipsorum Constangias.* Gall. Christ. tom. 4. col. 782. ex Charta Guidonis *de Rochefort* Episc. Lingon. ann. 1265 : *Priori et Fratribus restituimus et reddidimus pro injuria sibi a nobis illata, in terra ipsorum construendo stagnum, Constangias, quas illud faciendo fecimus, concedentes eisdem ut ab hac hora dictum stagnum pacifice possideant.* Utitur etiam Richerius Chronographus in Vita S. Hildulphi Episc. Trevir. inter Acta SS. Benedict. sæc. 3. part. 2. pag. 480.

¶ Coustangia, legitur in *Hostis*, Lin. *Paulo aliter, etc.*

Custancia, in Domesdei, in Monastico Anglic. tom. 3. pag. 306 : *Dictum manerium reddit duas firmas in pane et cervisia, et Custancias pistrini et bracini, etc.*

* *Cusantous*, in Charta ann. 1327. ex Reg. 65. 2. Chartoph. reg. ch. 146 : *Leurs grans froiz, Cusantous et travaux, etc.*

Constamentum, Eadem notione, unde vocabula priora a *constare* deducunt viri docti. Scriptum de servitiis Militum Normann. post Ordericum Vitalem : *Richardus filius Rou, 1. Mil. . . . . uno die cum Constamento suo, et deinceps cum Constamento Comitis.* Occurrit ibi pluries. Henricus Huntindonensis de Contemptu mundi cap. 6 : *Quibus jam dudum magni Constamenti servitium impendere jocundum mihi videbatur. Costement*, apud Wilharduinum numero 101.

* *Coutement*, nostris. Charta Aub. abb. Castric. ann. 1247. ex Chartul. Campan. fol. 343. v°. col. 2 : *Et se i le navre d'arme esmolue, il paiera lx. solz; et au navré xx. solz, et les Coutemenz por la plaie garir.*

¶ Constamentum, alia notione sumi videtur, ac f. eadem qua *Stallum* in Charta Philippi Regis Franc. ann. 1210. e Chartulario Montis Martyrum : *In his autem omnibus tam in stallis, quam in prædicta domo ponent sæpefati carnifices omnia Constamenta.* Charta Officialis *Curiæ* Paris. ann. 1264 : *Dictus Guillermus predictas nundinas logiare tenetur, et omnia que ad eas pertinent de omnibus Constamentis facere suis propriis sumptibus et expensis.* Sunt autem *Stalla* sedes et apothecæ mercatorum in nundinis, ut suo loco dicitur.

* Est potius Supellex quævis rei alicui necessaria; quo sensu *Coustement* occurrit in Charta ann. 1269. ex Lib. nig. episcop. Carnot : *Si promet que je ledit molin de touz Coustemenz ferai apareillier.*

¶ Constamen, ut *Constamentum*, Expensæ, sumtus. Gesta S. Anselmi, tom. 2. April. pag. 907 : *Quod enim sine multis periculis magnoque labore atque Constamine obtinere non posses.*

¶ Coustamentum, Idem. Litteræ Officialis Paris. ann. 1241. e Tabulario Portus Regii : *Ipse reddere tenetur Monasterio pro damnis et expensis* xl. *libras Par. salvis omnibus legitimis Coustamentis.* Chartularium S. Martini Pontisar. : *Exceptis vindemiis nihil omnino Constamenti in vinea, quæ dicitur Hortus Monachorum, ponemus.* Legitur iterum in Charta Monasterii S. Germani Autiss. ann. 1256.

¶ Costamentum, Eodem significatu. Litteræ venditionis castri de Glane ann. 1294. ex Chartulario Æduensi : *Damna deperdita, missiones, Costamenta, quæ dictus Episcopus fecerit vel incurrerit ob defectum garantiæ, tenebitur dictus Johannes eidem Episcopo restaurare.* Charta Simonis domini Rupisfortis ann. 1232. ex Archivo Monasterii Bonevallis : *Volo etiam et concedo quod dictus Abbas et Monachi adquirant, si potuerint, et pacifice possideant, sine Costamentis erga me vel hæredes meos factis, decimam Roberti de Escuretis, quam ipse Robertus habet in parrochia de Danciaco.* Quæ fere totidem verbis repetuntur in Charta Galteri Archiepisc. Senon. eodem ann. et ex eod. Archivo. Occurrit apud Rym. tom. 2. pag. 303. Marten. tom. 1. Anecd. col. 887. et D. *Brussel* de Usu feudorum pag. clxxxix. ad calcem tomi 2.

¶ Custumentum, Eodem intellectu, apud Rymer. tom. 3. pag. 16. col. 2.

* *Coustument*, in Lit. Phil. Pulc. ann.

308. ex Lib. rub. Cam. Comput. Paris. fol. 344. v°. col. 1 : *Les autres dismes, que lesdiz religieus avoient en ladite ville, rabatuz les moudres frans et Coustumenz, ou pris de dis livres.*

¶ Custamentum, apud eumd. Rymer. tom. x. pag. 244. col. 2.

¶ Custare, Constare, Gall. *Coûter.* Tabularium S. Bartholomæi Bethun. ad annum 1226. fol. 38. verso : *Pratum quoddam quod habemus situm in parrochia de Gorga juxta buscum Hermanni... ita quod si... aliquid Custaret, dictus R. et hæres suus teneretur Custum reddere. Quantum poterit Custare reparatio seu refectio dicti pontis,* in Litteris Johannis Franc. Regis ann. 1356. tom. 3. Ordinat. pag. 82.

¶ 2. **CUSTUS**, apud Rymerum tom. 10. pag. 508. col. 1 : *In via et extra viam, redeundo, deferentes, sive non deferentes gladios, dagaria et parvos Custus.* Et col. seq. : *In via et extra viam, redeundo, gladios, dagaria, Bouges.* Hæc voce *Bouges* idem significare videtur, quod *Custus* : sunt autem *Bouges*, si bene conjecto, Bulgæ seu Sacculi ad sellam equi vel ad brachium pendentes, nostris *Bougettes*, Anglis *Bouget* et *Budget.* Erit forte qui *Custus* pro Cultros positum conjiciat.

¶ **CUSUERE.** Vide *Cusire.*

¶ **CUSURA** *est species luti, quæ dicitur Magra*, Matth. Silvatico.

¶ **CUSUS**, ξύλου σκώληξ. Gloss. Lat. Græc. Sangerm. Est pro *Cossus*, Vermis in ligno.

CUT, Tributi species apud Scotos. Leges Burgorum Scoticorum cap. 59 : *Et sciendum est, quod stallangiator non potest habere lot, Cut, vel cavel, ullo tempore de aliquo mercimonio cum burgense, nisi infra nundinas.* [Vide *Cutum.*]

* **CUTA**, *Mora, bestensa, Prov.* Glossar. Provinc. Lat. ex Cod. reg. 7657. *Cute* vero nostris, Latebra, locus abditus, vulgo *Cache*, unde *Cuter*, Abdere, occultare, *Cacher*, ab Armor. *Cuz*, eadem notione. Lit. remiss. ann. 1454. in Reg. 182. Chartoph. reg. ch. 78 : *Le suppliant et autres ses complices avoient esté par nuit... en une Cute, laquelle estoit en la ville de Cande,... et icelle Cute avoient rompue et emporté aucuns biens que ilz y avoient trouvé.* Stat. Joan. III. ducis Brit. tom. 1. Probat. Hist. Brit. col. 1165 : *Ordrennons que nuls regrattiers... achattent denrées... jucques à l'heure devant dite, ne en privé hors du marché, n'en lieu rebot ou en Cute.* Hist. Joan. IV. ibid. tom. 2. col. 316 :

Mucer, Cuter ne pouon mie,
Car nous sommes en sa baillie.

CUTARIA. Charta ann. 1179. exarata Papiæ, MS. : *Cum omnibus honoribus, conditionibus, districtis, albergariis, fodris, bannis, collectis, Cutariis, et aliis rebus, etc.* In alia ann. 1298 : *Fodris, bannis, teloneis, Curadiis, et aliis rebus.* Idem valet ac *Conredium.* Vide in hac voce.

¶ **CUTELLA** *argenti, in qua Dominicis diebus sal ponitur.* Sic Inventarium S. Martialis Lemovic. ubi etiam : *Item major Cutella et minor argentea.* Utrobique videtur esse pro *Scutella.*

* **CUTELLA.** Vide supra *Cultella.*

* **CUTELLARIUS**, Cultrorum faber, Gall. *Coutelier.* Necrolog. eccl. Paris. MS. : xvij. *Kl. Jul. Super domum Johannis de Nemore Cutellarii, etc.*

* **CUTELLERIA**, Cultrorum theca. Inventar. ann. 1389. tom. 3. Cod. Ital. diplom. col. 363 : *Cutelleria una cum cutellis iv. ad manicos de cristallo. Cutellaria una cum cutellis iij.*

1. **CUTELLUS**, pro *Cultellus*, [* Vide supra in hac voce.] ex Gallico *Coûteau.* Will. Brito lib. 5. Philipp. :

..... Et nudis agitur res dura Cutellis.

Lib. 8 :

Hastis nil agitur, gladius solusque Cutellus.

Liber Ordinis S. Victoris Parisiensis MS. cap. 25 : *Pro signo Cutelli, etc.* [Capitul. General. S. Victoris Massil MSS. statuunt, *ut nullus Clericus vel Laycus residens et moram in Monasterio faciens... præsumat privatim vel manifeste Cutellos vel alia arma quæcumque deportare.* Hic *Cutellus* videtur esse Acinaces, Gall. *Coutelas.*]

* 2. **CUTELLUS**, Latus, Gall. *Coté;* vel Pars abscissa, ab Angl. *Cut*, Secare, Gall. *Couper.* Charta Henr. reg. Angl. ann. 1268. in Reg. 173. Chartoph. reg. ch. 150 : *Concedo Monachis Montisburgi dextros Cutellos caudæ omnium crassorum piscium, qui capti fuerint vel applicaverint infra fines episcopatus Constanciensis.*

CUTICA, Cutis, cuticula. Lex Longobard. lib. 1. tit. 7. § 2 : *Si quis alii plagam fecerit in capite, ut Cutica tantum rumpatur, quam capilli cooperiunt, etc.* Occurrit rursum tit. 8. § 16. [** Roth. 66. 103.] Dantes in Inferno cant. 32 :

Allor lo presi per la Cutticagna.

Id est, per capillos. [**Occipitium Crusca-nis.]

* **CUTIO**, pro Cautio, in Stat. criminal. Saonæ cap. 13. pag. 13 : *Ad hujusmodi tamen Cutionem præstandam non sit obligatus, qui ex injuncto officio tenetur deferre.*

CUTIONES, vel Cuciones, inquit Marcellus Empir. cap. 9. et 15. *bestiolæ sunt multipedes, cute dura et solida, quæ tactæ complicant se in orbem pilulæ rotundissimæ; Polypodes Græci appellant.* Nostri *Clausportes* vocant; sed male, ait Salmasius ad Solinum pro *Clausporcs.* Certe *Porcelliones* dicuntur Cælio Aureliano lib. 1. de Tardis Passion. cap. 4. *Porcellets* Campanis nostris, atque inde vocem *Coche*, pro porca, et *Cochons*, pro porcello deducunt viri docti. [Laurentio in Amalthea *Cusiones* iidem sunt qui supra *Cociones.*]

1. **CUTIS** Olearia, perperam, ni fallor, scribitur pro *butis olearia*, in Charta plenariæ securitatis apud Brissonium lib. 4. Formul. pag. 647. [** tab. 2. lin. 26.]

2. **CUTIS**, [*Cute privari*, Fustibus vel virgis cædi. Constitutio Henrici II. Imper. de contentionibus inter Fuldensem et Hersfeldensem Ecclesias apud Eccardum in Addit. ad Legem Salic. pag. 201 : *Illi qui hujus facti dux et princeps fuerit, tollatur corium et capilli, et insuper utraque maxilla ferro candenti comburatur; reliqui ejus sequaces Cute et capillis priventur.*] Vide *Crines.*

* 3. **CUTIS**, Ulcus pestilens, ut videtur doctis Editoribus ad Mirac. B. Rolandi tom. 5. Sept. pag. 121. col. 1 : *Bartolinus de Regaziis de Cremona habuit in visione B. Rolandum, et per ipsum fuit liberatus a Cute et a carbunculo.* Pluries ibi.

* **CUTLE**, Polonica vox. Tract. pacis ann. 1466. inter Leg. Polon. tom. 1. pag. 209 : *Statuimus, quod super omnibus piscaturis, Cutle vulgariter appellatis,.... annis singulis in magna feria quinta debeat fieri arendatio et literæ super omnibus Cutlis, etc.*

* **CUTOGNUM** Pomum, Malum cotoneum, cydonium, Ital. *Cotogna.* Chron. Tarvis. apud Murator. tom. 19. Script. Ital. col. 792 : *Adductis lanceis, pavesis et pomis Cutognis, multas manu unica experientias fecit in erigendo lanceas et pavexias atque cotoneos projiciendo.* Vide in *Coto.*

¶ **CUTTELLUS**, ut *Cutellus.* Charta Bernardi Domini de Turre ann. 1308. apud Baluz. Hist. Arvern. tom. 2. pag. 782 : *Et si percusserit Cuttello, debet sex libras Domino.*

¶ **CUTULLUS**, ἀγκών, *Cubitus.* Supplem. Antiq. [* Glossæ Lat. Gr. : *Cutulus*, ἀγκών.]

¶ **CUTUM**, f. Idem quod supra *Cut.* Edward. II. Rex Angl. pro Universitate villæ Florentiæ ann. 1317. apud Rymer. tom. 3. pag. 675. col. 1 : *Cum Universitas ipsa et Consules ejusdem a tempore constructionis villæ prædictæ.... Cuto et gardiagio usi sunt hactenus et gavisi.*

¶ **CUTURNUS**, *Supercilium, fastus.* Glossar. Sangerman. n. 501. Est pro *Cothurnus*, Calcei Tragœdorum altiores, et metaphorice Superbia.

* **CUTUSA**, perperam pro *Cucufa*, Capitis tegmen, in Stat. provin. conc. Trevir. ann. 1310. cap. 10. tom. 2. Hist. Trevir. Joan. Nic. ab *Hontheim* pag. 45. col. 1 : *Presbyteri, canonici et clerici rugatas et scacatas vestes gestantes, nec non mitras, ut vulgariter dicamus, seu Cutusas, etc.* Vide in *Cuphia.*

1. **CUVA**, Cupa, ex Gall. *Cuve.* Domesdei tit. Cestria : *Quando Rex ibi veniebat, reddebat ei unaquaque carrucata 200. hestas et unam Cuvam plenam cervisiæ.* Ubi Spelmannus perperam *Cunam* legit. Vitæ Abbatum S. Albani : *Unam majorem Cuvam de drasco.* Alibi : *Cuva plena aquæ.* Rursum : *Quidquid in corpore repertum est, in quadam Cuva repositum est.* [Bernardus Guido in Histor. fundationum Conventuum Prædicat. apud Marten. tom. 6. Ampliss. Collect. col. 521 : *Exceptis torculari, et Cuvis, et doliis, et aliis lignis, quæ in dictis domibus non sunt infixa.* Pro minori capsa sumitur in Actis SS. Junii tom. 2. pag. 64. ubi de S. Syria Trecensi : *Et intra eamdem capsam quandam Cuvam seu capsam parvam.*] Vide *Cupa.*

¶ Cuva, f. Locus clausus ita dictus, quod extructus esset in formam *Cuvæ* : vel f. legendum *Cava* pro Cavea, Locus subterraneus seu Sacellum inferius et subterraneum, cujusmodi pleraque videntur in quibusdam Ecclesiis. Gesta Guillelmi Majoris Episc. Andeg. cap. 22. Spicil. Acher. tom. 10. pag. 298 : *Inchoata fuit Missa... Dum autem ad Oblationem ventum fuit, intravimus unam Cuvam, ne pressura hominum in oblatione currentium gravaremur.*

* 2. **CUVA**, Mensura frumentaria, ut *Cupa* 3. unde *Cuvarum officium* vel *custodiam* interpretor Jus exigendi ejusmodi *cupas* seu *cuvas* ex frumentariis mercibus, quæ in mercatis veneunt, quod *Coponagium* vocabant. Charta ann. 1318. in Reg. 58.

Chartoph. reg. fol. 16. r°. : *Placet domino regi quod Petrus Garsiæ de Sargueigny officium Cuvarum de Cartar..... exerceat..... Custodiam Cuvarum de Cartar... teneat et exerceat.*

* **CUVELLA**, Cupa minor, nostris alias *Cuvellette*. Comput. MS. S. Petri Insul. ann. 1418 : *Datum Jacobo Sauvage, pro reparando Cuvellam aquæ benedictæ ij. sol. Icelle suppliante prist huit Cuvellettes d'argent*, in Lit. remiss. ann. 1398. ex Reg. 153. Chartoph. reg. ch. 296. *Cuvaige* vero, Locus ubi *cuvæ* servantur, ex Chartul. Latiniac. fol. 106. v°. : *Manoir, edifices, court, chappelle, pressouer, Cuvaige et jardins du lieu seigneurial assis à Vannes.* Vide infra *Cuveta*.

* **CUVELLUS**, Eadem notione, Gall. *Cuveau*. Charta official. Autiss. ann. 1338. in Reg. 72. Chartoph. reg. ch. 40 : *Secum duxit seu duci fecit tres equos,.... nec non duos Cuvellos et duas situlas.*

* **CUVERIUS**, Eodem intellectu. *Dolia vacua, Cuverios, tinas, etc.* in Arest. ann. 1345. 6. Aug. ex vol. 2. arestor. parlam. Paris.

* **CUVERTUS**, ut supra *Culverta*. Vide in hac voce. Judicium ann. 1269. in Reg. *Olim* parlam Paris. *Item quod Gaufridus Potier dixit: Nos interficiemus Cuvertos vestros.... Ubi sunt Cuverti?*

* **CUVETA**, ut supra *Cuvella*, a Gall. *Cuvette*. Lit. official. Noviom. ann. 1400. in Reg. 155. Chartoph. reg. ch. 88 : *Johannes dictus de Neele importavit unam Cuvetam argenteam, et duo coclearia argentea.*

* **CUULLIA**, si tamen asserta est lectio, Linteum quo altare tegitur. Acta capit. eccl. Lugdun. ex Cam. Comput. Paris. ad ann. 1340. fol. 64. r°. col. 1 : *Item quamdam Cuulliam seu pallam, cum corporalibus et repositorio.* Vide in *Palla* 2.

* **CUYGNEIA**, Securis, Gall. *Cognée*. Charta Joan. abb. Pontiniac. ann. 1244. in Chartul. ejusd. monast. pag. 41 : *Promittimus quod nec nos nec successores nostri aliquam ventam faciemus, præter prædictam ventam, in prædicto nemore ad scissionem, sive ad Cuygneiam, sive ad fossam.* Vide supra *Cugnieta*. [** Ita etiam interpretandum esse *Coniada* in Polypt. Irmin. monuit nos Guerardus vir illustrissimus.]

¶ **CUZINUS**. Vide *Cussinus*.

¶ **CUZUPITÆ**, Montenses, Rupitani Romæ olim, qui alias Donatistæ appellati sunt. Hofmanni Lexicon.

¶ **CYANEA**, *Scythiæ gemma cæruleo coruscans nitore, purpura interdum et punctulis intermicantibus auratis pulvisculis varians*, Isidoro lib. 16. Origin. cap. 9. Perperam in Glossario San-German. MS. *Cianea;* est enim a Græco κυάνειος, vel κυάνεος, cœruleus, pro quo Plinius dixit *Cyaneus*.

¶ **CYBIARIUS**, qui vendit Cybia, pisces Plinio, Varroni et Festo notos, f. a Græco κύβιον sic dictos, quod formæ essent cubicæ seu quadratæ. Salmasius in Solin. pag. 174. novæ edit. *Cybium* non piscem, sed quadratum intelligit frustum salsamenti. Arnob. lib. 2 : *Quid Cybiarios, Salinatores, Bolonas, Unguentarios, Aurifices, Aucupes, etc.*

CYBURIUM, Ciboreum. Vide *Ciborium*.

¶ **CYCARDIA**, pro *Circadia*, Census Episcopo vel Archidiacono pro visitatione solutus ab Ecclesiis. Charta ann. 1269. Hist. Eccl. Meld. tom. 2. pag. 171 : *Perpetuo sine aliquo onere liberam præterquam de Cycardia et synodo liberaliter concedimus et donamus.* Vide *Circada*.

¶ **CYCEON**, Κυκεών, Miscellanea potio. Arnob. lib. 5 : *Ebibi Cyceonem.* Laurentio in Amalthea, *Cyceon, Cynnus, Miscellanea potio liquidorum ex vino cum farina et caseo, vel ex multis herbis ad sedandam sitim.* [* Vide Martin. Lex v. *Cocetum*.]

* **CYCLACHA**, Cœni, alteriusve rei cœnosæ respersio, nunc *Eclaboussure*, a sono quem cadendo edit, sic dicta, vel a *Cylleus*, cœnum. Vide in hac voce. Lit. remiss ann. 1333. in Reg. 69. Chartoph. reg. ch. 53 : *Cum Johannes Roto, alias vocatus Lagut, duceret per carreriam publicam..... unam salmatam fimi cum quadam bestia, et ipse Johannes Raynaldi esset ante domum suam, et diceret quod Cyclachæ fimi robam suam, qua erat indutus, polluerant.*

CYCLAS, Vestis undique clausa per extremum ambitum, sinuosa, et dum terram verrebat, circulum quempiam efficiens, unde nomen a Græco κύκλος inditum videtur. Papias : *Cyclas, genus vestis, a rotunditate dicta, sursum stricta, deorsum ampla.* Gloss. Saxon. Ælfrici : *Cyclas, vel oraria*, O r l a s. Saxonibus O r l est limbus. Gloss. Græc. Lat. : Κυκλάς, ἡ περὶ τὴν χλανίαν πορφύρα κύκλῳ, *limbus*. Ibid. : Πέζα, ἡ κυκλάς, *limbus*. Isidorus lib. 19. Orig. cap. 24 : *Circumtextum est, quod Græce κυκλὰς dicitur de quo Virgilius :*

Et circumtextum roseo velamen acantho.

Circumtextum autem dictum, quia est rotundum pallium. In vocis origine aberrat Guillelmus Britto lib. 9. Philippid. qui a *Cycladum* insularum incolis primo adinventas ejusmodi vestes putavit :

Stamina Phœnicum, serum, Cycladumque labores.

Cyclas autem proprie feminarum fuit. Britannicus ad Sat. 6. Juven. : *Cyclas vestis est muliebris tenuissima et rotunda.* Hanc pronubis tribuit Sidonius lib. 1. Epist. 5 : *Jam Cyclade pronuba.* Regino ann. 753 : *Sed et Bertradam conjugem ipsius Regis indutam Cycladibus regiis.* Et Monachus Pegaviensis ann. 1096 : *Juditha Comitissa, filia Vratislai Boiemici Regis, coronata, et auro textis induviis regaliter adornata, processit, et coronam auro gemmisque insignitam, et Cycladem auro textam, instar Dalmaticæ, et preciosissimi operis, quam sub mantello ferebat, etiam auro texto induta.* Cosmas Pragensis ann. 1086 : *Et imposuit diadema super caput ipsius, et ejus conjugis Zuatavæ Cyclade regia amictæ.* S. Althelmus de laude virgin. :

Et peplo chlamydis necnon Cycladibus ornat.

Et alibi de S. Anastasia :

Ut nullus membris posset auferre Cyclades.

Vide Lampridium in Alexandro, Vopiscum in Saturnino, Chilienum in Vita S. Brigidæ virg. cap. 1. num. 9. Chronic. Reichespergense ad annum 753. etc.

Cyclas virorum etiam fuit. Anonymus in Revelatione corporis S. Austremonii : *Podera quoque et Cyclades, quarum amiciebantur tegmine, nivium superabant candorem.* Matth. Paris ann. 1236. de civibus Londoniensibus : *Sericis vestimentis ornati, Cycladibus auro textis circundati.* Joannes Monachus Majoris Monasterii lib. 1. Histor. Gaufredi Ducis Norman. describens cerimonias in Militia ejusdem Ducis observatas, tradit post corporis ablutionem, *Gaufredum bysso retorta ad carnem indutum, et Cyclade auro texta supervestitum.* Joan. Sarisber. lib. 8. Policrat. cap. 12 : *Alter solis lineis brumæ horrores excludit, et dum omnia gelu constricta rigent, tenui sudat in Cyclade.* Anonymus vernaculus in Ritibus creationis Militum *de Balneo*, *Cyclade* pariter novitios tyrones vestiri solitos refert, ap. Edwardum Byssæum : *Il sera amendé, c'est assavoir avec un couverton d'or appelle Sigleton.* Et infra, *avec le Singleton.* Sed et vestem militarem facit Chronicon Bertrandi Gueslini MS. :

Voit son frere venir, qui Hanry ot à nom,
Qui devant sa bataille venoit sur un Gascon,
Armez de haubregon, couvert d'un Singlaton,
C'estoit Hanris armés à loy de champion.

Istiusmodi vestimenti non semel etiam meminit le Roman *de Garin* MS. :

Si a vestu un hermin peliçon,
Et par deseure un vermeil Ciglaton,
Mantel a riche, qui n'est mie trop lon.

Alio loco :

Vent et engage tes alues et tes fiés,
Emprunte pailles, et Ciglatons plaiés,
L'or et l'argent, les mars, les deniers.

Le Roman *de Roncevaux* MS. :

Hascons couvert d'un vermoil Syglaton.

Fatendum tamen his locis pro pretioso panni genere, ex quo conficiebantur, cyclades interdum usurpari : unde Ebrardus Bethuniensis in Græcismo *Cycladem*, pannum esse dixit :

Est Cyclas pannus, circundat cyclada pontus.

Joan. Bromptonus : *Portabant autem diversi generis species pretiosas, aurum et argentum, pallia oloserica, purpuram, Siclades, ostrum, et multiformium vestium ornamenta.* Et Knyghtonus ann. 1392 : *Vestibus cultioribus, aureis et argenteis, velvetis, syndonicis Sicladibus, aliisque pretiosis, etc.* Ubi forte legendum *syndonibus*. Necrologium Ecclesiæ Parisiensis Idib. Aug. : *Dedit nobis unum Cyclatum pretio 12. libr.* Charta Aldephonsi Imp. Hispaniæ æræ 1191. apud Antonium *de Yepez* in Chronico Ordinis S. Benedicti tom. 7 : *In ornatum Ecclesiæ trium marcarum pretio, tres frontales, duos de Ciclaton, infulas tres, unam de Ciclaton, aliam de palio, duas dalmaticas palias, unam capam de Ciclaton, duo vestimenta linea cum stolis et manipulis, etc.* Monasticum Anglic. tom. 3. pagina 316 : *Capa Joannis Maunself, de panno aureo, qui vocatur Ciclatoun.* Adde pag. 314. etc. Computum Stephani *de la Fontaine* Argentarii Regii ann. 1352 : *Pour une piece de Chigaton de Luques achetée, etc.*

* **CYCLATUS**, Panni pretiosi genus. Vide in *Cyclas*.

¶ **CYCLICUS**, Pirata. Vita S. Gudwali tom. 1. Junii pag. 743 : *Gens totius Britanniæ a Cyclicis, qui et Piratæ, undique infestata.* A *Cyclo* sic videntur dicti.

CYCLUS, Circulus, κύκλος. *Cyclum orbis peragrare Sol et Luna* dicuntur, apud Victorinum Afrum de Principio diei, pag. 199.

Cyclo Curare, Certo modo ac methodo

curare, cum imperata dierum aliquot abstinentia, aut præscripto corporis exercitio, non primo saltu aut impetu proceditur, sed ordine servato per augendi ac minuendi status vices. Occurrit apud Vegetium lib. 2. de Re veterinaria cap. 5. 6. Cælium Aurelian. lib. 1. Tardarum Passion. cap. 1. Octav. Horatianum lib. 2. Rer. medic. cap. 15. etc. Hoc genus curationis, Græci Περιοδ'ιὰν vocant. Περιοδ'εύειν, *Cyclo curare*, apud Pelagonium cap. 187. et 333. Interdum quolibet modo ac methodo curare, apud Eumelium cap. 535. 653. 654.

Cyclus Metasyncriticus, et Cyclus Resumptivus, voces Medicorum, de quibus idem Cælius Aurelian. libro 1. Chron. cap. 1.

Cyclus Paschalis, ad Lunæ ætatem investigandam et diem Paschatis inveniendum. Vide Isidorum lib. 6. cap. 17. Durandum lib. 8. Ration. cap. 13. Scaligerum lib. 2. de Emendat. temporum, Bucherium ad Canones Paschales in Præfat. Gassendum in Kalendario Rom. cap. 4. [Mabillonium tom. 3. Analect. pag. 514. et seqq. Diplom. pag. 176. 194. 581. supra vocem *Annus*.] etc.

Cyclus Aureus, de quo Compotistæ passim, et sequentes Versus in MS. Thuano, quos hic apponam, ne pereant:

Prima dies Jani, quæ janua dicitur anni,
.... Taurum tenet, ne posterus ordo vacillet.
Majori numero debetur tertius ordo,
Sicque minor sequitur, majori continuatur
Per duodena loca, non est hæc regula vera.
Undeno Februi numerum conjunge sequentem.
Sunt quoque sex menses, Julius prior, atque sequentes,
Iis, quamvis crescat, undenis summa propinquat.
Octavo minor numerus sequitur, nec continuatur,
Octavo succedentem conjungit, a in au.
October quintus prope debet habere sequentem,
Nonarum quartis duodeni denique mensis
Terdecimum numerum conjunctos atque secundum.
Linea sola tamen nemo sic esse recuset:
Tali quippe modo componitur Aureus ordo.

Cyclum, seu Κύκλον Græci vocabant Indictionem: ἐπινέμησιν, vero κύκλου, id est, *partitionem circuli*, annum Indictionis. Vide Henricum Valesium ad Evagrium lib. 3. cap. 33.

¶ **CYCNUS**, Ordo Militum Cliviacorum ann. Christi 711. post obitum Theodorici Cliviæ Ducis institutus. Hujus enim sine mascula prole decedentis unica filia Beatrix, ditionum paternarum hæres, a vicinis exagitata, nobili viro Eliæ, a quo fortiter fuerat defensa, nupsit; qui cum in clypeo Cycni gestaret imaginem, hinc Ordini occasio. Ita Hofmanni Lexicon ex Favyni Theatro Honor. et Eq. tom. 2. lib. 7. pag. 1373.

* **CYCONIA**. Glossæ Cæsar. Heisterbac. in Reg. Prum. tom. 1. Hist. Trevir. Joan. Nic. ab *Hontheim* pag. 678. col. 1 : *De Cyconia vel stadiva dominica, id est, locus ubi stat, quando haurit aquam : quot inas procuraverit, tot solidos quinque per annum exigere debet* (præpositus). Ubi legendum forte, *Cyronia*, a Gr. Κύριος, dominus. Vide *Cyrius*. [** Machina tractoria.]

¶ **CYFRA**. Vide *Cyfræ*.

CYFUS, aut Cyphus, Scutula, vel *Scyphus*. Burchardus de Casib. sancti Galli cap. 7 : *Præter 14. Cyfos lampadum*. Occurrit passim. [*Cyphi lignei et scutellæ*, in Consuetudinibus MSS. Ecclesiæ S Audomari, ubi de oneribus navium.] Vide *Crater*.

* **CYGANI**, Homines vagi, errones, apud Polonos. Vide infra *Philistæi*.

* **CYGNEI** Nummi, Sic dicti a Cygnea urbe Misniæ, nunc *Zwickaw*, cujus insignia sunt tres cygni. Vide Dissert. Christ. Schlegelii Francof. edit. ann. 1717. cap. 2. pag. 139. et Georg. Agricol. lib. 11. de Pond. et temperat. monet.

CYGNOS habendi jus non omnibus erat. Tabularium sancti Bertini Ch. 83 : *Super jure habendi Cygnos in mera, et super jure tendendi retia ad capiendas aves in mera eadem, etc.* [** *Cigni regis in manerio et foresta de Claryndon*, in Abbrev. Rotul. Edward. 3. pag. 175. Ibidem pag. 266 : *Rex assignavit Thomam de Russham ad supervidendum et custodiendum omnes Cignos regis, tam in aqua Thamisiæ, quam alibi infra regnum regis, quamdiu regi placuerit, ita quod de Cignis illis ac de proficuis et proventibus de eisdem emergentibus regi respondeat, etc.*]

¶ **CYLIACISIS**, *Solutio assidua ventris*. Gloss. San-german. num. 501. Est a Græco κοιλία, Venter; unde κοιλιακὸς dicitur qui hujusmodi morbo laborat.

¶ **CYLLEUS**, Βόρβορος, Cœnum. Gloss. Lat. Græc. Sangerman.

* **CYMBALA**, pro *Cymbalum*. Sentent. ann. 1208. apud Marten. tom. 7. Ampl. Collect. col. 92 : *Ibidem campanas et Cymbalas suspendentes, quas ad matutinas et singulas horas diei pulsare, contemnentes matrem ecclesiam, præsumpserunt*.

¶ **CYMBALIA** Comare Aplustria, Metaphorica locutio pro Navigare. Vide locum in *Comans*.

CYMBALUM, Campana, qua Monachi cientur ad refectorium, quæque appenditur in claustro, ut observat Durandus lib. 1. Ration. cap. 4. n. 11. et Chronicon Abbatiæ S. Trudonis lib. 9. pag. 406. *Cymbalum refectorii*, lib. 4. Histor. Vezeliacensis pag. 643. Lanfrancus in Decretis pro Ordin. S. Benedicti cap. 1 : *Cantata Nona exeant, Prior ad percutiendum Cymbalum, Hebdomadarii coquinæ et cæteri, qui servituri sunt ad injuncta sibi officia*. Alibi : *Qua* (Nona) *cantata, pulsato Cymbalo a Priore, pergant omnes in refectorium*. Constitut. Ordinis Præd. dist. 1. cap. 5 : *Postmodum pulsetur Cymbalum, si cibus sit paratus*. Vita S. Willelmi Abbat. Roschild. n. 20 : *Hora refectionis accessit ad Cymbalum, et percusso Cymbalo convocavit Conventum*. Liber Ordinis sancti Victoris Parisiensis MS. cap. 11 : *Pertinet ad Cellerarium, ut auferat malleolum, qui pendet ad Cymbalum*. Acta Episcoporum Cenoman. pag. 303 :

Hoc tantum paucis volui concludere verbis,
Quod dedit Ecclesiæ duo Cymbala maxima nostræ.

Et pag. 308 :

Detulit plane duo pretiosa Cymbala, etc.

Cymbalum porro ita expressit Ethelwlfus de Abbat. Lindisfarn. cap. 10 :

Continuo insonuit percussis cudo metallis,
Malleus et vacuas volitans cum verberat auras,
Jam cœnam fratrem peditans caldor eos ornat.

Occurrit crebrius in Ordine Romano, in ordine conversationis monasticæ cap. 11. et in Vitis Abbat. S. Albani.

Cymbalum etiam pulsatum ad mortuos indicat Gregorius Magnus lib. 1. Dialogorum cap. 9. Vita et obitus S. Leonis IX. PP. apud Ughellum tom. 8 : *In cujus obsequio B. Petri Cymbalum a semetipso, nullo cogente, sonare cœpit*. Ad Ecclesiam perinde accitos, *cymbalo* Monachos, colligitur ex Vita S. Telliai Episcopi Landavens. cap. 2. apud Capgrav. et Bolland. 9. Febr. *Cymbalum* denique in Choro etiam statuit Beletus de Divin. Offic. cap. 86. et ex eo Durandus loco citato.

CYMBILIA, pro *Cimelia*, apud Anastasium Bibl. in Severino PP. pag. 47 : *Sigillaverunt omne vestiarium Ecclesiæ, seu Cymbilia Episcopi*.

¶ **CYMBIUS**, Fornix, concameratio, quod *Cymbæ* formam quodammodo referat forte sic dicta. Acta apocrypha S. Torpetis, Maii tom. 4. pag. 9 : *Tunc ædificavit Ecclesiam miræ magnitudinis fundatam cancellis et Cymbio aureo fulgentem*. Corippus lib. 3. vers. 169. in laudem Justini Junioris apud Vossium de vitiis sermonis :

Quas super ex liquido præfulgens Cymbius auro,
In modico simulans, convexi climata mundi,
Immortale caput soliumque sedentis obumbrat.

CYMBOLA. Vita S. Heldradi Abbatis Novalicensis num. 24 : *Ob frequentiam itaque populi, custodibus per Ecclesias deputatis, unus de ipsius Monasterii clientibus ad B. Heldradi Oratorium accedens, Cymbolam a custode petiit, sed non impetravit. Instinctu igitur diaboli, custode nesciente, Cymbolum de altari furtiva temeritate capere præsumpsit*. Ubi vir doctissimus Henschenius *symbolam* legendum censet, esseque aut intelligi rei alicujus esculentæ oblationem, quæ super altare fieri solita esset a tenuioris fortunæ Fidelibus.

¶ **CYMBORIUM**. Vide *Ciborium*.

¶ **CYMENTERISA**. Charta Teuderici Aptensis Episcopi de Canonicorum institutione in Ecclesia Aptensi ann. 991. inter Instrum. tomi 1. novæ Gall. Christ. pag. 75. col. 1 : *Concedimus ad ipsos Canonicos omnes Ecclesiis nostris quæ sunt in Aptæ civitate, vel in circuitu ejus, vel quidquid in possessionibus tam vineis quam campis cultis et incultis, auri et argenti, et omnibus rebus tam mobilibus, sive in Cymenterisis, vel in nomine Canonicorum conlatum est, vel donatum Deo propitio in antea fuerit, totum et ad integrum tradimus atque transfundimus perpetualiter ad possidendum, pulsa omni contradictione*. Lubens legerem *Cymeliis*. Vide *Cimelia*, Suppellex Ecclesiastica.

* **CYMENTERIUM**, Gall. *Cimetiere*, Locus in quo humantur fidelium corpora. Pactum inter dom. et habitat. de Monteclaro ann. 1392 : *Paratum se obtulit pro ejus parte non obstare quin sibi in cacumine fortalitii dicti loci super Cymenterium turrim unam magistram, etc.* Vide *Cimiterium*.

¶ **CYMERA**. Vide *Camera*.

¶ **CYMETERIUM**. Vide *Cimiterium*.

* **CYMEUS**. Obituar. MS. S. Nicol. Corbol. ad 27. April.: *Obitus Thomæ de Benoist, qui dedit fabricæ hujus ecclesiæ lvj. solidos Paris. redditus, capiendos super Cymeos apud pagum Castrausen*. Idem f. quod supra *Cimeyæ*. Vide in hac voce.

¶ **CYMILIA**. Vide *Cimelia*.

¶ **CYMINALE**, Globus vel fluxus sanguinis ab Italico *Chimo*, Sanguinis massa in jecore efformata. Acta SS. Junii tom. 3. pag. 465. de S. Raynerio : *Erat in Sicilia cum sociis suis, fluxu sanguinis interceptus est novem diebus per os superius et longoanem inferius. Tria vel quatuor Cyminalia erant in die.*

¶ **CYMITERIUM.** Vide *Cimiterium.*

* **CYNÆDUS**, Piscis genus. Tract. de Piscibus cap. 73. ex Cod. reg. 6838. C : *Cynædus, quem nostri communi saxatilium nomine rochaut vocant, peritiores piscatores canus, Massilienses canudo corrupto vocabulo, Cynædum volentes dicere.*

* **CYNDATUM**, Tela subserica, vel pannus sericus. Vide *Cendalum.* Constit. Feder. reg. Sicil. cap. 106 : *Guarnimenta ipsa possint esse infrisata frisis de aureo, et mantellum infoderatum Cyndato, cum cappellis de auro, vel seta ad libitum.*

¶ **CYNDOUWE.** Vita S. Lidwinæ, tom. 2. April. pag. 276 : *Ex hac igitur aqua cum aqua Cyndouwe permixta, cum aliqua fecisset emplastra, et prædicto foramine per aliquantos annos superposuisset, foramen illud curatum fuit.* In hunc locum Henschenius : Ita MS. Vereor ut satis sincera lectio sit. Videtur autem nomen esse detortum a Centauria, quam Botanici nostri corrupte *Santorie*, *Centorie* et *Cintorie* appellant, estque tantæ efficaciæ herba ad leniendos membrorum internorum externorumque dolores, sananda vulnera, etc. ut sint qui putent ipsam esse formosam illam Poetarum *Panacen*, et a Germanis appelletur *Tausend-Gulden kraut*, Herba mille florenorum, quasi nullo satis pretio æstimanda.

CYNEBOT, vox Anglo-Saxonica : idem quod Cyngild et Cenegild, Compensationis pars, quæ populo debetur ob Regis cædem. Saxonibus Cyn, est gens, bot, et gild Compositio. Vide *Botha*, et *Gildum.* Leges Athelstani, et Concilium Grateleanum ann. 928. can. 3. de Regis cæde : *Ipsum natale ejus pertinm cognationi, et Cynebot ipsius terræ nationi.*

CYNEDOMAS. Leges Athelstani Regis apud Bromptonum pag. 845. et Concilium Grateleanum ann. 928. cap. 13 : *Regis weregildum est cum Anglis in jure publico triginta millia thrimsa, id est, trium, quindecim millia thrimsa sunt de wera et quindecim millia Cynedomas, id est, regiæ censuræ, ipsum natale ejus pretium pertinet cognationi, et Cynebot ipsius terræ nationi.* Est autem Anglo-Saxonibus Cynedome, imperium, regnum, Cynedomas, fasces, dignitas, magistratus.

¶ **CYNEGILD.** Vide *Cenegild.*

¶ **CYNIPHES**, Muscæ minutissimæ, de quibus in *Cinifes*. *Cyniphes* dixit Augustinus de Trinitat. 3. 7.

¶ **CYNITUS.** Vide *Cenitus.*

CYNOCAUMA, Æstus Caniculæ, ex Græc. κυνόκαυμα. Ruricius Episcopus Lemovicensis lib. 1. Epist. 17 : *Et sic inundatio roris aspergit, ut contracti frigore, vel coacti apricitatem ignis plurimi diebus Cynocaumatis quærimus.*

* **CYNUS**, *sicut ait Hugutio, arbor est, ut dicunt quidam Lentiscus, Aubespine Gallice.* Glossar. vetus ex Cod. reg. 521.

¶ **CYOLA.** Vide *Ceola.*

* **CYPHRI**, Literæ furtivæ, characteres occulti. Nic. Fietbert. a secretis cardinal. Alani epist. MS. ann. 1595 : *Primos regni adit secreto, ostendit quid sit, quid possit, acceptisque ab illis furtivis litteris, quas vulgus aulæ vocat Cyphros, etc.* Vide *Cifræ.*

* **CYPHUS**, pro Scyphus. Charta Phil. Aug. ann. 1180. in Chartul. Cluniac. : *Asserebat sibi a priore Paredi deberi.... Cyphum corneum, cum duobus cochleariis corneis.* Vide *Cyfus.*

CYPIACUS. Vide *Cippus.*

CYPIARIUM. Vide *Manupiarium.*

¶ **CYPPUS**, pro *Cippus*, de quo supra, carcer. *Exitibus et redditibus, et banno et Cyppo*, in Charta Lotharii Imp. apud Lud. *Laguille* in Probat. Hist. Alsac. pag. 4. et Eccardum de Origin. familiæ Habsburgo-Austriacæ col. 108. *Cyppus marcatus*, Rursus occurrit apud eumdem *Laguille* pag. 5.

¶ **CYPREA.** Vide *Cumacus*, et *Cyprinum.*

CYPRENSE Opus. Liber anniversariorum Basilicæ Vaticanæ apud Joan. Rubeum in Vita Bonifacii VIII. PP. pag. 345 : *Quinque aurifrygia, quorum tria sunt opere Cyprensi nobilissima, et unum est de opere Anglicano, etc ... item 4. camisas de cortina, cum pectoralibus et gramiciis de opere Cyprensi.*

CYPRIANA. Ita annuum festum S. Cypriani vocabant Carthaginenses, quod ii ad ejus ædem sacram, ante urbem ad littus maris sitam, solemni cultu celebrabant : quo etiam nomine donabatur a nautis insignis quædam ac periculosa tempestas : quæ in mari circa id festum fere semper oriebatur. Vide Procopium lib. 1. Vandal. cap. 20. et 21. et Gregor. Nazianzen. Orat. 18.

* **CYPRIANA**, Vestis genus. Vide supra *Cipriana.*

CYPRINUM Metallum, Cuprum, æs Cyprium : in Cypro enim prima æris inventio fuit, ut ait Plinius, lib. 34. cap. 2. unde *ærosam* et πολύχαλκον appellarunt Veteres, ut auctor est Festus. *Cyprini clavi*, Palladio. *Acutum Cyprinum*, clavus æreus, apud Innocent. Agrimensorem. *Acus Cyprea*, in Epistola Valeriani apud Pollionem. *Cypria trabs*, pro ærea, apud Horatium. Anastasius in Leone III. PP. pag. 139 : *Alias fenestras ex metallo Cyprino reparavit.* Idem pag. 128 : *Necnon et fenestras ipsius Ecclesiæ ex metallo Cypsino decoravit.* Sed ibi legendum *Gypsino* censet Salmasius : est enim *Gypsum* specularis lapis, quo erant decoratæ fenestræ, δίοπτρος καὶ διαφανής. Vide *Cuprum.*

CYPSINUM. Vide *Cyprinum.*

* **CYRA**, pro *Chira*, Manus, Gr. χείρ, et *Cyragra*, pro *Chiragra*, apud Salmas. in Hist. Aug. pag. 412.

¶ **CYRCBOTA.** Vide *Circbota.*

CYREATH, vox Anglo-Saxonica, jusjurandum electum, id scilicet quod quis cum aliis conjuratoribus, e majori numero selectis præstat, cui opponitur *Rimeath*, quod vide. Leges Athelstani cap. 15 : *Et jurent, quod illud pecus N. intertiatum in peculio suo natum sit sine rimath, et stet thes Cyreath, id est, jusjurandum electum super 20. den.* [** Vide Grimm. Antiquit. Jur. German. pag. 908.]

¶ **CYREGRAPHARIUS.** Vide in *Chirographum.*

¶ **CYRICBOTA.** Vide *Ciricbota.*

CYRICSEAT. Vide *Cirisectum.*

¶ **CYRICUS**, pro Sericus, apud Baluzium tom. 2. Hist. Arvern. pag. 727. et alibi.

CYRIUS, Dominus, ex Græco Κύριος. Aldhelmus Abbas Malmesburiensis : *Ad doxam onomatis Cyrii* : πρὸς δόξαν ὀνόματος Κυρίου.

¶ **CYRLISCA**, Uxor hominis primæ classis, apud Saxones. Vide *Hindeni.*

CYRLISTUS. Leges Henrici I. Regis Angl. cap. 76 : *Eodem modo per omnia de Cyrlisti vel Villani wera fieri... diximus.* Saxonibus Cyrlice, est Ecclesiasticus. Forte igitur hæc vox designat colonum vel servum Ecclesiasticum. [** Wilkins. *Cyrlisci*, quod idem est ac *Ceorlisci*, Villani.]

CYROGRAPHUM, [Cyrograffare, etc.] Vide *Chirographum.*

CYROGRILLUS. Vide *Chirogrillus.*

CYROICUS. *Medicus Cyroicus*, Chirurgus, in Statut. Mediolanens. 2. part. cap. 354. cui opponitur *Medicus Physicus.* Vide *Physicus.*

¶ **CYROLOGUS**, Chirurgus. Miracula B. Henrici Baucenensis, Junii tom. 2. pag. 387 : *Magister Guido Cyrologus, qui eum tentavit et asseruit eum liberatum.*

* Stat. Vercell. lib. 7. pag. 163. r°. : *Accedens magister Philippus de Pergamo Cyrologus, etc.* Vide *Cirologus.*

* **CYRONELERIA**, f. *Cyrogrillorum* seu cuniculorum hara, Gall. *Garenne.* Vide *Chirogryllus.* Charta ann. 1405. in Reg. feudor. comitat. Pictav. ex Cam. Comput. Paris. fol. 65. v°. : *Item vineas pulchri campi, insimul cum Cyroneleria; quæ præmissa possunt michi vallere quolibet anno quinque solidos redditus et duodecim denarios census.*

¶ **CYROSTRATA.** Vide *Cereostata.*

¶ **CYROTHECA.** Vide *Chirotheca.*

¶ **CYRUPUS**, pro *Syrupus*, vox Medicis nota, Gall. *Sirop.* Occurrit rursus in Statutis Massil. l. 2. cap. 25. de Medicis, et in Statutis Arelat. MSS. art. 137.

* **CYS**, vox vulgaris, ni fallor, qua Sebum vel unctum intelligo. Consuet. MSS. S. Crucis Burdegal. ante ann. 1305 : *Item habet* (sacrista) *tenere campanas monasterii bene garnitas et munitas de Cys,.... et de cunctis aliis necessariis, ut bene possint trahi per clericos suos.* Vide supra *Ceuxum.*

* **CYSA**, Tributi species, idem quod supra *Cisa* 2. Charta ann. 1340. tom. 2. Hist. Trevir. Jo. Nic. ab *Hontheim* pag. 143. col. 1 : *Redditus annuos et perpetuos de lxxij. libris Hallensium de ungelto, sive Cysa, vulgariter dicta ungelt, dicti nostri oppidi nobis annuatim provenientium.* Vide *Ungeld.* [** et Haltaus. Glossar. German. col. 1934. in hac voce.]

¶ **CYSURGIUM.** Vide *Cisurgium.*

¶ **CYVARIUM.** Vide *Civarium.*

CYULA. Vide *Ceola.*

* **CZESNE**, Polonica vox. Vide infra *Pamietne.*

* **CZOCHIA**, an Truncus, caudex? Charta ann. 1369. ex Cod. reg. 5187. fol. 81. v°. : *Et a nemore Marietæ.... usque ad quandam Czochiam quercus ochiatam in pede... et protendendo recta linea ab ipsa Czochia quercus per transversum, etc.*

* **CZOPOWE**, Tributum apud Polonos,

quod ex vendenda cerevisia percipitur. Stat. Sigismundi I. ann. 1511. inter Leg. Polon. tom. 1. pag. 376 : *Statuimus, ut quicunque in civitatibus et oppidis, ad usum suum privatum domesticum, cerevisiam braxaverint,...... ad solvendam contributionem, dictam Czopowe, minime teneantur.* Cujus statuti titulus apud Prilusium sic habet pag. 160 : *Nobiles si in civitatibus cervisiam ad suos usus coquunt, ducillia non solvant.* Vide infra *Duciculus*.

¶ **CZOTATA** Vestis. An eadem quæ *Crusta*, de qua superius? Laurent. Byzynius in Diario Belli Hussitici apud Ludewig. Reliq. MSS. tom. 6. pag. 183 : *Vestes superbas non portent nec portare permittant contra Dominum Deum pretiosas nimis, sicut purpuratas, prætextas, pictas, deargentatas, Czotatas, sectas.*

* **CZUDA**, Districtus *Czudarii* seu castellani. Charta Judoci march. Moraviæ ann. 1380. tom. 6. Anecd. Pezii part. 3. pag. 68. col. 1 : *Committentes camerario supremo Czudario, notario et aliis vicedominiconibus Czudæ Olomucensis præsentibus seriose, quatenus præfatas villas supradictis priori et conventui intabulent et auctoritate suorum officiorum intabulari disponant.* Quæ totidem fere verbis rursum occurrunt in alia ejusd. Judoci Charta ann. 1398. ibid. pag. 116. col. 2. Vide *Czudarus*.

¶ **CZUDARUS**, Castellanus, ut puto, a *Zuda*, Castellum. Privilegium Nobilium Hamsburg. datum a Wenceslao ann. 1383. apud Ludewig. tom. 6. pag. 65 : *Mandantes Camerario nostro supremo, necnon omnibus Beneficiariis, Czudaris, justiciariis sive Trzednikonibus, qui sunt vel tempore fuerint, quatenus in casu quocumque eundem Wilelm. ultra modum præsentis gratiæ nostræ citare vel judicio convenire prætenderit, eamdem vel easdem citationes non advertant.*

D LITERA numeralis quæ 500. denotat. Unde versus :

Littera D. velut A quingentos significabit.

Seu, ut legit Ugutio :

Alpha D. compar duo sic tria nomina prodat. *al. portat.*

Eidem literæ si recta linea superaddatur, quingenta milia significat.

D. *In superscriptione cantilenæ, ut deprimatur, demonstrat.* Notkerus Balbulus Opusculo, *Quid singulæ literæ in superscriptione significent cantilenæ.* Vide *A*.

¶ D. nonnunquam pro *B*. scriptum. Sic a Græco Δίς factum est Latinum *Bis*, et a voce *Duellum* vocem *Bellum* ortam arbitrantur. Mutatur in *T*. non semel, ut *Set* pro *Sed*, aut vicissim, quod Arragonensibus præsertim familiare est, ut *Dada* et *Data*. *D*. etiam non raro transit in *Z*. ut *Zabulus* pro *Diabolus* apud Cyprianum, *Zarrhytus* pro *Diarrhytus* in Itinerario Antonini. Apud veteres proclivis est in nominibus propriis mutatio litteræ *D* in *Th*, maxime apud Germanos, et littere *G* in *D*, ut observat Mabill. num. 5. Præfat. in part. 2. sæc. 4. SS. Benedict. pag. xi. In compositis mutatur in *N*. *P*. et *S*. ut *Annitor, Appareo, Assideo*, pro *Adnitor, Adpareo, Adsideo*. Rariores sunt aliæ commutationes apud Latinos.

¶ D. inversum sic ɑ. pro *Depositus* legitur apud Mabillonium in Supplem. Diplomaticæ pag. 113. ubi refert hanc inscriptionem in Romano cœmeterio ante quatuor annos, dum scribebat, repertam :

Animæ Innocenti
Gaudentiae
Que Vixit An. v. m. vii. d. xxi. in Pace
Mercurius Pater Filiae ɑ vi. id. Novembris, Urso et Polemio Coss.

Quales litteræ inversæ nonnumquam in Romanis inscriptionibus occurrunt ut apud Fabrettum pag. 566. Inscript. cap. viii.

DA, pro *De*, præpositione, occurrit non semel in Chartis Longobardicis in Bullario Casinensi tom. 2. pag. 14. 54. 67. etc.

¶ **DABILIS**, pro *Dandus*, in Concilio Pisano apud Acherium Spicil. tom. 6. pag. 271 : *Nunquid non sunt Dabiles aliæ viæ rationabiles pro habendo unionem Ecclesiæ sanctæ?*

* Charta Richardi abb. S. Germ. Prat. ann. 1372. ex Tabul. ejusdem monast. : *Attendens præposituram meam de Anthogniaco....... esse ac fuisse de mensa seu sella mea, eamque Dabilem ad firmam majorem vel minorem, secundum temporum varietatem, non tantum religiosis, sed etiam secularibus personis, etc.*

¶ **DACA**. Vide *Dagger*.

* **DACERIA**, Ædes, in quibus *daciæ* seu tributa et vectigalia pro mercibus et mercium transvectione inferuntur, idem quod *Doana*. Stat. Genuens. lib. 4. cap. 16. pag. 121 : *A quibus Duganis seu Daceriis portare debeant fidem authenticam de rebus exoneratis, cum declaratione cui spectent.* Vide *Data* 1.

¶ **DACHBRAND**. Leges et Consuet. Furnenses in Archivo S. Audomari : *Dominus Comes retinet sibi ad justificandum per curiam suam... combustionem de die factam, id est, Dachbrand.* Belgis *Dach*, Dies, et *Brandt*, Combustio. Vide *Daghbrant*.

DACIA, Dacio, Dacitum. Vide *Data*.

DACRA, vel Dacrum, *consistit ex* 10. *coriis; decem vero Dacra*, vel *Dacræ*, *conficiunt unum lastum coriorum*. Ita *Dacrum chirothecarum consistit ex* 10. *paribus chirothecarum : Dacrum* vero *ferrorum equorum, ex* 20. *ferris*. Hæc Fleta lib. 2. cap. 12. § 3. Statuta Gildæ Berwicensis cap. 43 : *In dimidio quarterio pellium, et dimidio Dacræ coriorum, et duobus petris lanæ.* Teloneum urbis S. Audomari, in Tabular. S. Bertini : *De Dacra pellium hurorum* 2. *den.... de Dacra de pellibus salsis, etc.* [Chartularium SS. Trinit. Cadom. fol. 47. verso : *Joduinus pro una virga* xvi. *den. et ferramenta* iv. *carruchis... et amandare penturas hostiarum, et gûs, et haspas, et unam Dacram de ferris.*]

** Dacora, Chart. Margar. Comit. Flandr. ann. 1252. ap. Lappenb. Init. Hanseat. Fœder. pag. 56 : *Dacora cutium unum denarium et quicquid est plus vel minus Dacora, quælibet cutis debet obolum.*

** Dicora, decara. Alia Chart. ejusd. ann. 1262. ib. pag. 81 : *De Dicora coriorum* 2. *den. de dimidia* 1. *den. sed si minus sit quam dimidia Decara, etc.*

* Eo pertinere videtur vox *Dagone* ex Lit. remiss. ann. 1373. in Reg. 105. Chartoph. reg. ch. 184 : *Guillaume Chaudescolc boursier...... estoit alez querre environ deux cens pesant de Dagones de porc pour mettre en euvre.*

* **DACRYANUS**, Epithetum est, quod idem sonat atque Lacrymans, flens, a Gr. δακρύω, lacrymor, fleo; non vero nomen proprium, ut quidam putarunt; sic Ludov. Blesius scriptor asceticus *Dacryanus* appellatur. Consule *Cave* Script. Eccles. sæc. 8. pag. 424. edit. Genev. ann. 1705.

* **DACTILICI**, Hæretici, de quibus Florus in Opusc. adv. Amalar. apud Marten. tom. 9. Ampl. Collect. col. 648 : *Oro, quid commeruerunt Euchitæ, Græco vocabulo ab orando nuncupati? quid Dactilici a digito?... Bona est oratio, et tamen primi ob nimium orationis excessum repulsi : bonum est et silentium, sed ob nimiam silendi superstitionem, ita ut digitum labiis opponerent, secundi abjecti sunt.*

¶ **DACUSATA**, *Ornata*. Papias, a *Dacusa* civitate de qua idem Scriptor. in Bituric. MS. habet *Hornata*. [** Vide *Decussare*.]

¶ **DADA**, pro *Data* sæpius apud Arragonenses.

DADEA. Charta ann. 1220. apud Georgium Pilonum in Hist. Bellunensi pag. 110. v°: *Et juraverunt sequi Potestatem vel Consules secundum quod alii cives civitatis Tarvisii facient : et quod facient coltam*, (collectam) *milites, et Dadeam, quandocunque facient, et eodem modo*. [Est pro *Datea*, quod idem est ac *Dacia*, Tributum, pensitatio. Vide *Data*.]

* Charta ann. 1190. apud Murator. tom. 4. Antiq. Ital. med. ævi col. 191 : *Quod spiritualis persona episcopi, et spirituales personæ canonicorum Cenetensium non teneantur facere aliquam collectam, seu Dadeam, seu et expeditionem vel publicum communi Tarvisii*.

DADSISA. Indiculus superstitionum et paganiarum, ex Concilio Liptinensi ann. 743 : *De sacrilegio ad sepulcra mortuorum. De sacrilegio super defunctos, id est, Dadsisas*. Quo vocabulo, ni fallor, intelliguntur *dapes*, seu convivia quæ fiebant super sepulcris mortuorum. Vide *Convivium*. [** Nænias interpretatur Grimmius Mythol. Germ. pag. 628.]

DADUS. Vide *Decius*.

DAE, *Striæ*. Ita Papias MS. Editus vero, *Dalæ, Scotiæ*. An pro *Deæ*? [** Papias in cod. 7609 : *Dahe, soctie gni*. Glossar. in Cod. reg. 7644 : *Dahe, Scithie gens*.]

DÆMON, DÆMONIUM, quid apud Græcos significarit, non disquiro : id constat apud Christianos hac voce semper intellectos spiritus immundos et malignos, hominumque inimicos, vexatores et seductores, et quicquid occursaculorum et terriculamentorum, sive noctu, sive interdiu, nobis adversatur, obsistit, et perturbationi est. In qua significatione accipitur ab Apuleio lib. de Virtutibus herbarum cap. 10. ubi de Artemisia : *Fugat et Dæmonia in domo posita, etc*. Et cap. 19. § 6 : *Si infans contristatus fuerit, herba aristolochia suffumigabis infantem, hilarem facit et convalescit infans, fugato Dæmonio*. [** Conf. Δαιμονιαρέα in Glossar. med. Græc.]

* Hinc nostri *Demonie* vocabant quidquid alicui adversum est. Le Roman *de Robert le Diable* MS. :

Or oyez moult grant Demonie
Que li senescans respondra
De choo que il le semondra.

Neque aliter accipi videtur

DÆMON MERIDIANUS, apud Gregorium Turon. lib. 4. de Miracul. S. Martini cap. 36 : *Cum de cultura rediret, subito inter manus delapsa comitantium terræ corruit, ligataque lingua, nullum verbum ex ore potens proferre, obmutuit. Interea accedentibus accolis, ac dicentibus eam Meridiani Dæmonis incursum pati, ligamina herbarum, atque incantationum verba proferebant, etc*. Mox addit, adhibito oleo de sepulcro S. Martini, *sermone reddito, nequitiæ dolo perempto, convaluisse*. Vita S. Rusticulæ Abbatissæ Arelat. cap. 27 : *Una de Sororibus, cum graviter ab infestatione Meridiani Dæmonis nimiam fatigationem sustineret, et corpore tremebunda nullatenus se erigere posset, etc*. Miracula S. Jovini Abb. : *Erant duo pueri in via publica circa meridiem foris stantes, qui valido impulsi turbine graviter infirmati, quasi insanire cœperunt, et parentum suorum neminem recognoscere valuerunt,... qui meritis SS. Martini atque Jovini a Dæmonio Meridiano sunt liberati*. Ex prædictis eruit vir apprime doctus Joan. Mabillonius, incursum dæmonii meridiani, esse subitam quamdam et apertam morbi violenti incursionem, qua quis sensuum mentisve facultate privatur, sic dictum, quod a dæmone imprimi crederetur, tum quod summo die proveniret. Pro quovis diaboli impulsu ac suasu videtur sumere Gregorius in Vita S. Basilii Junioris num. 15 : Χλευαζόμενος ὑπὸ τοῦ ἐξαπατῶντος αὐτοῦ μεσημβρινοῦ δαίμονος. Pachymeres lib. 11. cap. 8. de quodam agyrta, qui desperatione adactus, laqueo se suspenderat : Καὶ μεσημβρινὸν ἐκείνῳ δαιμόνιόν τι ἐπιπηδᾷ.... καὶ ἐπ' οἰκίας ἀψάμενος βρόχον, διαπεφώνηκε. Ex Psalmo 90. v. 6 : *A sagitta volante in die, a negotio perambulante in tenebris, ab incursu et Dæmonio meridiano*. Vide quæ in hunc locum habent Genebrardus et alii Commentatores, et infra *Incursus* et *Immissio*, 2. Evagrius de octo cogitationibus ait, ἀκηδίαν eum esse δαίμονα, ὃς μεσημβρινὸς καλεῖται, τῶν δαιμόνων βαρύτερον. [** Vide Graff. Thesaur. Ling. Franc. tom. 5 col. 359.]

** DÆMON MARINUS in Vita S. Galli ap. Pertz. Script. tom. 2. pag. 7. lin. 44.

DÆMONIACUS, Dæmone correptus, energumenus. Agobardus in Epist. ad Bartholomæum : *Ita ut caderent quidam modo epilepticorum, vel eorum quos Dæmoniacos vulgus putat vel nominat*. Rogerus Hovedenus : *Quidam civis... factus est energumenus, id est, Dæmoniacus*. Occurrit passim, apud D. Gregor. lib. 1. Dial. cap. 10. Gelasium I. PP. Epist. 9. in Lege Longob. lib. 1. tit. 19. § 15. lib. 2. tit. 1. § 3. [** Rothar. 328. 180.] Δαιμονιάριος, apud Nicetam in Isaacio Angelo : Ὁ ἔχων δαίμονα, ὁ ἐνοικον τὸν διάβολον ἔχων, apud Chrysostom. Κατεχόμενος ὑπὸ δαίμονος, apud Strabon. Δαιμονοφόρητος, ὁ δαιμονιώδης, apud Epiphanium, etc.

DÆMONIACI dicti præterea Epileptici. Gariopontus lib. 1. cap. 6 : *Epilepsiæ genera, duo sunt, unum est, in quo subito cadunt, nescientes, et contractionem manuum pedumque patiuntur, et cervicis tremorem. Aliud, in quo spumant et stertunt, nec contrahuntur membra, cum ceciderint, quos vulgus Dæmoniacos dicit*. Et cap. 7. de iisdem Epilepticis : *Qui cum tremore totius corporis tenentur, a Dæmonibus teneri dicuntur*. [** Vide Forcellinum.]

DÆMONIACI ADVEXATICII, apud Amulonem Lugd. in Epist. ad Theodboldum, i. a dæmone *vexati* : qui χειμαζόμενοι dicuntur, Areptitii qui malo spiritu agitantur, vexantur, *Tribulantes*, in Epistola Nicetii Episc. Trevirensis ad Chlodoswindan. *Qui Dæmonio infestantur*, in Concil. Arausicano I. cap. 14. et Arelatensi II. cap. 39. Concilium Ancyranum cap. 16 : Τοὺς ἀλογευσαμένους καὶ λεπροὺς ὄντας, ἤτοι λεπρώσαντας, τούτους προσέταξεν ἡ ἁγία σύνοδος εἰς τοὺς χειμαζομένους εὔχεσθαι. Ubi Isidorus Mercator : *Placuit inter eos orare qui tempestate jactantur, qui a nobis Energumeni appellantur*. Quo loco Cellotius lib. 6. Hierarch. cap. 19. § 1. Χειμαζομένους censet esse *pœnitentes*, qui extra Ecclesiam stabant pluviæ et hiemi obnoxii, in quos tempestates et aeris injuriæ omnes depluunt. Cujusmodi erant οἱ προσκλαίοντες, qui ἔξω τῆς πύλης τοῦ εὐκτηρίου stabant, cum ἀκροῶντες et ὑποπίπτοντες ἔνδοτι τῆς πύλης, ἐν τῳ νάρθηκι consisterent, ut est apud Gregorium Thaumaturgum Can. 11.

¶ DÆMONIATUS, Eadem notione. Miracula B. Simonis Erem. April. tom. 2. pag. 826 : *Erat a dæmone vexata, et opera faciebat, ut faciunt Dæmoniatæ*.

* Nostris *Demoniacle*, Insanus, demens. Lit. remiss. ann. 1384. in Reg. 125. Chartoph. reg. ch. 120 : *Pierre Nagot a esté le plus du temps, et par especial en temps d'esté, fol et Demoniacle, et s'est plusieurs foys voulu noyer;.... et pour cause de ses folies...... il fu prins...... et porté en une abbaye nommée S. Sever,...... en laquelle abbaye l'on maine les Demoniacles*.

* **DÆMONIALITAS**, *Deablerie*, in Glossar. Gall. Lat. ex Cod. reg. 7684.

¶ **DÆMONICOLA**, Cultor dæmonum. *Dæmonicola civitas*, apud S. Augustinum de Civit. Dei lib. 18. cap. 4. Idem Conf. lib. cap. 2 : *Offendere superbos Dæmonicolas*.

DÆMONIOSUS, Idem qui *Dæmoniacus*, apud Julium Africanum lib. 8. Hist. Apost. pag. 97. Bedam in Vita S. Cuthberti Episcopi n. 23. in Vita S. Altmanni Episc. Pataviensis pag. 50. [** in Miracul. S. Apri cap. 1.] apud Ordericum Vitalem pag. 400. etc.

** **DÆMONITIONES**, *Superstitiones*, ex Glossar. vet. ap. Maium Classic. Auctor. tom. 6. pag. 519. Ita etiam in cod. reg. 7644.

DÆMONIZARE, Dæmonio corripi, dæmoniacus fieri, in Miraculis S. Pelini Mart. apud Ughell. tom. 9. pag. 37. [** Græcis Δαιμονίζομαι. Vide Henr. Stephan. Thesaur. Ling. Græc. edit. Didot. tom. 2. col. 856.]

¶ **DÆMULUS**, *Ejusdem artis æmulator*. Papias. [** In cod. reg. 7609. et 7644. est *Demulus*, ortum ex *Aemulus*.]

DAERIA. Fleta lib. 2. cap. 82. § 3 : *Seu casei, butiri, vel Daeriæ*. Cap. 87. de Caseatrice : *Androchia pudica esse debet... et laboriosa in officio Daeriæ*. Vide *Androchia*. Habent Campani nostri ac Lotharingi vocem *Dayer*, sed alia notione. Ita enim appellant, ut auctor est Jacobus *Bourgoing*, de Origine et usu vulgarium vocum pag. 27. conventus serotinos quos mulierculæ pensa agentes sub vesperum facere solent, quos Belgæ nostri *Series* vocant. [Vide *Dayeria*.]

* **DAFERNON** *exponit Stephanus, quod est saganum : et est samag, gummi*. Glossar. medic. Simon. Januens. ex Cod. reg. 6959.

¶ **DAGA**, DAGARIUM, DAGARIUS. Vide *Dagger*.

DAGASCALCI, [Servi seu operarii diurni a Teutonico *Dag* vel *Tag*, dies, et *Scalc* Saxon. Servus.] [** Homines obnoxiæ quidem conditionis, sed ut *Cerearioru*m libertati proximæ. Conf. Grimm. Antiq. Jur. German. pag. 302. num. 2.] Charta Henrici

IV. Imper. ann. 1065. pro Abb. S. Maximini Trevir. : *Præbendarii autem... vel qui foris ad curtes, Dagascalci vel piscatores, aut pistores dicuntur, nulli Advocato vel Hunoni subjaceant, sed tantum Abbati, sicut cereales, vel censuales pro quibuscumque rebus respondeant.* Alia Henrici III. Imp. ann. 1056. apud Zyllesium habet *Dagescalci* Alia Henrici IV. Imper. ann. 1116. apud eumdem : *Præbendarii etiam sive mansionarii fratrum circa Monasterium infra milliare unum e vicino manentes, sive Dagescalci, aut Cerearii foris ubique per villas positi, nullius Advocati vel Hunnonis placitum... respiciant.*

¶ **DAGEN**, Operæ, Schiltero in Glossario Teutonico, ex Diplomate Sigismundi Imp. ann. 1417. pro Monasterio Lucellensi : *Cum piscatione, molendinis, Dagen, hortis, lignis, sylvis, nemoribus, etc.* [** Leg. fort. *Hagen*, quæ vox sepem, et locum sepibus cinctum significat.]

DAGEWARDUS, [Operarius, servus inferior *Fiscalino*, ut recte Schilterus.] Burchardus Wormaciensis Episcopus in Lege Familiæ cap. 13 : *Si quis Fisgilinus homo exfamiliarem aliquam magnam vel parvam ad injustitiam patraverit, ad bannum Episcopi 5. solidos, ut Dagewardus, vadetur, et 5. solidos componat ei cui iniquitas facta est.* Infra cap. 16 : *Si Fisgilinus homo Dagewardam accepit, ut filii qui inde nascantur, secundum pejorem manum vivant : similiter si Dagewardus Fisgilinam mulierem accepit.* Rursum cap. 22 : *Si quis Fiscali viro justitiam suam infringere voluerit, id est, ad Dagewardum, vel ad censum injustum, Fiscalis vir cum septem proximis suis non mercede conductis justitiam sibi innatam obtineat, et si ex patris parte vituperetur, ex eadem parte duæ cognatorum suorum et tertia ex matre assumatur.* [** Vide Grimm. Antiq. Jur. Germ. pag. 319. num. 31.]

¶ **DAGGA**, ut mox *Dagger*. *Habens sicam vel Daggam ad latus*, in Chronico Cornelii *Zantfliet*, apud Marten. tom. 5. Ampliss. Collect. col. 357.

DAGGER, Daggerius, Daggerium, Pugio, sica, Anglis *Dagger*, Hispanis *Daga*, Gallis *Dague*, Cambro-Britannis *Dager et Dagr*. [Kilianus : *Dagge, Dagges, Pugio, Sica, Dolch.*] Catholicon Armoricum : *Dac, Gall. Dague, Lat. Pugio, ou c'est badelaire.* Statuta Willelmi Regis Scotiæ cap. 23 : *Habeat equum, habergeon, capitium e ferro, ensem, et cultellum qui dicitur Dagger..... Habeat arcum et sagittas et Daggarium, et cultellum.* Thomas Walsinghamus pag. 252 : *Mox extracto cultello, quem Dagger vulgo dicimus, ictum Militi minabatur.* Alibi : *Extracto cultello Daggardo ejus cerebrum perforavit.* Henr. Knyghton in Edw. III : *Habentes cultellos, quos Daggerios vulgariter dicunt.* Liber Anglicus inscriptus *Justice of peace* pag. 730 : *Longum Daggarum suum extraxit, et in præfatum N. insultum fecit.* Octavianus *de S. Gelais* in Viridario honoris :

> Harnois compleits de fine armurerie,
> Trez, arbalestres, Dague de Praguerie.

Alibi :

> A son costé chascun la courte Dague.

Rursum :

> A leur costé l'espée longue et large,
> La courte Dague pour son homme aborder.

Vide Monstrelletum 1. vol. cap. 94. pag. 143. Chron. Flandr. pag. 232. Joinvill. in S. Ludovico pag. 105. etc. Vocem a Dacis, quasi eorum propria fuerint arma, quidam deducunt, vel ab Hebræo *Dacach*, Acuere.

¶ Daga, Eadem notione. Concilium II. Pisanum pag. 159 : *Nec Dagas seu cultellos ferant ultra longitudinem palmi unius, præter Palefranarios, cum Dominos comitabuntur.* Rursum occurrit in Synodo Taracon. ann. 1591. *Daga argentea*, apud Th. *Madox* in Formulari Anglic. pag. 431. bis.

* Dagha, Pugio, sica, ensis, Ital. *Daga*, nostris *Dague*. Annal. Estens. ad ann. 1395. apud Murator. tom. 18. Script. Ital. col. 920 : *Confoditur pugnionibus, videlicet Daghis et ensibus in omnibus partibus corporis.* *Dague* vero, pro Contumelia, maledicto, metaphorico sensu, quatenus nimirum conviciis vindicandis *Dagha* seu ensis adhibetur; vel quod veluti *Dagha*, convicium pungit. Lit. remiss. ann. 1397. ex Reg. 152. Chartoph. reg. ch. 131 : *Et pour ce qu'il sembla audit Touse qu'il deist ce par maniere de raffarde ou moquerie, lui dist, je te prie, ne me baille point de Dague, j'en ai assez d'une.*

¶ Dagarium, apud Rymer. tom. 10. pag. 508. col. 1 : *Deferentes sive non deferentes gladios, Dagaria, etc.*

¶ Dagarius, apud eumd. tom. 12. pag. 583. col. 1.

¶ Daca, non semel in Philippide Guillelmi Britonis, et in Statutis Arelat. e MS. D. *Brunet*. fol. 21. verso.

¶ Diga *sive magnus cultellus*, in Hist. Translationis S. Appollinaris, tom. 5. Julii pag. 384.

¶ Daguificare, Dagis confodere. Chronicon Siciliæ inter Anecd. Marten. tom. 3. col. 41 : *Rogerio de Lauria, viro utique strenuo et sollicito ad manutenendum Siculos et Daguificandos hostes.*

DAGHBRANT, Incendium quod interdiu excitatur, ex Fland. *dag*, dies, et *brant*, incendium. Consuetudines Arkenses ann. 1231. in Tabulario S. Bertini : *Majores causæ, ut sunt Raptus mulierum, berof, mordad, Daghbrant, a Choremannis in Curia de Arkes audientes, sed earum emendæ per francos homines Ecclesiæ judicabuntur.* [Vide *Dachbrand*.]

DAGLA. Charta Adalberonis I. Episcopi Metensis apud Meurissium pag. 309 : *Statuimus quoque ad usus fratrum, in prædicto sancto loco militantium, quandam Daglam in finibus villæ nostræ sitam, nomine Purnedo, ubi etiam mundiliones plurimi B. Arnulphi commanent, atque commanentes eandem supradictam Daglam legitima sanctione custodiunt ac procurant.*

* Prædium rusticum, ut videtur, vel Vallis. Vide *Dayla*.

¶ **DAGNIFICARE**, Damnum inferre. Chartularium S. Vandreg. tom. 1. pag. 178 : *Nec licebit mihi fide media, nec meis hæredibus prædictum Johannem nec suos hæredes a prædictis* IX. *solidis et prædictis* IX. *denariis de cætero molestare, Dagnificare, nec gravare in foro seculari vel ecclesiastico... Actum an. D.* M. CC. LX. Vide *Damnificare*.

* **DAGUA**, ut supra *Dagha*. Lit. remiss. ann. 1383. in Reg. 123. Chartoph. reg. ch. 55 : *Poncius secum deferens unam Daguam et ensem, etc.* Monstra ann. 1511 : *Claudius Jornandi habet... unam Daguam, etc.*

¶ **DAGUBITA**. Agnelli Lib. Pontific. de S. Neone : *Demum infra Episcopum Ursianæ Ecclesiæ, quæ vocatur Quinque Dagubitas a fundamentis construxit, et usque ad effectum perduxit.* In quem locum eruditissimus Muratorius : *Dagubita* idem fere, ut arbitror, significat ac *Accubita* Scriptoribus corruptæ Latinitatis, et ἀκούβιτον apud Auctores corruptæ Græcitatis. Est autem *Accubita*, ut suo loco dictum est, Locus editior ad quem accumbimus, seu Mensa ad quam accumbunt convivæ.

¶ **DAGUIFICARE**. Vide in *Dagger*.

DAGUS. Gloss. Gr. Lat. Editum et MS. ἐπισέλλιον, *subsellium, Dagus*. [* F. *Sagma*, ex Vulc. in Castigat. ad utrumque Glossar. Vide Martin. Lex. in hac voce.] Meursius censet esse Gallicum, *Dais*, scilicet tapetem, qui sellæ insternitur. At Galli ita vocant umbellam quæ Throno Regio interponitur : unde legendum *supersellium* videretur : cujus quidem vocis *Dais* meminit Matthæus Paris in Vitis Abbatum S. Albani pag. 92. ubi de Abbate recens electo : *Solus in Refectorio prandebit supremus, habens vastellum, Priore prandente ad magnam mensam; quam Dais vulgariter appellamus.* Galli etiamnum *Dais* appellant umbraculum quod capiti sedentis aut prandentis vel cœnantis superponitur. Proinde si ad *vastellum* referatur, idem significaverit, tametsi vocis notio plane incerta sit ipsis etiam Anglis. Si ad *mensam*, quod vox *quæ* videtur suadere, non facilius est divinare quid hoc loco sonet.

Putaverim tamen *vastellum* ipsum esse nostrum *Dais*, sicque appellatum ex Anglo Saxonico vatel, *tegulum*, *tegmen*, umbraculum. Alii melius divinent. Cæterum hæc verba, *habens vastellum*, etc. absunt in Conciliis Anglic. tom. 2. ubi eadem recitantur, de modo constituendi Abbatis exempti cap. ult. sub ann. 1235. Ejusmodi umbraculum, sic describit Menander Protector. in legat. pag. 131 : Τεθείσης οἱ καθέδρας χρυσῆς, ἐνιζάνει αὐτοῦ ἐκ δύο λίθων ὑφασμάτων σκευασθείσης αὐτῷ, ὥσπερ καλύβης τινός. Nostri porro olim *Dois*, pro *Dais* dixere. Le Roman *de Garin* MS :

> Quand fu la Cort des Chevaliers de pris,
> Li mengiers fu apprestez et garnis,
> L'eue demandent, au mangier sont assis,
> Au plus haut Dois sist li Rois Anseis
> De jouste lui sa moillier au cler vis.

☞ Vocis etymon [** forte a voce Germanica *Dach*. Adel.] quidam ducunt a Gallico *Ais*, Assis, tabula, ita ut primum scriptum fuerit *d'ais*, ex assibus, quoniam alias umbellæ compingebantur tabulis, quibus annectebantur panni pretiosiores ad ornamentum. Huic etymo non favet antiquus scribendi modus *Dois* : quare Menagius a *Dossium* vel *Dossum*, quod pro *Dorsum* scripserint veteres Glossatores, putat esse arcessendum; observatque simili modo olim a nostris dictum fuisse *Ders*, *Derselet*, a *Dorsum* scilicet ac *Dorsiletum*. Ordo Henrici II. Fr. Regis pag. 321. Ceremonialis Godefridi : *Contre* la cheminée de ladite chambre y avoit un riche Ders, tout couvert, pentes, fonds et dossier de broderie à personage. Et pag. 335 : *Le Roy se vint mettre à table sur un haut Ders, fait et préparé en la grande salle du logis Archiepiscopal, sous un grand Ders : le fond duquel étoit tout d'or.* Et pag. 312 : *Ledit Seigneur se mit à genoux sur un grand drap de pié et deux carreaux, sous un grand Derselet de velours cramoisi.* Vide *Dasium.*

¶ **DAHÆ.** Vide *Dae.*

DAIENUS, Judex, Judæis Hispanicis sic dictus. Vitalis Episcopus Oscensis : *Inter Judæos vero est Daien, id est, Judex, ad cognoscendum de omnibus causis magnis, parvis, et minimis constitutus.* Huc forte spectant quæ habent Notæ veteres ad Itinerarium Burdeg. de verbis Gallicis : *Rhodanum, violentum : nam Rho, nimium, Dan, judicem, hoc et Gallice, hoc et Hebraice dicitur.* Glossæ Basilic. : Δάν, ὄνομα μεγάλης ἀρχῆς κατὰ Πέρσας· οὕτως εὗρον ἐν τῷ Μαρτυρίῳ τῆς ἁγίας Σιρήν.

DAILUS. Vide *Dayla.*

DAIS. Vide *Dagus.*

¶ **DALERUS** vel THALERUS, a Saxonico *Dal*, vel Germanico *Thal*, Vallis. Nummus argenteus uncialis sic dictus, inquit Kilianus, *quod ex vallibus materia ejus argenti defodiatur;* sed potius ex montibus juxta Martinium : qui *Dalerum* vocat etiam *Joachimicum* a villa Joachimica, *Jocheimsthal*, in Saxonia, ubi illa moneta cusa est. Germani *Thaler* appellant et *Reichsdaler*, Nostri *Richedale.* Tres valet libras, ut Scutum nostrum argenteum. In nova Gallia Christ. tom. 3. col. 786. narratur Godefridum II. Abbatem Veteris-Campi ann. 1585. *Captivum, pro libertate recuperanda pendere* 6000. *Dalerorum coactum fuisse.* Petrus a Beek de Ecclesiis Aquisgran. pag. 25. in-4° : *Poscebat siquidem quinquaginta Dalerorum millia.* Et infra : *Volentes nolentes illius petitioni assentiri coacti sex viginti Dalerorum millia, una cum, etc.* Legitur alibi non semel apud Scriptores Germanos. Vide *Dalrus.*

¶ **DALEINUS.** Vide *Delphinus.*

* **DALHA**, DALLIS, Falx, Gall. *Faux*, proprie est falcis pars ferrea, nostris alias *Dail, Daille;* et *Dart;* unde *Daliare* et *Dalliare*, falcare, Gall. *Faucher*, et *Dalliator*, falcator, vulgo *Faucheur.* Lit. remiss. ann. 1465. in Reg. 194. Chartoph. reg. ch. 2 : *Ostendendo quoddam pratum quibusdam falcatoribus, qui herbam dicti prati...... falcare seu Dalliare debebant...... Quandam includem ferream, supra quam dicti homines falcatores, seu Dalliatores eorum falces sive Dalhas aptare consueverunt.* Leudæ major. Carcass. MSS. : *Item pro cargua de Dallibus, iij. sol. Turon.* Ubi versio Gallica ann. 1544 : *Item pour chacune charge de Dailles pour faucher, etc.* Lit. remiss. ann. 1306. in Reg. 76. ch. 84 : *Impositum fuit Francisco Pararrani... prata dictæ bovariæ Daliasse seu Daliari fecisse sua auctoritate propria. Après ils rencontrerent ledit Rondeau ainsi qu'il venoit d'un sien pré avec ung Dail à son col*, in Lit. ann. 1473. ex Reg. 204. ch. 45. Aliæ ann. 1416. in Reg. 169. ch. 353 : *Le suppliant d'une faux ou Daille rompa icellui Pierre environ le genoil près du pomel de la jambe.* Rursum aliæ ann. 1398. ex Reg. 153. ch. 458 : *Jehan des Ouches, qui portoit un Dart à faucher appareillé et emolu de nouvel, etc. Deux faulx ou Dartz, desquelx les dessusdiz avoient faulché ladite herbe estant audit pré*, in aliis ann. 1481. ex Reg. 200. ch. 1. Neque alio sensu intelligenda videtur vox *Daux*, in Lit. remiss. ann. 1473. ex Reg. 195. ch. 1002 : *Jehan Passarreu dist au fils du suppliant qu'il lui avoit desrobé ung Daux ou faugibe. Dauxe* vero, pro *Gousse*, in aliis ann. 1382. ex Reg. 122. ch. 39 : *Jehan Planquiele demanda une Dauxe d'ail pour dauxer son pain.* Vide *Dayla.*

* **DALIA**, *La povercta*, in Glossar. Lat. Ital. MS. [** Isidor. Origin. lib. 7. cap. 6. sect. 56.]

* **DALIARE**, DALLIARE, DALLIS. Vide supra in *Dalha.*

* **DALIVUM**, DALIVUS. Vide infra *Davus* 2.

* **DALMASINUS**, Fructus species, prunum Damascenum, nostris *Damas.* Stat. Avellæ ann. 1496. cap. 53. ex Cod. reg. 4624 : *Si aliqua persona.... portaverit.... castaneas, pira, poma, Dalmasinos, persica, ficcus, amigdola, et quoscumque alios fructus, etc.* Vide *Damascena.*

¶ 1. **DALMATA**, *Vestis Sacerdotalis candida cum clavis purpureis.* Gloss. Isid. Vide mox *Dalmatica.*

* 2. **DALMATA.** Hist. Franc. Sfortiæ ad ann. 1453. apud Murator. tom. 21. Script. Ital. col. 639 : *Georgius Dalmata, cui a multa cæsarie cognomen erat.* Et ad ann. 1461. col. 725 : *Georgius Dalmata, qui a pelta, quam vulgo targetam dicunt, cognominabatur, etc.*

DALMATICA, Vestis sic dicta, quod in Dalmatia primum sit reperta, ut habent Isidorus lib. 19. Orig. cap. 22. Alcuinus lib. de Divin. offic. Papias, Durandus lib. 3. cap. 11. et alii. Usum autem Dalmaticarum in Ecclesiam primus invexit S. Silvester PP. cum antea colobiis uterentur Sacerdotes, veste scilicet sic dicta, quæ manicis carebat. [Longe ante Silvestrum Pontius in Vita S. Cypriani scribit : *Et cum se Dalmatica exspoliasset* (Cyprianus) *et Diaconibus tradidisset, in linea stetit.*] Sed cum nuditas brachiorum a plerisque culparetur, Dalmaticarum a B. Silvestro usus inductus est, ut ait idem Alcuinus, a quo dicitur esse *vestimentum in modum Crucis, habens in sinistra sui parte fimbrias, dextra iis carente : inconsutile, et cum largis manicis.* His consentit Gillebertus Lunicensis Episcopus de Usu Ecclesiastico, ubi de Diaconis : *Stolam etiam super humerum sinistrum ferre, et indui Dalmatica in solennibus, id est tunica amplis manicis.* Dalmaticam vero in modum crucis factam docet præterea Missa Antiqua a Matthia Illyrico edita. Bruno Signiensis de Vestimentis Episcoporum : *Dalmatica magis ad ornatum, quam ad significationem pertinere videtur, quæ etiam post alia indumenta inventa esse probatur. Fimbriæ tamen quæ in Dalmatica a sinistro latere pendent, hujus vitæ impedimenta, et superfluitates, et sollicitudines significare possunt, quæ quoniam in altera vita non sunt, merito neque fimbriæ in dextro latere ponuntur, etc.* Robertus *de Flamesburc* Canonicus S. Victoris in Pœnitentiali : *Dalmatica etiam qua utuntur Levitæ, latitudine sui idem significat quod casula, caritatem; per duas lineas coccineas, quibus ipsa ante et retro a summo usque deorsum decoratur, utriusque testamentum, prædicatio Dei et proximi dilectio figuratur. Duodecim fimbriæ linearum utrimque 12. ramos caritatis exprimunt, quos Apostolus enumerat, dicens, Caritas patiens est, benigna est, etc. Tertia linea quæ est inter duas, et tribus fimbriis ante et retro insignitur, caritatem fide S. Trinitatis condecoratam demonstrat. Per fimbrias in sinistro latere sollicitudo activæ vitæ circa plurima intelligitur. Dextrum latus, quod caret fimbriis, contemplatio cælestium sine multitudine perturbationum significatur.* Fimbriarum Dalmaticæ meminit Theodulfus Aurelian. in Parænesi ad Episcopos pag. 238 :

> Candida ut extensis niteat Dalmatica rugis,
> Fimbria neve erret huic sine lege levis.

Neque alia est fimbria Dalmaticæ, a clavis purpureis. Glossæ Arabico-Lat. : *Dalmata, vestis sacerdotalis candida cum clavis purpureis.* Epiphanius : Δαλματικὰς, εἴτ' οὖν κολοβίωνας ἐκ πλατυσήμων διὰ πορφύρας ἀλουργοῦ ῥαφεῖς κατασκευασμένας. Vide Amalar. lib. 2. de Eccl. offic. cap. 21. Rhabanum lib. 1 de Instit. Cleric. cap. 7. 20. Walafrid. Strab. lib. de Reb. Eccl. cap. 24. Petr. Dam. lib. de Dominus vobiscum cap. 17. Hug. a S. Victore lib. 1. de Sacram. cap. 53. in Speculo Eccl. cap. 6. Honor. August. lib. 1. cap. 211. Innocent. III. lib. 1. Myster. Missæ cap. 40. 56. Jacob. Vitriac. in Hist. Occident. cap. 35. etc.

Dalmaticam propriam Episcoporum vestem fuisse docent laudati Scriptores. Zacharias PP. in Epist. ad Austrobertum Episc. Viennens. apud Jo. a Bosco : *Dalmaticam usibus vestris misimus, ut quia Ecclesia vestra ab hac sede doctrinam fidei percepit, et morem habitus sacerdotalis, ab illa etiam percipiat decorem honoris.* Hanc sub planeta poni solitam scribit Joannes Diacon. in Vita S. Gregorii Magni lib. 4. cap. 83. 84.

Fuit etiam *Dalmatica* Diaconorum vestis propria, uti supra innuimus. Amalarius in Eclogis de Officio Missæ : *Diaconi retro stant,.... qui et ministrantes sunt in sancto altari, et Dalmaticas portant, quas solebat militaris usus portare.* Herbertus lib. 2. de Miracul. cap. 9 : *Subdiacones tunicæ pretiosæ, Diacones Dalmaticæ fulgidæ decorabant, ipsosque Presbyteros planetæ oloserica insigniter adornabant.* Dalmatica tamen Diaconi non utebantur, nisi in majoribus festivitatibus, ut est in Concilio Salegunstadiensi cap. 2. et apud Gillebertum Lunicensem Episcopum. Porro Silvestri PP. institutio fuit, *ut Diaconi Dalmatica uterentur in Ecclesia, et pallio linostimo læva eorum tegeretur*, ut auctor est Anastasius pag. 13. Diaconis vero videtur tribuere Ammianus lib. 14 : *Pectoralem tuniculam sine manicis textam.* Unde diversa illa fuerit a Dalmatica manicata, quam *Chirodatam* vocat Capitolinus, nostrique Diaconis adscribunt.

* Diaconorum vestis fuit quotidiana, præterquam diebus jejunii, uti etiam nunc

mos est. Consuet. monast. S. Emeram. Ratispon. art. 21. ex Bibl. S. Germ. Prat. cod. 1074. 3 : *Dalmaticis tempore prandii et cœnæ utantur diacones, videlicet quando ad Sextam reficitur; tempore jejuniorum planetis et casulis. Damaticle*, in Invent. eccl. Camerac. ann. 1371. *Tuniques, Domatiques*, in Charta dotat. capellar. de Blainvilla ann. 1335. ex Reg. 70. Chartoph. reg. ch. 175.

Sed maxime Diaconorum Ecclesiæ Romanæ fuit Dalmatica, cum cæteris nonnisi ex indultu summi Pontificis hac uti fas esset, qui eam interdum transmittebant, ut habet Gregorius M. lib. 7. Ind. 2. Epist. 113. Idem lib. 4. Dialog. cap. 41. ubi Paschasio Diacono Ecclesiæ Romanæ *Dalmaticam* adscribit. Cyprianus in Vita S. Cæsarii Arelatensis : *Speciali quodam privilegio pallii usum ei permisit, et Diaconos ejus perinde, ut Romanæ Ecclesiæ Diaconos, Dalmaticis uti voluit.* [** Johannes XVI. PP. ann. 996. Abbatibus Selsensibus concessit *cum sandaliis et Dalmatica missarum officia celebrare.* Idem privilegium indultum Abbatibus Murbacensibus et aliis. Vide Alsatiam Diplomaticam num. 174. 346. sqq.] Jacobus Cardinalis de Coronat. Bonifacii VIII. PP. lib. 1. cap. 8 :

Nos Levitarum cuneus, nos illa Senatus
Dalmaticas vestita togas.

Cappa Dalmatica, in libello de Fundat. Monast. Bigaugiensis pag. 255.

Dalmaticis etiam indutos Reges ac Imperatores in præcipuis solennitatibus, eorumque inaugurationibus, palam est : ex iis præsertim quæ habet Hartmannus Maurus lib. de Coronatione Caroli V. qui inter solennia illa indumenta quibus induuntur, recenset *Dalmaticam albam holosericam pretiosis margaritis gemmisque distinctam, auream stolam margaritis quoque adornatam, cappam holosericam violacei coloris cui aurum in modum aquilæ intextum est, et amiculum rubei coloris contextum pari modo magna aurea aquila.* Petrus Rex Aragon. in Chronico, quod ipse conscripsit, lib. 2. cap. 9. ubi de sua Coronatione : *E lendema mati, que fon diumenge, nos som appareillats hora del sol exit ab nostra Dalmatica, e ab aquall arreament quis pertany a Rey pendre Coronacio.* Et lib. 3. cap. 16. de solenni in urbe Majorica processu : *E lo diumenge per lo matinos isquem de la Sacristia de la Seu, vestits e appareillats in sede Majestatis, ço es ab una camisa Romana d'un drap de seda primvert ab alcuns fullatges sens tos obres, et apres una Dalmatica de drap vermell historiat, ab obres d'aur, e ab fullatges, etc.* Adde cap. 33. et Raym. Montanerium cap. 296.

¶ Dalmatium. Hist. Mediani Monast. pag. 242 : *Casulæ tres de pallio, capæ IX. Dalmatia quatuor de pallio.*

¶ Dalmutia. Instrum. ann. 1532. ex Archivo Rhedon. : *Cum cappis absque Dalmutiis se congregaverunt in Ecclesia.*

Dalmaticatus, Dalmatica indutus apud Lampridium in Commodo.

Delmatica, in Gloss. Gr. Lat. Δελματική, idem quod *Dalmatica* : nam *Delmatia*, pro *Dalmatia*, occurrit non semel in Nummis apud Aurel. Victorem in Augusto, Claudio, etc.

* **DALPHINALIS**, Dalphinaliter. Vide infra *Delphinus*.

¶ **DALPHINUS**. Vide *Delphinus*.

¶ **DALRUS**, ut *Dalerus*. Wernerus Titianus in Præfatione ad Annal. Novesienses : *Post rescissam unionem nos coëgit, quatenus Conventui corporis Christi ultra 4000. Dalros pro tam brevi cohabitatione unionis tempore numeraremus.*

DALTINI, Scurræ, velites, seu servi a pedibus Hibernis, apud Stanihurstium libro 1. de Reb. Hibern. et Jac. Waræum in Antiquit. Hibern. cap. 12.

DALUM. Ælfricus in Gloss. Sax. cap. de Navibus : *Dalum*, Lytel segel, i. parvum velum. Papias et Ugutio : *Dalum, minimum velum ad proram fixum.* Inde fortean velum, quod Throno Regio superponitur, *Dais* appellarunt nostri. [Legendum est *Dolon* ex Isidoro lib. 19. Orig. cap. 3 : *Dolon, Minimum velum ad proram defixum.* Græcis quoque δόλων. Procopius lib. 1. de Bello Vandal. cap. 17 : Χαλάσαντας τὰ μεγάλα ἱστία τοῖς μικροῖς (ἃ δὴ δόλωνας καλοῦσιν) ἕπεσθαι. Hesychius : Δόλωνες, μικροὶ ἱστοί, etc. Livius : *Dolonibus erectis altum petere intendit.*] [** Glossar. MS. et codices Isidori habent *Dalum.*]

¶ 1. **DALUS**, *Ticio.* Papias in MS. Bituricensi. [** Δαλός.]

2. **DALUS**, Alia notione. Vide *Dayla.*

¶ **DAMACIUS**, Bombycinus pannus operis Damasceni, Gall. *Damas.* Inventar. Eccl. Aniciens. ann. 1444 : *Item alter tassellus operatus ad modo Damacii cum lapidibus modici valoris.* Vide *Dameus.*

DAMADARIUS, Hebdomadarius. Charta Corbeïensis vetus MS. de Mensa Dom. Abbatis : *In illa firma in qua serviunt Damadarii de coquina, etc.* Alibi : *Hoc totum debent præparare et administrare Damadarii de coquina ad fenestram refectorii.* Vide *Hebdomadarius.*

DAMALIO, ex Gr. δάμαλις, Juvenca. Lampridius in Alexandro Severo : *Ne quis suminatam occideret, ne quis lactantem, ne quis vaccam, ne quis Damalionem.*

DAMARICIUS. Vide *Canis.*

¶ **DAMASCENA**, Pruni species, Gall. *Damas, a Damasco oppido, unde prius asportata est, dicta.* Isid. lib. 17. Orig. cap. 7. Plinius lib. 15. cap. 13 : *In peregrinis arboribus dicta sunt Damascena, a Syriæ Damasco cognominata.*

¶ **DAMASCUS**, ut *Damacius. Damascus albus*, in Apparatu bellico Caroli VIII. Regis Fr. in Italiam, apud Marten. Itinerarii tom. 2. pag. 398.

* **DAMASTICUS** Pannus, Damascenus. Gall. *Damas.* Comput. MS. ann. 1472. ex Tabul. S. Petri Insul. : *Johanni de Oupelines, pro una ulna panni Damastici alibi figurati,...... iv. lib. iij. sol.* Vide *Damacius.*

* **DAMATA**, *Fama volatile.* Glossar. Lat. Ital. MS.

¶ **DAMAYSELLA**, ut *Domicella*, Gall. *Damoiselle*, in Hist. Dalphin. tom. 2. pag. 153.

¶ **DAMEIGIUM**, Idem, ut puto, quod *Damnum* 2. Chartularium S. Vandreg. tom. 2. pag. 1240 : *Pechiam terræ . . . sitam inter masuram Sibilæ de Puteo ex una parte, et ex altera juxta masuram Emelinæ Gripe, et aboutat ad kaminum Domini Regis ad unum caput, et ad aliud ad Dameigium nostrum.*

DAMEUS, Damascenus. *Vestimenta Damea* in Testamento Bertichramni Episc. Cenom. Locum vide in *Paricula.*

¶ **DAMICELLA**, ut *Domicella*, in Vita S. Francisci de Paula. *Damisella*, in Hist. Dalph. tom. 2. pag. 278.

¶ **DAMITUM**, f. pro *Samitum*, Pannus holosericus. Testamentum Hug. Aycelini Cardinal. Ostiens. ann. 1297 : *Item Ecclesiæ Claromont. legamus paramenta seu indumenta nostra de Dumito viridi.* Vide *Exametum.* [** Chart. Lusit. ann. 1145. ap. S. Rosa de Viterbo Elucid. tom. 1. pag. 344 : *Uno manto de grecisco, et alio de Exami; tres cappas una de ciclaton et alia mudbage et alia de uno Dami.* Idem fortasse quod *Dimitum*, Διμιτός, Pannus duplici filo textus.]

¶ **DAMIUM**. Gloss. Lat. Græc. S. Germani Paris. : *Damium*, θυσίαι, ὑπαίθριον γινόμενον. Festus : *Damium, Sacrificium, quod fiebat in operto, in honorem Bonæ deæ, quod minime esset* δημόσιον, *id est, publicum, Dea quippe ipsa* Δαμία *et Sacerdos* Δαμίας *appellatur.* Hinc monet Scaliger, ita dictum, quod pro populo fieret : est ergo a δᾶμος Dorice pro δῆμος, Populus. Vide Vossium Orat. Institut. lib. 4.

DAMMA, Emissarium, cataractæ claustrum, quo mare excluditur, vel admittitur, Theutonibus *Dam* : unde locorum nomina, *Amster-dam, Roterdam, etc.* Ordinatio Marisci Ramesiensis : *Non liceat alicui de cætero facere Dammas, aut fordas, aut alia impedimenta in aliquibus landeis, watergangeis, fossatis, sive aquagiis, etc.*

* **DAMNABILIS**, Exitialis. Conc. Tricass. ann. 878. tom. 9. Collect. Histor. Franc. pag. 303 : *Qui etiam ab hominibus suis sacramentum Damnabile et damnandum blanditiis et terroribus tyrannice contra divina et humana jura extorsit.* Dicitur de pœna crimini inflicta, apud Glabr. Rodulph. tom. 10. ejusd. Collect. pag. 57 : *Protinus domino ultore affuit illius vindex, qui incentor extiterat fraternæ discordiæ. Multatus enim illico Damnabili cæcitate, etc.* Vide in *Damnabilitas.*

DAMNABILITAS, Κατάκρισις, ἐξορία, in Gloss. Lat. Gr. Condemnatio, exilium. Ita *Damnatio perpetua*, pro perpetua deportatione, in leg. 1. Cod. Th. de Falsa mon. (9, 21.) *Damnabili injuria ductus*, apud Trebellium Pollionem. *Damnabilis cohibentia*, in lib. 8. Cod. Th. de appellat. (11, 30.)

¶ **DAMNABILITER**, Damnose, apud Ludewig. Reliq. MSS. tom. 6. pag. 70. et alibi.

* **DAMNACIUS**, Damnosus, exitiosus. Vita S. Bern. de Monte-Jovis tom. 2. Jun. pag. 1075. col. 2 : *Quam (imaginem) longe post dæmones circumdantes, in idololatricam statuam profanaverunt, dantes in ea Damnacia ægritudinum remedia deceptis concurrentibus ad eam. Damaïant*, in Charta ann. 1297. ex Chartul. S. Vandreg. tom. 1. pag. 137 : *Et où il li seroit mains Damaïant à moi.*

* **DAMNAMENTUM**, Damnum, incommodum, nostris alias *Damage.* Consuet. Norman. cap. 8. part. 1. ex Cod. reg.

4651 : *Ex irrogatione vero injuriæ quis justitiandus est, quando talem alicui injuriam intulerit, ex qua membrorum sequitur Damnamentum. Ou préjudice et Damage de nous*, in Lit. ann. 1371. tom. 5. Ordinat. reg. Franc. pag. 434. Vita J. C. MS. :

Qui est li rois ki si manache,
Qui nos fera si grant Damaghe?

¶ **DAMNARE**, Damnum inferre, nocere. Radulphus *Coggeshale* in Chronico T. S. apud Marten. tom. 5. Ampliss. Collect. col. 568 : *Videns denique Saladinus quod nihil proficeret, nec sic quidem posse Damnare civitatem, cœpit cum suis circuire et infirma civitatis perscrutari, quærendo locum ubi machinas suas sine timore Christianorum posset erigere, etc.*

* Nostris alias *Damaiger* et *Dampnisier*. Lit. ann. 1372. tom. 5. Ordinat. reg. Franc. pag. 515 : *Et pour ce que les dictes lettres originales.... sont Damaigées et empirées, etc.* Libert. villæ *de Perrusses* ann. 1347. ibid. tom. 7. pag. 33. art. 10 : *Et restabliront le dommaige au Dampnisié. Domager*, eodem significatu, in Lit. ann. 1372. tom. laudato Ordinat. pag. 606.

¶ **DAMNATICUS**, Ad metalla damnatus. Acta S. Cæciliæ Virg. et Mart : *Cæcilia dixit : Miror ut non intelligas figuras fictiles, gypseas, ligneas atque lapideas, vel cujuscumque metalli Deos esse non posse, quas araneæ texunt, et aves stercorant, in quorum capitibus solent ciconiæ nidos instruere, quas Damnatici faciunt. Nam ad omne metallum pro criminibus Damnati mittuntur. Ergo a Damnatis initium accipientes, quomodo possunt Dii vel æstimari vel credi?*

¶ **DAMNATILIA** et Damnatitia Membra dicuntur in Miraculis S. Maioli Abb. quæ paralysi laborant. Similiter *Damnatio linguæ* pro Lingua eodem morbo impedita, ibidem.

DAMNATIO, Damnum, Gall. *Domage* et *damage*. Epist. Caroli Martelli ad Episcopos : *Ut ei nemo aliquam contrarietatem vel Damnationem adversus eum facere præsumat.* Matth. Paris ann. 1267 : *Ne roberias vel Damnationes facerent. Damage*, in Legib. Normanicis Willelmi Nothi cap. 38. Vide *Excommunitio*, et Ægid. Menagium in Originibus Ital. in *Dammagio*

¶ **DAMNATITIUS**, *Dedititius*. Gl. Isid. Κατάδικος, in Gloss. Lat. Gr. ubi etiam *Damnatitium*, κατάκριτον, κατάδικον. Constantiensis : *Damnativus*, *Dedititius*. Dicebatur autem Dedititius, qui a Judice creditori addicebatur et dedebatur ob debita, cum non esset solvendo, ut apud eum serviret. Hic in Gl. dicitur, ἔκδοτος εἰς κόλασιν, κατάκριτος, ἐκδεδόμενος, propter quam causam videntur etiam dicti *Damnatitii*, ut apud Græcos καταδεδικασμένοι, quia damnati erant a Judicibus. Hesychius : Ἀγωγίμων ὅτε μὲν φορτίων, ὅτε δὲ καταδεδικασμένων. Ἀγώγιμοι appellabantur; qui Judicum sententia damnati in creditoris dominum abducebantur. Alii fuere *Dedititii* de quibus infra in *Datitius*.

¶ **DAMNATUS**, Detentus in purgatorio. Visio Wetini inter Acta SS. Benedict. sæc. 4. part. 1. pag. 266 : *Circumibat maximus fluvius igneus, in quo innumerabilis multitudo Damnatorum pœnaliter inclusa tenebatur, etc.*

¶ **DAMNIETAS**. Vide *Damnitas*.

DAMNIFICARE, Damnum inferre. Pseudo-Ovidius de Vetula :

Damnificansque hostem numeris quibus egerat illas.

Utuntur præterea Jacobus de Vitriaco lib. 3. Cæsarius Heisterb. Will. Brito lib. 4. 5. 6. 10. Philippid. et alii. [*Damnifficari*, Damnum pati, in Consuetud. MSS. Augutæ Auscicorum ann. 1301. art. 92.]

¶ **DAMNIFICATIO**, Dampnificatio, ut *Damnitas*. Transactio Rogerii Siciliæ Regis de quadam lite, apud Rocch. Pirrum Sicil. Sacræ pag. 394 : *De terris autem Flomariæ ordinatum est sic : Quod quantacumque homines Episcopi habeant, remaneant apud eos absque Damnificatione, in perpetuum teneant et cognoscant ea tanquam ab Episcopo.* Compositio Universitatis villæ de Mari cum Procuratore Monasterii Silvæ Regalis ann. 1321. ex Schedis D. *de Mazaugues : Ipsi possint facere levatam piscium semel in septimana sine Dampnificatione retium piscatorum.*

¶ **DAMNIFICATUS**, Damnum passus, cui damnum factum est seu illatum. Statuta Massil lib. 1. cap. 53. § 7 : *Addentes huic capitulo, quod totius defectus farinæ debeat reddi, ut, dictum est, Damnificatæ personæ. Damnificata persona* rursum legitur hac notione ejusd. lib. cap. 41. 54. et lib. 5. cap. 19. §. 24. Vide *Dampnificare*.

DAMNITAS, Idem quod *Damnatio*, damnum. Vetus Notitia apud Franc. Mariam in Mathilde Comitissa : *Ulla Damnitas, aut intentionem, vel molestiam deveniat per aliquid ingenium, etc.* Charta Caroli M. apud Perardum pag. 13 : *Neque Monachi aliquam molestiam neque Damnitatem inferre præsumant.* Occurrit præterea in Capitulari Radelchisi Principis Beneventani cap. 3. 8. 20. apud Ughellum tom. 3. pag. 301. etc. apud Gregor. VII. PP. lib. 1. Ep. 18. etc. [et in Additamentis ad Chronicon Casauriense ann. 1028. apud Murator. tom. 2. part. 2. col. 993.]

Damnietas, Eadem notione, apud Marculfum lib. 1. Formul. 32. lib. 2. Form. 18. et in Legib. Longob. lib. 2. tit. 29. § 1. 6. tit. 55. § 17. [** Liutpr. 19. (4, 1.) 17. (6, 64.) Rach. 4.]

1. **DAMNUM**, Mulcta Judicis sententia irrogata. Charta Sancii Lascarensis Episcopi ann. 1001. apud Marcam : *Si forte his duellum vel aliqua divisio advenerit, Damnum eis concessit.* Alia apud eumdem : *Liberaverunt totum proprium honorem S. Mariæ de tot carrei, et de toto Damno, et de tot carnal, etc.*

2. **DAMNUM**, quod nostri *Danger* vocant id est Procinctum, seu territorium, in quo si qua ob commissa crimina, irrogantur mulctæ, eæ Dominorum sunt : maxime vero usurpatur pro animalibus damnum facientibus in alterius prædio. Leges Rotharis Regis Longob. tit. 105. § 30. [** 348.] : *Si quis peculium de Damno suo ad clausuram minaverit, etc.* Mox : *Habeat ille id peculium qui in Damno invenerit.* Leges Luitprandi tit. 61. [** 85. (6, 32.)] : *Si quis caballum in Damnum suum invenerit, etc.* Magna Charta de Libertatibus Angliæ : *Exceptis averiis in alieno Damno inventis.* Reg. Majestat. lib. 4. cap. 23. § 2 : *Si quis Latronem in Damno suo invenerit cum furto.* Leges Burgor. Scoticor. cap. 126. § 4 : *Si quis invenerit in Damno suo aucas, gallinas, aut capros, etc.* Bracton. lib. 3. tract. de Corona cap. 37. § 9 : *Dicere enim poterit captor, quod juste cepit averia sua, quia invenit in Damno suo, et secundum consuetudinem regni imparcavit illa.* Fleta lib. 2. cap. 49. § 1 : *Possunt enim captiones advocari, eo quod dici poterit quod averia capta fuerunt in loco certo in Damno suo, vel in prato, vel alibi in suo separali.* Monasticum Anglic. tom. 2. pag. 862 : *Animalia in Damnis dictorum fratrum inventa.* [Chartularium Montis sancti Michaelis articulo *de Messeria : Messorius si cœperit aliquam bestiam in Damno cujuslibet hominis S. Michaelis de Genesio, debet eam reddere homini in cujus Damno eam ceperit, et homo debet Messorio unum Turonense dare.*] *Bestes trouvées prinses en Domage*, in Consuetud. Hesdinensi art. 32. Vide *Dangerium*.

* Vel Loca sub damno interdicta. Lit. remiss. ann. 1369. in Reg. 100. Chartoph. reg. ch. 413 : *Lequel Tassin avoit mené vaches et autres bestes ès Dangiers de la mère de l'exposant, sans sa licence.* Aliæ ann. 1373. in Reg. 104. ch. 306 : *En ladite terre et ou Dangier dudit sire trouva certaines bestes desdis habitans. Icelles bestes se bouterent en un Dangier ou pasturage défendu*, in aliis ann. 1406. ex Reg. 161. ch. 173. Hinc *Sergent dangereux*, qui ejusmodi delicta prohibet et a delinquentibus mulctas exigit, vel eos judici defert. Lit. remiss. ann. 1403. in Reg. 158. ch. 60 : *Esquels bois nous avons droit de Dangier, c'est assavoir que toutes et quantefoiz que aucunes bestes sont trouvées esdis bois, elles sont confisquées à nous...... Robert le Fort nostre sergent Dangereux advisa de loing icelles brebis, etc.* Unde *Dammager* dicebatur apparitor, qui animal in *damno* deprehensum pignerabatur. Lit. remiss. ann. 1412. in Reg. 167. ch. 137 : *Come Estienne Lucat sergent de Macies, ou baillage de Mascon, eust prins et Dommagé une jument..... laquelle il vouloit mettre en toit.*

¶ 3. **DAMNUM**, Sumtus, impensæ, Gall. *Depens.* Chronicon S. Trudonis apud Acher. Spicil. tom. 7. pag. 388 : *Cumque altero die sedens* (Herimannus Metensis Episc.) *in cella Abbatis de negotiis suis strenue ageret, prandiumque ingens ex Damno nostro paratum interea expectaret.. Excepto autem Damno quod de magnifice sibi parato servitio afflictæ Ecclesiæ nostræ, duos ei Herimannus* (Abbas) *equos transmisit, pro quibus molendinum de Stades in vadio positum fuit.*

* **DAMPNATICIUS**, pro Damnandus, in Act. S. Januar. tom. 6. Sept. pag. 876. col. 2 : *Venientes ad carcerem, cum Sossio Dampnaticio in confabulatione junguntur.*

¶ **DAMPNIFICARE**, ut *Damnificare*, Damnum inferre. Charta anni 1272. ex Archivo Monasterii de Bono Nuntio Rotomag. : *Et si forte contigerit, quod deinceps dicti Religiosi Dampnificati fuerint super hoc . . . . nos tenebimur . . . illud eisdem penitus et plenarie resarcire.* Tabularium B. Mariæ Piperacensis : *Ecclesia valde Dampnificata*, id est, Cui magnum damnum illatum est. Charta Guidonis Archiep. Bituric. ann. 1279. apud Thomasserium in Bituric. 116 : *Ita quod læsus inutilis fiat, vel quod propter ictus prædictos non apparentes moriatur vel corporaliter Dampnificetur,* hoc est, damnum patiatur. Occurrit alibi.

* Glossar. Provinc. Lat. ex Cod. reg. 7657 : *Damneiar, Prov. Dampnificare, vindicare.*

¶ **DAMPNIFICATIO**. Vide *Damnificatio.*

¶ **DAMUS**, Dama masculus, apud *Madox* in Formulari Anglic. pag. 304. et et apud Rymer. tom. 1. pag. 557. col. 1. Vide *Darnus.*

* **DANAFIL**, Tubæ species. Instr. ann. 1347. tom. 1. Probat. Hist. geneal. domus reg. Portug. pag. 262 : *Ipsa universitas Villæ-franchæ more solito congregata ... ad sonum tubæ sive Danafil, etc.*

* **DANAMARCA**, DANNAMARCA, Dania, Gall. *Danemarc;* unde *Danimarches*, Dani. Glab. Radulph. tom. 10. Collect. Histor. Franc. pag. 14 : *Mortuo rege Adalrado, in regno scilicet illorum, qui Danimarches cognominantur, etc.* Ibid. pag. 155 : *Infinita multitudo Nortmannorum ex Dannamarca, etc.* Et pag. 156 : *Rex vero Canotus de Danamarca paganus, etc.*

¶ **DANANTBRAS**, pro *Davantbras* vel *Devantbras*, Brachiale ferreum, Gall. *Brassart. Ducentos arcus, duodecim loricas, octo paria Danantbras, seu paria de gantelez*, apud Rymer. tom. 8. pag. 754. col. 1.

DANEGELDUM, Tributum Anglis indictum, ob pacandos, vel vi propulsandos *Danos*, Angliam sæpius incurrentes. Joan. Bromptonus : *Danegeld est tallagium datum Danis, id est,* 3. *den. de qualibet bovata terræ.* Leges Edwardi Confess. cap. 11 : *Danegeldi redditio propter piratas primitus statuta est. Patriam enim infestantes, vastationi ejus pro posse insistebant. Ad eorum quidem insolentiam reprimendam statutum est Danegeldum annuatim reddi, scilicet* 12. *denarios ex unaquaque hida totius patriæ, ad conducendos eos qui piratarum irruptioni resistendo obviarent.* Vide Leges Henrici I. cap. 15. Ab hac pensitatione exempta est Ecclesia Anglic. ut in iisdem Edwardi Legibus narratur, quæ videntur esse recentioris Scriptoris, et forte Henrici *de Knyghton* lib. 2. apud quem ea reperiuntur pag. 2357. nisi ille ab alio hauserit.

Tunc vero primum indictum est, cum Swanus Danorum Rex Britanniæ insulam, quam magna ex parte occupaverat, vastaret et spoliaret, Ethelredo regnante, ut est apud Joannem Sarisber. lib. 8. Policratici cap. 21. Henricus Huntindon. lib. 5. pag. 357 : *Edelredi Regis an.* 13. *primum statuerunt Angli consilio infausto Siricii Archiepiscopi, quod ipsi censum Dacis persolverent, quatenus a rapinis et cæde cessarent, et dederunt eis decem mille libras.*

At quod ex necessitate, et Danicarum incursionum occasionibus indictum est miseris Anglis tributum, propulsis postmodum et intra proprios limites sese continentibus Danis, continuatum est. *Hoc autem malum,* inquit idem Scriptor, *usque in hodiernum diem duravit, et diu, nisi Dei pietas subveniat, durabit. Regibus namque nostris modo persolvimus ex consuetudine, quod Dacis persolvebatur ex ineffabili terrore.*

Sed onus Anglis gravissimum ab eorum cervicibus auferre, illudque relaxare primus aggressus est S. Edwardus. *Ferunt enim,* verba sunt Ingulfi pag. 897. *Regem sanctissimum, cum dictum Danigeld cubicularii sui collectum in Regis cameram intulissent, et ad videndum tanti thesauri cumulum ipsum adduxissent, ad primum aspectum exhorruisse, protestantem se dæmonem super acervum pecuniæ saltantem, et nimio gaudio exultantem prospexisse. Unde pristinis possessoribus jussit statim reddere, et de tam fera exactione ne iota unum voluit retinere; quin in perpetuum remisit, anno scilicet* 38. *ex quo tempore Regis Ethelredi patris sui Swanus Rex Danorum suo exercitui illud solvi singulis annis imperavit.* Similia narrant Ælfredus in Vita S. Edwardi cap. 7. n. 23. et Bromptonus pag. 942.

At Willelmo Notho Angliam obtinente, rursum Anglis eadem pensitatio indicta servata, *Danegeldi* appellatione, licet Dani cæterique maris prædones Septentrionales incursus suos cohiberent. *Cum ergo diu solvisset terra sub ejusdem Regis Imperio, noluit hoc ut annuum solvi, quod fuerat urgente necessitate bellicæ tempestatis exactum; nec tamen omnino propter inopinatos casus dimitti. Raro igitur temporibus ejus, vel successorum ipsius solutum est, hoc est cum ab exteris gentibus bella vel opiniones bellorum ingruebant.* Ita liber Scacarii lib. 1. cap. 11.

Præterea exsolutum sub Willelmo Juniore cum Normanniam invasit, fratre suo Roberto in expeditionem Hierosolymitanam profecto, tradit Knighton loco citato. Henrico I. denique regnante, *Danegeldum* inter jura Regia recensetur in ejusdem Regis Legibus cap. 10. quod fortassis ejusmodi pensitationem populis indicere solius esset Regis, vel potius quod ad Regium fiscum deferretur : *Hæc sunt jura quæ Rex Angliæ solus et super omnes homines habet in terra sua, commoda pacis et securitatis institutione retenta, infractio pacis per manum vel breve datæ, Danegeldum, placitum brevium, etc.* Atque inde forte *Danegeldum Regis* vocitatur in aliquot Chartis illo regnante descriptis tom. 1. Monastici Anglic. pag. 111. et tom. 2. pag. 206. 207. in quibus terræ concessæ dicuntur liberæ et quietæ ab omni sæculari exactione et omni re quæ ad Regem pertinet, *excepto Danegeldo Regis.* Henrico etiam imperante illud obtinuisse in Anglia docet adhuc caput 16. earumdem Legum : *Danigildum, quod aliquando Ringe manus* (alias *Ymgeman,* Spelmannus legit *Inglisman*) *dabatur, id est,* 12. *den. de unaquaque hyda per annum, si ad terminos non solvatur, wyta emendetur.* Refert etiam Ranulfus Cestrensis lib. 7. cap. 17. Henricum in redemptionem peccatorum suorum vovisse circa ann. regni sui 30. *septem annis Danicum tributum relaxaturum.*

Sed longe religiosior fuit Henrici successor Stephanus Rex : nam in die Coronationis suæ inter alia *vovit, quod Danegeldum, id est, duos solidos ad hidam, quos antecessores sui accipere solebant, singulis annis in æternum condonaret,* ut auctor est Henricus Huntindon. lib. 8. pag. 387. a quo hausit quæ habet in hanc rem Bromptonus. Nulla deinceps mentio occurrit Danegeldi apud Scriptores. Vide Analecta Seldeni lib. 2. cap. 6. [Vocis origo Saxonicum gild, Solutio. Vide *Gildum.*]

DANELAGA. Vide *Lex Danorum.*

1. **DANGERIUM**, seu *Danger*, vocant nostri, quidquid juri stricto, atque adeo *confiscationi* obnoxium est : ita ut res dicatur esse *in Dangerio domini feudalis*, quæ, nisi quod de ea statutum est adimpleatur, confiscari possit. Ita *fiefs de Danger* vocant Consuetudines aliquot municipales, Trecensis art. 37. Calvimontensis art. 56. Barrensis art. 1. etc. ejusmodi feuda, quæ a vassallis adiri non possunt, nisi post præstitum Domino hominium : alioquin in commissum cadunt. Historia fundationis Abbatiæ Pipwellensis in agro Northampton. : *Nec audebant Abbates eidem resistere, quia aut pro denariis, aut pro bladis semper fuerunt Abbates in Dangerio dicti Officialis.* Charta Philippi Regis Fr. ann. 1283 : *Poterunt suas sagenas ponere et retia exsiccanda] in sicca terra, sine Dangerio Garennariorum,... salvo in prædictis omnibus Dangerio traversi de Archis, quod retinemus.* [Charta pro Monialibus Belli-prati ann. 1270. apud Miræum tom. 1. pag. 418. col. 2 : *Nec mihi vel successoribus meis aliquod in eis dominium vel Daugerium* (*Dangerium*) *dereliqui; sed omnia ipsis libera et quieta omnibus decrevi temporibus permanere.*] Philippus *Mouskes* in Chilperico :

Et si ont les pois quitement,
Si ont les balances sans trecier,
La signorie et le Dangier.

In Carolo Magno :

Tous les avoit à Dangier,
K'il ne pooit sans eus mangier.

Vide *Domigerium.*

* Quicquid confiscationi obnoxium est sive ratione feudi, sive ex conductione. Charta ann. 1358. in Reg. 86. Chartoph. reg. ch. 492 : *Cum accepissent quemdam locum, seu plateam, vel Dangerium, sitos super fluvium Essonæ,.... ad molendinum ad molam construendum. Ventes, reliefs, Dangiers, chambrellage et droitures,* in Ch. Joan. abb. Corb. ann. 1359. ex Chartul. ejusd. monast. fol. 272. v°. Hinc *Estre en danger de quelqu'un,* significat alicui obligatum et devinctum esse. Lit. remiss. ann. 1396. in Reg. 149. ch 297 : *Quant vint a paier l'escot, Maronnat dist à l'exposant qu'il paiast pour lui; lequel lui respondi qu'il n'en feroit rien, et qu'il n'estoit point en son Danger, par quoi il deust paier pour lui.* Vide infra in *Domigerium.*

2. **DANGERIUM**, in re forestaria, dicitur Jus quod Rex habet in forestis et silvis Normanniæ, in quibus proprietarii cæsionem facere non possunt inconsulto Rege, aut illius Officialibus, sub commissi pœna, quam *Danger* vocant. Regestum Cameræ Computor. Paris. : *Tiers et Danger sont, que toutes les forets de Normandie, qui ne sont du tresfond du Roy, desquelles les tresfonciers n'ont speciale exemption par chartre et usage, sont tenus à tiers et Danger du Roy; est à sçavoir qu'iceux tresfonciers ne peuvent faire vente ordinaire ni exploiter en leurs tresfonds sans licence du

Roy; qu'il ne perdent toute la vente, laquelle pour ce est forfaite. In Charta 17. Jul. ann. 1471 : *De noble homme de Guillaume de Casenove dit Coulomp Escuier Vice admiral de France, Maistre Enquesteur et Examinateur des Eaux et forests du Roy.* Dangerium dicitur esse *decima* acrarum silvæ : verbi gratia in 30. acris silvæ seu bosci, *Tertium* et *Dangerium* 13. acras conficiunt : 10. pro *Tertio* et 3. pro *Dangerio*, quæ et decima dicitur : *C'est a sçavoir pour le tiers, des [dix] acres : et pour le Dangier ou disme, 3. acres.* Quæ verba infra rursum repetuntur. Hinc *Tertium et Dangerium*, in Charta Ludovici Hutini pro Normannis ann. 1315. art. 9. 10. etc. Vide *Tertium* et *Domigerium*.

* Inquisit. ann. 1258. in Reg. *Olim* parlam. Paris. fol. 7 : *Item utrum comes Ebroicensis vendebat sua nemora, sine tertio et Dangerio.* Arrest. ann. 1269. ibid. fol. 168 : *Judicatum est quod Johannes de Nevilla miles non potest vendere boscos suos de Nevilla, sine licentia et Dangerio regis.* Reg. Cam. Comput. ex Bibl. reg. sign. 8406. fol. 102. v° : *Dangeria vero* (sunt) *quando bosci non possunt vendi sine licentia regis, et tunc ibi habet decimum denarium.* Ch. ann. 1470. ex Cod. reg. 9849. 4. fol. 158. r°. : *Quant ung boys à tiers et dangier est vendu par le treffoncier tout ensemble, tant sa part comme la part du roy, le roy prent le tiers sur toute la somme de la vendue avec la disme ou Dangier de deux souz pour livre v. g. sur le pris de 60. souz Tournois l'acre ou l'arpent, ou le totage d'icelle vente, le roy y prent 20. souz Tournois pour son tiers, et le Dangier ou disme sur le totage, qui monte pour lesdiz 60. souz Tour. six souz Tour.* Consule quæ de jure *Tertii* et *Dangerii* scripsit Lud. *Greard* cum Instrumentis et observationibus Lud. *Froland.* Unde *Sergent dangereux* dicitur, qui jus illud regium curat et servat, in Lit. remiss. ann. 1406. ex Reg. 160. Chartoph. reg. ch. 346 : *Jehan de Grosmenil sergent Dangereuz de nos forestz etc.* Vide Glossar. Jur. Gall. et in *Tertium*, 4.

* 3. **DANGERIUM** Maritagiorum, Mulcta servis irrogata, qui invito domino nuptias inibant. Reg. S. Justi ex Cam. Comput. Paris. fol. 211. v° : *Servicia vavassorum, Dangeria maritagiorum, justitia parva, etc.* Vide *Forismaritagium.*

* 4. **DANGERIUM**, Incommodum, difficultas, mora, contentio, nostris *Dangier*, eodem sensu: Charta Ingeranni de Marign. pro fundat. eccl. colleg. Escoiar. ann. 1310. in Reg. Phil. Pulc. ex Cod. reg. 9607. 3. ch. 63 : *Concedo tam ipsis quam aliis personis collegii liberum molere,... et id facere absque Dangerio vel exactione qualibet tenebitur in futurum molendinarius molendini.* Testam. Aymari de Rossilione ann. 1364. ex Cod. reg. 6008. fol. 127. v°. : *Emantur,... calix, missale et alii libri necessarii in dicta capella, et omne ornamentum altaris, taliter quod servitor dictæ capellæ possit et valeat ibidem celebrare sine dongeras* (l. *Dangerio*) *alterius personæ.* Gesta Ludov. Pii. cap. 16. tom. 6. Collect. Histor. Franc. pag. 152 : *Et leur commanderent que se la roine fesoit Dangier, que il la sachassent à force hors de l'esglise.* Lit. remiss. ann. 1369. in Reg. 100. Chartoph. reg. ch. 247 : *Lesquelx suppliants dirent aux dites femmes Jolles que elles allassent coucher avec eulz; lesquelles en firent un pou de Dangier : et sur ce orent un pou de paroles dangereuses. Comme le tavernier faisoit Dangier ou difficulté de ce faire*, in aliis ann. 1370. ex Reg. 102. ch. 83. Hinc *Dangereux*, Difficilis, morosus. Lit. remiss. ann. 1389. in Reg. 136. ch. 159 : *Laquelle femme, quant elle apperceut que ledit prestre son maître venoit, fist la Dangereuse et s'escria faintement etc. Cause dangereuse*, Implicata, quæ difficultatem habet, in Lit. ann. 1388. ex vol. 8. Arestor. parlam. Paris. : *Comme iceulx particuliers ayant une tres grosse et Dangereuse cause en nostre parlement. Dangereux* denique, Morbo obnoxius, unde quis in periculo versatur. Lit. remiss. ann. 1393. in Reg. 145. ch. 173 : *L'un d'iceulx coups, par cas de meschief et d'aventure, chey sur l'ueil dudit Thomas, lequel il avoit un pou Dangereux et malade.* Aliæ ann. 1453. in Reg. 182. ch. 33 : *Icellui Recullet se refroidi tant, que une maladie appellée apopelisie, dont il estoit Dangereux, enferme et souvent malade, le print.*

* 5. **DANGERIUM**, nostris *Dangier*, Angustiæ, claustra itineris vel montium, vulgo *Détroit, défilé.* Lit. remiss. ann. 1389. in Reg. 135. Chartoph. reg. ch. 262 : *Comme la ville de Muande soit située près des fins et mettes de nostre royaume, ès destrois et Dangiers des contez de Foiz et d'Arminhac.*

DANGIO. Vide *Dunjo.*

¶ **DANIGELDUM.** Vide *Danegeldum.*

* **DANIMARCHES**, Dani. Vide supra *Danamarca.*

* **DANIO**, Piscis genus, Provincialibus. Vide infra *Glaucus.*

¶ **DANJO.** Vide *Dunjo.*

¶ **DANISTA.** Vide *Darnus.*

* **DANITARI**, si tamen certa est lectio, f. pro Morari, nutricari. Reg. visitat. Odon. archiep. Rotomag. ab ann. 1248. ad ann. 1269. ex Cod. reg. 1245. fol. 347. r°. : *Oliverius socius prioris frequenter venabatur et ibat ad perdices cum rethe et falcone, et habebat tunc quoddam instrumentum in quo Danitantur falcones, quod nobis displicuit, pro eo quod erat ita in publico et propter scandalum.* Leg. forte *Domantur.*

* **DANNAMARCA**, Dania. Vide supra *Danamarca.*

* **DANRATA**, Merces quævis, Gall. *Denrées.* Stat. MSS. eccl. Tull. ann. 1497. in unum collecta fol. 101. r°. : *In eventum quo.... transgredi edicta ejusdem civitatis in exercitio ministeriorum prædictorum, prout in pondere panis aut mercatura Danratarum reprobatarum, tenebuntur adire præpositum de Velleyo, vel capitulum, et prosequi justitiam super querelis suis, ita quod si panes et Danratæ hujusmodi invenirentur defectivæ, executio earum.... competet nobis seu dicto præposito. Danrée* vero Modus agri, f. unde redditur unus denarius census, in Testam. Th. *de Failly* ann. 1473. ex Bibl. reg. : *A legué, donné et devisé huit faulciées et deux Danrées de prey.* Vide infra *Denariata prati et terræ.*

DANSARE, Gallis *Danser*, Saltare : Cambro Britannis *Dawnsio* idem sonat.

¶ **DANSATOR**, Gall. *Danseur*, Saltator. Hist. Monasterii S. Laurentii Leodiensis pag. 1118 : *Venerunt Dansatores Aquisgrani, deinde Trajectum.* Mimi sunt et circulatores.

¶ **DANSATRIX**, Saltatrix, Gall. *Danseuse*, in Chr. Cornelii *Zantfliet*, apud Marten. tom. 5. Ampliss. Collect. col. 309.

¶ **DANTI**, pro *Dextri*, ut conjecto. Præceptum Caroli Simplicis ann. 919. apud Marten. Collect. Ampliss. tom. 1. col. 275 : *Et insuper areas... intra muros Turonicæ urbis sitas cum muro et posterula, habentes in circuitu a porta Aurelianensi usque ad arenas perticas nonaginta sex Dantos.* Vide *Dextri.*

* **DANTULUS**, Qui male et ridiculam ob causam dona largitur. Vita S. Waltheni abb. tom. 1. Aug. pag. 259. col. 2 : *Qui* (prælati) *cum de obscuris parentibus genuinam trahant originem, donis mediantibus, militum et procerum sibi nundinantur consanguinitatis claritatem ;.... qui tertium gradum cognationis vel quartum computant, aut concedunt Dantulo, centesimum genu numerare nesciunt.*

* **DANUMARCHIA**, Dania, vulgo *Danemarc*, in Vita S. Gerem. tom. 6. Sept. pag. 704. col. 1. Vide supra *Danamarca.*

* **DANUS**, *Usurier.* Glossar. Lat. Gall. ex Cod. reg. 7692. Vide *Darnus.*

¶ **DANZA**, Hispanis Saltatio, Gallis *Danse.* Legitur in Concilio Tolet. anni 1582.

¶ **DAPAR**, f. *Procuratio* seu Convivium, vel certa præstatio loco convivii, a Latino *Dapes*, Largior et opiparus ciborum apparatus, unde *Dapinare victum alicui*, apud Plautum. Testament. Manigundis Langobardæ pro erectione puellaris Monasterii Cairati ann. 20. Luitprandi et Heldeprandi Regum, apud Mabill. tom. 2. Annal. Bened. pag. 705. col. 1 : *Dare debet Dapar sanctæ Ticinensis Ecclesiæ, et debet et facere dare et consignare Abbatissa, quæ pro tempore præordinata erat, ad domum ipsius sanctæ Mediolanensis Ecclesiæ Antistitis, per ante dictas ferias de Domini Nativitate. Et si Dapar ipsius Mediolanensis Ecclesiæ Antistitis alia superimposita facta fuerit, quam supra judicavit : tunc volo et judico, ut habeat potestatem, commendationem et consecrationem in qualem Episcopum ibi ipsa Abbatissa, quæ pro tempore præordinata erat, cum ipsa munera, qualiter superius judicavit, alia superimposita eis da nulla par non fiat* : forte pro *Nulla Dapar non fiat.* Sed et hæc obscura. [** *Da par* pro *de parte.* Chart. Manigundis suspecta Muratorio Antiquit. Italic. tom. 2. col. 239. c.]

* **DAPARE**, *Edere, manducare, maniar*, *Prov.* Glossar. Provinc. Lat. ex Cod. reg. 7657. Vide *Dapere.*

DAPAX, Dapaticus, Dapticus. Ugutio, et ex eo Joan. de Janua : *Dapax, loquax et facundus ex cibo. Dapaticus, et Dapticus, i. manifestus, aptus, et largus, dapsilis, munificus. Dapatice, id est, magnifice, large, dapsiliter.* Vide Festum.

* **DAPER**, *Che da manzare.* Glossar. Lat. Ital. MS.

¶ **DAPERE** a *Dapes*, Epulari. Gloss. Lat. Gr. : *Dapet*, εὐωχεῖται.

* **DAPES**, Bona, facultates. Ermold. Nigel. de Gest. Ludov. Pii lib. 2. vers. 485. tom. 6. Collect. Histor. Franc. pag. 35 :

Divisitque Dapes, necnon partitur honorem
In sobolem propriam Cæsar amore patris.

Idem lib. 3. vers. 617. ibid. pag. 50 :

Cæsar ei vitam tribuit, tribuitque salutem,
Et miserans proprias cessit habere Dapes.

* **DAPHARDUM**, perperam, ni fallor, pro *Caphardum*, capitis tegumenti species. Vide in hac voce. Protocol. de reformat. eccl. tom. 1. Conc. Constant. part. 10. pag. 603 : *Officiales curiæ, ut scriptores, abbreviatores, procuratores, advocati.... incedant induti Daphardis, ut antiquitus consueverunt.*

DAPIFER, Idem qui *Senescallus*. Chronicon Moriniacense lib. 2 : *Willelmus Dapifer, qui et Senescallus appellatur.* Leges Henrici I. Regis Anglor. cap. 41 : *Qui residens est ad domum suam, summoniri debet de quolibet placito cum testibus, et si domi est, eidem dicatur, vel Dapifero, vel denique familiæ suæ libere denuntietur. Dapifer vel minister manerii*, cap. 92. Vide Seldenum de Titulis honorar. 2. part. pag. 656. 695. 840. et infra in *Senescallus*. [** Murator. Antiq. Ital. tom. 1. col. 119. C. et infra *Drossartus*.]

¶ Dapifer, Officialis Monasterii idem qui alias *Refectuarius*, modo *Depositarius* vel *Cellerarius*. Fol. XXIII. Tabularii Virzionensis post Humbaldum Abbatem subscribunt Monachi plures, inter quos *Rainaldus Monachus Dapifer*. Onomasticon vetus : *Dapifer*, σιτοφόρος.

¶ Dapifera, in Necrologio Laureshamensi pag. 34. Vindemiarum Litterariar. Schannati : *Agnetis Dapiferæ, etc.*

Dapiferia, Dapiferi dignitas, in Charta ann. 1318. apud Isaacum Pontanum lib. 7. Rer. Danicar. [*Dapiferia et Senescallia Franciæ*, in Edicto Philippi cognomento Pulcri ann. 1309.]

Dapiferatus, Eadem notione, apud Hugonem de Cleeriis, Robertum de Monte et Nicolaum Trivettum ann. 1164. Levoldum Northovium in Chron. Marcano ann. 1307. et alios.

Dapiferatio, Idem quod *Dapiferia*. Tabular. S. Remigii Remensis : *Hæc sunt feoda quæ tenet in manu sua, Dapiferationem, terram de Condato, etc.*

DAPIFICUS, Condimentarius, seu potius Cocus, qui *dapes* parat aut conficit. Matth. Paris ann. 1258 : *Dapificos suos, Cocos, et Pincernas, etc.*

¶ **DAPISCIDA**, a *Dape* et *Cædo*, Sector mensarius, Gall. *Ecuyer tranchant. Philippum Wentworth Militem unum Dapiscidarum nostrorum*, in Indentura treugarum Scotiæ ann. 1457. apud Rymerum. tom. 11. pag. 397. col. 2. Rursus occurrit ejusdem tomi pag. 834. col. 2.

DAPOCLEORIUM, Papias MS. : *Dapocleorium, Faldistorium.* Vide *Cliothedrum.*

¶ **DAPSIBILITER**, ut *Dapsiliter*, Laute, large, liberaliter. Vita S. Droctovei tom. 2. Martii pag. 40 : *Avaritiam omnino vitabat et Dapsibiliter miserorum inopiæ subveniebat.*

DAPSILIS, Vox Latinis cognita. Glossar. Lat. MS. Regium Cod. 1013. et Papias : *Dapsilis, Largus, profusus, vel qui satis erogat escas.* [** *erogat dapes*, in cod. reg. 7609.] Joan. de Janua. : *Dapsilis, largus, præcipue in cibis.* Ebrardus Bethun. :

Dapsilis est dapibus, aliis rebus quoque largus.

Gloss. S. Benedicti ; *Largus*, δαψιλής. Glossæ aliæ : *Dapsilis*, δαψιλής. Fortunatus de Vita S. Medardi cap. 7 : *Erat enim frugalitate laudabilis.... Dapsilis in pauperum recreatione, etc.* Ordericus Vitalis lib. 4 : *Hic non Dapsilis, sed prodigus erat.* Occurrit in Notis Tyronis, et alibi passim.

Dapsilitas, Liberalitas. Ordericus Vital. lib. 12 : *Quem pro affabilitate sua et Dapsilitate oppido dilexerunt.* [Vita S. Genulphi Episc. tom. 2. Jan. pag. 84. n. 17 : *O Serve Dei inclyte, o mi care Domine, obsecro Dapsilitatem tuæ magnificentiæ, ut declines in domum meam.*] Matth. Paris ann. 1248 : *Qui omnes Milites circumdegentes Dapsilitatis et hospitalitatis multiplicatis honoribus superaverat.* Ann. 1249 : *Nec tamen hospitium ejus Dapsilitatis alicujus inde suscepit incrementum.* Vide pag. 251. d. 535. f. Vitam S. Adelheid. cap. 8. Henricum Huntindon. lib. 8. Stephanium ad Saxonem Grammaticum pag. 177. [Anonymum in Vita S. Gerardi Abb. inter Acta SS. Benedict. sæc. 5. pag. 270.]

¶ Dapsiliter, ut *Dapsibiliter*, Large, Liberaliter. Chronicon Fontanell. apud Acherium Spicil. tom. 3. pag. 259 : *Eum satis honorifice suscepit, necessaria Dapsiliter indulsit.* Sueton. in Vespasiano *Dapsile* dixit eadem notione. Vide *Dapsibiliter.*

¶ **DAPTICUS**. Vide *Dapax.*

¶ **DARAMARE** vel *Daraniare bellum* Spelmanno in *Adrhamire*, idem est quod Denunciare, Profiteri. Vide *Adramire.*

* Hinc, ut videtur, *Darement*, Denuntiatio, in Charta Margar. comit. Fland. ann. 1387. ex Suppl. ad Miræum pag. 436. col. 1 : *Et de ce ont joys et assez paysiblement avant les Darement, guerre et commotion qu'ils ont esté à nostredit pays de Flandre.*

* **DARASTUUÆ**. Vide infra *Dauretwæ.*

* **DARBUS**, Animalis genus frugibus infestum. Comput. ann. 1480. inter Probat. tom. 3. Hist. Nem. pag. 342. col. 1 : *Item solverunt pro litteris monitoriis a curia domini officialis impetratis.... contra mures, Darbos, et alpas, et alia animalia fera dampnum inferencia in fructibus excretis in campis et sigillo, iij. solidos, ix. den.* Vide infra in *Excommunicatio.*

¶ **DARDA**, ut *Dardus* infra. Memoriale Potestatum Regiensium ad annum 1284. apud Murator. tom. 8. col. 1165 : *Quod audiens iste insanus, statim cum cultro suo, sive cum Darda percussit Episcopum et perforavit corpus ejus.*

¶ **DARDANA** Pugna, Ludi genus. Vide *Senio.*

DARDANARII, Seplasiarii, Pantopolæ qui nostris, *Regratarii.* [Qui merces, maximeque annonam emunt, ut postea carius vendant et iniquius.] Gl. Lat. Græc. : *Dardanarius*, Παντοπώλης, παντομεταβολος, σιτοκάπηλος. Gloss. Græc. Lat. : Μεταβολος, *Dardanarius, cociator, arillator.* Alibi : Παλιγκάπηλος, *Dardanarius.* Vide Cujacium lib. 10. Observ. cap. 19. et Turnebum lib. 9. Advers. cap. 7. [Leges Municip. Mechlin. tit. 11. art. XVII : *Dardanarii qui annonæ pretium intendunt, in crate traducendi a Suprema ad portam Neptuni, quam Neccariam vocant; atque ita eliminandus est sine ulla relaxatione pœnæ in æternum exilium.* In hujusmodi homines invehitur S. Ambros. Offic. 3. 6. Vide Lexicon Martinii.]

¶ **DARDANUS** Equus, Subniger, *Brunus.* Vide *Brunicus.*

DARDIARII, Milites qui *dardos* gestant, apud Albertinum Mussatum lib. 5. de Gestis Italicorum rubrica 2.

DARDUS, Jaculum, Gallis *Dard.* [Italis et Hisp. *Dardo.*] Cambro-Britannis *Dar*, est quercus, robur, *Dart*, telum, jaculum. Abbo lib. 1. de Bellis Parisiac. vers. 89 :

At turris nocturna gemit Dardis terebrata.

Infra vers. 603 :

... Dardumque ferens castella petivit
Illorum.

Lib. 2. vers. 213 :

Scuta tonant, Dardique volant.

[Hist. Dalph. tom. 2. pag. 510. in Conventionibus ann. 1345. de armis ad guerram necessariis : *Platæ cervelleriæ cc. gorgeriæ cc. CLXXX. pavesii, cc. lanceæ, cccc. Dardi.*] Guill. *Guiart.* ann. 1302 :

La veissiés au remuer,
Lances brandir et Dars ruer,
Qui trapercent coton et bourre.

Henr. *de Gauchi* in versione MS. libri de Regimine Principum : *La terce chose est con leur doit apenre à traire sajetes, à lancier des Dars, et ferir de lances.* Mox : *Et sachiés qu'à bien jetter une lance, ou un Dard, on le doit bransler, et puis jetter rudement.* In vibrandis *Dardis*, seu jaculis maxime industrii fuere Genuenses, eoque nomine commendantur non semel in Chronico Bertrandi Guesclini MS. :

Et vint mille Genois, qui vont tous Dars lançant.

Alibi :

Vinrent li Genevois desus giennes seans,
Qui lancerent de Dars ainsi que Payens.

Octavianus *de S. Gelais* in Viridario honoris :

Becs de faulcons, Dardes Portingaloises.

[** De etymo consule Murator. Antiq. Ital. tom. 2. col. 1195. c.] Vide *Darda.*

* Interdum Ensis brevis, pugio, sica. Ital. *Dardo*, Gall. *Darde.* Lit. remiss. ann. 1376. in Reg. 109. Chartoph. reg. ch. 170 : *Præfatus Pillardus eumdem exponentem cum gladio invasit ;..... quod videns dictus exponens ad sui defensionem quandam Dardam, quam in manu sua tenebat, opposuit ; et finaliter dimissis per eos hinc inde gladio et Darda, præfati exponens et Johannes Pillardus se ad invicem acceperunt.... Præfatus exponens vim vi repellendo eumdem Pillardum solo ictu dicta daga percussit. Exponens portans in zona sua unum bazalardum et in manu sua unam Dardam pictam de viridi*, in aliis ann. 1383. ex Reg. 123. ch. 55. Aliæ ann. 1381. in Reg. 120. ch. 137 : *Armez d'une cote de fer, d'une espée, d'une taloche et d'une Darde ou demi-glaive, etc.* Rursum aliæ ann. 1391. in Reg. 142. ch. 329 : *Le suppliant en soy defendant mist audevant dudit Martin ladite lance ou Darde, dont il fu attaint et navré. Comme les compaignons eussent joué de la Darde, le Clerc gaga de geter en cinq géez ou à cinq foiz une Darde ou dart*, in aliis denique Lit. ann. 1394. ex Reg. 146. ch. 438. *Dardille*, diminut. a *Darde*, in Lit. remiss. ann. 1454. ex Reg. 191. ch. 12 : *Le suppliant getta icelle Dardille,.... laquelle chey sur le front*

d'icellui Poupart, qui la tira sitost, etc. Hinc

* **DARDEIARE**, Gall. *Darder*, Ital. *Dardeggiare*, *Darda* seu jaculo ferire. Instr. ann. 1318. inter Probat. tom. 1. Histor. Nem. pag. 60. col. 1 : *Bertrandus inpixit trossam erbæ in terra, et dictus Stephanus sedens super erbam cecidit cum ea in terra : tunc apreendentes lanceas quas ferebant, ceperunt inter se Dardeiare cum eis.*

* **DARDENA** CORDA, Funis palea, junco aut cortice ex Dardania aut Monte Libano contextus, unde vulgo *Corde de Liban* dicitur. Leudæ minut. Carcass. MSS : *Item de duodena cordarum Dardenarum, i. den.* Haud scio an ejusdem originis sit vox *Darcidoine*, vel an non sit scripta pro *Carcidoine* aut *Calcidoine*, in Lit. remiss. ann. 1396. ex Reg. 151. Chartoph. reg. ch. 133 : *Le suppliant print à faire un petit de verriere en la chambre de frere Jehan de Bousac, evesque de Darcidoine, en la ville de Bourges.* Rursum infra occurrit.

¶ **DARE**, Statuere. Leges Ludovici Augusti e Codice Ambrosiano apud Murator. tom. 1. part. 2. pag. 128. col. 1 : *Quomodo Ludovicus Imp. Dedit quomodo Missi et Comites de Ecclesiasticis, etc.*

* **DARE** CONTRA, Obsistere, vel etiam oppugnare, in aliquem irruere, Gall. *S'opposer, attaquer, courir sus.* Inst. ann. 1384. inter Probat. tom. 3. Hist. Nem. pag. 65. col. 1 : *Venit dux* (Bituricensis) *cum gentibus armorum ad partes, pro destruendo patriam et gubernando, offero me habere a comite Fuxi ducentas lanceas et plures, et eidem mandare ad impediendum et Dandum contra gentes armorum dicti domini ducis.*

* **DARE** FAMAM, Rumorem disseminare, fama vulgare, Gall. *Faire courir un bruit*, Ital. *Dare voce.* Epist. scripta vicario et concilio Massil. ex Tabul. S. Vict. : *Bene quingenti vel circa de inimicis debebant dormire in castro de Varaginibus; si fuerunt ibi vel non, adhuc nescio; licet Darent famam, quando se congregabant, quod volebant venire ad civitatem istam* (Massiliæ.) Vide *Famare.*

* **DARIUS**, perperam pro *Decius*, taxillus, Gall. *Dé.* Stat. crimin. Saonæ cap. 37. pag. 79 : *Et quia interdum in civitate Saonæ et districtu se reducunt personæ malæ et suspectæ, ut puta ludentes cum falsis Dariis, etc.*

DARNUS, Fœnerator. Papias : *Danus*, (δάνος) *fœnus, lucrum, Græce, quod rustice Darnus, sive fœnerator* [*vel fœnus dicitur.* Excerpta Pithœana : *Danus, Fœnerator, Danista.* Hinc corrigendæ Glossæ Isidor. ubi perperam, *Damus, Fœnerator* : quod non vidit Grævius vir alioquin oculatissimus.] Cambro Britannis *Darn* est pars, portio : *Darnio*, in partes et frusta dissecare. Ita etiam in Catholico Armoric. Arvernis, *Dearne, Darne*, eadem notione; unde *Darne de saumon*, portio salmonis.

¶ **DARRUS**, ut *Dardus.* Locum vide in *Buchseu.*

* **DARSENA**, DARSINA, DARSINALE, Portus interior, Ital. *Darsena.* Convent. Saonæ pag. 60 : *Cum his diebus præteritis comparuissent Vincentius Brexianus et Petrus Vincentius Rocheta, oratores civitatis nostræ Saonæ, et exposuissent Darsenam dictæ civitatis continue impleri;.... qui cum hodie retulissent nullam salubriorem formam reperuisse ad habendam pecuniam pro dicta Darsina reparanda, etc.* Stat. crimin. ejusd. cap. 20. pag. 32 : *Si aliquis raubariam vel deprædationem violenter commiserit .... in aliqua strata publica dicti communis, seu super modulo in portu aut rippa portus, vel Darsinali retro modulum, etc.*

* **DARTUS**, ut *Dardus*, Jaculum, telum. Charta ann. 1335. ex Cod. reg. 5956. A. fol. 1. v°. : *Armaturas etiam in dictis galeis infrascriptas habebunt,... lanceas ccl. Dartos* v°. Vide supra *Darda.*

¶ **DASGASTALDUS**, Procurator. Testamentum Bertichramni Episc. Cenom. ann. 615. inter Acta SS. Jun. tom. 1. pag. 725 : *Dasgastaldi qui voluerint ex ipsis cum ipso Abbate consistere vel Basilicæ deservire, de rebus sanctæ Basilicæ dicentur.* Vide *Gastaldus.* [** Apud Breq. pag. 113 : (Libertini) *sub defensione S. Petri perseverent et Dasgustaldus. Qui voluerint ex ipsis, etc. dotentur.*]

* **DASIA**, *Una figura.* Glossar. Lat. Ital. MS : *Dasia, densitas spiritus, signum vocalis aspiratæ*, in Amalth. Glossar. vet. ex Cod. reg. 7613 : *Dasian, flatilis, a dando, id est ostendendo flatum habere.* [** Δασεῖα.]

¶ **DASIUM**, Mensa ceteris excelsior in refectorio S. Germani Paris. sic olim, ut puto, dicta, quod supra esset umbraculum, Gal. *Dais*, unde nomen. Veteres hujusce Monasterii Consuetudines, apud Marten. de antiquis Monachorum ritibus pag. 109. ubi de Collatione ante Completorium : *Conventus ascendet ad mensas, sed non sedebunt quousque Prior sederit ad Dasium, et sederit super sedem. Si vero Abbas fuerit ad Collationem, Conventus non erit superius ad mensas, sed stabunt inferius donec Abbas transierit, et sederit ad Dasium supradictum... Primo versu dicto lectionis, quidam juvenis pulsabit uno ictu campanam quæ pendet super petram eleemosinæ, et tunc surgent quatuor, aut quinque, vel plures, et accipient modellos vitreos, vel argenteos, et implebunt eos vino. Et cum impleti fuerint, juvenis pulsabit campanam supradictam; et tunc ibunt illi quatuor ordinate, unus juxta alium, versus Dasium, et illis inclinatis coram primo gradu ascensus Dasii, Cantor incipiet : Benedicite, etc.... Tale debet esse luminare in refectorio per totam hyemem, dum bibit Conventus... Refectorarius debet accendere ad Dasium duos cereos, et in unaquaque tabula inferius tres cereos. Postea dabunt illi, qui modellos tenent, bibere Priori et Conventui, unicuique in ordine suo.* Schedula de Officio defunctorum inter Probat. Hist. ejusd Monasterii San-German. pag. CLXIX : *Postmodum in prandio, panis, vinum, generale cum pictantia, si evenerit, debet ad Dasium reponi per triginta dies et pauperibus erogari.* Idem sunt, si bene conjecto et prioris loci *Petra eleemosynæ*, et hujus posterioris *Dasium*, ideo f. sic dictum, quod vel esset extrema pars illius mensæ excelsioris *Dasium* appellatæ, vel locus quidam peculiaris ipsi mensæ proximus, ubi cibus pauperibus destinatus ponebatur, usque dum iisdem distribueretur, finitis prandio vel cœna. Vide *Deis* et *Dagus.*

* Cujus usus, cibos pauperibus post cœnam vel prandium erogandos apponendi super abbatis mensam, mentio fit in Chron. Casaur. laudato in *Centenarium* 3.

1. **DATA**, DATIO, DACIA, DACIO. Tributum, pensitatio, vectigal : nostris *Dace.* Ejusmodi autem tributis nomina indita, quod primitus gratuita essent, et ultro Dominis *darentur*, et pensitarentur. Glossæ vett. : *Data*, δόματα. Græcis δασμός. Præceptum Pandulfi Principis Capuæ apud Camillum Peregrinum in Hist. Langob. : *Ut faciant illi suorumque æredum tibi qui supra Adelmundo, tuisque æredibus omne servitium et imperationem et Dationem, hoste et data, quæ est pensio publica.* Præceptum Roberti II. Principis Capuæ ann. 1128. apud Angelum a Nuce pag. 521 : *Concedimus... scilicet trecentos Tarenos quos singulis annis accipiebamus ab hominibus de Casa Genzana pro Data.* Adde Petrum Diac. lib. 4. Chr. Casin. cap. 96. Charta Alexandri Comitis Cupersanensis ann. 1102. apud Ughellum tom. 7. Ital. sacr. pag. 864 : *Data, vel angaria, aut adjutorium, quod ex nostræ gentis consuetudine Collecta vocatur, vobis non auferet, etc. Datæ vel clamæ*, in Statutis Delphinalibus pag. 37. [ubi *Datæ* pro speciali tributo litigantibus imposito sumitur. Cum enim aliqua de re disceptabant in Curia Dalphinali, tum *Datas* vulgo duorum assium pro libra rei litigiosæ solvere cogebantur, medietatem scilicet ante, alteram medietatem post latum judicium. Si vero ante sententiam Judicis lis amice componebatur, *Data* erat solummodo sex denariorum pro libra, uti nos docent Privilegia urbi Ebreduno concessa : *Dicti Cives non teneantur sportulas sive Datam dare in Curia de aliqua causa, nisi tunc demum cum libello dato lis fuerit contestata, vel responsio facta sine libello; et tunc teneantur dare medietatem sportularum, in fine vero causæ aliam medietatem. Ante responsionem vero, si partes discedant a lite, teneantur quælibet dare Curiæ sex denarios pro libra ratione sportularum.* Has datas sustulit Humbertus II. Vide Hist. Dalphin. tom. 2. pag. 374.] *Tributum annuum Datare* dixit Sidonius lib. 5. Ep. 13. id est, vectigal quotannis et sæpius persolvere.

¶ DACIUM, apud Rymer. tom. 8. pag. 234. tom. 12. pag. 283. Marten. Anecd. tom. 2. col. 905. et 906. [** Chart. Carol. IV. Imper. ann. 1354 ap. Guden. in Cod. Diplom. tom. 3. pag. 379.]

DATIUM, Italis *Dazio.* Sanutus lib. 2. part. 2. cap. 4 : *Tributa aut Datia et commercia.* Vide Hist. Cortusior. lib. 3. cap. 14. lib. 7. cap. 7. 18. Joan. Villaneum lib. 1. cap. 28. [Bullam Bonifacii IX. PP. ann. 1396. apud Illust. Fontaninum in Append. Antiq. Hortæ pag. 438.] [** Constit. Henric. VII. Imperat. ann. 1311. ap. Pertz. tom. Leg. 2. pag. 518. lin. 30. Chart. Comit. Oetting. ann. 1359. in Alsat. Diplom. tom. 2. pag. 226.] etc.

☞ Pro Pretio rei emtæ sumitur ab Anonymo in Chronico Parmensi ad ann. 1281. apud Murator. tom. 9. col. 795 : *Item eodem tempore et anno fuit carum tempus, ita quod sextarium frumenti vendebatur* VI. *solidos imperiales, et starium speltæ* II. *solidos imperiales. Et tunc fuit ordinatum per*

Commune Parmæ, quod Datium solveretur ducentibus blavam de alieno Episcopatu, XVI. *imperiales de stario frumenti, et* VIII. *imperiales de stario cujuslibet alterius bladi.... Et etiam fuit ordinatum, quod quilibet habens valimentum* CCC. *librarum mutuaret Communi* XX. *solidos imperiales pro dicto Datio solvendo, et ut melius bladum haberent pro subsidio populi Parmæ.*

DATIA. Albertinus Mussatus lib. 12. de Gest. Italic. post Henricum VII. pag. 86 : *Populo communes Datiæ, exactionesque et mutua publica et privata subjiciebantur.* Utitur etiam Thomas Archid. in Hist. Salonitana cap. 35. Hist. Cortusior. lib. 3. cap. 14. [Regimina Paduæ ann. 1291. Chronicon Veronense ann. 1325. et Philip. Aug. in Privilegio ann. 1273. apud Miræum tom. 1. pag. 437. col. 1.] etc.

DACIA. Petr. de Vineis lib. 5. Epist. 113. [Charta Alberti Ducis Austriæ pro Cœnobio S. Crucis Viennæ ann. 1286. apud Ludewig. tom. 4. Reliq. MSS. pag. 267 : *Ad nullas teneantur collectas, contributiones, Dacias sive steuras.*]

¶ DATIVA. Anonymus de Gestis Manfredi et Conradi Regum apud Murator. tom. 8. col. 609 : *Omnes angariæ, perangariæ, collectæ, tagliæ, Dativæ, contributiones exercituum, etc.* Utitur Leo X. PP. apud Illust. Fontaninum in Appendice Antiquit. Hortæ pag. 493. et 494.

DATIARIUS, Qui *Datias* colligit, Telonarius, in Charta Henrici Imp. ann. 1311. pro Monast. de Aqua frigida in Italia, [et in Bulla Calixti Papæ ann. 1456. in Bullario Carmelitano pag. 245. col. 2.]

DATIO, Eadem notione. Gloss. Lat. Græc. : *Datio*, δόσις. Synodus Romana sub Eugenio II. PP. ann. 826. cap. 26 : *Nulli liceat Episcoporum a subjecto Sacerdote, vel aliquo quolibet loco et piis locis Dationes ultra Statuta Patrum exigere.* Charta Ottonis I. Imp. apud Baron. ann. 962. n. 7 : *Nec non et censum et pensionem, et cæteras Dationes quæ annuatim in Palatium Regis Longobardorum inferri solebant de Tuscia.* Petrus Diac. lib. 4. Chr. Casin. cap. 34 : *Ut nullam Dationem vel censum inde exigeret.* [** Benedicti Chron. ap. Pertz. tom. Scriptor. 3. pag. 699. lin. 12. Chart. ann. 990. ap. Marin. Pap. Diplom. pag. 255 : *De ceterum autem frugium nulla Datione tributis.* Vide Murator. Antiquit. Italic. tom. 2. col. 75. c.] Pactum inter Venetos et Hierosolymitanos Barones apud Will. Tyrium lib. 12. cap. 25 : *Venetici... de nulla penitus causa aliquam Dationem persolvere debent, nisi solum quando veniunt, aut exeunt cum suis navibus Peregrinos portantes.* Occurrit ibi non semel. Vide Italiam Sacram tom. 1. pag. 107.

Sic etiam appellabant Dalmatæ et Croati dona seu xenia, quæ bis quotannis dabantur Banis, Comitibus, et Castellanis, scilicet diebus Nativitatis Domini et Paschatis, ut auctor est Joan. Lucius lib. 6. de Regn. Dalm. cap. 1.

DATICUM. Chronicon Farfensis Monasterii pag. 657 : *Similiter hominum nostrorum sine Datico, herbatico, scatico, aut glandatico, etc.* Vide *Daticus* suo loco.

DACITUM. Conventiones Communis Januensium et Imperatoris Græcor. ann. 1261. in Hist. Gallo-Byzantina : *Nec exigi faciet ab aliqua persona aliquod novum commercium, Dacitum, seu exactionem, etc.* [Alterum locum vide in *Bullatura*.]

¶ DACITA. Caffarus lib. 1. Annal. Genuens. ann. 1158 : *In mercationibus suis solvant innumeras Dacitas.* Occurrit rursus in Annal. ejusdem urbis per Ogerium Panem lib. 4. ad ann. 1205. et in Statutis Massil. lib. 1. cap. 44 : *Quod nemo teneatur bis Dacitam præstare pro eodem avere.* Occurrit ibi non semel, et alibi.

DACITARI, Idem quod *Talliari*. Vetus Charta apud Gariellum in Episcopis Magalonensib. pag. 293 : *Sedensque pro tribunali de dacitis et Clericorum collectis judicavit, ac clericos honeste ac clericaliter viventes non debere Dacitari, nec bonorum suorum occasione collectari .... pronuntiavit.* Vide *Datiare* suo loco.

2. **DATA**, Donatio, cessio, in Chartis Italicis apud Georg. Pilonum in Hist. Bellunensi pag. 117. 119. [Litteræ anni 1361. ex Chartophylacio Regio Regest. 91. Ch. 221 : *Ita tamen quod morte alterius ipsorum proventa, ad alios fratres ac eorum quemlibet natos et nascituros ac ipsorum liberos masculos in matrimonio procreandos, ut præfertur, gradatim et successive tota Data, prout se comportat et superius continetur, deveniat consequenter.*]

3. **DATA**, seu DATUM, Anni, mensis, dieique et loci Diplomati seu Chartæ adscripta notatio. Suidas et Glossæ Basilic. : Δατὸν παρὰ Ῥωμαίοις σημασία τῆς ἡμέρας, καὶ τοῦ καιροῦ, ὅτε τις ἐκ πόλεως, ἢ ἐκ τινὸς τόπου ἀποσταλῇ. Notæ Magnonis : **DAT.** *Data.* Concilium Lugdunense III. can. 2 : *Dies Datarum, et pretia constituta... ibidem inserantur.* [** *Usque in diem Dattæ præsentium litterarum*, in chart. ann. 1307. Alsat. Diplom. tom. 2. pag. 85.]

DATARE, Annum et diem literis adscribere. Subscriptio Chartæ apud Hugonem Flaviniac. in Chr. pag. 270. 271 : *Ego frater Milo Datavi in mense Maio, etc.* Alia ibidem Achardi Lingonensis Episcopi Diplomati apposita : *Ego Willelmus Levita indignus ad vicem Rotherii Archicancellarii hanc scripturam scripsi et Datavi 6. Idus Julii, etc.* Vide Perardum in Chartis Burgundicis pag. 8. 9. 11. 12. 14. etc. [et supra *Data* 1.]

DATUM. Chartæ Regis Chlodovei III. apud Mabillonium tom. 4. Vitar. SS. Ord. S. Benedicti pag. 617. 618. 619. sic clauduntur, *Datum sub die, etc.* [Instrumentum XI. sæculi in Archivo S. Victoris Massil. : *Literarum paginulis pro obfirmatione inseratur. Antiquitus valebat Datum, nec tamen incartatum... modernis temporibus obscriptionem facimus, cum aliquid donamus.* Gerardus de Arvernia in Epistola nuncupatoria ad Ivonem Abb. Cluniac. in Chronicon Cluniac. ann. 1282. inter Anecd. Marten. tom. 1. col. 1189 : *Verum præsens Opusculum in novem particulas est divisum. Prima enim pars continet historiam ab Adam ad Noe... Porro octava et nona particula carent Dato;* id est, nullam præferunt inscriptionem notis chronologicis distinctam atque determinatam. In quibusdam Chartis simul occurrunt *Datum* et *Actum*, v. g. in Placito Pipini pro Dionysianis Monachis : *Data nono Kalendas Octobris anno* XVII. *regni nostri. Actum in ipso Monasterio sancti Dionysii :* quæ duo non sunt confundenda. *Data* seu *Datum* tempus confecti diplomatis; *Actum* rem transactam significat : quorum alterum alteri indifferenter præponitur aut subjicitur. Utriusque formulæ exempla in Pippino Rege invenies. Aliud tamen significare possunt *Actum* et *Datum*; nempe ut *Actum* tempus confecti instrumenti denotet; *Datum* concessi, cum scilicet instrumentum in manus impetrantis tradebatur, ut in Pontificum Romanorum litteris sæpe. Ejus rei luculentum exstat argumentum in Diplomate Gerbergæ Reginæ apud Marlotum Metropol. Rem. tom. 1. pag. 607. quod est *Actum* IV. *Idus Februarii anno Incarnationis Dominicæ* DCCCC LXVIII. *Datum prid. Idus Februarii manu Dominæ Reginæ, et susceptum a Domino Abbate Hugone.* Ubi *Actum* biduo *Datum* præcedit. Mabillonii observatio est lib. 2. de Re Diplom. cap. 26. n. x.]

* Pro genio scribarum ridiculæ interdum occurrunt hujusmodi notationes, qualis est ista quæ legitur tom. 1. Probat. Hist. Brit. col. 487 : *Anno ab incarnatione Domini MXCV. quo stellæ de cœlo spissim, quasi pluvia, cadere visæ sunt.*

DATARIUM, Idem quod *Data*. Suggestio Dioscori Diaconi inter Epistolas Hormisdæ PP. : *Subscriptio ab eodem facta est libello conveniens, similiter et Datarium, cujus exemplaria et Græce et Latine Apostolatui vestro direximus.* Hormisdas Epist. 62 : *Datarium quoque literis vestris adjungite, ne vobis portitoris tarditas possit adscribi.* Amalaricus lib. 4. cap. 48. apud Mabillonium : *Videlicet ut eodem Datario quo accidit, si non potest persolvi, crastino reddatur plenarium solenne.* [Petrus Diaconus Opusculo de Viris Illust. Casinensibus cap. XXVI : *Quomodo regula terminorum Hebræorum ex cursu solis inveniatur ad feriam uniuscujusque diei inveniendam. De quatuor temporibus, in quibus Datariis solstitia veraciter esse debeant, ubi æquinoctia veraciter credantur esse.*]

¶ DATARUM, Eadem notione. *Facta electione prescripto mense, ipsiusque Dataro regnante Francorum Rege Rodberto, ann.* MIV. *trabeationis Dominicæ*, in Archivo S. Victoris Massil. n. 918.

¶ DATARIUM, Necrologium, ubi Data seu tempus obitus annotatur. Necrolog. MS. FF. Minorum Silvanect. : VII. *Id. Aug... Dedit Conventui* LIX. *scutos, ut orarent Fratres pro ea, et ut in Datario poneretur.* Occurrit ead. notione in Tabulario S. Martialis Lemovicensis.

¶ DATARIUS, Primus Cancellariæ Romanæ minister, Prælatus semper, interdum Cardinalis, sic dictus a litteris expeditis, quibus vulgo addit *Datum Romæ, etc.* [** *Prodatarius* hodie dicitur, cujus vices interdum agit *Subdatarius*.]

¶ DATARIA, Officium vel Officina Datarii Romani.

DATA. Charta Rogerii I. Regis Siciliæ apud Ughell. tom. 9. pag. 45 : *Concedimus... villanos* 80. *denarios nostros qui reddant singulis annis in duabus Datis* 40. *Michalatos, et centum Miliarenses.* Id est, ut loquirur, *en deux paiemens*, vel *en deux dates*. [** Vide *Data*, 1.]

Hujus autem vocis origo inde manavit, quod Imperatorum Constitutionibus, quæ Præfectis Prætorio, aut aliis Magistratibus in provincias mittebantur, dies quo *datæ* essent iis a quibus perferebantur annotaretur, ut et dies quo *acciperentur* seu reciperentur. Hinc crebro in Constitutionibus iisdem hæc verba leguntur, *Data* tali die, *Accepta* tali die. Verbi gratia in Epistola Anastasii ad Hormisdam PP. : *Data quinto Kl. Januarias Constantinopoli Senatore V. C. Consule. Accepta pridie Idus Maii Florentio V. C. Consule.* Vide Baron. ann. 314. n. 72. 319. n. 30. 331. n. 23. Jacobum Gotofred. in Prolegom. ad Cod. Theod. cap. 9. [et Mabillonium lib. 2. de Re Diplomatica cap. 25. et seqq. ubi varias Datarum seu notarum Chronologicarum species, quæ litteris Ecclesiasticis, regiis et privatis pro temporum ratione appositæ sunt, fuse recenset et accurate.]

* **DATALUS**, Dactylus, palmæ fructus, Gall. *Date*, Ital. *Dattero*, in Convent. Saonæ ann. 1526. Vide *Dates* et mox *Datilis*.

¶ **DATES**, Palmæ fructus, Gall. *Dattes*. Codex MS. reddituum Episcopatus Autissiod. e Chartophylacio ejusd. Episc. : *Res quæ non debent paagium : figue, amigdale, risus, Dates, castaneæ, etc.*

DATI, qui alias *Oblati*, et *Donati* in Monasteriis. Concilium Senonense ann. 1269. can. 6 : *Sane intelligimus quod Templarii et alii Religiosi privilegio exemptionis gaudentes de Regno Franciæ, hospites suos qui Dati Ordinum eorum, seu Oblati dicuntur, vel qui aliquem censum modicum eis solvunt, per se ac conservatores a Sede Apostolica deputatos, privilegiorum prætextu defendunt, etc.* Vide Concil. Later. ann. 1215. cap. 57. et *Oblati*.

¶ **DATIA**, Datiarius, Daticum. Vide *Data* 1.

* **DATIARE**, *Datias*, seu tributa legitime exigere. Statuta Pistor. ann. 1107. apud Murator. tom. 4. Antiq. Ital. med. ævi col. 553 : *Item statuimus ut potestas et consules.... faciant jurare omnes homines de civitate Pistorii, et de suo districtu, quem districtum civitas Pistoria Datiat, quod non portent, etc.* Vide in *Data* 1.

* **DATICUS.** Collecta Datica, Tributum seu vectigal, quod a *Datitiis* vel victis exigitur. Instr. quo Januenses Carolo VI. reg. Franc. se dederunt ann. 1396. tom. 3. Cod. Ital. diplom. col. 1957 : *In cives vel districtuales ipsius* (civitatis Januæ) *non imponet nec imponi faciet* (rex) *per se vel per alios aliquam collectam Daticam seu anaxiam, realem seu personalem.* Vide *Datitii*.

* **DATILIS**, Dactylus, palmæ fructus, Gall. *Date*, Hisp. *Datil*. Leudæ major. Carcass. Mss : *Item pro cargua de Datilibus*, 18. *den.* Versio Gall. ann. 1544 : *D'une charge de Datils, etc.* Vide supra *Datalus*.

¶ **DATICUS.** Vide *Datitii*.

¶ **DATIM**, *Per manus*. Papias. Videtur esse pro *Datatim*, quod usurpat Plautus.

DATIORA. Ugutio : *A Do, pluraliter Datiora, orum, quoddam instrumentum fabrile, vulgo forceps.*

* **DATITIA**, Tributum, vectigal, pensitatio, idem quod *Data* 1. Vide in hac voce. Inquisit. ann. 1233. apud Cencium inter Cens. eccl. Rom. : *Recipiebat dictus Adam banna, tallias et Datitias et salaria integre, sine aliqua diminucione. Deanne*, eodem sensu, in Ch. Phil. Pulc. ann. 1298. ex Lib. rub. Cam. Comput. Paris. fol. 41 : *Les cens des tanneurs, les bontez, le Deanne, c'est assavoir cens, aventures et autres deniers de rente.* Vide in *Datitii*.

DATITII, Gregorius M. lib. 1. Epist. 73 : *Ita ut non parva loca patrimonii ejus propriis nudata cultoribus largitis Datitiorum habitatoribus restauraverit.* Quo loco *Datitios*, dedititios interpretatur Dadinus Altaserra. Glossæ Isidori : *Datitius, Latinum non est, sed deditius. Si barbarus dedat se Romanis, deditius is est.* Papias : *Daticius, Dedititius, pro filiis datus, qui victus hosti se tradit.* [Gloss. Sangerman. num 501 : *Datici, Hostes qui victi tradunt se in servitute.*] Concessa igitur nudata cultoribus loca *Datitiis*, qui ea colerent. Sed hoc sensu sententia non omnino constat, nisi *largitis Datitiorum habitatoribus* idem valeat, ac *ex Datitiis* : vel *Datitiorum habitatores* fuerint incolæ prædiorum concessorum ad colendum, quæ *Datitia* appellata fuerint.

DATIVA, *Donativa*, in Gloss. Isid. [Vide *Data* 1.]

DATIUM. Vide *Data*, 1.

* **DATIUS**, Tessera, taxillus, Ital. et Hisp. *Dado*. Vita B. Guil. Erem. tom. 4. Maii pag. 200. col. 2 : *In quadam domo carreriæ de Dadieros, sic dicta quia Datii in ea fiebant, etc.* Vide *Decius*.

DATIVUS, de moneta quæ in usu, commercio et conversatione est. *Denarii Constantienses vel Hallenses usuales et Dativi*, in Charta Caroli IV. Imper ann. 1351. descripta in Chronico Constantiensi pag. 626. [*Debent dari quinque solidi Dativorum denariorum*, apud Leibnitium Script. Brunsvic. tom. 2. pag. 474.] [** 12. *sol. et* 6. *den. monetæ Turicensis, quæ tunc Dativa extiterit*, in chart. ann. 1238. ap. Herrgott. Hist. Geneal. Habsburg. tom. 2. pag. 253.]

¶ Dativus Judex, Idem qui Jurisconsultis *Datus*, Delegatus, cui litis cognitio, vel pronunciatio, vel etiam utrumque commissum est. [** Judex ordinarius, quem *Dativum* appellabant, quia non a civitate eligebatur, sed ab imperatore designabatur. Vide Savin. Hist. Jur. Roman. med. temp. tom. 1. cap. 5. § 113.] In Placito anni 999. quod suis Annalibus inserit Mabill. tom. 4. pag. 129. et seqq. *Lætus* quidam indiscriminatim dicitur *Dativus* vel *Datus Judex* : alii quoque ibi memorantur *Dativi judices*, ut et in Notitia anni 1005. apud Ill. Fontaninum in Appendice Antiq. Hortæ pag. 395. et 396. necnon in veteri judicio apud D. *Le Blanc* in Dissert. Hist. de Monetis pag. 90.

¶ Dativus Tutor, Qui testamento datus est, apud Ulpianum ; *Dativos* tamen et testamentarios tutores distinguit. Sed de his consulendi Jurisperiti.

* Dativus Prioratus. Vide infra *Prioratus*.

DATORES. Leges Hoeli Boni Regis Walliæ cap. 15 : *Si qua mulier Datores habuerit, sit vir sub dote sua usque ad 7. annos : et si habuerit tres noctes de septimo anno, totius substantiæ ejus medietatem in divortio eorum mulier habebit.*

* Fidejussores, sponsores, nostris alias *Datours*. Charta ann. 1270. in Chartul. S. Petri de Monte : *Et se li davant dis Jacomes ne tenoit ces convenances davant dittes, Simones Kalons, Buevelas li Lons, Simonas Abelenne les tenroient comme droits Datours.* Vide *Deyta*.

1. **DATUM.** Ordo Romanus : *Et bibent de Dato Presbyteri.* Id est, de vino quod conceditur Presbytero. Ceremoniale Cencii Camerarii : *Capellani tale Presbyterium, et taliter Datum accipiunt, quale in die Paschæ superius nominatum recipiunt.*

¶ 2. **DATUM**, Statutum, decretum. Radulphus de Gestis Friderici I. Imp. apud Murator. tom. 6. col. 1184 : *Et statuit* (Legatus Papæ) *ut omnia Data quæ facta erant, vel exinde fierent a Frederico Imperatore, donec non haberet pacem cum Ecclesia, vacua essent et irrita.* Vide *Dare*, et *Data* 1.

* **DATURA**, Donum. Marbodus Ms. ex Bibl. S. Albini Andegav. ubi de Milone ejusd. monast. abb. :

Et multo plura nobis foret illa Datura,
Et foret invictus, sed mors sibi sustulit ictus.

Hæc in editis desiderantur.

DAVATA Terræ, Agri portio, apud priscos Scotos, quæ continet 4. aratra terræ, quorum unumquodque trahitur 8. bobus. Alii 4. aratra duplicia intelligunt quæ sunt 8. simplicia. Scotis *one dawaht of land*. Leges Baronum, seu Quoniam Attachiamenta cap. 23 : *Ita scilicet quod ille Husbandus octavam partem unius Davatæ tenuerit.*

Interdum pro Baronia, seu districtu, sumitur. Statuta Davidis Regis Scotiæ cap. 48 : *Non fiet taxatio juxta numerum Davatarum, seu Baroniarum, sed secundum verum valorem bonorum.*

¶ **DAUBATURA**, ab Anglico *to Dawb*, Parieti arenatum inducere, Parietem calce arenaque perpolire, Gall. *Enduire*. Thomas *Madox* Formul. Anglic. pag. 145 : *Prædictus Willelmus Skrene et hæredes sui, in principio termini, reparabunt et emendabunt omnes domos manerii prædicti.. tam in coopertura tegularum, quam in coopertura straminis, et etiam in Daubatura domorum manerii prædicti.*

* **DAVENTRENSES** Denarii, Ex Daventria, Gall. *Deventer*. Charta fundat. abbat. Postul. ann. 1173. inter Instr. tom. 5. Gall. Christ. col. 410 : *Quartam quoque partem decimæ in Bladele et agros de quibus duodecim solidi et quatuor denarii Daventrenses solvuntur.*

¶ **DAUGERIUM.** Vide *Dangerium*.

1. **DAVID**, Ægyptiis est Archimandrita, aut quivis Monasterii Præfectus. Atque inde cum aliquem cum systaticis sive formatis mittunt, ipse Præfectus Monasterii iis subscribit nomen, *Ille David illius loci.* Hujus prisci moris vestigia habentur in Decreto Gratiani de Formatis, in quarum fine *David* ponitur. Ita Scaliger. [** Dist. 73. c. 2. ubi corr. Rom. sensum plane diversum restituerunt.]

¶ 2. **DAVID**, Psalterium Davidis dictum. Vita SS. Patrum cap. 10. pag. 320. tom. 3.

Bibl. PP. Ascet. edit. 1661 : *Scripturas omnes didicimus, ex corde David consummavimus;* id est, Psalterium memoriter recitavimus.

* **DAVIT**, pro Dedit, in Charta ex Tabul. Ruæ : *Davit Jacobus Sanglet jornale de sua terra in marisco de Marequinæ terra sancto Spiritui crucifixo de Rua.*

* **DAVITICUM**, Psalterium Davidis. Vita S. Emmer. tom. 6. Sept. pag. 474. col. 2 : *Psalmodia inquiete emanavit, usque dum cuncta Davitica ex more finiret.* Vide *David* 2.

¶ **DAUNUS**, ἄφρων. Gloss. Lat. Græc. MSS. S. Germani a Pratis, Insipiens, demens. [* Vide infra *Davus* 2.]

¶ **DAURA** *est Elleborus; alii aurum foliatum intelligunt.* Roch. *le Baillif*, in Dictionario Spagyrico.

* **DAURERIUS**, f. pro *Danrerius, Danratarum* seu quarumvis mercium venditor. Stat. Astæ collat. 17. cap. 61. pag. 61. r° : *Marzarii et Daurerii pro quolibet malo pondere seu mala mensura, per eos facto vel facta, in rebus et mercibus, quas vendent vel ement, solvant pro pœna libras duas Astenses.* Vide supra *Danrata.*

* **DAURETWÆ.** Glossæ Cæsar. Heisterbac. in Reg. Prum. tom. 1. Histor. Trevir. Joan. Nic. ab *Hontheim* pag. 662. col. 2 : *Dauretwæ sunt cortices, qui excoriantur de arboribus, quas vulgariter appellamus Lovete; et de corticibus istis dabit mansus quinque fasciculos.* Quæ vox varie infra scribitur, sed eodem sensu. Pag. 663. col. 2 : *Ducit de fimo suo carras quinque, Durascuras v. ligna, etc.* Pag. 665. col. 1 : *In Rhumersheim mansus xxx. solvunt .... Durascuuas similiter cl.* Pag. 666. col. 1 : *Claudit perticas iv. Duratuuas v.* Pag. 667. col. 1 : *Ducit etiam de Calburne de annona modios decem, Durastuuas iv.* Denique pag. 167. col. 1 : *Gardos tres, Darastuuas lovete quinque.*

* 1. **DAVUS**, δόσις. Leg. *Datus*, δοθείς, vel *datus*, pro *datio*, δόσις, in Castigat. ad utrumque Glossar. ex Vulc.

* 2. **DAVUS**, ἄφρων. leg. *Dalivus*, ut et *Dalivum*, pro *Daunum*, ἄφρονα, ex iisd. Castigat. Consule Scaliger. ad Festum in *Dalivum.* Vide *Daunus.*

¶ **DAYERIA**, Dayri. Anglis vel Dairi, Cella lactaria, Gall. *Laiterie* seu locus ubi butyrum caseusque conficiuntur. Antiquit. Ambrosden. pag. 580. ad ann. 1425 : *Et de* LVI. *sol.* VIII. *den. receptis de Johanne Yve pro firma novi clausi juxta Gravenhull per annum. Et de* XXXV. *sol.* VI. *den. receptis de Dayeria de la Breche, etc.* Ibid. pag. 548. ad ann. 1407 : *Compotus Henrici Deye et Johannæ uxoris suæ de omnibus exitibus et proventibus de Dayri Domini Prioris de Burnestre apud clausum suum de le Brech, etc.* Vide Kennetti Glossarium ad calcem earumdem Antiq. et supra *Daeria.*

* **DAYG.** Vita S. Dega tom. 3. Aug. pag. 659. col. 1 : *Tunc Mocteus spiritu prophetico ait : Igne Spiritus sancti puer ille multum ardebit, ideoque non immerito Dayg vocabitur; hoc enim nomen Scotica lingua magnam flammam sonat.*

DAYLA, Dailus, Dalus. Charta Henrici III. Regis Angliæ tom. 2. Monastici Anglic. pag. 211 : *Et totam Daylam marisci tam de Rossa quam de prato.* Charta Simonis Comitis Northampton. tom. 1. pag. 680 : *Et in eadem villa terram trium carrucarum, et tres Dalos prati, et unum hulmum.* In alia, *Datlos*, scribitur. *Dale*, Anglis est *vallis*, vel *fossa*. Ita Hector Boethius in Descript. Scotiæ pag. 6. [Derivatur a veteri Teutonico *Dal*, quod idem significat.] In Consuetud. Britanniæ art. 698. et Claromontensi art. 221. *Dalle*, vel *Dale* sumitur pro fossa, in quam educuntur sordes. At hic *Dalus* et *Dayla* videntur usurpari pro modò prati aut agri, nisi pro falcatione usurpetur : nam Occitanis, *Dailla, Dalha*, est falcare; *Dailhayre*, falcator; *Dalho*, falx qua fœnum secatur. In veteri Charta apud Meurissium in Episcopis Metensibus pag. 112 : *Pratum ad falces* 30. [* Vide supra *Dalha.*]

¶ **DAYNA**, Dama, Ital. *Daino*, Gall. *Daim.* Nicolaus Specialis de Rebus Siculis lib. 1. cap. 11 : *Quis occasione venationis inhibitæ, ut eorum auferrent substantiam, cervorum, dorcadum et Daynarum pelliculas in eorum mapalibus clanculum submittebat?* Vide

* **DAYNUS**, ut *Dayna*, Dama, ab Ital. *Daino.* Inventar. ann. 1389. in Annal. Mediol. apud Murator. tom. 16. Script. Ital. col. 808 : *Fermalium unum auri ad unum Daynum album, cum uno breve ad literas dicenti Plus hault.*

¶ **DAYRI.** Vide *Dayeria.*

DAYWORKE. Vide *Dies* 3. initio.

* **DE**, cum accusativo, in Epist. Sigeberti reg. ad S. Desider. tom. 1. Febr. pag. 232. col. 1 : *De id vero scripsistis ut quam prospere nos divina pietas degere permittebat, vobis insinuare deberemus ... De conditiones vero vestras, unde injunxistis, taliter, Christo adjuvante, ad effectum produximus, ut vestra fuit injunctio.*

* **DE**, pro Ab. Leg. Lusitan. sub Alph. rege tom. 1. Probat. Hist. geneal. domus reg. Portug. pag. 11 : *Si aliquis comprehensus de infidelibus mortuus erit, propter quod non vult esse infidelis, etc.*

* **DEABBATUS.** Vide infra *Deablatus.*

¶ **DEABLAGIUM**, ut *Bladagium*, Jus percipiendi partem *bladorum* demessorum, Gallice *Champart.* Charta Emmæ de Vitreio ex Archivo Majoris-Monasterii : *Quando eram uxor Hugonis de Alcia, de propriis denariis meis comparavi de Willelmo de Astilleio medietatem Deablagii de Chartra cum pratis ad illud pertinentibus, et filio meo Joanni tenenda, jure hæreditario tradidi. Hæc concessi Monachis Vitrei, etc.* Vide *Debladare* post *Bladum.*

* Vel Præstatio quævis ex *blado.* Charta ann. 1114. ex Tabul. episc. Carnot. : *Concessit .... quod ipsi* (monachi Tironenses) *et sui conversi, donati, servitores et ceteri homines sub ipso monasterio et ejus membris manentes, ... a Deablagiis, boissellagiis, molturis ... in perpetuum liberi sint et immunes.* Chartul. ejusd. eccl. : *Sicut episcopus habet quædam jura apud se retenta ab initio sine comite, ita comes habet aliqua sine episcopo, sicut est Deablagium et buffeteriam, quæ non de antiquo jure, sed de nova impositione pocesserunt.* Vide supra *Bladeria.*

* **DEABLATUS**, Ablatus, etiam in ordine judiciario. Lit. ann. 1370. tom. 5. Ordinat. reg. Franc. pag. 347 : *Una cum rebus contenciosis in casu novitatis, ad manum nostram tamquam superiorem positis, locisque Deablatis realiter et de facto ressaisitis. Deabbatis* mendose, pro *Deablatis*, ibid. pag. 569. Lit. ann. 1380. tom. 6. earumd. Ordinat. pag. 533 : *Loca Deablatis* (l. *Deablata*) *si quæ sint, realiter et de facto primitus et ante omnia ressaisiri faciant.*. Occurrit præterea in aliis ann. 1402. ibid. tom. 8. pag. 554.

* **DEABUTI**, Abuti, vastare. Instr. ann. 1384. inter Probat. tom. 3. Hist. Nem. pag. 66. col. 2 : *Absque eo quod essent, confluerent ut tochini tochinantes et forefacientes seu alias Deabutentes.* Hinc *Abuti*, *Desaier*, in Glossar. Lat. Gall. ann. 1352. ex Cod. reg. 4120.

* **DEACCINGERE**, Discingere. Chron. S. Ferdin. reg. tom. 7. pag. 316. col. 2 : *Ipse rex suscepto gladio ab altari, manu propria se accinxit cingulo militari, et mater sua regina nobilis ensis cingulum Deaccinxit.*

** **DEACUTUS**, Exacutus. Virgil. Grammat. pag. 135 : *Sensus acumen aliquantula licet parte reperies Deacutum.*

* 1. **DEADVOARE**, Professionem clientelarem abnuere. Vide supra in *Advocare* 4.

* 2. **DEADVOARE**, Abdicare aliquem, improbare, Gall. *Desavouer.* Pactum inter episc. et commun. Belvac. ann. 1276. in vol. 4. arestor. parlam. Paris. : *Si malefactor in præmissis eis* (majori et paribus) *obedire non vellet, illum propter hoc congeare non poterunt, sed ipsum poterunt Deadvoare de sua communia.* Charta ann. 1330. ex Chartul. S. Maglor. Paris. ch. 154 : *Dictus abbas quam cito præmissa ad ejus notitiam devenerant, ipsas gentes suas Deadvoaverat et increpaverat. Desadvouer Dieu,* Deum ejurare, in Lit. remiss. ann. 1473. ex Reg. 195. Chartoph. reg. ch. 998 : *Icellui Louau Desadvoua Dieu par deux ou troys fois.* Vide infra *Disadvoare* 1.

DEADVOCARE, Denegare, inficiari. *Desavouer.* Bracton. lib. 2. cap. 5. § 9 : *Si donationes et chartas Deadvocaverit. Dominum Deadvocare*, eidem lib. 2. cap. 35. Adde Fletam lib. 1. cap. 15. § 4. *Desavouer Seigneur*, dominum non agnoscere, apud Petrum de Fontanis cap. 13. § 15. in Consuetudine Meldensi art. 185. Britannica art. 142. Bituricensi tit. 5. art. 29. et aliis.

* Liber nig. episcopat. Carnot. ad ann. 1289 : *Præfato domino episcopo emendavit alte et basse omnia, quæ sibi forisfecerat occasione Deadvocationis .... Item dictus miles ... asseruit quod nunquam dictum episcopum Deadvocavit, nec in posterum Deadvocabit; imo confessus fuit ea, de quibus inter dictum episcopum et ipsum contentio vertebatur.* Ubi *Deadvocatio* est, Professionis clientelaris denegatio. Vide supra in *Advocare* 4. et mox

¶ **DEADVOCATIO**, ut *Advocatio* apud Anglos, Jus præsentandi ad beneficium vacans. Charta Henrici Regis Angl. ann. 1155. pro Normannis apud D. *Brussel* de Usu feudorum tom. 2. pag. VI. ad calcem : *Omnes Patroni Abbatiarum, qui habent terras in regno Angliæ, Deadvocationem vel antiquam teneuram vel possessionem, ha-*

beant earum custodiam cum vacaverint, sicuti habere debent.

* **DEADVOUARE**, Deavoare, Dominum non agnoscere, professionem clientelarem denegare. Charta ann. 1351. in Reg. 80. Chartoph. reg. ch. 710 : *Dux Athenarum, . . . et ejus mater . . . conquerebantur, videlicet de pluribus hominibus et feminabus comitatus de Brena, qui se a dicto comite et ejus consortibus Deadvouaverunt et Deadvouabant, et se burgenses nostros de jurata Trecensi advouabant.* Alia Alfonsi comit. Pictav. ann. 1270. in Reg. 64. ch. 312 : *Feudum sancti Justi cum suis pertinentiis, quod Hugo de Alegre Deavoaverat a nobis, ipso asserente quod de nostro feudo non movebat.* Arest. parlam. Paris. ann. 1390. quo judicatur marchionatum Saluciarum de Dalphino Viennensi movere seu dependere, ex Cod. reg. 6015 : *De suo marchionatu fidem et homagium dicto comiti* (Sabaudiæ) *præstiterat et fecerat* (marchio Saluciarum) *et sic ipsum ulterius Deavoare non poterat, nec alteri de hoc fidem facere.* Vide supra in *Advocare* 4. et infra *Disadvoare* 2.

¶ **DEÆDIFICARE**, A vera pietate revocare, dimovere. Dicta B. Ægidii in Actis SS. April. tom. 3. pag. 230 : *Beatus ille quem nulla res a cœlo inferius Deœdificabit, et quem omnia quæ videbit et audiet vel sciet ædificabunt, et de omnibus studebit eligere utilitatem suam*

DEAFORESTARE, [Silvam in pascua vel culturam redigere.] Vide *Foresta.*

DEALBARE. Liber niger Scaccarii cap. *De officio Clericorum Camerariorum*, apud Spelmannum : *Memorandum vero, quæ de firma blanca semper fieri solet tallia, paulo brevior est : quia facto essaio per quod firma Dealbatur, prima illa confringitur, et apposita sibi tallea combustionis.* Eodem lib. fol. 17 : *Per hanc taleam combustionis Dealbatur firma Vicecomit.* Et cap. *Quod aliter de firmis, aliter de custod. respond.* Fol. 22 : *Soluta hoc termino a Vicecomite firma, de qua examen* (per combustionem) *facta est, etc. Deinde facta detractione per combustionem, sicut supra dictum est, eadem Dealbatur.* Et mox : *Similiter quod solutum fuit termino Paschæ et Dealbatum.* Rursum : *Sicut quæ in thesauro solvuntur Dealbata per combustionem.* Hic hæret Spelmannus : tametsi ut et Somnerus hæc verba ad *Dealbationem monetarum* referri conjiciat. Sed quid commune habet *Dealbatio firmæ* cum monetæ dealbatione? In Fleta lib. 5. cap. 22. § 9. *Dealbare* rursum reperio : *Si contra mentem judicaverit, tunc falsum reddit judicium, quamvis Dealbatum, et quo casu tenebitur ex malefacto, male pronunciando, etc.*

☞ An non dici posset *Dealbare* idem esse quod Declarare liberatum ære alieno? Notionem hanc pati videntur loca citata, neque longius arcessita videretur metaphora.

* Dicitur de prædio seu *firma*, cujus census annualis non annona, sed argento, hoc est, numerata pecunia exsolvitur. Vide *Firma alba* in *Firma* 3.

* **DEALBATI.** Ita nuncupabatur ex vestibus albis societas quædam hominum, quæ pacem publicis precibus precabatur per Italiam religiose ambulando ann. 1399. Vide Annal. Boñincontrii apud Murator. tom. 21. Script. Ital. col. 79. et 80. Vide supra *Bianchi.*

DEALBATIO dicitur de moneta, quæ priusquam signetur, ab artificibus monetariis nativo colori restituitur : *Blanchissage*, nostris. Matthæus Paris ann. 1248 : *Pondus veteris monetæ præ pondere novæ dabatur trutinatum, et præterea pro opere fabrili, id est, monetationis, quam vulgariter Dealbationem vocabant, pro qualibet libra, 13. denarii solvabantur.*

DEALBATORES, recensentur inter artifices, qui a publicis muneribus excusantur, in leg. 1. de Excusat. artif. lib. 10. (64.) Ubi Cujacius *Dealbatores* ab *Albinis* ibidem memoratis distinguit, quod *Albini* parietes dealbarent, hi alia quælibet. Gloss. Lat. Gr. : *Dealbat*, λευκαίνει.

* **DEALBATUS**, *Alba* seu *chrismale* baptisatorum vel confirmatorum, sive oblatio, quæ pro benedictione *albarum* fiebat, nostris, *Aubé.* Charta ann. 1173. in Chartul. Cluniac. : *Capellanus habere debet confessiones, escerpas, baptisteria, reconciliationes mulierum, decimas militum, les Aubez, suas missas privatas, etc.* Alia Rob. Cabilon. episc. ann. 1188. ibid. : *Capellanus habere debet confessiones, ... decimas militum, Dealbatos, etc.* Vide supra *Albata* 1.

DEALITAS, pro *Deitas*, seu *Divinitas*, occurrit non semel in Conflictu Arnobii junioris cum Serapione lib. 1. et apud Luciferum Calaritan. lib. 1. pro S. Athanasio pag. 79.

* **DEAMBULACRUM**, Porticus, Gall. *Galerie.* Chron. Jac. Malvecii apud Murator. tom. 15. Script. Ital. col. 784 : *Sub ipso monte ab australi parte in planicie miro saxorum opere atrium edidit, Deambulacrum ab eo ad arcem super saxeas columnas statuens.* Vide *Deambulatorium.*

¶ **DEAMBULATIONES** Stercorum, Latrinæ seu loca alia quævis ad exonerandum ventrem. Vita S. Batildis Reginæ num. 11 : *Ita humilitatis magnæ fortiter exhibebat exemplum, ut ipsa quoque in coquina ministraret sororibus, et munditias vilissimas, etiam Deambulationes stercorum ipsa mundaret.*

* Vel potius Culinæ emissaria, quibus stercora seu sordes emittuntur et purgantur. *Deambuler*, a Lat. Deambulare, in Pœnit. Adami Ms. cap. 6 : *Adam à la parole de Eve sa compaigne se leva du lieu triste, ou il s'estoit mis pour plourer, et Deambula par sept jours toute la terre d'environ eulz.*

DEAMBULATOR. Vide *Ambulator.*

DEAMBULATORIUM, *Quod proprie dicitur Lobium, quod fit juxta domos ad spatiandum.* Joan. de Janua. Occurrit apud Capitolinum in Gordiano III. *Deambulatoria Claustrorum*, apud Guibertum Abbat. de Combustione Monasterii Gemblac. ann. 1137. *Deambulatoria Ecclesiarum*, porticus Ecclesiæ corpus ambientes. Vita S. Geraldi Abbat. Grandis-Silvæ n. 12 : *Purgavit templum, composuit sedilibus, et ornavit desuper columnalia cum basibus, chorum purgavit et cryptam, et Deambulatoria aptavit, inibi locatis decenter altaribus.* Vita Aldrici Episcopi Cenoman. num. 3 : *Deambulatoria siquidem sursum per totum in circuitu ipsius Ecclesiæ fecit, in quibus et altaria quinque nobiliter construxit atque sacravit.* Vide in *Nebula* [et in *Destraria.*]

Deambulacrum, eidem Januensi.

* **DEAMPUNCTUARE**, Deturbare, dejicere, nostris *Despointer.* Instr. ann. 1397. apud Marten. tom. 7. Ampl. Collect. col. 593 : *Et ex vestro toto statu dejiciemini et Deampunctuabimini.* Lit. ann. 1408. tom. 9. Ordinat. reg. Franc. pag. 419 : *Et iceulx officiers muer ou changer de lieu en autre, ou despointer etc.* Vide infra *Depuncture* et *Desapunctare.*

* **DEANA**, pro Dea, in vet. Inscript. apud Montefalc. Diar. Ital. pag. 223. Basem cum pavimento marmorato Deanæ DD. [** Pro *Diana.* Vide Forcellin.]

¶ **DEANGILERE**, An Confiscare et unde? Chartular. Vedastinum notatum V. pag. 144 : *Rex Francorum Ludovicus filius Ludovici Regis cognomento Grossi... cum gravi stomacatione missis nuntiis et propriis dispositis clientibus bona nostra Deangilevit et bannivit.*

DEANTEA, pro *Antea*, quomodo Galli dicunt *Devant*, in Epist. 77. inter Francicas. [*De ante* eodem intellectu, apud Acherium Spicil. tom. 8. pag. 179.]

¶ **DEARESTARE**, Quod *arrestatum* erat seu retentum relaxare, liberare. Litteræ Philippi Regis Franc. pro Mercatoribus Rotomag. apud Rymer. tom. 2. pag. 127 : *Fecissetis Dearestari penitus, ut credimus, mercimonia prædicta.* Occurrit ejusdem tomi pag. 285. et tom. 3. pag. 667. Vide *Arrestare.*

¶ Dearestatio *et Deliberatio Benedicti et Edwardi sociorumque suorum*, apud eumdem Rymerum tom. 3. pag. 309.

¶ Dearestatus, Qui post delictum non est comprehensus, liber. Charta anni 1250. apud Miræum tom. 2. pag. 1231. col. 2 : *Qui fecerint forefactum vel delictum, recederent de terra nostra prædicta Dearrestati, hoc est, antequam caperentur.*

* Dearrestare, Desarestare, Impedimentum tollere, liberare. Arest. ann. 1344. 17. Maii in vol 2. arestor. parlam. Paris. : *Bona sua omnia curia nostra prædicta Dearrestavit et liberavit.* Lit. remiss. ann. 1395. in Reg. 149. Chartoph. reg. ch. 164 : *Respondit dictus Raymundus, quod ea quæ arrestaverat* (bajulus) *ipse Desarestabat.*

¶ **DEARGENTARE**, Obducere argento. *Crucifixum Deargentavit*, in Chartul. S. Martialis Lemovic. *Deargentata arma*, apud Orosium 3. 22. *Deargentata columna*, apud Augustinum Epist. 23. ad Bonifacium. *Columbæ Deargentatæ*, Psalm. 67. 14.

* **DEARTUARE**, *Desmembrer*, in Glossar. Gall. Lat. ex Cod. reg. 7684. Gloss. Lat. Gr. : *Deartuo*, ἀπαρθρῶ. [** Vide Forcellin.]

¶ **DEASSECURARE**, Alicujus securitatem perturbare damnum inferendo, aliisve injuriis eum, violata fide, lacessendo. Statuta Eccl. Leodiensis ann. 1287. inter Anecd. Marten. tom. 4. col. 853 : *Excommunicatos denunciamus omnes laicos et alios quoscumque qui Clericos Deassecuraverint, maxime coram suo Judice, volentes facere justitiæ complementum, nisi infra octo dies eosdem assecurent, et a præmissis destiterint.* Ibid. col. 886 : *Item aliam* (constitutionem) *quæ scripta est sub titulo*, De Vita et honestate Clericorum, *in qua excommunicantur et excommunicati denuntiantur omnes laici, et omnes quicumque in Clericos Deassecuraverunt, etc. mitigamus in hunc modum, quod pœnam excommunicationis in eis latam revocamus, ita tamen quod si qui fuerint laici vel alii qui Clericos Deassecuraverint, nec eos postea assecuraverint, Nos et alii Judices competentes procedemus, prout de jure fuerit faciendum.* Charta Caroli IV. Imp. pro Ecclesia Camerac. ann. 1377. apud Miræum tom. 2. pag. 1245. col. 1 : *Prædictos quoque Præpositum, Decanum, Capitulum et Ecclesiam, ac villas et subditos eorumdem, in corporibus et rebus Deassecurant pariter et diffidant, ac multas alias injurias intolerabiles ipsis inferunt et inferri procurant.* Ibid. pag. 1246. col. 1 : *Qui præfatos Præpositum, Decanum, Capitulum et Ecclesiam, aut villas vel subditos, familiares et servitores eorumdem Deassecuraverint vel diffidaverint, etc.* Ibid. : *Necnon impeditores, turbatores, molestatores, occupatores... Deassecuratores aut diffidatores, ac alios offensores, etc.* Vide *Assecurare.*

¶ **DEASTRICOLA**, Vox probrosa in Catholicos Sanctorum cultores. Hist. Martyrum Gorcomiensium inter Acta SS. Julii tom. 2. pag. 784 : *Ah veterane proditor, inquientes, nimium tibi tuisque sociis proditoribus ac Deastricolis indulgetur.*

¶ **DEAUCTORIZARE**, Exauctorare, in Onomastico ad calcem tomi 6. SS. Maii.

¶ **DEAURARE.** Gloss. Græco-Lat. : Χρυσόω, *Auro, inauro, Deauro.* Legitur apud Tertul. de Idolol. cap. 8. et in Cod. Theod. leg. 1. de Fabricens. (10, 22.)

¶ **DEAURARII**, ut *Deauratores.* Consuetud. Lemovic. art. 42 : *Aurifabri sive Deaurarii et escampsores annulos, monilia, zonas et garlandas argenteas postquam emerunt, etc.* Versio Gallica *Aurifabros* et *Deaurarios* reddit uno *Orfevres* vocabulo.

DEAURATORES, recensentur inter opifices, qui jure immunitatis gaudent in leg. 1. C. de Excusat. artific. lib. 10. (64.) Ubi Cujacius, alios esse ait *Deauratores*, alios *Aurifices*, Χρυσωτὰς et χρυσοχόους in veteribus Glossis.

DEAURATURA, Auratura, *Dorure.* Capitula Caroli Calvi tit. 31. § 24. [** Edict. Pistens. ann. 864.] : *Illud vero aurum quod coctum quidem fuerit, sed non tantum, ut ex eo Deauratura fieri possit, etc.* [Notitia Ecclesiarum et prædiorum Abbatiæ Stabulensis apud Miræum Diplom. tom. 1. pag. 686. col. 2 : *Hoc opus fecit Abbas Wibaldus, in quo sunt argenti meri* LX. *marcæ, in Deauratura sunt auri meri* IV. *marcæ.*]

* **DEBACCHARE**, Depopulari, Gall. *Ravager.* Vita S. Hugon. Monachi inter Acta SS. Bened. sæc. 5. pag. 94 : *Paganorum quoque infestationes, quæ olim patriam Debacchaverant, omni ex parte sedatæ erant.* Hinc

* **DEBACCHATIO**, Immanitas, furens impetus. Chron. Wil. Godel. tom. 10. Collect. Histor. Franc. pag. 261. in nota : *Lugere habes.... tam variis injuriis peregrinos illo* (ad S. Sepulcrum) *occulte euntes affici et affligi, quam etiam sævissimis Debacchationibus trucidari.*

¶ **DEBACCHATUS**, Ebrius. Vita S. Catharinæ Sen. n. 200. April. tom. 3. pag. 902 : *Continue dormiens et in similitudinem Debacchati, qui non potest a somno surgere.*

DEBACULARE, *valde Baculare*, Ugutioni.

¶ **DEBANNIRE**, Interdictum tollere. Charta Alexandris Leodiensis Episc. de Godefrido Namurci Comite ann. 1131. Collect. Ampliss. tom. 1. col. 711 : *Insuper ubicumque facultates Ecclesiæ minus rationabiliter moleste detinentur, absque alterius successoris nostri requisitione, liceat locum ei interdicere, et post restitutionem invasoris similiter Debannire.* Vide *Bannus Episcopi.*

* **DEBARBARE**, Præcidere. Tract. Ms. de Re milit. et mach. bellic. cap. 154 : *Levatorium super barcharum pontem causa palos fictos* (fixos) *in aqua Debarbandi levatur.*

* **DEBARIARE**, *Barris* seu repagulis dividere. Reg. feudor. Aquit. sign. JJ. rub. ex Cam. Comput. Paris. fol. 25. v° : *Ex parte quam tenebant in molendinis de la Barie, sicut est illuc Debariata, inter terram hominum de Bernos ex omnibus partibus.* Vide *Barrare* 1.

DEBARONIZARE. Vide *Barones in Alemannia.*

¶ **DEBARRARE**, Repagula tollere. Locum vide in *Barrare.*

* **DEBASTARI**, pro Devastari. Inventar. ann. 1476. ex Tabul. Flamar. : *Ne ex omissione conficiendi inventarium seu repertorium de bonis et rebus dictorum pupillorum, et quæ olim fuerunt dicti nobilis Joannis de Gorsolis, quondam patris eorumdem pupillorum, jurium hæreditarium eisdem pupillis pertinentibus et expectantibus, ut dixerunt, valeant deperiri seu Debastari, nec de negligentia reprehendi, etc.*

¶ **DEBATABILIS**, Contentiosus, de quo litigatur. Occurrit apud Rymerum tom. 12. pag. 467. col. 2. Ibid. pag. 475 : *Terras Debatabiles ibidem adjacentes.*

* **DEBATARE**, a Gall. *Debattre*, Contendere. Reg. arestor. parlam. Paris. ad ann. 1386. ex Cod. reg. 9822. 2. fol. 170. v° : *In contrarium prædicto magistro Petro Debatante, quod ex eo quo dictus Alanus sustinuerat, functus erat posse suo.*

DEBATUM, Controversia, ex Gallico, *Debat*, in Charta Alani Ducis Britanniæ ann. 1087. [et aliis passim.]

* 1. **DEBATUS**, f. Agger, moles aquis opposita, Gall. *Chaussée, digue*, certis in locis *Batte.* Libert. Marolog. ann. 1366. tom. 4. Ordinat. reg. Franc. pag. 676. art. 7 : *Quod dicti consules ... habeant instituere, eligere et nominare annuatim .... inspectores et regardatores marcelli, triperiæ, piscariæ, murum, fustarum et Debatorum.*

* 2. **DEBATUS**, Accusatus, f. pro Delatus, in Charta ann. 1378. ex Reg. 119. Chartoph. reg. ch. 48 : *Cum Egidius Garnerii de Lunello, burgensis regius Aquarum mortuarum, sit præventus et Debatus in curia regia coram nobis de morte Petri de Vabris, etc.*

DEBELLARE, Bellum inferre. Utitur Petrus Diac. lib. 4. Chron. Casin. cap. 17. Gloss. Lat. Gr. : *Debellat*, ἐκπολεμεῖ, καταπολεμεῖ. [Ogerio Pani lib. 4. Annal. Genuens. ann. 1219. *Debellare* etiam est Bellum inferre seu Præliari, Latinis autem Expugnare, Superare, et interdum, ut Livio, Bello finem imponere.]

DEBELLARE, Duello cum aliquo certare. Statuta Davidis II. Regis Scotiæ cap. 28 : *Si... aliquem appellant de roboria, vel occisione hominis, aut aliquo alio malefacto, per quod Duellum possit oriri, bene licet eis... in curia D. Regis vel alia aliqua Curia defendentem Debellare, per interpositam personam.* Occurrit dicto capite non semel, et in Observantiis Regni Aragon. lib. 8. tit. de Proditorib. § 3.

¶ DEBELLATIO, Clades, Gall. *Defaite.* Sallas Malaspinæ Rerum Sicularum lib. 3. apud Baluzium Miscell. tom. 6. pag. 272 : *Hos enim belli aut Debellationis instantis felicius deglutisset eventus.* Loquitur de expugnatione urbis Beneventanæ, ubi victricibus Gallorum armis nihil supererat quod opponeretur.

¶ DEBELLIO, Eadem notione, ibid. pag. 244 : *Ex hac itaque Debellione quamplurima Gebellinorum fuerunt corda concussa.*

¶ DEBELLUM, *Bellum vel pugna.* Glossar. Sangerman. num. 501.

* **DEBELLARI**, pro Debellare, in Epist. Joan. VIII. PP. tom. 9. Collect. Histor. Franc. pag. 193 : *Græcorum navigia in mari Ismaelitarum victoriosissime straverunt phalanges, et eos .... Debellati sunt.*

DEBENDUS, pro *Debitus.* Ennodius Dict. 6 : *Superbi sumus, si nostris Debendum credimus institutis.* Idem lib. 1. Epist. 16 : *Salutationem Debendam restituens.* Lib. 2. Epist. 5 : *Salutationis Debendæ obsequium solvens.* Utitur et lib. 3. Epist. 25. lib. 4. Epist. 30.

* **DEBERE**, Posse, jus et facultatem habere. Vita S. Emmer. tom. 6. Sept. pag. 474. col. 2 : *Intra semet-ipsum meditari cœpit illuc venire, ut Christum ibi prædicare Deberet.* Et pag. 475. col. 1 : *Pontifici possessiones concedere Deberet, et eorum pontifex esse Debuisset.* Pactum inter reg. et episc. Vivar. ann. 1307. in Reg. 122. Chartoph. reg. ch. 294 : *Portare Debebit episcopus arma nostra regia et eis uti in vexillis et sigillis.*

¶ **DEBERIUM**, Debitum, Gall. *Devoir.* Instrum. anni 1302. tom. 2. novæ Gall. Christ. col. 301 : *Qantum ad homagium, fidelitatem vel quodcumque aliud novum Deberium.* Vide *Deverium.*

* Inventar. ann. 1476. ex Tabul. Flamar. : *Item plus in eodem loco de Flamarenxis totum emolumentum, jus et Deberium pincernæ sive tabernæ et macelli, etc.*

* **DEBETUM**, ex mutatione *u* in *b*, pro *Devetum*, Interdictum, prohibitio, *Debet* etiam vulgari sermone. Charta Occitanica ann. 1298. in Reg. 38. Chartoph. reg. ch. 13 : *Viginti solidos in Debeto annui redditus, id est quod nulli licet vinum in dicto loco vendere mense Maii, nisi domino loci; quod valere potest in redditu viginti solidos domino.* Alia ann. 1327. in Reg. 64. ch. 557 : *Habere consuevimus in dicta villa Marmande quoddam bannum vini, vocatum Debet, tale videlicet, quod in certo anni tempore per spatium viginti octo dierum continue durante, nullus alius nisi nos.... infra decos dictæ villæ audebat vel poterat*

vendere vina ad tabernam. Vide *Bannum vini.*

1. **DEBILIS** Persona, Infimi ordinis. Decretio Childeberti Regis cap. 7 : *Si Francus fuerit, ad nostram præsentiam dirigatur; et si Debilior persona fuerit, in loco pendatur.* Apud JC. *Debiles personæ* dicuntur, qui infirmitate, aut morbo aliquo perpetuo laborant, in leg. 4. et 5. D. de Postul. (3, 1.) leg. 2. C. de Curat. fur. (5, 70.) *Personæ miserabiles*, leg. 3. C. Quando Imp. inter pup. (3, 14.) *Senes*, apud Capitolinum in Gordianis. Gloss. Græco-Lat. : *Debilis*, ἐμπαθής, ἄχρηστος.

* 2. **DEBILIS**, Detritus, Gall. *Usé.* Instr. ann. 1392. inter Probat. tom. 3. Hist. Nem. pag. 169. col. 1 : *A dicto magistro Eustachio, pro alio capucio dicti mantelli Debili, v. sol. Turon.... De una cotardia,... folrata minutis variis Debilibus et antiquis, etc.*

Debiles Solidi, non justi ponderis, in leg. 2. Cod. Th. de Ponderatorib. (12, 7.)

DEBILITARE, Mutilare : Debilitatus, membro aliquo mulctatus judicis sententia, vel alio quovis modo. Lactantius de Mortibus Persecutor. num. 36 : *Occidi Dei servos vetuit, Debilitari jussit.* Commodianus Instr. 71 :

Inspicite tales, sed certe Debilitatos,
Transigere sese qui non possunt, date subinde,
A Domino vobis spondeo dari quadruplum.

Lex Burgund. tit. 55. § 3. 4 : *Ingenuus... manus incisione damnetur. Si vero Debilitatem suam redimere voluerit, medietatem pretii sui solvat. Equus Debilitatus*, ibid. tit. 73. §. 2. *Debilitatis reus*, in Lege Alamannor. tit. 70. §. 3. Usatici Barcinonenses MSS. cap. 18 : *Debilitatio et cæsio emendetur per 50. sol. denariorum.* Ordericus Vitalis lib. 8. pag. 674 : *Aliis quoque pluribus... Debilitatio membrorum inflicta est ex sententia Curiæ.* Infra : *Multos... Debilitatis membris mancos aut loripedes... reddidit.* Charta ann. 1345 : *Si eidem membrum abstulerit, vel ipsum Debilitaverit, solvat, etc.* Utitur S. Augustinus Epist. 158. Capitula Theodori Cantuar. cap. 23. Edit. Jac. Petiti : *Qui per rixam ictu Debilem, vel deformem hominem fecerit, etc.* Vide Legem Salicam tit. 31. qui inscribitur *De debilitatibus*, Concilium apud Theodonis villam ann. 821. cap. 1. Odonem Cluniac. in Vita S. Geraldi lib. 4. cap. 7. Probat. Historiæ Bressensis pag. 106. etc.

Debilitare, Infirmare, inutilem reddere. Gloss. Lat. Gr. : *Debilitat*, ἀχρηστοποιεῖ, παραλύει. Lex 142. Cod. Th. de Decurion. (12, 1.) : *Ne paucorum absentia Debilitet, quod a majore parte ordinis salubriter fuerit constitutum.*

* **DEBILITATIOR**, pro Debilior, in Epist. Gausl. Bitur. archiep. tom. 10. Collect. Histor. Franc. pag. 496.

¶ **DEBINARE**, Metas figere. Vide post *Bonna.*

¶ **DEBITA**, Debitio, Debitum. Instrum. anni 1163. ex Archivo Civitatis Massil. : *Et si Debita non esset soluta tam cito, quæ esset requisita, dicto Communi Massiliæ, debet habere potestatem vendere, cui placuerit, dictos gaudios.* Pro speciali debito seu pensitatione Episcopo solvenda sumitur in Indice MS. Beneficiorum Eccl. et Diœc. Constantiensis e Musæo D. *de Cangé* : Rectores debent *Pro crismate* xx. *den. Item pro Debita solvunt sex solidos.* Fol. 5 : *Item solvit octo solidos pro capa Episcopi. Item decem solidos pro Debita.* Et fol. 44 : *Rector solvit pro circata tres solidos, et pro Debita quinque solidos.* Quis sit ille census non satis intelligo nisi forte idem sit quod *Synodaticum.* In recensione Gallica MS. redituum Abbatiæ S. Vandregesili *Droit de Debite*, est Jus percipiendi tributi e mercibus particulatim venditis, sic dictum a nostro *Debiter*, Merces singulatim vendere : sed istud nullo modo convenit Rectoribus.

* *Desdebter*, Sua nomina expedire, in Poem. *du Riche et du Ladre* Ms. :

Qui donne aumosne, il se Desdebte ;
Car aumosne est et dons et debte.

¶ **DEBITABILIS**, ut mox *Debitalis. Porci Debitabiles*, apud Stephanot. in Fragmentis Hist. tom. 3.

* **DEBITALE**, Debitum, pensitatio. Charta ann. 1324. ex schedis meis : *In omnibus et singulis bonis,.... dominiis, baroniis, censibus, redditualibus, Debitalibus, servitutibus, homatgiis, etc.* Alia pro eccl. Aniciens. ann. 1374. in Reg. 105. Chartoph. reg. ch. 336 : *Acquisiverunt redditus, census annuos et Debitalia in feodis et retrofeodis,.... quorum reddituum, censuum et Debitaliorum, etc.* Vide *Debitalis.*

DEBITALIS, Idem quod *Censualis. Sex gallinas Debitales seu censuales*, in Tabulario Brivatensi, non semel. Charta Guillelmi Comitis Arvernorum ann. 1209 : *Mille etiam solidos Claromontenses Debitales persolvendos assignavit in terra de Limania, quam dederat in dotem Petronillæ uxori. Et si hoc Debitale in villis istis reperiri non poterit, de reliqua terra suppleatur.* [*Decem libræ Podienses Debitales*, in Anecd. Marten. tom. 1. pag. 897. *Duo sextaria frumenti Debitalia*, apud Baluzium Hist. Avern. tom. 2. pag. 265.]

* **DEBITE**, Gall. *Duement*, Ut par est. Annal. Victor. Mss. ad ann. 1258 : *Racemi etiam maturari non potuerunt Debite, ideoque vina fuerunt viridia nimis.*

* **DEBITIO**, Pensitatio quævis, quam ex debito et jure quis præstare tenetur. Charta Anselmi milit. dom. de Buissiaco ann. 1260. in Reg. 30. Chartoph. reg. ch. 461 : *Quittavit quicquid juris habet vel habere potest ratione homagii, servitii, eschentiæ seu Debitionis.* Vide infra *Debitum* 2.

¶ **DEBITIS.** Litteræ quæ etiam *Debita Regalia* dictæ sunt in Edicto Philippi VI. Franc. Regis ann. 1338. in Cancellaria regia vel regii Judicis concedebantur olim creditoribus, ut possent debitores suos ad solvendum compellere, cum eorum obligatio sigillo dumtaxat ecclesiastico muniebatur. [* Leg. *Debita Legalia*, ut ex Lit. ann. 1408. tom. 9. Ordinat. reg. Franc. pag. 365. art. 12. emendat doctus Editor. Lit. remiss. ann. 1382. in Reg. 121. Chartoph. reg. ch. 155 : *Comme.... Robert Aquenaux eust baillé à Simon Blassel nostre sergent un Debitis de nostre bailli d'Amiens ou de son lieutenant, pour justicier et contraindre plusieurs personnes qu'il disoit à lui estre tenues et obligées, etc.* Vide Glossar. Jur. Gall.] De hujusmodi Litteris sic Auctor Glossarioli in Arresta Joannis *le Coq* : Debitis, litterarum genus, quæ hodie vocantur *Lettres de committimus*, quarum fit mentio q. 52. Notandum autem est, quod per litteras regias *de Debitis* vocatas, etiam fit executio de eo quod debetur, et in illis litteris ita solet apparitori scribi : *Nous te mandons et commandons par ces presentes, que toutes les dettes bonnes et loyales cogneues ou prouvées suffissamment par lettres, témoins, instrumens, confession de parties, ou autres loyaux enseignemens, qui te apperront étre deuz à tel N. tu lui fasse payer tantôt, incontinent et sans delay, en contraignant à ce les debteurs et chacun d'eux, par la prinse, levée, vendue et exploitation de leurs biens, meubles et heritages, detention, arrest et emprisonnement de leur corps, si mestier est, et à ce s'en sont obligez.* Item inhibitum est, ne generales litteræ in forma *Debitis* per Senescallos et Judices regios de cætero concedantur, sed a Rege, vel ejus Cancellaria, ut fuit pronunciatum in hoc Senatu 1533. die 15. Jul. Archiepiscopus tamen Remensis generales concedit has litteras; et fuit in Senatu dictum ann. 1418. die 6. April. propter ejus supremam dignitatem. Item Judicibus ad quos causæ cognitio pertinet, appositio dirigi debet, ut invenio statutum per Carolum VIII. ann. 1490. prout est in stilo Parlamenti videre in Rubr. de rescript. versic. inhibitum. Et ideo dictæ litteræ non attribuunt novam jurisdictionem ; sed opponentes etiam coram suis Judicibus assignari debent, ut fuit etiam judicatum in Senatu pro illustri Domina Claudia Matre Regis ann. 1530. die 1. Decemb. quia omnes causæ in regno debent terminari et finiri apud illos Judices in partibus qui de jure aut consuetudine, vel privilegio illarum cognitionem habent, §. 1. Rubr. de causis, ubi scripsi in concordia. Appellatio tamen veniet directo ad Parlamentum ratione harum litterarum, etiam si emittatur a Præposito, vel alio mediato, ut fuit pulchre pronunciatum ann. 1526. die 10. Maii, et videbatur aliud Arrestum latum ann. 1522. die 10. Julii. Hujuscemodi litterarum usus apud nos abolevit.

* **DEBITOLIUM.** *Vendere ad debitolium*, Singulatim divendere, vulgo *Vendre en détail*, apud Labbeum tom. 12. Conc. pag. 805.

DEBITOSUS. Lex Ripuar. tit. 67. §. 1 : *Si quis moriens Debitosus, etc.* Ita MS. ubi alii *Debiturus* et *Debitor.*

¶ 1. **DEBITUM**, Honorarium debitum. Litteræ Caroli Franc. Regis primogeniti ann. 1357. Ordinat. tom. 3. pag. 211 : *Senescallus Petragoricensis et Caturcensis... assisias suas de cetero bis anno quolibet... tenere debeat... in quibus appellationum cause dicte ville et honorum ejusdem emergentes... sine Debito debeant terminari.* [** leg. *fine.*]

Debita, Tributa quæ debentur, crebro in Cod. Theod. leg. 15. 19. 31. 34. de annona, (11, 1.) et alibi. Ita

Debitores, pro tributorum debitoribus, in leg. 7. 16. eodem Cod. de Exactionibus: (11, 7.)

In Debito Poni *pro se vel pro alio, per legem*, in Statutis Venetorum ann. 1242. lib. 1. cap. 52. est obligari pro se vel pro alio. Vide lib. 6. cap. 15.

* 2. **DEBITUM**, Tributum, pensitatio quævis, quam ex debito et jure quis præstare tenetur, nostris *Debite* et *Debitement*. Charta Rob. vicecom. Cabilon. ex Chartul. S. Marcelli Cabilon. : *Reddidi Deo et S. Marcello.... hominem quemdam, Gunterium nomine, qui mihi persolvebat Debita et recepta propter se salvandum.* Alia ann. 1259. in Chartul. S. Corn. Compend. fol. 160. v°. col. 1 : *Et retient l'eglise toutes ses rentes et toutes ses Debites, si comme ele les a eues jusques au jour d'ui.* Charta Guill. episc. Lingon. ann. 1358. in Reg. 91. Chartoph. reg. ch. 502 : *Item oppressoient noz diz ventiers les marchans estrainges, amenans ou vendans sel en nostre dite ville, en exigent excessivement les Debites acoustumées pour les chevaux, chers et cherrettes.* Occurrit præterea in Lit. ann. 1369. tom. 5. Ordinat. reg. Franc. pag. 178. Froissart. vol. 2. cap. 84 : *Sitost que le roy fut party de Paris, les communes s'armerent et emeurent et occirent tous ceux qui avoient assis les gabelles et Debitemens. Devoir septenaire*, Pensitatio, quæ septimo quolibet anno solvitur, in Ch. Ludov. XI. ann. 1478. Vide supra *Debitio*.

* 3. **DEBITUM**, Gall. *Débet*, Summa, quæ expensis rationibus reliqua est. Lit. ann. 1365. tom. 4. Ordinat. reg. Franc. pag. 585 : *De dictis 1500. libris Turonensibus superius contentis, fit mentio in Debitis Tholosæ.*

* 4. **DEBITUM** Animæ, Preces et eleemosynæ, quæ pro anima defuncti offeruntur. Charta Phil. I. reg. Franc. ann. 1106. in Chartul. Maurigniac. ch. 5 : *Qui autem in domo sua viam universæ carnis ingressus fuerit, obsequium et omne Debitum animæ, quasi frater monachus a præfatis confratribus monachis, Deo volente, receperit, etc.*

* 5. **DEBITUM**, Officium; hinc *Debitum facere*, Officio fungi. Gall. *Faire son devoir.* Testam. Alph. III. reg. ann. 1271. tom. 1. Probat. Hist. geneal. domus reg. Portug. pag. 56 : *Rogo reginam Beatricem uxorem meam.... pro Debito, quod habet mecum, etc.* Gualt. Hemingford. de Gestis Eduardi I. reg. Angl. ad ann. 1297. pag. 127 : *Non expedit, domine comes, ulterius protelare negocium, et thesaurum regis nostri in vanum expendere; sed ascendamus et faciamus Debitum nostrum, ut tenemur adstricti.*

¶ **DEBITUS**, Debitor, obligatus. Sermo S. Humilitatis Abbatissæ, inter Acta SS. Maii tom. 7. pag. 835 : *O misera ego peccatrix, quantum sum Debita meo Jesu Christo.*

DEBLADARE, [Metere *blada*.] Vide post *Bladum*.

* Debladare, Quod ad *blada* proprie pertinet, de pratis etiam dicitur, in Charta ann. 1272. ex Chartul. Pontiniac. ch. 107 : *Dictæ communitates, post quartum folium, poterunt mittere animalia sua ad depascendum ibidem : similiter in pratis ipsorum de dicto loco, postquam fuerint Debladata.* Vide in *Bladum* et mox *Debladire*.

* **DEBLADATIO**, Messis, *bladorum* collectio, nostris *Desblée* et *Desbleure*. Charta Odon. archiep. Rotomag. ann. 1255. ex Cod. reg. 1245. fol. 167. r°. : *Eas* (terras) *debladabit, licet usque ad plenam Debladationem firmæ suæ terminus non duraret.* Alia ann. 1281. ex Tabul. Carnot. : *Jam prædicti Guillelmus et ejus uxor terras prædictas cum Debladatione earumdem, prout sunt imbladatæ, dimittunt et quittant.* Lit. remiss. ann. 1410. in Reg. 165. Chartoph. reg. ch. 46 : *Comme en la Desblée et moissons derreinement escheus, le suppliant eust cueilli certain grain, appellé milet.* Aliæ ann. 1394. in Reg. 146. ch. 10 : *Vous promet que ceste Desbleure faite, je me departiray de mon frere. Le suppliant gouverna et exploita lesdiz héritages et la Desbleure de ceste presente année leva et exploita à son profit*, in aliis ann. 1415. ex Reg. 168. ch. 390. Vide in *Bladum*.

* **DEBLADIRE**, *Blada* metere, secare, in Charta ann. 1283. ex Chartul. S. Mariani Autiss. fol. 60. *Desblaver*, eodem sensu, in Lit. remiss. ann. 1415. ex Reg. 168. Chartoph. reg. ch. 385 : *Comme le suppliant pour icelles terres Desblaver et Despoillier en la messon,... eust envoyé faussilleurs pour faussillier son blef.* Vide *Debladare* in *Bladum*.

* Aliud vero est *Desblaer* et *Desblaver*, Purgare scilicet, exportare, expedire; unde *Desblavement*, ipsa purgatio et exportatio. Charta ann. 1311. in Reg. 48. ch. 8 : *Item que tout le droit que nous avons et poons avoir de Desblaver et de oster tous les empeschemens qui se feroient, tant ès voieries, comme ès chemins de ladite ville de Vailli;.... tout ce qui sera trouvé au Desblavement des chemins, etc.* Alia ann. 1363. in Reg. B. ejusd. Chartoph. ch. 12 : *Ichils chevaliers a promis et creanté.... en nostre main à icelle rente warandir, deliver, defendre et Desblaer envers tous.*

DEBODINARE, [Metas figere.] Vide *Bodinare* post *Bonna*.

* **DEBONARE**, *Bonnas*, seu metas figere. Charta ann. 1265. in Chartul. eccl. Lingon. ex Cod. reg. 5188. fol. 145. r°. : *Ita tamen quod prædictæ maceria, grangia, domus thesaurariæ et dicti Helyæ, cum furno et porprisio prædictis, et alia loca quæ de mandato prædicti domini episcopi a viris discretis Hugone Lingonensi, magistro Petro Tornodorensi archidiaconis.... debent Debonari, habeant eamdem franchisiam et immunitatem, quas et aliud claustrum nostrum.* Vide in *Bonna* 2. et mox *Debornare*.

* **DEBORNARE**, Eodem intellectu. Charta sub Rob. reg. Franc. apud Stephanot. in Antiq. Bened. Lemovic. Mss. part. 2. pag. 271 : *Robertus de Sadran concessit* (S. Petro Vosiensi) *vineas suas de Vaurelia, sicuti sunt terminatæ vel Debornatæ.*

¶ **DEBOTARE** Arcam, Illam aperire seris effractis. Consuetudines Brageriaci art. 93 : *Si quis domos de nocte perforatus fuerit, et aliquid de dicta domo furatus fuerit, aut qui archas seu huchas Debotaverit, aut falsas claves, quæ dicuntur Contra-claves tenuerit... furca suspendatur.* Gallus Interpres habet : *Qui aura rompu les serrures des coffres.*

* **DEBOTARE**, a Gallico *Debouter*, Actorem actione sua submovere, vox forensis. Arest. parlam. Paris. laudatum, post Bonav. *Des Periers*, a *la Monoye* in Glossar. Burgund. : *Dicta curia Debotavit et Debotat dictum Colinum.* Quam vocem, quasi ocreas detrahere, Gall. *Debotter* sonaret, cum cavillatus esset Colinus S. Amb. Bituric. abbas, non Vindocinensis, ut vult Menagius in Observat. ad Ling. Gall. part. 1. cap. 106. occasio fuit ut dehinc arêsta Gallico idiomate pronuntiarentur, rege jubente Francisco I. Nostris *Debouter*, pro Repellere, vulgo *Repousser*. Lit. remiss. ann. 1390. in Reg. 138. Chartoph. reg. ch. 260 : *Jehan de Goulencourt esmeu, tant dudit coup comme de la blessure de son cousin, qu'il tenoit estre mort, et Deboutant force par force, etc.* Unde *Deboutement*, Repulsus, in aliis ann. 1457. ex Reg. 183. ch. 243 : *Pour le repulsement et Deboutement de noz ennemis les Anglois, etc.*

* **DEBOYNARE**, *Bonnas* seu limites tollere, alio transferre, nostris alias *Deboener*. Libert. Briancz. ann. 1343. tom. 7. Ordinat. reg. Franc. pag. 730. art. 25 : *Voluit et concessit, quod sindici seu consules dictarum universitatum Deboynare, restringere et ampliare possint in dicta baillivia, ut eis conveniens videbitur expedire, vias, patega et nemora.* Charta ann. 1316. in Chartul. eccl. Lingon. ex Cod. reg. 8518. fol. 227. v° : *Li religieux* (d'Auberive) *sunt en saisine.... de mettre bones en la ville et ou finaige de S. Loup, et de Deboener, toutes fois que partie contre autre le requiert.*

¶ **DEBOYSCHATUS**, Scalptus, delineatus, f. a Gallico *Ebauché*, quod juxta Nicotum est ab Occitano *Bauch*, Stultus, rudis. Hoc translatum ad opera rudi dumtaxat manu delineata et parum polita. Testam. Beatricis de Alboreya Vicecomitissæ Narbonæ ann. 1367. inter Anecd. Marten. tom. 1. col. 1524 : *Item legamus conventui Sororum Minoretarum de Asilhiano unum salinum argenti, in quo quidem salino est Deboyschatus unus dracho ermantatus, cum signis sive armis nostris.* Vide *Debuxare*.

* **DEBRACARE**, *Deschaucer braies*. Glossar. Gall. Lat. ex Cod. reg. 7684. *Debracare*, *ouster braies*, in altero.

¶ **DEBRANDANARE**, Brandonem seu impedimentum tollere. Vide in *Brando*, Velum.

DEBRIATUS, Inebriatus, ingurgitatus, et per metaphoram, repletus. Auctor Breviloqui : *Debriare, inebriare.* Gerbertus Epist. 31 : *Frontemque falsissimo poculo Debriatam expurgans.* Leo Ost. lib. 3. Chr. Casin cap. 45. : *Milites diabolico furore Debriati pecuniam de Secretario abstractam ad Principem deferunt.* Ibidem : *Theodinus diabolico Debriatus veneno.* Alanus lib. 4. Anticlaudiani pag. 60 :

> Flos violæ perfundit eum, rosa Debriat auras
> Afflues, narisque thymi satiatur odore.

Ita Codex MS. Utuntur præterea Regula Magistri cap. 27. Gordianus Monach. in Vita S. Placidi cap. 1. Galbertus in Vita Caroli Com. Fland. num. 47. Petrus Diac. lib. 4. Chron. Casin. cap. 57. 72. 75. 98. Baldricus Noviom. lib. 2. Chron. Camer. cap. 22. Vita S. Paterni cap. 13. Rodericus Toletan. Archiepisc. in Hist. Arabum cap. 6. Joan. Buschius in Chron. Windesem. lib. 2. cap. 28. 55. Brompton. pag. 1085. etc.

Debriare, et *Debriatus*, interdum in bonam partem usurpantur. Lambertus Ardensis pag. 170 : *Spiritus sancti Debria-*

tus et perfusus gratia. Chronicon Fontanellense cap. 1 : *Barbaricas ac indomabiles eorum mentes nectare evangelicæ doctrinæ Debriabat.* Hincmarus in Ferculo Salomonis :

Agnus, fons vitæ, proprio nos sanguine potans,
Semper more suo Debriet atque regat.

Epitaph. Venerab. Bedæ :

Deque Sophiæ illum Debriari fonte, etc.

Adde Vitam S. Luciani Bellovac. n. 10. Baldricum lib. 2. Chronici Camerac. cap. 39. Ingelramnum Scholast. in Præfat. ad Vitam S. Richarii, Ordericum Vital. lib. 4. pag. 530. lib. 12. pag. 846. Vitam S. Paterni in Prologo. Vitam S. Leufredi cap. 5. Vitam Alcuini n. 10. etc. Ita D. Hilarius et Rufinus Presb. in Psalm. 64. *Inebriari* vocem in bonam partem usurpari annotant. [** Liudprand. Antapod. lib. 1. cap. 6 : *Adelbertus itaque proludii hujusmodi non solum gnarus, verum etiam Debriatus, etc.*]

Debriatio. Vita S. Isidori Episcopi Hispalensis in Prologo : *Ditior emines Debriatione divina, quam felicitate terrena.* Braulius Cæsaraugustan. in eodem S. Isidoro : *Tanta Debriatione scientiarum claruit præditus, ut, etc.*

* **DEBRIGARE**, *Briga* seu molestia liberare, expedire, Ital. *Disbrigare.* Charta ann. 1324. in Reg. 71. Chartoph. reg. ch. 109 : *Thesaurarius prædictus promisit... ipsum magistrum Guillermum et suos totaliter Debrigare, usque ad summam prædictam duntaxat.* Vide infra *Disbrigare.*

¶ **DEBVERIUM**, Gallice *Devoir*, Debitum, pensitatio. Charta Guidonis Episc. Lingon. ann. 1350. inter Instrum. tom. 4. novæ Gall. Christ. col. 109 : *Concedimus præfatæ Vicariæ... pro portione sua congrua, bona jura et Debveria quæ sequuntur.* Vide *Deberium* et *Deverium.*

* **DEBUXARE**, Delineare, ut interpretantur docti Editores ad vit. S. Avurtii tom. 3. Sept. pag. 56. col. 1 : *Omnibus his delegatis Debuxataque ecclesia, et triplam pecuniam quantitatemque ejus sacris literis inditam suscipiens archidiaconus, etc.*

¶ **DECACHINNARE**, *Deridere*, apud Papiam.

¶ **DECACHORDUS**, Δεκάχορδος, Intentus decem fidibus. *Psalterium Decachordum* occurrit in Psalmis et in Statutis Synodal. Guidonis Episc. Helenensis cap. 3. inter Concil. Hisp. tom. 3. pag. 595.

DECADA, æ, pro *Decas.* Utitur Hieronymus in cap. 41. Ezechiel.

¶ **DECADENTIA**, Ruina, lapsus, Gall. *Decadence.* Chronicon Beccense pag. 19 : *Omnia maneria et molendina, quæ invenit in magna Decadentia, et ruina, studiose reparavit. Decadencia* superius in voce *Avaluacio*, accipitur pro imminutione monetæ seu ejus minori valore, Gall. *Dechet.*

¶ **DECADIVUS**, Deciduus. *Lacrymæ trementes Decadivæ pondere*, apud vet. Poetam in Pervigilio Veneris v. 17. ut feliciter restituit Lernutius.

¶ **DECÆCARE**, Cæcitatem auferre, illuminare. Acta SS. April. tom. 2. pag. 356 : *Contigit interdum etiam aliquem Theologum nondum Decæcatum sublimia scire, dicere ac trutinare, sed nondum secundum Spiritum sapere.*

¶ **DECALANTICARE**, Calanticam detrahere, apud Martinium.

DECALANZARE, Papiæ, *Cantare cum lætitia.*

1. **DECALCARE**, Calce oblinere, seu potius dealbare. Glossæ Isidori : *Decalcare, dealbare.* Gloss. Lat. MS. Regium Cod. 1013 : *Dealbare, Decalcare, opus tectorium.* [Festus habet, *Decalicatum, Calce litum;* Papias vero *Decalceatum, de calce albatum.* Glossæ apud Grævium in Isidorianas : Κονιῶ, *Decalco, albo.*]

* 2. **DECALCARE**, Conculcare, pedibus proterere. Instr. ann. 1379. inter Probat. tom. 3. Hist. Nem. pag. 24. col. 1 : *Penuncellos regios.... amovendo et ad terram prostrando et cum pedibus Decalcando, etc.*

* **DECALESCERE**, Refrigescere. Gloss. Lat. Græc. : *Decalesco*, ἐκθερμαίνομαι. Charta Adelberti Mogunt. archiep. ann. 1123. inter Probat. tom. 1. Annal. Præmonstr. col. 661 : *Et ne Decalescente rigore, regulam et institutionem unquam prævaricarentur, etc.*

¶ **DECALICATOR**, Calicum exhaustor. Gloss. Lat. Græc. : *Decalicator*, Καταπότης.

¶ **DECALICATUM**. Vide *Decalcare.*

* **DECALIGARE**, *Decalcare, Dealbare*, in vet. Glossar. ex Cod. reg. 7641. Vide *Decalcare* 1.

DECALVARE, Tondere, ad cutem caput radere. Gloss. Gr. Lat. MS. : Φαλακροῦμαι, *Decalvor. Psilotro Decalvare*, apud Vegetium lib. 2. de Re veterin. cap. 48. Drogo Cardinalis Ostiensis de Sacramento Dominicæ Passionis pag. 64 : *Et calvaries qui fuerat locus superbiæ, spoliatus capillorum gloria,... Decalvatus est superbiæ vertex.* Statuta Ordinis *de Sempringham : Ad Pascha, et ad festum S. Mariæ Magdalenæ, et ad festum Omnium SS. ad minus Decalvantur sorores.* [Vulg. Interpres 1. Cor. 11. 5. et 6 : *Unum enim est ac si Decalvetur. Nam si non velatur mulier tondeatur. Si vero turpe est mulieri tonderi, aut Decalvari, velet caput suum.*] Sed proprie

Decalvatio, pro Pœna, vel ignominia et injuria per abscissionem capillorum illata usurpatur apud Scriptores. Quippe, ut ait Constantinus African. lib. 2. Pantechn. cap. 16 : *Capilli caput custodiunt, honestant, et defendunt; quibus si careat, maxima est inhonestas.* Appendix Cod. Theodos. Constit. 14. ubi de Episcopis in Africa vexatis : *Alios ad solam divini cultus injuriam, avulso capillorum parte fœdatos, etc.* Fuit autem pœna vulgaris qua in sontes sæviebant Gothi, Hispani, et Franci. Jo. Biclariensis in Chronico : *Primum verberibus interrogatus, deinde turpiter Decalvatus, post hæc dextra amputata, etc.* Lucas Tudensis : *Noluit Princeps eos mortis sententia perdere, sed tantum Decalvationis derisione eos præcepit onustos ferro ad præsens sustinere vindictam.* Infra : *Incentores seditionum ejus Decalvatis capitibus, abrasi barbis, pedibusque nudatis, etc.* Concilium Toletan. VI. cap. 17 : *Detonsus aut turpiter Decalvatus.* Emerit. can. 15 : *Turpi Decalvatione maneat emendatus.* Historia Wambæ Regis : *Nulla mortis super eos illata sententia, Decalvationis tantum, ut præcipitur, sustinuere vindictam.* Monachus Sangall. in Carolo M. lib. 1. cap. 10 : *Deposito et Decalvato ignavissimo Francorum Rege Childerico.* Vita S. Leodegarii cap. 14 : *Condemnatum ab ipsa Synodo calvaria accepta in capite expulsum segregant ab ipsa Congregatione.* Petrus Damian. lib. 1. Epist. 10 : *Publice virgis cæsus, et sub inhonesto ludibrio turpiter asseritur Decalvatus.* Tradit auctor Vitæ S. Bavonis cap. 10. *Decalvationem* pœnam fuisse latronum : *Rogo ut propter scelus in te commissum corpus meum flagellis cædas, caputque meum more latronum Decalves.* Ordericus Vitalis lib. 8. pag. 682 : *Sincipite scalciati sunt ut fures, occipite autem prolixas nutriunt comas ut meretrices.* [Anonymus Combefisianus in Porphyrog. num. 5 : Καὶ Θωμᾶν Πριμικήριον δείρας καὶ κουρεύσας οὕτως ὑπερορία παρέπεμψεν.] Vide Libros sacros, præterea Leges Wisigoth. lib. 2. tit. 1. § 7. tit. 2. § 7. tit. 4. § 6. lib. 3. tit. 3. § 8. 9. tit. 6. § 2. lib. 5. tit. 4. § 11. lib. 6. tit. 2. § 3. tit. 4. § 3. tit. 5. § 11. lib. 9. tit. 2. § 9. lib. 12. tit. 2. § 14. tit. 3. § 3. 5. 6. Leg. Longob. lib. 1. tit. 17. § 5. tit. 25. § 55. [** Liutpr. 141. (6, 88.) 79. (6, 26.)] Capit. Caroli M. lib. 3. cap. 49. 50. lib. 7. cap. 335. [** 432.] capitul. ann. 809. cap. 11. Addit. 4. Ludov. Imper. § 1. Nicolaum I. PP. in Resp. ad Bulg. cap. 58. Adamum Bremens. cap. 159. Regulam S. Fructuosi cap. 16. Vitam S. Fulgentii Episc. Rusp. n. 20. Concil. Tolet. XVI. cap. 2. 3. Lindenbrog. ad Paul. Warnefrid. lib. 6. cap. 20. et infra in *Depilare*, supra *Capillus, Crines.* [** Glossar. med. Græcit. voce Κουρεύειν Grimm. Antiq. Jur. German. pag. 702. et 704.]

¶ Decalvare, Caput amputare. Nicolaus Specialis de Rebus Siculis lib. 1. cap. 28 : *Cumque per pharum Messanensium terribilis Siculis navigaret* (Carolus I. Rex Siciliæ) *nuntiatum est illi, quod si litora Siciliæ attingeret, Carolum Principem filium ejus, quem habebant in vinculis, illico Decalvarent. Rex impietatem Siculorum metuens, ne dilectum filium perderet, in Calabriam declinavit.*

¶ **DECAMBIARE**, pro *Cambiare*, Permutare, in Charta anni 1064. apud Miræum tom. 1. pag. 156.

¶ Decambitus, ut *Decambium*, in Tabul. S. Medardi Suess.

Decambium, pro *Cambium*, semel ac iterum in Charta Odonis Episcopi Bellovacensis, in Tabul. Abb. Frigidi montis fol. 238.

¶ **DECANA**, post *Decanus* 5.

* **DECANARIA**, Officium *decani* seu judicis minoris, qui per *decaniam* jus dicebat. Stat. Montis-reg. pag. 65 : *Item statuerunt et ordinaverunt, quod nulla persona possit exercere officium Decanariæ, nec esse decanus, nisi fuerit electus et deputatus per dominos vicarium, syndicum et gubernatores.* Vide infra *Decanus* 3.

1. **DECANATUS**. Regestum Castri Lidi in Andibus fol. 24 : *In omni terra Castro Lidi, cujuscumque terra sit, homines aubani sunt Comitis, et incendium, et raptus, et mors hominum, et falsa mensura, et falsa moneta, et dimidius Decanatus, et ubicumque latro inveniatur, Comiti redditur, et pecunia fœneratoris Comitis est, et thesaurus, ubicunque inveniatur, et pedagium.*

¶ 2. **DECANATUS**, Officium seu Dignitas Decani suis variis notionibus. Quandoque Districtus Decani ruralis. Quandoque etiam Prædium, ut exemplis ostendetur infra post *Decanus* 6.

* 3. **DECANATUS**, Prioratus præcipui, apud Cluniacenses. Lit. Bonif. PP. VIII. ann. 1294. ex Bibl. S. Germ. Prat. : *Volumus insuper ut prioratus prædicti (de Leuno in Sanguine terso Ambianensis, de Nogento Rotrodi et de Gacicuria Carnotensis, de Gaya Trecensis, de Vergeyo Eduensis, de Vendopera, de Mostereto et de Marmissa Lingonensis, de Turribus super Maternam Remensis, de Carennaco Caturcensis, de Moiraco Agennensis, de Rocennaco Petragoricensis et de S. Cosma Constantiensis diocesum) appellentur et habeantur de cetero Decanatus.*

* **DECANERIA**, Domus *Decani*, Gall. *Doyenné*. Charta ann. 1381. inter Probat. tom. 3. Hist. Nem. pag. 47. col. 2 : *Item ordinavit idem commissarius, quod quædam androna, quæ est prope portale Decaneriæ foras, muretur et impleatur lapidum.* Nisi idem sit quod *Decanicum*, carcer ecclesiasticus.

¶ **DECANIA**. Vide in *Decanus* 1. 3. 4. 5. 6.

DECANICUM, [vel ut alii legunt *Decanica*.] Carcer Ecclesiasticus. *Carcer canonicalis disciplinæ*, in Concilio Coloniensi ann. 1260. cap. 1. 2. Julianus Antecessor Constit. 73 : *Executor autem litium constitutus in Decanicis Ecclesiarum recludatur, pœnas competentes luiturus.* Totidem habentur lib. 5. Capitul. Caroli M. cap. 225. [** 378.] ubi Novella Justiniani 79. cap. 3. habet ἐν τοῖς καλουμένοις δεκανικοῖς. Concilium Lambethense ann. 1261 : *Quilibet Episcopus in suo Episcopatu habeat unum vel duos carceres, ... pro Clericis flagitiosis deprehensis in crimine, vel convictis, juxta censuram canonicam detinendis.* Vide *Carcer*, *Diaconicum*, Descriptionem S. Sophiæ num. 84. [** Glossar. med. Græcit. voce Δικανικόν et H. Stephani Thesaur. voce Δεκανικόν.]

¶ **DECANIZARE**, Decani dignitate frui. Charta Lisiardi Episc. Suess. e Chartulario Nantholii fol. 21 : *Data Suessione anno ab Incarnatione Domini* MCXXI. *Ansculpho et Theobaldo, Petro, Ebalo archidiaconizantibus, Bernardo Decanizante.*

¶ 1. **DECANTARE**, Recitare. S. Bernardus in Epistola ad Guidonem Abbatem de Tribus Fontibus : *Pro pœnitentia tibi injungimus septem Psalmos pœnitentiales quotidie usque ad Pascha, septies prosternendo te, Decantare.* Petrus Damiani in Vita Dominici Loricati ait, eum *Centum annorum pœnitentiam peregisse, qui Psalterium cum disciplina Decantat.* Visio Wettini inter Acta SS. Benedict. sæc. 4. pag. 226 : *Illo ergo sic prostrato, cœperunt prædicti fratres tam septem pœnitentiæ psalmos, quam ceteros tantæ anxietati aptos, qui sibi ad memoriam occurrerant, pro eo Decantare.* Rursum occurrit in iisdem Actis SS. Benedict. sæc. 6. part. 1. pag. 27. 109. et part. 2. pag. 116. Vide *Cantare* 2.

¶ 2. **DECANTARE** Ecclesiam, Ecclesiam administrare, vel debitum in illa officium peragere. Statuta Synod. Eccl. Biterrensis ann. 1368. num. 27 : *Quod nullus Curatus vel Secundarius Ecclesiam audeat Decantare, nisi esset annexa Ecclesiæ curatæ.* Moretus Antiquit. Navarræ pag. 403. ex Archivo S. Joannis : *Quod si habuerit de mea radice et de mea progenie qui possit de post meos dies honorata tenere illa Abbatia et Decantare illa supradicta Ecclesia teneant... et Decantent illam per in sæcula.* Testamentum Guilielmi Domini Montispessulani filii Mathildis Ducissæ pridie Non. Novemb. ann. 1202. ex Schedis Peirescianis, nunc Præsidis *de Mazaugues* : *Et volo quod heres meus... teneat alium Capellanum in ipsa Ecclesia, cui in victu provideat, et quemdam Diaconum, et alium Subdiaconum, et unum Clericum, et unum Scobolerium, qui omnes Decantent Ecclesiam et serviant.* Vide *Cantare* 1.

¶ 3. **DECANTARE**, Valde cantare. Vide *Discantus*.

DECANUMMUS et Pentanummus, inter signa terminorum, apud Agrimensores pag. 272.

1. **DECANUS**. Decani, qui decem præsunt militibus, δεκαδάρχαι Theophylacto Bulgariæ Archiepiscopo Epist. 18. Gloss. Græco-Lat. : Δέκαρχος, *Decanus*. Vegetius lib. 2. de Re milit. cap. 8 : *Erant Decani* 10. *militibus præpositi, qui nunc Caput contubernii vocantur.* Vincentius Belvacensis lib. 30. cap. 73 : *Est etiam statutum Chingis-Cam illius primi, quod per Millenarios, Centenarios, ac Decanos, eorum exercitus debeat ordinari.* Thwroczius in Chronico Hungar. parte 2. cap. 2 : *Centurionesque ac Decanos more solito constituerunt.* Agunt de Decanis militaribus, Isidorus lib. 3. Orig. cap. 3. Modestus de Vocab. rei milit. Rufus in Legibus militarib. etc.

Decania, Manipulus decem militum, cui præest Decanus; δεκαρχία, Leoni in Tacticis cap. 4. § 3. 6. Gloss. Lat. Gr. : *Decuria*, δεκανία, δεκάς, καὶ φατρία. *Decurionatus*, δεκαδαρχία. Lex Wisigoth. lib. 9. tit. 2. § 4 : *Si Decanus relinquens Decaniam suam de hoste ad domum suam refugerit, etc.*

Decani, cum Mensoribus, Lampadariis, et Cursoribus junguntur in l. ult. Cod. de Divers. offic. (12, 59.) militabantque in Palatio, nec alii sunt a Decanis, quos ῥαβδοῦχους fuisse ait Cedrenus pag. 170. S. Ambros. lib. 5. Epist. 35 : *Nuntiatum est, quod ad Basilicam Portianam de Palatio Decanos mittebant.* Joann. Chrysost. in Epist. ad Heb. cap. 7. Hom. 13 : Καὶ τῶν λεγομένων Δεκανῶν τόπον ἐπέχοντες ἐν τοῖς βασιλείοις εἰσί. In Synodo ad Quercum objectum eidem Chrysostômo quod *Decanos* contra Severianum concitasset, apud Phot. Cod. 59. Marcus Diac. in Vita S. Porphyrii Episc. Gazensis n. 39 : *Nos accersit Cubicularius Amantius per duos Decanos, ut iremus in Palatium.* Basilii Diaconi supplicatio in Concilio Ephesino part. 1. cap. 30. § 3 : Κἀκεῖθεν τυπτόμενοι παρὰ τοῦ ὄχλου τῶν δεκανῶν, ἀπηγόμεθα ἐν τῷ δεκανικῷ. Corippus lib. 3. de Laudib. Justini vers. 157 :

.... Jussuque regentis
Acciti proceres omnes, scholaque palati est
Jussa suis astare locis : jamque ordine certo
Turba Decanorum, Cursorum, in rebus Agen-
[tum, etc.

Ita porro dicti videntur quod ex Decanis militaris custodiæ ad id muneris proveherentur : de iis est titulus in Codice Th. et Justin. [** Vide Glossar. med. Græcit. in Δεκανοί et Ῥαβδοῦχοι.]

2. **DECANUS**. Decani, quibus incumbebat cura humandorum corporum Constantinopoli, ut docent Novellæ Justiniani 43. et 59. ubi de eorum numero, et lex 4. Cod. de Sacrosanct. Eccl. (1, 2.) Hi in civitatibus corpus conficiebant, ex variis Corporibus et Collegiis conflatum : unde *Collegiati* appellantur in l. un. C. de Collegiat. et Cartoprat. lib. 11. (18.) Gloss. Basilic. : Δεκανοί, κολλεγιάτοι, συνημμένοι, Δεκανοί, οἱ συναγόμενοι. Dicuntur et *Copiatæ* in Cod. Justiniano.

3. **DECANUS**. Decani, Minores judices, qui per Decanias jus dicebant. Walafridus Strabo lib. de Reb. Eccles. c. ult. : *Decuriones, vel Decani, qui sub ipsis Vicariis* (pagorum) *quædam minora exercent, minoribus presbyteris titulorum possunt comparari.* Hincmarus Epist. 4 : *Comites et Vicarii, vel etiam Decani plurima placita constituant.* Vide Cathwlphum in Epist. ad Carolum M. Legem Wisigoth. lib. 2. tit. 1. § 26. lib. 9. tit. 2. § 1. 4. Legem Longob. lib. 1. tit. 25. § 50. 73. lib. 2. tit. 38. § 2. [** Liutpr. 44. 84. (6, 15, 31.) De Longobardorum Decanis vide Murator. Antiquit. Ital. tom. 1. col. 516. sqq. Savinium Histor. Jur. Rom. med. temp. tom. 1. cap. 4. § 84. not. a. de Anglosaxonum eundem § 82. et de Francorum § 81. Conf. Eichhorn. Histor. Jur. German. § 23. et 74.]

* Charta Ottonis II. imper. ann. 978. apud Murator. tom. 1. Antiq. Ital. med. ævi col. 998 : *Nemo etiam comes, vicecomes, sculdasio, gastaldius, Decanus publicæ, et imperialis aut regiæ partis infra muros Cremonenses, vel foris circa civitatem per quinque miliaria placitum teneat.* Alia Joan. de Castell. dom. de S. Hilario, ann. 1324. in Reg. 62. Chartoph. reg. ch. 361 : *Item Decanus villæ per dictos habitantes eligetur seu per saniorem partem eorumdem;... debetque dictus Decanus in dicta villa adjornamenta facere, gagia capere, et nullus præter ipsum.* Ubi apparitoris officium describitur, quo sensu occurrit non semel, a Germ. et Fland. *Dienst*, officium, servitium. Charta præpositi de Marisiaco ann. 1318. in Reg. 56. ch. 238 : *Feismes asavoir, dire et senefier par nos Doians et sergens establis de par nous à ce faire etc.* Pactum inter Joan. de Joinvilla dom. de Valle color. et habitat. ejusd. loci ann. 1330. in Reg. 66. ch. 501 : *Item que il n'aura que dous Doyens en ladite ville, qui soient creu sur les diz habitans,... sauf tant que les sergens que les bonnes gens de ladite ville esliront pour garder les bois de ladite ville, seront creu, ainsi comme on a acoustumé.* Lit. remiss. ann. 1452. in Reg. 181. ch. 231 : *Ung appellé Estienne, lors maire de Waxancourt ou ban d'Espinal, pria et requist le suppliant qu'il feust son Doyen.* Vide infra *Dienstmannus* et *Decanus*, 6.

Ita porro apud Anglo-Saxones Centuriæ (hundredos vocant) in denas *Decurias* partitæ erant. *Decuriæ* ex decem viris constabant, quorum singuli uniuscujusque sistendi fidejussores erant, et si quis eorum aliquid dedisset damni, id omne reliqui resarcire debebant. Qui Decuriis præerant, seu novem aliis, Decuriones, Saxonice þeotungman dicebantur. [** Centuriæ vel decem friborgis præerat Decanus, quem tien-heofod dicebant.] De hac partitione Angliæ agunt copiose Leges Edwardi Confess. cap. 32. et Leges Henrici I. cap. 6. et 8. Porro ex Decreto Aluredi Regis, quisquis liberæ erat conditionis, in Centuriam aliquam, et in decemvirale Collegium adscribi tenebatur. De minoribus negotiis judicabant Decuriones; si quæ res esset difficilior, ad Centuriam referebant. Hos etiam *Decanos Friborgi* vocitant Leges Edwardi Confessoris.

Decania, Pars Centuriæ, constans decem familiis, cui præerat Decanus. Leges Henrici I. Regis Angl. cap. 6 : *Centuriæ in Decanias vel Decimas... distinguuntur.* Adde cap. 8. et Leges Wisigoth. lib. 9. tit. 2. §. 4. Vide *Decenna*, *Friborgh*, *Hundredus.*

4. **DECANUS** Ecclesiæ Cathedralis. Leges Alfonsinæ seu *Partidæ*, 1. part. tit. 5. lege 4 : *Decan es el primero personaje, el mayor en algunas Eglesias Cathedrales, a fuera del Obispo, etc.* Gervasius Dorobernensis in Episcopis Cantuariens. in Egelnotho : *Erant tunc temporis Cantuariensis Ecclesiæ Monachi, quasi Canonici Cathedrales, Monachorum quidem habitum gerentes, sed regulam non adeo plane observantes,... Præpositum suum Decanum vocabant, quem nos post adventum Lanfranci Priorem appellamus.* Idem in Ceolnotho : *Æstuabat enim animo quid in tali faceret articulo, cum non videret Monachos nisi* 5. *ubi cum Decanus esset, quem nos Priorem vocamus, etc.* Radulfus de Diceto in Henrico II : *Quam in Ecclesiis Cathedralibus, ubi Canonici divinis mancipantur obsequiis, Decani sibi vendicant dignitatem; hanc si Monachorum Conventus in Episcopali sede præmineat, sibi jure possunt vendicare Priores.* Concilium Arvernense sub Urbano II. et Londoniense ann. 1127. apud Continuatorem Florentii Wigorn. : *Nullus in Decanum nisi Presbyter, nullus in Archidiaconum nisi Diaconus constituatur.* Concilium Coloniense ann. 1260. cap. 9 : *Consistente autem penes Decanos Ecclesiarum, potestate, lege, ac gubernatione canonicæ disciplinæ exercenda, etc.* Constitutiones Odonis Legati in Cypro ann. 1248. cap. 9 : *Statuimus ut in Nicosiensi Ecclesia de cætero sit dignitas Decanatus, percipiatque Decanus quantum duo Canonici, et habeat curam animarum personarum Canonicorum et Clericorum Ecclesiæ memoratæ; jurisdictionem tamen aliquam contentiosam non habebit. Sitque major persona post Archiepiscopum, tam in Capitulo quam in Choro, vigiletque circa bonum et honestum statum tam spiritualium quam temporalium omnium Ecclesiæ supradictæ.* In quibusdam Ecclesiis Decani dignitatis suæ possessionem ineunt superpellicio induti, gladio cincti, pera instructi, calcaribus aureis pedes revincti, cum accipitre super pugno. Vide Historiam Ecclesiæ S. Aniani Aurelian. pag. 92. 111. et in Probat. pag. 50. Quale autem sit officium Decani, vide Statuta Ecclesiarum Leichefeldensis et Londinensis, in Monastico Anglic. tom. 3. pag. 241. 243. 247. 335. 336. 347. [** Plurima ecclesiarum Germanicarum ap. Würdtweinum, quæ indices demonstrant.]

* Non solum Cathedrales ecclesiæ decanos suos habebant. *Dean*, in Charta ann. 1262. ex Chartul. Latiniac. fol. 183. *Deiens de l'iglise S. Maclo de Bar sur Aube*, in Ch. ann. 1250. ex Chartul. Campan. fol. 90. v°. Charta ann. 1325. in Lib. nig. 2. S. Vulfr. Abbavil. fol. 114. r° : *Disoit lidis Jehan de Friencort... que decair devoient li dit Dien et capitles de le complainte qu'il avoient faite. M^re. Jacques d'Andelaincourt grantz Dienz de Laingres*, in Ch. ann. 1350. ex Chartul. S. Benigni Divion.

Episcopus Londonicensis dicitur *Cautuariensis Archiepiscopi Decanus*, in Provinciali Cantuar. lib. 5. tit. 15. Ubi Lindwodus observat Archiepiscopum Cantuariensem in Collegio Episcoporum, Episcopos Londoniensem *Decanum*, Wintoniensem *Cancellarium*, Lincolniensem *Vicecancellarium*, Sarisberiensem *Præcentorem*, Wigorniensem *Capellanum*, denique Roffensem *Cruciferarium* habere.

Subdecanus, Dignitas in Ecclesia Carnotensi, quæ in Charta Calixti PP. in Tabulario ejusdem Ecclesiæ Ch. 2. post *Decanum* et *Præcentorem ;* et ante *Succentorem* recensetur. Obtinet etiam in Ecclesia S. Pauli Londinensis, de cujus officio, vide Statuta ejusd. Ecclesiæ in Monastico Anglic. tom. 3. pag. 337.

Decanus Scholarum, Dignitas Ecclesiastica, qui Scholis præerat. Charta Hugonis Episc. Suession. ann. 1100 : *In Ecclesia BB. Martyrum Gervasii et Protasii assignata est prædictæ Ecclesiæ S. Joannis* (de Vineis) *in perpetuum Prebenda eodem ordine, quo solet præbenda Decaniæ Scholarum, etc.* [** De *Decanis Facultatum* vide Savin. Histor. Jur. Roman. mediis temporibus tom. 1. cap. 21.]

Decanus Episcopi, Idem qui vulgo Decanus ruralis, aut Christianitatis, in Legibus Edwardi Confess. cap. 31. [*Christianorum*, in Charta Stephani Episc. Tornac. ann. 1192. apud Miræum tom. 2. pag. 1202.] Ita autem appellatur, quod is ab Episcopo constitueretur, ut est in Charta Petri Archiep. Senonensis ann. 1201. apud Jacobum Petitum post Pœnit. Theodori pag. 721. Concilium Lateranense sub Alexandro III. can. 15 : *Quidam in quibusdam partibus sub pretio statuuntur, qui Decani vocantur, et pro certa pecuniæ quantitate Episcopalem jurisdictionem exercent, etc.* Inquisitiones synodales cap. 69. apud Reginonem lib. 2. cap. 5 : *Si in unaquaque Parochia Decani sunt per villas constituti, viri veraces et Deum timentes, etc.* Innocentius III. cap. 7. de Offic. Archidiaconi : *Archipresbiteri autem, qui a pluribus Decani nuncupantur, ejus* (Archidiaconi) *jurisdictioni se noverint subjacere.*

* *Decanus publicæ sedis,* eadem notione, in Ch. ann. 1097. tom. 1. Hist. Trevir. Joan. Nic. ab *Hontheim* pag. 449. col. 2. *Decani Christianitatum*, in Pontif. Senon. Ms. ubi de consecrat. chrismat.

Decania, Decanorum Christianitatis jurisdictio et territorium. Hincmarus ann. 12. Episcopatus : *Et semper de Kalendis in Kalendis mensium, quando Presbyteri de Decaniis simul conveniunt, conlationem de pœnitentibus suis habeant, etc.* Capit. Caroli C. tit. 5. § 3 : *Qui autem* (Presbyteri) *longius ab urbe commanent, statuant Episcopi loca convenientia per Decanias, sicut constituti sunt Archipresbyteri, etc.* Vide Leges Edwardi Confess. cap. 32.

5. **DECANUS**, in Monasteriis, qui decem Monachis, seu *Decaniæ* Monachorum præerat. Δέκαρχος, in Vita S. Alexandr. Acœmeti Abbat. cap. 7. Regula S. Benedicti cap. 21 : *Si major fuerit congregatio, eligantur de ipsis Fratres boni testimonii et sanctæ conversationis, et constituantur Decani, qui sollicitudinem gerant super Decanias suas, in omnibus secundum mandata Dei, et præcepta Abbatis sui. Qui Decani tales eligantur, in quibus securus Abbas partiatur onera sua; et non eligantur per ordinem, sed secundum vitæ meritum et sapientiæ doctrinam.* De ejusmodi Decanis agunt præterea S. Isidorus in Regula cap. 14. S. Fructuosus in Regula cap. 12. Magister in Regula cap. 11. S. Augustinus lib. 1. de Morib. Eccl. Cathol. cap. 31. S. Hieron. Epist. 22. Cassian. lib. 4. Instit. cap. 7. et 10. Adelbertus Abbas Heidenheimensis in Relat. pag. 365. Supplex libellus Monachor. Fuld. Carolo M. porrectus §. 11. apud Browerum lib. 3. Antiq. Fuld. Chronicon Casinense non uno loco, Concil. Moguntiac. ann. 813. cap. 21. Itinerarium S. Willibaldi num. 25. Fulbertus Carnot. Epist. 21. etc. Vide Haeftenum lib. 3. Disquisit. Monast. tract. 6. disq. 4. 5. 6.

Decani Seniores, Majores, Qui decanis istis præerant. Capitula Lud. Pii Add. 1. cap. 55 : *Ut senior Decanus reliquis Decanis præponatur, et Abbate vel Præposito præsente locum proprium teneat.* De Decano isto majore cap. seq. : *Ut Præpositus, Decanus, Cellarius, de eorum ministerio, nisi causa utilitatis aut necessitatis, non removeantur.* De ejusmodi Decanis majoribus intelligendus Continuator Aimoini lib. 5. cap. 42 : *Robertus Comes cupiditate magis ductus, quam de cura animarum sollicitus, Abbatiam S. Germani accepit, seque Abbatem vocitari fecit, statuens Decanos qui curam haberent Monachorum.* Et Petrus Diac. lib. 4. Chron. Casinensis cap. 45 : *Demum ab Oderisio Abbate Monasterii hujus Decanus ordinatur.* Cap. 77 : *Mallem Decanus esse Casinensis, quam Cluniacensis Abbas.* Adde cap. 52. Chronicon Abbatiæ Trudon. lib. 8 : *Bozo Decanus, quia sic tum in illo veteri ordine appellabatur, qui modo in isto Prior vocatur.* Vide Eckehardum Jun. de Casib. S. Galli cap. 1. pag. 42. et Vadian. de Monasteriis Germaniæ pag. 32.

Foris Decanus in Monasteriis, cujus munus describitur in Tabulario Monasterii S. Theofredi in Diœcesi Aniciensi, quod scilicet versatur circa res exteriores.

Decana, in Monasteriis puellaribus, apud Rudolfum in Vita S. Liobæ cap. 3. et in Actis S. Forannani Abbatis Walciodorensis n. 15.

* *Doyennesse*, in Charta ann. 1444. ex Reg. 177. Chartoph. reg. ch. 2 : *L'abbesse, Doyennesse et chapitre de l'eglise de S. Pierre de Remiremont.* Vide in *Decanus* 5.

Decania, Decani Monachici dignitas. Adelbert. Abbas Heidenheimensis pag. 365 : *Decania quoque, in qua rigor correctionis esse deberet, cuiquam levissimo timidissimoque tradebatur.*

Decanus Operis, vel Operariorum, in

Monasteriis, operis Monasticis præfectus. Eckeardus Junior de Casib. S. Galli cap. 3 : *Cum alias in nullo esset utilis... a Salomone operariorum positus est Decanus*. Bertholdus Monachus de Abbatib. S. Galli : *Post hunc electus est... Waltherus Decanus operis, et tenuit ipsam Abbatiam*, etc. Horum, ni fallor, mentio est apud Petrum Venerabil. lib. 1. Epist. 28 : *Quia brevem ferramentorum et rerum Monasterii Abbas non habet, eum vel superbum vel negligentem dicitis : et quare alio in loco legitur, Decani tales eligantur, in quibus securus Abbas partiatur onera sua?* etc. Vide *Operarius*.

6. **DECANUS.** Decani, *Procuratores villarum* itidem dicuntur in Monasteriis, apud Udalricum lib. 1. Consuetud. Cluniac. cap. 46. et lib. 3. cap. 5. ubi ita : *Ejus autem* (Prioris Majoris) *suffraganei ad temporalia sunt illi fratres, qui sunt villarum provisores, et quos pro more nostro Decanos appellamus*, etc. Quæ verba hausit a Bernardo Mon. in iisd. Consuetud. MSS. cap. 3. [Hoc etiam nomine nuncupati sunt Villici seu Coloni, qui Monachorum villas et prædia tenebant. Codex MSS. Irminonis Abb. Sangerman fol. 72. verso col. 1 : *Walateus Decanus ejusdem villæ solvit inter utrasque festivitates porcellos* 11. et fol. 123. col. 1 : *Regenulfus Colonus et Decanus... habet de terra arabili bunaria* VIII.] Villæ ipsæ, seu Obedientiæ, quibus præsunt,

Decaniæ ibidem dicuntur, et in statutis Clun. in Bibl. Clun. pag. 1473. eaque appellatio pro cellis, prædiis, et *Grangiis* monasticis maxime in Hispania obtinuit. [Acta consecrationis Ecclesiæ Gissonensis ann. 1099. in Appendice Marcæ Hispan. col. 1210 : *Et insuper donamus nos ipsam Decaniam de Balagario usque ad castrum de Puig alt; quod ascendit de rivo meritario, et vadit in latus usque ad episcopatum Ausonensem.*] Charta Ferdinandi Garciæ Regis, apud Antonium *de Yepez* in Chronico Ord. S. Bened. tom. 1 : *Damus vobis Monasterium proprium fundatum in honore S. Vincentii, etc.... et insuper damus vobis illud cum suis Decaniis, scilicet Monasterium fundatum in honore S. Mametis, quod est inter villa Alara et Eveia*, etc. Alia Sanctii Regis Navarræ æræ 1214. apud eumdem tom. 3 : *Dono vobis libertatem et concedo, ut ab hac die inantea nullus homo sit ausus domus vestras, vel Deganias, vel cabanias, quas modo in regno meo habetis... molestare, intrare, frangere... præsumat.* Infra : *Et domos vestras, et Deganias, et collazos, atque omnia quæcunque nunc possidetis*, etc. Charta alia æræ 1153. tom. 4 : *Iste Prior ordinavit familias, et Decanias, unamquamque suo servitio congruam, ad honorem et excellentiam Clericorum, intra tam dignam deservientium aulam*, etc. Alia Bermundi II. Reg. æræ 1035. apud eumdem tom. 5. pag. 439 : *Et omnes hereditates, quas testavit amica nostra Domina Teresia ad Palumbario quæ in Ambas mixtas, etiam Decanias et Ecclesias, quas fuisse ædificatas et factas, cum ganato et homines de Palumbario.* Mox : *Mandat jussio nostra, ut ibi serviat, sicut et sancto Laurentio, cum omnes suas cuintiones, et Deganias cunctas, alteras Deganias quæ sunt in Bubulo, in Linia*, etc. Adde pag. 444. b. 468. b. et Sandovallium in Episcopis Pampilon. fol. 35. 74. Codex Irminonis Abb. Sangerman. f. 45. col. 1 : *Habet in Villamilt mansum indominicatum cum casa et aliis casticiis sufficienter. Habet ibi culturas inter majores et minores inter totas tres, Decanias* XXI. *habentes bunnar.* CCCCLVI. *quæ possunt seminari de modiis frumenti* MD. Et f. 123. col. 1 : *De Decanaria Ragenulfi. Ragenulfus colonus et Decanus... habet de terra arabili bunaria* VIII.] Paulo alia notione intelligendus Baraterius lib. de Feudis tit. 4. §. penult. : *Si quis pro villicaria, et, ut ita dicam, pro Decania, vel aliis quibuscumque angariis... feodum acceperit.* Ubi *Decania* species est beneficii laici, seu villicaturæ, ab Ecclesia dependentis; dicitur etiam

Decanatus, Eadem notione. Charta Hugonis Abb. B. Dionysii ann. 1230. ex Tabul. ejusd. Mon. : *Simon filius defuncti Girardi, dicti Decani, quondam servientis Monasterii S. Dionysii recognovit, quod venerabilis Odo ejusdem Monasterii Abbas concesserat dicto Simoni de mera gratia Decanatum, quem præfatus Girardus pater quondam ipsius Simonis tenuerat, hoc modo videlicet quod idem Simon eumdem Decanatum teneret, et haberet, quamdiu Abbati B. Dionysii, quicumque fuerit, videbitur quod bene ac fideliter serviat Monasterio, et residentiam faciat in terra Monasterii apud S. Dionysium. Etiam idem Simon recognovit coram nobis, quod in prædicto Decanatu nihil hæreditario jure reclamaret, fide data in manu nostra firmavit.* Alia ann. 1332. ibid. : *Recognoverunt se vendidisse Ecclesiæ S. Dionysii in Franciam totam Sergenteriam suam de Morenciaco villa quæ vocatur Decanatus pro* 40. *libris Paris.* etc.

** Decani vilatici et villarum passim in Polypt. Irminonis. Guerardo sunt : Ministri rurales, præpositi culturæ villæ vel definitæ alicujus agrorum quantitatis, operas laboresque rusticorum dirigentes, ac jurisdictionem quamdam inferiorem exercentes in colonos aliosque agrorum cultores. *Decania*, Certa quantitas agrorum excolendorum, jurisdictioni decani subjecta. *Decanus junior*, ap. Irminon. Brev. 9. sect. 58. et 210. Guerard. pag. 85. et 105. Uti apud Longobardus *decani* et *salturii* jungi solent, ita *Decanus et forestarius*, ap. Irminon. Brev. 13. sect. 99. pag. 149. Vide Cancian. Barbar. Leg. tom. 4. pag. 219. Capitul. de villis cap. 10. et supra in *Decanus*, 3.

Decanus Claustri, quidam Hermanus subscribit compositioni factæ pro Abbatia S. Basilii diœcesis Basiliensis ann. 1220. tom. 8. Spicilegii Acheriani.

* 7. **DECANUS**, Idem qui Præfectus, Reg. *Olim* parlam. Paris. ad ann. 1302 : *Jacobus de Tornodoro præfectus vigiliarum, seu Decanus excubiarum urbis Senonensis* etc. Lit. remiss. ann. 1371. in Reg. 102. Chartoph. reg. ch. 287 : *L'humble supplication.... de Robinet le Keux, joene homme, boucher demourant à Soissons, contenant que comme en icellui mestier de boucherie soit accoustumé chascun an eslire un certain officier, appellé le Doyen dudit mestier,.... comme audit office soit necessité aucunesfois faire plusieurs ou aucunes escriptures*, etc. Vide *Caput excubiarum* in *Caput* 3.

DECAPELLARE, Capellum Cardinali auferre, Cardinalem degradare. Chronicon incerti auctoris editum a Catello ann. 1303 : *Complicibus et consentaneis Columnensibus, ex quibus duos olim Decapellaverat Cardinales.* [Chronicon Francisci Pipini lib. 4. cap. 41 : Bonifacius VIII. *duos Cardinales Romanos, Jacobum et Petrum de Columna Decapellavit ac deposuit, privans eos omni Cardinalatus titulo, commodo et honore.*] Vide *Galerus*.

** **DECAPENTA**, Quindecim. Ruodlieb fr. 3. vers. 81. 124. 194.

1. **DECAPILLARE**, Capillos per ludibrium tondere. Gregor. VII. PP. lib. 1. Epist. 78 : *Neque servientes ejusdem Episcopi Decapillari, aut barbas eorum abradi præceperit*, etc. Vide *Decalvare* et *Discapellare*. [** *Decapillare* et *Decalvare* pro pœna ap. Ekkehard. IV. de Cas. S. Galli cap. 10. Pertz. pag. 123. lin. 23.]

* 2. **DECAPILLARE**, pro *Decapitare*, caput amputare, in Glossar. apud Freher. ad calcem tom. 1. Script. Rer. Germ. edit. Struvii. Pro Capillos vellere, in Stat. Palav. lib. 2. cap. 18. pag. 88 : *Et idem in eo qui Decapillaverit seu sgrafignaverit aliquem.* Vide *Capillare* in *Capulare*.

DECAPITARE, Caput amputare, capite plectere. Fulco lib. 2. Gestor. viæ Hierosolymit. :

Quos tamen egressos contra fas Decapitantes,
Expavescunt reliquos.

Tidericus Langenius in Saxonia :

Quem captivabat, in Verle Decapitabat.

Adde Will. Armoricum in Philippo August. ann. 1194. Leges Henrici I. Regis Angl. cap. 92. [Rolandinum Patav. de Factis in Marchia Tarvisina lib. 4. cap. 15. Instrum. anni 1302. in Hist. Dalphin. tom. 2. pag. 99. col. 1. Historiam Cortusiorum apud Murator. tom. 12. col. 788.] [** Vitam S. Adalberti ap. Pertz. tom. Scriptor. 4. pag. 589. 594.] etc. Ἀποκεφαλίζειν, in Synopsi Basil. lib. 60. tit. 1. cap. 25. Quæ vox interdum nude pro *occidere* usurpatur. Origines CP. de Crispo, quem calore balnei extinctum scribit Sidonius : ὃν λέγουσιν ἀποκεφαλισθῆναι ὑπὸ τοῦ πατρός. Infra de Arcadio S. Irenes Diacono : Σκυτάλαις ἀποκεφαλίσθη, *Flagris cæsus vel occisus est.*

Decapitare, Culmen domus vel ædis diruere. Charta K. domus Hospitalis Jerusalem Custodis in Tabular. Eccl. Carnotensis n. 28 : *Et quod domus quædam quam ædificaveramus Carnoti in figuram et formam capellæ, Decapitaretur, et reduceretur in formam quadratam et alios usus transferretur.*

¶ Decapitatio, Capitis obtruncatio, apud Bernardum *de Breydenbach* Itiner. Hierosol. pag. 253. et Murator. tom. 12. col. 1081.

* **DECAPITARE** Pannum, Quod in panno *caput* appellatur, abscidere, ut in eo vitium esse monstretur. Stat. pro arte parat. pannor. Carcass. renovata ann. 1466. ex Reg. 201. Chartoph. reg. ch. 121 : *Item quod nullus poterit seu debebit aliquem pannum Decapitatum sartire, aut reaptare, cum sigillo, aut sine sigillo.... Panni in quibus repperietur contrarium fuisse factum, Decapitabuntur.*

* **DECAPITATUS GREX**, Capite seu

pastore orbatus. Epist. encycl. monach. Floriac. ann. 1004. tom. 10. Collect. Histor. Franc. pag. 442 : *Deum omnipotentem placate orationum hostiis, ut dignetur sua gratia gregem Decapitatum et pio patre orbatum consolari.*

¶ **DECAPROTI**, Δεκάπρωτοι, Decemprimi Tullio. Arcad. lib. 18. § 3 : *Decaproti et Icosaproti tributa exigentes, et corporale ministerium gerunt, et pro omnibus defunctorum fiscalia detrimenta resarciunt.* Vide *Decemprimus*, et Glossar. mediæ Græcit.

¶ **DECAPROTIA**, Δεκαπρωτεία. Decemviratus in leg. 1. 3. ult. D. de Munerib. (50, 4.)

DECAPULARE, [Cædere, frangere, radere.] Vide *Capulare*.

DECARCERARE. Petrus Damiani lib. 1. Epist. 9 : *Hac igitur difficultate convictus, Episcopale Decarceràvit officium*; id est, deseruit.

¶ **DECARCONES**, Tribuni Romæ tempore Johannis XII. Papæ. Blondus Decad. 2. lib. 2. apud Macros in Hierolex. : *Romæ enim duo Consules ex nobilitate quotannis tunc fiebant, qui ad vetusti Consulatus exemplar summæ rerum præessent, et Præfectus item ex nobilitate creatus, populo jus dicebat. Ex plebe autem creati singulis annis duodecim, quibus Decarconibus erat appellatio, Senatus vicem in conciliis et deliberationibus obtinebant.* Melius scriberetur : *Decarchontes* a Græco δέκα decem et ἄρχων, Magistratus.

¶ **DECARDO**, *Occupatio*, Gloss. Isid. in quibus etiam, *Distario*, *Occupatio*, pro quibus Grævius censet legendum, *Distentio*, *Occupatio*, et sic Papias : *Distendi negotiis* pro distrahi. Vide *Distario*.

** **DECARA**. Vide *Dacra*.

¶ **DECARE**, *Donare*. Glossar. Sangerman. n. 501. Forte est pro *Decimare*, a Græco δέκα. Sed ibidem est pro Dicare, ubi sic : *Decare*, *Dedicare*, *Consecrare*.

* Glossar. vet. ex Cod. reg. 7641 : *Decatum*, *devocatum*, *secretum*. Rectius infra : *Decata*, *Deo devota vel sacrata*.

¶ **DECARGARE**, Exonerare, Gall. *Decharger*. Litteræ Ludovici X. Regis Franc. ann. 1315. in Chartular. Autissiod. fol. 46 : *Mercatores quicumque cum suis mercaturis absque aliquo impedimento possint de cetero transire Rotomagum... et insuper vina apud Rotomagum in cellariis Decargare.* Vide *Carga*.

DECARGYRUM, Δεκάργυρον, Monetæ majoris species, eademque cum ea quæ *Majorina* dicta, ex l. 2. Cod. Th. Si quis pecun. conflav. (9, 23.) Sic autem appellata, quod decem argenteis minutioribus æstimaretur, proindeque sexta argenti libræ pars esset : quippe, ut est in l. 1. eod. Cod. de Expens. ludor. (15, 9.) *argenti libra una in argenteos sexaginta dividebatur.*

¶ **DECARIARE**, Vehere, Carro deducere. *Inducere et Decariare omnia mercimonia et mercandisas et bona sua*, apud Rymer. tom. 11. pag. 2. col. 1. Vide *Cariare*.

* Vel potius *Decarjare*, ut *Decargare*, Exonerare.

DECARNARE, Carnem a cute recidere, resecare, separare, apud Apicium lib. 7. cap. 9.

* Unde nostris *Decarneler*, nude, pro Resecare, vulgo *Couper*, *tailler*. Lit. ann. 1387. in Reg. 130. Chartoph. reg. ch. 199 : *Wautier baillast une forces à cousturier que il tenoit à l'exposant pour garder, et tandiz que ledit Wautier se jouoit à ladite fille, ledit exposant par jeu et esbatement se prist à Décarneler la robe dudit Wautier.*

* **DECARNATUS**, Macilentus, grandi macie torridus, Gall. *Decharné*. Joan. de Cardalhaco Orat. in exequiis Clem. VI. PP. et exaltat. Innoc. ejus success. : *Dum quadam die iret juvenis per iter suum quærendo mortem, obviavit cuidam figuræ valde nigræ et deformi aspectu, vultu maxillento, decolorato corio et corpore Decarnato, etc.*

¶ **DECARPERE**, pro Decerpere. *Decarpere glandem*, Varroni de Re Rustica lib. 1.

DECASSARE, Refellere. Stephanus Africanus Presb. in Vita S. Amatoris num. 18 : *Et his dictis Sacerdotis suavissima verba Decassans, respondit.*

DECASTELLARE. [Castellum et munitiones destruere. Ricardus de S. Germano in Chronico : *Rediens ad Monasterium, illud tantum Decastellavit reliquis sibi castellis retentis.*] Vide *Incastellare*.

* **DECASURA**, Decessio, imminutio, Gall. *Déchet*. Charta ann. 1255. tom. 1. Probat. Hist. Brit. col. 963 : *Item si de sorprisiis senescalliæ post decessum patris nostri inter nos et dictum Oliverium aliqua contentio de cætero oriatur, hinc inde concessum est, quod per legitimum patriæ testimonium, sine Decasura feodi terminetur, et cuilibet nostrum remanebit, quod dictum testimonium declarabit.*

¶ **DECASUS**, Ruina, decessio, imminutio, Gall. *Dechet*. *In tantam ruinam et paupertatem et Decasum multiformiter eventam et collapsam*, apud Rymerum tom. 12. pag. 258. col. 1. *Prosternationes et Decasus domorum*, ejusd. tom. pag. 368. col. 1.

* Charta ann. 1266. in Reg. S. Lud. ex Chartoph. reg. fol. 14. r° : *Quæ assignantur .... prædictis pro Decasu terminalis de Marsano.* Comput. MS. ann. 1382. eccl. S. Vulfr. Abbavill. fol. 2. v° : *Item pro Decasu pro toto anno, 1. sextar. 11. boistelli.* Vide infra *Decatum*.

* **DECATERE**, Cadere, dicitur cum actor actione sua in jure submovetur, nostris alias *Décair*, nunc *Décheoir*, *être débouté*. *Décair devoient .... de le complainte qu'il avoient faite*, in Ch. ann. 1325. ex Lib. nig. 2. S. Vulfr. Abbavil. fol. 114. r°. Placit. ann. 844. apud Murator. tom. 1. Antiq. Ital. med. ævi col. 467. et 468 : *Et ipse Teutpert diceret quod verum non erat ut de auctorem cecidimus.... Et sicut ipse Teutpaldo dicit, wadia dedi de ipso Bruningo auctorem, et nobis exinde auctor fuit; et non Decatevimus de auctorem.... Et Decaterunt de auctorem iste Teutperto cum filio suo Adalberto. Et postquam de ipso auctorem, sicut wadia dedit, recideret, etc.*

¶ **DECATERNA**, Pars decima tertia. Hist. Andaginensis Monasterii apud Marten. tom. 4. Ampliss. Collect. col. 922 : *Si quem rebellem Advocatus ad justitiam compellebat, Decaternam suam accipiebat.*

DECATIA, Decima mercium, quæ vice tributi exsolvitur, ex Græc. δεκάτη, usurpato non semel eadem notione Scriptoribus Græcis veteribus vocabulo. Charta Rogerii Regis Sicil. ann. 1137 : *Præterea Decatias et alia jura mercatorum, quæ Salernitani in Alexandriam prius persolvere soliti erant,... reduci facienus.* Lexic. Gr. MS. Reg. Cod. 2062 : Δεκατευτὴς καὶ δεκατολόγος, ὁ τελώνης. *Decatiarum exactor*. [Polluci, δεκατηλόγος et δεκατώνης.] Vide Hesychium, et Not. ad Cinnamum pag. 437.

* **DECATUM**, Decessio, imminutio, Gall. *Déchet*. Charta ann. 1338. in Tabul. Flamar. : *Fructus earumdem* (terrarum) *habeat, levet et percipiat . . . . ejus nomine, et suos facere possit, absque Decato quocumque.* Vide *Decheium*.

* **DECCEDERE**, Ordinatim collocare, Gall. *Ranger*. Comput. ann. 1362. inter Probat. tom. 2. Hist. Nem. pag. 260. col. 1 : *Solvit, dicto mandato, tribus puerulis, qui Deccesserunt tegulos portatos ad provisionem cohoperturæ turris Sarracinæ etc.*

¶ **DECE**, pro *Decem*, in Charta ann. 692. apud Felibianum Hist. San-Dionys. pag. XII.

DECEMBRICA Libertas. Vide *Kalendæ*.

* **DECEMBRIS**. Reg. *Olim* parlam. Paris. ad ann. 1309. fol. 118. v° : *Item ubi debitor est bonæ opinionis et famæ, et quantitas debiti est modica, videlicet de Decembris et citra, ad probandum solutionem talis debiti, sufficiat vobis unus testis idoneus, cum juramento debitoris.* Leg. *Decem libris*, nisi sit vox composita ex *Decem* et *libra*. Vide mox *Decemdium*.

* **DECEMDIUM**, ut *Decendium*, Spatium decem dierum. Epist. Rob. prior. Celsin. ann. 1409. apud Marten. tom. 7. Ampl. Collect. col. 1114 : *Item, pendente toto Decemdio, cum ambassiatores Petri de Luna jam recessissent, etc.* Bulla Bened. PP. XIII. ann. 1405. ibid. col. 692 : *Quoniam eorum salvus conductus infra Decendium expirabat, etc.*

DECEMPRIMUS. Gloss. Gr. Lat. : Δεκαπρῶτος, *Decemprimus*. Gloss. Lat. Gr. : *Decumviri*, δεκαπρῶτοι. *Decuriones*, δέκα πρῶτοι. Ita autem dicti Decemviri civitatum, *Decaproti* Jurisconsultis, et Ciceroni pro Roscio. *Decemprimi nobilium civitatum*, apud Firmicum lib. 3. cap. 7. *Maximarum civitatum Decemprimi juridici*, cap. 12. *Popularium civitatum Principes vel Decemprimi*, ibidem. *Decemprimi Scholarum*, in leg. 10. Codicis Theod. de Domest. et protect. (6, 24.) qui in singulis Scholis domesticorum et protectorum, post Primicerium, ex decem sequentibus erant, et ad eum gradum *temporis prolixitate* pervenerant, quem *Decemprimatum* vocat lex 7. et 8. Cod. Th. eod. tit.

Decemprimi Curiales, Decuriones. Appendix Cod. Theod. Constit. 9 : *Ut per singulos binæ libræ auri inferendæ ærario nostro a Decemprimis curialibus exigantur.* [** Vide Savin. Histor. Jur. roman. med. temp. tom. 1. cap. 2. § 24.]

¶ 1. **DECENA**, ut Decima, Gall. *Dîme*. Charta Pontii Glandatensis Episc. ann. 1095. inter Instrum. tom. 3. novæ Gall. Chr. col. 195 : *Possidebat .... Decenam in Castellana et unum mansum in Rocacusa, et Decenam in Alonsio, et Decenam in Thoramina cum tertia parte de Menaria.*

2. **DECENA**, Decenna, Bractono lib. 3. tract. 2. cap. 10. § 1. dicitur Decuria,

seu Decemvirale Collegium, cui præerat *Decanus Friborgi*, de quo egimus supra. *Decima* vocatur in Legibus Inæ cap. antepenult. : *Diximus de ignotis pecoribus, ut nemo habeat sine testimonio Hundredi vel Decimæ.* Et in legibus Kanuti Regis cap. 40 : *Volumus, ut omnis homo liber in hundredo* (i. Centuria) *et in Decima positus sit, etc.* Adde Leges Henrici I. cap. 6. *Decennalis numerus*, in iisdem Legibus Henrici I. Vide Ingulphum pag. 870. et infra in *Friborga.*

Decennarius. Vetus Inquisitio apud W. Dugdalum in Antiquit. Warwicensis provinciæ cap. 65 : *Item illi, qui tenuerunt dimidiam virgatam terræ, vel nocatam terræ, vel cotagium de bondagii tenura, solebant esse bedellum manerii et Decennarium.*

Decennarii, Qui ex decennario numero, seu ex decenna sunt, in Charta Edw. I. Regis Angl. tom. 2. Monastici Angl. pag. 511. masculus autem in Lege Decennæ ante 12. ann. non admittebantur. Vide Statutum 2. Westmonast. cap. 48. Bractonum lib. 3. tr. 2. cap. 10. 11. et Fletam lib. 1. cap. 27. § 2. 4. 11. lib. 2. cap. 52. § 2. 5. 7. 47. 48. [Thomam *Madox* Formul. Angl. pag. 225.]

DECENDIUM, Spatium decem dierum, [Græc. δεχήμερον.] Fridericus Imp. lib. 1. Constit. Sicul. tit. 39. cap. 1 : *Ut tam magister justitiarius, quam alii inferiores judices, intra Decendium, postquam renuntiatum est, pronuntient a renuntiationis tempore numerandum.* Will. Heda : *Nota autem quod ista tria castra, quæ data sunt Comitissæ ab Imperatore pro morte Comitis mariti ejus, et tribus induciis, quas fecerat Imperatori, sita sunt in Lucensi Episcopatu, quorum unum vocatur Decendium, propter 10. dierum inducias, alterum autem dicitur Octodium propter 8. dierum inducias, quas Rex tribuit Comitissæ.* Utuntur Innocentius III. PP. lib. 13. Ep. 50. et Petrus de Vineis lib. 2. Epist. 40. Eadem ratione *Novendium* dixerunt veteres, luctum novem dierum, qui, ut auctor est Donatus, Parentalia concludebat.

¶ **DECENNA.** Vide *Decena* 2.

¶ **DECENNALIS**, ut Decennis. *Decennale bellum*, Ammiano lib. 15. cap. 12. Gloss. Lat. Gr. : *Decenalis*, δεκαετής. Hinc *Decennalia.* Treb. Pollio in Salonino cap. 3 : *Decennalia Romæ ab eodem* (Gallieno) *celebrata et post Decennalia Gothi ab eo victi.* Id est, annus decimus imperii festus et sacer. *Decennalis oblivio* seu Præsumptio evocati testamenti post decem annos absque novo assensu, Leg. Si quis Cod. Theod. de testamentis et Codicillis lib. 4. tit. 4.

¶ **DECENNARII.** Vide in *Decena* 2.

DECENNIO, Decania. Paulus in Vita S. Hilari Abbat. Galeatensis n. 7 : *Et missa apparitione cum quater Decennionibus militum, suis aspectibus eum jussit adsisti.*

¶ **DECENNITAS**, ut Decennium, in Prologo S. Cyrilli de ratione Paschæ inter Anecdota Muratorii tom. 3. pag. 111.

DECENS Tunica. Vide *Epidecen.*

* **DECENSARE**, Census ex prædio debitos percipere, vel solvere. Charta Philippi Rom. reg. ann. 1208. tom. 2. Hist. Leod. pag. 590 : *In civitate Leodiensi si quis hæreditatem aliquam acquisiverit, et eam in pace et sine calumnia per annum unum et diem tenuit et Decensavit illam; de cætero in quieta pace possidere debet.*

DECENTARIUS. Isidorus, et Papias : *Decentarius, promptus, paratus, ingeniosus.* [Constantiensis addit : *Exercitatus, copiosus, abundans.* MS. Ecclesiæ Bituric. : *Decentaurus* male, *Paratus, exercitus, copiosus, opimus.* Alii dixere *Dicentarius*, de quo infra.]

DECENTRIX, *Navis compta, a decens dicitur.* Jo. de Janua et Breviloq.

DECENTUM, ita dictus quidam organorum musicorum concentus, forte ex Anglico et Gallico *Decent*, decorus, decens. Regula Ordinis *de Sempringham* pag. 717 : *In Monasterio officium Clericorum in Missis et horis teneant. Organum tamen et Decentum, Fausetum, et Pipeth omnino in divino Officio omnibus nostris utriusque sexus prohibemus.*

* Vel *Decentus*, Cantus ecclesiastici species, idem atque *Discantus.* V. in hac voce.

¶ 1. **DECENUM**, Idem quod *Decatia* seu Decima mercium, quæ vice tributi exsolvitur. Bartholom. lib. 6. Annal. Genuens. ad ann. 1230 : *Miserat litteras suas domino Bajulo in ultramarinis partibus constituto, continentes quod ab hominibus Januæ et de districtu drictum Cathaniæ acciperet, scilicet Decenum, sicut ab aliis hominibus, qui exinde privilegiati non erant.*

* 2. **DECENUM**, Pars centuriæ, constans decem familiis, idem quod *Decania.* Vide in *Decanus* 3. Stat. Cadubr. lib. 1. cap. 73 : *Quod aliquis centenarius, vel marici de silva, vel decenii, vel aliquis alius non audeant, nec possint, nec debeant aliquas collectas imponere, nec aliquid addere ultra id, quod positum erit per consilium in suo Decentario, regulatu vel Deceno.* Hinc

* Decenus, Qui *deceno* præest, caput familiæ, in Correct. eorumd. Stat. cap. 34 : *Ad hoc ut comitatus Cadubrii animalibus repleatur, statuimus quod quodlibet caput seu Decenum habitantium in Cadubrio, nutrire et tenere debeat in domo quadraginta capita ovium seu peccudum, computatis masculis et feminis ad minus.*

* **DECEPMA**, pro *Decima.* Reg. *Olim* parlam. Paris. ad ann. 1256. fol. 3 : *Inquesta facta utrum pecunia, quæ dicitur reddita Petro quondam episcopo Morinensi, fuit reddita pro Decepmis perceptis nomine regalium, tempore quo vacavit ecclesia Morinensis.*

¶ **DECEPTARE**, Decipere, fallere. Gloss. Lat. Gr. : *Deceptat*, ἀπατᾷ.

¶ **DECEPTATIO**, pro *Disceptatio*, apud Rymer. tom. 8. pag. 332.

¶ **DECEPTIOSUS**, Fraudulentus, apud Ennodium lib. 1. Epist. 7.

* Nostris *Déceptif.* Lit. remiss. ann. 1404. in Reg. 159. Chartoph. reg. ch. 249 : *Combien que feu Simon Bradieu fu marié en femme, dont il devoit estre content, neantmoins par ses sollicitations Déceptives, il emmena folier par le pais Hubinette seur de l'exposant.* Unde *Déceptivement*, fraudulenter, in aliis ann. 1401. ex Reg. 156. ch. 67 : *Frauduleusement et Déceptivement, etc.* A voce *Décepte* et *Décevement*, Deceptio, fallacia. Lit. ann. 1387. tom. 7. Ordinat. reg. Franc. pag. 190 : *Plusieurs faultes fraudes et Déceptes etc. Thomas Brisoul, par son mauvais engin et faulx Décevement, avoit fortraitte Alisete, femme de Pierre Picart, d'avecques son dit mari et menée joüer hors du pais*, in Lit. remiss. ann. 1380. ex Reg. 117. ch. 35. *Décepveres*, Deceptor, in Poem. *de Cleomades* MS. :

> Encor soit il et biaus et gens,
> C'est uns Décepveres de gens.

* **DECEPTORIUS**, Fallax, decipiens, Gall. *Décevant*, apud Glabr. Rodulph. tom. 10. Collect. Histor. Franc. pag. 18.

¶ **DECEPTUS**, Destitutus. Vita S. Nicetii, tom. 4. April. pag. 100 : *Omnium membrorum vigore Deceptus, sicut corde cæcus venerat, ita oculis cæcatus stabat.*

¶ **DECERMINA** *sunt quæ decerpuntur purgandi causa*, Festo. Tralate Apuleius Met. 1. dixit, *Decermina fortunæ.*

¶ **DECERNARE**, pro *Decernere* in Litteris Johannis Franc. Reg. ann. 1356. apud D. *Secousse*, Ordinat. tom. 3. pag. 55.

* **DECERNENTIA**, Terminus, limes, quo ager ab alio discernitur. Charta ann. 1131. apud Lamium inter notas ad Hist. Sicul. Bonincont. tom. 2. pag. 335 : *Prænominatas itaque res cum earum finibus atque Decernentiis, et cum omnibus earum accessionibus .... vendimus.*

DECERTARE, Curam adhibere, contendere. Capitul. Aquisgran. ann. 789. cap. 78. et lib. 1. Capit. cap. 74 : *Monachi ut cantum Romanum pleniter et ordinabiliter per nocturnale vel gradale Officium peragant, secundum quod beatæ memoriæ genitor noster Pippinus Rex Decertavit ut fieret, etc.* Galli dicerent, *s'efforça.*

DECERVICARE, Decollare, caput amputare, cervicem præcidere. Sidonius lib. 1. Epist. 3 : *Quos humari nox succincta prohibuerat Decervicatis liquere cadaveribus.*

DECESSIO, Successio. Gloss. Lat. Gr. : *Decessiones*, διαδοχαί. Lex Ripuar. tit. 3 : *Si quis feminam Ripuariam interfecerit... si iste homo pauper fuerit, ut insimul solvere non possit, per tres Decessiones filiorum solvat.*

* **DECESSIRE** se, Possessionem abdicare, dimittere, Gall. *Se Désaisir*, in Charta ann. 1242. ex Chartul. Carnot. pro *Disaisire.* Vide in hac voce.

DECESSOR, Cui quis in Magistratu succedit, qui ante alium obiit dignitatem aliquam, vulgo *Prædecessor*, in Cod. Th. leg. 1. de Distrahend. pign. (11, 9.) leg. 3. de Oper. Publ. (15, 1.) leg. ult. de Patrocin. vicor. (11, 24.) et apud Ulp. leg. 4. D. de Off. Procons. (1, 16) [Usus est hac voce Tacitus in Vita Agricolæ. Cassiodor. lib. 4. Variar. Epist. 44. sic *Decessorem* a *Prædecessore* distinguit, ut hic quemlibet, ille solum designet proximum in aliquo munere antecessorem.

* *Décheoir*, Magistratu seu officio decedere, in Lit. ann. 1409. tom. 9. Ordinat. reg. Franc. pag. 480 : *Desquelx dix eschevins chascun an au jour S. Thomas apostole en Déchient chuincq.*

* **DECESSORES**, διακατοχοί. Glossar. Lat. Gr. Leg. *Detentores* ex Vulc. in Castigat. ad utrumque Glossar.

* **DECESSORIUM**, Decessus, exitus, Gall. *Issue.* Charta ann. 1068. apud Ughell. tom. 1. Ital. Sacr. edit. ann. 1717. col. 535:

Cum omnibus aquis et andatis et Decessoriis suis liberis et espeditis omni tempore intrandi et exeundi, etc. *Déchet* et *Déchés*, pro *Décès*, obitus, in Testam. ann. 1274. ex Chartul. Vallis N. D. : *Je lais à l'eglise du Val N. D. xl. sols de Parisis .... à prendre suer mon héritage ou travers de Coudun, ... après mon Déchet.* Charta ann. 1302. ex Chartul. Corb. fol. 101 : *Si voel je (Bernard chevalier Sire de Moroeul) et ordenne que ledite contesse ait pour son mariage, apres mon Déchès, tel don et tel devis, comme j'ai fait à laditte Marie ma fille.* Vide *Exius.*

¶ **DECESSUS**, Defunctus, Gall. *Decedé.* Acta S. Francisci de Paula, tom. 1. April. pag. 192 : *Credimus Sanctitatem vestram esse bene informatam de bona vita, conversatione præfati benedicti Patris . . . nuper Decessi in Conventu civitatis Turon.* ¶ Priscianus ex Cœlio, *Custodibus Decessis*, hoc est, profectis.

* **DECEVISSET**, pro *Decessisset* in vet. Glossar. ex Cod. reg. 7613 : *Decevisset, pedem retraxisset.* Nostris *Déceverer, Décevrer, Désevrer et Dessevrer*, pro Separare, divellere, disjungere : unde *Dessevraille, Dessevranche, Dessevrée, Dessevrement*, sejunctio, distractio, divortium, et *Désevrance*, clades, strages. Glossar. Lat. Gall. ann. 1352. ex Cod. reg. 4120 : *Abdigare, Déceverer.* Vita S. Ludov. edit. reg. pag. 350 : *Frere Legier, ... qui estoit mesel et estoit en une meson, Dessevré des autres.* Chron. S. Dion. tom. 7. Collect. Histor. Franc. pag. 132 : *Escommeniez et Désevrez de la compagnie de sainte eglise.* Lit. remiss. ann. 1368. in Reg. 99. Chartoph. reg. ch. 450 : *Depuis par le consentement desdis conjoins et d'aucuns leurs amis, furent Décevrez et separez li un de l'autre. Il puet bien avenir que un mariages est Dessevrés par sainte eglize, quant au lit; et ne pourquant les enfans que il orent, quand il furent ensamble, si ne sont pas prouvé pour batart : si comme quant aucuns pourcache le Dessevrement de sa fame, pour che que il l'a trouvé en pechié de fornication, ou la fame de son mari, por che que elle li a trouvé. En tel cas les puet bien sainte eglize Dessevrer; et si ne sont pas les enfans batars, que il orent devant le Dessevrée; mes se la fame eut enfans puis le Dessevrement, il sont batart; et ne pourquant cheste maniere de Dessevranche etc.* apud Bellomaner. MS. cap. 18. Lit. remiss. in Reg. 127. ch. 59. ann. 1385 : *Le suppliant fery ledit Perrin du trenchant de son coustel sur l'oreille, duquel cop il lui Dessevra ladite oreille de la teste.* Poema inscriptum *la Mapemonde* MS. cap. 30 :

Puisque biens et maus sont contraires,
Entre deux couvient un moyen
Pour Dessevrer le mal du bien.

Guill. Guiart. ad ann. 1249 :

Sont mors à cette Désevrance
Deus amiraus de grant puissance.

Sermo Roberti *de Sainceriaux* de morte S. Ludov. :

Mors, moult parfus vilaine, quant tu n'i preis garde,
Cil qui tant biens faisoit, tu l'ocesis sans faille;...
Par vos et la roine moult dure Dessevraille.

Vide infra *Dissire* et *Seperalitas.*

* **DECHARCHARE**, Gall. *Décharger*, Exonerare. Comput. MS. ann. 1244 : *Pro doliis charchandis et Decharchandis, xviij. sol. vj. den.* Charta Thomæ abb. S. Germ. Prat. ann. 1249. in Reg. 30. Chartoph. reg. ch. 467 : *Qui vero moram fecerit, nullo emptore præsente, vel Decharchaverit, panem totum amittet.* Vide *Dechargiare.*

* **DECHARGIAMENTUM**, Area in littore onerandarum atque exonerandarum navium causa, Gall. *Port, quay.* Acta capit. eccl. Lugdun. ad ann. 1342. fol. 79. r°. col. 2. ex Cam. Comput. Paris. : *Hoc salvo et excepto, quod idem Lancelotus non possit per se vel per alium in dictis terra et brotello facere aliquod arrivagium, Dechargiamentum, vel aliquid aliud. Desquarquaige*, Tributum, quod propter vini aliarumque mercium exonerationem persolvitur. Charta scabinorum Duacens. ann. 1366. in Reg. 97. Chartoph. reg. ch. 154 : *Les proufis et emolumens .... dou Desquarquaige et criaige des vins.*

¶ **DECHARGIARE**, Exonerare, Gall. *Décharger.* Edictum Philippi Aug. ann. 1207. Ordinat. Reg. tom. 2. pag. 413 : *Nullus nisi manens fuerit apud Rothomagum poterit Dechargiare vinum in celario vel in domo apud Rothomagum propter illud revendendum.*

¶ **DECHEIUM**, a Gallico *Dechet*, Decessio, imminutio. Computus Gueti ann. 1261. apud D. *Brussel* de Feudorum usu tom. 1. pag. 471. col. 1 : *Pro Financiis gueti colligendis* xl. *sol. Pro Decheio et defectu gueti c. sol.* Computus alter ann. 1202. apud eumd. tom. 2. ad calcem pag. cxlix. col. 2 : *De Decheio de* xiii. *den. usque ad S. Johannem c. s.* iiii. *s. minus.* Ibid. pag. clxxi. col. 1 : *De Decheio Præpositurææ* iiii^c. *lib.* Et pag. cxciii. col. 2 : *De Decheio banchearum* xviii. *lib. et* xii. *s. et* viii. *d.*

* **DECHI**, Deci, Tributum, quod pro custodia agrorum, vel metarum positione exigebatur, simul et mulctæ, quæ ob delicta in agris commissa imponebatur, taxatio et exactio, nostris *Dex*; quod a consulibus exerceretur ejusmodi jurisdictio intra præscriptos *decos* seu limites, sic appellata. Vide *Dextri.* Charta ann. 1319. in Reg. 59. Chartoph. reg. ch. 319 : *Item repertum est quod nos habebamus soli et in solidum Decos territorii de la Mota, qui Deci communiter venduntur* 60. *solidos Caturcenses.... Item tertiam partem aliorum Decorum dictæ villæ, quæ communiter venditur quatuor lib. decem solid. Caturc. reliquæ vero duæ partes sunt consulum.* Confirm. libert. castri de Caslucio ann. 1327. in Reg. 64. ch. 586 : *Item bajulus vel ejus locum tenens et consules annis singulis eligent quatuor deguarios seu coterios ad levandum Decos, more solito levare consuetos, de quibus Decis medietas erit domini nostri regis, etc.* Pariag. inter reg. et monast. Obasin. ann. 1329. in Reg. 66. ch. 484 : *Item coti sive Dechi terræ propriæ dictorum religiosorum, quam habent inter dicta duo flumina, et eorum emendæ sive emolumenta ad dom. regem et dictos religiosos communiter pertinebunt.* Privil. Petræ assisiæ ann. 1341. in Reg. 74. ch. 647 : *Item quod gardagium, sive Dex, sive messegaria dictæ bastitæ ad ipsos consules et universitatem prædictam.... applicentur.* Libert. villæ de Gleolla ann. 1350. in Reg. 81. ch. 124 : *Dicti consules possint cognoscere de bannis sive Decis, si debeantur aut committantur per aliquas personas.* Aliæ ann. 1368. pro Villanova in Ruth. tom. 5. Ordinat. reg. Franc. pag. 397. art. 13 : *Comme il aient la congnoissance des Dex et bans; c'est assavoir de ceulx qui font dommage ès vignes, blez, vergiers, terres, prez, et les emolumens et amendes qui en ysteront, etc.* Adde tom. 6. earumdem Ordinat. pag. 695. art. 7. et tom. 9. pag. 559. art. 15. Vide supra *Cotus* 1. et infra *Deguarius.*

¶ **DECHIFFRARE**, a Gallico *Dechiffrer*, Exaratas notis occultis litteras explicare. *Materiam Dechifrare per minutum*, Menoto in Sermon. Quadragesim. fol. 139. verso, est Argumentum aliquod accuratius et particulatim exponere. Vide *Cifræ.*

¶ **DECHRISTIANATUS**, Ex sacro factus profanus. Epistola, ut videtur, tempore Gregorii VII. scripta, inter Anecd. Marten. tom. 1. cap. 237 : *Alii in lapides et tigna profanorum, ut asserunt, contactu Dechristianata, scopis animadvertentes, etc.*

¶ **DECI**, Limites, Termini. Statuta Edwardi I. Regis Angl. apud Rymerum tom. 2. pag. 260 : *Noveritis quod nos habitatoribus villæ nostræ de Valentia Agenensis Diocesis, infra Decos seu terminos dictæ bastidæ, concedimus libertates, etc.* Consuetud. MSS. Tolos. ex Bibl. Abbatis *de Crozat* fol. 19 : *Termini Decorum messegariæ, sive Dex villæ Tholosæ protenduntur et sunt, scilicet a Tholosæ usque ad Ecclesiam S. Michaelis.* Vide *Dextri.*

DECIBILIS, *Quem decet aliquid, vel qui decet.* Jo. de Janua.

* Vita S. Dunstani tom. 4. Maii pag. 357. col. 1 : *Ceteras Deo Decibiles laudes spiritu pervigili ex divinis imbutoribus didicerat.*

Decibiliter, Decenter. Joan. Diacon. lib. 4. de Vita S. Greg. M. cap. 84 : *Mento a confinio maxillarum Decibiliter prominente.*

DECIDERE et Decidi, Occumbere, mori, occidi. Eulogius lib. 2. cap. 2 : *Qui eum imitando Decisi sunt.* Cap. 8 : *Priusquam virgines beatæ Deciderent* (Forte *deciderentur.*) *Decisus*, occisus, obtruncatus, apud eumdem lib. 2. cap. 2. 4. 8. Ita *Decisio*, mors, martyrium, eidem lib. 2. cap. 1. in Apologetico.

Decidere, Decisus Terminus, Decisio, voces Agrimensorum, de quibus Rigaltius in Glossis.

¶ **DECIDIUM**, Damnum, ruina, Gall. *Dechet, Perte. Post guerrarum ærumnas et Decidia*, apud Rymerum tom. 10. pag. 168. col. 1. Seneca Ep. 30. dixit, *Fortiter ferre Decidium sui.*

¶ **DECIDUES**, *Degidiosus, ignabus*, in Gloss. Sangerm. n. 501. Lege, *Desiduus, Desidiosus, ignavus.*

¶ **DECIES** Quadratum, Quadragesima. Jacobus Cardin. in Vita S. Cælestini Papæ :

&. En Decies quadrato subdere corpus
Menti jussit amor, divino fonte relabens,
Taliter ut spretis, quæ gustus organa mulcent
Omnibus, ipse cibum viridis plantagine caulis
Sumeret, haud coctis foliis, sed stipite crudis

1. **DECIMA**, Idem quod *Decena* 2. Vide in hac voce. Ugutio : *Decima, societas decem virorum.*

* 2. **DECIMA**, Præstatio pecuniaria ex agris, idem quod *Agrarium*. Charta Drocon. de Melloto ann. 1292. ex Chartul. Pontiniac. pag. 202 : *Petebamus ab ipsis religiosis sex denarios annui redditus pro singulis arpentis, tam terrarum quam vinearum suarum .... Quem, inquam, redditum extra censum et gardum, Decimam nominabamus*. Alia Bern. abb. Cassin. ann. 1273 : *De quolibet vino, sive vino vinearum sive vitium, quæ arboribus substentantur, de cætero Casinensi monasterio .... solvant Decimam, nomine terratici.*

* 3. **DECIMA**, Tributi seu vectigalis species ex mercibus aqua advectis ad rationem decimæ percepta. Charta Raym. comit. S. Egid. ann. 1164. in Chartul. Cluniac. : *In omnibus consuetudinibus quas de ratibus, quæ per aquam veniunt, accipere solent, quæ sunt Decimæ et gubernacula et transversaria, et in remo, quem de unoquoque navigio descendente per aquam antiquitus habet et.*

DECIMÆ, in veteri Testamento quæ fuerint, omnes norunt : sed quando in nova Lege Sacerdotibus dari cœperint, non omnino constat. Non desunt quippe qui non multo ante Caroli Mag. tempora id accidisse volunt, atque in iis Paulus Sarpius auctor Historiæ Concilii Tridentini, in Tractatu Italico *de Materie beneficiali*, quod omnino falsum esse arguit saltem Constitutio generalis Chlotarii Regis cap. 11. et Concilium Matisconense II. ann. 585. cap. 5. ex quibus longe antea id obtinuisse colligimus : *Leges divinæ*, ut est in eo Concilio, *consulentes Sacerdotibus ac Ministris Ecclesiarum, pro hæreditatis portione omni populo præceperunt Decimas fructuum suorum locis sacris præstare, ut nullo labore impediti, horis legitimis spiritalibus possint vacare ministeriis. Quas leges Christianorum congeries longis temporibus custodivit intemeratas. Nunc autem paulatim prævaricatores legum pæne Christiani omnes ostenduntur, dum ea quæ divinitus sancita sunt, adimplere negligunt. Unde statuimus et decernimus ut mos antiquus a fidelibus reparetur, et Decimas Ecclesiasticis famulantibus ceremoniis populus omnis inferat, quas Sacerdotes aut in pauperum usum, aut in captivorum redemptionem prærogantes, suis orationibus pacem populo ac salutem impetrent.* Exstat præterea Epistola Episcoporum Turonensis provinciæ ad plebem missa, post Synodum actam ann. 567. qua hortantur, *ut unusquisque ad exemplum Abrahæ Decimas offerat de suis mancipiis, etc.* adeo ut liceat subodorari tum primum ejusmodi inductas decimas. Adde Pœnitentiale Theodori cap. 13. Hæc observasse sufficiat : qui enim plura volet, consulat Baronium ann. 57. n. 74. et seqq. Seldenum, et alios qui de Decimis tractatus integros edidere. Tantum moneo Decimas Ecclesiasticas in tres partes divisas, quarum prima ad ornamentum Ecclesiæ, altera ad pauperes, tertia ad Sacerdotes spectabat. Vide Capitulare ann. 779. cap. 7. Capitulare Episcopor. ann. 801. cap. 7. [Glossarium Juris Gallici D. *de Lauriere* ad vocem *Dismes*.] etc.

☞ Monasteria quod spectat, Decimarum iis concessarum nono Ecclesiæ sæculo exemplum habemus apud Mabillonium lib. 6. de Re Diplom. in Præcepto Caroli Crassi, quo confirmat restitutionem Monachorum in cœnobio S. Apri, ubi sic legitur : *Statuimus quoque, quod in Privilegio decretum est, ut ex cunctis reliquis villis beati Apri medietas Decimæ frugum vel animalium a porta Monasterii detur : ex Breviriaco vero et Monte-Barro vel Barrico, tam de dominicis vineis, quam de beneficialibus Monasterio Decimæ dantur.* Hic usus deinceps frequentior.

Decimarum aliæ sunt personales aliæ reales. *Personales* sunt, quæ debentur ex negotiatione, artificio, scientia, militia, et hujusmodi, quæ potius respiciunt ipsam personam, quam rem ipsam. Ita Lindwodus ad Provinciale Cantuar. Eccl. lib. 1. tit. 3. Adde lib. 3. tit. 16. pag. 245. *Decimæ conlaborationum*, in Capitulis Caroli C. tit. 41. cap. 11. Aliæ sunt

Decimæ Reales ac Prædiales, in eodem Provinciali, ibidem, *quæ de frugibus terræ et animalium nutrimine persolvuntur*, de quibus Lex Longob. lib. 3. tit. 3. § 5. [** Ludov. Pii 33.] et Speculum Saxon. lib. 2. art. 48. [Memorantur *Decimæ prædiales*, in Indice MS. Beneficiorum Eccl. et Diœc. Constantiensis fol. 12. verso, et in Concilio Salmant. ann. 1335. cap. 5. inter Hispanica tom. 3. pag. 587. etc.]

* Decima Almata, an Decima, quæ ecclesiæ debetur, atque ideo *Almata* pro *Alma*, id est sancta, nuncupata? Vide supra *Almus*. Et quidem hic a *Tertia*, qua significatur agrarium, distinguitur. Vide *Tertia* 4. Charta Guill. episc. Cabilon. ann. 1233. in Chartul. Cluniac. ch. 390 : *Addidi etiam quod illa tercia racemorum, quæ sibi de dictis vineis debetur, insimul decimetur ; et ne fraus in solutione decimarum fieret a cultoribus vinearum, voluit et præcepit ut decimam recipiant, quandoque voluerint, antequam perveniat ad Decimam almatam.* Vide mox *Decima sanctualis*.

* Decima Annalis, Præstationis species episcopo a curionibus quolibet anno exsolvenda. Stat. synod. eccl. Avenion. ann. 1366. apud Marten. tom. 4. Anecd. col. 575 : *Quilibet vestrum, etiam antequam recedat, solvat synodalem et cathedraticum et etiam Decimam annalem.*

* Decima Aratri Comitis, Ex agris qui aratro comitis coluntur. Bulla Alex. III. PP. in Chartul. S. Nicas. Mellet. : *Apud Valles pro Decima aratri comitis, decem solidos.* Charta Phil. Aug. ann. 1195. ibid. : *Concessit etiam secundam decimam, post primam decimationem, de domestica carruca sua de Vallis.*

* Decima Biennalis, Per biennium imposita. Charta ann. 1365. in Chartul. S. Joan. de Jardo : *Executor et collector Decimæ biennalis noviter per dominum nostrum Papam impositæ.*

* Decima Causarum, Clamorum, Pars decima emolumentorum, quæ ex causis et clamoribus seu litibus proveniunt. Pactum ann. 1441. inter Probat. tom. 3. Hist. Nem. pag. 264. col. 1 : *Procuratores regii...... asserebant domino nostro regi pertinere emolumentum Decimarum causarum, quæ ventilabantur in curia ordinaria dictæ civitatis Nemausi, et quod dictæ Decimæ acthenus levari consueverant, et dari ad firmam. Decimas et emolumenta occasione dictorum clamorum etc.* in Lit. ann. 1405. tom. 9. Ordinat. reg. Franc. pag. 705.

Decimæ Dominicæ, Quæ domini seu Regis sunt, et quæ Ecclesiis, Monasteriis, vel Capellis Regiis, vice dotis, aut oblationis conferuntur. Vide Constitut. Chlotarii Regis ann. 560. tom. 1. Concil. Gall. et Conc. Meldense can. 75.

¶ Decimæ Francorum, Quæ, si bene conjecto, a *Francis* seu ingenuis hominibus exsolvebantur. Chartularium S. Vandregesili tom. 2. pag. 2005 : *In Ecclesia S. Georgii decem solidos et Decimam Francorum.* Simili modo dictæ videntur ibidem

¶ Decimæ Hominum, Quas scilicet Homines clientes et subditi ex prædiis a se tentis exsolvere tenebantur : *In Basler Decimam Hominum Gaufredi de Baillol.* Rursus ibidem : *Ecclesiam de Wateville cum omnibus Decimis dominii et hominum in agris, pratis, piscationibus.* Neque absimili ratione legimus ibid. pag. 2006 : *In Watavilla duas partes Decimarum Rusticorum.*

* Decima Grangiarum quæ sit, explicatur in Charta fundat. Blancæ-landæ ann. 1154. inter Instr. tom. 11. Gall. Christ. col. 242 : *In Popevilla et Varevilla Decimam grangiarum, videlicet cum ad illas currus attulerit garbas sive quadriga, vel quocumque modo afferantur et undecumque, novem in grangiis computentur, decima canonicis reddatur.*

* Decima Jactata, f. Ad auctionem locata. Charta ann. 1316. in Reg. S. Ludov. ex Chartoph. reg fol. 4. r°. : *Item confirmavit donationem.... Decimæ jactatæ de terris arabilibus, etc.* Alia ann. 1317. ex Reg. 58. Chartoph. reg. fol. 6. r°. : *Item placet domino regi, quod Robinus de Gandovillari armiger..., Decimam jactatam de terris arabilibus.... modo percipiat super redditus et emolumenta carnificeriæ.... Aurelianensis.* Vide *Jactus* 4.

* Decima Industrialis, Quæ et *Personalis*, Ea nempe, quæ ex negotiatione et artificio debetur. Charta ann. 1400. inter Access. ad Hist. Cassin. part. 2. pag. 507. col. 2 : *Item dixerunt quod omnes habitatores dicti castri Luci tenentur singulis annis Decimas personales seu Industriales dare præposito.*

¶ Decima Litium, apud Romanos erat Pœna temere litigantium, leg. 2. cod. Hermogen. de Calumniatorius. §. Hæc autem Instit. de pœna temere litigantium. *Homo litigiosus est terribilis in sua civitate*, inquit Sapiens.

Decimæ Militares, in Charta ann. 1204. in Chronologia Episcoporum Lodovensium, eædem videntur quæ *infeudatæ*, vulgo *Dismes infeodées*, quæ a *Militibus*, seu Laicis nobilibus possidentur. Quarum quidem originem quidam Carolo Martello adscribunt, quem damnatum volunt, quod primus beneficia Ecclesiastica Militibus distribuerit. Sed hanc fabulam docte ventilavit Baronius ann. 741. Chronicon Senoniense lib. 3. cap. 17. de Carolo Calvo idem habet quod alii de Martello. Sed de Decimarum militarium origine potior videtur Arnoldi Lubec. lib. 3. cap. 18. sententia, cujus hæc sunt : *Scimus autem Decimas et oblationes a Deo Sacerdotibus et et Levitis primitus deputatas. Sed cum tempore Christianitatis ab adversariis infestarentur Ecclesiæ, easdem Decimas præpotentes et nobiles viri ab Ecclesiis in beneficio stabili acceperunt, ut ipsi defensores Ecclesiarum fierent, quæ per se obtinere non valerent.* His consona habet Crantzius in Metropoli lib. 1. cap. 2. Vide præterea Petrum Blesensem Epist. 82. et Ordericum Vitalem lib. 5. pag. 575. [Ut ut est de origine harumce Decimarum infeudatarum, usus apud nos invaluit, ut eæ quæ antiquiores sunt Concilio Lateranensi anni 1179. sub Alexandro III. ubi fuerunt prohibitæ, subsistant, recentiores vero aboleantur; sed illæ omnes censentur anteriores hoc Concilio, quarum origo probari non potest esse posterior.] Vide *Abbas-Miles*.

Decimæ de Militia. Vide Concilium Trosleianum ann. 909. cap. 6.

* Decimam Tenere in Militia, Ea scilicet ratione, qua miles decimam potest obtinere, hoc est jure feudi. Charta Odon. abb. Major. monast. ex Tabul. ejusd. : *Decimam quoque quamdam, quam in militia tenent de fratre suo Roberto de Angulis, post decessum suum in eleemosynam ecclesiæ S. Frombaldi et nobis libere et quiete possidendam concesserunt.*

* Decimæ Militum, Aliæ a *Decimis militaribus*; ita videntur appellari oblationes, quæ a novis militibus ecclesiæ fiebant. Charta Rob. Cabilon. episc. ann. 1188. in Chartul. Cluniac. : *Capellanus habere debet confessiones, escherpas, baptisteria, reconciliationes mulierum, Decimas militum, dealbatos, redditus de duellis, etc.*

Decimæ Minutæ, vulgo *Menuës dismes.* Charta anni 1104. ex Tabulario Molismensi : *Duasque partes minutæ Decimæ et fevi et in Purificatione B. Mariæ omnes candelas, totamque magnam Decimam, cum Decimam carrucarum mearum.* Tabular. S. Crucis Talemondensis fol. 8 : *Dedi etiam.. minutam Decimam duarum parrochiarum, sancti videlicet Vincentii de Jardis, et S. Hilarii de Foresta : hoc est, Decimam de ana, de lino, de canaba, de agnis, de porcellis, de vitulis.* [** *Tam in grossa decima quam Minuta*, in chart. ann. 1271. Alsat. Diplom. tom. 1. pag. 469.]

* Decimæ Mixtæ, Eædem quæ *Reales*; quod ex diversis animalibus rebusve solvantur, sic dictæ. Arest. ann. 1416. 8. Aug. in vol. 11. arestor. parlam. Paris. : *Quod dicti habitantes* (Cenomanenses) *modicæ devotionis erant, nec Decimas personales, ac parum de mixtis et prædialibus solvebant.*

* Decima Monetæ, Quæ ex monetæ emolumento provenit. Vide *Monetagium.* Charta Henr. I. reg. Franc. ex Chartul. S. Magl. Paris. ch. 4 : *Concedimus eis decimas omnium redibicionum ad nos pertinentium de marino portu Musterioli castri, excepta Decima monetæ, quæ quondam concessa est S. Austrobertæ.*

¶ Decimæ et Nonæ, interdum ex iisdem prædiis collectæ. Vide *Nona* 2.

Decimæ Numeratæ. Charta ann. 1206. ex Tabul. Ecclesiæ Carnotensis num. 49 : *In iis tamen omnibus omnem justitiam, vendas de duabus bovatis terræ, Decimam de residuo terræ, Decimam et campipartem annumerato granicæ Canonicorum ibi præsidentium in campo numeratas idem Capitulum salvas in integrum habebit.*

* Quæ numerari debebant ab hominibus institutis, ut mergites in agris pro decima aut campiparte ex officio numerarent. Chartul. Carnot. ch. 305 : *Item apud Meinviler medietatem Decimæ numeratæ.... De numeratione autem talis est conditio inter nos et illos qui excolunt terram, quod ille, qui primo vult sibi numerari, quærit numeratorem, semel tamen, nec opportet quod amplius quæratur; et numerator poterit numerare, si voluerit, in quolibet campo et capere decimam suam ibidem in capite numeri. Præter hoc et dono totam Decimam in terra patrimonii mei numeratam.* Vide infra *Numeragium* et *Numeratores.*

¶ Decimam Panis et Vini Cotiensibus Sanctimonialibus annis 1155. 1171. indulget Ludovicus Junior, *quotiens Compendii, Vermeriæ, Bistisiaci, sive etiam in foresta fuerit.* Alia quoque deinceps iisdem Virginibus bona contulit cum uxore Adela, quæ Philippus Aug. in Litteris ann. 1183. indultis recenset et confirmat, quibus etiam *Decimam panis et vini, quod expendimus*, inquit, *apud Petramfontem in domo nostra, quando ibi erimus,* adjicit. Præterea iisdem Monialibus *S. Johannis de Cusia totam panis et vini Decimam* Castri Cauciaci Ludovicus Hutinus confert in Præcepto, quod est *Actum apud villam Colli-Resti anno Dom.* MCCCXV. *mense Novembri.* Hæc Mabillonius lib. 4. de Re Diplom. num. 44. Charta ann. 1163. ex Archivo Episcopatus Massil. : *In Massilia vero superioris et inferioris villæ Decimarum panis et vini et carnis dimidiam partem Episcopi et dimidiam Canonicorum esse cognovimus.*

Decimæ Parochianæ, in Concilio Meldensi cap. 75. Presbyteri *Parochianas Decimas accipiant, et populi necessitatibus debite invigilent.* Vide Provinciale Cantuariensis Eccles. lib. 3. tit 16. pag. 243. ubi quomodo decimæ Curionibus persolvantur, pluribus agit. De earum divisione vide Chrodogangum Episcop. Metens. in Regula Canonicor. cap. 75.

Decima Pauperum, Pars tertia Decimarum Ecclesiasticarum, pauperibus primitus addicta. Charta Birgeri Ducis Sueonum ann. 1252 : *Mandamus quatenus tertiam partem de Decimis quæ Pauperum vulgariter appellatur ... Upsaliensi Ecclesiæ, benivole, integre, et fideliter annis singulis de cætero in perpetuum exsolvatis.* Alia alterius Birgeri ann. 1299 : *Propter suggestiones quorumdam tertiam partem Decimarum, quæ olim consuevit Decima pauperum appellari, etc.* Chronicon Upsaliense num. 11 : *Hic etiam de mansione Biscupcullum cum Ecclesia Cullum, et decimis Archiepiscopalibus, atque Decimis pauperum provenientibus de parochia Cullum ordinavit præbendam in Ecclesia, etc.* Occurrit præterea in Chartis Jacobi Archiep. Upsaliensis ann. 1280. et Erici et Waldemari Ducum ann. 1307. et alii apud Joan. Schefferum. Ejusmodi erant apud Hebræos decimæ, quas pauperibus recondebant, et quas Græco sermone πτωχοδεκάδας appellatas scribit S. Hieronymus in cap. 45. Ezechielis.

* Decima Personalis, Eadem quæ supra *Industrialis.* Charta ann. 1288. ex Tabul. archiep. Auxit. : *Promiserunt et convenerunt dare decimam de agnis, caseis.... et Decimam personalem, ita videlicet quod fabri, sabaterii, textores.... solvat quilibet eorum per annum duodecim denarios.*

¶ Decima Plena. Index MS. beneficiorum Eccles. et Diœc. Constantiensis fol. 15. e Musæo D. *de Cangé : Rector solvit pro Decima plena quinquaginta solidos.*

* Decima Prorecta, Eadem fortassis quæ supra *Jactata*; nisi sit Decima decimæ. Vide *Prodecima.* Reg. feudor. comitat. Pictav. ex Cam. Comput. Paris. fol. 66. r°. in Charta ann. 1405 : *Item Decimam prorectam dictarum terrarum dicti harbergamenti,.... super quam decimam capit rector de Cloayco unum præbendarium frumenti.*

* Decima Racemorum, *seu vini*, in Charta Joan. ducis Bitur. ann. 1402. ex Reg. Cam. Comput. Paris. ab ann. 1360. ad 1416. fol. 186. v°. : *Donamus.... medietatem decimæ et juris decimæ bladorum, racemorum seu vini.*

Decimæ Saladinæ, dicuntur quæ in Concilio Parisiensi ann. 1288. Philippo Aug. Franc. Rege procurante, contra Saladinum, qui maximam Terræ Sanctæ partem pervaserat, et Guidonem Regem funditus deleverat, omnibus omnium bonis imposita est, in subsidium Christianorum regionum illarum : *quod quidem* (verba sunt veteris Chronici,) *in grandem perniciem versum est. Nam plures qui Decimationes, Salahadinas nominatas, exigebant, violentius Ecclesias gravabant, et infeliciter postea cessit Decimatio* : eoque res deducta, ut Philippus hujusmodi decimas a subditis suis extorqueri inhibuerit, Diplomate ann. 1189. quod ex Tabulario Ecclesiæ Bellovacensis eruit Louvetus tom. 2. Hist. Bellov. pag. 309. et 311. ubi ejusdem Regis Diploma aliud profert, quod earum Institutionem continet, ut et Rigordus ann. 1188. de qua decima consulendi etiam Hovedenus pag. 641. Matth. Paris, Neubrigensis, et alii ad ann. 1188.

¶ Decimæ Salicæ. Donatio Anselmi Abbat. Laureshamensis apud Tolnerum in Probat. Hist. Palatinæ pag. 17 : *Duæ vero partes omnium Decimarum ad Ecclesiam Turde aspicientium sunt in manu Præpositi præter Salicas Decimas, quæ respiciunt Laurensem Portarium.* [** Chart. ann. 1153. in Guden. Cod. Diplom. tom. 3. pag. 1058. *Decima de terra Salica*, ibid. pag. 1094. in chart. ann. 1226. Vide Haltausii Glossar. German. voce *Sal-Zehenden* col. 1583.]

* Eædem atque *Dominicales*, quæ nimirum prædii domino pensitantur. Vide in *Lex* et *Salicus.*

Decimationes Salicæ. Charta Henrici II. Imp. ann. 1203. apud Nicol. Zyllesium : *De Ecclesiis vero et de omnibus per totam Abbatiam Salicis Decimationibus, nulli omnino beneficium aliquod concedi permittimus, etc.* Charta Conradi Imp. ann. 1026 : *Relictis videlicet illis et specialiter delegatis quibusdam curtibus et villis ac Ecclesiis omnibus ubicunque in S. Maximini prædio jacentibus, cum cunctis Salicis Decimationibus, unde necessaria tantummodo suis deberent procurare fratribus, etc.* In alia

Henrici III. Imp. ann. 1044. ibid. : *Insuper omnes S. Maximini Ecclesias cum Decimis et Decimationibus, et omnes Salicas Decimationes, quas in usus hospitum, peregrinorum ac pauperum destinamus.* Alia ejusdem Henrici ann. 1056 : *Omnes Ecclesiæ et Salicæ Decimationes tam in agris quam in vineis, sive in silvis, etc.* [** Alia Otton. I. ann. 956. in Guden. Cod. Diplom. tom. 2. pag. 3 : *Dominicales, quas vulgo Salicas vocant, Decimationes, quoniam essent nostræ regales, etc.*]

* Decima Sanctualis, Quæ *sanctuario* seu ecclesiæ vel altari debetur. Charta ann. 1323. in Chartul. eccl. Lingon. Cod. reg. 5188. fol. 199. v°. : *Et hoc pro quadam pecia vineæ liberæ ab omni servitute seu onere, excepta Decima sanctuali.*

* Decima Sommatica, Quæ ex cella vinaria, vel ex equis sarcinalibus exigitur. Vide in *Sagma*. Charta Rainaldi archiep. Rem. ann. 1137. inter Probat. tom. 1. Annal. Præmonstr. col. 205 : *Ecclesiam vestram.... ab omni Decima sommatica atque ab omni exactione liberam facimus.*

* Decima Spiritualis, Ea quæ ecclesiæ debetur. Charta Bern. abb. Cassin. ann. 1273 : *De aliis vero victualiis et olivis solvant eidem vestario integraliter Decimam spiritualem, ut matrici ecclesiæ.* Ubi distinguitur ab ea, quæ nomine *terratici* eidem monasterio solvebatur.

* Decima Talliacia, Quæ nomine *talliæ* exigebatur. Charta ann. 1228. ex Tabul. Major. monast. : *Dedi monachis B. Nicolai de Sabolio.... Decimam talliaciam vinearum mearum de Sabolio.* Vide infra *Tallia* 8.

* Decimæ Sequela, Jus exigendi decimam ex agris alterius territorii, cum a suis hominibus coluntur. Charta ann. 1295. in Chartul. Pontiniac. pag. 264 : *Cum discordia mota esset.... super sequela Decimæ quam nos dicti decanus et capitulum habere asserimus.... in villa et territorio de Soeilliaco, cum ibi terræ coluntur ab aliquibus in parrochia et decimaria finibusque decimariæ nostræ de Venussia commorantibus.* Vide *Secta* 4.

* Decimæ Tractus. Vide *Tractus* 3.

Decima Decimæ. Vetus Scheda de Urburis, subjecta Decretis Regum Hungariæ : *Et quoties Rex habuit Decimas partes hujusmodi minerarum,* (auri, argenti et cupri) *toties divisit et dedit Archiepiscopo Strigoniensi unam partem, et vocabatur ista datio Decima Decimæ.* Charta Waldemari Regis Daniæ ann. 1240. apud Pontanum lib. 9. Rerum Danicar. : *Mandamus universis et singulis Militibus, Castrensibus, et vassallis, et feudatariis, sive terram nostram, quæ Libera dicitur, sive quamcunque aliam terram jure feudali vel quocunque alio titulo detineant, ut ex illis Decimas Decimarum persolvere Episcopo Revaliensi non omittant, etc.* Vide *Redecima* [et *Cario*.]

Decimale Subsidium *proventuum Ecclesiasticorum* a Sede Apostolica concessum Philippo Regi Francor. de quo Gesta Guillelmi Majoris Episc. Andegav. cap. 49. Idem concessum a Prælatis Franciæ pro redemptione Joannis Regis ann. 1358. uti docent Litteræ Caroli Delphini 24. Mart. 1358. descriptæ in Regesto Memorabilium Cameræ signato C. Vide Froissart. 1. vol. cap. 155. Qua vero ratione ejusmodi Decimæ ab Ecclesiasticis exigerentur, licet percipere ex aliquot Diplomatibus, quæ ex Chartophylacio Regio eruimus.

Ex 12. Regesto Chartophylacii Regii Ch. 159 : *Philippus D. G. Francor. Rex, dilectis et fidelibus nostris Archiepiscopo Remensi, Suessionensi, Catalaunensi, Laudunensi, Cameracensi, Tornacensi, Morinensi, Atrebatensi, Ambianensi, Noviomensi, Silvanectensi, et Belvacensi Episcopis Remensis provinciæ Suffraganeis, Abbatibus, Decanis, Prioribus, Capitulo cæterisque personis Ecclesiasticis civitatis, diœcesis et provinciæ Remensis in convocatione facienda per dictum Remensem Archiepiscopum congregatis, Salutem et dilectionem. Considerantes gravia personarum pericula et importabilia onera expensarum, quæ dilecti et fideles subditi regni nostri a longis retroactis temporibus ratione guerræ nostræ Flandriæ sustinuisse conspicimus, ac sollicite quærentes vias et modos, per quos, illo juvante cujus est superborum colla deprimere, inimicorum nostrorum Flandrensium superba rebellio compescatur, et sedato guerrarum discrimine, pacis amœnitas et quietis tranquillitas regno regnique subditis omni adversitate propulsata parentur, post multarum revolutiones viarum, tandem in hac via, tanquam expeditiori et commodiori negotio quod incumbit, nostra sollicitudo quievit, ut universos Prælatos, et personas Ecclesiasticas religiosas et sæculares, Duces, Barones, et quoscunque nobiles regni ejusdem requirere deberemus, ut de singulis quingentis librarum redditus, quas in regno ipso habeat, de uno homine equite armato, et ignobiles de sex hominibus armatis peditibus pro quibuslibet centum focis subsidium nobis faciant ista vice. Aperta igitur via hujusmodi, Ducibus, Comitibus, Baronibus, et cæteris Nobilibus regni nostri, et eis ex parte nostra requisitis ut juxta modum hujusmodi præstent, et consentiant præstari dictum subsidium a subditis eorumdem, una fuit eorum voluntas, una ab eis data est responsio, quod illud subsidium libenti nobis præstabunt animo, et a sibi subditis præstari unanimiter consenserunt, credentes quod vos et aliæ personæ Ecclesiasticæ prædictæ simile nobis subsidium faciatis. Nos igitur spem gerentes de vobis indubiam, quod sicut ex suscepto curæ pastoralis officio plus cæteris illa debetis requirere quæ sunt pacis, sic regni pacem, quæ ex dicto non mediocriter dependet subsidio, cæteris impensius et ferventius procurare velitis : Dilectionem vestram attente requirimus, et affectuose rogamus, quatenus hujusmodi subsidium in tam urgenti necessitate, in tam miserabilis expeditione negotii præstetis liberaliter, et ut a vestris præstetur subditis, nostrum nedum assensum, sed illud quod opportunum fuerit auxilium præbeatis, credentes dilectis et fidelibus nostris Magistro Petro de Latilliaco Canonico Parisiensi Clerico, et Jo. Choiselli Domino de Plexeio Militi nostris, vel eorum alteri super iis quæ circa hæc ex parte nostra vobis duxerint exponenda, et exposita per eum grato compleatis affectu. Data Parisiis die 12. April. an. Dom. 1304.*

Ex eod. Regesto Ch. 166 : *Philippus D. G. Franc. Rex, dilecto et fideli Episcopo Cameracensi, salutem et dilectionem. Attendentes vestram non latere notitiam, quæ, quanta et quam gravia Nos oportet iis temporibus pro nostri defensione regni expensarum onera sustinere, vos requirimus et rogamus attente, quatenus illam Decimalem gratuitam subventionem, quam vobis guerræ nostræ præsentis negotio generose noviter concessistis, et quam generosius acceptabile duximus reputandum, sic diligenter et celeriter procurare, exigere, et levare euretis, quod nobis seu gentibus nostris infra instans festum Nat. B. Joan. Bapt. juxta concessionis prædictæ tenorem integre et indeficienter valeat applicari in negotio prædicto, prout ordinatum fore dinoscitur, committenda, quodque nostro in hac parte proposito nostro fraudati, nullove prætextu nostri periculoso defectui subjacentes, vobis de prompta exhibitione, sicut de concessione gratia subventionis hujusmodi teneamur ad uberes retributionis debitæ actiones. Actum Paris, die 8. Junii an. 1304.*

Ex eodem Regesto Ch. 188 : *Philippus D. G. Francor. Rex, dilecto et fideli nostro Episcopo Belvacensi, salutem et dilectionem. Ad vestram jam potuit pervenisse notitiam, quod nos personæ propriæ non parcentes in prosecutione guerræ nostræ Flandrensis insistimus, et jam positi nostris e vicino inimicis, sumus ei Dei nostrorum adjutorio fidelium indigentes : ideoque vobis ex abundanti necessitatis hujusmodi articulum duximus exhibendum, vos de accedendo ad nos et nostrum exercitum secundum status vestri debitum et modum, quo tenemini in hoc casu absque dilatione quaque apud Attrebatum, vel ubi circaam per modum submus, submonentes et expresse citantes partes illas fuerimonitionis simplicis, quam retrobanni, quod ratione nostræ expositionis personæ et necessitatis prædictæ vobis districte et firmiter intimamus. Est tamen intentionis nostræ, quod si subventionem decennalem inter gentes nostras vobiscum vel vestris nunciis prolocutam solveritis vel * in prompta solvere voluntatis, ut erga nostros subditos diligenter et fideliter procurare solvi, submonitio prædicta ad servitium dicti exercitus nullatenus vos coartet. Dat. Atrebat. die 27. Julii an. Dom. 1304.*

In eodem Regesto Ch. 187. describitur Charta ejusdem Regis ad Episcopos Regni data 27. Julii ann. 1304. ex qua sequentia delibavimus : *Ad cujus etiam complementum cogitantes nuper vobiscum, sive cum Missis vestris, tractari per * nostrates aliquas facientes Decimas aliquas requisivimus a vobis et a vestris subditis, quod vos ad hoc jam induxisse credimus pro causa communi * opere in tam periculosa necessitate, a qua non possunt nec debent se aliqui sæculares vel Ecclesiastici aliquatenus excusare, etc.* Et ex Charta alia ejusdem Regis ad Tolosanum Episcop. 26. Augusti ann. 1304. Ch. 189 : *Sane cum non credamus a vestra memoria excidisse, quod vos et Ecclesiasticæ personæ vobis subditæ duas nobis liberaliter concessistis Decimas pro defensione necessaria regni nostri, quarum unam jam dicuntur solvisse, etc.* Infra : *Cumque bonæ memoriæ Benedictus PP. Undecimus decimam duorum annorum ab omnibus personis Ecclesiasticis* regni nostri exemptis nobis concessit ad hoc terminis constitutis exsolvendam, etc. Hisce addenda quæ habentur in Spicilegio Acheriano tom. 13. pag. 347. 354. 355.

Decimales Ecclesiæ, in Chronico Corbeiæ novæ : *Dominus Liudwicus Rex die dedicationis Hemele in dotem altaris obtulit : tradidit etiam Hemmetorp Abbatiolam, Visbike decimas, Cum Decimalibus Ecclesiis in Episcopatu Asnabruggi.* [* Vide infra in *Ecclesia*.]

* Decimalis Terra, Quæ decimæ obnoxia est, in Charta ann. 1212. ex Chartul. S. Evurtii Aurel.

* Decimalis Res, Ad decimam fructuum partem locata. Stat. Mantuæ lib. 2. cap. 24. ex Cod. reg. 4620 : *Si vero res fuerit emphiteotica, vel fictualis, vel Decimalis, etc.*

¶ Decimagium, Territorium ubi percipiuntur decimæ. Charta anni 1251. in Tabulario S. Nicasii Remensis : *Cum discordia verteretur de limitatione Decimagii.* Chartularium S. Martini Pontisar. : *Infra metas parrochiæ seu Decimagii S. Audoeni.* Charta Visitatoris Fratrum Militiæ Templi ann. 1302. e secundo Chartulario S. Quintini in Insula pag. 170 : *Habebimus etiam perpetuo illam partem quam percipiebant in Decimagio, etc.*

* *Dismage*, in Ch. ann. 1369. ex Chartul. 21. Corb. fol. 317. v°. : *Le moittié de toutes les dismes de tous les prés, qui sont en tout le Dismage de laditte ville de Vers, qui sont à disme.* Pro jure vero percipiendi decimam, occurit eadem vox in Charta Phil. abb. Hasnon. ann. 1316. ex Reg. 56. Chartoph. reg. ch. 175 : *Avons vendu bien et loiaument.... tous nos terrages et Dismages,... senz rien degueir ne retenir par devers nous.* Ut et *Desmerie*, in Ch. ann. 1416. ex Reg. feud. Comitat. Pictav. in Cam. Comput. Paris. fol. 325. v°. : *La disme ou Desmerie des blez et charnaige du lieu de Genoilhe et en toute la paroisse dudit lieu, taut en blez lyez et desliez,... et autres choses Desmables et appartenans à dixme. Dimée*, pro ipsa decima, in Ch. Simon. dom. Castrivil. ann. 1257. ex Bibl. reg.

Decimare, Decimam bonorum suorum impertiri. Edgarus Angliæ Rex Orat. ad Antistites, apud Seldenum ad Eadmerum : *Proavus meus, ut scitis, totam terram suam Ecclesiis et Monasteriis Decimavit.*

Decimare, Decimam levare. Vide Perardum in Burgundicis pag. 535. [** Chart. ann. 1309. in Guden. Cod. Diplomat. tom. 3. pag. 736.]

Decimare, Decimam persolvere, in Speculo Saxon. lib. 2. art. 48. § 3.

Decimaria, Prædium, ager, in quo percipitur fructuum decima. Charta Theobaldi Comitis Blesensis ann. 1131 : *Et decimam a via quæ Ramcruco veniens..... extenditur usque ad Decimariam de Ormes.* Alia ann. 1238. in Regesto Tolosano Cameræ Comput. Paris. fol. 43 : *Sive in allodio, vel in territorio, aut in Decimariis ejusdem Castri, etc.* Alia ann. 1246. in M. Pastorali Eccl. Paris. lib. 23. Ch. 95 : *Super eo quod dicebamus nos debere percipere medietatem decimæ in Decimaria eorundem.* Vide lib. 18. Ch. 12. et Tabular. Brivatense Ch. 304. Concilium Insulanum ann. 1288. can. 15 : *Item statuimus quod aliquis bladum de Decimaria alicujus Ecclesiæ intra aliam Decimariam transferre non audeat, quousque fuerit decimatum. Si quis vero contrarium fecerit, rectam decimam, scilicet decimam partem integraliter Ecclesiæ, de cujus Decimaria bladum extraxerit, intra octo dies solvere teneatur.* [Occurrit eadem notione in Historia Dalphin. tom. 1. pag. 29. col. 1. et pag. 30. col. 2. in Tabulario S. Albini Andegav. apud Baluzium tom. 2. Hist. Arvern. pag. 426. Stephanotium tom. 3. Antiquit. Pictav. MSS. pag. 866. in Charta anni 1256. et pag. 905. in Charta anni 1339.] *Desmerie*, in Consuetud. Solensi tit. 17. art. 8. *Dismerie*, in Consuet. *de Valançay* art. 3. Bituricensi art. 16. 18. Marchensi art. 332. *Deymari*, Occitanis.

Decimaria, Jus percipiendi decimam ad aliquem pertinens. Tabularium S. Mariæ Longipontis in diœcesi Paris. : *Donavit duas partes de Decimaria ipsius Ecclesiæ, hoc est.... de annona, de vino, de lino, de cannaba, de ovis, de porcis, de vitulis et de omnibus aliis rebus.* [Chartular. S. Petri de Domina fol. 63 : *Octavam partem Decimariæ de Thedesio accepit D. Hugo Prior in guatgeria.* Ibid. fol. 64 : *D. Hugo Prior de Domina accepit a quodam Milite nomine Aynardo octavam partem Decimariæ de Tedesio in vadio per centum solidos.*] Vide veterem Consuet. Bituricensem editam a Thomasserio cap. 87.

¶ Decimarium, ut *Decimagium* et *Decimaria* prima notione. Charta ann. 1304. ex Archivo D. Marchionis *de Flamarens* : *In omnibus illis viginti contatis terre, que teneri dicebantur ab eodem Domino Petro in Decimario S. Martini.* Transactio Abbatem inter et Monachos Crassenses ann. 1351. ex Libro viridi fol. 53 : *Habet Conventus dicti Monasterii.... quosdam redditus, jura et proventus, et jurisdictiones... in terminio seu Decimario Castri de Lezinhano diocesis Narbonensis.*

Decimarii, Rustici, qui terrarum seu aliarum rerum *Decimas* dominis vel Presbyteris persolvunt, Beneharnensibus *Desmers* dicti. Vide Marcam lib. 5. Hist. Beneharn. cap. 31. num. 1.

Decimarii, Qui decimas, vel suo, vel domini, aut alterius nomine, exigunt, in Concilio Burdegalensi ann. 1255. can. 18. 23. 24. et Copriniacensi ann. 1260. can. 18. [Charta anni 1229. ex parvo Chartulario S. Victoris Massil. fol. 123 : *Decimarius congreget decimamS. Antonini et tascam simul.*] Tabular. S. Eparchii Inculism. fol. 17 : *Quicquid scilicet habebant in tota decima, vel in Cimiterio de Elz, vel Decimarii habebant ab eis. Desmarii* dicuntur fol. 16. Ibidem fol. 18 : *Et quia manutenebat Decimarios invasores Cimiterii ipsius, etc.* Infra : *Quicquid habebat pater meus in tota decima de Elz.... et quidquid habebat in Decimariis vel Decimarii ab eo, etc.* Rursum fol. 19. v : *Pater noster Sicher fuerat Decimarius de Ecclesia Euz, quia tenebat decimam, ut Laicus a Laicis, et partem terræ de Sanctuario.* Fol. 22 : *Ego Constantinus Decimarius de decima Ecclesiæ de Elz.... habebam in decima de Elz feodium, ut colligerent quartam partem ex ipsa decima ubicumque extenderetur decima de omnibus rebus, de pane, de vino, de lana, de agris, et de omnibus aliis, de quibus decima datur.* Tabularium Monasterii S. Andreæ Viennensis : *Similiter nec aliquis ex auctuariis vel Decimariis S. Hilarii ultra prædictam viam, in parte scilicet Occidentali aliquid ex decimis requirere audeat.* Charta ann. 1174. apud Columbum lib. 3. de Episcop. Sistaric. : *Præterea concessit ei decimas in hortis, et vineis, et Decimarius et bestia ejus debent vivere de communi, et Decimarius debet jurare se decimas fideliter colligere.* Cujusmodi *decimariorum*, seu quibus decimæ competunt, passim habetur mentio in Tabulario Abbatiæ Dalonensis in Lemovicibus, pag. 3. 12. 27. etc.

Decimata Vini, apud Anastasium in Hadriano : *Ut Decimatas vini duas pensantes per unamquamque Decimatam libras* 60. Gregorius Mag. lib. 1. Epist. 41. lib. 10. Epist. 30. et lib. 12. Epist. 30. *Decimatas vini* etiam habet; [ut et Gregorius Monachus non semel in Chronico Farfensi, apud Muratorium tom. 2. part. 2. col. 385. *Decimata tysanæ*, infra in *Tysana*.]

* Mensuræ vinariæ species videtur, ut et inter Census eccl. Rom. apud Murator. tom. 5. Antiq. Ital. med. ævi col. 836 : *Præstantes bisant. ij. auri solid. et vini Decimatas numero lxxx. in præsentia missi Paracellarii.* Ibid. col. 835 : *Vini megaricos centum.*

¶ Decimatio, Decima seu illius perceptio. Instrum. ann. 1173. in Historia Mediani Monasterii pag. 305 : *Contulit Ecclesiæ Belli-prati in perpetuum omnem Decimationem grangiæ suæ de Obleseis sub censu duorum solidorum.* Charta Brzeczlai Ducis Bohemorum apud Ludewig. tom. 6. Reliq. MSS. pag. 56 : *Ad hæc in Brunensi provincia Decimationem frumenti, ac decem nummos, et villam Obucherii, et Decimam telonii, quod Brog vulgo appellatur, in flumine Olzava donavi.* [** Heinric. I. Imp. Convent. ann. 922. cap. 8. Otton. M. ann. 952. cap. 10. Pertz. vol. Leg. 2. pag. 17. et 28.]

Decimator, Idem forte qui *Decimarius*, vel qui jus habet exigendi decimam i agris, *Dismier*, in Consuetud. Arvernensi cap. 17. art. 18. et Marchensi art. 96. Constitutio Chlotarii Regis cap. 11 : *Agraria, pascuaria, vel decimas porcorum, Ecclesiæ. .. concedimus : ita ut actor, aut Decimator in rebus Ecclesiæ nullus accedat.* Qui scilicet decimas Regias expetebat. [Litteræ ann. 1402. apud Georg. Christianum tom. 2. Rer. Moguntiac. pag. 886 : *Nostris et dicte nostre Præpositure reddituariis, censuariis, pensionaribus, arrendatoribus, Decimatoribus, colonis, incolis et subditis . . . intimamus, etc.*] Vide Guillelmum de Podio-Laurentii cap. 6. Speculum Saxonic. lib. 2. art. 48. §. 3. 9. 13. et Perardum in Burgundicis pag. 535.

* *Sergent dismier*, in Ch. ann. 1247. ex Chartul. Campan. fol. 343. v°. col. 1 : *Et se il avenoit chose par aventure, que li sergens terragierres et li Dismierres ne soient au descharger les gerbes, on croira lou deschargeour par son sairement.*

Decimatura, Idem quod *Decimar a*, in Charta ann. 1157. in Hist. Vastinensi pag. 199.

¶ Decimatus, ut *Decimagium*, Territorium ex quo decimæ colliguntur. Charta anni 1290. ex Archivo Episcopatus Meldensis : *Item in Decimatu de la Venne unum arpentum terræ, sex partitis minus.*

* Charta Steph. Noviom. episc. ann. 1190. in Chartul. Mont. S. Mart. part. 5. fol. 92. v°. col. 1 : *Quicquid infra Decimatum habetis de Brancort;.... et quicquid infra terminos Decimatus de Montbreu possidetis.*

1. **DECIMANUS**, seu Decumanus Limes, Maximus limes inter agros, qui ab Oriente in Occidentem per transversum dirigitur : qui quia formam X. efficit, Decumanus est appellatus. Ager enim bene divisus figuram denarii numeri efficit. Nam Cardo dicitur alius limes in agris qui a Septentrione directus est. Ugutio et Joan. de Janua, ex Festo et Isidoro lib. 15. cap. 14. Vide Gromaticos. Charta Aystulfi Regis Longobard. ann. 753. apud Ughellum tom. 2. Ital. sacr. pag. 105 : *Et paludes Gromulenses usque in limitem Decimanum, qui percurrit inter Gavanum et villam Ulianam,.... et de via Decimanense habeatis communiter usque in fossatum finale cum Decimanense, et Ulianense serundum eorum cohærentias, etc.*

¶ 2. **DECIMANUS**, Obnoxius decimæ, qui decimas debet exsolvere. Ratherius Veron. Episc. de Contemptu Canonum parte 1. apud Acherium tom. 2. Spicil. pag. 165 : *Et cum de oblationibus et decimis fidelium vivere tabernaculi custodes debeant Domini, hoc est Ecclesiæ Clerici, si nescit Episcopus quot Decimani, quot mansi, quot modia tritici, quot congia vini tantis vel tantis sufficiunt Clericis ad victum utique et tegumentum, nonne convincitur aut non esse Pastor, aut certe insipiens existere, etc.* Latinis *Decumanus* dicebatur exactor decimarum vel Publicanus qui Decumas conducebat ab aratoribus exigendas.

¶ **DECIMARE**, Decimaria, Decimarii, Decimata, etc. Vide in *Decimæ.*

* **DECIMATOR**, Idem videtur qui *Decanus* in monasteriis. Stat. Cisterc. ann. 1352. ex Cod. Hardenhous. : *Nullus fiat Decimator, nisi legerit et responderit in parvis scholis, ut fuit hactenus consuetum.* Vide *Decanus* 5. et in *Decena* 2. Exstat alia notione supra in *Decimæ.*

1. **DECIMUM**, pro *Decima.* Majus Chartul. S. Victoris Massil. fol. 91 : *Donaverunt totum Decimum de omni terra, quæ habet vel habebit Ecclesia sancti Stephani.*

¶ 2. **DECIMUM**, Idem quod *Decatia*, de quo verbo actum supra. Charta Caroli M. apud Doubletum pag. 708. 709 : *Nullum telloneum, neque exclusaticum, neque Decimum, neque barganaticum, etc.* Et mox : *In nullo modo, nullo telloneo, nullo exclusatico, ... neque Decimum exigere nec exactare non debeatis.* Vide Notas nostras ad Cinnamum.

¶ Decimum Forum, Eadem, ut puto, notione. Charta Boleslai Ducis Bohemiæ pro Monast. Breunoviensi ann. 993. apud Ludewig. Reliq. MSS. tom. 6. pro 50 : *Super hæc apposui Decimum forum, Decimum denarium ex omni judicio in his civitatibus Slanen, Plzen, Lithomerzicch.*

¶ Decimi Mansus, An Mansus decimæ obnoxius, vel Decima unius mansi? Charta anni 1031. ex Archivo sancti Victoris Massil. Armar. Forojul. Diœc. n. 176 : *Donamus unum Mansum Decimi pro redemptione animæ patris mei.*

¶ **DECINA** Italis, Decas. Acta SS. Junii tom. 3. pag. 936. de B. Michelina : *Unus homo pro qualibet Decina fumantium cujuslibet universitatis.* Vide *Decena* 2.

* Testam. ann. 1342. tom. 2. Hist. Cassin. pag. 563. col. 1 : *Item* (relinquo) *de cera Decinas duas, tam pro cereis quam pro quatuor tortiis.*

¶ **DECINERARE**, Incendio delere, concremare. Scriban. in Polit. pag. 57 : *Quot nemora paucarum horarum flamma Decineravit?*

¶ Decineratus, Redactus in cineres. Tertull. adv. Valent. : *Ipse quoque, Decineratis omnibus, in nihilum finietur.*

¶ Decinerescere Igni, eidem Tertulliano Apolog. cap. 48.

¶ **DECIOSI**, *a Deciduo, dicuntur mures ob parvitatem corporis dum nascuntur.* Papias.

* **DECISIO**, Aquæductus, canalis quo aquæ elabuntur. Arest. parlam. Paris. in Chartul. Compend. fol. 153. r°. : *Quod bonæ memoriæ rex Ludovicus fecit ibi fieri unam Decisionem pro bono infirmorum domus Dei, per quam aqua, quæ fluit per dictam domum, redit ad aquam Ysaræ.*

* **DECISIVE**, Minutatim. Charta ann. 1321. in Reg. 60. Chartoph. reg. ch. 70 : *Unicuique liceat tales pannos vendere in grosso vel Decisive, wlgaliter à detaill.*

¶ **DECISOR**, Arbiter, qui de lite *decidit.* Charta Everardi Episc. Tornac. pro Abbat. Thosana ann. 1177. apud Miræum tom. 2. pag. 1319. col. 1 : *Igitur ex venerabilis Domini et Coepiscopi nostri Desiderii Moriniensis arbitratu, quem et nos et ipsi communiter elegimus Decisorem. Decisor litis*, apud Th. *Madox* Formul. Angl. pag. 22.

¶ **DECIUM**, καλόν, ἀγαθόν, *Bonum.* Janus Laurenberg. in Supplemento Antiquarii. In Glossis Lat. Græc. Sangerman. habetur *Detium*; sed retinendum *Decium* a *Decere* : quia quod bonum est, decet.

DECIUS, Talus, Taxillus, Gallis *Dé.* Ebrardus in Græcismo cap. 9 :

Est talus, Decius : talus, postrema pedis pars.

Et cap. 19 :

Cum bene respondet Decius, compello jocose,
Compello tumidum cur sic agit impetuose.

Ubi Metullinus, *Je l'envie.* Edictum S. Ludovici Regis. Fr. apud Nangium : *Scholas etiam Deciorum prohibemus omnino, ita ut tenentes eas districte puniantur. Fabrica vero Deciorum prohibeatur ubique.* Jacobus de Vitriaco in Hist. Occident. cap. 10 : *Ea quæ turpiter in Ecclesiis lucrabantur, in tabernis et ludis Deciorum, in comessationibus... turpius expendebant.* Summula Raymundi de Vita et honestate Clericorum :

.... Nec sunt hi lusores vetitorum
Ludorum, velut est alea, globi, Deciorum.

Pseudo-Ovidius lib. 1. de Vetula :

Cum Decius sit sex laterum, sex et numerorum
Simplicium, tribus in Deciis sunt octo decemque,
Quorum non nisi tres possunt Deciis superesse, etc.

Occurrit præterea [in Statutis Massil. lib. 5. cap 10.] apud Gervasium Dorobern. pag. 1522. Guillel. Neubrigensem lib. 3. cap. 23. in Vita B. Joan. Montismirabilis, in Statutis Synodal. Odonis Episcop. Paris. in Synodo Bajocensi ann. 1300. cap. 38. et in Epist. Jo. Episc. Acconensis ad Honorium III. PP. tom. 8. Spicilegii Acheriani, et in Præceptis Synodalib. Petri de Collemedio Archiep. Rotomag. pag. 231. in Statut. Ordin. Præmonstrat. dist. 4. cap. 15. decis. 5. cap. 11. etc.

Deyciers appellabant nostri *Deciorum* artifices. 1. Regest. Artificum Paris. f. 225. 226 : *Deyciers, assavoir faiseurs de Dez à tables, et d'eschecs d'or et d'yvoire, etc.* [***Deiciers* infra Carpenterio.]

De vocis etymo variæ sunt sententiæ; Turnebus ad Orat. Ciceronis pag. 125. Edit. 1576. existimat ejusmodi nostrates tesseras *Datos* appellari, quod qui in scrupis calculum promoverat, *Dare* dicebatur. Ovidius :

Tu male jactato, tu male jacta Dato.

Et Ausonius :

Narrantem fido per singula puncta recursu,
Quæ Data per longas, quæ revocata moras.

Albertus Acarisius a digitis *Dados* dictos vult : *Dadi sono, tali da Latini detti, con cui si giuoca a trargli con le mani, detti Dadi da diti che piu s'adoprano in tal giuoco, che ne gli altri;* Certe *Dez*, etiamnum digitalia appellamus. Alii putant vocem esse puram putam Gallicam : quippe Cambrobritannis etiam hodie *Dis*, est cubus, alea, tessera.

Ego vero longe aliter sentio, si recte vel male, aliorum esto judicium. Quippe ludum Deciorum dictum puto ex veteri Gallico, *Jus de Dé*, id est, judicium Dei, seu sortes per tesseras aleatorias jactæ : unde postmodum *Jeu de Dé* effictum; vix enim *jeu* a *jocus* deduxerim : nam cum id nominis solis fere taxillorum vel *chartarum* ludis tribuatur, in quibus ut plurimum damnum, vel lucrum sorte decernitur, admodum probabile est ita appellatas aleas, et alearum sortes, atque inde cæteros quos dicimus ludos. Porro *Juis*, judicia Dei appellari in voce *Juisium* pluribus ostendimus : *Dé* autem pro Deo usurpatum docemur ex vet. Poëtis nostratibus. Le Roman *de Huës de Tabarie* MS. :

Che dit li Rois, Par le grant Dé.

Le Roman *de Thibaud de Mailly* MS. :

Ains scai à escient qu'ils auront plus honté,
Que n'en ot S. Thomas, qui fut occis pour Dé.

Le Chariot de Nismes :

Bonne chanson plest vous à escouter.
Del meillor homme qui ains creust en Dé,
C'est de Guillaume le Marquis au cort nez.

Philippus *Mouskes* MS. :

Et a son fil a remandé
Qu'il ot par la grace de Dé, etc.

Sed et crebrius *Dex*, et *Diex*, pro *Deus* usurpatum reperire est, unde efformata vox *Decius*.

☞ Menagius in suo Dictionario Etymologiarum Gall. improbata Cangii nostri conjectura, Turnebi sententiam amplectitur, laudatque alteram Domini *de Casteneuve*, quæ fere eodem redit, ab adverbio *Datatim* nostrum *Dez* derivando, ex eo quod sibi *datatim* taxillos præbeant, qui iis ludunt. Plautus in Curculione :

Tum isti qui ludunt Datatim, servi scurrarum in via,
Et Datores et factores omnes subdam sub solum.

Major est *Dati* quam *Datatim* cum vocabulo *Dez* analogia.

* Glossar. Gall. Lat. ex Cod. reg. 7684 :

Decius, *Dez pour jouer*. Aliud Provinc. Lat. Cod. 7657 : *Dat, Prov, Decius, tallus, taxillus, texera. Deicier*, Deciorum opifex, in Lib. 1. Statut., artif. Paris. ex Cam. Comput. fol. 225. v°. : *Quiconques veult estre Deicier a Paris, c'est assavoir faiseur de dez à table et à eschés d'or et d'ivoire, de cor et de toute autre maniere d'estoffe et de mestail, estre le puet.* Deciorum ludum seu aleatorium sub annuo censu tenebat carnifex Tornacensis, ut discimus ex Lit. remiss. ann. 1382. in Reg. 121. Chartoph. reg. ch. 309. bis. : *Pierre Damaulx executeur de justice et Jacques du Rosoy cirurgien, qui avoient pris à cense la secque table, brelengh et jeu de Dees de la ville de Tournay, etc.* Vide infra in *Ludus* et *Ribaldi*.

DADUS, Eadem notione, Italis et Hispanis *Dado*, Gallis *Dé*, Occitanis *Dat*, Constitutiones Neapol. lib. 3. tit. 57 : *Qui ad Dados sic ex quadam consuetudine ludunt.* Mox : *Qui aleas et Dados tenent, ut ea prædictis ludentibus accommodent, inter infames habentur.* Vide Ægidii Menagii et Octavii Ferrarii Origines linguæ Italicæ.

* 1. **DECLAMARE**, Proclamare, promulgare, publico banno edicere. Charta ann. 1218. in Chartul. Cluniac. : *Conquestus est prior et conventus quod Simon dominus Sinemuri et servientes ejus gravaverunt homines ecclesiæ Marciniacensis..... In villa Marciniacensi Declamare fecerunt bannum ex parte domini Sinemuri.*

* 2. **DECLAMARE**, Rem promulgatam contrario banno interdicere. Charta an. circ. 1219. tom. 1. Probat. Histor. Britan. col. 841 : *Et sicut fecit clamari sine consensu episcopi, faciet Declamari, etc.* Hinc

* DECLAMARE MONETAM, Illius usum prohibere, vulgo *Décrier*, et *monetarum declamatio*, apud G. Pepin. tract. 2. opuscul. super *Confiteor* part. 3. cap. 2. edit. Paris. ann. 1614. in 8.

DECLAMATIO, pro *Clamatio*, Vocatio in jus, calumnia, rei repetitio. Occurrit apud Baldricum in Chronico Camerac. lib. 1. cap. 85. et in Decretis S. Ladislai Regis Hungar. lib. 3. cap. 9. Vide *Clamare*.

¶ **DECLARARE**, Illuminare, Gall. *Eclairer*. Virtutes B. Ambrosii Senens. inter Acta SS. Martii tom. 3. pag. 213 : *Sic induxit ad divinæ voluntatis in judiciis suis conformitatem, sic divinis verbis Declaravit cor ejus.* Acta S. Franciscæ Rom. Martii tom. 2. pag. 138 : *Movisti tenebras, et in luce nos Declarasti.* Papiæ in voce *Eliquata*, *Declarare*, idem est quod *Eliquare*.

* **DECLARARE** REGULAM, Eam interpretari et ad usus modernos accommodare. Chron. Jordani apud Murator. tom. 4. Antiq. Ital. med. ævi col. 1020 : *Qui* (apostatæ) *statum communitatis damnabant et declarationes regulæ...,.. Ii dogmatizabant quod nullus summus pontifex regulam beati Francisci Declarare potuit.* Vide mox *Declarator*.

DECLARARI, apud Gromaticos, dicuntur fines confusi, cum ad veram limitum signorumque finalium auctoritatem per Agrimensores redintegrantur. Rigalt.

* **DECLARATIO** MULTÆ, Ejusdem exactio. Lit. ann. 1373. tom. 5. Ordinat. reg. Franc. pag. 629 : *Contrarium facientes per pœnarum et multarum impositiones et earum Declarationes et alias, prout per conservatores dictæ burgesiæ est hactenus fieri consuetum, ad desistendum ab hiis compellendo.*

* **DECLARATOR**, Explicator, interpres. Charta Phil. Pulc. ann. 1307. inter Instr. Hist. Lugdun. pag. 48. col. 2 : *De dicta compositione custodienda et fideliter observanda, salvis declarationibus per dictos Declaratores faciendis, correctionibus, mutationibus seu emendationibus supradictis.* Vide supra *Declarare*.

** **DECLINAMENTUM**. Virgil. Grammat. pag. 23 : *Verum ego sicut nequam et cetera Declinamenta per omnes casus unam tantum habere declinationem.*

* **DECLINARE**, Limitibus territorium definire. Inquisit. ann. 1268. ex schedis Pr. *de Mazaugues* : *Item dixit, quod corsoria, quæ sunt infra dictos confines, fuerunt designata et Declinata per curiam Arelatis.* Sed leg. forte *Declarata* vel *Delineata*.

¶ **DECLINARE** VELUM, est illud Dimittere, Contrahere apud Rymerum tom. 8. pag. 273. col. 2.

DECLINATIO, Gradus, descensus, *Descente*. Gesta Innocentii III. PP. pag. 149 : *In Declinatione Basilicæ B. Petri, coram innumera multitudine, ipsam excommunicavit.*

¶ **DECLINATORIA** EXCEPTIO, Præscriptio juris depellens actorem petitione sua. Vox juris Gallici *Declinatoire*. Legitur in Procuratione Guillermi *de Paris* ann. 1482. ex Archivo B. Mariæ de Bono Nuntio Rotomagensi.

* **DECLINATORIUM**, Series notarum cantus per descensum, seu neuma cantus descendendo. Breviar. Biter. MS. xv. sæc. ad diem Paschæ ex Bibl. reg. : *Resp. Hæc dies, vers. et sine Declinatorio, et per omnes Horas similiter.*

¶ **DECLINIS**, f. pro *Declivis*, Inclinatus. Instrum. anni 1063. apud Baluzium Miscell. tom. 6. pag. 18 : *Vicecomes nihil prorsus respondebat sed Declinem vultum gerens, etc.*

¶ **DECLIVARE**, *Incurvare*. Papias in MS. Bituricensi. Forte leg. *Declinare*.

¶ **DECLIVIOSITAS**, Declivitas. Nicolaus de Jamsilla in Gestis Friderici II. Imp. apud Murator. tom. 8. cap. 550 : *Ex loci montuositate et passuum angustia et Declivositate defendi.*

DECLIVITAS. Liber de Disciplina Scholarium falso Boëtio adscriptus, in Prœmio : *Ingenii Declivitas, animarumque tenacitas, etc.*

* **DECLIVUM**, Declivitas, Gall. *Déclin*. Charta Richardæ imper. ann. 880. inter Instr. tom. 1. Hist. Lothar. col. 316 : *Inde ad rivulum fontis, de fonte per Declivum ad Albe espine, etc.*

DECLUDERE, *Bellicare*. Ita Ugutio. [Litteræ Ludovici Regis Jerusalem et Siciliæ ann. 1402. tom. 1. Collect. Ampliss. Marten. col. 1565 : *Ut inde potius prospera quam adversa succedant, et dolosis astutiis demus repulsam, et calumniantium Decludamus voluntates.* Legendum *Deludamus*, vel *Decludamus*, idem est quod Occludamus.]

DECLUERE, *Decorari*. Glossæ Isidor. Vide *Cluis*. Apud Papiam, *Decluere*, est *Decurtare*. [In MS. Eccl. Bituric. *Decluere*, *Decoriare*, et *Decluptus*, *Pelle exutus*. Hinc emendandæ Isidori Glossæ, ubi pro *Decorari* legendum *Decoriari* vel *Decoriare*. Vide in hac voce. *Deglubere* dixit Suetonius eadem notione, dum narrat, Præsidentibus tributo onerandas provincias suadentibus rescripsisse Tiberium, *Boni pastoris esse tondere pecus, non Deglubere.* Sic *Deglupta mænas*, apud Plautum, *Mas Degluptus*, apud Marcell. Emp.] Vide *Decoriare*, 1.

* **DECLUSATUS**, *Ornato*, in Glossar. Lat. Ital. Ms. pro *Decusatus*. Vide *Decussare* et *Decluere*.

* **DECOCCIO**, Coctio, coctura, Gall. *Cuisson*. Lit. ann. tom. 4. Ordinat. reg. Franc. pag. 238 : *Ut ipsi habitatores* (Andusiæ) *possint..... levare.... pro Decoccione cujuslibet sextan* (sextarii) *bladi infra dictam villam, xij. den. Turon.*

DECOCTIO, *Apozima*, *elixatura*. In Glossis MSS. ad Alexandrum Iatrosoph. Occurrit passim apud Medicos.

¶ 1. **DECOGNOSCERE**, Obedientiam cæteraque officia Dominis debita denegare. Gall. *Méconnoitre*. Obertus lib. 2. Annal. Genuensium apud Murator. tom. 6. col. 327 : *Etenim per plebia nostra rixæ et factiones semper tempore litis civilis aderant. Cogitantes forici in cives quandoque consurgere, et Dominos terrarum jam incipiebant Decognoscere.*

* 2. **DECOGNOSCERE**, Denegare, inficiari. Charta ann. 1199. in Chartul. Mont. S. Mart. part. 7. fol. 119. r°. col. 1 : *Filius prædicti Adæ Renerus, cognomento Grehes, eam elemosinam Decognovit et calumpniatus est. Desconnoître*, pro *Méconnoître*, non agnoscere, in Lit. remiss. ann. 1376. ex Reg. 109. Chartoph. reg. ch. 189. Alienam vestem induere ut alium quis mentiatur, sonat in aliis ann. 1392. ex Reg. 143. ch. 254 : *Colin le Roux vesti la houpelande du suppliant et dist que pour soy Descongnoistre, il avoit prins ladite houpelande. Descognoissant de raison*, in aliis ann. 1378. ex Reg. 14. ch. 248. id est, a ratione aversus. *Desconnoissance* vero ingrati animi vitium significat, in Lit. remiss. ann. 1373. ex Reg. 105. ch. 173 : *L'exposant qui veoit leur Desconnoissance et ingratitude de ce qu'il avoit fait de bonne foy.* Apud Bellomanner. Ms. cap. 24. *Descongnoissanche* est singularum partium enumeratio, seu libellus, quo res singulatim indicantur.

¶ **DECOLARE**, ut Colare. Papias : *Defæcare, Decolare, a fæce purgare.*

1. **DECOLLARE**, Idem quod *Decervicare*, caput amputare, securi cædere. Gl. Lat. MS. Regium : *Decollat, decapitat, plectit.* Gloss. Lat. Græc. : *Decollo*, ἀποκεφαλίζω. *Decollat*, ἀποκεφαλίζει, ἐκτραχηλίζει. Gloss. Gr. Lat. : Τραχηλοκοπῶ, *Decollo*. Τραχηλοκοπία, *Decollatio*. Alibi : Ἀποτέμνω κεφαλήν, *Decollo*. Speculum Saxonicum lib. 2. art. 39. § 1 : *Annonam qui noctis tempore furatus fuerit, suspendetur; si in die, Decolletur.* Adde lib. 3. art. 1. § 2. Utuntur præterea Suetonius in Caligula cap. 32. Seneca lib. 3. Controvers. Aurelius Victor in Didio Juliano, etc. S. Hieronymus lib. 2. adversus Jovinianum cap. 17. Epist. 61. cap. 15. [Vetus Interpres Bibliorum sacrorum non semel.] etc. Notandum porro Græculos ævi posterioris vocem ἀποκεφαλίζειν, non semper pro *Decol-*

lare, sed interdum pro *occidere*, aut *cædere* usurpasse. Origines CP. a Lambecio et Combefisio editæ de Crispo Constantini M. filio, quem constat *veneni frigore extinctum*, ex Sidonio lib 5. Epist. 8 : Ὃν λέγουσι ἀποκεφαλισθῆναι ὑπὸ τοῦ πατρός. Et de Arcadio sanctæ Irenes Diacono : Σκυτάλαις ἀποκεφαλίσθη, *Fustuario occisus est.* Hodie *Decollatio*, ut et olim apud Græcos, nobilior et nobilium pœna censetur. Xenophon. lib. 2. Anab. : Ἀποτμηθέντες τὰς κεφαλὰς, ὅπερ κάλλιςον θανάτων ἔδοκει εἶναι. [Vide Petrum Fabrum lib. 1. Semest. cap. 4.]

Decollare, Vox fori Aragonensis, cum animal in loco *defenso* capitur, et occiditur a domino loci defensi. Martinus Didaci *Daux* Justitia Aragon. in Observantiis Regni Aragon. lib. 6. de Generalib. privileg. Regni Aragon. § 36 : *Item quod dicitur de area ad aream, intellexerunt quidam, ut etiam aream primam possent transcendere villam totam, et ex alia parte villæ pascere ;... et intelligitur de area ad aream, et de sole ad solem ; nam de nocte non possunt, ut prædicitur, inibi remanere, quin fiat Decollatio, imo debent redire sua ganata ad aream villæ vel prope qualibet die, etc.* Et lib. 7. tit. de Pascuis § 5 : *Si vedalarii viderint oves in vetato, et antequam ipsi eas capiant, extraxerint inde, non possunt aliquam Decollare extra vetatum.* Vide *Defensum*, *Vetatum.*

Decollati Sotulares. Concilium Salmuriense ann. 1276. cap. 5 : *Nec insuper Canonici ipsi regulares Decollatos aut nodatos habeant sotulares, nisi tres nodos ad minus habeant in quolibet sotulari.*

* 2. **DECOLLARE**, Vitiare, corrumpere, dehonestare ; f. pro *Decolorare*. Vide in hac voce. Chron. Anglic. Th. *Otterbourne* pag. 63 : *Veruntamen, ne causam justam Decollaret temeritas, etc.*

* **DECOLLATUS**, A parte colli seu superiore plus æquo apertus, Gall. *Décolleté.* Stat. synod. eccl. Castr. ann. 1358. part. 2. cap. 1. ex Cod. reg. 1592. A : *Pannis rubeis aut viridibus, et manticis Decollatis, nec notanter brevibus.... non utantur clerici.* Alia eccl. Tornac. ann. 1366. cap. 17. art. 16. pag. 52 : *Nec utantur sotularibus plurimum Decollatis.* Vide in *Decollare* 1.

DECOLORARE, *Fuscare*, Joanni de Janua, Infamia notare, dehonestare : Ex *Decolor*, voce Latinis nota, apud quos, ut ait Donatus ad 8. Æneid. *dicitur qui ex optimo colore, et splendido in sordidum aspectum convertitur.* [*Nolite me considerare quod fusca sim, quia Decoloravit me sol*, in Canticis Cant. 1. 5.] Occurrit in lege 19. C. de Episc. et Cleric. (1,3.) leg. 44. C. Th. cod. (16,2.) in Nov. Martiani de Matrimon. Senat. apud S. Cyprian. in Præfat. ad tractat. de Cardinalibus operib. Christi, S. Augustin. Epist. 5. 67. 159. lib. de Unico Baptis. cap. 16. in Gestis Collat. Carthag. part. 1. cap. 5. part. 3. cap. 29. apud S. Ambrosium Epist. 4. 19. S. Zenon. Veronens. Sermon. de Pudicitia, Gelasium. PP. in Epist. ad Episcopos Orient. Lampridium in Severo, etc.

Decolorare, Coloribus ac pictura adumbrare. Burchardus Monachus de Casib. S. Galli cap. 2 : *In sinistra vero parte dormitionem S. Joannis cum Decolorasset, sibi etiam inibi altare ædificavit.*

Decolorosus, Decolor, qui colorem amisit, apud Adamnanum lib. 3. de Vita S. Columbani.

* **DECOMERE**, idem quod *Comere*, parare, apud Mabill. tom. 1. Itiner. Ital. pag. 10. ex Cod. Ms. Evang. Vercel. :

Argentum postquam fulvo Decompsit et auro.

Vide *Decomptor.*

DECOMITARE, [Comitis dignitatem auferre.] Vide *Barones* in Alemannia.

¶ **DECOMPTOR**, Qui comit, seu Comam componit et exornat. S. Prosper Præfat. in Respons. ad Capitula Gallorum init. : *Contra inimicos gratiæ Christi et liberi arbitrii Decomptores;* id est, Liberum arbitrium nimium ornantes et extollentes, metaphora ducta ab iis qui nimiam curam dant capillis componendis.

* **DECONDUCERE**, Deducere. Laudes domus Auriæ Januens. apud Murator. tom. 21. Script. Ital. col. 1177 : *Extant apud concives nostros pleræque nobilium majorum domus, quæque ad unum modo cognomen conjunctionis gratia a diversorum nimio numero Deconductæ sunt.*

* **DECONSTARE**, Constare, Gall. *Couter.* Lit. Phil. Pulc. ann. 1313 : *Merces eorum et panni marchati occasione et prætextu marchæ prædictæ Deconstiterunt de caballo seu de capitali, etc.* Vide *Decostare.*

DE CONTRA, Juxta. Liber Ordinis S. Victoris Parisiensis MS. cap. 34 : *Finita vero locutione, statim debent qui De contra sedent, in ea parte in qua sedet conventus sessum ire.* Papias : *De contra video, usu dicitur, non ratione.*

** **DECONTUS**. Epistola ann. 1327. in Guden. Cod. Diplom. tom. 2. pag. 1039 : *Ut dictis suis Judeis in territorio ibidem, de debitis eorum jam dudum Decontis satisfiat.*

* **DECONTRAHERE**, Contrahere, revocare. Laudes domus Auriæ Januens. apud Murator. tom. 21. Script. Ital. col. 1179 : *Qui* (Stephanus) *cum annonæ caritate nostra civitas opprimeretur, et magni vir animi lucrificare plurimum potuisset, ad vile pretium Decontraxit et venumdedit sine lucro.*

* **DECOQTIO**, ut supra *Decoccio.* Comput. ann. 1488. inter Probat. tom. 4. Hist. Nem. pag. 45. col. 2 : *Pro Decoqtione panis dictæ caritatis et aliis laboribus impensis, etc.*

* **DECORABILIS**, Decorus. Vita S. Betharii tom. 1. Aug. pag. 170. col. 1 : *Litteris enim decentissime erat eruditus, urbanitate Decorabili ornatus ac sublimatus.*

¶ **DECORAMEN**, Ornatus, apud Silium Ital.

¶ **DECORAMENTA** Matronalia, Ornamenta apud Tertullianum de Cultu fem. cap. 12.

* **DECORAMENTUM**, Decus, ornamentum, Gall. *Embellissement, Decorement*, in Lit. Ludov. XI. reg. Franc. ann. 1474. inter Probat. tom. 3. Hist. Nem. pag. 326. col. 1. Pactum inter reg. episc. et consules Caturc. ann. 1351. in Reg. 80. Chartoph. reg. ch. 487 : *Poterunt dicti consules statuere super ipsis, quæ concernent Decoramentum et mundificationem civitatis.*

¶ **DECORATIO**, Ornatus apud S. Augustinum. *Decorationes pontificales* in Bulla Pauli III. Papæ, Macceriarum Insulæ-Barbaræ tom. 1. pag. 261.

* Inventar. S. Capellæ Paris. ann. 1376. ex Bibl. reg. : *Sequuntur ornamenta et paramenta altaris et vestimenta sacerdotalia, et alia ad Decorationem dictæ sacræ capellæ ordinata.*

DECORATOR, *Fullo*, Gloss. MS. Regio Cod. 1013. et Isidori. Papias : *Fullo, lavandarius, Decorator.*

¶ **DECORDIATUM** Lignum, Lignum, ut arbitror, mensura, quam Gallice *Corde* nuncupamus, dimensum. Statuta vetera MSS. Capituli Senon. cap. de Archidiacono : *Item pro igne qui fit in medio claustri in crastino Nativit. Domini ad Matutinas, debet septem mensuras ligni grossi Decordiati.*

* Nisi legendum putes *Decorticati*; quod satis placet.

DECOREA. Vide *Decuria.*

1. **DECORIARE**, Loris cædere, Gallis *Escorcher.* Gl. Lat. MS. Regium : *Degluit*, (leg. *Degluvit*) *Decoriavit.* Gl. Gr. Lat. : Ἐκδυρσῶ, *Decorio.* Ἐκδέρω, *Decorio, deglubo.* Ἀποδέρω, *Discorio, degluvo.* Martyrologium Gellonense, de S. Bartholomæo : *Ad ultimum in Albano majoris Armeniæ urbe vivens a barbaris Decoriatur.* Lex Ripuar. tit. 76. cap. 6 : *Corio cum capite Decoriato.* Ita præferre Cod. MS. monet Baluz. ubi alii habent *Decorticato.* Otto de S. Blasio cap. 39 : *Et quemdam læsæ Majestatis convictum pelle exutum Decoriavit.* Decreta S. Stephani Régis Hungar. lib. 2. cap. 26 : *Si quis fornicatur cum ancilla alterius, sciat se reum esse criminis, et pro eodem crimine Decoriari. Si vero secundo cum eadem fornicatus fuerit, iterum Decorietur et depiletur.* Vide *Excoriare* [et *Discoriare.*]

* 2. **DECORIARE**, Nudare, spoliare. Bened. abb. Petroburg. de gestis Henr. II. reg. Angl. edit. Hearn. tom. 2. pag. 391 : *Beati Martialis feretrum Decoriavit, et alia monasterii illius vasa aurea et argentea asportavit* (Gaufridus comes Britanniæ.)

* **DECOROSITAS**, Pulchritudo, decus. Vita S. Nivardi episc. Rem. tom. 1. Sept. pag. 278. col. 2 : *Implevit gratia Christi pectus infantis, et dum ornamentis scientiæ Decorositate mirabili se illustrare contendit, etc.*

DECOROSUS, Εὐπρεπής, *Pulcher, Decens*, in Gloss. Gr. Lat. Papias et Gloss. Lat. MS. Regium Cod. 1013 : *Decorosus, Decoratus.* [** *Vitium decorosum*, apud Virgil. Grammat. pag. 62. Apud Senecam Ep. 93. reposuit e codicibus Gronovius.]

DECORPORARE, Avellere, detorquere, quasi a corpore separare. Vita S. Castrensis Episc. cap. 1 : *Quo pacto mentes fidelium a tramite sanctæ fidei Decorporare valuissent.*

DECORRIGIARE, et Excorrigiare, *Corrigiam solvere*, Ugutioni.

DECORTICARE, Corticem auferre, nostris *Escorcher.* Gloss. Gr. Lat. : Ἀπολεπίζω, *Decortico.* Gl. Lat. Græc. : *Decorticat*, λεπίζει δένδρον. Hinc *arbores Decorticare.* Lex Salica tit. 28. § 10 : *Si quis miliarium*, [Eccard. *Melarium*] *aut pirarium Decorticaverit.* Charta Henrici Imp. ann. 1014. apud Ughellum in Episc. Novariensib. : *Castra dirupta, domus eversæ, vineæ incisæ, arbores Decorticatæ, etc.* Statuta Provinciæ : *Si quis arbores... eradicaverit, vel inciderit vel Excorticaverit, etc.* Fori Benebarnenses,

Rubr. *de Boscages : Qui Escorchera quasso, o tausin, etc. Les arbres Cerner*, in Stabilimentis S. Ludov. lib. 1. cap. 26.

Decorticare Caballum, in Lege Salica tit. 68. § 1 : *Si quis caballum alienum sine consensu possessoris Decorticaverit, etc.* Titulus habet, *de caballo Excorticato.* Sic etiam habetur vox *Excorticare*, eadem notione in Lege Ripuar. tit. 86. et in Edicto Rotharis Reg. Longob. tit. 105. § 15. 16. [** 340. 441.] At Bignonius ad dictum tit. 68. Legis Salicæ monet in aliquot Codd. MSS. haberi *Decotaverit*, id est, caudam abstulerit, aut *Curtaverit.* Ita ut *Decorticare* perperam scriptum sit pro *decurtare* : nam et *curtatos caballos* dici supra observatum, quibus cauda decisa est.

¶ **DECOSTAMENTUM**, Expensa, sumtus, Gall. *Coust, Depense.* Charta Officialis Claromont. ann. 1354. apud Baluz. Hist. Geneal. Arverniæ tom. 2. pag. 319 : *Quousque eidem Domino Amedeo... de prædictis decem milibus dictorum florenorum dicti auri erit et fuerit plenarie et integre satisfactum, ac omnia universa et singula damna, Decostamenta, interesse et expensas.* Chartular. Æduense in Instrumento emptionis ann. 1329 : *Resarcire ipsorum venditorum... omnes expensas et damna, Detestamenta et interesse, misias atque deperdita sive sumptus.* Legendum *Decostamenta* pro *Detestamenta.* Vide *Custus.*

¶ **DECOSTARE**, Constare, Gall. *Couter.* Informationes Civitatis Massil. de passagio transmarino, ex MS. San-German. : *Item Decostabit navis cum suo fornimento, et apparatu, et cordis, quinque millia lib. Turon. parvorum.* Pluries occurrit ibi. Charta Guillelmi Abb. Floriac. ann. 1316. : *Tantum defalcetur, quantum Decostant emptiones prædictæ.* Inquisitio ann. 1323. in Hist. Dalphin. tom. 1. pag. 41. col. 2 : *Postmodum ab ipsis hominibus recuperari fecit in duplo, seu duplex pretium quam Decostiterant, sic opprimendo subditos suos.* Computum ann. 1324. ejusd. Hist. pag. 132. col. 1 : *Decostat quælibet teysia* LX. *sol.* Occurrit rursus apud Rymerum tom. 3. pag. 684. col. 2. et in Transactione inter Abbatem et Monachos Crassenses ann. 1351. ex Libro viridi fol. 53.

¶ **DECOTARE**, Caudam auferre. Vide *Decorticare caballum.*

* Aliud sonat Gallicum *Descoter*, per costas nempe vulnerare, percutere, in Lit. remiss. ann. 1385. ex Reg. 128. Chartoph. reg. ch. 36 : *Icellui Jehan saicha un coutel et en Descota lidiz Massins par le corps, tellement que trois jours apres la mort s'en ensuy.* Vide supra *Costatus.*

¶ **DECOUSTAMENTUM**, ut *Decostamentum.* Charta Johannis Boherii ann. 1409. apud Baluz. Hist. Arvern. tom. 2. pag. 413 : *Resarcire.... omnia et singula dampna, sumptus, missiones, Decoustamenta, interesse et expensas.*

¶ **DECOUSTARE**, ut *Decostare. Quolibet pede Decoustante* XII. *den.* in Hist. Dalphin. tom. 1. pag. 132. col. 1. Vide *Custus.*

DECREDERE, Non credere, fidem derogare, *Décroire. Mécroire*, in Statutis S. Ludovici lib. 1. cap. 54. 66. S. Bernardus Epist. 289 : *Intervenit Andreas, cui in nullo Decredere possumus.* Iterum Epist. 291. [et lib. 3. de Consideratione.] Petrus de Vineis lib. 2. Epist. 2 : *Cui nullo modo ex fide possemus promissa Decredere, nec ex affectione preces quantumcumque gravissimas obaudire.*

Discredere, Eadem notione. Commodianus Instruct. 1 :

. . . . Quod Discredunt inscia corda.

Instruct. 25 :

Ergo si quis ea Discredit esse futura.

Adde Instructionem 29. 65. Hincmarus Laudunensis Episcopus : *Domnus Rex... qui priori die dixerat se mihi nihil ex sua parte Discredere, minatus est, etc.* Sanctus Bernardus Epist. 158 : *Multi se audivisse nunc perhibent, quibus Discredendum non est.* Utuntur non semel Scriptores, [** Virgil. Grammat. pag. 25. 59. 63. Jul. Valer. de reb. Alex. lib. 3. cap. 58.] Beda in Ep. Apologetica pag. 2. Ailredus Rievallensis, Fulbertus Carnotensis Epist. 4. Sugerius apud Doubletum pag. 875. Simeon Dunelmensis lib. 4. de Dunelm. Ecclesia cap. 6. Baldricus Dolensis in Translat. capitis S. Valentini n. 2. Vita S. Deicoli Abbat. Lutrensis n. 15. Vincentius Belvac. lib. 31. cap. 86. Ratherius Veron. in Apologet. pag. 231. Orderic. Vital. pag. 370. 739. Ermenricus de Mirac. S. Othmari cap. 21. etc.

¶ **DECREPITAS**, Senectus decrepita, in Vita S. Bibiani Sancton. Episc. apud Marten. tom. 6. Ampliss. Collect. col. 761. et in Laudibus Papiæ apud Murator. tom. 11. col. 36.

* *Décrepite*, nostris olim, pro *Décrepitude*, infirmitas, languor. Lit. remiss. ann. 1446. in Reg. 178. Chartoph. reg. ch. 46 : *Icelle Jaquette.... avoit tenue depuis six ans ença en grant maladie et Décrepite une femme,... par leurs sorceries.*

¶ **DECRESCERE**, Eleganter dixit Tertullian. de Pœnitent. cap. 11 : *Ad occursum majoris cujusque personæ Decrescentes*, id est, Corpus inclinantes, venerationis testandæ gratia.

¶ **DECRET**, δογματίζει, συλλογίζει, *Decernit*, in Supplemento Antiquarii.

* Glossar. Lat. Gr. : *Decret*, δογματίζει, συλλογίζεται.

DECRETA, Jurisconsultis, dicuntur quæ Princeps causa cognita et parte utraque audita pronuntiat. Glossæ Basilic. : Δέκρετον, ἀπόφασις Βασιλέως καὶ ἄρχοντες. At sequiori ævo obtinuit, ut Summorum Pontificum Edicta et Statuta propria appellatione *Decreta* appellarentur. Papias : *Decreta, Instituta propric Papæ sunt, præcepta vero Regum.* Ejusmodi vero Decreta *Decretalium regulas, et regulas præsulum Romanorum, quibus in omnibus Ecclesiasticis judiciis utimur*, vocat Leo IV. PP. in Epist. ad Episcopos Britanniæ cap. 6. Nicolaus I. in Epist. 6. ad Photium : *Decretalia autem quæ a sanctis Pontificibus primæ Sedis Romanæ Ecclesiæ sunt instituta, cujus auctoritate atque sanctione omnes Synodi et sancta Concilia roborantur, et stabilitatem sumunt, etc.* Adde Concilium Romanum ann. 863. cap. 5. De auctoritate vero Decretorum Summorum Pontificum, multa habent præterea idem Nicolaus I. PP. Epist. 42. Concilium Romanum ann. 1074. cap. 3. Bernaldus Presbyter Constantiensis lib. de Reconcilial. lapsorum pag. 259. 260. etc.

Decreta ista Pontificia, atque adeo Conciliorum Canones præcipuos, in unum corpus sub certis titulis redegere Regino, Burchardus Wormaciensis, Anselmus Lucensis, et Ivo Carnotensis : deinde Gratianus, qui sub Eugenio PP. III. vixit, cujus Compilatio, quod ab Ecclesia recepta sit, prima dici solet, de qua copiose egit vir doctissimus Stephanus Baluzius in Præfatione ad Antonii Augustini Dialogos de Emendatione ejusdem Gratiani.

Exhinc, aliam Decretalium Collectionem aggressus est Bernardus Circa, Papiensis Præpositus, mox Faventinus Episcopus, et sub iisdem fere titulis, quibus Gregoriana Collectio hodie constat, redegit. Hanc ipse *Breviarum Extravagantium*, alii postea *Primam Collectionem Decretalium* appellarunt. In ea exstant Alexandri III. Lucii III. et aliorum ad Cælestinum III. rescripta.

Secundam Collectionem Bernardum imitati confecere Gilbertus atque Alanus, quibus nomen præripuit Jo. Gallensis Volaterranus, qui post 12. a prima Compilatione annos, eorumdem Pontificum Rescripta collegit, itemque Cælestini III.

Tertiam Collectionem incœperat Bernardus Major Compostellanus Archidiaconus ex Registris Innocentii III. eaque aliquando *Romana Compilatio* dicta est. Sed offensi Romani quod usu judiciorum minus recepta referret, ab eodem Innocentio impetrarunt, ut Pontificia auctoritate aliqua Collectio ederetur. Cui rei Petrus Beneventanus Notarius præfectus est anno ejusdem Pontificis duodecimo. Tunc primum publica auctoritate facta Collectio Juris Pontificii est, cum superiores omnes Collectiones privata auctoritate exaratæ essent.

Quartæ Collectioni causam præbuit Concilium Lateranense, in quo idem Innocentius capita 71. edidit, sed et illo quinquennii spatio post tertiam Collectionem aliquot ediderat Constitutiones. Ita duplex exstat Editio, altera Canones ejus tantum Concilii continens, altera alias quoque Constitutiones. Has quatuor veteres Collectiones edidit Antonius Augustinus, Ilerdensis Episcopus, et notis illustravit.

Quinta Collectio Honorii III. Constitutiones habet a Tancredo Bononiensi Archidiacono collectas sub ipsius Pontificis nomine. Hanc edidit Innocentius Cironus. Vide Anton. August. ad Collect. Decret. Francisc. Florentem in Præfat. ad. lib. 1. Decretal. Gregor. IX. Cæsarem Egassium Bulæum in Hist. Universitat. Parisiensis tom. 3. pag. 98. [et Petrum *Coustant* in Præfatione tom. 1. Epistolarum Rom. Pontificum.]

Decretista, *Qui studet in Decretis.* Jo. de Janua. Utitur Cæsarius lib. 11. cap. 46 : *Magistri Decretistæ*, qui Professores Juris Canonici, in Charta ann. 1228. apud Catellum in Hist. Tolos. pag. 334. Otto de S. Blasio cap. 47 : *Decretistas quoque de multis inutilibus et lectionem gravantibus concordantiis reprehendit.* [Occurrit semel et iterum in Statutis Academiæ Paris. apud Acherium Spicil. tom. 6. pag. 383. et 385. *Decretorum Doctor* appellatur in Concilio

Toletano anni 1326. etc.] [** *Decretalista* in Statut. Univers. Bonon. lib. 1. pag. 19. rubr. de Statut. Iidem sunt *Canonistæ*. Vide Savinii Histor. Jur. Roman. med. temp. cap. 22. § 191.]

* *Discretistre*, in Mirac. Mss. B. M. V. lib. 2 :

Tout plaideeur, tout Discretistre,
Tout avocat et tout legistre, etc.

¶ **DECRETALE**, Constitutio, Statutum, Decretum. Charta XI. sæculi ex Archivo S. Victoris Massil. armar. Forojul. n. 10 : *Cernentes Decretale omnino irrumpi non debere paternum, maximeque Ecclesiasticum, etc. Decretale precum*, quo scilicet preces Deo fundendæ decernuntur ab Episcopis, apud Baluzium tom. 1. Capitul. col. 199. Vide alia notione in *Decretum*.

¶ **DECRETALES**. Epistolæ summorum Pontificum *Decreta* complectentes, seu responsa iis, qui aliqua de re illos consulunt. De his Gelasius PP. in Synodo Rom. anni 494 : *Item Decretales Epistolæ, quas beatissimi Papæ pro diversorum Patrum consultatione dederunt, venerabiliter suscipiendæ sunt.* Prima Decretalis quæ ad nos pervenerit, Epistola Siricii est ad Himerium Episcop. Tarraconensem : aliæ omnes, quas Isidorus impostor noni sæculi Siricii prædecessoribus affinxit, spurias esse et supposititias agnoscunt hodie eruditi omnes. De earum suppositione consule, si velis, D. Petrum *Coustant* in Præfatione tom. 1. Epistol. Rom. Pontif. nn. 153. et seqq. Vide *Decreta*.

* **DECRETALIS** Monachus, Litibus prosequendis præfectus, ni fallor; vel Juris canonici professor. Serm. anonymi Ms. ex Bibl. Selincurt. ord. Præmonstr. diœc. Ambian. : *Beatus Benedictus instituit tres magistros aliorum in suo ordine, scilicet abbatem, priorem et procuratorem rerum temporalium : sed modo diabolus de novo substituit quartum, scilicet monachum Decretalem, qui dilapidat bona totius domus et perturbat omnes fratres.* Vide mox *Decretista. Decretalle*, Fustis genus vocarunt nostri. Lit. remiss. ann. 1342. in Reg. 74. Chartoph. reg. ch. 11 : *Icellui Regnaut avoit feru d'un baton, appellé Decretalle, ledit Nicolas parmi la teste si grand coup, que ledit Nicolas estoit cheu à terre.*

¶ **DECRETALITER**, juxta Patrum Decreta et sacros Canones. Occurrit apud Acherium Spicil. tom. 2. pag. 176.

¶ **DECRETARE**, Decernere. Passio S. Medici Martyris tom. 5. Junii pag. 8 : *Quid decretasti circa salutem tuam amice?* Insuper Decreto firmare in Onomastico ad calcem tom. 1. SS. Maii, Gall. *Decreter*. Hist. Dalphin. tom. 2. pag. 399. col. 1. in Ordinatione anni 1340 : *Faciat Decretari qualiter super ipsis supplicationibus fiant litteræ opportunæ.* Ibid. pag. 397. col. 2 : *In audientia litterarum Decretandis supplicationibus ac litteris sigillandis, et perceptio juris sigilli, modum et formam servare debeat* (Cancellarius) *infrascriptas.* Et infra : *Item, dictis supplicationibus admissis vel Decretatis, dictus Cancellarius inter Notarios proportionaliter distribuat, sicut decet.*

¶ Decretatio super Litteris, Eadem notione ibidem.

* **DECRETATA** Papyrus, Notata, signata, ut fides ei adhibeatur, ex *Decreto* principis vel juridice inscripta. Charta ann. 1391. in Reg. 141. Chartoph. reg. ch. 95 : *Notum fieri volumus universis nos reperiisse in recognitionibus dalphinalibus.... per dominum Guigonem Borelli commissarium in hac parte ab excellentia dalphinali specialiter deputatum, receptis.... in quadam papiru desuper Decretata, recognitiones universitatis ac singularium personarum de Podiis* (S. Petri.)

¶ **DECRETIO**, *Decretum vel Dispositio.* Papias MS. Bituric.

¶ **DECRETISTA**, Decretorum Doctor. Vide post *Decreta*.

* **DECRETOR**, Judex, arbiter. Glab. Rodulph. tom. 10. Collect. Histor. Franc. pag. 7 : *Romanorum principem, imperatorum Decretorem, datoremque legum, atque ordinatorem pontificum, etc.*

* **DECRETORII** Dies. Vide infra in *Dies* 5.

DECRETUM, Epistola Cleri et populi Ecclesiæ Episcopalis missa ad Metropolitanum et Episcopos diœceseos Metropolis, qua eum, quem in Episcopum elegerunt, ab iis ordinari et consecrari postulant. Τῆς χειροτονίας τὸ ψήφισμα, Palladio in Vita Chrysostomi pag. 39. Edit. Emerici Bigotii. Istiusmodi Epistolæ formula exstat in Ordine Romano, hoc lemmate : *Decretum quod Clerus et populus firmare debet de electo Episcopo.* Aliæ compluscula habentur in Diurno Romano cap. 2. tit. 2. 3. 4. cap. 3. tit. 1. apud Sirmondum ad calcem tomi 2. Concil. Gall. pag. 647. et seqq. et tom. 3. pag. 430. apud Petrum Priorem S. Joan. Senon. Epist. 3. Usserium Armachanum in Epist. Hibernicis Epist. 25. 33. 40. in Probat. Histor. Cabilonensis tom. 2. pag. 78. Gul. Prynneum in Libertatib. Angl. tom. 2. pag. 354. etc. Adde Anastasium in Conone PP. et Ordericum Vital. lib. 10. pag. 776.

Decretale vero in Diurno Romano cap. 3. tit. 3. appellatur Epistola cleri et populi ad Papam, vel ad Metropolitam, qua rogatur, ut electus consecretur Episcopus.

Per *decretum* vero fieri dicitur Episcopus qui a Clero et plebe legitime electus est, et postea a Metropolitano et Episcoporum consensu publice decernitur Episcopus, viso electionis decreto, ab omnibus rite subscripto. Ita in Epistolis Symmachi I. PP. 5. et 6. ad Cæsarium Arelat. in Concilio Arvern. can. 2. Aurelian. IV. can. 5. Aurelian. V. can. 11. Suession. II. act. 1. 3. etc. Gregorius Turon. de Vita S. Maurilii Episc. Andegav. MS. cap. 13. de ejusdem Sancti electione : *Ideoque in unum non valebant venire Decretum.* Infra : *Mox pari Mente ac voto in unam venere sententiam.* Vide Liberatum Diac. cap. 20. Epistolam synod. Concilii Tricassini ann. 867. Epist. Cleri Senonensis tom. 2. Concil. Gall. Gregorium M. lib. 2. Epist. 19. lib. 7. Ind. 2. Epist. 51. 52. 89. Joannem VIII. PP. Epist. 221. Lambertum in Vita S. Heriberti Archiep. Colon. n. 7. veterem Schedam de Episcoporum ordinat. editam post Capitularia Baluziana pag. 1372. eumdem Baluzium in Notis ad Concilia Narbon. pag. 161. et Notas nostras ad Cinnamum. [** Glossar. med. Græcit voce Ψηφίζειν.]

DECRIMINARE, In crimen vocare, accusare. Rotharis Rex Longob. tit. 4. Legis suæ § 3 : *Si quis uxorem suam Decriminaverit.... quasi adulterasset, etc.* [** Grimoald. cap. 7. Murator. legit *incriminaverit*.]

¶ **DECRUSARE**, [** Decrustare.] Johan. Iperius in Chronico S. Bertini ad ann. 1148. inter Anecd. Marten. tom. 3. col. 644 : *Ecclesiæ thesauri distrahuntur, ciboria, feretra ceteraque jocalia auro et argento Decrusantur.* Lege *Decrustantur*, id est, evelluntur incrustationes auri, nisi forte mavis a Græco χρυσός, Aurum, effictum esse *Decrusare* vocabulum. [** Adalberti Miracul. S. Heinrici cap. 4. ap. Pertz. vol. Script. 4. pag. 812 : *Quidam edituus... furtis cœpit assuescere et in ipsa æcclesia quæque poterat clanculo decrustabat.*]

¶ **DECTURA**. Vide in *Directum* 3.

* **DECTUS**, pro *Deccus* vel *Decus*, Terminus, limes. Pactum ann. 1410. tom. 9. Ordinat. reg. Franc. pag. 561. art. 25 : *Quatuor consules, pro nunc existentes in villa Lautrici, utantur eorum officio consulatus, et illud exerceant in dicta villa Lautrici et ejus Dectis et pertinentiis solitis et consuetis.* Vide *Deci*.

DECUBARE, *Vigilare*, Ugutioni; ἐκκοιτεῖν, Græcis. Wallones etiam nunc dicunt *Découcher*, pro *de lecto surgere*. Gloss. Lat. Gr. : *Decubis*, μνηστήρ, ἀπόκοιτος. Vide *Excubiæ*.

* Lit. remiss. ann. 1372. in Reg. 104. Chartoph. reg. ch. 136 : *Ouquel hostel ledit chappellain demoura et coucha celle nuit; et quant il fust lendemain Descouché, etc.* Aliæ ann. 1400. in Reg. 155. ch. 298 : *Trouverent ledit Merigot, qui encore estoit couchié ou lit, et sa mere qui estoit Descouchiée. Descouchier* præterea, pro Tempore e lecto surgendi, apud Christ. Pisan. Histor. Caroli V. part. 1. cap. 16 : *L'heure de son Descouchier à matin estoit regléement comme de six à sept heures.* Lit. remiss. ann. 1378. in Reg. 113. ch. 69 : *Au Descouchier au matin ledit Mathieu se feust complaint de ses diz deniers, qui ostez lui estoient.*

DECUBIÆ. Joan. de Janua : *Decubiæ, vigiliæ, vel quod vulgo dicitur Palcæ mulieris, unde dicitur, Hæc jacet in Decubiis, et dicitur a Decumbo, vel a Decubo, quod est jacere in partu, vel in infirmitate.* Ugutio MS. habet : *Vigiliæ, quæ vulgo dicuntur Palæ mulieres :* ubi forte *palæ*, idem valet quod *pallidæ*, cujusmodi esse solent illæ quæ vigiliis gravantur. [Miracula S. Amalbergæ tom. 3. Julii pag. 107 : *Quod si convaluerit infans et annihilaretur illius carnis inflatio, veniret mater, quam cito surgeret a Decubiis, ut B. virgini Amalbergæ filium suum cum oblationibus immolaret.*]

¶ **DECUBIS**, μνηστήρ, ἀπόκοιτος, *Procus, Adulter*, in Supplemento Antiquarii.

¶ **DECUCULLARE**, Cucullum seu vestem monasticam deponere. Hist. Mediani Monasterii pag. 179. e Richerii Chronico Senon. lib. 1. cap. 17 : Monachi *omnes in modico tempore sunt Decucullati, et ita male adunati, dispersi sunt.*

¶ **DECUDES**, *Decuriones*, Glossar. Sangerm. num. 501. et Laurent. in Amalthea ex Glossis. Legendum *Decures* ut apud Festum.

¶ **DECUDIA**, ἐρεσχελία, *Nugæ, Irritamenta*, in Supplemento Antiquarii.

DECULARE, Papiæ, *Decurtare*, quasi culum abscindere.

¶ **DECULCA**, *Valde occulta.* Glossar. Sangerman. n. 501. Legendum *Decults* pro *Deocculta*. Festus habet, *Decultarunt*, *Valde occultarunt*. *Decultare* dictum est, ut *Occultare* ab *Occulo*.

DECULPARE, Culpam eluere, vel a se aut ab aliquo amoliri, Gallis *Déculper*. Consuetudines Lorriaci : *Contra petitionem impetentis per solam manum suam se Deculpabit.*

* Libert. castri Mailliaci ann. 1229. tom. 5. Ordinat. reg. Franc. pag. 717. art. 25 : *Si cui impositum fuerit quod in garena mea in planum venatus fuerit, solo juramento se Deculpabit.* Vide infra *Descolpare*.

DECULTUS. Leges Luitprandi Regis Longob. tit. 39. § 3 : *Si requirere neglexerit, quod per fraudem Decultum est, etc.* [** 59. (6, 6.) Murator. *per fraudem tultum est.*] In margine scribitur, *ablatum*, vice glossematis. [Malim *Occultum*. Vide *Deulca*.]

¶ **DECUM**, Vox efficta a Gallico *Digue*, Moles, agger. Menotus Sermon. Quadragesim. fol. 148 : *Nunquam riparia fuit tam magna sicut est aqua luxuriæ excecans omnes. Nonne sunt ultra pontes et Deca?* Vide *Diccus*.

1. **DECUMANI**, in Ecclesia Mediolanensi, quos modo *Capellanos titulares* vocant, ut auctor est Joan. Puricellus in Monumentis Ambrosianæ Basilicæ pag. 375. 376. quæ quidem *Decumanorum* nomenclatura tum primum legitur circa annum 1000. *Canonici Decumani*, in libro cui titulus *Flos Florum*, fol. 86. pag. 2 : *Ipse beatus Simplicianus* 24. *Canonicos Decimianos* (leg. *Decumanos*) *in Ecclesia majori ordinavit.* Unde licet colligere eosdem esse quos nostri *Canonicos Vicarios*, de quibus suo loco diximus, appellant. Charta Galdini Archiep. Mediolan. apud Ughellum tom. 4. pag. 221 : *Sedes autem et stadia Sacerdotum vel Diaconorum ad vos solos spectare decernimus, adeo ut in ipsis sedibus vobis præsentibus nulli Decumanorum sine vestra jussione sedere liceat : nec ad stadia, cum Missam cantant, per medium Chorum ante vos transeant, sed more solito post sedes vestras ad altare ascendant. Canonici Decumanorum*, in Charta ann. 1200. apud eumdem pag. 1163. 1171. Decumanorum Eccles. Mediolanensis crebra est mentio in veteribus Tabulis apud eumdem Puricellum pag. 359. 360. 369. 375. 413. 425. 541. etc.

¶ 2. **DECUMANUS**, Fluctus vehementior sic nude dictus, quod ut habet Festus, *Fluctus decumanus*, seu *decimus fieri maximus dicitur*. Tertull. de Pallio cap. 2 : *Sic et mari fides infamis, dum et flabris æque mutantibus, de tranquillo probrum, de flustris temperatum, et extemplo de Decumanis inquietat.* Item lib. de anima cap. 52 : *Vis est illa navigiis, cum longe a Caphareis sanis, nullis depugnata turbinibus, nullis quassata Decumanis, adulante flatu, labente cursu, lætante comitatu, intestino repente perculsu, cum tota securitate desidunt.*

¶ Decumanus Limes. Vide *Decimanus*.

* **DECUMBERE**, pro Decurrere, ut legitur in Dipl. Henr. V. imper. apud Lam. in Delic. erudit. inter not. ad Chron. imperat. Leon. Urbevet. pag. 192. Aliud Henr. VI. ann. 1187. ibid. pag. 197 : *Concedimus ut in sæpedicto flumine Arni et in omnibus aliis aquis, quæ sive per allodium, sive juxta allodium monasterii Decumbunt, quælibet utilia sibi ædificia construant.*

¶ **DECUMBITIO**, vel Discumbitio, pro morte vel sepultura, vel etiam requie qua defunctorum animæ potiuntur, non semel occurrit in Vita MS. S. Winvaloei e Bibl. Landevenecensi; unde dictum suspicor *Decumbitio feodi* vel alterius rei datæ, pro Feodo plane *amortisato*, vel Re ita Ecclesiæ concessa, ut inde nihil sibi reservet, qui illam donat. Charta Gradloni Regis Britonum apud Lobinell. tom. 2. Hist. Britan. col. 17 : *Volo illi dare... tribum Petran*, XXX. *villas in Dicumbitione æterna... et omnem plebem Telcruc, excepto Lanlœbon, in Dicumbitione æterna... Crauzon in æternam hæreditatem, Avalpren in Dicumbitionem æternam, Lanloët-qued in æternam Decumbitionem.* Et col. 80. in Charta Alani Ducis pro Johanne Abbate : Donat *decimas vini... præfato S. Guingualoeo ejusque Abbati Johanni in Decumbitione et hæreditate perpetua pro stabilitate regni et pro redemptione animæ suæ.* Tabularium Kemperleg. : *Dedi Monasterio S. Crucis ... in Decumbitione æterna, etc.* Vide *Dicambitio* et *Dicombitum*.

* In locis ex Hist. Britan. laudatis idem sonat quod *Manus mortua*. Vide in hac voce.

¶ **DECUNA**, pro *Decima*. Charta Fundationis Cellæ S. Theobaldi in Annal. Bened. tom. 5. pag. 663. col. 1 : *Sint libera omni Decuna, terragio, impositione et onere, quæ mihi debentur.*

¶ **DECUNATIO**, pro *Decimatio*, in Charta anni 1152. apud Thomasserium in Biturig. pag. 703.

* **DECUNDUS**, an Decimus? Chartul. magn. S. Vict. Massil. fol. 108. v°. : *Spatula una, et emina Decunda, et pannos.* Vide *Decuna*.

¶ **DECURARE**, Nimium curare. Stephanus Episc. in Vita S. Guillelmi Firmati, tom. 3. April. pag. 338 : *Quare fili Decuras transitoria? Quare res quæris retinere volatiles?*

¶ **DECURES**. Vide *Decudes*.

1. **DECURIA**, Idem quod *Decena* 2. Vide supra.

2. **DECURIA**, Nota X. seu incisio quæ in arboribus fieri solet, cum terminorum vicem obtinent. Lex Wisigoth. lib. 8. tit. 6. § 1 : *In arboribus... faciat tres Decurias, quæ vocantur Characteres.* Lex Bajwar. tit. 11. cap. 3. § 2 : *Si hæc signa defuerint, tunc in arboribus notas, quas Decoreas vocant, convenit observare.* Quæ totidem verbis habentur in Lege Wisig. lib. 10. tit. 3. § 3. At in Lege Bajuwar. Edit. Heroldi cap. 15. tit. 3. § 2. sic habetur : *Si hæc signa defuerint, tunc in arborum notis, quas Decorticatas vocant, convenit observare, etc.* [Baluz. habet *Decoreas*, tit. 11. cap. 3. § 2.] Papinian. Respons. tit. 39 : *Aut arbores terminales quæ Decoreas accipiunt.* al. *Decurias.* [Præceptum Caroli Calvi inter Anecdot. Marten. tom. 1. col. 30 : *Terminat prædictus alodis de una parte ad molinos Gudalampadi, qui sunt serti in ripa Urbione, ubi signa supraposita atque Decurias... et sic vadit ad ilicem, ubi factæ sunt Decuriæ.*] *Decussum* et *Decum* vocant Gromatici. Auctor incertus : *Terminus si Decum X. habuerit, quadrifinium exponet.* Innocentius habet, *Decus et plumbum et quaternarios et calcem. Petræ Decussatæ, lapis Decussatus*, apud Siculum Flaccum. *Decusa* eadem notione non semel habetur in Charta edita a Mabillonio lib 6. de Re Diplomat. pag. 464. Vide *Dextri*. [** Vide Grimmii Antiquit. Juris German. pag. 545. et 596.]

3. **DECURIA**, Δέκας. *Decuriæ pellium tintoriarum triginta*, in Epistola Valeriani apud Pollionem in Claudio, sunt fasciculi decem pellibus constantes. Vide *Dacra*.

DECURIALES, Qui erant ex decuriis urbis Romæ, et acta omnia et monumenta servabant, præcipue sententias judiciorum, etc. Vide Henric. Valesium ad lib. 5. Socrat. cap. 18. [*Decurialis*, Tertulliano, ad Decuriam pertinens. *Decurialis numerus* lib. de Anima cap. 37.] [** Vide Savin. Tractat. jur. roman. tom. 2. § 88. not. d. Ἀποδεκεύρις, *Decurionalis*, in Gloss. Græc. Lat.]

DECURIANUM, Decuria, Decenna. Charta Raymundi Comitis Tolosani ann. 1236. in Regesto Tolosano pag. 51. qua forteriçiam de Lugano emit : *Vel in allodio, vel in territorio, aut Decuriano de Luganno, scilicet homines et feminas, . . . domos et casales, etc.*

DECURIARE. Gloss. Lat. Gr. : *Decuriat et decimat*, δεκατεύει, δέκατοῖ.

Decuriare, In ordinem redigere. Charta Edgari Regis Angl. tom. 1. Monastici Anglic. pag. 243 : *Si vero crimen . . . loci Procurator commiserit, agatur rationabiliter de eo, quod de Regis agitur Præposito, ut videlicet, reo rite Decuriato, ac justo ordine depulso, ille qui dignus sit Christi designetur.* Alanus de Planctu naturæ : *Organicorum quoque artificum Decuriata pluralitas prædicti hominis decorabat incessum*; id est, ordinata.

* **DECURIATUS**, *a corte deputatus.* Glossar. Lat. Ital. Ms.

* **DECURIO**, βουλευτής, in Glossar. Lat. Gr. *Decurio, consiliarius*, in Cod. reg. *Decurionalis*, βουλευτικός, in iisdem Gloss. [** Vide Savin. Histor. Jur. rom. med. temp. tom. 1. cap. 2. § 7 et 8.]

¶ **DECURIONATUS**, δεκαδάρχης, *Decurio*, in Supplemento Antiquarii.

* Gloss. Lat. Gr. : *Decurionatus*, δεκαδάρχης, βουλία.

* **DECURIONES**, Viri devotione insignes. Elmham. in vita Henr. V. reg. Angl. edit. Hearn. cap. 13. pag. 25 : *Ea verisimiliter intencione domos præfatas sic prope dictum manerium* (palatium) *situari constituit, ut futuri Decuriones, viz. viri devoti etc.*

* Decuriones Dei, apud Tertull. lib. 2. ad Nat. cap. 8. *cujusque municipii, quibus honor intra muros suos terminatur*, iidem, quos *Deos municipes* vocat Minucius initio Octavii, et qui *Dei topici* dicuntur apud Servium ad lib. 7. Æneid. v. 47.

¶ **DECURIUS**, Equus major, idem qui infra *Dextrarius*. Vide *Canes franci* in voce *Canis*.

* **DECURRENS**, Tignum aut palus, vel Canalis ligneus, per quem aqua decurrit.

Descript. patrim. S. Petri ex Cod. reg. 4189. fol. 41. r° : *Item quilibet de valle Petracchiæ.... debent portare Decurrentes et alia lignamina oportuna pro fortificatione et reparatione dictæ rochæ.*

DECURRENTES. Vide in *Missus*, 2.

* **DECURRENTIA**, Profluens aquæ cursus, Ital. *Corrente*, Gall. *Courant d'eau*, fluvius vel rivus. Charta ann. 1210. apud Ughell. tom. 1. Ital. Sacr. edit. ann. 1717. col. 555 : *Cum omnibus possessionibus suis infra istas Decurrentias, scilicet a flumine Potentino usque ad flumicellum, quod vadit sub montem Zari, et a flumicello extenditur in Montem acutum.*

¶ **DECURTARE** Jura, Ea imminuere, confringere, violare, in Charta ann. 1275. apud D. *Secousse* tom. 3. Ordinat. pag. 63. Alias *Decurtare* proprie Mutilare, ut apud Plinium, *Radices breves ac velut Decurtatæ.*

¶ 1. **DECUS**, Decusa. Vide *Decuria* 2.

* 2. **DECUS**, Terminus, limes, vel tributi genus. Vide supra *Dechi* et *Deci.*

¶ **DECURSARE.** Vide *Decussare.*

DECUSATIM, *Honorabiliter, apte*, in Gloss. MSS. S. Germani Paris. Cod. 524.

DECUSSARE, in Breviloquo, *Adornare, venustare, inde Decussatus, ornatus.* Gl. MSS. : *Decuso, orno.* Papias : *Decusata, ornata.* Alibi : *Decussare, honorare.* Vita S. Deicoli Abb. Lutrensis n. 4 : *Juxta ordinem situum Metensem opulentissimam urbem video non mediocriter Decusatam, cui tantum Divinitas consulere dignata est, ut etc.* Odo Cluniac. lib. 1. de Vita S. Geraldi cap. 12 : *Cum unumquodque membrum sua pulcritudo compsisset, collum tamen ita candidulum, et quasi ad normam videndi Decusatum habebat, ut vix aliud tam gratiosum vidisse te putares.* Baldricus Dolensis in Prologo MS. ad Vitam B. Hugonis Archiep. Rotomagensis : *Nulla Decusata sculptura vel politura, etc.* [Acta S. Maii tom. 6. pag. 749. de S. Carauno Mart. : *Unde immensas divinæ pietati referentes odas, quæ mirabiliter ac indesinenter suos Decussat sanctos prodigiis.* Continuator Bollandi *Decussare* reddit in decuplum augere, a *Decussis*, decem asses, quod etymon non arridet; *Decusare* enim vel *Decussare* a voce *Decus* derivatur, ut habet Johan. de Janua; qui addit, etiam a *de* et verbo *cusare* posse deduci. Non magis placet interpretatio Mabillonii *Decusare* reddentis per *Includere*, in excerpto Epist. Odonis Archiep. Cantuar. quod exhibet in Actis SS. Bened. sæc. 4. part. 1. pag. 725. nota b. ubi sic habetur : *Itaque tantæ tamque dignæ affinitatis delectatus vicinitate, et editiore eas* (S. Wilfridi reliquias) *entheca Decusare, et excerptis de libro vitæ hujus flosculis novo operæ pretium duxi carmine venustare;* hic enim ut alibi *Decusare* ornare est, ac sequenti correspondet verbo *Venustare.*] Abbo lib. 2. de Bell. Parisiac. vers. 608 :

> . . . Decussata tuos gemmis nisi zona
> Nulla fovet lumbos, etc.

Ubi Glossa ejusdem Abbonis, *Decorata.* Henricus Rosla in Herlingsberga :

> Incedit primus regali matre creatus,
> Regalem decorans meritis regalibus ortum,
> Quando Decusatur, sibi conveniunt genus et mos.

Epist. Joannis XII. PP. ad Adalberonem Archiep. Remensem : *Monasterium Monachorum religione Decusatum.* Utuntur Saxo Grammat. lib. 3. Petrus Damian. lib. 2. Ep. 2. Vita S. Heldradi Abbat. Novalic. n. 2. Tietfridus Epternac. lib. 2. cap. 6. et alibi, et alii.

DECUSSATIM, Decenter. Frodoardus in Benedicto PP. :

> Electumque Decussatim splendore venusto
> Affectum repetunt.

¶ **DECUSSATUS** Lapis. Vide *Decuria* 2.

DECUSSIO. Rogerus Hovedenus pag. 785 : *Clerici vero vestri per Cardinalem commotione præmissa ad resignandos reditus quos interim perceperint, cum districtione cogentur, nisi aut auctoritate Romanæ Ecclesiæ, aut Decussione 6. mensium juxta Lateranense Concilium, excepto tempore suspensionis, poterunt se tueri.* Ubi forte legendum *Decursione.*

¶ **DECUSSUM.** Vide *Decuria* 2.

* **DECUSTARE**, Constare, Gall. *Couter.* Stat. Mss. eccl. S. Petri Insul. ann. 1388. ex Tabul. ejusd. : *Quod canonici mutuo de vinis suis in suis domibus existentibus poterunt bibere, scilicet vinum pro vino, sive pro pretio quod Decustabit, sive de quo invicem erunt concordes, et non alias.* Vide supra *Deconstare.* Hinc

* **DECUSTUS**, Expensa, sumptus, Gall. *Coust.* Comput. ann. 1399. inter Probat. tom. 3. Hist. Nem. pag. 151. col. 2 : *Habuit tam pro Decustu dictarum intorticiarum, quam pro cera per ipsum in dictis intorticiis posita, etc.* Vide *Decostamentum.*

¶ **DEDAMNARE**, Sententiam damnationis rescindere. Tertull. de Pudicitia cap. 15 : *Qui sceleris manifestum Dedamnaverit.* Vide ibi Rigaltium.

* **DEDAMNIFICARE**, Damnum reparare, Gall. *Dédommager.* Charta ann. 1319. in Reg. 58. Chartoph. reg. fol. 27. r°. : *Dominus rex obligavit se ad Dedamnificandum et salvandum indempnem dominum Galcherum de Castellione.*

¶ Dedampnificare, Occurrit apud Rymerum tom. 2. pag. 358. et tom. 10. pag. 362. Hinc

* **DEDAMPNIFICATIO**, Damni restitutio, Gall. *Dédommagement.* Charta ann. 1308. in Reg. 40. Chartoph. reg. ch. 117 : *Si propter defectum dictæ publicationis aliqua pars dampnum incurrerit, nos ad ipsius in hujusmodi Dedampnificationem contra te faciemus efficaciter habere recursum.* Vide infra *Disdampnificare.*

¶ **DEDANS**, pro *Dedens.* Fridegodus in Vita S. Wilfridi cap. 1 :

> Maluit angustæ certamen inire palestræ,
> Normalis sese Dedans sub regmine vitæ.

Ibidem cap. 7 :

> Dapsilis ast cunctis, Dedans hermenia vitæ,
> Pauperibus largas præbebat sedulus escas.

DEDASCULUS, pro *Didasculus*, διδάσκαλος. Althelmus de Laude Virginum :

> Porro conflictum gessit Dedasculus idem
> Contra bis senos certantes arte Magistros.

DEDBANNA. Leges Henrici I. cap. 85 : *Qui ad occidendum aliquem innoxium redbanna, vel Dedbanna fuerit convictus, noxæ componat inde solus.* Voces confectæ ex Saxon. dædbana, homicidii auctor et factor, ex dæd, factum, et bana, homicida, vel homicidum. Ræd-bana, maleficii, vel homicidii consiliarius et suasor, ex ræd consilium, et bana, homicidium.

☞ Cl. Scriptor Schilterus per vocem *Bana* crimen quodvis hic intelligit, additque se nescire quo auctore Cangius interpretationem suam confirmet; Cangii sponsor locuples Somnerus qui *Bana* reddit *Interfector, homicida.*

DEDECOROSUS, Turpis, infamis. Salvianus lib. 6. de Gubern. Dei : *Dum inter turpia ac Dedecorosa ridemus, scelera committimus.* Lex 13. Codicis Th. de Hæret. (16,5:) : *Qui docere se dicunt, quod aut nescire, aut dediscere sit Dedecorosum.* Utitur etiam Aurelius Victor in Maximiano. Vide *Decorosus.*

Dedecorose, apud eumdem Aurelium Victor. in Nerone.

DEDECUS Curiæ. Liber de mulctis judiciariis in Præpositura Bituricensi editus a Thomasserio, cap. 1 : *Et est assavoir que le Prevost de Bourges ne paye nulle amende de sentence qu'il donne contre aucune personne; car il est Juge Royal, et pour ce ne doit nulle amende, et n'y à que* Dedecus Curiæ.

¶ **DEDICA** Possessio, f. pro *Dedicata*, ut sit Clericorum propria. Canones Hibern. inter Anecd. Marten. tom. 4. col. 4 : *Nemini Clericorum auferri debet locus quem anni circulo inhabitaverit, super quem Ecclesiam, id* (id est) *domum suam ædificaverat. Sed ut possessio Levitica Dedica sibi procul dubio habeatur sempiterna. In hac Synodo judicatum est. In quocumque loco Sacerdos ædificaverit Ecclesiam suam, id* (id est) *domum suam in uno anno hereditas ejus erit sempiternum.* [* F. pro *Dedita*] [** An *de dica?*]

1. **DEDICARE**, Incipere. S. Cyprianus Epist. 33. de Lectore : *Hoc die auspicatus est, dum Dedicat Lectionem.* Commodianus Instr. 53 :

> Ille parat dona, ille pro victoria lætus
> Suscipit, et proprium satellem Dedicat esse.

Gesta Constantini M. : *Palatium usque ad perfectum fecit, quem non Dedicavit.* i. incœpit. Vox etiam Tertulliano familiaris.

2. **DEDICARE.** Gilbertus Lunicensis Episcopus de usu Ecclesiastico : *Dedicat etiam Pontifex atrium, templum, altare, tabulam altaris. Dedicare enim est locum Deo offerre, benedicere, et sanctificare.* [Etiam Latinis Dedicare Consecrare est. Cic. pro Archia cap. 8 : *Smyrnæi delubrum Homero Dedicaverunt.* Gl. Lat. Græc. : *Dedicat*, καθοσιοῖ, ἀφιεροῖ, ἀφοσιοῖ.]

¶. 3. **DEDICARE**, Celebrare. Donatio S. Rudesindi pro Monasterio S. Salvatoris de Cella-nova, inter Concil. Hisp. tom. 3. pag. 181. col. 2 : *Festa vero S. Archangeli Michaëlis Dedicetur sæpe in memoriam filii mei.* Epistola Balduini Imp. Constantinop. de ejusd. urbis expugnatione per Latinos ann. 1204 : *Hæc est quæ Christum solis Dedicat honore picturis.*

DEDICATIO, Festum Dedicationis Ecclesiarum. Gloss. Lat. MS. Regium : *Dedicationes, Encænia.* Seu potius dies festus Sancti cujuspiam Ecclesiæ vicanæ patroni, qui non ipsorum duntaxat vicanorum, sed etiam vicinorum pagensium concursu celebrari solet : unde Regiis olim *securita-*

tum privilegiis munitus legitur. Leges Edwardi Confess. cap. 3 : *Ad Dedicationes, ad Synodos, ad Capitula venientibus . . . sit summa pax.* Ibidem : *In Parochiis, in quibus Dedicationis dies observatur.* Vide Consuetudinem Insulanam art. 29. De populorum concursu ad annuas dedicationum festivitates, sic Gregorius Mag. Homil. 14. in Evang. : *Certe sic ubi populus nundinas celebraret, si ad alicujus Ecclesiæ Dedicationem denuntiata solennitate concurreret, festinaremus omnes simul inveniri, et interesse unusquisque satageret, etc.* Vita S. Popponis Abbatis num. 44 : *Ac deinde eundem Encæniorum diem ex concursu populi ulterius celebrem decrevit. Unde etiam usque in præsens, undecumque a populis, ad præscriptum diem accurrendi mos inolevit.* [** Vide Glossar. med. Græcit. voc. Ἐγκαίνια et Ἐνθρονίζειν, col. 342. 500. et Append. 63. B.]

* Pro festo dedicationis *Dédication* dixerunt nostri. Lit. remiss. ann. 1361. in Reg. 84. Chartoph. reg. ch. 153 : *Le jour de la Dédication saint Denys, qui fut le xiiie.* (rectius infra in Ch. 180. xxive.) *jour de Fevrier. Ducation*, eadem acceptione, in Charta ann. 1305. ex Reg. 13. ch. 41 : *L'an de grace mil trois cent et cinc le jeudi apres la Ducation S. Denis.* Vita J. C. Ms. :

Ce fu lor Dédiscation
Qui fu el temple Salemon.

* Pro festo Sancti *Dedicasse* et *Ducasse* usurparunt. Lit. remiss. ann. 1397. ex Reg. 153. ch. 114 : *Comme le jour de la feste Nostre Dame my-Aoust, l'exposant feust alez esbatre en la ville d'Enquery à une feste, que l'en appelle au pays* (Boullennois) *ququermesse ou Dédicasse, etc.* Aliæ ann. 1396. in Reg. 150. ch. 282 : *L'exposant, qui demouroit lors en la ville de Valenciennes, s'aloit esbattre ou moustier ou estoit la Ducasse ou feste, appellée saint Vast.*

In ejusmodi vero dedicationibus solennes epulas usu celebratas docemur ex Sidonio lib. 4. Epist. atque inde postmodum dedicationis vocabulum in malam partem tractum est, ac pro commessatione publica sumptum, quod qui ad ejusmodi festa in vicos ire solent, non tam pietatis, quam comessationibus et ludicris indulgendi causa eo confluant : hinc etiamnum apud inferiores Gallos, *faire la Ducace*, est genio et ebrietati indulgere. Gregor. Mag. lib. 9. Epist. 71 : *Et quia boves solent* (Angli) *in sacrificio dæmonum multos occidere, debet his etiam hac de re aliqua solemnitas immutari, ut die Dedicationis, vel Natalitio sanctorum Martyrum, quorum illic reliquiæ ponuntur, tabernacula sibi circa easdem Ecclesias, quæ ex fanis commutatæ sunt, de ramis arborum faciant, et religiosis conviviis solemnitatem celebrent, etc.* Adde eumdem lib. 1. Epist. 52. 54. et Joannem Diaconum lib. 2. Vitæ ejusdem Gregorii cap. 37. Ejusmodi paganorum convivia et epulas ad anniversaria sacrorum suorum solennia attigit Gregorius Turon. in Vita B. Maurilii Episcopi Andegavensis MS. cap. 20. Neque alia notione *Dedicationem* usurpavit Cæsarius Heysterbach. lib. 12. cap. 41 : *Miles quidam erat nomine Rundigerus, sic totus deditus vino, ut diversarum villarum Dedicationes, tantum propter bona vina frequentaret.* Quas quidem comessationes attigit etiam Paulin. Nat. 9 :

Sed rursum redeamus in atria, conspice rursum
Impositas longis duplicato tegmine cellas
Porticibus, metanda bonis habitacula digne,
Quos huc ad Sancti justum Felicis honorem
Duxerit orandi studium, non cura bibendi.

Idem infra :

Verum utinam sanis agerent hæc gaudia votis,
Nec sua liminibus miscerent pocula sanctis.

Sane Antisthenes ἑορτὴν, γαστριμαργίας ἀφορμὴν vocitavit. S. August. Ep. 56 : *Voluptuaria sabbatorum convivia.* Et Sidonius lib. 1. Ep. 2. *Luxum sabbatarium* dixit, quod festivis diebus in conviviis publicis privatisque major esset luxus, ut observat Sirmondus ad hunc locum. Sed ejusmodi convivia abrogavit Romana Synodus sub Eugenio III. cap. 35. et Concilium Cabilonense cap. 19. interdixit etiam Edgarus Rex in Canonibus Saxonicis cap. 28. Anniversarios porro Dedicationis Basilicarum dies celebratos ex veteri consuetudine, docent Felix PP. IV. in Epist. apud Burchardum lib. 3. cap. 58. et Sozomen. lib. 2. cap. 25. Vide quæ observavimus de Ædis Sophianæ encæniis.

☞ In Ecclesiarum Dedicationibus id potissimum cavebatur ne in iis aliqua sepulta jacerent corpora defunctorum, adeo ut e tumulo eruerentur, post Dedicationem iterum humanda, si quæ in iis, quamvis multo ante, sepulta fuissent. Charta ann. 1230. tom. 2. Hist. Meldensis inter Instrum. pag. 126 : *Cujus* (Dom. Hugonis de Oysi) *corpus sepultum fuerat in hac Ecclesia ante majus altare, antequam dedicaretur, et requieverat per quadraginta et unum annos, quando extractum ab Ecclesia pro Dedicatione facienda, sicut decet, et celebrata Dedicatione reportatum fuit in Ecclesiam, et ab Episcopis superius nominatis sublumatum.*

* Ritus observandi in ecclesiarum solemni dedicatione pluribus describuntur in Reg. visitat. Odonis archiep. Rotomag. ab ann. 1248. ad ann. 1269. ex Cod. reg. 1245. fol. 197. r° : *In dedicatione ecclesiæ, inprimis fiat tentorium ante portas ecclesiæ ubi reponantur reliquiæ, ymagines et Corpus Domini : fiant ibi vigiliæ in honore Dei et reliquiarum, nocte præcedente diem dedicationis. Ipsa nocte remaneat ecclesia omnino vacua; et si qua corpora sunt in ea sepulta, amoveantur; non pulsetur in adventu archiepiscopi; duodecim candelæ ponantur infra per xij. cruces; quæratur crisma et oleum sanctum et duæ patenæ calicum : item incensum grossum et minutum, et duo thuribula vel saltem unum : item ponatur cupa plena aquæ ante fores ecclesiæ et alia infra : item fiat crux de sabulo a dextro cornu altaris usque ad sinistrum versus portam : item a sinistro juxta altare usque ad dextrum versus portam : item in quolibet brachio crucis ponantur cineres per viginti quatuor loca : item quatuor scabella et carrelli ubi archiepiscopus recumbat in letaniis : item scala per quam possit attingere ad cruces : item scutella plena cineris et altera salis et potus vini : item mantilia ad extergenda altaria : item pro quolibet altari benedicendo coopertura linea : item pro quolibet altari benedicendo quinque cruces : item stupæ et paleæ ligneæ ad removendum ignem et vasa ad mittendum eumdem : item duo cerei qui præcedant archiepiscopum : item reliquiæ ad ponendum in altaribus : item cals et sabulum ad liniendum altaria, et cæmentarius sit paratus : item fontes sint mundi et vacui : item parati sint duo diaconi induti albis, quorum unus serviet archiepiscopo, alter includetur in ecclesia : item provideatur quod ecclesia possit libere circuiri : item aqua parata sit pro manibus et ignis pro thuribulis : item vasa ad portandum aquam et scutellæ ad jactandum : item fiat aspersorium de ysopo.*

* Sine licentia vero regia vel domini terræ non dedicabantur ecclesiæ; quæ interea asyli privilegio non gaudebant, neque in iis defunctorum corpora sepelire solitum erat. Hæc docent nos Literæ Caroli V. ann. 1368. ex Reg. 99. Chartoph. reg. ch. 300 : *Charles etc. Scavoir faisons.... nous avoir oye la supplication des maire, eschevins et communauté de la ville d'Aumalle, contenant que comme environ quatre ans a, l'eglise de ladite ville eust esté dediée et sacrée, qui oncques ne l'avoit esté, et y pouoit on prendre malfaiteurs, ne n'y enterroit on aucunes personnes paravant icelle dedication, combien que en ladite eglise fussent faiz tous autres sacremens; laquelle dedication fu faite par la promotion et pourchas du curé d'icelle eglise, qui pour le temps estoit, donnant à entendre auxdiz supplians, que puisque en ladite ville avoit commune, celle dedication se pouoit bien faire sans aucune licence : et de fait y amena un evesque commissaire de nostre tres cher cousin Philippe d'Alençon arcevesque de Rouen, sans le sceu desdiz supplians, qui ladite eglise benist et sacra, selon ce qu'il est accoustumé à faire en tel cas; et pour ce que lesdiz supplians, adjoutans foy et créance à leurdit curé, le souffrirent, il sont à present poursuis par les officiers de nostre tres chiere dame la royne Blanche, et en sont en procés à Neufchastel, duquel ressort il sont en douaire; et encore se doubtent qu'il ne peussent être poursuis pour ce mesmes fait par nos officiers au temps à venir, pour ce que plusieurs tiennent que à nous appartient la cognoissance de ce, mesmement que nostredite dame n'en est que douairiere, et la chose regarde héritage et propriété.... Pourquoy nous... à iceulx supplians remettons.... toute peine, offense, amende et finance, en quoy il pourroient pour ce estre encouruz envers nous etc.* Vide *Encœnia.*

* Dedicatio, Actio qua quis ecclesiæ vel hospitalis servitio se devovet et consecrat, cujus formula exstat inter Form. MSS. ex Cod. reg. 7657. fol. 9. r°.

1. **DEDICERE**, Contradicere, negare. Sugerius in Ludov. VI. cap. 15 : *Quod si quid horum vestrates aut Dedixerint aut dicere dissimulando noluerint, etc.* Reg. Majest. lib. 3. cap. 8. § 10 : *Sed si sigillum aliquod Dedicatur, et per collationem probari poterit.* Statuta Willelmi Regis Scotiæ cap. 29 : *Potest bene warantiam illam Dedicere.* Consuetudines Teneræmundæ ann. 1233. cap. 18. apud Lindanum lib. 1. Tener. cap. 9 : *Si vero aliquis ea quæ a Scabinis judicio, vel testimonio fuerint affirmata, Dedixerit; unicuique Scabinorum qui Dedicti fuerint, 60. sol. persolvet.* Eadem haben-

tur in Libertatibus MSS. villæ S. Desiderii in Campania ann. 1228. [et in Charta Philippi Aug. ann. 1194. pro Atrebatensibus.] Adde Fletam lib. 1. cap. 31. § 2. cap. 38. § 1. lib. 2. cap. 44. §. 4. cap. 50. § 1. et Perardum in Burgundicis pag. 266. [Anonymum in Carmine tom. 5. Annal. Bened. pag. 652. col. 2. et alios.]

Desdicere. Fori Oscenses Jacobi I. Regis Arag. fol. 36 : *Dicat . . . quod ille quem reptaverat, non meretur malum de facto illo unde ipsum reptaverat, et Desdicat se ter, et sic alius sit salvus.*

2. **DEDICERE**, Devulgare. Glossæ MSS. ad Conc. Antioch. cap. 4 : *Dedicerint, devulgarint.*

* 3. **DEDICERE**, Denegare, Gall. *Dénier, refuser.* Chron. Joan. Whethamst. pag. 378 : *Suggesserunt utique ipsi sibi, decere regem largum esse et liberalem, neminique quicquam Dedicere, qui vellet ab ipso aliquid per viam supplicationis humiliter postulare.*

** 4. **DEDICERE**, Idem quod *Diffidare* et *Contradicere*, Germ. *Absagen.* Confœder. Otton. IV. Imper. inter et Marchion. Brandenb. ann. 1212. ap. Pertz. vol. Leg. 2. pag. 221 : *Promisit regi Daciæ suisque fautoribus Dedicere.*

DEDICTUM. Gaufredus Monachus de Rebus gestis in causa Gisleberti Porretani : *Ergo sicut Rex, inquam, vestrum dictum et Dedictum habetis.* Gall. dicunt, *Vous avez vostre dit et vostre Dédit.*

* **DEDIGNANTIA**, *Desdegnance*, in Glossar. Gall. Lat. ex Cod. reg. 7684. Vide infra *Desdinosus.*

DEDIGNARE, Respuere, dedignari. Lex Alemann. tit. 41 : *Et Dedignet eum audire, et spernat eum.* Ita Edit. Heroldi. Ubi *Dedignetur*, in aliis Edit.

¶ **DEDIGNATIO**, Indignatio. Acta SS. Martii tom. 1. pag. 412. de B. Petro a Castro novo Mart. : *Servis servilem incutientes timorem, minantes eis rerum deprædationem, Regum ac Principum Dedignationem intonantes, etc.*

DEDIGNE, Indigne. Chron. Nangii ann. 1280 : *Rex Franciæ ferens graviter Dedigne, quod, etc.*

DEDILIGERE, ab amicitia discedere, *Cesser d'aimer.* Stephanus Tornac. Ep. 71 : *Confido quia quem dilexistis privatus, non Dediligetis promotus.* [Petri Blesensis Epist. apud Acherium tom. 8. Spicil. pag. 435 : *Quem semel dilexit, vix Dediligit.*]

¶ **DEDITI.** Vide *Deditui.*

DEDITITII, Οἱ μετὰ τὸ ληφθῆναι, τῇ τῶν νικησάντων πολεμίων ἐξουσίᾳ ἑαυτοὺς ἐπιτρέψαντες, in Gloss. Lat. Græc. Speculum Saxonic. lib. 3. art. 44. § 2 : *Et ex his qui juri derogabant suo, Dedititiorum conditioni subjiciebantur.* In leg. 16. Cod. Th. de Tironib. (7, 13.) *Dedititii* fœderatis junguntur : *Præcipue sane eorum servos, quos militia armata detentat, Fœderatorum nihilominus et Dedititiorum.* Ubi *Dedititii* sunt, qui ultro ex gentibus ad Romana castra transibant, nullo ad id icto fœdere, et eorum copiis sese adjungebant, et, ut loquitur Ammian. lib. 20 : *Gentiles, qui relictis laribus suis ad Romanos transibant.* Vide *Datitii.*

¶ **DEDITUI**, Rustici qui educandis apibus præsertim occupabantur, quique in speluncis habitare consueverant; unde Saxonica lingua *Gothsekin*, quasi *Cotsethi* seu *Cotarii*, inquit Ludewig. utpote qui in *Cotis*, id est, tuguriis sederent. Ex eorum mellificiis Domini feudales censum aliquem percipere solebant, unde in Privilegio Theodorici Landgravii Thuringiæ ann. 1296. Monasterio Dobirlucensi *conceduntur mellificiorum jura et eorum redditores qui Deditui dicuntur*, apud eumd. Ludewig. tom. 1. pag. 168. Et pag. 165. in Privilegio ann. 1296 : *Debitores mellificiorum, qui vulgo Dediti appellantur, et eorum mellificiorum jura vendidimus.* Ibid. pag. 171. in Privilegio anni 1297 : *Donavimus mellificia et eorum solutores, qui Dediti nuncupantur.* Privilegium anni 1276. ibid. pag. 112 : *Nos Henricus Dei gratia Misnensis Marchio recognoscimus.... quod inter Dominum Abbatem et Conventum in Dobirlug ex una et Dom. Johan. de Sunnewalde ex parte altera, pro duabus villis Boren novo et Boren antiquo contentio verteretur, idemque Johannes affirmaret, quod cum rustici dictarum villarum sui essent Dediti, non possent bona sua præter ipsius voluntatem et consensum vel vendere aut quomodolibet alienare, aliter prædicto Dom. Abbate contrarium asserente; Nos de consensu tam ejusdem Dom. Abbatis, quam præfati Johannis per interlocutoriam sive sententiam requisivimus a subscriptis Bodone et Ottone, etc. qui omnes communiter affirmabant, quod prædicti rustici prædictarum villarum, non obstante, quod essent Dediti prædicti Johannis, bona sua præhabita possent vendere, dare, aut quocumque modo alienationis alienare, nec esset necesse suum consensum vel voluntatem requirere, super eo adjicientes, quod idem Johannes nullum judicium vel jurisdictionem habere deberet in eosdem; sed si pro melle, quod sibi debetur, repetendo seu petendo, aliquid acctonis habuerit contra ipsos, illud prosequi debet coram præfato Domino Abbate justitia mediante.* Hæc fusiora quidem, sed ad notitiam conditionis Dedituorum haud inutilia.

* **DEDITUS**, Casu et fortuito oblatus. Lit. remiss. ann. 1358. in Reg. 86. Chartoph. reg. ch. 321 : *Supplicantes memorati ...... vocati ad quærendum et effodendum vaissellam argenteam, jocalia atque bona supradicta, ... ipsi maligno spiritu temptati, credentes bona talia..... quasi de aventagio et Dedita existere, quædam de dicta vaissella.... clam ceperunt.*

DEDOCERE. Goffridus Vindocin. lib. 3. Ep. 12 : *Annuam pecuniam extorquere Dedocuit.*

* **DEDUCATUS**, pro Deductus, in Scacar. S. Mich. apud Rotomag. ann. 1230. ex Reg. S. Justi Cam. Comput. Paris fol. 23. v°. col. 1.

¶ 1. **DEDUCERE**, Gall. *Deduire*, Enarrare, exponere. Charta Henrici IV. Regis Angl. ann. 1405. apud Rymer. tom. 8. pag. 425 : *Ad aures quarumdam nobilium personarum, tanquam invidiæ facibus succensi, susurratorie Deduxerunt, quod præfatus Magister Petrus de nobis quemdam annuum censum pro termino vitæ suæ, ad finem quod matrimonium hujusmodi debitum sortiri posset effectum.* Vide *Deductio* 1.

* 2. **DEDUCERE**, Peragere. Divisio jurisdict. villæ Chableiarum in Chartul. Camp. fol. 258. v° : *Si vero ibi fuerit duellum, duellum Deducitur coram præposito, etc.*

¶ **Deducere Sacramentum.** Capitulare Pippini Regis ann. 793. art. 29. apud Baluz. tom. 1. Capitul. col. 548 : *Et talis sit ipse Advocatus, liber homo, bonæ opinionis laicus aut Clericus, qui sacramentum pro causa Ecclesiæ, quam peregerit, Deducere possit juxta qualitatem substantiæ, sicut lex illorum habet.* Capitula excerpta ex Lege Langobard. apud eumd. Baluz. tom. 2. col. 337. art. 25 : *Singulis Episcopis, Abbatibus, Abbatissis duos concedimus Advocatos habere, unum qui causam procuret, alium qui sacramentum Deducat.* [** Vide Grimm. Antiquit. Jur. Germ. pag. 893.]

* 3. **DEDUCERE**, f. pro *Dedicere*, Contradicere, negare, vel Declarare. Charta H. episc. Matiscon. ann. 1234. in Chartul. Cluniac. : *Hugo de Petra Campi ecclesiæ Cluniacensi in capitulo et Petro Barnesse merciam clamavit super morte dicti Johannis Barnesse, patris ejusdem Petri, et Deduxit ac negavit quod ipsum Johannem non inquirebat persequendo, sed fortuitu invenit.*

¶ **Deducere se**, Sese gerere, Gall. *Se conduire.* Barthii Glossar. ex Anonymi Hist. Palæst. cap. 19 : *Sic itaque robuste et prospere Deducebat se Tancredus donec Antiochia esset capta.* Cap. 11 : *Ipsique Christiani nequiter Deducebant se, quia palatia urbis sternebant et ardebant.*

* Lit. remiss. ann. 1363. in Reg. 95. Chartoph. reg. ch. 97 : *Potavit ultra mensuram vinum, seque calefecit et movit inordinate, et alias se Deduxit circa mulieres.* Galli eodem sensu dicimus, *se démener auprès des femmes.*

¶ 1. **DEDUCTIO**, Narratio, expositio, Gall. *Deduction, Narré.* Delegatio Basileensis Synodi pro Roberto de Rupecula Abbate contra Ludovicum Badati, inter Instrum. tom. 3. novæ Gall. Chr. col. 241 : *De et super nonnullis pecudibus, summis et bonis mobilibus, rebusque aliis in Deductionem processus latius exprimendis.* Vide *Deducere.*

2. **DEDUCTIO**, Animi oblectatio, ex Gallico, *Déduit.* Constitut. Siculæ lib. 1. tit. 52. de Judicib. : *Si a litigantibus aut impetrantibus esculenta et poculenta, seu injectas, aut Deductionem recepisse.. probentur.* Guill. *de Baldensel* in Hodœp. : *Vidi psittacos mirabiliter instructos, gestibus suis homines mirabiliter ad Deductionem provocantes.* Joan. de Beka : *Quam* (historiam) *vestræ reverentiæ pro quotidiana Deductione transmittimus.*

* Glossar. Gall. Lat. ex Cod. reg. 7684 : *Deductus, déduits.* Eodem nomine appellatur id omne, quod *Deductui* inservit, in Lit. remiss. ann. 1470. ex Reg. 196. Chartoph. reg. ch. 293 : *Serfs, biches, sengliers, et autres Déduiz et gibiers, etc.* Vide infra *Deportare* 2.

Deductus, Eadem notione, in Inquisitionibus de forisfacturis forestar. § 13. Locum habes, in *Trista.* Le Reclus de Moliens in suo *Miserere* :

> Chil qui nuevent les Deduis faire,
> Sunt chil qui querent les Deduis.

DEDUCTIOR Paulo Numerus, Minor, in leg. 11. Cod. Th. de Medicis. (13, 3.)

DEDUCTORIUM. Sic appellat Paschasius Lilybitanus Episcop. in Epist. ad Leonem PP. Canalem, per quem effluunt aquæ fontium baptismalium : *In cujus baptisterio nocte SS. Paschali, baptizandi hora, cum nullus canalis, nulla sit fistula, nec aqua omnino vicina, fons ex se repletur, paucisque qui fuerint, consecratis, cum Deductorium nullum habeat, ut venerat aqua, ex sese discedit. Cloaca* dicitur Gregorio M. Homil. 17. in Evang. [Palladius lib. 12. cap. 6. sect. de Castanea : *Locus Deductoria liquoris accipiat, ne humor insidens limo, germen extinguat.*]

DEDUCTUS. Vide *Deductio* 2.

* **DEELMANNI**, Bonorum peræquatores, a Belgico *Deel*, pars, portio, et *Mann*, homo. Vide Sanderum tom. 1. fol. 192.

¶ **DEEQUITARE**, Equo dejicere. Chronic. Dominici de Gravina apud Murator. tom. 12. col. 677 : *Hungari cum eorum arcubus circumdantes in momento omnes Theotonicos ipsos Deequitarunt ab equis, et cum ensibus ferientes in illos, octo ex dictis Theotonicis occiderunt in campo.*

¶ **DEESTIMARE**, Non æstimare, non existimare, non putare. Oratio Ratbodi Noviom. Episc. de Annunciatione ann. 1081. in antiquo Lectionario S. Eligii ejusd. urbis Monasterii num. 3. pag. 29 : *Quicumque igitur hac Conceptione se redemptos non Deestimant.*

DEFABRICARE, Destruere. Epistola synodalis Concilii Duziac. I : *Pardulus Episcopus... altare S. Mariæ Laudunensis Ecclesiæ pulcre satis ornavit, quod iste Defabricavit.*

* Chron. Domin. de Gravina apud Murator. tom. 12. Script. Ital. col. 700 : *Murum civitatis.... cum cultellis et securibus Defabricari cœperunt, etc.*

* **DEFACERE**, Deffacere, Abolere, abrogare, nostris alias *Deffaire*. Testam. Rog. I. comit. Carcass. ann. 1202. inter Instr. tom. 6. Gall. Christ. col. 21 : *Sicut scriptum est, sic habeat firmitatem ista scriptura. Ego Rogerius non hoc Defaciam.* Ubi *Desfaciam* edidit D. *Vaissete* tom. 2. Hist. Occit. col. 160. Charta ann. 1203. in Chartul. Campan. fol. 301. v°. col. 1 : *Nos reddemus eidem* (Theobaldo) *litteras suas, per quas Deffacit communiam S. Memmii.* Alia Hugon. ducis Burg. ann. 1208. in Chartul. eccl. Lingon. ex Cod. reg. 5188. fol. 12. v°. : *Libenter tollam illam communiam et Defaciam.* Lit. Caroli regent. ann. 1359. ex Memor. D. Cam. Comput. Paris. fol. 20. v°. : *Deffaçons et abolissons toute note et tache, que il pourroient avoir encouru de fait ou autrement. Deffaire* vero, pro Damnum restituere, emendare, etiam dixerunt. Charta prior. et monach. Luxov. ann. 1266. ex Chartul. Campan. fol. 403 : *Nos vos mandames que an ne nos a riens Deffait ne rendu de quanque avons ot an covant, ne deffossés, qui sont antores par nostre moster de Lixu.* Alia Theob. comit. Campan. ann. 1231. tom. 5. Ordinat. reg. Franc. pag. 550 : *Et se li dux par aventure encontre ses lettres lor forfaisoit riens,.... se le requeroie le duc qu'il le déefeist; et se il ne le voloit Deffaire, se (je) le feroie Deffaire en bonne foy.* Vide *Diffacere.*

¶ **DE FACILI**, Facile, in Anecdot. Marten. tom. 1. col. 1333. apud Rolandinum Patavin. lib. 12. de Factis in Marchia Tarvisina cap. 1.

¶ **DEFÆCATIO**, Purgatio. *Defæcatio carnis*, apud Tertull. de Anima cap. 27. *Defæcatio senectutis*, apud Pacianum Parænesi ad Pœnitentiam inter Concilia Hisp. tom. 2. pag. 97.

* **DEFAISIUM.** Vide infra *Diffasium.*

* **DEFALCAMENTUM**, De summa decessio, deductio. Charta ann. 1338 : *Nec non et in Defalcamento et solutione debiti superius dicti et expensarum factarum per ipsum clericum.* Vide *Defalcatio* 1.

¶ **DEFALCARE**, Hisp. *Defalcar*, Ital. *Difalcare*, Gall. *Defalquer*. Deducere, subtrahere. Testam. Woltheri apud Ludewig. tom. 2. pag. 255 : *De qua quidem zala dabit prædictus Vicarius Celerario Resensi pro decima modium hordei, quem Defalcabit de decima Arnoldi.* Charta Henrici IV. Duc. Siles. ann. 1288. apud eumd. Ludewig. tom. 5. pag. 432 : *Ipsiusque proventus multiplicent, non Defalcent.* Charta Philippi Arbosii Episc. Tornac. ann. 1366. pro Ecclesia S. Martini Cortraci apud Miræum tom. 2. pag. 1242. col. 2 : *Deficientes in præmissis privati sint lucro distributionum, quas lucrati fuissent in dictis Vesperis et Missis alta voce celebrandis remanendo, et tantumdem de suo amittant, quod eis deficientibus Defalcetur de his quæ proximo lucrati erunt, vel lucrabuntur in Ecclesia prædicta.* Rursum occurrit supra in *Decostare*, apud Baluzium tom. 6. Miscell. pag. 323. Rymerum tom. 8. pag. 238. etc. *Defalcare* Columello est Falce secare. A *falce* igitur deductum vocabulum, unde etiam dictam volunt legem *Falcidiæ eo quod falcem injiceret legatis.*

¶ 1. **DEFALCATIO**, Detractio, deductio. Acta SS. Aprilis tom. 2. pag. 718. de S. Wernhero puero : *Tota pecunia absque ulla Defalcatione.* Statuta Joannis Episcopi Leodiensis ann. 1287. inter Anecdota Marteniana tom. 4. col. 860 : *Item, committimus Decanis, quod inquirant de Ecclesiis Defalcatis, et nobis referant, quod Ecclesiæ sunt Defalcatæ, et per quos et in quibus : et nos omnes Defalcationes Ecclesiarum minus legitime factas revocamus, et præcipimus sub pœna excommunicationis omnibus qui bona Ecclesiarum habent per Defalcationem minus legitime factam, quod ea Ecclesiis a quibus sunt Defalcata restituant, et de receptis satisfaciant eidem infra quatuor menses a tempore præsentis Concilii : alioquin omnes dicta bona sic Defalcata detinentes, si sint personæ Ecclesiasticæ vel Religiosæ suspendimus a divinis; si laicæ sint, eas excommunicamus.* Hoc in loco Defalcatio est Usurpatio rerum Ecclesiæ ratione debiti.

* 2. **DEFALCATIO**, Feni sectio, in Chartul. Crisenon. fol. 71.

* **DEFALCATURA**, Diminutio, subtractio. Lit. official. Paris. ann. 1380. in Reg. 118. Chartoph. reg. ch. 428 : *Et quando sacus, in quo hujusmodi bumbucinium positum fuerat et ponderatum, debuit ponderari pro faciendo Defalcaturam, Gallice rabat, ut moris est, etc.*

* **DEFALLENTIA**, Defectus, apud Menag. in Observat. ad Ling. Gall. tit. 2. pag. 99.

* **DEFALSARE**, defraudare. Charta Renati comit. Prov. ann. 1467 : *Quapropter, quia præsidia principum facienda maxime venerandis ecclesiis, sic sunt exhibenda et observanda præstantius, ut exsolvatur eis integre debitum, nec Defalsetur in aliqua cujusvis malignitatis astutia.*

DEFALTA, Defectus, Eremodicium : ex Gallico, *Defaut*, vel Anglico *Defalte* : vox Practicis frequens. Habetur in Regiam Majest. lib. 1. cap. 8. § 11. cap. 12. § 7. in Quoniam Attach. § 4. apud Bractonum [** Glanvill. lib. 1. cap. 8.] et Practicos Anglos passim. Vide *Defauta.*

¶ Defaltum, Eadem notione apud Rymer. tom. 15. pag. 249. col. 1.

Defalta, Negligentia, in Vitis Abbatum S. Albani pag. 98.

DEFAMARE, *Convitiari, famam auferre.* Joan. de Janua. [*Publice Defamatus*, apud Rymerum tom. 2. pag. 932. Vox nota Gellio.] [* Vide infra *Diffamatio.*]

¶ **DEFANARE**, Profanare. *Spatiosa Defanata*, apud Arnobium.

¶ **DEFARINATUM**, Semen in farinam comminutum, Tertulliano lib. adv. Valent. cap. 31.

¶ **DEFAUCIO**, Aversio, Oppositio. Vide *Faucio.*

* **DEFAULTARIUS**, Qui deficientes divino officio, seu absentes a choro notat. Stat. eccl. Rotomag. ann. 1361. apud Marten. tom. 8. Ampl. Collect. col. 1531 : *Eorum* (capellanorum) *Defaultarii eos in defectu ponant, ac si in dicto officio non fuissent, et eisdem Defaultariis sub eorum juramento et pœna perjurii districte præcipimus, ut quotiescumque aliquem viderint, ut supra dictum est, recedentem, ipsi statim eum in defectu apponant.*

* **DEFAUTA**, Deffauta, Vadimonium desertum, non obitum, simul et mulcta ob id exsolvenda, Gall. *Défaut.* Scacar. apud Cadom. ann. 1234. in Reg. S. Justi Cam. Comput. Paris. fol. 27. v°. col. 1 : *Quando domina petit dotalium suum, reus non habebit nisi unam essogniam; et post Defautam citabitur reus ad assisiam, et si venerit, dabit Defautam, et faciet dotalium; si non venerit, rex faciet.* Scacar. Abrinc. ann. 1236. ex Cod. reg. 4651 : *In placito de debito vel catallo, si una Deffauta attingatur contra debitorem vel demandatorem, postquam super hoc fuerint in curia, perditur querela, secus si ante.* Vide *Defalta* et *Defectus* 4.

** **DEFECARE**, A fæce purgare, vacuum facere. Reinard. Vulp. lib. 4. vers. 606 :

Defecat nimium prodigus exta sopor.

Vide *Defæcatio* et Forcellinum in *Defæco.*

¶ **DEFECIT**, Morbi genus, Languor, forte phtisis. Vita S. Johannis Hispani, tom. 5. Junii pag. 144 : *Eo in loco tanti fervoris, tantique regularis districtionis extitisse refertur, ut præ nimio jejuniorum exercitio abstinentiarumque frequentia, gravem in se morbum pectoris, qui Defecit a Medicis vocatur, conciperet.*

** **DEFECTARE**, Culpam in se admittere. Henrici IV. Imperat. Constit. de pace ann. 1083. ap. Pertz. leg. tom. 2. pag. 56 : *Si* *alio modo vel pugno sive fuste vel lapide percutiendo Defectaverit, detondeatur et excorietur.* Vide *Defectus*, 2.

DEFECTARII. Vide *Derectarius.*

¶ **DEFECTIO**, *Animi desponsio.* Barthii Glossarium ex Baldrici Hist. Palæst. : *Defectionem obsessorum.* Vide *Defectus* 1.

DEFECTIVA Febris, Intermittens, apud Cælium Aurelian. lib. 2. Acutor. cap. 10.

* 1. **DEFECTIVUS** dicitur Judex vel feudalis dominus, qui vassallo jus sibi fieri postulanti vel plane denegat, vel curiæ suæ placita differt, ultra quam leges feudales permittant. Charta Phil. V. ann. 1320. in Reg. 60. Chartoph. reg. ch. 2 : *Cum per judicium curiæ .... dictum fuisset comitissam Attrebatensem et ipsius justitiarios dominæ de Auxeio fuisse Defectivos in jure sibi faciendo, et ipsam dominam a dicto juris defectu legitime appellasset, etc.* Vide *Defectus* 3. et infra *Deficere* 3.

* Deffectivus, Qui fidem seu promissa non servat. Lit. Phil. Pulc. ann. 1313. inter Probat. tom. 2. Hist. Nem. pag. 11. col. 2 : *Flandrenses omnes qui fuerint sic vel erunt inhobedientes et Deffectivi dictam pacem tenere, ad eam tenendam faceremus compelli.* Vide *Defectus* 5.

* 2. **DEFECTIVUS**, Vitiosus, depravatus, Gall. *Déffectueux.* Stat. MSS. eccl. Tull. collecta ann. 1497. fol. 101. r°. : *Ita quod si panes et danratæ hujusmodi invenirentur Defectivæ, executio earum.... competet nobis seu dicto præposito. Défectif*, Mancus cui aliquid deficit, in Lit. remiss. ann. 1397. ex Reg. 153. Chartoph. reg. ch. 151 : *Et aussi ait icellui Raoulin navré et decoppé Jaquemart d'Amerval escuier, telement et si inhumainement qu'il en est Defectif d'oye. Défaurre* vero, pro *Défaillir*, Deficere. Charta ann. 1292. ex Tabul. S. Joan. Laudun. : *Nous promettons... pour chascune semaine en laquelle nous défaurriens ou paiement de ladite rente,.... dis sous de Parisis averques la rente, qui deseur est expressée.*

1. **DEFECTUS.** *Defecta prædia*, in Cod. Th. leg. 3. de Censitorib. (13, 11.) *Defectæ domus*, in leg. 3. de Indulg. debit. (11, 28.) *Maisons Defaites*, destructæ. Viri *fœnei ac Defecti*, in eadem lege, *Gens de paille*, uti vulgo loquimur. *Defectio prædiorum*, in leg. 12. Cod. Just. de Annona et tribut. (10, 16.) *Abandonnement.* Decretum Synodi Sardic. in Fragment. S. Hilarii pag. 35 : *Oramus etiam, ut præcipias tot Episcopos qui Arimino detinentur, inter quos plurimi, qui ætate et paupertate Defecti sunt, ad suam provinciam remeare.* Vide *Afantica.*

2. **DEFECTUS**, Transgressio legis, statuti, in primis Statutis Roberti I. Regis Scotiæ cap. 12. § 5. Charta Libertatum oppidi de S. Paladio in Biturigib. ann. 1279 : *Dicti homines solvent de clamore 20. den. Paris. de Defectu, 5. solidoram Parisiensium tantummodo, et nihil ultra.*

3. **DEFECTUS** Justitiæ dicitur, cum judex, vel feudalis dominus, vassallo jus sibi fieri postulanti, vel plane denegat, vel Curiæ suæ placita differt ultra quam Leges feudales permittant. Ita Philippus Bellomanerius MS. cap. 61. cujus quidem delicti cognitio ad Regem nude spectat. Leges Henrici I. Regis Angl. cap. 59 : *Defectus justitiæ, ac violenta recti detentio primo, secundo, ac tertio secundum legem requisiti, commune Regis placitum est super omnes.* Adde cap. 33. Vel certe ad dominum superiorem. [** Vide Glanvillam lib. 6. cap. 5. 6. et lib. 12.] Quippe ex Legibus feudalibus si vassallus dominum suum de *Defectu Justitiæ* in Curia domini superioris appellaret, et in Curiam domini sui jus ab eo recepturus remitteretur, ab illo pro arbitrio emenda mulctabatur. Si e contra dominus in justitia facienda defecisse convictus esset, jurisdictionem et Curiam, quam habebat in vassallum, amittebat, mulctabaturque graviori emenda erga dominum superiorem, qui exinde sub-vassallo jus dicebat. Stabilimenta S. Ludovici lib. 1. cap. 52 : *Quant li Sires vee le Jugement de sa Court, il ne tendra jamais rien de lui, ains tendra le celui qui sera par dessus son Seigneur.* Petr. Fontanus cap. 13 : *Se aucuns Sires est appellé de son homme de Defaut de droit, et il est atains, il pert l'omage, et pert aussi respons en Cort.* Charta Philippi Aug. Regis Franc. ann. 1214. in Tabulario Burguliens. fol. 101 : *Quod Prior haberet justitiam de hominibus de Coldris, et aliis de suo tenemento, donec Curia sua abjuretur pro Defectu juris : et tunc veniant ad Nonancourt partes ad faciendum jus et capiendum, etc.* Arrestum ann. 1224. apud Belforestum in Hist. Franc. : *Joannes de Nigella e contrario respondebat, quod ad Curiam Comitissæ nullo modo reverti volebat, quia ipsa Defecerat ei de Jure et de Defectu juris illam appellaverat ad Curiam D. Regis, ubi paratus erat eam convincere de Defectu juris.* Ita judicatum Arrestis Parlamenti ann. 1309. et 1311. quibus appellans de defectu justitiæ exemptus fuit a jurisdictione Comitissæ Atrebatensis, et ab omni hominio et fidelitate absolutus, dictusque vassallus domini superioris. Et altero O. SS. ann. 1279. idem judicatum fuit contra Regem Angliæ pro domino *de Gimel.* Regestum homagiorum Nobilium Aquitanorum ann. 1273. fol. 44 : *Bernardus Jordani de la Reer Miles.... dixit per juramentum suum quod multotiens requisivit dominam Constantiam, ut faceret sibi jus, et quod non faciebat; et ei Deficiebat in Justitia : dixit quod extunc nolebat esse de Curia del Sere, imo renunciabat omnino, et de hoc habebat Curia in testimonium.* Vide Stylum Parlamenti cap. 26. part. 4. et 5.

Exstat in Regesto Parlamenti signato *Olim*, fol. 127. Charta Phil. Regis Fr. mensis Jun. ann. 1286. confirmata mense Mart. ann. 1302. et a Philippo M. mense Martio ann. 1316. quo Regi Angliæ ad vitam concedit, ut neque ipse, nec illius Senescalli in terris, quas in Francia possidebat, ullam emendam incurrere possit ratione appellationum ab illius vassallis factarum ad Curiam Regiam, *super iniquo, pravo, et falso judicio, vel Defectu juris, seu quocunque alio modo, si super his aliquo casu succumbant, vel convincantur.* Quod si ex appellantibus in eadem Curia succumbant, permittit Officialibus Regis Angliæ, ut mulctas et mendas, in quas ii incurrerint, possint exigere, etc.

Sed priusquam dominus de defectu justitiæ convinceretur, debebat vassallus appellans de defectu, duobus ejusdem feudi Paribus comitatus, per tres dies et tres quindenas dominum de recto sibi faciendo interpellare; quod quidem inter vassallos nobiles obtinebat; nam ignobilibus seu iis qui *tenebant in villenagium*, aliæ erant non adeo solennes formulæ, ut observare est ex eodem Bellomanerio cap. 62. et 67. ubi hanc materiam pluribus exsequitur. [** Vide Glanvill. lib. 12. cap. 7. sqq.] Judicium igitur de defectu justitiæ agitabatur in Curia domini superioris, coram feudi Paribus. Will. Brito lib. 6. Philipp. :

Jus tamen est, et tu rectum esse fateberis, ut qui
Sunt mihi subjecti, subeant examina nostri
Prima fori : qui si Defecero, quod absit,
Judicio Parium tunc me tractabo meorum.

Vide Raguellum verbo *Deni de Justice.*

¶ 4. **DEFECTUS**, Vadimonium desertum, Gall. *Défaut de comparoir.* Consuetud. Brageriaci art. 79 : *Item ad hoc ut dictus creditor gaudere possit de dicto Defectu contra suum debitorem... oportet necessario, quod personaliter citetur, et ei legatur et exprimatur dictum instrumentum et contenta in eo, et quod ei assignetur per dictam citationem certa dies, et per spatium octo dierum ad minus... si alias dicta citatio facta fuerit, dictus creditor de dicta citatione et Defectu minime gaudere possit.* Cod. Legum Normann. apud Ludewig. Reliq. MSS. tom. 7. pag. 320 : *Nec tamen ex Defectu facto post visionem in hujusmodi querela absens vel Deficiens tenetur saisinam amittere.*

¶ 5. **DEFECTUS**, Quo quis non stat promissis. Stipulationes anni 1247. apud Acherium Spicil. tom. 9. pag. 191 : *Nos vero dictus Humbertus... damus dicto Raynaudo fidejussores et obsides... qui ad Defectum nostrum promiserunt... tamdiu tenere ostagia... donec de dicto Defectu præfato Raynaudo... plene fuerit satisfactum.*

¶ 6. **DEFECTUS**, Mors, Obitus, in Glossario Gasp. Barthii ex Baldrici Hist. Palæst.

¶ Defectus Exitus, id est *Hæredis*, cum nullus est hæres. Vide *Exitus.*

Defectus Servitii. Assisiæ Hierosolymitanæ MSS. cap. 231 : *Se le Seignor fait semondre ses homes par le Banier, ou par trois de ses homes, d'aler en Court, et ils ne viegnent, ils sont Defaillis dou service, se ils ne sont essoignés, et que ils facent assavoir leur essoignes as trois homes, ou à Banier. Se il vont en la Court par la semonce dessusdite, celui qui se partira de la Court dou Seignor sans congié, tant comme elle se tenra à celle fois, sera Defaillant de service, etc.*

** Defectum Recuperare, Requirere quod deest. Chart. Albert. Landgr. Thur. ann. 1280. ap. Haltaus. Glossar. Germ. col. 394. voce *Sich Erholen : Incolæ ... villæ Crowelo jure civili et sententiis cum civibus Ysenacensibus gaudentes penitus eisdem, Defectum suum in jure et sententiis, Recuperent apud illos.* Vide Eichhorn. Hist. Jur. Germ. § 258. not. c.

** Defectus Verborum, Vitium, impedimentum Juris. *Appellum Cecilie .... nullatur pro Defectu Verborum appellum facientium*, in Abbrev. Placit. Edw. I. ann. 22. Staff. rot. 31. pag. 290.

DEFEDARE, pro *Diffidare*, in veteri

Charta apud Beslium pag. 393 : *Contristavit se Hugo, et Defedavit Comitem de se, etc.* Vide *Faida.*

¶ **DEFELUS.** Bernhardus *de Breydenbach* Itiner. Hierosol. pag. 277 : *Corpus ejus cathasplasmetur cum argento vivo occiso, cum oleo adjuncta aristologia longa et Defelu.* [* F. Foliis spoliatus, Gall. *Effeuillé.*]

1. **DEFENDERE**, Prohibere, vetare, Gall. *Défendre.* Leges Edw. Confess. cap. 37 : *Usurarios Defendit quoque Rex Edwardus, ne remanerent in Regno.* Usos etiam hac voce notione ista constat priscos Latinos : occurrit enim in Fragmento Legis Agrariæ apud Gruterum 202. Claudium Quadrigarium, Ciceron. lib. 3. Offic. Vegetium lib. 4. cap. 10. et alios.

DEFENSIO, Inhibitio, in Lege Longobard. lib. 3. tit. 4. § 3. [** Car. M. 14.] et in Capitulis Caroli M. lib. 5. cap. 130. [** 201.] Vide *Defensa*, 3.

2. **DEFENDERE.** *Sibi defendere locum, agrum*, Usurpare, sibi asserere, apud Aggenum, Siculum Flaccum, et Frontinum, in leg. 3. Cod. Th. de Maternis bon. (8, 18.) et in Concilio Bracar. ann. 563. can. 21.

DEFENDERE. Lex Wisigoth. lib. 10. tit. 11. § 1 : *Quod si canonem constitutum singulis annis implere neglexerit, terram dominus pro suo jure Defendat; quia culpa sua beneficium quod fuerat consecutus, amittat, quia placitum non implesse convincitur.* Ubi *terras defendat*, videtur sumptum ex Novella 7. cap. 3. § *Quia vero*, versic. *Scire autem.* Quo loco vetus Interpres utitur verbo *Defendere*, pro quo Julianus Antecessor reponit *prædia abstrahere.*

DEFENDERE. Domesdei, in Monastico Anglic. tom. 3. pag. 307 : *Canonici S. Pauli tenuerunt Brenes tempore Regis Edwardi, et se Defendit pro octo hidis. Hæ hidæ geldaverunt et geldant cum Mortelake manerio Archiepiscopi, et ibi sunt computatæ.*

DEFENDERE SE PER PATRIAM. Vide *Patria.*

DEFENDERE SE PER CORPUS SUUM, i. per duellum, apud Bractonum lib. 3. tract. de Corona cap. 26. cap. 32. § 4. et alibi, ut et Practicos cæteros, et Scriptores Anglicos passim.

DEFENDERE, Conservare, sibi reservare. Capitulare 2. ann. 813. cap. 10 : *Unusquisque Comes de herba in suo Comitatu Defendat, ad opus illius hostis, etc.* Vide *Defensa*, 3.

* DEFFENDERE STALLUM SUUM dicitur Canonicus, qui muneri suo impar non est. Charta ann. 1331. inter Probat. tom. 1. Annal. Præmonstr. col. 625 : *Dictus Johannes et hæredes sui in perpetuum præsentent idoneum et aptum canonicum ad stallum suum Deffendendum et ad officium prædictum exequendum.* Sed leg. forsan *Desserviendum.* Vide *Deservire* 1.

¶ 3. **DEFENDERE**, Vindicare, punire. Tertull. lib. 1. adv. Marc. cap. 26 : *Cur enim prohibet admitti, quod non Defendit admissum?* Recurrit sæpius eadem notione apud eumdem Tertullianum, ut et apud vet. Interpretem Irenæi. Vide *Defensa* 1.

* 4. **DEFENDERE**, Denegare, abnuere. Charta convent. inter Henr. reg. Angl. et Rob. comit. Fland. in Lib. nig. Scacar. pag. 10 : *Nec naves Defendentur eis, si eas convenienter conducere voluerint.*

¶ **DEFENDICULUM**, Munitio, qua quis se vel sua defendat et tueatur. Acta SS. April. tom. 2. pag. 718. de S. Wernhero puero : *Pateatque hoc multis manicis et compedibus ferreis magnis, cereis imaginibus et similitudinibus, et pugilum Defendiculis.* Charta Caroli IV. Imp. Rom. ann. 1367. apud P. *Benoit* Hist. Tull. in Probat. pag. XXXVII : *Turribus et propugnaculis, ac aliis munimentis fortificare valeant et munire, ac circa ipsam novas fossatas etiam in viis publicis facere, novas barras construere, et alia Defendicula possint erigere, ac fossatas, barras et Defendicula factas et facta, etc.* Vide *Defensa*, 4.

* **DEFENERAVIT**, *Ditavit*, in Glossar. vet. ex Cod. reg. 7641.

¶ 1. **DEFENSA**, Ultio. Tertull. lib. 2. adv. Marc. cap. 18 : *Incredibile videretur a Deo expectare Defensam, edicendam postea per Prophetam : Mihi Defensa, et ego defendam, dicit Dominus.* Pro quo vetus Interpres Rom. 12. 19 : *Mihi vindicta et ego retribuam.* Vide *Defendere* 3.

2. **DEFENSA**, Tuitio, auxilium, *Defense*, in Historia Cortusior. lib. 1. cap. 6. 10. et alibi non semel. [Chartular. S. Vandreg. : *Je devant dite Eve ai renunchié à tout privilege, et à toute aide, et à toute Deffesse de droit et delai de court laic et de court de chrestienté... fait en l'an de grace* M. CC. IIIIxx. *et* V. Ubi *Defesse* est pro *Défense*, ut infra *Deffesium* pro *Defensum.*]

3. **DEFENSA**, dicitur ager, pratum, vel silva, ubi aut pascua seu animalia immittere, aut aliud quidpiam agere, quod iis noceat, non licet. Glossar. Græco-Lat. : *Defensa*, λήϊον ἐκδικηθέν. Ubi λήϊον, est seges, seu ager consitus. Ita in Consuetudine Normanniæ art. 8 : [*Terres sont aucun tems en Deffens et en autres sont communes.*] *Toutes terres cultivées et ensemencées sont en Deffens, de quoy les bestes peuvent legerement tollir les fruits.* [*Vuides terres sont en Deffens depuis la mi Mars jusqu'à la saincte Croix en Septembre. En autre tems elles sont communes.*] *Deffens*, vel *Deffais*, in Consuetudine Andegavensi art. 171. 172. *Deffois*, in Stabilimentis S. Ludovici lib. 1. art. 148. Lex Bajwar. tit. 9. cap. 12 : *Qui autem signum quod propter Defensionem ponitur, aut injustum iter exscindendum, vel pascendum, vel campum Defendendum... reciderit, etc.* Honorius IV. PP. in Statutis pro Regno Neapol. ann. 1285. apud Rainald. n. 46 : *Prohibemus ne quisquam pro animali silvestri extra Defensam vel limites Defensæ invento... puniatur.* Henric. Knyghton. ann. 1352 : *Idem Dux fecit instaurare prædictum parcum de feris Defensæ Leistrecensis.* Idem ann. 1390 : *Dux Lancastriæ fecit magnam convocationem Magnatum regni ad venandum apud Leycestriam in foresta et Defensa, et in omnibus parcis suis ibidem.* Occurrit præterea in Monastico Anglic. tom. 1. pag. 219. in Vitis Abbat. S. Albani pag. 93. apud Beslium in Comitib. Pictav. pag. 475. tom. 4. Gall. Christ. pag. 889. apud Ughellum tom. 7. Ital. sacr. pag. 807. etc. Vide Leges Scanicas Andr. Suenonis lib. 10. cap. 12. [Hickesii Thesaur. Linguarum Septentr. pag. 163.]

DEFENSIO. Charta Will. Ducis Aquitanor. apud Beslium : *Fratribus Cœnobii S. Cypriani concedimus Defensionem in aqua Chinni, secundum consuetudinem meam : et de cætero nemo sit qui audeat piscari... sine licentia Abbatis, etc.* [Vide *Defensio* 3.]

¶ DEFFENCIO. Statuta Arelat. MSS. art. 35 : *De Deffencionibus pasturarum. Item statuimus, quod quilibet qui fuerit inventus in Deffencionibus, suis bladis, vel vineis, vel pasturarum, vel nemorum, vel pratorum, etc.*

¶ DEFFENSIA, vel DEFFENSIUM. Consuetudines MSS. Augustæ Auscicorum ann. 1301. art. 54 : *Exceptis piscariis et stagnis, columberiis, claperiis et Deffensiis.* Ibid. art. 35. habetur, *Devesiis.*

DEFENSUM, Eadem notione. Charta anni 1218. in Tabulario Prioratus Belliloci in Normannia pag. 162 : *Decimæ dictæ forestæ de pratellis, scilicet essartorum et omnium venditionum tam majorum quam minorum quocunque modo factarum et herbagiorum, Defensorum et omnium rerum et proventuum ad dictam forestam pertinentium.* Monast. Anglic. tom. 2. pag. 114 : *Si ego meos porcos in parco meo, vel in aliquo alio Defenso posuero.* Vetus Inquesta in Regesto Philippi Aug. fol. 169 : *Habet in foresta Andeliaci grossum merremium ad domum suam faciendam... et tigna extra Defensa.* [Charta Henrici Regis Angl. ann. 1155. pro Normanniæ incolis apud D. *Brussel* de Feudorum usu tom. 2. pag. IV. ad calcem : *Nulla riparia Defendatur de cetero, nisi illæ quæ fuerunt in Defenso, tempore Henrici (I.) Regis avi nostri, et per eadem loca et eosdem terminos, qui esse consueverunt tempore suo.* Occurrit in Charta XI. sæculi ex Archivo S. Victoris Massil. armar. Forojul. num. 76. Charta Gaufridi Comitis Castrodun. ann. 1202. Charta alterius Gaufridi Comitis Castri-celsi, ex Archivo Majoris Monasterii, Chartulario S. Vincentii Cenoman. fol. 32. Chartulario SS. Trinit. Cadom. fol. 43. v°. etc. Vide *Devensum.*]

FORESTÆ ET SILVÆ DEFENSÆ dicuntur, quod iis frui nulli liceat, nisi quibus *usagii* aut aliud ejusmodi competit, aut in quibus venari, nisi domino, non licet. *Bois de Deffens*, vel *de garde et Deffense*, in Consuet. Norman. art. 85. Nivern. cap. 17. art. 4. *Bois Deffensables*, in Andegav. art. 182. Cenom. art. 200. Vastani art. 18. Bituric. cap. 10. art. 12. 13. 14. in Lothar. tit. 15. art. 7. *Bois Vetez dits vulgairement Bedats*, vetitæ silvæ, seu defensæ, in Consuetud. Aquensi cap. 11. art. 12. 18. 20. Charta ann. 1190. in Tabulario Ecclesiæ Carnotensis n. 83 : *Sed Vetitum præfati nemoris et custodia ad Comitem spectant. Viæ Vetatæ*, in Charta Ricardi Regis Angliæ apud Sammarthanos in Archiepiscopis Turonensibus. Capitul. 5. ann. 819. cap. 22. lib. 4. Capitul. cap. 65. et Lex Longobardorum lib. 3. tit. 35. [** Ludov. P. 49.] : *De forestibus nostris, ut ubicunque fuerint, diligentissime inquirantur, quomodo salvæ sint et Defensæ. Silvæ Custoditæ*, in Concil. Suession. II. ann. 853. cap. 6. Capitulare de Villis cap. 36 : *Ut silvæ, vel forestes nostræ bene sint Custoditæ.* Monastic. Anglic.

tom. 2. pag. 114 : *Si ego meos porcos in parco meo, vel in haya, vel in aliquo alio Defenso posuero.* Charta ann. 1118. apud Ughellum in Episc. Bovinensib. : *Si in die capti fuerint cum lignis de ipsa silva Defensa, ad judicium ipsius et Præpositi judicentur.* [** Notitia] de Casa Vicecom. in Picton. circa ann. 1110. post Irminon. pag. 378 : *Fera seu venatio in terra S. Nicholai ab aliquo suorum hominum infra Defensum, si ictu ferri vel justæ fortuitu comprehensa fuerit, monachorum erit.*] Domesdei inMonastico Anglic. tom. 3. pag. 306 : *Memorandum quod boscus de Naffoke debet esse in Defenso, dum durat pannagium, videlicet a festo Michaelis usque ad festum S. Martini, ita quod aliena animalia cujuscunque generis domestica non debent teneri vel pasci in eodem sine licentia Firmariorum, per finem faciendum in eodem. Nemus in Defensum ponere, et ab ipsius usagio arcere*, apud Perardum in Burgundicis pag. 139. Regestum Philippi Aug. Herouvallianum fol. 172 : *Haia Lire, et Haia de Aubenas inter cheminum Perre et semitam Decani, et usque ad haiam Catorum sunt Deffensa. Spissa Bosci Arnaldi et Deffensa Cellarii sunt Deffensa, etc. Buissa à Conins Defensables*, in Consuetud. Andegavensi art. 32. 33. *Garennes Défendues*, in Consuet. *de Menetou* art. 23. Arvern. cap. 28. art. 22. *de Trembleivy* art. 8.

Prata Defensa, in quibus pascua et animalia immittere non licet a 15. Martii ad festum S. Crucis, ut est in Consuetud. Normanniæ, art. 82. *Prez Defensables*, in Consuetud. S. Aniani art. 3. Vastani art. 15. Cabrisii art. 6. Bituric. cap. 10. art. 10. Burbonensi art. 525. Arvern. cap. 28. art. 6. Lotharingiæ tit. 15. art. 5. Marchensi art. 354. Juliodun. cap. 19. art. 1. Pictav. art. 196. Santon. art. 15. Aurelian. art. 147. Turon. art. 202. Lineriarum in Biturig. art. 20. Lezaici in Biturig. art. 10. *de Nançay* art. 22. etc. Lex Wisigoth. lib. 8. tit. 3. § 12 : *Qui in pratum in tempore quo Defenditur, pecora immiserit.* Petrus Diaconus lib. 4. Chron. Casin. cap. 20 : *Exceptis silvis, et cultis terris, et pratis Defensis.*

Herbæ Defensæ. Capitulare ann. 779. cap. 17. Capitula Caroli Mag. lib. 5. cap. 139. [** 201.] et Lex Longob. lib. 3. tit. 4. § 3. [** Car. M. 14.] : *Nemo herbam alterius tempore Defensionis tollere præsumat, nisi vel in hostem pergendo, aut Missus noster sit.* Adde Capitulare 2. ann. 813. cap. 10. Vide *Hospitalitas*.

Vineæ Defensæ, *Vignes et jardins sont Defensables en tout temps*, in Consuetud. S. Aniani art. 4. Bituric. cap. 10. art. 9. Burbonensi art. 526. et Pictavensi art. 194.

Venatio Defensa, *Chasse Defensable à grosses bestes*, in Consuetud. Andegav. art. 36. Vide Stabilimenta S. Ludovici lib. 1. art. 148.

Prædia Defensa, *Heritages Defensables clos à fossez et haies*, in Consuetud. Turon. art. 202. 203. S. Aniani art. 1. Bituric. cap. 1. art. 7. Norman. art. 89. Sellensi art. 1.

Mare Defensum, seu Palus. Vetus Charta apud Sammarthanos in Abbatibus Vallis S. Stephani Santon. diœcesis : *Dederunt et furnum, et in saltibus parochiæ ad calefactionem furni necessaria, excepto Defenso mari circumjacente.* Supra *stagnum* et *palus* dicitur quod hic *mare* appellatur.

Aquæ Defensæ. Quoniam Attachiamenta cap. 87. § 1 : *Omnes aquæ, in quibus capiuntur salmones, ponuntur in Defenso ad capiendum salmones a die Nativitatis vel Assumtionis B. Mariæ Virginis, usque ad festum S. Martini*

Defensa, Defesa, generatim pro loco pascuo, vel *prato Defenso*, non semel in Chartis Hispanicis. Hispanis *Dehesa*, *Coto*, locus prohibitus. Charta Garciæ Fernandi Comitis æræ 1010. apud Antonium *de Yepez* in Chronico Ord. S. Benedicti tom. 1 : *Illo ganato Ecclesiæ S. Petri talem foro habeat sicut de illis de illas villas ad pascendum per omnes terminos et in fontes, in paludibus, Defensas etiam, et in molinaris, fluminibus, etc.* Infra : *Si non habuerit. carreta directa, licentiam damus pergat per Devesas, per terras laboratas, per vineas, et limites frangere, etc.* Alia Alfonsi Regis Castellææræ 1115. ibid. : *Fontibus, vallibus, montibus, in Defesis, paludibus, pratis, etc.* Alia Alfonsi VIII. æræ 1227. ibid. : *Cum collociis et solaribus, cum pratis, pascuis, aquis, nemoribus et Defesis, cum montibus, etc.* Alia Ferdinandi I. Regis Castellæ æræ 1100 : *Pratis, paludibus, Defessis, ligneis, etc.* Adde eumdem *Yepez* tom. 5. pag. 444. b. et Michaëlem *del Molino* in Repertorio pag. 164. v. Vide *Devezum.*

¶ Deffendudа, Deffenduta, Provincialibus *Devendudes*. Charta ann. 1242. ex Archivo Montis-rivi : *Exceptis bladis, vineis et Deffendudis.* Transactio ann. 1317. ex Schedis Præsidis *de Mazaugues* : *Nec etiam in terris laboratis tempore quo bladarentur, vel si signatæ fuerint pro Deffendutis; si vero avere hominum et domini dicti castri possit libere pascere, sicut in alio territorio.*

¶ Devendudа. Charta Curiæ Arelat. ann. 1225. de Corsoriis e MS. D. *Brunet* fol. 86 : *Juxta istud Corsorium non possunt Hozpitalerii . . . facere Devendudam in palude vel garriga.* Statuta Massil. lib. 5. cap. 19. § 20 : *Item, si qua avis alicujus venatoris seu venantis equitantis transvolabit, et transvolando in vineam vel devensum, aut Devendudam intrabit, liceat illi venatori vel ejus scutifero, vel alii quem secum haberet ille venator, intrare sine equo et equitante . . . causa . . . recuperandi dictam avem, et hoc sine pœna banni.*

Deffesium, Idem quod *Defensum*. Charta Philippi Regis Franc. ann. 1309. in 2. Regest. ejusdem Regis num. 85. ex Tabulario Regio : *In loco etiam prædicto et extra, mercaturas et denariatas suas vendere poterunt, consueta solvendo deveria, Deffesiaque de cuniculis in suis possessionibus facere, et in Defenso tenere, prout alias fieri consuevit: et qui in dictis defensis venati fuerint, sicut de eo constiterit, emendis multabuntur.* Vide *Boalare*, et *Vetatum*.

* 4. **DEFENSA**, Munitio, arx, propugnaculum, Gall. *Deffense*. Lit. remiss. ann. 1376. in Reg. 108. Chartoph. reg. ch. 335 : *Item quod dictus Girinus .... venit apud Guiorgium, ad locum qui dicitur à la Frayti, ubi pro tuitione et defensione villæ Guiorgii quædam bastida seu Defensa.... posita.* Vide *Defendiculum*, *Defensaria* et *Defensorium*.

DEFENSABILIS Domus, Munita. *Maison de Défense*, apud Galbertum in Vita Caroli Comitis Flandr. n. 173. Gesta Consul. Andegav. cap. 11. n. 3 : *Habentes singuli domos Defensabiles.* [Ibid. cap. 7. n. 3 : *Isti domum Defensibilem habebant. Madox* Formul. Anglic. pag. 118 : *Contra ventum et pluviam Defensibilia facere* ædificia.] [** *Propugnacula et alia munimenta Defensabilia*, in Chart. ann. 1331. ap. Guden. in Cod. Diplom. vol. 2. pag. 1045.] *Naves Defensabiles*, armis et militibus instructæ, munitæ, apud Knyghtonum pag. 2424. [*Homines Defensabiles*, apud Rymerum tom. 4. pag. 781. col. 2. Gallice, *Hommes de Défense. Homines Defensales*, apud eumd. Rymer. tom. 3. pag. 1012.] Le Roman *du Renard* MS. :

> Ne le garra, ne clef ne serre,
> Ne mur, ne fosse Defensable.

Joannes de Condato MS. :

> N'a forteresse ne Defens.

¶ **DEFENSACULUM**, Defensio, propugnaculum, munimen. Peregrinus in MS. Speculo virginum : *Maria Virgo est justis ne ruant Defensaculum.* Vita S. Leonis Papæ IX. April. tom. 2. pag. 662 : *Universa plebs muros ascendit, quasi ob capiendæ civitatis Defensaculum.* Vita S. Marculfi tom. 1. Maii pag. 77. *Sed iste vir sanctus his Defensaculis circumseptus extiterat.* Aug. in Psalm. 67. n. 21 : *Umbra porro ista Defensaculum intelligitur ab æstu concupiscentiarum carnalium.* Chronic. S. Petri Vivi apud Acher. Spicil tom. 2. pag. 758 : *In vitem, quæ ad defendendum in eadem Ecclesia est, ascendit, et ostium post se clausit, in quo Defensaculo jam se miserant aliqui de nostris.* Vide *Plecta*.

¶ **DEFENSALIS.** Vide *Defensabilis*.

¶ **DEFENSARIA**, Munitio vel Arx. Nova Gall. Christ. tom. 2. col. 126. ex Donatione Gaufrici Vicecomitis : *In pago Biturigo, in vicaria Fabriacense, in Defensaria ipsius civitatis, in villa cujus vocabulum est Colangiacus. Data mense Febr. ann. xx. regnante Karolo Rege.* Chartularium S. Sulpitii Bituric. fol. 35 : *Auvarnus Subdiaconus cedit ad Basilicam S. Sulpitii res proprietatis suæ, quæ sunt sitæ in pago Biturigo in vicaria Cortonica in Defensaria ipsam civitatem in villa Nantua.* Vide *Defensa*, 4.

¶ **DEFENSATA** Silva, Eadem quæ *Defensa*, in Legibus Luitprandi. Vide *Defensa* 3.

* **DEFENSATOR**, Qui et *Defensor*, Tribunus plebis, cujus munia describuntur in *Defensor* 2. Placit. ann. 927. inter Probat. tom. 1. Hist. Nem. pag. 19. col. 2 : *Ut auctor vel Defensator Fredeloni de castro Andusiense in ejus præsentia faeimus planctuiram:.: Precanur vos domne Fredelo, actor vel densator* (l. defensator) *cum judices vestros vel ceterasque personas possessio nostra per hanc occasionem non rumpat... Unde laudamus te, vir laudabilis, Defensor Fredelo, nec non et vos honorati, que* (qui) *curas publicas agitis assidue, ut istam planctuiram firmare faciatis.*

¶ **DEFENSATRIX**, Quæ defendit. Legitur apud Miræum Diplom. Belg. tom. 1. pag. 665. col. 2. Baluzium Hist. Geneal.

Arvern. tom. 2. pag. 342. Rymerum tom. 16. pag. 320. col. 1. etc.

¶ **DEFENSIBILIS.** Vide *Defensabilis.*

1. **DEFENSIO**, Asylum, immunitas. Suggestio Germani Ep. tom. 1. Epist. Rom. Pontif. in Hormisda : *Et nisi misericordia Dei et Defensio S. Marci Basilicæ eruisset eos de manibus eorum, ibi perierunt.*

DEFENSUM, Eadem notione, vel potius Septum Ecclesiæ. Charta ann. 1066. apud Joffredum in Nicia : *Donamus ad ipsam Ecclesiam... et hortos duos qui sunt juxta pratum Arnaldi, cum ipso Defenso qui dicitur Altare.*

2. **DEFENSIO**, Protectio. *Defensio sacri Palatii*, in Lege Longob. lib. 1. tit. 2. § 9. [** Aist. 8. adde 10.] *Defensio et mundeburdis Ecclesiarum*, in Formulis veteribus cap. 13. *Defensio Sacerdotalis*, in Concil. Toletano V. cap. 72. *Defensio Religionis*, in leg. 27. Cod. Th. de Episcop. (16, 2.) Charta Edw. I. Reg. Angl. apud Gul. Prynneum in Libertatibus Anglicanis tom. 3. pag. 425 : *Dedi etiam eis omnes Ecclesias non vacantes totius Defensionis meæ, in quibus jus advocationis habeam, etc.*

¶ 3. **DEFENSIO**, forte Idem quod *Defensa* 3. seu Locus defensus. Charta Raymundi Berengarii ann. 1179. inter Instrum. tom. 1. novæ Gall. Christ. pag. 67. col. 2. A : *Concedo in perpetuum Priori et Dominabus de Arta-cella quidquid habeo, vel habere debeo in villa de Cabassa et in territorio ejus, in dominiis, castellaniis, terris cultis et incultis, vineis, pratis, pascuis, usaticis, justitiis, et Defensionibus, et quidquid ibi pro me habetur aliquo modo, etc.* Vide in *Defensa* 3.

¶ 4. **DEFENSIO**, Inhibitio. Vide *Defendere* 1.

* **DEFENSIVA**, Munitio, Gall. *Deffense.* Tract. MSS. de Re millit. et mach. bellic. cap. 98 : *Palatium cum turre circumdatum ab arboribus et postea a fosso pleno aqua, pluvia, opere macanico* (mechanico) *est factum; et habet duas Defensivas,... arbores sunt prima Defensiva; secunda Defensiva, est fossum aqua plenum.* Vide supra *Defensa* 4.

¶ **DEFENSIVA** ARMA, Quibus quis sese defendit ac tegit, Gall. *Armes Deffensives*, apud Rymerum tom. 8. pag. 331. col. 2.

DEFENSIVÆ. Radulfus de Diceto ann. 1153 : *Defensivæ locorum seu Vicecomites locis statuentur statutis.* Et ann. 1198 : *In Marchia principales Defensivæ locorum prope munitionem illam... ad pugnam accincti concurrerunt hostiliter.* Sic porro his locis vocantur *Vicecomites*, quibus locorum seu Comitatuum vel provinciarum cura commissa erat, quo vim et injuriam propulsarent, latrocinia compescerent, pacem publicam custodirent, et ab omni injuria regios subditos conservarent.

1. **DEFENSOR**, Advocatus, in Cod. Th. leg. 2. de Postulando (2, 10.) leg. 3. de Dilation. (2, 7.) apud Symmachum lib. 8. Ep. 17. lib. 9. Ep. 28. lib. 10. Ep. 32. etc. Vide *Advocatus.*

2. **DEFENSOR**, Tutor, in Lege Longob. lib. 1. tit. 30. § 13. [** Ludov. Pii 17.] in Capitulis Caroli M. lib. 4. cap. 22. et in Cod. Theod. leg. 3. et ult. de Tutor. (3, 17.) leg. 1. de Adm. et peric. tutor. (3, 19.) leg. 1. de Denuntiat. (2, 4.)

DEFENSORES CIVITATUM, Syndici, qui suscipiunt negotia civitatum, in Formula defensoris civitatis, apud Senatorem lib. 7. Ep. 11. Apud Ammianum lib. 25. *Silvanus Causarum defensor* dicitur, qui in Chronico Alexandri πολιτευόμενος, id est, *Decurio.* Vide leg. 7. et 18. D. de Munerib. et Honorib. (50, 4.) Sed et

DEFENSORES CIVITATUM dicti, ut olim Tribuni plebis, qui eligebantur civium decretis, in civitatibus quæ civium frequentia celebres erant, ut essent qui disciplinæ invigilarent, plebem et Decuriones ab omni insolentia compescerent, naucleros et mercatores tuerentur, tributa curarent, injurias patientium querelas exciperent, et alia ejusmodi quæ habentur in tit. Cod. Justinian. (1, 55.) et Theod. (1, 11.) de Defensoribus civitatum, de quibus agunt præterea Desiderius Cadurceusis Episcop. Ep. 16. Marculfus lib. 2. form. 27. Formulæ veteres cap. 53. 54. Lex Wisigoth. lib. 2. tit. 1. § 26. lib. 12. tit. 1. § 2. Edictum Theoderici Regis cap. 53. Capitula Caroli Mag. lib. 5. cap. 234. [** 387. e Julian. Nov.] Epistola Severi Episcopi apud Baron. ann. 418. num. 41. Symmach. lib. 1. Epist. 65. lib. 9. Ep. 35. Vide Cujac. in Paratit. et lib. 3. Obs. cap. 14. et Juretum ad Symmach. lib. 9. Epist. 35. [** Savin. Histor. Jur. Roman. med. temp. tom. 1. § 23.]

DEFENSORES ECCLESIARUM, quorum Institutum a Patribus Africanis manavit, qui ab Imperatoribus facultatem sibi dari petierunt, in Concilio Carthag. quod habitum est ann. 407. *constituendi Defensores scholasticos qui in actu erant, vel in munere defensionis causarum, ut more Sacerdotum provinciæ, iidem ipsi qui defensionem Ecclesiarum susciperent, haberent facultatem pro negotiis Ecclesiarum, quoties necessitas flagitaret, vel ad obsistendum obrepentibus, vel ad necessaria suggerenda, ingredi judicum secretaria.* Ita Codex Canon. Afric. cap. 97. Ex quibus patet Ecclesias Africanas antea suos *Defensores* habuisse, sed ex ordine Ecclesiastico. Adde leg. 38. Cod. Th. de Episcopis, (16, 2.) et leg. 7. de Denuntiat. (2, 4.) Vide *Advocatus.*

Erant et Ecclesiarum *Defensores* interdum ex ordine Ecclesiastico, uti diximus. In Conc. CP. sub Agapeto PP. art 2 : Ἰωάννης ὁ θεοσεβέστατος πρεσβύτερος καὶ ἐκκλησιέκδικος τῆς ἁγιωτάτης μεγάλης ἐκκλησίας. De Defensoribus Ecclesiarum ex Clericorum ordine, agunt præterea Concil. Milevit. II. cap. 16. Concil. Afric. cap. 42. 64. Codex Can. Eccles. Afric. cap. 75. 97. Epist. Gelasii I. cap. 3. Hormisd. Epist. 25. sub fin. Gregor. Magnus lib. 1. Dial. cap. 10. lib. 1. Epist. 25. 26. lib. 2. Ind. 11. Epist. 54 lib. 7. Ind. 1. Epist. 4. Ind. 2. Epist. 39. lib. 12. Epist. 30. Anastasius in Vitis PP. pag. 72. Gregor. Turon. de Vitis Patrum cap. 6. [Vita Aldrici Episc. Cenoman. num. 8.] etc.

DEFENSORES ROMANÆ ECCLESIÆ, ex ordine pariter Clericali, quorum munus erat pauperum potissimum et Ecclesiarum defensioni et utilitatibus invigilare, et ut legata ad pias causas relicta in eleemosynam pauperibus distribuerentur, ut est in formula Defensoris constituendi apud Gregorium M. lib. 4. Epist. 25. lib. 7. Epist. 66. lib. 11. Epist. 21. et Senator. lib. 9. Epist. 15.

Mittebantur etiam a Summo Pontifice in provincias, ut implorantibus Apostolicæ Sedis auxilium adessent. Ita idem Gregor. M. lib. 1. Dial. cap. 4. lib. 2. Ind. 11. Epist. 36. lib. 4. Epist. 4. lib. 7. Ind. 2. Epist. 66. 67. lib. 9. Epist. 32. lib. 10. Ep. 4. 47. lib 11. Epist. 52. Joan. Diac. lib. 2. Vitæ ejusd. Greg. cap. 53. Curabant præterea Patrimonia Romanæ Ecclesiæ in diversis provinciis constituta, ut est apud Gregor. M. lib. 7. Ind. 10. Epist. 17. Ind. 2. Ep. 24. lib. 8. Ep. 39. et Senatorem lib. 3. Ep. 45. Acta S. Sebastiani num. 68. de Caio PP. : *Tranquillinum fecit Presbyterum : S. Sebastianum autem, qui ad multorum profectum sub specie militiæ latebat, Defensorem Ecclesiæ instituit, cæteros vero subdiaconos fecit.* Meminit *Tuti Romanæ Ecclesiæ Defensoris*, Felix III. PP. in Epist. ad Zenonem Imp. et in alia ad Monachos urbis CP. quem ait a se creatum *de provectioribus intra Ecclesiam Clericis*, nempe Romanam : nam de aliarum civitatum Clericis non deligebantur, ut est apud Gregor. M. lib. 4. Epist. 25. Excogitatum istud muneris genus a Patribus Africanis, uti jam observatum, par est credere, ex Concilio Charthag. IV. cap. 9 : *Propter afflictionem pauperum, quorum molestiis sine intermissione fatigatur Ecclesia, ut Defensores eis adversus potentias divitum, cum Episcoporum provisione delegentur.*

Horum numerum Romæ ad septem auxit idem Gregor. M. eosque septem regionibus assignavit, ut ipse testatur lib. 7. Ind. 1. Epist. 17. ubi de eorum officio ac privilegiis agit, ut et ordo Romanus, in quo *Defensores Regionarii* dicuntur, ut et in Epist. 22. Pauli PP. in Ep. 3. Stephani III. PP. etc. Joan. Diac. in Vita ejusd. Greg. lib. 2. cap. 20 : *Septem ex Defensoribus honore regionario decorandos indixit.* Adde Anastasium in S. Hadriano PP. pag. 110. [et Morinum de sacris Ordinat. part. 3. exercit. 16. cap. 6. 7. 8.]

Primus Defensor, qui *Primicerius Defensorum*, in ordine primus ex septem Defensoribus Ecclesiæ Romanæ apud Gregor. M. lib. 7. Ind. 1. Ep. 17. in Epistolis Pauli PP. 23. 24. apud Anastasium pag. 65. tom. 4. Histor. Franc. pag. 733. 757. etc. qui scilicet ad *primatus* gradum pervenit : Græcis Πρωτέκδικος, de qua dignitate multa Gretzerus, Meursius, Goarus, et alii congesserunt.

SUBDEFENSOR, qui a *Defensore* ad vices suas agendas interdum delegabatur. Gregorius VII. PP. lib. 6. Ep. 8 : *Oilardo quoque Subdefensori prædictæ possessionis.*

DEFENSORES SENATUS, in leg. 2. et 3 Cod. Th. de Prædiis Senator. (6, 3.)

DEFENSORES, in militia Græcanica, qui *Cursores* subsequebantur, ut eos defenderent, si ab hostibus ingruentibus aut cladem paterentur, aut propellerentur. Ita Glossæ Basilic. Leo in Tactic. cap. 7. §. 37. 41. cap. 12. §. 78. et Mauricius laudatus a Rigaltio in Glossario.

DEFENSOR NAVIUM. Sexta Synodus Act.

3. et. 9 : Ἀναςάσιος διάκονος καὶ νοτάριος πλοιέκδικος. Vetus Interpres *Defensorem navium* vertit.

¶ Defensor *et rector mercadantiæ civitatis Placentiæ*, in Chronico Parmensi ad ann. 1290. apud Murator. tom. 9. col. 819. A.

¶ **DEFENSORIA**, Dignitas Defensoris civitatis in Chronico Parmensi ad annum 1308.

¶ **DEFENSORIUM**, Munitio. Berntenii Chronic. Marienrod. apud Leibnit tom. 2. Script. Brunsv. pag. 449 : *Præterea cum villa Wenthusen totaliter esset deleta præter Capellam, erexit ibidem juxta cœmeterium forte Defensorium cingens ipsum cum fossato simul cum cœmeterio et Ecclesia, et villulam circumdedit grandi sepe.*

DEFENSUM, Prohibitio quævis, *Défense.* Statutum S. Ludovici ann. 1255. cap. 21 : *Defensum autem bladi vel vini, aut mercium aliarum non extrahendarum de terra, sine causa urgente non faciant* Ballivi. Vide *Defensa* 3. [et *Defensio* 1.]

DEFERCULARE, Fercula de mensa auferre. Vita S. Ottonis Episc. Bambergensis lib. 2. cap. 11 : *Mensa illorum nunquam disarmatur, nunquam Deferculatur.*

¶ **DEFERRARE**, Gall. *Defferrer*, Equo soleas eximere. Vita S. Bernardi Tironiensis, tom. 2. April. pag. 243 : *Omnia omnibus sua faciebat communia, et etiam ut hospitum equos ferraret, suos aliquotiens Deferrabat.*

¶ **DEFERRE**, a Gall. *Deferer, Avoir de la Deference.* Revereri, honorem deferre. Chronicon Trivetti apud Acherium Spicil. tom. 8. pag. 567 : *Muros cum turribus evertit . . . Templo tantum et turri David Detulit.* Id est, pepercit honoris ergo. Charta Edw. II. Regis Angliæ ann. 1323. ad Ballivos portus Dovorriæ, apud Rymerum. tom. 3. pag. 1012. col. 2 : *Et quia, in quantum poterimus bono modo, vobis parcere volumus et Deferre, gratum habemus, etc.*

DEFERTUS, pro *Delatus*, in Gestis Regum Francor. cap. 11. Vide *Ferto.*

¶ **DEFESA.** Vide *Defensa* 3.

DEFESANTIA, vox Practicorum Anglicorum, de facto quod infectum redditur, vulgo *Defeisance*, ex Gallico *Desfaire.* Vide *Difficere.* In Charta feodi, seu libro Anglico *Justice of peace*, pag. 164. habetur *Indentura Defesantiæ inter partes, etc.* Adde pag. 168. 169. etc.

* **DEFESIUM**, Sub banno positum, quo frui nulli licet, nisi cui competit, puta Vivarium, Gall. *Défés*, *Deffaix* et *Deffeg.* Charta Phil. Pulc. ann. 1308. in Lib. rub. Cam. Comput. Paris. fol. 349. r°. col. 2 : *Item Defesium et piscariam, quæ habebamus in aqua de Jauzi, centum solidos annui redditus æstimata.* Alia Radulfi vicecom. Bellim. ann. 1237. ex Tabul. Cartus. B. M. de parco : *Monachi Cartusienses habeant nemus mortuum ad usum dictæ grangiæ, exceptis parcis meis et meum Défés de Montmejen. Plus les grains, broyes, Deffeges et appartenances, ... situées en la riviere de Cher*, in Decreto ann. 1538. ex Tabul. castri *de Chiffé* in Turon. Vide *Defensa* 3. et infra *Deffaia* et *Deffesum.*

* Defessum, eadem notione, in Charta Alvar. *Diaz* ann. 1107. inter Probat. tom. 1. Annal. Præmonstr. col. 391 : *Donamus quantum ad illum monasterium pertinet,..... videlicet in omnibus exitibus in Eveas tertia parte, et in Defessis in duplo Tajac.*

¶ **DEFESTUCARE**, per *festucam* tradere. Charta Henrici I. Ducis Brabantiæ pro Cœnobio Bruxellensi S. Jacobi in Monte frigido ann. 1201. apud Miræum tom. 1. pag. 727. col. 1 : *Terram in Rusbruc a censu annuo, ab omni jure suo et ab omni exactione liberam mihi resignavit et Defestucavit.* Vide *Festuca.*

* Nude pro Dimittere. Charta Theodor. comit. Fland. ex Chartul. Episc. Gandav. fol. 70 : *Galterus omnem contra S. Bavonem injustitiam suam deposuit et Defestucavit.*

¶ **DEFESUM**, Vide *Defensa* 3.

DEFETARII. Ita *libros Consuetudinum* appellabant Siculi, ut auctor est Hugo Falcandus in Hist. de Calamitat. Siciliæ pag. 664.

* Greg. Grimaldi Hist. leg. et magistr. regni Neapolit. lib. 4. cap. 1 : *Queste consuetudini* (feudali) *specialmente del nostro regno e della Sicilia, furono raccolte in certi libri, Defetarii corrottamente appellati, i quai libri, dicesi, che da Rugiero nel palagio reale conservavansi.*

* **DEFFACERE.** Vide supra *Defacere.*

* **DEFFACTUS**, Tritus, Gall. *Broye.* Charta ann. 1356, inter Probat. tom. 2. Hist. Nem. pag. 177. col. 2 : *Quod consules seu vintennarii sequentur molendina olivarum, tempore quo olivæ erunt Deffactæ; et juxta quantitatem olei quam quilibet habebit, indicetur sibi vintenum in pecunia,... et quisque tenebitur solvere et portare partem sibi tangentem de dicto vinteno olei.... infra quidenam, post dictum oleum Deffactum.* Vide infra *Diffacere.*

* **DEFFAIA**, Silva defensa, ubi nec pascere nec cædere cuiquam licet, nisi ex concessione domini, nostris alias *Défay* et *Deffois.* Charta Rob. comit. Alenc. in Reg. forest. Alenc. etc. ex Cam. Comput. Paris. fol. 22. r°. : *Concedo* (monachis de Persania) *usagium suum ad omnia et singula loca prædicta,.... tam in haiis, parchis, quam in deffaiis et deffensis antiquis et novis.* Alia Amalr. Comit. Montisf. ann. 1229. inter Instr. tom 7. Gall. Christ. col. 100 : *Concessit in escambium dominis Wallium Sarnaii defensum suum, quod dicitur le Defay de planeto.* Charta ann. 1363. in Reg. 92. Chartoph. reg. ch. 316 : *Exceptis deffensis nemorum, qui vocantur Gallice Deffois.* Lit. remiss. ann. 1374. in Reg. 105. ch. 464 : *Trois charetes chargées attelées de buefs trespassans parmi certaines terres labourées et cultivées, et en lieu de Deffois, ou il n'avoit point de chemin. Défois*, in Stabilim. S. Ludov. cap. 150. tom. 1. Ordinat. reg. Franc. pag. 231. Sic etiam legendum videtur, pro *Désfois*, in Cantil. 26. reg. Navar. tom. 2. pag. 58. et pro *Deffroy*, in Lit. remiss. ann. 1454. ex Reg. 182. ch. 127. Vide *Defensa* 3. et mox

* **DEFFAISIA**, Eadem notione. Charta ann. 1209. inter Probat. Hist. Sabol. pag. 364 : *A nemoribus S. Albini usque ad dictos locos, et usque a Deffaisiis de taillis, vocatis Malespineta.* Vide infra *Deffensetum.*

* **DEFFALCARE**, Deducere, subtrahere. Charta ann. 1489. inter Probat. tom. 4. Hist. Nem. pag. 51. col. 1 : *Dicta summa vj. lib. Turon. in vestris allocabitur compotis et de vestra, per quos pertinuerit, Deffalcabitur recepta. Défalquer*, pro *Supprimer*, in Lit. remiss. ann. 1389. ex Reg. 138. Chartoph. reg. ch. 37 : *Pierre Bequin accusé d'avoir été complice au grenetier, qui lors estoit dudit grenier, d'avoir Défalqué de grant quantité de sel vendu audit grenier, grant partie dudit sel.... Item d'avoir vendu à leur profit ledit sel ainsi Défalqué senz gabeler.* Vide *Defalcare.*

* **DEFFAMARE.** Glossar. Provinc. Lat. ex Cod. reg. 7657 : *Defamar, Prov. Deffamare, diffamare, inficere.* Vide *Defamare* et *Diffamare.*

* **DEFFAUTA.** Vide supra *Defauta.*

* **DEFFECI**, *Prov. Veternum*, in Glossar. Provinc. Lat. ex Cod. reg. 7657.

* **DEFFECTIVUS.** Vide supra *Defectivus.*

¶ **DEFFENCIO**, Deffendupa, Deffenduta. Vide *Defensa* 3.

* **DEFFENDERE.** Vide *Defendere* 4.

¶ **DEFFENSA**, Præsidium, Gall. *Deffense.* Visitatio castrorum anni 1347. in Hist. Delphin. tom. 1. pag. 68. col. 1 : *Item, quod portale, per quod ingreditur burgum, ad Deffensam poni faciat sumptibus dictæ villæ.*

* **DEFFENSATIVUS**, Ad defensionem aptus. Joan. de Cardalhaco serm. in Epiph. Dom. : *Tertio dico quod isti Magi obtulerunt munus hostilicatum, Deffensativum; quod designatur cum dicitur, arma et equos.* Vide infra *Deffensivum.*

* **DEFFENSETUM**, ut supra *Deffaia.* Inquisit. ann. 1268. ex schedis Pr. *de Mazaugues : Interrogatus qualiter scit quod homines Arelatis visi fuerint boscairare in dicto territorio; dixit quod vidit ibi Stephanum Gaillardum, qui faciebat inscidi ligna in Deffenseto, quod est ad caput illius cravi, et habebat ibi quamplures incisores.* Vide infra *Deffesum.*

* **DEFFENSIVUM**, Id quo ad defensionem suam quis utitur, Gall. *Arme deffensive.* Lit. remiss. ann. 1408. in Reg. 163. Chartoph. reg. ch. 76 : *Cum dictus Bernardus gladium vel aliud Deffensivum non haberet,... accessit ad domum suam et gladio balasardo accepto,... dictum Guillelmum tribus vel quatuor ictibus de dicto balasardo percussit.* Vide supra *Defensativus. Deffendement* vero, pro *Deffense*, protectio, patrocinium. Glossar. Gall. Lat. ex Cod. reg. 7684 : *Deffendement, patrocinium.* Vita J. C. MS. :

Que bien sachiés, si je voloie
Ne mort, ne passion n'auroie,
J'auroie assez Deffendement
Angeles, arcangeles plus de cent.

Unde *Deffenderres* et *Defenderres*, Defensor, protector, in Annal. regni S. Ludov. edit. reg. pag. 189. et 190.

* **DEFFERRATUS**, dicitur de animali soleis exempto. Charta Alfonsi comit. Pictav. pro Villafranca ann. 1256. in Reg. 62. Chartoph. reg. ch. 46 : *De asino ferrato, sex denarios; de Defferato, unum denarium. Defferres* appellantur veteres soleæ ferreæ, in Ordinat. hospit. reg. ann. 1285. ex Reg. sign. *Noster* Cam. Comput. Paris. fol. 54. v°. : *Item mareschaux ij. qui auront en*

toutes choses autant comme les escuiers, ... et la Defferre sera le Roy. Lit. remiss. ann. 1413. in Reg. 167. ch. 101 : *L'exposant trouva en son chemin un sac, ou il avoit environ neuf frans,... le prist et mist en son saing, et quant Pierre Benon qui estoit avecques lui, lui demanda que c'estoit, ledit exposant respondi que c'estoit une Defferre.* Deffreier vero, vel *Défrayer*, sumptus suppeditare, legendum puto in Ordinat. ann. 1361. tom. 3. Ordinat. reg. Franc. pag. 536. art. 11 : *Le maréchal dudit duché* (de Bourgogne) *sera ordonné et commis pour recevoir les gens d'armes et leurs monstres, et pour les faire Defferer en la maniere qu'il a esté gardé et accoutumé de faire.* Vide supra *Deferrare*.

DEFFESIUM. Vide post *Defensa* 3.

* **DEFFESUM,** Idem quod supra *Deffensetum*. Charta Alfonsi reg. Castel. ann. 1181. apud Baluz. Hist. Tutel. col. 493 : *Concedo villam quam vocant Fornellos,.... cum nemoribus et Deffesis, et cum omnibus aliis directuris et pertinentiis suis jure hereditario in perpetuum habendas.*

¶ **DEFFIDARE.** Vide *Diffidare*.

* **DEFFRAHERE,** DEFFRAYARE, Sumptus suppeditare, Gall. *Défrayer, Deffraitier*, in Reg. Corb. 13. sign. *Habacuc* ad ann. 1511. fol. 122. v°. Comput. ann. 1482. inter Probat. tom. 4. Hist. Nem. pag. 19. col. 1 : *Item solverunt Johanni Boneti, hostellario trium regum pro Deffrahendo dictum Comte, et expensis factis per eum in suo diversorio, x. solidos Turon.* Alius ann. 1495. ibid. pag. 62. col. 1 : *Alia expensa facta per dictos dominos consules, Deffrayando dominum Narbonensem archiepiscopum, accedentem pro ambaxiatore apud dominum nostrum regem pro negociis patriæ.*

* **DEFFRUCTUS.** Vide infra *Defructus*.

DEFIBULARE, Fibulam detrahere, vestem exuere. Hugo de Cleeriis de Senescallia Franciæ : *Cum vero primum venerit ferculum, Comes se Defibulans, e scamno surget.* Ibidem : *Pallium, quo in Curia affibulatus erit.* Gallo-Belgæ etiamnum *Affuler*, et *Defuler*, alii *Affubler* dicunt, cum pileus capiti aptatur, aut detrahitur.

* Lit. remiss. ann. 1397. in Reg. 152. Chartoph. reg. ch. 22 : *Lesquielx ilz saluerent en eulx Deffulant et disant aux bonnes gens qui là estoient, à Dieu vous comment.* *Desaffubler*, in Poem. Roberti Diaboli MS. :

De son mantiel se Désaffuble
Tout sainglement en pur le corps.

Vide *Diffibulare*.

1. **DEFICERE,** Destruere, *Desfaire*. Vita S. Mederici cap. 13 : *Interim venturus Pontem Carantonis, audivit quod quidam fur nocte furatus esset, et Defecisset pontem.*

* 2. **DEFICERE,** Cessare. Acta S. Abund. tom. 5. Sept. pag. 300. col. 2 : *Jubeat ergo clementia vestra ut Deficiant* (Deos insultare) *aut thura et libamina ponant Diis nostris.*

* 3. **DEFICERE IN JUSTITIA** dicitur Judex vel feudalis dominus, cum vassallo jus sibi fieri postulanti vel plane denegat, vel curiæ suæ placita differt, ultra quam leges feudales permittant. Reg. feudor. Aquit. sign. JJ. rub. fol. 39. r°. ex Cam. Comput. Paris. : *Dixit etiam per juramentum suum* (Bernardus Jordani de la Beer) *quod multociens requisivit dominam Constantiam ut faceret sibi jus, et quia non faciebat et ei Deficiebat in justitia, dixit quod extunc nolebat esse de curia del Sere, immo renuntiabat omnino, et de hoc habebat curiam in testimonium.* V. *Defectivus* 1. et *Defectus*, 3.

* **DEFICIENS,** Declivis. Tract. MS. De re milit. et mach. bellic. cap. 1 : *Oportet quod locus in quo est exercitus, sit circumdatus a ripis aut flumine.... causa... aquandi equos, et Deficiens dictus locus ex ripis una parte.*

** **DEFIDERE,** Diffidere. Virgil. Grammat. pag. 29 : *Quorum opinioni nec multum Defidimus, nec nimium faverem.*

¶ **DEFIDIARE.** Vide *Diffidare*.

* **DEFIERI,** Abrogari. Charta Hugon. ducis Burg. ann. 1208. in Chartul. eccl. Lingon. ex Cod. reg. 5188. fol. 12. v°. : *Libenter tollam illam communiam et defaciam, si jus de sua curia dictaverit, quod Defieri debeat et tolli.* Vide supra *Defacere*.

DEFIGERE, in sortilegiis. Vide *Vulticoli*.

¶ **DEFIGURARE,** a Gallico *Defigurer*, Deformare, fœdare. Menotus Serm. Quadragesim. f. 1. v° : *Omnes immunditie et lutum . . . non possunt corpus vestrum tantum maculare et Defigurare, quantum peccata animam vestram.* Vide *Diffigurare*.

* **DEFINIMENTUM,** Pactum, conventum, quo controversia definitur terminaturque. Charta ann. 1114 : *Hæc est carta de placito et Definimento, quod fecerunt Bernardus Atonis vicecomes et uxor ejus Cecilia et filii eorum Rogerius et Raimundus cum Lupato de Biterris etc.* Vide infra *Definitio*.

* **DEFINISCERE,** Dimittere, deserere. Charta sub Philip. I. reg. Fr. ex Bibl. reg. cot. 17 : *Ego Ugo Adalberti garpisco et evacuo et pacifico tibi Raimundo Johanni... campo uno... et cum hac scriptura prædito campo Definisco et garpisco vobis ab integrum, sine vestro enganno.* Vide infra *Diffinire*. Hinc

* **DEFINITIO,** Rei alicujus cessio, abdicatio. Narratio vexat. illatar. ab Aimer. vicecom. Narbon. archiep. inter Instr. tom. 6. Gall. Christ. col. 30 : *Dolens et coactus prædictas lesdas diffinivi injuste, cum leges dicant irritam esse Definitionem factam ab expoliato, nisi prius potestative revestiatur.* *Definaille*, Finis, in Bestiario MS :

Qui bien commenche et bien défine,
C'est vérités et saine et fine,
En toutes ouvrengnes en doit
Estre loés, qui que il soit.
L'oevre de boine commenchaille,
Qui ara boine Définaille.

DEFINITIO TONI, Modulatio vocis seu Cantus Gregorianus. [* Malim de neumate seu jubilo interpretari.] Bernardi Ordo Cluniac. part. 2. cap. 15 : *Sic omnes Horæ absque versu*, Deus in adjutorium, *inchoantur, cum venia tamen et antiphonis, quarum nulla cum Definitione toni finitur.*

DEFINITOR, DIFFINITOR, Visitator. Offic. Monasticum, de quo Gregorius IX. PP. in Constit. pro Benedictinis, pag. 837. apud Brolium : *Omnes vero Abbates et Priores annis singulis ad Capitulum venientes, diffinitiones, si quæ factæ fuerint, in suo reditu habeant bis in anno in suis Capitulis, et visitationis tempore nihilominus recitandas.* Vide Nomasticum Cisterc. pag. 307. [Apud Augustinianos, Benedictinos Congregationum recens institutarum et reformatarum et alios, Definitores appellantur Superiores novem electi tempore Capituli generalis, penes quos præcipua est totius Capituli potestas sive ad electiones Superiorum, sive ad statuenda et definienda quæcumque monasticam spectant disciplinam. In quibusdam aliis Ordinibus Definitores dicuntur Superioris Assessores, seu Consultores etiam extra tempus Capituli generalis.]

DEFITERI, *Negare, abnuere*. Papias.

¶ **DEFIXIONES,** Species sortilegii. Vide *Vultivo*.

¶ 1. **DEFLARE,** Quidquid in buccam venit effundere. S. Ambrosius Epist. ad Sabinum : *Nobis autem quibus curæ est sentem sermonem familiari usu ad unguem distinguere, et lento quodam figere gradu, aptius videtur proprium manum nostro affigere stylo, ut non tam Deflare aliquid videamur, quam abscondere, neque alterum scribentem erubescamus. Sed ipsi nobis conscii, sine ullo arbitro, non solum auribus, sed etiam oculis, ea ponderemus, quæ scribimus. Deflare cibum* Plinio, In eum flare.

* 2. **DEFLARE,** *Inludere*. Glossar. vet. ex Cod. reg. 7641 : *Deflat, inludit*.

1. **DEFLORARE.** Devirginare : Glossæ Puteani : *Refloratio, Defloratio.* Eædem : *Delibatio, refloratio, illibatio.* Ugutio : *Cum virgo devirginatur, Defloratur, et flos virginitatis aufertur.* Carmen MS. ex Codice Brenensi :

Virginitas flos est, et virginis aurea dos est.

Martianus Capella lib. 7 :

Auroræ exoriens roseis spectabit ocellis
Floris resecti præmia.

Leges Hoeli Boni Regis Walliæ sub ann. 940. cap. 13 : *Si viro datur puella ætatem habens, dicatque vir illam ab alio Defloratam percepisse, etc.* Adde cap. 25. Libertates Bellævillæ ann. 1233 : *Si quis puellam per vim Defloraverit, debet eam ducere uxorem, vel ad Consilium Burgensium maritare.* Concilium Arelatense ann. 1267. can. 12 : *Qui violenter virginem Defloraverunt, etc.* Fori Oscenses Jacobi I. Regis Arag. fol. 33 : *Si incontinenti post violentiam dixerit, se in silva aut in eremo ab aliquo Defloratam, etc.* Magnum Chron. Belgic. ann. 1284 : *Prædictum Episcopum super Defloratione virginum, ac aliis factis enormibus clam accusaverunt. Defloratio mulierum*, in Consuetudinibus Tolosæ. *Defloratores*, in veteri Consuetud. Normanniæ cap. 10 : *Les Deflorateurs violentement des vierges.* Vide Statuta Odonis Episcopi Parisiensis cap. 6. § 4. [Gellius, ut edit Aldus, *Futurum gaudii fructum spes tibi jam Deflorabit.* Livius in editione ejusd. Aldi et aliis : *Gloria victoriæ Deflorata.* Id est, flore seu honore spoliata; sed in quibusdam editionibus habetur *Præflorata* ut et *Præfloravit* apud Gellium.]

¶ 2. **DEFLORARE,** Flores legere. Notkerus Balbulus lib. de Interpretibus Divin. Scriptur. apud Bernardum Pez tom. 1. Anecd. part. 1. col. 2 : *Quod si excerptum Paterii, quod de libris B. Gregorii per ordinem singulorum librorum Deflorando confecit, unquam reperire potueris.* Gerardus de

Arvernia Episc. nuncupatoria ad Ivonem Abb. Cluniac. in Chronic. Cluniac. ann. 1282 : *Ut vobis Monachorum speculo inchoata succincte perstringerem, et inde utilia quæque brevi compendio Deflorarem.*

¶ Defloratio, Ead. notione. Codex MS. xiii. sæc. inscriptus *Liber Defloratiounum Patrum.* Alia notione sumitur in *Deflorare* 1.

¶ Defloratiuncula. Idem MS. in Præfatione : *Quicumque autem has Defloratiunculas legere aut forte scribere voluerit.*

* 3. **DEFLORARE**, Floribus ornare. Andr. Floriac. in Vita MS. S. Gauzlini archiep. Bituric. lib. 1 : *Translationis quoque seriem Giraldus haud spernendæ scientiæ fulgor, elegiaco Defloravit pentametro.* Sigebert. in Chron. ad ann. 1008 : *Burchardus... magnum illud canonum volumen edidit scripturarum sententiis undique compilatis Defloratum.*

* 4. **DEFLORARE**, Pascere, vel prata falcare. Charta ann. 1389. apud Lam. in Delic. erudit. inter not. ad Hodoepor. Charit. part. 2. pag. 471 : *Quod dictum commune Ficecchii teneretur et deberet permittere dicta communia S. Crucis et Castri Franchi tenere et possidere dictas pasturas et eis uti et frui locis, et Deflorare, etc.* Occurrit rursum ibid. pag. 473.

¶ **DEFŒDERATUS**, Rebellis, fœdifragus. Sugerius in Vita Ludovici Grossi apud Duchesnium tom. 4. pag. 303 : *Confœderatus igitur* (Hugo Puteolensis) *regni Defœderatis, videlicet Palatino Comiti Theobaldo, et egregio Regi Anglorum Henrico, cum dominum Regem Ludovicum in Flandriam pro regni negotiis profecturum accepisset, collecto quantocumque equitum et peditum potuit exercitu, Puteolum castrum restituere deliberat, adjacentem pagum aut eversum iri, aut sibi subicere maturat.* Ibid. pag. 284 : *Quo siquidem tempore inter venerabilem B. Dionysii Adam Abbatem et Burchardum nobilem virum dominum Mommoriacensem accidit quasdam contentiones pro quibusdam consuetudinibus emersisse, quæ in tantam ebullierunt irritationis molestiam, ut rupto hominio, inter Defœderatos armis, bello, incendiis concertaretur.*

¶ **DEFOLARE**, Lædere, percutere. Charta Philippi Augusti ann. 1194. pro Attrebatensibus : *Qui alium per capillos ad terram traginaverit, vel pedibus Defolaverit, undecim libras et dimidiam perdet, unde Nos decem libras habebimus, Castellanus decem solidos, traginatus quindecim, Homines civitatis quinque.* Nostris olim *Affoler* erat Leviter lædere, vulnerare, ut dictum est in *Affolare.* La bataille des sept arts MS. :

> Aristote tiert Percien,
> Nostre haut Baron ancien,
> Qu'elle fist à terre voler,
> Du cheval le volt Defouler.

DEFOLCARE. Thomas Walsingham. pag. 137 : *Persecutor noster . . . damnosis injuriis quot et quantis nos et nostra jura vulnerat et Defolcat?* Forte *defalcat*, detrahit.

* Vel potius Conculare, pedibus proterere, a veteri Gallico *Défouler*, eodem significatu. Serm. MSS. ex Cod. S. Vict. Paris. 14. sæc. serm. 7 : *Une partie de la semence chai lez la voie, et cele semence si fut mout Défolée de cels, qui aloient de lez la voie et démarchiée.* Lit. remiss. ann. 1396. in Reg. 151. Chartoph. reg. ch. 222 : *Pour laquelle chose ledit Loys se retourna devers ledit Charlot et par grant mautalent lui Défoula ses jambes et marcha sur les piés.* Le Roman *d'Alexandre* MS. part. 1 :

> Mes il voit son seingnour ledement démener,
> Et à piés de chevaus ledement Défoulier.

Sed et pro Contemnere, despicere, in Lit. remiss. ann. 1409. ex Reg. 163. ch. 483 : *Lesquelx compaignons se prindrent à Défouler, vitupérer et ledengier de paroles le suppliant.*

DEFOLIARE, Folia decutere, ἀποφυλλίζειν, in Gloss. Græc. Lat.

¶ **DEFOMARE**, Circumsecare, dolare. Glossæ Gr. Lat. : Ἀποπελεκίζω, *Defomo, Dedolo.* [* In utroque Glossar. edito : Ἀποπελεκῶ, *Deforuo, dedolo.* Vide Salmas. ad Plinium pag. 181.] Festus : *Defomitatum, a fomitibus succisum, quibus confoveri erat solitum.* Unde mendose apud Papiam : *Deformicata arbor desectis astulis.* Legendum enim *Defomitata arbor*, hoc est fomitibus seu assulis succisa.

DEFORAS, Deforis, Forinsecus, extrinsecus, *Par dehors, Deforo*, Occitanis; *Deffore* in Consuet. Solensi tit. 2. art. 5. *Defors* in Charta Willelmi Arverni ann. 1178. apud Justellum in Probat. Hist. Turenens. pag. 35. Le Roman *du Renard* MS. :

> Pour ce que grans estoit les cors,
> Remaindre l'estuet par Defors.

* *Deffueurs*, in Libert. villæ *de Braoux* ann. 1331. tom. 4. Ordinat. reg. Fr. pag. 336. art. 13. Hispan. *Defuera*, eodem significatu.

Deforas. Vetus inscriptio : *Recognitum est ex tabula ænea quæ fixa est Romæ in Capitolio ad aram gentis Juliæ Deforas podio sinisteriore.*

Deforis. [Vet. Interpres Gen. 7. 16 : *Inclusit eum Dominus Deforis.* Matth. 23. 25 : *Mundatis quod Deforis est.*] Admonitio sancti Fausti : *Et testes contra eum non aliunde Deforis, sed intus de ipsa proferentur.* Idem forte Faustus Regiensis : *Si evadere pericula non Deforis ingruentia, sed intus concepta desideras, etc.* Metellus in Quirinalib. :

> Nec Deforis quispiam remansit uspiam.

Visiones Flotildæ : *Vidit . . . B. Remigium et S. Martinum Deforis eisdem crucibus obviantes.* Octavius Horatianus lib. 4. Rerum medicar. : *De argilla Deforis linis.* Constantinus African. lib. 7. de Morbor. cognit. cap. 22 : *Deforis est superponenda res dissolutiva.* Beda in Vita S. Cuthberti : *Murus ipse Deforis altior longitudine stantis hominis.* Occurrit ann. 563. cap. 18. apud Ordericum pag. 535. etiam in Concilio Braccarensi, et alibi passim.

¶ **DEFORCIAMENTUM**, Deforciare. Vide *Difforciare.*

* **DEFORIS**, Ultra, Gall. *Outre, de plus.* Stat. crimin. Saonæ cap. 43. pag. 99 : *Infra ipsum tempus actor probationes suas facere teneatur, quo elapso magistratus infra dies decem teneatur sub pœna sindicamenti diffinire, nulla Deforis dilatione data.* Vide alia notione in *Deforas.*

* **DEFORMARE**. Acta S. Gaugerici tom. 2. Aug. pag. 684. col. 2 : *Aliquando vero historiam typice tractans, memorati exitu Deformabat.* Id est, ut interpretantur docti Editores, ita tractabat, ut narrationem historice primo propositam, formandis deinde moribus accommodaret.

¶ **DEFORMATUS**, Scriptus. Rembertus in Vita S. Anscharii n. 18 : *Præfati servi Dei cum certo suæ legationis experimento, et cum litteris regia manu more ipsorum Deformatis, ad serenissimum reversi sunt Augustum.*

¶ **DEFORMICATUS**. Vide *Defomare.*

¶ **DEFORMIS.** Gibbosus. Capitula General. MSS. S. Victoris Massil. : *Statuimus, quod nullus de cetero alicubi accipiatur in Monachum . . . claudus, surdus, monoculus, Deformis aliter gilbosus.*

¶ **DEFORMOSUS**, pro *Deformis.* Vita S. Vincentii Ferrerii, April. tom. 1. pag. 503 : *Adolescens autem cernens feminam Deformosissimam, utpote quæ erat decrepita, etc.*

* *Défourmé*, Contumeliosa vox, quæ apud Leodienses fortassis spurium significat. Lit. remiss. ann. 1403. in Reg. 158. Chartoph. reg. ch. 68 : *Icellui Jehan dist audit escuier de l'éveschié de Liege : si tous les Défourmez de Liege l'avoient dit, si auroient ilz failly de dire vérité; et pour ce que ces moz, tous les fourmez* (sic) *de Liege, selon l'entendement et commun langaige du pais, estoient et sont très-injurieux et contre l'onneur dudit escuier et de sa mere et parens, etc.*

¶ **DEFORTHARE** Se, Manus alicujus effugere. Inquisitiones factæ per Magistrum Ricardum auctoritate Philippi Regis Franc. de Libertatibus Monasterii Beccensis : *Vicecomes Pontis Audomari invenit eum a dimidia leuca parochiæ Becci et volui eum ducere ad prisionem Regis, et ipse noluit ire, immo Deforthavit se et fugiit usque ad portam Becci, et ibi dictus Vicecomes arestavit eum, et ceptus fuit, et positus in prisione dictorum Religiosorum.* Vide *Difforciare.*

DEFORTIARE, Defortiatio, etc. Vide *Difforciare.*

¶ **DEFORTIFICARE**, Mœnia diruere. *D. Carolus fecit Defortificari partem dicte ville*, apud Lobinellum Hist. Britan. tom. 2. col. 559.

¶ Deforzare, Eodem intellectu. Chronicon Parmense ad ann. 1307. apud Murator. tom. 9. col. 865 : *Guastalla* (oppidum) *vero venit ad mandata dicti Defensoris, et per eum accepta fuit et spanata de foveis, et disguarnita et Deforzata in totum circumquaque; et multæ aliæ terræ destructæ fuerunt et derobatæ.*

DEFOSARE, Devorare, *faucibus* haurire. Etherius et Beatus lib. 1. adversus Elipandum Toletanum Archiep. : *Lupus... solus in tenebris ambulat ululando, et oves, quæ ingressæ sunt sub pastore, Defosat et spargit.* Lib. 2. de Dracone : *Hunc agnum se fingit, quo agnum securum Defoset.* Rursum : *Præsentibus pastoribus oves Christi Defosare non possunt.*

¶ **DEFOSSA** Forestæ. Charta fundationis Monasterii de Bosco Ratherii prope Turones Ordin. Grandimont. inter Anecd. Marten. tom. 1. col. 572 : *Dedimus etiam* *et concessimus Fratribus supradictis ... per totam forestam nostram de Brussennaio usagium suum : ita quod dicti Fratres in dictis forestis et in omnibus Defossis earumdem factis vel faciendis a nobis vel successoribus nostris indifferenter capiant et explectent quidquid ad usum et ædificationem ipsorum... viderint expedire.* In hunc locum Editores in Onomastico ad calcem tomi 4. *Defossa forestæ,* videtur esse Cæsiones, Cæsuræ, Gall. *Coupes.* Sed puto legendum *Defensis* pro *Defossis*, hicque licentiam dari Grandimontensibus capiendi ligna in omnibus forestis tam liberis, quam *Defensis*, id est, quorum *usagium* non est licitum, nisi iis quibus hoc *usagium* singulari privilegio indultum est. Vide *Defensa* 3.

DEFOSSUS, Pœna apud recentiores recepta maxime in feminis. Consuetudines Arkenses ann. 1231. in Tabulario S. Bertini : *Si concubina ei fuerit, et particeps extiterit in crimine* (furti,) *viva fodietur, nisi prægnata sit, quia tunc servatur, etc.* Tabular. Campaniæ Thuan. ch. 24. ann. 1212 : *Cum discordia esset de quibusdam hominibus suspensis, et de quadam femina Interrata, qui capti fuerant in burgo nostro S. Dionisii, etc.* Nota sunt, quæ de Vestalium supplicio habent Scriptores. Vide veterem Consuetud. Turon. tit. ult. art. 8. [** et Grimmii Antiquit. Juris German. pag. 694.]

DEFOVENTUM, Κεφάλεια, παρὰ θλησιονῷ, *Sors*, in Supplemento Antiquarii.

* Ita et Glossar. Lat. Gr. ubi Vulcanius emendat : παρὰ τῷ Ἡσιόδῳ.

* **DEFRACTA**, ἀποκαμοῦσα, in Gloss. Lat. Gr. Sed leg. ex castigat. *Defecta.* Cod. Sangerm. : Ἀποκαμὼν, *lassus*, *defectus.*

DEFRAGIARE, Papiæ, *Divulgare.* [Edito, *Defragare*, MS. Bituric. *Defraglare* et *Deflagrare.*] [** Glossar. in cod. reg. 7644 : *Deflagrari, Devulgari.*]

** **DEFRAGLASCERE**, Odorem amittere. Reinard. Vulp. lib. 2. vers. 420 :

Potio quam primum fuerit confecta bibenda est,
Ne Defraglascat, vim minuente mora.

* **DEFRANGERE**, Perfringere, reprimere. Epist. Soldani ad Pisan. inter notas Lamii ad Hist. Sicul. Bonincont. pag. 215 : *Et si aliquis vestrum alienam nequitiam in se habuerit, hoc Defrangite et castigate. Déprimer,* eodem significatu, in Lit. ann. 1371. tom. 5. Ordinat. reg. Franc. pag. 435.

¶ **DEFRAUDARE** Scripturas, Adulterare, corrumpere truncando aut mutando verba, vel ea in pravum sensum detorquendo. Libellus Episcoporum Italiæ contra Elipandum in Concil. Hisp. tom. 3. pag. 98 : *Defraudare etenim sacram non veremini Scripturam, parvipendentes Magistri Gentium prohibitionem dicentis : Nolite adulterare verbum Dei.*

* **DEFRAUDATUS**, Oneratus, oppressus, Gall. *Surchargé.* Correct. statut. Cadubr. cap. 134 : *Et si viderit* (vicarius) *aliquem Defraudatum in hujusmodi Livellorum exactionibus, eo quod æquitatem excedant, juris remediis inhibeat et eis succurrat.*

¶ **DEFRENS**, a *Frendere*, Arvum quod detonderi vel demetiri solet. Gloss. apud Martinium : *Defrens*, ἄρουρα, θερισμός, ἄρουρα θερισθεῖσα. Supplem. Antiquarii : *Defrensa*, ἄρουρα τετερισμένη. Gloss. Lat. Græc. Sangerman. : *Defrens*, ἄρουρα, θερισμός, i. *Arvum, Messis.* Festus : *Defrensam, Detritam atque detonsam.* Papias : *Defresum, Detritum, unde adhuc Fresa faba dicitur, quæ obtrita frangitur.*

¶ **DEFRESUS.** Vide *Defrens.*

¶ **DEFRETUM**, pro *Defrutum*, quod habent Celsus, Nonius, etc. Vinum coctum, Gall. *Vin doux, cuit, du raisiné.* Papias in MS. Bituric. : *Defretum, Vinum coquendo defraudatum... Defruta, Quod aruit, unde et Defretum.* Gloss. Sangerman. MS. n. 501 : *Defretum, Vinum coquendo defrucatum... Defretum dictum eo quod coquendo arescat, minusve faciat.* Isid. lib. 20. cap. 3 : *Defrutum dictum est, quod defrudetur, et quasi fraudem patiatur.*

* **DEFRICTUM** Vinum *vocatur sapa, ut in libro antiquo.* Ita Glossar. medic. Simon. Januens ex Cod. reg. 6959. Castigat. ad utrumque Glossar. : *Defructum sapa, passura*, ἕψημα. Sic in MS. Latina desunt in edito, ubi ἕψημα. Sed leg. *Defrutum.* Vide *Defretum.*

¶ **DEFRIGERE**, contrario sensu, Incalescere, Gall. *S'échauffer, Chasser le froid. Defrigens se ipsum in sole dicebat, etc.* in Bibl. Ascet. PP. tom. 3. pag. 236.

* **DEFROCARE**, *Froco* exuere, Gall. *Défroquer.* Charta ann. 1252 : *In dominum Amalricum et socios suos impinxerunt, Defrocaverunt dominum Amalricum bis.* Vide *Decucullare.*

DEFRONDARE, *Frondes avellere : Defrondere, frondes amittere.* Ugutio. Vide *Defoliare.*

* Glossar. Gall. Lat. ex Cod. reg. 7684 : *Defrondare, Esbranchier. Défraichir,* pro exstirpare, evellere, vulgo *Défricher, arracher,* in Lit. remiss. ann. 1427. ex Reg. 174. Chartoph. reg. ch. 2 : *Pendant que le suppliant Défraichissoit lesdites seches plantes de halos, pour y planter des nouvelles, etc.*

¶ **DEFRUCTARE**, Usufructu privare. Vide Vossium de Vitiis Sermonis ad vocem *Usufructuare.* Vide *Defrustare.*

DEFRUCTATUS, Marcidus. Nalgodus in Vita S. Maioli Abb. Cluniac. Maii tom. 2. pag. 664 : *Dies illuxerat, et minister de pulmento sollicitus invenit moruclas penitus Defructatas et imminutas, ita ut omnino parari non possent.* Vide *Defretum.*

* **DEFRUCTUM.** Vide supra in *Defrictum.*

* **DEFRUCTUS**, Deffructus. Ita vocabant epulas vel dapes, quas dare clericis solebant ii, sive ecclesiastici sive laici, quibus honoris causa præcenta fuerat antiphona *De fructu* ad vesperas natalitii Domini, quæ solemniori ritu cantabatur. Concil. Narbon. ann. 1551. can. 47 : *Parochis prohibemus, ne posthac ad comessationes, quas Defructus appellant, ullo modo parochianos suos admittant.* Comput. ann. 1479. inter Probat. tom. 3. Hist. Nem. pag. 339. col. 2 : *Item solverunt die xvj. Januarii dicti anni lxxix. amore Dei, pro Deffructu natalis, dari solito conventui fratrum Prædicatorum dictæ civitatis Nemausi, v. sol. Turon. Item dicta die, pro simili Deffructu, solverunt conventui fratrum Carmelitarum, amore Dei, v. sol. Turon.* Alius ann. 1393. ibid. pag. 125. col. 1 : *Die xxiiii. Decembris, quæ fuit die nativitatis Domini, domini consules iverunt ad sermonem in domo Prædicatorum, et fratres dicti conventus fecerunt eis, sive uni ex ipsis dominis consulibus, dicere De fructu, in vesperis : et ideo dicti domini consules ordinaverunt eis dare pro pitancia duos agnos.* Vide Mercur. Franc. ann. 1726. mens. Febr. pag. 218. et ann. ann. 1727. mens. Maii pag. 925.

¶ **DEFRUGARE** Segetem, Nimia fœtura exinanire agros, terram extenuare. Turneb. lib. 14. cap. 2. Verbum fictum a *De* et *Fruge.*

DEFRUSTARE, Frustatim, per frusta excerpere. Ammianus lib. 31 : *Sed semel obsoleti coloris tunica, collo inserta, non ante deponitur, aut mutatur, quam diuturna carie in pannulos fluxerit Defrustata.* Sidon. lib 9. Epist. 11 : *Quæsitum volumen invenio, produco, lectito, excerpo, maxima ex magnis capita Defrustans.* Alii legunt *Defructans*, ut *Defructare* sit, fructus decerpere.

¶ **DEFRUTARIA**, Vasa Defruto conficiendo accommodata. Martinius et Amalthea.

DEFUGA, Desertor, refuga. Prudentius lib. Peristeph. Hymn. 1 :

. . . . . Ire ad aram jusserat
Idolis litare nigris, esse Christi Defugas.

Curiæ vel Collegii Defugæ, in leg. ult. Cod. Th. de His qui condit. propr. (12, 19.) *Defugere originem*, lege 13. de Decurion. (12, 1.) Vide *Refuga.*

* *Deffuir* nostris, pro *Fuir*, fugere. Pactum inter Car. comit. et capitul. Carnot. ann. 1306 : *Quant il* (les coupables) *s'en seront foïz après le forban, ou quant il auront pris le fet sur eus, en eus Defuiant, etc.* Lit. remiss. ann. 1377. in Reg. 112. Chartoph. reg. ch. 117 : *Bertran Chambercal estoit tenus envers ledit chevalier* (de Canillac) *en plusieurs sommes de grain et d'argent,.... ledit Bertran n'en vouloit faire satisfaction; mais se Deffuioit et démuçoit.* Aliæ ann. 1398. in Reg. 154. ch. 165 : *Pour ledit cas s'est Deffuis et absentez le suppliant. Deffouir*, in Lit. ann. 1379. tom. 6. Ordinat. reg. Franc. pag. 615. *Deffouquier*, eodem sensu, in Lit. remiss. ann. 1446. ex Reg. 176. ch. 460 : *Lesquelles bestes s'estoient Deffouquiés ou separées des autres, et démourées aux champs comme espaves.*

¶ 1. **DEFUNCTIO**, *est a debito liberatio : inde Defunctus, liberatus. Secundo idem est quod Mortuus.* Vocabul. Juris utriusque. [** Vide Forcellinum.]

¶ 2. **DEFUNCTIO**, Quod datur Parocho, cum quis vita fungitur. Conventus Episcoporum apud Gissonam ann. 1099. Concil. Hisp. tom. 3. pag. 310. col. 2 : *Confirmamus Ecclesiæ prænotatæ omnes suas decimas, et primitias, et universas oblationes, et Defunctiones, et cæmeterios.* Similis locus habetur Marcæ Hispan. pag. 1058. qui et memoratur in Annal. Bened. tom. 4. pag. 387. Vide *Mortuarium.*

* 3. **DEFUNCTIO**, Mors, obitus. Bulla Alex. PP. III. ann. 1179 : *Et si in die Defunctionis alicujus, servitium suum habuerit, helemosina, sicut dictum est, per medium dividi debeat.* Charta Godefridi episc. Lingon. ex Cod. reg. 9612. A. B. N. : *Rainerius abbas ita suscepit Odonem ducem Divionensem ejusque uxorem ac filium in*

beneficiis domus Albæripæ, ut tantum fieret pro unoquoque eorum in obitu ipsorum, quantum pro Defunctione unius monachi ejusdem domus. Alia ann. 1220. in Chartul. Thenol. ex Cod. reg. 5649. fol. 10. v°. : *Emelina de Marla cognomento Billuarde,.... concessit ecclesiæ Thenoliensi omnia immobilia et mobilia sua,... tempore Defunctionis suæ.*

¶ DEFUNCTORUM JUDICIUM, Eadem notione. Epist. Gregorii IX. Papæ ad M. Cenoman. Episcopum ann. 1228. inter Anecd. Marten. tom. 1. col. 948 : *Conjuratores autem hujusmodi se reputant obligatos ad excommunicatos minime devitandos, nec compellendos quantocunque tempore in excommunicatione perstiterint indurati, et ad tertiam partem Judicii Defunctorum Ecclesiis parochialibus non reddendam, laudabilem consuetudinem pietate fidelium nequiter infringendo, et ad alia multa teneri se credunt, quæ vergunt in periculum animarum.*

DEFUSTARE, Fuste, vel baculo, cædere, fustigare. Gloss. Lat. Græc.: *Defustat*, ξυλοκοπεῖ. Gloss. Græc. Lat. : Ξυλοκοπῶ, τὸ τύπτω ξύλῳ, *Defusto, fustigo.* In MS. pro *fustigo*, est *fustuo* : unde *Fustuarium supplicium.*

* **DEGA**, Moles aquis opposita, agger, ripa, Gall. *Digue, écluse*, Transact. ann. 1515. ex schedis Pr. *de Mazaugues* : *Damna maxima præberi in capiendo aquam dictorum vallatorum, et ripas seu Degas illorum frangendo et rumpendo.* Et infra : *Quod non audeant seu præsumant dictum Degam vallatorum seu ripas illorum frangere, cavare, etc.* Vide infra *Degania* 2.

* **DEGAGIARE**, Pignori capere, vel pignus auferre et retinere. Charta S. Ludov. ann. 1255. in Reg. Cam. Comput. Paris. ab ann. 1421. ad 1436. fol. 62. v°. : *Et si homines canonicorum* (Locharum) *non fecerint hoc quod facere super istis debuerint, per mandatum nostrum erunt Degagiati.* Vide infra *Desgagium* et *Disvadiare* in *Vadium.*

DEGAGUS, Species retis quo capiuntur pisces, apud Petrum de Crescentiis lib. 10. de Agricult. cap. 37. [Derivatur ab Hebræo *Doug*, per reduplicationem *Dagug*, Piscari.]

DEGALEARE, *Galeam spoliare.* Ugutio.

DEGANCIA, [Species vasis seu dolii.] Vita sancti Eparchii apud Labbeum tom. 2. Biblioth. : *Quidam homo dives... Deganciam vini ad festa solennia B. Confessoris direxerat ad pauperum refectionem.*

* **DEGANARE**, Permutare, unde *Deganeum*, Permutatio, in Chartis Lucensibus et apud notarios ejusdem civitatis, quibus etiam nunc familiaris est hæc formula : *Titulo permutationis et Deganei*, teste Murario tom. 1. Antiq. Ital. medii ævi col. 136. Vide infra *Viganeum.*

¶ 1. **DEGANIA**, pro *Decania*. Concil. Compostell. ann. 1056. can 1 : *Ipsi Episcopi duos vel tres Præpositos electos habeant cum sensu cæterorum Clericorum, qui curam Diœcesium Deganiarum procurent.* Vide *Decania* in *Decanus* 4.

* 2. **DEGANIA**, ut supra *Dega.* Charta Alph. VII. reg. ann. 1169. inter. Probat. tom. 1. Annal. Præmonstr. col. 107. : *Cum omni hæreditate sua, cum montibus et fontibus, et Deganiis et molendinis.* Vide *Degora.*

DEGANNARE, Idem quod *Ingannare*, Fallare, decipere. Epistola PP. Liudtefrido Comiti scripta, tom. 3. Hist. Francor. : *Te tuamque conjugem auctoritate S. Spiritus Domini nostri a corpore et sanguine D. N. Jesu Christi separamus, et a consortio Christianitatis, donec prædictam feminam Garelindam, loco unde Degannastis, restituatis.* Agitur de Monacha a Monasterio fraudulentissima suasione abstracta. Vide *Engannare*, post *Ingenium.*

¶ **DEGANUS**, pro *Decanus*, Qui præest decem familiis, apud Muratorium tom. 1. part. 2. pag. 60. col. 2. Vide *Decanus* 1.

* **DEGARIRE**, Cavere ab evictione, possessionem asserere, defendere, Gall. *Garantir.* Reg. feudor. Aquit. ann. 1273. ex Cam. Comput. Paris. sign. JJ. rub. fol. 10. r° : *Petrus frater dicti Bernardi Beraudi juratus dixit et recognovit illud idem, quod dictus Bernardus Beraudi; tamen dixit quod dictus Bernardus frater suus debet eidem Degarire omnes res supradictas.* Ibid. fol. 42. v°. : *Reymundus Arn. de Puy... tenet a domino rege et duce duo casalia;... et ista duo casalia debet Degarire dominus S. Albini, de cujus hereditate habent illa pro parte partida vel divisa, et alia duo in parrochia de Brocars; et ista debet ei Degarire dominus de Brocars, de cujus hereditate tenet ea de parte partida.* Vide in *Warantus.*

* **DEGARIUS.** Vide infra *Deguarius.*

* **DEGATGIARE**, Rem oppigneratam redimere, Gall. *Dégager.* Libert. Montisfer. ann. 1291. in Reg. 181. Chartoph. reg. ch. 154 : *Quam cito gatgiatus de suo cumino, jeta seu tallia satisfecerit cuminatoribus seu levatoribus prædictorum, ipso facto sit Degatgiatus.* Vide *Diswadiare* in *Vadium.*

¶ **DEGENER**, Nothus, spurius, Gall *Batard*, in Lexico Philosoph. Goclenii et in antiquis quibusdam Chronicis.

DEGENERARE, Depravare, animos avocare, *Debaucher.* Historia Wambæ Regis : *Diverso fraudis argumento fidem populorum Degenerans, etc.*

¶ **DEGENIARE**, Formæ gratia fraudare. Cassiod. lib. 5 : *Usurpatione Degeniare aliquid.*

DEGENIATUS. Vide *Geniatus.*

¶ **DEGERA.** Vide *Degora* et *Dugalia.*

* **DEGERARE**, DEJERARE, Perjurare, promissis juramento firmatis non stare. Ordinat. ann. 1363. tom. 3. Ordinat. reg. Franc. pag. 622. art. 11 : *Et si reperiretur ipsos Degerare,..... debite puniantur.* Charta ann. 1368. ex Tabul. S. Victor. Massil. : *Raymundum hortati sumus ut ab ipsis excessibus omnino cessaret, quod solemniter se facturum sæpe juravit, et sæpius Degeravit veniendo contra jurata.* Alia ann. 1186. apud Spon. tom. 2. Hist. Genev. pag. 43 : *Et dum juramenti sui fideique constantiam expectaremus, Dejeravit.* Stat. Montis-reg. pag. 180 : *Statutum est quod quicumque inventus fuerit Dejerasse vel Dejerare, possit et debeat condemnari in libras sex, si de perjurio fuerit convictus.*

* **DEGERIUS.** Vide infra *Deguarius.*

DEGINA, *Græce, Morsus, Latine.* Ita Papias et Ugutio. Sed legendum *Degma*, [ut in MS. Bitur.] ex Græco δῆγμα.

¶ **DEGLAFIDE.** Vide *Degraphides.*

¶ **DEGLOBARE**, ut mox *Deglubare*, in Vita MS. S. Wenwaloei fol. 102.

* Chron. Bald. diaconi tom. 2. Monum. sacr. Antiq. pag. 60 : *Boni pastoris esse tondere pecus, non Deglobare.* Vide mox *Deglubare.*

* **DEGLOMERARE**, Glomerata fila evolvere, Gall. *Devider.* Glossar. Gall. Lat. ex Cod. reg. 7684 : *Deglomerare, Desmuceler.*

¶ **DEGLUBARE**, pro *Deglubere*, Pellem detrahere. Tertull. de Pallio cap. 3 : *Mercurium Deglubasse oveculam.* Alii legunt *Diglubasse.* [** Vide Forcellinum.]

* Agob. episc. Lugdun. Epist. 6. tom. 6. Collect. Histor. Franc. pag. 365 : *Ne quilibet Christianus carnes a Judæis immolatas et Deglubatas emeret.* [** Vide S. Rosa de Viterbo in Supplement. Elucidar. voce *Degolador.*]

¶ DEGLUVERE, pro eodem *Deglubere.* Hinc corrigendum Glossarium Saugerman. MS. n. 501. ubi *Deguptus, Pelle exustus, id est, clite expoliatus;* a Deglubo enim legendum *Degluptus*, sicque cetera sunt emendanda : *Degluptus, Pelle exutus, id est, cute expoliatus.* Vide *Decoriare.*

* **DEGLUERE**, Eadem notione. Glossar. vet. ex Cod. reg. 7641 : *Degluit, decoriavit. Desglainer* vero, metaphorice pro Occidere, gulam quasi spicam secare, in Lit. remiss. ann. 1481. ex Reg. 207. Chartoph. reg. ch. 251 : *Icellui Savoye porta le cousteau à la gorge du suppliant et jura en disant : Par le cap de Dieu, je te Desglainerai.*

¶ **DEGNATUS**, ab Italico *Degnare*, Gratum et acceptum habere. Histor. Cortusiorum lib. 1. apud Murator. tom. 12. col. 937 : *Offerebat enim popalo pacem cum Januensibus a nobilibus Degnatam.*

* **DEGNIGRATIO**, Infamia, contumelia, vituperium, Gall. *Dénigrement, deshonneur.* Lit. remiss. ann. 1396. in Reg. 151. Chartoph. reg. ch. 71 : *Johannes Buffeti.... protulit quamplurima verba injuriosa et ignomeniosa ad Degnigrationem generis et famæ dicti Durandi suorumque parentum et amicorum.*

DEGORA. Jus Vicentin. lib. 1. : *Aquarum ductus, sive canales, lectos aquarum, ac Degoras aperiri, perfodi secundum quod melius fuerit visum, etc.* [* Idem videtur quod supra *Dega.*]

* **DEGOT**, vox vernacula, Stillicidium, Gall. *Gouttiere.* Charta ann. 1357. inter Probat. tom. 2. Hist. Nem. pag. 197. col. 1 : *Cohoperiatur* (domus) *tali tecto, quod procedat a merletis, et lo Degot veniat in carreria.* Glossar. Provinc. Lat. ex Cod. reg. 7657 : *Degotar, Prov. Stillare, distillare.* Vide *Degutorium.*

DEGRADARE, De gradu in quo quis est, removere, [Gall. *Degrader.*] Chronicon Fredegarii cap. 82 : *Cognito more Gothorum, quem de Regibus Degradandis habebant.* Ditmarus lib. 2. pag. 23 : *Everhardus Dux, Regi diu infidelis, Degradatus est.* Regula S. Benedicti : *Exceptis iis quos Abbas Degradaverit certis ex causis.* Regula S. Pachomii cap. 92 : *Degradabunt eum in ultimum gradum, donec corrigatur.* [Addit. ad Capitul. apud Baluz. tom. 1. col. 1176. n. 107 : *Præcipimus ut non Degradetur pro* *vincia, sed apud semetipsam habeat judices Episcopos. Et quicumque causam habuerit, a suis judicibus judicetur, et non ab alienis, id est, a suæ justis judicibus provinciæ, et non ab externis, ni fuerit appellatum.*]

Degradare, Beneficia Militibus auferre. Charta Caroli Calvi Regis Franc. ex Tabulario S. Cyrici Nivern. : *Dumque memoramus, quam fideliter Milites ejusdem loci nobiscum contra hostes nostros solatia præbuerunt, et simul se nobiscum tradiderunt periculo, placuit nobis auctores atque electos ejusdem sedis monere, ut nullus eorum præsumat aliquem illorum, aut ullum de hæredibus ipsorum Degradare, et beneficia tollere, nisi prius in causis palatinis fuerit adductus, et criminali multatione damnatus.*

Degradatio, Pœna Ecclesiastica, qua quis suo gradu privatur. Apud antiquos, Clericum degradare, nihil aliud erat quam deponere, vel suspendere ab officio: nunc usus Ecclesiasticus paullo aliter invaluit. Distingunt enim Canonistæ a Depositione Degradationem, cum Depositione longe gravior sit *Degradatio*, qua scilicet reus Clericus ablatis ordinis insignibus ab Episcopo coram judice sæculari, cui postmodum traditur, titulo Clericali privatur. Priori notione usurpant Concilium Eliberit. cap. 20. Concil. Bracar. I. cap. 4. Aurelian. IV. cap. 7. Concil. Cabilon. cap. 20. Constit. 2. Appendicis Cod. Theod. etc. Ildefondus Toletanus in Chronico : *Per Synodum ab Archiepiscopali dignitate Degradatus est. Degradatio Sacerdotii*, apud Gregorium M. lib. 9. Epist. 32. Vide Baron. ann. 57. num. 22. Filesacum de Sacra Episc. auctorit. cap. 8. § 2. et Morinum lib. 2. Exercit. cap. 11.

Degradatis Episcopis disruptum vestimentum Sacerdotale, colligitur ex Vita S. Leodegarii cap. 14 : *Factum est ut Episcoporum consilio Leodegarii Disrumperet* (Hebroinus) *vestimentum, et ultra non præsumeret offerre sacrificium.* Acta S. Theodardi Narbonensis Episcopi : *Truncatis in conspectu omnium, ac penitus scissis Episcopalibus indumentis, baculisque super eorum capita confractis, nec non annulis singulorum ab eorum digitis dedecore cum magno avulsis, ab omni ordine Clericatus penitus dejecti sunt ac depositi.* Adde Gregorium Turon. lib. 5. Hist. cap. 19. Liber cui titulus Δίοπτρα, seu Disputatio animæ et corporis :

Ὡσαύτως νόμον ἔχουσιν ἐπὶ τῆς ἐκκλησίας,
Ἀρχιερεῖς, ἐπίσκοποι, σὺν τοῖς Μητροπολίταις,
Καὶ ὅταν πταίσῃ ἱερεὺς εἰς ἔγκλημά τι μέγα,
Ἐν πρώτοις τούτῳ αἴρουσι τὴν ϛολὴν τῆς ἀξίας,
Καὶ οὕτως αὖθις σχίζουσι τοὺς χιτωνίσκους, οἴμοι,
Καὶ οὕτω τότε τὸν αὐτὸν ὡς μὴ παπᾶν κολάζειν.

Degradabantur Presbyteri rei, antequam judici sæculari traderentur secundum criminis qualitatem puniendi, quod nuper etiam obtinuit. Capitulare 1. ann. 809. cap. 21 : *Si Presbyter Chrisma dederit, ab Episcopo Degradatur, et postmodum a judice manum perdat, etc.*

Alias porro ceremonias in degradatione Clericorum et Presbyterorum fieri solitas quivis legere potest, in Concilio Tolet. IV. cap. 27. Lemovicensi ann. 1031. sess. 2. in Pontificali Romano, apud Luitprandum lib. 6. cap. ult. in cap. 27. de Verbor. signif. cap. 1. de Hæret. et cap. 2. de Pœnis, apud Joannem a Leydis lib. 31. cap. 43. Gallandum lib. de Franco alodio pag. 346. [Phil. Limborch. in Regesto Inquisit. Tholos. pag. 276. ubi refert singularem degradationis formam, et ab ea quæ in Pontificali Romano præscribitur, multum absimilem.]

* Degradationis ceremoniæ ita describuntur in Pontif. Ms. eccl. Elnens. : *Et est notandum quod si clericus, secundum præmissam formam sententialiter depositus, incorrigibilis appareat, debet excommunicari. Et si postmodum in profundis malorum veniens contempserit, tunc cum ecclesia non habeat ultra quid faciat, debet illum Degradare et curiæ seculari relinquere. Quæ Degradatio fit hoc modo. Nam ipse degradandus indumentis sacerdotalibus, si sacerdos sit, indutus; vel diaconalibus, si sit diaconus; et sic de reliquis ordinibus et indumentis. Episcopus quasi exequendo sententiam depositionis in illum prolatam dudum, præsente seculari judice, cui degradandus debet relinqui, publice abradit cum vitro, vel alio hujusmodi loca manuum illius, quæ in collatione ordinum inuncta fuerunt, et etiam tonsuram, si vellet; et consequenter seriatim et sigillatim detrahit omnia insignia sive sacra ornamenta, quæ in ordinum susceptione recepit; et demum exuit illum habitu clericali et induit laicali, dicens publice judici seculari præsenti ut illum propter scelera sua sic depositum, degradatum, spoliatum et exancoratum* (lib. exauctoratum) *in suum, si velit, recipiat forum.... Et talis Degradatio sollempnis depositio vocatur.*

Degradationis Militaris ritum apud Aragonenses describit Jacobus I. Rex Aragon. in Foris Oscæ ann. 1247. fol. 16. de degradatione Militis : *Cum perventum fuerit ad ejus depositionem, ipsemet cingat sibi ensem; quo facto, Princeps terræ, accepto cultello, in posteriori parte, id est, supra renes, scindat ensis corrigiam omnino, de qua est accinctus, ita ut corrigia incisa, ensis per se cadat in terram; et sic ille, qui ante Miles erat, pravis suis meritis exigentibus, de Militia, qua prius decoratus extiterat, perpetuo sit depositus et damnatus.* [** Abbreviat. Placit. sub Edward. II. Reg. Angl. Lond. 34. 55. pag. 351 : *Per breve regis mittitur hic processus judicii redditi contra Andream de Hartecla, comitem Karlioli, qui fuit adherens Roberto de Brus .... Por quoi agarde ceste courte que vous soyez Degradé et que vous perdez noun de counte por vous et por votres heirs à touts jours et que vous soit deteint de l'espeie et que vostres esperouns dorrés soient coupés des talons ...... Post Degradacionem factam dederunt judicium contra ipsum in hæc verba : ... soietz treisné, pendu et decolé, etc.*]

DEGRADATUM. Regestum Castri Lidi in Andibus fol. 47 : *Dominus Hugo Garner habet suum Degradatum in molendino Domini Susæ, pro motagio quod Dominus Susæ capit ad sua molendina reparanda;* id est forte, *demolitiones*, cum scilicet molendinum de novo instauratur.

* Legendum prorsus videtur *Degranatum.* Vide infra *Degranare* et *Degranum.*

¶ DEGRADERE, Gall. *Degrader*, Labefactare, evertere. Charta Caroli M. apud Doubletum Hist. San-Dionys. pag. 714 : *Obsecramus autem Successores nostros et ejusdem loci Abbates et rectores, et obtestamur per sanctam et individuam Trinitatem, et per diem judicii tremendum, ut prædictas res, quas nos pro reverentia tantorum Sanctorum, seu remedio animæ nostræ, vel stabilitate regni, nostra auctoritate munivimus, Degradere non præsumat.*

¶ DEGRÆ, *Præcepta, statuta.* Papias in MS. Bituricensi. In Glossorio Sangerman. MS. num. 501. habetur, *Degre*, pro *Degræ.* Forte utrobique legendum *Decreta.*

* DEGRANA, Grana excussa, quæ ex spicis cadunt. Reg. feudor. comitat. Pictav. ex Cam. Comput. Paris. fol. 66. r°. *In qua quidem terrageria..... ego dictus Johannes de Foresta capio tertiam partem grani dictorum terragiorum et omnes paleas, Degranas, scobas et spitas.* (leg. spicas).

* DEGRANAGIUM. Vide infra in *Degranum.*

* DEGRANARE, Granum ex infundibulo removere. Pactum inter Arn. de Villanova dom. de Transio et homines ejusd. castri ann. 1283. ex Tabul. D. Venciæ : *Postquam posuerint dicti homines bladum suum in entremuya, quod monerius non possit removere dictum bladum de dicta entremuya, nec eos Degranare pro alio. Desgrener*, eodem significatu, in Charta ann. 1448. ex Chartul. 23. Corb. : *Soubz umbre dudit desgren, ceulx à qui lesdits religieux le avoient otroié, Desgrenoient lesdits habitans; c'est assavoir quant lesdits habitans avoient mis leur blé an corbellon pour le mettre en le tremuye et à molture, ceulx qui avoient le Desgren leur ostoient dudit corbellon, et y mettoient et faisoient mettre le leur.* Hinc

* DEGRANATURA, Jus granum suum ante alios molendi, absque ulla pensitatione pro ejusdem molitura. Charta Hugon. dom. Berziaci ann. 1215. in Chartul. Cluniac. : *Pro custodia et defensione alius* (leg. illius) *molendini Degranaturam meam ibi habeo.* Vide infra *Desagranamentum.*

* DEGRANUM, Desgranum, Eodem intellectu, nostris *Desgrain* et *Desgren.* Charta ann. 1197. in Chartul. Lehun. ch. 20 : *Johannes miles de Hapelincurte habet in molendinis de Lehons apud Pontem Degranum, cujuscumque sit frumentum, post illud quod inveniet in trimodia, et pro Degrano illo quod habet dictus Johannes in molendinis de Lehons apud Pontem, prior Lehuni et monachi de jure possunt et debent la hardine accipere ad usus suos ubique in omnibus aquis domini Johannis, ubicumque voluerint, pro calciata reficienda et pro ponte reficiendo.* Infra ch. 34. legitur *Degranagium.* Alia ann. 1348. ibid. ch. 105 : *Avoit esté ordené sur les moulins et l'yawe de Pons, que mi devanchiers et leurs successeurs seigneurs de medite maison de Happlaincourt aroient delà en avant le Desgren asdis moulins, après che que il trouveroient en le tremuye, et pour chel Desgren, etc.* Charta Phil. abb. de Cultura ann. 1224. ex Cod. reg. 9612. A. B. M. : *Si autem abbas vel loco suo aliquis.... manebit in principali manerio de Chancio, habebit Desgranum in molendino dicti Pagani de Borneio.* Alia ann. 1324. in Reg. 62. Chartoph. reg. ch. 203 : *Ledit Henri moudra son blé à Desgrain après celui*

de la tremuie franchement, sans payer mouture. Chartul. sign. *Ezechiel* Corb. ad ann. 1415. fol. 11. r°. *Et si ara ledit fermier le Desgrein et franc-molu aux mollins De Sailli l'yaueres. Desgreu et francq-molu du molin de Dompierre*, in Reg. Corb. 13. sign. *Habacuc* ad ann. 1514. fol. 213. v°. *Desguerain*, eodem intellectu, in Ch. Phil. Pulc. ann. 1308. ex Lib. rub. Cam. Comput. Paris. fol. 339. r°. col. 1 : *Le franc moudre de l'ostel et le Desguerain, prisié sexante soulz.* Vide supra *Degranare.*

¶ **DEGRAPHIDES**, *Cælatura.* Papias et Glossar. Sangerman. n. 501. Male in Bituricensi, *Deglafide.*

¶ 1. **DEGRAVARE**, Notione contraria nativæ, a Gallico *Décharger*, Expensas resarcire, Restituere, Compensare, Gall. *Dedommager.* Hist. Dalphin. tom. 2. pag. 69. col. 2. in Instrumento ann. 1300 : *De expensis quas idem Dom. Dalphinus fecerit in juvamine supradicto, de suis propriis denariis eumdem Dalphinum* (Episcopus Valent.) *debeat Degravare.*

* 2. **DEGRAVARE**, Sublevare, liberare, Gall. *Décharger, diminuer.* Acta capit. eccl. Lugdun. ad ann. 1347. fol. 139. v°. ex Cam. Comput. Paris. : *Quia custos necessario habet librare omnes capellos et clericos servitores S. Stephani, absque eo quod eos possit dimittere, ordinamus quod ipse Degravetur de subventione prædicta, in tantum quantum alii personæ Degravantur.* An inde *Faire ses Degras*, pro Ventrem exonerare, tom. 2. Fabul. pag. 120 :

Quand il n'a sa fame trovée,
Cuide qu'elle soit relevée
Pissier et faire ses Degras.

¶ **DEGRE.** Vide *Degræ.*

* **DEGREDARE**, ut *Degradare*, De gradu in quo quis est, removere. Stat. Placent. fol. 88. v° : *Item in casu quo clericus est actualiter et realiter Degredatus, judicis laici jurisdictioni subjaceat, cum sit privatus omni privilegio clericali.* Vide supra *Degradatio.*

¶ **DEGREGATUS**, Errans a grege. Vita S. Genovefæ, Januarii tom. 1. pag. 144 : *Dum Degregata ob pastum forte pecora sollicite vestigarent.*

* **DEGRI**, *Ægri*, in vet. Glossar. ex Cod. reg. 7613.

* **DEGROSSARE**, Luculentius scribere, in formam publicam instrumentum redigere, Gall. *Grossoier.* Stat. comitat. Venaiss. sub. Clem. PP. VII. cap. 11. ex Cod. reg. 4660. A : *Notarii.... acta inter partes eorum manibus descripta ordinent et Degrossent seu alias in formam redigant publicam.* Vide *Ingrossare* 1. Hinc

* **DEGROSSATIO**, Eadem notione. Stat. Avenion. lib. 2. rubr. 9. art. 49. pag. 262 : *Item quia notarii in Degrossatione terminorum omittunt ponere annum in mutatione cujusque mensis, etc.* Vide *Grossa.* 2.

DEGUADIARE, *Guadiam frangere*, Joanni de Janua, *Dégager.* [Tabularium Majoris-Monasterii : *Robertus Comes de Moretonio dedit S. Martino, pro anima Regis Willelmi fratris sui et Mathildis Reginæ et Mathildis uxoris suæ, medietatem Ecclesiæ de Legrenvilla, quam ipse Comes Deguadiaverat per ccc. solidos.*] Vide *Disvadiare* post *Vadium.*

* **DEGUARIUS**, Deguerius, Custos agrorum, hortorum, vinearum; *decorum* etiam, unde nomen, seu mulctarum ob commissa in iis delicta impositarum, aliorumve tributorum exactor; *Degan*, in Consuet. Sollens. tit. 5. art. 1. et 4. tit. 6. art. 1. et 2. tit. 7. art. 1. et 2. Vide supra *Dechi.* Confirm. libert. castri de Caslucio ann. 1327. in Reg. 64. Chartoph. reg. ch. 586 : *Item bajulus vel ejus locumtenens et consules annis singulis eligent quatuor Deguarios seu coterios ad levandum decos, more solito levare consuetos.* Charta ann. 1314. in Reg. 50. ch. 145 : *Petrus de Baro et sui successores habeant et habere possint suum bajulum et Deguerium pro suis juribus dictorum locorum levandis et custodiendis.* Alia ann. 1320. in Reg. 60. ch. 117 : *Item quod judices, bajuli,.... bannerii seu Deguerii, et alii ad jurisdictionem prædictam regendam necessarii, etc.* Alia denique ann. 1404. in Reg. 159. ch. 297 : *Item quod servientes et Deguerii dicti pariagii erunt communes inter dominum nostrum regem et abbatem et conventum prædictos.* Vide supra in *Coterius.*

* Ejusdem originis est, a voce nimirum *Deci*, limites, *Déguier*, pro metas figere, et *Déguiement*, ipsarum positio. Pactum inter abb. de Fonteneio et Gaufr. *de Charni* ann. 1343. in Reg. 79. Chartoph. reg. ch. 59 : *Par dehors lesquelz murs à l'environ, bonnes seront mises joignans esdiz murs, qui Déguieront et confineront ladite justice,.... seront lesditz bois par-maintenant Déguiez ès despens communs de nous parties dessus dites, afin de perpétuel confinement et Déguiement.* Aliud inter ducem Burg. et episc. Augustod. ann. 1387. inter Probat. tom. 3. Hist. Burg. pag. 109. col. 1 : *Nous* (duc) *avions tout droit de y saisir, brandonner, séeller, penonceller, bonner et Déguier fonds d'héritaige.*

* Degarius, Degerius, Eadem notione. Libert. Mirabelli in Reg. 74. Chartoph. reg. ch. 564 : *Item quod dicti Consules pro hiis* (fructibus) *custodiendis possint instituere Degarios.* Charta ann. 1322. in Reg. 61. ch. 440 : *Item consules, qui nunc sunt de Scura,... suos Degerios infra pertinentias de Rosueiras cum armis miserunt.* Libert. Petræ assisiæ ann. 1341. in Reg. 74. ch. 647 : *Item quod dicti consules.... possint imponere taillias,.... et compellere rebelles.... ad solvendum per suos messegarios sive Degerios, sic et in tantum, quod si dictis messegariis seu Degeriis in levandis collectis... fieret injuria, dictus sic injurians puniatur.*

¶ **DEGUASTARE**, Devastare, destruere. Acta S. Franciscæ Rom. tom. 2. Martii pag. 149. * : *Sicut facit columbus non domesticus, qui suum nidum in altum ponit, ut a transeuntibus non Deguastetur.*

* *Dégaster*, eodem intellectu, in Lit. remiss. ann. 1408. ex Reg. 163. Chartoph. reg. ch. 72 : *Guillaume de Bougey, bouvier et garde d'une charue de certain nombre de buefs, avoit fait champoier et Dégaster en grant partie l'erbe desdites fauchées de pré.* Haud scio an ita legendum pro *Dégaser*, quod bis occurrit in aliis Lit. ann. 1388. ex Reg. 132. ch. 209 : *Je ne vous vueil point Dégaser, ne faire vilenie. Desgucher* vero, pro Cedere, aufugere, vulgo *S'enfuir*, in Lit. remiss. ann. 1474. ex Reg. 195. ch. 1276 : *Se j'avoye mon arbaleste, je te feroye bien Desgucher.*

* Deguastare Ventrem, Abortum facere, fetum destruere. Stat. eccl. Reat. apud Marten. tom. 8. Ampl. Collect. col. 1510 : *Excommunicamus et anathematizamus omnes et singulas mulieres procurantes sibi vel alteri abortum, vel quocumque modo Deguastantes ventres suos sive alienos, et qui hoc fieri fecerint, vel dederint huic facinori auxilium, consilium et favorem.* Hinc

* Deguastatio Ventris, Abortio, recensetur inter casus reservatos, ibid. col. 1514.

¶ **DEGUAZIARE**, ut *Deguadiare*, Pignus liberare, Gall. *Degager. Anno ab Incarnatione Dom.* 1082. *Goffredus filius Guinguanoi ingaziavit Ulrico Monacho et ceteris Monachis S. Florentii terram quam habebat dominicam in parochia de Carseton ... ne ad usuram eis inguaziatio illa reputetur. Cumque ad novem annos ventum fuerit, si ipse terram Deguaziavit, sua propria erit*, in Tabulario S. Florentii.

* **DEGUERIUS.** Vide supra *Deguarius.*

¶ **DEGUEYRA.** Charta ann. circiter 1063. ex Majori Chartulario S. Victoris Massil. fol. 91 : *Quod teneantur et debeant decimam porquetorum, etiamsi numerum decem seu Degueyra non esset, vel numerus infra decem post Degueyram seu Degueyras non reperirentur.*

* *Dégueir*, pro Detrahere, diminuere, in Charta Phil. abb. S. Petri Hasnon. ann. 1316. ex Reg. 56. Chartoph. reg. ch. 175 : *Avons vendu bien et loiaument... tous nos terrages et dismages,.... senz riens Dégueir ne retenir par devers nous.* Infra : *Senz riens Déchair des pourfiz de toutes les choses devant dites vendues.*

* **DEGUISATUS**, Personatus, aliena veste et specie indutus, a Gall. *Déguisé.* Lit. remiss. ann. 1362. in Reg. 91. Chartoph. reg. ch. 371 : *Cum quædam mulier antiqua matrimonium contraheret cum uno homine, quorum ambo fuerant conjugati, ipse Petrus una cum quibusdam juvenibus,... more solito Deguisati unum ludum facerent, qui communiter vocatur charivari. Déguisé* vero dicitur de eo, quod a veteri modo alienum est in Ordinat. ann. 1350. tom. 2. Ordinat reg. Franc. pag. 372. art. 194 : *Et qui voudra avoir robbes Deguisées, autres que la commune et ancienne guise, etc*

DEGULATOR, *Gluto, gulosus*, Ugutioni. Gloss. MS. Reg. Cod. 1013 : *Degulator, quod gulæ sit deditus.* [Eadem habet Isid. Orig. l. 10. Apul. Apol. pag. 322 : *Omnia in paucis annis sic Degulator studiose in ventrem condidit, et omnimodis collurcinationibus dilapidavit.* Nonius dixit *Degulare* simili notione, et Plautus, *Degulatum patrimonium.*]

¶ **DEGUNERE**, *Degustare*, apud Festum : sic et in Glossis Philoxeni : *Degunere*, ἀπογεύσασθαι, συγγεῦσαι, et in Glossis Lat. Gr. Sangerman. : *Degunere*, ἀπογεύσασθαι, *Degustare.* Ubique legendum *Degumiare* ab antiqua voce *Gumia*, Gulo, lurco. Vide Etymologicon Vossii.

¶ **DEGUPTUS.** Vide *Degluvere.*

¶ **DEGUS**, Arvernis Aniciensibus *Den-*

guius, Nullus. Chartularium S. Illidii Claromontensis : *Degus homo vivens.*

* **DEGUTADUS**, Declivis, ut videtur. Charta ann. 1054. ex Tabul. S. Vict. Massil. : *Et insuper usque in choronam montis, et sicut est Degutada ipsa terra.* Nisi idem sit quod terminis circumscriptus, Gall. *Borné*, alias *Déguié*. Vide supra in *Deguarius.*

¶ **DEGUTORIUM**, Torrens vel cloaca, Gall. *Egout.* Vita S. Catuodi in Chartulario S. Crucis Kemperlegiensis fol. 82. v°. : *Ubi cadit prædictum flumen Ectell in mare, scilicet in Degutorio quod cadit in prædicto flumine.*

DEGUTTARE. Matthæus Paris ann. 1153 : *Nec minori tormento vexabantur, qui verubus transfixi, ad ignem assati Deguttabantur a dæmonibus ex metallis liquefactis.* Id est, quibus guttatim infundebantur metalla liquefacta.

DEHABERE, Carere, Gall. *Cesser à avoir.* Æthicus in Cosmogr. de Tiberi : *Insula vero quam facit intra urbis portum et Ostiam civitatem, tantæ viriditatis amœnitatisque est, ut neque æstivis mensibus, neque hiemalibus pasturæ admirabiles herbas Dehabeat.* Arnobius junior in Conflictu cum Serapione : *Semel animus contentione attonitus, etiam cum integer lectus fuerit, non Dehabebit quot ingerat, etc.* Interpres Palladii in Appendice Hist. Lausiacæ cap. 13 : *Maxime sic Dehabent, et egentiores sunt.* Petrus Damian. lib. 8. Epist. ult. : *Sed esto, quia Judith divitis causamini vobis copiam Dehaberi, etc.* Vide Chronicon Abbatiæ Trudonensis lib. 4. pag. 384. Vitam S. Adalberti Egmundani cap. 15. etc. Miracul. S. Rictrudis lib. 2. cap. 4. num. 42 : *Sed ne in seculo Dehabere contingeret, etc.* id est, egere.

¶ **DEHABITATUS**, Non habitatus. Anonymus de Gestis Manfredi et Conradi Regum apud Murator. tom. 8. col. 615 : *Terra quæ vocatur Schiacca regalis dominii, sed Dehabitata.*

DEHÆRITARE, Exhæredare, spoliare, de propriis hæreditatibus pellere, *Desheriter.* Henricus Huntindonensis de Contemptu mundi cap. 3 : *Omnem vim sapientiæ suæ convertit ad simplices Dehæritandos.*

Dishæreditare, Eadem notione, in Statutis Venetorum anni 1242. lib. 4. cap. 36. *Desherance*, defectus hæredis, in Consuetudine Britanniæ art. 595. Normanniæ art. 146. etc. *Deshæritare*, in Testamento Ælfredi Reg. Angl. post ejus vitam pag. 194.

* **DEHOERE**, *Aucire*, *Prov. Occidere.* Glossar. Provinc. Lat. ex Cod. reg. 7657.

¶ **DEHOMINARE**, De statu hominis dejicere. Epistola Hugonis Metelli ad S. Bernardum, inter ejus Opera tom. 1. col. 379. Edit. 1690 : *Quos sapor stygius infecerat, immo fœtor Acheruntis defecerat, et Dehominaverat, gustu nectareo reformati sunt.* Remigius Autissiod. in Psal. 11 : *Non solum ab his qui se Dehominaverunt adorando opera manuum suarum.*

DEHONESTARE, Probro afficere. Gloss. Lat. Gr.: *Dehonestat*, ἀτιμάζει Gloss. Gr. Lat.: Ἀτιμία, *Dehonestamentum, Dehonestatio*; ἀτιμῶ, *Dehonesto.* Papias : *Dedecorare, Dehonestare.* Alibi : *Dehonestare, conviciari, contaminare.* Lex Bajwar. tit. 2. cap. 10. § 1 : *Si quis filius Ducis tam superbus vel stultus fuerit, ut patrem suum Dehonestare voluerit, etc.* [Capitula Ludovici Pii ann. 822. cap. 4 : *Si quis Episcopo insidias posuerit, comprehenderit, vel in aliquo Dehonestaverit, decem quadragesimas cum subditis annis pœniteat, et Presbyteri occisi triplicem compositionem componat. Non sinatis* (Episcopos) *Dehonestare sive opprimere*, in Capitulis Caroli C. ann. 858. cap. 7. Rursum occurrit cap. 12. Charta anni 295. apud Baluzium tom. 2. Capitul. in Appendice col. 1531. dicitur *Acta* XIV. *Kal. Martii anno tertio quo Karolus Rex per infidos Francos Dehonestatus est.* Anno 923. fuerat regno destitutus.] Anastasius in Hist. Eccl. : *Petrum vero magistrum Dehonestationibus submittens.* Ubi Theophanes : Πέτρον ἀτιμίαις περιβαλοῦσα. Audradus Modicus in Revelat. cap. 9 : *Scias te sequenti anno... ab inimicis tuis Dehonestandum, ut vivus evadas.* Vide Concilium Viennense ann. 892. can. 2 [et Bodonem in Chronico Clusin. apud Leibnitium tom. 2. Scriptor. Brunsvic. pag. 364.] [** Exstat apud Livium, Suetonium, alios. Consule Forcellinum. *Dehonestatio parentum*, ap. Hraban. Maur. de reverent. fil. cap. 2.] Vide *Dehonorare.*

Deinhonestare. Tabularium Brivatense: *Datum fidei istum commissum 5. Id. Octob. ann. 5. quod Franci Deinhonestaverunt Regem suum Karolum, et contra legem elegerunt Rudulfum sibi in Regem.*

* Nostris alias *Ahonter* et *Ahontir.* Joinvil. in S. Ludov. edit. Cang. pag. 39 : *S'ils bruslent noz chaz chateilz, nous sommes ars et bruslez : et si nous laissons nos gardes, nous sommes Ahontez.* Ubi edit. reg. pag. 44. *Honnis.* Lit. remiss. ann. 1457. in Reg. 185. Chartoph. reg. ch. 339 : *Lesquelx habitans prindrent icelle femme pour verecondier et Ahontir icellui prestre. Deshonesté*, probro affectus, in Chron. S. Dion. tom. 3. Collect. Histor. Franc. pag. 280. ubi Aimoin. lib. 4. cap. 10. ibid. pag. 122. *Dehonestamento dignus. Déhonté* vero, dicitur de eo quem pudet, in Lit. remiss. ann. 1412. ex Reg. 167. ch. 71 : *Le suppliant.... Déhonté et maladvisié mussa icelle tasse en un moncel de boe.*

* **DEHONESTAS**, Dehonestamentum, Gall. *Deshonneur.* Memor. D. Cam. Comput. Paris. ad ann. 1263. fol. 53. v°. : *In vituperium, et diffamationem et Dehonestatem cameræ, etc.* Glossar. Gr. Lat. reg. : Ἀτιμία, *Dehonestas.*

DEHONORARE, Eadem notione qua *Dehonestare* : ἀτιμάζειν. Capitula Caroli C. tit. 5. § 3. [** ap. Tolos. ann. 844.] : *Ne ministri illorum Presbyteros Dehonorent.* Adde tit. 8. § 6. tit. 26. § 10. tit. 34. § 3. [** Convent. ap. Marsnam ann. 851. in Basil. S. Castor. ann. 860. ap. Pistas ann. 869.] tit. 42. [** tit. 43. Capit. excerpt. cap. 1. ap. Carisiac. ann. 877.] leg. 8. Cod. Th. de Fide test. (11, 39.) etc.

Dishonorare, in Lege Aleman. tit. 35. § 1. Odo Comes Campaniæ apud Fulbertum Carnot. Epist. 96 : *Magis eligerem honoratus mori, quam vivere Dishonoratus.* [Statuta Widonis Aniciensis Episc. ad pacem conciliandam, inter Instrum. tom. 2. novæ Gall. Chr. col. 226 : *Nullus præsumere audeat neque aliqua mala consuetudine Dishonorare.*]

¶ Dehonorarius, Inhonestus, Tertull. Apol. cap. 39 : *Si quod arcæ genus est, non Dehonoraria summa, quas redemtæ religionis congregatur.*

Dehonoratio, Ἀτιμία. Jonas Episcopus Aurelianensis in Præf. ad Opusc. de Instit. Regia : *Quantum.. genitorem dilexeritis... ejusque Dehonorationem ægre tuleritis.* Et cap. 9 : *Nec alterius injuriam aut Dehonorationem contra fas meditentur.* Utuntur Flodoardus lib. 2. Hist. Rem. cap. 20. Anastasius in Hist. Eccl. pag. 60. Capitula Caroli C. tit. 19. [** Capitul. miss. per Hincmarum ann. 856.] Concil. Duziacense I. part. 4. cap. 4.6. Baldricus lib. 1. Chron. Camer. cap. 82. Fulbertus Epist. 96. etc. *Desonor, Desonorare*, passim in Usaticis Barcinonensibus MSS.

Desinhonorantia, Eadem notione, sed activa, qua quis alium dehonorat, in Capitul. Caroli C. tit. 16. § 7. [** De Carisiac. ann. 856.]

Inhonorare, Eadem notione dixit Tertullianus de Fuga in persecutione : *Inhonores illum. Inhonorabilis*, apud eumdem. Vetus Interpres Epist. S. Ignatii ad Philadelph. : Ἀτιμάσαντες αὐτοὺς, *Inhonoraverunt ipsos.* Utuntur præterea Anastasius in Hist. Eccl. pag. 169. Fulbertus Epist. 99. etc.

* **DEHORESARE**, Exire, foras ire, Gall. *Aller dehors.* Statuta universit. Aquens. ann. 1489. pag. 30 : *Ne occasionem habeant vagandi, discurrendi et Dehoresandi.*

DEHOSPITARE, Locum *hospitibus*, seu incolis spoliare. Sugerius de Administratione sua cap. 15 : *Villas omnino rapinis Dehospitatas rehospitari fecimus.* Vide *Hospes.*

¶ **DEHOSPITARI**, Hospitari. Gloss. Lat. Græc. MSS. Bibl. Sangerman. : *Dehospitor*, ξενίζομαι.

¶ **DEICERE**, pro *Dejicere*, ut *Abicere* pro *Abjicere*, pluries occurrit in Instrumentis ævi medii.

DEICOLÆ, Monachi. Martinus Episcop. in Epist. ad Mironem Regem Galliciæ, de Vitæ honestæ formula, in Spicilegio Acheriano tom. 10. pag. 626 : *Quia non illa ardua et perfecta, quæ a paucis et peregregiis Deicolis patrantur, instituit, etc.*

¶ **DEICUS**, Divinus. *Deica virtus*, in Vita S. Ursmari, tom. 2. April. pag. 568.

* **DEIDATIO**, Concessio ecclesiæ facta. Charta ann. 1368. tom. 2. Hist. Trevir. Joan. Nic. ab *Hontheim* pag. 248. col. 1 : *Obventiones recepit, ac de et ex exactionibus autumnalibus et aliis Deidationibus officiorum ecclesiæ Coloniensis.*

* **DEI DONO**, Eadem formula, quæ *Dei Gratia*, in Charta ann. 962. apud Guichen. Bibl. Sebus. pag. 1 : *Ego Bertha Dono Dei regina, etc.*

DEJEJUNARE, Jejunium, ut vocant, infringere, solvere. Regula Magistri cap. 28 : *Dejejunatum jam fratrem non vellet taberna suscipere.* Hinc nostris *Dejeuner*, pro jentaculo, quod qui jentant, primum jejunii gradum infringant. Gloss. Gr. Lat. : Ἀκρατίζω, *Janto*, i. *gusto ante prandium*; ἀκρατισμὸς, *jantaculum*; *i. primus cibus quo jejunium solvitur.* Sed et inde vox *Disner*, pro *prandere*, deducitur, abbreviata ex *Desjeuner.* Itali *desinare* dicunt. Papias : *Jantare, Disnare dicitur vulgo.* Quippe veteres non prandebant, sed cœnabant tantum, ut ex Scriptoribus constat, quos laudat Savaro ad Sidon. lib. 6. Epist. 12. Ita jejunium solvere, Græci ἀπονηστίζειν dicunt : unde legendum in can. 90. Synodi in Trullo, ἀπονηστίζεσθαι pro ἀπονυστάζεσθαι, ut est in Edit. Paris. Balsam. Exstat Dionysii Alexandrini Epistola ad Basilidem inscripta, περὶ τοῦ ποίαν ὥραν τοῦ ἁγίου σαββάτου ἐπιφωσκούσης τῆς ἁγίας κυριακῆς χρὴ ἡμᾶς ἀπονηστίζεσθαι τῇ νυκτί. Tabula Paschalis apud Gruterum pag. 140. Ἀπονηστίζεσθαι δὲ δεῖ οὗ ἂν ἐνπέσῃ κυριακῇ. Vide Salmas. ad Hist. Aug. pag. 419. 420. et Seldenum ad Eutychium 1. Edit. pag. 176.

* *Desjeunement*, eadem notione, in Lit. remiss. ann. 1410. ex Reg. 164. Chartoph. reg. ch. 356 : *Le suppliant et aucuns des autres distrent pluseurs excusations, en disant qu'ilz ne pourroient estre au Desjeunement. Adjeuner* vero, pro Cibo abstinere, in aliis Lit. ann. 1474. ex Reg. 195. ch. 1433 : *Le Mercredy premier jour de Karesme, icelle jeune fille.... se Adjeuna et ne voult menger que une fois,.... tellement que acause de ce que elle estoit foible, Adjeunée et esmeue, etc.*

* **DEJERARE.** Vide supra *Degerare.*

DEIFERI, Apostoli, Θεοφόροι, in Epistola Ludovici II. Imp. ad Basilium Imp. CP. apud Baron. Præsertim vero id epitheti attributum S. Ignatio. Anastasius ad Act. 1. VIII. Synodi : *Tradunt Græci quod parvulus quem Dominus advocatum statuit in medio, dicens, Nisi conversi fueritis, et efficiamini sicut hic parvulus, etc. iste Ignatius fuit, idcirco hunc Deiferum nuncupant, etc.* Vide eruditissimum et amicissimum Joannem Baptist. Cotelerium ad Epist. ejusd. Ignatii ad Ephesios pag. 442.

¶ **DEIFICARE,** *Deum facere.* Johanni de Janua, ut Græcis Θεοποιεῖν Deos facere, seu eorum imagines fabricari, vel in Divos referre.

* **DEIFICIUM,** *Divinum, faciens divinum.* Papias et Laur. in Amalth. Vide *Deificus* et Martin. Lex.

DEIFICUS, Divinus. Optatus lib. 1 : *Omnium interrogatio supra scripta manifesta est, nullas scripturas Deificas, vel inventas, vel corruptas, vel incensas fuisse.* Acta Passionis S. Felicis Episcopi Tubzocensis : *Exiit Edictum eorumdem Cæsarum... ut libros Deificos extorquerent de manibus Christianorum.* Habetur ibi non semel. [Epistola Concilii Francoford. inter Hispanica tom. 3. pag. 105 : *Adjunxistis : In professione Nicæni symboli non invenimus dictum, in Christo duas naturas et tres substantias, et homo deificus et Deus humanatus.*] [** Henric. II. Imperat. Chart. fundat. episcop. Bamberg. ann. 1007 : *Deificis obtemperando intendentes suasionibus.*]

¶ **DEIFORMIS,** Conformis Divinæ voluntati. Vita S. Godelevæ, Julii tom. 2. pag. 428 : *Ignita et Deiformia casti cordis ejus desideria.* Possint intelligi Desideria cordis *a Deo formata.*

¶ **DEJICERE,** Scriptoribus Christianis est, Tentare, pervertere. Cassianus de Spiritu vanæ gloriæ cap. 7 : *Quem non poterit per honorem Dejicere, humilitare supplantat.* Utitur Tertullianus.

DEI GRATIA, Occurrit passim in veteribus Tabulis hæc formula quam non modo Reges et Principes, sed et quivis fere alii seu Laici seu Ecclesiastici ordinis titulis suis honorariis præponebant.

* Quod aliquot exemplis firmare placet, iis tamen omissis, quæ reges vel principes spectant. Philippus Præmonstratensis ecclesiæ *Dei gratia* abbas inscribitur, in Charta ann. 1161. ex Chartul. Thenol. Cod. reg. 5649. fol. 8. r°. Herveus *Dei gratia* decanus Autissiodorensis, in Ch. ann. 1191. tom. 1. Tract. novi dipl. pag. 380. Nicolaus et Jacobus Divionenses decani eodem titulo utuntur in Ch. ann. 1187. et 1207. ex Chartul. Buxer. part. 8. ch. 1. part. 20. ch. 3. Vide Tract. dipl. jam laudatum tom. 4. pag. 614. Inter laicos vero, Hugo castri S. Mauræ *Dei gratia* dominus intitulatur, in Charta ante ann. 1030. ex Hist. Sabol. pag. 252. Ita et Radulphus dominus de Marla in Ch. ann. 1164. ex laudato Chartul. Thenol. fol. 18. r°. : *Isnardus de Antravènis Dei gratia potestas Arelatensis*, in Ch. ann. 1221. apud Murator. tom. 4. Antiq. Ital. med. ævi col. 395. *Dominus Rainerius Zeno altissimus Dei gratia Venetiarum dux*, in Ch. ann. 1257. ibid. col. 403. *Jou Gui chevalier sire de Caumont par la grace de Dieu, etc.* in Charta ann. 1229. ex Reg. 198. Chartoph. reg. ch. 441. Testam. ann. 1462 : *Ego Arnaldus de Villanova, Dei gratia armorum miles, baro castri de Trautiis, etc.* [** Thomæ Capuani Dictator Epistol. ap. Hahn. tom. 1. pag. 284 : *Mediocres personæ vel minores non debent de se dicere Dei Gratia ... Electus autem aliquis in episcopum vel magnum abbatem potest de se dicere Dei Gratia, electus autem in Romanum pontificem non dicit, etc.* Vide Heumann. de re Diplomat. Carol. M. § 23.]

Dei et Apostolicæ Sedis Gratia Episcopos sese indidem inscripserunt Episcopi, seu quod a summis Pontificibus confirmaretur eorum electio, seu quod Sedes Apostolica Principium ac fons sit omnium Episcoporum. Concilium Roman. ann. 863. cap. 3 : *Cum sede Apostolica unde eos principium Episcopatus sumpsisse manifestum est.* In Tabulario Lingonensis Ecclesiæ *Joannes Episcopus Dei et Apostolicæ Sedis Gratia*, ann. 1328. ut alias similes Chartas omittam, [inter quas nullam antiquiorem novimus litteris Eberhardi Bambergensis Episcopi ad Eugenium III. in quibus se dicit Episcopum *Divina et Apostolica miseratione.* Verumtamen paulo ante illum rem attigerat Goffridus Vindocinensis Abbas libro 2. Epist. 27 Episcopum Carnutensem monens, ne brachia erigat contra Apostolicæ Sedis benignitatem, *quæ vos* inquit, *et nos creavit, non nostris meritis, sed sua gratia.* Nihilominus triginta circiter annos post hunc Abbatem ab hac formula multum abhorruisse videtur Guilllelmus Aptensis Episcopus; hic enim in Charta anni 1160. tom. 1. novæ Gall. Christ. col. 1. ait : *Ego Guillelmus solius Dei gratia Aptensis Episcopus :* quam loquendi rationem ideo fortassis affectat, quo suo tempore cœpisset *Apostolicæ Sedis Gratia* memorari. Vide Thomassini Disciplinam Eccl. de Benef. part. 4. lib. 1. cap. 22. et Mabillonium de Re Diplom. lib. 2. cap. 2. num. 10.] [** *Adelboldus, Dei solummodo Gratia S. Trajectensis ecclesiæ præsul*, in charta ann. 1021. ap. Pfeffing. ad Vitriar. tom. 1. pag. 395. ubi fuse de hac formula agitur.] In Chartophylacio Regio scrinio *Vallois* 2. Ch. 35. habetur Diploma Fulconis *de Villars* ann. 1316. in quo se *Dei et Sedis Apostolicæ providentia sanctæ domus Hospitalis S. Joannis Hierosolymitani Magistrum humilem et pauperum Christi Custodem* inscribit.

* Ita et abbates, atque ii potissimum, qui Romanæ sedi nullo medio subjecti erant. Charta ann. 1320. in Reg. 60. Chartoph. reg. ch. 96 : *Nos frater Nicolaus Dei et Apostolicæ sedis gratia humilis abbas regalis monasterii Trenorchiensis, ordinis S. Benedicti, Cabilonensis diocesis, ad Romanam dumtaxat ecclesiam pertinentis, etc.* Vide Tract. novum de re diplom. tom. 5. pag. 588.

DEI JUDICIUM. Vide *Judicium Dei.*

DEILOQUUS, Θεολόγος, Gregorii Nazianzeni Episcopi ἐπίθετον, apud Petr. Damian. lib. 1. Epist. 9.

* **DEIMPARARE,** Cedere, rem occupatam dimittere. Gall. *Désemparer.* Chartul. S. Joan. Angeriac. fol. 38. v°. : *Cum promisissent sua fide, quod nunquam ultra reimpararent hæc quæ Deimparaverant, exceptis quæ sibi annuebat sæpefatus abbas.* Vide *Desamparare.*

* **DEINBRIGARE,** *Briga* seu molestia liberare, expedire. Charta Yoland. de Lezigniaco comit. March. et Engolism. ann. 1308. in Reg. 40. Chartoph. reg. ch. 175 : *Promittimus ipsos et successores suos ab omni impedimento, inquietatione, perturbatione, inbrigatione,.. immunes facere, Deinbrigare et deffendere.* Vide supra *Debrigare.*

DEINDE, pro *Deinceps*, apud Victorem Scotti cap. 20. et in l. ult. C. Th. de Canon. frum. U. R. (14, 15.)

¶ **DEINFLATUS,** Tenuatus, imminutus tumore, Gall. *Desenflé.* Vita S. Philippi Archiep. Bitur. inter Anecd. Marten. tom. 3. col. 1939 : *Invenit eam sanatam, stantem supra pedes, licet debilem et erectam, et vidit eam Deinflatam, et cessavit fluxus.*

¶ **DEINHONESTARE.** Vide *Dehonestare.*

DEINITIO, *Denuo.* Papias.

DEINSTAURARE. Vide *Instaurare.*

¶ **DEINTER,** ex *De* et *Inter*, Gall. *D'entre.* S. Bernard. in Vita S. Malachiæ Episc. : *Venenatum et tumidum animal, quod bufonem vocant, visum est reptans exire Deinter femora mulieris.*

DEINTRO Clavem. Pactus Legis Salicæ tit. 7. § 3 : *Si quis accipitrem Deintro clavem repositum furaverit.* Ubi Lex Salica : *Si quis acceptorem intra clavem repositum, etc.* Tit. 12. § 4 : *Si quis vero supra 5. denarios furaverit Deintro clavem, etc.* Lex Salica tit. 9. § 1 : *Si quis unum vas apium Deintro clave, aut sub tecto furaverit, etc.* Galli dicunt, *Enfermé sous la clef.* Consuetudines Arkarum in Tabul. S. Bertini : *Ille in cujus domo res furtim ablatæ inventæ fuerint positæ in loco obserato, furti reus erit.*

DEINTUS, Intra, *Dedans*, *De dedans.* Pactus Legis Salicæ tit. 8. § 1 : *Si quis pomarium... Deintus curte, aut latus curte furaverit.* Innocentius de Casis literar. :

Super arcam memoriam Deintus sextanea parte, etc.

¶ **DEINVESTIRE SE**, Alicujus rei possessionem dimittere. Charta Bernardi de Turre ann. 1257. apud Baluzium Hist. Arvern. tom. 2. pag. 511 : *De nominatis rebus venditis præfatus Alterius venditor coram me dicto Bernardo Domino de Turre se Deinvestiens, dictum emptorem corporaliter investivit.*

** **DEIPARTRIX.** Vide Glossar. med. Græcit. voce Θεοτόκος, col. 491.

DEIPASSIANI. Vide *Patripassiani.*

DEIRATUS, Θεοχόλωτος, in Gloss. Græco-Lat.

DEIS, Genus mensæ in Monasteriis. Vitæ Abbatum S. Albani : *Priore prandente ad magnam mensam, quam Deis appellamus.* Additamenta ad Matth. Paris. pag. 148 : *Et sciendum quod non permittitur ciphus cum pede in Refectorio, nisi tantum in majori mensa, quam Deis appellamus.* Mensa forte illa, cui ut honoratiori umbraculum, quod *Dais* dicimus, imminebat, quomodo Regum ac Procerum mensæ tegi solent, ac etiam, ni fallor, Abbatum in Refectoriis Monasticis. Vide *Dagus* [et *Dasium.*]

¶ **DEITA.** Vide *Deyta.*

DEITAS, Divinitas. S. Augustinus lib. 7. de Civit. Dei cap. 1 : *Hanc divinitatem, vel, ut sic dixerim, Deitatem, (nam et hoc verbo uti jam nostros non piget, ut e Græco expressius transferant id quod illi* θεότητα *appellant) etc.*

* **DEITURA**, Debitum, pensitatio, jus quod quis habet in re aliqua, Gall. *Droit.* Ordinat. ann. 1363. tom. 3. Ordinat. reg. Franc. pag. 623. art. 16 : *Quod nullus nobilis vel alius quicumque serviens in guerra seu provisione præsenti cum armis, cujuscumque status fuerit, teneatur solvere Deituras, seu ea quæ deveria vocantur, constabulario, marescallo, etc.* Vide in *Directum* 3.

¶ **DEJUBERE**, Jubere, præcipere. Charta ann. 840. tom. 2. Hist. Eccl. Meldensis pag. 4 : *Unumque alteri in quibuscumque indiguerit auxilium et subsidium recte conferre Dejubemus.*

DEJUDICARE, pro *Dijudicare.* Capitulare Saxonum ann. 797. cap. 4 : *Et si tunc inde rediens se pacificare et justitiam facere renuerit, et iterum pro ista causa ad palatium fuerit convocatus et Dejudicatus, etc.*

* Nostris *Déjugier*, eodem sensu; sic enim lego pro *Délugier*, in Præf. ad capitula Consuet. Norman. ex Reg. S. Justi Cam. Comput. Paris. fol. 44. r°. col. 1 : *Pour ce que nostre entention est à esclarier en cette ouevre, au miex que nous pourrons, les droiz et les establissemenz de Normandie, par quoy les contens et les dissentions des quereles seront par droit finées et Délugiées, etc.*

DEIVIDUS, Qui Deum videt. Petrus Blesensis Serm. 18 : *Secundum Hierarchiam Dionysii duo sunt genera fidelium in Ecclesia, primum quod dicitur Deividum, alterum quod appellatur Pedissequum. Deividos dicimus ministros Ecclesiæ, quibus credita sunt eloquia Dei, quibus dictum est, Vobis datum est nosse mysterium regni Dei.... Pedissequos vero dicimus populum multitudinis, qui sedet secus pedes Deividi, ut audiat Legem ex ore ejus, etc.* Adde Sermonem 10.

** **DEJURARE**, Ejurare. Chart. Ernest. Duc. Brunsw. ann. 1335. in Leibnit. Script. tom. 2. pag. 515 : *Post emendam judicum reus dabit consulibus unam marcam, et ad unum annum civitatem postponet et Dejurabit, non intraturus nisi per amicitiam consulum et læsi.* Vide Haltaus. Glossar. Germ. voce *Ausschweren.*

DEJURIUM, *Jusjurandum*, in Glossis MSS.

DEJUSTIFICARE. Notitia antiqua apud Loisellum in Hist. Bellovac. pag. 248 : *Dans ei medietatem Vicecomitatus et dimidias leges de forensibus hominibus, ita ut minister Episcopi et minister Comitis justificent reos, et leges æqualiter dividant : neminem vero hospitem non servum mansionarium nec Dejustificabit Comes aut minister ejus, nisi fuerit latro.* Vide *Justificare.*

DEJWERCA, Modus agri. Charta Edwardi II. Regis Angl. in Monastico Anglic. tom. 2. pag. 643 : *Donationem.... quam fecit eidem Abbati et Conventui de 7. Dejwercis terræ, cum pertinentiis, in qua terra continetur quoddam fossatum, etc.*

* *Dejwereis* editum ex eadem Charta inter Probat. tom. 1. Annal. Præmonstr. col. 195.

DEJUXTA, pro *Juxta.* Fortunatus in Vita S. Germani Paris. Episcopi cap. 25 : *Dejuxta Monasterio B. Silvestri in Ternoderinse.* Ebrardus Betun. in Græcismo cap. 20 :

Supra, vel contra, Dejuxta dat super ista.

Nostri olim *De jouxte* dicebant eadem notione.

* Glossar. Provinc. Lat. ex Cod. reg. 7657 : *Dejosta, Prov. Juxta.*

** **DEIZARE**, Deum imitari, deum se gerere. Ruodlieb fr. 2. vers. 146 :

Nonne Deizare nobis merito videare,
Indulgens sponte peccantibus absque petente.

¶ **DELA**, pro *Tela.* Excerpta Joannis a Bayono de Abbatibus Medianis in Hist. ejus Monasterii pag. 256 : *Conjuratio Principum in extremo ejus vitæ termino moliebatur cum eo, ut dicitur, novam Delam;* hoc est, Consilium inibat, Gall. *Tramoit un dessein.*

* **DELACENTIVA**, Tributi genus, idem, ut videtur, quod *Pontaticum.* Vide in hac voce. Charta ann. 1350. in Reg. 80. Chartoph. reg. ch. 165 : *Cum omni jure piscariæ et Delacentivæ seu pontanagio et portu in ripparia.*

* **DELACERARE**, Frangere, rumpere, Gall. *Rompre, briser.* Lit. remiss. ann. 1370. in Reg. 100. Chartoph. reg. ch. 858 : *Præfatus exponens seras dictorum carcerum Delaceratas et fractas invenit.*

* **DELAMATUS**, an *Lama* seu lamina cujusvis speciei coopertus? Inventar. S. Capellæ Paris. ann. 1335. in Reg. J. Chartoph. reg. ch. 7 : *Item unum sceptrum Delamatum. Item septem alæ angelorum deauratæ.* Vide *Lama* 3.

** **DELAMINARE**, Laminam auferre. Annales Augustani ad ann. 1084. ap. Pertz. tom. Script. 3. pag. 131 : *Wigaldus ornamenta ecclesiastica .... comminuit, altaris S. Mariæ tabulam Delaminavit.*

* **DELANIARE FESTUM**, Choream perrumpere, Gall. *Rompre une danse.* Lit. remiss. ann. 1350. in Reg. 80. Chartoph. reg. ch. 213 : *Plures habitantes.., ducentes festum suum, ut moris est,.... unus vocatus Noe festum dictorum habitantium de Valle dirupisset seu Delaniavisset, etc. Délasser*, pro affligere, mœrore conficere, nisi legendum sit *Désoler*, in aliis Lit. ann. 1408. ex Reg. 162. ch. 245 : *Ainsi que ledit Tarville se Délassoit et menoit grant dueil pour la mort de son maistre, etc.*

¶ **DELANTERRE**, Hispanis *Delantera*, Prima acies in prælio, Gall. *Avant-Garde.* Charta Petri Regis Castellæ de primo bello Regibus Angliæ concesso anno 1366. apud Rymerum tom. 6. pag. 532. col. 1 : *Ad Guerram quam nos habebimus... iidem Reges et eorum primogeniti habeant primum bellum, sive Delanterre.*

* Cujusvis rei pars anterior et facies, in Diction. Academ. Hisp. unde Prima acies in prœlio *Delanterre* dicitur.

DELAPIDARE, Lapidibus obruere, καταλιθάζειν, in Gloss. Gr. Lat. [*Delapidata* Festo, *Lapide strata.* Hinc *Delapidata via*, apud Aigradum in Vita S. Ansberti Episc. Rotomag. inter Acta SS. Benedict. sæc. 2. pag. 1061. num. 45.]

* **DELAPTIO**, Præstatio pro frumenti molitura, vel jus piscariæ. Charta Guil. episc. Catalaun. ann. 1221. apud Egid. *Bry* in Hist. comit. Pertic. lib. 3. pag. 224 : *Damus molendinos, cum omni jure molendinariæ Delaptionis.* Vide supra *Degranatura.*

¶ **DELATARE**, pro *Deferre*, Gall. *Deferer, Accuser, Denoncer.* Acta SS. Maii tom. 6. pag. 661. de S. Julio Martyre : *Delatat quidem virum Præsidi, incusat autem fidem.*

¶ **DELATIO**, *Villicus*, *Actor*, Auctarium Glossarum Isidori, ubi Janssonius, Malim *Delator.*

¶ DELATIO MITRÆ, dicitur de jure mitram deferendi Episcopis vel Abbatibus competente, in Bulla Pauli III. Papæ de Sæcularizatione Conventus Insulæ Barbaræ ann. 1549. in Maceriis ejusdem Monasterii tom. 1. pag. 261.

* DELATIO ARMORUM, vulgo *Port d'armes*, Jus supremi dominii, quo de delictis in hanc rem commissis cognoscit et judicat judex regius. Lit. ann. 1340. tom. 3. Ordinat. reg. Franc. pag. 605 : *Per arrestum ipsius curiæ dictum fuit, quod dicti religiosi de Delatione armorum, de fractione salvegardiæ et de punitione suorum curialium immediate sub ressorto dicti senescalli remanerent.* Vide *Portatio armorum.*

DELATOR, Explorator, speculator, qui rem quam vidit, defert, *Espion.* Gloss. Lat. Græc.: *Delator*, καταγγελεύς, ἐνδείκτης. Isidor. lib. 10. *Delator, dictus, eo quod detegat quod latebat.* Matth. Westmonaster. ann. 870 : *Jussit commilitones ad arma convolare, asserens dignum pro fide pariter pugnare et patria, ne desertores militiæ esse, et Delatores populi probarentur.* Respexit forte ad illud 2. Machab. cap. 4 : *Simon autem prædictus pecuniarum et patriæ Delator.* Ubi Papias *Delatorem*, accusatorem esse ait. Certe delatorem pro speculatore usurpat Gregorius in Vita S. Basilii Junioris n. 2. de eodem Sancto invento a Magistrianis in quodam Asiæ monte : Καί Δηλάτορα τούτοις δόξαντα εἶναι, ὡς εἶχον τῶν ἵππων καταπηδήσαντες σύνεσχον αὐτόν. Et num. 3 : Καλῶς ἄρα λέγουσι περί σου, ὅτι Δηλάτωρ εἶ, καὶ ἦλθες κατασοχάσασθαι τὸ τῶν Ρωμαίων ϛράτευμα.

DELATURA, Accusatio, dissidium, calumnia. Jo. de Janua : *Delatura dicitur accusatio, vel proditio, detractio, deportatio.* Eccles. cap. 28. apud Carolum M. lib. 4. de Imag. cap. 5 : *Homo iracundus incendit litem, et vir peccator turbabit amicos, et in medium pacem habentium immittet Delaturam.* Ubi vulgata versio habet, *inimicitiam.* Ita *Delatura* accipitur in Legibus Henrici I. Regis Angl. cap. 64. nempe pro accusatione vel calumnia et actione : *In quibusdam locis juramenti vel antejuramenti multa est distantia, sicut in Delatura, et pluribus aliis.* Quippe in delatura, seu actione, requiritur *antejuramentum*, id est, *juramentum de calumnia*, quod ab actore præsertim exigebatur, qui, si succumbebat, *delaturam*, seu calumniæ pœnam incurrebat. Adde Chartam Aleman. 89. Goldasti.

Scio *Delaturam* vulgo a viris doctis *pretium quod delatori est constitutum*, definiri : qua quidem notione usurpatur in Legibus Inæ Regis Westsaxiæ § 20. apud Bromptonum, ubi *pecunia indicationis* esse dicitur quo loco Editio Saxonica § 17. habet **meldfeoh**, id est, Lambardo interprete, *indicii merces.* [** Vide Grimm. Antiquit. Jur. German. pag. 655.]

At in Lege Salica an vox *Delatura*, quæ omnibus ferme titulis occurrit, idem sonet, video ambigi. Ita autem ibi invenitur hacce sententia, ut qui rem aliquam, verbi gratia, furatus fuerit, *tot denariorum, qui faciunt solidos tantos, culpabilis judicetur, excepto capitali et Delatura.* Id est, præter capitale et delaturam. Ubi vetus Glossa *Delaturam, fredo* interpretatur. Sed prorsus diversum esse *fredum* a *Delatura*, ostendit Pactus Legis Salicæ tit. 14 : *Si puella quæ trahitur, in verbo Regis fuerit, propter fredum* 2500. *denarios cogatur* (raptor) *persolvere, excepto capitali et Delatura.* Et lex Angliorum tit. 7. § 2 : *Qui scrofas sex cum verre... furatus est, in triplum componat, et Delaturam sol. 7. et in freda totidem.* Adde § 3. Alii, ut Cujacius, Bignonius, et Wendelinus, *Delaturam*, pro eo quod interest propter *dilationem* et moram, interpretantur, hac forte nixi ratione, quod *Dilatura* perpetuo scribatur in Editionibus Legis Salicæ Pithœi et Lindenbrogii, ubi in Pacto Legis Salicæ *Delatura* semper habetur. Cui quidem conjecturæ favet Lex Ripuariorum Edit. Heroldi tit. 35. § 3. quæ pro *Delatura*, uti habet Lindenbrogiana, *Dilationem* præferat : *Et ille qui intertiavit, furtum et Dilationem ab eo requirat, qui solvere cœpit.* At § 4. *Capitale et Delatura* habentur.

Quidam denique existimant *Delatura* scribendum, atque hisce locis sumptus in causæ prosecutione, et in *Delatione* vel actione factos hocce vocabulo significari, quos reus possessori refundere tenetur : ita ut *Delatura* sit vel delatio, vel actio calumniæ qua quis rem suam repetit. Deinde *dilator* pro *delator* habet etiam Gloss. Lat. Gr. : *Dilator*, μηνυτής, ἄγγελος, quod Græci recentiores δηλάτωρ dixerunt, ut est apud Meursium. Ita *discriptio, distructio, dilictio, divirginat*, et alia hujusmodi in eodem Glossario. Vide Decretionem Chlotarii § 12. et Legem Ripuar. tit. 17. § 1. 3. tit. 35. § 4. etc.

DELATURA, in Capitulari de Villis cap. 42. inter utensilia rustica recensetur : sed legendum *Dolatura*, ut sit Gallicum, *Doloire*, dolabra.

DE LATUS, Ad latus, juxta, *A costé. De latus se, De latus casa, De latus monte*, passim apud Agrimensores. Vide *Latus.*

* **DELAVARE**, Abluere, diluere, Gall. *Laver, délayer.* Hist. translat. S. Andr. Hispell. tom. 1. Jun. pag. 368. col. 2 : *Quæ quidem sacra ossa fuerunt recondita, Delavata, et postmodum reposita in capsa nucea.* Alex. Iatrosoph. MS. lib. 2. Passion. cap. 6 : *Hæc potio potest Delavare et expellere per ventrem corruptos cibos.*

DELAVATUS, Non lavatus. Capitula Caroli Cal. tit. 29. § 1. [** Synod. Pist. ann. 862.] : *Quando solemus reverti ad mansiones nostras detonsi et Delavati, cum drappis et calciamentis depannatis, etc.* Id est, minime tonsi et lavati.

* *Deslavé*, eodem sensu, in Lit. ann. 1400. tom. 8. Ordinat. reg. Franc. pag. 378. art. 11 : *Li agnelin Deslavé, sont de la costume de laine Deslavée.*

DELECTABILITER, Jucunde, grate, Gall. *Avec plaisir.* Charta ann. 1006. inter Instr. tom. 11. Gall. Christ. col. 8 : *Cujus preces Delectabiliter auditas, sicut justum est, suscepimus tam libenter implendas.*

* **DELECTUM**, pro Delictum, in Charta Joan. de Castell. comit. Blesens. ann. 1265. ex Chartul. S. Joan. Carnot. : *Si vero contingerit, quod aliquis hominum commorantium vel commoraturorum in aliquo dictorum locorum immunium appellationis fuerit de aliquo maleficio seu Delecto, seu causa pecuniarum, propter quod seu propter quam dari contingat gagium duelli, etc.*

DELEGALITER. [* Legitime.] Otto de S. Blasio cap. 21 : *Liberosque suos omnes literis apprime erudiri faciens, eos facultatibus redditium, excellentiis dignitatum per sortitas provincias Delegaliter sublimavit.* [** i. e. suo nomine delegatos.]

1\. **DELEGARE**, Dare, concedere. Gloss. Lat. Gr. : *Delegat*, ἀποσυνιςᾷ, ἐγχειρίζει, ἀποτάσσει. Veteres Formulæ Pithœi cap. 38 : *Et quod pariter in conjugium positi laboravimus, condonare et Delegare ingenuus relaxare valeas.* Acta Episcopor. Cenoman. pag. 78 : *Legibus Delegatum, et absque ulla contradictione pacifice possidendum regendum dereliquit.* Adde pag. 92. Vide *Mediator.*

* 2. **DELEGARE**, Statuere, deligere. Præfat. ad Chartul. Agani ex Tabul. S. Petri Carnot. : *Quadam dolositate concepta, non vi, sed strophoso ludo Delegat capere* (urbem Lucensem).

** **DELEGATOR**, DELEGATIO, DELEGARE. Vide *Salamannus.*

** **DELEGATUS** JUDEX. Vide in *Judex.*

DELEGATORIA, Mandatum Principis, quo quid alicui faciendum delegatur, præcipitur. Glossæ veteres : *Delegatorias*, ἐκταγάς. Exstant *Delegatoriarum* formulæ, apud Senatorem lib. 11. Epist. 33. 35. In Codice Th. leg. 16. de Exact. (11, 7.) *Delegatoriæ* dicuntur principis Epistolæ, quibus provinciæ jubentur species præbere : ut *Delegatores*, qui provident annonæ militari, V. Cujac. ad Nov. 130. et Gloss. Cod. Th.

¶ **DELEGERARE**, An pro *Delegare ?* Acta Dedicationis Ecclesiæ Monasterii Cuxanensis ann. 953. in Appendice Marcæ Hisp. col. 868 : *Cunctipotenti Regi gubernanti sive præsidenti in arce poli, qui principio ex nihilo verboque creans omnia seduleque gubernans, sceptrum regimen perpetim affatimque ineffabiliter possidens, trophea verba Delegerans, quatuor postmodum climata bipertito orbe diffuso, Apostolos suos binos ubique exercitatione prædicationis ingerens, etc.*

¶ **DELENIFICUS**, f. *Placidus*, in Onomastico ad calcem tom. 2. SS. Julii. Ausonius Epist. 17 : *Quam mellea res sit oratio, quam Delenifica.* Hac notione usi sunt Plautus Mil. 2. 2. 37. et Symmach. lib. 3. Epist. 6. et lib. 7. Epist. 27.

* **DELENTIALIS**, Monetæ Bohemæ minutioris species. Charta ann. 1386. apud Pezium tom. 6. Anecd. part. 3. pag. 76. col. 1 : *Ex tunc quilibet dictorum hominum de area sua nobis pro Berna dare debet unum grossum, et duos parvos Delentiales.*

DELENTINATIO, Συνεχὴς ὑπέρθεσις, in Gloss. MS. Gr. Lat. Editum habet, *Adloncinatio, continuatio*, lege *Adlentinatio.* Vide *Adlentare.*

* **DELEQUATA.** Mirac. S. Rosæ tom. 2. Sept. pag. 447. col. 1 : *Filomena puella... cum pateretur gravissime infirmitate quadam, vulgariter detta delle quate, quarum septem illi supervenerant in uno oculo, ita ut pupilla et lux oculi esset ita cooperta et offuscata, ut nihil videret,... dato sibi cingulo quodam et in oculo sic cæco... apposito,... sic fugerunt et cessaverunt illo instanti præfatæ septem Delequatæ, et clarus et mundus remansit oculus.* Ubi docti Editores hæc fortassis mendose descripta esse monent, quamvis rursum occurrant in testimoniis ipsius Filomenæ et matris ejusdem : *disparuerunt dictæ Delequatæ*, et *Deliquaverunt se dictæ Delequatæ et disparuerunt.* Ex quibus videntur epiphora, aiunt illi, sive fluxu acris humoris in oculum, ortæque inde maculæ denotari. Quibus si quid addere licet, hæc maculæ ita forte nuncupantur, quod molles sint et tenues; quod significatu *Délicat* usurpamus. Vide infra *Delicatus* 2.

* **DELERE**, Reprobare, rejicere. Annal. Victor. MSS. ad ann. 1215 : *Papa Innocentius concilium generale Romæ celebravit in octabis omnium Sanctorum,.... ibique confirmavit aliquos libros, et aliquos Delevit. Deslierier*, pro denegare, detrectare, Gall. *Refuser*, ut videtur, in Stat. pro molendinariis ex Lib. 1. Statut. super artif. Paris. in Cam. Comput. fol. 21. r°. : *Ly musnier de grant pont ne peuent Desliener nulluy, et se il le fait et ly Deslienez s'en plaint au sergent, qui est garde des musniers de grant pont de par le chapitre Nostre Dame de Paris, il est à vj. den. d'amende, avec le dommage que il rend au deslienez.* Id est, cujus frumentum molere renuit. [** Depping. leg. *Deslieuer.* Idem est quod mox *Delocare*, Gall. *Faire perdre son rang à quelqu'un.*]

¶ **DELERUS**, pro *Delirus*, apud Papiam in MS. Bituric. Item : *Delerat, Errat.*

Delirat vero Vanum esse significat. In edito legitur, *Delirus* et *Delirat.*

* **DELESTAGIUM**, Præstatio seu tributum, quod pro saburra navium, vulgo *Lestage* dicta, exigitur. Privil. Rupellæ ann. 1483. inter Observat. ad Carolum VIII. pag. 384 : *Quæ privilegia et dona barragii, baptisagii, balisagii, Delestagii in prædictis, cæteraque contenta privilegiis firma et inviolabilia esse per omnia perpetuo decernimus.* Vide *Lestagium* in *Lasta* 2.

¶ **DELETERIUM**, Noxium, Mortiferum. Medicina Salernit. pag. 122. Edit. 1622 : *Totum corpus ita ab injuriis securum facit* (Theriace) *ut nec a Deleterio quopiam possit interfici.* Laurent. in Amalthea : *Deleteria, Medicamenta frigida, noxia, mortifera.*

DELETITIA CHARTA, Quæ ob vetustatem deletis literis legi vix potest. S. Augustinus lib. 3. Contra Crescon. cap. 27 : *Sciebam illa Deletitia fuisse.*

* **DELETURA**, Deletio, quæ ex vetustate procedit. Charta Caroli IV. ann. 1325. in Chartul. Regalis-loci ch. 60 : *Attendentes quod per Deleturam* (literæ) *possent imposterum deperire, etc.* Vide *Deletitia Charta.*

¶ **DELETUS**, pro *Delectus. Sine Deletu personarum* bis habetmr in Capitulis General. MSS. S. Victoris Massil. Gallice dicimus, *Sans acception de personne.*

¶ **DELFICA.** Vide *Delphica.*

¶ 1. **DELIBERARE**, Liberare, redimere, Gall. *Delivrer.* Gesta Consulum Andegav. cap. 11. n. 8 : *Ebrordus qui turrim custodiebat, audiens Sulpicium Deliberatum, etc.* Charta Petri Domini Graciac. ann. 1246. apud Thomasserium in Biturig. pag. 88 : *Si forte contigerit, quod aliquis eorum in dicta libertate existentium captus fuerit, et extra terram nostram ductus propter factum seu debitum nostrum.... tenemur eos requirere et Deliberare propriis sumptibus.* Liber de Compositione castri Ambasiæ apud Acherium Spicil. tom. 10. pag. 530 : *Carolus Calvus cum magno exercitu pergens, Persas devicit, Saracenos fugavit, urbem regiam cum regno Græciæ Deliberavit.* Occurrit in Anecd. Marten. tom. 1. col. 1256. et alibi.

2. **DELIBERARE**, [Dare, tradere in manus, Gall. *Livrer, Delivrer.* Bernardi Ordo Cluniac. part. 1. cap. 13 : *Ipse capit curam de scutellis, quas fratres habent ad rasuram, ipse invenit eas atque servat, et ad rasuram Deliberat fratribus, ut mos est.* Instrum. anni 1267. in Chartulario S. Vandregesili tom. 1. pag. 260 : *Teneor tradere et Deliberare Domino meo Abbati; etc. Tradere et Deliberare*, in Regesto 87. Chartophylacii Regii. Occurrit apud Lobinellum Hist. Britan. tom. 2. col. 404. et apud alios.] Vide *Liberare.*

* 3. **DELIBERARE**, Expedire, absolvere. Conc. Duziac. I. part. 2. cap. 33 : *Hincmarus autem respondit, quia febris illum tangebat, et statim se inde vellet Deliberare, ut sanguinem posset minuere. Déliver*, eodem significatu, apud Joinvill, in Hist. S. Ludov. edit. reg. pag. 14 : *Demandoit* (S. Louis) *de sa bouche : a yl ci nullui qui ait partie? Et cil se levoient qui partie avoient; et lors il disoit : taisiez vous touz et en vous Déliverra l'un apres l'autre.* Occurrit præterea in Ordinat. reg. Franc. tom. 3. pag. 94. et tom. 5. pag. 375. *Délivrer*, pro Servire, famulari, simul et pro Tradere, in Vita J. C. MS. ubi de discipulis suis loquitur :

> Bien m'ont servi et Délivré,
> Fors Judas le maleuré,
> Qui me trai et vergonda,
> Et as felons me Délivra.

* *Mettre au délivre* vero, pro Restituere, in Lit. remiss. ann. 1390. ex Reg. 138. Chartoph. reg. ch. 275 : *Le Prevost de Ligny envoya plusieurs fois pardevers ledit chapitre* (de Toul) *et leurs gens, les requérant qu'ils Meissent au délivre lesditz hommes et biens, et lui en feissent rendue ou récréance.* Legitur etiam in Ordinat. reg. Franc. tom. 5. pag. 558. et tom. 7. pag. 628. *Délivré*, Alacer, promptus, in Lit. remiss. ann. 1479. ex Reg. 205. ch. 238 : *Le suppliant, qui est jeune et Délivré de sa personne, etc.*

* 4. **DELIBERARE**, Exportare, evacuare, Gall. *Vuider.* Stat. ann. 1313. inter Probat. tom. 2. Hist. Nem. pag. 15. col. 1 : *Si tempore quo emptor dimitteret venditionem* (nemorum) *ipse plus de venditione Deliberaverat vel explectaverat, etc.* Vide infra *Deliberatio* 4.

* 5. **DELIBERARE NUNDINES**, Nundinas indicere, Gall. *Ouvrir une foire.* Charta Hugon. comit. Trec. ann. 1114. ex Tabul. Dervensi : *Dedi etiam.... in nundinibus Barrensibus omnes reditus, quos ventas vocant, equorum cæterorumque animalium, quæ ibi vendentur, ab illo die quo nundines Deliberatæ fuerint, etc.*

¶ 1. **DELIBERARI.** Consuetudines antiquiores Fontanelli fol. 95 : *Famuli qui Deliberantur per fenestram et quæ debent habere per diem.* Forte legendum : *Famuli quibus Deliberantur per fenestram ea, etc.* Vide *Deliberare* 2.

¶ 2. **DELIBERARI**, Formari, adaptari, disponi. Tert. Apol. cap. 9 : *Nobis vero homicidio semel interdicto, etiam conceptum utero, dum adhuc sanguis in hominem Deliberatur, dissolvere non licet.* Et lib. 4. adv. Marc. cap. 21 : *Non decem mensium cruciatu Deliberatus.*

* **DELIBERATE**, Consulto, Gall. *De propos délibéré.* Stat. S. Flori Mss. fol. 48. v°. : *Decimus nonus* (casus) *est contra facientes commentum, scripturas seu libellos ex certa scientia et Deliberate . . . contra ea, quæ in constitutione continentur prædicta. Délivrément*, pro Libere, sine impedimento, in Stat. ann. 1372. tom. 6. Ordinat. reg. Franc. pag. 485 : *Puissent aler et venir Délivrément, tant à pié comme à cheval.*

¶ 1. **DELIBERATIO**, Liberatio, restitutio in libertatem, Gall. *Delivrance.* Gasp. Barthii Gloss. ex Hist. Palæst. Roberti Monachi lib. 2. cap. 1 : *Vir iste cum prædives esset, omnia sua vendidit, et viam Deliberationis S. Sepulcri arripuit.* Lib. 5. cap. 6 : *Nostra omnium una sit intentio, S. Sepulcri Deliberatio.* Occurrit hac notione apud Marten. tom. 6. Ampliss. Collect. col. 617.

¶ 2. **DELIBERATIO**, Traditio, Gall. *Delivrance.* Chartularium Aptense fol. 44 : *Faciam Deliberationem et gratuitam donationem omnipotenti Deo et S. Mariæ sedis Aptensis ex quodam honore, quem huc usque possedi.* Regestum magnorum dierum Campaniæ, apud D. *Brussel* de Feudorum usu tom. 1. pag. 233 : *Nec ad Deliberationem dictæ hereditatis procedat absque mandato Domini Regis speciali.* Vide *Liberare.*

¶ 3. **DELIBERATIO**, Intentatio, minæ. Tert. lib. de Patientia cap. 8 : *Ipsam animam, ipsumque corpus in sæculo isto expositum omnibus ad injuriam gerimus, ejusque injuriæ patientiam subimus, minorum Deliberatione lædemur?*

* 4. **DELIBERATIO**, Silvæ evacuatio, exportatio in re forestaria, Gall. *Vuidange.* Charta Math. de Montemor. ann. 1230. ex Chartul. Campan. in Cam. Comput. Paris. fol. 355. r°. col. 2 : *Habebit ista pars bosci sectam, viam et exitum, et Deliberationem in alia.* Vide supra *Deliberare* 4.

* 5. **DELIBERATIO**, Dilatio, mora, procrastinatio, Gall. *Delay*, alias *Déliberation.* Charta Hugon. de Montef. in Reg. 74. Chartoph. reg. ch. 61 : *Dicto Hugoni boscus tradetur et arbores ad natale Domini ad hospitandum se, . . . et petram et quarellum, sine Deliberatione.* Pactum inter Car. comit. et capitul. Carnot. ann. 1306 : *Se la prise ou la sesine ne dépent pas de leur fet, quant il n'auront pas faite la prise, ne la saisine, ne commandée à faire, il auront Déliberation de sis jours, etc.* Hinc

* **DELIBERE**, Statim, sine mora. Charta Matfr. episc. Biter. ann. 1092. inter Instr. tom. 6. Gall. Christ. col. 132 : *Quod ipse Petrus Rodgerius habeat et teneat ipsam sacristiam in vita sua, quamdiu tenere voluerit optime et honorate, sicut nunc habet totam, . . . et post mortem suam Delibere revertat ad ipsos canonicos vel clericos sancti Nazarii communiter in dominio.*

DELIBERIUM. Gloss. Lat. Gr. : *Consilium et Deliberium*, Συμβουλία, γνώμη.

¶ **DELIBERUM**, Simili notione. Testamentum Guifredi Comitis Cerritaniensis ann. 1035. apud Acherium Spicil. tom. 6. pag. 435 : *Insuper relinquo uxori meæ alodem meum... cum terminibus suis, simul cum ipsa Ecclesia et sibi pertinentibus omnibus, ad Deliberum ut faciat inde quod voluerit.* Hoc est ad voluntatem, ad libitum, Gall. *A son gré, selon son bon plaisir.*

DELIBRARE, Librum, seu corticem ab arbore avellere. Διαλεπίζειν δένδρον, in Gloss. Græco-Lat. [Apud Festum : *Delibrare, Aquam sulco derivare*; quod dici Martinius autumat, quia, sulcus dum fit, terra quasi delibratur seu decorticatur. Columel. *Corticem Delubratum abjicito.*]

DELICANTIA, Ciborum sapor delicatus : *Delicatesse.* Processus de Vita S. Thomæ Aquin. num. 58 : *Nunquam curabat de Delicantia et singularitate ciborum.*

DELICARE, *Delirare*, in Gloss. Lat. MS. Regio Cod. 1013.

* **DELICATIO**, f. pro *Dedicatio*, votum. Acta S. Domin. tom. 1. Aug. pag. 553. col. 2 : *Vade ad matronam illam, proprio eam vocans nomine, quod videlicet nomen usque tunc vir ille nescierat, quia mutatum ab infantilibus annis ex quadam Delicatione* (al. devotione) *vocabulum, vero nomini in baptismate dato, præjudicaverat.*

1. **DELICATUS**, *Deliciosus*, Familiaris, qui in deliciis domini est. [Vide post *Deliciosus.*]

* 2. **DELICATUS**, Subtilis, tenuis, Gall. *Fin.* Arest. ann. 1321. 9. Maii in vol. 1. arestor. parlam. Paris. : *Item duo*

paria linteaminum magnorum Delicatorum de tela Rhemensi, ad parandum lectos dominarum in earum relevatione.

DELICIA. Charta Philippi Augusti Regis Francorum ann. 1208. pro Episcopo Magalonensi in 30. Regesto Tabularii Ch. 145 : *Hoc est, in mari piscationes suas et ubicumque in Melgoriensi Comitatu, et Magalonensi Episcopatu, portus, qui dicitur Gradus, aperiatur, in omnibus reditibus, qui inde proveniunt, medietatem, et in stagno similiter piscationes suas, pulmentum, Delicias et cepes, si alicubi in stagno Magalonensis Ecclesia eas facere voluerit.* Ubi quod *Delicias* hæc Charta vocat, *stacha* videtur appellari in alia ann. 1273. apud Gariellum in Episcopis Magalon. num. 286 : *Super jurisdictione de Corone, super lesda et stacha, quas Bajulus et lesdarii de latis percipiebant, et percipere conabantur ibi ratione stagni, maris, et plagiæ atque gradus, etc.* Est autem *staca*, idem quod fustis, paxillus, uti in hac voce docemus, *Delicia* autem idem quod *licia*, nostris *lice* sonat. Vide *Licia*.

☞ Festo, *Delicia est Tignum quod a culmine ad tegulas angulares infimas versus fastigium collocatur, unde Tectum Deliciatum, et tegulæ Deliciares :* ut inde aqua deliquet, ait Hadr. Jun. Sed mavult Martinius, quia aquam deliquat, id est, effundit; vel quod inde deliciatur aqua.

¶ 1. **DELICIARI**, Epulari. S. Bernard. Serm. 1. de S. Victore Confess. : *Hi ut reficiantur, isti ut Delicientur.* Vide *Delitiari.*

* 2. **DELICIARI**, Delectari. Acta S. Domin. tom. 1. Aug. pag. 607. col. 2 : *In hunc hortum, regio cultu et manu consitum, regina mundi supernis comitata proceribus ac virginibus ad Deliciandum progrediens, etc. Déliter*, pro *Délecter.* Vita S. Ludov. edit. reg. pag. 369 : *Pour ce que pure conscience seur touz les biens de l'ame Délite les regarz de Dieu, etc.* Charta ann. 1344. ex Reg. 75. Chartoph. reg. ch. 270 : *Nous Béatrix dame de Faluy et d'Ailli sur Somme et Jehans de Pinkegny chevaliers, sires de laditte ville d'Ailli et de Hornoy en Vimeu, Salut En le glore du nom de Dieu nous esleeschons et en affluence de goie multepliaule nous Délitons. Coses qui apartiennent à Délit*, Voluptuariæ, in Cons. Petri de Font. cap. 35. art. 33.

* **DELICIOSITAS**, Luxus, deliciæ. Vita B. Coletæ tom. 1. Mart. pag. 577. col. 2 : *Item in Francia erat quidam princeps . . . . qui priusquam videret prædictam ancillam Christi, mundanus erat, carnalis, pomposus et delicatissimus. Cujus quidem principis per ejusdem ancillæ medium et adjutorium . . conversa fuit . . . . Deliciositas in duram et austeram asperitatem.*

DELICIOSUS. Gloss. Lat. MS. Regium : *Nutritius, Deliciosus, vernaculus.* Lex Bajuvar. tit. 3. cap. 15. § 1 : *Nunquam evadat, quamvis Deliciosus sit apud Dominum suum.* Lex Longob. lib. 3. tit. 16. [** Rach. 9. (8.)] : *Sunt aliqui pravi homines qui submittunt in palatium, ad nostrum secretum descendunt, ut per Deliciosos aut per ostiarios, vel per alios homines captiose, aut absconse, investigare possint, quidquid nos agimus.* Nicolaus I. PP. Epist. 17 : *Missosque etiam... sanctissimos Episcopos Deliciosos nostros pro eo vestræ caritati direximus.* Adde Epist. 19. 23. Anastasius in S. Hadriano PP. pag. 104 : *Gulfardus religiosus Abbas, et Consiliarius, seu Albinus Deliciosus ipsius Regis, etc.* Occurrit præterea id Narratione Adventii Episcopi de Valdradæ adulterio, apud Joannem VIII. PP. Epist. 72. 217. 277. etc.

Delicatus, Eodem significatu. Passio SS. Perpetuæ et Felicitatis : *Sequebatur Perpetua lucido incessu, ut matrona Christi, ut Dei Delicata.* Vetus Inscriptio Bergomi in æde Cathedrali : Atestia. I. D. L. Atestiæ. Tertiæ. Patron. Benemerenti. Et. Capitoni. Binetæ. Et. Martiæ. Et. Primul. Delicatis. Et. Telamio. Celeri. Amico. Carissimo. Et. Atestia. Egnatiæ. *Delicatos* vocabant Latini τὰ παιδικὰ, τοὺς ἐρωμένους, qui et *Deliciæ* Ciceroni pro Cœlio, Suetonio in Aug. cap. 83. et in veteribus Inscript. eidem Suetonio in Vespasiano cap. 7. Spartiano in Adriano, et aliquot aliis.

* Dilectus, carus, familiaris. Vide quæ de *Deliciosis* et *Delicatis* disserit Muratorius tom. 1. Ant. Ital. med. ævi col. 129. *Délicieux* vero, Deliciarum cupidus et sectator, apud Boet. lib. 2. Consolat. Ms. :

> Cilz qui se sent bienaureux,
> Est voulentiers Délicieux,
> Et personne Délicïose
> Se courrouse de pou de chose.

DELICIUS, Papiæ, *Puer in delictis matris nutritus.* [Glossar. Sangerman. MS. n. 501 : *Delicius, Per* (Puer) *in deliciis amatus a domino.*] Vide *Litium.*

DELICTOR, pro *Peccator.* Commodianus Instr. 52 :

> Refugium Regis pete, si Delictor fuisti.

Usurpat etiam S. Cyprianus Epist. 59. *Delictor vel forefactor*, in Charta Odonis Dom. Hamensis ann. 1227.

* **DELICTUM** Spinæ Dorsi, Sodomiticum peccatum. Chron. Ms. Mich. *de Audars* laudatum a Borello v. *Espine : Joannes Pelabini, mercator divitiis affluens de hæresi Albigensium suspectus, et de Delicto spinæ dorsi accusatus, a Bertrando vicario Tolosæ incarceratur et inquisitori fidei traditur. De supra dictis criminibus convictus, ad flammas ut hæreticus et sodomius condempnatur, et sententia condempnationis executioni mandatur apud plateam de Salinis juxta pillorium.*

¶ **DELICTUS**, *Verriculator.* Papias in MS. Bituric. [** *Verruculatus*, in cod. reg. 7609.]

¶ **DELICUUM**, ut *Delictum.* Gloss. Lat. Gr. : *Delicuum*, πταῖσμα.

¶ **DELIGARE**, pro *Delegare*, Tradere. Diploma Conradi II. Imp. ann. 1027. apud Illustr. Fontaninum in Appendice Antiq. Hortæ pag. 286 : *Et in prædicto Comitatu terram de Ortelle, quam Joannes cum suis consortibus in jam dicto Monasterio per cartulam Deligavit.* Vide *Delegare.*

¶ **DELIMARE**, Joanni de Janua, *Valde liminare, vel limen auferre; in alia etiam significatione eodem verbo utimur, ut iste vult Delimare vicinos suos, i. destruere, quasi omnino de limo, i. mundo auferre.*

* Glossar. vet. ex Cod. reg. 7641 : *Delimat, præcepit.*

* **DELIMATIO**, Collisus, Gall. *Frottement.* Vita B. Goberti tom. 4. Aug. pag. 383. col. 1 : *Ascendit et in equum, qui adeo erat maceratus, ut potius videretur assereus quam carneus. Ex ejus utroque latere pili ceciderant pro assidua temonis Delimatione.*

¶ **DELIMATOR**, Διαρινήτης. Glossæ Cyrilli. Qui abradit lima.

¶ **DELIMINARE**, ut *Eliminare*, Extra limen ejicere. Catholicon in Amalthea : *Deliminare, Limen auferre.* Privilegium S. Martini Papæ circiter annum 651. pro Monasterio Blandiniensi juxta Gandavum apud Miræum tom. 1. pag. 333 : *Privilegium auctoritatis nostræ expetierit de quodam Cœnobio, quod ipse, Deliminatis Gentilium spurcitiis, fundo tenus extruxisse dignoscitur.*

¶ Deliminatus, alia notione, Determinatus, Limitibus conscriptus, Privilegium Fernandi *Gonzales* Comitis Castellæ pro Monasterio S. Sebastiani inter Concil. Hisp. tom. 3. pag. 175. col. 2 : *Omnia determinata, quæ continentur a parte Ecclesiæ vestræ, cuncta ad integro Deliminata; jure perenni Ecclesiæ vestræ concedimus.* Melius legeretur *Delimitata.*

DELIMITARE, *Valde limitare*, Ugutioni, Conlimitare. Frontinus de Agrorum qualitate : *In longitudinem Delimitatum, per strigas, appellatur.* Idem : *Decumanorum et Cardinum Delimitatio per rationem arcarum, vel riparum etc.* [Guidonis Hist. Palæst. *Delimitandis Castris.* Hoc est, Castris in certos fines redigendis, ut explicat Barthius in Glossario, apud Ludewig. tom. 3. Reliq. MSS.]

DELIMPIDARE, [*Clarificare*, Laurentio in Amalthea.] Vide *Limpidare.*

DELINDERE. Vide *Elitigare.*

DELINQUENTIA, Delictum. Utitur Paschasius Radbertus in Epitaphio Walæ Abb. Corbeiensis lib. 1. cap. 28. [Chartularium S. Vandregisili tom. 1. pag. 154 : *Si eux ou autre de par eux alloient de riens encontre ladite vente.... ou à quiconques cette lettre apportera tous coust et damages, qu'eux soutiendroient par defaut de la garantie et Delinganche.*]

¶ **DELIQUID**, pro *Deliquit*, apud Th. *Madox* in Formul. Anglic. pag. 175. ut in aliis Instrumentis, *Velud* pro *Velut.*

DELIQUIO, *Oblivio*, Papias. [** Vide Forcellinum in *Deliquium.*]

* **DELIRUS**, *Cil qui reide. Deliramentum, Reiderie.* Glossar. Lat. Gall. ann. 1352. ex Cod. reg. 4120. Vide infra *Enare.*

DELITIARI, [Epulari. Gesta Abbatum Lobiensium apud Acherium Spicil. tom. 6. pag. 614 : *Ne aliis, unde alii ingurgitarentur, esurientibus; et aliis, unde alii Delitiarentur, egentibus; ordinis tenor, quem non nisi æqualitate constat durare posse, solveretur.*] Amedæus Lausannensis Episcop. Homil. 1 : *Ipsa virgo virginum vernans in floribus, et in fructuum suavitate Delitians, etc.* [Vide *Deliciari.*]

1. **DELITIGARE**, [ut Litigare, Disputare. Epistola Abbatis S. Sepulcri ad Innocentium III. PP. apud Baluzium tom. 5. Miscell. pag. 415 : *Cum vero esset tanta perturbatio, vidi alium militem qui abstracto cultello ac tumido Delitigans ore, prout mihi videbatur, prædicto Roberto et aliis Mona-*

chis, qui Abbatem suum Walterum accusare volebant, gravissime minabatur. Alia notione pro Judicari videlicet, seu extra litem poni, accipitur] in voce *Elitigare.*

* 2. **DELITIGARE**, Deblaterare, effutire. Mirac. S. Germ. Autiss. episc. tom. 7. Jul. pag. 287. col. 1 : *Et quæ antea inflatis buccis, tumido ore insana verba Delitigare consueverat; deinceps verbere superno duriter et lene correpta, suavia et dulcia verba fari addidicit.*

DELITIUS. Vide *Litium* : [ubi adnotatur *Columnis Deliciis*, mendose scriptum pro *Columnis de litiis.* Vide *Delicius.*]

¶ **DELLIONES**, τύραννοι, *Tyranni.* Supplem. Antiquarii. Legendum *Duelliones.* Vide *Duellio.*

* Ita et Gloss. Lat. Gr. ubi leg. ex Castigat. ad utrumque Glossar. : *Duelliones*, διακατάρατοι ἀκοσίωτοι, τύραννοι, καὶ τυράννιδες. Vulc. *Duelliones*, ἀντάρται, ἀκαθοσίωτοι. Vide Salmas. ad Hist. Aug. pag. 298. 322.

* **DELMANIUM**, pro *Domanium.* Charta Odon. de Garlandia ann. 1239. in Chartul. parvo episc. Paris. fol. 144 : *In quo feodo sunt plura retrofeoda et Delmania; quæ Delmania tenent Nicolaus de Rostigniaco et Joannes de Roseriis, dictus Bocicaut, milites.* Vide *Demanium.*

¶ **DELMATICA.** Vide *Dalmatica.*

DELOCARE. Charta Odonis Borelli de Curtalano in Tabulario Ecclesiæ Carnotensis num. 72 : *Si autem aliquis accusabitur de molta forisfecisse, purget se sola manu coram Majore terræ, et sit quietus : quod si noluerit, aut non poterit, reddat duplicem moltam tantum. Molendinarius tamen jurabit, quod non Delocabit eos, nec scienter injuste tractabit*, Id est, e domo sua exire coget ad judicium subeundum. [Chartularium S. Martini Pontisar. ex Charta Anselli Domini de Insula ann. 1208 : *Serviens Monachorum S. Martini Delocabit omnes homines de Monovilla.* Gloss. Lat. Gr. MSS. Sangerman. : *Deloco, Eicto, desolo, amando de loco*, ἐκτοπίζω. Gall. *Deloger.*]

* E loco amovere, Gall. *Faire perdre son rang à quelqu'un.* Hunc esse sensum Chartæ a Cangio laudatæ, ex eo maxime patet, quod ibi sermo est de iis, qui ad molendinum bannalem molere tenentur, quique mulcta plectuntur alibi molentes, nisi per diem et noctem ad molendinum domini expectaverint, ut habetur in prædicta Charta. [** Quam integram exhibet Guerardus in Prolegom. Chartul. S. Petri Carnot. pag. 39. Vide in *Delere* et] *Dislocare.*

DELONGARE, [Depellere, Gall. *Eloigner*, Procul ablegare, amandare. Chronicon Pisanum de Captione Hierusalem et Majoricarum, apud Murator. tom. 6. col. 102 : *Sicque factum est, ut Christianorum castellis a Paganorum manganis quam plurimis confractis; et ab urbis mœnibus Christianorum virtute Delongatis, Saraceni manganis se tuendo muros reficerent, et Christianorum exercitum vix timerent.*] Vide *Dilongare.*

DELONGARIS. Luithprandus in Legatione cap. 35 : *Delongaris enim, sub cujus manu navium est omnis potestas... curam tui aget.* Legendum ibi indubie *Drungaris* aut *Drungarius.* [** *Delongaris*, δελογγάρης τῆς πλοῶς, scribit idem Liutpr. in Antapod. lib. 3. cap. 26. et *o Delongaris tis ploös*, lib. 6. cap. 10.] Andreas Dandulus in Chron. MS. ann. 804 : *Hic Imperator factus misit pro Romano, qui Delongarii fungebatur officio.* Vide *Drangarius* post *Drungus.*

DELPHICA, Abacus, mensa, in qua vasa vinaria reponuntur, δελφὶς τράπεζα apud Lucianum in Lexiphane. Martialis lib. 12. Epigr. 67 :

Argentum atque aurum non simplex Delphica portat.

Vetus Interp. Juvenal. Sat. 3 : *Ornamentum abaci, quod nos Delficam dicimus.* Hinc emendandum Gl. Lat. Gr. : *Deluca*, μενεσέριον. Legendum enim *Delvica*, vel *Delphica*, pridem monuerunt Wowerenus ad Petron. et Meurs. in Gloss. Vide præterea quæ de hac voce commentatur Salmasius ad Spartianum pag. 150.

DELPHICUM, Eadem notione. Hesychius : Δελφικόν, τρίποδα. Ita porro Triclinium in Majori Palatio Constantinopolitano appellatum, in quo Imperator epulari consueverat, de quo Victor Tunnensis in Chr. : *Vitalianus CPoli intra Palatium, loco, quem Delphicum Græco vocabulo dicunt, Justiniani Patricii factione dicitur interfectus fuisse.* Vim vocis et originem diserte indicat Procopius lib. 1. de Bello Vandal. cap. 21. a Delphica nempe, seu abaco ministratorio. Ἀριστηρίου nomine indigitat istud Magni Palatii Triclinium Anna Comn. lib. 14. Alex. pag. 438. Vide Notas nostras ad eandem.

¶ **DELPHINA**, vel DALPHINA, Uxor Delphini, vel Delphinatus Domina. Vide *Delphinus.*

DELPHINI, Ministeriis Ecclesiæ accensentur, a Gregorio M. lib. 1. Epist. 66 : *Ministeria Ecclesiæ,... id est, in argento calices duos, coronas cum Delphinis duo, et de aliis coronis lilios, etc.* Anastasius in S. Silvestro : *Farum ex auro purissimo, quod pendet sub fastigio cum Delphinis 50. quæ pensant cum catena sua libras 20. coronus 4. cum Delphinis 20. ex auro purissimo.* Infra : *Pharus cantharus cum Delphinis 50..... pharum cantharum cum Delphinis 50. coronam auream cum Delphinis 50.* In S. Hilario : *Turrem argenteam cum Delphinis pens. etc.* Vetus Charta Cornutianensis, edita a Suaresio : *Pharum cantharum argenteum cum catenis et Delphinis 17. coronas argenteas 4. cum catenulis suis, et Delphinis 8.* Ubi *Delphini* sunt ornamenta majorum λυχνούχων.

DELPHINUS, apud nostros dignitatis species, qua donantur vulgo Comites Viennenses, quod complures ex iis qui primo Comitatum Viennensem possedere, hoc nomine appellarentur, adeo ut Joannes Raynaudus et Henricus Rosentallus, *Delphinatum* inter Ducatus, Marchionatus, Comitatus, Principatus, Vicecomitatus, et Baronias posuerint. [In Historia Dalphinatus tom. 1. pag. 3. laudatur Charta anni 1140. in qua hæc leguntur : *Guigo Comes qui vocatur Dalphinus.* Hic Guigo primus omnium Dalphini seu Delphini cognomento donatus legitur. Unde illud assumserit, non constat. Sed versimile est cognomentum hoc adeo suis placuisse posteris, ut illud sibi in honoris titulum erexerint. Quidam existimavere propter Delphinum depictum in scutiis gentilitiis Comitum Viennensium, ipsos Delphinos fuisse appellatos; verum longe ante Guigonem VII. qui primus hujusmodi insigne suo addidit sigillo, Comites Viennenses Delphini vocabantur. Vide Hist. Dalphin. tom. 2. pag. 378. Charta ann. 1230. pro Roberto Archiepisc. Lugdunensi inter Instrum. tom. 4. novæ Gall. Christ. col. 29 : *Nos Dalphinus Viennensis et Albonensis Comes notum facimus universis præsentibus et futuris, etc.*] In Charta ann. 1285. apud Duchesnium in horum Comitum Stemmate, mentio fit *Andreæ quondam Delphini Viennensis, et Albonis Comitis.* Exhinc leguntur complures aliæ, in quibus Humbertus, Joannes, Guigo, et Humbertus alter eadem dignitate donantur : quorum postremus hanc cum universa Provincia, cui imperabat, in Regiam familiam transmisit, hac conditione, ut primogenitus Regis Delphinus Viennensis appellaretur, quod notum. [* Hic cum nonnullis errat Cangius; si quidem primus, in cujus gratiam abdicavit Humbertus, secundus erat Philippi regis filius, cui in compensationem Delphinatus, quo ex ulteriori dispositione privatus fuerat, alia concessit rex domania Literis ann. 1345. ex Reg. 75. Chartoph. reg. ch. 470 : *Comme... nous aïons aaigie nostre très chier filz Philippe duc d'Orliens et emancipé de nostre puissance paternelle, et tant pour sa provision et panaige* (sic) *comme en récompensation de la Dalfiné de Vienne et autre terre, qui de nostre acquest et par disposition et ordenance de nous, devoient venir soubz certaines convenances audit Philippe, li aïons donné et baillé héritablement pour li, ses hoirs et ses successeurs la duchée d'Orliens, les contées de Valois et de Beaumont le Rogier, etc.* Denique ubi Humberti cessio locum habuit, Delphinatu potitus est Carolus primogenitus Joannis ducis Normanniæ. Consule *Valbonnais* tom. 2. Hist. Delph. pag. 601. et seqq.] Vide præterea Virum eruditissimum Dion. Salvagnium Boissium lib. de Usu Feudcr. cap. 1. extremo. [His addam haberi apud Rymerum tom. 5. pag. 10. Litteras Edwardi III. Angliæ Regis ann. 1338. ad Imperatorem Ludovicum, quibus petit ab Imperatore, ut Imberto seu Humberto Delphino Viennensi nomen et titulus Regis, aliaque ad Regiam dignitatem spectantia concedantur; quod nunquam fuit.]

☞ Præter Comites Viennenses fuerunt etiam alii qui Delphini cognomento donarentur, Comites videlicet Arverniæ. Appellationis hujus originem inquirit et elucidat eruditus Scriptor Historiæ Delphinalis tom. 2. pag. 378. eamque refert ad annum 1167. ex quo Arverni Comites, hac in re Viennensium æmuli, Delphini titulo gloriari cœperunt. Passim memorantur in Chartis *Delphini* et *Delphinatus Arverniæ*, ut videre est apud Baluzium in Hist. Geneal. Arverniæ. Hic Dalphinatus concessit in ditionem Ludovici II. Ducis Borbonii per Annam uxorem suam ex Dalphinali Comitum Arvernorum familia oriundam.

* DALPHINALIS HOMO, Qui et *Dalphinaliter* tenere dicitur, Delphini vassallus. Arest. parlam. Paris. ann. 1390. quo judicatur marchionatum Saluciarum de Del-

phino Viennensi movere seu dependere, ex Cod. reg. 6015 : *Erat publica et notoria vox et fama in partibus Dalphinatus nostri prædicti ac Pedemontis, Lombardiæ et aliis circumvicinis, quod dictus marchionatus* (Saluciarum) *cum suis pertinentiis fuerat et erat de fide et homagio dicti nostri Dalphinatus, et quod a nobis Dalphinaliter tenebatur et teneri debebat in fide et homagio .... Fredericus comes fuerat et erat dicti genitoris nostri et noster Dalphinalis homo, ligius et vassallus de pluribus terris.*

¶ **DELPHINETUS**, Arverniæ Dalphini filius. Testamentum Roberti III. Comitis Claromontensis ann. 1302. apud Baluzium tom. 2. Hist. Arvern. pag. 304 : *Ipsum enim filium nostrum Johannem alias dictum Delphinetum heredem nobis instituimus in castris nostris Vodabulæ et de Breone.*

* **DELPUESTARE**, *Honnir*, in Glossar. Lat. Gall. ex Cod. reg. 7692.

* **DELTA**, Margo, ni fallor, a forma literæ Græcæ sic nuncupata. Stat. Mutin. rubr. 184. pag. 34. r° : *Ordinamus quod puteus muratus, qui est in medio burgi Albareti, debeat reaptari cum Delta et aliis necessariis ad extrahendam aquam de eo.*

DELTICUS, Isidoro in Gloss. *Literatus, Doctor.* [Sic dictus a Græco δέλτος, Liber, vel ab Hebræo *Deleth*, Pagina, quod Litterati toti sint in libris vel paginis evolvendis.]

DELUBRICARE, *Labi*, in Gloss. MS. Regio; vel in loco lubrico titubare, cadere. [Papias : *Delubricatum*, *Dilaceratum.*]

¶ **DELUBRIS**, Prophanus, ut arbitror, a *Delubrum*, Ædes ubi idolum erat, sic dictus. Chartarium Auxitanæ Ecclesiæ ex Epistola Odonis Levitæ ad Garsiam Archipræsulem : *Non statim voce erumpat me Delubrem clamitans esse sacrilegum, qui audeam aliquid contra Dei licentiam usurpare consilium.*

¶ **DELUBRUM**, Fons Baptismalis. Sebastianus Perusinus in Vita B. Columbæ Reatinæ, Maii tom. 5. pag. 337 * : *Apud Delubrum ac sacrum fontem.* Ibid. pag. 353 * : *Investigaturam se spopondit Senis de hoc diligentius in libro sacri Delubri cathedralis Ecclesiæ.* Delubrum a deluendo sicut Pollubrum a Proluendo dictum censet Isid. lib. 15. Orig. cap. 4. his verbis : *Delubra veteres dicebant Templa fontes habentia, quibus ante ingressum Diluebantur. Ipsa nunc sunt Ædes cum sacris fontibus, in quibus fideles regenerati purificantur.*

* Glossar. Lat. Gall. ex Cod. reg. 7692 : *Delubrum, Locus ubi pueri habent baptismum*

DELUCA. Vide *Delphica.*

* **DELUCRUM**, Jactura, damnum, decessio Gall. *Perte, déchet.* Fœdus inter Joan. Galeat. Vicecom. Mediol. et Venetos ann. 1380. tom. 3. Cod. Ital. diplom. col. 319 : *Item quod dominus dux et commune Venetiarum contribuere et solvere teneantur et debeant tertium Delucri seu perditæ omnium victualium.*

* **DELUDERE**, Contumelia afficere. Lit. remiss. ann. 1385. in Reg. 127. Chartoph. reg. ch. 16 : *Eandem relictam ipsi rei et sui complices pluries requisiverunt, ut ad pacem faciendam de morte sui mariti prædicti consentire vellet, ... alioquin ipsam Deluderent; quæ relicta ... respondit se hoc facere non posse. Item quod dicti rei .... præfatam relictam præter et contra ejus voluntatem, vi et violentia illuserunt eaet abusi fuerunt, ipsamque infortiaverunt et carnaliter cognoverunt.* Vide *Deludium.* A Lat. Deludere, *Desjougler*, pro vulgari *se moquer*, legitur in vet. Poem. Ms. ex Bibl. Coislin. :

Li lechieres fu Desjouglez,
Et par la sale fu huez.

* Sic a verbo Deridere, eodem significatu, nostri *Dérider* et *Dériser* dixerunt. Lit. remiss. ann. 1386. in Reg. 129. ch. 8 : *Icellui Simon en Déridant et eschernissant ledit Jehan Avignon, etc.* Aliæ ann. 1405. in Reg. 160. ch. 91 : *Le suppliant, qui estoit sourt et ydiot, croiant que sa femme se moquoit et Dérisoit de lui, etc.* Denique aliæ ann. 1394. in Reg. 146. ch. 160 : *Pour ce que laditte femme vit que ledit Perier, qui estoit son serviteur, la Desrisoit, etc.*

DELUDIUM, Derisio, contumelia, ludibrium. Gloss. Lat. Græc. : *Delusit*, διέπαιξεν. S. Eulogius lib. 3. Memorial. SS. cap. 7 : *Dum in nos hujuscemodi irrisionibus insultarent, et hoc Deludio nostram pene consummatam cladibus fatigarent miseriam.*

* **DELUMBE**, Debiliter. Glaber Rodulph. Hist. lib. 5. cap. 1. tom. 10. Collect. Histor. Franc. pag. 56 : *Unum igitur ei erat .... inter oratum frequenter spuere, ac Delumbe salivam emittere.* [** Pers. Sat. 1. vers. 104.]

* **DELUSCERE**, *Atapir*, in Glossar. Lat. Gall. ann. 1352. ex Cod. reg. 4120. pro Delitescere, ut videtur; nisi ita dictum putes quasi sit luci subtrahere.

¶ **DELUSATIO**, Fraus, Dolus, a Deludendo. Chartularium S. Vandregisili tom. 2. pag. 1966 : *Quotiescumque dicti homines aut sui hæredes alibi molitum ire voluerint, per molturam suam prædivisam reddendam est eis licitum moliri absque Delusatione et adulteratione molendini supradicti.*

¶ **DEMA**, Corpus, ab indeclinabili δέμας, quod idem est apud Poetas Græcos. Wolstanus in Vita S. Ethelwoldi Episc. inter Acta SS. Benedict. sæc. 5. pag. 633 :

Signipotens in ea pausat quoque demate Swithun,
Qui precibus cunctum sublevat hunc populum.

DEMAGIS, *Vehementer.* Papias. [** e Nonio 2, 229.]

¶ **DEMAINUM**, ut *Domanium*, Gall. *Domaine.* Charta ann. 1210. ex Chartulario Campaniæ apud D. *Brussel* de Feudorum usu tom. 2. pag. 692 : *Vendidi etiam eidem Dominæ Comitissæ advocatiam ejusdem villæ, et quidquid habebam inter Mesum Demainum ipsius villæ. Illud tamen mihi retinui, etc.* Vide *Demanium.*

* **DEMANALIS**, Ad *demanium* seu *dominium* spectans, Gall. *Domanial.* Charta ann. 1377. ex Cam. Comput. Aquens. : *Disposuimus, ut debemus, jura omnia dictorum locorum fiscalio more facere, sicut alia jura Demanalia, pertractari.* Hinc nostri *Demaines* appellabant barones præcipuosque regionis alicujus proceres, quod multa *domania* possiderent, vel quod a potentiori principe tenerent *domania* sua vel feuda : unde et *Demanois* adjective dixerunt, pro nobili et primario. Le Roman *des Loherancs* :

A lui se tiennent li Demoine et li per.

Alibi :

Leans avoit meint riche pongneor,
Comtes et princes, Demoines, vavassors,
Qui de Girbert tenoient lor anors.

Ibidem :

Poignant ensemble tuit li meillor François,
Là veist on un estor Demanois.

Li Lucidaire Ms :

Ne duc, ne prince, ne contor,
Ne Demaine, ne vavassor.

Rursum :

Tos ses barons apelés,
Ses demaines et ses casés.

Poema laudatum a Seldeno in Tit. honor. pag. 627 :

Sage, e prince, duc, e contur,
Baron, Demaine, vavasur.

Chron. Ms. Bertr. Guescl. :

Vers le pont de l'Ussac chevauchent Demenois.

Ibidem :

De là ne partira de l'an, ne de semaine,
S'aura à son vouloir le bon chastel Demaine.

Déménier, dominii possessor, prædii dominus, in Charta ann. 1312. ex Tabul. episc. Carnot. : *L'évesque ne puet pas bonnement faire ceste demande en l'absence de celui qui est Déménier, lequel en est en poursuite pardevers Mgr. le Conte.* Occurrit præterea vox *Déménier*, in Stat. ann. 1376. tom. 6. Ordinat. reg. Franc. pag. 235. art. 48. et in alio ann. 1402. tom. 8. pag. 530. art. 46. Vide *Demanium* et infra *Dominicum* 3.

¶ **DEMANCATA** Terræ in Foresio, Tantum terræ spatium, ut in eo seminari possit unus *Demancus* frumenti. Est autem

¶ Demancus, Mensura frumentaria eadem, quæ infra *Demencus.*

* **DEMANCHIATA**, Gall. *Déménchée* et *Déménchie.* Modus agri, in quo seminari potest unus *Demancus;* quæ mensura est ponderis 64. librarum. Vide *Demencus.* Terrear. S. Maurit. in Foresio ad ann. 1472 : *In quadam Demanchiata terræ etc.* Charta admort. ann. 1412. in Reg. 166. Chartoph. reg. ch. 272 : *Item une terre contenant une Déménchie de terre ou environ.* Lit. remiss. ann. 1469. in Reg. 169. ch. 93 : *Ung champ contenant entour neuf Déménchées de terre jouste les terres du lieu de Vernet.* Vide *Demancata* et infra *Demencius.*

1. **DEMANDA**, *Demandæ*, Exactiones, quæ sub nomine gratuitæ præstationis exigebantur; *Coactæ petitiones*, in Charta Theodorici Comitis Flandr. ann. 1147. in Tabulario S. Bertini. Diploma Philippi Aug. Regis Franc. ann. 1202 : *Si nos fecerimus Demandam vel talliam in Christianis vel judæis de Senescallia Andegavensi, Turon. et Cenoman. illa Demanda et tallia levabitur per manum prædicti Senescalli, etc.* Aliud ad ann. 1204. pro Oppido Niortensi in Pictonibus : *Præterea nos et hæredes nostri habemus Demandam nostram in tota Communia Niortensi, et Guillelmus Cocus* (cui Niortum erat oppigneratum) *Demandam illam levabit per manum Senescalli Pictavensis ad opus nostrum.* Aliud Theobaldi C. Campaniæ ann. 1229 : *Liberi erunt ab omni tallia, tolta, et Demanda, a custodia villæ, turris et gabiolæ, et a quacunque alia exactione.* [Tabularium Meldense fol. 65 : *Universis præsentes litteras inspecturis Magister A. Archidiaconus de Bria Meld. salutem. Notum facimus quod nos pro novitate*

nostra et pro debito cujusdam domus, quam emeramus pecuniis a Reverendo Patre P. Dei gratia Meld. Episcopo, licentiam faciendi Demandam in nostro Archidiaconatu, quam nobis liberaliter concessit, et Demandam quam faciemus, de ipsius licentia speciali faciemus. Actum ann. Domini M. CC. XXXII. *mense Decembri.* Et in Charta ann. 1201. inter Instrum. Hist. ejusdem Eccl. Meld. tom. 2. pag. 87 : *Archidiaconi nullam in suis Archidiaconatibus Demandam facient, nisi Episcopo assensum præbente.*] Vetus Charta in Monastico Anglic. tom. 1. pag. 205 : *Tenendam libere, et quiete ab omni sæculari servitio et Demanda.* Vide tom. 3. pag. 186. Will. Thorn. ann. 1269. Probat. Histor. Monmorenciacæ pag. 75. [*De Lauriere* tom. 2. Ordinat. Reg. pag. 258. Martenium tom. 1. Anecd. col. 953.] et infra in voce *Questa.*

¶ 2. **DEMANDA**, Vox forensis, Gall. *Demande, Requeste*, Petitio, Libellus supplex, postulatio. Decretum summæ Curiæ in Archivo Castri Nannet. : *Curia nostra dictum de Rohan ab omnibus aliis Demandis, requestis, finibus et conclusionibus per Procuratorem nostrum generalem factis et captis absolvit.* Regest. Parlamenti ann. 1379. apud Baluz. Hist. Arvern. tom. 2. pag. 165 : *Dictus insuper avunculus noster causam vel actionem non haberet faciendi Demandas et conclusiones, etc.* Ibid. pag. 598. in Regesto Parlamenti ann. 1408 : *Ostensio Demandæ in scriptis non erat introducta, nisi ad instructionem seu certiorationem Defensorum, an cedere vel contendere vellent. Demanda articulata*, ibid. pag. 237. *Controversia seu Demanda*, in Confirmatione transactionis ann. 1463. ex Archivo Præsidis *de Mazaugues.* Hist. fundationis Monasterii Cælestinorum Suession. apud Marten. tom. 6. Ampliss. Collect. col. 604 : *Incepimus processum Parisius in curia Parlamenti ann. Dom.* 1400. *in quo petivimus ea quæ in Demanda, quam ipsi curiæ proposuimus in hujus initio processus.* Vide *Contestus.*

** **DEMANDAMEN**, in Ruodlieb fr. 2. vers. 132. fr. 16. vers. 54.

* **DEMANDAMENTUM**, Petitio juridica, actio, Practicis nostris *Demande.* Charta ann. 1103 : *Guirpimus et solvimus cum hac carta omnia hæc suprascripta Demandamenta, sicut in hac carta reipsa sunt et legi possunt.* Alia ann. 1162. inter Probat. tom. 2. Hist. Occit. col. 589 : *Super omnibus et singulis quæstionibus et rancunis, seu Demondamentis, quas vel quæ qualitercumque vel etiam quocumque modo contra nos facitis vel intemptare proponitis, etc.* Charta ann. 1269. in Reg. feudor. senescall. Carcass. etc. fol. 313 : *Episcopus et capitulum Nemaus. quittaverunt domino regi omne jus, Demandamentum, actionem seu petitionem, et quidquid juris habere debebant in feudo castrorum.* Vide *Demanda* 2. et mox *Demandare* 6.

1. **DEMANDARE**, Poscere, vel mandare, Gall. *Demander.* Rodericus Toletan. lib. 2. de Reb. Hispan. cap. 9 : *Per Legatos pacifice Demandavit, ut...... recederet a finibus alienis, etc.*

DEMANDARE, Mandare, remandare. Monachus Gall. Sangall. lib. 2. de Carolo M. cap. 19 : *Si Carolus consilium meum dignaretur, non ad tantas me deponeret injurias. Ego nihil illi Demando, dicite ei quid me agentem inveneritis.* Infra : *Nihil aliud ei Demando, nisi quod facio, etc.*

¶ 2. **DEMANDARE** SUPPLICIO, Morte punire. Charta Henrici VII. Angl. Regis ann. 1492. apud Rymerum tom. 12. pag. 486. col. 2 : *Auctoritatem damus ... eorum quemlibet juxta eorum demerita castigandi et puniendi, ultimoque supplicio Demandandi.* Similia leguntur infra, et rursum ejusdem tomi pag. 724. col. 2. Vide *Demandum.*

¶ 3. **DEMANDARE**, Citare, vocare, arcessere, Gall. *Mander, Citer.* Charta Willelmi Domini Montispessulani ann. 1103. apud D. *Brussel* de Feudorum usu tom. 2. pag. 727. col. 1 : *Et vicarius non Demandabit eum per se vel per alium, nec expectabit eum in placitis Montispessulani.* Charta Johan. Reg. Angl. in Libro nigro Scaccarii pag. 383 : *Vicecomes Herefordiæ, in cujus Balliva hoc fecerat, Demandari fecit eum in comitatu suo tanquam malefactorem.*

¶ 4. **DEMANDARE**, Notum facere se non compariturum coram Judice. Litteræ P. de Corboilo ad M. Archiepiscopum Senon. adversus Stephanum de Vetolio coram se judice ab Archiepiscopo delegato comparere detrectantem, in Tabulario S. Clodoaldi : *Cum enim diem utrique parti assignavissem, idem Stephanus non venit, Canonicis enim Demandaverat et non michi. Postea ipsum auctoritate vestra bis citavi.* Vide *Contramandare* et *Demandare*, 7.

* 5. **DEMANDARE**, Sub nomine gratuitæ præstationis exigere. Charta ann. 1142. inter Probat. tom. 2. Hist. Occit. col. 495 : *Dimitto .... totas cavalgadas, quas Demandabam in hominibus supra scriptæ villæ S. Tiberii, et totas justitias et totas financias, quas Demandabam in hominibus et mulieribus in eadem villa commorantibus et in toto ejus terminio.* Alia Phil. Belvac. episc. in Chartul. Guill. abb. S. Germ. Prat. fol. 100. v°. col. 2 : *Omnes prædictæ villæ redditus, demandæ vel exactiones, quæ sive per potentiam sive preces, aut per amorem factæ fuerint inter ecclesiam S. Germani et prædictum militem communiter dividentur, nec alter sine altero Demandare vel requirere poterit, aut per se aut per servientem suum.* Vide *Demanda* 1.

* 6. **DEMANDARE**, Actionem seu petitionem intendere, aliquid in jure repetere, Practicis nostris, *Former une demande.* Charta ann. 1196. inter Probat. tom. 3. Hist. Occit. col. 169 : *Bernardus prædictus comes Convenarum faciebat demandamentum jam dicto Jordano de Insula ad Casteras .... Item dictus Jordanus Demandabat prædicto Bernardo totum illud castellum, quod vocatur sanctus Thomas.* Alia ann. 1224. ex Chartul. Campan. fol. 350. col. 1 : *Jacobus et Girardus filius et hæredes eorum nichil inde a me poterunt Demandare, quantum pertinet ad duas partes quas habebam.* Hinc *Demandans*, vulgo *Demandeur*, in Instr. ann. 1416. tom. 10. Ordinat. reg. Fr. p. 398 : *Agentes et Demandantes ex una parte etc.* V. sup. *Demandamentum.*

* 7. **DEMANDARE**, Differre, procrastinare, Gall. *Accorder des délays.* Charta Hugon. abb. S. Germ. Prat. in Chartul. Guill. itidem abb. fol. 108. v°. col. 2 : *Die igitur judicii multis casibus Demandata et prolongata, postremo ad festum S. Benedicti v. Idus Julii statuta est.* Alia Rob. ducis Burg. ann. 1284. inter Probat. tom. 2. Hist. Burg. pag. 56. col. 1 : *Nos procurabimus per nos et amicos nostros quod dicta sententia in instanti parlamento Penthecostes, nisi Demandatum fuerit; et si fuerit Demandatum, in proximo parlamento subsequenti feretur.* [** Pertinent hæc ad *Demandare*, 4.]

* 8. **DEMANDARE**, Prius jussum posteriore revocare, vulgo *Contremander*, alias *Demander.* Glossar. Lat. Gall. ann. 1348. ex Cod. reg. 4120 : *Abrogare, demandeir.* Lit. Phil. V. ad archiep. Rem. ann. 1318. in Reg. 55. Chartoph. reg. fol. 37. v° : *Nos ex certis et legitimis causis nolentes quod ipsum Concilium teneatur ad præsens, requirimus vos quatenus illud, visis præsentibus celeriter Demandetis, donec vobis aliud super hoc duxerimus intimandum.*

* 9. **DEMANDARE** COMMENDAM, Protectionem alicujus, et ob id debitam præstationem abnuere vel denegare. Charta Joan. comit. Cabilon. ann. 1236. in Chartul. Cluniac.: *Dicti homines debent mihi vel mandato meo* (propter commendam et custodiam eorum) *reddere singulis annis apud Cluniacum c. panellos avenæ infra octabas S. Michaelis. Possunt vero homines prædictæ commendæ Demandare commendam istam dicto comiti de anno in annum, ita tamen quod demandatio fiat in præsentia, quando ipsi homines reddent commendam. Et tunc, si Demandare voluerint commendam, tenentur reddere litteras suas prædicto comiti vel ejus mandato. Et similiter dictus comes, quando voluerit hominibus præfatis commendam Demandare.* Vide supra *Commenda* 4. et *Deadvouare.*

¶ 1. **DEMANDATIO**, Postulatio, Gall. *Demande.* Concilium incerti loci inter Anecd. Marten. tom. 4. col. 149 : *Idem et de his qui ab Episcopis hæreticis, schismaticis, vel nominatim excommunicatis, vel aliis Epiocopis sunt ordinati præter suorum Demandationem Prælatorum.* [** Mandatum.]

¶ 2. **DEMANDATIO**, Species tributi. Charta Philippi Regis Franc. de Consuetudinibus Lorriaci ann. 1187. ex Archivo Archiepiscopi Senon. : *Nullus hominum ville illius debet Demandationem Preposito Stamparum.* Altera Charta ejusdem Regis ann. 1201. pro Incolis oppidi de Clariaco apud Stephanotium tom. 13. Fragm. Hist. MSS. pag. 177 : *Si aliquis de Clariaco duxerit sal vel vinum Aurelianis, pro quadriga unum denarium dabit tantum. Nullus hominum Clariaci debet Demandationem Præposito Stampio, nec Preposito Piveriis, nec in toto Gastineto.* Vide *Demanda* 1.

* 3. **DEMANDATIO**, Ipsa protectionis detrectatio vel repudiatio. Vide supra in *Demandare* 9.

* 4. **DEMANDATIO**, Dilatio, procrastinatio, Gall. *Délay.* Charta Math. de Montemor. ann. 1200. in Chartul. S. Dion. pag. 304. col. 1 : *Hæc autem assemblatio postquam ab alterutra parte submonita fuerit ultra tres justas Demandationes, nisi de consensu partium differri aut prorogari non poterit, etc.* Vide supra *Demandare* 7.

¶ **DEMANDATOR**, Hisp. *Demandador*, Gall. *Demandeur*, Petitor, Actor in litigiis. Vide locum in *Riedra*.

* *Demendierres*, in Stabil. S. Ludov. cap. 1. tom. 1. Ordinat. reg. Franc. pag. 108. Vide supra *Demandare* 6.

¶ **DEMANDIMENTUM**, Genus præstationis, ut supra *Demanda*, 1. Transactio ann. 1144. ex parvo Chartulario S. Victoris Massil. fol. 138 : *Terre quas habent Fratres Militiæ de Baides sunt libere ab omni Demandimento.* [* Vide supra *Demandare* 5.]

DEMANDUCARE, *Corrodere* in Gloss. Arabico-Lat. [Gallis, *Demanger* Prurire.]

¶ **DEMANDUM**, Mulcta ob crimen vel delictum imposita. Charta Henrici VII. Angl. Regis ann. 1494. de Pardonatione pro Archiepiscopo Dubliniensi, apud Rymerum tom. 12. pag. 556. col. 1 : *Unde punitio caderet in Demandum debitum, seu in finem et redemptionem, aut in alias pœnas pecuniarias aut imprisonamenta.* Eadem habentur tom. 13. pag. 242. col. 1. Vide *Demandare* 2. et *Finis*.

* **DEMANERE**, Decedere, declinare, Gall. *S'écarter*. Charta ann. 1282. tom. 3. Cod. Ital. Diplom. col. 1505 : *Prædicti nobiles videntur discessisse et Demansisse a fide, et amore servitutis ac devotionis. Desmarcher* et *Desmarchier*, nostris, pro Recedere, *se ranger, reculer*. Lit. remiss. ann. 1375. in Reg. 107. Chartoph. reg. ch. 126 : *Icellui Nicaise s'avança vers l'exposant pour le férir du coustel : mais ledit exposant Desmarcha.* Aliæ ann. 1401. in Reg. 156. ch. 113 : *De fait l'eust tué ou navré villainement, s'il ne se feust Desmarchiez et trait arriere.*

DEMANICARE, Manicas auferre, spoliare, [vel f. Manus abscindere.] Greg. Turonensis lib. 7. Hist. cap. 15 : *Coquos quoque, sive pistores, vel quoscunque de hoc itinere regressos esse cognovit, cæsos, spoliatosque, ac Demanicatos reliquit.* Vide lib. 9. cap. 8.

DEMANIUM, *pro Dominium*, Gallis olim, Anglis etiamnum *Demaine*. Alexander Abbas Celesin. de Vita Rogerii Regis Siciliæ lib. 3. cap. 14 : *Mandatur... illis, qui castro ejus præerant, ut et ipsi Regis super se quantocius suscipiant Demanium.* Rogerus Hovedenus in Ric. II : *Episcopus illud* (manerium) *deberet habere in Demanio.* Occurrit passim in Constitut. Siculis, et apud Scriptores ævi medii. Octavianus *de S. Gelais* in Viridario honoris :

Firent au Roy ce qui leur fut possible,
En lui offrant la ville et leurs Demaines.

Alibi :

Car tout estoit soubmis à son Demaine.

DEMANIUS. Vide *Domanium* et *Dominicus*.

DEMANUTENERE, id est, *Non manutenere*, Tutelam abjicere, et protectionem alicujus. Usatici Barcinonenses MSS. cap. 107 : *Quod si filii Senioribus patris sui aliquid forifecerint, pater cogat filios suos, ut illam forifacturam ipsis Senioribus redirigant et emendent, et ipse emendet pro eis. Quod si facere noluerint, exhæredet filios suos omnino, et Demanuteneat eos sine engan.* Vide *Manutenere*.

DEMARCHUS, Δήμαρχος, Præcipuus Magistratus Neapoleos in Italia, apud Spartianum in Adriano, et Strabonem lib. 5. Vide *Magister militum*.

Demarchus, Comes. Præceptum Caroli Simplicis pro Monaster. S. Dionysii, in ejusdem Ecclesiæ Tabulario : *Quod Robertus noster dilectus fidelis ac Demarchus ad nostram accedens excellentiam, deprecatus est, etc.*

¶ Demarcus, in Annal. Benedict. tom. 3. pag. 709. col. 2 : *Hugo Dux Francorum gratia Dei omnipotentis, necnon et Demarcus. Notum fieri cupimus, etc.*

¶ **DEMARITIO**, Partitio seu Divisio, si bene conjecto, a *de* et *Maritare*, Copulare. Præceptum Carlomanni Majoris-domus pro Monasterio Stabulens. apud Marten. Collect. Ampliss. tom. 2. col. 20 : *In ea scilicet ratione, ut quamdiu ipse Anglinus advixerit, ipsas res usualiter excolere debeat ; et si nepos suus nomine Gotbaldus illum superstes fuerit, ipsius Unadelino absque prejudicio et per precaria vel consensum ipsius Monachis, prædicto Unadelino tenere vel excolere debeat sine ulla Demaritione tantum ista superius denominata, totum et ad integrum trado et dono ad ipsius Monasteria.*

DEMAS, *dis*, *Vinculum*, Papiæ, ex Græc. δέμα.

¶ **DEMEI**, Dimidius, Gall. *Demi*. Chartularium S. Martialis Lemovic. : *In crastino reperi* XIII. *marcas et Demei auri.*

* Glossar. Provinc. Lat. ex Cod. reg. 7657 : *Demiach, Prov. semis, dimidius.*

¶ **DEMELLUS**, Mensura annonaria. Index MS. Beneficiorum Eccl. et Diœc. Constant. fol. 7. v° : *Rector habet manerium, et inde tenetur annuatim reddere tres Demellos frumenti ad mensuram Constant. Thesaurario Ecclesie supradicte.* Ibid. fol. 8 : *Et pro quatuor acris terre redduntur annuatim decem quarteria et tres Demelli frumenti.* Belgæ *Wallones* dicti etiamnum Modium vocant *Mel*, Gall. *Boisseau*.

* Charta Phil. V. ann. 1320. in Reg. 58. Chartoph. reg. fol. 63. r° : *Item tres Demellos seu Demiaus frumenti et unum denarium super Droetum Guemeis.... Item tres Demellos sive Demiaus frumenti super Colinum Gauterii. Item unum boissellum frumenti etc.* Alia ann. 1326. in Reg. 64. ch. 448 : *Cinq Demiaus de froment, un denier sus Gieffroy Menart, un Demiaus de froment sus Pierre Choisnet.* A *boissello* itaque distinguendus *Demellus* qui a Lat. *Dimidius* originem habere videtur. Vide infra *Demencius*.

DEMEMBRARE, Membra corporis auferre, discerpere. Hincmarus Remensis in Epist. ad Adrian. PP. in Concilio Duziac. I : *Et jam plus quam duo sunt anni, ex quo præfatus Trisingus suprascriptum Livalfum volens occidere, Demembravit.* Hildebert. Cenomanensis Ep. 67 : *A quodam fratre Decani captus est, et aliorum auxilio.., Demembratus, de quibus cum mihi frater abscissus lacrimabilem deponeret clamorem, addidit... suggestione et consilio ipsius membrorum se abscissione imminutum, quorum violentia ipse tentus fuit et abscissus.* Adde Ep. 10. ejusdem Hildeberti ex iis, quæ editæ sunt tom. 10. Spicilegii Acheriani. Occurrit præterea apud Baldricum lib. 1. Chr. Camerac. cap. 82. [et apud Rolandinum Patavin. de factis in Marchia Tarvisina lib. 3. cap. 12. et lib. 5. cap. 22.]

Dismembrare, Eadem notione. Capitula Caroli C. tit. 39. cap. ult. [** ap. Carisiac. ann. 873.] : *Non est æquum, ut ibi* (juxta Ecclesiam) *homines ad mortem judicentur, et Dismembrentur, et flagellentur.* Consuetudo Tornacensis tit. de Criminibus art. 15 : *Si oucun navré, Desmembré, ou blessé estoit jugé et tenu pour affolé ou defiguré, etc.* Adde art. 22. et Fletam lib. 1. cap. 16. § 7. [et Vitam Caroli Boni Comitis Flandriæ n. 26. Martii tom. 1. pag. 185.]

¶ Demembrare, Gall. *Démembrer*, figurato sensu, Avellere, disjungere, separare. Regestum Parlamenti ann. 1348. apud Baluzium tom. 2. Hist. Arvern. pag. 770 : *Dicebat insuper dicta Comitissa, quod cum dictum castrum ac stagnum essent membra dicti Comitatus Alverniæ, Demembrari seu dividi non potuerant a dicto Comitatu.*

* Libert. villæ de Caslucio ann. 1368. tom. 5. Ordinat. reg. Franc. pag. 287. art. 9 : *Promittimus.... quod dictus locus et ejus jura atque membra.... de mensa seu patrimonio proprio domini mei regis.... nullathenus, quacumque ratione, Demembrabitur.* Occurrit rursum ibid. pag. 327. art. 14. et 398. art. 20.

¶ Demembratio, Eadem figurata notione, Separatio, divisio, partitio, Gall. *Démembrement*. Litteræ Capituli Moguntini pro Conventu S. Albani, tom. 2. Rer. Mogunt. pag. 762 : *Ad hæc ut ex donacione hujusmodi nobis facta, Ecclesia vestra nullius Demembracionis sentiat detrimentum.... liberaliter promittimus, etc.* Litteræ Rodulphi Rom. Regis ann. 1274. in Dissert. Hist. de Comitatu Comacli Edit. 1709. Append. pag. 28 : *Sine Demembratione imperii, etc.* Occurrit rursus apud Rymerum tom. 2. pag. 415.

* Charta Phil. Pulc. ann. 1313. in Reg. 131. Chartoph. reg. : *Usagium ad boscum siccum, ad branchias seu ramos virides, sine Demembratione arboris.* Quæ ita Gallice redduntur in alia ann. 1387. ibid. ch. 221 : *Usaige à bois sec, à branches ou ramseaulx vers, sanz Desmembrance d'arbres.*

¶ Dismembratio, Eodem intellectu. Litteræ Philippi VI. Franc. Regis ann. 1340 : *Absque Dismembratione, divisione seu diminutione aliqualiter facienda, etc Dismembratio jurisdictionis*, in Conventione ann. 1389. ex Schedis de *Mazaugues*.

Dismembrator, Expilator, distractor bonorum. Cæsarius Heisterb. lib. 8. cap. 69 : *Cui* (Archiepiscopo) *cum post mortem multi detraherent, dicentes eum Ecclesiarum fuisse Dismembratorem, et civium suorum excæcatorem.*

¶ **DEMEMOR**, Immemor. Præfatio Tabularii A. Gemeticensis Monasterii : *Mundanæ sollicitudinis status instabilis, memoria Dememor, et labor labilis, etc.*

* **DEMEMORARE**, Immemoratum prætermittere, Gall. *Ne pas faire mémoire.* Laudes domus Auriæ Januens. apud Murator. tom. 21. Script. Ital. col. 1179 : *Præterea itemque Dominicum ipsum non Dememorabimus, Stephano parente ortum Innocentii pontificis maximi capitaneum invictum armis.* Vide *Dememor*.

* **DEMENCIUS**, ut *Demencus*, Mensuræ annonariæ species, quæ 64. libras appendit.

Dictus confitens tenetur solvere Demencium ordei, in Declarat. ann. 1474. ex Terreario S. Maurit. in Foresio. Vide supra *Demanchiata.*

DEMENCUS, Annonariæ mensuræ species, ex Latino forte *demensus.* Charta Arnaudi Archiepisc. Lugdunensis ann. 1212. apud Joannem Mariam *de la Mure* in Hist. Ecclesiast. Lugdun. pag. 320 : *Hospitali S. Joannis dedit id, quod habebat apud Fuaxin, scilicet unum Demencum siliginis, et 5. denarios, etc.* [In provincia Forensi *Demencus*, patrio idiomate *le dement* valet duos *Cartonos : Cartonus* autem siliginis est circiter 32. librarum, ut me monuit D. *Aubret* Advocatus Dombensis Clarissimus et Historiographus.]

¶ **DEMENEIUM**, ut *Domanium.* Instrumentum anni 1317. ex Archivo Veterisvillæ : *Cum contentio verteretur inter Monachos Veteris-villæ et Alanum de Monteferrandi Armigerum super petitione decimarum naporum crescentium in feodis et Demeneio dicti Alani.* Vide *Demanium.*

¶ Demenia, Eodem intellectu. Liber niger Scaccarii pag. 232 : *Teneo ego in meam Demeniam.*

¶ Demenium, Eadem notione. Tabularium Majoris-monasterii : *Ego Petrus de S. Hilario filius Hascolfi de S. Jacobo, testificor ipsum patrem meum dedisse Ecclesie S. Martini de Saccio totam decimam omnium Demeniorum per totam terram suam de Anglia.*

* **DEMENEURA**, Proprietas, domanium, nostris etiam *Demeneure.* Charta Renerii dom. Nogenti ann. 1206. in Chartul. Lingon. fol. 141. r°. ex Cod. reg. 5188 : *Accepi de episcopo Lingonensi in feodo et in casamento imperpetuum quicquid habeo vel habere potero, tam in Demeneura quam in acquisitione mea.* Alia ann. 1214. ibid. fol. 168. r° : *Ita erit quod homines de Nulleio, qui venerunt manere apud Lusciam, tenebunt tenementum suum apud Nulleium ac si essent apud Nulleium sive Demeneura dominorum ejusdem villæ. Pour tenir et avoir en leur Demeneure*, in Charta ann. 1255. ibid. fol. 171. r°. Vide *Dominicum* 3.

DEMENTARE, *Furiosum, dementem facere*, Jo. de Janua. Ita Actor. cap. 8. Gloss. Lat. Græc. : *Dementat*, ἐξίςησιν ἰδιωτικῶς. [Statuta Ordinis Vallis-Caulium ann. 1262. inter Anecd. Marten. tom. 4. col. 1666 : *Si Prior Priorem aliquem Dementaverit vel proprium vel hospitem, pœnam levioris culpæ solvere teneatur.* Hoc est, Si ad iracundiam provocaverit.] Priscis Francis, *Dementer.* Le Chastellain *de Coucy*, Cant. 11 :

Tant ne me say Dementer ne complaindre.

Alius Poeta :

Où elle se Demente d'amours.

Le Roman *de Roncevaux* MS. :

Li Cuens Renaus s'est forment Dementez.

* *Se plaindre, se lamenter*, Queri, lugere, lamentari. Mirac. S. Ludov. edit. reg. pag. 397 : *Laquele Emmelot se commença moult à Dementer, à pleindre et à doulouser, et avoit mout d'angoisse.* Lit. remiss. ann. 1390. in Reg. 138. Chartoph. reg. ch. 280 : *Après souper il se complaigny et Dementa d'acheter vin en la ville de Fimes à ladite Marguerite.* Aliæ ann. 1408. in Reg. 163. ch. 2 : *Esquelles estuves icelle Martinette.... se feust Dementée du chapperon sa fille, que elle avoit perdu.* Vide *Dementire* 1.

Dementare, Insanire. Lactantius de Mortib. Persecutor. num. 7 : *Ita semper Dementabat, Nicomediam studens Urbi Romæ coæquare.* Vide mox *Dementire*, 1.

¶ Dementatio, Iracundia, si bene conjecto. Fredegarius in Chronico num. 68 : *Istamque victoriam, quam Winidi contra Francos meruerunt, non tantum Sclavinorum fortitudo obtinuit, quantum Dementatio Austrasiorum, dum se cernebant cum Dagoberto odium incurrisse, et assidue expoliarentur.*

Dementatus, Mente alienatus. Hincmarus de Divortio Lotharii : *Alii autem potu, alii autem cibo a sortiariis Dementati sunt.* Occurrit præterea apud Anastas. Bibl. in Vita S. Joan. Eleemos. n. 78. et Baldricum in Chr. Camer. lib. 2. cap. 5.

Dementator, Qui mentes hominum pervertit. Epist. Fr. Joan. de Monte Corvino Ord. Fratrum Minor. apud Waddingum ann. 1305. 10 : *Sed essem magnus explorator et Dementator hominum.*

Dementatim, Usque ad dementiam. Histor. Translationis S. Guthlaci n. 8 : *Arnoldum pestifera passio diutino intolerabili languore, scilicet capitis vertigine, Dementatim torquebat.*

* **DEMENTARI**, Desciscere a se, a consueto more deflectere, Gall. *Se démentir.* Vita S. Taurini tom. 2. Aug. pag. 639. col. 1 : *Alioquin vulgari fama, qua nunc certatim celebratur, paululum dehiscente, et magnificentia illius in dubium veniret, et pietas devotorum Dementaretur.*

1. **DEMENTIRE**, Insanire. Tertullian. lib. de Anima : *Cum Dementit homo, Dementit anima, non peregrinante, sed compatiente tunc animo.* Utitur etiam adversus Gentes, ut et Lactant. in libris Institut. Apuleius in Apolog. Martian. Capella lib. 8. Saxo Grammat. lib. 7. Hist. etc.

2. **DEMENTIRE**, Mendacii arguere, Gall. *Dementir*, in Charta ann. 1187. tom. 8. Spicilegii Acheriani pag. 201. et 202. Vide Leges maris Oloronenses art. 12. et ibi Cleiracum.

* **DEMENTITIO**, Mendacii exprobratio, Gall. *Démenti*, alias *Desmentement* et *Desmentissement.* Lit. remiss. ann. 1363. in Reg. 91. Chartoph. reg. ch. 482 : *Inter se multiplicata fuerunt verba injuriosa et inhonesta, ita quod per utrumque fuit Dementitio subsequta.* Aliæ ann. 1357. in Reg. 89. ch. 171 : *Après plusieurs Desmantemenz d'une partie et d'autre, etc. Icellui Valois desmenti ledit Robinet, pour lequel Desmentement, etc.* in aliis ann. 1379. ex Reg. 115. ch. 96. Denique aliæ ann. 1446. in Reg. 178. ch. 69 : *Le suppliant pour aidier à venger .... son oncle de certaines villennies, attaines, Desmentissemens et autres injures, etc. Desmentoison*, eadem notione, in Lit. remiss. ann. 1376. ex Reg. 109. ch. 213 : *Icellui de Piz fu moult indignez et respondi qu'elle mentoit et son mary aussi; ausquelles Desmentoisons survint ledit Tassart, ... qui dist audit de Piz .... qu'il n'estoit mie taillez de desmentir sondit frere ne sa femme.* Si clerico autem vel monacho fiebat ejusmodi exprobratio, reverentiæ causa addebatur : *Excepté chapellenie.* Lit. remiss. ann. 1400. in Reg. 155. ch. 70 : *Lequel Courdant courroucié lui* (à frere Richart) *respondi telles paroles : vous y mentez, excepté chapellenie.* Vide infra *Dimentiri.*

DEMENTITIUM. Gloss. MS. Sangermanense : *Dementitium*, ἐντροπή. Gloss. Gr. Lat. : Ἐντροπή, *Reverentia, Verecundia.*

* **DEMENTUS**, ut supra *Demellus* vel *Demencius*, quomodo etiam forte legendum est, mensuræ annonariæ species. Charta ann. 1319. ex Tabul. Savigniacensi : *Unum Dementum frumenti pro chachauderi, etc.*

** **DEMERCATUS**, Ekkehard. IV. Casus S. Galli cap. 3. Pertz. pag. 109 : *Ymmoni .... cum incudem noviter sub terra repertam sibi dari peteret, fœminam Demercato dorso validam inferri jusserat. Pingui dorso* interpretatur Arxius; an *de mercato?*

* 1. **DEMERERE**, malo sensu, Peccare. Gall. *Démériter.* Bartol. in Digest. lib. 31. leg. 77. § 25. scribit *meruisse eum, quem non apparet Demeruisse.* Gloss. Lat. Gr. *Demereo*, περιποιοῦμαι. *Demereor*, ἀναλαμβάνω. Vide *Demeritum.*

* 2. **DEMERERE**, Demereri, Rem possessam abdicare, dimittere, re vel officio privari. Charta ann. 1203. ex Cod. reg. 10197. 2. 2. fol. 11. v° : *Omnia feoda quæ comes* (Gelriæ) *a duce* (Lotharingiæ) *tenet, ipse comes Demeruit et in manu ducis libere remanebunt; feoda quoque quæ a rege tenet comes, similiter Demeruit et dux ea de manu regis recipiet.* Alia ann. 1274. fol. 36. v° : *Quicumque de magistris talem* (bannitum) *ad officium direxerit, amittet et Demerebitur officium suum per annum continuum.*

* 3. **DEMERERE**, Mereri. Lit. remiss. ann. 1360. in Reg. 89. Chartoph. reg. ch. 379 : *Ipse Johannes in infirmitate sua dicebat, et dixit quampluries, quod bene Demeruerat hæc sibi facta fuisse.* Galli diceremus, *Il avoit bien mérité.*

* **DEMERITE**, Male, pessime, apud J. B. Helmont. pag. 467. A. B. Theatr. Sympathet. : *Demerite de Deo sentire.*

DEMERITUM, Peccatum, culpa, Gallis, *Demerite.* Magister Rogerius de Destructione Hungariæ cap. 10 : *Meritis et Demeritis personarum non discussis.* [Occurrit apud Murator. tom. 12. col. 495. et alibi non semel.]

¶ **DEMESSIO**, Messis, in Epistola Capreoli Episc. ad Vitalem, inter Concil. Hisp. tom. 2. pag. 196.

¶ **DEMEURA** Longua, Gallis, *Longue demeure*, Mora diuturna, longum tempus. Decretum Philippi III. Franc. Regis. ann. 1282. inter Instrum. tom. 2. novæ Gall. Chr. col. 146. et 147 : *Usus communis est notorius et approbatus a tanto tempore, de cujus contrario memoria non existit, in terra Arverniæ et in locis vicinis, quod bonæ villæ habent et possunt habere prædicta* (jura et privilegia) *per longuam Demeuram et per longuam sufferentiam, licet super hoc non habeant concessionem ab aliquo seu litteras vel sigillum.*

¶ **DEMICULUS**, σκυφίον μικρόν. *Scyphulus.* Supplem. Antiquarii et Glossar. Græc. Lat. Sangermanense. Ad hæc Martinius : An quo aliquid demitur e cratere?

1. **DEMINORATIO**, [Imminutio, damnum,

detrimentum. Charta Caroli Calvi ann. 848. inter Instrum. novæ Hist. Occitan. tom. I. col. 95 : *Ea omnia supradicta absque ulla inquietudine aut Deminoratione sempiternis temporibus possidere valeant.*] Vide [*Diminorare* et] *Minorare.*

* 2. **DEMINORATIO**, Contemptio. Epist. Hadriani I. PP. ann. 774. tom. 5. Collect. Histor. Franc. pag. 546 : *Et non tibi placeat .... ut in tantum despectum atque humilitatis Deminorationem sancta Dei ecclesia Romana .... veniat.*

¶ **DEMIONUS** Vini, apud Lugdunenses duas quartas continet, et quarta sex pintas. Vox videtur ibrida ex Gallico *Demi*, dimidius, et Lat. Onus, Gall. *Charge.*

* Minoris est capacitatis *Demion*, dimidius nempe sextarius, seu *chopinæ* dimidia pars, Gall. *Demi-settier*, in Lit. remiss. ann. 1452. ex Reg. 181. Chartoph. reg. ch. 240 : *L'un d'eulx dist qu'il failloit avoir Demion de vin, et le suppliant dist que ce seroit peu et qu'il en convenoit avoir chopine.* Aliæ ann. 1482. in Reg. 206. ch. 813 : *Une chopine et ung Demyon d'estain, etc.*

* **DEMISTADIUM**, f. pro *Domanium*, vel saltem eadem notione. Vide in hac voce. Charta Joan. ducis Brabant. ann. 1284. inter Probat. Annal. Præmonst. tom. I. col. 616 : *Cum omnibus libertatibus, Demistadiis et instrumentis, et cum omnibus immunitatibus, justitiis, etc.* Vide *Donicatus* in *Dominicum* 3.

* **DEMMONERIT**, Demmonta, f. pro *Denunciaverit* et *Denunciata*, ut suspicatus est doctus Editor, in Lit. Henr. reg. Angl. tom. 4. Ordinat. reg. Franc. pag. 643. art. 2.

DEMOGRAMMATEUS, Δημωγραμματεύς, Plebis scriba, in leg. 4. C. de Tabular. lib. 10. tit. 71.

* **DEMOLERE**, Molere, Gall. *Moudre.* Charta ann. 1361. in Reg. 91. Chartoph. reg. ch. 329 : *Duo molendina venti, ... in quibus gentes dicti loci de Carcassona blada eorum .... Demolebant.*

¶ **DEMOLIRE**, pro *Demoliri*, legitur apud Esdram lib. 3. cap. I. v. 55. Supplem. Antiquarii : *Demolit*, καταιρεῖ, *Demolitur, Diruit.*

* **DEMOLIRI**, Tabescere, deperire. Aimoin. in Translat. SS. Georg. Aurel. et Nathal. Sæc. 4. Bened. part. 2. pag. 46 : *Dum apud Barcinonem castrum morantes (ut sic eorum verbis eloquar) diutino quasi languore Demolirentur, etc.*

* **DEMOLITIES**, Rudera, ruinæ, Gall. *Démolitions.* Comput. ann. 1473. ex Tabul. S. Petri Insul. : *Item pro amovendo et asportando Demolitties et immunditias muri, etc.*

* **DEMOLITIO.** Acta S. Januar. tom. 6. Sept. pag. 875. col. I : *Numerianus igitur augustus, cum ex Parthicæ regionis Demolitione reverteretur, etc.* Id est, ut notant docti Editores, ex bello Persico.

DEMONACHARE, [Monachi statu dejicere.] Vide in *Monachus.*

** **DEMONIUM**, pro Demanium, apud Thietmar. lib. 5. cap. 22.

* **DEMONSTRAMEN**, Exhibitio, demonstratio. Chartul. S. Sergii inter Probat. Hist. Sabol. pag. 354 : *Cartarum Demonstramine, tam presentibus quam futuris intimavimus ventionem, quam Gaufridus de Jarziaco fecit cum monachis S. Sergii, etc.* [** *Demonstratio chartarum* sæpe apud Anglos.]

¶ **DEMONSTRATIO**, Species exactionis. Charta anni 1122. pro Monasterio S. Bertini, apud Miræum tom. I. pag. 84. col. I : *Terram quam B. Bertinus infra ministerium de Merck possidet... a comitatu et omnimoda consuetudine, necnon ab omni prorsus exactione liberam fecisse... præter decimam et fossatum : sic tamen ut de eodem fossato Demonstratio illa, quæ vulgo Besene vocatur, nullatenus exigatur.* Vide *Besenagium.*

DEMORARE, Regere. Chronicon Novaliciense lib. 6 : *Demoravit Abbatiam suam 10. annos cum omni moderatione æqua.*

DEMORARI, unde nostri *Demeurer.* Lex. 3. Cod. Th. de Liberali causa (4, 8.) : *Si in libertate esset per annos sedecim Demoratus.*

* *Demourer*, nostris pro Statu immobili, vulgo *Repos.* Le Roman *du Riche et du Ladre* MS :

> Et tes seoirs et tes esters,
> Tes départirs, tes Demourers
> Soient tempré sans mesprison.

* **DEMORTIVUM** Prædium dici videtur illud, quod in manu mortua tenetur, oneribus, quibus alia obnoxia sunt, exemptum. [** Caducum, fisco vindicatum.] Charta Ottonis III. ann. 1000. apud Murator. tom. I. Antiq. Ital. med. ævi col. 577 : *Noscat omnium nostrorum fidelium industria, ... qualiter Heribertus Coloniensis archiepiscopus ... nostram humiliter exorando aggressus est clementiam, quatenus prædia et terram sive Demortivam, sive nostro pertinentem imperio, Raimbaldo .... imperiali largiri dignaremur præcepto. Cujus itaque petitioni nostræ benignitatis animum præbentes, totam terram et prædia, seu Demortiva, quæ videntur in jam prænominatis locis et finibus, ... ei, prout juste et legaliter possumus, imperiali concedimus pagina.* Vide *Admortizatio.*

DEMOSMATUS. Vide *Froccus* post *Fraustum.*

* Leg. *Desmontatus*, Obstirpatus, runcatus. Vide infra in *Fosca.*

¶ **DEMOTINUS** Lapsus, *est quando quis morte retina obruitur.* [**,*repentina?*] Rochus *le Baillif* in Dictionariolo Spagyrico.

* **DEMOVERE**, Avertere, avocare, Gall. *Détourner.* Memor. G. Cam. Comput. Paris. ad ann. 1404. fol. 32. r° : *Ad S. Clodoaldum domini mei ex parte Cameræ iverant pro Demovendo dictum dom. ducem* (Bituricensem) *a receptione dictorum thesaurariorum. Desmouvoir* vero, rixam sedare, contentionem componere. Lit. remiss. ann. 1400. in Reg. 155. Chartoph. reg. ch. 210 : *Le suppliant et autres dessus nommez, qui virent et oirent ladite noise, se avancerent pour la Desmouvoir seulement. Lesquelx furent Desmeuz et dessemblez par les compaignons à ce presens*, in aliis Lit. ann. 1410. ex Reg. 165. ch. 73. Vide *Movita.*

¶ **DEMPNITAS**, ut supra *Damnitas*, Damnum. Statuta MSS. Augerii II. Episc. Conseran. ann. 1280 : *Injuncti nobis officii cura sollicitat, commissa præterita nos impellunt, ut tam præsentis innovatione statuti quam debitarum adjectione pœnarum, nostris atque Conseranensis Ecclesiæ Dempnitatibus consulamus, ne nos qui alios in sua justitia fovere tenemur, jus nostrum improvide negligere videamur.* Agitur de damnis Ecclesiæ resarciendis.

¶ **DEMPNOSUS**, Damnosus, in Constitutionibus MSS. Cluniac.

¶ **DEMPTITAS.** Hist MS. Gemeticensis pag. 70 : *Quos loci propinquitas, habitus et Demptitas.... nobis reddunt et omnibus excellenter amabiles.* [* Ornatus, Gall. *Embélissement.*]

DEMSTERS, ita dicuntur duo Judices in insula Mannia, qui de litibus ibidem emergentibus cognoscunt. A Saxon. d e n i a, quod judicem, consulem, interdum ducem exercitus significat. Spelmannus.

¶ **DEMULCIA**, ἐκλογὴ ἀπὸ πολλῶν, *Electio, Delectus.* Supplem. Antiquarii. Martinius : *Demultia*, ἐκλογὴ ἀπὸ πολλῶν, *Collectio e multis.* Gloss. Lat. Gr. S. Germani a Pratis : *Demultia*, ἐκλογὴ πολλῶν, Electio e pluribus.

¶ **DEMULGATAM**, *Estimatio*, in Glossis ad calcem veteris Collectionis Canonum ex Bibl. DD. *Chauvelin* Custodis sigillorum regiorum.

DEMULTARE. Passio SS. Seraphiæ et Sabinæ n. 4 : *Dimitte illam nefandam, quæ maleficiis te expulsa Demultavit a Deorum cultura.* Sed videtur legendum *Demutavit.*

¶ **DEMULUS**, *Ejusdem artis emulator* in Glossario Sangerman. num. 501. f. legendum *Æmulus.*

¶ **DEMUNDINAT**, *Omnibus notum facit.* Gloss. Isid. Sed melius infra in *Denundinare.*

¶ **DEMUNERARE**, *Munerare*, δωροδοκεῖν. Gloss. Lat. Gr. Sangerman.

DEMUNIRE Urbem, Ex munita facere infirmam, apud Petrum Blesensem Serm. 33.

* **DEMURARE** Hostium, Januam muro occlusam aperire, Gall. *Démurer.* Lit. remiss. ann. 1360. in Reg. 89. Chartoph. reg. ch. 458 : *Hostium dicti monasterii seris ac forti pariete bene firmatum et obstrusum.... Demurarunt et aperuerunt.*

¶ **DEMUSSARE.** Papias et Glossar. Sangerman. n. 501 : *Demusso, Dissimulo.* Gloss. aliud Lat. Græc. Sangerman. : *Demusso*, ἀπονυστάζω, ἀποσκωπῶ, Dormito, sileo.

* Nostris *Démuçer*, eodem significatu. Lit. remiss. ann. 1377. in Reg. 112. Chartoph. reg. ch. 117 : *Bertran Chambercal estoit tenus envers ledit chevalier* (de Canillac) *en pluseurs sommes de grain et d'argent, ... ledit Bertran n'en vouloit faire satisfaction : mais se deffuyoit et Démuçoit. Démusser* vero, pro Latere, occultare, vulgo *Cacher*, in aliis Lit. ann. 1358. ex Reg. 86. ch. 308 : *Lequel Colart et sa fame n'oseut encore demourer audit pays sur leurs heritages pour iceulx faire labourer et coultiver ; mais convient qu'ils se Démussent et tapissent à grant misere et pauvreté par boys et autres lieux divers.*

* **DEMUTATIO**, Translatio. Vita S. Wilfr. tom. 3. April. pag. 311. col. 2 : *Deus.... quorumdam bene religiosorum mentes in considerationem tantæ rei excitat, atque ad Demutationem illius affectum effectumque ministrat.*

DENA, Denna, Modus agri, aut terræ, vel potius silvæ portio, apud Anglos. Domesdei apud Spelmannum : *De silva* 8. *Denæ parvæ, et* 3. *magnæ.* Alibi : *De silva Regis habet Wad' tantum, quod reddit* 16. *denar. per annum, et dimidiam Denam.* Rursum : *Et una parva Dena silvæ.* Ibidem : *Et* 3. *Dena de silva reddunt triginta porcos.* Will. Thorn ann. 826 : *Dederunt Abbati terram* 20. *aratrorum, ... et* 13. *Dennes glandes portantes.* Spelmannus et Somnerus, *Denam*, locum Silvestrem, asperum et incultum, porcisque pascendis accommodum denotare censent, a den, quod Saxonibus speluncam, caveam, ferarum latibulum, interdum et vallem sonat. Vide Edw. Cokum ad Littletonem sect. 1. pag. 4. 6. [** et Rectitudines Personarum ed. Leo, pag. 91.]

* **DENAIRE**, vox vulgaris, Denarius. Pactum inter reg. Robert. comit. Prov. et Phil. de Sabaud. eorumque vassallos ann. 1325 : *Quousque satisfecerint de damnis illatis usque ad ultimum Denaire.*

¶ **DENAIRADA.** Vide *Denariata.*

¶ **DENANTE**, Coram, in conspectu, Gall. *Devant, En presence*, Hisp. *Delante.* Lib. Goth. f. 87. apud Moretum Antiq. Navarræ pag. 403 : *Facio testamentum de illa mea villa quæ vocatur Ortulo, cum sua Ecclesia S. Stephani, Denante illo, et Denante toto Conventu de illa Cella, et Denante totos illos meos mesquinos.*

* **DENANUM.** Vide infra in *Panis* 2.

¶ **DENARATA**, ut *Denariata*, apud Thom. *Madox* Formul. Anglic. pag. 227. Sic *Denarate minute et grosse*, Gall. *Grosses et menues Denrées*, in Charta Hugonis Comitis Registetensis ann. 1233. de Maceriis supra Mosam e Musæo D. *de Cangé.*

¶ **DENARIALE** Præceptum, quo servus manumittitur per *Denarium* præsente Rege. Exstat hujusmodi Præceptum inter Formulas Lindenbrogii.

* Monetariis *Dénarial*, vulgatius *Dénéral*, est specimen monetæ fabricandæ. Lit. remiss. ann. 1374. in Reg. 106. Chartoph. reg. ch. 212 : *Jehan du Solier, lieutenant du maistre particulier de ladite monnoye de Rouen, trabuchoit des deniers blancs à un Dénarial, etc.*

DENARIALIS, Denariatus, [Manumissus per *Denarium* præsente Rege.] Vide *Manumissio per Denarium.*

DENARIATA, Denerata, Denairada, Pretium rei per denarios, *Derrata*, Italis, *Denrée*, Gallis. Miracula S. Ursmari n. 23 : *Et deduxerunt absque damno vini unius Deneratæ.* Statuta Willelmi Regis Scotiæ cap. 37. § 2 : *Præcipit etiam dominus Rex, quod nullus extraneus mercator.... vendat in Denariatis, sed in grosso. Denariatæ redditus*, tom. 1. Monast. Angl. pag. 501. tom. 2. pag. 95. Vide Probat. Hist. Limburgens. pag. 9. Hinc nostris *Denrée.* Le Roman *du Renard* MS. :

Et j'ay bien meugié sept Denrées
De nouvel miel en fresches rées.

Le Roman *de Garin* MS. :

Qu'il n'y perdirent vaillant une Denrée.

Alibi :

Qui prent l'avoir, mal me donra Denrée.

Testamentum Joannæ de Burgundia, Reginæ Fr. Philippi Magni uxoris, 27. August. ann. 1319 : *Et donra l'en à chascun povre, que y sera, deux deniers, ou deux Denrées de pain. Adenerer*, Rem venditam in denarios convertere, in Consuet. Blesensi art. 39. et Insulensi art. 31. Salæ Insulensis art. 10. Vide *Adærare.*

Denariatus, in Legib. Edw. Confess. cap. 10. *Denariatus* et *Denariata terræ, vineæ*, Modus agri ad valorem annuum unius denarii. Tabularium Priorat. Lewensis in Anglia : *Sibylla Barthelot tenet unam acram et* 5. *Denariatus terræ in eodem tenemento.* Ibidem : *Tenent dimidiam rodam et* 3. *Denariatus terræ in fine boreali messuagii.* [Vetus Charta apud Thomam *Blount* in Nomolexico : *Sciant quod ego Willielmus filius Philippi de Colewal dedi... Egidio de la Berne de Hereford pro quadam summa pecuniæ.... octo Denariatos annui redditus.*] Monasticum Anglic. tom. 1. pag. 501 : *Duas acras terræ et dimidiam, et duas Denariatas, et duas gallinas annui reditus,...... duas solidatas, et septem Denariatas redditus cum pertinentiis in eadem tenura,.... novem solidatas, et duas Denariatas, et unam obolatam, et* 9. *gallinas.* Regestum Constabul. ann. 1208. fol. 91 : *Item retinuit sibi et successoribus suis unam Denaratam terræ ad mensuram Agennensem ad opus construendi ibi domum.* Ex qua sane Charta *Denarata terræ*, videtur fuisse agri modus certus ac definitus. Ex aliis vero, *Denariata terræ* non solum *acra* minor fuit, sed et dimidium *rodæ*, quod acræ pars octava est, plures etiam *Denariatas* complexa est. Charta ann. 1309. in Regesto 2. Philippi Pulcri n. 121. ex Tabul. Regio : *Nous avons eu et receu dudit Simon cent soudées et douze Denrées de terre en fief, etc.*

* *Une piece de terre contenant vingt Denrées*, in Lit. remiss. ann. 1474. ex Reg. 195. Chartoph. reg. ch. 1386.

¶ Denariata Militis, Modus agri unius denarii redditus ad Militem pertinentis. Vide Librum nigrum Scaccarii pag. 53. et ibi notam Editoris.

Denariata Vineæ. [Donatio Bernardi Monachi facta Moisiacensi Monasterio circa ann. 1050 : *Dono ad ipsum locum ipsam hæreditatem... duodecim Denariatas de vinea et duas caputmansuras.*] Tabul. Cadurcensis Eccl. : *Damus duas Denairadas de vinea in pignore per* 12. *solid.* Vetus Charta apud Dominicum lib. de Alodio pag. 216 : *Cum omnes vineas, quæ ad ipsum pertinent, excepto* 4. *Denariadas, quæ dimitto Hugoni, etc.* Adde Historiam Abb. Condomensis pag. 463. 464. 480. 490. Vide *Libra terræ.*

¶ Dinairada De Vinea, apud Thomasserium in Biturigibus pag. 541.

¶ Dinerata de Vinea, in Ch. Eccl. Auxitanæ.

* Denariata Prati, Modus agri certus ac definitus, f. unde unus denarius census redditur. Charta pro eccl. Trec. ann. 1374. in Reg. 105. Chartoph. reg. ch. 553 : *Item pro medietate trium Denariatarum prati in loco dicto les Rebours. Dix Denrées de pré tenant à Mons. l'evesque de Troye*, in Lit. ann. 1464. ex Reg. 199. ch. 424. Vide supra *Danrata.*

¶ Denariata Panis, Panis pretii unius denarii. Statuta Massil. lib. 2. cap. 34 : *De calafatis et magistris asciæ quantum debeant accipere per pan è bourre... in mane singulis diebus... unam Denariatam panis et pro gustando in eodem die unam obolatam panis tantum.* Testamentum Roberti II. Comitis Claromontis ann. 1281. apud Baluz. Hist. Arvern. tom. 2. pag. 278 : *Legamus Denariatam panis vel unum denarium.* Antiquæ Recogn. de Alba ripa, Regest. *Probus* fol. LXII : *Ricardus Paners est homo ligius Comitis, et tenet de eo domum suam in castro, et tenet de eo* II. *Denariatas panis in furno de burgo, prima die qua incipit furnus coquere post Natale.* [** *Cum sex Denariatis panis speltacei urna vini*, in chart. ann. 1274. ap. Guden. Codic. Diplomat. tom. 2. pag. 959.] Memorantur rursus *Denariatæ panis* in Tabulario Bethuniensi fol. 55. v°. in Chartulario Kemperlegiensi, etc. Hincque corrigenda Historia MS. Beccensis n. 14. pag. 565. ubi male, ni fallor, legitur, *Denariura panis. Denarata panum*, apud Miræum tom. 2. pag. 1154. et Marten. Anecd. tom. 1. col. 432. [** Vide in *Denerata Ceræ.*]

* Charta Ludov. comit. Clarim. dom. Borbon. ann. 1315. ex Bibl. reg. : *Soit baillé par les vicaires dessusdits deux Denrées de pain et une peinte de vin pur à chacun à la mesure de Paris ou l'entour.*

¶ Denariata Vini. Polyptychum a Schannato laudatum in Hist. Fuld. pag. 32 : *Singuli* **XX.** *Denariatas vini.*

* Charta Odon. episc. Paris. ann. 1199. ex Chartul. ejusd. fol. 51 : *Si vinum venditum fuerit in villa ad tabernam, serviens episcopi tradet mensuras, et pro eis habebit Denariatam vini a tabernario.*

Denerata Ceræ, in Chron. Besuensi pag. 540. in Charta ann. 1061. apud Jac. Petitum post Pœnitent. Theod. pag. 665. Capitul. Caroli Calvi tit. 31. § 20. [** Edict. Pistense ann. 864 : *Illi qui panem*] *coctum aut carnem per Deneratas, aut vinum per sextaria vendunt.* i. denariorum pretio. [** *Mensurabiles panes* dicuntur eodem loco.] Charta Franconis regnante Lothar. in Tab. Eccl. Cadurcensis : *Et dono censum quatuor Denairadas de Cera S. Stephano.* Miracula S. Richarii lib. 2. cap. 13 : *Cum portiuncula ceræ, quæ Denarii pretio oppensa est.* Concilium Islebonense cap. 9 : *De singulis domibus ceræ Denerata vel idem valens, ad illuminandam Ecclesiam altari offeratur.* [** *Libram ceræ et Denariatam* in Chart. ann. 1250. in Guden. Cod. Diplom. tom. 2. pag. 125. ubi ut alibi in nonnullis locis pondus esse videtur.] Occurrit etiam in Testamento Joannis Episcopi Ticinensis ann. 922. [in Codice MS. Irminonis Abb. S. Germani f. 98. v°.] [** Brev. 19. sect. 51.]

¶ Denerenda Ceræ, pro *Denerata*, in MS. S. Huberti apud Marten. Itinerarii tom. 2. pag. 144.

* Denariata Carnium, in Lit. archipresb. de Kusla ann. 1342.

* Denariata Pastæ, Eadem notione. *Denrées de paste*, in Stat. pro pistoribus Atrebat. ann. 1355. ex Reg. 103. Chartoph. reg. ch. 168. unde male editum *Deniées de paste* tom. 5. Ordinat. reg. Franc. pag. 511. art. 13.

** Denariata Ovorum, in Chart. ann. 1319. in Alsat. Diplom. tom. 2. pag. 124. num. 911.

Denariata, Merces quævis, quomodo

Denrées etiamnum dicimus. Charta ann. 1309. in 2. Regesto Philippi Pulcri Regis Fr. num. 85. ex Tabulario Regio : *In loco etiam prædicto et extra mercaturas et Denariatas suas vendere poterunt, consueta solvendo deveria, etc.* Infra : *Qui vero aliquas mercaturas seu Denariatas in dicta villa venditas ad aliam mensuram quam signo nostro signatam mensurare præsumpserit, etc.* [Præceptum ejusd. Reg. ann. 1303. apud de Lauriere tom. 1. Ordinat. pag. 379 : *Ad omnes Denariatas et mercaturas capiantur pacifice et ponantur, cum parvi seu simplices Turonenses et Parisienses, qui modo cuduntur.* Ibid. pag. 532. *Venditores Denariatarum*, in Litt. ejusd. Regis ann. 1313. Ch. Philippi VI. Fr. Reg. ann. 1331. ex Chartul. Bonæ-vallis : *Licet essent et fuissent per tempus sufficiens in possessione... cognoscendi de falsis Denariatis.* Vide *Denarata*.]

¶ Denariata, Pondus, ut videtur, unius denarii. Consuetud. Tolos. rubrica de emptione num. x : *Usus et consuetudo est Tolosæ, quod quilibet venditor usitatus rerum ponderis debet tenere certum pondus, scilicet quintale et medium quintale, et libram et mediam libram, et cartaronum et medium cartaronum, Denariatam et etiam obolatam.*

* 1. **DENARIETAS**, ut *Denariata*, Merces quævis. Libert. villæ Ayriaci ann. 1328. tom. 7. Ordinat. reg. Franc. pag. 311. art. 13 : *Volumus quod quilibet burgensis vel habitator dictæ villæ possit vel debeat vendere vinum suum in hospicio suo et omnes Denarietates, tam de die quam de nocte, omnibus horis.* Hinc *Denrener*, pro Negotiari, in Lit. remiss. ann. 1384. ex Reg. 125. Chartoph. reg. ch. 110 : *Thevenin et Henry se sont aliez et acompaignez par bonne et vraye affinité et en leauté de marchandise, pour faire et Denrener au proufit commun leurdit mestier ensemble.*

* **DENARIETAS**, Denarius. Charta Archembaldi episc. Catalaun. ann. 1366. in Reg. 97. Chartoph. reg. ch. 530 : *Item in loco, dicto Orgeval, duodecim Denarietates et Pictavenses cum septem virgis terræ arabilis.*

DENARISMUS, Proportio ad denarium : δηναρισμός, apud Epiphanium. *Ad Denarismum vel uncias teneri*, in leg. 107. Cod. Th. de Decurion. (12, 1.) et *Denarismo vel unciis obnoxius*, leg. 123. eod. tit. dicebatur, qui pro modo prædiorum vel agrorum *denarios* vel *uncias* (auri vel argenti incertum) Principi pensitabat.

¶ **DENARIUS**, *a dando* (decem) *dictus, quia pro decem nummis imputatur*, Isidoro lib. 14. cap. 24. Primo Denarium decem asses valuisse notum est omnibus, deinde sexdecim, postea duodecim. Gloss. Sangerman. MS. num. 501 : *Denarius habet seliquas* (siliquas) *decem et octo.* Denarius Romanus pendebat siliquas 24. ex Pitisco, quem consule. Denarius in Lege Alaman. tit. 6. § 3. est quarta pars tremissis et duodecima solidi : *Saiga autem est quarta pars tremissis, hoc est, Denarius unus. Duæ saigæ duo Denarii dicuntur. Tremissus est tertia pars solidi, et sunt Denarii quatuor.* Vide Legem Ripuar. tit. 36. § 12. et Capitul. lib. 3. cap. 30.

¶ Denarius et *Nummus* promiscue sumuntur in duabus Chartis Cluniacensibus sub S. Maiolo datis de eadem re. In priori quæ est num. 234. habetur : *Ita ut duodecim Denarios singulis annis in vestitura Monachis persolvamus*; in posteriori vero n. 459 : *Ita ut duodecim Nummos, etc.* Testamentum XII. sæculi : *Dat tres solidos et unum Nummum*; hoc est Denarium.

* Denariorum Libra. Charta ann. 996. tom. 1. Hist. Trevir. Joan. Nic. ab Hontheim pag. 335. col. 1 : *Ut omni anno mihi dentur... duæ Denariorum libræ ante Domini Natale.* Vide in *Libra* 3. [** *Denariorum Marca*, in Chart. Ravengirsburgensi ann. 1312. ap. Würdtwein. Subsid. Diplomat. tom. 6. pag. 121. etc.]

* Ad Denarios Alicujus, Ejus sumptibus. Charta ann. 1284. in Chartul. Thenol. fol. 14. v°. : *Dicebamus quod quotienscumque terræ existentes infra fines parrochiatuum dictarum villarum de Bomont et de novavilla de Bomont excolebantur ab habitantibus in dicta villa de S. Petri monte...... cum carrucis, seu equis vel animalibus ipsorum habitantium,..... vel ad Denarios eorumdem, etc.* [** Charta qua Willelm. Comes Holland. se hominem ligium profitetur Johannis regis Angliæ ap. Rymer. tom. 1. pag. 54 : *Veniam ad ipsum in Angliam ... ad defendendum terram suam, pro posse meo, ad Denarios Suos.* Infra : *Viginti et quinque milites ei mittam de terra mea usque in Angliam, ad custum meum, et a die, quo applicuerint in Angliam, servient domino regi, ad Denarios Ipsius.*]

Denarius Francicus, Nummus argenteus, cujus mentio in Lege Salica tit. 1. § 1. 2. tit. 2. § 1. 2. et alibi passim, ex qua, quadraginta denarios solidum aureum Francicum æquasse docemur, quos ad 12. reduxerunt Pipinus et Carolus Magn. Vetus Agrimensor de Ponderibus : *Juxta Gallos, vigesima pars unciæ Denarius est, et 12. Denarii solidum reddunt.* Charta ann. 849. apud Perardum pag. 146 : *Fisco auri Denarios tres componet.* Vide *Solidus*, et Wendelinum in Glossario Salico. [** De Anglosaxonum Denariis, quorum tempore quatuor, Normannorum vero quinque solidum efficiebant vide Phillips. de Jur. Anglosaxon. not. 286. et Lappenb. Hist. Angl. tom. 1. pag. 627. not. 1.]

Denarii Ærei vel Æris. Aurelianus Imp. apud Pollionem : *Philippeos minutulos quinquagenos, æris Denarios centum.* Hujusmodi denariorum sex millia solidum conficiebant. Senator lib. 1. Epist. 10 : *Sex millia Denariorum solidum esse voluerunt.* Hesych. : Τὸ λεπτὸν, (denarius) ἑξακισχιλιοστὸν ταλάντου, id est, solidi. Vide legem ult. Cod. Theod. de Suariis (14, 4.), et Novellam Theodosii et Valentiani 25. De *Denariis* æreis inferioris ætatis, sic Eadmerus libro de Similitudinibus S. Anselmi cap. 90 : *Tria cuique bono insunt Denario, quæ cuique bono inesse debent Monacho. Denarius quippe bonus puro ex ære, recto pondere, monetaque legitima debet constare, etc.*

Denarius sumitur etiam pro minutiore moneta, uti apud nos hodie, et minimo nummo, apud Cassian. lib. 4. de Instit. Cœnob. cap. 14 : *Præter duo paxamacia, quæ tribus vix Denariis ibidem distrahuntur.* Apud Macrob. denarii in lusu puerorum ponuntur; et quæ apud Marcum cap. 12. λεπτὰ δύο dicuntur, *duo Denarii*, δύο δηνάρια Lucæ cap. 10. Ambrosio *duo æra* appellantur; unde conficitur ejusmodi denarios ex *æreis* fuisse. Ordericus Vitalis lib. 5. pag. 569 : *Patris tui satellites regale sic servant ærarium, ut vix unum tuis clientibus inde possis dare Denarium.*

** De variis Denariorum speciebus et eorum pretio agit Cangius in voce *Moneta*, Murator. Dissert. 28. Antiquit. Ital. med. ævi, Savin. in Append. 1. tom. 3. Histor. Jur. roman. med. temp.

Tertius Denarius, [dicebatur Tertia pars emolumentorum e causis apud Comites provinciarum actis provenientium. Duæ partes Regis, tertia pars erat Comitis, ex regio tamen privilegio, non cuivis Comiti concesso. Litteræ Edwardi III. Regis Angl. pro Eubulone *le Strangle* ex uxore sua Comiti Lincoln. apud Kennetum Antiq. Ambrosden. ad ann. 1331 : *Concessimus... custodiam et wardam castri nostri de Lincoln. cum balliva bidem et viginti libratas annui redditus cum pertin. pro Tertio Denario Comitatus Lincoln.* Pactum Joannem Ducem Silesiæ inter et Regem Bohemiæ ann. 1330. apud Ludewig. tom. 5. Reliq. MSS. pag. 552 : *Et si nos prædictam civitatem Lubin infra quadriennium continuum exsolvere poterimus, in hujusmodi exsolutionis subsidium, ipse Rex Tertium Denarium, nobis dare tenetur.*] Vide *Advocatus*, et *Comes de tertio denario*.

Denarius Dei, Qui datur in arrham emptionis. Dicitur autem *Denarius Dei*, quod in pios usus, non in venditoris commodum convertatur : [ut habet Bulla Leonis X. ann. 1519. in Archivo Ecclesiæ Macloviensis. Statuta Arelatens. MSS. art. 191 : *Denarius Dei, qui detur in contractibus in honore Dei et candele S. Trophimi, distribuatur.*] *Denier à Dieu*, in Consuetudine Insulensi art. 50. 80. 81. 92. 160. Statuta Gildæ Scoticæ cap. 22. § 4 : *Si quis emerit haleces, vel alia mercimonia, et dederit Denarium Dei, vel aliquod argentum in arrhis.* [Statuta Massil. lib. 3. cap. 6 : *Postmodum palmata, vel Denarius Dei, vel arrhæ factæ seu datæ inde fuerint, contractus ille, sive venditio ex tunc rata et firma habeatur, quantum ad eos inde contrahentes et eorum hæredes, ac si res ipsa fuerit ipsi emptori tradita, et pretium inde numeratum venditori.* Rursum fit mentio de *Arrha sive, ut vulgo dicitur, Denario Dei*, in Statutis Avenion. lib. 1. rubr. 66. art. 1. Stobæus cap. 42. refert ex Theophrasti libris, Thuriacos cum venditionem contrahebant exiguum nummum tradidisse tribus proximis vicinis memoriæ et testimonii causa. Discimus ex causa in Senatu Parisiensi 1. die Aprilis ann. 1386. acta, Denarium Dei in manus Scribæ a licitatoribus et emptoribus traditum fuisse.] [** Vide Haltaus. Glossar. German. voce *Gottes-Pfennig*, col. 743. Dicitur *Denarius S. Spiritus*, in codice Lubecensi primo Hachii cap. 72 : *Si quis Denarium S. Spiritus super contractu vel mercatione quamcumque excellente vel mediocri erogaverit, idem est ac si mercipotum exhibuerit vel dederit.* Inde in Statut. Ripensib. antiq. cap. 79. et novis cap. 66. ap. Westphal. Monument. Cimbric. tom. 4. col. 2006. et 2015.]

Denarius Appensus Chartæ. Vetus Notitia ex Tabulario S. Laudi Andegav. fol. 84 : *Omnibus... notum sit, quod Raherus Augardis filius, ipse et mater sua dederunt Ecclesiæ S. Laudi terram quandam, quæ est trans rivulum juxta domum Chalopini, et facientes donum super altare posuerunt, accepta a Canonicis caritate, quam decuit. Postea vero Raherus partem prædictæ terræ, Canonicis nescientibus, Chalopino tradidit, 4. Denarios census ab eo accepturus. Quod ubi cum eis contendere voluit, scilicet jus Ecclesiæ recognoscens, 4. Denarios, quos injuste acceperat, in manu Normanni Decani in Claustro S. Laudi, reddidit videntibus Canonicis... Denarius autem, qui huic Cartulæ dependet in testimonium, unus est ex illis 4. quos Raherum, reddidisse præmissum est.* Vide Louvetum tom. 2. Hist. Bellovac. pag. 213. et in verbo *Investituta*.

* Denarii Perforati in rei alicujus memoriam et testimonium asservati. Chartul. S. Petri Belvac. ch. 64 : *Lanscelinus... duos quoque solidos denariorum, et dimidium, quos eodem die de prædictis villis habuerat, ecclesiæ B. Petri remisit, et eosdem Denarios perforari et perforatos in sacrario B. Petri recondi et reservari rogavit, ut posteris essent in testimonium redditionis.* [** Alio sensu vide in *Monetæ Perforatæ*.]

Quatuor Denarios super re, quam ut suam vindicabat, ponebat is coram judicibus, qui furto sibi ablatam contendebat, de quo ritu agunt Stabilimenta S. Ludovici lib. 2. cap. 12. 17.

Servus per Denarium Manumissus. Vide *Manumissio per denarium*.

* Denariorum Quatuor super caput impositio, servitutis erat professio. Chartul. Major. monast. pro pago Vindoc. Ch. 159 : *Stephanus Gambacanis de Ferraria... abnegavit se esse servum S. Martini, et de hoc arramivit bellum contra nos. Intra terminum autem, quo bellum fieri debebat, recognovit se male egisse; venit in capitulum Majoris monasterii et dedit recognitionem suam, scilicet secundum consuetudinem imposuit super caput suum quatuor Denarios, et per illos tradidit se sancto Martino et monachis ejus.* Vide *Manumissio per denarium*. Eadem ratione rei possessæ abdicatio ejusdemque alteri, præsertim ecclesiæ cessio significabatur. Charta circa finem 11. sæc. in Reg. 3. Armor. gener. part. 1. pag. vj : *Hæc suprascripta de silva confirmavit Jordanus filius ejus domno Fulcherio abbati et monasterio Stirpensi,.. ponens super capud suum quatuor Denarios.*

* Denario capiti exulis occisi supposito ab interfectore, ex consuetudine Atrebatensi pœna reus absolvitur. Vide supra *Bannire* in *Bannum* 1.

Denarius et Candela Caritatis, inter oblationes, quæ Sacerdotibus fiunt, recensentur in Charta Manassis Episcopi Lingonensis ann. 1185. apud P. Roverium in Reomao pag. 218.

¶ Denarii pro Crucibus *Kalendarum Maii.* Vide *Cruces*.

* Denarii *dati a nubentibus in foribus ecclesiæ.* Pactum inter decan. et paroch. S. Germ. ann. 1224. ex Chartul. episc. Paris. fol. 41. v°. : *Item de Denariis, qui dantur a nubentibus in foribus ecclesiæ, habebunt decanus et ejus successores medietatem, et presbyter parrochialis aliam medietatem.*

* Denarii *qui dantur in confessionibus* memorantur, in Charta Barthol. episc. Paris. ex Chartul. ejusd. ann. 1224. fol. 41. Vide supra *Confessio* 4.

¶ Denarius Albus. Chronicon Cornelii *Zantfliet* apud Marten. tom. 5. Ampliss. Collect. col. 472 : *Nihilominus eodem anno* (1450.) *modius speltæ mensuræ Leodiensis vix vendebatur pro septem albis Denariis Flandriæ, dictis Aydans, quorum viginti vix valent unum florenum Rhenensem.* Vide *Albus* et in *Moneta*.

* Charta ann. 1211. in Chartul. Mont. S. Mart. part. 6. fol. 103. v°. col. 2 : *Prædictæ dominæ xij. Denarios albos concessit quoad viveret annuatim, et post decessum ipsius hæredibus suis duos solidos ejusdem monetæ.*

** Denarii alligati. Ordinatio Præpos. ad S. Sever. Erford. ann. 1121. ap. Guden. Cod. Diplom. tom. 1. pag. 50 : *In festo S. Mariæ unicuique phaltinam unam quæ valeat* 30. *Denarios et in fine illius duos Denarios Alligatos.* Ubi Gudenus hæc habet : Hæc interpretari licet de modico pecuniæ seu Denariis, qui in phaltinam, *et in fine illius*, subintellecto inferne, sive in phaltinæ sutura, secundum mirabiles veterum mores alligari poterant. Et ex obsoleta isthac consuetudine derivari reor, quod etiamnum Bambergæ canonicis et vicariis summæ ædis, cuilibet bini distribuantur denarii, involuti linteolo filoque consuti.

** Denarii Agnorum, Nummi vice agnorum præstationis exsoluti. Charta Wetflar. ann. 1261. ap. Guden. Cod. Diplom. tom. 1. pag. 700 : *Novem denarii in festo Penthecostes qui dicuntur Agnorum Denarii, duos denarios in Cathedra Petri qui dicuntur Piscium Denarii.*

* Denarius S. Andreæ dictus, qui ad S. Andream de Villanova prope Avenionem pro mercibus extra regnum exsportandis solvebatur. Inquisit. ann. 1385. in Reg. 139. Chartoph. reg. ch. 133 : *Revam et Denarium sancti Andreæ, tractam et alia jura regia de talibus exsolvi consueta non solvendo.*

** Denarii Areales, Census pro singulis areis advocato persolutus. Chart. Sigfrid. Episc. Hildes. ann. 1289. ap. Haltaus. in voce *Vogt-Schillinge : In casis hortorum advocatiam et Denarios Areales habebimus, sicut in aliis areis ibi sitis. Denarii censuales* supra dicuntur.

* Denarius Aureus. Charta ann. 1071. in Chartul. Major. monast. pro pago Vindoc. ch. 94 : *Uxor sua Agathes, quæ pro hoc habuit unum Denarium aureum.* Alia A. abb. S. Medardi Suess. ann. 1205. ex Chartul. Campan. fol. 251. col. 2 : *Dicti milites et eorum hæredes inperpetuum ecclesiæ nostræ singulis annis..... xl. solidos Proviniensium monetæ et unum Denarium auri reddent.* Charta Adalber. Leod. episc. ann. 1124. in Chartul. Cluniac. ch. 401 : *Unum aureum Denarium Leodiensis monetæ in Pascha ipsi fratres persolvant.* Alia Joan. ducis Lothar. ann. 1283. in Suppl. ad Miræum pag. 139. col. 1 : *Chacun an un Denier d'or, qui doit valoir trois sous Liegeois.* Vide in *Moneta*.

** Denarii Bannales. Vide Haltaus. Glossar. German. voce *Bann-Pfennige*, col. 2195.

** Denarii Boni apud Ansegis. lib. 4. cap. 110. in Edict. Pisteus cap. 21. etc. Vide *Denarii meri.*

Denarius Calefactus, fronti impressus eorum, qui denarios bonos et bene pensantes rejiciebant. Capitula Caroli C. tit. 28. [** Edict. in Carisiac. ann. 861.] : *Habeat missus reipublicæ in civitatibus, et in mercatis, Denarium, sic affectatum, et deprehensum in fronte Denario calefacto salvis venis taliter coquat, ut ipse homo et cæteri castigentur, et homo non pereat, et videntibus castigationis signum ostendat.*

** Denarii de Carne. Conrad. Archiep. Mogunt. Ordinatio Scholastica ann. 1189. in Guden. Cod. Diplom. tom. 1. pag. 294 : *De quibus* (scolaribus, magister) *non vult habere curam vestiendi, dummodo sunt adulti Denarios omnes de Carne magister recipiet, et de pisce. Refectiones, porcos de nativitate et Denarios qui dantur ad supplementum panis magister retineat. Alios vero Denarios de vestibus scolares recipiant.*

** Denarii Censuales. Vide *Denarii Areales.*

** Denarius Ceræ pro *Denariata Ceræ* in Chart. Murbac. ann. 801. in Alsat. Diplom. tom. 1. pag. 60.

Denarius Complicatus *ex voto ad Tumbam Sancti oblatus*, apud Radulfum in Miraculis S. Richardi Episcopi Cicestrensis num. 4.

* Denarii Consolationum. Vide supra *Consolatio* 3.

* Denarius Cruentus, Sanguinolentus, Mulcta, quæ ob effusum sanguinem exigitur. Jura advocatiæ eccl. Aquilej. ann. 1202. inter Monum. ejusd. cap. 66. col. 648 : *Cruentum Denarium habebat* (advocatus) *a patriarcha, quem similiter dividebat.* Charta Ottonis IV. imper. ann. 1210. tom. 4. Cod. Ital. diplom. col. 1561 : *Ducatum Forijulii, cum omni jure et pertinentiis suis, et sanguinolentum Denarium, scilicet feritas, plagas, vulnera, homicidia.... sibi et successoribus ejus* (patriarchæ Aquilejensis) *in perpetuum..... confirmamus.* [** Vide Haltaus. Glossar. German. voce *Blutig*, col. 176.]

* Denarius Dominicalis, Qui parocho qualibet die dominica pensitatur. Arest. ann. 1407. in vol. 11. arestor. parlam. Paris. ad 23. Jun. : *Cum habitantes patriæ Andegaviæ,... ratione sepulturarum et funeralium,.... ad solvendum qualibet die Dominica cujuslibet anni suo curato unum denarium Turonensem... fuissent condemnati ; et deinde eo quod supradicti habitantes dictum Denarium Dominicalem solvere recusaverant, etc.* Vide *Denarius de Palma.*

** Denarii elemosinares. Vide *Denarii de Carne. Denarii Elemosinares non spectantes ad mensam*, dicuntur in chart. ann. 1190. ibid. pag. 298.

¶ Denarius Feodi, quem quis percipit annuatim ratione feodi. *Willelmus Faber sex solidos currentis monetæ ad med. XLª. Ad Natale Domini tres capones et tres denarios. Ad Pascha* lx. *ova et tres Denarios Feodi*, in quadam veteri Charta.

* Denarius Focorum, Census qui pro singulis *focis* seu domibus quotannis a domino feudali exigitur; nisi sit præstatio sive census species, Dominica prima Quadragesimæ exsolvenda. Vide infra *Dies focorum*. Charta ann. 1309. in Lib. rub. Cam. Comput. Paris. fol. 321. r°. col. 2 : *Petebant etiam sibi restitui Denarios focorum episcopo Claromontensi consuetos persolvi per dictum regaliatorem perceptos*. Vide *Foagium* 1.

¶ Denarius Fortis, cujus materia purior erat. Tales erant Denarii Parisienses, quocirca etiam *Regales* appellati. Vide *Moneta fortis*.

Denarius Francicus. Vide supra.

Denarius Frisonicus, in Addit. ad Leg. Frison. tit. 3. § 44.

* Denarius Grossus Argenti. Charta ann. 1349. in Reg. 78. Chartoph. reg. ch. 273 : *Item unum Denarium grossum argenti cugni beati Ludovici, quod dant...... pro quadam boria*. Vide in *Moneta*.

** Denarii Imperiales in Henric. VII. Imperat. Edicto de Moneta Italiæ ann. 1311. ap. Pertz. vol. Leg. 2. pag. 517.

** Denarii Leves, in Charta ann. 1237. in Guden. Cod. Diplom. tom. 1. pag. 545. Vide *Moneta Debilis*.

* Denarius Lucosus, Qui presbytero pro administratione Sacramentorum in extremis offertur. Pactum inter monachos S. Crucis Burdegal. et presbyt. eccl. paroch. S. Mich. ann. 1316. ex Tabul. ejusd. monast. : *Assignarunt eidem vicario.... illos Denarios, qui Lucosi vulgariter in dicta ecclesia appellantur, videlicet pro labore administrationis sanctæ Eucharistiæ et Extremæ unctionis, quos de jure, vel laudabili et pia consuetudine in dicta ecclesia est præstare hactenus consuetum. De nummo etiam, qui lucosus vulgariter appellatur, partes præfatæ taliter convenerunt, ut illum solus percipiat capellanus*, in Charta Guil. archiep. Burdegal. ann. 1225. ex eod. Tabul. Vide *Denaria Sacramentorum*.

¶ Denarius Masculus, Idem qui fortis. Annal. Bened. tom. 5. pag. 13. ad ann. 1068 : *Statutum est ut Loratorii homines pro multa decem libras Denariorum Turonensium Masculorum, id est, fortium Hugoni persolverent*.

Denarii Meri *et bene pensantes*, in lege Longob. lib. 3. tit. 28. [** Ludov. Pii 26. e Capitul. ejusd. Baluz. ann. 819. Pertz. ann. 817. cap. 18.] et in Capitulis Caroli C. tit. 28. [** Edict. in Carisiac. ann. 861.] tit. 31. [** Edict. Pistens. ann. 864.] § 8. 10. Synodus Francoford. cap. 5 : *De Denariis, si mero sunt argento, et pleniter pensantes*. In Visione S. Baronti n. 13 : *Solidus bene pensatus*, pro *bene pensans* : *Et sic per singulos menses in anni circulo in unumquemque mensem unum solidum in manu pauperis mitte bene pensatum*. Vide *Merus*.

Denarius Mixtus opponitur *Mero*, in Capitulis Caroli C. tit. 31. § 13.

** Denarii numerales. Vide *Denarii Ponderis*.

¶ Denarius de Palma. Charta Prioris S. Fromondi in Chartulario ejusdem loci pag. penult. Gaufrido Clerico conceditur Vicaria S. Fromondi : *Donando et victum suum honorabiliter nobiscum, et* xl. *sol. usualis monetæ ad se vestiendum... et Denarium de Palma, et præbendam suo palefrido*. Ejusdem Vicariæ redditus ibidem recensentur in Litteris Episcopi Constantiensis iisdem fere verbis : habebit *cum eis victum suum competenter, et ad vestes sibi emendas* xl. *sol. Andegav.., et Denarium singulis diebus Dominicis ecclesiastica consuetudine offerendum... et palafrido suo necessaria*. Erat itaque *Denarius de Palma* ille, qui singulis diebus Dominicis a fidelibus offerebatur. Cur autem dictus *de Palma*, non conjicio : nisi forte sic dictus fuerit, quod in manum seu *palmam* traderetur. [* Vide supra *Denarius Dominicalis*.]

** Denarii ad supplementum panis. Vide *Denarii de Carne*.

¶ Denarii Paratarum, in Codice MS. reddituum Episcopatus Autissiod. ii sunt, quos exsolvere debebant Ecclesiarum ruralium Presbyteri, cum diœcesim suam visitabat Episcopus. Vide *Paratæ*.

* Denarius Paratus, id est, Numeratus. Charta ann. 1288. apud Ludewig. tom. 9. Reliq. MSS. pag. 507 : *Pro hujusmodi quidem libertate...... prætacti burgenses nobis dederunt centum talenta, et quatuor talenta Denariorum Brandenburgensium paratorum*. Vide *Paratus* 2.

Denarii Parisienses, in Charta Philippi I. Regis Franc. ann. 1060. apud Doubletum in Hist. Sandionysiana cap. 12. Vide *Moneta*, [ubi variæ Denariorum species indicantur.]

* Denarius Parisiensis qui in ecclesia Autissiodorensi appellabatur, docent Statuta ann. 1553. inter Probat. Hist. Autiss. pag. 219. col. 1 : *Item quilibet canonicus volens lucrari Denarium, vocatum Parisiensem, qui est affectus residentibus solum, in festis Purification's et Magdalenes cujuslibet anni, debet residere per tres menses cum uno die ad minus*.

Denarii Paschales, qui dicti fuerint colligere licet ex Alexandro III. PP. in Appendice ad Concilium Lateranense III. part. 2. cap. 9 : *Et inter cætera Denarios Chrismatis ab eis pro voluntate vestra in salutis vestræ periculum extorquere præsumitis : hujusmodi exactionem, ut eam liberius videamini exigere, quandoque consuetudinem Episcopalem, quandoque Synodalia, quandoque Denarios Paschales appellantes*. Vide *Synodaticum*.

Deniers de Pelices, in Aresto ann. 1344. in Probat. Hist. Ecclesiæ S. Aniani Aurelian. pag. 105. Vide *Pellicia*.

* Denarii Pentecostales, Qui ad festum Pentecostes solvebantur. Bulla Innoc. III. PP. ann. 1214. ad Guil. episc. Autiss. : *Tres* (matricularios) *ordinasti... illis certis redditibus ab ecclesiis de Vermentone et Bitriaci, et Denariis Pentecostalibus de Varziaco percipiendis de voluntate et assensu Autissiodorensis capituli assignatis*. Vide infra *Nummi Pentecostales* in *Nummus*.

** Denarii piscium. Vide *Denarii Agnorum* et *Denarii de Carne*.

* Denarii dicti *Placita Natalis et Paschæ*, quod iis temporibus ex pacto solvebantur. Charta ann. 1311. in Reg. 47. Chartoph. reg. ch. 129 : *Derrechief lvj. Deniers, que l'en dit les plaiz de Noel et de Pasques, que plusieurs personnes doivent par an pour raison de sept pieces de vignes*.

¶ Denarius e Poesa. Vide *Pogesia*.

* Denarii appellati *Les poissons de morz*, in Charta Ludov. comit. Nivern. ann. 1312. ex Reg. 48. Chartoph. reg. ch. 3 : *Item Deniers deus à Cone, appelez les poissons de morz, prisiez dix sols Tournois de rente chascun an; et sont paié chascun an le jour des brandons*.

Denarii Ponderis, et Denarii Numerales, in Statutis Davidis II. Regis Scotiæ cap. 46. § 2. 3. 4. 5. 6. Statutum Edwardi I. Regis Angliæ, de Compositione mensurarum, apud Spelmannum : *Denarius Angliæ, qui nominatur Sterlingus; rotundus, sine tonsura, ponderabit* 32. *grana frumenti in medio spicæ, et* 30. *denarii faciunt unciam, et* 12. *unciæ faciunt libram*.

* Denarii Præsentiarum, Qui *præsentibus* divino officio distribuuntur. Vide supra *Consolatio* 3.

** Denarii Regales, Census regalis, fisco regio præstandus. Privileg. Comit. Holsat. in Staphorsti Histor. Eccles. Hamburg. pag. 616 : *Isti nobiles vendiderunt ... duas partes decimæ cum omni judicio majori, videlicet colli et manus, et minori, videlibet aliorum excessuum, et nihilominus cum Denariis Regalibus, qui vulgariter Königs-pfennige appellantur*. Vide Haltaus. Glossar. German. voce *Kœnigszins*, col. 1116.

* Denarii Rhedarii, qui ex *rhedis* seu aratris percipiuntur. Chron. Danic. ad ann. 1249. apud Ludewig. tom. 9. Reliq. MSS. pag. 30 : *Rex Ericus contulit totam Daniam ad Denarios rhedarios sive arratreleff, et veniens in Scaniam idem petens et fugatus est a rusticis cum multa strage suorum*.

¶ Denaria Sacramentorum, f. iidem denarii, qui singulis offerebantur Dominicis, ideoque *Sacramentorum* dicti, quod tempore sacrosancti Missæ sacrificii pro excellentia interdum nude appellati *Sacramentum*, a fidelibus offerrentur. Annal. Bened. tom. 4. pag. 466. n. 80. ad annum 1045. ex Charta Oderici Vindocin. Abb. pro Goffrido Presbytero, cui Maziaci Ecclesiæ *Presbyteratum* tenendum concedit, sicut prius habuerat : *Baptisterium totum, benedictionem viri et mulieris, offerendam quoque feminæ tempore purificationis ad Missam venientis, confessiones omnes, infirmorum visitationes, et agenda mortuorum; præterea Denaria Sacramentorum, et de signis sonandis*. Erit forte qui tria hæc postrema referat ad Defunctos, adeo ut *Agenda mortuorum* sint Oblationes pro funeribus faciendis, *Denaria Sacramentorum* pro Missis Defunctorum celebrandis, et *signa sonanda* Fructus ad Curionem redeuntes, cum campanæ pulsantur pro mortuis. Vel forte brevius *Denaria Sacramentorum* sunt omnes fidelium oblationes Presbyteris Sacramenta quævis administrantibus faciendæ.

** Denarius Sancti Spiritus. Vide *Denarius Dei*.

* Denarius Sanguinolentus. Vide supra *Denarius Cruentus*.

* Denarius Secretalis, qui sacerdoti

datur, ut inter Missæ *secreta* pro offerente oret. Charta ann. 1327. inter Probat. tom. 1. Annal. Præmonst. col. 449 : *Unam etiam ecclesia nostra portionem habebit in Denariis secretalibus, quos ipsis præbendariis ad manus dari contigerit, antequam aliquibus sacerdotalibus ad Missam spectantibus induantur.*

* Denarii Senatus, Iidem qui Romani, ni fallor. Charta ann. 1198. apud Murator. tom. 1. Antiq. Ital. med. ævi col. 443 : *Et si ego Ricardus per me et meos nepotes omnia supradicta attendere noluero, vobis vestrisque successoribus pœnam centum librarum Denariorum Senatus componere promitto.* Alia ann. 1234. apud Cencium inter Census eccl. Rom. : *Confessus est se recepisse ab eodem triginta libras Denariorum Senatus.* Vide supra *Augustarius.*

¶ Denarius Streloique, pro *Denarius Sterlingus.* Charta Caroli Reg. Fr. ann. 1324. qua confirmat Chartam Henrici Reg. Angl. in Hist. Harcur. tom. 3. pag. 40 : *Habuerunt tres marcas argenti et dimidiam et viginti octo Denarios Streloique.* Vide *Esterlingus.*

** Denarii Synodales, Præstationes Archidiacono vel ei qui synodo præsidebat debitæ. Charta civitat. Montis Heresburg. ann. 1229. ap. Fürstenberg. Monument. Paderborn. pag. 97 : *Archidiaconum ... cum omni jure admisimus, duabus tamen articulis non de jure sed de benignitate et gratia archidiaconi exceptis, quod nec Denarios vel obulos Synodales persolvemus, et quod*, etc. Alia ann. 1247. ibid. pag. 99 : *Præpositus ejusdem loci nomine abbatis et conventus Corbegensis Denarios Synodales tantum de habitatoribus Montis colliget annuatim ... de quibus Synodalibus Denariis præpositus idem sex solidos graves archidiacono .... persolvet.*

* Denarius, dictus *Tourne*, Qui, ut opinor, in pretii supplementum vel in *tornum* seu compensationem solvitur, Gall. *Denier de retour.* Lit. remiss. ann. 1368. in Reg. 99. Chartoph. reg. ch. 589 : *Jehan de Lilliers dist au suppliant et audit Gillet son compaignon que il paieroient tout l'escot;.. et lors respondi ledit suppliant que il n'y estoit pas tenuz, mais voulentiers paieroient le Denier tourne, se il y estoit.* Vide infra *Tornare* 2.

** Denarii de Vestibus. Vide *Denarii de Carne.* In Willegis. Archiep. Moguntin. chart. ann. 976. ap. eumdem Guden. tom. 1. Cod. Diplom. pag. 356. dicuntur *Denarii ad vestitum pertinentes.*

* Denarii de Vicecomitatibus, Qui vicecomiti seu *viario* debentur. Charta Rob. comit. Augi ann. 1059. inter Instr. tom. 11. Gall. Christ. col. 14 : *Item in Ulterioris-portu et in Augo oppido decimam Denariorum de vicecomitatibus.* Vide in *Vicecomes.*

* Denarius Vini, ut supra *Denariata vini.* Lit. remiss. ann. 1415. in Reg. 169. Chartoph. reg. ch. 20 : *Ipsi Johanni portati fuerunt Denarius vini, panis et nuces.*

** Denarii Votivales. Chart. Senat. Middenwald. ann. 1394. in Gerck. Fragm. March. part. 2. pag. 87 : *Presbyter autem dictæ capellæ omnes oblaciones et Denarios Votivales et jus parchiæ contingentia ipso præposito ...... debeat præsentare.*

* Denarii dicti *Waris*, id est, Boni, legitimi. Charta ann. 1340. in Reg. 72. Chartoph. reg. ch. 391 : *La somme de six vins et douze livres Parisis de Deniers Waris.* Alia ann. 1393. in Reg. 145. ch. 500 : *La somme de cent francs royaux, frans Deniers et Waris.* Vide *Vara* 4.

DENARIUS S. PETRI, Pecunia, quæ ab Anglis quotannis Sedi Romanæ pensitabatur, in Legibus Saxonicis Kanuti cap. 9. et Henrici I. cap. 11. et in Canonibus Saxonicis Edgari Reg. cap. 54. rom feoh, i. e. nummus Romanus; *Romescot*, in Legibus Edwardi Confess. cap. 10. et apud alios; *Le Denier S. Pere*, in Legibus Guillelmi Nothi vernaculis cap. 18. *Denarii, quos Romæ ad S. Petrum debemus*, inquit Kanutus apud Radulfum de Diceto ann. 1031; *Census B. Petri in Anglia*, apud Hugonem Flaviniac. ann. 1101.

* Inventar. MS. ann. 1366 : *Salvo per omnia Denario B. Petri, videlicet mille marchas sterlingorum annuatim percipiat* (ecclesia Romana) *in festo B. Michaelis v^c. et in Pascha v^c. marchas; vij^c. pro regno Angliæ et iij^c. pro regno Hiberniæ.* Vide Murator. tom. 5. Antiq. Ital. med. ævi col. 827.

Hujus pensitationis auctorem Inam West-Saxonum faciunt Angli, Rob. de Monte Offam Merciæ Regem, ann. 1116 : *Hic est Offa Rex, qui dedit Vicario B. Petri Romanæ urbis Pontifici redditum statutum, quod vocatur Romescot, de singulis domibus regni sui in æternum.* Quod alii Inæ et Offæ, Will. Malmesburiensis lib. 2. Hist. cap. 2. et Bromptonus Ethelwolfo Regi tribuunt : *Postea Romam abiit, et contulit Deo et B. Petro singulis annis de qualibet domo totius Angliæ unum denarium, qui hodie Denarius S. Petri vulgariter appellatur, et ipsemet ob devotionem, quam erga Deum gesserat, purum denarium obtulit pura mente.* Rem conciliat Polyd. Virgil. qui a tribus istis Regibus Denarium S. Petri vicissim concessum, eamque pensitationem, sua etiamnum ætate, hoc, est, sub Henr. VIII. obtinuisse scribit. Exigebatur igitur in singulas domos. At Legibus Edw. cap. 10. et Guill. Nothi cap. 18. ab iis tantum, *qui haberent* 30. *denariatas vivæ pecuniæ in domo sua.*

A Denarii B. Petri pensitatione nemo fere erat immunis. Vita Offæ II. Regis, de Ecclesia S. Albani : *Quæ tanta libertate privilegiata refulget, ut ab Apostolica consuetudine et reditu, qui Romscot dicitur Anglice, Denarius S Petri Latine, cum neque Rex, neque Archiepiscopus, vel Episcopus, vel Prior, aut quilibet de Regno, ab illius solutione sit immunis : ipsa quidem Ecclesia, quæ Basilica S. Petri dicitur, sola quieta est.* Eadem habet Matthæus Westmonasteriensis ann. 704. [Chartularium SS. Trinit. Cadomensis fol. 56 : *Unusquisque qui habet feminam debet dare unum Denarium S. Petri, et qui non habet unum obolum præter francalanos.*]

Denarius S. Petro *summonebatur in festo Apostolorum Petri et Pauli*, et colligebatur in festo Vinculorum S. Petri, ut est in Canonibus Edgari cap. 54. in Legibus Kanuti cap. 9. Edwardi Regis cap. 10. et Henrici I. cap. 11. in Concilio Ænhamensi ann. 1009. cap. 11. etc. Colligebatur vero a Prælatis ipsis, ut liquet ex Innocent. III. lib. 16. Ep. 173.

Non tamen in tributum, licet ita appelletur a Malmesbur. lib. 2. cap. 2. sed in eleemosynam pensitabatur : unde *Regis Eleemosyna* nuncupatur in Legibus Edwardi cap. 10. *Eleemosyna S. Petri*, in Charta Paschalis PP. apud Eadm. lib. 5. Hist. Novor. pag. 113. Ita Joannes Rex Angliæ apud Innocentium III. lib. 16. Epist. 131. Matth. Paris ann. 1213. [et Acher. Spicil. tom. 8. pag. 554.] in Charta, qua Regnum Angliæ Sedi Apostolicæ subdit, Denarium S. Petri a tributo distinguit : *Ad indicium autem hujus nostræ perpetuæ obligationis et concessionis, volumus et stabilimus, ut de propriis et specialibus redditibus nostris prædictorum regnorum pro omni servitio et consuetudine, quæ pro ipsis facere debemus, salvis per omnia Denariis B. Petri, Ecclesia Romana mille marcas esterlingorum percipiat annuatim, etc.*

At quod gratuito primitus dabatur, postmodum Ecclesiastici patrimonii vicem obtinuit, *Censusque Ecclesiæ* dictum est, ad cujus solutionem etiam adhibitæ censuræ Ecclesiasticæ, ut est apud Innocentium III. lib. 16. Epist. 173. et in Chronico Aulæ regiæ cap. 9. sed tantum ad certam summam, scilicet 200. lib. 26. sol. ab Episcopis colligendam hic census redactus est. Vide Prynneum in Libertatibus Eccl. Anglic. tom. 3. pag. 1171. Adde eumdem pag. 50.

Illius porro pensitationis annuæ pars una in usus Romani Pontificis, altera in usus fratrum Ecclesiæ Sanctæ Mariæ, quæ vocatur *Schola Anglorum*, deferebatur, ut habet Epistola Alexandri II. PP. ad Willelm. Nothum apud Baron. ann. 1068. n. 2. Vide Lanfrancum Epist. 7. Ordericum Vital. lib. 3. pag. 465. Will. Malmesbur. pag. 75. Spelmannum in *Romescot*, Jo. Foxum lib. 4. pag. 371. Edit. 2. et infra in *Romescot.*

Denarius S. Petri non modo exactus in Anglia, sed et in cæteris ferme regnis;

In Gallia enim pensitatum, auctor est Gregorius VII. PP. lib. 8. Epist. ult. : *Dicendum est autem omnibus Gallis, et per veram obedientiam præcipiendum, ut unaquæque domus saltem unum Denarium annuatim solvant B. Petro, si eum recognoscunt Patrem et Pastorem suum more antiquo.* Vide supra in voce *Census.*

In Polonia. Chronicon Aulæ Regiæ cap. 9 : *Hoc anno* (1320.) *Lokotto Dux Sandomeriæ a Sede Apostolica obtinuit Coronam regalem Poloniæ,... incœpitque statim Denarium S. Petri de unoquoque capite humano Sedi Apostolicæ decimaliter solvere, qui antea longo tempore denegatus fuerat, ut dicitur, de facto, non de jure. Verumtamen quia Duces Silesiæ hunc dare decimalem Denarium denegant Apostolico, ipsorum dominia usque hodie stant sub Ecclesiastico interdicto.* Adde cap. 33. Epistola MS. Ducis Silesiæ hæredis regni Poloniæ ad Joannem PP. ann. 1323. ex Bibl. Regia : *Denarium vero sancti Petri, licet modo insolito exigatur, ipsum tamen ego et fratres mei in signum obedientiæ, qua sanctissimæ paternitati vestræ et Apostolicæ Sedi immediate nos reco-*

gnoscimus esse subjectos, in omnibus terris et districtibus nostris solvi dudum mandavimus, etc. Charta alia ibidem : *Super solutione census, qui Denarius Beati Petri nuncupatur in partibus Poloniæ, etc.* Vide Ditmarum lib. 6. et Gregor. VII. lib. 2. Epist. 7.

* Inventar. MS. ann. 1366 : *Duæ litteræ... diversis sigillis sigillatæ, continentes financiam per cives et incolas Culmenses ac Pomeraniæ Wratislaviensis diocesis de Denario B. Petri pro arreragiis ecclesiæ Romanæ debitam.... et constituerunt procuratores suos dicti incolæ et cives, qui jurarent in animas eorum perpetuis temporibus solvere præfatum Denarium B. Petri Cameræ Apostolicæ in Quadragesima.... Item transcriptum unius Instrumenti vij. sigillis sigillatum super solutione census, qui Denarius B. Petri nuncupatur, in partibus Poloniæ, videlicet in civitate et diocesi Culmensis et terra Pomeraniæ illius diocesis, quæ cessaverat solvere dictum censum per aliquos annos. Anno* 1335.

In Bohemia. Carolus IV. Imper. in Vita sua : *Processi cum ipso versus Avenionem ad PP. Benedictum XII. ad concordandum cum eo de Denario S. Petri, qui datur in diœcesi Wratislaviensi.*

* In Lusitania etiam pensitatum, docet Bulla Alex. PP. III. ann. 1179. tom. 1. Probat. Hist. geneal. domus reg. Portugal. pag. 8 : *Ad indicium autem quod præscriptum regnum* (Portugaliæ) *beati Petri juris existat, pro amplioris reverentiæ argumento, statuisti duas marchas auri annis singulis nobis nostrisque successoribus persolvendas.* Qua vero de causa istud regnum *B. Petri juris existere* ibi dicatur, declarat Cencius in lib. cens. eccl. Rom. ex Cod. reg. 4188 : *Adefonsus dux Portugalensis de tota terra sua, quam nunc habet et in futurum, Deo propitio, poterit adipisci, iiij. uncias : procedente vero tempore, ab Alexandro III. regio vocabulo insignitus idem Adefonsus, præscriptas iiij. uncias in duas marchas auri purissimi post Lateranense Concilium augmentavit.*

* Denarius S. Petri etiam vocabatur census annuus, qui ecclesiæ S. Petri Corbeiensis solvebatur ab ejusdem hominibus. Charta ann. 1344. ex Chartul. 21. Corb. : *Comme descors fust meu.... pour cause de unze livres Parisis ou environ de chens, cascun an deubs auxdits religieux à le cause de leurdite ville de Wailly vers Arras..... à deux termes : est assavoir le moittié au Dimenche prochain apres la Trinité, et l'autre moittié le Dimenche après la Toussains, et lesquels deniers son appellés les Denier saint Pierre, etc.*

DENARRARE, Placitare, causam suam coram judice exponere, *Plaider*, occurrit in veteri Notitia anni 1103. in Tabulario Monast. Fiscanens. fol. 58. Vide *Narrator.*

* **DENARRATIO**, Lis intentata, causæ expositio et discussio. Chartul. eccl. Andegav. in Hist. Sabol. pag. 51 : *Unde nos quidem adversus ipsum Berlæium ad Denarrationem in domo nostra de Daulciis convenimus : et probata et audita utriusque partis ratione, cum judicium inde proferre præpararemus, etc.* Charta ann. 1101. in Chartul. S. Cornel. Compend. fol. 137. v°. col. 2 : *Compendiensis ecclesiæ canonici, quotquot de familia S. Cornelii in regione mea mansionem habebant, a mea advocatione liberos esse denarraverunt. Huic autem Denarrationi interfuerunt Raineras etc.* Vide *Narratio* 1.

¶ **DENARRATOR**, Patronus, tutor. Seherus Abbas Calmosiacensis de primordiis ejusdem Monasterii, inter Anecd. Marten. tom. 3. col. 1164 : *Testes autem fidejussores ac Denarratores idonei hujus donationis hii liberi homines extiterunt Widricus, etc.*

DENASATUS, Absque naso, in Chronico Montis Sereni pag. 95. Hugo *Plagon* in Versione Gallica Will. Tyrii lib. 2. cap. 23 : *Nares habens mutilas*, vertit *renillées.*

Nasi Abscissio, inter pœnas receptas apud Occidentales, ut constat ex lege Wisigoth. lib. 12. tit. 3. § 4. et Lege Longob. lib. 1. tit. 25. § 61. [** Carol. M. cap. 44.] Capitul. Caroli M. ad Leg. Salic. tit. 3. cap. 7. ex Capitulari Pippini Regis ann. 744. cap. 22. Capitul. ann. 779. cap. 23. ex lib. 5. Capitul. cap. 135. [** 206.] addit. 4. cap. 142. etc. Vide præterea Leges Canuti Anglo-Sax. cap. 27. 50. Novell. 134. cap. 13. Novell. Leon. 32. 34. Harmenopul. lib. 6. tit. 1. § 14. 25. 27. tit. 3. § 3. 4. 6. 9. 10. Statuta MSS. Caroli I. Reg. Sicil. cap. 201. etc. Huc pertinet proverbium, in veteri Poemate MS. *de Garin de Loherans :*

> Qui son Nez cope, il deserte son vis.

Sed et ista ex Legibus Scaniæ lib. 5. cap. 23. apud Andream Suenonis Archiepisc. Lundensem : *In membrorum abscissione refert, quod membrum fuerit amputatum. Quorum enim amputatio majorem generat deformitatem, ampliorem requirit etiam emendationem. Unde cum amputatio Nasi plurimum hominem dedeceat et deformet, statutum est, ut homicidio emendatione debeat adequari.*

* Stat. Avenion. ann. 1243. cap. 73. ex Cod. reg. 4659 : *Si aliquis produxerit falsum testem, vel nisus fuerit, quamvis ad effectum non perduxerit, scienter, amitat Nasum cum labro usque ad dentes.*

Nares sibi invicem præcidere jubentur adjutores eorum qui conspirationes fecerunt, in Capitul. 4. Caroli M. ann. 805. cap. 10. et in Capitul. Ludovici Pii ann. 824. cap. 6. apud Holstenium.

DENATA. Diploma Joannæ Comitissæ Flandriæ et Hannon. pro Monasterio apud Buzelin. in Gallo-Fland. lib. 2. cap. 30 : *Vendidit Ecclesiæ prælibatæ... 50. capones, centum solidos in Denatas, dimidium bonarium prati, etc.* An *in Denaratas ?*

DENATICATUS, Absque natibus. Papias : *Depygis, Denaticata, sine natibus : nam pyga extrema pars corporis.*

¶ **DENATIUM**, Medicina pro ægris denascentibus seu moribundis. Tertull. Apolog. cap. 23 : *Æsculapius demorituris scordii et Denatii et asclepiadoti subministrator.* Denasci pro Mori dixere Varro, et Cassius Hemina apud Nonium. [** *Thanatio* legunt alii. Vide Forcellinum in *Asclepiodoton.*]

* **DENATURARE**, Naturam destruere, evertere. Acta varia ad Conc. Basil. apud Marten. tom. 8. Ampl. Collect. col. 454 : *Unde putando evitare illo modo mortalia peccata publica, inciditur in majus malum, quam est illud quod vitatur, quia natura humana Denaturatur.*

** **DENCMANNI**, dicuntur in Charta emptionis ann. 1252. ap. Guden. in Cod. Diplom. tom. 2. pag. 950. Testes memores rerum gestarum præter judicem et scabinos adhibiti : *Renuntiarunt coram domino Roinc, etc.* (sequuntur duodecim viri). *Et ad ampliorem prædictorum cautelam, ad petitionem etiam utriusque partis acta sunt hæc sub testimonio D. Gerardi de Lumirs Sculteti, D. Wilhelmi Advocati, judicum Aquensium, Conradi etc. Scabinorum Aquensium. Et ad majorem prædictorum certitudinem Dencmanni sunt adhibiti, utrimque rogati* (sequuntur octo virorum nomina) *et alii quam plures cives Aquenses.*

¶ **DENCONESA**, ut infra *Diaconia*, Collatio eleemosynarum, etc. Epitome Constitutionum Ecclesiæ Valentinæ tom. 4. Concil. Hispan. pag. 166. col. 1 : *Pro laudemiis spectantibus ad administrationes duplarum et anniversariorum et Denconesa, non possit fieri gratia ultra tertiam partem :* Ibidem pag. 169 : *In evidentem utilitatem administrationis pauperum eleemosynæ dictæ Denconesa.*

DENDROPHORI, Corpora et Collegia conficiebant in civitatibus, quæ *frequentia hominum multiplicari expedire* ait Constantinus Imper. in leg. 1. C. Th. de Centonariis et Dendrophoris (14, 8.), in qua junguntur *Centonariis* et *Fabris :* sed quæ eorum fuerit ars, non omnino constat, tametsi videntur fuisse occupati rei militari. Nam Centonarii creduntur fuisse *centonum*, vel tentoriorum confectores, *Fabri*, τεχνῖται, in Gloss. ferrarii et tignarii : unde *Dendrophoros* conjectare est eos fuisse qui tentoriorum ligna et *arbores* conficiebant : nisi fuerint qui ligna, arbores, et materias ligneas ad ædificia construenda vendebant, quod quidam opinati sunt. [Vide in *Centonarii.*] Neque promptius est definire, qui proprie dicantur

Dendrophori, in lege 20. Cod. Theod. de Paganis (16, 10.), in qua accensentur iis qui ritus gentilitios colebant : ubi Jacobus Gothofredus, ut et Salmasius ad Spartianum censent ita appellatos, quod arbores stirpitus excisas per urbem humeris ferrent in honorem alicujus Dei, ex Artemidoro lib. 2. cap. 42 : Χορεύειν δὴ τῷ Θεῷ, ἢ τυρσοφορεῖν, ἢ δενδροφορεῖν, ἢ ἄλλο τι τῶν κεχαρισμένων τῷ Θεῷ πράττειν πᾶσι πονηρὸν, πλὴν δούλων. Quam quidem δενδροφορίαν sic expressit Commodianus :

> Egregios proceros, currum servare Cybellæ,
> Quem traheret conducta manus Megalensibus actis,
> Arboris excissæ truncum portare per urbem.

Scaliger lib. 3. Ep. 205. dictos putat Dendrophoros a Silvano Dendrophoro, cujus mentio est in vett. Inscriptionibus, intexto in vexillis illorum Corporatorum. Vide Oct. Ferrarium in Origin. Linguæ Italicæ voce *Mazo,* [Reinesium Epist. 69. pag. 618. et Sponium Miscell. pag. 56.]

DENECTARE, Devastare, apud Erchempertum in Hist. Ducum Benevent. cap. 18.

¶ **DENEGELDUM**. Vide *Danegeldum.*

DENELAGA. Vide *Lex Danorum.*

* **DENERADA**, Exactio pecuniaria, vel quæ ex mercibus percipitur. Chartul. S. Ursini Bitur. ch. 27 : *Nullus homo infra*

cruces, quæ sunt in circuitu ecclesiæ, quæ erat in honore sancti Ursini, levatæ et signatæ, unam Deneradam apprehendat, et nullum forisfactum faciat.

¶ **DENERATA**, Denerenda. Vide *Denariata*.

¶ **DENESIUM**, pro *Devesium*, Locus defensus, in quo cuique non licet agere quod vult, v. g. fruges colligere, venari, etc. Statuta Synodal. Ecclesiæ Biterrensis ann. 1368. inter Anecd. Marten. tom. 4. col. 631 : *Idemque volumus de banno fructuum, piscationum et venationum in Denesiis et in terminis constituto : alioquin pœnis propter hoc laicis impositis hujus constitutionis auctoritate volumus subjacere.* Vide *Defensa* 3. et *Devezium*.

* **DENIARE**, Denegare, Gall. *Dénier*. Præcep. Pipini reg. ann. 755. apud Felib. inter Probat. Hist. S. Dion. pag. 25 : *Congrua vel oportuna beneficia eis non Deniare, etc.*

¶ **DENIDOR**, *Malus odor*, in Amalthea ex Isidoro. Infra *Dinidor*.

* **DENIGRARE**, Detergere, Gall. *Débarbouiller*. Glossar. Gall. Lat. ex Cod. reg. 7684 : *Denigrare*, *desnoirsir*.

DENIZATIO, vox fori Anglici, *a Denizen*, quasi *deins née*, inquit Cokus ad Littletonem sect. 198. hoc est, intra (regni fines) natus : cum quis alienigena Diploma a Rege obtinet, *quod tanquam in regno natus, in omnibus tractetur et reputetur, habeatur, teneatur, et gubernetur tanquam ligius Regis, in curiis audiatur ut Anglus, et quod non repellatur per illam exceptionem quod sit alienigena, etc.* Vide Rastallum in *Denizen*.

DENNA. Vide *Dena*

¶ **DENOBILITARE** Se, A virtute majorum degenerare. Boncompagnus de Obsidione Anconæ cap. 19 : *Licet eorum plurimi sint filii nobilium, in hoc se maxime Denobilitarunt, quia captorum catervis cupiunt aggregari.*

* **DENODARE**, Frangere, pedem vel brachium laxare, Gall. *Rompre*, *disloquer*. Lit. remiss. ann. 1356. in Reg. 84. Chartoph. reg. ch. 621 : *Dictus Colinus . . . cecidit per gradus eosdem, taliter quod ab ipsorum summitate graduum cecidit per ipsos gradus, et cadendo collo ejus Denoduto sive fracto, statim expiravit. Desnouer*, eodem sensu, in aliis Lit. ann. 1386. ex Reg. 129. ch. 186 : *Icellui François . . . recouvra un autre cop sur l'espaule d'icellui exposant, dont il lui Desnoua le bras.* Rursum aliæ ann. 1394. in Reg. 146. ch. 282 : *Par cas d'aventure icellui Quoquemen se Desnoua l'espaule.* Vide infra *Dislocare* 1.

¶ **DENOMBRAMENTUM**, Gall. *Denombrement*, Idem quod *Denominatio*, *Reconnoissance*. Inventarium *Piquet* n. 17. cap. 41. de Vouta fol. 37 : *Si tenore præsentis denominationis seu Denumbramenti plus Denominaverit seu Denombraverit, quam sibi non debeatur, possit detrahere plus denominata seu Denumbrata, etc.*

* Arest. ann. 1396. in Memor. F. Cam. Comput. Paris. fol. 50. v° : *Non obstante quod particulariter nobis fidem et homagium de dicto redditu non fecisset, seu quod de ipso Denombramentum nobis non tradidisset. Dénommément*, eadem notione, in Lit. ann. 1371. tom. 5. Ordinat. reg. Franc. pag. 433 : *Es quiex Dénomméments soit exprimé ledit fié ou fiez, le lieu et chastellenie ou ils sieent, etc.* Ubi paulo ante *Dénombremens*. Vide infra *Denumeramentum*.

¶ **DENOMINAMENTUM** *verificatum in Camera Computorum*, in Chartulario Gemmeticensi tom. 1. [* Vide infra *Escroa*.]

* **DENOMINARE**, Concedere alicui, nomine illius appellato. Charta ann. 1335. tom. 4. Sept. pag. 728. col. 2 : *Ulterius sciendum quod sæpe dictus abbas et ejus conventus pro omnibus illorum successoribus, cum bono consilio et voluntate mihi Denominarint et confirmarint altare S. Stephani, in illorum ecclesia situm.* Vide alia notione in *Denombramentum*.

¶ **DENOMINATI**, Testes ad jurandum ab accusatore electi. Vide *Juramentum* ad lin. *Qui porro a reis*.

1. **DENOMINATIO**, Professio feudalis, qua scilicet quis feudalium prædiorum cum suis limitibus ac terminis, atque adeo juribus ac oneribus descriptionem domino ex debito offert. Occurrit in [Charta anni 1239. inter Instrum. tomi 4. novæ Gall. Christ. col. 100. C.] Charta ann. 1387. et in Regesto Parlam. B. fol. 74. verso. *Nommée*, in Consuet. Montargensi cap. 1. art. 75. Aurelian. cap. 1. art. 73. Burbonensi art. 381. 382. Arvernensi cap. 22. art. 49. et Marchensi art. 188. *Dénombrement*, in aliis passim. [** Vide Haltaus. Glossar. German. voce *Die Lehen Benennen*, col. 131.]

* 2. **DENOMINATIO**, Proprietas, dominium. Charta Loth. reg. ann. 955. tom. 9. Collect. Histor. Franc. pag. 617 : *Præsens patris nostris decretum nostra regali auctoritate corroboramus.... sub fratrum Denominatione et potestate jure hæreditario.* Vide supra *Denominare*.

* **DENONCIATIO**, Denonciatura, Pararii seu proxenetæ officium vel præmium, qui *Denonciateur* apellatur, in Lit. ann. 1408. tom. 9. Ordinat. reg. Franc. pag. 335 : *Plusieurs bouchers, varletz bouchers, marchans et autres facteurs et Dononciateurs d'iceulx marchans et bouchers, etc.* Sentent. ann. 1199. apud Murator. tom. 4. Antiq. Ital. med. ævi col. 709 : *Dicebant mercatores salis de Mutina, quod non debebant dare assazatoribus Ferrariensibus aliquid pro assazatura vel Denonciatura; ..... sive pro assazatura sive pro Denontiatione, etc.*

* **DENOTARE**, Ex notis transcribere, instrumentum, notarii more, perficere. Charta ann. 1223. tom. 1. Hist. Cassin. pag. 143. col. 2 : *Quæ concordia et convenientia per manus Nicolai notarii de Manupplello in scriptis fuit redacta, et ab ipso in hunc modum Denotata, etc.*

¶ 1. **DENS**, an Decanus, Hisp. *Dean?* Privilegium Ordonii II. Regis pro Monasterio S. Martini Compostellani, Concil. Hisp. tom. 3. pag. 172 : *Vestrarius Dens confirmat; Edoromus Presbyter confirmat.... Cresconius Dens confirmat; Muninus Didaci Dens confirmat; Ramirus Dens confirmat.*

2. **DENS**. Dentes Angulares, in Lege Frision. Add. tit. 3. § 37.

Dentes Molares, in eadem Lege Fris. § 38. Μύλιοι, in Gloss. S. Benedicti, [Græcis γομφίοι.] Vide Isidor. lib. 11 Orig. cap. 1.

Dentes Maxillares, in Lege Longobard. lib. 1. tit. 7. § 6. [** Roth. 52.] Γόμφοι, in Gloss. S. Bened. Vide Gorreum et Medicos.

Dentes Qui in Risu Apparent, ibidem, [** Roth. 51.] [Γελασῖνοι Græcis, unde *Gelasinos* appellat Sussannæus in Vocabulario.]

¶ Dentes Tomei, eidem Sussannæo, *Anteriores in meditullio sunt constituti;* a Græco scilicet τομεῖς, Incisores.

Dentes Equini. Albertus Stadensis ann. 1096 : *Pulli etiam equorum Dentes majores, quos Equinos vulgo appellant, quosque non nisi caballis concedit natura, in ipso partu protulerunt.*

Dentis Evulsio, Amissio, Pœna olim recepta. Ditmarus lib. 8. initio : *Quicunque post Septuagesimam carnem manducasse invenitur, abscissis Dentibus graviter punitur*, apud Polonos. Consuetudines MSS. Solemniaci in Arvernis : *Si aliquis intraverit de die ortum vel vineam alicujus... et inde extrahat fructus, aut solvat 7. solidos Podiens. aut amittat Dentem, et sit in optionem ejus delinquentis solvere dictam pœnam, aut amittere dentem.*

* Idem occurrit in Libert. Montisfer. ann. 1291. ex Reg. 181. Chartoph. reg. ch. 154. et Viennæ ann. 1361. tom. 7. Ordinat. reg. Franc. pag. 432. art. 30. Fabulam, quamtumvis insulsam, accipe ex Annal. Victor. Mss. descriptam ad ann. 1187 : *Ab illo autem tempore, quo crux Domini capta est a Turcis, infantes postea nati non nisi xx. vel xxij. dentes habent, cum ante hoc tempus xxx. vel xxxij. habere solerent.*

Dentibus Literas Scindere. Chronicon Montis Sereni ann. 1214 : *Papa motus ejus instantia, et causa cognita jussit ut literas datas Dentibus scinderet, quod literis cassatis fieri solet.*

¶ De Dentibus et Naribus. Charta Bernardi de Turre ann. 1308. apud Baluz. Hist. Avern. tom. 2. pag. 781 : *Item de sanguine fluenti et cognito supra oculos vel infra, si cum sola manu vel pugno, sine alio instrumento, postquam de Dentibus et naribus, et etiam tunc si enormis fuerit læsio subsecuta, si clamor factus fuerit, septem solidos dabit malefactor Domino pro emenda, et passo injuriam satisfaciet ad regardum Consulum.* Vide Hist. Dalph. pag. 32. Edit. Paris.

* 3 **DENS**, Clavus ligneus aut ferreus, Gall. *Cheville*. Lit. remiss. ann. 1382. in Reg. 120. Chartoph. reg. ch. 346 : *Ad habendum Dentes seu cavillas pro hercia ibidem accessisse.* Vide infra *Dentellus*.

* 4. **DENS**, Angulus, cornu, Gall. *Pointe*, ut videtur. Charta ann. 1259. in Chartul. Buxer. part. 14 ch. 7 : *Nemus dou Boichart .... prout se ingerit a Dente rupis de Bues descendendo usque ad vadum de Noa.*

* **DENSATOR**, pro *Defensator* vel *Defensor*, uti etiam legitur in Charta ann. 927. inter Probat. tom. 1. Hist. Nem. pag. 19. col. 2.

¶ **DENSESCERE**, Densari, densum fieri, Gall. *se condenser*, apud Guibertum lib. 1. de Vita sua cap. 21. [** et in Adson. Miracul. S. Mansueti cap. 11.]

DENSETUM, Locus densus in silva. Ebrardus in Græcismo cap. 11 :

Densatum proprie, quod fit densum, liquet esse,

Luci Densetum dicas, ubi cernis opacum.

DENTALES, *Aures aratri*, *quibus latior sulcus redditur*. Papias.

* Dentale, *Sep de chérue*, in Glossar. Lat. Gall. ex Cod. reg. 7692. Leudæ minor. Carcass. Mss : *Item de saumata Dentalium*, 1. *den.* Nostris *Dental*. Lit. remiss. ann. 1473. in Reg. 195. Chartoph. reg. ch. 916 : *Icellui Michiel print ung Dental d'araire en sa main etc.*

* **DENTALIA**, *Lo ferro da cavare li denti*. Glossar. Lat. Ital. Ms. Vide *Dentaria*.

DENTARIA, *Ferrum unde Medici dentes tollunt*, Ugutioni. Apud Jo. de Janua et in Catholico Armorico *Dentana* scribitur, *Fer ou instrument pour traire dent*. Gloss. Græc. Latin. : Ὀδοντάγρα, *forfex dentaria*.

¶ **DENTATA**, Morsus, Gall. *Morsure*, *Coup de dent*. Miracula S. Zitæ, April. tom. 3. pag. 525 : *Lupus ipsi mulieri dedit sex Dentatas*.

* **DENTE**. Vide infra *Dentrix*.

* **DENTELLUS**, diminut. a *Dens*, Clavus ligneus vel ferreus, munitionis species, crates dentata. Charta ann. 1125. inter Probat. tom. 2. Hist. Occit. col. 437 : *De ædificio vallis unde comes conqueritur, judicatum est ut Dentelli destruantur et ipsum scadafale, et ædificium ipsum de cætero altius non fiat*. Vide *Denticium*.

* **DENTER**, f. pro Linter. Glossar. Lat. Gall. ex Cod. reg. 7692 : *Denter, petite nef ague*.

¶ **DENTERSIS**, Epistola Johanni Presbytero seu Regi Abissinorum perperam adscripta in MS. Corbeiensi : *Singulis annis visitamus corpus S. Danielis Prophetæ in Babilone deserta, et omnes armati sunt prope* (propter) *Tiros et serpentes qui vocantur Denterses*.

¶ **DENTEX**, συνόδους, φάγρος, *Pagrus piscis*, in Supplemento Antiquarii. Vide *Dentrix*.

¶ **DENTICARE**, *Dentes imprimere vel movere*. Papias.

¶ **DENTICIUM**, Occa, crates dentata, Gall. *Herse*. Acta S. Hoarvei MSS. : *Ruri cultus perficeret, jugera seminaret, atque cum asino, Denticio cooperiret*.

¶ **DENTICULUM**, *Aciarium*, σομωμάτιον. Sic Gloss. apud Martinium.

¶ **DENTICULUS**, diminut. Dentis. Apul. Apol. : *Quæ, malum, ratio est, linguam mundam et lotam, vocem contra spurcam et tetram possidere? viperæ ritu niveo Denticulo atrum venenum inspirare?*

DENTIDUCUM, Instrumentum quo dentes avelluntur. Erasistratus apud Cælium Aurelian. lib. 2. Chron. cap. 4. ait *plumbeum odontagogum*, (ὀδονταγωγὸν) *quod nos Dentiducum dicere poterimus, apud Delphos in Apollinis templo ostentationis causa propositum, quo demonstratur oportere eos dentes auferri, qui sint faciles, vel mobilitate laxati, vel quibus sufficiat plumbei ferramenti conamen ad summum*. Locus insignis pro iis qui dentium morbo laborant. *Dentariam* ab Ugutione appellari supra observavimus.

* **DENTILLUM**. Charta ann. 1333. ex Bibl. reg. cot. 2 : *Ad alium locum ejusdem insulæ, ubi sunt Dentilla gissi in pariete, in quo erat etiam baculus seu astella dicti domini archiepiscopi appositus*.

* **DENTILUS**, Denticulus, ut suspicantur docti editores, ad vitam S. Rosæ tom. 5. Aug. pag. 955. col. 1 : *Non meministi .... nec usquam vel nodulum in stylis, aut Dentilum reperisse in scapis, qui huic integro mensi pubem illius flosculi polliceatur*. Flores enim, aiunt illi, e scapis acuminati prodeunt instar parvorum dentium.

DENTIVA, Gingivæ quibus dentes hærent. Chronic. Windesemense lib. 2. cap. 68 : *Anterioribus quibusdam excussis dentibus, Dentivisque collisis*. Legendum forte *gingivis*.

DENTRIX, Carminarium, Gallis, *un Serin*. Occurrit apud Cantipratanum.

Est etiam nomen piscis apud Isidorum lib. 12. cap. 6 : *Dentrix pro multitudine et granditate dentium dictus*. De eo forte intelligenda Charta Henrici VI. Regis Angl. pro Monasterio Ramseiensi : *Et sint quieti a quibuscunque prisis.. caponum, gallinarum, pullorum, columbarum, Dentricium, et anguillarum, ac omnium aliorum piscium recentium*. Ubi *Dentrix*, ni fallor, appellatur, quod nostris dicitur *Meliens*; nam multos habet dentes et acutos.

* Glossar. Lat. Gall. ex Cod. reg. 7692 : *Dentrix, luz*. Tract. Ms. ex Cod. reg. 6838. C. cap. 71 : *Nobis Dento sive Dente, verus est scarus*.

** **DENUDATIO**, Privatio. Brachylog. lib. 4. tit. 8. § 6 : *Non liceat præsidi ante clericum punire, quam a proprio episcopo clericatus honore fuerit denudatus; quod si episcopus viderit acta sibi non juste constitisse, liceat ei differre gradus Denudationem sub legitima cautela, etc*.

* **DENUMERAMENTUM**, ut supra *Denombramentum*, Professio feudalis, qua scilicet quis feudalium prædiorum cum suis limitibus ac terminis, atque adeo juribus ac oneribus descriptionem domino capitali ex debito offert. Inventar. Chart. reg. ann. 1482. fol. 268 : *Littera homagii facti per Johannem de Vergio militem, senescallum Burgundiæ domino regi, ratione domanii et feudorum in littera declaratorum per modum Denumeramenti*. Vide supra *Adveutum*.

* **DENUNCIA**, Denuntia, Denunciatio, Ital. *Denunzia*. Stat. Mantuæ lib. 1. cap. 6. ex Cod. reg. 4620 : *Quilibet alius accusans seu denuncians, et probans Denunciam seu accusam, etc Exemplum accusæ vel Denuntiæ seu inquisitionis*, in Stat. Montis-reg. pag. 147. Stat. Vercell. lib. 1. pag. 16. r° : *Teneantur consules et credentiarii statim post decem dies post requisitionem seu Denunciam, etc*. Adde Correct. Statut. Cadubrii cap. 77. et Stat. Placent. fol. 92. v°.

DENUNDINARE, Propalare, divulgare, quod faciunt qui in nundinis merces suas palam exponunt. Gloss. Isidori : *Denundinat, omnibus notum facit*. Ita enim Gloss. Arabico-Lat. [Sic et Constantiensis : *Denundinat, divulgat, omnibus notum facit*.]

DENUNTIATIO *novi operis per jactum lapilli*, apud Rollandinum in Summa Notariæ cap. 6. extremo. [** JC. *Nuntiatio novi operis*. De jactu lapilli (Dig. fr. 20. § 1. Qu. vi aut cl. 43, 24.) etiam mediis temporibus usitato vide Grimm. Antiq. Jur. Germ. pag. 181. et Medem. in *Zeitschrift für Archivwissenschaft*, tom. 1. pag. 318. sqq.]

** **DENUNTIATIONIS** Litteræ, ap. Mar. Mercat. pag. 74.

DENUNTIATORES. Constitut. Siculæ lib. 1. tit. 38. § 1 : *Denuntiationes autem pro nobis, vel contra Curiam nostram factas, quas in posterum Denuntiatoris nomine non expresse recipi prohibemus, per judices ante factos discuti volumus, etc*.

Denuntiatores Regionum Urbis, habent Inscriptiones veteres Gruter. 250. 254. 4.

¶ **DENUS**, *Nomen pecuniæ, unde nummus denarius est*. Papias.

* **DENYMPHALES** Feriæ, *in quibus non licebat aquas inducere agris*. Glossar. vet. ex Cod. reg. 7613. [** Scribendum *Denicales* e Glossar. in cod. reg. 7644. ubi hæc habentur : *Gloss. Denicalibus feras aput paganos erant et ea eferie quando aquam non licebat inducere agris paratis ob honore nimfarum*. Vide Forcellinum in *Denymphalis* et *Denicales feriæ*.]

* **DEOBLERIUS** Operatus, Mantile opere vario distinctum, Gall. *Serviette ouvrée*. Lit. remiss. ann. 1353. in Reg. 82. Chartoph. reg. ch. 83 : *Furatæ fuerunt unam mapam et duos Deoblerios operatos*. Charta ann. 1322. in Reg. 64. ch. 209 : *Et si devoit avoir blans Doubliers et blanches touailles*. Vide *Duplarium* 2.

¶ **DEOBLIGATUS**, Absolutus. Monetus Serm. Quadragesimal. fol. 147. recto : *Tu et Confessor tuus qui consulit tibi, quod transmutes votum, vaditis ad omnes diabolos; unde si indulgentiam haberes B. Petri, non esses Deobligatus, quia redditio voti est de jure divino*.

* **DEOCCUPARE**, Rem occupatam dimittere. Lit. Caroli IV. imper. ann. 1355. tom. 2. Hist. Trevir. Joan. Nic. ab *Hontheim* pag. 196. col. 2 : *Barnabas restituit et Deoccupavit Seralium Mantuanum, quod Rosengarte dicitur*.

DEODA, *id est divina*. Papias.

DEODANDA, appellantur bruta omnia et inanimata, quorum impetu vita hominis tollitur : verbi gratia equus calcitrans, bos cornupeta, trabis aut domus casus vel ruina, navis in flumine fracta, etc. Cum enim lege Mosis bos homicida lapidibus obruendus esset, Anglis placuit, ut eorum pretium in pios usus erogaretur, et Deo donaretur. Bracton lib. 3. Tract. 2. cap. 5. n. 8 : *Item batelli de quibus tales submersi fuerint, appretientur, et alia quæ sunt causa mortis alicujus; et sunt Deodanda pro Rege, ut si submersus fuerit quis in aqua dulci, et non in mari (ubi nec navis, nec mæremium, si navis fracta fuerit, erit Deodanda) quia omnia ista erunt dominorum, si vivant, sicut eorum catalla; nec sunt Deodanda ex infortunio in mari, nec vreccum, nec etiam murdrum de occisis in mari*. Quod dicit *pro Rege*, exponere videtur Fleta lib. 1. cap. 25. § 9. *pro anima Regis et omnium fidelium defunctorum*. Adde eumdem Bractonum d. libro et tract. cap. 15. § 6. Monast. Anglic. tom. 1. pag. 977. Willelm. Stanfordium lib. 1. Placit. Coronæ cap. 12. Cowellum lib. 4. tit. 8. § 1. et Rastallum verbo *Deodande*.

DEODICATA, *Sacrata*, Sanctimonialis, quæ Deo continentiæ et integritatis votum vovit. Capitulare Haitonis Episc. Basilensis cap. 16 : *Ut mulieres ad altare non accedant, nec ipsæ Deodicatæ in nullo ministerio altaris intermisceantur.* S. Cyprianus Ep. 62 : *Quod si ex fide se Deo dicaverint, pudice et caste sine ulla fabula perseverent.* Idem de Disciplin. et habitu Virg. : *Ut quæ se Christo dicaverint, et a carnali concupiscentia recedentes, tam carne quam mente Deo se voverint.* Sanctus Hieronymus Epist. 15 : *Et tunicam fusciorem, quam a matre impetrare non poterat, induta, pro negotiationis auspicio se repente Domino consecravit.* Et lib. 1. advers. Jovinianum cap. 7 : *Virgines, quæ post consecrationem nupserint, non tam adulteræ sunt, quam incestæ.* Vide Conc. Eliberit. cap. 27. leg. 1. Cod. Th. de Raptu vel matrim. Sanctimonial. (9, 25.) et leg. 12. de Scænicis eod. Cod. (15, 7.) Acta S. Marcianæ Mart. num. 3. Vitam S. Præjecti n. 4. etc.

Deo Sacrata. Vetus Inscriptio Mediolani ad D. Protasii :

Clara genus, censu pollens, et mater egentum,
Virgo sacrata Deo Manlia Dædalia.

Vide Vitam S. Austrebertæ n. 11. *Deo dicata virginitas*, apud S. Fulgentium Epist. 3. ad Probam de Virginitate. *Virgo Deo dedita*, apud Gennadium de Scriptor. Eccles. in Paulo Presbytero. *Deo vota*, quomodo Sanctimoniales aliquot subscribunt Chartam Muniæ Abbatissæ ann. 922. apud *Yepez* in Chron. Ordin. S. Benedicti tom. 4. pag. ult. in alia Christinæ filiæ Bermundi II. Regis tom. 5. pag. 426. *Virgo sacra*, apud S. August. Epist. 103. *Sacrata virgo*, in leg. 2. Cod. Theod. de Raptu vel matrim. (9, 25.) Historia S. Clementis PP. : *Cum et Domitillam virginem, neptem Domitiani Principis, sponsam Aureliani, credentem Christo, sacro velamine ad integritatis perseverantiam consecraret.* Hist. S. Apollinaris Mart. : *Filia vero ejus consecrata est Deo, et permansit virgo.*

Ejusmodi porro devotas virgines [quas ἱερὰς παρθένους vocat Sozomenus lib. 6. cap. 19. παρθένους ἐκκλησιαστικάς lib. 8. cap. 24.] præ cæteris graphice describit Libellus precum Marcellini et Faustini Presbyteror. : *Sed et apud Palæstinam in Eleutheropoli est sacra virgo Christi, nomine Hermione, generosis quidem edita natalibus, sed fide et sanctimonia multum facta generosior, ipsam virginitatem condecorans contemptu rerum sæcularium, et humanæ gloriæ, ad quam plerique affectant, etiam qui se sæculo et concupiscentiæ carnis abrenuntiasse gloriantur. Hæc in quantum castimoniam corporis sacro rigore custodit, in tantum animæ puritatem casta piæ fidei observatione conservat, non hæreticis, non prævaricatoribus communicans.* [Vide *Devotæ*.]

DEO DICATI, Ordinibus sacris initiati, Monachi, etc. Lucifer Calaritanus, lib. Moriendum esse, etc. : *Dicatos Deo homines torques, interficis, etc.* Et infra : *Tu contra Deo dignaris interficere dicatos.*

¶ **DEOFUGYLE**, Quod offertur diabolo. Vide *Godgildum*.

DEO GRATIAS, Salutationis formula veteribus Christianis etiam usitata, ut testatur S. Augustinus in Psal. 132. et Epist. 77. Regula S. Benedicti cap. 66. Ostiario præcipit : *Mox ut aliquis pulsaverit, aut pauper clamaverit, Deo gratias, respondeat, aut Benedicat.* [Papias : *Deo gratias, interjectio computatur, sicut proh dolor! proh nefas!*]

¶ **DEOLERARE**, Olera auferre. Vide *Olerare*.

DEONANDI, Guibertus lib. 2. de Vita sua cap. 5 : *Et ecce mane quodam, dum adhuc medie sopitus clausis oculis cubitaret, quo dæmones instar religiosorum illorum, quos Deonandos vulgo appellant, scamno quod ejus subsidebat lectulo, insederent.* Mox *Circumcelliones, et laicas personas*, [*exterum genus hominum et incognitam gentem*] vocat. Ubi vir doctissimus D. Lucas Acherius non improbabili conjectura putat *Deonandos* esse, quos vulgo *Donatos* et *Oblatos* in Monasteriis vocitabant. Vide *Donati*.

☞ Mabillonio non placet Acherii conjectura, quod Guibertus, inquit in Præfatione ad Acta SS. Benedict. sæc. 6. part 2. n. 92. eos *Religiosos* vocet, et religioso habitu indutos exhibeat, nudipedes ac gyrovogos, quod Donatis illis competere non videtur. At quinam fuerint ejusmodi Religiosi, (melius dixerit Circumcelliones) ne quidem audet conjicere, donec lux major affulgeat. Hadrianus Valesius in Notitia Galliarum pag. 170. a *Deonanto* pagi Leodicensis oppido sic dictos conjicit, hincque vocem *Diantre* pro *Diable* a nostris vult usurpatam : quam alii verecundiæ tribuunt non sinenti turpe diaboli nomen pronuntiari.

DEONARII, Hæreticorum secta ex Manichæis seu Paulicianis. Historia Vezeliacensis lib. 4. pag. 644 : *Eo tempore deprehensi sunt apud Vizeliacum quidam hæretici, qui dicuntur Deonarii, seu Poplicani.* Et mox : *Convicti sunt quod solam divinitatis essentiam ore confitentes, omnia penitus Ecclesiæ Catholicæ Sacramenta evacuarent.* Ii forte quos *Deistas* dicimus, qui omni religione posthabita, solum Deum colunt. Vide *Populicani*.

¶ **DEOPERIRE**, Detegere, declarare, Gall. *Decouvrir*. Vita Venerab. Odæ, tom. 2. April. pag. 774 : *Ire perrexit patri et matri secretum Deoperire.* Occurrit alibi.

¶ **DEOPERTUS**, Discoopertus, detectus, Gall. *Decouvert*. Miracula S. Wulfranni, Martii tom. 3. pag. 158 : *Pictacium illud quod absconderat, Deopertum ore tulit.*

¶ **DEORDINATIO**, Pravi mores, dissoluta vivendi ratio, licentia, Gall. *Desordre, Dereglement, Libertinage.* Memoriale Potestatum Regiensium ad annum 1265. apud Murator. tom. 8. col. 1124 : *Sic vigiliis, jejuniis et orationibus, ac aliis bonis operibus fuit* (Clemens IV. Papa) *quod multas quas Ecclesia tunc sustinebat, Deordinationes Deus suis meritis creditur extinxisse.* Statuta MSS. Ecclesiæ Audomarensis : *Scandala, Deordinationes et mala occasione Episcopi Fatuorum et suorum evenerint.* Utitur Laurentius Bizynius in Diario Belli Hussitici, apud Ludewig. tom. 6. Reliq. MSS. pag. 129. [** Pro malo ordine, perturbatione, est in chart. Conrad. Archiep. Mogunt. ann. 1427. in Guden. Cod. Diplom. tom. 4. pag. 163.]

DEORNATUS, *Depravatus*, in Gloss. MSS. ad Concilium Carthag. can. 14. [Forte melius legeretur *Deordinatus*.]

* **DEORSUM**, Foris, Gall. *Dehors.* Scacar. Paschæ apud Falesiam ann. 1214. ex Cod. reg. 4651 : *Terra vero quæ se aquitat per se et per servitia Deorsum masuras, non est borgagium.*

* Deorsum Plantari, id est, Inverso capite, supplicii genus. Stat. ant. Florent. lib. 3. cap. 124. ex Cod. reg. 4621 : *Assassinus . . . . trahatur ad caudam muli sive asini usque ad locum justitiæ, et ibidem plantetur Deorsum, ita quod moriatur.* Ibid. cap. 126 : *Capite plantetur, ita quod moriatur.*

** **DEOSCULATE**, ap. Virgil. Grammat. pag. 72.

¶ **DEOSCULATORIUM**, apud Rymerum tom. 8. pag. 428. col. 1. idem quod aliis *Osculatorium*, id est, Tabula quæ in Missis solemnioribus osculanda defertur in signum pacis, hincque dicta nostris, *La paix.* Occurrit rursus in Testamento Rotherani Episc. Eborac. ann. 1498. in Libro nigro Scaccarii pag. 673.

** **DEOSTO**, Vox contumeliosa. Chart. Alphons. II. Lusit. Reg. ann. 1218. apud S. Rosa de Viterbo tom. 1. pag. 360. voce *Dehonestar* : *Si aliquis Dehonestaverit aliquem quantos Deostos ei dixerit, tantos tres solidos ei pectet, etc.*

** **DEO-VOTA**, Vide *Deodicata* et S. Rosa de Viterbo Elucid. tom. 1. pag. 362. sqq.

DEPACTARE. Carolus IV. Imp. de Vita sua pag. 104 : *Rex autem Cracoviæ et Bulco Dux malignum fraudulenter conflaverunt consilium, qualiter Joannem Regem et Carolum in eorum reditu de Prussia possent capere, et post multas calumnias usque ad extremum denarium Depactare.* Ubi *Depactare* videtur esse nostrum *Depaqueter*, vel *Dévaliser*, [Spoliare : quod confirmatur ex Diplomatario Ludovici Duc. Brandenburgici, apud Ludewig Reliq. MSS. tom. 7. pag. 87 : *Volentes etiam sibi, si bona sua dicto castro pertinentia nostri nomine Depactata fuerint, cum paribus bonis, hostibus et adversariis nostris pertinentibus, recompensam facere parem.* Et ex Chronico Episcoporum Merseburgensium apud eumd. Ludewig. tom. 4. pag. 403 : *Ipse Episcopus quemdam avunculum suum dictum, Heinricus de Harras, tunc inopem et egentem sibi assumsit, et de toto suo dominio potentem fecit. Qui more esurientis canis et saturari cupientis, statim omnes tam Clericos quam Monachos et Ecclesiæ suæ laicos sine misericordia Depactavit, et postea castrum Harborg pro octingentis marcis, Episcopo sciente et consentiente, obligavit.*]

¶ Depactatio, Spoliatio, in mox laudato Ludovici Duc. Brandenburg. Diplomatario : *De cc. marcis argenti Stendalensis ex Depactationibus vel captivorum depecuniationibus, aut ex aliis modis quibuscumque nobis evenientibus, satisfecimus integraliter.*

¶ Depacticare, ut *Depactare*, in mox citato Chronico Episc. Merseburg. apud Ludewig. tom. 4. pag. 423 : *Unumquemque pro levi et aliquando nulla culpa seu causa exactionavit et Depacticavit, et Depactican-*

dorum et exactionandorum delatores specialiter et teterrime fovebat et dilexit.

DEPACTIRE, Pacisci, depascisci, pactione transigere. Lex Wisigoth. lib. 2. tit. 2. § 10 : *Et post causæ initium renuentes judicium, de inchoato præsumpserint inter se Depactire negotio.*

* Constant. imper. in leg. 1. Cod. Theod. de raptu virginum vel viduarum (9, 24.) : *Si quis nihil cum parentibus puellæ ante Depectus etc.* Alii codices habent, *Depuctus.* Vide *Depectio.*

Depactum, Pactum, conventum, apud Flodoardum, idem quod

Depactio, *Pacis confœderatio*, in Glossis Arabico-Lat. [Papias habet : *Depectio*, *Pacis confœderatio.*]

* Charta ann. 1183. in Hist. Gerbored. pag. 337 : *Ut autem hæc Depactio facta, ... rata et firma habeatur, etc.*

DEPAGARE. Gloss. Arabico-Lat. : *Depago, deflecto, a pagendo dicitur, vel transigo, a paciscendo.* Glossæ Isidori : *Depago, deflecto, vel transigo.* Vox conficta a *pagare*, solvere, *Paier : pagare* vero a *pactare :* unde legendum videtur, *Depago, depacto, a pagando dictum, vel transigo, etc.*

1. **DEPALARE**, Palis vineam instruere, vitibus palos jungere. Hermas in Pastorali lib. 1. cap. 5 : *Eique assignavit vineam, præcipiens ut vitibus jungeret palos... cumque Depalasset vineam illam, et animadvertisset eam herbis repletam, etc.* Occurrit ibi pluries. Apud Tertullianum in Apologetico, *Depalare civitatem*, est palis cingere.

2. **DEPALARE**, Manifestare. Gloss. Arabico-Lat. : *Depalo, Devolvo, manifesto.* Gloss. Isid. et Papias : *Depalata, manifestata.* [Tertull. adversus Hermogenem : *Depalans quodammodo mundo.*] Constantinus Presbyter de Vita S. Germani cap. 16 : *Virtutum suarum ostenta Depalavit.* Stephanus Africanus Presbyter in Vita S. Amotoris num. 7 : *Votorumque suorum desideria Depalantes.* [Eodem intellectu dixit Plautus Bacchid. 4. 9 :

Periisse suavius est,
Quam illud flagitium vulgo Dispalescere.]

¶ Depalator Divinæ Disciplinæ dicitur S. Paulus a Tertulliano lib. 5. adv. Marcionem.

¶ **DEPALLARE**, Pallium exuere : Tertull. de Pallio : *Græcatim Depallari magis quam amiciri.*

DEPALLIARE. Vide *Detunicare.*

DEPANARE, Depanatus. Papias : *Depanare, dilaniare, de panno rapere.* Isidor. in Gloss. : *Depanare, dilacerare.* Joan. de Janua : *Depanare, dilacerare, vel pannos auferre, expoliare, denudare.* Capitula Caroli C. tit. 29. [** Synod. Pistens. ann. 862. cap. 1.] : *Sicut quando solemus de istis frequentibus itineribus reverti ad mansiones nostras detonsi, et delavati, cum drappis et calciamentis Depannatis, tunc nos reficimus et reparamus.* Id est, *laceratis :* nos diceremus, *des souliers deschirez.* [Abbo Sangerman. Serm. 5. apud Acherium Spicil. tom. 9. pag. 109 : *Quidnam sunt isti rapaces lupi, qui sine cessatione persequentes devorant et Depannant?* Peregrinus in MS. Speculo Virginum lib. 12 : *Servum peccati licet trabea redimitum ignorat et abjicit; justi autem aridum licet deformem et Depannatum amat et assumit.*] Le Roman *de la Conqueste d'Outremer*, apud Falcetum :

Là peussiés voir tant viés dras Depannés,
Et tant grande barbe, et tant ciés hurpés.

Gariopontus lib. 1. cap. 17 : *Frigidus humor capitis similiter dentem vitiat, commovendo, pertundendo, frangendo, privando, Depannando.*

* *Dépané*, Lacerata et pannosa veste indutus, vulgo *Déguenillé.* Vita S. Ludov. edit. reg. pag. 349 : *Com il venoient délivrés des prisons des mescreanz, nus et espanez, etc.* Mirac. B. M. V. Mss. lib. 1 :

Ava! la vile vit un homme,
Nus fu, despris et Dépané.

Le Roman d'*Alexandre* Ms. part. 1 :

Et la broigne du dos déroute et Despanée.

* *Guienné*, eodem significatu, in Charta ann. 1384. tom. 2. Probat. Hist. Brit. col. 484 : *Le Vendredy prouchain ensuivant vint et arriva à ladite métairie un homme assez Guienné, vestu d'une hopelande et d'une houe de burel, etc. Loqueté*, eadem acceptione, in Lit. remiss. ann. 1415. ex Reg. 168. Chartoph. reg. ch. 419 : *Un petit homme vestu d'une robe de pers Loquetée,... ne sceut onques icellui suppliant que ledit homme Loqueté devint.*

¶ Depannis, *Inops, sine pannis*, apud Laurentium in Amalthea.

DEPARARE, Vestimenta, seu *paramenta* exuere, deponere, uti *parare* Italis est *induere*, in Inquisitione de vita et moribus B. Joannis Episcopi Vicentini.

* **DEPASTORGIUM**, Ager pascuus, maxime pecudum. Terrear. Ms. Bellijoc. fol. 429. r° : *Tam in domibus, terris, pratis,... pascuis, Depastorgiis, quam aliis possessionibus, etc.* Vide *Pastorgagium.*

DEPAUPERARE, *Pauperem facere, vel a paupertate removere*, Ugutioni. Alanus in Planctu naturæ :

Nam timor aggreditur mentem, pariterque cupido
Concutit, et totam mentis Depauperat urbem.

[Charta ann. 1404. ex Schedis D. *Lancelot : Est eadem Ecclesia (Vivariensis) in redditibus, fructibus et emolumentis adeo Depauperata et diminuta, quod etc.* Rolandinus Patav. lib. 7. de Factis in Marchia Tarvisina cap. 13 : *Depauperati sunt prorsus et quasi compulsi ad mendicandum.* Hoc verbo usus est Varro, apud quem : *Domum Depauperare sumptu.*] Vide *Pauperare.*

¶ Depauperatio, Egestas, inopia, bonorum spoliatio. *Et ipsi hactenus ex nostra Depauperatione ditati*, apud Matth. Westmonaster. in Floribus Hist. Britan. *Depauperatio spirituum*, id est, Defectus, Debilitas, apud Medicos.

¶ **DEPECIARE**, Cædere, discerpere, Gall. *Mettre en piece.* Chronic. Cornelii *Zantfliet* apud Marten. tom. 5. Ampliss. Collect. col. 392 : *Jacobus dictus Baddu in quatuor portiones apud Trajectum extitit Depeciatus et exenteratus, Helias de Flemelia in agro decollatus.* Vide *Pecia.*

DEPECTIO, pro *Depactio*, Pactio, pactum, turpis pactio. Ita usurpant lex 1. Cod. Th. de Abolit. (9, 37.) et lex 1. de Postulando. (2, 10.) Vide Cujac. lib. 2. Obs. cap. 15. supra in *Depactire*, [** et Marin. Pap. Diplom. num. 73. lin. 14.]

* **DEPECTIRE.** Vide supra *Depactire.*

DEPECUATIO, Pecudum spoliatio, pecudum abactus. Charta Henrici Comitis Palatini ann. 1271. in Metropoli Salisburgensi tom. 1. pag. 166 : *Super diversis dissensionum articulis, damnis, incendiis, rapinis, captivationibus, Depecuationibus, homicidiis, etc.* [** Confer *Depecuniare.*]

¶ **DEPECUNIARE**, Pecunia spoliare. Chronicon Salzburg. apud Raimundum Duellium Miscell. lib. 2. pag. 130 : *Eodem anno* (1408.) *incepit guerra inter Hainricum Ducem Bavariæ filium Friderici Ducis et Cives Lantzhuettenses... Idem Dux Cives in prandio cepit et Depecuniavit.* Vita S. Trudberti, April. tom. 3. pag. 438 : *Magna satis exactione Depecuniavit homines et colonos.* [** Pecunia persoluta seu promissa captivos redimere. Charta ann. 1271. in Guden. Cod. Diplom. tom. 1. pag. 737 : *De captivis est taliter diffinitum, quod hi qui ex utraque parte adhuc habentur captivi .... absolvendi et inducíandi sunt .... Hi autem qui Depecuniati sunt, pecuniam suam persolvent, quemadmodum promiserunt.* Confer *Depretiare.*]

¶ Depecuniatio, Exactio pecuniæ. Diplomatarium Ludovici Ducis Brandenburg. apud Ludewig. tom. 6. Reliq. MSS. pag. 76 : *Judeos exemptos esse volumus et solutos a quacumque specie exactionis, Depecuniationis seu precariæ.* Vide alium locum in *Depactatio.*

DEPECZATUS, [In *pecias* seu frusta divisus, scissus.] Vide *Pecia.*

¶ **DEPELATA**, *Manifestata*, in quibusd. edit. Gl. Isid. Melius *Depalata*, ut supra in *Depalare.*

DEPELLICULARI, apud Papiam, *Decipere, a pelliciendo dictum.*

¶ **DEPENDENTIA**, Gall. *Dependence*, Appendix, accessio. Acta SS. Junii tom. 3. pag. 548. de B. Petro Gambacurta : *Ut causam et causas beatificationis hujusmodi cum omnibus et singulis incidentiis, emergentiis, Dependentiis annexis, etc.* Occurrit etiam in Charta Henrici IV. Regis Angl. ann. 1405. apud Rymerum tom. 8. pag. 403. col. 1.

¶ **DEPENDERE**, Gall. *Dependre*, Rem suspensam demittere, suspensum hominem solvere. Acta SS. Junii tom. 4. pag. 928. de S. Lanfranco : *Ipsum de furca Dependit, et cuncta ejus vincula resolvens, ad nos eum cum festinatione perduxit.* Rursum occurrit in Vita S. Jacobi Eremitæ, inter Acta SS. Benedictin. sæc. 4. part. 2. pag. 148.

* **DEPENDITUM**, Sumptus, impensa, Gall. *Dépens.* Charta ann. 1406 : *Sumptus, missiones, Dependita et expensas, etc.* Unde *Dépendre*, pro *Dépenser*, sumptum facere, in Lit. ann. 1373. tom. 5. Ordinat. reg. Franc. pag. 649. art. 18. et alibi passim.

* **DEPENNARE**, Avi pennas avellere, demere. Acta S. Domin. tom. 1. Aug. pag. 588. col. 2 : *At ille* (Dominicus) *cœpit eum* (passerem) *festine Depennare etc.*

* **DEPENSARE**, Reputare, Gall. *Penser.* Mirac. S. Emmer. tom. 6. Sept. pag. 499. col. 2 : *Tuto ... cæcatus corpore, sed illuminatus mente, ... nequaquam valde Depensans privatum se lumine, quod sibi commune esset cum muscis, etc.*

¶ **DEPENSCERE.** Chartular. S. Vandregesili tom. 1. pag. 932 : *Si vero tractu temporis idem Vicarius aut quilibet ejus futurus successor in Ecclesia memorata aliquas grossas decimas... satagant vindicare, et eos Religiosos supra illis decimis molestare, ex tunc Depenscere quind. libr. Turron. eidem Vicario et ejus cuilibet successori per meam ordinationem reddenda ab ipsis Religiosis tresdecim libræ detrahantur, quousque a petitione dictarum decimarum cessaverit omnino.* Hunc locum existimo sic legendum : *Ex tunc de pensione quindecim librarum Turron. etc.*

* **DEPERDA**, Damnum, jactura, Gall. *Perte*. Sentent. arbitr. ann. 1500 : *Prætextu quorum dictus Lamberti dictos parerios dicti martineti de Reveniers in causam traxerit.. ad sibi emendandum dampnum, interesse et Deperdam per eosdem facta.* Vide infra *Depertum*.

¶ **DEPERDITUM**, non semel, neque adeo malè, legitur pro Damnum apud Scriptores ætatis inferioris. Vide *Depertitum*.

* **DEPERITUS**, passiva acceptione, Destructus, deterior factus, Gall. *Déperi*. Placit. ann. 927. inter Probat. tom. 1. Hist. Nem. pag. 19. col. 2 : *Quod si strumenta cartarum per turbis hostium, aut fures, vel incendium, aut per quodcumque ingenium genera naufragiorum destructas vel Deperitas, etc.* Charta ann. 1400 : *Videns quod dicta molendina erant Deperita, et quod plus prodebant dicto domino nostro Dalphino dicta decem sestaria frumenti, etc.*

* **DE PER SE**, Se ipso agente, auctore, Gall. *De soy mème*. Mirac. S. Niceta tom. 4. Sept. pag. 8. col. 1 : *Ipsa quidem* (mulier) *De per se necessaria corpori exercere non poterat; sed continuo adjutorio adstantium indigebat, ... quæ De per se descendens de lecto cum clamore jucundo cucurrit.* Steph. de Infestura Ms. de Bello inter Sixtum IV. PP. et reg. Ferdin. ann. 1482 : *Videntes igitur cives quod nihil esset, cupientes eorum indemnitati providere, De per se multi statuerunt segetes, quæ in campis erant, ad urbem triturandas portare.*

DEPERSONARE. Vide *Dispersonare*.

¶ **DEPERTIGO.** Vide *Depetigo*.

¶ **DEPERTITUM**, pro *Deperditum*, Damnum. Chartular. B. Magdalenæ de Castroduno fol. 42 : *Percipient quoadusque super dictis damnis et Depertitis eisdem esset plenarie satisfactum, quæ dampna et Depertita per sacramentum dicti Abbatis poterunt declarari.* Charta de fideli servitio Odonis de Dolis ann. 1209. tom. 1. Ampliss. Collect. col. 1195 : *Si autem de his conventionibus deficerem, concedo ut quicquid ad me pertinere debet de prædicto Castro-Meliandi, et toto feodo quod est de feodo domini Regis, sit mihi in Depertitum erga dominum Regem.*

* **DEPERTUM**, ut supra *Deperda*, nostris alias *Dépert*. Charta ann. 1221. in Chartul. Campan. fol. 49. v°. ex Cod. reg. 5993 : *Conservabimus indempnes prædictos Blancham comitissam et Theobaldum comitem natum ejus de omnibus dampnis et Depertis.* Aliud Chartul. ex Cam. Comput. Paris. ad ann. 1147. fol. 251. v°. col. 2 : *Et toutes ces choses et ces convenances ai je fianciés à tenir à celui Girart et à ses hoirs, et touz les domages et touz les Dépers que Girart ou si hoir i aueroient, je lour sui tenus à rendre et à restorer.* Lit. Phil. VI. ann. 1345. in vol. 2. arestor. parlam. Paris. : *Est réservé à eux de demander le demourant de leur Dépers et dommage sur lesdits malfaicteurs.* Lit. remiss. ann. 1378. in Reg. 114. Chartoph. reg. ch. 113 : *Le suppliant regarda que icelle ferme avoit pris à trop grant pris, par lequel estoit moult perdans, et que pour iceulx Dépers il ne pourroit bonnement paier.* Adde Ordinat. reg. Franc. tom. 7. pag. 547. Vide *Depertitum*.

¶ **DEPESCARE**, a Gallico *Dépecer*, in frusta dividere, frustatim concidere. Ordinatio Humberti II. ann. 1340. in Hist. Dalph. tom. 2. pag. 394. col. 1 : *Nec carnes crudas seu coctas scindant vel Depescent, aut truncent.* Glossar. apud Martinium : *Depesco*, διορίζω.

* Delere, lacerare, alias *Dépecier* et *Dépechier*. Charta ann. 1306. in Lib. rub. Cam. Comput. Paris. fol. 329. v°. col. 2 : *Otroia que le non de lui et dudit Willaume son pere soit Dépeciez et effaciez par devers les trésouriers nostre seigneur le Roi.* Vita J. C. MS. :

> Tant prirent (*poissons*) ne porent sechier,
> Lor rois cuvint à Dépechier.

* *Dépecier un jugement*, judicium rescindere, in Stat. ann. 1260. tom. 1. Ordinat. reg. Franc. pag. 92. art. 8. *Despecier un marchié*, a pactione recedere, in Lit. remiss. ann. 1403. ex Reg. 157. Chartoph. reg. ch. 391. *Despecier la noise*, rixam sedare, in aliis ann. 1416. ex Reg. 169. ch. 248. *Acquittier de l'interest et Despechier de tous dons*, Liberare, in Ch. ann. 1459. ex Chartul. 23. Corb.

* Unde *Dépecheur de commune*, Communiæ violator, in Charta Gallica Joan. comit. Pontiv. pro communia Abbavil. ann. 1184. in Lib. albo domus publ. ejusd. urbis fol. 1. v°. : *Il est estauli que nusles marcheans venans à Abbeville mespregne à destourber dedens le banlieue,.... se meismes chil bourgois aront peuu prendre lui ou ses choses, il feront justiche, tant de lui que de ses coses, tant comme de Dépecheur de commuigne.* Ubi textus Lat. *tanquam de violatore communiæ*. *Despéeschement* vero Expeditionem significare videtur in Ch. Joan. comit. Cataiaun. ann. 1232. ex Terrear. comit. Clarimont : *Adcchertes chil qui demeurent en le maison de Vinchent Rous iront en men Despéeschement, si comme il ont accoustumé.*

¶ **DEPETIGO**, ut Impetigo, Gall. *Dartre, Gratelle*. Nonius : *Petico, Genus morbi. Lucil. lib.* 30.

> Illuvies, Scabies, oculos huic denique petigo
> Conscendère.

Melius scripsisset Nonius : *Depetigo, Genus morbi.* Deinde ex Lucilio :

> Illuvies, scabies, oculos huic Deque petigo.

Per tmesim figuram Lucilio frequentem *que* interposito. Cato de Re Rust. cap. 157 : *Depetigini porcæ brassicam imponito, sanum faciet.* Alii habent : *Petigini*, non male. Sed hinc corrigendæ Glossæ Cyrilli et Sangermanenses MSS. in quibus perperam, *Depertigo*, λέπρα, λειχήν.

¶ Depetigiosus, λεπρός, i. *Scaber*. Gloss. Sangerman. laudatæ; Cyrilli vero : *Depetigosus*, λεπρός, *Leprosus, Depetigiosus*, et *Depetigosus*.

DEPETULARI, *Petulans fieri*, in Gl. MS. Regio.

¶ **DEPICATUS**, Denigratus quasi pice. Vita sancti Dunstani, Maii tom. 4. pag. 348 : *Projecerunt in lutulenta palustrium loca.... Vix ipse e palude fluminis quasi Depicatus surrexit.*

* **DEPICTUS**, pro Defixus, ni fallor. Pontif. MS. Senon. ad usum eccl. Paris. ubi de consecratione episcopi : *Comprovinciales ipsum electum deducant oblaturum duos magnos panes, duos potos vini, duas torchias cum pecunia in torchiis Depicta pro electi voluntate.* Eadem rursum leguntur infra in benedictione abbatis.

* **DEPIGA**, Vacca. Glossar. Lat. Gall. ex Cod. reg. 7692 : *Depigis, escrine, et dicitur Depiga, vache.*

* **DEPIGERE**, Contemnere. Glossar. vet. ex Cod. reg. 7641 : *Depigit, contemnit, aspernatur.* Vide *Despitus*.

1. **DEPILARE**, Decalvare, ad dedecus radere : injuriæ species, in Speculo Saxonico lib. 3. tit. 37. § 1. Est etiam pœnæ genus, Hungaris familiare, quod occurrit in Decretis S. Stephani Regis Hungar. lib. 2. cap. 8. 26. S. Ladislai R. Hung. lib. 2. cap. 11. lib. 3. cap. 26. Gloss. Lat. Græc. : *Depilat*, μαδίζει. *Depilatus est*, ἐμαδίσθη. [*Depilare barbam*, in Anonymi Hist. Sicula, apud Murator. tom. 8. col. 749.] Vide *Decalvatio*, et Olaum Borrichium de Variis linguæ Latinæ ætatib. pag. 82.

* Glossar. Lat. Gall. ex Cod. reg. 7692 : *Depilare, cheveler.* f. pro *Décheveler* vel *Echeveler*.

2. **DEPILARE**, pro Excerpere ex alienis scriptis, apud Petrum Blesensem. [Papias : *Depilare, Exstirpare, devastare. Depilor te illam rem.* Vide Lexicon Martinii.]

¶ **DEPISCI**, *Pacisci*. Gloss. Sangerman. num. 501. Lege *Depecisci* ut apud Ciceronem et Terentium.

DEPITARE, Discerpere, in *petias* mittere, Gallis *Depiecer, Mettre en pieces*. Lambertus Ardensis pag. 161 : *Quo* (urso) *adducto, et coram populo demonstrato, et canibus ablatrato, et fere usque ad internecionem discerpto et Depitato, etc.* Etiamnum dicimus : *se Depiter et se mettre en pieces.* [Charta anni 1293. apud Stephanotium tom. 3. Antiq. Pictav. MSS. pag. 946 : *Quant au Depiés de membre, esmutiler, espectier, essoreiller, segner, estortpacier, etc.*]

* **DEPLANARE**. Gloss. Gr. Lat. Ἐξομαλίζω, *Deplano, exæquo.* Glaber Rodulph. lib. 1. apud Duchesn. tom. 4. Hist. Franc. pag. 6 : *Alius quoque Sarracenorum corumdem cultro Deplanans ligni hastulam, posuit incunctanter pedem super viri Dei codicem, Bibliam videlicet, etc.* Utuntur Lactant. lib. 4. et Veget. lib. 2. cap. 19.

¶ **DEPLANCTUS**, Planctus, querimonia, Gallis *Plainte*. Legitur in Epistola 407. S. Bernardi ad Abbatem Belli-loci.

DE PLANO, Compendiose. Vetus Inscriptio 408. 1 : *Ut et ipsi sint, cum quibus munera decurionatus ut paucis jam onerosa honeste De plano compartiamur. De plano judicare*, citra ambages et processus : Formula, quæ occurrit passim apud Juriscons.

DEPLASMARE, *Difformare, valde formare*, in Gloss. MSS.

* **DEPLECTERE**, Plectere, punire, vexare. Steph. de Infestura MS. ubi de Innocent. VIII : *Ubi aliqua domus fœni reperiebatur, absque ulla licentia ac si ipsorum esset, examorabatur; et sic cives Romani et habitantes in urbe, tam ab inimicis quàm a defensoribus nostris, Deplectebantur omni die.*

* **DEPLENDERE**, *De pleno deducere*. Glossar. vet. ex Cod. reg. 7641.

¶ **DEPLERE**, Exhaurire, apud Statium, Columellam et S. Paulinum Epist. 49. n. 2. unde Epist. 5. n. 16. per translationem ait : *Neque enim difficile existimari, quam facile Depleturi sint levioris culturæ laborem, quos in vineam suam Christus elegit*, ubi *laborem Deplere* idem sonat quod labore perfungi. Papias : *Deplexit, Transvexit* : pro quo lubentius legerem, *Deplevit*, hoc est, fudit seu liquorem ex uno vase in aliud transfudit.

* *Temps dépléable* inde appellarunt nostri tempus, quo vitium adminicula ex vineis asportantur. Lit. remiss. ann. 1404. in Reg. 158. Chartoph. reg. ch. 426 : *Comme le suppliant se feust en l'année dérainement passée, ou temps Dépléables, transporté en certaines vignes assises ou territoire de Montfort l'Amaury, et en icelles eust prins furtivement certaine quantité d'eschallas*, etc.

1. **DEPLICARE**, Isidoro in Gloss. : *Decedere, devitare*, ut *applicare*, est admovere.

2. **DEPLICARE**, Explicare, ex Gall. *Desplier*. Miracula Sanctæ Genovefæ n. 30 : *Cujus pedes tanta erant contractione natibus complicati, ut nulla possent arte Deplicari*. Et n. 35 : *Manus plicavit sæpius, et Deplicavit*. [*Vexillum Deplicatum*, in Hist. Harcur. tom. 4. pag. 2108. et 2109. Gall. *Drapeau* vel *Enseigne deployée*.]

* *Desploier*, pro *Délier*, Solvere, in Vita J. C. MS. ubi de Joanne Bapt :

> Qui chi doit venir aprés moi,
> Qui par a si grant poesté,
> Que je vos di par vérité
> Ne sui dignes de Desploier
> La corroie de son cauchier.

* **DEPLORATA FEMINA**, pro Deflorata, ut videtur. Chron. Angl. Th. *Otterbourne* pag. 5 : *Nec minus Deploratas prodit* (Gagates lapis) *feminas per micturam.*

¶ **DEPLOROSUS**, Gall. *Deplorable*, Lamentabilis. *Schisma Deplorosum*, in Litteris Regis Franc. ann. 1394. ad Clementem Papam, apud Acherium Spicil. tom. 6. pag. 115.

¶ **DEPLUMARE**, Gall. *Plumer*, Avi plumas avellere, demere. Utitur Anonymus de Gestis Manfredi et Conradi Regum, apud Murator. tom. 8. col. 601. Metaphorice sumitur pro Vastare, apud Marten. tom. 2. Ampliss. Collect. col. 1153 : *Deplumare castrum flamma et ferro*. Pro Spoliare in Opusculo Gualvanei de la Flamma apud Murator. tom. 12. col. 1021 : *Et sic undique Deplumatus fuit qui aliorum plumis elatus volare consueverat.*

¶ **DEPLUMATARIUS**. Vide *Diplomatarius*.

¶ **DEPOCULARE**, *Deprehendi*. Gloss. Sangerman. MS. n. 501.

¶ **DEPOLLARE**, Gall. *Depouiller*. Papias : *Depollat, Dispoliat, detrahit, sed proprie ad parum redigit.*

DEPOMPARE. Ugutio : *A pompa, pomposus, et pompo, as, superbire, gloriari. Unde Josephus in 20. In gentem nostram prompta malignitate pompabat. Et inde Pompator, qui aliquid superbe vel pompose agit. Et compos. Depompo, as, id est, vituperare, detestari*, etc. S. Hieronym. in Ruffinum lib. 1. cap. ult. : *Prætermitto, quæ contra me loquens, propositum tuum deturpasti, quæ in Depompationem omnium Christianorum et verbis et opere feceris.* Vide *Pompare*. Vetus Interpres Concilii VI. Oecumenici art. 12 : *Dum redarguisset atque Depompasset pravam ejus impietatem.* Ubi Græc. Edit. Θριαμβεύσασα τὴν μοχθηρὰν τούτου δυσσέβειαν. Vide Gloss. med. Græcit. in πομπεύειν, [et Onomast. tomi 4. SS. Julii.]

* Dialog. creatur. dial. 51 : *Herodius per aerem spaciebatur volans; sed milvus post ipsum sibilare cepit eumque Depompare, id est vituperare, dicens*, etc. Et dial. 105 : *Inveniens quemdam dominum Depompantem, id est vituperantem, servos suos*, etc.

¶ 1. **DEPONERE**, Gall. *Deposer*, Testari. Instrumentum appellationis Guillermi *Bruiere* ann. 1481. ex Archivis B. M. de Bello-prato Rotomag. : *Testes ipsius de Paris ignoranter Deponunt, quidquid Deponere nituntur.* In Glossar. Barthii : *Deponere, Concludere, Definire*, ex Gauterio de Bellis Antiochenis.

* Acta MSS. capit. Carnot. ad ann. 1389 : *Johannes Daviau civis Carnotensis, nuper receptor ordinarius regis apud Carnotum, Deponit se tempore officii sui recepisse jura regalia.*

* 2. **DEPONERE**, Ponere, statuere, definire. Libert. Figiaci ann. 1318. tom. 7. Ordinat. reg. Franc. pag. 667. art. 39 : *Et quemadmodum in præmissis statum communem prædictæ villæ Deposuimus*, etc. *Despondre*, Exponere, in Poem. dicto *Li Lusidaires* :

> Por Despondre sainte Escriture
> Mist Diex en lui et sens et cure.

Le Roman *de Robert le Diable* MS. :

> L'emperere en la fin Despont
> Chou que chascun dist et espont.

Ibidem :

> Li senescaus lors li respont,
> Et ses paroles li Despont.

* 3. **DEPONERE ALICUI**, Commendare. Vita S. Lietberti tom. 4. Jun. pag. 597. col. 1 : *Sed qui regit orbem terrarum in æquitate, Cameracensis ecclesiæ precibus attendens, quibus ei suum Deponebat die noctuque pontificem, in hoc tanto mortis discrimine cum suis omnibus eum conservavit incolumem.*

* 4 **DEPONERE VOTUM**, Solemni ratione illud emittere, castitatem vovere. Charta Joan. episc. Camerac. pro fundat. hospit. S. Joan. Bapt. Bruxell. ann. 1211. ex Cod. reg. 10197. 2. 2. fol. 15. r°. : *Tunc demum si..... unicorditer placuerit, seculo et propriis ac propriæ voluntati renunciet, votum continentiæ sub stola in manu sacerdotis Deponat.*

** 5. **DEPONERE**, Ponere, in aleam dare. Ruodlieb fr. 2. vers. 211 :

> Is mihi Deposuit, sibi me Deponere nil vult,
> Et dat quæ posuit, pisa quod non una remansit.

Vers. 220 :

> Quæ deponebant, mihi mox donàre volebant.

Conf. Virgil. Eclog. 3. vers. 32.

** **DEPONERE ALLELUIA**. Vide *Alleluia Clausum* in *Alleluia*, 1. et Haltaus. Calendar. med. ævi part. 2. § 7. *In sabbato proximo ante dominicam Circumdederunt quando Deponitur Alleluia*, in chart. ann. 1274. ap. Würdtwein. Subsid. Diplom. tom. 10. pag. 33.

* **DEPONI AD TERRAM**, Dicitur de moribundo, qui cineri superponebatur. Origo B. M. de Voto inter Instr. tom. 11. Gall. Christ. col. 229 : *In qua* (infirmitate) *fuit omnino de vita desperatus, et ad terram Depositus, ut jam moriturus, datis reliquiis sanctorum ejusdem ecclesiæ carioribus, quas in sua capella gestabat.*

DEPONTANUS, Ugutioni, *qui ad tam gravem devenit ætatem et vitam, ut magis prosit ei de ponte se projicere, quam vivere : quod faciebant*, inquit ille, *in aliquibus provinciis.* [Festus : *Depontani, Senes appellabantur, qui sexagenarii de ponte dejiciebantur*, hoc est, inquit Martinius, Suffragio privabantur, quod de ponte ferri solebat.]

DEPOPULARE, Populo, seu incolis spoliare. Gregorius Turon. lib. 4. Hist. cap. 36 : *Pestilentia hanc urbem clade vehementissima Depopulavit. Barbarica Depopulatio*, in l. ult. Cod. Theod. de Infirm. his, quæ sub barb. (15, 14.) *Depopulator Judæorum*, in leg. 14. eod. Cod. de Judæis. (16, 8.)

* *Dépopuler*, eodem significatu, in Lit. Phil. comit. Fland. ann. 1447. ex Tabul. Audomar. : *Et par ce est laditte ville fort Dépopulée.* Sensu vero, quo Latinum Depopulari, legitur in Charta ann. 1480. ex Reg. 207. Chartoph. reg. ch. 252 : *Le temporel et patrimoigne de l'église de Lengres a esté comme du tout destruit et Dépopulé.*

1. **DEPORTARE**, [DESPORTARE,] Favere alicui, Gall. *Supporter quelqu'un*. Charta Henrici Comitis Campaniæ pro Communiæ Meldensis institutione ann. 1179. in Tabulario Campaniæ Thuano fol. 289 : *Ad hoc statuti homines juraverunt, quod neminem propter amorem vel cognationem Deportaverint, neminem propter inimicitiam læserint; sed rectum judicium per omnia fecerint.* [Chartular. Divion. fol. 4 : *Ad hoc homines statuti jurabunt, quod neminem propter amorem seu propter odium Desportabunt seu gravabunt, et quod rectum judicium facient.*] Vide Chartam Communiæ Suessionensis tom. 11. Spicilegii Acheriani pag. 344. et Valliaci ann. 1187. tom. 13. ejusdem Spicilegii pag. 325.

* Nostris *Déporter*, eodem intellectu. Gesta Ludov. Pii cap. 13. tom. 6. Collect. Histor. Franc. pag. 148 : *Le conte Asinaire Deporterent, pour ce que il estoit de leur lignage. Asenario vero tanquam qui eos affinitate sanguinis tangeret, pepercerunt*, in Vita ejusd. imper. ibid. pag. 106. Stat. ann. circ. 1362. tom. 4. Ordinat. reg. Fr. pag. 410. art. 1 : *Aussi au pouvre comme au riche, sanz nul Deporter. Sanz Deport*, in altero ann. 1379. ibid. pag. 445. art. 11. *Emport*, eodem sensu, in Lit. ann. 1331. ibid. pag. 336. art. 6. et *Emportement*, in aliis ann. 1360. pag. 361. Vide infra *Deportatio* 4.

2. **DEPORTARE,** Tolerare, sufferre, pati. Annales Francor. S. Nazarii tom. 2. Hist. Fr. ann. 786 : *Rex vero, quia erat mitissimus atque sapientissimus, ... moderantissime illud Deportavit.* Vide Monastic. Anglic. tom. 2. pag. 521.

* Charta Hugon. milit. *de Beeloy* ann. 1223 : *Alter vero de servitio quod ei debeo, quamdiu ero in illo servitio, me debet Deportare.* Quo sensu *Déporter* legitur in Mandat. ann. 1304. tom. 1. Ordinat. reg. Franc. pag. 413. art. 4 : *Et quant aus taillables de haut et de bas à voulenté, vous Déporterez se il plaist à leurs seigneurs, et ensi vous Déportez et souffrez de tous ceus qui sont mendianz et laboureurs de braz.* Lit. ann. 1374. ibid. tom. 6. pag. 515 : *Les receveurs pour Déporter et attandre ceuls qui nous estoient tenuz acause desdiz aides, etc. Déporter* præterea usurparunt, pro Oblectari, recreare, vulgo *Se divertir, se réjouir.* Unde Glossar. Provinc. Lat. ex Cod. reg. 7657 : *Deportar, Prov. Spatiari, deambulare.* Vitæ Patrum MS. :

Pour déduire, pour Déporter
Et pour son cors réconforter,
Porter faisoit faucons muiers
O lui et mener deux levriers.

Le Roman *de Robert le Diable* MS. :

La tousc de petit jouvent
Va à la feniestre souvent
Pour Déporter et pour déduire.

* Hinc *Prendre en déport*, Jocose et ridendo dictum accipere, in Lit. remiss. ann. 1478. ex Reg. 205. Chartoph. reg. ch. 28 : *Icellui Voulpete commenca à dire au suppliant, tu ne prens pas ceci en Déport, ne à jeu.* Vide *Disportus.*

¶ 1. **DEPORTATIO**, Relegatio, Gall. *Bannissement*, apud Ulpianum et Jurisconsultos. Pluries occurrit in Instrumento anni 1270. apud Stephanotium tom. 3. Antiquit. Pictav. MSS. fol. 888. 889. et 891.

¶ 2. **DEPORTATIO**, Idem quod mox *Deportus*, in Indice MS. Beneficiorum Eccl. et Diœc. Constantiensis fol. 67. v°. et in Chartulario S. Vandregesili tom. 1. pag. 752.

* 3. **DEPORTATIO**, Transvectio, vectura, Gall. *Transport.* Chartul. Buxer. part. 10. ch. 7 : *Robertus.... recognovit.... quod nullum jus habebat in Deportatione tertiarum de Pantie.*

* 4. **DEPORTATIO**, Gratia, favor, studium, Gall. *Support, protection.* Sacram. fidelit. Olivarii de Terminis ann. 1241. in Reg. feudor. senescal. Carcass. etc. fol. 405. v°. : *Nec Deportationem, nec confœderationem cum inimicis ejus habebo, etc.* Vide supra *Deportare* 1.

DEPORTUS, Jus caduci in Beneficiis Ecclesiasticis, quando vacant, quod ad Episcopum aut Archidiaconum spectat, seu *Annata*, et *reditus* primi anni Beneficii Ecclesiastici vacantis, de quo jure multa Chopinus lib. 1. de Sacra Polit. tit. 8. art. 16. lib. 3. tit. 3. art. 4. 5. 6. 7. Raguellus in voce *Deport*, et Innocentius Cironus in Paratitul. Decret. lib. 5. cap. 12. Vide nuperam Conciliorum Ecclesiæ Rotomagensis Collectionem pag. 323. [et Hist. Eccl. Meld. tom. 2. pag. 228.]

☞ In Chartulario S. Vandregesili tom. 1. fol. 341. habetur Instrumentum anni 1397. quo notum fit, Abbatem et Monachos ejusdem Monasterii consuevisse *Percipere, habere, colligere et levare in supradicta Ecclesia parrochiali* (S. Vandregesili) *omnes fructus, obventiones et emolumenta quæcumque obvenientia in eadem parrochiali Ecclesia per quadraginta dierum spatium commune sequentium, dum et quotiens ipsam Ecclesiam vacare contigit parrochialem, quovis modo vacaverit; et hoc percipere consueverant præfati Religiosi per modum Deportus, et mediantibus hiis ipsi Religiosi tenentur et sunt affecti in eadem parrochiali Ecclesia, pendente termino dictarum quadraginta dierum, facere deservire in divinis.* Idem jus habent iidem Monachi in parœcia de Rensecone, ut patet ex laudato Chartulario fol. 343.

¶ **DEPOSITARE**, Deponere, Gall. *Deposer, Mettre en Depost.* Acta B. Thomassi, tom. 3. Martii pag. 604 : *Mandavit clavem capsæ Depositatæ penes.... Julianum Archipresbyterum præsentari.* Fr. Leonardus in Additionibus ad Vitam S. Antonini, tom. 1. Maii pag. 336 : *Repertum fuit fuisse drappos per duos fures Depositatos penes quosdam.* Appendix ad Vitam B. Augustini Novelli, Maii tom. 4. pag. 625 : *Ut eas apportaret et conduceret in dictam majorem Ecclesiam ibique Depositaret.* Occurrit rursus apud Muratorium tom. 9. col. 54.

* **DEPOSITARIA**, Officium apud moniales, quod ita describitur in Regula sororum Fontis-Ebraldi cap. 30 : *Ad Depositariam* (pertinet) *tenere computum, scribere et receptam facere de omni auro, argento, telis, pannis conventui vestro datis, emptis, aut quomodolibet alias spectantibus, quæ reponi in deposito debent.*

¶ **DEPOSITARIUS**, Custos depositi, apud Ulpianum, et in plerisque etiamnum Monasteriis.

* Stat. MSS. eccl. S. Laurent. Rom. : *Item voluerunt quod ille, qui pecunias levabit de tribus in tribus mensibus, aliis duobus sociis suis legale et bonum compotum de receptis et datis reddere teneatur, et id quod supererit dicto Depositario sive constructori tradere teneantur.* Apud Benedictinos, maxime Congregationis S. Mauri, *Depositarius* mensam et res quotidiani usus sub cellerario curat.

1. **DEPOSITIO**, Pœna Ecclesiastica, qua rei Clerici e suo gradu ejiciuntur, mitior degradatione. Vita Ludovici Pii ann. 818 : *Episcopos porro hac constrictos immanitate ab Episcopis reliquis Depositos, Monasteriis mancipavit.* Regiam Majest. lib. 2. cap. 13. § 14. de servo Clerico : *Et si judicio reddi debeat, Deponendus est, vel degradandus, antequam reddatur.* Vide Gualterum in Tabulis Siculis pag. 40. 41. etc. et supra *Degradatio* post *Degradare.*

2. **DEPOSITIO**, Dies obitus, quo mortuus terræ mandatur, in terram deponitur, vel quo quis vitam deponit : cujus appellationis causam fuse explicat S. Ambrosius Serm. 70. Vetus Inscript. Eboræ apud Resendium : *Depositio Pauli, famulus Dei vixit annos* L. *et uno, requievit in pace* D. III. *Id. Martias era* DLXXXII. Hariulfus lib. 4. Chron. Centul. cap. 21 : *Angelrannus, qui patri succedebat, in die Depositionis ejusdem patris sui jam dictam villam Sancto contradidit.* In Charta donationis, quæ sequitur : *Quod pater meus, Comes scilicet Hugo, adhuc vivens, sed diem mortis extremum trahens, pro suo remedio animæ villam . . . S. Richario tradidit.* Passim in Martyrologio, quod D. Hieronymi titulo circumfertur, et aliis. Hinc

Depositio, pro die obitus anniversario. Joannes Episcopus Abrincensis de Offic. Eccl. : *Sunt quædam Ecclesiæ, in quibus exceptis Depositionibus solum per Kalendas mensium Missæ festive celebrantur Mortuorum.* Occurrit mox rursum.

Proprie autem usurpatur hæc vox de festo sancti Joannis Evangelistæ, quod vulgo appellatur *Depositio, quia locum sepulturæ vivus intravit, et ita seipsum deposuit.* Ita Durandus lib. 7. cap. 1. n. 19.

Depositus, Mortuus, vel certe humo mandatus. Inscriptio Romæ : *Hic jacet.... Deposita* III. *Kalend. Decemb.* Alia Mediolani : *C. Celio bene merenti, qui vixit annos* P. M. XXXV. *et Depositus est* XIV. *Kal. Novembres, etc.* Passim in Monumentis Christianis apud Gruterum pag. 832. 3. 1051. 1. 2. 9. 1052. 9. 10. 1054. 1. Sirmondum in Epitaph. Ennodii, et aliorum, in Notis ad Epist. ejusdem Ennodii lib. 6. Epist. 6 ad Epigr. 8. 79. etc. apud Laurent. Schraderum in Monument. Ital. pag. 91. 6. Ughellum tom. 4. pag. 596. tom. 5. pag. 287. 284. etc. [Gualterum in Tabulis Siculis pag. 40. 41. etc.]

* 3. **DEPOSITIO**, an pro Translatione alicujus sancti interdum accipiatur, disquirunt docti Hagiographi tom. 5. Jun. Act.SS. pag. 409. quos consule.

** 4. **DEPOSITIO**, Emporium, ubi jure privilegii vectores per aliquot dies merces deponere et venales habere cogebantur. Vide *Stapula*, 1. Privileg. Civit. Stettin. ann. 1283. ap. Haltaus. Glossar. German. col. 1417. voce *Niederlage : Omnia bona qualiacumque fuerint, quæ de partibus superioribus Oderam descendendo, vel de partibus inferioribus Oderam ascendendo ad ipsam nostram civitatem Stettin ducuntur, ipsa in civitate debent deponi et servare ibidem Depositionem.* Plura apud Haltausium l. l.

* **DEPOSITOR**, Qui depositum alicui credit. Stat. Avenion. ann. 1243. cap. 30. ex Cod. reg. 4659 : *Compellatur a curia depositarius ad submonitionem Depositoris tenere ostagium donec, ut dictum est, depositum restituerit memoratum : ostagium autem teneat in qua parrochia Depositor elegerit.*

¶ **DEPOSITORIUM**, *Repositorium*, παράθεμα. Gloss. Lat. Græc. Sangerman.

* **DEPOSITUM**, Arca in qua pecunia deponitur, vel locus ubi alia quævis bona deposita asservantur, præcipue in monasteriis. Reg. visitat. Odonis archiep. Rotomag. ex Cod. reg. 1245. fol. 406 : *Habebant* (moniales monasterii Villaris) *in Deposito seu thesauro, solutis debitis omnibus quæ debebant, vje. libras.* Vide supra *Depositaria.*

¶ **DEPOSITUS.** Vide *Depositio* 2.

¶ **DEPOSSIDERE,** Gall. *Deposseder*, Aliquem rei alicujus, v. g. beneficii si Clericus sit, possessione privare, depellere. Statuta Ecclesiæ Nannetensis ann. 1389. art. 9 : *Si demum in talibus nefariis actibus* *animis induratis perseverare non abhorruerint, privandos et Depossidendos fore declaramus.*)

1. **DEPOST**, Pone, post, *Derriere.* Acta Proconsularia Marcellini PP. ann. 303 : *Aliud nescio, nisi quia Depost orcam eam* (lucernam argenteam) *jecit.* Acta Martyrii S. Theodoriti : *Introducto ergo Theodorito, ligatis de post manibus, etc.* Utuntur præterea Stephanus Tornac. Epist. 134. Nizo Abb. in Vita S. Basini Archiep. Trevir. n. 2. 17. etc. Henricus Aquilonipolensis in Lubecca cap. 10. [Vide Ludewig. tom. 6. Reliq. MSS. pag. 137.]

* 2. **DEPOST**, Exinde, postea, Gall. *Depuis.* Vita S. Godelevæ tom. 2. Jul. pag. 431. col. 1 : *Certa Depost tamen compertum experientia didicimus.* Acta dissolut. matrim. Ludov. XII. reg. Franc. fol. 146. r°. ex Bibl. reg. : *Præterea deponit quod depost ipse fecit plura alia veagia ad Britanniam.* Chron. Joan. Whethamst. pag. 367 : *Sicque ipsi adierunt et proposuerunt in omni parliamento Depost per septem annorum spacium infra regnum tento, etc.*

* **DEPOSTARE**, Devehere. Glossar. vet. ex Cod. reg. 7641 : *Depostat, devehit.* Sed leg. videtur *Deportat.*

* **DEPOSTIO**, pro *Depositio*, in Inscript. Gudii CCCLXV. 1.

* **DEPOSUIT**, Versus cantici *Magnificat*, ad cujus cantum pluries aliquando repetitum, episcopus stultorum ludicræ dignitatis insignia, a recens electo suscipienda, adjunctis quibusdam ludis, deponebat; unde *Ludus Deposuit* appellabatur. Hujus ritus non veneranda, sed ridenda antiquitas constat ex Statuto Odonis episc. Paris. contra festum fatuorum ann. 1198. in Chartul. ejusd. fol. 49. v°. : *Statuimus etiam ne dominus festi cum processione vel cantu ad ecclesiam adducatur, vel ad domum suam ab ecclesia reducatur .... Deposuit quinquies ad plus dicetur loco suo.* Stat. capit. S. Petri Insul. 13. Jul. ann. 1531. ex Reg. K. act. capitular. ejusd. eccl. : *Nos decanus et capitulum ecclesiæ collegiatæ S. Petri Insulensis per singulos et per juramentum, durantibus capitulis generalibus, capitulariter congregati, pro comperto habentes scandala et ludibria, quæ sub Fatuitatis prætextu per beneficiatos et habituatos dictæ nostræ ecclesiæ a vigilia usque ad completas octavas Epiphaniæ fieri et exerceri consueverunt, in ecclesiæ et status ecclesiastici dedecus, vilipendium et contemptum redundare, matura deliberatione præmissa, statuimus et ordinamus, quod deinceps nullus nominetur, assumatur et creetur prælatus follorum, nec ludus, quem Deposuit vocant, in dicta vigilia, aut alio quocumque tempore, ludatur, exerceatur aut fiat.* Eadem ceremonia, non minus fortassis ridicule, adhibita etiam cum piæ alicujus societatis præfectus, in signum dimissi officii baculum patroni ejusdem, ut vocant, deponebat; quod discimus ex Stat. ann. circiter 200. Hospit. S. Jacobi Paris. : *Après le diner on porte le baton au cueur, et là est le trésorier, qui chante et fait le Deposuit.* Stat. synod. ann. 1642. Petri *de Broc* episc. Autiss. : *Pendant que les batons de confrérie seront exposez pour être enchéris, l'on ne chantera* Magnificat, *et n'appliquera-t-on point ces versets* Deposuit et Suscepit *à la délivrance d'iceux; ains on chantera quelque antienne et répons avec l'oraison propre en l'honneur du Saint, duquel on célebre la feste.* Vide Mercur. Franc. ann. 1733. mens. Aug. pag. 1764.

¶ **DEPOTIOR**, μετυςικότερος. Gloss. Lat. Gr. Sanger. Est quasi a *Depotus*, Inebriatus, ex *De* et *potus.*

* **DEPRÆCIDERE**, Præcidere, Gall. *Couper.* Stat. crimin. Saonæ cap. 29. pag. 58 : *Si autem ex proposito vel dolose ferro percusserit, ultra prædicta, manus ei Depræcidatur.*

¶ **DEPRÆDICATIO**, pro *Deprædatio. Ecclesiarum depressio et Deprædicatio*, apud Rymerum tom. 1. pag. 777. col. 2.

* **DEPRÆSENTARE**, Vicem, auctoritatem alicujus obtinere, referre, Gall. *Représenter.* Charta ann. 1486. inter Probat. tom. 2. Annal. Præmonstr. col. 364 : *Datum et actum Coloniæ, ... nobis abbatissa et virginibus, conventum Depræsentantibus,.... congregatis.* Eadem rursus occurrunt col. 366.

* **DEPRÆSENTARI** Sententia, Rem aperte exponere, ut de ea quis judicare possit. Vita S. Emmer. tom. 6. Sep. pag. 477. col. 2 : *Mitte quemvis prudentem mecum pariter, ut Depræsentetur in conspectu tanti pontificis hæc de re sententia, et ibi normaliter dijudicer.*

* **DEPRECANSATIO**, Tributum, quod exigitur quasi *Deprecando.* Charta ann. 1353. apud Ludewig. tom. 9. Reliquiar. MSS. pag. 546 : *Nolentes insuper ipsos Judæos, donec a prædictis consulibus pro præfata pecunia liberati fuerint et soluti, per nos aut officiales nostros exactionibus seu Deprecansationibus quibuscumque quomodolibet aggravari.* Vide *Deprecatura* et *Precaria* 2. [** Vide *Demanda, Petitio, Bede, etc.*]

¶ **DEPRECARI**, Per precariam seu chartam prædium aliquod ecclesiasticum ad vitam sub annuo censu possidere. Codex MS. Irminonis Abb. Sangerm. fol. 62. v°. col. 1 : *Has* XI. *donationes Deprecata est Ermenberga et solvit inde solidos* II. *ad luminaria S. Germani.* Ibid. col. 2 : *Et pro hac donatione Deprecatu est duas donationes supra scriptas. Donat inde denar.* IIII. Vide *Precaria*, et mox *Deprecarius.*

* Nostri *Déprier* dixerunt, pro Precari, supplicare. Lit. remiss. ann. 1398. in Reg. 153. Chartoph. reg. ch. 566 : *Le suppliant se feust trait par devers ledit curé,.... en lui Dépriant que de ors-en-avant se voulsist déporter de plus aler ne fréquenter avecque elle* (sa femme.) Aliæ ann. 1412. in Reg. 166. ch. 260 : *Les aucunes Déprierent au suppliant qu'il leur voulsist donner des pommes, etc.*

¶ **DEPRECARIUS**, Qui *precario* tenet prædium ecclesiasticum. Testamentum Brunonis Archiep. Colon. apud Leibnitium Script. Brunsvic. tom. 1. pag. 290 : *Prædium præterea quod Wodilo Deprecario nostro dedit.* Folquini Codex MS. in Archivo S. Audomari : *Veniunt de melle sextarii* VI. *Item de bunariis* VI. *veniunt pisces quanti possunt. De terra censali in Colonia a Deprecariis veniunt de formaticis pensæ* LX. Vide *Deprecari*, et *Deprecatura.*

DEPRECATORIÆ Epistolæ. Vetus Codex Canonum ex Bibl. Regia in Concilio Antioch. cap. 8 : *Presbyteri, qui in agris Canonicas Epistolas dare non possunt, ad solos tantum vicinos Episcopos literas destinabunt.* Ubi Glossa interlinearis, *litteras simplices.* Et ad marg. : *Id est, Deprecatorias, non formatas.*

Deprecatoria Epistola, [** legatio,] qua quis rogat, precatur. Liber MS. Miraculorum SS. Floriani et Florentii : *Et quia tunc præsens Abbas non aderat, obnixe deprecatus est Fratres, ut ex nomine Abbatis ac ipsorum, Deprecatoriam Epistolam præfato Episcopo, a quo in pœnitentiam missus fuerat, transcriberent, quatenus eum in propria parochia misericorditer reciperet.* [** Vita Burchardi Episcop. cap. 3. ap. Pertz. Scriptor. tom. 4. pag. 834. *Deprecatoria Legatio*, in P. Damian. Vita S. Romualdi cap. 65. ibid. pag. 854. *Verba Deprecatoria*, in Vulgat. Maccab. 1, 10, 24.]

DEPRECATURA, Idem quod *Precaria*, vel *Precatura.* Charta Angilranni Comitis Pontivi apud Hariulfum lib. 4. cap. 21 : *Sub excommunicatione interdixit, ne aliquis amplius in illa villa, neque per vim, neque per Deprecaturam, neque per advocaturam de omissis consuetudinibus amplius aliquid expeteret.* Vide *Precaria* et *Præstaria.*

DEPRECIARE, Pretio minuere, Gallis, *Dépriser.* Papias : *Depretiare, de pretio auferre, deprimere, vilificare.* Tertullianus Apologet. cap. 45 : *Sic et Epicurus omnem cruciatum doloremque Depreciat, modicum quidem contemptibilem pronuntiando, etc.* Et de Spectac. cap. 22 : *Amant, quos multant, Depreciant, quos probant.* Fortunatus lib. 5. Poem. in Epist. ad Syagrium : *De compendio cogitans, ne utilitate pretii Depretiaretur, tibi merces captivi, etc.* Matthæus Vindocinensis in Tobia :

> Te mediante ratum Depretiatur opus.

Alibi :

> Alterius pretium Depretiare studet.

Egidius Corboliensis MS. lib. 3. extremo de Virtutibus antidotorum :

> Sed perversa tui lex est et regula moris,
> Ut quod scire nequis, id Depreciare labores.

Utuntur præterea Cyprianus de Ascens. Christi, et in Symbol. Sidonius lib. 1. Epist. 7. lib. 2. Epist. 10. et Carm. 22. Marius Mercator, pag. 75. Ambrosius de Bono Mort. Will. Malmesbur. in Vita S. Aldhelmi cap. 10. Julianus Antecess. Nov. 57. Halitgarius cap. 4. Petr. Damian. lib. 4. Epist. 17. etc.

Depretiatus, Dictus, inquit idem Papias ex Isidoro lib. 10. *quod non sit aliquo pretio dignus.* Gloss. Lat Gr. *Depretiati*, ἐλαττωθέντες. Gloss. Ælfrici : *Depretiatus*, wurð-leas. Paulinus Carm. 14 :

> Namque ubi corporeæ curatur gloria pompæ,
> Vilescit pretio Depretiatus homo.

Vide *Pretiare.*

Depretiare, alia notione accipitur in Canonibus Hibern. lib. 41. cap. 22 : *Filius adlatus, servus est ejusdem* (Ecclesiæ) *nisi Depretiatur.* Id est, filius projectus, et allatus ad Ecclesiam, ejusdem servus est, nisi dato pretio redimatur. Confer *Depecuniare.*

* **DEPRENDERE**, pro *Deprehendere*, Recipere quod cuipiam per vim ablatum est. Charta ann. 1303. apud Lam. in Delic.

erudit. inter not. ad Hodoepor. Charit. part. 1. pag. 131 : *Inter aliquas singulares personas Vulterranæ civitatis vel ejus districtus, nulla repræsalia seu Deprendendi licentia,.... de cætero conceditur vel concedetur. Deprehendendi*, in alia ibid. pag. 134.

DEPRISUS. Charta Rotroci Comitis Perticensis ann. 1136 : *Volumus insuper... quod ipsi et sui homines a pedagiis, traversibus, Deprisibus, et quibusvis consuetudinibus... liberi sint et immunes.* Scitum quid sit *Depris*, apud Parisienses, cum quis prædium emere volens, dominum feudalem convenit, et cum eo de laudimiis paciscitur, et *de pretio* quidpiam sibi condonari obtinet.

* Exactionis seu *corvatæ* species. Charta ann. 1114. ex Tabul. episc. Caruot. : *Et aliis quibuscumque nominibus vocentur consuetudinibus,.... et exactionibus secularibus,.... et horum omnium Deprisibus, una cum suis equis,.... liberi sint et immunes.* Vide infra *Despretium.*

* **DEPRIVARE**, Aliquem e suo gradu dejicere, officio vel dignitate privare, apud Hickes. in Præf. Thes. Septemtr. pag. xlvij. ubi de Wilhel. *Lloyd* episc. Norwic. : *Cum ecclesiæ Anglicanæ magno damno gregisque sui gravissimo dolore diocesi sua Deprivatus.* Ibidem accipi videtur hæc eadem vox pro eo cui angusta res est. *Dépriver* vero, Alicujus familiaritate abstinere, in Consolat. Boetii MS. lib. 1 :

Pour ce m'a Déprivé le roy,
Ne me voit, ne ne me regarde.

¶ **DEPRIVATIO**, pro *Privatio*, Depositio. *De translatione Roffensis Episcopi ad sedem Londoniensem per Deprivationem Edmundi Bonner*, apud Rymer. tom. 15. pag. 222. Non semel occurrit ibi et pag. 253.

¶ **DEPROMERE**, *Cantare*, apud Papiam. Hinc in Officio Dominicæ Palmarum : *Cui puerile decus prompsit Hosanna pium*, id est, Cantavit.

* **DEPROMITTERE**, Promissa non servare. Vita S. Eustasii abb. Luxov. Sæc. 2. Bened. art. 12. pag. 117 : *Cogentibus ergo cunctis Agrestius simulate pacem postulat, quod postea actis Depromisit.*

DEPROPERUS, Valde *Properus*, et probrosus. Vide Gothofred. ad l. 13. Cod. Th. de Re milit. (7, 1.)

DEPROPITIUS, Contrarius. Liber Diurnus cap. 2. tit. 9 : *Si præter hæc aliud agere præsumsero, eris mihi in illa die terribilis judicii Depropitius, etc.*

DEPROPRIARE, Extra proprietatem ponere. Matthæus Vindocinensis in Tobia :

Sic tria Depropriant proprium, divina potestas
Claudens cuncta, jugum mortis, avara lues.

Desproprιamentum. Statuta Ordinis Hospital. S. Joannis Hierosol. tit. 1 : *Quod Fratres quolibet anno conficiant Despropriamentum.* Adde tit. 3. § 5. tit. 4. § 16. 17. tit. 12. § 10. Quale autem illud sit, sic exponitur tit. 19. de Verbor. signific. § 34 : *Despropriamentum est veluti privati abdicatio, cum Fratres id declarant, quod in supellectili ac re domestica et familiari habent.* [Hinc liquet, mea quidem sententia, *Despropriamentum* non tam esse abdicationem peculii, quam ejus declarationem : qua notione sumuntur Gallicæ voces *Deprier* et *Depry* Chartularii Gemeticensis tom. 1. fol. 10 : *Quand nos vins ou autres boissons de nostre creu, maisons et provisions passent traversant la riviere de Seine, ou entrent en ladite ville de Rouen, nous sommes quittes pour Deprier à la Vicomté en affermant le nombre desdits vins et autres provisions, et aprés ledit Depry, pouvons passer franchement sans pour ce payer aucun peage, acquit ou tribut. Deprier* Declarare est, *Depry* Declaratio.]

* **DE PROXIMO**, Brevi, intra proximos dies, Gall. *Dans peu.* Steph. de Infestura MS. de Bello inter Sixtum IV. PP. et reg. Ferdin. ann. 1482 : *Accedentes* (cives Romani) *gratam habuerunt audientiam et pollicitationes infinitas promisitque pontifex se provisurum opportune De proximo.*

* **DEPTALIS.** Vinum Deptale, in Chartul. Celsinian. ch. 249 : *Breve pro pœnitentia Pontii et pro anima redimenda, quando laxavit.... denarios sexdecim et unum modium de vino Deptale.* An Debitum, vel censuale?

* **DEPTELIUM**, *La piaga navale fictra.* Glossar. Lat. Ital. MS.

DEPTIVUM, Diptychum. Papias : *Deptivum, duæ tabulæ, pten enim Græce tabula dicitur.* [Hinc *Deptica*, pro Tabulis pugillaribus eburneis Leg. 1. Cod. Theod. de expensis ludorum. (15, 9.) Vide *Diptycha.*]

¶ **DEPTUS**, *Secutus*, Papias; f. quod Adeptus sit idem qui Assecutus.

¶ **DEPUBIS**, *Porcus sugens.* Gloss. Isid. Festus : *Depubem porcum lactantem, qui prohibitus sit pubes fieri.*

* Hinc emendandum Glossar. Lat. Gall. ex Cod. reg. 7692 : *Depupis, porcel qui tete.*

1. **DEPUBLICARE**, Deperdere. Additio ad Legem Frision. cap. 8 : *Si... quodlibet animal fugiens dominum suum ab alio fuerit receptum, et quærenti domino negatum, et iterum Depublicatum, reddat aut ipsum, quod suscepit, aut aliud simile, etc.*

* 2. **DEPUBLICARE**, Publicare, nostris alias *Dépulier.* Edictum Caroli M. apud Marten. tom. 7. Ampl. Collect. col. 25 : *Et si mala est fama, Depublicetur ab omnibus, non per invidiam, neque per alicujus mala persuasione, sed ex veritate proferendum.* Mirac. MSS. B. M. V. lib. 1 :

Après ma mort, la Dépulie
En tous le liex qui te serra.

¶ **DEPUBLICATIO**, Publica declaratio. Vita S. Goaris, Julii tom. 2. pag. 336 : *Melius fuerat antea absconsa confessio, quam ista principalis Depublicatio.*

DEPUDESCERE. Gloss. Gr. Lat. : Ἀπερυθριῶ, *Depudesco, Derubesco. Depudo*, ἀπαναισχυντῶ.

¶ **DEPUDICARE**, Stuprare, Pudicitiam auferre. Onomast. apud Martinium : διαφθείρω.

¶ **DEPUGIS**, Καταπύγος, καταπύγων, *Cynædus.* Suppl. Antiquarii Papiæ : *Depygis, Denatirata sine natibus ; nam Pyga extrema pars corporis.* Vox nota Horatio.

¶ **DEPULPARE**, Macie conficere, tenuare, pulpam detrahere, Gall. *Decharner.* Gloss. Lat. Gr. Sangerman. : *Depulpo*, ἀποσαρκῶ.

DEPULSARE. Vide *Pulsare campanas.*

* **DEPUNCTAMENTUM**, Abdicatio, cessio rei possessæ. Arest. ann. 1368. 17. Maii in vol. 5. arestor. parlam. Paris. : *Ipsos* (defensores) *præsenti lite durante sine alio Depunctamento seu novatione per modum provisionis aut aliter custodiri, etc.* Hinc

* **DEPUNCTARE**, Depunctuare, Rei alicujus dominio et possessione exuere, privare, ab officio removere, nostris etiam *Dépointer.* Arest. ann. 1354. 23. Jun. in vol. 4. arestor. parlam. Paris. : *Ipsum Beguin de possessione et saisina ac statu suis, in quibus fuerat et erat pacifice, Depunctaverant sine judicio, sine lege.* Aliud ann. 1347. 19. Jan. ibid. vol. 2 : *Dominus de sancto Venantio, Franciæ marescallus, de dicta sua possessione et saisina Depunctuatus fuerat.* Charta Phil. comit. Fland. ann. 1447 : *En déchargeant et Dépointant soigneusement, si mestier est, ceux qui de présent sont en la loy de nostre ditte ville* (de S. Omer.) Lit. ann. 1359. tom. 3. Ordinat. reg. Franc. pag. 357 : *Que très grant destorbier leur seroit et empechement de leur vivre, les Despointer dudit fait. Despoinctier* et *Despointier*, in Lit. ann. 1370. tom. 5. earumd. Ordinat. pag. 373. et ann. 1379. tom. 6. pag. 436. Vide infra *Desapunctare.*

* **DEPUPIS.** Vide supra *Depubis.*

* **DEPURARE**, Purum reddere, perpurgare, Gall. *Dépurer.* Arnauld. in Rosar. MS. lib. 1. cap. 1 : *Verum tali continua sublimatione Depurat.* Johan. de Cardalhaco serm. in Assumpt. B. M. : *Et tunc feditas nostra et turpitudo Depurabitur et mundificabitur.*

DEPUTATI. Gloss. Lat. Græc. : *Deputatus*, καταταχθείς, ἀπονεμηθείς. *Deputatio*, ἀπονέμησις, ἀποκλήρωσις. *Deputantur*, ἀναφέρονται, ἀπονεμονται. *Fabricis et aliis operibus publicis Deputati*, in l. 8. C. de Servis fugit. (6, 1.) Ὁπλοποιοί, qui numeri cujusque arma procurabant, *Fabricenses.* Peculiari vero appellatione *Deputati* dicti, quod essent ἐν τοῖς ἀριθμοῖς συγκαταλεγόμενοι, ut est in Nov. Just. 85. § 2. et annonas de publico sumerent, perinde ac milites ipsi; unde *Statuti numerorum* vocantur a Juliano Antecess. Const. 79. § 2. Glossæ Basil. : Λειτουργοί, δηποτάτοι, ἀφωρισμένοι. Totidem verbis Suidas in Etymologico. Sic legendum in Græca Inscriptione apud Jac. Sponium tom. 3. Itiner. pag. 105 : ΑΥΡ. ΦΛΑΒΩΝΗΝ. ΡΟΥΦΕΙΝΟΝ ΕΚΑΤΟΝΤΑΡΧΟΝ ΔΕΠΟΤΑΤΟΝ ΠΡΕΙΜΙΠΕΙΛΑΡΙΟΝ, etc. Perperam enim Editi ΔΕΣΠΩΤΑΤΟΝ. Ejusmodi igitur sunt, qui in Notitia Imperii dicuntur *Deputati scholæ Agentium in rebus*, et *Deputati Domesticorum*, et *Deputati Equitum et Peditum.* Vide Jac. Gothofredum in Paratit. ad tit. de Re militari lib. 7. Cod. Th.

Deputati dicti postmodum sequiore Græcia, selecti quidam ex singulis ordinibus viri aliquot alacres, ex iis potissimum, qui minus locupletes erant, qui vulneratos in prælio reficiebant, aut collapsos ab equis erigebant, aut laborantes e certamine asportabant. De iis copiose Rigaltius in Glossar. ex Mauricii et Leonis Tacticis. [Vide *Scribones.*]

Deputati, in Ecclesia Græcanica, quorum ministerium erat, Patriarcha procedente, e via populum abigere. Ordo M. Ecclesiæ : Ὁ Δεποτάτος περιπατῶν ἔμπροσθεν τοῦ Ἀρχιερέως, καθαρίζει τὸν λαὸν ἀπὸ τὴν τράταν. Eadem habet Catalogus Official. M. Ecclesiæ apud Goarum in Euchologio Græco, ubi *Deputati* et *Ceroferarii* ordinatio refertur, quasi idem fuerit ministerium. Deputati meminit Cantacuzenus lib. 1. cap. 41. et Codinus de Offic. Vide Meursium. [** Et Cang. Glossar. med. Græcit. col. 280.]

¶ **DEPUTATIA**, Deputatus, *us*, Legatio, Gall. *Deputation*. Utrumque legitur apud Rymerum tom. 14. pag. 452. col. 1.

* **DEPUTATUS**, a Gallico *Député*, Legatus, missus, cui res examinanda committitur. Inquisit. ann. 1268. ex schedis Pr. *de Mazaugues : Et ipse ivit cum prædictis Deputatis*. Infra : *Respiciuntur per homines Deputatos per curiam Arelatis*. Vide *Deputatia*.

¶ **DEPYGIS**. Vide *Depugis*.

¶ **DEQUARCHARE**, Exonerare, Gall. *Décharger*. Charta Thomæ Abb. S. Germani Paris ann. 1249. in Libro Anivers. B. fol. 217 : *Forensis panem vendere non poterit nisi solum transeundo, excepto prædicto die fori : qui vero moram fecerit nullo emptore præsente, vel Deqarchaverit, panem totum amittet*.

DEQUASSARE. Vita MS. S. Amatoris Episcopi : *Et his dictis Sacerdotis suavissima verba Dequassans, respondit, etc.* id est, expendens.

¶ **DEQUITATIO**, Redemptio, Gallice *Rachat*. Synodus Mechliniensis ann. 1574. in Anecdotis Martenianis tom. 4. col. 458 : *Item, concluserunt Domini, quod ad petitionem partium poterunt permittere redemptionem et Dequitationem parvorum censuum usque ad sex scutiferos seu duodecim grossos, certo tempore præfixo, intra quod hujusmodi Dequitatio fieri permittatur, et denario ad minus vigesimo quarto; quodque denarii capitales provenientes ex hujusmodi redemptionibus applicentur in emptionem aliorum redituum hereditariorum*.

¶ **DEQUUS**, Dictus. Diploma Childerici II. Regis Franc. in Hist. Mediani Monasterii pag. 13. et apud *Laguille* in Probat. Hist. Alsat. pag. 3. col. 2. [** Alsat. Diplom. tabul. 1. Schœpflin. legit *de quas*, quem secutus est Brequinius num. 172.] : *Memorati homines qui in ipsas Dequas villas commanere videntur, totum et ad integrum ipsius Valedio Abbate omnes fonctiones reddere debeant*. Eadem habentur in Actis SS. Julii tom. 3. pag. 212. de S. Hildulfo.

* **DERAISNARE**, Deraisnia. Vide infra *Desrainare*.

¶ **DERAMARE**, E ramis fructus excutere, vel Ramos exscindere. Bertramus in Vita S. Franceæ, April. tom. 3. pag. 393 : *Hic cum arborem quamdam conscendisset et eam Deramaret, subito eo caput elevante globus riziorum super illius oculos descendit*. Verum alia notione sumitur apud Spelmannum in voce *Adrhamire*, ubi sic :

¶ Deraniare *Monachum* dictum censeo pro *Deramare*, quasi a professione seu voto revocare. *Bellum Deraniare*, item pro *Deramare*, id est, Denuntiare, profiteri : sed hoc compositum cum *De* articulo infinitivi modi apud Anglo-Normannos; illud cum *de* vel *des* præpositione *a* vel *abs* significanti et privationis vim habenti. Sic ille. Vide *Adrhamire*.

¶ **DERARAT**, *Torpet, frigidum est*. Gloss. Isid.

¶ **DERATA**, Vox Italica, Cibaria, Res venales consueti usus, Gall. *Denréé*. Chronicon Parmense ad ann. 1300. apud Murator. tom. 9. col. 842 : *Et satis bona ubertas et Derata erat de omnibus victualibus*. Vide *Denariata*.

DERATIONARE, [Deratiocinare, Litigare, causam suam rationibus comprobare, Rem aliquam rationibus sibi vindicare, Crimen a se amoliri. Judicium Ludovici VII. Francorum Regis ann. 1171. inter Instrum. tomi 4. novæ Gall. Christ. col. 243 : *Adjudicavimus vobis per judicium curiæ nostræ possessionem et saisinam totius querelæ, donec eam Jocerannus Derationaverit in curia nostra*. Chartular. S. Vandregesili tom. 2. pag. 2062 : *Quidquid in terris vel in bosco Monachi Derationare apud Chitreium potuerint, quiete et pacifice eis habendum permiserunt*. Miracula S. Rictrudis num. 13. Maii tom. 3. pag. 94 : *Dicebat apud se, jam totum Derationavi, quia ille non inventurus, qui contra me audeat ferre sententiam*. Vita B. Lanfranci n. 31. Maii tom. 6. pag. 841 : *Cui Lanfrancus in faciem restitit, et coram omnibus testimonio antiquorum Anglorum, cui periti erant legum patriæ, Deratiocinatus est libertatem terræ suæ*. Vide *Desrainare*] et *Ratio*.

¶ Dirationare, Rationibus sibi vindicare, apud Th. *Madox* in Formular. Anglic. pag. 369 : *Ego Ricardus filius Geri quietam clamavi de me et de hæredibus meis Willelmo de Burleia totam illam dimidiam hidam terræ in Burleia, quam prædictus Willelmus Dirationavit de Geri patre meo*.

¶ Dirationatio, Eadem notione, apud eumdem *Madox* Formul. Anglic. pag. 295 : *Præcipio, quod Monachi de Bordesleia habeant rectas divisas suas, sicut fuerunt tempore Regis H. avi mei... et quod vos eos juste adjuvetis ad hanc Dirationationem faciendam*.

¶ Dirationari. Liber niger Scaccarii pag. 110 : *Hugo de Draybon* 11. *Milites et tertium negat, qui nondum Dirationatur*.

¶ Dirationare Se, Crimen a se amoliri. Hist. Beccensis MS. fol. 360. num. 3 : *Si quis extraneus... ira subita aliquem infra parochiam Becci percusserit, si captus ille retentus fuerit, Dirationabit se in die in curia Abbatis, aut secundum curiæ ipsius judicium emendabitur*.

¶ Dirrationari, Rationibus sibi vindicare. Eadem Hist. fol. 235. n. 3 : *Ego Willelmus Rothomag. Archiep. concedo et confirmo, ut Ecclesia S. Mariæ Becci jure hæreditario possideat Ecclesiam S. Mariæ de Ermentrudis villa, sicut Willermus Abbas ejusd. loci et Monachi Dirrationati sunt in Capitulo*.

¶ Diratiociniare per Duellum, Rem sibi per duellum asserere. Epistola Galerani Comitis Mellenti ad Eugenium Papam III. Hist. Harcur. tom. 3. pag. 44 : *Item Richardus Broc et Robertus Presbyter filius Ferondi hereditatem suam de villa S. Sansonis, quam per Duellum Diratiociniaverunt, Radulphus de S. Sansone prædictis fratribus vendiderunt triginta et sex libras*.

¶ Disrainniare. Chartular. S. Vicentii Cenoman. fol. 156 : *Sed tantum venerunt cum eis ad placitum coram Roberto de Juliaco et filiis ejus, et Disrainniaverunt, quod non debebant dare talliam de illa censiva nec adjutorium*.

¶ Disraisnare. Chartular. SS. Trinit. Cadom. fol. 87 : *Sciendum est quod Johanna Abbatissa S. Trin. Cad. anno ab Incarn.* 1183. *Disraisnavit domum, quæ fuerat Wiguenni Britonis adversus Evainnum et Benedictum, qui faciebant se de parentela illius in curia Domini Regis, in plenaria assisa*. Vide *Deresnare* suo loco.

¶ Disraisnare Sese per Juramentum, apud Lobinellum in Hist. Britan. tom. 2. col. 324.

¶ Durationare. Charta anni 1195. ex Tabulario S. Richarii : *Abbas Gaufridus per belli victoriam Durationaverat*.

* **DERAUBARE**, Furari, expilare, *raubam*, id est, vestem eripere, Gall. *Dérober*. Mirac. MSS. Urbani V. PP. : *Vidit quemdam hominem cum armis accedentem velociter passum erga ipsam, timens ne ipsam Deraubaret, quia erat in bono statu de raubis suis*. Vide *Derobare*.

¶ **DERAZELLARE**, Navi vehere, f. a voce nautica *Rader*, Vadum petere. Extractum computi anni 1321. in Hist. Delphin. tom. 2. pag. 160. col. 1 : *Et pro tota dicta fusta quando fuit ante domum Domini de Lugduno in Sagona Derazellanda, atteranda et in domo Domini reponenda*. Ibid. eadem notione legitur *Inrazellare*, quod vide suo loco.

¶ **DERBERAT**, ℟. *interrumpit*. Glossar. Sangerm. MS. num. 501.

* **DERBIO**, Piscis genus. Vide infra *Glaucus*.

DERBIOSUS. Octavianus Horatian. lib. 1. Rer. Medicar. cap. 10 : *Derbiosos oculos, quos nos impetiginosos dicimus, asperitatum vitiis laborantes, sic curare consuevimus*.

DEREAMENTUM. Charta Stephani Comitis sacri Cæsaris ann. 1290 : *Item super eo, quod nos dicebamus, quod justitia Dereamenti boum in terra dicti Odonis ad nos pertinere debebat : dicto Odone dicente pluribus rationibus, quod cum in terra sua haberet omnem jurisdictionem altam et bassam, casus iste sicut ceteri casus, in terra sua emergentes, ad se pertinere debebat*. Infra : *Ordinatum insuper extitit super justitia Dereamenti boum, quod dicto Odoni.... remanebit*. Ubi justitia *Dereamenti boum* dici videtur, de bobus, qui extra agri dominici limites aliquid de alieno agro arant et usurpant. Nostri *Derens* et *Deraiement* etiamnum dicunt, ex Gallico *Raie*, Sulcus.

☞ De bobus vastitatem in agris vel silvis efficientibus intelligendam puto vocem *Dereamenti*, eamque deducendam a Teutonico *Derien*, *Deren*, vel *Daron*, Nocere. Kilianus : *Deren*, *Deyren*, *Nocere*, *officere*, *obesse*, *urgere*. *Dere*, *Deyre*, *Nocumentum*, *offensa*, *noxa*, *displicentia*. Vide Glossarium Schilteri et infra *Vastum facere*.

DERECTARIUS, Qui fores effringit furandi animo. Gloss. Lat. Gr. : *Derectarius*, ὁ εἰς τὰς ἀλλοτρίας ἕνεκεν τοῦ κλέψαι εἰσερχόμενος οἰκίας. *Derectarius*, Θυρεπανοίκτης, ἐπεισπηδητής, κατάρατος. Ex quibus idem Gloss. emendat Cujacius lib. 10. Observ. cap. 34. *Defectarii, lib. de Off. Procons.* εἰσπηδησιῶνες, ubi legit *Derectarii*. Glossæ Basilic. : Οἱ τοιχωρύχοι, καὶ οἱ σάκκους ἀνασχίζοντες, καὶ οἱ διρεκτάριοι, ἤγουν κλέπται. *Derectarios* quasi *Directarios* appellari censent viri docti ejusmodi fures, voce ducta a *Dirigere*, quod est *Effringere*, uti notat Festus. Apud Basilium in Epist. διρεκτάριοι furibus junguntur. Vide eumdem Cujac. lib. 10. Obser. cap. 27. et Ægid. Menagium in Amœnitatib. Juris pag. 299. 2. Edit.

DERECTUM, *In rectum vadens : Directum vero, in latere rectum.* Papias.

DEREFALE, vel deorfald, vox Saxonica apud Ælfredum, pro vivario cervino, seu sæpimento, quo includuntur damæ : a deorn, cervus, fera, et falt, stabulum. Vide *Parcus*.

DERELECTORIA Virga. Tabularium S. Aniani Aurelianens. : *Ut vero istud firmius sit, virgam, quam vocant vulgo Derelictoriam, signum quidem traditionis, super altare publice impono.* Ubi *Virga Derelictoria* videtur illa esse, qua utebantur vulgo in investituris, seu traditionibus rerum, quas Ecclesiis *derelinquebant*, et quam ad id in manus donatorum aut restituentium Canonici vel Monachi tradebant. Vide *Investitura per baculum*.

* **DERELICTA**, Vidua, nostris *Déguerpie*. Lit. remiss. ann. 1376. in Reg. 109. Chartoph. reg. ch. 112 : *Ja pieça à un certain jour Robin le Vasseur voult oster un baston à la Déguerpie de feu Robin Cornart, les deux enfans d'icelle Déguerpie se prinrent audit Robin le Vasseur, etc.* Vide *Relicta*.

* **DEREMONDARE**, Purgare, emundare. Stat. Mutin. rubr. 205. pag. 38. v°. : *Canales Clari de ramo venientes per quos molendina macinantur, debeant deradi et Deremondari usque ad fontes in quibus oriuntur.*

DERENUS, Moneta, quæ eadem, ni fallor, ac *Tarenus*. Joan. XXII. PP. tom. 4. part. 2. Epist. secret. pag. 89. apud Raynaldum ann. 1323. num. 9 : *Soldanus debet habere ab Armenis tributum consuetum anno quolibet, quod est 12. centena millium Derenorum per annum, quorum Derenorum singuli quatuor computantur pro Byzantio albo de Cypro.* Vide *Tarenus*.

* **DERERAGIUM**, Derreragium, Debitum, quod in jure *Reliquum* dicitur, Gall. *Arrérage* : unde *Estre en derriere* dicebant, pro Fœnoribus obligari. Charta Phil. comit. Fland. ann. 1447 : *Auxquelles causes laditte ville* (de S. Omer) *est à present moult fort endepté et en Derriere.* Charta ann. 1325. in Reg. 62. Chartoph. reg. ch. 395 : *Concessit Guirardo Liveyo..... viginti solidos Tholos. obliarum, et plus si sunt, cum dominationibus, et omnia Dereragia dictarum obliarum, etc.* Pluries ibi, ut et *Derreragia* Vide *Areragium*.

DERESCIAT. Capitulare Caroli M. ann. 802. cap. 36. apud Baluzium : *Si quis autem post hoc in perjurio probatus fuerit, manum dextra semper Deresciat : tamen hæreditate propria priventur usque ad nostrum judicium.* Ubi forte leg. *dextram se perdere sciat.*

* **DERESNARE**, Litigare, causam suam rationibus comprobare, alias nostris *Déraisnier*. Scacar. apud Cadom. ann. 1234. in Reg. S. Justi ex Cam. Comput. Paris. fol. 29. r°. col. 2 : *In essonia de via curiæ, sufficit quod essoniator dicat sine garanto, quod paratus est Deresnare ad esgardum curiæ.* Pactum inter Ingeran. Codic. et Nicol. Camerac. episc. ann. 1264 : *Reconnoist lidis evesques que en pain, s'il est menres qu'il ne doie,... et en autres coses semblant, nous aions tel droiture comme nous devons avoir, c'est-à-dire, le siste de livrement ou le tiert, se Déraisnier le poons par droit.* Aliud sonat *Desrainier*, eligere scilicet, in Poemat. Roberti Diaboli MS. :

> Quant l'emperere ot Desrainié
> Le camp, u furent araisnié
> Li Sorasin si laidement.

Desrainable vero, pro *Déraisonnable*, rationi contrarius, in Libert. Novi castri ann. 1256. tom. 7. Ordinat. reg. Franc. pag. 365. art. 19.

* **DERESNATIO**, Deresnator, Deresnia. Vide infra *Desrainare*.

DERETRO, pro *Retro*, ab ante, *Derriere*. Baruch cap. 6. v. 5 : *Visa turba Deretro.*

* Glossar. Provinc. Lat. ex Cod. reg. 7657 : *Detras, Prov. retro, Deretro.*

DERITTUM, Derictum. Vide *Directum* 3.

¶ **DERIVARE**, Originem ducere ab aliquo. Chronicon Danduli apud Murator. tom. 12. col. 475 : *Carolus de Durachio... qui a Carolo Duca Andegavensi filio Regis Francorum per descendentem lineam Derivavit.*

* **DERIVATA**, Derriva, Deflectio, declinatio, Gall. *Derive*. Stat. Taurini MSS. ann. 1360. cap. 68. ex Cod. reg. 4622. A. : *De molendinis non faciendis a Derriva Duriæ usque ad vadum.... Item quod nullum molendinum, nec paratorium, aut batanderium fiat a Derivata Duriæ usque ad Padum.*

** **DERIVATIM**, Purchardi Gesta Wiligowonis ap. Pertz. Scriptor. tom. 4. pag. 622 : *Cum totius fons sapientiæ videatur Derivatim e vestri cordium fluentis emanare. Deductim*, ap. Diomedem 2. pag. 168.

¶ **DERIVERE**, *Dinumerare*, in MS. Ecclesiæ Bituricensis.

DEROBARE, Furari, expilare, *Robam*, id est, vestem eripere, ex Gallico, *Dérober*. Sanutus lib. 3. part. 13. cap. 10 : *In insula vero descendentes, Derobato uno casali, redière.* Occurrit apud Michaelem Madium de Barbizanis in Hist. cap. 17. Jo. Lucium de Regno Dalmat. ex veter. Chartis pag. 175. 183. [Julianum Cardinalem in Epist. ad Eugenium IV. PP. Murator. tom. 8. col. 439. 443. tom. 12. col. 421. 491. *Deraubatus*, in Litteris ann. 1333. apud D. *Secousse* tom. 3. Ordinat. Reg. pag. 239. Vide *Desrobare*.]

Disrobare, apud Petrum de Vineis lib. 2. Epist. 45. lib. 5. Epist. 48. 62. 78. [Nicolaum de Jamsilla de Gestis Friderici II. Imperat. inter Scriptores Italicos Muratorii tom. 8. col. 500.] Vide *Robare*.

¶ Derubare, apud Parisium de Cereta in Chronico Veronensi ad annum 1236.

¶ Derupare, Eadem notione. Bonincontrus in Actis SS. Junii tom. 4. pag. 765. laudatus, ubi de Sanguine S. Joannis Bapt. : *Tu cogistasti eam* (terram) *Derupare, ut maneat inhabitata.*

¶ Derobaria, Furtum, Ital. *Ruberia*, in Diplomate Jacobi Insulani Cardinalis, apud Illust. Fontaninum in Appendice Antiquit. Hortæ pag. 463.

¶ Derrobatio, in Litteris ann. 1337. ex Archivo S. Victoris Massil.

¶ Derobatio Hospitiorum, in Arresto Parlamentii Paris. ann. 1335. inter Probat. Annal. Tolos. D. *la Faille* tom. 1. pag. 89.

¶ Disrobatio. Epistola Roberti Regis Calabriæ ad Barchinonenses, inter Anecd. Marten. tom. 3. col. 70 : *Recepimus vestras litteras continentes Disrobationem cujusdam kokæ Bernardi Garrigæ civis Majoricarum, factam ut asserit per quosdam piratas regni nostri Siciliæ.* Legitur etiam in Instrumento ann. 1332. ex Archivo S. Victoris Massil.

* **DEROBATOR**, Expilator, prædator, Gall. *Pilleur*. Chron. Estense ad ann. 1299. apud Murator. tom. 15. Script. Ital. col. 346 : *Invenerunt gentes dicti domini Maffæi, quæ derobabant campum ;.... alia pars cucurrit ad campum, et occidebant, vulnerabant et capiebant inimicos Derobatores.* Vide *Derobare*.

* **DEROCARE**, Derrocare, Diruere, evertere, dejicere, arborem exstirpare, nostris alias *Desrocher*, Ital. *Dirrocare*, Hispan. *Derrocar*. Annal. Cæsenat. ad ann. 1294. apud Murator. tom. 14. Script. Ital. col. 1109 : *Malatestinus tunc potestas Cæsenæ Derocavit omnes quas potuit fortilicias.* Et col. 1113 : *Gallassius capitaneus Cæsenæ cum vicario ecclesiæ Ravennatis obsederunt castrum cum manganis, Derocando domus.* Chron. Bergom. ad ann. 1404. ibid. tom. 16. col. 949 : *Cavaverunt ipsam turrim circumcirca et ipsam dirui et Derocari fecerunt.* Charta ann. 1327. in Reg. 65. Chartoph. reg. ch. 65 : *Eis imponebatur, quod.... multas arbores Derrocando sibi non licitas, et eas in usus suos convertendo, etc.* Vitæ SS. MSS. ex Cod. 28. S. Vict. Paris. fol. 65. v°. col. 2 : *Li Tyebre crut tant que il aloit souz les murs de Rome et pluisours maisons Desrocha.* Vide *Derochatura, Derucare, Dirocare* et *Derupare*.

* **DEROCHARE**, E rupe dejicere, præcipitem dare, dejicere, detrudere, nostris etiam *Desroquer*. Stat. Vallis Serian. cap. 41. ex Cod. reg. 4619. fol. 113. r°. : *Non sit aliqua persona quæ audeat..... portare. . aliquas carnes Derochatas, vel aliquo alio casu fortuito mortuas,... ad becharíam.* Lit. remiss. ann. 1459. in Reg. 190. Chartoph. reg. ch. 18 : *Lesquelz compaignons firent responce qu'ilz alloient querir une fille amoureuse avecques les clers du palais, et pour Desroquer les escoliers, s'ilz les trouvoient.*

¶ **DEROCHATURA**, a Gall. *Roche*, Diruptio, abscissio rupis. Extractum comput. anni 1336. Hist. Dalphin. tom. 2. pag. 325. col. 1 : *Pro fractura rupis super qua dictum castrum est ædificatum, et pro Derochatura rupis ante turrim, licet nondum sit aplanata, etc.* Delphinates etiamnum dicunt *Dérocher* de quacumque ruina et prolapsione.

* **DERODERE**, alluere, Gall. *Baigner, couler contre*. Charta ann. 828. tom. 6. Collect. Histor. Franc. pag. 555 : *Incipit possessio fluvii Ligerici a farinario cujusdam Dromedamii, et decurrit per ripam sancti Hilarii usquedum cujusdam Mortosii nomine vici Derodendo fines Ligeris alveo non modico invehitur. Déroder les terres*, eas ad cultum redigere, in Hist. Tornac. lib. 4. pag. 52. et 53. quo sensu *Désadnarder* et

Dessenarder usurpatum occurrit in Ch. ann. 1455. ex Chartul. Latiniac. : *Sont tenus aussi lesdits preneurs.... de deffricher, Désadnarder et labourer toutes lesdites terres, et icelles deffrichées les tenir delà en avant en bon et suffisant labour sans les essaisonner. Deffricher et Dessenarder lesdites terres,* in alia ann. 1485. ibid. *Desriequir*, eadem notione, apud Math. de Couciaco in Hist. Car. VII. pag. 546 : *Desriequir et essarter leurs terres, vignes et jardinages.* Vide *Deruncinare.*

¶ **DEROGAMEN**, Derogatio, Gall. *Dérogation*, Actio qua præcedens statutum, v. g. testamentum imminuitur vel aboletur. Privileg. Sigismundi Imp. ann. 1431. apud Ludewig. Reliq. MSS. tom. 1. pag. 458 : *Divini cultus et ecclesiastici juris notabile Derogamen votis detraheretur fidelium et procassarentur testamenta multorum, etc.*

DEROGARE, Detrahere. Papias : *Deruere, Derogare, detrahere, vituperare.* Alibi : *Detractare, Derogare, dedignari, temnere.* Concilium Emeritense cap. 17 : *Nullus subjectus decedentem detrahat Episcopum, nullus de eodem Deroget, nec malum quicquam loquatur.* Ordericus Vitalis lib. 10. pag. 789 : *Stephanus quoque Blesensis Comes pene ab omnibus Derogabatur, et indesinenter verecundabatur.* Passio SS. Seraphiæ et Sabinæ num. 2 : *Quid tibi ipsa Derogas, aut quare temetipsam vilem reddis?* Utitur non semel Ruffinus in S. Hieronymum, et in Apologia pro Origene, ut et Symmachus, Sidonius, et alii.

1. Derogatio, Contumelia. Facundus Hermianensis lib. 7. cap. 7. pag. 506 : *Et post modica Episcopo Edessæ Derogans, dicit : Hic nostræ civitatis tyrannus, etc.* Hesso Scholasticus : *Ut omne os adversariorum obstrueret, et vocem Derogationibus omnibus auferret.* Concilium Lemovicense ann. 1031. sess. 1 : *Exeat in medium, et libere dicat, ut aut doceat, aut doceatur, et Derogatio confundatur de fraternitate Ecclesiæ.* Idem Ordericus lib. 11 : *Ne aliqua sibi Derogationis occasio oriretur.* Et eodem lib. : *Ibique legalitatis et futuræ Derogationis immemor.* Adde pag. 834. Vita S. Waldetrudis n. 6 : *Hujusmodi irrisionibus ac Derogationibus fatigatus, etc.* Infra : *Derogationes, irrisiones, contumelias, etc.*

Derogator, Detractor. Anastasius Bibl. in Præfat. ad VIII. Synod. : *Quod Patriarcha Ignatius Derogator esset ejusdem sanctæ memoriæ Methodii, et idcirco quasi parricida foret habendus, fama crebrescit.* Concilium Remense ann. 1049 : *Gebuinus Laudunensis Episcopus et Hugo de Braina Castello, qui inter ejus Derogatores quasi signiferi extiterunt, eodem anno ignominiosa morte vitam finierunt.* Adde Historiam mortis S. Leonis IX. PP. n. 1. [Sidonius lib. 3. Epist. 13 : *Importunus petendi, Derogator negati, æmulator accepti.* Et Epist. seq. : *De cæteris studii nostri Derogatoribus, etc.*]

2. **DEROGATIO**, [f. Pars a toto distracta.] Charta Abbonis Patricii pro fundatione Monast. Novalicensis, ex Tabul. Ecclesiæ Gratianopol. fol. 51. 52 : *Et illud mihi in hunc testamento meum addere placuit, ut dum et domnos patruus meus Semforianus condam Episcopatum Wapecense in suam habuit gubernatione, et devotione sua, ut medietate Derogationes portionis ipsius in valle Segucia ad ipsa Ecclesia per sua esturmenta delegare voluit, etc.* Infra : *Ipsi cartam donationis de medietate locello nostro commune Derogationes in valle Signsina ad jam dicta Ecclesia sanctæ Mariæ Wapencense quod scripserat, dum et lex hoc prohibit, et postea ipse de ipso onos Episcopato a malis hominibus ejectus fuit, et ipsa portio Derogationis ad ipsa Ecclesia Wapencense nunquam fuit tradita nec recepta, ideoque, etc.*

¶ **DEROGATORIUS**, Derogans, Qui imminuit legis, vel cujusvis statuti præcedentis auctoritatem. *Derogatoriarum Derogatoriæ*, voces in Cancellaria Romana notissimæ. Vide, si vis, Bullam Pii IV. PP. inter Instrum. tomi 3. novæ Gall. Christ. col. 108. Bullam Pauli III. apud Miræum tom. 2. pag. 1055. col. 1. Bullarium Carmelit. pag. 238. col. 1. etc.

¶ Derogatorie, apud Marten. tom. 1. Collect. Vet. Script. in 4°. part. 2. pag. 243.

¶ **DEROR**, *Septimus annus remissionis.* Papias.

* **DEROTARE**, Auferre, extrahere, nostris alias *Desroter*. Inquisit. ann. 1218. inter Probat. tom. 1. Hist. Nem. pag. 60. col. 2 : *Requsitus si Bertrandus Derotavit erbam de bestia Stephani Chautardi? Dixit quod non, sed volvit eam.* Ubi forte legendum *Derocavit*, id est, ad terram dejecit. Vide supra *Derochare*. Lit. remiss. ann. 1395. in Reg. 148. Chartoph. reg. ch. 280 : *Le suppliant aidoit à Desroter un chariot d'une mare ou raque ou il estoit.* Hinc *Desroi*, Damnum, clades, vulgatius *Désarroi*. Mirac. B. M. MSS. lib. 1 :

Un archier ot près de l'image,
Qui grant Desroi et grant damage
Faisoit souvent à chax de fors.

* **DEROTICUM**. Bulla Agapiti II. PP. ann. 951. inter Instr. tom. 6. Gall. Christ. col. 425 : *Stabilimus ut nulla qualibet persona monachi vestri monasteriis consentientibus injuste ad Deroticum aut ad.... deportare laicalis persona præsumatur.* Locus mancus.

* 1. **DERRATA**, Pretium rei per denarios, ut supra *Denariata*, vox Italica. Charta ann. 1125. apud Murator. tom. 3. Antiq. Ital. med. ævi col. 1140 : *Botacci per omnem annum dant iv. staria annonæ et iv. panes, et ij. Derratæ de carne et vinum.* Vide *Derata*.

* 2. **DERRATA**, Italis etiam Rei alicujus portio. Stat. Montis-reg. pag. 137 : *Quod illa persona, quæ convenietur pro restitutione dotium fienda, teneatur in solutam dare.... et pannos de dorso ad usum solitum talis mulieris dotis recuperantis, de quibus Derratam talis creditor recipere teneatur.*

* **DERRERAGIUM**. Vide supra *Dereragium*.

* **DERRIVA**. Vide supra *Derivata*.

* **DERROCARE**. Vide supra *Derocare*.

¶ **DERSES**, *est fumus sive vapor, ex quo arbores crescunt.* Roch. *le Baillif* in Diction. Spagyr.

¶ **DERUBARE**, Derupare. Vide *Derobare*.

* **DERUCARE**, Diruere, evertere, ut supra *Derocare*. Chron. Bergom. ad ann. 1403. apud Murator. tom. 16. Script. Ital. col. 947 : *Die dicto deruinavit et penitus Derucavit turris illorum de Grumello, etc.*

DERUERE, Evertere. Papias : *Deruere, Derogare, Detrahere, Vituperare.* Perperam *Dermere*, in MS. Gloss. Lat. Græc. : *Deruit*, κατέςρεψεν, ἀνατρέπει. Alibi : *Diruit*, κατέςρεψεν.

¶ **DERVESUM**, f. pro *Devesium* vel *Devesum*, ut Cangius legit in *Cascina*. Locus defensus, v. g. silva in qua non licet omnibus ligna cædere, animalia pascere, venari, etc. Charta Ademari de Muro-veteri ann. 1191. apud Acherium Spicil. tom. 8. pag. 205 : *Nemoribus, garricis, cascivis, Dervesis, mansis et mansuris, vineis, etc.* si *Dervesis*, non *Devesis*, legendum, f. *Dervesum* idem erit quod infra *Dervum*, Silva. Vide *Devezium* et *Defensa* 3.

¶ **DERUGINARE**, *Rubiginem auferre, Eruginare.* Laurent. in Amalthea ex Catholico.

* **DERUINARE**, Eadem notione, ibid. ad ann. 1386. col. 857 : *Ante festum Nativitatis Domini projecta et Deruinata fuerunt castra de Calepio, etc.* Occurrit rursum supra in *Derucare*.

¶ **DERUNCINARE**, Runcare herbas, evellere. Onomast. apud Martinium : *Deruncino*, ἐκβοτανίζω. Alibi, *Deruncinare* est Runcina secare, levigare, Gall. *Raboter* : unde metaphorice apud Plautum : *Lepide Deruncinavit militem.*

¶ **DERUPARE**. Vide in *Derobare*.

* **DERUSCARE**, Cortice spoliare, ut videtur. Chron. Modoet. apud eumd. Murator. tom. 12. col. 1143 : *Porro recedentes inde permixtæ gentes, dimiserunt... terram Modoetiæ personis et omnibus bonis vacuam et quasi ruinatam, stantem sicut siccam arborem Deruscatam, non ferens fructum.* Et col. 1147 : *Dimissa est ab illis, qui erant pro Romana ecclesia, sicut arbor Deruscata... faciam cito quod illa terra fiet arbor cooperta de bona rusca, ferens fructum.*

¶ **DERVUM**, vel Dervus, Mabillonio Silva, unde *Dervense* Monasterium, in Vita Bercharii Abb. inter Acta SS. Benedict. sæc. 2. pag. 831. et seqq. Armoricis *Derw*, Quercus, plural. *Derwen*.

* Quercetum, a Celtico *Derw*, quercus, unde nostris *Dervée*, pro *Chênaie*. Charta ann. 1326. in Reg. donor. Car. IV. et Phil. VI. ex Cam. Comput. Paris. fol. 18. v°. : *Item Guillaume Bonin leissa cinq soulz sur une Dervée.*

DERZON. Lex Longob. lib. 1. tit. 25. § 30 : *Si quis sepem alienam ruperit, i. e. Derzon, componat, etc. Zaun*, Germanis est sepes. Editio Heroldi tit. 101. § 42. habet *Iderzon*, [hæcque genuina lectio est; *Iderzon* autem vel *Ederzaun*, ut habet Schilterus in fictitia voce *Derzon*, componitur ex *Ider, Eter*, et *Zaun*; estque *Etter*, ut prosequitur idem Auctor intergerinum quid, murus, paries vel sepimentum, quo villa vel curia ab altera separatur et definitur.] [** Glossar. Longob. in Cod. Cavensi : *Iderzon, Sepes aliena.* In Cod. romano *Inderzon*. Vide Graff. Thesaur. Ling. Franc. tom. 1. col. 154. voce *Etar*, et Schmeller. Glossar. Saxon. voce *Edor*.]

¶ **DESACERDOTARE**, Sacerdotem seu Episcopum deponere. Vide Admonitionem

D. Dionysii Sammarthani ad calcem tomi 1. novæ Gall. Christianæ.

¶ **DESACRARE**, apud Statium est Sacrare simpliciter :

Quercus erat, Triviæ quam Desacraverat ipsa.

Haud scio unde Martinius habeat : *Desacro, quod sacrum erat, profanum facio.*

* **DESADVANTAGIUM**, a Gallico *Désavantage*, Detrimentum, incommodum. Pactum inter Car. VIII. reg. Franc. et Ferdin. reg. Hisp. ann. 1493. inter Observat. ad Hist. Car. VIII. pag. 666 : *Quod nunquam faciemus aliquid quod sit in damnum, Desadvantagium et præjudicium dicti christianissimi Francorum regis, etc.*

* **DESADVOYARE**, Denegare, inficiari, Gall. *Désavouer*. Charta Phil. Pulcri ann. 1307. in Hist. Lugd. pag. 47. col. 1 : *Et quod capitulum Lugdunense aliquam partem haberet in eadem, quod in hoc non consentiunt, sed Desadvoyant eosdem et in omnibus quantum possunt contradicunt.* Vide supra *Deadvocare.*

DESAFFIDARE, [A fiducia data recedere.] Vide *Affidare.*

DESAFFILIARE, Exhæredare. Jacobus I. Rex Aragon. in Foris Oscæ ann. 1247. fol. 24 : *His rationibus pater potest Desafiliare filium suum, si viderit patrem, vel sciverit illum captivum, et non traxerit eum de captivitate, etc.* Adde Observantias Regni Aragon. lib. 2. tit. 1. § 1. Vide *Adfiliare.*

DESAFORAMENTUM dicitur, quicquid fit contra foros, id est leges municipales, seu libertatem indultam Civitatibus, ac Civibus oppidi alicujus. Charta Alfonsi II. Reg. Portugalliæ tom. 4. Monarch. Lusitan. Brandaonis pag. 268 : *Et hoc accordavi cum meis privatis, quod ista decreta sunt grande meum Desaforamentum, et de mea Curia, et de illis, qui post me regnaverint.* Charta alia tom. 5. pag. 302 : *Quod prædicta petitio..... vertebatur in damnum et Desaforamentum regni mei, et periculum animæ meæ.* Vide *Forus.*

DESAFORARE, Extra forum ponere. [* Academ. Hispanic. *Desaforar*, Privilegia vel exemptiones abrogare, eis privare.] Dicebatur autem *desaforari* reus, qui coram alio, quam proprio ac competente judice citabatur : ut *Aforari*, qui suo reddebatur judici. Michaël *del Molino* in Repertorio : *Item quod dictus Justitia ad querelam partis dicentis se esse Desaforatam, in omni casu civili et criminali posset (præsertim firmando de directo coram eo contra Desaforantem, et partem contrariam) inhibere, nedum inferioribus judicibus... ne procederent in processu, vel exequutione aliqua, reali vel personali, contra querelantem, dicentem se Desaforatum : et taliter processum impedire, quod si opus esset alguazirium caperet, vel quoslibet executores, donec Justitia Aragonum declararet posse procedi, vel debere supersederi, et sic fore processum aforamentum vel Desaforamentum.* Charta Silonis Regis Oveti et Praviæ in Hispania ann. 777. apud Sandovallium, et Bivarium ad Dextrum : *Et habeo magnam de vos compassionem, quod tanta mala sufferatis inter istos biothanatos Saracenos, qui non contenti mittere super vos tam Desaforatos vectigales, quotidie quærant vos ad mortem.* Id est extraordinarios.

DESAGMARE, *Sagma*, seu sarcinam deponere. Petrus Damianus in Vita S. Odilonis Abb. Cluniac. cap. 21. de mulo : *Qui tandem a naufragio protractus educitur, ad perscrutandum, utrum res, et maxime libri perierint, Desagmatur.* Vide *Sagma.*

* **DESAGRANAMENTUM**, Jus granum suum ante alios molendi, absque ulla pensitatione pro ejusdem molitura. Charta ann. 1250. in Hist. MS. Mont. major. : *Et si nostrum monasterium vellet molere in dicto molendino S. Michaelis, habeat præ aliis Desagranamentum.* Vide supra *Degranatura* et *Degranum.*

¶ **DESAISINA**, Gall. *Dessaisissement*, Amissio rei alicujus, restitutio rei captæ. Libertates hominum S. Georgii de Esperanchia concessæ per Comitem Sabaudiæ ann. 1291. in Historia Delphin. pag. 32. col. 2. edit. Paris. : *Item, si quis aliquam saisinam fieri fecerit, debet pro saisina sex denarios Viennenses, pro Desaisina sex denarios.*

¶ **DESAISIRE**, Gall. *Dessaisir, Lever la saisie.* Bona capta dimittere. Ibidem pag. 30. col. 1 : *Item, si quis... fecerit saisiri aliquid pro suo debito, illud quod saisitum fuerit, non debet Desaisiri, nisi vocata prius parte quæ saisiri fecit.* Vide *Saisire.*

¶ **DESAMNENTIA**, Discordia, Gall. *Discorde, Dissention.* Parvum Chartular. S. Victoris Massil. fol. 102 : *Notum sit omnibus, quod controversia seu Desamnentia erat inter, etc.* Hisp. *Desamar*, Amare desinere, cessare.

DESAMPARARE, [Cedere, Rem occupatam dimittere, Practicis nostris *Desemparer, Déguerpir.* Statuta Massil. lib. 4. cap. 15 : *Si forte marinarius aliquis infra viagium* (quod) *incœperat, aufugeret vel navem Desampararet, nisi justo impedimento hoc faceret... loquerium quod inde habuerit... reddere teneatur.* Parvum Chartular. S. Victoris Massil. fol. 130 : *Omnia alia prædictæ Ecclesiæ Desamparo.* Ibid. ex Charta anni 1227 : *Totum tibi dicto Priori et tuæ Ecclesiæ Desamparo.* Testam. anni 1286. Histor. Delphin. tom. 2 pag. 62. col. 1 : *Et ex tunc ut ex nunc cedo, finio, Desamparo dictum castrum de Sancta Galla, et filiam meam dictorum Dominam et Procuratricem constituo ut in rem suam.* Occurrit alibi pluries.] Vide *Amparare.*

¶ Desamparatio, Abdicatio, cessio rei possessæ. Statuta Massil. lib. 3. cap. 30. § 17 : *Illud instrumentum tempore dictæ Desamparationis debeat restitui prædicto deserenti dictam possessionem.* Sententia arbitralis anni 1497 : *Desamparationes de ipsis proprietatibus fiendis.*

* Charta ann. 1095. inter Probat. tom. 2. Hist. Occit. col. 337 : *Si quis vero homo aut femina aut aliqua persona contra istam scripturam et deffinitionem, Desamparationem, absolutionem, etc.*

* **DESAMPERARE**, Deserere, Gall. *Abondonner.* Mirac. Mss. Urbani PP. V. *Medici vero cum* (ægrum) *Desamperaverant et judicaverant pro mortuo.*

* **DESANARE**, Decedere, mori, Hispan. *Dessainar.* Testam. Raym. Trencavelli ann. 1154. inter Probat. tom. 2. Hist. Occit. col. 551 : *Et si Desanabat de Rogerio meo filio infante legitimo de uxore, totus honor, qui mihi venit pro Rogerio meo fratre, remaneat Cæciliæ meæ filiæ. Beders et Bedeirez et totus honor, qui mihi venit pro meo patre, ita ut ego teneo, vel homo pro me, remaneat meæ filiæ minori ; et de qualicumque harum duarum sororum Desanaret sine infante, omnes prædicti honores revertantur aliæ sorori vel ejus hæredibus ; et si de Rogerio Desanaret, mariti harum duarum sororum jurent inter se vitam et membra et suos honores.* Aliud Sicardi vicecom. Lautric. ann. 1287. ibid. tom. 4. col. 83 : *Et dicimus specialiter . . . quod si a te* (Bertrando filio meo) *in vita nostra Desanaret, sive morereris absque hærede legitimo ex te descendente, quod dicta donatio ad Philippum fratrem tuum devolvatur ; et si de dicto Philippo, modo prædicto, Desanaret, Guihoto filio nostro, fratri tuo totaliter devolvatur.* Vox, ut patet, in substitutionibus usurpata, ut a verbo *mori*, quod mali ominis putabant, abstinerent, quæ idem valet atque nostrum Gallicum, *s'il venoit faute de etc.* si quid huic humanitus accidit, etc. Vide *Desvenire.*

¶ **DESANNATIO**, *Subsannatio*, μυκτηρισμός. Gloss. Lat. Græc. Sangerm.

* **DESAPERE**, Delirare. Glossar. vetus ex Cod. reg. 7641 : *Desapit, delirat.* Glossar. Provinc. Lat. ex Cod. reg. 7657 : *Dessenner, Prov. enare, delirare, furire.*

DESAPODERARE, Potestatem dimittere, *Dissaisire.* Charta Gastonis Vicecomitis Beneh. ann. 1000 : *Possis tamen defendere et juvare de castris et terris prædictis, non tangendo seu accipiendo redditus ipsorum locorum, nec Desapoderando de castris illis, quod pro nobis illa tenerent, quousque esset de ipsis debitis et injuriis plenarie satisfactum.*

* *Desapoderar*, Academ. Hispan. in Diction. Aliquem a possessione depellere, dejicere, revocare concessam alicui facultatem. Vide *Dispotestare.*

¶ **DESAPROPRIATUS**, Gall. *Desaproprié*, Exutus rei alicujus dominio, depositus. Chartular. Æducnse in Decreto Curiæ Paris. ann. 1446 : *De qua* (gaudencia) *sicut dictum est per dictos Cousinoti et Varmeni Desapropriatus seu expulsus fuerat.*

* **DESAPUNCTARE**, Aliquem ab officio, vel alia qualibet re amovere, nostris etiam *Désapointer* ; unde *Désapointement*, ipsa expulsio. Arest. ann. 1402. 22. April. in vol. 9. arestor. parlam. Paris. : *Quod a statu suo amotus extitit et Desapunctatus eo inaudito.* Hist. Caroli VI. reg. Franc. ad ann. 1390. pag. 79 : *Lesquelles choses vinrent à la cognoissance du roy, dont il fut très desplaisant, et dit qu'il n'y scavoit remede, sinon de le Désapointer. Messire Jean Herpedenne le sceut, et fit scavoir au duc de Berry comme on le vouloit Désapointer du gouvernement qu'il avoit . . . . Mais il vint à sa cognoissance que le duc de Berry très impatiemment portoit son Désapointement dudit gouvernement.* Vide supra *Depunctare.* Aliud vero sonat *Désapointer*, Vestem scilicet exuere, vulgo *Déshabiller*, in Lit. remiss. ann. 1468. ex Reg. 194. Chartoph. reg. ch. 293 : *Ainsi que icellui*

Jehannin Emery bastard se Désapointoit et mettoit jus sa robe, etc.

* **DESARESTARE.** Vide supra *Dearrestare.*

* **DESARTERE**, pro Desistere, in Charta ann. 1252 : *Eisdem responsum dedimus quod nos a dicto opere Desarteremus aliquamdiu, donec ipsi potuissent ostendere jura seu rationes, per quas nos deberemus desistere ab opere antedicto.*

* **DESAVENANS** Feodatio, Illegitima, minime conveniens; cum scilicet census ex feudo percipiendus, feudi ipsius valore longe inferior est. Assis. Abrinc. ann. 1236. in Reg. S. Justi Cam. Comput. Paris. fol. 31. r°. col. 1 : *Mulier dedit tertiam partem terræ suæ cuidam pro servitio suo; postea feodavit ei duas partes pro uno denario vel pro duobus de redditu : postea contraxit matrimonium cum ea, illa autem sine prole decedit, frater ejus impetrat breve de proximiore hærede . . . In casu prædicto, si frater cepisset redditum, non posset conqueri de feodatione Desavenanti.*

* *Désavenant*, pro *Malhonnete*, *indecent*, Inhonestus, in Vita S. Ludov. edit. reg. pag. 301 : *Il eschivoit touz gieus Désavenanz, et se retreoit de toutes deshonestez et de toutes laidures.*

* *Désavant*, Devius, in Lit. remiss. ann. 1373. ex Reg. 104. Chartoph. reg. ch. 375 : *Pour laquelle cause paroles se murent entre le suppliant d'une part et Drouet Ferrant d'autre, Désavans de leur sens et bon mémoire par leur trop grant potation.* Vide infra *Deviare.*

¶ **DESAVENANS** Maritagium, Impar, minime conveniens. Vide *Maritagium desavenans.*

* **DESAVOUARE**, Denegare, inficiari. Lit. procurat. ann. 1348. ex Chartul. 21. Corb. fol. 193. v° : *Dantes dictis procuratoribus nostris . . . . . potestatem . . . . advouandi, Desavouandi causam nostram de hominibus nostris et ecclesiæ nostræ prædictam. Déséveuzer* vero, pro Excusare se, in Epist. ann. 1367. tom. 3. Dissert. D. *Le Beuf* pag. 413 : *Et pour ce que vous ne vous puissez mie Déséveuzer que vous ne puissez estre pardevant l'un des trois, je vous doing terme de la S. Michiel prochain venant jusques à un an. . . . Et ne vous Déséveuzez mie que je ne sois assez gentils homs pour vous combatre, etc.* Vide supra *Desadvoyare.*

¶ **DESAYSIRE**, ut supra *Desaisire.* Vide *Saisire.*

DESBARATUM Ganatum, seu pecus, in Foris Aragon. *id est, sine domino inventum*, inquit Michaël *del Molino* in Repertorio Foror. Aragon. in voce *Bajulus :* ex Hisp. *Desbarato.*

* **DESBENDARE**, Zonam solvere. Formulæ Mss. ex Cod. reg. 7657. fol. 28. v° : *Quamdam sclavam . . . . per brachia accepit, dicendo sibi quod permitteret se cognosci carnaliter per eumdem; quæ cum suæ voluntati libidinosæ consentire penitus recusaret, ipsam talem per vim et violentiam ad capillos accepit et Desbendavit, ipsamque in terram prostravit animo et intentione adulterandi cum ea.*

* **DESBOZARE**, f. Æquare, complanare, Hisp. *Desbozar.* Stat. Placent. lib. 4. fol. 40. r° : *Omnes viæ magnæ et parvæ districtus Placentiæ, per quas consuevit iri et carezari, et quæ sunt interpositæ et imbozitæ seu guastæ, Desbozentur et reaptentur per homines villarum et locorum, in quorum territoriis sunt illæ viæ magnæ vel parvæ.*

1\. **DESCA.** Statuta provincialia Walteri *Gray* Archiep. Cantuar. ann. 1250. et 1252 : *Cum Descis et scamnis et aliis ornamentis.* Monastic. Anglic. tom. 2. pag. 370 : *In Claustro habeat quilibet Frater Capellanus et litteratus certam sedem et distinctam, et batelum, vel Descam.* Occitanis *Desco* est corbis, *Desquet*, corbula, Italis vero mensam, in qua edulia ponuntur, sonat, unde Ægidius Menagius a *discus* derivat. Est etiam iisdem, scamnum, sedes, *banco :* qua notione hic accipitur, ita ut pro *batelum, bancelum* legatur : *Bancelle* enim appellamus *bancum*, in quo sedemus. [Legendum *Barelum*, Gall. *Bureau.* Vide *Barelus.*]

* *Desquet*, vasis seu corbis genus, quo in vindemiis utuntur. Lit. remiss. ann. 1469. in Reg. 197. Chartoph. reg. ch. 88 : *Le suppliant en allant parmi ladite vigne trouva les paniers, vulgaument appellez Desquetz selon le langage du pais* (d'Agennois) *plains de raisins.*

* 2\. **DESCA**, Hostiæ consecratæ particula. Ordinar. Ms. eccl. Veron. ann. 1060. ad fer. 6. hebd. sanctæ : *Tunc episcopus surgat a sede sua et vadat ante altare, et dicat :* Oremus. Præceptis salutaribus moniti . . . . Pater noster. . . . *sequitur*, Libera nos . . . . *Cum autem dixerint* Amen; *sumit sacerdos Descam, et ponit in calice nihil dicens.*

¶ **DESCANTARE.** Vide *Discantus.*

¶ **DESCARGA**, Acceptilatio, liberatio, Gall. *Décharge.* Litteræ ann. 1356. apud D. *Secousse* tom. 3. Ordinat. Reg. pag. 104 : *Nec poterunt dicti quatuor Thesaurarii generales habere Descargam sufficientem, nisi illam haberent de mandato dictorum viginti quatuor, seu majoris partis ex ipsis.* Vide *Deschargia.*

¶ **DESCARGADOIRA** Sagoma. Vide in *Sagoma.*

DESCARGUARE. Vide *Discargare.*

¶ **DESCARKAGIUM**, Tributum pro mercibus exonerandis, Gall. *Droit de décharge.* Vide *Caablus.*

* **DESCARLATUS**, Coccineus, Gall. *d'Ecarlate.* Testam. ann. 1500. in Reg. 3. Armor. gener. part. 2. pag. 6 : *Dedit atque erogavit Katherinæ Brachete nepti suæ suam tunicam luteam et Descarlatam.* Vide *Scarlatum.*

* **DESCAVALCATIO**, pro *Decalvatio*, Crines, capilli. Usatici Barcinon. Mss. cap. 8 : *Qui vero per barbam* (aliquem accepit) *viginti* (solidos,) *per Descavalcationem quadraginta solidos* (emendet). Vide *Decalvare.*

* **DESCAZARE**, A *casa* seu domo ejicere. Academ. Hisp. in Diction. *Descasar*, Conjuges sejungere. Vide *Casare* 2. Chron. Bergom. ad ann. 1393. apud Murator. tom. 16. Script. Ital. col. 862 : *Pars Guelpha de Valle Seriana superiori Descazaverunt homines partis Gibellinæ habitantes in loco de Clusonio.*

¶ **DESCENDENTES**, Gall. *Descendans*, Posteri. Occurrit supra in voce *Collatores* 2. et apud Baluzium Hist. Arvern. tom. 2. pag. 397.

¶ 1\. **DESCENDENTIA**, Descensus, declivitas collis, clivus, Gall. *Descente.* Charta anni 1212. tom. 2. Hist. Eccl. Meld. pag. 103 : *Dedit... tres arpennos terræ, vineæ congruentes, sibi invicem distantes, sitos in Descendentia montis apud S. Medardum.*

* 2\. **DESCENDENTIA**, Summa, quæ expensis rationibus reliqua est, Gall. *Débet. Descendentiæ a computo*, in Memor. D. Cam. Comput. Paris. ad ann. 1364. fol. 82. r°.

¶ 1\. **DESCENDERE**, active, Demittere, pro activo Gallico *Descendre.* Miracula B. Raymundi Lullii, Junii tom. 5. pag. 689 : *Dictum corpus a dicto suo sepulcro Descenderunt, et sua processione solenni illud detulerunt in sacristiam.*

* 2\. **DESCENDERE.** Lit. ann. 1361. tom. 4. Ordinat. reg. Franc. pag. 214 : *Officiarii et ministri nostri, . . . tam populares quam nobiles, variis afficere flagellis Descenderunt.* f. pro *Intenderunt*, aut quid simile.

* 3\. **DESCENDERE**, Deponere, exonerare, Gall. *Décharger.* Stat. pro reformat. regni Navar. ann. 1322. in Reg. sign. *Noster* Cam. Comput. Paris. fol. 442. r° : *Fiant decem tabulæ carniceriæ, videlicet in quolibet vico quinque tabulæ, et subtus dictum coopertoram quod Descendant piscamina, quæ ad villam Pampilonensem venerint, et quod ibidem vendantur.*

* 4\. **DESCENDERE**, Dependere, eadem notione qua in re feudaria *Movere*, Gall. *Mouvoir*, dicitur. Charta ann. 1329. tom. 2. Hist. Trevir. Joan. Nic. ab *Hontheim* pag. 113. col. 1 : *Nos Johannes de Orreo scabinus Trevirensis et Loretta conjuges, notum facimus universis, quod bona nostra infrascripta Descendant in feudum ab ecclesia, videlicet officium pincernatus, etc.*

* **DESCENDUA**, Successio, hæreditas quæ a progenitoribus obvenit, nostris etiam *Descendue.* Arest. ann. 1279. in Reg. 2. *Olim* parlam. Paris. fol. 48. r° : *Quæ* (bona) *ex Descendua seu successione patris sui et aliorum progenitorum suorum ad se pertinere dicebat* (comes Glocestriæ.) Pactum ann. 1254. apud Marten. tom. 1. Ampl. Collect. col. 1326 : *Pour escheison de la Descendue, que cil cuens leur demandoit par raison de la contesse sa fame, qui fut fille dou roi de Navarre.* Charta Phil. Pulç. ann. 1302. in Lib. rub. Cam. Comput. Paris. fol. 203. v°. col. 2 : *Ordenons . . . . que la terre et la Descendue, qui ausdiz enfanz est venue par le décès de leur mere, et celle qui leur venra par la Descendue doudit Oudart leur pere, etc. Descendue ou succession*, in alia ann. 1304. ibid. fol. 252. v°. col. 1. *Descendement*, eadem notione, in Chron. S. Dion. tom. 8. Collect. Histor. Franc. pag. 340 : *Cil Roberz disoit que il n'avoit pas eue partie du roiaume, qui li estoit eschaue du Descendement de son frere.* Bellomaner. Ms. cap. 14 : *Deschendement, si est quant hiretages deschent de pere aus enfans, ou de aiol aus enfans de ses enfans.* Vide *Descendentes* et infra *Descensus* 4.

* **DESCENIMENT**, Vox vulgaris ab Hispan. *Deceñir*, Discingere. Constit. Mss. Petri III. reg. Aragon. ann. 1350 : *Quidam*

abusus in civitate Dertusæ inolevit, quod mercatores et alii bladum et alia victualia inde extrahere volentes, prohibentur virtute prohibitionis, quæ Descenimeut vulgariter nuncupatur..... Ordinamus quod..... non liceat dictam prohibitionem seu Descenimcnt facere in futurum.

¶ **DESCENSIBILIS**, *Descendere consuetus*, in Barthii Glossario ex Hist. Palæst. Fulcherii Carnot.

* **DESCENSIVE**, Successive, ex ordine. Charta ann. 1313. in Reg. 50. Chartoph. reg. ch. 1 : *Exhibebant diversa instrumenta.... de quadraginta duobus annis et de triginta quinque, et ita postea de aliquibus Descensive.*

1. **DESCENSUS**, Hospitationes, quomodo nostri etiamnum dicunt, *Descentes*. Concilium Budense ann. 1279. cap. 14 : *Cum suas diœceses vel parochias visitant, vel ex aliis causis ad Ecclesias ipsas declinant, gravibus et importabilibus fere Descensibus... aggravant et molestant, etc.* [Charta ann. 1192. ex Tabulario S. Florentii : *Cum esset contentio inter Episcopum Redonensem et Abbatem et Monachos S. Florentii super Descensu et procuratione Episcopali in Ecclesia de Iseio... compositione facta statutum est, quod Prior et Capellanus de Iseio singulis annis pro Descensu et procuratione episcopali reddent* x. *solidos Andegavenses.*]

* Charta Phil. V. ann. 1318. in Reg. 56. Chartoph. reg. ch. 320 : *Domum nostram sive cohutam de Novoburgo, in qua placita nostra tenentur, ... donamus : retento tamen in domo seu cohuta prædicta .... Descensu vicecomitis nostri Pontis archæ.*

¶ Descensus Domini, Simili notione. Archivum Majoris Monasterii : *Ego Donoaldus Aletensis Episcopus dono Monachis S. Martini tertiam partem redditatum ad Ecclesiam S. Maclovii de Montlou pertinentium et fevum quoque Brientii, quod reddit de mangerio* xviii. *denarios, et Descensum Domini, et maritagium, redemptionem etiam corporis, et emptionem terræ, et equitatam cum Domino suo : quæ Aldronius Bussellus dederat antequam Monachus esset.*

2. **DESCENSUS**, apud Anastasium in Historia Ecclesiastica, ubi Theophanes ann. 5. Leonis Isauri κατάβασιν habet, Latinis *Confessio*, seu locus sub altari, ubi recondebantur Sanctorum reliquiæ, et in quem gradibus patebat aditus. Vide *Confessio.*

3. **DESCENSUS**, Aquæductus, rivulus. Tabular. S. Albini Andegav. : *Donaus... Descensum unum, quem habebat in rivulo, qui appellatur ducto, cum omni consuetudine, etc.* Alibi : *Quendam suum Descensum piscatorium Walterio Abbati et Monachis S. Albini vendidit.* Vide *Monteia.*

* 4. **DESCENSUS**, ut supra *Descendua*. Annal. Victor. Mss. ad ann. 1237 : *Ut hæreditatem, quæ sibi debebatur ex Descensu cujusdam fratris sui nuper defuncti, ... obtineret, etc.*

¶ **DESCHARGA**, Tributum pro merci bus exonerandis perceptum. Litteræ anni 1275. apud D. *Secousse* tom. 3. Ordinat. Reg. pag. 61 : *Quod consuetudines et usagia que dicta Maria et vir suus ejus nomine habent in castro seu villa predictis et pertinentiis, in pedagiis, ledis ac usagiis, leda panis et salis, Deschargis, candebege, giota bladi, codorsonibus ligorum, etc.* Vide *Descarkagium.*

¶ **DESCHARGAGIUM**, Exoneratio, Gall. *Décharge. Officium chargagii et Deschargagii vinorum* recensetur inter officia domanii Regis in urbe Lauduno ann. 1360. ex Memoriali D. Cameræ Comput Paris. fol. 57. v°.

¶ **DESCHARGIA**, Gall. *Décharge, Lettre de Décharge*, Acceptilatio, Liberatio. Epistola Joannis de Monsteriolo ad Petrum et Guntherum Præceptores suos, apud Marten. Collect. Ampliss. tom. 2. col. 1402 : *Non dicam, meam enim professionem non respicit, denariorum numerum infinitum sub nescio quarumdam involucro litterarum, quas Deschargias vocant absorptum nequiter optimo Regi tuo et ablatum, gravi quidem facientium jactura.* Vide *Discarga.*

¶ **DESCHARGIARE**, Gall. *Décharger*, Exonerare, ut et

¶ Deschargiatio, Gall. *Décharge*, Exoneratio, occurrunt in Obituario S. Geraldi Lemovic. fol. 7. et 24. Vide *Discargiare* et *Dischargiare.*

* **DESCIDERE**, pro *Decidere*, Gall. *Décider, juger*, in Charta ann. 1451. inter Probat. tom. 3. Hist. Nem. pag. 278. col. 2 : *Per quod consilium Desciduntur et Descidi est consuetum omnes causæ civiles et criminales pendentes in eadem curia.*

1. **DESCIRE**, *Nescire, oblivioni tradere.* Joannes de Janua. [Papias : *Descio, Fatisco, minus sapio. Descivit, Separavit, aperuit, deseruit.* Hoc postremum *Descivit* est a *Desciscere.*]

* Glossar. Provinc. Lat. ex Cod. reg. 7657 : *Descire, dediscere, oblivisci, Desnenbrar, Prov.*

* 2. **DESCIRE**, Desciscere. Chron. Bald. diac. tom. 2. Monum. Sacr. antiq. pag. 119 : *Gregorius Papa ..... Italiam et totam Hesperiam ab ejus jure Descire facit et vectigalia interdicit.*

* **DESCLAVARE**, Clave aperire, Ital. *Dischiavare*. Stat. Montis-reg. pag. 31 : *Nisi justo remanserit impedimento, semper ire* (debet) *cum notario, qui tenet librum communis, ad clavandum et Desclavandum coffinum communis.*

¶ **DESCLEDARE**, Locum *cledis* seu cratibus clausum aperire, Crates amovere, tollere. Regest. Tolos. ann. 1243. fol. 89 : *Dum prædicta paxeria... fuerit Descledata quod debent et possunt piscare ubicumque voluerint.* Vide *Cledare* in *Cleia.*

¶ **DESCOBLADA**, Caro, seu frustum carnis sine adipe, Occitanis alias *Escoblada*. Charta ann. 1177. ex Archivo S. Victoris Massil. : *Corrondas vero et Descobladas secundum attestationem testium a* xl. *annis accipiat.* Charta anni 1233. ex parvo Chartulario ejusd. S. Victoris fol. 142 : *Serviunt supradictæ Ecclesiæ unam eminam civatæ et unum panem et unam Descobladam porci et* vi. *denarios regales.* Vide *Desdoblada.*

* Hinc emendandum Glossar. Provinc. Lat. ex Cod. reg. 7657 : *Desclobada, Prov. Dislunba.*

¶ **DESCOLATADA**, Species vestis. Capitulum Generale S. Victoris Massil. ann. 1506 : *Nullus Religiosus portet vestes vulgariter dictas Descolatadas cum coleto alto, quod cooperiat omnia alia indumenta.*

¶ **DESCOLATUS** Oculus, a Gallico *Decouler*, Effluere, Oculus ex quo humor effluit. Miracula B. Simonis Erem. tom. 2. Aprilis pag. 831 : *Erant in totum Descolati* (oculi) *et unquam videre non poterat.*

* **DESCOLPARE**, Culpam eluere, vel a se aut ab aliquo amoliri, Ital. *Discolpare*, Hispan. *Disculpar*, nostris *Disculper*, alias *Descoulper*. Chron. Bergom. ad ann. 1403. apud Murator. tom. 16. Script. Ital. col. 946 : *Qui duo accusaverunt infrascriptos, dicendo quod Assandrinus et Superleo prædicti debebant dare sibi auxilium et favorem ad faciendum intratam in dictis borgetis, et postea Descolpaverunt, etc.* Lit. remiss. ann. 1377. in Reg. 111. Chartoph. reg. ch. 276 : *Icellui Thomas ou lit de la maladie, dont il mouru, les en Descoulpa et descharga, et en acoulpa et charga du tout ledit Couvreur et son filz. Désencuser*, eodem sensu, in Lit. remiss. ann. 1389. ex Reg. 137. ch. 90. Aliæ ann. 1408. in Reg. 165. ch. 364 : *Se Jehan de Maillol. . . . . vuelt dire que j'ay fait ledit fait, . . . je l'en combatray, ... et l'en feray desdire, ou tel chose qu'il devra souffire, et m'en devra l'en tenir pour bien Desencusé.* Hinc *Descoupable*, innocens, insons; *Descolpe* et *Descoulpe*, excusatio, criminis defensio. Lit. remiss. ann. 1363. in Reg. 91. ch. 438 : *Lequel Enguerrans se disoit et sentoit purs, innocens et Descoupables des faiz dessusdiz.* Charta ann. 1269. inter Probat. tom. 2. Hist. Burgund. pag. 33. col. 1 : *De laquele peingne, se li duc la voloit demander, et il meist raisons, qui ne fussient raignaubles; et se lidit Jahans voloit demander lesdittes issues, et li duc meist Descolpes, qui ne fussient regnaubles, il s'en doit suffrir.* Alia Phil. V. ann. 1316. ex Reg. 55. fol. 30 : *Nous lui acordasmes* (a Robert. d'Artois comte de Beaumont) *lui oïr en ses bonnes deffenses et en ses Descoulpes.* Vide supra *Deculpare.*

* **DESCOMBATUD**. Vide infra *Discumbatud.*

DESCRIBERE, Censum per capita imponere, eumque exæquatum in libros censuales referre : *Descriptores* vero dicti, qui tributa exigebant. Greg. Turon. lib. 9. Hist. cap. 30 : *Childebertus Rex Descriptores in Pictavos... jussit abire... ut scilicet populus censum, quem tempore patris reddiderat, facta ratione innovaturæ reddere deberet, cum populis tributariam functionem infligere vellent, dicentes, quia librum præ manibus haberent, qualiter sub anteriorum Regum tempore dissolvissent, respondimus nos, dicentes : Descriptam urbem Turonicam Chlotarii Regis tempore, manifestum est, librique illi ad Regis præsentiam venerunt.* Idem Gregorius Turon. in Vita S. Aridii : *Quodam tempore accidit, ut populis tributa vel census a Regibus fuissent Descripta, quæ conditio universis urbibus, per Gallias constitutis, summopere est adhibita.* Infra : *Adjiciensque Rex, ut libros ipsos, quibus Inscriptus pro gravi Censu populus regni ejus tenebatur afflictus, etc.* Apud Fortunat. lib. 10. tit. Poematis 14. sic concipitur : *Versus* *facti super mensa in villæ S. Martini, ante Descriptores.*

Descriptio, Indictio, contributio, uti definitur in leg. 173. Cod. Th. de Decurion. (12, 1.) Διαγραφή, in Nov. 119. Capit. Caroli M. lib. 6. tit. 107 [** 109.] : *Possessiones ad religiosa loca pertinentes, nullam Descriptionem agnoscant, nisi ad constitutionem viarum, vel pontium.* Gesta Regum Fr. cap. 34 : *Childericus autem Rex, Descriptiones novas et graves per consilium Fredegundis in cuncto regno suo fieri jussit.* Vita S. Sulp. Pii Ep. Bitur. num. 27 : *Velociter insuetus aboletur census, Descriptio rescinditur impia.* Ch. Adelæ Comitissæ Carnotensis ann. 1109. in Tab. Abb. Bonæval. : *Descriptionem pecuniæ, quæ consuetudinarie tallia nominatur, in burgo Bonævallensi fieri præceperam.* Vide leg. 1. C. de Apoch. (10, 22.)

☞ Descriptiones etiam dictæ Recensiones prædiorum, supellectilis Ecclesiæ, librorum ac veterum chartarum, regio nomine factæ : quod probat Mabillonius de Re Diplomatica lib. 1. cap. 2. n. 3. Vide etiam n. 4. ubi de quibusdam Episcoporum atque Abbatum *Descriptionibus.* [** *Ut iterum per Descriptas mansas æque tripertirent regnum Francorum*, in Annal. Xantens. ad ann. 843.]

Descriptor, in Gloss. Arabico-Lat. dictus, *qui populum per centurias et tribus dividit.*

* **DESCRIPTIO** Causarum, Index seu libellus, in quo causæ judicandæ ex ordine recensentur, Gall. *Role.* Reg. 54. Chartoph. reg. ann. 1316. fol. 1. v° : *Item officium Descriptionis causarum Constanciensium et etiam Bajocensium concessum est magistro Nicholao de Lucerna.*

¶ **DESCROBARE**, *De scrobe eruere.* Laurent. in Amalthea. Item Inserere, includere. Gall. *Enchasser.* Tertul. de Resurrect. carnis, cap. 7 : *Gemmas operosissimo Descrobare auro.*

* **DESCUS**, Pluteus, Anglis *Desk.* Chron. Joan. Wethamst. pag. 530 : *Et circa nudam facturam domus istius expendisse fertur, deducta vitriacione, crestatione posicioneque Descorum, ultra summam centum quinquaginta librarum.* Vide Desca 1.

¶ **DESDICERE.** Vide *Dedicere* 1.

* **DESDINOSUS**, ab Italico *Disdegnoso*, Fastidiosus, Gall. *Dédaigneux.* Barel. serm. in feria 2. hebdom. 2. Quadrag. : *Deus in testamento veteri erat Desdinosus et volebat omnia pulcra.* Vide supra *Dedignantia.*

¶ **DESDOBLATA**, ut *Descoblata*, si bene conjecto. Libertates Calmæ ann. 1209. Hist. Dalphin. tom. 1. pag. 19 : *Præterea qui Desdoblatas servire soliti fuerant, ulterius non serviant.*

* **DESEBREI**, Dezebrei, vox Occitanica. Charta homag. ann. 1020. inter Probat. tom. 2. Hist. Occit. col. 174 : *Ego Petrus suprascriptus de ipsum castrum suprascriptum non Desebrei Berengarium suprascriptum neque filium, etc. Dezebre*, in Charta ann. 1064. in Append. ad Marcam Hispan. col. 1129. Alia ann. 1066. inter Instr. tom. 6. Gall. Christ. col. 21 : *De ista hora in antea non Dezebrei Guifredum archiepiscopum de civitute Narbona, etc.* Id est, ex dicto castro et civitate non ejiciam.

DESECUS, pro *Secus. Desecus aqua* apud Innoc. Agrimens. pag. 226.

¶ **DESEIRE**, pro *Desinere*, ut opinor. Scriptura Monasterii del Pino, inter Concil. Hisp. tom. 3. pag. 167. col. 2 : *Descendit de Remessar et discurrit Santaylam et Deseit ad illum portum de Porrarium.*

DESEMBARGATUS, apud Martin. Didaci *Daux* Justitiam Aragon. l. 6. Observantiar. cap. de Interpretat. qualiter, etc. § 9 : *Et habent promittere, si judex cognoverit vel voluerit, quod pro illa pœna dabunt bona Desembargata, etc.* Id est, ut mox exponitur, *desobligata*, ex Hisp. *Desembargado*, solutus, nulli obligatus.

* Ab Hispan. *Desembargar*, a sequestro liberare, solvere; quo etiam sensu *Désempêcher* diximus. Lit. ann. 1389. in Reg. 138. Chartoph. reg. ch. 284 : *Loppier lieutenant général, . . . tout empeschement mis en ses biens., Désempéche et met à délivrance.*

DESEMEL, Simul et semel. Victorinus Afer de Principio diei : *Ideo mundum universum suo apice Desemel inluminare non potuit, imo non debuit, ne Deus de finita esse adjudicaretur.*

¶ **DESEMPARARE**, Rem posessam dimittere. Vide *Desamparare* et *Amparare.*

* Cedere, Gall. *Désemparer.* Stat. Montispess. ann. 1204 : *Si quis extraneus, pro quolibet honore homo alterius fuerit et in Montempessulanum venerit pro estagna, deinde liber est ab eo homine, dum tamen honorem, pro quo fuerit homo, domino Desemparet.* Charta ann. 1380. ex Tabul. Flamar. : *Et titulo donationis Desemparaverit, solverit in perpetuum, quittaverit hospitium suum. Désemparer* vero, pro Destruere, evertere, in Lit. remiss. ann. 1364. ex Reg. 98. Chartoph. reg. ch. 238 : *Comme le bailly de Meleun eust mandé à tous nos sergens que lesdiz moustier de Praeles et maison feissent Désemparer, abatre et arraser, . . . et meissent en tel estat que jamais n'y peust avoir fort, etc.* Stat. ann. 1367. tom. 5. Ordinat. reg. Franc. pag. 16 : *Feront abattre quant au fort et Désemparer, etc.* Hinc

* **DESEMPARATIO**, Abdicatio, rei possessæ cessio. Charta ann. 1475. inter Probat. tom. 3. Hist. Lothar. col. 280 : *Has autem remissionem, cessionem, renunciationem, resignationem et Desemparationem præmissas per dictum magnificum dominum de Stogis, etc.* Vide supra *Desamparatio.*

* **DESENARIUS**, ut *Decennarius*, Qui urbis decuriæ præest, Gall. *Dizainier.* Stat. ann. 1381. inter Probat. tom. 3. Hist. Nem. pag. 47. col. 2 : *Item ordinavit dictus commissarius, quod quilibet Desenarius per desenariam suam et in custodia sua faciat portare lapides et merletos de lapidibus minute, bene et sufficienter.* Vide *Decena* 2.

¶ **DESENGRANARE**, [Gallis *Engrener*, Moletrinæ granum infundere, unde secundum analogiam linguæ *Desengranare* videtur idem esse, quod Moletrinæ granum non infundere, vel jam infusum detrahere. Vide an hæc conveniant loco citato in] *Cupa octavalis.* [* Vide supra *Degranare.*]

* **DESENTIRE**, Abdicare, nuntium remittere, Gall. *Renoncer.* Stat. Petri archiep. Narbon. contra Albig. ann. 1234. inter Probat. tom. 3. Hist. Occit. col. 370 : *Mandamus quod omnia pignora capta, vel pecunia extorta ab illis probis hominibus de burgo, qui noluerunt aliis præstare juramentum, nec Desentire consulatui eorum, vel ad quistam dare, restituentur eidem.*

* **DESEPARADUS**, pro *Desemparatus*, in Chartul. Celsinian. ch. 279 : *Filii Petroni filiique Rainaldi habent ipsam apendariam... Deseparadam.* Vide supra *Desemparare.*

* **DESEPELIRE**, Exhumare, Gall. *Déterrer.* Vita S. Glodes. tom. 6. Jul. pag. 205. col. 2 : *Peracta quoque præfixa ecclesia, Desepelierunt eam de loco, ubi antea jacebat, etc.*

¶ **DESERARIUS** Miles, f. pro *Destrarius.* Vide *Carrocium* lin. *Carrocii inventionem, etc.*

1. **DESERTARE**, Dissipare, vastare, desertum facere. Lex Bajwar. tit. 9. cap. 3 : *Si quis Desertaverit, aut culmen ejecerit, quod sæpe contingit, aut incendio tradiderit.... restituat dissipata, vel incensa.* Capitulare 1. Caroli M. ann. 802. cap. 16 : *Ut beneficium Domini Imperatoris Desertare nemo audeat, proprium suum exinde construere.*

* Ital. *Disertare.* Lit. remiss. ann. 1379. in Reg. 115. Chartoph. reg. ch. 153 : *Item quod idem reus cameras, latebras et alia loca ipsius domus indagando et cum magno impetu et violentia Desertando, etc.* Nostris *Déserter* et *Désertir*, eadem acceptione. Lit. remiss. ann. 1348. in Reg. 77. ch. 394 : *Les buefs et vaches de Bernart Restourt, qui gastoient et Désertoient le boys.* Le Roman d'*Alexandre* MS. part. 1 :

Et li baubere li a deront et Désertis.

2. **DESERTARE**, Deserere, quomodo *Deserter* dicimus. Capitul. 1. ann. 805. cap. 11. et lib. 1. Capit. cap. 106 : *De propriis servis vel ancillis, ut non supra modum in Monasteria sumantur, ne Desertentur villæ.* [** ap. Ansegis. *et villæ non sint desolatæ.*] *Deserti agri, Desertum prædium*, in Cod. Theod.

* *Etre désert*, eodem sensu, in Lit. remiss. ann. 1390. ex Reg. 138. Chartoph. reg. : *Cuidant que l'asseurement donné devant autre juge que les notres ne vaulsist, ne sortist aucun effect fors jusques à 40. jours, et iceulz 40. jours passez, feust Désert et de nulle valeur.*

* **DESERTITUDO**, Desertio, derelictio, Gall. *Abandonnement, délaissement. Désertacion*, in Instr. ann. 1409. tom. 9. Ordinat. reg. Franc. pag. 483. Chartul. eccles. colleg. de Leproso : *Monachi de Landesio persolvent annuatim capitulo de Leproso octo sextarios frumenti, quamdiu erunt molendina; et si contingat alterum destrui et ad Desertitudinem redigi, reddent tantum quatuor sextarios eidem capitulo.*

* **DESERTUM.** In Deserto, Dicitur de agro inculto, in Obituar. eccl. Lingon. ex Cod. reg. 5191. fol. 229. r° : *Item super tres operatus vineæ vel circa in Deserto sitas in eodem finagio. Désertine*, pro *Désert*, desertum, solitudo, in Bestiar. MS. ubi de Phœnice :

De la Désertine s'envolc
En la chité de Leopole.

¶ 1. **DESERVIRE**, Fungi aliquo munere, Gall. *Desservir.* Hinc locutiones illæ in

Instrumentis frequentes : *Deservire Ecclesiam*, vel *Ecclesiæ*, *Deservire in divinis*, pro Parœciam administrare, vel Ratione beneficii ecclesiastici debitum munus obire, officium persolvere. [** *Deservire feudo*, Consueta de eo servitia præstare. Carol. IV. Imper. chart. ann. 1377. ap. Haltaus. voce *Verdienen*, col. 1842 : *Feudum et bona feudalia ad masculos duntaxat heredes et successores legitimos feudorum, ut ad debitum Deserviatur eisdem, successione debita devolvi .... debeant.* Conf. eund. Haltaus. voce *Vermannen*, col. 1873.] [* *Deserveur de fief*, qui feudi servitia alterius nomine exhibet, in Stat. ann. 1315. tom. 1. Ordinat. reg. Franc. pag. 558 : *Es quex cas nous baillierons au seigneur dou fié Déserveur souffisant, qui gouverneroit cette chose, qui avenue nous seroit, en la maniere que cilx de qui elle nous seroit avenue, la gouverneroit.*]

¶ Deservitio, Servitium, ministerium, functio. Siricius Papa Epist. ad Himerium : *Quibus* (Sacerdotibus Leviticis) *etiam expleto Deservitionis suæ tempore, etc.*

* 2. **DESERVIRE**, Mereri, a veteri Gallico *Déservir* et *Desservir*, nunc *Mériter*. Charta Alberti ducis Brunsvic. ann. 1277. apud Ludewig. tom. 10. Reliq. MSS. pag. 22 : *Burmester eorum auctoritate et ex parte consulum et burgensium habebit judicare super omne pretium Deservitum.* Eadem rursus leguntur infra pag. 54. et 64. [** Germ. *Verdienen.* Ruodlieb fr. 1. vers. 5 :

Nil Deservisse potuit, putat ut meruisse.

Vers. 62 :

Deservire domi quod nil valet emolumenti.

Vide fr. 1. vers. 90. fr. 2. vers. 25. fr. 3. vers. 276. fr. 10. vers. 44.] Charta ann. 1312. ex Tabul. episc. Carnot. : *Item d'un vallet, appellé Guiot Breton, qui fut pendu à Chartres ; trouvé est que il l'avoit bien Desservi. Déservir*, in Annal. regni S. Ludov. edit. reg. pag. 176 : *Pour ces chouses et autres bonnes euvres Deservi li rois Loys l'amour et la grace Nostre Seignour.* Occurrit etiam in Chron. S. Dion. lib. 2. cap. 20. Hinc *Déserte* et *Desserte*, meritum, præmium. Joinvil. in S. Ludov. edit. reg. pag. 157 : *Dieu a fait maint biau miracle pour li* (S. Louis) *par ses Désertes.* Lit. remiss. ann. 1380. in Reg. 117. Chartoph. reg. ch. 152 : *Jaquet par courage couroucié et de volenté desraisonnable et sanz Desserte, donna une grant buffe du poing audit Gilet.* Aliæ ann. 1403. in Reg. 158. ch. 25 : *Il leur sembloit que le séneschal de ladite eglise avoit mal paié leur salaire ou Desserte.* Testam. ann. 1382. inter Probat. Hist. Sabol. pag. 392 : *Item à Jehan de Mellan, lequel demeure avecques moy, en outre ses Désertes, cent sols unc fois paiez.* Occurrit præterea in Consil. Petri de Font. cap. 33. art. 51. tom. 1. et 3. Ordinat. reg. Franc. pag. 566. art. 22. et 389. art. 28. etc.

* **DESERVITURA**, Servitium, functio, in Reformat. cleri Leod. ann. 1446. apud Labbeum. Vide *Deservitio.*

¶ **DESESIARE** Se, Gall. *Se Dessaisir*, Rem aliquam possessam alteri dimittere. Chartular. S. Martini Pontisar. ex Charta anni 1254 : *De quibus xxx. sol. se Desesiavit in manibus Drogonis Abbatis.*

¶ **DESESIRE**, ut *Saisire*, Gall. *Saisir*, Regiam manum injicere in rem aliquam. Statuta Ludovici Regis Franc. ann. 1154. inter Anecd. Marten. tom. 1. col. 439 : *Quia vero nemo sine culpa, vel causa, privandus est jure suo, Ballivis nostris et aliis prædictis omnibus inhibemus, ne Desesiant aliquem sine causæ cognitione, vel nostro speciali mandato.* Vide *Saisire.*

¶ Desesire Se, ut *Desesiare se.* Chartul. S. Martini Pontisar. in Charta ann. 1222 : *Guillelmus Presbyter de Boleio se de jure suo in manu nostra Desesivit.* Occurrit rursus in Chartulario S. Vincentii Cenoman. fol. 83. in Charta Joannis Comitis Carnot. ann. 1234. ex Archivis Monasterii Bonæ-vallis, etc.

¶ Desexire Se, Eadem notione. *Non Desexiemus nos unquam de dominio quod in vobis habemus*, apud Acherium Spicil. tom. 10. pag. 170.

* **DESEVARE**, Torrere, Gall. *Brûler.* Libert. villæ de Granata ann. 1291. tom. 4. Ordinat. reg. Franc. pag. 22. art. 25 : *Et si culpa furnerii panis Desevabatur, quod emendet panem ad cognitionem consulum dictæ villæ.* Si tamen legendum non est *Desiccabatur.*

¶ **DESFILATUS.** Vide *Disfilatus.*

* **DESFACERE.** Vide supra *Defacere.*

* **DESFODRATUS**, Non pellitus. Stat. Placent. lib. 6. fol. 80. v° : *Et si fuerit sine fodra seu Desfodratus, etc.* Vide *Fodeгatus.*

* **DESGAGIUM**, Mulcta, quæ ob vastationem in agris, hortisve factam exigitur; unde *Desgaiger*, hanc percipere seu propter eam aliquid pignori capere. Charta Aymer. vicecom. de Rupecavardi ann. 1296. in Reg. 77. Chartoph. reg. ch. 311 : *Concedimus quod de tribus solidis, qui levantur de emenda seu Desgagio ex maleficiis seu forefactis ortorum, vinearum, etc. Si vero talis sit forefaciens qui non habeat unde solvat dictum Desgagium et dampnum emendet, ponatur in pillorio.* Lit. remiss. ann. 1451. ex Reg. 181. ch. 26 : *Se je vous y treuve une autreffois* (en dommage) *je vous Desgaigerai et le vous feray réparer.* Vide supra *Degugiare* et *Disvadiare* infra in *Vadium.*

* **DESGOMBRARE**, Purgare, mundare, Ital. *Disgombrare*, Gall. *Décombrer.* Stat. Mutin. rubr 23. pag. 4 : *Domum, casamentum de terra, luto et putredine* (faciat) *remondari et Desgombrari.* Vide infra *Disgombrare.*

* **DESGRANUM.** Vide supra in *Degranum.*

* **DESGRURARE**, Tinctoribus nostris *Descruer*, Lixiviam facere. Comput. ann. 1399. inter Probat. tom. 3. Hist. Nem. pag. 151. col. 2 : *Johanni Audeberti draperio, pro una canna panni Desgrurati, habita pro luctis factis die beati Ludovici, xxij. gross.*

¶ **DESGUARNIRE** Castrum, Illud præsidio seu defensoribus nudare, Gall. *Dégarnir, Tirer la garnison.* Bartholomæus l. 6. Annal. Genuens. ad ann. 1224 : *Quum homines illius loci eis temere occurrissent ad præliandum cum eis, relicto castro Desguarnito, quidam de Alexandria ex improviso per quemdam tramitem transierunt ad castrum, et ipsum ingredientes, antequam Burgenses se recolligere possent, ceperunt et penitus concremarunt.*

¶ **DESHÆREDITARE**, Gall. *Desheriter.* Vide *Dehæreditare.*

* **DESHEREDARE**, Exhæredare, spoliare. Charta Phil. Pulc. ann. 1311. in Reg. 48. Chartoph. reg. ch. 37 : *Prius oportet dictam dominam de dicto redditu Desheredari .... Faciatis adesse recepturos a dicta domina Desheredationem de redditu supradicto. Deshoirer*, eodem sensu, in Ch. ann. 1331. tom. 1. Probat. Hist. Brit. col. 1356 : *Laquelle dame ne pouvoit par sa disposition Deshoirer son principal heir dudit maneir par la coutume.* Unde *estre du tout Deshers*, Bonis spoliari, fortunis deturbari, in Lit. ann. 1374. tom. 6. Ordinat. reg. Franc. pag. 79. quomodo etiam legendum in aliis Lit. ann. 1371. ibid. tom. 5. pag. 384.

¶ **DESHOMENAGIUM**, ut *Deshominamentum.* Hist. Dalphin. tom. 1. pag. 134. col. 2. in Litteris Joannis Dalphini ann. 1317 : *Acto quod in commissionibus seu aperturis rerum feudalium, census seu emphiteuseum dict. D. Guillelmus et ejus successores, nec etiam in Deshomenagio nihil percipere debeant, nisi, etc.* Et tom. 2. pag. 495. col. 1. in Donatione Humberti Dalphini ann. 1344 : *Censibus, fructibus, redditibus, tailliis, manumortuis, Deshomenagiis, decimis, angariis, parangariis, pedagiis, leudis, corvatis, pratis, etc.*

¶ Deshomenentum, Eadem notione. Donatio anni 1317. in eadem Historia pag. 65. col. 1. edit. Paris. : *Item, quod si ex causa Deshomenenti, vel legati, vel donationis, vel aliquo quovis justo titulo, aliqua de bonis rebus et juribus hominum et subditorum dicti D. Raymundi Medullionis in dicta Baronia.... ad ipsum pervenerint, etc.*

DESHOMINAMENTUM, Manus mortuæ, seu hominis manus mortuæ ad dominum devoluta successio, uti vocem hanc interpretatur vir clarissimus ac eruditissimus Dionys. Salvagnius Boissius lib. de Usu feudor. cap. 32. et 97. Charta ann. 1361. ab eodem descripta : *Item reductus ad memoriam idem dominus testatur se olim vendidisse et remisisse omnibus suis mandamentorum Morgiarum, Podii-Bosonis et Pipeti Deshominamenta quæcunque, quæ percipiebat, et percipere consueverat ab eisdem, etc.*

¶ **DESICUT**, Sicut, velut, Gall. *De même que, Comme. Desicut signa forestæ antiquitus posita demonstrabant*, apud Th. Madox Formul. Angl. pag. 302. Liber niger Scaccarii pag. 40 : *Barones sui prænominati Desicut devenerunt ligii homines domini Regis, etc.*

* Ita quoque legendum in Lit. ann. circ. 1145. tom. 5. Ordinat. reg. Franc. pag. 417. pro *Desic*, ut ex nota abbreviationis litteræ *c* superposita in Reg. Chartoph. reg. colligitur.

¶ **DESIDENTIA**, ut *Desidia*, Gall. *Nonchalance, Paresse.* Statuta Eccl. Ebroic. ann. 1576 : *Scimus in residentia Curatorum potius requiri personæ industriam et diligentiam, quam corporis in eodem loco Desidentiam, et inertiam, atque inter residentes numerandos potius qui absentes corpore, spiritu et assidua speculatione gregi invigilant.* Litteræ Philippi Pulcri Fr. Regis ann.

1303. apud *de Lauriere* tom. 1. Ordinat. Reg. pag. 380 : *Cum per desidentiam, negligentiam et defectum quorumdam, etc.*

¶ **DESIDERABILIS**, Cupidus. Felix in Appendice ad libellum S. Isidori de Viris illust. Eccl. : *Nisi enim in subditis docendis operosæ virtutis in profectu eorum Desiderabiles, in servitute Dei ferventes, in desiderio decoris Domini strenui.*

¶ **DESIDERABILITER** Cupere, hoc est, ardenter, in Processu de Vita sancti Thomæ Aquin. Martii tom. 1. pag. 688.

DESIDERARE. Decret. Colomani Regis Hungar. : *Si duo Comites pro causa aliqua Desiderant, in supra dicta Synodo ventilentur.* i. contendunt ad se pertinere.

* *Disirer*, eadem acceptione, in Stat. ann. 1403. tom. 8. Ordinat. reg. Franc. pag. 629. art. 2. Vide mox *Desiderate.*

Desiderare, Velle. Otto Morena in Hist. Rerum Laudensium pag. 5 : *Insuper etiam illis firmiter præceperunt, ne cuiquam unquam illud amplius dicerent, nisi statim mori Desiderarent.* Pag. 6 : *Nisi omnes ipsos mori Desideraret.* Formula loquendi vulgaris.

DESIDERATA. Gloss. Lat. Gr. : *Desiderate*, λειτουργία, τελετή. Ubi mendum est manifestum, in quo tollendo viri docti insudarunt. Sed potior videtur Scaligeri et Casauboni conjectura, qui *Desiderata* legendum censent, eamque vocem pertinere ad ritus Christianorum, quia λειτουργίας vox nusquam usurpata legitur a Scriptoribus paganis in suis mysteriis. Quamobrem *Desideratam* esse censent initiationem in Christianismo, veluti Baptismum, et quodvis Sacramentorum, antonomastice vero SS. Eucharistiam, de quo Sacramento verbum *desiderare* præsertim usurpant Tertull. ad uxorem l. 2. cap. 4. 6. S. Ambrosius de Fratre suo, et de Sacramentis l. 4. et S. Eligius Hom. 8. S. Zeno Veron. Episc. Invitat. 8. ad Fontem : *Eia quid statis, Fratres? vestram quos per fidem genitalis unda concepit, per Sacramenta jam parturit, ad Desiderata quantocius festinate.* Vide Description. nostram ædis Sophianæ num. 61. et Gothofred. ad l. 1. Cod. Th. de Scænicis. (15, 7.)

* *Désirriers*, eodem sensu, Preces scilicet et officia pia et religiosa. Charta ann. 1344. in Reg. 75. Chartoph. reg. ch. 270 : *Nous Beatrix dame de Faluy et d'Ailly sur Somme et Jehans de Pinkegny chevaliers sires de ladite ville d'Ailly et de Hornoy en Vimeu, salut.... Comme nous veons nos submis offrir à nostre Seigneur leurs Désirriers en esprit d'umilité et dévotion, etc.*

* **DESIDERATE**, Ultro, voluntarie. Sent. adv. Florent. ann. 1311. apud Lamium in Delic. erudit. inter not. ad Hist. Sicul. Benincont. part. 3. pag. 203 : *Scienter et Desiderate eisdem Brixiensibus sic in sua duricia et pertinacia commorantibus præbuerunt consilium, auxilium et favorem.* Vide supra *Desiderare.*

* **DESIDERATUM**, Gall. *Desiré*, Monetæ species. Lit. remiss. ann. 1421. in Reg. 171. Chartoph. reg. ch. 513 : *Une paire de solers, que le suppliant vendi à Cambray quatre Desirez.*

* **DESIDERIUM**, Actio in jure, qua quis rem velut ad se pertinentem repetit. *Désicuries*, in Consil. Petri de Font. cap. 15. art. 58. Charta ann. 1392. tom. 8. Ordinat. reg. Franc. pag. 192 : *Idemque procurator a toto suo Desiderio repellatur, ipsique defensores admittantur ad facta proponenda et proposita probanda, absolvanturque ab impeticione ipsius.* Vide *Desiderare.*

¶ **DESIDIABULA**, *Loca ad desidiam apta.* Lexicon Martinii.

¶ **DESIDIÆ**, *Delectationes.* Matth. Silvatic.

¶ **DESIDIUM**, Desidia, inertia, Gall. *Nonchalence, Paresse.* Legitur in Vit. S. Udalrici, tom. 2. Julii pag. 130.

DESIDIUS, Deses, ignavus. Gl. Lat. Gr. : *Desidius*, ὀλίγωρος. Gloss. Isid. : *Desiduus, ignavus, piger.*

* Nostris vero *Disetel* et *Disiteux*, Pauper, inops, egenus. Lit. remiss. ann. 1380. in Reg. 117. Chartoph. reg. ch. 178 : *Le suppliant, sa femme et enfant, qui estoient ainsi que nuz ou petitement vestuz et Disiteux, etc. Se vos i estes poure, ne Disetels, il vos donra volentiers de ses viandes et de son avoir*, apud Villehard. paragr. 72. A Latino vero Otium, vulgo *Oisiveté*, et otiosus, *Oisif*, nostri alias dixerunt *Wiseuse* et *Wiseus.* Laur. *Vital* in Itin. MS. Caroli Austr. ex museo D. Godefredi Insul. : *Pour éviter Wiseuse et par maniere de passetemps employer le temps à écrire quelque chose à la récréation des auditeurs.* Guignevil. in Peregr. hum. gen. MS. :

Ausi li homs qui Wiseus est,
Et riens ne fait, en péril est, etc.

¶ **DESIDUUS**, in Actis SS. Julii tom. 3. pag. 128. ubi de S. Canuto. Papias : *Desiduus, Diuturnus.* Vide *Desidius.*

* 1. **DESIGNAMENTUM**, Probabilitas, verisimilitudo. Judic. an. circ. 1075. inter Probat. Hist. Sabol. pag. 338 : *Ego Silvester* (Redon. episc.) *humilis servorum Dei servus hujusce Designamenta designationis designo : hujus videlicet affirmamenta affirmatione affirmo, etc.*

* 2. **DESIGNAMENTUM**, Terminus, limes designatus. Charta ann. 1204. apud Murator. tom. 4. Antiq. Ital. med. ævi col. 213 : *Reservato in me Uberto vicecomite Bononiæ potestati ponere terminos inferius a strata in illis Designamentis, et per illa quæ superius continentur.* Vide *Signum* 3.

* **DESIGNARE** Alicui, Apud aliquem deponere, Gall. *Consigner.* Testam. Guill. milit. de castro Barco ann. 1319. tom. 3. Cod. Ital. diplom. col. 1940 : *Et alium* (destrerium) *secundum meliorem relinquo fratribus de Hospitali S. Joannis de ultra mare, Designandum præceptori S. Sepulcri de Verona, qui ipsum equum mittere debeat commendatori generali dicti ordinis ultra mare.* [** Assignare. Chart. ann. 1277. in Guden. Syllog. pag. 265 : *Quandocumque nos vel fratres nostri dicto conventui comparaverimus et Designaverimus .... 4. libras Hallens. vel plures .... pro illo censu Designato, bona nostra prehabita absolventur.* Vide Haltaus. Glossar. German. voce *Beweisen*, col. 162.]

* **DESIGNATIVE**, Nominatim. Charta Caroli VI. ann. 1400. in Reg. 155. Chartoph. reg. ch. 18 : *Redditus cæterasque res et bona sua, quæ Designative secuntur.*

* **DESIGNUM**, Designatio, descriptio, exemplar, Ital. *Designazione*, Gall. *Dessein.* Tract. MS. de Re milit. et mach. bellic. cap. 29 : *Dictæ naves in bello marino sunt præliabiles contra hostes tuos, prout facile in Designo cernitur.* Et cap. 40 : *Cum suo naspo possunt pondera altius elevari et facile declinari ad beneplacitum operantis, prout in Designo cernitur. Désigné*, figuris ornatus, in Lit. remiss. ann. 1395. ex Reg. 147. Chartoph. reg. ch. 290 : *Tous troiz estoient en habiz Désignez, si comme jeunes gens ont accoustumé de faire sur Caresmeprenant.* Vide infra *Disgnum.*

DESILLARE, pro *Desigillare*, Sigillum auferre. Adrianus Præpos. Malbod. in Hist. Translat. S. Aldegondis n. 3 : *Ad vetus feretrum accesserunt, et cum tremore nimio et reverentia Desillari jusserunt.*

* A Gallico *Dessailler*, *Desillare* effinxerunt, pro *Desceller.* Lit. remiss. ann. 1406. in Reg. 161. Chartoph. reg. ch. 49 : *Le suppliant et une baisselle ou chamberiere dudit hostel Dessaillerent et ouvrirent ledit escrin.* Vide infra *Desigillare.*

* **DESIMBOGARE**, in Chron. Bergom. ad ann. 1406. apud Murator. tom. 16. Script. Ital. col. 983. Vide infra *Imbogare.*

DESINARE. Vide *Disnare.*

DESINATOR. Gloss. Lat. Gr. : *Desinator*, ἀδεύθητος. Quid si *Destitutus* legendum?

DESINHONORANTIA. Vide *Dehonorare.*

¶ **DESIPERE**, Alieno sapore inficere, priori amisso. Tertull. de Pudicitia sic refert verba S. Pauli ad Corinthios : *Non scitis quod modicum fermentum totam Desipiat conspersionem.*

DESIPES, apud veterem Interpretem Juvenalis Sat. 11. *infrunitos* interpretatur Petr. Pithœus, qui alia exemplaria *Desides* præferre ait pag. 298. a *Desipere.*

DESIRUM. Papias : *Desirum, prosperum bonum.* Ex Gallico *Desir*, ut videtur, quod idem est ac *desiderium*, quia prospera tantum desiderantur. [** *Dextrum.*]

¶ **DESISTANTIA**, Gall. *Desistement.* Discessio, qua quis desistit seu desciscit ab aliquo. Chr. Siciliæ inter Anecd. Marten. tom. 3. col. 62. ex Henrici VII. Imp. Sententia in Robertum Regem : *Odia, dolos, fraudes pro fidelitate retribuens, ex Desistantiæ et ingratitudinis vitio calcaneum præsumpsit rebellionis erigere.*

¶ **DESISTENTIA**, Cessatio. Epistola anni 1299. ad Edwardum I. Angl. Regem apud Rymerum tom. 2. pag. 859 : *Ab omni hostili invasione... desistemus, et ipsam Desistentiam seu sufferentiam per litteras patentes... approbavimus.*

DESISTERE, pro *Deficere.* Justus Episcopus Urgelitanus in Præfat. ad Cantica Canticorum : *Itaque quia sic accidit, ut, membranis Desistentibus, minutioribus literis eandem scripturam in paribus quaternionibus suscipere, nec studiose fabrefactis lateralibus ambiretur, etc.*

¶ **DESITISCERE**, *Contemnere*, Papias, Gloss. Sangerman. n. 501. et Amalthea ex vett. Glossis.

DESITUATA, Papiæ, *Delinita forma.*

DESLIAGE. Usatica MS. Vicecomitatus Aquarum Rotomagi : *Il est une coustume, que l'on apelle Desliage, que l'on doit prendre le plus prouchain Vendredi aprés ou devant la S. Audrieu à la volenté des Vicomtes, et ce qui adont vendra à col se aquitera par 4. den. et aux sergens 1. den. à carete* par 16. den. et aux Sergens 1. den. pour chascune charette à un cheval, 1. den. etc.

¶ **DESLIGARE**, Gall. *Délier*, Solvere. Habetur apud Rymerum t. 8. p. 327. col. 2.

* *Desloier*, sejungere, dissociare, vulgo *Désunir, séparer*, in Lit. remiss. ann. 1400. ex Reg. 155. Chartoph. reg. ch. 208 : *Laquelle femme confessa à son mary que ledit Tymonnier la maintenoit et qu'il avoit eu sa compaignie pluseurs fois, et qu'elle n'y povoit résister ne soy Desloier de sa compaignie, etc.* Vide *Disligare*.

¶ **DESLOGIARE** Gall. *Déloger, Decamper*, E loco migrare, apud Lobinellum in Hist. Britan. tom. 2. col. 563.

¶ **DESMA**, Potestas ligandi et solvendi, a Græco δέσμα, Vinculum, ligamen. Fridegodus in Vita S. Wilfridi num 9 :

Petrus ab altithrono donatus Desmate Jesu,
Dissicit ignavæ torquentia lora senectæ,
Suscipit elisiis justum spiramina zetis,
Utpote cœlestes retinens pro munere claves.

¶ **DESMANDARE** Treugas, Inducias tollere, illis nuntium remittere. Pactum inter Jacobum Reg. Aragonum et Raymundum Comitem Provinciæ ann. 1241. ex Schedis Peirescianis : *Alter alteri posset Desmandare treugas, ita tamen quod post Desmandationem ipsam treugæ prædictæ firmæ durent... per sex menses continuos.*

¶ **DESMANT**. Charta Communiæ Suession. apud Perardum pag. 337 : *Si quis Majorem Desmant per juratos emendabit.* Eadem habentur in Chartulario Divionensi. *Desmant* f. idem est, quod *Dementit*, Mendacium exprobrat. Gallice diceremus : *Si quelqu'un Dement, etc.*

* **DESMESURA**, Diminutio, vel injusta petitio. Charta ann. 1229. ex Cod. reg. 4659 : *Promittimus dispensatorium aquæ et aquam prædictam ab omni violentia salvaturos et ab omni Desmesura seu injustitia defensuros.* Unde *Desmesurals justæ*, de minoribus mensuris intelligendum puto. Vide supra *Amessura*.

¶ **DESMESURALS** Justæ *de vino puro*, in Consuetudinibus MSS. Festivitatum Monasterii Solemniacensis, eædem videntur quæ Majores, a Gallico *Demesuré*, Immodicus, enormis. Vide *Desmesura*.

¶ **DESMILITARE**, A militia removere. Paschalis I. Papa Epist. ad Petronacium Ravennæ Episcopum, apud Murator. tom. 2. pag. 220. (IV.) col. 1 : *Si militati fuerint, eos discingi et Desmilitari juvenus vestræ venerandæ redituros parti.* Vide *Dismilitare*.

* **DESMONTATUS**, Hispan. *Desmontado*, Obstirpatus, runcatus. Vide infra in *Fosca*.

* **DESNODARE**, Dissolvere, enodare, explicare, Ital. *Disnodare*, Gall. *Dénouer*. Inventar. ann. 1389. tom. 3. Cod. Ital. diplom. col. 361 : *Collana seu girlanda una Desnodata, munita perlis.... Capelletus unus auri Desnodatus.* Vide infra *Disnodare*.

DESOCIARE, Separare, quasi a socio avellere. Utitur Petrus Blesensis Serm. 33. [* Vide infra *Dissortes*.]

¶ **DESOLANUS**, *Subsolano*. Gloss. Isid. Subsolanus idem est quod sub sole positus, ut norunt omnes.

¶ **DESOLARE**, De solo ejicere. Vide *Delocare*.

¶ **DESOLATIARI**, *Desolari*. Barthii Glossarium ex Fulcherio Carnotensi.

¶ **DESOLATIUM**, Desolatio, apud Radulfum Cadomensem in Gestis Tancredi, inter Anecd. Marten. tom. 3. col. 141.

* **DESOLLARE**, Solea percutere vel proterere. Charta commun. Atrebat. ann. 1194. in Reg. 76. Chartoph. reg. ch. 249 : *Qui alium per capillos ad terram tragniaverit, vel pedibus Desollaverit, undecim libras et dimidiam perdet.*

* **DESOLUTUS**, pro *Dissolutus*, Gall. *Dissous*. Elmham. in vita Henr. V. reg. Angl. cap. 8. edit. Hearn. pag. 16 : *Nuper ad parliamentum, modo tamen Desolutum per regis exitum, etc.*

DESOR, *Dissimilis sorte*, Papiæ. [Melius Gloss. San-German. num. 501. et MS. Bituric. : *Desors, Dissimili sorte.*]

¶ **DESORDINARE**, Gall. *Désordonner*, Perturbare. *De memoratis Epistolis detruncando et præposterando atque Desordinando collegisti*, apud Hincmarum tom. 2. pag. 416.

* **DESORDO**, Confusio, Gall. *Désordre*, Ital. *Disordine*. Tract. MS. de Re milit. et mach. bellic. cap. 1 : *Dux exercitus castramentari debet in locis montuosis, si potest, ut videre possit si hostes sui sunt in ordine aut in Desordine.* Vide *Desordinare*.

¶ **DESORS**. Vide *Desor*.

¶ **DESPALARE**, Divellere. Gloss. Lat. Græc. : *Despalat*, διασπᾷ.

DESPARARE, Auferre, tollere. Fori Oscenses Jacobi I. Regis Aragon. ann. 1247. fol. 31 : *Si Monterius vel ejus nuncius nunciaverit ei, qui in monte cepos paravit, vel laqueos, quod eos solvat, quoniam ipse cum suis equis et canibus vult venari, et is, qui paravit, neglexerit eos Desparare, quodcumque damnum equis vel canibus Monterii per ipsos laqueos sequutum fuerit, etc.*

¶ 1. **DESPECTARE**, *Frequenter aspicere, Sine spe fieri*. Papias.

* 2. **DESPECTARE**, *Desuper intendere*. Glossar. vet. ex Cod reg. 7641.

DESPECTIO, Despectus. In Pacto Legis Salicæ titulus 59. est : *De Despectionibus*. Ubi § 1 : *Si quis ad mallum venire Despexerit.* At in Lege Salica titulus concipitur : *De eo, qui ad mallum venire contempserit.* Ita *Despectio*, est contumacia, contemptus judicii. Charta Ludov. VII. ann. 1141. pro Bituricensib. : *Præpositus urbis præscriptæ, sive Vigerius aliquem hominem ad se mandabat, et dicebat : Mandavi te ad me, et contempsisti venire, fac mihi rectum de Despectu.* Infra : *Pro Despectu aliquo nullum duellum faciat, sicut antea solebat*, [Ludovicus VIII. in Confirmatione ejus Chartæ ann. 1224 : *Si quis de Despectu fuerit accusatus, per unum planum sacramentum transeat sine duello.*] Statuta MSS. Talemellariorum Paris. : *Les 6. deniers du talemellier, et les 3. deniers du varlet d'amende pren li maistres de ceux qui cognoissent, aussi-bien que de ceux qui nient, pour la raison de ce que en la justice n'a point de Despit, ne plus n'en peut-il lever d'amende.*

Despectus Litterarum Regiarum, Criminis ac delicti in Regiam majestatem species, in Capitul. 1. ann. 819. cap. 16. in Capitul. 5. ejusdem ann. cap. 12. et lib. 4. Capitul. cap. 30. 55. quod *Contemptus brevium regiorum* appellatur in Legib. Henrici I. Regis Angl. cap. 13. Adde Leges populares Tassilonis Regis Bajwar. cap. 24.

* **DESPECTUOSE**, Irato animo; nostris etiam alias *Despiteusement*. Lit. remiss. ann. 1352. in Reg. 81. Chartoph. reg. ch. 293 : *Raimundinus ex hoc non modicum indignatus,.... multum Despectuose respondit dicto bajulo.... Cum dictus bajulus videret,... quod ipsum volebant interficere, etc.* Aliæ ann. 1389. in Reg. 137 ch. 77 : *Teil hal lui respondit moult Dépiteusement, qu maugré qu'il en eust, il feroit paistre ses beufs en une sente, qui estoit touchant audit champ. Despiteusement*, in aliis ann. 1390. ex Reg. 138. ch. 232 : *Despitement et malgracieusement*, eadem notione, in Lit. ann. 1457. ex Reg. 189. ch. 180. Vide infra *Despitare*.

¶ 1. **DESPECTUOSUS**, Abjectus, in Vita S. Godelevæ, tom. 2. Julii pag. 405.

* 2. **DESPECTUOSUS**. Concil. Armenor. ann. 1342. apud Marten. tom. 7. Ampl. Collect. col. 367 : *Numquam hæc audivimus nec vidimus, quod pueri geniti a peccatoribus parentibus, puniantur pro peccato parentum, non dando eis caracterem baptismi : quod est valde falsum et Despectuosum, et contra prophetam dicentem : filius non portabit iniquitatem patris sui.* Ubi f. leg. *Dispendiosum*. Vide in hac voce.

DESPENDERE, Gallis *Dependre, Despenser*. Auctor Græcismi :

Qui plus Despendit quam lucri summa rependit,
Non admiretur, si paupertate gravetur.

Vide *Dispensa*.

* **DESPENSA**, Despensia, Penaria, promptuarium, Gall. *Dépense*. Hist. fundat. monast. Cælestin. Suession. apud Marten. tom. 6. Ampl. Collect. col. 608 : *Despensam et coquinam suis ornatas mensis et decentibus vasis.... complevit.* Lit. remiss. ann. 1366. in Reg. 98. Chartoph. reg. ch. 370 : *In Despensia dictæ Johannæ dictus reus cepit tres ciphos argenteos. Despense* præterea appellatur potus species domesticis destinata, posca, vulgo *Piquette*. Lit. remiss. ann. 1384. in Reg. 125. ch. 211 : *Depuis en rapportant le marc ou genne de leurditte vendenge.... prindrent du vin qui s'en alloit par dessus lesdites tynes,.... pour mettre en leur petit vin ou Despense, que l'on a acoustumé faire ou pais pour poures gens et laboureurs de vignes.* Aliæ ann. 1457. in Reg. 189. ch. 225 : *Le suppliant requist à icellui Poncelet lui aidier à cueillir les neffles, appellées au païs* (Laonnois) *mesles, pour faire des Despenses et breuvraiges pour le boire et user de son mesnage, comme les mesnaigiers dudit païs ont acoutumé de faire chacun an.* Adde tom. 9. Ordinat. reg. Franc. pag. 713. Vide *Dispensa* 2.

* **DESPERABILITER**, Desperanter. Mirac. S. Bert. tom. 9. Collect. Histor. Franc. pag. 119 : *Itaque comperientes cunctos se undique secus fugam molientes, Desperabiliter ruperunt ad orientalem plagam, etc.*

DESPERANTIA, pro *Desperatio*, in Concil. Wormaciensi ann. 868. cap. 30 : *His ita peractis, si pœnitentiæ fructus in eis conspicitur, corporis et sanguinis Domini N. J. C. participes fiant, ut Desperantiæ non indurentur caligine.*

* *Désespérance*, in Lit. ann. 1340. tom. 7. Ordinat. reg. Franc. pag. 544. art. 10 : *Posé encore que par Désespérance il se noiast ou pendist, etc.*

1. **DESPERATUS**, Διάδοχος, in Gloss. Lat. Græc.

¶ 2. **DESPERATUS**, De cujus animæ salute nulla spes est. Codex Legum Normann. cap. 21. apud Ludewig. tom. 7. pag. 194 : *De catallis eorum qui de se sunt homicide, et eorum qui excommunicati vel Desperati moriuntur . . . Desperati autem moriuntur qui per octo dies vel amplius gravi egritudine et periculosa oppressi communionem et confessionem sibi oblatam recusant ac differunt, et in hoc moriuntur.*

* *Despers*, eodem sensu, in Mirac. B. M. V. Mss. lib. 1 :

A Chartres fu cbe truis uns clers
Orgellous, veules et Despers.

* 3. **DESPERATUS**, Perditus sicarius. Stat. ant. Florent. lib. 3. cap. 124. ex Cod. reg. 4621 : *Si quis, undecumque sit, aliquem offendi fecerit.... per aliquem vel aliquos, qui assassini, malandrini seu Desperati appellarentur, si talis offensus moriatur, talis offendi faciens pœna capitis moriatur.*

* **DESPEZARE**, De re ponderata detrahere, pondere minuere. Charta abb. de Conchis in Ruthen. ex Reg. 64. Chartoph. reg. ch. 471 : *Tantumdem ponderis de farina reddere* (molinerius) *teneantur, hoc salvo, quod si.... de aliquo pro molendo debeat Despezari, illud inde deducatur, juxta ordinationem per consules super hoc faciendam.*

¶ **DESPICABILIS**, Contemnendus, in Epistola Xysti II. Papæ ad Episcopos Hispaniæ.

¶ **DESPICABILITER**, Contemtim, in Instrumento anni 1131. tom. 2. novæ Gall. Christ. col. 487. et alibi.

¶ 1. **DESPICARE**, Despichare, Despicere, contemnere, in Statuto Bartholomæi Biterr. Episc. inter Anecd. Marten. tom. 4. col. 664 : *Abnegent, renegent, blasphement, Despichent, etc.* Memoriale Potestatum Regiensium ad ann. 1276 : *Scientialem florem et pontificalem dignitatem quadam stoliditate Despicavit.* Vide *Despitare* et *Dispecare*.

* 2. **DESPICARE** Bladum, E spica educere, separare, Ital. *Dispiccare*. Glossar. Lat. Gall. ex Cod. reg. 7692 : *Despicari, batre gerbes, vel regarder.* Charta ann. 1434. ex Tabul. Auxit. : *Accomodare domos vel areas pro Despicando bladum.* Stat. ann. 1476. inter Probat. tom 3. Hist. Nem. pag. 333. col. 1 : *Quoad animalia rossatina pro bladis Despicandis in territorio Nemausi existentia, urgente necessitate ad Despicandum dicta blada, et Despicatis bladis exigatur pœna.* Lit. remiss. ann. 1444. in Reg. 176. Chartoph. reg. ch. 153 : *Existentibus* (supplicante et ejus uxore) *in quodam solo sive area Despicando fabbas, etc.*

* **DESPICCARE.** Charta ann. 1202. tom. 3. Probat. Hist. Brit. col. 1768 : *Quantum terræ mare permittit Despiccari circa præfatam insulam.* Perperam pro *Desiccari.* Vide in *Minihi.*

¶ **DESPIGNERATIO**, Gall. *Degagement*, Redemtio rei oppigneratæ. Chartarium Ecclesiæ Auxitanæ cap. 64 : *Convenientia hujus impignerationis et Despignerationis facta est coram istis testibus.* Vide *Dispignerare*.

¶ **DESPINA**, Δέσποινα Græce, Dominatrix. Papias. [* Pro *Despœna.*]

* **DESPINARE**, *Ouster espine*, in Glossar. Gall. Lat. ex Cod. reg. 7684. *Despinos*, vox Gallica, qua otiosus excitatur, in Lit. remiss. ann. 1376. ex Reg. 108. Chartoph. reg. ch. 65 : *L'un frapant et ferant l'autre de la main sur la teste quant il musoit, en disant un tel mot, Despinos, Despinos par jeu et par esbatement.*

¶ **DESPITARE**, ut supra *Despicare*, Despicere. Statuta Ecclesiæ Trecensis ann. 1427 : *Si quis vero Deum negaverit vel Despitaverit pro prima vice duos dies, pro secunda quatuor in pane et aqua jejunare compelletur; pro tertia autem in scala, ut moris est, reponetur.* Statuta Eccl. Meldens. ann. 1493. inter Instrum. Hist. ejusd. Eccl. tom. 2. pag. 525 : *Qui de Deo vel sacratissima Virgine ejus Genitrice Maria aut alio quovis Sancto, eos renegando, Despitando, malgreando, aut alias execrabiliter blasphemiæ verba protulerit, etc.* V. *Despitus.*

* *Despiter* nostris, eadem notione. Lit. remiss. ann. 1407. in Reg. 161. Chartoph. reg. ch. 272 : *Le suppliant dist que lui Perrinot et autres avoient autrefoiz Despité ou sanglanté Dieu et sa mere. Se dépiter* vero dicimus, pro Indignari, stomachari; unde *Dépittéaire*, et *Députaire*, Ad iracundiam pronus, vel Perfidus, proditor. Mirac. B. M. V. Mss. lib. 1.

Devant ert frans et debonaire,
Or est cuivers et Dépitteaire.

Le Roman d'*Alexandre* Ms. part. 2 :

Et que point n'a trouvé le vielhart Députaire :
Mes sage et bien parlant pour plus que raison faire.

Le Roman *de Robert le Diable* Ms. :

A felons tient et Députaires.

Bestiarius Ms. ubi de vulpe :

Tant est traitre et Députaire.

Vide supra *Despectuose.*

DESPITUS, Despectus, contemnendus : *Despitto*, Italis. Fleta lib. 4. cap. 5. § 4 : *Ballivi et servientes Regis populum sibi subditum gravare consueverunt, ponendo in assisis et juratis homines languidos, et Despitos, perpetuo vel temporali langore detentos. Despirer*, Contemnere. Vetus Poema MS. cui titulus, *Le Despirement du corps* :

On ne puet trop le cors Despire.

Le Caton en Roman MS. :

Ichil n'a gueres de savoir,
Qui le grain Despit pour la paille.

Alibi :

Un menour de toi ne Despire.

Id est, minorem te non despicias. Hinc vox nostris familiaris, *Despiter quelqu'un*, despicere, contemnere, nihili facere.

* Chron. S. Dion. lib. 2. cap. 1 : *Vous ne devez pas Despire ne mesprisier la cause de ma complainte. Contemptus*, redditur Gallice *Déespoir*, in Stat. eccl. Turon. ann. 1396. cap. 67. ex Cod. reg. 1237.

* **DESPLEARE**, a Gallico *Déplier*, Explicare. Lit. remiss. ann. 1370. in Reg. 101. Chartoph. reg. ch. 136 : *Ad dictum locum dictus exponens* (dominus Malibecci) *accessit cum suo vexillo Despleato seu patenti, cum proposito interficiendi dictum præceptorem* (de Vallibus.) Vide *Displicare.*

¶ **DESPLENDESCERE**, Obscurari. S. Paulin. Ep. 39. sub finem : *Ne . . . rubiginem insipientiæ nostræ colligatis, qua Desplendescat nitor cordis vestri.*

* **DESPLICIBILIS**, Ingratus, molestus, Gall. *Déplaisant.* Annal. Victor. Mss. ad ann. 1367 : *Ejusque obitus* (Egidii Alvarii) *fuit multum toti ecclesiæ dampnosus et præfato Urbano Papæ Desplicibilis et honerosus.* Vide infra *Displicibilis.*

* **DESPONSALE**, Quod pro desponsatione sacerdoti datur. Charta. ann. 1250. ex Chartul. S. Mart. Pontisar. : *Hæc terra non solvit decimam aut campipartem aut oblationes aut Desponsalia.*

* Dicitur de qualibet re cujus possessionem quis adipiscitur. Charta ann. 1244. in Chartul. Montis S. Mart. part. 4. fol. 87. r° : *Præterea sciendum est, quod quandocumque aliquis abbas de novo fuerit institutus in ecclesia dicti Montis S. Martini, tenebitur dictam domum cum gardino a dictis Johanne dicto Beduin et Johanne de Dulleto, aut ab illis, qui successerint in eorum præbendas, Desponsare et tradere utrique eorum duodecim denarios pro jure Desponsationis illius, et mediantibus tantummodo censu et jure Desponsationis prædictis, absque omni alia exactione et foragio, nos et nostri successores tenemur portare garandiam perpetuam de dicta domo et gardino prædicto.*

DESPOLIARE, Spoliare, Gall. *Despouiller.* Gloss. Latino-Græc. : *Despoliat*, ἀπεδύει, σκυλεύει. Glossar. Græc. Lat : Ἀπέκδυσις, *Despoliatio.* S. Fulgentius Epist. 3 : *Virgo, quæ ornatum corporeæ vestis affectat, animam suam virtutum splendore Despoliat.* Lex Bajwar. tit. 3. cap. 14. § 2 : *Si autem aliquis tam præsumptuosus fuerit, ut peregrinis nocere voluerit, et fecerit, aut Despoliaverit, vel læserit, etc.* Adam Bremensis cap. 102 : *Et tunc cum exercitu veniens, Episcopatum, quasi non suum, Despoliavit.* Vita B. Godefridi Cappenbergensis :

Num debebo pati, plures ut Despoliati,
Ob mala quæ tulerant, limina nostra terant?

Occurrit præterea in Vita S. Altmanni Episcopi Pataviensis, in Capitulis Caroli M. lib. 5. cap. 212. [** 364.] apud Gregorium VII. PP. lib. 3. Epist. 3. præterea apud Nonium in *Fama, etc.* [Verum et apud Ciceronem ipsum Attic. 7. 9. *Cum ferret litteras vulneratus et Despoliatus est.* Cæsarem quoque de Bello Gall. 2. 31. *Armis Despoliare.* Ibid. 5. 6. *Despoliare nobilitate.* Quamobrem hinc amandari potuisset verbum *Despoliare* politioribus Latinis notum, ut et sequens. *Dispoliare* : quod simili modo Tullius usurpat Verr. 4. 20 : *Ut etiam una cum cæteris Siculis Dispoliaretur.* Lactant. 6. 11 : *Hominis se appellatione Dispoliat.*]

Dispoliare. Gloss. Lat. MS. Regium : *Dispoliat, nudat.* Vetus Interpres Epistolæ S. Barnabæ cap. 8 : *Et observant quasi in simplicitate ambulantes, quem Dispolient.* Paulin. Epist. 5 : *Si Dispoliatus corpore, non inveniaris nudus ab opere.* Et Epist. 10 : *Dispoliatio priorum parentum.* Prudentius contra Unionitas :

Sed fortasse velis patriæ pietatis honore
Dispoliare Deum.

Gelasius I. PP. Opusc. contra Pelagianos : *Si ista despiciunt, semetipsos sanctificatione Dispolient.* Adde Trebell. Pollionem in Zenobia, Fragmentum Petronii pag. 6. Concilium apud S. Macram ann. 881. cap. 8. etc. *Dispoliatio, dispoliator*, in Cod. Th. leg. 6. de Sepulcr. violat. (9, 17.) et leg. 28. de Episc. (16, 2.) [*Despoliatio carnis*, apud Tertullianum de Resurr. carn. cap. 7.]

Dispolium, Spolium, Gallis, *Despouille*. Vetus Notitia Monasterii S. Juniani in Picton. ann. 834 : *Quod ipse Agnaldus venisset super homines in sua forcia ex villa Cavudado, et exfrociasset, et eos batuisset injuste et eorum Dispolia distracta et alias res... exportassent*. Vide *Spolium*.

¶ **DESPONSALIA**, Desponsatio, Gall. *Fiançailles*. Acta Passionis Jesu-Christi in Codice MS. S. Vedasti Atrebat. : *Veritatem loquimur, etenim in Desponsalia Mariæ interfuimus*.

¶ **DESPONSARE** Castrum, si bene conjecto, Illud sibi vindicare, ut sponsus sponsam. Fragmenta Hist. Dalphin. tom. 2. pag. 625. col. 1. init. : *Item, die* XII. *Maii* (1348.) *apud Crimiacum Dom. noster Dalphinus Desponsavit castrum Miribelli, promittens ipsum nunquam reddere Domino Bellijoci*. Vide *Desponsale*.

DESPONSIO, Desperatio, apud Cælium Aurelian. lib. 3. Chron. cap. 18.

¶ **DESPORTARE**, Vide *Deportare*.

DESPOTUS, Dignitas in aula Constantinopolitana, ex Græco Δεσπότης, Dominus : quam quidem appellationem Imperatores ipsi ambierunt, cum in nummis suis, non βασιλέως sed δεσπότου titulum describi curarent, ut potissimum observare est in Alexii et Manuel. Comnen. nummis aureis, quorum ectypum exhibuimus in Notis ad Alexiadem. *Michalicius Despotus*, in Chartis ann. 1267. 1294. et 1313. in Hist. nostra Gallo-Byzantina pag. 16. 35. 81. *Despotus Rasciæ* in Decretis Alberti Regis Hungariæ ann. 1439. [*Despota Serviæ*, apud Robertum Creyghton in Histor. Concilii Florent. Sect. 3. cap. 2. Vox *Despota* pluries occurrit ibidem Sect. 6. cap. 11.] Hac porro δεσπότου dignitate donatos præsertim Imperatorum filios et consanguineos ex Scriptoribus Byzantinis colligitur : at quando primum usurpari solita, diximus in Notis ad Cinnamum pag. 468. [Vide Macros in Hierolexico] [** et Glossar. med. Græcit. voce Δεσπότης, col. 283.]

☞ Hoc etiam nomine designatur Otto III. Imper. ab Arnolpho in Vita S. Ramuoldi Abb. S. Emmerammi num. 18 : *Accessit ad eum Despoton quidam Symmista ejus, nomine Heribertus, tunc forte Capellanus, postea vero Coloniensis Episcopus. Is ex consulto ad eum dixit : Domine non oportet vos indignari contra virum Dei. Ad hæc Imperator infit, etc.*

[Dispositus Romaniæ, in Aresto ann. 1400. apud Duchesnium in Probat. Histor. Castilion. pag. 133.

* **DESPRETIUM**, apud Parisienses *Dépris*, Pretium pro *laudimiis*, de quo qui prædium acquirere vult cum domino feudali paciscitur, et de eo quidpiam sibi condonari obtinet. Vide *Deprisus*. Charta ann. 1215. in Cod. reg. 4659 : *Guillermus Malvicinus* (dicit) *se et prædecessores suos hujusmodi usatica, videlicet lesdam panis, et omnes alias lesdas et Despretium et pedagia.... percepisse*. Hinc *Dépris*, pro quovis de solvenda pecunia pacto. Lit. remiss. ann. 1461. in Reg. 192. Chartoph. reg. ch. 40 : *Après que le suppliant ot paié ou Déprié au tavernier.... Appoinctement et paiement ou Dépris de douze bretons en avoit esté fait. Desroier*, eodem sensu, in aliis Lit. ann. 1464. ex Reg. 199. ch. 469 : *Lesquelz compaignons Desroierent et paierent leur escot*.

¶ **DESPROPRIAMENTUM**. Vide *Depropriare*.

¶ **DESPUNCTORES**, *Desponctores*, *Debitorum expositores*. Papias.

¶ **DESRAINARE**, ut *Derationare*, Rationibus adductis crimen a se amoliri, etc. Codex Legum Normann. apud Ludewig. tom. 7. pag. 165 : *Si quod negatur non offerat Desrainare, emendabit. Si vero Desrainare obtulerit, inspectio loci assignetur, in quo non potuit capere nec debuit hec prædicta*.

* Loco *Desrainare* et *Desraisina*, lego *Deraisnare* et *Deraisnia* in cap. 9. earumd. Consuet. ex Cod. reg. 4651. Hinc

* Deresnatio, Deresnia et Deresnator, ibid. cap. 19. part. 2 : *Notandum est quod si Deresnator verba dimiserit et mutaverit quæ ei in Deresnatione fuerint escheriata, ejus Deresnia reprobatur*. Vide supra *Deresnare*.

¶ Est ergo, ut apud eund. Ludewig. pag. 403. dicitur

¶ Desraisina, vel Desresina, *Lex quædam in Normannia constituta, per quam in simplicibus querelis insecutus factum, quod a parte adversa objicitur se non fecisse declarat... unde est quod homo Desresinat id quod proponitur ab adverso, id est, derationat aut demonstrat extra racionem vel sine racione, et sic per Deresinam irritat quod contra ipsum proponitur ab adverso*. Ibid. pag. 294 : *Si vero in non scire eorum receptionis maleficium redigatur, per legem Desresine, si justiciarius eos ulterius super hoc voluerit impetere, poterunt se purgare*. Et pag. 299 : *Est enim Desresina super injuria, a querulo exposita coram justitiario purgatio per sacramentum querelati et coadjutorum suorum in curia facienda*. Item pag. 268 : *Non enim ducendi sunt ad Desraisinam, si defuerint, sed ex testimonio assistentium debet submonitio recordari*.

¶ **DESRAINATIO**, Eadem notione, ibid. pag. 261 : *Quod in placitis enim factum est, si negatum fuerit, per Desrainationem penitus poterit irritari*.

¶ **DESRAISNIA**, Idem, ibidem pag. 247.

¶ **DESRESNARE**, ut *Desrainare*. Ibidem pag. 299 : *Habito autem consilio debet factum negare, quo accusatus est, et offerre illud Desrenare in hac forma : Istum lesionem tibi non feci, et iste qui super hoc testem se constituit, nec vidit nec audivit, quod paratus sum Desresnare*. Le Roman de Flore MS. :

Mais tant de respit me donnez,
Que je me soie Desresniez,
Qui ge sui et de quel pais
Et quel afaire j'ai ci quais.

¶ **DESROBARE**, Furari *robam*, Gall. *Dérober*. Idem Codex Leg. Normann. cap. 2. pag. 151 : *Bonum jus habuerit de eo qui eum Desrobavit, cum propter hoc suspensus fuerit*. Guillelmi Archiepisc. Tyriensis continuata Hist. Belli sacri Gallico idiomate : *Grant partie de marcheans et d'autres gens, qui estoient eschapés des Sarrazins et s'en aloient par mer, chairent és mains des corsaires Desrobeors*; id est, Piratæ qui *Desrobant* in mari. Vide *Derobare*.

* **DESSA**, Idem videtur quod supra *Deffaia*, Silva defensa, seu in quo venari non omnibus licet, f. pro *Deffa*. Charta ann. 1321. ex Tabul. Flamar. : *Nos Reginaldus de Ponte dominus Brageyriaci.... damus et concedimus..... Petro Raimundo et Arnaldo Bermondi Dessam et garenam cuniculorum, leporum et perdicum in toto repayrio seu tenemento de la Bermondia*.

¶ **DESSAISINA**, Gall. *Dessaisissement*, Abdicatio, derelictio vel amissio alicujus rei possessæ. Charta Henrici Regis Angliæ ann. 1155. apud D. *Brussel* de Feudorum usu tom. 2. pag. III. ad calcem : *Recognitiones de nova Dessaisina de morte antecessoris non capiantur nisi in suis Comitatibus*.

¶ **DESSAISINATIO**, Dejectio de possessione. Codex Legum Normann. cap. 9. apud Ludewig. tom. 7. gag. 166 : *Nisi per breve nove Dessaisinationis, vel legem apparentem saisinam vel jus suum probare obtulerit*.

* **DESSASIONARE**, Dessesionare, Gall. *Dessaisonner*, alias *Essaisonner*, Præscriptam colendi agros rationem mutare. Charta ann. 1276. Petri abb. Fossat. : *Manasserus prior prioratus de S. Arnulpho in Aquilina recognovit se concessisse et tradidisse ad firmam..... terras arabiles* (dicti prioratus) *sub conventionibus.... istis, videlicet quod.... dictas terras non poterit Dessasionare*. Reg. visitat. Odonis archiep. Rotomag. ab ann. 1248. ad ann. 1269. ex Cod. reg. 1245. fol. 167. r° : *Terras nobis restituet in eo statu in quo recipiet eas, videlicet gacheratas et binatas, nec eas poterit Dessesionare*. Vide supra *Diroiare*.

* **DESSERARE**, Laxare, remittere, Gall. *Desserer*. Lit. remiss. ann. 1442. in Reg. 176. Chartoph. reg. ch. 185 : *Gaillardus Borii, qui suam balistam habebat oneratam quodam rallone, dictam suam balistam Desseravit, et cum dicto rallone corpus dicti Bartas omnino perforavit. Débailler*, eadem acceptione, apud Guiart. ad ann. 1241 :

Gascons dars et lances Débaillent.

* **DESSESIARE**, Possessione exuere. Vide in *Saisire*.

* **DESSESIONARE**. Vide supra *Dessasionare*.

* **DESSIDENS**, pro Dissidens, in Mirac. S. Veroli tom. 10. Collect. Histor. Franc. pag. 375 : *Inter Dessidentes componere, etc.*

* **DESSIGILLARE**, Signum vel sigillum dissolvere, eximere notam, nostris alias *Dessaignier*. Lit. remiss. ann. 1360. in Reg. 89. Chartoph. reg. ch. 396 : *Dictus Ludovicus cepit ipsum saccum et alienis sigillis antea sigillatum Dessigillavit*. Aliæ ann. 1383. in Reg. 122. ch. 328 : *Comme Gile Tartaron, marchant des boys du comte de Flandres en ses forez de Hedin, eust desplaquié et Dessaignié en la vente et taille desdites forez plusieurs chaisnes et autres arbres, qui avoient esté plaquiez et signez au saing et marque de nostredit cousin, etc.* Vide infra *Dissigillare*.

DESTA, Papiæ, *Degustata*.

* **DESTALLARE.** Vide supra in *Baulare*.

DESTARE, *Valde stare*, in Gloss. Arabico-Lat. Italis *Destare* est Somno excitare, expergefacere; *Destarsi*, Expergisci.

¶ **DESTARIUM**, Mensura eadem, ut puto, quæ *Sextarium*. Bulla Nicolai IV. Papæ, Collect. Ampliss. tom. 2. col. 1302 : *In Archiepiscopatu Viennensi Ecclesia Romanensis debet annuatim pro censu unum Destarium amygdalarum, quod geminatum facit mediocrem saumam.*

* **DESTEGLARE**, Destegliare, Italis *Distagliare*, Dividere, intersecare. Stat. Astæ ubi de Intrat. portar. : *Canapa uspalmata sive Destegliata solvat pro quolibet rubo lib. 1. Canepa grossa non laborata, videlicet Desteglata et non pectenata solvat pro quolibet rubo sol. 15. Destergir*, distribuere, partiri, ut videtur, in Ch. Valteri abb. S. Humberti Maricol. ann. 1304. ex Cod. reg. 10196. 2. 2. fol. 75. r° : *Et s'il avenoit que aucun enportaissent et kariaissent le tierage.... ès terres deseurdittes Destergies et départies par nous, etc.*

* **DESTELARE**, f. Assulas, in quibusdam locis *Esteles* dictas, cædere. Inquisit. forestæ Britol. in Reg. 34. bis Chartoph. reg. part. 2. fol. 137. r°. col. 2 : *Forestarius.... non consuevit aliquem capere, nisi consequtus esset eum antequam Destelasset, nisi esset merrenum de venda.* Vide supra *Astula* 1.

¶ **DESTENTUS**, mendose pro *Districtus*, Territorium. Vide locum in *Baugium*.

¶ **DESTERIUS**, Equus major, idem qui *Dextrarius* infra. Vide locum in *Claponus*.

* **DESTERMINARE**, Exterminare, abolere, Ital. *Disterminare*. Tabul Cassin. : *Et si quista carta destruere aut Desterminare eam boluerit, istumet Deus nomen suum de libro bitæ et carnes ejus disrupat bolatilibus cœli.* Vide *Disterminare*.

* **DESTERNERE**, Stratum jumentis auferre. Vita S. Patern. tom. 3. Jul. pag. 299. col. 1 : *Depositis oneribus Destraverunt camelos, et laverunt pedes eorum, hominemque hospitio receperunt.*

¶ **DESTICO**, *Strepo, Sonum edo, ut sorex. Verbum fictum ab Auctore Philomelæ, forte a sono.* Lexicon Martinii.

¶ **DESTINA**, Vitruvio, Vinculum quo ædificium continetur, seu Columna qua sustinetur. Papiæ in MS. Bituric. : *Destinæ, Furcæ, Domus Fulcra.* Hinc idem Papias corrigendus in Lexico Martinii et in Amalthea, ubi *Furiæ* perperam legitur pro *Furcæ*. Arnob. lib. 3 : *Non post Theutim Ægyptium, aut post Atlantem, ut quidam ferunt, gestatorem bajulum, tibicinem illum ac Destinam cœli.* Corripus de Laudibus Justini 1. 17 :

Et Thomas Lybicæ nutantis Destina terræ.

Beda lib. 3. cap. 17 : *Unde factum est, ut acclinis Destinæ quæ extrinsecus Ecclesiæ pro munimine erat apposita, spiritum vitæ exhalaret ultimum.* In hunc locum observat Bollandi Continuator Henschenius *Destinas* in Vitruviana architectura rectarum pilarum formam habuisse, in Gothica autem insistere basi longius procurrenti, et subinde fornicatas esse ut inter ipsam et parietem possit transiri, atque adeo etiam loculus instar cellulæ excavatus haberi. Hinc pro conclavi privato vel etiam sacello usurpatur in Vita S. Vandregesili, Julii tom. 5. pag. 277 : *Monstrabantur in Destina ipsius Basilicæ et grabata et sedes, ubi Pontifex B. Audoenus et S. Confessor Christi Philibertus...... consedere soliti erant.* Chronicon Fontanellense apud Acher. Spicil. tom. 3. pag. 193 : *Monstrantur usque hodie lecta eorumdem Christi militum, ac pretiosi Philiberti Gemmeticensis Cænobii Patris, in Destina quadam juxta Basilicam almi Confessoris Amantii.* Osbernus in Vita S. Dunstani, tom. 4. Maii pag. 363 : *Cui etiam adhærentem cellam, sive Destinam, sive spelæum, sive alio quolibet nomine rectius nominari potest (non enim invenio qua illud appellatione quam proxime vocem, cum non tam humani habitaculi, quam formam gerat sepulchri) propiis laboribus fabricavit.* Destina a *Distinere* forte derivari ait Henschenius : potius cum Fabro deduci crediderim ab obsoleto verbo *Stinare* vel *Stenare*, quod a *Stare* est, ut censet Vossius, vel ut Becmannus docet, a σθένος, Robur.

* **DESTINAMENTUM**, Legatum. Vide *Destinare* 3.

1. **DESTINARE**, *Legare, mittere, deputare*, Joan. de Janua. Gloss. Lat. Gr. : *Destinare*, ἀποςεῖλαι, sic legendum. Sidonius lib. 1. Epist. 7 : *Captus Destinatusque pervenit Romam.* Vide Savaronem.

¶ 2. **DESTINARE**, Oppugnare, aggredi. Tertull. adv. Judæos cap. 9 : *Scilicet vagitu ad arma esset convocaturus infans, et signum belli non tuba, sed crepitacillo daturus : nec ex equo vel de muro, sed de nutricis et gerulæ suæ dorso sive collo hostem Destinaturus.* Et adv. Valent. cap. 1 : *Quos nunc Destinamus hæreticos.*

3. **DESTINARE**, Testamento legare : *Destinamentum*, legatum. Forus Jaccæ in Aragonia : *Quod homines de Jacca de bonis, quæ eis Deus dederit, si habeant infantem, sive non, possint ordinare de bonis suis, et hæreditatibus, sicut eis placuerit,... si autem non Destinaverint, remaneant res eorum magis propinquis, etc..... si Destinamentum fecerit, etc.*

Destinatio, Testamentum, dispositio bonorum. Tabularium Prioratus de Domina in Delphinatu fol. 124 : *Hugo ad obitum veniens, suam fecit Destinationem apud Dominam : videlicet dedit Deo et sanctis Apostolis, etc.*

* 4. **DESTINARE**, Decernere, statuere. Comput. ann. 1408. inter Probat. tom. 3. Hist. Nem. pag. 194. col. 1 : *Gentes armorum fuerunt in præsenti patria, propter quod fuit Destinatum, quod fierent excubiæ in turri magna.*

* 5. **DESTINARE**, Accidere. Vita S. Bertell. tom. 3. Sept. pag. 449. col. 2 : *Reversus itaque Bertellinus, oppressionem illam peccati sui causa credens Destinasse, etc.*

DESTIPULARI, *Promissum pactum denegare*, in Glossis MSS. Regiis Cod. 1701.

DESTITUDO, *Destructio*, in Glossis Isidori, [ad quas Grævius : Lege *Desertio* et hic et apud Constantiensem Episcopum. Nam *Destituere* Duces dicuntur milites apud optimos Scriptores, qui eos *deserunt*. Hinc Papias : *Destituere, Deserere.* Et Constantiensis : *Destitutus, Desolatus.* Idem : *Desolatus, Destitutus, Nudus, Egenus. Desolari* dicuntur, qui ab omnibus deseruntur. Justin. lib. 7 : *Victusque jam ac Desolatus in regnum refugit.*]

* **DESTITUTIO**, Statutum vel decretum legi et rationi contrarium. Conc. apud Rofiacum ann. 1257. cap. 1. ex Cod. reg. 1590 : *Cum milites et thiranni et fere omnes layci.... clericis opido infesti et peccatis exigentibus fere per omnes regiones milites et barones, rustici et burgenses constitutiones, imo verius Destitutiones,... machinationes alias varias et diversas... facere præsumpserint et præsumant, etc*

* **DESTORCERE**, Italis *Distorcere*, Distorquere. Charta ann. 1083. apud Murator. tom. 2. Antiq. Ital. med. ævi col. 352 : *Duabus vicibus arbore pecto ponendo et Destorcendo. Détordre*, in Poem. Alex. Ms. part. 1 :

Emenidus le pleure et en Détort ses dois,
Belement le regrette et en dist mos cortois.

* 1. **DESTORNARE** Ictum, Gall. *Détourner un coup*, Ictum repellere, excludere. Lit. remiss. ann. 1361. in Reg. 91. Chartoph. reg. ch. 128 : *Præfatus Johannes dictum Giletum percussisset de quodam magno baculo,... nisi quidam, vocatus Galuys, ictum Destornasset. Détenir*, pro *Retenir*, retinere, in aliis Lit. ann. 1475. ex Reg. 195. ch. 1437 : *Laquelle* (trayne) *ainsi qu'il cuidoit frapper Détenist ledit coup.*

* 2. **DESTORNARE** Feram, Illam adigere in certa cubilia, vulgo *Détourner*, vox venatoribus nota. Arest. parlam. Paris. ann. 1399. inter Probat. ult. Hist. Trenorch. pag. 257 : *Pro eo quod quemdam leporem, quem dictus abbas prosequebatur, ad libitum ipsius abbatis non Destornaverat, de pugno et etiam de quodam baculo.... verberaverat.*

DESTRÆ. Vide *Dextræ*.

* **DESTRALAGIUM**, Lenocinium, quod *dextras* dando quis paciscitur. Gloss. Provinc. Lat. ex Cod. reg. 7657 : *Destralage, Prov. lenocinium.* Formulæ Mss. ex eod. Cod. fol. 30. v° : *Culpa et deffectu delatæ prædictæ se lenocinium seu Destralagium in præmissis committendo.* Hinc

* 1. **DESTRALIS**, Quæ lenocinium exercet. Stat. Avenion. ann. 1243. cap. 116. ex Cod. reg. 4659 : *Statuimus quod publicæ meretrices et rufianæ seu Destrales in contracta seu vicinia honestarum personarum nullatenus commorentur. Destral, Prov. conciliatrix, lena, leno, agagula, lenunculus*, in Glossar. jam jam laudato.

* 2. **DESTRALIS**, Securis. Tabul. Cassin. : IIII. *Destrales*, e II. *feras, etc.* Glossar. Provinc. Lat. ex Cod. reg. 7657 : *Destral, Prov. Dextralis, qua arbores scinduntur, securis.* Vide infra *Dextralis*.

DESTRALES. Vide *Dextrarii*.

DESTRARE. Vide *Dextrare*.

¶ 1. **DESTRARIA**, Porticus Ecclesiæ. Joannes de Monsteriolo in Epistola, ubi describit Monasterium Caroliloci apud Marten. Ampliss. Collect. tom. 2. col. 1388 : *In cujus quidem Ecclesiæ introitu ampla spatiatoria platea præposita, porticus est trium Destrariarum seu deambulatoriorum.* Vide *Deambulatorium*.

* 2. **DESTRARIA**, Equa major. Stat. Vercell. lib. 1. pag. 18. v° : *Et prædicta intelligantur de equis et armis, destrario vel Destraria de armis.* Vide *Dextrarii*.

¶ **DESTRARIUS**, Destrerius. Vide *Dextrarii.*

* **DESTRATIO**, Mensura, quæ *dextris* fit, *Destrator,* qui ita ex officio mensurat. Stat. Avenion. ann. 1243. cap. 16 : *Si super terminatione vel Destratione dubium fuerit, Destratores sine pretio terminare et Destrare iterum teneantur.* Vide *Dextrare* 3. *et Dextri.*

* **DESTRERIA.** Vide infra *Dextreria.*

¶ **DESTRI.** Vide *Dextri.*

DESTRICARE, seu potius *Destrigare*, Isidoro in Glossis, *Consummare.* Infra : *Distrigare*, *Consummare.* Ubi Cerda : *Destrigant equi, quando faciunt finem stallandi, hoc est, urinam mittendi.* Occitani *Destriga*, pro *Divertir, Detourner* dicunt : *Destriga*, pro *Employer son loisir à quelque chose.*

DESTRICTUS, Destringere. Vide *Distringere.*

* **DESTRICTUS**, Pœna, mulcta a judice imposita, nostris alias *Destriz* et *Destroiz.* Charta Archembaldi præpos. Vindoc. ex Chartul. Major. monast. pro pago Vindoc. ch. 17 : *Homo vero meus multuram monachis restituat, mihi vero, forisfacto emendato, legem et Destrictum persolvat.* Charta Ludov. VII. ann. 1141. apud *Fleureau* in Hist. Bles. pag. 108 : *De sanguine effuso, anserem vivum; de Destricto, gallinam nummorum duorum.* Ubi *Destrictus*, de rixa intelligendus videtur, ut et *Destric* in Lit. ann. 1362. tom. 3. Ordinat. reg. Franc. pag. 604 : *Desquiex Destric ou controversion.... les juges ordinaires, soubz qui lesdictes parties demourront, auront la cognoissance entiérement.* Alia Alex. abb. Gemmet. ex Bibl. S. Germ. Prat. : *De singulis clamoribus justitia præpositi pra tactatis vj. denarios habebit, quod usus terræ vocat Destriz.* Lib. niger episcopat. Carnot. : *Simon de Espinceriis miles habet in majoria de Espinceriis citationes, les Destroiz, medietatem ad forragines, etc.* Vide in *Distringere* 3.

* **DESTRUERE**, Debilitare, male multare. Inquisit. ann. 1268. ex schedis Pr. *de Mazaugues : Et dixit quod totum Destruxerunt dictum Guillelmum.... verberando.*

* **DESTRUS**, Modus agri ad mensuram, *Dextrus* dictam, æstimatus. Lit. Car. V. ann. 1375. pro admortizat. bonor. a Card. Alban. emptor. in Reg. 109. Chartoph. reg. ch. 401 : *Item in quadam petia terræ campi unam quarteriatam continente et xx. duos Destres terræ... Item in quadam petia terræ campi continente unam quarteriatam terræ, minus quatuor Destres..... Item emit dictus cardinalis..... quamdam petiam terræ vineatam.... continentem novem quarteriatus terræ et tres quartonos, minus uno Destro.* Vide *Dextri.*

¶ **DESTURBIUM**, ab obsoleto Gallico *Destourbier*, Impedimentum. *Impedimentum, molestiam, Desturbium*, apud Rymerum tom. 9. pag. 393. col. 1. Vide *Disturbium.*

* *Destorbier et empéchement*, in Lit. ann. 1359. tom. 3. Ordinat. reg. Franc. pag. 357. et alibi passim. *Destorber* et *Destourber*, pro *Détourner, empécher, troubler.* Avertere, impedire, interturbare. Joinvil. in S. Ludov. edit. reg. pag. 62 : *Il li avoient Destourbé sa chace, et leur fist les testes coper.* Et pag. 133 : *Pour son doumage Destourber, etc.* Le Roman *du Rou*, ibid. in Glossar. :

Toute la terre fu mise en chetivete,
N'i a roi ne baron qui l'i ait Destorbé.

Vide *Disturbare.*

¶ **DESVASSALLARE**, Vassallum a loco deturbare. Vide *Vassi.*

DESUB, pro *Sub* : Galli *Dessous* dicunt. [* Gall. *de dessous*, vox Latinis non ignota.] Passio SS. Perpetuæ et Felicitatis : *Desub ipsa scala.* Pactus Legis Salicæ tit. 9 § 2 : *Desub tecto.* Lex Longob. lib. 2. tit. 41. § 2. [** Liutpr. 26. (4, 8.)] *Desub quo, etc.* § 12. *Desub uno, etc.* S. Gregor. M. lib. 8. Epist. 20 : *Desub decessoribus ejus. Desub isto cælo*, in Concilio Duziac. I. part. 1. cap. 6. et apud Hincmarum Rem. in Quaternionib. *Desub gamba*, apud Vegetium lib. 3. Art. veterin. cap. 22. Occurrit in Regula S. Bened. cap. 58. apud Agrimensores, et alios.

DESUBITARE, vox formata ex *Desubito*, quæ occurrit apud Diomedem lib. 1. Art. Grammat. Donatum, et alios pro *De repente.* Jul. Firmicus lib. 3. cap. 4 : *Nihilominus etiam si artes fuerit largitus, easdem crebra eversione Desubitat.* Leges Alvredi Regis West-Sax. cap. 26 : *Si canis hominem Desubitet, aut mordeat tacitus, in prima cupa reddantur 6. sol. etc.* Sax. Edit. cap. 23. habet gif hund man toslite. Id est, *si canis hominem momorderit.* At in Bromptoni Editione et versione, canis duplici modo hominem lacessit, primo *Desubitans*, secundo *mordens tacitus.* Hic vero *Desubitare*, est, cum canis latratu continuo hominem lacessit, adeo ut nesciat, quo se vertat, demumque morsibus lacerat. Manet etiamnum vocis notio apud nostrates Picardos, qui *Faire Soubiter, et Desoubiter quelqu'un*, usurpant, cum eum continuis et repetitis contumeliis ad iram et furorem adigunt. Vide *Subitare.* [* De improviso occupare, Gall. *Surprendre.*]

* **DESUBTER**, Desubtus, ut supra *Desub.* Glossar. Gall. Lat. ex Cod. reg. 7684 : *Desubter, desubtus, de Dessoubz.* Terrear. S. Maurit. in Foresio ann. 1472 : *In et super quadam sua camera, quam tenet in turri rotunda viridarii Desubtus cameram Claudii de Chengiaco.* Unde *Mettre à son dessous*, pro Aliquem opprimere, in Lit. remiss. ann. 1374. ex Reg. 105. Chartoph. reg. ch. 470 : *Lesquelz eussent icellui Guillaume par telle maniere accueilli et mis à son Dessous, que pour avoir secours ne sot trouver autre remede que de crier. A son dessoubz*, cum quis alteri prævalet, in aliis Lit. ann. 1460. ex Reg. 189. ch. 485 : *Icellui Pierrequin dist.... que s'il pouvoit trouver ou rencontrer ledit Colin à son Dessoubz, qu'il le tueroit jus et affoleroit. Dessouz*, Pars corporis inferior, tergum. Lit. remiss. ann. 1380. in Reg. 118. ch. 68 : *Icellui Pierre lors non estant en bonne disposition de raison..... monstra audit Rochet son Dessouz tout nu, en lui disant que autrement ne seroit paiez.*

DESVENIRE, [Decedere, mori. Testamentum Ranimiri Regis Aragoniæ æræ 1099. apud Martinezium in Hist. Pinnatensi lib. 2. cap. 38 : *Et si Desvenerit de eo, et laxaverit filium, teneat ipse ejus filius eas per manum de Sanctio filio meo in sua fidelitate.* Idem videtur quod *Mesevenire*, quomodo diceremus : *Et s'il Mesavenoit de lui, etc.*

* **DESVIATORIUM**, Canalis, per quem aqua a consueto cursu deflectere possit. Stat. Saluciar. collat. 5. cap. 139 : *Statutum est quod quilibet molinarius in suo molendino.... habeat suum Desviatorium ad dividendam aquam, ita quod si voluerit adaptare suum molendinum, vel aliud suum ingenium, quod alia molendina seu ingenia non cessent molere. Destournée*, eodem significatu, in Lit. remiss. ann. 1468. ex Reg. 194. Chartoph. reg. ch. 321 : *Jehan Pigasse avoit fait aucunes destrousses et excluses* (rectius infra : *excluses et Destournées*) *dedans le pré d'iceulx Crosmanas, pour oster l'eaue de leur pré.*

¶ **DESULTOR**, ζεύξιππος, μεταβάτης. Gloss. Lat. Gr. Sangerman. Sed hæc ad mediæ Græcitatis Glossarium potius quam ad mediæ Latinitatis; vocem enim *Desultor* usurpavit Livius eodem intellectu, scil. pro eo qui ex uno in alium equum transilit : quem etiam ἀμφιππον Græci dixere.

* **DESULTRIX** Virtus, Instabilis et parum firma, apud Tertull. adv. Valentin. lib. extremo.

¶ 1. **DESUPER** Esse, Superesse, superabundare. Habetur in Statutis Humberti Belli-joci, apud Acherium t. 9. Spicil. p. 185.

* 2. **DESUPER** Esse, Supereminere. Charta Reginaldi comit. Bolon. ann. 1208. in Chartul. Campan. fol. 195. r° : *Si autem ipsi duo* (arbitri) *non potuerint concordare, dominus rex Franciæ erit Desuper, et quod inde nobis dederit, ratum habebimus et inconcussum. A son dessus*, loco et tempore opportuno, in Lit. remiss. ann 1380. ex Reg. 117. Chartoph. reg. ch. 83 : *Icellui Michelet dist de mauvais et felon courage que se il trouvoit ledit Baudet à son Dessus, il le tueroit.* Vide supra in *Desubter.*

DESUPERIUS, Inferius, *Dessous.* Gregor. Turon. lib. 6. Hist. : *In Gallicia quoque novæ res actæ sunt, quæ Desuperius memorabuntur.* Alias *inferius.*

DESURSUM, Ex alto, *D'en haut.* Pseudo-Ovidius lib. 3. de Vetula :

... Sed liber spiritus ipsum
Evolet ad Dominum, qui Desursum dedit illum.

DESUSCEPTUM, Cautio de suscepta pecunia, seu scriptum, quo accipiens rem debitam a se *susceptam* sibique a debitore traditam fatetur, quodque penes dantem remanet pro securitate solutionis. Ἀπόδειξις τῶν χρεῶν, *Desuscepta*, veteri Interpreti Novellæ 72. Ἀπόδειξις ἀπολυτική, Scholiastæ Harmenopuli lib. 2. tit. 2. § 7. et JC. Græcis. Vox autem formata a *susceptoribus* tributorum, de quibus est titulus 72. in Cod. lib. 10. qui ejusmodi *Desuscepta* seu apochas tradebant tributariis pro fide susceptionis tributi ac vectigalis. Gregorius M. lib. 2. Ind. 11. Epist. 49 : *Res autem quæ apud eum inventæ sunt, in cimeliarchio Ecclesiæ tuæ servare omnibus modis studebis; de quibus etiam secundum rerum inventarum paginam Desusceptum te facere volumus, et in scrinium Ecclesiæ tuæ transmittere. Sed et Clericis ejus, si tamen illic aliqui præsentes sint, a pari aliud facere Desusceptum te convenit, in quo tua fraternitas fateatur, qui Desusceptum de eisdem rebus in scrinio nostro emiserat, quatenus dum necesse fuerit, competenti personæ res omnes possint sine detrimento restitui.* Idem lib. 3. Epist. 16 :

Omnium autem rerum ipsarum non solum Desuscepta eos, qui eas tradunt, percipere volumus, sed etiam a te notitias earum subtiliter retineri, etc. Vide eumdem lib. 8. Epist. 11. 44. lib. 10. Ep. 45. lib. 11. Ep. 33. Anastasius in S. Agathone : *Hic ultra consuetudinem Arcarius Ecclesiæ Romanæ efficitur,.... emittens Desuscepta per Nomenclatorem manu sua obumbrata.*

* 1. **DETA**, pro *Dieta*, Vitæ institutum. Gualter. Hemingford. de gestis Eduardi I. reg. Angl. ad. ann. 1294. pag. 57 : *Omnia in necessitate debent esse communia, et omnes unam et similem Detam paciemur.*

¶ 2. **DETA** vel Detum, Debitum, Gall. *Dette.* Instrumentum anni 1350. apud *de Lauriere* tom. 2. Ordinat. pag. 479 : *Quod dicti Consules possint cognoscere de bannis sive Detis, si debeantur, aut committantur per aliquas personas, antequam fiat executio pro Detis.* [* Legendum *Decis* pro *Detis.* Vide supra *Dechi.*]

¶ **DETAILLUM**, a Gallico *Detail*, Emtio vel venditio quæ fit particulatim. Sententia pro foragio contra Burgenses Compendienses in Tabulario S. Cornelii : *Religiosos jus habere percipiendi.... de qualibet pecia vini magna et parva... ad Detaillum seu brocam venditi duo sextaria vini.... et pari modo de qualibet pecia vendita in grosso unum sextarium vini.* Vide *Broca.*

¶ Detalh, Eadem notione. Consuetud. Brageriaci art 74 : *Item permissum non est in villa Brageriaci et in barris ejusdem vendere pannos, neque sal a Detalh.*

¶ Detallium, occurrit supra in *Bevragium.*

* Gall. *Detail.* Arest. parlam. Paris. ann. 1372. tom. 5. Ordinat. reg. Franc. pag. 499 : *Boulengarii panem conficientes et vendentes ad Detaillium in villa nostra Paris. etc.* Unde *Détaillier*, qui singulatim vendit, in Lit. ejusd. ann. ibid. pag. 577. art. 5 : *Aucun marchant regratier ou Détaillier, etc. Détailleur*, ut vulgo effertur, infra art. 9. Hinc etiam *Détaillerie* dicitur vectigal, quod ex mercibus ea ratione venditis percipitur, in Chartul. Latiniac. fol. 246. v° : *La Détaillerie et le tonlieu des chausses, xiiij. livres.*

¶ Detallum, in Statutis Massil. lib. 3. cap. 13. § 1 : *Nisi forsan eosdem canabacios venderet ad minutum vel Detallum.*

¶ **DETECTUS** *agitur modo, id est, probatio fit tironum.* Gl. Isid. Lege *Delectus agitur modo; Probari* enim veteribus proprie dicebantur tirones, qui in *dilectu* legebantur milites. Vide Grævium.

* 1. **DETEGERE**, Contegere, operire, Gall. *Couvrir.* Joan. de Cardalhaco serm. in festo S. Nic. : *Habent equi camizias et coperturas scutorum incisionumque curiositate depictas : pauperes vix habent petascola, cum quibus sua Detegant pudibunda.*

* 2. **DETEGERE**, Decernere, declarare. Charta Injoranni abb. Resbac. ann. 1318. in Reg. 58. Chartoph. reg. fol. 61. v° : *Verum quia dictus Johannes Brieren per bigamiam vel alias in pristinam potest recidere servitutem,.... in illo eventu, ubi recideret in pristinam servitutem per bigamiam vel alias, manumittimus et liberum esse ab omni jugo et onere servitutis ex nunc Detegimus.*

¶ **DETEMPERATUS**, Qui amplius non est consueta temperie. Acta SS. Junii tom. 5. pag. 496. de BB. Salome et Judith : *Delicatissimi dudum corporis ejus serenissima complexione Detemperata, lepra respergitur.*

¶ **DETENTACIO**, Tentacio, molitio, vexatio, Gall. *Entreprise.* Litteræ anni 1268. tom. 2. Rer. Mogunt. pag. 480 : *Ceterum ne injuriosa et tam enormis Detentacio prædicti Reynoldi apud heredes ejusdem, ipsis Decano et Capitulo in suis nemoribus, occasionem in posterum suscitet quæstionibus, volumus, ut contra ipsos, si post monitionem tuam legitimam de vexacione qualibet Capituli non desistant, severitatem sententiarum, quas in prædictum Reynoldum tulimus, districtius exequaris.*

* **DETENTATIO**, Addictio, traditio, Gall. *Délivrance.* Libert. civit. Caturc. ann. 1344. in Reg. 68. Chartoph. reg. ch. 312 : *Item illi, qui res emunt ad inquantum vel subbastationem,..... tenebuntur incontinenti solvere quod promittunt, antequam Detentationem habeant de re empta.*

¶ **DETENTARE**, Detinere, reservare. Bartholomæus de Tolomæis in Vita B. Luchesii, April. tom. 3. pag. 604 : *Præter hortolitium seu agellum prædictum, quod ad subventionem pauperum magis quam ad sui sustentationem Detentabat, nihil aliud possidere cupiebat in terra.*

¶ **DETENTATOR**, ἐπιδεδειγμένος, ὀνομασθείς, διακάτοχος.. Lexicon Martinii. Gloss. Lat. Gr. Sangerman. : *Detentator, Possessor, Retentator*, διακάτοχος. *Possessores et Detentatores*, apud Rymerum tom. 1. pag. 876. col. 1.

¶ 1. **DETENTIO**, Hospitalitas, ut conjicio qua quis benigne ab alio excipitur et *detinetur.* Passim occurrit in Necrologiis MSS. Corbeiensibus et aliis societatum instrumentis, in quibus promittunt sibi invicem *Anniversarium, societatem precum, Detentionem, et sustentationem* ei qui ex Monasterio aliquando fuerit non suo vitio egressus vel ejectus.

* 2. **DETENTIO**, Possessio, occupatio, Gall. *Détention.* Stat. crimin. Saonæ cap. 43. pag. 99 : *Et insuper illam personam, quæ dictam possessionem acceperit, condemnare debeat in decimam partem valimenti rerum acceptarum ;.... nisi esset persona ad quam successio defuncti spectet, vel nisi esset nurus vel uxor defuncti, aut pater uxoris aut nurus, qui remaneret in Detentione pro juribus suis.* Vide *Detentator.*

¶ **DETERESCERE**, Fieri deterius. Electio S. Maioli in Abbatem Cluniac. Spicil. Acher. tom. 6. pag. 419 : *Ego Haymardus, ætate defatigatus, officiis quoque corporis imminutus S. Petri Cluniac. Cœnobii Abba indignus.... Clericum fratrem ac filium Monachis Maiolum eligimus et Abbatem esse decernimus, ne insolentia nostræ infirmitatis Ordo Deterescat.* Vide *Deteriorare.*

¶ **DETERIARE**, pro *Deteriorare. Si prædicta moneta Deteriaretur pondere sive cursu*, in Charta Massil. ann. 1229. IV. Idus Jan.

DETERIORARE, Deteriorem facere, [Practicis nostris *Deteriorer.*] S. Ambros. super Levit. ad Simplician. : *Facile corrumpitur et Deterioratur.* Utuntur Gregorius M. lib. 4. Epist. Lex 2. C. de Peric. et com. rei vendit. (4, 48.) Cæsar. Heisterb lib. 4. cap. 59. [Henricus Comes Trecensis, apud Marten. tom. 1. Ampliss. Collect. col. 873. Consuetudines Brageriaci art. 67.] etc.

¶ Deterioratio, Gall. *Deterioration*, Rei deductio in statum deteriorem. Occurrit in Consuetudinibus Brageriaci articulo mox laudato, apud Thomam *Madox* Formul. Anglic. pag. 131. Rymerum tom. 4. pag. 468. col. 1. [** Vide Haltaus. Glossar. German. col. 1841. voce *Verderbung.*]

¶ Deterioratum Molendinum, in Litteris Hugonis Abb. tom. 1. Collect. Ampliss. col. 1096.

* 1. **DETERMINARE**, pro *Disterminare*, distinguere. Comœdia sine nomine act. 2. sc. 5. ex Cod. reg. 8163 : *Sindonico vacat* (Hermonides) *operi, mira prætextam gemmis auroque Determinat arte.*

* 2. **DETERMINARE**, Aliquem in album doctorum vel magistrorum, qui studiorum terminus est, referre, adscribere; qui recipiendi ritus una cum thesi tunc disputanda *Determinatio* appellatur, et *Determinator*, qui receptioni præsidebat et qui recipiebatur. Stat. colleg. Navar. ann. 1315. in Lib. rub. Cam. Comput. Paris. fol. 517. r°. *Nullus habitum deferat, nisi tabaldum seu houssiam longam de bruneta antequam Determinaverit, et illi qui Determinaverint, capam habeant de perso.* Stat. universit. Tolos. ann. 1366. ex Cod. reg. 4222. fol. 84. v° : *Determinationes vero magistrorum fiant de mane, et tunc vacet tota facultas theologiæ. Quibus resumptis et Determinationibus omnes theologi, tam bacallarii quam studentes, debeant interesse. Quæstiones vero et argumenta ad invicem magistri Determinantes communicent, ut eas dixerint et in forma.* Stat. S. Flori Mss. fol. 48. v° : *Decimus nonus* (casus) *est contra facientes commentum, scripturas seu libellos ex certa scientia et deliberate Determinantes in scolis seu prædicantes contra ea, quæ in constitutione continentur prædicta.* Stat. colleg. mag. Gervasii cap. 10. ex Cod. reg. 4354. A. fol. 28. v° : *Volo quod artistæ pro Determinationibus eorum, vel licentiis, vel principiis adducant ad domum turbam sociorum, etc.* Stat. universit. Andegav. ann. 1410. tom. 9. Ordinat. reg. Franc. pag. 500. art. 15 : *Quod rector tenebitur a majori parte nacionum in congregatione generali et in collegio Determinationem prædictam semper concludere.* Vita S. Yvon. tom. 4. Maii pag. 586. col. 1 : *Unde factum est, ut in artium liberalium eruditione super multos coætaneos spatio breviore proficeret, et tandem in iisdem ex discipulo et auditore magister et Determinator fieret. Déterminer*, pro Terminare, vulgo *Terminer, finir*, in Lit. remiss. ann. 1414. ex Reg. 168. Chartoph. reg. ch. 20 : *Desqueles navreures icellui Jehan Détermina assez tost apres vie par mort.*

¶ **DETERMINATOR**, Lector academicus, in Onomastico ad calcem tomi 4. SS. Maii. Vide *Determinare*, 2.

DETESSERARE, Tesseris, seu ludo amittere pecuniam, in Speculo Saxonico lib. 2. art. 60. et 72.

¶ **DETESTABILITAS** Facinoris, Quod in facinore detestandum est et abominandum, apud Rymerum tom. 2. pag. 324.

¶ **DETESTAMENTUM.** Vide *Decostamentum.*

DETESTARE, pro *Testari.* Testamentum Riculfi Episc. Helen. ann. 915 : *De his itaque rebus et de aliis per testamentum, quod Detestatum habeo, dono præfatæ Ecclesiæ, etc.* [Testam. Guillelmi Vicecomitis Agathensis, inter Anecd. Marten. tom. 1. col. 179 : *Hic est brevis testamenti quem Detestavi vel ordinavi.*]

* **DETESTATIO**, Testatio, declaratio. Stat. ann. 1476. inter Probat. tom. 3. Hist. Nem. pag. 332. col. 2 : *Et ad Detestationem criminis seu dampni sic inferendi, credatur unicuique dicta animalia, sic dampnum inferentia, reperienti, cum unico teste.*

* **DETHRONARE**, De throno seu dignitate depellere, Gall. *Détroner.* Bonincont. Hist. Sicul. ad ann. 1135. apud Lamium pag. 136 : *Innocentius postquam in Gallias adpulit, Claromonte synodum habuit, in qua Petrus Antipapa Dethronatus est.* Vide *Dethronizare.*

¶ **DETHRONIZARE**, De dignitate seu throno dejicere. Vita S. Maioli Abb. Cluniac. Maii tom. 7. pag. 689 : *Perfunctus non longi tribunatus officio, præsto Dethronizatus assistit.*

* 1. **DETINERE**, Sarta tecta tueri, Gall. *Entretenir.* Charta Gerardi præpos. S. Pet. Insul. ann. 1190. ex Chartul. sign. *Decanus* ch. 20 : *Tectum et vitreas templi meum est Detinere, canonicorum est de novo reparare.*

* 2. **DETINERE**, Tractare, Gall. *Traiter*, Epist. Soldani ad Pisan. apud Lam. inter notas ad Hist. Sicul. Bonincont. pag. 213 : *Et ut sitis Detenti secundum quod scriptum est in cartulis vestris, quas a nobis habetis, ut per hoc provide sitis Detenti,.... et ita semper eritis Detenti quantum vos eritis in amicitia nostri regni.*

* **DETIRPARE**, Exstirpare, Gall. *Abolir.* Stat. sabater. Carcass. ann. 1402. tom. 8. Ordinat. reg. Franc. pag. 558 : *Ut legalitas in eodem ministerio in dicto burgo observetur et fraus Detirpetur ac in futurum evitetur, etc.*

¶ **DETITULARE**, Titulum delere. Vide in *Titulare.*

¶ **DETIUM.** Vide *Decium.*

DETIUS. Vide *Decius.*

¶ **DETORNARE**, Tornare, Plinio. Vide alia notione in *Torna.*

¶ **DETORTUM**, Transversum. Consuetud. Lemovic. art. 72 : *Ille qui faciet fieri parietem illum, faciet fieri communiter in terra vicini et sua, et poni faciet tantum Detorti in pariete ex una parte, quantum ex altera.* Gallica versio habet, *Autant de travers.*

* **DETOURNARE**, A recta via deflectere, Gall. *Détourner.* Arest. ann. 1346. 28. Mart. in vol. 3. arestor. parlam. Paris. : *Cum scabini et habitantes banni archiepiscopi Rhemensis dicerent.... se esse in possessione... veniendi, transeundi.... ante portam de Vedula, necnon sedendi, requiescendi, Detournandi seu deviandi.... super quadam tabula, sede seu stallo stante Rhemis etc. Mesgetter* nostri dixerunt, pro *Détourner*, a via declinare. Lit. remiss. ann. 1382. in Reg. 121. Chartoph. reg. ch. 20 : *Comme l'exposant eust joué de son arbalestre, et parceque elle ne tint pas bien serré, ou que sa vire ne tenoit pas bien en coche, ou se Mesgetta pour le grand vent qu'il faisoit, etc.*

1. **DETRACTARE**, Equis in diversum actis reum discerpere : *Tirer à quatre chevaux.* Fleta lib. 1. cap. 37. § 2 : *Apostatæ, sacrilegi, et hujusmodi, Detractari debent et comburi.* § 4. *Si inde convincantur, Detractentur et suspendantur.*

¶ 2. **DETRACTARE,** Vox Italica, nostris *Detracter, Medire,* Famæ detrahere. Legitur in Actis S. Franciscæ Rom. n. 70. tom. 2. Mart. pag. 167.

* Alias *Destraire* et *Détraire*, Ital. *Detrarre.* Chron. S. Dion. lib. 1. cap. 12 : *Il commencierent à Détraire à li et à ses fais, qui estoient digne de loenge.* Lit. remiss. ann. 1395. in Reg. 147. Chartoph. reg. ch. 289 : *Icellui barbier avoit Destrait et deshonoré lui, sa femme et ses enfans. Paroles détrahens*, quæ famæ detrahunt, in aliis Lit. ann. 1370. ex Reg. 102. ch. 49 : *Pour aucunes paroles vitupérables et Détrahens à l'onneur dudit Andrieu, etc.*

* 3. **DETRACTARE** SE dicuntur, qui juris exceptionibus renuntiant. Charta ann. 1336. inter Probat. domus de Chaban. pag. 67 : *Super præmissis dicti homines se Detractant omni exceptioni doli mali, fori et omni actioni.... renuntiantes etc.*

¶ 1. **DETRACTUS,** *Excoriatus, Cui vivo capitis cutis abstracta est.* Gasp. Barthii Gloss. ex Gauterio de Bellis Antiochenis.

** 2. **DETRACTUS**, Subsidium ultimum quod reipublicæ datur a migrante ex bonis quæ secum aufert. Passim in Statut. German. Vide Mittermaier. Princip. Jur. German. § 111.

¶ **DETRADERE**, pro *Tradere.* Conventus Melodunensis ann. 1548. apud Baluzium Miscell. tom. 7. pag. 114 : *Causa eadem est et auctoritas Detradendarum devolutionum, cognitio quoque possessorum Sacerdotiorum.*

DETRAGIGO. Gloss. Arabico-Lat. : *Detragigo, detraho.* An *detransigo?* [Amalthea habet, *Detrago.*]

* **DETRAHINARE**, DETRAINARE, Trahere, Ital. *Trainare*, Gall. *Trainer.* Chron. Estense ad ann. 1288. apud Murator. tom. 15. Script. Ital. col. 340 : *Marchio fecit eum Detrainari per totam civitatem Ferrariæ sine assidibus ad caudam quatuor asellorum usque ad furcas, et ibi fuit suspensus.* Et col. 365 : *Fecerunt Detrahinari per totam civitatem Ferrariæ, et ibi suspendi ad furcas tanquam proditores. Etiam Detrahinari fecerunt usque dictum locum Maynardinum.* Vide *Trainare.*

DETRANS, pro *Trans*, apud Innocent. de Casis literarum.

DETRICALE, zona pendens in crinibus tricatis, et dicitur a *de*, quod est *deorsum*, et *trica*, quod est *coma*, quia pendet deorsum in trica. Ita Interpres Joannis de Garlandia in Synonymis :

Et Detricale, armillas, adde monile.

DETRICARE, [Morari, remorari.] Vide *Tricare.*

* **DETRICATIO**, Mora, dilatio. Acta S. Nicolai ex Cod. S. Germ. Prat. : *Benedicat eum Altissimus, qui sine Detricatione hac scripserit in melius.* Nisi sit pro Detractio vel Detractatio. Et quidem a Latino Detrectare, *Détrier*, pro vulgari *Refuser*, dixerunt nostri. Annal. regni S. Ludov. edit. reg. pag. 193 : *Et fist* (l'Empereur Frédéric) *par la force de ses baillis,.... que cil qui avoient fait hommage à l'eglise de Roume, des possessions que il tenoient de l'église, qu'il li Détrierent et li firent houmage.* Ut et est *Détrianche*, pro Mora, dilatio, et *Détrier*, pro Morari, impedire, differre, legitur in Charta ann. 1424. tom. 2. Hist. Leod. pag. 447 : *Que en che n'y aet nulle Détrianche ne excusanche. Et s'il advanoit que aucuns de cheaux qui vinent par devant lesdit esquevins fussent Détricis ou prolongiés, oultre le terme contenut en la modification delle novelle loy, etc.* Stat. ann. 1355. tom. 3. Ordinat. reg. Franc. pag 680. art. 3 : *Se plus en prennent ou Détrient les marchans ou les voituriers à délivrer lesdites lettres tous coux, fres et intérets, qui par leur Détriement seroient faiz, etc.* Vide *Tricare.*

DETRIMENTABILIS, Βλαβερός, in Gloss. Gr. Lat.

DETRIMENTARI, Detrimentum pati, in Constit. Justin. Imp. de Adscriptit. et Colonis : *Et ex hoc Detrimentari fundos et eorum functiones recedentibus agricolis, etc.*

¶ **DETRIMONIA**, DETRIMONIUM, Detrimentum. Charta Frederici II. Imper. inter Probat. Histor. Tolos. pag. XXXIII : *Hujus Præcepti auctoritas nullam patiatur Detrimoniam.* Mabill. in Annal. Bened. tom. 3. pag. 693. col. 1. legit *Detrimonium.*

* **DETRITARE**, Triturare, molere. Charta ann. 1379. ex Cam. Comput. Aquens. : *Ibi tenentur facere Detritari eorum blada, cum habet ventum.* Rursum : *Et homines ipsi possunt facere Detritari sua blada ubi volunt.*

* **DETRITIO,** Detrimentum. Chron. Ditm. episc. Mersburg. tom. 10. Collect. Histor. Franc. pag. 124 : *Aviculis insidiando sine Detritione frequentare occultius potuit.*

DETRIUMPHARE, Ἐκθριαμβεύειν, in Gl. Gr. Lat.

* **DETROUSSARE**, a Gallico *Détrousser*, Spoliare. Lit. remiss. ann. 1353. in vol. 4. arestor. parlam. Paris. : *Detroussaverant ac etiam abstulerant malam unius dictorum commissariorum. Distroussaverunt*, ex iisdem Lit. in Reg. 82. Chartoph. reg. ch. 113.

DETRULLARE, Diffundere, de trulla seu vase effundere. Apitius lib. 4. de Re culin. cap. 2 : *Ubi coctum fuerit, levabis cum jure suo, et in patella alterius Detrullare convenit cum piperis granis integris.*

¶ **DETULENTES**, pro *Deferentes*, in Annal. Bened. tom. 4. pag. 112.

¶ **DETUMULATIO**, Exhumatio. Robertus Mon. in Vita S. Forannani, tom. 3. April. pag. 811 : *Ut autem ejus corporis Detumulatio sacra seorsum in læva Monasterii fuit facta, etc.*

DETUNICARE, Palam facere, detegere, quasi *tunica ablata* nuditatem ostendere. Matth. Westmon. ann. 1240 : *Et sic suas proprias proditiones manifeste toti mundo Detunicaverunt.* Idem ann. 1249. *Depalliare*, eadem notione usurpat : *Nulla voluerunt ratione latronum cœtus Depalliare.*

DETURBARE. Vide *Disturbare.*

* **DEVACUARE.** Glossar. Lat. Gall. ann. 1348. ex Cod. reg. 4120 : *Devacuatrides, Gallice Revanderes, a verbo Devacuo.* Aliud

ann. 1352. ex eod. Cod. : *Devacuare, Desvoindier, inde Devacuatrix.*

* **DEVADIARE**, Rem oppigneratam redimere. Vide infra in *Vadio.*

* **DEVALIDATIO**, Decessio, imminutio, Gall. *Déchet.* Comput. Ms. fabr. S. Petri Insul. ann. 1499 : *Item pro Devalidatione quorumdam florenorum, ante festum nativitatis Domini receptorum, aurifabro traditorum per manus Remondi Potier clientis ecclesiæ, viij. lib. xvij. sol.*

¶ **DEVALLARE**, DEVALARE, Gall. *Devaler*, Descendere, demittere. Vita SS. Voti et Felicis, Maii tom. 7. pag. 64 : *Dedit eis unam speluncam quæ est sub Orolis facie.... et inde Devallat contra illa serra de Trasillos.* Eadem occurrunt apud Moretum Antiq. Navarræ pag. 300. Hist. Cortusiorum lib. 1. apud Murator. tom. 12. col. 795 : *Ipsi autem sentientes sagittas, et jam vulnerati cadebant, et sic lanceas suas Devalare relaxabant.* Vet. Rituale Ambian. art. de sepultu-ris ad antiphonam *Hæc requies mea* habet : *Corpus sit Devalatum in suo sepulcro.* Vocis etymon *Vallis.*

¶ **DEVALLIS**, *Prona vallis*, in Glossario Barthii ex Gauterio de Bellis Antioch.

** **DEVANTAGIUM**, *i. e. Vürteil*, in vet. Glossar. Lat. Germ. apud Haltaus. col. 1995.

DEVARICARE, *Provehere, dissimilem reddere.* Papias.

* **DEVASTARE**, Suppeditare, Gall. *Fournir.* Comput. ann. 1380. inter Probat. tom. 3. Hist. Nem. pag. 26. col. 2 : *Solvi Poncio Jordani pro media libra candelarum, quas Devastavit de mane, quando domini associaverunt dominum cardinalem d'Amiés in suo recessu.*

¶ **DEUBLIA**, DUBLIA, Præstatio *obliarum* seu tenuissimorum panum certis temporibus Dominis a subditis facienda, sæpe in aliquantum pecuniæ commutata, Gall. *Droit d'oublie.* Chartul. Prioratus S. Petri de Domina f. 60. v°. : *Massus de Malbure* XIII. *lib. de porco, Deublius* (Deublias ut infra) VI. *denar. et* V. *spallas et* XI. *denarios. Massus tertiarius* XI. *lib. de porco,* II. *sol. de multone.... et* IX. *denarios inter omnes spallas et sex denarios Dubliis. Massus meitaerius* VIII. *lib. de porco et* VI. *den. Deublias et* IV. *spallas et* XII. *den. et* II. *sol. de multone.* Melius legeretur *de obliis* vel *de oubliis* seu *de ublitis*, propositione ab ipsa voce separata. Vide *Oblia* post *Oblata.*

¶ **DEVECIUM**, f. pro *Deverium*, ut infra. Instrum. Archivi Magni Prioratus S. Johannis Tolos. : *Recognovit se habuisse vendas et laudiam et alia Devecia usque in hunc.*

¶ **DEVECTIO**, Vectura, Gall. *Voiture, Transport. Devectio et revectio frumenti sive farine*, in Charta Adelberti Archiep. Moguntini ann. 1135. Rerum Mogunt. tom. 2. pag. 583.

¶ **DEVENSURA**, Vide in *Defensa* 3.

¶ **DEVENIRE**, Gall. *Devenir*, Evadere, fieri. Regestum Campaniæ f. 54. apud D. *Brussel* de Feudorum usu tom. 1. pag. 124 : *Gibuinus Devenit homo ligius Dominæ Comitissæ.* Chartular. S. Crucis Kemperleg. : *Sæculo abrenuntians et Monachus S. Crucis Deveniens.* Habetur iterum apud Rymerum tom. 1. pag. 245. col. 1. et pag. 159. col. 1. [** Vide Murat. Antiq. Ital. tom. 2. col. 1179. B.]

* Charta ann. 1258. inter Probat. tom. 3. Hist. Occit. col. 537 : *Nescivit quid Devenit dictus Alanus filius, etc.* Phrasis Gallica : *Il ne sçut ce qu'étoit devenu*, id est, quid illi factum est.

¶ **DEVENSUM**, Idem quod *Defensum*, de quo supra in *Defensa* 3. Charta Barrali de Baucio pro Monasterio S. Pontii ann. 1263 : *Confirmamus vobis donationes.... juris bosquerandi seu etiam lignerandi per totam terram nostram ad opus ædificiorum vestrorum et domorum et etiam cremandi... exceptis tamen Devensis et culturis nostris et hominum nostrorum.* Occurrit rursus in Chartulario Aptensi et in Statutis Massil. lib. 5. cap. 19. § 5. et 20.

* **DEVENTITARE**, Eadem notione. Laudes domus Auriæ Januens. apud Muratori. tom. 21. Script. Ital. col. 1180 : *Pisanum nomen, quod multos per annos antea cunctis nationibus valde formidolosum erat, in ultimum aliarum vilipendium civitatum Deventitavit.*

¶ **DEVENTUS**, Eventus, Casus, Gall. *Evenement*; item Adventus, Gall. *Arrivée.* Charta Alexandri Abbatis Mediani ann. 1263. in Historia ejus Monasterii pag. 330 : *Conraldus ipsam curiam a cunctis incursionibus et Deventibus.... defendere tenetur.* Oratio Ferdinandi Vacecapitis Regis Castellæ Legati ad Ludovicum Ducem Andegav. ann. 1378. Collect. Ampliss. tom. 1. col. 1504. E : *Juxta Vianam, quam tunc obsessam, nunc vero in Deventu nostro, duris et angustis tenebat obsidionibus coartatam.*

¶ **DEVERIÆ**, *Subductiones, declinationes, effugia*, apud Marten. in Onomastico ad calcem tomi 5. Anecdotorum.

* **DEVENUSTARE**, Vituperare, deformitatem alicui exprobrare. Dialog. creatur. Dial. 63 : *Tunc ficedula, id est papafigo, ad eam* (avem, scilicet corvum) *accedens plurimum vituperabat, nec in pace ipsum dimittebat.. Ficedula reversa cepit verba contumeliosa reciprocare eumque, ut prius, Devenustare. De quo corvus indignatus cupiens se vindicare, ficedulam totam decalvavit.*

1. **DEVERIUM**, Debitum, pensitatio, Gall. *Devoir.* Vitalis Episcopus Oscensis : *Item percipit Ricus homo Deveria, hoc est, quædam personalia tributa, ut est panis et pullus, etc.* Joannes XXII. tom. 3. Epist. 1559 : *Molendinum etiam de Jusseo, et cirmanagia, quæ prælati Vicecomes* (Benebarnensis) *et ejus uxor habebant in locis de.... et quædam Deveria in locis eisdem, etc.* Infra : *Nec non quædam Casaliæ, terras, census, et Deveriæ.* [Confirmatio compositionis cum habitantibus castri de Leucata ann. 1313. ex Bibl. Colbert. Regest. 56 : *Pro ipsis bonis in talliis et quistis communibus dicti castri et aliis Deveriis, etc.* Occurrit apud Baluz. Hist. Arvern. tom. 2. pag. 160. 314. 362. Martenium tom. 1. Anecd. col. 159. tom. 4. col. 800. 1009. etc. Vide *Deberium.*]

* 2. **DEVERIUM**, Debitum a vassallo servitium, clientelaris professio. Inventar. Chart. reg. ann. 1482. fol. 116 : *Quod quidem homagium non debet durare nisi quousque præfati filii majores essent, et erga præfatum Dominum regem sua Deveria fecissent. De anno* 1230. Ibid. fol. 119 : *Faciendo tamen homagia aliaque Deveria consequentia et debita.*

* 3. **DEVERIUM**, Officium, munus, nostris etiam *Devoir.* Arest. ann. 1402. 10. Dec. in vol. 9. arestor. parlam. Paris. : *Magister Henricus de suo Deverio faciendo summatus et requisitus, non curaverat.*

DEVERSUM [f. Inversum, Gall. *Devers.*] Monasticum Angl. tom. 1. pag. 850 : *Debet... avirunqtum unum, 8. pedibus longum, introrsus de Deverso lanceando propellere.*

¶ **DEVERSUS**, Gallica præpositio, *Devers*, Versus. Testament. Jacobi Regis Aragoniæ, apud Acherium Spicil. tom. 9. pag. 198 : *Et ipsa sedendo sedilia Deversus quam partem dicti sigilli in orbitate ejusdem.* Bartholom. Scriba lib. 6. Annal. Genuens. ad ann. 1234 : *Dedit vexillum militum quatuor compagniarum Deversus civitatem viro nobili Petro Vento.*

¶ PER DEVERSUS, PER DEVERSUM, Eadem notione, Gall. *Par Devers.* Charta S. Ludovici Reg. Franc. Ampliss. Collect. tom. 1. col. 1266. E : *Boscus autem qui est ultra prædictam aquam per Deversus Ebroicen, nobis remanet et hæredibus nostris.* Chartular. S. Vandregisili tom. 1. pag. 1048 : *Feodavi... unam pechiam terræ longam triginta sex pedibus et latam per Deversum vicum, etc.*

¶ **DEVES**, ut mox *Devesia.* Vide locum in *Paxeria* post *Paxera.*

DEVESIA, [DEVESUM, DEVESIUM, etc. Locus defensus, ut supra *Defensa* 3. Donatio ann. 1138. apud Baluzium tom. 2. Hist. Arvern. pag. 489 : *Campos de Ecclesia et Devesa, etc. Habebunt in eodem mansu jus pascendi, exceptis Devesis et junqueria*, in Fragmentis MSS. Stephanotii tom. 8. pag. 243. Charta Curiæ Arelat. ann. 1225. è MS. D. *Brunet* fol. 84. v°. : *Qui... cognoscere debent, quid patuum, quid consorcium vel Devesum, quid privatum, quid publicum, quid ad communes usus in Cravi pascuis pertinent.* Litteræ Johannis Franc. Reg. ann. 1351. apud D. *de Lauriere* tom. 2. Ordinat. pag. 479 : *Forestas, Devesias, seu nemora dictæ universitatis deffendat et custodiat.* Inventar. *Piquet* num. 18. cap. 41. de Vouta fol. 31. v°. ex Archivo Principis de Rohan : *Item plus quoddam Devesium nemus et pratum.* Capitul. General. S. Victoris Massil. ann. 1288 : *Statuimus quod neque Priores, neque Monachi habeant vel teneant canes venaticos vel aves, cujuscumque prætextu, nisi illi solum qui in suis Prioratibus habent certas garennas et Devesios; et tunc non per se, sed per homines laycos faciant venari garennas vel supradictos Devesios.* Instrum. anni 1032. ex Archivo ejusd. S. Victoris : *Dono ad Monachos Devesum in aqua, qui vocatur Welna.*] Charta ann. 1304 : *Et quod gentes D. Regis non audeant immittere bestiaria sua ad pascendum ultra dictos limites in Devesias hactenus consuetas usque terram Savartesii.* Vide *Devezium.*

* *Dévese*, eodem intellectu, in Lit. remiss. ann. 1480. ex Reg. 207. Chartoph. reg. ch. 367 : *Ouquel villaige de Dustrac* (en Auvergne) *a ung terrouer appellé la aste de Custrac et autres Dévéses ou pasturaiges, lesquelz .... sont ordonnez .... à faire paistre et herbager les beufs arans dudit*

villaige. Devois, in Recognit. burgi S. Andeoli.

* **DEVESTIMENTUM**, Messis, fructuum vel segetum collectio, Gall. *Dépouille*. Charta ann. 1377. in Reg. 3. Armor. gener. part. 2. pag. xxj : *Habito . . . , Devestimento partis dictæ terræ, nonobstante quod nobilis R. de Albergia ut bajulus dicti prioratus, ut asserit, dictum Devestimentum habuerit. etc.*

¶ **DEVESTIRE** Se, Rei alicujus dominium abdicare, Practicis nostris, *se Devestir*. Litteræ Guillelmi de Dampetra ad Blancham Comitissam Campaniæ, Collect. Ampliss. tom. 1. col. 1140. E : *Ego reddo et concedo carissimæ Dominæ et matri meæ Vicecomitatum Trecensem, et eamdem de eo investio et me Devestio pro denariis, quos eidem assignaveram et debebam singulis annis*. Occurrit alibi non semel.

¶ **DEVESUM**. Vide *Devesia*.

¶ **DEVETARE**, Vetare, prohibere. Barthii Gloss. ex Hist. Palæst. : *Cumque vidisset Rex Cæsareæ contubernium Francorum tam prope civitatem hospitatum, doluit animo et jussit illis Devetari mercatum, nisi discederent a civitate*. Usus est Quintilianus, ut quidam volunt.

* Nostris *Devéer*, eodem sensu. Glossar. Gall. Lat. ex Cod. reg. 7684 : *Devéer*, cohibere. *Devéement*, cohibitio. Aliud Provinc. Lat. ex Cod. 7657 : *Devédar*, Prov. inhibare, vetare. Bestiar. Ms. :

Mais la loy Dévée et deffent, etc.

Devetatus, Interdictus, *vetatus*, prohibitus. Vetus Charta apud Catellum in Comitibus Tolos. lib. 1. cap. 16 : .... *Et hoc edictum transgressus, sit maledictus et Devetatus a divino officio*.

* **DEVETATOR**, f. ab Italico *Diseerre*, Evellere, qui arbores evellit. Stat. ant. Florent. lib. 2. cap. 77. ex Cod. reg. 4621 : *Contra omnes incendiarios, depopulatores, devastatores, et Devetatores, incisores, omnes et singuli . . . . teneantur elevare rumorem, sonare campanas, persequi et capere*.

* **DEVETIA**. Charta ann. 1332. ex Reg. sign. *Leopardus* Cam. Comput. Aquens. : *Item capita cum suis Devetiis omnium piscium regalium, qui in mare Thotoni per quoscumque capiuntur*. An partes piscium anteriores, vulgo *de devant*, veluti capiti appendices, intelligendæ?

DEVETUM, Interdictum, prohibitio, ex Gallico *Véer*, vetare, *Devéer*, devetare, seu potius exactio sub prætextu prohibitionis. Charta Conradi Imp. pro Pisanis Tyrum incolentibus ann. 1147 : *Et ut de nulla re fiat eis Devetum, nec ab eis occasione alicujus Deveti aliquid possit extorqueri*. Infra : *Et ut nihil nomine superscriptarum rerum et concessionum aliqua occasione ab eis possit exigi, vel machinari per Devetum, vel aliqua arte vel ingenio, unde jus eorum lædatur*. Pactum inter Michaelem Palæologum Imp. CP. et Januenses ann. 1261 : *Item promisit et convenit, quod non faciet de cætero communi Januæ Devetum aliquod in toto dicto Imperio... de aliquibus mercationibus, victualibus, atque grano; sed ipsis mercationes, victualia, et granum.... sine aliquo impedimento dacitæ, commercii, sive exactionis, etc.* Gallica versio habet *Devé*. Occurrit præterea in Conventionib. inter Ludovic. II. Regem Siciliæ et Arelatenses ann. 1381. art. 22. [et in aliis ann. 1385. e MS. D. *Brunet* fol. 7. Capitula de Officialibus Arelat. n. 3. ejusd. MS. fol. 95 : *Non faciant aliquod interdictum sive Devetum de blado vel de sale*.]

DEVEZ, ut mox *Devezium*. [Vox usque hodie usitata in comitatu Fuxiensi. Chartular. Aureliense : *Ego Fulcherius de Meiras et Bernardus donamus S. Johanni de Aurel... dimidietatem del Devez, qui est apud aquam Sparsam*.] Charta ann. 1245. ab Salvagnio Boissio allata pag. 323 : *Quod possent uti et frui perpetuis temporibus pascuis... planis, et montanis, et nemoribus, excepto nostro Devez*.

DEVEZIUM, Devesius, Idem quod *Defensum*, de qua voce supra, quasi *Devetum*. Charta Simonis Comitis Montisfortis ann. 1211. in Regesto Carcassonensi pro urbe Pezenacensi : *Furnum, homines, et feminas, et prædia urbana et suburbana.... et insulas, et nemora, et venationes, et Devezia, et 4. taschas terrarum, et pascua, et paludes*. Alia Raimundi Comitis Tolosani ann. 1236. in Regesto Tolosano pag. 51 : *Et barras, et alberetas, et ramerios, et Devesios, et adempriva, etc.* [Vide *Devesium*.]

* *Devet* nostris eam notione. Vita J. C. Ms. :

Che fu li arbres voirement
Que Dame Dieus parama tant,
Qu'il mist Adam en son Devet,
Que il n'eust del fruit goustet.

Charta ann. 1343. ex Chartul. S. Vincent. Laudun. : *Maintenions estre en saisine de faire les vées et les Desvées par notre justice*. Quo loco *Desvée* videtur interdicti absolutio.

* **DEVIALITAS**, Defectio a fide vel virtute. Bareleta in serm. de paucitate salvandorum : *Qia pauci sunt salvati . . . probatur quintupliciter; 1°. ratione infidelitatis, 2°. ratione malignitatis, 3°. ratione Devialitatis*.

¶ **DEVIAMENTUM**, Error. Acta S. Franciscæ Rom. Martii tom. 2. pag. 123. * : *Si aliquod advenit Deviamentum, subito illud removet*.

DEVIARE, *Exorbitare, extra viam ire*, Joan. de Janua : *Desvéer*, nostris. Occurrit in Cod. Th. non semel, et in Visione S. Baronti num. 16. [apud Bern. *de Breydenbach* Itiner. Hierosol. pag. 244. Obertum Cancellarium lib. 2. Annal. Genuens. Ludewig. tom. 5. pag. 463. Macrobium, Symmachum, etc.] Hinc *Dever*, dicitur pro *Delirare*, qui a recto mentis et judicii tramite abscedit. Le Roman *de Garin* MS. :

Au Roy Charboucle est venu la novele,
Con il entend qu'à poi il ne Desve.

Alio loco :

Hernaud l'entend, le sans cuide Desver.

Rursum :

Desvéé part, loiaument vos defi.

Desverie, Insania, apud Hugonem Plagonem in Versione MS. Guill. Tyrii lib. 17. Idem Poeta :

Ses homs estoit, ce fu grant Desverie.

[* Ita et *Derver* atque *Desvoier*. Chron. S. Dion. lib. 3. cap. 10 : *Estoient il si effréné et si Dervé, que il en navrerent maint jusques à l'éfucition du sanc*. Consil. Petri de Font. cap. 32. art. 20 : *S'il fust ne forsenés ne Dervés, li testamens ne fust nus*. Vita J. C. Ms. :

Sus est saillis comme Dervés,
Pour un petit n'est foursenés.

Miracula B. M. V. Mss. lib. 1 :

Puis encai en frénésie,
Une Dervée maladie.

Ibidem :

Theophylus li Desvoiés,
Li durfeus, li fannoiés, etc.

Li Lusidaires :

Eles furent mult effrées,
Et couroient comme Dervées.

Diervé, in Poem. Rob. Diaboli Ms. :

Par les maistres rues de Rome
S'en court à loy de Diervé home.

Marvoié, eodem sensu, in Vit. Patrum Mss. :

Si s'en torne com Marvoiés,
A une vile est avoiés.

Deverlée, insania, in Glossar. Lat. Gall. ann. 1352. ex Cod. reg. 4120 : *Amentia, Derverlée*.] Hinc vox vulgaris, *Endesver*.

Devii Errores, *fide devii*, in Cod. Th.

Est etiam *Devier*, De vita decedere, migrare. *Devier sans issue*, apud Littletonem sect. 4 est mori absque liberis. Guillelmus *Guiart* de Ludovico VIII. Rege Franciæ :

Du Roy que mort mordant tria,
Quant a Monpancier Devia, etc.

[Le Roman *de S. Leocade* MS. ubi de Clothario Monasterii S. Medardi Suess. fundatore :

Nostre mostier edifia
Sor seint Maart quant Devia.]

Deviare, A via sua aliquem per vim abducere. Charta Pontii Archiepisc. Arelatensis ann. 1000. tom. 5. Spicilegii Acheriani pag. 429 : *Si quis per viam, aut extra viam aliquam injuriam fecerit, et in veniendo aut in revertendo aut aliquid eis tulerit, aut eos Deviaverit, sit maledictus et excommunicatus, etc.*

* Inquisit. ann. 1268. ex schedis Pr. *de Mazaugues* : *Pascebat et custodiebat per totam vallem, ... et non invenit unquam aliquem qui eum Deviaret*.

¶ Deviatio, Disciplinæ solutio, remissio, Gall. *Relachement*. Berntenii Chronicon Marienrod. apud Leibnitium Script. Brunsvic. tom. 2. pag. 434 : *Primus videlicet status regularis observationis ab initio domus in Isenhagen et adeptionis hujus Monasterii per annos* LXX. *sub septem Abbatibus... Secundus status est Deviationis etiam per annos* LXX. *sub decem octo Abbatibus*.

¶ Deviatus, Devius, errans, dissolutus. *Mulieres dissolutas et Deviatas a via puritatis et honestatis*, in Vita B. Coletæ cap. 1. num. 10.

* *Desvoyé*, in Lit. ann. 1370. tom. 5. Ordinat. reg. Franc. pag. 377. art. 18 : *Tenir en prison Desvoyé, qui ne soit sur rue publique et commune. Dévoyer* vero, pro vulgari *se réjouir*, quasi animum a tristitia avocare. Lit. remiss. ann. 1448. in Reg. 176. Chartoph. reg. ch. 591 : *Le suppliant et pluseurs autres séans sur des marriens ou gros bois, . . . pour Dévoyer et esbatre ensemble*.

* **DEVIATORIUM**, Iter devium, Gall. *Chemin détourné*. Stat. Aveuion. ann. 1243. cap. 80. ex Cod. reg. 4659 : *Nec etiam extra civitatem habeat vel faciat aliquis fimoratium in ambarratiis, liciis, vallatis*,

in viis publicis vel Deviatoriis viarum publicarum.

¶ **DEVIBIÆ**, *Vigiliæ; vulgo paleæ mulieris.* Gloss. Isid. Lege et vide *Decubiæ.*

* **DEVIGILARE**, Evigilare, Ital. *Disvegliare.* Glossar. Provinc. Lat. ex Cod. reg. 7657 : *Desvelhar, Prov. Devigilare, evigilare.*

** **DEVIGINARE**, pro *Devirginare*, Silvestrem regionem proscindere, in arvorum formam redigere. Chart. antiq. ap. S. Rosa de Viterbo Elucid. tom. 1. pag. 374 : *Frater meus, qui in illa habitat, de plantatura, quam ibi plantaverit, de terra etiam, quam Deviginaverit, quintam partem redat ipsis canonicis.*

* **DEVIGLA.** Stat. Montis-reg. pag. 313 : *Item pro qualibet dozena Deviglarum, solvat denarios tres.*

¶ **DEVILLARE**, Discedere de villa, ire, proficisci : *Licentiaque ab ipso Domino Cancellario petita et optenta, die illo Devillavit versus civitatem Londoniæ*, apud Rymerum tom. 9. pag. 386. col. 1.

* **DEVINTUS**, Eventus, casus, ab Italico *Devenire*, accidere, evenire. Stat. Genuens. lib. 4. cap. 56. pag. 113. v° : *Si vero socius, qui vadit laboratum, sine socii voluntate pecuniam societatis vel accommendationis portaverit in Devintum, laudet magistratus.*

* **DEVIOLARE**, Rescindere, irritum facere, violare. Charta ann. 1127. in Chartul. Mont. S. Mart. part. 6. fol. 98. v° : *Sigilli nostri impressione sanccire dignum duximus, et Deviolare* (concessionem) *præsumentes anathemati perhenniter obligavimus.* Vide mox *Devocare* 2.

¶ **DEVIOLARE** Puellam, Violare, stuprare, in Capitulis additis ad Legem Alaman. § 42.

DEVIRARE. Alanus de Insulis in Planctu naturæ contra Sodomitas :

Cum Venus in Venerem pugnans illos facit illas,
Cumque sui magica Devirat arte viros.

¶ Deviratus, Effeminatus. Hugo Falcandus in Hist. Sicula, apud Muratorium tom. 7. col. 307 : *Nec enim Regem sunum habuisse consilium... qui viros contemtibiles, imo Deviratos homines ad regimen regni putaverit posse sufficere.*

DEVIRGINARE, Διαπαρθενεύειν, *Devirginator*, διαπαρθενευτής. Glossar. Lat. MS. Regium : *Corrumpit, Devirginavit.* Ita etiam Glossæ Isidori. Ugutio : *Deflorare, florem auferre. Virgo Devirginatur, defloratur, flos virginitatis aufertur.* Gloss. Lat. Græc. : *Devirginat*, διαπαρθενεύει. Gloss. Græc. Lat. : Διεφθαρμένη, *Devirginata.* Gloss. Isonis Magistri : *Virginal, locus, in quo Devirginantur virgines.* Glossæ Biblicæ MS : *Tricæ dicuntur impedimenta pedum, quibus virginum pedes ligabantur, ne Devirginarentur in via.* Dudo lib. 1. de Act. Norm. : *Omnis puellarum sexus ab ipsis Devirginatur.* Liber promissionis Maleficii cap. 28. inter Statuta Veneta : *Si quis virginem aliquam per vim Devirginaverit, etc.* Utuntur vetus Interpres Juvenal. Stat. 9. v. 71. Paulus JC. leg. fin. D. Offic. Præsid. Petronius Arbiter, Hieron. de Monogam. Epist. 25. Cæsarius lib. 2. cap. 25. etc. Vide Catellum in Comitib. Tolosan. pag. 218. *Seram virginitatis aperire, et corrumpere*, in Constit. Sicul. lib. 1. tit. 21.

¶ **DEVISA**, Vide *Divisa.*

¶ **DEVISAMENTUM**, Inscriptio, symbolum, Gall. *Devise.* Vide locum in *Colera.*

* Nostris *Devise*, Gentilitia insignia, vulgo *Armes.* Froissart. vol. 4. cap. 114 : *Et leurs gens vestus chascun de sa livrée en Devise.* Alanus *Chartier* in Poem. *La Dame sans mercy :*

Le noir portoit, et sans Devise.

Vide Dissert. 1. Cangii ad Hist. S. Ludov. et infra *Divisa* 7.

¶ **DEVISIA**, ut *Devesia*, in Litteris Johan. Franc. Regis ann. 1350. apud *de Lauriere* tom. 2. Ordinat. pag. 479 : *Quod dicti Consules possunt et valeant metas seu bolas plantare in Devisiis et terris dictæ Universitatis.*

¶ **DEVITOR**, pro *Debitor*, in Charta anni 873. apud Mabill. Diplom. pag. 543. Instrum. tom. 1. novæ Hist. Occitan. col. 124 : *Quod eis debebat vel Devitor est homo.*

¶ 1. **DEVITUM**, pro *Debitum*, in eadem Charta.

¶ 2. **DEVITUM**, ut *Divisa*, Testamentum. Vide locum in *Parsiare.*

¶ **DEVIUM**, Species vestis clericalis. Statuta Ecclesiæ Tutelensis ann. 1328. inter Anecdota Marteniana tom. 4. col. 798 : *Monemus omnes et singulos Rectores, Presbyteros et alios Beneficiatos nostræ diœcesis, maxime Religiosos, ne de cetero deferant redundellos, nis Devium longum in modum habitus.*

¶ **DE ULTRA**, Ultra, apud Bartholomæum lib. 6. Annal. Genuens. ann. 1225.

¶ **DEUM**, pro *Eum*, pluries ab antiquis scriptum observat probatque Baluzius in Notis ad libros Capitularium tom. 2. col. 1244.

* **DEUNCULUS**, diminut. a *Deus*, ficti numinis simulacrum. Acta S. Susan. tom. 2. Aug. pag. 632. col. 1 : *Macedonius ... cœpit coarctare eam ad sacrificium, deferens Deunculum aureum Jovis, et mensam tripodam.*

* **DEVOATIO**, Clientelaris professionis negatio. Vide supra in *Advocare* 4.

¶ 1. **DEVOCARE.** Papias editus : *Devoco, accuso.* MS. Bitur. : *Devoco, accuso, desuper voco, dedico.* Perperam, ni fallor, in Glossis Isid. : *Devoto, accuso.*

* 2. **DEVOCARE in Irritum**, Irritum fare. Charta ann. 1190. in Chartul. Mont. S. Mart. part. 7. fol. 118. r°. col. 2 : *Excomunicati sunt qui renuntiationem istam et legati recognitionem deinceps voluerint Devocare in irritum.* Vide supra *Deviolare.*

* **DEVOCATUS.** Stat. Præmonst. Mss. dist. 3. cap. 1 : *Si lector mensæ Devocatus benedictionem neglexerit, etc.* Fortassis pro *Denotatus.*

* **DEVOLATORES**, *Ambrones*, in vet. Glossar. ex Cod. reg. 7641. Pro *Devoratores.* Vide *Ambro.*

* **DEVOLATORIUM**, *Déveour*, in Glossar. Lat. Gall. ex Cod. reg. 7692.

DEVOLVERE, Manifestare, propalare, revolvere. Gloss. Arabico-Lat. : *Depalo, Devolvo, manifesto.* Infra : *Devolvo, depalo.* Galli *Desveloper* dicunt.

¶ **DEVOLUTIO**, Gall. *Devolution*, Jus devolutum. Locum habet in quibusdam provinciis Bataviæ præsertim et Belgii, competitque liberis primi matrimonii, adeo ut superstes sive maritus sive uxor omnia utriusque conjugis bona immobilia iis primi matrimonii liberis servare teneatur, mobilibus duntaxat bonis ad alterius conjugii liberos pertinentibus. Stockmanni Tractatus de hac re consulendus. Charta Wenceslai Ducis Silesiæ pro Rege Bohemiæ ann. 1343. apud Ludewig. tom. 5. Reliq. MSS. pag. 540 : *Et possessiones nostras universas et singulas, quas pro nunc et ex successione seu Devolutione possidebimus.* Libellus Forensis ann. 1478. apud eumdem Ludewig. tom. 6. pag. 76 : *Hæc omnia uxori meæ filiæ prædictæ Ducissæ Devolutionis jure attinebant.* [** Utroque loco *Devolutio* Successionem communem significat, quo sensu *Devolvere* de hereditate sæpe usurpatum et apud Romanos JC. et mediis temporibus, e. g. in chartis ann. 1276. 1278. et 1298. ap. Guden. Cod. Diplom. tom. 2. pag. 963. 968. et 977. De *Devolutionis Jure* vide Mittermaier. Princip. Jur. German. § 436. 438. not. 8.] Devolutio autem, in rebus beneficiariis dicitur Collatio beneficii a Superiore præsertimque a summo Pontifice, cujus devolutum est conferendi caducum beneficium.

DEVOLUTORIUM. Ugutio : *Girgillum, instrumentum ferreum, quod a nomine dicitur Devolutorium, quia vertendo in girum 7. fila involvuntur. Filum enim a colo ducitur in fusum, a fuso in alabrum, vel transductorium, a girgillo in glomicellum, a glomicello in pannum, a panno in telam.* Gallis *un Devidoir.*

* Glossar. Lat. Gall. ex Cod. reg. 7692 : *Devolutorium, Devettuere.* Aliud Gall. Lat. ex Cod. reg. 7684 : *Devolutorium, i. girgillus, Desvoutouere à fil.* Infra : *Devidouere.*

DEVOTÆ, Feminæ et virgines, quas ἱερὰς παρθένους vocat Sozomenus lib. 6. cap. 19. παρθένους ἐκκλησιαστικάς, lib. 8. cap. 24. quæ castitatem voverunt : *quæ se Deo voverunt*, ut est in Concilio Valentino sub Damaso cap. 2. cujus titulus sic concipitur : *Devota, si se maritaverit, etc. Deo devotæ*, in Epist. 2. Siricii PP. adversus Jovinianum. *Virgines consecratæ, seu in proposito, sub devotione viventes*, in Concilio Aurelian. III. cap. 16. *Devotarum more indutæ*, in Concilio Barcinon. ann. 599. cap. 4. S. Ambrosius in Tract. ad Virginem devotam : *Ipsius* (Dei) *te devovisti esse sponsam, Devota Deo diceris, quid tibi cum hominibus sæcularibus, aut quem tractatum habes cum illis?* Infra : *Devovisti animam tuam ad destruenda omnia, quæ sunt hujus sæculi. Devotæ Deo puella*, apud Papianum lib. Responsor. tit. 10. Concil. Toletan. I. can. 16. et Capitul. Caroli M. lib. 7. cap. 215 [** 294.] : *Devotam peccantem non recipiendam in Ecclesia, nisi peccare desierit.* Infra : *Quæ autem maritum acceperit, non admittatur ad pœnitentiam, nisi adhuc vivente marito ipsa caste vivere cœperit, aut postquam ipse decesserit.* Ausonius, in Parental. Carm. 6 : *Æmilia virgo Devota.* Ibidem :

Crevit Devotæ virginitatis amor.

In Cataphronia :

Insula Devotæ quæ virginitatis amorem
Parcaque anus coluit.

Vide Mart. Bracarensem in Collect. Canon. cap. 30. 31. Zonaram et Balsamonem ad can. 19. Concilii Nicæni, et ad can. 16. Concilii Calchedon. Gregor. Turon. de Vitis Patrum cap. 6. etc. supra *Deodicata.*

* **DEVOTAMENTE**, vox Hispanica, Pie, devote. Hist. desponsat. Frid. III. imper. cum Eleon. Lusit. ann 1451. tom. 1. Probat. Hist. geneal. domus reg. Portugal. pag. 615 : *Quæ* (imperatrix) *cum cæteris personis Devotamente confessionem fecit.*

¶ **DEVOTAMENTUM**, Anathema, exsecratio. Tertull. adv. Gnosticos cap. 2 : *Ut Devotamenta fierent universa ejus.*

1. **DEVOTARE**, Idem valet ac *Devovere*, in Vita S. Othonis lib. 4. cap. 9. [et lib. 2. Mirac. S. Angilberti Abb. inter Acta SS. Bened. sæc. 4. part. 1. pag. 141.] Gloss. Lat. Græc.: *Devoto*, ἐκδίδωμι. Gloss. Gr. Lat.: Ἀφοσιῶ, *scelero, devoveo, Devoto.* Minutius Felix : *Asinos cum Iside religiose Devotatis.* i. Vota asinis perinde ac Isidi redditis. [Cicero ipse Paradox. 1. 3 : *Quæ vis patrem Decium, quæ filium Devotavit, atque immisit in armatas hostium copias?*] Aldhelm. de Laude Virg. ubi de Balaam :

> Vocibus humanis sontem testatur asella,
> Garrula quæ pridem bombos a fauce rudebat,
> Devotaturus populum cum pergere vates
> Vellet, et insontem verborum sternere telis.

Id est, cum Propheta vellet suadere populo, ut asinæ vota sua exsolveret. [* Quæ de Balaam notat Cangius, male ab ipso intellecta scribit *Baile* tom. 1. Resp. ad Quæst. Provinc. pag. 498. non injuria sane : neque enim Balaam populo suadere voluit ut asinæ vota sua exsolveret : sed illi insidebat cum ad Israelitas incantamentis ac maleficiis irretiendos deducebatur; unde idem est *Devotare* apud Aldelm. atque *Devotare* 4. Incantamentis irretire.] Vide Miracula S. Eutropii Episc. Santon. n. 26. et quæ observat Olaus Borrichius lib. de Variis linguæ Latinæ ætatibus.

2. **DEVOTARE**. Devoto, in Gloss. Isid. est *accuso.* S. Hieronym. Ep. 10 : *Consurgent proceres, et adversus epistolam meam turba Patricio Devotabit, me magnum, me seductorem clamitans.* [Vide *Devocare.*]

3. **DEVOTARE**, Cum sacramento spondere, affirmare. Acta SS. Valeriani et Tiburtii n. 14 : *Tunc Maximus Devotabat se, dicens, Fulmineis ignibus consumar, si etc.* Charta Alamann. Goldasti 85 : *Optimates ejusdem Concilii apprehensis spatis suis Devotaverunt se hæc ita affirmaturos coram Regibus et Principibus usque ad sanguinis effusionem.*

4. **DEVOTARE**, Incantamentis ac maleficiis irretire. Apuleius de Virtut. herbar. cap. 7 : *Si quis Devotatus difixusque fuerit in suis nuptiis, etc.* Et cap. 84. § 5 : *Si quis malevolus Devotaverit hominem.*

¶ 5. **DEVOTARE**, Fraudare votum, illud non reddere. Vita S. Trudperti, April. tom. 3. pag. 437 : *Promissi transgressor effectus protinus experitur, quanti sit Sanctos Devotare periculi?*

¶ 5. **DEVOTARE**, Papiæ, *Per furorem maledicere, exprobrare.* Hoc intellectu Apuleius Met. 9 : *Cuncta cæli numina dejerando mere devotasti.* Vita S. Wolfangi Episc. inter Acta SS. Bened. sæc. 5. pag. 828 : *Devotando suppliciter suis maledictum oculis ingessit. Mox hujusmodi maledictione finita, etc.*

¶ Devotatio, Imprecatio. Tortarius in Miraculis S. Benedicti cap. 7 : *Qua de causa dolens illa, assiduas in ipsum Devotationes aggerebat.*

* Collect. Mss. a D. Floro Lugdun. ex schedis D. *Le Beuf : Dictum domini Flori : Anathema est maledictio, Devotatio...... Hinc vulgo ductum est ut Devotatio dicatur; nam devotare se quemquam nemo fere dicit, nisi maledicens.*

¶ **DEVOTARIA**, Devota, religiosa, pia. Chronic. Wormat. apud Ludewig. tom. 2. Reliq. MSS. pag. 136 : *Tertia Priorissa Corona cœli fuit soror Margaretha, magna Devotaria.*

1. **DEVOTIO**, Tributum, vel tributi illatio, vel *devotio*, quæ debetur in collatione tributorum : usurpatur non semel in Cod. Th. leg. 20. 22. 29. 32. 34. 35. de Annona, (11, 1.) leg. 7. de Divers. rescr. (4, 2.) [Vide *Devotum.*]

* 2. **DEVOTIO**, Debiti agnitio et professio, in leg. ult. Cod. de Duobus reis stipul. et promitt. (8, 39.) Vide infra *Indevotio.*

¶ **DEVOTIONALIA**, Devotionis seu pietatis exercitia. Acta SS. April. tom. 2. pag. 279. de S. Lidwina : *Præfatus Petrus... frequentabat Ecclesiam ceterisque suis Devotionalibus, prout poterat, intendebat.*

DEVOTIONES, ἀφοσιώσεις, εὐχαί, ἐπῳδαί, in Glossis Lat. Græc. [*Devotionibus*, hoc est, operibus piis, *insistere*, in Vita vener. Turketuli Abb. inter Acta SS. Benedict. sæc. 5. pag. 504. Mox infra *Devotio*, pro Pietate sumitur, ut vox nostra *Devotion.*]

* Barel. serm. in feria 4. hebd. 1. Quadrag. : *Ego dico quotidie talem Devotionem, tria* Pater *ad Trinitatem, septem* Ave Maria *ad reverentiam de septem gaudiis. Dévotion*, eodem sensu, in Lit. remiss. ann. 1389. ex Reg. 138. Chartoph. reg. : *Le jour de la feste N. D. en mi-aoust Symon Giraust et Perrin Coulommier allerent en pelerinage à N. D. de Vregny avec Guillaume de la forest.... Leur Dévotion faite ils vinrent en une taverne audit Vregny.*

DEVOTISSIMUS, Καθωσιώτατος, Titulus honorarius concessus *Domesticis* et *Protectoribus*, in leg. 6. 8. 9. Cod. Th. de Domest. et Protector. (6, 24.) leg. un. de Præpos. labor. (6, 25.) item *Agentibus in rebus.* Collatio Carthagin. anno 411 : *Astantibus viris Devotissimis Protectoribus Domesticis : adstantibus etiam viris Devotissimis Agentibus in rebus, etc.* [** Vide Glossar. med. Græcit. voce Καθωσιωμένος, col. 540. et Marin. in Pap. Diplom. num. 75. not. 6. *Devotio*, Titulus honoris magistratibus superioribus concessus, in Coll. Leg. Mos. tit. 15. cap. 3. § 8. et Theodos. Cod. lib. 7. tit. 20. const. 1. et tit. 22. const. 2.]

¶ **DEVOTIZARE**, Vota et orationes ad Deum et Sanctos facere. Johan. Longinus in Vita S. Stanislai Episc. Maii tom. 2. pag. 265 : *Orta siquidem immanissima tempestate, omnes mortis periculis involvuntur; et quia mare furens indevotum Devotizare compellit, hujus hi, hujus isti, illius illi, Sanctorum suffragia altisonis vocibus implorabant.*

¶ **DEVOTUM**, Votum, oblatio facta Ecclesiæ. Privilegium Ferdinandi Gonzalez Principis Castellæ pro Monasterio S. Æmiliani ann. 934 : *Atque Devotionem census venerandæ Basilicæ B. Jacobi Apostoli... spopondit. Eodem modo, cum tam dignum Devotum divulgata relatio nostris auribus innotesceret, visum fuit nobis, etc.*

¶ 1. **DEVOTUS**, Pius, Gall. *Devot.* Bis legitur in Translatione et Miraculis S. Cuthberti Episcopi cap. 25. ubi etiam habetur vox *Devotio* pro Pietas. Vide alio sensu in *Devotissimus.*

* 2. **DEVOTUS**, Sanctus, cujus tutelæ quis sese potissimum committit, vulgo *Patron.* Chron. Modoet. apud Murator tom. 12. Script. Ital. col. 1083 : *Sapiens dux laudando Deum et sanctum Johannem Baptistam ejus Devotum, etc.*

* 3. **DEVOTUS**, Laicus, qui se et bona sua monasterio devovebat. Charta ann. 1183. apud Murator. tom. 1. Antiq. Ital. med. ævi col. 340 : *Decernimus et volumus abbatem, monacos, conversos, Devotos ipsius monasterii Locedii, etc.* Vide Donati 2.

DEUPARIUS. Lambertus Ardensis pag. 258 : *Paratores quoque, et Wallactores, et Deuparii, et Hiatores, cum convenientibus et necessariis armamentis, et instrumentis... operantur.* [* Vide *Durpilum.*]

1. **DEUS**, Templum Dei alicujus. Lactantius de Mortib. Persecutor. num. 36 : *Qui et sacrificia per omnes Deos facerent.* Ita et cap. 16.

* *Dieu*, pro ipso altari ubi Dominicum Corpus asservatur, vel Liturgia sacra celebratur, in Ch. ann. 1314. ex Chartul. S. Maglor. ch. 41 : *Unes veues que les gens saint Magloire doivent avoir faites en leur meson ; par lesqueles l'en puet veoir Dieu en l'église dudit curé de saint Pere des Arsis.*

Deus Vult, Clamor bellicus peregrinorum Hierosolymitanorum, seu nostrorum in bellis sacris militantium. Robert. Monach. lib. 1. Hist. Hierosol : *Erit universis hæc ex parte Dei una vociferatio, Deus vult. Deus vult.* [Veteri Gallico idiomate, *Deus le volt*, vel *Deu le volt.*] Vide Dissertat. 11. ad Joinvillam pag. 206. [Ruinartium in Vita Urbani II. Papæ inter Opera posthuma Mabillonii tom. 3. pag. 224. et Barthium in Glossario.]

¶ Dei Gratia. Vide supra.

¶ Dei Judicium. Vide *Judicium Dei.*

¶ Ad Deum, Vale, Gall. *A Dieu*, in Processu de Vita S. Yvonis, Maii tom. 4. pag. 554.

¶ Deum Laudantes. Vide *Lollardi.*

¶ 2. **DEUS**, a Gallico *Deux*, Duo. Chartular. S. Cornelii Compend. in Indice utensilium de Ruminiaco : *Deus paeletis et Deus wansbeisons et una broia.*

¶ **DEUSE**, vel Deuze, Statuta Massil. lib. 3. cap. 14 : *Omnes razoiræ, cum quibus radetur, sint ligni de favo Deuze*, vel ut habetur in MS. *de favo vel Deuse*, hoc est, de Ilice, Gall. *d'yeuse*, quare melius scriberetur *d'Euse* vel *d'Euze.*

¶ **DEUTERARIUS**, Secundarius, a Græco δεύτερος, Secundus. Habetur in Vita S. Stephani Sabaïtæ, Julii tom. 3. pag. 574.

¶ **DEUTERESIS**, Græce δευτέρωσις, Leges secundariæ seu traditiones hominum. Legitur apud Guibertum in Epistola de veritate corporis Dominici cap. 4. Vide Δευτερωταί in Glossario mediæ Græcit. *Deu-*

teresis in Glossario Schilteri Teutonico, et Cujacium ad Nov. 146.

¶ **DEUTEROGAMIA.** Apud Baluzium tom. 2. Capitularium in Appendice col. 1372. exstat *Ordo qualiter in S. Rom. Ecclesia Episcopus ordinatur*, ubi Electus interrogatur, *Si conjugem habuit ex alio viro, quæ a Græcis dicitur Deuterogamia*, a δευτερογαμεῖν, Secundo nubere.

* **DEUTERONOMIUM**, *Secundaria lex, Liber Mosis*, apud Laur. in Amalth. a Gr. δεύτερος, secundus, et νόμος, lex. [** *Deuteronomium* Novum Testamentum dicitur in S. Aldhelmi Septenario ap. Maium Classic. Auctor. tom. 5. pag. 505.]

¶ **DEUTRUS**, δεύτερος, Secundus, apud Raimundum Duellium Miscellan, lib. 1. pag. 104.

DEVULGARE, idem quod *Depopulare*, Populo seu *vulgo* urbem aut locum spoliare. Papias : *Populari, vastare, prædari, Devulgare*. Est etiam apud eumdem, *Devulgare, publicare*. Gloss. Lat. Græc. : *Devulgat*, δημοσιεύει. Gall. *Divulguer*.

DEX. Vide *Dextri*.

¶ **DEXIA**, δεξιά, Prosperitas. Fridegodus in Vita S. Wilfridi cap. 15 :

Non igitur cœptum dissolvit Dexia votum,
Pieria neve tulit, seu dissologia rupit.

¶ **DEXTER**, Rectus, æquus, integer, Gall. *Droit*, in moralibus. Epistola vetus de Ritibus, inter Anecd. Marten. tom. 1. col. 532 : *Pergit vero* (Sacerdos) *ad dexteram cornu altaris, quia Dextram Christus semper egit vitam : Dextera enim vita adquiritur cœlestis gloria*. Festus : *Dextra auspicia, Prospera*.

¶ **DEXTERA.** *Cum Dextera armata conjurare*, in Lege Ripuariorum tit. 33. § 1. *Sacramentum confirmare*, ibid. tit. 66. § 1. Vide *Juramentum*.

DEXTERALIS, Qui ad dexteram est. *Regio Dexteralium Saxonum, Dexteralis Britannia, Sinistralis pars Sabrinæ*, apud Asserum de Ælfredi rebus gestis pag. 14. 15.

¶ **DEXTERARIUS**, Equus major et Cataphractus. *Dexterarius phaleratus*, in Hist. Cortusiorum apud Murator. tom. 12. col. 773. Vide *Dextrarii*.

¶ **DETERI.** Vide *Dextri*.

¶ **DEXTIMUS**, Dexter. Radulfus Cadom. de Gestis Tancredi, inter Anecd. Marten. tom. 3. col. 187 : *Dextimæ sinistimæque turris solatiatium cessabat. Dextima pro Dextra* Nonius habet ex Varrone. Festus : *Dextimum et sinistimum antiqui dixerunt*.

* Vita Ms. SS. Sixti et Sinicii episc. Remens. et Suession. : *Suessorum cives.... asseverant patronum eorumdem non sinistimum, sed Dextimum semper adstare delere*.

¶ **DEXTRA**, Genus mensuræ. Vide *Dextri*.

¶ 1. **DEXTRÆ**, Brachialia. Vide *Dextrale*.

2. **DEXTRÆ**, Fœdera, pacta conventa, quæ complicatis invicem dextris sanciebantur. [* Glossar. Gall. Lat. ex Cod. reg. 7684 : *Dextra, Trève, seurté*.] Lactantius de Mortibus Persecutor n. 36 : *In ipso freto fœdus fit, ac Dextræ copulantur*. Hesychius : Δεξιάς, συνθήκας. *Conspiratio, facta per Dextras*, in Capitulis ad Legem Salicam cap. 7. in Lege Longob. lib. 1. tit. 17. § 11. [** Lothar. I. cap. 65.] et in Capitulis Caroli M. lib. 3. cap. 9. Hincmarus de Ordine Palatii cap. 30 : *Si inter Marchisos in qualibet regni parte ad aliud tempus Dextræ datæ fuissent, quid mox post Dextras exactas agendum esset, utrum renovandæ, an finiendæ essent?*

DEXTRAS DARE, pro *Fœdus inire*, usurparunt non modo recentiores Scriptores, sed et veteres. Quippe, ut ait Aristophanis Scholiastes : Ἔθος ἐπὶ πίστει, καὶ συνθήκαις βεβαίως δεξιὰς διδόναι ἀλλήλοις. Hesychius : Δεξιαί, αἱ γινόμεναι κατὰ συνθήκας ἐπαφαὶ τῶν δεξιῶν χειρῶν, εἰς σύμβολον τοῦ βέβαια ἔσεσθαι. [Isidorus Orig. lib. 11. cap. 1 : *Dextra vocatur a dando, ipsa enim pignus pacis datur, ipsa fidei testis atque salutis adhibetur, et hoc est illud apud Tullium : Fidem publicam jussu Senatus dedi, hoc est, Dextram. Unde et Apostolus dicit : Jacobus et Johannes Dextras dederunt mihi.*] Cujus moris vestigia etiam exstant apud Xenophontem, Tacitum, et alios. Statius lib. 1. Thebaid. :

Jam pariter coeunt animorum in pignora Dextræ.

Claudianus in Rufinum lib. 1 :

..... Sociat perituro fœdere Dextras.

Et lib. 2 :

.... Tradisne tuas, Dux optime, Dextras?

Miscere Dextras, apud Tertullianum adversus Marcionem. Paulinus ad Cytherium Poem. 13 :

Tunc ambo nexi ad invicem Dextras damus
In osculo pacis sacræ.

Dextras Dare et Accipere, in Encomio Emmæ Reginæ pag. 171. *Dextris datis in pristinam concordiam redierunt*, apud Will. Gemeticensem lib. 6. cap. 2. Fredegarius cap. 87 : *Omnes Primates et exercitus Dextras in invicem dantes, ut nullus Radulfo vitam concederet*. W. Tyrius lib. 19. cap. 16 : *Super placitis conditionibus Dextram dedit. Dextras securitatis dare inter se invicem*, apud Flodoard. lib. 4. Hist. Rem. cap. 3. Quo sensu Witikindus l. 1. Gestor. Saxon. : *Dextris datis et acceptis, copiam viris fandi concessit. Dextras dare*, et *Dextris fidem facere*, apud Gregor. Turon. de Glor. Confess. cap. 68. [In veritatis signum *Dextram dare in manu Comitis*, in Capitul. ann. 793. cap. 11.] *Dextra pacem promittere*, Ditmarus lib. 7. pag. 111 : *Pacemque ejus supplex petii, quam cum Ekkihardus ex sua parte promitteret, et frater suus diu a me desideratus a Polenia veniens Dextera manu sua pacifica promitteret, uterque hanc non bene servavit*. Erchembertus in Hist. Longob. cap. 33 : *Quo terrore perculsi multi ad Augustalem clementiam confugientes, dari sibi petebant Dextras, quibus tunc solitam misericordiam denegat. Per Dextras conspirationem firmare*, in Capit. 2. et 4. ann. 805. cap. 10. in Capitul. ann. 824. cap. 6. apud Holstenium. Concilium Audomarense ann. 1099. cap. 5 : *Hanc constitutam pacem per sacramentum vel Dextræ dationem in manu Episcopi sui confirment. Dexteram petere*, apud Gregorium Turon. lib. 10. cap. 3. *Dextras petere*, in vet. Chronico de Roberto Rege ann. 1032. et in Chron. S. Vincentii de Vulturno lib. 3. pag. 695. Ita *Dextras datas* pro securitate usurpant Annales Francor. Bertiniani ann. 866. Albertus Aquens. lib. 3. cap. 11. l. 6. cap. 51. l. 9. cap. 28. Synodalia decreta Concilii Ænhamensis ann. 1009. cap. 1. etc. Adde Procopium lib. 2. Persic. cap. 13. etc. et vide Petr. Fabrum lib. 2. Semestr. cap. 22.

DEXTRAS DARE præterea dicebantur, qui aliorum potestati se committebant. *Dextras et obsides dederunt*, in Annal. Franc. ann. 779. et in Chronic. Moissiac. ann. 812. *Dextras dominis dare*, apud Walsinghamum pag. 332. Ita Palladius in Histor. Laus. cap. 26. Θεῷ δεξιὰς διδόναι, dixit pro polliceri Deo, promittere. *Dextras amicitiæ, auxilii*, dare, apud Sugerium in Ludov. VI. pag. 289. 313.

DEXTRARUM ABSCISSIONE mulctati monetam adulterantes, apud Matth. Paris ann. 1125. Vide Notas nostras ad Alexiadem. [** et Grimm. Antiq. Jur. German. pag. 706.]

¶ 3. **DEXTRÆ**, Supplicii genus, in Chronico Parmensi apud Murator. tom. 9. col. 777 : *Omnes alii vero mortui extiterant in dictis carceribus propter gravia tormenta ... nam quotidie ponebantur ad cavalletos et ad Dextras in modum crucis pendentes*.

DEXTRALE, Ornamentum dextræ, armilla in dextro brachio gestari solita. Glossæ Isidor. : *Dextralia, Brachialia*. [Grævius pro *Dextralia* censet legendum *Dextræ*, quod idem Isid. Orig. lib. 19. cap. 31. dicat, *Dextras communes esse virorum ac fœminarum : quia utriusque sexus Dextra sunt ampla et ante manicam portantur, et possunt ibi jungi clavo uno*. Hinc] Papias : *Dextralia, Brachialia, genus ornamenti commune viris et feminis : ante manicas portantur cum clavo*. Glossar. Arabico-Lat. : *Dextralia, ampla erant ante manicam, ut possent sibi conjungere uno clavo*. Cæsarius Arelat. Homil. ad Sanctimoniales : *Ex ipsis* (paradisi floribus) *anulos et Dextralia, dum exercet opera bona, sibi componat*. Leontius Episcopus in Vita S. Joannis Eleemos. n. 10. ex Versione Anastasii Bibl. : *Venientibus autem quibusdam indutis ornamentis aureis, et Dextralibus, et quærentibus eleemosynam, etc*. Vide Exod. cap. 35. num. 31. S. Augustinum Homil. 26. Gaudentium Brixiensem Episc. tract. 8. [Sarisber. 8. 20. Salmas. ad Hist. Aug. pag. 248.] Notas nostras ad Alexiadem pag. 261.

DEXTRARIOLA, *Armillæ*, apud Papiam. Occurrit Judith. 10. 3. [et in Vita S. Hathumodæ per Agium cap. 1. apud Bern. Pez Anecd. tom. 1. part. 3. col. 291.]

DEXTRALIS, Idem quod *Mannaria*. Joan. de Janua : *Dextralis dicitur securis dextræ habilis*. [Hausta sunt hæc ex Isidoro, apud quem lib. 19. Orig. cap. 19 : *Hæc et dolabra, quod habeat duo labra; nam securis simplex est : Dextralis dextræ habilis*.] Victor Utic. l. 1. de Persecut. Vandal. statim initio : *Ubi forte venerabilis aulæ clausas repererunt portas, certatim ictibus Dextralium aditum reserabant, ut recte tunc diceretur : Quasi in silva lignorum securibus conscidere januas ejus in idipsum, etc*. A Victore hausit pleraque ex his Petrus Diac. lib. 4. Chron. Casin. cap. 126. Vetus Interpres Homeri : Ἡμιπέλεκκον, τὸ ἥμισυ τοῦ πελεκέος, τὸ ἐκ τοῦ ἑνὸς μόνον μέρους ἔχον ἀκμὴν, ὃ καὶ δεξτράλιον καλοῦσι. Vide Theophylactum Simoc. lib. 8. cap. 4. [*Falces Deytraux, seu secures*, in Litteris anni 1340. Hist. Dalphin. tom. 1. pag. 53. col. 1. *Destrau* etiamnum Provincialibus.] Chronic. Petri IV. Regis Arag. lib. 3. cap. 32 : *E trova lo portals de la vila trencats, et feu hi dar grau colps de Destral, etc.* [Vide *Dextrales* alia notione in *Dextrarii*.]

* Nostris *Destral* et *Destrau*. Vita SS. Mss. ex Cod. 28. S. Vict. Paris. fol. 45. v°. col. 2 : *Com uns vilains vausist arer le jour dou Dimenche, tantost li menges de la Destral, etc.* Lit. remiss. ann. 1444. in Reg. 176. Chartoph. reg. ch. 233 : *Icellui varlet portoit en sa main une coingnée ou Destrau. Une coingnée appellé Destrau à copper bois*, in aliis ann. 1457. ex Reg. 189. ch. 161. Ejusdem originis videtur vox *Destrier*, qua mallei genus significatur, in Ch. ann. 1374. ex Tabul. S. Petri de Curte : *Prædictus vero Arnaldus* (faber) *promisit ..... ponere in ea* (forgia) *unum magnum ferri malleum, unum martellum, vocatum Destrier, ferri, unas tenalhas ferri et alia.* Vide supra *Destralis* 2.

¶ **DEXTRALIUS.** Vide post *Dextrarii*.

1. **DEXTRARE**, Destrare, Gall. *Adextrer*, A dextris ire vel incedere, tegere latus dextrum. Radulfus de Diceto ann. 1177. [** Pertz. vol. Leg. 2. pag. 153.] : *Recepto a nobis pacis osculo nos devote Dextravit, etc.* Mox : *Obviam venit, et Dextro latere nostro devote suscepto nos in Ecclesiam introduxit.* Idem ann. 1193 : *Ordinatis igitur quæ fiunt in applausibus hujuscemodi, Dextravit Archiepiscopum Londoniensis Episcopus, sinistravit Wintoniensis.* Vita Urbani V. PP. pag. 176. de Carolo IV. Imp. : *Ac usque ad Basilicam B. Petri pedester equi Papæ frænum tenens ipsum Dextravit.* [Canonizatio S. Petri Cœlestini, apud Murator. tom. 3. pag. 661 col. 1 :

> Hic fræni diadema ferens, Dextratur habenis
> Francorum a Rege illustri.]

[** Clement. V. PP. Ordo Coron. Imper. ann. 1312. ap. Pertz. vol. Leg. 2. pag. 531 : Rex ... *Dextrandus est a senatoribus usque ad gradus predictos.* Vide *Addextrare*.]

¶ 2. **DEXTRARE**, Aptare, Parare. Vita S. Godelevæ, Julii tom. 2. pag. 415. D : *Accurrit qui nuntiat esse Comitem. Dextrantur illico dextrarii... fit Heinfroor obvius venienti.*

¶ Dextrare Equum, Eum domare, fingere, Gall. *Dresser un cheval.* Vide locum in *Dextrarii*.

¶ 3. **DEXTRARE**, Destrare, Mensurare *Dextris.* Statuta Massil. lib. 3. cap. 31 : *Si aliquis dederit ad acaptum aliquem fundum rusticum.... et fundum illum ... ei mensuraverit, seu cannaverit, sive Destraverit, sive mensurari, vel cannari, seu Destrari a quocumque alio fecerit, ipso domino ratum habente... non liceat dicto domino... dictum fundum... remensurare, seu recannare, vel iterum Destrare.* Statuta Arelat. MSS. art. 71 : *Dextratores terrarum et vinearum habeant* 11. *sol. pro singulis diebus, quibus Dextrabunt, et pro dictis* 11. *sol. teneantur Dextrare per totum districtum Arelatis et indifferenter sine delectu personarum.*

¶ **DEXTRARIALE** Servicium, f. Præstatio *Dextrarii*, quem vasallus Domino debebat, si qua esset expeditio facienda. Diploma Bernhardi Ducis Silesiæ pro Nobilibus de Rusk ann. 1318. apud Ludewig. Reliq. MSS. tom. 6. pag. 472 : *Decem marcarum reditus cum dimidio fertone sitos in quarto decimo dimidio manso, in villa que Merico vocatur, prope civitatem Stregoniam, sine servicio Dextrariali seu servitio quod pro expeditionibus faciendis nos contingit, contulit.* De hujusmodi præstatione intelligendum aliud Diploma Bolkenis Ducis Silesiæ pro Monasterio Grissoviensi ann. 1326. apud eumd. Ludew. pag. 515 : *Domino Abbati et Conventui Monasterio in Grizow tertiam partem unius Dextrarii, in quo nobis de bonis suis in Wirbena tenebantur servire.*

DEXTRARII, Dextrales, Destrales, majores et cataphracti, quibus utebantur potissimum in bellis et præliis. Willelmus Neubrig. lib. 2. cap. 11 : *Equo ejus militari, quem Dextrarium vocant, ablato, etc.* Chronic. Colmariense ann. 1298 : *Habebant Dextrarios, id est, equos magnos, qui inter equos communes, quasi Bucephalus Alexandri, inter alios eminebant.* Brunetus in Thesauro MS. part. 1. cap. 155 : *Il y a chevaus de plusieurs manieres, à ce que li un sont Destrier grant pour le combat, li autre sont palefroy pour chevaucher à l'aise de son cors; li autres son roucis pour sommes porter, etc.* Consuetudo Andegav. art. 47. et Cenomanensis art. 55 . *Est entendu Destrier, un grand cheval de guerre; Coursier, un cheval de lance.* [** *Destrieri* Joann. Villan. *Ricchi e grossi cavalli*, ut auctor est Murat. Antiq. Ital. tom. 2. col. 486. B.] [Genealogia Comitum Flandriæ, inter Anecd. Marten. tom. 3. col. 402 : *Fugiunt Alemanni, fugit et ipse Otho Imperator eorum in palafrido suo; suum enim Dextrarium, miræ probitatis magnique precii equum, occisum a quodam milite reliquit in acie.*] Radulfus de Diceto ann. 1198 : *Dextrarii capti sunt ducenti, quorum septies* 20. *cooperti fierant ferro.* Knyghton ann. 1191 : *Capti sunt .... ducenti Dextrarii ferro communiti.* [** Abbrev. Placit. Edw. 1. Hibern. rot. 36. pag. 234 : *Duellum vadiatum .... Willelmus venit die constituto eques armatus armis militaribus, videlicet, cum Destrario quooperto, lancea, scuto, etc.* Vide Convent. Brixiens. ann. 1158. cap. 4. ap. Pertz. Leg. tom. 2. pag. 107.] Occurrunt passim, apud Radevicum de Gest. Frider. lib. 3. cap. 26. 37. Fulcherium Carnot. lib. 1. Hist. Hieros. cap. 3. Raymundum *de Agiles* pag. 162. Jacobum de Vitriaco lib. 3. pag. 1125. 1130. Petrum de Dusburg. in Chronico Prussiæ. cap. 54. 101. 239. Carolum IV. Imp. in Vita sua pag. 91. Thwrocz. in Petro Rege Hung. cap. 38. Brompton. ann. 1173. Gregorium Decanum Bajoceus. in Urbano IV. PP. [in Chronico Trivetti apud Acherium Spicil. tom. 8. pag. 611. et 614.] etc.

** Dextrarii Phalerati, in Chart. ann. 1249. in Guden. Sylleg. pag. 602. *Dextrarii Falerati*, in chart. ann. 1256. et 1298. in Lappenb. Init. Fœder. Hanseat. pag. 74. et 739. Vide *Dexterarii.*

¶ Destrarii, in Epistola Alphonsi VIII. Regis Castellæ ad Innocentium III. PP. tom. 4. Concil. Hispan. pag. 473.

Dextrarii, apud Ottonem Morenam pag. 81. [in Historia Dalphin. tom. 1. pag. 87. edit. Genev. et pag. 73. edit. Paris.]

Dextrarii Ardennenses, quos prædicat Willel. Brito. l. 12. Phil. initio, ut *Arabicos* vetus Poem. MS. de Vulpe :

> Dessus les Destriers Arabis,
> A leurs costez les brans forbis.

Vide Notas ad Alexiadem.

Dextrales Hispanici, apud Rigordum ann. 1201. quos *Asturcones* quidam vocant, quod apud *Astures* Hispanicos potissimi habeantur. Ebrardus Betuniensis in Græcismo cap. 7.

> Asturco Dextrarius est, Astur caput ejus :
> Nam prius Astur equum dextrandi repperit usum.

Dextrarii de Pretio, apud Bromptonum pag. 1082. Vide *Equus.*

Dextralius. Arnoldus Lubecens. lib. 5. cap. 3 : *Vidit igitur principem ipsius castri in fervido equo, quem Dextralium dicunt, eminus venientem.*

Destrales, pro *Dextrales*, ut *Destra*, pro *Dextra* in Gloss. Lat. Gr. Jo. Monachus Majoris-Monast. lib. 1. Hist. Gaufredi Ducis Norman. : *Tubæ multiplicis varia vox intonat, dant Destrales dissonos hinnitus, etc.* Sic etiam Gallis *Destriers* dicuntur. Le Roman de *Garin* MS. :

> Envoiés li vint Destriers sejornez,
> Et vint espées au pont d'or noielez.

Alibi :

> Li rend li pors cens Destriers sejornez.

¶ Destrarii, in Epistola Alphonsi VIII. Regis Castellæ ad Innocentium III. Papam, inter Conc. Hisp. tom. 3. pag. 473.

¶ Destrerii, apud Murator. tom. 6. col. 1045. tom. 8. col. 514. tom. 11. col. 68. tom. 12. col. 612.

Dextrarii sic porro dicti, quod dextra ducerentur donec adesset tempus prælii. Ugutio : *Dextrarius dicitur, quia per dextram ducitur.* Joan. de Garlandia in Synonymis :

> Estque manu Mannus, dextræ Dextrarius aptus.

Jacobus Cardin. lib. 2. de Coronatione Bonifacii VIII. PP. cap. 9 :

> Post ipsum quadratus equus detextus ad ante
> Cygneus ad Dextram vehitur.

Continuator Nangii MS. : *Et après venoient les grans chevaux et palefrois du Roy tres-richement ensellez, et les valets les menoient en Dextre sur autres roussins.* Le Roman *de Garin :*

> En Destre meinent les auferrans de pris.

Compotus Hospitii Reginæ ann. 1330 : *Lorrein, qui meine le grant cheval en Destre.* Hinc ejusmodi equos, qui dextra ducebantur, συρτούς, seu συρτὰ appellabant Byzantini sequiores, ut docent Codinus de Offic. cap. 5. num. 7. et Anna Comn. lib. 1. Alexiad. pag. 13. Παρόχους Evagrius lib. 6. cap. 4. 15. ut observat Henricus Valesius. Perperam igitur istud damnat etymon Laurent. Pignorius in Notis ad Mussatum : *Quasi*, inquit, *non asinus et bos Dextra ducerentur.*

Δεξιοὶ Scriptoribus Byzantinis dicuntur. Leo Grammaticus in Michaële pag. 469 : Καὶ ἀπελθὼν εὗρεν αὐτὸν ἐντετυλιγμένον ἐν τῷ σαγίσματι τοῦ δεξιοῦ ἵππου, οὗ ἤλαυνεν. *Illuc profectus, equi Dextralis, quo vehi solebat, sagulo involutum reperit.* [** Vide Glossar. med. Græcit. in Ἀδέστρατα col. 25. 26. et in Δέξιος col. 279.]

¶ **DEXTRARIOLA.** Vide *Dextralia.*

DEXTRATA et Sinistrata Pars : *esse in*

Dextrato; esse in sinistrato; Dextrata et ultrata regio, voces Agrimensorum.

¶ **DEXTRATIO**, Motus qui fit a sinistra ad dextram apud Solinum cap. 57.

¶ **DEXTRATOR**, Agrimensor. Vide *Dextrare* 3.

¶ **DEXTRATUS** MANU SUA, Idem qui *Jurans sua manu*, de quo in *Juramentum*. Formula 30. Sirmondica : *Ideo etenim, dum sic veritas comprobatur, veniens jam dictus ille adprehensam manum vel arma prædicti judicis, sicut mos est, apud homines duodecim manu sua tertia decima Dextratus vel conjuratus dixit, etc.*

* **DEXTRERIA**, DESTRERIA, Navis species, forte quia agilis, ab Ital. *Destro*, dexter, agilis, sic nuncupata. Charta ann. 1388. ex Tabul. Massil. : *Item solvatis 140. florenos auri de Regina Johanni Arnaudi de Massilia pro gagiis suæ Destreriæ armatæ,... missæ in Rodanum ad servitium dom. Papæ. Item pro pennonis sive vexillis armorum Massil. factis pro dicta Dextreria .... Item pro tribus quartaronis quintalis cepi ad ungendum seu expalmandum ipsam Dextreriam.* Mirac. Mss. Urbani V. PP : *Navigans per mare in quadam Destreria, et diu fuit in plaja Romana.*

¶ **DEXTRERII**. Vide *Dextrarii*.

DEXTRI. Papias : *Dextri dicuntur passus mensurandi apud quosdam.* [Quadratum est apud Massilienses constans quindecim palmis. Memoratur hæc mensura in Statutis ejusdem urbis lib. 1. cap. 52.] Florentius in Vita S. Felicis : *A loco illo usque ad castrum Thoringum habentur Dextri ducenti.* Tabular. Aganonis, seu Ecclesiæ Carnotensis : *Est autem ipsa area.... habens in longum perticas 33. et in uno capite pert. 8. et Dextrum unum. In altro vero capite pert. 7. et Dextrum unum.* [** Vide Gerard. Prolegom. Chartul. S. Petri Carnot. pag. 173. § 163.] Tabularium Abbatiæ Conchensis in Ruthenis Ch. 339 : *Consortes pro uno fronte Archimbaldus, et Dextros sexdecim : et de alio fronte Lautardus, et Dextros sexdecim, pro uno latus Aldoardus, et Dextros 21. et de alio latus via publica, et Dextros 21.* Formula Lindenbrogiana 140 : *Terra habet in longo Dextros tantos, et in lato Dextros tantos.* Vetus Charta apud Ughellum tom. 1. part. 1. pag. 418 : *Et per longitudinem usque in Paternum, sint decem millia Destri.* [** Adde Polypt. Irmin. Br. 9. sect. 247. 248. pag. 109.] Hinc emendanda Vita S. Memii Catalaunensis apud Bosquetum : *Per desertum ambulaverunt, et Dextros 40. millia quingentos pervenerunt, etc.* Perperam *dextras* editum.

¶ DEXTRI tamen etiam habetur in Charta anni 979. ex Archivo S. Victoris Massil. n. 13. Armar. Avenion. : *Condamina una quæ habet pro longo Dextras de ambos latus 238. et in quacunque fronte Dextras 130.*

¶ DEXTRUM. Statuta Arelat. MSS. art. 82 : *Item statuimus, quod canne et alne et Dextrum de ferro in palatio Communis et caudentur* (cudantur) *et forme cayronorum et tegularum ibidem fiant... Dextrum quo mensurabitur et cayroni et tegulæ fiant secundam formam eorum, que erunt in palatio Communis.* Versio Gallica anni 1616. habet : *Seront faites et mises des cannes, aulnes, Arpents ou Dextres en l'hotel de ville, etc.* ubi Arpenta *Dextri* dicuntur, quod utantur *Dextris* ad arpenta mensuranda. Statuta Avenion. : *Canna, alna et Dextrum sint de ferro et sint clavata in muro Ecclesiæ S. Petri, etc.*

DEXTRES, Catalanis : Libellus Catalanicus MS. *de Batallia facienda : Lo camp deu esser cayre, e deu aver de cascun cayre 25. Dextres, et cascun dels Destres 25. deu aver 12. palms de cana de Barchinona, e deu esser ab pals en gir, e ab rests be enrestats, e clavats, e deu esser pla e egual, e no pedregos, ans si pere hy hales ne deu hom gitar.* *Dextres* in Consuetudine Hannoniæ cap. 103. ubi de Piscatione in fluviis : *Que aucuns ne tendent à la repentise du sacq de son compagnon à soissante Destres prés.*

* Nostris etiam *Dextre*. Charta ann. 1022. ex Tabul. Massil : *Dono modo decem Dextros, qui sunt in loco qui dicitur Costa. Dono decem dextros vineæ in villa Cathedra*, in alia ann. 1040. ex eod. Tabul. Lit. remiss. ann. 1389. in Reg. 138. Chartoph. reg. ch. 100 : *En lequel espace puet avoir six Dextres ou environ. Diestre*, apud Monstrelet. 2. vol. fol. 76. v°.

DEXTRORUM præsertim appellatione donantur Ecclesiarum atque adeo locorum, qui aliqua immunitate aut asyli jure gaudent, definita legibus circa eos spatia, quæ fere semper 30. passuum esse dicuntur. ὅροι σεπτότατοι, apud Nilum lib. 2. Epist. 178. ὅροι παῤῥησίας, apud Theodor. Lector. lib. 2. ἀσυλία τῶν ὅρων, apud Cyrillum Scythopolitanum in S. Joanne Silentiario num. 4. Charta Rudesindi Dumiensis Episcopi æra 930. apud Antonium *de Yepez* in Chronico Ord. S. Benedicti tom. 5. pag. 424 : *Cum duabus in ea fundatis Ecclesiis, sanctum Petrum et S. Vincentium, cum earum ambitu Dextros.* Alia Bermundi II. Regis æræ 1030. ibid. pag. 439 : *Et insuper intra ipsos Dextros non habeant licentiam ingrediendi in eis, non sagiones de Rege, non de Pontifice, etc.* Infra : *Et in ipsos Dextros de isto Monasterio, qui illos diripuerit, peitet in duplo.* [Concil. Compostell. ann. 1031 : *In omni Ecclesia infra* LXXII. *Dexteros nullus laicus vel mulier nec refuganus sortem habeant.*] Concilium Coyacense in diœcesi Ovetensi ann. 1050. can. 3 : *Intra etiam Dextros Ecclesiæ Laici uxorati non habitent, nec jura possideant.* Cap. 12 : *Præcipimus, ut si quilibet homo pro quacunque culpa ad Ecclesiam confugerit, non sit ausus aliquis eum inde violenter abstrahere, nec persequi intra Dextros Ecclesiæ qui sunt triginta passus, etc.* Concilium Sanctægidianum ann. 1056. can. 2 : *Ut nemo infra terminum triginta Dextrorum circa Ecclesias positum quicquam capere præsumat, etc.*

Ita 30. passus definiuntur extra ædium sacrarum ambitum, intra quos immunitas, seu pax Ecclesiæ, vel asyli jus constituitur, in Concilio Helenensi ann. 1027. Narbonensi ann. 1054. can. 11. Helenensi ann. 1065. et in Jure Christiano Danico cap. 8. apud Janum Dolmerum ejus interpretem. Tabularium Abbatiæ Conchensis in Ruthenis Ch. 93 : *Promitto Deo et B. Petro, ad damnum alicujus 30. passus Ecclesiasticos circa hanc Ecclesiam B. Petri non infringam, neque aliqua persona pro mea voluntate, etc.* Ubi notandi *passus Ecclesiastici*. At in Decreto Nicolai II. PP. ann. 1059. majus spatium adscribitur majoribus Ecclesiis, hoc est, Cathedralibus : *De Confiniis Cœmiteriorum, sicut antiquitus a sanctis Patribus statutum est, statuimus ita : ut major Ecclesia per circuitum 60. passus habeat; capellæ vero, sive minores Ecclesiæ 30. Qui autem confinium eorum infringere tentaverit, vel personam hominis, aut bona ejus inde abstraxerit, nisi publicus latro fuerit, quousque emendet, et quod rapuerit reddat, excommunicetur.* [Hujusce discriminis exemplum habemus in Charta Petri Senecensis Episc. pro Monasterio S. Victoris Massil. ann. 1089. inter Instrument. tom. 3. Gall. Christ. col. 197. et 198 : *Item confirmo ibi alias tres Ecclesias, quæ ibi sunt, videlicet S. Johannis et S. Petri Apostoli et S. Laurentii.... et confirmo ibi in circuitu earum Ecclesiarum Cimiterium de* LX. *passibus ecclesiasticis.... Item confirmo ibi Ecclesiam S. Petri de Bagarris, simul cum ipso Cimiterio de* XXX. *passibus... Item confirmo ibi ipsam Ecclesiam S. Martini de Alons cum suo Cimiterio in circuitu ipsius Ecclesiæ de* XXX. *passibus ecclesiasticis.* Hic cernere est tribus Ecclesiis non Cathedralibus spatium LX. passuum attribui; *majoris* igitur *Ecclesiæ* nomine non solas Cathedrales intellexisse videtur Nicolaus II. in allato Decreto.] In Constitut. Honorii et Theodosii, edita a Sirmondo in Appendice. Cod. Theod. de cujus fide, ut et cæterarum hic editarum, subdubitant viri docti, ejusmodi Ecclesiarum immunitas, *quinquaginta passibus ultra Basilicæ fores* definitur. Quibus addenda, quæ habentur in Decretione Chlotarii II. Regis cap. 13 : *Nullus latronem, vel quemlibet culpabilem... de atrio Ecclesiæ extrahere præsumat. Quod si sunt Ecclesiæ, quibus atria clausa non sint, ab utraque parte parietum terræ spatium arpennis pro atrio observetur.* Cur autem *dextri*, seu a legibus extra templa ipsa definita sint ἀσυλίας spatia, rationem prodit lex 4. Cod. Th. de His, qui ad Eccles. Confugiunt (9, 45.) : *Ne in ipso Dei templo et sacrosanctis altaribus confugientium quemquam mane vel vespere cubare vel pernoctare liceat, ipsis hoc Clericis religionis causa vetantibus, ipsis, qui confugiunt, pietatis ratione servantibus.*

Ut porro *Dextri* sumuntur pro Ecclesiæ exteriori parte, quæ immunitate et jure asyli gaudet : ita *Dex*, pro *Banleuca*, seu districtu urbis vel oppidi, qui eadem, qua urbes et oppida immunitate fruitur, passim usurpant Occitani, voce pariter a *dextris* formata. Fori Beneharn. seu Morlan. art. 8 : *Et non debet extre bellum extra Dex villæ.* Consuetudines Tolosæ part. 1 : *Infra Dex seu terminos Tolosæ.* Occurrit ibi non semel, et in veteri Charta apud Catellum in Comitib. Tolos. pag. 382. Ita etiam hæc vox scribitur in Consuetudine Solensi tit. 29. art. 7. *Dects*, in Consuetud. Bayonensi tit. 4. art. 17. *Dec*, Goudelino, *Decxs*, in Charta vernac. Gastonis Vicecom. Beneharn. apud Marcam lib. 5. cap. 1. n. 4 : *Et toutes las autres herestats, qui sont deus los vostres Decxs. Decium*, in Charta ann.

1369. pro Montalbano apud Galland. in lib. de Franco alodio pag. 189.

At Catellus in Historia Tolosana pag. 194. *Dex* terminos Tolosæ, seu urbium, a crucibus, quæ limitum vice sunt, appellatos putat, quod crux figuram decimi numeri, X. effingat, qui *Dex* Occitanis dicitur. Quod si ita est, multo probabilius videtur, si non a *Dextris*, certe a *Decussi*, qui et *Decus* dicitur Gromaticis, etymon arcessendum. Nam lapidibus aut arboribus *decus* seu *decussis* appositus termini ac limitis vicem præstabat. [Huic etymo non parum suffragatur vox ipsa *Decus*, quæ eadem notione pluries occurrit in Consuetudinibus MSS. Augustæ Ausciorum ann. 1301. Sic art. 46 : *Item consuetudo est ibidem, quod si aliquis occidit injuste aliquem, quod si inveniatur in villa, vel intra Decos ville, interficiens prædictus possit a quocumque capi et ad dominum Comitem captus duci.* Et art. 78 : *Item consuetudo est ibidem, quod porci non intrent prata neque casalia, neque vineas in aliquo tempore anni infra Decos civitatis predicte.* Rursum occurrit art. 79. et 85. Aliud de vocis origine conjicit D. *de Lauriere* in suo juris Gallici Glossario. Quemadmodum, inquit, *Banleucæ* Andegavensis urbis aliæque Pictaviensis provinciæ *Quintæ* a Quinto milliario, Bituricensis *Septenæ* a Septimo milliario dictæ sunt, ita forte *Dex* a Decimo milliario dictum est. Alia refertur ibidem Brodelli conjectura ducta ex ejus Commentario ad articulum 86. Consuetudinis Paris. num. 28. Vide *Deci* suo loco,] *Decuria*, et *Salvitas*.

DEXTROCHERIUM, Brachii dextri ornamentum, viris æque ac feminis commune. Ugutio : *Armilla, torquis, brachiale, Dextrocherium*. Alibi : *Brachiale, torquis in brachio, quod est Dextrocherium*. Mamotrectus : *Armilla, quæ dicitur Dextrocherium*. J. de Janua : *Dextrocherium, ornamentum dextræ, et est torques aureus*. Gloss. Ælfrici : *Dextrocherium*, brad earmbeah, i. manus armilla. *Gemmata Dextrocheria*, apud veterem Interpretem Juvenal. Sat. 9. v. 50. Capitolinus in Maximino Majore : *Pollice ita vasto, ut uxoris Dextrocherio uteretur pro annulo*. Trebellius in Quieto : *Viri in auro et argento, mulieres in reticulis et Dextrocheriis*. Ambrosius Sermon. 9. ubi S. Agnes sic loquitur : *Ornavit me inæstimabili Dextrocherio dextram meam*. Viris tribuit Lucifer Calaritanus de Non parcendo in Deum delinquentibus : *Debemus tibi lupo parcere, debemus vereri regni tui diadema, inaurem etiam et Dextrocheria, debemus insignes, quas esse censes, vestes tuas honorare*. Arculfus de Locis sacris, brachialia et dextrocheria ut diversa ponit : *Ornata virgis ferreis, pendentes, brachialia, Dextroceria, murenæ, monilia, anuli, etc.* Antoninus Monachus in Itinerario Hierosol. : *Pendent super brachia Dextrochiria, monilia, et anuli capitulares, cingula, balthei, etc.* Leo IX. PP. contra Leonem Achridanum cap. 36 : *Sic manuum dignitas et maxima utilitas, quamvis componat insignem Imperii coronam, non tamen hanc sibi adaptat, et imponit, sed capiti, contenta suis armillis, Dextrocherio, et annulis*. Fortunatus lib. 8. Poem. 4 :

Dextræ armilla datur Calchedone jaspide mixta,
Aut hyacyntheo sudat honore manus.

Χειρίδες ἐμμάργαροι, apud Pachymer. lib. 8. Hist. cap. 12.

¶ **DEXTRUM**, Mensuræ genus. Vide *Dextri*.

¶ **DEXUM**, δεξιόν, *Dextrum*. Supplem. Antiquarii.

* **DEYMERIUS**, Qui *decimam* ex jure percipit et exigit, Hisp. *Dezmero*. Arest. parlam. Tolos. ann. 1287. inter Probat. tom. 4. Hist. Occit. col. 85 : *De petitione consulum de Galliaco petentium, quod ullus Deymerius ponat manum in faciendo saumadas vindemiæ..... Item de petitione eorumdem petentium,... quod Deymerii percipiant decimam in vineis dictorum hominum.*

¶ **DEYTA**, Fidejussor, sponsor, Gall. *Caution, Répondant*. Charta Roberti Comitis Arverniæ, apud Baluzium tom. 2. Hist. Arvern. pag. 95 : *Nos Robertus Alverniæ Comes... constituimus nos Deytam et principalem debitorem penes dictos Burgenses pro ipso, pro prædictis omnibus attendendis et firmiter adimplendis*. Ibid. pag. 124. in Charta Eblonis Vicecomitis de Ventodoro : *Recognoscimus nos pro dictis mille libris solvendis terminis prædictis et assisia facienda, ut dictum est, posuisse in Deytam penes dictum Falconem carissimum avunculum nostrum B. Dominum de Turre nobilem Domicellum*. Pag. 281. in Charta Guillelmi de Hala Tenentis sigillum regium in Arvernia ann. 1288 : *Gerardus de Mureto etc. exponsores, fidejussores, Deytæ seu principales debitores*. Ibidem : *Dicenti prius principales debitores esse conveniendos quam Deytas seu sponsores*. Item pag. 370. in Charta Ascelini de Machis ann. 1374 : *Ad faciendum fieri dictæ Dominæ Margaritæ per cursum vitæ suæ assisium, Deytam et responsionem a personis prædicta debentibus et debituris*. Pluries scribitur *Deita* pag. 134. et seq. in Charta anni 1285. Vox f. orta a Gallico *Dette*, Æs alienum; debitor enim est, qui spondet pro alio; unde Adagium : *Qui répond paye*, Qui spondet, solvit.

* Alias *Dete, Deteau* et *Detierres*. Charta Theob. comit. Barri ann. 1249. in Chartul. Campan. Cam. Comput. Paris. fol. 238. r°. col. 2 : *Je me suiz otriez pleges et Detes vers le roi de Navarre à la requeste le duc de Loherregne*. Arest. ann. 1290. in Reg. 2. *Olim* parlam. Paris. fol. 87. r° : *Ce sont cil qui se sont estably plege, Dete et rendeur pour Jehan de Chapes escuier*. Charta ann. 1294. ex Chartul. episc. Carnot. : *Lesquels pleiges se establirent principaux Deteaus et rendeus*. *Detierres*, in Stabilim. S. Ludov. cap. 68. tom. 1. Ordinat. reg. Franc. pag. 162.

* **DEZEBRE**, Dezebrei. Vide supra *Desebrei*.

* **DEZENA**, Decas, Gall. *Dizaine*. Leudæ min. Carcass. MSS. : *Item pro sextario nucum et castanearum, de quolibet xv. Dezenas*.

¶ **DEZMARIA**, ut *Decimaria* 2. seu Jus percipiendi decimam. Charta Stephani Episcopi Claromont. apud Baluzium Hist. Geneal. Arvern. tom. 2. pag. 43 : *Damus etiam et alias duas Ecclesias... cum Dezmarias et baptisteriis et sepulturis*.

DFERHYRNESSE, Mulctæ species apud Anglos. Vide *Cahslite*.

¶ **DIA**, *Generosa*. Papias. [** Vide Forcellin. in *Dius*.] Forsan pro *Dea*. Statuta Canonicorum Regularium sæc. XIII :

Dic et ave Dia præ cunctis Virgo Maria.

DIABESTERIA, *Tormenta*, Ugutioni, forte ex βασανιςήριον.

DIABLAGIUM, [Jus percipiendi *Campipartem ex bladis* demessis, *Deablage* in Regesto censuum Carnot. fol. 1. et 2. Vide locum in *Debladare* post *Bladum* et ibi *Bladagia*, necnon suo loco *Deablagium*.]

* **DIABOLARIS**, Meretrix, pro *Diobolaris*, quasi duorum obolorum. Castigat. in utrumque Glossar. : *Diovolaris*, διόβολος. Glossar. Provinc. Lat. ex Cod. reg. 7657 : *Putan, Prov. Diabolaris, diovolaris, divola, divoltrix*. Vide *Divolares*.

¶ **DIABOLE**, διαβολή, Calumnia. Lexicon Martinii post Calepinum.

* Hinc *Diabler*, Calumniari, alicujus famæ detrahere, nostris etiam nunc *Dire le diable de quelqu'un*. Lit. remiss. ann. 1446. in Reg. 176. Chartoph. reg. ch. 482 : *Jehan Denain dist au suppliant qu'il les avoit Diablez, et que le Diable y en avoit bien tant mis, . . . lequel respondi que, sauve leur grace, il n'en avoit onques parlé.*

* **DIABOLICUM** Dicere, Nostris *Dire quelque diablerie*, Pessime loqui, aliquid malo dæmone dignum agere. Charta ann. 1213. ex Chartul. Campan. fol. 86 : *Dixit Umfredus : Domine Hugo, timeo ne illi, qui sunt cum uxore mea, faciant illam dicere aliquid Diabolicum; et tunc venit quidam miles suus dicens ei : Ecce illi abducunt uxorem tuam; et cum ipse Umfredus inse queretur eam, dixit illi : Domina, non est hæc recta via ad hospicium tuum, redeas ad me. At illa submisso capite in aliam viam se convertit. Dyablie*, nequitia, improbitas, in Vita J. C. MS. :

Mais que li fist la Juerie?
Or oiés la grant Dyablie.

* *Déabile*, vulgo *Diablerie*, dicitur de eo quod Diabolo auctore fit. Le Roman *de Cléomades* MS. :

Tel capel sont plus avenaut
Que chil qui sont fait de beubant,
Ne d'orguel, ne de gloutrenie,
Chil sont capiel de Déablie.

DIABOLIZARE, *Dæmonio corripi*. Hepidanus in Vita S. Wiboradæ num. 12 : *Non post multum temporis cœpit Diabolizare*.

* **DIABOLUS** Ligatus, Veneficii species. Liber rotulor. curiæ Manerii juxta insulam de Axholme in comit. Ebor. sub ann. 11. Eduardi III : *Robertus de Roderham, ... qui obtulit se versus Johannem de Ithen de eo, quod non teneat conventionem inter eos factam; unde queritur quod certo die et anno apud Thorne convenit inter prædictum Robertum et Johannem, quod prædictus Johannis vendidit prædicto Roberto Diabolum ligatum in quodam ligamine pro iij. d. ob. et super prædictus Robertus tradidit prædicto Johanni quoddam obolum-carles* (i. e. Earnest money, Gall. Arrhes) *per quod proprietas dicti Diaboli commoratur in persona dicti Roberti, ad habendam deliberationem dicti Diaboli infra quartam diem proxime sequentem. Ad quam diem idem Robertus venit ad præfatum Johannem et petit deliber-*

rationem dicti Diaboli, secundum conventionem inter eos factam. Idem Johannes prædictum Diabolum deliberare noluit, nec adhuc vult . . . . ad grave dampnum ipsius Roberti lx. sol. et inde producit sectam, etc. et prædictus Johannis venit, etc. et non dedicit conventionem prædictam. Et quia videtur curiæ, quod tale placitum non jacet inter Christianos, ideo partes prædicti adjournantur usque in infernum ad audiendum judicium suum, et utraque pars in misericordia, etc. Diaules, nostris olim, pro *Diable*. Exposit. Haimon. seu Raimon. in Epist. ad Hebr. tom. 17. Comm. Acad. Inscr. pag. 726 : *Li Diaules est vostre peires, et vos voloiz faire les desiers de vostre peire.*

* **DIABROSIS**, *Corrosio*, in Gloss. ad Alex. Iatrosoph. MS. lib. 1. Passion. cap. 99: *Et ryxim faciat aut Diabrosim operetur.* A Græco διὰ et βρώσκειν, comedere.

¶ **DIACAMERON**, *Medicamentum ducens hominem de morte ad vitam.* Calep. ex Nicol. Onomast. med. Vide Martinii conjecturas in hanc vocem.

DIACATOCHI, Διακάτοχοι, Bonorum detentatores, in leg. 1. Cod. Th. de Fisci debitor. (10,16.) Unde *Diacatocia* in leg. 7. Cod. Just. de Omni agro desert. (11,59.) bonorum detentio. [**Adde Cod. Theod. lib. 5. tit. 13. const. 30.] Gloss. : Διακατοχή, *possessio*, διακάτοχος, *possessor, detentator, retentator*. Practici nostri vulgo ejusmodi Diacatochos, *Detenteurs* vocant.

* **DIACIMINUS**, Italis *Diacimino*, Diacyminum, medicinalis compositio. Inventar. ann. 1389. tom. 3. Cod. Ital. diplom. col. 363. et apud Murator. tom. 16. Script. Ital. col. 809 : *Opelanda una scarlatæ granæ, laborata ubique ad Diaciminos perlarum minutarum.* Id est, ad Cumini florem effícta.

DIACITRINUS, Diacedrinus, Diacetrinus, διακίτρινος, Citrini coloris intensioris. Monachus Sangall. in Carolo M. lib. 2. cap. 27 : *Et pavonum collis cum tergo et clunis mox florescere incipientibus, Tyria purpura, vel Diacedrina litra decoratis.* Epistola Basilii Macedon. Imp. ad Hadr. PP. in fine VIII. Synodi : *Transmisimus Sanctitati vestræ... vestimenta diaspra 3. Esphorin Dicitrinum cancellatum unum.* Legendum *Diacitrinum*, aut *Diacetrinum*. Leo Ost. lib. 2. cap. 61 : *Planetam Diacetrinam optimam.* Ita Codex MS. ubi editus *Cetrinam* præfert, ut monet Angelus de Nuce. Lib. 3. cap. 20 : *Planetam Diacitrinam magnam aureis listis undique decenter ornatam.* [**Vide *Diacynthinus*.] Διακίτριον corticem citri melle conditi sua ætate appellatum, ait Simeon Sethi de Cibor. facult. Ita forte διακίτρινος erit color ille, quem habent cortices citrei saccaro conditi, nostris, *Escorce de citron.*

DIACODIUM, Potio ex papavere. Walbertus lib. 1. de Miracul. S. Waltrudis num. 35 : *Vi Diacodii cæterarumque potionum vel confectionum expellere hujusce morbi genus non destitit.* [Vide *Diamoron*.]

DIACON, Diacones, pro *Diaconus*, *Diaconi* : occurrit passim apud vet. Script.

DIACONA, Diaconissa, Uxor Diaconi, seu cujus maritus in Diaconum promotus erat. Ex quo enim ad hunc dignitatis Ecclesiasticæ gradum ille pervenerat, abstinebat uxore, quæ honoris causa *Diaconissa* et *Diacona* appellabatur, quemadmodum Presbyteri, *Presbytera*, ut est in Concilio Turon. ann. 567. can. 14. et 20. Illa vero, si maritum mori contingeret, a secundis nuptiis abstinere tenebatur sub pœna excommunicationis, quemadmodum Presbyteræ, uti cavetur in Conc. Rom. sub Greg. II. PP. cap. 2. 15. et Conc. Rom. sub Zacharia PP. cap. 5. Adde Capitula Caroli M. Add. 3. cap. 47. Atto Vercellensis Episc. Ep. 8 : *Sunt etiam qui eas priscis temporibus Diaconas asseruere appellatas, quas nunc Abbatissas nominavimus, quod nobis minime congruere videtur. Abbas namque Pater dicitur, etc.* Infra : *Quapropter si hujus officii nomen nunc etiam quoquo modo perduraret, in his, quæ per mulieres adhuc dispensari videntur, illas Diaconas putaremus, quæ ætate senili devictæ, religiosam vitam cum castitate servantes, oblationes Sacerdotibus offerendas fideliter præparant, ad Ecclesiarum limina excubant, pavimenta detergunt. Possumus quoque Presbyteras vel Diaconas illas existimare, quæ Presbyteris vel Diaconis ante ordinationem conjugio copulatæ sunt, quas postea caste regere debent, etc.* Vide *Diaconissa.*

DIACONALE, Vestis Diaconorum, ut *Subdiaconale* Subdiaconorum. Chronicon Abbatum Gemblacensium pag. 528 : *Fecit tabulam argenteam ante altare S. Petri,... capsas ex palliis* 18. *casulas* 2. 10. *Diaconalia*, 2. *Subdiaconalia*, 4. *albus, etc.*

¶ Diaconale Ministerium, id est, Diaconi, Capitul. lib. 7. cap. 296.

¶ **DIACONATUS**, Dignitas Diaconi. Passim occurrit apud Scriptores Eccl. Vide *Diaconium.*

DIACONIA, Collatio eleemosynarum, quæ colligebantur et distribuebantur in pauperes Christianos, quemadmodum S. Paulus 2. ad Corinth. cap. 8. et 9. διακονίαν usurpat. Cassianus Collat. 18. cap. 7 : *Cum Diaconiam nostris fratribus deferremus* id est, eleemosynas a fidelibus collatas. Qua etiam notione accipi debere *Diaconiam* censent viri docti apud eumdem Scriptorem Collat. 21. cap. 1. 8. et 9. quod alii pro ipsa œconomia et dispensatione Monasterii ibi intelligi putant; *Dispensationem* etenim Latina voce idem munus appellat lib. 5. cap. 40. Præterea

Diaconiæ, dicuntur loca, in quibus per Diaconos regionarios pauperes viduæ, pupilli, senes propriæ regionis alebantur : publicæ quodammodo pauperum hospitales domus, quæ oratoria et sacella adjuncta habebant, in quibus a Diacono egenis necessaria subministrabantur. Erant enim Diaconi isti, ut verbis utar Cujacii ad Nov. 3. ἀγαπῶν Ministri, id est, mensarum, quæ apponebantur egenis, viduis, orphanis : quæ convivia agitabantur domi, non in templo, adhibitis precibus divinis. Vide *Diaconites.*

Erant autem ejusmodi hospitales domus Romæ in regionibus omnibus, quarum usu præcipuo exolescente, ipsisque dirutis ædibus, *Diaconiæ* nomen ipsis sacellis et oratoriis mansit, a quibus earum præfecti, *Diaconi Cardinales urbis Romæ* postea dicti sunt. Anastasius in Stephano III. pag. 81 : *Nam et foris muros hujus civitatis Romanæ secus Basilicam B. Petri Apostoli duo fecit Xenodochia, in quibus plura contulit bona, quæ et sociavit venerabilibus Diaconiis illic foris existentibus perenniter permanere, id est, Diaconiæ S. Dei genitricis, et B. Silvestri duæ, etc.* In Hadriano I : *Hic coangelicus vir... constituit Diaconias tres foris portam Beatorum Apostolorum Principis... ubi et dona plurima mobilia atque immobilia pro remedio animæ suæ obtulit, et constituit, ut per unamquamque hebdomadam quintæ feriæ die cum psallentio a Diaconia... usque ad balneum pergerent, et ibidem dispensatione per ordinem pauperibus consolari, atque eleemosynam fieri.* Infra : *Idem egregius Præsul... Diaconias constituit, in quibus et multa bona fecit per suam sempiternam memoriam, concedens eis agros, vineas, oliveta, servos, ancillas, et peculia diversa atque res mobiles, ut de reditu eorum crebris exactionibus Diaconiæ proficientes, pauperes Christi reficerentur.* De Diaconiis istis intelligendus etiam videtur Ado Viennensis in Chronico : *Symmachus Papa inter multa Ecclesiarum opera, quæ vel a fundamentis creavit, vel prisca renovavit, ad Beatum Petrum, et Beatum Paulum, et Beatum Laurentium pauperibus habitacula construxit.*

Clerici vero seu Diaconi, qui Diaconiis præerant, *Dispensatores Diaconiarum* interdum dicuntur, quod videlicet eleemosynas pauperibus distribuerent, quas *Diaconiarum* appellatione donari monuimus, uti habetur in Concilio Rom. ann. 595. Unde *Diaconiam exhibere* et *Diaconiæ exhibitionem*, dixit Gregorius M. PP. lib. 9. Epist. 24. Anastasius in Hadriano : *Item Diaconiam SS. Sergii et Bacchi ejusdem Diaconiæ dispensator, propter metum templi, quod situm super eam videbatur, evertens, etc.* Epitaphium Theodimi Subdiaconi Neapoli in Ecclesia S. Andreæ, ad Nidum dicta : *Hic in pace membra sunt posita Theodimi Subdiac. Reg. et Rect. Sce. Sed. Apost. et Disp. hujus Diac. Beati Andreæ. Pater Diaconiæ*, in Ordine Romano statim initio. Ita etiam in Diurno Romano cap. 7. tit. 17 : *Dispensator, qui fuerit in eadem venerabili Diaconia.*

Verum postmodum non ipsæ duntaxat domus hospitales *Diaconiæ* nuncupatæ, sed præsertim quæ ipsis adjuncta erant oratoria; de quibus intelligendus Anastasius, cum ait, vela Tyria, stauracina, vestes, coronas, seu pharos, vasa Ecclesiastica, et alia ejusmodi, quæ templa ipsa spectant, Diaconiis elargitos summos Pontifices pag. 89. 110. 113. 117. 119. 130. 136. 137. etc. Meminit Synodus Romana sub Leone IV. PP. cap. 39. apud Holstenium, *Titulorum, vel Diaconiarum Ecclesiæ.*

Hæ porro *Diaconiæ* Romæ præ cæteris recensentur ab Anastasio in Vitis PP. Edit. Reg. :

Diaconia S. Mariæ, pag. 81.

Diaconia S. Silvestri, pag. 81.

<table>
<tr><td>Diaconia S. Mariæ in Atriano, (al. Adrianio) pag. 136.
Diaconia S. Mariæ in caput Porticus, pag. 136. 143.
Diaconia S. Silvestri juxta Hospitale S. Gregorii, pag. 114.</td><td>Extra Portam S. Petri hæ tres Diaconiæ ab Hadriano I. PP. institutæ.</td></tr>
</table>

Diaconia S. Hadriani Mart. ab eodem Hadriano PP. instituta, pag. 117. 120. 130. b. 137. 162.

Diaconia SS. Sergii et Bacchi, pag. 119. 137.

Diaconia S. Mariæ, quæ dicitur Antiqua, pag. 81. 130. 139.

Diaconia B. Archangeli, pag. 130. 137. b.

Diaconia S. Theodori Mart. pag. 130. b. 137. b. 162.

Diaconia S. Georgii, pag. 130. 162. 166.

Diaconia S. Mariæ in via Lata, pag. 130. 136. b. 163.

Diaconia S. Agathæ, pag. 130. 137. 145.

Diaconia S. Mariæ, quæ dicitur Dominica, pag. 133. d. 136.

Diaconia S. Mariæ ad Cosmedin, pag. 136. 143. 209.

Diaconia S. Mariæ in Cyro, pag. 130. 136. 163.

Diaconia S. Luciæ, pag. 137. 165.

Diaconia SS. Nerei et Achillei, pag. 137.

Diaconia S. Bonifacii, pag. 137.

Diaconia SS. Cosmæ et Damiani, pag. 137.

Diaconia S. Eustachii, pag. 137.

Diaconia B. Viti Martyris, pag. 137.

Diaconia S. Martini, pag. 137.

Diaconiæ ad septem solia, Baron. ann. 1084. n. 5. meminit. Sunt autem hodie 14. Diaconiæ, quæ Cardinalibus Diaconis attribuuntur. Vide Frisonum in Apparatu ad Galliam Purpuratam cap. 9.

Nec Romæ duntaxat *Diaconiæ* extiterunt, sed et in provinciis ex instituto Gaii PP. in cujus Epistola Decret. cap. 6. hæc leguntur : *Et regiones sicut in hac urbe fecimus, per singulas urbes, quæ populosæ fuerint, Diaconibus dividantur.* [Supposititia est hæc Epistola, unde alia quærenda est institutio Diaconiarum in provinciis.] Testamentum B. Remigii apud Flodoardum lib. 1. cap. 18. quo *sanctam et venerabilem Ecclesiam Remorum* hæredem instituit : *Simili modo sanctissima hæres mea, quæcunque tibi a propinquis et amicis meis in quocunque solo et territorio collata sunt, sicuti disposuero in Ptochiis, Cœnobiis, Martyriis, Diaconiis, Xenodochiis, omnibusque Matriculis, sub tua ditione degentibus, etc.* [Idem Testamentum, apud Miræum tom. 1. pag. 3. col. 1 : *Ecclesiæ quam pro eodem signo infra urbem ædificavi, solidos duos. Diaconiæ infra urbem quæ dicitur, ad Apostolos, solidos duos.*] *Diaconiæ B. Andreæ* Neapoli meminit Epitaphium Theodimi Subdiaconi mox allatum, ut et Greg. M. PP. lib. 8. Ep. 20. Sed et Inscriptio Græca, quæ exstat in æde SS. Joannis et Pauli in eadem urbe : Θεόδωρος Ὕπατος καὶ Δοὺξ ἀπὸ θεμελίων τὸν ναὸν οἰκοδομήσας, καὶ τὴν Διακονίαν ἐκ νεῶν ἀνύσας ἐν ἰνδικτ. τετάρτῃ τῆς βασιλείας ἄσοντος (f. Λέοντος) καὶ Κωνςαντίνου τῶν θεοφίλων καὶ τῶν βασιλέων σεμνῶς βιώσας ἐν πίςει καὶ τρόπῳ ἔκτῳ μηνὸς Ὀκτωβρίου ἔνθαδε βιώσας Χριςῷ ἔτη ϛθ'. Joannes Diaconus in Agnello secundo Episcopo Neapolitano : *Hic construxit intus civitatem Neapolis Basilicam Sancto Januario Martyri, in cujus honore Diaconiam ejus nomine nuncupatam instituit, ac fratribus Christi cellulas ordinavit de redditibus Episcopi, etc.* De Diaconia Pisaurensi agit idem Gregorius lib. 4. Epist. 24. Vide Diurnum Roman. cap. 7. tit. 17. 20. Porphyrogenitum in Basilico cap. 62. et Antonium Caracciolum in Sacris Eccles. Neapol. Monum. cap. 20. sect. 22. et Benedictum Falconem in Neapoli.

At, si Baronio fides, erant eæ tantum in locis, in quibus Ecclesia Romana patrimonia possidebat : quod firmatur ex Epistola Adriani PP. ad. Carol. M. tom. 3. Hist. Franc. num. 86 : *Emisit nobis Stephanus Neapolitanus Episcopus per suos apices Diaconiam juris sanctæ nostræ Ecclesiæ sibi concedi.*

Diaconicæ Epistolæ, apud Euseb. lib. 6. cap. 38. et Georgium Syncellum pag. 375.

DIACONICUM, Διακονικόν, Ecclesiæ Secretarium, sic dictum, quod *Diaconorum* curæ incumberet. Glossæ MSS. ad Concil. Laodicense cap. 21. *In Diaconico, id est, sacrario.* Lex 30. Cod. Th. de Hæretic. (16, 5.): *Cuncti hæretici procul dubio noverint omnia sibi loca hujus urbis adimenda esse, sive sub Ecclesiarum nomine teneantur, sive quæ Diaconica appellantur, vel etiam Decanica.* Vide Vitam S. Auxentii Archimandritæ num. 3. Theosterictum in Vita S. Nicetæ Hegumeni num. 18. et quæ observavimus in Descript. ædis S. Sophiæ n. 84. quibus addo, *Diaconicon* etiam Græcis vocari librum Ecclesiasticum, quo omnia, quæ ad Diaconi munus obeundum requiruntur in agenda re divina, et eorum singula officia uno veluti fasce continentur, ut monet Allatius, Dissert. 1. de Libr. Ecclesiast. Græcor. qui putat, illud idem esse quod Βιβλίον τῆς Διακονίας appellatur a Joanne Euchaitarum Episcopo. Dicuntur etiam διακονικά, preces quædam, quæ a Diaconis decantantur, et εἰρηνικά, id est, *pacifica* vocantur, de quibus Liturgia Præsanctificat. Vide *Decanicum*, [** et Glossar. med. Græcit. col. 296.]

* **DIACONILIS**, Ad officium diaconi spectans. Ordo eccl. Ambros. Mediol. ann. circ. 1130. apud Murator. tom. 4. Antiq. Ital. med. ævi col. 894 : *Cantatur episcopale, aut sacerdotale, sive Diaconile jussu archiepiscopi :* Tenebræ factæ sunt *cum suo versu.* Et col. 895 : *Hac* (oratione) *finita sequitur responsorium Diaconile :* Eram quasi agnus innocens.

¶ **DIACONIOS**, Gervasio Tilberiensi cap. 6. Otiorum Imperialium, dicitur *Luna in majori incremento, in circuli perfectione amphikirtos, etc.* a Græco scilicet διαγώνιος, quia luna in suo majori incremento quasi in duas partes, unam lucentem, alteram non apparentem, linea diagonali scinditur.

DIACONISSA, Uxor Diaconi, ut *Presbytera*, uxor Presbyteri, in Concilio Turon. II. can. 19. Vide *Diacona.*

Diaconissæ et Diaconæ, Mulieres, vitæ integritate et religione ac pietate insignes, quæ in sacris Ecclesiæ ministeriis ea obibant munia, quæ Diaconi ipsi salvo pudore, vel etiam absque offensionis nota peragere non poterant, in officiis præsertim, quæ mulieres spectabant, verbi gratia, si ad lavacra, id est baptismum procederent, si in iis nudari, si docendæ, et divino verbo instruendæ essent mulieres. De iis copiose satis egimus in Notis ad Alexiadem pag. 416. et seqq. et ut certum in Ecclesia ordinem olim confecerint. Has intelligit Sedulius in Præfat. ad Carmen Paschale : *Quis non optet et ambiat eximio Syncletices sacræ Virginis ac Dei ministræ placere judicio?* De eorum ministerio sic Atto Vercellensis Episcopus Epist. 8 : *Sicut enim Presbyteræ dicebantur, prædicandi, jubendi, vel edocendi; ita sane Diaconæ ministrandi, vel baptizandi officium sumpserant, quod nunc jam nimine expedit. Nam in tanta parvitate ob parentum religionem infantulæ baptizantur, ut nulla eis verecundia, nullus baptizantibus voluptatis possit stimulus impedire. Unde jam statutum est, ut mulier baptizandi usum assumere non præsumat.* Bulla Benedicti IX. PP. ann. 1033. apud Ughellum tom. 1. pag. 121 : *Sanctimoniales seu Diaconissæ omnes immunes sunt a laicali servitio, etc.* Diaconissarum Ecclesiæ CP. meminit Palladius in Vita Chrysostomi pag. 28. et 90. Edit. Emerici Bigotii. His addo, *Acephalos hæreticos dixisse, Paulum Apostolum in Epistolis suis præcipisse feminas Diaconas fieri debere, quia eas commemorat post Diaconos*, apud Florentium Wigorn. [Vide Hierolexicon Macri] [** et Glossar. med. Græcit. col. 297. et Append. 57.]

Diaconissa, Abbatissa. Ita vocem hanc notione ista usurpat Abailardus Serm. in Natal. S. Stephani, et pag. 145 : *Diaconissa, quam nunc Abbatissam nominant.* Quomodo etiam Græci aliquot Scriptores διακόνους Præfectas Monasteriorum appellarunt. Vita S. Nili junioris pag. 135 : Μία διάκονος ἡγουμένη μοναςηρίου. Adde Vitam S. Eupraxiæ virg. n. 7. et 10. Synaxaria in S. Susanna 15. Decemb. Nomocanonem editum a Joan. Bapt. Cotelerio cap. 267. [et Glossarium mediæ Græcitatis in Διακόνισσα.] [** Vide locum Atton. Vercellens. in *Diacona.*]

* Glossæ vett. : *Diaconissæ, mulieres vestimenta sacerdotalia parantes.* Consule Disquisitionem de *Diaconissis*, quam Joan. Pinius edidit ad caput tom. 1. mens. Sept. Act. SS.

* **DIACONISTA**, Diaconus. Recens. censuum ad portam basilicæ S. Mariæ in Cosmedin apud Mabill. in Mus. Ital. pag. 151 : *Pro sustentatione Christi pauperum et omnium hic deservientium Diaconistarum.*

¶ **DIACONITA**, Diaconus, in Hierolexico Macri.

DIACONITES, Pauperes, qui in diaconiis alebantur. [* Vel Ministri diaconiæ, qui videlicet sub Diacono alimenta atque eleemosynas pauperibus distribuebant, ut opinatur Murator. tom. 3. Antiq. Ital. med. ævi col. 572.] Diurnus Romanus cap. 7. tit. 17 : *Sed dispensator, qui pro tempore fuerit in eadem venerabili diaconia, pro remissione peccatorum nostrorum, omnes Diaconites et pauperes Christi, qui ibidem conveniunt, Kyrie eleison exclamare studeant.* Vide *Diaconia.*

DIACONIUM, Dignitas Diaconi, quæ alias *Diaconatus* dicitur. Ita S. Cyprianus Epist. 49. Ennodius in Vita S. Epiphani Ticinensis, etc.

Diaconium, Idem quod *Diaconicon*. Ecclesiæ Secretarium. Hadrianus I. PP. in

Epist. Canon. Laodicen. can. 21 : *Ut subdiaconi remoti sint a Diaconio, id est secretario, ne dominica vasa contingant.* Gregorius II. PP. in Epist. 2. ad Leonem Isaurum in VII. Synodo : *Pontifices, ubi quis peccarit,.... eum tanquam in carcerem in secretaria sacrorumque vasorum æraria conjiciunt, in Diaconia et Catechumenia ablegant.* Vide Descriptionem ædis S. Sophiæ post Silentiarium cap. 84.

DIACONUS, Dignitas Ecclesiastica. S. Cyprianus Epist. 65 : *Meminisse autem Diaconi debent, quoniam Apostolos, id est, Episcopos et Præpositos Dominus elegit : Diaconos autem post ascensum Domini in cælos Apostoli sibi constituerunt Episcopatus sui, et Ecclesiæ suæ ministros.* Apud S. Ignatium in Epist. ad Trallianos, dicuntur etiam ministri Episcoporum. Clemens PP. lib. 2. Constit. Apost. cap. 4. Diaconos vocat Episcopi auditum, oculum, os, cor et animam.

Diaconorum officium præsertim erat, Evangelium legere ac recitare in sacris Liturgiis. Ita Clemens lib. 5. cap. 61. Sacramentar. Gregorii, Ordo Romanus, Amalarius lib. 2. de Eccl. offic. cap. 12. Canones Saxonici Ælfrici ad Vulfinum Episc. can. 16. Lex Aleman. cap. 14. Regino ann. 870. Vide S. August. quæst. Ex utroque mixt. q. 101. Consecratam a Sacerdote Eucharistiam fidelibus porrigere. Ita Justinus Apol. 2. Cyprian. lib. de Lapsis, Isidor. lib. 2 de Eccl. offic. cap. 28. Canones Ælfrici can. 16. Alcuinus lib. de Divin. offic. cap. de Tonsura Clericor. Canones Hibern. lib. 3. cap. 8. etc. Epistola ad Præsidium Diacon. de Cereo Paschali tom. 9. Operum S. Hieronymi, etc. quod vetitum Subdiaconis in Concilio Laodiceno can. 25. atque adeo ipsis Diaconis præsente Presbytero, nisi id exigat necessitas in Concilio Carthag. IV. can. 48. et in Canonib. Hibern. lib. 3. cap. 8. ubi *præsente* restituendum, pro *præstante.* In libro Ordinis S. Victoris Parisiensis MS. cap. 42. Diaconus, non Eucharistiam, sed calicem communicantibus porrigit : *Singuli quique postquam de manu Sacerdotis corpus Domini sumpserint, divertant ad sinistram altaris, ibique ipsis Diaconus de calice subministrabit, ita ut ipse dextra manu calicem teneat, et sinistram mento eorum supponat.* Ita etiam in Usibus antiquis Ord. Cisterc. cap. 103. Vita S. Amatoris Episcopi MS : *Accessit ad beatissimum Amatorem, tunc Diaconum, qui sacratissimum calicem in vitam æternam populis porrigebat.* Quidam volunt, olim obtulisse Diaconos ex S. Ambrosio lib. 1. Offic. cap. 41. ubi de S. Laurentio : *Experire certe, utrum idoneum ministrum elegeris, cui commisisti Dominici sanguinis consecrationem.* Ubi *consecratio Dominici sanguinis* accipi potest pro sanguine consecrato, quem fidelibus porrigebant, tametsi consecrationem olim præsumpsisse colligitur ex Concilio Arelatensi I. cap. 15. et Ancyrano cap. 11. in quibus offerre vetantur. Sed et *plebes rexisse* dicuntur in Concilio Eliberit. can. 77. et apud Gregor. Turon. de Gloria confessor. cap. 30.

Eorum *voce communis oratio indicebatur,* ut est apud Anonymum Epist. 21. de celebrat. Paschæ tom 9. Operum S. Hieronymi.

De cæteris officiis Diaconorum, vide Acta Apost. cap. 6. 7. 8. S. Ignat. Epist. 7. cap. 12. Clement. lib. 2. cap. 61. Dionys. lib. 3. Hierarch. Hieronym. lib. 14. in Ezechiel. cap. 48. Librum de 7. Ordin. Eccles. cap. de quinto Gradu Eccles. inter Opera Hieronymi tom. 9. Rabanum lib. 1. de Inst. Cleric. cap. 7. Gillebertum Lunicens. Episc. de Usu Ecclesiastico, Honor. Augustod. lib. 1. cap. 180. Ivonem Carnot. Serm. 2. de Reb. Eccles. Paul Warnefrid. lib. 5. de Gest. Longob. cap. 27. [Hierolexicon Macrorum fratrum.] etc.

A solo Episcopo manus Diacono imponitur, cum ordinatur, quia non ad Sacerdotium, sed ad Ministerium consecratur. Ita Concilium Carthag. IV. Sacrament. S. Gregorii, Canones Hibern. lib. 3. can. 3. et Ordo Rom. quem ritum improbat Amalarius lib. 2. de Offic. Eccles. cap. 12.

Diaconi primum 7. numero instituti ab Apostolis πρὸς ὑπηρεσίαν τῶν ἀδελφῶν, ut ait Africanus apud Syncellum pag. 328. Qui quidem numerus in omnibus Ecclesiis diu servatus est. Vide Concil. Neocæsar. cap. 14. Synodum Romanam sub Symmacho sub fin. Anastasium in S. Evaristo, Sozomen. lib. 8. cap. 19. Steph. Eduensem de Sacram. alt. cap. 7. Rabanum de Inst. Cleric. lib. 1. cap. 8. Baron. ann. 112. num. 9. etc.

Diaconi stabant in Conciliis ac consessibus Episcoporum. Ita Concilium Nicænum can. 14. Laodicen. can. 20. VI. Syn. can. 7. Concilium Arelat. II. can. 15. Trullan. can. 7. Eliberitan. in Princip. Chrysost. Homil. 33. in Matth. Gregorius Magn. lib. 4. Epist. 40. lib. 9. Epist. 28. Anastas. in Martino, etc.

DIACONUS CARDINALIS, dictus, qui ad Ecclesiam aliquam *Diaconus incardinatur,* apud Gregor. M. lib. 5. Epist. 11. Vide Legem Bajwar. tit. 1. cap. 10. § 1. et in voce *Presbyter Cardinalis,* ex Paschali II.

Videtur præterea ita appellatus antiquior et primus Diaconorum Ecclesiæ, qui ad eam dignitatem evehebatur cum Episcopi, Cleri, ac populi consensu. Idem Gregor. M. lib. 1. Epist. 81. ait, Liberatum, qui Diaconii fungebatur officio in Ecclesia Calaritana, si ab Episcopo non factus est *Cardinalis,* cæteris Diaconis se præponere non posse. *Diaconus in Cardine constitutus in urbe Roma,* in Capit. ann. 806. cap. 33. et lib. 1. Capitul. cap. 133. Primitus autem in Ecclesia Romana unicus fuit, ut ex Synodo Romana sub Sylvestro PP. colligitur, qui et *Archidiaconus* et *Diaconus circumlustrator et perscrutator* vocabatur. Postea Diaconorum in Ecclesia Romana numerus auctus est, et ex septem quatuordecim primum, deinde 18. facti, qui omnes, ut ab aliis Diaconis, non Cardinalibus, differrent, *Diaconi Cardinales* vocati sunt, id est, Principales, qui præcipue Xenodochiorum et Diaconiarum ministri erant : qui ad certas Diaconias erant *incardinati.*

DIACONI REGIONARII, dicti in Ecclesia Romana, qui singularum Urbis regionum, quæ septem erant, Diaconiis præficiebantur. Anastasius in S. Evaristo : *Hic titulos in urbe Roma divisit Presbyteris, et septem Diaconos constituit, qui custodirent Episcopum prædicantem propter stylum veritatis.* [In Euchiriano Catalogo, cujus antiquitas inde probatur, quod in Liberio Papa desinat, a Fabiano dicitur Roma divisa in septem Diaconias : quod si verum est non ad Evaristum referenda est *Diaconorum Regionariorum* institutio.] Ex Collegio Diaconorum Cardinalium erant. Ordo Romanus : *Observandum est, septem esse Regiones Ecclesiastici Ordinis urbis Romæ, et unamquamque regionem singulos habere Diaconos Regionarios : et uniuscujusque regionis Acolyti per manum Subdiaconi Regionarii Diacono regionis suæ officii causa subduntur. Quorum Diaconorum, si quando quispiam moritur, donec loco ejus subrogetur alius, illius regionis Acolyti Archidiacono obediunt.* [Vide Sozomenum lib. 7. cap. 19.] Vetus Ceremoniale apud Baron. ann. 1057. n. 22. ait 12. fuisse *Diaconos Regionarios,* eorumque munus, cantare Evangelium in Stationibus. Horum Diaconiæ ibidem describuntur.

DIACONI PALATINI, vel BASILICI, dicti 4. ex 18. Cardinalibus Diaconis, quod in Palatio et Basilica Lateranensi Papæ ministrarent, inquit Onufrius Panvinius. At Ceremoniale vetus, laudatum a Baronio ann. 1057. n. 22. duodecim Regionarios, et sex Palatinos Diaconos fuisse innuit. Palatinorum munus erat, Evangelium in Ecclesia Lateranensi, ut Subdiaconorum Palatinorum, Epistolas et Lectiones in eadem Ecclesia cantare. Eorum Diaconiæ perinde ibidem recensentur.

DIACONI STATIONARII. Horum munus perpetuum non erat, sed ad tempus. Ita porro appellabantur ii, qui Pontifici ad Stationem aliquam profecto ministrarent.

DIACONI TESTIMONIALES, qui Episcopum prædicantem custodiebant, [quique *testes* esse possent eorum, quæ ab ipso dicebantur ad populum, ut, si opus esset, eadem declararent iis, quorum intererat.] Vide *Syncellus.*

☞ Inter *Diaconos testimoniales Syncellos*ve numerandum puto Hiacinthum quemdam Alexandri III. PP. *Diaconem,* de quo fit mentio in Fragmento de Rebus Ludovici VII. Franc. Regis apud Duchesnium tom. 4. pag. 425 : *Quod ut cognovit Alexander, misit ad Ludovicum Regem legatos, scilicet Bernardum Portuensem Episcopum et Hiacinthum Diaconem suum, qui Regis iram lenirent et familiare colloquium inirent.*

* **DIACOPINA**, *La confectione de lacte.* Glossar. Lat. Ital. MS.

DIACOPOSIS, Molestia, angustia, ex Gr. διακόπωσις, a κοπόω, Lasso, fatigo. Pelagius II. PP. in Epist. ad Gregor. Diaconum apud Jo. Diaconum lib. 1. Vitæ S. Gregorii PP. cap. 32 : *Et super illam Diacoposin, vel unum Magistrum militum, et unum Ducem dignetur concedere, etc.* Petrus Damian. lib. 7. Epist. 3 : *Et revera, qui peculatus crimen incurrit, in Diacoposin cogitur infercire, quod tulit.* Apud Baron. ann. 1064. n. 16. ubi eadem Epistola describitur, habetur *referre,* pro *infercire :* sed videtur legendum *inferre. Diacoposis,* in Glossis MSS. exponitur *divina ostensio.*

DIACOPTUS, ex Gr. διάκοπτος, Intercisus, cælatus. Anastasius in Adriano : *Fecit crucem Diacopton.*

¶ **DIACOPUS**, διάκοπος, Scissura, vel Meatus in aggere intercisus, per quem rivus transmittitur in loca remotiora. Meminit Ulpianus l. pen. ff. de extraord. crim. (47, 11.)

* **DIACOREGIUM**, *Lo Sterco de capre*, in Glossar. Lat. Ital. MS.

DIACYNTHINUS, Διακίνθινος, Iacynthini coloris intensioris. Leo Ost. lib. 3. Chronici Casinensis cap. 19 : *Planeta Diacinthina magna aureis listis undique decenter ornata.*

1. **DIADEMA**. Passio SS. Perpetuæ et Felicitatis : *Et inter me et illum grande erat Diadema, ita ut uterque ad invicem accedere non possemus.* Quo loco *diastema* legendum censet Holstenius, quæ vox Agrimensoribus nota est. Aliter tamen conjicit eruditus Possinus, quem consule.

* 2. **DIADEMA**, pro ipso Rege qui diadema defert. Charta ann. 1357 : *Vir magnificus dom. Fulco de Agouto miles,..... congregato generali consilio Massiliæ, dixit et exposuit quod magnos et arduos habet tractatus pro parte dom. nostri Diadematis Jerusalem et Siciliæ.* Pluries ibi.

* Diadema Regni, Regis inauguratio, in qua capiti regio diadema imponitur. Annal. Bonincont. apud Murator. tom. 21. Script. Ital. col. 135 : *Anno salutis 1429. Carolus VII. rex Francorum, postquam fere septem regnasset annis, Diadema regni suscepit.* Et quidem ann. 1422. 21. Oct. regnum adeptus, 17. Jul. ann. 1429. Remis inauguratus est.

** *Diadema*, Sequiorum sæculorum Græcis Fascia latior qua imperatoris pectus cingebatur. Vide Glossar. med. Græcit. col. 290. voce Διάδημα.

¶ **DIADEMALITER**, Cum diademate, in Actis SS. April. tom. 2. pag. 734. de S. Wernhero Mart.

* **DIADEMARE**, Diadema imponere. Epitaph. Godefr. Bullion. apud Schelestr. tom. 2. Antiq. eccl. illust. pag. 566 :

Rex licet electus, rex noluit intitulari,
Nec Diademari; sed sub Christo famulari.

Vide *Diadematizare.*

DIADEMATIZARE, Diadema imponere, in Vita MS. Caroli M. jussu Friderici Imper. exarata, lib. 1. cap. 10.

* **DIADOCUS**, pro *Diadochus*, Gemma beryllo similis, apud Plin. lib. 37. cap. 10. Gr. διάδοχος, cujus usus erat in veneficiis. Process. Egid. *De Rays* ann. 1440. ex Bibl. reg. fol. 159. v° : *Proposuerunt facere ..... invocationem ..... cum lapide vocato Diadocus, et cum ave crispata sive hupupata.*

DIADOTÆ, Διαδόται, Diribitores, Divisores. Lex 28. Cod. Th. de Erogat. milit. annonæ (7, 4.) : *Nulli omnino per præpositos pistorum, et Diadotas, nulla in specie præbeatur annona, etc.*

¶ 1. **DIÆTA**, Iter unius diei. Vide *Dieta* 2.

2. **DIÆTA**, seu Dieta, Pastus, refectio. Passio S. Victoris Massil. :

Et modo nobiscum qui posses cingere discum,
Ut decet athletam sumens cum Rege Dictam.

Fulbertus in Epist. 116 : *Unde quotidianam tuæ animæ Diætam sumens, etc.* [Vita S. Albani inter Acta SS. Benedict. sæc. 4. pag. 59 : *Pro cujus animæ remedio quædam sancto Martyri contulit prædia, unde hodieque Fratribus ministratur Dieta.* Concordia inter Hugonem et Conventum S. Benigni Divion. ex Chartario ejusdem Monasterii : *Dieta importat hæc quæ sequuntur, videlicet facere coquinam, generale et pictantiam, secundum quod in nostro refectorio fieri consuevit.*]

3. **DIÆTA**, Δίαιτα, ἀσιτία, [Gall. *Diette.*] Certa victus ratio ex Medicorum præceptis. Vide Henricum Stephanum de Abusu linguæ Græcæ pag. 100. et Gorræum in Definit. medicis, et infra in *Dicticus*. [Hildebertus Cenomam. Serm. Synod. tom. 21. Bibl. PP. pag. 170. metaphorice : *Prima sane Dieta a malo abstinere.* Simili modo Gaufr. Autiss. lib. 2. in Cant. Cant. : *Prima Dieta est ad memoriam mortis incipere.* Hac voce nativo suo sensu Cicero ipse usus est ad Atticum : *Diæta curari incipio.*]

At Latinis Scriptoribus *Diæta* sumitur pro cœnaculo et loco, ubi cœnabatur. Gloss. Græc. Lat. : Δίαιτα, τὸ ὑπερῷον, *Dieta, cenaculum.* Vide Plin. lib. 2. cap. 17. lib. 5. cap. 6. Sidon. lib. 2. Epist. 2. etc.

¶ 4. **DIÆTA**, Conventus apud Germanos celebrior, Gall. *Diette.* Vox derivata, si credimus Menagio, a superiori *Diæta*, Cœnaculum ; quod hujuscemodi Conventus ab antiquis Germanis celebrarentur in cœnaculis et conviviis. Sic de his Tacitus : *Sed et de reconciliandis invicem inimicis, et jungendis affinitatibus, et adsciscendis Principibus : de pace denique et bello, plerumque in conviviis consultant; tamquam nullo magis tempore, aut ad simplices cogitationes pateat animus, aut ad magnas incalescat. Gens non astuta nec callida, aperit adhuc secreta pectoris licentia loci. Ergo detecta et nuda omnium mens, postera die retractatur, et sua utriusque temporis ratio est. Deliberant dum fingere nesciunt : constituunt dum errare non possunt.* Jo. Iperii Chronicon S. Bertini, apud Marten. tom. 3. Anecd. col. 694 : *Rex indignans Ferrandum odio magno collegit, et Dietam super hoc eidem assignavit in Arkas villam prope S. Audomarum .... ubi die statuto Ferrandus coram Rege comparuit; sed Rex Dietam prorogans, etc.* Occurrit apud Ludewig. Reliq. MSS. tom. 6. pag. 99. in Hist. Dalph. tom. 2. pag. 251. col. 2. et alibi non semel. [** Vix unquam a Germanis latine aut vernacule scribentibus pro Comitiis imperii adhibita hæc vox fere semper designat Diem statutam ad juri standum vel aliud agendum. Etymon est *Dies*, Germ. *Tag*, unde *Reichstag*, *Tagsatzung*, *Tagfahrt*, *etc.* Confer *Dieta.*] Quod autem in *Diætis* seu cœnaculis olim haberentur hi Cœtus Germanici, inde factum est, ut Διαιτητής in vett. Glossis reddatur, *Disceptator, Arbiter, Interventor*, et Διαιτῶ, *Intervenio, Discepto.* Vide Glossar. mediæ Græcitatis. [** et Henric. Stephanum. Διαιτητῶν sæpissime memorant oratores Attici.]

* 5. **DIÆTA**, Dies ad juri standum assignata, vadimonium, Gall. *Ajournement.* Arest. parlam. Paris. ann. 1399. inter Probat. ult. Hist. Trenorch. pag. 257 : *Dicebant insuper quod dictus abbas, jamdiu erat, contra ordinationes regias veniendo, Hugonem Clucheti presbyterum .... coram abbate de Ambruneyo extra regnum, virtute certorum privilegiorum citari fecerat : ac Joannem de Mota, quem dictus Clucheti ad suam Diætam transmiserat, in itinere per quemdam scutiferum suum .... atrociter verberari, et procuratorem suum, cum aliis munimentis suis, sibi auferri fecerat.*

DIÆTARE, Gr. Διαιτᾶσθαι, Victus ratione uti : unde Διαιτητική, Medicinæ pars, quæ docet victus ordinandi artem. Constantin. Afric. lib. de Victus ratione : *Post accessionem, Dietetur modo prædicto.* Petr. Blesens. Epist. 101 : *Purgatur ægrotus, antequam Dietetur.* Vide eumdem Epist. 27.

DIÆTARII, Qui in diæta, seu cœnaculo, mensas ornare et mensis ministrare solent, in leg. 12. D. de Inst. et Instr. (33, 7.) Historia Translat. S. Sebastiani cap. 12 : *Erat namque ei inter prandendum familiare inopum, debiliumque, quos mensæ suæ Dietarios delegerat, curam agere.* Πρῶτος τῶν διαιταρίων, apud Theophanem in Chronico pag. 122. qui διαιτάρχης in Gloss. Gr. Lat. Vide Scylitzem in Michaele, [et Continuatorem Theophanis lib. 4. n. 35.]

Diætarii in re nautica, apud Ulpianum qui dicantur, vide apud Schefferum lib. 4. de Militia navali cap. 7.

¶ **DIAFONIA**. Vide *Diaphonia.*

* **DIAGMA**, perperam pro *Dragma*, vel potius Drachma, in Stat. Vercell. lib. 3. pag. 86. v° :

DIAGNATUS, Cognatione proximus, *valde* agnatus; id enim sonat vox *dia.* Jo. Sarisberiens. Epist. 59. pag. 129 : *Sed et ipsa, ut vulgariter dici solet, Octaviani nepos est, et e vicino, ut rectius dixerim, Diagnatus, utpote sororis filius.*

DIAGRAPHUM, Descriptio census, capitatio, vel tributum, διάγραφον. Anastasius in S. Vitaliano PP. pag. 52 : *Et talem afflictionem posuit in populo ... per Diagrapha, seu capita atque nauticationes per annos plurimos, quales a sæculo nunquam fuerunt.* Vide Salmasium ad Hist. Aug. pag. 375. Διαγραφή, Descriptio. Procop. in Hist. arcana pag. 102. 1. Edit. : Συνωναῖς τε γάρ, καὶ ταῖς καλουμέναις ἐπιβολαῖς τε καὶ διαγραφαῖς οἱ τῶν χωρίων κύριοι, τῶν πολεμίων ἀνακεχωρηκότων αὐτίκα μάλα ἡλίσκοντο. Infra : Τὰ δὲ τῶν διαγραφῶν τῇ δὲ πη ἔχει. ζημίαις πολλαῖς ἄλλος τε, καὶ ὑπὸ τοὺς χρόνους τούτους περιβαλέσθαι τὰς πόλεις ἀνάγκη, etc. Διαγραφάριος, *publicanus.* Hesychius : Διαγραφάριος, ὁ ἀπαιτῶν δημόσια. Vide *Descriptio.*

¶ **DIALABIS**. Vide *Dialapis.*

¶ **DIALAGIUM**, vel Dyalagium, vox mendosa pro *Hallagium*, Tributum quod exsolvitur pro licentia exponendi merces in *Halla*, seu foro tecto, Gallice *Halle.* Arrestum Curiæ Parlamenti Paris. sub Philippo Franc. Rege in Tabulario Compendiensi : *Dictum locum esse situm in ipsorum territorio et undique circumdatum terra et aqua et justitia eorumdem, dicentes totam justitiam et utilitatem dicti loci ad ipsos pertinere, excepto de sale et Dyalagio piscium maris.* Vide *Halla.*

DIALAPIS, *Constitutum Imperatorum*, in Glossis Isidori. Papias habet *Dialabis*, *Constitutum Imperatorium, sive diathete.* Ubi leg. forte *diathecis*, ex Gr. διάθεσις. [In MS. Bituric. habetur *Diathece* : quam vocem puto retinendam, a Græca διαθήκη, Fœdus, pactum.] At *dialabis* videtur detortum ex διαλαβή, quæ quidem vox nescio an hac significatione reperiatur apud Scriptores : [Quare Pithœus mallet *Dialepsis*, διάληψις, Propositum ; Scaliger vero διάταξις, Edictum, constitutio.] [** Forte per compendium scripturæ pro *Divalis apex*, vel *Dialis*. Vide *Dibalis* et *Divalis*.]

* **DIALE**, Tantum terræ, quantum quis per diem uno aratro arare potest, nostris *Journel*. Chartul. S. Joan. Angeriac. fol. 116. r° : *Ego Ramnulfus de Balodis dono Deo sanctoque Joanni Baptistæ .... tertiam partem trium piscaturarum et duo Dialia pratorum*. Vide infra *Dies* 3.

* **DIALITER**, Unoquoque die, Gall. *Chaque jour*. Anonymi Leob. Chron. ad ann. 1205. apud Pezium tom. 1. Rer. Austr. col. 823 : *Menfridus Menfridoniam et alias civitates Siciliæ et Apuliæ communivit et ad resistentiam Dialiter se paravit*. Vide *Diatim*.

DIALOGISTA, [διαλογιστής,] Disputator, qui disserit. Wlcatius in Cassio : *Addens futurum se Sergium, si Dialogistam occidisset, Antoninum hoc nomine significans, qui tantum enituit in Philosophia, etc.*

DIALOGIUM, *Dualis sermo*, in Gloss. MSS.

* **DIALUS**, *Liber*, in vet. Glossar. ex Cod. reg. 7641.

DIAMANTES, Adamas, Adamantinus : *Diamante*, Italis, Gallis, *Diamant*, Græco-Barbar. διαμάντε. Gloss. MSS ad Iatrosoph. *Diamantes, de adamante*. Doctrinale :

> Ex as est atis : elephas gigasque dat antis,
> Et Diamas, adamas, etc.

Vide Meurs. [et Gloss. med. Græc.] in Διαμάντε, infra *Diamentum*.

¶ **Diamantinus Color**, in Actis S. Franciscæ Rom. Mart. tom. 2. pag. 107. * D.

DIAMARE, pro *Deamare*. Gloss. Lat. MS. Regium Cod. 1013 : *Diamat, valde amat*. Abbo lib. 1. de Bello Paris. vers. 198 :

> Valles diffugiunt humiles, tumidi prius Alpes
> Arma simul Diamant.

Et lib. 2. vers. 58 :

> Fallacesque fugam Diamant.

Ubi Glossator ipse Abbo : *Valde amant*.

* **DIAMENTUM**, Adamas, Gall. *Diamant*. Necrolog. eccl. Paris. MS. : *Volo quod Diamentum vendatur plus offerenti ..... Diamentum accipit Eustachius pretio 400. scutorum auri, quolibet scuto valente 25. sol. 8. den. cujus pretii media pars data fuit ecclesiæ Paris. pro uno anniversario in choro perpetuis temporibus celebrando pro dictis Johanne archiepiscopo Remensi et ejus sorore. De quo se onerant decanus et capitulum Paris. per litteras datas die 4. mensis Maii 1481*. Vide *Diamantes*.

¶ **DIAMEROS**, *Persona comica mitrata*. Gloss. Sanger. n. 501. Gr. διαμερής, vel διμερής, Bipartitus. [** An διάμιτρος?]

DIAMETRUM, Intertrimentum, *Dechet*. Harpocration : Διάμετρον, τὸ ἐλλεῖπον ἀπὸ τοῦ δικαίως μετρηθέντος. Ita usurpat Codex Th. in leg. ult. de Navicul. (13, 5.) et leg. 5. de Naufrag. (13, 9.)

DIAMICUS, Valde amicus, familiaris. Willelmus Malmesburiensis in Vita S. Aldhelmi Episc. cap. 3 : *Non est narratus facile, quam efficax fuerit in exhortando Diamicos et discipulos, etc.*

* *Desami*, eadem acceptione, in Lit. remiss. ann. 1404. ex Reg. 159. Chartoph. reg. ch. 183 : *Lesquelz dirent que ilz n'y prendroient ja amis ne Desami que il ne feust batu*. Hispan. *Desamado*, opposito sensu, amore ulterius non prosequutus, odio habitus.

¶ **DIAMORON**. Isid. Orig. lib. 4. cap. 9. de remedio et medicaminibus : *Diamoron a succo mori nomen sumpsit, ex quo conficitur, sicut Diacodion, quia ἐκ τῆς κωδίας, id est ex papavere fit, sicut Diaspermaton, quia ex seminibus componitur*. Vox *diamorum* Pharmacopolis nota est.

DIANA, Dianus. Vita S. Cæsar. Arelat. apud Surium : *Dæmonium, quod rustici Dianum vocant*. Cum Diana equitare, sortilegii species. Fragmenta Capitul. edita a Steph. Baluzio cap. 13 : *Illud etiam non omittendum, quod quædam sceleratæ mulieres retro post sathanam conversæ dæmonum illusionibus et phantasmatibus seductæ, credunt se et profitentur nocturnis horis cum Diana paganorum dea et innumera multitudine mulierum equitare super quasdam bestias, et multa terrarum spatia intempestæ noctis silentio pertransire, ejusque jussionibus velut dominæ obedire, etc.* Adde Capitula Herardi Episcopi Turon. cap. 3

☞ Imaginariarum harumce equitationum etiam meminerunt alii recentiores. Augerius II. Episc. Conseran. ann. 1280. in Statutis MSS. habet : *Nulla mulier se nocturnis equitare cum Diana dea paganorum, vel cum Herodiade seu Benzozia et innumera mulierum multitudine profiteatur; hæc enim dæmoniaca est illusio*. Eadem habent Patres Concilii Trevir. ann. 1310. apud Marten. tom. 4. Anecd. col. 257. ex quibus conjecto hanc mulierculárum delirationem non multum absimilem fuisse nocturnis illis conventibus, quos *Sabbats* vocant, quibusque diabolum sub forma hirci præsidere aiunt, ibique servitia quæ sibi competunt, hoc est, turpissima a suis exigere. Nostræ sententiæ non parum patrocinatur Johannes Sarisberiensis lib. 2. Polycrat. cap. 17. ubi de hujuscemodi delirils : *Quale est*, inquit, *quod Nocticulam (lege Noctilucam) quamdam vel Herodiadem, vel præsidem noctis dominam concilia et conventus de nocte asserunt convocare, varia celebrari convivia, ministeriorum species diversis occupationibus exerceri, et nunc istos ad pœnam trahi pro meritis, nunc illos ad gloriam sublimari*. Vide *Dusis Fada*, [** *Bensozia, Abundia*, et Grimm. Mythol. German. pag. 174. sqq.]

* Bulla Joan. XXII. PP. apud Ordor. Raynald. ad ann. 1317. num. 53 : *Divinationibus et sortilegiis se immiscuerunt perperam; Dianis nonnunquam utentes*. Acta S. Jacobi Mevan. tom. 4. Aug. pag. 730. col. 1 : *Impugnavit* (Jacobus) *errorem earum mulierum, quæ vadunt ad cursum cum Diana*. Ejusdem delirationis meminit eamque graphice describit, nisi quod Dianæ Habundam substituit, Le Roman *de la Rose* MS. :

> Et les cinq sens ainssi deçoivent
> Par les fantosmes qu'ils reçoivent.
> Dont maintes gens par leur folies
> Quident estre par nuit estries,
> Errans avecque dame Habonde.
> Et dient que par tout le monde
> Le tiers enffant de nascion
> Sont de ceste condicion ;
> Qu'ils vont trois fois en la semaine
> Si con destinée les maine,
> Et par tous ces osties se boutent,
> Ne clos, ne barres ne redoutent,
> Ains s'en entrent par les fendaces,
> Par charnieres et par crevaces,
> Et se partent des cors les ames,
> Et vont avec les bonnes dames
> Par liex forains et par maisons.

Infra :

> D'autre part que li tiers du monde
> Aille ainssint avec dame Habonde,
> Si com foles vielles le preuvent
> Par les visions qu'ils y treuvent.

Vide *Hera* 2. et infra *Holda*.

* **DIANATICUS**, Dianæ cultui addictus. Sermo S. Max. Taurin. apud Murator. tom. 4. Anecd. edit. Patav. pag. 99 : *Cum maturius vigilaveris et videris saucium vino rusticum, scire debes quoniam, sicut dicunt, aut Dianaticus aut aruspex est; insanum enim numen insanum solet habere pontificem : talis enim sacerdos parat se vino ad plagas Deæ suæ, ut dum est ebrius, pœnam suam miser iste non sentiat ...... Nam ut paulisper describamus habitum vatis hujusce, est ei adulterinis criniculis hirsutum caput, nuda habens pectora, pallio crura semicincta, et more gladiatorum paratus ad pugnam ferrum gestat in manibus, nisi quod gladiatore pejor est, quia ille adversus alterum dimicare cogitur, iste contra se pugnare compellitur*.

¶ **DIANUNT**, δίδωσι, *Dant*. Supplem. Antiquarii. [* Ex Castigat. in utrumque Glossar. est pro *Danunt*, a *Dano, is*. Priorius in Gr. legit διδόασι.]

¶ **DIANUS**. Vide *Diana*.

¶ **DIAPASON**, διὰ πασῶν, per omnes, supple, chordas, Musicis nostris *Octave*. Martianus Capella lib. 9 : *Ex sonis qui et singulis et omnibus tropis rite conveniunt, symphoniæ tres, quarum est prima διὰ τεσσάρων, quæ Latine Ex quatuor; alia symphonia quinaria est et dicitur διὰ πέντε, atque constat sonis quinque : tertia διὰ πασῶν, quæ ex omnibus octo sonos recipit*. Vitruvius lib. 5. cap. 4 : *Concentus quos natura hominis modulari potest, Græceque συμφωνίαι dicuntur, sunt sex, Diatessaron, Diapente, Diapason, Diapason cum Diatessaron, Diapason cum Diapente, Disdiapason*.

¶ **DIAPENTE**, διὰ πέντε, *Potio Diapente*, Vegetio lib. 1. Mulom. 10. dicitur a numero specierum, scilicet myrrhæ, gentianæ, aristolochiæ longæ, baccarum lauri et eboris rasurarum, ex quibus simul mixtis conficitur; in Musica vero *Diapente* vocatur Mensura tribus constans tonis et dimidio, Gall. *Quinte*. Jac. Cardinalis de Coronatione Bonifacii VIII. Papæ :

> Concrepat inde chorus, duplicat sua vulnera pason.
> Ille tonus Romanus avet : clarum Diapente
> Ille canit : ferit ille gravem quartam diatesron
> Lubricus in vocem, etc.

[** Reinard. Vulp. lib. 4. vers. 651 :

> Sus super æqua levans monachordum jura canebat
> Altius, et falso sex Diapente sono.]

Vide *Diapason*.

¶ **DIAPHONIA**, διαφονία, Vocum discrepantia. Glossar. Sangerman. n. 501 : *Diafonia, id est, Voces discrepantes vel dissone*. Occurrit in Vita B. Notkeri Balbuli, tom. 1. April. pag. 582. Vide *Dulciana*.

DIAPISTUS. Leo Ost. lib. 2. Chron. Casin. cap. 44 : *Planetam Diapistim listis aureis ornatam*. Mox *Tunicam ejusdem operis . . . cum mappula Diapistim auro nihilominus decoratam*. Lib. 3. cap. 73 : *Planetæ Diaspræ deauratæ* 5. *et* 3. *sine auro, diarodinæ deauratæ* 3. *Diapistæ* 2. *et alia citrina*. Lib. 3. cap. 20 : *Tunicam Diapistin cum urna amplissima*, *etc*. Bulla Benedicti VIII. PP. ann. 1023. in Bullario Casinensi : *Oloserica autem auro texta, et planetam de pallio Dyopastin, adornatam optimis listis aureis, et orarium*, *etc*. [Hugonis Falcandi Histor. Sicula, apud Murator. tom. 7. col. 256 : *Hic Diapisti color subviridis intuentium oculis grato blanditur aspectu*.]

DIAPRASIUM, Διαπράσιον, Malagma aut electuarium, confectum *prasio* seu *marrubio* herba, vel certe ex ærugine, quam vocant nostri *Verd de gris* : nam et ita πράσιον interpretatur Myrepsus. Lanfrancus Cantuar. Archiepisc. in Epist. 46 : *Omitto tibi Diaprasium magnum, quod ad hanc infirmitatem valde utile esse Medici perhibent, de quo in modum silvestris nucis tertia semper die accipies*.

Diaprasius, Viridis coloris vividioris. Historia Episcopor. Autis. cap. 44 : *Alterum pallium Diaprasii coloris*. Testamentum Riculfi Episc. Helen. 915 : *Casulas Episcopales optimas tres, unam Diaprasium*, *etc*. Leg. *diaprasiam*.

Diaprasinus, Eadem notione. Flodoard. lib. 3. Hist. Remens. cap. 21 : *Mittens ei quædam pretiosa ornamenta, casulam scilicet Diaprasinam, quam habebat unicam*.

¶ **DIAPRETUS**. Vide in *Diasprus*.

DIAPSALMA. Optatus lib. 4 : *Legimus quadragesimo nono Psalmo sub secundo Diapsalmate Spiritum S. dixisse*, *etc*. S. Hieron. in Epist. ad Marcell. 138. varias de vocis notione sententias refert : *Quidam*, inquit, *Diapsalma commutationem metri dixerunt esse, alii pausationem spiritus, nonnulli alterius sensus exordium : sunt qui rythmi distinctionem : et quia psalmi tunc temporis juncta voce ad organum canebantur, cujusdam musicæ varietatis existiment silentium*. Eadem ferme Isidor. lib. 6. Orig. cap. 19. S. Eucher. Lugdun. de variis vocabul. et Cassiod. in Psalmos. S. Augustin. in Psal. 4 : *Diapsalma, interpositum in psalmo silentium interpretatur*. Amalarius lib. 4. cap. 48 : *Unde et Diapsalma apud Hebræos de nonnullis interponitur, quod significat intervallum vocis distinguendæ*. S. Hilarius in Prologo ad Psalmos extremo : *In Diapsalma vero, quod interjectum plurimis psalmis est, cognoscendum est demutationem aut personæ, aut sensus sub conversione modi musici inchoari*, *etc*.

At Hieronymo nihil horum videtur : censet enim diapsalma vocem esse Hebraicam, quæ *semper* denotat, ita ut quibus illa connectitur, sempiterna esse confirmet. Solent enim Hebræi in fine librorum unum e tribus subnectere *Amen*, *Sela*, aut *Salom*. Quid sit *Amen*, notum. *Sela* idem est quod *Diapsalma* : *Salom*, pacem exprimit, unde et *Salomon* dicitur, id est, pacificus. Igitur, ait Hieronymus, ut solemus nos completis opusculis ad distinctionem rei sequentis medium interponere, *Explicit*, aut *Feliciter*, aut aliquid istiusmodi ; ita etiam Hebræi, ut, quæ scripta sunt, roborentur, facere solent, ut dicant *Amen*, aut *In sempiternum* : aut scribenda commemorant, ut ponant, *Sela*, aut transacta feliciter protestantur, pacem in ultimo subnotantes. Sententiam suam Origenis verbis fulcit, additque, ut probet *Diapsalma* non esse sensus, aut rythmi immutationem, quandoque in Psalmorum fine, ut in 3. et 23. contra in Psalmis multorum versuum non poni, ut in 36. 77. et 118.

Ejusdem vocis notiones Grammatici etiam recentiores proferunt, atque in iis Ugutio : *Volunt quidam esse Hebræum, quo significatur, Semper, videlicet ut illa, quibus hic interponitur, sempiterna esse confirmet. Quidam vero Græcum verbum esse existimant, quo significatur interruptio vocabuli psallendi. Alii volunt esse Græcum, et significare intervallum psallendi, ut psalma sit, quod psallitur, Diapsalma in psallendo silentium, ut quomodo sympsalma dicitur, vocis copulatio in cantando, sic Diapsalma disjunctio eorum*, *etc*. Ebrardus Betun. in Græcismo cap. 10 :

Quod canitur, Psalma est : interpositum, Diapsalma :
Est in psallendo simpsalma innexio vocum.
At quidam Diapsalma vocant exordia sensus
Alterius : quidam, pausam spiraminis esse
Sancti : sed quidam, quod sit mutatio metri
Dicunt : at quidam quod sit distinctio Rythmi.

Anonym. in Cod. Reg. 930 : Τὸ δὲ διάψαλμα, ἢ μεταβολὴν ἂν σημαίνει, νοήματος ἐναλλαγὴν, ἢ ἀντιβολήν τινα τοῦ κρούματος, ἢ μᾶλλον ἀσχολίαν τινὰ τοῦ ψαλμῳδοῦ, καὶ ὑπ...σιν ἐν τῷ μεταξὺ τῆς ψαλμῳδίας συμβαίνουσαν, ὡς ἐγγινομένης τηνικαῦτα τῷ ψαλμῳδῷ καινοτέρας τινὸς παρὰ τοῦ ἁγίου πνεύματος ἐλλάμψεως καὶ μυήσεως. Τινὲς οὖν ἀντὶ τοῦ διαψάλματος τὸ Ἀεὶ γράφουσιν ἐν τούτοις τοῖς διαλείμμασιν, ὡς ἂν ἐντεῦθεν δηλώσωσιν ἀδιάληπτον εἶναι τοῦ παναγίου πνεύματος τὴν ἐπιπνίαν, κἂν ὁ λόγος ἐν διαλείμμασι ἦν ἀποσχολουμένου τοῦ ψαλμῳδοῦ πρὸς τὴν τοῦ πνεύματος καινοτέραν ἐπίχυσιν, καὶ τὸ μέλος διὰ τοῦτο κατασιγάζοντες, καὶ ἁπλῶς εἰπεῖν, τὸ διάψαλμα οὐδὲν ἔνθεν σημαίνει ὀλοσχερῶς, ἢ διάλειμμα ψαλμῳδίας, etc. Alter Codex notat. 2062 : Διάψαλμα, ἢ προσώπου ἐναλλαγή, ἢ διὰ μονὰς μεταβολὴ ἢ μελῶν ὑπαλλαγή, ἢ διάψαλμά ἐςι μουσικοῦ μέλους, ἢ ῥυθμοῦ τρόπος γενόμενος, ἢ διανοία, ἐναλλαγή. Infra : Ἡ διάψαλμά ἐςι μεταξὺ τὰς ψαλμῳδίας γινομένη κατὰ τὸ ἀθρῷον ὑπηρέμησις, πρὸς ὑποδοχὴν τοῦ Θεοῦ ἐπεισκρινομένου * νοήματος. ἢ διάψαλμά ἐςι διδασκαλία τοῦ τῆς ψυχῆς κατὰ τὸ ἀπόῤῥητον γινομένη; περὶ τὸ νόημα τοῦτο προσοχῆς τὸ * συνεσχιπι τῆς μελῳδίας περικοπτούσης, etc. Adde Gregor. Nyss. tract. 2. in Psal. cap. 10. [S. Maximum in Quæst. cap. 18.] Chronic. Alexandr. pag. 202. etc. [** Vide Glossar. med. Græcit. col. 300. et Append. col. 58.]

* Glossar. Lat. Gall. ex Cod. reg. 7692 : *Diapsalma, pause de pseaume*.

* **DIAQUILON**, *Uno certo unguento*. Glossar. Lat. Ital. MS. *Diaculon*, in Lit. remiss. ann. 1420. ex Reg. 171. Chartoph. reg. ch. 209 : *Certaine quantité de menues denrées d'espicerie, . . . huiles d'olive, Diaculon*, *etc*. Hispan. *Diachylon*.

¶ **DIAR** seu Drotnar, duodecim Præfecti cæteris eminentiores, quibus sacrorum et juris populo dicendi curam commiserat Odinus Sueonum Princeps. Ita Hickes. Dissert. pag. 49. et Snor. Sturl. in Hist. Regum Septent. cap. 11.

¶ **DIARECTUS** Dies, *Malus per antiphrasin*, in Vocabulario Sussanæi. [* Perperam pro *Dierectus*, ut legitur apud Festum, ad quem vide notam Salmas. Nonius : *Dierecti dicti crucifixi, quasi ad diem erecti*. Vide Martin. et Lexic. crit. Parci.]

DIARETOR. Concilia Africana sub Bonifacio PP. cap. 45 : *Rursum placuit, ut quoniam Hipponensium Diaretorum Ecclesiæ destitutio non est diutius negligenda*, *etc*. Ubi forte legendum *Directorum* : qui enim *Diaretores Hipponensium Ecclesiæ* hic dicuntur, φροντισαὶ τῆς Ἐκκλησίας ἐν Ἱππόνι, in Canonibus Gr. Ecclesiæ Africanæ can. 78. appellantur.

DIARHODINUS, Color roseus intensior. Vide *Rhodinus*.

* **DIARHODON** Abbatis, Pulvis sic vocatus in Pharmacopeis, quem *hepatis*, non *abbatis*, vult dici Hor. Augenius medic. Hæc ex animadversionibus D. *Falconet*.

DIARIUM, Diurnum cibarium vel obsonium : quotidianus et diurnus victus, quantum diei sufficit. Papias : *Salaria, Diaria, cotidiana cibaria*. Glossæ Isid. : *Diaria, cibus unius diei. Diaria, quotidiana salaria*. Gloss. Gr. Lat. : Ὀψώνιον, *Cibarium, Diarium*. Σιτόμετρον, *Opsonium, Diarium*. Ebrardus Betuniensis in Græcismo :

Sunt, quæ sufficiunt in luce Diaria sumptus.

[Testamentum S. Leodegarii ann. 671. apud Miræum Diplom. Belgic. tom. 1. pag. 335. col. 2 : *Quadraginta fratres quotidiana Diaria et stipendia omni tempore accipiant*.] Vitæ Abbatum S. Albani : *Constituit quædam Diaria dari scriptoribus de Eleemosyna Fratrum et cellaria... ad edendum*. Mox : *Dietamque eorum, et Diaria sub certa quantitate... assignavit*. Rursum : *Pro tribus Diariis de reliquis mensæ Conventualis, ne scriptores in escis emendis impedirentur*. Liber Miraculorum S. Joannis Abbatis Reomaensis n. 7 : *Ubi diutissime tabescens, nil Diarii prorsus sumebat*. Petr. Damian. lib. 6. Epist. 2 : *Nam ubi diurno operi Diarium redditur*, *etc*. *Diaria servorum*, Satyrico, Cibaria in diem ad eorum victum quotidianum. Utuntur Ulpianus in leg. 21. de Adim. leg. (34, 4.) Julianus antecessor Nov. 115. cap. 23. etc. Vide Gl. Pithœi ad eumdem et Meursium in Διάριον.

* Glossar. Provinc. Lat. ex Cod. reg. 7657 : *Diarium, Expensæ sunt, quæ fiunt in una die tantum*.

¶ **DIARODINUS**, ut *Diarhodinus*. Vide *Rhodinus*.

* **DIARSICE**, Elate, a Gr. δίαρσις, elatio, ut notant docti Editores ad Acta S. Lupi tom. 7. Jul. pag. 81. col. 2 : *Hæc tantum, quæ procul dubio scimus, curavimus indicare : ne videamur gnaris loqui Diarsice vel Diascirtice*.

¶ **DIAS**, Numerus binarius, a Græco δίς, Bis. Abbo de Obsidione Lutetiæ a Normannis :

Mox monade necata obiit sævissima Dias.

Occurrit apud Martianum Capellam lib. 6. pag. 228. et lib. 7. pag. 238.

¶ **DIASOPHISTA**, Medicus Sophistes, a Græco διασοφίζομαι, Sophistice ago. Acta SS. Maii tom. 2. pag. 616. de S. Anthimo et sociis : *Quanti quotque Medici et Archiatri* *et Diasophistæ ad te venerunt et nulla ratione curare potuerunt.*

DIASOSTES, Διασώςης, Ductor, conductor. Luithprandus in Legat. cap. 65 : *Civitate cum Diasosta meo egressus.* Supra cap. 57 : *Sicque minus, ut res poscebat, turbatus,* διασώςῃ, *id est, Ductori meo* 50. *aureorum res pretio dedi. Diasostæ exercitus*, in Novell. Justin. apud Julian. Antecess. cap. 532. 537. ductores exercitus. Vide Notas ad Alexiadem pag. 352. [et Glossarium mediæ Græcitatis.]

¶ **DIASPERATUS**, Diasperus, mox in *Diasprus.*

DIASPRUS, Panni pretiosioris species. Bulla Benedicti VIII. PP. ann. 1023. in Bullar. Casinensi : *Similiter et pluviale Diasprum, cum listis auro textis.* VIII. Synod. Act. 10 : *Vestimenta Diaspra tria.* Hist. Episcoporum Autisiodor. cap. 64 : *Quatuor paria indumentorum sacerdotalium diversorum colorum, tam de examito, quam de Diaspro.* Chron. Casin. lib. 2. cap. 44. 76. 99 : *Pluviale Diasprum cum Phrygiis aureis.* Cap. 30 : *Planetam diaspram undique auro contextam.* Lib. 3. cap. 73 : *Planetæ Diaspræ deauratæ quinque.* Innocent. III. PP. lib. 14. Epist. 72 : *Ad hæc de cruce aurea, et Diaspro nobis ex parte tua... præsentatis, gratiarum tibi referimus actiones.* B. Odoricus apud Wadding. ann. 1307. n. 13 : *Residens in throno eburneo tunicula et dalmatica indutus de Diaspero albo. Casula de Diaspro albo*, in Testamento Gerardi de Abbatis villa ann. 1271. *Tunica de Diaspra alba*, in Charta Petri Episc. Paris. ann. 1218. apud Sammarth. Liber Anniversariorum Basilicæ Vaticanæ fol. 144. ubi de Bonifacio VIII. PP. : *Duas cruces de argento, unam de Diaspro, et unam de crystallo..... paria, etc. tria paria candelabrorum de argento, et unum de Diaspro... duo pluvialia de Diaspro et panno Barbarico.* [*Duæ sunt albæ de Diaspro, aliæ duæ sunt de purpura*, in quodam Catalogo S. Martialis Lemov. ann. 1227.] Vide Necrolog. Eccles. Paris. 3. Nov. et Id. Aug. [Hist. Dalphin. tom. 2. pag. 292. et novam Gall. Chr. tom. 3. col. 1124.]

¶ Diasperus. *Cappam de Diaspero aurisamito vel tartarisco aureo de sindone foderatam*, apud Rocchum Pirrum in Sicilia Sacra pag. 393.

¶ Diaspretus. Notitia Ecclesiæ Diniensis per Gassendum pag. 151 : *Item duo pallia alba Diaspreti.*

¶ Diapretus. Testamentum Johannis Gasqui Episc. Massil. ann. 1344. ex Archivo Episcopatus ejusdem urbis : *Lego duos pannos quasi virides Diapretos pro ornando altare.*

¶ Diaspre. Inventarium ornamentorum Ecclesiæ ex Archivo S. Victoris Massil. n. 1100 : *Dalmaticam et Floquetum de Diaspre rubeo.* Capitulum generale ejusdem S. Victoris ann. 1340 : *Capam auream vel sericam de Diaspre paramentis vel aurifricis paratam et ornatam.*

Diasperatus. Monastic. Anglic. tom. 3. pag. 314 : *Sandalia cum caligis de rubeo sameto Diasperato, breudata cum imaginibus Regum in rotellis simplicibus.* Adde pag. 321. Vox etiam nostris nota. Le Roman *de Gaydon* MS. :

Cuirie ot bonne, qui fu de cuir boilli,
Cote à armer d'un Diaspré gaydi.

Infra, de equo :

D'un bon Diaspré fresé menuement
Estoit couvers mult acemeesment.

Italis *Diaspro*, est jaspis : nostris *Diaspré*, variegatus, diversicolor instar *jaspidis* : unde etiam vocis etymon. Rostangnus Berengerus Massil. Poeta Provincialis apud Joannem Nostradamum cap. 58 :

Qu'elle a son cor plus dur que lou Diaspre.

* Ea voce colorem intensissime album designari opinantur docti Editores in nota ad Vit. B. Vict. PP. III. tom. 5. Sept. pag. 416. col. 2. ex eo maxime quod Lexica Græco-barbara ἄσπρον album reddant. Unde Macri in Hierol. *Diasprum* exponunt Dupliciter album.

¶ **DIASTEMA**, διάστημα, intervallum. Occurrit apud Sidonium lib. 8. Ep. 11. et Carm. 15. Vegetius lib. 1. cap. 22 : *Pridie, quam vena pulsetur, sustentetur levioribus et paucioribus cibis, ut per Diastema composito corpore sint, non turbato per indigestionem.* Vide Martianum Capellam lib. 9. pag. 321. [** Ruodlieb fr. 8. vers. 46 :

Quem (*rhythmum*) per sistema sive Diastema dando
Dum mirabiliter operatur, etc. [responsa,

¶ Diastematicus, διαςηματικός, Divisus. *Vox Diastematica*, apud Martianum Capellam lib. 9. pag. 321.

¶ **DIATAPSALON**, mendose, ut reor, pro *Diatessaron*, Vox musica, Nostris *Quarte*, quæ constat duobus tonis et majori semitono. Hist. Canonizationis S. Edmundi Cantuar. Archiep. inter Anecd. Marten. tom. 3. col. 1852 : *Nam alii tono, alii semitono, alii Diapente, alii per Diatapsalon, alii vero usque ad diapason voces Salvatoris laudantium clementiam extollebant.* Vide *Diapason.*

¶ **DIATESRON**, pro *Diatessaron.* Vide locum in *Diapente.*

¶ **DIATESSARON**, διὰ τεσσάρων, Musicis Quarta, quæ duobus tonis constat et dimidio majori, Gall. *Quarte.* Vide *Diapason.*

¶ Diatessaronice, Secundum Quartam Musicorum. *Dum Gloria in excelsis Diatessaronice intenderetur*, in Actis SS. Gervasii et Protasii Junii tom. 3. pag. 835. A.

¶ **DIATHECA**, Græc. Διαθήκη, Testamentum, in veteribus Instrumentis non semel, verum et apud Martialem 12. epigr. 71. ubi tamen alii *Diatecta* legunt. Hinc corrigendum Glossar. Sangerman. n. 501. ubi : *Dicatice, Testamenta.* Vide Turnebi Adversar. lib. 27. cap. 31. Hierolexicon Macri et infra *Diatychi.*

DIATIM, Quotidie, de die in diem, apud Isidorum in Gloss. et Balbum in Catholico. Eckeardus junior de Casib. S. Galli cap. 1 : *Cum lineis vestibus Diatim introiit.* Utitur et Gerardus Abbas Silvæ Majoribus in S. Adelardo n. 53. et Matth. Paris ann. 1252. [Auctor Vitæ B. Deicoli apud Eccardum in Orig. Habsburgo-Austriac. pag. 162. et Chartarium Eccl. Auxitanæ cap. 48. Vide *Dietim.*]

DIATRETUS, Perforatus, cælatus, ex Græco διάτρητος. *Calix Diatretus*, in leg. 27. § 29. D. ad leg. Aquil. (9, 2.) Unde Diatretarii, Διατρητάριοι, Qui calices aut vasa cælant et perforant, in leg. 1. C. de Excusat. artif. (10, 66.) *Diatretarios*, τοὺς τρυπῶντας τὰς μαργαρίτας, interpretantur Græci, qui perforant margaritas.

DIATRITUS, pro *Diatretus.* Paulin. Epist. 12 : *Totidem januis patefactus* (paries) *a latere Confessoris, quot a fronte ingressus sui foribus nova* (Basilica) *reserabatur, quasi Diatritam speciem ab utraque in utramque spectantibus præbet.* Ubi *species* est, quod *Face de bastiment* dicimus, uti a Vitruvio lib. 9. cap. 4. vox hæc usurpatur : *Species Diatrita*, nostris, *Face à jour, percée de fenestres et de portes.*

DIATYCHI. Charta Garsiæ Regis Navarræ apud Sandovallium in Episc. Pampilon. pag. 42. sic clauditur : *Est autem data et Deo oblata se volventibus temporum recursibus, anni æræ millesimæ cum supputatione nonagesimæ, die vero secundo, Idus Decembris, luna vero quarta diebus exactis Diatychi, regnante Domino Jesu Christo, etc.* Omisit hæc verba in versione Hispanica Sandovallius. An ex Græco διὰ τυχῆς, *feliciter;* vel potius hæc vox referenda ad, *est autem data et oblata* διαθήκη, i. e. *testamentum*, quomodo ejusmodi donationes vocabant.

DIATYPOSIS, Mandatum. Gloss. Gr. Lat. : Διαταγή, ἡ διατύπωσις, *Dispositio*, Διατυπῶ, *Constituo, dispono, statuo.* Gregorius M. lib. 8. Epist. 20 : *Scripsistis nobis, ut Dulcitio agenti vices nostras dicere deberemus, ne quid super Diatyposim auderet expendere.*

DIAULIUM, Αὐλή, Atrium, domus. Fridegodus in S. Wilfrido cap. 12 :

Præterea Andreæ germana Diaulia sancti
Ingressus, etc.

** **DIBALIS**, Imperatorius. Vide *Divalis.* Chart. Longob. ann. 750. ap. Brunett. Cod. Diplom. pag. 535 : *Constantes hac diæ vindedissent et vindedi duppla vonis conditionibus secundum Dibal' cunstituta vobis Tanduini et Fuolfo sorticilla mea, etc.* Agitur ibi de *Dupli Stipulatione*, de qua vide JC. et Marin. in Pap. Diplom. num. 114. not. 1.

DIBELLIO. Vide *Duellio* 1.

* **DIBELLUM**, *La seconda bataya.* Glossar. Lat. Ital. MS. Vide *Duellium* 1.

DIBLER, Anglis *Doubler*, Discus, patina, paropsis. Leges Burgor. Scotic. cap. 125 : *Hæres habebit... discum, paropsidem, quod dicitur le Dibler, vel chargerum.* Le Roman du *Chevalier au Barizel* MS. :

Qui ja n'emporterai denier,
Ne pain ne el en mon Doublier.

Le Songecreux :

La nape aussi, ou le beau Doublier fin.

Chronicon MS. Abbatum Corbeiensium pag. 57 : *Baillivus debet administrare hospitibus de religione panem et vinum in eadem forma, qua administrat Conventui, et melius detur eis facere*, napes, touailles, Doubliers, bachins, cailliers, henas, voirres, kaves, *virgatas*, pos, justes, deux truites de fust, *unum, in quo trahitur vinum de Conventu, et aliud, in quo mittitur vinum de Eleemosyna.* Vide *Duplarium* 2.

¶ **DIBULATIO**, *Designatio.* Papias. [** In Glossar. cod. reg. 7644. ut ex Glossis : *Dilatio, Designatio.*]

1. **DICA**, *Charta, a dicendo.* Ita Papias. Joannes de Janua : *Dica, Tabula vel cautio,*

vel Charta proprie, ubi continetur summa debiti, et nomina debitorum, vel debentium, et ponitur pro qualibet parte Chartæ, et dicitur a dico, cis. [** Etymon fortasse Græcum Δίχα. Confer Chartæ partitæ et divisæ in Chirographum.] [Liber niger Scaccarii pag. 366 : Item thesaurarii domini Regis de marca faciant de averio domini Regis Dicas et cyrographa contra custodes et clericum ponderis et cunei.] Vide Dicha.

Dica, non tam pro Charta, vel schedula, in qua scribitur, quam pro taleola, nostris Taille, in qua rerum numerus annotatur, usurpatur a Thwroczio part. 1. Chr. cap. 24. de Siculis : Hi nondum Scythicis literis obliti, eisdem non encausti et papyri ministerio, sed in baculorum excisionis artificio, Dicarum ad instar, utuntur. Vide Olaum Wormium in Fastis Danicis pag. 87. et 119. ubi ejusmodi baculos excisos repræsentat. Ordericus Vitalis lib. 8. pag. 708 : Unde coacti Dicam per totam terram suam, quæ hactenus a malis consuetudinibus libera erat, fecerunt, et 60. libras Cenomanensium... Roberto dederunt. Ubi Dica nihil aliud est quam tallia, seu exactio, vel præstatio, quæ inde nomen accepit, quod in taleolas referretur, ut suo loco monemus. Qua etiam notione accipitur in Decretis Hungaricis Ludovici Regis Hungariæ art. 3. et 4. et Matthiæ Reg. ann. 1464. ubi Dica est exactio publica, Dicator exactor, et Dicare exigere. Liber Rubeus Scaccarii Anglici fol. 30 : Et præter hoc debet Magister Marescalsiæ habere Dicas de donis et liberationibus, quæ fuerint de thesauro Regis, et de sua camera; et debet habere Dicas contra omnes officiales Regis, ut testis per omnia. Ubi Dica, est præstatio in taleolam relata. Statuta Ordinis de Sempringham pag. 748 : Institutum est etiam ut diligenter per Dicam notetur, quantum ex omni genere bladi vel leguminis expendetur in semine. Supra : Dica illa dividatur in duo, et una pars deputabitur custodiæ hospitalis fratris,... et altera Grangiario. Rursum : Per aliquem Fratrem fidelem Clericum vel laicum ad hoc assignatum excutiantur decimæ; et summa inde proveniens annotetur Dica inter fratrem prædictum, et Grangiarium. Ibidem : Et singulas quarterias annotet per Dicam. [** Abbrev. Placit. Johann. reg. ann. 9. Hertf. rot. 5. pag. 58 : Foliot dat duas marcas et dimidiam et pacavit illas ad scaccarium per Dicam et tamen ponantur in summonicione, quia non est allocata Dica.] Secunda Curia Generalis celebrata Barcinone ann. 1299. a Jacobo II. Regis Aragon. MS. : Item quod omnis Dica, quam campsor faciat, vel dicat alicui qualicumque ratione, quod inde teneatur sicut per depositum et comandam, et quod campsor habeat scribere omnes Dicas, quas faciet in capi-brevio majori suo jurato, et non aliis libris vel scripturis. Curia Generalis celebrata ab Alphonso Rege in Villa Montis albi ann. 1333 : De quibus quantitatibus dicti campsores Dicas faciant, ut eas tradant inquisitoribus. Jurisconsultis, Dica, est judicium, actio, libellus, actionem continens.

* Glossar. Lat. Ital. MS. : Dica, la carta del debito.

** Dice, Litteræ. Ruodlieb. fragm. 3. vers. 227 :

> Respondit : Vivit, valet et bene, vel tibi misit
> Istas litterulas, melius quibus ac mihi credas.
> Susceptaque Dice sciolum facit hanc recitare.
> Quam super ut legit, ait : arbitror hæc brevis inquit, etc.

* 2. **DICA**, Dicha, Oblata conditio, Gall. Offre. Charta ann. 1319. in Reg. 59. Chartoph. reg. ch. 343 : Quod quicumque bona et jura immobilia . . . . emere vellent... prout vellent dicerent et offerrent coram illis, qui ad recipiendum Dicas seu oblationes hujusmodi . . . . fuerant deputati, . . . et factis in et præ dictis bonis per plures personas pluribus Dicis seu oblationibus, etc. Alia ann. 1332. in Reg. 68. ch. 2 : Item quod tempore quo monetæ regiæ fuerunt venditæ, quod dictus Raymundus fecit quandam oblationem sive Dicham in moneta regia Tholosæ, et quidam Geraldus de Martello fecit quandam Dicham sive incheriam de quatuor libris pro milliari, etc. Vide infra Ditum.

¶ **DICABULUM**, Dicibulum, Nugæ, fabula puerilis, dicterium. Tertul. adv. Valent. cap. 20 : Puerilia Dicibula, in mari poma nasci, in arbore pisces. Mart. Capella lib. 8. pag. 273 : Dicabulis cavillantibus saleque contenta.

¶ **DICAMBITIO**, Permutatio, inquit Bollandi Continuator. Acta SS. Junii tom. 1. pag. 411. de S. Nennoca : Calicem hunc aureum... in testimonium offero et in Dicambitione æterna promitto. Lubens legerem Dicumbitio, eadem notione, qua supra Decumbitio. Vide in hac voce.

¶ **DICARE**. Vide Dica et Diccus.

¶ **DICASTERIUM**, Δικαστήριον, Forum judiciale. Appendix ad vitam S. Henrici Imp. Julii tom. 3. pag. 789 : Sequuntur deinde Domini status sæcularis, nobilitas aulica, tum D D. Consiliarii, et reliqui ex diversis Dicasteriis suo ordine Officiales. Occurrit et apud Ludewig. tom. 6. Reliq. MSS. pag. 219. et 222.

* Congregatio judicum Vita S. Rosæ tom. 5. Aug. pag. 951. col. 2 : Cui (publicæ supplicationi) tum ipsi, tum singulorum ordinum regulares, et universa tribunalium Dicasteria interveniunt.

¶ **DICATICE**. Vide Diatheca.

DICATIO, Laus, gloria. Lex 2. Cod. Th. de Famosis libellis (9, 34.) : Qui accusandi fiduciam gerit, oportet comprobare, nec occultare, quæ scierit : quoniam prædicabilis erit ad Dicationem publicam merito perventurus.

Dicatio, Titulus honorarius. Gloss. Græc. Lat. . Καθοσίωσις, Devotio, Dicatio, Majestas. Epist. Anulini Procos. Africæ apud S. Augustinum Ep. 68 : Libellum sine signo obtulerunt Dicationi meæ. Occurrit apud Senator. lib. 11. Epist. 7. et 9. in Epist. Constantini Magn. ad Ablavium, in Actis Concilii Arelat. I. in Collatione Carthag. I. cap. 10. 19. in Cod. Th. leg. 1. de Veteran. (7, 20.) leg. 1. 21. de Appellat. (11, 30.) etc. Vide Salmasium ad Pollionem pag. 289.

¶ **DICATOR**. Vide in Dica.

¶ **DICATURA**, Judicatus, officium judicis. Statuta MSS. Augerii II. Episc. Conseran. ann. 1280 : Nullus in sacro ordine constitutus... tabellionatus officio fungatur in curia sæculari... aut Dicaturas sæcularium Principum tenere præsumat.

* **DICCARE**, Diccatio. Vide supra Dicare.

DICCUS, Flandris Dic, Gallis Digue, Agger. Dicare, Diccare, apud Ægidium de Roia ann. 1322. Diicken, aggerem extruere, agrum aquaticum terra complere. [Genealogia Comitum Flandriæ, inter Anecd. Marten. tom. 3. col. 414 : Eodem anno (1321.) tanta fuit in mari tempestas et inundatio vehemens marinorum fluctuum, quod aggeres et Dici marinis fluctibus oppositi rupti sunt in multis locis.] Ch. Joannæ Comitissæ Flandriæ ann. 1230. pro Marquettano Monasterio apud Buzelinum : Terram illam cum appendictis, quæ versus mare jacet, ultra Diccum illum, qui fuit, et est ultra terram Andreæ... intra quam terram videlicet illa terra, quæ Calvekinscura dicitur, ad Diccandum in eleemosynam dedissemus... Dedimus et concessimus... totam terram nondum Diccatam a loco, qui nomine ipsius Eccl. dicatus est,... et quidquid Diccari potest, etc. Charta ann. 1242 : Cum omnibus pertinentiis, scilicet Dico et jactu maris. Salmas. de Hellen. a τεῖχος paries, murus, etymon accersit.

¶ Jus ad Dicum, Præstatio ad Dicum exsolvenda. Charta Wenemari Castellani Gandensis de Fundatione Abbatiæ Canonicorum in Bornehem circa ann. 1101. apud Miræum tom. 1. pag. 168. col. 2 : Ad usus Canonicorum ibidem Regularium omnes decimas de Martinesforthe ad Burnehem pertinentes, et unum mansum terræ inter Brocklant et Gestlant, præter Jus ad Dicum, necnon et unum sach ad turvos et ad silvam... dedi.

¶ Dika, ut Diccus. Concordia inter Episcopum Tornac. et Monachos S. Quintini de Insula ann. 1323. e secundo Chartulario ejusd. S. Quintini pag. 236 : Juxta quemdam polrum dictum Amelio supra Dikam et ripam alvei currentis Dedain.... Deinde in novo polro de novo Dikato... revertendo in Occident. ubi tres Dikæ conveniunt. Rursum occurrit ibidem.

* Dicare, Diccare, Molem fluctibus opponere, aggerem exstruere, nostris alias Diicer et Dieguer, Flandris Diicken, a Diik, agger, Gallo-Fland. Diiccage; unde Diicwellinghe, Aggeris destructio, in Ch. ann. 1293. ex Chartul. 2. Fland. ch. 18. in Cam. Comput. Insul. : Li cuens devantdis nous a acquitté pour lui et pour ses hoirs de la calenge qui faite me fu, c'on appielle Diicwellinghe. Charta Margar. comit. Fland. ann. 1269. in Suppl. ad Miræum pag. 602 : Et occasione hujusmodi vocabuli, Utdict, intelligere vellent abbas et conventus de Camberona omnes jactus maris, et quod Dicare possent et acquirere super mare ad libitum suum in officio memorato. Alia ann. 1292. in Chartul. jam laudato ch. 22 : Cum incolæ ac possessores ejusdem terræ cepissent Diccare terram, et non possent consummare, ... ordinavimus Diccationem prædictæ terræ. Rursum alia ann. 1303. ibid. ch. 20 : S'il avenoit c'on Diiccast dehors le diic, qui orendroit est de nouvel vers la mer . . . . . S'il avenoit que en aucun temps on fesist Diiccage, c'on claime insetten ou utseten. Dikage, in Charta ann. 1331. ibid. ch. 584 : Ceaux de la ville de Gand . . . . disoient que chil de Leet-polre et de Hout-polre,

nului excepté, doivent paiier et contribuer avecques eaux tous cous, tous frés et tous despens que il feroient à les wateringhes et Dikages de leur Leet-polre. Lit. remiss. ann. 1460. in Reg. 190. Chartoph. reg. ch. 121 : *Lesquelz marestz icellui Olivier avoit fait clorre, Dieguer et gaigner de la mer; .... lesquelles clostures et Diegueries avoient cousté à faire et maintenir plus de mil livres.* Alia notione *Dicare*, videsis in *Dica* 1.

* **DICÉLLA**, Genus ensis vel jaculi, quod bifariam cædit. Rhodig. ex Theone. Vox est Græcanica. Ita Car. de Aquino in Glossar. milit.

DICENTARIUS, Rhetor, orator. Gloss. Lat. Gr. : *Dicentarius*, ῥήτωρ, δικανικός. In Gloss. Gr. Lat. Λέκτης. [Vide *Decentarius*.]

* **DICERE** Fabas, *Dire feves*, nostris, Irrisoria et nugatoria loquendi ratio. Lit. remiss. ann. 1383. in Reg. 124. Chartoph. reg. ch. 8 : *Icellui suppliant leur dist : Beaux Seigneurs, alez vostre chemin, je ne vous demande riens. Lesquelz Henry et sesdiz compaignons .... distrent, si ferons nous malgré vostre, et si vous demandons et vous Disons feves; et ledit suppliant respondi, je vous di pois, ou paroles semblables. Dire d'une fleutte*, Fistula canere, in aliis Lit. ann. 1482. ex Reg. 207. ch. 133 : *Le suppliant Disant d'une fleutte et regardant illec son bestail.*

* **DICERE** ad Invicem. Cum aliquo colloqui. Steph. de Infest. MS. ubi de Innoc. VIII. PP. : *Cum stetisset* (imperator Turcarum) *coram pontifice aliqua ad invicem Dixerunt, mediante interprete, etc.*

* **DICERE**, nude, Auctionari, liceri, Gall. *Mettre l'enchere.* Locus est infra in *Exita* sub *Exire* 2. Vide supra *Dica* 2.

* **DICERIUM**, Dictum. Glossar. Provinc. Lat. ex Cod. reg. 7657 : *Paraula, Prov. verbum, Dicerium, famen.*

* **DICERTIO**, Famulus honoratior quidam; an qui a consiliis vel a secretis? Ut ut est mendum hic suspicor. Charta Will. archiep. Rem. ann. 1197. in Suppl. ad Miræum col. 1 : *Cum de equitaturis, quas solus cancellarius* (ecclesiæ Tornac.) *habere deberet, revocaretur in dubium, et diversi in parte ista diversa sentirent, via media incedentes statuimus magistrum Gisellinum cancellarium tribus Dicertionibus cum duobus servientibus et uno gartione esse debere contentum.* Leg. forte *Dissertoribus*. Vide *Dissertor*.

¶ **DICHA**, pro *Dica*, Schedula vel *Talleola*, si bene conjecto : unde *Diche Cyregrapharium* eum existimo, qui curam habet in *Dica* notandi quæ sunt annotanda, ut *tallias* seu impositiones, etc. Charta Edwardi I. Regis Angl. ann. 1277. apud Rymerum tom. 2. pag. 83 : *Cum nuper provideri fecerimus, quod Judæi regni nostri manerent in civitatibus et burgis nostris propriis, in quibus Diche Cyregrapharius Judæorum nostrorum esse consueverat.* [* Vide supra *Dica* 2.]

DICHONEUTON ÆS, Διχώνευτον, Bis recoctum et conflatum, mixtura forte alterius metalli adulteratum, de quo in leg. 1. Cod. Th. de Conlatione æris, (11, 21.) ubi consulendus Jac. Gothofredus.

* **DICIA**, *La rete*, in Glossar. Lat. Ital. MS.

¶ **DICIBILIS**, Qui dici potest vel debet. Gl. Lat. Græc. : *Dicibile*, λεκτόν, ῥητόν. Arnoldus lib. 2. Ligni vitæ de Scriptor. Eccl. littera G. apud Murator. tom. 6. col. 70 : *Tres sermones qui sic incipiunt, I. Dicibilis sermo de indicibili Verbo in verbis Dicibilibus. II. In principio erat Verbum, etc.*

¶ **DICIBULUM**. Vide *Dicabulum*.

* **DICIMATIO**, pro *Decimatio*, Prædium, ager in quo percipitur fructuum decima. Charta apud Meichelbec. tom. 2. Hist. Frising. pag. 91 : *Quicquid de Dicimatione liberorum hominum vel barscalcorum pertinere deberet ad easdem ecclesias, hoc in arbitrio et potestate Attone episcopo posuerunt.* Vide *Decimæ*.

* **DICIPULA**, pro Decipula. Glossar. Lat. Gall. ann. 1352. ex Cod. reg. 4120 : *Dicipula, Louviere.*

¶ **DICITORIUM**, Rostra, Gall. *Tribune aux harangues.* Acta SS. Martii tom. 3. pag. 244. de B. Ambrosio Sen. : *Unus ex Consiliariis dicti Consilii surgens in dicto Consilio ad Dicitorium, super contentis in dicta præsenti proposita, dixit, etc.*

DICITRINUS. Vide *Diacitrinus*.

DICLUG, *vocabitur Antichristus, cujus numerus est* DCLXVI. *per litteras Græcas.* Ita Papias MS. Editus habet *Didux*.

* **DICO** Vobis, Vox familiaris religiosis seu prædicatoribus, quam irridet Bareleta Serm. in fer. 6. hebd. 1. Quadrag. : *Recipe medicorum, cætera notariorum, Dico vobis religiosorum destruunt mundum.*

¶ **DICOFRIT**, Dicofritum, Species operæ dominis præbendæ. Charta anni xvi. Ludovici Imp. apud Lobinellum tom. 2. Histor. Britan. col. 24 : *Trado tibi... villam... sitam in pago Venedia... sine renda, sine opere Dicofrit, difosot, et sine ulla re homini sub cœlo, nisi denarios* vi. *ad sanctam Leupherinam in monasterio Conoch pro anima mea, etc.* Infra : *Dereliquid ipsam terram... sine opere Dicofrit et diwohart, etc.* Tabular. Rothonense : *Emit particulam de terra sine renda, sine opere Dicofrit.* Alibi : *Facias inde quod volueris in luh, in Dicombito, in alode comparato, diost, Dicofrit, diwohart et sine ulla re.* Rursum alibi : *Canmael et frater ejus Judhael vendiderunt Budwonto presbytero terram proprietatis suæ... in potestate, dominatione, in luh, in dicombito, in alode comparato, Dicofrito, etc.*

¶ **DICOGRAPHUS**, Δικογράφος, Causarum scriptor. Vox forensis.

¶ **DICOMBITUM**, ut supra *Decumbitio*. Tabularium Rothonense : *Drivinet dat Trebdecc cum mansis in alode et in Dicombito.* Alio in loco : *Ita ut faceret emptor quidquid illi placeret, licentia et Dicombito venditoris.* Vide *Dicofrit* et *Dicambitio*.

DICORA. Vide *Dacra*.

¶ **DICROTUM**, Δίκροτον πλοῖον, *Bireme navigium*, a δὶς bis et κροτέω, pulso. Lexicon Martinii.

* **DICTA**, Repetitio, iteratio, Gall. *Redite.* Judic. inter episc. Lingon. et ducem Burg. ann. 1153. inter Probat. tom. 1. Hist. Burgund. pag. 48. col. 2 : *Dux non veniens* (ad judicium) *suum misit nuncium, qui inde eo solo excusabat dominum suum non venisse, quod tantas Dictas ferre non poterat.* Nisi legendum putes *Dietas*. Vide supra *Diæta* 5.

¶ **DICTALES** Tabulæ, In quibus *dictabant* seu componebant. Vide *Tabulæ dictales*.

¶ **DICTAMEN**, φωνή, in Glossis. Hinc *Ditamen rectæ rationis* sæpius dictum. Vide post *Dictare*.

1. **DICTARE**, Scribere, orationem, epistolam componere. Britannico ad Juvenalis Sat. 8 : *Dictare est aliquid docere in omni genere doctrinæ, quod alius excipiat : et Dictata, quæ traduntur in omni genere disciplinæ.* [Engelhusius in Vocabulario Saxonico MS. ut docet Eccardus in notis ad Prologum Pactus Legis Salicæ, *Dichten, Fingere, Dictare.* Teutonista : *Gedicht of lyet intgemeyn, Dictamen, Carmen, Poema, Dictatura, Fictio. Dichten, Dictare, Componere, Dictitare, Fingere, Confingere. Dichter, Dictator, Compositor, Confictor, Poeta.* Vocabularius Anonymi sæculo xv. impressus : *Prosator, ein Tichter on versch, est Artifex faciens Dictamina neque metricis, neque rythmicis legibus coartata.*] Marculfus in Epist. ad lib. 1. Formul. : *Viros eloquentissimos, ac rhetores, et ad Dictandum peritos.* Candidus Monachus in Vita Egili Abbat. Fuld. : *Exerce temetipsum legendo, et aliquid utilitatis adde Dictando.* Petrus Damiani lib. 1. Epist. 15 : *Contemplandi quidem atque Dictandi perfruor otio.* Ursio Abbas in Actis S. Marcelli PP. : *Licet non delecter Dictandi studio.* Gaudentius Brixiensis Episc. in Epist. ad Benevolum : *Te quoque ea tempestate Magistrum memoriæ, oblitum salutaris fidei arbitrata, contra Catholicas Dictare Ecclesias compellebat.* Anselmus Cantuar. in Epist. ad Anselmum nepotem : *Dictare quotidie assuesce, et maxime in prosa : et ne multum ames difficile Dictare, sed plane et rationabiliter.* Anonymus Mon. Ratisponensis de sua fortuna part. 2 : *Occurrit animo, ut in Dictamine me occuparem aliquo, quod sæpe expertus sum mentem lascivam cujuslibet scholastice instructi in nullo posse magis constringi, quam studio Dictandi.* [** Continuat. Chronic. Herman. Januenensis ap. Hahnium Collect. Monum. tom. 1. pag. 397 : *Ego scriptor hujus libri illud quod sequitur, non proprio Dictamine, sed ex aliis cronicis diligenter sumpsi.*] Occurrit præterea apud Domnizonem, Anonym. Haseurietanum, laudatum a Gretsero in Episcopis Eystetensib. cap. 15. Willel. Britonem lib. 1. Philipp. pag. 95. Gregor. Turon. lib. 6. Hist. cap. 22. et alios passim. [Vide jam laudatum Eccardum loco citato.]

* Glossar. Gall. Lat. ex Cod. reg. 7684 : *Ditier, Dictare. Ditié, Dictamen. Diteur, qui bien dite, dictator.* Ibid. : *Ditey, carmen.* Lit. remiss. ann. 1401. ex Reg. 156. Chartoph. reg. ch. 448 : *Lequel Arnoulet tenoit en sa main un Dictié de la Vierge Marie, qu'il vouloit lire.* Le Roman *de Robert le Diable* MS. :

Si com je trais en mon Dictié,
De lui ont si très grant pitié, etc.

Le Roman *du Riche homme et du Ladre* MS. :

Chils qui tout scet et qui tout voit,
Me doinst sa grace et me pourvoit
De Diter che que j'ai empris;
Car de Diter ne sui apris.

Vide *Dictitium*.

Dictare, interdum est pronuntiare,

ὑπαγορεύειν. Gloss. Lat. Gr.: *Dictat*, ἀναδίδωσιν, ὑπαγορεύει. Regula Pauli et Stephani in Concordia Regularum Mon. : *Juniores, et maxime, qui adhuc Psalmos discere meditantur, per choras ex ordine et sine negligentia Dictent, ita ut ab eo loco, quo minores ignorant, hi juniores, qui jam Psalterium finierint, per ordinem sibi in Dictando succedant, ut omni tempore pronuntiandi usus non desit.* Vide Notas nostras ad Cinnamum pag. 492.

¶ DICTARE OPERAM. Leges Rotharis [** 145.] apud Muratorium tom. 1. part. 2. pag. 25. col. 1 : *Si quis magistrum Comacinum unum aut plures rogaverit aut conduxerit ad operam Dictandum, aut solatium diurnum præstandum inter suos servos, ad domum aut casam faciendam, etc.* Quem in locum Cl. Editor : *Operam Dictare* significare videtur præesse operariis, eisque normam tradere atque ordinem structionis... Sed nunquid pro *Dictare* legendum *Diætare operam*, hoc est, *Dietim* præstare operam?

* 2. DICTARE. Bulla Lucii III. PP. ann. 1181. inter Probat. tom. 2. Annal. Præmonstr. col. 413 : *A prato Bovini, sicut Dictat labium nemoris, quod dicitur Forest, usque ad viam ovium, ... ab eodem prato Bovini, sicut Dictat labium Chelme usque ad fontem Beliardis.* Id est, prout jacet et distenditur ora nemoris, etc. Vide infra *Dissepare*.

DICTATOR, Scriptor. Gloss. Gr. Lat. : Ἀντιγραφεύς, *Dictator, Rescriptor.* Alibi : Ὑπαγόρευσις, *Dictatura, Dictatum, Dictatus, Dictatio.* Ὑπαγορεύω, *Dicto.* Ὑπαγορεύων, *Dictator.* In MSS. Codd. Festi Breviarii Historiæ Romanæ, *Festi Dictatoris Breviarium* appellatur, uti monet Andr. Schottus in Notis ad Victorem. Forte quia erat *Magister Memoriæ*, qui Ἀντιγραφεὺς τῆς μνήμης, Petro Patricio. Lucifer Calaritanus lib. Moriendum esse pro Dei Filio : *Quando ipse, cum sis, ut tibi videtur, peritus, habeasque Dictatorum designatum numerum, etc.* Domnizo lib. 2. de Vita Mathild. cap. 12.

Dictator quidam, de quo metra protulit ista.

Epist. 16. inter Francicas tom. 1. Hist. Franc. : *Sed hæc unda irrigua et imperitum depromat sensum, et componit barbarum Dictatorem, qui potius apud Dodorenum didicit gentium linguas discerpere, quam cum bonæ memoriæ Parthenio obtinuisse rethorica dictione.* In Leg. 1. Cod. Th. de Legatis et decretis, (12, 12.) *Dictator* videtur sumi pro eo, qui alicui rei pro imperio suo intercedit : *Nullus igitur obsistat cœtibus Dictator, nemo consiliis obloquatur.* [* Nisi, quod satis placet, accipias pro Magistratu in provinciis Africanis constituto, qui hoc titulo gaudebat, teste Jac. Gothofredo ad hanc legem. Ita etiam Otto de Edilib. cap. 2. pag. 72. Eodem præterea nomine civitates quædam donabant magistratus suos, apud Spartian. in Hadriano cap. 19.] Vide *Antigraphus*, et *Dictor*.

DICTATIO, Scriptum, oratio scripta, apud Senatorem lib. 6. Epist. 12. lib. 8. Epist. 13.

DICTATUM, in Gloss. Lat. Gr. : Ἄμιλλα, καὶ ἀναδεδομένον τοῖς μαθηταῖς. Ita emendo. Ibidem : *Dictat*, ἀναδίδωσιν, ὑπαγορεύει. Gennadius laudat *Pomœrii Dictatum de contemptu mundi.* Edidit. P. Pithœus *Juliani Dictatum de Consiliariis*, post Collationem Legis Mosaicæ.

DICTATUS, apud Ordericum Vital. lib. 11. pag. 834. [Inscriptio veterum Formul. Andegav. : *Incipiunt Dictati seu veteres formulæ Andegavenses.* Occurrit iterum in Actis SS. Junii tom. 3. pag. 810. *Dictatus* quartæ declinationis, in Annal. Benedict. tom. 4. pag. 719. col. 1.]

DICTAMEN, Scribendi forma et modus, formula, stylus, prosa, oratio soluta. Ebrard. Betun. in Græcismo cap. 11 :

Dictamen prosa est a metri lege solutum.

Auctor Mamotrecti in Sapient. : *Stylus, id est, Dictamen.* Innoc. III. PP. lib. 14. Epist. 137 : *Litteris ipsis diligenter inspectis, ipsi rescripsimus eas tam ex Dictamine, quod a stylo Cancellariæ nostræ discrepabant omnino,... falsas esse.* Idem in c. 2. de Falsar. in 3. Collect. : *Nam licet in stylo Dictaminis et forma scripturæ aliquantulum cœperimus dubitare.* Petrus Damian. lib. 1. Epist. 15 : *Dixistis... quia... non deberem prorsus omittere, quin vos aliquando Dictaminibus visitarem.* Infra : *Et a Dictaminis, vel intimæ contemplationis intuitu mentis acumen obtundit.* Chron. Abbat. S. Trudonis lib. 8. pag. 440 : *Pueros... non tamen Dictamen, quam metrum componere docuit.* [** Gaufrid. in Summa de arte dictandi, *Dictamen*, inquit, *est orationum series perfectarum, nullis intercisa distantibus, nullis metrorum legibus obligata.* Hæc ex MSS. profert Hahnius l. l. Vide Arxium ad Ekkehard. IV. Casus S. Galli pag. 101. not. 38.] Laudatur a viris doctis *Liber Dictaminum Guillelmi de Mandagoto*, postmodum Cardinalis, in quo continentur formulæ, quibus pater filio, filius patri, avus nepoti, amicus etc. scribere, vel etiam eum alloqui debeat. Ejusdem sunt argumenti *Magistri Matthæi Dictamina*, seu *Ars dictatoria*, Liber *de Stylo Romani Dictaminis*, qui adscribitur Greg. VIII. PP. et alter Magistri Trausmundi *de Arte dictandi.* [In Guelferbitanæ Bibliothecæ Codice membraneo, Eccardo teste in notis ad Prologum Pactus legis Salicæ, habentur *Bennonis Misnensis Episcopi Rationes Dictandi prosaice ex multorum gestis in unum collectæ*, in quo libello meminit quoque Benno *Dictaminum Alberici Monachi.* Verba ejus sunt : *Sic enim Alberici Monachi viri eloquentissimi librum vituperant, qui etsi plene per singula Dictaminis documenta non scriberet, in epistolis tamen scribendis et Dictandis privilegiis non injuria creditur cæteros excellere.* Idem Benno adducit *Agiulfi* et *Abbatis Samaritani* scripta ejusdem argumenti, in quibus tamen *temeritatem et indisciplinatæ doctrinæ novitatem* culpat. In ead. Bibl. Guelferb. exstat et *Henrici Francigenæ* libellus *de Arte dictandi.* Vide Annal. Bened. tom. 3. pag. 642. n. 50.] [** Hahnii Collect. Monument. præfat. tom. 1. num. V. quo volumine continetur *Thomæ Capuani Dictator Epistolarum.* Ejusdem generis libri enumerantur in *Nouveau traité de Diplomatique* tom. 5. pag. 594. et in *Hofmann, Vermischte Beobachtungen*, tom. 4. pag. 1. sqq.]

DICTATI, Scribæ, Ἀντιγραφεῖς, pro *Dictatores.* Epistola Gregorii præfixa Notis Tironis et Senecæ in Codd. MSS. : *Per Dictatos suos scribendum curavit.* Vide Salmasium ad Vopiscum pag. 481. [et supra in *Dictare.*]

DICTATOR, Municipalis Magistratus, ita dictus in veteri Inscript. apud Gruter. pag. 214. Vide *Dictare, Dictores*, [** et Savin. Histor. Jur. Roman. med. tempor. tom. 1. cap. 2. § 9. not. g.]

* DICTATORIUM. *Lo logo da dire.* Glossar. Lat. Ital. MS. Vide *Dicitorium.*

* DICTATURIRE, Scribere, commentarium componere meditari. Guibert. abb. Novig. in prolog. ad Abdiam proph. tom. 6. Annal. Bened. pag. 639. col. 2 : *Eo plane tempore, quo animus Dictaturiens beati Oseæ librum meticulosissime jam aggredi conabatur, etc.* Vide *Dictare* 1. *et Dicturire.*

DICTICA, pro *Dypticha*, Pugillaris liber. Glossa apud Gratian. c. 24. quæst. 2. cap. 6 : *Dicticæ sunt tabulæ, a dico, dicis.* Ugutio : *A dico, hæc Dictica, tabula manualis, quæ et pugillaris dicitur, et ephemeris : unde*,

Clerice, Dicticas lateri ne depresseris unquam

In alio Gloss. MS. :

Clerice, Dictica lateri sit semper amica,
Nam sine Dictica vix retinebis ea.

Buschius in Chronico Windesemensi lib. 2. cap. 65 : *Mandavit ut scriberet hæc verba in Dictica : Miserere mei Deus; et statim complanando, hæc delevit.* Ita legitur in Decreto Edit. Contii loco laudato, [** ubi Correct. Romani *Diptychis* ex ipso concilio quod ibi descriptum est emendaverunt.]

1. DICTIO, Scriptio rhetorica, seu vera, seu ficta, Declamatio, quæ publice et in consessu virorum eruditorum dicitur, recitatur. Gloss. Græc. Lat. : Μελέτη ῥήτορος. *Declamatio.* Ennodius lib. 3. Epist. 15 : *Ipsam quoque ad te Dictionem, qua commendatus es, destinavi, in qua non eloquentiam, sed vota cognoscas.* Idem Diction. 10 : *Susceptarum secreta Dictionum ab audientibus non examinantur lingua, sed pectore.* Utitur alias non semel, lib. 2. Epist. 10. 11. lib. 7. Epist. 31. lib. 8. Epist. 3. lib. 9. Epist. 12. Ejusmodi etiam sunt Dictiones illius complures, quæ inter ejus Opera leguntur. Vide Sidonium.

¶ 2. DICTIO, *Ditio.* Barthii Glossar. ex Hist. Palæst. Raimundi Agilæi sæpius. Diploma Ludovici Germaniæ Regis pro Ecclesia Argentorat. apud Mabillonium in Supplem. Diplom. Charta XII : *Quas moderno tempore in quibuslibet pagis ac territoriis infra Dictionem imperii nostri juste ac legaliter possidet.*

DICTITIUM, Scriptum, Epistola, Diploma. Hariulfus lib. 3. Chronici cap. 3. Chronici Centul. cap. 30 : *Hac stabilita conditione, Ingelardus Abbas, jam reversus, direxit Dictitia ipsi Episcopo, postulans, ut hæc conventio iterum firmaretur.* Idem lib. 4. cap. 22 : *At ne posteritas succedentium Abbatum eadem perderet altaria, prudentissimus Gervinus, ab Episcopo obtinuit, inde fieri testamentaria Dictitia, quæ ita se habent, etc.* [* Vide supra *Dictare* 1.]

¶ DICTO-AUDIENTIA, Obsequium, obedientia. S. Irenæus lib. 4. cap. 79 : *Secundum Dicto-Audientiam non omnes Dei filii sunt.* Sic Plautus et Cicero dixerunt, *Audiens Dicto* vel *edicto*, pro eo qui obedit dicto seu edicto.

1. **DICTORES**, Arbitri selecti a partibus pro dirimendis controversiis, quorum dictis seu judiciis stant. Charta Episcopi et Capituli Cabilonensis ann. 1221. apud Sanjulianum in Cabilone : *Elegimus 12. Dictores, qui juramento præstito, nos super consuetudinibus et jure, quod unusquisque nostrum habeat apud Cabilonem, certificarent.* Vide Perardum in Burgundicis pag. 435. Sammarthanos in Gallia Christ. tom. 2. pag. 446. [et tom. 4. novæ edit. Instrum. col. 248. *Dictor mortis* apud Martenium Anecd. tom. 4. col. 3.] etc.

Dictatores, Eadem notione, dixit Roger. Hovedenus pag. 742 : *Rex autem Franciæ duos elegit Dictatores, et Rex Angliæ similiter duos, quorum arbitrio vel majoris partis, si alter Regum adversus alterum, vel aliquis hominum suorum inter se intercideret, emendatio hinc inde fieret infra* 40. *dies.* Utitur etiam Rigordus ann. 1190. pag. 32. [Richardus Rex Angliæ in Charta anni 1195. apud D. *Brussel* de Feudorum usu tom. 2. pag. XVI. ad calcem.] *Diseurs* in Chartis vernaculis. Charta Jacobi Episcopi Metensis ann. 1251. apud Hieron. Vignerium in Hist. Alsat. pag. 140 : *Nous Jakes par la gr. de D. Evesque de Mets, et Regnauz nostre freire Cuens de Castres et Sire de Bittes, faisons cognoissant a totz ke nostre freires Maheus Duz de Loherengne que fuit, nous estably Disours et esgardours des treffons qu'il avoit entrepris à son tems de l'Eglise de Remiremont.* Alia ann. 1271. apud eumdem : *Li quatre Chevalier Disour, etc.* pag. 140. 146.

* Et quidem eo nomine designantur in Charta Phil. Aug. ann. 1214. ex Reg. ejusdem, part. 2. fol. 56. v°. col. 2. qui *treugam* inter ipsum Philippum et Joannem reg. Angl. componere curabant. *Dictatores treugarum* nuncupantur, qui de violatione *treugarum* judicant, in Charta *treugarum* inter S. Ludov. Franc. et Henr. Angl. reges initarum ann. 1242. *Diseur*, eodem sensu, in Ch. ann. 1286. ex Tabul. S. Petri Insul. *Arbitre, Diseur, miseur et ordeneur pris doù consentement des parties.*

2. Dictores, videntur præterea appellari actores, qui aliquem in jus vocant. Jacobus I. Rex Aragon. in Foris Oscæ ann. 1347 : *Quicunque homo fuerit reptatus de domino, vel de toto Concilio villæ, non tenetur se salvare ad dominum, nec totum Concilium, nisi tantum ad unum hominem, qui reptaverit eum, et quod respondeat ad illum Dictorem in illa forma, etc.*

1. **DICTUM**, Judicium, sive sententia arbitrorum, vel *Dictorum*. Willelmus Malmesbur. ann. 1263. pag. 384 : *Protulit Dictum suum et sententiam solenniter pro Rege Angliæ.* Charta Manassis Aurelian. Episcopi, Arbitri electi, ann. 1214. in Tabul. Eccl. Autissiod. fol. 236 : *Ego, inquam, taliter dictor electus... formo Dictum meum et profero in hunc modum.* Alia S. Ludovici ann. 1259 : *Qui arbitri Dictum suum, seu arbitrium taliter protulerunt, etc.* [Littera de Præbendis Tornodorensibus conferendis ann. 1228. apud Acher. Spicil. tom. 8. pag. 230 : *Nos vero de consensu utriusque partis Dictum nostrum pronunciamus in hunc modum.* Chartularium S. Vandregisili tom. 1. in Instrumento anni 1262 : *Dictum suum et arbitralem sententiam inscriptam pertulerunt unanimiter coram nobis.* Litteræ Philippi Franc. Regis ann. 1277. apud D. *Secousse* tom. 3. Ordinat. pag. 59 : *Super secundo Dicto a dictis fratribus prolato, seu ordinacione ab ipsis secundo facta.*] Hinc nostris, *Dicta* Arestorum, *les Dictums des Arrests*, quia ita ut plurimum claudebantur : *Dictum fuit per arestum Curiæ, etc.* Vide Dissert. 2. ad Joinvillam pag. 143.

¶ 2. **DICTUM**, Pretium pro re venali indicatum, ut explicat D. *de Lauriere* tom. 1. Ordinat. Reg. pag. 16. Litteræ Ludovici VII. cognomento Junioris ann. 1168. quibus reprobat quasdam consuetudines Aurelianenses num. 2 : *Ab homine extraneo Aureliis rem suam ad vendendum afferente, propter oblationem et Dcm suum tantum, non exigatur consuetudo.* Pro *Dcm* annotat doctiss. Editor. in Regesto Philippi Augusti haberi *Dictum*. Sic autem se habet versio Gallica : *Le houme estrange, et d'Orliens, offrant la soue chose à vendre, por s'offre, ne por son Dit tant seulement, ne soit demandée coustume.* [* Vide supra *Dica*, 2. et infra *Ditum.*]

¶ 3. **DICTUM**, Charta, seu Actus, vel Scriptura. Charta donationis Burgi de Bociaco factæ Monasterio Prulliaci in Turonia ann. 1096 : *Per hoc vero Dictum dedit illi Abbas... et Monachi caritatem, id est, centum solidos.*

* Glossar. Provinc. Lat. ex Cod. reg. 7657 : *Dich, Prov. Dictum, narratio.*

¶ 4. **DICTUM**, Narratio, Gall. *Rapport.* Litteræ Ludovici VIII. Franc. Regis ann. 1212. apud D. *Secousse* tom. 3. Ordinat. pag. 260 : *Ipsi vero sicut in suarum continetur testimonio litterarum, et sicut ex Dictis, eorum accepimus, etc.*

* 5. **DICTUM**, Testimonium, Gall. *Déposition.* Charta ann. 1224. ex Chartul. Maurig. : *Dies est assignata venerabili fratri episcopo Carnotensi contra abbatem et conventum Maurigniaci ad diem Jovis post Quasimodo, de dicendo in testes, et Dicta testium ex utraque parte productorum.*

** **DICTURA**, Sententia, *phrasis.* Virgil. Grammat. pag. 58 : *Omne verbum, quod non ad Dicturæ caput pertineret, conjunctivo semper modo ponebatur.*

¶ **DICTURIRE**, Dicere, cupere. Onomast. : *Dicturio*, λεξείω. Macrob. lib. 7. Saturn. cap. 1 : *Fortiter a se facta semper Dicturiunt.* Rursum utitur cap. 3. [* Vide supra *Dictaturire.*]

¶ **DICUBULUS**, *Dicens, loquens.* Glossar. Sangerman. num. 501.

¶ **DICUMBITIO.** Vide *Decumbitio.*

* **DICUS**, Moles opposita fluctibus, agger, Gall. *Digue*, Flandris *Diik.* Charta Philip. comit. Fland. pro Libert. franci et castell. Brug. ex Cam. Comput. Insul. : *Quicumque Dicum maris ruperit, ... dextram amittet.* Alia Margar. comit. Fland. ann. 1269. in Suppl. ad Miræum pag. 602 : *Nisi tempore factæ collationis habitata et Dico omnino adhærens, quæ tantum commode inhabitari poterat vel adiri, etc.* Vide *Diccus* et supra *Dicare.*

DIDA, *Nutrix*, μάμμη, apud veterem Interpretem Moschionis de morbis mulier. c. 96. ex Gr. forte τίττη, quod idem sonat.

DIDASCALARE, *Magistrare, docere.* Ugutio.

DIDASCALI, Διδάσκαλοι, dicti *Majores* Judæorum *et sapientiores in Lege Moysis*, apud Rigordum ann. 1181.

DIDASCALICUS. Gloss. Lat. Græc. : *Doctissimus*, διδασκαλικώτατος, ἐλλογιμώτατος. Ennodius in Apologet. pro Synodo : *Videamus tamen, si placet, et illas Didascalici libelli vestri relegamus argutias.* Ubi tamen Sirmondus διδασκαλικοὺς λόγους, *Disputationes accuratas et ad docendum idoneas*, interpretatur.

¶ **DIDASCALIUM**, διδασκαλεῖον, Gymnasium. Vide *Magisteriale.*

** **DIDASCALUS.** Quæ ejus dignitas fuerit in aula Byzantina vide in Glossar. med. Græc. voce Διδάσκαλος col. 304. inde vero Theophaniæ imperatricis tempore apud Germanos passim hoc nomen frequentabatur, ab iis præsertim qui in comitatu imperatorio degebant. Ita Bernwardus episcopus Hildenesheimensis, *cujus fidei* imperatrix *domnum regem literis imbuendum moribusque instituendum commendaverat*, ut scribit Thangmarus in ejus vita ap. Pertz. vol. Script. 4. pag. 759. sibi hoc nomen tribuit in chart. ann. 1022. ibid. pag. 779 : *Cum essem aulicus scriba doctus et beatæ memoriæ tertii Ottonis imperatoris Didascalus simul et primiscrinius.* In charta Willigisi Archiep. Magunt. ann. 976. in Guden. Cod. Diplom. tom. 1. pag. 352. hæc leguntur : *Postquam Herwardus, domini nostri Ottonis, serenissimi imperatoris notarius et ecclesiæ, quæ est in Ascafenburc, Dydascalus, in metropoli Maguntiaca jus scolares canonicos apud se in domo retinendi sine exceptione obtinuit, Alamarius dicti Dydascali secundarius, auctoritate ipsius et mandato quemdam scolarem canonicum, etc.* ubi *Ecclesiæ Didascalus* videtur esse quem *Scholasticum* dicere solebant, quæ dignitas in collegiatis ecclesiis omnibus extitit. In notitia ann. 1452. ap. eumdem Guden. tom. 2. pag. 575. contemptim ludimagistri et doctores umbratici ita nominantur : *Ne a Didascolis et ejus seculi sciolis id inculcari posset, etc.* Conf. *Didascalicus.*

* **DIDASCOLARE**, *Discipulare, magistrare, docere, Ensenhar, Prov.* Glossar. Provinc. Lat. ex Cod. reg. 7657.

¶ **DIDATIM**, *Divisim.* Gloss. Isidor. Est a *Didere*, Dividere.

DIDEMARII. Commodianus, de Simulacris Deorum :

Deludunt vos pauci scelerati,
Extricare suam dum quærunt vitam,
Subornant aliis esse sub mysterio, falsum
Indissimulantes, concussi numine quodam,
Majestatemque colunt, et se sub figura fatigant.
Vidistis sæpe Didemarios, quali fragore
Lusorias ineant, dum furias fingere quærunt,
Aut cum dorsa sua allidunt parca bipenne,
Cum doctrina sua servant quod cruore sanant.

Incertum, qui sint hi *Didemarii* falsorum deorum Sacerdotes, ac cultores, nisi legendum sit *Dindymarii*, ut fuerint Rheæ, seu Cibeles, quam *Dindymen*, et Δινδυμήνην vocabant, cujus sacra in Dindymo monte Phrygiæ fiebant, famuli et Sacerdotes, non modo Galli, quia castrati, sed et *Corybantes* vocati, quod cum insaniam ac belluinam quamdam rabiem imitarentur, capita insanorum more projicerent, cujusmodi *Didemarii lusorias facere* indicantur a Commodiano.

* Aliam circa vocis hujus originem, notionemve conjecturam profert Jac. Gothofr. in Leg. 2. Cod. Th. de Collegiat. tit. 7. pag. 193. quasi *Vidumarii*. Hunc consule, si placet.

¶ **DIDENS**, *Firmus, robustus, ingens*. Papias. Vide

¶ DIDONEUS, *Vivax, valens*, apud eumdem Papiam. Forte pro *Idoneus* littera *d* superaddita, ut in voce *Deum* pro *eum*. [** Glossar. in cod. reg. 7644. ut ex Cicer.: *Didens, firmus, robustus, validus, idoneus, vivax, valens, magnis viribus, vehementi corpore*. Legendum videtur *vivens* aut *vigens*.]

DIDRAGMARE. Baldricus in Chronico Cameracensi lib. 3. cap. 38 : *Aurum plurimum Didragmavit*, id est, per partes distribuit, per *Didragmas* dedit.

DIECULUM, Dies. S. Eulogius lib. 2. Memorial. Sanct. cap. 1. de Saracenorum jejuniis : *Post expleta jejuniorum suorum tricena Diecula, in quibus gastrimargiæ crapulis, et fluxu libidinis... propensius solito insistunt, etc.*

* **DIEGEMA**, *sive Paraphrasis*, apud Alb. Torin. in libr. Joan. Damasceni de Febr. curatione.

* **DIELE**, Asseres. Charta ann. 1322. tom. 2. Hist. Trevir. Joan. Nic. ab *Hontheim* pag. 100. col. 2 : *Quod... ad nostram requisitionem asseres sive Diele ipsius pontis deponant, et necessitate cessante reponant.*

* **DIENISMANNUS**, DINISMANNUS, a Germ. *Dienst*, Officium, servitium, munus, et *Man*, homo, Vassallus, qui domino servitia præstare tenetur; idem qui apud Anglos *Drench*. Vide ibi. Charta Ulrici march. Tusciæ ann. 1170. in Monum. eccl. Aquilej. cap. 63. col. 604 : *Insuper præfati jugales donaverunt præfato altari Aquilejensis ecclesiæ ..... ministeriales suos Dinismannos, videlicet Sifrudum cum filiis .... Et major pars Dienismannorum et ministerialium illorum, feudum quod habebant a suprascripto marchione præsente, et a domino patriarcha receperunt.* Et col. 606 : *Miserunt eum* (patriarcham) *per turrim et portam in tenutam pro castro et omnibus possessionibus superius dictis... Et ibidem Arbo et Henricus de Attens juravere fidelitatem domino patriarchæ, sicut Dienismanni.* Vassalli sunt Bernardo de Rubeis, nec vilis quidem seu obnoxiæ conditionis, quos ipse et *Disnimannos* hic in annotatis vocat, nescio an ex Chartarum fide. Hinc, ipso etiam teste, vox *Desmans* et *Gismans*, qua hodieque familiæ quædam nuncupantur in ea Forojuliensis provinciæ parte, quæ Carnea vocatur. Illorum denique conditionem nitide patefaciunt Chartæ a Joanne de Moravia patriarcha scriptæ ann. 1392. quas hic profert idem Bernardus : *Vassallos sive Germanos* (leg. *Gismanos*) *nostros in dicta gastaldia nostra habitantes declaramus immunes a quibuscumque speculationibus, explorationibus, itineribus, passuum custodiis, bellorum gravaminibus, personali militia, et aliis servitutibus rusticis dictæ nostræ provinciæ imponendis; remanente tamen servitio solitæ et debitæ equestris militiæ, ad requisitionem nostram nostrorumque successorum.* Rursus ann. 1393 : *Audivimus Russulinum de Luincis nomine suo et aliorum Gismanorum Carneæ se dolentem de capitaneis quarteriorum, qui volunt ad gravedines, ..., et quia non sunt in numero suppositorum dictis capitaneis, sed vassalli in gastaldia nostra ad servitium equestris militiæ, etc.* Vide infra *Dolesmanus*. [** Vide *Ministerialis*.]

* **DIENSTMANNUS**, Ejusdem originis atque *Dienismannus*, Apparitor majoris et magistratus civilis minister, Flandris *Dienstman*. Charta Phil. comit. Fland. pro Libert. franci et castell. Brug. ex Cam. Comput. Insul. : *Item in nullius domum Dienstmannum mittent de omni eo, quod ad scabinatum pertinet, nisi per scabinos, et ille erit legitimus Dienstmannus.* Alia Guid. comit. Fland. ann. 1287. ibid. : *Nous Guis cuens de Flandre et marchis de Namur, faisons savoir à tous ke comme debas et contens fust meus entre les keuriers dou tieroir de Furnes d'une part, et les mayeurs et les Dienstmans doudit tieroir d'autre part, de ce ke lidit mayeur et Dienstman pour le raison de leur maierie et de leur Dienstmanschepe disoient ke il n'estoient mie taillaule, anchois estoient frans, et lidit keurier disoient le contraire .... Nous et nos consaux, diligamment oies les raisons de l'une partie et de l'autre, disons pour raison et pour droit ke lidit mayeur et li Dienstman doivent paiier taille, assise, etc.* Vide supra *Decanus* 3.

* **DIEPEMSELE**, Flandris *Diep*, Profundus. Comput. ann. 1302. ex Cam. Comput. Insul. : *Super Diepemsele, scagham et ignem, xliiij. lib. ix. sol.*

* **DIERECTUS**. Vide supra *Diarectus*.

1. **DIES**. *Ad diem*, pro *cottidie*. Capitolinus in Macrino : *Non enim est quisquam in vita, qui non ad Diem quodcunque fecerit.* Galli dicerent *par jour*. [*Dis* pro *Jour*, Dies, ex nostris quidam dixere. Le Roman de *Partonopex* MS. :

> Trois mois i fui et quinze Dis,
> Puis m'en gita l'Empereris.]

* Nostris *Toudiz*, quasi omni die. Lit. ann. 1355. tom. 4. Ordinat. reg. Franc. pag. 332 : *En persévérant Toudiz en leur parfaite loyaulté, etc.*

2. **DIES**, Prælium, seu dies prælii, Gallis *Journée*, Italis *Giornata*. Will. Brito lib. 10. Philippid. :

> Vexillum regale Die portavit in illo.

Ita etiam usurparunt Latini Scriptores. Lucanus lib. 7. v. 92 :

> Testor Roma tamen Magnum, quo cuncta perirent,
> Accepisse Diem.

Florus lib. 2. cap. 6 : *Non fuit major sub Imperio Romano Dies, quam ille cum duo omnium et antea et postea Ducum maximi, ille Italiæ, hic Hispaniæ victor, collatis cominus signis direxere aciem.* Et lib. 4. *Cannensem Diem* vocat, quod alii Cannense prælium. Vide Casaub. ad Sueton. August. cap. 23.

3. **DIES**, Tantum terræ, quantum quis per diem uno aratro arare potest; nostris, *Journel de terre*; Anglis, in Chronico Will. Thorn pag. 2203. *Dayworke*, i. quantum terræ arabilis unius diei culturæ sufficit : ad verbum, diei opus. Papias : *Jugeries, unius Diei opus aratoris. Terra trium Dierum*, in Charta Dudonis Abbatis Dervensis in ejusdem Abbatiæ Tabulario. Charta Balduini Comitis Guinensis ann. 1084. apud Duchesnium in Comitib. Guinens. pag. 25. 26 : *Terram 14. Dierum in villa Bissenghehem, et terram 30. Dierum apud Altenghes, et apud Morlenghehem 20. et apud Suavecam 3. carrucatas terræ.* Occurrit in hac Charta crebrius, *Terra* 3. 6. 33. *etc. Dierum*. Ibidem : *Dedit terram, quæ jacet... et 8. Dies ad montem Campanies.* Rursum : 15. *Dies terræ, quam habebat ad Wesioe.* Alio loco : *Dedit decimam... et 8. Dies, 4. tenet Fretemerus, et 4. Balduinus, etc.* Similia habet Charta Girardi Morinorum Episcopi apud Willelmum Andrensem eod. ann. 1084 : *Declaration des heritages appartenans au gaignage des 10. maisons dépendans du Prioré de Belval*, in Comitatu Vaudanimontis ann. 1566 : *Item, une piece de terre contenant quatre Jours au ban dudit Velle.* Sic ibi passim. [Pluries etiam in Charta Girardi Tervanensis Episcopi ann. 1084. apud Miræum tom. 1. pag. 355. col. 1.]

* Nostris etiam *Jour*. Charta ann. 1328. in Reg. 65. Chartoph. reg. ch. 209 : *Item une faisete que Jehans li Carons eut, ... et tient quarente et cinq vergues; c'est ès deux faissetes un Jour ..... Item deus Jours et demi et vint et deus vergues, qui furent l'oiselet.*

DIES, Eadem forte notione, in Charta Pipini Ducis, filii Anchisi, apud Meurissium in Episcopis Meteusib. pag. 112 : *Terram aratoriam indominicatam plusquam jugera ducenta : pratum etiam ad falces triginta et silvam minutam ad Dies nonaginta.*

* Quo etiam sensu *Jour* legitur in Charta ann. 1374. ex Reg. 106. Chartoph. reg. ch. 306 : *Item une maison assise à Reims devant le guers de la porte à Veelle, un Jour de bois, un pré, etc.* Vide supra *Diale* et infra *Dieta* 5.

** DIES, Opera unius diei. *Diem 1. facere quavis hebdomada*, et similia passim in Polyptycho Irminonis. Vide Guerardi Indicem generalem.

4. **DIES**, pro festo. Annales Franc. ann. 802 : *Ipse Rex celebravit Diem S. Jo. Baptistæ, et.* Ita Dani etiamnum hodie *Apostelsdage*, seu diem Apostolorum, *Siubryra Daghr*, diem septem fratrum mense Julio. *Juladaghr*, diem nativitatis Christi, *Stephandaghr*, diem S. Stephani, etc. in Calendario Runico, ab Oleo Wormio edito, vocant.

5. **DIES**, Victus diurnus, cotidianus. Commodianus Instr. 64 :

> Nec enim dico, ut te in trivio tinnites,
> Cum pro Die tuo vigilas, sine fraude vivendo.

Item pro diei alimonio Regiæ familiæ præstando. Domesdei apud Spelmannum : *Et reddebat dimidiam Diem mellis, et consuetudines mellis.* Alibi : *Reddebat unam Diem de firma, et valebat 95. lib. 6. denar.* Ibidem : *Comitatus Oxeneford reddit firmam 3. noctium, hoc est, 150. libr.* Vide *Firma*. *Convivium*.

* 6. **DIES**, Consessus judicum, *assisia* : quo sensu diximus *Les grands Jours de Troyes, etc.* Vide *Dies Magni*. Lit. remiss. ann. 1392. in Reg. 143. Chartoph. reg. ch. 73 : *Simon Quarré, demourant à Monestaul lez Aucerre, fist appeller le suppliant aux*

Jours du soit dudit jour; . . . auxquelx Jours ledit suppliant ala.

* 7. **DIES**, Tempus, hora. Lit. remiss. ann. 1406. in Reg. 161. Chartoph. reg. ch. 163 : *Lesquelx se logerent en un cuignet des bergeries, où il avoit un tas d'essaies à brebis, ouquel ilz furent en attendant que icelle Gilon venist, quant Jour seroit, affourrer icelles brebis.*

¶ Dies Absolutionis. Vide in *Absolutio*.

* Dies Adoratus, Sanctæ Parasceves scilicet, quo Crux adoratur. Charta ann. circ. 1130. ex Chartul. Stirp. : *Item Die adorato piscatus fuit stagnum de Vilalaur : Unde domini stagni quæsierunt michi rectum. Le Vendredi adouré*, in Lit. remiss. ann. 1397. ex Reg. 151. Chartoph. reg. ch. 259.

* Dies Ægri seu *Maledicti*, Iidem qui *Ægyptiaci*. Petr. Subesti de Cultu vineæ Dom. part. 3. cap. 4 : *Observatio Kalendarum, mensis, dierum Egyptiacorum, quos vulgus imperitus falso dicit Dies ægros seu maledictos, est superstitiosa et reprobata curiositas.*

Dies Ægyptiaci, qui in veteribus Calendariis, quæ a Bucherio in Canone Paschali, a Georgio Herwarto, et a Petro Lambecio lib. 4. Commentar. de Bibl. Cæsarea edita sunt, et in Victorino MS. et aliis notantur in quolibet mense. Ugutio : *In quolibet mense dicuntur duo dies mali Egyptiaci, quia ab Ægyptiis fuerunt inventi. Ægypti enim comperientes, quod in aliqua hora dierum illorum non erat bonum sanguinare, id est, sanguinem minuere, ne aliquod opus inciperetur, illos Dies vocaverunt.* Petrus Comestor in Histor. Scholast. cap. 34. Exodi : *Dies Ægyptiaci dicuntur, quod in his passa est Ægyptus, quorum duos tantum in singulis mensibus notamus ad memoriam, cum plures forte fuerint. Nec est credendum, quod Ægyptii, licet astrorum periti, deprehenderint Dies hos infaustos in inchoatione operis, vel itineris, vel minutionis.* De his S. Augustinus in Ep. ad Galat. cap. 4 : *Plena sunt conventicula nostra hominibus, qui tempora rerum agendarum a Mathematicis accipiunt. Jam vero ne aliquid inchoetur, aut ædificiorum, aut hujusmodi quorumlibet operum, Diebus, quos Ægyptiacos vocant, sæpe etiam nos movere non dubitant.* Decret. caus. 26. q. 7. c. 16 : *Non observetis dies, qui dicuntur Egyptiaci, aut Calendas Januarii, etc.* Formula veteris Pœnitentialis, edita a Jac. Petito : *Item non debere servari dies Egiciaci* (sic) *ad minuendum sanguinem, vel aliquid faciendum.* Honorius Aug. lib. 2. de Imag. mundi cap. 108 : *Dies Ægyptiaci ideo dicuntur, quia ab Ægyptiis sunt inventi. Et quia Ægyptus dicitur Tenebræ, ipsi Tenebrosi inde nominantur, eo quod incautos ad tenebras mortis perducere affirmantur.* Durand. in Ration. lib. 8. cap. 4. n. 20 : *Illud autem notandum, quod in quolibet mense sunt Dies Ægyptiaci, id est, ab Ægyptiis deprehensi : in Ægypto enim erant quidam Astrologi, qui quasdam constellationes nocivas humanis actibus in illis diebus invenerunt, ideoque illas notas hominibus esse voluerunt : tamen illarum constellationum puncta scire propter errorem nostri computi non valemus : vel forte invenerunt Dies bene constellatos, et ideo eos in Kalendario notaverunt, ut in illis diebus potius quam in aliis, actibus insistatur : quorum errorem ne Ecclesia sequi videatur, a talibus cavetur . . . Quotus autem sit Dies Ægyptiacus, a principio vel fine mensis his versibus continetur :*

Augurior decios, audito lumine clangor,
Liquit olens Abies, coluit Colus, excute Gallum.

In his versibus sunt 12. dictiones, 12. mensibus servientes : prima primo, secunda secundo, et sic per ordinem, sumpto initio a Januario : ita quod quota die erit prima litera primæ syllabæ alicujus istarum dictionum in alphabeto, totus erit Dies Ægyptiacus in illo mense, cui servit illa dictio, computando a mensis principio versus finem. Item quota erit prima litera secundæ syllabæ in alphabeto, totus erit dies Ægyptiacus in illo mense, cui servit illa dictio, verbi gratia, Augurior, est prima dictio, et servit primo mensi, scilicet Januario : au, est prima syllaba, et a, est prima litera ipsius syllabæ, et g, est septima in alphabeto : ergo dies prima Januarii est Ægyptiaca. Item g, est septima in alphabeto : ergo septimus dies Januarii numerando a fine versus principium, est Ægyptiacus, et sic in aliis, hoc observato, quod h, in hoc loco pro litera non ponatur. Quilibet autem præmissorum dierum propter unicam horam sui denominatur Ægyptiacus. Adde Martinum *de Arles* in lib. de Superstionib. pag. 5. et Olaum Wormium lib. 1. Fastor. Danicor. cap. 24. 25. Willelmus Neubrigensis lib. 4. cap. 1 : *Richardus igitur primus,... Londoniis est consecratus a Balduino Cantuariensi Archiepiscopo tertio Nonas Septembris, qui dies ex prisca gentili superstitione Malus vel Ægyptiacus dicitur, etc.* [Statuta MSS. Augerii II. Episc. Conseran. ann. 1280 : *Dies quoque Ægyptiaci, constellationes, lunationes, Kalendæ Januarii, initia mensium, dies, annus, cursus lunæ, solis et siderum, superstitiose observari non debent, credendo videlicet in illis virtutem inesse; quoniam superiora non sunt causæ rerum et signa : sed nec in præmissis diebus seu temporibus mensæ cum epulis vel lampadibus in domibus sunt parandæ, vel per vicos et plateas cantores et chori ducendi. Nulla etiam tempora sunt fausta vel infausta existimanda, ut in eis nolit vel velit aliquid inchoare.*] Huc referenda videntur, quæ habet Petronius in Satyrico : *Altera* (tabula) *Lunæ cursum stellarumque septem imagines pictas, et qui dies boni, quique incommodi essent, distinguente bulla notabantur.* Habentur porro in Bibliotheca Thuana Cod. 615. *versus de diebus Ægyptiacis.* Vide Hesychium in Ἀποφράδες ἡμέραι et infra in *Sanguinare*.

Dies Amoris, [Dicta dies ad controversiam amice componendam. Charta Odonis de Vadarimonte Hist. Tull. pag. XCVIII : *Nos vero controversiam . . . ægra mente ferentes, litteris justitiæ a Domino Trevirensi nobis delegatis et auditis, Diem amoris Domino Duci et Romaricensi Abatissæ . . . denominavimus.*] Vide *Amor* et *Dies Marchiæ*.

¶ Dies Animarum, Dies commemorationis fidelium defunctorum, Picardis, *Jour des ames*. Legitur in Breviario ann. 1555. Londinis edito, quod asservatur in Abbatia Benedictinarum Anglicarum suburbii Pontisarensis. Vide *Animæ*.

Dies Annales. Vide *Festa annalia*.

Dies et Annus. Vide *Annus et dies*.

Dies Apostolici, Festa Apostolorum. Charta Philippi Comitis Flandr. ann. 1176. in Tabul. Monast. S. Bertini : *Ipsis tamen pro eo palefridum mittentibus, et hoc ter in hebdomada, et in omnibus Apostolicis Diebus, et in omnibus festis S. Mariæ, in quatuor diebus natalibus Domini, etc.*

* Dies Appensamenti, Vadimonii dilatio, Gall. *Délay*. Stat. ann. 1363. tom. 3. Ordinat. reg. Franc. pag. 652. art. 6 : *Si vero . . . . . Diem appensamenti petierit, ... non sibi tempus annuale ad habendum appensamentum tribuatur.* Vide supra *Appensamentum*.

¶ Dies Atri. Papias : *Atri dies qui Communes dicuntur.* Varroni lib. 5. de Lingua Lat. : *Dies postridie Kalendas, Nonas, Eidus appellati Atri, quod per eos dies novi inciperent.*

* Dies Avenans, vox fori Normannici. Assis. Falesiæ ann. 1236. inter Arest. Scacar. Norman. ex Cod. reg. 4651 : *Si quis conveniatur de hæreditate et suum capitur, et ei reddatur in assisia, quamvis non dicat quod requisierit ante, tamen habebit Diem avenantem, quem nondum habuit. Diem evenantem*, in ead. Assis. ex Reg. S. Justi Cam. Comput. Paris. fol. 29. v°. col. 2.

Dies Baronum, quibus scilicet *Barones* convenire solent ad dijudicandas vassallorum lites, Parlamentum. Charta Philippi III. Regis Franc. ann. 1281. in Tabular. Ambian. Episcopat. fol. 76 : *Promittens idem Dominus, quod in proximo venturo Parlamento ad Diem Baronum veniet, et specificabit sigillatim, etc.* Alia Regis Philippi IV. anni 1289. in Regesto feodorum Ecclesiæ Lingon. : *Si quid enim ipsi cives velint petere ab Episcopo, adjournetis eundem ad Diem Baronum futuri proximo S. Martini hiemalis Parlamenti eisdem civibus responsurum.* In Responsis, factis a Rege Franciæ Regi et Reginæ Navarræ : *Des deus cens livres de rente de la Damoiselle de S. Cheron, l'en mait la besongne au Parlement, qui vient au Jour des Barons.* Vide *Parlamentum*.

Dies Boni, apud Sidonium lib. 5. Epist. 17. dies feriati esse dicuntur Savaroni. Sane festa majora etiamnum *les Bons jours* appellamus.

* *Bon jour*, Dies Paschalis, in Lit. remiss. ann. 1376. ex Reg. 110. Chartoph. reg. ch. 213 : *Comme en la sepmaine peneuse l'an 75. derrain passé, ledit Guillot.... li dist et monstra comme il estoit bonne sepmaine et près du Bon jour, et qu'il appartenoit un chascun estre à paix.*

* Dies Burarum, *Jour des bures*, apud Lotharingos, Dominica prima Quadragesimæ. Vide supra *Buræ*.

Dies Censorius, Dies supremi judicii, ἡμέρα καθ' ἣν ὀφείλει τις ἐμφανίσαι ἑαυτὸν τῷ δικαστηρίῳ. Vide *Censor*. *Dies magnus*, in Epistola Caroli Mag. ad Elipandum : *In Die magno ante conspectum gloriæ suæ gloriosos stare concedat.* [Lib. 6. Capitularium cap. 328 : *Quia ipse Dominus dicturus erit in remuneratione magni Diei :* Hospes eram et suscepistis me, etc. Et cap. 403. ex Imperatore Constantino refertur de accusationibus Episcoporum : *Hæ quidem accusationes tempus habent proprium, id est, Diem magni judicii, etc.*]

Dies Cinerum, Caput jejunii. Synodus Beneventana ann. 1091. cap. 4 : *Nullus omnino laicus post Diem cineris et cilicii, qui Caput jejunii dicitur, carnibus vesci audeat.* Vide *Absolutio, Caput jejunii.*

Diem Colligere. Supplicatio facta Regi ann. 1235. in Concilio Remensi : *Nec reputet eum* (Archiepiscopum Remensem) *Dominus Rex in defectu, si non Colligat Diem coram ipso contra illos* (accusatores), *cum in nullo fuerit defectu erga eos, et cum ipsi sint excommunicati.* Infra : *Facta autem suppicatione modo prædicto, dixit Dominus Rex, quod super hoc haberet consilium, et super hoc assignabat diem ad crastinum quindenæ Assumptionis B. Mariæ apud Meledunum. Quo audito, Dominus Rex et dicti Episcopi cum præfatis nuntiis Capitulorum, secesserunt in partem, et habito Concilio in hoc convenerunt, quod Diem illam Colligerent.* [** Vide *Collocare.*] [* Vadimonio stare, ut opinor.]

Dies Communes, Festis opponuntur in l. un. Cod. Theod. de Imag. Imp. (15, 4.) [Vide supra *Dies atri.*]

Dies Consecrati, in Concilio Suessionensi ann. 853. cap. 7. et in Capitulari Caroli C. Compendiensi ann. 868. cap. 8. ubi vetatur *malla aut placita teneri, a quarta feria ante Nativitatem Domini usque post Consecratos Dies* : eos nempe quatuor dies, quos in Natali Domini celebrari præcipiunt Capitularia Caroli M. lib. 2. cap. 35. et Concilium Moguntinum cap. 36. Vide Baron. ann. 853. n. 29.

Dies Consuetudinales, quibus nempe *consuetudines*, seu tributa, vel census exiguntur. Charta Aimonis Comitis Gebennensis ann. 1090. apud Guichenon. in Bibl. Sebus. pag. 325 : *Concedo Ecclesiæ S. Eugendi... alodos illos, quos ab ingenuis hominibus in potestate Seissiacensi Monachi præfatæ Ecclesiæ hactenus obtinuerunt, et amodo obtenturi sunt, ab illis videlicet ingenuis, qui Dies Consuetudinales, quos esse 12. tradunt, et alia debita exceptis aratura boum in corvata et observatione placiti generalis consuetudinaliter mihi non debent.* Apud Græcos aliud sonat ἐθιμος ἡμέρα, quæ in Gloss. Lat. Gr. exponitur *Dies solennis*, ἑορτή.

Dies et Consul, Dies diplomati ascriptus, vulgo *data*. Hincmarus Remensis in Ep. ad Adventium Episc. Mentensem, de Episcoporum Consecrat. Opusc. 44 : *Et completa Missa habeat Episcopus, qui eum ordinavit, literas manibus suis subscriptas, ... præferentes Diem et Consulem, etc.* Flodoard. lib. 3. cap. 11 : *Porrexit literas canonicas ... Diem præferentes et Consulem.* Vide S. Athanas. de Synodo Ariminensi pag. 871. Cujacium ad leg. 20. D. de Testam. et Notas ad Senatorem lib. 6. Epist. 1.

Dies Coronæ Regis. Vide *Curia Coronata.*

* Dies Decretorii, Qui vulgo *Critici* medicis, apud Auger. Ferrar. August. Niphum, Mich. Angel. Blondum, etc. ex D. *Falconet.*

* Dies Devoti, Quibus piis exercitiis vacant fideles, feriati. Charta ann. 1334 : *Item quod nulla persona bibat in taberna post quod pulsatum fuerit pro* Ave Maria, *nec tantum quantum celebrabuntur missæ in Diebus devotis et festivis in dicto castro* (de Grauleriis).

* Dies Evenans. Vide supra *Dies Avenans.*

Dies Facere. Formulæ vett. Pithœi cap. 71. in MS : *Sicut reliqui servi nostri et vicinorum vestrorum Faciunt Dies tantas in unaquaque hebdomada facere debeant.* Id est, *employent tant de jours*, [Tot dies impendunt operibus tributariis. Codex MS. Irminonis Abb. Sangerm. fol. 2. col. 2 : *Ermengaudus tenet hospicium, solvit inde in anno pullum* I. *ova* V. *Facit in unaquaque ebdomada Dies* III.] Ita in Lege Bajwar. tit. 14. §. 6. Vide *Facere.*

Dies Facere, Alia notione. Formula Pœnitentialis edita ex Cod. Thuano a viro doctissimo Jacobo Petito post Pœnitentiale Theodori pag. 349. de Interrogatione de 10. Præceptis Decalogi : *Item Facere Diem vel sortes. Item si observet diem unam plus quam aliam ad seminandum, vel aliquid faciendum.*

Dies Felicissimus, Dies Paschatis, quo pignus et arrabonem accepimus in vitam æternam. Commodianus Instruct. 75 :

> Congruit in Pascha, Die Felicissimo nostro,
> Lætentur et illi, qui postulant subacta divina, etc

¶ Dies Felicissimus Nuptialis, in Appendice Marculfi form. 37. *Die Felicissimo Nuptiarum*, form. 5. inter Bignonianas, apud Baluzium tom. 2. Capitul. col. 455. et 498.

¶ Dies Florum, Palmarum dies festus, Gall. *Pâques fleuries.* Vide *Capitilavium.*

Diem Functus, pro *Defunctus*, in Cod. Th. leg. 17. de Prætor. (6, 4.) et leg. 5. de sepulcr. violat. (9, 17.)

* Dies Focorum, Dominica prima Quadragesimæ, quæ *focis* seu facibus accensis celebrabatur. Charta ann. 1251. in Chartul. Buxer. part. 7. ch. 17 : *Qui* (denarii) *debent solvi annuatim dicto Johanni Mascharex apud Chambole in Die focorum.* Reg. episcop. Nivern. ann. 1287 : *Idem dominus episcopus debet cuilibet carnifici, qui vendunt in burgo Comitis, duos situlos vini die Dominica focorum.* Chron. S. Mariani inter Probat. Hist. Autiss. pag. 262. col. 1 : *Anno 1358. octavo die mensis Martii, capta fuit civitas Autissiodori ab Anglicis, videlicet Die focorum ante aurorum.* Et pag. 282. col. 2 : *In sexta feria post focos, etc.* Vide supra in *Brando* 1. *Denarius focorum* et infra *Foci.*

* Dies Forensis, Quo forum habetur. Gall. *Jour de marché.* Stat. sabater. Carcasson. ann. 1402. tom. 8. Ordinat. reg. Franc. pag. 561. art. 10 : *Si autem die Lunæ, quæ est Dies forensis in burgo Carcassonæ, tale festum vel talia festa venie bant, semel aut pluries, tosciensque quosciens illa dies Lunæ forensis interveniat, etc.* Vide mox *Dies Mercatalis.*

¶ Dies Galli. Georg. Christian. Rerum Mogunt. tom. 2. pag. 785. ex Chronico Sant-Albanensi : *Anno Domini* MCCCCLXI. *Die Galli obiit honesta Domina Margareta, etc. An. D.* MCCCCLXXXIV. *ultima Aprilis, obiit Emericus de Ingelnheim filius.*

¶ Dies Grossi Carnium, *Dies parvi carnium, Dies grossi piscium, Dies parvi piscium.* Codex MS. consuetudinum et distributionum Ecclesiæ Coloniensis ex Bibl. Atrebat. : *Centum viginti et novem Dies grossi carnium ascendunt ad* CXCIII. *marcas ... Dies parvi carnium ascendunt ad etc. Dies grossi piscium ascendunt ad etc. Dies parvi piscium ascendunt etc.* Grossos dies eos intelligendos esse suspicor, quibus meridie et vespere, parvos vero quibus una dumtaxat vice carnibus vescebantur vel piscibus; nisi mavis grossis diebus majorem, parvis vero minorem distributam fuisse carnium vel piscium quantitatem, nulla unius duplicisve sumtionis carnium vel piscium habita ratione. Vellem paulo fusius locum exhibuisset, qui excerpsit illum, et si res tanti fuisset, curassem cum secundo consulendum.

¶ Dies Humanus, Vanæ gloriæ. Johannes Abb. Mettensis in Vita S. Johannis Abb. Gorziensis, inter Acta SS. Benedict. sæc. 5. pag. 397. n. 93 : *Nam quamdiu foris erat, humani Diei latrocinia sollerter attendens, secreti sui, cujus Deo tantum mercedem servabat, sæculares arbitros esse cavebat. Diem hominis non desideravi*, Jerem. 17. 16. Et 1. Cor. 4. 3 : *Mihi autem pro minimo est ut a vobis judicer, aut ab humano Die*, hoc est, ab ullo homine.

* Dies Jejunales, Jejunio sacri. Vide infra *Jejunales Dies.*

* Dies Inofficiata, Quæ habet proprium officium in ritu ecclesiastico. Stat. Odon. episc. Paris. apud Marten. tom. 7. Ampl. Collect. col. 1421 : *Si festum habens propriam missam supervenit in Die inofficiata, id est, habente proprium officium.*

* Dies Juridicalis, Qui et *Jurdicus*, in quo Jus dicitur. Stat. Vallis-ser. rubr. 33. ex Cod. reg. 4619 : *Notarius præfati domini vicarii teneatur.... describere in una vacheta dietim quaslibet dies feriatos, ut videri possint Dies utiles et Juridicales.* Stat. comitat. Venaiss. sub Clem. VII. PP. cap. 12. ex Cod. reg. 4660. A : *Notarii officia exercentes singulis Diebus Jurdicis quibus curia tenebitur, etc.* [** Leg. *juridicis.* Vide Cod. Theod. const. 19. de Feriis. 2, 8.]

* Dies Lamentationis, Sanctæ scilicet hebdomadæ, in quibus *Lamentationes* Jeremiæ decantantur in ecclesia. Stat. synod. eccl. Carcasson. ann. 1270. cap. 21. ex Cod. reg. 1613 : *Diebus autem lamentationis et Dominicæ passionis in publicum non procedant* (Judæi).

Dies Legales, quibus *Lege* agere licet. Quoniam Attachiamenta cap. 2 : *Est autem summonitio certi diei, et loci exhibitio, partibus facta ad Diem legalem. Est autem Dies legalis in prædictis placitis, quaterdenus, et unus Dies, sive* 15. *Dies.* Adde cap. 10. §. 1. Et cap. 60 : *Statutum est, quod quodlibet judicium bonum et legale, debet habere has conditiones*, 1° *quod Dies, in quo datur judicium, sit Legalis, et non festivus :* 2 *quod locus judicii sit legalis, etc.*

* Dies Legibilis, Quo in scholis publice legitur et docetur. Stat. ann. 1314. pro universit. Tolos. ex Cod. reg. 4222. fol. 43. v°. : *Et si sit Dies legibilis, non legatur*

postea de tota die ordinarie nec extraordinarie. Adde Stat. universit. Andegav. ann. 1410. tom. 9. Ordinat. reg. Franc. pag. 498. art. 2.

¶ Dies Legitimus, Isidoro lib. 5. Orig. cap. 30 : *viginti quatuor horarum est, usque dum dies et nox spatia sui cursus ab oriente usque ad alium orientalem solem cæli volubilitate concludat.*

Dies Legitimus aperiendarum tabularum testamenti post mortem testatoris intra triduum vel quinque dies fuit, ut est apud Paulum lib. 4. Sentent. tit. 6. Testamentum Widradi Abbatis Flaviniacensis: *Ut quando Dies legitimus post transitum meum advenerit, recognitis sigillis, inciso lino,* (perperam *ligno*) *ut legis decrevit auctoritas, etc.* Eadem habentur apud Marculf. lib. 2. form. 17.

Dies Ligati, Feriati : opponuntur diebus legalibus. Speculum Saxonicum lib 2. art. 10. § 1 : *Proscriptus licite Diebus feriatis vel ligatis arrestetur, vel detineatur.* Art. 66. § 2 : *Omnes etiam Dies feriales seu celebres ac ligati, ad pacem omnibus hominibus sunt constituti, et cum his in qualibet hebdomada 4. dies, videlicet quinta et 6. feria, Sabbatum et dies Dominicus, etc.*

¶ Dies Magnus, Dies extremi judicii. Vide supra *Dies censorius.*

Dies Magnus, Festum Paschatis : μεγάλη ἡμέρα, Joann. Evang. cap. 19. 31. in Concione, Petro Apostolo tributa, apud Clementem Alex. Strom. lib. 6. in Concil. Ancyr. can. 6. et apud Procopium lib. 2. de Bello Vandal. cap. 14. Κυρία ἑορτῶν, Pachymeri lib. 7. cap. 15. Tertullianus lib. 5. in Marcion. : *Dies observatis, et menses, et tempora, et annos, sabbatos, ut opinor, et cenas puras, et jejunia, et Dies magnos.* Capitularia Caroli M. lib. 5. cap. 71. et 136. novæ Editionis : *Qui pœnitentiam publice gerunt, debent unum annum esse cum cilicio inter Audientes vel usque ad Magnum Diem, etc.* [hoc est, ad feriam quintam Cœnæ Domini : qua reconciliabantur publice pœnitentes.] Vide Scaligerum in Prolegomenis ad libros de Emendat. temp. et Allatium de Dominic. et hebdom. Græcor. cap. 22. *Dies Magnus Cœnæ,* in Capitulis Herardi Archiep. Turon. cap. 14.

Dies Magni Trecenses : ita vocabant *Assisias* publicas et generales, quas Comites Campaniæ tenebant in urbe Trecensi, ad dirimendas et dijudicandas supremo judicio majoris momenti controversias, et quæ per appellationem ab Assisiis Balliviarum devolvebantur; præsertim vero lites Baronum Campaniæ, qui scilicet nullo medio pendebant a Comite. [Vice Cl. D. *Brussel* Tract. Gall. de Feudorum usu lib. 2. cap. 12.] Intererant autem hisce *Assisiis* publicis ex ordine Militari ac nobilium judices selecti, qui ter aut quater quotannis in eum finem coibant, et judicia secundum Balliviarum ordinem exercebant, judiciario ordine servato, id est per *inquestas* et per *placitamenta* : quæ quidem judicia, siquidem in casibus generalibus prolata essent, referebantur in Codicem municipalium consuetudinum Campaniæ, ut colligi satis datur ex veteri Jure municipali Campanorum, a Pithœo edito, ex hisce conflato.

Postquam vero Campania Regibus nostris accessit, missi identidem Trecas selecti pariter judices ex ordine Ecclesiastico et Militari, quibus adjuncti sæpe sunt Barones ex ipso Campaniensi Comitatu, qui quidem vulgo indigitantur *Magistri, tenentes magnos Dies Trecenses.* Eorum vero jurisdictio *Curia Campaniæ* appellatur in Assisiis Campaniensibus ann. 1297. quarum Codex asservatur in Camera Computorum Paris. : *Domina de Nantolio Curiam Campaniæ supplicavit, quod arestum factum in Curia Campaniæ diebus Trecensibus, etc.* Et alibi f. 93 : *Aresta atque consilia facta et expedita in Curia Campaniæ per venerabiles viros.... Dies Trecenses pro domino Rege Franciæ tenentes.* Quod si lites et controversiæ agitarentur, quæ Curiam Franciæ spectarent, ad eam remittebantur, ut ex sequenti judicio patet : *Audita quæstione, mota in Curia Campaniæ inter Decanum Tullensem ex parte una, et Gaufridum de Danfale Armigerum, ratione quorumdam attentatorum factorum, ut dicitur, per dominum Decanum contra dictum Armigerum post appellationem ad Curiam Franciæ, etc. quoniam ista cognitio ad Curiam Campaniæ non pertinet, dictum fuit rationibus hinc inde propositis, quod adeant Curiam Franciæ, super hoc sibi fiet justitiæ complementum.*

Sed et statutum fuit a Rege Philippo Pulcro, ut quotannis bis tenerentur *Dies Trecenses*, ut ex illius Edicto ann. 1302. pro Reformatione Regni docemur. Cui quidem Statuto occasionem præbuit Nobilium Campaniæ Regi facta postulatio ann. 1297. hisce concepta verbis : *Item, requierent li Gentilhomme, que on tiengne les jours de Troies deus fois l'an, et que on y envoit tels gens, qui puissent et doivent delivrer les bonnes gens selon la raison.*

De primæva *Magnorum dierum Trecensium* origine recte censuit, ni fallor, P. Pithœus, qui id juris Comitibus Campaniæ attributum scribit, ex dignitate *Comitatus Palatini*, qua donati erant, cum præessent supremis judiciis a Regibus ad id delegati *Comites Palatini*, ac Regiæ pæne simili auctoritate lites dirimerent, uti pluribus a nobis observatum in Dissertatione 14. ad Joinvillam.

Magnos Dies vocarunt etiam Reges nostri placita extraordinaria, quæ in Regni provinciis remotioribus cogebantur, delegatis ad ea tenenda selectis judicibus, qui supremo judicio lites dirimebant, et in reos, quos regionis longinquitas in perpetrandis criminibus reddebat audaciores, severius inquirebant : cujusmodi erant Missi Dominici, qui a Regibus ad *justitias faciendas* in remotiores Regni partes mittebantur, sub altera Regum Franciæ stirpe. His conventibus, ut opinor, inditum nomen a Magnis Trecensibus diebus, quorum nomenclatura jam olim obtinuerat. Horum porro Magnorum dierum, in provinciis coactorum, mentio non semel occurrit in Actis Parlamenti Parisiensis, Pictavi scilicet et in Monteferrando in Arvernis mense Sept. ann. 1454. in Ordinat. Barbin. f. 15. in Monteferrando Stat. Ludov. XI. 25. Jul. 1481. in Reg. Ordin. Lud. fol. 302. Pictavi, Statuto Francisci I. 10. Aug. 1519. in Ordinat. ejusd. Reg. f. 151. in Monteferrando, alio Stat. 12. Maii ann. 1520. ibid. f. 380. Turonibus, alio Stat. 21. Aug. ann. 1533. 2. vol. f. 307. Molini, alio Stat. 22. Jun. 1534. f. 326. Trecis, Stat. 2. Maii 1535. ibid. f. 374. Andegavi, Stat. 17. Jun. 1539. 3. vol. f. 182. Molini, Stat. 7. Jun. et 6. Jul. 1540. f. 228. Riomagi in Arvernis, Stat. 22. Jul. 1542. f. 348. rursum Riomagi. Stat. 19. Aug. 1546. 5. vol. fol. 303. Turonibus, Stat. 6. Jul. 1547. 1. Reg. Henr. II. fol. 24. Molini, Stat. 10. Jul. 1550. 2. vol. fol. 73. Omitto alios deinceps coactos, ne in immensum hocce excrescat opus.

Tantum moneo, Reges nostros interdum id privilegii indulsisse Regii sanguinis Principibus, ut Magnos iis perinde dies liceret cogere. Exstat quippe in Regesto Andegavensi Cameræ Comput. Paris. f. 76. Diploma Caroli V. Regis, quo Ludovico fratri Turonum et Andium Duci facultatem concedit suos Dies magnos tenendi, seu Lutetiæ Parisiorum, seu in qualibet Ducatuum suorum civitate, quorum appellatio ad Parlamentum devolveretur. Eadem conditione simile indultum privilegium a Carolo VI. Aurelianensi Duci fratri in Virtutum Comitatu, quem Valentinæ uxoris jure obtinebat, literis 6. Maii. 1403. in Regesto *Olim* descriptis fol. 175. Duci Burbonensi pro Ducatu Arvernensi literis 3. Jan. 1433. descriptis in Regesto Parlamenti Pictaviensis fol. 117. et Claudiæ filiæ a Ludovico XII. pro Baronia Codiciacensi et Comitatu Suessionensi lit. mens. Sept. ann. 1509. descriptis in Regesto Ordinat. Ludov. fol. 225.

* Id concessum prætera legimus duci Bituriæ et Alverniæ in Invent. Chart. reg. ann. 1482. fol. 130 : *Littera regis Karoli in forma Cartæ, per quam concessit dicto duci Bituriæ tenere suos ducatus Bituriæ et Alverniæ in parria et habere Magnos dies. De anno* 1366.

* Dies Manualis, Opus manuum per diem, Gall. *Corvée.* Charta Henr. imper. ann. 1012. pro monast. Florin. : *Si abbas a Godefrido advocato rogatus fuerit ad castri firmationem, non alias, diem unum manualem in anno, et hunc non in temporibus fenandi, metendi, etc.*

Dies Marchiæ, Dies indictus et condictus Anglis et Scotis ad conveniendum invicem in *marchis* et limitibus utriusque Regni pro pace firmanda. Thomas Walsinghamus in Ricardo II. pag. 278 : *Dux Lancastriæ..... pro Die Marchiæ (prout moris est) tenenda inter Anglos et Scotos annis singulis, in partes concesserat boreales.* Idem, pag. 307 : *In ultimo quo dux Lancastriæ et ipsi convenerunt, ad Diem Marchiæ, conventum fuit inter eos pro commodo pacis, etc.* [** Abbreviat. Placitor. Edward. 1. ann. 19. Glocestr. rot. 26. pag. 226 : *Dicunt quod consuetudo Wallie diu obtenta talis est, quod in casibus ubi contenciones emerserunt inter magnates Wallie, qui tenent de rege in capite, quod antequam querela fiat in curia regis de prædictis contencionibus capi debet quidam dies amoris sive parliamenti, qui quidam dies vocatur Dies Marchiæ et ibi per vicinos et amicos communes, qui sunt quasi justiciarii, debent hujusmodi* *querele proponi et per consuetudinem marchie emendari, etc.*]

* Dies Merlatalis, Quo *mercatum* seu forum habetur. Locus est infra in *Mercatalis*. Vide supra *Dies forensis*.

Dies Mercatilis, quo *Mercata* seu nundinæ tenentur, Gallis, *Jour de Marché*. Charta Bernardi Vicecomitis Carcassonensis ann. 1082 : *Et dono vobis in ipsam meam leudam de Limos* 3. *puneias de sal in unoquoque Die Mercatile.*

¶ Dies Mercoris, Dies Mercurii. *Dies duos Mercoris et Veneris*, in Præcepto Zuendeboldi Regis ann. 898. Anecd. Marten. tom. 1. col. 58.

* Dies Mercurinus, Mercurii dies, in Stat. Cardin. de Fuxo ann. 1446. ex Cod. reg. 4660. A. fol. 21. v°. : *Procurator fiscalis singulis Diebus Mercurinis et Sabbatinis etc.* Lit. admort. ann. 1474. in Reg. 206. Chartoph. reg. ch. 460 : *Singulis septimanis perpetuis temporibus, diebus Dominicis, Mercurinis et Venerinis, etc.*

* Dies Naturalis, Spatium 24. horarum. Lit. Ludov. comit. Valentin. ann. 1375. in Reg. 108. Chartoph. reg. ch. 204 : *Valeamus fortalitia dictorum castrorum ingredi, et vexilla nostra apponere in loco convenienti dictorum fortalitiorum, et tenere patenter per unum Diem naturalem.*

Dies Neophytorum, qui inter Magnum Pascha, et Pascha clausum intersunt, in quibus albis induuntur recens baptizati. S. Augustinus Epist. 119. cap. 17 : *Ut quadraginta illi dies observentur, Ecclesiæ consuetudo roboravit, sicut octo Dies Neophytorum distinguantur a cæteris, id est, ut octavus primo concinat.*

Dies Operabilis, nostris *jour ouvrable*, in quo licet operari, *Travailler*. Vide *Sciso* post *Satio*.

¶ Dies Osanne, in Charta Goscelmi de Bogno pro Monasterio S. Juliani, apud Stephanotium Antiquit. Pictav. MSS. tom. 3. pag. 696. Idem qui *Dies Palmarum* : quo Ecclesia canit : *Hosanna Filio David etc.* Vide *Dominica Osanna*.

Dies Palmarum. Vide *Dominica Palmarum*.

Dies Palustres. Willelmus Tyrius lib 21. cap. 25 : *Sed neque ii, qui ibi juges et assidui videbantur, negligentia torpentes aliquid utilitatis operabantur, terebant otia, et palustres trahebant Dies.* Respexit istud Persii Sat. 5. vers. 60 :

Tunc crassos transisse dies, lucemque Palustrem.

Ubi Cornutus : *Obscuram propter nebulam, quæ de paludibus nascitur : sed hoc ad animi castitatem refertur.* Alii vitam non inertem modo, sed et crapulæ deditam intelligi putant. *Omnes enim ebriosi*, inquit S. Augustinus Serm. de Tempore 231. *tales sunt, quales paludes esse videntur, etc.* nisi potius *pigros* innuerit : nihil enim palude pigrius, quæ in eodem semper statu permanet, aquas suas nullibi evolvens ac egerens. Proinde huc spectant ista Senatoris lib. 10. Ep. 29. de podagrico humore : *Petit concavas lacunas, ubi palustri statione pigrescens, saxa perficit de liquore.* Vel denique faciunt, quod *ranæ*, quas *palustres* vocat Isidorus lib. 12. cap. 6. quæ in cœnosis aquis volutantur : *Grenouiller*, enim dicimus, de iis, qui perpetuis compotationibus vacant. Alcyphron. in Epistolis piscatoriis et Amatoriis, l. 1 : Κρεῖττον γὰρ ἐπανήκειν ἐκ Βοσπόρου καὶ Προποντίδος νεόπλουτον, ἢ καθήμενον, ἐπὶ ταῖς τῆς Ἀττικῆς ἐσχατιαῖς λιμνῶδες καὶ αὐχμηρὸν ἐρυγγάνειν. Vide quæ ad Persium annotant Casaubon. et alii.

* Dies Pingues, nostris, *Jours gras*, Qui diem Cinerum præcedunt et in quibus carnium esui potationique ultro indulgent. Lit. remiss. ann. 1362. in Reg. 91. Chartoph. reg. ch. 462 : *Die Mercurii sive Jovis ante Quadragesimam... Gallinam ceperant... pro comedendo in illis Diebus pinguibus.*

Dies Placitabilis, in quo placita fiunt, apud J. Fortescutum de Laudib. Legum Angliæ cap. 48.

Dies Placitus, Dies placiti dictus et præfinitus. Lex Ripuar. tit. 66 : *Quod sacramentum in Die Placito non conjurasset. Dies placitus*, ibid. tit. 72. §. 1.

¶ Dies Professa, f. meudum, loco *Profesta*, Gall. *Jour ouvrier.* in Anecd. Marten. tom. 1. col. 188.

* De Pulcra Die, Quod dicimus *En plein jour*, de die. Acta MSS. Inquisit. Carcasson. ann. 1308. fol. 11 r°. : *Cum ipse faceret transitum per Tarasconem, ivit ad domum Petri de Galache... Crastinum de pulcra Die recessit.* Ibid. infra : *De magna die.*

* Dies Repetibilis, Quo de lege aut alia quæstione publice disputatur. Stat. universit. Andegav. tom. 8. Ordinat. reg. Franc. pag. 243. art. 48 : *Quod licentiati et bachalarii hora nona et complectorii legentes, a lectura hujusmodi cessabunt Diebus repetibilibus, ... et aliis diebus quibus doctores repetent, seu licentiati respondebunt, hora nona.* Vide infra *Repetitio*.

* Dies Sacri vocabantur ii, quibus a bellis privatis abstinere præceptum erat, in Decret. Greg. IX. PP. Vide *Treva*.

Dies Sancti, dicti dies Quadragesimæ. Vide Baron. ann. 519. n. 42. et Jacobum Gothofr. ad. l. 2. Cod. Th. de Feriis.

Dies Sanctus, dicitur *dies Dominicus*, apud Alcuinum lib. de Offic. divin. cap. de Die Sancto.

Dies Sanguinis, quo *Bellonarii*, seu *Bellonæ servientes*, missione sanguinis sui *Bellonam* Deam placabant, 9. Kal. April. Vide Casaubonum ad Lampridium.

* Dies Serviens, Gall. *Jour servant*, Dies liti dirimendæ et finiendæ assignata, in Consuet. Insul. art. 216. 217. Hannon. cap. 56. 61. etc. *Jornée servante*, in Montens. cap. 53.

¶ Dies Siderales, *quibus sidera moventur et a navigatione homines excluduntur.* Papias.

Dies Solis, qui postmodum Dominicus. Tertullianus Apolog. cap. 16 : *Æque si Diem Solis lætitiæ indulgemus.* Ita et lib. 1. ad Nation. cap. 13. Maximus Episcop. Serm. in Pentecosten : *Dominicum diem ab hominibus sæculi diem Solis* appellari scribit. Gregorius Turon. lib. 3. Hist. cap. 15 : *Ecce enim Dies Solis adest : sic enim barbaries diem Dominicum vocitare consueta est.* Vide l. 1. et 2. Cod. Th. de Feriis, (2, 8.) l. 1. et 3. de Execut. (8, 8.) l. 10. 13. de Exact. (11, 7.) l. 2. de Spectacul. (15, 5.) eod. Cod. Justinum Apol. 2. etc.

Dies Tenere, Festum seu Curiam celebrare, quod faciebant Reges, cum Curias suas solemnes aut *Coronatas* tenebant. Gregorius Turon. lib. 5. Hist. cap. 2 : *Chilpericus .... Toronis venit, ibique et Dies sanctos Paschæ tenuit.*

Dies Treugarius. Charta Woldemari Ducis Jutiæ ann. 1326. apud Pontanum lib. 7. Hist. Dan. : *Et si medio tempore... alterum eorum mori contingat, nos sine voluntate unanimi, et consensu hæredum ipsorum, Diem Treugarium, aut sonam non inibimus seu faciemus.* Id est, treugam vel compositionem. Vide *Sona*, *Pax*.

Dies Tinearum, vel Murium, in quibus superstitiosi vana quædam observant, aut faciunt, ne tineæ aut mures noceant frugibus et segetibus. S. Audoenus lib. 2. Vitæ S. Elig. cap. 15 : *Nullus diem Jovis absque festivitatibus sanctis, nec in Maio, nec ullo tempore in otio observet, neque Dies tinearum, vel murium, aut vel unum omnino diem, nisi tantum Dominicum.* Vide Delrium lib. 3. part. 2. qu. 4. sect. 6.

* Dies Viginti, A Natali ad octavam Epiphaniæ computandi, Præfinitum solvendi tempus. Lit. remiss. ann. 1423. in Reg. 172. Chartoph. reg. ch. 428 : *La veille de xx. Jours, nommez les petits rois, etc.*

* Dies Viridariæ, Gall. *Jours de la verderie*, Quibus *viridarii* seu custodes forestarum, eorum supremo judici quidquid ad forestas spectat, referunt. Lit. remiss. ann 1402. in Reg. 156. Chartoph. reg. ch. 434 : *Jehan de Vandosme, escuier, maistre et enquesteur de nos eaues et forests ès parties de Normandie,... tenant les Jours de la verderie de la forest de S. Stuer, etc.* Vide *in Viride* 1.

¶ Dies Viridium, Feria quinta Majoris hebdomadæ, apud Haltausium in Calendario Germanico pag. 81.

Dies Vitæ, pro die obitus, seu ultimo vitæ. Spartianus in Adriano : *Itaque ut plerisque in Diem vitæ suæ dimensum sine dilatione restituerit.* S. Ambrosius Epist. 24 : *Tu obtulisti quasi arbiter litis, ut soror in Diem vitæ suæ possideret partem prædii, post obitum ejus fratri cederet omnis possessio.*

Dies Votorum, Sponsaliorum et nuptiarum. Lex Longob. l. 2. tit. 4. § 3. [** Liutpr. 102. (6, 49.)] : *Nulli sit licentia conjugi suæ de rebus suis dare amplius per qualemcunque ingenium, nisi quod ei in Die votorum in methio et mormorgonbac dederit.* Tit. 14. § 21. [** Liutpr. 3. (1, 3.)] : *Quantum in Die votorum acceperint, quando ad maritum ambulaverint.* Vide [Baluzium in Notis ad Capitularia tom. 2. col. 993. et infra] *Votum*, Nuptiæ.

¶ Dies Utiles, a Judicibus reo concedendi ad vadimonii dilationem, in Statutis Massil. lib. 2. cap. 4 : *Non detur reo vel ejus parti dilatio ultra spatium decem utilium Dierum, etc.* Iidem sunt, ut puto, qui supra *Legales*.

* Feriatis opponuntur, sic dicti quia in iis operari, litigare, suisque negotiis vacare licet. Stat. Vallis-ser. rubr. 34. ex Cod. reg. 4619 : *Notarius præfati domini vicarii teneatur.... describere in una vacheta dietim quoslibet dies feriatos, ut videri possint Dies*

utiles et juridicales in qualibet causa..... Dies utiles et non feriati. Vide supra *Dies serviens.*

DIEENNIUM, *Biennium.* Ugutio et Joan. de Janua.

DIESCERE, Instar diei lucere. Glossæ Isidori : *Diescit, dies fit.* [Item : *Diet, nunc dies fit.*] Will. Brito lib. 12. Philip. de nocte cereis illuminata :

Tantis luminibus, tanto fulgore Diescens.

Utuntur sæpe Alanus, Galterus, Devonius, Petrus de Riga, et alii.

* Glossar. Lat. Gall. ex Cod. reg. 7692 : *Diescere, Ajourner.* Vide supra *Adjonare* 2.

¶ 1. **DIETA**, Conventus. Vide *Diæta* 4.

2. **DIETA**, Iter, quod una die conficitur, vel quodvis iter. Jo. de Janua : *Dieta, diei itineratio, unde Dietare, perendinare.* Breviloq. : *Continet autem Dieta legalis* 20. *milliaria Italica; Dieta vero vulgaris dicitur illa, quæ habetur secundum consuetudinem regionis.* Procopius lib. 1. Vandal. cap. 1 : Μιᾶς δὲ ἡμέρας ὁδὸς ἐς δέκα καὶ διακοσίους διήκει σταδίους, ὅσον Ἀθήνηθεν Μεγαράδε ἰέναι. Concilium Andegav. ann. 1365. cap. 3 : *Sane quia nonnulli in nostra provincia Dietas diversimode in casibus præmissis nituntur computare, ... nos de communi consilio et assensu hujus Concilii* 12. *leucas taxamus pro Dieta vulgari, vel etiam usuali, in diœcesi Turonensi et Andegavensi; in Britannia vero et Cenomannia decem leucas taxamus pro Dieta.* Bracton. lib. 4. tract. 1. cap. 46. et Fleta lib. 4. cap. 28. § 13 : *Omnis rationabilis Dieta constat ex* 20. *milliaribus.* Ita etiam Gervasius Tilberiensis in Otiis Imperialibus apud Seldenum in Dissert. ad Fletam pag. 523. ex leg. 1. D. Si quis cautionib. (2, 11.) Brocardus in Descr. T. S. : *A Valania usque ad Antiochiam sunt* 4. *Dietæ.* Rodericus Tolet. lib. 8. de Reb. Hisp. cap. 1 : *Dietis plus fastu regio festinatis, die præfixa venit Toletum.* Alanus in Anticlaudiano lib. 4. cap. 9 :

Illic Saturnus spatium percurrit avaro
Cursu, progressuque gravi, longaque Dieta.

Et lib. 6. cap. 4 :

Tandem fessa, tremens, admirans virgo Dietam
Explet, etc.

[Alberici Chron. ann. 1221 : *Tantumque ab illa parte processit, ut nonnisi per decem Dietas distet exercitus ejus ab Audas maxima et famosa civitate.* Vide Apparatum bellicum Caroli VIII. Reg. Fr. in Ital. apud Marten. Itinerarii 2. pag. 386. Chronicon Trivetti ad annum 1154. Vitam B. Coletæ tom. 1. SS. Martii pag. 590. Laudes Papiæ apud Murator tom. 11. col. 19.]

Dieta Terræ, Quantum terræ quis per diem peragrare potest. Tudebodus lib. 1. Hist. Hierosol. pag. 780 : *Imperator permisit Boemundo* 15. *Dietas terræ in longitudinem Romaniæ, et* 8. *in latitudinem.* Lib. 2 : *Quod si libenter jurasset, ei* 15. *Dietas terræ in extensione ab Antiochia daret.*

3. **DIETA**, *Cursus* Ecclesiæ ordinarius, seu officium, quod *quotidie* celebrari solet in Matutinis horis. Liber Ordinis S. Victoris Parisiensis MS. cap. 27 : *Hæc sunt autem tempora, in quibus circumferendus est liber : quoties Dieta cantatur, ad singulas sessiones circumferatur.* Beletus de Divinis Officiis cap. 21 : *In noctibus istorum dierum, qui solennes non sunt, psalmi duodecim, quos vulgus Dietam vocant, cum sex antiphonis canuntur, ac tres lectiones totidemque responsoria recitantur.* Acta Episcopor. Cenoman. pag. 319. Tunc Episcopus : *Profer igitur si hodiernis interfuisti mysteriis. Respondit, Non. Pangamus ergo Domino Deo hymnos matutinales. Quibus inceptis, Heinricus profitetur, se Dietam ignorare. Episcopus tamen volens omnino ejus reserare inscientiam, Dei genitrici solitos Psalmos canere cœpit. Horum quoque nec versus noverat, nec seriem.* Adde Durandum lib. 5. cap. 3. n. 29.

* Officium *feriæ* vel pars ejusdem officii, seu Preces quæ diebus tantum jejunii recitantur. Ordinar. MS. S. Petri Aureæ-val. : *Per octabas hujus festivitatis* (S. Joan. Bapt.) *fiunt tres lectiones cum Dieta, et una antiphona super Dietam. Dyée* nuncupatur in Cæremon. MS. eccl. Brioc. : *Quant l'on fait la Dyée, c'est assavoir quant l'on fait la matine sur sepmaine, comme en Caresme ou en l'Avent,.... l'on doit faire prostration, c'est assavoir que l'on doit estre tous à genoulz durant les* Preces et Miserere *à toutes les heures.*

¶ 4. **DIETA**, Diurnum spatium; Opera diurna, Gall. *Journée.* Charta Bernardi de Turre ann. 1308. apud Baluzium Hist. Arvern. tom. 2. pag. 781 : *Et pro qualibet die, qua læsus propter læsionem illam operari non potuerit, dabit prædicto læso sex denarios pro qualibet Dieta.* Saisimentum Comitatus Tolosæ art. 22. apud *la Faille* tom. 1. Annal. Tolos. Probat. pag. 16 : *Item recognoverunt quod dominus Rex habet ex consuetudine in dicta villa de quolibet foco habente par boum duo jornalia in terminis villæ, salvo victu bubulci* (bubulci) *ad ipsas Dietas.* Chartularium SS. Trinit. Cadom. fol. 83 : *Sello filius Unfridi unam acram in masungio... facit duas Dietas coperturæ.*

¶ 5. **DIETA**, ut *Dies* 3. seu Tantum terræ, quantum per diem uno aratro coli potest. Charta Elizabethæ de Castellione Comitissæ S. Pauli ann. 1220. apud Duchesnium Histor. Bethun. lib. 3. probat. pag. 110 : *Cum inter Guidonem et Hugonem filios meos ex una parte, et Matheum de Rollepot Militem et heredes suos ex altera, super duabus carrugiis ccxx. Dietas quæ Jorneta dicuntur continentibus, et super quadam alia terra, quæ Baulesche dicitur, verteretur quæstio, etc.*

* Charta ann. 1215. ex Tabul. S. Petri Carnot. : *Dedi etiam eis.... Dietas trium falcatorum in nois meis de Fatgermont.* Reg. 34. bis Chartoph. reg. fol. 91. r°. col. 2 : *xixx Dietas terræ cultæ et xvij. Dietas en ries. Unum pratum unius Dietæ*, in Ch. ann. 1398. ex Lib. sal. eccl. S. Thom. Argent. fol. 109. Vide supra *Diale.*

¶ 6. **DIETA**, Vitæ institutum, Gall. *Diette.* Vide *Diæta* 3.

¶ 7. **DIETA**, Pastus, refectio. Vide *Diæta* 2.

¶ 8. **DIETA**, Merces diurna. Constitutio Lud. Reg. Sicil. ann. 1352. e MS. D. *Brunet.* fol. 101 : *Illud quod curie nostre debetur sub nomine salarii vel Diete.*

¶ 9. **DIETA**, Norma recte vivendi. Vide *Dieticus.*

* 10. **DIETA**, Dies, spatium diurnum. Chron. Estense ad ann. 1345. apud Murator. tom. 15. Script. Ital. col. 424 : *Quod sentiens dictus rex* (Hungariæ) *relictis omnibus, accessit cum suis in subsidium dictæ civitatis* (Zaræ) *ibique steterunt per multas Dietas, sperantes habere civitatem.*

¶ Dieta Straminis et Paleæ, Tantum, si bene conjecto, straminis et paleæ, quantum conficitur uno die, cum frumentum flagellatur. Tabularium Gemeticense cap. 192. in Charta anni 1219 : *Dimisi... unam Dietam straminis et paleæ in granchia illorum.*

1. **DIETARE**, Joan. de Janua *Perendinare*, Differre de die in diem, [commorari, subsidere, Gall. *Sejourner.*] Charta Ludovici VII. Reg. inter Sugerianas 22 : *Ab hac itaque civitate, ubi per aliquot dies Dietavimus, scripsimus vobis, etc.* [Barthii Glossarium ex Hist. Palæst. : *Castorium pervenerunt et ibi solemnitatem Dominicæ Nativitatis celebraverunt, et per dies plurimos Dietaverunt.* Ibidem : *Dietavit in illa civitate exercitus Francorum per mensem unum et dies quatuor.* Vide *Dictare operam.*]

¶ 2. **DIETARE**, Iter agere, pergere, a *Dieta* 2. Iter unius diei. Gesta Ludovici VII. Franc. Regis apud Duchesnium tom. 4. pag. 403 : *Statim directo itinere cum suo exercitu versus partes regni Hierusalem Dietavit.*

1. **DIETARIUM**, Opus diei. Historia Translationis S. Sebastiani cap. 11 : *Celebrem festivis gaudiis omnibus... ducentibus diem, iste solus solita cupiens explere exercitia, junctis bobus properat ad agrum, exequi cupiens Dietarium;* Galli dicerent, *voulant faire ou achever sa journée.*

2. **DIETARIUM**, Idem quod *Jornale*, Jugerum, modus agri. Charta ann. 1226. apud Joann. Carpentarium in Hist. Cameracensi : *Et tria Dietaria terræ alodii de Lo, etc.* Perperam editum *Dictaria.* Vide *Dies* 3.

* 3. **DIETARIUM**, Accepti et impensi diurni liber, Gall. *Journal.* Stat. colleg. de Marchia fol. 89. ex Bibl. reg. : *In ipso collegio habeatur manuale seu Dietarium commune, ... in quo scribantur omnes misiæ saltem extraordinariæ, et omnes receptæ,*

1. **DIETARIUS**, ut *Dietarium* 2. Charta Gerardi de Grimbergis anno 1167. apud Miræum in Donat. Belgic. : *De terra Amelrici* 8. *bunarii, et sororis hujus Claricia unus bunarius. Sex Dietarii a Balduino de Eichem... de terra Theodorici de Inferno* 9. *Dietarii : terra tota de duobus Grisengem, excepto uno Dietario et uno bunario Ermengardis.*

2. **DIETARIUS**, Qui ad Officium Ecclesiasticum stata die deligitur : *Qui est de jour.* Ordinarius MS. Ecclesiæ Rotomagensis : *Vesperæ finiantur a Dietario.* Alibi : *Per hebdomadarium vel Dietarium revestitum omnibus sacerdotalibus indumentis, etc.* [** Vide *Zetarius* et Glossar. med. Græcit. voce Διαιτάριος.]

¶ Dietarius Mensæ, Ad mensam quotidie admissus. Translatio S. Sebastiani num. 32 : *Erat namque ei* (Gisleberto Suessorum Comiti) *inter prandendum familiare inopum debilitumque, quos mensæ suæ Dietarios delegerat, curam agere, eosque ex his quæ sibi ex industria subtrahebat, pie refovere.*

¶ **DIETAS**, *Domus*. Glossar. Sangerman. n. 501. Est, nisi fallor, pro *Diæta*, Cœnaculum. Vide *Diæta* 3. et 4.

DIETENUS, Tota die, in Vita B. Mathildis Reginæ 14. Martii.

DIETICUS. Johannes de Janua : *Dieticus, i. regularis, scilicet se de die in diem custodiens, sicut faciunt Claustrales*. Matthæus Silvaticus : *Dietici, Clerici regulares*. Glossæ MSS. : *Dieta, quod Latini Regulam dicunt, est observatio legis et vitæ*.

DIETIM, *Per singulos dies*, apud Johan. de Janua : quotidie, de die in diem. Occurrit apud Herronem in Vita S. Godehardi Episc. n. 23. Stephanum Juliacum in Vita B. Coletæ n. 84. in Vita S. Withburg. Virg. n. 1. [in Vita S. Scholasticæ cap. 1. n. 5. in Vita S. Drausii Episc. n. 1. in Concilio Dertusano ann. 1429. apud Acherium Spicil. tom. 2. pag. 757. et Martenium Anecd. tom. 4. col. 354.] Vide *Diatim*.

* **DIEWITZA**, Puella. Chron. Bohem. apud Ludewig. tom. 11. Reliq. MSS. pag. 139 : *Castrum ex opposito super forti cacumine montis contraxerunt* (l. construxerunt) *quod Diewin vocarunt suo nomine. Puellæ enim nominantur Diewitzæ, et ex nomine puellarum vocatum est castrumDiewin*.

* **DIFALCARE**, Diffalcare, Disfalcare, Demere, deducere, Ital. *Difalcare*, Gall. *Défalquer*. Stat. Cadubr. cap. 17. pag. 56. r° : *De Disfalcando quintum de pignoribus æstimatis. Affirmatum fuit quod Difalcari debeat et possit quintum de pignoribus quæ æstimabuntur per juratos,.... pro aliis rebus debendis, nihil Disfalcari debeat. Disfalcentur libræ quinque Imperiales de ipsa condemnatione*, in Stat. Palavic. lib. 2. cap. 6. pag. 80. Vide *Defalcare*.

* **DIFAMARE**, Vastare, spoliare. Charta ann. 1252. ex Tabul. Narbon. : *Qui Durantes dixit dom. Amalrico, quod monachi dicti monasterii* (Fontisfrigidi) *circa auroram hodie Difamaverant et ruperant cabanam, quam fecerant in dicto opere, et picones et palas.... inde asportaverant*.

* **DIFESUS**, *Che nega*, in Glossar. Lat. Ital. MS.

DIFFACERE, Destruere, Gall. *Défaire*; Italis *Disfare*. *Diffacere justitiam* : Capitula ad Legem Salicam cap. 2. Capit. Caroli M. lib. 3. cap. 26. et Capit. Caroli C. tit. 31. [** Edict. Pistens. ann. 864.] cap. 18 : *Juret, quod ipse eum ad justitiam cujuslibet Diffaciendam fugere non fecisset*; id est fugiendam, vitandam. In Capit. Caroli C. legitur *Disfaciendam*. Eadem Capit. Caroli C. tit. 31. sub finem : *Expresse mandamus, ut quicunque istis temporibus castella et firmitates et haias sine nostro verbo fecerint, Kalendis Augusti tales firmitates Diffactas habeant*. [Baluzius legit *Disfactas*.] *Charta Diffacta*, Capitul. ad leg. Salic. cap. 7. Lex Longob. lib. 2. tit. 34. § 10. [** Carol. M. 107.] et Leges Henrici I. Regis Angl. cap. 89 : *Si vero non compareat Charta, sed ab illo, qui inservire vult, Diffacta sit*; id est, lacerata. *Facti Diffactio*, apud Ratherium Veronensem in Qualitatis conjectura pag. 216.

Hominem Diffacere, Judicio interveniente, reum membro aliquo mutilare, deformare. *Deffaire quelqu'un*, dicimus de reo, qui morte punitur. Lex Longob. lib. 1. tit. 25. § 68. [** Carol. M. 86.)] : *Nisi per justitiam et pacem faciendam hominem Diffecerit*. Statuta S. Ludovici lib. 1. cap. 82 : *Se li Clerc fet chose, dont il doie estre pendus et Deffés*.

Diffactio, Mutilatio membrorum. Leges Henrici I. Regis Angl. cap. 64 : *In furto, et murdro... et eis, quæ ad Diffactionem pertinent*. Id est, criminibus, quæ capite aut membrorum mutilatione luuntur. Cap. 92 : *Qui murdrum* (fecerit,) *si capiatur, debet reddi Justitiæ Regis, et talis, de quo justitia fieri possit, vel videlicet occisus, vel Diffactus*. Rursum cap. 88 : *Nemo ipsius suum infantem reddere cogatur, quem voluntarie non occidit, nec emendatione pecuniali, nec Diffactione corporali*. Adde cap. 80. 82. 92. 93. Leges vernaculæ Willelmi Nothi cap. 35 : *Si feme est jugée à mort, ù à Defacion des membres, etc.*

Disfacere, Idem quod *Diffacere*, Destruere. Capitul. ann. 779. cap. 11 : *Qui per odium, aut per malum ingenium, nisi pro justitia facienda hominem Disfecerit, honorem perdat, etc.* Hincmarus Opusc. 34 : *Quod ille facit, alter Disfacit*. [Tabularium Rothonense : *Post tempus voluit Catweten istam elucutionem Disfacere, et venit in lege coram Scavinis*.]

* Diffacere Olivas, Eas trutirare. Stat. ann. 1356. inter Probat. tom. 2. Hist. Nem. pag. 177. col. 2 : *Item quod nulla persona... sit ausa olivas suas portare, nec Diffacere, vel fieri Diffacere ad aliquod molendinum, nisi ad molendinum dictæ civitatis*. Vide supra *Deffactus*.

* **DIFFALCARE**. Vide supra *Difalcare*.

DIFFALESCERE, Σκορπίζεσθαι, in Gloss. Gr. Lat. MSS. In Glossario edito, σκορπίζειν, est, *Dissipare, dispergere*. Gl. Isid. : *Diffitiscit, dissolvitur*. Unde forte legendum *Diffitiscere*, pro *Diffalescere*, vel certe *Diffatescere*. [Papias habet : *Diffitiscit, Dissolvitur, aut marcescit, languet, arescit*. Simplex *Fatiscit*, dissolvitur exponit Servius ad 1. Georg. *Neu pulvere victa Fatiscat*; id est *in pulverem Fasticat, aut dissolvatur*.]

DIFFAMARE, Vulgare. Gloss. Græco-Lat. : Διαφημίζω, *Difamo, devulgo, pervulgo*. Flodoard. lib. 4. Histor. Rem cap. 50 : *Cum hujus virtutis miraculum Diffamaremus*. Anastas. Bibl. in Epist. ad Martin. Episc. Narniensem : *Potui ei scribere ac innotescere omnia, quæ de ipso Diffamabantur*. S. August. in Epist. ad Quodvultdeum : *Epiphanius in doctrina Catholicæ fidei laudabiliter Diffamatus*. Facundus Hermianens. lib. 1. cap. 6. de eod. Augustino : *In Catholica doctrina sinceritate ac prudentia Diffamatus*. Lib. 4. cap. 2 : *In doctrina Catholicæ fidei laudabiliter Diffamatus*. Adde eumdem Augustin. lib. 3. et lib. 22. de Civit. Dei, Tertullian. in Apolog. cap 7. Apuleium, et alios.

* Epist. 1. ad Thessalonic. cap. 1. v. 8 : *A vobis Diffamatus est sermo Domini*. Ubi Remig. episc. Rem. Apostolum, ut parum sollicitum de proprietate verborum carpit, quasi Latine scripsisset S. Paulus. Græce ἐξήχηται.

Diffamare interdum in malam partem sumitur, ut apud Tacitum : *Probroso carmine Diffamatus*. et in leg. Diffamari C. de Ingen. manu. (7, 14. const. 5.) Gervasius Remorum Archiepisc. in Epist. ad Nicolaum II. PP. : *De vestro adventu in nostram Galliam, quid animi habuerim vivente Rege, licet Diffamatus sim id noluisse, satis, ut puto, significavi Paternitati vestræ*.

¶ Diffamare Testes, Illorum testimonium infirmare. Notitia Judicii ann. 869. apud Baluz. tom. 2. Capitular. col. 1490 : *Sic me exvacuo ego Recosindus quod non possum Diffamare ipsos testes et ipsas scripturas, nec testes ampliores nec meliores ut legibus convincere possim, etc.*

* **DIFFAMATIO**, Contumelia, convicium; quo sensu *Infamie* usurpamus. Lit. remiss. ann. 1357. in Reg. 89. Chartoph. reg. ch. 36 : *Dictus Johannes.... tot injurias, Diffamationes et villonias verbis et aliter dicto commissario fecit et intulit, etc. Diffalmement*, in Ch. ann. 1424. tom. 2. Hist. Leod. pag. 457 : *Ordinons que se aucune personne soy plaindoit de Diffalmement, etc. Diffameur*, obtrectator, alienæ famæ violator, pro *Diffamateur*, in Lit. remiss. ann. 1364. ex Reg. 94. ch. 58 : *Lequel Alaie estoit hoqueleur, bateur, brigueux, tanseur et Diffameur de ses voisins et autres*. Vide *Diffamia*.

¶ **DIFFAMATORIUS** Liber, Gall. *Libelle Diffamatoire*, apud Rymerum tom. 11. pag. 268. col. 1. et alibi.

* **DIFFAMATUS**, Præfatus, in Act. S. Januar. tom. 6. Sept. pag. 881. col. 2.

DIFFAMIA, Damnum famæ, infamia. S. August. in Quæst. V. Testam. : *Senatoribus fœnus Diffamia est. Diffamatio venerabilium nominum, et divulgata vituperatio defunctorum*, apud Facund. Hermianens. lib. 8. cap. 2.

* **DIFFARDARE**, *Fardellos* seu sarcinas auferre, spoliare. Charta ann. 1390. in Reg. 141. Chartoph. reg. ch. 33 : *Gentes regias hostiliter capiendo, interficiendo et Diffardando. Desfardeler* et *Deffardeler*, nostris pro *Déballer*, Sarcinas resolvere. Reg. sign. *Pater* Cam. Comput. Paris. fol. 255. v° : *Et seront creus les marchans et les conduiseurs de dire par leurs sermens ce qui sera ès bales, sans Deffardeler*. Lit. ann. 1409. tom. 9. Ordinat. reg. Franc. pag. 438. art. 3 : *Et avant qu'ilz* (les draps) *soient Défardelez, etc.* Ita etiam legendum pro *Défardeser*, tom. 2. earumd. Ordinat. pag. 148. Vide infra *Fardellus*.

¶ **DIFFARREARE**, Matrimonium dissolvere, *Diffarreatus*, Cujus matrimonium dissolutum est, in Digesto.

¶ **DIFFARREATIO**, *Dissolutio inter virum et fœminam*. Gloss. Isidor. Festus habet : *Diffarreatio genus erat sacrificii, quo inter virum et mulierem fiebat dissolutio. Dicta Diffarreatio, quia fiebat farreo libo adhibito*. Contrarium est *Confarreatio* : qua voce usi sunt Plinius Tacitusque.

* **DIFFASIUM**, Sub banno positum, quo frui nulli licet, nisi cui jus competit, idem quod *Devesia*. Charta Guill. de Rupibus ann. 1209. inter Probat. tom. 2. Annal. Præmonst. col. 356 : *Et in omnibus nemoribus suis,.... tam in Diffasiis, quam usagiis percipere et habere omnia ligna ad sua necessaria*. Non semel ibi. At inter Probat. Hist. Sabol. pag. 365. legitur *Defaisiis* ex ead. Charta. Vide supra *Defesium*.

* **DIFFATUARE**, Infatuare. Glossar. Provinc. Lat. ex Cod. reg. 7657 : *Fatuare, Diffatuare, Enfoller, Prov.*

DIFFERENTER, *Eminenter*, in Gloss. MSS. ad Concilium Ancyran. can. 4.

DIFFERENTIOR, *Præstantior*, διαφορώτερος. Utitur Interpres S. Irenæi lib. 2. Gloss. Isid. : *Differentior, Eminentior.* Vide *Differe*, 1.

* Charta Rob. episc. Carnot. ann. 1160. inter Instr. tom. 8. Gall. Christ. col. 335 : *Quia vero prædictas moniales sub Differentiori regula volui coercere, etc.* Ubi leg. videtur, *Districtiori*.

¶ **DIFFERENTIA**, Controversia, contentio, dissidium, Gall. *Différent.* Carolus VII. Franc. Rex in Epistola ad Nicolaum V. Papam Spicil. Acher. tom. 7. pag. 257 : *Beatissime Pater... Cum nuper Prælatos regni nostri in civitate nostra Rotomagensi congregari mandassemus, et super quibusdam Differentiis inter vestram Sanctitatem et Ecclesiam nostram Gallicanam concordandis, etc.* Occurrit in altera epistola Christierni Regis Daciæ ad eumdem Carolum Regem, Spicil. tom. 9. pag. 303. apud Rymerum tom. 12. pag. 32. col. 4. Ludewig. Reliq. MSS. tom. 6. pag. 106. Lobinellum in Glossario ad calcem Hist. Britann. Aremor. etc.

* Alias etiam *Différance*. Annal. Placent. ad ann. 1443. apud Murator. tom. 20. Script. Ital. col. 879 : *Reverendi priores.... venerunt Placentiam pro tollenda Differentia inter Fratres Observantiæ.* Lit. remiss. ann. 1468. in Reg. 194. Chartoph. reg. ch. 283 : *Se meut débat et Différance entre eulx, etc.*

¶ 1. **DIFFERRE**, Eminere. Glossæ apud Grævium in Notis ad Isidorianas : *Differt*, ὑπερτίθεται. Constantiensis *Differt*, inter alia exponit *Honorat*. [** Reginon. Chronic. ad ann. 868 : *Nec Differt ut omnis christiana religio de tanto pontifice doleat, et omnis ordo æcclesiasticus de prudentissimo papa ingemiscat; revera nos potius deflemus, etc.* Pertzius interpretatur *non dubium est*, sed fortasse scriptum est pro *non refert*.]

* 2. **DIFFERRE**, Commutare, Practicis nostris *Commuer*. Charta ann. 1225. in 1°. Lib. nig. S. Vulfran. Abbavil. fol. 8. v°. : *Tenebitur terragiare et grangiam invenire apud Rienviler, nisi capitulum voluerit ei Differre de loco.*

* 3. **DIFFERRE**, Distare, abscedere, Gall. *s'Eloigner*. Acta Inquisit. Tolos. ad ann. 1238. inter Probat. tom. 3. Hist. Occit. col. 386 : *Hæretici consolati fuerunt et receperunt eumdem testem in hunc modum : impositis in quodam banco manutergiis albis, et desuper librum, quem vocabant textum, quæsiverunt ab eodem teste Differente a libro aliquantulum, utrum volebat ordinationem Domini recipere.*

** **DIFFESIO**, Sententia, forte quam *interlocutoriam* dicunt, pro *Diffisio*. Chart. Carol. IV. Imper. ann. 1358. de arbitris, ap. Sommersb. Rer. Siles. tom. 1. pag. 806 : *Tenebuntur et debebunt etiam dicti duces diffinicioni seu Diffessioni predictorum in omnibus dictam causam concernentibus firmiter obedire.*

* **DIFFESSIO** NEGATIVA, Negatio. Mirac. S. Emmer. tom. 6. Sept. pag. 504. col. 2 : *Quia indignos vos Dei judicastis gratia, ac omne bonum usque hodie a salute vestra negativa Diffessione repulistis, etc.*

DIFFIBULARE. Alanus de Insulis in Planctu naturæ : *Quod duplex tricatura Diffibulans, etc.* Infra : *Adulatores a voluntate vultum, ab animo verbum, ab intellectu loquelam, amplo discessionis intervallo Diffibulant.* Ubi alii Cod. *disjungunt.* Carmen de Curia Romana :

.... Sic res Diffibulat omnes,
Sic longas causas terminat ore brevi.

Vide Sidonium lib. 3. Epist. 3. et ibi Savaronem, et supra in *Affibulare*.

DIFFICAX, *invenitur pro Difficilis*, inquit Joan. de Janua : inde *Difficacia, Difficacitas*, eidem.

¶ **DIFFICERE**, pro *Deficere*. Statuta Arelat. MSS. art. 192 : *Et mittat Deus super te iram suam, et Difficias ante inimicos tuos.*

* **DIFFICILIS**. VULNUS DIFFICILE. Vide infra in *Vulnus*.

DIFFICULTARE, Δυσκολαίνειν, in Gloss. Gr. Lat. Difficilem se præbere. Magnum Chronicum Belgicum : *Qui diu hæsitando, propter mercaturas negotiorum suorum, Difficultaverunt negotium.* [Littera patens ex parte Cardinalium, qua Petrum de Luna convocant ad Concilium Pisanum, Spicil. Acher. tom. 6. pag. 203 : *Hæc enim convocatio ad locum et terminum antedictos, nullo valet colore Difficultari, impediri, etc.* Ejusd. tomi pag. 261 : *Proposuerunt certas dubitationes ad Difficultandum congregationem Concilii et agendorum in eo.*]

¶ **DIFFIDAMENTUM**, DIFFIDANTIA. Vide *Diffidare*.

¶ **DIFFIDANTIARE**, *Fidantiam* seu fidejussionem frangere. Vide *Affidantiare* post *Fidantia*.

1. **DIFFIDARE**, proprie est a fide, quam quis alicui debet, aut pollicitus est, per litteras aut epistolam deficere : nostris *Deffier. Desafiar*, in Chron. Raimundi Montanerii cap. 158. et alibi. Utuntur passim Scriptores hoc significatu, [S. Bernardus Ep. 222.] Alexander Abbas Celesin. lib. 2. cap. 27. Gesta Philippi III. Reg. Franc. pag. 533. Gesta Innocent. III. PP. pag. 10. Levoldus Northow. in Chr. ann. 1303. 1344. 1356. Albert. Argentin. pag. 127. Monachus Vallis Sarnei cap. 67. [Breviarium Hist. Pisanæ ann. 1172. Caffarus in Annal. Genuens. ann. 1162. Bartholomæus lib. 6. eorumd. Annal. ann. 1235.] Jus feudale Saxon. cap. 41. § 3. Thwrocz. in Lud. Rege cap. 34. Nicol. de Cusa lib. 3. de Concord. Cathol. cap. 31. Concilium apud Pennam fidelem ann. 1302. cap. 14. Petr. de Vineis lib. 1. Epist. 21. lib. 3. Epist. 85. Vita Lietberti Episcopi Camerac. cap. 54. Gobelinus Persona in Cosmodromio pag. 241. Hist. Cortusiorum lib. 1. cap. 8. Concil. Noviomense ann. 1344. can. 3. Andegavense ann. 1365. cad. 26. etc. [*Desfidiare* in Concil. Arand. ann. 1473. cap. xx. *Desfidare*, apud Rymerum tom. 6. pag. 218. col. 1. Le Roman *de Flore* MS. :

En ceste cort n'a Chevalier,
S'il me voloit Desafier,
Qu'il ne me trova armé
Sor mon cheval enmi cel pré.]

Vide Leges Alfonsinas part. 7. tit. 11 : *De los Desafiamentos.* [** Haltaus. Glossar. German. col. 336. voce *Entsagen* et supra *Contradicere*.]

Illud inprimis notandum, quod *Diffidentiæ*, ut vocabant, per viros primarios, non vero per præcones, seu feciales, aut heraldos fiebant, ut videre est apud Villharduinum n. 112. in Chron. Flandr. cap. 74. [in Annalibus vett. Mutinens. ad ann. 1298.] etc. Sæpe etiam per Episcopos et Abbates, ut colligitur ex Matth. Paris ann. 1233. pag. 266. ann. 1240. pag. 366. ex Chron. Flandr. vernac. cap. 19. Ægid. de Roya ann. 1269. Froissart. 1. vol. cap. 257. etc.

Fiebant etiam diffidationes plerumque scripto ad hostem misso : [quod scriptum *Diffidatorias litteras* vocant Telomon de Bello cum civitate Brunsvic. apud Leibnitium tom. 2. pag. 93. et Auctor. Chronici Episcoporum Merseburg. apud Ludew. Reliq. MSS. tom. 4. pag. 446. *Litteras Diffidentiæ* Caffarus lib. 1. Annal. Genuens. ad annum 1162.] Fori Oscæ ann. 1247. fol. 26 : *Statuit Rex Petrus, quod magnates Aragonum et Infantiones, inter se guerram facientes, nisi post monitionem suam factam per nuntios, aut per chartas, id faciant, etc.* Gobelinus Persona in Cosmodromio ætate 6. cap. 91 : *Episcopus Leodiensis... Electo Paderbornensi litteras Diffidationis direxit.* Nicolaus de Cusa lib. 3. de Concord. cap. 31 : *Si Clericum etiam divina lege tu laicus capere propria auctoritate, aut male tractare prohiberis, quam credis virtutem tuæ fabricatæ Diffidationis scedulæ inesse, ut tunc omnia jura divina et humana cessare, et mortua esse credas, quando litterulam præmittis?* Vide *Cartellus* 1.

* Scripti hujusmodi exemplum profert Chartul. Godefr. dom. Asperimont. fol. 26. v°. : *Messires Henry sires de Lavantgarde et vous Huguenin, Nous Joffrois sires d'Apremont vous faisons savoir que vostres peires nous ait rayeut et tenu nostre héritaige, et vous encor le teneis oultre nostre volentei; pourquoy veulliés savoir que nous vous empourchasserons le plustost et le plus hattivement que nous porrons, et vous porterons damaige au corp et à l'avoir au plustost que nous pourrons. Donné sor nostre seel le Venredy au vespres devant les bures l'an mil trois cens quarente et huyt.* Notæ omnibus sunt diffidationum literæ Francisci I. reg. Franc. ad Carolum V. imper. quas idcirco hic omittendas censui; cum autem Imperatoris ad illas responsio non exstet Gallice, ut opinor, nisi in Comment. *du Bellay* edit. Lambert. pag. 88. hanc profero ex authentico descriptam a D. *Delvaux* ann. 1747 : *Charles par la divine clémence E. Empereur des Romains, Roy des Allemaignes, des Espaignes, etc. à vous François par la grace de Dieu, Roy de France, fais scavoir comme par Guienne vostre hérault, j'ai le huitiesme de ce mois de Jung receu vostre cartel du xxviij. de Mars, lequel de plus loing que de Paris en ce lieu eust peu plustost venir, et ensuivant ce que de ma part fut dit à vostredit hérault, je vous répondz à ce que dictes, que en aucunes responces par moy faictes à vos ambassadeurs et héraulx envoyés devers moy pour bien de paix, me vuillant sans raison excuser, vous

ay accusé, que je n'ay jamais veu hérault venant de vostre part, sinon cellui qui vint à Bourgos me intimer la guerre; et quant à moy, ne vous ayant en rien failli, je n'ai nul mestier de me excuser; mais vostre faulte est celle que vous accuse, et en ce que dictes que j'avoye vostre foy, vrai est, entendant de celle que vous avez donné par le traicté de Madril, selon qu'il appart par escriptures signées de vostre main, que retourneriez en ma puissance comme prisonnier de bonne guerre, en cas que n'accomplissiez ce que par ledit traicté m'avez promis : mais que j'aye dit, comme audit cartel dictes, que sur icelle et oultre vostre promesse vous estiez allé et party de mes mains et de ma puissance, ce sont motz que oncques ne diz; car jamais n'ay prétendu d'avoir vostre foy de non partir : mais bien celle de retourner en la forme traictée; et s'il l'eussiez ainsi fait, n'eussiez failly à vos enfans ny à l'acquit de vostre honneur : et à ce que que pour défendre vostredit honneur, lequel en ce cas seroit trop chargé contre vérité, vous avez bien voulu envoyer vostre cartel, par lequel dictes que encoires que tout homme gardé ne puisse avoir obligation de foy, et que cela vous fust excuse assez suffisante, ce nonobstant veuillant satisfaire à ung chascun et à vostredit honneur, lequel dictes vouloir garder et que garderez, si Dieu plaist, jusques à la mort, me faictes entendre que si vous ay voulu ou veulx charger, non pas de vostre foy et délivrance seullement, mais que vous ayez fait chose que ung gentilhomme aymant son honneur ne doive faire, dictes que j'ay manty par la gorge et que austant de fois que le dirTay que mantiray, estant délibéré de défendre vostre honneur jusques au dernier bout de vostre vie; je vous respondz que ensuivant la forme traictée, vostre excuse d'avoir esté gardé, ne peut avoir lieu, et puisque tant peu extimez vostre honneur, ne m'est merveille que niez estre obligé d'accomplir vostre promesse; vos parolles ne souffisent pour satisfaire à vostredit honneur; car j'ai dit et dirai sans mentir que vous avez fait laschement et meschamment de non avoir gardé la foy et promesse que j'ai de vous, selon ledit traicté de Madril, et en ce disant je ne vous charge des choses secretes ou non possibles de prouver, puisqu'il en appart par escriptures signées de vostre main, desquelles ne vous povez excuser ni les nier; et si vous voulez affermer le contraire, puis seullement en ce cas je vous tiens habillité pour combatre, je vous diz que pour le bien de Chrestienté et éviter effusion de sang et mettre par ce fin à ceste guerre, et pour défendre ma juste querelle, je maintiendrai ce que dit est de ma personne à la vostre estre véritable, et ne veulx user envers vous de tels motz que vous faictes, veu que vos euvres mesmes sont celles, sans ce que je, ne autre le die, qui vous desmantent, et aussi que chascun peut user de tels propos plus séheurement de loing que de prez; à ce que dictes que puis contre verité vous ai voulu charger, doresnavant ne vous escripre aucune chose, mais que je vous assure le camp, et vous me pourterez les armes; il vous fault avoir patience que l'on die ce que vous faictes et que je vous escripve ceste response, par laquelle je vous dis que je accepte de vous livrer le camp, et suis contant pour ma part le vous asseurer par tous les moyens raisonnables que sur ce seront advisez; et à cest effect et pour plus prompt expedient, je vous nomme desmaintenant le lieu dudit combat sur la riviere qui passe entre Fontarabie et Andaya, en tel endroit et de la maniere que de commung consentement sera advisé plus séheur et plus convenable; et me semble que par raison ne le povez aucunement refuser, ne dire de non estre bien asseuré, puisque y fustes délivré en recevant vos enfans pour hostaiges et moyennant vostre foy paravant baillée pour vostre retour, comme dit est, et veu aussi que sur la mesme riviere fiastes vostre personne et celles de vos enfans, povez bien fier la vostre seulle, puisque je y mettrai la mienne, et que nonobstant la situation dudit lieu, se trouvera bon moyen qu'il n'y aura avantaige plus à l'ung que à l'autre; et à l'effect que dessus et pour appoincter sur l'élection des armes, que je prétends appartenir et non à vous, et afin qu'il n'y ait longueur ne dilacion en la conclusion, pourrons envoyer sur ledit lieu gentilshommes de chascun cousté avec souffisant pouvoir d'aviser et conclure tant de la séheurté esgale dudit camp, que de l'élection desdites armes, jour dudit combat et du surplus touchant à ce cas. Et si deans quarente jours après la présentation de ceste, ne me respondez et ne me advisez de vostre intention sur ce, l'on pourra bien veoir que le délay du combat sera vostre, que vous sera imputé et adjoinct avec la faulte de non avoir accompli ce que promistes à Madril; et quant à ce que protestez que si aprez vostre déclaration en aultres lieux je diz ou escriptz parolles qui soient contre vostre honneur, que la honte ou délay du combat en sera mienne, veu que venant audit combat est la fin de toutes escriptures, vostredite protestation est chose bien excusée, car ce n'est à vous me garder que ne die vérité, encoires qui vous griefve, et aussi je suis bien séheur que pour raison ne puis recepvoir honte du délay du combat, puisque tout le monde peut congnoistre l'affection que j'ai d'en veoir l'effect. Donné à Monson en mon royaulme d'Arragon le xxiiije. jour dudit mois de Jung l'an mil cinq cens vingt-huit.

Formam aliam diffidationis, haud omnino obviam, observo in Poemate vernaculo, cui titulus *Le Roman de Garin :*

> Dist à Girbert, Mult me tenez por vil,
> Il prit deux pens del peliçon hermin,
> Envers Girbert les rua et jali,
> Puis li a dit, Girbert je vos Deffi.

Occurrit non semel eadem diffidationis species in eodem Poemate. Præ cæteris vero formam diffidamenti ita descripsit Jacobus I. Rex Aragon. in Foris Oscæ ann. 1247. fol. 26 : *Nullus miles, sive Infantio, præsumat aliquem capere aut mactare, aut castrum alicujus per vim capere, aut per furtum, nisi prius ipsum Diffidaverit coram tribus Militibus, qui non sint vassalli alicujus eorum, qui se Diffidaverint, cum induciis decem dierum : et forma ista apud Burgenses et omnes alios firmiter observetur, ut quisque eorum super probatione Diffidamenti cum tribus sibi consimilibus se Diffidet. Quicunque vero super præmissis non servaverit formam istam Diffidamenti, sit traditor manifestus : nisi forte super rixa aliqua, repentino casu contingeret homicidium perpetrari, aut super aliquo pignore aut assultu.* Adde lib. 6. Observantiarum fori Aragon. lib. 6. tit. *de forma diffidamenti.* Nefas autem existimabant, hostem impetere, nulla *Diffidatione* prævia; qui contra ageret, pro proditore habebatur. Turpinus in Carolo M. cap. 17 : *Talis erat inter eos institutio, quod... si aliquis treugam datam ante Diffidentiam frangeret, statim interficeretur.* Auctor Hist. Hierosol. ann. 1177. de Friderico I. qui Saladinum diffidaverat : *Et quia Imperialis majestas neminem citra defectionem impetit, sed hostibus suis bella semper indicit, destinatus ab Imperatore ad Saladinum nuntius, ut vel Christianorum universitati, quam læsit, satisfaciat in plenum, vel Diffiduciatus se præparet ad bellum.* Martinus IV. PP. lib. 2. Epist. Cur 45. apud Raynald. ann. 1283. n. 21 : *Nulla Diffidatione præmissa (quod multorum judicio proditoris notam non effugit) hostiliter impetendo.* Chronicon Australe ann. 1278 : *Austriam ingreditur,.... quamvis (quod dictu nefas est) nunquam litteras Diffidentiæ Regi Romanorum præmisisset.* Willelm. Malmesb. loco citato : *Iniquum id visum multis, quia suspicione nulla rancoris ab eis ante festum abscesserat, nec modo more majorum amicitiam suam eis interdixerat, quod Diffidiare dicunt.* Apud Mich. *del Molino* in Repertorio : *Diffidamento non præcedente legitimo et forali, regulariter nullus potest in Aragonia alium damnificare, capere, aut occidere, vel castrum ejus per vim et forciam occupare : alias incurrit pœnam traditionis.* Willharduinus n. 112 : *Et bien vos mandent il, que il ne feroient ne vos, ne altrui mal, tant que il ne aussent Deffié, que il ne firent onques trahison, ne en lor terre n'est-il mie acostumé, que il le facent.* Froissart. 2. vol. cap. 134 : *Car si guerre il lui vouloit faire, il est bien si noble et avisé, qu'il l'eust fait avant Deffier.* Constitutio Friderici II. Francoford. ann. 1234. apud Albericum : *Item statuimus, ut nullus in persona, vel in rebus alicui damnum inferat, nisi prius eum, cui damnum inferre voluerit, ad minus trium dierum et noctium spatio Diffidaverit, et tunc uterque pacem ab altero per prædictum terminum habebit, alioquin per sententiam proscribatur.* Idem præscribitur Constitutione Friderici I. ann. 1187. apud Conradum Uspergensem. Alia vero Caroli IV. Imp. apud Levoldum Nortowium in Chronico Marcano ann. 1356. cavetur etiam, *ne Diffidationes fiant in locis, ubi ii, quibus bellum indicitur, domicilia non obtinent, aut ea continenter non habitant.* Froissart. 1. vol. cap. 35. auctor est, imperante Ludovico Bavaro, hanc Friderici invectam perinde legem de diffidationibus : *Et fut là endroit renouvellé un jugement et statut, et affermé, qui avoit esté fait à la Cour de l'Empereur le temps passé, qui estoit tel, que qui vouloit autrui grever, ou porter domage, il le devoit Deffier suffisament, trois jours devant son fait; et qui autrement le faisoit, il devoit estre rattaint de mauvais et vilain fait.* Vide Raim. Montanerium cap. 216. Observantiæ Regni Aragon. lib. 6. de Privileg. Militum § 22 : *Juxta cartam pacis, nullus sine Diffidamento alteri dare debet damnum; attamen nec villanus Infantionem, nec e contra tenentur se Diffidare, si alter alterius interfecerit consanguineam, quia dictus forus habet eum pro Diffidato, dum tamen manifestum homicidium existat; alias si esset dubium, esset ibi necessaria Diffidatio, et si alius jus offerret, reciperetur ejus firma, et esset pendente hoc dubio assecurandus, juxta Regni usum. Si tamen sine Diffidamento in dictis casibus Infantio villanum, vel e contra interfecerit, non punietur pœna capitali, si possit dictum homicidium probari. Infantiones autem inter se semper tenentur se Diffidare, nisi pro morte patris vel exhæredatione, secundum usum.*

* Certe eo die, quo *literæ diffidationis* significabantur, hosti damnum inferre prohibitum erat. Lit. remiss. ann. 1369. in Reg. 100. Chartoph. Reg. ch. 287 : *Aucunes personnes leur dirent qu'il ne povoient par la coustume du pais déffier et porter dommage tout en un jour.*

¶ Clericos Diffidari vetat Concilium Terraconense anni 1329. num. 60. superioris alterius Concilii ann. 1323. celebrati Constitutionem hac de re confirmando : *Quoniam in secundo Concilio Terraconæ* VIII. *Cal. Feb. ann.* MCCCXXIII. *prædecessorum nostrorum, qui condemnaverint Diffidari Prælatos, et personas Ecclesiasticas, vestigiis inhærentes, sacro approbante Concilio, statuimus, ut si quis deinceps cujuscumque status vel conditionis existens Diffidaverit aut provocaverit publice vel occultè Archiepiscopum, aut Episcopum, vel eorum Officiales, vel Prælatum, aut Religiosum, vel alium Clericum beneficiatum in sacris ordinibus constitutum.... ipso facto sententiam excommunicationis incurrat.* Hanc constitutionem ut eluderent potentes quidam laici, Ecclesiasticorum bona, nullo prævio *diffidamento*, invadebant : quam calliditatem anathemate feriit Concilium IV. Terraconense haud diu post celebratum. Hujus constitutionem si vis, consule inter Anecdota Marteniana tom. 4. col. 319.

Diffidiare, Eadem notione. Willelmus Malmesbur. lib. 2. Hist. Novellæ : *Nec modo more majorum amicitiam suam interdixerat, quod Diffidiare dicunt.* Ægidius Parisiensis MS. lib. 3. Karolini :

Diffidiare Ducem, Martemque edicit habendum.

¶ Disfidiare. Annales veteres Mutinensium ad ann. 1298. apud Murator. tom. 11. col. 74 : *Eo tempore Marchio Estensis misit dominum Ludovicum de Petrezanis equitem et armigerum probum ad Disfidandum Commune Bononiæ, et misit guantum battaliæ.*

Diffidentia, Gall. *Deffiance*, [vel *Defi*, Provocatio.] apud Baldric. Noviom. lib. 3. cap. 74. Gaufr. Malaterram lib. 3. cap. 31. Ægid. de Roya ann. 1296. [in Actis SS. Junii tom. 4. pag. 602.] etc.

¶ Diffidantia, apud Caffarum in Annal. Genuens. ad annum 1162.

¶ Diffiditio, Eodem significatu, in Charta translationis Ecclesiæ Collegiatæ Ruremundum e Monte S. Odiliæ, in Actis SS. Maii tom. 2. pag. 317. in Concil. Hisp. tom. 3. pag. 528. apud Murator. tom. 12. col. 489.

** Diffitare, in Confœder. civitat. imper. ann. 1285. in Guden. Syllog. pag. 480.

¶ Diffitatio, in Charta ann. 1361. e Regesto 90. Chartophylacii Regii Ch. 608.

** Defidare, in Constitut. Henric. Imper. ann. 1230. art. 9. Pertz. Leg. vol. 2. pag. 267.

¶ Deffiamentum, apud Rymerum tom. 6. pag. 218.

Diffiduciare, ut *Diffidare*. Ivo Carnot. Epist. 22 : *Me Diffiduciastis, et bona Episcopalis domus diripienda adversariis nostris exposuistis.* Utuntur Matthæus Paris, Conradus Uspergensis anno 1177. [Arturus Dux Britanniæ in Homagio ad Philippum Regem Franc. ann. 1202. apud D. *Brussel* de Feudorum usu tom. 1. pag. 328.] Gualterus in Vita S. Caroli Comit. Flandr. n. 54. etc.

Diffiducia. Epistola Livonis Regis Armeniæ in Gestis Innocentii III. PP. pag. 127 : *Sine Diffiducia facta contra nos dentes acuerunt, etc.* Plura de diffidationibus vide apud eumdem Molinum loco cit.

* Diffidare Ad Os, Aliquem coram ad certamen evocare, Gall. *Déffier en face.* Lit. remiss. ann. 1356. in Reg. 85. Chartoph. reg. ch. 188 : *Cum Droco dictus de Fieffes miles Petrum de Bays ad ejus os Diffidasset, etc.* Vide in hac voce.

* 2. **DIFFIDARE**, Declarare aliquem a fide, quam debebat, defecisse. Sent. contra Florent. ann. 1313. apud Lam. in Delic. erudit. inter not. ad Hist. Sicul. Bonincont. part. 3. pag. 222 : *Tamquam rebelles et proditores imperii et læsæ majestatis crimine reos de toto Romano imperio exbannimus et Diffidamus.* Unde *Diffidamentum*, Ipsa declaratio, ibid. pag. 224 : *Ab hujusmodi tamen sententiis, condemnationibus, Diffidamentis et bannimentis, etc.* [** Formula vulgaris in Constitutionibus Imperatorum, e. g. Frider. II. ann. 1220. art. 5. ap. Pertz. Leg. tom. 2. pag. 244. ann. 1232. ibid. pag. 488. lin. 2. ann. 1312. pag. 536. lin. 11. *Diffidatio*, ann. 1313. ibid. pag. 548. lin. 49.]

* **DIFFIDATIO**, Damnum quodvis. Charta Engelb. episc. Leod. ann. 1361. inter Instr. tom. 5. Gall. Christ. col. 392 : *Capitulum singularesque canonici ecclesiæ S. Petri montis Odiliæ, nostræ diœcesis, auditui nostro reserarunt, quod dicta eorum ecclesia in loco deserto.... situata, ac illius canonici.... per malignorum prædonum sive raptorum.... incursus,... deprædationes, nocturnos egressus, rapinas, Diffidationes et et invasiones corporum et bonorum, etc. Desfiaille*, eadem, ut videtur, notione, in Lit. remiss. ann. 1376. in Reg. 108. Chartoph. reg. ch. 306 : *Feust bonnes paix et accort traittiez entre nous et Eddowart d'Angleterre, et que ledit Jehan après les Déffiailles et ennemistié, qui depuis ont esté meue et continuées, etc.* Alia notione, vide in *Diffidare*, nempe pro Ad pugnam provocatione, quo significatu *Déffiaiell* et *Déffiance* a nostris usurpantur. Lit. remiss. ann. 1397. in Reg. 152. ch. 268 : *Après lesdittes Déffiailles,.... le suppliant feust alé en la compaignie d'iceulx Triquebuef, et comme leur ami et complice en icellui cas se feust armé, etc.* Charta Joan. reg. ann. 1361. ex Memor. D. Cam. Comput. Paris. fol. 29. v°. : *Nous avons entendu que aucuns nobles et autres de nostre royaume disent estre privilégiés ou accoustumés de user de Déffiances et de guerres les uns contre les autres.*

* **DIFFIDATOR**, Qui ad certamen evocat. Conc. Terracon. ann. 1282. apud Marten. tom. 7. Ampl. Collect. col. 279 : *Decernimus excommunicationis sententiæ subjacere, et per ipsum diœcesanum aut rectorem loci illius, ubi ipse Diffidator fuerit, excommunicatus, ab omnibus evitetur.*

¶ 1. **DIFFIDATUS**, Desperatus, exspes vitæ, cui nulla superest vivendi *fides*. Perusinus in Vita B. Columbæ Reatinæ, tom. 5. Maii pag. 397 * : *Infirmitate gravi laborans... Diffidatus est.* Acta B. Thomassi Camald. n. 15. Martii tom. 2. pag. 590 : *A quinque medicis fuerat de salute Diffidatus.* Vide alia notione in *Diffidare*.

* 2. **DIFFIDATUS**, Rixarum amans, qui alterius querelam pretio ductus suscipit, nostris alias *Déffieur.* Steph. de Infestura MS. ubi de Innoc. VIII : *Missum fuit proclama per urbem,... quod omnes malefactores, homicidæ et Diffidati pro quibuscumque criminibus reverterentur ad urbem, et ita factum fuit copia dictorum Diffidatorum et facinorosorum pariter per urbem ambulantium armatorum.* Charta ann. 1424. tom. 2. Hist. Leod. pag. 445 : *Gens qui porsiwent de jour en jour les tavernes, jouweurs de fauz deis, maucheurs, Déffieurs, harballeurs de gens pour argent ou altrement, etc. Déffaé* vero, Infidelis, a fide Christiana alienus, in Poem. *de l'Ordene de Chevalere :*

Puis a demandé le condoit
Parmi la terre Déffaée,
Salehadins li a jurée.

Infra appellatur *Paiennie.*

¶ **DIFFIDENTIA**, Diffiduciare, etc. Vide *Diffidare*.

* **DIFFIDIUM**, a Gallico *Déffi*, Scheda provocatoria. Stat. pro universit. Aurel. ex Cod. reg. 4223. A. fol. 67. v°. : *Sunt nonnulli..... qui alios studentes diffidant, bellum sibi, ac si essent principes, barones vel milites, indicendo, vel per alium seu alios Diffidium sibi mittunt.* Vide supra in *Diffidare*.

DIFFIGURARE, Figuram auferre, delere, deformare, Gallis, *Défigurer quelqu'un.* Lex Longob. lib. 1. tit. 25. § 41. [**Roth. 346.] : *Si quis caballum alienum apprehenderi, ipsumque Diffiguraverit aut circinaverit, etc.*

* Eadem notione nostri dixerunt *Déffacer*, et *Déffacier*, Vultum alicui lacerare, vulgo *Dévisager*. Lit. remiss. ann. 1463. in Reg. 199. Chartoph. reg. ch. 168 : *Le suppliant donna ung coup à icelle femme environ la teste,.... laquelle lui vint courir au visaige lui cuidant Déffacer.* Aliæ ann. 1450. in Reg. 184. ch. 122 : *Icellui Robinet.... frappa à revers de son espée Pierre Roussel et lui fendit le visage entre le nez et la bouche, tellement qu'il en est à jamais comme tout Déffacié.*

* **DIFFIGUUM**, Difficultas, f. pro *Diffugium*, effugium, Gall. *Subterfuge.* Testam. Aymari comit. Valent. ann. 1277. ex Cod. reg. 6008. fol. 9. r°. : *Et si per eum.... possessum aliquid seu saisitum in præjudicium partis alterius vel utriusque, etiam illud sine dilatione et Diffiguo restituatur et emendetur.*

* **DIFFINIMENTUM**, Cessio, quæ fit per compositionem. Charta ann. 1103. inter Probat. tom. 2. Hist. Occit. col. 361 :

Hæc est Carta de Diffinimento et guirpimento, quod Raymundus Guillelmi episcopus Nemausensis et frater ejus Bernardus Guillelmi fecerunt domino suo, scilicet Guillelmo Montispessulani. Vide *Finis* 1.

DIFFINIRE, [Dimittere, quasi per compositionem.] Vide *Finis* 2.

* **DIFFINITAS**, ut *Diffinimentum*. Charta Paldulfi princ. Capuæ ann. 1024. tom. 1. Hist. Cassin. pag. 38. col. 2 : *Per legalem Diffinitatem hoc concessimus.*

* **DIFFINITIVUS**, pro Definitivus. Charta Caroli IV. imper. ann. 1356. ex schedis Pr. *de Mazaugues* : *Et si per Diffinitivam sententiam.... apparuerit declaratum et sententiatum fuerit.*

¶ **DIFFINITOR**, in Bullario Carmel. pag. 460. col. 1. Idem qui supra *Definitor*.

¶ Diffinitoriatus, Officium *Definitoris*, in eo Bullar. ibid.

DIFFIRMARE, Recludere, aperire, Gall. *Defermer*. Miracula S. Aigulfi cap. 6 : *Armarium Diffirmavit, et tres calices cum patenis inde rapiens, refirmato armario, etc.* Vide *Firmare*, Gall. *Fermer*.

* Lit remiss. ann. 1388. in Reg. 132. Chartoph. reg. ch. 172 : *Comme l'exposant meu de convoitise par jeunesce et temptation de l'ennemi eust Défermé l'uis d'une chambre.*

¶ **DIFFITATIO**. Vide in *Diffidare*.

¶ **DIFFITESCERE**. Vide *Diffalescere*.

* **DIFFLATIO**, Inflatio, tumor, Gall. *Enflure*. Lit. remiss. ann. 1330. in Reg. 66. Chartoph. reg. ch. 1114 : *Phisici et surgici prædicti non invenerunt.... dicti corporis aliquam membri seu ossium, aut cranei sive testi, vel miringarum, sive telæ cerebri Difflationem.*

* **DIFFLATUS**. Præcept. Caroli IV. imper. inter Probat. tom. 2. Annal. Præmonst. col. 132 : *Item Oosteappel supra dunas Difflatas viginti quinque centenas atque quadraginta septem metatas.* An vento expositas? Vide *Deflare*.

* **DIFFLORARE**, Devirginare, flore vel honore spoliare. Charta ann. 1384. inter Probat. tom. 4. Hist. Nem. pag. 67. col. 2 : *Virgines et alias mulieres maritatas in dicto loco de Ledenone Difflorando.* V. *Deflorare* 1.

¶ **DIFFLUXIM**, Diffluendo. Miracula S. Gengulphi, tom. 2. Maii pag. 655 : *Cœpit enim salutaris illa potio igneum in me furorem debellando.... extra medullas et ossa Diffluxim propellere.*

DIFFODERE, Effodere, Gallis, *Défouir*. Joan. de Janua, est *diversis modis fodere*. Leges Ethelredi Regis Angl. cap. 10 : *Si quis furem innoxiare velit,.... adeat triplex ordalium. Si mundus sit in ordalio, Diffodiat cognatum suum, si vero sit immundus, jaceat ipse fur ubi jacebat, et alius reddat.* Saxonicum habet n i m e u p p, id est, *tollit*, cognatum nempe furti accusatum et suspectum, occisum scilicet et sepultum, uti censet Somnerus. [** Concil. Wanetung. 19.]

* **DIFFOLRARE**, Vestem pellitio, quo ornatur, spoliare. Comput. ann. 1402. inter Probat. tom. 3. Hist. Nem. pag. 169. col. 1 : *Pro altero mantello panni de livido, folrato pellibus variis, qui fuit Diffolratus, et pannus venditus pretio xlv. sol.* Vide *Fodratura*.

DIFFORCIARE, [Deforciare,] Per vim et contra jus auferre, detinere. Tabular. Fiscanense f. 57 : *Et partem nemoris de Brunmesburi, quantum idem Johannes Deforciabat prædictæ Ecclesiæ.* [Index MS. beneficiorum Eccl. et Diœc. Constant. f. 41 : *Rector alterius portionis dicti loci, quam sibi Difforciavit Rex, asserens jus præsentandi ad ipsam portionem sibi debere pertinere.* Chartular. SS. Trinit. Cadomensis f. 45. verso : *Ista villa habebat undredum, sed in tempore verræ Difforciatum fuit.* Scacarium S. Michaelis apud Falesiam ann. 1211. apud D. *Brussel* de Feudorum usu tom. 2. pag. 840. col. 1 : *Guillelmus de Sagi petit saisinam cujusdam decimæ... quam Hugo ei Deforciat.* Chronicon Trivetti ad ann. 1297. in Litteris Johannis Reg. Scotiæ ad Edwardum Angl. Regem : *Terram Scotiæ, quæ est de feodo suo, contra eum muniendo ... et Defortiandum eum de feodo suo.* Rymer. tom. 2. pag. 719. habet : *Ad feodum suum Deforciandum* ; et ibid. eæd. litteræ Gallicæ : *Por son fié li Deforcer. Madox* Formul. Anglic. pag. 228 : *Hæc est finalis concordia facta .... inter Johannem Doughty de Coventre querentem, et Rogerum de Penne et Editham uxorem ejus Deforciantes de tribus mesuagiis cum pertinenciis in Conventre .... Prædicti Rogerus et Editha recognoverunt prædicta mesuagia cum pertinenciis suis esse jus ipsius Johannis.* Vide Kennetti Glossarium ad calcem Antiquit. Ambrosden.]

* Nostris *Défforcer*, eodem significatu. Lit. remiss. ann. 1479. in Reg. 206. Chartoph. reg. ch. 350 : *Le suppliant volt prendre ses tarelles et eschielle, icellui Jaquet..... les lui Défforça et contretint.*

Difforciare Rectum, *Rectitudines, Judicia*, in Legibus Alfredi et Godwini cap. 4. Edwardi Confessor. cap. 3. et Henrici I. cap. 22. 33. 57. 59. 61. 66. 74. 83. 87. *Deforcer Justice*, in Legibus Normannicis Willelmi Nothi cap. 45. dicitur is, qui contra *rectum* agit, vel dominus feudi, qui jus et *rectum*, seu justitiam facere renuit, quando ab eo petitur. Tum vero vassallus ad superiorem dominum potest provocare. Matth. Paris ann 1164 : *Si quisquam de Proceribus regni Difforciaverit Archiepiscopo vel Archidiacono de se suisque justitiam exhibere, dominus Rex debet eos justitiare : et si forte aliquis Difforciaret D. Regi rectitudinem suam, etc.* Vide *Defectus justitiæ*.

¶ Deforciare Servitium, Illud denegare. Liber niger Scaccarii pag. 51 : *Comes Glaucestre in Gloucestre debet servitium duorum militum, quod fecit usque ad extremum exercitum Walliæ, sed postea Deforciavit.* Infra ter occurrit *Difforciare* eodem intellectu.

Deforciare Dotem Mulieris, Denegare, auferre. Matth. Paris ann. 1236 : *Quicumque Deforciaverit eis dotem suam de tenementis, de quibus viri earum obierunt saisiti, ... et ipsi de injusto Deforciamento convicti fuerint, etc.* Anno 1244 : *Super portione, quæ eum contingit de hæreditate, ... quam prædictus David Deforciat ipsi Driffino.* Regiam Majest. lib. 2. cap. 16. § 54 : *Si vero hæres dotem suam Deforciat mulieri, etc.* Vide lib. 2. cap. 63. § 10. Leges Burgor. Scotic. cap. 135. Statuta Willelmi Regis Scotiæ cap. 4. Bractonum lib. 4. tract. 2. cap. 1. § 2. 8. Fletam lib. 5. cap. 11. tom. 2. Monastici Angl. pag. 231. etc.

Placitum Mulieris Disforciatæ, in Regesto Parlam. sub ann. 1258. fol. 12.

Deforciatores Mulierum, in Legibus Malcolmi III. Regis Scotiæ cap. 11. et in Regiam Majest. lib. 4. cap. 25.

Deforciamentum, in Statutis Willelmi Regis Scotiæ cap. 4. et in Regiam Majest. lib. 1. cap. 6. § 2. cap. 9. § 1.

Deforciatio, in Legib. Burgorum Scoticor. cap. 135. § 1. [Litteræ Hugonis de Plessetis Militis apud Kennetum Antiquit. Ambrosden. pag. 293. ad annum 1279 : *Justitiarius, Vicecomes, vel Ballivus nos et hæredes et assignatos nostros distringere possint per bona nostra mobilia et immobilia, et hominum nostrorum et Difforciationem* (i. e. ablata bona) *tenere, quousque dicto Johanni et hæredibus sive suis assignatis plenarie fuerit satisfactum.*]

¶ Disforciatio, in Legibus Normann. apud Ludewig. Reliq. MSS. tom. 7. pag. 336.

* Difforcium, Occupatio contra *rectum*, injusta detentio. Judicium ann. 1290. in Reg. 69. Chartoph. reg. ch. 132 : *Ricardus attornatus..... renunciavit præsentationi, quam dictus Miles fecerat in patronatu prædicto, et Difforcium emendavit, quod dictus Miles fecerat in eodem.* Vide *Difforciare rectum*.

Deforcer, apud Littletonem sect. 614. Charta Joan. Regis Angl. apud Henricum Knyghtonem : *Et la terre de Scoce, laquelle est de son fée, ... est habelere pour la terre défendre encontre lui, et pour son fiée lui Deforciere.* Britannis Armoricis, *difforch*, idem valet quod *Abscedo, discedo : Desforchidigaez*, Separatio, divorcium. [Chartularium S. Vandreg. tom. 1. pag. 1166. in Instrumento anni 1302 : *Lesdis Religieux disoent que à tort leur Defforchoient lesdis Chevalier et Escuier la presentation à icelle Eglise, et en eussent lesdis Religieux pris brief vers eux.*]

¶ **DIFFORMATIO**, Disciplinæ monasticæ solutio, remissio, Gall. *Relachement*. Epitaphium Guillelmi a Mandrescheidt Stabulensis et Prumiensis Abbatis, apud Marten. Itiner. 2. pag. 152 : *Inter ceteras præclare a se, dum in vivis ageret, res gestas, in primis memoratu dignæ sunt, quod Difformationem quæ Monasteria invaserat, purgavit.*

* Nostris *Difformer*, pro *Défigurer, rendre difforme*, Deformare. Lit. remiss. ann. 1402. in Reg. 157. Chartoph. reg. ch. 86 : *Lequel Jehan Bourgeois estoit de très-mauvaise et dampnable vie, comme alant par les tavernes,.... et publiquement se Difformant, comme aler tout nu en chemise et sans chapperon, et puis prendre vielles armeures, comme vielles cotes de fer et vielles cappelines qu'il mettoit sur sa teste, et faisoit porter sur lui vielles savates, vielles ferrailles, vielles peaux pourries et puans, en disant que c'estoit le trésor Millegroux, et de fait alloit par ladite ville de Tours paré des choses dessus dites, en criant veez cy Millegroux.*

DIFFORTUNIUM, *Infortunium*, Adversa fortuna, in Vita Balduini Lutzemburg.

Archiep. Trevir. lib. 1. n. 6. [Utitur etiam Dionysius Cartusianus.]

* *Déffortune* etiam nostris, eadem acceptione. Lit. remiss. ann. 1410. in Reg. 165. Chartoph. reg. ch. 138 : *Combien que le suppliant ait fait ledit coup contre sa voulenté et par grant Déffortune, etc.*

* **DIFFRAMITTERE**, Possessione exuere, quasi extra mittere. Charta ann. 1227. apud Murator. tom. 4. Antiq. Ital. med. ævi col. 440 : *Item quod omnes inframissiones et tenutæ datæ per dominos Ugolinum et Thomasium de Corrigia, potestates Ferrariæ et Ravennæ, de novo datæ occasione averis et prædæ,... Difframittantur, reddantur et restituantur omnibus, sine aliqua quæstione.*

¶ **DIFFUGIUM**, *Asylum*, *refugium*, Barthius in Glossario, ex Roberti Monachi Hist. Palæst. : *Tanta quippe erat Turcorum instantia, et unus ita impellebat alium, quod nusquam erat cuiquam pro ullo commodo Diffugium.* Libentius interpretarer Effugium, Fugæ locus, Gall. *Moïen d'échapper.* Pro Prætextu, Gall. *Pretexte*, accipitur apud Rymerum tom. 3. pag. 373. col. 1 : *Prædictis causis et aliis multis Diffugiis pro parte dictorum Bernardi et Audæ, sicut intelleximus, super iis allegatis. Diffugium* notum est Tacito vocabulum, sed notione paulo diversa usurpatum, scilicet pro Fuga dispersa, Gallice *Fuite çà et là. Turbavere consilium*, inquit Hist. lib. 1. cap. 39. *proximorum Diffugia. In pœnarum æternarum Diffugio laborare*, in Vita S. Senorinæ, April. tom. 3. pag. 75. hoc est, Laborare timore supplicii æterni, ad illud vitandum et effugiendum.

DIFFUNCTIO, Diffunctus. Leges Henrici I. Regis Angliæ cap. 70. § 16 : *Mulieres, quæ fornicantur, et partus suos extinguunt, et eas, quæ secum agunt, ut utero conceptum excutiant, antequam Diffunctio* (MSS. *Diffuncon*) *usque ad exitum vitæ removetur ab Ecclesia, nunc clementius, Diffunctus decem annis pœniteat.* Quæ mendo non carent. [** Wilkins. : *antiqua Diffinitio ... nunc clementius diffinitur.*]

* **DIFFUGIA**, Judiciorum anfractus, tricæ, nostris *Chicanes*, alias *Diffuges*. Charta ann. 1150. ex Tabul. Montismajor. : *Tandem vero cum jam illius perplexis Diffugiis ejusque verbositate et sinuosa volubilitate curia esset fatigata.* Lit. ann. 1372. 5. Ordinat. reg. Franc. pag. 721 : *Quant l'on les veult contraindre ou exécuter d'aucune chose, appellent ès assises du bailli de Vermendois,.... quérans Diffuges et dillacions irraisonnables pour fouir à justice.* Vide *Diffugium.*

DIFFUTARE, *Disputare*, in Gloss. MS. Regio Cod. 1013.

¶ **DIFORMARE**. Vide *Deplasmare.*

¶ **DIFOSOT**, Species corvatæ vel pensitationis. Tabularium Rothonense : *Haelhoiam femina vendit Conwoioni aliquas terras in luh, in alode, dicombito, sine redemtione unquam, dicofrit, Difosot, diwoharch et sine ulla re.* Vide *Dicofrit.*

¶ **DIFRAX**, Διπρόσωπος. Gloss. Lat. Gr. Sangerm. MSS. Janus in Supplemento Antiquarii explicat *Biceps.* Eustathio διπρόσωποι σάγοι, idem sunt, quod ἀμφίμαλλοι, quorum pars interior similis est exteriori, Gall. *à deux envers, à deux faces. A facie, Difax* melius quam *Difrax* legeretur. Vide *Bifax.*

¶ **DIGA**. Vide *Dagger.*

* **DIGAMMOS**, dicitur de litera *v*, cum idem sonat atque Digamma, in novo Tract. diplom. tom. 3. pag. 186.

¶ **DIGAMUS**, *Secundæ uxoris vir*, in Glossario Sangerman. MS. num. 501. Vide *Bigami.*

¶ 1. **DIGENUS**, pro *Decanus*, Gall. *Doyen. Decanus autem claustrensis, et Digenus forensis cum Camerario*, in Consuetud. Monasterii S. Pauli Romæ apud Marten. de antiqua Ecclesiæ Disciplina pag. 348.

** 2. **DIGENUS**, Duplicis generis. Ruodlieb fr. 13. vers. 16 :

Rubeta fundiola, truta Digena, rufa vel alba.

DIGER. Lex Salica tit. 61 : *Ut pro medietate quantum de compositione Diger est, aut quantum Lex judicat, illi tres solvant.* Codex Regius, uti monet Bignonius, pro *Diger est*, habet *dederit*, forte, inquit, pro *dedisset.* Sed videtur legendum *Digens est*, pro *indigens* : agitur enim eo capite de homicida, *qui non habet, unde totam legem implere valeat* : quod enim *ei deest* de mulcta aut compositione, *a parentibus* persolvitur.

☞ *Diger* vel *Deger* vox Germanica apud Saxones restat, pro *Sufficienter, quantum satis est*, usitata. Locutio itaque illa : *Quantum pro compositione Deger est* idem significat ac Quantum pro compositione sufficiens est. Ita censet Eccardus, apud quem videre potes varias hujus vocis in diversis MSS. lectiones. Vox *Diger* rursus occurrit in loco non minus intricato, apud Mabill. de Re Diplom. lib. 6. Charta XI. in Placito videlicet Theoderici Regis ann. 680. ubi sic legere est : *De anno triginta et uno semper tenuissint et possedissint, nec eis Diger numquam fuisset, nec alius exinde non redibirit, nisi edoneo sacramento.* An hic conveniat Eccardi interpretatio videat lectoroculatus.

DIGERIES, *Digestio*, *evacuatio*, Joanni de Janua. Glossæ Manuscriptæ : *Digeries*, διάταξις. Occurrit in leg. 4. Cod. Th. de Suariis (14, 4.) Utitur etiam Macrobius lib. 1. Saturn. in Præfat. [*Digestio* pro expositione per ordinem, clara et distincta sumitur in Epistola Sergii II. Papæ ann. 844. apud Miræum tom. 1. pag. 647. col. 2. qua notione vulgo accipitur verbum *Digerere*, non tamen *Digestio.*]

¶ Digestim Aliquid Scribere, hoc est, ordinate apud Prudent. Peristeph. lib. 2.

DIGESTUM. Ita vocant JC. Pandectarum librum. Ugutio : *Digestum, quidam liber legalis sic dictus propter legalia præcepta, id est, excellenter Digesta : unde Digestalis, qui pertinet ad digesta. Digestum* est qualecumque scriptum. Tertullianus lib. 4. adversus Marcionem, *Lucæ Digestum*, illius Evangelium vocat. Eidem lib. de Anima *Digerere*, est conscribere. Glossæ veteres : *Digestis, Conscriptis. Digesta, Descripta. In litteras Digerere*, apud Trebellium in Claudio. Ita *Digerere*, pro *Exprimere*, in Cod. Th. leg. 2. de Senator. (6, 2.) leg. 4. ne Conlat. transl. (11, 22.) et alibi. Cujacius ad tit. de Excusat. : *Digesta dicimus, quæ œconomiam illam habent, et intelligimus Digesta, suisque titulis apte distincta, sicut Digesta, responsa Modestini.* Glossæ Nomicæ MSS. : Διγέστων, διατυπωμάτων. [Suppl. Antiq. : *Digestum*, διάλογος, Disputatio.]

Digetista, Eidem Ugutioni, *Qui docet digesta, vel docetur. Maistre de Digeste*, in veteri Gloss. Lat. Gall. Gualterus Mapezius, qui floruit sub Henrico II. Angl. Rege, de Extremo judicii die :

Cogitate divites, qui vel quales estis,
Quid in hoc judicio facere potestis.
Tunc non erit aliquis locus hic Digetistis.
Idem erit Deus hic judex, auctor, testis,
Judicabit judices judex generalis.

* **DIGHA**, Pugio, sica, Gall. *Dague.* Stat. capit. S. Petri Insul. ex Reg. H. ejusd. eccl. fol. 340 : *Quia nos decanus et capitulum ecclesiæ Insulensis, nonnullos nobis subditos, contra honestatem ecclesiastici status, cum cultellis oblongis et Dighis quotidie incedere præsumant..... Mandamus ne amodo quicumque præsumant deferre sub vestibus aut alias cultellos oblongos, Dighas sive quæcumque alia arma.* Vide supra *Dagha.*

DIGITABULUM. Gloss. Lat. Gr. *Digitale et Digitabulum*, δακτυλήθρα, id est, digitorum involucrum. Joan. de Janua : *Digitabulum, instrumentum, in quo digitus intromittitur, quod et Digitale dicitur.* Apud Varron. lib. 1. de Re rust. cap. 55. *Digitale* occurrit, ubi Scaliger ex MSS. *Digitabulum* reponendum scribit. Gloss. Lat. Gall. *Digitabulum, Deel à mettre ou doy pour queudre.* Occitanis *Didal.*

DIGITALE, Theca, in modum digiti confecta. Gloss. Gr. Lat. : Δακτυλήθρα, *Digitale.* Acta Inventionis S. Stephani Episcopi Calatini, in Sanctuario Capuano, ubi de *articulo digiti manus benedictæ*, qui in Ecclesia Calatina asservabatur : *Custodiebatur autem in sacrario sub Digitali argenteo modulo.* Vide *Digitabulum.*

* *Doittier*, in Lit. remiss. ann. 1454. ex Reg. 184. Chartoph. reg. ch. 476 : *Le suppliant print furtivement.... aucuns annaux ou verges d'argent, estans en ung Doittier.*

** **DIGITALIS**, Anulus. Ruodlieb fragm. 8. vers. 67 :

Ludendo proprium cito perdebat Digitalem,
Quem trahit a digito, jaciebat eique rotando.

Adde vers. 63. et fragm. 3. vers. 382.

¶ **DIGITAMENTUM**. Papias : *Digitamentis, id est, Libris pontificalibus.* Melius *Indigitamentis ;* Indigitamenta quippe sunt Libri Pontificum, in quibus indigitabantur nomina indigetum seu falsorum Deorum. Servius in 1. Georg. : *Nomina Numinum in Indigitamentis inveniuntur, id est, in libris pontificalibus, qui et nomina Deorum et rationem ipsorum nominum continent.* Omissione secundi *in* perperam factum est *Digitamentis.*

¶ **DIGITARE**, ut *Indigitare.* Gloss. Lat. Gr. Sangerman. : *Digitare*, Δακτυλοδεικτεῖν, Digito monstrare.

* **DIGITARIUM**, ut *Digitabulum*, Gall. *Dé*, alias *Déaul* et *Del.* Mirac. S. Hyacinthi tom. 3. Aug. pag. 370. col. 2 : *Puer quatuor annorum.... casu Digitarium, alias naperstek, deglutivit.* Glossar. Lat. Gall. ann. 1348. ex Cod. reg. 4120 : *Theca, Gallice Deis et Déaul, id quod mulier habet in digito.* Lit. remiss. ann. 1389. in Reg. 138. Chartoph. reg. : *Il prit sa sainture et sa tasse, en laquelle avoit.... un Del a queul-*

dre. Doictée vero, quantum digitis capi potest, in Chartul. Latiniac. fol. 241. v°: *Quiconques vent seel audit Laigny à destail, il doibt par chacune sepmaine de l'an au jour de Vendredy deux Doictées de seel.*

DIGITELLUS, qui et *Auricularis*, Ugutioni.

DIGITIÆ, Bulengero, Virgulæ aureæ vel argenteæ, digitis similes. Anastasius in Valentino II. PP. pag. 163 : *Murenam, in quo pendent hyacinthinæ 13. Digitiæ aureæ, novem pendent in filo aureo.*

DIGITUS, Papiæ et Agrimensoribus, *Minima pars agrestium mensurarum, habet ordei 4. grana.*

* Eadem notione accipi videtur, *Doys*, in Stat. Confrat. S. Pauli Paris. ann. 1332. ex Reg. 66. Chartoph. reg. ch. 1123 : *Item audit siege a quinze poures souffisamment pelez, qui sont les premiers assis et servis, à un Doys des plus riches hommes.*

Digitus Aquæ, est sexta-decima pars pedis. Ita Frontinus lib. de Aquæductib.: *Aquarum moduli aut ad Digitorum, aut ad unciarum mensuram instituti sunt.... Est autem Digitus, ut convenit, sexta decima pars pedis.* Vide leg. 3. D. de Servit. rust. (8, 3.)

Digitus Impudicus, in Legib. Angliorum et Werinorum tit. 5. § 8. Verpus Catullus :

Ostendis Digitum, sed impudicum.

[* Glossar. Provinc. Lat. ex Cod. reg. 7657 : *Det, Provinc. Digitus salutaris, a salutando; impudicus, tercius; anularis qui et medicinalis.*] [** Vide Isidor. Origin. lib. 11. cap. 1. sect. 70. et 71.] Idem qui

Digitus Medianus, in Lege Bojoar. tit. 3. cap. 1. tit. 4. § 9. Longob. lib. 1. tit. 7. § 13. [** Roth. 65.] et in Legib. Aelfredi Regis cap. 40. Idem etiam qui

Digitus Medicus, et Medius, in Lege Saxon. cap. 1. § 13.

* *Medicinalis*, apud Macrob. lib. 7. Saturnal. cap. 13 : *Cur sibi communis assensus anulum in Digito, qui minimo vicinus est, quem etiam Medicinalem vocant, et manu præcipue sinistra gestandum esse persuasit.* Acta S. Arnulfi tom. 3. Aug. pag. 256. col. 2. *Contigit ut.... in manu vulneratus duos amitteret digitos, medium et Medicum. Doiz mire*, in Mirac. S. Ludov. edit. reg. pag. 470 : *Laquelle Nichole.... quant ele s'esveilla ele se trouva si perdue en toutes les parties de son cors, que ele n'en sentoit riens, fors sanz plus en deux doiz de la main destre, c'est asavoir en celui que l'en apele Mire, et en celui que l'en apele le moien ou le lonc.* Lit. remiss. ann. 1447. in Reg. 178. Chartoph. reg. ch. 215 : *D'icellui cop fut blécié ledit Pierre au Doy médicinal de sa main dextre. Le petit Doigt nommé le médecin*, apud Monstrel. 1. vol. cap. 106.

* Digitus Indicialis, Index. Acta S. Domin. tom. 1. Aug. pag. 588. col. 2 : *Tam diu* (Dæmon) *stans permansit, donec Digitus Indicialis usque ad juncturam manus totus crematus est.*

* Digitus Numerans, Index, apud Fortunat, in vita S. Med. tom. 2. Jun. pag. 78. col. 2 :

Inclusos digito morbos Numerante tenebat,
Nec poterat ducto pollice fila dare.

Digitus Salutaris, Index, Suetonio, et Pollioni, quo salutabant.

** Digitus Auricularis. Isidor. Origin. lib. 11. cap. 1. sect. 71 : *Quintus Auricularis pro eo quod eo aurem scalpimus.* Richerus Histor. lib. 2. cap. 59 : *Deroldus toxicum inter Auricularem ac salutarem occultatum, ejus cibo sumendo respersit.* Vide *Digitellus.*

Digitus, Liber *digito* scriptus. Rathbertus de Casib. S. Galli cap. 11 : *Præ omnibus autem scriptorum Digiti efferuntur, etc.* Eckeardus : *Cum omnis orbis cisalpinos Sintrammi Digitos miretur.*

¶ Digiti Abscissio, *Truncatio*, vel *Excussio*, qui mulctanda, pluribus dicitur in Lege Alaman. cap. 65. in Additamentis ad eamdem Legem apud Baluzium tom. 1. Capitular. col. 86. in Lege Bajwar. tit. 3. cap. 1. tit. 4. et 5. in Capitularibus Caroli M. ex Lege Salica tit. 31. Ibidem tit. 22. solidorum 15. mulcta plectitur *homo ingenuus*, qui *feminæ ingenuæ manum aut Digitum strinxerit.*

Digito et Lingua Promittere. Jus feudale Saxon. cap. 18. § 3 : *Illi promittere tenentur Digito et lingua ratihabitionem in lucro et damno.* Cap. 28. § 4 : *Bona vassalli si conferat alteri dominus, Digito vel lingua sibi promittat eadem tutari*; id est, solenni promissione et scripto. *Digito cautionem præstare*, Speculum Saxonicum lib. 2. art. 15. § 1 : *Qui coram judicio causam inchoaverit, pro qua ipsum varendam præstare oporteat, et Digito cautionem præstare pro eo, ne unquam aliquis de cætero eundem impetat in dicta causa.* Mox : *Carere manu dextra, cum qua varendam promittebat.* Huc etiam pertinet Charta Liemari Archiepisc. Bremensis ann. 1088 : *Aderat Comes F. Advocatus Ecclesiæ, qui chirothecam traditionis, sacris reliquiis impositam, ut mos est, abstulit, et ab ipso Gerhardo per Digitorum extensionem promissionem confirmationis accepit.* Alia : *Chirothecam abstulit, et confirmationem Digito, ut mos est Saxonibus, fecit.* Regestum Bigorrensis Comitatus ex Camera Comput. Paris. : *Et vestivit eam cum Digito suo.* Huc etiam forte pertinet vetus Charta sub Philippo I. Rege Franc. apud Gariellum in Episcopis Magalon. pag. 90 : *Et sexteyralitium, et lumbos, et quintalem... ita dedit ad Bernardum, et ad infantes suos in Digito ad feudum : propter hoc fuit Bernardus homo de prædicto Gotofredo, etc.* Vide quæ ex Boncompagni Arte Dictaminum damus in voce *Chirographum*, [** et Halt. Glossar. Germ. col. 459. voce *Finger.*]

Digiti Mutilatio, inter pœnas a Lege statutas. Vide Walsingham. pag. 124.

¶ **DIGLADIABILE** Odium, Crudele, infestum. Willelmus Malmesburg. in Vita S. Wulstani Episcopi Vigorn. Januarii tom. 2. pag. 244 : *In cujusdam Ecclesiæ dedicatione sermonem fecerat ad populum, in quo multa de ceteris, plura de pace dixerat; quo commoti nonnulli, qui Digladiabili dissidebant odio, offensas utrimque donavere.*

* *Digladiabile discidium*, id est, inexorabile, in Hist. Translat. S. Cornelii tom. 4. Sept. pag. 183. col. 2.

¶ **DIGLADIARI**, Gladio transfigi. Cardinalis Aragonius in Vita Alexandri III. Papæ, apud Murator. tom. 3. pag. 469. col. 1 : *Et quia præ nimia locorum angustia pars nostra nec fugere poterat nec reluctari, pariter comprehensi sunt universi tanquam greges in ovile unum. Quid plura? Sæve Digladiati sunt a sævitia Turcorum, Arabum, et multis ac variis divitiis exspoliati.*

* **DIGLADIATIO** Linguæ, Convicium, maledictum, quomodo dicimus *Un coup de langue.* Chartul. Cartus. Abbavil. ad ann. 1403 : *Multis jurgiis et linguæ Digladiationibus indultum est?*

* **DIGLEMA**, *La varagine*, in Glossar. Lat. Ital. Ms.

¶ **DIGLUBARE.** Vide *Deglubare.*

1. **DIGMA**, Specimen rei, *Eschantillon, Monstre*, in leg. 9. Cod. Th. de Suariis. (14, 4.) *Indicium* et *Proba*, apud Ammianum lib. 21. extremo. Harpocration, et ex eo Moschopolus lib. 1. Περὶ σχεδῶν, pag. 80 : Δεῖγμα κυρίως τὸ δεικνύμενον ἀφ' ἑκάστου τῶν πωλουμένων, καὶ ὁ τόπος εἰς ὃν τὰ δείγματα ἐκομίζετο. In portu scilicet Atheniensium, cujus loci meminit Æneas in Tactic. cap. 30. et Polyænus lib. 6. pag. 428.

2. **DIGMA**, Papiæ, et Ugutioni, *Urina*, ex Græc. δεῖγμα, Indicium, signum, quod urina denotet febris qualitatem et intensionem. Alias δεῖγμα, sumitur pro armorum insigni. Vide Notas nostras ad Cinnamum pag. 451. Joanni de Janua, *Digma*, est *dignitas, decus, gloria.*

¶ **DIGNABILIS**, Dignans, dignum habens, apud Marculfum lib. 2. formul. 42. et 44.

DIGNABILITER, Cum dignitate, in Epist. 44. inter Francicas tom. 1. Hist. Franc.

DIGNANTER, pro *Animo benigno.* Utuntur Vopiscus in Tacito, Sidon. lib. 4. Epist. 7. lib. 7. Epist. 16. Symmachus lib. 5. Epist. 65. et aliquot alii e paulo recentioribus.

* **DIGNARE**, Dignum reddere, Ital. *Degnare.* Sent. adv. Florent. ann. 1311. apud Lamium in Delic. erudit. inter not. ad Hist. Sicul. Bonincont. part. 3. pag. 102 : *Et ad hæc per salutaria monumenta eos inducerent et Dignarent directionibus opportunis.*

1. **DIGNATIO**, Misericordia, liberalitas, humanitas : vox frequens Tertulliano et Cypriano. S. Zeno Invitat. 5. ad Fontem : *O admirabilis et vere divina sacrosancta Dignatio, ut quæ parturit, non gemit; qui renascitur, plorare non novit.* Lex ult. Cod. Th. de Privileg. eorum, qui in sacro Palat. (6, 35.) : *Quæ, dum in palatio constituti sunt, aut Dignatione nostra quæsierunt, etc.* Supra, *donis nostris.* Vide Juretum ad Symmach. lib. 9. Epist. 63.

2. **DIGNATIO.** Gloss. Gr. Lat. : Ἀξίωμα, *hæc Dignatio, hæc dignitas, honos, meritum, stipendium.* Gloss. Lat. Gr. : *Dignatio*, ἀξία. Qua notione vocem hanc usurpant Tacitus non uno loco, Cicero ad Attic. Epist. 10. lib. 10. Curtius, Seneca, Justinus, et alii. Vide Festum. Est præterea titulus honorarius, in Epistolis S. Augustini, Ruricii, Arnulfi Lexov. et aliorum frequens. Willelm. Brito lib. 6. Philippidos :

Audiat et nostris placide sermonibus aurem
Inclinare velit Dignatio vestra benignam.

* **DIGNATIVE**, Benigne, humaniter. Chron. Joan. Vitodurani in Thes. Hist. Helvet. pag. 8 : *De gratia minus præcogitata et sperata sibi tam Dignative in sui absentia collata.* Vide *Dignatio* 1. et *Dignativus.*

DIGNATIVUS, Benignus. Vita S. Carthaci Episcopi num. 2 : *De miraculis vero, quæ Deus per eum, Dignativa sua bonitate, dignatus est mundo ostendere, etc.* [S. Bernard. lib. 5. de Considerat. cap. 8 : *Dignativa unitas, qua limus noster a Dei verbo in unam assumptus est personam.*]

DIGNERIUM, Pastus, procuratio, prandium, ex Gallico *Disner*, seu, uti effertur in Usaticis MSS. Vicecomitatus Aquæ Rotomag. *Digner : Il doit à icellui Dimence à le Viconte de l'Eauë de Rouën à Digner 4. pains de Convent, 4. pichiers de vin en pos tous neufs, etc.* Charta Adami Meldensis Episcopi ann. 1289. ex Tabulario Ecclesiæ Meldensis fol. 82 : *Item cum nos Episcopus Dignerium seu prandium, quod habebamus singulis annis super hospites nostros de Berciaco, habere voluimus, etc.*

Disnerium. Charta Philippi Regis Franc. ann. 1275. in Tabulario S. Germani Pratensis : *Volumus quod dicti Religiosi nunc et in perpetuum liberi sint et immunes a quodam Disnerio seu prandio, in quo ipsi in domo sua villæ de Montedin Præposito nostro de Castroforti annuatim tenentur.* [Jac. *Bouillard* in Hist. Sangerman. legit *Dinerium.*] Vide *Disnare, Dejejunare.*

¶ Disnarium. Chartularium S. Vandregesili tom. 1 pag. 1178. in Instrumento anni 1224 : *Afferentes bladum et capones habebunt Disnarium suum.*

DIGNIFICARE, Dignum censere. Capit Caroli C. [** Synod. Metens. ann. 859.] tit. 24. § 8 : *Et quemcunque illorum recta ratio Dignificaverit, digne honore suo fruatur.*

1. **DIGNITAS**, in Ecclesiasticis beneficiis, dicitur, quando beneficium habet administrationem rerum Ecclesiasticarum cum jurisdictione : vel ex eo, quod habet nomen dignitatis cum prærogativa in Choro et Capitulo; denique quando Constitutio vel Consuetudo Ecclesiæ habet, quod beneficium habeatur et reputetur pro dignitate. Ita Archidiaconus de Consuetudinibus cap. 1. lib. 6. [Singularis est locutio in Annal. Bened. tom. 4. pag. 259. ad annum 1018. ubi Abbas S. Martialis Odolricus dicitur, adfuisse ordinationi Amalfredi in S. Eparchii Abbatem electi, *Stipatus Dignitate Monachorum*, hoc est, si bene conjecto, a Monachis Dignitate aut virtute conspicuis, nisi mavis Dignitatem hic pro ambitu sumi vel comitatu.]

2. **DIGNITAS**, Titulus honorarius, quo compellantur Reges. Vide Beslium in Comitibus Pictav. pag. 257. et Casaubonum ad Pollionem pag. 463. 1. Edit.

¶ 3. **DIGNITAS**, Jus, privilegium. Chartularium S. Magdalenæ Castrodun. fol. 1. in Charta Theobaldi Comitis de Juramentis : *Ne alicui liceret exhibere Sancta ad sacramenta facienda in villa Castriduni, præter Ministris prefate Ecclesie.... omnibus duellis vel sacramentis, que in curia eorum..... insumpta vel arramissa fuissent.... Ne autem alicui deinceps præfatam Dignitatem illius Ecclesiæ infringere vel imminuere auderet, hanc cartam fieri et sigilli mei auctoritate confirmari precepi.* Charta Willelmi Angliæ Regis et Mathildis Reginæ pro Monasterio SS. Trinit. Cadom. in Chartulario ejusdem : *Præterea constituerunt quandam feriam ante portam S. Trinitatis in Octavis Pentecosten, et concesserunt omnes Dignitates suas totius villæ, quandiu feria duraret, in consuetudinibus et in theloniis, sicuti feria Prati habebat.* Hujusce concessionis vi etiamnum quotannis omnes Abbatiæ Officiales et ministri solemni et splendida equitatione, præeuntibus tubicinibus Abbatissæ nomine in totius urbis eunt possessionem; atque ipsius Monasterii gentilitia insignia ad omnes urbis portas affigunt, inde nisi post triduum non amovenda. Interim Monasterii clientes militum more ante fores excubant armati. Hoc idem privilegium concessum est Monachis S. Stephani ab iisdem Fundatoribus : quod pari ratione observari debet in nundinis ad Festum S. Michaelis. Simili quoque prærogativa gaudet Monasterium S. Cornelii Compendiense.

* 4. **DIGNITAS**, pro ipso Duce vel Præfecto, in Glossar. milit. Car. de Aquino ex Veget. lib. 3 : *In arduis expeditionibus, per capita militum, magis quam per Dignitates ab antiquis prœbebantur annonæ.*

* 5. **DIGNITAS**, Idem quod *Majestas*, imago et effigies alicujus Sancti. Charta ann. 1508. in Lib. rub. S. Vulfr. Abbavil. fol. 197. r° : *Les bastonnier et confreres de S. Luc feront faire à leurs despens une armoire et repositoire, dont ils aront les clefs, pour mettre et enclore dedens et oster toutefois que bon leur semblera la Dignité et saincte relique de Mons. S. Luc, aveucques autres Dignités et reliques.... Leur accordons avoir une tablette pour mettre et poser icelles reliques et Dignités quatre fois chascun an.*

DIGNITATIO, Ἀξίωμα. Gloss. Gr. Lat.

DIGNITER, Dignanter, honorifice, *Dignement.* Domnizo lib. 2. de Vita Mathild. cap. 1 :

> Quem sancti Petri vice Digniter illa recepit.

Ordericus Vital. lib. 4. pag. 524 : *Non video, qua lege Digniter præesse valeant.*

DIGNITOSUS, In dignitate constitutus : *Dignitoso*, Danti. Gloss. Lat. Gr. : *Dignitosus*, ἀξιωματικός. Occurrit in Fragmento Petronii pag. 42.

Dignitosus, est etiam idem, quod *Dignus*, seu colendus. Aldhelm. de Laude Virgin. cap. 28 : *Propter Dignitosam innocentiæ palmam :* id est, dignatione venerandam. Vetus Interpres Chrysostomi super Matthæum : *Quando in illo sæculo caro infirma Dignitosæ animæ fuerit subjecta.* [Alcoran. Franciscan. pag. 11 : *Felicitas æternalis ex stola Dignitosa, quia in gloria Sanctorum.*]

¶ **DIGNORARE**. Supplem. Antiquarii : *Dignorat*, ἀναπτύσσει, διαγινώσκει, *Explicat, Dignoscit.* Festus : *Dignorant, Signa imponunt, ut fieri solet in pecoribus.* Scil. ut Dignoscantur.

1. **DIGNOSCENTIA**, Cognitio. Epist. Ludovici Pii ad Sicharium Archiep. Burdegal : *Ut... cuncta, quæ acta sunt, vestro utrorumque scripto notentur, atque per ipsum tuumque Missum nostræ Dignoscentiæ intimentur.* Codd. alii *Dinoscentiæ* habent, ut et Capitul. ann. 824. cap. 4.

¶ 2. **DIGNOSCENTIA**, Forma, species, imago. Vita S. Leonis IX. Papæ April. tom. 2. pag. 650 : *Cujus corporis accidentalem Dignoscentiam ita hactenus commemorat, quasi præ oculis carnis adhuc habeat.*

** **DIGNUS** Est, Formula adhibita in Episcoporum electionibus. Vide locum ex Missali veter. Francor. in Glossar. med. Græcit. voce Ἄξιος, col. 92.

¶ **DIGREGARE**, Disjungere, dividere, quasi a *grege* separare. Unio Ecclesiarum Mensæ Episcopali facta a Petro III. Aptensi Episcopo IV. Non. Jul. ann. 1257. ex Schedis Præsidis *de Mazaugues : Nos invitat ad prædictam unionem faciendam... locorum vicinitas, sæva protervitas dominorum, tyrannica pravitas, sive importunitas, qua nituntur Digregare, tollere et dissolvere, quæ SS. Patres nostri gregaverunt.* Vide *Disgregare.*

¶ **DIGTUM**, Digitus, Gall. *Doigt.* Distichon apud Bernard. *Pez* Præfat. in tom. 1. Anecdot. pag. XLI :

> Qui scribere nescit, nullum putat esse laborem;
> Nam trea Digta scribant, sed tota membra laborant.

Italicum *Dito*, Digitus habet in plurali, *le Dita*, Digiti.

¶ **DIGURPITOR**, Qui dimittit rei alicujus possessionem, Gall. *Qui déguerpit.* Charta ann. 1098. apud Stephanotium tom. 1. Antiq. Occit. MSS. fol. 481 : *In nomine Dñi JESU. Ego Ermengardis Vicecomitissa Bitterrensium et Carcassonensium, et filius meus Bernardus, et uxor ejus Cæcilia, nos simul in unum Digurpitores sumus Domino Deo et SS. Apostolis ejus Petro et Paulo in Monasterio Caunensi .. albergam quæ habemus in villa Recimiro.* Vide *Guerpire.*

DIHORNO. Ratherius Veronensis in Apologetico : *Post tanta enim, talia, tam fœda, tam turpia, tam incredibilia, et ipsi etiam ætati meæ contraria, quæ balsama Dihorno, et puto quod non adeo inlibenter audisti.* In Gloss. Græc. Lat. *Diurno*, est καθ' ἡμέραν. Vide *Horno.*

* **DIJONUM**, a Gallico *Dijon*, Divio. Comput. ann. 2495. inter Probat. tom. 4. Hist. Nem. pag. 61. col. 2 : *Defferebant litteras domini bayllivi de Dijono, per quas mandabatur eis providere de victualibus.*

DIJUDICATUS. Vide *Judicatus.*

¶ **DIKA**, Dikatus. Vide *Diccus.*

* **DIKTA**, pro *Dieta*, modus agri, in Testam. Bermundi domicelli de Thonaco ann. 1357. ex Tabul. Flamar. : *Quatuor Dikta seu jornalia terræ.* Vide supra *Dies* 3. et *Dieta* 5.

¶ **DILANCINARE**, ut *Lancinare*, lacerare, Gall. *Déchirer.* Prudentius in Hymno S. Vincentii v. 256 : *Membra Dilancinata interficis.*

DILAPIDATA Via, Lapidibus strata, apud Columellam lib. 1. cap. 6. et Aigradum Mon. in Vita S. Ansberti Archiepiscopi Rotom. n. 46. Vide *Calceia.*

DILARGUS, in Gloss. Lat. MS. et Isidori : *Multum donans.* [*Dilargiri* frequenter occurrit eadem notione apud Latinos.]

¶ **DILATANA** Media, Scripturæ genus. Vide *Scriptura.*

1. **DILATARE**, Differre, moram texere. Capitul. 1. ann. 809. cap. 33 : *Ut nullus*

quislibet Missus noster, neque Comes,... cuilibet justitiam Dilatare præsumat, etc. Hincmarus Laudun. Episc. : *Quos cognitores suscepi, ne viderer velle causam Dilatare, ac Dilatione falluciter tegere veritatem.* Lex Longob. lib. 2. tit. 21. § 27. [** Liutpr. 128. (6, 75.)] : *Si vero amplius Dilataverit ad fidejussores dandos componat, etc.* Adde tit. 40. § 3. tit. 41. § 1. tit. 52. § 5. etc. [** .... Liutpr. 25. (4, 7.) Carol. M. 51.] Capitula Caroli M. lib. 3. cap. 53. etc. *Tempora Dilatari*, produci, in leg. 4. Cod. Th. de Denuntiat. (2, 4.)

* *Délayer*, eodem sensu, in Lit. ann. 1367. tom. 5. Ordinat. reg. Franc. pag. 10. art. 3 : *Dont les marchans dessusdiz.... sont empeschiez et Délayes.* Unde *Délayement*, Dilatio, procrastinatio, in aliis Lit. ann. 1371. ibid. pag. 434. et *Dilation* in Ch. ann. 1332. ex Chartul. Pontisar. Hinc

* Dilatoria Exceptio, Practicis nostris, *Exception dilatoire.* Stat. Vercel. lib. 1. pag. 24. v° : *Non obstante dicta vel alia exceptione Dilatoria vel declinatoria. Dilatoirement procéder*, id est, cum dilationibus a jure vel ex pacto assignatis, in Lit. ann. 1358. tom. 3. Ordinat. reg. Franc. pag. 658. art. 7.

2. **DILATARE** est etiam *Dilætari*, Lætari. Hermas in Pastorali lib. 2. cap. 5 : *Non obscurabitur ab aliquo nequissimo spiritu, sed gaudens Dilatabitur.* Hinc nos, *Dilater son cœur.* [Sic in Psal. 118. 32 : *Viam mandatorum tuorum cucurri, cum Dilatasti cor meum.* Et Psal. 4. 2 : *In tribulatione Dilatasti mihi.*]

¶ **DILATATA**, Eluvio, exundatio, Gall. *Débordement.* Chronicon Parmense ad ann. 1294. apud Murator. tom. 9. col. 828 : *Eodem anno* (quo tanta fuit aquarum abundantia) *burgus de Terentio et Ecclesiæ et domus omnes dicti burgi per Dilatatas maximas quæ ibi fuerunt, destructæ et Dilatatæ fuerunt de loco eorum longe satis et diruptæ. Dilatatæ fuerunt* posset esse pro *Delatæ fuerunt :* saltem idem est intellectus.

¶ **DILATATIO** Fidei Catholicæ, Propagatio, Gall. *Propagation*, in Bullario Carmel. pag. 343. col. 1. *Dilatatio justitiæ*, non semel in Capitularibus pro *Dilatio.* Vide *Dilatare* 1.

DILATATUS, Dives factus. S. Ambrosius, seu quivis auctor Actorum S. Sebastiani n. 4 : *Erant enim non solum genere clarissimi viri, sed et facultatibus Dilatati.*

¶ **DILATIO**, ut *Dilatatio*, Propagatio. Charta Ruperti Comitis Palatini Rheni ann. 1356. qua confirmatur infeudatio oppidi *Plauen* ad regnum Boemiæ, apud Ludewig. Reliq. MSS. tom. 5. pag. 575 : *Tantoque solertius de ipsius meditatur augmento, quanto ex suarum Dilatione propaginum, vel a membro nobili sacrum Romanum imperium non ambigitur laudabilius honorari.* Alias *Dilatio*, Procrastinatio est, mora, cunctatio, et in litigiis vadimonii prolatio, Gall. *Delai*, pro quo *Dilacion* habetur in Litteris Johannis Franc. Regis ann. 1355. apud D. *Secousse* tom. 3. Ordinat. pag. 47 : *Vous mandons et commandons derechief estroitement que sans aucune Dilacion, etc.*

DILATURA, Vide *Delatura.*

* **DILAVIUM**, Eluvio, exundatio. Libert. Briancz. ann. 1343. tom. 7. Ordinat. reg. Franc. pag. 729. art. 21 : *Quod cisiones hujusmodi sunt plurimum periculosæ propter Dilavia et rainas, etc.*

* **DILE.** Gloss. Cæsar. Heisterbac. in Reg. Prum. tom. 1. Hist. Trevir. Joan. Nic. ab *Hontheim* pag. 671. col. 2 : *Gardi sunt instrumenta torcularis, quæ appellantur pullen et Dile.* [** Vide *Diele*, vox Germanica.]

¶ **DILECARE**, pro *Delegare*, Concedere. Formulæ Andegav. art. 1 : *Incipit cessio. Tu dulcissima sponsa mea ad die felicissimo nuptiarum tibi per hanc cessione Dileco, adque transfundo, ut in tuæ jure hoc recepere dibeas.*

DILECTIO. Vide *Caritas*, 2.

DILEMMATUS. Marius Mercator lib. Subnotation. cap. 6. pag. 14 : *Rogo si simpliciter, et non Dilemmatus, tanquam ad Crœsum et Pyrrhum Loxias... loqueris. Dilemmata interrogatio*, quæ *Dilemmate* constat. Rufinus Palæstinus de Fide cap. 52 : *Cum nos interrogaverint, utrum Deus procreaverit filium, necne; et acceperint a nobis responsum, Procreavit : statim adjiciunt interrogationem hujusmodi, quam Græci Dilemmatam vocant : Invitus, an sponte? etc.*

¶ **DILESIDUS**, Dilisidus, Vas, Fidejussor, Gallis *Caution, Répondant*, apud Lobinellum Histor. Britan. tom. 2. col. 70 : *Dederunt supradicti venditores Dilesidos filius Berran et Caranton. Factum in plebe Werran an. Domini* DCCCLXVI. Tabularium Rothonense : *Tutuoret vendidit Drevalloni campum juris sui in Condita plebe Rannac; et allegavit illi fidejussores sive Dilisidos in securitate istius campi Catlogen, Jarnithen, etc.* Idem Tabular. : *Dedit seu allegavit fidejussores et Delisidos, etc.*

** **DILIENTARE**, pro *Diligentare*, verbum effictum a *Diligens.* Chart. Langob. ann. 752. in Brunett. Cod. Diplom. Tusc. pag. 543 : *Si de jam dicta pecunia exire voluero .... aut ipsa pecunia non laborabo aut Dilientaro, pro eo quod ipsa pecunia demittere presumbsero .... tunc componere promitto, etc.*

DILIGARE, *Probare.* Papias.

¶ **DILIGENTER**, *Ex vera affectione.* Barthius in Glossario ex Hist. Palæst. Fulcherii Carnotensis.

¶ **DILIGENTIA** *Beatorum Monachorum Armenii* (f. Ammonii) *et Honorii... quam breviter viro inlustri Theophilo direxerunt.* Sic inscribitur Professio fidei vetus, quam exhibet Mabill. Analect. tom. 4. pag. 177.

* **DILIGENTIA**, Redarguere de Diligentia, Negligentiam, seu incuriam exprobrare. Comput. ann. 1357. ex Tabul. S. Vulfr. Abbavil. fol. 11. v° : *Gal. eunti apud S. Richarium pro habendo plures artas et unam litteram facientem mentionem, quod domini mei non possunt redargui de Diligentia; et quod pars adversa tenet eos pro Diligentibus.*

* **DILIGENTIUM**, Preces pro mortuis, sic dictæ quod ex dilectione, vel quod pro benefactoribus fundantur. Vide *Caritas* 2. Ordinar. eccl. Ambros. Mediol. ann. circ. 1130. ubi de Vigil. Nat. Dom. apud Murator. tom. 4. Antiq. Ital. med. ævi col. 907 : *Hora vero undecima ostiarius ebdomadarius, et alii duo minores sonant Diligentium.... Postremo vadunt ad S. Michaelem in Domo,.... et eunte* (subdiacono) *super cimiteria cum septimanali cicendelario, ac dicente :* Requiem æternam. *Et illo respondente :* Et lux perpetua luceat eis. *Respondet subdiaconus :* Animæ istorum requiescant in pace.... *Et sciendum est quia hoc Diligentium eodem modo fit in Epiphania, et eodem ordine.*

DILIGIATUS, Extra Legem positus, de Lege, seu Legis patrocinio ejectus, alias *Utlagatus.* Leges Henrici I. Regis Angl. cap. 45 : *Si quis Diligiatus legalem hominem accuset, funestam dicimus vocem ejus.* Italis *Dilegiato*, est vilis, spretus, cujusmodi sunt *exleges*, exules. Vide Academicos Cruscanos et Pergaminum.

* **DILIGIBILIS**, Amabilis, diligendus. Charta Hugon. M. ann. 937. tom. 9. Collect. Histor. Franc. pag. 721 : *Tam domini Hugonis Francorum ducis, quam etiam Hadiudis, ipsius amabilis et satis Diligibilis uxoris, etc.*

* **DILIGIBILITAS**, Amabilitas. Vita B. Coletæ tom. 1. Mart. pag. 541. col. 2 : *Placuit Altissimo pariter illi conferre multas condecentes gratias exterius in corpore,... et gratissimam Diligibilitatem.* Nostris *Diliger*, a Lat. Diligere, in Lit. Phil. VI. ann. 1346. ex Bibl. reg. : *Nous mandons à touz que en fayssant les choses dessusdites voys* (sic) *obéissent à chacun de vous, Diligent et entendent.*

¶ **DILIMPIDARE**, Clarum et limpidum efficere, purgare. Acta S. Leonis II. Papæ Junii tom. 5. pag. 375 : *Luna eclipsim pertulit. Post Cœnam Domini nocte pæne tota in sanguineo vultu laboravit, et nisi post galli cantum cœpit paulatim Dilimpidari et in suum reverti respectum.*

¶ **DILINGUA**, quasi *Bilingua*, Duorum lingua. Theodorici Placitum anni 680. apud Mabillon. Diplom. lib. 6. Charta XI : *Tam ipse* (Amalarius) *quam Hamedia sua Dilinguas eorum derexissint*, scilicet ad jurandum villam, de qua litigium erat, a se possessam fuisse annos triginta et unum.

¶ **DILISIDUS.** Vide *Dilesidus.*

DILITERE, pro *Delitere*, apud Aldhelmum de Laude Virg. cap. 20 :

Bestia Diliuit, quæ pridem sævire solebat.

* **DILLIGARE**, Solvere, Gall. *Délier.* Charta ann. 1239. ex Chartul. S. Corn. Compend. fol. 144. r°. col. 2 : *Recognovit.... vendidisse bene et legitime Compendiensi ecclesiæ.... garbas Dilligatas, et omne jus quod habebat.... in grangia ecclesiæ prænominatæ.* Vide *Disligare.*

DILONGARE. Ugutio : *Longare, longum facere. Unde Dilongare, diversis modis, vel diversas partes longare. Delongare, valde longare.*

DILORICARE, *Valde loricare.* Ugutio. [Latinis est Loricam seu vestem quamcumque exuere. Sic Tullio, *Deloricare tunicam*, Apuleio *Deloricare vestem, Deloricatis statim pannulis, etc.*]

DILORIS. Vopiscus in Bonoso : *Interulas Dilores duas.* Quibus scilicet intexta fila duo aurea, quæ videntur *lora* appellasse, ait Cujac. ad leg. 1. Cod. de Vestibus holoser. lib. 11. Vide Dissert. nostram de Nummis Impp. CP.

¶ **DILUCEBRE**, Dilucide. Vita S Celsi

num. 12. Febr. pag. 403 : *Longe lateque innotesci voluit Dilucebre.*

* **DILUDIUM**, *Lo logo de zocho.* Glossarium Lat. Ital. Ms.

* **DILUVII** Magister, Qui aquis et earum aggeribus præest, Gall. *Maître du déluge.* Consuet. Genovef. Mss. ad ann. 1263. fol. 56. v° : *Laquele information fust fete diligaument par frere Baudoin mestre du Déluge et par Robert jadis clerc de la prévosté de Montleheri.*

¶ **DILUVIO**, Ablutio, expiatio. Diploma Roberti Regis Franc. in Anecd. Marten. tom. 1. col. 108 : *Expedit ita pro nostri nostrorumque erratus Diluvione commoveri, atque Sanctorum, etc.*

¶ **DIMACHÆ**, Milites duplici genere pugnæ habiles ut et equo et pedibus pugnare possent. Græcis Διμάχαι. Vide Turnebum lib. 19. Adversar. cap. 32. et Martinium in Lexico.

¶ **DIMACHÆRI**, Qui duplici μάχαιρα, seu gladio pugnant. De his vide Commentarios Trevoltianos mensis Maii ann. 1715. pag. 730. et 740.

¶ **DIMAGIUM**, Dismagium, Perceptio Decimarum, vel ager unde percipiuntur, Gall. *Dimage.* Passim occurrit in Chartulario S. Martini Pontisarensis.

* **DIMEMBRARE**, *Atourneir pison*, in Glossar. Lat. Gall. ann. 1352. ex Cod. reg. 4120. Vide supra *Demembrare.*

¶ **DIMEMBRATIO**, Distractio, divisio partis a toto, Gall. *Demembrement.* Charta Henrici Ducis Silesiæ ann. 1318. qua renunciat juri suo in Marchiam Budissinensem, apud Ludewig. Reliq. MSS. tom. 5. pag. 536 : *Ceterisque omnibus et singulis, juribus et pertinentiis universis ad ipsam terram, provinciam sive Marchiam Budissinensem de jure et consuetudine spectantibus, absque Dimembratione qualibet.* Vide *Demembratio.*

¶ **DIMENCHIATA** Terræ, Agri modus, vulgo *Dimanchée.* Constat quatuor *cartonatis.* Passim legitur in Terrariis Casæ-Dei.

¶ **DIMENSUM**, Demensum, mensura. Nova Gall. Chr. tom. 3. col. 384. col. 1. ubi de Martino I. Abb. S. Vedasti Atrebat. : *Ludovicum Regem Francorum jubentem sibi apud eosdem instrui convivium, solito Dimenso contentum esse docuit.* Regibus olim, Principibus, Episcopis, aliisque debebantur convivia, quæ *Conredia, Procurationes* dicebantur : horum occasione ne nimium vexarentur Ecclesiæ, ad certam duntaxat ferculorum, vini, panis, avenæ, etc. qualitatem quantitatemque tenebantur; quod hic quidem *Dimensum* appellatur. Vide *Conredium, Procuratio.*

* **DIMENTIRI**, Dismentiri, Mendacii arguere, Gall. *Démentir*, alias *Desmentir.* Charta ann. 1218. inter Probat. tom. 1. Hist. Nem. pag. 60. col. 1 : *Villelmus de Vico audivit quod Bertrandus et Stephanus Dimentiebantur inter se.* Stat. Vercell. lib. 4. pag. 116. v° : *Et si quis Dismentitus dicat incontinenti alteri, tu mentiris; non solvat bannum ille secundus.* Lit. remiss. ann. 1469. in Reg. 195. Chartoph. reg. ch. 352 : *Le suppliant respondit que plus ne le Desmentist et qu'il estoit homme marié, et estoit honte à lui de Desmentir ung homme estant en mariage.* Tanta erat innuptorum erga nuptos reverentia; cœlebs quippe erat, qui alterum mendacii arguebat. Unde *Rédesmentir*, Mendacii redarguere, in aliis ann. 1372. ex Reg. 103. ch. 183 : *Icellui Chienet desmentit ledit Adam; lequel Adam, qui est gentilshoms,.... le Rédesmenti semblablement.* Vide *Dimentire* 2. et supra *Dementitio.*

* **DIMERIA**, Ager, unde percipitur *decima.* Terrear. Castil. Dumbar. ann. 1463 : *In Dimeria de Montmerle etc.* Vide *Dimagium.*

* **DIMIARE**, f. pro *Dimidiare*, Dividere, in duas partes secare. Chartul. S. Petri Carnot. ch. 10 : *Cum quindecim agripennis terræ qui per singulos sunt Dimiandi tringinta ibidem hospitantibus.*

* **DIMIDIA** Avena, Præstatio dimidia, quæ ex avenis domino pensitari solet. Charta ann. 1283. in Chartul. Domus Dei Pontisar. : *Qui redditus tales sunt, videlicet tres Dimidiæ avenæ ad Natale Dimini persolvendæ. Item ad ipsum terminum capo dimidius.* Vide *Avenagium* 1. et *Dimidium.*

* **DIMIDIALIS**, Canonicus, qui dimidium fructuum percipit, Gall. *Sémiprebendé.* Charta Joan. VIII. PP. ex Tabul. S. Gauger. Camerac. : *Hæc autem omnia superius scripta ad sexaginta fratres et decem Dimidiales constituimus.* Vide in *Præbenda.*

¶ **DIMIDIARE**, Dividere, in duas partes secare. *Quid Dimidias mendacio Christum?* apud Tertull. de Carne Christi cap. 5. Sæpius apud Scriptores inferioris ævi. Sed et apud Ciceronem legimus, *Mensis Dimidiatus, Dimidiati versiculi, etc.* Vide Barthii Glossarium.

¶ **DIMIDIATIO**, Divisio, sectio. Tertull. adv. Marc. lib. 1. cap. 24 : *Unde hæc Dimidiatio salutis.*

DIMIDIETAS, pro *Medietas*, in Chronic. Mauriniacensi lib. 2. pag. 372. [in Charta anni 1099. Tabularii Britannici Majoris-Monasterii, et in Litteris anni 1306. apud Ludewig. Reliq. MSS. tom. 5. pag. 263.]

¶ **DIMIDIUM**, Mensura frumentaria, quæ majoris continet medietatem. Index MS. beneficiorum Eccl. et Diœc. Constant. fol. 10. v° : *De redditu prædicto Presbytero debentur quinque Dimidia frumenti Constant.*

DIMIDIUS, Vox in re monetaria non antiqua; cum enim nummi speciei præponitur, non auget numerum, sed de eo *Dimidium* demendum docet. Verbi gratia, *quintus Dimidius solidus*, est quartus solidus cum dimidio, et ita de cæteris. Lex Rip. tit. 20 : *Quinto Dimidio solido culpab. judicetur.* Tit. 24 : *Tertio Dimidio solido culpab. judic.* Tit. 34. § 3 : *Unusquisque octavo semisolido mulctetur.* Tit. 58. § 9 : *Octavo Dimidio solido culpab. judicetur.* Fœdus Alfredi et Godrini Regum cap. 4 : *Reddat* 34. *solid. cum Anglis et cum Danis tres Dimidias marcas.* Leges Ethelredi Regis cap. 16 : *Reddat unusquisque* 6. *Dimidias marcas.* In Speculo Saxon : *Quartus Dimidius nummus.* Ita Græci τρίτον ἡμιοβόλιον pro duobus obolis et semis, dicebant ἕβδομον ἡμιτάλαντον, pro sex talentis cum dimidio, uti observatum a Casaubono ad Theophrasti Characteres. Vide Jac. Gothofredum ad leg. 4. Cod. Th. de Suariis (14, 4.), ubi de *Semidecima*, et infra in voce *Nondecem.* [** Confer. J. Grimmii Grammat. German. tom. 2. pag. 950.]

¶ **DIMINICULUM**, Diminutio. Joan. Capgravius in Vita S. Ercowaldi, April. tom. 3. pag. 786 : *Cum enim puer lectionem sine libro proferre cogeretur, non solum quod magister ejus tradiderat, absque obstaculo atque Diminiculo reddidit, verum etiam, etc.*

DIMINORARE, Minorem facere, minuere, [Tertull. de Anima cap. 33 : *Diminoratur illic ille.* Occurrit etiam] in Charta Caroli Simplicis apud Aimoinum lib. 5. Histor. cap. 42.

DIMINORATIO, in Chron. Farfensi pag. 667. tom. 4. Ughelli pag. 603. [in Charta anni 639. apud Miræum tom. 1. pag. 123. et in Præcepto ann. 828. Collect. Ampliss. tom. 1. col. 83. Vulg. Interpres Eccli. 22. 3 : *Confusio patris est de filio indisciplinato : filia autem in Deminoratione fiet.*] Vide *Minorare.*

* **DIMINUARE**, Minuere. Lit. Caroli VI. ann. 1401. in Memor. F. Cam. Comput. Paris. fol. 91. v° : *Damus auctoritatem et potestatem..... vadia officiorum, servitorum et aliorum Diminuandi vel augmentandi.*

* **DIMINUCIO**. Vide infra *Diminuere.*

* **DIMINUENTIA**, Diminutio. Charta ann. 1171. apud Corbinel. inter Probat. domus *de Gondi* pag. 43 : *Item.... sociis omnibus, qui perjurii erunt, addere et diminuere de his, quæ superius scripta sunt, et secundum quod addiderint teneantur, et de ipsis Diminuentiis sint absoluti.*

* **DIMINUERE**, Sanguinem detrahere, venam incidere, Gall. *Saigner.* Libert. Pontis-Urson. tom. 4. Ordinat. reg. Franc. pag. 640. art. 26 : *Si prætor aliquem mandaverit, dum ipse est in balneo, non ierit coram ipso, donec cum ipse voluerit exire;.... vel si Diminutus fuerit, coram prætore non ierit, donec Diminucionem impleverit.* Id est expleto illo tempore, quo quis post sanguinis detractionem domi sedere solet. Vide *Minuere.*

¶ **DIMINUTE**, De verbo ad verbum. *Et quod Hieronymus Diminute Biblia transtulisset*, in Diario Belli Hussitici apud Ludewig. Reliq. MSS. tom. 6. pag. 202.

* Hanc interpretationem præstare nolim : ut ut est, *Diminute*, pro Summatim, breviter, legitur in Chron. Joan. Vitodur. in Thes. hist. Helvet. pag. 1 : *Et si quando me contingat in prosecutione ipsarum aliqualiter exorbitare, ac metas plenæ meræque veritatis excedere, vel incaute, vel Diminute, vel superflue, seu præpostero procedere ordine, etc.*

¶ **DIMINUTOR**, Diminuens. *Infractores seu Diminutores hujus meæ eleemosynæ*, apud Th. *Madox* Formul. Angl. pag. 240.

¶ **DIMINUTUS** in Naturalitate, Non satis sanus, apud Scholasticos. Goclenii Lexic. Philosoph.

1. **DIMISSIO**, Morbi remissio, apud Cælium Aurelianum lib. 1. Acutor. cap. 16.

¶ 2. **DIMISSIO**, Locatio, Gall. *Bail à ferme*, apud Th. *Madox* Formul. Anglic. pag. 148 : *Præsenti Dimissione in aliquo non obstante.* Agitur de locatione *manerii* per quinquaginta annos, quod *non obstante Dimissione* a locatore recuperari poterat quovis tempore, si conventiones minime servarentur.

* **DIMISSIO** Carnium, Tempus, quo a carnibus vescendis abstinetur. Charta Phil. II. reg. Rom. ann. 1208. tom. 2. Hist. Leod. pag. 389 : *Octo diebus ante Dimissionem carnium, et octo post,.... ibit civis Leodiensis per civitatem libere, etc.*

¶ **DIMISSORIA**, Legatum. Vide *Dimittere.*

DIMISSORIÆ Litteræ, quas Synodus in Trullo can. 17. ἀπολυτικὰς vocat, et Clerici ab Episcopis impetrabant, ut in alienam diœcesim transirent, in ea manerent, aut ab aliis Episcopis ordinarentur. Gloss. Gr. Lat. : Ἀπολυτική, *Dimissoria.* Harum mentionem agunt Canones Concil. Afric. can. 106. Concilium Arelat. V. can. 7. Capitulare Pipini Regis Italiæ ann. 793. cap. 3. Lex Longob. lib. 3. tit. 1. § 23. tit. 2. § 1. 2. 3. [** Pipin. 15. Carol. M. 6. 62.] Synodus Roman. ann. 826. can. 18. 21. Flodoardus lib. 3. Hist. Rem. cap. 23. pag. 485. cap. 25. pag. 510. Baldricus lib. 1. Chr. Camerac. cap. 51. Joannes VIII. Epist. 138. Formulæ vett. tom. 2. Concil. Gall. pag. 666. 668. 670. 673. et tom. 10. Spicileg. Acheriani pag. 639. Nomocanon editus a Joan. Bapt. Cotelerio can. 295. etc. Vide præterea Sirmondum ad Sidon. lib. 6. Epist. 8. Ferrarium de Antiq. Eccles. Epistol. lib. 1. cap. 8. Baronium ann. 142. num. 8. Carolum Labbeum ad Synops. Basil. pag. 199. 200. 201. etc.

¶ Dimissoriales Litteræ, in Concilio Hispal. ann. 1512.

¶ Dimissorialia, in Limano anni 1591.

Dimissorium, Eadem notione interdum scribitur, ut lib. 3. Legis Longob. et alibi.

Dimissorii Libelli, Juris-consultis, qui et *Apostoli*, et dantur ab eo, a quo appellatum est, ad eum, qui appellatur. Vide tit. Digest. de Libell. dimissoriis.

DIMITTERE, Relinquere testamento, legare, donare, usurpavit Lampridius, ut observavit Casaubonus. Hinc

Dimissoria, Legatum, seu donatio, in Statutis Venetor. ann. 1243. lib. 1. cap. 39. lib. 4. cap. 2. 4. 5. etc.

¶ **DIMITUM**, Italis *Dimito*, Species panni crassioris. Hugonis Falcandi Hist. Sicul. apud Murator. tom. 7. col. 256 : *Hinc enim videas* (in officina pannorum) *amita, Dimitaque et trimita minori peritia sumptuque perfici; hinc exhimita uberioris materiæ copia condensari.* [*Pannus binis liciis textus a Gr. δίς, bis, et μίτος, licium, filum stamini implicatum.]

DIMORARE, Demorari, Gall. *Demeurer*, manere, morari. Vetus Chronic. Veronense apud Hieron. *d'alla Corte*, lib. 4. Histor. Veron. pag 179 : *Quumque in hac contentione diu Dimorant.* [Glossar. Sangerman. n. 501 : *Dimorare, Deducere;* sed puto legendum *Dimovere.*] Vide *Demorari.*

DIMOSSARIUM, Δημοσιάριον, Municipium, burgus respectu castelli, seu burgus, qui castello imminet. Innocentius III. PP. lib. 16. Epist. 98 : *Adjiciens* (Archiep. Patracensis) *conquerendo, quod per dictum Principem et homines suos sede propria, et castro, et Dimossario Patracensi, possessionibus et fructibus earum, fuerat spoliatus.* Iterum occurrit lib. 13. Epist. 165. Adde Rocchum Pirrum tom. 2. Notitiæ Sicil. pag. 150. Δημοσιάριος, apud Constantinum Porph. in Tacticis, est municeps : Ἐὰν ζημιώσῃ τις ςρατιώτην, ἢ δημοσιάριον, etc. Hinc patet leg. *Dimosiarium.*

¶ **DIMUS**, *Bimus.* Gloss. Isid. et Papias.

¶ **DIMUTATIO**, pro *Demutatio*, in Instrumento anni 1152. apud Miræum tom. 2. pag. 1172.

¶ **DINAIRADA.** Vide *Denariata.*

** **DINAMIDIUM**, Dinamidia, Medicamentum, ut virtutibus pollens, a Græco Δύναμις, de qua voce videndus Henric. Sthephani Thesaur. Ling. Græc. tom. 2. col. 1708. edit. Didot. Richer. Histor. lib. 2. cap. 59 : *Die quadam de Dinamidiarum differentiis disputatum est, tractatumque uberius quid efficiat farmaceutica quid vero cirurgia, quid etiam butanica.* Ibid. lib. 4. cap. 50 : *Cum eum in arte peritissimum Dinamidia farmaceutica, butanica atque cirurgica non laterent.*

* **DINARADA**, Valor seu pretium unius denarii. Chartul. Celsin. ch. 689 : *De unoquoque manso a Paschate 1. Dinarada de cera.* Vide *Denariata.*

* **DINATA**, an Modus agri, pro *Denariata?* Vide supra in hac voce. Charta ann. 1345. in Reg. 75. Chartoph. reg. ch. 533 : *Item Arnaldi affiera dicti loci* (Montisfalconis) *tenet feodum quatuor ortos, unum ayrale et mediam et unam Dinatam unius orti.* Rursum occurrit ibid.

* **DINCHORU**, Flandris, Præstationis species. Charta ann. 1286. ex Chartul. Namurc. in Cam. Comput. Insul. fol. 42. v° : *Et avoie avoec le tierch dou Dinchoru et le tierc des glines, etc.*

¶ **DINDIMUM**, vel potius Dindymum, Mysterium, Templum. Vita S. Friderici Episc. tom. 4. Julii pag. 461 : *Ineptas fabulas devitans, seniores non increpans, minores non contemnens, habens fidei Dindimum in conscientia bona.* Allusio est ad hæc Apostoli verba 1. Timoth. 3. 8 : *Habentes mysterium fidei in conscientia bona.* Angelomus Præfat. in Genesim apud Bern. *Pez* tom. 1. Anecdot. col. 46 :

Hic Patriarcharum clarissima gesta leguntur,
Mystica quæ nimium gravidis typicisque figuris
Signantur Christi, nostræque et dona salutis.
Hic sacra nam sacræ cernuntur Dyndima legis
Atque evangelica salpinx typica intonat orbi.

Papias : *Dindyma, Mons est Phrygiæ, sacra Mysteria, pluraliter declinatur.* Notus est mons Phrygiæ Cibelæ sacer *Dindyma* nuncupatus; unde Virgilius :

O vere Phrygiæ, neque enim Phryges, ite per alta Dindyma.

Ad quem versum aspexisse videtur Paulus Diaconus in Carmine de S. Scholastica scribens :

Appetis alta poli, tempsisti dulcia sæcli,
Dindyma perpetui appetis alta poli.

Hoc est excelsa cœli tabernacula, Templa : qua etiam notione *Dindyma* dixit Fridegodus in Vita S. Wilfridi cap. 46. ubi narratur secundo Romam petiisse :

Transmissis tandem Jovialibus æque cavernis,
Macarii penetrant rutilantia Dindyma Petri.

Epitaphium Josceranni Abbat. Floriacensis apud Mabillonium tom. 5. Annal. pag. 459 :

Idus septenas, Aprilis aprice tenebas
Cum subiit excelsi Dyndima celsa poli.

¶ **DINERALIS**, Pretii unius denarii. Charta ann. 1130. in Appendice Marcæ Hisp. col. 1269 : *Per censum sacrariæ donent annuatim unam candelam Dineralem prædictæ Ecclesiæ.* Vide *Denerata ceræ* in *Denariata.*

¶ **DINERATA.** Vide *Denariata.*

¶ **DINERIUM.** Vide *Disnerium* in *Dignerium.*

** **DINGHOF.** Vide *Curiæ Dominicales* in *Curia*, 1. Locus judicii, prædium cujus domino jus placiti competit, jus ipsum domini superioris. Chart. S. Gallens. ann. 1297. ap. Neugart. Cod. Alemann tom. 2. pag. 346 : *Ut curia nostra in villa Kilchzarten vendicioni exponeretur. Cumque .... non appareret qui pro his offerret 120. marcas, proprietam et dominium directum curiæ memoratæ conventione tali, quæ vulgariter dicitur Dinchof, sitæ in villa Kilchzarten cum omnibus attinentiis suis .... vendidimus et tradimus.* Vide Herrgott. Geneal. Habsburg. tom. 2. pag. 765. not. 2.

¶ **DINGNUS**, pro *Dignus*, ut *Stangnum* pro *stagnum*, legitur apud Thomam *Madox* in Formul. Angl. pag. 383.

¶ **DINIARE**, Denegare, Gallis *Denier, Refuser.* Charta Pippini Regis Franc. ann. 755. apud Felibianum in Hist. San-Dionys. pag. xxv : *Maxima sulicitudo debet esse Princepum, ut ea quæ a Sacerdotibus Christi pro oportunetate Ecclesiarum Dei fuerint postulata sollerter perspecere et congrua vel oportuna eis beneficia eis non Deniare.*

DINIDOR, *Malus odor*, in Gloss. Isid. [Hinc corrigendus Papias in MS. Bituric. ubi male *Dinior. Dinidor* enim a *Nidor* dici manifestum est.]

* **DINISMANNUS.** Vide supra *Dienismannus.*

¶ **DINOMILUS**, Qui diu colloquitur, a Gr. δὴν, et ὁμιλέω, colloquor aut conversor, ut notant docti Editores ad Vit. S. Rosæ tom. 5. Aug. pag. 940. col. 2 : *Rosa angelum suum non modo custodem, sed et congerronem habuit amicissimum; imo pararium, symmistam, Dinomilum.*

DINOSCENTIA. Vide *Dignoscentia.*

¶ **DINOSIS**, δείνωσις, Indignatio. Utitur Martian. Capella lib. 5.

* **DINTELLUM.** Vide infra *Diutellum.*

¶ **DINTRIRE**, Pipiare. Auctor Philomelæ v. 61 :

Velox mustelaque Dintrit.

* **DINUMERAMENTUM**, Professio feudalis, qua scilicet quis feudalium prædiorum cum suis limitibus ac terminis, atque adeo juribus ac oneribus descriptionem domino ex debito offert. Molinæus in Consuet. Paris. § 8. Glossar. in v. *Dénombrement* num. 6 : *Vassallus offert Dinumeramentum, patronus petit edi et ostendi sibi vetera Dinumeramenta et instrumenta feudi.* Vide supra *Denombramentum.*

¶ **DINUMERARE** in Semetipsos. Tertullian. Apol. cap. 1 : *Certe damnati* (malefici) *mærent : Dinumerant in semetipsos. Mentis malæ impetus vel fato vel astris imputant.* Hujus locutionis interpretem habemus Tertullianum ipsum lib. 1. ad Nationes cap. 1. ubi pro *Dinumerare* in semetipsos habet : *Exprobrant etenim quod* *erant in semetipsos. Dinumerare* igitur *in semetipsos*, idem est, quod facta quasi denumeratione facinorum sibi ea exprobrare.

DINUMIUM, seu DINUMMIUM, Vectigal, quod fisco, vel reip. præstabatur Alexandriæ pro mercibus, quæ importabantur, vel exportabantur, a præstationis quantitate et modo, ut videtur, appellatum, in l. un. Cod. de Alexandr. Primat. lib. 11. (tit. 29. Theodos. Cod. 14, 27, 2.) Gloss. vett. : *Binio*, δίνουμμα, *Biniones*, δηνάρια, nostris *Double*.

* **DIOCEA**, ut *Diœcesis*. Charta ann. 715. apud Murator. tom. 6. Antiq. Ital. med. ævi col. 371 : *Ego Guntheram notarius in curte regia Senensis inquisibi de Dioceas illas et monasteria, de quibus intentio inter episcopum Senensis civitatis, necnon et Aretinæ ecclesiæ idemque episcopum vertebatur.... Interrogavimus Semeris presbitero.... de cujus Diocea esset, aut ad qualem episcopum habuisset sacrationem.*

¶ **DIOCENSIS**, e diœcesi. *Cum ergo moraretur in una suarum ædium Diocensium*, in Vita S. Ansovini, t. 2. Martii p. 325. E.

** **DIOCESA**, pro *Diœcesis*, in *Diocesianus*.

* **DIOCESANUS**, Qui est e diœcesi, Gall *Diocésain*, idem qui *Parochianus*. Stat. synod. Guid. episc. Lexov. ann. 1321. ex Cod. reg. 4653 : *Doceant sæpe sacerdotes populum,.... nec permittant Diocesanos defferre infirmis sanctum Corpus Domini, nisi in necessitate, cum sacerdos fuerit absens vel infirmus.*

* **DIOCESIANUS**, Episcopalis, ad *Diœcesanum*, hoc est, qui diœcesi præest, pertinens. Chartul. B. M. Graciac. : *Nos Philippus archiepiscopus Bituricensis venditionem hanc decimæ vini ratam et gratam habentes, authoritate Diocesiana confirmamus.* Charta Rob. episc. Lingon. ann. 1234. ex Chartul. Campan. fol. 206. col. 1 : *Salvo tamen nobis et successoribus nostris episcopis Lingonensibus jure Diocesiano per omnia.* [** Qui est e diœcesi in Constantini Vita Adalber. II. cap. 15. Pertz. Scriptor. tom. 4. pag. 663 : *Cur videlicet in suis diocesis et Diocesianis ea quæ synodali ac per hoc spirituali falce resecanda erant, non resecarent?*]

¶ **DIOCESIS**, passim pro *Diœcesis*.

* **DIOCLIS**, *Qui docet, doctor.* Glossar. vet. ex Cod. reg. 7613.

DIOCMITÆ, Levis armaturæ milites, qui ad persequendum hostem ipsa levitate habiles sunt, ἀπὸ τοῦ διωγμοῦ dicti, apud Capitolinum in Marco, et Ammianum lib. 27. Ita Turnebus lib. 25. Adversar. cap. 18. Casaubonus ad Capitul. et Henricus Valesius ad Ammian. Διωγμῖται apud Metaphrastem in Vita Athanasii, et in Epist. Eccl. Smyrnensis de Martyrio S. Polycarpi n. 7.

¶ **DIOCTES**, Persecutor, in Onomastico ad calcem Actorum SS. Junii tom. 5. Est pro Græco διώκτης.

DIODUS, Transitus, aditus, ex Gr. δίοδος. Guillelmus Apuliensis lib. 2. de Gestis Normannorum, de urbe Barensi :

> .... Quem clausa negabat
> Undique septa mari, quod non est insula, terræ
> Exiguæ Diodus.

Scholiastes Gregorii Nazianzeni Stel. 2. pag. 89 : Δίοδός ἐστιν ἡ διὰ μέσου λόφων τινῶν ὁδὸς, ἔχουσα ἔξοδον εἰς τὸ καταντικρή· ἤδε ἔξοδον μὴ ἔχουσα εἴσοδος.

¶ **DIŒCESANUS**, Proprius diœcesis Episcopus, Gall. *Eveque Diocesain*. Occurrit in Synodo Pergami ann. 1311. rubrica 11. apud Muratorium tom. 9. col. 547. Ludewig. Reliq. MSS. tom. 6. pag. 130. et alibi.

1. **DIŒCESIS**, Διοίκησις, dicebatur plurium provinciarum præfectura. Balsamon in can. 9. Conc. Calchedon. : Διοίκησις δέ ἐστιν ἡ πολλὰς ἐπαρχίας ἔχουσα ἐν ἑαυτῇ. Harum diœceseon mentio fit passim in Cod. Th. et Just. quæ interdum *Tractus* appellantur apud Marcellinum, in veteri Provinciarum Libello, edito a Schonhovio, et in Cod. Just. et Th. legibus, ab aliis indicatis. Quælibet vero *Diœcesis*, quæ plures complectebatur provincias, suas habebat Metropoles. Regebantur singulæ a Comitibus et Vicariis : plures vero una et simul a Præfectis Prætorio. Sed cum de hisce Diœcesibus viri docti hactenus ex instituto disseruerint, ad illos Lectorem amandamus. Consulat igitur, si est animus, Berterium lib. 1. Pith. cap. 2. et Jacob. Gothofredum ad leg. 13. Cod. Th. de Medicis, et in Topographia ejusdem Codicis part. 1. etc. Atque inde manavit, ut

DIOECESES dicerentur potissimum provinciæ, quibus præerant Metropolitani, vel Archiepiscopi, ut in Concilio Calchedonensi can. 28. Anastasius in S. Dionysio PP. : *Hic Presbyteris Ecclesias divisit, et Parochias, et Diœceses instituit.* Adde Baldricum Noviom. lib. 1. cap. 7. Hincmarus Remensis : *Non solum Diœcesis, verum etiam Parochia mea inter duo regna sub duobus Regibus habetur divisa.* Gillebertus Lunicensis Episcopus de Usu Ecclesiastico, de Archiepiscopo : *Cujus Ecclesia subscribitur Diœcesis.* Abusive vero postmodum appellati Episcoporum districtus, qui proprio vocabulo *Parochiæ* passim nuncupantur.

2. **DIŒCESIS**, Parochia. Guill. Brito in Vocabul. : *Diœcesis proprie est baptismalis Ecclesiæ territorium et gubernatio.* Concilium Agath. can. 54. et Epaonense can. 8 : *Presbyter, dum Diœcesim tenet, de his, quæ emerit, ad Ecclesiæ nomen scripturam faciat.* Concilium Aurelian. IV. cap. 33 : *Si quis in agro suo aut habet, aut postulat habere Diœcesim, primum ei deputet sufficienter, et Clericos, qui ibidem sua officia impleant.* Capitula Caroli M. lib. 7. cap. 365. [** 465.] : *Placuit, ut unusquisque Episcopus per singulos annos cunctas Diœceses Parochias que suas circuire non negligat.* Messianus in Vita S. Cæsarii Arelat. : *Venit ad agrum Ecclesiæ nostræ, ubi Diœceses sunt, qui succentriones vocantur.* Ita Diœcesim pro Parochia curiana usurpant etiam Sidonius lib. 9. Epist. 16. Gregor. Turon. lib. 4. Hist. cap. 13. lib. 4. cap. 5. et lib. 7. cap. 38. Concil. Toletanum. IV. can. 23. Capitul. Caroli M. lib. 7. cap. 49. [** 67.] Charta Ludovici Pii apud Ughellum in Episcopis Veronensibus, etc. Vide Filesacum lib. de Parochiis cap. 1. *Diœcesanæ Ecclesiæ*, parochiales, in Concilio Tarraconensi sub Hormisda PP. cap. 7. 8. 13.

¶ DIOECESIS LATERANA. Paulus Bernriedensis in Vita S. Gregorii VII. PP. cap. 30 : *Nam duo rustici non improbabili curiositate ducti, cum adventum novi Pontificis in Lateranam Diœcesim comperissent, ad videndum eum mutuis cohortationibus instigati ad Ecclesiam properant : quo cum pervenissent, invenerunt eum juxta altare Missarum sollemnia celebrantem.*

DIŒCETÆ, *Administratores*, apud Anastasium in Hist. Eccl. Glossæ Basilic. : Διοικητής ἐστιν ὁ ἐνταλθεὶς διοικεῖν τὰ τοῦ ἀπόντος πράγματα, λέγεται δὲ ὁ τοιοῦτος καὶ διεκδικητής, καὶ ἐντολεύς, καὶ συνήγορος. *Diœceta Ergasiotanorum*, qui operariis et artificibus præerant, in leg. 5. Cod. de Episc. aud. (1, 4.) et in leg. 1. Cod. Th. de Alexand. pleb. Primat. (14, 27.)

DIOECETÆ, Διοικηταί, Publicani, collectores tributorum ac vectigalium, Leoni Nov. 61. Theophani in Chronico, Leonis Isauri ann. 24. Epist. Adriani PP. ad Carolum M. in Cod. Carolino 92 : *Missi Græcorum duo Spatharii Imperatoris cum Diœcetin, quod Latine Dispositor Siciliæ dicitur, etc.* His præerat Μέγας διοικητής, cujus dignitatis mentio est apud Cantacuzenum lib. 3. cap. 14. pag. 393. et Codinum de Offic. Vide Jacobum Gothofr. ad leg. 1. Cod. Th. de Alexandrinæ plebis Primat. (14, 27.) [** et Glossar. med. Græcit. col. 312. a. et Append. 59. c.]

DIOGENES. Willelmus Apuleiensis lib. 2. de Gestis Norman. de Romano Diogene Imp. :

> Diogenes cognomen erat, quia barba bifurcis.

Quasi διγένειος, qui mento est bipartito.

¶ **DIOGMITÆ**, Iidem qui supra *Diocmitæ*.

DIOMATUS. Charta ann. 1197. apud Ughellum tom. 7. pag. 1275 : *Unam sindonem Franciscam Diomatam, unam sindonem cum friso magno, tres sindones Diomatas.*

DIOPRASIA, pro *Diaprasia*. Vide locum in *Orodona*.

¶ **DIORISMA**, Definitio, Græc. διορισμός. Fridegodus in Vita S. Wilfridi, inter Acta SS. Benedict. sæc. 4. part. 1. pag. 723 :

> Ex hinc convaluere nimis Diorismata fortis
> Athletæ, pereuntque mali sophismata civis.

* **DIOTHANATUS**, Bis mortalis. Charta Roger. II. episc. Catalaun. ann. 1062. inter Instr. tom. 10. Gall. Christ. col. 155 : *Violentiam vero si quislibet illicita rapacitate ingesserit, excommunicationis gladio a catholicæ matris ecclesiæ corpore segregatus inter Diothanatos sortem miseriæ infinitæ excipiet.* [** leg. *Biothanatos*]

DIOTINUM SIGILLUM. Charta Heccardi Comitis Augustod. apud Perardum in Burgundicis pag. 26 : *Et sigillo Diotino... et sigillo de berillo, etc.* Forte *Dionychino.*

* **DIOVOLARIS**. Vide supra *Diabolaris*.

DIPACATUS. Concilium Vaurense ann. 1212 : *Dicimus etiam vobis, quod si comes Fuxensis noluerit stare placito illi, et vos postea non audieritis preces nostras pro eo, non erimus inde vobis Dipacati;* id est, propterea pax inter nos rupta non erit.

DIPERTAGUS. Vide *Dipagus* post *Diptycha*.

¶ **DIPLANGIUM**, Vas duplex. Dioscorus : διπλοῦν ἀγγεῖον. Priscian. lib. 1. cap. 19 : *Amurca Diplangio cocta.* Vide Reinesium var. Lect. pag. 512.

¶ **DIPLE**, Signum in libris præsertim Ecclesiasticis ad distinctionem appositum. Vide Isidorum Orig. lib. 1. cap. 20.

* De *Diple* sive *antilambda* pluribus agit Brencman. lib. 2. Hist. Pandect. cap. 3. pag. 117. etc. Glossar. Lat. Ital. MS. : *Dipla, La nota in testamenti.*

¶ **DIPLOIS**, Διπλοΐς, Læna duplicata, Gall. *Surtout doublé*. Psal. 108 : *Operiantur sicut Diploide confusione sua*. Legitur Baruch. 5. 2. in Actis SS. Junii tom. 1. pag. 791. Concil. Hisp. tom. 3. pag. 663. tom. 4. pag. 614. ubi hujuscemodi vestes Clericis prohibentur, quemadmodum et Monachis, in Statutis Cisterc. anni 1433. apud Marten. Anecdot. tom. 4. col. 1585. ubi pro *Diploidem*, perperam legitur *Diploidorum*. *Virilis habitus* dicitur apud Leibnitium Scriptor. Brunsvic. tom. 2. pag. 909.

¶ Diploidus, Duplicatus. *Planeta Diploida*, in Testamento Everardi Comitis ann. 837. apud Miræum tom. 1. pag. 21. col. 2.

¶ **DIPLOMA**. Vide [** Append. Glossar. med. Græcit. col. 60. et] mox

DIPLOMATARIUS. Glossar. MS. Regium Cod. 1013 : *Deplumatarius*, *Duplicator*. Infra : *Diplomaxarius, duplicator*. Sed legendum *Diplomatarius*, ut apud Joan. de Janua : *Diploma, duplex locutio. Diplomus, duplicatus. Diplomatarius, duplicator*. Perperam *Diplonia* et *Diplonatarius* editum. [Gloss. Isid. : *Diplomatarius*, *Duplicator*. Perperam Papias, *Diplomasarius*. Grævio videtur Diplomatarius fuisse, qui duplicem seu duplicatam chartam vendit, quali utebantur in diplomatibus, unde et nomen invenerunt, ut vinarius, olearius, librarius, pomarius, et hujus generis alia, qui vinum, oleum, libros, poma vendit.]

* Diplomatarius Imperii Gallici, Qui scribendis regum nostrorum diplomatibus præfectus erat, comitis dignitate insignitus, idem proinde qui *Comes notariorum* inscribebatur. Epitaph. quod exstat in ecclesia prochiali Pitiv. in Belsia : *Lod. Dion. Avarico Biturigium oriundo comitiva dignitate Diplomatariorum imperii Gallici primitus electorum dignissime ornato, etc. obiit viij. Id. Sept. cio. ci. xcvj.* Vide in *Comes* 2.

¶ **DIPLOMUM**, *Gubernatum*. Gloss. Isid. An legendum *Duplicatum* pro *Gubernatum* ? Vide *Diplomatarius*.

¶ **DIPLORA**, *Divisa vel separata*. Gloss. Sangerm. MSS. num. 501. Minus male, ut videtur,

¶ Diplosa, *Divisa*, *separata*, apud Papiam.

¶ **DIPLOYTUM**, ut *Diplois*. Vide *Duploytum*.

¶ **DIPODIA**, Papiæ est, *Tertia pars heroici versus*, *quæ constat duobus extremis pedibus, Dactylo et Spondæo*. Græcis διποδία, Bipes.

¶ **DIPPUS**, pro *Oedippus*. Vide *Amaratunta*.

DIPTAGUS, Vide *Diptycha* versus finem.

DIPTERIUM. Florus Magister in Exposit. Missæ : *Usus fuit antiquorum, sicut etiam Romana agit Ecclesia, ut statim recitarentur ex Dipteriis, id est, tabulis, nomina defunctorum*. Sed videtur legendum, *Diptychis*, nisi Græcum expresserit διφθέρα, membrana. Vide *Diptycha*.

¶ **DIPTICA**. Vide *Diptycha*.

DIPTIRE. Eckehardus Junior de Casib. S. Galli cap. 1. pag. 46 : *Altare vero S. Mariæ et analogium evangelicum, ejusdem fratris nostri artificio in locis congruis deaurata, Hattonis sui de scriniis vestivit argento, et Diptivit, ut videre est, ex auro electo*. Goldastus hic putat legendum *gipsivit*, quod est, inquit, induxit et illevit, adducitque hunc locum ex Burchardo cap. 1. ad sententiam : *Othmari Ecclesiam crypta et fornicibus gypsi atque auri speciebus convenienter auctam, auro et coloribus ornaverat*. At Spelmannus a Saxonico dippan, i. *Tingere*, *inficere*, deductum mavult, aut a Græco δύπτειν, quod est, *Tingere*, *mergere*.

DIPTYCHA, Græcis, δίπτυχα, Tabellæ plicatiles, geminas se pandentes ac porrigentes. Δίθυρον, δίπτυχον γραμματίδιον, vel γραμματεῖον, Herodoto, Polluci, et Hesychio; γραμματεῖον δίθυρον, Libanio Epist. 914. *Bipatens pugillar*, Ausonio. Suidas et Hesychius : Δίπτυχα, δύο περιβόλαια, ἢ δύο ἐπιβολὰς ἔχοντα, ὥςε τῷ μὲν ὑπεςρῶσθαι τὸ ἐπίπλουν, τῷ δὲ ὑποβεβλῆσθαι. *Diptycha, quæ duabus constant tunicis seu operimentis*, *quorum alterum operimento substernatur, altero idem obtegatur*. [Gloss. Isid. : *Diptycha*, *Tabellæ quas ferimus*.] Papias : *Dipticæ dicuntur tabellæ, quibus corruptores suum inscribunt amorem*. Quod sumptum videtur ex Commentatore Juvenalis ad Sat. 9 :

> .... Et blandæ, assiduæ, densæque tabellæ
> Sollicitent.

Ubi ille, *Blandis te epistolis et Diptychis sollicitent*. Sed hæc Criticorum filiis nota.

Diptycha Consulum, *Quæstorum*, et majorum Magistratuum, eorum nominibus inscripta, et imaginibus adornata, quæ ipsi ad amicos mittebant vice apophoreti, in Magistratus initi et adepti symbolum. De his mentio est in leg. 15. Cod. Th. de Expens. ludor. (15, 9.) apud Themistium Orat. 6. pag. 166. Symmachum lib. 2. Epist. 81. 87. lib. 5. Ep. 56. et lib. 9. Epist. 109. Claudianum lib. 3. de Laudibus Stilicon. Sidonium lib. 8. Epist. 6. et Libanium, quos laudant Jacobus Gothofredus ad d. leg. 15. Juretus ad eumdem Symmachum, et Alexander Wilthemius in Commentario de Diptycho Leodiensi cap. 1. et 7. ubi non Leodiensis duntaxat, sed et Bituricensis et Compendiensis Diptychi figuræ repræsentantur cum eorum imaginibus et inscriptionibus. Nos egregii alterius Diptychi Consularis, quod in Bibliotheca Regia asservatur, figuram perinde describendam curavimus, ad Syntagmatis de Nummis Imperatorum CPolitanorum illustrationem.

Diptycha Ecclesiastica. Horum tria genera in Ecclesia Græca observant viri docti, primum *Episcoporum*, alterum *vivorum*, tertium *mortuorum* : de quibus sigillatim dicendum.

Diptycha Episcoporum, (*Tabellæ Episcopales* quibusdam dicuntur) illa nuncupant, in quibus sanctorum Præsulum, vita functorum, qui Ecclesiam rexerant, nomina exarabantur, eorum præsertim, qui aliqua vitæ sanctitate inclaruerant, quæ ad futurorum exemplum et meritorum memoriam inter Missarum solennia publice recitabantur. Georgius Alexandrinus in Vita S. Joan. Chrysostomi : Πανεγγυξ δὲ τὸ ὄνομα τοῦ Ἰωάννου τοῖς ἱεροῖς διπτύχοις ἐντάξαι κελεῦσαι, ὡς ἀξιομνημονευτοῦ πατρός. *Simul adhortatur ut Joannis nomen tabulis sacris juberet inscribi, tanquam digni Patris, cujus fama celebraretur*. Facundus Hermianensis lib. 4. cap. 1. de B. Cyrillo : *Rescribens quippe B. Attico, hujus Regiæ civitatis Episcopo, dicit : Legens literas a vestra Reverentia missas, cognovi nomen Joannis in sacris Diptychis scriptum*. Ubi Cyrillus habet ἐν ταῖς ἱεραῖς δέλτοις. Idem postea κατάλογον τῶν ἐπισκόπων vocat, quia in Diptychis inscripta erant Episcoporum nomina. Idem lib. 11. cap. 1. de Eustachio Episcopo, qui Synodo Nicænæ interfuit : *Solenniter inter suos decessores ac successores ad sacrificia nominatur*. Collatio III. Carthaginensis cap. 230 : *In Ecclesia sumus, in qua Cæcilianus Episcopatum gessit, et diem obiit. Ejus nomen ad altare recitamus, ejus memoriæ communicamus tanquam memoriæ fratris, etc.* Fortunatus lib. 10. Poem. 10. de S. Martino :

> Nomina vestra legat Patriarchis atque Prophetis,
> Cui hodie in templo Diptychus edit ebur.

Adde Liberatum Diaconum cap. 16. Breviarii.

Eorum porro Antistitum, quorum nomina in ejusmodi sacra Diptycha referebantur post illorum excessum, quæ recitabatur in Liturgia memoria longe alia erat ab ea, quæ fiebat pro defunctis : cum Sacerdos, non pro iis oraret, sed deprecaretur, ut cælitibus adscriptos, cum cæteris Sanctis, qui ante consecrationem invocantur. Atque hinc initium sumsit *Canonizationis* ritus, cujus vocabuli vis nulla alia est, quam quod summi Pontificis jussu et arbitrio, re prius diligenter expensa, virorum vitæ integritate et sanctitate insignium nomen in Canonem Missæ referretur, quod alias docuimus. Hadrianus II. PP. Epist. 9 : *Dictum Apostolicæ recordationis Papam Nicolaum in Codicibus vel Diptychis Ecclesiarum vestrarum scribi, et nomen ejus inter sacra Missarum solennia inprætermisse recitari faciatis*. Fulcuinus de Gestis Abbatum Lobiensium cap. 7 : *Dixit etiam Episcopus supra nominatus* (Adalbero Remensis) *prædecessorum suorum ductam usque ad se consuetudinem, ut inter Missarum solennia, in ea speciali commemoratione defunctorum, quæ supra Diptycha dicitur, et in consecratione Dominici corporis solenniter agitur, cotidie in aurem Presbyteri recitante silenter Subdiacono, omnium ipsius Sedis nomina scripto viritim recitentur Episcorum*. Vide August. de Unitat. Eccl. cap. 7. Epist. 152. ad Donatum, Socratem lib. 6. cap. 10. lib. 7. cap. 40. Niceph. Gall. lib. 7. cap. 7. et 28. Anastas. PP. Epist. 2. cap. 3. Acta Concilii CP. Regulam Magistri cap. 93. extremo, Pachym. lib. 7. cap. 19. lib. 11. cap. 20. etc.

Quemadmodum igitur scribi in Diptychis, erat quodammodo inter Sanctos collocari; ita ex iis deleri, erat e memoria hominum aboleri, et perpetua notari infamia : quod in hæreticis potissimum, aut schismaticis, vel etiam aliqua male actæ vitæ labe infectis, (quos Fpiscopi succedentes eadem vel hæresi, vel vitæ ratione infamati, contra jus in Diptycha retulerant) jubente summo Antistite, cujus id munus erat, contingebat. Anastasius in Agathone PP. pag. 55 : *Deinde abstulerunt de Diptychis Ecclesiarum nomina Patriarcharum, vel de picturis Ecclesiæ, figuras eorum, aut in foribus, ubi esse poterant auferentes, id est, Cyri, Sergii, Pauli, Pyrrhi, Petri, per quos error orthodoxæ fidei pullulavit.* Justinianus in Edicto de Fide orth. de Theodoro Mopsuest. inter Acta Synodi Univers. : Ἀπέλειψαν ἐξ ἐκείνου τῶν ἱερῶν τῆς ἐκκλησίας διπτύχων τὴν τούτου προσηγορίαν. *Deleverunt e sacris Ecclesiæ Diptychis ejus nomen.* Hincmarus Remensis Opusc. 17. ad Nicolaum PP : *Nunc autem in epistolis Sanctitatis vestræ . . . invenimus, ut Teotgaudum et Guntharium in Catalogo Episcoporum non recipiamus, et Antiochenum Concilium, ut præmisimus, et melius ipsi scitis, de eo, qui post damnationem juxta præcedentem consuetudinem Episcopale præsumit ministerium, quod Ebonem fecisse non dubium est, rescribere mihi dignetur Apostolica vestra auctoritas, utrum eundem Ebonem inter Episcopos in sacris Diptychis in Ecclesia nostra nominare permittam, an ne de cætero in Episcoporum catalogo nominetur, prohibere debeam, etc.* Vide Concil. Calchedonense act. 14.

Interdum Ecclesiarum Præsules, vel hæretica labe infecti, vel odio aut malo affectu ducti Episcoporum orthodoxorum nomina eraserunt. Ita apud Victorem Tunnensem in Chron. Petrus Patriarcha Antiochenus hæreticus *nomina Proterii et Salafatiarii* (decessorum) *de Ecclesiasticis Diptychis sustulit, et Dioscori et Helluri, qui Proterium interfecerat*, scripsit. Quæ quidem postmodum restituebantur ab orthodoxis Præsulibus, ut in Constantinopolitana Synodo decretum legimus act. 1. [** Vide Glossar. med. Græcit. voc. Ἀναφορά et Δίπτυχα col. 73. et 314.]

Diptycha Vivorum dicta ea, in quibus exarabantur nomina summi Pontificis, Patriarcharum, Episcoporum, et eorum, qui Clero adscripti sunt : deinde Imperatorum, Augustarum, et aliorum, dignitate conspicuorum, qui eo tempore vivebant; postremo plebs ipsa et populus recensebatur. Chrysostomus in Liturgia : Ὁ διάκονος θυσιᾷ γύρωθεν τὴν ἁγίαν τράπεζαν, καὶ τὰ δίπτυχα τῶν τε κεκοιμημένων καὶ ζώντων, ὡς βούλεται, μνημονεύει. *Diaconus in circuitu sacram mensam thurificat, et defunctorum ac vivorum Diptycha, ut illi lubet, percurrit.* Gregoras lib. 5. Papæ simul cum aliis Patriarchis factam mentionem testatur, ut et Georgius Pachymeres lib. 5. Sanctus Maximus in Collatione cum Principibus in Secretario : *Verumtamen quid volumus per multa discurrere? inter sacras oblationes supra sanctam mensam post Pontifices et Sacerdotes et Diaconos, omnemque sacratum Ordinem, cum laïcis Imperatores memorantur, dicente Diacono : Et eorum, qui in fide dormierunt laïcorum, Constantini, Constantis et cæterorum. Sic autem et vivorum memoriam facit Imperatorum post sacratos omnes.* Concilium Vasense II. cap. 4 : *Et hoc nobis justum visum est, ut nomen Domni Papæ, quicunque Sedi Apostolicæ præfuerit, in nostris Ecclesiis recitetur.* Micrologus cap. 13 : *Sciendum est autem, quod Romana auctoritas nomina vivorum fidelium internumerare permittit, ubi dicitur : Memento, Domine, famulorum famularumque, etc.* Leo Ost. lib. 2. cap. 73 : *Cumque ad eum locum Canonis pervenisset, quo vivorum solent nomina recenseri.* Vide Liturgiam S. Marci, S. Cyprianum Epist. 10. Concilium Calchedonense Act. 11. pag. 302. Edit. 1618. Suggestionem Germani et aliorum Episcop. post Epist. 39. Hormisdæ PP. Regulam Magistri cap. 93. etc.

Cur autem vivorum in sacris Liturgiis celebraretur memoria, docet Theodorus Antidori Episcopus in Expositione Missæ, ut subditorum scilicet erga superiores obedientia, et viventium in eadem fide ac mysteriis unio et commemoratio indicaretur. Relatio Joannis Episcopi CP. post Epist. 28. Hormisdæ PP : *Tantum ad satisfaciendum scripsimus, ut venerabile nomen sanctæ recordationis Leonis, quondam urbis Romæ, Archiepiscopi, in sacris Diptychis tempore consecrationis propter concordiam affigeretur.*

Recitabantur et offerentium nomina, seu eorum *commemoratio* fiebat, ut est in Addit. 4. Ludovici Pii cap. 59. [** 81.] Innocentius I. Epist. ad Decentium cap. 2 : *De nominibus vero recitandis, antequam preces Sacerdos faciat, atque eorum oblationes, quorum nomina recitanda sunt, sua oratione commendet, quam superfluum sit, et ipse pro tua prudentia recognoscis, ut cujus hostiam necdum Deo offeras, ejus ante nomen insinues, quamvis illi incognitum sit nihil. Prius ergo oblationes sunt commendandæ, ac tum nomina, quorum sunt oblationes, edicenda, ut inter sacra mysteria nominentur, non inter alia, quæ ante præmittimus, ut ipsis mysteriis viam futuris precibus aperiamus.* Vide Capitul. Aquisgranense ann. 789. cap. 53. et Capitul. Francoford. ann. 794. cap. 49. Alcuinus de divin. Offic. ubi de Canone : *Cum dicitur, Memento, Domine, famulorum famularumque tuarum, et deinde subjungitur : Et omnium circumstantium, manifestum est, quod quasi quidam locus sit, ubi aliquibus specialiter nominatis, etiam cæterorum, qui assistunt in Ecclesia, commemoratio adjungatur. In quo loco liberum est Sacerdoti, quos desideraverit, peculiariter nominare, aut nominatim Deo commendare : aut certe illud ab antiquis est observatum, ut ibi offerentium nomina recitarentur. Prius enim oblationes commendandæ sunt, ac tunc eorum nomina, quorum sunt edicenda, ut inter sacra mysteria nominentur, non inter alia, quæ præmittimus.* Eadem habet auctor Exegeseos in Canonem Missæ (quem quidam Floro Lugdunensi adscribunt) pag. 20.

Tertium Diptychorum genus erat *mortuorum*, eorum nempe omnium, qui in fide obdormierant, pro quibus Deum orabant, quorum nomina recitabantur, non tamen omnium, sed eorum, quæ Sacerdoti a Diacono indicabantur. Liturgia S. Marci : Ὁ διάκονος, τὰ δίπτυχα τῶν κεκοιμημένων, nempe, *legit*. Cui Sacerdos, se inclinans, apprecatur, dicens : καὶ τούτων πάντων τὰς ψυχὰς ἀνάπαυσον δέσποτα κύριε ὁ Θεὸς ἡμῶν ἐν ταῖς τῶν ἁγίων σου σκηναῖς, etc. *Et horum omnium animabus dona requiem dominator Domine Deus noster in sanctis tuis tabernaculis, etc.* Liturgia S. Chrysostomi supra laudata : Ὁ διάκονος τῶν τε κεκοιμημένων καὶ ζώντων, ὡς βούλεται, μνημονεύει, *ut illi lubet.* Id porro *pro dormitione alicujus oblationem vel deprecationem nomine ejus in Ecclesia celebrare*, vocat Cyprianus Epist. 66.

Hunc etiam usum amplexata est Romana Ecclesia, uti testatur Alcuinus : *Post illa verba, quibus dicitur : In somno pacis, usus fuit antiquorum, sicut etiam hodie Romana agit Ecclesia, ut statim recitarentur a Diptychis nomina defunctorum.* Alcuino consentit Florus Magister in Expositione Missæ, et Auctor Vitæ S. Samsonis Episcopi Dolensis lib. 1. cap. 1. Cumeanus lib. de mensura pœnitentiarum cap. 13 : *Diaconus obliviscens oblationem adferre, donec auferatur linteamen, quando recitantur nomina pausantium, similiter pœniteat.* Memoria vero illa, quæ agitur pro defunctis in sacrificio Missæ, fitque post divinæ hostiæ consecrationem, inscribitur apud Gregor. M. in libro Sacramentorum : *Super Diptycha*; in Expositione Missæ : *Oratio super Diptychos*, atque in hæc verba concipitur : *Memento etiam, Domine, famulorum famularumque tuarum ill. qui nos præcesserunt cum signo fidei, et dormiunt in somno pacis. Ipsis, Domine, et omnibus in Christo quiescentibus, locum refrigerii, lucis, et pacis, ut indulgeas, deprecamur.* Quæ quidem oratio a Sacerdote, sacra faciente, inter ipsa Missæ solennia, recitatur post consecrationem, quam Missæ partem; τὸν καιρὸν τῶν διπτύχων, vocat Quinta Synodus œcumenica. At in Ecclesia Græca legebantur Diptycha a Diacono ad altare, ut ex prædictis plus satis constat; quibus lectis, Sacerdos sacra faciens adprecabatur iis, quorum nomina recitata fuerant, varie autem pro varia Diptychorum parte. Nam cum vivorum et defunctorum recitabantur nomina, Sacerdos pro iis Deum deprecabatur : cum vero Præsulum aut aliorum pietate et vitæ integritate illustrium virorum, tunc populus iis acclamabat, dicendo : *Gloria tibi, Domine.* Id docemur ex Synodo quinta laudata : Τῷ καιρῷ τῶν διπτύχων μετὰ πολλῆς τῆς ἡσυχίας, συνέδραμον ἅπαν τὸ πλῆθος κύκλῳ τοῦ θυσιαστηρίου, καὶ ἠκροῶντο, καὶ μόνον ἐλέχθησαν αἱ προσηγορίαι τῶν εἰρημένων ἁγίων τεσσάρων συνόδων παρὰ τοῦ διακόνου, καὶ τῶν ἐν ὁσίᾳ μνήμῃ Ἀρχιεπισκόπων Εὐφημίου, καὶ Μακεδονίου, καὶ Λέοντος, καὶ φωνῇ μεγάλῃ ἔκραξαν ἅπαντες, Δόξα σοι Κύριε. *Tempore Diptychorum cucurrit omnis multitudo cum magno silentio circa altare, et audiebant : et cum solæ lectæ fuissent a Diacono appellationes prædictarum sanctarum 4. Synodorum, et sanctæ memoriæ Archiepiscoporum Euphemii et Macedonii et Leonis, voce magna universi clamaverunt : Gloria tibi, Domine.*

☞ Verum non solum in Ecclesia tempore sacrosancti Missæ sacrificii, sed etiam in Capitulo ex Diptychis recitata fuisse defunctorum nomina discimus ex Statutis antiquis Ecclesiæ Parisiensis laudatis in Observationibus ad Librum Johannis Abrinc. pag. 100. ubi sic legere est : *Inde ad Capitulum progrediuntur, ubi gestis Sanctorum et Diptychis defunctorum perle-*

ctis, *fiunt preces pro eorum requie.* Quo referri possunt ea quæ etiamnum post Primam Acolythus canit : *Commemoratio omnium fratrum, familiarium Ordinis nostri atque benefactorum nostrorum :* quibus Superior subdit, *Requiescant in pace*, ad quod Chorus respondet, *Amen.*

Porro ut damnatorum vel hæreticorum Episcoporum et Præsulum nomina de Diptychis delebantur, ita et Imperatorum, qui hæreseos labe infecti decesserant, ut in Gestis Concilii CP. in quo deleta sunt *de Diptychis Zenonis et Anastasii* Augustorum *nomina.*

Statuit præterea Concilium Emeritense cap. 19. recitari inter Missæ solennia eorum nomina, a quibus Ecclesias constat esse constructas, vel qui iis quidpiam contulerunt, siquidem adhuc essent in vivis, ante altare ; si decesserant, cum defunctis suo in ordine. Atque inde *Diptycha* vocant quidam libros anniversarios, in quibus defunctorum, qui pro animæ suæ remedio Ecclesiis bona contulerunt, nomina describuntur, quæ vulgo *Obituaria*, et *Necrologia* nuncupantur. Hac notione Diptycha usurpavit Eckehardus junior de Casib. S. Galli cap. 5. pag. 62.

In Diptycha denique quatuor prima Concilia relata fuisse docent Acta Synodi CP. œcumenicæ, id est, eorum tituli.

Erant et alia Diptycha in Ecclesia, in quibus scilicet recens baptizatorum et susceptorum nomina exarabantur, quod et hodie in Ecclesia fit, diversa omnino a Diptychis vivorum, quæ inter Missarum officia a Diacono recitabantur, etsi in eo errore versatus sit Pachymeres in Paraphrasi Dionysii de Eccles. Hierarch. cap. 2. De ejusmodi Diptychis intelligendus Joannes Diaconus in Vita S. Pelagiæ.

Prædictis lubet hoc loco addere, quod habet Hieronymus Rubeus lib. 3. Hist. Ravennatis sub ann. 515. *Quanquam*, inquit, *Ecclesiarum Diptycha putantur fuisse tabulæ sacræ duæ, quarum in altera vivorum, in altera mortuorum Episcoporum, qui recitabantur in sacrificio Missæ, nomina describantur; non erit tamen fortassis absonum opinari, fuisse etiam quandoque vestem illam, qua supra cæteram induitur Sacerdos, cum missam celebrat : Casulam et Planetam appellant. In hanc sententiam adducit me, tum quod ea sit vestis duplex, anterius et posterius ex humeris delabens, tum quod inter sacras divorum reliquias, in Classensi sacrario, hujusmodi vestem repererim, vel antiquitate venerabilem, in qua talia inscripta sunt nomina.* Et alio loco : *Quam vero diximus in hac historia casulam, Diptychorum imaginem referentem, in sacrario Classense servari, ea e serico argenteo texta est, in cujus anteriori parte, intra duas lineas sursum ac deorsum recta deductas descripta opere Phrygio in circulis habet hæc nomina, Sigebertus Episcopus, Andreas Episcopus, etc. Transversum vero ab uno humero ad alterum intra duas item lineas minime rectas, sed arcus modo sursum flexos, eodem opere, hæc sunt, Concessus Episcopus, etc. In dorso, inter duas lineas item, sursum ac deorsum excurrentes, in medio, paulo supra locum, ubi sunt renes, in circulo manus est aperta, transversum locata; supra ipsam hæc, in circulo quodque suo, leguntur, Gabriel Angelus, S. Rusticus, Euprepius Episcopus, etc. Infra manum hæc sunt, Michael Angelus, Hescirmus, Petronius Episcopus etc. In cornu transverso, sursum etiam sinuato, ita habetur, Zeno Episcopus, etc.* Episcoporum aliorum nomina brevitatis causa omisimus. De Diptychis sacris et profanis multa etiam congessit Rosweidus in Onomastico ad Vitas Patrum, ut et Card. Bona lib. 2. Rerum Liturg. cap. 12. et Steph. Baluzius ad Capitul. pag. 1129.

Diptagus, pro δίπτυχον, *Diptychum.* Charta Rudesindi Dumiensis Episcopi æræ 930. apud Antonium *de Yepez* in Chronico Ord. S. Benedicti tom. 5 : *Diptagos argenteos imaginatos et deauratos, calices argenteos exauratos tres, etc.* Charta alia ejusdem Rudesindi : *Ad usum Sanctuarii, cruces, Dipertagas, capas, calices, et coronas, etc.* Legendum, ut supra, *Diptagos.*

Dyptitius. Amalarius in Eclogis de Missa : *Hic orationes duæ dicuntur, una super Dyptitios, altera post lectionem nominum.*

¶ **DIQUE**, *Denique.* Gloss. Isid. et Sangerman. MSS. n. 501. Videtur esse simplex abbreviatio.

¶ **DIRADES**, *Inæqualia et aspera*, apud Sussannæum in Vocabulario.

¶ **DIRÆ**, *Collum superius, vel in angustum desinens prominentia, superciliumve*, apud eumd. Sussann.

DIRARARE, Rarum, tenuem facere, apud Cælium Aurelianum lib. 1. Acut. cap. 15.

DIRATIONARE, etc. Vide *Derationare.*

* **DIRECTA**, Ludi genus. Stat. Pistor. lib. 5. rubr. 71 : *Si vero luserit palam et in aperto ad aliquem ludum cartarum, excepto ludo qui dicitur la Directa,.... incidat pœnam librarum quinque.* Vide alia notione in *Directum* 2.

DIRECTANEUS, Directanee, unico vocis tono, nulla modulatione dictus, aut pronuntiatus psalmus, hymnus, aut alius cantus Ecclesiasticus. Isidorus lib. 5. de Eccl. Offic. cap. 5 : *Primitiva Ecclesia ita psallebat, ut modico flexu vocis faceret psallentem resonare, ita ut pronuntianti vicinior ésset quam canenti.* Joannes Sarisberiensis lib. 1. Policratici cap. 6. ubi de Musica : *Proinde quidam venerabilis vir circiter septingentarum monialium pater, hanc Monasteriis suis præscripsit legem, ut omnia earum cantica totius melicæ pronuntiationis exuant modos, et ut sola psalmorum et laudum sint significativa pronuntiatione contentæ. Suspecta equidem fuit sancto viro voluptati cognata mollities, eo quod voluptas parens libidinum est.* Regula S. Aureliani ad Virg. cap. 40 : *Ad Lucernarium, Directaneus parvulus, id est, Regina terræ cantate Deo, etc.* Mox : *Quotidianis vero diebus ad Nocturnos inprimis Directaneus dicatur : Miserere mei Deus, etc.* Ibidem : *Hymnus vero,* Ter hora trina volvitur, *ad Lucernarium omni tempore, et festis et quotidianis diebus inprimis Directaneus.* Ita in Regula S. Benedicti cap. 17. S. Cæsarii Arelat. cap. 31. ejusdem Aureliani ad Monachos cap. ult. *de ordine psallendi*, et Magistri cap. 55. Adde Amalarium lib. 4. cap. 48. apud Mabillonium tom. 2. Analector. Kero Monachus in Gloss. : *Psalmi Derectanei, selmun in rithi.* Apud eumdem, *Recta, Rehete.* Amalarius loco citato : *Tertius autem psalmus sine modulatione antiphonæ in Directo dicitur, etc.* Statuta de *Sempringham : Lectiones matutinales de B. Maria legant, et Lectiones pro defunctis in Directo, non solenniter.*

* Adde ex Murator. tom. 4. Antiq. Ital. med. ævi col. 840. sed videndum, num potius ita psalmi appellarentur, quod non alternatim, sed continuato progressu, atque una voce ab integro choro recitarentur, aut etiam canerentur. Philo in lib. de Vita contempl. de Therapeutis hæc habet : *Cantant hymnos in laudem Dei compositos, variis metrorum carminumque generibus, nunc ore uno, nunc alternis, etc.* En quam antiquius mos iste, et qualis forma psallendi a piis hominibus frequentaretur.

** **DIRECTARE.** Virgil. Grammat. epit. 6. pag. 130 : *Ita etiam littera ab ipsis ceræ characteribus usque ad quassorum compositionem hosce ordines Directat.*

DIRECTARIUS. Vide *Derectarius.*

¶ **DIRECTATICUM**, Directicium, Directio. Vide post *Directum* 3.

* **DIRECTIM**, Directe, Gall. *Droit, directement.* Mirac. S. Bert. tom. 9. Collect. Histor. Franc. pag. 119 : *Arreptoque itinere insubsistibili cursu Directim tendebant ad munitiunculam.*

* **DIRECTITAS**, Dominium seu jus domini in territorium et census propter clientelam ex eo percipiendus, Gall. *Domaine direct.* Charta ann. 1489 : *Anthonius Chat vendidit prædictos census seu redditus, una cum omni fundalitate et Directitate eorumdem.* Alia ann. 1509. ex Chartul. Caunens. : *Remittunt omnem jurisdictionem, imperium, Directitatem, dominium utile,.... retento solum patronatus ecclesiæ dicti loci jure,.... cum molendini, juxta Argenti duplicis ripariam siti, Directitate et ipsius feudi Directitate.* Vide *Domanium.*

* **DIRECTIVA** Litera, Epistola alicui inscripta. Annal. Placent. ad ann. 1461. apud Murator. tom. 20. Script. Ital. col. 908 : *Franciscus Maleta ducalis commissarius applicuit Placentiam cum multis literis nobilibus et magnatibus Placentiæ Directivis.*

¶ 1. **DIRECTORIUM**, Iter rectum. Vide *Dirigere.*

2. **DIRECTORIUM**, Abacus, ministerium, ubi reponuntur vasa ad convivia, Gall. *Dressoir.* Chronicon Beccense ann. 1452 : *Tabulas in aula, quæ dicitur Misericordia, fecit renovare, et Directorium, et similiter in refectorio, quæ prius erant vermibus consumptæ.* Vide *Dressorium.*

1. **DIRECTUM**, Idem quod *Rectum*, de qua voce infra, Jus. Præceptum Rodulphi Regis Franciæ pro Monasterio Tutelensi : *Hoc autem contra jus regni fieri nemo censeat, quandoquidem excellentissimi Imperatores Directa sua, quoties causa exegerit leguntur immutasse.* [* *Directa* ex Præcepto Rodulphi regis, Ordinationes, statuta interpretor, quæ reges, quandocunque res postulabat, immutabant.] Romualdus Salernitanus in Chronico MS. ann. 1120 : *Willelmus Dux Apuliæ atque Calabriæ de-*

venit ligius homo Papæ Callisti factus per Directum contra omnes homines.

* Directum Facere, etc. Jus facere, *Faire droit*, etc. Marculfus lib. 1. form. 21 : *Jubemus... ut ille vir omnes causas lui, ubicunque prosequi, vel admallare deberet, ut unicuique pro ipso vel hominibus suis reputatis conditionis Directum faciat, etc.* Charta Caroli Mag. apud Meurissium in Episcopis Metensib. pag. 185 : *Sed in eorum privatas audientias agentes ipsius Ecclesiæ unicuique de reputatis conditionibus Directum facerent, et ab aliis simulque perciperent veritatem.* Vetus Charta apud Rubeum lib. 5. Hist. Ravennatis : *Quia nullam scriptionem inde habemus, nec ullum Directum inde reperire potuimus.* Querimonia Berengarii Vicecomitis Narbonensis adversus Guiffredum Archiepisc. Narbon. ann. 1056 : *Deinde conjux mea videns eum, rogavit restituere corpora sancta, et idem ipse ad Ecclesiam suam redire, Directumque nostrum supra modum accipere, neque audire voluit.* Infra : *Voluique et affirmare Directum, et de me et de conjuge mea, et de omnes meos in judicio sui diœcesi Episcoporum, et Episcopi Arelato per decem millia solidos : qui renuit.* [Edictum Sancii Regis pro pace seu treuga servanda, Spicil. Acher. tom. 8. pag. 371 : *Si infra quindecim dies damnum in posse dominorum suorum resarcire noluerint, aut Directum firmare; deinde Vicarius accipiat pignora in personis propriis.* Appendix ad Formulas Marculfi form. 26 : *Homo aliquis nomine ille, ita factus, apud arma sua super me venit, et colpus super me misit, et sic mihi Deus Directum dedit, ego ipsa de mea arma percussi, et talis colpus ei dedi pro quid ipse mortuus est.*]

* Ad Directum Habere, In jus vocare, juri stare. Charta ann. 1157. inter Probat. tom. 2. Hist. Occit. col. 566 : *Exceptis meis hominibus, quos infra quadraginta dies ad Directum tibi habere potuero. Droitoier*, eodem sensu, in Cons. Pet. de Font. cap. 21. art. 32 : *Kant plais est d'iretage, ne doit on mie contraindre l'averse partie de Droitoier u lieu, juske jour souffisant soit mis. Endroitoier*, ibid. cap. 15. art. 26. Stat. ann. 1398. tom. 9. Ordinat. reg. Franc. pag. 98. art. 1 : *Les ferrons et gens dudit mestier se doivent venir Droittoier devant lui* (maistre) *de ce que touche ledit mestier.*

Directa, Eadem notione, in Epistola Leonis Regis Armeniæ in Gestis Innocentii III. PP. pag. 127.

Directum Verbum. Gregorius Turon. lib. 4. Hist. cap. 14 : *Desistite ab hac intentione, verbum enim Directum non habemus.*

Directo et Rationi Stare, in veteri Consuetudine Jaccæ in Aragonia : nos dicimus, *Ester à droit.*

Directum Complere. Fori Oscæ Jacobi I. Regis Aragon. ann. 1247. fol. 9 : *Pater vel mater qualicunque modo se habeat filius eorum non teneatur respondere pro illo, aut complere Directum, nisi in illis casibus, etc.*

Directio, Idem quod *Directum*. Concilium Narbonense ann. 1054. cap. 6 : *Secundum modum culpæ Directionem faciat per judicium aquæ frigidæ, aut per exilium, sicut statutum est.*

Drictum, vox formata ex *Directum*, eadem notione, unde nostri *Droit* dicunt. Capitula Caroli Mag. tom. 2. Histor. Franc. pag. 186 : *Promitto ego, quod inantea fidelis sum domino Karolo piissimo Imperatori... sicut per Drictum debet esse homo domino suo.* Eadem formula veteri lingua Francica occurrit apud Nithardum lib. 3. ann. 842. in Fœdere Ludovicum inter et Carolum Reges : *Si cum hom per Dreit son fradra saluar dist, etc.* Adde 2. Capitul. Caroli M. ann. 802. post cap. 33. Judicatum Caroli C. in Tabul. S. Dionysii ann. 22 : *Et plus per Drictum et per legem, quam coloni, sicut manifestum est, fecissent.* Notitia vetus apud Freherum in Orig. Palat. lib. 1 : *Facta est inquisitio de Sueinheim, si per Drictum deberet attingere ad villam Hurseldomarcam.* Alia Notitia apud Perardum pag. 35 : *Et per lege et Dricto plus debet esse servus domno Ludovico, quam ingenuus.* [Vide *Drictum* suo loco et mox in *Directum* 3.]

2. **DIRECTUM**, Rastallo dicitur, cum res alicui contra jus ablata est, veluti per disseisinam, discontinuantiam, vel ejectionem, etc. Clamor quippe seu actio, qua eam repetit, vocatur *Directum*.

3. **DIRECTUM**, Jus quod quivis in re aliqua habet, quod sibi competit in suis bonis, reditus, præstatio, etc. [Instrumentum ann. 968. in magno Chartulario S. Victoris Massil. fol. 7 : *Recognoscentes quia nullum Directum habebant de ipsis campis et de ipsis vineis.*] Charta Oldegarii Episcopi Barcinonensis ann. 1128 : *De omnibus Ecclesiasticis justitiis et Directis, quæ ad vos pertinent.* Alia Ildefonsi Regis Aragon. æræ 1250. in Hist. Pinnatensi pag. 263 : *Ecclesiam Vincentii de Valentia, cum omnibus Directis suis, quæ modo habet, vel habere debet.* [Charta ann. 1378. ex Archivo S. Victoris Massil. armar. Massil. n. 662 : *Abbas et Conventus dederunt sacristæ 30. lib. censuales cum toto majori Directo pro votis quæ fiunt ad tumulum, etc.*]

Derittum. Privilegium Ludovici Imper. datum Castrucio : *Cum omnibus honoribus, Derittis, usibus, etc.*

¶ Derittus. Privilegium Ferdinandi Siciliæ Regis ann. 1462. in Bullario Carmel. pag. 620 : *Omnes et quascumque jurisdictiones, actiones, jura earum, eorumque exactiones et Derittus, necnon dictum territorium, etc.*

Dirictus. Joannes XXII. PP. tom. 4. part. 2. Epistolarum secret. pag. 89 : *Et ultra hoc debet habere medietatem Dirictus commercii Layacii, et Portellæ, et medietatem Salinarum.*

¶ Drictum, Eadem notione. Instrum. ann. 1028. nov. Gall. Christ. tom. 1. pag. 49. col. 1 : *Nos donamus et imitamus ista Ecclesia cum cimiterio, et mansum in qua Ecclesia est.... cum Dricto nostro a Domino Deo, etc.* Rursum occurrit ibidem.

Directura. Charta Guidonis Regis Hierosol. ann. 1190. apud Guesnaium in Annalib. Massiliensib. : *Ut per hæc omnia loca liceat intrare et exire... sine ulla Directura, et terraria, vel anchoragio et absque omni exactione, etc.* Alia Philippi Regis Fr. ann. 1309. ex 2. Regesto ejusdem Regis n. 86. in Tabulario Regio : *Item septem Directuras, Directura qualibet unius sectarii avenæ.* [Vide *Dirigere.*]

¶ Dirictura. Breviarium Historiæ Pisanæ ad ann. 1168. apud Muratorium tom. 6. col. 181 : *Rex Babyloniæ... Pisanis donavit Diricturam, quam dare solebant in Babylone et Alexandria : sicque ibi sunt liberi; et donavit ipsis Pisanis multas possessiones et domos per totam terram suam.*

¶ Dectura. Charta Heliæ Abb. Floriac. ann. 1280 : *Prior de Hampis pro bono pacis assignavit dicto Conventui... eampipartem et decimam terræ la Caorsine pro* xxxii. *solidis Paris. et septem Decturas et dimidium pro* lxviii. *solidis Parisi.*

¶ Dretura. Litteræ Guillelmi Episcop. Paris. ann. 1234. in Hist. San-German. pag. lvii. col. 1 : *Quinquaginta solidos percipiendos annuatim a Presbytero de Crona, quicunque fuerit, vel ejus nuncio, in censu suo de Crona in festo S. Remigii de primis denariis, et sexaginta solidos de primis denariis in Dreturis suis de Crona in crastino Natalis Domini, et de hiis observandis et de faciendo habere dictum redditum ab hospitibus suis terminis supra dictis.* Liber anniversariorum et censuum S. Germani a Pratis fol. 44. v°. : *Annivers. Hugonis Abb. de Flaicuria, de quatuor libris Paris. sitis apud Valentonem super undecim Dreturis et* xxii. *denariis, quos ibidem percipimus ad Natale Domini.* Ibid. fol. 60. v°. : *Apud Clamart percipimus* xxxvii. *sol. cum* viii. *denariis minuti census in festo S. Remigii, cum* iv. *Dreituris et dimidia recipiendis ad Natale Domini.* Et fol. 75 : *Undecim Dreturas,* lxi. *sestaria avenæ, et* iii. *sest. frumenti* 1. *minellum minus et* xxii. *capones.* Item fol. 101. v°. : *Cum una Droitura quæ valet anno quolibet unum sextarium ordei, unum caponem et unam frassam.* Denique fol. 200 : *Et vaut la Doiture ung septier d'avene, et ung minot de froment, et deux chapons seurenuez.* Passim occurrunt voces *Dretura* et *Droiture* in hoc anniversariorum libro : ubi observare est *Dreturas* omnes in speciebus semper, nunquam in pecunia fuisse exsolutas. Similiter in Charta Tabularii Portus Regii ann. 1263 : *Valet Droitura integra unum sextarium avenæ, unum minotum frumenti ad mensuram Castri-fortis et duos capones. Complement de Droiture*, in Litteris ann. 1356. apud D. *Secousse*, tom. 3. Ordinat. pag. 106.

¶ Drettura. *Salvo jure, Drettura et usatico Communis Massiliæ*, in Charta ann. 1233. ex Archivo Commenderiæ Arelat.

¶ Dreytura. Acquisitio anni 1337. Hist. Dalphin. tom. 2. pag. 348. col. 1 : *Omne jus omnemque actionem, partem, Dreyturam, requisitionem et reclamationem, quod et quas dictus Dom. Guillelmus habet, etc.* Charta anni 1357. apud Baluzium Hist. Arvern. tom. 2. pag. 362 : *Quidquid juris, actionis, possessionis, proprietatis, Dreyturæ, deversi, etc.*

Drictura, Drectura. Pactum nuptiale Ermengardis filiæ Bernardi Atonis Vicecom. Biterrens. et Gaufridi filii Girardi de Rossilione 5. Id. Maii 1110 : *Et si non habuero alium infantem, dono tibi totas meas Dricturas, ubicumque illas habeam et habere debeam.* Charta ann. 1232. in Magno Pastorali Eccles. Paris. : *Recognoverunt, se ven-*

didisse... tria sextaria avenæ, et unam Dreturam, et dimidiam Dreturam, et quartam partem cujusdam Dreituræ, quæ omnia sita sunt in parochia, etc.

* Dircitura, Præstatio, vectigal, Privil. Pisanis concessa a Conrado II. reg. Sicil. ann. 1269. apud Lamium tom. 3. Delic. erudit. pag. 273 : *Nullum interdictum faciemus vel fieri faciemus,.... et nullam aliam Dircituram seu teloneum, etc.* Sed forte leg. *Dricturam.*

* Direchura, Eadem notione. Charta ann. 1307. in Reg. 47. Chartoph. reg. ch. 130 : *Item intendit probare quod homines, qui piscantur in stagno de Melgorio,... dant Direchuram seu pulmentum certum omnium piscium et avium captarum in dicto stagno.* Infra : *Drechura.*

Droitura, ex Gall. *Droiture.* Magnum Pastorale Eccles. Paris. ann. 1270 : *Quinque solidos annui census, cum dimidia Droitura valente 4. sol. et 3. den. in censiva.* Necrolog. Eccles. Paris. 7. Kal. Febr. : *Item 3. Droituras, et quartam partem unius Droituræ debitas in Nativitate Domini quoque anno.* 3. Kal. Aug : *Dedit 50. sol. in villa de Areinvilla, videlicet in 2. sextariis tam bladi, quam avenæ unam Droituram cum dimidia et octava parte unius.* [Vetus Poeta MS. e Bibl. Coislin. :

> Cil s'en ala sans sa Droiture
> Pour le loier dont cil prist cure.]

¶ Droictura Dimidia, in Charta ann. 1234. ex Archivo Portus Regii.

Directaticum, Directaticus, Idem quod *Directum*, jus, quod quis habet in re aliqua. Ch. Ranimiri Arag. Regis apud Hieron. Blancam pag. 646 : *Concedo vobis Castrum et villa... cum suis terminibus et Directaticis, eremis et populatis, et montibus, etc.* Alia Alfonsi I. Regis Aragon. pag. 789 : *Et mittas illos clericos, poterosamente in illos alhobzes, et in totos illos Directaticos quos habuerunt in tempus de Moros ad unamquamque Ecclesiam, quæ sit in illos Castellos, etc.*

¶ Directicius, Eadem significatione. Litteræ Alfonsi Regis Castellæ pro Cœnobio S. Joannis de Burgos, apud Stephanotium Fragm. Histor. MSS. tom. 3 : *Facio cartam donationis Deo et Monasterio S. Joannis Ecclesiæ S. Roberti de Casa Dei, de Ecclesiis S. Petri de Cordioles cum omnibus Directiciis suis.* Ibid. legitur, *Monasterium S. Martini cum suis Directuris.*

¶ Dretaticus. Charta ann. 1070. in Appendice Marcæ Hisp. col. 1153 : *Vendo vobis omnes voces et Dretaticos, possessiones, etc.* Similia leguntur in altera ejusdem ann. Charta ibid. col. 1154 : *Advenerunt ergo mihi prædicta omnia per vocem et Dretaticum vel hereditatem jam dicti patris mei*, in Charta ann. 1070. ibid. col. 1160.

4. **DIRECTUM**, Alia prorsus notione, in Lege Ripuar. tit. 36. § 11 : *Bruniam bonam pro 12. sol. tribuat, helmum cum Directo pro 6. sol. tribuat.* Quid hoc loco *Directum* sonet, non facile est divinare, nisi sit apex galeæ, qui sursum ac in *Directum* erigitur.

¶ **DIRECTURA**. Vide *Directum* 3. et *Dirigere.*

1. **DIRECTUS.** Gregor. Turon. lib. 3. Hist. cap. 15 : *Gaviso autem domino, Directus venit ad locum.* Phrasis Gallica : *Il vint Droit au lieu.* [Le Roman *d'Athis* MS. :

> Au temple viodrent, si descendent,
> Leur Droitures à l'autel tendent.

Hoc est, recta pergunt ad altare, si bene conjecto.] [* Oblationes intelligo, quæ ad altare offeruntur.]

* 2. **DIRECTUS**, Ad rectum revocatus, emendatus. Epist. episcop. regni Lothar. ann. 867. tom. 7. Collect. Hist. Franc. pag. 593 : *Quem nos quoque procul dubio salubriter correctum atque Directum magis optamus retinere et habere principem, quam amittere vel deserere.*

* **DIRIBERE**, *Dinumerare.* Glossar. vet. ex Cod. reg. 7641. Vide *Dirivere.*

¶ **DIRIBITORIUM**, *Locus contubernii.* Gloss. Isid. Papias male : *Dirivatorium, Locus contubernii.* Locus ubi militibus recensitis stipendia *diribebantur* seu distribuebantur. Vim vocis non intellexit Glossator, aut forte scripsit, ut conjicit Grævius, *Locus campi Martii* : quod deinceps fuerit corruptum. *Diribitorium* memorant Sueton. Claud. cap. 18. Plin. 16. 40. Dio Cass. lib. 55. pag. 553. qui dedicationem ejus operis describit, quod ipse Latino nomine δειριβιτώριον appellat. Fuit autem οἶκος μέγιςος τῶν πώποτε μίαν ὀροφὴν σχόντων, *Domus omnium, quæ unquam uno culmine fuerunt, maxima* : quam Agrippa imperfectam reliquerat, Augustus autem absolvit et dedicavit. Vide Torrentium ad Suetonii locum laudatum, et Pitiscum in Lexico Antiquit. Rom.

¶ **DIRICTURA**, Dirictus. Vide *Directum* 3.

DIRIGERE, vox Agrimensorum : *Dirigere limites*, Restituere, *Redresser les limites*; in Novella Theodosii et Valentin. *Terminos dirigere*, apud Aggenum. *Fines dirigi* dicuntur in leg. 2. D. Fin. regund. (10, 1.) *Directura*, apud Innocentium de Casis literar. *Directoria*, Itinera recta, rectæ navigationes, viæ solennes, quæ mutari vetantur in leg. 3. Cod. Th. de Canone frument. urb. Romæ. (14, 15.)

¶ Dirigere Obviam, Obviam mittere. Fragmentum Histor. apud Duchesnium tom. 4. pag. 94 : *Dux ergo audiens imperiales adversum se venire legiones, Dirigit ipse ex suis manum validam obviam illis itinere dierum sex.* Galli diceremus : *Il détacha un corps de troupes de son armée, et l'envoia audevant, etc.*

¶ **DIRIGITUS**, pro *Directus.* Litteræ Philippi IV. Franc. Regis ann. 1302. in Chartulario S. Vandregesili tom. 2. pag. 1844 : *Tale mandatum Dirigitum ex parte nostra non procedat ad sentienda*, (saisienda) *seu confiscanda prædicta bona.*

* **DIRIMARE**, Iisdem syllabis eodemque sono concludere, Gall. *Rimer.* Rolandin. in prol. ad Hist. Patav. apud Murator. tom. 2. Antiq. Ital. med. ævi col. 1049 : *Forte non erit inutile, vel delectabile minus aliquibus, et præcipue literatis id, quod de modernorum injuriis et laboribus scriptum per Latinum invenient, quam quod de gestis nobilium antiquorum audiant per vulgare, quod Dirimatum vulgo dicimus et Romanum.*

¶ **DIRIMERE**, *Diripere.* Barthius in Glossario ex Baldrici Hist. Palæst.

¶ **DIRIVATORIUM.** Vide *Diribitorium.*

¶ **DIRIVERE**, *Dinumerare. Dirivitores, Divisores. Dirivativa, Digesta, separata.* Papias in MS. Bitur. Editus habet : *Diruere* et *Dirivata.* Legendum est *Diribere, Diribitores, Diribita*, voces Latinis familiares pro *Distribuere, Distributor, Distributa*, scil. militibus stipendia.

DIRMATIA. Charta Kenulfi Regis Merciorum, qui floruit ann. 798. apud Spelmannum : *Culham, cum omnibus utilitatibus ad eam pertinentibus... videlicet pratis, pascuis, Dirmatiisque, cursibus aquarum,... in æternam largitus sum hæreditatem.*

¶ **DIROCARE**, Italis *Diroccare*, Diruere, destruere. *Domus prædictorum Dirocatæ fuerunt ubique*, in Chronico Parmensi ad annum 1306. apud Murator. tom. 9. col. 858.

DIROCHEUM, Gennadius in Cod. MS. Prudentii ex Bibliotheca Colbertina : *Prudentius vir sæcularis, litteratus, et eruditus composuit Dirocheum de toto veteri et novo Testamento, personis exceptis.* Ubi Aldus Manutius recte *Dittocheum* legit (διττοχαῖον enim præfert Gennadius editus,) aitque, vocem formatam ex διττός, duplex, et ὀχή, cibus : quanquam fatetur in MSS. Prudentii Codicibus antiquissimis legi *Dirrocheum*, scriptorum, inquit, culpa : quod inde conjicit, quia inibi interpretatum est antiquis characteribus : *Duplex refectio* : quam interpretationem adstruunt etiam Gloss. MSS. *Dirochium, Duplex refectio*, et Charta Æthelredi Regis Anglor. ann. 981. in Monastico Anglic. tom. 1. pag. 218 : *Regum vero munimine deinceps ipse locus Domino protegente tueatur, ipsiusque loci Abbas Regi deserviens, gregem sibi commissum Dirocheo, id est, duplici pasto foveat.* Papias longe aliter apud Prudentium legit, ita enim ille in littera C. : *Chirocleus, quidam liber parvus, dictus, quod clausa manu possit teneri. Nam χεὶρ manus, κλείω, claudo dicitur Græce. Prudentius hunc fecit.* Sed reclamant vetusti Codices. Rursum in lit. D. : *Dirocheus, duplex refectio interpretatur, de veteri scil. et novo Testamento : quem librum fecit Sedulius.* Eadem ferme habent Glossemata MSS. in libros contra Symmachum, nisi quod *Dirrocheum* præferunt, nihilque de Sedulio habent. Ita quem alii Prudentio, Papias Sedulio *Dirochei* titulum adscribit, manifesto, ni fallor, errore, cum Sedulius *Paschale opus*, seu *de Miraculis Jesu Christi* tantum ediderit, non vero V. Testamentum attigerit. Vide, quæ de Sedulio annotat Sirmond. ad Ennodium lib. 1. Epist. 24. Vocis porro notionem allatam fulciunt versus antiqui, scripti in fronte Bibliorum, quæ fuere Ecclesiæ S. Stephani Metensis, de Bibliotheca seu Bibliorum Codice :

> Eloquium, mores, studium componit, et actus,
> Estque cibus, potus, norma, via, arma, salus.

At Goldastus librum hunc non Prudentio Clementi sed Prudentio Amœno Hispano, alteri fere suppari, adscribit, legendumque ex Gifanii emendatione contendit pro *Dirocheum*, *Diptychum.* Vide Edit. Oper. Prudentii ann. 1613. pag. 139.

¶ **DIRODIMUS**, pro *Dirodinus* seu *Diarhodinus*, Roseus. Acta SS. Julii tom. 5. pag. 94. in Vita S. Ansegisi Abbatis : *De* *vestimentis vero, Dirodimum optimum unum, planetas, casulas quinque, cindados duodecim coloris diversi.*

DIRODINUS, [Roseus.] Vide *Rhodinus.*

¶ **DIROGATORIUS**, pro *Derogatorius*, ut supra. *Modus Dirogatorius,* apud Rymer. tom. 14. pag. 782.

* **DIROIARE**, A sulco disterminante recedere. Jura curiæ ducum Tusciæ ann. 1196. apud Murator. tom. 2. Antiq. Ital. med. ævi col. 92 : *Item si in Bumino a Torolla usque ad campum Anselmi aliquis Diroiaret, perdet rodium, et tres solidos dabit curiæ, nisi esset sepebandese venatorum. Desroyer* vero nostris est præscriptam colendi agros rationem seu sulcos mutare. Reg. Corb. 13. sign. *Habacuc* ad ann. 1510. fol. 42. v°. : *Seront lesditz prendeurs tenus de labourer, bien et deuement toutes les terres de ladite cense par droite solle et compoture, sans les Desroyer, Dessoler ne descompoter.* Vide supra *Dessasionare.*

* **DIROTANUS**, ut *Diarhodinus*, Roseus color intensior. Charta ann. 893. inter Probat. tom. 1. Hist. Lothar. col. 540 : *Dedit etiam ad ipsum altare unum sacerdotale vestimentum auro ornatum, planetam scilicet ex Dirotano cum guttis, etc.* Vide *Rhodinus.*

¶ **DIRROCHEUM**. Vide *Dirocheum.*

* **DIRRUIMENTUM**, Eversio, demolitio. Charta ann. 1358. inter Probat. tom. 2. Hist. Nem. pag. 202. col. 1 : *Dirruimenta facienda ad provisionem custodiæ dictæ civitatis et salvationem ipsius, fiant et faciant cum consilio talium expertorum in talibus. Dirruer,* a Lat. Diruere, *Abattre, démolir,* in Lit. Caroli V reg. Franc. ann. 1366. ibid. pag. 295. col. 1 : *Ils aient fait abatre et Dirruer touz les hostels, qui entour ladite cité touchoient au murs d'icelle.*

DIRUBERE, *Obstupere*, in Gloss. Arabico-Lat.

¶ **DIRUCTIO**, ἀποκατάστασις, *Restauracio, in integrum directio.* Supplem. Antiquarii.

* Ita etiam Gloss. Lat. Gr. sed leg. ex Vulc. *distructio* vel *diruptio.*

¶ **DIRUMPERE** Terram, Eam colore, arare. Vide *Rumpere.*

DIRUPARE. Anonym. Barensis in Chronico ann. 1034 : *Bysantius Archiepiscopus Dirupavit Episcopum Barinum, et cepit laborare.* Italis *Dirupare,* est præcipitare, de rupe dejicere, et neutr. pass. cadere de alto, vulgo etiam perniciem, exitium alicui parare. [Memoriale Potestatum Regiensium ad annum 1269. apud Murator. tom. 8. col. 1128 : *Castrum Pizegulum destructum fuit per Reginos, et Thoanum similiter fuit Derupatum.* Ibid. ad annum 1271. col. 1133 : *Obsederunt Savignanum et Montem Umbrarum et habuerunt eos et Dirupaverunt.*] [* Vide supra *Derocare* et *Derochare.*]

* **DIRUPTATIO**, Destructio, eversio. Charta ann. 1216. ex Tabul. S. Crispini in Cavea : *Cum quæstio verteretur.... super quibusdam inventionibus aprum* (l. apum), *Diruptatione murorum, eradicatione arborum, etc.*

* **DIRUPTUS**, Proscissus, recens cultus. Notitia vet. ex Tabul. Gellon. : *Almaradus manso uno, cum curte et ortos,... cum terra culta et inculta, tam Diruptas quam suburbanas,.... concedit S. Salvatori.... ann. xvij. Roberti regis.* Vide *Rumpere.*

DIRWY, vox Wallica, Mulcta, mulctatio, pœna pecuniaria, Boxhornio, in Lexico Wallico. Occurrit in Legibus Hoeli Boni Regis Walliæ cap. 10. 25.

* 1. **DISADVOARE**, Factum improbare, Gall. *Désavouer.* Charta ann. 1434. ex Tabul. archiep. Auxit. : *Procurator dicti domini comitis Astaraci Disavouabat quicquid factum fuerit.* Vide supra *Deadvoare,* 2.

* 2. **DISADVOARE**, A professione clientelari præstita recedere, eam revocare. Arest. parlam. Paris. ann. 1454. inter Probat. Libert. Eccl. Gall. cap. 9. num. 5 : *Nihilominus prælibatus episcopus Nannetensis.... plures ex hominibus et subditis ipsius Joannis Delbiest, et maxime Joannem Duchesne, ad se Disadvoandum a dicto domino de Thoaire, et novum advoamentum dicto dom. episcopo Nannetensi faciendum, et ab eo litteras et salvas-gardias accipiendum compellere nisus fuit.* Vide supra *Deadvouare.*

DISADVOCARE, Inficiari, non agnoscere. Gall. *Des-advouer.* Radulfus *de Hengham* in Summa magna cap. 4 : *Et ipse reus dedicit in pleno Comitatu ipsi petenti hujusmodi servitia petita, et ipsum Disadvocat pro Domino.* [Charta Edwardi I. Regis Angl. ann. 1278. apud Rymerum tom. 2. pag. 117. col. 2 : *Si aliquis de familia prædicti Regis transgressionem vel forisfactum aliquod... fecerit, hoc prædicto Regi imputetur, dummodo ille Disadvocaverit.*]

DISÆQUARE, Æquare. Vita S. Antidii Archiepisc. Vesontini cap. 7 : *Sed parvi pendentes cœpta, primis certabant Disæquare ultima.*

* Nostris vero *Désigal,* idem est atque Inæqualis, Hispanis etiam *Desigual.* Poema inscriptum *La Mappemonde* MS. cap. 14 :

> Aussi c'on voit de la balanche,
> Quant li brach ont ingal justanche,
> S'en l'un plus qu'en l'autre metés,
> La balanche son droit taurrés :
> Car li brach seront Désingal,
> Li uns amont, l'autres aval.

¶ **DISAFFORESTARE**, Forestam seu silvam in pascua, vel terram cultam convertere. Charta Forestæ ann. 9. Henr. III. cap. 3. apud Spelmannum in *Afforestare* : *Omnes bosci qui fuerunt afforestati per Richardum avunculum nostrum, vel per Reg. Johann. patrem nostrum usque ad primam coronationem nostram statim Disafforestentur, nisi sit dominicus boscus noster.* Vide *Deafforestare* in *Foresta.*

¶ **DISAISIRE** Se, Possessionem dimittere, Gall. *Se dessaisir.* Occurrit in Chartulario sancti Vincentii Cenomanensis fol. 82. Vide *Desaisire.*

¶ **DISAISISCERE**, Eadem notione, infra in *Saisire.*

¶ **DISALLOCARE**, Non *allocare*, Irritum habere, expensum improbare. Charta Henrici IV. Angl. Regis ann. 1401. apud Rymerum tom. 8. pag. 205. col. 2 : *Et si per alios Officiarios aut Ministros nostros factæ fuerint* (talliæ) *penitus Disallocari volumus.* Et pag. 510. col. 2. in altera Charta ejusdem Regis ann. 1408 : *Litteræ patentes, talliæ, assignationes.... Thesaurario et Baronibus nostris de Scaccario, omnino Disallocentur.* Vide *Allocare.*

¶ **DISARMARE**, Gall. *Desarmer,* Ital. *Disarmare*, Exarmare, Armis exuere. Habetur apud Bartholom. lib. 6. Annal. Januens. ad ann. 1242. bis, Jacob. Auriam lib. 10. eorumdem Annal. ad ann. 1282. Martenium Anecd. tom. 3. col. 79 : *Mensa eorum nunquam Disarmatur, nunquam deferculatur,* in Actis SS. Julii tom. 1. pag. 406. ubi de S. Ottone.

* Dicitur quoque de navibus, quæ armamentis suis exuuntur, in Chron. And. Danduli ad ann. 1403. apud Murator. tom. 12. Script. Ital. col. 518.

¶ **DISAVOUARE**, ut *Disadvocare* superius. Onomast. ad calcem tomi 5. Anecd. Marten. : *Notum facimus... Filonem illum Carrerii... condemnatum... et a suis refertur Disavouatum.*

¶ **DISAURI**, Iidem qui *Obryzarii.* Vide in *Obryzum.*

* **DISAXIRE**, Obsignationem solvere. Vide in *Saximentum.*

DISBANNIRE, Disbandire, Bannum revocare. *Lever le ban.* Charta Guillelmi Archiep. Narbonens. ann. 1250 : *Et aliqua, quæ per unam Curiam banniuntur, alteri non licet Disbannire.* Alia ejusdem Archiepisc. : *Si quod habet Disbandiat et desamparet quidquid bandiverat in operatoriis pontis.* Ibidem : *Item volumus, quod Ecclesiam S. Petri de Claro, Capellam, et res alias, ad dictam Ecclesiam pertinentes, idem Vicecomes Disbandiat, et D. Archiepiscopo disponendas relinquat.*

* Charta ann. 1260. ex Chartul. Caunensi : *Determinavimus quod pro commisso hæresis dictæ Escuræ, medietas bonorum, quæ fuerunt Arnaldi de Caunis condam patris sui, commissa est in manu dom. regis retinenda, et alia medietas, quam dom. Adam de Miliaco tenens locum dom. regis, ut dicitur, in hac terra vendidit dom. abbati, eidem abbati Disbandienda, donec cum causæ cognitione examinetur, si dom. rex in ea aliquid juris habeat; cum, quando vos eam saisivistis, eam possideret dictus abbas. Determinavimus etiam quod illa bona, quæ Arnaldus Escarboti vir dictæ Escuræ habebat pro successione paterna vel materna, vel per emptionem..... non de Escura prædicta, ea Disbandiatis abbati Caunensi, donec cum causæ cognitione fuerit determinatum, si dicta Escura in eis aliquid juris habeat per obligationem pecuniariæ dotis.*

* **DISBANNARE**, Eodem intellectu. Charta Joan. Delph. Vien. ann. 1315. in Reg. 101. Chartoph. reg. ch. 100 : *Concedimus in emphitheosim perpetuam.... pascua,.... quod possint eisdem uti et frui,.... et ipsa inbannare, Disbannare, etc.*

* **DISBENDARE**, a Gallico *Débander,* Laxare, remittere. Lit. remiss. ann. 1474. in Reg. 195. Chartoph. reg. ch. 1167 : *Supplicans cum sua balista bendata, uno quoque villono desuper posito, Disbendavit dictam balistam.*

* **DISBONIARE**, *Bonnas* seu metas figere. Stat. Saluciar. collat. 3. cap. 88 : *Potestas faciat eas* (vias) *tenere apertas, et ad hoc, si expedierit, probi homines eligantur, qui eas Disbonient et atterminent.* Vide supra *Debonnare.*

¶ **DISBOSCATIO**, Exstirpatio *bosci*, seu silvæ conversio in terram cultam. Occurrit apud Thomam *Blount* in Nomolex. ad vocem *Assart.* Vide *Exartus.*

* Nostris *Desbochier*, pro *Déraciner*, eradicare. Lit. remiss. ann. 1420. in Reg. 171. Chartoph. reg. ch. 289 : *Comme le suppliant eust Desbochiez et deffouiz deux grans fresnes, estans tous deux sur une choque en son jardin, etc.*

* **DISBOTARE**, A loco removere, disrumpere, Gall. *Déboiter*. Charta ann. 1466 : *Portas domorum suarum claudendo, aperiendo, sigillando, Disbotando, et si fuerit necesse, per vim aut alias ad terram ponendo, etc. Débruser un pont*, Pontem rescindere, apud Rob. Avesbur. in Hist. Eduardi III. reg. Angl. pag. 125 : *Ceaux de la ville de seint Lée Débruserent le pount, et le roy le fit réféare, et passa lendemayn.*

DISBRIGARE, [Italis, Molestia et lite liberare. Parvum Chartul. S. Victoris Massil. fol. 102 : *Expediemus totum prædictum affare, et Disbrigabimus dictæ Universitati.* Privilegium anni 1335. apud Ludewig. Reliq. MSS. tom. 1. pag. 328 : *Promittimus etiam veraciter præsentis scripti testimonio, prætaxata bona Disbrigare et auctorisare ab omnibus hominibus, qui dictam Ecclesiam impeterent, de iisdem et ipsam penitus indemnem conservare.* Rursum occurrit apud eumdem Ludewig. tom. 5. pag. 526.] Vide *Briga*.

* Expedire, impedimentum removere. Charta ann. 1334. in Reg. 71. Chartoph. reg. ch. 109 : *Thesaurarius promisit nomine regio..... ipsum magistrum Guillermum de Brolio et suos totaliter Disbrigare simpliciter et de plano.* Stat. Palavic. lib. 1. cap. 30. pag. 37 : *Si debitor in dicto termino ea recuperare et Disbrigare non curat ipsa bona immobilia, etc.* Occurrit præterea in Stat. Astæ rubr. 5. pag. 7. et alibi. Vide supra *Debrigare*.

** **DISBRIGATOR**, Germ. *Kriegscheider*, Compositor rixæ, e Gloss. ant. ap. Haltaus. col. 1132.

DISBULLARE, Idem quod *Dissigillare*, Bullam auferre. Charta ann. 1238. in Regesto Chartar. pro Hist. Gallo-Byzantina pag. 3 : *Habebis potestatem... eandem sacrosanctam Coronam Disbullandi, et ostendendi Domino Duci... Venetiæ,... et iterum ipsam bullandi, etc.* Vide *Bulla*.

* **DISBURGESIARE**, *Burgesiam* seu jus civitatis ejurare. Charta Phil. III. ann. 1283. in Reg. 61. Chartoph. reg. ch. 389 : *Dimisimus majori et communitati villæ de Vernolio.... sex denarios, quando aliquis intrat dictam burgesiam; et quatuor denarios, quando se Disburgesiat.*

* **DISCALCIRE**, Discalceare. Glossar. Provinc. Lat. ex Cod. reg. 7657 : *Descausar, Prov. Discalcire, exocereare.* Pro *exocreare*. Nostris *Deschaussoere* et *Deschaussoire*, Ligonis species. Lit. remiss. ann. 1387. in Reg. 131. Chartoph. reg. ch. 62 : *L'exposant doubtant que ledit Guillaume le férist et villenast, bouta d'une Deschaussoere ledit Guillauma en la poitrine,,... et après le féry de ladite Deschaussoere parmi le costé.* Aliæ ann. 1394. in Reg. 146. ch. 83 : *Icellui Guillaume Charle tenant en ses mains un ferrement, appellé Deschaussoire, dont il labouroit,.... d'icelle Deschaussoire féry et frappa plusieurs cops ledit Naudin. Deschaussouere*, in aliis ann. 1457. ex Reg. 189. ch. 210.

DISCALDATUS, Refrigeratus. Anonym. [Nicolaus de Jamsilla Muratorio] de Gestis Friderici II. Imp. : *In prædicto loco S. Gervasii inter venationum solatia, et nemoris refrigeria Discaldatus, aliquantulum ægrotavit. Non tamen propter illam Discaldationem animus ejus ex vana virtute corporis languescebat, etc.* [Adnotat eruditissimus Muratorius in uno MS. legi *Discalciatus*, in altero *Discalciationem*, sibi tamen magis arridere *Discaldatus* et *Discaldatio* a particula privativa *Dis* et *Caldari*, Calere. Concinit Cangio.]

DISCALIGATUS, Discalceatus. Th. Walsingham. pag. 248 : *Dicentes, nequaquam debere Regem adire tales Discaligatos ribaldos, etc.* [** *Discaligandum*, in Ruodlieb fr. 13. vers. 90.]

¶ **DISCALZATUS**, A terra separatus. Translatio S. Philastrii, Julii tom. 4. pag. 394 : *Arca marmorea, in qua repertum venerabile corpus S. Philastrii Episcopi Brixiæ, reperta est subterranea et modo undique Discalzata, seu a terreno penitus separata.* A *calce* dictus videtur *Discalzatus*, quasi a calce separatus. Italis *Discalzare* est *Discalceare*.

DISCANTUS, Discantare. Ugutio : *Decantare est valde cantare. Discantare et Excantare, id est, Descantare.* Gloss. Gr. Lat. Reg. Cod. 85 : Τετερίζω, *Biscanto, facio tenorem.* Gobelinus Persona in Cosmodromio ætate 6. cap. 71. de Joan. XXII. PP. : *Item probibuit fieri cantum in Horis Canonicis, et in Missis cum Discantu, Triplis et Motetis vulgaribus.* Willebrandus ab Oldenborg. in Itiner. T. S. pag. 139 : *Processionibus igitur in unum convenientibus hinc inde Discantari... vidimus.* Exstant in Bibliotheca Victorina opuscula aliquot *de Arte Discantandi*, vel *Discantus*, seu ejusmodi cantus Ecclesiastici, quem vulgo *Falsum burdonem* appellamus. [Obituarium MS. Ecclesiæ Morin. fol. 39. verso : *Solempnem Missam de B. Virgine decantandam... cum cantu Discantu et organis sonantibus.*] Joannes Molinetus *au Chappelet des Dames :*

Tant pour ouir des oiseaux les Deschants.

Infra :

Pies, frions, linottes, et moissous,
Là Deschantent par diverses façons.

Idem in Throno honoris :

Oiseaux des champs chantans chans et Deschants.

Decantare, Eadem ferme notione videtur usurpasse Albertus Stadensis ann. 1053.

* Glossar. Gall. Lat. ex Cod. Reg. 7684 : *Discantare, deschanter. Discantus, deschant.* Annal. regni S. Ludov. edit. reg. pag. 223 : *Comme dévotement il fit chanter la messe, et solempnement glorieuses vespres et matines et tout le service à chant et à Déchant, à ogre et à treble.* Stat. S. Capellæ Bitur. ann. 1407. ex Bibl. reg. : *Jubemus quod in omni missa, cujuscumque solemnitatis sit,... semper officium, responsorium, alleluia, offertorium et post-communio Discantabuntur, et similiter Kyrie eleison, Gloria in excelsis, prosa, sanctus, agnus.* Stat. eccl. Paris. ann. 1408. ad calcem Necrol. MS. ejusd. eccl. : *Nec debet in cantu notulato regulariter immisceri Discantus, pueris exceptis, propter exercitationem suam.* Mirac. MSS. B. M. V. lib 1 :

Ki dont oist canter archangles,
Descanter puceles et angles.

Et lib. 2 :

En l'orgener, et verbloier,
Ou Deschanter, ou quintoier.

Vide infra *Organisare*.

** Statuta antiqua ecclesiæ Francofordensis in Würdtwein. Subsid. Diplom tom. 1. pag. 66 : *Discantus vel cantus lætitiæ a dominica in passione domini usque ad vigiliam paschæ inclusive hiis, cum sit tempus compassionis Christi nullus fiant, sed omnia dolorose et humilius quam alio tempore prosequantur.*

¶ **DISCAPEDINATUS**, Divisus, distractus. Inscriptio arcus triumphalis erecti in honorem Marchionis Uxellensis Cabilonum urbem introeuntis apud Cussetum in Hist. ejusd. urbis pag. 769 : *Auspicato isthoc adventas, Illustrissime Marchio, quando Discapedinata te civium vota indigetant, volnera civitatis serenifico voltu undequavorsum edulcaturum.* Simili notione verbum *Discapedinare* usurpavit Apuleius Floridorum lib. 1. ubi de Hyagni tibicine : *Primus*, inquit, *Hyagnis manus Discapedinavit in canendo*, hoc est, diduxit, distraxit, ut *capedo* seu spatium aliquod interdeceret, cum duas tibias simul applicavit ori, et alteram dextra, alteram sinistra moderaretur.

DISCAPIA. Vetus Charta apud Baldric. Noviom. lib. 1. cap. 52 : *Terras cultas et incultas, pervia, uva, Discapia, prata, pascua, etc.* Occurrit ibi adhuc semel : sed legendum conjunctim *Wadriscapia* ostendo in hac voce post *Waterscapum*.

DISCAPILLARE, Capillos avellere, radere, vel disjicere, et miscere : Gallis *Décheveler*, [Italis *Discapigliare*.] Lex Burgund. tit. 33. § 1 : *Si qua mulier ingenua in domo sua a quocumque ingenuo, aut in via innocens Discapillata fuerit aut detracta, etc.* Capitula ad legem Alamannor. cap. 27. edit. nuperæ : *Aut qui eas Discapillaverit,... 15. sol. componat.* Eckeardus Junior de Casibus S. Galli cap. 10. de Hadwiga Ducis Suevorum filia : *Jussit verberari et Magistro multa' rogante, vix concessit non Decapillari.* Vide *Decalvare*.

¶ **DISCAPIRE**, ut infra *Discepere*, Dividere, distrahere, si recte puto : quod hic de eo dicitur qui *villare* quod ab Aniano Abbate precario tenebat, ipsi Abbati subtrahebat sibique volebat asserere, quasi proprius et immunis ejus esset dominus ac possessor. Charta recognitionis ann. 801. in Probat. novæ Hist. Occitanæ tom. 1. col. 31 : *Quomodo ego Pinaudus et parentes* (MS. *pares*) *mei Materindus et Fulgentius quod ipsas tascas et decimas, quod vobis* (Abbati Aniano) *exinde dare debuimus, ipsas vobis intendimus, et nihil vobis exinde dedimus perfatos* (MS. *perfectos*) VI. *annos, et insuper de ipso villare vobis cum* (melius in MS. *eum*) *Discapire voluimus, et in fraude de ipso fecimus* (MS. *fuimus*,) *ac ipsas pro* (melius in MS. *sine*) *vestro commeatu illas habere voluimus; sicque me recognosco ego Pinaudus, quomodo ego et parentes* (MS. *pares*) *mei suprascripti pro vestro beneficio antea et per* (MS. *pro*) *precaria nostra*, *quam vobis fecimus, eam antea habuimus, et ea quæ fecimus, veraciter me recognosco in vestrorum supradictorum judicio. Data recognitione sub die* III. *Non. Madias anno* XXXIV. *regnante domino nostro Imperatore Karolo Rege Francorum et Longhobardorum.*

* Nostris *Descharpir*, pro *Echaper*, *dégager*, *séparer*, Evadere, se expedire, separare. Lit. remiss. ann. 1379. in Reg. 116. Chartoph. reg. ch. 57 : *Jehannin le Moyne se Descharpi et desrouta d'avec ledit Escalongne, qui le menoit de bonne foy.* Aliæ ann. 1447. in Reg. 176. ch. 509 : *Le suppliant qui ne povoit Descharpir d'icellui Mahiet, etc.* Rursum aliæ ann. 1473. in Reg. 195. ch. 827 : *La femme de Jehan Boyleaue se bouta entre le suppliant et Anthoine Cardinal cuidant les Descharpir et garder de faire mal l'un à l'autre.*

¶ **DISCAPUM.** Charta Henrici V. Reg. Angl. apud Rymerum tom. 10. pag. 236. col. 2 : *Cum ipsa vinea vel campello, et una Discapo.* Lege *Wadiscapo*, aquagio, aquæ ductu, et vide *Waterscapum* et paulo superius *Discapia*.

¶ **DISCARGA**, Acceptilatio, liberatio, Gall. *Décharge*. Deliberatio trium Statuum Occitaniæ de Johanne Rege in carcere detento, apud D. *La Faille* Annal. Tolos. tom. 1. probat. pag. 95 : *Nec poterunt dicti quatuor Thesaurarii habere Discargam sufficientem, nisi illam haberent de mandato dictorum viginti quatuor.* Vide *Deschargia*.

DISCARGARE, Onus deponere, exonerare, Gall. *Descharger*. Lex Salica tit. 29. § 21 : *Si inde fœnum ad domum suam in carro duxerit, et Discargaverit.* § 24. *Si inde vinum in carro ad domum suam adduxerit et Discargaverit.* Ubi editio Heroldi tit. 27. § 11. habet *Discarraverit*, [Baluzii tit. 29. § 21. et 24. *Discarricaverit*,] id est, de carro deposuerit.

DESCARGARE, Eadem notione, occurrit in Charta ann. 1141. apud Catellum in Comitibus Tolosanis pag. 192. [in Charta anni 1165. ex Archivo Ecclesiæ Massil. altera ann. 1164. ex Archivo Monasterii S. Victoris ejusd. urbis, et in Glossis Pithœ apud Baluzium tom. 2. Capitul. pagi 691.]

* Alias nostris *Descarchier*, ut legitur. in Ch. ann. 1320. ex Chartul. 23. Corb.

* **DISCARGATURA**, Exoneratio, Ital. *Discaricamento*, Gall. *Décharge*. Stat. Placent. lib. 6. fol. 81. v° : *Item provisum est, quod portatores non possint accipere ab aliquo de Discargatura alicujus carri vini, videlicet si discargaverit desuper terram, ... ultra septem denarios.* Vide infra *Discarigatura*.

* **DISCARJATOR**, Gall. *Déchargeur*, Exonerator, in Charta ann. 1214. ex Chartul. Campan. fol. 188. v°. *Discharjator*, in altero Campan. Chartul. fol. 40.

DISCARICARE, Idem quod *Discargare*, de carro onus deponere. Fortunatus in Vita S. Medardi Noviom. Episc. cap. 6 : *Discaricantes, quæ tulerant, laxati pergunt itinera.* Occurrit etiam in veteri Charta Dalmatica anno 1292. apud Jo. Lucium lib. 4. de Regno Dalmat. cap. 9. [in Statutis Massil. lib. 1. cap. 51. § 3. lib. 4. cap. 30. lib. 6. cap. 45. etc.]

* **DISCARIGARE**, Exonerare, Ital. *Discaricare*. Charta ann. 1228. apud Murator. tom. 2. Antiq. Ital. med. ævi col. 32 : *Omnis forensis, qui facit stationem in mercatis Ferrariæ, et Discarigat suum havere, non solvat ripaticum, sed stazonaticum.* Vide *Discaricare*. Hinc

* **DISCARIGATURA**, Exoneratio. Stat. Vercel. lib. 3. pag. 94. r°. : *Exceptis portatoribus blavæ et vini, qui possint capere et habere.... pro Discarigatura vini.... denarios duos.* Vide supra *Discargatura*.

DISCARRARE, DISCARRICARE. Vide *Discargare*.

* **DISCATENARE**, Juncta disjungere. Mirac. S. Audoeni tom. 4. Aug. pag. 830. col. 1 : *Ibi languidus de substratorio solotenus excussus, Discatenatis nervis, carne revulsa, arctius cœpit angustiari.* Italis, *Discatenare*, ex catenis solvere, Gall. *Déchaîner*.

¶ **DISCAVALCATUS**, Ex equite pedes factus, Gall. *Demonté*, ab Italo *Discavalcare*, Ex equo dejicere. Regimina Paduæ ad annum 1325 : *Ibi fuerunt vulnerati dominus Nicolaus de Carraria, et Obizo de Papafaris in faciebus, et dominus Marsilius.... Discavalcatus, et Paulus dente aliquantulum vulneratus.*

* Nostris *Deschevaucher*, eodem significatu. Lit. remiss. ann. 1381. in Reg. 119. Chartoph. reg. ch. 283 : *Icellui Henriet non cuidant mesprendre de oster audit Juif le sien, pour ce qu'il n'avoit point de rouelle, Deschevaucha icellui Juif et print son cheval et la besace qui estoit derriere.* Aliæ ann. 1361. in Reg. 92. ch 27 : *Tantost après le suppliant eust esté pris et Deschevauchiez par lesdiz ennemis.* Ita quoque legendum, pro *Deschevacher*, in Stat. ann. 1308. tom. 1. Ordinat. reg. Franc. pag. 460. art. 8.

* **DISCAZERNATUS**, Disjunctus, Gall. *Détaché*. Comput. ann. 1402. inter Probat. tom. 3. Histor. Nem. pag. 170. col. 2 : *Pro uno codice, absque glozis, Discazernato et sine postibus, xviij. sol. Turon.* Vide infra *Dischadernare*.

DISCEDERE, pro *Decedere*, mori, apud Fredegar. cap. 54. [*Discessivit*, pro *Dicessit*, recessit, legitur apud Marten. tom. 5. Ampliss. Collect. col. 770. ubi de excidio urbis Acconis.]

DISCESSUS, Obitus, [Gall. *Decès*,] in gestis Dagoberti cap. 46. 84. 89. et alibi non semel.

** DISCESSIO, Eadem significatione. Chart. ann. 773. in Neugart. Cod. Dipl. Alem. num. 54 : *Et post nostram vero Discessionem ipsas res pro animas nostras ad ipsum monasterium sine ulla marritione revertantur.*

DISCENS, Discipulus. S. Columbanus Ep. 3 : *Ecce quibus circumdamur diversitatibus, et quibus circumluimur ac si vorticum fragoribus, charissime Discens, etc.* Utitur alibi, sed locus non succurrit, ut et S. Irenæi Interpres lib. 3. cap. 14. [imo Quintil. 3. 11. *Fatigare Discentem per ambages.*]

¶ **DISCENTIA**, Discendi actus. Tertull. de Anima 1. 23. et 24 : *Discentias reminiscentias esse.* Utitur et Cæl. Rhodig. 10. 16.

¶ **DISCEPERE**, Papias : *Discepit, Divisit. Disceptus, Divisus, Scrutatus, Expertus.* Vide *Discapire*.

¶ **DISCEPTIM**, σαφῶς, φανερῶς, Manifeste, clare. Gl. Lat. Græc. Sangerman. MSS. Mallem *Discretim*, quo usus est, Apuleius, vel *Disertim*, pro *Diserte*.

¶ **DISCERE**, Docere. Jacobus Cardinal. S. Georgii in Vita S. Petri Cœlestini, Maii tom. 4. pag. 444 :

Tamen agnita dudum
Commemorant veteris moris Discuntque minores.

Vita S. Edwardi Regis Angliæ, Martii tom. 2. pag. 643 : *Didicit eum Rex sanctus pater suus Deum præ omnibus timere.* Sidonius lib. 8. Epist. 6 : *Per alias vias doctrinam illius, quo more citius homo Discitur, inobservatus inspexi.*

DISCERDURA, ex Gallico *Deschirure*, Laceratio : *Deschirer*, Lacerare, quasi *Deschairer*, Carnem avellere, lacerare. Inquesta anni 1270 : *Retulit Curiæ, quod ipsa domina habet ibidem justitiam de feudo terræ usque ad duellum, et cognitiones mesleiarum sine sanguine et Discereura, etiamsi ibidem fuerit aliqua percussio, de qua mahamium, vel mors minime timeatur.* Vide Speculum Saxonicum lib. 1. art. 68. § 1.

* *Descireure*, Plaga, vulnus, in Stabilim. S. Ludov. cap. 38. tom. 1. Ordinat. reg. Franc. pag. 286 : *Se ce est de trieve enfrainte, il doit monstrer sanc ou plaie, ou Descireure, ou chaple.*

DISCERNENTES, Lex Wisigothorum lib. 12. tit. 2. § 2. ubi disputationes de fide prohibentur : *Nullus antiquorum Patrum impugnationibus suis sacras definitiones irrumpat: nullus modernorum Discernentium congruentes fidei tractatus spernat.* Quo loco *Dicernentes* videntur dicti Sectarii, hacce appellatione donati hoc ævo in Hispania, atque ii forte, qui διακρινόμενοι dicuntur Theodoro Lectori lib. 1. Nicephoro Callisto lib. 6. cap. 29. lib. 18. cap. 45. Leontio Scholastico lib. 5. de sectis, et Codino in Origin. Constantinop. qui nempe contra Calchedonensem Synodum Eutychis ac Dioscori partes tuebantur, itaque sese appellabant, quod ab ea Synodo se segregatos innuere vellent, quomodo vocem hanc usurpat Socrates lib. 5. cap. 5.

* **DISCERNERE**, Decernere, statuere, nostris etiam *Discerner*, pro *Décerner*, *ordonner*. Charta Geraldi Trenorch. ann. 1334. inter Probat. Hist. ult. ejusd. monast. pag. 246 : *Et primo declaramus et Discernimus dictum marescallum esse et esse debere dum et quando nobiscum fuerit, cambellatus seu senescallus hospitii nostri. Ordenons et Discernons par la teneur de ces présentes*, in Lit. Caroli V. ann. 1371. tom. 5. Ordinat. reg. Franc. pag. 425.

* **DISCERNICULUM**, *Ornamentum capitis virginalis ex auro.* Glossar. vet. ex Cod. reg. 7641. Vide *Discrimen*.

* **DISCERTATIO**, Contentio, controversia, Gall. *Contestation*. Tabul. Guemen. : *Dedi terram, quæ mihi contingit ex transactione post longam Discertationem.*

DISCESSOR, Decessor, prædecessor, vel certe qui decessit, et obiit. Vide Canones Hibern. lib. 41. cap. 30.

¶ **DISCESSUS**, DISCESSIO, Obitus, Gall. *Decès*. Vide *Discedere*.

* **DISCHADERNARE**, Dissolvere, disjungere, Gall. *Délier*, *détacher*. Charta ann. 1327. in Reg. 65. Chartoph. reg. ch. 115 : *Hoc probabitur per primum rotulum*

suorum compotorum, ... in quo non sunt ducentæ libræ prædictæ, si bene inspiciatur liber primi anni. qui est quadratus et coopertus de alluda, et se Dischadernat. Vide supra *Discazernatus.*

¶ **DISCHARGIA**, Gall. *Décharge*, Acceptilatio, Liberatio. *Exonerationem vel aliquam Dischargiam campsorum thesauri nostri*, apud Rymerum tom. 13. pag. 461. col. 1. *Litteræ exonerationis et Dischargii non fuerint levatæ*, ibidem.

¶ **DISCHARGIARE**, Deschargiare, Exonerare, Gall. *Décharger*. Litteræ Philippi Franc. Reg. ann. 1207. pro Rotomagensibus, apud Duchesnium Hist. Norman. pag. 1063 : *Prædicti cives... poterunt... eas* (mercaturas) *chargiare et Deschargiare, et portare et reportare ubicumque voluerint..... Nullus nisi manens fuerit apud Rothomagum poterit Dischargiare vinum in cellario vel in domo apud Rothomagum propter illud revendendum.* Vide *Discargare.*

¶ **DISCHARGIUM.** Vide *Dischargia.*

* **DISCHARJATOR.** Vide supra *Discarjator.*

* **DISCHUS**, pro Discus, in Stat. Placent. lib. 6. fol. 73. v°.

DISCIFER, Dapifer, *Maître d'hostel*, Senescallus. Gloss. Saxonic. Ælfrici : *Discifer*, vel *Discoforus* : disc-ven, i. Dapifer. [Vide *Discophorus.*]

DISCINCTA, Vestis absque cingulo, diffibulata, suprema nempe, et quæ aliis superinduitur. Acta Martyrum Numidar. n. 7 : *Vidi, inquit, juvenem, inenarrabili et satis ampla magnitudine, cujus vestitus Discincta erat, in tantum candida luce, ut oculi in eum constanter intendere non possent.* Scriptor Passionis SS. Perpetuæ et Felicitatis pag. 33 : *Ita revocatæ et Discinctis indutæ, prior Perpetua jactata est.* Hinc

Discinctatus, Discincta indutus, apud eumdem : *Et exivit vir quidam... Discinctatus purpuram inter duos clavos per medium pectus.*

1. **DISCINGERE**, Dirimere, decidere lites. Vetus inscriptio :

Ter vice qui sacra Discinxit jurgia judex.

Occurrit passim hac notione apud Scriptores locis indicatis a Savarone ad Sidon. lib. 2. Epist. 7. Jureto ad Symmach. pag. 277. Jacobo Gothofredo in Gloss. ad Cod. Theod. et aliis.

2. **DISCINGERE**, Cingulo magistratus exuere, *degradare*. Synodalis Epistola Pseudo-Synodi Sardicensis : *Duxit Concilium, ut Julium urbis Romæ.... Discingeret atque damnaret.* Catalogus Pontificum Romanorum a Cuspiniano editus, in Pontiano PP. : *In eadem insula Discinctus est IV. Kal. Octob. et loco ejus ordinatus est Anteros.*

Discinctus, Cingulo exutus. Glossar. Lat. Græc. : *Discinctus*, λυσίζωνος. Lex Salica tit. 61 : *In camisa Discinctus et Discalciatus.* Vide *Cingulum.*

Discingulare, *Sellam et sarcinam removere*, auctori Mamotrecti cap. 24. Genes.

1. **DISCIPLINA**, apud Monachos, est flagellatio, interdum virgæ ipsæ, quibus flagellantur. *Flagelli Disciplina*, in Regula S. Aureliani cap. 41. Liber Ordinis S. Victoris Parisiensis MSS. cap. 33 : *Si aliquis Disciplinam accipere debeat, erigens se super genua, modeste vestimenta sua exuat, deinde procumbens a cinctura deorsum eisdem vestimentis tectus remaneat, et sic jacens aut prorsus taceat, aut hoc solummodo dicat : Mea culpa, ego me emendabo. Sed neque alius interim loquatur, nisi forte aliquis de Prioribus pro eo intercedat usque ad jussionem Abbatis. Qui dum cessaverit, adjuvet illum fratrem ad induendum : qui indutus et erectus non se moveat, donec Abbas dicat : Ito sessum : et tunc inclinans erat in locum suum. Hoc etiam sciendum est, quod ille qui inferioris gradus est, non debet verberare superiorem, id est, Diaconus Sacerdotem, sed æqualis æqualem, vel superior inferiorem.* Leo Ostiensis lib. 3. cap. 22 : *Statuit.... ut per totius anni sextas ferias pane tantum et aqua contenti essent, ac per singulas singuli Disciplinas data confessione reciperent.* Matth. Paris. ann. 1252 : *Vestibus igitur spoliatus... ferens in manu virgam, quam vulgariter Baleis appellamus, intravit capitulum et confitens culpam suam.... singulis Fratribus Disciplinas nuda carne accepit.* Occurrit apud eumd. ann. 1198. pag. 129. Cantiprat. lib. 2. cap. 16. num. 5. cap. 39. n. 2. Cæsarium lib. 1. cap. 22. 40. lib. 3. cap. 47. Petr. Damian. in Vita S. Romualdi n. 39. lib. 1. Ep. 19. lib. 6. Epist. 1. 27. Herimann. de Restaur. S. Martini Tornac. cap. 88. Vide S. Anselmum lib. 3. Ep. 50. et Joan. Morinum lib. 7. de Pœnitent. cap. 14. § 1. [Statuta antiqua Ordinis Grandimont. inter Anecd. Marten. tom. 4. col. 1236. 1237. 1238.] Eleemosynarii munus, ut est in MS. Corbeiensi de Mensa Abbat. *est providere Disciplinas, scilicet virgas* de booul *et* vimiaus de Kalre *in capitulo.*

* Eamdem pœnam ab archiepiscopis in presbyteros sibi subditos animadversam legimus in Reg. visitat. Odonis archiep. Rotomag. ab ann. 1248. ad ann. 1269. ex Cod. reg. 1245. fol. 274. v°. : *Injunximus presbytero de Altifago,... quod in kalenda sui decanatus unam in camisia et braccis acciperet Disciplinam, coram presbyteris illius decanatus existentibus in dicta kalenda, pro eo quod percusserat quemdam parrochianum suum de pugno in ecclesia sua prædicta, et rixatus fuerat cum priore dicti loci.*

Disciplina crebro etiam pro flagellatione, vel alia pœna, quæ ex decreto judicis infligitur, usurpatur in Legibus Wisigoth. lib. 3. tit. 3. § 4 : *Adjutores vero raptoris, qui cum ipso fuerint, Disciplinam accipiant, sicut est in lege alia constitutum.* Lib. 4. tit. 5. § 1 : *Verberandi sunt ante judicem quinquagenis flagellis, etc.* Mox : *Neque propter Disciplinam qua correpti sunt, infamiam poterint ullatenus sustinere.* Lib. 6. tit. 5. § 8 : *... Si indiscreta Disciplina percussum fortasse mori de flagello contigerit.* Adde § 12. lib. 7. tit. 4. § 7. [Capitulare de Villis Caroli M. § 4. Excerpta ex Lege Longobard. apud Baluzium Capitul. tom. 1. col. 349. § 3.]

¶ Disciplina Condigna, *sive in jejunio, sive in castigatione*, iis imponenda, qui Symbolum et Orationem dominicam discere negligunt, Capitul. lib. 5. cap. 161.

Disciplina Corporalis, in Capitul. 5. ann. 803. cap. 1. [Capitul. lib. 3. cap. 66. lib. 4. cap. 35. Formulis Bignonianis form. 22.] apud Marculfum lib. 2. Formul. 27. Chrodegangum in Regula Canonicorum Metensium cap. 3. 4. 14. [*Disciplina corporis*, in Vita S. Pardulphi Abbatis inter Acta SS. Benedict. pag. 579. n. 16.] *Descepline de cors*, in Stabilimentis S. Ludovici l. 1. *Vindicta corporalis*, apud eumdem Chrodegangum cap. ult. *Disciplina hostilis*, militaris, in Lege Bajwar. tit. 2. cap. 4. § 6.

¶ Disciplina Correptionis, in Capit. Pippini Regis Ital. ann. 793. cap. 31.

Disciplina Ducalis, in eadem Lege Bajwar. tit. 9. cap. 4. § 3. id est, compositio. Capitul. ann. 808 : *De latronibus et Disciplina eorum.*

¶ Disciplina Legitima, Capitul. lib. 6. cap. 122.

Disciplina Sæcularis. Capitul. 2. ann. 789. cap. 16 : *Ut Disciplina Monachis regularis imponatur, non sæcularis, id est, non orbentur, nec mancationes alias habeant, nisi ex auctoritate regulæ.* Vide Capitulare triplex ann. 808. cap. 3. § 8. Legem Longob. lib. 1. tit. 9. § 27. lib. 2. tit. 13. § 3. [** Carol. M. 101. Luitpr. 103. (6, 50.)] Concil. Emeritense cap. 17. etc.

¶ Disciplinam Imponere servis domini dicuntur in lege Bajwar. tit. 7. cap. 2. § 4. in Appendice ad Marculfum formula 16. *Impendere ad servos*, formula 13. inter Bignonianas; hæc autem *Disciplina* mancipiorum a dominis imposita *Disciplina supra dorsum* vocatur ibidem formula 26.

Disciplinare, Castigare, corrigere, virgis cædere. Vita S. Genovefæ : *Disciplinat itaque misericorditer filios suos Pater misericordiarum.* Liber revelationis editus cum Joan. de S. Victore de Utilitate tribulation. cap. 6 : *Sæpius enim confessionem repetere, et pluries Disciplinari gaudebant.* Hist. Episcoporum Autisiod. cap. 54 : *In Capitulo ejusdem Ecclesiæ, ubi fratres Disciplinantur, sepulturam habuit.* Statuta Ordinis *de Sempringham : Quæ autem fecerit, Disciplinetur in Capitulo, vel in pane et aqua pœniteat.* Vita S. Galberti Abbat. Pontisarensis num. 10 : *Ex nodosis corrigiis flagello confecto seipsum adeo dure Disciplinavit, etc.* [Guidonis Disciplina Farfensis cap. 16 : *Non Disciplinatis Magister pueros in choro, si domnus Abbas affuerit aut Prior. Jejunare et Disciplinare*, in brevi Histor. Ordinis Cartus. apud Marten. tom. 6. Ampliss. Collect. col. 211.] Michael Scotus [vel Theobaldus Anguibertus Hibernus, ut Domino *de la Monnoye* in Menagianis tom. 3. pag. 105.] lib. Mensæ Philosophicæ cap. 18 : *Quidam vir zelotypus uxorem suam, ad confessionem euntem, sequebatur, quam cum Sacerdos retro altare duceret ad Disciplinandum, hoc videns maritus ait, O Domine, tota tenera est, ego pro ipsa recipio disciplinam : quo flectente genua, dixit mulier : Percute fortiter, Domine, quia magna peccatrix sum.* Observa ritum rite abolitum, et qui vetatur apud Hadrianum I. PP. in Epit. Can. ex regulis SS. Patrum cap. 25 : *Episcopus, Presbyter, Diaconus peccantes fideles Verberare non debeant.* [Vide Mabillonii Præfationem in Acta SS. Benedict. Sæc. 6. part. 1. n. 39. et seqq. ubi plura de *disciplinarum* usu ad redimendas pœnitentias canonicas excogitato, de ejusd. usus auctoritatibus, propugnatoribus et defensoribus, atque etiam impugnatoribus, etc.]

¶ Disciplinabilis, ad disciplinam pertinens, docilis. Vita S. Zitæ, April. tom. 3. pag. 499 : *Inde quoque virorum peritissimorum olim Disciplinabilis mos exstitit, Sanctorum celebres vitas exquirere.* Bern. de *Breydenbach* Itiner. Hierosol. pag. 223 : *Animalia illa que humana arte et industria excubantur, Disciplinabiliora hiis sunt, que secundum naturam sue speciei generantur.* Auctori ad Herennium, *Disciplinabilis scientia* dicitur, quæ ex arte exponi potest et certa methodo.

¶ Disciplinalis, Eadem notione. *Disciplinales voluntates*, apud Cassiodorum 4. 33.

¶ Disciplinaliter, Ex disciplina. Joan. Sarisb. lib. 6. Policratici cap. 15 : *Disciplinaliter eruditus populus.* Rodulphus Monachus in Vita Lietberti Camerac. Episc. Spicil. Acher. tom. 9. pag. 729 : *Epulæ quidem carnium sufficienter apponebantur, sed panis et aqua Disciplinaliter sumebantur.* In Chronico Erfordiensi, inter Vindem. Litter. Frederici *Schannat* ad ann. 1238. *Disciplinaliter corrigere* dicuntur Sacerdotes qui pœnitentes quosdam gravioribus delictis obnoxios flagellabant.

* Disciplinarie. Stat. Bened. ann. 1248. inter Instr. tom. 11. Gall. Christ. col. 260 : *Qui aliter fecerit, coram omnibus in capitulo recognoscat delictum, prioris judicio Disciplinarie puniendus.* Id est, flagellatione.

¶ Disciplinaria Scientia, Mathesis, Mathematica. Goclenii Lexicon Philosoph.

¶ Disciplinatio, Flagellatio, apud Thomam *Madox* Formul. Anglic. pag. 336 : *Willelmus Abbas Monasterii exempti S. Albani domino Johanni Say Militi... Admittimus præhonoratam personam vestram... in consortium nostræ fraternacionis... in vigiliis, jejuniis, in inclinationibus, prostrationibus et Disciplinationibus, etc.* Utitur alicubi S. Augustinus pro eruditione seu institutione, uti dicitur in Fabri Thesauro.

¶ Disciplinatoria Virga, in Vita Galterii Abb. inter Acta SS. Bened. Sæc. 6. part. 2. pag. 821.

Disciplinatus, Moribus bonis disciplinæ beneficio præditus. *Juvenis Disciplinatus*, apud Cæsarium lib. 1. Miracul. cap. 3. Chron. Montis-Sereni ann. 1205 : *De commissorum sibi utilitate indeficienter solicitus, moribus temperatus, quales Disciplinatos vocare consuevimus; quæ duo severitatis aliquid moribus ejus admiscuisse videbantur.* [Eccl. 10. 24. Vir *prudens et Disciplinatus.* Imit. J. C. lib. 1. cap. 25. num. 5 : *Bene morigeratus et Disciplinatus.*] Utitur etiam Tertullianus, lib. de Fuga in persecution. [Alcimus Avitus lib. 4. cap. 24.]

** Disciplinate. Ruodlieb. fragm. 5. vers. 81 :

Disciplinate stans hoc audivit ut omne, etc.

* 2. DISCIPLINA, Prudentia, Gall. *Sagesse.* Sidon. Apollin. epist. 1. lib. 1 : *C. Simmachi rotunditatem, C. Plinii Disciplinam maturitatemque vestigiis præsumptuosis insequuturus. Discipline*, Reprehensio, in Lit. remiss. ann. 1391. ex Reg. 141. Chartoph. reg. ch. 155 : *Auquel doyen le prévost dist par maniere de Discipline et de répréhension : vecy bel estat de prestre d'estre au soir de nuit en la taverne.*

* 3. DISCIPLINA, Præscriptio, jussus. Charta Conradi reg. ann. 963. tom. 9. Collect. Hist. Franc. pag. 700 : *Eo vero tenore, ut nulli episcoporum sive abbatum, neque comitum, neque alicui contrariæ potestati aliquam Disciplinam sive servitutem per vim faciant.* Ubi Honor. *Bouche* tom. 1. Hist. Prov. pag. 804. edidit *Fortiam*, ut hic notatur.

* DISCIPLINATI. Mirac. S. Rosæ tom. 2. Sept. pag. 451. col. 1 : *Jacobus de Lagolpe de Viterbio, admodum rector hospitalis Disciplinatorum et Caritatis Viterbiensis, etc.* Ex eo fortassis sic dictum, quod pauperes in eo instituerentur.

¶ DISCIPLINOSUS, *Qui multos habet Discipulos*, in Amalthea ex Catholico. Melius f. *Discipulosus.*

DISCIPULARE, *Edocere, Discipulati, edocti*, in Glossis Isid. [et apud Johan. de Janua.]

* Glossar. Gall. Lat. ex Cod. reg. 7684 : *Discipulare, Ensaignier disciple.*

1. DISCIPULATUS, Officium, ministerium. Chronic. S. Michaelis Virdun. : *Hic igitur adhuc adolescentulus ab Abbate suo in Discipulatu Capellani constitutus, frequenter cum eo ad Palatium, et per plura locorum habuit comitatum.* [Gloss. Vet. *Discipulatus*, μάθησις, μαθήτευσις. Hac notione sumunt Zeno Veronens. Serm. de Præcepto, *Attende tibi : Unusquisque nostrum, in Discipulatum nos Verbi Dei mancipavimus.* Cassiod. l. 5. Epist. 40. Tertull. de Præscrip. cap. 22. Ordericus Vitalis in Hist. Eccl. Carolus M. in Epist. ad Elipandum inter Concil. Hisp. tom. 3. pag. 111. et alii.]

* Vita S. Idæ tom. 2. Sept. pag. 267. col. 2 : *Quando prædictus Bilo necdum ad presbyterium promotus Hirntfeldensis ecclesiæ Discipulatum subierat, etc.* Ubi de ministerio custodis ecclesiæ sermo est, ut observant docti Editores.

* 2. DISCIPULATUS, Disciplina, institutio. Vita S. Adalh. abb. Corb. inter Act. SS. ord. S. Bened. part. 1. Sæc. 4. pag. 310. num. 33 : *Ille* (Bernarius) *Christi Discipulatus nobiscum habens formam, etc.*

* DISCIPULUS, Minister, cui aliquod officium commissum est. Charta vet. Brabant. ex Cod. reg. 10197. 2. 2. fol. 5. r°. : *Dux Godefridus quinque molendinorum Discipulis et eorum successoribus consuetudinem, quam hactenus tenuerunt, ... donavit. Hæc est consuetudo annonæ, quatuor vasa sumuntur, quorum unum vicesimam quartam partem sextarii capit : duæ partes ducis sunt, tertia Discipulorum; ... hoc ideo quia molares lapides molendinis ministrant.* Alia ann. 1336. in Reg. 71. Chartoph. reg. ch. 119 : *Arnaldus Tornabois Discipulus juratus inquantùs regii Carcassonæ voce tubæ præcedente præconizavit, etc.* Hinc *Disciple*, pro eo qui alterius est adjutor, puta apparitoris, vulgo *Recors.* Lit. remiss. ann. 1393. in Reg. 145. ch. 534 : *Icellui Estienne dist auxdiz exposans, vous estes Disciples; car se vous ne feussiez, les gens de mons. de Bourgogne ne m'eussent peu mener en prison. Déciples*, pro *Disciple*, in Vita J. C. MS. ubi de Joan. Bapt. :

Ains sui Déciples à cel roi,
Aui chi doit venir après moi.

** Discipulus, Adjutor tabellionis. Vide Marin. Pap. Diplom. ad num. 75. not. 9.

DISCIRCULARE, A circuli rotunditate semovere. Will. Britto lib. 7. Philippidos :

Æqua superficies omni ex parte rotundo
Orbiculata sinu, se non obliquat in ullum
Divaricans cuneum; sed finibus ipsa suis se
Limitat, ut nullus Discirculet angulus illam.

DISCLAMARE. Vide *Clamare.*

DISCLAUDERE, Quod clausum est, aperire : *Desclorre.* Gloss. Ælfrici : *Discludo*, ic todæle, divido. [** Awega lucan, *Discludere*, e Glossar. Coton. ap. Bosworthum.] Leges Henrici I. Reg. Angliæ cap. 90 : *Si quis puteum... Disclaudat, et aliquid incidat, etc.* Vide *Disclusum.*

Disclausus, Minime clausus, Gallis *Desclos, Defferme. Curtillus Disclausus*, in Legibus Inæ Reg. West-Saxon. cap. 42. Le Roman. *du Renard* MS. :

La ou li palis iert Desclos,
Avoit li vilain planté clox.

¶ DISCLEDARE, *Cledas* seu crates tollere. Vide *Cledare* post *Cleia.*

¶ DISCLUSUM, *Divisum, dimotum.* Papias. Glossar. Sangerman. MS. num. 501 : *Disclusus, Divisus, patens.* Vide *Disclaudere.*

¶ DISCOFERA, Discoforus. Vide *Discophorus.*

DISCOLARE, Effluere, dimanare, Gall. *Découler.* Charta ann. 1180. apud Mariam Campum in Regesto part. 2. Histor. Eccl. Placentinæ n. 29 : *Item de omnibus scolaturis rivi.... quæ ex ipso rivo Discolantur, etc.*

DISCOLATUS. Papias : *Coloni, sunt cultores advenæ... alienum agrum locatum colentes, ac debentes conditionem genitali solo, propter agri culturam, sub dominio possessoris, pro eo quod Discolatus est fundus.* Ita etiam Codex MS. id est, ni fallor, quia ager hactenus incultus manserat, nec cultorem habebat. [** *Pro eo quod iis locatus est fundus*, ex Isidori Origin. lib. 9. cap. 4. sect. 36.]

* DISCOLOR, Decolor, cujus color vitiatur. Glossar. Gall. Lat. ex Cod. reg. 7692 : *Discolor, Découlourable.* Vide *Discolorare.* Hinc

DISCOLORARE. Glossæ MSS. ad Concil. Sardicense can. 17 : *Infucata, Distincta, Discolorata.* Alanus de Insulis in Planctu naturæ : *Vestis autem ex serica lana contexta, multifario protecta colore, puellæ pelli serviebat in usum, quam Discolorando colorans alteritas, multiplici colore faciem alterabat.* [Senecæ, *Decoloratur id, cujus color vitiatur, non mutatur.*]

* DISCOLORATUS, Decoloratus, Gall. *Décoloré.* Mirac. MSS. Urbani PP. V. : *Habebat faciem ..... Discoloratam et ventrem inflatum, etc.*

¶ DISCOLUS. Græc. δύσκολος, Difficilis, morosus. Papias : *Discolus, Difficilis, aut moralis, indisciplinatus, a scolis dicitur; vel a colere et dis.* Gloss. Sangerman. MS. n. 501 : *Discolus, Difficilis, moralis.* Pro *moralis* utrobique legendum *morosus.* Vox *Discolus* vel *Dyscolus* ea notione legitur Petr. 1. Epist. 2. 18. apud Acherium Spicil. tom. 7. pag 601. Robertum *Goulet* in Compendio Jurium Universit. Paris. fol.

8. v°. Ludew. Reliq. MSS. tom. 6. pag. 198. in Bullario Carmel. pag. 252. col. 1. etc. [** Conf. Schmeller. in Poet. Lat. sec. X. et XI. pag. 288.]

¶ **DISCOMBRARE**, *Combros* seu arbores concisas et viam occludentes auferre, apud Valesium in Notitia Galliarum pag. 100. col. 2. Vide *Combri.*

* Hinc nostris *Descombrer*, pro Purgare, mundare, in Chartul. sign. *Ezéchiel* Corb. ad ann. 1415. fol. 18. r°. et metaphorice pro Liberare, Gall. *Décharger*. Charta Beatr. ducis. Burg. in Chartul. Campan. Cam. Comput. Paris. : *Jehans de Conde de Cambrai . . . . nos pria mout que nos vos prissiens que vos li feissiez à rendre xxxiij. livres et xiij. solz d'Artisiens, que madame ma mere et vostre li devoit de joiax qu'ele avoit euz achetez de lui : sire nos le vos priames que vos por Dieu en Descombrissiez l'ame de li. Lou Descomberroit et li seroit sole et quite*, in Ch. ann. 1255. ex Chartul. Monast. fol. 1. *Discombrer* vero, Controversiam dirimere, in Charta ann. 1355. tom. 2. Hist. Leod. pag. 420 : *Tous les eschevins doyent demourer par l'espace de demi an résidément à Liége, pour Discombrer et faire loy à tous ceaux, qui le requieront.* Vide infra *Disgombrare.*

DISCOMMUNICANTES, Qui cum cæteris fidelibus non communicant, nec oblationes una cum iis offerunt. Concilium Arelat. II. sub Siricio PP. cap. 10 : *De his, qui in persecutione prævaricati sunt... Synodus Nicæna statuit, ut 5. annos inter Catechumenos exigant, et duos inter Discommunicantes, ita ut communionem inter Pœnitentes non præsumant.* Ubi Synodus Nic. cap. 11 : Δύο δὲ ἔτη χωρὶς προσφορᾶς κοινωνήσουσι τῷ λαῷ τῶν προσευχῶν, Id est, duos annos sine oblatione participes erunt orationum cum plebe.

* **DISCOMPENDIUM.** Glossar. Provinc. Lat. ex Cod. reg. 7657 : *Paraula, Proverbium, dicerium, famen, compendium, Discompendium.*

¶ **DISCOMPUTARE**, Subducere, detrahere, Gal. *Decompter, Rabatre, Defulquer.* Charta Hugonis de Aqua ann. 1293. in Chartul. S. Vandregisili tom. 1. fol. 805 : *Tenentur Discomputare et detrahere annis singulis duodecim solidos, tres capones et tres gallinas.* Altera Charta ejusd. anni ibidem fol. 275 : *Ego Johannes Serredieu... vendidi... viris Religiosis Abbati et conventui S. Vandregisili pro* XL. *lib. Turon. de quibus tenui me præ manibus pro pagatus, et quos Discomputavi dictis Religiosis de septies* XX. *et* XV. *lib. Turon. in quibus ego dictus Johannes dictis Religiosis tenebar.* Hist. Monasterii S. Laurentii Leod. apud Marten. tom. 4. Ampliss. Collect. col 1140 : *Nec propter tempestatem quæ cecidit anno 1459. propter quam Monasterium habuit bene in damnis 1200. modios speltæ, ipsi nihil voluit Discomputare, nec aliquam gratiam facere.*

* **DISCONCILIATI**, Discordes, dissidentes. Vita S. Abbon. Floriac. tom. 10. Collect. Histor. Franc. pag. 331 : *Aut Concilium illud fuit, ubi conciliati venerunt et Disconciliati recesserunt, cum ibi discordes reconciliari debuerint, aut canonica destrictione mulctari.*

¶ **DISCONFECTURA.** Vide *Disconficere.*

DISCONFICERE, ex Gallico *Desconfire*, Hostes conficere, debellare, prosternere. Gauterius de bellis Antiochenis pag. 462 : *Alios etenim milites post Disconfectos dirigunt, qui fugitivos expoliant, etc.* Fulcherius Magister Templi in Epist. ad Lud. VII. Reg. Franc. : *In multitudine gentium confisi et plurimum resistentes, nostros sustinuerunt et Disconfecerunt.* Alia Epist. ejusdem : *Disconfectus a nostris paulo ante Noradinus transiit Euphratem.* [Chronicon Cremonense apud Muratorium tom. 7. col. 639 : *Militiam Placentinorum juxta Montile inter Pontevicum Disconfecit, et ex ipsis milites multos captos Cremonam duxit.*]

¶ DISCUMFICERE, in altero Chronico Sicardi Episc. Cremon. tomi laudati col. 618 : *Veronenses Mantuanos Discumfecerunt, ex eis innumeram multitudinem captivantes.*

DISCONFECTURA, Clades. Gauterius de bellis Antiochen. pag. 459 : *In fugam et Disconfecturam impulit.*

* *Desconvenue*, eodem significatu, in Poem. Alex. MS. part. 1 :

Duel ot Eménidus de sa Desconvenue,
Quant voit son neveu mort desus l'herbe menue.

DISCONFITURA, apud Matth. Paris ann. 1232. *Desconfiture*, apud Practicos nostros dicitur de debitore, qui non est solvendo, cujus res mobiles Judicis auctoritate distrahunt creditores, in Consuet. Paris. art. 179. Camarac. tit. 23. art. 2. tit. 25. art. 39. Meldensi art. 117. Turon. art. 220. Silvanectensi art. ult. et aliis. Vide Brodeum in Consuet. Paris. art. 179.

¶ DISCONFICTA. Memoriale Potestatum Regiensium ad ann. 1232 : *De inceptione sturmi in plaza Communis inter Rughieros et Malagutios, et Disconficta Marchionis Cavalcabovis. In* MCCXXXII. *anno... in plaza Communis fuit magnum prælium inter partem Rugheriorum et partem Malaguciorum, et in die Sabbathi* XVI. *exeunte Octobri Disconfictus fuit Marchio Cavalcabos Bonacursio de Palude.* Legitur iterum ibid. ad ann. 1268.

¶ DISCONFICTUS, ut *Disconfectus*, Prostratus, in Memoriali Potestatum Regiensium ad ann. 1220. et mox in *Disconficta.*

¶ DISCONFITTUS, Eadem natione, in Regiminibus Paduæ ad ann. 1320.

¶ DISCONFITUS, apud Bartholom. Scribam lib. 6. Annal. Genuens. ad ann. 1230.

¶ **DISCONSOLATUS**, Carens solatio, in Miraculis S. Maioli Abb. Cluniac. Maii tom. 2. pag. 697.

DISCONSUTUS, Dissutus, Gallis *Descousu.* Capitula Ludovici Imp. Addit. 1. cap. 61 : *Ut Monachi cappas Disconsutas, præter villosas, non habeant.* Ubi Haeftenus *Disconsutas cappas* antrorsum apertas interpretatur.

* **DISCONTINUATIO**, a Gall. *Discontinuation*, Cessatio. Arest. ann. 1343. 1. Dec. in vol. 3. arestor. parlam. Paris. : *Dictus cantor per suam sententiam pronunciavit dictos conjuges fecisse interruptionem et Discontinuationem in processu prædicto.*

DISCONVENIRE, Non convenire, *Disconvenir.* Frontinus de Limit. agror. : *Si Disconvenit, ad jus ordinarium pertinebit.* Hygenus : *Ex hujusmodi causis tam frequenter Disconvenit.*

* Utitur Horat. lib. 1. epist. 1. v. 99. et epist. 14. v. 18. Nostris *Desconvenable*, Inconveniens. Lit. remiss. ann. 1372. in Reg. 103. Chartoph. reg. ch. 350 : *Laquelle Raoulle dist au suppliant qu'il estoit un malvais loudier, avec plusieurs autres paroles Desconvenables et contre l'oneur dudit suppliant.*

DISCOOPERATORES, pro *Discoopertores*, Exploratores. Gallis *Descouvreurs.* Henr. Knyghton, ann. 1339 : *Eodem die capti sunt quidam Discooperatores Francorum.* Infra : *Quidam de nostris Discooperatoribus capti sunt, inter quos Miles quidam, etc.*

* *Descouvreurs*, apud Guill. Guiart. ad ann. 1269 :

Descouvreurs les tentes lessent
Pour savoir quel lieu en l'ille a.

DISCOOPERIRE, Detegere, Gallis, *Descouvrir.* Bromptonus : *Vultus capitis abscissi Discooperiatur.* Idem : *Vultus habens Discoopertum.*

¶ DISCOOPERIRE, Explorare. Lanfrancus Pigrolus lib. 7. Annal. Genuens. ad ann. 1266 : *Quibus visis a dicto Admirato, se cum suis galeis in Scheria recollegit, et Discooperiens inimicos, qui manu armato ... veniebant, etc.* Jacobus Auria lib. 10. eorumdem Annal. ad ann. 1282 : *Præmittentes galeas duas ad Discooperiendum portum Fareziæ, cognoverunt ibi adesse stolium Pisanorum.* Apud Rymer tom. 13. pag. 41 : *Ad Discooperiendum insulas, patrias et provincias.*

¶ DISCOOPERIRE PAREM SUUM, Conscium prodere, indicare, in Capitul. Caroli C. ann. 865. tit. 37. cap. 1 : *Nullus de his quæ consideraverint, suum parem Discooperiat vel prodat.*

¶ DISCOOPERTUS AGER, Idem qui incultus. Vide *Coopertus mansus* et *Absus.*

* **DISCOPARE**, Dividere; quo sensu *Coupper* dicimus. Charta fundat. abbat. Aquilar. ann. 832. inter Probat. tom. 1. Annal. Præmonstr. col. 104 : *De summo vado Carrero usque in fundus calice antiquo, et itineres Discopantes et fontes aperientes. Descauper*, pro Detrahere, imminuere, in Mirac. B. M. V. MSS. lib. 2 :

Car sainte église édéfierent,
Et de tous biens tant i donnerent,
Que lor enfant, après lor vie,
Pesance en ont, duel et envie,
E de lor dons si se Descaupent,
One qu' an qu'il poent les récaupent.

DISCOPHORUS, Eadem notione, qua *Discifer*, Dapifer, *Maître d'hôtel.* apud Ælfricum, et Guibertum lib. 3. de Vita sua cap. 9. Joan. de Janua : *Discophorus, Discum ferens.* In Vita S. Deicoli Abbatis Lutrensis cap. 1. n. 4. S. Sebastianus dicitur *Discophorus Domini* : forte inquit Bollandus, quod sanctos aut pauperes aluerit. Apud sanctum Hieronymum, Abacuc Propheta *Discophorus* appellatur, ex eo, quod habetur Danielis cap. 14 : *Quum vero ad Abacuc venerat, et de Judæa ad Chaldæam, raptum Discophorum lectitabat.*

* Glossar. Gall. Lat. ex Cod. reg. 7684 : *Discoforus, portant escuele.*

DISCOFERÆ, in Monasteriis Sanctimonialium, dicuntur ministræ mensarum, quæ *discos ferunt.* S. Cæsarius Arelatensis Episcopus ad Oratoriam Abbatissam :

Æqualia cibaria, potionesque communes exhibeant Discoferæ vel pincernæ. His addo, quæ habet auctor Græcismi de notione vocis *discus :*

Est discus ludus, discus quoque regia mensa,
Discus scutella tibi sit, discus quoque mappa.

Rursum :

Discus scutellam, mensam notat atque mapellam.

DISCUM, Δίσκον et Δισκάριον, vocant Græci, Vas sacrum, in quo hostiam consecrandam et consecratam ponunt Presbyteri, quod nostris *Patena* dicitur. Sed Græcorum *discus* lancis profundioris figuram habet. Liturgia S. Chrysostomi : Ὁ δὲ διάκονος ἐντρεπίζει τὰ ἱερὰ, τὸν μὲν ἅγιον δίσκον ἐν τῷ μέρει τῷ ἀριστερῷ, τὸ δὲ ποτήριον ἐν τῷ δεξιῷ. Joan. Damascen. in Synodica ad Theophil. Imp. : Ἴδε τὰ ἱερὰ αὐτοῦ ἀναθήματα, τὰς ἱερὰς ἐνδυτὰς, τὰ ἱερὰ σκεύη. ψηλάφησον καὶ ἴδε τὸν μέγιστον αὐτοῦ δίσκον, εἰς ὅνπερ ἐγκαυστικοῖς καλλιεργήμασιν ὁ μυστικὸς τοῦ Χριστοῦ δεῖπνος, μετὰ τῶν δώδεκα Ἀποστόλων ἐγκεκόλαπτο. Chron. Alexandr. pag. 892 : Τὰ τίμια ῥιπίδια, δισκάρια, καὶ ποτήρια, καὶ ἄλλα ἱερὰ σκεύη. Hinc Δισκοκάλυμμα, operculum disci, velum, quo sacer discus operitur. Anonym. in Descript. S. Sophiæ : Δισκοκαλύμματα ὁλόχρυσα διὰ μαργαριταρίων. [Hinc etiam δισκοποτήριον, in Vita S. Nili Junioris pag. 140. apud Anonymum Combefisianum in Lacapeno num. 44. et apud Nicetam in Murtzuphlo n. 3. Vide Glossarium mediæ Græc. col. 315.]

DISCOPULARE, Canum Venaticorum copulas solvere, ut in prædam irruant : Galli dicunt *Descoupler, Lascher les chiens sur un lievre.* Rigordus ann. 1179 : *Venatores Discopulatis canibus insecuti sunt aprum.* Matth. Paris. ann. 1239 : *Legistarum magnam catervam apud se Rex retinuit, quasi venator canes venaticos, super Electores Prælatorum Discopulandos.* Vita S. Kentigerni Episcopi Glascuens. cap. 6 : *Accito milite venatum perrexit : Discopulatis canibus, et sociis per loca diversa dispersis, etc.* Vide *Cupla.*

¶ **DISCORDALE**, Διχονοητικῶς, *Discorditer.* Suppl. Antiquarii. Mallem *Discordate.*
* Occurrit etiam in Gloss. Lat. Gr. ubi *Discordate* emendat Vulcanius.

* **DISCORDATOR**, Discors. B. de Amoribus in Speculo sacerdot. MS. cap. 26 :

Non Discordator fratrum, non improperator.

Discordable, pro *Contentieux*, Litigiosus, in Charta ann. 1318. ex Chartul. S. Nicas. Mellet. : *Ont esté en bonne saisine et paisible de exerciter toute maniere de justice au lieu contentieux.* Infra : *au lieu Descordable. Articles Descordez*, de quibus scilicet disputatur, in Stat. ann. 1364. tom. 4. Ordinat. reg. Franc. pag. 512. Vide *Discordiosus.*

¶ **DISCORDIOSUS**, *Discors.* Sidonius lib. 9. Epist. 3 : *Statuta regnorum denuo per conditiones Discordiosas ancipitia redduntur.*

DISCORDIOSE. Facundus Hermianensis lib. 10. cap. 2 : *Et quod crudeliter et Discordiose fecerunt, emendare aliquando dignentur.*

* Gloss. Gall. Lat. ex Cod. reg. 7684 : *Discordiose, Discorditer, Descordéément.*

¶ **DISCORIARE.** Gloss. Lat. Græc. Sangerman. : *Discorio, Deglubo*, ἀποδέρω. Vide *Decoriare.*

¶ **DISCORPORATUS**, Dissolutus. *Corpus Discorporatum dissolutum declaramus*, apud Rymerum tom. 15. pag. 244. col. 1.

* **DISCORTURARE**, Dissuere, Gall. *Découdre.* Charta ann. 1507. inter Probat. tom. 4. Hist. Nem. pag. 87. col. 2 : *Qua tunica exinde per dictos probos et juratos, ad fines ut melius mensurari posset, Discorturata, etc.* f. pro *Discordurata.* Vide supra *Cordurare.*

DISCRASIS, seu DISCRASIA, Intemperies, δυσκρασία. *Discrasis et Discrasia capitis*, non semel in Chronico Windesem. lib. 2. cap. 38. 46. et *Discrasiatus* cap. 32. 55. [*Discrasia stomachi statim evomere cogebatur*, in Vita S. Lidwinæ, April. tom. 2. pag. 309. *Discraciatus*, in Anecd. Marten. tom. 2. col. 1326. *Discratia febrilis*, ejusd. tom. col. 88. *Discresitatus*, eadem notione in *Chororarium.*]

DISCREDERE. Vide *Decredere.*

¶ **DISCREPANS**, *Remotus, sejunctus.* Gasp. Barthii Glossar. ex Hist. Palæst. Fulcherii Carnot.

DISCRESCERE, pro *Decrescere* : Ἀπομειοῦσθαι in Gloss. Gr. Lat.

* Unde *Bailler a Descrois*, vulgatius *Au rabais*, Locare minore pretio licitanti, in Stat. ann. 1368. tom. 5. Ordinat. reg. Franc. pag. 133. art. 17 : *Que celi office de recepte.... sera crié et baillé à ferme, ... à Descrois et a palmees.*

¶ **DISCRESITATUS.** Vide *Discrasis.*

DISCRETÆ, in Monasteriis Sanctimonialium, quibus rerum secretiorum incumbit cura, quæ ad secretiora consilia admittuntur : ut *Fratres maturi*, in virorum. Regula Sororum Damianitarum cap. 4 : *Possint etiam Sorores et debeant, si eis utile et expediens videatur, Officiales et Discretas aliquando removere, et alias loco ipsarum eligere.* Regula Clarissarum : *Ad ostium sane Monasterii custodiendum aliqua talis ex Sororibus deputetur, quæ omnino Deum timeat, quæ matura moribus sit, diligens et Discreta, etc.*

¶ 1. **DISCRETIO**, Titulus honorarius, quo nonnunquam compellati sunt Episcopi, interdum etiam laici nobiles, uti videre potes apud Th. *Madox* Formul. Anglic. pag. 5.

* 2. **DISCRETIO**, Dijudicatio, judicium, ætas matura, nostris *Discrétion.* Acta MSS. Inquisit. Carcasson. ann. 1308. fol. 62. v° : *Credo firmiter sanctam fidem catholicam, ... et hoc semper credidi postquam habui Discretionem.* Lit. remiss. ann. 1408. in Reg. 163. Chartoph. reg. ch. 229 : *Icelle Ysabeau demourant à Montpellier .... comme altérée et hors de son bon sens et Discrétion naturelle, etc.* [** *Anni Discretionis*, Ætas pubes, hominis qui suæ tutelæ est, passim in chartis Germanicis. Vide Haltaus. Glossar. Germ. col. 991. voce *Jahr. Discretio*, Prudentia, sapientia in Reinard. Vulp. lib. 4. vers. 309 :

Non simul ingluvies Discretioque esse sinuntur.]

** 3. **DISCRETIO**, Arbitrium. *Discretio justiciariorum*, Quod judices arbitratu suo præter juratorum *veredictum* statuunt. Abbreviat. Placit. ann. 29. Edward. I. Linc. rot. 15. pag. 243 : *Jurati allocant dampna 200. librarum ; et quia videtur justiciariis quod 100. libræ sufficiant .... consideratum est quod prædictus prior recuperet dampna sua, quæ taxantur per Discretionem justiciariorum ad 100. libras.* Placit. ann. 20. ejusd. Edw. I. Linc. rot. 4. pag. 286 : *Quadraginta libræ datæ per Discretionem justiciariorum, qui per juratores non est culpabilis.*

* DARE SE A DISCRETIONE, Victori se permittere, nulla proposita aut accepta conditione, Gall. *Se rendre à Discrétion.* Steph. de Infestura MS. ubi de Innoc. VIII. PP. : *Dictum pontem cepit, et illi qui erant illic dederunt se et dictum pontem, ac modo quo inter milites dicitur a Discretione, quæ Discretio talis fuit, quod omnes, qui de dicto ponte erant, fuerunt interfecti.*

¶ AD DISCRETIONEM VIVERE dicuntur milites in Chronico Astensi apud Murator. tom. 11. col. 279. Qui sine ulla symbola pro libidine vivunt apud hospites suos, quod etiam Galli dicimus, *Vivre à Discretion.*

¶ **DISCRETOR**, Scrutator, censor, qui *discernit.* Vulg. Interpr. Apostoli Hebr. 4. 12 : *Discretor cogitationum ; Discretor ingeniorum*, infra in *Distortor.*

¶ **DISCRETUS**, Officialis civitatis Divionensis, forte idem qui Magistratus vulgo *Scabinus.* [* Nisi sit qui majori et juratis est a consiliis.] Charta Odonis Ducis Burgundiæ apud Perardum in Burgundicis pag. 338 : *Ego Odo Dux Burgundiæ notum facio universis, quod Major et jurati Communiæ Divionis, ne suorum Discretorum excessus in dampnum universitatis nimis excrescerent, impetraverunt a me sibi donari omnes illos excessus.* Apud Scriptores nostros medii ævi non semel occurrit *Vir discretus* pro Viro prudenti : quod damnat Vossius de Vitiis Sermonis lib. 1. cap. 33. pag. 144. quoniam Antiquis *Discretus* constanter passive sumitur : quare Jovianus Pontanus *Discernens* quam *Discretus* mavult. Utcumque tamen ferri potest *Discretus*, ut observat Faber in Thesauro ; Si enim, inquit, Plautus *Notos* dixit pro iis qui noverunt, *Suspectum* pro Suspicace Dionysius Cato in Distichis ; non absurde adeo *Discretus*, pro eo qui discernit dici videatur.

* DISCRETUS, Titulus honorarius consulum Nemausensium, sive ex jurisperitis, sive ex mercatoribus, aut etiam ex laboratoribus electorum, usque ad ann. 1476. Vide Probat. tom. 3. Hist. Nem. pag. 327. col. 2. Anno 1479. ibid. pag. 341. col. 2. iis tantum tribuitur, qui doctores vel licentiati erant in legibus ; alii vero consules honorabilium appellatione donantur. Quæ formula perseveravit usque ad ann. 1498. ibid. tom. 4. pag. 71. col. 1. ubi tituli honorarii ita distribuuntur : *Venerabilis* licentiato in legibus, *Honorabilis* burgensi vel mercatori, *Discretus* notario, et *Providus* laboratori. *Venerabiles* et *Honorabiles* indistincte appellantur consules, in Comput. ann. 1502. pag. 78. col. 2. ibid. Arest. ann. 1302. in Reg. *Olim* parlam. Paris. : *Patet per arrestum Grimerio de Placentia, thesaurario Bajocensi, ... qualitatem viri Discreti datam fuisse.*

* **DISCRIMNUM**, f. Discrimen. Gall. *Intervalle*, spatium nempe chirothecam inter et brachiale. Tract. Ms. de Re milit.

et mach. bellic. cap. 142 : *Post equites armatos torace, ... brachialiis, cirothecis,... et pugnone super Discrimno.*

DISCRIMEN, Discriminale. Gloss. Lat. Gr. : *Discrimen*, ἀνακτένισμα, διάκριμα, καὶ κίνδυνος, *Discerniculum*, discernendis seu dividendis ante frontem mulierum capillis idoneum. Glossar. Lat. Theotisc : *Discriminalia, muliebris capitis ornamentum, quo crines discernunt.* Joan. de Janua : *Discriminalia dicuntur, quæ dividunt capillos per medium frontem.* Infra ex Isid. lib. 11. cap. 1 : *Sunt proprie Discriminalia, quibus crines divisi religantur.* Idem Isid. lib. 19. cap. 31 : *Discriminalia capitis mulierum sunt vocata ex eo, quod caput auro discernant : nam discriminare, dividere dicitur.* Isaias cap. 3 : *Et monilia, et armillas, et mitras et Discriminalia, et perischelides, etc.* Ubi Mamotrect. : *Discriminalia, quæ sunt ad distinguendum capillos, ne ad invicem intricentur.* Lex Bajwar. tit. 7. § 5 : *Si Discriminalia ejecerit de capite Wulworf dicunt*, [Baluz. habet, *quod Walwrst dicunt*,] *vel virgini libidinose crines de capite extraxerit, etc. Acus crinalis*, Apuleio. Martial. lib. 14. Epig. 24 :

Tenuia ne madidi violent bombycina crines,
Figat acus tortas sustineatque comas.

S. Hieronymus in Isaiam cap. 3 : *Habent acus mulieres, quibus ornamentorum crinium compago retinetur, ne laxius fluant, et in sparsos dissipentur capillos. Discriminalis acus*, apud eumdem lib. 3. in Ruffinum cap. 11. Martian. Capel. l. 9. § 903 :

Crinalem spicum pharetris deprome cupido
Libens capillum solvere.

Ubi *spicum* pro *spica* usurpatur. Vide Pricæum ad Apolog. Apuleii pag. 11.

DISCRIMINARE, Periclitari, in discrimen venire. Itinerarium S. Willibaldi n. 8 : *Nec non immanissima maris Discriminare decrevisset æquora.* Nos diceremus, *Hazarder les mers.*

¶ **DISCRIMINOSUS**, Periculosus. *Discriminosus locus*, apud Nicolaum de Jamsilla de Gestis Frederici II. Imp. inter Scriptores Ital. Muratorii tom. 8. col. 504. *Discriminosum ignis incendium*, in Vita B. Coletæ, Martii tom. 1. pag. 570.

¶ **DISCUBITO**, Lectus puerperæ, cui præsidebant *Matronæ*, i. Parcæ, Deæ Paganorum, ut interpretatur Menestrerius Hist. Lugdun. pag. 128. ubi veterem hanc exhibet inscriptionem : Pro Salute Dom. N. Imp. L. Sept. Severi Aug. Totiusque Domus Ejus Aufanis Matronis et Matribus Pannoniorum et Dalmatarum Ti. Cl. Pompeianus Trib. Mil. Leg. 1. Min. Loco Exculto cum Discubitone et Tabula V. S. Vide *Decubiæ.* [** Apud Forcellinum *Discubitione.*]

¶ **DISCUBIUM**, f. Cubiculum, ubi *Discubatur.* Hugo Lingon. Episc. tract. de Corpore Christi contra Berengarium sub finem : *Sicut mecum in tuo Discubio contulisti. Expertus loquor audisse, contigit, nam non crederem.*

DISCULPARE, Nostris *Disculper*, Culpam amovere. Vita S. Antidii Archiepiscopi Bisonticensis cap. 4 : *Cumque ille tanti criminis sese reum Disculparet.*

* **DISCULSUS**, pro Divulsus, vel Discussus, ut notant docti Editores ad Vit. S. Ugon. tom. 3. Sept. pag. 303. col. 2 : *Sacra fuit de intortis aciculis imago Disculsa : venerabile caput, multasque illius partes, quibus etiam nunc inhærebant, magna animi devotione conspeximus.*

* **DISCULUS**, ab Italico, ut videtur *Discolo*, Improbus, effrænatus. Annal. Placent. ad ann. 1444. apud Murator. tom. 20. Script. Ital. col. 886 : *Fratres conventuales magnam fecerunt unionem in platea communis, et statim ipsi numero quatuordecim vel circa, cum nonnullis secularibus Disculis ad ecclesiam S. Georgii, ubi moram trahebant Observantes, perrexerunt.* Vide *Discolus.*

* **DISCUMBATUD**, Descombatud. Sent. vicecom. Carcasson. ann. 1080 : *Batallerii debent esse Discumbatud de qua terra ipsi velint, completo hoc judicio.... Mittat Imbertus duo mille solidatas ad pretium vicecomitissæ et solidos ducentos de dampno de batallerio, et hoc quisque per hominem Descombatud, qui sit de Rodens et in toto Rodanego.* An idem quod infra *Disdampnificare?*

¶ **DISCUMBITIO.** Vide *Decumbitio.*

¶ **DISCUMFICERE**, Discumfitus. Vide *Disconficere.*

DISCUPERE, Malum, perniciem alicui cupere, Gall. *Souhaiter du mal à quelqu'un.* Conventus apud Marsnam in Capitul. Caroli C. tit. 8. § 2 : *Ut nemo suo pari suum regnum, aut suos fideles, vel quod ad salutem, sive prosperitatsm ac honorem regium pertinet, Discupiat aut forconciliet.* Iisdem verbis in Conventu Turonensi, et in Capitul. Ludovici II. Franc. Reg. Caroli C. filii. Hincmarus Opusculo 34 : *Et quidquid inventum fuerit, quod ex eisdem rebus juste et rationabiliter ad Laudunensem Ecclesiam pertineret, non solum non Discuperet, verum et libenter eas ipsi Ecclesiæ concedere vellet.*

¶ **DISCUPTIVUS.** Charta anni 1422. ex Archivo S. Victoris Massil. : *Quidam Monachus effudit parvum brocum vini, quod erat ad bassum, mixtum et acetosum, generativum morborum, Discuptivum digestionum, ponderativum humorum, confederativum pigritiarum, etc.* Ubi *Discuptivum digestionum* idem videtur atque contrarium digestioni, quod eam impedit et cruditatis causa est in stomacho.

¶ **DISCURIA**, pro *Disturia*, vel potius *Dysouria*, a Græco δυσουρία, Difficilis urinæ excretio. Vide locum in *Cauculosi.*

1. **DISCURRERE**, dicuntur *Missi*, qui mittuntur in provincias, qui inde *Missi discurrentes* passim appellantur. Epist. Ludovici Pii Imp. ad Sicharium Archiepisc. Burdegal. : *Quoniam tamdiu illum in tua vel comprovincialium tuorum diœcesi immorari et Discurrere una cum Misso tuo jussimus, etc.* Ita Rectores *Discurrere* dicuntur in lege 5. Cod. Th. de Offic. Rector. provinc. (1, 7.) cum intra provinciæ suæ fines per villas ad querelas provincialium excipiendas, sese conferunt. *Discursus judicum*, apud Senatorem lib. 5. Epist. 14.

Discursores, iidem qui *Missi Discurrentes. Judices vel Missi Discursores*, in Edicto Clotarii II. Regis post Synodum Parisiens. V : *Missi vel Discursores Monasterii* in alia ejusdem Clotarii Charta pro Monast. Corbeiensi. Vide *Missus Discurrens* et *Decurrentes.*

2. **DISCURRERE**, apud Ammianum lib. 17. et 30. est διαλέγεσθαι, [Sermocinari, Gall. *Discourir.*] Vide Lindenbrogium ad eumdem pag. 63. Hinc

1. Discursus, Sermocinatio, verbositas, Gall. *Discours.* Carolus M. in præfat. libr. in Synod. de adorand. Imaginib. : *In præfata Synodo hebetudinis continentur Discursus.* Eckehardus Minimus de Casibus S. Galli cap. 6 : *Dicens prælationem sæpius superbiam, arrogantiam, Discursus et multiloquia comitari.*

¶ Discursio, Lactantius Opif. Dei cap. 3 : *Dies Discursione consumunt.*

* 3. **DISCURRERE**, In usu esse. Charta Pontii abb. S. Andr. ann. 1155. ex schedis Pr. *de Mazaugues : Tali videlicet pacto, ut sexdecim sextarios boni frumenti ad mensuram mangonarii Avinionensis, qui per villam communiter Discursit, de censu.... deferre faciant.*

* 2. **DISCURSUS**, Cursus, Gall. *Cours.* Lit. Nicol. march. Estens. inter Stat. Mutin. rubr. 412. pag. 98. r°. : *Taliter quod aquæ currere non possunt et suum habere Discursum.*

3. **DISCURSUS**, Excursio, Gall. *Course.* Charta ann. 1390. in Reg. 141. Chartoph. reg. ch. 33 : *Nonnullos ejus familiares in dictis Discursibus cum dictis Anglicis et rebellibus mittendo etc.*

¶ **DISCURVUS**, Distortus. Joan. Longinus in Vita S. Stanislai Episc. Maii tom. 2. pag. 246 : *Os habens Discurvum et retortum.*

1. **DISCUS**. Capitulare de Villis cap. 24 : *Quidquid ad Discum dare debeat, unusquisque judex in suo habeat plebeio, qualiter bona et optima atque bene, studiose, et nitide omnia sint composita, quidquid dederint.* Galli dicerent : *Ce que chaque juge doit donner pour le Plat du Prince.* [Malim *pour la table*, ad mensam, deducendo vocem *Discus* a Germanica *Disch*, Mensa; unde etiam nostrum *Disner* vocabulum arcessit Barthius lib. 2. Advers. cap. 4. Vide *Discophorus.*] [** Fiscorum describendorum formulæ ap. Pertz. vol. leg. 1. pag. 179 : *Vestimenta : lectum parandum 1. drappos ad Discum parandum 1. toaclam 1.* Confer *Disclachan* ap. Graff. Thesaur. Ling. Franc. tom. 2. col. 159.]

¶ Discus, Mensa Scribarum et Notariorum, Gall. *Bureau.* Statuta Massil. lib. 1. cap. 4 : *Notariorum unus sit ad Discum juxta judicem pro scribendis, sicut consuetum est, omnibus actitatis causarum in dicta curia seu curiis ventilatarum.* Eadem repetuntur cap. 6. § 2. Annal. Genuens. ad annum 1266. apud Murator. tom. 6. col 537 : *Scribæ dicti Potestatis ad Discum suum fuerunt magister Albertus de Casali, Januinus Ogerius, et Balduinus de Izo, et ad Discum maleficiorum Guillel. Vegius et Emanuel de Albara.*

¶ Disci Veteres, Gall. *Oeillets de salines*, apud Lobinellum in Glossario Hist. Britan. tom. 2. col. 134 : *Verderie... que sont à Coisnon et a Discis veteribus usque mare.* Sunt areolæ continendis aquis, unde per calorem solis sal expromitur.

* 2. **DISCUS**, Tabula, ubi merces ven-

dendas exponunt. Stat. Astæ collat. 3. cap. 47. pag. 15. r°. : *Ordinatum quod revenditores, ubi habent Discos in mercato, teneantur et debeant tenere expeditas quatuor vias.* Stat. crimin. Riper. cap. 219. fol. 29. r°. : *Quilibet persona vendens pannum lanæ, debeat mensurare.... super tabula vel Disco.*

* 3. **DISCUS**, Cibus, qui in disco apponitur. Stat. Mss. eccl. Tull. ann. 1497. fol. 69. r°. : *Nota tamen quod in quolibet convivio festi Innocentium, omnia quæ apponuntur coram episcopo in dapibus, qui Disci nominantur, cedunt ferialibus subdiaconis et pueris chori, ita quod impune licet eis consequi.*

DISCUSSORES, dicti Cognitores et disceptatores rerum fiscalium, ab aliis tractarum, seu, qui in provincias extra ordinem mittebantur, examinaturi et inquisituri, quid tributorum nomine exactum esset, quid in reliquis resideret, quique adeo provinciales ad reliquorum solutionem cogerent, de quibus plene in C. Th. et Just. tit. de Discussorib. qui non alii videntur ab *Inspectoribus*, de quibus suo loco. Gloss. Isid. : *Discussor, Examinator.* Gloss. Lat. Gr. : *Discussor*, λογοθέτης. *Discussio*, λογοθεσία. Senator lib. 4. Epist. 38 : *Nobis supplicasse cognoscat a... Discussoribus iniquis se oneribus ingravatos.* Vide Edict. Theoderici Regis cap. 144.

Discussores Juramenti, in Lege Wisigoth. lib. 2. tit. 1. § 34. lib. 5. tit. 7. § 19. qui a Principe in provincias mittuntur ad excipienda subditorum fidelitatis sacramenta, cum de novo ad Regale fastigium evehitur.

* **DISDAMPNIFICARE**, Damnum reparare, restituere, Gall. *Dédommager.* Charta ann. 1342. in Reg. 72. Chartoph. reg. ch. 341 : *Pronuntiaverunt quod dictus magister Simon Disdampnificaret dom. nostrum regem de pecunia regia per eum soluta.* Vide supra *Dedamnificare.*

DISDONARE, Isidoro in Gloss. *Diversa donare.* [Sic *Dilargiri*, Diversis vel diversa largiri; Grævius tamen putat verius esse, quod in Constantiensi legitur : *Dissonat, per diversa sonat.* Papias : *Dissonat, non consentit, dissimulat, per diversa sonat;* melius, *Perversa sonat*, ex eodem Papia, qui habet : *Dissonum, Perverse sonans, dissimile.*]

DISENSOR, Ἑτερογνώμων, in Gloss. Græc. Lat. qui ab alio dissentit.

¶ **DISENTERIA**, Italis *Dissenteria*, Gallis *Dyssenterie*, a Græco δυσεντερία. Utitur Hugo Falcandus in Hist. Sicula, apud Murator. tom. 7. col. 302.

¶ **DISENTERIUM**, Eadem notione, apud Marten. Anecd. tom. 4. col. 43.

¶ **DISERTARE**, Disertum efficere. Oratio Johannis *Balue* Cardinalis coram Summo Pontifice anno circiter 1471. apud Acherium Spicil. tom. 9. pag. 329 : *Profecto finem orationi imponerem, nisi divini auxilii mihi spes inesset, quod balbutientes Disertat, et indoctos dirigit et ornat.*

Disertari, Disertum velle videri. Acta Martyrii S. Theodoriti : *Julianus dixit : Disertaris, sacrilege, tanquam ab Athenis nuper adveneris.*

¶ **DISERTIA** ut mox *Disertitudo*, apud Martenium Ampliss. Collect. tom. 2. col. 1422.

DISERTITUDO, Eloquentia, scientia. [Hieronymus Epist. 61. ad Pammachium cap. 4 : *Nisi tibi Disertitudinis tuæ fluvius inundasset.* Idem Epist. 51. ad Domnionem : *Det nobis occasionem respondendi Disertitudini tuæ.*] Eulogius lib. 3. Memor. SS. cap. 2 : *Gratia itaque Disertitudinis linguæ Arabicæ, qua nimium præditus erat, etc. Sermonum Disertitudo*, in Vita Isidori Hispalensis n. 5. Occurrit præterea in Gloss. Arabico-Lat. apud Aldhelm. lib. de Virgin. cap. 1. et Herimannum de Restaur. S. Mart. Tornacensis, cap. 103. [et in Vita B. Edmundi Archiep. Cantuar. inter Anecd. Marten. tom. 3. col. 1790.]

¶ Dissertitudo Eloquii, in Actis SS. Junii tom. 1. pag. 460.

DISERTOR, *Sophista*, Σοφιστής, in Gloss. Gr. Lat.

* **DISESIA**. Germ. Cabillon. episc. in vita Phil. Boni apud Ludewig. tom. 11. Reliq. Mss. pag. 32 : *Contra Borboniorum ducem, qui ab eo defecerat, per Disesias validissimum exercitum usque Avernos traicit.* An per angustos montium aditus?

* **DISFACERE**, ut supra *Defacere*, Abolere, irritum facere. Charta ann. 941. apud Murator. in Antiq. Estens. pag. 147 : *Nullus de heredibus meis incontra hunc meum judicatum.... ire, irrumpere, aut Disfacere, aut contendere, etc.* Pactum inter Soldan. et Pisan. ann. 1174. apud Lam. in Delic. erudit. pag. 201 : *Et isto stabilimento habeant Disfacto, etc.* Vide *Diffacere.*

* **DISFALCARE**. Vide supra *Difalcare.*

¶ **DISFASCIARE**, Solvere *fasciam* seu tæniam circumligatam. Acta SS. Junii tom. 3. pag. 446. de S. Raynerio : *Et super ipsum digitum expuit, et fasciavit illum, et prærcedit patri pueri, ut non Disfaciaret digitum pueri, usque dum alia die in sero reduceret ad eum puerum.*

* Glossar. Provinc. Lat. ex Cod. reg. 7657. *Fayssar, Prov. fasciare; inde Disfaciare.*

* **DISFERRIARE**, Italis *Disferrare*, Ferrum seu vincula demere, compedes solvere, nostris alias *Defferger.* Stat. Montisreg. pag. 269 : *Item statutum est quod ferrarii, qui habent inferriare et Disferriare presonerios, etc.* Lit. remiss. ann. 1383. in Reg. 123. Chartoph. reg. ch. 260 : *Jehan Guillon releva folz enragiez.... et tellement se démena en ses foleurs et temptations, qu'il convint qu'il feust enfergiez par les mains.... Lequel ainsi enfergé fu mené en pélerinage à S. Materin de l'Archant pour illec faire sa noveine.... Cuidans qu'il feust amendé dudit pélerinage, le Deffergerent; après lequel Deffergement icellui Guillon fist pis que devant; ... parquoy il convint qu'il feust renfergiez.* Aliæ ann. 1397. ex Reg. 152. ch. 144 : *Lequel viconte ordonna au geolier desdites prisons que icellui exposant feust enfergé par les piez.... Icellui exposant tout enfergé se parti d'icelle prison, et quant il fut hors de ladite ville se Deferga et s'en ala.*

¶ **DISFIDARE**, ut supra *Diffidare*, Gall. *Deffier.* Hist. Cortusiorum lib. 2. apud Muratorium tom. 12. col. 794 : *Videns hoc dominus Princeps statim Disfidavit Ugutionem, et fecit acies præparari ad pugnam.*

DISFILATUS Equus, in Statutis Mediolan. 2. part. cap. 487. [Lego *Desfilatus.*]

DISFŒDERATUS, Fœdere solutus, apud Erkempertum in Hist. Longob. pag. 69.

DISFORTIARE, Disfortiatio. Vide *Deforciare.*

DISGAGIARE, Disuagiare, ex Gall. *Dégager.* Tabularium S. Ægidii Pontis Audomari : *Fratres de S. Egidio Disgagiaverunt domum et hortos Engeranni.* Vide *Vadium*, *Deguadiare.*

¶ **DISGLACIARE**, Regelari, solvi, Gall. *Degeler*, Ital. *Disgelare.* Occurrit in Breviario Hist. Pisanæ ad ann. 1168.

¶ **DISGLUTINARE**, Disjungere, Gluten dissolvere. Hier. Ep. 26. ad Pammach. cap. 5. sub finem : *Conjuncta Disglutinamus; unita dissuimus.* Occurrit iterum in Testamento Giraldi Matisconensis ann. 888. inter Anecdota Marteniana tom. 1. col. 53. *Deglutinare palpebras* dixit Plinius.

* **DISGNUM**, Signum, nota, Gall. *Seing, marque.* Stat. ant. Florent. lib. 5. cap. 6. ex Cod. reg. 4621 : *Debeant (ambaxiatores) scribi facere suos equos, quos secum ducent, per pilos et Disgna.* Vide supra *Designum.*

* **DISGOLARE**, Distillare, effluere, Ital. *Disgocciolare*, Gall. *Ecouler* : unde *Disgolatorium*, alveus, quo aqua diffluere potest. Stat. Vercel. lib. 3. pag. 89. r°. : *Et more solito per antiqua et solita loca campi Disgolentur. Et quod faciat quod habentes terras et possessiones, in facie suæ terræ habeant fossata Disgolatoria, ita quod aqua pluviæ arceatur et fluat sicut fluere consuevit; .... ut superius dictum est, liceat consorti illum alveum seu Disgolatorium fieri facere, etc.*

¶ **DISGOMBERARE**, Italis *Disgombrare*, Gallis *vuider*, evacuare. Memoriale Potestatum Regiensium ad ann. 1283 : *Daynesius ibi est suffocatus et jacet, qui in dicto puteo intraverat ad Disgomberandum et remundandum, et cecidit puteus super eum.*

* **DISGOMBRARE**, Disgumbrare, Purgare, mundare, vox Italica. Stat. Mutin. rubr. 20. pag. 3. v°. : *De stratis Disgombrandis etc.* Stat. castri Redaldi lib. 3. pag. 47. v°. : *Item quod vicinus seu vicini.... compelli possint.... cavare et Disgumbrare, et cavata et Disgumbrata tenere ipsa fossata.* Vide supra *Discombrare.*

* **DISGONBRARE**, Liberare, quodvis impedimentum amovere. Stat. ant. Florent. lib. 2. cap. 58. ex Cod. reg. 4621. fol. 63. v°. : *Dominus potestas debeat ad petitionem cujuslibet cui data esset tenuta, ... facere præceptum de Disgonbrando ipsam tenutam.*

* **DISGRACIATUS**, Infortunatus, infelix, Ital. *Disgraziato.* Bareleta serm. in Dom. Palmar. : *Amor illius supremi Dei erga infelicem et Disgratiatam naturam humanam etc.* Vide mox

DISGRATIA, Offensio, infortunium, ex Gallico *Disgrace.* Guillelmus de Podio Laurentii cap. 1 : *Ægrotantem ergo terram tantæ infidelitatis Disgratia, vir religiosus Beatus Bernardus Clarevallensis Abbas..... visitavit.* Innocentius VI. PP. in Epist. MS. ad Ludovicum Regem Siciliæ : *Quia tamen regnum ipsum, instar infirmi, prætentæ Disgratiæ reliquiis debilis, etc.*

* Morbus, infirmitas, Ital. *Disgrazia.* Charta Will. Rom. reg. ann. 1252. in Batav. sacr. pag. 187. col. 1 : *Quod qui facere præsumpserit, Disgratiam nostræ celsitudinis se noverit incursurum, etc.* Acta S. Parid. tom. 2. Aug. pag. 76. col. 2 : *Ut quisquis febrili Disgratia seu quolibet languore detentus, de ipso fonte fideliter et devote potaret, ejusdem meritis remedii salutaris consequeretur effectum.*

¶ **DISGREGARE**, Disjungere, dissolvere. Martian. Capella lib. 3 : *Hic ordo rebus, quique Disgregabitur.* Vide *Digregare.*

* Chron. Pet. Azarii ad ann. 1360. apud Murator. tom. 16. Script. Ital. col. 357 : *Societas ista cœpit aciem primam domini Mediolani Disgregare et in cuneos separare.*

DISGREGUS, Multiformis, varius. Idem Capella lib. 9 : *Venustate Disgregæ puellæ.*

¶ **DISGRESSARI**, pro *Digredi.* Utitur Alanus de Insulis in Planctu naturæ pag. 301.

¶ **DISGRESSIO**, Titulus honorarius, quo Innocentius Papa compellat Archiepiscopum Armarchanum et Episcopum Silvanectensem in Rescripto pro Canonizatione S. Edmundi Cantuar. Archiep. inter Anecd. Marten. tom. 3. col. 1842. D. Verum puto legendum *Discretio.*

¶ **DISGREX**, *Segregus.* Gloss. Isid. Vitam solitariam *Segregem* appellat Seneca de Benef. 4. 18.

DISGRUERE, *Disconvenire, discordare.* Joan. de Janua.

¶ **DISGUAGIARE**, ut *Disgagiare*, Repignerare. Chartular. S. Vincentii Cenoman. fol. 67 : *Et postea centum et quinque solidos in caritate, unde Disguagiavit suam terram de Circuiardo.*

* **DISGUARNIMENTUM**, Id omne quo urbs vel castrum nudari potest. Charta ann. 1231. apud *Manni* in Observ. histor. ad Sigil. ant. tom. 7. pag. 117 : *Promiserunt et juraverunt.... dare castrum Tondæ et munitiones suas omnes dicto communi S. Miniatis, guarnimentum et Disguarnimentum contra omnes ad potestatis et regiminis, quod pro tempore fuerit, mandatum.* Vide *Disguarnire.*

¶ **DISGUARNIRE OPPIDUM**, Munitiones illius destruere, a Gallico *Degarnir*, Italis *Squernire*, Spoliare, denudare. Chronicon Parmense ad ann. 1307. apud Muratorium tom. 9. col. 865 : *Guastalla vero venit ad mandata dicti Defensoris, et per eum accepta fuit, et spanata de foveis et Disguarnita, et deforzata in totum circumquaque.*

* **DISGUMBRARE**. Vide supra *Disgombrare.*

DISHÆREDITARE. Vide *Dehæreditare.*

* **DISHOBEDIENTIA**, a Gallico *Désobéissance*, Inobedientia, imperii detrectatio, contumacia. Charta ann. 1378. in Reg. 119. Chartoph. reg. ch. 48 : *Cum Egidius Garnerii de Lunello burgensis regius Aquarum mortuarum sit præventus.... de morte Petri de Fabris; .... exigentibus contumaciis suis et Dishobedientiis, fuit condempnatus.*

* **DISHONOR**, Vituperium, dedecus, Ital. *Disonore*, Gall. *Deshonneur.* Charta Petri Candiani ducis Venet. ann. 964. tom. 4. Cod. Ital. diplom. col. 1522 : *Unde magna vituperatio erat in nobis, et in nostra patria et Dishonore in nostras cartulas, ... pro nihilo eas habebant.* Vide in *Dehonorare.*

DISHONORARE. Vide *Dehonorare.*

DISHYPATUS. Vide *Dissipatus.*

¶ **DISIS**, Græc. δύσις, Occasus solis. Sigebertus Levita apud Leibnitium Scriptor. Brunsvic. tom. 1. pag. 308. in Vita Theodorici I. Metensis Episc. :

Quatuor ecce plagas per quatuor aspice portas,
Scilicet Anatolen, Disin, Mesembrian, Arctón.

[* Vide infra *Dysis.*]

¶ **DISISIO**, Divisio. Testamentum Andreæ Dertonensis Episc. apud Ughellum in Appendice tom. 4. pag. 9 : *Aut ipsis casis et rebus in naufragium miserint, aut ullam Disisionem exinde fecerint.* Est pro *Decisio* a *Decidere*, Amputare, detrahere; vel a *Dis* et *secare*, ut infra *Dissicio.*

DISLAUDARE, [Dissuadere.] Vide *Laudare.*

DISLIGARE, in Charta Italica ann. 1287. apud Bollandum 20. Martii, et Jo. de Janua : nostris *Deslier.* [Utuntur et Bernardus Monachus Ord. Cluniac. part. 1. cap. 72. et Bartholomæus Scriba lib. 6. Annal. Genuens. ad ann. 1230.] Est etiam DISLIGARE, Solvere, solutione se liberare. Gloss. Arabico-Lat. : *Disligo, solvo. Desligement de Cens*, solutio censuum, in Statutis Leodiensib. art. 11.

* Alias *Desloer, Deslouer, Esloissier* et *Eslossier.* Lit. remiss. ann. 1373. in Reg. 105. Chartoph. reg. ch. 240 : *Icellui suppliant feri ledit Jehan d'un baston sur une de ses mains, et lui Desloa le pouce d'icelle main.* Aliæ ann. 1381. in Reg. 120. ch. 48 : *L'exposant et ses deux cousins.... trouverent un des freres dudit exposant, qui avoit Desnoué (sic) l'une de ses espaules, laquele espaule ledit Robert Bunel, qui estoit homme de mauvaise vie et renommée, lui avoit Deslouée d'un coup d'espée ou autrement.* Lit. remiss. ann. 1396. in Reg. 150. ch. 277 : *Icellui Colin feri d'une massue que il tenoit ledit Jehan si grand cop sur l'un de ses bras, que il en ot ledit bras froissié et Eslossié. La femme d'icellui suppliant fut abatue et atainte d'iceulx arbres, et ot l'un des bras Eslotssié*, in aliis. ann. 1420. ex Reg. 171. ch. 289. *Desrénement*, ipsa membri alicujus distorsio, in Lit. remiss. ann. 1395. ex Reg. 148. ch. 109 : *Comme le suppliant se soit entremis de garir rompures et cassures et Desrénemens de bras et de jambes, et d'autres maladies, etc.* Vide supra *Denodare* et infra *Elochare.*

¶ **DISLIGATIOR VITA**, Dissolutior, Gall. *Relaschée, Dissolue*, in Præcepto Ludovici August. ann. 19. imperii, apud Baluzium tom. 1. Capitul. col. 678.

¶ **DISLIQUIDUS**, *Dies præcipuus, clarus.* Papias in MS. Bituric. Forte legendum, *Dies liquidus.*

¶ **1. DISLOCARE**, Loco et sede movere, Gall. *Disloquer* : quod dici solet de ossibus sede sua delapsis. Occurrit in Historia S. Francisci de Paula, April. tom. 1. pag. 230. in Processu de SS. Virginibus Eychsellensibus, Junii tom. 3. pag. 117. apud Lobinellum in Hist. Britan. tom. 2. col. 563. etc.

* **2. DISLOCARE**, DISLOQUARE, A locatione resilire; practici nostri dicunt *Résilier un bail.* Charta ann. 1341. in Reg. 74. Chartoph. reg. ch. 480 : *De jure locandi et Dislocandi bona prædicta.* Alia ann. 1315. in Chartul. thesaur. S. Germ. Prat. fol. 19. v°. : *Constituimus procuratores ad loquandum et ad Disloquandum omnes et singulas terras, domos, vineas, possessiones, etc.*

* **DISLOGIARE**, a Gallico *Déloger*, Loco vel domo decedere. Comput. ann. 1399. inter Probat. tom. 3. Hist. Nem. pag. 150. col. 2 : *Verum quod certæ gentes armorum essent allogiatæ in loco de Bolhanicis suburbiorum Nemausi, dicti domini consules.... iverunt ad dictum locum de Bolhanicis pro visitando dictas gentes armorum, et taliter facere quod se Dislogiarent a prædicto loco.* Vide *Delocare.*

* **DISLOQUARE**. Vide supra *Dislocare* 2.

DISLOQUI, Incogitanter, imprudenter et inepte loqui et fabulari. Eckehardus Junior. de Casibus S. Galli cap. 14. pag. 98 : *At illi Disloqui eum, ut ægroti solent, putantes.* Vide *Miskennino.*

* *Déparoler*, pro Maledicere, famam alicujus lædere, in Serm. 45. ex Cod. S. Vict. Paris. xiv. sæc. : *Plusor s'asanblent aus places et aus rues, si Déparolent lor voisins, et les vis et les morz.*

¶ **DISMAGIUM**. Vide *Dimagium.*

DISMANARE, et DISMANNIRE. Formula vetus apud Bignonium : *Ut neque vos, neque juniores atque successores vestri ipsum pro hoc inquietare, nec Dismanare non præsumatis, nec facere dimittatis.* Editio Lindenbrogii præfert *Dismannire*, [Baluzii *Dismanuare* :] sed *Dismanare* habet etiam Charta Pipini Majoris Domus pro Monast. S. Dionys. apud Doubletum pag. 602 : *De villabus ipsius sancti suggessit, dicens, eo quod.... a pravis hominibus... de ipsa sancta casa abstractus vel Dismanatas fuerunt.* Bignonius *Dismanare*, de domo extrahere interpretatur. Sed videtur eadem vis esse vocabuli istius, quæ apud nos *Demener*, inquietare, turbare. *Se Demener*, est inquietum esse, Italis *Dimenare*, muovere in quà in là, rimenare, agitare. [Bignonianam interpretationem confirmat Testamentum Berarii Episc. Cenoman. apud Mabillon. Analect. tom. 3. pag. 214. ubi : *Neque nos neque successores nostri, nec ullus quilibet, quamdiu ipsa advivit, de ipsa Abbatia vel de ipso Monasterio, nec Dismanandum nec distrahendum, ad hoc faciendum non habeat pontificium.*]

* Nostris *Se Démeinner*, pro Se adhibere, agere, vulgo *Se conduire.* Joinvil. in S. Ludov. edit. reg. pag. 117 : *Celi qui ainsi se Démeinne, doit l'en appeler preudomme, etc.* Hinc *Démainement* dixerunt nostri quidquid ad rem tractandam pertinet. Chron. Ms. Bertr. Guesclini :

Je suis plege, mes sires, par droit accordement
Pour la paix bien tenir, voire par un couvent,
Con devoit avoir fait tout le Démainement
Dedans un certain jour qui fut dit plainement.

¶ **DISMANTA**, Nomen injurium, forte a Græco, Μάντις, Hariolus, et δίς, Bis, quasi Bis hariolus. Cardinalis Aragonius in Vita Alexandri III. Papæ, apud Muratorium tom. 3. pag. 449. col. 1. A : *Clamabant pueri contra ipsum Ecclesiæ invasorem* *dicentes, Maledicte, fili maledicti, Dismanta, non eris Papa, non eris Papa, Alexandrum volumus.*

* **DISMANTIRE**, a Gallico *Démentir*, Mendacii arguere. Lit. remiss. ann. 1360. in Reg. 89. Chartoph. reg. ch. 380 : *Dictus Johannes Mailli Dismantivit Petrum de Curia, etc.* Vide supra *Dimentiri*.

DISMANUARE. Vide *Dismanare*.

* **DISMAS**, Nomen fictitium boni Latronis, apud Corn. *Van Gestel* tom. 1. Histor. sacr. et prof. archiepiscop. Mechlin. pag. 67.

DISMASATUS, [Ager in quo nullum exstructum est ædificium.] Vide *Amasatus*.

DISMEMBRARE, etc. Vide *Demembrare*.

* **DISMENTIRI.** Vide supra *Dimentiri*.

DISMILITARE, A militia removere, degradare, proprie ordinem Militarem auferre, *Oster la Chevalerie*. Paschalis I. PP. in Confirmat. Privilegiorum Ecclesiæ Ravennatis, apud Rubeum lib. 5. pag. 237 : *Sed si militati fuerint, eos discingi et Dismilitari jubemus.* Exstat etiam apud Ughellum tom. 2. pag. 345. [Vide *Desmilitare*.]

¶ **DISMIRANDO**, *Emirando*. Papias. Forte pro *Demirando, admirando*.

¶ **DISMONTARE**, verbum Ital. Ex equo descendere. Regimina Paduæ ad ann. 1320. apud Murator. tom. 8. col. 432 : *Venit ad civitatem Paduæ... cum multa quantitate militum et Dismontavit in magno palatio Henrici Scrovegni.* Gallis *Démonter* est aliquem ex equo dejicere.

¶ DISMUNTARE, Eadem notione ibid. col. 432.

* **DISMUNDIARE**, *Mundium* seu tutelam puellæ abdicare et marito permittere. Contract. matrim. ann. 1248. apud Corbinel. inter Probat. domus *de Gondi* pag. 71 : *Quam siquidem Monacam dictus Ghondus pater ejus ipsi Jacopo Dismundiavit, et sub ejus mundio et potestate misit, cum omni frea et anagress et omni jure mundii, ipsis Jacopo et Monaca altero in alterum per verba de præsenti matrimonialiter consentiendo, cum annuli datione et receptione.* Vide *Mundium*.

1. **DISNARE.** Papias : *Jantare, Disnare dicitur vulgo.* Gallis, *Disner*. A δειπνέω, deducit vir doctus ad 14. Annal. Taciti, ut et Silvius in Isagoge : alii [quibus non favet littera *s* occurrens in *Disnare*,] a *Dejejunare*. Vide in hac voce Octav. Ferrarium in Orig. Ital. verbo *Desinare*, [et Menagium in Gallicis verbo *Diner*.]

* 2. **DISNARE**, a Gallico *Disner*, Pastus, procuratio, prandium. Glossar. Provinc. Lat. ex Cod. reg. 7657 : *Dinnador, Prov. pransorium, prandium.* Charta ann. 1122. inter Probat. tom. 2. Hist. Occit. col. 422 : *Ego Petrus abbas Anianensis.... dono tibi Guillelmo de Omellatis, ... et tuis successoribus bailiam in totum honorem de Carcares, et per istam bailiam supradictam habeas albergum cum Disnare in domo nostra de Carcares, per unumquemque annum, etc.* *Disnerie*, eodem sensu, in Charta ann. 1404. ex Reg. feudor. comitat. Pictav. in Cam. Comput. Paris. fol. 68. r°. : *Je Colas Baronneau de Lesignen congnois et confesse moi avoir.... une Disnerie, appellée la Disnerie de Beusse, laquelle part par indivis o le gouverneur de l'église d'Airon et o le gouverneur de l'église de Foillet.* Nisi tamen, quamquam bis distincte *Disnerie* legatur, emendandum sit *Dismerie*, Jus scilicet percipiendi decimam. Vide supra *Decimagium* in *Decimæ*.

DISNARIUM, DISNERIUM. [* Comput. Ms. ann. 1244 : *Pro expensis domini comitis ad S. Germanum et pro Disnerio suo apud Confluentum, xxxviij. sol. Disnerium seu prandium,* in Charta ann. 1354. ex Reg. 84. Chartoph. reg. ch. 416.] Vide *Dignerium*.

* **DISNIMANNUS.** Vide supra *Dienismannus*.

* **DISNODARE**, vox Italica, Discedere, disjungi, Gall. *Diviser*. Acta B. Amadei tom. 2. Aug. pag. 578. col. 1 : *Accipiens ipsam lesinam, eam invenit gravissimam et Disnodatam in medio manici concavatam.* Vide supra *Desnodare*.

* **DISNOICUS**, *Suspiciosus*, in Breviloquo vocabul.

* **DISOLOGIA**, *La dissolucione de sermone.* Glossar. Lat. Ital. Ms. Vide *Dissologia*.

DISOMUM, [Sepulcrum capiens corpora duo.] Vide *Bisomum*.

* **DISONODUCIT**, ἐπαγορεύει. Gloss. Lat. Gr. sed leg. ex Castigat. *Disconducit*.

DISORDONARE, Statutum revocare, Gallis *Desordonner*. Capitula Caroli C. tit. 43. § 3 : *Ipsam dispositionem nos Disordonare non possumus, nec debemus,* id est, evertere. [Baluzius habet *Disordinare*.]

¶ **DISORE**, DISORTIO. Vide *Dissortes*.

¶ **DISPACATUS**, Iratus, minime pacatus, in Responso Concilii Lavauriensis ad Petrum Regem Aragon. inter Concil. Hisp. tom. 3. pag. 482.

* *Despaisié*, eodem significatu, apud Scriptores nostros. Lit. remiss. ann. 1375. in Reg. 107. Chartoph. reg. ch. 377 : *Icelle suppliante affoiblie de teste et devenue par heures aussi comme folieuse,... traversoit jour et nuit par champs, par boys et par ville comme furieuse et femme Despaisiée.* Le Roman *de Cléomades* Ms. :

> Moult durement fu Dépaisié
> Ls rois Carmans et courechié.

¶ **DISPACKARE**, Fascem solvere, Gall. *Depaqueter. Panni ibi Dispackati seu aperti.* apud Rymer. tom. 5. pag. 79. Etymon *Pack*, Germ. Angl. et Belg. Fascis, Fascina, Gall. *Paquet*, Ital. *Pacchetto*. A *Pangere*, *Pactum* deducit Menagius, aliunde Skinnerus in Etymologico Anglico et Junius : quos, si vis, consule.

* **DISPADES**, *Genus serpentium*. Glossar. vet. ex Cod. reg. 7613.

* **DISPAGATIO.** Charta Henr. II. reg. Angl. pro libert. Normann. ex Reg. S. Justi Cam. Comput. Paris. fol. 34. r°. col. 2 : *Hæredes absque Dispagatione maritentur.* Ex eodem Reg. *Brussel* tom. 2. de Usu feud. edidit *Dispengatione*. Utrumque minus recte; legendum enim ut apud Matth. Paris *Disparagatione*. Vide *Disparagare* et *Disparagiare*.

DISPALARE, *In diversum tollere*, in Gloss. Arab. Lat. [Nonius : *Dispalare est separare. Sisenna Hist. lib.* 3. *Dispalati ab signis digressi omnes, ac dissipati.* Idem : *Tanto plures passim Dispalantur;* hoc est errant, ut recte exponit Martinius, qui *Dispalare* generatim reddit *Palis disjungere*. Papias : *Dispalatum, Diffugatum*.]

DISPARAGARE. Ea invaluit jam ab olim, non apud Francos modo, sed et apud exteras omnes ferme nationes, consuetudo, ut viri nobiles in matrimoniis uxores sibi adjungerent, simili natalium splendore illustres, ne si abjectæ conditionis fœminis commiscerentur, generis nobilitatem turpi commercio commacularent, et ut ait Novella Theod. de Mulierib. quæ se propriis servis junxerant, *ne insignium familiarum clara nobilitas indigni consortii fœditate vilesceret, et quod splendore forsitan Senatoriæ generositatis obtinuerat, contactu vilissimæ societatis amitteret.* Quo spectant ista Salviani lib. 4 : *Deformantes sancti connubii honorem per degeneris contubernii vilitatem, non erubescentes, maritos se fieri ancillarum suarum, præcipitantes fastigium nobilium matrimoniorum in cubilia obscena servarum, digni prorsus etiam illarum statu, quarum se putant dignos esse consortio.* Et hæc Lactantii lib. de Mortib. persecutor. num. 38 : *Ingenuas virgines imminutas servis suis donabat uxores.* Boetius in Topicis *impar matrimonium* vocat, cum civis Romana peregrino vel servo nubit. Ita etiam Lambertus Schafnaburg. ann. 1057. In Lege Wisigothorum lib. 5. tit. 7. § 17. prohibentur ejusmodi connubia, quia, inquit, *generosa nobilitas inferioris tactu fit turpis, et claritas generis sordescit commixtione abjectæ conditionis.* Sed et apud illos ea Lex viguit, ut puella nobilis, quæ *honestatis suæ oblita, personæ suæ non cogitans statum, ad inferiorem forte maritum devenerit, portionem suam, sive divisam, sive non divisam, quam de facultate parentum fuerat consecuta vel consecutura, amitteret,* nec fratrum aut sororum hæreditatem consequi posset, lib. 3. tit. 1. § 8. Id etiam de veteribus Saxonib. testatur Adam Bremensis cap. 5. ex Eginhardo. Tradit præterea Conradus Uspergensis Henricum IV. Imp. a suis incusatum, *quod filias illustrium, quibuslibet obscure natis conjugaret.* Alia in hanc sententiam congessimus ad Joinvillam. [** Vide Grimm. Antiq. Jur. German. pag. 439.]

De Francis nostris id constat, eos abhorruisse semper ejusmodi conjugia, quod testatur Gregorius Turon. lib. 3. Hist. cap. 31. ubi de filia Theodorici Regis Italiæ ex Clodovei Regis sorore, quæ, spreto matris consilio, servo suo Trauvilani nupserat : *Cumque mater ejus contra eam valde frenderet, peteretque ab ea, ne humiliaret diutius nobile genus, sed dimisso servo, similem sibi de genere Regio, quem providerat, deberet accipere, nullatenus voluit acquiescere.*

Legibus Francorum, a quibus morem hunc hauserunt Angli, Scoti, et alii, licebat Domino feudi superiori puellam nobilem, cujus ex lege tutor erat, cum ad legitimam ætatem pervenisset, quæ ad annum decimum quartum definiebatur, matrimonio, dummodo compar esset, copulare. Charta Libertatum Angliæ ann. 1215. apud Matthæum Paris : *Hæredes maritentur sine Disparagatione.* Quoniam Attachiamenta cap. 91 : *De hærede vero cum sit 14. annorum, vel ultra, usque ad plenam ætatem, si se maritaverit sine licentia domini sui, ut ei auferat maritagium, et Dominus ei offert rationabile maritagium, ubi non alias Disparagetur, vel dispersonetur, etc.* Charta anni 1206. apud Will. Thorn : *Ita quod Rogerus habebit prædictam vardam, donec pueri habeant ætatem, quod possint terram tenere et tunc maritabit illos, ita quod non sint Disparagati.* Charta Hervæi Comitis Nivernensis ann. 1215. apud Duchesnium in Probat. Histor. Castilioneæ pag. 41 : *Ita tamen quod si ego a dicta Mathilde uxore mea filiam vel filias suscepero, prædicti domini Ludovici filius, qui cum dicta Agnete filia mea sponsalia contrahet, eam vel eas post mortem meam et uxoris meæ, maritabit per terram vel per denarios sine Disparagamento*, ubi male *Dispergamento* editum. Regestum Feodor. et servitiorum fol. 16 : *Guillaume Noël tient du Roy son marchié et ses freres, en telle maniere, que le Roy puet marier sa premiere fille, sans la Desparager.* Apud Littletonem sect. 103 : *Si hæres, seu pupillus nobilis, infra ætatem 21. annorum sit, donques le Seigneur avera la garde et mariage de lui.* Id est, tutor illius erit, et illum maritare poterit. Si puella sit hæres, et 14. annum attigerit, potest Dominus, donec decimum sextum attigerit, quæ legitima et plena est puellarum ætas, providere ei de convenienti matrimonio, sine *Disparagatione. Le Seignior poit tender convenable mariage sauns Disparagement.* Vide Matth. Paris pag. 271. [Thomam *Madox* Formul. Anglic. pag. 326. et Rymerum tom. 11. pag. 771. col. 2.]

Quod si Dominus secus fecisset, et hæredem, puerum seu puellam, dispari matrimonio junxisset, mulctabatur, prout in Statuto de Merton. cap. 6. statuitur apud Littletonem sect. 107 : *De Dominis, qui maritaverint illos, quos habent in custodia sua, villanis, vel aliis, sicut burgensibus, ubi Disparagentur, si talis hæres fuerit infra 14. annos, et talis ætatis, quod matrimonio consentire non possit, tunc si parentes ejus conquerantur, Dominus amittet custodiam illam usque ad ætatem hæredis, et omne commodum, quod inde receptum fuerit, convertetur ad commodum hæredis infra ætatem existentis secundum dispositionem parentum, propter dedecus ei impositum. Si autem fuerit 14. annorum et ultra, quod consentire possit, et tali matrimonio consenserit, nulla sequatur pœna.* Iisdem verbis hæc habentur in legibus Baron. Scotic. seu Quon. Attach. cap. 92. ex quibus infert Littletonus, *disparagationem* locum non habere, nisi cum hæres infra 14. ætatis annum a Domino conjugio copulatur. Vide Chartam feodi pag. 181. v. Cowellum et lib. 1. Instit. tit. 10. § 4. et 6. etc.

Per Statuta Hierosolymitana, seu *Assisias*, cap. 190. et seq. Dominus poterat mulierem viduam, vel puellam, quæ 12. ætatis annum excesserat, et feudum militare, aut corporali, ut aiebant, servitio obnoxium, possidebat, compellere ad matrimonium, ipsasque maritare, *mais que il ne la Deparaige*, dummodo compar esset conjugium. Quo spectant, quæ habet Willelmus Tyrius lib. 12. cap. 12. de Balduino II. Rege Hierosol. qui tanquam Dominus superior Antiochenum Principatum sibi asseruerat, donec hæres adolesceret : *Collatis igitur liberis vel aliorum graduum consanguineis, eorum, qui in acie ceciderant, possessionibus, prout ratio vel regionis consuetudo deposcebat : viduis quoque apud Compares et comparis meriti viros nuptui collocatis, etc.*

Denique veteri Normanniæ jure municipali 1. part. : *Les suers ne poent demander, ne clamer partie en l'heritage leur pere encontre leurs freres, ne leurs hers, mes eles poent demander suffisant mariage. Et se les freres les poent marier sans Desparagier, soi de leur moeble sans terre, ou de terre sans moeble, cen leur doit souffire, etc.* [quæ sic Latine efferuntur apud Ludewig. tom. 7. Reliq. MSS. pag. 216 : *Si fratres eas ex mobili sine terra vel cum terra vel ex terra sine mobili voluerint maritare viris eis ydoneis sine Disparatione, hoc eisdem debet sufficere;* ubi pro *Disparatione* f. legendum est *Disparagatione.*] Plures porro casus *Disparagationis* profert Edw. Cokus ad Littletonem sect. 107. Adde Novam Consuet. Norman. art. 228. et 151. Bractonum lib. 2. cap. 38. § 1. 7. Fletam lib. 1. cap. 10. § 2. Rastallum verbo *Disparagement*, et quæ observavimus ad Joinvillam Dissert. 10. et ad Stabilimenta S. Ludovici lib. 1. cap. 61.

Huic porro voci opponitur alia, *Imparagare*, nostris *Imparager*, id est, filiam per nobile et conveniens matrimonium alicui copulare, ut est in Consuetudine Andegavensi art. 128. 241. Perperam vero editum

Disparatus, pro *Disparagatus*, in Charta Willelmi Comitis Forcalquerii ann. 1211 : *Faitque arbitrium Curiæ suæ, quod non audierant, neque viderant, quod Baronia aliqua esset divisa pro hærede femina, in qua hæres masculus haberetur; sed hæres femina maritagium accipiebat a patre vel matre sua, vel matribus suis, tale siquidem, in quo non erat Disparatus, et quod ei conveniret secundum genus et nobilitatem suam.* Habetur tom. 11. Spicilegii Acheriani. Vide *Paragium.*

¶ Dispengatio, pro *Disparagatio.* Charta Henrici Regis Angl. ann. circiter 1155. pro Normannis, apud D. *Brussel* de Usu feudorum tom. 2. pag. 11. ad calcem : *Heredes absque Dispengatione maritentur. Vidua post mortem mariti sui statim et sine difficultate habeat maritagium suum et hereditatem suam.*

¶ Dispariata. Chartular. S. Vandreg. tom. 1. pag. 1118 : *Ad faciendam voluntatem suam, et maritandum cuicumque voluerit, ita ut non sit Dispariata de genere.*

¶ Dispergamentum. Charta Conventionum Comitis Nivernensis de tradenda filia sua ann. 1115. apud Marten. Collect. Ampliss. tom. 1. col. 1124 : *Quod si ego a dicta Mathilde uxore mea filiam vel filias suscepero, prædicti Domini Ludovici filius, qui cum dicta Agnete filia mea sponsalia contrahet, eam vel eas post mortem meam et uxoris meæ maritabit per terram et per denarios sine Dispergamento.*

¶ Dispergatio, apud Rymerum tom. 3. pag. 136. col. 2.

* **DISPARAGIARE**, ut *Disparagare*, Dispari matrimonio jungere. Feoda Norman. in Reg. S. Justi fol. 157. v°. col. 1 : *Item notandum quod Willelmus de Merle tenet de domino rege suum mercatum et suas ferias, ita quod dom. rex potest maritare filiam ejus primogenitam, sine Disparagiare illam.*

¶ 1. **DISPARARE**, Ornatu spoliare, Gall. *Deparer*, quod de Templis præsertim dici solet. Leges Ludovici II. Augusti, [** cap. 7.] apud Muratorium tom. 1. part. 1. pag. 157. col. 2 : *Quoniam multos Presbyteros occasione taliter emtarum rerum Ecclesias, quibus præsunt, Disparasse, et offendisse, et spoliasse .... comperimus.* Diploma Ludovici VI. Franc. Regis ann. 1117. inter Anecd. Marten. tom. 1. col. 345 : *Ad capsam, in qua corpus B. Maglorii requiescit superargentandam, quæ propter matris Ecclesiæ necessitatem ex communi fratrum assensu fuit Disparata et detecta, duodecim marchas argenti ... dedit.* Bernardi Ordo Cluniac. part. 2. cap. 8 : *In crastino Epiphaniæ Disparatur altare ... et pallia ... unde medietas Ecclesiæ parata erat, auferuntur.*

* 2. **DISPARARE**, Laxare, remittere. Lit. remiss. ann. 1459. in Reg. 188. Chartoph. reg. ch. 190 : *Quamdum balhistam tenssam, quam tenebat, contra dictum Bajuli Disparavit et distetendit.*

¶ **DISPARASCERE**, Disparem esse et dissimilem. Claud. Mamert. lib. 1. cap. 9 : *Quod a nobis Disparascere arbitraris.*

¶ **DISPARATIO**, Disparatus. Vide in *Disparagare.*

* **DISPARATUS**, Distans, separatus. Charta Loth. reg. ann. 974. tom. 9. Collect. Histor. Franc. pag. 635 : *Abbatia cœnobii tertio milliario ab urbe Disparata, etc.* Occurrit præterea in Epist. Abbon. Floriac. tom. 10. ejusd. Collect. pag. 437.

¶ **DISPARE**, Inæqualiter, in Actis SS. Aprilis tom. 2. pag. 724.

* **DISPARERE**, Evadere, fugere, cessare, desinere, Ital. *Disparire*, Gall. *Disparoître, finir, cesser.* Annal. Bertin. ad ann. 863 : *Quod sentiens Rodoaldus, noctu fugá lapsus Disparuit.* Will. Gemetic. hist. Norman. tom. 10. Collect. Histor. Franc. pag. 192 : *Sic ducis hostibus profligatis, seditio pressa in partibus illis ultra Disparuit. Dispars*, pro *Dispersé*, dispersus, in Lit. ann. 1373. tom. 5. Ordinat. reg. Franc. pag. 662 : *Dispars et retrais en divers lieux.*

¶ **DISPARIATA.** Vide in *Disparagare.*

DISPARILIARE, *Distribuere*, in Gloss. Arabico-Lat. [Gloss. Sangerm. MS. n. 501. habet : *Disparilire, Distribuere.* Male in Amalthea : *Dispasilio, Distribuo.*] Nos dicimus *Despareiller*, sed alia notione.

DISPARILITAS, Disparitas, apud Stephanum Africanum in Vita S. Amatoris num. 19. [Utitur Gellius in Epilogo et lib. 7. cap. 3. Item Salvianus de Gubernatione Dei pag. 50.] Vide Olaum Borrichium de Variis linguæ Lat. ætatib. pag. 89.

* *A despareil*, disparatus, vulgo *Dépareillé.* Lit. remiss. ann. 1389. in Reg. 138. Chartoph. reg. ch. 133 : *Le suppliant rompy ledit petit coffre, où il trouva ..... un esperon à Despareil.*

¶ **DISPASILIRE.** Vide *Dispariliare.*

DISPATRIARE, De patria exire, peregre proficisci, Galli dicunt *Despayser.* Charta Philippi Aug. Regis Franc. ann.

1195. pro Communia Sanquintiniensi : *Si quis teneaturam anno et die in pace tenuerit, postea eam in pace teneat, nisi aliquis, qui Dispatriaverit, aut aliquis qui est in manburnia, super hoc clamorem fecerit.* Galli etiam *Dispatrier* dixerunt. Sic enim legendum in Consuetudine Namurcensi art. 61. pro *Dispatuer*, quæ vox nihil sonat. Est enim hoc loco, *Dispatrier, absconser, ou receller quelque chose*, Rem quamvis auferre, de suo loco tollere, amovere : nos etiamnum *Despayser*, hac ferme notione dicimus.

* *Despaïsier*, in Cons. Petri de Font. cap. 17. cujus titulus est : *Chi parolle de chiaus ki sun· Despaïsié.* Et art. 2 : *Or sachiés ke cil ki sunt Despaïsiés, ki sunt restablis, il sunt restablis en quatre coses. La premiere si est, s'ils ont esté longement hors du pais, etc.*

* **DISPAVIMENTARE**, Pavimentum refodere, Gall. *Dépaver*. Arest. 8. Apr. ann. 1410. in vol. 11. arrestor. parlam. Paris. : *Dispavimentare aut dispavimentari facere plateam prædictam non debebant.*

DISPECARE. Isidorus in Gloss. : *Dispecatis, decoriatis.* An *dispeciatis*? Galli dicunt *Depecé, mis en pieces*, a *Pecia*, quod vide. Alii emendant *Dispescatis.* Huc forte spectant *dispecti lapides*, apud Agrimensores pag. 277. ubi opponi videntur *politis*, ita ut *dispecti lapides* fuerint, qui rudi manu cæsi, *decoriati*, quibus primum *corium* desectum est. Vetus Consuetudo Norman. cap. 17. de *Warecho : Se dedens l'an et le jour vient avant aucun, qui feust à la nef, quant elle Despecha.* Id est, cum in partes scissa est ac divisa. Sed et inde forte Consuetudo Senonens. art. 213. et Parisiens. art. 35. *Despié, démembrement, et division de fief* vocant.

☞ Autumo legendum *Dispicatis* a *Dispicare*, quod contrarium videtur *Inspicare* Virgiliano 3. Georg. *Ferroque faces Inspicat acuto.* Ubi Servius : *Acuto ferro incidit, ad speciem et imaginem aristarum. Dispicare* est rumpere, frangere. Papias : *Dispicatus, Decoratus, ruptus.* Ruffinus lib. 3. Histor. cap. 6 : *Repente Despicatis foribus præcipites irruebant*, id est, effractis.

* *Déhacher* et *Déhachier* nostris alias, pro Discerpere, concidere. Lit. remiss. ann. 1358. in Reg. 90. Chartoph. reg. ch. 151 : *Icelles lettres et escriz furent dépeciez et Déhachiez par petites pieces, telles que nulz ne les sauroit, ne pourroit assembler.* Aliæ ann. 1427. in Reg. 173. ch. 746 : *Le suppliant . . . . d'un coustel, . . . dont il Déhachoit ou petit baston, féri ledit Charlet.*

DISPECTUS. Vide *Despectus.*

DISPENDERE, Expendere, dilapidare. Capitula Caroli C. tit. 16. [** de Carisiac. ann. 856.] cap. 6 : *Quia multos dies in illius servitio misit, et omnia, quæ habuit, Dispendit.* Tit. 31. [** Edict. Pist. ann. 864.] cap. 34 : *Potest fieri, ut qui tales homines liberos necessitate cogente in servos suscipiant, in alteras partes illos Dispendant, et vendant.*

* *Despandre*, eodem sensu, in Charta prior. et monach. Luxov. ann. 1266. ex Chartul. Campan. fol. 403 : *Et ce que nos Despandons pran l'an à créance.*

DISPENDIOSUS, *Damnosus*, ἐπιζήμιος, in Gloss. Græc. Lat. [*Cunctatio Dispendiosa est*, apud Columellam ; *Conditiones pacis Dispendiosæ*, apud Sextum Rufum cap. 29.]

¶ 1. **DISPENDIUM**, Idem quod *Dispensa*, Expensa, sumtus. Præceptum Carlomanni Regis apud Acherium Spicil. tom. 8. pag. 150 : *In usus et Dispendia et utilitatem fratrum suprascriptæ Ecclesiæ* (Aurel.) *vel Monasteriorum ibidem pertinentium... permanendo consistant.* Obertus Cancellarius lib. 2. Annal. Genuens. ad ann. 1164 : *Et facto consilio non placuit, ut de communibus rebus factum foret Dispendium itineris.* Vide Lobinellum in Glossario ad calcem Histor. Britan. Eadem fere notione usi sunt Plautus et Plinius.

¶ 2. **DISPENDIUM**, compendio contrarium, Diverticulum, circuitus, ambages, Gallice *Detour.* Chronic. parvum Ferrariense, apud Murator. tom. 8. col. 474 : *Si eundum erat ab Este sito in agro Paduano usque Bononiam, tantum viarum Dispendium fiebat, deflectendo a vico Variano... et accedendo Sermidum, inde Mutinam, demum Bononiam.* Charta Henrici et Conradi Ducum Silesiæ ann. 1339. apud Ludewig. Reliq. MSS. tom. 5. pag. 546 : *Ad dictam civitatem Lubin personaliter nos vel alterum nostrum cum alterius mandato accedere absque mora, absque Dispendio et dilatione promittimus.* Litteræ universales Ligæ inter Imp. Carolum IV. et Edwardum III. Regem Angl. apud eumd. Ludewig. tom. citato pag. 465 : *Quodcumque impedimentum hujus faciemus et procurabimus absque mora et Dispendio, quantum poterimus, amoveri.* Sed et Lucretius ead. notione dixit :

Jam super Herculeas fauces nemorosaque Tempe,
Æmoniæ deserta petens Dispendia sylvæ.

* **DISPENGATIO**, male pro *Disparagatio.* Vide supra *Dispagatio.*

* **DISPENNUM**, pro *Dispendium*, Expensa, sumtus, in Charta ann. 1328. inter Probat domus de Chaban. pag. 65 : *Sub restrictione Dispennorum et expensorum litis, etc.*

1. **DISPENSA**, Expensi ratio, sumtus. Glossæ vett. Barthii : *Impendium, Dispensa.* Will. Brito in Vocabul. MS. : *Dispensa, expensa.* Eginhardus Epist. 13 : *Nam de Dispensa, quam in Aquis accepistis, nullam volo aliam retributionem, nisi amicitiam tuam.* Capitula Caroli M. lib. 4. cap. 73 : *De Dispensa Missorum nostrorum, etc.* Concilium Duziacense I. part. 4. cap. 4 : *Noluit ire ad mansiones, quas sui homines præmissi acceperant, ad quas Dispensa sua adducta fuerat.* Adde Synodum Ticinensem ann. 855. Capitula Caroli C. tit. 5. [** ap. Tolosam ann. 844.] cap. 3. 5. Capitulare de Villis cap. 24. Capitul. ann. 821. cap. 2. Castellum in Comitibus Tolosanis pag. 192. [** Fragment. ampliora Polypt. Sithiensis ap. Guerard. pag. 404. caput 22. inscriptum : *Brevis de substantia et censu et Dispensa, etc.* Ibid. pag. 405 : *De farina grossa ad Dispensam famulis et pauperibus, etc.*]

2. **DISPENSA**, Penaria, promptuarium, a Gallico *Despense. Camera Dispensatoria*, in Chronico sancti Trudonis lib. 10. pag. 470. [** *Solarium ad Dispensandum*, in Formul. fiscor. describend ap. Pertz. Leg. tom. 1. pag. 178. lin. 37.] Leges Canuti Reg. Angl. cap. 103 : *Sed suum horderium, quod dicere possumus Dispensam, et cistam suam.... debet ipsa custodire.* Liber Ordinis S. Victoris Parisiens. MS. cap. 11 : *Sub manu Cellerarii est coquina, lardarium, Dispensa interior.* Jo. Brompton. ann. 1189 : *Radulfus Clericus de Dispensa Regis.* Bracton. lib. 3. Tract. 2. cap. 32. § 9 : *Habere debet uxor sub custodia sua claves Dispensæ suæ, archæ suæ, et scrinii sui.* [*Cellerarius Dispensæ*, in Capitulis General. S. Victoris Massil. MSS. ubi pluries occurrit vox *Dispensa* hac notione : verum alia paulo diversa, scilicet pro obsonio Monachi, usurpat Guido Discipl. Farfensis cap. 36. ubi sic : *Similiter pro illis, in quorum anniversario plenum Officium sit, tot Dispensas vel justitias recipiet, quæ constitutæ fuerint in loco.*]

Spensa, Eadem notione, in Capitulari de Villis cap. 64. et in Capitul. 2. ann. 813. cap. 10. Leges Baronum Scoticorum, seu Quoniam Attach. cap. 12. § 7 : *Si furtum inveniatur sub clavibus suis, quas ipsa (uxor) habet sub custodia et cura sua, utpote Spensæ, arcæ suæ vel scrinii sui.* Occurrit etiam in Statutis Willelmi Regis Scotiæ cap. 19. § 3.

* **DISPENSABILIS**, Ad *dispensam* seu Cenaculum aulicorum pertinens. Charta Henr. reg. Angl. et ducis Norman. in Reg. 62. Chartoph. reg. ch. 368 : *Volo et confirmo quod in curia mea habeat* (Odoinus de Mala-palude serviens meus) . . . . . *quatuor fercula, unum ex magnis, et duo ex militibus, et unum Dispensabile.* Id est, quale in *dispensa* aulicis apponitur.

DISPENSARE, Gall. *Depenser.* Gloss. Lat. Græc. : *Dispensat*, δαπανᾷ, ἀναλίσκει. Will. Brito in Vocabul. : *Dispensare, largiri, donare, expendere.* Possidius in Vita S. Augustini cap. 24 : *Quæ anno completo eidem recitabantur, quo sciretur, quantum acceptum, quantumque Dispensatum esset, vel quidquid indispensatum, vel Dispensandum remansisset.* Flodoardus lib. 2. Hist. Rem. cap. 18 : *Unde datur intelligi, in majoribus quoque locis multo tunc plura fuisse Dispensata.* Adde Capitulare de Villis cap. 55.

DISPENSARIUS, Idem, qui infra *Dispensator*, Gall. *Despensier*, Anglis *Spencer.* Occurrit in Fleta lib. 2. cap. 72. § 17.

1. **DISPENSATIO**, Dei dispositio et providentia, qua vocare gentes ad verum Dei cultum, et universum humanum genus per Incarnationem, Nativitatem, Mortem, et Resurrectionem Christi salvum præstare decrevit. Hanc dispositionem per excellentiam SS. Patres οἰκονομίαν simpliciter vocant, quidam ex Latinis *Dispensationem.* S. Hilarius lib. 12. de Trinit. de hæreticis : *Dispensationem assumpti corporis rapiunt ad contumeliam Divinitatis.* S. Aug. tr. 4. in Joan. : *Quicquid ergo humiliter positum audistis de D. Jesu Christo, susceptæ carnis Dispensationem cogitate.* Vigilius Tapsensis lib. 1. contra Eutych. : *Alius, qui permanet semper innatus, alius qui per Dispensationem carnis cuncta nostra fragilitatis officia explet, etc.* Joan. Antioch. apud Facundum Hermian. lib. 7. cap. 5. de Christo :

Qui inenarrabilem corporis Dispensationem pro nobis suscepit. Leo M. PP. in Epistola post Acta Concilii Calchedonensis : *Quomodo Dispensationis sacramentum sit ab initio ex vulva dispositum.* Diurnus Romanus pag. 37. de Nestorio : *Dominicæ Dispensationi infestus, utpote qui adorandæ Incarnationis arcanum, Deum ab homine separando disjunxerat.* Guibertus lib. 3. de Vita sua cap. 16. de quibusdam hæreticis : *Dispensationem filii Virginis phantasma fatentur.* S. Hieronymus Epist. ad Oceanum *œconomiæ* verbo usus est, ubi de Apollinario Laodicensi Episcopo : *Is dimidiatam Christi introduxit Oeconomiam.* Concilium Cloveshoviense anni 747. cap. 13 : *Dominicæ Compensationis in carne sacrosanctæ festivitates.* Vide, quæ de voce οἰκονομία, annotavit Henricus Valesius ad Eusebii Hist. Eccles. lib. 1. cap. 1.

¶ 2. **DISPENSATIO**, Provida juris communis relaxatio, Gall. *Dispense :* vox hodie Juris canonici peritis notissima; Græcis Patribus οἰκονομία, συγγνώμη, συγκατάβασις, συμπάθεια, φιλανθρωπία. Latinis vero, *Remissio, venia, indulgentia, clementia, lenitas, mansuetudo, miseratio.* Hoc intellectu primus, ut Marca interpretatur, *Dispensationis* vocem usurpavit Gelasius Papa in sua Epistola ad Episcopos Lucaniæ scribens : *Necessaria rerum Dispensatione constringimur, et apostolicæ sedis moderamine convenimur, sic canonum paternorum decreta librare, et retro Præsulum decessorumque nostrorum præcepta metiri, ut quæ præsentium necessitas temporum restaurandis Ecclesiis relaxanda deposcit, adhibita consideratione diligenti, quantum fieri potest temperemus... priscis igitur pro sui reverentia manentibus constitutis, quæ, ubi nulla rerum vel temporum perurget angustia, regulariter convenit custodire.* Hæc quidem Gelasius, cum propter instantem Ecclesiæ necessitatem indulsit, ut monachi intra annum, laici vero intra menses decem et octo presbyterii gradum adipiscerentur, quem nonnisi post longiora temporum intervalla juxta canones poterant obtinere. Perraræ sunt apud antiquos hujuscemodi dispensationes in antecessum datæ. Hæc enim antiquarum et hodiernarum dispensationum *summa differentia est*, ut Marca loquitur, *quod apud veteres nunquam daretur venia canonis infringendi, sed infracti et violati pœna ob gravissimas causas aliquando remitteretur; hodie vero legum canonicarum venia in antecessum concedatur.* Ea erat antiquitus omnium adversus sacros canones reverentia, ut ipsi summi Pontifices, penes quos potior auctoritas semper fuit, hanc sibi nolint concessam fuisse potestatem quidquam contra Patrum statuta faciendi : *Contra statuta Patrum*, inquit Zozimus Epist. 5. *Concedere vel mutare ne hujus quidem sedis possit auctoritas; apud nos enim inconvulsis radicibus vivit antiquitas, cui decreta Patrum sanxere reverentiam.* Eadem religione ductus Cælestinus I. Epist. 3. ad Episcopos Illyrici scribit : *Dominentur nobis regulæ, non regulis dominemur : simus subjecti canonibus, cum canonum præcepta servamus.* Idem S. Pontifex Epist. 5. ad Episcopos Apuliæ et Calabriæ acrius invehitur in eos qui spretis canonibus laicos ad Episcopatum promoveri cupiebant, *non solum*, inquit, *male de suis Clericis, in quorum contemtum hoc faciunt, judicantes; sed de nobis pessime, quos credunt hoc posse facere, sentientes.* Verum quanta quanta fuerit Romanis Pontificibus ceterisque virtute præstantioribus Episcopis religio in observandis veteribus regulis, sæpe tamen pro majori Ecclesiæ utilitate nonnihil ab iis recedere coacti sunt, hancque mitiorem agendi rationem appellarunt Jurisconsulti *Dispensationem :* cujus hodie is usus est, ut neque nomen ab ullo quoquam ignoretur. De Dispensationibus data opera egerunt Petrus de Marca lib. 3. de Concordia Sacerdotii et Imperii cap. 13. et seqq. Thomassinus de Disciplina Eccl. part. 2. lib. 3. cap. 24. etc.

* Stat. Præmonst. Mss. dist. 3. cap. 2 : *Qui autem non clamatus veniam de hoc sponte sua postulaverit, correctionem non accipiet : sed, sicut dictum est, sine Dispensatione jejunabit. Dispensacion*, pro Licentia, in Lit. ann. 1372. tom. 5. Ordinat. reg. Franc. pag. 565.

Dispensatio in Matrimoniis. Vide *Generatio.*

* **DISPENSATIVUS**, Qui remitti et relaxari potest. B. de Amoribus in Speculo sacerd. Ms. cap. 27. de Peccatis venialibus :

Mortificativa non sunt, sed Dispensativa . . .
Multis namque modis dominus veniale remittit.

DISPENSATOR, Qui expensa et accepta compensat et impendit. Gloss. Græc. Lat. : *Dispensator*, οἰκονόμος, ἐπιδαπανητής. Glossæ Basil. : Δισπενσάτωρ, οἰκονόμος. Papias ex Varrone lib. 4. de lingua Lat. : *Dispensator, cui creditur administratio pecuniarum, quia prius quam dabant pecuniam, non numerabant, sed appendebant eam.* Apud Evodium lib. 2. de Miracul. S. Stephani cap. 5 : *Dispensator pecuniæ publicæ Carthaginensis Civitatis.* Epitaphium Ambrosii Primicerii Notariorum sub Pipino Rege, Romæ : *In creditam sibi rem fidelissimus Dispensator.* Denique JC. *Dispensator* est servus, quem dominus præposuit Kalendario, hoc est, pecuniis credendis sub usuris. Ita Cujacius tract. 8. ad African. Vide Salmas. in Disquisit. de Mutuo pag. 266. Vincentius Belvacensis lib. 29. cap. 118. de quodam Oeconomo : *Quia Tantalus erat in rei familiaris custodia, bonus Dispensator et prudens et fidelis, quod rarissime in Dispensatoribus invenitur.* Sed proprie

Dispensator dictus, qui in palatiis Regum aut Principum *Oeconomus, Majordomus*, nostris *Maitre d'hôtel.* Idem Papias : *Oeconomus, Dispensator, Dispositor Regiæ domus.* Vitalis Episcopus Oscensis apud Blancam in Comment. Rer. Arag. pag. 782 : *Post Regem* (Aragonum) *Dispensator domus Regiæ, qui dicitur Major domus.* Leges Alfonsinæ, seu *Partidæ*, part. 2. tit. 9. lege 13 : *Despenseros son otros officiales, que han de comprar las cosas, que son menester para gobierno del Rey, e por esso les llaman assi porque ellos despienden los dineros de que las compran.* Leonius Presbyter in Historia sacra MS. de Josepho :

. . . Ut Benjamin una
Videt adesse Joseph, Dispensatore vocato,
Intra tecta viros recipi, festasque parari
Præcipieus epulas, etc.

Dispensatores inter officia domus Augustæ non semel memorant veteres Inscriptiones apud Gruterum pag. 595. et 597. Ita apud Hincmarum de Ordine Palatii cap. 17. recensentur inter Ministeriales Palatii Francici. In veteri Charta, descripta in Historia Prioratus S. Martini de Campis pag. 479. refertur *Azo Regis* Francorum *Dispensator.* Vide Hugonem de Cleeriis de Majoratu Franciæ.

In Palatiis Regum Angliæ *Dispensatores* non semel occurrunt. Apud Rogerum Hovedenum 1. part. et Florentium Wigorniensem, *Edricus Dispensator Haroldi Regis Angliæ*, et *Stir Major-domus*, dicuntur : ut in Monastico Anglicano tom. 1. pag. 132. 627. 657. *Robertus Regis Angliæ, et Osmundus Dispensator Comitis* de Warenna. Apud Matthæum Paris, Galfridi *Dispensatoris*, Militis egregii, et Regis Angliæ specialis Consiliarii mors indicatur sub ann. 1251. Notissima præterea in eo regno nobilissima *Dispensatorum*, seu *des Despensiers* familia, quæ ab hocce munere nomen assumpsit, quo etiam ejusmodi *Dispensatores* appellabant nostri; non vero quod nepotes seu effussi essent, uti censuit Petr. Faber lib. 3. Semest. cap. 19. pag. 294. Le Roman *de Garin* MS. :

Au Mangier sert Don Hue de Belin,
Despensiers fu li Bourgoins Auberis,
Girart del Liege, et l'Alemant Orris,
Eschançon fu Geuffrois li Angevins.

Le Roman *de Jordain de Blaye* MS. :

Lors en apelle li fel ses Despensiers,
Dedans la charte li portent à manger.

Octavianus *de S. Gelais* in Viridario honoris :

Varlez de chambre, escuiers, officiers,
Portebuffez, eschançons, Despensiers.

Vide Fragmentum Petronii pag. 6. Rainaldum Vezel. in Vita S. Hugonis Abb. Cluniac. n. 30. etc.

* Inter ministeriales domus Theodorici comitis Flandriæ *Rogerius dispensator* subscribit Chartam ann. 1151. Vide Comment. Acad. Inscript. tom. 9. ubi de Inscript. Lingon.

** Dispensator Ecclesiæ. Marius Mercator. pag. 186 : *Charisius quidam nomine presbyter et Dispensator sanctæ ecclesiæ Philadelphiæ civitatis.* Vide *Oeconomus* et Οἰκονόμος in Glossar. med. Græcit. Dispensatoris in Monasterio Novillarensi meminit Victoris IV. PP. Brev. ann. 1162. in Alsat. Diplom. num. 303 : *Victor. ep. serv. serv. Dei, dilectis in Christo filiis, abbati Erphoni sancti Petri Navillarensis et Philippo Dispensatori ecclesiæ S. Adelphi .... Dispensator vero prebendarum amministrationem ab abbate suscipiet et fidelitatem ei faciet .... licebit abbati, illo deposito alium de jure constituere Dispensatorem. Obedientiam autem pro susceptis beneficiis prebendarum tam ipse Dispensator quam reliqui fratres abbati devote promittere debent et humiliter exhibere. Post obitum vero abbatis a successore ipsius Dispensationem ipsam Dispensator repetet, et in ejus erit arbitrio concedere vel non concedere.*

¶ **DISPENSATORIA** Camera. Vide *Dispensa* 2.

* **DISPENSATORIE**, Ut prudentem *dispensatorem* seu œconomum decet. Epist.

Abbon. Floriac. tom. 10. Collect. Histor. Franc. pag. 436 : *Quorum opinionem adeo verum credidi, ut eorum declamatoriam orationem vestris auribus Dispensatorie allegarem.* Vide *Dispensator*.

* **DISPENSATORIUM**, Canalis, quo aqua *dispensatur* et distribuitur. Charta an. 1229. ex Cod. reg. 4659 : *Quam* (aquam) *accipietis in callata pontis Boni passus citra ipsum pontem, ubi facietis Dispensatorium, per quod ipsa aqua taliter valeat dispensari, ut semper excludi et detineri valeat sine dampno.*

** **DISPENSATORIUS**, Ad Dei dispositionem pertinens. Vide *Dispensatio*, 1. Hieron. in Isai. 14, 53, 12 : *Qui Dispensatoriam inter Petrum et Paulum contentionem vere dicunt jurgium fuisse atque certamen.* Marius Mercator. pag. 302 : *Ex utraque est Christus, ex deitate et humanitate, secundum Dispensatoriam adunationem. Conventio Dispensatoria carnis*, ibid. pag. 296. Adde pag. 375. et 381.

¶ **DISPENSATRIX**, Procuratrix, Quæ *dispensat*, disponit, ordinat, distribuit. S. Hieron. Quæst. Hebr. in 1. Paralip. 1 : *Mezaab filia aurificis, quæ duos patres habere describitur, ad significandum mysterium sub una interpretatione nominum : ut aurifex genuerit Dispensatricem, Dispensatrix genuerit benignitatem Domini.* S. Ambr. Off. lib. 1. cap. 12 : *Plerique revocantur ab officio Dispensatricis misericordiæ.*

¶ **DISPENSIO**, ut *Dispensa*, Sumtus, impensa, Gall. *Dépense*. Histor. Monasterii Chombergensis apud Raymund. Duellium Miscell. lib. 2. pag. 276 : *Hoc anno hic bene agitur. Sequenti anno tanta Dispensio ibi pro quibusdam causis ex operatione antiqui hostis est excitata, ut magna pars Fratrum, etiam ipse Abbas inde discederent.*

¶ **DISPENSOR**, ἑτερογνώμων, *Dissentiens*. Supplem. Antiquarii. Legendum *Dissensor*, ut *Assensor*, Assentiens.

** **DISPERARE**, pro *Desperare*, in Vita S. Galli ap. Pertz. Script. tom. 2. pag. 10. lin. 25.

¶ **DISPERGAMENTUM**, Dispergatio. Vide in *Disparagare*.

** **DISPERGARE**, forte *Disbrigare*, Lite et molestia liberare, evictionem præstare. Charta ann. 1275. in Guden. Cod. Diplom. tom. 1. pag. 757 : *Nos bona vendita per nos D. decano et capitulo ecclesiæ Aschaffinb. auctorizabimus et Dispergabimus ab omni persona, cui ipsa bona obligata forent, etc.*

DISPERSONARE, Injuria afficere, verbis injuriosis dehonestare. Quoniam Attachiamenta cap. 40 : *Si quis Dispersonaverit Baillivum, in curia Domini sui, seu maledixerit ei ibidem : debet inclamari de suo malefacto commisso.* Occurrit præterea cap. 91. 104. et in Itinere Camerarii Scotici cap. 39.

Depersonare, Eadem notione dixit Matthæus Paris : *Non est Depersonatus mihi ministrando, cum sis filius Comitis, ego Regis et Reginæ.* Hugo Flaviniacensis in Chron. pag. 200 : *Si, inquit, istum non adjuvero, non dilexero, non ea tractavero caritate et dulcedine, qua Bruno Willelmum, Depersoner ab honore meo.* Vide *Personatus*.

DISPESSUS. Capitula Ludovici Pii et Lotharii ann. 821 : *Deinde in nostro regno beneficium non habeat, et alodis ejus Dispessis vocibus in bannum mittatur.*

¶ **DISPEX**, ὀξυβλέπτης, *Acute cernens*. Supplement. Antiquarii, et Gloss. Lat. Græc. Sangerman. Minutius Octav. : *Dispicis Isidis ad hirundinem sistrum.*

¶ **DISPICATUS**. Vide *Dispecatus*.

DISPICULARE, *Sagittare*. Papias. Spicula emittere. [Eadem habet Glossar. Sangerm. n. 501.]

DESPIGNORARE, [Dispignerare,] Idem quod *Disvadiare*, *Desgager*, pignus reluere. Lex Longob. lib. 1. tit. 23. § 2. [** Roth. 351.] : *Si de ipsis peculiis aliquod mortuum fuerit suæ negligentiæ reputet, quod Dispignorare neglexerit.* [Chartarium Ecclesiæ Auxitanæ cap. 64 : *Postea esset multis impignerata et Bertramnus non posset eam Dispignerare.* Vide *Despignerare*.]

DISPILARE, *Compilare, expilare*, συλεῖν. Gl. Gr. Lat.

DISPISCARI, Contra jus et fas piscari in aliorum vivariis. Charta Alfonsi VII. Regis Hispaniæ æræ 1152. apud Antonium *de Yepez*, in Chron. Ord. S. Benedicti tom. 6 : *Nullus itaque potens homo vel impotens sit ausus intra prædictos terminos violenter intrare, vel aliquid... inde asportare, nec pascere cum pecoribus, nec Dispicari vivos de die de nocte, nec temere hæreditates, etc.* Hinc forte nostrum *dépescher*, pro rem aliquam cito conficere, quod faciunt, qui furtive piscantur.

DISPLACENTIA, Molestia, offensa, Gall. *Desplaisance, desplaisir*. [Ital. *Displicenza*.] Thwroczius in Ludovico Rege Hungar. cap. 27 : *Bona eorum confiscaverunt in Displacentiam Regiæ Majestatis.* Galli dicerent : *En dépit du Roy*, in despectum Regis, *pour faire Desplaisance*, ou *Desplaisir au Roy*. Idem cap. 30 : *Et propter hoc Displacentiam Regiæ Majestatis incurrit.* Cap. 34 : *Contra D. Karolum Imperatorem, pro quibusdam Displacentiis, Rex personaliter cum magno exercitu... perrexit.* Ericus Upsaliensis lib. 5. Hist. Suecicæ pag. 166 : *Petentes et ipsi suppliciter, ut ipse eis omnem Displicentiam remitteret et rancorem.* [Seneca de Tranquillitate vitæ cap. 2 : *Hinc illud tædium et Displicentia sui.* Occurrit apud Rymerum tom. 1. pag. 769. et tom. 8. pag. 305. Murator. tom. 12. col. 498. 599.]

DISPLACIDUS, *Morosus*. Gloss. Isid. Addit Papias, *Inconveniens*.

* **DISPLANARE**, Evertere, æquare solo, Gall. *Raser*. Steph. de Infestura Ms. ubi de Innoc. VIII. PP. : *Videns postea Innocentius dictorum rusticorum inconstantiam ;... et quod rupta fide iterum contra Ecclesiam ad Ursinos revertebantur, incontinenti mandavit dictum castrum funditus et a radice Displanari.*

¶ **DISPLANS** Nemus, pro *Deplantatum*. Vide locum in *Berra*.

* **DISPLAYS**. Vide infra *Displois*.

¶ **DISPLICARE**, Explicare, expandere, Gall. *Deplier*. Bernard. Monach. Ord. Cluniac. part. 1. cap. 72 : *Interim socius ejus vestimentum disligat, amictum Displicatum capiti applicat, album a parte capitis plicatam, tenendo ora expensa, cum cingulo et manipulo donat.* Vita B. Coletæ cap. 6. n. 37. Martii tom. 1. pag. 549. B. : *Et displicato dicto rotulo legens, etc.* Barthius in Glossario ex Fulcherii Carnot. Hist. Palæst. *Displicari*, Extendi et volitare. *Vexilla Displicata*, apud Rymer. tom. 3. pag. 924.

* **DISPLICARE** Litteram, Reserare, vulgo *Ouvrir une lettre*. Deposit. Guill. Catallani ex Bibl. reg. : *Vidit ibi* (in scrinio) *quandam litteram plicatam, . . . quam litteram non Displicavit iste qui loquitur.* Glossar. Provinc. Lat. ex Cod. reg. 7657 : *Desplegar, Prov. Displicare.*

¶ **DISPLICENTER**, Ægre. Occurrit in nova Gall. Chr. tom. 3. Instrum. col. 221. et in Bullario Carmel. pag. 124. col. 1.

* **DISPLICENTIA**, Dissidium, controversia. Inventar. Chart. reg. ann. 1482. fol. 67 : *Submissio dicti ducis Aurelianensis de aliquibus Displicentiis seu controversiis inter ipsum et ducem Burgundiæ habitis.* Vide alia notione in *Displacentia*.

¶ **DISPLICIBILIS**, Displicens, Gall. *Déplaisant*. Legitur in Hist. Dalph. tom. 2. pag. 347. col. 1. et in Actis S. Franciscæ Romanæ, Martii tom. 2. pag. 134.

* Stat. ann. 1357. ex Tabul. Massil. : *Attentis importunitatibus dominarum hujus civitatis Massiliæ diu gravantium civitatem importabilibus sumptibus in arnesiis pomposis, Deo et honestati Displicibilibus, etc.* Vide supra *Desplicibilis*.

* **DISPLICITUS**, Molestia, offensa. Lit. remiss. ann. 1461. in Reg. 198. Chartoph. reg. ch. 291 : *Quæ verba supplicans habuit ad magnum Displicitum.* Galli diceremus, *Eut à grande déplaisance.* Vide *Displacentia*.

¶ **DISPLOIS**, ut supra *Diplois*, Læna duplicata. Hist. Dalph. pag. 126. col. 2. in Computo ann. 1336 : *Item duodecim Disploides de fustanyo pro* XII. *s. gr.*

* Stat. ann. 1320. inter Probat. tom. 4. Hist. Occit. col. 162 : *Item quicumque portaverit arma deffensiva, ut pote haubergerium,.... Displayden* (sic) *sive jupam majoris ponderis, etc.* Lit. remiss. ann. 1383. in Reg. 123. Chartoph. reg. ch. 182 : *Petrus Petri, qui erat tuschinus, homo pessimus, malæ vitæ et conversationis inhonestæ,.... armatus quodam Disploide, Gallice jaque, etc. Item plus duas Disploydes sive giponos cirici nigri*, in Invent. ann. 1476. ex Tabul. Flamar.

DISPOLIATUS, Dispolium. Vide *Despoliare*.

* Lit. remiss. ann. 1388. in Reg. 135. Chartoph. reg. ch. 109 : *Dictos tres homines vulneraverunt et occiderunt Dispoliaque sua sibi ceperunt.* Vide in *Despoliare*.

** **DISPONSARE**, pro *Desponsare*, in Vita S. Galli ap. Pertz. Scriptor. tom. 2. pag. 10. lin. 29.

¶ **DISPORTUS**, ab Anglico *Disport*, Oblectamentum, Gall. *Divertissement*. Charta Henrici VI. Regis Angl. ann. 1449. apud Rymerum tom. 11. pag. 251. col. 2 : *Causa venandi, piscandi, aucupandi, Disportum aut solatium in eisdem exercendi.* Similia leguntur pag. 297. col. 2. et alibi passim. [* Vide supra in *Deportare* 2.]

1. **DISPOSITIO**. Charta Ordonii Regis Hispan. æræ 960. apud Anton. *de Yepez* in Chron. Ordin. S. Benedicti tom. 3 : *Libros Ecclesiasticos, hi sunt Antifonarios... psalterium, libros speciales, i. Homiliarum, Dialogorum, Homilia, Profetarum, Disposi-*

tio Esaiæ Profetæ, etc. Vide infra *Dispositum* 3.

2. **DISPOSITIO**, Administratio, magistratus, apud Lactantium de Mortib. Persec. pag. 32. Sidonium lib. 3. Epist. 6. lib. 5. Epist. 7. lib. 7. Epist. 12. Hinc formula frequens in Notitia Imp. et alibi : *Sub Dispositione viri inlustris Præfecti Prætorio, etc.*

Alii, *Dispositiones* esse volunt, quæ a Principe ad Reipublicæ administrationem *disponebantur*, pro urgentibus rerum necessitatibus, veluti si in bellum profecturus esset, itinera annotarentur, et metationes, annonæ curarentur, etc. Quarum quidem *Dispositionum* scrinium peculiare erat, cui præerat *Magister et Comes Dispositionum*, de quibus copiose Gothofred. ad leg. 1. C. Th. de Proxim.

☞ Paulo aliter Commentator Notitiæ Imperii in cap. 97. *Qui scrinium Dispositionum tractabant, Referendarii vocabantur. Hi supplicum desideria aut judicum consultationes Principi insinuabant, et responsa data consulentibus mittebant, quæ Mandata dicebantur. Hi pauci erant initio : postmodum a Justiniano* 18. *postea ad octo redacti. Principum responsa quæ super litibus emanabant, Dispositiones vocabantur.*

4. **DISPOSITIO**, Urbis, templi situs, structuræ elegantia, non semel apud Alypium Antiochenum in Descript. orbis.

* 4. **DISPOSITIO**, Dispensatio, arbitrium, potestas, Gall. *Disposition.* Charta ann. 879. tom. 9. Collect. Histor. Franc. pag. 415 : *Eo videlicet modo, ut et numerus canonicorum ob hoc augeatur, et stipendia eis ex hac villa ad Dispositionem episcopi tribuantur.* Galli dicimus, *A la disposition.* Hinc

* **DISPOSITIVE**, Animum, voluntatem, desiderium significando. Annal. Vict. Mss. ad ann. 1378. ubi de Romanis petentibus, ut nemo nisi Romanus aut Italus in Papam deinceps eligeretur : *Omnes una voce tumultuosa et horribili clamaverunt et vociferaverunt Dispositive aliqui, Romanum vel Ytalicum volumus vel habebimus. Aliqui præceptive, Romanum vel Ytalicum habeamus, alioquin, etc.* Vide *Depositum* 1.

1. **DISPOSITUM**, Animi decretum, statutum, consilium, arbitrium, *Dessein, intention, Disposition.* Lex Wisigothorum lib. 6. tit. 5. § 16 : *Qui ex suo Disposito, vel malæ voluntatis affectu tale nefas committit.* Leo III. Epist. 6 : *In vestrum arbitrium et Dispositum committimus.* Et Epist. 10 : *De mansis, quos per vestrum Dispositum Herminus fidelis vester nobis reconsignavit.* Nicol. I. PP. Ep. 27 : *Veruntamen quoniam circa Missam S. Joannis, de quo diximus, Lotharium Dispositum habet denuo commonere, non moleste tulimus.* Ado Viennensis in Chron. ann. 727 : *Eo quod Carlomannus Dispositum haberet sæcularem militiam relinquere.* Julianus in Histor. Wambæ Regis : *Recognosco hoc Dispositum pugnæ ab æmulo meo procedere, hic ipse est, nec alius, puto; in suis enim eum Dispositionibus recognosco.* Paulo ante : *Dispositum belli.* Diurnus Romanus cap. 6. tit. 19 : *Cujus exactionem per nostrum Dispositum fecisse dignoscitur,* id est, nostro mandato.

2. **DISPOSITUM**, pro *Depositum*, nisi ita legendum sit, habent Constitutiones Galteri Senonens. Archiep. ann. 923. cap. 2 : *Propter scandala gravia, quæ ex Monialium conversatione proveniunt; statuimus de Monialibus nigris, ne aliquem Dispositum recipiant in domibus suis ab aliquibus personis, nisi de licentia Episcopi sui, maxime arcas Clericorum vel Laïcorum, custodiæ causa minime permittant apud se deponi.*

3. **DISPOSITUM**, pro Expositione seu commentario. Testamentum Heccardi Comitis Augustodunensis : *Missale plenario cum Evangeliis et Epistolis, unum textum minorem, unum Dispositum super Evangelium majorem.* Ita *Dispositio* supra sumitur.

¶ 4. **DISPOSITUM**, Dispositio, Regula, Lex, Gall. *Disposition, Regle, Ordonnance.* Lambertus Abbas S. Rufi ann. circiter 1110. Epist. ad Clericos in Anecdotis Martenianis tom. 1. col. 332 : *Te cuncti in publico, te in agro rustici aratores ac vinitores quotidie graviter lacerabant, si contra Dispositum fidei, cum feminis habitare contendis.*

DISPOSITUS. Vide *Despotus.*

¶ Dispositus Baccalaureus. Vide *Baccalaurei formati.*

¶ **DISPOSSIDERE**, Rei possessione aliquem depellere, deturbare, Gall. *Deposseder.* Donatio Bernardi Comitis Petracoricensis Monasterio S. Salvatoris de Sarlato, inter Instrum. tomi 2. Gall. Ch. tom. 2. col. 495 : *Si quis hæreditatem Dispossidere tentaverit, maledicatur per universum orbem.*

¶ **DISPOTESTARE**, Rei alicujus potestate seu possessione depellere, dejicere. Notitia judicati ann. 876. Marcæ Hisp. col. 799 : *Illorum potestas exinde disrupta nunquam fuit usque quod iste præsens Domenicus eos exinde Dispotestabat injuste.*

* **DISPROPORTIONARE**, Proportionem non servare, Gall. *Disproportionner.* Leonard. in Speculo lapid. lib. 1. cap. 1 : *Et multoties tale humidum Disproportionatur in fluxibilitate, licet in quantitate sufficiens sit, et ideo magis residet in una parte quam in alia.*

DISPUDITUM, *Puduit, rubor fuit.* Papias.

¶ **DISPUNCTOR**. Gloss. Græc. Lat. : Ἐκλογιστής, *Dispunctor.* Tertull. adv. Marc. 4. 17 : *Judex et Dispunctor meritorum.* Vide *Dispungere.*

* In Cod. reg. *Disputator*, ex Castigat. in utrumque Glossar.

¶ **DISPUNCTUARE**, Dispungere, delere : quod hic dicitur de iis qui missi fiunt, et quibus datur abeundi licentia. Charta Henrici VII. Reg. Angl. ann. 1485. apud Rymer. tom. 12. pag. 280. col. 1 : *Potestatem generalem et mandatum speciale... stipendiarios... in dictis villis, turri, castris et marchiis.... exonerandi et Dispunctuandi.*

DISPUNGERE. Gloss. Isid. et Papias : *Dispungere, donare. Dispunctores, qui dona militibus erogant.* Vide Juriscons. [et Grævium ad Glossas Isid.]

1. **DISPUTARE**, Asserere. W. Brito lib. 11. Philipp. :

. . . . . . Imperiali
Standardo mundi dominum se Disputat Otho.

Infra :

Se dominatorem totius Disputat orbis.

¶ 2. **DISPUTARE**, Inquirere, Gall. *S'enquerir, S'informer.* Petrus Damiani lib. 4. Ep. 7 : *Noli Frater, noli patere muneribus : non omnibus quæ præbentur liber apud te pateat aditus : sed quædam admittantur, ut in necessitatibus sublevent, ne reatus alienos ponderibus gravent. Dum igitur oblata suscipimus, de offerentium meritis prius necesse est Disputemus.*

DISPUTATIO, Collatio Monachorum. Regula S. Pachomii cap. 21 : *Disputatio autem præpositis domorum per singulas hebdomadas tertio fiet.* Vita S. Geremari Abb. Flaviniacensis cap. 15 : *Tertia vero hora diei post lectionis Disputationem*, id est, post Collationem de lectione.

* **DISPUTATORIUS**, Ad disputationem elucidandam pertinens. Epist. Ludov. Pii et Loth. ann. 825. apud Baluz. tom. 1. Capitul. col. 645 : *In sacris sunt litteris admodum eruditi, et in rationibus Disputatoriis non minimum exercitati.*

¶ **DISPUTULA**. Annal. Mutin. ad ann. 1306. apud Murator. tom. 11. col. 77 : *Arcana etiam Notariorum in dicto palatio existentia, Disputulas et strumenta, et scripturas, et etiam libros æstimorum existentes in scriniis dicti palatii per plateam undique laceraverunt, et alia multa puerilia et stulta operati sunt ipso anno.*

* Ab Italico *Disputa*, Quæstio, disceptatio, inquisitio. Vide *Disputare* 2.

¶ **DISQUIT**, *Audit, cognoscit.* Papias. f. *Disquirit.*

¶ **DISRAINNIARE**, Disraisnare, Disrationare. Vide *Dirationare.*

* **DISRAMBARE**, Lit. ann. 1362. tom. 3. Ordinat. reg. Franc. pag. 612 : *Cum.... gentes loci prædicti et ejus bajuliæ etiam exliterint Disrambatæ fere omnibus bonis suis mobilibus per Yspanos, etc.* Ubi doctus Editor recte emendat *Disraubatæ.* Vide *Derobare.*

* **DISRATIFFICARE**, Improbare, Gall. *Désapprouver.* Procurat. ann. 1340. ex Tabul. Flamar. : *Dans . . . speciale mandatum ratifficandi, impetrandi, contradicendi, etc.*

* **DISRATIONARE**, Rationibus pensatis judicare, definire. Lit. Joan. comit. Pontiv. ann. 1184. tom. 4. Ordinat. reg. Franc. pag. 58 : *Statutum est quod si in præsentia duorum vel trium scabinorum contractus emptionis, vel alius contractus irritus* (initus) *fuerit, eorum testimonio Disrationabitur.* Vide *Derationare.* Hinc

* **DISRATIONARIUS** Servus, Qui per judicium et ex rationibus approbatis alicui vindicatur et asseritur. Charta Ludov. VI. reg. Franc. ann. 1129. ex Tabul. Carnot. : *Notum fieri volumus, quod Gaufredus Carnotensis episcopus Reverium totiusque generis sui familiam, super quos servitutis calumniam imponebamus, in curia sua, dictante justitia et judicio, in servis suis Disrationariis; cui videlicet judicio et veritati me acquiescente, supra dictos homines, tam sibi quam omnibus ejus successoribus, in perpetuum concessimus.* Verum facile est suspicari legendum esse *Disrationavit*, hoc est, ex servis suis esse rationibus probavit; quam restitutionem sensus exigere videtur.

DISRECITARE, De aliquo detrahere. Baldricus in Gestis Alberonis Archiep. Trevirensis : *Dicitur quoque quod aliquando*

Regi et exercitui ejus formam simulans contracti, et sedens in asino occurrit, et a Regina quinque solidos in eleemosynam recepit, et in itinere longius comitatus processum, sub specie mendici, Regis sub mensa locatus, audierit plurima Regem ipsum cum Regina, et cum aliis suis fidelibus, loquentem de his, quæ contra Papam machinatus erat, atque inter cætera de insidiis contra ipsum Alberonem Disrecitantem, et quæ viæ ipsi Romam tendenti essent interclusæ, etc.

* **DISRIGERE**, pro *Dirigere*, consilio juvare. Placit. ann. 844. apud Murator. tom. 1. Antiq. Ital. med. ævi col. 468 : *Eciam iste Johannes comis, qui tunc comitatum Sepriense abebat, in cujus ministerio res ipsas erat, mihi comandavit, ut eum Disricxissem, sed menime potui.*

¶ **DISRIVARE** Lacrymas, *Fundere*, in Onomastico ad calcem Act. SS. Bened. sæc. 3. part. 1.

DISROBARE, [Disrobatio.] Vide *Derobare.*

* **DISRUMPERE**, Interlucare silvas et in culturam redigere. [** Germ. *Umbrechen.*] Chartul. AD. S. Germ. Prat. fol. 105. v°. col. 1 : *Concessit tres arpennos nemoris juxta domum prædictorum monachorum ad Disrumpendum, si voluerint. Dérompre* vero, pro Depravare, corrumpere vulgo *Débaucher,* in Stat. ann. 1392. tom. 7. Ordinat. reg. Franc. pag. 481. Vide *Rumpere.*

¶ **DISSAGIRE**, Gall. *Dessaisir,* Possessione deturbare. Acta. SS. Maii. tom. 7. pag. 128. de S. Joachimo Abb. : *Data prius saysina rerum et possessionum, quibus vel ipsi Monachi vel homines Caccurii monasterium Floris Dissagire præsumpserunt.*

* Qua ratione vero id peragebatur, docent Lit. remiss. ann. 1455. ex Reg. 189. Chartoph. reg. ch. 61 : *Le suppliant demanda au procureur la maniere de Dessaisir ledit Malouin d'icellui bordaige, lequel lui respondy et dist, que pour premiere fois la coustume estoit de mettre le feu hors de la maison, et faire commandement de vuyder dedens huit jours ladite maison.*

¶ Dissaisiare, Eadem notione in *Integiare.*

Dissaisina, [Dejectio possessione, Gall. *Dissaisissement.*] Vide locos post *Saisire.*

Dissaisire, [ut *Dissagire.* Charta Henrici Regis Angliæ ann. 1155. pro Normannis apud D. *Brussel* de Feudorum usu tom. 2. pag. v. ad calcem : *Nullus liber homo capiatur vel imprisonetur aut Dissaisiatur de aliquo libero tenemento suo vel libertatibus aut liberis consuetudinibus suis... nisi per legale judicium Parium suorum vel per legem terræ.* Occurrit alibi non semel.] Vide *Saisire.*

¶ Dissaisitor, Qui dejicit possessione. Vide *Saisire.*

¶ Dissasiare, ut *Dissaisire.* Chartular. S. Vandregesili tom. 2. fol. 2037 : *Dominus Abbas assensu Capituli sui et fidelium suorum consilio prædicto Ludovico molendinum suum, de quo eum Dissasiaverat, reddidit et jure hereditario in eodem loco possidendum concessit.*

¶ Dissasire, Eodem significatu, in *Saisire.*

* **DISSARIRE**, in Charta ann. 1294. inter Probat. tom. 1. Hist. Nem. pag. 133. col. 2. pro *Dissazire,* ut legitur in Glossar. ad calcem ejusd. tomi. Vide in hac voce.

* **DISSARRARE**, a Gallico *Desserrer.* Laxare, remittere. Lit. remiss. ann. 1461. in Reg. 192. Chartoph. reg. ch. 19 : *Dictus de Fontaralhac'.... venit cum septem equitibus et balisteris, ... et Dissarraverunt balistas suas, et vulneraverunt unum de equitibus dicti exponentis.* Vide supra *Desserare.*

* **DISSASIRE** de Sacramento, Vassallum sacramento, quod domino suo præstitit, absolvere; quod a domino superiori fiebat. Charta Odon. ducis Burg. ann. 1209. in Chartul. Campan. fol. 28. r° : *Cum Blancha illustris comitissa Trecensis palatina Milonem de Monteregali Dissasivisset de sacramento hominum Chableiarum.... Tandem dicta comitissa ad instantiam precum nostrarum dictum Milonem de sacramento illo resasivit.* Vide *Saisire.*

¶ **DISSAVIARI**, pro *Dissuaviari*, Osculari. Hist. Cabillon. per Cussetum pag. 769. in Inscriptione arcus triumphalis erecti in honorem Marchionis Uxellensis : *Atride flore, cresce, tua ut medioxumi numinis jussa germanitus Dissaviabitur provincia. Facies etenim ut dapsiles illi amodo luciscant dies.*

¶ **DISSAZIRE**, ut *Dissaisire*, in Charta Caroli IV. Rom. Regis apud Ludewig. tom. 6. Reliq. MSS. pag. 45. et in Edicto Philippi VI. Fr. Regis apud *de Lauriere* tom. 2. Ordinat. Reg. pag. 124.

¶ Disseisiare, Eadem notione. Liber niger Scaccarii pag. 222 : *De Cruc sum Disseisiatus sine judicio, quod est feodum unius militis.* Vide *Saisire.*

¶ Disseisina, Disseisitor. Vide *Saisire.*

* **DISSECTATIO**, Dissentio, dissidium. Chron. Guill. Bardini inter Probat. tom. 4. Hist. Occit. col. 22 : *Mense Julio anni 1328. abbas S. Hilarii fuit excommunicatus per episcopum Carcassonensem, ob id quod in curia regis contradixerat Parisiis juribus et privilegiis episcoporum. Durum est quod amisimus sequelam tantæ Dissectationis.*

** **DISSEDERE** pro *Dissidere*, in Nithard. Hist. lib. 1. cap. 4.

* **DISSELLARE**, Sella exuere. Glossar. Provinc. Lat. ex Cod. reg. 7657 : *Dessellar, Prov. Dissellare.*

¶ **DISSELLATI** Equi, Sella exuti, in Gestis Consulum Andegav. cap. 13. n. 5.

¶ **DISSENSOR.** Vide *Dispensor.*

* **DISSENSUS** Matrimonii, Ipsius rescissio Gall. *Dissolution.* Acta dissolut. matrim. Ludov. XII. fol. 149. v°. ex Bibl. reg. : *Dicit quod de tempore regis Caroli, rex modernus non ausus fuisset declarare suum animum quoad Dissensum hujus matrimonii. Dissense,* pro *Dissention,* Dissentio, in Stat. ann. 1389. tom. 7. Ordinat. reg. Franc. pag. 280. art. 12.

* **DISSENTERICUS** Morbus, Dysenteria, intestinorum tormina, Gall. *Dysenterie.* Joan. *de Trokelowe* Annal. Eduardi II. reg. Angl. pag. 35 : *Morbus enim Dissentericus, ex corruptis cibis conceptus, fere omnes maculavit.* [** *Dissinteria,* in Vita S. Anskarii cap. 40.] *Dissintere,* apud Guiart. ad ann. 1243 :

Fu saint Loïs le dous, le sade
De jouste Pontoise malade,
A Maubuisson en l'abaïe
D'une très cruel maladie,
Très venimeuse et très amere,
Que l'en appelle Dissintere.

** **DISSENTIVUS**, Discrepans, contrarius. Virgil. Grammat. pag. 49 : *Lege ergo singulorum libros, et scrutare, et considera, et vide quid in eis congruatum atque unanime, ut ita dicam, quidve divisum ac Dissentivum.*

* **DISSEPARE.** Charta ann. 1215. ex Bibl. reg. cot. 19 : *Concessi .... culturam de Marleiz et magnum campum, sicut se Dissepat, de feodo de Esquetot.* Id est, ni fallor, prout jacet et distenditur. Vide supra *Dictare* 2.

¶ **DISSEPTUM** *vocatur, quod ventrem et cætera intestina secernit.* Macrob. Comment. lib. 1. cap. 6. Galli *Diaphragme* a Græco διάφραγμα nuncupant. Martinius in Lexico et Laurentius in Amalthea eadem notione dicunt *Dissipium.*

¶ **DISSEQUI**, Assequi, obtinere, Gall. *Acquerir.* Responsio Radulfi Remorum Archiep. anno circiter 1120 : *Si domus, de qua nobis scripsistis, in claustro est, ibique nullus laicus possessionem habere debet... Petrus filius Adam eam per clamorem suum nullatenus Dissequi debet.*

¶ **DISSERARE**, Italis *Disserrare*, Aperire, Gall. *Ouvrir.* Miracula S. Wernheri, April. tom. 2. pag. 705. E : *Fuit nobis supplicatum, ut eamdem cistam quercinam, unica simplici dumtaxat sera seratam... absque vi Disserare paternaliter dignaremur.* Gallis *Desserrer* est Relaxare.

¶ **DISSERE**, pro *Dicere. Dominus Bertrandus Dissebat ad se pertinere, etc.* in Archivis S. Joannis Tholos. Ord. Equitum Melit.

¶ **DISSERTITUDO.** Vide *Disertitudo.*

DISSERTOR, Interpres, Commentator. Vita S. Hieronymi, edita a Mabillonio : *Sacræ bibliothecæ Scrutator,* (i. e. Sacræ Scripturæ Interpres) *divinorum Dissertor voluminum, etc.*

* **DISSESIRE**, Possessione deturbare, Gall. *Dessaisir.* Charta Henr. II. reg. Angl. pro libert. Norman. in Reg. S. Justi ex Cam. Comput. Paris. fol. 35. v°. col. 2 : *Nullus liber homo capiatur, vel imprisonetur, aut Dissesiatur de aliquo libero tenemento suo, aut liberis consuetudinibus suis, aut ligetur, aut exulet, aut aliquo modo destruatur, etc.* Quæ ex eod. Reg. ita edidit *Brussel* tom. 2. de Usu feud. pag. v. art. 34 : *Imprisionetur, aut dissaisiatur, ... exulatur.* Vide supra *Dissagire.*

¶ **DISSESSUS**, ut supra Discessus, Obitus, Gall. *Decès.* Privilegium Agiradi Episc. Carnot. ann. 696. apud Felibianum Hist. San-Dionys. pag. xvi : *Cui ipsum se viventem sub se aut post suum Dissessum instituerit.*

DISSICIO, pro Disseco, Jo. de Janua : *Dissicere, removere, separare : componitur a dis, et secare.* Gloss. Gr. Lat. : Διασκορπίζω, *Disicio, Dispargo, Dissipo.* S. Ambrosius : *Ille veteris militiæ more Dissicere hostium cuneos, etc.* Prudentius Hymno 1 : *Tu Christe somnum Dissice.* Ubi Iso Magister, *Dissice, defectivum verbum est.* Adde lib. Peristeph. Hymn. 3. v. 209. Paulinus

[Epistola ad Desiderium pag. 261. edit. 1685 : *Nos in area sua ventilat, in nobis purgat triticum, Dissicit paleas, urit zizania.*] lib. 3. de Vita S. Martini :

Dissiciensque cavæ fluitantia vellera nubis.

Lib. 3 :

Dissiciens ruptis membrorum vincula nodis.

Eod. lib. :

Dissiciens sparsam procul a compage ruinam.

Denique lib. 6 :

Dissiciens, longeque suis divortia ripis.

Ita in omnibus MSS. legi asserit Juretus, ut et apud Juvencum lib. 2 :

Dissicit ille mei pecoris per devia pastus.

Et apud Marium Victorem lib. 1. in Genesim :

. . . . Signataque limite certo
Tempora Dissiciens certa statione peracta.

Et lib. 3 :

Si tunc in partes populus se Dissicit unus.

Carmen de miseria vitæ humanæ, apud Barthium lib. 44. Advers. cap. 17 :

Utinam et tuorum nubila affectuum
Vitalis eadem Dissicet victoria.

Vide Savaronem ad Sidonium Carmine 5.

* Nostris *Descaier* alias, pro Desecare, vulgo *Couper, scier*. Charta ann. 1320. in Chartul. S. Nicas. Mellet. : *Item les pastuages et usages, que les habitans ont ès marais de mener leurs bestes pasturer et Descaier l'herbe, etc.*

DISSIDO, is, pro *Dissideo*. S. Gregorius lib. 4. Moral. initio : *Sed dum a semetipsis per contrarietatem Dissidunt, lectorem ad intelligentiam veritatis mittunt.* Ita legit Jo. de Janua.

DISSIGILLARE. Ugutio : *Dissigillare, diversis modis sigillare, vel sigillum removere.* Vide *Dissignare*, 2.

* Instr. ann. 1405. inter Probat. tom. 3. Hist. Nem. pag. 187. col. 1 : *Audito prius tenore dicti rotuli instructionum, de quo in dictis literis fit mentio, quem apperuit et Dissigillavit dictus dom. locumtenens, etc.* Vide *Dissignare* 2.

1. **DISSIGNARE**, pro *Dissaisire*, seu extra *saisinam* ponere. Ita in veteri Charta Italica apud Ughellum tom. 7. pag. 571. nisi mendum subsit.

2. **DISSIGNARE**, Signum sive sigillum dissolvere. Gloss. Gr. Lat. : Ἀποσφραγίζω, *Absigno, Designo, Resigno.* Ἀποσφραγιστής, *Resignator.* Willelmus Neubrigensis lib. 2. cap. 7 : *Sepulto patre, testamentum Dissignatum est.*

DISSIGNITOR, seu *solutor signaculi*, apud S. Augustinum lib. 2. de Morib. Manichæor. cap. 13.

* **DISSIMULATIVE**, Dissimulanter. Instr. ann. 1379. inter Probat. tom. 3. Hist. Nem. pag. 21. col. 1 : *Interdum vos, vicarie et judex, Dissimulative vos absentastis per aliquos dies, etc. Dissimulé*, pro *Déguisé*, simulatus, in Lit. remiss. ann. 1411. ex Reg. 165. Chartoph. reg. ch. 224 : *Lesquelx compaignons estoient en habiz Dissimulez, comme pillars.*

* **DISSIMULOR**, Blandior, ἀκκίζομαι, in Glossar. Lat. Gr. ex Cod. Reg. in Castigat. ad utrumque Glossar.

* **DISSIPARE**, f. Frangere, rumpere. Pactum inter Henr. IV. reg. et Pisan. ann. 1081. apud Murator. tom. 4. Antiq. Ital. med. ævi col. 19 : *Firmiter statuimus quemquam hominum, nisi communi consensu eorum, nec rasus apprehendere, nec Dissipare, nec sigillare infra civitatem Pisæ, neque in burgis, si foras civitatis ipsi habuerint enimenta.* Vide mox *Dissire.*

1. **DISSIPATUS**, seu DISHYPATUS, Dignitas in Imperio CP. cujus mentio in aliquot Chartis Italicis apud Ughellum tom. 7. Italiæ sacræ pag. 411. et 1071. ubi *Ricardus Judex Augustalis Dissipatus*, sub Alexio Comneno Imp. et *Joannes filius Ursi Imperialis Dissipati*, sub ann. 1178. occurrunt. At quæ τῶν διϋπάτων fuerit dignitas, non memini me legisse. Hanc certe appellationem Romanorum *Dictatori* tribuit Lexicon Gr. MS. Reg. Cod. 2062. et Suidas : Δικτάτωρ ὁ διπλασίαν τὴν ἀρχὴν ἔχων, ὁ παρὰ Ρωμαίοις Διϋπατος καλούμενος, ἢ ὁ μονάρχης, ὁ πάντα κρατῶν. Id constat, nobilissimæ familiæ Byzantinæ nomen dedisse, ex qua memorantur ab Authore ince rto post Theophanem sub Leone Bardæ filio, *Thomas Dishypatus* : in jure Græco-Romano pag. 288. *Dishypatus* alter sub Alexio Comneno, a Niceta in Andronico lib. 1. cap. 11. *Georgius Dishypatus* Lector Ecclesiæ Sophianæ : *Manuel Dishypatus* Archiepiscopus Thessalon. sub Theodoro Lascari apud Pachymerem lib. 1. cap. 11. *Georgius Dishypatus* sub ann. 1437. apud Phrantzen lib. 2. cap. 11. denique *David Dishypatus*, cujus scripta contra Barlaamum et Acindynum asservantur in Bibl. Regia Cod. 692. [** Vide Glossar. med. Græcit. col. 316.]

* 2. **DISSIPATUS**, Pravus, in Onomast. ad calcem tom. 3. Act. SS. Mart. Locum non protero, quia falso indicatur.

¶ **DISSIPERE**, pro *Desipere*, Insipienter agere. Angelomus in Genesim cap. 2. apud Bernard. *Pez* tom. 1. Anecd. part. 1. col. 74 : *Anima modo proficit, modo sapit, modo Dissipit.*

¶ **DISSIPIUM.** Vide *Disseptum.*

* **DISSIRE**, *Desuere.* Glossar. vet. ex Cod. reg. 7641. *Dessir*, pro Avellere, diruere, in Chartul. sign. *Cæsar* Corb. fol. 63. v° : *Fut donné congié à Jehan Baye marchant pour Dessir et rassir deux ou trois quarreaux de grez au devant de son huis.* Et fol. 79. r° : *A esté donné congié .... pour une maison Dessir, abbatre et mettre jus. Dessoivre* vero, pro *Bornage*, Limitum fixio; quod fit agros dividendo eosque dominis assignando. Chartul. sign. *Decanus* S. Petri Insul. fol. 174. v° : *En l'an de grace 1280. au mois de Septembre, Thumas de Baufrumes fu mis ou liu de castelain de Lille par ses lettres pendans, pour faire Dessoivre de le tiere Waniel encontre le tiere S. Pierre à Rasse. Encore pour faire cel meisme Dessoivre en l'an 1285. ou Diemenche après le Toussains, fu mis ou liu le conte de Flandres par lettres pendans messire Amoris Blawers, ... et ledis chierkeminage fu fais le jor S. Martin en yvier.* Charta Petri abb. S. Amandi ann. 1318. in Reg. 56. Chartoph. reg. ch. 507 : *Nous sommes tenus. .. de faire le Désoyvre, cerkeménage, u basnage dessusdit.* Vide supra *Decevisset.*

DISSITUDO, Distantia, intervallum, vox efficta ex *Dissitus.* Baldricus Noviom. lib. 1. cap. 106 : *Post Dissitudinem vero longi temporis, etc.* In Glossis MSS. *Dissitudo*, exponitur *discordia.*

¶ **DISSITUIT**, *Latuit.* Papias.

DISSOCIANTIA, Discordia, jurgium, in Charta ann. 825. in Monastico Anglic. tom. 3. pag. 118 : *Post mortem Cœnulfi Regis Merciorum, multæ discordiæ et innumerabiles Dissociantiæ extollebantur, etc.*

* **DISSOLARE**, Dissipare. Glossar. vet. ex Cod. reg. 7641 : *Dissolavit, dissipavit*

* **DISSOLATUS**, pro *Desolatus* in Charta an. 1331. tom. 2. Hist. Trevir. Joan. Nic. ab *Hontheim* pag. 116. col. 1.

* **DISSOLESCERE**, *Commencer à Désacoustumer*, in Glossar. Gall. Lat. ex Cod. reg. 7684.

¶ **DISSOLOGIA**, *Duplex locutio.* Glossar. Sangerman. MS. num. 501. a Græco διссολογεῖν, Loqui geminato verbo, bis dicere. Fridegodus in Vita S. Wilfridi cap. 15 :

Non igitur cœptum Dissolvit dexia votum,
Pieria neve tulit, seu Dissologia rupit.

Mabillonius interpretatur *Discordia* Græce δισσολογία.

DISSOLUTI. Vetus Interpres Juvenalis Sat. 2 : *Tunicati susc. Gracchi, qui toga deposita, qua utebantur Senatores, tanquam infames tunica utebantur. Hinc Lanista, vel Dissoluti dicuntur.*

* **DISSOLUTIO**, Solutio. Charta Henr. II. reg. Angl. pro Libertat. Pontis-Urson. tom. 4. Ordinat. reg. Franc. pag. 641. art. 42 : *De Dissolutione troussæ in marcheio, unum denarium. Faire dissolution de son coprs* dicitur mulier vitæ dissolutioris, in Lit. remiss. ann. 1395. ex Reg. 148. Chartoph. reg. ch. 286 : *Comme Jacquette femme du suppliant feust renommée d'estre femme blasmée, et faire Dissolution de son corps, etc. Dissolutement* vero a Lat. dissolute, vulgo *sans regle ni mesure*, in aliis Lit. ann. 1380. ex Reg. 117. ch. 165 : *Icellui Gile se gouverna Dissolutement, sanz prendre aucune cure de soy.*

DISSORTES, seu *Dissors.* Gloss. Lat. Gr. : *Dissortes*, διακληρωθέντες. [* Glossar. vet. ex Cod. reg. 7641 : *Dissortes, desociati, divisi, sine sorte sociati.*] Est autem διακληρόω, sorte divido : ita *Dissortes* dicuntur, quibus *sors* sua est, quibus opponuntur *Consortes.* Augustinus in Grammatica : *Consors et Disors in genitivo singulari, tis, habent.* Ovidius :

At mea seposita est, et ab omni milite Disors
Gloria, etc.

Hinc *Disortiones*, Festo, divisiones patrimoniorum inter consortes.

¶ **DISSORTIUM.** Gloss. Lat. Græc. MSS. Sangerman. : *Dissortium*, Διαχωρισμός, διάζευξις, i. Dissidium.

¶ **DISSULLARE**, ut *Dissolvere.* Statuta Massil. lib. 4. cap. 21 : *Si quis alterius avere in nave vel ligno aliquo positum sive oneratum, puta coria, vel becunas, seu stannum, vel aliquas alias merces sine voluntate domini illarum mercium dissolvit, vel dissolveret, seu Dissullaret, etc.* Vereor ne legendum sit *Dissugellaret*, ab Italo *Dissugellare*, Sigillum detrahere.

¶ **DISSULTORES**, *Singulares.* Gloss. Isid. Iidem videntur qui *Desultores*, scilicet, qui de equo in equum transiliunt. Vide Grævium.

¶ **DISSUM**, ἀκέραιον, Simplex, in Glossis Lat. Græc. MSS. Bibl. Sangermau. Integrum, sincerum,

* **DISSUPITARE**, Sauciatis adhibere fomenta, curare; unde *Dissupitamentum* et *Dissupitatio*, ipsa curatio. Constit. Ms. Alfonsi II. reg. Aragon. ann. 1334 : *Præcepimus quod cum contigerit . . . . aliquem vulneratum Dissupitari de morte, vel membri perditione, seu mutilatione, aut debilitatione, aliqui ex cirurgicis . . . renuunt Dissupitare vulneratum, seu differunt quousque amici inculpati dicti vulneris, seu is, ad cujus instantiam dicta Dissupitatio procuratur, apud cirurgicum seu cirurgicos conduxerint, sive se redemerint pecunia minus debite et injuste, sic quod nulli ex illis, qui ita Dissupitantur eadem die vel infra unum aut duos dies aliquotiens moriuntur, etc. Ordinamus quod notarii curiarum, ... antequam recipiant seu scribant dictum Dissupitamentum, recipiant juramentum ad sancta quatuor Dei Evangelia a dicto cirurgico sive cirurgicis, quod ab ipso Dissupitamento non receperint nec habuerint, nec exigere seu habere intendunt ultra decem solidos pro uno eodemque vulnerato.*

¶ **DISSUTURA**, a *Dissutus* vox ficta, Fissus, fissura. Vide locum in *Calafatare*. [* Vide supra *Dissire*.]

* **DISTABESCERE**, pro *Tabescere*. Vita S. Guthl. tom. 2. Apr. pag. 45. col. 1 : *Et cum bis binis annorum cursibus dira peste vesaniæ vastaretur, et exerti macilentia arido in corpore vires Distabescerent, etc.*

* **DISTACIAVARE**, perperam pro *Desrationare*, in Lit. Guill. comit. Pontiv. apud Egid. *Bry* lib. 2. Hist. Comit. Pertic. pag. 118 : *Ita quod concessi et concedo, et ubicumque opus fuerit ostendam et Distaciavabo, et factum confirmabo.* Vide *Derationare*.

¶ **DISTAIN**. Vide *Distein*.

¶ **DISTAMEN**, *Dissidium*, in Onomastico ad calcem tomi 2. SS. Aprilis.

¶ **DISTANTER**, Procul, in Actis SS. April. tom. 3. pag. 927.

¶ **DISTARIO**, *Occupatio*. Gloss. Isid. Lege, ut apud Papiam, *Distentio*. Sic *Distentus* a *Distineri* pro Occupatus dixit Tullius ad Atticum : *Brevitate epistolæ scire poteris, eum valde esse Distentum.* Glossar. Sangerm. MS. n. 501. habet : *Disturio, occupatio.* Vide *Decardo*.

DISTEGUM, Ædes, vel ædificium, constans duabus *stegis*, qua voce usus est Plautus. Glossæ Gr. Lat. : Διστεγὲς οἴκημα, *superficium*. Codex MS. habet *superficies*. Glossæ MSS. : Διώροφον, δίζεγον. Vetus Inscriptio : *Comparaverunt sibi memorias duas et Calphurnio Ammiano Equ. Rom. filio suo et libertis libertabusque posterisque eorum armarium Distegum, cum taberna et hortulo. Si quis armarium vendere voluerit, tunc inferet arcæ Pontificum, etc.* Vide *Tristega*.

DISTEIN, vel DISTAIN, Præfectus, Præpositus, Oeconomus, Censor, Arbitrarius. Ita Boxhornius. Occurrit in Legibus Hoëli Boni Principis Walliæ cap. 1. 31.

DISTEMPERARE, Diluere, macerare, liquare : Gallis, *Destremper*. Palladius de Architectura : *Crocus quoque Hispanicus cum lucidissimo glutino Distemperatus, etc.* Vita B. Gossuini Abbatis Aquicinctin. : *Vasculum inspicit aptissimum Distemperandæ potioni.* Constantinus Afric. de Morbor. cognit. lib. 1. cap. 1 : *Ficus folia pulverata, cum oleo et aceto mixta, pro unguento adhibemus, vel fimum columbinum simul Distemperatum.* Adde cap. 17. etc. Fulbertus Epist. 113 : *Et ipsa nocte positam potionem, in qua Distemperanda est, asperges salis gemma.* Vide *Temperare*.

DISTEMPERATUS, Gallis *Detrempé*. Alexander Iatrophista lib. 1. Passionum : *Si autem ex mordicante et acro, aut colerico humore in melancolicum decoctis, aut Distemperatis transierit.*

DISTEMPERATUS, Male *temperatus*. Philippus Eystetensis in Vita S. Willibaldi cap. 19 : *Contigit autem frequenter, cum transnavigarent, quod ventum haberent contrarium, nec non auram Distemperatam.* Galli dicerent, *Un air mal sain.*

* *Désatempré* et *Désatenpré*, Immoderatus, vulgo *Immodéré, déréglé, excessif.* Vita S. Ludov. edit. reg. pag. 313 : *Pour ses veilles Désatemprées et pour ses autres pluseurs labours etc.* Cons. Petri de Font. cap. 34. art. 14 : *Et pour ce tu n'as pas mestier encontre les Désatenprés dons d'autre tel ahide, etc.*

DISTEMPERANTIA, apud Medicos pro prava corporis habitudine sumitur, Gr. δυσκρασία; apud Nicetam Chron. pag. 309. Δυσκρασία τοῦ σώματος, ubi Cod. al. habet καχεξία. Alexander Iatrosophista lib. 1. Passion. : *Per hæc enim curari oportet, quibus ex Distemperantia frigdoris dolent.* Passim apud eumdem lib. 2 : *Distemperantia calida, frigida, humida.* Adde Constantinum Africanum de Ratione vict. pag. 279. Acta Alexandri III. PP : *Apud Clozam jam diebus aliquantis est demoratus, ubi caloris Distemperantius, et muscarum et pulicum plures molestias sustinet.* [Vita S. Hildegundis, April. tom. 2. pag. 784 : *Siquidem jam famem, sitim, gelu, nivem, omnem Distemperantiam frigoris et caloris, cunctumque laborem pro Domino plene didicerat sustinere.*] Charta Ferdinandi Regis Castellæ æræ 1270. apud Antonium *de Yepez* in Chronico Ord. S. Benedicti tom. 7 : *Cum ... propter inæqualitatem loci et aëris Distemperantiam graves corporum ægritudines.... sustinerent, etc.*

DISTEMPERAMENTUM, Eadem notione. Constantinus Afric. lib. 7. Pantech. cap. 1 : *Ex naturali actione temperamentum humorum intelligitur in sanitate, et eorum Distemperamentum in infirmitate.*

¶ DISTEMPERANTIA, Intemperantia linguæ scilicet, seu nimia loquacitas. Testamentum Gregorii XI. Papæ, apud Acherium Spicil. tom. 6. pag. 676 : *Item volumus, dicimus et protestamur, quod si in Consistorio, aut in Conciliis, aut in sermonibus, vel collationibus publicis vel privatis ex lapsu linguæ aut alias ex aliqua turbatione vel etiam lætitia inordinata, aut præsentia Magnatum, ad eorum forsitan complacentiam, seu ex aliquali Distemperantia, vel inadvertentia, aut superfluitate aliqua diximus erronea contra catholicam fidem ... illa expresse et specialiter revocamus, detestamur et habere volumus pro non dictis.* [** *Hujusmodi Distemperanciis, inordinationibus, lasciviis, dispendiis et periculis... occurrere volentes, etc.* in Charta Adolphi Archiep. Mogunt. ann. 1468. in Guden. Cod. Diplom. tom. 4. pag. 406.]

¶ **DISTENCIO**, Contentio, lis, Gall. *Contention, Debat, Procès*, apud Th. *Madox* Formul. Anglic. pag. 104 : *Hæc indentura testatur, quod cum lis et Distencio fuerint inter Willelmum Rogers . . . ex parte una, et Ricardum Aleyn, etc.*

* 1. **DISTENDERE**, Laxare, remittere, Gall. *Détendre*. Lit. remiss. ann. 1454. in Reg. 187. Chartoph. reg. ch. 223 : *Quodam vomere seu relho posito supra balistam, supplicans dictam balistam Distendit seu laxavit.* Vide supra *Disparare*.

* 2. **DISTENDERE**, Explicare, expandere, Gall. *Déployer*. Lit. remiss. ann. 1349. in Reg. 78. Chartoph. reg. ch. 45 : *Cum banneria Distensa et cum cornamusis, more hostili sive guerræ, personaliter ad dictam bastidam de Vesobre accessit.* Vide *Displicare*.

¶ **DISTERMINARE**, *Perdere*. Barthius in Glossario ex Roberti Monachi Hist. Palæst. : *Hanc famis asperitatem, ut suos probaret, evenire permisit Deus. Nam et suos premebat jejunio, et vicinas nationes Disterminabat gladio.* Gallis *Exterminer*, Delere funditus, Exterminare. Apud Plinium et Lucretium *Disterminare* idem est quod Terminare, seu Separare fixis terminis : qua notione etiam plerumque occurrit in Chartis.

DISTERMINIUM, Spatium temporis, mora interposita. Hist. Translat. S. Guthlaci num. 15 : *Oculorum lumen tanta ei celeritate reddi sategit, ut absque ullo Disterminio, qui prius fuerat visionis privatio, ejusdem habitus crederetur.*

* **DISTETIT**, pro *Distitit*, a verbo *Distare*. Steph. de Infestura Ms. ubi de Innoc. VII. PP : *Dicti custodes projecerunt quandam spingardellam contra eum, quæ parum Distetit ab eo, causa eum interficiendi.* Ab eodem verbo, *Dister* dixerunt nostri, pro vulgari *Estre distant, éloigné.* Lit. remiss. ann. 1402. in Reg. 157. Chartoph. reg. ch. 20 : *Lequel Benoist s'en ala aprez en son hostel, qui Diste d'illec environ demie lieue. Le prieuré de Valençay, qui Diste du lieu de Celles de quatre lieues*, in aliis ann. ann. 1412. ex Reg. 167. ch. 88.

* **DISTICA**, Jurisdictio, vel mulcta judiciaria. Charta ann. 951. apud Murator. tom. 5. Antiq. Ital. med. ævi col. 965 : *Curtem Canavese cum castro, quod dicitur Ripa rupata, et cum omni sua pertinentia, ita ut de ipso castro teloneum nullus exigat, nec Disticam aliqua publica potestas ibi faciat, sed tantum ministrialis vel missi ipsius abbatissæ.* Vide in *Distringere* 3.

¶ **DISTIDIARE**, mendum pro *Diffidiare*, Bellum indicere, Gall. *Deffier*. Johannis Iperii Chronicon S. Bertini ad ann. 1213. in Anecdotis Martenianis tom. 3. col. 694 : *Die statuto Ferrandus* (Flandriæ Comes) *coram Rege* (Franc. Philippo Augusto) *comparuit; sed Rex dictam prorogans causam in Gravelingas reposuit, addens ut in armis omnino paratus ibidem adesset cum eo in Angliam transiturus : quod si non fecerit, ipsum ab illa die in antea Distidiavit.* Legendum *diffidiavit* inde patet, ut cætera prætermittam, quod eam ob actionem col. seq. Philippus dicatur *in Ferrandum et*

Flamingos sua arma convertisse. Vide *Diffidare.*

¶ **DISTILLARIUS**, *Concinnator seu venditor distillationum.* Laurent. in Amalthea tamquam ex Seneca, sed male post Cœlium Rhodiginum lib. 16. cap. 46. Legendum enim apud Senecam *Crustularius*, pro *Distillarius* Cœlii. Vide Martinium in Lexico.

¶ **DISTINA**, *Diastema unius temporis, quantum in sonis spatium facit pyrrichius vel majus hemitonium.* Sic Calepinus et Martinius in Lexicis. Vide *Eugium.*

DISTINARE, *Repellere : sed destinare, est deputare.* Iso Magister in Glossis.

¶ **DISTINCTIO**, Divisio, seu pausa, in Officiis divinis. Vide *Incisio.*

* Minime; ibi enim de commate, quo sensus distinguitur, sermo est. Locus est in *Incisio* 4.

** **DISTINCTIVA** CONJUNCTIO, dicitur *Et* apud Virgil. Grammat. pag. 81 : *In annumeratione participiorum interposita Conjunctione Distinctiva sic dicimus, oriens, oriturus, ortus et oriundus.*

¶ **DISTIPULUM**, Κατολυθέν, *Dissolutum*, in Glossis MSS. Lat. Græc. S. Germani Parisiensis, et in Supplemento Antiquarii.

* Forte *Dissipatum*, ex Castigat. in utrumque Glossar.

DISTOLLERE. Vetus Charta tom. 3. Hist. Pergamensis pag. 192 : *Ut qui se de ista commutatione removere, aut Distollere quæsierit aut infringere tentaverit, etc.* Burchardus Monachus de Casibus S. Galli cap. 3 : *Malo suo exemplo plures Abbates et Monachos Distollit*, id est, depravat, corrumpit, Gall. *Débauche.* Vide Ughellum tom. 4. pag. 613.

DISTORNATUS, Gall *Destourné. Distornare*, divertere. Regiam Majestatem lib. 2. cap. 7. §. 1 : *In aquis Distornatis a recto cursu.*

¶ **DISTORTOR**, Qui distorquet, Tortor. Johannes de Monsteriolo in Epist. ad Nicolaum de Clemangis adversum Ambrosium, qui Ovidium Virgilio præferebat apud Marten. Collect. Ampliss. tom. 2. col. 1424 : *Quod si minus credis mihi, discretor ingeniorum et bonorum Distortor, prospectum ito.*

¶ **DISTORTUS**, *Divortium, Perversio*, Διαςροφή. Gloss. Lat. Græc. Sangerman.

DISTRACTARE, *Distrahere*, in Glossis Arabico-Latinis.

¶ 1. **DISTRACTIO**, Venditio vel Divortium apud Jurisconsultos. Non semel occurrit in Chartis.

* 2. **DISTRACTIO**, Interversio, conturbatio, cum res pupilli avertitur vel aufertur. L. tutor. ff de libert. leg. pro divortio. in Auth. de nupt. §. nuptias etc. Vide Calv. Lexic. jurid.

¶ **DISTRACTOR**, Venditor. Gloss. Græc. Lat. : Διαπράτης, *Distractor.* Nonius 1. 267 : *Servus venundatus ob aliquod vitium aut malefactum ab aliquo Distractore, recipiatur.* Male ibi *Districtore* legi, recte monet Faber in Thesauro. Sic *Argenti Distractores*, Nummularii, Mensarii, Gall. *Banquiers*, Cod. Justin. 8. tit. 14. leg. 27. et 12. tit. 35. leg. 1.

¶ 1. **DISTRACTUS**, pro *Districtus*, Territorium. Locos vide in *Baugium.*

* 2. **DISTRACTUS**, J. C. modernis, Contractus rescissio. Vide laudatum jam Calv. Lexic.

¶ **DISTRAHERE**, *Vendere*, Vocabular. Juris utriusque.

* Nostris *Destilper* et *Distirper*, codem significatu. Lit. remiss. ann. 1418. in Reg. 170. Chartoph. reg. ch. 140 : *Icellui Estienne voulant vendre et Destilper lesdiz balons etc.* Lit. Caroli VI. ann. 1411. inter Probat. tom. 3. Hist. Nem. pag. 204. col. 1 : *Les armeure et harnois des habitans de nostre dicte ville de Nymes ont esté vendues, Distirpez et distribuez, etc.*

¶ **DISTRACTUM**, Opus plumarium. Vide in *Plumarium.*

* **DISTRARIUS**, Equus major et cataphractus, quo utebantur potissimum in præliis, idem qui *Dextrarius.* Gualt. Hemingford. de gest. Eduardi I. reg. Angl. ad ann. 1298. pag. 163 : *Dumque pausassent modicum, et nox quasi in suo medio processisset, contigit quod Distrarius regis incautius a parvo custoditus, recalcitrando pedem posuit super ipsum regem quiescentem.* Vide *Dextrarii.*

DISTRATUS EQUUS, Cui *stratura* tollitur, seu sella. Anonym. in Vita S. Cuthberti Episc. lib. 1. n. 4 : *Distratum Equum trahens in domum, et alligans ad parietem, etc.*

* **DISTRIBUTARIUS** CAPELLANUS, Cujus beneficium in quotidianis distributionibus positum est. Lit. Leon. X. PP. ann. 1523. ex Bibl. reg. col. 19 : *Significarunt nobis dilecti filii vicarii et capellani, communicarii seu Distributarii nuncupati, ac procurator communitatis seu congregationis, aut parvi capituli eorumdem vicariorum et capellanorum ecclesiæ Ebroicensis etc.*

* 1. **DISTRIBUTIO.** Stat. synod. eccl. Atrebat. xv. sæc. edita cap. 19. ex Cod. reg. 1610 : *Plerique curati, capellani et alii beneficiati . . . . indifferenter facultatum suarum faciunt cessiones, quas Distributiones vocant; cum talia facere nequeant, qui apud bonos et graves saltim facti infamia reprehensi.*

¶ 2. **DISTRIBUTIO.** Charta anni 844. in Archivo Ecclesiæ S. Stephani Tolosani : *Quidquid in Ecclesia deinceps in jure ipsorum locorum Sanctorum Dei voluerit divina pietas augeri ad causas audiendas, vel freda exigenda, aut mansiones, vel paratas faciendas, nec fideijussores tollendos, aut homines ipsarum Ecclesiarum, tam ingenuos quamque servos, qui super terram earum residere videntur, injuste distringendos, nec ullas Distributiones, aut inlicitas occasiones requirendas, ullo autem tempore ingredi audeat, vel exactare præsumat.* Suspicor ex loco huic simili in *Distringere* 2. relato, legendum esse *redhibitiones* : at si retinendum est *Distributiones*, dicendum sic appellatas fuisse exactiones, quod ita *distribuerentur* inter eos, a quibus exigebantur, ut suam quinque partem teneretur exsolvere.

DISTRIBUTOR, Executor testamentarius, in veteri Charta apud Ughellum tom. 7. Ital. sacræ pag. 566. Vide *Erogator.*

¶ **DISTRICTETUS**, ut *Districtus*, Territorium. Capitula Generalia S. Victoris Massil. MSS : *Præcipimus et ordinamus, quod si Monachi ubicumque infra vel extra Monasterium mansionem habentes, ad quemcumque Prioratum veniant, ibi seu infra parrochiam, limites, metas, et ejus Districtetum delinquant seu excedant* (excedant) *etc.*

* **DISTRICTIBILIS**, Quia intra *d strictum* alicujus dominii habitat, subditus. Charta Ludov. Hutini ann. 1315. inter Probat. Hist. Lugd. pag. 55. col. 2 : *Item inhibemus districte omnibus senescallis, baillivis, præpositis et aliis officialibus ac ministris, et universis ac singulis justitiabilibus et Districtibilibus nostris quod dictos prælatos, personas ecclesiasticas, jurisdictionem ecclesiasticam non impediant nec perturbent directe et indirecte.* Vide in *Distringere* 3.

¶ **DISTRICTIO**, DISTRICTUALIS. Vide in *Distringere* 3.

DISTRICTUM, Via stricta, claustra, montium fauces, *clausæ, clausuræ.* Gauterius de Bellis Antioch. pag. 451 : *Decernuntque Madgerum de Alta villa cum 40. militibus summo mane ultra Districta militare. Districta Samartani*, apud eumdem pag. 454. Jacobus de Vitriaco lib. 3. Hist. Orient. : *Hanc* (viam) *longe distantem a mari, quæ propter viam strictam Districtum appellatur, etc.* Epist. 39. inter Sugerianas : *Fuerant enim mortui in ascensu montanæ Laodiciæ minoris inter Districta locorum, etc.* Rogerus Hovedenus pag. 698 : *Cum transissent Districta de Merle. Strictum Marochii*, apud Guillelmum de Podio Laurentii cap. 48. et Sanutum lib. 3. part. 11. cap. 1. vulgo *le Destroit de Maroch. Strictum de Morach*, seu *de Maroch*, apud Will. de Baldenzeel in Hodœporico; *Destrois de Maroch* apud Willhardumum n. 25. et Joinvillam, vulgo *Estrecho de Gibraltar.* Adde Will. Tyrium lib. 10. cap. 26. Brompton. pag. 1178. etc. Vide *Strictum, Distringere.*

* DISTRICTUM FLUVII, Locus, ubi fluvius trajicitur; seu vectigal quod a trajicientibus exsolvitur. Lit. ann. 1374. tom. 6. Ordinat. reg. Franc. pag. 90 : *Nos nuper castrum et villam de Credulio, passagium et Districtum fluvii Aræ* (Isaræ) *quo medio sub nostra obediencia existente etc.*

¶ **DISTRICTURA**, Gall. *Etrecissure*, Coarctatura, seu angustia rei alicujus. Vita B. Coletæ, Martii tom. 1. pag. 553 : *Demonstrare cœpit evidenter illius panni Districturam, et impossibilitatem efficiendi talem habitum, qualem ipsa poscebat.*

¶ **DISTRICTUS**, Severus, etc. Vide in *Distringere* 3.

* **DISTRIGARE**, Molestia, lite et quovis impedimento liberare. Charta ann. 1389. apud Lam. in Delic. erudit. inter not. ad Hodoepor. Charit. part. 2. pag. 472 : *Et quod dictum comune Ficecchii teneretur et deberet prædictas pasturas et terrena . . . . defendere et Distrigare prædictis comunibus S. Crucis et Castri Franchi, et cuilibet eorum ab omni persona subordinata et subjecta jurisdictioni dicti comunis Ficecchii.* Vide alia notione in *Destricare.* [** Conf. *Disbrigare.*]

¶ **DISTRIGLARE**, Περιξύειν, *Lacerare.* Supplem. Antiquarii.

* Hæc emenda ex Gloss. Gr. Lat. περίξυσόν με, *Distrigila me;* περιξύω, *Stringo, Destringo.*

* **DISTRIMA** NAVETÆ, Napi granum

contusum. Lit. official. Attrebat. ann. 1349. in Reg. 77. Chartoph. reg. ch. 427 : *Nutrivit eumdem buffonem Distrima navetæ et pane benedicto.* Laur. in Amalth. : *Distrimenta, calami partes contusæ.*

1. **DISTRINGERE,** Cum severitate punire, coercere, animadvertere. Senator. lib. 2. Epist. 14 : *Genus pietatis est in illos Distringere, quia contra naturæ ordinem sceleratis se docentur actionibus miscuisse.* Aurelian. in Regula cap. 28 : *Si quis pro qualibet culpa aut transgressione regulæ increpatur, aut disciplinam accipiat, arguenti respondere non præsumat : quia peccatum, quod hic Distringitur, in æterna examinatione non punitur.* Ruricius Lemovicensis Episcopus lib. 1. Epist. 2 : *Parentum pietas Distringit ut corrigat, non perseverat, ut puniat, etc.*

Destringere, Eadem notione. Gloss. Arabico-Lat. : *Destringo, per severitatem attendo.* Le Roman *de Vacces* MS. :

Il Destraint les Barons, et les felons chastie.

2. **DISTRINGERE**, interdum est compellere ad aliquid faciendum, per mulctam, pœnam, vel capto pignore. [Capitulare Pippini Regis Ital. ann. 793. cap. 23 : *Quod si jussa facere neglexerint, licentiam eos Distringendi Comitibus permittimus.* Rursum occurrit cap. 6. *Distringatur ad pacem, etiamsi noluerint*, lib. 3. Capitul. cap. 4.] Charta Privilegiorum concessorum Hispanis tom. 2. Hist. Franc. pag. 321 : *Et liceat illi eos Distringere ad justitias faciendas, quales ipsi inter se definire possent.* Charta Ludovici Pii apud San-Julianum in Matiscone : *Nemo ad causas audiendas, aut fidejussores tollendos, aut homines ipsius Ecclesiæ tam ingenuos quamque servos, super terram ejusdem commanentes, Distringendos, nec ullas redhibitiones, aut illicitas occasiones requirendos, ullo unquam tempore ingredi audeat, vel exactare præsumat.* [Præceptum Caroli Calvi ann. 871. Spicil. Acher. tom. 8. pag. 351 : *Et nullus judex publicus vel quislibet ex judiciaria potestate... aliquam indebitam exactionem ab eis vel ab eorum successoribus exigat... ad causas audiendas vel freda exigenda, aut mansiones, aut paratas faciendas, vel fideijussores tollendos, aut homines ipsius Monasterii injuste Distringendos, vel paraveredos aut pascuarios exigendos, nec ullas redibitiones, vel inlicitas occasiones requirendas, etc.* Charta Henrici Regis Angliæ apud D. *Brussel* de Usu feud. tom. 2. pag. IV. ad calcem : *Nullus Constabularius Distringat aliquem Militem ad dandum denarium pro custodia castri.* Ibidem : *Nec villa, nec homo Distringatur facere pontes aut riparias, nisi qui ab antiquo et de jure facere debet.*] *Distringi per feudum*, i. e. *saisitione* feudi, *par saisie de fief.* Regiam Majestatem lib. 1. cap. 16. § 38 : *Hæres summonitus, si neque venerit, neque se essoniaverit,.... potest Distringi per feudum, quod ad Curiam veniat.* Adde § 39. Cowellus lib. 2. Instit. tit. 3. § 17. *Distringere*, est pignoris loco capere quicquid in feudo reperitur, donec domino de relevio satisfactum fuerit : *Contraindre par la saisie des biens.* Assisiæ Hierosol. MSS. cap. 3 : *Et se le Seignor ne li viaut faire la connoissance faire, si le Destreigne si come est devisé aprés en cest livre, com peut et doit son Seigneur Destraindre de faire li faire connoissance de Court.* Cap. 8 : *Et se il ne voloit aler, et s'en partoit de la Court, ne l'en poroie retenir en la Court, ne Destraindre le de demeurer, etc.* Cap. 20 : *Et ce qui est dessus devisé, fu fait et establi pour Destraindre les gens à venir faire droit en la Cour à ceaus qui de eaus se clameront, etc.* Adde Stabilimenta S. Ludovici lib. 1. cap. 61.

** Stringere hoc sensu in Chron. Vulturn. pag. 367. C : *Homines ipsius monasterii Stringendum*, ubi mox *Distringendum.*

* Ab eodem verbo *Distringere*, nostri dixerunt *Destraindre*, pro *Arréter, réprimer*, Coercere, refrenare. Annal. regni S. Ludov. edit. reg. pag. 271 : *Nus n'estoit iluec qui la forcenerie de celle gent peut ne osat Destraindre.* Hinc etiam *Destrains de plet*, in Stat. ann. 1260. tom. 1. Ordinat. reg. Franc. pag. 91. art. 8. pro variis litigantium instrumentis, quibus causa implicatur. *Détraise* vero necessitatem sonat in Assis. Jerosol. cap. 95 : *Sans connoissance de court et sans Détraise de raison.* Id est, absque necessitate rationes proferendi. Denique *Destroit*, idem quod Mœror, angor, in Poem. Rob. Diaboli Ms. :

Un fier prist bien trenchant de Glave,
Dedens sa cuisse le flati ;
A un maillet li embati,
Si qu'il en fust en grand Destroit.

3. **DISTRINGERE**, Judicio ac Sententia litem dirimere, mulcta in male litigantem irrogata. Senator lib. 7. Ep. 3 : *Necessarium duximus, illum sublimem virum ad vos Comitem destinare, qui .. si quod inter Gothum et Romanum natum fuerit forte negocium, adhibito sibi prudente Romano, certamen possit æquabili ratione Distringere.* Agobardus in Epist. ad Proceres Palatii contra Judæos : *Cum magister infidelium Judæorum incessanter nobis comminetur, se Missos de Palatio adducturum, qui pro istiusmodi rebus nos judicent et Distringant.* [Lex Alaman. cap. 36. § 3 : *Et si quis alium mallare vult de qualicumque causa, in ipso mallo publico debet mallare ante judicem suum, ut ille judex eum Distringat secundum legem.* Et § 6 : *Et si est talis persona quam Comes in placito, vel Centenarius, vel Missus Comitis Distringere non potest, tunc eum Dux legitime Distringat, plusque quærat Deo placere quam homini, ut nullum neglectum in anima Ducis a Deo requiratur.* Capitula excerpta ex Lege Longob. cap. 39 : *Volumus primo ut neque Abbates... neque quislibet de clero, de personis suis ad publica vel ad secularia judicia trahantur vel Distringantur sed a suis Episcopis judicati justitiam faciant.* Capitul. lib. 3. cap. 87 : *Conveniant inter se* (Comites et Missi) *et communia placita faciant, tam ad latrones distringendos quam ad ceteras justitias faciendas.* Rursum occurrit hac notione in Appendice Marculfi formula 38. Vide infra *Districtio*, Judicium.] [** Eodem fere sensu dicitur *Constringere.* Vide *de Roye* de Missis Dominicis cap. 15. Alio sensu infra in *Districtio, Vadium.*]

¶ Distringuere, Eadem notione. Decretum incerti Concilii probaliter sæculo V. celebrati, inter Anecdota Marteniana tom. 4. col. 59 : *De Presbyteris et Clericis* (incestis) *sic ordinavimus, ut Archidiaconus Episcopi eos in synodum commoneat una cum Comite; et si quis contempserit, Comis eum Distringuere faciat, et ipse Presbyter aut Defensor suus* LX. *solidos componat, et ad synodum veniens, et Episcopus ipsum Presbyterum vel Clericum juxta canonicam auctoritatem dejudicare faciat. Solidi vero* LX. *de ipsa causa in sacelo Rege veniant. Et si aliquis per violentiam Presbyter, vel Clericum vel incestuosum contradixerit, tunc Comis ipsa persona per fidejussoris posito ante Regem faciat venire, una cum Misso Episcopi, et dominus Rex Distringuat, ut ceteri emendentur.*

Distringibilis, *et indistringibilis terra*, in Legibus Burgorum Scotic. cap. 136. § 8. 9. 10. 11. etc. et Quoniam Attach. cap. 46. § 1. Ubi *Distringibilis* dicitur, cujus fructus *saisiri* possunt : *Indistringibilis*, vel *non distringibilis*, quæ vacua est et vasta, hoc est, quæ vacat, nec culta est. *Moulins Destreignables*, et *Fours à ban*, in Consuet. Santonensi art. 95. Vide Rastallum in *Distresse.*

Destrictus, *Severus, non solutus et lenis*, apud Placidum Grammaticum. [Papias *Destrictus, Iratus, severus, potens.*] Epist. Stephani PP. ad Carolum M. tom. 3. Hist. Fr. pag. 723 : *Destrictus cum eo faciatis rationes.*

Districtus, Eadem notione, apud Scriptores passim. *Districtissimus defensor*, in lege ult. Cod. Th. de Defensor. (1, 11.) Greg. M. lib. 71. Epist. 2. *Cum Districtus dies judicii venerit.* Lib. 6. Epist. 1. *Districta vindicta.* Gregorius Turon. lib. 10. cap. 1. *Districtus Judex.* [** *Ut coram Districto Judice de hoc possint debitam reddere rationem ...... Sicut de hoc Deo possimus in Districto Judicio respondere*, in Testament. ann. 1319. in Guden. Cod. Diplom. tom. 3. pag. 169.] Eugippius in Vita S. Severini, *Districtius jejunium.* [Vide paulo post aliis notionibus.]

Districtio, Severitas, vel disciplina exacte servata. Ita passim usurpant Cassian. lib. 5. cap. 38. Joan. Diac. lib. 4. Vitæ S. Gregorii cap. 84. Senator lib. 4. Epist. 29. lib. 5. Epist. 31. lib. 7. Epist. 1. Hincmar. in Vita S. Remigii, Fulbertus Ep. 55. Cæsarius lib. 4. cap. 1. [** Vita Burchardi Episc. cap. 13. ap. Pertz. vol. Script. 4. pag. 838.] etc.

¶ Districtio, Judicium. Capitulare Saxonum a Carolo M. datum ann. 797. cap. 4 : *Hoc etiam statuerunt, ut qualiscumque causa infra patriam cum propriis vicinantibus pacificata fuerit, ibi solito more ipsi pagenses solidos duodecim pro Districtione recipiant.* Capitula excerpta ex Lege Longob. cap. 12 : *Jubemus quoque ut propter nullam Districtionem, quam nos facere jubemus, pro quibuslibet causis, servi non mittantur in Districtionem; sed per Missos nostros, vel dominos eorum, aut illorum advocatos, ipsi servi distringantur, et ipsi, sicut lex jubet, rationem pro servis suis reddant, utrum culpabiles sint an non. Ipsi vero domini distringant et inquirant servos suos, sicut ipsos amant.* Occurrit rursus cap. 19. *Districtio carcerandi, exiliandi*, Qua sons mittitur in carcerem vel exilium, in Capitulari 2. Caroli M. ann. 813. cap. 12. *Districtio Episcopi*, Episcopi judicialis animadversio, castigatio, lib. 7. Capitul.

cap. 263. *Pontificalis*, cap. 264: *Ecclesiastica*, cap. 265 : *Quod si inventus fuerit aliquis in operibus supradictis, aut quæ* (die Dominico) *interdicta sunt exercere præsumpserit, qualiter hæc emendare debeat, non in laicorum Districtione, sed in Sacerdotis castigatione consistat*. Vide supra *Distringere* 3. et infra *Mitti in Districtiones*.

Districtio, Pœna, mulcta, a Judice imposita. Senator lib. 3. Epist. 49 : *In partem pietatis recidit mitigata Districtio.* Arnoldus Abbas Bonævallis de Operib. sex dier. pag. 102 : *In dissolutione hujus corporis intersecatur peccatum, et quod æstimatur Districtio invenitur in remedium.* Ita qui extra districtum, vel alterius est jurisdictionis, dicitur is, *quem Comes suus Distringere non potest*, in Lege Bajwar. tit. 2. cap. 5. § 4. Est etiam

Districtio, Vadium, pignus : sed illud præsertim, quod judicio interposito, aut ex lege capitur, quod Angli etiamnum *Distre* vocant, ut *Distress*, pignero, pigneror, distringo. Rastallus : *Distresse est la chose, qui est prise et distrainé sur ascun terre pur rent ariere, ou pour autre diutie, coment que le propertie del chose soit pertignant al estrange.* Statutum Malebridgense sub Henr. III. Rege Angl. cap. 6 : *Nullus de cætero faciat ducere Districtiones, quas fecerit extra Comitatum, in quo captæ fuerint.... Districtiones insuper sint rationabiles, et non nimis graves : et qui Districtiones fecerint irrationabiles, et indebitas, graviter amercientur propter excessum Districtionum ipsarum.* [** Placit. ann. 9. Edward. II. in Abbrev. Placit. pag. 322. Ebor. rot. 32 : *Juxta statutum quod nullus Distringatur per averia carucarum suarum vel per oves suas .... quamdiu alia habeant averia per quæ Districtio super ipsum fieri possit, etc.* Neque *noctanter* vadia capere licuit ballivis, ibid. ann. 2. Edward. I. Wiltes. rot. 4. pag. 263.] Adde 1. Statutum Westmonaster. cap. 17. Quoniam Attachiam. cap. 4. § 4 : *Et pro qualibet defalta capietur una Districtio, singulis diebus placiti intranda, usque ad quartum diem.* Statuta secunda Roberti I. Scotor. Regis cap. 15. § 2 : *Si vicinus super vicinum faciat Districtionem sine consideratione Curiæ Domini Regis, unde damnum sustineat, puniatur, etc.* Qua notione *Distringere* usurpat Fleta lib. 2. cap. 50. § 5. lib. 3. cap. 16. § 37. et alibi passim. Ita etiam hæc vox accipi videtur in veteribus Chartis, vel certe pro gravaminibus, aut vexationibus, quas inde *Destresses* dicimus, cujusmodi sunt captiones pignorum, *saisies*. Charta Agapeti PP. apud San-Julian. in Matiscone : *Ut nullus Rex, Dux, Comes, aut exactor, vel publicus minister, super eis aliquam angariam, aut Districtionem, seu gravamen atque imperationem imponere præsumat.* Alia Hugonis et Lotharii Italiæ Regum ann. 938. apud Guichenon. in Bibl. Sebus. pag. 185 : *Cum... portubus, aquis, aquarumve ductibus, venationibus, reddibitionibus, Districtionibus, servis, ancillis, etc.* Adde Hemereum in Acad. Paris. pag. 33.

Mitti in Districtionem, quod nos dicimus, *Estre mis a l'amende*, mulcta puniri, in Lege Longob. lib. 1. tit. 36. § 7. [** Carol. M. 26.] : *Districtiones facere super homines suos*, Judicium exercere, apud Hovedenum pag. 779. *Magna Districtio*, in Fleta lib. 2. cap. 50. § 5. Mulcta major, quæ *Lex major* dicitur in Consuetudine Benearnensi. *Districtio Monasterialis*, apud Cæsarium Arelat. serm. 8. quæ Monachis delinquentibus infligitur.

Districtiones aliæ sunt personales, aliæ reales. De realibus non fit districtio, nisi per captionem rei petitæ : de personalibus fit districtio per personas, sed aliter in criminalibus, aliter in civilibus causis, etc. Vide Fletam lib. 2. cap. 65.

Districtio, Idem quod *Districtus*, justitiæ exercendæ facultas, *Droit de Justice*. Charta Adalberonis Episcopi Leod. ann. 1124. in Bibl. Cluniacensi : *Districtio quoque villæ ad Ecclesiam pertinebit, ita ut Godescalcus.... qui advocatus est ejusdem allodii, medietatem ipsius Districtionis de Ecclesia teneat, etc.*

Districtus, Districtum, Destrictum, Idem quod *Districtio*, Mulcta judiciaria, seu potius tributum, pensitatio. Leges Luithpr. R. Longob. tit. 37. [** 56. (6, 3.)] : *Si quis aldium* [** *alium*] *de furto pulsaverit, et per pugnam eum vicerit, aut forte per Districta publica furtum* [** *Districtionem a publico factam*] *manifestaverit, etc.* [Ch. Rob. de Cortiniaco ann. 1216. apud Thomass. in Biturig. pag. 84 : *Si clamor inde factus fuerit, licet illis concordare, ex quo Districtum persolverint.*] Tabul. Vindocin. Thuan. Ch. 17 : *Mihi vero forisfacto emendato, legem et Districtum persolvat.* Charta Ricardi Normannor. Marchion. apud Besliun in Comitib. Pictav. : *Ut nullus Comes.... audeat hanc donationem violare, nec infrigere, nec aliquam calumniam propter Districtum, seu propter aliquam causam inventæ rei præsumat arripere, aut usurpare, sed deinceps immunis ab omni hoste, vel Districto permaneat.* Alia Pipini Regis Aquitan. : *Et ipsa telonea, vel Districta, quæ ex ipsis exigi deberent, concederemus.* Vetus Notitia in Chronico S. Vincentii de Vulturno : *Dum nos Adraldus ipsos servos, nec per Districtum, nec per Demandatum ad nostrum placitum habere potuissemus.* Otto Morena in Histor. Rerum Laudensium pag. 129 : *Præterea omnia Districta, quæ capitanei vel aliqui alii domini alicujus castri soliti fuerant habere, et tenere in ipso castro, etc.* Usatica MSS. Vicecomitatus Aquarum Rotomagi : *Se aucun se plaint devant les Vicontes de l'Eauë d'aucun autre Coustume, le plaintif est detenu à paier les Destrois, ains que la semonce ou l'Arrest soit fait, c'est assavoir de 12. den. 1. den combien que que l'endemande soit grande : et par ces Destrois paiés est le plaintif quite de l'amende, se il en enchiet.* Alibi : *Et est assavoir que d'aucun Maire ou citoien de Rouen ne sont pas paiés les Destroies, més donra pleiges de suir sa cause.*

¶ Districtus, *id est, Domus Scabinorum*, in Chronico Cornelii *Zantfliet* apud Marten. tom. 5. Ampliss. Collect. col. 489.

Districtus, Territorium feudi, seu tractus, in quo Dominus vassallos et tenentes suos *distringere* potest : justitiæ exercendæ in eo tractu facultas. *Distroit et territoire*, in Consuetudine Meledunensi art. 9. Britan. art. 218. Bituricensi tit. 1. art. 41. tit. 19. art. 10. *Distretto*, Italis; *District*, nostris. Bulla Bonifacii PP. ann. 1033 : *Maneantque sub judicio et Districtu vestro, etc.* Lib. 1. Feudor. tit. 5. § 4 : *Si quis feudum intra curtem detinuerit, et dominus Districtum habuerit.* Et lib. 2. tit. 54 : *Qui allodium vendiderit, Districtum et jurisdictionem Imperatoris vendere non præsumat.* Charta Alberti Comitis Viromand. ann. 983. apud Hemereum : *Et totum Districtum ejusdem insulæ cum tota justitia dedi eis.* Alia ann. 1174 : *Et omnem Districtum, et Consuetudines Comitis et Vicecomitis in prædictis locis.* Alia ann. 960 : *Ne aliqua sæcularis persona Districtum, vel aliquam Consuetudinem ulterius in eadem terra sibi vindicare præsumeret.* Alia ann. 1047. apud eumdem : *Prædictum furnum, et Districtum ejusdem furni.* [Charta Guigonis Comitis Forensis pro Insula Barbara ann. 1224. in Maceriis ejusdem Monasterii tom. 1. pag. 137 : *Possint ire et redire secure et libere per totum dominium nostrum et Districtum.* Occurrit in Actis SS. Benedict. sæc. 5. pag. 23. apud Murator. tom. 11. col. 27. 41. 59. tom. 12. col. 478. et alibi passim.]

Districtuales, Qui intra *Districtum* alicujus dominii habitant, subditi. Charta ann. 1292. apud Joan. Lucium lib. 4. de Regno Dalmat. cap. 9 : *Habitatores, fideles, Districtuales, seu subditos dicti Domini Ducis.* Alia ann. 1307. in Hist. Pergamensi : *Inter commune Pergami et Districtuales ejus ex una parte, etc.* Jo. Villaneus lib. 6. cap. 9 : *Si fece Distrettuale del commune di Firenze.* Et lib. 8. cap. 38 : *Havera piu di sessanta mila Distrettuale d'arme.* [Memorantur *Districtuales* in Epist. Philippi Mariæ Angeli Ducis apud Marten. Collect. Ampliss. tom. 1. col. 1568. Obertum Stanconem lib. 9. Annal. Genuens. ad annos 1270. et 1277. Illustr. Fontaninum in Appendice Antiq. Hortæ pag. 456.]

¶ **DISTROPIRE**, Mutilare, Gall. *Estropier*. Chronicon MS. Regum Franciæ in Musæo Domini *de Cangé* : *Clodoveus Rex venit Paris, et minus religiose, ymo cupide Distropiens beati Dionysii Martyris corpus, ipsius corporis os brachii fregit et rapuit.*

* **DISTROUSSARI**. Vide *Detroussare*.

¶ **DISTRUCTIO**, Exstructio. Vide locum in *Auvardum*. *Distruere* pro *Exstruere*, si vera lectio est, scripsit Suetonius in Caligula cap. 41 : *Distructis et instructis compluribus cellis.* Alii malunt *Distinctis*.

DISTULA, Χηλή, Gloss. Græc. Lat. [Forfex.] [* ex Castigat. Mss. *Disulca*.]

¶ **DISTULERARE**, ὑπερτιθέναι, *Differre*, *Prolatare*, in Supplemento Antiquarii.

* Glossar. Lat. Gr. : *Distulero*, ὑπερτίθημι, et Gr. Lat. : Ὑπερτίθημι, *differo, procrastino, Distulero*.

DISTURBARE, Avertere, Gallis, certe Picardis, *Détourber*, quod puriores Franci dicunt *Détourner*. Fulbertus Carnotensis Epist. 60 : *Tertio quod insidiatores ejus, quos Disturbare potuit, non Disturbavit; sed et præsentia sua domum .... eis receptandis dolose vacuam fecit.* Charta Ildefonsi Regis Aragonum ann. 1184. apud Gnesnaium in Annalibus Massil. : *Ut eant salvi et securi per totam meam terram, et nemo audeat eos gravare vel Disturbare, dum per meam terram transierint* : [Charta Odonis

Domini de Closis pro habitatoribus villæ de *Boesses* ann. 1239. apud Thomasserium in Biturigibus pag. 86 : *Homines ejusdem villæ, vel res ipsorum non Disturbabuntur, quamdiu velint et possint justitiam exhibere.* Libertates hominum S. Georgii de Esperanchia concessæ per Comitem Sabaudiæ ann. 1291. in Hist. Dalphin. pag. 27. col. 1 : *Si damnum nostrum et dictæ villæ ad ejus notitiam pervenerit, illud debet Disturbare pro posse suo, et Castellano... intimare.* Instrum. Gallicum anni 1283. in Chartulario S. Vandregisili tom. 1. fol. 609 : *Ne pouront les devant dis Religieux ne leurs successeurs Destorbeir ne empechier que eus ne facent, ne peussent feire dudit pasnage.*]

¶ DISTURBATIO, Aversio, impedimentum. *Absque impedimento seu Disturbatione*, apud Rymerum tom. 4. pag. 408. col. 2. *Disturbatio appelli*, apud Ludewig. tom. 5. Reliq. MSS. pag. 476.

DETURBARE, Eadem notione, in Charta Libertatum oppidi *des Ais* in Biturigib. ann. 1301 : *Nisi in aliqua causa rationabili fuerit Deturbatus, etc.* Adde Consuet. localem Castellinovi in Biturig. tit. 3. art. 5.

* **DISTURBIA**, ut *Disturbium*, impedimentum, in Charta ann. 1475. inter Probat. tom. 3. Hist. Lothar. col. 280.

DISTURBIUM, Interturbatio, impedimentum, Anglis, *Disturbe*, Gallis, *Destourbier*. Vita S. Eustasii Abbatis Luxov. num. 11 : *Qui in Ecclesiis veritatis ac justitiæ seminarunt Disturbia.* Cosmas Pragensis part. 2. cap. 1 : *Sperans, quod cessante Disturbio, debeat fieri pax in regno.* Occurrit rursum cap. 2. et apud Thwrocz. in Sigismundo Rege Hungar. cap. 25. in Uladislao cap. 34. Ericum Upsaliensem lib. 3. Histor. Suecicæ pag. 93. Gobelinum Personam pag. 258. et alibi non semel, etc.

¶ DISTURBUM, Eadem notione, apud Rymerum tom. 8. pag. 741. col. 2 : *Vel eos impediat, vel eis Disturbum faciat.*

¶ **DISTURIO**. Vide *Distario*

DISVADIARE, [Pignori capere vel retinere.] Vide *Vadium*.

¶ **DISVARIARE**, Variare, Differre, discrimen intercedere. Vetus Ceremoniale MS. B. M. Deauratæ : *Tamen in ista die secund privata Disvariat in hoc quod sequitur.*

¶ **DISVERTIRE**, Auferre, distrahere, Gall. *Divertir.* Commemoratorium de quibusdam villis S. Victori Massil. restitutis circa annum 780. apud Marten. Ampliss. Collect. tom. 1. col. 41 : *Ardingus ille Alamannus ipsas casas Ecclesiæ Dei Massiliensis intemerato hordine... Disvertivit, et ad Hinniberto suo vasso hoc beneficiavit.*

¶ **DISVESTIRE**, Vestem exuere, deponere, Gall. *Devêtir.* Ceremoniale vetus MS. B. M. Deauratæ : *Omnes illi qui dicturi sunt Lectiones vel Responsa debent esse induti in albis, et hiis dictis possunt se Disvestire sine expectatione quod Missa finiatur.* Sæpius significat, Quempiam possessione rei alicujus exuere, privare. Vide *Vestire.*

* **DITAGA**, an Urceolus, Gall. *Burette?* Testam. Mafaldæ regin. ann. 1256. tom. 1. Probat. Hist. geneal. domus reg. Portugal. pag. 31 : *Item dimitto eis totam meam capellam et crucem majorem et Ditagas, et brachium de argento, cum omnibus reliquiis.* Si non Urceolus, an Candelabrum? [** Vide *Diptagus* in *Diptycha* et S. Rosa de Viterbo voce *Ditago*, Elucidarii tom. 1. pag. 379.]

¶ **DITATOR**, Qui ditat. S. Augustinus Confess. lib. 5. cap. 5 : *Spiritus S. consolator et Ditator fidelium.* Petrus Chrysologus Serm. 9 : *Venit tuus Ditator in paupere. Ditator Abbas*, in Epitaphio Edelini Abbatis Wizenburgensis, inter Vindemias Litterarias Schannatti pag. 12.

¶ **DITHALASSUS**, διθάλασσος, Qui utrimque mari alluitur. Vide *Bithalassium.*

* **DITRATURI**, f. Dividi. Stat. Vercell. lib. 7. pag. 183. r° : *Item fecerunt fieri panes decem et novem de revezolio, qui fuerunt pensati unzias ducentum triginta tres, et dixerunt quod debent Ditraturi in unzias centum et quinquaginta quinque, cassato tertio.* Italis, *Ditrarre*, est Detrahere.

* **DITUM**, ut *Dictum* 2. Pretium pro re venali oblatum, Gall. *Offre*, alias *Dit.* Charta ann. 1308. in Reg. 44. Chartoph. reg. ch. 128 : *Emptori subscripto tanquam plus offerenti, per dejectum dictæ candelæ ad concedendum accensæ, dictum hospitium scadutum et concessum, pluribus Ditis ibi oblatis per diversas personas præcedentibus.* Vide supra *Dica* 2.

¶ **DITURES**, Μιανθέντες, Contaminati. Gloss. Lat. Græc. San-German. MSS.

¶ **DITUS**, pro *Dictus*, apud Ludewig. Reliq. MSS. tom. 6. pag. 28.

¶ **DIVADIARE**, ut *Disvadiare.* Vide in *Vadium.*

¶ **DIVALIS**, *Divinus.* Glossar. San-German. MS. n. 501. Gloss. Isid. : *Divale, Divinum.* Spartianus in Caracalla cap. 11 : *Faustinæ templum et Divale nomen eripuit.* Poeta incertus *Divale sacrum* Eucharistiam appellat in Baptismo Bebiani.

DIVALIS LEX, *Præceptum Divale, sanctio Divalis*, pro Edicto Imperatoris, non semel in Cod. Th. et Just. [*Divalia constituta*, apud Symmachum 7. 95. *Divalis jussio*, in Actis SS. Junii tom. 5. pag. 375. de S. Leone II. Papa. *Divalis littera* Michaëlis Imp. Orientis ad Ludovicum Pium Imp. Occidentis, in Annal. Benedict. tom. 2. pag. 488. n. 59.]

* DIVALIS PAGINA appellatur Edictum seu Diploma imperatoris, in Confirmat. privil. Pisan. ab Henr. VI. imper ann. 1190. apud Lam. tom. 3. Delic. erudit. pag. 194. et in Diplom. Phil. imper. ann. 1207. tom. 1. Germ. sacr. pag. 351. [** ap. Pertz. vol. Leg. 2. pag. 277. et 287. Vide *Dialapis* et *Dibalis.*]

¶ **DIVARICARE**, *Disturbare, diffundere, dilacerare.* Papias. Johannes a Bayono de Abbatibus Medianis in Hist. ejusdem Monasterii pag. 266 : *Multa cum complicibus Divaricatis* (id est *dispersis*) *talia operabatur.* Proprie autem *divaricare* est extendere, dividere : quod præsertim dicitur de iis, qui crura in diversas partes extendunt; unde Nonius : *Divaricari dictum est distendi ab his, qui vitio naturæ ita sunt pedibus discretis, ut eos in diversum habeant separatos.* [* Glossar. Lat. Gall. ex Cod. reg. 7692 : *Divaricare, Destorner.*]

¶ **DIVATUS**, ὁ τῆς θείας μνήμης, Qui est felicis memoriæ. Gloss. Lat. Græc. MSS. cum Suppl. Antiquarii. Est pro *Divus.*

DIUCETIN, pro Διοικητήν. Vide *Diœcetæ.*

¶ **DIVELLIO**. Vide *Duellium.*

DIVENTUM. Epistola Michaëlis Imper. in Conventu Parisiensi ann. 530 : *Misimus per prædictos Missos nostros... blattas duas, dirodina duo, Diventa duo.* Quæ postrema vox mihi incognita. An legendum *Divellia?* Certe διβέλλιον occurrit apud Codinum de Off. Aulæ CP. cap. 5. n. 63. cap. 6. n. 26. quod *Scutarius*, sive Armiger Imperatoris deferebat ante illum cum illius clypeo, quoties procedebat ad Ecclesiam. *Divellum* vero quasi duplex velum dictum censent viri docti, illudque vexillis Imperatoriis accensent : vix tamen est, ut id credam. [Vide Διβέλλιον in Gloss. med. Græcit.]

¶ **DIVERGARI**, pro *Divagari*, si bene conjecto. Camillus Peregrinus in Hist. Princip. Langobard. apud Murator. tom. 2. pag. 266. col. 1 : *Nam eo tempore dictus Radelchis Princeps per Barensem Pandonem Gastaldeum in auxilium sibi transmarinos invitabat Saracenos, qui illis Divergabantur residentes, intemperata videlicet noctis hora, more solito nominatam rapuerunt civitatem.*

DIVERGIA AQUARUM, quæ aliis *Divortia* dicuntur : ut Ciceroni in Ep. ad Cælium, et Sidonio Carm. 22. [Gall. *Branches de rivieres, Point de partage.*] Siculus Flaccus de Condit. Agror. : *Territoria alia fluminibus finiuntur, alia summis montium, ac Divergiis aquarum.* Utuntur præterea Frontinus et Aggenus.

¶ **DIVERSARE**, Versare, circumagere. Gall. *Tourner.* Bernard. Ord. Cluniac. part. 1. cap. 46 : *Fabas etiam sæpius cum cochleari a fundo Diversant, ne cum manducari debuerint, sapiant ignis odorem* Eadem habet S. Wilhelmus in Constitut. Hirsaug. lib. 1. cap. 97.

DIVERSICLINIUM, *Locus, ubi diversæ viæ conjunguntur, quia illuc diversæ viæ acclinantur, vel quia illic via inclinatur ad diversa, quod aliter Græce dicitur, hoc Eteroclitum :* Ita Joan. de Janua. Glossæ Isid. : *Diversiclinia, heteroclita.* De verbis, quæ ἑτερόκλιτα vocant. Alanus in Planctu nat. : *Capillos vero quodam exorbitationis Diversiclinio devagantes, inextricabili intricatione complicitos, inter se crederes litigare.*

¶ **DIVERSIFICARE**, Diversa facere, Gall. *Diversifier.* Occurrit in Miraculis B. Simonis de Lipnica, Julii tom. 4. pag. 547. D. et apud Bernardum *de Breydenbach* Itiner. Hierosol. pag. 123. *Animi Diversificati propter diversitatem consuetudinum*, in Epist. Petri Venerabilis ad S. Bernardum, inter hujus Opera tom. 1. col. 216. Edit. 1690.

¶ **DIVERSIFINIUM**, *Diversos fines habens.* Laurent. in Amalthea ex Catholico Johannis de Janua.

¶ **DIVERSIMODE**, Diverso modo, Diverse. Legitur in Breviario Historiæ Pisanæ ad ann. 1171.

DIVERSIONES, vox Medicorum. Gariopontus lib. 2. cap. 13 : *In somnis Diversiones ex pulmonibus veniunt, etc.*

DIVERSORES, *Hospites.* Papias.

DIVERSORIARIUS, Ἀπαντητής, in Gloss. Græc. Lat. Codex MS. *Diversorianus* habet. Alibi : Πανδοχεύς, *Diversoriarius, stabularius, caupo.* Ubi ἀπαντηταί videntur esse ii, quos Pollux lib. 7. cap. 4. κατάκτας vocat, εἰς τὰ πανδοχεῖα καταγομένους, hospites et viatores.

* A Lat. *Diversorium;* unde nostris *Diversoire.* Vitæ SS. Mss. ex Cod. S. Vict. Paris. sign. 28. fol. 43. v°. col. 2. ubi de S. Paula : *Après s'en ala en Béthléem et en la balme dou Sauveour entra, et vit le saint Diversoire de la Vierge.*

1. **DIVERSUS**, Varius, Gallis *Divers.* Papias : *Diversus, pro vario.* Frontinus de Colon. : *Loca Diversis arboribus vestita.* Utitur Gregorius Mag. lib. 8. Epist. 12. 29. lib. 10. Epist. 16. *Diversorum criminum rei*, in leg. 18. Cod. Th. de Accusat. (9, 1.) *Hæreticis Diversa nomina, sed una perfidia*, in leg. 60. eodem Cod. de Hæret. (16, 5.) et alibi non semel.

* Aliud nostris significat vox Gallica *Divers*, idem quippe est quod Durus, crudelis, molestus, sævus. Chron. S. Dion. lib. 5. cap. 13 : *Sentiles, qui fu moult d'autre maniere que ses devanciers n'ot esté. Car il estoit Divers à sa gent meismes.* Ubi Aimoin. lib. 4. cap. 25 : *Qui dum multa in suos crudelia exerceret, etc.* Lit. remiss. ann. 1406. in Reg. 161. Chartoph. reg. ch. 81 : *Lui* (de Canimont) *qui estoit renommé d'estre Divers et combateux, etc.* Aliæ ann. 1417. in Reg. 170. ch. 113 : *Laquelle femme estoit très-Diverse, rebelle et merveilleuse, etc.* Occurrit præterea apud Froissart. 1. vol. cap. 3. Unde *Diverser* apud eumdem 3. vol. cap. 63. pro Molestiam creare, convicia facere : *Ainsi par divers langages se Diversoient les gens en Angleterre, et aussi bien chevaliers et escuyers que communautez.* Sic et acris hiems, *Yver diver* dicitur in Chron. Gall. apud D. *Le Beuf* tom. 1. Dissert. pag. clvj. ad ann. 1296 :

Ne nc vit on itel yver,
Ne si felon, ne si Diver.

* Hinc *Diversité du temps*, pro Cœli intemperie, in Lit. remiss. ann. 1416. ex Reg. 169. ch. 414 : *Pour la Diversité du temps, qui lors estoit froit et pluvieux, etc.*

¶ 2. **DIVERSUS**, pro *Divertens.* Victor PP. III. lib. 2. Mirac. S. Benedicti cap. 10 : *Cum autem ad Capuanam urbem devenisset juxta Ecclesiam Protomartyris Stephani Diversus, hospitatus est.*

¶ **PER DIVERSUS**, Versus, Gall. *Par Devers. Usque ad metas Domini Bartholomæi et per Diversus Bettemont usque ad boscos Militum*, apud Marten. tom. 1. Collect. Ampliss. col. 1106.

¶ **DIVERTENTIA**, Digressio. *Fiat præmunitio hujusmodi discessus sive Divertentiæ, etc.* bis apud Rymerum tom. 9. pag. 782.

¶ **DIVERTICULARE**, Diverticulis et dilationibus uti. Epistola Cleri Atrebat. ad Urbanum II. Papam, inter Miscell. Baluz. tom. 5. pag. 252 : *Ne Diverticulando jussio tua jam tertio Archiepiscopo injuncta... videatur annullari.*

¶ **DIVES** HOMO, Gall. *Riche homme*, Homo nobilis seu *Baro.* Chartular. S. Vandregisili tom. 2. pag. 1468. in Instrumento anni 1274 : *Noverint universi præsentes et futuri, quod ego Rogerus Dives homo vendidi... Guillelmo dicto Sravesein quindecim denarios annui redditus, etc.* Vide *Rici homines.*

¶ **DIVESTIRE**, ut *Disvestire*, Quempiam re possessa exuere, spoliare. Confirmatio Privilegiorum Monasterii Farfensis a Conrado Imperatore ann. 1027. in Dissert. Hist. Monetarum Domini *Le Blanc* pag. 94 : *Nullus Dux, Marchio, Episcopus... Monachos, aut aliquem fidelem inquietare, molestare, aut de his quæ supra scripta sunt, sine legali judicio Divestire præsumat.* Occurrit iterum apud Baluzium in Hist. Arvern. tom. 2. pag. 347. Vide *Vestire.*

DIVEXUS, pro *Devexus* occurrit apud Aldhelmum de Laude Virginum cap. 14. et 15.

¶ **DIVICISERE**, *Dissolvi, marcessere.* Gloss. San-german. num. 501.

DIVIDENTES. Vide *Divisio.*

¶ **DIVIDENTIA**, Merces, ut puto, sic dicta quod inter Clericos dividi soleat. Charta Elizabethæ Angl. Reginæ ann. 1560. pro Capellano Reginæ, apud Rymerum tom. 15. pag. 580. col. 1 : *Una cum omnibus juribus et præeminentiis, jurisdictionibus, libertatibus, privilegiis, titulis, quotidianis distributionibus, Dividentiis, excrescentiis, refectionibus, domibus, etc.* Eadem repetuntur col. seq.

DIVIDERE. Vide *Divisa* 1. 3. et *Divisio* 7.

* 1. **DIVIDERE**, Dicere, statuere, a Gall. *Deviser*, sermonem habere. Chart. Henr. I. reg. Angl. ann. 1126. inter Instr. tom. 11. Gall. Christ. col. 236 : *Et talem quietantiam in molta qualem charta Dividit.* Col. 237. *Determinat et testatur. Diviser*, pro Describere, enumerare, vulgo *Faire un devis*, in Lit. ann. 1404. tom. 9. Ordinat. reg. Franc. pag. 56 : *Ont aussi* (les maitres en maçonnerie et charpenterie) *communément la charge de veoir, adviser et Diviser les notables édiffices et opéracions que l'en fait pour nous.*

* 2. **DIVIDERE**, Discedere, Gall. *S'éloigner.* Stat. Mantuæ lib. 1. cap. 126. ex Cod. reg. 4620 : *Item quod aliqua navis magna vel parva arrivare non debeat ad aliquem portum vel ripam civitatis Mantuæ a tertio sono campanæ communis, quæ pulsatur de sero inantea, nec etiam Dividere nec movere se a ripa,... et qui contrafecerit arrivando, vel removendo, vel Dividendo se a ripa, etc.*

¶ **DIVIDIA**, διχόνοια. Gloss. Lat. Græc. Sangerman. *Dividia* Festo Discordia est, Nonio Tædium, dissensio, Plauto Molestia, dolor animi.

* **DIVIDICULUM**, *Bonne entre terres, et dicitur a Dividere.* Glossar. Gall. Lat. ex Cod. reg. 7684. Vide infra *Divisia.*

* **DIVIETUM**, Interdictum, prohibitio, Ital. *Divieto.* Privil. concessa Pisanis a Conrado II. reg. Sicil. ann. 1269. apud Lam. in Delic. erudit. inter not. ad Chron. imper. Leon. Urbevet. pag. 281 : *Ita quod per nos vel officiales nostros aut hæredes dictis terris et hominibus vel aliquibus ex eis nulla prohibitio vel interdictum vel Divietum fiat vel fieri possit.* Vide *Devetum.*

¶ **DIVIGENA.** Glossar. Græc. Lat. : Θεογενής, *Divigena*, ὕπαιθρος, *Subdivus.* Vide Salmasium de Pallio pag. 137.

DIVINACULA, *Sortes.* Papias.

¶ **DIVINÆ** AURES Imperatorum Græcorum olim dicebantur, ut observat Mabillon. de re Diplom. lib. 3. cap. 3. num. 19. Vide *Divalis.*

DIVINALIS, *Dicitur, quando ineffabilem naturam Dei, aut spirituales creaturas ex aliqua profundissima qualitate disserimus.* Papias.

¶ **DIVINALITER**, Divine, in Conc. Tolet. VIII.

¶ **DIVINARE**, ἀποθεῶ. Gloss. Lat. Græc. Sangerm. Deum facere.

¶ **DIVINASSARE.** Supplem. Antiquarii : *Divinasso*, μαντεύω, *Divino.* Gloss. Lat. Græc. Sangerm. : *Divinussare*, μαντεύεσθαι, Divinare, leg. *Divinassare.*

* Castigat. in utrumque Glossar. : *Divinusso*, μαντεύομαι, leg. *Divinus sum.* Vulcan. forte *Divinisso.*

DIVINATIO, Epilepsia, caducus seu sacer morbus. Constantinus African. lib. 1. de melancholia pag. 290 : *A vulgo Divinatio appellatur, quia morbus est absconsus, dicentes dæmoniacos esse hunc morbum patientes.*

* **DIVINATRIX**, Conjectrix, hariola. Tertull. de Anima cap. 22 : *Definimus animam Dei flatu natam, immortalem,.... dominatricem, Divinatricem, etc.* Et cap. 46 : *Præsidia Divinatricum artium et disciplinarum. Divinatrix magia*, de ea Th. Erastus.

¶ **DIVINITAS**, Theologia. Vide *Divinus* 2.

¶ **DIVINITOR**, pro *Divinator*, Qui divinat, apud Rymerum tom. 8. pag. 427. col. 1.

** **DIVINUM** JUDICIUM, Idem quod *Judicium Dei.* Charta Henric. Imperat. ann. 1195. ap. Würdtwein. Subsid. Diplom. tom. 10. pag. 11 : *Secundo quesitum est quo jure deberet probare, et sententiatum est Divino Judicio. Tertio quesitum est quo Divino Judicio et data est sententia, quod si juri suo voluerit inniti, ferro candenti jus suum debet probare.*

¶ **DIVINUM** RESCRIPTUM, Charta imperialis, in Vita S. Porphyrii, Februarii tom. 3. Vide *Divalis.*

1. **DIVINUS**, Ariolus, Augur : *Indovino*, Italis, *Devin*, nostris. Gloss. Lat. Græc. : *Divinum*, Θεῖον καὶ μάντιν. *Divinus*, μάντις. Isidor. lib. 7. cap. 9 : *Divini, quasi Deo pleni : divinitate enim se plenos assimulant, et astutia quadam fraudulenta hominibus futura conjectant.* Petronius : *Divinam ego putabam.* Auctor Queroli : *Secreta et familiaria quasi Divinus loquitur.* S. Ambros. in Levit. de Balaam : *Ideo tentavit eum quasi Divinum, non elegit quasi Prophetam.* Capitul. Caroli Mag. pro partib. Saxoniæ cap. 23 : *Divinos et sortilegos Ecclesiis et Sacerdotibus dare constituimus.* Halitgarius in Pœnit. cap. 6 : *Si quis ariolus fuerit, quod Divinos vocant, aliquas divinationes fecerit, etc.* Vide Jul. Firmicum lib. 3. cap. 9. Martialem lib. 3. Epig. 71. Albertum Aq. lib. 4. cap. 8. [Pirminium Abb. adversus mores VIII. sæculi, apud Mabillonium Analect. tom. 4. pag. 597.] Vincentium Belvac. lib. 30. cap. 74. etc.

* Alias *Adavineur, Adavinier, Advineur* et *Devinaille.* Radulph. *de Presles* lib. 4. cap. 30. Civit. Dei : *Cicero, c'est-à-dire Tulle, augur, c'est-à-dire Adavineur sus le chant des oiseaux, qui sont appellez auguremens, etc.* Glossar. Lat. Gall. ann. 1352. ex Cod. reg

4120 : *Adaviniers, Augur. Augurium, Adavinement.* Arest. parlam. Paris. ex Cod. reg. 9822. 2. fol. 45. r°. : *Le Roy et les haulx justiciers ont la cognoissance des Advineurs et sorciers, se ce n'est que ils proferent contre le roy.* Le Roman *de Cléomades* MSS. :

Je ne say à quoy tels homs vaille,
N'est pas homs, ains est Devinaille,
N'est drois que si laide figure
Ait si très-bielle créature.

Hinc *Adevinal*, Ænigma, tom. 1. Fabul. pag. 195 :

Ce sont Adevinal d'enfant.

* Aliud vero sonat vox Gallica *Adeviner*, Provocare scilicet, lacessere, persequi, vulgo *Attaquer, agacer, faire de la peine;* unde *Addevinement* et *Adevinement*, Aggressio, provocatio. Lit. remiss. ann. 1377. in Reg. 111. Chartoph. reg. ch. 285 : *Pierre print la cotelle et la osta et geta de dessus son cheval, en disant, comme corrociez qu'il estoit de ce que mise y avoit esté, que ce avoit esté mal fait, et qu'il sembloit que l'en le vouloit abuser ou Adeviner sur lui.* Aliæ ann. 1381. in Reg. 119. ch. 157 : *Icellui procureur, qui avoit accoustumé de vivre de teles tromperies et mauvaistiez, et se faisoit batre pour Adeviner sur les gens, etc.* Rursum aliæ ann. 1368. in Reg. 99. ch. 589 : *Jehan de Lilliers dist au suppliant et audit Gillet son compaignon que il paieroient tout l'escot aussi que par maniere de haussage, Adevinement et arrogance.* Denique aliæ ann. 1394. ex Reg. 146. ch. 311 : *En usant de paroles sentans forme de tencerie et de Addevinement.*

2. **DIVINUS**, Theologus. Jo. de Janua : *Divini, qui de divinis tractant, et proprie dicuntur Theologi.* Petr. Abaëlardus in Hist. Calamitatum suarum cap. 5 : *Constat quippe Philosophos, nedum Divinos, id est, sacræ Lectionis exhortationibus intentos, continentiæ decore maxime polluisse.*

* Codex MS. ubi de administ. episcopat. Turon. episc. Lingon. et Meld. commissa : *De tonsuris autem et collationibus beneficiorum dominus Meldensis, qui multum Divinus est, nihil accipiendum nihilque dandum asserit.*

Divinitas, Theologica scientia. Idem Abaëlardus cap. 2 : *Reversus sum in Franciam, maxime ut de Divinitate addiscerem.* Chron. Centulense Hariulfi lib. 3. cap. 3 : *Omnes Codices librorum claustralium de Divinitate sunt* 195. Testamentum Abbonis Canonici Autisiodor. ann. 1191. in Tabulario Ecclesiæ Autisiod. fol. 47. quo donat *S. Mariano libros suos de Divinitate scilicet 4. Evangelistas, Sententias et Historias magistri Petri, Apocalypsim, etc.* Vita B. Bonifacii Episcopi Lausan. cap. 1 : *In Cathedra Divinitatis sedit 7. annos. Magister in Divinitate,* apud Hemeræum in Augusta Viromand. pag. 232. *Maistre de Devinité,* in Testamento Theobaldi Ducis Lotharing. anni 1312. in Hist. Prioratus Wigmorens. tom. 2. Monast. Anglic. pag. 216. in Chron. Flandriæ cap. 51. etc.

* Gesta Ludov. Pii cap. 6. tom. 6. Collect. Histor. Franc. pag. 136 : *Et pour le service de sainte église réformer,.... fit-il venir dehors de la terre maistres, qui raprenoient l'us de chanter et de lire, et lisoient la Devinité et les autres sciences.* Charta ann. 1301. in Lib. rub. Cam. Comput. Paris. fol. 164. r°. col. 2 : *Délessons aux poures escoliers estudians à Paris en Divinité etc.* Quæ latine ita leguntur ibid. fol. 165. r°. col. 1 : *Pauperes scholares in Theologica facultate studentes etc.* Vide infra in *Magister*.

¶ **DIVINUSSARE** Vide *Divinassare.*

1. **DIVISA**, Divisio bonorum, quæ fit inter hæredes per testamentum : unde et ipsum testamentum *Divisa* dicitur. [** Vide Glanvillam lib. 7. cap. 7. et 8. ibidem Houard. ad cap. 5.] Testamentum Henrici II. Regis Anglor. apud Gervas. Dorobern. ann. 1182 : *Notum facio, quod apud Waltham ... feci Divisam meam de quadam parte pecuniæ meæ in hunc modum.* Vetus Charta apud Gariellum in Episcop. Magalon. pag. 89 : *In illa ægritudine positus, in qua testamentum et Divisionem suam fecit, etc.* Willharduinus n. 19 : *Sa maladie crut et efforça, tant que il fist sa Devise et son lais, et il départi son avoir, etc.* Adde n. 23. 82. Le Roman *de Rou* MS. :

Quant li Dus a fait sa Dévise,
Et à ceus rendus leur servise,
Qui en sa Court l'ourent servi,
L'ame du cors se departi.

[Chartular. S. Vandregisili tom. 1. fol. 157 : *Si comme le pomier qui est en la cour et les mesliers sont en Devise entre nous, et en partirons le fruit moitié à moitié... fu fet en l'an de grace* M. CC. *quatrevinz et chinc.*]

Dividere, Testamento disponere. Lex Wisigoth. lib. 10. tit. 1. § 10 : *Quidquid servus domino non jubente Diviserit, vel fecerit, excepto, quod lex permittit, firmum non esse jubemus, etc.* Append. Marculf. cap. 33 : *Quod ego terram suam de eorum potestate per fortiam nunquam prisi, aut pervasi, sed de ista parte triginta et uno anno fere amplius semper exinde fui vestitus, et post me Divisi, etc.* Charta Petri Regis Arag. ann. 1205 : *Supradicta revertentur ad proximos meos, vel illos, quibus ego Divisero.* Decreta Steph. Regis Hung. lib. 2. cap. 5 : *Decrevimus .... ut unusquisque habeat facultatem sua Dividendi, tribuendi uxori, filiis, etc.* Testamentum Ricardi Comitis Arundel. ann. 1375. apud Seldenum in Titulis Honor. 2. part. cap. 5. § 14 : *Item, j'ordonne et Divise à Richard mon fils ma meilleure Couronne, etc.*

* *Deviser*, eadem acceptione, in Testam. ann. 1302. ex Chartul. 21. Corb. fol. 101 : *Je Bernard chevalier, sires de Moroeul,.... je doins et Devis à Contesse me fille pour son mariage vin cent livres de Parisis.*

2. **DIVISA**, pro Eleemosyna testamento ordinata, videtur accipi apud Eadmerum lib. 1. Hist. Novor. pag. 8 : *Huic quadam vice solidi quinque de illis (nam Divisæ per temporum vices conferebantur) ex præcepto ejus dati sunt, etc.*

3. **DIVISA**, Terræ portio, sic dicta, quod sit suis limitibus *divisa*, definita, vel quod per *divisam*, seu testamentum, relicta sit portio hæreditaria. Leges Inæ Regis cap. 44 : *Ceorli habeant herbagium in Communi, vel aliam compascalem terram, vel Divisam claudendam.* Pactum Philippi Aug. et Henr. II. apud Radulfum de Diceto ann. 1180 : *Exceptis minutis feodis et Divisis terrarum nostrarum de Berri, si quid homines nostri quid inde interceperint.* Matth. Paris pag. 384 : *Istæ sunt terræ, quæ redduntur,... videlicet montana de Barrutha, cum terris et Divisis sibi pertinentibus.* Infra : *Cum omnibus eorum pertinentiis, cum terris, quæ sunt nominatæ in Divisis Hierusalem, etc.* Alia namque prædia pro indiviso, alia divisa possidebantur. Hinc crebro in Chartis : *Cultis et incultis, Divisis et indivisis,* apud Guichenonum in Biblioth. Sebus. pag. 185. 188. Sicul. Flaccus de Condit. agror. : *Divisi et assignati agri unius sunt conditionis : nam et Dividuntur sine assignatione, et redduntur sine Divisione. Dividuntur ergo agri limitibus institutis per centurias, assignantur viritim nominibus.* Philippus *de Beaumanoir* MS. cap. 1 : *Li Baillis s'il n'en a special commandement, ne pot mettre l'eritage de son Seigneur en jugement, ne fere bonnage, ne Devise de l'iretage son Seigneur vers autrui, ne vendre, n'engager, etc.* Si indivisorum divisio et exæquatio ab hæredibus postularetur, fiebat illa Regia auctoritate, ut colligitur ex Marculfo lib. 1. Form. 20. Idque *avoir Devise, requerre Devise à son voisin,* vocant Assisiæ Hierosolymitanæ cap. 237.

4. **DIVISA**, Divisæ, Fines, limites, metæ locorum et prædiorum. Leges Henrici I. Regis Angliæ cap. 57 : *Si inter compares vicinos utrimque sint querelæ, conveniant ad Divisas terrarum suarum.* Vide cap. 34. 91. Rogerus Hoved. ann. 1072 : *Cum cunctis rebus eidem pertinentibus in bosco et plano,... et omnibus rectis, Divisis ejus.* Et mox : *Et per easdem Divisas, quibus ipse, sive ante eum Tostius vel Siwardus ipsum manerium tenuerunt.* Et ann. 1063 : *Idem Rex et Ludovicus Rex Francorum dissenserunt, propter quasdam rerum suarum Divisas.* [Jacobus Græcus Syllanæus in Vita B. Joachimi Abb. Florensis cap. 3. Maii tom. 7. pag. 101 : *Venerabilis Abbas S. Mariæ de Curatio nuper Panormum venit, ostendit in curia nostra duo scripta de Divisis terrarum, quas eidem Monasterio concessimus.* Chartularium Gemeticense fol. 7 : *Et avons audit lieu auditoire, prisons, sets, carguan, fourches patibulaires au Mont S. Pol, qui est la Devise et separation de nostredite Baronnie Jumieges et Ducler.*] Vide Monasticum Angl. tom. 1. pag. 7. 373. 858. et Fletam lib. 4. cap. 2. § 13. cap. 6. § 3.

* *Devise* et *Divise* nostris, eodem sensu. Lit. remiss. ann. 1374. in Reg. 106. Chartoph. reg. ch. 263 : *Jehan Laisné envoia querre une houete pour esrachier et oster une pierre de Devise, qui estoit fin et mette entre ledit Hamel et l'héritage dudit Laisné.* Aliæ ann. 1477. in Reg. 203. ch. 39 : *Icellui Richart avoit arraché les bonnes ou Divises d'un quartier de pré.* Vide infra *Divisia.*

5. **DIVISA**, Arbitrium, Gallis *Devis.* Leges Henrici I. Reg. Angl. cap. 9 : *Omnis causa terminetur vel hundredo, vel comitatu, ... vel Divisis Parium.*

* *Devise,* eadem notione, in Lit. ann. 1385. tom. 7. Ordinat. reg. Franc. pag. 199 : *Et leur doit on bailler ledit larron lié à leur Devise.*

* 6. **DIVISA**, vox Italica, Vestis bicolor, nostris etiam alias *Devise.* Stat. ant. Florent. lib. 1. cap. 40. ex Cod. reg. 4621.

col. 25. r°. : *Berrouarii, quos rectores tenere debent, sint induti eodem panno et eadem Divisa, ita quod quilibet rector possit facere Divisam suam.* Stat. Mantuæ lib. 1. cap. 6. ex Cod. reg. 4620 : *Habere debent et secum tenere ipse potestas quatuor domicellos et unum pagium indutos de una et eadem partita seu Divisa et eodem panno.*

* 7. **DIVISA**, Stemma, insigne, Gall. *Devise.* Funus Joan. *Galeaz* ad ann. 1402. apud Murator. tom. 16. Script. Ital. col. 1035 : *Alia duo* (scuta) *cum arma comitatus Papiæ, alia duo cum Divisa imperatoris, videlicet uno capitergio cum una gassa.* Vide supra *Devisamentum.*

* **DIVISIA**, ut supra *Divisa* 4. Charta ann. 1144. inter Probat. tom. 2. Hist. Occit. col. 507 : *Termini sunt a vallo Aquilina usque ad Conrecos, et alius terminus est Divisia vetera a roca Serveria,.... et alius terminus sunt Divisiæ de Vacheriis... Excipio tamen omnes veteres Divisias, quæ ab antiquo fuerunt,.... Divisiam de Speissals et Divisiam de Vacayrolis et Podium-mejanum et Divisiam Vitulorum, etc.* Vide supra *Dividiculum.*

1. **DIVISIO**. Tabularium Lascarrensis Ecclesiæ ann. 1101. apud Marcam lib. 5. Hist. Beneharn. cap. 10 : *Et si forte in his duellum, vel aliqua Divisio advenerit, damnum eis concessit.* Ubi idem vir doctissimus observat, in veteribus tabulis Sordensis Monasterii, et S. Petri Generensis, *Divisionem* usurpari pro Examine ferri candentis, vel aquæ calidæ. Idem Tabularium apud eumdem lib. 4. cap. 19. n. 3 : *Deinde venit Willelmus Præpositus clamans de rustico, et accepit justitiam in manu ejusdem Vicecomitis, et fecit Divisionem ferri, et gratia Dei vicit eum.* Vide eumdem Marcam lib. 5. cap. 30. n. 7. Quo forte referri potest, quod Petrus Resenius ad Jus aulicum Canuti II Regis Daniæ pag. 618. ait, quosdam existimare, vocem *Ordel*, quæ Anglo-Saxonibus, Germanis, et Danis, quamvis purgationem vulgarem significat, compositam esse ab *ert*, locus, et *deele*, dividere. Utcumque sit, videtur fuisse *divisio*, sors quævis : nam et *sors* divisionem significat. Joann. Sarisber. lib. 10. Policratici cap. 12. et Petrus Blesensis de Præstigiis fortunæ : *Sortilegi sunt, qui sub nomine fictæ religionis superstitiosa quadam observatione rerum pollicentur eventus : quod genus Sortes Apostolorum et Prophetarum, et Dividentium, et inspectio tabulæ, appellatur.*

* *Division*, pro *Frénésie*, Insania, animi perturbatio, in Lit. remiss. ann. 1394. ex Reg. 146. Chartoph. reg. ch. 246 : *Laquelle Jehanne pour aucune frénésie ou Division, qui lui estoit venue, ou autrement,.... se pendi à un tref de la cheminée de son hostel.*

2. **DIVISIO**. *Divisiones versuum* in Psalmis, κόμματα, in Capitul. Aquisgran. ann. 789. cap. 68. et lib. 1. Capitul. cap. 66. Vide *Incisio.*

3. **DIVISIO**, Arbor incisa, agrorum divisionem faciens. Vide *Lachus.*

4. **DIVISIO** Apostolorum. Vide *Festum Divisionis Apostolorum.*

5. **DIVISIO**, Testamentum. Vide *Divisa.*

6. **DIVISIO**, Congiarium. Vetus Inscriptio apud Gualterum in Tabul. Sicul. pag. 57 : *Cujus Statuæ dedicationem decurionibus Augustalibus epulantibus, populo viritim Divisionem dedit.*

¶ 7. **DIVISIO**, Divortium. Canones Hibern. apud Acherium Spicil. tom. 9. pag. 34 : *De eo quod melior Divisio, quam discordia.* Synodus : *Melius est Dividere, quam semper discordare; Divisio enim præstat pacem, discordia vero destruit.*

¶ **DIVISIONALE**, ut *Divisa* 1. seu Testamentum, quo testator sua bona dividit hæredibus. Testamentum ann. 813. inter Instrum. tomi 1. Hist. Occitan. col. 38 : *In Christi nomine incipit Testamentum Dadilæ et Divisionale bonorum.*

* Testam. Petri Ermeng. de Pozolas ann. 1088. inter Instr. tom. 6. Gall. Christ. col. 131 : *In nomine Domini. Hoc est testamentum vel Divisionale, quod fecit Petrus Ermengaudus de Posolas, dum bene memoratus jacebat in lectulo suo.*

¶ Divisionalis Brevis, Eadem notione. Testamentum anni 966. inter Anecdot. Marten. tom. 1. col. 85 : *Hic est Brevis Divisionalis, quem fecit Matfredus Vicecomes, et uxor sua Adalais, a die qua cupiunt pergere Romam, de omnibus rebus illorum mobilibus et immobilibus, propter remedium animæ eorum seu inter filios eorum.* Vide novam Gall. Christ. tom. 1. pag. 3. col. 2.

¶ **DIVISITORIUM**, *Locus contubernii.* Gloss. Sangerman. n. 501. Lege et vide *Diribitorium.*

1. **DIVISOR**, Qui dapes in mensa dividit, dissecat. Gl. Græc. Lat. : Διαμεριστής, *Divisor.* Gloss. Saxon. Ælfrici : *Divisor* : Dælere, i. e. Divisor, distributor, a dælon, dividere, dæl, pars, portio.

* *Diviseour*, eodem sensu, in Poem. Rob. Diaboli MS. :

Lors sont mandé li crieours,
Et li maistre Deviseours
Chou qu'il doit crier li aprendent.

¶ 2. **DIVISOR**, Judex, arbiter, in Onomastico ad calcem tomi 5. Anecdot. Martenianorum. Vide *Divisa* 5.

¶ Divisor Juramenti, Qui juraturo sacramenti formulam præscribit. Consuetud. Furnenses ex Archivo Capituli Audomarensis : *Quicumque adjornatus fuerit, et prima die non venerit, readjornari debet ad secundam diem, et si tunc non venerit atinctus est; et si venerit et legitimum impedimentum ostenderit, petendo sacrosancta et Divisorem juramenti, hoc est, Stavera, stabit in placito suo, et si ita non fecerit, atinctus est.* Belgis *Stavenden eedt*, est alicui juramentum præscribere seu dictare, ut illud ad verbum recitet; hinc *Stavera*, qui illud dictat.

DIVISORIUM, *Cella ab aliis divisa*, Johanni de Janua.

¶ Divisoria Sedilium, Fulcra quibus in Choro sedes dividuntur. Regula Toribii Archiepisc. Limæ, Concil. Hisp. tom. 4. pag. 665. col. 1 : *In Choro magnam membrorum et sensuum disciplinam observabunt, non ad sedes inclinati, neque cubitis ad sedilium Divisoria fulti.*

* **DIVISUS**, Proprius. Stat. Avenion. MSS. fol. 39. r°. : *Singuli draperii teneantur habere Divisum et per se cannam ligneam.* Forte pro Divisim.

DIVITES Homines. Vide *Rici homines*, [et supra *Dives homo.*]

¶ **DIVITIARIUM**, Locus ubi reponuntur divitiæ. S. Ambrosius de Officiis : *Sapienti et justo totus mundus Divitiarium est.* Vide Barth. Adversar. lib. 35. cap. 22.

DIVITIOSITAS, *Copiositas.* Joan. de Janua et Ugutio.

DIVITIOSUS, *Copiosus, plenus divitiis* : Joan. de Janua. *Divitior* Terentio in Phorm.

DIVITISSIMUS, pro *Ditissimus*, apud Alcuinum Epist. 17. 29.

* **DIVOLA**, Divoltrix. Vide *Diabolaris.*

¶ **DIVOLARES**, διώβολοι. Gloss. Lat. Græc. Lege *Diobolares*, vel *Diovolares*, B. in V. mutato, ut alibi sæpe. Similiter in sequenti voce pro

¶ Divoltres, legendum est *Diobolares*, hoc est, Duorum obolorum, a Græco διώβολον, Duo oboli. Hinc ridiculum emendato etymon Johannis de Janua, qu habet : *Divoltres, Vilissimæ meretrices, quæ se suaque gratia numorum præbent, et dicuntur Divoltres, quasi desiderio volentes, vel quasi pro numo volutæ.* Ad quæ Martinius : *Mira vox! Sed non tam homines accusandi, quam sæculi deploranda caligo.*

* **DIVOLVERE**, Evolvere, Gall. *Dérouler.* Consuet. Norman. part. 1. cap. 17. ex Cod. reg. 4651 : *Nec illud* (viriscum seu inventum) *debet minuere, vel Divolvere, vel reversare, dimovere, aperire, vel explicare, nisi prius a justiciario videatur.* Ubi Gallicum habet : *Ne le doit appeticer, ne reverser, ne mouvoir.*

¶ **DIVOMERAT**, *Aperuerat.* Gloss. Isidor. Corrige cum Grævio : *Dimoverat, Separaverat.* Papias : *Dimovere, Disjungere, dividere, deducere.* [** Glossar. in cod. reg. 7644 : *Divaricavit, Aperuit.*]

DIVONA, Fons Deorum, idiomate veterum Gallorum. Ausonius in Burdigala :

Divona Celtarum lingua fons addite divis.

Hodie apud Cambros, *Diu* Deum, et *Vonan* fontem significare testatur Zuerius Boxhornius in Orig. Gallic. cap. 1.

¶ **DIVORTIARE**, Diducere matrimonium, Gall. *Faire divorce.* Pluries occurrit apud Rymerum tom. 14. pag. 464. col. 1. et pag. 469. col. 1.

¶ **DIVORTIONALE**, *Libellus divortii.* Amalthea.

* **DIVORTIRE**, Divortium facere. Capit. Leonis IV. PP. in Conc. Rom. ann. 853 : *Si vir et uxor solummodo pro religiosa vita Divortire inter se consenserint, nullatenus sine conscientia episcopi fiat.* Epist. Petri Dam. tom. 10. Collect. Histor. Franc. pag. 493 : *His tandem rex* (Robertus) *coactus angustiis, ad sanum consilium rediens, Divortit incestum, iniitque legale connubium.* Vide *Divortiare.*

¶ **DIURETICUS**, διουρητικός, Urinalis. Cæl. Aurel. Tard. lib. 1. *Medicamina Diuretica.* Priscian. de Diæta cap. 9 : *Tripsaca herba calida et Diuretica. Vina diuretica* apud Palladium.

¶ **DIURIUM**, *Solutio ventris unius diei.* Papias. Legendum *Diurnum*, Senecæ, Cibarium unius diei servo præstitum; *Diurna pittancia* in leg. 11. Cod. Theod. de Erog. milit. annon. (7, 4.) [** Leg. *Diarium* et pone virgulam post *ventris.* Glossar. in cod. reg. 7644 : *Diarria, est jugis ventris cursus* *sine vomitu. Diarria, a cybo scilicet unius diei.*]

¶ **DIURNALE.** Vide *Diurnalis* 3.

1. **DIURNALIS**, ἡμερούσιος, in Gloss. Lat. Gr. [Diurnus. *Diurnale officium et nocturnale*, in Capitularibus lib. 6. cap. 171.]

2. **DIURNALIS.** *Diurnales* dicuntur Calcei, quibus interdiu utuntur Monachi, qui *Calciamenta Diurna* appellantur in Capitul. Ludovici Pii Addit. 1. cap. 22. Usus antiqui Ordinis Cisterciensis cap. 84 : *Quod et faciunt, quoties calciant se Diurnalibus consuete.* Adde cap. 108. Lanfrancus in Decretis pro Ordine S. Benedicti, cap. 1 : *Antequam sonet signum ad apparatum Tertiæ, nullus calciet se Diurnalibus suis, exceptis iis, quibus extra claustrum cura obedientiæ injuncta est.* Consuetud. Floriacenses : *Post prandium omnes dormitorium ascendentes Diurnales calceos ponunt, et nocturnales induunt.* Ita Statuta antiqua Cartusiensia 2. part. cap. 16. § 2. et alibi. Eadem notione usurpant Udalricus lib. 1. Consuetud. Cluniac. cap. 12. 40. lib. 3. cap. 27. Chron. S. Trudon. lib. 13. pag. 510. Vide *Nocturnales.*

3. **DIURNALIS**, Idem quod Jugerum : nostris, *journel*, quantum terræ bos per diem arare potest. [Papias MS. Bituric.: *Decem juga vinearum, decem jugera, vel decem Diurnales.* Charta Hedeni Ducis ann. 704. pro S. Willibrordo Episcopo, apud Marten. Collect. Ampliss. tom. 1. col. 13 : *Donamus tibi tres casatas... et centum Diurnales, id est, jugera de terra aratoria.* Charta anni 1223. ex Archivo Villæ novæ : *Ego Silvester de Rezaio tradidi Monachis Villæ novæ duos Diurnales pratorum in valle mea tenendos.*] Acta Murensis Monasterii pag. 40 : *Sunt ergo in vico 16. mansi, et 19. Diurnales. In Egga dimidius mansus, et 22. Diurnales. Ad Hasle 4. Diurnales et dimidius, etc.* Eadem Acta pag. 45 : *Rustici vero qui habent Diurnales 20. et duo sunt, alii servientes, alii censum dantes.* Ubi *Diurnales servientes* sunt, quorum possessores certum servitium dominis debent, ut arare, metere, fœnum secare, etc. Et pag. 47 : *In curtem ordinata est, ubi sunt 14. Diurnales servientes, et 2. mansi, etc.* Mox : *In curtem composita est, ubi habentur 12. Diurnales, 6. in villula, et 6. ad Turmulon, et 1. mansus.* Alio loco : *Pratum, quod computatum est per 7. Diurnales.* Occurrit in his Actis pluries pag. 42. 49. 50. 51. 55. Tabularium Prioratus Domiuæ in Delfinatu fol. 29 : *Duos videlicet Diurnales de terra, etc.* Tabularium S. Remigii Remensis : *Arat annis singulis Diurnale unum.* Chron. Andrense pag. 358 : *Duo Diurnalia terræ dedit, etc.* [Chronicon Bonæ Spei : *Anno* MCCLXXX. *emit... sex Diurnalia*, LXVI. *virgas terræ.* Et pag. 305 : *Bonarium... et v. Diurnalia*, LXXXIV. *virgas circiter terræ.*] Vide *Dies.*

DIURNARE, Diem exigere, morari, nostris *Sejourner.* Adelbodus de Gestis S. Henrici Imp. pag. 446 : *Ibi in die Palmarum, qua oportuit celebritate, suos Diurnare fecit.* [** Pertz. tom. 4. Scriptor. pag. 691. lin. 38. Adde pag. 684. lin. 39.] [*Diurnare* dixit Gellius de Q. Claudio vetere historico : *Neque optimum quempiam inter nos sinunt Diurnare*; hoc est diu durare seu vivere.]

DIURNARII, qui *diurna* conscribebant, efficiebant, et quod *dietim* fiebat, vel decernebatur, in Diaria describebant. Junguntur illi cum Subscribendariis, Logographis, Censualibus, in lege 8. Cod. Theod. de Cohortalib. (8, 4.) *Diurna pittacia*, in l. 11. eod. Cod. de Erogat. milit. annon. (7, 4.) quibus, quid per singulos dies erogandum esset, continebatur. Vide *Jornarium.*

DIURNIUM, ἡμερολόγιον. Gloss. Gr. Lat. [Idem est quod Juvenali et Senecæ *Diurnum*, Liber continens acta dierum singulorum. Suppl. Antiquarii : *Diurnium*, ἡμερολόγιον, *Calendarium.*]

¶ **DIURNUM**, vel DIURNUS, Idem quod *Diurnalis* 3. Chronicon B. M. Bonæ Spei pag. 5 : *Pro uno Diurno prati juxta Joannis pratum.*

* **DIURNUS**, ut *Diurnalis* 3. idem quod Jugerum. Charta ann. 1088. in Tabul. S. Petri Carnot. : *Ultra hos sex Diurni, de quibus totam decimam; ad dexteram partem horum, xij. Diurni, ex quibus totam; ultra viam Bobbecii quatuor Diurni, ex quibus totam.* Vide *Diurnum.*

* **DIUTELLUM.** Chartul. eccl. Glasguens. ex Cod. reg. 5540. fol. 68. r°. : *Terra de Scrrogges pro dimidia carucata terræ per has divisas, scilicet a Diutello de Westerdene de sursum Hameldunum usque ad aquam Line, et de sursum Westerdene per transversum usque ad sursum Diutelli Gillemimeodene.* Nisi leg. sit *Dintellum.* Vide supra *Dentellus* et *Dentillum.*

DIUTINARE, Perseverare, in veteri Lectionario Asturicensi, ubi de S. Dominico Calceatensi.

DIUTURNA, Modus agri, qui alias *Jornale* et *Dies*, etc. Tabularium Monasterii S. Andreæ Viennensis : *Concedimus tres coroatas dominicas nostras, et in sponsalitio Consecrationis Ecclesiæ unum curtillum ante januas positum, et tres Diuturnas de terra, et vernetum in dextra et sinistra parte positum ad ædificationem domorum habitantium in servitio prædictæ Ecclesiæ.* Alibi : *Similiter concedimus sponsalitium ipsius Ecclesiæ duas Diuturnas telluris, etc.*

¶ **DIUTURNALITER**, Diu, in Actis SS. Julii tom. 2. pag. 681. de S. Anatolia.

DIUTURNIUM, πολυχρόνιον, in Gloss. Græc. Lat. MS. Editum *Diuturnum* habet. Notum autem Græcis πολυχρόνιον esse vitæ diuturnioris adprecationem. Vide *Polychronia.*

DIUTURNUS, Usu diuturno peritus. Ammianus l. 16. *Dux Diuturnus* dicitur, quem lib. 30. *Usu Castrensis negotii Diuturno firmatum.* Et lib. 23 : *Sacerdotem cæteris Diuturniorem, seniorem* vocat.

¶ **DIWOHART**, Species *corvatæ* apud veteres Aremoricos. Tabularium Rothon. : *Vendidimus... sine censu, sine renda, et sine opere et dicofrit, vel Diwohart, et sine ulla re ulli homini.* Vide *Dicofrit.*

DIVUS. [Lexicon vet. apud Turnebum Adversar. l. 28. cap. 6 : *Divus, Imperator, qui post mortem Deus habetur.*] Joan. Sarisberiensis l. 3. Policrat. cap. 10 : *Facti sunt ergo Divi indigetes, aut, ut aliis placet, Heroes, quos nec etiam humana sorte dignos Romanorum perfidia reputavit. Tractum est hinc nomen, quo Principes virtutum titulis, et veræ fidei luce præsignes se Divos audeant, nedum gaudeant appellari, veteri quidem consuetudine etiam in vitio, et adversus fidem Catholicam obtinente.* Vide, quæ in hanc sententiam collegit Joannes Filesacus lib. de Idololatria politica cap. 1. pag. 9. 10. neque enim hisce licet immorari.

* **DIVUS** MINISTERIALIS, apud Ant. Math. de Nobilitate, de Principibus edit. Amstel. ann. 1686. is appellatur, qui alicujus ecclesiæ servitio addictus erat. Vide *Sanctuarius.*

* **DIXENERIUS**, Decanus, decurio; *Dizainier*, in Lit. ann. 1368. tom. 5. Ordinat. reg. Franc. pag. 686. Monstræ factæ apud Chassagniam ann. 1511 : *Franciscus Charbonerii Dixenerius habet unam geneteriam; injunctum est quod habeat unum bragamardum.* Nostris *Disel*, vulgatius *Dizeau*, Frumentariorum fascium denarius. Lit. remiss. ann. 1450. in Reg. 176. Chartoph. reg. ch. 777 : *Le suppliant prist ung autre Disel,.... et lors icellui Mortaigne d'une forche ferrée qu'il avoit, frappa ung cop sus ledit suppliant qui chey sur ledit Disel de blé.* Vide *Dizenus.*

¶ **DIZENUS**, Decanus vel Decurio. Miracula S. Bernardi Menthonensis, Julii tom. 2. pag. 1088 : *Huc symbolum suam Penninæ quoque regionis Primores quos Dizenos vocant, conferunt.*

* **DIZIMÆ**, Decimæ, pars decima, Hisp. *Diesmo.* Testam. Alph. III. reg. ann. 1271. tom. 1. Probat. Hist. geneal. domus reg. Portug. pag. 56 : *Obligo omnes redditus... et Dizimas omnes, tam maris quam terræ.*

¶ **DLIDALT**, Species vestis, apud Stephanotium Fragment. Hist. tom. 8. fol. 247 : *Laxo etiam tunicam meam viridam et unam Dlidalt et duas camisas.* [** Leg. *Blidalt* et vide *Bliaudus.*]

¶ 1. **DOA**, Fossa, Gall. *Douve.* Tabularium S. Sergii Andegav. : *Ex transverso autem a Doa castelli usque ad alteram vineam, quæ est ultra vetus terrarium.* Vide *Doga* 1.

* Alias *Doe.* Charta ann. 1284. in Reg. 66. Chartoph. reg. ch. 1263 : *Concessi triginta quinque pedes in amplum de Doa seu fossato, adjacente muro prædicto,.. ad faciendum et construendum in dicta Doa viridarium.* Alia ann. 1306. in Lib. rub. Cam. Comput. Paris. fol. 304. r°. col. 2 : *Sommes tenuz à soutenir les Doez desdiz moulins à nos propres couz et despens à toujourz.* Ibid. ad ann. 1310. fol. 387. v°. col. 2 : *Jean de Goyet 18. deniers de sa Doe.*

* Nostris etiam *Dove* et *Douhe.* Charta Joan. de Castell. comit. Bles. ann. 1265 : *Nullus alius ab ipsis poterat aliquid facere vel immittere in dicto fossato nec Dovis fossati.* Lit. remiss. ann. 1375. in Reg. 107. ch. 321 : *Icellui varlet s'enfouy ès Douhes du fort de Naliers, qui est sur le chemin en venant du port de Sables à Fontenay le Comte.* Aliæ ann. 1379. in Reg. 116. ch. 113 : *Icellui Girart porta ledit Jannot sur une Dove d'un fossé, pour veoir se il le levroit.* Rursum aliæ ann. 1397. in Reg. 152. ch. 57 : *Il ne le cuidoit point avoir féru, pour ce que le pié lui failli, sur la Dove d'un fossé.* Quibus ultimis locis intelligenda fossæ margo seu terra ex fossato circumjecta. Le Roman *de la guerre de Troyes* MS. :

Devant les Doves des fossez

Estoit li tornoi arestez.

Ibidem :

Es Doves chient des fossez,
Ainçois qu'en fust li tiez entrez.

Vide infra *Douva*.

* 2. **DOA**, Asser, quo dolium compingitur, Ital. *Doga*, Gall. *Douve*. Stat. datiar. Riper. cap. 12. fol. 5. v°. : *De qualibet libra æstimationis quarumlibet Doarum, pro faciendo tinas ab oleo, pro intrata denarii octo*. Vide infra *Doela*.

¶ **DOAGERIA**, Gallice *Douairiere*, Mulier vidua cui ususfructus certæ partis bonorum mariti concessus est, apud Rymerum tom. 13. pag. 635. col. 1 : *Maria præfati potentissimi Regis Angliæ soror et Franciæ Doageria in præsenti habet et possidet, in omni casu et eventu, sive Delphinus ad Regem (regnum) pervenerit sive non : et de eodem Doario sive donatione propter nuptias adeo certam et securam reddet et assecurabit, sicut præfata domina Anna olim, seu domina Maria hodie Doageria, vel aliqua Regina Franciæ de Doario sive donatione propter nuptias unquam certa et secura seu assecurata fuit, aut assecurari debuerit : quod quidem doarium, etc.* Vide ejusd. tomi pag. 70. col. 1.

* Alias *Douagiere*. Charta ann. 1388. in Reg. 135. Chartoph. reg. ch. 103 : *Après la mort desquelx* (enfans) *Marie de Monceaux, femme dudit Hebert, comme Douagiere a joy et usé par longtemps de ladite terre*.

¶ **DOALIUM**, Donatio propter nuptias, Gallis *Douaire*. Charta Aymari de Pictavia in uxorem ducturi Alixentem ann. 1268. apud Baluzium tom. 2. Hist. Arvern. pag. 286 : *Et donationem seu constitutionem dotalicii seu Doalii, necnon promissiones et conventiones prædictas vobiscum habitas, vobis et vestris successoribus et ipsi Alixent perficiet et inviolabiliter conservabit.*

* Alias *Doale*. Libert. villæ d'*Aigue-perse* ann. 1374. in Reg. 198. Chartoph. reg. ch. 360 : *Item que se homs d'Aigue-perse, qui ait femme ou enffens, estoit ataint vers nous pour cas de crime, la femme ne doit perdre sa chanccelle ne son Doale. Doer*, pro *Douer*, dotem assignare, in Vita J. C. MS. :

De vingt castiaus le Doera, etc.

* *Endoairer*, eodem significatu, in Contract. matrim. ann. 1340. tom. 1. Probat. Hist. Brit. col. 1410. et *Endouérer*, in Testam. Franc. ducis Brit. ann. 1449. ex Bibl. reg.

¶ **DOAMEN**, f. Dolii lamina, Gall. *Douve*. Inventarium ann. 1342. ex Archivo S. Victoris Massil. armar. Din. n. 38 : *Item unum embunum, item Doamen unius vasi de frayse*; hoc est, si bene interpretor, laminas fraxineas ad unum dolium faciendum. Vide *Doga* 3.

DOANA, et Duana, Ædes, in quibus fiscales reditus, vectigalia, portoria, et cætera id genus tributa pro mercibus, et mercium transvectione inferuntur. Hugo Falcandus in Histor. de calamitate Sicil. pag. 661 : *Multi quoque Saracenorum, qui vel in apothecis suis mercibus vendendis præerant, vel in Duanis fiscales reditus colligebant, etc.* Gesta Innocentii III. PP. pag. 18 : *Instituebat justitiarios et camerarios... vendebat et pignorabat Doanas, et bajulationes accipiebat, etc.* Vide Chron. Richardi de S. Germano ann. 1221. [Chron. Parmense ann. 1277.] Constit. Sicul. lib. 1. tit. 36. Bonfil. Constant. in Sicul. pag. 188. 189. Odoric. Raynald. ann. 1285. n. 39. etc.

Vocem effictam a telonio Lugduni Gallorum, cui id nominis, atque inde translatam in Italiam censet Spelmannus. Alii a *Doen*, Britanno-Armorico, *Portare*, ferre, quod in hunc locum merces omnes deferantur, dictam *Doanam* opinantur. Sed potior videtur sententia, a Saracenis arcessendum etymon; nam auctor est Vincentius Belvac. lib. 31. cap. 145. *Douanam* appellari Sultanorum Palatium, ubi scilicet eorum thesauri asservabantur : *In Douanam, id est, in domum Soldani eum ducentes*. Erit igitur *Douana*, Saracenis, quod nostris Camera, cubiculum. [Neque inferior videtur eorum opinio, qui ab Arabico *Divan* seu *Diwan* Prætorium, hocque ab Hebræo *Doun*, Judicavit, derivant, quod in *Doana* soleat de mercimoniis judicari.] Vide Sebast. de Cobarruvias in voce *Aduana*, Menagium, et Ferrarium in Orig. Italic. [necnon priorem, scil. Menagium in Gallicis.] [** Murator. Antiq. Ital. tom. 2. col. 525. c.]

Doghana, Eadem notione, apud Ughellum tom. 7. pag. 904. *Dogana*, Boccacio.

¶ Dohana, in Chronico Siciliæ apud Marten. tom. 3. Anecd. col. 36. et supra in voce *Cabella*.

¶ Dohanare, Dohanæ tributa solvere. Constitut. Siculæ lib. 1. tit. 89. de officio Magistrorum fundicariorum : *Fundicare seu Dohanare compellant.., quæ in novis institutis fundicari seu Dohanari mandavimus*.

Doanerius, qui *Doanæ* vectigalia ac tributa exigit, vel recipit, apud Ughellum tom. 8. pag. 879.

¶ Dohanarius, in *Partizanus. Dohanerius*, apud Muratorium tom. 8. col. 609. B. et *Duanerius*, apud Baluz. Miscell. tom. 6. pag. 277.

** **DOARE**, Dotare. Reg. *Olim* Parlam. Par. tom. 1. pag. 286 : *Doaverunt insimul dictam Helloydim*.

¶ **DOARIA**, Gall. *Douaire*, Donatio propter nuptias. Instrum. matrimoniale anni 1273. Histor. Dalphin. tom. 1. pag. 198. col. 2 : *Humbertus dominus de Turre consentiente R. Patre Dom. Guill. Episcopo Claromontensi fratre ejus, dedit, concessit et donavit eidem Annæ, nomine dotalitii seu Doariæ ad vitam ipsius Annæ, ad bonum usum et consuetudinem Burgundiæ, medietatem totius terræ baroniæ seu baroniarum de Turre, etc.* Vide *Dos* et *Dotarium*.

¶ 1. **DOARIUM**, ut *Doaria*, in Contractu matrimonii Domini Anne de Turre ann. 1445. apud Baluzium Hist. Arvern. tom. 2. pag. 735. Occurrit etiam apud Rymerum tom. 10. pag. 244. col. 2. tom. 13. pag. 179. col. 2. et alibi non semel. Vide *Doageria*.

* A dote tamen et a donatione propter nuptias, *Doarium* distingui videtur in Charta ann. 1266. ex Chartul. AD. S. Germ. Prat. fol. 72. r°. col. 1 : *Promiserunt dicti venditores,.... quod contra venditionem et quitationem hujusmodi jure hæreditario, ratione dotis, Doarii, conquestus, donationis propter nuptias, aut aliquo alio jure, per se vel per alium, non venient in futurum*. Nisi hæc redundanter et cumulatius dicta existimes. Vide Argentr. in Consuet. Brit. ubi de matrim.

¶ 2. **DOARIUM**, Donatio a fundatore facta Ecclesiæ recens ædificatæ. Vide *Dos Ecclesiæ*.

¶ **DOAYRIUM**, Idem quod *Doarium* 1. Donatio anni 1318. in Hist. Dalphin. tom. 2. pag. 178. col. 1 : *Occasione donationis propter nuptias, vel causa dotis augmentandæ seu causa Doayrii ipsius dominæ Beatricis*.

* **DOBIO**, f. Mappula, mantile, Gall. *Serviette. De mappis et Dobionibus*, in Stat. Placent. lib. 6. fol. 80. v°. Vide infra *Doublerium*.

1. **DOBLA**, Mensura liquidorum. Vide *Duplarium*, 1.

* 2. **DOBLA**, vox Hispanica, Nummus aureus. Hist. Sicul. Bonincont. part. 3. apud Lamium in Delic. Erudit. pag. 3 : *Hic* (Henricus Alph. reg. Hisp. frater) *quum accepisset Carolum sua liberalitate ære alieno oppressum, quadraginta mille auri Doblas (sic enim id monetæ genus in Africa adpellabatur) ei mutuo dedit*. Vide infra *Doblis*. [** et S. Rosa de Viterbo Elucidarii tom. 1. pag. 382. voce *Dobra*.]

* 3. **DOBLA**, ut supra *Doa* 1. Fossa, f. pro *Dova*. Lit. ann. 1351. tom. 2. Ordinat. reg. Franc. pag. 480. art. 17 : *Quod dicti consules, cum suis consiliariis, habeant potestatem cognoscendi de viis publicis et itineribus reparandis, de clertis* (in Reg. *cleotis*, pro *cloacis*) *Doblis, etc.*

¶ **DOBLAR**, vox Hispana, in Regula Toribii Archiep. Limæ, inter Concil. Hisp. tom. 4. pag. 664. col. 1 : *Cum inchoantur Vesperæ defunctorum in die omnium Sanctorum, debet statim incipere duplex sonitus campanarum, quod vulgo vocant Doblar, et durare usque ad horam octavam noctis*. Vide *Doble*.

¶ **DOBLARE**, Gall. *Doubler*, Duplicare. Chartular. S. Martialis Lemovic. : *In octava Paschæ tria Responsoria Doblare cepimus*.

* *Doubler*, alia notione, nempe pro Humi sternere, in Lit. remiss. ann. 1456. ex Reg. 183. Chartoph. reg. ch. 207 : *Jehan Darche print le suppliant par le colet et le Doubla soubz la table*.

¶ **DOBLE**, Idem quod *Doblar*. Regula Toribii Archiep. Limæ : *In funere Prælati et Præbendariorum... fit solemnis crepitus campanarum vulgo Doble*.

¶ 1. **DOBLERIUS**, Crumena, sacculus, vet. Gallis *Doublier*. Limborch. lib. Sentent. Inquisit. Tolos. pag. 102 : *Custodivit quemdam Doblerium dicti hæretici, in quo erat unus liber et aliquæ aliæ res*. Ibid. pag. 153 : *Scambiavit sibi pecuniam et portavit sibi Doblerium de Tholosa usque Avenionem, ubi reddidit sibi*. Vide *Duplarium* 2.

* Nostris alias *Doubler*. Lit. remiss. ann. 1407. in Reg. 161. Chartoph. reg. ch. 256 : *Auquel mestoier icellui Guillaume bailla unes besaces, appellées Doubler; ouquel Doubler avoit trois aulnes de toile de lin*.

* 2. **DOBLERIUS**, Duplex, Gall. *Double*, Ital. *Doblo. Festa simplicia sive Dobleria*, in Ordinar. Ms. S. Petri Aureæ-vallis. Vide *Duplarium* 4.

¶ **DOBLETA**, Crustulum, Gall. *Oublie.* Usus Culturæ Cenoman. : *Ad cœnam habeant nebullas, Dobletas.* Vide *Nebula* 2. et *Oblata.*

* 1. **DOBLETUS**, Tunicæ vel pallii species, nostris *Doublet.* Lit. official. Senon. ann. 1336. in Reg. 82. Chartoph. reg. ch. 22 : *Item viginti quatuor peciæ capitegiorum seu Dobletorum de sirico et lino ad usum mulieris.* Comput. Steph. de Font. argent. reg. : *Pour un fin drap d'or de Damas et un fin camocas d'outremer, délivré à mons. le connestable de France et au maréchal de Clermont, par cédule du roy donnée à Paris le 18. jour de Février 1352. rendue à court, pour faire deux Doublés.* Lit. remiss. ann. 1375. in Reg. 107. ch. 238 : *Un trellis nuef à entoyer un lit, une piece de toille, un Doublet de nuit, etc. Tailleurs et cousturiers de robes et de Doublés*, in Lit. ann. 1366. tom. 8. Ordinat. reg. Franc. pag. 549. *Doublier*, eodem sensu, in Lit. remiss. ann. 1397. ex Reg. 153. ch. 38 : *Icelle suppliant prins... trois pennes, que on nomme Doubliers ou pais* (Laonnois.) Testam. ann. 1448. ex Chartul. 21. Corb. fol. 277 : *Item à Dame Jehanne Clevelle, femme Hue Aguiche, ung Doublier de xvj. aunes, et ung à Mariette sa sœur.* Vide infra *Doubletarius.* Est et *Doublet*, retis genus, in Stat. ann. 1327. ex Reg. 65. ch. 69 : *Item nous deffendons la Doublet, se ele n'est au moule d'un Parisis. Doublée*, editum tom. 2. earumd. Ordinat. reg. Franc. pag. 12. art. 21.

* 2. **DOBLETUS**, Ital. *Dobletto*, Telæ Franciscæ species, ex lino et gossipio contextæ. Convent. Saonæ ann. 1526 : *Item pro qualibet salmata.... Dobletorum, etc.*

* 3. **DOBLETUS**, Adulterina gemma a crystallo colorata, Gall. *Doublet.* Charta ann. 1345. ex Tabul. S. Vict. Massil. : *Robertus episcopus Massiliensis recognoscit se recepisse ab executore testamenti supradicti dom. Johannis, quondam episcopi, unum annulum pontificalem de argento deaurato, in quo sunt quinque Dobleti et quatuor perlæ.* Vide infra *Doubletus.*

* **DOBLIS**, Nummus aureus, Hisp. *Dobla*, Gall. *Doublon.* Charta ann. 1343 : *Tres Dobles auri antiquos et primi ponderis, et quinderim angelos secundi ponderis, et duos duplices auri antiquos boni et recti ponderis.* Vide *Dobla* 2. et *Duplex.*

¶ **DOBLO**, Duplio, Ital. *Dobla* vel *Dobbra*, Hisp. *Doblon*, Gall. *Pistole.* Acta SS. Junii tom. 4. pag. 883. de B. Aloysio Gonzaga : *Genua venerandus flexit Dux, acceptoque aureo Doblone (ita vocant Itali) e crumena aurea, quam ei dominus Petrus Maria Gonzaga, Eques Redemptoris, porrigebat, ipsum obtulit in disco ad hoc ibi præparato.*

* **DOBLOS**, vox vulgaris, ut et *Doblise*, Candelæ species, f. quod bilychnis, sic dicta. Comput. ann. 1357. inter Probat. tom. 2. Hist. Nem. pag. 193. col. 1 : *Solvit pro xxiiij. libris de Doblos et candelis cezeis, etc.* Alius ann. 1362. ibid. pag. 251. col. 1 : *Pro sex libris candelarum, vocatis Doblous, etc. Pro octo libris de Doblises ceræ, etc.* in Comput. ann. 1412. tom. 3. ejusd. Hist. pag. 205. col. 2. Vide infra *Duplo* 2.

* **DOCARE**, ab Italico *Docciare*, Inspergere. Lit. remiss. ann. 1361. in Reg. 91. Chartoph. reg. ch. 234 : *Comedit cepariurn seu cepas in oleo Docatas.* Nisi leg. forte sit *Decoctas. Docet*, pro Fasciculo, ut videtur, in aliis Lit. ann. 1400. ex Reg. 155. ch. 192 : *Et en icelle cave prist deux cent et demi de suif, un Docet de cuir,.... et vendi ledit Docet viij. solz. Une eschine Doceresse assise au bout du pont neuf avecques le premier pille*, in Lit. ann. 1386. ex Reg. 130. ch. 158.

¶ **DOCARIUM**, ut videtur, a Græco δοκός, Trabs, tignum, Gallis *Poutre, Solive, Bois de charpente.* Agnelli lib. Pontif. apud Muratorium tom. 2. pag. 182. col. 1 : *Omnia Docaria et subtegulata, et omnia ligna abiegna, et quæ necessaria erant, Ravennenses cives volventes in angaria.... cæmentariique ordinabant trabes super parietes, et perfecta sunt omnia.*

¶ **DOCATUS**, pro *Ducatus*, Gall. *Duché.* Occurrit in Charta Caroli Magni, apud Doubletum Hist. San-Dionys. pag. 715.

¶ **DOCCIA**, vox Italica, Canalis, tubus, Gall. *Canal, Tuiau.* Hugo de Prato Serm. 68. apud Martinium in Lexico : *Si quoddam Canale aquæ velocissime currentis deorsum, ut Doccia molendini percuteret in murum, manifestum est, quod undique redundaret et dispergeretur : sic erit in gloria animæ ad corpus.* Vide *Duciculus.*

* **DOCCIO**, *Doctrina*, διδαχή. Codex Sangerm. *Doctrina, doctus*, in Castigat. ad utrumque Glossar. Vide *Doctio.*

* **DOCE**, *Cedo*, δίδαξον, ex eodem Cod. ibid.

¶ **DOCELLUM** *quoddam in pago Rutenico super rivulum Dordunum, cujus vocabulum est Concas*, in Præcepto Ludovici Pii ann. 819. apud Baluz. tom. 2. Capitul. col. 1417. Lege *Locellum* ut in Annal. Benedict. tom. 2. pag. 401.

** **DOCENTER.** Virgil. Grammat. pag. 71 : *Dicimus enim Docenter, sapienter, instanter, perseveranter.* Hanc vocem Barthius in Advers. pag. 1579. e codice reponere jubet apud Martian. Capell. lib. 4. § 423. vers. 5. ubi vulgo legitur *Decenter.*

¶ **DOCENUS**, Assis Francicus *duodecim* constans denariis, Gallice *Douzain.* Testamentum S. Aredii Abb. Altamensis, apud Stephanot. Fragm. Histor. MSS. tom. 1 : *Maimacum domum nostram... Monachi nostri Altanenses habeant cum mancipiis, qui quaternos aripennos vineæ Monachis colant; uxores vero eorum Docenos argenteos singulis annis Monachis Altanensibus persolvant.*

* **DOCERE**, Ostendere. Acta B. Petri Arbues. tom. 5. Sept. pag. 736. col. 1 : *Ex illo* (sanguine) *dictus papyrus fuit unctus, et illum publice Docui, testibus infra scriptis.*

** Docere, Concionem habere ad populum in ecclesia. *Doctor*, Concionator. Vide Glossar. med. Græcit. voce Διδάσκειν, col. 304. et Append. col. 58.

** **DOCESIS**, Vana opinio a Gr. Δόκησις. *Docesim aut phantasiam*, ap. Mar. Mercat. pag. 178. 292.

* **DOCHA**, i. *Cupio*, in Glossar. Lat. Gall. ann. 1352. ex Cod. reg. 4120. Ubi leg. forte *Cupa.* Vide *Doga* 2.

DOCHA. Vide *Doga.*

* **DOCHION** *quidam ordeum vocant.* Glossar. medic. Simon. Januens. ex Cod. reg. 6959.

DOCIBILIS διδακτικός, in Gloss. Græc. Lat. Gloss. Lat. Græc. : *Docibilis*, εὐδίδακτος, εὐμαθής, *Docibilitas*, διδασκαλία. Glossæ S. Benedicti cap. de Morib. : *Docibilis*, εὐμαθής. *Indocibilis*, δυσμαθής. Ugutio et Joan. de Janua : *Docibilis et Docilis differunt : nam Docilis est Discipulus, qui facile docetur : Docibilis vero qui facile discitur.* Mox ait, promiscue usurpari, ut apud Joannem cap. 6 : *Erunt omnes Docibiles Dei*, i. e. dociles. Græc. διδακτοὶ τοῦ Θεοῦ. Et 2. ad Timoth. : *Ad omnia Docilem, patientem.* Gr. διδακτικόν. Amalarius lib. 1. de Eccl. Offic. cap. 35 : *Non erit Responsorius, quia nemini ibi prædicabitur, sed erunt omnes Docibiles Dei.* Stephanus Eddius in Vita S. Wilfridi cap. 9 : *Prudentem, non vinolentum, Docibilem et bene docentem Sermone puro et aperto.* Sugerius lib. de Administr. sua cap. 3 : *Cum ætate Docibili adolescentiæ meæ antiquas Armarii possessionum revolverem chartas.* Hincmarus Remensis Epist. 7. ex Labbeanis : *Si ipse clericus criminosus non est, et Docibilis est, quod etiam in Episcopo Canones requirunt, etc.* Infra : *Si autem ipse Clericus, cui per tanta tempora ipsam Ecclesiam in Follanæbratio habere, et in ea laborare consensisti, non placet et per rationem, aut pro crimine, aut pro indocibilitate illum rejeceris, quem contra regulas sine mea licentia et sine libertate Canonica ordinasti, ostende, et alium inveniemus.* Ubi *Docibilis*, est, uti dicimus, *Capax*; ut *indocibilitas*, incapacitas.

Docibilitas. Alvarus in Vita S. Eulogii : *Et hoc erat exercitium nobis melle suavius, favis jucundius, et in aure nos quotidie extendentes, multa inaudibilia tentare in scripturis immatura Docibilitas egit.* Infra : *Quanta Docibilitas tam pretioso munere inesset animæ, etc.*

* Vita S. Cieci tom. 1. Aug. pag. 660. col. 1 : *Docibilitas evangelica, qua quisque Christi discipulus nuncupatur, etc.*

¶ **DOCILLUS**, Clepsydra. Vide *Duciculus.*

¶ **DOCMEN**, pro *Dogmen*, Dogma. Fridegodus in Vita S. Wilfridi, inter Acta SS. Benedict. sæc. 4. part. 1. pag. 725 :

> Fistula rurestris cecinit prothemata cavis,
> Callossas cani Meligor velut excola sannas,
> Enervi trutinans exotica Docmina plectro.

Mabillonius legit *Dogmen* in Onomast. ad calcem.

DOCRUM. Charta Gennaldi Episcopi Astoricensis æræ. 953. apud Antonium *de Yepez*, tom. 4. Chron. Ordin. S. Benedicti pag. 448 : *Cæteros libros tam divinos, id est, Bibliothecam totam, Moralia, Job, Pentateuchum, cujus historia Ruth, liber unus; sive etiam et specialiter, Docrum, id est, Vitas patrum, item Moralium, Ezechielem, Prosperum, genera officiorum, Ethimologiarum, catha Johannis, libros Trinitatis, libros Apringi, Epistolæ Hieronymi, item Etymologiarum, Glossematum, liber Comitis*, (leg. *Comitis*) *liber regularium, virorum illustrium, etc.* Legendum forte *Geronticum* : nam Vitæ Patrum sic inscribuntur.

DOCTICANUS, Papiæ, *Qui docte canit.*

[Martianus Capella lib. 2. in Clio Musa *Docticanis sollers ludere sensibus*. Hugo Etherianus in Epistola ad Aimericum Antiochenum Patriarcham ann. 1170. inter Anecd. Marten. tom. 1. col. 479 : *Dum in supernarum rerum cognitione versor Constantinopoli, Docticanæ investigationi vestræ misi, etc.*]

¶ **DOCTICULUS**, diminut. a *Doctus*, in Bodonis Chron. Clusin. apud Leibnitium Scriptor. Brunsvic. tom. 2. pag. 361.

¶ **DOCTILOQUAX**, Loquens docte. *Littera Doctiloquax*, apud Dracontium lib. 2.

**Doctilogus. Gesta episcop. Virdunens. ap. Pertz. Script. tom. 4. pag. 42 :

Doctilogum flumen salienti fonte refundis.

DOCTILOQUIUM, *Doctum eloquium*, Ugutioni.

¶ **DOCTIO**, Διδαχή, Doctrina. Gloss. Lat. Græc. Sangerman. MSS.

¶ **DOCTISONUS**, ut *Docticanus*. Arator in Act. 17. de S. Paulo : *Quem turba profari Doctisonis mirata modis. Doctisonæ artes*, apud Sidonium cap. 15.

¶ **DOCTITAT**, *Frequenter docet*. Gloss. Isidori.

1. **DOCTOR**, Dignitas in Clero et Ecclesia, cui ex officio incumbebat docere plebem. Passio SS. Perpetuæ et Felicitatis : *Vidimus ante fores Optatum Episcopum, ad dexteram, et Aspasium Presbyterum Doctorem ad sinistram*. Cyprian. Epist. 24. *Doctoris Audientium*, seu Catechumenorum, meminit. Vide Notas nostras ad Cinnamum pag. 461.

☞ Pro Episcopo sumitur in Capitularibus Regum nostrorum lib. 6. cap. 357 : *Criminationes adversus Doctorem nemo suscipiat, nemo audiat; quia indignum est ut hi qui Throni Dei vocantur, aliqua motione turbentur*. Episcopum hic intelligendum esse palam fit ex ejusd. lib. cap. 104. ubi : *Nullis vita Præsulum turbetur excessibus : quia valde indignum est, ut qui Throni Dei vocantur, aliqua motione turbentur aut inique tractentur;* ut ex capite 156. libri 7 : *Si quis Episcoporum accusatur, ad summos Primates causam deferat accusator, qui adtentius discutiant, si causa pietatis hoc fiat necne. Quod si alicujus invidia... actum fuerit, nullo modo tale recipiatur negotium; quoniam inconveniens est, ut hi qui Throni Dei vocantur, et immobiles esse debent, pravorum accusationibus moveantur vel perturbentur*. Ibid. cap. 323 : *Accusationes adversus Doctorem nemo suscipiat, quia non potest humano condemnari examine, quem Deus suo reservavit judicio*. Et cap. 57 : *Interiorum ordinum culpæ ad nullos magis referendæ sunt quam ad desides negligentesque Doctores*. Vide ejusdem libri cap. 44.

2. **DOCTOR**, Auctor. Vetus Placitum ann. 1074. apud Ughellum tom. 1. pag. 505 : *Tunc supradictus Imperator interrogavit supradicto judice, quis exindefuisset lex? Tunc dixit supradicto judice, Domine, interrogate eam, ubi est suum Doctorem, vel si habet testimonii. Tunc interrogavit ea supradictus Imperator, si habuisset Doctorem, vel testimonii. Tunc dixit supradicta Albasia : Non possum hic habere Doctorem neque testimonii, quia... illi volunt venire in vestram præsentiam*. Vide *Auctor*.

¶ 3. **DOCTOR**, Abbas, in Annal. Benedict. lib. 37. num. 108. ad ann. Christi 877.

Doctores Legis. Gloss. Gr. Lat. : Νομοδιδάσκαλος, *Legis Doctor*. Gloss. Lat. Gr. : *Juris Doctores*, αὐθένται τῶν νόμων. Lexicon Græc. MS. Reg. Cod. 2062 : Νομοδιδάσκαλοι, οἱ γραμματεῖς ἑρμηνεύοντες, συνῆσαν γὰρ αὐτοῖς καὶ οἱ λεγόμενοι νομικοί. Ibid. : Νομικός, ὁ τῷ νόμῳ ἀκολουθῶν, ἢ ὁ τοῦ νόμου ἐξηγητής. Adrevaldus lib. 1. de Miracul. S. Benedicti cap. 25 : *Quidam Wastinensis regionis Legis Doctor, ... munere corruptus advenerat, verens, ne si duo inter se decertarent, testis eorum reprobus inveniretur, judicium protulit, etc*. Paulo ante : *Plurimi legum Magistri et judices*. Charta Pipini Majoris Domus apud Doubletum lib. 3. Hist. Sandion. pag. 692 : *Sicut proceres nostri, seu Comites Palatii nostri, vel reliqui Legis Doctores judicaverunt*. Fragmentum Historiæ Aquitanicæ : *Miseratque in Marciliacum Robertum Legis Doctum, etc*. Exstat in Tabulario Ecclesiæ Carnotensis Charta originalis *Theobaldi Comitis Palatii, data 5. Idus Januar. Indict. 6. anno a Passione Domini* 1083. quam præ cæteris subscribit *Robertus Legis Doctus*. Capitula Carlomanni tit. 2. cap. 9 : *Et Comes præcipiat suo Vicecomiti, suisque Centenariis, ac reliquis ministris Reipublicæ, nec non francis hominibus, mundanæ legis documentis Eruditis, etc*. Chronicon Lichfeldiensis Eccles. in Anglia : *Anno Guillelmus regni sui 4. apud Londonias consilio Baronum suorum fecit summoniri per universos Angliæ Comitatus, omnes nobiles, sapientes, et sua lege eruditos, ut eorum leges et consuetudines audiret*. Eadem verba habentur initio Legum Edwardi Confessor. cap. 1. *Domini legum*, apud Ottonem de S. Blasio cap. 14. [** Vide Savin. Histor. Jur. Roman. med. temp. tom. 1. cap. 6. § 136.]

¶ Doctor in Sacra Pagina, Qui sacros Bibliorum libros interpretatur. In Instrumento anni 1423. ex Archivo Monasterii de Bello-prato Rotomag. legimus : *Die Veneris sancta de mane ante meridiem solet fieri, et est assuetum, quidam sermo solemnis seu prædicamentum solemne per unum Doctorem in sacra pagina aut aliam personam solemnem*.

Doctor Doctorum, in Actis Capitularibus Ecclesiæ Lugdun. ann. 1341. fol. 37. v. et alibi non semel. Sed quæ hæc dignitas, fateor mihi incompertum.

* **DOCTORARE**, Doctorari, Doctoris gradum conferre vel adipisci, *Dottorare* Italis; *Doctorifier*, apud Christ. Pisan. in Hist. Caroli V. part. 3. cap. 70 : *Lequel* (de patre suo loquitur) *très amé serviteur et clerc excellent, gradué et Doctorifié a Boulongne la Grace en la science de médecine*. Charta Caroli reg. Sicil. ann. 1298. ex Cod. reg. 4659 : *Ambo et eorum quilibet, ipsius cancellarii in ejusdem partibus Provinciæ absentia vicem gerant, licentientur et etiam Doctorentur*. Acta capit. eccl. Lugdun. Mss. ad ann. 1338. fol. 37. v°. col. 1 : *In casu, in quo Petrus de Pollens, antequam alii essent de dicta militia provisi, licentiaretur seu Doctoraretur, dictam militiam sibi conferunt*. Occurrit præterea apud Murator. tom. 20. Script. Ital. col. 932. in Stat. Vercell. lib. 3. pag. 61. v°. etc. [** Histor. Archiep. Bremens. ap. Lappenb. pag. 39. vers. 23 :

Artes statim didicit, et ut has doceret
Magister effectus est, nemo qui doleret.
Dum legens in cathedra primum Doctoraret
Prebenda transmissa est, etc.

¶ Doctorandus, Ad Doctoris gradum promovendus in Academiis. *Bacchalariandi Dotorandique*, apud Robertum *Goulet* in Compendio jurium Universitas Paris. fol. 14. v°. Occurrit apud Leibnitium Scriptor. Brunsvic. pag. 826. et infra in voce *Sufferratura*.

* **DOCTOREUS**, Ad doctorem pertinens, doctus. Annal. Placent. ad ann. 1464. apud Murator. tom. 20. Script. Ital. col. 916 : *Post magnas recitationes factas, post multas disputationes publice confectas, sibi* (Alberto Ripalta) *erat facillimum publice bis in die lectiones Doctoreas legere et cum gratia auditorum*.

* **DOCTORIZARE**, Approbare. Annal. Victor. Mss. ad ann. 1215 : *Libri etiam Sententiarum Petri Lombardi et Glosæ super epistolas Pauli ab eodem Petro factæ Doctorizati sunt, etiam quæ super Psalterium fecit*. Sed fortassis leg. *Auctorizati*.

¶ **DOCTORIZATIO**, Adeptio Doctoris gradus, in Statutis Academiæ Paris. n. 33. apud Acherium Spicil. tom. 6. pag. 384.

¶ **DOCTRINA**, Parochia, apud Indos Christianos. Pluries occurrit in Conciliis Hisp. xvi. sæculi.

* **DOCTRINALE**, Titulus libri de Grammatica, quem metrice scripsit Alex. de Villa-Dei, qui, auctore Wadingho, vivebat ann. 1240 : *Scribere clericulis paro Doctrinale*.

¶ **DOCTRINALES** Pueri dicuntur in Conciliis Hispan. XVI. sæculi, qui ministrant in Ecclesiis parochialibus. Vide *Doctrina*.

¶ **DOCTRINAMENTUM**, Documentum, præceptum, Gall. *Precepte*, in Monastico Anglic. tom. 1. pag. 11. col. 2 : *Per Doctrinamentum B. Archangeli Gabrielis*.

DOCTRINARE, Docere, instruere. Ebrardus Betun. in Græcismo cap. 14 :

Sed quod in hoc opere volo Doctrinare minores.

Occurrit apud Baldricum lib. 1. Chron. Camerac. cap. 84. 116. lib. 3. cap. 15. [et in Actis SS. April. tom. 2. pag. 793.]

* Italis *Dottrinare*, nostris *Doctriner* et *Doutriner*. Petrus de Font. in Cons. cap. 2. art. 1 : *Tu qui te veus Doutriner, de droit, etc*. Unde *Dotrinéeur*, doctor, ibid. cap. 27. art. 2 : *Les Apostles ki furent Dotrinéeur de toute la Chrestienté*. Lit. remiss. ann. 1409. in Reg. 164. Chartoph. reg. ch. 149 : *Icellui curé, qui devoit garder le bien et honneur de ses parroissiens et parroissiennes, les enseigner et Doctriner dévotement, etc*. Vita J. C. Ms. :

La pucele fu bien aprise,
Li sains espirs l'ot escolée,
Et enseignié et Doctrinée.

* Sed et *Doctriner* dixerunt, pro Castigare, verberibus docere, admonere, Gall. *Châtier, corriger*. Lit. remiss. ann. 1380. in Reg. 118. ch. 99 : *Icellui Jehan chastiant et Doctrinant sa femme, si comme il appartenoit en tel cas*. Aliæ ann. 1424. in Reg. 172. ch. 671 : *Icellui abbé se efforça de prendre icellui frere Thomas, et le faire*

pugnir et Doctriner, ainsi qu'il appartenoit faire. Hinc *Doctrine*, pro *Châtiment*, castigatio, in Lit. remiss. ann. 1389. ex Reg. 135. ch. 237 : *Icellui Danois.... prinst deux vergeron de saulx, et l'en bati* (son fils) *à nu par les fesses, par maniere de Doctrine et de chastoy.*

* **DOCTRINATIO**, Documentum, præceptum, Ital. *Dottrinamento.* Epist. abb. S. Albani in Chron. Joan. Whethamst. pag. 439 : *In tanto eciam duo vestra munuscula fuerunt nobis accepciosa, de quanto illorum unum invitat nos ad bonum, alterum vero instruit ad mores, et det Doctrinationem. Doutriement*, eodem sensu, in Serm. Rob. *de Sainceriaux* de morte S. Ludovici :

Moult sont bel li enfant, Dex les croisse et ament,
Et doint bone froichance et bon Doutrinement.

DOCTRINUM, Διδασκαλεῖον, in Gloss. Græc. Lat. Schola publica. [* Adde ex Castigat. in utrumque Glossar. Codex Sangerm. : Διδασκάλιον, *magisterium*, subdit regius : *documentum. Doctrine*, eadem acceptione, in Lit. remiss. ann. 1404. ex Reg. 158. Chartoph. reg. ch. 416 : *Le suppliant dit que son entencion estoit de soy en aler demourer à Paris, et que c'estoit la plus notable Doctrine pour enfans, qui feust en France.*]

DOCTUS. *Docti homines*, quos vulgo *Probos* dicimus. Lex Longob. tit. 44. [** Rothar. 128.] : *Operas reddet, et mercedem Medici persolvat, quantum per Doctos homines arbitratum fuerit.* Tit. 46. [** 130.] : *Servus ministerialis et Doctus.* Vide *Boni homines.*

DOCUMENTA, Tabulæ, Chartæ, instrumenta, quibus prædiorum rerumve aliarum jus firmatur. Gloss. Basil. : Ἐνγραφυμένα, διδαγαί. Concilium Agathense can. 26. et Burchardus lib. 3. can. 183 : *Si quis de Clericis Documenta, quibus Ecclesiæ possessio firmatur, aut supprimere... præsumpserit.* Vide Concilium Aurelian. IV. can. 14. Apud Gromaticos, *Documenta* sunt signa, argumenta terminorum, finium, limitum. Vide Aggenum, et leg. 3. Cod. Th. de Abolit. (9, 37.) et leg. 41. de Episcop. (16, 2.)

DOCUMENTATIO, *Admonitio*, νουθεσία, in Gloss. Gr. Lat. [*Institutio, correctio*, in Supplemento Antiquarii.]

DODARIUM. [* Contract. matrim. ann. 1358 : *Quia dos data donationem propter nuptias habere meretur, contemplatione et causa matrimonii supradicti, sponte et pacifice... promisit.... domicellæ Johannellæ uxori suæ in Dodarium et terciariam, seu pro Dodario et terciaria annuas uncias auri ducentas viginti.*] Vide *Dotarium.*

** **DODIS.** Tradit. S. Gallens. ann. 815. ap. Neugart. in Cod. Diplom. Alem. num. 182 : *Trado.... quicquid genitor meus nomine Wirimhari genetrice mea nomine Kebalinda ad Dodidem egisset, id sunt 2. colonicas, etc.* Neugart. interpretatur : Quicquid genitor meus matri Dotis loco consignavit.

¶ **DODRANS**, *Tres quælibet partes, quarta remota, ut novem, sublatis tres, ex duodecim. Sic notatur* ꟗ, Papias in MS. Bituric. Vox quidem nota, at signum hic expressum non ita.

DODUS. Abbo Monach. lib. 2. de Bello Parisiaco vers. 97 :

Lux segetis rediviva rotas spoliis vacuavit,
Atqu suis Dodum revocavit motibus axem.

vertit. [** Pertz. in textu ipso habet *clodum.*] Etiamnum, *Dodu*, dicimus *arcuatum*, et in dorsi formam effictum, a voce *dos*, dorsum.

* Unde *Dode* dicitur Alapa aversa manu, Gall. *du dos de la main*, inflicta, in Lit. remiss. ann. 1410. ex Reg. 164. Chartoph. reg. ch. 319 : *Jehan de Noyon dist qu'il donneroit voulentiers a icellui Housset une Dode ou buffe.* Aliæ ann. 1471. in Reg. 197. ch. 147 : *Le suppliant bailla à icellui Perrinet de la quarre ou du Doulx de la main gaulche en arriere main sur la joue.* Ejusdem originis videtur vox *Dodasne*, qua Ripa seu agri, qui ad fluviorum litora positi sunt, significantur, in Charta ann. 1476. ex Chartul. Latiniac. fol. 246 : *Confessa avoir prins et retenu à tiltre de croix de cens et rente annuelz et perpetuelz.... tous les rivaiges ou Dodasnes, qui audit prieur bailleur appartiennent.... à prendre au long de la riviere de Marne, entre ladite riviere et les prez et terres estans affrontans ausdits Dodasnes.* [** Vide *Dorsum Asini.*] Hinc etiam fortassis accersenda vocis *Dodin* origo, qua designatur ineptus, homo incompositi oris et gestus. Mirac. B. M. V. Mss. lib. 2 :

Mais sachiés bien, c'en est la fins,
Que Dodins est et buisnars fins,
Faus est apers et durfeus,
Ki ces miracles a leus, etc.

* **DOELA**, Asser, quo vas seu dolium compingitur, idem quod supra *Doa* 2. Gall. *Douve*, alias *Doelle* et *Douelle.* Lit. remiss. ann. 1454. in Reg. 191. Chartoph. reg. ch. 70 : *Ipso supplicante existente in suo operatorio carpenteriæ, utendo suo ministerio, dolando et imugendo Doelas cujusdam pipæ seu dolii ;... cum quadam Doela, etc.* Aliæ ann. 1380. in Reg. 117. ch. 190 : *Icellui suppliant prist furtivement..... environ soixante pieces de Douelles à faire tonneaulx. Le suppliant avecques une Doelle de pippe, rompit le morillon de la claveure de la huche*, in aliis Lit. ann. 1450. ex Reg. 185. ch. 17. Haud scio an inde vel a *Doga* 2. *Doulle*, pro *ivre*, Ebrius, vini plenus, in Mirac. B. M. V. Mss lib. 1 :

Grant voloir ot et grant desir,
Quant ivres fu, d'aler gesir....
Sitost comme il entra en cloistre
Doulles de vin et escaufés, etc.

* *Douelle* vero in Hist. Joan. *de Saintré* cap. 36. est ferrum cavum, quo inferior pars extrema hastæ munitur, vulgo *Douille.* Vide *Doga* 3.

¶ **DOERIUM**, ut *Doarium*, in Amalthea.

1. **DOGA**, Fossa, Gallis *Douve.* Gregor. Turon. lib. 1. Miracul. cap. 25 : *Fossas in circuitu Basilicæ fieri jussit, ne forte Dogis occultis lymphæ deducerentur in fontem.* [Pactum anni 1272. inter Jacobum Aragoniæ Regem Montisque Pessulani Dominum et Berengarium Magalonæ Episcopum, de limitibus jurisdictionis utriusque : *Exinde sicut itur per carreriam quæ transit ante viridarium quondam Petri Salvatoris, usque ad viam quæ est juxta Dogam vallati Montis-pessulani. Juxta Dogas vallatorum murorum dictæ civitatis*, in quodam veteri Statuto Massiliensi.] Vide *Doha* [** et Murator. Antiq. Ital. vol. 2. col. 1089. C.]

Dova, Eadem notione, in Jure Vicentino lib. 4 : *Quælibet Dova cujuslibet vegetis, etc.* [Instrum. anni 1181. ex Archivo Ecclesiæ Dolensis : *Addunt communiter, quod omnes Dovæ sunt de dominico Archiepiscopi.*]

¶ Douva. Instrum. ann. 1255. ex Archivo S. Florentii : *Domum Galterii Beisnel sitam de prope Douvam Dolensis Abbacie.*

2. **DOGA**, Poculum, vel dolium. Gloss. Lat. Gr. : *Doga*, βούττις, *Dogarius*, βουττοποιός. Cambro-Britannis *Dogn*, est debitum, quantitas debita, mensura. Vopiscus in Aureliano : *Facta erat ratio Dogæ, cuparum, navium, etc.* Ita emendant Turnebus et Casaubonus, pro *Dochæ.* Cujacius et Salmasius vocem hanc a δοχή, *Receptaculum*, deducunt. Vide *Buttis* in *Butta* 3. et Salmasium in Hist. August. pag. 208. 490.

* *Doyin*, non absimili prorsus notione, in Lit. remiss. ann. 1449. ex Reg. 179. Chartoph. reg. ch. 302 : *Ung grant Doyin, qui vault autant dire comme une cruye de vin.*

3. **DOGA**, Asser, proprie is, quo vas, seu dolium compactum est, Italis *Doga* : nostris *Douve.* Acta S. Thyrsi et Socior. num. 25 : *Et posuerunt caput ejus in tinam, et cum vellent aquam immittere, dissoluta est a circulis et Dogis, quasi concisa esset securibus.* Ubi Agones eorumdem sic habent : *Dissoluti sunt circuli et asseres discompaginati, et ita frustulatim comminuti.* [Statuta Massil. lib. 3. cap. 17 : *Ordinamus præsenti capitulo quod omnes boterii Massiliæ qui vendiderint botas, vendant.... illas botas bonas et legales... tam in Dogis quam in arbore, etc.*] Vide Oct. Ferrarium in *Doga.*

¶ Dova, Eodem significatu. Codex Irminonis Abb. Sangerman. MS. fol. 60. verso col. 2 : *Solvunt ad hostem multones* II... *axiculos* C. *et totidem scindolas*, XII. *Dovas, circulos* VI. XII. *faculas.* Et fol. 65. col. 2 : *Asciculos* C. *scindolas totidem, Dovas* XII. *circulos* VI. *etc.* [** Fol. 72. r°. Brev. 13. sect. 99. edit. pag. 149 : *Solvunt ... Dovas* 780. *ex quibus componuntur tonnæ* 36. *circulos similiter, etc.*]

4. **DOGA**, Italis est Fascia, limbus. Ita usurpat Joannes Villaneus lib. 7. cap. 108. Hispani *Dogal* vocant. Vide Chronicon Petri IV. Reg. Arag. cap. 7.

* Haud scio an huc pertineant voces *Doe* et *Doesse* ex Lit. remiss. ann. 1414. in Reg. 167. Chartoph. reg. ch. 367 : *Une appellé Danton se parti de la ville de Chasteledon avecques une Doe, appellée Doesse de charge audit pays.* Ubi fasciculum, sarcinulam intelligo. Vide supra *Dodus.*

¶ **DOGALIS**, pro *Ducalis*, ut puto, quemadmodum Veneti Ducem suum *Doge* nuncupant. Testamentum Tellonis Episc. Curiensis ann. XV. Pippini Regis, in Annal. Bened. tom. 2. pag. 710. col. 1 : *Si quis... aut Regalis potestas, vel aliquis per Regalium potestatem concessam, aut Dogalium præsentiam commotam... ausus fuerit ab his Ecclesiis abstrahere, etc.* Vide *Dux.*

* **DOGANA**, Illicita hominum societas pro mercibus ad arbitrium suum vendendis. Stat. ant. Florent. lib. 3. cap. 87. ex Cod. reg. 4621 : *Homines seu consules alicujus artis.... non possint.... facere.... conspirationem aliquam,... vel monopolium aut*

Ubi ipse Abbo Glossator, *Dodum*, *Clodum*

Doganam super aut de rebus aut negotiationibus ad artem suam.... pertinentibus, certo modo vel forma seu pretio vendendis vel emendis. Vide *Doana.*

¶ **DOGANA.** Vide *Doana.*

¶ **DOGARIUS.** Vide *Doga* 2.

¶ **DOGHANA.** Vide *Doana.*

** 1. **DOGMA**, Δόγμα, Quod faciendum videtur, consilium. Reinard. Vulp. lib. 2. vers. 915 :

Insegrime, fave tibimet, tuus æstimor hostis,
Sed tibi Dogma meum non ut ab hoste datur.
Suadeo sicut amo, etc.

** 2. **DOGMA**, Doctrina. Diciplin. Clerical. cap. 4. sect. 15 : *Qui in doctrina defecerit, parum generositas sua ei proderit; Dogmate indiget nobilitas, sapientia vero experientia.* Vide *Dogmaticus.*

¶ **DOGMATICARE**, ut *Dogmatizare*, in Bulla Eugenii IV. Papæ ann. 1440. relata in Bullario Carmelit. pag. 199. col. 1.

DOGMATICUS, *Doctus, sagax, prudens, sophisticus, etc.* Joan. de Janua. Gloss. Lat. Gall. : *Dogmaticus, Enseignez, sage.*

DOGMATISMUS, Δογματισμός, Dissertatio, docendi ars. Rusticus S. E. R. Diaconus Card. contra Acephalos : *Sæpe proposui taciturnitatem præhonorare Dogmatismo.*

DOGMATISTA. Gloss. Saxon. Ælfrici : *Dogmatista*, Lareov, Doctor. Gloss. Lat. Gall. : *Dogmatizo, enseigner.* S. Eulogius lib. 2. Memorial. Sanctor. cap. de Mahomete : *Pseudo-prophetam illum et falsissimum Dogmatistam, qui plures seduxerit, etc.* Adde cap. 9. sub. fin. lib. 3. cap. 6. et 12. Theodorus Abucura Opusc. 21 : Ἵνα, ὡς ἀνίκητον δογματιστὴν τοῦτον θαυμάσωσι.

¶ **DOGMATIZARE**, Δογματίζειν, Dogmata præsertim falsa et erronea disseminare, Gall. *Dogmatizer.* Occurrit apud S. Augustinum, Eadmerum Monachum in Vita S. Wilfridi, Romualdum II. Archiepisc. Salern. in Chronico, Bernardum *de Breydenbach* Itiner. Hierosol. pag. 501. Rymerum tom. 4. pag. 315. in Bulla Johannis XXII. Papæ, in Concilio Tolet. xv. et alibi sæpe.

¶ **DOGMATIZATOR**, Qui novas opiniones divulgat asseritque, apud Ludewig. Reliq. MSS. tom. 6. pag. 74.

* **DOGMATUM**, Dogma, documentum. Acta S. Freder. episc. tom. 4. Jul. pag. 460. col. 2 : *Non neglexit officium, sed cunctis, tam majoribus quam minoribus, per se perspicuum tribuebat Dogmatum.*

¶ **DOGMEN.** Vide *Docmen.*

DOHA, in Regesto 49. Chartophylacii Regii. *Douhe*, ibidem in Litteris vernaculo idiomate conscriptis : *La Douhe, qui se tient à leur maison . . . à posseder ladite Douhe, et à faire en icelle edefices sus estellons, et non autre, et sous ladite Douhe chausser, et à faire d'icelle Douhe toute leur pleniere er delivre volonté.* Consuetudo municip. *du Tremblay* art. 10 : *Par la Coustume de la Chastellenie du Tremblay, qui a Douhe, il a fossé.* Id est, *qui a la Douhe du fossé du costé de son heritage, parreillement le fossé lui appartient. Douves et fossez*, in Consuet. Perticensi art. 137. Arvernensi cap. 12. art. 51. [Instrum. anni 1260. apud Lobinellum Hist. Britan. tom. 2. col. 331 : *Pro Doha illa quæ facta est in feodo Canonicorum, in cujus structura virgultum suum amiserat, assignamus, etc.*] Vide *Doga* 1.

¶ **DOHANA**, Dohanare, etc. Vide *Doana.*

DOITKYNS, Monetæ Anglicæ species. Vide *Galihalpens.*

¶ **DOITUS**, Canalis vel mediocris lacus, Normannis *Douit* vel *Duit*, Aqua stagnans et limpida, ubi lintea lavant et telas, macerant cannabim, etc. Charta anni 1138. apud Lobinellum tom. 2. Hist. Britan. col. 292 : *Sclusam igitur sive Doitum, quem Monachi inter Hanam et Hienam fecerant, et in quo medietatem habebam, totum illud cum molendinis et piscaria liberum et absolutum perpetuo possidendum donavi atque concessi. Doitum quoque Scarcelli cum capello, quem jam diu possederant, concessi.* Charta ann. 1273. ex Chartulario S. Vandregisili tom. 2. pag. 1707 : *Unam pechiam terræ integram sicut se præportat in longum et latum cum gardigno, quod est juxta dictam terram Laurentii Abat-la-pie . . . . usque ad Doitum Huelot.* Alia ann. 1275. ex eodem Chartulario tom. 1. pag. 1005 : *Unam pechiam terræ sitam in parrochia de Calido-becco intra masuram Martini le Gay ex una parte et Doitum ex altera.* Chartularium S. Vincentii Cenoman. fol. 75 : *Terra quæ vocatur Oscha de grosso Doito.* Haud scio an arcessenda vox a Latino *Ductus*, a quo dictum sit *Duit*, Latino-barbare *Doitus*, ut a *Conductus* factum est Gallicum *Conduit;* certe a *Ductus* derivata vox *Doïs*, quam eodem intellectu usurpavit Christianus *de Troyes* Poeta vetus a Borello laudatus :

Les oreilles font voye et Dois,
Par ou vient jusqu'au cuer la voix.

Vide *Ductus* 2.

* Charta ann. 1098. inter Probat. Hist. Sabol. pag. 159 : *Concessi dictis fratribus stangnum de Placeio et nemus, cum terra, quæ est per duos Doitos usque ad molendinum de Placeio, sicut Doitus exit de valle des Tesneres.* Hinc *Doy* nostri appellarunt muliebrem canalem. Lit. remiss. ann. 1474. in Reg. 195. Chartoph. reg. ch. 1289 : *Lequel* (suppliant) *pour la* (fille) *attraire à voluptuosité..... la toucha en pluseurs manieres, et à certaine fois la toucha aux secrets de son Doy; pourquoi icelle fille s'escria à haulte voix, et à tant la laissa.* [** Digitus.]

1. **DOLA**, seu Dole Fish, Anglis, certa piscium quantitas. Vide Stephan. Skinnerum in Etymolog. Anglico.

2. **DOLA**, Anglis *Dole*, a Saxonico dæl, Pars, portio, a dælan, dividere, distribuere. Hinc in locis palustribus fundi portiones, quæ viritim distribuuntur, vel potius emolumenta, quæ ductis sortibus inde colliguntur, *Doles* appellant, ut eorum prædiorum metas *Dooles*, quasi partitiones. Liber Priorat. Donstapl. cap. 5 : *In le Suthmade* (i. prato australi) *habet Prior per sortem illam, quæ vocatur Crumdprest*, 3. *Dolas sicut sors illa cadit, et in qualibet Dola habet 4. polas, sive 8. andenas jacentes simul, et sic est summa illius sortis per totum 24. andans.* Sæpius ibidem. Hæc Spelmannus.

Cambro-Britannis *Dól*, et *Doldir*, est locus, vel ager humilis, planus, cultus, fertilis, pascuus, pratensis. Planities pascua, pratensis, culta. Opponitur locis superioribus et montanis. Vandali *Dol*, Teutones, *Dall*, vallem dicunt. Cambdenus etiam annotat, *Dole*, a Britanis appellari jacentem et aptam ad mare vel flumen planitiem. Id firmat Neunius vetus Scriptor Britannicus, *Cæsar ad Dole bellum pugnavit.* Atque inde urbi Armoricæ *Dolæ* nomen inditum quidam putat.

DOLABRUM, Securis, apud Thwrocz. in Stephano Rege Hung. cap. 26. Gloss. Isidori : *Dolumen, delubrum.* Legendum [*Dolamen,*] *Dolabrum :* vel *Dolabra :* ut est apud Joann. de Janua. [* Glossar. vet. ex Cod. reg. 7641 : *Dolabra, securis, vel ascia lapidaria.* Hinc] [Codex MS. Consuetud. Ecclesiæ Colon. : *Villicus de Worme dabit ei duas secures et unum Dolabrum.* Consuetud. Augustæ Auscicorum MSS. ann. 1301 : *Qui operatur cum Dolabro debet solvere unum denarium Morlanum quolibet die domino seu dominis quorum sunt nemora vel forestæ prædictæ.* Vide *Dolatoria.*]

* Dolabrorum Magister, Faber tignarius et lapidarius. Charta ann. 1288. ex Tabul. archiep. Auxit. : *Ita videlicet quod fabri, sabaterii, textores, magistri laborum et Dolabrorum solvat quilibet eorum per annum duodecim denarios.*

¶ **DOLARIA**, Officina doliarii, Gall. *Tonnelerie.* Legitur in Charta anni 1369. Chartularii S. Mellani Pontisarensis.

DOLATICUM Argentum, Politum. Anastasius in S. Silvestro : . . *Fastigium . . ex argento Dolatico.*

¶ **DOLATIO**, Actio dolantis lignum seu polientis. Utitur S. Augustinus.

¶ Dolatus, us, Eadem notione, apud Prudentium Psychom. v. 837.

¶ **DOLATOR**, Qui dolat, polit. Gloss. Lat. Græc. : *Dolator*, πελεκητής.

DOLATORIA, Dolabra, Gallis *Doloire.* Capitul. 2. ann. 813. cap. 10 : *Molas, Dolatorias, secures, etc.* Statuta antiqua Corbeiensia lib. 2. cap. 1 : *Fussorios 6. bessos 2. secures 2. Dolatoriam, taratra 2. etc.* Hincmarus in Vita S. Remigii : *Cum percuteret eandem petram Dolatoria, quam in manu portabat.* Vide *Dolaturia* et *Doleria.*

DOLATORIUM, *Locus in quo dolatur*, Ugutioni et Joanni de Janua. [S. Hieronymo Epistola 135. ad Suniam et Fretelam, *Ferramentum, quo lapides et ligna dolantur*, λαξευτήριον. Vide *Dolatoria.*]

¶ **DOLATURA**, Quidquid ex lignis dolatis exscinditur, Assula, Gall. *Copeau.* Miracula S. Galterii Abb. in Actis SS. Bened. sæc. 6. part. 2. part. 829 : *Ex parvissimis Dolaturis, quales lancearum sive sagittarum hastas polientes faciunt.*

* Glossar. Gall. Lat. ex Cod. reg. 7684 : *Dolatura, Doleure, copeaux.*

* **DOLATURIA**, Dolabra, securis. Charta ann. 1260. apud Bern. Pez. tom. 6. Anecd. part. 1. col. 73 : *In carris vestris utensilia diversi generis, id est cuniada et Dolaturia, etc.* Vide *Dolatoria.*

DOLBA. Eucherius Lugdunensis, de variis vocabulis : *Eruca, quam vulgo Dolbam vocant.* [Papias : *Eruca, Vermis modicus . . . id est, Dolba.*]

¶ **DOLEATOR**, ut *Dolator*, Vietor, doliarius, vel alius similis artifex. Occurrit in Miraculis B. Stanislai Canonici Regul. Maii tom. 1. pag. 789. et B. Simonis de

Lipnica, Julii tom. 4. pag. 545. et in Chron. Wormat. apud Ludewig. Reliq. MSS. tom. 2. pag. 154. Vide *Doliator.*

* **DOLEQUINUS**, DOLLEQUINUS, Gall. *Dolequin* et *Dollequin*, Pugionis species. Lit. remiss. ann. 1422. in Reg. 172. Chartoph. reg. ch. 55 : *Jehan Bernart tira un Dollequin qu'il avoit, et d'icellui cuida courir sus au suppliant et l'en férir.* Aliæ ann. 1455. in Reg. 183. ch. 70 : *Icellui Simonnet féry icelle jeune femme trois ou quatre cops d'un Dolequin qu'il avoit.* Rursum aliæ ann. 1457. in Reg. 189. ch. 230 : *Jacot Cuerqueville tenant soubz son mantel ung Dollequin hors de sa gueine.* Vide infra *Dolo.*

* **DOLERIA**, Dolabra, Gall. *Doloire*, alias *Doleiere.* Lit. remiss. ann. 1357. in Reg. 89. Chartoph. reg. ch. 315 : *Qui Reginaldus le Tonnelier domum suam intravit, et illic quandam Doleriam cepit, etc.* Aliæ ann. 1391. in Reg. 141. ch. 52 : *Une Doleiere, une coigniée, une aissote, une hachete, etc. Une serpe à Douyre emmanchée de bois assez long*, in aliis ann. 1482. ex Reg. 208. ch. 246. eodem significatu. Haud scio an eadem notione *Daucheron*, in Lit. ann. 1365. ex Reg. 98. ch. 355 : *Auquel varlet Gille Watebos tonnelier il demanderent par emprunt un Daucheron, qu'il tenoit en sa main.* Vide supra *Dolaturia.*

* **DOLEROSE**, Dolenter. Charta ann. 1374. in Reg. 3. Armor. gener. part. 2. pag. xviij : *Morosa relicta nobilis Bartholomei de Prato-comitali.... eidem domino bajulo Dolerose dixit et significavit, quod etc.*

¶ **DOLESCERE**, Dolere. *Mulier parturiens Dolescebat*, in Vita B. Coletæ, Martii tom. 1. pag. 583.

* **DOLESMANUS**, Eadem notione qua supra *Dienismannus.* Vide in hac voce. Charta ann. 1261. inter Monum. eccl. Aquilej. cap. 75. col. 749 : *Ulricus dux Carinthiæ.... dedit libere et perpetuo D. Gregorio patriarchæ quæcumque habebant..... circa sylvas Pozinor,... tam castris, quam in villis, prædiis, Dolesmanis, servis et ancillis, et aliis hominibus.*

DOLG, Vulnus, a Saxonico d o l h, et d o l g, eadem notione. Caput leg. Fris. 22. *de Dolg* inscriptum, de variis vulnerum compositionibus agit, quæ in legibus Aluredi Regis Anglo-Sax. cap. 23. d o l g b o t dicuntur, id est, compositio, vel mulcta propter vulnus factum. Vide Sicamam ad d. caput 22. [**et Grimm. Antiq. Jur. Germ. pag. 629.]

DOLIA, Dolor, ex Italico, *Doglio.* Occurrit in Mirac. Simonis Tudertini n. 24.

¶ **DOLIARE** VINUM, Dolio vinum continere, apud Ulpianum lib. 1. [** *Doliare vinum*, ap. Ulpianum fr. 1. § 4. de peric. et comm. (18, 6.) est Vinum quod doliis continetur.]

* **DOLIARIA**, Vicus Parisiis, ab officinis doliariorum sic dictus, vulgo *Tonnelerie.* Charta ann. 1308. in Reg. 40. Chartoph. reg. ch. 122 : *Item tringinta quinque solidos reddituales Paris. quos in Doliaria seu tonneleria supra domum Hoqueti de halis.* Vide *Dolaria.*

¶ **DOLIARIUM**, Apotheca, hypogeum, in Lege 35. § 7. de Contrah. emt. (18, 1.)

* **DOLIATA**, DOLIATUM, Dolium, mensura frumentaria, Gall. *Tonneau*, eadem acceptione. Testam. Hervei de Leonia ann. 1363. tom. 1. Probat. Hist. Brit. col. 1563 : *Item lego Danieli famulo meo unum Doliatum frumenti. Item lego Herveo Omnes unum Doliatum frumenti et unam pippatam siliginis.* Et col. 1564 : *Item lego Morello Matezou unam Doliatam frumenti.* Charta fundat. abbat. Belli-port. ann. 1364. ibid. col. 1586 : *La disme de Brehec, valant par chacun an environ six Tonneaux de froment.* Vide mox *Dolium*, 3.

¶ **DOLIATOR**, Doliarius, vietor, in Chartulario S. Vincentii Cenoman. fol. 42. et in Miraculis S. Wernheri Martyris, April. tom. 2. pag. 728. Vide *Doleator.*

DOLIDUS, Molestus. Vide Cælium Aurelian. lib. 3. Acut. cap. 3.

¶ **DOLITIA** Vetus formula Libertatis apud Baluzium Miscell. tom. 6. pag. 549 : *Quicquid persona aut religiosi deorum mancipia data libertate conferre voluerit, secundum legem Romanam hoc facere potest, id est, Latina Dolitia et cives Romana, meliore statum habet testamentum condere, testimonium perhibere, emere, vindere, donare, commutare habeat potestatem, sicut et alii cives Romani.*

1. **DOLIUM.** Chartâ ann. 1199. apud Gariellum in Episcopis Magalonensibus pag. 181 : *Auditis rationibus, decretum est, quod Domini de Vico habeant in perpetuum medietatem pulmenti, et quod Præposito et Ecclesiæ Magalonensi remaneat salvum in perpetuum totum pulmentum, seu usaticum Dolii Gradus : quod Dolium ita interpretatur, quantum durant undique littora maris, id est, quantum durat canalis a mari usque ad stagnum.* Fateor me non assequi, quid sit *dolium* hoc loco. Forte scriptum erat in MS. contracte *Dñium*, id est, dominium, ex quo *dolium* confecerit Gariellus. Non tamen definio.

2. **DOLIUM** CORDIS, pro *Cordolium.* Commodianus Instr. 73 :

Filiorum casus licet et Dolium cordis relinquat,
In nigris exire tamen nec plangere fas est.

* 3. **DOLIUM**, Idem quod supra *Doliata.* Charta Rob. comit. Attrebat. ann. 1296 : *Quatuordecim Dolia farinæ continentia sexaginta et tres esquartas, pro pretio quater viginti octo librarum et quatuor solidorum Turonensium..... Quatuor Dolia farinæ continentia decem et octo esquartas.*

* 4. **DOLIUM**, Cupa major lacus vinarius. Charta Gebhardi episc. Patav. ann. 1222. apud Bern. Pez. tom. 6. Anecd. part. 2. pag. 74. col. 1 : *Ut omnes decimæ, quæ solventur de cultura vinearum,.... in Dolium communitatis, quæ Tailpotge dicuntur, immittantur ;.... quæ* (decimæ) *solutæ in idem mittentur Dolium, de quo tunc Dolio cuilibet debita et æqua portio fideliter assignetur.*

* 5. **DOLIUM**, Corbis, cista. Consuet. Mss. S. Crucis Burdegal. ante ann. 1305 : *Item medium Dolium ad ponendum panem bene honestum.*

* **DOLLAIRIS**, Dolium. Charta ann. 1320. ex Tabul. S. Vict. Massil. : *Item duos Dollaires, quorum unus est asaquerius, alter vinaguerius.*

* **DOLLEQUINUS.** Vide supra *Dolequinus.*

* **DOLO**, *Est vagina pugionis.* Glossar. Lat. Gall. ann. 1352. ex Cod. reg. 4120. [** Vide Forcellin.]

* DOLONES, *Tela abscondita*, in Glossar. vett. ejusd. Bibl. reg. Codd. 7613. et 7641.

¶ **DOLON.** Vide *Dalum.*

* **DOLORARE**, Dolere, afflictari, vox Italica. Glossar. Gall. Lat. ex Cod. reg. 7684 : *Dolorare, dolorem habere vel pati.* Aliud Provinc. Lat. ex Cod. 7657 : *Dolorare, doleo, Doler, Prov. Dieuler* vero, *Doloir, Doloser* et *Doulouser*, dolere, conqueri, vulgo *Se plaindre.* Instr. ann. 1372. tom. 2. Probat. Hist. Britan. col. 37 : *Le duc se Dieult de ce que le roy a escript pour la canonization feu messire Charles de Blois, qui li est préjudiciable.* Charta Caroli regent. ann. 1360. ex Chartul. 23. Corb. : *Pour lesquels excès, injures et délis iceulx religieux s'estoient complains et Dolus, afin d'avoir leurs dommaiges ;.... et s'en estoient Dolus et entendoient à Doloir en cas de nouvelleté.* Lit. remiss. ann. 1460. in Reg. 192. Chartoph. reg. ch. 64 : *Le suppliant se Dolosoit et plaignoit souvant de ce qu'il ne povoit estre paié de trois escus.* Christ. Pisana in Hist. Caroli V. part. 3. cap. 71 : *Car perte de si excellent prince n'est mie merveilles, se elle est Doulousée.* Mirac. Mss. B. M. V. lib. 1 :

Moult se Dolouse, moult se plaint.

* Hinc *Doloison*, dolor, Italis *Dolorazione*, in Lit. remiss. ann. 1374. ex Reg. 106. ch. 405 : *Icellui Mercier ala comme tout sain et haistié, et senz se complaindre d'aucune Doloison pour ladite bateure.* Unde etiam *Diols*, pro *Deuil*, luctus, mœror, in Vita J. C. Mss. :

Grant joie fu quant Diex fu nés,
Et grans Diols quant fu tormentés.

¶ **DOLORIFICUS**, Ingerens dolorem, molestus. Gloss. Lat. Græc. : *Dolorificus*, ἀλγεινός.

* **DOLOROSISSIME**, Mœstissime, Ital. *Dolorosissimamente.* Lit. remiss. ann. 1358. in Reg. 90. Chartoph. reg. ch. 15 : *Ob hoc dictus Johannes Dolorosissime desolatus et afflictus, etc.*

¶ **DOLOROSITAS**, Ærumna, in Chronico Mosomensi apud Acher. Spicil. tom. 7. pag. 640.

DOLOROSUS, Tristis, mœstus, lugubris, dolorem ingerens, Italis *Doloroso.* Utuntur [Vegetius lib. 4. cap. 22. Cæl. Aurel. Tard. lib. 4. cap. 5.] Petrus de Vineis lib. 4. Epist. 16. Historia Cortusior. lib. 1. cap. 7. etc.

* Nostris etiam *Dolerous.* Lit. remiss. ann. 1377. in Reg. 111. Chartoph. reg. ch. 217 : *Ipse exponens ictum dicti vasis sibi Dolorosum sentiens, eundem Mignotum inter humeros vel circa uno ictu percussit.* Stat. Leprosor. Gandav. Mss. ann. 1424 : *Dolorosi autem infirmi semper, cum ecclesia permittit, carnes comedere possunt.* Vita J. C. Ms. :

Ains Diens ne fist si Dolerous,
Contrait, malade, ne lieprous.

¶ **DOLOSITAS** Fraus, dolus, apud Baluzium Capitul. tom. 2. col. 99. 208. 226. 250. et Miscell. tom. 7. pag. 362. Ludewig. tom. 5. Reliq. MSS. pag. 619. et alibi.

¶ **DOLDAMIT**, f. Species panni Lemovicensibus. Vide locum in *Cortibaudus* post

Curcinbaldus. [* Vox fictitia. Vide infra *Dousanna.*]

* **DOLSUS**, Tractabilis, mollis, Ital. *Dolce.* Convent. Saonæ ann. 1526 : *Pro aliqua quantitate pellium affaitarum, vaissorum, et generaliter omnium pellium hujusmodi, denarios duos monetæ Saonæ.*

¶ **DOLUMEN**, pro *Dolamen.* Vide *Dolabrum.*

DOLUS, pro *Dolor.* [Janssonius in Auctuario Gloss. Isid. : *Vulnus*, *Dolus*, *vel animi dolor.*] Vide Savaronem ad Sidon. lib. 5. Epist. 3.

¶ **DOM**. Vide *Doma* 3.

1. **DOMA**, Domus, ex Gr. δῶμα. Hesychius : Δώματα, οἶκοι, οἰκήματα, ταμιεῖα, οἰκοδομήματα. Glos. Lat. Gall. : *Doma, tis, Court, ou maison.* Liber Miracul. S. Mauri Abbat. cap. 10 : *Doma illud, de quo exierat, funditus corruit.* Historia Translat. S. Sebastiani n. 18 : *In angulo Domatis memoratos viros segregavit.* Petrus Damiani lib. 5. Epist. 11 : *Qui succosa verni temporis ligna succidit, ut Domatum parietes erigat.* Occurrit præterea hac notione in Poemate Hrabani, Miraculis S. Bavonis lib. 3. cap. 3. in Vita S. Aldegundis cap. 5. apud Ordericum-Vitalem lib. 10. pag. 775. 795. in lib. 2. de Miracul. S. Bertini cap. 14. apud Bavonem de Invent. ejusdem S. Bertini cap. 14. in Histor. S. Mariæ Suession. pag. 432. etc. Vide Zonaram in Constantino Mag. [** *Ad Doma reversis*, in Ruodlieb. fr. 4. vers. 3. Adde fr. 3. vers. 153. fr. 8. vers. 2. et 9.]

2. **DOMA**, Ager, prædium, possessio. Joan. Diaconus lib. 1. Vitæ S. Gregorii PP. cap. 6 : *Monasterium in proprio Domate fabricavit.* Charta Caroli M. apud Browerum lib. 3. Antiq. Fuld. cap. 16 : *Cum in proprio Domate sibi Monasterium fecisset.* Chronicon Laurisbamense : *Tradiderunt Deo et S. Nazario de suis possessionibus in vico Della Ecclesiam, in proprio Domate fabricatam, tribus jugeribus vineti et una curte dotatam.* Will. Tyrius lib. 4. cap. 9 : *Viro venerabili Theophilo, qui erat in eadem civitate potentissimus, in proprio Domate Basilicam dedicante.* Chronicon Reicherspergense ann. 1004 : *Nobilissimum Episcopatum Babenberg ex integro in suo Domate fundavit, ac possessionibus et honoribus locupletavit.* [** Adalbert. Vita Henric. II. Imp. cap. 6.] Adelbertus Abbas Heidenhemensis pag. 358 : *Capellam in proprio Domate fabricavit.* Anniversarii Ecclesiæ Alamannicæ : *Gerungus . . . domum cum Domate sicut a conjuge sua jure proprietatis acceperat, junctoque Domate, quod ab Odalrico coemerat, jure legitimo contradidit.* Charta Henrici Imp. ann. 1048. in Metropoli Salisburgensi tom. 2. pag. 26 : *Cum omnibus appenditiis jure ad eosdem mansos pertinentibus, id est, Domatibus, agris, silvis, pratis, etc.* Alia Henrici Imp. ann. IIII. ibidem tom. 2. pag. 549 : *Scilicet decimas de hortis, de pomariis, de vineis, de agris, quæ de illo Domate coluntur, etc.*

3. **DOMA**, Papiæ, *Tectum, vel atrium, quod non tegitur.* Gloss. Græc. Lat. : Δῶμα, *tectum.* [* Glossar. Lat. Gall. ex Cod. reg. 7692 : *Doma, feste de maison.*] S. Hieronymus in Epist. ad Suniam : *Doma in Orientalibus provinciis, ipsum dicitur quod apud Latinos tectum : in Palæstina enim et Ægypto, vel ubi scripti sunt divini libri, vel interpretati sunt, non habent in tectis culmina, sed Domata, quæ Romæ vel Solaria, vel Mæniana vocant, id est, plana tecta, quæ transversis trabibus sustentantur.* Ead. habet in Ezech. cap. 38. et 41. in Dan. cap. 6. et Beda in cap. 25. Prov. Idem Hieronymus in Sophon. cap. 1 : *Eos qui in Domatibus adorant militiam cæli, solem et lunam, et astra reliqua.* Regula S. Pachomii ab ipso Hieronymo in Latinum versa cap. 87 : *Nec in cella, nec in Domatibus, in quibus vitandorum æstuum causa requiescunt.* [Computus reparationum S. Martialis Lemovic. post annum 1227. ex Archivo ejusdem Ecclesiæ : *Crux aurea, gallus et concha cum arcibus constitunt* XVII. *lib. Coopertura Dome de plumbo cum lignis coaptatis et tegulis novis comparatis constitit* XVI. *lib.*] Hac notione usurpatur ab Abbone lib. 1. de Bello Parisiaco vers. 205 :

> Ergo bis octonis faciunt, mirabile visu,
> Monstra rotis ignara modi compacta triadi
> Roboris ingentis super argete quodque cubante,
> Domate sublimi cooperto.

Galli etiamnum *Domes* appellamus [concameratum ædis, præsertim sacræ, fastigium, *Cupola* Italis, apud quos *Domo* Ecclesiam aliquando significat cathedralem : qua notione sumitur *Dom* in Translatione S. Philastrii Episcopi, Julii tom. 4. pag. 394 : *Deinde reponant dictam capsettam plumbeam ornate fabricatam in capsono sito in sacristia de Dom circumsepta ferratis.*] Vide Leon. Ostiens. lib. 3. cap. 1. et 29. Odon. Cluniac. lib. 4. de Vita S. Geraldi cap. 10. Isid. lib. 15. Orig. cap. 8. Harmenopulum lib. 2. tit. 4. § 52. et tom. 5. Canisii Lect. antiq. pag. 780. [et Henr. Valesium ad Eusebium lib. 4. de Vita Constantini cap. 58.] Hinc *Domitialem tabulatum* vocat Matthæus Paris in Vitis Abbatum S. Albani, *Doma* ipsum interius, quod tabulis revestitur : *Antequam medium operis ad tabulatum surgeret Domitialem.*

Domatus, in modum *domatis* opertus. Marcus in Carmine de S. Benedicto :

> Miratur scopuli fruges, et non sua poma,
> Pomiferisque viret silva Domata comis.

¶ **DOMADERIUS**, pro *Hebdomadarius*, Qui munus aliquod obit per hebdomadam, Gall. *Hebdomadier.* Vetus Ceremoniale MS. B. M. Deauratæ : *Preces dicuntur a Priore vel a Domaderio.* Occurrit ibidem *Domadarius.* Vide *Domerus.* [** Sic *Doma* olim apud Lusitanos dictum pro Hebdoma ; exemplum affert S. Rosa de Viterbo Elucidar. tom. 1. pag. 384.]

¶ **DOMÆNIUM**, Dominicum prædium, Gall. *Domaine.* Charta Hugonis de Leziniaco Comitis Marchiæ pro Helia Abb. Nobiliacensi apud Stephanotium tom. 3. Antiquit. Pictav. MSS. pag. 882 : *Exceptis dumtaxat Domænio, feodis et retrofeodis meis, ubicumque sint infra metas prædictas.* Vide *Dominium* et *Dominicum.*

DOMALIS. Charta Alemannica Goldastina 15 : *Trado ad Monasterium S. Galli... id est, caballis Domalibus, cum cætero troppo, caballis cunctis, etc.* Forte *Damalibus*, ex Gr. δάμαλις. Vide *Damalio.* [**Confer *Domitus.*]

¶ **DOMANARIA** Jurisdictio, Quæ *domanii* est seu domini, Gall. *Jurisdiction Seigneurale.* Litteræ anni 1359. apud D. Secousse tom. 3. Ordinat. Reg. pag. 366 : *Nedum superioritatem vel ressortum et gardiam prædictas, verum etiam jurisdictionem Domanariam dictorum Religiosorum usurpare et exercere, et omnes redditus eorumdem Religiosorum percipere et levare nituntur.* Hic intelligo jurisdictionem omnium minimam, quæ fere in censuum perceptione consistit, quamque vulgo dicimus, *Justice fonciere.*

* **DOMANERIUS** Dominus, Dominii possessor, prædii seu castri dominus, Practicis nostris *Seigneur domanier.* Arest. ann. 1366. 3. Apr. in vol. 5. arestor. parlam. Paris. : *Guillelmus de Chantilliaco senior miles fuerat dominus proprietarius et Domanerius castri de Chantilliaco. Domaneria jurisdictio*, in alio Aresto ann. 1394. inter Probat. Hist. Lugdun. pag. 72. col. 2. *Doménier* vero appellatur, qui in *Domanio* alicujus manet, vel qui intra illius fines possessionem habet, in Recognit. feudali dom. de Veteri-ponte ann. 1366 : *Vint et cinq gelines chascun an de rante, rendues le Dimenche avant Quaresme-prenant, des Doméniers dudit censif.* Vide *Domanaria.*

¶ **DOMANIALIS** Pars, Quæ regii *domanii* est, in Charta ann. 1481. ex Archivo S. Victoris Massil. *Domanialia loca*, in Ch. anni 1387. ex Archivo Comm. Massil.

¶ 1. **DOMANIUM**, Gall. *Domaine*, varias habet notiones. In quibusdam Consuetudinibus, ut in Aurelianensi cap. 1. art. 84. et 97. Dominicum prædium est seu principale *feudum* vel *manerium*, unde cætera pendent, et cui fidem præstant et homagium; alibi solum significat dominium seu jus Domini in territorium et census propter clientelam ex eo percipiendos : alias tandem quasvis possessiones ad Dominum pertinentes significat. Exempla non referam de re notissima. Illud unum hic observabo, de Domaniis Regum, quæ Lege regni dicuntur alienari non posse, scriptum esse in Fleta lib. 3. cap. 6. § 3 : *Res quidem Coronæ sunt antiqua maneria, Regis homagia, libertates, et hujusmodi : cum alienantur, tenetur Rex ea revocare, secundum provissionem omnium Regum Christianorum, apud Montem Pessollomam, anno Regis Eduardi filii Regis H. quarto habitam :* hoc est, vel anno 1275. desinente, vel anno 1276. Si huic credimus Anglico Commentatori, non tam juri regnorum, quam Regum consensui prohibitio alienationis regiorum domaniorum erit referenda. Verum quidem est, Seldenum Dissertat. in Fletam cap. 10. n. 4. pag. 140. ultimæ edit. contendere nullam fidem ei Scriptori habendam esse : sed quantivis pretii testimonium ejus esse, satis indicant Edicta plerorumque Regum alienationem prohibentia post annum 1276. Unum aut alterum hic referam. Primum est Jacobi Siciliæ Regis anno 1285. imperantis : *Circa donationes*, inquit, *diligenti consideratione pensantes, quam Regiæ dignitati expediat, ac si fructuosum et utile, absque fidelium nostrorum gravamine, curiæ nostræ Domania alienari aliquatenus non debere, provisionis præsentis edicto manda-*

mus, et tam nos, quam hæredes et successores nostros ab ipsorum Demaniorum donatione volumus abstinere; nam quanto ipsa Demania servabantur, ipsorum concessione prohibita, tanto proventus fisci nostri uberiores fieri poterunt, et per copiam et ubertatem ipsorum, qualibet extorsione sopita status pacificus, et conservatio nostrorum fidelium refluebit. (reflorebit.) Ex ipsis Regibus nostris Philippus cognomento Pulcher, qui regni habenas suscepit anno 1285. Præceptum edidit, teste Johanne *le Coq* Quæst. 348. quo alienata omnia Coronæ dominia repetebat. Eum imitati sunt Philippus Longus et Carolus Pulcher; hujus Edictum sic se habet : *Karolus Dei gratia Franciæ et Navarræ Rex Ballivio Matisconensi, vel ejus locum tenenti, salutem. Recordationis inclytæ charissimus Dominus et Germanus noster Rex Philippus, cum matura deliberatione consilii, male alienata de Domaniis dicti regni sui, sub donationis, permutationis, vel alterius tituli nomine ad hujusmodi Domania reducenda decrevit : et propterea edici fecit generaliter, ut quicumque de Domaniis ipsis quicquam tenerent, in eos, vel illos, a quibus causam haberent suos titulos exhiberent deputatis, in negotio alienatorum hujusmodi, Parisiis in Camera computorum, cum intimatione, quod dicto termino exhiberent, quod ex tunc omnia, quæ de prædictis Domaniis tenerent, ad manum regiam ponerentur, etc. Nos autem dicti Domini vestigiis inhærentes, etc. Mandamus vobis, quatenus in nominatos in titulo, qui jam litteras suas exhibuerunt, qualitercumque alienata fuerint ad manum nostram ponatis, ac de alienatorum ipsorum nobilitate, conditione et valore perquiratis : et faciatis etiam ex parte nostra publice proclamri, quod omnes qui de Domaniis ipsis quicquam tenent, qui nondum suas exhibuerunt litteras, infra festum B. Remigii, Parisiis in Camera computorum deputatis prædictis exhibeant, ut visis ipsis, fiat ulterius quod videbitur expedire, etc. Datum Vicenis* 5. *Aprilis ann. Dom.* 1231. Hæc Edicta post *de Lauriere* in Glossario juris Gall. integra repræsento, quod rara sint et parum nota.

☞ Verum non alienationes solum, sed etiam impignerationes domanii sui prohibuerunt Reges nostri Caroli Pulcri successores, horumque ea de re sanctiones illibatæ perseveraverunt ad Carolum VIII. qui primus impignerationes introduxisse dicitur. Vide Pascherium Inquisit. lib. 6. cap. 28. pag. 556. edit. 1633. Bromptonum pag. 1046. n. 4. et Hist. Caroli VIII. probat. pag. 353.

¶ Domanium Congeabile, Gall. *Domaine congeable*, in Consuetud. Britann. art. 541. illud dicitur, quod teneus dimittere debet ad voluntatem Domini locatoris, compensatis tamen a Domino atque exsolutis tenenti domanii *meliorationibus* seu incrementis.

¶ Domanium Mutabile vel *non mutabile*, in Consuetud. Tricass. art. 186. et 187. *Domaine muable* vel *non muable*. *Mutabile* modo augetur, modo minuitur, ut sunt locationes prædiorum, quæ pro tempore mutantur : *Immutabile* vero seu *non mutabile* constans est et fixum, ut sunt quidam census fundo dominico annexi, v. g. certæ præstationes frumenti, siliginis, avenæ, caponum, etc. quæ quotannis Domino pendi solent.

* 2. **DOMANIUM**, Ager incultus, ut videtur. Charta ann. 1306. in Reg. 47. Chartoph. reg. ch. 87 : *Concessimus.... quinquaginta acras Domaniorum et pratorum non falcabilium.*

DOMATIM, Per singulas domos. Gobelinus Persona in Cosmodromio ætate 6. cap. 70 : *Et fecerunt statutum illud ... Domatim publice intimare.*

¶ **DOMATUS**. Vide in *Doma* 3.

¶ **DOMAYNIUM**, ut *Domanium*. *Una cum Domaynio sive terris dominicalibus dictorum locorum*, apud Rymer. tom. 13. pag. 460. col. 1.

DOMBEC, Liber judicialis Anglo-Saxonum, quorum lingua dom judicium, Bec librum significat. Hujus meminit Edwardus Senior in Legibus cap. 1. Vide præterea Steph. Skinnerum in Etymol. Angl.

DOMEJARE. Vide *Domneare*.

* **DOMENCHIUS**, pro *Demenchius*, Mensuræ annonariæ species. Acta capit. eccl. Lugdun. Mss. ad ann. 1347. fol. 129. v°. : *Item unum Domenchium avenæ comblo ad mensuram Viriaci.* Vide supra *Demencius*.

* **DOMENGADURA**, Prædium dominicum, vel Ædes dominica, idem quod *Dominicatura*. Contract. matrim. ann. 1069. inter Probat. tom. 2. Hist. Occit. col. 268 : *Donamus in comitatu Ruthenense ipsum castrum, quod vocatur Bruscha, totum et ab integrum, cum ipsos usos, et cum ipsos usaticos, et cum ipsa Domengadura, quæ hodie habet et habere debet.* Vide in *Dominicum* 3. et infra *Dominigadura*.

* **DOMENURA**, Proprietas, domanium, eadem notione qua supra *Demeneura*, quomodo etiam forte legendum est. Charta ann. 1240. inter Probat. ult. Hist. Trenorch. pag. 200 : *Accepi in feodum quidquid habeo in parochia et dominio Huchisiaci, et quidquid ibi tenebatur a me, tam in feodum quam in Domenura, vel alio modo. Mesdemainne*, eodem sensu, in Ch. ann. 1255. ex Tabul. S. Joan. Laudun. : *Li abés et li église desorenavant penront leur deus maires dedens leur Mesdemainne, dedens le pais de la commune de Crandelain.*

* **DOMERGE**, vox Occitanica, Tractabilis, mollis : unde *Coiram domerge*, Corium præparatum, Gall. *Courroyé*. Leudæ minor. Carcasson. Mss.: *Item de centum pellibus de coiram Domerge, quatuor denarios.* Vide supra *Dolsus*.

¶ **DOMERUS**, Hebdomadarius. Vita B. Oldegarii Martii tom. 1. pag. 494 : *Quando ad Hebdomadarios sive Domeros ea cura translata est.* Vide *Domaderius*.

DOMESDEI, Tabulæ Censuales totius Angliæ, sive Anglicani Imperii Breviarium, vel Notitia, duobus voluminibus totius Regni Angliæ descriptionem continens, in qua, quot Rex ipse, vel quisquis alius in unoquoque Comitatu agrorum jugera, quas silvas, prata, qua clienteralis juris formula, quot servos quibusve servitiis obstrictos, quot vassallos, denique quantos proventus annuos haberet, atque id genus alia, provincialium aliquot, qui ad hoc munus jurati, fide describuntur : atque ut verbis Willelm. Britonis utar lib. 4. Philipp. pag. 145 :

Quid deberetur fisco, quæ, quanta tributa,
Nomine quid census, quæ vectigalia, quantum
Quisque teneretur feudali solvere jure,
Qui sint exempti, vel quos angaria damnet,
Qui sint vel glebæ servi, vel conditionis,
Quove manumissus patrono jure ligetur.

Hujus auctorem Willelmum Nothum prodant passim Scriptores Anglici, atque in iis præsertim Ingulfus coætaneus pag. 908. ubi de Guillelmo : *Totam terram descripsit, nec erat hida in tota Anglia, quin valorem ejus et possessorem suum scivit, nec locus, nec lacus aliquis, quin in Regis Rotulo extitit descriptus, ac ejus reditus et proventus, ipsa possessio, et ejus possessor Regiæ notitiæ manifestatus, juxta taxatorum fidem, qui electi de qualibet patria, territorium proprium describerent.* Mox addit : *Iste Rotulus vocatus est Rotulus Wintoniæ, et ab Anglicis pro sua generalitate, omnia tenementa totius terræ integræ continente Domesday cognominatur.* Talem Rotulum et multum similem ediderat quondam Rex Alfredus, in quo totam terram Angliæ per Comitatus, Centurias, et Decurias descripserat, sicut prænotatur : qui quidem Rotulus Wintoniæ vocatus est quia deponebatur apud Wintoniam conservandus. At hodie asservatur archetypus Westmonasterii inter Scacarii, i. e. Fisci archiva, litteris antiquissimis, ipso Willelmi ævo descriptus. Vide *Rotulus Wintoniæ*.

De nominis etymo conveniunt omnes, *Domesdey* nempe dictum, quasi *diem judicii*, vel *diem judiciarium; Dome* enim Anglis, est judicium, *Day*, dies. At cur hanc denominationem habuerit, docet Gervasius Tilleber. in Dial. de Scacario : *Ob hoc*, inquit, *nos eundem librum judiciarium nominamus, non quod in eo de propositis aliquibus dubiis feratur sententia, sed quod a prædicto judicio non licet ulla ratione discedere.*

Confectum anno 1083. scribunt auctor Chronici *de Bermundesey*, Matth. Florilegus, Parisius, et alii Scriptores Anglici, Guillelmi 16. vel 17. At Codex ipse docet, descriptionem peractam ann. 1086. vel certe confectam. In calce enim alterius voluminis, in quo seorsim censitæ sunt Essexia, Northfolcia et Suffolcia hæc litteris majusculis descripta leguntur : *Anno millesimo octogesimo sexto ab Incarnatione Domini, vigesimo vero Regis Willelmi, facta est ista descriptio, non solum per hos tres Comitatus, sed etiam per alios.* Unde patet, recte Florentium Wigorn. in eum annum *Domesday* confectionem rejicere, quod Radulfus de Diceto et Walsinghamus in ann. 1087. quod conciliat Seldenus, dum ait, Florentium a Conceptione, alios a Nativitate annos Christi auspicari, elicitque inde, absolutam esse descriptionem in eo, quod festa illa intercedunt intervallo.

Sic olim apud Romanos exstitere ejusmodi totius Imperii provinciarum, et in iis contentorum prædiorum accuratissimæ descriptiones, quæ et limites et possessorum nomina continerent, ad quas, si aliqua emergeret de iis controversia, recurrebatur. Idque ab ipsorum Regum ævo. Florus lib. 1. de Servio Tullio : *Summaque soler-*

tia ita est ordinata Respublica., ut omnia patrimonii, dignitatis, ætatis, artium, officiorumque discrimina in tabulas referrentur, ac si maxima civitas minimæ domus diligentia contineretur. Asservabantur autem illæ in Sacrario Principis. Siculus Flaccus de Condit. agrorum pag. 19 : *Quod si quis contradicat, sanctuarium Cæsaris respici solet : omnium enim agrorum, et divisorum et assignatorum formas, sed et divisionem et Commentarius et Principatus in Sanctuario habet. Qualescumque enim formæ fuerint, si ambigatur de earum fide, ad sanctuarium Principis revertendum erit.* Horum etiam Commentariorum meminit Frontinus lib. 1. de Aquæduct. Id etiam deinde peractum Maximiano Galerio imperante queritur Lactantius lib. de Mortibus Persecutor. n. 23: *Agri glebatim metiebantur, vites et arbores numerabantur, animalia omnis generis scribebantur, hominum capita notabantur, etc.* Vide *Catastrum.*

¶ 1. **DOMESTICARE,** Habitare in domo cum famulis et domesticis. Charta Domini *de Verfay* et S. Nicetii in Bressia ex Adversariis D. *Aubret* : *Est actum quod dictus Confitens debeat Domesticare et ædificare domum.* Vide *Hospes*, lin. *Hospites dici cœpere apud nos, etc.*

2. **DOMESTICARE,** Mansuefacere. Leges Bajwar. tit. 20. § 6 : *Aves, quæ de silvaticis per documenta humana Domesticantur industria.* Eckeardus Junior de Casib. S. Galli cap. ult. : *Avibus domesticis et et Domesticatis.* Vide *Mansuetarius.*

* Glossar. Gall. Lat. ex Cod. reg. 7684 : *Domesticare, Apprivoiser.* Aliud Provinc. Lat. ex Cod. 7657 : *Domestege, Prov. domesticus, mansuetus.*

DOMESTICATUS, Dignitas *Domestici*, in Novell. Theod. de Scholaribus, et apud Gregor. Turon. l. 2. Hist. cap. 8. Δομεστικάτον Annæ Comnenæ pag. 157. 168. et 304. et apud Balsamon. ad Canones Apostol. [Vide *Domestici* 3. ad lin. *Ex quibus patet.*]

¶ **DOMESTICITAS,** Familiaritas. Gerardus Maurisius Hist. dissidii Marchionem Estensem inter et Eccelinum de Romano pag. 29 : *Videtur habere gratiam domini Regis super omnes Principes, semper equitando et stando prope ipsum dominum Regem cum maxima Domesticitate.* Petrus de Aliaco in Vita S. Petri Cœlestini, Maii tom. 4. pag. 488 : *Hæc columba non ibi parvo tempore, sed trium annorum spatio... sub ea qua dictum est Domesticitate permansit.*

¶ 1. **DOMESTICUS,** Familiaris, favorabilis. Annal. Benedict. tom. 3. pag. 112. n. 20. ex Epistola Caroli Calvi ad Nicolaum I. Papam : Bettonem Monachum *benigne et familiariter recipiatis, quo ea quæ sibi injuncta sunt, mansuetudini vestri apostolatus Domestica suggestione valeat enarrare.* Continuatio de gestis Abbatum Lobiensium apud Acherium Spicil. tom. 6. pag. 611 : *Id tamen a suis potius quam alienis, id est, Leodiensibus, quoniam a Cameracensibus, cujus episcopii personas non adeo Domesticas habuerint eatenus, prius tempore decreverant pertentare.*

2. **DOMESTICUS.** *Domestici*, Quorum apud Romanos munus fuit Imperatorii corporis custodia. In Palatio enim militabant Domestici ad Imperatorum custodiam, ut *Protectores* in acie, ut est in lege 6. et 9. Cod. Theod. de Domest. et Protect. (6, 24.) Sed et *Protectores Domestici* dicuntur Ammiano l. 14. 15. 18. et in Collat. 1. Carthaginensi cap. 1. ubi *Devotissimi* indigitantur. Socrates lib. 1. cap. 13 : Τῶν δορυφόρων τις, οὓς οἰκείους καλεῖ ὁ βασιλεύς. Glossæ Basilic. et Suidas : Δομεστικοί, οἱ τῶν Ρωμαίων ἱππεῖς, οἱ κατὰ Ρωμαίους οἰκειακοὶ στρατιῶται. Vide Palladii Hist. Laus. cap. 103. Horum alii Equites, de quibus l. 4. Cod. Just. eod. tit. (12, 17.) alii Pedites. Senator. l. 1. Var. : *Domestici partis Equitum et peditum, qui nostræ aulæ videntur jugiter excubare.* Apud Ammianum Marcellinum l. 25. dicitur Jovianus, cum Imperator a militibus electus est, *fuisse Domesticorum ordinis primus*, quam dignitatem tribuit etiam Valeriano cuidam lib. 27. Horum cohors dicta *Schola Domesticorum*, eidem Ammiano lib. 26. τῶν οἰκείων σύνταγμα, Juliano Epist. 22. De Domesticis istis Palatii custodibus frequens est mentio apud Byzantinos Scriptores. Vide Procop. in Hist. Arcana pag. 108. 1. Edit. [** et Glossar. med. Græc. col. 318. sqq.]

Domestici Præsentales, in leg. 6. Cod. de Advocat. diversor. judic. (12, 17.) Vide *Præsens.*

Domesticus *Præfecti Prætorio, Ducis, Comitis, etc.* Habebant etiam suos Domesticos, Præfecti provinciarum, urbium, exercituum, etc. Ita apud Ammianum lib. 15. occurrit *Proculus Sylvani Ducis Domesticus.* Lib. 28 : *Romani Comitis Domesticus.* Lib. 30 : *Cæsarius Maximini Præfecti Prætorio Domesticus.* Apud Theophanem pag. 90. fit mentio Marciani δομεστίκου τοῦ Ἄσπαρος Patricii. Apud eumdem pag. 383. Joannes Sacellarius Eunuchus dicitur fuisse οἰκειακός Elpidii exercituum Ducis. Apud Isidorum Pelusiotam Epistola 300. lib. 1. inscripta est Σωζομένῳ Δομεστίκῳ τοῦ ἐπάρχου. *Domesticus Comitis Gothorum*, apud Senator. lib. 5. Epist. 14. *Domestici, qui destinatis Comitibus obsequuntur*, apud eumd. lib. 9. Epist. 13. Horum non semel mentio in Cod. Theod. Ejusmodi autem Domesticorum dignitas ac gradus illustris videtur fuisse : siquidem apud Orosium lib. 7. Heraclianus Comes Africæ Sabinum Domesticum suum generum sibi elegisse legimus. Sed et omnium fere consiliorum participes erant. Procopius lib. 1. Vandal. cap. 4 : Ὁ δὲ τῶν ἀπορρήτων Ἄσπαρι ἔφη κοινωνὸς εἶναι. Δομέστικον δὲ τοῦτον τῇ σφετέρᾳ γλώσσῃ καλοῦσι Ρωμαῖοι. Theophylactus Simocatta lib. 8. cap. 13 : Πραισεντῖνος ὁ τὰς τοῦ Πέτρου πεπιστευμένος φροντίδας, ὃν Δομέστικον εἰώθασιν οἱ Ρομαῖοι ἀποκαλεῖν. Vide leg. 3. Cod. Th. ad Leg. Jul. repetund. (9, 27.)

Domesticus, inquit Joannes Episcopus Citri in Resp. apud Latinos idem sonat ac Præfectus, Capitaneus, Dux, ἐξάρχων, προηγούμενος, ἐπιστάτης. Quod inde videtur fluxisse, quod Imperatores ac Principes ex suis *domesticis* deligerent, qui præcipua in Palatiis, in Castris, et in provinciis munia obirent : uti urbium et provinciarum, etc. *Comites* dictos constat, quod ex Comitatu Imperatorum ad ea obeunda munera deligerentur. Nam *Domestici* iidem, qui in aula Regum nostrorum sequioribus seculis *Familiares Regis* appellati sunt.

Magnus Domesticus, apud Byzantinos, copiis militaribus terrestribus præerat, ut maritimis *Magnus Dux;* Græcis Scriptoribus μέγας Δομέστικος, passim; *Megadomesticus* Tyrio lib. 2. cap. 5. lib. 15. cap. 23. Luithprandus lib. 3. Hist. cap. 7 : *Focam vero Domesticum Majorem, hoc est, terrestris Ducem exercitus fecit.* Procop. lib. 1. de Bello Vandal. cap. 11 : Καὶ Σολομὼν, ὃς τὴν Βελισαρίου ἐπετρόπευε στρατηγίαν, Δομέστικον τοῦτον καλοῦσι Ρωμαῖοι. Exstitit vero hæc dignitas sub Heraclio. Chronic. Alexandr. pag. 892 : Συνόντος αὐτοῖς καὶ Ἀνιανοῦ Δομεστίκου τοῦ μεγίστου. Chronic. MS. Andreæ Danduli ann 821 : *Michael Domesticus sive Comes Palatinus sumpsit Imperium.* Vide Notas ad Alexiadem pag. 226.

Domesticus Excubitorum, Δομέστικος τῶν ἐξκουβιτόρων, in Concilio VIII. act. 10. pag. 693. edit. 1618. apud Theophanem pag. 383. [et Anonymum Combefisianum in Porphyrog. n. 47.] idem qui *Comes Domesticorum.*

Domesticus Icanatorum, apud Anastasium in versione Concilii VIII. τῶν ἱκανάτων, in Gr. et apud Nicetam Paphlag. in Vita Ignatii Patr. CP. pag. 693. edit. 1618. qui videtur innuere, id dignitatis institutum a Nicephoro Generali Imp. a quo ea donatus ex filia nepos Nicetas Michaëlis Rhangabes filius, postmodum Patriarcha CP. δι' ὃν ἐκεῖνο τὸ πρᾶγμα πρῶτον καταστῆναι aiunt. Sunt autem *Icanati*, cohortes militares, ut observatum a viris doctis, et ex Porphyrogenito satis colligitur lib. de Adm. Imp. cap. 50. pag. 183. ubi pro ἱκανάτον rescribendum ἱκανάτων. [Ἱκανάτων σχολή in Synaxariis 17. Febr.] At cur idem Anastasius act. 1. ejusd. Concilii, ad vocem *Domestico Icanatorum*, vice notæ ad marginem reposuerit, *parentum*; non plane percipio. [*Domestici Icanatorum* meminit præterea Anonymus Combefisianus in Romano Lacapeno n. 41. Vide Glossarium mediæ Græcitat. ad vocem Ἱκανάτοι.]

Domesticus Mensæ, Qui *Præfectus Regiæ mensæ* dicitur Monacho Sangallensi in Carolo M. Sexta Synodus act. 1. meminit Leontii δομεστίκου τῆς βασιλικῆς τραπέζης. Apud Pachymerem lib. 4. cap. 31. pag. 219. Cantacuzenum lib. 1. cap. 51. pag. 157. Codinum de Offic. cap. 2. § 20. cap. 7. § 21. Δομέστικος τῆς τραπέζης. Huic suberat ὁ ἐπὶ τῆς τραπέζης, de quo Anna Comnena, Codinus, et alii ad Alexiadem a nobis laudati pag. 390.

Domesticus Murorum, δομέστικος τῶν τειχέων, Cui Castrorum reficiendorum cura incumbebat, apud Codinum de Offic. cap. 2. n. 59. cap. 5. n. 79.

Domesticus Numerorum, Qui Cohortibus Prætorianis præerat, apud Nicetam in Vita Ignatii Patr. CP. pag. 692. edit. 1618. idem, qui *Domesticus Scholarum*, ut colligitur ex Constantino de Adm. Imp. cap. 51. pag. 192.

Domesticus Optimatum, Qui copiis militaribus Thematis, quod Ὀπτιμάτων vocabant, præerat, de qua dignitate, ut de Themate sic dicto, pluribus agit Constantinus lib. 1. de Themat. cap. 5. ex quo docemur *Optimates* institutos potissimum, ut essent qui comitarentur Imperatorem, cum in expeditionem proficiscebatur. Censebantur autem illi inter viles et abjectos, perinde ac *Cortelini*, quod εἰς δουλείαν τῶν ςρατιωτῶν καὶ αὐτοῦ τοῦ Βασιλέως essent instituti. Unde eorum Præfectus, non Dux, vel ςρατηγός, sed δομέςικος, appellabatur. Atque inde discimus de hoc Domestico agere Glossas Basilic. : Δομέςικος τοῦ Θέματος, ὃς μετὰ Κόμητος κόρτης εἰς τὴν προέλευσιν τοῦ ςρατηγοῦ τέτακται. Qui vero fuerint *Optimates*, vide in hac voce.

Domesticus Scholarum, δομέςικος τῶν σχολῶν, qui Scholis Domesticorum, vel certe militaribus copiis, quæ ad Imperatoris custodiam excubabant, præerat. Perperam Luitprando lib. 6. cap. 5. dicitur *O domesticos tos ascalonas*, pro domesticus seu δομέςικος τῶν σχολῶν, uti apud Constantinum de Adm. Imp. cap. 51. Zonaram pag. 128. 135. 148. 150. etc. Manasses : Οὗτος τὸν Βάρδαν τὸν Φῶκαν ςρατάρχην καθιςάνει ὃν τῶν σχολῶν Δομέςικον εἴποιεν ἂν Ρωμαῖοι. Δομέςικος τῶν σχολῶν τῆς ἀνατολῆς, apud eumdem Zonaram pag. 155. 159. Vide Codinum de Offic. cap. 2. n. 31. cap. 4. n. 34. cap. 5. n. 42.

Domestici Stratorum, apud Anastasium in Hist. Eccl. pag. 127. Vide *Strator*.

Domesticus Thematum. Δομέςικοι τῶν θεμάτων, duo erant, alter τῶν ἀνατολικῶν, Orientalium : alter τῶν δυτικῶν seu Occidentalium, de quorum officio Codinus cap. 5. n. 92.

3. **DOMESTICUS.** Domesticorum in Galliæ Regum Palatiis crebra est apud Scriptores mentio. Apud Fortunatum in Vita S. Germani Episcopi Parisiensis cap. 61 : *Attila vir illustris ac regalis aulæ Domesticus*, ut in Vita S. Arnulfi Episcopi Metensis cap. 4. idem Arnulfus, *Regis Domesticus et Consiliarius*, antequam Episcopalem consequeretur dignitatem, dicuntur. Gregorius Turon. lib. 6. Hist. cap. 11 : *Gundulfum ex Domestico Ducem factum de genere Senatorio Massiliam dirigit.* Idem lib. 9. cap. 36 : *Cui Comitibus, Domesticis, Majoribus atque nutritiis, et omnibus, qui ad exercendum servitium Regale erant necessarii delegatis, etc.* Lib. 10. cap. 15 : *Adfuit diebus istis Flavianus, nuper Domesticus.* Idem de Miraculis S. Martini lib. 1. cap. 25 : *Charigisilus Referendarius Regis Chlotarii,... qui postea antedicti Regis Domesticus fuit, etc.* Notgerus in Vita S. Remaculi cap. 11. de Dagoberto I : *Deinde convocavit Rex fideles suos... Episcopos, Optimates quoque suos, Grimoaldum Majorem domus, Folcoaldum et Bobonem, itemque Domesticos suos Chlodulfum et Ansigisum, etc.* Fredegarius in Chronico cap. 4. et ex eo Aimoinus lib. 3. cap. 75 : *Domnolus Domesticus, et Wandalmarus Camerarius, etc.* Cap. 76 : *Otto quidam filius Beronis Domestici, qui Bajolus Sigeberti ab adolescentia fuerat.* Cap. 9 : *Ermenricus Domesticus.* S. Audoënus in Vita S. Eligii lib. 1. cap. 14 : *Ac vellet Domesticus simul et Monetarius adhuc aurum ipsum fornacis coctione purgare, etc.* Adde Vitam S. Sulpitii Pii Episcopi Bituricensis posteriorem n. 3.

Domesticorum ejusmodi, quod fuerit munus et officium in Palatio Francico, ambigunt doctiores : quanquam vox ipsa curam circa *domum* seu aulam Regiam videatur satis indicare : quod et exerte testatur Fortunatus lib. 7. Carm. 16. ubi de Condone Domestico :

> Teudebertus enim Comitivæ præmia cessit,
> Auxit et obsequiis cingula digna tuis.
> Vidit ut egregios animos meliora mereri,
> Mox voluit meritos amplificare gradus.
> Instituit cupiens, ut deinde Domesticus esses,
> Crevisti subito, crevit et aula simul.
> Florebant pariter veneranda Palatia tecum,
> Plaudebat vigili Dispositore domus.

Ex quibus patet, *Domestici* dignitatem non modo illustrem fuisse, cum Comitis dignitate longe præcelleret, sed etiam idem muneris obiisse, quod apud Orientales *Cura Palatii*, atque adeo aulæ Regiæ curam habuisse : quod et adstruit auctor Vitæ S. Arnulfi, Episcopi Metensis : *Si deinceps Episcopales gestavit infulas, ut etiam Domesticatus solicitudinem atque Primatum Palatii ac si nolens teneret.* Quibus consona habet auctor Vitæ S. Licinii Episcopi : *Inde factum est, ut etiam Domesticam solicitudinem atque Primatum Palatii... teneret.* Nec scio, an Servilio, cujus Epitaphium exaravit Fortunatus lib. 4. Poem. 13. hanc dignitatem obierit :

> Ipse Palatinam rexit moderatius aulam,
> Commissæque domus crescere fecit opes.

Neque tamen *Domestici* dignitatem eamdem fuisse cum dignitate *Majoris domus* recte contendit Browerus, quod ex præallatis satis colligere licet. Ægidius Parisiensis in Carolino Senescallum, *Domesticum aulæ* vocat, ubi de Ansello, Meldensi Episcopo :

> Assecla regalis, Magnusque Domesticus aulæ.

Unde *Domesticorum* ejusmodi munus fuisse videtur circa familiam Regiam, ut est eorum, quos *Magnos Hospitii Magistros* vocamus; qui ut cæteris *Hospitii Magistris* inferioribus præsunt, ita olim majores Domestici, cæteris id nominis ac tituli in aula Regia obtinentibus Proceribus, præerant. Plures enim hac simul functos dignitate in Palatio satis præallata declarant, qui supremo ac Magno Domestico suberant.

Ex *Domesticorum* porro inferiorum Palatinorum caterva seligi solebant, qui cætera in provinciis Palatia Regia, villas Regias, et fiscos publicos, eorumque reditus curarent : vel certe id nominis ejusmodi villicis attributum, quod quemadmodum Majores Domestici Palatium, seu Regis aulam, curabant, ita iis cætera Palatia regenda committerentur. Rem firmat Marculfus lib. 2. Form. 52. cujus initium hisce verbis concipitur : *Ego in Dei nomine ille Domesticus ac si indignus gloriosissimi Domini illius Regis super villas ipsius illas, illi ex familia dominica de villa illa. Dum generaliter ad omnes Domesticos Regis ordinatio processit, etc.* Ejusmodi porro Domesticis, seu villicis, præerat *Domesticus* alter major. Chronicon Fontanellense cap. 1 : *Edita est hæc confirmatio.... et directa Teutgislo Domestico, et Custodi saltuum villarumque Regalium.* In Vita Ludovici Pii ann. 795. Richardus Comes, *Villarum Regiarum provisor* dicitur.

Domesticorum munus non tantum circa villas Regias fuit, sed et interdum circa ipsas provincias, quas rexere. Auctor vitæ S. Arnulfi Episc. Metensis cap. 4 : *Ita ut sex provinciæ, quas et tunc et nunc totidem agunt Domestici, sub illius administratione solius regerentur.* Quæ quidem verba omnino firmant, quæ diximus, inferiores Domesticos, et villarum Regiarum villicos, Majori subfuisse Domestico. Sed et, si quid provincialibus injungendum haberent Principes, id non Episcopis duntaxat, Ducibus ac Comitibus, sed etiam Domesticis exequendum committebant. Hinc formula ista familiaris, in Histor. Franc. tom. 3. pag. 652. et alibi passim : *N. Rex omnibus Episcopis, Abbatibus, Ducibus, Comitibus, Vicariis, Domesticis, vel omnibus Missis nostris discurrentibus, etc.* Vide Capitulare 5. ann. 806. cap. 19.

Judiciis præterea, tum Palatinis, tum provincialibus interfuisse testantur Marculfus lib. 1. Charta Chlodovei III. Regis, edita a viro doctissimo Joanne Mabillonio tom. 4. Vit. SS. Ordinis S. Benedicti pag. 619. et Gregorius Turon. lib. 9. cap. 28. Lex Ripuariorum tit. 88 : *Jubemus, ut Optimates, Majores domus, Domestici, Comites, Grafiones, Cancellarii, vel quibuslibet gradibus sublimati, in provincia Ripuaria in judicio residentes, munera ad judicium pervertendum non recipiant.* Ubi diversos fuisse a *Majoribus domus* evidenter patet, eorumque dignitatem perillustrem : siquidem Comitibus præponuntur, ut et in Prælatione ad Legem Burgund. ipsis *Majoribus domus.*

4. **DOMESTICUS**, Dignitas Ecclesiastica, qui in Ecclesia post *Protopsalten*, cantui præerat, et cantus Ecclesiasticos incipiebant. Bini erant, unus in dextro Choro, alter in sinistro, dicunturque Joanni Episc. Citri ἐπιςάται τῶν μελῳδιων et ἀρχῳδοί. Ejusmodi Domesticorum meminerunt Constantinus de Adm. Imp. cap. 50. pag. 189. Scylitzes pag. 639. Joannes Cantacuzen. lib. 1. Hist. cap. 41. pag. 123. Codinus de Offic. cap. 6. n. 3. Euchologium Gr. pag. 272. 278. Balsamon in Quæsit. etc. [** Vide Glossar. med. Græcit. col. 321. Alii vero apud occidentales *Domestici ecclesiæ*. Papyr. Ravenn. ap. Maium tom. 5. Classic. Auctor. pag. 362 : *Sacerdotes, clerum, tonsos, sanctimoniales feminas, actores ecclesiasticos, domesticos, aut commendatos ecclesiæ diverso sexu, stauraphoros, etc.* Forte præpositi inferioribus ecclesiæ ministris et familiæ, quibus domus ecclesiasticæ cura erat.] [* Ordo eccl. Ambros. Mediol. ann. circ. 1130. apud Murator. tom. 4. Antiq. Ital. med. ævi col. 898 : *Inter hæc magistri de Domo, qui vocantur Domestici, debent habere præparatum vas magnum, plenum aqua calida juxta fontes, in qua prædicti cardinales, quum exeunt de fonte, debent lavari in eodem vase.*]

* 5. **DOMESTICUS**, Hospitii dominus, qui hospitio excipit. Constit. Woldem. reg. Danor. ann. 1354. apud Ludewig. tom. 12. Reliq. Mss. pag. 197 : *Item nullus, cujuscumque conditionis existens, cum aliquo clerico seu laico, sine Domestici voluntate, hospitetur; quod si aliquis fecerit, Domesticus cum cum sua familia, si suffecerit sui* (sibi) *aut cum vicinis et nostro advocato tunc præsente, seu nostro dapifero, tanquam publicum raptorem, prosequi et impedire*

poterit. Alia Erici itidem reg. ann. 1282. ibid. pag. 207 : *Item volumus quod nullus apud clericos, claustra vel laicos hospitetur indiscrete, sed contentus sit hiis, quæ Domesticus habuerit et voluerit sibi dare, etc.* Vide *Domesticare* 1.

Domesticus Ostiorum, ὁ Δομέστικος τῶν θυρῶν, Dignitas Ecclesiastica in Ecclesia CP. apud Codinum de Offic. cap. 1. n. 43. præcipuus *ex Ostiariis.*

Domesticus Subdiaconorum, in VIII. Synodo act. 2. pag. 619. edit. 1618.

Domestici Fidei, Fideles, qui ex *domo fidei* sunt, id est, Ecclesia : οἰκεῖοι τῆς πίστεως apud [Paulum Apost. ad Galat. 6. 10.] S. Antiochum Hom. 99. *Fidei Christianæ Domestici*, in Epist. Hadriani PP. apud Baron. ann. 869. n. 100. Pontius Diacon. in Vita S. Cypriani : *Quod bonum est ad omnes, non ad solos Domesticos fidei.* Regula S. Benedicti cap. 53 : *Omnibus* (hospitibus) *congruus honor exhibeatur, maxime tamen Domesticis fidei et peregrinis.* Occurrit præterea apud S. Augustinum in Psalm. 126. Arnobium in Psalmos, Paulinum Epist. 28. Sidonium lib. 6. Epist. 10. lib. 9. Epist. 8. Marculfum lib. 1. Form. 2. in Formulis Regalibus cap. 16. Guillelm. Abbatem S. Theodorici in Vita S. Bernardi lib. 2. cap. 8. § 52. Antenorem Episcop. in Vita S. Silvini Episc. n. 1. in Vita S. Agricii Episc. Trevir. cap. 1. in Vita S. Præjecti posteriori n. 5. in Concilio Toletano XVII. cap. 8. in Regula Magistri cap. 91. tom. 6. Spicilegii Acheriani pag. 452. et alibi passim. Vide *Domus fidei.*

Domestici Dei, Eadem ferme notione, apud Euseb. Emisenum Homil. de S. Blandina, [et S. Paulum ad Ephesios 2. 19.]

** 4. **DOMESTICUS**, Qui proprias ædes habet. Antiq. Statut. Susat. art. 3 : *Præpositus Susattensis de jure debet facere denunciari synodum .... cui interesse tenentur omnes qui Domestici sunt infra oppidum; dum modo sint domi.* In Germanico *de Huissitten sind.*

* **DOMGIO**, Gall. *Donjon.* Vide in *Dunjo.*

* 1. **DOMICELLA**, Ancilla, famula honoratior. Vita S. Amadei tom. 2. Aug. pag. 574. col. 1 : *Cum... genitrix sua,.... causa solatii, una die esset super portu domus suæ, ... una cum aliquibus ex Domicellis suis; .... quæ audiens ipsa domina cum ancillis suis rediens in domum suam, etc.* Vide *Domicellus* 4. [** Ruodlieb. fr. 13. vers. 2 :

Miratur domina Domicellarumque caterva]

* 2. **DOMICELLA**, Virginum Deo sancte servientium magistra. Charta ann. 1302. ex Chartul. 21. Corb. : *Noveritis quod domicella Marguareta de Goy, dicta le Merchier, beghina magistra seu Domicella conventus Regis in parochia S. Nicolai supra fossata apud Atrebatum, totusque conventus seu beghinæ ejusdem loci etc.* Quo etiam nomine abutentes, *Damoiselles* nostri appellarunt meretrices et ipsarum magistras. Lit. remiss. ann. 1381. in Reg. 120. Chartoph. reg. ch. 219 : *Comme.... Raoulin Broquart et Adenet d'Orgebrueil feussent alez pour eulz esbatre en l'ostel de Guillette la Damoiselle, qui estoit lors coustumiere de tenir et avoir en sondit hostel à Rouen fillettes amoureuses pour esbatre les compaignons; à laquelle Domoiselle ils demanderent avoir pour la nuit deux fillettes, etc.* Aliæ ann. 1400. in Reg. 155. ch. 13 : *Vindrent pardevers le suppliant la Demoiselle de l'abbé de Pontleroy, et un petit moine de son abbaye etc.* Rursum aliæ ann. 1451. in Reg. 184. ch. 112 : *Icellui Ancelet dist à icelle femme : Avisiez la Damoiselle, qui est à dire et entendre au païs* (Laonnois) *qu'elle estoit reprouchée ou blasmée de son corps.* Verum non omnino desiit hæc appellatio apud nostrates. Vide *Abbatissæ* in *Abbas.*

** 3. **DOMICELLA**, Parva domus, cavea. Ruodl. fr. 8. vers. 14 :

Pabula nulligena vel aqua stant in Domicella
Sturnorum, etc.

1. **DOMICELLÆ**, universim dictæ filiæ Principum, Magnatum, Baronum, et Militum, innuptæ. Quemadmodum enim istorum filii, qui nondum ad Militarem ordinem provecti fuerant, *Domicelli* tantum, ita et eorum filiæ, *Domicellæ* indigitabantur, cum Baronum et Militum uxores *Dominæ*, uti conjuges *Domini*, vocarentur. Apud Bromptonum ann. 1000. Ducis Normanniæ filia, quam postmodum in uxorem duxit Ethelredus Rex Angliæ *Domicella* dicitur. Sic apud Sanutum lib. 3. part. 12. cap. 13. Maria, quæ jus suum in Regnum Hierosolymitanum Carolo I. Siciliæ Regi transscripsit, filia Boemundi IV. Principis Antiochiæ, eadem donatur appellatione. Rogerius de Destructione Hungariæ cap. 34 : *Dominæ vero, Domicellæ, et puellæ nobiles se in Ecclesiam recipere voluerunt.*

At in Francia nostra usus invaluit, ut Regum filiæ *Dominæ*, cæterorum vero, Regii quantumvis stemmatis Principum, *Domicellæ* compellentur. Tillius : *Le surnom de France appartient aux filles des Rois de France, soient nées avant, ou durant le regne. Vray est, que si elles sont nées auparavant, ne le prennent qu'aprés l'avenement à la Couronne, et si elles sont filles de fils aisné du Roy, sont appellées Mesdames dés leurs naissance, pour l'asseurance de la Couronne à leur pere sans sa mort. Les autres ne sont appellées que Mesdamoiselles, et aprés l'advenement Mesdames, avec le surnom de France.* Deinde addit contra receptum hunc in Gallia morem, Franciscum II. Britanniæ Armoricæ Ducem, Annam et Isabellam filias, *Dominas* appellasse, in eo, quod cum Carolo VIII. Rege sancivit fœdere ultimo Augusti ann. 1488. Vide Chartam originalem Joannis *Lenge*, ubi inscribitur *Chevalier le Roy Maistre d'hostel nos Dames filles le Roy*, ann. 1326.

* Sed et militum uxores eodem compellabantur nomine, ut colligimus ex Charta ann. 1347. in Reg. 68. Chartoph. reg. ch. 256 : *Ysabel de Combes Damoiselle vefve de l'aage de quatre vins ans etc.* Nisi *domicelli* uxor ibi indigitetur.

2. **DOMICELLÆ**, et Dominæ, Canonicæ sæculares : de quibus, ita Jacob. de Vitriaco in Hist. Occid. cap. 31 : *In quibusdam Teutonicorum et Alemannorum provinciis quædam sunt mulieres, quas Canonicas sæculares seu Domicellas appellant. Non enim Moniales nominari volunt, sicut Canonici sæculares Monachi dicuntur. Hæ siquidem adeo personas accipiunt, quod non nisi filias Militum et Nobilium in suo Collegio volunt recipere, etc.* ubi plura de earum vestimentis, convictu, cantu in Ecclesia, etc.

Dominæ etiam appellantur in Regula Clarissarum, Sanctimoniales omnes. Fori Bigorrenses artic. 9 : *Omni tempore pax teneatur, Clericis, Ordinatis, Monachis, et Dominabus, et eorum comitibus : ita quod si quis ad Dominam confugerit, restituto damno quod fecerit, persona salvetur.* Liber Evangeliorum Monasterii Ord. S. Benedicti S. Petri *de las Puellas*, in Hispania, in quo depictæ sunt Abbatissa et Moniales, cum hisce characteribus :

Hæc sunt Dominarum tot nomina scripta bonarum,
Quas docuit mores Adalera.

Rodericus Toletan. lib. 6. Hist. Hisp. cap. 4 : *Sepultus est in Sexena, quam mater sua Regina Sancia construxerat hospitali, et instituerat ibi Collegium Dominarum.* Necrologium Monasterii S. Petri Remensis 14. Mart. : *Donna Gela Abbatissa B. Petri Remens. B. memoriæ mater piissima, quæ reditus Ecclesiæ in vestibus Dominarum assignavit, instituit, confirmavit.* Charta ann. 1233. apud Ughellum tom. 1. pag. 330 : *Monasterio S. Stephani, in quo S. Spiritus gratia inflammatus, ordinem Dominarum inclusarum instituere statuit.* Sed et apud Græcos κυρίαι appellatæ Sanctimoniales, etiam ab sororibus : κυρίαι ἀδελφαί, in Vita Eupraxiæ virg. n. 23. 28. et alibi.

Vetantur tamen id nominis usurpare Moniales Ordinis S. Benedicti, in Statutis Joannis Archiepiscopi Cantuariensis ann. 1279 : *Sciatis, vos Monachas vel Moniales dicendas esse, non Dominas : sicut nec Monachi possunt sine ridiculo Domini appellari.* Vide [*Domina* 5. et] *Domnus.*

* **DOMICELLATUS**, Domicilium habens, incola, Gall. *Domicilié.* Tabul. S. Vict. Massil. : *Raimundus Rogerii, alias abusu de Turena, degens in castro de Baucio in dicto regno Provinciæ comitatu Domicellatus seu incola in communi pace receptus etc.* Vide infra *Domiciliarius.*

1. **DOMICELLUS**, Domnicellus, diminutivum a *Domnus.* Gloss. antiquæ MSS. : *Heriles, Domini minores, quod possumus aliter dicere Domnicelli.* Ugutio : *Domicelli et Domicellæ dicuntur, quando pulchri juvenes magnatum sunt sicut servientes.* Sic porro primitus appellabant magnatum, atque adeo Regum filios. Marculf. lib. 2. Form. 52 : *Dum generaliter ad omnes Domesticos Regis ordinatio processit, pro nativitate Domnicelli nostri illius, ut a Domino melius conservetur, etc.* Leges Edwardi Confess. cap. 35 : *Rex vero Edwardus Edgarum filium eorum secum retinuit, et pro filio nutrivit, et quia cogitavit ipsum hæredem facere, nominavit Ethelinge, quod nos Domicellum, i. Damisell : sed nos indiscrete de pluribus dicimus, quia Baronum filios vocamus Domicellos, Angli vero nullos nisi natos Regum.* Sic Ludovicum VI. postmodum Regem, *Domicellum* vocat Hist. Francor. MS. quæ desinit in Carolum V. in Bibl. Memmiana, ann. 1095 : *Si asembla une fois le Roy son Conseil pour savoir qu'il avoit à faire, auquel Conseil le Damoisel Louys le Gros... parla.* Vetus Poema de Garino Lothareno :

Coroner firent le Damoisel Pepin.

Froissartes 1. vol. cap. 325. Edwardum, postmodum Angliæ Regem, Principis Walliæ filium, *Le jeune Demoisel Richart* vocat. Apud Danos et Suecos Regum filios non semel *Domicellos* nuncupatos observo in Chartis variis apud Isaacum Pontanum lib. 7. et 8. Histor. Dan. pag. 432. 471. et 503. et apud Ericum Upsaliensem lib. 3. Hist. Suecicæ. Liberos Mauricii Imp. *Parvulos Dominos* vocat Gregorius M. lib. 6. Epist. 23. Apud Byzantinos Augustos, sequioris præsertim ævi, eorum filii Despotica donabantur appellatione, id est, *Domini* dicebantur, indulto scilicet Principis : alioquin non δεσπόται, sed δεσπόσυνοι, id est, *Domicelli* appellabantur, quod de Constantino Andronici Senioris filio ait Pachymeres lib. 8. cap. 26. extremo. Is enim cum pater Despotæ dignitatem illi denegasset, τῶν Ρωμαίων Δεσπόσυνος vocabatur, i. *Domicellus Romanorum.*

Universim vero ita indigitantur Magnatum et Baronum filii, quod observatum ex Legibus Edwardi Confessor. Rodericus Tolet. lib. 3. de Reb. Hisp. cap. 19 : *Mos erat tunc temporis apud Gothos, ut Domicelli et Domicellæ, Magnatum filii, in Regali Curia nutrirentur.* Et lib. 5. cap. 2 : *Nunius vero pater ejus fere ab omnibus Castellæ Militibus Domicellos filios petiit nutriendos. Domicellus Hollandiæ*, apud Joan. de Beka. *Domicellus Erardus de Marka*, apud Levoldum Northovium in Chronico Markano.

Præsertim vero hocce titulo donati Militum filii, nondum Militari, seu equestri cingulo accincti, uti recte annotat Chiffletius in Vesontione parte 1. cap. 26. Nam cum solis Militibus honorifica *Domini* appellatio competeret, cæteri cujuslibet conditionis proprio nomine et cognomine compellarentur : invaluit postmodum, ut Baronum præsertim, et Magnatum filii, non *Domini*, sed *Domicelli* audirent, ut qui cæteris Scutiferis et natalium splendore, et parentum dignitate præstarent. Andreas *Bosch dels Titols de honor de Cathalanya* lib. 3. cap. 3. § 16 : *Los Donzells son aquells que no son armats Cavallers, sino son fills y descendents dels Cavallers armats : demanera que lo quis arma, y obte le privilegi es propriament Caváller, sos descendents Donzells.* Charta ann. 1233. apud Perardum in Burgundicis pag. 425 : *De laude et assensu.... filiorum meorum, videlicet Hugonis, jam Militis, Elizabeth uxoris ejusdem, Alani et Galtheri filiorum meorum adhuc Domicellorum, etc.* Charta Ludovici de Bellojoco Militis D. Montis ferrandi in Arvernia : *Cum... tempore, quo eramus Domicellus, et ante tempus Militiæ nostræ donaverimus et concesserimus, etc.* Tabular. Albæ ripæ in Diœcesi Lingon. ann. 1233 : *Nobilem mulierem Andru de Rupescissa, et Renaudum Domicellum ejus, qui jam erat extra avoeriam ejus, etc.* Mox, idem Renaudus, *filius Andru* dicitur. Apud Joannem Bekam in Willelmo Episcopo Traject. Theodoricus Comes Hollandiæ, nondum sui juris factus, *Domicellus* appellatur. [Exstant in Archivo Massil. Litteræ ann. 1342. inscriptæ *Nobili Domicello Johanni Vivaudi filio nobilis Domicelli Jacobi Vivaudi.*] Gervasius Tilleberiensis MS. de Otiis Imper. decis. 3. cap. 61. de quodam Milite : *Unum de nobilibus armigeris eligit, quo comite locum adiit, ad ostensum locum loricatus appropinquans, sonipedem ascendit, dimissoque Domicello, campum solus ingreditur.* Observat Marca in Hist. Beneharn. lib. 6. cap. 24. Nobiles istius tractus vulgo distribui in tres ordines, Baronum, Militum, et Domicellorum, quos *Domengers* vocant, ut Milites, *Cavers.* Proinde ut plurimum *Domicelli* iidem sunt, qui in cæteris provinciis *Scutiferi* nuncupantur. [Chronicon Modoetiense apud Murator. tom. 12. col. 1069 : *Cleph nobilis Lombardus Lombardiæ Rex secundus, regnavit anno uno et mensibus sex. Hic primus et ultimus, qui in Papia coronatus, et a quodam suo Domicello gladio jugulatur ann. Domini* DLXXIV.] Atque hac notione *Damoisels*, et *Danzels* vocabula apud vernaculos Scriptores accipiendi constat. Le Roman *de Garin* :

La veissiés tant Damoisel venir,
Qui portent lances por lor Signor servir.

Idem Poeta :

Si vos sivront et Danzel et meschin.

Alibi :

Et li Danzel que Bues ot norris,
Qui attendoient Chevalier les feist.

Rursum :

Borgois, et Dames, Chevalier et Danzel.

Idem :

La veissiez maint Damoisel gentil
Qui le vin portent en argent en or fin.

Le Roman *de Florimon* MS. :

Li Dus fait aporter s'espée,
Si la li eut au col fermée,
L'espée çaindre ne volou,
Parce que Damoisiaus estou.

Alibi :

Li Rois aura moult son servise
Armes li donna à sa guise,
Tous les Damoisiaus adouba
Que Florimons y amena.

Rursum :

Li dui enfant erent moult bel,
De lor aage Damoisel,
Li Rois les vit fors et legers,
Ambedeus les fit Chevaliers.

Vide Sanutum in Hist. Hierosol. pag. 21. et Hist. Castilloneam Duchesnii lib. 6. cap. 1. Probationes Hist. Bressensis pag. 203. etc. [infra *Doncellus* et *Donzellus.*] [** et Murator. Antiq. Ital. tom. 4. col. 630.]

At postremis seculis *Domicellorum* in Regum et Principum filiis exolevit appellatio, obtinuitque ut *Domini* dicerentur, præfixo tamen nomine appellativo. Sed præstat, quod in hanc rem habet Fecialis, qui sub Henrico VI. Rege Angliæ vixit, in Tractatu MS. de Officio Heraldorum, hoc loco adscribere : *Escuiers se doivent saluer en quatre manieres, les plus hauts se doivent saluer Tres-nobles et tres-honorez Escuiers, et les autres ensuivans, Tres-honorez Escuiers, et les tiers, Honorez Escuiers, et les quarts, Gentils Escuiers, Dieu vous doint accroissement d'honneur : et doit cognoistre un Herault ou Poursuivant, que tous fils de Rois sont Princes, et se doivent saluer comme Princes, non obstant qu'ils ne soient qu'Escuiers. Et si ce sont Ducs, ou enfans de Ducs, le Duc et son aisné fils semblablement, et si le fils avoit Seigneurie de Duché ou de Comté, il se salueroit comme Duc, ou comme Comte : Et si c'estoient ses autres enfans, selon les Seigneuries, en quoi ils seroient pourveus : et s'ils estoient sans Seigneurie, ils se devroient comme Comtes : Car quand l'on voit le fils d'un Duc, l'on ne dit point voila un bel Esuier, mais l'on dit, voila un beau Seigneur. Et enfans et Comtes se doivent saluer selon les Seigneuries, en quoy il sont pourveus, et s'ils sont sans Seigneurie, et ils sont de sang Royal, il se doivent nommer, Monsieur, aprez leur propre nom, comme qui voudroit dire, Jean Monsieur, ou Ricart Monsieur.*

¶ 2. **DOMICELLUS** Canonicus, Idem qui mox *Domicillaris.* Charta Adolfi Archiepisc. Mogunt. ann. 1381. Rerum Mogunt. tom. 2. pag. 679 : *Effectum statutorum per b. m. Dominum Gerlacum A. M. prædecessorem nostrum contra* (i. e. erga) *Scholasticos Ecclesiarum nostrarum civitatis et diœcesis Maguntine pro juvenibus, qui communiter Domicelli nuncupantur, factorum, ex certis causis nos ad hoc moventibus, circa tuam personam tollimus.* Vide ibid. pag. 668. [** Iidem *Canonici minores* et *juniores. Domicellorum* et *Domicillarium*, frequens apud Germanos mentio, qui canonicos Dominorum nomine vulgo appellabant.]

¶ 3. **DOMICELLUS**, Urbis Præfectus. Acta SS. Junii tom. 3. pag. 536. de B. Petro Gambacurta : *In manu dilecti filii, nobilis viri, Galeotti Roberti de Malatestis, Domicelli Arimini.*

4. **DOMICELLUS**, apud Willelmum Thorn, videntur dici nobiliores famuli : *Domicellus Abbatis*, pag. 1784. *Domicelli et servientes Monasterii*, pag. 1980. quomodo *valetos* appellatos infra ostendemus. Ugutio et Joan. de Janua : *Domicellus et Domicella quandoque dicuntur pulchri juvenes Magnatum, sive sint servientes, sive non.* Vide Hist. Cortusior. lib. 7. cap. 7. lib. 9. cap. 10. et Statuta urbis Mediolan. part. 2. cap. 108. 494. et seqq.

¶ Domicellus Papæ, Idem qui *Camerarius*, Custos cameræ papalis. Ordo Rom. apud Mabill. Musæi Ital. tom. 2. pag. 426 : *Dominus vero Papa interdum ibidem, cum ad cameram suam redierit, consuevit novis cardinalibus creationem de eis mandare per Domicellum suum, interdum non.* Ibid. pag. 270. *Domicelli* etiam vocantur Nobiliores e familia Cardinalium.

* Formula qua cardinalis aliquem in *Domicellum* suum eligit, in Formul. Ms. fol. 33. v°. : *Volentes personam tuam propter hoc prærogativa nostræ benivolentiæ* (prosequi) *te in Domicellum et familiarem nostrum duximus admittendum, volentes ut Domicellus et familiaris noster re et nomine consequaris.*

Dominellus, Idem quod *Domicellus*, Joanni de Janua. [Vide suo loco.]

* **DOMICILIARIUS**, Domicilliarius, ut supra *Domicellatus.* Lit. ann. 1369. tom. 5. Ordinat. reg. Franc. pag. 710 : *Larem foventes et Domiciliarios ejusdem loci de Petrussia, etc.* Charta Caroli VI. ann. 1380. in Reg. 118. Chartoph. reg. ch. 373 : *Quod civitates, villæ, loca et castra earumdem senescalliarum quampluriinis habitatoribus et Domicilliariis depopulatæ fuissent, etc.* Aliæ ann. 1391. in Reg. 142. ch. 84 : *Cum præfatus Geraldus sit vetus incola, Domiciliarius et habitator in loco de Villamour etc.*

DOMICIALIS. Vide *Doma* 3.

¶ **DOMICILIUM** Juratum, Jus domicilii juramento sibi assertum. Concil. Liman. ann. 1582 : *Quoniam vero abusus quidam jam pridem inolevit, ut per Domicilia quædam jurata, quæ verbalia et commentitia plerumque sunt, in fraudem Ecclesiæ... ad ordines indigni irrepant; declarat hæc Synodus, neminem sub prætextu Domicilii esse ordinandum, nisi illud legitime... contractum fuerit.*

* **DOMICILIUM** Ambulatorium, Machinæ bellicæ species. Tract. Ms. de Re milit. et mach. bellic. cap. 52 : *Domicilium ambulatorium, cum ponte et scalis levatoriis, possunt cum* (eo) *pedites* (transire) *flumen de una ripa ad aliam, et ponere scalas muro castelli juxta flumen positi.* Et cap. 54 : *Domicilium ambulatorium portans secum perticas, cum caldariis ardentibus unctis tormentina, pice et sulfure bene contritis, et in medio stupa oleo uncta, de quibus fit incendarium, quod ab aqua non extinguitur.* Vide *Catus* 2.

¶ **DOMICILLARIS** Canonicus, Junior Canonicus cui necdum est jus Capituli. In Ecclesia Argentinensi duodecim sunt Canonici *Capitulares*, totidemque *Domicillares* : de quorum receptione inter Probat. Hist. Alsaciæ pag. 178. et seqq. exstant Statuta Majoris Capituli ejusdem Ecclesiæ, ann. 1713. condita, approbata primum ab Eminentissimo Cardinali *de Rohan*, ac tandem Ludovici Magni auctoritate confirmata eodem anno. [** Coloniæ erant 25. *Capitulares* totidem *Domicellares*, Moguntiæ 24. Capit. 22. Domic. Treveris 16. Capit. 24. Domic. Augustæ Vindelicorum 20. Capit. totidem Domic. Bambergæ 20. Capit. 14. Domic. Spiræ 11. Capit. 15. Domic. Vide Eichhorn. Jus Eccles. German. tom. 2. pag. 603. sqq. Domicellaribus jus capituli non erat, sed certis reditibus gaudebant; alii vero sunt canonici, quos *in herba* dicebant, qui locum in capitulo tenentes præbenda carebant, quos spectare videntur cap. 9. et 19. de præbend. (3, 5.)] Vide in *Canonici*.

* **DOMICILLIARIUS.** Vide supra *Domiciliarius*.

¶ **DOMICORRUPTOR**, Οἰκοφθόρος. Gloss. Lat. Gr. MSS. S. Germani a Pratis.

DOMICUS, Οἰκεῖος, in Gloss. Lat. Gr.

¶ **DOMIDUCA**, Dea quæ præesse existimabatur cum sponsa duceretur domum, apud Tertull. lib. 2. ad Nat. cap. 11. hinc etiam

¶ Domiducus, Deus eidem rei adhibitus, apud S. August. lib. 6. de Civ. Dei cap. 9.

¶ **DOMIFICAMENTUM**, Ædium exstructio. Vide *Domificare*.

¶ **DOMIFICARE**, Domus ædificare, Ædes exstruere. Inquisit. *de Moras* ann. 1262. ex Regesto *Probus* fol. 42 : *Attamen illi de foris debebant prædictas operam, manopram corvatamque antequam Domificarent in castro, et propter Domificamenta quæ eos in castro oportet facere, Dominus remisit eis illud.* Bulla Pauli PP. de Secularizatione Monast. Vezeliac. ann. 1537. inter Instrum. tomi 4. novæ Gall. Christ. col. 117 : *Et residuum non comprehensis eis quæ sunt a dormitorio et refectorio, Capitulo et Canonicis præfatis remaneat ad Domificandum..... habeantque liberum usum in nemoribus.... tam ad Domificandum in claustro.* Rursum occurrit in Charta ann. 1400. Abbatiæ Cassaniæ in Bressia, et in Vita B. Giraldi de Salis apud Marten. tom. 6. Ampliss. Collect. col. 998. *Abbatia bene sita et satis Domificata*, id est, satis eleganter exstructa, apud Stephanotium tom. 13. Fragm. Hist. MSS. pag. 193.

¶ **DOMIFICATIO**, Ædificium, ut videtur, majori annexum et ab eo pendens. Litteræ Caroli Hungariæ Regis ann. 1317. in Hist. Dalphin. tom. 2. pag. 170. col. 2 : *Creamus nostrum Procuratorem....... ad recuperandum principatum Salerni... et jura ejusdem, sive consistant in civitatibus, seu castris, vel villis, seu domibus, vel Domificationibus, etc.*

* **DOMIFICIUM**, Ædificium, domus exstructio. Glossar. Gall. Lat. ex Cod. reg. 7684 : *Domificare, Maisonner, i. domus facere.* Testam. Aymon. comit. Sabaud. ann. 1343. tom. 3. Cod. Ital. diplom. col. 1005 : *Ipsi hospitali dari voluit et legavit, cum Domificium perfectum fuerit, triginta lectos sufficienter furnitos.* Vide in *Domificare*.

DOMIGENA, Vernaculus, indigena. Gloss. Græc. Lat. : Οἰκογενής, *Vernus, vernaculus, domi natus.* Ita etiam Iso Magister in Glossis. Dudo lib. 3. de Act. Norm. pag. 98 : *Morabatur autem Rex in domo Willelmi Ducis, ut Domigena et vernula.* Utitur et pag. 105. 141.

DOMIGERIUM, ex Gallico et Anglico *Danger*, Periculum. Vox autem efficta a *Damnum.* Dictum enim putant quidam *Danger*, quasi *damnum gerens.* Malim a Gallico *Domager*, i. e. *Damnosus*, effictum. Le Roman *de Garin* MS. :

As gens Fromont cueront pour Domagier.

Thomas Walsinghamus ann. 1392 : *Credebant autem Londonienses, quod per hæc dona Domigerium evasissent, et in posterum quieti essent : sed fefellit eos eorum opinio, etc.* Henr. Knyghton. ann. 1352 : *Sed per Justitiarios et alios ministros emolumentum semper Regi accrevit, et Domigerium ad populum.* Idem : *Romani videntes, quod Papa.... recesserat, et sic in Domigerio positus esset, etc.* Utitur rursum eadem notione.

* Nostris alias *Dongeseux*, pro *Dangereux*, *Désavantageux*, damnosus. Stat. ann. 1406. in Reg. 161. Chartoph. reg. ch. 135 : *Pour ce que ledit mestier d'obloyer.... est bien Dongeseux, soubtil à aprendre etc.*

Sub Domigerio *alicujus aut manu esse*, apud Bractonum lib. 4. Tract. 1. cap. 19. § 2. est alicui subesse, esse sub illius potestate : est enim *Danger*, nostris, potestas. Qua quidem notione vocem *Donger*, quæ *Domigerium* effert, usurpant Poetæ nostrates. Le Roman *d'Aubery* MS. :

Laissiés Flamains, demener lor boffois,
Que il ne prisent votre Dongier un pois.

Alibi :

De ses Chastiaus li bailla le Dongier.

Vide *Dangerium*.

* Poem. reg. Navar. Cantil. 2. tom. 2. pag. 5 :

Car j'aim molt miex estre en vostre Dangier
Et soffrir bien k'autre mal se l'avoie.

Vide supra in *Dangerium* 1.

1. **DOMINA**, nude, Deipara; hinc *Missa de Domina*, non semel in Chronico Archiepisc. Upsaliens. pag. 219. 225. in Monastico Anglicano tom. 3. pag. 151. et apud Franciscum Dominic. Pragens. etc. *Maria,... sermone Syro Domina nuncupatur. Maria, Syriace Domina.* Vide S. Hieronym. de Locis Hebraic. in Evangelio Matthæi. *Dominam*, Deiparam nude appellari ægre ferunt hæretici, atque in primis Calvinus Epist. 128. Vide Lambecium lib. 8. Biblioth. Cæsar. pag. 132. et supra in voce *Domicellæ*.

☞ Voci, *Domina*, sæpius addita est hæc *nostra.* Hinc Gallis nostris quasi uno verbo effertur *Nostre-Dame.* Statuta Academiæ Paris. apud Acherium Spicil. tom. 6. pag. 385 : *In quinque festis gloriosæ Virginis Mariæ non legitur in Nonis Nostra-Domina in vico Brunelli.* Regula Toribii Archiep. Limæ, Concil. Hispan. tom. 4. pag. 669. col. 2 : *Officium Dominæ nostræ dicetur diebus consuetis in hac sancta Ecclesia et recitabitur totum tono summisso, excepto hymno* Ave maris stella.

¶ 2. **DOMINA** Ecclesia. Sic Romana vocatur in Vita Innocentii PP. IV. tom. 7. Miscell. Baluz. pag. 399 : *Ipsos* (Comites et Barones) *citavit summus Pontifex, ut parendo mandatis ipsius ipsum regnum manibus Dominæ Ecclesiæ resignarent.* Domina autem Ecclesia dicta est quia ibi de regno Apuliæ sermo est, quod ceu feudum Romanæ Ecclesiæ esse existimabatur.

¶ 3. **DOMINA**, Honoraria Reginæ assecla, in Computo ann. 1202. apud D. *Brussel* de Feudorum usu tom. 2. pag. clvii : *Pro* iii. *paribus robarum quas Dominæ habuerunt* xviii. *l.*

¶ 4. **DOMINA**, Nobilium uxores, etiam a maritis suis, in actis publicis *Dominas* appellatas fuisse post Ægidium Menagium testis est Mabillonius Diplom. pag. 90.

* Etiam imperiali dignitate illustribus maritis. Charta Alberti imper. ann. 1299. in Reg. sign. *Pater* Cam. Comput. Paris. fol. 173. r°. : *Promittimus etiam nos curaturos et facturos, quod carissima consors nostra Domina Elizabet, regina Romanorum illustris, præmissis omnibus assentiet.* [** Vide Glossar. med. Græcit. voce Δέσποινα, col. 282.]

* Eodem nomine matres suas compellabant homines plebei ordinis. Lit. remiss. ann. 1375. in Reg. 107. Chartoph. reg. ch. 315 : *Colin Garin fils moyen-né de ladite Colette et Philippot Garin puisné.... ledit Philippot vint à sadite mere criant et plorant, Madame, pour Dieu mercy, mon frere me vuelt tuer et occire.*

¶ 5. **DOMINA.** Sanctimoniales Benedictinæ sic appellantur ab anno 970. Vide Mabill. tom. 2. Annalium pag. 604. ubi Gisla Abbatissa Romaricimontis Chartam subscribit, *ceteris Dominabus assentientibus.* Charta Lucianæ Abbatissæ Farensis Monasterii ann. 1168 : *Ad pelliciasque Dominarum decem libras per singulos annos iterum concessi.* [** Adde chart. ann. 1153. in Alsat. Diplom. num. 288. tom. 1. pag. 238.] Vide *Domicellæ* 2.

¶ 6. **DOMINA**, Mulier quævis, ut Italicum *Dona*, quod nomen est discretivum sexus, non titulus honoris. Acta B. Torelli Puppiensis, tom. 2. Martii pag. 501 :

Quidam Comes Carolus de Puppio, valde notus B. Torelli, cum sero carnis-privii advenisset, illi scutiferum cum canistro referto carnibus et pane misit, et cum iret, Dominæ Puppienses dederunt aliqua comestibilia quæ fratri portaret.

7. **DOMINA**, Machinæ bellicæ species. Richardus de S. Germano in Chron. ann. 1239 : *Ingeniaque, Biddæ, Dominæ, et Mangonelli fiunt, Imperatore mandante.*

* 8. **DOMINA** Francorum, Eo titulo insignitur Regina, in Annal. Victor. Mss. ad ann. 1232 : *Hoc anno Ludovicus rex, de consilio matris suæ et aliorum quorumdam, mandavit sibi dari in conjugem Marguaretam comitis Provinciæ filiam, per Galterum archiepiscopum Senonensem et dom. Johannem de Nigella, eamque duxit Senonis in uxorem, et eandem coronari et inungi fecit a dicto archiepiscopo in Dominam Francorum et reginam.*

* 9. **DOMINA**, Baronis et militis uxor. Ordinat. pro regina ex Reg. Cam. Comput. in Bibl. reg. sign. 8406. fol. 91. v°. : *Item quod abstineat* (regina) *a Dominabus vocandis vel aliis magnis personis, et eas, cum venerint, diutius retinendis; et quo* (quod) *se non redat* (reddat) *nimis falicem* (facilem) *ad loquendum cum tot venientibus; sed aliquotiens se excusari faciat, sicut decet.*

* 10. **DOMINA** Animarum. Charta Phil. V. ann. 1319. in Reg. 59. Chartoph. reg. ch. 279 : *Item quadraginta libras ceræ et quadraginta solidos pro jocalibus Dominæ animarum, ratione mercati villæ prædictæ.* An Deipara Virgo Maria?

* 11. **DOMINA**, nude, Socrus, vulgo *Belle-mere*, alias *Dame*, eadem ratione qua socer, *Sire* nuncupabatur. Lit. remiss. ann. 1389. in Reg. 136. Chartoph. reg. ch. 144 : *Comme le suppliant se feust marié à la fille d'une femme appellée Guillemete le Gaz;.... icelle Guillemete sa Dame etc.* Aliæ ann. 1396. in Reg. 151. ch. 4 : *Icellui Perrot et la mere de la femme dudit Belotin lui osterent la barre qu'il tenoit : lequel Belotin doubtant que ledit Perrot et sa Dame ne le batissent, etc.* Rursum aliæ ann. 1403. in Reg. 158. ch. 166 : *Lequel exposant demanda audit Popile pourquoy il avoit fait semondre lui et sa Dame mere de sa femme.* Hinc *Dame-grant*, pro *Grand'mere*, avia materna, in Lit. remiss. ann. 1456. ex Reg. 185. ch. 340 : *Lesquelles orphelines demourerent ou gouvernement d'une bonne femme, leur Dame-grant.*

¶ 1. **DOMINABILIS**, f. Suffraganeus, substitutus, qui vices alterius gerit. Epist. Cambellani ann. 1319. ex Archivo S. Victoris Massil. : *Dominis Vicario et Consilio civitatis Massiliæ Dominabilibus sibi Nugerius de Chari regius Cambellanus.*

* Titulus honorarius, ut mihi videtur, eorum qui civitatis regimini præpositi sunt. Vide *Dominium* 3.

* 2. **DOMINABILIS**, Ad dominum ratione *dominationis* seu proprietatis pertinens. Charta Caroli VII. ann. 1430. in Reg. Cam. Comput. Bitur. fol. 134. v°. : *Cessit... boissellos avenæ quatuor, solidos quatuor,... denarios quatuor, obolum unum censuales et Dominabiles.* Vide *Dominatio* 1.

DOMINÆDIUS, Domnædius, promiscue, οἰκοδεσπότης, apud Palladium in Vita Chrysostomi pag. 202. et alios : Dominus ædis. Gloss. Lat. Gr. : *Domnedius et Cænacularius*, σταθμοῦχος. *Domnidius*, habent Notæ Tyronis. Sic autem fere semper sanctum Felicem vocat Paulinus Nolanus Episcopus, quasi dominum ædis, cui ipse præsidebat. Epist. 1 : *Venientem in gremio jam communis patroni Dominædii mei Felicis excipiam.* Ita Epist. 9. 10. 12. et 28. et Natali 7. Sic etiam non semel Sugerius lib. de Consecrat. Eccles. S. Dionysii sanctos Martyres *Dominos suos* vocat. Porro vocem *Domnædius*, apud auctorem Rhetoricæ ad Herennium restituit Salmas. lib. de Jure Attico pag. 73. [**Vide Forcellinum.]

* **DOMINAGIUM**, Tributum, quod Domino præstatur. Charta Hugon. de Monteforti in Reg. 74. Chartoph. reg. ch. 61 : *Tradidi Hugoni de Quesneio militi meo senescallo totum Dominagium,... quod habebam in illo loco.* Vide infra *Dominatio* 2.

DOMINALIS, *Invincibilis*, in Gloss. Arabico-Lat.

1. **DOMINALITER**, tanquam Dominus : Galli dicerent, *en Seigneur, en Maistre.* Charta Cresimiri Regis Dalmat. ann. 1059. apud Jo. Lucium lib. 2. Hist. Dalmat. cap. 15 : *Illud...... autorizo, Dominaliter corroboro, potentialiter confirmo.*

* 2. **DOMINALITER**, In supremum dominium, Gall. *En suzeraincté.* Charta ann. 1257. inter Probat. tom. 3. Hist. Occit. col. 532 : *Quam terram dom. Arnaldus de Ispania.... recognovit et tradidit eidem D. comiti Bigorræ Dominaliter, et recepit in feudum ab eodem.* Vide mox *Dominatio* 2.

* **DOMINARI**, Re aliqua velut propria uti et frui. Inquisit. ann. 1268. ex schedis Pr. *de Mazaugues* : *Requisitus qualiter vidit dictum dominum Barralum Dominari, dixit, quia bajulus suus, nomine Guillelmi juvenis de Castillone, vendidit herbam dominæ Rixendæ de furcis.* Rursum ibid. : *Dixit quod ipse fuit bajulus Castillonis pro dom. Barrallo, et Dominabatur per dictos confines pro dom. Barrallo tanquam bajulus.*

1. **DOMINATIO**, Proprietas. Gloss. Lat. Gr. : *Dominatio*, Τυραννίς, δεσποσύνη. [Diploma Caroli Mag. pro Nosocomio B. Mariæ de Bono-passu, ann. 805 : *Et quod renovare vellemus quæ avus quondam noster Carolus Major domus ei concessit et quæ ipse nobis protulit relegenda, scilicet castrum ipsum vetus de Bono-passu cum Ecclesia quæ ibi ædificata est cum omni jure et Dominatione, hoc est cum terris, domibus, ædificiis, hortis.*] Tabular. Bellilocense in Lemovicib. n. 147 : *Ut post hodiernum diem faciant exinde tam ipsi, quam successores eorum, jure Ecclesiastico, in omnibus, quidquid elegerint, ea quidem ratione, ut si ullus Rector aut Abbas in beneficio, seu in Dominatione, in aliorum usibus, nisi in stipendiis Monachorum transferre voluerit, etc.* [** Chart. ann. 722. in Tradit. San-Gall. num. 11, pag. 9 : *In Dominatione permaniat.*]

2. **DOMINATIO**, Tributum, quod Domino præstatur. Concilium Rom. sub Eugenio II. PP. : *Si Episcopus a subjectis, Sacerdotibus et Clericis Dominationes exigat.* Charta Hugonis Regis Ital. apud Ughellum tom. 2. pag. 193 : *Aut alias quaslibet annuales Dominationes exigere, aut consuetudinario more aliquid tollere, etc.* Alia ann. 1231. in Regesto Tolosano Cameræ Comput. Paris fol. 68 : *Expletiva et ademprivia, oblias, Dominationes, introitus et exitus, etc.* Consuetudin. Tolosæ part. 4. tit. de Feudis art. 10 : *Debet solvere pro dicto feudo oblias et census et alias Dominationes in Chartis feudi contentas.* Adde art. 15. [Charta ann. 1261. tom. 1. Anecd. Marten. col. 1111 : *Dominationes, ademprivia vel expletivia, debita vel nomina debitorum, etc.*]

* In proprietatis vel superioris domini recognitionem. Arest. parlam. ann. 1319. in Reg. 62. Chartoph. reg. ch. 1 : *Item septem solidos Caturcenses annui redditus et Dominationes in domibus, ayralibus et casalis.... Item census et aliæ Dominationes in terris, vocatis Casurat, prope boderium.* Charta ann. 1361. in Reg. 103. ch. 78 : *Petrus Antonni servit quoque anno tres denarios Tolos. obliarum cum Dominationibus, pro quodam hospitio.* Vide supra *Dominagium.*

3. **DOMINATIO**, Titulus honorarius Regum, in Epist. Francicis tom. 1. Hist. Franc. 29. 52. 55. 64. 73. 74. In Capit. Caroli Calvi pag. 53. etc. Will. Brito lib. 6. Philip. v. 156 :

Vestra quidem plene Dominatio novit, ut a quo
Tam laudabiliter regitur tam nobile regnum.

Ita Græci recentiores vocem κυριότης usurpant. Gregor. Decapolita de Mirac. S. Gregorii Mart. n. 46 : Ἐπεὶ δὲ ἡ σοῦ κυριότης τοῦτο μυστήριον ἔβλεψε, etc. Formula loquendi Italis familiaris, *vostra signoria.*

¶ 4. **DOMINATIO**, hoc titulo honoris donati etiam Visitatores monasteriorum. *Schramb*, Chronicon Mellicense pag. 422. col. 1 : *Præfatos articulos de vitæ nostræ monasticæ observantia humili et plano stylo digessimus... offerentes debita cum subjectione et condigna veneratione eosdem vestris Dominationibus prudentissimis, etc.*

* Indiscriminatim non raro concessus. Eo compellat cardinalem Oliverium episc. Alban. Baldus JC. in tract. de Dot. : *Cujus consummationem, si in longiorem protraxi moram, quam tuæ reverendissimæ Dominationi fuerit desiderium; cognoscat tua reverendissima Dominatio id præter meum contigisse desiderium.* Eodem quoque donantur vicarii generales archiep. Turon. in epist. iisdem inscripta ann. 1271. a Petro archid. Andegav. tom. 1. Probat. Hist. Brit. col. 1024 : *Dominationes vestras, de quibus plenam in Domino fiduciam obtinemus, requirimus etc.*

Dominationes, Angeli ex secundo sacræ Angelicæ Hierarchiæ gradu : sic appellati ex eo, quod liberalissima fidelissimaque servitute ita gaudent et gloriantur Creatoris super se dominatione, ut alteri nulli, præterquam ipsi subjiciantur. Ex quo fit, ut ad Deum, quantum possunt, se adjungant, et ab omni rerum creatarum oppressione violenta remotæ sint, et, ut ait D. Gregor. Homil. 34. in Evang. : *Quod mira potentia præmineant, pro eo, quod eis cætera ad obediendum subjecta sunt.* Adde D. Bernard. lib. 5. de Consid. cap. 4. Guill. Paris. 2. P. de Un. pag. 2. cap. 127. Isidor. lib. 7. cap. 5. Sophron. in Encom. Angel. etc.

* **DOMINATIVUS**, Dominans. Præfat. operis Conradi de Monte puellar. Ratispon. eccl. canon. qui vivebat sæc. 14 : *Tractatus*

tertius est de communicatione Dominativa, quæ est principantis et subjecti in domo.

¶ 1. **DOMINATURA**, Jus Domini, Census pertinens ad Dominum; Gall. *Droit seigneurial.* Instrum. S. Albini Andegav. apud Lobinellum Hist. Britan. tom. 2. col. 249 : *Quidam Miles..... donavit Deo et S. Albino Ecclesiæ S. Oportune Dominaturam scil. suam, quam habebat in ea in altari et in sepultura.*

* Idem quod *Domanium.* Vide in hac voce. Charta ann. 1285. in Chartul. Cluniac. ch. 327 : *Dicti liberi habeant.... Dominaturam et justitiam in prædicta terra sua de Maxilliaco, excepta alta justitia, quæ remanet... dicto abbati et ejus successoribus imperpetuum.*

¶ 2. **DOMINATURA**, Potestas, imperium. Camillus Peregrinus in Hist. Principum Longobard. apud Murat. tom. 2. pag. 337. col. 1 : *Satis infamis et inlicita consuetudo temporibus istis hinnolevit, dum quædam mulierculæ, defunctis viris, maritalis Dominaturæ solutæ, licentius proprii arbitrii libertatem fruantur.*

DOMINELLUS, *Domicellus*, et *Domicella* et *Dominella*, *a Dominus.* Ugutio. Vide in *Domicellus* 4.

* Charta Bald. Noviom. episc. ann. 1154. in Chartul. Montis S. Mart. fol. 91. r°. col. 1 : *Domino Ivone Nigellense ex parte Dominelli sui Radulphi comitis concedente.*

** Ruodlieb. fr. 8. vers. 60 :

Hunc Dominella rogat quo secum tessere ludat.

DOMINICA, seu Dies Dominicus, qui Christo potissimum dicatus est apud Christianos, Græcis κυριακή, quæ et ἀναστάσιμος, βασιλὶς καὶ ὕπατος τῶν ἡμερῶν, dicitur S. Ignatio in Epist. ad Magnesianos n. 9. Nomocanon nuper editus a Joan. Bapt. Cotelerio cap. 416 : Πρὸ τῆς Χριστοῦ γεννήσεως, οὐκ ἐλέγετο κυριακὴ, ἀλλα πρώτη ἡμέρα. Μετὰ δὲ τῆς ἀναστάσεως, κυριακὴ, κυρία πασῶν τῶν ἡμερῶν καὶ ἑορτῶν ἐκλήθη. [Ita κυρία τῶν ἡμερῶν nude dicitur Johanni Anagnostæ de Excidio Thessalonic. cap. 6.] Edictum Theophili Alexandrini Patriarchæ : *Et mos et honestas a nobis exigit, ut omnem diem Dominicum honoremus, eumque celebremus, quoniam Christus Dominus noster præclarum in ea suæ resurrectionis munus obiit.* Sedulius lib. 5. Paschalis operis cap. 20 : *Interea cœperat illud triste post Sabbatum dies irradiare felix, qui domino Dominanti gratissimus nomen ab ejus Majestate sortitur, dictus hoc honore Dominicus : quippe qui tantum consecutus est dignitatis, ut primus meruerit intueri mundi nascentis originem, et resurgentis Christi virtutem, etc.* S. August. Epist. 119. cap. 13 : *Dies Dominicus non Judæis, sed Christianis resurrectione Domini declaratus est, et ex illo habere cœpit festivitatem suam.* Et Serm. 251. de Tempore : *Ideo sancti doctores Ecclesiæ decreverunt omnem gloriam Judaici sabbatissimi in illam (diem Dominicam) transferre, ut quod ipsi in figura, nos celebraremus in veritate; qui tunc erit requies nostra vera, quando resurrectio fuerit perpetrata, et remuneratio in anima et corpore simul perfecta.* S. Maximus Taurinens. Homil. 3. in Pentecost. : *Dominica nobis ideo venerabilis est atque solennis, quia in ea Salvator, velut Sol oriens, discussis infernorum tenebris, luce resurrectionis emicuit, ac propterea ipsa dies ab hominibus sæculi Dies Solis vocatur, quod ortus eam Sol justitiæ Christus illuminet.* Ordo Romanus, et Isidor. lib. 2. de Eccl. Offic. cap. 24 : *Dominicum diem Apostoli ideo religiosa solennitate sanxerunt, quia in eodem Dominus et Redemptor noster a mortuis resurrexit : quique ideo Dominicus appellatur, ut in eo terrenis operibus, vel mundi illecebris abstinentes, tantum divinis cultibus serviamus, dantes scilicet huic diei honorem et reverentiam propter spem resurrectionis nostræ, quam habemus in illo, etc.* Gregor. Turonens. lib. 1. Hist. 22 : *Hic est dies resurrectionis Domini nostri Jesu Christi, quem nos proprie Dominicum pro sancta ejus resurrectione vocamus.* [*Dominica dies,* Apocal. 1. 10.] *Dominicorum dies*, in Epist. Encyclica Vigilii PP. Vide S. Hilarium in Prologo ad Ps. pag. 187. S. Hieronym. in Psal. 117. Brissonium ad L. Dominic. Henric. Valesium ad Eusebium de Laudibus Constant. cap. 9. et cæteros passim.

* *Diemence*, in Charta ann. 1224. tom. 4. Ordinat. reg. Franc. pag. 321. *Diemenche*, infra; *Diemoine*, in alia Otton. comit. Burg. inter Probat. tom. 2. Hist. Burg. pag. 15. col. 2 : *An l'an de l'eyncarnacium de notre Senor mil et deux cenx et quarante et doux, le Diemoine devant feste Symon et Jude. Dimaine*, in Hist. Joan. IV. tom. 2. Probat. Hist. Britan. col. 325. *Dimoinge*, in Lit. ann. 1339. tom. 4. earumd. Ordinat. pag. 338. art. 1. *Diocs*, in Ch. scabin. Camerac. : *En l'an de l'incarnation nostre Seigneur Jesus Crist* M. CC. *et sissante, le Dioes après les octaves S. Pierre et S. Pol.* Et in Ch. ann. 1317. ex Cod. reg. 10196. 2. 2. fol. 19. r°.

¶ Dominica Resurrectio, Quævis dies Dominica. Anonymus lib. 1. Mirac. S. Bertini cap. 1 : *Tres viri in piscationis arte periti nocte Dominica . . . navim ascendentes, etc. Super eos enim propter noctis Dominicæ Resurrectionis transgressionem ultio supervenit divina . . . Et cum Fratres in prædicto loco commorantes nocte Dominicæ Resurrectionis in eadem Ecclesia, in qua corpus B. pausat Bertini, etc.* Tangmarus in Vita S. Berwardi Episc. Hildesh. inter Acta SS. Bened. sæc. 6. pag. 225. cap. 43 : *Deinde sapientissimus Rex sæpius interceptam Gandesemensis Ecclesiæ dedicationem in vigilia Epiphaniæ Domini indixit, quæ tunc prima feria Dominicæ Resurrectionis accidit, velationem etiam ancillarum Dei in ipsa sacra die Epiphaniarum.*

☞ *Dominicas omnes festas hilaresque sanxit Ecclesia*, ut loquitur Epiphanius in Expositione fidei num. 22. *nec ulla jejunia celebrat . . . ne ipsius quidem Quadragesimæ Dominicis* : qui usus semper viguit apud Christianos. Tertull. lib. de Corona cap. 3 : *Die Dominico jejunium nefas ducimus, vel de geniculis adorare.* Canon 65. Apost. statuit Clericum deponendum esse, qui *Die Dominico* jejunaverit; et ad calcem libri 5. Constit. Apost. legitur : *Reus erit, peccati, qui Dominico die jejunaverit, cum sit dies Resurrectionis.* Hæc prima ratio fuit prohibendi jejunii, ne tristis esset dies lætissimæ Resurrectioni Dominicæ consecrata. Alteram subinde refert S. Augustinus Epist. 36. cap. 12. n. 27. ad Casulanum scribens : *Die Dominico jejunare scandalum est magnum, maxime postea quam innotuit detestabilis multumque fidei apostolicæ Scripturisque divinis contraria hæresis Manichæorum, qui suis auditoribus ad jejunandum istum tanquam constituerunt legitimum diem. Per quod factum est, ut jejunium diei Dominici horribilius haberetur.* Hinc in Conc. Carthag. IV. can. 64. legimus : *Qui die Dominico studiose* jejunat, *non credatur Catholicus*, et in Synodo Gangrensi can. 18. ex interpretatione Dionysii Exigui : *Si quis propter continentiam, quæ putatur, aut contumaciam in die Dominico jejunat, anathema sit.* Quæ duo Concilia sicut et Cæsaraugustanum adversus Priscillianistas, etiam Manichæos dici solitos, ann. 381. celebratum, dum can. 2. prohibet, *ne quis jejunet die Dominica, causa temporis aut persuasionis aut superstitionis*, jejunium etiam die Dominico, modo absit superstitionis causa, permittere quodam modo videntur. Et Hieronymus quidem Epist. 28. ad Lucinium scribit : *Utinam omni tempore jejunare possimus : quod in Actibus Apostolorum* (ut etiam Augustinus Epist. 36. num. 28. observavit) *diebus Pentecostes et die Dominico apostolum Paulum et cum eo Credentes fecisse legimus.* Ne hinc tamen Ecclesiæ morem ac legem improbare videatur, mox dictum temperans addit : *Nec hoc dico, quod Dominis diebus jejunandum putem.* Hæc fere post Petrum *Coustant* tom. 1. Epistolarum Rom. Pontificum col. 335. et seqq.

Dominicæ observatio jam olim a nona, seu vespere præcedentis diei incipiebat. Concil. Francof. ann. 794. cap. 21 : *Ut dies Dominica a vespere usque in vesperam servetur.* Ita in Concilio Berghamstedensi ann. 697. et Forojuliensi ann. 791. can. 13. Capitulari Aquisgran. ann. 789. cap. 15. lib. 1. Capit. cap. 15. etc. *Ratio est*, inquit Richardus Ep. Cremonensis in Mitrali, et ex eo Durandus lib. 5. Ration. cap. 9. n. 2 : *Quia vespertina synaxis, seu hora, primum est officium diei sequentis.* Simon Islepe Episcop. Cantuariens. in Provinciali Ecclesiæ Cantuar. apud Lindwodum lib. 2. tit. 3 : *In primis sacrum diem Dominicum ab hora diei sabbati vespertina inchoandum, non ante horam ipsam præveniendo, ne Judaicæ professionis participes videamur, quod etiam in festis, quæ suas habent vigilias, observetur.* In plerisque veteribus Statutis MSS. pro Artificibus Parisiensis civitatis, id potissimum cavetur, ut nemo quidquam artis exerceat diebus Dominicis ac festis, *ne au Samedi depuis le dernier coup de Vespres sonné en la Paroisse, où aucuns desdits mestiers demourront.* Vide in hanc rem S. Augustinum Serm. 51. de Tempore, Herardum Turon. in Capitul. cap. 2. Gregor. Turon. lib. 3. de Mirac. S. Martini cap. 31. 56. Vitam Aicadri Abb. Gemetic. cap. 25. Matth. Paris et Rogerum Hoveden. ann. 1201. etc.

Hoc die ab omni opere servili cessatum, [etiam ab ipsa venatione.] Theodorus Cantuariensis Episcopus in Capitul. cap. 7 : *Græci et Romani in die Dominica non navigant, nec equitant, panem non faciunt, nec in curru ambulant, nisi ad Ecclesiam tantum : nec balneant se Græci, non scribunt publice, tamen pro necessitate seorsim in domo scribunt.* Adde eumdem in Pœnitentiali cap. 44. præterea Concilium Aurelianense III. cap. 28. Vernense ann. 755. cap. 14. Moguntiac. cap. 37. Capitula Caroli Mag. lib. 1. cap. 81. [** 75.] etc.

☞ Neque Dominicis vel festis diebus *Placita publica teneri* licuit, *nisi forte pro magna necessitate, aut hostilitate cogente*, ut habet Carolus M. in Capit. pro partibus Saxoniæ ann. 789. cap. 18. neque Mercatus agi, ut in Capitul. 1. ann. 809. cap. 18. Capitul. 2. ejusdem anni cap. 8. Vide Capitularia Caroli C. tit. 11. cap. 7. tit. 36. cap. 19. tit. 38. cap. 7.

* *Dominica* die sedebant ut jus dicerent Magistri requestarum, ex Arest. parlam. ann. 1291. in Reg. S. Justi Cam. Comput. Paris. fol. 42. r°. col. 2 : *Pro causis et requestis senescalliarum et earum partium, quæ reguntur jure scripto, audiendis et expediendis, sedeant diebus Veneris, Sabbati, Dominica, et aliis diebus quibus viderint expedire, qualibet septimana, quatuor vel quinque personæ de Consilio.*

Dies Dominicus primum apud Latinos in hebdomade sibi locum vendicat, estque primus dies hebdomadis, ut dies Lunæ secundus, qui et inde *Feria secunda* nuncupatur, ut dies Martis tertius est feria *tertia*, et sic de cæteris. Ita Lex Dominic. Codicis Theod. de Spectac. (15, 6, 5.) Atque inde hebdomada sæpe nomen sumit a Dominica præcedente, ut *hebdomada Passionis*, a Dominica præcedente, quæ *Passionis* dicitur. At Græci hebdomadis a subsequente Dominica appellationem tribuunt: v. gr. *Palmarum hebdomada* non est ea, quæ subsequitur *Palmarum Dominicam*, sed quæ præcedit, quæ Latinis *Passionis* est. Ita quarta hebdomada Quadragesimæ Græcis illa est, quæ Dominicam quartam intervertit : quare quæ Latinis erit tertia hebdomada Quadragesimæ, Græcis erit quarta; quæ illis quarta, Græcis quinta. Excipiuntur tamen eæ hebdomadæ, quæ a Paschate ad Pentecosten excurrunt, quæ a prima et præcedente, non a subsequente nominatur.

At cum Dominicæ totius anni suis quæque fere appellationibus donentur, operæ pretium videtur de iis sigillatim observare, quæ ad illarum nomina spectant : quæ quidem cum sæpe etiam ab *Introitu*, uti vocant, qui ad Missam dici solet, designentur a Scriptoribus : qualis ille in singulis sit, ad singulas Dominicas adnotabimus. Prima igitur Dominica est

Dominica prima Adventus Domini, a qua Ecclesiastica Officia incipiunt, ut ait Durandus lib. 6. Ration. cap. 1. 2. et 3. quæ est quarta a Natali Domini. Hujus Introitus ad Missam est : *Ad te levavi.* [** Dicitur etiam *Dominica Aspiciens a longe*, quod est initium primi responsorii officii nocturni.] Respondet hæc Dominica Latinorum, Dominicæ Græcorum, quam κυριακὴν δεκάτην τοῦ Λουκᾶ vocant, i. e. decimæ ex iis Dominicis, in quibus Evangelium S. Lucæ per Lectiones ad Missam et inter Officia legitur; nempe *de Muliere habente spiritum infirmitatis.* Nam, ut id semel moneatur, Græci ita Evangelia in sacris Liturgiis legunt : a Dominica Paschatis Evangelium Joannis : Matthæi a feria 2. post Dominicam Pentecostes ad Parasceven subsequentem festum diem Exaltationis S. Crucis : Lucæ a 2. feria post Dominicam Exaltationis : denique Marci pars potissima inter Matthæum et Lucam absolvitur. Vide Allatium de Dominic. Gr. cap. 31.

☞ In Ordine Ambrosiano, ut et in Mozarabo sex de Adventu Domini missæ assignantur : in Ordine vero Gelasiano adnotantur quinque, pro totidem, ut videtur, Dominicis Nativitatem Domini præcedentibus. Unde palam est quibusdam in locis adventum Domini olim a Dominica sexta ante Natalem Christi, in multis autem a quinta incœpisse. [** Vide *Adventus*, 2. Observandum pariter antiquitus remotiorem a Natali Domini dominicam quartam dictam esse, primam vero, quæ proxima.]

Dominica 2. *Adventus*, quæ est tertia a Natali Domini : *Dominica prima ante Natale Domini*, in Kalend. Rom. ante 900. annos descripto apud Allatium lib. de Domin. Græc. cap. 37. Hujus Introitus est : *Populus Sion*. Græc. *Dominica undecima Lucæ*, seu *de Vocatis ad nuptias*, nuncupatur.

Dominica 3. *Adventus*, quæ *Dominica secunda ante Natale Domini*, in Kalend. Rom. Hujus Introitus est : *Gaudete in Domino semper, et iterum dico : Gaudete.* Græcis, *Dominica duodecim Lucæ*, sive *de decem leprosis* dicitur. [** *Johannes in captivitate*, ab evangelii lectione apud occidentales.]

Dominica 4. *Adventus*, quæ proxima Nativitati : *Dominica tertia ante Natale Domini*, in Kalend. Rom. Græcis, κυριακὴ πρὸ τοῦ Χριςοῦ γεννήσεως. Introitus olim : *Memento nostri, domine;* [hodie, *Rorate cœli.*] [** *Le Dimenche dernier des Oleries de devant Noel*, in Lit. remiss. ann. 1478. O scilicet dictæ Antiphonæ septem, quæ in ecclesia Adventus Domini tempore cantantur. Vide Carpenter. infra in hac littera O.]

Dominica infra Octavam Natalis Domini, cujus Introitus est : *Dum medium silentium. Dominica* 1. *post Natale*, in Kalend. Rom. Græcis, κυριακὴ μετὰ τὴν Χριςοῦ γέννησιν.

Dominica infra Octavam Circumcisionis, quæ Græcis κυριακὴ πρὸ τῶν φώτων.

Dominica 1. *post Epiphaniam*, [** vel *infra Octavam Epiphaniæ.*] cujus Introitus : *In excelso throno, etc.* Græcis, κυριακὴ μετὰ τὰ φῶτα, id est, Dominica post baptismum Christi, quem φωτισμόν, *Illuminationem* vocant, ut festum ipsum, τὰ ἅγια φῶτα, vel ἡμέραν et ἑορτὴν τῶν ἁγίων φώτων.

Dominica 2. *post Epiphaniam*, cujus Introitus est, *Omnis terra*, Græcis *Dominica decima quinta, de Zacchæo*. Vide *Festum Architriclini.* [** *Dominica post Octavas Epiphaniæ*, in chart. sec. XIV. ap. Ludewig. Reliq. MSS. tom. 7. pag. 133.]

Dominica 3. *post Epiphaniam*, cujus Introitus est : *Adorate Dominum*. Græc. *Dominica duodecima Lucæ*, sive τελώνου, *de Publicano et Pharisæo*. Dicitur iisd. προσφωνήσιμος, ut et ipsa quæ antecedit hebdomada, in qua jejunant Armeni, qui istius hebdomadæ jejunium ἀρτζιβούριον vocant, de quo copiose Allatius de Dom. Gr. cap. 8.

Dominica 4. *post Epiphaniam.* [** Dominicæ a tertia ad sextam post Epiphaniam dicuntur etiam *Adorate primum, secundum, tertium, quartum.*]

Dominica 5. *post Epiphaniam.*

Dominica 6. *post Epiphaniam.*

Dominica Septuagesimæ, cujus Introitus : *Circumdederunt me*, Græcis κυριακὴ τοῦ ἀσώτου, seu *Dominica de Prodigo*, quod in ea de illo legatur parabola. [** Item *Festum repositionis sc. Alleluiæ*, et *Dominica qua Alleluia clauditur* vel *dimittitur* vel *deponitur.* Vide *Alleluia Clausum.* Dicitur etiam Dominica *In septuagesima* et *Infra Septuagesimam*, quæ scilicet in diem lunæ ante hanc dominicam cadit.]

Dominica Sexagesimæ, cujus Introitus; *Exurge :* Græc. κυριακὴ τῆς ἀποκρεώ. Est autem ἀποκρεώς, quod Latinis *Carnisprivium*, qua appellatione hebdomadam, quæ præcedit hanc Dominicam ἑβδομάδα τῆς ἀποκρεώ vocant, quod non ultra eam vescendis carnibus operam dent, sed una cum ea illis edendis finem imponant.

Dominica Quinquagesimæ, cujus Introitus : *Esto mihi*, Gr. κυριακὴ τῆς τυροφάγου, et τυρινή, cui id nominis, ut et hebdomadæ, quæ hanc Dominicam præcedit, inditum, quod post eam Dominicam casei et ovorum esus dimittatur. Quippe post hanc Dominicam, die Lunæ, Græci jejunium quadragesimale auspicantur, aliter ac Latini, qui Mercurii die incipiunt. Benebarnensibus dicitur *Dimenge cabée*, id est, *Dominica in capite Quadragesimæ*, ut observat Marca lib. 6. Hist. Beneharn. cap. 24. n. 9. [** *Dominica prima, quæ est ante caput jejunii*, in Concil. Narbon. ann. 1054. *Dominica ante Cineres*, in Chron. Alber. ad ann. 1220. pag. 507. Vide in *Carnisprivium.*]

☞ In libro Petri Mallii cap. 30. etiam appellatur *Dominica de carne levario*, seu *de carne levanda*, uti legendum conjectat Mabillonius tom. 2. Musæi Ital. pag. 159. alibi *Dominica ad* vel *ante carnes tollendas; ante brandones*, in Chartulario S. Martini Pontisar. ubi *Joannes dictus le Diable vendit duo arpenta terre apud Commeniacum die Dominica ante Brandones. Dominica brandonum* dicebatur Dominica prima Quadragesimæ, ut dictum est in voce *Brandones;* Dominica igitur *ante Brandones* erat Dominica Quinquagesimæ, non Quadragesimæ, ut habetur apud Labbeum Chronol. Histor. part. 3. pag. 169 : *Carolus IV. cognomento Pulcher ... inunctus Remis* 21. *Februarii Dominica Quadragesimæ, quæ olim dicebatur devant les Brandons :* quibus in verbis error se ipse prodit; anno enim 1322. ad quem hæc referuntur, Dominica, non Quadragesimæ, sed Quinquagesimæ incidebat 21. Februarii, cum Paschatis dies incideret hoc anno in decimam Aprilis.

Dominica Prima Quadragesimæ, cujus Introitus : *Invocavit me. Quintana* etiam dicitur, quod sit quinta a Paschate, ut auctor est Durandus lib. 6. cap. 32. n. 1. [Dominica *Brandonum* vel *Brandorum* appellitata est. Instr. ann. 1318. Hist. Dalph. tom. 2. pag. 177. col. 1 : *Item anno quo supra; scilicet die Dominica Brandorum sequenti Indict.* 11. Vide in *Brando* 1.] [** Etiam *Dies focorum et de orditis lignis.*] Græcis πρώτη τῶν νηστειῶν, et κυριακὴ τῆς ὀρθοδοξίας, ob restitutam sacrarum Imaginum adorationem.

* Ordinar. MS. Rotomag. : *Ad processionem hujus Dominicæ in statione* ℟. Cum sederit. *Quidam sacerdos canonicus indutus alba, amictus cum stola, tenens crucem ante pectus suum ad similitudinem Domini ad judicium venientis, cantet in pupilto* ℣. Venite benedicti. *Chorus respondeat :* Et ibunt etc. *Tunc intret processio chorum residuum; et post fiat sermo ad populum.*

Dominica secunda Quadragesimæ, cujus Introitus est : *Reminiscere.* [** Ab Evangelio *Dominica Chananææ*, item *post focos* vel *ignes*, etiam *Bohordicum secundum.*] Græcis, κυριακὴ δευτέρα τῶν νηστειῶν.

Dominica tertia Quadragesimæ, cujus Introitus : *Oculi mei.* [** Evangelium : *Dæmon mutus.*] Græcis, κυριακὴ τρίτη τῶν νηστειῶν, [et κυριακὴ τῆς Σταυροπροσκυνήσεως.] [** Dicitur etiam Latinis *Adorandæ crucis.*]

Dominica quarta Quadragesimæ, cujus Introitus : *Lætare Hierusalem.* [** Evangelium : *Quinque panes.*] [Dominica *de Rosa* nuncupata, eo quod in ea fit solemnis illa Rosæ aureæ benedictio. Vide *Rosa aurea.*] Græcis, κυριακὴ τετάρτη τῶν νηστειῶν.

* *Media Quadragesima* nuncupatur in Lit. remiss. ann. 1396. ex Reg. 149. Chartoph. reg. ch. 232 : *A un jour de samedi dont la Mi-caresme fu le lendemain etc.* Aliæ ann. 1402. ex Reg. 157. ch. 329 : *Le Dimenche que l'en chante en sainte église* Letare Ihierusalem, *que l'en dit la Mi-karesme, etc.* Vide infra *Fonta.* [** Inde etiam *Dominica mediana* dicta, et *in media Quadragesima.*]

Dominica in Passione Domini, Dominica quinta Quadragesimæ, a qua passionis officium auspicatur Ecclesia, unde ita appellatur, ut auctor est Durandus lib. 6. Ration. cap. 60. Acta Alex. III. PP. sub ann. 1162 : *Exivit ergo e Genua in Dominica Passione, et cum omni jucunditate navigans venit ad insulam de Liguriis in Sabbato Palmarum.* Græcis est 5. *jejuniorum*, πέμπτη τῶν νηστειῶν. Hujus Introitus est : *Judica me Deus.* [** A responsario dicitur *Isti sunt dies;* etiam *Repositus*, vide infra *Dominica Repus.*] Vide Notas ad Villharduin. n. 129. et infra verbo *Hebdomada.* Præterea Dominica *Mediana* appellatur ab Amalario lib. 4. cap. ult. edito a viro doctiss. Jo. Mabillonio tom. 2. Analector. pag. 114. quia Hebdomadam Medianam subsequitur; hanc etiam *Medianam octavam* vocat Fulcuin. in Chron. Laubiensi cap. 38. forte quod sit 8. Dominica a Dominica Septuagesimæ : *Actum est hoc feria 6. ante Dominicam, quam vocant Medianam octavam.* [** *Dominica mediana* vulgo est quarta Quadragesimæ, unde ejus *Octava* quinta.]

Alia porro est *Dominica Quintanæ*, in Charta Petri Episcopi Santonensis ann. 1240. in Regesto Inculismensi Cameræ Comput. Paris. fol. 23. Est enim illa, qua *Quintanæ* ludus exercebatur a Vicanis. Vide *Quintana.*

Dominica in Palmis, sexta quadragesimæ, apud Rupert. lib. 5. de Divin. Offic. cap. 7. quæ in Ordine Romano, *Dies Palmarum, sive florum, atque ramorum appellatur :* [Alibi *Pascha florum, vel Pascha floridum*, Gall. *Pasques-fleuries.*] *Dominica in Ramis*, Durando lib. 6. cap. 47. *Dominica ad Palmas*, apud Leon. III. PP. Ep. 5. Beletus cap. 93 : *Hic dies dicitur Dominica in Ramis palmarum, quod illo die rami palmorum in processionibus deportentur in significatione illorum, quos filii Israël statuerunt* [straverunt] *in via, Christo jam veniente.* Adde Isidor. lib. 6. Orig. cap. 18. In lib. Sacr. Gregor. M. *Dominica in Ramis palmarum dicitur.* [*Dominica Olivarum*, in Histor. Rerum Laudens. apud Murator to. 6. col. 1105.] Will. Tyrius l. 12. cap. 12 : *Accidit casu, quod in die festo, qui dicitur Ramis palmarum, cum de more populus universus in vallem Josaphat convenisset ad solennem et celebrem tantæ diei processionem, etc.* Rupertus Abbas in Vita S. Heriberti Archiepisc. Colon. n. 17 : *Erat autem dies ille, quem Christianitas appellat Diem palmarum. Dominica Indulgentiæ, quæ et Dominica Palmarum*, in Ordine Romano. *Dominica Indulgentiæ, quæ diversis vocabulis distinguitur, id est Dies palmarum, sive florum, atque Ramorum, Osanna, Pascha petitum, sive Competentium, et Capitilavium.* Ex quibus patet, eamdem Dominicam *Osanna* etiam appellari, *quia*, ut ait Alcuinus, *dum in eo Dominus Hierosolymam tenderet, ei occurrit turba plurima hinc inde clamando, Osanna, quod interpretatur, salvifica, sive salvos nos fac.* Joannes Euchaita pag. 7 : ὡσαννὰ τοίνυν, σῶσον εὐλογημένε. [*Dominica indulgentiæ* dicebatur ob pœnitentium reconciliationem, quæ feria 5. sequenti solenni ritu fiebat; *Capitilavium vero quia tunc moris est*, inquit Rabanus lib. 2. de Instit. Clerc. cap. 35. *lavandi capita infantium qui ungendi sunt.* Quod de adultis potiori jure est intelligendum. Hic usus desiit circa 12. seculum.]

Dominica Osanna, apud Ademarum Cabanensem non semel, *Dies Osannæ*, apud Abul-Faragium in Hist. Dynastiarum pag. 163. et in Charta ann. 1170. apud Duchesnium in Probat. Hist. Castegnereæ pag. 32. Capitul. de Villis cap. 28 : *Dominica in palmis, quæ Osanna dicitur. Osanna*, nude in Regula Monachorum Fontevraldensium cap. 16. Libellus Fulconis Comitis Andegav. apud Holstenium in Collect. Rom. de Urbano II. PP. : *Ubi mihi florem aureum, quem manu gerebat, donavit : quem ego ob memoriam et amorem illius in Osanna semper mihi meisque successoribus deferendum constitui.* Eadem habentur in Fragm. Hist. Andegav. n. 8. Tabular. S. Eparchii Inculism. fol. 37 : *Duodecim denarios censuales in Osanna singulis annis Ecclesiæ nostræ reddendos.* Adde fol. 116. Epitaphium Guillelmi Comitis Inculismensis : *Hic jacet Dominus Amabilis Guillelmus Comes Engolismæ, qui ipso anno, quo redit de Hierusalem, abiit in pace, 8. Id. April. vigilia Osannæ, 1028. anno ab Incarnat.* Ita etiam hanc Dominicam appellari ab Æthiopibus docemur ex illorum computo apud Joseph. Scalig. lib. 7. de Emendat. temp. pag. 700. Porro dicuntur apud Hebræos *Osanna* termites palmæ, oleæve, aut salicis, alteriusve arboris, Græcis βάϊα, quos quatiebant in honorem ejus, cui pompa ducebatur, quod Græci dicunt κλάδους ἐπισείειν : Epiphan. Serm. εἰς τὰ βάϊα, et S. Chrysost. Homil. in Magnam Septimanam, τὰ βάϊα σείειν et ἐπισείειν, ut observatum a Baronio ann. 34. n. 6. et Casaub. Exerc. 16. in eumdem Baron. cap. 2. Henr. Valesio ad Hist. Eusebii lib. 2. cap. 22. Joann. Baptista Cotelerio ad tom. 1. Monument. Eccles. Gr. Hinc ἑορτὴ τῶν βαΐων Cyrillo Scythopolitano in Vita S. Euthymii, Auctori Vitæ S. Theodori Studitæ, etc. Ἡμέρα τῆς βαϊφόρου, Cedreno et Epiphanio Monacho de Locis sanctis. Vide Luitprandum lib. 3. cap. 5. et S. Augustinum lib. 2. de Doctrina Christ. cap. 11. Hujus Dominicæ Introitus ad Missam est : *Domine ne longe.* Denique appellatur *Dominica Lazari*, in Vita S. Proculi Episc. Veronensis n. 16. quia, ut ait Allatius cap. 20. Sabbato, quod hanc Dominicam præcedit, Lazari resuscitati memoria recolitur : qui addit, Græcos postmodum magnæ pompæ apparatu, ramis olivarum, palmisque in Cruces ac alias formas confictis, in ramis appensis sequentem diem Dominicum solemni ritu celebrare. De vocis *Osanna* variis significationibus vide sanctum Hieronymum Epist. 145.

* Nostris etiam *Ozanne*, sine addito. Charta ann. 1316. in Reg. 56. Chartoph. reg. ch. 227 : *Nous estanz en la Rouchelle vers la fin de l'an* 1315. *ou commencement de l'an* 1316. *environ l'Osanne.* Alia ann. 1340. in Reg. 73. ch. 23 : *Laquele* (quinzaine) *commença le mardi emprès le Diemenche, que l'en chante* Oculi mei, *et feni le mardi avant l'Ozanne.* Vide infra *Festum* 1.

☞ Inter varias hujus Dominicæ nomenclaturas non est omittenda quæ legitur lib. 3. de Gestis SS. Rotonensium in Act. SS. Benedict. sæculo 4. part. 2. pag. 215 : *Receptusque est in Monasterio in sancto Sabbato, id est, in Ramis palmarum.* Quod tamen de ipso Sabbato sancto haud absurde videtur posse intelligi; atque adeo quod explicationis causa additum est, *id est, in Ramis palmmarum*, nihil aliud indicare quam Sabbatum, quod est de hebdomada quæ dicitur *in Ramis Palmarum.*

Dominica Sancta in Pascha, in Kalend. Romano. *Dominica sancta*, nude, in Sacramentario Gregorii Magni ex Bibl. Belvacens. Ecclesiæ. [*Dies Dominicus* κατ' ἐξοχὴν dictus, Tertull. de Idol. cap. 14.] Gr. κυριακὴ τοῦ πάσχα, et ἁγία καὶ μεγάλη κυριακὴ τοῦ πάσχα, in Euchologio : in Nomocanone nuper edito a Jo. Bapt. Cotelerio cap. 411. 579. λαμπρὰ κυριακή : Pachymeri lib. 4. cap. 3. et in Pentecostario, μεγάλη καὶ λαμπρὰ κυριακή : eidem Pachymeri lib. 7. cap. 15. κυρία τῶν ἑορτῶν. Vide *Pascha*, *Dies magnus.*

Dominica prima post Pascha, [vulgo ab Introitu, *Dominica Quasimodo*] quæ in Kalend. Rom. *Dominica octava Paschæ*, [in Missali Gothico-Gallicano, *Clausum Paschæ*, Gall. *Pâques closes* :] [** alias *Antipascha* et *Conductus Paschæ*,] aliis dicitur *Dominica post Albas*, quæ nempe Sabbatum sequitur in quo nuper Baptizati vestes candidas, quas induerant Sabbato ante Pascha, deponebant, ut est in Ordine Romano. In Missa Ambrosiana appellatur *Dominica in Albis depositis.* Unde liquet in Missali et Breviario Romano, ubi *Dominica in Albis* dicitur, vocem *depositis* subaudiri, de qua sic Augustinus Serm. 157 : *Paschalis Solennitas hodierna festivitate concluditur, et ideo hodie Neophytorum habitus commutatur, ita tamen ut candor, qui de habitu deponitur, semper in corde teneatur.* Sic porro *Dominica secunda, tertia*, etc. *post Albas*, apud Rupertum lib. 9. de Divin. Offic. cap. 1. 2. Græcis, καινὴ et νέα κυριακὴ τοῦ ἀντιπάσχα. [** Dicitur etiam *Octava Infantium.*] Vide Allatium de Dominic. et Hebd. Græc. cap. 24. Dicitur etiam δευτεροπρώτη κυριακή, apud Eustathium in Vita S. Eutychii Patr. CP. n. 95. id est secunda post primam, Paschalem scilicet.

Dominica secunda post Pascha, cujus Introitus ad Missam est : *Misericordia Domini*. Eadem Dominica *prima post octabas Paschæ*, in lib. 1. Sacramentor. Eccles. Rom. cap. 57. dicitur, *Dominicum post octabas Paschæ*, [** etiam *Dominica trium septimanarum Paschæ*, et secundum Evangelium hujus diei] [Dominica de *Pastor bonus* in Ord. Rom.] [** Alias *Dominica unam Domini, Dominica post ostensionem reliquiarum, Dominica mapparum albarum*, et *Dominica mirabilia Domine.*] Græcis, κυριακὴ τῶν ἁγίων μυροφόρων, quod in ea festum celebrent trium mulierum quæ coemptis aromatibus ad Christi Sepulcrum accesserunt ut eum ungerent.

Dominica tertia post Pascha, quæ in Kalendario Romano et in lib. 1. Sacrament. Eccles. Rom : *Dominicum secundum post clausum Paschæ*, et *Dominica secunda post octabam Paschæ* dicitur, cujus Introitus ad Missam est : *Jubilate omnis terra.* Græcis, κυριακὴ τοῦ παραλύτου, Latinis *Paralytici.*

Dominica quarta post Pascha. In lib. 1. Sacrament. *Dominicum tertium post clausum Paschæ*, et in Kalendario Rom. *Dominica tertia post octabam Paschæ*, cujus Introitus ad Missam est : *Cantate Domino*, Græcis, κυριακὴ πέμπτη τῆς Σαμαρείτιδος, vel μεσοπεντηκοστῆς. [** Evangelium *Samaritani*, apud Latinos.]

Dominica quinta post Pascha, [cujus introitus *Vocem jucunditatis*] quæ et *Dominica Rogationum* dicitur; [vel *ante Litanias*, ut in vita S. Eligii apud Acherium tom 5 Spicil. pag. 194.] *Dominica quarta post Octabam Paschæ*, in Kal. Rom. in libr. Sacram. *post clausum Paschæ.* [** Secundum Evangelium *Dominica cœci nati.* Dicitur etiam *Festum Evangelismi.*] Græcis Κυριακὴ τοῦ τυφλοῦ.

Dominica post Ascensionem, quæ *Dominica post Ascensam Domini*, in Kalend. Rom. [et in Sacrament.] cujus Introitus ad Missam est : *Exaudi Domine.* [Romæ *Dominica de Rosa* vel *de Rosis* dicta, haud dubie quia ut legitur in Ord. Rom. apud Mabill. tom. 2. Musæi Ital. pag. 147. *de altitudine templi* (sanctæ Mariæ Rotundæ, in qua erat statio) *mittuntur Rosæ in figura Spiritus Sancti.*] Græcis, κυριακὴ τῶν ἁγίων τριακοσίων δέκα καὶ ὀκτὼ θεοφόρων πατέρων τῶν ἐν Νικαίᾳ.

Dominica Sancta Pentecosten, in Kalend. Rom. Græcis, κυριακὴ τῆς ἁγίας Πεντηκοστῆς.

Dominica prima post Pentecosten, quæ et *sanctæ Trinitatis, Dominica Benedicta*, dicitur apud Honorium Augustod. lib. 3. cap. 147. lib. 4. cap. 41. *Dominica octaba Pentecosten*, in Kal. Rom. *Dominica octavas Pentecostes*, apud Gregor. M. in Sacramentario : Græcis, κυριακὴ τῶν ἁγίων πάντων, seu πρώτη τοῦ Ματθαίου. *Rex dierum Dominicorum*, ut est in veteri MS. cui titulus, *Le Roman de la Malemarastre : Par un jour, qui est apelez li Rois des Diemenches : ce est li jours de la sainte Trinité.* Regestum censuum Carnoti ann. 1302. fol. 20 : *Item le Maistre des Peletiers doit chacun an le Roy des Dimanches un beurage à toutes les personnes nommées pardevant.* Id vero nominis tribuitur Dominicæ Paschatis, quæ Κυρία ἑορτῶν dicitur Pachymeri. lib. 7. cap. 15. Vide *Festum S. Trinitatis* et Menardum in libr. Sacrament. S. Gregor. pag. 163. [** Etiam *Dominica duplex, Dominica Domine in tua, Dominica prima æstatis, Conductus Pentecostes.*]

Dominica secunda post Pentecosten, cujus Introitus ad Missam : *Factus est Dominus protector meus.* [** Alias *Dominica trium septimanarum Pentecostes.*] Græcis, Dominica secunda Matthæi, *de Christo docente.*

Dominica tertia post Pentecosten, cujus Introitus : *Respice me.* Græcis, Dominica tertia Matthæi.

Dominica quarta post Pentecosten, cujus Introitus : *Dominus illuminatio mea.* Græcis, Dominica quarta Matthæi, sive *de Centurione.*

Dominica quinta post Pentecosten, cujus Introitus : *Exaudi, Domine.* Græcis, Dominica quinta Matthæi, *de Vexatis a dæmone.*

Dominica sexta post Pentecosten, [cujus Introitus : *Dominus fortitudo* :] Græcis, *sexta Matthæi* : sive *de Paralytico.*

Dominica septima post Pentecosten, cujus Introitus : *Omnes gentes.* Græcis, *septima Matthæi*, sive *de Duobus cœcis.*

Dominica octava post Pentecosten, cujus Introitus : *Suscepimus, Deus.* Græcis, *octava Matthæi*, sive *de Quinque panibus et decem piscibus.*

Dominica nona post Pentecosten, cujus Introitus : *Ecce, Deus, adjuva me.* Græcis, *nona Matthæi*, sive *de Ambulatione in mari.*

Dominica decima post Pentecosten, cujus Introitus ad Missam est : *Dum clamarem.* Græcis, *Decima Matthæi*, sive *de Lunatico.*

Dominica undecima post Pentecosten, cujus Introitus : *Deus in loco sancto.* Græcis, *undecima Matthæi*, sive *de Parabola Regis.*

Dominica duodecima post Pentecosten, cujus introitus : *Deus in adjutorium.* Græcis, *duodecima Matthæi*, sive *de Interrogante Jesum divite.*

Dominica decima tertia post Pentecosten, cujus Introitus : *Respice, Domine.* Græcis, *decima tertia Matthæi*, sive *de Parabola vineæ.*

Dominica decima quarta post Pentecosten, cujus Introitus : *Protector noster.* Græcis, *decima quarta Matthæi*, sive *de Vocatis ad nuptias.*

Dominica decima quinta post Pentecosten, cujus Introitus : *Inclina aurem tuam.* Græcis, *decima quinta Matthæi*, sive *de Interrogante Jesum Jurisconsulto.*

Dominica decima sexta post Pentecosten, cujus Introitus : *Miserere mei, Domine.* [Græcis, *Dominica ante Exaltationem S. Crucis.*]

Dominica decima septima post Pentecosten, cujus Introitus : *Justus es, Domine.* [Gæcis, *Dominica post Exaltationem S. Crucis.*]

Dominica decima octava post Pentecosten, cujus Introitus : *Da pacem.* Græcis, *Dominica prima Lucæ*, sive *de Venatione piscium.*

Dominica decima nona post Pentecosten, cujus Introitus : *Salus populi ego sum.* Græcis, *Dominica secunda Lucæ*, sive, *de Amandis inimicis.*

Dominica vigesima post Pentecosten, cujus Introitus : *Omnia, quæ fecisti*, Græcis, *Dominica tertia Lucæ*, sive, *de Filio viduæ.*

Dominica vigesima prima post Pentecosten, [cujus Introitus : *In voluntate tua* :] Græcis, *Dominica quarta Lucæ*, sive *de Parabola seminis.*

☞ *Dominica vigesima secunda post Pentecosten*, cujus Introitus : *Si iniquitates*; Græcis *Dominica quinta Lucæ*, sive *de Divite et Lazaro.*

☞ *Dominicæ vigesima tertia post Pentecosten*, cujus Introitus : *Dixit Dominus*; Græcis *Dominica sexta Lucæ*, sive *de Habente legionem.*

In Kal. Rom. Allatiano post Dominicam quintam post Pentecosten, Dominicæ, secus quam hodie, recensentur : quæ enim festum S. Petri Apostoli subsequitur 3. Kl. Jul.

Dominica prima post Natale Apostolorum dicitur, quam excipiunt

Dominica prima post octabam Apostolorum.
Dominica secunda post octabam Apostolorum.
Dominica tertia post octabam Apostolorum.
Dominica quarta post octabam Apostolorum.
Dominica prima post sancti Laurentii.
Dominica secunda post sancti Laurentii.
Dominica tertia post sancti Laurentii.
Dominica quarta post sancti Laurentii.
Dominica quinta post sancti Laurentii.
Dominica prima post sancti Cypriani.
Dominica secunda post sancti Cypriani.
Dominica tertia post sancti Cypriani.
Dominica quarta post sancti Cypriani.
Dominica quinta post sancti Cypriani.
Dominica sexta post sancti Cypriani.
Dominica septima post sancti Cypriani.
Dominica octava post sancti Cypriani.
Dominica nona post S. Cypriani, quæ natale S. Andreæ subsequitur. Deinde subsequuntur tres *Dominicæ de adventu Domini* ante Natale Domini.

* *Dominica Apostolorum.* Lit. remiss. ann. 1412. in Reg. 166. Chartoph. reg. ch. 347 : *Nous avons receu l'umble supplication de Loys de Grudeningo jeune gentilhomme, bourgois natif de la ville de Venise... contenant comme le Dimenche, que l'en appelle au pais le Dimenche des Apostres etc.*

* *Dominica qua cantatur* : Aspiciens a longe Deus, in Lib. anniversar. S. Germ. Prat. fol. 45. r°. Lib. pitentiar. ejusdem abbatiæ : *III. Non. Decembris. Dominica qua cantatur* : Aspiciens a longe, *debet dari conventui pitantia super redditibus Aureiuvillæ.* Vide *Dominica* 1. *Adventus.*

* *Dominica Bordarum*, Prima in Quadragesima. Vide supra *Bordæ.*

* *Dominica Brandonum*, Eadem acceptione. Vide in *Brando* 1.

Dominica Burarum, Eodem intellectu. Vide supra *Buræ*.

* *Dominica ante Candelas*, Quæ festum Purificationis præcedit, in Ch. Hugon. ducis Burg. ann. 1234. ex Chartul. Campan. Cam. Comput Paris.

* *Dominica Carnelevale*, vel *de Carne levario*, Dominica in Quinquagesima apud eos omnes, qui jejunium Quadragesimale inchoant a feria quarta post hanc Dominicam, prima vero in Quadragesima apud Mediolanenses, qui ab hac die solemne jejunium auspicantur. Ordo eccl. Ambros. an circ. 1130. apud Murator. tom. 4. Antiq. Ital. med. ævi col. 870 : *Dominica in caput Quadragesimæ, quæ dicitur Carnelevale*. Vide *Dominica Quinquagesimæ*.

* *Dominica in qua cantatur Evangelium Chananææ*, in vita S. Domin. tom. 1. Aug. pag. 643. col. 1. Secunda Quadragesimæ Echardo tom. 1. Bibl. Prædicat. pag. 54. in notis.

* *Dominica Clavi*, Passionis scilicet; an quod clavus vel pars clavi, quo Christus cruci affixus est, in ea honoraretur? *Le jour du Dimenche de la Passion, nommé à Laigny le Dimenche du Clou*, in Chartul. Latiniac. fol. 200.

* *Dominica Focorum*, Prima Quadragesimæ. Vide supra *Dies focorum* post *Dies* 7.

* *Dominica de Fontanis*, *Le Dimenche des fontaines*, in agro Perticensi sic appellabatur Dominica quarta Quadragesimæ. Vide infra in *Fonta*.

* *Dominica qua cantatur Jherusalem*, Eadem quæ quarta Quadragesimæ, in Charta ann. 1327. ex Reg. 65. Chartoph. reg. ch. 228.

* *Dominica post benedictionem Indicti*, Secunda post Pentecosten. Charta ann. 1260. in Chartul. S. Dion. pag. 397. col. 2: *Ou mois de Jung le Diemenche après la bénéiçon*. Alia ann. 1314. in Reg. 50. Chartoph. reg. ch. 9 : *Dimenche prochain après la béniçon du Landit*.

* *Dominica Indulgentiæ*, Eadem quæ Palmarum. Vide *Dominica in palmis*.

☞ *Dominica, Isti sunt dies*, memoratur in Charta ann. 1145. Hist. Eccl. Meld. tom. 2. pag. 40. at quænam illa fuerit, ignoramus. [* *Dominica qua cantatur : Isti sunt dies*, Quæ *in Passione* appellatur. Charta Joan. de Castell. dom. de S. Hilario ann. 1324. in Reg. 62. Chartoph. reg. ch. 361 : *Sabbato ante Annunciationem dominicam, et post Dominicam qua cantatur : Isti sunt dies*. Vide in *Casula* 3.]

* *Dominica Lazari*, Eadem quæ *in Palmis*, in Charta ann. 1208. apud Murator. tom. 2. Antiq. Ital. med. ævi col. 873. Vide *Dominica Osanna*.

* *Dominica de Lignis orditis*, Prima vel secunda Quadragesimæ. Vide supra *Bohordicum*.

* *Dominica ante Litanias*, Eadem quæ *Quinta post Pascha*. Vide ibi.

* *Dominica Major*, in ecclesia Autissiodorensi dicitur illa, cujus officium, nulla occurrente festivitate, excluditur, ut sunt Dominicæ prima Adventus, in Septuagesima, prima et quarta in Quadragesima, etc.

* *Dominica Mapparum albarum*, Eadem quæ *Secunda post Pascha*; cujus appellationis ratio patet ex Charta ann. 1454. in Chartul. Latiniac. fol. 78 : *Icellui ban* (de vin) *commençant la veille de Pasques commenians, durant la quinzaine d'icelluy jour de Pasques jusques au Dimenche, que on chante en sainte église* Misericordia Domini, *que l'on nomme communément audit Laigny le Dimenche des blanches nappes*.

* *Dominica Mediana*. Vide *Dominica in Passione*.

* *Dominica Mensis Paschæ*. Charta Petri abb. S. Remig. Rem. in Chartul. Campan. fol. 247. v°. col. 1 : *Actum anno Domini* M. CC. *xl. vij. Dominica mensis Paschæ*. Vide *Menses Paschales* in *Mensis*.

* *Dominica Mirabilia Domine*, in Charta ann. 1366. ex Reg. C. Chartoph. reg. laudata tom. 4. novi Tract. diplom. pag. 729. inter not. Dominica secunda post Pascha.

* *Dominica Olivarum*, Eadem quæ *in Palmis*. Vide *Dominica in Palmis*.

* *Dominica Osanna*. Vide *Dominica in Palmis*, pag. 911.

* *Dominica ad tres septimanas Pentecostes*, in Charta ann. 1247. inter Probat. tom. 3. Hist. Occit. col. 467 : *Datum apud Rupem-mauram die Dominica ad tres septimanas Pentecostes*. [** Dominica secunda post Pentecosten.]

* *Dominica Pinguis*, vulgo *Dimanche gras*, Eadem quæ in *Quinquagesima*, ultima scilicet qua carnes vesci licet. Consuet. Castell. ad Sequanam ex Cod. reg. 9898. 2 : *Le Dimenche grassot il vend vin qui il plaist sans ban*.

* *Dominica Quadragesimam intrans*, Prima Quadragesimæ, in Charta ann. 1180. ex Chartul. Cluniac.

* *Dominica Quintanæ*. Vide *Dominica in Passione*.

* *Dominica* vulgo *Repus*, Eadem quæ *in Passione Domini*, sic nuncupata quod Sabbato præcedente, Romano ritu, Christi et Sanctorum imagines velo absconduntur : porro nostris *Repus*, idem atque absconditus, ut videre est infra in *Repositus*. Unde patet legendum esse *Repuus*, pro *Repnus*, in Charta ann. 1224. tom. 4. Ordinat. reg. Franc. pag. 321 : *Ce fut fait à Seclin le Diemence en la Passion, que on dist Diemence Repnus*. Ex quo minus etiam apte concluditur totam Quadragesimam, *Passionis* nomine fuisse appellatam, ut ex sequentibus manifestum fit. Lit. remiss. ann. 1367. in Reg. 97. Chartoph. reg. ch. 598 : *Le Diemenche que l'en chante en sainte église* Judica me, *nommé au pays* (Laonnois) *le Dymanche repus, etc.* Aliæ ann. 1382. in Reg. 120. ch. 223 : *Comme le Dimanche devant Pasques flories derrein passé, que on dit le Dimanche repuus, etc. Le Dimenche repuz l'an* 1399. *un appellé Perrenet Gibert, etc.* in aliis Lit. ann. 1406. ex Reg. 161. ch. 64.

* *Dominica Respice in me*, in Charta ann. 1380. apud Bern. Pez. tom. 6. Anecd. part. 3. col. 68. Eadem quæ *Dominica tertia* vel *decima tertia post Pentecosten*, quarum introitus hisce verbis incipit. Vide ibi.

* *Dominica Rogationum*, Eadem quæ *quinta post Pascha*. Vide ibi.

* *Dominica de Rosa* vel *de Rosis*. Vide *Dominica quarta Quadragesimæ* et *Dominica post Ascensionem*.

* *Dominica Sponsaliorum*, Qua sponsalia contrahere licitum est, nostris *Dimenche d'espousailles*. Lit. remiss. ann. 1403. in Reg. 158. Chartoph. reg. ch. 66 : *Comme un Dimenche d'espousailles après Noël, il y eust unes nopces au lieu de S. Didier, etc.*

* *Dominica post Strenas*, Gall. *le Dimenche après les estraines*, Quæ post Kalendas Januarii prima incurrit. Stat. ann. 1362. tom. 3. Ordinat. reg. Franc. pag. 583. art. 3 : *Ladite confrairie* (des drapiers) *doit seoir le prémier Dimenche apres les estraines*.

* *Dominicæ Synodales*, Quænam ita nuncupabantur, docent Acta MSS. eccl. Brioc. : *Dominicæ Synodales in quibus prohibentur missæ celebrari in capellis : Dominica prima Adventus, Dominica prima post Epiphaniam, Dominica prima Quadragesimæ, Dominica in Passione, Dominica prima post Penthecostes, Dominica prima post Assumptionem B. Mariæ*.

* *Dominica Vetus*, an Dominica Paschatis, unde aliæ originem ducunt? an *Septuagesimæ?* Charta Ebrardi sutor. Petragor. ann. 1350 : *Sex denarios solvere tenebitur singulis annis dicto Bernardo in die Dominica veteri*.

* Dominica Aperta, Quæ alicujus Sancti vel octavæ officio non est præoccupata. Cærem. vetus MS. eccl. Carnot. : *Dicuntur dominica officia in Dominicis, si sint Apertæ, si vero Apertæ non fuerint, dicuntur per ferias, prout opus fuerit*.

Dominicæ Principales et Solennes, dicuntur quinque illæ, in quibus officia mutantur, scilicet Dominica prima de Adventu, Dominica in Octavis Paschæ, Dominica in Octavis Pentecostes, Dominica, qua cantatur *Lætare Hierusalem*, et Dominica in Ramis palmarum. Durand. lib. 7. cap. 1. n. 4. [His quinque sexta deinceps addita est, Dominica prima Quadragesimæ, quia fit officii in ea mutatio, quæ fiebat antea Dominica quarta Quadragesimæ. In Statutis Lanfranci § IV. apud Marten. de Antiq. Monach. Ritibus lib. 4. pag. 536. ubi de quinque Dominicis principalibus sic legitur : *Quinque dies Dominici sunt, qui communia quædam inter se habent separata a cæteris diebus Dominicis, Dominica videlicet prima de Adventu Domini, Dominica prima Septuagesimæ, Dominica prima Quadragesimæ, Dominica in medio Quadragesimæ, Dominica in Palmis*.]

Dominicæ Privilegiatæ dictæ, quibus Historiæ sunt appropriatæ. Idem Durand. lib. 7. cap. 1. num. 14.

Dominicæ Vacantes, seu Vacat, dicuntur in Sacramentario S. Gregorii, quatuor Dominicæ, quæ jejunia quatuor Temporum proxime subsequuntur, eo quod propriis careant officiis. Vide Micrologum cap. 29. 32. 59. Rupertum lib. 3, de Divinis Offic. cap. 11. Honorium August. lib. 4. de Ritu Missæ cap. 94. 95. et Durandum lib. 6. Ration. cap. 11. n. 7. [Dominicæ etiam infra Octavam Natalis Domini et Circumcisionis dicuntur *vacantes*, sed alio sensu, neque enim proprio unquam caruere officio, ideo autem *vacat*, quod alicujus Sancti vel octavæ Natalis Domini officio aliave ratione præoccupantur. *Dominica Vacans* etiam dicta est Quarta Adventus, quia tunc Pontifex Romanus relictis aliis occupationibus solum largiendis eleemosynis incumbebat. Vide Lexicon Hofmanni in voce *Adventus*.]

* DOMINICORUM DIERUM REX. Vide *Dominica prima post Pentecosten*.

VENDITIO DOMINICI DIEI, forte facultas exponendi et vendendi merces Dominicis diebus. Charta Gaufredi Comitis Andegavensis ann. 1061. apud Sammarthanos in Abbatib. S. Florentii : *Item jubeo, ut ministri mei nullatenus audeant repetere, quod judicavi eos injuste accepisse, scilicet commendationem vinearum, Dominici diei, cœnationem violentam salii, etc.*

* **DOMINICA** DOMUS, Hospitium, seu diversorium publicum, ut suspicantur docti Editores ad Præcepta S. Pachom. tom. 3. Maii pag. 346. col. 2 : *Nemo in domo spirituali comedat, sed potius in Dominica, vel in monasterio ejusdem fidei.* Vide *Domus spiritualis*.

* **DOMINICA** MANUS, id est, Domini superioris. Charta ann. 1091. inter Monum. sacr. antiq. tom. 2. p. 296 : *Exclusa hereditaria postulatione omnium successorum, in manum Dominicam episcopi reposuit, etc.*

¶ **DOMINICA** MATER, Beata Virgo Mater Christi : *De celebritate festivitatis Dominicæ Matris*, tom. 3. Concil. Hispan. pag. 35. col. 2.

DOMINICÆ LITTERÆ, [Eædem quæ *Communicatoriæ* vel *Formatæ*.] Conciliabulum Sardicense sub Julio I. PP : *Quæ cum ita sint, custodire vos ab ipsis et abstinere debetis, dilectissimi fratres, nec eos aliquando ad Communionem admittere; sed nec ipsorum litteras accipere, nec ad illos literas Dominicas dare.*

¶ 1. **DOMINICALE.** Vide *Dominicalis* et *Dominicum* 3.

* 2. **DOMINICALE**, Liber, in quo continentur lectiones et alia quæ ad officium dominicarum vel festorum dominicalium pertinent. Consuet. MSS. S. Crucis Burdegal. ante ann. 1305 : *Cellerarius habet tenere chorum infra ecclesiam bene munitum de libris,.... videlicet octo psalteria,.... unum Dominicale, unum sanctorale ad legendum et cantandum lectiones.*

DOMINICALIS. Concilium Autisiodorense can. 42 : *Ut unaquæque mulier, quando communicat, Dominicalem suum habeat.* Vetus Pœnitentiale MS. sub finem : *Si mulier communicans Dominicale suum super caput suum non habuerit, usque ad alium diem Dominicum non communicet.* Ex quibus patet, *Dominicalem*, vel *Dominicale*, non fuisse linteum, in quo communicaturæ mulieres Eucharistiam deponebant, quam iis non licebat nuda manu accipere, ut est in Can. 36. ejusd. Concilii, quod viris licuit. S. Augustinus Serm. 152. de Temp. : *Omnes viri, quando communicare desiderant, lavent manus, et omnes mulieres nitida exhibeant linteamina, ubi Corpus Christi accipiant.* Fuit enim *Dominicalis* velum, quo mulieres caput in Ecclesia tegebant, cum iis non nisi velatis illius ingressus pateret, ex Lini PP. Constitutione, ut est apud Anastasium : [quod ab Apostolo jam satis aperte præscriptum est, 1. Cor. 11. 5. et 6.] Pœnitentiale Theodori cap. 7. et Leo PP. ad Theodoricum Episcop. : *Mulieres possunt sub nigro velamine sacrificium accipere, ut Basilius indicat.* [Mulieres Provinciales *Domino* vocant velum sericum, quo caput tegunt, aliis vulgo *Coëffe*. Vide Card. Bona Liturg. lib. 2. cap. 17. num. 3.]

* **DOMINICALITER**, Proprietario vel supremo jure. Arest. parlam. Paris. ann. 1292. in Reg. *Olim : Pronuntiatum.... super acquisitis a priore et fratribus S. Johannis Jerosolymitani in iis solummodo, quæ Dominicaliter pertinebant ad regem* (Angliæ) *Richardum*. Vide *Dominicum*, 3.

* **DOMINICARE**, Manum *dominicam* apponere, fisco addicere. Charta ann. 1056. tom. 1. Hist. Trevir. Jo. Nic. ab *Hontheim* pag. 399. col. 2 : *Si cujus bona vel prædia, propter culpam aliquam vel querimoniam, in placitis abbatis.... Dominicata vel publicata fuerint, omnia abbatis erunt.* [** Vide *Absare*, 1. Germ. *Fronen*.] *Deminer*, eodem, ut videtur, sensu, in Ch. ann. 1355. tom. 2. Hist. Leod. pag. 420 : *Item que debtes et héritaiges gisans fours de Lieges, soient Deminez et forjugiez par trois plais généraulx tant seullement.* Unde *Deminement*, in Stat. Lossens. apud Mantel. in Hist. comit. Lossens. part. 3. pag. 13. Vide alia notione in *Dominicum* 3.

** **DOMINICARIA**, Dona ecclesiis legata ultima voluntate. Vide S. Rosa de Viterbo Elucidarii tom. 1. pag. 333. voce *Doens*. Charta ann. 1194. ibid. : *Dominicaria clericorum et militum, sicut in ipsa compositione fuerunt sortita.*

¶ **DOMINICATIO**, DOMINICARE, DOMINICATUS, etc. Vide post *Dominicum* 3.

¶ **DOMINICELLUS**, Idem qui supra *Domicellus*. Johan. Longinus in Actis S. Stanislai Episc. Cracov. Maii tom. 2. pag. 245 : *Rinardus de Cyzyschanowicz Dominicellus et Armiger Cracoviensis Diœcesis, morem nonnullorum militarium Poloniæ celebritates dierum sanctorum modica lance appendentium, secutus, etc.*

** **DOMINICI NUMMI** memorantur in chart. vendit. ann. 539 ap. Marin. in Pap. Diplom. num. 114. lin. 36. et facili emendatione num. 118. lin. 15 : *Nummo usuali Dominico uno;* quæ ex veteri mancipationis ritu tabellio sine sensu retinuit. *Dominicum* nummum vocatum putat Marinius, quia a principe conflatus erat, Savinius in Hist. Jur. Rom. tom. 2. cap. 12. § 66. not. e. quia secundum ritum mancipationis ad tradendum Dominium quiritarium adhibebatur.

1. **DOMINICUM**, Ecclesia, Ædes sacra Domino, seu Deo. Glossæ veteres : *Dominicum*, Κυριακόν. S. Cyprianus de Opera et Eleemos. : *In Dominicum sine sacrificio venis?* Idem Epist. 33. de Lectore : *Dominico legit*, id est, in templo, alii de die Dominico interpretantur. S. Hieronymus in Chronico : *In Antiochia Dominicum, quod vocatur Aureum, ædificari cœptum.* Et mox : *Antiochiæ Dominicum Aureum dedicatur.* Ruffinus lib. 1. Hist. Eccles. : *Tunc senior : Si hæc, inquit, ita esse credis, surge et sequere me ad Dominicum.* Et lib. 9. cap. 9 : *Orationum domos, id est, Dominica sua.* Idatius in Fastis : *His Coss dedicatum est Constantinopoli Dominicum die 15. Kal. Mart.* Itinerar. Hierosolymit. : *Ibidem modo jussu Constantini Imperatoris Basilica facta est; id est, Dominicum miræ pulcritudinis.* Marcellini et Faustini libellus precum ad Imperatores pag. 63 : *Post illas eorum cædes, quæ in Dominico factæ sunt, etc.* Pag. 64 : *Ad cumulum perpetrati sacrilegii, ipsum altare Dei de Dominico sublatum in templo sub pedibus Idoli posuerunt.* [Passio S. Philippi Episc. Adrianop. apud Mabill. tom. 4. Analect. pag. 136 : *Dominici foribus innixus a sede sibi credita non patiebatur abscedere.* Ibid. pag. 138 : *Ipsum etiam Dominici tectum devoluto omni tegularum fraudabatur ornatu.*] *Domus Dominica*, apud Salvianum lib. 6. de Gubernat. Dei : *Ad domos statim Dominicas currimus, corpora humi prosternimus, mistis cum fletu gaudiis supplicamus. Basilica Dominica* in Actis SS. Saturnini et Sociorum num. 2. Κυριακὸς οἶκος, in Vita S. Nili Junioris pag. 164. κυριακόν in Concilio Ancyrano can. 14. Neocæsar. can. 5. 13. Laodiceno can. 28. etc. Adde Itinerarium S. Willibaldi n. 16. Pachomium in Regula cap. 54. Martyrolog. Rom. 25. Decemb. Isidorum, Amalarium lib. de Reb. Eccles. Honorium Augustodun. lib. 1. cap. 127. Eusebium in Orat. de Laudibus Constantini, quo loco, auctor est eumdem Augustum curasse ædes sacras et templa uni omnium Deo, atque universarum rerum *Domino* dicanda consecrandaque. Hinc etiam Germani, et Belgæ *Kirche*, et *Kerke*, et Angli *Church*, ædem sacram appellant, voce a κυριακὸν deducta, ut quidam existimant : unde urbs *Dunkerke* in Flandria, sic appellata, quod primitus fuerit *Ecclesia in Dunis* ædificata. [Hanc sententiam multis confirmat Eccardus in Notis ad Legem Ripuarior. pag. 214. et 215.] At Lipsius in Epistola ad Belgas Cent. 3. Epist. 44. *Kirke* Germanicum a *Circo* deducit, quod veterum, inquit, templa instar circi rotunda fuerint. Sed hæc oculis et testibus indigent. Ita et Gretserus in Muricibus Christianis pag. 158.

2. **DOMINICUM**, Sacrificium mysticum, Missa. *Dominicum convivium*, S. Augustino in Brevi Collat. contra Donatist. κυριακὸν δεῖπνον. Cyprianus lib. de Opere et Eleemos. : *Locuples et dives es, et Dominicum celebrare te credis, quæ Corbonam omnino non respicis?* Et Epist. 63. ad Cæcilium : *Nunquid ergo Dominicum post cœnam celebrare debemus?* Quibus verbis intelligit ipsum divinum Missæ sacrificium. Veterem ejusmodi loquendi morem docent Acta proconsularia SS. Martyrum Saturnini et soc. ubi sancti Martyres judicio postulati, quod sacram Synaxin contra Imperatoris præcepta egissent, sic Proconsuli responderunt : *Dominicum cum fratribus celebravi.* Et iterum *Sine Dominico esse non possumus.* Et inferius, ex verbis Proconsulis sic interrogantis : *Si in Collecta fuisti?* Respondit : *Quasi Christianus sine Dominico esse possit, aut Dominicum sine Christianis celebrari. An nescis, Satana, in Dominico Christianum, in Christiano Dominicum constitutum?* Et post alia : *Ego devota mente celebravi Dominicum, Collectam cum fratribus feci, quia Christianus sum.* Hæc ibi Felix Martyr. Saturninus autem cum rogaretur ab eodem Proconsule Anulino his verbis : *Tu Saturnine interfuisti?* Respondit Saturninus : *Christianus sum.*

Ait ille : *Non a te quæro hoc; sed utrum egeris Dominicum ?* Cui respondit Saturninus : *Egi Dominicum, qui Salvator est Christus.* Hæc Baronius, qui putat, eo referri debere hanc verbi notationem, quæ habetur in Martyr. Rom. 25. Decemb. : *Nicomediæ Passio multorum millium Martyrum, qui cum in Christi Natali ad Dominicum convenissent, Diocletianus Imperator januas Ecclesiæ claudi jussit, etc.* Vide eadem Acta apud Bolland. 11. Febr. n. 3. 6. 9. 11. 12. 17. 19. et eumdem Baron. ann. 303. num. 84.

3. **DOMINICUM**, Proprietas, Domanium, quod ad Dominum spectat, quo Dominus ad propriam alendam familiam fruitur. Unde JC. Anglis *Dominicum* definitur, *quod quis habet ad mensam*, sicut sunt prædia, quæ *Bordlandes* iidem vocant. Ita Bract. lib. 4. tract. 3. cap. 9. § 5. cui concinit Fleta lib. 5. cap. 5. § 18. et seq. *Est*, inquit, *Dominicum proprie terra ad mensam assignata.* [Tabular. Veteris villæ : *Ego Guigo de Chobar dedi Abbatiæ Veteris villæ Dominicum meum de Plaisicio. Post longum vero tempus accepi Crucem ab Abbate, etc.*] *Res Dominica, Dominicæ possessiones*, id est Principis, in leg. 8. Cod. Theod. de Lustrali aur. (13, 1.) leg. 2. de His, qui condit. (12, 19.) leg. ult. de Jure fisci. (10, 1.) *Dominicum*, Cowello, est tota illa terra intra manerium, quod dominus feudi, aut in manibus suis retinet, aut saltem ad annos, aut voluntatem suam juxta consuetudinem manerii aliis locat. Pactum inter Ludov. Franc. et Henricum Angl. Reges apud Rogerum Hoved.. pag. 571 : *Terram illius... et homines sicut sua propria et Dominica fideliter custodiet.* Regiam Majestatem lib. 2. cap. 74. § 1 : *Dicitur purpræstura, quando aliquid super Dominum Regem injuste occupatur, ut in Dominicis Regis, in viis publicis astopatis, etc.* Vide lib. 2. cap. 69. § 3. Charta Willelmi Rotomag. Archiep. apud Rad. de Diceto : *Maximam partem Dominici nostri occupans.* Matthæus Westmonast. ann. 1154 : *Revocavit in jus proprium Dominica sua, quæ pater suus illi dederat.* Vide Sugerium de Admin. sua cap. 10. Beslium in Comitib. Pictav. pag. 425. 491. Monast. Angl. tom. 1. pag. 148. tom. 2. pag. 25. etc.

* Nostris *Demoigne* et *Demoyne.* Charta ann. 1255. ex Chartul. Campan. fol. 208. col. 1 : *Ne porront retenir.... nos homes, ne les homes de nos fiés, qui tiennent de nos en Demoigne. Ne nos, ne nostre home, qui tiennent ausinc de nos an Demoigne ne porront ausiques retenir les lor homes.* Alia ann. 1256. ibid. fol. 465 : *Vinz livrées de terre que il* (Thibaut comte de Champagne) *tient en son Demoyne et ransoures et as apartenances.*

Dominicum Proprium, in Capitulis Caroli M. lib. 4. cap. 34. Rhabanus ad Otgarium : *Proprietas Dominicalis, quæ Domino Imperatori ex paterna successione hæreditario jure pervenit.*

Dominicum dicitur etiam respectu servorum, quod scilicet ad Dominum eorum spectat, ut in Lege Alemann. tit. 22. in Lege Bajwar. tit. 1. cap. 14. § 6. et in Lege Longob. lib. 2. tit. 51. § 15. [** Lothar. 1. cap. 52. e Capitul. Ludov. Pii ann. 829 : *De liberis hominibus, qui proprium non habent, sed in terra Dominica resident.*] Bracton. loco citato : *Dominicum dicitur ad differentiam quod tenetur in servitio.*

Dominicum Antiquum, apud Anglos, continet omnes illas terras, quæ ad Regem spectabant tempore Edwardi Confessoris, aut Willelmi Nothi, seu quæ tenebantur a Maneriis, descriptis in libro, quem *Domesday* appellant; ejusmodi enim tenementa *Antiquum Dominicum* dicuntur, et eorum possessores seu tenentes extra maneria, a quibus dependent, implacitari possunt, eoque nomine ab omni teloneo liberi et immunes sunt. Antiqua vero dominia, quæ in manu Regis sunt, Franca feuda sunt, et secundum communem Legem implacitantur. Rastallus, et Cowellus lib. 2. Instit. Jur. Angl. tit. 3. § 25.

Dominicum, Fiscus dominicus. Capitul. 3. ann. 813. cap. 2 : *Qui hominem francum occiderit, solidos 600. componat ad opus Dominicum.* Et cap. 3 : *Qui hominem ingenuum occiderit, solidos 200. componat, et exinde in Dominico tertiam partem componat*, id est, fisco inferat. Ita ibi non semel.

** Donicum pro *Dominicum*, in chart. ann. 791. ap. Neugart. Cod. Alem. num. 113. tom. 1. pag. 101 : *In Donico arare.*

Dominicale, Idem quod *Dominicum*, Dominium, proprium, proprietas, Gall. *Seigneurie, domaine, propriete.* Will. Tyrius lib. 12. cap. 7 : *De propriis Dominicalibus certa eis pro victu et amictu beneficia... contulerunt.* Lib. 19. cap. 11 : *Res ad Dominicalia Principis pertinentes.* Traditiones Fuldenses lib. 1. [ex Instr. ann. 867.] : *Trado unam capturam, quæ contigua est cella illa, quæ vocatur.... cum Dominicali, aliisque ædificiis, areis, campis, etc.* Adelbertus Eydenhemensis pag. 353 : *Quidam Walterus Dominicale, quod in Titinheim situm est, in recompensationem accepit.* Chronicon Trudonense lib. 3. extremo : *Inter quæ constat, eum tam gravi damno Ecclesiæ nostræ dedisse, quidquid nunc de Remhrode videntur extra Dominicalia nostra esse. Dominicalia Apostolici*, seu Papæ, apud Radevicum lib. 2. cap. 29. Occurrit præterea apud Leonem Ostiensem lib. 1. Chron. Cassin. cap. 16. 51. Petrum Diac. lib. 4. cap. 18. etc.

Donnecale, pro *Dominicale.* Tabul. Casaur. ann. 1060 : *Et ipsa mea Donnecalia et feora de terris et vineis, et meos debitales de Cantalupo.*

* Dominicalis Terra, Quæ ad *Dominicum* seu domanium pertinet. Charta ann. 1124. inter Instr. tom. 5. Gall. Christ. col. 445 : *Hæc autem sunt beneficia et prædia ad prædictam ecclesiam pertinentia : decima ejusdem villæ cum familia et Dominicali terra, in agris, vineis, etc.* [** Jura abb. Metloc. sec. XII. in Diario rei Diplom. tom. 2. pag. 119 : *De Dominicali terra habemus 4. carruades, 2. arantur ex nostro aratro et alia 2. cum familia.* Vide Haltaus. Glossar. German. col. 1582.]

¶ Dominicales Pasturæ, apud Thomam *Madox* Formul. Anglic. pag. 148.

Indominicales Porci, in Chronico Besuensi pag. 700.

Dominicare, Possidere proprietario jure. Charta Caroli M. in Chron. Laurishamensi ann. 776 : *Tam quod videtur possidere vel Dominicare, quam quod adhuc ex munere Regum vel Reginarum, seu quod pro collata populi, vel de comparato, vel de quolibet adtractu augmentare... potuerint.* Alia notione vide suo loco.

Dominicatum, Idem quod *Dominicum.* Charta Ludovici II. Imp. pro Ecclesia Volaterrana : *Ita de rebus seu familiis Episcopi ipsius tanquam Dominicatis nostris per idoneos et credentes homines inquisitionem fieri jubemus.* Burchardus Wormaciensis Ep. in Lege Familiæ. cap. 14 : *Et si quis nupserit ex Dominicato Episcopi,..... sin autem ex beneficio in Dominicatum Episcopi nupserit, rebus suis respondeat domino beneficii.* Vide *Donicatus.*

Dominicatio, Dominium, possessio. Tabularium Ecclesiæ Viennensis ann. 877. fol. 53 : *Ut quidquid ex prædictis rebus collectum fuerit, in eorum jure et Dominicatione pervenire debeat.* Vetus Charta apud Perardum in Burgundicis pag. 37 : *Quæ quidem in præfata villa... conquæsivi de meo jure, in jus et Dominicationem servorum Dei ad jam dicto cœnobio transfero in futurum possidenda.* [Privilegium Caroli Simplicis pro Monasterio Elnonensi ann. 906. ex Chartulario Monasterii S. Amandi : *In perpetuum firmum esse volumus, ut jam dicta villa Diptiacus, quam eis ad præsens concedimus, cum omnibus ad eam pertinentibus illorum Dominicationi in ævum subdatur.*] Adde Chron. Besuense pag. 616.

Indominicatio, Eadem notione. Gesta Abbatum Lobiensium pag. 601 : *Vendidit et Indominicationes Ecclesiæ, etc.*

Dominicatura, Dominium, proprium, proprietas : Prædium dominicum, *Domenjadura*, in Foris Benebarn. rubr. *de Captions*, art. 10. ubi interdum sumitur hæc vox vernacula pro æde, in qua in prædiis suis inhabitant viri nobiles, ut auctor est Marca lib. 6. Hist. Beneh. cap. 24. n. 10. ut *Domaine* in Consuetudine Aurelianensi cap. 1. art. 84. 97. Tabular. Burguliense cap. 97 : *Medietatem de Curti Carlona, quantum in Dominicaturam tenere videbar. Ideo autem dico de dominio, quia sunt in curti casamenta, quæ mihi retinui, sicuti cujusdam Militis, qui tantundem in omnibus, quantum ego in curti ipsa de me tenebat.* Concilium Helenense ann. 1065 : *Nullus violenter infringat Dominicaturas Canonicorum, vel Monasteriorum, neque aliquid rapiat inde.* [Charta anni 1086. ex Tabulario S. Florentii : *Quidquid de Dominicatura patris sui in Ecclesia illa reclamabant concesserant, et quidquid de casamento suo erat.* Charta Roberti Hierosolymitani Comitis Flandriæ ann. 1105. apud Miræum tom. 1. pag. 273. col. 1 : *Et ex Dominicatura mea duas partes decimarum eidem Ecclesiæ.... tradidi.* Charta anni 1144. ex parvo Chartulario S. Victoris Massil. fol. 149 : *Monachi habeant totum decimum suarum Dominicaturarum.*] Sugerius de Administrat. sua cap. 4 : *Hoc insequenti incremento Dominicaturam, Deo auxiliante, augmentari elaboravimus.* Adde cap. 15. 23. Monachus Vallis Sarnaii in Hist. Albig. cap. 43 : *Volebat quod.... omnes Dominicaturas et proprietates suas haberet integras et intæsas.* Charta Roberti Claromont. Episcop. ann.

1208. apud Justellum : *Acquiretis Castrum Mauduni, et pertinentia feodi, vel Dominicaturam.* Adde Vitam B. Oldegarii Episc. Barcinonensis n. 19. 27. Concil. Audomarense ann. 1099. cap. 2. Probationes Hist. Duc. Burgund. Duchesnii pag. 23. 24. Bibl. Cluniac. pag. 1455. Marcam in Hist. Beneharn. lib. 4. cap. 10. n. 3. Catellum in Hist. Tolos. pag. 279. [Marcam Hispan. col. 884. et 974. 1558. D. *Brussel* de Feudorum usu tom. 2. pag. 38. Gall. Christ. tom. 4. Instrum. col. 138. Histor. Mediani Monast. pag. 269.] etc.

DOMINICATUS, Eadem notione. Senator lib. 3. Var. 25 : *Siliquatici titulum, quem fide Dominicatus jure dederamus.* Capitula Caroli C. tit. 32. cap. 5 : *Ipsi alodes in nostrum Dominicatum recipiantur.* Hincmar. Opusc. 60 : *Tenuit Domnus Rex Carolus Remense Episcopium in suo Dominicatu.* Charta anni 1158. apud Gallandium : *De terris, quæ ad ipsius Dominicatum pertinerent.* Alia ann. 1088. ex Tabulario S. Cypriani Pictav. : *Concesserunt pariter omnes Ecclesias, quæ ex feodo ipsorum erant... ut non alibi, nisi Ecclesiæ S. Romani darentur, et quicquid ex casamentis eorum, excepto Dominicatu acquirere potuissent.* Charta Zuenteboldi Regis apud Chappeavillum : *Largimur Ecclesiæ... villam nostri Dominicatus, sitam in pago Leuga, etc.* Alia Caroli Crassi Imp. apud eumdem : *Mancipia... de quocunque nostro fisco sint, aut ex Dominicato, aut ex beneficiato... adjicimus.* Acta Episcop. Rotomagensium pag. 438 : *Todiniacum, qui in Dominicatu Archiepiscopi erat cum omnibus appendiciis suis fratri suo... dedit, etc.* Adde Hemereum in Aug. Viromand. pag. 100. 156. Beslium in Comit. Pictav. pag. 269. etc.

INDOMINICATUS, Eadem notione, in Capitul. Caroli Calvi tit. 32. § 3. [** ap. Tusiac. an. 865.] in Charta ejusdem Caroli, apud Buzelinum pag. 341. in Gestis Abbatum Lobiens. pag. 634. etc.

DOMINICATUS, adject. de eo, quod est in *Dominico.* Charta Caroli C. ann. 845. apud Beslium in Episc. Pict. : *In villa Bediasiaco Casam Dominicatam. Agri Dominicati,* in Capit. Caroli M. lib. 5. cap. 147. [** 278.] In Capitulari Wormatiensi ann. 829. cap. 10. etc. [*Dominicatus mansus,* in Præcepto Ludovici Imp. ann. 836. apud Marten. Ampliss. Collect. tom. 1. col. 96. *Dominicatum beneficium,* in Actis. SS. April. tom. 3. pag. 821.] *Dominicæ terræ,* et *Dominicatus,* in iisd. Capitul. Caroli M. cap. 150. [** 301.] dicuntur. [** Guerardo *Dominicatus* est Ad dominum pertinens ipsique proficiens, non colonis vel aliis quibuslibet subjectis jure beneficii, ususfructus, locationisve concessus. Vide Indicem Generalem Polypt. Irminon. vocibus *Dominicata Cultura, Terra, Vinea, Casa* et *Dominicatus Mansus* et eumdem virum doctissimum in Prolegom. Chartul. S. Petri Carnot. § 22. Confer supra *Absus.*]

DONNICATUS, et DOMNICATUS, Eadem notione, in Chartis Italicis apud Ughellum tom. 1. pag. 339. 340. 341. parte 2. pag. 336. tom. 3. pag. 47. 290. 291. Hieron. Rubeum in Hist. Ravennat. pag. 308. etc. [** Vide Murator. Antiq. Ital. tom. 2. col. 46. et 47.] [*Vinea Dominicata Regis*, in Chr. Farfensi apud Murat. tom. 2. part. 2. col. 604.]

DOMINICARIUS, Idem quod Dominicus. Tabularium Abbatiæ Bellilocensis in Lemovicib. chart. 25 : *Cum casa mea Dominicaria, ubi ego ipse visus sum manere.* Occurrit in eodem tabulario non semel. [Placitum anni 878. inter Instrum. novæ Hist. Occitanæ tom. 1. col. 135 : *Aliam medietatem similiter Fulcrada obtineat, et illas duas Ecclesias Dominicarias.*]

INDOMINICATUS, adjective, *Dominicus. Villæ Indominicatæ,* in Edicto Pistensi cap. 5. 8. *Mansus Indominicatus,* apud Hincmarum Laudun. tom. 2. Operum Hincm. Rem. pag. 611. et Hemereum in Regesto pag. 33. 36. [Charta Ludovici II. ann. 876. inter Instrum. tom. 4. Gall. Christ. col. 271 : *De terra Indominicata modiatas quinquaginta, habet ibi de terra apsa modiatas sexaginta.* Ubi quia *Indominicata terra* opponitur *absæ,* hoc est, incultæ, statim eadem esse videtur quæ culta ; non quod is sit nativus hujusce vocis sensus, sed quia terra quæ ad Dominum pertinet cultior atque feracior esse debeat.] *Alodus Indominicatus,* in veteri Notitia, apud Beslium in Episcopis Pictav. pag. 45. *Terra, curtis Indominicata,* in Charta Chrodegangi Episc. Metensis apud Meurissium pag. 167. in Chronico Normanniæ ann. 1141. et in Chron. Laurisham. pag. 68. Charta Caroli Calvi pro Monasterio S. Germani Parisiens. : *Sive sint Indominicati, sive sint in beneficium quibuslibet dati :* ubi *Indominicata* opponuntur *beneficiis.* Ita Chartæ variæ apud Sajulianum in Matiscone pag. 237. 242. Beslium in Comitib. Pictav. pag. 202. 231. 267. et alios.

INDOMINICATE POSSIDERE, quod dicimus *en propre et en Domaine,* in Charta Stephani Episcopi Metensis apud Meurissium pag. 416.

DOMINICUS, adject. Proprius. Capitul. ann. 829. et Additio 5. Capitul. cap. 301. *De liberis hominibus, qui proprium non habent, sed in terra Dominica resident, etc.* Charta Richardi Regis Angl. apud Hovedenum pag. 662 : *De terris suis, quas haberet in Anglia, seu Dominicis, seu feodis, etc.* Charta Edw. III. Regis. Angl. tom. 2. Monast. Angl. pag. 258 : *Et quod idem Abbas et Canonici haberent porcos suos proprios, sive Dominicos, tempore pannagii liberos et quietos.* [*Omnes Dominicæ res monachorum Becci ad victum vel vestitum pertinentes,* in Tabulario Beccensi.] *In jure Dominico,* in Charta Ottonis Comitis Viromandensis apud Hemereum ann. 1025. *Domus Dominica,* Gall. *Maison Seigneuriale,* apud Sugerium de Administr. sua cap. 10. 16. *Possessiones Dominicæ,* propriæ, apud S. Anselmum lib. 4. Epist. 75. Vide Radulfum de Diceto in Abbrev. Hist. ann. 912. et Beslium in Comitib. Pictav. pag. 210. 496. Hanc loquendi formulam expresserunt Franci nostri per vocem adjectivam *Demaine,* quam a *Dominicus* effictam constat. Robertus *Bourron* in Hist. Merlini MS. : *Il feront alaitier leur enfant d'une autre femme, et chelui nourriront come leur fil Demaine.* Historia Abbatum Brekenotensium in Anglia : *Si prist le Roy Jean les terres et les chataux le avant dit Willaume de Breuse par sa volenté Demaine.* Histor. Prioratus Wigmorensis in Agro Herefordensi : *A force li convint en refut demorer en ses Chatels Demeine pour doute de ly.* Ibidem : *Les lettres par sa autorité Demeine furent ensellées.* Alio loco : *Et donk returna-il à sa terre Demeine.* Occurrit ibi pluries; præterea in Stabilim. S. Ludov. lib. 2. cap. 29. apud Littleton. sect. 56. 88. 123. 172. 212. 268. 334. 360. 381. 383. 667. et apud Villharduinum n. 119. Adde, quæ adnotamus ad eumdem Villhard. sed et *Demanios,* hac notione habet Bulla Innocentii III. PP. apud Ughellum tom. 1. Ital. Sacr. pag. 784 : *A Demaniis vero hominibus ipsius Episcopi a nobis non tenentibus, istud tamen habebimus, etc.* Occurrit ibi semel ac iterum, et tom. 9. pag. 45. 99.

* **DOMINIGADURA**, Prædium dominicum ; vel Ædes dominica, ut supra *Domengadura.* Charta ann. 1034. inter Probat. tom. 2. Hist. Occit. col. 189 : *Et ad ipsum qui habuerit Carcassona per ista divisione, habeat ipsum alodem de Prarlas et de Canurcas, et ad ipsum alodem de Viveris, et ipsa Dominigadura, quæ Petrus episcopus habet in Dunes.* Vide *Dominicatura* in *Dominicum* 3.

¶ **DOMINIO**, Idem ac *Dominium,* apud Rymer. tom. 15. pag. 718 : *Infra regnum nostrum Angliæ vel Dominiones nostras.*

DOMINIOSUS, *Imperiosus dominus, et homo, qui habet ardua præcipere, homo magnæ autoritatis.* Joan. de Janua. [Vide *Dominosus.*]

DOMINISSIMUS, pro *Dominus* in aliquot Chartis Hispanicis. Charta Ordonii Regis æræ 992. apud Anton. *de Yepez* in Hist. Ordin. S. Benedicti tom. 1. pag. 24 Appendicis : *Genitor noster divæ memoriæ Dominissimus Ranimirus Princeps.* In alia apud eumdem tom. 4. pag. 158 : *Subsequente Dominissimo Principe, etc.* Et in alia tom. 5. pag. 437 : *De regno avii sui Dominissimi Ordinii Regis, etc.*

1. **DOMINIUM**, alias *Domanium* et *Dominicum,* Gall. *Domaine.* Gloss. Lat. Gr. : *Dominium,* Κυρία. *Jus, tutela, potestas,* Joanni de Janua. *Sacrum Dominium,* in leg. 15. Cod. Th. de Jure fisci (10,1.) Ricardus Hagulstad. lib. 2. de Episc. Hagulstad. cap. 5 : *Sicut ipse eam in suo Dominio habuerat, Ecclesiam tradidit.* Radulfus de Diceto : *Sibi quidem videbatur incongruum, quod Cadurcum redderet, et totum Comitatum, et alia multa de Dominio suo.* Vide *Demanium* [et *Domanium.*]

* Charta Ludov. comit. Bles. ann. 1197 : *Omnes de Dominio meo et de elemosinis meis Castriduni manentes, qui de mea servili conditione erant, ... ab omni jugo servitutis meæ penitus quitto et absolvo.*

¶ DOMINIUM BANNALE. Vide *Banwardum* post *Bannum Leugæ.*

* DOMINIUM PATRONALE, Idem quod Jus patronatus, in Consuet. Norman. cap. 31. ex Cod. reg. 4651. Vide *Patronus* 2.

2. **DOMINIUM**, JC. Anglis, dicitur principale manerium, quod Dominus et antecessores semper possederunt, cum omnibus appenditiis. Ita Rastallus. [Gallis nostris, *Chef lieu du fief,* qua notione in

Charta ann. 1201. Matthæi de Hamo ex Chartul. Abbatiæ S. Nicolai de Arida-Gamantia Diœc. Atrebatens.: *Fratribus Ecclesiæ S. Nicolai de Arida-Gamantia in eleemosynam sub perpetuo censu tenendum dedit pro x. modiis frumenti et v. modiis avenæ apud Peronam, sive Dominium, secundum mensuram Peronensem.... ita tamen quod Matthæus ante festivitatem S. Remigii ubi et cui sit tradendum ad Dominium fratribus nunciabit. Dominium majus*, in Hist. Delphin. tom. 2. pag. 14. col. 1.]

¶ 3. **DOMINIUM**, Nomen honoris Reipublicæ Principibus attributum. Exstant apud Rymerum tom. 14. pag. 199. Litteræ Henrici VIII. Angl. Regis inscriptæ *Illustrissimo Dominio Venetorum, et quibusvis aliis Principibus Christianis, Dominiis, Civitatibus et Communitatibus, etc.* Angelus Pechinolius in Epistola ad Innocentium VIII. Papam ann. 1489. apud Illust. Fontaninum ad calcem Antiq. Hortæ pag. 480 : *Ad quæ dominus Orator Venetorum respondit : Ego habeo in mandatis ab illustrissimo Dominio meo, etc.* Ibid. pag. 485 : *Nec valeo Majestati suadere, quod non solius Dominii Venetorum exquirendum sit consilium, sed Majestatis suæ præcipue, ac ceterorum Christiani nominis Potentatuum habenda sunt vota.*

¶ **DOMINO**, Sacerdotale capitis et humerorum per hyemem tegumentum. Synodalis Constit. Ludovici de Carnossa Episc. Bajocensis : *Quotidieque caputium seu Domino panni nigri deferant. Et pileo atque corneta præcipue in ecclesia officiando depositis, utantur a cetero caputio, vulgariter ung Domino.*

DOMINOSUS. *Imperiosus homo, scilicet magnæ auctoritatis*, Ugut. Vide *Dominiosus.*

DOMINULUS, in leg. 41. § 4. testamento D. de Legat. 3. (32.)

1. **DOMINUS**, pro *Deus*, Κύριος, occurrit passim in libris sacris. Unde forte Itali *Domenedio*, Galli nostri *Damedieu* dixerunt, id est, *Dominus Deus.* Vide Philonem de Nominum mutat. pag. 7. 1. Edit. Sulpitius Severus lib. 1. Hist. : *Mundus a Domino constitutus est, etc.* Ruffinus in Symbolo de Christo : *Et dicuntur alii Domini, concessa tamen non ingenita potestate dicuntur. Hic vero solus est unicus filius, et solus unicus Dominus, sicut et Apostolus ait : Et unus Dominus Jesus Christus, per quem omnia.* Isidorus lib. 2. Different. : *Inter Deum et Dominum ita quidam diffinierunt, ut in Dei appellatione Patrem, in Domini Filium intelligant. Sacra Scriptura utrumque et Deum et Dominum affirmat : tamen hæc vocabula invicem discernuntur. Primum enim nomen naturæ est, pertinens ad amorem : Secundum potestatis, congruens ad timorem. Denique ex Dei vocabulo edisce, quid diligas ; ex Domini appellatione cognosce, quid metuas?* Vide in hanc Sententiam S. Fulgentium lib. 10. contra Fabianum Fragm. 10. apud Chiffletium, [** et Marium Mercatorem pag. 68. edit. Baluz.]

Dominus Vobiscum, verba, quibus Sacerdos in sacris Liturgiis populum salutat, sumpta ex libro Ruth. 2. sic enim legitur Booz salutasse messores suos. Quibus verbis respondet populus, *et cum spiritu tuo.* Vide Capitul. Caroli M. lib. 5. cap. 93. [** 159.] Addit. 2. cap. 7. [** 9.] Durandum lib. 4. cap. 14. Binium ad Concilium Braccarense II. ann. 563. cap. 3. et Card. Bona lib. 2. Rerum Liturgic. cap. 5.

2. **DOMINUS.** Domini et Domni, Sancti vulgo appellati. *Dominus Joannes*, apud Cyprianum in Vita S. Cæsarii Arelat. *Dominus Dionysius*, in Placitis aliquot Clodovei III. apud Mabillonium tom. 4. SS. Ord. Bened. pag. 617. 618. *Dominus Germanus*, ibid. pag. 620. Charta Caroli M. pro Ecclesia Parisiensi in M. Pastorali lib. 19. Ch. 56 : *S. Germani et sancti Marcelli.... vel cæterorum Dominorum, quorum pignora in ipsa plebe, vel ipsa Ecclesia Parisiaca, adunata requiescunt.* Hinc S. Martinus, *Domnus Martinus* appellatur in præfatione Concilii I. Turon. et can. 13. in Concilio Turon. IV. can. 18. Autissiod. can. 5. apud Odonem Cluniac. lib. de Translat. Corporis S. Martini, Fortunatum in Præfat. lib. 3. Gregor. Turon. lib. 5. Hist. cap. 14. lib. 10. cap. 30. in Gestis Consulum Andeg. cap. 10. n. 3. etc. *Dominus Vincentius*, in Concilio Cabilon. 1. *Dominus Petrus Apostolus*, in Synodo Rom. sub Symmacho, et in Concilio Turon. II. can. 23. *Dominus Gregorius* M. in Concilio Suession. *Dominus Paulus*, apud Gregorium Turon. lib. 9. Histor. Franc. cap. 41. *Domini Apostoli*, apud Ennodium lib. 9. Epist. 26. *Domina Opportuna*, apud Adhelmum Episc. Sagiensem in ejus Miraculis cap. 2. *Domini Sancti*, in Charta Caroli M. tom. 2. Analector. Mabillonii pag. 401. observat Josephus Scaliger in Notis ad Fragmenta veterum Scriptorum post libros de Emendat. temp. pag. 36. Chaldæos Christianos præcipuorum Sanctorum, ut Apostolorum, nominibus, vocem *Mar*, quæ *Dominum* sonat, præponere, ut *Mar Marcos, Mar Phetros*, Dominus Marcus, Dominus Petrus. Vide *Dominædius.*

3. **DOMINUS.** Domini, sæpe appellati Episcopi, etiam non adjecta dignitatis nomenclatura, sed ipsius Episcopatus, ut apud Gregorium M. lib. 2. Indict. 10. Epist. 38. lib. 4. Epist. 17. *Domino Mizenatis Ecclesiæ*, apud eumdem lib. 4. Epist. 27. Haymo Homil. Domin. 16. post Trinitatem ex S. Augustino : *Nisi forte hoc evenerit, sicut S. Augustinus dicit, ut ille, qui filius est, per misericordiam Dei sublimetur ad Episcopalem dignitatem, et efficiatur Episcopus, et tunc poterit esse Patri et filius et Dominus propter honorem dignitatis.* Vide [Librum nigrum Scaccarii pag. 115.] Willelmum Neubrig. lib. 5. cap. cap. 20. Epist. 72. et 104. ex Sugerianis Stephan. Tornac. Epist. 236. 237. etc.

* *Dominus Senonensis Michael archiepiscopus*, in Ch. ann. 1198. ex Chartul. Campan. Cod. reg. 5993. A. fol. 181. r°. *Dominus Noviomensis*, in Ch. ann. 1221. ex Chartul. Barbell.

☞ Ut *Domini*, sic et aliquando *Principes* appellati sunt *per jocum*, inquit Valesius in Notitia Gall. pag. 613. col. 1. *quod potentia et auctoritate sua male uterentur more Principum sæcularium.* Hac notione Adrevaldus in Vita Aigulfi Abbatis Lirinensis scribit, Arcadium monachum Lirinens. *ad Mummolum se contulisse Viticæ* (Valesius emendat *Vintiæ*) *civitatis Principem*, suasisseque ei, *ut ad Monasterium iret, quasi multas pecunias ibi reperturus.* Vita S. Leodegarii cap. 8 : *Erant in hoc mendacium primi et quasi Rectores palatii, Desideratus cognomine Dido, qui quondam Cabilloni habuit Principatum, necnon et ejus collega Bobo* (Mabillon. *Albo*,) *qui urbem Valentiam habuerat in dominium. Nec enim digni sunt ut urbium nominentur Episcopi, qui magis terrenis desideriis inhiabant, et cœlestia non curabant.*

* Sæpius etiam serio principes appellati sunt episcopi, ut a S. Hilario in Matth. cap. 26 : *Specialem tamen populi Principibus, id est, Episcopis.... sollicitudinem mandat.* Vide in *Episcopus* et infra in *Princeps.*

* Dominus ac Magister Christianitatis nuncupatur Patriarcha Jerosolymitanus, in Charta Almer. comit. Ascalon. ann. 1157. tom. 3. Cod. Ital. diplom. col. 1473 : *Concedo eisdem* (Pisanis) *locum unum ad fabricandum sibi in eo ecclesiam, si tamen Dominus et magister Christianitatis patriarcha hoc ipsis concesserit.*

¶ 4. **DOMINUS**, nude dictus Abbas, in Consuet. Fontanel. pag. 94 : *Et hoc facientes secundum Dominum et secundum nos omnes.* Et in Gallico Reliquiarum Indice : *Tel croix est au logis de Monsieur.*

¶ 5. **DOMINUS.** *Domini* interdum dicti Canonici addito nomine Ecclesiæ, cujus sunt Canonici. Testament. Guillelmi Montispessulani ann. 1211. tom. 9. Spicil. Acher. pag. 156 : *Monasterio Grandis-Sylvæ dimitto c. lib. inter opus et mensam Dominorum Ecclesiæ Magalonæ dimitto* MM. *sol. in honore emendo, de cujus fructibus fiat annuatim anniversarium in festo S. Michaelis pro anima mea et parentum meorum.* [** Ubi virgula distinguendum post *Dominorum*; ita etiam in ecclesiarum German. tabulariis Canonici haud raro nude Domini dicuntur. Chart. Ottonis Episc. Mindens. ann. 1270. ap. Würdtwein. Subsid. Diplom. tom. 10. pag. 32 : *Dabunt 15. solidos Dominis et vicariis, qui divinis interfuerint.* Chart. Conradi Decani ann. 1282. ibid. pag. 35 : *12. solidi dabuntur pro consolatione Dominis nostris et vicariis, qui presentes fuerint.*]

6. **DOMINUS**, in Legibus et Statutis Principum, nullo adjecto vocabulo, Dominus feudi intelligitur ratione vassalli.

Dominus Capitalis, vulgo *Chef Seigneur*, et in Assisiis Hieros. cap. 136. 137. in Consuetud. Normann. art. 126. 130. 166. Pontivensi art. 110. Andegav. art. 201. et seq. Cenoman. art. 216. Tabularium Vindocin. Thuanum Ch. 40 : *Archembaldus dudum de terra memorata Capitalis Dominus auctoramentum suum super S. Martino donavit.* Tabularium Majoris Monasterii Ch. 175 : *Auctorizaverunt etiam hoc in Capitulo Capitales Domini ejusdem terræ, scilicet Falco Comes Vindocinensis, etc.* Tabularium Vindociuense ch. 345 : *Annuit donum Gauterius Granarius, de cujus erat fisco, et dimissa calumnia ante Hamelium Montis aurei Dominum, qui Caput erat fisci maximum.* [Chartularium S. Vandregesili tom. 1. pag. 5 : *Salvo jure et reddito omnium Capitalium Dominorum.*] Ordericus Vital. lib. 6. pag. 491 : *Hoc Radulfus, qui Capitalis Dominus erat, gratanter annuit.* Vide pag. 491. 496. 576. 594. 601. 604. 625.

770. Regiam Majest. lib. 1. cap. 25. § 1. 2. cap. 27. § 3. lib. 2. cap. 44. 66. lib. 4. cap. 5. 7. Statuta Roberti I. Scotiæ Regis cap. 6. § 2. etc. In Consuetud. Normanniæ art. 166 : *S'appelle le Chef Seigneur celui seulement, qui possede par foy et par hommage, et qui à cause dudit fief tombe en garde.* [** De sensu quem in Gallicis consuetudinibus obtinet vox *Chefseigneur* videndus *Laurière* ad Raguellum tom. 1. pag. 237. Anglis *Capitalis Dominus* erat, Cui quis, plures habens dominos *ligeanciam* fecerat, ut est in Regiam Majest. lib. 2. cap. 44. Glanvilla lib. 9. cap. 1 : *Potest autem quis plura homagia diversis dominis facere de feodis diversorum dominorum ; sed unum eorum oportet esse precipuum et cum ligeancia factum, illi scilicet domino faciendum, e quo tenet suum capitale tenementum is, qui homagium facere debet. ..... Si quis ergo plura homagia pro diversis feodis suis fecerit diversis dominis, qui se invicem infestent, si Capitalis Dominus ejus ei præceperit, quod secum in propria persona eat contra alium dominum suum, oportet eum ejus præcepto in hoc obtemperare, etc.*

¶ Dominus Intermedius, Qui minore domino feudali superior est et inferior alio majore, Gall. *Entremoiens.* Edictum Philippi III. Franc. Regis ann 1275. apud *de Lauriere* tom. 1. Ordinat. Reg. pag. 305 : *Quod si persone innobiles acquisierint in feodis vel in retrofeodis nostris extra terras predictorum Baronum nostrorum, et ita sit quod inter nos et personam que alienavit res ipsas, non sint tres vel plures Intermedii Domini, precipimus quod si teneant ad servitium minus competens, vel aliter appareat feodi facta deterior conditio, cogantur tales possessores rem feodalem ponere extra manum, nisi maluerint prestare nobis estimationem fructuum duorum annorum rerum taliter acquisitarum.* Philippus VI. decernit *estimationem fructuum trium annorum*, in suis Litteris anni 1328. apud eumdem *de Lauriere* tom. 2. pag. 14. imo *quatuor annorum* in suo Edicto ejusdem anni Gallice exarato, ibid. pag. 24 : *Item. Et pour les choses et possessions, que personnes non nobles ont acquises depuis trante ans en ça, et en nos fiez et arriere-fiez sans assentement de nous ou de nos devanciers; et ainsint soit que entre nous et la personne qui aliene icelles choses, soint trois Seigneurs Entremoiens ou plus, ils payeront pour finance l'estimation de quatre ans.*

Dominus Principalis, in Constit. Friderici II. Imper. in Quinta Compilat. Decret. de Hæretic. et in Tabulario Vindocin. Thuano ch. 121. *Seigneur paramont*, Anglis JC. Dominus Domini vassalli inferioris. *Dessus Seigneur*, *Avant Seigneur*, apud Bellomanerium cap. 62. *Seigneur par dessus*, in Statutis S. Ludovici contra Blasphem. *Seigneur Suzerain*, in Consuet. Andeg. art. 204.

* Dominus Census, Idem qui *feodalis*, cui census debetur, Gall. *Seigneur féodal.* Libert. Viennæ ann. 1361. tom. 7. Ordinat. reg. Franc. pag. 430. art. 5 : *Quod quicunque emerit alienam rem inmobilem, solvat, facta investitura, trezenum tantum domino tenente* (f. *tenenti* vel *tenuræ*;) *et Dominus census revenditam* (f. *rem venditam*;) *retinere possit pro eodem precio ad opus sui, sed non alterius.*

* Dominus Corporalis, Superior et *capitalis* dominus. Charta præpositi S. Gauger. Camerac. ex Tabul. ejusd. eccl. : *Ut autem presbyter sui beneficii tranquillitate perenni gaudeat, prædictus miles ad suam donationem roborandam sui Domini corporalis E. et parium suorum et A. uxoris suæ assensum adhibuit.*

* Dominus Directarius, Legitimus, Gall. *Droiturier Seigneur.* Lit. Caroli V. ann. 1372. tom. 5. Ordinat. reg. Franc. pag. 472 : *Nous considérans que nostre amé et feal Girart de Ventadour.... en nous recongnoissant son souverain et Droiturier Seigneur, etc.*

Dominus Major, Domini capitalis Dominus, idem qui *Principalis.* Regiam Majestatem lib. 2. cap. 74. § 11. Skenæus ad cap. 69. ejusdem libri : *Mei Domini Capitalis Dominus, dicitur Major Dominus :* idem etiam appellatur

Retrodominus. Charta ann. 1225. in Monmorenciaca pag. 401 : *Et quia prædictus Guillelmus de fratre meo Matthæo prædicta tenebat in feudum, et frater meus Matthæus de me : Ego tanquam Retrodominus omnia ista laudavi.* Tabular. Maurigniacense ch. 39 : *Huic donationi præbuit assensum Guillelmus de Vaucelais ejusdem feodi Retrodominus.*

7. **DOMINUS**, Maritus : ita uxores conjuges suos compellabant, *Monseigneur.* [Vetus Inscriptio Romæ apud Sponium Miscell. Antiq. pag. 12 : *Suetrius Hermes hic situs est, cui tertia conjunx aram constituit digno meritove marito, cum quo concordiam tam multosque per annos vixit et tenere casu sbta* (subtracta) *marito est, de cujus fama multi cum laude locuntur, quod fuerit cultor Domini rerum et amator.*] [** Traditio San-Gallens. ann. 903. ap. Neugart. Cod. Alem. tom. 1. pag. 530. num. 643 : *Ego Amata cum manu Domni mei Winihardi pro remedio prioris mei senioris Linkonis et pro nostrarum remedio animarum.... ea ratione ut has res, quas dum adhuc præfatus meus Dominus Linko viveret, cum mea hereditate concambiavi.... Signum ipsius Amatæ et advocati et Domini sui Winiharti, qui hanc donationem patraverunt.*] Comitissa Nivernensis in Epist. ad Sugerium 18 : *Dominus enim meus in servitio Dei et Regis est.* Mox *virum suum* vocat. Vide *Baro*, *Senior* et *Domina*, 4.

8. **DOMINUS.** *Domini*, Præcipui e nobilitate. Annales Colmar. part. 1. ann. 1284 : *Eodem die Curiam habuit Rex Rudolfus in Basilea cum gloria Dominorum.* Idem Chron. part. 2. ann. 1277 : *Post hæc Rex Bohemorum congregavit occulte decem millia Dominorum, volens occulte Regem comprehendere Romanorum.*

¶ 9. **DOMINUS.** Mabill. de Liturg. Gall. pag. 466. e Ceremoniali MS. Sangerman. de Dominica Palmarum : *Quando erimus circa finem Tractus, sacrista pulsabit unam parvam campanam pro congregando Dominos ad audiendum Passionem, quia ipsa non debet legi nisi in magna Missa.* An Ballivius ceterique justitiæ Officiales hujus Abbatiæ, qui statis diebus officio divino solent interesse; an præcipui quidam Monachi, ut infra *Domini Ordinis?*

* 10. **DOMINUS**, nude, Cancellarius, ut observat D. *Secousse* ad Lit. ann. 1372. tom. 5. Ordinat. reg. Franc. pag. 581 : *Per regem, ad relacionem Domini.* Ubi supra legitur : *Referente nobis dilecto ac fideli Cancellario nostro.*

* 11. **DOMINUS**, Quæ honorifica appellatio ita Militibus competebat, ut a patribus etiam filiis suis tribueretur : neque enim alia mihi suppetit ratio, cur Castellanus Vitriacensis filios suos *Dominos* compellat in Charta ann. 1228. ex Chartul. Campan. fol. 328. r°. : *Hæc omnia superius scripta laudaverunt Aalaidis uxor mea et Dominus Robertus filius meus, Dominus Henricus filius meus, Guillelmus, Ansericus et Johannes clerici filii mei.* Nisi fortassis ut seculares a clericis distinguat; quo sensu vox *Dominus* an alicubi occurrat, non memini. Vide *Siriaticus.*

** 12. **DOMINUS.** Peculiaris appellatio Franciæ regum, quam ab imperatoribus romanis mutuaverant. Vide in *Domnus.* Glossar. med. Græcit. in Δεσπότης.

** 13. **DOMINUS**, Is cujus negotium gerit procurator et cujus nomine defensor exstitit, apud JC. Romanos. Ita etiam apud Anglos; Glanvilla lib. xi. cap. 3 : *Cum quis ita loco alterius positus in curia de placito illo respondet.... nunquid potest Dominus suus eum pro beneplacito inde removere, ita quod alium faciat procuratorem.... Obtinet autem, quod Dominus talem procuratorem possit a qualibet parte litis amovere, etc.* Subditos suos feodales domini vulgo procuratores constituebant.

¶ Dominus Cultellorum, Princeps *Assasinorum :* de quibus supra. Jacobus de Vitriaco Hist. Orient. l. 3. Marten. tom. 3. Anecd. col. 281 : *Omnes alii Principes eorum, alii subditi sunt et obediunt : hunc Sarraceni appellant Dominum Cultellorum.*

* Domini Ecclesiæ, Præcipui post abbatem superiores in monasteriis, Gall. *Seigneurs de l'église.* Charta ann. 1420. in Chartul. sign. *Ezechiel* Corb. fol. 88. r°. : *Et sera tenu ledit fournier de délivrer pain pour les Seigneurs de l'église est assavoir le grand prieur, l'official, l'enfermier, le prévost de l'église, le pourveur et le cellerier de le cuisine, toutefoys qu'il leur plaira à en mander en leur chambre.* Vide infra *Domini Ordinis.*

* Dominus Festi, Ita nuncupatur Abbas vel Episcopus stultorum, in Stat. Odon. episc. Paris. ann. 1198. contra festum fatuorum, ex Chartul. ejusd. episc. fol. 49. v°. : *Statuimus etiam ne Dominus festi cum processione vel cantu ad ecclesiam adducatur, vel ad domum suam ab ecclesia reducatur.*

¶ Domini Generales, Procurator et Advocati *generales* in Senatu Parisiensi, vulgo *Les Gens du Roy.* Compendium jurium Universitatis Paris. fol. 15. v°. Edit. 1517 : *Laudabilis est etiam consuetudo... licentiandos omnes in qualibet facultate superiori pridie Signetorum ad supremam Parlamenti curiam omnesque Senatorum cameras accedere... deinde ad curias Dominorum Generalium, Requestarum, Cameræ compotorum, etc.*

* Eo nomine indigitantur Præfecti

ærario, vulgo *les Généraux des finances.* Vide *Generales* 2.

¶ Dominus Generalis Civitatis, Idem qui *Capitaneus*, Præfectus civitatis. Regimina Paduæ ad ann. 1329 : *Intravit dominus Canis cum tota sua Baronia et honore magno in dictu civitate, et dismontavit in Episcopatu, et electus fuit per Magnates et populares civitatis Travixii Dominus Generalis.*

Dominus Legum, non vero *Magister*, appellatus Azo JC. ut est in Chron. MS. Alberici. Glossæ Lat. Græc. : *Juris Doctores*, ἀυθενταὶ τῶν νόμων. [** Vide Savin. Hist. Jur. Roman. med. temp. part. 2. § 64. et 77.]

* Charta Caroli regent. ann. 1359. ex Memor. D. Cam. Comput. Paris. fol. 19. v° : *Messire Jehan Taupin Seigneur en loix, clerc et conseiller de la chambre des Enquestes, etc.* Alia ann. 1324. in Reg. 62. Chartoph. reg. ch. 294 : *Jehan Broart Sires de Loys, clerc et conseiller du roy nostre sire, etc.* Le Roman d'*Alexandre* MS. part. 1 :

Et fiert Salhadin qui fu Sires des lois
Arcevesque de Gadres.

Vide *Miles Literatus.*

¶ Domini de Nocte, Præfecti vigilum. Andreas Dandulus in Chron. MS : *Pro purgandis maleficiis statutum est, ut duo sint equi, noctis tempore urbem custodiant et malefactores capiant : unus vero de citra canale, et alter de ultra canale constituatur, qui Domini de nocte appellati sunt.*

* Domini Operis, Gallice *Maîtres de l'œuvre*, Dignitas in collegiis canonicorum et monasteriis, cui operibus publicis vacare incumbit. Reg. capituli Carnot. : *Ordinavit capitulum quod Domini ordinis per industriores pictores, quos reperire poterunt, faciant, etc.* Vide *Operarius.*

¶ Domini Ordinis vel *in Ordine*, Præcipui post Abbatem Superiores in Monasteriis Cluniac. ut Subprior, Decanus. Bulla Nicolai IV. PP. in Constitut. Cluniac. MSS : *Nec aliquis diffinita seu acta per Diffinitores Capituli generalis possit vel audeat immutare, nisi in casu magnæ necessitatis et evidentis utilitatis, in quo potestas Abbati intelligitur relinquenda : de consilio et assensu peritorum et discretorum duorum et illis qui Domini Ordinis appellantur.* Actum capitularem pro conjunctione Prioratus de Bischiis ann. 1329. in Archivo B. Mariæ de Charitate, subscribunt *Gerardus Subprior, Guillelmus secundus, Ludovicus tertius, Theobaldus quartus, Domini in Ordine.* Vide *Domni Ordinis.*

* Vel ætate aut professiones antiquiores. Vide infra *Magister Ordinis.* Consuet. S. Germ. Prat. inter Probat. Hist. ejusd. pag. 146 : *Domini ordinis ibunt ad consilium capituli, et dum erunt in consilio capituli, subcamerarius apportabit sotulares suos supra duo tripedia in capitulo. Quando Domini ordinis voluerint, pulsabunt capitulum, et nos veniemus.* Infra, *Domini* nude appellantur non semel. Comput. pitentiar. ejusd. monast. ann. 1374 : *Au terme S. Remy pour l'anniversaire maistre Jehan Dye, baillié aux Seigneurs de l'ordre xxxij. solz.* Vide supra *Domini Ecclesiæ.*

* Dominus Parlamenti, Supremæ, curiæ senator, vulgo *Conseiller*, alias *Maître.* Necrolog. priorat. Nostræ Dominæ de insula Trecens. ex Cod. reg. 9612. T : *Anniversarium nobilis ac discreti viri dom. Joannis de Domo-Comitis militis utriusque militiæ, quondam baillivi Trecensis, postmodum Domini pellamenti* (leg. parlamenti.)

Domini Rerum crebro Imperatores et Reges vocitantur a mediæ ætatis Scriptoribus. Symmachus lib. 10. Epist. 36 : *Scivi meliorem esse judicum causam, quæ rerum Dominis reservatur.* Cassianus deMortifica t. in fin. : *Ipsi quoque rerum præsentium Domini.* Cyprianus in Vita S. Cæsarii Arelat. : *Cives aliquot alloquitur, ipsosque rerum Dominos per internuntios appellat.* Desiderius Episcop. Cadurcensis in Epist. ad Chlodulfum : *Ipsi Domini rerum, quibus vice nostri Redemptoris servire videmur.* Aimoinus de Vita S. Abbon. Floriac. cap. 8 : *Ad Dominos rerum inclitos scilicet Franciæ Reges, Hugonem ac ejus filium Robertum.... apologeticum scripsit.* Idem lib. 3. Hist. Franc. cap. 71 : *Nempe pro similibus ausis, a Dominis rerum, Regibus scilicet Francorum, sæpe attonsus.* Vide lib. 2. cap. 17. Privilegium Corbeiense ann. 846. editum a a Sirmondo, etc. Sic passim Sidon. in Paneg. Majoriani, Senator lib. 1. Epist. 4. lib. 12. Epist. 6. 7. 11. et 13. Greg. M. PP. lib. 1. Epist. 6. 16. lib. 2. Ind. 11. Epist. 6. lib. 7. Epist. 130. Witikindus lib. 1. et 2. Vide Juretum ad Symmach. lib. 1. Epist. 8. *Imperatores rerum atque Principes*, apud Petrum Diacon. lib. 4. Chron. Casin. cap. 111. *Dominus orbis terrarum*, apud Alypium Antiochen. in Descript. orbis cap. 17. § 6. *Domini terrarum*, apud Arnulph. Lexov. pag. 32. Δεσπόται τῆς οἰκουμένης, passim in Actis Concilii Calchedon. et Concilii Ephesini II. Οἱ γῆς καὶ θαλάττης καὶ πάντων ἀνθρώπων ἔθνους καὶ γένους δεσπόται, in libellis Photii, Bassiani et Eunomii ad Valentinianum et Marcian. in eodem Concilio Calchedon. Act. 5. 11. 13. et in Epist. Varadati Monachi ad Leonem Imp. parte 3. ejusdem Concilii. Γῆς καὶ θαλάσσης δεσπότης uti Antoninus Severus Caracalla appellatur in Thiatyrensi inscriptione apud Thom. *Smith* in Notitia 7. Ecclés. Asiæ pag. 130. et Sponium tom. 3. Itiner. pag. 116. *Terræ marisque Dominus*, in Epistol. Africanorum Episcop. ad Constantem Imp. in Concilio Lateran. sub Martino I. PP. Act. 2. S. Hieronym. Ep. 9 : *Contubernalis et condiscipulus Augustorum, quorum mensæ ministrat orbis, terræ ac maria serviunt, etc.* Ὁ τῆς ὅλης μετὰ Θεὸν οἰκουμένης δεσπότης, in Concilio CP. sub Menna Act. 5. *Dominum totius orbis* sese appellitasse Constantium, auctor est Ammianus lib. 15. init. Imperatores et Reges *Dominos*, unice vocitatos cuivis notum. [** Æneas Sylvius de ortu et auctoritate imper. Roman. ap. Schard. pag. 393 : *Etenim quis non videt et populos et principes omnes ab imperatore qui Mundi Dominus est, recipere temporalia?*]

* Dominus Stationis iis, qui acta publica conficiebant, *Tabellioni* scilicet et *Tabulario*, accensetur in Nov. 44. ad quam Glossæ : *Tabellio erat minor, Tabularius major, et Magister stationis major utroque.* Vide ibi Gothofred.

* Dominus Tenens vel *Tenuræ.* Vide supra *Dominus Census.*

¶ Domini Titulares. Gall. *Seigneurs Titrés*, Viri nobiliores. Regula Toribii Archiep. Limæ inter Concil. Hisp. tom. 4. pag. 665. col. 1 : *Dum celebratur Officium in choro, nemo sæcularium illuc intromittatur præter Proregem, Gubernatorem, vel Auditores regios . . . Dominos Titulares aut horum filios, Prætorem ordinarium hujus urbis.*

¶ Dominus Vini, Cui vini cura incumbit in Monasterio B. Mariæ de Charitate, Gall. *Cavier, Vinier.* Constitutiones D. Valentini Prioris ejusdem Monasterii ann. 1416 : *Dominus vini stet et sedeat hora prandii juxta fenestram per quam ministratur vinum in refectorio.*

¶ Domini Urbis, Gall. *Les Messieurs de Ville*, Urbis Præpositus et Scabini seu Consules. Compendium jurium Universitatis Paris. fol. 15. v° : *Laudabilis est etiam consuetudo . . . licentiandos omnes. . . accedere . . . ad Dominos urbis.*

* Dominus Utilis, Prædii possessor, Practicis nostris, *Seigneur utile et profitable.* Charta ann. 1336. in Chartul. eccl. Lingon. ex Cod. reg. 5188. fol. 102. v°. : *Dominus utilis dictæ villæ* (de Martilleio) *consuevit percipere... quemdam redditum, qui vulgaliter appellatur les Tierces.* Et fol. 103. r°. : *Debet major prædictæ villæ Domino utili dictæ villæ imperpetuum omni anno in crastino festi Nativitatis Domini unum porcum.*

* Dominum Facere, Aliquem pro Domino habere, clientelam alicui profiteri. Charta ann. 1231. inter Instr. tom. 6. Gall. Christ. col. 446 : *Præcipimus universis et singulis firmiter observari, quod non faciant aliquem Dominum per homagium corporis et servitutis, quamdiu in dicta villa voluerint commorari.*

* **DOMIPOLA**, Idem quod *Hala* 1. Aula major et publica, ubi mercatores merces suas venum exponunt; vox hibrida, a Lat. Domus, et Gr. πωλῶ vendo. Lit. remiss. ann. 1358. in Reg. 86. Chartoph. reg. ch. 544 : *Cum Magnus Johannes, quadam die in Domipola villæ de Alneto, cum quibusdam amicis seu sociis suis causa solatii existeret, etc.* Charta pro abbat. S. Anton. prope Paris. ann. 1374. in Reg. 106. ch. 28 : *Quinquaginta quinque libratas.... supra quamdam domum sitam in Domipolis Parisius ante fontam facientem cugnum vici Johannis dicti Begue.*

¶ **DOMISEDA**, Quæ solitudinem amat et *domi sedet.* Inscriptio apud Fabrettum pag. 252 : *Hic sita est Amymone pulcherrima lanifica pia pudica frugi casta Domiseda.*

¶ **DOMISELLUS**, pro *Domicellus*, in Litteris Officialis Lemovicensis pro Monasterio Solemniacensi ann. 1261. et 1270.

DOMISTADIUM, Teutonice *Huystede*, quasi domus locus; *huys* enim est Domus, *stede*, locus, statio : ut *hoffstede* Villa, quasi *hobæ* statio. Chronicon Montis S. Agnetis pag. 149 : *Totam curiam suam cum Domistadio pauperculis delegavit.* [Charta anni 1269. apud Miræum tom. 1. pag. 773. col. 1 : *Partem terræ nostræ allodialis, prout sita est et adjacet Domistadiis eorum, juxta castrum nostrum apud Frigidum-montem a fine Domistudii . . . usque ad murum.* Charta anni 1485. ibid. pag. 786. col. 2 : *Donamus et conferimus pro Conventu in eo fundando castrum sive Domistadium in villa* *nostra de Wateringe cum omnibus pertinentiis et ædificiis infra fossatum extremum clausum.* Opus rarum Leodiensium apud Marten. tom. 4. Ampliss. Collect. col. 1373 : *Concusum fuit quod . . . de quolibet Domistadio solveretur unus scuferus.*]

¶ Domustadium, in Constitutione Ludovici Borbonii Episc. Leod. ann. 1466. in Bullario Carmel. pag. 282.

Domistatio, in Charta Henrici I. Brabant. Ducis, in Cod. Donat. Piar. Miræi pag. 321. 322 : *Concedo præfatis Regularibus Domistationes cum curtibus earum, quæ concluduntur inter plateam, etc.* Occurrit ibi pluries.

DOMITEXTILE. Testamentum S. Remigii apud Flodoardum : *Dono ei Domitextilis casulam subtilem, et aliam pleniorem.* Forte *Auritextilis.* [** German. *Hausgemachte Leinwand, Domi textus.* Adel. Forte legendum *Dono eidem i* (unam) *textilis casulam, etc.*]

DOMITIALIS, Domesticus. Herkempertus in Hist. Longobard. pag. 75 : *Domitialis res ablata est reddita.*

¶ **DOMITUR**, pro *Domitor.* Præceptum Theodorici Regis Gothorum ann. 508. inter Anecd. Marten. tom. 1. col. 1 : *Domituri orbis, præsoli et reparatori libertatis Senatui urbis Romæ Flavius Theodoricus Rex.* Sic col. 20. *Cultur* pro *Cultor*, et alibi non semel.

* **DOMITUS**, in Leg. Sal. tit. 3. cap. 5 : *Si quis vaccam Domitam, etc.* Ubi Codex Estensis habet, *Domesticam*, teste Murator. tom. 2. Antiq. Ital. med. ævi col. 287. *Doté*, eodem sensu, in Lit. remiss. ann. 1416. ex Reg. 169. Chartoph. reg. ch. 312 : *Simon Milet estoit sur une jument poulaine, dont il ne se povoit descendre, pour ce qu'elle n'estoit pas encores Dotée.* Leg. forte *Domtée.*

* **DOMMENARIUS**, *Dominii* seu prædii possessor, Gall. *Seigneur domanier.* Arest. ann. 1364. 15. Jun. in vol. 5. arestor. parlam. Paris. : *Dicto milite in contrarium proponente, quod ipse et Alyenor de Poissiaco ejus uxor, sunt veri Domini proprietarii et Dommenarii, terræ de Bouleria.* Vide supra *Dominicum* 3.

¶ **DOMNA.** Vide *Domnus.*

¶ **DOMNÆDIUS.** Vide *Dominædius.*

¶ **DOMNARE**, Latinis et Italis *Domare*, Gall. *Dompter* vel *Donter.* Jacobus de Voragine in Chronico Januensi apud Murator. tom. 9. col. 51 : *Ab illo tempore citra Januenses Pisanos sic terruerunt et Domnaverunt, quod usque nunc galeas super portum eorum tenent, quæ ligna aliqua illuc intrare prohibent.*

DOMNEARE, Italis *Donneare*, quasi *Doneggiare, Cortegiar e servir donne* : Cum *Domnis*, seu *Domicellis* versari. Grammatica Provincialis : *Doneiare, cum dominabus loqui de amore.* Concilium Albiense tom. 2. Spicilegii Acheriani can. 15. de Clerico : *Nec pro Domneando cum eis* (avibus venatoriis) *frequentet hospitia mulierum.* Concilium Mospeliense ann. 1214. cap. 2. apud Gariellum : *Nec frequentet curias, nec hospitia, vel colloquia mulierum, quod Domneiare vulgariter appellatur.* Ubi *Domuciare* perperam præfert ultima Conciliorum editio.

* *Domneiare* habet Codex MS. inter schedas Mabill.

¶ **DOMNICATUS.** Vide post *Dominicum* 3. sub finem.

¶ **DOMNICELLUS.** Vide *Domicellus.*

¶ **DOMNIDIUS.** Vide *Dominædius.*

¶ **DOMNIO**, [Domniono.] Vide *Dunjo.*

¶ **DOMNULA.** Vide post *Domnus.*

¶ **DOMNULUS**, Principis vel Domini filius. Vide *Heriles.*

DOMNUS. Apud Scriptores ævi medii venerationem præcipuam habere appellationem *Domni*, apice uno ex *Domini* voce rejecto, observarunt pridem viri docti, et tribui vulgo Ecclesiastica dignitate fungentibus ac vitæ Sanctitate insignibus. Ita passim Episcopis hanc tribuunt Gregorius Mag. Paulinus, Evodius, Fortunatus, Nicetius Trevir. Avitus Viennensis, Gregor. Turon. Ennodius, Ivo Carnot. et alii. [** Vide Murator. Antiq. Ital. tom. 2. col. 346. et Forcellinum voce *Dominus* in fine.]

Summis primum Pontificibus peculiarem fuisse appellationem contendit Onuphrius. Constantinus Pogonatus Imp. in VI. Synodo : Σάκρα δόμνῳ τῷ ἁγιωτάτῳ καὶ μακαριωτάτῳ ἀρχιεπισκόπῳ τῆς πρεσβυτέρας Ῥώμης. Fulco lib. 1. Gestor. viæ Hierosolymitanæ :

Prospiceret Domnus sapienti pectore Papa
Quid facto sit opus ?

Postea Abbatibus etiam et Claustralibus attributa *Domni* appellatio. Joan. de Janua: *Domnus et Domna, per syncopen, proprie convenit Claustralibus : sed Dominus Domina, mundanis.* Regula sancti Benedicti cap. 63 : *Abbas autem qui vices Christi creditur agere Domnus et Abbas vocetur.* Odilo in Vita S. Maioli : *Et ab omnibus Domnus et Abba honoratur.* At ex Casinensibus Constitutionibus ad hoc caput, aliis quoque Monachis communis erat : *Ex nostra consuetudine ad differentiam mendicantium Monachos nostros appellamus Domnos, sed affectu fratres. Juniores seniores suos Patres vocant, Abbas vero juxta Regulam Domnus et Abbas, non Dominus appellatur.* Et certe constat, Benedictinis, Cartusiensibus, et Cisterciensibus Monachis hanc vulgo etiamnum tribui appellationem : tametsi quod ad Cartusienses spectat, id in Statutis antiq. part. 2. cap. 32. §. 25. potissimum caveatur, *ut nulli prælati aut subditi Domini appellentur.* Et alibi : *ut moniales* (ejusdem Ordinis) *non vocent se Dominas, sed sorores.*

* Hanc appellationem summis pontificibus promiscue et episcopis in eodem instrumento tributam fuisse observare est in Charta Lamb. Abbat. Laub. ex Chartul. Clarifont. ch. 9 : *Actum anno 1148. incarnat Domin. Domno Eugenio pontifice summo concilium universale Remis celebrante, Domno Henrico Leodiensium et Domno Nicolao Cameracensium præsulibus, Conrado imperatore et Ludovico Francorum rege de paganis triumphantibus.* Verius dixisset a paganis profligatis et expulsis, ut norunt omnes historiæ horum temporum studiosi. Ubi notandum præterea concilium Remense appellari *universale*, tametsi pro œcumenico nusquam habitum fuerit, quod huic 1100. prælati ex Gallia, Hispania et Anglia interfuerunt, præsidente Eugenio III. Papa.

Sunt qui putant, atque in iis Belethus de divinis offic. cap. 25. et Molanus lib. 3. de Canonicis cap. 15. Monachos et Abbates abnuisse nomen *Domini*, quod soli Deo competit : *Domni* vero haud recusasse, quod subordinationem quamdam respectu superioris Domini denotaret. Auctor Græcismi :

Cælestem Dominum, terrestrem dicito Domnum.

Gloss. Lat. Gallic. : *Dominus, Sires. Domnus, Siret.* id est, Domicellus, seu minor Dominus. Observat præterea Baronius ann. 416. n. 23. Evodium in libro de Mirac. S. Stephani clarissimis viris et feminis *Domni* et *Domnæ* nomen dare ; cum vero de Deo loquitur, non *Domnum*, sed *Dominum* appellare, *ut*, inquit, *appareat usu loquendi, vocem Dominum tribui solitam Deo tantum, Domnum vero communem sanctis, vel clarissimis viris ac mulieribus.* Lactant. lib. 4. Divin. Instit. cap. 3. 4 : *Solus Dominus nuncupandus, qui regit, qui habet vitæ ac necis veram et perpetuam potestatem.* Certe id videntur observasse Franci nostri, qui discrimen posuere inter *Dame*, et *Dan, Dans*, et *Dant* : nam *Dame* vocabulum, quo Dominum denotabant, soli Deo, quem *Dame Dieu*, seu Dominum Deum indigitabant : *Dan* vero appellabant quosvis aliqua dignitate insignes. Le Roman *de Garin* :

Grandes miracles fit Dames Dex par lui.

Guill. *Guiart* :

Se Dame Dieu n'eust
A Richart mué son corage.

Chronicon Bertrandi Guesclini MS. :

Et jura Dame Dieu, qui maintte firmament.

De usu vocis *Dan*, sic Le Roman *de Garin* :

En fuerre est alez Dans Auberis.

Alibi :

Et maintefois Dant Girord desconfit.

¶ Pro hodierna Monachi appellatione Gallica *Dom*, legimus *Damp* in Instrumento anni 1408. ex Chartulario S. Vandregisili tom. 2. pag. 1742 : *Damp Beram de l'Epinette Segretain* (Sacristain) *Damp Jehan du vol Garnier Religieux dudit lieu.* Vide *Dompnus* suo loco.

Domnos etiam peculiari appellatione donari solitos olim Franciæ Reges, auctor est Landulfus Sagax : *Genti Francorum moris est Domnum, id est Regem, secundum genus principari.* Rabanus Maurus ad Othgarium : *Reges nostri propter excellentiam commune nomen Domini, sive Domni effecerunt suum.*

Domna, Eadem ratione pro *Domina.* Commodian. Instr. 59 :

Matronas vis esse, Christiana, ut sæculi Domnas
Auro te circundas, aut serica veste, pudica.

Gregorius M. lib. 6. Epist. 27 : *Gloriosissimas autem filias meas Domnam Dominicam, et Domnam Eudochium vice mea salutato.* Fortunatus lib. 6. Poem. de Brunechilde Regina :

. . . . Quis crederet autem
Hispanam tibimet Domnam Germania nasci.

Bondovinia lib. 2. de Vita S. Radegundis Reginæ cap. 5 : *Intrat in Monasterium in Oratorio Domnæ Mariæ.* Apud Gregor. Turon. lib. 9. cap. 20 : *Domna Brunechildis.* In nummis Juliæ Severi uxoris, *Julia Do-*

mna Aug. Ἰουλία Δόμνα Σεϐ. et Δόμνα Σεϐ. Αὐγοῦςα, apud Adolph. Occon. Δόμνα dixit etiam Oppianus lib. 1. Cynegetic. *Dominas* appellatas Magnatum uxores testatur Salvianus lib. 7. de Gubern. Dei : *Cogitat forte aliquis, non ita ad plenum esse ut loquor, habuisse enim illic matres familias jus suum, et Dominarum honorem potestatemque tenuisse.* S. Fulgentius Epist. 2 : *Quæ cum sit avis abavisque nata Consulibus, et deliciis regalibus enutrita, tanta illi est humilitas dono gratiæ cælestis infusa, ut amore subjectionis et usu serviendi, Dominam se aliquando fuisse jam nesciat, cum omnes Dominos habere delectatione sanctæ servitutis affectat.* Vide S. Hieronymum Epist. 23. cap. 2. et Epist. 99.

Domnæ dictæ etiam Sanctimoniales. Ugutio : *A Dominus vel Domina, hic Domnus et hæc Domna per syncopen, et proprie convenit claustralibus, sicut Dominus vel Domina mundanis.* Vide *Domina.*

Domnula, diminutivum a *Domna.* Salvianus in Epistola ad Hypatium : *Illa ergo vestra Palladia, vestra Gracula, vestra Domnula : cum qua his tot vocabulis quondam indulgentissima pietate lusistis, quæ vobis per varia nomina nunc fuit mater, nunc avicula, nunc domina : cum esset scilicet unum vocabulum generis, aliud infantiæ, tertium dignitatis.*

¶ Domni Ordinis, *Tenentes et regentes Conventum*, uti habetur in Constitutione Domni Valentini Prioris B. Mariæ de Charitate ann. 1416. Non semel memorantur ibi *Domni Ordinis*, vel *Domini* de quibus jam supra.

¶ **DOMO-COLTILIS.** Vide in *Domus* 2.

¶ **DOMO-CULTILIS**, Eadem notione. Vide locum in *Tectora.*

¶ **DOMPJONUS.** Vide *Dunjo.*

¶ **DOMPNUS**, pro *Domnus.* Necrologium MS. S. Martialis Lemovic. v. : *Id. Aug. obiit Dompnus Albertus Abbas.* Vide Formulare Anglic. Thomæ *Madox* p. 11.

* Nude, apud Militares religiosos, idem atque *Commendator ;* quæ nomenclatura etiamnum perseverat in hospitali, vulgariter dicto *Domerie d'Aubrac*, cujus præpositus *Domnus* nuncupatur. Charta ann. 1326. in Reg. 64. Chartoph. reg. ch. 479 : *Religiosus et venerabilis vir frater Bernardus de Senareto Dompnus Alti Braci.... Nobilis et religiosus vir dominus Bernardus Chati, miles Ordinis Beatæ Mariæ de Alto Braco Ruthenensis diocesis, ut procurator, yconomus sive syndicus dictæ domus de Alto Braco, domini Dompni et conventus ejusdem..... Religiosus vir frater Johannes Caslaris, ut syndicus hospitalis de Alto Braco Ordinis S. Augustini Ruthenensis diocesis.... pro dicto hospitali ac domino Duranto permissione divina Dompno dicti hospitalis.* Quoad discrimen vero inter voces *Domini* et *Domni*, consule Sirmond. ad Godefred. Vindocin. abb. Vide *Dominus* 4.

* **DOMPTOR**, Domitor, defensor, Ital. *Domatore*, Hisp. *Domador.* Sent. P. archiep. Narbon. ann. 1179. inter Probat. tom. 3. Hist. Occit. col. 148 : *Quicunque prædictis malefactoribus, seu conductoribus, vel Domptoribus, vel fautoribus... aliquo pacto tenentur adnexi, etc.*

DOMUCIARE. Vide *Domneare.*

* **DOMUICOLTILIS.** Vide *Domus* 2.

* **DOMUNCULA** Portatilis, Tabernaculum, tentorium, Gall. *Tente*, in Instr. ann. 1453. apud Matth. de Couciaco in Hist. Caroli VII. pag. 662 : *Acta fuerunt hæc in compis, in exercitu dicti illustrissimi principis, prope castrum de Gaure, in Domuncula portatili ipsius domini Ducis* (Burgundiæ).

** **DOMUNCULARIS.** Vide *Census Domuncularis.*

¶ 1. **DOMUS**, *Equus, dictus, quod sit color ejus de asino, id est, cireneus, et sunt agrestis generis.* Papias in MS. Eccl. Bitur. *Cireneus* est pro *Cinereus* et *Domus* pro *Dosius.* Vide *Dosinus.*

2. **DOMUS.** *Domus culta*, Prædium domo ad commanendum colonis apta instructum : nos *Ferme*, vocamus. Anastasius in Zacharia PP : *Hic Domum cultam Lauretum noviter ordinavit, adjiciens et massam Fontelanam.* Ibidem : *Hic massas, quæ vocantur Antons et Formias suo studio jure B. Petri acquisivit, quas et Domos cultas statuit.* Stephanus PP. in Epist. ad Pipinum : *Omnes Domos cultas B. Petri igni combusserunt.*

Domoculta, unica voce. Vita Ludovici Pii Imper. ann. 815 : *Prædia omnia, quæ illi Domocultas appellant, et noviter ab eodem Apostolico instituta erant, . . . diripere conati sunt.*

Domus Cultilis, Charta Ludovici Imper. Lotharii F. ann. 14. in Tabular. Casauriensi : *Id est, curtem unam, Domum cultilem juris nostri, quam habere vel possidere visi sumus.* Occurrit in alia Henrici I. Imp. apud Baronium ann. 1014. n. 9. et apud Ughellum tom. 3. pag. 32. 416. tom. 4. pag. 625.

¶ Domocoltilis, Leges Ludovici II. Imper. [** Additam. 2. cap. 9.] apud Muratorium to. 1. part. 2. pag. 160. col. 2 : *Statuimus de decimis... si est in sua proprietate, habeat, sicut in Capitulare constitutum est, ipsam decimam de suo Domo-coltile rebus in ea dem Ecclesia concedimus.*

* Domuicoltilis. Charta ann. 1033. apud Murator. tom. 1. Antiq. Ital. med. ævi col. 15 : *Una cum rebus, Domuicoltile, sive casis massariciis;... vel per ceteris locis, ubicumque esse videntur ad ipsis cortes et castris, seu capellis et casis massariciis et rebus, Domuicoltiles pertinentibus in integrum, etc.*

* 3. **DOMUS**, Bona, facultates. Charta ann. 1160. apud Murator. in Antiq. Estens. pag. 297 : *Welfo Dei gratia dux Spoleti, marchio Tusciæ, princeps Sardiniæ, dominus Domus comitissæ Matildis, etc.* Alia ann. 1166. ibid. pag. 299 : *Ego Welfo.... totius substantiæ comitissæ Matildis dominus, etc.* Vide *Substantia* 5.

* 4. **DOMUS**, Curia suprema, *parlamentum.* Joan. de Cardalhaco Orat. in exequiis Clem. VI. PP. et exaltat. Innoc. VI. ejusd. success. : *Ipse* (Innocentius) *est dominus magnæ experientiæ in temporalibus et ecclesiasticis, quia fuit in Domo Franciæ bene per quindecim annos. Curia Franciæ* nuncupatur in Ch. ann. 1307. Chron. Joan. Whethamst. pag. 324 : *Cujus tractatus in temporibus inferant quamplures billas suas in Domum inferiorem inter Communes.* Et pag. 325 : *Ut procuraret primo provisionem congruam billæ dictæ infra Domum illam consui, deinde ipsam apportari ad Domum superiorem, ut ibidem tam per dominum regem, quam eciam per singulos dominos alios approbari.*

* 5. **DOMUS**, Ipsius vasa et utensilia. Charta ann. 1187. in Chartul. S. Joan. Laudun. ch. 95 : *Quod si ipse aut aliquis successorum ejus alibi ad habitandum voluerint transmigrare, Domos suas licebit eis asportare.*

* 6. **DOMUS**, Tumulus honorarius, pegma funebre, vulgo *Catafalque.* Testam. Alis de Britan. ann. 1369 : *Ne viel pas que entour mon corps l'en face Meson, ne carrie, ne roubans, ne cointize quelle que soit.*

** 7. **DOMUS**, Idem quod *Curtis*, Prædium. Vide Mœser. Hist. Osnabr. sect. 4. § 7. not. d. et supra *Domus*, 2.

** Domus Animarum, Nosodochium, hospitale egenorum. Vide Haltausii Gloss. Germ. voce *Seel-hauss*, col. 1669.

¶ Domus Altaris, f. *Ciborium*, seu Umbraculum excelsum et concameratum, et præaltis quatuor columnis suffultum, quo totum altare tegebatur. Fulcuinus de Gestis Abbatum Lobiensium, Spicil. Acher. tom. 6. pag. 579 : *Cujus altaris tabulam, quia nulla erat, fecit argenteam, Domum ipsam altaris et laquear ipsius optime pinxit.*

* Domus Ad Balma, Ecclesia, quæ vulgo nuncupatur *La Ste. Baume.* Charta ann. circ. 1050. ex Tabul. S. Vict. Massil. : *Vinea ista habet ab occidente Domum, quæ dicitur ad Balma.*

* Domus Bassa, Humilis, vel Cohors, Gall. *Bassecour.* Charta ann. 1358. inter Probat. domus *de Gondi* pag. 157 : *Item unum palatium magnum cum columbari et cella et curia et una Domo bassa, et casolare.*

* Domus Boveria, Prædium rusticum. Charta ann. 1388. in Reg. 135. Chartoph. reg. ch. 88 : *Unam Domum boveriam seu grangiam, sitam in parrochia de Vessieres, cum uno furno, uno molendino, etc.*

Domus Capitanea. Vide *Caput mansi.*

** Domus Cartarum, Archivum. Gesta Abbat. Fontanell. ap. Pertz. vol. Script. 2. pag. 296 : *In medio autem porticus, quæ ante dormitorium sita videtur Domum Cartarum constituit.*

Domus Dei, Templum, Ecclesia. Optatus lib. 3 : *Quando nec sepultura in Domo Dei exhiberi concessa est.* Zeno Veron. Serm. de Psalm. 126 : *Conventus Ecclesiarum, sive templi, quos ad secretam Sacramentorum Religionem ædificiorum septa concludunt, consuetudo nostra vel Domum Dei solita est nuncupare, vel Templum.* Οἶκος τοῦ Θεοῦ, in Concilio Laodiceno can. 6. 28. et in Concilio Gangr. can. 5. Adde Carthaginense IV. can. 91. 92. Forojul. can. 1. Meldense ann. 845. can. 35. etc.

Domus Dei, ipsa Ecclesia et religio Christiana. Lucifer Calaritanus lib. 1. pro S. Athanasio pag. 22 : *Maxentius, Nero, et cuncti illi persecutores Domus Dei, etc.* Infra pag. 67 : *Noli, Constanti, cum Arianis pugnare contra Domum Dei.* Rursum : *Domus etenim Dei est Ecclesia, in qua est inhabitans Dominus.*

¶ Domus nude etiam aliquando dicta

est Ecclesia. Jacobus Cardinal. in Vita S. Petri Cælestini :

Deducunt, quoad alta Domus plateasque subintrant.
Ast sacer interna præstolans parte theatri
Hinc cœtus processit iter, longumque per aulam
Egreditur, qua parte Domus fastigia parvum
Extendunt scalæ spatium, quod sedibus instat.

Translatio S. Floriani Martyris, Maii tom. 7. pag. 575. col. 2 : *Istud est corpus gloriosissimi Martyris S. Floriani, quod inventum fuit in altari sub suo nomine intitulato die* XIV. *Martii* MCCCCXXV. *quod certificatur per tabellam suprascriptam, repertam in fundo cassæ, in qua corpus reconditum erat, in præsentia venerabilis viri Archipresbyteri, et Sacristæ Domus, et D. Abbatis et omnium Monachorum, etc.* Italis, *Domo*, ut et Germanis, *Dom*, Ecclesia principalis appellatur. *Domus S. Petri*, Ecclesia Cathedralis Trevirensis sub nomine S. Petri consecrata apud Evervinum in Vita B. Symeonis Monachi ; simili modo *Domus S. Petri*, pro Cathedrali Coloniensi, apud Conradum Mon. in Vita B. Wolphelmi Abb. cap. 15.

¶ Domus S. Benedicti, Ecclesia sub nomine S. Benedicti Deo consecrata, in vetusto Ordine Officii divini *ante Pascha*, quem exhibet Mabillonius Analect. tom. 4. pag. 454.

¶ Domus Dei, Gall. *Hôtel-Dieu*, Nosodochium vel Nosocomium, ubi recipiuntur et aluntur pauperes ægroti. Index MS. Beneficiorum Eccl. et Diœc. Constant. fol. 6 : *Domus Dei Constantiensis percipit duas partes garbarum.* Litteræ Caroli VI. Franc. Regis ann. 1385. adv. Cardinales, qui fere omnia regni obtinebant beneficia in Anecdotis Martenianis tom. 1. col. 1615 : *Volumus.... quod statim atque aliquem Episcopum regni nostri, vel Abbatem seu Priorem, aut Orphanotrophum, seu Domus Dei vel hospitalis administratorem.... ab hac luce migrare continget, dictus Præpositus Parisiensis, aut Senescallus, vel Ballivus seu ejus Locumtenens, in cujus Præpositura, Senescallia, aut Baillivia bona ex decessu talis decedentis relicta reperta fuerint, illa realiter et de facto ad manum nostram apponat, si per Executores aut hæredes ipsius Episcopi mortui, aut per Religiosos Conventuum, Monasteriorum, aut Fratres hospitalium vel Domorum Dei, requisitus fuerit, aut si, etc. Si hospitale, sive Domus Dei,* apud Rymerum tom. 10. pag. 111. col. 1. Charta Johannis Domini de Doyaco pro Monialibus infirmariis B. M. de Fontanis ann. 1249. ex Archivo ejus Ecclesiæ : *Juxta nemus Domus Dei de Rameia, quod olim bonæ memoriæ Dominus Matthæus de Doyaco Miles avunculus meus religiosis Monialibus Infirmariis Ecclesiæ B. M. de Fontanis... in puram dedit eleemosinam.*

Domus Diruta vel Condemnata. Vide *Condemnare.*

¶ Domus Domestica, Propria, tit. 37. Capitul. Caroli Calvi cap. 12.

¶ Domus Dominica. Vide *Domus Spiritualis.*

Domus Episcopi. Vide *Episcopium.*

Domus Ecclesiæ. [* Gregor. Turon. Hist. lib. 2. cap. 23 : *Præparato epulo, jussit* (presbyter) *cunctos cives in Domo ecclesiæ invitari.*] Vide *Episcopium.*

Domus Fidei, ipsa Ecclesia et religio Christiana. S. August. Epist. 75 : *Quoniam ipse in Domo Fidei justius flagitabat fidem debere servari, ne ibi frangeretur, ubi docetur.* Hinc *Domestici fidei*, qui ex Ecclesia et in Ecclesia sunt, Fideles. Vide in hac voce.

¶ Domus Fortis, id est, Munita. Occurrit pluries in Regesto 87. Chartophylacii Regii. Vide *Fortis Domus.*

* Domus Inædificata, Locus domui ædificandæ aptus. Stat. Montispessul. ann. 1204 : *Item ponitur quod si emitur Domus inædificata, datur quinta pars pretii domino pro consilio...... Quicumque comparat Domum vel solum forte inædificatum in Montipessulano, etc.*

* Domus Justitiæ, Ubi jus dicitur. Pactum inter Roger. episc. et cives Camerac. ann. 1185. ex Tabul. Camerac. : *Ceterum si memorati stalli vel bigæ sus pro forefacto capiantur, ad Domum justitiæ deferentur; sed nisi per præpositos non reddentur.*

* Domus Karitatis, vulgo *Maison de charité*, In qua erga pauperes charitatis officia exercentur. Libert. castri de Cutsiaco ann. 1333. in Reg. 69. Chartoph. reg. ch. 54 : *Bernardus Giraudi, Alguerius Salas, etc. electi per sindicos universitatis hominum castri de Cutsiaco, congregati in Domo karitatis communis universitatis prædictæ, ubi moris est infra castrum congregari.*

¶ Domus Liberationis Avenione, Domus in qua pauperibus quotidie distribuebatur panis, ob cujus panis figuram prædicta domus *Pignota* etiam dicta est. Memoratur in Instrumento anni 1335. ex Histor. Delphinali quam consule tom. 2. pag. 294.

¶ Domus Necessaria, Latrina, seu Locus ad *necessariam* ventris exonerationem accommodatus. Antiquæ Consuetud. Canonicor. Regular. inter Anecd. Marten. tom. 4. col. 1224 : *Intrantes vero Domum necessariam, quantum possunt abscondant vultus suos in capitiis suis. Domus necessaria in longum septem* (habebat *tesias*) *in latum sex*, in Charta Iterii Domini de Tociaco pro Monaster. de Rupibus ann. 1211.

¶ Domus Patrua, f. Principalis, inde sic dicta quod sit quasi Parens inferiorum : Galli dicimus *Chef d'Ordre*, ubi de prima Monachorum domo agitur. Testam. Jacobi Arrag Regis ann. 1272. in Anecd. Marten. tom. 1. col. 1143 : *Item* (legamus) *operi Fratrum Pœnitentiæ Jesu Christi Domus patruæ ducentos Morabatinos.* Vereor ne sit nomen proprium.

* Passim occurrit in Chartis xvj. sæc. pro Domo paterna, apud Provinciales, quibus vernacule dicitur *Oustau peiroulau*, Catalanis *Ostal peiroal.*

Domus Pensilis. Eucherius Lugdunensis in Epistola ad Phylonem Presbyterum : *Hoc tamen peto ab ipso fratre nostro, ut Domum pensilem, quam jussimus fieri, nobis præpararet, et membranas.* Columella lib. 12. *Pensile horreum* dixit, repositorium sublime et editum. *Cameram pendentem*, Sidonius lib. 2. Epist. 2. Κρεμάσους περιβόλους, Palladius in S. Chrysostomo cap. 13. κρέμασον κῆπον, Manuel Chrysoloras in Epist. edita post Codini Orig. Constantinop. pag. 127. *Pensiles horti* olim Thebis Ægyptiis memorabiles. *Domos* vero *pensiles*, quæ pontibus inædificatæ sunt, appellavit auctor Vitæ S. Leobini Episcopi Carnotensis num. 15. de Lutetia Parisior. : *Ignis exiliens Domos pendulas, quæ per pontem constructæ erant, exurere cœpit.*

¶ Domus Pie Doce. An Schola sic dicta, quod ibi *pia* et ad salutem necessaria doceantur? *Domus quæ est intra Domum pie doce et Domum Hunfredi Ausberge*, in Instrumento anni 1224. ex Chartulario S. Vandregesili tom. 1. pag. 1012. Vereor et hic ne sit nomen proprium.

* Haud dubie cognomentum hominis, vulgo *Pied-d'Oye. Lambertus Pesaucæ*, in Charta ann. 1125.

* Domus Pietatis, Xenodochium pauperum, quale Parisiis exstat, vulgo dictum *La Pitié*, quod B. Virgini imaginem Crucifixi super genua tenenti dedicatum sit. Consuet. de Trya ann. 1325. in Reg. 64. Chartoph. reg. ch. 54 : *Item quod consules et universitas dictæ villæ possint construere .... in dicta villa... duas Domos pietatis, ... in quibus pauperes Christi recipiantur.*

* Domus Quadrata, Ex quadratis saxis constructa. Charta ann. 1230. in Chartul. eccl. Lingon. ex Cod. reg. 5188. fol. 198. v°. : *Ego Girardus de Montigueio miles notum facio, ... quod cum venerabilis pater et dominus episcopus Lingonensis haberet medietatem per omnia in situ Domus meæ petrinæ et quadratæ, etc.* Vide *Quadratarii.*

Domus Regis, Curia. Leges Henr. I. Regis Angliæ cap. 80 : *Domum Regis dicimus, ubicunque in regione sua sit, cujuscumque feudum, vel mansio sit.* Ludovicus VII. Rex Francor. apud Thwroczium, dicebat, *Domum Regis esse quasi Ecclesiam.* Vide Notas nostras ad Cinnamum pag. 450. [et tom. 2. Capitul. Baluzii col. 1150.]

¶ Domus Religiosa, Monasterium, Gall. *Maison Religieuse.* Occurrit apud Rymer. tom. 10. pag. 803. et alibi.

¶ Domum Revocare, in Vocabulario Juris utriusque *est Dicere te non debere litem pati eo loco quo conveneris ; sed ibi ubi Domum habes. Unde Legatus qui mittitur Romam, vel vocatur a Principe pro necessitate vel utilitate Reipublicæ non tenetur tunc ibi respondere, sed habet jus revocandi Domum.*

¶ Domus Spiritualis. Regula S. Pachomii inter Acta SS. Maii tom. 3. pag. 346 : *Nemo in Domo spirituali comedat, sed potius in dominica, vel in Monasterio ejusdem fidei.* Postremum hoc addi videtur, inquit Editor, propter Monasteria Arianorum vel Origenistarum, quæ non potuerunt iis temporibus defuisse, maxime si Monasterium intelligas in prima ac propria significatione, in quo unus aliquis solitarius degit; vel duo tantum simul : quæ autem *Spiritualis*, quæ *Dominica Domus* dicatur, non facile est divinatu. Fortassis *Dominica* dicitur hospitium seu diversorium publicum, ad Domini, puta Cæsaris, jus pertinens; *Spiritualis* autem locus aliquis deliciosus, liberum aerem undique admittens, nec satis clausus honestati. Hæc vir doctissimus. Mallem *Dominicæ* nomine Catholicam Ecclesiam seu Religionem intelligere, ut *Domus Dei* paulo superius explicata est ; *Spiritualis* vero hæreticam Domum. Fuerunt ante id tempus hæretici, qui se jactarent *Spirituales*, orthodoxos vero *Psychicos* appellarent, ut de Valentinianis expresse docet Irenæus adv. Hær. Valentini lib. 1. cap. 1.

¶ Domus Terranea, f. Tugurium terra et luto constructum, domuncula rustica. Gregorii Monachi Chronic. Farfense apud Murator. tom. 2. part. 2. col. 536 : *Et dedit in supradicto sancto Adriano portionem Leonis, et in regione quæ vocatur Vicus Patricii Domum terraneam cum curticella, et in fundo Lippiano vineam ordinum* xc.

Domus Turrales, Turribus instructæ, in Chronic. Willelm. Nangii ann. 1226.

* Domus Venerabilis, Xenodochium, ubi pauperes curantur et aluntur. Charta Henr. IV. imper. ann. 1118. apud Murator. tom. 3. Antiq. Ital. med. ævi col. 579 : *Præceptum, quod appellant bannum, emisit super Domo venerabili, hoc est, ospitali, quæ constructa est juxta Renum in curte Marchionis, ut in omnibus rebus, quas comitissa Matildis eidem venerabili Domui largita erat,.... ab omni injuria permaneant inlæsa.* Vide supra *Domus karitatis.*

¶ **DOMUSTADIUM.** Vide *Domistadium.*

1. **DONA.** Capitulare Caroli M. ann. 807. cap. 3. edit. Baluzianæ : *Omnes itaque fideles nostri Capitanei cum eorum hominibus, et carra sive Dona, quantum melius præparare potuerint, ad condictum placitum veniant.* Capitul. Caroli Calvi tit. 43. sub fin. [** Convent. Cariac. ann. 877.] : *Dedit omnibus licentiam cum Dei gratia et sua redeundi ad propria, exceptis his, quos specialiter pro specialibus causis considerandis, vel pro Dona liberanda secum aliquantis diebus manere præcepit.* [Vide *Donum* 2.]

2. **DONA**, Gall. *une Donnée*, hoc est, Donatio et distributio, præsertim illa, quæ publice fit pauperibus. Testamentum Beatricis de Sabaudia Comitissæ Provinciæ ann. 1263 : *Volo, quod fiat generalis Dona sive distributio ter in singulis septimanis omnibus pauperibus. Garandir la Donne*, in Consuetudine urbis Insulensis art. 59. i. Donum a se factum in se recipere.

* Testam. Burgond. de Podio-luper. ann. 1350 : *Item volo et ordino quod incontinenti post dictum meum cantare, fiat una Dona de pane, vino et carne in dicto castro pauperibus Christi amore Dei, et cuilibet volenti accipere, detur elemosina usque ad valorem quatuor denariorum.* Aliud Girinidonati de Coquiriaco, dom. *de Peisselay* in Bellijoc. pago ann. 1438 : *Testator vult die suæ sepulturæ erogari Christi pauperibus unam Donam debite notificatam per octo dies in ecclesiis parochialibus, distantibus hinc et hinc a villa Laii tribus leucis, et cuilibet Christi pauperi ad dictam Donam venienti dari et erogari valorem salis duorum obolorum regiorum semel, et etiam eis distribui die ejus Donæ in pane viginti asinatas siliginis mensuræ Laii.*

DONALE, pro *Donum*, Donativum. Rigordus ann. 1201 : *Potentioribus imperii per multa et magna Donalia sibi ascitis.*

* **DONALIA**, Donationis Charta. Chartul. Bituric. fol. 161 : *Facta Donalia ista in mense Julio.* Vide *Donale.*

* 1. **DONARE**, Prætio dare, vendere. Charta ann. 1150. ex Cod. reg. 5132. fol. 106. v°. : *Et solebat abere comes* (Barchinonensis) *in isto honore tabernam cum vino, quod ibi Donabat.* Vide *Donum* 2. [** Germanis *Schenken* etiam est *Potulenta vendere.* Adel.]

* 2. **DONARE**, Terminari. Charta ann. 1035. ex Tabul. S. Vict. Massil. : *Pergit de alio fronte usque in area decimaria, et usque in via subtus crota, et girat super viam usque ad vineam S. Mariæ, et postea flexit se super perecium, et Donat usque in viam quæ venit de Frejurio.* Sed leg. fortassis *Durat.*

¶ **DONARIA**, f. Idem quod *Donum* 2. Charta Richardi Regis Angliæ ann. 1192. pro Fundatione Monasterii Sarmaciæ Ord. Grandimontensis inter Anecd. Marten. tom. 1. col. 647 : *Acquisitiones factas et faciendas teneant* (Grandimontenses) *aut tenere faciant ad arbitrium suum, videlicet decimas, homines, domos, terras, nemora, prata, vineas, latomias, pressorias, aquas, molendina, usagia et pascua, pasnagia, Donarias et hujusmodi in puram et perpetuam eleemosynam perenniter, plenarie, pacifice, libere, quiete.*

* **DONARIUM**, Oblatio, quæ a fidelibus fit in esculentis aliisve rebus. Charta Raynaldi archiep. Rem. ann. 1125. in Chartul. Cluniac. fol. 200 : *Sæpefato presbitero concessum est, ut singulis Dominicis de missæ celebratione ex communi oblatione panem, vinum et Donarium, medietatem quoque oblationis parrochianorum ad beneficium presbiteratus pertinentium habeat, reliqua omnia sint monachorum.*

¶ 1. **DONARIUS**, f. pro *Denarius*, qui idem sit ac *Decanus* 3. Minor judex qui jus dicebat per *Decanias*. Præceptum Caroli Calvi apud Acherium Spicil. tom. 8. pag. 349 : *In nomine sanctæ et individuæ Trinitatis. Carolus gratia Dei Rex, omnibus Episcopis, Abbatibus, Ducibus, Comitibus, Vicariis, Centenariis, ac Donariis, Missis nostris discurrentibus, vel cæteris Fidelibus sanctæ Dei Ecclesiæ.*

* 2. **DONARIUS**, Qui donatus est re aliqua, f. pro *Donatarius*, Gall. *Donataire*. Charta ann. 1466 : *Renunciaverunt.... juridicenti donationem seu cessionem factam ex causa ingratitudinis posse et debere revocari, si post eamdem donanti Donarius fuerit ingratus.* Vide mox *Donatarius.*

* Aliud vero sonat vox Gallica *Donaires* in Gest. Ludov. Pii cap. 13 : *En te tens maismes vindrent ausi noveles à cort que Théodores secrétaires de l'église de Rome et Léons Donaires estoient occis.* Ubi idem quod Notarius, ut colligitur ex Vita ejusd. imper. cap. 37. unde hæc desumta sunt : *Sub hoc tempore perlatum est imperatori, Theodorum primicerium sanctæ ecclesiæ Romanæ et Leonem nomenclatorem luminibus privatos ac deinde decollatos. Leon doneor*, eodem sensu, in iisd. Gest. cap. 12. Vide in *Nomenclator.*

¶ 1. **DONATA**, Soror laica inter Moniales, ut *Donatus* inter Monachos. Testamentum Armandi *d'Alegre* ann. 1263. inter Anecdot. Marten. tom. 1. col. 1117 : *Moniales seu Donatas dictarum domorum de Camps et de Chezis.* Fundatio Monasterii Saletarum Ord. Cartusiensis ann. 1299. Hist. Dalphin. tom. 2. pag. 92. col. 1 : *Possint mulieres nobiles et innobiles in Conversas seu Donatas recipere; dummodo dicto Monasterio tales et tantos redditus perpetuo assideant, unde commode sine damno dicti Monasterii valeant, quandiu vixerint, sustentari. Donatas* iterum memorat Buschius de Reformatione Monasteriorum, apud Leibnitium tom. 2. Scriptor Brunsvic. pag. 896. Vide *Donati* 2.

¶ 2. **DONATA**, Spuria. Catherina *naturalis* filia Humberti Delphini pluries *Donata* vocitatur in ejus Tractatu matrimoniali ann. 1337. Hist. Dalphin. tom. 2. pag. 329. et 330. Vide *Donati* 1.

¶ **DONATA Terræ**, mendose scriptum pro *Bonata terræ*, Modus agri. Vide post *Bunnarium.*

* **DONATARIUS**, ut supra *Donarius* 2. Lit. Phil. VI. ann. 1343. in Reg. B. 2. Cam. Comput. Paris. fol. 91. v°. : *Mandamus vobis quatenus si aliquem Donatarium vel aliquos Donatarios ad vos.... accedant, requirentes se in possessionem vel saisinam alicujus vel aliquorum per nos vel alium nostro nomine sibi donatorum, induci in possessionem vel saisinam, etc.* Occurrit præterea in Lit. ann. 1373. tom. 5. Ordinat. reg. Franc. pag. 656. art. 2. in Stat. Cadubrii cap. 42. et alibi passim. Vide *Donatorius.*

* **DONATELLUS**, Italis *Donadello*. Chron. Patav. ad ann. 1282. apud Murator. tom. 4. Antiq. Ital. med. ævi col. 1149 : *Et multi presbyteri, clerici et religiosi fuerunt occisi in Padua et Paduano districtu, quoniam tunc fuit per commune Paduæ stabilitum et scriptum in quodam parvo volumine, quod vocabatur Donatellus, quod pro homicidio commisso in persona alicujus ecclesiasticæ personæ, condemnari debeat homicida in uno solo denario Veneto grosso.*

1. **DONATI**, in quibusdam provinciis Nothi ac Spurii appellati. Descripsit Duchesnius in Delphinis Viennensibus Chartam Humberti Delphini ann. 1351. in qua ait, se Amedeum. *Donatum* suum, ad ordinem Militarem promovisse, etc. [*P. de Lucingio Donatus et filius naturalis Melincti de Lucingio*, in Tractatu matrimonii ann. 1337. Hist. Dalphin. tom. 2. pag. 329. Eadem notione occurrit in Charta Dumbensi.] Joan. *de la Gogue* in Histor MS. Principum *de Deols*, in Biturigib. : *Et avoit en son hoste un sien Donné et advoué, dit le Bastard de Chauvigny.*

* Testam. Franc. de Bellovid. ann. 1477. in Reg. 3. Armor. gener. part. 2. pag. xviij : *Item dat et legat idem dom. testator nobili Margaretæ Donatæ dicti condam dom. Veracevi, ... pro ipsa maritanda, videlicet centum scutos auri novos regios... Item dat et legat nobili Elenæ alteri Donatæ etc.* Testam. Sibueti de Viriaco ann. 1491. ibid. pag. xx : *Item dat et legat pro semel.... nobili Philippo ejus Donato, ultra sibi data in contractu matrimonii ipsius Philippi, videlicet centum florenos monetæ parvæ.* Aliud ann. 1503. ibid. pag. xliv : *Guillelmus de Pratocomitali canonicus ecclesiæ collegiatæ S. Crucis Montilii Adhemari... relinquit Rolando ejus Donato 150. florenos, ... quos sibi solvi vult, ... tociens quociens dictus Rolandus ad ætatem 25. anno-*

rum devenerit, ... et quod . . : . suus hæres ipsum Rolandum intertineat in scolis . . . . usque ad ætatem prædictam. Denique aliud ann. 1510. ibid. pag. xxv : *Item dat et legat idem nobilis testator* (Guill. de Viriaco) *nobili Petro de Viriaco ejus Donato pro omnibus et singulis juribus . . . . eidem nobili Petro Donato pertinentibus.... in bonis et hæreditate ipsius nobilis testatoris, videlicet ejus victum et vestitum, dum et quando mancionem suam facere et trahere voluerit in domo habitacionis dicti testatoris et cum hærede dicti testatoris subscripto ac aliis liberis ipsius testatoris, opera et nugocia dictæ suæ domus et dicti sui hæredis subscripti faciendo toto suo posse, et non alias.* Nostri *Donoier* et *Dosnoier* dixerunt, pro Amori operam dare. Fabul. tom. 1. pag. 235 :

Quant li vallés esposé ent
Et sa fame le vous aqueut
Et nuit et jor à Dosnoier,
A acoler et à besier, etc.

Vide ibi Glossariolum.

2. **DONATI**, dicti Laici, qui sese et bona sua Monasteriis donabant et offerebant, de quibus multa observamus in voce *Oblati*. Hisce, ut est in Præceptis Synodalibus Petri de Collemedio Archiep. Rotomag. ann. 1245 : *Jubetur, ut aliquod signum in eminenti loco portent ad arbitrium Archiepiscopi, et religioni congruentia indumenta, ut per hoc distinguantur ab aliis, et sicut Religiosi ab Ecclesia defendantur.* Statuta Ord. Cartusiens. ann. 1368. part. 3. cap. 3. § 1 : *Cum ex incauta et indiscreta receptione Donatorum et Præbendariorum damna et scandala quamplurima nostro Ordini provenerint, etc.* Et § 4 : *Qui Ordini se et sua dederunt, et nobiscum resident continue, etc.* [Capitula general. MSS. S. Victoris Massil. : *Mittantur Visitatores.... qui... inquirere debeant de meritis Priorum et Monachorum et Donatorum et Conversorum.* Litteræ Caroli Franc. Regis primogeniti ann. 1358. apud D. *Secousse* tom. 3. Ordinat. pag. 318 : *Ipsos Religiosos* (Abbatiæ S. Amandi Ord. S. Augustini) *una cum eorum omnibus membris et pertinentiis membrorum Ecclesiis, Beneficiis, officiis, locis, Presbyteris, Clericis, familiaribus, familiis, servitoribus, Donatis, Receptis et eorum hominibus tailliabilibus, etc. sub protectione et speciali salva gardia regia et nostra suscipimus, etc.*]

* Habuere et laici suos *Donatos*, ut discimus ex Lit. remiss. ann. 1379. in Reg. 114. Chartoph. reg. ch. 219 : *Guillaume Robelin Donné et rendu de nostre amé et féal cousin le conte de Sancerre, etc.* Vox quippe *Rendu* impedit quominus spurium eo loci intelligas; unde famulum per vitam seu servitio perpetuo addictum interpretor.

DONATICA, Donaticus. Ugutio : *Donatica, cæ, Corona, quæ victori donatur : et Donaticus, ca, cum, quod donatur et accipitur.* Suidas : Δωνατικός, διάδοσις ἡ διδομένη παρὰ τοῦ βασιλέως τοῖς κρατεύμασιν, *Donativum.*

* **DONATICE** Concedere, Dono dare. Charta ann. 1341. in Reg. 74. Chartoph. reg. ch. 648 : *Marquesia donavit . . . nemora, aquas, fontes, rivos, stagna, ... cum omnibus et singulis bonis . . . . donatis et Donatice concessit.*

¶ **DONATICIUM**, Donatio, traditio. Charta Caroli Calvi ann. 843. inter Instrum. tom. 1. novæ Hist. Occitan. col. 79 : *In villis villaribus, in Ecclesiis, tam in Donaticiis et traditionibus, quam etiam in empticiis et comitatu.*

DONATICUM, Idem quod *Tallia, quæsta*, mutuum coactum, etc. Charta ann. 1075. pro Monasterio Pinarolensi : *Dono... Donaticum tollendum, et omnem reddibitionem et siccum censum reddendum, etc.*

* **DONATIO**, Idem quod *Donum* 2. Præstatio quævis, tributum, quod sub donationis ultroneæ titulo domino præstatur. Lit. ann. 1357. tom. 4. Ordinat. reg. Franc. pag. 448 : *Propter quæ idem dominus noster rex est circa hoc multipliciter et diversimode dampnificatus in partionibus, Donationibus, redditibus et emolumentis bladorum, vinorum et aliorum fructuum ex cultura prædiorum provenientium et procedentium, quæ, ut dictum est, per dictas feras bestias devastantur et continue consumuntur.*

* Donatio ante Nuptias, vel Propter nuptias, in Instit. Justin. lib. 2. tit. 7. idem quod supra *Agentiamentum, Antefactum, Augmentum dotis* et infra *Dos* 2. Vide in his vocibus.

¶ Donatio Ecclesiæ, Ejus collatio, Gall. *Presentation.* Epistola Prælatorum Normanniæ ad Philippum Aug. Franc. Reg. inter Concilia Rothomag. pag. 105 : *Quatuor Presbyteri et quatuor Milites jurabunt super Sacrosancta; et Episcopus exinde sive Archiepiscopus examinabit quod ipsi octo dicent, ad quem spectare debeat Donatio Ecclesiæ de jure patronatus.* Vide ibi Diploma prædicti Reg. Augusti.

* *Donnisons*, eadem acceptione, in Charta Philippæ comit. Gelriæ ann. 1277. ex Lib. nigr. 2°. S. Vulfr. Abbavill. fol. 64. v°. : *Lekele capelerie devant dite je nome comme fonderesse, et por che k'il apere ke le premiere Donnisons en soit moie, je doins por Dieu et en amosne à monseigneur Jehan men capelain, ki ma servie à tout le cors de sa vie.* Vide infra *Donum* 3.

* Donatio Inofficiosa, Quæ fit in damnum et fraudationem hæredum. Lit. Joan. reg. Franc. ann. 1361. in vol. 10. arestor. parlam. Paris. : *Cum vicecomes de Thoarico plures contractus, Donationes inofficiosas et transporta plurimorum hæreditagiorum suorum fecerit, etc.* Vide *Inofficiosum testamentum.*

* Donationis Lucrum. Vide supra *Antefactum.*

Donatio per Præsentem, Donatio inter vivos. Chrodegangus in Regula Canonicor. Metensium cap. 31 : *De rebus, quas habent solenniter Donatione per præsentem donet ad Ecclesiam B. Pauli ad opus Dei, etc.*

** de donatione regis esse dicebantur apud Anglos nobilium viduæ et filiæ, quæ maritis vel parentibus mortuis in *custodia* regis erant, ut domini capitalis, qui eas pro arbitrio suo nuptum collocaret. Vide supra in *Disparagare* et Glanvillam lib. 7. cap. 9. et 10. *De placito injustæ deponsationis cujusdam dominæ quæ fuit de Donatione domini regis*, in Placit. pasch. ann. 9. Rich. I. Northumb. in Abbrev. Placit. pag. 20. *Hub. de Monte attachiatus fuit ad respondendum domino regi de placito quare deponsavit Elam, quæ fuit uxor Roberti de Shelton, quæ fuit de Donatione domini regis sine licentia domini regis, et eadem Ela similiter summonita fuit ad respondendum domino regi quare permisit se maritari*, in Placit. ann. 26. Henr. III. Hertford. ibid. pag. 120. *In Donacione dom. regis*, in Placit. Rich. I. ibid. pag. 13.

* **DONATISTA**, *Qui sequitur Donatum.* Cath. Glossar. Gall. Lat. ex Cod. reg. 7684 : *Donatus, Donaist. Donatista, qui studet in illo libro.* Charta pro unione scholarum Trecens. ann. 1327. in Reg. 65. Chartoph. reg. ch. 23 : *Illi qui extra scolas prædictas litteras Latinas usque ad Donatum in Trecensi civitate et suburbio addiscebant, etc.*

¶ **DONATIVUM**, Donum, Donatio. Charta Agaunens. ann. 993 : *Conservetur hoc Donativum pietatis gratia peractum.* Concordia inter Auscitanam et Cæsaraugustanam Ecclesias, Concil. Hispan. tom. 3. pag. 397 : *Asserebat se prædictam possidere Ecclesiam ex Donativo . . . Regis Aragoniæ.* Apud Tacitum et alios *Donativum* donum erat Imperatoris militibus concessum.

DONATOR, Leguleiis Anglis *Donor*, qui donat prædia vel tenementa alteri ad talliam; is autem cui donantur, dicitur iisdem *Donée.* Ita Rastallus.

¶ **DONATORIUS**, Is cui aliquid donatur, Gall. *Donataire.* Diploma Henrici VI. Imper. Collect. Ampliss. Marten. tom. 1. col. 1002 : *Et quia ab Omnipotente, cujus est terra et plenitudo ejus . . . ex quo emanant omnia bona transfusa in Donatorios, secundum mensuram donationis gratiæ suæ.* Et apud Rymerum tom. 5. pag. 830. col. 2 : *Et ipsos Donatorios de sic datis investiendi et seisiendi, et sic seisitos in possessione sua defendendi et tuendi.* Alibi legitur *Donatarius.*

¶ **DONATUS**, Donum. Acta S. Huberti Monachi, Maii tom. 7. pag. 277. F : *Quo magis Deum, cum in terris esset, integra caritate dilexit, eo potiori Donatu curandis morbis excellit.* Vide *Donati.*

¶ **DONCELLUS**, ut supra *Domicellus.* Acta SS. Junii tom. 1. pag. 506. de S. Sanctio : *Ut juvenes hisce militaribus exercitamentis imbuti, necessitate cogente, facile ad arma properarent, quos ea ætate Doncellos nominabant.*

¶ **DONCENA**, pro Italico *Dozzina*, ut conjecto, Congiarium, annua pensio. Chronicon Domini de Gravina apud Murator. tom. 12. col. 552 : *Regales Domini in annis juvenilibus constituti, licet sub regimine et Doncena Sanciæ Reginæ relictæ Regis Roberti, etc.*

* **DONDAINE**, vox Gallica, Sagittæ crassioris species, jaculum. Expensæ pro munit. cujusdam castelli MSS. ann. 1390 : *Item pour xiixx. Dondainnes achateiz de Guillaume Quintin.* Lit. remiss. ann. 1405. in Reg. 160. Chartoph. reg. ch. 230 : *Icellui Jehan tendi son arbalestre, et après ce qu'il ot mis sa Dondaine en coiche pour tirer, et qu'il l'abbessoit pour prendre sa visée, ladite Dondaine eschappa.* Aliæ ann.

1419. in Reg. 171. ch. 138 : *Il lui bailleroit d'un vireton ou d'une Dondaine parmi la panse*. Pro machina jaculatoria ad oppugnandas urbes, occurit in Dictionariis Gallicis.

* **DONDRECQ**, Monetæ aureæ genus, cujus meminit Charta ann. 1428. in Chartul. 23. Corb. : *Parmy la somme et pris de quatre vingts couronnes d'or, dont lesdits recongnoissant vendeurs et chacun d'eulx ensamble en ont aujourd'huy eu et receu dudit acheteur en la présence desdits auditeurs du Roy les soixante, est assavoir cinquante neuf couronnes, ung Dondrecq et six sols en monnoie et vingt.* Nisi legendum sit *Doudreq*. Vide infra *Dourdere*.

* **DONDUM**, f. Adeps, idem quod *Unctum*. Et quidem *Dondé*, pro *Engraissé*, Saginatus, in Lit. remiss. ann. 1457. ex Reg. 187. Chartoph. reg. ch. 272 : *Le suppliant getta hors de l'estable, sans le sceu de personne quelconque, une paire de buefz Dondez.* Lit. Joan. reg. Franc. tom. 4. Ordinat. pag. 425 : *Licet ipse Guillelmus Pellicerii .... Jacobum Sageti .... conduxisset.... tradidissetque eidem Jacobo infra dictum lumbum causa portandi ad regnum nostrum, videlicet quasdam quantitates Dondi, bagnadelli, piperis, ginginbris, et nonnullarum aliarum rerum seu mercium, etc.*

DONEC, Nisi. Rigordus ann. 1190 : *Ille vero respondit, quod transire non poterat Donec in Augusto.*

* **DONENTALE**, Donetalgum, Donum, munus, donatio, Ital. *Donamento*. Charta ann. 1233. apud Cencium inter Census eccl. Rom. : *Hæc sunt Donentalia et manualia, quæ dominus Offreducius de Miranda assignavit domino Batono castellano Mirandæ.... Item dictus Offreducius habuerit pro suo dominio et Donetalgo tenamentum, quod tenuit Rapiconus.* Charta sic inscribitur : *Instrumentum Donitaliarum et manualium rocæ Mirandæ.* Vide *Donale*.

DONESIA, Doneia. Charta Ricardi I. Regis Angliæ in Regesto Philippi Augusti Herouvalliano fol. 89. et apud Chopin. lib. 3. de Sacra polit. tit. 7. § 5 : *Apud Cainonem recipient omnes consuetudines et emendas æqualiter Præpositus Archiepiscopi et Præpositus Comitis : ita quod neuter expectabit alterum ad recipiendum, nisi quando fuerit ibi Donesia vel commendisia : et tunc Præpositus Archiepiscopi non recipiet sine Præposito Comitis. Nihilominus tamen habebit Archiepiscopus dimidiam partem in omnibus, præterquam in emenda Doneiæ vel commendisiæ.*

* Lego in utroque loco *Doneia* in eod. Reg. ex Chartoph. reg. idemque videtur quod supra *Donatio*.

* **DONETALGUM**. Vide supra *Donentale*.

* **DONGHO**, a Gall. *Dongeon* vel *Donjon*, Castellulum, minus propugnaculum. Terrear. castell. *d'Ibois* in Reg. 24. Chartoph. reg. fol. 87. v°. : *Pro quadam lotgia, sita à Ybois juxta murum sive Donghonem dicti castri.* Vide *Dunjo*.

DONGIO. Vide *Dunjo*.

* **DONGONUS**, Eadem notione. Charta ann. 1319 : *Cujus quidem vinteni medietas in clausura villæ Alavardi ponatur, et alia medietas ponatur in clausura castri seu Dongoni de Alavardo.*

DONICATUS. Vide *Dominicus* post *Dominicum* 2.

* 1. **DONICUM** *dicebant antiqui pro Donec.* Glossar. vet. ex Cod. reg. 7613.

* 2. **DONICUM**. Laboratores ad Donicum, Qui sub præstatione fructuum terræ prædium aliquod tenent. Stat. Placent. lib. 3. fol. 32. v°. : *Laboratores terrarum ad Donicum teneantur conducere blada et legumina Placentiam ad domum domini infra octo dies, postquam levata fuerint de area, nisi inter eos aliter sit conventum.* [** Vide in *Dominicum*, 3.]

¶ **DONJO**, Donjonnus, Donjonus. Vide *Dunjo*.

DONIQUIES, Donec. Vetus Inscriptio 607. 1 : *Doniquies locus, quem emerant ædificaretur.*

* **DONITALIA**. Vide supra *Donentale*.

DONITUM, pro *Donatio*, in Præcepto Caroli M. pro Hispanis edito a Steph. Baluzio [et in alio Ludov. Pii ann. 815. apud eumd. Baluz. tom. 2. Capitul. col. 1406. necnon in Charta ann. 845. Marcæ Hispan. col. 781.]

1. **DONNA**, Domina. [Concil. Vallis-Oletanum anni 1127. inter Hispana tom. 3. pag. 346. col. 1 : *Ego Alphonsus Imperator Hispaniæ una cum uxore mea Donna Berengaria.*] Statuta Venetorum ann. 1242. lib. 4. cap. 15 : *Sancimus, ut si aliquis reliquit uxorem suam Donnam et dominam in domo sua, quod per hæc verba habeat de bonis defuncti ea tantum, quæ sibi necessaria sunt ad comestionem et potum, etc.* Galli dicerent, *Dame et maitresse.*

¶ 2. **DONNA**, pro *Tonna*, Dolium, Gall. *Tonneau*, Belg. *Tonne.* Charta B. Mariæ de Charitate ad Ligerim : *Donnas quoque trecentas quoque trecentos modios vini continentes, et cupas quæ ad eamdem mensuram vinum continere sufficiant, necnon et arcas viginti annonæ modios continentes.* Vide *Tunna*.

DONNECALE. Vide *Dominicus* post *Dominicum* 3.

* **DONNICALIA**, Donatio, munus. Charta Petri et Sofredi S. R. E. card. ann. 1188. tom. 3. Cod. Ital. diplom. col. 1485 : *Mercandi, immo fœnerandi detestabile genus, quod Donnicalia consuevistis nomine palliare, in Sardinia penitus irritamus.*

* **DONNICATUS**. Vide in *Dominicum* 3.

DONNULA. Vide *Domna* in *Domnus*.

¶ 1. **DONNUS**, pro *Domnus*. Codex MS. Irminonis Abb. Sangerman. fol. 19 : *Tempore Donni Walonis Abbatis fuerunt duo fratres, etc.* Occurrit passim ut apud Acherium Spicil. tom. 2. pag. 715. in Conciliis Hisp. tom. 3. pag. 521. et alibi.

* 2. **DONNUS**, nude, pro Abbas. Præcept. Odon. reg. pro monast. Belliloc. ann. 889. inter Probat. Hist. Tutel. col. 320 : *Si aliquis temerario ausu ex his omnibus, quæ jubemus vel decernimus, aliquid infringere seu violare tentaverit, sexcentorum solidorum pretio Donno digne judicetur, usibusque fratrum rite deputetur.* Vide *Dominus* 4.

¶ **DONOIS**. Archivum Montis S. Michaelis : *Ego Odo Borelli . . . donavi Monachis S. Michaelis homines Polleii, qui tenent census ab eisdem, his tantum mihi retentis, sanguine, bello, latrone, raptu, incendio, censu Donois, molta, charreio semel in anno.* Forte legendum *Donis*. Vide infra *Donum* 2. quod idem videtur.

¶ **DONTSLACH**. Vide *Dursclach*.

* **DONTSLAGA**, Flandris *Doodslag*, Homicidium, a *Dood*, mors, et *Slag*, ictus. Charta Phil. comit. Fland. pro libert. franci et castel. Brug. ex Cam. Comput. Insul. : *Protractus de Dontslaga sive harna, dabit homini ecclesiæ unam libram.... Quicumque de vulneribus, sive de harna, sive de Dontslaga in causam tractus fuerit, scabinis hoc cognoscentibus, debet intrare lapidem super veritatem, et a lapide plegiari.* Vide infra *Dunschlag* et *Dursclach*. [** *Dontslaga* vel *Dunslagen*, non esse idem quod *Doodslag*, Homicidium, efficit emenda minimi pretii; videtur Ictus sine vulnere. Vide Warnkœnig. Hist. Flandr. part. 3. tom. 1. pag. 237. Haltans. Glossar. col. 246. voce *Dunschlag*.]

1. **DONUM**, Corpus Christi mysticum, quod offertur in Missæ sacrificio, Gr. ἅγιον δῶρον, seu τὰ ἅγια δῶρα. Τὸ δῶρον, ἤτοι προσφορά, apud Cyrillum Alexandrinum contra Anthropomorph. cap. 12. Hildebertus Cenoman. Carm. de Mysterio Missæ :

Interea veniens in sacra veste Sacerdos,
Altaris dextram Dona daturus adit.

Infra :

Hinc est quod post hæc offert sacranda Minister
Dona, dehinc populus quod sibi lege licet

Ibidem :

.... Post hæc Dona sacranda sacrat.

Rursum :

In quo jam mortis, nitisque piusque recordans,
Appellat triplici nomine munus idem.
Dona vocat primum, quoniam Deus has dat ut inde
Sustentaretur lege modoque caro.
Munera sunt, quoniam Deus his donatur, et inde
Munerat auctorem, cui dedit auctor eas.
Nam quod Sacrificii censentur nomine, monstrat
Qua ratione prius munera dicat eas.

Vita Metrica MS. S. Mauri Abbatis :

Sumptus vivificis sacro libamine Donis.

In Liturgia S. Chrysostomi Sacerdos ait : Ἀξίωσον προσενεχθῆναί σοι ὑπ' ἐμοῦ τοῦ ἁμαρτωλοῦ καὶ ἀναξίου δούλου σοῦ τὰ δῶρα ταῦτα. Id est : *Da, ut a me peccatore et indigno servo tuo hæc Dona tibi offerantur.* Et mox, satis innuit quid muneris et δώρου vocabulo intelligatur : Σὺ γὰρ εἶ ὁ προσφέρων καὶ ὁ προσφερόμενος : *Tu Christe idem es, qui offers, et qui offerris.* Hinc apud Græcos Patres μεταλαμβάνειν τῶν ἁγίων δώρων est participare sacræ Cœnæ. Balsamon ad Canonem 19. Concilii Carthag. : Δίδοται ἡ εὐχαριστία ἤγουν τὰ ἅγια δῶρα. Concil. Calchedon. Act. 10 : Τὰ ἅγια Δῶρα ἄνω ἐν τῷ ἐπισκοπείῳ ἐκοινώνησαν μετ' ἀλλήλων. Sed et Græcis δῶρα interdum dicuntur sacri panes, oblati ad divinum Sacrificium, ex quibus particula desumitur ad Corpus Domini conficiendum. Vide Cabasilam cap. 2. 3. 10. infra in *Munus* [** et Glossar. med. Græcit. voce Δῶρον.]

2. **DONUM**, Præstatio quævis, tributum, quod sub donationis ultroneæ titulo Domino præstatur. Salvian lib. 8. extremo de Gubernat. Dei : *Insuper etiam ridiculos ipsi nos facimus, aurum, quod pendimus, munera vocamus. Dicimus Donum esse, quod pretium est, et quidem pretium conditionis durissimæ ac miserrimæ.* Capit. ann. 807.

cap. 3 : *Omnes itaque fideles nostri Capitanei cum eorum hominibus et carra sive Dona, quantum melius præparare potuerint, ad condictum placitum veniant.* Charta Æthelbaldi Reg. Merciorum ann. 749. agud Ingulph. et Will. Malmesb. : *Concedo, ut omnia Monasteria et Ecclesiæ regni mei a publicis vectigalibus, operibus, et oneribus absolvantur, . . . nec Munuscula præbeant Regi vel Principibus, nisi voluntaria.* Matth. Paris ann. 1251 : *Nec jam civiles habebantur hi, qui Regi et Regalibus hospitia cum procurationibus splendidis exhibuissent, nisi Muneribus nobilibus et magnis Regem ipsum, Reginam, et Edwardum, et aulicos sigillatim respectos honorarent : imo nec erubuit ipsa non tanquam gratuita, sed quasi debita postulare.* Charta Will. Nothi Regis Angl. tom. 1. Monastici Anglic. pag. 352 : *Ut libera sit ab omni consuetudine . . . et omni geldo, et scoto, et auxilio, et Dono, et Danegeldo, etc.* Adde pag. 192. tom. 2. pag. 827. Tabular. Ecclesiæ Ambian. : *In omni territorio Communi Nigellæ habent Canonici tres partes terragii et medietatem Doni, et in terra vavassorum medietatem terragii, et medietatem Doni.* Alibi : *De Canonicis vero tenet Majoratum prædictæ villæ . . ad Majoratum vero ejus nihil pertinet, nisi Donum prædictæ villæ et 6. denarii in emendationibus hominum.* Rursum in eod. Codice : *Sed et terræ eorum debent et terragium, et Donum, et Decimam.* Ibid. : *In Dono villæ de unoquoque equo solvuntur duæ garbæ.* [Et alio in loco ubi de juribus ejusd. Eccles. in villa *de Camons : Donum etiam totius villæ pertinet ad partem Canonicorum, et est tale : De unoquoque equo quem habet homo in vinctura persolvit* XII. *garbas et dimidiam; ille vero qui equum non habuerit* X. *Quarta etiam pars Doni erit de frumento, quarta de siligine, quarta de hordeo, et quarta de avena, si tot species annonæ habuerit; si autem unam tantum speciem, sive duas, sive tres, de tali annona quam habebit secundum justam considerationem Doni, ut cum integritate persolvat.* Charta ann. 1267. ex Tabul. S. Richarii : *Salva in omnibus prædictis Abbati et Conventui dominiis fundi . . omnimoda justitia; itemque Dono et decima, quæ prout antea percipere consueverunt, percipient.*] Charta Roberti Comitis Lauretelli ann. 1115. in Chron. Beneventano S. Sophiæ : *Ita ut nullum herbaticum vel Donum, ullamque solutionem exinde postulent, vel exigant.* Charta ann. 1307. apud Thomasserium in Consuetud. Bituric. pag. 436 : *Et ottroions, que nous, nos hoirs, nos successeurs, ne autres, ne fera, imposera ausdits hommes tailles, ne venoage, ne aussi doresnavant pour lever, exiger Don, venoage, exaction, ne autre chouse quelconque, etc.* Ubi fateor, vim vocis *venoage* me non percipere, nisi *ventage* scriptum fuerit. Vide *Venda*, [et *Guidagium*, Portorium; id enim forte significat *Venoage*, ut ex locis ibi laudatis licet conjectare.] Adde Foros Morlanenses art. 37. Libertates Villar. de Luriaco et de Moneto, et alias in Biturigibus apud Thomasserium lib. 1. cap. 56. 65. 68. etc.

* 3. **DONUM**, Collatio beneficii ecclesiastici. Charta Matth. episc. Tull. in Chartul. eccl. S. Gengulfi : *Presbyteri qui in prædictis ecclesiis ordinandi fuerint, de manu decani S. Gengulfi Donum vicariarum in capitulo recipiant, curam tantum animarum a dicto capitulo præsentati de manu episcopi recipiant.* Vide supra *Donatio ecclesiæ.*

Dona Annua, Annualia, Quæ quotannis Regibus nostris a subditis offerebantur in Campo Martio, aut in Conventu generali, *causa suæ defensionis ac rei publicæ*, inquit Hincmarus in Quaternione pag. 405. 406. apud Cellotium : a quibus ne quidem Monasteria eximebantur, ut est in Synodo Vernensi ann. 755. et tom. 2. Hist. Franc. pag. 323. Vide eumdem Hincmarum de Ordine Palatii n. 22. Opusc. 14. tom. 2. Spicilegii Acheriani pag. 582. et Dissertationem 14. ad Joinvillam. [** Anonym. Vita Lud. Pii cap. 43.] Ita etiam appellatæ quævis præstationes annuæ. Privilegium Aldrici Archiepiscopi Senonensis pro Cella S. Remigii in Suburbio ejusdem urbis : *Episcopus quoque exigendis muneribus Abbatem ejusdem loci non gravet, sed sufficiat ei ad annua Dona equus unus, et scutum, cum lancea, etc.*

Dona Regia, Eadem, quæ dona annua. Capitula ad Legem Salicam cap. 19 : *Et hoc nobis præcipiendum est, ut quicunque in Dono Regio caballos detulerint, in unumquemque suum nomen habeant scriptum.* Adde Capitul. 5. ann. 803. cap. 20. Frotharius Epist. 21 : *Nam ad horum itinerum incommoda, quæ vel nunc egimus, vel acturi sumus, seu ad Dona regia, quæ ad Palatium dirigimus, pene quidquid ex optimis equis habuimus, distribuere compulsi sumus.* Vide Annales Fr. Metenses ann. 753. 758. *Munera regia*, seu quæ Regi deferuntur, apud Ordericum Vitalem lib. 4. pag. 523. Ethelbaldus Rex Angl. apud Willelm. Malmesb. lib. 1. de Gestis Angl. pag. 29 : *Nec Munuscula præbeant, vel Regi vel Principibus, nisi voluntaria, sed liberi Deo serviant.*

Dona præterea appellabantur munera, quibus sese invicem prosequebantur Principes, aut cum legatos mitterent, aut cum sese inviserent; quod jam olim obtinuisse, idque etiamnum obtinere apud Turcicos Sultanos innuimus in Notis ad Alexiadem pag. 286. Charta Divisionis Imperii Ludov. Pii inter filios, edita a viro doctiss. Steph. Baluzio, cap. 4 : *Item volumus, ut semel in anno ... mutuo fraterno amore tractandi gratia ad seniorem fratrem cum Donis suis veniant, etc.* Et cap. 5 : *Volumus atque monemus, ut senior frater, quando ad eum, aut unus, aut ambo fratres sui cum Donis, sicut prædictum est, venerint, .. ita et ipse illos fraternoque amore largiori Dono remuneret.* Adde cap. 12.

¶ Donum de Avere et *Donum de ingeniatores*, in Conventu Episcoporum apud Cæsaraugustam ann. 1058. inter Concil. Hisp. tom. 3. pag. 220. col. 2. ubi *De avere*, idem est ac De rebus possessis, *De ingeniatores* vero idem, si bene conjecto, quod de rebus *ingenio* et industria comparatis.

¶ Donum Gratiosum, Idem quod *Gratuitum*, Gall. *Don gratuit.* Hujuscemodi donum ab Equitibus Melitensibus contra Sedis apostolicæ privilegia exigebant nonnulli Superiores Ecclesiastici : quod reprobat Sixtus IV. Papa Bulla anni 1470. relata inter Privilegia equestris ejusd. Ord. pag. 136.

Donum Matutinale, [Dos a marito profecta.] Vide *Morganegiba.*

* Donum Commune, Dicitur quædam præstatio agraria, in Lib. nigr. 1°. S. Vulfran. Abbavill. fol. 46. v°. : *In campo au Faiel habet novem jornalia, quæ debent decimam, terragium et Donum commune de duodecim garbis.* Idem forte est *Gerbe de Doy*, in Ch. ann. 1521. ex Chartul. Latiniac. fol. 254 : *Et s'il y a masure mouvant de ladite église, et n'en eust que trois ou quatre piez, il ne doibt point de gerbe de Doy, mais il doibt deux gerbe de moisson prinzes en sa granche.... Et si est en son election de payer lequel qui veult, ou Doy ou moisson. Don* legitur ibid. fol. 128. v°.

* Donum Sanum, Simplex, absque conditione qualibet. Charta ann. 1312. in Reg. 49. Chartoph. reg. ch. 28 : *Promisit Gasto comes Fuxi solvere dictæ dominæ matri suæ quolibet anno.... sexcentas libras Turonensium parvorum de redditibus et exitibus castri et affarii de Sono in Dono sano, sine diminutione dotis.*

* Donum Facere per Cultellum. Vide in *Investitura.*

¶ **DONUS**, pro *Domnus*, Dominus, in Pactu legis Salicæ tit. 25. ex MS. quem laudat Eccardus pag. 125.

* **DONZELLA**, Piscis species. Tract. MS. de Pisc. cap. 78. ex Cod. reg. 6838. C. : *Julia digiti magnitudinem vix superat, a Liguribus girella et a nonnullis Donzella vocatur. Sunt qui jurellam, alii julam nuncupant. Antipoli et Lerinæ et in toto Ligustico sinu frequentissimus piscis est. Donzelle* vero vocant Matisconenses Instrumentum ferreum suspendendis ad ignem vasibus aptum. Lit. remiss. ann. 1445. in Reg. 176. Chartoph. reg. ch. 448 : *Une ance de fer à soutenir les pots sur le feu, appellé au pays* (Masconnois) *Donzelle.*

¶ **DONZELLUS**, ut supra *Domicellus*, Ital. *Donzello.* Bartholomæus Scriba lib. 6. Annal. Genuens. ad ann. 1225 : *In ipso vero exercitu fuerunt nobiles Lotheringus de Martinengo civis Brixiensis cum Militibus quinquaginta : quorum quisque erat cum duobus equis : et cum tribus Scutiferis et Donzellis bene armatis.* Rursus occurrit ibidem, et in Memoriali Potestatum Regiensium ad annum 1270.

¶ **DONZENANS**. Heraclius Christanellus de B. Ursulina, April. tom. 1. pag. 725 : *Unam autem ex virginibus ad sacrum habitum admitti postulantibus* (*vulgo Donzenantes dicuntur*) *peste contactam, etc.* Ital. *Dozzenante*, Qui vel quæ apud alium convivit. Gall. *Pensionaire.*

* **DOORIUM**, ut *Doarium* 1. quomodo etiam forte legendum est, Donatio propter nuptias. Charta ann. 1257. in magno Pastor. Paris. fol 308 : *Orta inter eos materia quæstionis supra hæreditate dicti Stephani, videlicet supra Doorio dictæ Mariæ sibi assignando, et quinto assignando liberis dicti Thomæ, etc.*

* **DOPERIUS**, Ital. *Doppiere*, Funale, cereus, Gall. *Torche.* Testam. Joan. Franc. de Gonzaga march. Mantuæ ann. 1444. tom. 3. Cod. Ital. diplom. col. 1789 : *Item volo et jubeo quod, ubicumque moriar, cor-*

pus meum sepeliatur de nocte, cum societate non ultra viginti personarum, computatis personis ecclesiasticis et illis, quæ portabunt corpus, et quæ portabunt Doperios, qui non excedant numerum sex Doperiorum. Vide mox *Doplerius.*

¶ **DOPLERIUM**, Fax, sic dicta a fune duplicato, Ital. *Doppiere*, Gall. *Flambeau, Torche.* Acta SS. Junii tom. 1. pag. 791. de B. Bertrando : *Et posuit ad partem superiorem capsæ unum Doplerium, et aliud ad partem inferiorem.* Et tom. 2. pag. 377. in Miraculis B. Henrici Baucen. : *Et hodie venit cum Doplerio et magna devotione ad visitandum corpus sanctissimi Henrici.*

* **DOPLERIUS**, Eadem notione. Chron. Estense ad ann. 1388. apud Murator. tom. 15. Script. Ital. col. 517 : *Sexcenti præterea Doplerii, ponderis librarum quatuor singulis, nobilissimum corpus circumquaque illustrabant.*

* DOPPLERIUM, Eodem significatu. Stat. ant. Florent. lib. 3. cap. 191. ex Cod. reg. 4621 : *Qui de nocte per civitatem Florentiæ ire volunt,.. sufficiat habere Dopplerium accensum ponderis saltim unius libræ cum quatuor astis.... si in quolibet dictorum casuum ipsorum Dopplerium habuerit lucignivolos sive papiros accensos, etc.* Vide *Doplerium.*

* **DOPPIDIANUM**, Sacculus, crumena, ut videtur. Acta MSS. notarii Senens. ad ann. 1285. ex Cod. reg. 4725. fol. 40. r°. : *Cum domibus et quinque vegetibus, et uno botticello, et una arciscranna, et uno Doppidiano, quæ res fuerunt olim domini Buonsignonis.* Vide *Duplarium* 2.

* **DORARIUS**, Bracteator, inaurator, Ital. *Doratore*, Gall. *Doreur*, cujus ars *Doraria* nuncupatur. Stat. Montis-reg. pag. 270 : *Item statutum est quod nullus Dorarius, vel exercens artem Dorariæ undicunque sit, vendat seu vendi faciat, etc.* Vide *Dorerius.*

¶ **DORCA**, *Caprea.* Glossar. San-German. n. 501. Est pro *Dorcas*, Caprea silvestris, Dama, Gallis, *Daim.* Vide *Canis petrunculus*, et *Dorx.*

¶ **DORCHA**, Mensuræ genus apud Anicienses. Chartular. Camalariensis Monasterii Diœc. Anic. : *Ademarus Archatius donavit terram de Laspoleiras cujus exitus est una Dorcha de peia.*

* **DORCIUM**, *Pulcra visu*, in Glossar. vet. ex Cod. reg. 7613. Cath. : *Dorcium, mulier dicta causa adulationis, quasi pulchra visu.*

¶ **DORCO**, *Avidus, vorator.* Gloss. San-German. n. 501. Papias : *Dorcones, Avidi, voratores.*

* **DORDOREL**, DORDORIZ, Monetæ aureæ genus. Lit. remiss. ann. 1442. in Reg. 176. Chartoph. reg. ch. 102 : *Le suppliant rongna pareillement six Dordorelz d'or, ou autres pieces d'or.* Aliæ ann. 1463. in Reg. 199. ch. 203 : *Ung florin d'or, ou deux demis Dordoriz pour la valeur d'icellui.* Vide infra *Dourdere.*

* **DOREA**, DOREATA, Piscis marini genus, Aurata, Gall. *Dorade.* Chartul. Font. Ebrald. ex Cod. reg. 9612. U. : *Petrus..... dedit Deo et sanctimonialibus costumam piscium, scilicet Doreatarum et mullorum.* Vide supra *Citula.*

* **DOREIUM**, Tributi species. Lit. Innoc. PP. IV. ad Senescal. Bellicad. ann. 1360 : *Hortamur.... quatenus prædictos equites et spedites, cum per partes tuæ senescalliæ transitum fecerint, benigne.... recipiens et pertractans,.... libere et expedite absque aliquibus Doreiis, gabellis et exactionibus quibuscumque.... transire permittas.* An vero inde *Doraige*, qui ejusmodi tributum exigit, in Lit. remiss. ann. 1406. ex Reg. 160. Chartoph. reg. ch. 400 : *Guillaume le Barbier, Doraige de la paroisse de Verneuil, etc.*

* **DORELOTERIA**, a veteri Gallico *Doreloterie*, Ars vittas et tænias texendi, quarum artifex *Dorelotier* et *Doreloteur* nuncupabatur, a voce *Dorelot*, ornatus futilis nimiumque exquisitus. Lit. remiss. ann. 1369. in Reg. 100. Chartoph. reg. ch. 363 : *Lors estant audit jeu Lyenardin Hamon, qui avoit appendu aus boutons ou fermillere de son jupon, ou autre garnement, une boursete à sonnetes d'argent, ledit Pignié par maniere desbatement et de jeu.... lui eust dit : Cuides tu estre miex amé des dames pour telz Doreloz, ou paroles en substance.* Arest. parlam. ann. 1421. in Lib. 1. Statut. super artif. Paris. ex Cam. Comput fol. 89. r°. : *Nichilominus dicta Ælipdis..... de alio ministerio, scilicet Doreloteriæ se intromittebat, rubanos, scuisoria et scutellas ligneas faciebat, etc.* Stat. ann. 1403. ibid. fol. 132. r°. : *Quiconques vouldra doresenavant tenir en la ville de Paris le mestier de franges et rubans, tant de soie comme de fil, et des appartenances anciennement appellé le mestier de Doreloterie, faire le pourra.* Infra : *Dorelotiers.* Stat. civit. Tornac. ann. 1333. in Reg. 66. ch. 1288 : *Item les eschevins mettront les gardes sur l'euvre des rubans de fil et sur l'euvre des Doreloteurs.*

¶ **DORERIUS**, Inaurator, Gallice *Doreur.* Extractum computi anni 1328. sub Guigone Dalphin. : *Item solvit et tradidit Peroneto Dorerio pro una marcha argenti ad faciendum litteras ad opus malecotæ Domini... IV. lib. III. sol.* Rursus occurrit in Instrumento ann 1327. Hist. Dalph. tom. 2. pag. 214. col. 1.

DORETUS, Mensura annonaria. Charta Alienoræ Comitissæ S. Quintini ann. 1193. in M. Pastorali Eccl. Paris. lib. 13. ch. 1 : *Unusquisque hospes B. M. Viriaci debet mihi singulis annis in festo S. Remigii duos Doretos avenæ, et unum panem, et unum pullum, etc.* Infra : *Isti quatuor liberi sunt a tallia, et a Doretis avenæ et pullo, etc.*

* Vulgo *Doreus.* Charta ann. 1162. in Lib. caten. S. Petri Insul. fol. 112. v°. : *Geraldus abbas de Casa Dei.... scribi fecimus, quod Engelarius de Wambrechies terram, quam de ecclesia B. Petri de Insula hæreditario jure tenebat, in manus Disderii ejusdem ecclesiæ præpositi, præsente Eustasio decano universoque capitulo, reddidit.... Sciendum est quod singulis annis in festivitate B. Remigii xxiij. mensuras avenæ, quas Doreus appellant, et quartam partem unius, proprio sumptu apud Insulam conductas, pro dicta terra eis persolvet.* Ibid. fol. 219 : *Sub censu xxiij. mensurarum avenæ, quas vulgo Doreus appellant.* Idem quod infra *Dosinus* 2. Vide in hac voce.

¶ **DORGHINGHA**, DORGHINGA, Belgica vox ducta a *Doorgaen*, Penetrare, pungendo sauciare. Consuetudines Furnenses ex Archivo Capituli S. Audomari : *Pro vulnere penetrativo, id est, Dorghingha in capite vel corpore dimidia sona debetur leso et de residuo erit in gratia Comitis.* Infra : *Tres veritates generales, id est, Dorghinga debent in quolibet anno fieri de omnibus forefactis trium librarum.* Charta vernacule scripta Comitis Flandriæ ann. 1274. ex eod. Archivio : *Quiconques faiche et aultrui trepassant que on dit Dorghinghe wond ou afoluere d'oel ou de membre qui soit ad ire paye envers le Maieres et envers nous en merchi de tout son avoir.* [** Dicitur etiam *Vulnus penetratum.* Vide Warnkœnig. Hist. Jur. Flandr. tom. 3. pag. 234. In Consuetud. villæ *Piet* ann. 1265. ap. eumdem tom. 2. part. 2. pag. 22. dicitur *Dorgaende wonde.*]

* **DORICUS**, *Mus*, in Gloss. ad Doctrinale Alex. de Villa-Dei.

* **DORIGNUM**, *Quod alii cacabum dicunt, habet folia in colore similia olivæ, sed paulo longiora et aspera, florem album.* Glossar. MS. medic. Simon. Januens. ex Cod. reg. 6959.

DORINA, Teloneum S. Bertini, in Tabular. ejusdem Monasterii : *De Dorina de Cordewan, 1. den .. 4. dorinæ tripodum 2. den .... de dorina patinarum simul emptarum, etc.* [* Pro *Dosina.* Vide *Dozina.*]

¶ **DORIX.** Vide *Dosis.*

¶ **DORLE.** Informationes civitatis Massil. pro passagio transmarino ex MS. San-German. : *Hec sunt mensuræ navium de tribus copertis .... Item media copertu de tabula in tabulam octo palmos altitudinis; item Dorle quatuor palmos et d. cum dimidio.* Sed puto legendum *Orle* vel *de Orle*, ut ibidem proxime : *Item aperiet de Orle in Orle* XXXVIII. *palmos.* Est autem *Orle*, ut mihi videtur, Margo, Ital. *Orlo*, Gallis, *Orle* vel *Ourlet* : quod de pannis linteisve fere dictum alibi, hic transfertur ad navis tabulatum. [** *Altitudinis in Orlo palmorum quinque*, in Litt. comm. Januæ apud Jal. Antiq. Naval. tom. 2. pag. 388. Gall. *Rebord, pavesade.*]

¶ **DORLUM**, Vox f. ejusdem originis, cujus superior, nisi mavis a Saxonico Dæl, Pars, portio, arcessere, quod ultimum videtur probabilius. Charta XII. circiter sæculi ex Archivo B. M. de Bononuntio Rotomag. : *Donavi Ecclesiæ S. Mariæ Becci forerium quinque Dorlorum prati.* Alia anni 1283. ex eodem Archivo : *Charta Roberti de Aubervilla, de foraria quinque Dorlorum prati, etc.* Vide *Dolæ.*

* **DORMENTARIUS**, Qui *dormitorium* curabat, cujus officium *Dormentaria* appellabatur. Exstat etiamnum in ecclesia Remensi officium *la Dormenterie* dictum, cui et *Dormitorii* atque dormientes excitandi cura erat commissa, cujus possessor iisdem, quibus antiqui capellani, privilegiis gaudet. Stat. capit. S. Thom. Argentin. fol. 40 : *Est statutum super officio Dormentariæ etc.* Et fol. 42 : *Quia Dormentarius quilibet pro tempore existens, est generalis servitor et pedellus ac nuncius capituli, etc.* Hujus præterea officium erat *annotare absentes et sero venientes*, ex iisd. stat. fol.

43. Vide *Dormitorarius*, *Dortelarius* et *Dortorarius*.

¶ **DORMIA**, Anima. [* Nequaquam; idem atque *Dormitio*, obitus, mors, a veteri Gallico *Dormie*, ut legitur in Glossar. Gall. Lat. ex Cod. reg. 7684 : *Dormitio*, *Dormie*, *dormicion*. Hic itaque *Dormiam* intellige Cadaver, corpus exanime.] Testamentum Audæ de Lasserano Dominæ de Bouluco ann. 1351 : *Donavit eadem Domina testatrix Dormiam suam et corpus Domino nostro J. Ch. et B. M. Virgini ac omnibus SS. Domini, et elegit sepulturam.* Quamvis autographum ipsum clare et distincte præferat *Dormiam*, vix credo aliud non esse legendum.

1. **DORMIRE**, Coire. In Concilio Vermeriensi anno 752. cap. 10. 11. 12. etc. Wormatiensi ann. 868. cap. 63. in Gestis Regum Francorum cap. 31. etc. passim in veteri Testamento.

2. **DORMIRE**, Mortem obire, fato fungi, Scriptoribus Ecclesiasticis, Joan. 11. 1. ad Corinth. 11. et 2. ad Thess. 4. Eucherius Episc. Lugdun. : *Dormire*, *transire*, *et apud Christum requiescere*, *ut in PS. Nunquid qui dormit non adjiciet ut resurgat?* Oratio super diptycha, in Sacramentario Gregorii M. : *Memento etiam, Domine, famulorum famularumque tuarum ill. qui nos præcesserunt cum signo fidei, et Dormiunt in somno pacis.* Theophilus Patr. Alexandrin. in Commonitorio : *Post baptismum in Clerum promotus, in Clero maneat, si illa* (uxor) *Dormierit, et post baptismum cum ea rem non habuerit.* Vetus Epitaphium Pisæ in Italia apud Laur. Schraderum : *Bene merenti in pace Sylvanæ, quæ hic Dormit, vixit annos 21. menses 3. horas 4. scrupulos 6. deposita nono Kalendas Julias.* Aliud Romæ in Ara Cæli : *Respectus, qui vixit ann. 2. et menses 8. Dormit in pace delicium.* Neque Christiani tantum, sed et Pagani veteres hac usi loquendi formula. Moschus in Epitaphio Bionis v. 104 :

Ἄμμες δ' οἱ μεγάλοι καὶ κάρτεροι, ἢ σοφοὶ ἄνδρες,
Ὁππότε πρῶτα θάνομες, ἀνάκοοι ἐν χθονὶ κοίλᾳ
Εὕδομες εὖ μάλα μακρὸν, ἀτέρμονα, νήγρετον [ὕπνον.

Moschopulus Περὶ σχεδῶν pag. 173 : Νήγρετος ὕπνος, ὃν ἐγρηγόρησις οὐ διαδέχεται, cui nempe opponitur ἐγέρσιμος ὕπνος, apud Theocritum in Herculisco v. 7. Μακρὸν ὕπνον alii vocant, ut Orpheus hymno εἰς θάνατον, et vetus Epigramma apud Laërt. in Biante. Silius Italicus lib. 5 :

.... Et longo componit lumina Somno.

Ita *longam Noctem*, mortem appellat lib. 8. ἱερὸν ὕπνον, Callimachus Epigr. 15. dum ait, viros præclaros non mortem obire, sed sacrum somnum dormire, quod de viris sanctitate aliqua illustribus dicebant Christiani :

Τῇδε Σάων ὁ Διόνυσος Ἀκάνθιος ἱερὸν ὕπνῳ
Κοιμᾶται, θνήσκειν μὴ λέγε ἀθανάτους.

Quomodo etiam Sibyllina oracula lib. 1. pag. 164 :

. . . . οὐ γὰρ ἀνίαις
Τειρόμενοι θνῆσκον, ἀλλ' ὡς δεδμημένοι ὕπνῳ.

Theocritus in Dioscuris v. 203. βαρὺν ὕπνον : idem Callimachus Epigr. 22. τὸν πᾶσι ὕπνον ὀφειλόμενον, vocant.

Dormitio, Obitus, mors, S. Cypriano Epist. 66. S. Hieronymo Epist. 29. 79. 89. S. Hilario in Psalm. 126. et aliis passim. Chron. Centul. Hariulfi lib. 4. cap. 12 : *Quod superfuit totius vitæ in sancto ibidem explevit servitio, qui etiam* VIII. *Kal. Maii Dormitionem accepit.* Joan. Monachus lib. 1. Vitæ S. Odonis : *Factum est non multo post, ut ipsa Dormitionem acciperet in Domino.* Vita S. Pharonis cap. 103 : *Post Dormitionem Watberti Episcopi.* Vita Ludovici Pii ann. 816 : *Inter hæc D. Leonis Romani Antistitis Dormitio nuntiatur Imperatori.* Acta Murensis Monasterii pag. 55 : *Ut dies Dormitionis suæ cum eo celebraretur* 11. *Kal. Martii.* Vita S. Anstrudis Abbatissæ Laudunensis cap. 11 : *Defectus corporum, non mors, sed Dormitio et Somnus in Scripturis sanctis appellantur : quia substantia humanæ corporalitatis non tollitur, sed per gloriam resurrectionis in perpetuas æternitates reformabitur ab illo, qui mortem sua morte dissipavit.*

Dormitio S. Mariæ, Deiparæ Assumptio, quæ *Pausatio* dicitur in vetustissimo Kalendario. Eckeardus Junior de Casib. S. Galli cap. 11 : *Jusso etiam Kebone in loco ipso usque ad Dormitionem Mariæ hospitari.* Domnizo lib. 2. de Vita Mathildis cap. 14 :

...... Sanctæ Dormitio Virginis atque
In medio mense, qui sextus noscitur esse
Tunc celebrabatur.

[** Vulgo 15. August. Vide Haltaus. ad hunc diem.] Adde Synodum Moguntinam anno 1071. Anastasium in Sergio PP. pag. 62. etc. Græcis Assumptio B. Mariæ Κοίμησις etiam dicitur. Xanthopulus in Synopsi festorum anni : Κοίμησιν Ἁγνῆς, τὴν μεθάστασιν λέγω. Passim in Menæis et Scriptoribus Græcis.

Dormitio S. Joannis. Burchardus Monach. de Casib. S. Galli cap. 2 : *Ad dexteram vero partem ejusdem capellæ Assumptionem S. Mariæ cum depinxisset, aram etiam ei ibidem consecravit : in sinistra vero parte Dormitionem S. Joannis cum decolorasset, sibi etiam inibi altare ædificavit.*

* 3. **DORMIRE**, Residere, Gall. *Rester.* Charta ann. 1310. ex Chartul. prior. Villæpetr. : *Habeant potestatem ponendi et habendi omni die tres nassas Dormientes seu jacentes in certo loco, qui incipit a cogno muri monachorum prædictorum, etc.* Hinc

* Dormitio, pro Interquiescentia et ἀναπαυσεὶ in eodem statu, apud Argentr. in Consuet. Brit. art. 266.

* **DORMITABILIS.** *Bien dormant*, in Glossar. Gall. Lat. ex Cod. reg. 7684. *Dormitoire*, quo somnus provocatur, in Lit. remiss. ann. 1469. ex Reg. 195. Chartoph. reg. ch. 228 : *Dormitoires et remedes pour faire dormir. Endormeur de genz*, Fallax, fraudulentus homo, in Consuet. MSS. S. Genov. fol. 34. v°.

¶ **DORMITOR.** [* Tignum immobile, Gall. *Dormant.*] Consuetudines Municip. Mechliniensium tit. 14. art. 20 : *Qui cantherium habent interangularem, qui a proclinata recubatione, qua se a columine ad transtra resupinat* (*Dormitorem vocant*) *vicini ædibus injungitur, ita illum ipsum tueri debet, ne qua noxa aut incommodum ad vicinum perveniat.*

¶ **DORMITORARIUS**, Dormitorarius, Is cui cura est *dormitorii* in Monasteriis, vel Ecclesiis, ubi fuerunt hujusmodi loca communia ad dormiendum. Constitutio Arnaldi Episcopi Barchinon. ann. 1277. inter Anecd. Marten. tom. 4. col. 605 : *Omnes Officiales nostræ Ecclesiæ præsentes et futuri, scilicet Monachus, Dormitoriarius, Portarius, Diaconus, Subdiaconus, Ministralis, Pistor, Pintrici faciant in propriis personis perpetuo assiduam et continuam residentiam.* Altera anni 1280. ibidem col. 606 : *Monachus vero et ceteri Officiales, scilicet Janitor inferior, Pistor, Ministralis, Dormitorarius, Janitor et Botellarius, quamdiu ea tenuerint officia, de anniversariis partem percipiant consuetam.* Rursus memorantur col. 607. in Constitutione ann. 1281. Vide *Dormitorium* 3. et *Dortelarius.* [* Vide supra *Dormentarius.*]

* **DORMITORIA** Caminata, Cubiculum, Gall. *Chambre à coucher.* Charta ann. 1021. apud Murat. in Antiq. Estens. pag. 129 : *Dum.... in Caminata Dormitoria ad regalem imperium in judicio resideret domnus gloriosissimus Heinricus Romanorum imperator augustus, etc.* Occurrit rursum in Ch. ann. 964. ibid. pag. 139. Vide *Dormitorium* 2.

1. **DORMITORIUM**, Genus vestis, quam induebant cum cubitum ibant. Gloss. S. Bened. cap. de Vestimentis : *Dormitoria*, ἐγκοίμητρα. Gloss. Lat. Gr. : *Dormitorium*, ἐγκοίμηθρον, seu, ut est in Gloss. Græco-Lat. ἐγκοίμηθρον.

2. **DORMITORIUM**, Plinio lib. 2. Epist. 17. et lib. 15. Epist. 6. et Sidonio lib. 2. Epist. 2. est Cubiculum. Marcellus Empir. cap. 23. *Dormitorium cubiculum* dixit.

3. **DORMITORIUM**, Scriptoribus ævi medii sumitur pro Conclavi Monasteriorum [et Collegiorum Canonicorum,] in quo sunt plures lecti, vel plures cellæ, ubi decumbunt; vulgo, *Dortoir.* Ælfricus : *Dormitorium*, s l æ p - æ r n, id est, *Domus somni.* Ordericus Vital. lib. 12. pag. 827 : *Dormitorium et Crontochium et reliqua Cœnobitarum abdita, etc.* Capit. Ludov. Pii Addit. 1. cap. 68 : *Ut Dormitorium juxta oratorium constituatur.* Agunt de ejusmodi Dormitoriis Concilium Turon. ann. 813. cap. 24. Concilium Cabilonense II. cap. 59. Regula Canonicor. ex Concil. Aquisgran. cap. 123. 136. Regula Sanctimonialium canonice vivent. cap. 10. Chrodogangus in Regula Canonic. cap 13. Matth. Paris ann. 1251. Hugo Flaviniac. pag. 256. Concil. Coloniense ann. 1260. cap. 7. Vita Aldrici Episcopi Cenoman. num. 17. [Caroli M. Capitulare primum ann. 813. cap. 4. ut illud edidere Sirmondus et Baluzius post caput 28. Ludovici Pii Capitul. Aquisgr. cap. 58. Capitular. Caroli Calvi tit. 7. § 14. 53.] etc. Joach. Vadianus lib. 2. de Monast. Germ. : *Monachorum communiter viventium cellas fenestratas et patulas esse libuit, ut quoniam seorsim dormirent, habere vel somni, vel cubiculi inspectores et arbitros possent : inde hodieque veterum cubiculorum, quæ vulgo Dormitoria vocant cellulas perspicuas esse videmus.*

Monastica ejusmodi *Dormitoria* non semper distincta erant in cellulas : sed in codem conclavi erant multi lecti, in cujus medio lectus erat Abbatis; ut colligitur ex Regula S. Bened. cap. 22. Reg. Monialium S. Cæsarii Arelat. cap. 7. Aureliani cap. 8. Ferreoli cap. 16. Isidori cap. 13. ex Novellis Justin. apud Julian. cap. 15. 482. Liber Ordin. S. Victoris Paris. MS. cap. 37. et Udalric. lib. 3. Consuet. Cluniac. cap. 2 : *In medio Dormitorii est lectus ejus prope murum, sonitum ipse facit, quo Fratres diluculo ad surgendum excitantur.* Et certe id obtinuisse etiam in Ordine S. Benedicti, docent Statuta antiqua Corbeiensis Monasterii pag. 18. ut et in Ordine S. Augustini Statuta pro Fratribus et Sororibus Hospitalis S. Leonardi Eboracensis istius Ordinis, tom. 2. Monastici Anglic. pag. 370 : *Dormiant omnes fratres simul in uno Dormitorio, ita quod nullus frater habeat cameram separatam, nec curam alicujus cameræ, excepto Cellerario.* Vide Leon. Ost. lib. 2. cap. 34. et Nomasticon Cisterciense pag. 604.

* Ubi dormitoria in cellulas distincta fuerunt, ita cellulæ dispositæ erant, ut in iis quid ageretur facile esset advertere; quod in Galliis etiam nostris usitatum fuit ut discimus ex Articulis reformat. S. Elig. Noviom. ann. 1370 : *Item in Dormitorio habent cameras clausas.... Quantum ad cameras clausas, abbas, quantum poterit, tolerabit; dum tamen hostia camerarum, saltem pro tertia parte, de treleis existant, ita quod infra cameram videri possit, nulla cortina, seu alio obstaculo repugnante.*

4. **DORMITORIUM.** *Dormitoria* inter vehicula reponit Hieronymus in cap. 66. Isaiæ : *Equos et quadrigas, et rhedas et lecticas, sive basternas, et Dormitoria, mulosque et mulas, et carrucas, et diversi generis vehicula.* Passio S. Maximiliani : *Pompeiana matrona corpus ejus de judice meruit : et imposito in Dormitorio suo produxit ad Carthaginem.*

* **DORNABELLUM**, Hastæ species, spiculum. Monstræ factæ apud Chassagn. ann. 1511 : *Claudius filius Benedicti Maris habet unum Dornabellum, seu épieu, alias espieu.*

* **DORNUS**, Offula, frustum, Gall. *Dalle, morceau.* Consuet. MSS. S. Crucis Burdegal. ante ann. 1305 : *Tempore piscium in Adventu, quilibet monachus recipit quinque lampredones, vel unum Dornum de lucio.... Cellerarius quando facit suas infirmarias,... dat abbati et suis familiaribus in qualibet illarum dierum unam peciam bovis, et sex Dornos dictarum esquinarum porci. Et nota quod Dornus debet esse largus quinque digitos.* Hinc *Dour*, Mensuræ genus, quarta scilicet pars pedis geometrici. Reg. parlam. Tolos. ad ann. 1468. 20. Jul. ex Cod. reg. 9879. 6 : *La cour adjuge à frere Armand de Polignac, prieur du prieuré du bourg de Dumiere,.... une besanche de lart ou chair salée de la longueur Dours* (sic) *et de la largeur d'un Dour.* Stat. ann. 1402. tom. 8. Ordinat. reg. Franc. pag. 536. art. 72 : *Ne autre poisson de Laire,.... se il n'a plain Dour, etc.* Vide infra *Durna.*

* **DOROSCA**, Avis species, peloris. Carmen de Philom. ad calcem Cod. reg. 6816 :

Dulce pelora sonat, dicunt quam nomine Doroscam,
Sed fugiente die, illa quieta silet.

Forte *Droscam*, ut metrum postulat.

DORSALE, Pallium, sive aulæum, quod parietibus appenditur, sic dictum, quod sedenti ad dorsum appensum sit. Durandus lib. 1. Ration. cap. 3. n. 23 : *Dorsalia, sunt panni in choro pendentia a dorso Clericorum.* Adde lib. 6. cap. 81. n. 6. *Cortina, quæ pendet ad dorsum*, apud Monach. Sangallensem de Carolo M. lib. 1. cap. 4. Epitaphium Adalberonis Episc. Laudunensis :

Tresque dedit cappas, Dorsalia plura, tapetas.

Petrus Damian. lib. 2. Epist. 2 : *Inter has autem deliræ ambitionis insanias, quid sibi Dorsalia quærunt, quæ a suis conspici Dominis non merentur : grave quippe dispendium sui patiuntur ornatus, dum in occipitio, vel cervicibus oculi non erumpunt, etc.* Chronicon Mindense cap. 26 : *Dedit Ecclesiæ Mindensi duo Dorsalia, passiones S. Petri Apost. sanctorum Gorgonii et Dorothei continentia.* Vitæ Episc. Autisiod. cap. 50 : *Dedit Ecclesiæ pallium ingens optimum, quod vulgo Dorsale dicitur.* Marianus Scotus in Chron. ann. 1064 : *Ubi vero Episcopi sedebant, Dorsalia pallia pendebant.* Rogerus Hoved. ann. 954 : *Dederat eis duo Dorsalia honesta.* Tabular. Monast. S. Theofredi in Velavis : *Unum Dorsale ejusdem operis, quod totum solebat ambire ciborium.* Vide Auctar. ad Matth. Paris pag. 158. Hist. Episc. Autisiod. cap. 51. 53. pag. 452. 457. Ægidium Aureæ Vallis Monachum in Oberto Episc. Leod. cap. 19. Udalricum in Consuetud. Cluniac. lib. 1. cap. 11. Hariulfum lib. 4. cap. 7. Christianum in Chron. Mogunt. Simeonem Dunelm. Evidentias Eccles. Cantuar. pag. 2222. Chronicon Mindense Meibomii pag. 111. Chron. Montis-Sereni ann. 1184. Adamum Brem. cap. 161. Beletum de Divin. Offic. cap. 85. et 115. Rupertum de Divin. Offic. cap. 23. Chron. Upsaliense pag. 152. tom. 6. Spicilegii pag. 456. tom. 12. pag. 271. [Hist. Mediani Monasterii pag. 242. Freder. *Schannat* Vindem. litter. pag. 38. S. Willelmi Constitut. Hirsaugi cap. 19. Itinerarium 2. Edmundi Martenii pag. 241. ubi *Dorsolia* pro *Dorsalia* librari. oscitantia perperam obrepsisse puto.] [** In Glossis Germ. Lat. *Rukkilahhan* redditur *Dorsale* et *Cortina.* Vide Graff. Thesaur. Ling. Franc. tom. 2. col. 157. Adde Ecbasin vers. 575.]

Dossale, [Dossalis,] Eadem notione, apud Matthæum Paris in Vitis Abbatum S. Albani pag. 35. 40 : *Dossale, sive tapesium.* Occurrit etiam apud Leonem Ost. lib. 3. Chron. Casin. cap. 19. (al. 20.) 32. 73. [Codex MS. Irminonis Abb. Sangerman. fol. 64. col. 1. Br. 12. sect. 50: *Hæc sunt ornamenta Domini Walcherii, quæ apud nos sunt, Dossalem* I. *bancalia* II. *tapecia* II. *mappam* I.] Necrolog. Eccles. Parisiensis : 3. *Id. Oct. obiit Adelardis Comitissa de Rupeforti, quæ dedit nobis quoddam Dossale, etc.* Tabularium Monasterii S. Andreæ Viennensis : *Unde et accipio ab ipsis, sive ab eodem sancto Maximo pallium ex auro contextum, quod vulgo dicimus Dossalem.* [*Dossales tapecii*, in Testamento Ermengaudi Comitis Urgell. Marcæ Hisp. col. 973.] Hispanis etiamnum *Dosel*, est *la Cortina con su cielo, que ponen à los Reyes, y despues à los Titulados, y lo mesmo és en el estado Ecclesiastico entre los Prelados*, apud Sebast. de Cobarruvias.

¶ Dossalium. Chronicon S. Bertini apud Marten. tom. 6. Ampliss. Collect. col. 620 : *Chorum et presbyterium ampliavit, chorumque ipsum et capellas pavimento stravit, Dossalium ligneum imaginibus antiquis ac deauratis ornatum posuit.*

¶ Dossalus, Eadem significatione legitur supra in *Bancale* post *Bancus.*

¶ Dossellus. Inventar. Eccl. Noviom. ann. 1419 : *Item unum paramentum altaris, videlicet frontellum et Dossellum de bougueranno albo et nigro.*

¶ Droselus. Charta Garsindis pro Monasterio Gellonensi ann. 1029. apud Stephanotium tom. 2. Antiquit. Occitan. MSS. pag. 485 : *Capas palleas* II. *libros* XVII. *adolras* III. *Droselos* III. *barmos* II. *crucem* I. *casulas* III. *etc.*

Dorsarium. Acta Episcopor. Cenomanensium pag. 324 : *Cœpit... Ecclesiam libris, palliis, cappis et Sacerdotalibus atque Leviticis indumentis et pretiosissimis ad chorum parandum Dorsariis sive scamnalibus laudabiliter cum janius ante chorum adornare.*

¶ Dorsalicum. Chronicon Episcoporum Merseburg. apud Ludewig. tom. 4. Reliq. MSS. pag. 358 : *Thuribula argentea tria, Dorsalica sericea plurima, campanas, cappas sericeas multas, etc.*

Doxale. Liber Anniversariorum Basilicæ Vaticanæ fol. 144. ubi de Bonifacio VIII : *Item sex Doxalia diversorum colorum, quorum tria sunt opere Cyprensi nobilissima.* [Litteræ Nicolai IV. Papæ apud Rymerum tom. 2. pag. 522 : *Prosequimur autem munificentiam regiam uberibus actionibus gratiarum, super capa et Doxali altaris ac alio panno, etc.* Usus Culturæ Cenoman. : *Tapeta super formas et Doxalia extenta.* Chronicon Cavense apud Murator. tom. 7. col. 951 : *Circitoria* II. *et Doxale* I. *dalmaticas* XV. *et tunicas* XIII. Vide alia notione suo loco.]

¶ Doxallum *Altaris cum margaritis, pannus rubeus super altare*, apud Hemereum in Augusta Viromanduorum pag. 364.

Dorsile Pallium, Eadem notione. Eckeardus Jun. de Casib. S. Galli cap. 1 : *Parat tapeto et Pallio Dorsili caminatam. Parat*, hoc loco, est Gallicum *Parer*, ornare. *Pallium Dorsile*, videtur, inquit Goldastus, fuisse tapetium retro principum ac divitum hominum sellas arcuatum et parietibus appensum. Idem Eckehardus cap. 12 : *Ut in Dorsi Pallio et cortina lecti sui quæ humilia sentiens, ipse jussit deponi :* quo loco forte *Dorsipallium*, unicum verbum est. Vide *Oxydeauratus.*

Dorsuale vocat Pollio stragulum, quod animalium dorsis immittitur, in Galliænis : *Processerunt etiam altrinsecus centeni albi boves, cornibus auro jugatis, et Dorsualibus sericis discoloribus præfulgentes.* Etiamnum *Dossiere* Florentini lodicem appellant. Vide Ammianum lib. 19. Gloss. Gr. Lat. : Νωτοφόρος, *Dossualis.* [Similes Glossæ Sangerm. : *Dorsuarium*, νωτοφόρον. *Dorsuarius*, νωτοφόρος.] *Asellus Dorsuarius*, apud Varronem.

* Dorserium, Dosserium, Aulæum, quod parietibus appenditur, idem quod *Dorsale;* inter altarium vero paramenta, idem quod *Postaltare* et *Retroaltare*, nostris *Dossal*, *Dossel* et *Doussier.* Inventar. S. Capel. Paris. ann. 1335. in Reg. J.

Chartoph. reg. ch. 7 : *Item unum fronterium cum Dorserio altaris, et una alba ad ymagines brodata. Item aliud fronterium album cum Dorserio brodatum ad lilia.* Aliud ann. 1363. ex Bibl. reg. : *Item fronterium cum Dorserio antiquum pro altari revestiarii.* Aliud Gall. ibid. : *Item un frontier et Dossier anciens pour l'autel du revestiaire.* Lit. ann. 1386. in Reg. Joan. ducis Bituric. ex Cam. Comput. Paris. fol. 85. r°. : *In qua quidem capella continentur peciæ quæ secuntur, videlicet Dosserium et frontale, etc.* Charta Phil. ducis Burg. ann. 1447. ex Tabul. Audomar. : *Sur et environ le Dossal les bailly et chatelain de Saint Omer, etc.* Reg. sign. *Noster* Cam. Comput. Paris. fol. 196. r°. : *Si sont les choses bailliées à mons. Eude mestre de la chapele royal de Paris.... Item en coffres sont parement d'autel, c'est asavoir Dossel et devantier d'or à granz ymages. Item Dossel et devantiers blancs à ymages. Frontier, Doussier,* in Invent. ann. 1403. inter Probat. tom. 3. Hist. Burg. pag. 217. col. 2. *Dousselet* vero et *Doussier,* licet ejusdem originis, diversæ tamen nonnihil notionis, pro Umbraculo nempe, quod capiti sedentis, aut prandentis vel cœnantis superponitur, vulgo *Dais*, occurrunt in Invent. bonor. ducis Bitur. ann. 1416. ex Cam. Comput. Paris. fol. 7. r°. : *Item un Dousselet à mettre sur la teste d'un roy ou d'un duc estant à table, de veloux blanc.* Ibid. fol. v°. : *Item un ciel ou Doussier de drap de laine, que l'empereur de Constantinoble donna à monseigneur, fait à ouvrage de Grece.* Quod aulæum retro appendat, *Doussellet* et *Doussier* appellarunt.

¶ **DORSENNUS**, *Persona parasitorum.* Gloss. Isid. Lege *Dossenus* ex Horatio, qui habet lib. 2. Ep. 17 :

Quantus sit Dossenus edacibus in parasitis.

Videsis hic Interpretes.

* **DORSICULUM**, diminut. a Dorsum. Glossar. Provinc. Lat. ex Cod. reg. 7657 : *Dors, Prov. dorsum, tergum. Dorsiculum, terculum.* Armaturæ species videtur, f. qua dorsum tegitur, in Hist. desponsat. Frid. III. imper. cum Eleon. Lusit. ann. 1415. tom. 1. Probat. Hist. geneal. domus reg. Portug. pag. 613 : *Hora autem meridiei venerunt equestres, armati more Paganorum et Sarracenorum, mutuo pugnantes cum clypeis, lanceolis et Dorsiculis.* Vide mox in *Dorsum* 3.

¶ **DORSILE.** Vide in *Dorsale.*

DORSILOQUIUM, Mendacium. [* Vel potius Maledictio, calumnia.] Eckeardus Junior de Casibus S. Galli cap. 3. pag. 53 : *Et in levitate ambulantibus detractiones et Dorsiloquia patiuntur assidua.* Eckeardus Minimus de Vita B. Notkeri cap. 19 : *Raro aut nunquam sine opere, aut meditatione, vel exercitio virtutis prætleriebat eis tempus. Unde assiduas ab aliquibus detractiones et Dorsiloquia, ut vitiose fieri solet, in conventibus patiebantur.* Nos vulgo et proverbialiter dicimus : *Cela est vray comme j'ay le dos* id est, falsa res est. [** Germanis *Afterrede* est Calumnia. Adel.]

DORSIPALLIUM, [Dorsole, Dorsuale, Dorsuarius.] Vide in *Dorsale.*

* **DORSORUM**, Dorsum. Inventar. ann. 1320. ex Tabul. S. Vict. Massil. : *Unum coopertorium de pellibus Dorsori cuniculorum* Ubi f. leg. *Dorsorum;* nisi idem sit quod *Dorsus* 1. Vide in hac voce.

* 1. **DORSUM**, Collis, locus editior, ut videtur. Charta Guill. Comit. Pontiv. ann. 1209. tom. 5. Ordinat. reg. Franc. pag. 182 : *Et ab eodem Perroy usque ad castellum de Crotoy, sub pleno mari, usque Dorsum.* Vide infra *Dossus* 2.

* 2. **DORSUM** Ecclesiæ, Pars ædis sacræ, quæ retro altare est. Chartul. Celsinian. ch. 680 : *Habeo unum mansum ad ecclesiam, quæ dicitur de Vergungo, et ipsum est post Dorsum ipsius ecclesiæ, et est meum fevum.*

DORSUM Redimere, Data pecunia se a virgis vel fustuario liberare, in lege Salica tit. 43.

¶ De Dorso Componere, Virgis vapulare, in Decretione Childeberti Regis § 14.

Dorsum Rumpere. Lex Bajwar. tit. 6. cap. 2. § 2 : *Rumpatur Dorsum ejus 50. percussionibus.*

¶ Dorsum Asini, Moles fluctibus opposita et ad instar dorsi asini efformata, a Gallico *Dos d'âne.* Terrarium Calomontis in Dumbis : *Juxta Dorsum asini stagni, etc.* Vide in *Dodus.*

* Nostris *Faire bas dos,* Dorsum curvare, inflectere. Lit. remiss. ann. 1403. in Reg 158. Chartoph. reg. ch. 142 : *L'un d'iceulx compaignons fist bas Dos au suppliant et à l'un des autres, et monterent par dessus un petit mur.* Hinc *Dorchus,* pro *Courbé,* incurvus, in Vit. SS. MSS. ex Cod. 28. S. Vict. Paris. fol. 326. v°. col. 2. ubi de S. Barlaam : *Un home moult viellart, qui avoit le visaige tout froncié, et estoit Dorchus, et les denz li chaoient. Dos* vero nude, pro Armatura, qua dorsum tegitur. Reg. sign. *Pater* Cam. Comput. Paris. fol. 252. r°. : *Marchans et vendeurs de toutes choses appartenans à la baudroierie, soient baudroiers ou autres, paieront pour chascune douzaine d'espaulles, iij. den. pour chascune douzaine de Dos, iiij. den.* Vide supra *Dorsiculum.*

* Ad Dorsum Mensuræ Partiri, Proverbialis formula, Portione sibi debita aliquem privare. Privil. curiæ Rem. fol. 2. v°. : *Thomas de Bello manso retraxit quod potuit ab eisdem* (usurpatoribus;) *sed ei quasi ad Dorsum mensuræ partientes, etc.*

* Ad Dorsum Securis Rumpere iis interdum conceditur, qui usum habent in silvis, non quidem ad ligna cædenda, sed ad rumpenda duntaxat. Charta ann. 1317. in Reg. 56. Chartoph. reg. ch. 188 : *Dictum usagium, quod ad Dorsum securis, et non alias, hactenus rumpere potuerunt et capere, sicut prædicitur; deinceps imperpetuum ad scisionem securis scindere, capere et habere valeant.*

¶ 1. **DORSUS**, pro *Dossus*, ut puto, ab Italo *Dosso*, parvum animal, cujus pelles, Gall. *Petit gris*, mulieres olim plurimi faciebant. Consilium Massil. ann. 1381 : *Nulla mulier aliqua audeat de cetero... portare... de pennis variis, erminis, sive Dorsis, aut de serico in fimbriis seu stremitatibus vestium.* Vide *Doscis.*

* 2. **DORSUS**, Cubiculum, ut opinor, Gall. *Chambre du lit.* Acta MSS. notar. Senens. ad ann. 1284. ex Cod. reg. 4725. fol. 27. v°. : *Si dicta uxor mea vellet ad matrimonium devenire, habeat supra dotes suas et antifatium, lectum suum fornitum, sicut erit, et omnia paramenta ad sui Dorsus..... Item relinquo uxori meæ omnia mea indumenta ad mei Dorsus.*

* **DORTA.** Versus Bartholomæi inter Probat. Hist. Tutel. col. 481 :

Dicunt quod casæ tres sunt, lar, tumba, polusque,
Quas tibi fecere lignum, ligo, lex data normæ.
Ligna dedere larem, ligo fossam, regula Dortam.

Ubi Baluz. id est, *Dormitorium.* Non placet docti viri conjectura : quid enim ad *polum* vox *Dorta*, pro *Dormitorio* accepta? emendo itaque *Doxam*, qua Gloria cœlumve significatur, ad quod adipiscendum religiosa vivendi ratio certo prodest. Vide *Doxa.*

¶ **DORTELARIUS**, Officialis Ecclesiasticus apud Tullenses, idem qui *Dormitorarius*, et *Dortorarius*, cui cura incumbit *Dormitorii*, Gall. *Dortoir*, a quo *Dortelarius.* Statuta Tull. ann. 1497. cap. 34 : *Quid incumbit Dortelario. Dortelarius sit de gremio Ecclesiæ et in sacris; qui debet manere in dormitorio et dormire. Custodire etiam debet claustrum.*

* *Dortilarius*, eamdem acceptione, in iisdem Statutis. Vide supra *Dormentarius.*

¶ **DORTIUM**, *Divortium*, in Amalthea.

DORTORARIUS, Monachus, qui Dormitorii (*du dortoir*) curam habet, in Statutis Ordinis *de Sempringham.* Vide *Dortelarius.*

* **DORULUS**, *Lo servo*, in Glossar. Lat. Ital. MSS.

DORX, Dama. Dorcades dicunt Latini a Græco δορκάς. Gloss. Græc. Lat. : Δορκὰς, *Dama, capreola.* Gratius in Cynegetico :

... Pavidosque juvat compellere Dorcas.

Gloss. Arabico-Lat. : *Dorsici, capreola.* Ubi forte legendum, *Dorx, Dorcis.*

1. **DOS**, secundum leges Romanas, proprie appellatur id, quod a muliere datur viro, quod vulgariter dicitur *Maritagium.* Ita Regiam Majestat. lib. 2. cap. 18. § 1. Adde cap. 15. et 57. quomodo etiam *Douaire* usurpant Consuetudines municipales S. Severi tit. 11. tit. 12. art. 36. et Tolosæ part. 3. tit. de dotib. Vide Salmasium lib. de Usuris pag. 215. et lib. de Modo usur. pag. 145.

* Cæsar de Bello Gall. lib. 6. cap. 19 : *Viri quantas pecunias ab uxoribus, Dotis nomine, acceperunt, tantas ex suis bonis, æstimatione facta cum dotibus communicant.* Charta ann. 1148. ex Bibl. reg. cot. 19 : *Ego Benincasa.... trado corpus meum tibi Raimundo Raterio in uxorem, et dono tibi in Dote omnia mea jura et omnes meos directos honoris et averi, ubicumque illos habeo.* Vide mox

2. **DOS**, ἀντιφέρνη, Donatio propter nuptias uxori a marito facta, quæ jure Gothorum decima pars erat bonorum mariti, Longobardorum quarta, lib. 2. tit. 4. § 1. [** Liutpr. 7. (2, 1.)] Siculorum tertia, in Lege Neap. lib. 3. tit. 13. 15. 16. uti et Romanorum lib. 2. Feud. tit. 9. Habentur plures formulæ ejusmodi dotis constituendæ a marito uxori, in veteribus Formulis apud Bignonium, Goldastum, Lindenbrogium, et Galandum de Franco Alodio pag. 321. et seq. Steph. Baluzium in Append. ad Capitularia num. 43. ex Chartulario Casauriensi. En aliam,

quam ex Tabulario Ecclesiæ Gratianopolitanæ fol. 34. eruimus : *Dilectissima atque multum amabilis es mihi sponsa mea nomine Eusebia, propter amorem et bonam voluntatem, quam contra te habeo, et pro hoc quod dicit in Evangelio* : Relinquet homo patrem et matrem, et adhærebit sibi uxori suæ, et erunt duo in carne una, et quod Dominus conjunxit, homo non separet : *Igitur ego sponsus tuus nomine Alabertus in pro ipsa amore, qua contra te habeo, dono tibi aliquid ex mea hæreditate, quæ est sita in pago Gratianopolitanensi, in Comitatu Salmoriacensi, in villa, quæ vocatur Temenonus, hoc est mansus unus, quem tenet Johannes Parvulus, usque ad inquisitum vel inquirendum. Dono tibi et in alio loco, hoc est in ipso pago, vel in ipso agro, et in ipso Comitatu alium mansum, in villa, quæ appellatur Durioscho, et quantum ad ipsum mansum pertinet, vel aspicit : excepto vinea una, quem pater meus Berardus in sua manu retinet. Hanc autem hæreditatem, sicut supra memoratum est, tibi dono, tali videlicet ratione, ut si ex nobis hæres non remanserit, post tuum discessum ad propinquos meos revertatur. Dono etiam tibi tertiam partem dè quicquid habeo, vel inantea conquirere potero, ut habeas potestatem ad faciendum quicquid facere volueris. Si quis vero, quod futurum minime credimus, contra hanc cartam aliquid dixerit, non valeat vindicari quod cupit, sed insuper culpabilis componat fisco auri uncias quinque, et inantea hæc carta firma permaneat, cum stipulatione subnixa. Signum Alaberti, qui hanc cartam fieri et firmare rogavit, S. Bernardi, S. Arberti, S. Constantii, S. alio Aalberti, S. Duranni, S. Ardenei, S. Rainoldi. Data per manum Silvestri, in feria* VII. *pridie Nonas Januarii, anno* XXX. *regni Rodulfi Regis.* Describitur præterea in Tabulario S. Cornelii Compendiensis Charta Caroli Simplicis, data in Atiniaco Palatio 13. Kalend. Maias indict. 10. ann. 17. redintegrante 10. In quæ hæc habentur : *Compertum sit fidelibus, quod cum nostri regni nos negotia tractantes consiliariis, de nostro nos commonere conjugio salubre ducentes fore et opportunum, si conjux condigna lateri adhiberetur regio, ex qua filiorum Deo largiente totius regni profutura procederet propago. Eorum itaque admonitione sollicitati, et consiliis exhortati, quandam nobili prosapia puellam, nomine Frideruman, communi duntaxat consensu fidelium, Deo, ut credimus, cooperante, secundum leges atque statuta priorum, nobis Imperiali connubio sociamus, regnique consortem statuimus. Quocirca regio eam more propriis rebus disponentes ditare, dono ei Dotis nomine concedimus, fiscos jugiter possidendos, et pro libitu disponendos, Corbiniacum videlicet in Comitatu Laudunensi, cum Ecclesia etc... perpetualiter habeat, teneat atque possideat, et quicquid exinde facere voluerit, liberam et firmissimam in omnibus habeat potestatem, etc.* Habetur denique alia ejusmodi dationis in dotem formula in Tabular. S. Dionys. Paris. ann. 1124. quæ his verbis concipitur : *In nomine Sanctæ et individuæ Trinitatis, Amen. Quoniam Sacramenta Ecclesiæ præsignata sunt in fœdere nuptiarum, ut tempore opportuno de maris et feminæ conjunctione Ecclesia dilataretur, hac de causa, ego Gaufridus Jachelinam filiam Dodonis villani in uxorem accipio, et do ei in Dotem feodum, quod Emelina filia Chevalier a me tenet, et quicquid habeo apud Trembliacum, etc.*

* Charta ann. 1152. inter Probat. tom. 2. Hist. Occit. col. 547 : *Quapropter ego Guiraldus Amicus in Dei nomine accipio Gualburgem in uxorem, et me do tibi in virum, et dono tibi in donatione propter nuptias, ut Dos, quæ fuerit vel est mihi data, juxta Romanæ legis auctoritatem, et æqualitatem redigatur; tali siquidem pacto do tibi, ut si de te prolem habuero, habeas quoque in vita tua; post, ad eam revertatur..... Et ego in Dei nomine Galburgis te accipio Guiraldum in virum, et me do tibi in uxorem, et do tibi in Dotem, ita tamen ut Dos hæc et donatio propter nuptias, quæ fuerit vel est mihi data, in quantitate et in pactis æquis passibus ambulent.* Charta ann. 1309. in Reg. 13. Chartoph. reg. ch. 174 : *Jehan visconte de Touars considerans, si comme il disoit, que entre sa chiere compaigne et espouse Blanche de Brayban, laquele, se ele le seurvit, par général coustume de Poitou et de Touraine et des autres terres, ou les choses sient, notoire et anciennement gardée et esprouvée entre toutes nobles personnes dou pays, doit avoir la tierce partie de toute sa terre par raison de Douaire d'une part, et les héritages doudit visconte d'autre, etc.*

* Quod si litigium aliquod circa dotem oriebatur, ad curiam ecclesiasticam vel secularem pro libito, mulieribus liberum erat causam deferre; et id quidem ex regni consuetudine. Arest. parlam. Paris. ann. 1269. in Reg. *Olim : Cum secundum consuetudinem Franciæ in optione dominarum sit, de Dotalitiis suis trahere ad curiam ecclesiasticam, vel ad curiam domini feodalis, vel ad curiam domini superioris, ad quam curiam hujusmodi voluerint, etc.*

Dos, Practicis Anglis, dicitur donatio, quæ fit a viro uxori, in ipso contractu, ad ostium Ecclesiæ, tempore desponsationis : *quæ*, ut ait Bracton. lib. 2. cap. 7. § 3. *non dicitur proprie Donatio*, sed *Dotis nominatio, sive constitutio.* Idem cap. 39. § 1 : *Dos est id, quod liber homo dat sponsæ suæ ad ostium Ecclesiæ, propter nuptias futuras, et onus matrimonii, et ad sustentationem uxoris, et educationem liberorum, cum fuerint procreati, si vir præmoriatur.* Adde § 4. et Fletam lib. 5. cap. 23. § 2. Regiam Majest. lib. 2. cap. 16. § 1. Glanvillam lib. 6. cap. 1. Littleton. sect. 39. 40. etc. Exstat formula ejusmodi *assignationis Dotis in ostio Ecclesiæ*, in Charta Feodi pag. 157. v. in libro Anglico, inscripto *Justice of peace.*

☞ Idem obtinuisse in Gallis testatur le Roman *d'Achis* MS. :

Le prestre fut appareillé,
A leur entrée les a seigné,
Ains n'y fut Douaires nommez,
Ne serements ung seul jurez,
Fiance faite, ne pleuvie,
Mais le vassal reçut sa mie.

Dos autem alibi constituta, quam ad ostium Ecclesiæ exigi non poterat, eoque ipso matrimonium dicebatur illegitimum, quoad dotem, licet esset legitimum quantum ad hæredem et hæreditatis successionem. Idem Bracton. lib. 4. Tract. 6. cap. 8. § 2. et Fleta ibid. § 4.

Ejusmodi etiam dos uxori a marito concessa, apud Saxones fiebat *antequam cum ea ad prandium discubuisset*, [** *Morgengave.*] ut est in Speculo Saxon. lib. 1. art. 20. § 1. ubi cujus generis esset ista donatio, explicatur, ut et § 7. longe diversa a dotalitio, de quo art. seq. [** *Liftucht.*] Ita porro Dos definitur in Observantiis Regni Aragon. lib. 5. tit. de Jure dotium, § 52 : *De Foro, Dotes, quæ assignantur per virum uxori, illæ vocantur de jure Donatio propter nuptias : de Foro vocatur Dos, et ista talis Dos vel donatio propter nuptias, mortuo viro, redit ad mulierem, et tenebit viduitatem in illa, etc.*

* Eodem *Dotis* seu *Doarii* nomine apud nostros appellabatur pensio, quæ virgini vitiatæ assignabatur ab ejus violatore, cum eam in uxorem ducere nolebat. Lit. remiss. ann. 1452. in Reg. 184. Chartoph. reg. ch. 286 : *Il fut appointté par devant l'official d'Amiens que icellui Michault prendroit à mariage icelle jeune fille (par lui defflorée) ou se ce ne faisoit, il seroit tenu de lui faire Douaire.*

Dos Rationabilis *est, cujuslibet mulieris de quocunque tenemento tertia pars omnium terrarum et tenementorum, quæ vir suus tenuit in dominico suo, et ita in feodo, quod eam inde dotare poterit, die, quo eam desponsavit*, apud Bractonum lib. 2. cap. 39. § 2. in Fleta lib. 5. cap. 23. § 11. in Regiam Majest. lib. 2. cap. 16. § 5. et apud Littlet. sect. 37. ubi quinque dotium species recensentur, scilicet

Dos per Communem Legem, quæ eadem cum *Rationabili*, sect. 37.

Dos per Consuetudinem, quæ ex municipali consuetudine tertiam bonorum mariti excedit, sect. 37. quæ forte est media pars tenementorum mariti, ut in Francia observabatur ex Edicto Philippi Augusti ann. 1214. quo statuit, *que la femme emporteroit la moitié de ce, que li homme a au jour qu'il l'espouse, excepté la Couronne et plusieurs Baronnies*, ut est apud Bellomanerium MS. cap. 13. ante quam ordinationem uxor nullam aliam dotem habebat, quam illam, de qua convenerat.

Dos ad Ostium Ecclesiæ, de qua supra.

Dos ex Assensu Patris, cum minor annis uxorem dotat ex assensu patris, § 40. 47.

Dos Pulcrioris, seu *Douement de la plus belle*, cum sclilicet uxor post mariti excessum pulcrius, seu melius tenementum in dotem sibi eligit, sub certis conditionibus, quæ recensentur in sect. 48.

¶ 3. **DOS**, Donatio, res testamento donata. Testamentum Rostagni de Podio-alto, apud Acherium Spicil. tom. 8. pag. 244 : *Et volo istud præsens testamentum meum statim executioni mandari; et quod dictus Rostagnus bona prædicta auctoritate sua propria apprehendere possit, et regere, et gubernare; et de ipsis bonis me exuens ipsum Rostagnum nepotem meum investio, et renuntio usufructui quem possem habere, quamdiu viverem in Dotibus supradictis, et de meo jure in ipsius jus transfero.*

4. **DOS** Ecclesiæ, Quod ad sarta tecta, et Clericorum in ea deservientium susten-

tationem ab ædificatore confertur. Neque enim licet Episcopo Ecclesiam, aut oratorium, consecrare, nisi Dos sufficiens Clericis in iis deservituris ab ædificatoribus conferatur, uti definiunt passim Concilia, Epaonense can. 25. Aurelianense IV. can. 33. Valent. III. can. 5. Braccarense III. can. 5. Nicænum II. can. 16. Toletan. III. can. 15. Tolet. IV. can. 33. Tolet. IX. can. 5. Wormatiense ann. 868. can. 2. 6. Justinianus in Nov. 67. et apud Julianum Antecess. Const. 61. Zacharias PP. in Ep. 9. ad Pipinum cap. 15. Ordo Rom. pag. 118. edit. 1654. Diurnus Roman. cap. 5. tit. 2. et seqq. Capitula Herardi Turon. cap. 40. Leges Alfonsi IX. Regis Castellæ 1. part. tit. 10. leg. 3. Decreta Calomani Regis Hungar. lib. 2. § 17. etc. Adde Chronicon Montis-Sereni ann. 1146. Sammarthanos in Archiep. Turon. in Charta ann. 936. Beslium in Episc. Pictav. pag. 40. Joffridum in Nicia pag. 161. Meibomium ad Witikindum pag. 117. 131. Hubertum in Hist. S. Aniani Aurelian. pag. 55. Appendicem ad Capitul. Regum Fr. n. 130. etc.

Dotem porro unice Ecclesiarum baptismalium fuisse videntur docere Acta Murensis Monasterii pag. 34 : *Istud ergo sacrum Monasterium, quod cum ab initio hic fuerit Ecclesia, ædificataque fuerit baptismalis, et quæ habuit sepulturam mortuorum, et alia omnia jura, quæ et aliæ Ecclesiæ habent, nunquam auditum est, vel dictum ab ullo Episcopo, vel ab alio Principe hoc modo hinc esse ablatum : et ideo oportet esse principalem Ecclesiam, quæ in ipso loco ædificata est, ubi prior ædificata fuerat, et quæ ipsam Dotem et omnia alia jura habet, quæ et prior habuit. Cum ergo constet, istud monasterium esse principalem Ecclesiam, penitus et miserabiliter ignoranti obscuritate errant, qui dicunt Ecclesiam S. Goaris esse in isto loco matrem Ecclesiam, quia nunquam auditum est, aliquam Dotem, vel aliud qualecunque jus illi Ecclesiæ esse concessum : sed sicut sæpe solent altaria vel Ecclesiæ ædificari ad honorem Dei in locis, qui jam matres Ecclesias habuerunt, sic et ista hic ædificata est vel ad honorem Dei, sive ut populus illuc conveniens ad servitium Dei inquietudinem Monachis non facerent.* Vide *Mansus Ecclesiasticus.*

Charta vero, quæ ad Ecclesiarum dotem exarabatur, *Libellus dotis* nuncupatur in Tabulario Brivatensi ch. 442. quæ tum conficiebatur, cum dedicabatur Ecclesia, ut ex eadem Charta constat. Adde Chartam Gorziensem, de qua mox, et Ordericum Vitalem lib. 5. pag. 548. 549. *Dotis scriptura*, in Charta Herardi Archiep. Turonensis ann. 867.

¶ Doarium, Eodem intellectu. *Maghe* in Chronic. Bonæ-Spei pag. 8 : *Cessit Ecclesia S. Ursmari Lobiensis... Doaria quædam ibidem ad septimum manipulum terragii.* Pag. 113. in Charta Hogeri Camerac. Episc. : *Altare de Carneriis, Altare de Haina... cum eorum appenditiis, decimis, Douriis et oblationibus, Ecclesiæ S. M. de Bona spe... in perpetuum assignata.* Pag. 191 : *Nobisque prædictum patronatum, decimas et Doaria confirmavit.* Pag. 217 : *Attribuendo decimas integras quinque bonariorum Doariis vicinorum.* Occurrit ibidem pag. 234. et alibi sæpe.

Dotalitium, Eadem notione, in Charta Edgari Regis Angl. in Monastico Anglic. tom. 1. pag. 235 : *Quæcunque aliæ personæ in Dotalitium ejusdem Ecclesiæ et jus hæreditatis perseverabile indulserunt.* Charta Gorziensis ann. 761 : *Dotalitium, quo Pipinus Rex dotavit Ecclesiam Gorziensem in die, qua dedicata est.* Alia Roberti Burgundionis Domini Credonensis pro Ecclesia S. Laudi Andegav. : *Quæ omnia... Dominus meus in Dotalitio Ecclesiæ habenda constituit.* Occurrit præterea hac notione in aliis, in Charta Lotharii Regis Franc. ann. 987. apud Michaelem Carbonellum in Chron. Hispan. fol. 8. apud Acherium in Spicilegio tom. 7. pag. 202. 203. apud Ruffium in Comitibus Provinciæ pag. 128. et Meurissium in Hist. Episcopor. Metensium pag. 164. ubi ritus, quo Ecclesiæ dotarentur, belle describitur, [in Charta ann. 1237. ex Archivo S. Cornelii Compend. in altera anni 1252. Hist. Mediani Monasterii pag. 319. in Chronico Farfensi Gregorii Monachi apud Murator. tom. 3. part. 2. col. 556.] [* Charta ann. 863. inter Probat. tom. 1. Hist. Lothar. col. 308 : *Dotalitia in antiquum statutum reformamus, ut sicut fuit temporibus Theomari ejusdem loci abbatis, ita necessitatibus fratrum deservire faciat. Fondeur et Dotteur*, fundator et qui ejusmodi dotem assignat, in Lit. ann. 1329. tom. 7. Ordinat. reg. Franc. pag. 695.]

Dotare Ecclesiam dixit Fortunatus lib. 8. Carm. 1 :

> Se putet inde Dei Dotare manentia templa.

Occurrit passim.

¶ Dotare Missas, *qua singulis diebus celebrari debent*, in Necrologio Eccl. Vivar. MS.

¶ Dotatio Ecclesiæ. Charta Episcopi Camerac. ann. 1367. in Chronico Bonæ Spei pag. 326 : *Ad cujus Capellaniæ Dotationem et fundationem idem Dominus Johannes plures redditus, terras, prata et bona, etc. Templorum Dotatio*, apud Ludewig. Reliq. MSS. tom. 6. pag. 202. Vide *Dota* et *Dotale.*

* **DOSARE**, Potionem medicam temperare, Gall. *Doser. Methodus Dosandi* a Matth. Curtio.

¶ **DOSCIS**, Species pellis, Gall. *Petit Gris*, sic dictæ ab animalculo, quod Itali vocant *Dosso.* Epitomæ Constitutionum Eccles. Valent. inter Concil. Hisp. tom. 4. pag. 175 : *Canonici vero foranei et alii in dignitatibus foraneis constituti, Magistri in Theologia, Doctores Juris in una vel altera facultatibus... muzas panni nigri ex cetino violaceo fodratas, et cappas panni prædicti cum cappucciis ex Doscibus sive griseis forratis portent.* Vide *Dorsus* et *Vares.*

¶ **DOSCLUM**, Donatio propter nuptias. Litteræ Edwardi Regis Angliæ apud Rymer. tom. 2. pag. 115 : *Acceptandi nomine nostro, et dictæ filiæ nostræ assignationem dotalitii seu Doscli, vel donationis propter nuptias.* Vide *Dos* 2.

1. **DOSINUS**, vel *Cinereus* color, Saxonice asse dun dictus, in Gloss. Ælfrici, id est Asininus. Saxonibus enim assa, Asinum sonat. Glossæ Isidori : *Dosius, vel Dosinus, equus asinini pili.* Vide Isidor. lib. 12. Orig. cap. 1. et Papiam in *Cinereus.*

* Gloss. MSS. Sangerman : *Dosinus equus dictus, quod sit colore de asino. Idem et cireneus* (l. cinereus.) *Sunt autem de agresti genere orti, quos equiferos dicimus, et proinde ad urbanam dignitatem transire non possunt.* Bestiar. MS. cap. 44 : *Dosinus autem dictus* (equus) *quod sit color ejus de asino, idem et cinereus.*

* 2. **DOSINUS**, Mensura annonaria, Gall. *Dosin* et *Douzin*, forte quod pars sit duodecima majoris mensuræ. Charta Joan. episc. Leod. ann. 1287. inter Probat. tom. 1. Annal. Præmonst. col. 279 : *Item ibidem octo Dosinis avenæ annui et perpetui reditus.* Redit. Comit. Namurc. ann. 1265. ex Reg. sign. *Papier velu* in Cam. Comput. Insul. fol. 16. r°. : *Si a li quens à Flauwane et Ronney le kienerie,... c'est à cascun fu de le ville ij. Douzins d'avaine, et ij. gelines à le saint Remi.* Rursum ad ann. 1289. ex Reg. sign. *Le papier aux aysselles* in ead. Cam. fol. 70. r°. : *Si a li cuens à le saint Remi rente c'on apele chienerie, de chascun feu un Dosin d'avaine et un poille.* Vide *Dozellus* et *Dozinus.*

¶ **DOSIS** et Dorix, *Scatebra seu Conductus aquarum.* Glossar. MS. xiii. sæc. S. Andreæ Avenion. *Dousi* Vasconibus dicitur, Aqua in altum expulsa et in se cadens, Gall. *Jet d'eau. Le Dozil*, in Chartulario S. Martial. Lemovic. Vide *Duciculus.*

¶ **DOSIUS.** Vide *Dosinus.*

* **DOSSA**, Onus seu fascis, quæ *Dorso*, Ital. *Dosso*, portatur. Stat. Avellæ ann. 1496. cap. 46. ex Cod. reg. 4624 : *Si vero Dossas prædictorum fresagiorum vel leguminum exdossaverit vel ceperit, etc. Dosse* vero, Asciæ species est, in Lit. remiss. ann. 1400. ex Reg. 155. Chartoph. reg. ch. 136 : *Le suppliant eust aussi une aiselle, nommée Dosse, en la valeur de seize deniers ou environ, qui fu portée en l'astelier dudit suppliant, qui est faiseur de nefs.*

DOSSAGIUM, Præstationis species. [* Ratione pellium, quæ *Dorsi* vel *Dosces* appellabantur, venditarum. Vide *Dorsus* 1. et *Doscis.*] Regestum censuum et feodorum Comitatus Carnotensis fol. 16 : *Les Feulpiers doivent en l'an chascun 18. den. le jour de la S. Barthelemy. Item il doivent chascun 2. den. de Dossage le jour de la S. André. Item les Peletiers de Dossage chascun 2. den. le jour de la S. André.*

DOSSALE, Dossellum, etc. Vide *Dorsale.*

* **DOSSENUS**, *Genus parasitorum. Dosis, datio, Græce.* Gloss. MSS. Sangerm.

* **DOSSERIUM.** Vide supra *Dorserium.*

DOSSERUM, Corbis dossuaria, quæ dorso ab homine geritur, Anglis *a dosser*, Gallis *Hotte*, *panier à dos.* Leges Ethelredi Reg. Angl. cap. 4 : *De Dosseris cum gallinis, una gallina thelonei et de uno Dossero cum Ovis, ova thelonei. Dossier*, vox nostris nota.

* **DOSSITIA**, Fenestræ species, ut videtur. Consuet. Neapolit. MSS : *Ubi aliquis construit vel construi facit ædificium in solo suo, ubi alias ædificium non fuit, justa* (juxta) *solum vicini, non est sibi licitum penam tecti vel astraci, Dossitiam, vel aliquam aperturam facere in pariete, quam*

construit juxta solum vicini.... Si quis habet domum super sive juxta domum, ortum, locum vel aream vicini, si domum suam velit altius extollere, et solarium alium facere sive membrum, potest in ipso solario sive membro, quod de novo construit, tot Dossitias et alias aperturas facere, quot habet in alio solario seu membro veteri. Quæ sossiæ (sic) *vel aperturæ non sint ampliores nec longiores veteribus aperturis.* Vide infra *Soscia.*

¶ **DOSSUM**, ἰσχίον, Coxendix. Gloss. Lat. Gr. In Amalthea *Dossum* est pro *Dorsum.*

* Adde ex Castigat. in utrumque Glossar. *Dossum, lumba*, ἰσχίον. Germ. *Dorsum, lumba.* Reg. *dorsum, lumbi, pars juxta nates.*

¶ 1. **DOSSUS**, Species animalis, Ital. *Dosso*, Gall. *Petit gris.* Vide locum in *Vares.*

* 2. **DOSSUS**, Collis, locus editior, Ital. *Dosso.* Charta ann. 903. apud Murator. tom. 3. Antiq. Ital. med. ævi col. 144 : *Ad suprascriptas fundoras seu casalias, et Dossos atque corigias, et valles, atque proras pertinentes ad omnia in integrum, etc.* Alia ann. 999. ibid. tom. 2. col. 171 : *Et vadit usque ad Dossum Fraxanaria, et usque ad palude Mala, et usque ad corrigia de Tengola, etc.* Vide supra *Dorsum.*

¶ **DOSTA.** Informationes Civitatis Massil. pro passagio transmarino ex MS. San-Germ. : *Item tallas ad fornimentum arborum suvales et sentilles* LX. *tallas. Item tallas Dostas et de tarroges d. medio et de prora* XII. [** Convention. inter Ludov. IX. Franc. reg. et Genuens. ap. Jal. Antiq. Nav. tom. 2. pag. 392 : *Tagiis 4. de jonchis, Ostis 2. etc. Ostæ* sunt Gall. *les bras de l'antenne.* Vide eund. ibid. pag. 397.]

¶ **DOTA**, vox Italica, Dos. Additamenta ad Chronicon Casauriense ann. 1047. apud Murator. tom. 2. col. 998 : *Et meam portionem de ipsa Ecclesia, quæ intus in ipso castello ædificata est, cum cellis, et Dotis, et libris, et ornamentis Ecclesiarum et oratoriis.* Vide *Dos* 4.

* **DOTALE**, Quod ad sarta tecta ecclesiæ, et clericorum seu monachorum in ea deservientium sustentationem a fundatore illi collatum est. Charta Henr. imper. ann. 1012. pro monast. Florin. : *De avena advocationis et corveia sint illi liberi, qui manent super atria, et Dotalia, et indominicata, et servientes et ministri ecclesiæ. Item atria et Dotalia et curtes et indominicata et servientes et ministri a districtu proxima* (sic) *sint liberi.* Vide *Dos* 4. et infra *Dotalitium* 2.

* **DOTALIS** Terra, In dotem assignata. Charta Ugon. de Baucio ann. 1209 : *Profiteor et in veritate recognosco, quod prædictæ duæ terræ, ut dictum est, a Barrala non sunt Dotales, sed ex successione Adalaicis quondam matris suæ obvenerunt.* Vide *Dotalitium.*

DOTALITAS, *Patronatus*, Jus in Ecclesia, quod Patrono, qui eam *dotavit*, competit. Provinciale Ecclesiæ Cantuariensis lib. 5. tit. 3 : *Non liceat Ecclesiam nomine Dotalitatis ad aliquem transferre, vel pro præsentatione alicujus personæ aliquid.... accipere.* Infra : *Quod si quis fecerit,.. patronatu ejusdem Ecclesiæ in perpetuum privari statuimus.*

* **DOTALITER**, Jure *dotalitii.* Charta ann. 1244. in Chartul. S. Cornel. Compend. fol. 125. v°. col. 1 : *Dicta vero Ermenburgis quæ in supradictis rebus venditis Dotaliter dicebat se habere, etc.*

DOTALITIUM, *Dos, vel dotis precium*, Joanni de Janua. Definitur *Vitæ provisio mulieribus in virorum proprietatibus* data, in Speculo Saxonico lib. 1. art. 21. § 1. 2. art. 32. lib. 2. art. 21. § 3. lib. 3. art. 74. et in Wichbild. Magd. art. 57. § 1. [** *Liftocht.*] Ὑπόβολον, Jurisconsultis Græcis, uti multis probavit Salmasius lib. de Modo usurar. pag. 150. 151. Henricus Bodo in Chronico Gandersheimensi : *Quia serenissimus Rex Otto Regiam matrem illustrissimam Machtildam aliquantulum inhonorasse dicitur, privando illam Dotalitiis, etc.* Charta Lotharii Regis Fr. pro Corbiniacensi Monasterio : *Villam Corbiniacum, quam eadem Regina jure Dotalicii acceperat, atque libera hæreditate possidebat.* Charta Willelmi de Rupibus Senescalli Andegav. ann. 1197 : *Quando desponsavi Margaritam de Sabolio uxorem meam, dedi ei et concessi in Dotalitium suum, sive in donationem propter nuptias, omnes acquisitiones, etc.* [Litteræ S. Ludovici ann. 1250 : *Quia vero quæsistis, quid nobis de creditoribus, qui credita sua repetunt, vel eorum uxoribus dotem, vel Dotalitium repetentibus sit tenendum, vobis taliter respondemus : Quod licet de consuetudine Gallicana aliter observetur, quia tamen terra illa regi consuevit, ut dicitur, et adhuc regitur jure scripto, volumus creditoribus et uxoribus satisfieri, qui cum eis antequam essent hæretici contraxerunt, usque ad valorem bonorum, si culpa propria non obsistat.*] Willelm. Brito lib. 3. Philipp. :

> Si mihi germanam reddis, nihilominus omne
> Germanæ Dotalitium mihi reddere debes,
> Quæ cum germana sunt data nomine dotis.

Adde Vitam SS. Bovæ et Dodæ num. 9. [Litteras Johannis Dalphini Vienn. ann. 1310. in Maceriis Insulæ Barbaræ tom. 2. pag. 559. et Chartam anni 1327. apud Ludewig. tom. 5. Reliq. MSS. pag. 480.] Vide *Dos Ecclesiæ.*

* Ita appellatur Donatio propter nuptias in Jur. canon. cap. Plerumque ex. de donat. inter vir. et uxor. et cap. Ex part. ex. deforo compet. et cap. Si autem 36. quæst. 2. Robert. in Chron. : *Willelmus rex Siciliæ fecit chartam Johannæ reginæ de Dotalitio suo.*

* **DOTALIUM**, ut supra *Dotalitium* 1. Scacar. apud Cadom. ann. 1234. in Reg. S. Justi Cam. Comput. Paris. fol. 27. v°. col. 1 : *Quando domina petit Dotalium suum, reus non habebit nisi unam essogniam; et post defautam, citabitur reus ad assisiam, et si venerit, dabit defautam, et faciet Dotalium; si non venerit, rex faciet.* Vide *Dotarium.*

¶ **DOTANTA**, Quænam species esculenti? Usus Culturæ Cenom. : *In istis tribus diebus* (25. 26. et 27. Decembris) *debent habere Dotantas in sagimine con* (cum) *cepibus.* [* Leg. *Docanta.* Vide supra *Docare.*]

¶ **DOTARE** Ecclesiam. Vide *Dos Ecclesiæ.*

DOTARIUM, quod nostris *Doarium*, seu *Douaire*, dotalitium. Constitut. Sicil. lib. 3. tit. 14. § 1 : *Liceat ei* (marito) *unum Dotarium uxori suæ de tribus feudis constituere.* Occurrit præterea lib. 1. tit. 55. lib. 2. tit. 8. in Charta Willelmi Regis Siciliæ ann. 1177. apud Bromptonum, et in alia ann. 1313. post Historiam nostram Gallo-Byzantinam pag. 77. [Occurrit rursus apud Marten. tom. 1. Ampliss. Collect. col. 903. et alibi.]

¶ Dodarium, Eadem notione. Chronicon Dominici de Gravina apud Murator. tom. 12. col. 557 : *Denique dicta Regina cœpit se contentam ostendere de matrimonio supradicto; et tradens sorori suæ dotem congruam, donavit illi pro suo Dodario Comitatum Albæ, et in auro super juribus collectarum generalium regni unciarum milliaria triginta duo.* [** Pact. Matrim. Frider. II. Imperat. cum Isabella sorore reg. Angl. ap. Pertz. tom. leg. 2. pag. 308 : *Ut eidem Dominæ nomine nostro in Dodarium constituat vallum Mazariæ etc.* Vide ibid. pag. 311. lin. 6.] Vide *Doaria et Doarium* 1.

¶ **DOTATIO** Ecclesiæ. Vide *Dos Ecclesiæ.*

* **DOTE**, f. pro Docte, bene, apte, eleganter. B. de Amor. in Spec. sacerd. MS. cap. 50. de Modo et continentia :

> Noli laxare linguam, sed præmeditare
> Dicere quid debes,....
> Coram quo, datas, quid quomodo, quando requiras,
> Dicas dicenda Dote, silens retacenda.

¶ **DOTOSA.** Charta ann. 1239. apud *Le Brasseur* Hist. Comitatus Ebroicens. Instrum. pag. 12 : *Quod si Eustachia uxor mea aliquid in donatione mea ratione dotis reclamare voluerit post decessum meum, hæredes mei tenebuntur exambicare Dominæ dictæ dictam Dotosæ de valore ad valorem alibi in hæreditate mea.* Puto legendum *Dotem.*

¶ **DOTUM**, ut *Dos Ecclesiæ.* Codex MS. Irminonis Abb. Sangerman. fol. 59. col. 3. Br. 9. sect. 304 : *Aspicit ibi Ecclesia ædificata in honore S. Martini cum Doto, attamen nihil solvit.*

DOTZENUM. Vide *Dozenum.*

¶ **DOVA.** Vide *Doga* 1. et 3.

DOUANA. Vide *Doana.*

¶ 1. **DOUBLERIUM**, Mantile, Gall. *Serviette*, olim *Doubliere.* Instrum. anni 1383. apud Lobinellum Hist. Britann. tom. 2. col. 1616 : *Sumptoque prandio, dictus et Dominus Dux, tanquam Baro et Dominus Radesiarum habuit Doubleria, mapas et manutergia, quæ fuerant extensa et exhibita in dicto prandio.*

* Alias *Doublier.* Lit. remiss. ann. 1390. in Reg. 138. Chartoph. reg. ch. 204 : *Quatre napes et deux Doubliers valant 24. sols..... Item en la maison Jean le Pastichier à Beauvais deux Doubliers et une nape.* Aliæ ann. 1397. in Reg. 152. ch. 197 : *Après ce qu'ilz orent beu, ledit Colin fist aporter un Doublier, et mettre sus une autre table.* Vide *Duplarium* 2.

* 2. **DOUBLERIUM**, Dolii species, quod duplum contineat sic dicti, nostris *Doublier.* Charta Guid. Malivic. ann. 1234. inter Probat. tom. 1. Annal. Præmonstr. col. 235 : *Dedi etiam dictis canonicis.... duo Doubleria plena vini, percipienda singulis annis in tempore vindemiarum apud Vetolium.* Arest. ann. 1414. 12. Maii in vol. 11. arestor. parlam. Paris. : *Pro qualibet tonnello quinque solidos, pro trezello quatuor solidos,*

pro *Doublerio tres solidos cum sex denariis. Un doublier de vin faisant et tenant les deux parts d'un journel de mouison*, in Ch. ann. 1465. ex Tabul. Portus-reg. Pedag. Peron. ann. 1295. ex Chartul. 21. Corb. fol. 355 : v°. : *Ung tonnelet ou cocquet d'allés*, *iiiixx. loyens pour le cocquet, doit quatre deniers; c'est assavoir la queue Doubliere xvj. den.* Eo etiam pertinere videtur vox *Douseul* inter Redit. comit. Hannon. ann. 1265. ex Cam. Comput. Insul. : *Si a li cuens en le ville forage, de cascun brassin de cervoise, deux Douseus; fa un Douseul iiij. caudrons, vij. los et xiiij. de chiervoise.* Vide infra *Dublarium* et *Duplarium* 1. *Doublier* vero, nunc *Doubleau*, tigni genus, in Stat. ann. 1399. tom. 8. Ordinat. reg. Franc. pag. 367. art. 4 : *Se aucun dudit mestier* (de couvreur) *est trouvé coulpable d'avoir fait aucun faulx ouvrage, comme d'avoir fait faulx Doubliers, trop cler laté, etc.*

* **DOUBLETARIUS**, *Dobletorum*, seu vestium, quæ nostris *Doublets* dicebantur, artifex, Gall. *Doubletier.* Charta ann. 1358. in Reg. 86. Chartoph. reg. ch. 532 : *Jacobus Britonis Doubletarius etc.* Lit. ann. 1358. tom. 3. Ordinat. reg. Franc. pag. 262 : *Consideré que le plus des genz usent et se vestent de Doublez, lesquiex lesdiz cousturiers scevent aussi bien faire, comme font les Doubletiers : car yceulx cousturiers se cognoissent miex en cousture et en taille que ne font les Doubletiers.* Vide supra *Dobletus* 1.

¶ **DOUBLETTES**, vox Gallica, Genus armaturæ. 25. *Doublettes*, 24. *jakkas*, ap. Rym. tom. 8. pag. 384. [* Idem est quod supra *Dobletus* 1.]

* **DOUBLETUS**, Gemmæ adulterinæ species, Gall. *Doublet.* Invent. S. Capel. Paris. ann. 1376. ex Bibl. reg. : *Item duo morsus alii argenti deaurati et esmailliati in factione B. Mariæ, muniti de perreria, videlicet de israel, de perlis, de Doubletis, de saphiris etc.* Stat. aurifabr. Paris. tom. 3. Ordinat. reg. Franc. pag. 12 : *Nul ne puet faire, ne faire mettre en or Doublés de voirrines pour vendre, ne pour s'en user.* Vide supra *Dobletus* 3.

¶ **DOUR**, Vox vernacula in agro Blesensi, f. pro *Tour*, Reliquiarium ad instar *turris* seu *turriculæ* fabricatum. Visitatio Reliquiarum S. Launomari ann. 1274. inter Acta SS. Benedict. sæc. 4. part. 2. pag. 258 : *Vase quodam æneo ejusdem laminis cooperto, quod vas vulgariter a dicti loci indigenis Dour vocatur... vas autem tertium, quod le Dour vulgariter, postea reserantes, plurima ossa similiter invenimus.*

* Celtis, Aqua, quibus etiam *Dor* vel *Thor* portam significat, ut docet D. *Le Beuf* tom. 2. Collect. var. Script. pag. 190. Consule Bulletum in Dictionario Celtico. Alia notione, vide supra in *Dornus.*

* **DOVRA**, Fossa, locus, ubi est aqua stagnans, vulgo *Douvre.* Charta ann. 1046. ex Chartul. Latiniac. fol. 204 : *Ils avoient droit . . . . d'avoir près d'iceulx maretz certains grans fossez ou flaches, appellez Douvres : esquelz Douvres, quant la riviere de Marne se desvoye et est hors de son chanel, se arreste, etc.* Alia ann. 1439. ibid. fol. 211 : *Pour raison des' pescheries du Douvre de Plastry etc.* Cujus Chartæ titulus sic concipitur : *De Dovris et piscationibus Platreiæ.* Vide supra *Doa* 1.

* **DOURDERE**, Dourderet, Dourdret, Durdere, Monetæ aureæ species, Dordeacho, vulgo *Dordrecht*, cusæ, unde nomen, de qua ad calcem Diar. regn. Car. VI. et VII. pag. 528 : *Dourdere, piece d'or non fin, valant seize sols parisis; depuis fut criée à quatorze sols parisis.* Lit. remiss. ann. 1422. in Reg. 172. Chartoph. reg. ch. 60 : *La somme de soixante quinze escuz, c'est assavoir deux Dourderes et trois moutonneaulx en or, et le résidu en blanche monnoye.* Aliæ ann. 1425. in Reg. 173. ch. 265 : *Comme Casin Cordier eust prins furtivement en la gibeciere ou allouyere de son oncle ung fleurin appellé Dourdret, etc. Trois Durderez Guillermins, trois francs à pié*, in aliis Lit. ann. 1448. ex Reg. 176. ch. 658. Aliæ ann. 1458. in Reg. 189. ch. 277 : *Huit mailles ou environ, et ung Dourderet.* Denique Chartul. sign. *Daniel* Corb. ad ann. 1432. 27. Jun. fol. 171. r° : *Fu accaté . . . . à Amiens quarante tonnes de widengne en garbe widiez et abatus de l'année présente, le piece un Durdret, montant xl. Durdrez.* Vide supra *Dondrecq.*

* **DOUSANNA**, Vox fictitia. Series abbat. S. Aug. Lemovic. in Append. ad tom. 6. Annal. Bened. pag. 695. col. 1 : *Præterea emit prædictus abbas* (G. Fabri) *in ornamentum hujus ecclesiæ quamdam cappam, casulam, dalmaticam, cortibaudum, Dousanna rubeum, et alias cappas, et alia vestimenta.* Perperam prorsus, ut videre est in v. *Curcinbaldus*, ubi editum *Dolsamit*; sed leg. *del* vel *dou samit*, distinctis vocibus; hoc est, ex *Samito*, panno scilicet holoserico. Vide *Exametum.*

¶ **DOUSLACH.** Vide in *Durslach.*

DOUTA, Idem quod *Tolta*, Gallis *Toulte* vel *Toute*, Injusta exactio. Charta anni 1235. apud Columbum lib. 3. de Episcopis Sistaricensibus n. 13. qua Raimundus Berengarii Comes Provinciæ dat Radulpho Episcopo Sistaricensi *Cavalcatas Castrorum de Revesto et de Augeto, et omnes questas, Doutas, seu ademptionem eorumdem, quæ hactenus erant in prædictis Castris et hominibus eorum.*

* **DOUVA**, Fossa, vel fossati agger, Gall. *Douve.* Charta S. Ludov. ann. 1269. in Reg. 30. Chartoph. reg. ch. 390 : *Concessimus Richardo Abrincensi episcopo et ejus successoribus, quod possint ad augmentationem dicti vivarii amovere Douvam sive aggerem dicti fossati . . . . Teneantur reficere dictam Douvam sive aggerem, et fossatum.* Lit. remiss. ann. 1382. in Reg. 120. ch. 304 : *Lesquels trois varlés feussent revenuz armez d'espées et de dagues, et leurs visages estoupez et muciez de leurs chaperons au long d'une Douve et fossé tenant au bail de ladite ville.* Vide supra *Doa* 1. et *Doga* 1.

¶ **DOXA**, Gr. δόξα, Gloria. S. Bernardus de Conversione ad Clericos : *O Doxa, Doxa, ait Sapiens in millibus mortalium nihil aliud est, quam aurium inflatio vana.* Epitaphium Hucboldi Monachi, Annal. Benedict. tom. 3. pag. 692 :

Tu lampas monachis, tu flos et Doxa peritis.

Gaufridus Abb. in Vita S. Petri Archiep. Tarent. Maii tom. 2. pag. 329 : *O Doxa, Doxa, inflatio aurium, quam perniciose miseris, cum quibus ludis, illudis!* Vide Raymundi Duellii Miscell. lib. 1. pag. 151. et Acta S. Cassiani apud Illust. Fontaninum ad calcem Antiq. Hortæ pag. 359.

¶ Doxa Patris, Verbum Divinum, Filius Dei. Vita B. Idesbaldi, April. tom. 2. pag. 589 :

Nam sibi Doxa Patris te sumpsit ab ubere Matris.

¶ **DOXALE**, Odeum Ecclesiæ, quibusdam in locis Flandriæ etiamnum *Doxale*, Gall. *Jubé.* Processus de B. Hermanno Joseph, April. tom. 1. pag. 717 : *Chorus ab ipsa navi separatus abside seu Doxali.* Analecta Bonifaciana inter Acta SS. Junii tom. 1. pag. 496 : *In facie Ecclesiæ ante Doxale erectum fuit theatrum tapetibus ornatum.* Aliter sumitur in *Dorsale.*

¶ **DOXALLUM.** Vide in *Dorsale.*

DOXIFICARE, *Glorificare*, in Glossis MSS. Vox hybrida, ex Gr. δόξα, et *facere.*

DOXOLOGIA. Vita metrica S. Eusebiæ Abbatissæ Hamaticensis. n. 7 :

Inter virgineas fausto pede virgo choreas
Tripudians, hymnum discit cantare novellum,
Quem Sion illa canunt comitantia laudibus Agnum
Millia centena, decies bis bina, quaterna :
Nec valet hanc quisquam modulari Doxologiam,
Quem non integritas vitæ docet hoc alalagma.

Eadem Vita prosa conscripta n. 12 : *Ubi organizans Canticum Immaculatum Agnum sequendo tripudiat.* Apud Græcos duplex est δοξολογία, μεγάλη, et μικρά. Illa est Hymnus Angelicus : *Gloria in excelsis* : hæc, quæ sæpius in fine Psalmorum repetitur, Trinitatis glorificatio : *Gloria Patri et Filio, etc.* Hic *Magna Doxologia*, seu *Hymnus angelicus* innuitur. Vide Germanum Patr. CP. in Hist. Eccl. pag. 154. Jacobum Gothofredum ad Philastrium pag. 147. Meursium in Gloss. Goarum ad Euchclog. Græc. pag. 58. etc.

¶ **DOXOLOGUS**, Eloquens, disertus. Acta SS. April. tom. 1. pag. 252. B. de S. Urbico : *Iste plane Pontifex miro Doxologoque callens ingenio.*

¶ **DOZELLUS**, Dozelus, Mensura frumentaria. Chartularium primum Monasterii Aquicinctensis fol. xxv : *Lambertus tenet partem unius modii una coppa minus, alii hospites cætera, et silvam, de qua censum habemus quinque Dozellos avenæ. Eremburgis de Naman dedit nobis curtile suum et recepit illud a nobis ad censum* vi. *d. et dimidii Dozeil avenæ ad mensuram de Orciis.* Et fol. 36 : *Tiris de Nuth dedit nobis terram quatuor Dozelium.* Vide *Dozinus* [* et *Dosinus* 2.]

¶ **DOZENA**, Duodecim, duodeni, Gall. *Douzaine*, Ital. *Dozzina*, *Dozzena.* Archivum Melereii : *Gauffridus Dominus de Ancenis, Notum facio quod G. de Ancenis avus meus dedit Monachis B. M. de Melereio duas Dozenas lampredarum sive allozarum in redditibus suis de Ancenis semper habendas in Cœna Domini.* Vide *Dozina.*

* Duodenarius numerus. Stat. Montisreg. pag. 312 : *Item pro Dozena sellarum de majori forma, sol. v. Item pro qualibet Dozena de media forma, sol. iiij. Douzenne*, fascis duodenaria, in Lit. an. 1382. tom. 7. Ordinat. reg. Franc. pag. 745. art. 12. *Dosaine* vero, pretium duodecim denariorum, in Stat. an. 1415. ex Reg. 170. Chartoph. reg. ch. 1 : *Item en essuiant la cou-*

stume, appellée les Dosaines, de toute ancienneté usitée en Saine la vielle entre les marchans, maronniers et compaignons d'eau fréquentans icelle riviere, quant aucun marchant ou voicturier louera aucuns compaignons d'eau pour conduire ou mener aucunes denrées ou marchandises par laditte riviere, il paiera à chacun desdiz compaignons, oultre et pardessus leur salaire, dont ilz auront marchandé pour faire la besongne, xij. deniers parisis par jour pour leurs despens.

¶ **DOZENUM**, Dotzenum, Mensura vinaria. Statuta Massil. lib. 1. cap. 39. § 2 : *Quilibet venditor* (*vini*) *debeat habere et habeat dimidium Dozenum et Dotzenum.* Ibid. cap. 56. § 2 : *An mensuræ justæ sint, Dozenum, et medium Dozenum, et carteironum, et poizale, et mellairola.*

* *Dozaine*, Modus agri, cui seminando sufficit *Dozinus*, vel qui *Dozinum* census reddit. Charta ann. 1316. tom. 1. Probat. Hist. Britan. col. 1265 : *Et les terres qui sient audessus dudit clos, qui contiennent trois Dozaines de terre ou environ, etc.* Vide supra *Dosinus* 2.

¶ **DOZENUS**, Assis Francicus, Gallis *Douzain*, a duodecim, quos valebat, denariis dictus. *Dozenorum* duæ erant species, *Albi* et *Nigri*. *Dozenus albus* duodecim constabat denariis *albis* seu argenti; *Niger* duodecim *nigris* seu ære et argento mixtis. His addi potest species eorum assium, quos Gallice vocamus *Sous-marquez*, quorum recentior origo est. Extractum computi Siardelli Massaritiæ Magistri monetarum ann. 1339. Hist. Delphin. tom. 1. pag. 95 : *Item quod fierent denarii albi curribiles pro duodecim denariis, sub forma et cunho aliorum Dozenorum qui fiebant nuper, sub minori talhia tamen, et quod essent de liga sex denariorum argenti fini, et de pondere decem solidorum Dozenorum pro qualibet marcha, sub remediis ligæ et ponderis sub quibus alii Dozeni naviter cudebantur. Item, quod fieret alia moneta alba de liga sex denariorum argenti fini, et de pondere sex solidorum pro marcha, et habeant ab una parte circulum infra quem sit unus Dalphinus, sicut in aliis Dozenis, et ab alia parte sit una crux parva, prout habent Turonenses argenti Regni Franciæ.* Memorantur iterum *Dozeni* in Ordinatione anni 1342. tom. 2. ejusd. Hist. pag. 420. unde patet hanc monetam in regno Francico tunc temporis ignotam, frequentem fuisse in Dalphinatu.

* Præter Dalphinatum alibi etiam in usu fuit ejusmodi moneta : neque enim aliam designari opinor hac voce *Douss* quæ ter occurrit in Charta ann. 1340. ex Reg. 72. Chartoph. reg. ch. 207 : *Somme des parties des rentes de ladite ville de l'Escluse, dix livres, dix soulz Tournois deniers mauille et un Douss.*

¶ **DOZINA**, ut *Dozena*, Duodecim, Belgice *Doziine*. Codex MS. consuetudinum Ecclesiæ SS. Bertini et Audomari in Archivo Eccl. Audomar. : *De Dozina de cordewan* 11. *den.* Et infra : *Quatur Dozinæ tripodum* 11. *den.* [* Vide supra *Dosinus* 2.]

¶ **DOZINUS**, Mensura annonaria, forte sic dicta, quod sit duodecima pars majoris modii. Charta Alexandri Leodiensis Episcopi ann. 1131. apud Marten. Collect. Ampliss. tom. 1. col. 711 : *Tenet Comes advocationem de Romerers et de unoquoque quartario terræ, quæ extra manum Ecclesiæ tenetur a mansionariis incolis in Bronio et in S. Laurentio... Dozinum unum avenæ.* Vide *Dozellus*.

* **DOZZA**, Agger ad modum *Dorsi*, Italis *Dosso*, constructus. Stat. Mutinæ rubr. 108. pag. 20. v° : *Statutum est quod canalis de S. Catharina, qui ducitur inter circam Mutinæ a latere superiori portæ S. Lazari, ducatur tantum per Dozzam, quæ est vel esse consuevit sub fundo circæ, et quod terralium et ripa dictæ circæ claudatur in totum usque ad dictam Dozzam, ita quod nulla ruptura sit in dicto terralio, et a latere foras dictæ circæ in capite Dozzæ, possit fieri una clusa alta super dictam Dozzam per medium brachium tantum, et non ultra, ... quæ Dozza non possit nec debeat levari nec amoveri, nisi ad modum uti esse consueverat.* Vide supra *Douva*.

¶ **DRACA**, Onus, Gallice *Charge*, a Belgico *Draghen*, Ferre, portare; unde et *Dracht-loon*, Bajuli, merces. Omnia a Saxonico Dragon, Vehere. Consuetud. MSS. Eccl. SS. Bertini et Audomari ex Archivo Audomarensi : *De Draca pellium hircorum* 11. *den. de pelle* 1. *ob. de pellibus tannatis, videlicet de una Draca* 11. *den. de pellibus non tannatis et cum pilis, hoc est, de Draca* 11. *den. Item de Draca de pellibus salsis* 11. *den. Si autem una minus fuerit tunc de singulis dabitur ob.* Ex quibus posterioribus verbis conjicio *Dracam* pellium fuisse certo earumdem pellium numero æstimatam.

¶ **DRACECHALT**, Mulcta porcelli furati, in Lege Salica tit. 2. § 14. et 15. Vide ibi Eccardum et Schilterum in *Drace*, Porcellus.

* **DRACENA**, Gubernaculum, ut videtur. Chron. Angl. Th. *Otterbourne* pag. 253 : *Quarum una* (navis) *ventis pro voto fruens, disposuit supernavigasse navem, in qua filius regis erat; sed providentia probitateque naucleri obliquantis Dracenam subito navemque girantis, navis regia vastæ ratis, declinavit impetum.*

* **DRACINA**, *Uno peso*, in Glossar. Lat. Ital. Ms. [** Dracma.]

* **DRACITION**, Pastillus saccaratus, Gall. *Dragée*. Comput. ann. 1372. inter Probat. tom. 2. Hist. Nem. pag. 317. col. 1 : *Pro uno servicio specierum confictarum, videlicet de Dracition, habitarum a Guillermo Chabaudi speciatore, etc.*

1\. **DRACO**. Stante Romanorum Augustorum Imperio, inter varia, quæ in acie deferri solebant, vexilla, quædam exstitere *Draconum* non vocabulo duntaxat, sed et effigie insignita, quæ, ut Aquilæ Legionum ita et illa Cohortium signa erant, ut auctor est Vegetius lib. 1. cap. 23. et Modestus de Vocab. rei milit. Ejusmodi Draconum vexilla tum primum cœpisse deferri apud Romanos tradunt, postquam Trajanus Dacos devicit, qui signis ejusmodi utebantur in bellis. Erant autem Draconum effigies effictæ in ipsis vexillis lineis aut sericis [ex pannis diversicoloribus inter se consutis, capite reliquoque corpore omni ad caudam usque simili serpentibus, quomodo Scytharum ejusmodi Dracones describit Arrianus in Tacticis cap. 51. Hujus locum vide in Glossario med. Græcit. ad vocem Δρακονάριος.] Ammianus lib. 15 : *Cultu purpureo Draconum, et vexillorum insignibus ad tempus abstracto.* Idem lib. 16 : *Alios purpureis subtegminibus texti circumdedere Dracones, hastarum aureis gemmatisque summitatibus illigati, hiatu vasto perflatiles, et ideo velut ira perciti sibilantes, caudarumque volumina relinquentes in ventum.* Alibi : *Quo agnito, per purpureum signum Draconis summitati hastæ longioris aptatum, etc.* Purpureos etiam fuisse dracones istos auctor est Claudianus lib. 2. in Ruffinum :

Surgere purpureis undantes Anguibus hastas,
Serpentumque vago cælum sævire volatu.

Eodem lib. :

. . . . : Spirisque remissis
Mansuescunt varii, vento cessante, Dracones.

Idem in 3. Consul. Honorii :

. . . . . Ferventesque tument post terga Dracones.

Ibidem :

. . . . bi picta Draconum,
Colla levant, multusque tumet per nubila Serpens
Iratus, stimulante notho, vivitque receptis
Flatibus, et vario mentitur sibila tractu.

In 6. Consulat. Honorii :

. . . . Quid fixa Draconum
Ora velint, ventis fluitent, an vera minentur
Sibila? suspensum rapturi faucibus hostem.

Sidonius in Paneg. Majoriani :

. . . . Jam textilis Anguis
Discurrit per utramque aciem, cui guttur adactis
Turgescit zephyris, patulo mentitur hiatu
Iratam pictura famem, pannoque furorem
Aura facit, quoties crassatur vertile tergum
Flatibus, et nimium jam non capit alvus inane.

Et in Paneg. Anthemi :

Desiit hostiles confestim horrere Dracones.

Prudentius περὶ ςεφάνων Hymn. 1. de Christianis Militibus :

Cæsaris vexilla linquunt, eligunt signum Crucis,
Proque ventosis Draconum, quæ gerebant, palliis,
Praferunt insigne lignum, quod Draconem subdidit.

Ubi Iso Magister : *Draconum, quia vexilla Regum erant in modum Draconum, vento in se recepto.* Idem Prudentius in Symmachum lib. 2 :

. . . . Prima hasta Draconis
Præcurrit, quæ Christi apicem sublimior effert.

Nemesianus in Cynegetico :

Aurea purpureo longe radiantia velo
Signa micant, sinuatque truces levis aura Dracones.

Acta Martyrii S. Marculi : *Nudatis militum gladiis, et Draconum præsentibus signis et turbarum vocibus cogerentur.* Themistius Orat. 6 : Οὐ χρυσοῦς ἀετὸς, οὐδὲ δράκοντες λεπτῶν ὑφασμάτων. Gregorius Nazianz. Orat. 1. in Julian. : Ὅσα τε (συνθήματα) δρακόντων φοβεροῖς χάσμασιν ἐμπετόμενα ἐπ' ἄκρων δοράτων αἰωρουμένοις, καὶ διὰ τῶν ὁλκῶν ῥιπιζόμενα φολίσιν ὑφανταῖς κατασίκτων, ἥδιςόν τε ὁμοῦ καὶ φρικτὸν θέαμα προσπίπτει ταῖς ὄψεσιν. Vide M. Aurelii Epistolam ad Senatum ad calcem Apolog. Justini Mart. S. Fulgentium Homil. 56. Casaubon. ad Vopiscum, Lipsium, etc.

Atque inde nomen sumpsit Δρακόντειον illud vexillum, quo in ceremoniis suis utebantur Byzantini Augusti recentiores, quod ab Assyriis ad illos dimanasse scribit Codinus de Offic. cap. 6. num. 24. et 50. a quibus certe constat, pleraque ornamentorum Regiorum accepisse Romanos Impp. ut ex Xenophonte alias ostendimus ad Alexiadem Annæ Comnenæ.

A Romanis etiam Augustis Draconem

forte accepere in præcipum exercituum suorum vexillum Impp. Occidui. Nam Willhel. Brito lib. X. Philipp. Carocium Othonis describens, Draconem eidem pro signo impositum diserte scribit :

Erigit in carro palum, paloque Draconem
Implicat, ut possit procul hinc atque inde videri,
Hauriat et ventos cauda tumefactus et alis,
Dentibus horrescens, rictusque patentis hiatu,
Quem super aurata volucer Jovis imminet ala.

Nec apud Romanos, Byzantinos, et Occiduos Augustos tantum exstitit Draco inter militaria signa : sed et Saxonibus tribuitur a Witikindo lib. 1. Gestor. Saxon. : *Hic arripiens signum, quod apud eos habebatur sacrum, leonis atque Draconis, et desuper aquilæ volantis insignitum effigie, etc.*

Præsertim vero in Anglia *Draconis* effigie insignitum vexillum obtinuit, ubi ab ineunte fere Regni origine ad hæc usque tempora præcipuum inter Regalia signa habetur, ut olim *Auriflamma* in Gallia nostra. *Draconis* Anglicani originem ab ipso Uterpendragone accersit Matth. Westmon. ann. 498. qui cum stellam Draconis ignei effigie horridam in cælo conspexisset, qua sibi Regnum portendi edixerant Aruspices, Rex demum, Aurelio fratre extincto, factus : *Jussit fabricari duos Dracones ex auro ad similitudinem Draconis, quem in radio stellæ inspexerat, et unum in Ecclesia primæ sedis Wintoniæ obtulit, alterum vero sibi retinuit in prælio deferendum. Ab illo igitur tempore vocatus fuit Britannice Utherpendragon : Anglica vero lingua Uther drake heved; Latine vero Uther caput draconis. Unde usque hodie mos inolevit Regibus terræ hujus, quod pro vexillo Draconem in bellicis expeditionibus ante se statuerint deferendum.* His consona habet Gervasius Tilleberiensis MS. ubi de Uterpendragone : *Hunc produnt Regium illud apud Anglos vexillum Draconem habere cum capite aureo, quod vidimus expansum, et paganis sub avunculo tuo illustri Rege Ricardo in ultramarinis partibus terribile, Princeps Christianissime.* Idem Matth. Westmonast. ann. 1016. testatur Regem Anglorum cum in præliis decertaret, stetisse *ex more inter Draconem et Standardum.*

Certe inter Anglicorum Regum vexilla unum exstitisse, *Draconem* vocitatum, auctor est Rogerus Hovedenus ann. 1191. illudque a Ricardo I. et in ea, quam iniit contra Saracenos expeditione delatum : *Cum Rex Angliæ fixisset signum suum in medio, et tradidisset Draconem suum Petro de Pratellis ad portandum, contra calumniam Roberti Trussebut, qui illum portare calumniatus est de jure prædecessorum suorum, etc.* Ubi *signum* Ricardi a *Dracone* videtur distinguere. Et sane, *cum Petrus de Pratellis*, cui Draconem deferendum concessit Ricardus, ut et Robertus, qui tanquam *Signifer hæreditarius* de jure id sibi deberi contendebat, e Normannica gente essent, haud injuria quis existimet peculiare Ducatus Normanniæ insigne exstitisse. Nam ex veteri Regesto feodorum Franciæ, quod asservatur in Camera Comput. Paris. fol. 44. constat, præcipuum istius Ducatus signum ita vocitatum, illiusque deferendi jus familiæ cuidam adscriptum : *Monseigneur Robert Bertran tient son fié de notre sire le Roy par Baronnie, et doit à nostre sire le Roy son service; c'est à sçavoir de cinq Chevaliers, et doit porter le Dragon du Duc de Normandie.*

Verum post amissam etiam Normanniam, Draconicum istud vexillum non modo servasse Reges Angliæ, sed et præsertim in bellis difficilioribus delatum, et quod mortem hostibus portenderet, tradunt plerique, Henricus de Knighton ann. 1245. dum de Henrici III. in Wallenses rebelles expeditione agit : *Et in tantum in iram motus est, quod signo Draconis elevato, suos precedere jussit in mortem eorum.* Cui concinit Matthæus Paris ann. 1257. ubi de ipsius Henrici contra Wallenses bello : *Animans suos milites quotidie armatus incessit, et vexillum suum regale explicans, quasi Draco, qui nemini novit parcere, exterminium generale Walliæ minabatur.* Et Matthæus Westmonasteriensis ann. 1264. pag. 387 : *Acies tamen regalis, quæ signo regio, quod Draconem vocant, digladiale mortis judicium prætendente exstitit insignita, progreditur.* Rishangerus eodem anno : *Rex igitur certificatus de adventu Baronum, cum suis mox progreditur, vexillis explicatis, præcedente eum signo regio, nuncium mortis prætendente, quod Draconem vocant.* Auctor est denique Watsius etiamnum apud Anglos exstare signum Draconis, quod, dum castra metatur exercitus, ante tentorium, sive papilionem Regium, ubi Prætoriani excubant, nocte diuque explicatum a dextris aliorum signorum figitur.

Draconem etiam pro vexillo seu standardo Comiti Flandrensi adscribit Chronicon Andrense pag. 491. ubi sic describitur : *Standardum altissimum Dragonem desuper deferentem Comes secum super currum quatuor rotarum duci fecit : quod Rex Francorum indigne tulit.* Vide *Carocium.*

Sed et omnibus pene Nationibus familiare videtur fuisse, ejusmodi *Draconis* vexillum. Le Roman *de Garin :*

A une part est au Roy avisé,
Por le Dragon que il vit venteler,
Et l'Oriflamme esgarda par delez.

Alibi :

Porta l'Ensagne, la o li Dracons ert.

* Le Roman d'*Athis* Ms. :

Ne scay quel gent nous trouverons,
En leurs enseignes ont Dragons,
Ce souloient Romains porter,
Ce nous fait moult à redouter.

* Ejusmodi vexilli præterea mentio fit in Lit. remiss. ann. 1383. ex Reg. 123. Chartoph. reg. ch. 235. ubi de commotione quadam populari agitur; sed [effigies draconis fuisse videtur, quæ ad ecclesiam SS. Innocentium pertinebat : *Fu fait serment les uns aux autres, que se aucun d'eulx estoit pour ce pris, ils feroient qu'il seroit délivré, et pour ce, se mestier estoit, se assembleroient à S. Innocent. Et après ce se fussent yceulx départis, et par aucun d'iceulx eust esté fait vouler le Dragon, sans ce que ledit de Louvres feust onques du conflict, ne de l'assemblée des Maillés à tuer ne rober impositeurs, ne Juifs.*

2. **DRACO**, Effigies Draconis, quæ cum vexillis, in Ecclesiasticis processionibus deferri solet, qua vel Diabolus ipse, vel hæresis designantur, de quibus triumphat Ecclesia. Diabolus enim, ut ait S. Augustinus Hom. 36. in Scripturis sanctis, *Leo et Draco est : Leo propter impetum, Draco propter insidias.* Idem in Psalm. 73 : *Contrivisti capita Draconum in aqua : Dæmoniorum superbias, a quibus gentes possidebantur.* Vetus Carmen edit. a Barthio lib. 34. Advers. cap. 1 : *Salve ô Apollo vere, Pæan inclyte, Pulsor Draconis inferi.* Consuetudines Floriacensis Cœnobii : *Dominica in Ramis palmarum duæ fiunt processiones : posterior ad Floriacum, præeunt vexilla et Draco.* Alibi : *Ad processionem portatur aqua benedicta et thuribulum sine igne, et Crux et Draco in pertica. Unus vero de infantibus in consa* (laterna) *a magistro suo præparata affert candelam accensam, ut præsto sit ignis, si extinguatur, qui in ore Draconis portatur. Ipso die portatur Draco a Thesaurario, etc.* Rursum : *Præeuntibus autem vexillis et Dracone, sequitur bajulus aquæ benedictæ.* Vide Belethum de Divin. Offic. cap. 123. et Durandum lib. 6. Ration. cap. 89. n. 12. cap. 102. n. 9.

3. **DRACO**. Ita ordinem Militarem vocabant Hungari, a Sigismundo Imperatore et Rege Hungariæ institutum, qui de eo sic in Diplomate ann. 1413. loquitur : *Ac in signum sinceræ dilectionis ipsum* (Hervoyam Ducem Spalatensem) *in compatrem nostrum assumendo, sibi pro singulari honore quoddam Clenodium, scilicet signum Draconis, quod nos una cum serenissima Principe D. Barbara Regina Hungariæ conthorali nostra charissima, et quam plurimis mundi Principibus, nostrorumque regnorum Baronibus Præfectis in signum indissolubilis societatis gestare solenne duxeramus conferendum.* De hoc Ordine Militari consulendus Andr. Favynus lib. 7. Theatri Honor. Messenius, Miræus, Belloius, et alii.

4. **DRACONES**, Majores naves dictæ Suecis, apud Ericum Upsaliensem lib. 2. Hist. Suecicæ pag. 33. [** Vide Jal. Antiq. Naval. tom. 1. pag. 129. tom. 2. pag. 477.]

* **DRACOMA**, *Asperitas*, in Gloss. ad Alex. Iatrosoph. Ms. lib. 1. Passion. cap. 97 : *Attende autem quomodo utaris eo ad Dracomata; si enim ulcera contingat esse in oculo, et Dracomata habeat in palpebris, melius est versari palpebram, et sic radi inaspireto melle.* Vide *Dracunculus.*

DRACONARIUS, Ugutioni et Joanni de Janua, *Vexillifer, qui fert vexillum, ubi est Draco depictus.* Gloss. Græco-Lat. : Δρακοντοφόρος, *Draconarius.* Occurrit eadem vox in Notis Tyronis pag. 161. Vopiscus in Aureliano : *Aquilifer legionis tertiæ cum vexillifer is et Draconario, cornicinibus atque liticinibus diripuerunt.* Modestus de Vocabul. rei militar. : *Dracones etiam per singulas cohortes a Draconariis feruntur ad prælium.* Idem : *Signiferi, qui signa portant, quos nunc Draconarios vocant* : [quæ iisdem verbis occurrunt apud Vegetium 2. 7.] Leo in Tactic. cap. 3 : Βανδοφόρους, ἤτοι δρακοναρίους. Ordo Romanus : *Milites Draconarii, id est, qui signa portant.* Petrus Diacon. lib. 4. Chr. Casin. cap. 39. Henrico Regi Romam adventanti occurrisse scribit *Bajulos, Cerostatarios, Stauroforos, Aquiliferos, Leoniferos, Lupiferos, Draconarios, etc. Scholam Draconariorum* habet lex 6. § 7. Cod. de Offi. Præf. Præt. (1, 27.) *Draconarii* meminit etiam Ammianus lib. 20. ubi videndus Lindenbrogius. Vide Glossar. med. Græcitatis.

* **DRACONCELLUS**, Parvus draco. Invent. Ms. thes. sedis Apostol. ann. 1295 : *Item unum urceum, . . . in quo est unum esmaltum jucundum, ... et etiam habet sex Draconcellos.*

* **DRACONIZARE**, More draconis agere, acerbius effutire, in Epist. Arnof. tom. 2. Ant. lect. Canis. pag. 98 : *Publicis detractionibus Draconizantes atque dicentes : ecce sanctitas clericorum; ecce merita; ecce sacerdos, qui ipsa die, in qua bis missas celebravit; Judam imitatus laqueo se suspendit.*

¶ **DRACONTARIUM**, *Corona confecta ex Dracontia herba contra venena, aut ex gemmis draconalibus.* Amalthea ex Tertulliano, qui habet cap. 16. de Corona Milit. : *Quid caput strophiolo aut Dracontario damnas?*

DRACUNCULUS, *Parvus draco*, Joanni de Janua, ut et apud Lampridium : Ulceris vel cancri species. Chronicon Andrense pag. 411 : *In dextro brachio lanceatur, et subrepente Dracunculo, quinto die moritur.* Utitur etiam hac notione Willel. Nangius in Chron. ann. 1126. [Vide *Dranculus.*]

DRACUS, Species dæmonum, qui circa Rhodanum fluvium in Provincia visuntur forma hominis, et in cavernis mansionem habent : de his multa habet Gervasius Tilleberiensis in libro MS. de Otiis Imp. Decis. 3. cap. 87. [edit. apud Leibnit. tom. 1. Scriptor. Brunsvic. pag. 987.] Occitanis etiamnum *Drac*, *Drago*, est *une Fée*, nympha : hinc *fa le drac*, pro *faire le diable*, *faire merveille pour ou contre quelqu'un*. Ita Goudelinus.

* Unde *Drage*, pro Venefica, vulgo *Sorciere*, ut videtur, in Mirac. Mss. B. M. V. lib. 2 :

Por les ex bieu, font cil uslage,
Ceste fresaude, ceste Drage
Jetons en mer isnelement.

* **DRAGATA**, Pastillus saccaratus, Gall. *Dragée*. Comput. ann. 1489. inter Probat. tom. 4. Hist. Nem. pag. 49. col. 2 : *Item solverunt honorabili viro Glaudio de Minorivilla appothecario, pro Dragata et intortitiis donatis dicto domino locumtenenti.* Vide mox *Drageia.*

* **DRAGDALE**, *Greis*, in Glossar. Lat. Gall. ann. 1352. ex Cod. reg. 4120. an Crepitaculum, Gall. *Cresselle?*

DRAGEIA, ex Gall. *Dragée*, Pastillus saccaratus. Acta Visitationis Simonis Archiep. Bituric. pag. 235 : *Et biberunt cum domino, et de Drageia comederunt.*

¶ Drageya, Statuta Capituli Senon. : *Debet totus Conventus in camera bibere ter, et habere Drageyam.*

¶ Dragia, Eadem notione. Extractum computi J. Humb. sub Guigone Dalphino ann. 1328 : *Item pro torchiis, candelis, speciebus et Dragia, quæ acceperat Giletus Camerarius in domo sua.... xix. lib.*

* Charta ann. 1285. in Chartul. Boniport. : *Asserebant* (monachi) *se habere debere in molendinis domini regis apud Pontem archæ iv. modia, iij. sestaria et viij. boissellos ybernagii redditus annualis; pro quo redditu dicti ybernagii, Dragiea a dictis gentibus dom. regis eisdem religiosis, ut dicebant, reddebatur annuatim. Drageya perlata*, in Comput. ann. 1357. inter Probat. tom. 2. Hist. Nem. pag. 193. col. 1. quam *Praline* interpretatur D. *Menard* in Glossar. ibid. licet adinventa, ut fertur, ab officinis præposito marescalli *du Plessis Pralin*. Vide *Tragemata.*

¶ Drageriuм, Patera vel pyxis, alias plurimum in usu, ubi *Drageiæ* servantur, Gall. *Drageoir*. Historia Monasterii S. Laurentii Leod. apud Marten. tom. 4. Ampliss. Collect. col. 1129 : *Scyphi argentei* xxiv. *cum* vi. *gobinetis deauratis, duodecim cochlearia margentea, et Drageriu argenteum cum cochleari.*

* Charta ann. 1328 : *Item unum Dragerium cum pede de argento immallato, Gallice enmaillié.* Vide *Trageria.*

1. **DRAGMA.** Vita S. Eusebiæ Abbatissæ Hamaric. :

Laurea condecorat caput, in quo lilia vernent,
Pectore Dragma micat, quam viva smaragdus inumbrat.

Alias *Dragma* est manipulus. Marius Mercator lib. Subnotationum in Scripta Juliani cap. 8. pag. 24 : *Hoc et de Dragmate vel manipulo, qui perierat.* Δράγμα, Græcis.

* Gemma vel Manipulus. Chron. Joan. Whethamst. pag. 443. ubi de donis factis monast. S. Albani : *Largicionisque Dragmas in tipicam nostram Jerusalem intulere.*

¶ 2. **DRAGMA**, *Interrogation, Question*, *Dragmaticus*, *Interrogant.* Gl. Lat. Gall. Sangerm. MS. J. de Janua : *Dragma, Quæstio sive interrogatio; hinc Dragmaticus, i. Interrogativus : unde quoddam genus loquendi dicitur Dragmaticus, quod fit inter interrogantem et respondentem, etc.* Est Græc. δρᾶμα, Fabula, tragœdia, etc.

¶ **DRAGO** in vexillis. Vide *Draco* 1.

¶ **DRAGONARIA**. Rolandinus Patavin. de Factis in Marchia Tarvisina lib. 6. cap. 18 : *Audiens hæc alius retulit in exemplum, quod ipse viderat in principio guerræ per Estense confinium, nocte quadam ivisse quamdam Dragonariam sive nubem, quæ sic destruxit arbores, fruges, vineas et herbas radicitus, ut mane facto visum sit omnibus manifeste, quod illic unde ivit, non fuisset unquam herba, arbor aliqua vel cultura.* Nubes hæc *Dragonaria* dicta videtur, quod ad instar *Dragonum* omnia vastantium, omnia et ipsa destruxisset. [* Academ. Cruscanis, *Dragoné*, pro Procella.]

¶ **DRAGONES**, Dimachæ, seu Equites vulgo *Dracones*, Gallis *Dragons*. Acta SS. Junii tom. 5. pag. 447. de SS. Petro et Paulo : *In his ergo canonicis domibus, dum milites Butlerianæ cohortis, vulgo Dragones dicti, rimas quasque curiosissime scrutarentur, etc.*

DRAGULUM, Jaculum. Odo Cluniacensis lib. 2. de Vita S. Geraldi cap. 29 : *Viderunt piscem, qui Capito vocatur, contra se natare. Unus autem, qui hoc ipsum refert, extendit Dragulum, et vulneravit piscem.* Forte ex Gallico *Trait.*

DRAGUMANUS, Drogamundus, Drocmandus, Drogermannus, Drogomannus, Turquigens, Turchimannus. His omnibus vocabulis Latini Scriptores ævi medii Græcanicam, δραγούμανος efferunt, quæ *Interpretem liguarum Exoticarum* sonat, ἑρμηνέα γλωσσῶν, apud D. Paulum 1. Corinth. 12. 10. *Michael Dragumanus*, in Charta Rogerii Ducis Sclavoniæ ann. 1180. apud Jo. Lucium lib. 3. de Regno Dalmat. cap. 10.

Drogomannus. Albericus et M. Chr. Belg. ann. 1122 : *Per Interpretem, qui a Græcis Drogomannus dicitur, collocutus.*

Drogmandus. Tudebodus lib. 3. Hist. Hierosol. pag. 79 : *Interrogaverunt Turci Drogmandum, quid Raynaldus dicebat.*

Drogamundus, eidem dicitur lib. 4. pag. 810.

Turquigens, Jacobo de Vitriaco lib. 3. pag. 1126 : *Per Turquigentem, id est, Interpretem, dat responsum nunciis.*

Turchimanneus et Turchemannus, Richardo de S. Germano in Chr. ann. 1214. et Sanuto Epist. 10. 13. et 19. ubi nescio quis Sirupulus *Græciæ Turchimannus* appellatur. Jo. Villaneus lib. 7. cap. 144 : *Turcimanni v'haveva di tutte le lingue.* Habebant porro Byzantini Imperatores inter aulæ suæ Officiales, Interpretes, quos ut dixi, Δραγουμάνους vocabant, quibus, qui præerat, Μέγας διερμηνευτής dicitur Pachymeri lib. 5. cap. 6. et Codino, *Maximus Palatinorum Interpretum*, Tyrio lib. 17. cap. 20. *Maistre des Druguemens*, Tyrii veteri et inedito Interpreti. Nam et Gallis istius ætatis *Druguemens* Interpretes sunt, ut ex Wilharduino num. 96. et Philippo Muskio in Carolo M. alibi a nobis observatum; unde subiit, quæ apud nos invaluit vox *Trucheman*, quam similiter pro *Exoticarum linguarum Interprete* usurpamus : cujus originem et etymon a Germanico quidam accersunt, alii a Chaldaico, in quibus est Isaacus Casaubonus Exercit. 16. in Baronium, ubi annotat vocem *Melits* Hebraicam Genes. 42. 23. Paraphrastas, Onkelum et alios, exponere *Meturgeman*, quem nos, inquit, Galli corrupta voce Chaldaica, dicimus *Trucheman*, id est, qui unam linguam transfert in aliam. Sed vim et originem vocis ipsa prodit *Turchimanni* nomenclatura : sunt enim *Turcimanni*, Turci ipsi, quibus vox *man*, id est, homo, adjecta. Qui igitur Turcorum sua lingua, id est, Arabica, vel Turcica, loquentium Interpretes erant, iimet *Turcimanni* appellati a nostris. De ejusmodi Interpretibus Sidonius in Narbone :

Tum si forte fuit quod Imperator
Eons soceri venire in aures
Fido interprete vellet et perito,
Te commercia duplicis loquelæ
Doctum solvere protinus legebat.

Vide Carolum Paschalium in Legato cap. 49.

¶ **DRAIHATUM** Granum, Cribratum, Gallice *Criblé*, a voce Massiliensi *Dray*, Cribrum. Liber inscriptus *Talmut pensionum anni* 1337. ex Archivo S. Victoris Massil. : *Debent solvere decimam in area et in grano Draihato.*

* **DRAILIUM**, Certus campanæ tinnitus, ut opinor. Charta ann. 1346. ex Tabul. S. Petri de Curte : *Ut consules et universitas mansi Garnerii haberent joculatorem seu guacham publicum, qui in noctis crepusculo et mane modicum ante auroram, et aliis horis competentibus sonaret cornu suum vel tubam, et postmodum Drailium, ut moris erat, in turri.* Ubi, si *Drailium* aperte a cornu vel tuba non distingueretur, facile suspicarer legendum esse *Grailium*. Vide infra *Grala*, *Graylator* et *Grelare*.

DRALHA, Tributi species. Charta ann. 1350. apud Justellum in Hist. Vicecomitum Turenensium : *Cum jure percipiendi pontonagia, pedagia, botagia, Dralhas, quidagia, aspergia, etc.* Britannis Armoricis *Draillou*, sunt Gall. *Drailleures, ou sarmens de vignes.* [Iisdem Armoricis *Draill*, et Cambro-Britannis *Dryll*, quod pronunciant *Dreill*, quodcumque segmentum est ac ramentum, Gall. *Retaille, Coupeau.*]

* Proprio sensu, Nauli species, *Pontonage*, quod pendebatur pro transitu fluminis navigio ducto per extentum funem, vulgo *Traille* nuncupatum.

* 1. **DRAMA**, *Fisée vel pois.* Glossar. Lat. Gall. ex Cod. reg. 7692.

* 2. **DRAMA**, TIS, *Demande, vel instrumentum musicum; unde Cantica dramatis*, in eod. Glossar. Vide *Dragma* 2.

¶ **DRAMEA**, *Post framearum.* Gloss. Isidor. ad quas Grævius : *Forte post Framea*, sed quid *post Framea?*

¶ **DRANCULUS** MORBUS, idem videtur qui supra *Dracunculus*, Ulceris et cancri species. Vita Hugonis Abb. Marchianensis inter Anecdota Marteniana tom. 3. col. 1734 : *Ecce Dranculo morbo, qui ei nativus erat, a capite descendente, facies ejus intumescere cœpit, et paulatim procedere usque ad locum cordis.*

¶ **DRAPA**, DRAPALE, DRAPARIA etc. Vide *Drappus*.

* **DRAPAMENTUM**, Quidquid ad *drappos* seu pannos pertinet. Testam. Joan. Franc. de Gonzaga Mant. march. ann. 1444. tom. 3. Cod. Ital. diplom. col. 1798 : *Ipsa* (consors mea) *testari possit et legare vestes suas quascumque et quælibet Drapamenta.* Vide *Drappale* in *Drappus*.

* **DRAPARE**, *Drappos* seu pannos texere, nostris *Drapper.* Charta Theob. comit. ann. 1222. in Chartul. Campan. fol. 307. v° : *Concessi eisdem burgensibus, quod nulli de cetero liceat Drapare apud Pruvinum, nisi fuerit mansionarius in villa Pruvini, vel homo meus.* Stat. pannif. in Lib. rub. fol. magn. Abbavil. art. 3 : *Que nuls ne puist Drapper de gratuse, ne de pelich fait depuis tondisons jusques à la S. Remy. Draps cruz, non Drapiez*, in Reg. sign. *Pater* Cam. Comput. Paris. fol. 133. v°. col. 2. id est, nec abluti, nec tincti. Linteolum vero vetus ac lacerum sonat, in Lit. remiss. ann. 1412. ex Reg. 166. Chartoph. reg. ch. 190 : *Icellui Mahiet trouva une baudrée ou vieulx Drapper pour nettoier le four.*

* **DRAPARIA**. Vide in *Drappus*.

* **DRAPARIUS**, Pannorum textor et mercator. Charta Guill. episc. Paris. ann. 1222. in Reg. B. Cam. Comput. fol. 150. r° : *Dominus rex vult et concedit, ut nos Paris. episcopus et successores nostri.... habeamus apud Parisius unum Draparium.* Vide in *Drappus*.

* **DRAPELLARIUS**, Qui jus vel veniam habet pannos in choro ferendi, ex Stat. eccl. Andegav.

* **DRAPELLUS**, DRAPPELLUS, dimin. a *Drappus*, Panniculus, nostris, *Drapel* et *Drappel.* Lit. remiss. ann. 1356. in Reg. 85. Chartoph. reg. ch. 83 : *Nigasius . . . percussit dictum Richardum . . . in mentone de extremitate digitorum manus suæ, tunc indutæ de quadam mitana Drappellorum.* Aliæ ann. 1357. ibid. ch. 187 : *Quo facto ipse cum quodam fardello Drapellorum suorum et quibusdam alii rebus suis ad domum suam rediens, etc.* Aliæ ann. 1390. in Reg. 138. ch. 171 : *En laquelle* (huche) *il apperçut un Drappel enveloppé, etc. De Marre vouloit prendre un petit Drappel, ou un pou d'estouppes en l'ostel dudit Ingrant, pour envelopper un pou de graisse qu'il avoit acheté*, in aliis ejusd. ann. ibid. ch. 174. Invent. S. Capel. Paris. ann. 1363. ex Bibl. reg. : *Unus rubisus ornatus auro, 2. esmaldi, et plures alii lapides in uno Drappello. Plusieurs autres pierres en un Drappel*, in Invent. Gall. Aliud ann. 1376. habet : *in uno panniculo lineo involuta. Drappaille*, eodem significatu, in Lit. remiss. ann. 1419. ex Reg. 171. ch. 136 : *Ouquel coffre il ne trouva que linge et Drappaille.*

* **DRAPERIA**. Vide supra *Draparia*.

* **DRAPERIUS**, Officium in Ordinibus militaribus. Charta Alfonsi comit. Pictav. ann. 1270. in Reg. 30. Chartoph. reg. ch. 1 : *Dilectis in Christo fratri Guillelmo de Villareto ejusdem domus Aconensis Draperio, etc.* Idem qui apud alios *Vestiarius* appellatur. Vide in *Drappus*, ubi alia etiam notione occurrit.

* **DRAPPELLUS.** Vide supra *Drapellus*.

¶ **DRAPIS**, ut mox *Drappus*. Vide in *Brusdus*.

DRAPPUS, Pannus, Gallis *Draps*, Italis *Drappo* : quæ vox occurrit in Notis, quæ Tyroni adscribuntur pag. 161. Capitula ad Legem Alamannor. cap. 31. Edit. Steph. Baluzii : *Si quis altero per mano aut per Drappo iratus priserit, sol. 9. solvat.* Marculfus lib. 1. Form. 12 : *Cum.... argento, auro, fabricaturis, Drappis, vestimentis, vel omni supellectile eorum.* Eadem fere lib. 2. Form. 10. 14. 16. Capitularia Caroli C. tit. 29. § 1 : *Quando solemus reverti.... ad mansiones nostras detonst et delavati, cum Drappis et calciamentis Depannatis.* Capitula Adalhardi cap. 52 : *Ut super alterius Drappum non sedeatur.* Vetus Charta exarata Conrado Rege regnante, in Tabulario Ecclesiæ Viennensis fol. 29 : *Et omnis substantia mea tam in vino quam in annona, et in auro atque argento, et in Drapis et vasculis, simul cum bobus et porcis, una cum meliore equo meo, et spata, et lancea, etc.* Chronicon Fontanellense cap. 16 : *Drapos albos 20. de quibus camisiæ 20. fieri possent. Drapus plumatus*, in Charta Heccardi Comitis Augustodun. apud Perardum in Burgundicis pag. 26. Adde Capitulare de Villis cap. 42. [Novam Gall. Chr. tom. 3. col. 488. etc.] [** Polypt. Irmin. Brev. 11. cap. 13.]

¶ DRAPPIUS vel DRAPPIA. Instrument. ann. 771. Ampliss. Collect. tom. 1. col. 35 : *Ea scilicet ratione ut annis singulis ad Missum S. Salvatoris sex denarios valentes, aut in cora, aut in Drappiis aut in pecunia solvere debeam.*

DRAPA dixit Adrianus II. PP. apud Argentreum in Hist. Armor. lib. 2. cap. 22 : *Triginta camisias et 30. Drapas laneas variis coloribus tinctas.*

¶ DRAPERUS, Eadem notione. Testamentum Seniofredi Comitis Barcinon. ann. 966. Marcæ Hisp. col. 887 : *Et alium meum mobilem quidquid habuero, quando migravero de hoc seculo, sive in argento, sive in pane et vino, sive in bestias majores vel minores, sive in Draperos, etc.*

DRAPPALE, Quidquid ad drappos pertinet. Formulæ veteres cap. 39 : *Aurum, argentum, Drapalia, æramen.* Ita in Form. 47. in Chartis Parensalibus 8. et 13. in Form. 7. ex Baluzianis, etc.

Cæterum notanda formula, *Estre des Draps de quelqu'un*, apud Froissartem 2. vol. cap. 77. et in Arestis ann. 1401. et 1474. de eo, qui ex alicujus familia est, et illius *liberationes* seu *livrées* percipit. Speculum Historiale MS. Joann. Abb. Laudun. l. 10 : *A Lille i avoit un Chevalier, qui estoit dou païs de Pulle, et estoit aux Draps Robert de Flandres.*

* Charta ann. 1346. in Reg. 75. Chartoph. reg. ch. 530 : *Lequel Pierre Gaude estoit, si comme l'en disoit, clerc et familier et des Draps des religieux de S. Pierre d'Abbeville.* Alia ann. 1362. in Chartul. 23. Corb. : *Accordons auxdits religieux* (de Corbie) *que eux et leurs successeurs, leurs gens, familiers et serviteurs, estans à eulx, à leurs Draps et en pensions, etc.* Lit. remiss. ann. 1473. in Reg. 195. ch. 1159 : *Jehan le Bourrelier prestre. . . . estant des Draps de la sainte Chappelle de nostre palais à Paris, etc.* Vide *Roba*.

¶ DRAPERIA, ut *Drappus*. Codex MS. redditaum Episcopatus Autissiod. circa annum 1290 : *Tela pelliparia, merces, Draperia, graingne, alnus, cuminum, cuprum operatum debent paagium, veluti aliæ res desuper nominatæ.* Chron. Parm. ann. 1304. apud Murator. tom. 9. col. 850 : *Cum omnibus fondechis, et mercationibus, et Drapperiis, et aliis mercadantiis.*

* DRAPARIA, DRAPERIA, Pannorum textura vel officina. Charta Phil. Aug. ann. 1204. apud *Fleureau* in Hist. Bles. cap. 29. pag. 133 : *Hi etiam quatuor* (ministeriales) *custodient quod Draperia sit fidelis et bona.* Comput. ann. 1399. inter Probat. tom. 3. Hist. Nem. pag. 152. col. 2 : *Pro una coxa carnium salsarum pro Draperia . . . Pro uno edulo pro Draparia, vij. grossos. Pro caseo pro Draparia, iij. grossos. Drapperie* dicitur Vectigal, quod ex pannorum venditoribus percipitur, in Chartul. Latiniac. fol. 246. v° : *Ce sont aucunes fermes, qui estoient de prouffit à l'abbaye de Laigny ès foires de Champaigne et Brie à Laigny sur Marne. Premièrement la Drapperie vault ccccx. livres, etc.*

¶ DRAPERIA, Locus ubi venduntur vel conficiuntur *drappi.* Charta Gervasiæ Dominæ Dinanni pro Abbatia S. Albini Ord. Cisterc. ann. 1236. in Hist. MS. ejus Abbatiæ per Guillelmum *Gauthier : Concessi... XII. lib. annui redditus, et eas assignavi omni anno recipiendas in Draperia Dinanni de primis redditibus meis.* Charta Edwardi I. Reg. Angliæ ann. 1299. apud Rymer. tom. 2. pag. 855. col. 2. de assignatione dotis Margaretæ Reginæ Angliæ : *Civitatem Wintoniæ cum Draperia et cum minutis firmis ac aliis pertinentiis suis. Scamnum Draperiæ*, Scamnum ubi *Drappi* venales exponuntur, in Charta Calomontis ann. 1399. Procuratio Gerundæ civitatis ann. 1289 : *Tota Universitas prædictæ civitatis Gerundæ congregati et congregata per preconem, ut moris est, in Draperia sive placea ejusdem civitatis.... Acta sunt hæc in Draperia sive placea civitatis Gerundæ.* Sic videtur dictum Forum, quod in eo *Drappi* maxime venderentur. *Cum aliquis... iverit ad Draperiam causa emendi vel vendendi pannos*, in Statutis Massil. lib. 2. cap. 40. § 2.

Draperius, Drapperius, Drapporum mercator, nostris *Drappier*, Italis *Drappiero*. Curia Generalis Catalaniæ, acta in villa Montisalbi ann. 1333. sub Alphonso Rege Aragon. : *Ordinamus, quod quicumque mercator, vel Draperius, et eorum negotiatores seu factores, teneant commandas alterius, vel merces, etc.* [Statuta Massil. lib. 2. cap. 40 : *De Draperiis : Constituimus quod omnes Draperii... jurent... pannos, quando ipsos vendent, extendere supra bancam non trahendo, sed extendendo de plano.* Plura ibi de *Draperiis*, ut et lib. 1. cap. 36. Statuta Arelat. MSS. art. 54 : *Statuimus quod Dapperii non sint ausi prohibere, aliquem sartorem recipere pannos in operatoriis suis causa emendi pro aliquo.* Pluries memorantur *Draperii* in Codice MS. reddituum Episcopatus Autissiod. semel in Maceriis Insulæ Barbaræ tom. 2. pag. 673. et alibi.]

¶ Drapparius, Textor drapporum. Charta Bernardi de Turre ann. 1308. apud Baluzium tom. 2. Hist. Arvern. pag. 783 : *Drapparii, ferrarii, et coyrarii, sutores sotularium, pellipari, tres denarios quilibet pro annata.*

Draperius. Statuta Ordinis S. Joan. Hieros. cap. 19. § 37 : *Ubi statuta loquuntur de Draperio, is intelligitur, qui nunc magnus Conservator appellatur, qui Baillivus Conventualis est venerandæ linguæ Aragoniæ, Cataloniæ et Navarræ.* Recensetur inter 6. Majores *Bajulivos* Conventuales Ordinis, tit. 10. § 1. Illius officium describitur § 23 : *Draperius seu ejus locum tenens, interveniat et adsit contractibus pannorum, telarum, camelotorum et canavassorum pro soldeis solvendis : adsit quoque spoliis fratrum distribuendis.* Vide *Trapus.*

¶ Draperarius. Statuta Equitum Theuton. art. 78. apud Duellium Miscell. lib. 2. pag. 60 : *Si missus fuerit alicui Fratri pannus qui sufficiat ad unam vestem, recipere potest, sed non retinere sine licentia Draperarii.*

¶ Draparia, Locus ubi servantur vel abluuntur *Drappi* seu vestimenta. Eadem Statuta art. 74 : *Quando vestes abluuntur, feruntur ad Drapariam.* Erit forte qui malit *Drapariam* intelligi mulierem abluendis *Drappis* seu vestibus occupatam.

¶ **DRAPIFER**, Venditor, vel potius Textor *Drapporum*. Testamentum Beatricis de Alboreya Vicecomitissæ Narbonæ ann. 1367. inter Anecd. Marten. tom. 1. col. 1521 : *Et ad finem ut melius satisfiat illis de nobis conquerentibus in iis, in quibus nos eisdem teneri apparuerit tempore mortis nostræ, sicut sunt sartores, Drapiferi, sutores, et alii ministrales, quibus forte secundum eorum laborem tenemur eisdem, vel aliquotiens in retinendo laborem de eis quæ emuntur ab isdem.*

DRAQUILI, *Manus invidi.* Papias. [Isidorus in Glossis habet *Draquili, Manus invidi.*]

DRASCUS, Hordeum, sive *Braserium* coctum, postquam cerevisia inde expressa est : nos *de la Drague* dicimus, [alii *Drache*,] Angli *Draines* et *Draff*. Matthæus Paris in Vitis Abbatum S. Albani : *Et præbendam quotidianam ad duos equos de granario nostro sumendam : unum cribrum furfuris, et majorem cuvam de Drasco unaquaque septimana.*

¶ Drasqua, Eadem notione. Chartular. S. Vandregesili tom. 1. pag. 803 : *Oblationibus, arietibus, augusto nostro, si nos braciare contigisset, Drasqua, et etiam omnibus aliis ad dictum servitium pertinentibus.* Eadem, ut puto, notione, le Roman *de Cortois d'Artois* MS. :

> Mais mon pain resamble becuit,
> Il est fait ou d'orge ou de Droe
> A envis menjase si floe.

Vocis etymon puto Teutonicum *Drascan*, Triturare, ut exponit Schilterus in Glossario Teutonico [** Potius Germ. *Trüsen, Triester*, Gr. Τρύγη, τρύξ, Fæx. Adel.]

* **DRAVERIA**, Leguminis species, vulgo *Dravée* vel *Draviere*. Comput. Ms. fabr. S. Petri Insul. ann. 1473 : *Johanni Crassier pro blado, Draveria, lino et soucrione.*

¶ **DRAULIA**, Quæ præter rationem abs reis et accusatis delicto exigebant Officiales Dominorum. Hist. Dalphin. tom. 2. pag. 324. ex Præcepto anni 1333 : *Ne etiam subditi extorsionibus et Drauliis, quæ quandoque plus quam apprehenderet pœna, ascendunt, de cætero opprimantur.* Vide *Druaylia.* [** Germ. *Drillen* est Vexare. Adel.]

* **DRAYA**, *Drayo* Provincialibus et Occitanis, Semita, Gall. *Sentier;* proprie via, qua pecus transire solet. Charta Joan. dalph. Vienn. ann. 1316. in Reg. 87. Chartoph. reg. ch. 84 : *Sicut protenditur Draya, qua descenditur de versus dictam ruppam usque ad dictum pontem Sichier.* Alia ann. 1361. in Reg. 101. ch. 96 : *Protenditur ab ipso loco usque ad Drayam de Moncaneto, et a dicta Draya protenditur usque ad solum de passu Royn.* Recognit. ann. 1460 : *Sequendo la Drayam, quæ venit de la Lars, qua itur ad furcas justitiæ..... Item ulterius dedit unam terram confrontatam cum Draya, qua itur versus puteum.* Permut. ann. 1539. ex schedis D. *Chaix* Aquens. patr. : *Item quamdam aliam terram.... confrontatam ab Oriente cum Draya tendente versus Isclonum des Maynes.... et cum Draya tendente versus Durentiam. Confrontatam cum Draya, qua itur ad castrum*, in Instr. ann. 1543. ex eisd. schedis.

* **DRAYETUM**, Cribrum, *Drayo* Provinc. et Occit. Invent. Ms. ann. 1379 : *Item unum Drayetum de area parvum.* Vide *Draihatum granum.*

¶ **DRECHURA**, *sive Pulmentum Domino solvi consuetum*, ab eo qui modo vetito piscatus est, ut habetur in voce *Batuda;* sed vereor ne legendum sit *Drectura.* Vide *Directum* 3. [* Vide supra *Direchura.*]

¶ **DRECTATICUS**, Drectura, Dreitura. Vide in *Directum*, 3.

* **DREGEMUNDUS**, Navis cursoria, idem quod *Dromo*. Epist. Soldani Ægypt. in Chron. Joan. Whethamst. pag. 407 : *Tu habes galeas, nos hissiros, tu classes, nos Dregemundos.* Vide *Dromones.*

* **DREISSA**, diminut. a *Draya*, Semita. Vide supra in hac voce. Charta ann. 1419. ex Schedis Pr. *de Mazaugues : Nominando pro descentione dictorum boum isclam juxta Verdonum,..... et a dicta draya et Dreissa quantum durant istæ isclæ.*

* **DREITURA**, Jus, quod quis habet in re aliqua, reditus, præstatio. Pactum ann. 1063. inter Probat. tom. 2. Hist. Occit. col. 246 : *Neque de filios fevos, neque de alias Dreituras, quæ ego Rodgarius comes filius Garsendæ hodie habeo, etc.* Vide in *Directum* 3.

* **DREITURAGIUM**, Eodem intellectu. Charta ann. 1271. in Reg. feudor. Aquit. ex Cam. Comput. Paris. sign. JJ. rubr. fol. 48. r°. : *Tradidit.... voluntatem et patientiam liberam recipiendi, habendi et retinendi jura et Dreituragia pertinentia ad prædicta.*

DRENCH, Drengus, Drengagium. In Domesdei *Drench* sumuntur pro hominibus domino feudali obnoxiis, seu certa vasallorum specie, tit. *Cestresc. Hujus manerii aliam terram 15. homines, quos Drenches vocabant, pro 15. maneriis tenebant.* Alibi : *Ad ipsum manerium pertinebant 34. Drench, et totidem maneria habebant.* Ex quibus infert Spelmannus, ejusmodi *Drenches* vassallos fuisse haud omnino infimæ sortis, ut qui maneria singuli possiderent : additque, in veteri Charta *Drengos* appellari, hosque dici tenuisse terras suas *per servitium Drengagii.* De eorum origine ita Schedula ab illo laudata de familia Sharneburnorum in agro Norfolciensi : *Eduinus* (de Sharneburne) *et quidam alii, qui ejecti fuerunt* (e terris suis) *abierunt ad Conquestorem, et dixerunt ei, quod nunquam ante conquestum, nec in conquestu suo, nec post, fuerunt contra ipsum Regem in consilio et auxilio, sed tenuerunt se in pace : et hoc parati sunt probare, quomodo ipse Rex vellet ordinare. Per quod idem Rex fecit inquiri per totam Angliam si ita fuit, quod quidem probatum fuit. Propter quod idem Rex præcepit, ut omnes illi, qui sic tenuerunt se in pace in forma prædicta, quod ipsi rehaberent omnes terras et dominationes suas, adeo integre et in pace, ut unquam habuerunt, vel tenuerunt ante conquestum suum : et quod ipsi in posterum vocarentur Drenges.* Ex quibus, inquit Spelmannus, notandum est, eos omnes eorumve antecessores, qui e Drengorum classe erant, vel per *Drengagium* tenuere, sua incoluisse patrimonia, quæ possidebant ante adventum Normannorum. [** Danis *Drengr*, Comes, satelles, proprie Vir fortis. Vide Ihre Gloss. Suio-Gothic. tom. 1. col. 349. et infra *Drungus.* Adel.]

Threngus, Eadem notione. Epistola Monachorum Cantuariensis Ecclesiæ ad Regem Henricum II. apud Somnerum in Tract. de Gavelkynd pag. 123. 210 : *Quia vero non erant adhuc tempore Regis Willelmi Milites in Anglia, sed Threnges, præcepit Rex, ut de eis Milites fierent ad terram defendendam. Fecit autem Lanfrancus Threngos suos Milites, Monachi vero non fecerunt, sed de portione sua ducentas libratas terræ dederunt Archiepiscopo, ut per Milites suos* *terras eorum defenderet, et omnia negotia eorum apud Curiam Romanam suis expensis expediret; unde adhuc in tota terra Monachorum nullus Miles est, sed in terra Archiepiscopi, etc.* [* Idem qui apud Germanos *Dienismannus*. Vide supra in hac voce.]

** Drengnus. Chart. Henric. I. in Abbreviat. Placit. pag. 67 : *Sciatis me dedisse et concessisse Hildredo ... terram quæ fuit Gamel, filii Bern, et terram illam, quæ fuit Glassam filii Brictrici, Drengnorum meorum, etc.*

** Drengagium. Rot. 7. pasch. ann. 6. Edward. 1. Northumb. in Abbr. Placit. : *Henricus de Fenwyke tenuit villas de Fenwyke etc... in Drengagio, et postea convenerunt inter se, et dictus Otnelle remisit servicium Drengagii, etc.* Ibid. rot. 14 : *Drengagium est certum servicium et non servicium militare.*

¶ **DRENSARE**, Clamor cygnorum. Auctor Philomenæ :

Cygni prope flumina Drensant.

* **DRESSADERIUM**, Abacus, tabula, ubi vasa reponuntur ad mensæ ministerium, Occit. *Dressadou*, nostris alias *Dressoir*. Inventar. ann. 1476. ex Tabul. Flamar. : *Item plus unum Dressaderium coralli, cum duobus armariis et duobus tiretis,.... munitum de suis sarralhiis et clavibus, et supra eundem Dressaderium unum candelabrum metalli.* Vide *Dressorium*. *Dressouoir* vero, Cochleare majus, quo dapes disponuntur, in Lit. remiss. ann. 1408. ex Reg. 163. Chartoph. reg. ch. 6 : *Une cuillier d'airain, appellée Dressouoir.*

* **DRESSARE**, a Gallico *Dresser*, Dirigere vel æquare. Libert. Petræ-assisiæ ann. 1341. in Reg. 74. Chartoph. reg. ch. 647 : *Modo simili possunt circumcirca dictam bastitam pontem seu pontes construere, et itinera mutare et Dressare, prout faciendum fuerit pro utilitate regia et reipublicæ.*

DRESSORIUM, Dressatorium, ex Gallico *Dressoir*, Abacus, tabula, ubi vasa reponuntur ad mensæ ministerium : Anglis, *A Dresser*. Willelm. Thorn : *In tabulis, trestellis, Dressoriis faciendis.* Ceremoniale Romanum lib. 1. sect. 3 : *Credentium antiqui Ceremoniarum Codices Dressatorium dixerunt.* Christina Pisana *au Tresor des Dames* 3. part. cap. 3 : *Un grand Dressoir couvert comme un Autel tout chargé de vaisselle d'argent.* Vide *Directorium* [*Dressaderium* et *Dretectorium*.]

* **DRESTA**, *Prov. Correa*, in Glossar. Provinc. Lat. ex Cod. reg. 7657.

¶ **DRESTE**. Descriptio honorum Domini de Eska ex Archivo S. Audomari : *Item, quidam debent adductionem, quæ Gallice dicitur Dreste...., adducere animalia, cujuscumque generis fuerint, ubicumque Censuarius voluerit.*

* **DRESTURA**, ut supra *Dreitura*, nostris etiam *Dréture*. Charta ann. 1247. ex Chartul. Campan. fol. 342. col. 2 : *Nous Aubers abbés et touz li covanz de Chatrices faisons savoir.... que nos avons donné à Thiebaut... le mont de Passavant..... Nos n'am porons paure ne issues, ne autres choses, fors nos Drétures.* Tabul. S. Germ. Prat. ann. 1253 : *Cum omni jure, dominio, possessione, proprietate, justitia et Drestura, quæ in ipsis rebus et singulis earum eisdem competebat.* Charta ann. 1266. in Chartul. Guill. abb. ejusd. monast. fol. 177. r°. col. 1 : *Cum omnibus juribus, dominio, justitia, redeventiis, Dresturis, commodis et emolumentis.*

¶ **DRETATICUM**. Vide *Directum* 3.

* **DRETATULA**, Instrumentum, ni fallor, quo aliquid attollitur. Charta ann. 1147. inter Probat. tom. 2. Hist. Occit. col. 518 : *Caritative tamen ego recepi Rogerius prænominatus a te Guillelmo præposito præfato D. cc. sol. Melgor. et x. martellos cum suis Dretatulis, et vij. maximos ballones.* Nisi de iis intelligas quæ ad *martellos* pertinent.

¶ **DRETECTORIUM**, ut *Dressorium*. Ordinatio Humberti II. Dalphini ann. 1340. Hist. Dalphin. tom. 2. pag. 393. col. 2. de Magistro coquinæ : *Item, quod advertat et presentialiter videat diebus singulis carnes crudas truncari et scindi, antequam poni debeant ad coquendum, ita quod in Dretectorio per consequens revideat, ne per coquos vel alios de coquina fraus committatur.*

¶ **DRETTURA**, Dretura. Vide *Directum* 3.

¶ **DREVA**. Leges Hoeli boni R. Walliæ : *Drevæ manipulorum unius vinculi de avena.*

¶ **DREY**, Munera Officialibus Dalphini Vienn. oblata, ideo *Drey* dicta, quod juris sui, Gall. *Droit*, ea esse existimarent. Ordinatio Humberti II. ann. 1340. Hist. Dalphin tom. 2. pag. 397. col. 1 : *Super jure seu Drey Officiorum. Item, expresse præcipimus intransgressibiliter observari, quod nullus prædictorum Officialium Hospitii nostri.... aliquod jus seu Drey per se vel per alium ejus nomine recipiant in servitiis et Officiis supradictis, sed quidquid per eos consuetum erat recipi hactenus debeat nostris commodis rationabiliter applicari.*

* **DREYLING**, vox Germanica, Dolium communi ter tanto majus. [** Tertia pars culei. Adel.] Charta Wladislai IV. reg. Bohem. ann. 1515. inter Probat. tom. 2. Annal. Præmonst. col. 567 : *Volumus ut abbates Lucenses hodierni et futuri abbatibus Strahoviensibus quotannis duos Dreyling vini transmittant; ..... vel loco horum duorum Dreyling viginti quinque sexagenas grossorum monetæ Bohemicæ eis tradere teneantur.*

¶ **DREYTURA**. Vide *Directum* 3.

* **DRICTA**, Jus, quod quis habet in re aliqua, ut supra *Drestura*. Sentent. ann. 1080 : *Ipso die, quo Imbertus accepit ipsum castellum usque ad diem, quo pliverunt Drictam in manu vicecomitissæ ad ipsam valentiam, qua valebat in ipso die quo ipsum castellum accepit.* Vide in *Directum* 3.

¶ **DRICTUM**, Tributum, pensitatio, vectigal. Ogerius Panis lib. 4. Annal. Genuens. ad ann. 1205 : *Prænominatus Comes pro jam dicto servitio et dictorum Januensium in Malta habitantium intuitu, cunctis Januensibus Dacita vel Drictum, quæ vel quod in Tripoli soliti erant dare, remisit.* Bartholom. Scriba lib. 6. eorumd. Annal. ad ann. 1230 : *Miserat litteras suas domino Bajulo in ultramarinis partibus constituto, continentes quod ab hominibus Januæ et de districtu Drictum Cathaniæ acciperet, scilicet decenum.* Vide *Directum* 1. et 3.

¶ **DRICTURA**. Vide *Directum* 3.

* 1. **DRICTUS**, Tributum, vectigal, nostris *Droit*. Convent. Saonæ ann. 1526. pag. 9 : *Item de gratia speciali concedunt quod Saonenses pro commarchiis, Drictibus et gabellis.... non possint nec debeant trahi ad præsentem civitatem Januæ.* Et pag. 34 : *Quod Saonenses teneantur solvere caratos maris, et Drictus, et alias quascunque gabellas, quocunque nomine censeantur.* Vide *Drictum*.

* 2. **DRICTUS**, Erectus, Gall. *Droit*. Tract. Ms. de Re milit. et machin. bellic. cap. 114 : *Lucerna ambulatoria in mantelleto.... ardens stat Dricta, et cum ea potest focari portam seu propugnaculum civitatis.* Vide infra *Drizare* 1.

DRINCEHEN. Vide in *Outhorn*.

DRINCLEAN, Tributum pro potu; vox Saxon. a Drinc, potus, et lean, stipendium, merces, tributum. Leges Canuti Reg. Angl. cap. 109 : *Et Drinclean, id est retributio potus.*

¶ **DRINDIRE**. Auctor Philomenæ : *Mustelaque Drindit.* Vox fingitur ab ejus clamore. Vide *Drivorare*.

* **DRINGUET**, Ludi genus. Lit. remiss. ann. 1380. in Reg. 118. Chartoph. reg. ch. 220 : *Regnaut Dargent... s'embuti en une compaignie de jeunes hommes, par lesquels il fu induis à jouer à un jeu, que l'en appelle au Dringuet. Driguet*, pro *Dringuet*, in aliis ann. 1383. ex Reg. 123. ch. 19. Aliæ ann. 1396. in Reg. 150. ch. 180 : *L'exposant estant à la foire de Montereul emprès Guise, ... fut alez parmi ladite foire, et y eust trouvé un lieu publique ou l'en jouoit au Dringuet.* Rursum aliæ ann. 1405. in Reg. 160. ch. 219 : *Aucuns de la compaignie demanderent au suppliant s'il vouloit jouer au Dringuet.* Ubi fortasse legendum *Drinquet*, atque adeo idem est quod *Trinquetum*, vulgo *Trictrac*. Vide in hac voce. Neque enim insolens omnino mutatio literæ *t* in *d*.

* **DRINOLARE**, *Vox mustellorum*, in Glossar. ex Cod. reg. 7657. *Drinorare*, in alio laudato supra in v. *Baulare*. Utrumque rectius quam *Drivorare*.

¶ **DRIOGALAPTES**. Vide *Druocolaptes*.

* **DRISARE**. Vide infra *Drizare* 1.

* **DRISUM**, *Lo tribunale*. Gloss. Lat. Ital.

¶ **DRIVORARE**, De clamore mustelæ dicitur supra in *Baulare*. Vide *Drinolare* et *Drindire*.

* **DRIZAGNOLUM**, Canalis directus, per quem effluunt aquæ. Stat. Mutinæ rubr. 259. pag. 49. v°. : *Statuimus quod per omnes homines, habitantes in villa Rami, fieri debeat unum scolarolum sive Drizagnolum per insulam, etc.*

* 1. **DRIZARE**, Erigere, Ital. *Drizzare* et *Dirizzare*, Gall. *Dresser*. Guido de Vigev. Ms. de Modo acquir. et expugn. T. S. cap. 2 : *Sed antequam sit tota Drisata, intrent baltriscam qui debent intrare, et cum baltrisca fuerit erecta, trahantur supra homines; ..... sed antequam Drizetur, firmetur baltrisca in capite.... Drisantes baltriscam semper muniantur ex illis cultris et portis.* Vide supra *Drictus* 2.

* 2. **DRIZARE**, Drizzare, iisdem Italis, Dirigere, figuram rectam rei alicui restituere; unde *Drizata* et *Drizzatio*, ipsa ad rectum restitutio. *Dresser*, eodem sensu, dicimus. Charta ann. 1225. apud Murator. tom. 2. Antiq. Ital. med. ævi col. 342 : *Et*

quod exstimatores communis Mutinæ non possint cambiare, ingroxare, neque Drizare in vineis et terris, etc. Et col. 343 : *Ego exstimator juro bona fide cambia sive permutationes, et Drizatas, et divisiones ad meum officium pertinentes, facere secundum statuta et ordinamenta communia Mutinæ.* Stat. Mantuæ lib. 2. cap. 24. ex Cod. reg. 4620 : *De ingrossationibus et Drizzationibus et rerum divisionibus. Statuimus quod dom. potestas et ejus judices ad jus deputati teneantur et debeant ingrossare et Drizzare iusto pretio, re per testes idoneos diligenter scrutata, petentibus ingrossationem vel Drizzationem sibi fieri in aliqua terra vel possessione posita infra terminos lapideos.* Pluries ibi. Stat. Montis-reg. pag. 249 : *Item statutum est quod si esset in dicta bealeria seu bealeriis aliqua vota, quod dicta bealeria non iret recta, quod massarii dictæ bealeriæ possint facere Drizare, ita quod vadat recta.* Vide supra *Dressare.*

¶ **DROFDENN**, Saxonibus, Silva, vivarium, ubi feræ nutriuntur. Vetus Charta apud Th. *Blount* in Nomolexico : *Dominus debet habere Drofdennes arbores de crescentia* XL. *annorum et infra.*

¶ **DROGAMUNDUS**, Drogomandus, Drogomannus. Vide *Dragumanus.*

* **DROGARIA**, Aroma quodvis, materia ex qua medicamenta et aliæ compositiones conficiuntur, Ital. *Droga*, Gall. *Drogue.* Convent. Saonæ ann. 1526 : *Pro quibuscumque generibus specierum, seu aromatum et Drogariarum etc.* Rursum : *Item pro qualibet salmata.... aliorum quorumcumque generum aromatum, seu specierum et Drogariarum, soldum monetæ Saonæ.*

DROITURA. Vide *Directum* 3.

* Droiteura, ut *Droitura*, Jus, quod quis habet in re aliqua, reditus, præstatio, in Charta Phil. III. reg. Franc. ann. 1275. ex Reg. parvo S. Germ. Prat. Hinc *Droitures* dixerunt nostri sacramenta potissimum aliaque ecclesiæ subsidia, quæ moribundis debentur administrari. Lit. remiss. ann. 1347. in Reg. 68. Chartoph. reg. ch. 172 : *Lequel Jehan Beauvoir vesqui après ledit coup par neuf jours ou environ, et ot ses Droitures comme bon catholique.* Aliæ ann. 1383. in Reg. 123. ch. 260 : *Jehan Guillon acoucha malades de grieve maladie.... par telle maniere, que d'icelle maladie il fu confessé, commenié au lit et annulié, et ot toutes les Droitures de saint église.* Rursum aliæ ann. 1394. in Reg. 146. ch. 184 : *Laquelle femme ala de vie à trespassement après ce qu'elle ot eu toutes ses Droitures.* Ita etiam legendum, pro *Doctrines*, in Lit. remiss. ann. 1383. ex Reg. 124. ch. 272 : *Icellui Delamare.... prins ses sacremens et Doctrines, comme bon catholique;.. assez tost après il ala de vie à trespassement.* Vide supra *Adresciare.*

* **DROILLIA**, a vulgari *Drouille*, quod in venditionibus corollarii vice pretio rei emptæ superadditur. Charta ann. 1369. ex Cod. reg. 5187. fol. 81. v°. : *Dictus Hugo solvat.... dicto Petro tres florenos... pro rata sua Droilliarum per dictum Petrum solutarum, quando dictam vineam acquisivit.* Vide *Druaylia.* Hinc

* **DROLIA**, Quod præter debitum a justitiæ ministris exigitur sub muneris nomine. Charta Car. dalph. ann. 1356. in Reg. Cam. Comput. Paris. sign. *Vienne* fol. 5. r°. : *Johannes de Bonnenco.... post officii cessum delatus apud nos.... pretextu* (quod) *Drolias et alia munera a jure prohibita, etiam frequenter excessiva, sigillorum præmia recipiendo, etc.* Vide *Draulia* et infra *Druulia.*

DROMEDA. Julius Africanus lib. 6. Histor. Apostolicæ pag. 77 : *Venerunt nuncii, qui missi fuerant cursu velocissimo in Dromedis, etc.* Joan de Janua : *Dromeda, quoddam genus camelorum, minoris quidem staturæ, sed velocioris.* [Isid. lib. 12. Orig. cap. 1. addit : *Unde et nomen habet; nam* δρόμος *Græce cursus velocitas appellatur. Centum et amplius miliaria uno die pergere solet.*] Vopiscus in Aureliano : *Camelis, quos Dromadas vocitant.* S. Hieronym. in Vita Malchi : *Videmus camelos, quos ob nimiam velocitatem Dromedas vocant.* Et in Vita Hilarionis : *Qui locatis Dromedis, capellis, etc.* Vide Fulcherium Carnot. lib. 2. cap. 31. sed et

Dromedarius dicitur pro Dromade. Gloss. Camberonense : *Dromedas, et Dromas, et Dromedarius, idem animal est minus Camelo, sed velocius.* Papias : *Dromedarius, genus camelorum, minor quidem, sed velocior, unde et nomen habet.* [Glossar. Sangerman. n. 501 : *Dromedarius, Camelus velox.*]

Dromedarius, *Camelarius, qui ducit dromedos*, Ugutioni et Joan. de Janua. *Magister Dromedariorum*, Papiæ. Camelum autem *Dromada* vocat Livius.

* Dromedus, ut *Dromeda*. Gloss. in Bibl. Heilsbr. pag. 54 :

> Bubalus, als, pardus, velox nimiumque Dromedus·

¶ **DROMONARIUS**. Vide in *Dromones.*

DROMONES, Naves cursoriæ, expediti cursus navigia. Isidorus lib. 19. Orig. cap. 1 : *Longæ naves sunt, quas Dromones vocamus, dictæ, quod longiores sunt cæteris, etc.* Ugutio : *Dromo, longa navis et velox.* Ælfricus in Gloss. Saxon. : *Dromo, Æsc*, vel *Barð, navigium.* Πλοῖα μακρά, Procopio lib. 1. Vandal. pag. 106. 1. Edit. a quo sic describuntur : Μονήρη μέντοι, καὶ ὀροφὰς ὕπερθεν ἔχοντα, ὅπως οἱ ταῦτα ἐρέσσοντες πρὸς τῶν πολεμίων ὡς ἥκιστα βάλλοιντο. Mox subdit : Δρόμωνας καλοῦσι τὰ πλοῖα ταῦτα οἱ νῦν ἄνθρωποι, πλεῖν γὰρ μετὰ τάχους δύνανται μάλιστα. A velocitate igitur cursus dicta navigia ista censet Procopius. Et certe primus *Dromonum* usus fuit ad cursum publicum. Nam non equis tantum vehiculisque stetit; sed navigiis etiam ac Dromonibus, per flumina, lacus, sinus, ut res tulit, distributis, quod ex Tabula Itineraria apparet, quæ iter Verona Ravennam per Hostilias designans, Hostiliis Ravennam per Padum iter faciendum notat; et ex Senatore, apud quem Theodoricus Rex Dromonariis Hostiliensibus in hunc modum scribit lib. 2. Epist. 31 : *Et ideo Comiti sacrarum largitionum nostra præcepit auctoritas, ut in Hostiliensi loco constitui debeatis, quatenus fiscali humanitate recreati, excursus cum veredariis per alveum Padi, more solito, factatis : ut diviso labore equis publicis debeat subveniri, quando cursus vester non atteritur, qui per vias liquidas expeditur.* Ubi *Dromonarii* dicuntur remiges Dromonum. [** *Præpositus Dromonariorum* in ch. ann. 539. ap. Marin. in Pap. Diplom. num. 114.]

* Quod onerarias eodem nomine nonnulli appellarunt, hinc vocis etymon, contra receptam opinionem, a Gothico *Droma*, tarde progredi, parum verisimiliter accersit Peringskiol. in vit. Theodor. a Cochlæo pag. 563. ut monuit D. *Falconet.*

Ejusmodi erant navigia illa, quæ Leo Imper. fabricari jussit, quibus uteretur, cum peregre proficisci et navigare necesse esset, ut cum* in Palatia suburbana, vel Asiatica, mari emenso, vellet transire. Quæ quidem βασιλικὰ δρομώνια appellata scribit Constantinus de Adm. Imp. cap. 61. *Cursorias* vocat Sidonius lib. 1. Epist. 5 : *Ticini Cursoriam (sic navigio nomen) ascendi, qua in Eridanum brevi delatus, etc.* Adde leg. 2. § 2. Cod. de Offic. Præf. Præt. (1, 27.)

Dromones etiam in Pado statuit idem Senator lib. 5. Epist. 17. et Epist. ad Childebert. quæ exstat tom. 1. Hist. Franc. pag. 871. ut et in cæteris fluviis, Theophylactus Simocatta lib. 7. Histor. Mauric. cap. 10. ubi innuit, Dromones fuisse onerarias naves, quas ὁλκάδας vocant Græci : Ὁλκάδας παραστησάμενος, ἃς δρόμωνας εἴωθεν ὀνομάζειν το πλῆθος. Et lib. 8. cap. 9. ὑπηρέτην ὁλκάδα, appellat, Dromonem illum, quem Mauricius, saluti suæ fuga consulens, in portu Constantinopolitano conscendit : Δρόμωνα δὲ ταύτην εἰώθασι τὰ πλήθει ἀποκαλεῖν. Dromonum igitur usus etiam fuit ad onera deportanda, cui addictos potissimum Dromones testatur præterea Senator lib. 5. Epist. 16.

At postmodum transiit Dromonum appellatio ad majores naves bellicas. Radulph. Coggeshal. in Chron. MS. ann. 1191 : *Apparuit eis quædam navis permaxima, quam Dromundam vocant.* Eadem fere Robertus de Monte et Matth. Paris hoc anno. Nec aliter describitur a Leone in Tact. cap. 19. § 4. etc. Anna Comn. lib. 3. Alberto Aqu. lib. 9. cap. 23. lib. 10. cap. 14. Joanne VIII. PP. Epist. 45. 240. 251. Will. Tyrio lib. 20. cap. 14. Jacobo de Vitriaco lib. 1. cap. 99. Gaufredo Malaterra lib. 2. cap. 8. Walsinghamo ann. 1292. Henrico de Knighton lib. 3. cap. 14. Ethelwerth. lib. 3. cap. 3. lib. 4. cap. 4. Will. Neubrig. lib. 2. cap. 17. et aliis, qui varie nomen efferunt, *Dromonos, Dromundos, Dromos, etc.* vocitando. De iis etiam Philippus *Mouskes* in Hist. Franc. MS. :

> Esneques et Dromons fieres,
> Roges et busses et vissieres.

Le Roman *d'Amiles et d'Amy* MS. :

> Enz grans Dromons et enz barges s'en entrent.

Le Roman *de Jordain* MS. :

> Que gez laissai en mer enz el Dromont.

Le Roman *de la Prise de Hierusalem par Titus* MS.

> Un Dromont fist loer, mult fu pleinier et grans.

[Le Roman *de Blanchardin* MS. :

> Lors fait les charpentiers mander
> Pour cele barge comencer,
> De trente piez fu le Dromont,
> Li mas en fu droit contremont,
> Une broche ot el front devant,
> E un autre emmi le chalant,
> La tierce fu faite derriere
> Pour deffendre la gent darriere.

Infra :

> En mer trovasmes un Dromont
> A bretesches et à chasteax.]

Scribit Philippus Pigafetta in Notis Italicis ad Leonis Tactica pag. 292. quæ in maris tractu a CPoli ad Thessalonicam navigia decurrunt, *Dromognia* appellari. [** Vide Ihrii Glossar. Suio-Goth. voce *Dromunder*. ADEL. et Jal. Antiq. Naval. tom. 1. pag. 230. sqq. et 430. sqq.]

DRUMON, Idem quod *Dromon*. Gregorius M. lib. 8. Epist. 37 : *Cognoscentes quale studium in præparandis Drumonibus gesseritis.* Cyprianus in Vita S. Cæsarii Arelat. pag. 235 : *Sed cum ex utraque ripa Drumonem, qui hostium obsidione injectus fuerat, Gothi Dei nutu erigere non valerent, nocte sanctum virum in Palatium revocarunt.*

DROMONARII, Dromonum remiges, de quibus supra.

DROMUS, Via, semita, ex Græc. δρόμος. Vetus Notitia sub Rogerio Rege Siciliæ ann. 1144. apud Rocchum Pirrum in Archiepiscopis Messan. : *Et sic pervenit ad lapidem fissum prope Dromum, qui vadit ad Traynam, etc.* Occurrit ibi non semel. [Vide *Dromones*.]

* **DRONA**, Territorium, districtus, perperam forte pro *Trona*. Fundat. hospit. Cusani ann. 1458. tom. 2. Hist. Trevir. Joan. Nic. ab *Hontheim* pag. 436. col. 1 : *Omnia immobilia bona.... in prædicta ac in dicti oppidi, nec non in Drona episcopi dictæ diœcesios parochialium ecclesiarum parochiis ac alibi consistentia, etc.* Vide *Thronus*.

¶ **DROPA**, æ, *Inaures, ornamenta muliebria*, apud Laurent in Amalthea.

¶ **DROPACISTA**. Gloss. Græc. Lat. : Δρωπακιστής, *Dropacista, Depilator*. Δρῶπαξ Græcis, Unguentum ad evellendos corporis pilos et levigandam cutem adhiberi solitum; unde Martialis 3. Epigr. 74 : *Psilothro faciemque lavas, et Dropace calvam* : unde et

¶ DROPACARE, Dropace involvere. Octav. Horatianus : *Liniendus est, ita tamen, ut ante hydropicus toto corpore Dropacetur.* Similis est notio verbi δρωπακίζειν apud Græcos. Demonax apud Lucianum : Δρωπακισθῆναι τότε αὐτὸν κέλευσον.

* Unde *Dropacismus*, de quo G. Rolfinc. Method. med. special. lib. 4. pag. 11. sect. 9.

* **DROSCA**. Vide supra *Dorosca*.

¶ **DROSELITUS**, *Lapis varius, nominis causa : qui si ad ignem adplicetur, velut sudorem mittit.* Glossar. Sangerman. n. 501. ex Isidoro lib. 16. cap. 12. Scribendum esset *Drosolithus* a Græco δρόσος, Ros et λίθος, Lapis.

¶ **DROSELUS**. Vide in *Dorsarium*.

¶ **DROSSARDUS**, ut mox *Drossatus*. *Joannes de Aa . . . Drossardus Brabantiæ*, in Charta ann. 1378. apud Miræum tom. 2. pag. 1028. col. 2. Iterum memoratur *Drossardus Brabantiæ*, in Instrumento anni 1648. nov. Gall. Christ. tom. 4. col. 425. Verum ratione paulo diversa Thuanus Hist. lib. 40. pag. 408 : *Jam fama de milite a Brunsvico conducto, et per Frisiam licentiose rogante percrebuerat, succinctus Quæsitor, quem illi Drossardum vocant, etc.* Succinctum Quæsitorem Gallice vocamus *Prevost des Maréchaux*.

DROSSATUS, Præfectus provinciæ, Theutonice *Drossaet* et *Drossaert*, Saxon. d r o s t e.' *Drossatus regni*, apud Ericum in Hist. Suecorum lib. 3. pag. 81. Idem lib. 4. pag. 121 : *Dapifer vel Drossatus Regni Mathias, etc. Gubernator Regni* pag. 122. *Princeps Senatus* exponitur Jo. Loccenio. Quem vide lib. 2. Antiq. Sueco-Gothic. cap. 18. ut et Schefferum in Upsalia cap. 16. [** Ihrium in Glossar. Suio-Gothic. voce *Drott*, tom. 1. col. 386.]

* **DROSTUM**. Vidimus ann. 1397. Chartæ Joan. ducis Brit. ex Bibl. reg. *Cum impressura unius scuti arma Britanniæ, videlicet nonnullas herminas in quartiero dextro illius scuti, et in residuo ejusdem scuti arma de Drosto continentis, ut dicebatur et prima facie apparebat.* Hoc est, insignia gentilitia domus *de Dreux*, ex qua Petrus fuit primus dux Britanniæ, qui ejusmodi insignia in clypeo seu scuto depingi jussit.

¶ **DROTNAR**. Vide *Diar*.

* **DROTUM**. Charta ann. 1235. in Chartul. Campan. fol. 303. col. 1 : *Homines nostri manentes apud Drotum S. Brasoli et apud Drotum S. Mariæ et apud S. Petrum in prato.* Occurrit ibidem semel et iterum.

¶ **DRUAYLIA**, Accessio, corollarium, *Drouilles*, in Statutis Bressiæ art. 83. ubi Colletus potest consuli. Munusculum est pretio rei emtæ superadditum, et Judicibus fere concessum, haud multum absimile huic, quod vulgo dicimus *Pot de vin*. Extractum computi ann. 1336. Hist. Dalphin. tom. 2. pag. 324 : *Item, deliberavit mandato Domini Drueto de Losana et Aymoni socio ejus pro malis cottis datis per Dominum pro Druayliis domus Domini Guidonis de Grolea, quam Dominus emerat.* In quibusdam provinciis *Drolées* etiamnum vocantur minutiores in locationibus exceptiones. Vide *Draulia*, [* *Droillia* et infra *Druulia*.]

DRUCHTE, DRUTHE, Virgo pacta, sponsata, quæ sponso fidem dedit, a *Trewe*, Germano *Fides* : seu *Drut*, amicus. Lex Salica tit. 14. § 10 : *Si quis puellam, quæ Druchte ducitur ad maritum . . . mœchatus fuerit.* Editio Heroldi : *Si quis puellam sponsatam, quæ Druthe ducitur ad maritum, etc.* Germani sponsas *Druyd* vocant, unde nostri *Bru* sponsam filii appellant. Danis certe, auctore Pontano, *Hustru* est uxor, ab *Hus*, domus, et *Tru*, fidelis. Vide *Drudes*.

☞ Voce *Druthe* non virginem sponsatam, sed paranymphum hic significari recte monet Schilterus : quod Muratorius etiam præsensit. Clarissimorum scriptorum interpretationem firmant tum vox ipsa, quæ, secundum originationem suam, fidelem, amicum, dilectum, fidum designat, tum editio Eccardi, ubi legitur : *Si quis puellam sponsatam, Druthe ducente ad maritum, etc.* ac tandem vetus Glossa a Muratorio laudata, ubi : *Tructe, id est, per nuptiatores;* hoc enim belle convenit paranympho. Saxonibus D r i h t-g u m a, Paranymphus, apud Somnerum.

DRUCULA. Vetus Charta in Metropoli Salisburgensi tom. 3. pag. 224 : *Tum incœpimus ædificare prædictam capellam, et ponere fundamentum, et fodere; circa sepulchra eorum, invenimus ossa eorum et chartas prædictas in quadam Drucula desolata.* [Lubens legerem *Arcula*.] [** A Germ. *Truhe*, Arca, cista, cujus diminut. *Truhel*, vulgo *Druhel*. ADEL.]

* **DRUDA**, Amica, amasia, Gall. *Maîtresse*, alias *Drue*. Acta Mss. Inquisit. Carcasson. ann. 1308. fol. 24. v°. : *Quod dicta Moneta, quæ erat amica seu Druda Petri Auterii hæretici etc.* Unde *Druerie*, Prava animi affectio, in Lit. remiss. ann. 1377. ex Reg. 112. Chartoph. reg. ch. 10 : *Comme l'exposant se feust enamourez par jeunesse et Druerie de ladite femme, et elle de lui.* Præter notiones vocis *Dru* in voc. *Drudes* prolatas, occurrit etiam pro Crasso, valente, repleto. Hinc *le Dru de la joe* dicitur malæ pars crassior, in Lit. remiss. ann. 1407. ex Reg. 161. ch. 245 : *Icellui Thierry fery ledit Simonnet de ladite esse droit sur le Dru de la joe assez près de la temple.* Unde *Desdruir* et *Désendruir*, pro Debilitare, enervare, vulgo *Affoiblir, rendre moins fort*. Guignevil. in Peregr. hum. generis Ms. :

De che me souvient il sans plus,
Que me dist qu'estoie trop Drus :
Mais se je me Desdruissoie,
Ou aucun mal je me fesoie,
Felon me devroit on clamer.

Mirac. B. M. V. Mss. lib. 2 :

La char convient Désendruir,
Qui les péchiés veut ensuir :
Qui sendruit trop et encraise,
A péchié faire tost s'estaisse.

Danis et Septemtrionalibus *Drenge*, Pueri juvenes, robusti et nobiles olim; hodie viliores et minori ætate. Ita Ott. Sperling. in Testam. D. Absolonis pag. 31. An inde accersenda vocis *Dru*, ea, quam hic interpretor notione, origo; dicere non ausim.

DRUDARIA. [* Præstationis species, quæ dominorum vel judicum mulieribus exsolvebatur.] Charta MS. Willelmi Montispessulani Domini ann. 1103 : *Pertinent etiam Vicariæ, omnes donationes, et omnia Consilia omnium honorum, et omnium pignorum totius Montispessulani, cum sextis denariis et omnibus placitis Montispessulani, excepta Drudaria uxoris Domini Montispessulani, et excepta Drudaria Poncii Raymundi. Sciendum est enim, quod uxor Domini Montispessulani habet Drudariam in placitis Montispessulani, solummodo quando totum placitum fuerit* XV. *solidorum, et quando fuerit ultra* XV. *solidorum.* Pactum nuptiale MS. Armanni de Omelaz et Sibyllæ de Obillone ann. 1129 : *Excepto usufructu feudi Guillelmi Montispessulani, et Drudaria Pontii Raimundi, et unius maris, quem usumfructum in tota vita mea retineo.* Charta Rogerii Vicecomitis Biterr. ann. 1194. apud Catellum lib. 4. Rerum Occit. pag. 644 : *Habent de consuetudine homines Biterris, quod si Vicecomes justitiam habuerit pro quolibet delicto de quolibet homine vel fœmina ipsius villæ, uxor ipsius Vicecomitis nullam debet habere Drudariam de ipso homine vel fœmina, nisi tantum de pecunia illa, quam Vicecomes jure habeat.* Servatur in Tabulario Palensi in Beneharnis Codex, hocce titulo : *De las compositions de las Drudes, dites femmes de caporans ann.* 1378. *ab lo senhor.* Deinde : *Recepte de las femmes deus caparans de sus scrits per la composition, feyte ab Mess. per que portassen los senhaus.* Mox : 12. *florins paga lo prebende deu* *castet de saliées per composition de Marianne de Gusmicau de la Mote, et de Lugues de Casaux les femmes à Pau le 7. jor de Desembre.* Et sic de cæteris. Apud Dominicum lib. de Prærogativa alodior. in veteri Charta, Guiffredo Archiepiscopo Narbonensi defertur a Raimundo Comite Tolosano feudum quoddam per *Drudariam*, quod idem est, ait Dominicus, ac per amicitiam : Drudi enim dicuntur amici, quôd in *Drudes* docemus. Certe *Druerie* id Gallis sonat. Le Roman *de Garin* MS. :

Vos Druries s'il vos plait me donnés.

Chron. Bertrandi Guesclini MS. :

Et si vos pri trestous par bonne Druerie.

Le Roman *d'Aubery* MS. :

Ma Druerie vous otrai sans fausser.

[Vetus Poëta Bibliothecæ Coislinianæ :

Signe li fist de Druerie,
Et cil ne la refusa mie.]

Italis *Druderia* est jocus amatorius. Vide *Amicitia*. Joan. Molinetus Valentinensis fol. 108 :

J'ay veu Roy de Hongnerie
Faire preparement
De tres-haute Drurie
Tres-glorieusement.

Ubi *Druerie*, est *Drudorum* cœtus.

DRUDES, Drudi, voces ejusdem originis ac *Druchte*, de qua supra : Fideles, fidi, amici, qui Domino obstricti sunt, quasi *Trudes*, aut *Trudi* : Germanis enim *Treu*, idem sonat, ut *Trewe*, fides. Apud Kilianum, *Drut*, *Draut*, et *Druyt*, Fidelis et amicus, redditur. Idem sonant *Drud* et *Drude* apud Arvernos. Sed et Cambro-Britannis *Drud* est carus, interdum fortis, strenuus, audax. Denique in Glossario Theotisco Lipsii, *Drohtin*, et *Druhtin*, et *Druftin*, Dominum significant, [et κατ' ἐξοχὴν Deum, ut ait Schilterus in Glossario Teutonico; unde ibi Somnerus : *Saxon. Driht et Dryhten, vox, ut Verstegano monitum, non omni Domino communis, sed Domino dominorum, Deo scil. propria et peculiaris, de cujus etymo pluribus Martinius in Etymol. voce Deus.* Sed voces *Druhtin*, *Druftin*, *Truhtin*, quæ Deum, aut Dominum, aut Regem significant, non sunt confundendæ cum *Drut*, *Drutin*, *Druta*, Amicus, dilectus, fidelis, fidus, ut monet Schilterus : quem consule.] Vide Gretzerum in Divis Bamberg. pag. 130.

A fide igitur dicti *Drudes*, quos passim Reges nostri in Diplomatibus *Feaux* vocitant. Ab hoc etiam etymo *Druydum* nomen accersit Bucherius in Belgio Romano lib. 5. cap. 4. § 14. de quibus copiose agunt Salmasius ad Hist. August. pag. 237. Boxhornius in Orig. Gallic. et alii passim, qui res nostras Gallicas attigerunt. Capitula Caroli C. [** Epist. Episc. ann. 858.] tit. 23. § 4 : *Sine adjutorio uxoris et filiorum, et sine solatio et Comitatu Drudorum atque vassorum nuda et desolata exibit anima vestra.* Auctor Vitæ S. Udalrici [** Pertz. pag. 418. lin. 37.] : *Drudes suos donis congruis sibi complacere satagebat.* [Mabillonius sæc. 5. SS. Benedictinorum pag. 460. melius legit *complacare*, additque voci *Drudes* in uno exemplari superscriptum fuisse *Gratos*, in alio *Consiliarios*. Annal. Bened. tom. 4. pag. 396 : *Testes de auctoramento Comitis Gaufredi fuere Comes Eudo, Odo frater Regis Heinrici, Hungerius Drudus ejus.*] Ita crebro in Poëmate, cui titulus, *Garin de Loherans*, hac notione vox *Dru* accipitur :

O est mes Drus li Loherans Garin.

Alibi :

Ja fu tel tans, Garin fu vostre Drus.

Rursum :

Hernaus mes més, mes Drus et mes amis.

Idem :

Delès lui fu Gerins, qui fu ses Drus.

Alio loco :

Ensemble ô lui ses amis et ses Drus.

Denique :

Mari avés et si volés Dru fere.

Chronicon MS. Bertrandi *du Guesclin* :

A tosjors mais serons vos amis et vos Drus.

Le Roman *de Rou* MS. in Richardo I. Duce Normanniæ :

Bien cuide avoir Normans matez et confondus,
Et tous les cuide avoir sans bataille vaincus,
Grand joye et grands gabeis en meine entre ses Drus.

Le Roman *de Florimond* MS. :

Or seron bon ami et Dru.

Alibi :

Le Roy apela de ses Drus.

Alter Poëta :

Gadifer et Betis et auques de lor Drus,
A trové combatans desous deus pins fuillus.

Le Caton *en Roman* MS. :

Teus puet estre riches et Drus,
Qui puis devient poures et nus.

Le Roman *de Girard de Vienne* :

Seignor Baron, avés vos entendu
De ces glotons qui estoient mi Dru.

Druë, pro amica. Le Roman de *Florimond* MS. :

Li Rois li a sa fille monstrée,
Li autre l'ont par lui veue,
Se dit ja qu'elle l'est sa Druë.

Le Roman *de la Rose* :

Cil qui l'a voulu retenir,
Qu'elle ne puisse aler ne venir,
Soit sa mouiller, ou sa Drue,
Tantost en à l'amour perdue.

Philippus *Mouskes* in Philippo Augusto, de Ottone Imperatore :

Li Dus de Louvain s'en parti,
Quar ne vit pas le giu parti,
S'Othes avoit sa fille eue,
La fille au Roi estoit sa drue,
A feme l'avoit espousée,
Aint la guerre lui fu donnée.

Jacobus *Millet* in Poem. cui titulus, *la Destruction de Troye*, de Helena :

Menelaus, à qui je sui la Drue.

Joan. Lingonens. in versione libri Boetii de Consolatione :

Jadis quand j'oi fortune Drue,
Chascuns eureus me disoit.

Ubi *fortune Druë* est *fortuna amica*. Ita Itali *Drudo* usurpant pro amasio, et eo, quem *Galant* vulgo dicimus. Dantes in inferno Cant. 18 :

Taida e la puttana che rispose
Al Drudo suo.

In Parad. Cant. 12. [ubi de patria S. Dominici :]

Dentro vi nacque l'amoroso Drudo
[Della fide Christiana il santo atleta,
Benigno a' suoi ed a' nemici crudo.

Quo ex loco conficit Crescimbenus in Vitis Poetarum Provincialium pag. 159. vocem *Drudo* bonam in partem accipiendam esse, adversus Nostradamum, qui hanc de dissolutis mulieribus intelligit. Sententiam confirmat suam idem Crescimbenus auctoritate veteris Poetæ vocem *Druderia* usurpantis notione religiosa; hic enim de B. Virgine Maria scribit :

La balia tu n'hai avuta
Lungo tempo l'hai tenuta
Per picta, Madre or m'aiuta
Che'l ci presti in Druderia.

His addit inter cetera Crescimbenus Glossarium vetus Provinciale, ubi *Druz* redditur, *Dilectus*, *amans*, *fidelis*. Ex iis quidem patet ab antiquis bonam in partem acceptum fuisse hoc nomen, sed in pejorem acceperunt plerique recentiores : quod temporibus S. Ludovici contigisse ait Beslius Hist. Comitum Pictav. cap. 18.]

* **DRUELERIA**, Idem quod *Laudatio*, quod scilicet domino feudi penditur pro facultate alienandi feudum, vel in professionem vassallatus. Charta Jocerani Grossi ann. 1236. in Chartul. Cluniac. ch. 286 : *Vendimus et tradimus pro pretio mille quingentarum marcharum argenti et quadringentarum librarum Divionensium pro laudationibus seu Drueleriis.* Quæ rursum occurrunt in seq. Ch. Hugon. abb. Cluniac. ejusd. an. : *Pro hiis precium dedimus, videlicet mille et quingentas marchas argenti et quadringentas libras Divionenses pro Drueleriis.* Vide infra *Druulia*.

* **DRUGA**. Charta ann. 1130. inter Probat. tom. 2. Hist. Lothar. col. 290 : *Si autem fuerint duella, raptus mulierum, quod vulgo wifver, Druga etc.* Sed legendum unica voce *Wifverdragan*, dictum est in *Wifver*. *Druge* vero nostris, idem quod Fuga, recessus, vulgo *Fuite*, *retraite*. Le Roman *de la Rose* MS. :

Mout a souris poure secours
Et fet en grand péril sa Druge,
Qui n'a c'un pertus à refuge.

Guill. Guiartus ad ann. 1249 :

Sarrazins comme chiens glatissent,
Leur grant cris, leur horrible Druge
Semblent le meschief du déluge.

¶ **DRULLA**, pro Trulla, seu Instrumentum, quo cæmentarii uti solent in lapidibus mortario conglutinandis atque liniendis parietibus, Gal. *Truelle*. Vita S. Rodani, April. tom. 2. pag. 385. A : *Sed vir super Drullam illud in stercore ovium projiciet, etc.* Vide *Truella*.

¶ **DRUMON**. Vide *Dromones*.

¶ **DRUMUS**, *Nemus densum*. Gloss. vett. apud Laurentium in Amalthea. Est a Græco δρυμός, Silva.

¶ **DRUNGARIUS**. Mox vide *Drungus*.

DRUNGUS, Globus militum. Vegetius lib. 3. cap. 16 : *Scire dux debet contra quos Drungos, hoc est, globos hostium, quos equites oporteat poni.* Et cap. 19 : *Aut a vagantibus globis, quos vocant Drungos.* Vopiscus in Aureliano : *Omnium gentium Drungos usque ad quinquagenos homines ante triumphum duxit.* Isaacius Pontanus vocabuli etymon a Germanico *Gedrung*, et *gedreng*, quod idem sonat, accersit. Nec abludit Spelmannus, qui Anglo-Saxonibus vocem d r u n g a n, significare ait confertam multitudinem, seu Globum militum, uti apposite exposuit Vegetius; unde Angli eadem notione *Throng* mutuati sunt. [Leunclavius in Pand. Turc. num. 173. a *Trunco* seu baculo *Drungum* dictum putat, quod esset insigne potestatis *Drungariorum*.] Certe a Latinis accepere Græci suum δροῦγγος. Glossæ Basil. : Δροῦγγος, τὸ ἐκ ταγμάτων, ἤτοι ἀνδρῶν τῶν λεγομένων κομήτων, συγκείμενον πλῆθος. Codinus de Offic. cap. 5. § 95 : Δροῦγγα, ποσότης τοσουτῶν τινῶν ἑρμηνεύεται. Leo in Tactic. cap. 3. § 3 : Κατὰ δρούγγους, καὶ κατὰ τούρμας.

Sed alius est δροῦγγος apud Epiphanium, seu potius δροῦγος. Nam Galatarum voce μυκτῆρα vel ῥώθωνα designat. Unde hæretici quidam dicti Τασκοδροῦγοι, ὅπερ ἑρμηνεύεται πασσαλορυγχῖται, ut est apud Timotheum περὶ τῶν προσερχομένων τῇ ἁγίᾳ ἐκκλησίᾳ. Vide Glossar. Rigaltii, Meursii, Fabroti [et mediæ Græcitatis col. 333.]

Drungarius, Qui *Drungo* præest, præfectus *Drungi* vel turmæ. Χιλίαρχος, uti exponitur in Gl. Basil. seu ὁ μιᾶς μοίρας ἄρχων, apud Leonem in Tacticis cap. 3. § 9. cap. 4. § 6. 9. 42. 45. Vide Inscript. Grut. 1161. 2. [et Glossarium mediæ Græcitatis.] supra *Delongaris*. Plures autem Drungarios recensent Scriptores Byzantini, quos inter eminet.

Drungarius Classis, δρουγγάριος τοῦ στόλου, seu τοῦ πλωΐμου, de cujus officio multa Leo in Tactic. cap. 19. § 24. et Codin. de off. cap. 5. § 4. *Sub cujus manu navium erat omnis potestas*, ut loquitur Luithprandus in Legatione. Illius etiam passim mentio fit apud Scriptores Byzantinos, Constantinum de Adm. Imp. cap. 29. 51. Annam Comn. l. 3. Nicetam Paphlagon. in Ignatio Patr. Manassem, Leonem Grammat. et alios; qua quidem dignitate donatus fuerat Romanus Imp. antequam imperaret, qui *Primus navium*, et *Navalis exercitus Princeps* dicitur ab eodem Luithprando lib. 3. cap. 6. et 7. Atque hic κατ' ἐξοχὴν *Magnus drungarius* dicitur in Novella Manuelis de Divers. caus. et apud Joann. Tzetz. Chil. 5. cui præ aliis suberat δεύτερος δρουγγάριος τοῦ στόλου, ut est apud Annam l. 12. Alexiad. pag. 369. Vide Codin. de Offic. cap. 5. § 95. [Ipsa vero Drungarii dignitas δρουγγαράτος dicitur Anonymo Combefisiano in Leone Philosopho n. 27. Eumdem vide in Porphyrog. n. 12. in Romano Jun. n. 1. Simili modo δρουγγαράτος τῆς βίγλης, apud Theodorum Hermopolitem l. 7. tit. 12.]

Drungarius Vigiliæ, seu *Drungarius Imperialis vigiliæ*, ut est in Hist. Miscella lib. 24. pag. 739. 772. i. e. Præfectus Excubitorum Vigilum : δρουγγάριος τῆς βασιλικῆς βίγλας, Theophani pag. 416. cujus munus erat constituere excubias ex præcepto M. Domestici. Ita Codinus cap. 2. 4. 5. 16. etc. Illius meminit Constantinus in Basilio n. 44. Scylitzes, pag. 598. Phranzes lib. 2. cap. 18. etc. Idem qui Νυκτέπαρχος in Chronico Alexandrino pag. 744.

Drungarius Cibiræotarum, apud Cedrenum in Leontio, et Nicephorum CP. in Breviar.

Drungarius δωδεκανήσου, qui Auctori Historiæ Miscellæ lib. 23. pag. 714. *Drungarius duodecimæ insulæ* perperam dicitur. Vide Glossar. Meursii, et Myrespum sect. 1. cap. 443.

¶ **DRUPPA**, γεργέριμος, ἐλαία μέλαινα, Gloss. Lat. Gr. Sangerm. Explicat Laurent. Laurenberg. in Supplemento Antiquarii, *Oliva quæ in arbore maturuit*; alii tamen olivas nondum edules aut maturas intelligunt. *Drupæ* vox nota est Plinio. Græcis δρυπετής, Fructus maturescens jamjamque ex arbore casurus, a δρῦς, Quercus, et generatim arbor, et πίπτω, Cado.

* **DRUSILA**, *Una generatione*, in Glossar. Lat. Ital. MS.

DRUSUS, *Patiens aut rigidus, aut contumax*, Glossar. Arabico-Lat. et Isid. [Vide Grævium.]

DRUTHE. Vide *Druchte*.

* **DRUULIA**, Munusculum, quod ab ingredientibus officium aliquod, in professionem clientelæ offertur. Bulla Adriani IV. PP. ann. 1157. tom. 3. Cod. Ital. diplom. col. 925 : *Tantam denique familiaritatem ex dilectione in domo episcopali habere debet* (comes Gebennensis) *quod in mutationibus officiorum ejusdem domus, si tu inde quæstionem habueris, Druuliam ibi admodum habere debet.* Vide supra *Drolia* et *Drueleria*.

¶ **DRYOCOLAPTES**, δρυοκολάπτης, Species avis, Plinio Picus, Gallis *Pivert*. Gloss. vet. Sangerm. n. 501 : *Dryogalaptes* (lege *Druocolaptes*) *Avis quæ in capite suo in modum galli cristam habet, quæ ore suo arborem fodiens ibidem sibi nidum facit.*

¶ **DRYPHACTUM**, δρύφακτον, Cancelli, fores tribunalis seu sepes. S. Cyprianus Epist. 20 : *Pro se dona numeravit, ne sacrificaret, sed tantum ascendisse videtur usque ad Dryphacta et inde descendisse.*

DUA, pro *Duo*, neutr. plur. dixisse veteres, notum ex Quintiliano l. 1. cap. 9. et aliis. Veteres Glossæ : *Biceps, Dua capita.* Vetus inscriptio nuper detecta in Ecclesia Monast. S. Acheoli juxta Ambianum :

Pro Salute et
Victoria Exx G
Apollini et uer
Jugodumno
Tribunalia Dua
Se tubogius Esuggi
F. D. S. D.

Ita in Codicibus MSS. Capitularium, et in Lege Bajwar. *Dua* crebro pro *duo* legi monet Stephan. Baluzius in Not. ad ead. Capitul. pag. 1125. *Dua Capitula*, in Capitul. Aquisg. ann. 789. cap. 22. 23. ubi alii Codices *duo* præferunt. [Codex MS. Irminonis Abb. S. Germani fol. 61. col. 2 : *Faciunt Dua carra ad vinericiam.*]

¶ **DUACZATORIUM**. Hist. Dalph. tom. 2. pag. 282. in Computo ann. 1333. et seqq. : *Item, pro tabulis ad faciendum unum Duaczatorium pro Domina Dalphina et duo tabuleria ad opponendum igni cum pedibus et clavis necessariis ibidem* VI. *sol.*

¶ **DUALIS**, *Divisa fæmina*. Gloss. Isid. ad quas Grævius : Si unquam hæc vox hac notione habetur, dualis fæmina est adultera, quæ duos viros sectatur. Constantiensis autem generatim exponit : *Dualis, divisa, gemina.*

** **DUALITAS**. Marius Mercator. pag. 48 : *Quid Dualitas naturarum, quid substantiarum diversitas in uno Domino Christo magna et impia loquacitate nobis adfertur?*

DUANA, Duanerius. Vide *Doana*.

¶ 1. **DUANUS**, Debitus. Cantatorium MS. Abbatiæ S. Huberti fol. 6. v°. : *Hermannus vero et Rodolphus aliquandiu cum nimio dolore superstites, defecerunt sine pœnitentia et Duana recognitione.*

* 2. **DUANUS**, *Qui a deux jours*. Glossar. Gall. Lat. ex Cod. reg. 7684.

¶ **DUARIA**, Donatio mu'ieri fac ta pter nuptias. Charta Edwardi III. Regis Angl. ann. 1332. de Sponsalibus, etc. apud Rymerum tom. 4. pag. 509. col. 1 : *Procuratores præfati Comitis eidem sorori nostræ, nomine donationis propter nuptias, dotem seu Duariam assignassent.* Vide *Doarium*.

¶ Duarium, Eadem notione. Chartular. S. Vandregisili tom. 2. pag. 1964 : *Ego Robertus Lupus concessi omnino matri meæ, quod ipsa faciat unam domum in Duario suo in cardigno meo.*

¶ **DUBALATIO**, *Designatio*. Gloss. San-German. num. 501. An mendum pro *Dubbatio*, ita ut *Designatio* hic idem sit quod actio, qua quis Eques *Designatur* aut creatur? [** Vide *Dibulatio*.]

* **DUBARE**, Dubitare. Glossar. Provinc. Lat. ex Cod. reg. 7657 : *Duptar, Prov. ambigere, dubitare, Dubare.* Ital. *Dubbiare*.

¶ **DUBBATIO**, Equitis creatio, sic a dubba vel dubban dicta. Saxonice, dubban to ridere, Equitem creare, Cimbrice, *At dubba til riddara*, quod est juxta Olaum Verelium, Percutere aliquem in Equitem, seu Percutiendo aliquem in Equitem creare. Nam *At dubba* primario significat, Verberare, percutere. Et istud moris a Normannis in Angliam invecti etiamnum perseverat; ubi candidatus Eques stricto gladio a Rege percutitur. Propterea, inquit Hickesius Gramm. Anglo-Sax. pag. 151. creatio Equitis per hoc verbum denotari contigit, post introitum Normannorum : ante quem apud Anglo-Saxones mos erat, non per *Dubbationem* a Rege, sed per consecrationem, militiam legitimam ambientem Equitem creari, facta prius exomologesi, nocte in vigiliis et orationibus in Ecclesia consumta, atque Sacrorum in Missa participatione : quibus peractis Equiti candidato a Sacerdote gladius collo cum benedictione imponebatur. Hunc autem consecrandi Militis modum Normanni, ut scribit Ingulfus, abominati sunt, talem non Militem legitimum existimantes, sed Equitem socordem et degenerem. Hæc post Hickesium loco allegato. Vide *Adobare*.

DUBBERIA. Fleta lib. 2. cap. 52. § 35 : *De iis, qui duobus utuntur officiis, videlicet... tanneriæ et carnificis, vel officio scissoris et Dubberiæ.*

* Ars vestes, *Dobleti* dictas, texendi. Vide supra *Dobletus* 1. et *Doubletarius*.

¶ **DUBENUS**, *apud antiquos dicebatur, qui nunc Dominus.* Ita Festus, quem emendat Scaliger : *Dubienus, apud antiquos dicebatur, qui nunc dubius.* Gloss. : *Dubenus*, διссός. Et tamen mirum, inquit idem Scaliger, quod in eodem Glossario legitur : *Dubius*, δεσπότης; videtur enim vulgatæ lectioni hujus loci favere. Supplementum Antiquarii habet : *Dubinus*, δισσός, *Dubius, Duplex.*

* **DUBIETAS**, Dubitatio, Ital. *Dubbieta*, Gall. *Doute*. Testam. ann. 1238. Raim. Bereng. comit. Prov. : *Item statuimus quod si aliqua ambiguitas, Dubietas vel obscuritas super prædictis oriretur, etc.* Occurrit præterea in Stat. Montis-reg. pag. 44. Utitur etiam Ammian. lib. 20. cap. 6.

* **DUBIETUM**, Eadem notione. Charta ann. 1271. inter Probat. tom. 1. Hist. Nem. pag. 95. col. 2: *Cum esset altercatum et Dubietum inter ipsos et esse posset in posterum, pro qua parte seu partibus singuli eorum, vel eorum successores possint uti vel debeant juridictione omnimoda, etc.* Vide infra *Dubitabile*.

DUBINGENIOSUS, Ineptus, quasi vir dubii ingenii. Gloss. Lat. Gr. : *Dubingeniosus*, ἀφυής.

* **DUBIO**, Instrumentum incurvum, vel quo aliquid curvatur et inflectitur; Hispan. *Doblar*, curvare, inflectere, nos *Doubleau* appellamus arcum majorem primarium. Guido de Vigev. MS. de Modo acquir. et expugn. T. S. cap. 2 : *In pertica circa calosum sextum sint Dubiones quatuor, cum quibus plicentur seu ligentur ipsi podii, ... et illi quatuor podii ligentur cum suis Dubionibus.*

¶ 1. **DOBIOSUS**, Periculosus. *Dubiosum mare*, in Statutis et privilegiis MSS. piscatorum Massil.

* 2. **DUBIOSUS**, Dubius, incertus, Gall. *Douteux*. Serm. Barel. in festo S. Domin. : *Prima* (regula) *fuit Basilii, sub qua militant monachi Orientales seu Græci, et fratres Ermenii vulgo dicti, quæ regula est satis Dubiosa.* Utitur A. Gell. lib. 5. cap. 10.

* **DUBITABILE**, Dubitatio, quæstio dubia, Gall. *Doute*. Lit. Alfonsi comit. Pictav. ann. 1269. in Reg. 11. Chartoph. reg. fol. 95 : *Ex serie litterarum vestrarum quas nuper recepimus, collegimus duo Dubitabilia super quibus petebatis plenius edoceri.*

* **DUBITAMENTUM**, Eadem acceptione, Ital. *Dubitamento*. Conc. Trevir. ann. 1227. apud Marten. tom. 7. Ampl. Collect. col. 110 : *Item, præcipimus firmiter et districte, ut sacerdotes in casibus perplexis, id est Dubitamentis et erroneis, mittant subditos ad peritiores se.* Vide supra *Dubietum*.

* 1. **DUBITANTIA**, Ambiguitas, dubitatio, Ital. *Dubitanza*. Instr. ann. 1391. inter Probat. tom. 3. Hist. Nem. pag. 3. col. 2 : *Fuit ordinatum judicialiter per dictos dominos refformatores, quod nobiles essent de contributione universitatis villæ Nemausi in quibuscumque indictionibus : removentes quamcunque differentiam, opinionem, Dubitantiam nobilium et innobilium super prædictis.*

* 2. **DUBITANTIA**, Timor, metus, Italis etiam *Dubitanza*, nostris *Doubtance* et *Doubte*. Glossar. Gall. Lat. ex Cod. reg. 7684 : *Dubitantia, Doubtance.* Lit. Ant. dom. de Bellojoco ann. 1361. ex Memor. D. Cam. Comput. Paris. fol. 27. r°. : *Lesquelz chastel et rentes nostredit seigneur osta à nostre pere, six ans devant sa mort, pour baillier à mons. de Flandre, et pour certains enforcemens et reparations, que nostredit pere fist faire oudit chastel, pour la Doubtance de messire Jehan de Verany, quant il se tourna ennemi du royaume.* Vide in *Dubitare* et infra *Dubium*.

DUBITARE. Acta Alexandri III. PP. ann. 1169 : *Ego neque vos, neque excommunicationes vestras appretior, vel Dubito unum ovum.* Itali *Dottare*, et *Dubitare*, pro *Timere, metuere*, usurpant, ut *Dotta*, pro timore : nostri dicunt *Redouter*, [alias etiam *Douter*. Magnum Custumarium Franciæ l. 4. cap. *des peines : Doit le juge en toutes choses avoir Dieu devant ses yeux et en memoire; car cestui n'est pas digne de tenir jugement, qui Doute plus homme que Dieu.* Assisiæ Jerosol. cap. 7 : *Chacun doit plus aimer et Douter Dieu, et s'arme en son honneur que bongré ne maugré d'homme, ne de femme, ne gaaing d'avoir. Douter les Sarrasins*, in Historia Guillelmi Archiep. Tyr. continuata de Bello sacro, apud Marten. tom. 5. Ampliss. Collect. col. 597. Le Roman *de Narcisse* MS. :

> Tu ne Doutes Comte ne Roi,
> Les plus riches mes en effroi.

Le Roman *de Partonopex* MS. :

> Si que plaindre ne s'en osoit
> Pour Troiens que taut Dotoit.]

¶ DOUBTE, DOUTE, Metus, timor. Præceptum Philippi VI. Franc. Regis ann. 1349. pro nundinis Campaniæ, apud *de Lauriere* tom. 2. Ordinat. pag. 310 : *Pour ce que nous sommes suffisamment informez, que par les prises desordonnées, qui faites ont esté au temps passé par nos Gens, des chevaux des marchans et frequentans lesdites foires, pour Doutes desquelles prises ils seront tenus à petites chevaucheures, etc. Pour la Doubte de vexations et des depends*, ibid. tom. 3. pag. 30. in Edicto Johannis Franc. Regis ann. 1355. *En peril et en Doute*, in Litteris ann. 1358. ibid. pag. 322.

¶ **DUBITAS**, pro *Dubietas*, Dubitatio, apud Rymerum tom. 8. pag. 132. col. 2.

* **DUBITATIVE**, Dubitanter, Ital. *Dubitativamente*, Gall. *En hesitant*. Correct. stat. Cadubr. cap. 14 : *Si vero contigerit ipsum reum Dubitative, obscure, vel implicite ipsi libello respondere, etc.*

* **DUBITEALIS**. Charta Rudolphi I. imper. ann. 1273. inter Probat. jur. domus Bavar. ad regna Hungar. et Boh. pag. 11 : *Propter quod scripturarum apices Dubitealis scrupulos, et obtenebratæ reminiscentiæ caliginem sui claritate luminis repellentes, etc.* Ubi leg. *Dubietatis*. Vide supra *Dubietas*.

* **DUBIUM**, Timor, metus, periculum, nostris alias *Doubte*. Arest. parlam. Paris. sub Joan. reg. Franc. ex Cod. reg. 8312. 5. fol. 13. r°. : *Et illud, guerris vel earum Dubio cessantibus, caperent sicuti antea tenebant.* Lit. remiss. ann. 1395. in Reg. 147. Chartoph. reg. ch. 330 : *Erant quædam gentium armorum societates supra patriam, quæ valde propter hac in Dubio constituebatur, ... exponens recordans quod patria erat valde Dubia, etc.* Hinc *Doubtif*, pro Timidus, formidolosus, vulgo *Timide, craintif*, apud Monstrel. 3. vol. fol. 104. r°. : *Le duc de Bourgogne respondit à ce que le chancellier de France avoit dit, que son fils estoit Doubtif; s'il est Doubtif, dit-il, il ne tient pas de moy : car oncques en ma vie je ne Doubtay homme.* Vide supra *Dubitantia*.

* **DUBIUS**. LOCA DUBIA, Reficienda, munienda. Charta ann. 1381. inter Probat. tom. 3. Hist. Nem. pag. 46. col. 1 : *Obtulerunt se fore paratos dictum fortalicium et loca Dubia dicto commissario ostendere, ut loca reparanda, cum consilio ipsius commissarii, valeant brevius quam poterunt reparare.* Galli diceremus, *Les endroits foibles.*

* **DUBLA**, Monetæ aureæ species, Ital. *Dobla*. Charta ann. 1497. 1. Maii in Reg. 4. Armor. gener. pag. xij : *Valente quolibet* (*scuto auri cugni solis*) *quadraginta tres Dublas cum dimidia.* Vide *Dupla* 3.

* **DUBLARIUM**, Dolii species, idem quod supra *Doublerium* 2. Bulla Honor. III. PP. ann. 1221. inter Instr. tom. 7. Gall. Christ. col. 92 : *Apud Croissy quoque trecentorum arpennorum terræ decimam, et unum Dublarium vini, et unum modium bladi.*

* **DUBLECTUS**, Tunicæ species, nostris *Doublet*. Const. Feder. reg. Sicil. cap. 107 : *Item quod prædicti comites, magnates, barones, milites, et uxores eorum possint habere in æstate guarnimentum unum de serico, sub eo farsetum, vel Dublectum ac juppam.* Vide supra *Dobletus* 1.

¶ **DUBLERIUM**, Duplum, Gall. *Le Double, Deux fois autant.* Charta Petri de Geriaco Prioris de Regula ann. 1301 : *Assignationes... ipsi Conventui fecimus pro sustentatione xx. Monachorum... incluso Dublerio Subprioris.* Vide *Doublerius*.

¶ **DUBLIA**, Crustulum, Gall. *Oublie*. Chartularium Prioratus S. Petri de Domina fol. 93 : *Mansus de la Varx debet unum sextarium vini de tascha.... IX. sextarios de frumento... sex denarios Dublias per Sexagesimam.* Et fol. 107. v°. : *Post Calendas sex denarios Dublias et unum fassum de cignonis* (*oignonis*) *et dimidiam boxiam.* Vide *Deublia*.

¶ **DUBLUS**, pro *Duplus*, Gallis *Double*, in Instrumento ann. 842. tom. 1. novæ Histor. Occitan. col. 76.

¶ 1. **DUCA**, vox Italica, Dux, Gall. *Duc*, supra legitur in *Derivare*.

* Chron. Modoet. Bonincont. apud Murator. tom. 12. Script. Ital. col. 1151 : *Ibi nobilissime receptus fuit a Castruccio principe Lucano, quem Ducam Lucanum constituit.* Non semel ibi. Vide *Ducha*.

* 2. **DUCA**, *La formula*, in Glossar. Lat. Ital. MS.

DUCALE. Gloss. Lat. Gr. : *Ducale*, ἀγωγεὺς ὁ τῶν κτηνῶν. Ubi perperam Vulcanius *ductor* reponit. Vetus Gloss. cap. de Pellibus : *Ducale*, ἀγωγεύς. Glossar. Ælfrici : *Ducale*, latteh. Ubi Somnerus, *id scilicet, quo equus agasonis manu ducitur.* Anglo Saxonibus Latteov, est, Dux. Vita S. Frontonii Abbatis, in Vitis Patrum cap. 8 : *Dimisit servulus primum camelum, cujus Ducalem tenebat :* ubi quidam *Ducalem* pro fune, quo animal ducitur, intelligi volunt.

¶ **DUCALIS**, Pertinens ad Ducem, Gall. *Ducal*. Passim occurrit apud Murator. tom. 12. col. 455. 456. 458. etc.

* **DUCALIS** VESTITUS, Ducis scilicet Austriæ, ita describitur in Charta Frider. I. imper. ann. 1156. inter Probat. jur. domus Bavar. ad regna Hungar. et Boh. pag. 5 : *Dux Austriæ principali amictus veste, superimposito Ducali pilleo, circumdato serto pinnato, baculum habens in manibus, equo assidens, et insuper more aliorum principum imperii, conducere ab imperio feoda sua debet.*

DUCALITER, in morem Ducis, qui præcedit, apud Sidonium lib. 5. Epist. 13.

DUCAMEN, Ducatus. Glaber Rodulfus lib. 1. cap. 5 : *Illorum quippe Ducaminis* *principatus fuit Metropolis civitas Rotomagorum.* Lib. 4. cap. 6 : *Universos sui Ducaminis Principes militaribus adstrinxit sacramentis.* Charta ann. 999. in Tabulario Burguliensis Monasterii Ch. 44 : *Concedo ex rebus mei beneficii, quod ex Ducamine tenere videor quartas* 3. *etc.* Utitur non semel Dudo de Morib. Normann. pag. 102. 112. [Charta Roberti Ducis Burgundiæ ann. 1040. inter Instrum. tom. 4. Gall. Christ. col. 143 : *Suscipiens Ducaminis gubernacula Burgundiæ.*] Occurrit etiam in Gestis Consulum Andegavensium cap. 4. num. 1.

* Unde nostris *Duchame* et *Ducheaume*, pro *Duché. Le Ducheaume de Lohorrainne*, in Lit ann. 1300. ex Lib. rub. Cam. Comput. Paris. fol. 125. v°. col. 2. Pacta matrim. inter reg. Boh. et Beatr. filiam Ludov. ducis Borbon. ann. 1334. in Reg. 66. Chartoph. reg. ch. 1435 : *Nous li asserrons mille livrées de terre à Tournoys,... avecques chastiau ou meson convenable ou Ducheaume de Bourbonnoys.* Homag. Odon. IV. Ducis Burg. ann. 1339. inter Probat. ult. Hist. Trenorch. pag. 241 : *Li dux, qui seray par le temps, seray tenus de faire homaige à l'abbé ..... doudit monastere de Tornus, deans l'église de Tornus, ou aultre part ou Duchame de Bourgoigne, en leu convenable.*

* **DUCANA**, pro *Doana.* Vide in hac voce. Epist. Soldani apud Lamium in Delic. erudit. inter notas ad Hist. Sicul. Bonincont. tom. 1. pag. 222 : *Præcepimus domino stoli nostri, et domino nostræ Ducanæ, quod homines vestros in personis et rebus salvent et manuteneant.*

1. **DUCARE**, *Guidare, vel nutrire*, Joan. de Janua : *Unde Educare, i. Enutrire.*

2. **DUCARE**, Ducem agere, Ducatum tenere. Versus Palæ altaris ædis S. Marci Venetiis inscripti :

Tunc Ordelaphus Faledrus in urbe Ducabat.

Rursum :

Dandolus Andreas præclarus honore Ducabat.

Charta Veneta ann. 1430 : *Ducante inclito Domino Francisco Foscaro.* Andreas Dandulus in Chronico, de Petro Candiano Duce Venetor. : *Ducavit menses quinque.* [Et apud Murator. tom. 12. col. 466 : *Ducante illust. D. Andrea Contarens inclyto Venetiarum Duce.* Col. 469 : *Ducavit fideliter annis* xv. *etc.*]

DUCARIA, Ductus aquæ. Vetus Charta apud Ughellum tom. 3. pag. 454 : *Latus unum extenditur in palude, alterum latus in Ducaria, quæ dicitur Cula, sicut ipsa Ducaria defluit versus prædictum fluvium.*

¶ **DUCARIUM**, Palatium Ducis Venetiarum. Vide *Ducatus.*

DUCARIUS. Gloss. Lat. Gr. : *Ductarius*, ἀγωγεύς, *Ducale*, ἀγωγεὺς ὁ τῶν κτηνῶν. Ubi forte legendum *Ducarius.*

* Vide *Ducale. Duitres*, Ductor, in Chron. S. Dion. lib. 3. cap. 5 : *Riens ne nous puet grever, puisque Dieux veult estre nostres Duitres.*

Ducaria Scrofa, Ductrix aliarum scrofarum in Lege Salica tit. 2. § 13. et in Lege Aleman. tit. 99. § 14. *Ductrix*, in Lege Bajwar. tit. 12. cap. 4. § 2. Gloss. Græc. Lat : Ἀγελάρχης, *Dux gregis.* Catoni cap. 150. *Sextarius porcus* est, qui gregem præcedens ducit. Vide *Bourdelot* ad lib. 2. Heliodori pag. 45.

DUCAS, seu Duccas, Græcis Byzantinis δούκας, Latinis *Dux.* Rogerius Sclavoniæ Dux sub Manuele Imp. sic Chartam subscribit ann. 1180 : *Ego Rogerius Sclavone Dei et Imperiali gratia Dalmatiæ et Croatiæ Duccas manu mea subscripsi.* Inscriptio vero sic concipitur : *In Ducatu Dalmatiæ et Croatiæ existente D. Rogerio Sclavone Duce.* Conventiones Michaëlis Palæologi Imp. et Genuensium ann. 1261. in Historia nostra Gallo-Byzant. : *Quod si aliqua navis mercatorum Januensium fuerit in Imperio nostro, et tunc acciderit, quod stolus Pisanorum, vel Venetorum, vel aliorum, qui habent guerram cum Imperio nostro, et Capitaneus, seu Ducas, vel Castellanus loci, ubi jam dicta navis esset, requireret de hominibus navis prædictæ pro muniendo castrum, etc.* In versione Gallica MS. : *Et le Chapitain, Duc, ou Chastellein du lieu, etc.* Cretensis Insulæ apud Venetos Præfectus semper Ducas Cretæ appellatur in Chronico MS. Andreæ Danduli. Vide Meursium in Δούκας.

* **DUCATISSA**, Ducis uxor, Gall. *Duchesse.* Obituar. MS. Rotomag. ad 18. Jan. : *Obitus Ducatissæ Normanniæ.*

¶ **DUCATONUS**, Nummus argenteus valens circiter quatuor libras Francicas, Gall. *Ducaton.* Memorantur *Ducatoni* apud Murator. tom. 12. col. 412. sic dicitur quasi minor *Ducatus.* Vide *Ducatus* 4.

DUCATOR, a *Ducare*, pro *Ducere.* Glossæ Lat. Gr. : *Ducatores*, ἀγοί, ἡγεμόνες, προηγούμενοι. *Ducatores navis*, in leg. Quemadmodum, D. ad Leg. Aquiliam. (9, 2. fr. 29. § 4.) *Equites Ducatores*, in Notit. Imper. lib. 1. cap. 149. Δουκάτορες, viæ duces, apud Leonem in Tacticis cap. 8. Occurrit apud Tertullianum adversus Judæos cap. 13. S. Augustinum lib. 3. contra Maximum, in Vita S. Frontonii Abbatis cap. 7. etc. [** Vide Glossar. med. Græcit. in Δουκάτωρ.]

DUCATORIUM. Gloss. Gr. Lat. MS. : Ἀγωγεύς, *Ducator, hoc Ducatorium.* Editum, *Ductum, Ductarium.*

DUCATRIX, apud Apuleium lib. 1. de Dogmate Platonis : *Illæ vero vitiorum Ducatrices iracundia et libido.* Ita ex vet. Cod. restituit Scaliger ad Manilium. Item *Ducissa*, Ducis uxor. Domnizo lib. 1. de Vita Mathildis :

... Sua temperat acta Ducatrix.

Occurrit pluries ibi, et in Chartis ipsius Mathildis apud Franciscum Mariam in ejus Vita lib. 3. pag. 105. 156. etc. [Item in Charta anni 1012. apud Muratorium tom. 2. part. 2. col. 510.] Vide *Ductrix.*

1. **DUCATUS**, Magistratus, Præpositura. Gloss. Lat. Græc. : *Ducatus*, ἡγεμονία. Quomodo usurpatur a Suetonio in Nerone, Vopisco in Aureliano, Lampridio in Heliogabalo, etc.

2 **DUCATUS.** Joannes de Janua : *Ducatus est dignitas Ducis, vel ejus terra. Ducatus sive Provincia*, in Concilio Vermeriensi ann. 752. cap. 9. *Ad honorem Ducatus provehi*, in leg. 13. Cod. Th. de Proxim. Comitib. dispos. (6, 26.) Gunther. lib. 5. Ligurini :

..... Per septem signa Ducatum
Rite resignavit.

Mox :

Marchia tunc tellus erat hæc, nunc vero Ducatus.
Namque volens prisci defendere nomen honoris,
Rex patruo, cum tres Comitatus ille teneret,
His quoque compactis, et in uno corpore junctis,
Consilio Procerum, celebrem jubet esse Ducatum.

Ducatus, in Lege Ripuar. tit. 33. § 1. videtur sumi pro Bajuvariorum provincia, quæ *Ducatus* appellatione vulgo donatur in ejusdem provinciæ legibus, quod a Duce regeretur, præsertim tit. 2. In Capitulari 3. ann. 813. cap. 42. *Ducatus* sumitur pro provincia, quæ a Duce regitur, respectu *Comitatus.*

Ducatum, neutro genere, in Lege Bajwar. tit. 2. cap. 9. et apud Leonem Ost. lib. 1. cap. 6. Τὸ Δουκάτον, Auctor Vitæ S. Sabæ, Nilus Doxopatrius, et Constant. Porph. de Adm. Imp. cap. 50. lib. 1. de Themat. cap. 1. pariter dixerunt.

** Ducatus, Villa quædam in agro Ravennate, cujus domini ducis titulum assumebant, in Chart. ann. 1197. ap. Murator. Antiq. Ital. tom. 1. col. 159. Vide Savin. Hist. Jur. Rom. med. tempor. tom. 1. cap. 5. § 117. not. d.

¶ 3. **DUCATUS**, Palatium Ducis. Albertin. Mussat. de Gestis Henrici VII. lib. 3. apud Murator. tom. 10. col. 376 : *Quos Petrus Gradonico Dux Venetiarum cum comitiva obviam navigans, comiter honorificeque admodum excepit, in Ducatum adducens.* Alii, teste Pignorio, *Ducarium* appellant.

4. **DUCATUS**, appellata primum Moneta Ducatus Apuliæ, cusa a Rogerio Rege Siciliæ ann. 1240. Falco Beneventan. : *Monetam suam introduxit, unam vero, cui Ducatus nomen imposuit.* Occurrit in Chartis ann 1181. 1186. apud Ughellum tom. 4. pag. 227. et tom. 9. pag. 98. 106.

Ducatus, Monetæ Veneticæ aureæ species, ab impresso hocce lemmate sic nuncupatum :

Sit tibi, Christe, datus, quem tu regis, iste Ducatus.

Zecchinum hodie vocant, ab officina monetaria, quæ *Zecca* Italis dicitur, ducto nomine. Venetos autem Duci subesse nemo nescit. Δουκάτον apud Phranzem lib. 3. cap. 27. Constantinus in Hist. Apoll. Tyr. : Ἤποια ἐτιμήθηκεν δουκάτα πανταχόσα. Cudi autem primum cœperunt Ducati sub Joanne Dandulo, qui Ducatum iniit ann. 1280. ut auctor est Andreas Dandulus in Chron. MS. ann. 1280. et ex eo Petrus Marcellus in Princip. Venet.

Ducatus Rhodi, in Statutis Ordin. Hospit. S. Joan. Hierosol. tit. 5. § 42. moneta Rhodiensium Militum.

5. **DUCATUS**, Defensio in vita per alicujus territorium, Gall. *Saufconduit, sauvegarde.* Joan. de Janua : *Ducatus, Ductus, vel guida.* Epistola Gregorii VII. PP. apud Brunonem de Bello Saxon. pag. 139 : *Henricum atque Rodulfum commoneatis, quatenus nobis viam illic secure transeundi aperiant, et adjutorium atque Ducatum per tales personas, de quibus vos bene confidatis, præbeant, ut iter nobis Christo protegente pateat.* Occurrit in aliis Epistolis Gregorii, apud Hugonem Flavin. in Chron. pag. 216. 217. 218. et lib. 1. Epist. 77. lib. 4. Epist. 12. 23. apud Fulbertum Carnot. Epist. 44. Godefridum Monachum ann. 1190.

Arnoldum Lubecensem lib. 2. cap. 3. Will. ab Oldenborg in Itiner. T. S. pag. 145. Burchardum Monach. de Casib. S. Galli cap. 7. Cunradum de Fabaria de Casib. S. Galli cap. 8. 19. Walaf. Strab. de Mirac. S. Galli cap. 17. Odonem Cluniac. de Reversione B. Martini a Burgund. cap. 8. Venericum Vercellensem de Unitate Ecclesiæ conservanda pag. 46. [Obertum Cancellarium lib. 2. Annal. Genuens. non semel,] etc. [** Vide *Conductus*, 1. et Haltaus. Glossar. German. voce *Geleite*, col. 627.]

* 6. **DUCATUS**, Præstatio, quæ domino exsolvitur pro *ducatu* seu securo transitu per terram illius. Charta ann. 1187. inter Instr. tom. 6. Gall. Christ. col. 331 : *Concedo in perpetuum.... usatica, piscatica, leudas, Ducatus, quistas, albergas, etc.* Vide *Guionagium* in *Guida*.

* 7. **DUCATUS**, Trames, via. Canon. Abbon. tom. 10. Collect. Histor. Franc. pag. 629 : *Dum tamen inoffenso vestigio viam veritatis ingressus per Ducatum Evangelii non recedat a divinis oraculis.*

¶ **DUCCAS**. Vide *Ducas*.

** **DUCELLUS**, Ducis filius, Annal. Pragens. ad ann. 1193. ap. Pertz. Scriptor. tom. 3. pag. 121 : *Episcopus ... in Boemiam cum Ducello Spitigneo revertitur, gestans ab imperatore sibi tradita vexilla ducatus.* Vide *Ducillus*.

DUCENÆ Dignitas, Cujus mentio est in Cod. Th. leg. 3. de Cohortalib. (8, 4.) leg. 7. 8. 20. 21. de Agentib. (6, 27.) et ult. de Senatoribus (6, 2.), gradus quidam erat in Schola Agentium in rebus, proximus *Principi Agentium*, sicut e *Ducena* ad *Principatum Agentium* promotio fieret : hac qui donati erant *Ducenarii* appellabantur.

1. **DUCENARIUS**, Ugutioni lib. 2. cap. 8. dicitur, qui duobus militum Centuriis præerat, sicut uni Centurio. S. Hieronymus ad Pammach. : *Post Tribunum Primicerius, deinde Senator, Ducenarius, Biarchus, Circitor, Eques. Ducenarii* non semel occurrunt in Veterib. Inscript. 457. 8. 542. 8. et apud Gualterum in Tabulis Siculis pag. 18.

2. **DUCENARIUS**, Judex, qui de levioribus causis judicabat. Sueton. in Aug. cap. 34 : *Ad tres judicum decurias quartam addidit ex inferiori censu, quæ Ducenariorum vocaretur, judicaretque de levioribus causis. Ducenarii*, Procuratores, qui ducenta sestertia accipiebant a Principe, ut docet Dio lib. 53. pag. 506. Vide Jacobum Gothofredum ad leg. 1. Cod. Th. de Exact. (11, 7.) ubi multa de Ducenariis congerit. [** Vide Glossar. med. Græcit. in Δουκενάριοι.]

* **DUCENTUM**, Modus agri. Charta pro capit. Tornac. ann. 1374. in Reg. 105. Chartoph. reg. ch. 265 : *In parrochia de Dotegnies unum bonnarium, tria quarteria et Ducentum terræ arabilis.* Vide supra *Centum* 2.

* **DUCERE** Causam, Litem prosequi, Gall. *Suivre une affaire.* Lit. ann. 1340. tom. 3. Ordinat. reg. Franc. pag. 605 : *Et quia Ducere causam prædictam, et diversis et pluribus ressortis subici, esset dictis religiosis nimis grave et sumptuosum, etc.*

* **DUCERE** Dogmata monachorum, Monasticam regulam sequi. Acta S. Lamb. tom. 5. Sept. pag. 529. col. 2 :

Præsul cuim tunc cœnobium, quod nomine dicunt
Stabolaum, subiens, monachorum dogmata Duxit
Annos per septem, etc.

* **DUCERE** ad Memoriam, Custodire memoriam, Gall. *Conserver la mémoire.* Testam. Mafaldæ regin. ann. 1256. tom. 1. Probat. Hist. geneal. domus reg. Portug. pag. 33 : *Item mando domnæ Orracæ Sancii sorori meæ . . . quatuor taucas, ... quod Ducat me ad memoriam.*

* **DUCERE** Malam Vitam Alicui, Illum asperius tractare, objurgare, vulgo *Mener* vel *Faire une terrible vie à quelqu'un.* Lit. remiss. ann. 1363. in Reg. 91. Chartoph. reg. ch. 477 : *Uxor dicti Petri incœpit dicto supplicanti malam vitam Ducere, dicendo quod dictus supplicans, qui consilium dederat emendi dicta arma sub spe lucri, erat in causa suæ perditionis atque dampni.*

¶ **DUCHA**, Dux, Ital. *Duca*, Gall. *Duc. Ducha Cretæ* insulæ, apud Murator. tom. 12. col. 429.

¶ **DUCHERII**, Sacerdotes qui, licet vitam non profiteantur monasticam, in Prioratibus tamen S. Victoris Massiliensis sedes habent perpetuas, vulgo dicti *Conduchers* et *Panetiers*. Capitulum Generale S. Vict. Massil. ann. 1313 : *Statuimus, quod in Prioratibus dicti Monasterii habentibus Clericos, Ducherios, Panatarios seu Convivas, etc.* Vide *Conducherii*.

¶ **DUCHISSA**, ut *Ducissa*, Gall. *Duchesse*, Ducis uxor, Ducatus Domina. Occurrit in Opusculo Gualvanei *de la Flamma*, apud Murator. tom. 12. col. 1043. Le Roman *d'Athis* MS. :

A sejour y ert la Duchoise
Noble dame preux et courtoise.

DUCIANUS, Qui ad Ducem spectat. *Duciani*, Ducis limitis Officiales, in leg. un. Cod. Justin. de Littor. custod. (12, 44.) *Duciani apparitores*, id est, Ducis in leg. un. Cod. Th. de Quadrim. brevib. (11, 25.) *Ducianum officium*, seu *Ducis* in leg. 2. eod. Cod. de Venat. Ferar. (15, 11.)

* **DUCIATICUS**, Idem quod *Dusius*, Dæmon. *Breviculus contra Duciaticum*, ex Cod. reg. 1603. fol. 5. v°. laudato tom. 3. novi Tract. diplom. pag. 136. Vide infra *Dusiolus*.

* **DUCIBILE**, *Vectura*, ἀγώγιμον, in Castigat. ad utrumque Glossar. ex Cod. reg.

DUCIBILIS, Qui facile *duci* et flecti potest. Victor Vitensis lib. 3. pag. 52 : *Accipiens quoque tyrannus, ut erat Ducibilis et ferus, serpentinam suggestionem, feralibus Edictis totam cœpit Africam commovere.*

¶ **DUCIBULUS**. Vide mox *Duciculus*.

¶ **DUCICULA**, ut *Duciculus*. Miracula S. Trudonis lib. 1. cap. 1 : *Non passus est moram innectere, ut Duciculam, quam tum forte partim habebat de tonna extractam, remitteret.*

DUCICULUS, Epistomii vertibulum, seu paxillus ori Epistomii insertus; *Douzi, Douzil, et Douzilia*, Arvernis; *le Dosil ou faucet de la tonne*, in Consuetudine Labourtensi tit. 7. art. 9. *Dousils*, in veterib. Consuetudinibus Bituricensibus apud Thomasserium pag. 334. Vita MS. S. Romarici : *Serraculum ab educendo Duciculus dictum.* Vita S. Urbani Episcopi Lingon. cap. 1 : *Ligamina vasorum gladiis præsciderunt Duciculosque abstraxerunt.* Passio S. Bercharii apud Camusatum : *Forte ille tunc promptuarium ingressus, ante vos steterat, et sudem, quæ vulgo Duciculum, a potu scilicet educendo, dicitur, in manu tenens cerealem amphoræ potum infundebat, etc.* Berta Sanctimonialis in Vita S. Adelheidis Virg. cap. 5 : *Ore cupæ non obfirmato, sed Ducibulo secum in manibus asportato.* Ubi legendum *Duciculo*. Bernardus Mon. in Consuetud. Cluniac. MSS. cap. 54 : *Non solum fundum cuppæ, verum etiam Duciculum abluere curat.* Liber Ordinis S. Victoris Parisiensis MS. cap. 12 : *Sed et matas, supersedes, et muscatoria, et Duciculos ad lavatorium, quoties opus est emundare.* Occurrit præterea in Miraculis S. Ursmari per Flandr. num. 18. in Miraculis S. Angilberti lib. 1. cap. 21. et in Vita S. Fidoli Abbat. n. 6. atque ex iis emendandus videtur Wandelbertus in Miraculis S. Goaris cap. 7 : *Cum Cellerarius... vinum de cupa quadam hausisset, casu contigit, ut cupæ Cuniculum aliud forte meditans infirme clauderet, et abiret.* Legendum enim *Duciculum*.

** Ducicius. Reinard. Vulp. lib. 3. vers. 1967 :

Solus init crumeram, tonnis pincerna Duciclos
Detrahit, ut prodat quæque quod intus habet.

Ducillus. Ugutio et Joannes de Janua : *Ducillus, qui et Docillus, qui abdit foramen dolii, clapsydra.* [* Glossar. Gall. Lat. ex Cod. reg. 7684 : *Douisil, clepcedra, Docillus, Ducillus.* Aliud Provinc. Lat. ex Cod. 7657 : *Dosilh, Prov. Ducillus, clepsedra.*] Gervasius Dorobern. ann. 1138. in Cod. Cantabrig. : *Usque ad foramen obicis, qui usitato nomine Ducillus vel Clypsedra dicitur, etc.* Inde Occitanis *Adouzilla, mettre en perce, percer le vin.* Vide *Clepsydra*.

Duciolus, Eadem notione. S. Theodoricus in Vita S. Magni apud Canisium : *Tracto serraculo, meatim in tiprum currere sinit,... et seraculum, quod Duciolum vocant, manu ferens, ante conspectum B. Magnoaldi astitit.* Quidam Codices præferunt, *seraculum, quod Duciculum vocant.* Eadem habentur apud Bedam in Vita S. Columbani cap. 15.

Docillus, *lla, lum, Clepsedra.* Joan. de Janua in *Ductilis*.

Dux. Vita S. Benedicti Anianensis cap. 43. Edit. Mabillonii : *Perrexit frater, et abstracto Duce, egreditur vinum.*

Educillare, Vinum et vasa delinire, et vendere sub hedera, Sambuco : *Vendre du vin à broche.*

* **DUCILIS**, Epistomii vertibulum. Acta translat. S. Savini, apud Marten. tom. 6. Ampl. Collect. col. 809 : *Cum... plaustrum musto onustum minaret..... Ducilis a fundo karralis egressus in terram, nemine considerante, prosiliit; attamen mustus haud minus quam si obturatum esset foramen, nec una fluerat gutta, stetit.* Vide *Duciculus*.

DUCILLA, Ugutioni, Joanni de Janua, et Balbo, *Parva Dux, vel Ducis filia.*

DUCILLUS, *Parvus Dux*, Joanni de Janua. Vide [** *Ducellus* et alia notione in] *Duciculus*.

¶ **DUCIOLUS**. Vide *Duciculus*.

* **DUCISALIS**, Ad ducis dignitatem spectans. Testam. Jacobi de Pignatario ann. 1352. in Access. ad Hist. Cassin. part. 1. pag. 409. col. 1 : *Recomendo filios meos sacræ regiæ et reginali majestati ac etiam Ducisali*. Vide *Ducianus*.

¶ **DUCISCATUS**, Ducatus, Gall. *Duché*. Charta anni 1231. apud Lobinellum tom. 2. Hist. Britan. Aremor. col. 1636 : *Nec eorum homines compellere ad obediendum ratione feodorum suorum de Vicecomitatu de Rohan... in aliquo in Duciscatu Britannie, nisi apud Ploarmel solum*.

¶ **DUCISSA**, Ducis uxor, apud Rymerum tom. 5. pag. 616. col. 1. Ludewig. Reliq. MS. tom. 5. pag. 501. etc.

DUCLIS, *Ducla*, *trium unciarum*. Ita Glossæ Arabico-Lat.

DUCONES. Vide *Durcones*.

* **DUCTABILIS**, Qui facile *duci* potest, ductilis. Arest. ann. 1339. 12. Apr. in vol. 3. arestor. parlam. Paris. : *Si dicti canonici vellent tradere pignora portabilia seu Ductabilia, etc*. Vide mox *Ductibilis*.

¶ **DUCTARE**, Ducere, Ducem agere. Gerohus Præpositus Reichersperg. Exposit. in Psal. LXIV. ad Eugenium III. Papam apud Baluzium Miscell. tom. 5. pag. 65 : *Sicut hi quorum interest exercitum campo Ductare, congrue investiuntur per vexillum, sic non indecenter ex longo usu Præfectus urbis ab Imperatoribus cognoscitur investitus per gladium contra malefactores urbis exertum*.

DUCTARIUM. Gloss. Lat. Gr.: *Ductarium*, ἀγωγεύς, ῥυτήρ. *Ductarius*, ἀγωγεύς. *Ductus*, ἀγωγεὺς ὕδατος, ὑδραγώγιον.

* **DUCTIBILIS**, Eadem notione. Charta ann. 1296. in Chartul. eccl. Lingon. ex Cod. reg. 5188. fol. 232. v° : *Facimus nos in solidum fidejussores, principales debitores et redditores in pignoribus sufficientibus, portabilibus et Ductibilibus, reddendis et deliberandis apud Castellionem*.

DUCTILE. Vide *Ductus*.

DUCTILIS, Ductileus. Joan. de Janua : *Ductilis, a duco dicitur, unde Ductiliter, adverb. et Ductileus, lea, leum, Ducillus, la, lum*.

* Docilis, tractabilis. Elmham. in vita Henr. V. reg. Angl. edit. Hearn. cap. 87. pag. 244 : *Tandem tamen post plurimas furiales alternatas insanias, coguntur inclusi fieri Ductiles in tractatum*. Vide *Ducibilis*.

DUCTITIA, Tributum, quod pro mercibus, quæ educuntur et exportantur, penditur, *pour les voitures*. Charta Rotroci Comitis Perticensis ann. 1136 : *Volumus quod... a pedagiis, traversibus, deprisibus, et quibusvis consuetudinibus et exactionibus sæcularibus, una cum animalibus, suppellectibus, et aliis quibuscunque bonis, etc. mercimoniis, et Ductitiis quibusvis.... sint immunes*. Ubi forte legendum *Dricturis*, id est, *Droitures*, seu tributis, quæ exsolvuntur.

¶ **DUCTIVUS**. Vide *Ductus* 2.

1. **DUCTOR**, Dux, Dignitas Ducis, apud Paulum Warnefr. de Gestis Longob. lib. 2. cap. 2. lib. 4. cap. 46. lib. 5. cap. 16. lib. 6. cap. 1. 27. 44. Ditmarum. lib. 4. pag. 47. Henricum Roslam in Herlingsberga v. 474. etc.

2. **DUCTOR**, Idem etiam qui Græcis Διασώςης, qui ad conducendum aliquem in via per alterius regionem datus est a quovis Principe. Luithprandus in Legat. : *Turbatus*, Διασώςῃ, *id est, Ductori meo*, 50. *aureorum res pretio dedi*. Vide *Ducatus*, *Diasostes*.

** **DUCTORIA** Dignitas, Ducis. Annal. Quedlinburg. ad ann. 985. ap. Pertz. Scriptor. tom. 3. pag. 67 : *Heinricum .... gratia fideli donatum, Ductoria itidem dignitate sublimatum ... debito dilectionis venerantur affectu*.

DUCTRIX, *Ducissa*, Ducis uxor. Leo Ost. lib. 3. cap. 60 : *Mathilda Ductrix Liguriæ, etc*. Occurrit præterea apud Helmodum lib. 1. cap. 71. apud Ruodmannum Abbatem in Epist. ad Eckeardum, Ditmarum lib. 2. pag. 16. lib. 4. pag. 36. Eckeardum Jun. de Casib. S. Galli cap. 10. et 11. Continuatorem Hist. Episcopor. Virdun. n. 4. in Bullario Casin. tom. 2. pag. 105. etc.

* Pro Abbatissa occurrit in Act. S. Joan. episc. tom. 6. Sept. pag. 30. col. 2.

Ductrix, Scrofa, porcorum mater, in Lege Bajw. tit. 12. cap. 4. § 2. *Ductrix jumentorum*, in Lege Aleman. tit. 72. § 1. Vide *Ducaria*.

1. **DUCTUS**. Marculfus lib. 1. Form. 38 : *Si hoc conjurare potuerit, de hac causa Ductus sedeat*. Lib. 2. Formula 18. quæ est de securitate pro homicidio : *Sed in omnibus exinde Ductus et absolutus appareas*. Ubi Bignonius, *ductum*, pro *eductum*, positum putat, hoc est, *de causa eductum*. Sed malim hocce vocabulo *securum* eum dici, tanquam conductu et *salvagardia* obtentis. Capitulare Caroli M. ann. 808. cap. 6 : *De illorum hominum conquisitu, qui modo foris ducti fuerunt, et postea adquisierunt, postquam patres eorum et parentes Ducti sunt*. Ubi *adquisierunt*, poni videtur pro *adquieverunt*. Vetus placitum ann. 876. editum a Baluzio in Append. ad Capitul. n. 104 : *Et hanc meam responsionem præsentiæ vestræ judicium conditionis ostendit sæpedictus Fredemirus mandatarius de Ardesindo Episcopo, qui legibus Ductus est, atque ibidem resonat, ex qua auctoritate prædictus locus S. Felicis sub ditione S. Eulaliæ esse debet*. Canones S. Patricii cap. 21 : *Christianus, cui dereliquerit aliquis, et provocat eum in Ductum, et non in Ecclesiam, ut ibi examinetur causa, qui sic fecerit, alienus sit*. Ubi Waræus ad marginem reposuit *f. judicium* : sed *drictum* legendum videtur, id est, in jus. Vide *Directum* et *Educere*.

* Ut ut est de hujusce vocis in Marculfi formulis interpretatione a Bignonio vel Cangio proposita, aliud significare videtur in placito hic laudato. *Legibus* enim *ductus*, idem mihi est quod, in legibus peritus, exercitatus; unde vetus Gallicum *Duit*, eodem intellectu, a verbo *Duire*, docere vel addiscere. Lit. remiss. ann. 1393. in Reg. 145. Chartoph. reg. ch. 149 : *Le suppliant baillia ses chevaux et charrette à son filz pour les mener et conduire, lequel de ce faire n'estoit pas bien Duit*. Aliæ ann. 1456. in Reg. 191. ch. 234 : *Pour ce que icellui Village suppliant est fort Duit et experimenté en fait de navigage, etc. Le suppliant print vouloir en lui de soy mettre avant et Duire au fait de marchandise*, in aliis ejusd. ann. ibid. ch. 235. Denique aliæ ann. 1475. ex Reg. 195. ch. 1528 : *Ce que le suppliant en faisoit, c'estoit pour le prouffit d'icellui Pierre Renel, et le Duyre au dit mestier* (de cousturier.) Vulgatior vox *Duire*, pro Convenire, pertinere. Charta ann. 1330. in Chartul. S. Martin. Pontisar. fol. 35. v° : *Recognurent et confesserent pour tant comme et chascun d'eulz touche, puet toucher, Duire et appartenir, etc*.

2. **DUCTUS**, pro *Aquæductus*, in Cod. Th. leg. 1. de Aquæduct. (15, 2.) ubi Tribonianus restituit *Aquæductus*, Papias : *Ductus*, *aqua decursus*. Ita autem appellatur locus, ubi aquæ confluunt. *Doccia*, Italis, est canalis, tubus fictilis, per quem fluunt aquæ : *Douet*, Andegavensibus. Gloss. Lat. Gr. : *Ductus*, ἀγωγεὺς ὕδατος, ὑδραγώγιον. Alvarus in Vita S. Eulogii : *Ad prominentem canalis Ductum, qui super illa loca producitur, pervenit*. Tabular. S. Albani Andegav. : *Donans nobis ob remedium animæ suæ et patris sui descensum unum, quem habebat in rivulo, qui appellatur Ducto, cum omni consuetudine, excepto cœnagio, et de alio descensu, quem Eminus de Reginaldo Banario in Altione dedit nobis simili modo, et consuetudinem, quam ibi habebat, excepto cœnatico*. Charta Fundat. Monasterii S. Laudi Andegavensis : *Et cum villicaria, et fodrio, et omnibus consuetudinibus terræ et fluminis a rupe Colubraria, usque ad Ductum, a Ductu vero usque ad vallem, etc*. Occurrunt eadem verba in Charta alia Fulconis Regis Hierosol. et Comitis Andegavensis pro Canonicis ejusdem Ecclesiæ. Vide tom. 5. Ughelli pag. 1572. Ordericum Vitalem lib. 3. pag. 479. Historiam Monast. S. Nicolai Andegav. pag. 20. 59. Monasticum Anglic. tom. 1. pag. 308. etc. Occitanis *Douts*, idem valet ac aquæ vel fontis caput, origo. *Doualle*, in Consuet. Burdegal. art. 115. pro canali latrinæ, seu ductu. [Vide *Doitus*.]

Ductile. Alia Charta ex eodem Tabulario Ecclesiæ S. Laudi Andeg. : *Volumus posteritati scriptum relinquere, quo pacto Sanctimoniales Ecclesiæ Caritatis cum Canonicis S. Laudi Ductile sub bucca Meduanæ communiter habuerunt*. Occurrit ibi pluries. *Ductiles aquæ*, in Charta Hispanica æræ 1016. apud Anton. *de Yepez* in Chron. Ord. S. Benedicti tom. 5. pag. 444. v. *Productiles*, nude, crebro in Tabulis Hispanicis apud eumdem.

Ductivus, *Ductibus* scatens. Charta Sanctii Regis Aragon. æræ 1131. apud eumdem *de Yepez* tom. 7 : *Montuosum sive Ductivum, etc*.

Ductus Viarum, in eadem Charta : *Aquis aquarumque exitibus, et regressibus earum, viæ Ductibus, et reductibus earum, etc*.

* 3. **DUCTUS**, f. Capistrum, quo equus ducitur : eo cæterum sensu vox *Duel* occurrit in Lit. remiss. ann. 1389. ex Reg. 135. Chartoph. reg. ch. 237 : *Icellui Danois le menaça de paroles, et aussi lui ceint le Duel de son cheval par la ceinture, pour ce qu'il faisoit semblant de lui enfouir, et en cest estat le ramena en sa maison*. Annal. Genuens. ad ann. 1164. apud Murator. tom. 6. Script. Ital. col. 295 : *Imperator respondit : Ego sum super equum et habeo pedes in Ductu ejus, etc*. Ubi alter Codex MS. habet *Streiris*. An bene, haud satis scio.

DUDENA, pro *Duodena*, Gallis *Douzaine*. Gloss. Gr. Lat. MS. : Δώδεκα, *Dudena, duodecim*. Editum δώδεκα, δυόδεκα, *Duodecima*. [Vide *Dozena*.]

* **DUECIA**, Embregma, Ital. *Doccia*, Gall. *Douche* et *Douge*. Andr. Thurinus librum inscripsit, *de Embrocha nova seu Duecia artificiali, etc.*

¶ **DUELECH**, *est in homine tartari species, lapis spongiosus periculum et maximum dolorem creans.* Roch. *le Baillif* in Diction. Spagyr.

¶ **DUELLA**, *dicta quasi duæ sextulæ; nam* VI. *scripulis constat, quæque sic scribitur* ↄ ↄ. Papias MS. Hickesio Dissert. pag. 111. est tertia pars unciæ. A. Jonas Islandus Crimogeæ lib. 1. cap. 8. pag. 85 : *Marca Islandica valebat unciam argenti defæcati cum Duella.* Gloss. Sangerman. n. 501 : *Duellis, Sextula bis adsumpta duellem facit.* [** Vide Isidor. Origin. lib. 16. cap. 25. sect. 15.]

¶ 1. **DUELLARE**, Belligerari, in Diario Belli Hussitici, apud Ludewig. tom. 6. Reliq. MSS. pag. 157.

* 2. **DUELLARE**, *Duello* decertare, vox Italica. Charta Phil. Pulc. ann. 1313. ex Bibl. reg. : *Si ea negarent, offerebat se eadem per gagium Duellare in campo contra quemlibet eorumdem successive, convicto prædicto Guidone ipsoque sanato prius de plagis suis, si quas haberet, legitime per se vel per alium probaturum.* Lit. remiss. ann. 1386. in Reg. 130. Chartoph. reg. ch. 171 : *Idem Arnaldus dicendo quod super hoc dictum exponentem Duellaret, seu propter hoc duellum faceret.*

* **DUELLARIS**, Ad *duellum* spectans. Vita S. Guill. Eremit. tom. 2. Febr. pag. 463. col. 1 : *Mox mirum in modum circa illius cellam more militari cœperunt torneari et ludo Duellari vicissim pugillare.* Charta ann. 1322. in Reg. 62. Chartoph. reg. ch. 72 : *Helias Gelos burgensis castri Lemovicensis, alias delatus fuit... ad finem gagii Duellaris. Duellaria verba*, quibus *duellum* provocatur. Vide in *Duellum*, pag. 95. Hinc

* **DUELLARITER** Alloqui, *Duellum* provocare. Vide inibi. *Apeler de bataille*, Aliquem in jus vocare, ut duello crimen a se amoveat, in Lib. rub. fol. parvo domus publ. Abbavil. ad ann. 1274. fol. 32. v°. : *La fille Hue Verdiere apela de bataille le Merchier de taute, de reube, de larrechin et de fu bouté en le grange son pere. Chiex s'en defendi et ju bataille jugié et firent pais u camp saint Jore à le veuë du senescal et de le gent le conte.*

* **DUELLATOR**, Qui *duello* pugnat. Herman. Neuvald. in Tract. de Exam. sagar. super aquam frigidam project. pag. 60 : *Et sic non fuit* (David) *proprie Duellator sed divinæ justitiæ prædestinatus executor.*

1. **DUELLIO.** Gloss. Isid. : *Duellio, Rebellis*, ubi forte legendum *Rebellio*. Id suadet Hugo Flaviniac. in Chron. pag. 87 : *Cives Virdunensis oppidi defectionem atque Duellionem contra eum dicuntur meditati. Duellis conjuratio*, apud Rollandinum in Chron. lib. 11. cap. 17. [Vide *Delliones*.]

Dibellio, pro *Duellio*, Rebellio, Gloss. Lat. Gr. : *Divellio*, πολεμός. *Divelliones*, πολεμοί, ἁρπαγαί. Alibi *Delliones* (leg. *Divelliones*) τυραννίδες. Τυραννίς, *Duellium*. Eulogius Cordub. lib. 3. cap. 4 : *Undique Dibellionum insurgentia bella magnam ei molestiam inferebant.*

2. **DUELLIO**, *Pugil, qui etiam Duellius dicitur, et inde Duellis* [** leg. *Perduellis*.] *per compositionem, id est, ille pugil, qui perseveranter durat in duello.* Jo. de Janua.

* Hist. Franc. Sfort. apud Murator. tom. 21. Script. Ital. col. 214 : *Duelliones magno utrimque comitatu data fide extra castrorum munitiones palustresque difficultates, dimicaturi prodeunt.*

¶ 3. **DUELLIO**, ut *Duellum* 3. Singulare certamen. *Diffinierunt, ut per Duellionem placitum illud dirimeretur*, in veteri Instrumento. Vide *Duellium* [** et sentent. Rudolphi I. Imper. ap. Pertz. Leg. tom. 2. pag. 455. lin. 43.]

¶ **DUELLIS**. Vide *Duella*, et *Duellio* 3.

1. **DUELLIUM**, Bellum, proprie *tyrannis*. Glossæ Gr. Lat. : Τυραννίς, *Duellium*. [Aliæ Lat. Gr. Sangerman. : *Duellium*, τυραννίς.] Dudo lib. 2. de Actis Normann. pag. 70 : *Unius vero lustri spatio perseverante inter Regem et Rollonem Duellio.* Et lib. 3. pag. 96 :

Bella, supercilium, fraudesque, Duellia, telum.

Joann. de Janua : *Duellium, quasi dubellum, vel dubellium, i. duorum bellum.* Ita pro monomachia usurpat Simeon Dunelm. ann. 1169 : *In Duellio victi oculos eruere.* [** Glossa ad Panegyr. Berengarii lib. 2. vers. 40. ap. Pertz. Script. tom. 4. pag. 197 : *Distat autem Duellium et Duellum, nam Duellium est spatium quo bellum præparatur, Duellum dicitur ipse conflictus, etc.*]

¶ 2. **DUELLIUM**, Jus *duelli*, seu quidquid ad principes locorum Dominos redibat emolumenti ex judiciis duelli examine diremtis. Concordatio inter Abbatem J. Montis et Conventum de partitione suorum redditiuum inter se ann. 1212. inter Anecd. Marten. tom. 1. col. 838 : *In his maneriis seu villis habebit ipse Abbas, sicut Dominus, revelationes et hominia et Duellia.* Vide *Duellum* 3. lin. *De compositione de duello, etc.*

1. **DUELLUM**, ut *Duellium* 1. Anonymus Poeta de Episcopis Eboracensib. :

Urbis tunc tenuit sceptrum gens pigra Britonum
Quæ fere continuis Pictorum pressa Duellis
Servitii pondus tandem subacta subivit.

Occurrit rursum infra, et apud Anonymum Goldasti de Suevorum origine pag. 170. Vide Festum, et Quintil. lib. 1. cap. 6.

2. **DUELLUM**, Prælium, certamen, apud Ditmarum lib. 2. pag. 22. lib. 4. pag. 35.

3. **DUELLUM**, Monomachia, seu singulare certamen, quo ambiguæ disceptationes dirimebantur, quæ ordinario judicio terminari non poterant. Στρατιωτικὴ ἀπόδειξις, Acropolitæ cap. 50. Joanni de Lyniano veteri JC. : *Pugna corporalis deliberata hinc inde duorum, ad purgationem, gloriam, vel odii aggregationem.* In qua definitione non comprehendit duntaxat duellum, quod inductum est ad veri probationem, sed etiam illud, quod inter hostes publicos, condicto vel ex innato odio, vel ad virtutis ac probitatis specimen, et ex Principum consensu initur, quod vulgo *Combat à outrance* a nostris appellatur, de qua duelli specie Uptonus lib. 2. de Militari Offic. cap. 5. 6. et nos pluribus in Dissert. 7. ad Joinvillam.

Duelli judicium, seu duello controversias ambiguas dirimendi origenem a Septentrionalibus populis manasse constat, apud quos ab initio in usu erat, uti ex Paterculo colligere est, qui *armis decernere lites suas solitos fuisse scribit.* Apud Stobæum Serm. 10. pag. 133. Umbrici cum controversias inter se habebant, pugnabant armati sicut in bello : et qui suos adversarios interemerant, justiorem causam habuisse videbantur.

Sed præsertim id invaluit, ex quo Gundebaldus Burgund. Rex in Legibus suis tit. 45. statuit : *Ut si pars ejus, cui oblatum fuerit jusjurandum, noluerit sacramenta suscipere, sed adversarium suum veritatis fiducia armis dixerit posse convinci, et pars diversa non cesserit, pugnandi licentia non negaretur.* Quæ quidem duello lites dirimendi ratio recepta est postmodum, in Lege Alemannorum tit. 44. § 1. tit. 56. § 1. tit. 84. in Lege Bajwar. tit. 2. cap. 2. tit. 9. cap. 4. in Lege Longobard. lib. 1. tit. 9. § 39. lib. 2. tit. 35. § 3. 4. [** Henr. II. cap. 2. Grimoald. cap. 1. 2.] etc. Saxo Grammaticus lib. 5. Hist. Danicæ de Rege Frothone : *De qualibet vero controversia ferro decerni sanxit, speciosius viribus quam verbis confligendum existimans.* Sed potissimum propria fuisse Francorum dicitur in Vita Ludovici Pii ann. 831. de Bernardo : *Is ergo Imperatorem adiens modum se purgandi ab eo quærebat more Francis solito, scilicet crimen objicienti semet objicere volens, armisque impacta diluere.* [** Vide Grimmii Antiquit. Jur. Germ. pag. 909. et 927. sqq. et Murator. Dissertationem 39. in Antiquit. Ital. tom. 3. col. 633. sqq.]

Neque tamen cuivis suapte duello licebat contendere, sed necesse erat, ut de eo subeundo Judices decernerent. Libellus Catalanicus MS. de Batallia facienda : *Et axi dona aquel usatge, que bataya nos deu fer per volentat, mes per necessitat, quand la Cort connexera quel reptament es tal que bataya sen deja fer, ço es per beya, o per treues trancades, o per trahycio.*

* Interdum duellum decernere judici vel domino nequaquam licebat, nisi utraque pars consentiret. Stat. Montispess. ann. 1204 : *Duellum, vel judicium candentis ferri, vel aquæ ferventis, vel alia canonibus vel legibus improbata, nullo modo in curia Montispessulani rata sunt, nisi utraque pars convenerit.*

Duello decertaturi ex Judicis decreto, Vadium seu pignus apud eum deponebant, ut postmodum pro damni ac jacturæ compensatione cederent : quod sane in *vadio juri standi*, vel de objectis *rectum faciendi*, actitatum docent Lex Alaman. tit. 36. § 3. et Lex Bajw. tit. 2. cap. 15. § 3. id porro *Duellum vadiare* dicebant. Usatici Barcinon. MSS. cap. 21 : *Bataya judicata, antequam sit jurata, si per milites debet esse facta, per 200. uncias auri Valentiæ sit per Pignora firmata : et si per pedones sit firmata, per 100. propter hoc, ut ad illum, qui vicerit, sit emendatum malum, quod in bello acceperit, tam in corpore, quam in cavallo, sive in armis, et assequatur hoc, pro quo bellum factum erit, et omnes missiones, quas per illud bellum fecerit, et diffinitum illud, quod acceperit ille, qui victus fuerit.*

Assisiæ Hierosolymitanæ MSS. cap. 163 : *Le Guarent que lou lieve si com esparjur, doit respondre maintenant à celui qui ensi le lieue, Tu mens, et je suis pret que je m'en aleaute contre toi, et defende mon cors contre le tien, et te rendrai mort, ou recreant, en une oure dou jour, et vessi mon Gage, et tendra au Seignor son Gage à genoüil, et le Seignor doit les Gage recevoir, et assener le jour de la bataille.* Cap. 79 : *Lors s'agenoüille l'Apelcoir, et lui tent son Gage.* Cap. 87 : *Et se celuy que l'on appelle ensi s'en veaut aerdre à celuy qu'il appelle de son cors au sien, il le doit dementir mot à mot, et ouffrir s'en à deffendre de son cors contre le sien, et tendre son Gage au Seignor, et se il le fait, le Seignor en peut recevoir les Guages.* Le Roman *de Garin* MS. :

A ces paroles sailli en piez Gerins,
Tenez mon Gage, Empereres, dit-il,
Envers Fromond que vos véez ici,
Des grans aféres vos a del tot menti.

[Le Roman *de Florance et de Blanche Flore* MS. :

Et li roxignox saut avant,
Il a au Roy baillé son gant,
Pour la bataille confirmer.]

Vetus Consuetudo Normanniæ 2. part. cap. 2 : *Plainte de multre doit estre fete en cette maniere. P. se plaint de T. qui li mordri son pere felonessement en la paix Dieu et Roy, que il est prest de prouver et de fere lui recognoistre à une hore du jour. Et se T. le nie mot à mot, et il en offre son Gage à deffendre soy, l'en doit premierement prendre le Gage au deffendeur, et puis celuy à l'apeleur, et chescun doit douner pleges de mener la loi. Ne pourquant il doivent ambedeux estre retenus en la prison le Duc, et fere sus cen qui sera regardé que l'en devra fere de droit. La bataille li doit estre ottroiée par la Justice, et si puet bailler l'un et l'autre en une prison, se il veut portant, que il soient baillez à bonnes gardes, qui les rendent au jour de la bataille fere.*

Interdum *Gagia Duelli* ad Dominum spectabant. Charta Communiæ Fidemensis in Campania ann. 1316 : *Gagia duelli Majoris et Juratorum dictæ Communiæ erant, sed victus in Lege duelli meus erit.* Nam et in eum finem apud Dominum vel Judicem deponebantur, ut in emendam seu mulctam pars illorum cederet. Tabularium Monasterii S. Savini Levitanensis ann. 945 : *Eidem Monasterio donamus et concedimus, ut si qua nobis pecunia pro placitis aut batallis de prædicto Monasterio nobis evenerit, etc.* Charta Philippi Aug. Reg. Franc. ann. 1185. in Hist. Vastinensi pag. 707 : *Carnifices reddent stallagia, quæ debuerint : vadia duelli ad consuetudinem Gastinesii exsolvent.* [* Charta locationis præposit. Ambian. ann. 1292. in Reg. 70. Chartoph. reg. ch. 252 : *Item in custodia parci, in armando pugiles, in gagiis duelli admittendis.*]

* Aliquando tamen duelli pignus apud ecclesiasticos depositum, usque ad sacramenta in ecclesiis tunc juranda. Charta Theob. comit. Trec. ann. 1198. in Reg. 155. Chartoph. reg. ch. 310 : *Vadia duelli in manu prioris* (de Condis) *dabuntur, et tenebit illud usque ad majora sacramenta. Exinde duellum in manu præpositi mei erit.*

Jam vero dicebatur is *falsum vadium incurrere, se mettre en faux gage,* qui cum reo, quem appellasset, duellum inibat ante peracta coram Judice sacramenta in hisce occasionibus fieri solita, in Assisiis Hierosolymitanis MSS. cap. 65. ut et si is, qui aliquem de homicidio appellasset, quidpiam diceret, de quo appellatus non esset convictus, in cap. 76. ubi e contra, *se mettre en loiaus gages,* dicitur, qui rem, quam intendit, probat, quod *se mettre en droit gage,* rursum dicitur cap. 82. et 86. Neque, opinor, aliud est omnino *Vadium mentiri,* in Legibus Inæ Regis cap. 14 : *Si quis coram Episcopo testimonium suum et Vadium mentiatur, 30. sol. emendet. Vadium* enim *mentitur,* qui de juri stando *vadium* dedit, *illud* deserit, nec juri stat. Vide Probat. Histor. Turenensis pag. 36. Histor. Beneharn. pag. 375. Leges Henrici I. Reg. Angl. cap. 59. etc. [** Glavillam lib. 2. cap. 3.]

* Eo *gagii* nomine appellabant quidquid coram judice projectum erat, ut quis duellum in se suscipere profiteretur. Chron. Angl. Th. *Otterbourne* pag. 222 : *Dux Albemarliæ accusatus et fortiter appellatus fuit de morte ducis Gloucestriæ per diversas personas, et præcipue per dom. le Fitzwauter, qui ad duellum inde probandum caputium suum jecit coram rege publice in parliamento.* Infra pag. 250 : *Armiger dictæ dominæ, projecto caputio coram rege, in causa dominæ suæ se obtulit pugnaturum.*

Interdum parti ipsi *Vadium* dabatur, quod et olim factitatum in duellis, arguunt quæ habentur in Lege Bajw. cap. 17. § 2. [Id confirmare licet ex Arresto Scaccarii Paschæ ann. 1277. apud D. *Brussel* tom. 2. de Usu feudorum lib. 3. cap. 18. pag. 983 : *De quodam homine vicecomitatus Caudebeci petente bona adversarii sui quæ per vadium belli detinuit, et suspendi fecit, ad ipsum pertinentia per consuetudinem Normanniæ, ut dicebat, quæ quidem bona dictus Vicecomes tenebat pro Domino Rege : concordatum fuit, quod dictus homo victoriam habens, bona mobilia habebit, et immobilia, dominis in quorum terra consistunt, remanebunt, si de consuetudine debeant habere.*] Quinimo is usus invaluerat ut appellans chirothecam, seu rem quamvis aliam coram judice projiceret, eamque appellatus judicis prius petita venia, e terra levaret, eoque facto duellum in se suscipere profiteretur. Petrus Cluniacensis lib. 1. de Miraculis pag. 1261 : *Jussus post hæc a judicibus venire, et ea, quæ dixerat, comprobare, propius accessit, et iterans, quæ dixerat, cœpta temeritate se vere dicere confirmabat. Cumque instaret, rursum ei judices præceperunt, ut secundum morem regionis Gadium, rei videlicet ab eo probandæ argumentum, manu propria in ejusdem Gerardi prioris poneret, qui velut ex bona conscientia audacter Gadium in manum ejus ponens, ait : Hujus, ut dixi, rei ego testis sum, aliis quoque testibus, vel duello id ipsum probaturus.* Froissart. 2. vol. cap. 85 : *Et pour moi purger en la presence Monseigneur que veez-lé, j'en jette mon Gage, or le levez.* Idem 4. vol. cap. 42 : *Quand il eut pensé un petit, il se tira avant, et prit son chaperon en sa main, et vint devant le Roy, et le Comte Mareschal, et dit, Comte Mareschal, je di, que tu es faux, mauvais et traistre, tout ce je prouveray, mon corps contre le tien, et voila mon gage.* Monstreletus 2. vol. pag. 68 : *Maillotin jetta son Gage, et Messire Hector le leva par le congé du Prince.* Guignevilla in Peregrinatione animæ :

Il est mauvais, faux et traitre,
Quelque nom ait, ou quelque titre,
Je l'appelle de trahison,
Et sans faire dilation,
Devant tout vostre barnage,
J'en offre et baille mon Gage,
Et vueil en champ mortel entrer,
Pour vous sa trahison monstrer,

Le Debat *du cœur et de l'œil,* MS. :

Le cœur replica ce langage,
Et dit à œil, tu as menty,
Un soupir l'en jette pour Gage :
L'œil respondit, Aucunement, mais ty.

Datis autem et receptis vadiis, Appellans et Appellatus pacem inter se inire non poterant, inconsulto et invito Domino ; qui, si paci nollet consensum præbere, astringere eos poterat ad perficiendum duellum. Ita Assisiæ Hierosol. cap. 87. et Philippus Bellomanerius cap. 58. et 63. [quod de Dominis ipsis non est intelligendum : poterant enim illi pacem inter se componere, et *firmatum* duellum antiquare. Instr. ann. 1301. in Antiquit. Benedict. Pictav. MSS. tom. 3. pag. 552 : *Cumque hac de causa prædictus Abbas duellum cum Aimerico filio ipsius Iterii sumpsisset coram jam dicto Comite, tandem placitum tale fecerunt, ut, etc.*] [** Glanvilla lib. 2. cap. 3 : *Postquam Duellum inde fuerit vadiatum, oportebit eum, qui tenet, terram defendere per duellum, et non de cetero poterit se inde in assisam ponere.*]

Non modo *Gagia* a pugnaturis dabantur Domino, sed et obsides : qui quidem, si is, cujus vades erant, superaretur, indictam mulctam persolvebant. Consuetudines Lorriaci : *Et si de legitimis hominibus Duellum factum fuerit, Obsides devicti centum et 12. solidos persolvent.* Hinc natum proverbium apud nostros volunt, quod hocce tetrastico comprehensum :

C'est un proverbe et commun dis,
Q'en la Coustume de Lorris,
Quoiqu'on ait juste demande,
Le batu paie l'amende.

De ejusmodi obsidibus egit le Roman *de Garin* :

Devant li Roi sont li gage plaié,
De deus Barons qui ne sont gueres cher,
Li Empereres n'i ot fet replegier,
Et ce fust mal qu'il n'es fist Ostagier,
Par cele chose lor fut grant encombrier.

Alibi :

Et Ysoré son gage porofri,
La le pleuirent et parent et ami :
Dont saut avant li Loherans Garin,
De soi defandre estoit prez et garnis,
En porofrant son gage porofri,
Plevisiez moi li Alemans Orri,
Et vos Girart, le Borgoing Auberi,
Mi neveu estes, ne mi devez faillir.
Ge ne vueil nul, li Empereres a dit,
Autres Ostages i covient à venir.

Vide Chartam libertatum oppidi Cellarum in Biturigib. ann. 1216. apud Thomasserium in Consuet. Bituric. lib. 1. cap. 58.

* Charta ex Tabul. S. Mich. in Append. ad tom. 6. Annal. Bened. pag. 668. col. 2 : *Si autem clamor exoriatur, qui necesse sit ut duello diffiniatur, abbas vel præpositus suus,*

cum ministerialibus ecclesiæ, totum placitum sine advocato deducet, fidejussores pro summa duelli persolvenda suscipiet.

Gagiis receptis ac obsidibus datis, dies pugnæ ad quadragesimum indicebatur a Domino vel Judice. Assisiæ Hierosolymitanæ MSS. cap. 95 : *De toutes manieres de Bataille que de meurtre ou d'omecide, a l'on 40. jours de respit, puis que les gages sont donnez : et au quarantiesme jour entre prime et tierce se doivent les champions venir pour offrir en l'hostel dou Segnor, l'apelleor avant, et le Deffendeor aprés.* Et cap. 65 : *Le Seignor doit le gage recevoir, et assener le jour de bataille au quarantiesme jour, se ce n'est d'omecide, en quoi il n'i a que 3. jours de respit de bataille.* [** Vide Haltaus. Glossar. German. col. 1236. voce *Lehrtag*, et col. 1064. voce *Kampfacht*.] Erant et *Gagia duelli, de quibus non dabantur obsides*, ut est in Charta ann. 1240. ex Tabul. Fossatensi f. 51.

* Interveniente adversus alterum ex campionibus excommunicatione, dies duelli præscripta, quanquam vadiis asserta, differebatur, neque ob id causa cadebat excommunicatus. Scacar. apud Cadom. ann. 1234. in Reg. S. Justi Cam. Comput. Paris. fol. 28. v°. col. 2 : *Quis* (quid) *si die belli excommunicatus sit alter campionum ? Responsio : differtur, nec perdit querelam.*

* Sed neque morte ipsa, duello semel statuto, causa finita censebatur : verum penes hæredem erat eam persequi et duellum perficere. Charta Blanchæ comit. Trec. ann. 1212. in Chartul. Campan. ejusd. Cam. Comput. : *Statutum est etiam, quod si aliquis firmaverit duellum, et decesserit infra dies, qui ei jure possent assignari, non idcirco perdat querelam suam; sed hæres ejus sit loco ipsius pro jure suo requirendo vel defendendo. Et si aliquis, firmato duello, ad hoc devenerit quod coram justitia dederit advocatiam suam alicui, qui facere debeat duellum pro ipso; si ille qui receperit advocatiam illam, decesserit infra dies, qui ipsi de jure possent assignari, non ideo perdat querelam suam ille, qui duellum firmavit, qui ei dederat advocatiam suam; sed liceat ei alium substituere loco illius qui decessit.*

☞ Sacramenta quæ in his occasionibus de more fiebant super sanctam Crucem, sanctas Reliquias aut sancta Evangelia proferebantur coram Sacerdotibus vel Ecclesiæ Ministris. Charta Theobaldi Comitis de juramentis, e Chartul. S. Magdalenæ Castrodun. fol. 1 : *Ne alicui liceret exhibere Sancta ad sacramenta juranda in villa Castriduni præter Ministris præsentis Ecclesiæ omnibus duellis vel sacramentis, quæ in curia eorum seu in manu Præpositorum ipsorum in præfata villa.* Et fol. 29 : *Nemini nisi memoratæ Ecclesiæ Ministris liceat extrahere Sancta juranda ad sacramenta in duellis, quæ in Curia Comitis seu in manu sui præpositi insumpta fuerint vel arramissa.* Item fol. 56 : *In duellis et aliis purgationibus, quibus sacramenta sunt necessaria, pugiles veniunt ad Ecclesiam Canonicorum, audita Missâ Canonici portant Sanctuaria Ecclesiæ ejusdem ad bella in domo Comitis, et aliis sacramentis faciendis.* Denique fol. 59 : *Ad duellum autem vidit sacramenta S. Leobini portari a Presbytero S. Leobini in domo Comitis.* De sacramentis super res sacras plura vide in *Juramentum.*

* Sacramentum ad Sancta a pugnaturis nonnunquam præstitum fuisse intra ipsius campi repagula, discimus ex Usaticis pro duello apud Cameracenses MSS. : *On prent celui qui a fait l'apiel et l'amainne on devant les Sains ou parc, aussi comme à trois agambées ou à quatre prés de l'entrée, et là tient uns des maîtres sergians les Sains, et uns des eskievins prent le baston de celui ki a apelet et le tient en sa main de ci à dont k'il a fait sairement, et au faire le sairement uns des eskievins, en le présence dou prouvos et des eskievins, prent le main de celui ki a apelet et li met sor les Sains, et dont li devise on et escarit sen sairement en le veue et en l'oye de sen adversaire, ki prés est.* Cujus sacramenti formula his verbis concipitur, ibid. : *Ce oé li pais et li eskievin ke tel clain, tel apiel et tele arramie ke jou ai fait sour N. si comme de men N. ke mauvaisement il me mourdri, à droit l'ai fait comme cius ki i fui et le vi et oi et senti et m'en convint partir, ne pour péril de mort ne li oisai aidier, se Dius m'ait et cil Saint et tout li autre.*

* Ne maleficio quovis uterentur pugnam inituri, a præpositis duello judicibus sollicite examinabantur, nullumque sortilegium adhibuisse jurare ipsos jubebant. Consuet. Norman. part. 2. cap. 2 : *Deinde jurabunt sorcerias : et primo jurabit defensor quod nec per se, nec per alium in campo sorcerias fecit aportare, quæ ei possint et debeant juvare et parti adversæ nocere.* Iis præiverat Langob. Lex Rothar. cap. 371 : *Nullus campio præsumat, quando ad pugnam contra alium vadit, herbas quæ ad maleficia pertinent, super se habere, nec alias similes res, nisi tantum arma sua, quæ conveniunt.*

Arma duello decertantium, si peditum, erant *Gladius* et *Clypeus*, quorum armatura sic etiam describitur in Speculo Saxonico lib. 1. art. 63 : *Judex cuique duos præbere debet, qui videant, quod secundum consuetudinem præparentur. Quantum voluerint de corio et lineo induant, dummodo frontes, id est, capita atque pedes permaneant enudati. In manibus non nisi simplices habeant chirothecas : nudum in manu quilibet habeat Gladium, et cum uno vel pluribus, secundum cujusque arbitrium præcingatur : Clypeum ligneum corio tectum, et non nisi umbonem ferreum in manu ferant, et unicam tunicam induant, cujus manicæ usque ad cubitum se extendant.*

Arma vero *Militum* seu Equitum duello decertantium pluribus describunt Assisiæ Hierosolymitanæ MSS. cap. 95 : *Et se ils sont Chevaliers, ils doivent venir à cheval en l'hotel dou Seignor pour eaus offrir, et doivent avoir les Chauces de fer chaucies, et lor Espalieres vestues, et doivent faire amener les chevaus couvers de fer, et toutes autres choses appareillées, ançy com por entrer en champ, et faire apporter lor autres armures de quoy ils doivent estre armés el champs, de Haubert, et de Chauces et de Heaumes et Visieres, et que chacun ait Cote à armer, et Gambison, se veaut, et se il ne veaut Gambison, il peut mettre devant son ventre une Contrecurée de téle, ou de coton, ou de boure de sec téle, et si fort com il vodra; et doit avoir un Escu et une Lance et deux Espées, et que les lances soient d'un long, et que les fers des lances et des espées des Chevaliers, qui se combatent en champ guagées de bataille, et doivent estre de tel façon com il vodront; mais que ils ne soient pas tels, que ils puissent passer par les mailles dou Haubert, sans tailler ou rompre maill, et doit avoir en l'oreille dou Heaume tout autour Orles de fer, tels com il vodra, ou Rasors : Et en l'escu doit avoir deux Broches de fers tout emmi l'escu, et l'autre au pié de soute, et doivent estre de tel grosse, come il vodront, et de tel longour jusques à un pié et neent plus. Et entour l'escu tant de broches de fer com ils vodront, agués, ou rasours : Et le cheval doit estre couvert de Couverture de fer, et avoir une Testiere de fer, et emmi la Testiere une Broche de fer, telle come celle de l'escu : et peut mettre chascun en ses couvertures de fer d'entour chene si lonc come il vodra, pour les jarés et les jambes de son cheval couvrir et garder, et chascun doit avoir l'une de ses espées attachée à l'arçon de la selle devant, et l'autre doit avoir ceinte, et la feure taillé jusques à renges, et peut avoir, se il veaut, un ou deux fourreaux pleins de ce, que il vodront, mais que de chose que il puisse nuire son aversaire, ne gregier, et peuvent couvrir leurs chevaus d'autres couvertures sur celles de fer, telles come il vodront.* Adde cap. 96.

☞ Idem pluribus prosequitur, le Roman *de Partonopex* MS. :

Rois Sornegur est bien armez,
Bien sai comment or m'escoutez :
Eu Chauces est de soie faites
Beles, bones et legeretes,
Si a un bon Hauberc vestu,
Et a un bon double Escu,
Et bon Heaume el chief lacié,
Et en son poig un bon Espié,
S'a une Espée longue et dure
Et bien molue à sa mesure,
Une autre à son arçon pendue,
D'autre part une Besague,
Et sa Misericorde a ceinte
De fres entouchement entainte,
Et un Alesnas bien poignant,
Moult s'en pooit faire à tant,
Et est sor un moult grant cheval,
Qui bien covient à tel vassal,
Bien est covert de Coutures
De fer, tenant com pieres dures.
Partonopex rest bien armez,
Et à loi de Frans adobez.
Chauces de fer a bien tailliées,
Et bien de soie appareilliées,
Heaume et Escu et fort Espié,
Et bon Hauberc menu maillié;
Mais il n'a cune sole Espée
Cel a à son arçon noée,
Et siet sor le bon cheval noir,
Bon le cuide à son oes avoir,
Et Culiere et bone Cropiere,
Aste de fer et legiere,
N'a cure de Misericorde,
Ne d'Alesnas pas ne le borde,
Ne cure n'a de Besague,
Ja n'en est par lui esmolue.

* Campiones, qui militum causam duello defendebant, iisdem armis eodemque apparatu, quibus milites ipsi instructi fuissent, pugnabant, ut colligitur ex Charta electionis armorum vicecomitis *de Rohan* a domino de Bellomanerio ad duellum provocati ann. 1309. tom. 1. Probat. Brit. col. 1222.

☞ Cum autem Campiones ex militum ordine non erant, clypeo et baculo decertabant, ut patet ex Capitular. Ludovici Pii. Vetuit subinde Philippus August. ann. 1215. ne baculus trium pedum longitudinem excederet. Vide D. *de Lauriere* tom. 1. Ordinat. Reg. pag. 35.

* Plebeiis hominibus duello decertaturis capilli super aures attondebantur. Consuet. Norman. part. 2. cap. 2 : *Uterque debet habere super aures capillos rotunde adæquatos.* Ubi Gallic. *Et chascun doit estre roingnez par dessus les oreilles.* Usatica MSS. Camerac. pro duello : *Et quant il sont armé et roegniet et enoint, etc.* Matth. de Couciaco in Hist. Caroli VII. pag. 697 : *Par la mesme sentence il fut ordonné que chacun d'eux* (combattans) *auroit les cheveux coupez tous jus, etc.* Vide *Campio.*

* Testes interdum rei controversæ, ab actore vel defensore producti, ab altero eorumdem ad duellum provocabantur. Charta ann. 1161. in Chartul. S. Joan. Laudun.: *Producti testes legitimi et sufficientes jurare parati fuerunt, cum Ernaldus unum eorum appellavit, et hinc inde vagiis datis, lex utrinque suscepta est duelli.*

Per Statuta S. Ludovici lib. 1. cap. 80. Si *Miles* de crimine aliquo capitali et atrociori appellaretur a *Villano* et *Custumario*, Militi liberum erat Equitem, contra, si Villanus a Milite appellaretur, Militi Peditem pugnare. Vide *Campio.*

Ætas, qua quis duellum inire cogi poterat erat 21. annorum, juxta Stabilimenta S. Ludov. lib. 1. cap. 71. et 140. et Statuta MSS. Caroli I. Regis Sicil. cap. 137.

A duello ineundo eximebantur primo mulieres, apud Bractonum lib. 3. tract. 2. cap. 21. § 11. 12. in Fleta lib. 1. cap. 34. § 25. cap. 35. § 4. Vide *Campio* [** et Grimm. Antiq. Jur. German. pag. 930. Gener socrus loco duello dimicans in Placit. ann. 10. Rich. I. rot. 27. Abbrev. Placit. pag. 7 : *Radulphus et Hamundus tradiderunt terram illam in manum Hodiernæ, matris uxorum prædictorum ..... Duellum fuit inter prædictam Hodiernam et Hugonem Malet de terra illa, in quo duello ipse Hamundus pugnavit.*]

2. Qui annum ætatis sexagesimum excesserant, ut est in Statutis S. Ludovici, lib. 1. cap. 166. et apud Bractonum lib. 3. tract. 2. cap. 21. § 12. Brito de jure Anglicano pag. 40. septuagesimum habet.

3. Ægroti, aut aliqua infirmitate detenti, *me-haignez*, in iisdem Statutis S. Ludovici, apud Bractonum loco laudato, Brittonem fol. 40. etc.

Denique Sacerdotes, Clerici, Monachi, atque hi *Vicarios* et *Campiones* dare tenebantur. Vide Goffridum Vindocin. lib. 3. Epist. 39. Statuta Alexandri Scotorum Regis cap. 5. § 1. et supra verbo *Campio.* [** Placit. ann. 2. Joh. reg. rot. 24. Leicestr. Abbrev. Placit. pag. 31 : *Placitum concernente Duellum inter Warinum de Snipeston et priorem de Coventria pro 8. carucatis terræ..... Prior defendit etc. per quendam liberum hominem et vadia data fuerunt ex utraque parte.*]

Erant præterea casus complures, in quibus duellum locum non habebat; quos recenset Bellomanerius cap. 63. Horum

Primus est, si mulier appellavit, nec suum advocatum retinuit : nam mulier pugnare non potest.

2. Si mulier sub viri potestate appellat sine illius consensu et auctoritate. Vide Assisias Hierosolymit. cap. 98.

3. Si appellans nullam parentelam vel affinitatem habet cum eo, pro quo appellat.

4. Si appellatus jam pugnavit, pro quo appellatur.

5. Si appellans est servus, et appellat hominem ingenuum ac liberum.

6. Si appellans est Clericus : quia non potest se obligare in Curia laïca, nisi de proprietate temporali.

7. Si appellatus est Clericus.

8. Pro casu, de quo judicium datum esset.

9. Pro casu notorie falso.

10. Si alias res est bene probata.

11. Si appellans est bastardus, seu nothus et appellatus homo ingenuus et liber : quia non licet homini ingenuo cum notho pugnare. Sed inter duos nothos appellum valet.

12. Si pax facta est de facto, de quo fit appellum, et confirmata a Justitia superiore, qua deficiente confirmatione valet appellum.

13. Si quis appellatus est de homicidio, et mortuus, antequam moreretur, nominavit suos interfectores, et appellatum a crimine innocentem dixit.

14. Si appellans vel appellatus est minor annorum.

15. Quando leprosus hominem sanum appellat, vel si homo sanus leprosum.

16. Quando casus non cadit in vadium.

Prædictis addunt Fori Benebarnenses rubr. *de Batalha*, art. 1. in rebus, quæ per testes, aut alio quovis modo probari possunt appellum non valere. [** Frider. I. Imper. Constit. de Pace tenenda ann. 1156. cap. 1.] Et

Assisiæ Hierosol cap. 102. dicunt, assisiam seu usum fuisse in Regno Hierosolymitano, Dominum non debere recipere vadia patris contra filium, nec filii contra patrem, nec fratris contra fratrem. De ultimo casu vide Statuta S. Ludovici lib. 1. cap. 165. Adde Foros Aragonenses lib. 8. tit. *de Duello*, et Molinum in Repertorio Vide *Batalla.*

** Neque rara sunt privilegia quibus ne Duello se defendere cogantur mercatores extranei cavetur. Chart. civit. Bremens. ann. 1255. in Origin. Fœder. Hanseat. pag. 70 : *Universis civitatibus et mercatoribus Flandriæ concedimus in nostra civitate et potestatibus, quod nullus eorum Duello provocetur, sicut nec in Flandria mercatores imperii Duello possunt provocari.*

Tillius tom. 1. pag. 313. ait, Principes sanguinis Regii excipi debere a duellis; sed has exceptiones ponit Bellomanerius cap. 1 : *Fix de Rois ne doit pas combattre à son home por plet de mueble, por catix, ne por heritage; mais s'il appelloit son home de murdre ou de traïson, en tel cas converroit-il, qu'il se combatist à son home. Car li vilain cas sont si vilain, que nuls espargnemens ne dut estre vers celi qui accuse.*

☞ A duellis excipiebantur etiam Duces, ita tamen ut per *Vicarium* seu *Campionem* appellanti responderent. Charta Frederici I. Imper. ann. 1156. apud Miræum tom. 1. pag. 540. col. 1 : *Insuper potest idem Dux Austriæ, cum impugnatus fuerit ab aliquo de duello, per unum idoneum, non in enormitatis macula detentum, vices suas prorsus supplere.*

☞ Evenit aliquando, ut ipsi Clerici sese defenderent aut etiam aggrederentur duello. Id manifeste patet Constitut. Guillelmi Conquestoris ann. 1080. inter Concilia Rotom. ult. edit. pag. 69. art. XIX. ubi sic legere est : *Si Clericus duellum sine Episcopi licentia susceperit, aut assultum fecerit, Episcopo per pecuniam emendetur.* Id puto fuisse rarissimum. Cum Episcopis vel Abbatibus talis erat contentio, quæ juxta pravam temporum consuetudinem non poterat nisi duello dirimi, tum laïcos eligebant, qui vices suas obirent, et Campionum munere fungerentur. Vide *Vicedominus.*

* Clericis, qui per se vel per campiones duellum exequebantur, officia sua exercendi facultatem interdicebant canones. Bulla Innoc. II. PP. ann. 1140 : *Consuetudo quædam, quin potius corruptela in plerisque locis regni Franciæ, ut accepimus, inolevit, quod videlicet quando ecclesiarum homines de corpore ad alienum dominium se convertunt, si eos quicumque aliqui, quorum ipsi sunt homines, forte conveniant coram judice competenti, necesse habent suam per duellum intentionem fundare, alioquin ab actione proposita repelluntur, licet per testes vel alia documenta intentionem ipsam velint et valeant legitime comprobare. Cum igitur clerici absque sui ordinis periculo duella suscipere nequeant vel offerre, pro eo quod, sive per se sive per alios, in duello pugnaverint, ipsos ab executione sacrorum ordinum canonicæ constitutionis severitas alienat, nos huic pravæ consuetudini remedio, quo possumus, obviare volentes, et duellorum, præsertim cum de rebus ecclesiasticis agitur, penitus interdicentes abusum, quo Deus temptatur et vera sæpius judicia pervertuntur, ut in quibuslibet judiciis omni probationum genere a jure concesso liceat libere dilecto filio abbati Majoris monasterii Turonensis uti, prædicta consuetudine non obstante, auctoritate sibi litterarum nostrarum duximus indulgendum, edicto perpetuo statuentes ut si, ipso recusante in quibuslibet casibus per duellum defendere causam suam, aut in hujusmodi reprobo probationis genere succumbente, sententia seu executio quæcumque processerit, eadem et quicquid ex ea secutum fuerit vel ob ipsam, nullius penitus sit momenti.*

* Fuere tamen ex clero, qui veluti privilegium a principibus obtinuerunt facultatem, cum opus esset, lites suas per duellum dirimendi. Dipl. Henr. II. imper. ann. 1052. apud Murator. tom. 3. Antiq. Ital. med. ævi col. 641 : *Concedimus prædicto episcopo* (Volterrensi) *suisque successoribus clericos et famulos, aliosque super terram suæ ecclesiæ inhabitantes in sua potestate, ut liceat eum ante se causam agere, et per Duellium qualibet legali sententia litem diffinire.* Adde Chartam Conradi I. ann. 1028. apud Ughell. tom. 4. Ital. sacr.

* Quin etiam apud Anglos Scotosve duellum inire episcopi, abbatesque et clerici per se ipsos cogebantur, ut discimus

ex Bulla Innoc. PP. in Chartul. eccl. Glasguens. ex Cod. reg. 5540. fol. 67. r°. : *Quædam pestifera consuetudo, quæ corruptela potius debet nuncupari, ut pote juri ac honestati ecclesiasticæ prorsus contraria, inolevit inter regnum Angliæ ac Scotiæ ab antiquo, et usque nunc observata existit per abusum, videlicet ut si episcopum, abbatem seu quemlibet clericum super aliquibus offensis pro quibus duellum inter laicos fieri consuevit, ab aliquo conveniri contingat, cogatur hic qui convenitur, quantumcumque religiosus existat, super hiis personaliter subire duellum. Nos igitur consuetudinem supradictam, tanquam Deo et sanctis canonibus inimicam penitus detestantes, ne quis de cætero talia quomodolibet attemptare præsumat auctoritate præsentium sub interminatione anathematis districtius inhibemus.*

Duello succumbentium pœna fuit ultimum supplicium, suspendium, capitis minutio, vel certe membri debilitatio, pro criminis qualitate, uti diserte produnt Stabilimenta S. Ludovici lib. 1. cap. 8. Speculum Saxonicum lib. 2. art. 16. § 2. Wichbild Magdeburg. art. 82. § 1. Bracton. lib. 3. tract. 2. cap. 21. § 6. etc. Cujus moris exempla suggerunt Ditmarus lib. 3. pag. 29. Willelmus Malmesbur. lib. 4. pag. 124. Will. Neubrig. lib. 2. cap. 5. Rogerus Hovedenus pag. 466. Galbertus in Vita S. Caroli Comit. Flandr. n. 94. Gualterus Tervan. in Vita ejusdem Caroli cap. 39. et alii a nobis laudati Scriptores in Notis ad Alexiadem pag. 298. ubi apud Normannos nostrates secus olim observatum in delatoribus ostendimus, quod et in Anglia obtinuisse innuit Bractonus lib. 3. tract. 2. cap. 21. § 7 : *Si autem* (appellans) *victus sit in Campo, aliud erit,* (id est, non afficietur ultimo supplicio, ut Appellatus) *quia non stat per ipsum, quin fiat disrationcinatio : et quamvis ad gaolam mittendus sit, tamen fit ei aliquando gratia de misericordia, quia pugnat pro pace.* Eadem habentur in Fleta lib. 1. cap. 34. § 32. Verum Philippus Augustus Rex Franc. Normannicum istum morem rescidit, et ad jus commune reduxit, quo talionis pœna in appellantem, si succumbat, decernitur, uti Guntherus lib. 7. Ligur. ait :

Passurum similem non victo crimine pœnam.

* Matth. de Couciaco in Hist. Caroli VII. pag. 698. ubi de duello apud Valentianas habito : *Iceluy Mahioten en ce martyre s'escria plusieurs fois pour avoir confession, néantmoins il n'en peut oncques rien finer; et en cet estat fut par le bourreau de ladite ville traisné et mené à la justice, lequel rendit l'esprit ainçois qu'il y vint, et en ce poinct il y fut pendu.* Ubi notanda *confessionis* denegatio. Vide supra in hac voce.

* Victus interdum, qui causam suam defendebat, pecunia vel carcere tantum; qui vero pro alio pugnabat, membri mutilatione plectebatur. Libert. villæ S. Theob. sub Bormonte ann. 1203. in Reg. 59. Chartoph. reg. ch. 149 : *Victus vero in duello centum solidos et obolum reddere tenebitur. Pugil vero conductitius, si victus fuerit, pugno vel pede privabitur.* Eadem leguntur tom. 5. Ordinat. reg. Franc. pag. 600. art. 6. in Charta communiæ Claromont. ann. 1248. Alia ann. 1362. ex Reg. 95. ch. 12 : *Fu dit par jugement que gaige y cheoit et que les parties si se combatroient, c'est assavoir ledit Guillaume comme appellant et ledit Gilles comme appellé.... Et ainsi se combatirent longuement lesdiz appellant et appellé, et tant que ledit Guillaume ot son cheval mort et son corps plaié et navré : mais en la parfin desconfit ledit feu Gilles et le rendit vaincu en champ, et comme vaincu et ataint des cas se rendi vaincu, pour tel se confessa et tint souffisamment et expressément, et présens et oians et pour ce oir descendus et venus à lui lesdiz capitaine et baillif et plusieurs autres, et tel ataint, vaincu et desconfis fu tenus prononcié et réputez ledit Gilles, et ledit Guillaume victoriau et vainqueur et aiant fait tout son devoir; et pour ce comme desconfit et attaint, fu ledit Gilles par justice despouillé en son doublet, et déshonorablement mis hors des lices le premier, et menez en prison fermée ou chastel de Dreux ès mains desdiz capitaine et baillif; et ledit Guillaume en ses armes et honorablement par congié de justice comme vainqueur se parti après du champ, et delivré avec ses hostages et amis ala en sa maison, requérans toutes voies raison et que justice li fu faite de sondit ennemi et de ses hostages, et que l'en s'en tenist saisi et de leurs biens mesmement, tant qu'il fust deffraié, satefié et restitué.* Hæc pluribus, uti notatu digna, exscripsi.

Scribit Lucianus in Toxari apud Scythas, si quis singulari certamine superatus foret ei dextram abscindi solitam, pœnæ causa.

Duello victi arma a victore Ecclesiis offerebantur. Charta Henrici I. Regis Angl. in Monastico Anglic. tom. 3. pag. 136. et apud Guill. Prynneum in Libert. Eccl. Anglic. tom. 3. pag. 1103 : *Ubicumque sit Duellum, Eboraci juramenta debent fieri super textum, vel super reliquias Ecclesiæ S. Petri : et facto Duello, victor Arma victi ad Ecclesiam S. Petri offerat, gratias agens Deo et S. Petro pro victoria.* [** Vide Haltaus. Glossar. Germ. voce *Fronknus*, col. 544.]

Alia a præallatis et laudatis, purgationis per duellum exempla, describunt passim Scriptores, Gregorius Turon. lib. 7. Hist. cap. 14. Fredegar. in Chron. cap. 51. Paulus Warnefridus de Gest. Longob. lib. 4. cap. 49. Theganus de Gest. Ludov. Pii cap. 38. Vita Aldrici Episc. Cenoman. pag. 120. Baldricus Camerac. lib. 1. cap. 10. Aimoinus lib. 4. de Miraculis S. Benedicti cap. 11. Ditmarus in Chronico lib. 3. pag. 29. Wippo in Conrado Salico pag. 439. Regino ann. 950. Hugo Flaviniacensis in Chr. part. 2. cap. 27. Luithprandus in Legatione [** cap. 6. Adde Antapod. lib. 3. cap. 46. et de reb. Otton. M. cap. 7. Ermold. Nigell. lib. 3. vers. 549. sqq.], Lambertus Ardensis pag. 140. Lambertus Scafnaburg. ann. 1048. 1050. Chronicon Moriniacense lib. 2. pag. 366. Petrus Venerabil. lib. 1. de Miracul. cap. 8. Albertus Stadensis ann. 1050. 1105. Vita S. Austregisili, Falcandus de Calamitatib. Sicil. pag. 668. 691. W. Tyrius lib. 9. cap. 7. Cæsarius lib. 3. Miracul. cap. 18. lib. 9. cap. 48. Antiquitates Fuldenses pag. 614. Willelmus Neubrig. lib. 2. cap. 5. Matthæus Paris ann. 1163. Rodericus Toletanus lib. 6. de Reb. Hispan. cap. 26. Gesta Consul. Andegav. cap. 3. Acropolita cap. 50. Pachymeres lib. 1. Gretzerus in Episcopis Eystetensib. pag. 492. Marca in Hist. Beneharn. lib. 4. cap. 8. et 10. Sirmondus in Notis ad Epist. Goffridi Vindocin. lib. 3. Epist. 38. Marlotus in Chronico S. Nicasii Remensis cap. 10. Oliverius Markanus in Tract. de Duellis, initio, etc.

Pravam istam duelli examine lites ac controversias ambiguas dirimendi consuetudinem, quam *impiam* etiam vocat Luitpr. Rex Longob. tit. 91. § 4. [** 118. (6, 65.)] quamque *propter consuetudinem gentis suæ Longobardorum vetare* se non potuisse ait, abrogare sæpe annixi sunt summi Pontifices, Episcopi, et Concilia, et anathemate damnarunt, vel certe improbarunt, imprimis Concilium Valentinum ann. 855. can. 12. Nicolaus I. PP. Ep. 50. ad Carolum Cal. ex qua desumpta 2. q. 5. *Monomachiam*, Agobardus lib. Adversus legem Gundobadam cap. 14. et lib. Contra judicium Dei, Cælestinus III. Frideric. I. in Constitut. Sicul. libro 2. tit. 32. Alexander III. PP. Epist. 19. denique Synodus Tridentina sess. 25. can. 19. Sed et hanc improbant omnino Senator lib. 3. Epist. 24. Ivo Carnot. Epist. 168. 247. 280. Auctor Fletæ lib. 1. cap. 34. § 26. ut et aliquot alii ejus ætatis Scriptores.

Quinetiam Reges ipsi ac Principes hanc abolere penitus in dominiis suis subinde conati sunt, præsertim S. Ludovicus Rex Franciæ, qui duella omnino in suis terris fieri prohibuit, ut ex Statutorum ejusdem Regis lib. 1. cap. 2. colligitur. Sed hæc prohibitio locum habuit tantum in propriis terris, non vero in terris vassallorum. Unde cum Prior S. Petri de Monasteriis, qui *in quantum Prior Regem associaverat* in sua villa, quæstus esset, quod regius Ballivus duella pariter amovisset ab eadem villa, quia sine assensu suo inde amoveri non debuerant : *Placuit D. Regi, quod si Prior teneret ibi Duellum, teneat per ipsum, et totum per proprium servientem suum, et non per servientem communem inter ipsum et D. Regem, quia Rex non vult habere aliquid in Duello. Si tamen ratione Duelli committatur terra vel aliud, voluit D. Rex portionem suam sibi reddi ratione associationis prædictæ.* Inter Aresta Cand. 1260. in 1. Reg. Parl. f. 109.

Piissimi Regis exemplo, Alphonsus Comes Pictavensis et Arvernensis subditis suis, vice privilegii, concessit, ut eorum nemo ad duellum faciendum cogeretur. Id certe expressum legitur in Libertatibus ab eo concessis urbi Riomensi in Arvernis ann. 1270 : *Item quod nullus habitans in dicta villa de quocumque crimine appellatus vel accusatus fuerit, teneatur se purgare vel defendere Duello, nec cogatur ad Duellum faciendum, et si refutaverit, non habeatur pro convicto; sed appellans, si velit, probet crimen, quod objecit, vel per testes, vel per probationes, juxta formam juris.* Id privilegii iisdem verbis concessum legitur, ab Edwardo Rege Angliæ incolis Vianæ, Valentiæ, et Castelli-Amorosi in Aginnensi Provincia, in Charta descripta in Regesto Constabulariæ Burdegal. fol. 33. Bastidæ in Petrogoricis a Philippo Pulcro Rege ann. 1310. hominibus de corpore Monasterii Fossatensis ab Alexandro PP. in Tabular. ejusd. Monast. pag. 7. Tornacensibus a Philippo Aug. ann. 1187. in Charta Communiæ Tornacensis, incolis S. Audomari a Guillelmo Comite Flandriæ ann. 1127. in Charta descripta in Probat. Hist. Guinensis pag. 195. Monachis S. Dionysii in Francia ab Innocentio PP. apud Doubletum pag. 580. Wiennensibus Austriacis a Friderico II. Imper. in Charta ann. 1237. decripta a Lambecio lib. 2. de Bibl. Cæsar. pag. 81 : *Si septima manu honestarum personarum expugnare se possint.* Arnhemensibus Otto Comes Gelriæ ann. 1233. Bommeliensibus, Thylanis, et Neopaludanis Rainoldus Comes Gelriæ Chartis ann. 1327. 1329. et 1335. ut auctor est Freder. Sandius in Consuetud. Feudal. Gelriæ pag. 435. etc. Vide Probationes Hist. Vergiac. pag. 212. et Somnerum in Glossar. ad Script. Angl. voce *Duellum.* Scribit Saxo Grammaticus lib. 10. Hist. Danicæ pag. 171. *abrogatam* apud Danos *Duellorum consuetudinem*, servato tantummodo *ferri candentis* judicio.

☞ Duella prohibuit etiam Philippus IV. ann. 1303. quod subinde anno scilicet 1314. renovatum et confirmatum fuit, sed ad certum præfinitumque tempus : *Provocationes ad Duellum et gagia Duellorum recipi, vel admitti, ipsa Duella fieri vel iniri durantibus guerris nostris expressius inhibemus.* Vide D. *de Lauriere* tom. 1. Ordinat. Reg. pag. 390. Ibid. pag. 567. legitur Edictum ann. 1315. Ludovici X. qui, quod antiquitus inauditum fuerat in Francia, *vadiare duellum* permitit etiam cum quis de furto postulatur : *Nous voulons et octroions, que en cas de murtre, de larrecin, de rapt, de trahison, et de roberie, gage de bataille soit ouvert, se les cas ne pouoient estre provez par tesmoings.*

* Tantum vero valet consuetudinis, quantumvis barbaræ, præjudicata opinio, ut animis etiam cœlestibus arrideret oculus adversario suo ereptus, ob idque Deo gratiæ agerentur devotissimæ. Chartul. Guill. abb. S. Germ. Prat. fol. 108. v°. col. 1 : *Adductus est in medio uterque pugil et ad conflictationem statutus ; cumque ambo diu multumque conflictassent et se se invicem gravissime afflixissent; tandem Deo auxiliante, pugil noster adversarium suum viriliter et audacter invadens oculum ei eripuit, et tanto conamine eum gravavit, quo illo profitente se victum esse, victoria sibi cessit.*

Denique cum promiscue duella decernerentur pro quibusvis controversiis, etiam levioris momenti, decrevit Henricus I. Angl. Rex in Legib. suis cap. 59 : *Ut non fieret bellum sine capitali ad minus 10. solid. nisi de furto, vel hujusmodi nequitia compellatio esset, vel de pace Regis infracta, vel in illis, in quibus est capitale mortis.* [Et Ludovicus VII. in Charta ann. 1168 : *Pro debito citra quinque solidorum dationem, inter aliquos non judicetur Duellum.*] [** Neque apud Anglos Duellum admittebatur, nisi in quibus casibus *magna assisa fieri potuit.* Vide Placit. ann. 40. Henr. II. Kent. rot. 5. in Abbrev. Placit. pag. 144.] Certe constat, non modo pro criminibus capitalibus admissa duella, sed etiam in probationibus proprietatis prædiorum, status ac conditionis, et similium. At cum nostri pravum hunc usum abolere penitus non possent, eo rem deduxere, ut duella non agerentur, nisi in quatuor istis casibus enarratis in Aresto 22. Junii 1422. quorum primus est, ut crimen capitale esset, 2. ut de crimine perpetrato omnino constaret, 3. ut accusatus notorie eo infamaretur, 4. denique ut res probari non posset per testes.

* Duellum nonnunquam privatim actum est, præsentibus duntaxat duobus testibus, quos *patrinos* vocabant. Chron. Guill. Bardini tom. 4. Hist. Occit. inter Probat. col. 4 : *Anno Domini 1250. cum inimicitia capitalis intervenisset inter nobilem Gausselinum dominum de Lunello militem ex una parte, et nobilem Guillelmum de Bouvileo militem ex alia,.... hi duo milites fieri voluerunt campiones, et clam acceptis duobus patrinis, et in eorum præsentia, ad Duellum ventum est : et utroque vulnerato a patrinis separati et dimissi sunt.*

Duellum Tenendi, ut tunc loquebantur, facultatem ac jus non habebant feudales omnes Domini, sed ii tantum quibus id ex lege, consuetudine, vel lapsu temporis competebat. Aresta Pentecost. ann. 1263. in 1. Reg. Parlam. f. 33 : *Item quod usus est habere pilloricum, et tenere Duellum, et dictum est quod habeat saisinam justitiæ in dicta villa.* Idque potissimum locum habebat in atrociori crimine. Stabilimenta S. Ludovici lib. 1. cap. 38 : *Et encore ont plus li vavasseur : car eus tiennent leurs Batailles devant eus de toutes choses, fors de grans meffés.* Nam licet in inferiori Curia duellum vadiaretur, seu admitteretur, vel decerneretur, in ea tamen non peragebatur, sed in Curia Majoris Domini, ad quam id juris spectabat, ut est in Regiam Majestat. lib. 3. cap. 23. § 9. 10. Tabularium Dunense apud Mabillonium : *Non absurde autem videtur hic inserere, quod prædicta villa non solum ipsa ab omni prorsus exactione liberrima huc usque perseveraverit : verum etiam in tantum hujusmodi privilegio omnes cæteras antecellit, ut de proximis circumquaque villis ad judicium calidi ferri portandum, et ad Bellum Campionum clypeo et baculo faciendum ex antiquitate semper illic accusatores et accusati conveniant, totaque causa ad illius villæ Domini deferatur audientiam.* Charta Aleonoræ Comitissæ Viromandensis ann. 1191 : *Minister B. Mariæ debet tenere usque ad Duellum placita, et tunc ab eodem ministro receptis obsidibus Duelli, ipse minister Duellum et obsides tradit servienti meo, qui est Præpositus Vitriaci, ad ducendum Cauniacum, usque ad domum meam.* Charta Communiæ Peronensis anno 1207 : *Si Duellum inde indicatum fuerit, fiet in Curia nostra, sicut debet fieri, de quibuscumque rebus Duellum fuerit indicatum.* Inquestæ Parlamenti S. Martini ann. 1254 : *Abbas Columbensis dicit contra dominum Regem, quod usus fuit habere judicium Duelli de hospitibus suis, cujuscumque rei sit : et usus fuit addicere prædictum Duellum, quando adjudicatum erat, in Castro Domini Regis de Nogento ad justitiam Domini Regis. Et si dictum Duellum pacificatum fuerit per justitiam Domini Regis, Abbas dicit, quod usus fuit habere emendas. Et si res accidit, quod dictum Duellum eat ultra, et quod aliquis pugnantium sit victus, quod usus fuit habere bona illius, qui victus fuerit, si hospes suus fuit.* Regesti Castri Lidi in Andibus fol. 24. 25 : *Omne Duellum undecunque veniat, victus erit Comitis ; hoc modo, quod Præpositus Majoris ducat victum, reddendo Præposito Castri Lidi 10. sol. exceptis hominibus Monachorum. Ad Majetum non potest fieri Duellum vel judicium, quod non mittatur ad castrum Lidi, exceptis hominibus S. Martini. De omni terra Archiepiscopi, si contentio fit judicii, vel Duelli, vel etiam sacramenti, debet terminari ante Senescallum Comitis ad Castrum Lidi, etc.* Vide Notas nostras ad Stabilimenta S. Ludovici pag. 168. [*de Lauriere* in Institutiones Loiselli lib. 2. tit. 2. regula 47.] Historiam Monast. S. Nicolai Andeg. pag. 6. 14. tom. 5. Vitar. SS. Ord. S. Benedicti pag. 762. Probat. Hist. Monmorenciacæ pag. 395. et supra in vocabulo *Bannaria.*

De compositione de duello ante ictum vel post, [quod jus, *Justitia pro Duello* dicitur in Charta Guillelmi Aquitaniæ Ducis tom. 2. Gall. Christ. Instr. col. 429.] scilicet post *vadia* data, emenda debebatur Domino. Charta Mathildis Comitissæ Nivernensis ann. 1223 : *De gagiis Duelli, quod pacificabitur, non nisi 7. solidos et 6. denarios tantum capiam de uno quoque.* [Charta Hugonis Abb. Centul. ann. 1228. ex Tabul. S. Richarii : *De qua emenda* (*nempe* VII. *solidorum et* VI. *denariorum*) *soli juramento Servientis S. Richarii credetur, absque lege alia seu Duello.* Litteræ ann. 1236. ex secundo Chartul. S. Quintini in Insula : *Si qui provocaverint se ad Duellum in prædicta villa, causa tractari debet per Ecclesiam.... et tota matatio Duelli ad Ecclesiam pertinebit.*] Libertates urbis Belnensis, in Burgundicis Perardi pag. 275 : *Si compositio de Duello ante ictum vel post, fiat, 65. solidos et 6. denarios habebo.* Charta Gaufredi de Leziniano Dom. Meruenti ann. 1240 : *Si autem aliqua causa moveatur coram Canonicis, de qua Duellum debeat adjudicari, si pax intervenerit ante judicium, quod exinde pervenerit inter me et Canonicos, per medium dividatur. Si vero adjudicatum fuerit Duellum, ex tunc totum erit meum, quod exinde pervenerit, et ex quo orta fuerit querimonia coram Canonicis pro Duello, non poterit nisi pace vel judicio remanere.* Consuetudo Lorriaci ann. 1187 : *Si homines de Lorriaco vadia Duelli temere dederint, et Præpositi assensu antequam tribuantur obsides, concordaverint, duos solidos et 6. denarios uterque persolvat, etc.* Vide Roverium in Reomao pag. 667.

Bannum Duelli. Charta Willelmi Dom. Talemondensis Castri : *Quod si homo S. Crucis prælietur in Campo, sive vincat, sive vincatur, Bannum non reddet nisi S. Cruci et ejus Abbati.*

Duellia et Duelliaria Verba, verborum formula, quibus quis ad duellum provocabatur, in Speculo Saxon. lib. 1.

art. 68. § 2. *Verba Duelli*, in Charta Philippi Regis Franc. ann. 1296. apud Marcam in Hist. Benebarn. cap. 29. n. 4. *Verba appellum facientia*, apud Bractonum lib. 3. tit. 2. cap. 20. § 1. 3. *Duellariter alloqui*, in Wichbild Magdeburgensi art. 82. § 2. Cujusmodi autem fuerint *Duellaria verba*, docent Assisiæ Hierosol. MSS. Bracton. lib. 3. tit. 2. cap. 21. § 2. Fleta lib. 1. cap. 34. § 29. Philippus *de Beaumannoir* cap. 63. Edictum Philippi Pulcri de Duellis, Oliverius Markanus de Duellis, liber Anglicus inscriptus *Justice of peace* pag. 64. Britton. cap. 22. 24. etc.

Duellaria Vulnera, in Wichbild Magdeburg. art. 81. propter quæ duellum fieri debeat.

Duellum Victum, in quo appellans vel appellatus occumbit. Charta Communiæ Divionensis ann. 1187. in Libertat. urbis Belnensis apud Perardum : *Si Duellum Victum fuerit, in dispositione mea sit.* Libertates Pontallerii apud eumdem pag. 487 : *Se Bataille est vaincue, je aurai 65. s.*

Duellum Firmare dicebatur Judex aut Dominus, qui inter partes litigantes duellum decernebat, et ab iis *vadia* recipiebat. Fori Morlanenses art. 8 : *Si aliquis Bellum cum aliquo habuit, et priusquam ante Do. minum Firmatum fuerit, se retraxerit, etc.* Vetus Charta apud Guichenonum in Probat. Hist. Sabaud. pag. 26 : *Si homo sanctæ Mariæ Firmaverit Duellum, et ceciderit, Monachi habebunt legem.*

Duellum Ligare. Charta Libertatum Raucurtis et Haldicurtis ann. 1255 : *Et sciendum, quod Duellum Ligari non poterit, nisi pro valore 200. solid. vel amplius.*

Duellum Custodire. Charta Ermengardis Dominæ Risnelli ann. 1213. in Tabul. Molismensi : *Si Duellum firmatum fuerit, in Curia Prioris deducetur. Et si Prior per se Duellum Custodire non poterit, ego et dominus Risnelli illuc servientes nostros mittemus, qui Priorem et suos custodiant. Si autem alter eorum victus fuerit, corpus tantummodo, nihil domino Risnelli reddetur, et quidquid victus habuerit, Prioris erit.* [* Ut duelli leges serventur, ex jure vel officio invigilare atque duelli campum custodire. Charta ann. 1090. in Tabul. S. Albini Andegav.: *In constituto igitur termino utrique apud Sablulium affuerunt ; sed, quæ Duellum Custodirent idoneæ personæ defuerunt.*]

* Duellum Deducere, Peragere. Lex Godefr. episc. Camerac. ann. 1227. art. 18 : *Si forinsecus civem appellaverit, et si civis forinsecum appellet, Duellum debet Deducere per proprium corpus suum, et forinsecus similiter.* Ubi versio Gallica : *Il doit le camp de bataille déduire par sen propre corps. Duellum ad finem perducere et Finaliter duellum terminare*, in Ch. ann. 1250. ex Chartul. episc. Carnot. Hinc

* Duelli Deductio, in Charta Nic. abb. de Sigillis ann. 1241. ex Chartul. Campan. fol. 358 : *Deductio Duelli et falsa mensura... ad prædictum dominum regem* (Theob. Campan. comit.) *imperpetuum pertinebunt.*

* Duelli Emendatio, Idem quod *Justitia pro duello*, Emenda scilicet, quæ domino debebatur ab iis, qui *duello* controversiam dirimebant. Charta pro eccl. Corisopit. tom. 1. Probat. Hist. Brit. col. 376 : *Soliti sunt accipere medietatem talliæ,... medietatem de Emendatione Duelli, postquam pugiles ingressi fuerint intra cordam.*

* Duellum Judicare, Sententia seu judicio illud statuere. Libert. Clarimont. in Bassign. ann. 1248. tom. 5. Ordinat. reg. Franc. pag. 600. art. 6 : *Si vero Duellum fuerit Judicatum, coram domino vel coram præposito suo deducetur.* Occurrit præterea in Ch. ann. 1250. ex Chartul. episc. Carnot.

* Duellum Tenere, Eadem notione. Charta ann. 1246. ex Chartul. Miciac. fol. 5 : *Ego Petrus de Escancilla, ballivus domini regis, et ego Adam de Monte-regali, ballivus episcopi Aurelianensis, notum facimus quod nos ab abbate et conventu S. Maximini impetravimus curiam quandam... pro Tenere Duellum de communi assensu nostro, pro contentione quæ erat super hoc inter dom. regem et dom. episcopum Aurelianensem, et etiam pro quodam guarcione murtrario judicando.*

* Duellum de Moneta, Cum de adulteratione monetæ quis duello se purgat. Charta Phil. III. ann. 1280. in Reg. 66. Chartoph. reg. ch. 1256 : *Offerebant* (abbas et conventus S. Petri super Divam) *probaturos se usos fuisse dicta justitia in casibus seu articulis qui sequntur,... exceptis solummodo placito de expeditione nostra et Duello de Moneta, si exinde duellum oriatur.*

* Duellum Monstrare, Ad duellum provocare. Divis. jurisdict. Chableiar. in Chartul. Campan. fol. 258. v°. : *Si vero judicetur quod unus possit Monstrare contra alium Duellum, etc.*

* Duellum Repetere, Provocationem ad duellum iterare. Libert. Pontis Urson. tom. 4. Ordinat. reg. Franc. pag. 642. art. 47. *Quolibet* (quodlibet) *Duellum debet Repetari* (repeti) *tercio die coram duobus hominibus.*

Lege Duelli Approbare, apud Sugerium in Ludov. VI. cap. 15.

Duellum Percussum, id est peractum, apud Bractonum lib. 3. tract. 2. cap. 19. § 9. 10. *Duellum Percussum cum judicio*, in Fleta lib. 2. cap. 54. § 25. Adde Statutum 2. Westmonaster. cap. 48. Vide *Batalla, Bellum, Campio, Campus, Circulus.* [** *Duellum vadiatum et armatum et Percussum fuit inter eos et in armis concordati fuerunt etc.* in Placit. ann. 15. Joh. reg. Buck. rot. 2. *Concordia facta de 3. carucatis terræ dimidia ... unde Duellum vadiatum et armatum fuit*, in Placit. ann. 13. Joh. reg. Ebor. rot. 2. *Dies datus ... ad audiendum recordum curiæ de Malmesbiria de Duello Concusso ibidem etc.* in Placit. ann. 10. reg. Joh. Buck. rot. 12. in Abbrev. Placit. pag. 91. 83. et 62.]

Duellorum usum etiam extremis seculis invaluisse constat. Charta ann. 1353. in Vasatensi apud Occitanos diœcesi obtinuisse hac ætate innuit. Ann. 1386. per Curiæ Arestum decretum fuit duellum inter Joannem *de Carouges* et Jacobum *le Gris*, de quo Froissartes et Joan. Galli quæst. 76. 77. Judicato Ballivi Augensis (*d'Eu*) ann. 1390. decretum perinde duellum inter Joannem *de Quesnel* Militem et Joannem *Crochon*, cui (ut hoc obiter adnotem) objectum fuit a Quenello, quod nobili genere haud natus erat, proindeque pugnare deberet, *comme non noble.* Sub Franciaso I. Galcherus de Dintevilla dominus Vnclaii, cum in Italia esset, ad singulare certamen provocatus fuit, ob crimina aliquot perpetrata, a Joanne *du Plesseis* consanguineo, per Regem armorum Franciæ, Regis consensu : qui cum non comparuisset, ad mortem condemnatus fuit per Arestum supremi Consilii regii 20. Febr. ann. 1538. sed, Rege extincto, in Franciam rediit. Legi Chartas provocationis. Sub eodem Francisco I. illius permissu, Franciscus de Vivona dominus *de la Chasteigneraye* et Guido *de Chabot* Dominus *de Montlieu* duellum inierunt in parco Vincennensi pedites, omnibus duellorum observatis ceremoniis ann. 1547. apud Thuanum, et alios. [** Hoc duellum spectat consilium Molinæi, impressum in *Bibliothèque des Coutumes par Berroyer*, pag. 273.] Vide Guidonem Papæ quæst. 617.

* Lit. remiss. ann. 1454. in Reg. 182. Chartoph. reg. ch. 95 : *Acause d'aucunes parolles qui furent rapportées à Olivier de Gleon escuyer, que Odorat de Pompadour, seigneur en partie de Villesecque, avoit dites et proférées contre l'onneur dudit Olivier ; icellui Olivier requist ledit de Pompadour de combatre pardevant nous. A quoi ledit de Pompadour respondi qu'il estoit content de combatre, pourveu qu'il eust sur ce congié de nous, etc.*

* Duellum, Duelli judicium, administratio, atque alia quæ ad duelli executionem pertinent, inter officia quæ ad præpositum spectant, recenset Charta Th. decani S. Vulfr. Abbavil. ann. 1218. in 1. Lib. nig. ejusd. eccl. fol. 8. r° : *Retenta sibi et hæredibus suis præpositura cum dominio et libertate et fructibus grangiæ per servicium, quod antea nobis reddere solebat, videlicet Duellum, et citationes et alia servicia.*

Duellum Gallorum gallinaceorum, etiamnum in aliquot Provinciis usurpatum a scholaribus puerulis, vetatur in Concilio Copriniacensi ann. 1260. can. 7. quod scilicet superstitionem quamdam saperet, vel potius sortilegii, aut purgationis vulgaris nescio quid redoleret : *Quia ex Duello Gallorum, quod in partibus istis, tam in Scholis Grammaticæ, quam in aliis fieri inolevit, nonnulla mala aliquoties sunt exorta, etc.* Diogenes Laertius in Socrate : Ἐπῆρε καὶ εἰς φρόνημα Ἰφικράτην τὸν στρατηγὸν, δείξας αὐτῷ τοῦ κουρέως Μειδίου ἀλεκτρυόνας ἀντίον τῶν Καλλίου πτερυξαμένους. [* Vide infra *Gallorum pugna* et in *Jasia.*]

Duellorum vero regulas ac ritus, et ceremonias, ex quibus quædam hic attigimus, multis prosecuti sunt, qui ex professo de Duellis scripsere, Honoratus *Bonnet* in *l'Arbre des batailles* 4. part. cap. 110. 112. et sequentibus, Comes Glocestrensis in Tract. MS. *des Gages de batailles*, Harduinus *de la Jaille*, Joan. Dom. *de Lisleadam*, et Oliverius *de la Marche*, simul editi Parisiis ann. 1586. Paris de puteo, Hotomannus, et Savaro in Tractatib. de Duellis. Quibus adjungendi Nicolaus Uptonus lib. 1. de Militari offic. cap. 6. 7. Bractonus lib. 3. tract. 2. cap. 19. 20. 21. Fleta lib. 1. cap. 34. 41. Guillelm. Stanfordius lib. 1. de Placit. Coronæ cap. 14.

Libellus Catalanicus MS. de Batallia facienda, fol. 71. Cod. 93. Bibl. Thuanæ, Leges Scotorum, seu Quoniam Attachiamenta cap. 73. Speculum Saxonic. lib. 1. art. 63. Wichbild Magdeburg. art. 35. Thomas Walsingham. in Ricardo II. pag. 237. Charta Amedei Comitis Sabaud. ann. 1397. apud Guichenon. in Histor. Sabaud. pag. 243. etc. præterea Edictum Philippi Pulcri Regis Francorum, quod quidem, licet pridem editum a Savarone in Tract. de Duellis, et Andrea Favyno in Theatro Honoris pag. 1714. hic rursum longe emendatius exhibemus e MS. Codice, quod universam duellorum usus ac ritus seriem continet.

PHELIPPE *par la grace de Dieu Roy de France, A tous ceux, qui ces presentes lettres verront, Salut. Sçavoir faisons, que comme ença en arriere pour le commun proufit de nostre Royaume, nous eussions deffendu generalement à tous nos subjects toutes manieres de guerres, et tous gaiges de batailles, dont plusieurs malfaicteurs se sont avancez par la force de leur corps et faux engins, à faire homicides, trahisons et tous autres malefices, griefs et excés pource que quand il les avoient faits couvertement et en repost, ils ne pouvoient estre convaincu par tesmoins, dont par ainsy le malefice se tenoit: et pour ce que nous en avons faict, est pour le commun proufit et salut de nostredit Royaume: mais pour oster aux mauvais dessusdits cause de malfaire, Nous avons nostre deffense dessusdite attemperée par ainsi, que là où il apperra evidemment homicide, ou trahison, ou autres griefs, violences, ou malefices, secrettement ou en repos, excepté de larrecin, parquoy peine de mort se deust ensuivir, si que celuy qui l'auroit fait n'en peust estre convaincu par tesmoin ou autre maniere souffisant, Nous voulons que en defaut d'autre poinct, celuy ou ceux, qui par indices ou presumptions semblables à verité pour avoir ce faict, soient de tels faits soupçonnez, appellez et citez à gaige de bataille, et souffrerons quand en ce cas les gaiges de bataille avoir lieu: Et pource que à celle justice tant seulement nous attemperons nostre deffense dessusdite és lieux et és termes esquels les gaiges de bataille n'avoient lieu devant nostredite Ordonnance, et pour ce n'est mie nostre entention que ceste deffense soit rapellée ne attemperée à nuls cas passez devant ne après la date nosdites presentes lettres, desquelles condemnations et absolutions ou enquestes soient faitz procez, affin que on les puisse juger, absoudre ou condamner, ainsi que le cas le requerra et evidemment s'appartiendra. Et en tesmoing de ce nous avons ces presentes faict seeller de nostre grand seel. Donné à Paris le Mercredy l'an mil ccc. al. 1306.*

§ 2. *Nota quatre choses, qui appartiennent avant que le gaige de bataille puist estre adjugé.*

Et premierement nous voulons et ordonnons, qui soit chose notoire certaine et evidente, que le malefice soit advenu, et ce signifie la clause, Où il apperra evidemment homicide, trahison, ou autre vray semblable malefice par evidente suspection.

La seconde est, que le cas soit tel que mort naturelle en deust ensuivir, excepté cas de larrecin, à quoy gaige n'eschet point, et signifie la clause, De quoy peine de mort deust ensuivir.

La tierce est, que nul ne peut estre puny autrement que par voye de gaige, et ce signifie la clause, De homicide ou trahison reposte, si que celui qui l'auroit faite ne se pourroit deffendre, que par son corps.

La quarte, que celui que on veut appeller soit diffamé du faict par indices, et ce signifie la clause, Présumptions semblables à verité. Encores voulons et ordonnons selon le texte de nos Ordonnances, jaçoit ça que en larrecin n'y eschiet peine de mort, toute fois en larrecin ne eschiet peine de mort, toutes voyes en larrecin ne chiet point gaige de bataille; si comme il est contenu en la clause, De larrecin, excepté, etc.

§ 3. *Comment le deffenseur se vient presenter devant le juge sans estre adjourné.*

Hic § deest in MS.

Nota que en gage de bataille tout homme qui se dit vray pour honneste se doit rendre et presenter sans adjournement, s'il le sçait, mais on luy donne bien delay pour avoir ses amis; et s'il ne vient sans adjournement, ja pour ce son droict n'est amendry, ne son honneur avancie.

§ 4. *Comment l'appellant prepose son cas devant le juge de l'appelant.*

Encores voulons et ordonnons, que quand on propose aucun cas de gaige de bataille, de quoy mort se deust ensuivir, excepté larrecin comme dit est, il souffit que l'appellant die que l'appellé a faict faire le cas pour luy ou pour autre, supposé que l'appellant ne nomme pas qui.

Encores se le cas est supposé en generaux termes, comme de dire: Je tel dis et veuil dire maintenir et soustenir que le tel a traitreusement tué ou faict tuer le tel: Nous voulons et ordonnons, que telle proposition soit non souffisante et indigne de reponce, selon le stil de nostre Cour de France, mais lui convient declarer le lieu où le malefice a esté faict, le temps et le jour de la personne du mort, ou de la trahison. Toutes voyes en telle condition pourroit estre l'information du malefice, qui ne seroit ja besoing dire l'heure ne le jour, qui pourroit estre trop occulte de sçavoir.

Encores voulons et ordonnons, que se le juge ordonne gage ou combat contre les coustumes, contenues en nosdites lettres, tout ce qui sera fait au contraire pourra estre rappelé.

Encores voulons et ordonnons, que le demandeur ou appellant doive dire ou faire dire par un Advocat son propos, devant nous ou son juge competant contre sa partie adverse, et luy present: et se doivent garder de dire chose où il chée vilainie, qui ne serve à sa querele seulement. Et doit requerir le deffendant que se l'appellant ne preuve les choses proposées estre vrayes, que il soit condamné à avoir confisqué cors et biens, et estre puny de tel peine comme droit le veut: alors ledit appellant doit et peut dire, qui ne le pourroit prouver par témoings ne aultrement, que par son corps contre le sien, ou par son advoué en champ clos comme gentilhomme et preudhomme doit faire, en nostre presence, comme leur juge et Prince souverain: et alors doibt jetter son gaige de bataille, lequel gaige receu par le deffendant doit puis faire en sa retenue, et puis faire retenue de conseil d'armes, de chevaux et de toutes aultres choses necessaires et convenables à gaige de bataille, et que en tel cas selon la noblesse et condition de lui appartient avecques toutes les protestations, qui s'ensuivent. Lesquelles protestations, appellations et ordonnances seront enregistrées pour juger, s'il y aura gaige ou non, en disant:

Et premier, dira, Tres-excellent et puissant Prince, et nostre souverain Seigneur, ou s'ils ne sont de nostre Royaume, en lieu de Souverain Seigneur, diront, Et nostre juge competant, pour donner plus bref fin aux choses que j'ay dites, je proteste et retiens, que par loyale essoine de mon corps, je puisse avoir un Gentilhomme pour celuy jour mon advoué, qui en ma presence, si je puis, ou en mon abseuce, à l'aide de Dieu et de nostre Dame et Monseigneur saint Georges le bon Chevalier fera son loyal devoir à mes coust et despens, comme raison est, toutes les fois et quantesfois qu'il vous plaira ordonner comme à tel cas appartient.

Encores voulons et ordonnons, que le deffendant, s'il veut, sur les perilz, puisse dire au contraire, et requerir les injures par l'appellant dictes à luy estre amendées, de telle amende et peine, que devroit porter s'il avoit fait les choses dessusdites, et que ledit appellant, sauve l'honneur de nostre Majesté, ou de son juge competant, a faulcement et mauvaisement menti; et comme faulx et mauvais, qu'il est de ce dire, il s'en défendra, à l'aide de Dieu, et de nostre Dame, par son corps ou de son advoué par loyale essoine de son corps, s'il est dict et jugé que gaige de bataille y soit, ou lieu jour et place que par Nous comme leur souverain ou autre juge sera ordonné. Et alors doibt lever et prendre le gaige de terre, et puis faire ses protestations dessusdites. Et requerir son advoué en cas de loyalle exoine, et nous demander retenue de conseil selon la noblesse, et condition de luy, et le surplus ainsi que dict est: lesquelles appellations et deffenses voulons et ordonnons, que soint semblablement escrites et registrées pour sçavoir s'il y aura gaige ou non. Et pour l'amender l'un à l'autre selon que justice requerra, dans une incluse, s'obligera de comparoir au jour, heure, et place à eux assignés, tant à la journée de sçavoir se gaige y sera, comme à celle de la bataille, se bataille y eschiet, selon l'information de leur procés, lequel sera bien veu et sainement regardé par nobles et preudhommes, Clers, Chevaliers, et Escuyers, sans faveur de nulli, lequel gaige ou non sera devant les parties adjugé au jour et place par nous ou par leurs juges ordonné, sur la peine d'estre reputé pour recreant et convaincu, celuy à qui la faute sera, et outre ce voulons, que soient arrestez, jusques de ce qu'ils donnent bons et suffisant pleges à ne partir sans nostre congié, et de se presenter aux journées ordonnées par nous ou par leur juge competent.

Comment l'une des parties se part sans congé, et est pris de par le Roy.

Aussi voulons et ordonnons, que se aucune des parties se departoit de nostre Cour, aprés les gaiges jettez et receuz, sans nostre congié, iceluy partant voulons et ordonnons qui soit tenu et prononcé pour recreant et convaincu, et faite la justice que le cas requiert, retenu nostre volonté.

Encores et pource qu'il est de coustume que l'appellant et deffendant entrent en champ, portant avecques eux toutes les armeures desquelles ils entendent offendre l'un l'autre, et eux deffendre, partant de de leurs hostels à cheval, eux et leurs chevaux, housses de coutez et paremens de leurs armes, les visieres baissées, les glaives ez poings, les espees et daghues ceintes, et en tous les estats et manieres qu'ils entendront eux combattre, soit à pié ou à cheval. Car s'ils faisoient porter leursdites armeures par aucuns autres, et portassent leurs visieres levées sans nostre congé, ou de leur juge, ce leur porteroit tel prejudice qu'ils seroient contraincts de combattre en tel estat qu'ils seroient entrez au champ, selon la coustume de present. Et parce que ceste coustume nous semble pour les combateurs aucunement estre ennuyeuse : par nosdits chapitres et ordonnances, de present attemperions et voulons, et ordonnons, que lesdits combateurs puissent partir aux heures par nous ordonnées montez et armez, comme dit est, de leurs maisons, les visieres levées, faisant porter devant eux leurs glaives, hasches, espées, s'ils veulent, et toutes autres armes raisonnables pour offendre et deffendre en tel cas. Et tant plus pour avoir cognoissance de vrais Chrestiens, partans de leurs hostels de pas en pas, de leurs mains droites se signeront, ou porteront le Crucifix ou bannerettes petites où seront pourtraits nostre Seigneur et nostre Dame, les Anges, Saincts ou Sainctes, où ils auront leur desveu et devotions, desquelles croix ou bannerettes ainsi que dict est, jusques à ce qu'ils descendront dedans leurs pavillons se signeront.

Cy s'ensuit la premiere des trois criez, et les cinq deffenses que le Roy d'armes ou Heraut doit faire à tous gaiges de bataille.

Tout le premier ledit Roy ou Heraut de la Marche doit monter à cheval sur les deux portes des lisses, et là doit une fois crier l'appellant. Secondement une autre fois quand l'appellant sera entré, et que aurons commandé de appeller le deffendant. Et la troisiéme, quand ils seront tous deux entrez, et auront devant nous faites leurs presentations, et fait tous leurs sermens par la forme qui s'ensuit, et retournez en leurs pavillons.

La premiere des cinq deffenses.

Or ouez, or ouez, or ouez Seigneurs Chevaliers, et Escuyers, et toutes manieres de gens, que nostre Seigneur par la grace de Dieu Roy de France, vous commande et deffend, ou de par leur juge, sus peine de perdre corps et biens, que nul ne soit armé, ne porte espée, ne dague ne autre harnois quel qu'il soit, se ce ne sont les gardes du champ, et ceux de par le Roy nostre Sire, ou le juge, en auront congé.

Encores ce le Roy nostre Sire vous commande et deffend, ou le juge, que nul de quelque condition qu'il soit, durant la bataille, ne soit à cheval, et ce sur peine aux Gentils hommes de perdre le cheval, et aux serviteurs de perdre l'oreille, et ceux qui convoyeront les combatans descendus qu'ils soient de leurs chevaux à la porte du champ, seront tenus incontinent les renvoyer, à la peine que dit est.

Encores le Roy nostre Sire, ou le juge, vous deffend que nulle personne de quelque condition qu'il soit, ne doit entrer ou champ ne entre les deux lisses, sinon ceux qui pour ce y seront ordonnez sur la peine de perdre corps et biens.

Encores le Roy nostre Sire, ou le juge, vous commande et deffend à toute personne de quelque condition qu'il soit, qu'il s'assie sur banc, ou à terre, afin que chacun puisse veoir les parties plus a son gré combattre, et ce sur la peine du poing ou du pied.

Encores le Roy nostre Sire vous commande et deffend que nul ne parle, ne signe, ne tousse, ne crache, ne crie, ne face aucun semblant, et ce sur peine du corps et des biens.

Autre Ordonnance du Roy, comment les deux combatans doivent entrer en lisses.

Encores et jaçoit, que par les anciennes coustumes de nostre Royaume, l'appellant doit estre au champ avant l'heure à dix heures, et le deffendant devant l'heure de midy, et quiconques deffaut de l'heure, il est tenu et jugé pour convaincu, se nostre mercy ou du juge s'y entend, lesquelles coustumes nous voulons et approuvons, que d'oresnavant se contiennent et vaillent. Neantmoins pour aucunes bonnes raisons à ce nous esmouvoir, lesdites ordonnances attemperons, et consentons, que nous ou leur juge puisse advancer ou tarder de jours et de heures, selon les dispositions du temps, ainsi que à nous et à tous juges plaira, et les prendre en nos mains pour les accorder, et ordonner à l'honneur et bien de tous deux qui pourra, et ou pour donner autre jour et heure, tant avant la bataille commencée comme en combatant pour parfaire leur bataille, se le jour ne souffisoit, et en les remettant aux mêmes et semblables poincts, et party comme les avions prins; sans ce que nul ne s'en pusse jamais excuser, complaindre, defendre ne protester contre nos Ordonnances, comme nous leurs juges competens.

§ 8. Ensuivent les requestes et protestations que les deux parties doivent faire à l'entrée du champ.

A la porte des lisses au Conetable se le Roy luy a commis, ou aux Mareschaux ou Mareschal du champ, qui là se trouveront, ausquels l'appellant dira ou fera dire par son Advocat, qui est pour plusieurs causes le meilleur, et puis celles qu'il dira, ou fera dire semblablement au juge, quand il sera tout à cheval entré dedans, au Mareschal avant que d'entrer dedans, et premier celle de l'entrée du champ :

Nostre tres-honoré Monseigneur le Mareschal je suis tel, ou l'Advocat, voyez cy tel comme appellant que pardevant le Roy nostre Sire et souverain Seigneur et juge competent, se vient presenter armé et monté comme gentilhomme doit entrer en champ pour combatre contre tel, sur telle querelle comme faulx et mauvais traistre ou meurtrier, se le cas est de meurtre comme il est. Et de ce il prent nostre Seigneur, nostre Dame, et Monsieur Sainct George le bon Chevalier à tesmoin à ceste journée, qui aujourd'huy luy est assignée, et pour ce accomplir est venu et se presente pour faire son vray devoir, et vous requiert, que luy livrés et despartés sa portion du champ, du vent, du soleil, et de tout ce qui est necessaire, profitable et convenable à tel cas. Et ce faict, il fera son vray devoir à l'aide de Dieu, de nostre Dame, et de Monseigneur Sainct George le bon Chevalier, comme dict est. Et proteste qu'il puisse combatre à cheval ou à pied, ainsi que mieulx luy semblera. Et de soy armer ou de ses armes ou desarmé et porter celles qu'il voudra tant pour offendre comme defendre à son plaisir avant combattre, ou en combattant se Dieu luy donne loisir de ce faire.

Encores que si son ennemy tel ou adverse, portoit aultres armes ou champ, qui ne devoit porter par la constitution de France, que icelles luy soient ostées, et que en lieu d'icelles nulles autres n'ayt ny puisse avoir.

Encores que si son ennemy avoit armes forgées par mauvais art et brefz, charois, sors, ou invocations de denneaux, parquoy il en fust cogneu manifestement, que son bon droit luy fust empesché, avant la bataille, combatant ou aprés, que son droict, bon droict et honneur n'en puist estre amendry, ains soit le faulx et mauvais puny comme ennemy de Dieu, traitre et meurtrier selon la condition du cas, et doit requerir que sur ce il doye specialement jurer.

Encores doit requerir et protester, que si le plaisir de Dieu ne fust que au Soleil couchant il desconfi, et outre son ennemy, laquelle chose il entend à faire si à Dieu plaist, neanmoins peult requerir qui luy soit donné du jour autant comme il en seroit passé selon les droicts et anciennes coustumes, ou autrement peut protester s'il n'a l'espace d'un jour tout au long, lequel nous luy devons consentir et octroyer.

Encores que en cas, que le tel son adversaire ne seroit venu dedans l'heure deue, et par le Roy nostre Sire assignée qui ne soit plus receu, mais soit tenu pour reprouvé et convaincu, laquelle requeste est et sera en nostre liberté. Neanmoings que s'il tardoit sans nostre volonté qu'il soit comme dict est.

Encores doit demander et expressement protester, qu'il puisse porter avecques luy pain, vin, et autres viandes, pour manger et boire l'espace d'un jour, se besoin luy en estoit, et toutes autres choses à luy convenables et necessaires en tel cas, tant pour luy comme pour son cheval, desquelles protestations et requestes tant en general comme en special il doit demander instrument, lesquelles requestes et protestations, voulons et ordonnons que l'appellé ou défendant puisse semblablement faire, et par la forme que dict est, lesquelles requestes et protestations s'ils ne leur sont en special defenduës, voulons et ordonnons qu'ils puissent combattre à cheval, et à pié armez chascun à sa volonté de tous bastons et arnois; de mauvais engins, charmes, charrois et invocations d'ennemys, et toutes autres semblables choses defendues, selon Dieu et Saincte Eglise à tous bons Chrestiens.

De quel longueur et largeur les lisses doivent estre.

Encores nous voulons et ordonnons que toutes lices de gaige de bataille ayent cent et vint pas, c'est assavoir xl. pas de large et quatrevint de long; lesquelles tous les juges seront tenus de faire, et les retenir pour les autres, s'il en venoit.

Comment les pavillons des combatans doivent estre mis.

Encores voulons et ordonnons, que le siege et le pavillon de l'appellant, quiconques il soit, sera, à nostre main dextre ou de son Juge, et celuy du défendant sera à la senestre.

Comment les deux combattans doivent entrer au champ.

Encores voulons et ordonnons, que quand chascun d'eux auront ou par leur Advocat faict dire les choses dessus dictes, ains qu'ils entrent ou champ, doivent baisser leurs visieres, et entrer les visieres baissées faisant le signe de la Croix, tout ainsi que dict est. Et en iceluy estat doivent venir devant nous, ou leur Juge, portant les armes sureux, desquelles ils entendent deffendre et offendre avant que d'entrer dedans, et nous dire et faire dire ce qui ensuit : Tres-excellent et tres-puissant Prince, et nostre Souverain Seigneur, ou voyez cy tel, qui en vostre presence, comme à nostre droicturier Seigneur et Juge competent, et si le Juge est autre que le Roy, dira ou fera dire : Mon tres-redoubté Seigneur, je suis tel qui en vostre presence comme à nostre Juge competant, suis venu au jour et heure par vous à moy assignée pour faire mon devoir contre le tel, à cause de meurtre ou trahison qu'il a faicte, et de ce j'en prens Dieu de mon costé, qui me sera aujourd'hui en aide : et quand il aura ce dict, ou par bouche d'Advocat faict dire, alors nous luy donnerons congé de entrer et aller en son pavillon descendre, lesquelles choses accomplies, nous ordonnons, que nostre Roy d'Armes de la marche ou Heraut montera sur les deux portes de la lisse du côté du deffendant, et fera son second cry, et deffense par la propre forme et maniere que dict est.

Cy apres s'ensuivent les trois sermens, que sont tenus de faire les Combattans, ceux qui veulent combattre en gaige de bataille.

Et premier ordonnons, que l'appellant sa visiere haussée, tout à pié, partant de son pavillon armé de tout armes, dont il entend offendre et deffendre, accompagné de ses Conseillers et Gardes du champ seulement, alors se mettra à genoux, devant nous, et là fera la figure de nostre vray Sauveur Jesus Christ en Croix. Lors sera le Mareschal ou un de nos Conseillers, ou celuy, que le Juge commettra, qui luy dira par la maniere qui ensuit : Sire Chevalier ou Escuyer, qui est cy appellant, voyez vous icy la tres vraye remembrance de notre Sauveur vray Dieu Jesus-Christ qui voulut mourir et livrer son tres precieux corps à mort pour nous sauver. Or luy requieres mercy et luy priez, que à ce jour vous vueille aider, se bon droit avez; car il est souverain Juge : souvienne vous des sermens que vous ferés, ou autrement vostre ame, votre honneur, et vous estes en peril. Alors le Mareschal ou Conseiller, finies ces paroles, prent l'appellant par ses deux mains ostées des gantelets, et luy dit, que il die les paroles apres luy que il dira, et les met sur la Croix : Je tel appellant, jure sur cette remembrance de la Passion de nostre Sauveur Dieu Jesus-Christ, et sur la foy de vray Chrestien, et du S. Baptême, que je tiens de Dieu, que j'ay et cuide fermement avoir pour certain bonne, juste et sainte querelle, et bon droit d'avoir en ce gaige appellé le tel, comme faulx et mauvais traistre, ou meurtrier, ou foy mentie selon le cas que c'est, et lequel a tres fausse et mauvaise cause, et de soy en deffendre, et combattre contre moy, et ce luy monstreray-je aujourd'huy par mon corps contre le sien, à l'aide de Dieu et de notre Dame, et de Monseigneur saint George le bon Chevalier. Lequel serment fait, ledit appellant se leve, et s'en retourne en son pavillon avecques ceux qui l'ont amené, et lors par semblable façon est fait du deffendant.

Comment le deffendant fait son premier semblable serment devant le Juge.

Lequel serment fait, aprés ce que l'appellant est en son pavillon, les Gardes du champ vont au pavillon du deffendant, lequel ils menent pour faire le semblable serment, armé de tous ses armes, et le surplus comme dit est, et quand le Marechal ou Conseiller l'a bien amoneté, comme dit est, le Mareschal ou Conseiller après tout ce, prend ses mains ostées des gantelets, et les met ainsi qu'il a fait à celles de l'appellant, et puis luy dit : Vous tel, ou Seigneur de tel lieu, dites comme moy. Lors il dit : Je tel, deffendant, jure sur cette remembrance de la Passion de nostre Seigneur Dieu Jesus-Christ, et sur la foy de vray Chrestien et du saint Baptesme, que je tiens de Dieu, que j'ai et cuide fermement avoir pour certain, bonne, sainte et juste querelle, et bon droit de me deffendre par ce gaige de bataille, contre le tel, qui faussement et mauvaisement m'a accusé, comme faux, et mauvais qu'il est à moyen jour appellé, et ce luy monstreray-je aujourd'huy de mon corps contre le sien, a l'aide de Dieu et de nostre Dame, et de Monseigneur saint George le bon Chevalier. Lequel serment fait, ledit deffendant se leve et s'en retourne en son pavillon, ainsi que l'appelant a fait.

Comment les deux parties font le deuxiesme serment devant le Roy, ensemble eux tenans par les mains.

Aprés ce que chacun d'eux auront fait leurs sermens ainsi que dit est au chef de piece, nous ou leur autre Juge ferons partir les Gardes autant de un lez que de l'autre, et iront querir les Combatans accompagnez de leurs Conseillers, ainsi que dit est, lesquels viendront pas à pas de suite, et quand seront a genoux devant la Croix, le Conseiller leur fera oster des mains leurs gantelets, et prendra leurs mains droites et les mettra sur les deux lées du Crucifix, et des senestres se toucheront l'un l'autre; alors derechef nostre Mareschal dira les paroles qui ensuivent : Vous tel appellant et vous tel deffendant, voyez ici la vraye remembrance de la tres sainte Passion de nostre Seigneur Dieu Jesus-Christ, la perdition de celuy qui aura tort en ame et en corps, aux grands sermens que avez faits et ferez, et feront la Sentence de Dieu, qui est pour aider à bon droict, les confortans d'eux mettre plustot à la mercy du Prince que en l'ire de Dieu et pouvoir de l'ennemy. Lequel serment nous ordonnons que ce soit le dernier des trois pour la mortelle haine, qui est entre eux. Alors estant leurs deux mains droites sur le Crucifix, et eux tenans des autres à senestre, adonques le Mareschal ou Conseiller leur demandera, et premier à l'appellant, et puis au deffendant : Vous tel, comme appellant, et vous tel comme deffendant, voulez-vous jurer; et se aucun d'eux se repent de son tort, et fait conscience comme bon Chretien, alors nous, et se le cas le requiert devant, nous le retenons à nostre mercy ou de son Juge, et se le cas le requiert, devant qu'il ait combattu, pour luy donner penitence, ou ordonner à nostre plaisir. Dont se ainsi est, nous ordonnons qu'ils soient ramenez en leurs pavillons, et de là ne partent jusques à nostre commandement, ou du Juge devant qui ils soient venus. Se tous deux veulent jurer, alors le Mareschal ou Conseiller dira à l'appellant qu'il die comme luy : Je tel appellant jure sur ceste vraye figure de la Passion de nostre Seigneur Dieu Jesus-Christ, sur la foy de Baptesme comme vray Chrestien, que je tiens sur mon vray Dieu, sur les tres souveraines joyes de Paradis, lesquelles je renonce pour les trois angoisseuses peines d'enfer, sur mon ame, sur ma vie et sur mon honneur, que j'ai et cuide avoir bonne, juste, et sainte querelle de combattre ce faulx et mauvais traistre meurtrier, parjure et foy mentie, selon le gage tel que je voy parcy devant moy et tiens par la main, et de ce j'en appelle Dieu à mon vray Juge, nostre Dame, et Monseigneur saint George le bon Chevalier, et pour ce loyaument faire par les sermens que j'ay faits, je n'ay ne entends porter sur moy ne sur mon cheval, paroles, pierres, herbes, charmes, charois, conjurations, ne compations, invocations d'ennemis, ne nulle autre chose, où je aye esperance qu'il me puisse ayder, ne à luy nuire, ne n'ay recors, fors que en mon bon droict par mon corps, par mon cheval et par mes armes; et sur ce je baise cette vraye Croix, et me taiz. Aprés lesquels sermens faits ledit Mareschal ou Conseiller se traict vers le deffendant, et pour abreger l'un et l'autre, disent tout ainsi que dit est, et puis baisent le Crucifix.

Et quand tous deux font ledit serment, le Mareschal ou Conseiller les fait prendre par leurs deux mains droites, et les fait entretenir. Alors il dit à l'appellant qui die apres luy en parlant à son ennemy : Ou tu tel, que je tiens par la main droicte, par les sermens que j'ay faits, la cause, pourquoy je t'ay appellé, est vraye, par laquelle j'ay bonne raison et loyale de toy en avoir appellé, et à ce jour t'en combattray, et tu as mauvaise cause et nulle raison de t'en combattre et defendre contre moy, et tu le sçais bien, dont j'en appelle Dieu, nostre Dame, et Monseigneur S. George le bon Chevalier à tesmoing, comme faux traistre, meurtrier, ou foy mentie que tu es, selon le cas.

Response au serment et paroles de l'appellant.

Apres ce, le Mareschal ou Conseiller dit au defendant qui die comme luy en parlant à l'appellant : Toy que je tiens par la droite main, par les sermens que j'ay faits, la cause, pourquoy tu m'as appellé est faulse et mauvaise, parquoy j'ay bonne et loyalle cause de m'en deffendre, et me combattre contre toy à ce jour, et de ce tu as mauvaise cause et faulse querelle de m'en avoir appellé et combatre contre moy, et tu le sçais bien, dont et de ce j'en appelle Dieu, nostre Dame, et Monseigneur saint Georges le bon Chevalier à tesmoings, comme faulx et mauvais que tu es; Et apres les sermens tous faits et les paroles dites, ils doivent rebaiser le Crucifix, et puis chascun ensemble lever et retourner en leurs pavillons pour faire leurs devoirs : et lors sera ostée la Croix des lisses, et le siege surquoy elle est, lesquelles choses faites ledit Roy d'Armes ou Heraut remontera sur les coings des lisses, et fera son quatriesme et dernier cry.

Le dernier des trois crie.

Aprés ce que le Roy d'Armes ou Heraut aura crié et que chascun sera assis et ordonné sans dire mot, et que les parties seront toutes en point de faire leurs devoirs, alors par le commandement du Mareschal viendra ledit Roy d'Armes ou Herault au milieu de lices, entre les 2. Combatans, par trois fois crier : Faites vos devoirs; et apres ces paroles incontinent aux deux lez de la lisse à l'endroit de leurs pavillons, leur seront mises leur bouteillettes et leur pain et tonaillettes, et alors les Combatans incontinent sailliront sur leurs escabeaux pour monter qui voudra sur leurs destriers, qui seront là tous pretz, et devant eux et leurs Conseillers tous en tour. Alors subitement leurs pavillons seront par sus les lices gettez dehors esperant nostre Ordonnance de la bataille par le cry du Mareschal.

Comment les deux parties sont hors des pavillons pour faire leurs devoirs à la voix du Mareschal, quand il jettera le gant.

Alors quand tout sera en point, laquelle chose leur sera demandée, le Mareschal pour nostre Ordonnance ira vers le milieu du camp, qui portera le gand en sa main, lequel par 3. fois dira à haute voix : Laissez les aller, et la derniere parole dite, il jettera le gand au milieu des lices, alors part à pied ou monte à cheval qui voudra; car en gages de querelle, se il n'est emprins, face chascun le mieux qu'il pourra, et au parme que les Combateurs feront, les Conseilleurs d'honneur sailliront hors de la prochaine lisse voir comment la chose se passera, se par nostre Ordonnance n'est que pour aucunes bonnes raisons ordonnons que les deux parties un ou deux y fussent pour mieux ouir, voir, et requerir le droict de son parti se besoin estoit.

Comment ils combattent, et l'un est vaincu et traisné hors des lisses, et par quantes manieres, gages de bataille se doit outrer.

Encore voulons et ordonnons que gage de bataille ne soit point dit outré, fors que par l'une de ces deux façons, c'est à sçavoir, quand l'une des parties confesse sa coulpe, et est rendu : et la seconde est, quand l'un met l'autre hors des lices vif ou mort, dont mort ou vif quel qu'il soit, le corps ou membre sera du Juge livré au Mareschal pour en faire justice, ou luy pardonner, à nostre bon plaisir; et quand il sera mort ou aura dit le mot, le vainqueur se doit presenter à genoux à nous et nous demander, se il a bien fait son devoir, et alors nous le quittons; et à ces paroles il se leve, et en sa partie s'en va monter à cheval accompagné de tous ses amis.

Comment le vaincu sera desarmé par le Herault, et son harnois jetté par le champ.

Encores voulons et ordonnons que se le vaincu est vif, qu'il soit en estant levé, et luy soient les esguillettes couppées, et tout son harnois çà et là par camp jetté, et puis à terre couché, et se il est mort, soit ainsi desarmé, et la laissé jusques a nostre ordonnance, qui sera de pardonner ou faire justice tout ainsi que bon nous semblera; mais ses pleges seront arrestez jusques à satisfaction de partie; c'est a sçavoir sur la deffense, et le surplus de ses biens à notre Court confisquez.

Comment le vainqueur se part des lices honorablement, et le corps du vaincu demeure là jusques à la volonté du Juge en la garde des Sergeans de la Justice.

Encores voulons et ordonnons, que le vainqueur honnorablement s'en parte à cheval par la forme qu'il est venu, s'il n'a exoine de son corps portant le baton de quoy il aura desconfict son ennemi en sa droite main, et luy seront les pleges et ostagers délivrez, et que de cette querelle pour quelque information du contraire il ne soit tenu de respondre, ne nul juge l'en puisse plus contraindre s'il ne veut. Quia transivit per rem judicatam, et judicatum inviolabile observari.

Encores voulons et ordonnons, que le cheval, comme dit est, et les armes du vaincu, et toutes autres choses qui sur lui seroient venues, soient de droit au Mareschal du champ, qui pour ce jour en auroit la charge. Icy finent les Ceremonies, Ordonnances, et Statuts de France qui s'appartient à tous gages de bataille fait par querelle.

Or faisons à Dieu priere qui garde le bon droict à qui l'a, et que chacun bon Chrestien defende ne encheoir en tel peril. Car entre tous les perils qui sont, c'est celuy que on doit plus craindre et douter, dont maint noble ayant bon droit se sont trouvez trompez, ou pour avoir trop confiance en engins, forces et outrecuidées : et aucune fois pour la honte du monde, donnent ou refusent paix ou convenables partis, dont maintes fois ont puis porté des vieux pechez nouvelles penitences, en non chalant le jugement de Dieu. Mais qui se plaint et justice ne trouve, la doit bien Dieu requerir, et se l'interest sans orgueil ne mal-talent pour son bon droict, requiert bataille, ne doit douter engin ne force, ayant espoir au vray et tout-puissant Juge qu'il sera pour luy.

☞ Easdem duelli leges omnes refert D. *de Lauriere* ad annum 1306. tom. 1. Ordinat. Reg. pag. 435. et seqq. ubi, si otium et libitum est, variantes plurimas lectiones poteris observare. Unum hic addam, non semper ad ultimum exitum perducta fuisse duella, cum scilicet, qui certamini præerant Judices, Campionibus, ut a feriendo cessarent, acclamabant : quod factum legimus in Historia Harcuriana tom. 3. pag. 219. ubi de controversia, quæ anu. 1300. orta est inter Dominum *de Harcourt* et Cambellanum *de Tancarville* : *Là où vint en champ ledit Seigneur de Harecourt triomphamment accoustré, tout armé de fleurs de lys, qui vaillamment se porta : si que finalement eust son ennemy occis, n'eust esté qu'en iceluy combat estoient presents les Roys d'Angleterre et de Navarre; lesquels prierent au Roy de France, que la bataille cessât, et que ce seroit grand dommage, si deux si vaillants, comme eux estoient, s'entretuoient, pour fût crié :* Ho de par le Roy de France. *Par lequel et autres Rois illec estants, fût la paix entre eux deux faite, et furent tous deux faits Comtes.*

¶ **DUELLUS**, *Qui perseverat in Duello.* Laurent. in Amalthea. [** Vide *Duellio*, 2.] Sed Antiqui, ut Nævius, *Duellus* scripsere pro *Bellus*, formosus; unde Quintil. lib. 1. Orator. instit. cap. 1 : *Sed B. quoque in locum aliarum dedimus aliquando, ut Byrgus et Bruges, et Balæna, necnon fecit eadem exDuello Bellum, unde Duellos quidam dicere Bellos ausi.*

¶ **DUERE**, *Dare, tribuere, vincere. Duit, Dedit.* Papias. Gl. Lat. Gr. : *Duit*, δοίη, *Duint*, δοῖεν. Apud Antiquos, ac præsertim apud Plautum, haud semel reperias *Duis* pro *Dederis*, *Duit* pro *Det* vel *Dederit*, *Deperduint* pro *Deperdant*, etc. non tamen *Duere* pro *Dare*. Glossar. San-German. num. 501. solum habet : *Duere, Vincere.* Vide *Duo*.

* **DUERNUS**, Binus, apud Bald. Novel. in tract. de Dotib. ad calcem : *A est quaternus, B. C. D. etc. sunt terni, F. G. K. N. sunt Duerni.* Voces typographicæ, quibus literæ in margine inferiori foliorum notatæ, vulgo *Signatures*, indicantur. [** i. e. Plagulæ sunt duorum foliorum, Gall. *les cahiers F, etc. sont de deux feuilles.*]

¶ **DUGA**, Dolium. Memoriale Potestatum Regiensium ad ann. 1216. apud Murator. tom. 8. col. 1083 : *Et in festo Purificationis S. Mariæ... fuit combusta... domus filiorum domini Petri de Novis, et vegetes ardebant fundum et Dugas totas, et vinum remanebat ammassatum et gelatum.* Vide *Doga* 2.

* **DUGALE**, Canalis, per quem aquæ ducuntur et effluunt. Stat. Vallis-ser. rubr. 195. ex Cod. reg. 4619 : *De pœna deguastantis vasa, vel aquæductus seu Dugalia. Non sit aliqua persona, quæ audeat.... destruere nec deguastare.... aliquod Dugale alicujus privati.* Vide *Dugalia* et *Dugaria* 1.

DUGALIA, [f. idem quod Fossæ, seu Fossarum latera, aggeres, a *Doga*, Fossa.] Jus Vicent. lib. 1 : *Aquæductus, claricæ, fossata, Dugalia, sive degeræ ac botes, etc.* Statuta Veron. lib. 1. cap. 99 : *Pontes, et stratæ, Dugalia et aggeres, etc.* Vide *Ductus* [et *Dugaria* 1.]

¶ **DUGALIUM**, pro *Doarium*, ut videtur, Gallice *Douaire*. Chronic. Casaur. apud Acherium Spicil. tom. 5. pag. 395 : *De rebus et possessionibus Ainardi viri sui anterioris in Dugalium acceptis.*

* **DUGANA**, Ital. *Dogana*, Telonium, mensa vectigalium. Stat. Genuens. lib. 4. cap. 16. pag. 121 : *Portatis mercibus et aliis exoneratis in Duganam seu loca publica deputata secundum qualitates rerum, a quibus Duganis seu daceriis portare debeant fidem authenticam.* Occurrit rursum cap. 14. pag. 118. Vide *Doana*.

¶ 1. **DUGARIA**, Fossa vel canalis, ut conjecto, a *Doga*, Fossa, Gall. *Douve*. Chronicon Parmense ad annum 1291. apud Murator. tom. 9. col. 822 : *Dugaria quæ vadit ex transverso glareæ Communis, facta fuit occasione navilii Communis.* Et ad ann. 1308. col. 870 : *Dominus Saxolus de Saxolo Capitaneus generalis soldatorum captus fuit in capite pontis in quadam Dugaria in vicinia S. Cæciliæ, in quam effugerat.* Vide *Dugalia*.

* Idem quod supra *Dugale*. Stat. Palavic. lib. 2. cap. 69. pag. 127 : *Ordinatum est quod quælibet persona stans et habitans in castro Buxeti teneatur mondi-*

ficatas, purgatas et nitidas tenere et manutenere Dugarias existentes in castro Buxeti, tam magnas quam parvas.

¶ 2. DUGARIA, Idem quod *Angaria*, seu Plaustrorum præstatio per viam directam, *Parangaria* vero per transversam. Onomast. ad calcem tom. 5. Anecdotorum Martenianorum : *Clericos Magalonensis diœcesis Dugariis et parangariis et aliis exactionibus indebitis aggravatis.*

¶ DUGDUS. Annales Francorum apud Chesnium tom. 2. pag. 30 : *Omnes obsides suos Dugdos;* sed legendum est *Dulgtos*. Vide *Dulgere*.

¶ DUHANA, ut supra *Doana*, Gall. *Douanne*, Portorium seu locus ubi statæ pro mercibus invectis pecuniæ penduntur. Jacobus Græcus Syllaneus in Vita B. Joachimi Abb. Maii tom. 7. pag. 100 : *Nos Gualterius de Moac regii fortunati stolii Ammiratus, et regiæ Duhanæ de secretis, et Duhanæ Baronum Magister.*

¶ DUICENSUS, δεύτερον ἀπογεγραμμένος. Gloss. Lat. Græc. San-german. Iterum descriptus. Janus in Supplemento Antiquarii exponit : *Qui cum prole in civitatem adscriptus est.*

* Gloss. Lat. Gr. editæ : *Duicensus*, δίτας δεύτερον ἀπογεγραμμένος. Ubi leg. ex Castigat. in utrumque Glossar. δίττα β. hoc est δίττὰ δεύτερον, dupliciter, iteratove census. Vide Scaliger. ad Festum.

¶ DUILLIUM, Τυραννίς, in eod. Supplemento. Vide *Duellium*.

DUITAS, Duplicitas. Utitur Prudentius in Hamartigenia. [Gloss. Lat. Gr. Sangerman. *Duitas*, δυάς, i. Binarius numerus.]

* Male hic, monente D. *de Foncemagne*, allegatur Prudentius, cum vocem *Duitas* in accusandi casu adhibeat, ut designet hæreticos, qui duos Deos seu duo Principia tuebantur; quod aperte patet ex ipsis verbis in præfatione ad Hamartig. : *Docet Duitas discrepare a spiritu, etc.* V. *Dualitas*.

DULA, Famula, ex Græc. δούλη. Gloss. Anglo-Sax. Ælfrici : *Ancilla, serva, habra, vel Dula*, þyln.

¶ DULCACIDUS, ὀξύγλυκυς. Gloss. Lat. Gr. San-German. Acriter dulcis. Utitur Q. Seren. de Medic. cap. 12. et 32.

¶ DULCACIUM, γλυκύπικρον, *Dulceamarum*. Supplementum Antiquarii.

*Adde ex Castigat. in utrumque Glossar. Cod. reg. *Dulcarium;* alii legunt *Dulcacidum*, ὀξίγλυκύ.

¶ DULCAMEN, Dulcedo. Dudo de Ducibus Normann. apud Chesnium pag. 57. Histor. Normann. :

Temate pertenui quoniam digestus haberis,
Rhetorica ratione carens Dulcaminis omni,
Liber, interno cum te perscrutor ocello.

¶ DULCARE, Dulcem reddere, mitigare. Sidonius lib. 5. Epist. 4 : *Ut contractæ apud vos offensæ amaritudinem solitis affatibus Dulcare non desinat.* Similia leguntur in Actis SS. Junii tom. 2. pag. 167. ubi de S. Vincentio Aginnensi.

* Glossar. Gall. Lat. ex Cod. reg. 7684 : *Dulcare, adoucier*, Mirac. B. M. V. MSS. lib. 1 :

Bien doit ses nons cuer Adouchier,
Bouche enmieler, lange suchier.

* DULCARIUM. Vide supra *Dulcacium*.

¶ DULCEAMINA. Vide *Dulcia*

* DULCEDO, *Voluptas*, γαύρωμα; Cod. reg. γαυρίαμα. Castigat. in utrumque Glossar.

DULCEDO SATURNI *sæpissime pro cerusa accipitur.* Rochus *le Baillif* in Dictionario Spagyrico.

* DULCETUDO, Dulcedo. Frothar. epist. 18. tom. 6. Collect. Histor. Franc. pag. 393 : *Unde et inexplebilibus desideriis ora Dulcetudinis vestræ his in partibus citius invisere opto.*

DULCIA, Tragematia, τραγήματα, Bellaria; γλυκύσματα, ἡδύσματα, Philoni lib. περὶ ὀνείρ. pag. 138. Gloss. Lat. Gr. : *Dulcium*, πλακοῦντα. Vetus Interpr. Juvenalis : *Dulcia placenta veneno plena.* Apitius l. 7. cap. 11 : *Dulcia domestica, Dulcia piperata, etc.* Salvianus lib. 5. de Gubern. Dei : *Quid juvat stomachum abstinentia, si statim Dulcia subsequantur.* [Papias : *Dulcia dicuntur genera pistorii, a sapore sic nominata.*] Vide Salmasium ad Hist. Aug. pag. 196. Glossæ MSS. Reg. Cod. 2062 : Κυρηναῖοι τὸ ὄξος εἶδος φασί, καὶ ἄλλοι τὸ γλυκάδιον.

DULCIARIUS, γλυκυπράτης, in Gloss. Græc. Lat. Occurrit apud Lampridium in Heliogabalo.

DULCIARIUM. Gloss. Gr. Lat. Γλυκυπράτιον, *Dulciarium*, Forum scil. Alia notione Aptius l. 7. de Re culin. cap. 11 : *Dulcia domestica, quæ Dulciaria dicunt, sic facies.*

DULCEAMINA. S. Cæsarius Arelat. in Regula ad Virgin. cap. 16 : *In festivitatibus majoribus ad prandium et ad cœnam fercula addantur, et recedentibus de ea, Dulceamina addenda sunt.* [Bolland. tom. 1. SS. Jan. legit, *Dulciamina*] Regula S. Pachomii cap. 37 : *Qui ante fores convivii egredientibus erogat fratribus Dulciamina.* Ita Codex Vaticanus, ubi editus habet *tragematia*.

DULCIANA, Musici cantus dulcioris species. Aimericus de Peyrato Abb. Moisiacensis in Vita Caroli M. in Cod. MS. 1343. Bibliothecæ regiæ f. 81 :

Quidam pelvim modicam tinniebant,
Baculo sonos properantes.
Quidam flautas dulcorabant,
Cæteris cunctis concordantes.
Quidam Dulcianam anthoniabant,
Melos suaves concinentes.
Quidam diaphoniam dissonabant,
A dulcissimo discrepantes, etc.

* Vel potius Instrumenti musici genus, nostris alias *Douçaine* vel *Douçeine* et *Doulcemer*. Vetus Poeta MS. ex Cod. reg. 7612. pag. 55 :

Cornemuses, flajols et chevretes,
Douçeines, simbales, clocettes.

Comput. ann. 1451. tom. 2. Probat. Hist. Brit. col. 1606 : *Henri Guiot joueur de Doulcemer, etc.* Matth. de Couciaco in Hist. Caroli VII. ad ann. 1454. pag. 670 : *Il fut joué au pasté d'un luth, d'un Douçaine avec un autre instrument concordant.*

¶ DULCIARIUM, DULCIARIUS. Vide *Dulcia*.

¶ DULCICANUS, Dulce canens. Dudo de Ducibus Norman. apud Chesnium Hist. Norman. pag. 68:

Dulcicano sonitu quivisses inter olores
Psallere præcipue cantibus Armoricis.

* DULCICELLUS, Dulciculus. Acta S. Huberti tom. 7. Maii pag. 277. col. 2 : *Mox inde cum in strato suo recubans, veluti soporem Dulcicellum carperet, etc.*

DULCICIUM, *Genus panis melle conspersum.* Gl. MS.

** DULCICORUS, ut *Dulcicanus*. Ordinatio processionis ad obviendum D. Imperatori ann. 1473. in Guden. Cod. Dipl. tom. 4. pag. 411 : *Quando D. Imperator ecclesiam B. V. accesserit ex tunc D. Joh. Tozeler in organis Dulcicora musice, quæ bene novit, carmina propinabit.*

** DULCIFICARE, Lenire, mitigare. Disciplina Clerical. cap. 1. sect. 3 : *Duritiæ cordis ejus recordatus, ut facilius retineat, quodammodo necessario mollienda et Dulcificanda est.*

¶ DULCIFLUUS, Dulce fluens. *Dulciflui fontes*, apud Dracontium Hexaem. v. 49. *Dulciflue*, in veteri Oratione ante Psalterii recitationem facienda, apud Martenium Itiner. tom. 2. pag. 138.

¶ DULCILOQUUS, μελίλογος. Vet. Onomast. et apud Apuleium Apol. pag. 129. Sidonium lib. 8. Epist. 11. etc.

¶ DULCIMODUS, apud Prudent. Psychom. 667.

* DULCIMONIUM, Dulcedo, suavitas. Acta S. Gauger. tom. 2. Aug. pag. 677. col. 2 : *Cujus vitæ et doctrinæ Dulcimonio quandoque filii Israel dirigendi, etc.*

¶ DULCINERVIS ARCUS, apud Martian. Capellam lib. 9. pag. 30.

DULCINISTÆ, Hæretici Valdensium sectarii, sic dicti a Dulcino Novariensi hæresiarcha, de quo S. Antoninus part. 3. tit. 21. cap. 1. § 2. et Blondus Dec. 2. lib. 9. sub. ann. 1307.

¶ DULCISONUS, apud Sidonium Carm. 6. Apuleium Asclep. pag. 407. Martian. Capellam lib. 9. *Dulcisone*, in Additione S. Isidori ad Librum S. Hieronymi de Viris illustr.

¶ DULCIUM, πλακοῦς, *Placenta*, in Supplemento Antiquarii. Vide *Dulcia*.

DULCO, *Vinum dulce*, in Glossis MSS. ad Alexandrum Iatrosophistam. Vide

** DULCOR, Dulcedo, apud Tertullianum. Vide Forcellinum. Reinard. Vulp. lib. 3. vers. 456 :

Pocula Dulcorem non habitura timens.

DULCORARE, Dulcem reddere. Papias : *Dulcoratum, dulcedine repletum.* Ugutio : *Condire, saporare, Dulcorare.* [S. Ambrosius de Institut. Virginum : *Fons Mara per lignum Dulcoratus.*] Auxilius de causa Formosi : *Unde Antiquatum odium felle amaritudinis parvo stillicidio verborum Dulcorari non potest.* Alvarus in Vita S. Eulogii Presb. Mart. n. 11 : *Cœnobia... percurrens, multorum patrum est amicitia Dulcoratus.* Alanus de Insulis in Planctu naturæ : *Meaque ora pudicis osculis Dulcorando, mellifluo sermonis medicamine a stuporis morbo curavit infirmum.* [Charta Eygili Abb. Flaviniac. ann. 864. inter Instrum. tom. 4. novæ Gall. Chr. col. 59 : *Si quis vero infidelis aliter felle amaritudinis Dulcoratus* (i. e. infectus) *atque zelo cruenti livoris inflatus, etc.*]

¶ DULCORARIUS, Assentator, adulator. *Dulcorarii mendaces*, apud Joan. Sarisbur. Polycratici lib. 8. cap. 13. Pro eo qui sacharo vel melle condit, accipiendus videtur supra in voce *Barbator*.

¶ **DULCORATIO**, Dulcedo. Virtutes B. Ambrosii Senens. inter Acta SS. Martii tom. 3. pag. 213 : *Tanta verborum ejus Dulcoratione allecti.*

DULCOROSUS, Gallis *Doucereux.* Alvarus in Vita S. Eulogii Presb. num. 11 : *Undique fulgidus rediens, limpidus, Dulcorosus, nectareus.... emicabat omnibus.*

¶ **DULEUSIS.** Vide *Dulia.*

DULGERE, Dulgtum Facere, Deserere, *gurpire.* Veteres Annal. Fr. ann. 756. cap. 16 : *Cupiebat supradictus Haistolfus nefandus Rex mentiri, quæ antea pollicitus fuerat, obsides Dulgere, sacramenta irrumpere.* Ubi [** ap. Canisium *obsides denegare.*] in MS. in Glossa interlineari, est *relinquere.* Monachus Egolismensis in Vita Caroli M. cap. 4 : *Saxones iterum rebellaverunt ruptis sacramentis, et obsidibus Dulgtis, mentitis, et Eresburgum castrum... capientes, Francos expulerunt.* Annales Fr. ann. 776 : *Tunc nuncius veniens, dixit Saxones rebellatos, et omnes hospites suos Dulgtos, et sacramenta rupta, et Heresburgum captum.* [** al. *Dultos.*] Annales Franc. Bertiniani habent hoc loco *Tultos.* Iidem Annales ann. 777 : *Ibique multitudo Saxonum Baptizati sunt, et secundum morem illorum, omnem ingenuitatem et alodum manibus Dulgtum fecerunt, si amplius mutassent.* Alias, [** *Dulgium,*] *Dultum.* Monachus Egolism. *manibus gurpierunt.* [** Ap. Pertz. vol. Script. 2. pag. 140. 154. 158.] [Charta Harwichi viri Illustris ann. 804. apud Martenium tom. 1. Ampliss. Collect. col. 57 : *Quantum in ipsa donatione continet, et ad die præsente trado, Dulgo, atque transcribo.*]

¶ **DULIA**, Græcis δουλεία, Servitus, Theologis Cultus qui Sanctis exhibetur. Papias : *Dulia et Duleusis, Servitus est quæ et Deo, quantum oportet, et hominibus reddenda est.* Johannes de Janua : *Dulia, Servitus quæ exhibenda est homini, sicut latria est servitus quæ debetur Deo.* Gerhohus de gloria Filii Hominis cap. 18. apud Bernard. Pez tom. 1. Anecd. part. 2. col. 253 : *Concederunt vero illi adorationem, quæ Græce Dulia dicitur.* Gaufridus Abbas in epistola ad Albinum Cardinalem, inter opera S. Bernardi tom. 2. col. 1322. edit. 1690 : *Non illa dico adoratione quæ Latria est, quæ soli Creatori debetur, sed illa quæ in Dulia dignior est. Dulia enim adoratio est, quæ etiam creaturæ exhibetur, quæ duas species habet, unam quæ hominibus indifferenter, alteram quæ soli humanitati Christi exhibetur.* Histor. Episc. Autiss. apud Labbeum tom. 1. Bibl. in Aymerico : *Nobilium Dulias atque statum multum habens gratum, etc.* Sic leg. cum MS. Editum habet *Dulcas.*

¶ **DULIANI**, Græc. Δουλιανοί, Hæretici ex Arianis, qui Verbum divinum, non Filium æterni Patris consubstantialem, sed servum esse asserebant. Hofmannus ex Hierolexico Macri.

* **DULO.** Charta ann. 1178. apud Murator. in Antiq. Estens. pag. 348 : *Et volo ut nullus marchionum faciat in castris suis turrem, vel Dulonem, vel betifredum novum, absque voluntate omnium, etc.* Ita quoque editum tom. 1. Cod. Ital. diplom. col. 1546. Sed legendum utrobique, *Dunjonem.* Vide *Dunjo.*

DUMA, Fridericus II. Imp. lib. 1. de Arte venandi cap. 45 : *Innascitur vero avibus plumagium multiplex ; pullis namque noviter genitis primo innascuntur illæ, quæ nec sunt ut pili, neque ut lanulæ, sed habent naturam inter utrumque, quæ cooperiunt, et a frigore quoquomodo defendunt. Secundo innascuntur aliæ, quæ dicuntur Lanulæ, a quibusdam Dumæ. Hæ sunt exiles et molles, densiores et longiores primis : hæ plus cooperiunt et plus defendunt, illis et his natis, cadunt illæ.* Ita cap. 48. et alibi hæc vox scribitur : sed puto legendum *Duvæ* : nam Gallicum *Duvet* expressit : quomodo ejusmodi plumas molliores dicimus.

☞ Licet ex *Duma* nostrum *Duvet* derivetur, non continuo sequitur esse scribendum *Duva ;* Galli namque veteres, atque etiam Britones hodierni sæpa sua pronuntiatione mutant *m* in *v* consonum. Andegavenses, Pictavenses et Normanni etiamnum dicunt *Dumet* pro *Duvet :* quod tamen plerique non a *Duma*, sed a *Tufetum* vocabulo censent esse deducendum.

* Adde ex D. *Falconet :* Menagius male a *Tufeto.* Antiquissima vox est *Dum*, Celtica forsan, Anglis *Down*, quam pronuntiationem retinuerunt provinciarum habitatores, nobis solis pure loquentibus *Duvet. Oison duveté*, apud Rabelaisium lib. 1. Vide Orig. Dalph. a *Dumetis* et Bullet. in Diction. Celtico. [** Germ. *Dunen, Daunen*, Plumæ molliores. Adel. Danis antiquis *Dún*, Pluma molissima, unde *Dúnalogn*, Adeo mollis aer ut mollissima pluma nullam sentiat auram. Apud Graffium in Thes. Ling. Franc. tom. 5. col. 148 : *Colnduni, plumacium.* Vide Ihrii Glossar. Suio-Goth. tom. 1. col. 367. voce *Dun.*]

¶ **DUMARE**, Dumere. Laurent. in Amalthea ex Catholico Johannis de Janua : *Dumeo, Fio spinosus : Dumo, as, Facio spinosum.* Non dicam a *Dumus*, Spina, hæc ficta verba derivari.

DUMEX, *Sella Equorum*, in Glossis MSS.

¶ **DUMGIO**, Vide *Dunjo.*

¶ **DUMICOLA**, Habitans inter dumos. Anienus Perieg. v. 895 : *Dumicolas Arienos.*

¶ **DUMJONUS.** Vide *Dunjo.*

¶ **DUMTAXAT**, Videlicet, scilicet. Lupus Abb. Ferrariensis Epist. 5. ad Eginhardum : *Præterea scriptor regius Bertcaudus dicitur antiquarum litterarum, Dumtaxat earum, quæ maximæ sunt, et unciales a quibusdam dici existimantur, habere mensuram descriptam.* Inter Acta SS. Benedict. sæc. 4. part. 2. pag. 121. exstat Epistola S. Anscharii Episc. Hammaburg. inscripta *omnibus Sanctæ Dei Ecclesiæ Præsulibus in regno Dumtaxat Lud. Reg. commanentibus.* Vide *Duntaxat.*

DUNA, Mons, collis apud vett. Gallos. Vide *Dunum.*

DUNELMENSE Opus, seu Dunelmi urbis Episcopalis Angliæ. Visitatio Thesaurariæ ædis S. Pauli London. ann. 1295 : *Item scrinium de opere Dunelmensi continens reliquias sigillatas.*

¶ **DUNGA**, Monetæ Moscovitæ species. Thuanus lib. 21. Hist. pag. 636 : *Ita delectus fiunt. Conscripti milites coram Principe singuli comparent, et nummum unum, quem patrio nomine Dungam vocant, unius grossi Polonici æstimatione, ei dant, quem reversi ex bello repetunt.*

¶ **DUNGEO**, Dongio. Vide *Dunjo.*

¶ **DUNICUM**, ἄχρις τοῦ, *Donec.* Suppl. Antiquarii. [* Vide supra *Donicum* 1.]

DUNJO, Castellulum, minus propugnaculum, in *duno* seu colle ædificatum : unde nomen *Donjon*, in Consuetud. Burbonensi art. 286. [Alii aliunde ducunt etymon, ut videre potes apud Menagium et in Dictionario universali Trivoltiano.] Lambertus Ardensis pag. 148 : *Ardensem Dunjonem pontibus, portis, et necessariis communivit ædificiis.* Homagia Nobilium Bressensium ann. 1272. apud Guichenonum : *Confitetur tenere ab eodem Donjonem et fortalitiam de Curto fonte.* [** Vide Murator. Antiq. Ital. tom. 2. col. 500.] Le Roman *de Jordain* MS. :

Je ne voi ville, fermeté, ne Donjon.

Le Roman *de Garin* MS. :

Nes les garra Donjon ne rolleis.

Dungeo. Eadmerus lib. de S. Anselmi similitudinibus cap. 76 : *In villa vero Rex habet Castellum quoddam, supra Castellum autem unum Dungeonem, etc.*

Dongio, in Charta Willelmi Episcopi Nivern. ann. 1157. apud Sammarthanos.

Dangio, Eadem notione. Ordericus Vitalis lib. 11. pag. 834 : *Prædictus Comes et Helvisa Comitissa Dangionem Regis apud Ebroas funditus dejecerunt.* Lib. 12. pag. 878 : *Robertus de Candos munio regii Danjonis.* Pag. 851 : *Aliaque castra ei concessit, præter Dangiones, quos propriis excubitoribus assignavit.* Adde lib. 8. pag. 664. Le Roman *de Rou* MS. :

Et li Dus fist son gonfanon
Porter et lever el Donjon.

Domgio, in Chronico Andegav. ann. 1025 : *Turrem miræ altitudinis super Domgionem ipsius castri erexit.*

¶ Dompjonus. Instrum. anni 1338. Hist. Dalphin. tom. 2. pag. 422. col. 1 : *In Dompjonis tamen ipsius Domini Clarimontis, quæ non tenentur a Domino Dalphino, non teneatur receptare ipsum Dom. Dalphinum nec gentes suas.*

¶ Donjo. Johan. Iperii Chronicon S. Bertini, inter Anecd. Marten. tom. 3. col. 564 : *Dictum est supra, quomodo Sifridus Dacus nobis Ghisnas abstulit, ibi Donjonem instituit, et se Ghisnarum Dominum nominavit.*

¶ Donjonnus Juiliaci, apud D. *Brussel* de Feudorum usu tom. 2. pag. 923. ex Regesto Campaniæ ann. 1256.

¶ Donjonus, in Historia Dalphin. pag. 86. Edit. Paris. et apud Salvaingum de Feudorum usu pag. 16. et 45.

Domnio, in Chronico Mosomensi pag. 635 : *Milites ocius conscenso Domnione, domo scilicet principali et defensiva, etc.*

Domniono, apud Beslium pag. 304. [et in Instrum. tom. 2. novæ Gall. Chr. col. 172.]

* **DUNSCHLAG.** Charta Ernesti ducis Brunsvic. ann. 1335. apud Ludewig. tom. 10. Reliq. MSS. pag. 27 : *Quicunque autem infert alicui lesionem vel ictum, qui vocatur Dunschlag, sine effusione sanguinis, incurret pœnam quatuor solidorum et duorum denariorum.* Vide *Dontslaga* et *Dunsclaghen.*

Dunsclaghen. Consuetudines Arkarum in Morinis ann. 1231. in Tabulario S. Bertini : *Pugna, quæ dicitur Dunsclaghen, 10. sol. Domino, et totidem læso, si de hoc super eum clamaverit,.... emendabit.* Germanis et Fland. *Slaghen* est percutere; *Slach*, ictus, verberatio. [Vide *Dursclach.*]

¶ **DUNTAXAT**, *Scilicet*. Barthius in Glossario ex Baldrici Hist. Palæst. Vide *Dumtaxat*.

DUNUM, Dunus, Duna, vetere Gallorum lingua montem vel collem significat. Unde factum, ut omnium pene oppidorum, quæ collibus aut montibus inædificata sunt, nomina in *Dunum* terminentur. Verbi gratia *Lugdunum*, a *Lugus*, quod Celtis *Corvum*, et *Dunum*, quod montem sonat, dictum author est ex Clitophonte Plutarchus lib. de Flumin. : Λοῦγον γὰρ τῇ σφῶν διαλέκτῳ τὸν κόρακα καλοῦσιν, δοῦνον δὲ τὸν ἐξέχοντα. At Ericus lib. 4. de Vita S. Germani nuncupatum vult, quasi *Lucidum montem* :

Lucduno celebrant Gallorum famine nomen
Impositum quondam, quod sit Mons lucidus idem.

Denique Notæ veteres ad Itinerar. Burdegal. *Lugdunum desideratum montem* interpretantur. Ita in Britannia, quæ eadem cum Gallis usa est lingua, uti testatur Cambdenus, complura observare est oppida, in *dunum* terminantia, quod ad montes vel in montibus condita fuerint. Florentius Wigorniensis pag. 618 : *In monte, qui Assandum, id est, mons Asini nominatur.* Beda lib. 3. Histor. Eccl. cap. 4 : *A loco qui vocatur Wilfares Dun, id est, Mons Wilfari.* Asserus in Aelfredo : *In loco, qui dicitur Æscedun, quod Latine Mons Fraxini interpretatur.* Josselinus in Vita S. Patricii cap. 1 : *Est autem locus celebris,... lingua gentis illius Dunbreatan, i. Mons Britonum nuncupatus.* [** Sigeberti Vita Deoderici I. Episc. Mettens. ap. Pertz. tom. Script. 4. pag. 477 : *Nec sine quodam præsagio tibi* (Mediomatricorum civitati) *accidisse credas, quod præter hæc usitata vocabula te Dividunum tradit vocitatum antiquitas. Gallica enim lingua montem vocari Dunum studiosis non est incognitum. Quidam de neutericis interpretatus cur Hedua urbs vocetur Augustidunum inter cætera sic ait* :

Celtica Roma dehinc voluit cepitque vocari,
Augustidunum demum concepta vocari,
Augusti montem quod transfert celtica lingua.

Sicut ergo Augustidunum Augusti mons, sicut Viridunum virorum dunum nuncupatum est, ita Dividunum, quasi divorum dunum vocabulum aucupata est.] Complura alia oppidorum tam in Galliis quam in Britannia, Germania, Hispania, et Illyrico in *Dunum* desinentia nomina recenset præter Buchananum Cluverius lib. 1. German. antiq. cap. 7. unde conjicit, iis populis eandem fuisse originem. Mausacus vero vocem *Dunum* a Græco βοῦνος, *Collis*, deducit. [Mirum videtur, quod *Dun* nusquam appareat in Britannico idiomate pro Colle seu monte positum; sed tantum *Doûn* vel *Dwfn*, Profundus. Cæterum dubia non est vocis *Dunum* significatio.] Pontanus arcessit a θῖνες, *Arenarum cumuli.* Vide Menagii Amœnitates juris cap. 3. Edit. 2. Goropium Bekan. lib. 1. Gallicor. pag. 15. etc.

* Leviora sunt, quæ prolata hactenus fuere contra Gallicam vocis originem, quam argumentis iterum probarunt stabiliveruntque auctoritatibus DD. *Le Beuf*, et Bullet. in Diction. Celt. v. *Dun*, ut eam repudiemus vel corrigamus. Neque enim Teutonicam vel Germanicam vocem esse verisimile est, cum pleraque locorum nomina, quæ in *Dunum* terminantur, ita fuerint appellata, longe ante quam a Teutonibus vel Germanis hanc potuerint habere denominationem; aliunde ergo repetenda videtur. Unde vero, nisi a vetere lingua ibidem usitata? Sed, si eorumdem locorum positio voci *Dun*, quatenus *profundum* sonat, nusquam adaptari possit, quod probat Vir eruditus in Mercur. Franc. mens. April. ann. 1736. pag. 629. et seq. receptæ hactenus ejusdem vocis notioni applicanda est. Minus etiam attente additum est supra, hanc vocem pro colle nusquam apparere in Britannico idiomate : non semel quippe ea acceptione occurrit in Diction. Gall. Celt. R. P. *de Rostrenen* v. *Colline* et *Falaise*. Vide Mercur. Franc. ann. 1735. mens. Dec. 1. vol. pag. 2646. et ann. 1736. Jan. pag. 18. Mart. pag. 436. April. pag. 619. Jun. 1. vol. pag. 1050. et 2. vol. pag. 1295. Denique ann. 1737. mens. Maii pag. 924.

Sed et etiamnum *Dunas*, Sabulosos et arenarios colles ad Flandriæ Hollandiæque, atque adeo ipsius Angliæ littora Galli nostri *Dunes*, Belgæ *Duynen* vocant. Annales Fr. Bertiniani ann. 838 : *Ut aggeribus arenarum illic copiosis, quod Dunas vocitant, fere coæquaretur.* [** Pertz. Script. tom. 1. pag. 433. lin. 23. *quos Dunos.*] Lambertus Ardensis : *Per medium Dunarum, sive arenosæ molis dorsum, etc.* Alibi : *Ut secum in saltus et Dunas secus mare juxta Furnas veniret.* Charta Willelmi Com. Pontivi ann. 1203. in Tabul. S. Judoci : *Omnes Dunæ in feodo S. Judoci prædictæ sunt Ecclesiæ, et littus maris.* [Charta Balduini Comitis Flandriæ pro Abbatia Dunensi Brugis ann. 1197. apud Miræum tom. 2. pag. 1321. col. 1 : *Quinque mensuras partim Dunarum, partim werplandii mei apud Greveninga ad retia desiccanda.* Consuetud. Furn. ann. 1240. ex Archivo Audomarensi : *Item retinet sibi forestum Dunarum et forterinarum.*]

* Nostri *Dunes* dixerunt quemvis locum editum, ut in Charta ann. 1460. ex Chartul. Latiniac. fol. 75 : *Comme procès feust meu.... entre les religieux .... de Laigny et Pierre d'Orgemont pour raison de la terre et seigneurie, que chacun desdites parties pretendoit à lui appartenir, entre les Dusnes de la fermeture de ladite ville et le bort et rivaige de la riviere de Marne, etc.*

¶ **DUO**, περιῤῥέω, Circumfluo. Gloss. Lat. Græc. Sangerman. Aliter Janus Laurenberg. in Supplemento Antiquarii : *Duo*, χαίρω, *Gaudeo.* [* Castigat. in utrumque Glossar. : *Duo*, χαίρω, Germ. *Oco.*]

* **DUODECELLUS**, Mensura annonaria, pars alterius, ut videtur, duodecima. Charta Bald. episc. Noviom. ann. 1152. inter Probat. tom. 1. Annal. Præmonstr. col. 70 : *Concessit quadraginta octo mensuras avenæ, quæ vulgo Duodecelli nominantur, quinque solidos obolorum, et quatuor denarios.* Vide *Duodecies* et *Duodena*, 2.

¶ **DUODECIES**, Mensura annonaria. Tabularium Vosiense fol. 45 : *De hoc manso Ramnulfus tenet medietatem, et reddit unam Duodeciem.* Ibidem paulo superius : *Duas Duodecies avenæ.* Vide *Duodecellus*.

DUODECIMA Hora, quæ et Vespera, Officium Ecclesiasticum, quod persolvitur hora duodecima, post nonam. Regula Magistri cap. 54 : *Sed prima sic debet dici quomodo Duodecima, quæ dicitur Vespera.* Concilium Turonense II. can. 18 : *Patrum statuta præceperunt, ut ad Sextam sex Psalmi dicantur, cum Alleluia, et ad Duodecimam duodecim, itemque cum Alleluia.* Adde Regulam S. Fructuosi cap. 2. 6. [et vide *Duodena* 3.] [** atque Glossar. med. Græcit. in Δωδεκάτη ὥρα, col. 336.]

DUODECIMVIRATUS. Vide *Juratores*.

1. **DUODENA**, Duodecim viri juratores in indictamentis. Thomas Walsinghamus pag. 276 : *Robertus Trisilian Justitiarius... apud S. Albanum convocari fecit Duodenam, quam pridie averaverat ad indictandum et prodendum malefactores, etc.* Infra : *Tunc Justitiarius convocata seorsum alia Duodena demonstravit eis et nomina et indictamenta personarum per primam Duodenam, etc.* Vide *Indictamentum*, *Jurata*.

2. **DUODENA**, Mensura liquidorum haud magna. Occurrit passim in Chartis Abbatiæ Albiniaci in Biturig. *Duodena vasa*, in Charta ann. 1303.

* Et aridorum. Charta ann. 1307. in Reg. 44. Chartoph. reg. ch. 171 : *Item quatuor sextaria et medietatem unius quartæ et unius Duodenæ ordei.*

3. **DUODENA**, Una ex Horis seu liturgiis Ecclesiasticis, quam alii *Duodecimam* vocant. Vita S. Rusticulæ Abbatissæ Arelat. cap. 31 : *Vesperam cum filiabus ex more decantans, adjuncta etiam Duodena, valde se corpore jam fatigari sentiens, etc.* [Mabillonius sæc. 2. SS. Benedict. pag. 146. intelligit *Completorium*. Hunc si tanti est consule.]

¶ 4. **DUODENA**, Duodecim, Gall. *Douzaine. Quinquaginta Duodenæ cordarum pro sagittis*, apud Rymerum tom. 5. pag. 245. col. 2 : *Cum quatuor Duodenis utruum, duabus Duodenis arcuum, sex Duodenis cathapultarum, et quatuor Duodenis cornuum*, apud eumdem tom. 8. pag. 684. col. 1. Occurrit etiam apud Baluz. tom. 2. Hist. Arvern. pag. 783.

* Joan. *Clerée* ord. Prædicat. a confessionibus Ludov. XII. serm. in Domin. Palmar. : *Pauper concubinarie, quot sunt anni quibus tenes concubinam? Frater, sunt bene decem. Pone audacter Duodenam plenam.* Galli diceremus, *Mettez hardiment la douzaine pleine.*

¶ 5. **DUODENA**, Duodenaria, Oblatio duodecim denariorum et ultra, quam percipere consueverant Curati primitivi in Ecclesiis et Capellis intra suæ parochiæ limites erectis. Tabularium S. Clodoaldi Charta 8 : *Recepimus in numerata pecunia decem libras Parisienses... pro jure oblationum et Duodenarum, quod exigebamus et dicebamus nos habere in parochia de Garchiis prædicta, quam quidem summam pecunie tenemur et promittimus implicare et ponere in utilitatem prædicti S. Clodoaldi.* Ibidem Ch. 14 : *Dicit etiam talem esse consuetudinem, quod si oblatio in eadem Capella et in alia Ecclesia similiter sit* XII. *denariorum et* *amplius, totum esse Canonicorum, excepto uno denario, quod habet Sacerdos qui cantat Missam...... Sed si minus offerretur in Capella* XII. *denar. totum esset Capicerii jure parochiæ suæ.* Statutum ejusdem Capituli ann. 1255 : *Statutum etiam fuit dicta die inter eos quod pecunia ratione Duodenæ proveniens, quæ consuevit Quadragesimali tempore distribui, Dominica qua cantatur,* Invocavit me, *sit de cætero distribuenda.* Ibidem Instrum. anni 1301 : *Jus ipsorum Canonicorum diminuit, non recipiendo oblationes, donando de eis et faciendo, quominus perveniretur ad numerum Duodene.*

* 6. **DUODENA**, Certæ jurisdictionis districtus, territorium certis limitibus circumscriptum. Mandat. Franc. card. thesaur. eccl. Laudun. ann. 1309. in Reg. 65. bis Chartoph. reg. ch. 156 : *Legitimus filiis, tam illorum, qui de Duodena vulgariter appellantur, quam aliorum hominum thesaurariæ prædictæ, etc.*

* 7. **DUODENA**, Præstatio duodecim denariorum, forte ob tutelam domino exsolvenda. Charta Phil. milit. dom. *de Cauleincort* ann. 1217. ex Tabul. abbat. Ham. : *Pronuntiaverunt quod prædicti hospites ecclesiæ memoratæ michi et hæredibus meis annuatim in festo S. Remigii suam amodo tenebuntur persolvere Duodenam; ita quod unusquisque hospitum duodecim denarios persolvet : et ego vel hæredes mei nullam in districto vel hospitibus justiciam habebimus, nec in hospitibus nec districto aliquid capere poterimus; et nos propter eandem debemus mittere Duodenam..... Si vero aliquos ortos vacare contigerit, quamdiu vacabunt, in manu ecclesiæ dictæ erunt, quæ quamdiu eos tenebit, Duodenam inde aliquam non persolvet.... Qui vero plures ortos tenuerit, de singulis tenebitur persolvere Duodenam.* Charta Caroli regent. ann. 1358. ex Bibl. reg. : *Item Duodenam regiam de Villerel, quæ valet circiter triginta solidos annuatim.*

* 8. **DUODENA**, Quod ratione duodecim denariorum ad libram corollarii vice in locationibus datur. Stat. MSS. eccl. S. Petri Insul. ann. 1388 : *Item statuimus antiquam consuetudinem ecclesiæ nostræ declarando, quod nullus canonicus ecclesiæ nostræ habeat vel percipiat Duodenas, quæ præsentibus et residentibus canonicis pro acensatione decimarum nostrarum consueverunt dari et distribui, nisi sint in sacris ordinibus constituti.*

DUODENARIA. Acta Capitularia capituli Ecclesiæ Lugdun. ann. 1343. fol. 88. v. ex Cod. Reg. . *Item commiserunt dominis Archidiacono et Sacristæ declarandi et providendi de viccmagistro, et ad quem Duodenaria vacans per obitum Dom. Guillelmi de Gez debeat pertinere.* Occurrit rursum infra.

DUODENARIUS Argenteus. Vide *Moneta argentea* in *Moneta regia.*

¶ **DUODENNIS,** Duodecim annos natus, in Chartulario Landevenec. fol. 106.

¶ **DUONUM,** *Bonum*, Festo; *Duonus*, *Bonus*, Papiæ, ut aliis *Duellum*, *Bellum.*

¶ **DUOVIR,** pro *Duumvir*, in fragmento antiquæ Inscriptionis relato in Commentariis Trevoltianis Februarii ann. 1715. pag. 309.

DUPIA, Genus vasis, quod vulgo *Douve* dicimus. Gloss. Lat. Gr. : *Duoia*, εἶδος σκεύους.

¶ **DUPINI**, f. Bini vel Bis bini. Ludewig. Reliq. MSS. tom. 4. pag. 450. ex quodam Epitaphio :

Hic Præsul Werder Dupinos rexerat annos,
Tres menses quoque, quia mors et vita cohærent.

* **DUPIO,** Gurges, Saxon. *Dupe.* Ita Eccardus ad Leg. salic. tit. 44. num. 3.

1. **DUPLA.** Durandus lib. 1. Ration. cap. 4. in tintinnabulis quæ in Ecclesia pulsantur, Nolulam seu *Duplam* recenset, additque sic vocari campanam illam quæ in Horologio pulsatur. [* Vide infra *Duplum.*]

¶ 2. **DUPLA**, Mulcta. Lex Wisigoth. lib. 5. tit. 4. §. 8 : *Qui alienam fortasse rem vendere vel donare præsumpsit, Duplam se Domino cogatur exsolvere.* Hæc mulcta *Dupla* vocatur, quod forte fuerit duplum rei venditæ pretium. Vide *Duplare.* [** Vide JC.]

* Charta Ludov. comit. Clarimont. ex Terrear. ejusd. comitat. ann. 1197 : *Se aucune chose ara deffuilli de chelle chence à rendre en ychelli jour de S. Remi, elle sera rendue à moi communément lendemain au Double des bourgeois.* Manumis. homin. *de Boussac* ann. 1427. in Reg. 179. Chartoph. reg. ch. 42 : *Nous avons affranchi et voulons doresenavant à perpétuel estre francs de devoir de taille et de Double, ... et ne soient tenuz d'en paier à nous, ne ès nostres devoir de taille, ne Double quelconque, reservé à nous .... que le simple de la taille.* Ubi exactionis species est, quæ præstationis, quam *talliam* vocabant, certis in occasionibus dupla erat.

** Duplum, Pretium duplum, quod apud Romanos in tabulis venditionum pro evictione stipulari solitum. Vide Savin. Histor. Jur. Rom. med. temp. tom. 2. cap. 12. § 66. not. h. cap. 14. § 82. not. c. et Glossar. med Græcit. in Δοῦπλα. Inde *Duplaria lex* et *Duplaria* nude, in chart. vendit. ann. 539. apud Marin. num. 114. et in alia ann. 772. in Murator. Antiq. Ital. tom. 1. col. 151.

3. **DUPLA**, Monetæ species. Rodericus Sanctius part. 4. cap. 17 : *Sidi dilectum Almoxarifium ad Thesaurarium gladio feriri jussit, a quo sexcenta millia Duplarum auri extorsit.* [Rursus memorantur *Duplæ auri*, in Litteris Jacobi II. Majoricæ datis Idibus Septembris ann. 1302. laudatis tom. 5. SS. Junii pag. 656. ubi doctissimus Solerius ait, non incongrue monetam istam auream potuisse appellari *Florenum*, cujus tum magnus usus fuit Majoricæ.]

* Nummus aureus, Hispan. *Dobla.* Lit. remiss. ann. 1453. in Reg. 182. Chartoph. reg. ch. 145 : *Cum hoc quod quilibet ipsorum.... debebat solvere, ... quatuor Duplas valentes tres solidos, quatuor denarios Turonenses.* Charta ann. 1483. in Cod. reg. 4223. fol. 128. v° : *Voluerunt quod presbyter celebrans ipsam missam habeat tres Duplas, diaconus unam et subdiaconus aliam Duplam.* Comput. ann. 1489. inter Probat. tom. 4. Hist. Nem. pag. 49. col. 2 : *Item pro duodecim quintalibus feni, ... ad quatuor Duplas pro quintali, duas libras, xj. lib. Turon.* Vide supra *Dobla* 2.

¶ 4. **DUPLA**, Vox passim usurpata in Epitome Constitutionum Ecclesiæ Valentinæ, Concilior. Hisp. tom. 4. semperque conjuncta cum voce *Anniversarium*, quod est Dies annuus, quo pro defuncto Missa celebratur, vel officium defunctorum peragitur, ipso die obitus recurrente : quocirca suspicor *Duplam* vel nihil aliud esse, quam Anniversarium ipsum, vel Missam et officium quoddam in ea Ecclesia peractum, atque ideo *Dupla* dictum quod fuerit Missæ et Officio diei superaddendum, hincque factum esse, ut peculiares assignentur mercedes Clericis, qui *Duplis* interfuerint sicut et *Anniversariis*, Administratoresque *Duplarum* et *Anniversariorum* ibidem sæpissime memorentur.

1. **DUPLARE**, pro *Duplicare* : nostris, *Doubler*, Italis *Dobblare*, *Duplum facere*, Joanni de Janua. Gloss. Lat. Gr. : *Duplavit*, ἐδίπλωσεν : διπλῶς, *Biplex*, *Duplex*, *Duplus.* [Vett. Formulæ Andegav. art. 1. de Cessione : *Et si fuerit, qui contra hanc cessione ista.... venire voluerit.... ante lite ingressus Duplet tibi tantum, et alio tantum, quantum cessio ista contenet. Dupla pœna digni sunt, qui Duplant scelera sua*, lib. 5. Capitul. cap. 322.] Vide Sidon. lib. 8. Ep. 17. et ibi Savaronem.

* 2. **DUPLARE**, Inducere, illinire, Gall. *Enduire.* Consil. ann. 1328. ex Tabul. Massil. : *Item portale domini Massiliensis episcopi Dupletur calce et arena.*

* **DUPLARIS.** Joan. Vignol. Inscript. vett. pag. 293 : D. M. Valerius...... nat. Alexandrin. ex velar. Duplicar. mil. etc. Ubi Editor : *Ex velariis duplicariis vel duplariis.* Ita enim vocabantur, qui duplex ob merita stipendium diurnum accipiebant : qui vero unum, *simplares.* Veget. lib. 3. cap. 7 : *Armaturæ Duplares, quæ binas consequuntur annonas : simplares, quæ singulas.*

1. **DUPLARIUM**, Mensura liquidorum. Tabularium Fossatense : *Dicta Abbatia percipit in vindemiis annuatim in vinea de Barbello* I. *Duplarium vini de mera gutta.* Occurrunt eadem verba alibi semel ac iterum. [Computus anni 1202. apud D. *Brussel* tom. 2. de Feudorum usu ad calcem pag. CXLII : *Pro vino Fontis-Bleaudi ducendo ad portum Samesii, et pro tribus ferratis, et uno Duplario*, LXXIIII. *sol.* Ibid. pag. CXLVII. col. 2 : *Pro duobus Duplariis vini* VI. *l. Renaudus Camerarius pro tribus Duplariis vini* IX. *l.* Tabular. Portus-Regii in Charta ann. 1238 : *Duos Duplarios vini annuatim percipiendos.*]

* Seu Dolii species, idem quod supra *Doublerium* 2. Munit. Peronæ in Reg. 34. bis Chartoph. reg. part. 1. fol. 97. v° : *Quatuor targiæ, duo lemoisselli fili, tres Dupplarii vini, etc.* Charta Phil. Aug. ann. 1215. ibid. part. 2. fol. 125. v°. col. 1 : *Concessimus monachis Loci restaurati.... mille circulos de coldre et de charme ad Duplarios, ... et* 700. *circulos de bool ad magna dolia.* Vide infra *Dupplerium.*

Dobla, Eadem notione, in Charta Isembardi Præceptoris domus Hospitalis Hieros. ann. 1222. ex Tabulario Fossatensi fol. 26 : *Decimas cum fructibus medii temporis, quos æstimabant* 15. *Doblarum vini.*

2. **DUPLARIUM**, Sacculus, crumena, Gallis olim *Doublier.* Hubertus Sibuntinus,

apud Vincentium Belvacensem lib. 26. cap. 37 : *Tres Milites diœcesis Lugdunensis ad S. Jacobum pergebant, quos inveniens quædam muliercula, rogavit, ut sui miserti Duplarium suum amore S. Jacobi deportarent, etc.* Infra *Sacculum* vocat. Le Roman *d'Aubery* MS. :

Le Chapel prent, l'escharpe et le Doublier,
Et le bordon qui ne volt pas laissier.

☞ Alibi *Doublier* idem est quod Mappa, sic inquit, Nicottus, dicta, quod mensæ superposita *duplicaretur*; interdum tamen non majorem mappam significat, sed mappulam, Gall. *Serviette*. Le Roman *de Partonopex* MS. :

Et tables mises et Doubliers,
Couteaux, saillieres et cuilliers,
Coupes, henas et escuelles
D'or et d'argent bonnes et beles.

Alibi :

Beax feus, beax cierges alumez,
Beax Doubliers sor beax dois dorés.

Vide *Doblerius, Dibler* [* et *Doublerium*.]

¶ 3. **DUPLARIUM**, Exemplar. Gall. *Copie*. Practicis nostris *Double*, ab Aremorico *Doubl*, Exemplum ex alio descriptum, *Doubler*, Describere. Charta ann. 1278. pro Capitulo Aquensi ex Schedis Præsidis *de Mazaugues : Procurator Capituli... petiit... per ipsum Dominum Judicem dari in mandatis mihi Notario... ut Duplarium cujusdam litteræ sacræ regiæ Majestatis in publicam formam redigerem.* Vide *Duplicata*.

¶ 4. **DUPLARIUM**, Festum duplex, Gall. *Fête double*. Chron. Comodoliac. inter Fragm. Histor. Stephanotii tom. 2 : *Constituitque certum redditum pro Duplario ibidem ad honorem S. Georgii annis singulis celebrando.* Inferius : *Baylius tamen de prædictis acquisitis assignare queat ad opus Ecclesiæ, quoad anniversarium ibidem faciendum, processiones, Duplarium festum, et ad opus Matutinarum et aliarum Horarum.* Vide *Duplices*.

¶ **DUPLARIUS**. Vide *Duplarium* 1.

DUPLERIUS, Funale, Italis *Doppiere*, [Gall. *Flambeau, Torche*.] Historia Cortusiorum lib. 7. cap. 10 : *Exequiæ fuerunt solenniter ordinatæ, ibi erant omnes Clerici cum singulis Dupleriis incedentes.* Bulla Gregorii XI. PP. ann. 1372. pro Collegio Gregoriano Bononiensi apud Ghirardaccum lib. 25. Hist. Bonon. pag. 328 : *Emantur quatuor Duplerii de æra pretii 4. librarum, etc.* [Pro *de æra* lege *de cera*. Acta SS. April. tom. 2. pag. 954 : *Obtulit... unum Duplerium ceræ novum.* Chron. Parmense ad. ann. 1287 : *Cum Dupleriis et candelis accensis*.]

1. **DUPLEX**, Versipellis, *esprit double*, qui alia loquitur quam quæ in mente habet. Utitur Gregorius M. lib. 8. Epist. 16. 52.

2. **DUPLEX** Aureus, *Double d'or*, Nummus aureus Francicus. Vetus Regestum 20. *April.* 1340. *Fiebant Duplices auri de* 23. *Karaz ponderis* 36. Diarium Compoti Thesauri 1. Jan. ann. 1292 : *Pro negotiis secretis suis* 865. *Floren. Aur. de Florentia, et* 140. *Regales aureos grossos, et* 180. *Duplices auri, tres grossos Augustarios auri.* Chron. MS. Bertrandi *du Guesclin :*

Et je le vous dirai, sans point de l'arrester,
Ce que je vous donray, sans point de l'arrester,
Soixante mille Doubles d'or fin à brief parler.

Infra :

Et leur a dit en haut, Me scait-il bien gaber,
Qui soixante mil Doubles florins me veut donner.

Historia expugnatæ Minoricæ apud Mich. Carbonellum in Chron. Hisp. fol. 86 : *Pagant empero cascun de aquells al Senyor Rex set Dobles e mitge, etc.* Vide *Marca, Moneta*.

¶ Duplices Delphinales. Ordinatio Humberti II. *super facto monetarum* ann. 1340. Histor. Delphin. tom. 2. pag. 416 : *Item faciant... monetam nigram curribilem pro duobus denariis, quæ appelletur Duplices Delphinales, qui Duplices sint et esset debeant de liga quatuor denariorum, etc.* Hujusce minutioris monetæ formam sic describit altera ejusd. Humberti Ordinatio ejusd. anni ibid. pag. 420. col. 1 : *Duplex niger Dalphinalis habeat ab una parte in medio unum magnum piscem Dalphinum, circumcirca præmissa cruce litteras continentes hæc verba, Humbertus Dalphinus Viennensis, ab alia vero parte sit quædam crux magna, quæ vadat a qualibet parte usque ad summitatem circuli, et unus piscis Dalphinus, in uno quarteronum dictæ crucis, et litteræ circumcirca præmissa cruce continentes hæc verba*, Duplex Dalphinalis.

¶ **DUPLICA**, Gallis Practicis *Duplique*, Iterata responsio in litigiis. Occurrit in Charta anni 1489. apud Baluzium tom. 2. Hist. Arvern. pag. 237.

¶ 1. Duplicare, Facere *Duplicam*, Iterato respondere. Procuratio ann. 1482. ex Archivo B. M. de Bono Nuntio Rotomag. : *Contraque producta et exhibita ex adverso dicendum, excipiendum, Duplicandum, triplicandum, et si necesse fuerit, quadruplicandum, testes publicari petendum, etc.*

* 2. **DUPLICARE**, Triplicare Planetam, Illam bis terve in se replicare, apud Honor. Augustod. : *Errabundus limbus* (planetæ) *utrimque in brachia sublevatur : in pectore et inter humeros Duplicatur, in utroque brachio Triplicatur.* Ubi *Complicare* legitur in Cærem. Rom. apud Mabill. tom. 2. Mus. Ital. pag. 294.

1. **DUPLICARIUS**. Joan. de Janua : *Duplicarius, qui duabus partibus favet, fraudulentus.* Eadem habet Vetus Glossarium Lat. Gall. : *Frauduleux, qui fait faveur à deux parties.*

Duplicularius, διμοιρίτης, in Gloss. Lat. Vide Hesychium.

* 2. **DUPLICARIUS**. Vide supra *Duplaris*.

* **DUPLICATA**, Duplicatum, Exemplar, nostris vulgo *Duplicata, copie*. Invent. Chart. Reg. ann. 1482. fol. 118 : *Rotulus in pergameno continens informationem et Duplicata plurium litterarum exequutarum, super facto et gardia ecclesiarum Britaniæ anno 1312.* Rursum fol. 121 : *Quorum articulorum copia vel Duplicata fuit data dicto duci Britanniæ, id suo requirente consilio.* Vide *Duplarium* 3.

DUPLICATA, Idem quod *Duploma*, de qua voce mox. Raimundus de Capua in Vita S. Agnetis de Montepolitiano n. 48 : *Sicut publicæ etiam Duplicatæ, quas ego pluries vidi usque hodie manifestant.*

¶ **DUPLICATOR**, Qui duplicat. Sidonius lib. 3. Epist. 13 : *Sinistrarum opinionum Duplicatores.* Vide *Diplomatarius*.

¶ **DUPLICE**, Duplex, vel Duplum, Gall. *Le double*. Permutatio anni 926. apud Marten. tom. 1. Ampliss. Collect. col. 281 : *Quod sibi concambiare suas e contra Duplice dando obnixe flagitabant, etc.*

¶ **DUPLICES**, Festa *Duplicia* vel Officia Ecclesiæ solemniora. Gesta Guidonis Episcopi Cenom. apud Mabill. Analect. tom. 3. pag. 339 : *Concessitque idem Pontifex de censu proprio unde Duplices fieri, et thus valeat præparari in eadem Assumptione ad Nocturnos.* Vide *Duplarium* 4.

¶ **DUPLICITAS**, Dubietas, ambiguitas, Lactantio de Opif. Dei cap. 8. et Nicolao de Jamsilla de Gestis Friderici II. Imper. apud Murator. tom. 8. col. 514. Fraudulentia, Gall. *Duplicité*, Urbano II. ut ex ejus Vita patet, inter Opera posthuma Mabillonii et Ruinartii tom. 3. pag. 214. et in Testamento anni 1280. apud Baluzium tom. 2. Hist. Geneal. Arvern. pag. 506.

* Hinc *Duppe*, ea qua nunc adhibetur notione in politiori sermone, vocem fictitiam et a plebeiis Rotomagensibus adinventam discimus ex Lit. remiss. ann. 1426. in Reg. 173. Chartoph. reg. ch. 456 : *Lequel Nobis dist au suppliant qu'il alast avecques lui en l'ostel, ou pend l'enseigne des petits sollers, près de l'ostel archiépiscopal de Rouen ; et que il avoit trouvé son homme ou la Duppe, qui est leur maniere de parler et que ilz nomment jargon, quant ilz trouvent aucun fol ou innocent qu'ilz veullent decevoir par jeu ou jeux, et avoir son argent.*

¶ **DUPLICULARIUS**. Vide in *Duplarius*.

* 1. **DUPLO**, Idem, ni fallor, quod *Diplois*, Læna duplicata. Stat. ann. 1342. inter Monum. eccl. Aquileg. cap. 90. col. 903 : *Nullus homo, militibus duntaxat exceptis, audeat portare vel ferre aurum, vel argentum, perlas, Duplones aureos vel argenteos.... Item quod pannos earum* (mulierum) *non possint aliter frisare vel ornare, nisi cum Duplonis aureis vel argenteis, seu seta.* Nisi ornamentum sit, quod innuere videtur ultimus locus.

* 2. **DUPLO**, Candelæ species, forte quod bilychnis sic dicta. Testam. Gaillardæ de S. Petro ann. 1393. in Reg. 160. Chartoph. reg. ch. 66 : *Ipsa testatrix ordinavit quod die sepulturæ suæ.... quinque torchæ, quælibet duarum librarum et mediæ ceræ,... et de luminaria ceræ in Duplonibus.* Vide supra *Doblos*.

¶ **DUPLO** Tormentum, Bellicum tormentum majus. Acta SS. Junii tom. 5. pag. 575. de S. Donato Martyre : *Quibus circumquaque e turribus et ex arce edito in loco sita, Duplonibus tormentis, boatu magno, interstrepente campanarum sono, cives respondebant.*

DUPLODES, ex Græco διπλοΐδες, *Gambesones*, ni fallor. Liber Anglicus inscriptus *Justice of peace*, pag. 69 : *Vi et armis, videlicet baculis, gladiis, arcubus, sagittis, loricis, Duplodibus defens. palectis, lanceis, securibus guerrinis, gonnis, balestris, etc.* Vide *Gambeso*. [Le Roman *d'Athis* MS. :

Ung Doublet ot chascun vestu
D'un vert samit pourpoint menu.]

[* Vide supra *Duplo* 1.]

DUPLOMA et DIPLOMA. Gloss. Græc. Lat.: Διπλοῦν, *Duplum* : δίπλωμα, *Diploma*. Caper de verbis dubiis : *Dipluma, non Duploma, aut Duplomum*. Sunt autem *Duplomata*, apud JC. Codicilli qui dantur cursu publico utentibus, qui et *tractatoriæ, combinæ, et evectiones*. Joannes Sarisberiensis in Euthetico in Polycraticon :

Accelera gressus, tanto Duplomate pergens
Ad mare, quo morum littora nostra petunt.

[** Pro *tanto* alias *cauto*, et pro *morum Morini*.] Adde eumdem Epist. 285. Petrus Blesensis Epist. 52 : *Dominus Rex in Gasconiam tendat, ego autem Duplomate utens eum sequor*. Idem Ep. 59 : *Ad vos in eadem tempestatis insania Duplomate utens remeavit*. Ita omnes MSS. non *Diplomate*, uti editiones præferunt. Utitur etiam hac voce Radulphus de Diceto ann. 1172. 1179. 1184. Vide leg. 137. D. de Verb. signif.

* **DUPLUM**, Pulsatio omnium campanarum campanilis, idem quod *Classicum*. Bulla Innoc. VI. PP. ann. 1359. ex Cod. reg. 4223. fol. 26. r° : *Ordinamus quod.... una capella.... cum campanili ... duabusque campanis, quæ per modum classici sive Dupli pulsari debeant, sub vocabulo sancti Martialis construatur*. Vide *Dupla* 1.

¶ **DUPONDIARIUS** DOMINUS, Petronio, Dominus est unius *Dupondii*, id est, vilioris pretii. Vide locum in *Betalis*. *Dipondiarius* vel *Dupondiarius*, *Bilibris*, Plinio et Columellæ.

* **DUPONDII**, a pondere *Dupondii*, quasi duarum assium vel drachmarum, seu vilissimi pretii, appellabantur primo anno, qui juri studebant, *vetere tam frivolo quam ridiculo nomine*, inquit Justin. in præfat. Digest. Vide Gothofr. in notis ad hunc locum et Calvin. Lex. jurid.

* **DUPPLA**, Nummus aureus, idem quod supra *Dupla* 3. Charta ann. 1327. in Reg. 66. Chartoph. reg. ch. 715 : *De dicto regno* (Franciæ) *extrahere et apud Ferrariensem civitatem portare fecit.... cccxv. et mediam Dupplas auri*.

* **DUPPLARIUS**. Vide supra *Duplarium* 1.

¶ **DUPPLATUS**, Duplicatus, Gall. *Doublé*. Charta Aldefonsi Regis Toletani pro Monasterio Casæ Dei, æra 1216 : *Insuper regiæ parti M. aureos et vocis vel vocem vestram pulsanti dampnum quod intulerit Dupplatum in cauto persolvat*.

* **DUPPLERIUM**, Dolii species, idem quod supra *Duplarium* 1. Census eccl. Reatin. MSS : *Sanctus Johannes evangelista vj. spatulas et xij. tortulos, episcopo Dupplerium et speram olei*.

* **DUPPLERIUS**, Funale, cereus, Ital. *Doppiere*. Stat. Crimin. Cumanæ cap. 204. ex Cod. reg. 4622. fol. 110. r° : *Nemini spiziario seu apotecario..... liceat facere,.... vel vendere.... aliquos Dupplerios.... cum mixtione larexinæ, pexæ seu raxæ*. Vide *Duplerius*.

* **DUPPLICUS**, Duplus, Gall. *Double*. Reg. feudor. Aquit. ex Cam. Comput. Paris. sign. JJ. rub. fol. 16. v° : *Geraldus abbas Silvæ majoris.... debet providere eidem domino, dum erit apud Silvam majorem, et dare sibi Dupplicam præbendam de bonis, quæ ipse abbas habebit*.

¶ **DUPPLOYTUM**, Pallium, idem quod supra *Diploys*. Computum anni 1333. Hist. Dalphin. tom. 2. pag. 274 : *Pro cannis tribus et palmis quinque de panno ad rationem de tareno uno et granis quinque per cannam pro faciendo Dupployto pro Domino, taren.* IV. *gran.* XI. Et pag. 275 : *Pro factura sex pariorum camisiarum de panno lini pro Domino et uno Dupployto faciendo, taren.* XII. In MS. D. *Lancelot* legitur *Diploytum*.

¶ **DURA**. Privilegium Balduini Regis Jerusalem ann. 1130. apud Murator. tom. 12. col. 275 : *Quod si apud Acon furnum, molendinum, aut balneum, stateras, sive modios, et Duram, ad vinum, oleum, vel mel mensurandum in vico suo facere voluerint, libere liceat, quicunque voluerint in omnibus inibi habitantibus absque omni contradictione precio suo coquere, molere, balneari, mensurare*. Videtur esse species mensuræ. An non legi posset *Durna*? Vide in hac voce.

* Eamdem Chartam rursum edidit idem Murator. tom. 2. Antiq. Ital. med. ævi col. 919. Sed utrobique legendum *Duzam* ex Will. Tyrio lib. 12. cap. 25. et ex Charta ann. 1123. tom. 4. Cod. Ital. diplom. col. 1540. Vide in *Butta* 3.

* **DURABILITAS**, Diuturnitas, Gall. *Durée*. B. de Amoribus in Speculo sacerdot. MS. cap. 28. de Modo vincendi tentationes :

Si bene prævideas pœnæ Durabilitatem.

¶ **DURANA** ANTIQUA. Vide *Scriptura*.

DURANDAL. Vide *Durissimus*.

* **DURANTINGI**, DURANTINI, Monetæ Claromontensis species. Chartul. Celsinian. ch. 901 : *Dedit ei pro ea* (medietate feodi) *sexaginta solidos denariorum Clarismontensis* (sic) *monetæ, eorum videlicet qui Durantini vocabantur..... Laudavit et concessit Deo et sancto Petro Hugo Balbus pro quinque solidis Claromontensis* (sic) *monetæ, qui tunc Durantingi vocabantur*. Vide in *Moneta Baronum*.

¶ 1. **DURARE**, Extendi. Chartular. S. Vandregisili tom. 1 pag. 47 : *Terra nostra Durat a publica via usque ad forestam Domini Regis*. Et tom. 2. pag. 1324 : *Terra Durat a vico de Werauvast usque ad vicum de Fauveril*. Occurrit rursus apud Lobinellum tom. 2. Hist. Britan. col. 389.

* 2. **DURARE**, Stare, manere. Comœdia sine nomine act. 4. sc. 10. ex Cod. reg. 8163 : *Festinus eo, Durate hic comites*.

¶ **DURARIA**. Vide *Durus*.

¶ **DURASCERE**, pro *Durare*. ut videtur Sollerio. Miracula B. Bernhardi Episcopi, Julii tom. 5. pag. 111 : *Quo* (morbo) *mirandum in modum Durascente, Physicos consulere decrevit*. Propter adjuncta *mirandum in modum* verba, potius crediderim *Durascere* poni pro *Duriorem* evadere seu Ingravescere, quam pro nudo Durare.

* **DURASCURÆ**, DURASCUUÆ, DURASTUUÆ, DURATUUÆ. Vide supra *Dauretwe*.

DURASUNA, Firma pax; vox formata ex *Sona*, quæ Danis pacem et pactum sonat. Diploma Reinoldi Archiep. Col. ann. 1166. apud Bolland. 6. Febr. : *Et ut reconciliatio hæc permaneret indissolubilis et diffinitissima, quæ vulgo dicitur Dura suna, etc.* Vide *Suna* [** et Haltaus. Glossar. Germ. voce *Durchsune* col. 246.]

¶ **DURATIO**, Durities, contumacia *Durans* et perseverans, Gall. *Opiniatreté*. Offensionum condonatio rebellibus Carcassonæ incolis a Karolo Franc. Rege indulta ann. 1383. inter Anecd. Marten. tom. 1. col. 1593 : *Attento tempore pertinacitatis et Durationis ipsorum, etc.*

¶ **DURATIONARE**. Vide *Derationare*.

* **DURBILUM**, DURBIUM. Vide *Durpilum*.

¶ **DURBUCCUS**. Vide *Duribuccius*.

DURCONES, Navigia fluviatilia. Abbo lib. 1. de Obsid. Paris. vers. 123 :

Antequam Durcones multi repetunt morientes,
Quam lapides jaciunt.

Pag. 502. ad marginem habetur *Ducones*, ubi in textu *naves*.

* Glossar. Provinc. Lat. ex Cod. reg. 7657 : *Nau, Prov. navis,.... Durco*. Gloss. MSS. Sangerm. : *Ducornem* (l. Durconem) *Græci vocant, quæ alio nomine trieris appellatur, de qua in Isaia : Non transibit per eam triaris magna*.

* **DURDERE**, DURDRET, Monetæ aureæ species. Vide supra *Dourdere*.

* **DURDO**, Piscis genus. Vide supra *Coracinus*.

* **DURGA**, pro *Durna*, vel certe eadem notione, Amphora, vasis species. Charta ann. 1360. ex Tabul. Massil. : *Senescallus dixit se pridem impignorasse penes syndicos civitatis Massiliæ unum bassinum de argento.... Item Durgam unam de argento*.

* **DURGINGA**. Charta Phil. comit. Fland. pro libert. franci Burg. ex Cam. Comput. Insul. : *Finita omni equitatione sua, comes habere poterit vertitatem suam, quæ dicitur Durginga, et hoc semel in anno*.

¶ **DURIBILIOR**, Durabilior, Diutius durans. Expositio divinorum Officiorum ad calcem Johannis Abrincensis de Offic. Eccl. pag. 385. edit. 1679 : *Signorum usus a veteri Testamento est sumptus; habebant enim filii Israel tubas argenteas, quibus convocabant populum. Nos habemus signa ærea sonoriora et Duribiliora, significantia ora Prædicatorum*.

¶ **DURIBUCCIUS**, DURIBUCCUS, *Qui nunquam vult aperire os*. Amalthea ex Catholico Joannis de Janua, ubi tamen lego *Durbuccus*. Isidoro in Glossis *Duribuccii* iidem sunt qui *Barbasterili*, steriles barba, quia cutem buccæ eorum non potest barba perrumpere.

DURICA, *Castra, stationes navium*, in Isid. Gloss. [Lego, Grævio monente, *Dorica castra*, ex Virgilii 6. Æn. vers. 88 :

Non Simois tibi nec Xanthus, nec Dorica castra
Defuerint.]

¶ **DURICORDIA**, Durities cordis. Tertull. adv. Marcionem lib. 5. cap. 4 : *Circumcidetis Duricordiam vestram*. Martinius legit *Duricordium*, ex eodem Tertulliano.

* **DURICORDIUS**, Qui duri cordis est, ut *Duricors*. Vet. Interpres Origen. Comment. in Matth. tract. 30 : *Teneri et non Duricordii rami progrediuntur in folia æstate instante, et manifestos fructus ostendunt*. Sed legendum forte est, *Duricorii*, a Gr. σκληρόδερμοι.

DURICORS, Duri cordis, immittis, sævus. Utuntur Gerardus Episcopus Cameracensis in Epist. ad Archidiaconos Leodienses, [Johan. Sarisb. Epist. 182. Johan. *Belhoiste* Carthusiensis, Ampliss. Collect. tom. 1. pag. 1558. Acta S. Nicephori tom. 2. SS. Febr. pag. 894. et Regula Magistri cap. 50. ubi *Duricordes* dicuntur *Fratres, qui litteras discere nolunt, et non possunt*. Gallice diceremus, *Qui ont la tête dure, et ne peuvent rien apprendre*.]

¶ **DURICULA**, Latrina. Forte legendum *Cuniculum*, inquit Cangius noster in *Fossa cæca* : ubi locum vide.

DURIDO, Durities. Charta Lusitanica æræ 904. in Hist. Episcop. Portensium 1. part. cap. 12. de Reliquiis SS. : *Hæc omnia quoque dignissime manent tumulata in ligneis tabulis imputribilibus quadris, cera marmori mixta saxea implet foramina, parva Duridine coacta signant sigilla divisa, etc.*

DURILOQUIUM, Verbum asperum. Hincmarus in Epistola ad Carolum Calvum Imper. : *Missorum tuorum Duriloquiis.*

DURINARE. Octavianus Horatianus lib. 4. Rerum Medicar. pag. 106 : *Nisi ex cibo et potu incitatus fuerit calor, qui in superioribus locis est constitutus, id est in cerebro, qui Durinando omnem corporis regionem calefacit, atque solvit.* Legendum videtur *Diurinando*, i. poros expurgando, ex Græc. διουρεῖν unde διουρητικὰ φάρμακα, de quibus consulendus Gorreus in Definition. medicis

DURIO, Qui dura est et perfricta fronte, impudens. Marius Mercator in lib. Subnotat. cap. 4. § 3 pag. 10 : *Quis scenicus turpio, quis Durio, vel sannio professæ licentia turpitudinis publice ista proferret?*

* *Durfeus*, eodem sensu, ni fallor, in Mirac. B. M. V. MSS. lib. 1 :

Theophylus li desvoiés,
Li Durfeus, li fannoiés.

Vide supra *Dodus*.

¶ **DURIPOS**, Σκληρόπους. Gloss. Lat. Græc. Sangerman. Qui durum habet pedem.

DURISSIMUS. Ita appellabatur spatha, vel ensis Willelmi Sectoris ferri Comitis Inculismensis, apud Ademarum in Chronico : *Cum Rege eorum Storını singulari conflictu deluctans, ense curto, nomine Durissimo, quem Walander Faber cuderat, etc.* Auctor Historiæ Episcopor. et Comitum Engolism. cap. 19. ait, Guillelmum Comitem *Sectorem ferri, hoc nomen sortitum, quia cum Normannis confligens, venire solito conflictu deluctans, ense corto, vel scorto Durissimo, quem Walandus faber condiderat per medium corpus loricatum secavit una percussione.* Quo quidem *Durissimi* vocabulo allusit, ni fallor, ad ejusmodi spathas, quas *Durandals*, vel *Durandarts*, nostri vocant, et Carolo M. vulgo tribuunt fabulosi Scriptores. Le Roman *de Garin* MS. :

Il ferrai tant de Durandart m'espée.

Alibi :

Ains i ferrai de Durandart assés.

Le Roman *de Roncevaux* MS. :

Tint Durandars, dont li brans fu lettrés.

[* Gesta Caroli M. lib. 5. cap. 2. ubi de Rolando : *Si tenoit encores Durendal l'espée, si vaut autant à dire comme, donne grant cop, ou fier durement Sarrazins.* Gesta Philippi III. Regis Franc. ann.] 1271. ubi de Coronatione ejusdem Regis : *Et quoniam a tempore Caroli Magni Regis Franciæ et Imperatoris Romanorum, consueverunt Reges Franciæ Jocosam spatham prædicti Caroli Regis et Imperatoris, in die coronationis suæ, dum celebratur prædictæ coronationis officium, in memoriam tam victoriosissimi Principis a quodam de Nobilioribus ante se facere teneri et deferri : illam Roberto Comiti Atrebatensi consanguineo suo Militi probissimo tradidit illa die deferendam.* Mox addit spatham illam servari cum cæteris regalibus ornamentis in Ecclesia B. Dionysii in Francia. Hæc *spatha invincibilis* Caroli dicitur apud Turpinum cap. 18. Vide [** Sebastianum *Ciampi* in sua Turpini editione pag. 147.] Ludovicum Moscardum lib. 4. Hist. Veronensis pag. 77. et supra in verbo *Curtana*.

* **DURITER**. Vita S. Petri Ravennat. tom. 7. Jul. pag. 183. col. 2 : *Vidimus sepulcrum ex lapide proconiso pretioso, et elevavimus Duriter atque modice cooperculum.* Ubi legendum videtur *Dulciter*, id est, lente. Nostris vero *Durement*, valide, vehementer sonat, vulgo *Fortement, extrêmement. Aimer Dieu Durement*, apud Belloman. MS. cap. 1. Contin. Guill. Tyrii apud Marten. tom. 5. Ampl. Collect. col. 588 : *Quant il ot trives entre les Sarrazins et les Chrestiens, li Sarrazins amenerent tant de viandes as Chrestiens, que bon tans orent Durement.* Vitæ SS. MSS. ex Cod. 28. S. Vict. Paris. fol. 365. r°. col. 1 : *Tantost commença à toner et à effoudrer si Durement, que toute la terre en crolloit.* Mirac. MSS. B. M. V. lib. 1 :

Moult Durement amoit saint Pierre.

Le Roman *de Robert le Diable* MS. :

Et sistost comme parler Loirent,
Moult Durement s'en esjoirent.

¶ **DURNA**, Tolosanis *Dourn*, Amphora, lagena, a Latino *Urna*, Gall. *Urne*, ut videtur, derivata. Vet. Ceremoniale MS. B. M. Deauratæ Tolos. : *Mater coquine tenetur isto die portare in reffectorio duas Durnas plenas aquæ specialis, videlicet de aliquo fonte, ad finem quod aqua sit placens et utilis ad potandum.*

* Acta MSS. Inquisit. Carcass. ann. 1308. fol. 63. v°. : *Dixit nobis idem Petrus Auterii, si volebamus potare, quia ibi erat vinum in quadam Durna.* Vide supra *Dornus*.

¶ 1. **DURNUS**, Mensura brevis, qua utebantur Tolosani ad notandam materiei densitatem. Vide locum in voce *Amplum*.

* 2. **DURNUS**, Arboris species. Charta ann. 1377. in Reg. 112. Chartoph. reg. ch. 212 : *Item circa triginta minetas terræ et plus, in quibus sunt brossiæ, Durni, verni et plures alii arbores in ruina existentes.*

¶ **DUROPELLUM**. Vide *Durpilum*.

DURPILUM, Vestibulum, limen. Lex Salica tit. 61 : *Postea intrare debet in casam suam, ... et stare in Durpilo, hoc est, in liminari.* Ubi editio Heroldi *Duropellum* præfert, [*Durbium*, unus Codex MS. Guelferb. *Durbilum* alter apud Eccardum.] Formula Lindenbrogiana 155 : *A die præsente ad integrum concessit et confirmavit . . . per portas et per ostia.* Et mox : *Tradidit et vestivit, et per Durpilum et festucam sibi foras exitum alienum vel spoliatum in omnibus esse dixit, et omnia werpivit.* [Ad quam formulam Eccardus observat hic non posse Limen intelligi, quia illud non adeo facile removeri potest; sed potius Columnulam intelligendam esse in januæ medio erectam, ad quam postes vel valvæ concluduntur, quæque adeo principaliter januæ firmandæ et occludendæ inservit.] A voce Germ. *Thur*, fores, deducit Lindenbrogius : unde *Thurschwell*, limen, *Pfeyler*, columna : Spelmannus, a dura Saxonico. Wendelinus denique a *Durpel*, quod *limen inferius* sonat, quod nempe ingrediendo et egrediendo calcamus. [Prior pars *Dur* multum etiam accedit ad Britannicum *Dor*, Janua, posterior vero est Saxon. *Pal*, German. *Pfal*, Palus.] Kilianus : *Deurpel, limen, hypothyrum, lapis liminaris, q. d, deur-pael, i. ostii limes.* [** Chart. incert. ann. : *Tradidit et vestivit et per Durpileam et festucam sibi foras exitum, alienum et spoliatum in omnibus dixit et omnia werpivit, etc.* Vide Grimm. Antiq. Jur. Germ. pag. 174. sqq. et Graff. Thes. Ling. Franc. tom. 5. col. 446]

¶ **DURSCLACH**, in Lege Frison. Idem quod mox *Durslegi*, Verbera sine vulnere, seu Ictus sine sanguine, a Germ. *Dur* vel *Durr*, ut scribitur apud Schilterum, Aridus, siccus, et Belgico *Slach*, Ictus.

¶ **Dontslach**, Eadem notione. Consuetudines Furnenses MSS. ex Archivo Audomarensi : *Convictus ex Dontslach et harop emendabit Comiti tres libras, et ei qui malctractatus est*, xxx. *sol.* [** Hæc vox et sequens pertinent ad *Donlslaga, Dunschlag, etc.* Vide ibi.]

¶ **Douslach**, in iisdem Consuetudinibus : *Quicumque pugnaverit in vierscara, vel haroep, vel Douslach emendabit Comiti* xxx. *libras.* Haud scio an hic intelligendus sit locus, ubi hujuscemodi delicta judicabantur; verum timeo ne utrobique legendum sit *Durslach* pro *Dontslach* et *Douslach*. Facile potuit errare librarius in exscribendis vocibus obscuris.

DURSLEGI, Verbera sine vulnere, a Germ. *Duerre*, siccus et *slege*, plaga, verbera, quasi *sicca verbera*. *Ictus orbos* vocarunt nostri. Lex Frison. tit. 22. de dolg. § 3 : *Si quis alium ita percusserit, quod Durslegi vocant, dimid. sol. componat.* Ubi Sicama legit *Duustffecke*. [** Vide Grimm. Antiq. Juris pag. 630.]

DURSUS. Piscis species, [f. eadem quæ Latino-barbaris *Sicca*, Gall. *Seche*, a Teutonico, *Dur* Siccus, aridus.] Smaragdus in Grammatica MS. : *Piscis species sunt hæ, esox, Dursus, alausa, tructa, lampreda et reliqua.* [** Germ. *Dorsch*. Adel.]

DURUS, Duraria. Glossar. MS. Regium Cod. 1197 : *Durus, servus. Duraria, Ancilla.* Forte *Dulus* et *Dularia* scribendum fuit, ex Græc. δοῦλος.

DUSII. Isidorus in Gloss. : *Dusius, Dæmon.* Idem lib. 8. Orig. cap. ult. : *Pilosi, qui Græce Panitæ, Latine Incubi appellantur, sive Inivi, ab ineundo passim cum animalibus : unde et Incubi dicuntur ab incum-*

bendo, hoc est, stuprando. Sæpe etiam improbi existunt mulieribus, et earum peragunt concubitum, quos dæmones Galli Dusios nuncupant, quia assidue hanc peragunt immunditiam. Hausit a S. Augustino lib. 15. de Civitate Dei cap. 23. cujus hæc sunt : *Quosdam dæmones, quos Dusios Galli nuncupant, hanc assidue immunditiam et tentare et efficere plures talesque asseverant.* Hincmarum de Divortio Lotharii pag. 654 : *Quædam etiam fœminæ a Dusis in specie virorum, quorum amore ardebant, concubitum pertulisse inventæ sunt.* Papias : *Dusios nominant quos Romani Faunos ficarios vocant.* Hi sunt, inquit Thomas Cantipratensis lib. 2. cap. 57. n. 17 : *Quibus Prussiæ gentiles silvas æstimant consecratas, et eas incidere non audentes, nunquam ingrediuntur easdem, nisi cum diis suis voluerint immolare, etc.* [Armoricanis Britonibus *Teûs* est Dæmon, Gall. dictus, *Lutin*, Lat. Lemures, vel quodcumque spectrum seu phantasma subito apparens et evanescens : et cum articulo, *An-deûs*, Gall. *le Lutin*. Hoc nomen proprie significat Evanescere, perire. Ita Ludovicus *le Pelletier* in suo Dictionario Etymol. Britan. nondum edito.] [** Vide Grimm. Mythol. Germ. pag. 272.]

* Dusiolus, diminut. a *Dusius*, Dæmon. Codex reg. 4609. 2. laudatus a D. *Le Beuf* tom. 1. Collect. var. Script. pag. 304 : *Sunt aliqui rustici homines, qui credunt aliquas mulieres, quod vulgum dicitur strias esse debeant, et ad infantes vel pecora nocere possint, vel Dusiolus, vel aquatiquus, vel geniscus esse debeat.*

¶ **DUSMUM**, *Incultum, dumosum*. Papias.

DUSTIE-FOOTE. Vide *Pede pulverosus*.

¶ **DUVA**, ut superius *Doga*, 3. Asser, Gall. *Douve*. Charta Caroli Calvi ann. 862. apud Mabillonium Diplomat. pag. 536. et Felibianum Histor. San-Dion. pag. LXX : *De Madriaco tantum ex Duvis, quantum sufficit ad unum pontonem faciendum a carpentariis Abbatis in cellario per vindemiam deservituris.*

¶ **DUVAHILA**. Kero Monachus : *Mappula, Dovahila*, Italis *Tovaglia*, Gallis *Touaille*, Mantile versatile, quo utuntur ad detergendas manus. Vide Menagium in Etymologico Gallico, et infra vocem *Toacula*.

¶ **DUWARIUM**, ut *Doarium*. Charta anni 1267. apud Miræum tom. 1. pag. 434. col. 2 : *Quam quidem dotem, sive dotalitium, aut Duwarium matri suæ prædictæ in manus nostras humiliter reportavit.*

¶ 1. **DUX**, Epistomium. Vide in *Duciculus*.

2. **DUX**, sub Constantino M. qui ϛρατηγοῦ ἐν ἑκάϛῳ τόπῳ τάξιν ἐπεῖχε, inquit Zozimus lib. 2. [** Vide Glossar. med. Græcit. col. 327. et Append. 61.]

Dux Ducum. In Synaxariis 4. Octob. Sanctus Andaoctus Ephesius dicitur fuisse δοῦξ δουκῶν καὶ ἔπαρχος Μαξιμίνου. In Passione SS. Seraphiæ et Sabinæ n. 10. fit mentio *Vindiciani Ducis Ducum*. Vide Gloss. med. Græcitat. in Ἄρχων Ἀρχόντων.

Duces Limitum, *quibus gentes quæ maxime cavendæ sunt, adpropinquant*, in Nov. Theod. de Ambitu, etc. in Notitia Imp. etc.

3. **DUX** sub prima Regum nostrorum stirpe dicebatur qui multis civitatibus, quæ singulæ a Comitibus regebantur, præerat. Gregorius Turon. lib. 2. cap. 20 : *Evricus Gothorum Rex Victorium Ducem super septem civitates præposuit.* Lib. 8. cap. 18 : *Nicetius a Comitatu Arverno summotus Ducatum a Rege Childeberto expetiit; et sic in urbe Arverna, Ruthena, atque Ucetica Dux ordinatus est.* Ita apud eumdem non semel lib. 6. cap. 26. 31. 41. lib. 8. cap. 26. lib. 9. cap. 7. Aimoinum lib. 4. cap. 4. in Gestis Dagoberti cap. 36. apud Eginhard. in Annalib. ann. 748. Vita Aldrici Episcopi Cenomann. n. 1 : *Rex autem hæc audiens, oppido tristatus est, promittensque ei duodecim et amplius Comitatus se daturum, si hoc dimitteret, et in sua militia perseveraret.* Id est, *Ducatum*. *Duces provinciæ*, et *in provinciis constituti*, in Lege Bajwar. tit. 2. cap. 1. et apud Walafridum Strabon. lib. de Reb. Ecclesiast. cap. 31. etc. Gradus igitur a Comitatu ad Ducatum fuit. Fortunatus lib. 10. Poem. 22 :

Qui modo dat Comitis, det tibi jura Ducis.

Adde lib. 7. Poem. 31. lib. 10. Poem 25. et Cinnamum lib. 2. n. 13. Habetur formula Promotionis ad Ducatum apud Marculfum lib. 1. Form. 8. ut et apud Senatorem lib. 7. Ep. 4. ubi quale eorum fuerit munus indicatur. Vide præterea Petrum Pithœum lib. 1. Advers. cap. 8. Hotomanum de Verbis Feudalib. Marcam in Hist. Beneharn. lib. 1. cap. 18. num. 5. etc.

Duces Francorum dicti Majores-domus Regum Franciæ, in vita S. Baboleni tom. 2. Histor. Franc. pag. 659. de Erkenoaldo : *Qui tunc Francorum Ducatui præerat, et omnia palatina officia suo moderamine procurabat.*

Eodem etiam titulo donati vulgo leguntur Parisienses Comites, aut qui regiones adjacentes vel Comitis vel Ducis titulo regebant, quod ii præcipuam in Regum aula auctoritatem possiderent, et Francorum in hisce tractibus duces essent : unde postea Parisiensi tractui data Franciæ peculiaris nomenclatura, quam hodie *l'Isle de France* appellamus, quod ejus fines Ligeri et Sequana fluviis majoribus concluderentur; tametsi pro Regum nostrorum indultu interdum ii longe ultra producti legantur. Primus autem hac digitate donatus

Robertus cognomento *Magnus* ann. 861. ut est apud Reginonem lib. 2. cui successit

Hugo cognomento *Magnus*, et *Abbas*, filius, ut est apud eumdem ann. 867. isti vero

Odo Roberti perinde filius, quem Comitem Parisiensem vocat Abbo de Bello Parisiaco pag. 502. et vetus Charta apud Hemereum de Academ. Paris. pag. 10. postmodum Rex Franc. dictus ann. 888.

Robertus, ejusdem Odonis frater, Dux et Marchio Franciæ, Rex pariter dictus ann. 922.

Hugo Magnus, Comes Parisiensis, a Ludov. Rege *Dux Franciæ* dictus ann. 943. Hugo Flaviniac. hoc ann. Hist. Episcopor. Autisiod. cap. 45. Beslius pag. 239. 241. 247.

Hugo Capetus, iisdem quibus pater donatus dignitatibus ann. 960. Flodoard. ann. 943. 960. Chronicon S. Albini ann. 987. Ademarus pag. 164. etc. Rex deinde dictus, tertiæ quæ hodie feliciter regnat Regum Franciæ stirpis auctor.

Dux Palatii, in Gestis Dagoberti I. cap. 31. et apud Fredegarium in Chron. cap. 74. ubi de Adalgiso Duce Palatii Sigeberti Regis. Vide *Major domus*.

** Summus dux *Longobardorum*, semel et iterum in chart. antiq. in Chron. Vulturn. ap. Murat. Script. tom. 1. part. 2. pag. 350. sqq.

Dux Imperialis Curiæ Acerbus Morena Laudensis civis dicitur in ejus Historia Rerum Laudensium pag. 118.

¶ Dux Albus Poloniæ vocatur Wladislaus Casimiri III. ex fratre nepos in Epitaphio quod videtur ejus tumulo incisum in Ecclesia S. Remigii Divionensis. Obiit ann. 1398. 1. Kal. Martii.

* Dux et Episcopus Bohemorum inscribitur Henricus in Charta ann. 1197. qua varia concedit privilegia abbatiæ Teplensi, inter Probat. tom. 2. Annal. Præmonstr. col. 572.

** Dux verborum, Orator, procurator. Vide Haltaus. Glossar. German. voce *Worthalter*, col. 2132.

* **DUXILE**, Agger, vel peribolus, Gall. *Parapet*. Charta ann. 1192. apud Murator. tom. 5. Antiq. Ital. med. ævi col. 87 : *Dicunt scilicet, quod canalis novus mittatur in veterem juxsta Duxile de Sancto Madrone... et Duxile, quod est super fossam civitatis, per duas partes unius brachii rationis abassetur.* Stat. Mutin. rubr. 1. pag. 1 : *Statutum est quod potestas teneneatur circas civitatis Mutinæ cavari facere et aptari, et clavigas et Duxilia canalium super circas transeuntium de lapidibus sive de muro fieri facere.*

¶ **DUZENA**, Duodecim, Gall. *Douzaine*, in Hist. Dalphin. tom. 2. pag. 282. Vide *Dozena*.

¶ **DYAGRIDIUM**, Scammonia, Planta crescens in Asia, quæ excavata succum emittit quem vocant *Scammonium*, Gall. *Scammonée*. Sallas Malaspinæ lib. 1. Rer. Sicul. : *Tritum adamantem cum pulvere Dyagridii in aqua clysteris immiscuit et illa ventrem spicticum intrinsecus irrigavit. Adamas enim violentissime fertur esse* (f. ex se) *nec sine ponderositatis fortitudine penetrando fortia : Dyagridium vero, quod alias dicitur Scamonea resolvit omne quod tangit.*

* **DYALAGIUM**, f. pro *Halagium*. Vide *Dialagium*.

* **DYAPEGANON**, *Dyapiganon, id est, de pigano*, in Glossis ad Alex. Iatrosoph. MS. lib. 1. Passion. cap. 140 : *Similiter autem et peganis, quam quidam Diapeganon appellant satis in profundo potest flegmonem digerere per se.*

* **DYAPPRE**, Dyapretum, Panni pretiosoris species. Invent. S. Capel. Paris. ann. 1363. ex Bibl. reg : *Item alia casula, dalmatica et tunica de Dyapreto albo ad moletas.* Aliud ann. 1376 : *Una tunica de Dyappre albo ad moletas.* Invent. Gall. : *Item un autre chasuble, dalmatique et tunique de*

Dyapre blanc à mollettes d'or. Vide *Diasprus.*

* **DYAPULA**, *Radier*, in Glossar. Lat. Gall. ann. 1352. ex Cod. reg. 4120. Asseris species, Gall. *Madrier.*

¶ **DYLLA.** Charta Osberi Reg. Huuicciorum circa ann. 692. apud Hickesium tom. 1. pag. 169 : *Dabo terram quæ dicitur Pentanham quindecim tributariorum cum* Dylla uuiðu *caratas.* Vide *Dolæ*, cui dylla affine satis videtur, cum y Saxonicum pronuncietur oi, teste Hickesio pag. XII. Præfat. ad Grammat. Anglo-Saxonicam.

¶ **DYMACHÆRUS**, Qui duobus gladiis seu *machæris* pugnat. Vide locum in *Assidarius.*

** **DYNAMIDIUM.** Vide *Dinamidia.*

¶ **DYNDIMA.** Vide *Dindimum.*

* **DYNERIUM**, Pastus, procuratio, prandium, Gall. *Diner.* Charta ann. 1260. ex Tabul. S. Germ. Prat. : *Concedimus quod dicti religiosi ex nunc perpetuum liberi sint et immunes a quodam Dynerio seu prandio, in quo ipsi in domo sua de Monteclain villæ perpetuo termino de Castroforti annuatim tenebantur.* Vide supra *Disnare* 2.

¶ **DYOCESIANUS.** Vide supra *Diocesianus.*

¶ **DYOPASTIS.** Vide *Diapistus.*

¶ **DYPTITIUS.** Vide post *Diptycha.*

¶ **DYRRACHIUM**, Discidium. Fridegodus in Vita S. Wilfridi cap. 46 :

Intestina Pater postquam Dyrrachia planxit,
Ad vicina redit lentis habitacula plantis.

* **DYSIS**, Occasus, plaga occidentalis, Gr. δύσις. Vita S. Neoti tom. 7. Jul. pag. 320. col. 2 : *Qui* (Neotus) *licet.... moraretur in partibus ab anatole atque mesembria ex opposito remotissimis, sub glaciali tamen Dysis algore, fidei atque caritatis semper ferbuit ardore.* Vide *Disis.*

* **DYSPEPSIA**, a Gr. δὺς, difficultas, et πέψις, concoctio, Depravata alimenti concoctio, Gall. *Indigestion*, ut notant docti Editores ad Glor. posth. S. Rosæ tom. 5. Aug. pag. 1006. col. 2 : *Beatrix de Montoya sanctimonialis, stomachi Dyspesiam annis viginta passa, deinum convulsionum atrocitate ad extrema properabat, etc.*

¶ **DYSPNIA**, Δύσπνοια, Difficultas anhelitus. Vide *Suffugium.*

www.ingramcontent.com/pod-product-compliance
Lightning Source LLC
Chambersburg PA
CBHW070918100726
47908CB00001B/24

* 9 7 8 2 0 1 2 5 4 7 4 8 3 *